应急管理执法基础性标准常用手册

（上 卷）

中共中央党校（国家行政学院）应急管理培训中心　组织编写

应急管理出版社

·北 京·

图书在版编目（CIP）数据

应急管理执法基础性标准常用手册/中共中央党校（国家行政学院）应急管理培训中心组织编写. --北京：应急管理出版社，2021

ISBN 978-7-5020-8114-0

Ⅰ.①应… Ⅱ.①中… Ⅲ.①突发事件—公共管理—标准化法—中国—手册 Ⅳ.①D922.1-62

中国版本图书馆CIP数据核字（2020）第086291号

应急管理执法基础性标准常用手册

组织编写	中共中央党校（国家行政学院）应急管理培训中心
责任编辑	尹忠昌
编　　辑	李世丰
责任校对	孔青青　邢蕾严　赵　盼　李新荣　陈　慧
封面设计	卓义云天
出版发行	应急管理出版社（北京市朝阳区芍药居35号　100029）
电　　话	010-84657898（总编室）　010-84657880（读者服务部）
网　　址	www.cciph.com.cn
印　　刷	海森印刷（天津）有限公司
经　　销	全国新华书店
开　　本	787mm×1092mm$^1/_{16}$　**印张** 245　**字数** 5905千字
版　　次	2021年3月第1版　2021年3月第1次印刷
社内编号	20200237　　　　　　　**定价** 598.00元（上、中、下卷）

版权所有　违者必究

本书如有缺页、倒页、脱页等质量问题，本社负责调换，电话：010-84657880

丛书编写指导委员会

主　任　闪淳昌
委　员　范维澄　薛　澜　马怀德　马宝

本书编辑审校

姚立杰　陈少云　杨永斌　敬云川　金尚忠
陈永良　蔡　忠　周煦人　曾明荣　秦挺鑫
宫国卓　胡　锐　杨　惠　毕雅静　王　皖
王　静

序

党的十八大以来，以习近平同志为核心的党中央高度重视应急管理工作，应急管理工作进入了新时代，开启了新征程。习近平总书记在主持中央政治局集体学习时强调，"应急管理是国家治理体系和治理能力现代化的重要组成部分，承担防范化解重大安全风险、及时应对处置各类灾害事故的重要职责，担负保护人民群众生命财产安全和维护社会稳定的重要使命"。应急管理的政策性、法规性、社会性、专业性强。广泛而深入宣传应急管理理念，宣传新时代应急管理政策法规和相关专业知识，提升应急管理从业人员专业素质，是加强和创新社会治理，完善党委领导、政府负责、民主协商、社会协同、公众参与、法治保障、科技支撑的社会治理体系，加快推进应急管理体系和能力现代化的重要举措。

当前正处于应急管理法律法规标准加快供给、网络信息技术日新月异的大背景之下，为适应学习、掌握和运用应急管理知识，提升应急管理能力，中共中央党校（国家行政学院）、中国政法大学、北京大学、中国人民大学、中国科学院大学等从事应急管理法学、管理学、安全工程学等领域的教授专家，以及中央和地方应急管理一线工作的同志们历经10个月的编写，《新编应急管理法律法规及文件全书》《应急管理标准化相关释义和实例适用》《应急管理执法基础标准常用手册》正式出版。该丛书是一套以应急管理知识和宣传贯彻应急管理政策法规为主要内容，以实例形式讲解应急管理相关专业知识，紧盯实践实用，让专业知识更专业、更通俗可读，既面向应急管理从业人员，又面向大众的学习读本系列丛书。

下一步，丛书编写组将根据法律法规修订和应急管理理论研究成果，充分依托中共中央党校（国家行政学院）、中国应急管理学会、高校智库资源及应急管理工作的一线同志，加强丛书后续读本的选题策划，采用理论讲解、知识问答或者实例解读等多种形式，及时推出应急管理、安全生产、自然灾害防治、消防救援等法律法规类和相关专业领域系列读本。鉴于丛书的编写是一次初步的尝试，我们希望广大读者特别是应急管理从业人员提出宝贵意见，以便改进丛书编书质量、提升书籍品质，更好地帮助广大读者朋友学习掌握应急管理知识，更好服务于新时代大国应急管理伟大事业。

洪毅

2020 年 10 月 20 日

前 言

国家主席习近平在第 39 届国际标准化组织大会上贺信中指出，标准是人类文明进步的成果。中国将积极实施标准化战略，以标准助力创新发展、协调发展、绿色发展、开放发展、共享发展。国务院总理李克强在第 39 届国际标准化组织大会指出，标准化水平的高低，反映了一个国家产业核心竞争力乃至综合实力的强弱。由此可见，党和国家对标准化的重视达到了前所未有的高度。应急管理标准是法律法规的延伸，是政府部门监管执法的基本依据，是企业和从业人员落实安全生产责任制、提高本质安全水平、强化安全防范、提升应急管理保障能力的技术支撑，是推进完善应急管理体系和能力现代化的基础性制度。

截至 2020 年 5 月，应急管理标准共计 1050 项，按级别划分，国家标准 473 项，行业标准 577 项；按性质划分，强制性标准 527 项，推荐性标准 520 项，指导性文件 3 项；按领域划分，安全生产标准 548 项，消防救援标准 454 项，减灾救灾和其他综合性标准 48 项，标准体系呈现门类繁多、量大面广、高度专业等显著特征。

为方便广大读者特别是应急管理领域从业人员学习掌握安全生产、消防救援、减灾救灾等应急管理重要基础性标准文本，提升重要标准宣贯的针对性、适用性，扩大其影响力、执行力，我们组织编辑本书，收录了现行有效的安全生产责任保险事故预防技术服务、危险化学品经营企业安全技术，以及消防救援、减灾救灾等专业领域综合基础性标准文本 100 余项，以及化工园区安全风险排查治理、危险化学品企业安全风险隐患排查治理等标准性质的规范文件。知悉掌握上述重要基础性标准，是提升事故灾害防范、应急救援保障能力必不可少的功课。

在本书编辑过程中，中国标准化研究院、中国计量大学等单位给予大力支持。我们将根据应急管理标准化建设成果，及时更新、增补有关内容，同时恳请广大读者对本书的编辑提出宝贵意见，以便再版时修订完善。

中共中央党校（国家行政学院）
应急管理培训中心
2020 年 10 月

目 录

（上 卷）

第一部分 安全生产基础性标准

一、安全色、安全标志和责任险 ········ 3
安全色（GB 2893—2008） ········ 3
安全标志及其使用导则（GB 2894—2008） ········ 13
工业管道的基本识别色、识别符号和安全标识（GB 7231—2003） ········ 39
安全生产责任保险事故预防技术服务规范（AQ 9010—2019） ········ 43

二、危险化学品及化工安全 ········ 47
化工园区安全风险排查治理导则（试行） ········ 47
危险化学品企业安全风险隐患排查治理导则 ········ 60
危险化学品目录（2015 版） ········ 115
化工和危险化学品生产经营单位重大生产安全事故隐患判定标准（试行） ········ 244
危险化学品生产、储存装置个人可接受风险标准和社会可接受风险标准（试行） ········ 246
危险化学品生产装置和储存设施外部安全防护距离确定方法
（GB/T 37243—2019） ········ 257
危险化学品经营企业安全技术基本要求（GB 18265—2019） ········ 312
石油化工可燃气体和有毒气体检测报警设计标准（GB/T 50493—2019） ········ 319
危险化学品生产装置和储存设施风险基准（GB 36894—2018） ········ 337
危险化学品重大危险源辨识（GB 18218—2018） ········ 342
化学品生产单位特殊作业安全规范（GB 30871—2014） ········ 353
危险化学品单位应急救援物资配备要求（GB 30077—2013） ········ 378
化学品安全技术说明书编写指南（GB/T 17519—2013） ········ 392
危险化学品自反应物质包装规范（GB 27834—2011） ········ 441
化工企业总图运输设计规范（GB 50489—2009） ········ 450
化学品分类和危险性公示 通则（GB 13690—2009） ········ 502
化学品安全标签编写规定（GB 15258—2009） ········ 526
常用化学危险品贮存通则（GB 15603—1995） ········ 557

化学品作业场所安全警示标志规范(AQ 3047—2013) ······ 816
危险化学品重大危险源安全监控通用技术规范(AQ 3035—2010) ······ 822
危险化学品重大危险源 罐区现场安全监控装备设置规范(AQ 3036—2010) ······ 833
危险化学品生产单位主要负责人安全生产培训大纲及考核标准
　　(AQ/T 3029—2010) ······ 844
危险化学品生产单位安全生产管理人员安全生产培训大纲及考核标准
　　(AQ/T 3030—2010) ······ 851
危险化学品从业单位安全标准化通用规范(AQ 3013—2008) ······ 859
加油站作业安全规范(AQ 3010—2007) ······ 877

三、烟花爆竹及民爆品安全 ······ 883
烟花爆竹生产经营单位重大生产安全事故隐患判定标准(试行) ······ 883
烟花爆竹 标志(GB 24426—2015) ······ 884
烟花爆竹 包装(GB 31368—2015) ······ 897
烟花爆竹 安全与质量(GB 10631—2013) ······ 904
烟花爆竹作业安全技术规程(GB 11652—2012) ······ 922
民用爆炸物品生产、销售企业安全管理规程(GB 28263—2012) ······ 953
烟花爆竹工程设计安全规范(GB 50161—2009) ······ 982
民用爆炸品危险货物危险特性检验安全规范(GB 19455—2004) ······ 1046
烟花爆竹零售店(点)安全技术规范(AQ 4128—2019) ······ 1058
烟花爆竹 化工原材料使用安全规范(AQ 4129—2019) ······ 1064
烟花爆竹工程设计安全审查规范(AQ 4126—2018) ······ 1069
烟花爆竹工程竣工验收规范(AQ/T 4127—2018) ······ 1082
烟花爆竹 烟火药危险性分类定级方法(AQ/T 4124—2014) ······ 1094
烟花爆竹 单基火药安全要求(AQ 4125—2014) ······ 1106
礼花弹生产安全条件(AQ 4121—2012) ······ 1110
烟花爆竹安全生产标志(AQ 4114—2011) ······ 1120
烟花爆竹防止静电通用导则(AQ 4115—2011) ······ 1131
烟花爆竹企业安全监控系统通用技术条件(AQ 4101—2008) ······ 1136
烟花爆竹流向登记通用规范(AQ 4102—2008) ······ 1148
烟花爆竹 烟火药安全性指标及测定方法(AQ 4104—2008) ······ 1157
烟花爆竹作业场所机械电器安全规范(AQ 4111—2008) ······ 1162
烟花爆竹出厂包装检验规程(AQ 4112—2008) ······ 1165

(中　卷)

四、煤矿安全 ······ 1169
煤矿安全规程(2016版) ······ 1169

爆破安全规程(GB 6722—2014) …… 1291
煤矿用化学氧自救器(GB 24502—2009) …… 1351
矿山安全标志(GB 14161—2008) …… 1371
煤矿安全监控系统及检测仪器使用管理规范(AQ 1029—2019) …… 1391
煤矿安全监控系统通用技术要求(AQ 6201—2019) …… 1410
煤矿建设项目安全审核基本要求(AQ 1049—2018) …… 1430
煤矿建设项目安全设施设计审查和竣工验收规范(AQ 1055—2018) …… 1434
煤矿建设项目安全预评价实施细则(AQ 1095—2014) …… 1487
煤矿建设项目安全验收评价实施细则(AQ 1096—2014) …… 1495
井工煤矿安全设施设计编制导则(AQ 1097—2014) …… 1509
露天煤矿安全设施设计编制导则(AQ 1098—2014) …… 1532
煤矿建设安全规范(AQ 1083—2011) …… 1547
煤矿低浓度瓦斯管道输送安全保障系统设计规范(AQ 1076—2009) …… 1619
瓦斯管道输送自动喷粉抑爆装置通用技术条件(AQ 1079—2009) …… 1624
煤矿主要负责人安全生产培训大纲及考核标准(AQ 1069—2008) …… 1633
煤矿安全生产管理人员安全生产培训大纲及考核标准(AQ 1070—2008) …… 1641
煤矿职业安全卫生个体防护用品配备标准(AQ 1051—2008) …… 1650
隔绝式压缩氧气自救器(AQ 1054—2008) …… 1680
矿山救护规程(AQ 1008—2007) …… 1698
煤矿井下作业人员管理系统通用技术条件(AQ 6210—2007) …… 1746
矿用产品安全标志标识(AQ 1043—2007) …… 1761
煤与瓦斯突出矿井鉴定规范(AQ 1024—2006) …… 1765
矿井瓦斯等级鉴定规范(AQ 1025—2006) …… 1775
煤矿瓦斯抽采基本指标(AQ 1026—2006) …… 1781
煤矿瓦斯抽放规范(AQ 1027—2006) …… 1785
煤矿井工开采通风技术条件(AQ 1028—2006) …… 1805
选煤厂安全规程(AQ 1010—2005) …… 1856
煤矿井下安全标志(AQ 1017—2005) …… 1892
矿井救灾通信系统通用技术条件(MT/T 1129—2011) …… 1915
煤矿用自动苏生器(MT/T 949—2005) …… 1924
隔绝式正压氧气呼吸器(MT/T 867—2000) …… 1935
矿井压风自救装置技术条件(MT 390—1995) …… 1949

五、非煤矿山安全 …… 1952

金属非金属矿山重大生产安全事故隐患判定标准(试行) …… 1952
金属非金属矿山安全规程(GB 16423—2006) …… 1954
金属非金属矿山提升系统日常检查和定期检测检验管理规范
　(AQ 2068—2019) …… 2027
金属非金属地下矿山无轨运人车辆安全技术要求(AQ 2070—2019) …… 2032

金属非金属矿山在用设备设施安全检测检验目录（AQ/T 2075—2019） …………… 2046
金属非金属地下矿山防治水安全技术规范（AQ 2061—2018） ……………………… 2052
金属非金属矿山在用主通风机系统安全检验规范（AQ 2054—2016） …………… 2084
金属非金属地下矿山监测监控系统建设规范（AQ 2031—2011） ………………… 2091
金属非金属地下矿山人员定位系统建设规范（AQ 2032—2011） ………………… 2096
金属非金属地下矿山紧急避险系统建设规范（AQ 2033—2011） ………………… 2100
金属非金属地下矿山压风自救系统建设规范（AQ 2034—2011） ………………… 2103
金属非金属地下矿山供水施救系统建设规范（AQ 2035—2011） ………………… 2105
金属非金属地下矿山通信联络系统建设规范（AQ 2036—2011） ………………… 2107
金属非金属矿山提升钢丝绳检验规范（AQ 2026—2010） ………………………… 2110
金属非金属地下矿山主排水系统安全检验规范（AQ 2029—2010） ……………… 2115
金属非金属地下矿山通风技术规范 通风系统（AQ 2013.1—2008） ……………… 2124
金属非金属地下矿山通风技术规范 局部通风（AQ 2013.2—2008） ……………… 2132
金属非金属地下矿山通风技术规范 通风系统检测（AQ 2013.3—2008） ………… 2135
金属非金属地下矿山通风技术规范 通风管理（AQ 2013.4—2008） ……………… 2140
金属非金属地下矿山通风技术规范 通风系统鉴定指标（AQ 2013.5—2008） …… 2144
金属非金属矿山竖井提升系统防坠器安全性能检测检验规范
　（AQ 2019—2008） ………………………………………………………………… 2149
金属非金属矿山在用缠绕式提升机安全检测检验规范（AQ 2020—2008） ……… 2153
金属非金属矿山在用摩擦式提升机安全检测检验规范（AQ 2021—2008） ……… 2160
金属非金属矿山在用提升绞车安全检测检验规范（AQ 2022—2008） …………… 2165
金属非金属矿山主要负责人安全生产培训大纲（AQ 2008—2006） ……………… 2171
金属非金属矿山主要负责人安全生产考核标准（AQ 2009—2006） ……………… 2176
金属非金属矿山安全生产管理人员安全生产培训大纲（AQ 2010—2006） ……… 2181
金属非金属矿山安全生产管理人员安全生产考核标准（AQ 2011—2006） ……… 2186
金属非金属矿山排土场安全生产规则（AQ 2005—2005） ………………………… 2191
尾矿库安全技术规程（AQ 2006—2005） …………………………………………… 2199

六、粉尘防爆和涂装安全 …………………………………………………………… 2217

粉尘防爆安全规程（GB 15577—2018） ……………………………………………… 2217
粉尘防爆术语（GB/T 15604—2008） ………………………………………………… 2225
涂装作业安全规程 安全管理通则（GB 7691—2003） …………………………… 2232
铝镁制品机械加工粉尘防爆安全技术规范（AQ 4272—2016） …………………… 2255
粉尘爆炸危险场所用除尘系统安全技术规范（AQ 4273—2016） ………………… 2267
塑料生产系统粉尘防爆规范（AQ 4232—2013） …………………………………… 2277
粮食立筒仓粉尘防爆安全规范（AQ 4229—2013） ………………………………… 2283
粮食平房仓粉尘防爆安全规范（AQ 4230—2013） ………………………………… 2288
木材加工系统粉尘防爆安全规范（AQ 4228—2012） ……………………………… 2293
涂装工程安全评价导则（AQ 5206—2011） ………………………………………… 2301

涂装作业危险有害因素分类(AQ/T 5209—2011) ………………………………… 2307
建筑涂装安全通则(AQ 5210—2011) ………………………………………………… 2312
涂料生产企业安全生产标准化实施指南(AQ 3040—2010) ……………………… 2322
电镀生产装置安全技术条件(AQ 5203—2008) …………………………………… 2340
涂装工程安全设施验收规范(AQ 5201—2007) …………………………………… 2347

七、个体防护装备 …………………………………………………………………………… 2353

防护服装 阻燃服(GB 8965.1—2020) …………………………………………… 2353
防护服装 防静电服(GB 12014—2019) ………………………………………… 2365
足部防护 安全鞋(GB 21148—2020) …………………………………………… 2381
头部防护 安全帽(GB 2811—2019) ……………………………………………… 2410
呼吸防护 自吸过滤式防颗粒物呼吸器(GB 2626—2019) …………………… 2420
个体防护装备 眼面部防护 职业眼面部防护具 第1部分:要求
(GB 32166.1—2016) ……………………………………………………………… 2455
手部防护 化学品及微生物防护手套(GB 28881—2012) …………………… 2466
安全带(GB 6095—2009) …………………………………………………………… 2475
防护服装 化学防护服通用技术要求(GB 24539—2009) …………………… 2487

(下　卷)

第二部分　消防救援基础性标准

一、消防术语 ………………………………………………………………………………… 2531

消防词汇 第1部分:通用术语(GB/T 5907.1—2014) ………………………… 2531
消防词汇 第2部分:火灾预防(GB/T 5907.2—2015) ………………………… 2539
消防词汇 第3部分:灭火救援(GB/T 5907.3—2015) ………………………… 2554
消防词汇 第4部分:火灾调查(GB/T 5907.4—2015) ………………………… 2562
消防词汇 第5部分:消防产品(GB/T 5907.5—2015) ………………………… 2571

二、消防安全标志 …………………………………………………………………………… 2605

消防安全标志 第1部分:标志(GB 13495.1—2015) ………………………… 2605
消防安全标志设置要求(GB 15630—1995) ……………………………………… 2620
消防安全标志通用技术条件 第1部分:通用要求和试验方法
(XF 480.1—2004) ………………………………………………………………… 2635
消防安全标志通用技术条件 第2部分:常规消防安全标志
(XF 480.2—2004) ………………………………………………………………… 2645

三、消防产品及装备配备 ... 2650

消防监督技术装备配备(GB/T 25203—2010) ... 2650
消防电子产品检验规则(GB 12978—2003) ... 2669
消防产品市场准入信息管理(XF/T 1465—2018) ... 2677
消防技术服务机构设备配备(XF 1157—2014) ... 2702
消防产品一致性检查要求(XF 1061—2013) ... 2708
消防员个人防护装备配备标准(XF 621—2013) ... 2832
消防特勤队(站)装备配备标准(XF 622—2013) ... 2843
消防产品现场检查判定规则(XF 588—2012) ... 2858
消防产品工厂检查通用要求(XF 1035—2012) ... 2935
消防产品身份信息管理(XF 846—2009) ... 2951

四、火灾分类、勘验、认定、判定和统计 ... 2972

重大火灾隐患判定方法(GB 35181—2017) ... 2972
火灾分类(GB/T 4968—2008) ... 2979
火灾原因认定规则(XF 1301—2016) ... 2981
火灾损失统计方法(XF 185—2014) ... 2987
火灾现场勘验规则(XF 839—2009) ... 3006

五、建筑场所消防安全 ... 3016

社会单位灭火和应急疏散预案编制及实施导则(GB/T 38315—2019) ... 3016
建筑设计防火规范(GB 50016—2014)(2018年版) ... 3028
建筑消防设施的维护管理(GB 25201—2010) ... 3255
文物建筑消防安全管理(XF/T 1463—2018) ... 3279
住宅物业消防安全管理(XF 1283—2015) ... 3290
多产权建筑消防安全管理(XF/T 1245—2015) ... 3298
仓储场所消防安全管理通则(XF 1131—2014) ... 3305
住宿与生产储存经营合用场所消防安全技术要求(XF 703—2007) ... 3319
人员密集场所消防安全管理(XF 654—2006) ... 3323
城市轨道交通消防安全管理(XF/T 579—2005) ... 3338

第三部分 减灾救灾基础性标准

一、减灾救灾综合 ... 3355

自然灾害承灾体分类与代码(GB/T 32572—2016) ... 3355
自然灾害分类与代码(GB/T 28921—2012) ... 3362
自然灾害救助应急响应划分基本要求(GB/T 29425—2012) ... 3368

灾区农户住房倒塌或损坏数量抽样核查方法(GB/T 28225—2011) …………………… 3371
自然灾害管理基本术语(GB/T 26376—2010) ……………………………………………… 3379
社会捐助款物管理和使用规范(GB/T 26375—2010) …………………………………… 3385
救灾物资储备库管理规范(GB/T 24439—2009) ………………………………………… 3388
社会捐助基本术语(GB/T 24440—2009) ………………………………………………… 3390
自然灾害灾情统计　第1部分：基本指标(GB/T 24438.1—2009) …………………… 3393
自然灾害灾情统计　第2部分：扩展指标(GB/T 24438.2—2012) …………………… 3398
自然灾害灾情统计　第3部分：分层随机抽样统计方法(GB/T 24438.3—2012) …… 3412
自然灾害避灾点管理规范(MZ/T 052—2014) …………………………………………… 3418
应急期受灾人员集中安置点基本要求(MZ/T 040—2013) …………………………… 3422
自然灾害损失现场调查规范(MZ/T 042—2013) ………………………………………… 3425
房屋受灾损坏程度现场识别(MZ/T 043—2013) ………………………………………… 3430
自然灾害风险分级方法(MZ/T 031—2012) ……………………………………………… 3434

二、地震地质灾害应急救援 ……………………………………………………………………… 3439

地震震级的规定(GB 17740—2017) ……………………………………………………… 3439
地震应急避难场所　运行管理指南(GB/T 33744—2017) …………………………… 3453
中小学校地震避险指南(GB/T 33735—2017) …………………………………………… 3476
社区地震应急指南(GB/T 31079—2014) ………………………………………………… 3482
人员密集场所地震避险(GB/T 30353—2013) …………………………………………… 3492
地震灾情应急评估(GB/T 30352—2013) ………………………………………………… 3499
地震灾害紧急救援队伍救援行动　第1部分：基本要求
　(GB/T 29428.1—2012) ………………………………………………………………… 3530
地震灾害紧急救援队伍救援行动　第2部分：程序和方法
　(GB/T 29428.2—2014) ………………………………………………………………… 3549
地震应急避难场所　场址及配套设施(GB 21734—2008) …………………………… 3561
防震减灾术语　第1部分：基本术语(GB/T 18207.1—2008) ………………………… 3566
防震减灾术语　第2部分：专业术语(GB/T 18207.2—2005) ………………………… 3575
工程场地地震安全性评价(GB 17741—2005) …………………………………………… 3607
地质灾害排查规范(DZ/T 0284—2015) ………………………………………………… 3619
地质灾害危险性评估规范(DZ/T 0286—2015) ………………………………………… 3639
地质灾害灾情统计(DZ/T 0269—2014) ………………………………………………… 3672

三、水旱灾害应急救援 …………………………………………………………………………… 3686

暴雨灾害等级(GB/T 33680—2017) ……………………………………………………… 3686
干旱灾害等级(GB/T 34306—2017) ……………………………………………………… 3690
防洪标准(GB 50201—2014) ……………………………………………………………… 3694
治涝标准(SL 723—2016) ………………………………………………………………… 3735
水库大坝安全管理应急预案编制导则(SL/Z 720—2015) …………………………… 3764

防洪风险评价导则(SL 602—2013) ·· 3828
　　抗旱预案编制导则(SL 590—2013) ·· 3841
　　防台风应急预案编制导则(SL 611—2012) ·· 3850

四、气象灾害预警预报与应急响应·· 3858
　　气象灾害预警信号图标(GB/T 27962—2011) ····································· 3858
　　灾害性天气预报警报指南(GB/T 27966—2011) ·································· 3867
　　气象灾害调查技术规范　气象灾情信息收集(QX/T 531—2019) ················· 3870
　　重大气象灾害应急响应启动等级(QX/T 116—2018) ····························· 3875

第一部分
安全生产基础性标准

一、安全色、安全标志和责任险

安全色(GB 2893—2008)

前　言

本标准的全部技术内容为强制性。

本标准修改采用 ISO 3864-1:2002《图形符号——安全色和安全标志——第1部分:工作场所和公共区域中安全标志的设计原则》(英文版)。

本标准与 ISO 3864-1:2002 相比,主要存在如下技术性差异:
——补充了安全色和对比色色度性能和光度性能的测量方法;
——补充了安全色的使用导则。

本标准代替 GB 2893—2001《安全色》。

本标准与 GB 2893—2001 相比主要变化如下:
——按照 GB/T 1.1《标准化工作导则　第1部分:标准的结构和编写规则》的要求重新起草了标准文本;
——参照 ISO 3864-1:2002《图形符号——安全色和安全标志——第1部分:工作场所和公共区域中安全标志的设计原则》,对安全色的颜色表征、技术要求进行了修订、补充;
——根据我国相关标准,对部分术语和定义及附录进行了修订。

本标准的附录 A 为规范性附录。

本标准由国家安全生产监督管理总局提出。

本标准由全国安全生产标准化技术委员会归口。

本标准起草单位:北京市劳动保护科学研究所。

本标准主要起草人:汪彤、宋冰雪、谢昱姝、朱伟、代宝乾、王培怡、吕良海、白永强、陈晓玲、王山、陈虹桥。

本标准1982年首次发布,2001年第一次修订。

1　范围

本标准规定了传递安全信息的颜色、安全色的测试方法和使用方法。

本标准适用于公共场所、生产经营单位和交通运输、建筑、仓储等行业以及消防等领域所使用的信号和标志的表面色。

本标准不适用于灯光信号和航海、内河航运以及其他目的而使用的颜色。

2 规范性引用文件

下列文件中的条款通过本标准的引用而成为本标准的条款。凡是注日期的引用文件，其随后所有的修改单（不包括勘误的内容）或修订版均不适用于本标准，然而，鼓励根据本标准达成协议的各方研究是否可使用这些文件的最新版本。凡是不注日期的引用文件，其最新版本适用于本标准。

GB 2894　安全标志及其使用导则
GB/T 3978　标准照明体和几何条件
GB/T 3979　物体色的测量方法
GB 5768　道路交通标志和标线
GB 13495　消防安全标志

3 术语和定义

下列术语和定义适用于本标准。

3.1
安全色　safety colour
传递安全信息含义的颜色，包括红、蓝、黄、绿四种颜色。

3.2
对比色　contrast colour
使安全色更加醒目的反衬色，包括黑、白两种颜色。

3.3
安全标记　safety marking
采用安全色和（或）对比色传递安全信息或者使某个对象或地点变得醒目的标记。

3.4
色域　colour gamut
能够满足一定条件的颜色集合在色品图或色空间内的范围。

3.5
亮度　luminance
在发光面、被照射面或光传播断面上的某点，从包括该点的微小面元在某方向微小立体面内的光通量除以微小面元的正投影面积与该微小立体角乘积所得的商。

3.6
亮度因数　luminance factor
在规定的照明和观测条件下，非自发光体表面上某一点的给定方向的亮度 L_{vs} 与同一条件下完全反射或完全透射的漫射体的亮度 L_{vn} 之比。亮度因数以 β_v 表示。

$$\beta_v = \frac{L_{vs}}{L_{vn}} \quad \cdots\cdots\cdots\cdots\cdots\cdots\cdots(1)$$

3.7
亮度对比度　luminance contrast
对比色亮度 L_1 与安全色亮度 L_2 的比值，其中 L_1 大于 L_2。亮度对比度以 k 表示。

$$k = \frac{L_1}{L_2} \quad\quad\cdots\cdots\cdots\cdots\cdots\cdots\cdots\cdots\cdots\cdots(2)$$

3.8
逆反射 retroreflection

反射光线从靠近入射光线的反方向返回的反射。当入射光线的方向在较大范围内变化时,仍能保持这种性质。

3.9
光强度系数 coefficient of luminous intensity

逆反射在观测方向的光强度 I 除以投向逆反射体且落在垂直于入射方向的平面的光照度 $E_\perp$ 之商,即:

$$R = \frac{I}{E_\perp} \quad\quad\cdots\cdots\cdots\cdots\cdots\cdots\cdots\cdots\cdots\cdots(3)$$

式中:
R ——光强度系数,单位为坎德拉每勒克斯($cd \cdot lx^{-1}$);
I ——光强度,单位为坎德拉(cd);
$E_\perp$——垂直方向照度,单位为勒克斯(lx)。

3.10
逆反射系数 coefficient of retroreflection

逆反射面的逆反射光强度系数 R 除以它的面积 A 之商,即:

$$R' = \frac{R}{A} = \frac{I}{E_\perp \times A} \quad\quad\cdots\cdots\cdots\cdots\cdots\cdots\cdots\cdots(4)$$

$$I = Ed^2 \quad\quad\cdots\cdots\cdots\cdots\cdots\cdots\cdots\cdots\cdots\cdots(5)$$

式中:
R' ——逆反射系数,单位为坎德拉每勒克斯平方米($cd \cdot lx^{-1} \cdot m^{-2}$);
R ——光强度系数,单位为坎德拉每勒克斯($cd \cdot lx^{-1}$);
A ——试样被测面积,单位为平方米(m^2);
I ——光强度,单位为坎德拉(cd);
$E_\perp$——垂直方向照度,单位为勒克斯(lx);
E ——照度,单位为勒克斯(lx);
d ——照明光源至接受方向的距离,单位为米(m)。

4 颜色表征

4.1 安全色
4.1.1 红色
传递禁止、停止、危险或提示消防设备、设施的信息。
4.1.2 蓝色
传递必须遵守规定的指令性信息。
4.1.3 黄色
传递注意、警告的信息。

4.1.4 绿色

传递安全的提示性信息。

4.2 对比色

安全色与对比色同时使用时,应按表1规定搭配使用。

表 1 安全色的对比色

安全色	对比色
红色	白色
蓝色	白色
黄色	黑色
绿色	白色

4.2.1 黑色

黑色用于安全标志的文字、图形符号和警告标志的几何边框。

4.2.2 白色

白色用于安全标志中红、蓝、绿的背景色,也可用于安全标志的文字和图形符号。

4.3 安全色与对比色的相间条纹

相间条纹为等宽条纹,倾斜约45°。

4.3.1 红色与白色相间条纹

表示禁止或提示消防设备、设施位置的安全标记。

4.3.2 黄色与黑色相间条纹

表示危险位置的安全标记。

4.3.3 蓝色与白色相间条纹

表示指令的安全标记,传递必须遵守规定的信息。

4.3.4 绿色与白色相间条纹

表示安全环境的安全标记。

5 技术要求

安全色的色度范围应如图1和表2所示。

满足精确颜色要求的安全色色度范围应符合表3的要求。

磷光色的对比色和亮度因数应如图1和表4所示。

含有逆反射材料的最小逆反射系数如表5所示。

对于透照材料,x 和 y 坐标应在表2所给出的颜色范围内,亮度对比度应在表6所给出范围内。

满足以下条件,则认为安全色不符合要求:

a) 使用中的逆反射材料(表5):光度值降低到所要求最小值的50%以下,或者色度坐标落在表2所给定范围的边界之外;

b) 使用中的荧光材料:色度坐标落在表2所给定范围的边界之外。

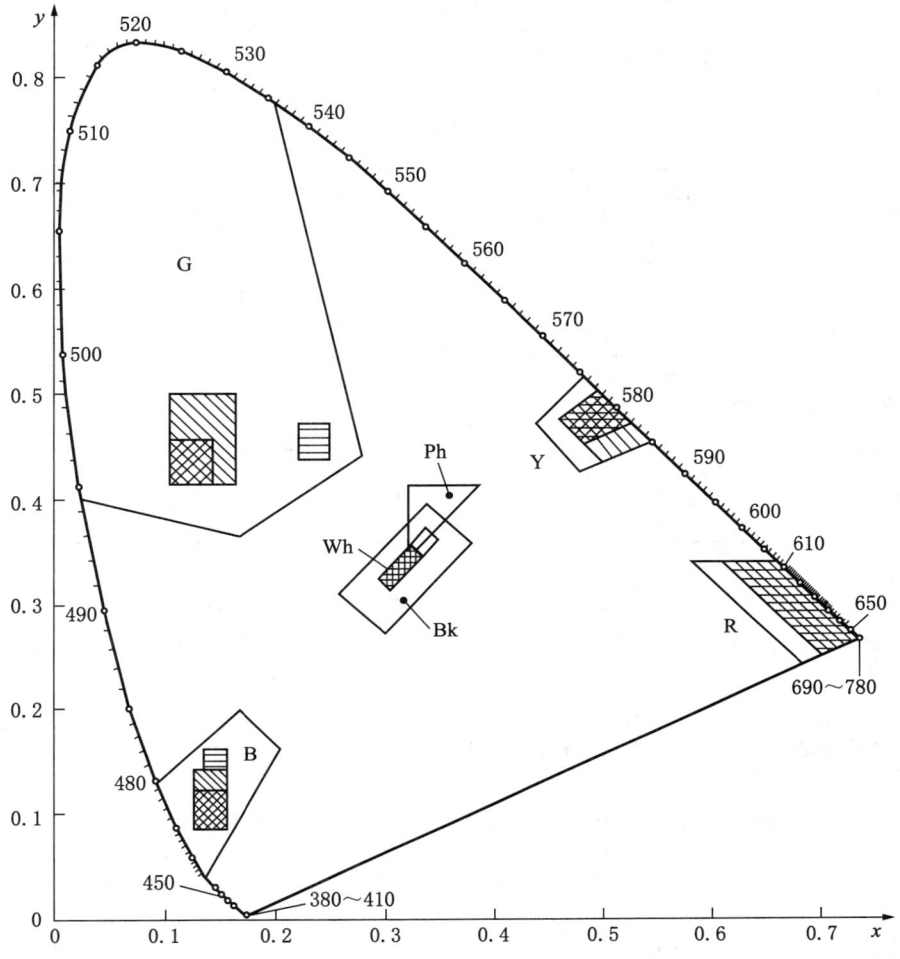

图例：

R 红色　　　Wh 白色
Y 黄色　　　Bk 黑色
G 绿色　　　Ph 浅黄的白色磷光
B 蓝色

▢ 与表2一致的安全色范围

▤ 与表3一致的安全色范围，普通材料

▨ 与表3一致的安全色范围，逆反射材料类型1

▩ 与表3一致的安全色范围，逆反射材料类型2

图 1 安全色和对比色的色品区域

表2 普通材料、发光材料、逆反射材料和组合材料的色度坐标和亮度因数

颜色		许用颜色范围的角点色度坐标（标准照明体 D_{65}，2°视场）				亮度因数 β				组合材料
		1	2	3	4	普通材料	发光材料	逆反射材料[a]		
								类型1	类型2	
红	x	0.735	0.681	0.579	0.655	≥ 0.07	≥ 0.03	≥ 0.05	≥ 0.03	≥ 0.25
	y	0.265	0.239	0.341	0.345					
蓝	x	0.049	0.172	0.210	0.137	≥ 0.05	≥ 0.05	≥ 0.01	≥ 0.01	≥ 0.03
	y	0.125	0.198	0.160	0.038					
黄	x	0.545	0.494	0.444	0.481	≥ 0.45	≥ 0.80	≥ 0.27	≥ 0.16	≥ 0.70
	y	0.454	0.426	0.476	0.518					
绿	x	0.201	0.285	0.170	0.026	≥ 0.12	≥ 0.40	≥ 0.04	≥ 0.03	≥ 0.35
	y	0.776	0.441	0.364	0.399					
白	x	0.350	0.305	0.295	0.340	≥ 0.75	≥ 1.0	≥ 0.35	≥ 0.27	—
	y	0.360	0.315	0.325	0.370					
黑	x	0.385	0.300	0.260	0.345	≤ 0.03	—	—	—	—
	y	0.355	0.270	0.310	0.395					

[a] 根据逆反射系数确定逆反射材料的类型。

表3 普通材料和逆反射材料在色度图中更小范围的色度坐标

颜色		许用颜色范围的角点色度坐标（标准照明体 D_{65}，2°视场）											
		普通材料				逆反射材料[a]							
						类型1				类型2			
		1	2	3	4	1	2	3	4	1	2	3	4
红	x	0.660	0.610	0.700	0.735	0.660	0.610	0.700	0.735	0.660	0.610	0.700	0.735
	y	0.340	0.340	0.250	0.265	0.340	0.340	0.250	0.265	0.340	0.340	0.250	0.265
蓝	x	0.140	0.160	0.160	0.140	0.130	0.160	0.160	0.130	0.130	0.160	0.160	0.130
	y	0.140	0.140	0.160	0.160	0.086	0.086	0.120	0.120	0.090	0.090	0.140	0.140
黄	x	0.494	0.470	0.493	0.522	0.494	0.470	0.493	0.522	0.494	0.470	0.513	0.545
	y	0.505	0.480	0.457	0.477	0.505	0.480	0.457	0.477	0.505	0.480	0.437	0.454
绿	x	0.230	0.260	0.260	0.230	0.110	0.150	0.150	0.110	0.110	0.170	0.170	0.110
	y	0.440	0.440	0.470	0.470	0.415	0.415	0.455	0.455	0.415	0.415	0.500	0.500
白	x	0.305	0.335	0.325	0.295	0.305	0.335	0.325	0.295	0.305	0.335	0.325	0.295
	y	0.315	0.345	0.355	0.325	0.315	0.345	0.355	0.325	0.315	0.345	0.355	0.325

[a] 根据逆反射系数确定逆反射材料的类型。

表4 昼光条件下磷光材料对比色的色度坐标

磷光材料的对比色	许用颜色范围的角点色度坐标[标准照明体D_{65}（几何条件45/0），2°视场]				亮度因数β
浅黄的白	x	0.390	0.320	0.320	>0.75
	y	0.410	0.340	0.410	
白	x	0.350	0.305	0.295	0.340	>0.75
	y	0.360	0.315	0.325	0.370	

表5 最小逆反射系数R'

观测角	入射角	最小逆反射系数[a]（单位：cd·lx^{-1}·m^{-2}，光源：标准照明体A）									
		类型1					类型2				
		白	黄	红	绿	蓝	白	黄	红	绿	蓝
12′	5°	70	50	14.5	9	4	250	170	45	45	20
	30°	30	22	6	3.5	1.7	150	100	25	25	11
	40°	10	7	2	1.5	0.5	110	70	16	16	8
20′	5°	50	35	10	7	2	180	122	25	21	14
	30°	24	16	4	3	1	100	67	14	11	7
	40°	9	6	1.8	1.2	0.4	95	64	13	11	7
2°	5°	5	3	0.8	0.6	0.2	5	3	0.8	0.6	0.2
	30°	2.5	1.5	0.4	0.3	0.1	2.5	1.5	0.4	0.3	0.1
	40°	1.5	1.0	0.3	0.2	0.06	1.5	1.0	0.3	0.2	0.06

[a] 印刷在标志上的彩色部分，其逆反射系数不应小于表5中所给数值的80%。

表6 透照材料的亮度对比度

安全色	红	蓝	黄	绿
对比色	白	白	黑	白
亮度对比度k	5<k<15	5<k<15	[a]	5<k<15

注：在安全色和对比色内部，亮度的均匀度是通过颜色内部最小亮度与最大亮度的比来衡量的，其比值应大于1∶5。

[a] 黑色作为对比或符号色是不透明的。

6 测量方法

安全色和对比色的色度性能测量方法见6.1，光度性能测量方法见6.2。

6.1 色度性能

安全色和对比色的色度性能按GB/T 3979中规定的方法测出试样的各角点色度坐标。

6.2 光度性能

6.2.1 测量装置

测量原理如图2所示。

采用GB/T 3978规定的标准A光源,光探测器应符合$V(\lambda)$的要求。光探测器安装在光源上方并与光源处于同一平面内。

试样参考中心对光源孔径张角及对光探测器孔径张角应分别不大于12′。试样整个受照区域内的垂直照度不均匀性小于5%,试样参考轴相对于光源轴的入射角(β)应能在0°~40°范围内变化。观测轴相对于照明轴之间的观测角(α)应能在0.2°~2°范围内改变。

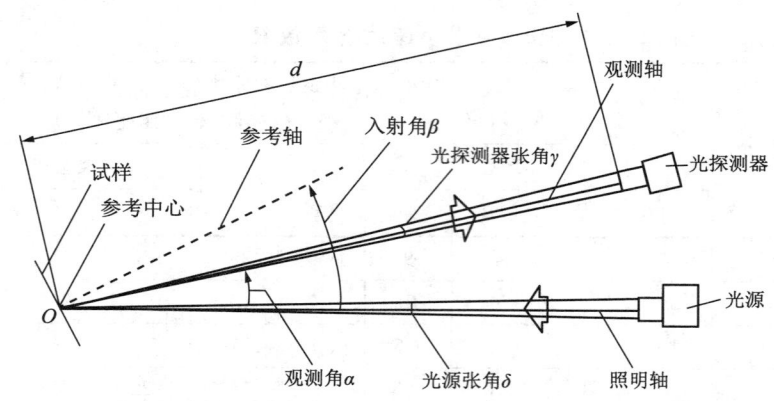

图2 逆反射系数的测量原理

6.2.2 测量过程

a) 光探测器置于试样参考中心上正对着光源,测得试样面上的垂直照度$E_\perp$;

b) 再将上述光探测器置于图2的位置上,移动光探测器使其观测角为α,转动试样使入射角等于β,测出α和β角上试样的照度E;

c) 测得试样参考中心平面与光探测器孔径面间的距离d和被测试样的面积A;

d) 最后将上述$E_\perp$、E、d和A分别代入式(4)和式(5)中,计算出不同观测角和入射角条件下的逆反射系数R'。

附 录 A
（规范性附录）
安全色的使用导则

A.1 安全色

A.1.1 红色

各种禁止标志（参照GB 2894）;交通禁令标志（参照GB 5768）;消防设备标志（参照GB 13495）;机械的停止按钮、刹车及停车装置的操纵手柄;机械设备转动部件的裸露部位;仪表刻度盘上极限位置的刻度;各种危险信号旗等。

A.1.2 黄色

各种警告标志（参照GB 2894）;道路交通标志和标线中警告标志（参照GB 5768）;警告

信号旗等。

A.1.3 蓝色

各种指令标志（参照 GB 2894）；道路交通标志和标线中指示标志（参照 GB 5768）等。

A.1.4 绿色

各种提示标志（参照 GB 2894）；机器启动按钮；安全信号旗；急救站、疏散通道、避险处、应急避难场所等。

A.2 安全色与对比色相间条纹

A.2.1 红色与白色相间条纹

应用于交通运输等方面所使用的防护栏杆及隔离墩；液化石油气汽车槽车的条纹；固定禁止标志的标志杆上的色带（如图 A.1）等。

A.2.2 黄色与黑色相间条纹

应用于各种机械在工作或移动时容易碰撞的部位，如移动式起重机的外伸腿、起重臂端部、起重吊钩和配重；剪板机的压紧装置；冲床的滑块等有暂时或永久性危险的场所或设备；固定警告标志的标志杆上的色带（如图 A.1）等。

设备所涂条纹的倾斜方向应以中心线为轴线对称，如图 A.2 所示。两个相对运动（剪切或挤压）棱边上条纹的倾斜方向应相反，如图 A.3 所示。

A.2.3 蓝色与白色相间条纹

应用于道路交通的指示性导向标志（如图 A.4）；固定指令标志的标志杆上的色带（如图 A.1）等。

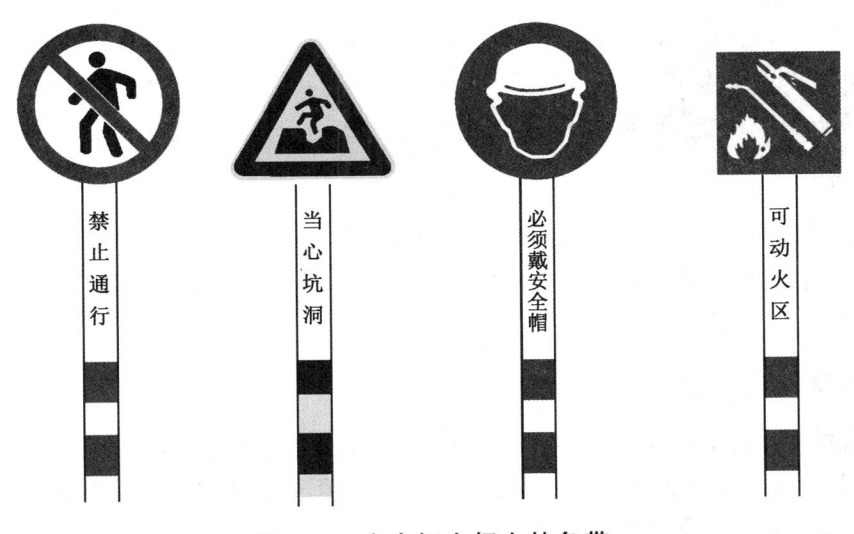

图 A.1 安全标志杆上的色带

图 A.2 以设备中心为轴线对称的相间条纹示意图

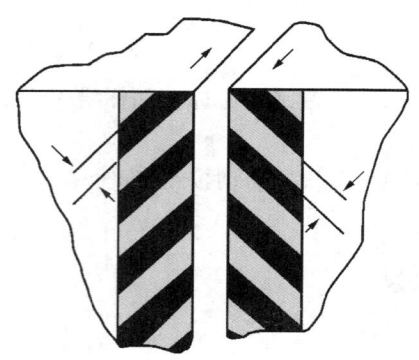

图 A.3　相对运动棱边上条纹的倾斜方向示意图

图 A.4　指示性导向标志

A.2.4　绿色与白色相间条纹

应用于固定提示标志杆上的色带(如图 A.1)等。

A.2.5　相间条纹宽度

安全色与对比色相间的条纹宽度应相等,即各占 50%,斜度与基准面成 45°。宽度一般为 100 mm,但可根据设备大小和安全标志位置的不同,采用不同的宽度,在较小的面积上其宽度可适当缩小,每种颜色不能少于两条。

A.3　使用要求

使用安全色时要考虑周围的亮度及同其他颜色的关系,要使安全色能正确辨认。在明亮的环境中,照明光源应接近自然白昼光如 D_{65} 光源;在黑暗的环境中为避免眩光或干扰应减少亮度。

A.4　检查与维修

凡涂有安全色的部位,每半年应检查一次,应保持整洁、明亮,如有变色、褪色等不符合安全色范围,逆反射系数低于 70% 或安全色的使用环境改变时,应及时重涂或更换,以保证安全色正确、醒目,达到安全警示的目的。

安全标志及其使用导则(GB 2894—2008)

前 言

本标准的全部技术内容为强制性。

本标准参照国际标准化组织 ISO 7010 Graphical symbols—Safety colours and safety signs—Safety signs used in workplaces and public areas(图形符号——安全颜色和安全标志——工作场所和公共区域安全标志),结合 GB/T 10001《标志用公共信息图形符号》和 GB 13495《消防安全标志》进行了修订、补充。

本标准对现行国家标准 GB 2894—1996《安全标志》、GB 16179—1996《安全标志使用导则》和 GB 18217—2000《激光安全标志》进行合并、修订。

本标准与 GB 2894—1996、GB 16179—1996 和 GB 18217—2000 相比,内容的变化主要有:

——按照 GB/T 1.1 的要求,将 GB 2894—1996、GB 16179—1996 和 GB 18217—2000 进行了合并、补充及修改,重新起草了标准文本;

——调整了标准的适用范围;

——新增加了 38 个图形符号:禁止叉车和厂内机动车辆通行、禁止推动、禁止伸出窗外、禁止倚靠、禁止坐卧、禁止蹬踏、禁止伸入、禁止开启无线移动通讯设备、禁止携带金属物或手表、禁止佩戴心脏起搏器者靠近标志、禁止植入金属材料者靠近、禁止游泳、禁止滑冰、禁止携带武器及仿真武器、禁止携带托运易燃及易爆物品、禁止携带托运毒物品及有害液体、禁止携带托运放射性及磁性物品、当心自动启动、当心碰头、当心挤压、当心夹手、当心有犬、当心高温表面、当心低温、当心磁场、当心叉车、当心跌落、当心落水、当心缝隙、必须配戴遮光护目镜、必须洗手、必须接地、必须拔出插头、应急避难场所、击碎板面、急救点、应急电话、紧急医疗站;

——对 5 个图形符号进行了修改:禁止触摸、禁止饮用、当心吊物、当心障碍物、当心滑倒;

——减少 1 个图形符号:当心瓦斯;

——规定了新增、修改后安全标志图形应设置的范围和地点、型号的选用、设置高度以及使用的要求等内容。

本标准自实施之日起,代替 GB 2894—1996、GB 16179—1996 和 GB 18217—2000。

本标准的附录 A、附录 B、附录 C 是规范性附录。

本标准由国家安全生产监督管理总局提出。

本标准由全国安全生产标准化技术委员会归口。

本标准起草单位:北京市劳动保护科学研究所、北京光电技术研究所。

本标准主要起草人:汪彤、代宝乾、王培怡、吴爱平、吕良海、白永强、陈晓玲、陈虹桥、谢昱姝、宋冰雪、阮继锋、卢永红、张晋、马云飞。

本标准所代替标准的历次版本发布情况为:

——GB 2894—1982、GB 2894—1988、GB 2894—1996;

——GB 16179—1996；
——GB 18217—2000。

1 范围

本标准规定了传递安全信息的标志及其设置、使用的原则。

本标准适用于公共场所、工业企业、建筑工地和其他有必要提醒人们注意安全的场所。

2 规范性引用文件

下列文件中的条款通过本标准的引用而成为本标准的条款。凡是注日期的引用文件，其随后所有的修改单(不包括勘误的内容)或修订版均不适用于本标准，然而，鼓励根据本标准达成协议的各方研究是否可使用这些文件的最新版本。凡是不注日期的引用文件，其最新版本适用于本标准。

GB 2893　安全色

GB/T 10001(所有部分)　标志用公共信息图形符号

GB 10436　作业场所微波辐射卫生标准

GB 10437　作业场所超高频辐射卫生标准

GB 12268—2005　危险货物品名表

GB/T 15566(所有部分)　公共信息导向系统　设置原则与要求

3 术语和定义

下列术语和定义适用于本标准。

3.1
安全标志　safety sign

用以表达特定安全信息的标志，由图形符号、安全色、几何形状(边框)或文字构成。

3.2
安全色　safety colour

传递安全信息含义的颜色，包括红、蓝、黄、绿四种颜色。

3.3
禁止标志　prohibition sign

禁止人们不安全行为的图形标志。

3.4
警告标志　warning sign

提醒人们对周围环境引起注意，以避免可能发生危险的图形标志。

3.5
指令标志　direction sign

强制人们必须做出某种动作或采用防范措施的图形标志。

3.6
提示标志　information sign

向人们提供某种信息(如标明安全设施或场所等)的图形标志。

3.7
　　说明标志　explanatory sign
　　向人们提供特定提示信息(标明安全分类或防护措施等)的标记,由几何图形边框和文字构成。
3.8
　　环境信息标志　environmental information sign
　　所提供的信息涉及较大区域的图形标志。标志种类代号:H。
3.9
　　局部信息标志　partial information sign
　　所提供的信息只涉及某地点,甚至某个设备或部件的图形标志。标志种类代号:J。

4　标志类型

安全标志分禁止标志、警告标志、指令标志和提示标志四大类型。

4.1　禁止标志

4.1.1　禁止标志的基本形式是带斜杠的圆边框,如图1所示。
4.1.2　禁止标志基本型式的参数:

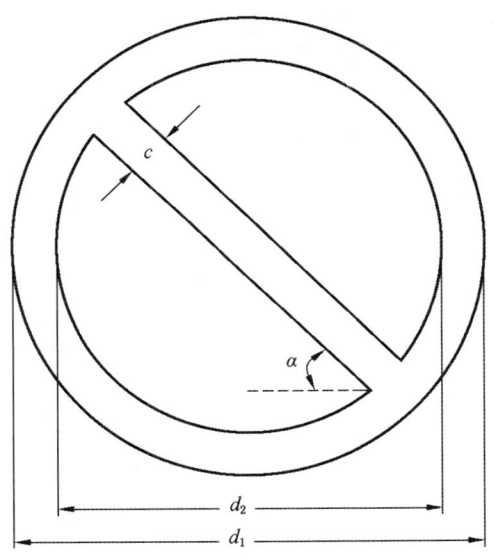

图 1　禁止标志的基本型式

　　外径 $d_1 = 0.025\ L$；
　　内径 $d_2 = 0.800\ d_1$；
　　斜杠宽 $c = 0.080\ d_1$；
　　斜杠与水平线的夹角 $\alpha = 45°$；
　　L 为观察距离(见附录A)。

4.1.3　禁止标志,如表1。

表 1 禁止标志

编号	图形标志	名称	标志种类	设置范围和地点
1-1		禁止吸烟 No smoking	H	有甲、乙、丙类火灾危险物质的场所和禁止吸烟的公共场所等,如:木工车间、油漆车间、沥青车间、纺织厂、印染厂等
1-2		禁止烟火 No burning	H	有甲、乙类、丙类火灾危险物质的场所,如:面粉厂、煤粉厂、焦化厂、施工工地等
1-3		禁止带火种 No kindling	H	有甲类火灾危险物质及其他禁止带火种的各种危险场所,如:炼油厂、乙炔站、液化石油气站、煤矿井内、林区、草原等
1-4		禁止用水灭火 No extinguishing with water	H,J	生产、储运、使用中有不准用水灭火的物质的场所,如:变压器室、乙炔站、化工药品库、各种油库等
1-5		禁止放置易燃物 No laying inflammable thing	H,J	具有明火设备或高温的作业场所,如:动火区,各种焊接、切割、锻造、浇注车间等场所
1-6		禁止堆放 No stocking	J	消防器材存放处、消防通道及车间主通道等
1-7		禁止启动 No starting	J	暂停使用的设备附近,如:设备检修、更换零件等
1-8		禁止合闸 No switching on	J	设备或线路检修时,相应开关附近
1-9		禁止转动 No turning	J	检修或专人定时操作的设备附近

表 1（续）

编号	图形标志	名称	标志种类	设置范围和地点
1-10		禁止叉车和厂内机动车辆通行 No access for fork lift trucks and other industrial vehicles	J,H	禁止叉车和其他厂内机动车辆通行的场所
1-11		禁止乘人 No riding	J	乘人易造成伤害的设施，如：室外运输吊篮、外操作载货电梯框架等
1-12		禁止靠近 No nearing	J	不允许靠近的危险区域，如：高压试验区、高压线、输变电设备的附近
1-13		禁止入内 No entering	J	易造成事故或对人员有伤害的场所，如：高压设备室、各种污染源等入口处
1-14		禁止推动 No pushing	J	易于倾倒的装置或设备，如车站屏蔽门等
1-15		禁止停留 No stopping	H,J	对人员具有直接危害的场所，如：粉碎场地、危险路口、桥口等处
1-16		禁止通行 No throughfare	H,J	有危险的作业区，如：起重、爆破现场，道路施工工地等
1-17		禁止跨越 No striding	J	禁止跨越的危险地段，如：专用的运输通道、带式输送机和其他作业流水线，作业现场的沟、坎、坑等

表 1（续）

编号	图形标志	名称	标志种类	设置范围和地点
1-18		禁止攀登 No climbing	J	不允许攀爬的危险地点，如：有坍塌危险的建筑物、构筑物、设备旁
1-19		禁止跳下 No jumping down	J	不允许跳下的危险地点，如：深沟、深池、车站站台及盛装过有毒物质、易产生窒息气体的槽车、贮罐、地窖等处
1-20		禁止伸出窗外 No stretching out of the window	J	易于造成头、手伤害的部位或场所，如公交车窗、火车车窗等
1-21		禁止倚靠 No leaning	J	不能依靠的地点或部位，如列车车门、车站屏蔽门、电梯轿门等
1-22		禁止坐卧 No sitting	J	高温、腐蚀性、塌陷、坠落、翻转、易损等易于造成人员伤害的设备设施表面
1-23		禁止蹬踏 No stepping on surface	J	高温、腐蚀性、塌陷、坠落、翻转、易损等易于造成人员伤害的设备设施表面
1-24		禁止触摸 No touching	J	禁止触摸的设备或物体附近，如：裸露的带电体，炽热物体，具有毒性、腐蚀性物体等处
1-25		禁止伸入 No reaching in	J	易于夹住身体部位的装置或场所，如有开口的传动机、破碎机等
1-26		禁止饮用 No drinking	J	禁止饮用水的开关处，如：循环水、工业用水、污染水等

表 1（续）

编号	图形标志	名称	标志种类	设置范围和地点
1-27		禁止抛物 No tossing	J	抛物易伤人的地点,如:高处作业现场、深沟(坑)等
1-28		禁止戴手套 No putting on gloves	J	戴手套易造成手部伤害的作业地点,如:旋转的机械加工设备附近
1-29		禁止穿化纤服装 No putting on chemical fibre clothings	H	有静电火花会导致灾害或有炽热物质的作业场所,如:冶炼、焊接及有易燃易爆物质的场所等
1-30		禁止穿带钉鞋 No putting on spikes	H	有静电火花会导致灾害或有触电危险的作业场所,如:有易燃易爆气体或粉尘的车间及带电作业场所
1-31		禁止开启无线移动通讯设备 No activated mobile phones	J	火灾、爆炸场所以及可能产生电磁干扰的场所,如加油站、飞行中的航天器、油库、化工装置区等
1-32		禁止携带金属物或手表 No metallic articles or watches	J	易受到金属物品干扰的微波和电磁场所,如磁共振室等
1-33		禁止佩戴心脏起搏器者靠近 No access for persons with pacemakers	J	安装人工起搏器者禁止靠近高压设备、大型电机、发电机、电动机、雷达和有强磁场设备等
1-34		禁止植入金属材料者靠近 No access for persons with metallic implants	J	易受到金属物品干扰的微波和电磁场所,如磁共振室等

19

表1（续）

编号	图形标志	名称	标志种类	设置范围和地点
1-35		禁止游泳 No swimming	H	禁止游泳的水域
1-36		禁止滑冰 No skating	H	禁止滑冰的场所
1-37		禁止携带武器及仿真武器 No carrying weapons and emulating weapons	H	不能携带和托运武器、凶器及仿真武器的场所或交通工具，如飞机等
1-38		禁止携带托运易燃及易爆物品 No carrying flammable and explosive materials	H	不能携带和托运易燃、易爆物品及其他危险品的场所或交通工具，如火车、飞机、地铁等
1-39		禁止携带托运有毒物品及有害液体 No carrying poisonous materials and harmful liquid	H	不能携带托运有毒物品及有害液体的场所或交通工具，如火车、飞机、地铁等
1-40		禁止携带托运放射性及磁性物品 No carrying radioactive and magnetic materials	H	不能携带托运放射性及磁性物品的场所或交通工具，如火车、飞机、地铁等

4.2 警告标志

4.2.1 警告标志的基本型式是正三角形边框,如图2所示:

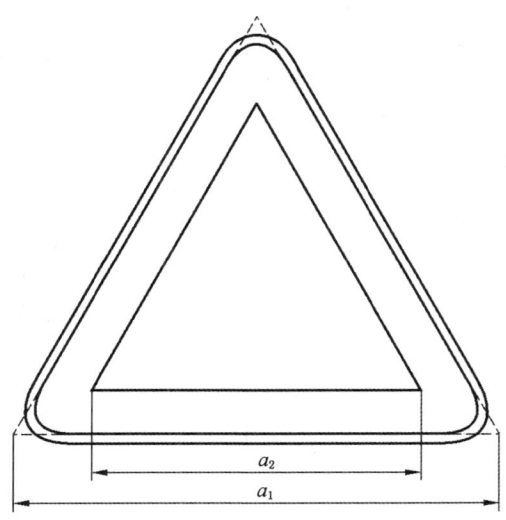

图2 警告标志的基本型式

4.2.2 警告标志基本型式的参数:

外边 $a_1=0.034L$;

内边 $a_2=0.700a_1$;

边框外角圆弧半径 $r=0.080a_2$;

L 为观察距离(见附录A)。

4.2.3 警告标志,如表2。

表2 警 告 标 志

编号	图形标志	名称	标志种类	设置范围和地点
2-1		注意安全 Warning danger	H,J	易造成人员伤害的场所及设备等
2-2		当心火灾 Warning fire	H,J	易发生火灾的危险场所,如:可燃性物质的生产、储运、使用等地点
2-3		当心爆炸 Warning explosion	H,J	易发生爆炸危险的场所,如易燃易爆物质的生产、储运、使用或受压容器等地点

表2（续）

编号	图形标志	名称	标志种类	设置范围和地点
2-4		当心腐蚀 Warning corrosion	J	有腐蚀性物质（GB 12268—2005中第8类所规定的物质）的作业地点
2-5		当心中毒 Warning poisoning	H,J	剧毒品及有毒物质（GB 12268—2005中第6类第1项所规定的物质）的生产、储运及使用场所
2-6		当心感染 Warning infection	H,J	易发生感染的场所，如：医院传染病区；有害生物制品的生产、储运、使用等地点
2-7		当心触电 Warning electric shock	J	有可能发生触电危险的电器设备和线路，如：配电室、开关等
2-8		当心电缆 Warning cable	J	在暴露的电缆或地面下有电缆处施工的地点
2-9		当心自动启动 Warning automatic start-up	J	配有自动启动装置的设备
2-10		当心机械伤人 Warning mechanical injury	J	易发生机械卷入、轧压、碾压、剪切等机械伤害的作业地点
2-11		当心塌方 Warning collapse	H,J	有塌方危险的地段、地区，如：堤坝及土方作业的深坑、深槽等

表 2（续）

编号	图形标志	名称	标志种类	设置范围和地点
2-12		当心冒顶 Warning roof fall	H,J	具有冒顶危险的作业场所，如：矿井、隧道等
2-13		当心坑洞 Warning hole	J	具有坑洞易造成伤害的作业地点，如：构件的预留孔洞及各种深坑的上方等
2-14		当心落物 Warning falling objects	J	易发生落物危险的地点，如：高处作业、立体交叉作业的下方等
2-15		当心吊物 Warning overhead load	J,H	有吊装设备作业的场所，如：施工工地、港口、码头、仓库、车间等
2-16		当心碰头 Warning overhead obstacles	J	有产生碰头的场所
2-17		当心挤压 Warning crushing	J	有产生挤压的装置、设备或场所，如自动门、电梯门、车站屏蔽门等
2-18		当心烫伤 Warning scald	J	具有热源易造成伤害的作业地点，如：冶炼、锻造、铸造、热处理车间等
2-19		当心伤手 Warning injure hand	J	易造成手部伤害的作业地点，如：玻璃制品、木制加工、机械加工车间等

23

表 2（续）

编号	图形标志	名称	标志种类	设置范围和地点
2-20		当心夹手 Warning hands pinching	J	有产生挤压的装置、设备或场所，如自动门、电梯门、列车车门等
2-21		当心扎脚 Warning splinter	J	易造成脚部伤害的作业地点，如：铸造车间、木工车间、施工工地及有尖角散料等处
2-22		当心有犬 Warning guard dog	H	有犬类作为保卫的场所
2-23		当心弧光 Warning arc	H,J	由于弧光造成眼部伤害的各种焊接作业场所
2-24		当心高温表面 Warning hot surface	J	有灼烫物体表面的场所
2-25		当心低温 Warning low temperature/ freezing conditions	J	易于导致冻伤的场所，如冷库、气化器表面、存在液化气体的场所等
2-26		当心磁场 Warning magnetic field	J	有磁场的区域或场所，如高压变压器、电磁测量仪器附近等
2-27		当心电离辐射 Warning ionizing radiation	H,J	能产生电离辐射危害的作业场所，如：生产、储运、使用 GB 12268—2005 规定的第 7 类物质的作业区

表 2（续）

编号	图形标志	名称	标志种类	设置范围和地点
2-28		当心裂变物质 Warning fission matter	J	具有裂变物质的作业场所，如：其使用车间、储运仓库、容器等
2-29		当心激光 Warning laser	H,J	有激光产品和生产、使用、维修激光产品的场所（激光辐射警告标志常用尺寸规格见附录B）
2-30		当心微波 Warning microwave	H	凡微波场强超过 GB 10436、GB 10437 规定的作业场所
2-31		当心叉车 Warning fork lift trucks	J,H	有叉车通行的场所
2-32		当心车辆 Warning vehicle	J	厂内车、人混合行走的路段，道路的拐角处、平交路口；车辆出入较多的厂房、车库等出入口处
2-33		当心火车 Warning train	J	厂内铁路与道路平交路口，厂（矿）内铁路运输线等
2-34		当心坠落 Warning drop down	J	易发生坠落事故的作业地点，如：脚手架、高处平台、地面的深沟（池、槽）、建筑施工、高处作业场所等
2-35		当心障碍物 Warning obstacles	J	地面有障碍物，绊倒易造成伤害的地点

表 2（续）

编号	图形标志	名称	标志种类	设置范围和地点
2-36		当心跌落 Warning drop(fall)	J	易于跌落的地点，如：楼梯、台阶等
2-37		当心滑倒 Warning slippery surface	J	地面有易造成伤害的滑跌地点，如：地面有油、冰、水等物质及滑坡处
2-38		当心落水 Warning falling into water	J	落水后可能产生淹溺的场所或部位，如城市河流、消防水池等
2-39		当心缝隙 Warning gap	J	有缝隙的装置、设备或场所，如自动门、电梯门、列车等

4.3 指令标志

4.3.1 指令标志的基本型式是圆形边框，如图 3 所示。

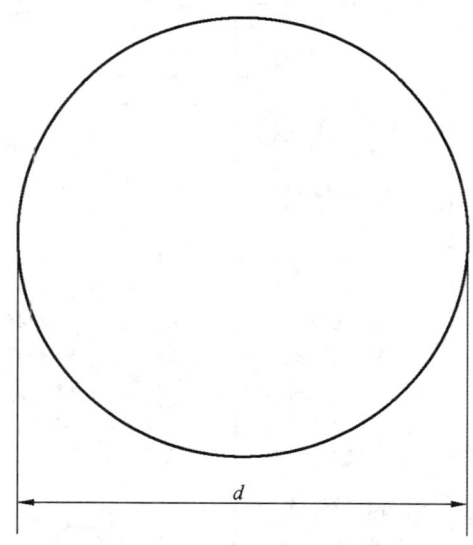

图 3 指令标志的基本型式

4.3.2 指令标志基本型式的参数：

直径 $d=0.025L$；

L 为观察距离（见附录 A）。

4.3.3 指令标志，如表 3。

表 3 指令标志

编号	图形标志	名称	标志种类	设置范围和地点
3-1		必须戴防护眼镜 Must wear protective goggles	H,J	对眼睛有伤害的各种作业场所和施工场所
3-2		必须配戴遮光护目镜 Must wear opaque eye protection	J,H	存在紫外、红外、激光等光辐射的场所，如电气焊等
3-3		必须戴防尘口罩 Must wear dustproof mask	H	具有粉尘的作业场所，如：纺织清花车间、粉状物料拌料车间以及矿山凿岩处等
3-4		必须戴防毒面具 Must wear gas defence mask	H	具有对人体有害的气体、气溶胶、烟尘等作业场所，如：有毒物散发的地点或处理由毒物造成的事故现场
3-5		必须戴护耳器 Must wear ear protector	H	噪声超过 85 dB 的作业场所，如：铆接车间、织布车间、射击场、工程爆破、风动掘进等处
3-6		必须戴安全帽 Must wear safety helmet	H	头部易受外力伤害的作业场所，如：矿山、建筑工地、伐木场、造船厂及起重吊装处等
3-7		必须戴防护帽 Must wear protective cap	H	易造成人体碾绕伤害或有粉尘污染头部的作业场所，如：纺织、石棉、玻璃纤维以及具有旋转设备的机加工车间等

表3（续）

编号	图形标志	名称	标志种类	设置范围和地点
3-8		必须系安全带 Must fastened safety belt	H,J	易发生坠落危险的作业场所，如：高处建筑、修理、安装等地点
3-9		必须穿救生衣 Must wear life jacket	H,J	易发生溺水的作业场所，如：船舶、海上工程结构物等
3-10		必须穿防护服 Must wear protective clothes	H	具有放射、微波、高温及其他需穿防护服的作业场所
3-11		必须戴防护手套 Must wear protective gloves	H,J	易伤害手部的作业场所，如：具有腐蚀、污染、灼烫、冰冻及触电危险的作业等地点
3-12		必须穿防护鞋 Must wear protective shoes	H,J	易伤害脚部的作业场所，如：具有腐蚀、灼烫、触电、砸（刺）伤等危险的作业地点
3-13		必须洗手 Must wash your hands	J	接触有毒有害物质作业后
3-14		必须加锁 Must be locked	J	剧毒品、危险品库房等地点
3-15		必须接地 Must connect an earth terminal to the ground	J	防雷、防静电场所

表3（续）

编号	图形标志	名称	标志种类	设置范围和地点
3-16		必须拔出插头 Must disconnect mains plug from electrical outlet	J	在设备维修、故障、长期停用、无人值守状态下

4.4 提示标志

4.4.1 提示标志的基本型式是正方形边框，如图4所示。

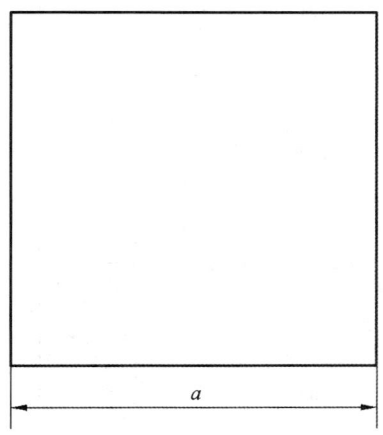

图4 提示标志的基本型式

4.4.2 提示标志基本型式的参数：

边长 $a = 0.025 L$，L 为观察距离（见附录A）。

4.4.3 提示标志，如表4。

表4 提示标志

编号	图形标志	名称	标志种类	设置范围和地点
4-1		紧急出口 Emergent exit	J	便于安全疏散的紧急出口处，与方向箭头结合设在通向紧急出口的通道、楼梯口等处

表 4（续）

编号	图形标志	名称	标志种类	设置范围和地点
4-2		避险处 Haven	J	铁路桥、公路桥、矿井及隧道内躲避危险的地点
4-3		应急避难场所 Evacuation assembly point	H	在发生突发事件时用于容纳危险区域内疏散人员的场所,如公园、广场等
4-4		可动火区 Flare up region	J	经有关部门划定的可使用明火的地点
4-5		击碎板面 Break to obtain access	J	必须击开板面才能获得出口
4-6		急救点 First aid	J	设置现场急救仪器设备及药品的地点
4-7		应急电话 Emergency telephone	J	安装应急电话的地点
4-8		紧急医疗站 Doctor	J	有医生的医疗救助场所

4.4.4 提示标志的方向辅助标志:

提示标志提示目标的位置时要加方向辅助标志。按实际需要指示左向时,辅助标志应放在图形标志的左方;如指示右向时,则应放在图形标志的右方,如图 5。

图 5 应用方向辅助标志示例

4.5 文字辅助标志

4.5.1 文字辅助标志的基本型式是矩形边框。

4.5.2 文字辅助标志有横写和竖写两种形式。

4.5.2.1 横写时,文字辅助标志写在标志的下方,可以和标志连在一起,也可以分开。

禁止标志、指令标志为白色字;警告标志为黑色字。禁止标志、指令标志衬底色为标志的颜色,警告标志衬底色为白色,如图 6。

4.5.2.2 竖写时,文字辅助标志写在标志杆的上部。

禁止标志、警告标志、指令标志、提示标志均为白色衬底,黑色字。

标志杆下部色带的颜色应和标志的颜色相一致。如图 7。

4.5.2.3 文字字体均为黑体字。

图 6 横写的文字辅助标志

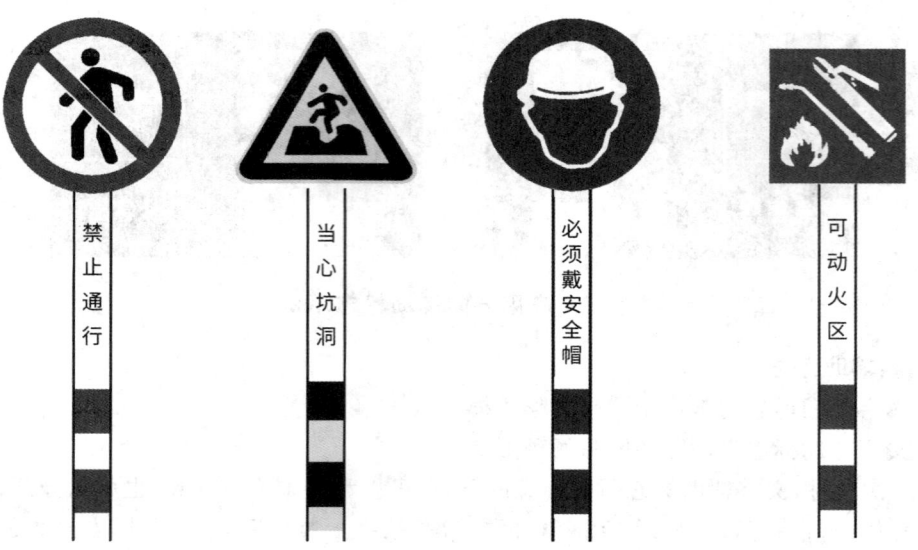

图 7　竖写在标志杆上部的文字辅助标志

4.6 激光辐射窗口标志和说明标志

激光辐射窗口标志和说明标志应配合"当心激光"警告标志使用,说明标志包括激光产品辐射分类说明标志和激光辐射场所安全说明标志,激光辐射窗口标志和说明标志的图形、尺寸和使用方法见附录 C。

5 颜色

安全标志所用的颜色应符合 GB 2893 规定的颜色。

6 安全标志牌的要求

6.1 标志牌的衬边

安全标志牌要有衬边。除警告标志边框用黄色勾边外,其余全部用白色将边框勾一窄边,即为安全标志的衬边,衬边宽度为标志边长或直径的 0.025 倍。

6.2 标志牌的材质

安全标志牌应采用坚固耐用的材料制作,一般不宜使用遇水变形、变质或易燃的材料。有触电危险的作业场所应使用绝缘材料。

6.3 标志牌表面质量

标志牌应图形清楚,无毛刺、孔洞和影响使用的任何疵病。

7 标志牌的型号选用(型号见附录 A)

7.1　工地、工厂等的入口处设 6 型或 7 型。

7.2　车间入口处、厂区内和工地内设 5 型或 6 型。

7.3　车间内设 4 型或 5 型。

7.4　局部信息标志牌设 1 型、2 型或 3 型。

无论厂区或车间内,所设标志牌其观察距离不能覆盖全厂或全车间面积时,应多设几个标志牌。

8 标志牌的设置高度

标志牌设置的高度,应尽量与人眼的视线高度相一致。悬挂式和柱式的环境信息标志牌的下缘距地面的高度不宜小于 2 m;局部信息标志的设置高度应视具体情况确定。

9 安全标志牌的使用要求

9.1 标志牌应设在与安全有关的醒目地方,并使大家看见后,有足够的时间来注意它所表示的内容。环境信息标志宜设在有关场所的入口处和醒目处;局部信息标志应设在所涉及的相应危险地点或设备(部件)附近的醒目处。激光产品和激光作业场所安全标志的使用见附录 C。

9.2 标志牌不应设在门、窗、架等可移动的物体上,以免标志牌随母体物体相应移动,影响认读。标志牌前不得放置妨碍认读的障碍物。

9.3 标志牌的平面与视线夹角应接近 90°,观察者位于最大观察距离时,最小夹角不低于 75°,如图 8。

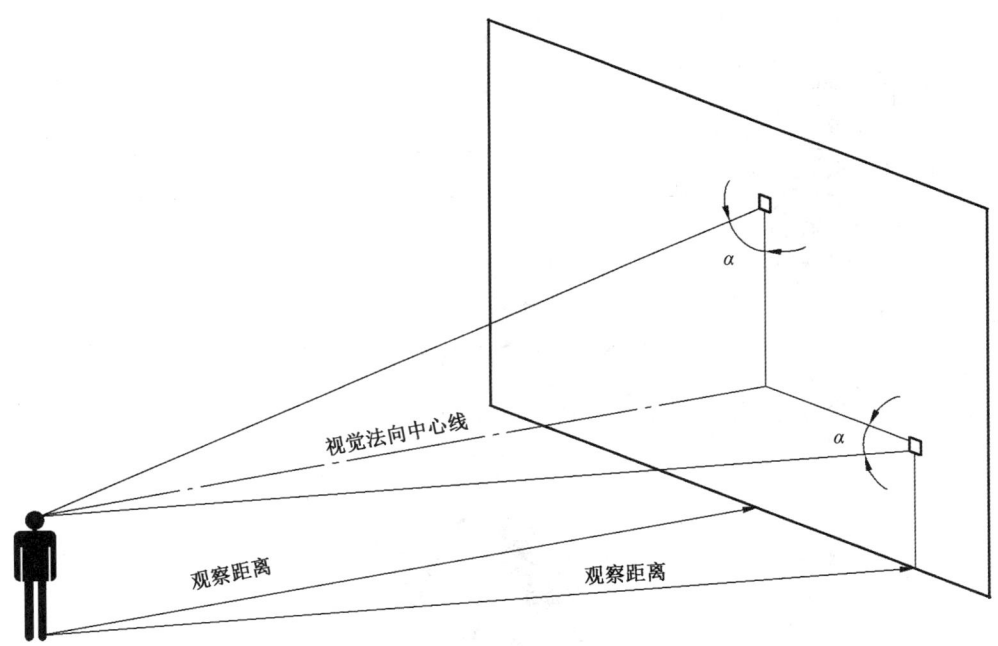

图 8 标志牌平面与视线夹角 α 不低于 75°

9.4 标志牌应设置在明亮的环境中。

9.5 多个标志牌在一起设置时,应按警告、禁止、指令、提示类型的顺序,先左后右、先上后下地排列。

9.6 标志牌的固定方式分附着式、悬挂式和柱式三种。悬挂式和附着式的固定应稳固不倾斜,柱式的标志牌和支架应牢固地连接在一起。

9.7 其他要求应符合 GB/T 15566 的规定。

10 检查与维修

10.1 安全标志牌至少每半年检查一次,如发现有破损、变形、褪色等不符合要求时应及时修整或更换。

10.2 在修整或更换激光安全标志时应有临时的标志替换,以避免发生意外的伤害。

附 录 A
(规范性附录)
安全标志牌的尺寸

表 A.1 安全标志牌的尺寸

单位为米

型号	观察距离 L	圆形标志的外径	三角形标志的外边长	正方形标志的边长
1	$0<L\leqslant 2.5$	0.070	0.088	0.063
2	$2.5<L\leqslant 4.0$	0.110	0.1 420	0.100
3	$4.0<L\leqslant 6.3$	0.175	0.220	0.160
4	$6.3<L\leqslant 10.0$	0.280	0.350	0.250
5	$10.0<L\leqslant 16.0$	0.450	0.560	0.400
6	$16.0<L\leqslant 25.0$	0.700	0.880	0.630
7	$25.0<L\leqslant 40.0$	1.110	1.400	1.000
注:允许有 3% 的误差。				

附 录 B
(规范性附录)
激光辐射警告标志的尺寸

激光辐射警告标志如图 B.1 所示,常用尺寸规格见表 B.1。

图 B.1 激光辐射警告标志的图形与尺寸

表 B.1 常用尺寸规格   单位为毫米

a	g_1	g_2	r	D_1	D_2	D_3	d
25	0.5	1.5	1.25	10.5	7	3.5	0.5
50	1	3	2.5	21	14	7	1
100	2	6	5	42	28	14	2
150	3	9	7.5	63	42	21	3
200	4	12	10	84	56	28	4
400	8	24	20	168	112	56	8
600	12	36	30	252	168	84	12

注1：尺寸 D_1、D_2、D_3、g_1 和 d 都是推荐值。
注2：能够理解标记的最大距离 L 与标记最小面积 A 之间的关系由公式给出：$A = L^2/2\,000$，式中 A 和 L 分别用平方米和米表示。这个公式适用于 L 小于 50 m 的情况。
注3：这些尺寸都是推荐值。只要与这些推荐值成比例，符号和边界清晰易读，并与激光产品要求的尺寸相符合。

附　录　C
（规范性附录）
激光辐射窗口标志、说明标志及其使用

C.1 激光辐射窗口标志

C.1.1 激光辐射窗口标志为带说明文字的长方形（见图 C.1），其位置应在紧贴"当心激光"警告标志下边界的正下方。

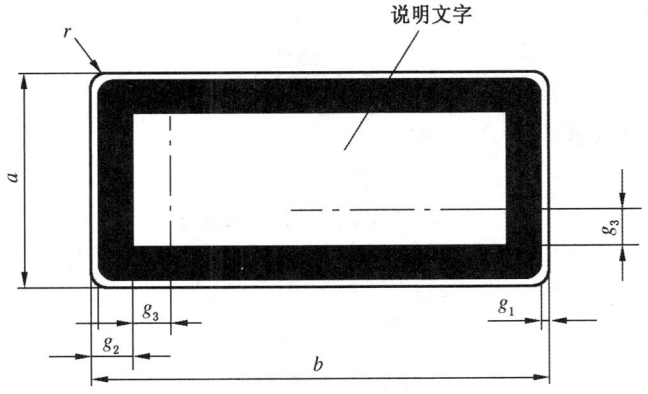

图 C.1　激光辐射窗口标志的图形与尺寸

C.1.2 激光辐射窗口标志说明文字为：

　　　　　　　　激光窗口
　　　　　　　　或

避免受到从该窗口出射的
激光辐射

C.1.3 激光辐射窗口标志说明文字应写在激光辐射窗口标志规定的长方形边框中(见图C.1),文字的位置在激光辐射窗口标志 g_3 尺寸规定的虚线框内。

C.1.4 激光辐射窗口的常用尺寸规格见表C.1。

表C.1 常用尺寸规格   单位为毫米

$a \times b$	g_1	g_2	g_3	r	文字的最小字号
26×52	1	4	4	2	
52×105	1.6	5	5	3.2	
74×148	2	6	7.5	4	
100×250	2.5	8	12.5	5	文字的最小字号的大小必须能复制清楚
140×200	2.5	10	10	5	
140×250	2.5	10	12.5	5	
140×400	3	10	20	6	
200×250	3	12	12.5	6	
200×400	3	12	20	6	
250×400	4	15	25	8	

C.2 激光产品辐射分类说明标志

激光产品辐射分类说明标志为带说明文字的长方形(见图C.1),图形、尺寸、文字位置同C.1.1、C.1.3、C.1.4的规定。说明文字的内容必须严格按照不同的辐射分类给予说明。

C.2.1 对可能达到2类激光产品辐射分类标志的说明文字为:

激光辐射
勿直视激光束
2类激光产品

C.2.2 对可能达到3A类激光产品辐射标志的说明文字为:

激光辐射
勿直视或通过光学仪器观察激光束
3A类激光产品

C.2.3 对可能达到3B类激光产品辐射标志的说明文字为:

激光辐射
避免激光束照射
3B类激光产品

C.2.4 对可能达到4类激光辐射标志的说明文字为:

激光辐射
避免眼或皮肤受到直射和散射照射
4类激光产品

C.2.5 2类以上(包括2类)激光产品辐射分类标志的说明文字还应标明激光辐射的发射波长、脉冲宽度(如果脉冲激光输出)等信息。这些信息可以写在激光分类的下方或独立写在说明标志规定的长方形边框内。

C.2.6 说明文字中"激光辐射"一词对于波长在 400 nm～700 nm(可见)范围内的激光辐射注明"可见激光辐射";对于波长在 400 nm～700 nm 范围之外的激光辐射应注明"不可见激光辐射"。

C.3 激光辐射场所安全说明标志

C.3.1 激光辐射场所安全说明标志为带说明文字的长方形(见图 C.1),图形、尺寸、文字位置同 C.1.1、C.1.3、C.1.4 的规定。说明文字的内容按照不同的辐射分类给予相应的说明。

C.3.2 对可能达到 3B 类激光辐射场所说明标志的说明文字为:

激光辐射
避免激光束照射

或者(也可同时)采用:

激光工作
进入时请戴好防护镜

C.3.3 对可能达到 4 类激光辐射标志的说明文字为:

激光辐射
避免眼或皮肤受到直射和散射激光的照射

或者(也可同时)采用:

激光工作
未经允许不得入内

C.4 激光产品和激光作业场所安全标志的使用

C.4.1 激光产品安全标志的使用

C.4.1.1 对所有可能达到 2 类的激光产品都必须有激光安全标志。每台设备必须同时具有激光警告标志、激光安全分类说明标志和激光窗口标志,激光产品安全标志使用实例见图 C.2。

C.4.1.2 激光安全标志的粘贴位置必须是人员不受到超过 1 类辐射就能清楚看到的地方。激光分类说明标志应置于激光警告标志的正下方,激光窗口标志应置于激光出光口的附近(3 类和 4 类激光产品应在所有可能达到 2 类的激光辐射窗口贴上窗口标志)。

C.4.1.3 若激光产品的尺寸或设计不便于装贴,应将标志作为附件一起提供给用户。

C.4.2 激光作业场所安全标志的使用

C.4.2.1 对所有 3B 类和 4 类激光产品工作的场所都必须有激光安全标志。可以单独使用激光警告标志,或者同时使用激光警告标志与激光辐射场所安全分类说明标志,此时激光辐射场所分类说明标志应置于激光警告标志的正下方。

C.4.2.2 在 3A 类激光产品作为测量、准直、调平使用时的场所应设置激光安全标志。

C.4.2.3 激光安全标志的装贴位置必须是激光防护区域的明显位置,人员不受到超过 1 类辐射就能够注意到标志并知道所示的内容。在所设标志不能覆盖整个工作区域时,应设置

图 C.2　激光产品安全标志使用实例

多个标志。

C.4.2.4　永久性的激光防护区域应在出入口处设置激光安全标志,在由活动挡板、护栏围成的临时防护区除在出入口处必须设置激光安全标志外,还必须在每一块构成防护围栏和隔挡板的可移动部位或检修接头处设置激光安全标志,以防止这些板块分开或接头断开时人员受到有害激光辐射。

工业管道的基本识别色、识别符号和安全标识
(GB 7231—2003)

前　　言

本标准第 4 章 4.1；第 6 章 6.1、6.2 为强制性的，其余为推荐性的。

本标准是对 GB 7231—1987《工业管路的基本识别色和识别符号》首次进行修订。

本标准是参考德国 DIN 2403—1984《管道按流体介质的标识》和日本 JIS 9102—1987《配管系的识别显示》修订的。

为了便于工业管道内的物质识别，本标准的基本识别色由原来的七种颜色增加到八种颜色，管道内物质的标识方法由原来的二种提高到五种。

本标准的附录 A 是标准的附录。

本标准自实施之日起，代替 GB 7231—1987。

本标准由国家经济贸易委员会安全生产局提出和归口。

本标准负责起草单位：上海市劳动保护科学研究所。

本标准参加起草单位：上海氯碱化工股份有限公司。

本标准主要起草人：沈国定、郑宝琴、吴高兴。

1　范围

本标准规定了工业管道的基本识别色、识别符号和安全标识。

本标准适用于工业生产中非地下埋设的气体和液体和输送管理。

2　引用标准

下列标准所包含的条文，通过在本标准中引用而构成为本标准的条文。本标准出版时，所示版本均为有效。所有标准都会被修订，使用本标准的各方应探讨使用下列标准最新版本的可能性。

GB 2893—1982　安全色

GB 13495—1992　消防安全标志

GB 13690—1992　常用危险化学品的分类及标志

3　定义

本标准采用下列定义。

3.1

识别色　identification colors

用以识别工业管道内物质种类的颜色。

3.2

识别符号　code indications

用以识别工业管道内的物质名称和状态的记号。

3.3

危险标识 danger label

表示工业管道内的物质为危险化学品。

3.4

消防标识 fire label

表示工业管道内的物质专用于灭火。

4 基本识别色

4.1 根据管道内物质的一般性能,分为八类,并相应规定了八种基本识别色和相应的颜色标准编号及色样(见表1)。

4.2 基本识别色标识方法

工业管理的基本识别色标识方法,使用方应从以下五种方法中选择。应用举例见附录A(标准的附录)。

  a) 管道全长上标识;

  b) 在管道上以宽为 150 mm 的色环标识;

  c) 在管道上以长方形的识别色标牌标识;

  d) 在管道上以带箭头的长方形识别色标牌标识;

  e) 在管道上以系挂的识别色标牌标识。

表 1 八种基本识别色和色样及颜色标准编号

物质种类	基本识别色	色样	颜色标准编号
水	艳绿		G03
水蒸气	大红		R03
空气	淡灰		B03
气体	中黄		Y07
酸或碱	紫		P02
可燃液体	棕		YR05
其他液体	黑		
氧	淡蓝		PB06

4.3 当采用 4.2 中 b),c),d),e)方法时,二个标识之间的最小距离应为 10 m。

4.4 4.2 中 c),d),e)的标牌最小尺寸应以能清楚观察识别色来确定。

4.5 当管道采用 4.2 中 b),c),d),e)基本识别色标识方法时,其标识的场所应该包括所有管道的起点、终点、交叉点、转变处、阀门和穿墙孔两侧等的管道上和其他需要标识的部位。

5 识别符号

工业管道的识别符号由物质名称、流向和主要工艺参数等组成,其标识应符合下列要求:

5.1 物质名称的标识

a) 物质全称。例如:氮气、硫酸、甲醇。

b) 化学分子式。例如:N_2、H_2SO_4、CH_3OH。

5.2 物质流向的标识

a) 工业管道内物质的流向用箭头表示〔见附录 A 图 A1 中的 a)图〕,如果管道内物质的流向是双向的,则以双向箭头表示〔见附录 A 图 A1 中的 b)图〕。

b) 当基本识别色的标识方法采用 4.2 中 d)和 e)时,则标牌的指向就作为表示管道内的物质流向〔见附录 A 图 A1 中的 c)和 d)图〕,如果管道内物质流向是双向的,则标牌指向应做成双向的〔见附录 A 图 A1 中的 e)图〕。

5.3 物质的压力、温度、流速等主要工艺参数的标识,使用方可按需自行确定采用。

5.4 5.1 和 5.3 中的字母、数字的最小字体,以及 5.2 中箭头的最小外形尺寸,应以能清楚观察识别符号来确定。

6 安全标识

6.1 危险标识

a) 适用范围:管道内的物质,凡属于 GB 13690 所列的危险化学品,其管道应设置危险标识。

b) 表示方法:在管道上涂 150 mm 宽黄色,在黄色两侧各涂 25 mm 宽黑色的色环或色带(见附录 A),安全色范围应符合 GB 2893 的规定。

c) 表示场所:基本识别色的标识上或附近。

6.2 消防标识

工业生产中设置的消防专用管道应遵守 GB 13495—1992 的规定,并在管道上标识"消防专用"识别符合。标识部位、最小字体应分别符合 4.5、5.4 的规定。

附 录 A
(标准的附录)
基本识别色和识别符号标识方法应用举例

A.1 基本识别色和流向、压力、温度等标识方法参考图(图 A1)

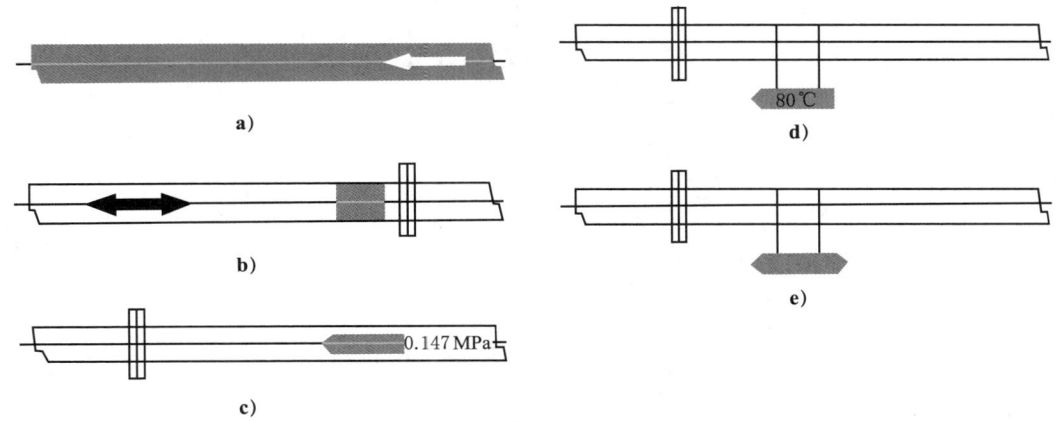

图 A1

A.2 危险化学品和物质名称标识方法参考图（图 A2）

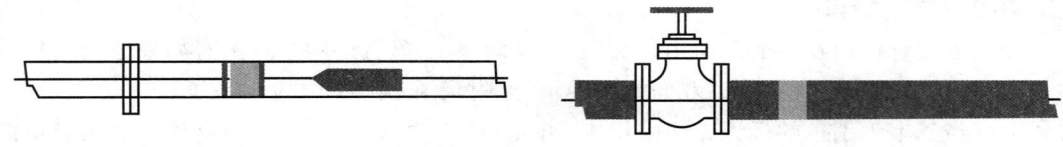

图 A2

安全生产责任保险事故预防技术服务规范
（AQ 9010—2019）

前　　言

本标准的全部技术内容为强制性条款。

本标准按照 GB/T 1.1—2009 给出的规则起草。

本标准由中华人民共和国应急管理部提出。

本标准由全国安全生产标准化技术委员会（SAC/TC 288）归口。

本标准起草单位：中国企业联合会、中国人民财产保险股份公司、中科招商投资管理集团发展战略研究院、中国太平洋财产保险股份有限公司、中国平安财产保险股份有限公司、中国大唐集团有限公司、江泰保险经纪股份有限公司、应急管理部信息研究院。

本标准主要起草人：王建军、李德洁、王冰峰、李桂梅、徐冬仓、杨军、刘向上、朱戈、方晓栋、袁勇民、赵一归、刘毅、杨壮、樊劭、陈瀚舟。

1　范围

本标准规定了保险机构开展安全生产责任保险事故预防技术服务基本原则、服务项目和形式、服务流程、服务保障、服务评估和改进的规范性要求。

本标准适用于保险机构为投保单位开展的安全生产责任保险事故预防技术服务。

2　规范性引用文件

下列文件对于本文件的应用是必不可少的。凡是注日期的引用文件，仅注日期的版本适用于本文件。凡是不注日期的引用文件，其最新版本（包括所有的修改单）适用于本文件。

GB/T 36687　保险术语

3　术语和定义

下列术语和定义适用于本文件。

3.1

安全生产责任保险　work safety liability insurance

保险机构对投保单位发生生产安全事故造成的人员伤亡和有关经济损失等予以赔偿，并且为投保单位提供生产安全事故预防服务的商业保险。

3.2

事故预防技术服务　accidents prevention technical service

保险机构为防止或减少投保单位发生生产安全事故，降低赔付风险，通过一定的技术措施，协助投保单位开展事故预防工作的服务行为。

3.3

投保单位　applicant

与保险机构订立安全生产责任保险合同并支付保险费用，享有获得赔偿和接受事故预防技术服务权利的生产经营单位。

3.4

安全生产专业技术人员 work safety professional

为投保单位提供事故预防技术服务的具有安全生产专业背景、职业资格、工作经验的专业技术人员和科学研究人员。

3.5

安全生产技术服务机构 work safety technical service organization

受保险机构委托，为投保单位提供事故预防技术服务的各类机构，包括安全生产技术与管理咨询机构、安全评价机构、安全生产检测检验机构、安全风险评估机构、安全培训机构、注册安全工程师事务所、高等院校、科研院所和社会组织等。

4 基本原则

4.1 强制性

保险机构应在保险合同中明确事故预防技术服务项目及频次，并按照合同约定为投保单位提供服务，不应以任何理由拒绝履行保险合同约定的服务义务，不应另行收取费用。保险机构开展事故预防技术服务时，投保单位应主动配合。

4.2 规范性

保险机构应建立管理制度，规范服务流程，依法开展事故预防技术服务，不应泄露投保单位的职工信息和技术秘密、商业秘密，不应影响投保单位正常的生产经营活动。

4.3 适用性

保险机构为投保单位提供的事故预防技术服务方案应符合投保单位安全生产工作实际，确保适用可行，并根据投保单位的意见和需求，及时改进服务方案。

4.4 实效性

保险机构应保证事故预防技术服务质量，有效降低投保单位安全风险。投保单位应根据保险机构反馈的书面意见，采取安全防范措施，共同确保事故预防技术服务效果。

5 服务项目和形式

5.1 服务项目

保险机构应根据投保单位需求，参照以下内容确定具体服务项目，协助投保单位开展事故预防工作：

a) 安全生产宣传教育培训。制作发放安全生产宣传教育培训资料，举办安全生产宣传教育活动，组织开展安全生产专项教育培训。

b) 安全风险辨识、评估和安全评价。开展安全风险辨识评估、安全评价和安全生产检测检验，提出风险防控措施建议，发布风险预警信息。

c) 生产安全事故隐患排查。开展生产安全事故隐患排查，提出隐患治理措施与方案。

d) 安全生产标准化建设。编制安全生产标准化建设方案，制修订安全管理制度，开展安全生产标准化自评。

e) 生产安全事故应急预案编制和演练。编制生产安全事故应急预案，开展应急预案演练和效果评估。

f) 安全生产科技推广应用。组织安全生产技术交流研讨,推介安全生产科技成果和先进技术装备。

g) 其他有关事故预防工作。

保险机构每年至少为投保的煤矿、非煤矿山、危险化学品、烟花爆竹、交通运输、建筑施工、民用爆炸物品、金属冶炼、渔业生产等高危行业领域大中型投保单位提供 1 次 b)或 c)服务。

5.2 服务形式

保险机构应通过以下形式为投保单位提供事故预防技术服务:

a) 依靠自身安全生产专业技术人员;

b) 委托安全生产技术服务机构;

c) 聘请外部安全生产专业技术人员;

d) 委托保险经纪人。

6 服务流程

6.1 制定服务方案

保险机构应与投保单位沟通并协商一致,根据其行业领域特点、生产规模、风险分布、人员状况、安全管理基础和历史事故情况,结合安全生产目标和工作需求,制定事故预防技术服务方案,明确服务项目、服务措施、服务频次、服务机构、服务人员、预期目标和服务保障事项。

6.2 开展服务

保险机构每次开展服务之前,应提前与投保单位沟通,确认服务项目、服务措施和服务时间。开展服务时,服务人员应遵守投保单位的安全管理制度和操作规程,采取安全防护措施,保证自身和其他人员的安全;在服务过程中发现生产安全事故隐患,应及时书面告知投保单位,投保单位应及时整改。

6.3 回访和确认

保险机构应在服务完成以后 10 个工作日内通过电话、网络、现场验证方式回访并记录投保单位的满意度和具体意见。保险机构应如实记录事故预防技术服务的时间、地点、服务机构、服务人员、服务项目、服务措施、服务过程和回访情况,并在服务完成以后 20 个工作日内整理完毕,由双方确认后归档。

6.4 投诉处理

保险机构应提供可靠、便捷的投诉渠道,并告知投保单位投诉处理程序和投诉纠纷调处方式。对投保单位提出的异议或投诉,保险机构应及时沟通处理,在 10 个工作日内将投诉事项的答复意见反馈给投保单位;需要进一步核实与处理的,应在 30 个工作日内予以答复。情况复杂的,经本单位保险消费投诉处理工作责任人批准,可以延长处理期限,但延长期限不得超过 30 日,并告知投诉人延长期限的理由。投诉事项答复意见应包括:投诉人的投诉请求、对基本事实的认定及依据、对投诉事项的处理措施。投保单位对保险机构的答复意见仍不满意的,可提交应急管理部门、银行保险监管机构或相关部门核查。

7 服务保障

7.1 机构人员

保险机构应明确安全生产责任保险业务的管理机构和管理人员,对安全生产责任保险事故预防技术服务进行全流程管理。管理人员应具备相应的保险和安全生产专业知识,了解相关法律法规和政策规定,熟悉安全生产责任保险和事故预防技术服务的业务流程和管理制度,每年至少接受1次专业技能培训。

保险机构应选择具备与所从事服务项目相符合专业能力或资质的安全生产专业技术人员和安全生产技术服务机构。

7.2 管理制度

保险机构应建立事故预防技术服务工作责任制,完善服务流程、质量控制、机构管理、人员管理、档案管理、投诉处理和评价考核管理制度。

7.3 服务费用

保险机构应依据合同约定和相关规定,建立专门台账,据实列支事故预防技术服务费用,满足事故预防工作需要,并接受政府相关部门的监督。

7.4 档案管理

保险机构应为投保单位建立服务档案,记录和保留事故预防技术服务文档资料,确保服务过程可追溯。应归档的文档资料包括保险合同、服务方案、服务记录、委托服务合同、服务费用台账、投诉处理记录和年度评估报告。

保险机构应确保服务档案真实完整,至少保留5年,其间不得丢失、篡改、隐匿和销毁。

7.5 信息管理系统

保险机构应建立事故预防技术服务信息管理系统,对事故预防技术服务业务数据、费用台账、制度标准、服务档案进行采集和存储,并支持政府相关部门、投保单位、安全生产技术服务机构等不同类型的用户按照授权对相关信息进行共享和查询。

8 服务评估和改进

8.1 服务评估

保险机构应每年对事故预防技术服务的质量和效果进行1次自评或第三方评估,并形成书面报告,内容包括服务方案实施情况、服务效果、投保单位满意度、服务费用支出情况、服务机构和服务人员的专业能力、投诉处理情况、存在的问题和改进措施。

8.2 评估应用

保险机构应将年度评估结果纳入内部管理机构和管理人员考核内容,以及选择安全生产专业技术人员和安全生产技术服务机构的重要依据。

保险机构应向属地应急管理部门、银行保险监管机构和相关部门上报年度评估报告,通过官方网站和公共媒体向社会公布年度评估结果,接受政府相关部门和社会监督。

8.3 持续改进

保险机构应针对年度评估、回访、投保单位投诉、政府相关部门监督检查中发现的问题,制定并落实改进措施,完善管理制度和服务方案,持续提高事故预防技术服务质量。

二、危险化学品及化工安全

化工园区安全风险排查治理导则(试行)

(2019年8月12日应急管理部应急〔2019〕78号印发)

1 总则

1.1 目的

为全面排查化工园区安全风险，规范化工园区建设和安全管理，系统提升化工园区本质安全水平，增强化工园区安全应急保障能力，防范危险化学品重特大安全事故，依据《安全生产法》《危险化学品安全管理条例》等有关法律法规和标准规范，制定本导则。

1.2 适用范围

本导则适用于化工园区的安全风险排查治理。

1.3 基本原则

1.3.1 **科学规划，合理布局。**

坚持产业集聚、布局集中、用地集约和安全环保的原则，规范化工园区的设立和选址，严格规划区域功能，优化安全布局，完善公用工程配套和安全保障设施。

1.3.2 **严格准入，规范管理。**

坚持严格准入，严禁不符合安全生产标准规范和不成熟工艺的危险化学品建设项目入园。坚持一体化管理，提升化工园区应急保障能力，规范建设和安全管理。

1.3.3 **系统排查，重点整治。**

全面排查化工园区安全风险，突出对系统性安全风险的整治，提升本质安全水平，避免多米诺效应，防范危险化学品重特大安全事故，实现化工园区整体安全风险可控。

2 设立

2.1 化工园区应整体规划、集中布置，化工园区内不应有居民居住。
2.2 化工园区应符合国家、区域、省和设区的市产业布局规划要求，在城乡总体规划确定的建设用地范围之内，符合国土空间规划。
2.3 化工园区的设立应经省级及以上人民政府认定，负责园区管理的当地人民政府应明确承担园区安全生产和应急管理职责的机构。

3 选址及规划

3.1 化工园区应位于地方人民政府规划的专门用于危险化学品生产、储存的区域，符合化工园区所在地区化工行业安全发展规划。

3.2 化工园区选址应把安全放在首位,进行选址安全评估,化工园区与城市建成区、人口密集区、重要设施等防护目标之间保持足够的安全防护距离,留有适当的缓冲带,将化工园区安全与周边公共安全的相互影响降至风险可以接受。

3.3 化工园区应编制《化工园区总体规划》和《化工园区产业规划》,《化工园区总体规划》应包含安全生产和综合防灾减灾规划章节。

3.4 化工园区安全生产管理机构应至少每五年开展一次化工园区整体性安全风险评估,评估安全风险,提出消除、降低、管控安全风险的对策措施。

3.5 化工园区安全生产管理机构应依据化工园区整体性安全风险评估结果和相关法规标准的要求,划定化工园区周边土地规划安全控制线,并报送化工园区所在地设区的市级和县级地方人民政府规划主管部门、应急管理部门。

3.6 化工园区所在地设区的市级和县级地方人民政府规划主管部门应严格控制化工园区周边土地开发利用,土地规划安全控制线范围内的开发建设项目应经过安全风险评估,满足安全风险控制要求。

4 园区内布局

4.1 化工园区应综合考虑主导风向、地势高低落差、企业装置之间的相互影响、产品类别、生产工艺、物料互供、公用设施保障、应急救援等因素,合理布置功能分区。劳动力密集型的非化工企业不得与化工企业混建在同一化工园区内。

4.2 化工园区行政办公、生活服务区等人员集中场所与生产功能区应相互分离,布置在化工园区边缘或化工园区外;消防站、应急响应中心、医疗救护站等重要设施的布置应有利于应急救援的快速响应需要,并与涉及爆炸物、毒性气体、液化易燃气体的装置或设施保持足够的安全距离。

4.3 化工园区整体性安全风险评估应结合国家有关法律法规和标准规范要求,评估化工园区布局的安全性和合理性,对多米诺效应进行分析,提出安全风险防范措施,降低区域安全风险,避免多米诺效应。

4.4 在安全条件审查时,危险化学品建设项目单位提交的安全评价报告应对危险化学品建设项目与周边企业的相互影响进行多米诺效应分析,优化平面布局。

5 准入和退出

5.1 化工园区应严格根据《化工园区总体规划》和《化工园区产业规划》,制定适应区域特点、地方实际的《化工园区产业发展指引》和"禁限控"目录。

5.2 化工园区的项目准入应有利于形成相对完整的"上中下游"产业链和主导产业,实现化工园区内资源的有效配置和充分利用。

5.3 化工园区内危险化学品建设项目应由具有相关工程设计资质的单位设计;涉及"两重点一重大"(重点监管的危险化学品、重点监管的危险化工工艺、危险化学品重大危险源)装置的专业管理人员原则上应具有大专以上学历、操作人员原则上应具有高中以上文化程度,企业特种作业人员应持证上岗,并建设身份识别系统,加强对证件有效性和特种作业人员身份的管理。

5.4 化工园区内凡存在重大事故隐患、生产工艺技术落后、不具备安全生产条件的企业,责令停产整顿,整改无望的或整改后仍不能达到要求的企业,应依法予以关闭。

5.5 化工园区应建立健全企业、承包商准入和退出机制,建立黑名单制度。

6 配套功能设施

6.1 化工园区供水水源应充足、可靠,建设统一集中的供水设施和管网,满足企业和化工园区配套设施生产、生活、消防用水的需求。化工园区附近有天然水源的,应设置供消防车取水的消防车道和取水码头。

6.2 化工园区应能保障双电源供电。供电应满足化工园区各企业和化工园区配套设施生产、生活及应急用电需求,电源可靠。

6.3 化工园区公用管廊应满足《化工园区公共管廊管理规程》(GB/T 36762)要求。

6.4 化工园区应严格管控运输安全风险,运用物联网等先进技术对危险化学品运输车辆进出进行实时监控,实行专用道路、专用车道和限时限速行驶等措施,由化工园区实施统一管理、科学调度,防止安全风险积聚。有危险化学品车辆聚集较大安全风险的化工园区应建设危险化学品车辆专用停车场并严格管理。

6.5 化工园区应按照"分类控制、分级管理、分步实施"要求,结合产业结构、产业链特点、安全风险类型等实际情况,分区实行封闭化管理,建立完善门禁系统和视频监控系统,对易燃易爆、有毒有害化学品和危险废物等物料、人员、车辆进出实施全过程监管。

6.6 化工园区应按照有关法律法规和国家标准规范对产生的固体废物特别是危险废物全部进行安全处置,必要时建设配套的固体废物特别是危险废物集中处置设施,并实行专业化运营管理,充分利用信息化等手段对危险废物种类、产生量、流向、贮存、处置、转移等全链条的风险实施监督和管理。

6.7 化工园区应配套建设满足化工园区需要、符合安全环保要求的污水处理设施;合理分析和估算安全事故废水量,根据需求规划建设公共的事故废水应急池,确保化工安全事故发生时能满足废水处置要求。

7 一体化安全管理及应急救援

7.1 化工园区应实施安全生产与应急一体化管理,建立健全行业监管、协同执法和应急救援的联动机制,协调解决化工园区内企业之间的安全生产重大问题,统筹指挥化工园区的应急救援工作,指导企业落实安全生产主体责任,全面加强安全生产和应急管理工作。

7.2 化工园区管委会应配备具有化工专业背景的负责人,并建立化工园区管委会领导带班制度;根据企业数量、产业特点、整体安全风险状况,配备满足安全监管需要的人员,其中具有相关化工专业学历或化工安全生产实践经历的人员或注册安全工程师的人员数量不低于安全监管人员的75%。

7.3 化工园区应按照国家有关要求,制定安全风险分级管控制度,定期对化工园区内企业进行安全风险分级,加强对红色、橙色安全风险的分析、评估、预警。

7.4 化工园区应建设安全监管和应急救援信息平台,构建基础信息库和风险隐患数据库,至少应接入企业重大危险源(储罐区和库区)实时在线监测监控相关数据、关键岗位视频监控、安全仪表等异常报警数据,实现对化工园区内重点场所、重点设施在线实时监测、动态评估和及时自动预警;要建立园区三维倾斜摄影模型,在平台中实时更新园区建设边界、园区内企业边界及分布等基础信息;化工园区应将接入数据上传至省、市级应急管理部门。

7.5 化工园区安全生产管理机构应制定总体应急预案及专项预案,并至少每2年组织1次安全事故应急演练。

7.6 化工园区应编制化工园区消防规划,消防站布点应根据化工园区面积、危险性、平面布局等因素综合考虑,参照不低于《城市消防站建设标准》中特勤消防站的标准进行建设,消防车种类、数量、结构以及车载灭火药剂数量、装备器材、防护装具等应满足安全事故处置需要。化工园区应建设危险化学品专业应急救援队伍;根据自身安全风险类型和实际需求,配套建设医疗急救场所和气防站。

7.7 化工园区应建立健全化工园区内企业及公共应急物资储备保障制度,统筹规划配备充足的应急物资装备。

7.8 化工园区应加强对台风、雷电、洪水、泥石流、滑坡等自然灾害的监测和预警,并落实有关灾害的防范措施,防范因自然灾害引发危险化学品次生灾害。

8 特殊条款

8.1 按照本导则《化工园区安全风险排查治理检查表》(见附件)对化工园区进行评分,60分以下(不含60分)为高安全风险(A类),60－70分(不含70分)为较高安全风险(B类),70－85分(不含85分)为一般安全风险(C类),85分及以上为较低安全风险(D类)。

8.2 化工园区存在以下情况,直接判定为高安全风险(A类):

(1)化工园区规划不符合当地总体规划要求或未明确四至范围(四至范围是指东西南北四个方向的边界)。

(2)化工园区未经依法认定。

(3)化工园区未明确安全管理机构。

(4)化工园区外部安全防护距离不符合标准要求。

(5)化工园区内部布局不合理,企业之间存在重大风险叠加或失控。

(6)化工园区内存在在役化工装置未经具有相应资质的单位设计且未通过安全设计诊断的企业。

(7)化工园区内存在涉及危险化工工艺的特种作业人员未取得高中或者相当于高中及以上学历的企业。

附录 定义和术语

下列定义和术语适用于本导则。

1 化工园区

依法设立的用于专门发展化工产业的工业区或集中区。

2 防护目标

受化工园区危险化学品安全事故影响,化工园区外可能发生人员伤亡、财产损失的设施或场所。

3 多米诺效应

化工园区内一个企业的危险源发生安全事故时可能会引起其他企业的危险源也相继发

生安全事故,从而造成更大安全事故的现象。

4 土地规划安全控制线

为预防和减缓化工园区危险化学品潜在安全事故(火灾、爆炸、泄漏等)对化工园区外防护目标的影响,用于限制化工园区周边土地开发利用的控制线。

附件

化工园区安全风险排查治理检查表

序号	要素	排查内容	评分标准	分值 E_i
1	设立 (15分)	(1)化工园区应整体规划、集中布置,化工园区内不应有居民居住	0分——无整体规划或化工园区内有居民居住; 1分——整体规划,但未集中布置; 5分——符合要求	
		(2)化工园区应符合国家、区域、省和设区产业布局规划要求,在城乡总体规划确定的建设用地范围之内,符合国土空间规划	0分——不符合国家、区域、省和设区的市产业布局规划要求或不在城乡总体规划确定的建设用地范围之内或不符合国土空间规划; 5分——符合要求	
		(3)化工园区的设立应经省级及以上人民政府认定,负责园区管理的当地人民政府应明确承担园区安全生产和应急管理职责的机构	0分——未经省级及以上人民政府认定,或未明确承担园区安全生产和应急管理职责的机构; 5分——符合要求	
2	选址及规划 (30分)	(4)化工园区应位于地方人民政府规划的专门用于危险化学品生产、储存的区域,符合化工园区所在地区化工行业安全发展规划	0分——化工园区未位于危险化学品的生产、储存规划区域或不符合化工园区所在地区化工行业安全发展规划; 5分——符合要求	
		(5)化工园区选址应把安全放在首位,进行选址安全评估,化工园区与城市建成区、人口密集区、重要设施等防护目标之间保持足够的安全防护距离,留有适当的缓冲带,将化工园区安全与周边公共安全的相互影响降至风险可以接受	0分——未进行选址安全评估或化工园区与城市建成区、人口密集区、重要设施等防护目标之间安全防护距离不满足要求; 1分——进行了选址安全评估,化工园区与城市建成区、人口密集区、重要设施等防护目标之间安全防护距离满足要求;缓冲带小于200米(不含200米);	

（续）

序号	要素	排查内容	评分标准	分值 E_i
2	选址及规划（30分）		3分——进行了选址安全评估，化工园区与城市建成区、人口密集区、重要设施等防护目标之间安全防护距离满足要求；缓冲带200—500米（不含500米）； 5分——进行了选址安全评估，化工园区与城市建成区、人口密集区、重要设施等防护目标之间安全防护距离满足要求；缓冲带大于等于500米	
		（6）化工园区应编制《化工园区总体规划》和《化工园区产业规划》，《化工园区总体规划》应包含安全生产和综合防灾减灾规划章节	0分——未编制《化工园区总体规划》和《化工园区产业规划》或《化工园区总体规划》无安全生产和综合防灾减灾规划章节； 5分——符合要求	
		（7）化工园区安全生产管理机构应至少每五年开展一次化工园区整体性安全风险评估，评估安全风险，提出消除、降低、管控安全风险的对策措施	0分——未按照规定要求开展化工园区整体性安全风险评估； 5分——符合要求	
		（8）化工园区安全生产管理机构应依据化工园区整体性安全风险评估结果和相关法规标准的要求，划定化工园区周边土地规划安全控制线，并报送化工园区所在地设区的市级和县级地方人民政府规划主管部门、应急管理部门	0分——未设置化工园区周边土地规划安全控制线； 1分——设置了化工园区周边土地规划安全控制线，但未报送； 5分——符合条件	
		（9）化工园区所在地设区的市级和县级地方人民政府规划主管部门应严格控制化工园区周边土地开发利用，土地规划安全控制线范围内的开发建设项目应经过安全风险评估，满足安全风险控制要求	0分——土地规划安全控制线内的开发项目未经过安全风险评估，不满足安全风险控制要求； 5分——符合要求	

（续）

序号	要素	排查内容	评分标准	分值 E_i
3	园区内布局（20分）	(10)化工园区应综合考虑主导风向、地势高低落差、企业装置之间的相互影响、产品类别、生产工艺、物料互供、公用设施保障、应急救援等因素,合理布置功能分区。劳动力密集型的非化工企业不得与化工企业混建在同一园区内	0分——劳动力密集型的非化工企业与化工企业混建在同一化工园区内； 1分——功能分区未严格执行国家相关标准,功能分区不合理； 5分——符合要求	
		(11)化工园区行政办公、生活服务区等人员集中场所与生产功能区应相互分离,布置在化工园区边缘或化工园区外;消防站、应急响应中心、医疗救护站等重要设施的布置应有利于应急救援的快速响应需要,并与涉及爆炸物、毒性气体、液化易燃气体的装置或设施保持足够的安全距离	0分——行政办公、生活服务区等人员集中场所与生产功能区未相互分离,或消防站、应急响应中心、医疗救护站等重要设施的布置不能满足应急救援的快速响应需要； 1分——行政办公、生活服务区等人员集中场所与生产功能区相互分离,但未布置在化工园区边缘或化工园区外;消防站、应急响应中心、医疗救护站等重要设施的布置满足应急救援的快速响应需要,但受涉及爆炸物、毒性气体、液化易燃气体的装置或设施影响,未采取有效防护措施； 3分——行政办公、生活服务区等人员集中场所与生产功能区相互分离,且布置在化工园区边缘或化工园区外;消防站、应急响应中心、医疗救护站等重要设施的布置满足应急救援的快速响应需要,但受涉及爆炸物、毒性气体、液化易燃气体的装置或设施影响,采取了有效防护措施； 5分——符合要求	
		(12)化工园区整体性安全风险评估应结合国家有关法律法规和标准规范要求,评估化工园区布局的安全性和合理性,对多米诺效应进行分析,提出安全风险防范措施,降低区域安全风险,避免多米诺效应	0分——未进行多米诺效应分析； 1分——进行了多米诺效应分析,但未对化工园区布局的安全性和合理性提出意见,未提出安全风险防范措施； 5分——符合条件	

（续）

序号	要素	排查内容	评分标准	分值 E_i
3	园区内布局（20分）	（13）在安全条件审查时，危险化学品建设项目单位提交的安全评价报告应对危险化学品建设项目与周边企业的相互影响进行多米诺效应分析，优化平面布局	0分——危险化学品建设项目安全评价报告未进行多米诺效应分析； 1分——危险化学品建设项目安全评价报告进行了多米诺效应分析，对优化平面布局未提出建议措施； 5分——符合要求	
4	准入和退出（25分）	（14）化工园区应当严格根据《化工园区总体规划》和《化工园区产业规划》，制定适应区域特点、地方实际的《化工园区产业发展指引》和"禁限控"目录	0分——未制定《化工园区产业发展指引》或"禁限控"目录； 1分——《化工园区产业发展指引》和"禁限控"目录未明确产业目录、产业类别、生产能力、工艺水平等关键指标； 5分——符合要求	
		（15）化工园区的项目准入应有利于形成相对完整的"上中下游"产业链和主导产业，实现化工园区内资源的有效配置和充分利用	0分——近5年化工园区的准入项目与化工园区"上中下游"产业链和主导产业无关； 1分——近5年化工园区的准入项目与化工园区"上中下游"产业链和主导产业有一定关联性； 5分——符合要求	
		（16）化工园区内危险化学品建设项目应由具有相关工程设计资质的单位设计；涉及"两重点一重大"装置的专业管理人员必须具有大专以上学历，操作人员必须具有高中或者相当于高中及以上文化程度，企业特种作业人员应持证上岗	0分——化工园区内危险化学品建设项目未由具有相关工程设计资质的单位设计或涉及"两重点一重大"装置的专业管理人员不具有大专以上学历或操作人员不具有高中或者相当于高中及以上文化程度或特种作业人员未持证上岗； 5分——符合要求	
		（17）化工园区内凡存在重大事故隐患、生产工艺技术落后、不具备安全生产条件的企业，责令停产整顿，整改无望或整改后仍不能达到要求的企业，应依法予以关闭	0分——存在重大事故隐患、生产工艺技术落后、不具备安全生产条件的企业，责令停产整顿，整改无望或整改后仍不能达到要求的企业； 5分——符合要求	

（续）

序号	要素	排查内容	评分标准	分值 E_i
4	准入和退出（25分）	(18)化工园区应建立健全企业、承包商准入和退出机制,建立黑名单制度	0分——化工园区未建立企业、承包商准入和退出机制或未建立黑名单制度； 1分——化工园区建立了企业、承包商准入和退出机制,建立了黑名单制度,但未有效运行并考核； 5分——符合要求	
5	配套功能设施（35分）	(19)化工园区供水水源应充足、可靠,建设统一集中的供水设施和管网,满足企业和化工园区配套设施生产、生活、消防用水的需求。化工园区附近有天然水源的,应设置供消防车取水的消防车道和取水码头	0分——供水不能满足企业和化工园区配套设施生产、生活、消防用水的需求； 1分——供水水源充足、可靠,但化工园区未建设统一集中的供水设施和管网； 3分——供水水源充足、可靠,建设了统一集中的供水设施和管网,但附近有天然水源但未设置供消防车取水的消防车道和取水码头； 5分——符合要求	
		(20)化工园区应能保障双电源供电。供电应满足化工园区各企业和化工园区配套设施生产、生活和应急用电需求,电源可靠	0分——供电不满足保障双电源供电； 5分——符合条件	
		(21)化工园区公用管廊应满足《化工园区公共管廊管理规程》（GB/T 36762）要求	0分——未建设公用管廊； 1分——建有公用管廊,但未按照《化工园区公共管廊管理规程》（GB/T 36762）要求建设； 5分——符合要求	
		(22)化工园区应严格管控运输安全风险,运用物联网等先进技术对危险化学品运输车辆进出进行实时监控,实行专用道路、专用车道和限时限速行驶等措施,由化工园区实施统一管理、科学调度,防止安全风险积聚。有危险化学品车辆聚集较大安全风险的化工园区应建设危险化学品车辆专用停车场并严格管理	0分——未运用物联网等先进技术对危险化学品运输车辆进出进行实时监控,或有危险化学品车辆聚集较大安全风险的化工园区未建设危险化学品车辆专用停车场；	

（续）

序号	要素	排查内容	评分标准	分值 E_i
5	配套功能设施（35分）		3分——运用物联网等先进技术对危险化学品运输车辆进出进行实时监控，但未实行专用道路、专用车道和限时限速行驶等措施，由化工园区实施统一管理、科学调度，防止安全风险积聚；有危险化学品车辆聚集较大安全风险的化工园区建设了危险化学品车辆专用停车场，但未对危险化学品车辆专用停车场进行严格管理； 5分——符合要求	
		(23)化工园区应按照"分类控制、分级管理、分步实施"要求，结合产业结构、产业链特点、安全风险类型等实际情况，分区实行封闭化管理，建立完善门禁系统和视频监控系统，对易燃易爆、有毒有害化学品和危险废物等物料、人员、车辆进出实施全过程监管	0分——未按照"分类控制、分级管理、分步实施"的要求实行化工园区封闭化管理或未建立门禁系统和视频监控系统； 1分——实行化工园区封闭化管理但未建立门禁系统和视频监控系统； 3分——实施封闭化管理并建立门禁系统和视频监控系统，但未对易燃易爆、有毒有害化学品和危险废物等物料、人员、车辆进出实施全过程监管； 5分——符合要求	
		(24)化工园区应按照有关法律法规和国家标准规范对产生的固体废物特别是危险废物全部进行安全处置，必要时建设配套的固体废物特别是危险废物集中处置设施，并实行专业化运营管理，充分利用信息化等手段对危险废物种类、产生量、流向、贮存、处置、转移等全链条的风险实施监督和管理	0分——未按照有关法律法规和国家标准规范要求，对产生的固体废物特别是危险废物全部进行安全处置； 3分——对产生的固体废物特别是危险废物全部进行安全处置，但未充分利用信息化等手段对危险废物种类、产生量、流向、贮存、处置和转移等全链条的风险实施监督和管理； 5分——符合要求	

（续）

序号	要素	排查内容	评分标准	分值 E_i
5	配套功能设施（35分）	（25）化工园区应配套建设满足化工园区需要、符合安全环保要求的污水处理设施；合理分析和估算安全事故废水量，根据需求规划建设公共的事故废水应急池，确保在安全事故发生时能满足废水处置要求	0分——化工园区污水处理设施不满足化工园区需要或不符合安全环保要求；或未对化工园区安全事故废水进行合理分析和估算；或估算后，在化工园区安全事故发生时不能满足事故废水处置要求，未采取措施； 5分——符合要求	
6	一体化安全管理及应急救援（40分）	（26）化工园区应实施安全生产与应急一体化管理，建立健全行业监管、协同执法和应急救援的联动机制，协调解决化工园区内企业之间的安全生产重大问题，统筹指挥化工园区的应急救援工作，指导企业落实安全生产主体责任，全面加强安全生产和应急管理工作	0分——未实施安全生产与应急一体化管理； 5分——符合要求	
		（27）化工园区管委会应配备具有化工专业背景的负责人，并建立化工园区管委会领导带班制度；根据企业数量、产业特点、整体安全风险状况，配备满足安全监管需要的人员，其中具有相关化工专业学历或化工安全生产实践经历的人员或注册安全工程师的人员数量不低于安全监管人员的75%	0分——未配备具有相关化工专业学历或化工安全生产实践经历的人员或注册安全工程师等专业监管人员；或化工园区管委会未配备具有化工专业背景的负责人； 1分——配备了具有相关化工专业学历或化工安全生产实践经历的人员或注册安全工程师等专业监管人员但比例低于75%；或未建立化工园区管委会领导带班制度； 5分——符合要求	
		（28）化工园区应按照国家有关要求，制定安全风险分级管控制度，对化工园区内企业进行安全风险分级，加强对红色、橙色安全风险的分析、评估、预警	0分——未按照国家有关要求，对化工园区内企业进行安全风险分级，并制定安全风险分级管控制度，对红色、橙色安全风险的分析、评估、预警； 5分——符合要求	

(续)

序号	要素	排查内容	评分标准	分值 E_i
6	一体化安全管理及应急救援（40分）	（29）化工园区应建设安全监管和应急救援信息平台，构建基础信息库和风险隐患数据库，至少应接入企业重大危险源（储罐区和库区）实时在线监测监控相关数据、关键岗位视频监控、安全仪表等异常报警数据，实现对化工园区内重点场所、重点设施在线实时监测、动态评估和及时自动预警；要建立园区三维倾斜摄影模型，在平台中实时更新园区建设边界、园区内企业边界及分布等基础信息；化工园区应将接入数据上传至省、市级应急管理部门	0分——未建设平台； 1分——建设了平台，但只有基础信息数据库，未接入其他相关数据； 3分——建设了平台且能实现预警功能； 5分——符合要求	
		（30）化工园区应制定总体应急救援预案及专项预案，并至少每2年组织1次安全事故应急救援演练	0分——未制定总体应急救援预案及专项预案或未按要求组织安全事故应急救援演练； 5分——符合要求	
		（31）化工园区应编制化工园区消防规划，消防站布点应根据化工园区面积、危险性、平面布局等因素综合考虑，参照不低于《城市消防站建设标准》中特勤消防站的标准进行建设，消防车种类、数量、结构以及车载灭火药剂数量、装备器材、防护装具等应满足安全事故处置需要。化工园区应建设危险化学品专业应急救援队伍；根据自身安全风险类型和实际需求，配套建设医疗急救场所和气防站	0分——未建设化工园区消防站； 1分——建设了化工园区消防站但未按照《城市消防站建设标准》中特勤消防站的标准进行建设；或未建有危险化学品专业应急救援队伍；或配备的消防设备设施不满足事故处置需要； 5分——符合要求	
		（32）化工园区应建立健全化工园区内企业及公共应急物资储备保障制度，统筹规划配备充足的应急物资装备	0分——未建立企业及公共应急物资储备保障制度，统筹规划配备充足的应急物资装备； 5分——符合要求	

（续）

序号	要素	排查内容	评分标准	分值 E_i
6	一体化安全管理及应急救援（40分）	(33)化工园区应加强对台风、雷电、洪水、泥石流、滑坡等自然灾害的监测和预警，并落实有关灾害的防范措施，防范因自然灾害引发危险化学品次生灾害	0分——未对台风、雷电、洪水、泥石流、滑坡等自然灾害监测和预警； 3分——对台风、雷电、洪水、泥石流、滑坡等自然灾害监测和预警但未落实有关灾害的防范措施； 5分——符合要求	
7	分值汇总	—	—	

评分说明：
1. 评分时，对各项排查内容按照各自对应的评分标准逐一进行评分。
2. 评分按照0—1—3—5评分制，其中：0分表示不符合标准要求，1分表示与标准要求偏差较大，3分表示与标准要求存在部分偏差，5分表示符合标准要求；对具有二元选择性的排查内容，只设5分或0分。
3. 采用百分制进行评分，实际分值按如下公式计算：

$$Z = \left(\frac{\sum_{i=1}^{n} E_i}{165} \right) \times 100$$

式中：Z——化工园区实际分值；
E_i——单项排查内容分值。

4. 化工园区存在以下情况，直接判定为高安全风险（A类）：
(1)化工园区规划不符合当地总体规划要求或未明确四至范围（四至范围是指东西南北四个方向的边界）。
(2)化工园区未经依法认定。
(3)化工园区未明确安全管理机构。
(4)化工园区外部安全防护距离不符合标准要求。
(5)化工园区内部布局不合理，企业之间存在重大风险叠加或失控。
(6)化工园区内存在在役化工装置未经具有相应资质的单位设计且未通过安全设计诊断的企业。
(7)化工园区内存在涉及危险化工工艺的特种作业人员未取得高中或者相当于高中及以上学历的企业。

危险化学品企业安全风险隐患排查治理导则

(2019年8月12日应急管理部应急〔2019〕78号印发)

1 总则

1.1 为督促危险化学品企业落实安全生产主体责任,着力构建安全风险分级管控和隐患排查治理双重预防机制,有效防范重特大安全事故,根据国家相关法律、法规、规章及标准,制定本导则。

1.2 本导则适用于危险化学品生产、经营、使用发证企业(以下简称企业)的安全风险隐患排查治理工作,其他化工企业参照执行。

1.3 安全风险是某一特定危害事件发生的可能性与其后果严重性的组合;安全风险点是指存在安全风险的设施、部位、场所和区域,以及在设施、部位、场所和区域实施的伴随风险的作业活动,或以上两者的组合;对安全风险所采取的管控措施存在缺陷或缺失时就形成事故隐患,包括物的不安全状态、人的不安全行为和管理上的缺陷等方面。

2 基本要求

2.1 企业是安全风险隐患排查治理的主体,要逐级落实安全风险隐患排查治理责任,对安全风险全面管控,对事故隐患治理实行闭环管理,保证安全生产。

2.2 企业应建立健全安全风险隐患排查治理工作机制,建立安全风险隐患排查治理制度并严格执行,全体员工应按照安全生产责任制要求参与安全风险隐患排查治理工作。

2.3 企业应充分利用安全检查表(SCL)、工作危害分析(JHA)、故障类型和影响分析(FMEA)、危险和可操作性分析(HAZOP)等安全风险分析方法,或多种方法的组合,分析生产过程中存在的安全风险;选用风险评估矩阵(RAM)、作业条件危险性分析(LEC)等方法进行风险评估,有效实施安全风险分级管控。

2.4 企业应对涉及"两重点一重大"的生产、储存装置定期开展HAZOP分析。

2.5 精细化工企业应按要求开展反应安全风险评估。

3 安全风险隐患排查方式及频次

3.1 安全风险隐患排查方式

3.1.1 企业应根据安全生产法律法规和安全风险管控情况,按照化工过程安全管理的要求,结合生产工艺特点,针对可能发生安全事故的风险点,全面开展安全风险隐患排查工作,做到安全风险隐患排查全覆盖,责任到人。

3.1.2 安全风险隐患排查形式包括日常排查、综合性排查、专业性排查、季节性排查、重点时段及节假日前排查、事故类比排查、复产复工前排查和外聘专家诊断式排查等。

(1)日常排查是指基层单位班组、岗位员工的交接班检查和班中巡回检查,以及基层单位(厂)管理人员和各专业技术人员的日常性检查;日常排查要加强对关键装置、重点部位、关键环节、重大危险源的检查和巡查;

(2)综合性排查是指以安全生产责任制、各项专业管理制度、安全生产管理制度和化工过程安全管理各要素落实情况为重点开展的全面检查;

(3)专业性排查是指工艺、设备、电气、仪表、储运、消防和公用工程等专业对生产各系统进行的检查;

(4)季节性排查是指根据各季节特点开展的专项检查,主要包括:春季以防雷、防静电、防解冻泄漏、防解冻坍塌为重点;夏季以防雷暴、防设备容器超温超压、防台风、防洪、防暑降温为重点;秋季以防雷暴、防火、防静电、防凝保温为重点;冬季以防火、防爆、防雪、防冻防凝、防滑、防静电为重点;

(5)重点时段及节假日前排查是指在重大活动、重点时段和节假日前,对装置生产是否存在异常状况和事故隐患、备用设备状态、备品备件、生产及应急物资储备、保运力量安排、安全保卫、应急、消防等方面进行的检查,特别是要对节假日期间领导干部带班值班、机电仪保运及紧急抢修力量安排、备件及各类物资储备和应急工作进行重点检查;

(6)事故类比排查是指对企业内或同类企业发生安全事故后举一反三的安全检查;

(7)复产复工前排查是指节假日、设备大检修、生产原因等停产较长时间,在重新恢复生产前,需要进行人员培训,对生产工艺、设备设施等进行综合性隐患排查;

(8)外聘专家排查是指聘请外部专家对企业进行的安全检查。

3.2 安全风险隐患排查频次

3.2.1 开展安全风险隐患排查的频次应满足:

(1)装置操作人员现场巡检间隔不得大于 2 小时,涉及"两重点一重大"的生产、储存装置和部位的操作人员现场巡检间隔不得大于 1 小时;

(2)基层车间(装置)直接管理人员(工艺、设备技术人员)、电气、仪表人员每天至少两次对装置现场进行相关专业检查;

(3)基层车间应结合班组安全活动,至少每周组织一次安全风险隐患排查;基层单位(厂)应结合岗位责任制检查,至少每月组织一次安全风险隐患排查;

(4)企业应根据季节性特征及本单位的生产实际,每季度开展一次有针对性的季节性安全风险隐患排查;重大活动、重点时段及节假日前必须进行安全风险隐患排查;

(5)企业至少每半年组织一次,基层单位至少每季度组织一次综合性排查和专业排查,两者可结合进行;

(6)当同类企业发生安全事故时,应举一反三,及时进行事故类比安全风险隐患专项排查。

3.2.2 当发生以下情形之一时,应根据情况及时组织进行相关专业性排查:

(1)公布实施有关新法律法规、标准规范或原有适用法律法规、标准规范重新修订的;

(2)组织机构和人员发生重大调整的;

(3)装置工艺、设备、电气、仪表、公用工程或操作参数发生重大改变的;

(4)外部安全生产环境发生重大变化的;

(5)发生安全事故或对安全事故、事件有新认识的;

(6)气候条件发生大的变化或预报可能发生重大自然灾害前。

3.2.3 企业对涉及"两重点一重大"的生产、储存装置运用HAZOP方法进行安全风险辨识分析,一般每 3 年开展一次;对涉及"两重点一重大"和首次工业化设计的建设项目,应在基础设计阶段开展 HAZOP 分析工作;对其他生产、储存装置的安全风险辨识分析,针对装置不同的复杂程度,可采用本导则第 2.3 所述的方法,每 5 年进行一次。

4 安全风险隐患排查内容

企业应结合自身安全风险及管控水平,按照化工过程安全管理的要求,参照各专业安全风险隐患排查表(见附件),编制符合自身实际的安全风险隐患排查表,开展安全风险隐患排查工作。

排查内容包括但不限于以下方面:
(1)安全领导能力;
(2)安全生产责任制;
(3)岗位安全教育和操作技能培训;
(4)安全生产信息管理;
(5)安全风险管理;
(6)设计管理;
(7)试生产管理;
(8)装置运行安全管理;
(9)设备设施完好性;
(10)作业许可管理;
(11)承包商管理;
(12)变更管理;
(13)应急管理;
(14)安全事故事件管理。

4.1 安全领导能力

4.1.1 企业安全生产目标、计划制定及落实情况。

4.1.2 企业主要负责人安全生产责任制的履职情况,包括:
(1)建立、健全本单位安全生产责任制;
(2)组织制定本单位安全生产规章制度和操作规程;
(3)组织制定并实施本单位安全生产教育和培训计划;
(4)保证本单位安全生产投入的有效实施;
(5)督促、检查本单位的安全生产工作,及时消除事故隐患;
(6)组织制定并实施本单位的安全事故应急预案;
(7)及时、如实报告安全事故。

4.1.3 企业主要负责人安全培训考核情况,分管生产、安全负责人专业、学历满足情况。

4.1.4 企业主要负责人组织学习、贯彻落实国家安全生产法律法规,定期主持召开安全生产专题会议,研究重大问题,并督促落实情况。

4.1.5 企业主要负责人和各级管理人员在岗在位、带(值)班、参加安全活动、组织开展安全风险研判与承诺公告情况。

4.1.6 安全生产管理体系建立、运行及考核情况;"三违"(违章指挥、违章作业、违反劳动纪律)的检查处置情况。

4.1.7 安全管理机构的设置及安全管理人员的配备、能力保障情况。
4.1.8 安全投入保障情况,安全生产费用提取和使用情况;员工工伤保险费用缴纳及安全生产责任险投保情况。
4.1.9 异常工况处理授权决策机制建立情况。
4.1.10 企业聘用员工学历、能力满足安全生产要求情况。

4.2 安全生产责任制

4.2.1 企业依法依规制定完善全员安全生产责任制情况;根据企业岗位的性质、特点和具体工作内容,明确各层级所有岗位从业人员的安全生产责任,体现安全生产"人人有责"的情况。
4.2.2 全员安全生产责任制的培训、落实、考核等情况。
4.2.3 安全生产责任制与现行法律法规的符合性情况。

4.3 岗位安全教育和操作技能培训

4.3.1 企业建立安全教育培训制度的情况。
4.3.2 企业安全管理人员参加安全培训及考核情况。
4.3.3 企业安全教育培训制度的执行情况,主要包括:
（1）安全教育培训体系的建立,安全教育培训需求的调查,安全教育培训计划及培训档案的建立;
（2）安全教育培训计划的落实,教育培训方式及效果评估;
（3）从业人员安全教育培训考核上岗,特种作业人员持证上岗;
（4）人员、工艺技术、设备设施等发生改变时,及时对操作人员进行再培训;
（5）采用新工艺、新技术、新材料或使用新设备前,对从业人员进行专门的安全生产教育和培训;
（6）对承包商等相关方人员的入厂安全教育培训。

4.4 安全生产信息管理

4.4.1 安全生产信息管理制度的建立情况。
4.4.2 按照《化工企业工艺安全管理实施导则》（AQ/T 3034）的要求收集安全生产信息情况,包括化学品危险性信息、工艺技术信息、设备设施信息、行业经验和事故教训、有关法律法规标准以及政府规范性文件要求等其他相关信息。
4.4.3 在生产运行、安全风险分析、事故调查和编制生产管理制度、操作规程、员工安全教育培训手册、应急预案等工作中运用安全生产信息的情况。
4.4.4 危险化学品安全技术说明书和安全标签的编制及获取情况。
4.4.5 岗位人员对本岗位涉及的安全生产信息的了解掌握情况。
4.4.6 法律法规标准及最新安全生产信息的获取、识别及应用情况。

4.5 安全风险管理

4.5.1 安全风险管理制度的建立情况。
4.5.2 全方位、全过程辨识生产工艺、设备设施、作业活动、作业环境、人员行为、管理体系等方面存在的安全风险情况,主要包括:
（1）对涉及"两重点一重大"生产、储存装置定期运用 HAZOP 方法开展安全风险辨识;
（2）对设备设施、作业活动、作业环境进行安全风险辨识;

(3)管理机构、人员构成、生产装置等发生重大变化或发生安全事故时,及时进行安全风险辨识;
(4)对控制安全风险的工程、技术、管理措施及其失效可能引起的后果进行风险辨识;
(5)对厂区内人员密集场所进行安全风险排查;
(6)对存在安全风险外溢的可能性进行分析及预警。

4.5.3 安全风险分级管控情况,主要包括:
(1)企业可接受安全风险标准的制定;
(2)对辨识出的安全风险进行分级和制定管控措施的落实;
(3)对辨识分析发现的不可接受安全风险,制定管控方案,制定并落实消除、减小或控制安全风险的措施,明确风险防控责任岗位和人员,将风险控制在可接受范围。

4.5.4 对安全风险管控措施的有效性实施监控及失效后及时处置情况。

4.5.5 全员参与安全风险辨识与培训情况。

4.6 设计管理

4.6.1 建设项目选址合理性情况;与周围敏感场所的外部安全防护距离满足性情况,包括在工厂选址、设备布局时,开展定量安全风险评估情况。

4.6.2 开展正规设计或安全设计诊断情况;涉及"两重点一重大"的建设项目设计单位资质符合性情况。

4.6.3 落实国家明令淘汰、禁止使用的危及生产安全的工艺、设备要求情况。

4.6.4 总图布局、竖向设计、重要设施的平面布置、朝向、安全距离等合规性情况。

4.6.5 涉及"两重点一重大"装置自动化控制系统的配置情况。

4.6.6 项目安全设施"三同时"符合性情况。

4.6.7 涉及精细化工的建设项目,在编制可行性研究报告或项目建议书前,按规定开展反应安全风险评估情况;国内首次采用的化工工艺,省级有关部门组织专家组进行安全论证情况。

4.6.8 重大设计变更的管理情况。

4.7 试生产管理

4.7.1 试生产组织机构的建立情况;建设项目各相关方的安全管理范围与职责界定情况。

4.7.2 试生产前期工作的准备情况,主要包括:
(1)总体试生产方案、操作规程、应急预案等相关资料的编制、审查、批准、发布实施;
(2)试车物资及应急装备的准备;
(3)人员准备及培训;
(4)"三查四定"工作的开展。

4.7.3 试生产工作的实施情况,主要包括:
(1)系统冲洗、吹扫、气密等工作的开展及验收;
(2)单机试车及联动试车工作的开展及验收;
(3)投料前安全条件检查确认。

4.8 装置运行安全管理

4.8.1 操作规程与工艺卡片管理制度制定及执行情况,主要包括:
(1)操作规程与工艺卡片的编制及管理;

(2)操作规程内容与《化工企业工艺安全管理实施导则》(AQ/T 3034)要求的符合性;
(3)操作规程的适应性和有效性的定期确认与审核修订;
(4)操作规程的发布及操作人员的方便查阅;
(5)操作规程的定期培训和考核;
(6)工艺技术、设备设施发生重大变更后对操作规程及时修订。

4.8.2 装置运行监测预警及处置情况,主要包括:
(1)自动化控制系统设置及对重要工艺参数进行实时监控预警;
(2)可燃及有毒气体检测报警设施设置并投用;
(3)采用在线安全监控、自动检测或人工分析等手段,有效判断发生异常工况的根源,及时安全处置。

4.8.3 开停车安全管理情况,主要包括:
(1)开停车前安全条件的检查确认;
(2)开停车前开展安全风险辨识分析、开停车方案的制定、安全措施的编制及落实;
(3)开车过程中重要步骤的签字确认,包括装置冲洗、吹扫、气密试验时安全措施的制定,引进蒸汽、氮气、易燃易爆、腐蚀性等危险介质前的流程确认,引进物料时对流量、温度、压力、液位等参数变化情况的监测与流程再确认,进退料顺序和速率的管理,可能出现泄漏等异常现象部位的监控;
(4)停车过程中,设备和管线低点处的安全排放操作及吹扫处理后与其他系统切断、确认工作的执行。

4.8.4 工艺纪律、交接班制度的执行与管理情况。

4.8.5 工艺技术变更管理情况。

4.8.6 重大危险源安全控制设施设置及投用情况,主要包括:
(1)重大危险源应配备温度、压力、液位、流量等信息的不间断采集和监测系统以及可燃气体和有毒有害气体泄漏检测报警装置,并具备信息远传、记录、安全预警、信息存储等功能;
(2)重大危险源的化工生产装置应装备满足安全生产要求的自动化控制系统;
(3)一级或者二级重大危险源,设置紧急停车系统;
(4)对重大危险源中的毒性气体、剧毒液体和易燃气体等重点设施,设置紧急切断装置;
(5)对涉及毒性气体、液化气体、剧毒液体的一级或者二级重大危险源,应具有独立安全仪表系统;
(6)对毒性气体的设施,设置泄漏物紧急处置装置;
(7)重大危险源中储存剧毒物质的场所或者设施,设置视频监控系统;
(8)处置监测监控报警数据时,监控系统能够自动将超限报警和处置过程信息进行记录并实现留痕。

4.8.7 重点监管的危险化工工艺安全控制措施的设置及投用情况。

4.8.8 剧毒、高毒危险化学品的密闭取样系统设置及投用情况。

4.8.9 储运设施的管理情况,主要包括:
(1)危险化学品装卸管理制度的制定及执行;
(2)储运系统设施的安全设计、安全控制、应急措施的落实;

(3)储罐尤其是浮顶储罐安全运行;

(4)危险化学品仓库及储存管理。

4.8.10 光气、液氯、液氨、液化烃、氯乙烯、硝酸铵等有毒、易燃易爆危险化学品与硝化工艺的特殊管控措施落实情况。

4.8.11 空分系统的运行管理情况。

4.9 设备设施完好性

4.9.1 设备设施管理制度的建立情况。

4.9.2 设备设施管理制度的执行情况,主要包括:

(1)设备设施管理台账的建立,备品备件管理,设备操作和维护规程编制,设备维保人员的技能培训;

(2)电气设备设施安全操作、维护、检修工作的开展,电源系统安全可靠性分析和安全风险评估工作的开展,防爆电气设备、线路检查和维护管理;

(3)仪表自动化控制系统安全管理制度的执行,新(改、扩)建装置和大修装置的仪表自动化控制系统投用前及长期停用后的再次启用前的检查确认、日常维护保养,安全联锁保护系统停运、变更的专业会签和审批。

4.9.3 设备日常管理情况,主要包括:

(1)设备操作规程的编制及执行;

(2)大机组和重点动设备运行参数的自动监测及运行状况的评估;

(3)关键储罐、大型容器的防腐蚀、防泄漏相关工作;

(4)安全附件的维护保养;

(5)日常巡回检查;

(6)异常设备设施的及时处置;

(7)备用机泵的管理。

4.9.4 设备预防性维修工作开展情况,主要包括:

(1)关键设备的在线监测;

(2)关键设备、连续监(检)测检查仪表的定期监(检)测检查;

(3)静设备密封件、动设备易损件的定期监(检)测;

(4)压力容器、压力管道附件的定期检查(测);

(5)对可能出现泄漏的部位、物料种类和泄漏量的统计分析情况,生产装置动静密封点的定期监(检)测及处置;

(6)对易腐蚀的管道、设备开展防腐蚀检测,监控壁厚减薄情况,及时发现并更新更换存在事故隐患的设备。

4.9.5 安全仪表系统安全完整性等级评估工作开展情况,主要包括:

(1)安全仪表功能(SIF)及其相应的功能安全要求或安全完整性等级(SIL)评估;

(2)安全仪表系统的设计、安装、使用、管理和维护;

(3)检测报警仪器的定期标定。

4.10 作业许可管理

4.10.1 危险作业许可制度的建立情况。

4.10.2 实施危险作业前,安全风险分析的开展、安全条件的确认、作业人员对作业安全风险的了解和安全风险控制措施的掌握、预防和控制安全风险措施的落实情况。

4.10.3　危险作业许可票证的审查确认及签发,特殊作业管理与《化学品生产单位特殊作业安全规范》(GB 30871)要求的符合性;检维修、施工、吊装等作业现场安全措施落实情况。

4.10.4　现场监护人员对作业范围内的安全风险辨识、应急处置能力的掌握情况。

4.10.5　作业过程中,管理人员现场监督检查情况。

4.11　承包商管理

4.11.1　承包商管理制度的建立情况。

4.11.2　承包商管理制度的执行情况,主要包括:
 (1)对承包商的准入、绩效评价和退出的管理;
 (2)承包商入厂前的教育培训、作业开始前的安全交底;
 (3)对承包商的施工方案和应急预案的审查;
 (4)与承包商签订安全管理协议,明确双方安全管理范围与责任;
 (5)对承包商作业进行全程安全监督。

4.12　变更管理

4.12.1　变更管理制度的建立情况。

4.12.2　变更管理制度的执行情况,主要包括:
 (1)变更申请、审批、实施、验收各环节的执行,变更前安全风险分析;
 (2)变更带来的对生产要求的变化、安全生产信息的更新及对相关人员的培训;
 (3)变更管理档案的建立。

4.13　应急管理

4.13.1　企业应急管理情况,主要包括:
 (1)应急管理体系的建立;
 (2)应急预案编制符合《生产经营单位生产安全事故应急预案编制导则》(GB/T 29639)的要求,与周边企业和地方政府的应急预案衔接。

4.13.2　企业应急管理机构及人员配置,应急救援队伍建设,预案及相关制度的执行情况。

4.13.3　应急救援装备、物资、器材、设施配备和维护情况;消防系统运行维护情况。

4.13.4　应急预案的培训和演练,事故状态下的应急响应情况。

4.13.5　应急人员的能力建设情况。

4.14　安全事故事件管理

4.14.1　安全事故事件管理制度的建立情况。

4.14.2　安全事故事件管理制度执行情况,主要包括:
 (1)开展安全事件调查、原因分析;
 (2)整改和预防措施落实;
 (3)员工与相关方上报安全事件的激励机制建立;
 (4)安全事故事件分享、档案建立及管理。

4.14.3　吸取本企业和其他同类企业安全事故及事件教训情况。

4.14.4　将承包商在本企业发生的安全事故纳入本企业安全事故管理情况。

5 安全风险隐患闭环管理

5.1 安全风险隐患管控与治理

5.1.1 对排查发现的安全风险隐患,应当立即组织整改,并如实记录安全风险隐患排查治理情况,建立安全风险隐患排查治理台账,及时向员工通报。

5.1.2 对排查发现的重大事故隐患,应及时向本企业主要负责人报告;主要负责人不及时处理的,可以向主管的负有安全生产监督管理职责的部门报告。

5.1.3 对于不能立即完成整改的隐患,应进行安全风险分析,并应从工程控制、安全管理、个体防护、应急处置及培训教育等方面采取有效的管控措施,防止安全事故的发生。

5.1.4 利用信息化手段实现风险隐患排查闭环管理的全程留痕,形成排查治理全过程记录信息数据库。

5.2 安全风险隐患上报

5.2.1 企业应依法向属地应急管理部门或相关部门上报安全风险隐患管控与整改情况、存在的重大事故隐患及事故隐患排查治理长效机制的建立情况。

5.2.2 重大事故隐患的报告内容至少包括:
(1)现状及其产生原因;
(2)危害程度分析;
(3)治理方案及治理前保证安全的管控措施。

6 特殊条款

6.1 依据《化工和危险化学品生产经营单位重大生产安全事故隐患判定标准(试行)》,企业存在重大隐患的,必须立即排除,排除前或排除过程中无法保证安全的,属地应急管理部门应依法责令暂时停产停业或者停止使用相关设施、设备。

6.2 企业存在以下情况的,属地应急管理部门应依法暂扣或吊销安全生产许可证:
(1)主要负责人、分管安全负责人和安全生产管理人员未依法取得安全合格证书。
(2)涉及危险化工工艺的特种作业人员未取得特种作业操作证、未取得高中或者相当于高中及以上学历。
(3)在役化工装置未经具有资质的单位设计且未通过安全设计诊断。
(4)外部安全防护距离不符合国家标准要求、存在重大外溢风险。
(5)涉及"两重点一重大"装置或储存设施的自动化控制设施不符合《危险化学品重大危险源监督管理暂行规定》(国家安全监管总局令第40号)等国家要求。
(6)化工装置、危险化学品设施"带病"运行。

附录 定义和术语

下列定义和术语适用于本导则。

1 两重点一重大
重点监管的危险化学品,重点监管的危险化工工艺,危险化学品重大危险源。

2 三查四定

在项目建设中,交工前要经历的一个过程,"三查"主要指"查设计漏项、查工程质量及事故隐患、查未完工程量","四定"指对检查出来的问题"定任务、定人员、定时间、定措施,限期完成"。

3 危险作业

操作过程安全风险较大,容易发生人身伤亡或设备损坏,安全事故后果严重,需要采取特别控制措施的作业。一般包括:

(1)《化学品生产单位特殊作业安全规范》(GB 30871)规定的动火、进入受限空间、盲板抽堵、高处作业、吊装、临时用电、动土、断路等特殊作业;

(2)储罐切水、液化烃充装等危险性较大的作业;

(3)安全风险较大的设备检维修作业。

附件

安全风险隐患排查表

1 安全基础管理安全风险隐患排查表

序号	排查内容	排查依据
	(一)安全领导能力	
1	1.主要负责人应组织制定符合本企业实际的安全生产方针和年度安全生产目标; 2.安全生产目标应满足: (1)形成文件,并得到所有从业人员的贯彻和实施; (2)符合或严于相关法律法规的要求; (3)根据安全生产目标制定量化的安全生产工作指标	《国家安全监管总局关于印发危险化学品从业单位安全生产标准化评审标准的通知》(安监总管三〔2011〕93号)中评审标准2.1
2	1.应将年度安全生产目标分解到各级组织(包括各个管理部门、车间、班组),逐级签订安全生产目标责任书; 2.企业及各个管理部门、车间应制定切实可行的年度安全生产工作计划; 3.应定期考核安全生产目标完成情况	《国家安全监管总局关于印发危险化学品从业单位安全生产标准化评审标准的通知》(安监总管三〔2011〕93号)中评审标准2.1
3	企业应建立安全风险研判与承诺公告制度,董事长或总经理等主要负责人应每天作出安全承诺并向社会公告	《应急管理部关于全面实施危险化学品企业安全风险研判与承诺公告制度的通知》(应急〔2018〕74号)

（续）

序号	排查内容	排查依据
4	企业主要负责人应严格履行其法定的安全生产职责： 1.建立、健全本单位安全生产责任制； 2.组织制定本单位安全生产规章制度和操作规程； 3.组织制定并实施本单位安全生产教育和培训计划； 4.保证本单位安全生产投入的有效实施； 5.督促、检查本单位的安全生产工作，及时消除安全事故隐患； 6.组织制定并实施本单位的生产安全事故应急救援预案； 7.及时、如实报告生产安全事故	《安全生产法》第十八条
5	企业负责人应每季度至少参加1次班组安全活动，车间负责人及其管理人员每月至少参加2次班组安全活动，并在班组安全活动记录上签字	《国家安全监管总局关于印发危险化学品从业单位安全生产标准化评审标准的通知》（安监总管三〔2011〕93号）中评审标准5.6
6	企业应制定领导干部带班制度并严格落实，主要负责人应参加领导干部带班，其他分管负责人要轮流带班；生产车间也要建立由管理人员参加的车间值班制度并严格落实	《国家安全监管总局工业和信息化部关于危险化学品企业贯彻落实〈国务院关于进一步加强企业安全生产工作的通知〉的实施意见》（安监总管三〔2010〕186号）
7	企业厂级、车间级负责人应参与安全风险辨识评价工作	《国家安全监管总局关于印发危险化学品从业单位安全生产标准化评审标准的通知》（安监总管三〔2011〕93号）中评审标准3.2
8	企业主要负责人和各级管理人员应按安全生产责任制要求履行在岗在位在职责	
9	企业应由相应级别的负责人组织并参加综合性或专业性安全风险隐患排查及治理工作	《国家安全监管总局关于印发危险化学品从业单位安全生产标准化评审标准的通知》（安监总管三〔2011〕93号）中评审标准11.2
10	企业应建立安全生产管理体系，并通过体系评审、持续改进等措施保证有效运行	
11	企业主要负责人应制定月度个人安全行动计划，并对安全行动计划履行情况进行考核	

（续）

序号	排查内容	排查依据
12	企业主要负责人应学习、贯彻落实国家安全生产法律法规,听取安全生产工作情况汇报,了解安全生产状况,研究重大问题,并督促落实情况	《国家安全监管总局关于印发危险化学品从业单位安全生产标准化评审标准的通知》(安监总管三〔2011〕93号)中评审标准2.3
13	企业分管安全负责人、分管生产负责人、分管技术负责人应当具有一定的化工专业知识或者相应的专业学历	《危险化学品生产企业安全生产许可证实施办法》(国家安全监管总局令第41号)第十六条
14	1.企业应当依法设置安全生产管理机构或配备专职安全生产管理人员； 2.专职安全生产管理人员应不少于企业员工总数的2%(不足50人的企业至少配备1人),要具备化工或安全管理相关专业中专以上学历,有从事化工生产相关工作2年以上经历； 3.从业人员300人以上的企业,应当按照不少于安全生产管理人员15%的比例配备注册安全工程师；安全生产管理人员在7人以下的,至少配备1名注册安全工程师	《安全生产法》第二十一条 《国家安全监管总局关于危险化学品企业贯彻落实国务院关于进一步加强企业安全生产工作的通知的实施意见》(安监总管三〔2010〕186号)第一章第三条 《注册安全工程师管理规定》(国家安全监管总局令第11号)第六条
15	1.企业应建立和落实安全生产费用管理制度,足额提取安全生产费用,专项用于安全生产； 2.企业应合理使用安全生产费用；建立安全生产费用台账,载明安全生产费用使用情况	《企业安全生产费用提取和使用管理办法》(财企〔2012〕16号)
16	企业应依法参加工伤保险和安全生产责任保险,为员工缴纳保险费	《中共中央 国务院关于推进安全生产领域改革发展的意见》(中发〔2016〕32号)第二十九条
17	企业应建立反"三违"(违章指挥、违章作业、违反劳动纪律)机制,对"三违"行为进行检查处置	
18	企业应建立异常工况下应急处理的授权决策机制	
19	企业危险化学品特种作业人员应具备高中或者相当于高中及以上文化程度,能力应满足安全生产要求	《特种作业人员安全技术培训考核管理规定》(国家安全监管总局令第30号)第四条
(二)安全生产责任制		
1	**企业应建立健全全员安全生产责任制:** **1.应明确各级管理部门及基层单位的安全生产责任和考核标准；** **2.应明确主要负责人、各级管理人员、一线从业人员**(含劳务派遣人员、实习学生等)等所有岗位人员的安全生产责任和考核标准	《国务院安委会办公室关于全面加强企业全员安全生产责任制工作的通知》(安委办〔2017〕29号)第三条 《国家安全监管总局关于印发危险化学品从业单位安全生产标准化评审标准的通知》(安监总管三〔2011〕93号)评审标准2.3

（续）

序号	排查内容	排查依据
2	企业应将全员安全生产责任制教育培训工作纳入安全生产年度培训计划，对所有岗位从业人员（含劳务派遣人员、实习学生等）进行安全生产责任制教育培训，如实记录相关教育培训情况等	《国务院安委会办公室关于全面加强企业全员安全生产责任制工作的通知》（安委办〔2017〕29号）第五、七条
3	企业应建立健全安全生产责任制管理考核制度，对全员安全生产责任制落实情况进行考核管理	《安全生产法》第十九条 《关于全面加强企业全员安全生产责任制工作的通知》（安委办〔2017〕29号）第六条
4	当国家安全生产法律法规发生变化或企业生产经营发生重大变化时，应及时修订安全生产责任制	《国家安全监管总局关于印发危险化学品从业单位安全生产标准化评审标准的通知》（安监总管三〔2011〕93号）评审标准4.3
（三）安全教育和岗位操作技能培训		
1	企业应当按照安全生产法和有关法律、行政法规要求，建立健全安全教育培训制度	《生产经营单位安全培训规定》（国家安全监管总局令第3号）第三条
2	企业应根据培训需求调查编制年度安全教育培训计划，并按计划实施	《国家安全监管总局关于印发危险化学品从业单位安全生产标准化评审标准的通知》（安监总管三〔2011〕93号）评审标准5.1
3	企业应当建立健全从业人员安全生产教育和培训档案，详细、准确记录培训的时间、内容、参加人员以及考核结果等情况	《生产经营单位安全培训规定》（国家安全监管总局令第3号）第二十二条
4	企业应对培训教育效果进行评估和改进	《国家安全监管总局关于印发危险化学品从业单位安全生产标准化评审标准的通知》（安监总管三〔2011〕93号）评审标准5.1
5	1.企业主要负责人和安全生产管理人员，应当由主管的负有安全生产监督管理职责的部门对其安全生产知识和管理能力考核合格； 2.企业主要负责人和安全生产管理人员应接受每年再培训	《安全生产法》第二十四条 《生产经营单位安全培训规定》（国家安全监管总局令第3号）第九条
6	业应对新从业人员（包括临时工、合同工、劳务工、轮换工、协议工、实习人员等）进行厂、车间（工段、区、队）、班组三级安全培训教育，考核合格后上岗	《生产经营单位安全培训规定》（国家安全监管总局令第3号）第十一、十二条
7	新从业人员的三级安全培训教育的内容应符合《生产经营单位安全培训规定》（国家安全监管总局令第3号）要求	《生产经营单位安全培训规定》（国家安全监管总局令第3号）第十四、十五、十六条

（续）

序号	排查内容	排查依据
8	企业新从业人员安全培训时间不得少于72学时；从业人员每年应接受再培训，再培训时间不得少于20学时	《生产经营单位安全培训规定》（国家安全监管总局令第3号）第十五条
9	从业人员在本企业内调整工作岗位或离岗一年以上重新上岗时，应当重新接受车间（工段、区、队）和班组级的安全培训	《生产经营单位安全培训规定》（国家安全监管总局令第3号）第十九条
10	1.特种作业人员必须经专门的安全技术培训并考核合格，取得特种作业操作证后，方可上岗作业； 2.特种作业操作证应定期复审	《特种作业人员安全技术培训考核管理规定》（国家安全监管总局令第30号）第五、二十条
11	当工艺技术、设备设施等发生改变时，要及时对相关岗位操作人员进行有针对性的再培训	《关于加强化工过程安全管理的指导意见》（安监总管三〔2013〕88号）第十二条
12	采用新工艺、新技术、新材料或使用新设备前，应对从业人员进行专门的安全生产教育和培训，经考核合格后，方可上岗	《安全生产法》第二十六条
13	企业应对相关方入厂人员进行有关安全规定及安全注意事项的培训教育	《国家安全监管总局关于印发危险化学品从业单位安全生产标准化评审标准的通知》（安监总管三〔2011〕93号）评审标准5.5
（四）安全生产信息管理		
1	企业应制定安全生产信息管理制度，明确安全生产信息收集、整理、保存、利用、更新、培训等环节管理要求，明确安全生产信息管理主责部门、各环节管理责任部门	《关于加强化工过程安全管理的指导意见》（安监总管三〔2013〕88号）第四条
2	化学品危险性信息、工艺技术信息、设备设施信息、行业经验、事故教训等安全生产信息内容应符合AQ/T 3034有关要求	《化工企业工艺安全管理实施导则》（AQ/T 3034）
3	企业应按职责分工，由责任部门收集、整理、保存各类安全生产信息	《关于加强化工过程安全管理的指导意见》（安监总管三〔2013〕88号）第二条
4	1.利用信息系统实现对安全生产信息的自动保存，实现可查可用，并便于检索、查阅，相关人员可及时、方便的获取相关信息； 2.安全生产信息可为单独的文件，也可以包含在其他文件、资料中	《关于加强化工过程安全管理的指导意见》（安监总管三〔2013〕88号）第二条

（续）

序号	排查内容	排查依据
5	企业应综合分析收集到的各类信息，明确提出生产过程安全要求和注意事项，并转化到安全风险分析、事故调查和编制生产管理制度、操作规程、员工安全教育培训手册、应急处置预案、工艺卡片和技术手册、化学品间的安全相容矩阵表等资料中	《关于加强化工过程安全管理的指导意见》（安监总管三〔2013〕88号）第三条
6	企业应及时获取或编制危险化学品安全技术说明书和安全标签	《危险化学品安全管理条例》（国务院令第591号）第十五条
7	企业应及时收集、更新安全生产信息，以确保信息正确、完整，并保证相关人员能够及时获取最新安全生产信息	《关于加强化工过程安全管理的指导意见》（安监总管三〔2013〕88号）第四条
8	企业应对相关岗位人员进行安全生产信息培训，以掌握本岗位有关的安全生产信息	《国家安全监管总局关于印发危险化学品从业单位安全生产标准化评审标准的通知》（安监总管三〔2011〕93号）评审标准6.4
9	企业应建立识别和获取适用的安全生产法律法规、标准及政府其他有关要求的管理制度，明确责任部门、识别、获取、评价等要求	《国家安全监管总局关于印发危险化学品从业单位安全生产标准化评审标准的通知》（安监总管三〔2011〕93号）评审标准1.1
10	企业应及时识别和获取适用的安全生产法律法规和标准及政府其他有关要求，形成清单和文本数据库，并定期更新	《国家安全监管总局关于印发危险化学品从业单位安全生产标准化评审标准的通知》（安监总管三〔2011〕93号）评审标准1.1
11	企业应定期对适用的安全生产法律、法规、标准及其他有关要求的执行情况进行符合性评价，编制符合性评价报告；对评价出的不符合项进行原因分析，制定整改计划和措施并落实	《国家安全监管总局关于印发危险化学品从业单位安全生产标准化评审标准的通知》（安监总管三〔2011〕93号）评审标准1.2
（五）安全风险管理		
1	企业应制定安全风险管理制度，明确安全风险评价的目的、范围、频次、准则、方法、工作程序等，明确各部门及有关人员在开展安全风险评价过程中的职责和任务	《关于加强化工过程安全管理的指导意见》（安监总管三〔2013〕88号）第五条

（续）

序号	排查内容	排查依据
2	1.企业应依据以下内容制定安全风险评价准则： （1）有关安全生产法律、法规； （2）设计规范、技术标准； （3）企业的安全管理标准、技术标准； （4）企业的安全生产方针和目标等。 2.评价准则应包括事件发生可能性、严重性的取值标准以及安全风险等级的评定标准； 3.安全风险可接受水平最低应满足 GB 36894 要求	《关于加强化工过程安全管理的指导意见》（安监总管三〔2013〕88 号）第五条 《国家安全监管总局关于印发危险化学品从业单位安全生产标准化评审标准的通知》（安监总管三〔2011〕93 号）评审标准 3.1
3	企业应对生产全过程及建设项目的全生命周期开展安全风险辨识，辨识范围应包括： （1）建设项目规划、设计和建设、投产、运行等阶段； （2）常规和非常规活动； （3）所有进入作业场所人员的活动； （4）安全事故及潜在的紧急情况； （5）原材料、产品的装卸和使用过程； （6）作业场所的设施、设备、车辆、安全防护用品； （7）丢弃、废弃、拆除与处置； （8）周围环境； （9）气候、地震及其他自然灾害	《关于加强化工过程安全管理的指导意见》（安监总管三〔2013〕88 号）第五条 《危险化学品从业单位安全生产标准化通用规范》（AQ 3013—2008）第 5.2.1.2 条
4	企业安全风险辨识分析内容应重点关注如下方面： （1）对涉及"两重点一重大"生产、储存装置定期运用 HAZOP 方法开展安全风险辨识； （2）对设备设施、作业活动、作业环境进行安全风险辨识； （3）当管理机构、人员构成、生产装置等发生重大变化或发生安全事故时，及时进行安全风险辨识分析； （4）对控制安全风险的工程、技术、管理措施及其失效后可能引起的后果进行分析	《关于加强化工过程安全管理的指导意见》（安监总管三〔2013〕88 号）第六条 《危险与可操作性分析质量控制与审查导则》（T/CCSAS 001—2018）
5	企业应对厂区内人员密集场所及可能存在的较大风险进行排查： （1）试生产投料期间，区域内不得有施工作业； （2）涉及硝化、加氢、氟化、氯化等重点监管化工工艺及其他反应工艺危险度 2 级及以上的生产车间（区域），同一时间现场操作人员控制在 3 人以下； （3）系统性检修时，同一作业平台或同一受限空间内不得超过 9 人； （4）装置出现泄漏等异常状况时，严格控制现场人员数量	

（续）

序号	排查内容	排查依据
6	企业应对可能存在安全风险外溢的场所及装置进行分析识别,并采取相应预警措施	
7	企业应对辨识出的安全风险依据安全风险评价准则确定安全风险等级,并从技术、组织、制度、应急等方面对安全风险进行有效管控	《国务院安委会办公室关于实施遏制重特大事故工作指南构建双重预防机制的意见》(安委办〔2016〕11号)
8	企业应对安全风险管控措施的有效性实施监控情况进行巡查,发现措施失效后应及时处置	
9	企业应建立不可接受安全风险清单,对不可接受安全风险要及时制定并落实消除、减小或控制安全风险的措施,将安全风险控制在可接受的范围	《关于加强化工过程安全管理的指导意见》(安监总管三〔2013〕88号)第七条
10	企业应对涉及"两重点一重大"的生产、储存装置每3年运用HAZOP分析法进行一次安全风险辨识分析,编制HAZOP分析报告	《关于加强化工过程安全管理的指导意见》(安监总管三〔2013〕88号)第五条《危险与可操作性分析质量控制与审查导则》(T/CCSAS 001—2018)
11	企业应在法律法规、标准规范或企业管理机构、人员构成、生产装置等发生重大变化或发生安全事故时,及时进行安全风险辨识分析	《关于加强化工过程安全管理的指导意见》(安监总管三〔2013〕88号)第五条
12	企业应全员参与安全风险辨识评价和管控工作	《危险化学品从业单位安全生产标准化通用规范》(AQ 3013—2008)第5.2.2.2条
13	企业应将安全风险评价的结果及所采取的管控措施对从业人员进行培训,使其熟悉工作岗位和作业环境中存在的危险、有害因素,掌握、落实应采取的管控措施	《危险化学品从业单位安全生产标准化通用规范》(AQ 3013—2008)第5.2.3.2条
14	**企业应当建立健全生产安全事故隐患排查治理制度,明确各种事故隐患排查的形式、内容、频次、组织与参加人员、事故隐患治理、上报及其他有关要求**	《安全生产法》第三十八条
15	企业应编制综合性、专业、重要时段和节假日、季节性和日常事故隐患排查表	《危险化学品从业单位安全生产标准化通用规范》(AQ 3013—2008)第5.10.1条
16	企业应制定事故隐患检查计划,明确各种排查的目的、要求、内容和负责人,并按计划开展各种事故隐患排查工作	《危险化学品从业单位安全生产标准化通用规范》(AQ 3013—2008)第5.10.1条
17	企业应对排查出的事故隐患下达隐患治理通知,立即组织整改,并建立事故隐患治理台账	《危险化学品从业单位安全生产标准化通用规范》(AQ 3013—2008)

（续）

序号	排查内容	排查依据
18	1.对于重大事故隐患,企业应由主要负责人组织制定并实施治理方案； 2.企业应编制重大事故隐患报告,及时向应急管理部门和有关部门报告	《安全生产事故隐患排查治理暂行规定》(国家安全监管总局令第16号)第十四、十五条
（六）变更管理		
1	企业应建立变更管理制度,明确不同部门的变更管理职责及变更的类型、范围、程序,明确变更的事项、起始时间、可能带来的安全风险、消除和控制安全风险的措施、修改操作规程等安全生产信息、开展变更相关的培训等	《关于加强化工过程安全管理的指导意见》(安监总管三〔2013〕88号)第二十二条
2	企业应对工艺、设备、仪表、电气、公用工程、备件、材料、化学品、生产组织方式和人员等方面发生的所有变更进行规范管理	《关于加强化工过程安全管理的指导意见》(安监总管三〔2013〕88号)第二十二条
3	企业的所有变更应严格履行申请、审批、实施、验收程序	《关于加强化工过程安全管理的指导意见》(安监总管三〔2013〕88号)第二十四条
4	企业应对每项变更在实施后可能产生的安全风险进行全面的分析,制定并落实安全风险管控措施	《关于加强化工过程安全管理的指导意见》(安监总管三〔2013〕88号)第二十二条
5	变更后企业应对相关规程、图纸资料等安全生产信息进行更新,并对相关人员进行培训,以掌握变更内容、安全生产信息更新情况、变更后可能产生的安全风险及采取的管控措施	《关于加强化工过程安全管理的指导意见》(安监总管三〔2013〕88号)第二十三、二十四条
6	企业应建立健全变更管理档案	《关于加强化工过程安全管理的指导意见》(安监总管三〔2013〕88号)第二十二条
（七）作业安全管理		
1	1.企业应建立并不断完善危险作业许可制度,规范动火、进入受限空间、动土、临时用电、高处作业、断路、吊装、抽堵盲板等特殊作业的安全条件和审批程序； 2.实施特殊作业前,必须办理审批手续	《关于加强化工过程安全管理的指导意见》(安监总管三〔2013〕88号)第十八条
2	1.**特殊作业票证内容设置应符合GB 30871要求**； 2.**作业票证审批程序、填写应规范(包括作业证的时限、气体分析、作业风险分析、安全措施、各级审批、验收签字、关联作业票证办理等)**	《化学品生产单位特殊作业安全规范》(GB 30871—2014)

（续）

序号	排查内容	排查依据
3	实施特殊作业前,必须进行安全风险分析、确认安全条件,确保作业人员了解作业安全风险和掌握风险控制措施	《关于加强化工过程安全管理的指导意见》(安监总管三〔2013〕88号)第十九条
4	特殊作业现场管理应规范: 1.作业人员应持作业票证作业,劳动防护用品佩戴符合要求,无违章行为; 2.监护人员应坚守岗位,持作业票证监护; 3.作业过程中,管理人员要进行现场监督检查; 4.现场的设备、工器具应符合要求,设置警戒线与警示标志,配备消防设施与应急用品、器材等	《化学品生产单位特殊作业安全规范》(GB 30871—2014)
5	特殊作业现场监护人员应熟悉作业范围内的工艺、设备和物料状态,具备应急救援和处置能力	《关于加强化工过程安全管理的指导意见》(安监总管三〔2013〕88号)第十九条
6	储罐切水作业、液化烃充装作业、安全风险较大的设备检维修等危险作业应制定相应的作业程序,作业时应严格执行作业程序	《化工(危险化学品)企业保障生产安全十条规定》和《油气罐区防火防爆十条规定》的通知(安监总政法〔2017〕15号)
（八）承包商管理		
1	企业应建立承包商管理制度,明确承包商资格预审、选择、安全培训、作业过程监督、表现评价、续用等要求	《关于加强化工过程安全管理的指导意见》(安监总管三〔2013〕88号)第二十条
2	企业应按制度要求开展承包商资格预审、选择、表现评价、续用等过程管理	《关于加强化工过程安全管理的指导意见》(安监总管三〔2013〕88号)第二十条
3	企业应与承包商签订专门的安全管理协议,明确双方安全管理范围与责任	《关于加强化工过程安全管理的指导意见》(安监总管三〔2013〕88号)第二十一条
4	1.企业应对承包商的所有人员进行入厂安全培训教育,经考核合格发放入厂证,禁止未经安全培训教育合格的承包商作业人员入厂; 2.进入作业现场前,作业现场所在基层单位应对承包商人员进行安全培训教育和现场安全交底; 3.保存承包商安全培训教育、现场安全交底记录	《关于加强化工过程安全管理的指导意见》(安监总管三〔2013〕88号)第二十、二十一条
5	企业应对承包商重点施工项目的安全作业规程、施工方案进行审查	《关于加强化工过程安全管理的指导意见》(安监总管三〔2013〕88号)第二十一条

(续)

序号	排查内容	排查依据
6	企业应对承包商作业进行全程安全监督	《关于加强化工过程安全管理的指导意见》（安监总管三〔2013〕88号）第二十一条
（九）安全事故事件管理		
1	1.企业应建立安全事故事件管理制度，明确安全事故事件的报告、调查和防范措施制定等要求； 2.企业应将涉险事故、未遂事故等安全事件（如生产事故征兆、非计划停工、异常工况、泄漏、轻伤等）纳入安全事故事件管理； 3.应将承包商在企业内发生的事故事件纳入本企业的安全事故事件管理	《关于加强化工过程安全管理的指导意见》（安监总管三〔2013〕88号）第二十七条
2	企业应收集同类企业安全事故及事件的信息，吸取教训，开展员工培训	《关于加强化工过程安全管理的指导意见》（安监总管三〔2013〕88号）第二十八条
3	企业应建立安全事故事件管理档案	《关于加强化工过程安全管理的指导意见》（安监总管三〔2013〕88号）第二十条
4	1.企业应深入调查分析安全事件，找出发生的根本原因； 2.应制定有针对性和可操作性的整改、预防措施； 3.措施应及时落实	《关于加强化工过程安全管理的指导意见》（安监总管三〔2013〕88号）第二十七条
5	企业应建立涉险事故、未遂事故等安全事件报告激励机制	《关于加强化工过程安全管理的指导意见》（安监总管三〔2013〕88号）第二十七条
6	企业应重视外部安全事故信息收集工作，认真吸取同类企业、装置的教训，提高安全意识和防范事故能力	《关于加强化工过程安全管理的指导意见》（安监总管三〔2013〕88号）第二十八条

2 设计与总图安全风险隐患排查表

序号	排查内容	排查依据
（一）设计管理		
1	企业应委托具备国家规定资质等级的设计单位承担建设项目工程设计。涉及"两重点一重大"的大型建设项目，其设计单位资质应为工程设计综合资质或相应工程设计化工石化医药、石油天然气（海洋石油）行业、专业甲级资质	《关于进一步加强危险化学品建设项目安全设计管理的通知》（安监总管三〔2013〕76号）

（续）

序号	排查内容	排查依据
2	建设项目应经过正规设计或开展安全设计诊断	《关于开展提升危险化学品领域本质安全水平专项行动的通知》（安监总管三〔2012〕87号）
3	在规划设计工厂的选址、设备布置时，应按照GB/T 37243要求开展外部安全防护距离评估核算；外部安全防护距离应满足根据GB 36894确定的个人风险基准的要求	《危险化学品生产装置和储存设施外部安全防护距离》（GB/T 37243—2019）《危险化学品生产装置和储存设施风险基准》（GB 36894—2018）
4	涉及有毒气体或易燃气体，且其构成危险化学品重大危险源的库房应按GB/T 37243的规定，采用定量风险评价法计算外部安全防护距离，定量风险评价法计算时应采用可能储存的危险化学品最大量计算外部安全防护距离	《危险化学品经营企业安全技术基本要求》（GB 18265—2019）第4.1.4条
5	企业应在建设项目基础设计阶段组织开展危险与可操作性（HAZOP）分析，形成分析报告	《关于进一步加强危险化学品建设项目安全设计管理的通知》（安监总管三〔2013〕76号）《危险与可操作性分析质量控制与审查导则》（T/CCSAS 001—2018）
6	1.新建化工装置应设计装备自动化控制系统，并根据工艺过程危险和风险分析结果、安全完整性等级评价（SIL）结果，设置安全仪表系统； 2.涉及重点监管危险化工工艺的大、中型新建建设项目要按照GB/T 21109和GB 50770等相关标准开展安全仪表系统设计	《关于进一步加强危险化学品建设项目安全设计管理的通知》（安监总管三〔2013〕76号）
7	1.涉及精细化工的建设项目，在编制可行性研究报告或项目建议书前，应按规定开展反应安全风险评估； 2.国内首次采用的化工工艺，要通过省级有关部门组织专家组进行安全论证	《国家安全监管总局关于加强精细化工反应安全风险评估工作的指导意见》（安监总管三〔2017〕1号）第二、四条 《关于危险化学品企业贯彻落实〔国务院关于进一步加强企业安全生产工作的通知〕的实施意见》（安监总管三〔2010〕186号）第九条
8	企业在建设项目详细设计和施工安装阶段，发生以下重大变更的，设计单位应按管理程序重新报批： 1.改变安全设施设计且可能降低安全性能的； 2.在施工期间重新设计的	《危险化学品建设项目安全监督管理办法》（国家安全监管总局令第45号）第二十条

(续)

序号	排查内容	排查依据
(二)总图布局		
1	企业应对在役装置按照相关要求开展外部安全防护距离评估	《危险化学品生产装置和储存设施外部安全防护距离》(GB/T 37243—2019)
2	企业总图布置应根据工厂的性质、规模、生产流程、交通运输、环境保护、防火、安全、卫生、施工、检修、生产、经营管理、厂容厂貌及发展等要求,并结合当地自然条件进行布置,符合 GB 50489 要求	《化工企业总图运输设计规范》(GB 50489—2009)
3	化工企业与相邻工厂或设施的防火间距不应小于 GB 50160 规定	《石油化工企业设计防火标准(2018版)》(GB 50160—2008)第 4.1.9 条
4	化工企业与同类企业及油库的防火间距不应小于 GB 50160 规定	《石油化工企业设计防火标准(2018版)》(GB 50160—2008)第 4.1.10 条
5	液化烃罐组与电压等级 330 kV~1 000 kV 的架空电力线路的防火间距不应小于 100 m。单罐容积大于等于 50 000 m³ 的甲、乙类液体储罐与居民区、公共福利设施、村庄的防火间距不应小于 120 m	《石油化工企业设计防火标准(2018版)》(GB 50160—2008)第 4.1.9 条
6	企业内部设施之间防火间距应符合相关规范要求	《石油化工企业设计防火标准(2018版)》(GB 50160—2008) 《建筑设计防火规范(2018 年版)》(GB 50016—2014) 《石油库设计规范》(GB 50074—2014)
7	企业控制室或机柜间与装置的防火间距应满足 GB 50160 要求;**控制室面向具有火灾、爆炸危险性装置一侧不应有门窗、孔洞,并应满足防火防爆要求**	《石油化工企业设计防火标准(2018版)》(GB 50160—2008)第 5.2.16、5.2.17、5.2.18 条《石油化工控制室抗爆设计规范》(GB 50779—2012)第 4.1.4 条
8	火炬与其他设施的防火间距不应小于 GB 50160 规定	《石油化工企业设计防火标准(2018版)》(GB 50160—2008)第 4.2.12 条
9	液化烃、可燃液体的铁路装卸线不得兼作走行线	《石油化工企业设计防火标准(2018版)》(GB 50160—2008)第 4.4.6 条
10	联合装置视同一个装置,其设备、建筑物的防火间距应按相邻设备、建筑物的防火间距确定,其防火间距应符合 GB 50160 规定	《石油化工企业设计防火标准(2018版)》(GB 50160—2008)第 5.2.9 条
11	污水处理场内的设备、建(构)筑物平面布置防火间距不应小于 GB 50160 规定	《石油化工企业设计防火标准(2018版)》(GB 50160—2008)5.4.3 条

(续)

序号	排查内容	排查依据
12	变、配电站不应设置在甲、乙类厂房内或贴邻,且不应设置在爆炸性气体、粉尘环境的危险区域内。供甲、乙类厂房专用的 10 kV 及以下的变、配电站,当采用无门、窗、洞口的防火墙分隔时,可一面贴邻,并应符合现行 GB 50058 等标准规定	《建筑设计防火规范(2018 年版)》(GB 50016—2014)第 3.3.8 条
13	空分装置的布置,应符合下列规定: 1.布置在空气洁净,并靠近氮气、氧气最大用户处; 2.与全厂的布置统一协调,并留有扩建的可能; 3.避免靠近爆炸性、腐蚀性和有毒气体以及粉尘等有害物场所,并应考虑周围企业(或装置)改建或扩建时对空分装置安全带来的影响	《石油化工企业空分制氧、氮气系统设计规范》(SH/T 3106—2009)第 3.1 条
14	空分装置吸风口的设置,应符合 SH/T 3106 要求	《石油化工企业空分制氧、氮气系统设计规范》(SH/T 3106—2009)第 3.3 条
15	厂房之间及与乙、丙、丁、戊类仓库、民用建筑等的防火间距不应小于 GB 50016 规定,与甲类仓库的防火间距应符合 GB 50016 规定	《建筑设计防火规范(2018 年版)》(GB 50016—2014)第 3.4.1、3.5.1 条
16	**光气、氯气等剧毒气体及含硫化氢管道不应穿越除厂区(包括化工园区、工业园区)外的公共区域**	《化工和危险化学品生产经营单位重大生产安全事故隐患判定标准(试行)》(安监总管三〔2017〕121 号)
17	地区输油(输气)管道不应穿越厂区	《石油化工企业设计防火标准(2018版)》(GB 50160—2008)第 4.1.8 条
18	**地区架空电力线路不得穿越生产区**	《石油化工企业设计防火标准(2018版)》(GB 50160—2008)第 4.1.6 条

3 试生产管理安全风险隐患排查表

序号	排查内容	排查依据
1	企业应建立建设项目试生产的组织管理机构,明确试生产安全管理范围,合理界定建设项目建设单位、总承包商、设计单位、监理单位、施工单位等相关方的安全管理范围与职责	《关于加强化工过程安全管理的指导意见》(安监总管三〔2013〕88 号)第十四条
2	建设项目试生产前,企业或总承包商应组织开展"三查四定"(查设计漏项、查工程质量及隐患、查未完工程量;对检查出来的问题定任务、定人员、定时间、定措施,限期完成)工作,并对查出的问题落实责任进行整改完善	《关于加强化工过程安全管理的指导意见》(安监总管三〔2013〕88 号)第十五条

(续)

序号	排查内容	排查依据
3	**企业或总承包商应编制总体试生产方案和专项试车方案**、明确试生产条件,并对相关参与人员进行方案交底并严格执行	《关于加强化工过程安全管理的指导意见》(安监总管三〔2013〕88号)第十四条
4	设计、施工、监理等参建单位应对建设项目试生产方案及试生产条件提出审查意见。对采用专利技术的装置,试生产方案应经专利供应商现场人员书面确认	《关于加强化工过程安全管理的指导意见》(安监总管三〔2013〕88号)第十四条
5	企业或总承包商应编制建设项目联动试车方案、投料试车方案、异常工况处置方案等	《关于加强化工过程安全管理的指导意见》(安监总管三〔2013〕88号)第十四条
6	建设项目试生产前,企业或总承包商应完成各项生产技术资料、岗位记录表和技术台账(包括工艺流程图、操作规程、工艺卡片、工艺和安全技术规程、安全事故应急预案、化验分析规程、主要设备运行操作规程、电气运行规程、仪表及计算机运行规程、联锁值整定记录等)的编制工作	《关于加强化工过程安全管理的指导意见》(安监总管三〔2013〕88号)第十四条
7	试生产前企业应对所有参加试车人员进行培训	《关于加强化工过程安全管理的指导意见》(安监总管三〔2013〕88号)第十五条
8	企业应编制系统吹扫冲洗方案,落实责任人员	《关于加强化工过程安全管理的指导意见》(安监总管三〔2013〕88号)第十五条
9	在系统吹扫冲洗前,应在排放口设置警戒区,拆除易被吹扫冲洗损坏的所有部件,确认吹扫冲洗流程、介质及压力。蒸汽吹扫时,要落实防止人员烫伤的防护措施	《关于加强化工过程安全管理的指导意见》(安监总管三〔2013〕88号)第十五条
10	企业应编制气密试验方案。要确保气密试验方案全覆盖、无遗漏,明确各系统气密的最高压力等级	《关于加强化工过程安全管理的指导意见》(安监总管三〔2013〕88号)第十五条
11	气密试验时前应用盲板将气密试验系统与其他系统隔离,严禁超压	《关于加强化工过程安全管理的指导意见》(安监总管三〔2013〕88号)第十五条
12	高压系统气密试验前,应分成若干等级压力,逐级进行气密试验。真空系统进行真空试验前,应先完成气密试验	《关于加强化工过程安全管理的指导意见》(安监总管三〔2013〕88号)第十五条

(续)

序号	排查内容	排查依据
13	气密试验时,要安排专人检查,发现问题,及时处理;做好气密检查记录	《关于加强化工过程安全管理的指导意见》(安监总管三〔2013〕88号)第十五条
14	企业应开展开车前安全条件审查,确认检查清单中所要求完成的检查项,将必改项和遗留项的整改进度以文件化的形式报告给相关人员	《关于加强化工过程安全管理的指导意见》(安监总管三〔2013〕88号)第十五条
15	开车前安全条件审查后,应将相关文件归档,编写审查报告并对其完整性进行审核评估	
16	企业应建立单机试车安全管理程序。单机试车前,应编制试车方案、操作规程,并经各专业确认	《关于加强化工过程安全管理的指导意见》(安监总管三〔2013〕88号)第十五条
17	单机试车过程中,应安排专人操作、监护、记录,发现异常立即处理。对专利设备或关键设备应由供应商负责调试	《关于加强化工过程安全管理的指导意见》(安监总管三〔2013〕88号)第十五条
18	单机试车结束后,建设单位应组织设计、施工、监理及制造商等方面人员签字确认并填写试车记录	《关于加强化工过程安全管理的指导意见》(安监总管三〔2013〕88号)第十五条
19	企业应建立联动试车安全管理程序,明确负责统一指挥的协调人员	《关于加强化工过程安全管理的指导意见》(安监总管三〔2013〕88号)第十五条
20	联动试车前,所有操作人员考核合格并已取得上岗资格;公用工程系统已稳定运行;试车方案和相关操作规程、经审查批准的仪表报警和联锁值已整定完毕;各类生产记录、报表已印发到岗	《关于加强化工过程安全管理的指导意见》(安监总管三〔2013〕88号)第十五条
21	联动试车结束后,建设单位应组织设计、施工、监理及制造商等方面人员签字确认并填写试车记录	《关于加强化工过程安全管理的指导意见》(安监总管三〔2013〕88号)第十五条
22	投料前,企业应全面检查工艺、设备、电气、仪表、公用工程、所需原辅材料和应急预案、装备准备等情况,对各项准备工作进行审查确认,明确负责统一指挥的协调人员,具备各项条件后方可进行投料	《关于加强化工过程安全管理的指导意见》(安监总管三〔2013〕88号)第十五条
23	引入燃料或窒息性气体后,企业应建立并执行每日安全调度例会制度,统筹协调全部试车的安全管理工作	《关于加强化工过程安全管理的指导意见》(安监总管三〔2013〕88号)第十五条

（续）

序号	排查内容	排查依据
24	投料过程应严格按照试车方案进行，并做好各项记录	《关于加强化工过程安全管理的指导意见》（安监总管三〔2013〕88号）第十五条
25	投料试生产过程中，企业应严格控制现场人数，严禁无关人员进入现场	《关于加强化工过程安全管理的指导意见》（安监总管三〔2013〕88号）第十五条
26	投料试车结束（项目、装置考核完成）后，企业应编制试车总结	《关于加强化工过程安全管理的指导意见》（安监总管三〔2013〕88号）第十五条
27	项目安全设施"三同时"管理符合相关法律规定要求	《安全生产法》第二十八条

4 装置运行安全风险隐患排查表

序号	排查内容	排查依据
（一）工艺风险评估		
1	新开发的危险化学品生产工艺应经小试、中试、工业化试验再进行工业化生产。国内首次采用的化工工艺，要通过省级有关部门组织专家组进行安全论证	《关于危险化学品企业贯彻落实〈国务院关于进一步加强企业安全生产工作的通知〉的实施意见》（安监总管三〔2010〕186号）
2	精细化工企业应按照规定要求，开展反应安全风险评估	《关于加强精细化工反应安全风险评估工作的指导意见》（安监总管三〔2017〕1号）
3	生产企业不得使用淘汰落后技术工艺目录列出的工艺	《关于印发淘汰落后安全技术装备目录（2015年第一批）的通知》（安监总科技〔2015〕75号）《淘汰落后安全技术工艺、设备目录（2016年）的通知》（安监总科技〔2016〕137号）
（二）操作规程与工艺卡片		
1	企业应建立操作规程与工艺卡片管理制度，包括编写、审查、批准、颁发、使用、控制、修改及废止的程序和职责等内容	《关于加强化工过程安全管理的指导意见》（安监总管三〔2013〕88号）第八条
2	企业应制订操作规程，并明确工艺控制指标	《关于加强化工过程安全管理的指导意见》（安监总管三〔2013〕88号）第八条

（续）

序号	排查内容	排查依据
3	操作规程的内容至少应包括： 1.岗位生产工艺流程,工艺原理,物料平衡表、能量平衡表,关键工艺参数的正常控制范围,偏离正常工况的后果,防止和纠正偏离正常工况的方法及步骤； 2.装置正常开车、正常操作、临时操作、应急操作、正常停车和紧急停车的操作步骤和安全要求； 3.工艺参数一览表,包括设计值、正常控制范围、报警值及联锁值； 4.岗位涉及的危险化学品危害信息、应急处理原则以及操作时的人身安全保障、职业健康注意事项	《关于加强化工过程安全管理的指导意见》(安监总管三〔2013〕88号)第八条
4	企业应根据生产特点编制工艺卡片,工艺卡片应与操作规程中的工艺控制指标一致	《关于加强化工过程安全管理的指导意见》(安监总管三〔2013〕88号)第八条
5	企业应每年确认操作规程与工艺卡片的适应性和有效性,应至少每三年对操作规程进行审核、修订。当工艺技术、设备发生重大变更时,要及时审核修订操作规程	《关于加强化工过程安全管理的指导意见》(安监总管三〔2013〕88号)
6	企业应组织专业管理人员和操作人员编制、修订和审核操作规程,将成熟的安全操作经验纳入操作规程中	《关于加强化工过程安全管理的指导意见》(安监总管三〔2013〕88号)
7	企业应在作业现场存有最新版本的操作规程文本,以方便现场操作人员的方便查阅	《关于加强化工过程安全管理的指导意见》(安监总管三〔2013〕88号)
8	企业应定期对岗位人员开展操作规程培训和考核	《安全生产法》第五十五条
（三）工艺技术及工艺装置的安全控制		
1	**企业涉及重点监管的危险化工工艺装置,应装设自动化控制系统**	《关于开展提升危险化学品领域本质安全水平专项行动的通知》(安监总管三〔2012〕87号) 《首批重点监管的危险化工工艺目录的通知》(安监总管三〔2009〕116号) 《第二批重点监管危险化工工艺目录和调整首批重点监管危险化工工艺中部分典型工艺》(安监总管三〔2013〕3号)

（续）

序号	排查内容	排查依据
2	1.涉及危险化工工艺的大型化工装置应装设紧急停车系统； 2.危险化工工艺装置的自动化控制和紧急停车系统应正常投入使用	《关于开展提升危险化学品领域本质安全水平专项行动的通知》(安监总管三〔2012〕87号) 《首批重点监管的危险化工工艺目录的通知》(安监总管三〔2009〕116号) 《第二批重点监管危险化工工艺目录和调整首批重点监管危险化工工艺中部分典型工艺》(安监总管三〔2013〕3号)
3	危险化工工艺的安全控制应按照重点监管的危险化工工艺安全控制要求、重点监控参数及推荐的控制方案的要求，并结合HAZOP分析结果进行设置	《首批重点监管的危险化工工艺目录》(安监总管三〔2009〕116号) 《第二批重点监管危险化工工艺目录和调整首批重点监管危险化工工艺中部分典型工艺的通知》的实施意见》(安监总管三〔2013〕3号) 《危险与可操作性分析(HAZOP分析)应用导则》(AQ/T 3049—2013) 《危险与可操作性分析质量控制与审查导则》(T/CCSAS 001—2018)
4	在非正常条件下，下列可能超压的设备或管道应设置可靠的安全泄压措施以及安全泄压措施的完好性： 1.顶部最高操作压力大于等于0.1 MPa的压力容器； 2.顶部最高操作压力大于0.03 MPa的蒸馏塔、蒸发塔和汽提塔(汽提塔顶蒸汽通入另一蒸馏塔者除外)； 3.往复式压缩机各段出口或电动往复泵、齿轮泵、螺杆泵等容积式泵的出口(设备本身已有安全阀者除外)； 4.凡与鼓风机、离心式压缩机、离心泵或蒸汽往复泵出口连接的设备不能承受其最高压力时，鼓风机、离心式压缩机、离心泵或蒸汽往复泵的出口； 5.可燃气体或液体受热膨胀，可能超过设计压力的设备； 6.顶部最高操作压力为0.03～0.1 MPa的设备应根据工艺要求设置； 7.两端阀门关闭且因外界影响可能造成介质压力升高的液化烃、甲B、乙A类液体管道	《石油化工企业设计防火标准(2018版)》(GB 50160—2008)第5.5.1条 《石油天然气工程设计防火规范》(GB 50183—2004)第6.8.1条

(续)

序号	排查内容	排查依据
5	因物料爆聚、分解造成超温、超压,可能引起火灾、爆炸的反应设备应设报警信号和泄压排放设施,以及自动或手动遥控的紧急切断进料设施	《石油化工企业设计防火标准(2018版)》(GB 50160—2008)第5.5.13条
6	安全阀、防爆膜、防爆门的设置应满足安全生产要求: 1.突然超压或发生瞬时分解爆炸危险物料的反应设备,如设安全阀不能满足要求时,应装爆破片或爆破片和导爆管,导爆管口必须朝向无火源的安全方向;必要时应采取防止二次爆炸、火灾的措施; 2.有可能被物料堵塞或腐蚀的安全阀,在安全阀前应设爆破片或在其他出入口管道上采取吹扫、加热或保温等措施	《石油化工企业设计防火标准(2018版)》(GB 50160—2008)第5.5.5、5.5.12条
7	1.较高浓度环氧乙烷设备的安全阀前应设爆破片,爆破片入口管道应设氮封,且安全阀的出口管道应充氮; 2.环氧乙烷的安全阀及其他泄放设施直排大气的应采取安全措施	《石油化工企业设计防火标准(2018版)》(GB 50160—2008)第5.5.9条
8	危险物料的泄压排放或放空的安全性应满足: 1.可燃气体、可燃液体设备的安全阀出口应连接至适宜的设施或系统; 2.对液化烃或可燃液体设备紧急排放时,液化烃或可燃液体应排放至安全地点,剩余的液化烃应排入火炬; 3.对可燃气体设备,应将设备内的可燃气体排入火炬或安全放空系统; 4.常减压蒸馏装置的初馏塔顶、常压塔顶、减压塔顶的不凝气不应直接排入大气	《石油化工企业设计防火标准(2018版)》(GB 50160—2008)第5.5.4、5.5.7、5.5.8、5.5.10条
9	无法排入火炬或装置处理排放系统的可燃气体,当通过排气筒、放空管直接向大气排放时,排气筒、放空管的高度应满足GB 50160、GB 50183等规范的要求	《石油化工企业设计防火标准(2018版)》(GB 50160—2008)第5.5.11条 《石油天然气工程设计防火规范》(GB 50183—2004)第6.8.8条
10	火炬系统的安全性应满足以下要求: 1.火炬系统的能力应满足装置事故状态下的安全泄放; 2.火炬系统应设置足够的长明灯,并有可靠的点火系统及燃料气气源; 3.火炬系统应设置可靠的防回火设施(水封、分子封等); 4.火炬气的分液、排凝应符合要求; 5.封闭式地面火炬的设置应满足GB 50160的要求	《石油化工企业设计防火标准(2018版)》(GB 50160—2008)第5.5.20、5.5.21、5.5.22条 《石油化工可燃性气体排放系统设计规范》(SH 3009—2013)

(续)

序号	排查内容	排查依据
11	空分装置空压机入口空气中有害杂质含量应符合 GB 16912 要求,包括乙炔、甲烷、总烃、二氧化碳、氧化亚氮等	《深度冷冻法生产氧气及相关气体安全技术规程》(GB 16912—2008)第 4.2.2 条
12	空分装置纯化系统出口设置二氧化碳在线分析仪并设置超标报警	《氧气站设计规范》(GB 50030—2013)第 8.0.10 条
13	空分装置应设置冷箱主冷蒸发器液氧中乙炔、碳氢化合物含量连续在线分析仪并设置超标报警	《氧气站设计规范》(GB 50030—2013)第 8.0.10、8.0.12 条
(四)工艺运行管理		
1	现场表指示数值、DCS 控制值与工艺卡片控制值应保持一致	
2	企业应建立岗位操作记录,对运行工况定时进行监测、检查,并及时处置工艺报警并记录	《关于加强化工过程安全管理的指导意见》(安监总管三〔2013〕88 号)第九条
3	生产过程中严禁出现超温、超压、超液位运行情况;对异常工况处置应符合操作规程要求	《关于加强化工过程安全管理的指导意见》(安监总管三〔2013〕88 号)第九条
4	企业应严格执行联锁管理制度,并符合以下要求: 1.现场联锁装置必须投用、完好; 2.摘除联锁有审批手续,有安全措施; 3.恢复联锁按规定程序进行	《关于加强化工过程安全管理的指导意见》(安监总管三〔2013〕88 号)第十六条
5	当工艺路线、控制参数、原辅料等发生变更时,应严格执行变更管理制度,开展变更安全风险分析;变更后应对相关操作规程进行修订,并对相关人员进行培训	《关于加强化工过程安全管理的指导意见》(安监总管三〔2013〕88 号)第二十三、二十四条
6	企业应建立操作记录和交接班管理制度,并符合以下要求: 1.严格遵守操作规程,按照工艺参数操作; 2.按规定进行巡回检查,有操作记录; 3.严格执行交接班制度	《关于加强化工过程安全管理的指导意见》(安监总管三〔2013〕88 号)第八条
(五)现场工艺安全		
1	泄爆泄压装置、设施的出口应朝向人员不易到达的位置	《石油化工金属管道布置设计规范》(SH 3012—2011)第 8.2.4、8.2.5 条《石油化工企业设计防火标准(2018 年版)》(GB 50160—2008)第 5.5.11 条

(续)

序号	排查内容	排查依据
2	1.不同的工艺尾气排入同一尾气处理系统,应进行安全风险分析; 2.使用多个化学品储罐尾气联通回收系统的,需经安全论证合格后方可投用。严禁将混合后可能发生化学反应并形成爆炸性混合气体的几种气体混合排放	《国家安全监管总局关于进一步加强化学品罐区安全管理的通知》(安监总管三〔2014〕68号) 《石油化工企业设计防火标准(2018年版)》(GB 50160—2008)第5.5.14条
3	可燃气体放空管道内的凝结液应密闭回收,不得随地排放	《石油化工企业设计防火标准(2018年版)》(GB 50160—2008)第5.5.17条
4	液体、低热值可燃气体、毒性为极度和高度危害的可燃气体、惰性气体、酸性气体及其他腐蚀性气体不得排入全厂性火炬系统,应设独立的排放系统或处理排放系统	《石油化工企业设计防火标准(2018年版)》(GB 50160—2008)第5.5.15条
5	1.极度危害和高度危害的介质、甲类可燃气体、液化烃应采密闭循环取样系统; 2.取样口不得设在有振动的设备或管道上,否则应采取减振措施	《石油化工金属管道布置设计规范》(SH 3012—2011)第7.2.3、7.2.4条
6	比空气重的可燃气体压缩机厂房的地面不宜设地坑或地沟;厂房内应有防止可燃气体积聚的措施	《石油化工企业设计防火标准(2018年版)》(GB50160—2008)第5.3.1条
7	切水、脱水作业及其他风险较大的排液作业时,作业人员不得离开现场	《化工(危险化学品)企业安全检查重点指导目录》(安监总管三〔2015〕113号)
(六)开停车管理		
1	企业在正常开车、紧急停车后的开车前,都要进行安全条件检查确认	《关于加强化工过程安全管理的指导意见》(安监总管三〔2013〕88号)第十条
2	开停车前,企业要进行安全风险辨识分析,制定开停车方案,编制安全措施和开停车步骤确认表	《关于加强化工过程安全管理的指导意见》(安监总管三〔2013〕88号)第十条
3	开车前企业应对如下重要步骤进行签字确认: 1.进行冲洗、吹扫、气密试验时,要确认已制定有效的安全措施; 2.引进蒸汽、氮气、易燃易爆介质前,要指定有经验的专业人员进行流程确认; 3.引进物料时,要随时监测物料流量、温度、压力、液位等参数变化情况,确认流程是否正确	《关于加强化工过程安全管理的指导意见》(安监总管三〔2013〕88号)第十条
4	应严格控制进退料顺序和速率,现场安排专人不间断巡检,监控有无泄漏等异常现象	《关于加强化工过程安全管理的指导意见》(安监总管三〔2013〕88号)第十条

（续）

序号	排查内容	排查依据
5	停车过程中的设备、管线低点的排放应按照顺序缓慢进行,并做好个人防护;设备、管线吹扫处理完毕后,应用盲板切断与其他系统的联系。抽堵盲板作业应在编号、挂牌、登记后按规定的顺序进行,并安排专人逐一进行现场确认	《关于加强化工过程安全管理的指导意见》(安监总管三〔2013〕88号)第十条
6	在单台设备交付检维修前与检维修后投入使用前,应进行安全条件确认	
（七）储运系统安全设施		
1	易燃、可燃液体及可燃气体罐区下列方面应符合GB 50183、GB 50160及GB 50074等相关规范要求: 1.防火间距; 2.罐组总容、罐组布置、罐组内储罐数量及布置; 3.防火堤及隔堤; 4.放空或转移; 5.液位报警、快速切断; 6.安全附件(如呼吸阀、阻火器、安全阀等); 7.水封井、排水闸阀	《石油化工企业设计防火标准(2018版)》(GB 50160—2008) 《石油库设计规范》(GB 50074—2014) 《石油天然气工程设计防火规范》(GB 50183—2004)
2	1.火灾危险性类别不同的储罐在同一罐区,应设置隔堤; 2.沸溢性液体的储罐不应与非沸溢性液体储罐同组布置; 3.常压油品储罐不应与液化石油气、液化天然气、天然气凝液储罐布置在同一防火堤内	《石油化工企业设计防火标准(2018年版)》(GB 50160—2008)第6.2.5条 《储罐区防火堤设计规范》(GB 50351—2014)第3.2.1条
3	可燃、易燃液体罐区的专用泵应设在防火堤外,泵与储罐距离应符合GB 50160要求	《石油化工企业设计防火标准(2018年版)》(GB 50160—2008)第5.3.5条
4	**构成一级、二级重大危险源的危险化学品罐区应实现紧急切断功能,并处于投用状态**	《危险化学品重大危险源监督管理暂行规定》(国家安全监管总局令第40号)
5	严禁正常运行的内浮顶罐浮盘落底;内浮顶罐低液位报警或联锁设置不得低于浮盘支撑的高度	《化工(危险化学品)企业安全检查重点指导目录》(安监总管三〔2015〕113号)
6	有氮气保护设施的储罐要确保氮封系统完好在用	《关于进一步加强化学品罐区安全管理的通知》(安监总管三〔2014〕68号)第二条
7	防火堤设计应符合GB 50351要求: 1.防火堤的材质、耐火性能以及伸缩缝配置应满足规范要求; 2.防火堤容积应满足规范要求,并能承受所容纳油品的静压力且不渗漏; 3.液化烃罐区防火堤内严禁绿化	《储罐区防火堤设计规范》(GB 50351—2014)

(续)

序号	排查内容	排查依据
8	气柜应设上、下限位报警装置,并宜设进出管道自动联锁切断装置	《石油化工企业设计防火标准(2018年版)》(GB 50160—2008)第6.3.12条
9	液氧储罐的最大充装量不应大于容积的95%	《深度冷冻法生产氧气及相关气体安全技术规程》(GB 16912—2008)第6.7.10条
10	定期监测液氧储罐中乙炔、碳氢化合物含量,每周至少分析一次,超标时应连续向储罐输送液氧以稀释乙炔浓度,并启动液氧泵和气化装置向外输送	《深度冷冻法生产氧气及相关气体安全技术规程》(GB 16912—2008)第6.7.4条
11	应建立危险化学品装卸管理制度,明确作业前、作业中和作业结束后各个环节的安全要求	
12	装运危险化学品的汽车应"三证"(驾驶证、准运证、危险品押运证)齐全。进入厂区的车辆应安装阻火器	
13	企业应建立易燃易爆有毒危险化学品装卸作业时装卸设施接口连接可靠性确认制度;装卸设施连接口不得存在磨损、变形、局部缺口、胶圈或垫片老化等缺陷	《国务院安委会办公室关于山东临沂金誉石化有限公司"6·5"爆炸着火事故情况的通报》(安委办〔2017〕19号)
14	易燃易爆危险化学品的汽车罐车和装卸场所,应设防静电专用接地线	
15	甲B、乙、丙A类液体的装车应采用液下装车鹤管	《石油化工企业设计防火标准(2018年版)》(GB 50160—2008)第6.4.2条
16	装卸车作业环节应严格遵守安全作业标准、规程和制度,并在监护人员现场指挥和全程监护下进行	《化工(危险化学品)企业保障生产安全十条规定》(安监总政法〔2017〕15号)
17	甲B、乙A类液体装卸车鹤位与集中布置的泵的防火间距应不小于8 m	《石油化工企业设计防火标准(2018年版)》(GB 50160—2008)第6.4.2条
(八)危险化学品仓储管理		
1	1.企业应当提供与其生产的危险化学品相符的化学品安全技术说明书,并在危险化学品包装(包括外包装件)上粘贴或者拴挂与包装内危险化学品相符的化学品安全标签; 2.企业采购危险化学品时,应索取危险化学品安全技术说明书和安全标签,不得采购无安全技术说明书和安全标签的危险化学品; 3.化学品安全技术说明书和化学品安全标签所载明的内容应当符合国家标准的要求	《危险化学品安全管理条例》(国务院令第591号)第十五条

(续)

序号	排查内容	排查依据
2	甲类物品仓库宜单独设置;当其储量小于5 t时,可与乙、丙类物品仓库共用一栋建筑物,但应设独立的防火分区	《石油化工企业设计防火标准(2018年版)》(GB 50160—2008)第6.6.1条
3	仓库内严禁设置员工宿舍;办公室、休息室等严禁设置在甲、乙类仓库内,也不应贴邻建造	《建筑设计防火规范(2018年版)》(GB 50016—2014)第3.3.9条
4	甲、乙、丙类液体仓库应设置防止液体流散的设施;遇湿会发生燃烧爆炸的物品仓库应设置防止水浸渍的措施	《建筑设计防火规范(2018版)》(GB 50016—2014)第3.6.12条
5	危险化学品仓储应满足以下条件: 1.爆炸物宜按不同品种单独存放,当受条件限制,不同品种爆炸物需同库存放时,应确保爆炸物之间不是禁忌物且包装完整无损; 2.有机过氧化物应储存在危险化学品库房特定区域内,避免阳光直射,并应满足不同品种的存储温度、湿度要求; 3.遇水放出易燃气体的物质和混合物应密闭储存在设有防水、防雨、防潮措施的危险化学品库房中的干燥区域内; 4.自燃物和混合物的储存温度应满足不同品种的存储温度、湿度要求,并避免阳光直射; 5.自反应物质和混合物应储存在危险化学品库房特定区域内,避免阳光直射并保持良好通风,且应满足不同品种的存储温度、湿度要求,自反应物质及其混合物只能在原装容器中存放	《危险化学品经营企业安全技术基本要求》(GB 18265—2019)第4.2.7、4.2.8、4.2.9、4.2.10、4.2.11条
6	易燃易爆性商品存储库房温湿度应满足GB 17914要求	《易燃易爆性商品储存养护技术条件》(GB17914—2013)第4.5条
7	1.危险化学品应当储存在专用仓库,并由专人负责管理; 2.剧毒化学品以及储存数量构成重大危险源的其他危险化学品,应在专用仓库内单独存放,实行双人收发、双人保管制度	《危险化学品安全管理条例》(国务院令第591号)第二十四条
8	储存危险化学品的单位应当建立危险化学品出入库核查、登记制度	《危险化学品安全管理条例》(国务院令第591号)第二十五条
9	**应按国家标准分区分类储存危险化学品,不得超量、超品种储存危险化学品,相互禁配物质不得混放混存**	《化工和危险化学品生产经营单位重大生产安全事故隐患判定标准》(安监总管三〔2017〕121号)

（续）

序号	排查内容	排查依据
（九）重大危险源的安全控制		
1	重大危险源应配备温度、压力、液位、流量等信息的不间断采集和监测系统以及可燃气体和有毒有害气体泄漏检测报警装置，并具备信息远传、记录、安全预警、信息存储等功能	《危险化学品重大危险源监督管理暂行规定》（国家安全监管总局令第40号）第十三条
2	重大危险源的化工生产装置应装备满足安全生产要求的自动化控制系统	《危险化学品重大危险源监督管理暂行规定》（国家安全监管总局令第40号）第十三条
3	一级或者二级重大危险源，设置紧急停车系统	《危险化学品重大危险源监督管理暂行规定》（国家安全监管总局令第40号）第十三条
4	对重大危险源中的毒性气体、剧毒液体和易燃气体等重点设施，设置紧急切断装置	《危险化学品重大危险源监督管理暂行规定》（国家安全监管总局令第40号）第十三条
5	对涉及毒性气体、液化气体、剧毒液体的一级或者二级重大危险源，应具有独立安全仪表系统	《危险化学品重大危险源监督管理暂行规定》（国家安全监管总局令第40号）第十三条
6	对毒性气体的设施，设置泄漏物紧急处置装置	《危险化学品重大危险源监督管理暂行规定》（国家安全监管总局令第40号）第十三条
7	重大危险源中储存剧毒物质的场所或者设施，设置视频监控系统	《危险化学品重大危险源监督管理暂行规定》（国家安全监管总局令第40号）第十三条

5 设备安全风险隐患排查表

序号	排查内容	排查依据
（一）设备设施管理体系的建立与执行		
1	企业应建立健全设备设施管理制度，内容至少应包含设备采购验收、动设备管理、静设备管理、备品配件管理、防腐蚀防泄漏管理、检维修、巡回检查、保温、设备润滑、设备台账管理、日常维护保养、设备检查和考评办法、设备报废、设备安全附件管理等的管理内容	《关于危险化学品企业贯彻落实〈国务院关于进一步加强企业安全生产工作的通知〉的实施意见》（安监总管三〔2010〕186号）第十条
2	企业应配备设备专业管理人员和设备维修维护人员	《关于加强化工过程安全管理的指导意见》（安监总管三〔2013〕88号）第十六条

(续)

序号	排查内容	排查依据
3	企业应对所有设备进行编号,建立设备设施台账、技术档案,确保设备台账、档案信息准确、完备	《关于加强化工过程安全管理的指导意见》(安监总管三〔2013〕88号)第十六条
4	企业应编制关键设备的操作和维护规程	《关于加强化工过程安全管理的指导意见》(安监总管三〔2013〕88号)第十六条
5	企业应对设备定期进行巡回检查,并建立设备定期检查记录	《关于加强化工过程安全管理的指导意见》(安监总管三〔2013〕88号)第十六条
6	对出现异常状况的设备设施应及时处置	
7	对设备设施的变更应严格履行变更程序	《关于危险化学品企业贯彻落实〈国务院关于进一步加强企业安全生产工作的通知〉的实施意见》(安监总管三〔2010〕186号)
8	**企业不得使用国家明令淘汰、禁止使用的危及生产安全的设备**	《安全生产法》第三十五条 《关于印发淘汰落后安全技术装备目录(2015年第一批)的通知》(安监总科技〔2015〕75号) 《淘汰落后安全技术工艺、设备目录(2016年)的通知》(安监总科技〔2016〕137号)
(二)设备的预防性维修和检测		
1	企业应编制设备检维修计划,并按计划开展检维修工作	《关于加强化工过程安全管理的指导意见》(安监总管三〔2013〕88号)
2	对重点检修项目应编制检维修方案,方案内容应包含作业安全分析、安全风险管控措施、应急处置措施及安全验收标准	《企业安全生产标准化基本规范》(GB/T 33000—2016)第5.4.1.4条
3	检维修过程中涉及特殊作业的,应执行GB 30871要求	《化学品生产单位特殊作业安全规范》(GB 30871—2014)
4	安全设施应编入设备检维修计划,定期检维修。安全设施不得随意拆除、挪用或弃置不用,因检维修拆除的,检维修完毕后应立即复原	《安全生产法》第三十三条
5	企业应加强防腐蚀管理,确定检查部位,定期检测,定期评估防腐效果	《国家安全监管总局关于加强化工企业泄漏管理的指导意见》(安监总管三〔2014〕94号)

95

(续)

序号	排查内容	排查依据
6	应对大型、关键容器(如液化气球罐等)中的腐蚀性介质含量进行监控,定期分析(如 H_2S 含量是否超标)	
7	在涉及易燃、易爆、有毒介质设备和管线的排放口、采样口等排放部位,应通过加装盲板、丝堵、管帽、双阀等措施,减少泄漏的可能性	《国家安全监管总局关于加强化工企业泄漏管理的指导意见》(安监总管三〔2014〕94号) 《石油化工金属管道布置设计规范》(SH/T 3012—2011)
8	定期对涉及液态烃、高温油等泄漏后果严重的部位(如管道、设备、机泵等动、静密封点)进行泄漏检测,对泄漏部位及时维修或更换	《国家安全监管总局关于加强化工企业泄漏管理的指导意见》(安监总管三〔2014〕94号)
9	凡在开停工、检修过程中,可能有可燃液体泄漏、漫流的设备区周围应设置不低于150 mm的围堰和导液设施	《石油化工企业设计防火标准(2018年版)》(GB 50160—2008)第5.2.28条
10	有可燃液体设备的多层建筑物或构筑物的楼板,应采取防止可燃液体泄漏至下层的措施	《石油化工企业设计防火标准(2018版)》(GB 50160—2008)第5.7.5条
11	承压部位的连接件螺栓配备应齐全、紧固到位	
(三)动设备的管理和运行状况		
1	企业应设置机组、机泵防止意外启动的措施	《机械安全 防止意外启动》(GB/T 19670—2005)
2	企业应监测大机组和重点动设备转速、振动、位移、温度、压力等运行参数,及时评估设备运行状况	《关于加强化工过程安全管理的指导意见》(安监总管三〔2013〕88号)
3	可燃气体压缩机、液化烃、可燃液体泵不得使用皮带传动。在爆炸危险区域内的其他传动设备若必须使用皮带传动时,应使用防静电皮带	《石油化工企业设计防火标准(2018年版)》(GB 50160—2008)第5.7.7条
4	离心式可燃气体压缩机和可燃液体泵应在其出口管道上安装止回阀	《石油化工企业设计防火标准(2018年版)》(GB 50160—2008)第7.2.11条
5	传动带、转轴、传动链、皮带轮、齿轮等转动部位,都应设置安全防护装置	《生产设备安全卫生设计准则》(GB 5083—1999)第6.1.6条
(四)静设备的管理		
1	企业应定期对储罐进行全面检查	《关于加强化工过程安全管理的指导意见》(安监总管三〔2013〕88号)
2	企业应对储罐呼吸阀(液压安全阀)、阻火器、泡沫发生器、液位计、通气管等安全附件按规范设置,并定期检查或检测,填写检查维护记录	《国家安全监管总局关于进一步加强化学品罐区安全管理的通知》(安监总管三〔2014〕68号)

（续）

序号	排查内容	排查依据
3	可燃液体地上储罐的进出口管道应采用柔性连接	《石油化工企业设计防火标准（2018版）》(GB 50160—2008)第6.2.25条
4	加热炉现场运行管理，应满足： 1.加热炉燃烧过程中，工艺介质流量低或中断燃烧联锁、燃料气管道压力超高、超低低联锁以及引风机停运联锁等应正常投用； 2.加热炉上的控制仪表以及检测仪表应正常投用，无故障，并定期对所有氧含量分析仪进行校验； 3.灭火蒸汽系统处于备用状态	
5	明火加热炉附属的燃料气分液罐、燃料气加热器等与炉体的防火间距，不应小于6 m	《石油化工企业设计防火标准（2018年版）》(GB 50160—2008)第5.2.4条
6	加热炉燃料气管道上的分液罐的凝液不得敞开排放	《石油化工企业设计防火标准（2018年版）》(GB 50160—2008)第7.2.13条
7	具有化学灼伤危害的物料不应使用玻璃等易碎材料制成管道、管件、阀门、流量计、压力计等	《化工企业安全卫生设计规范》(HG 20571—2014)第5.6.2条
（五）安全附件的管理		
1	企业应建立安全附件台账、爆破片更换记录	
2	企业应对监视和测量设备进行规范管理，建立监视和测量设备台账，定期进行校准和维护，并保存校准和维护活动的记录	《危险化学品从业单位安全标准化通用规范》(AQ 3013—2008)第5.5.2.5条
3	安全阀、压力表等安全附件应定期检验并在有效期内使用	《安全阀安全技术监察规程》(TSGZF 001—2006)第B4.2(4)条
4	**在用安全阀进出口切断阀应全开，并采取铅封或锁定；爆破片应正常投用**	《固定式压力容器安全技术监察规程》(TSG 21—2016)第9.1.3条 《安全阀安全技术监察规程》(TSGZF 001—2006)第B4.2(4)条
5	压力表的选型应符合相关要求，压力范围及检定标记明显	《固定式压力容器安全技术监察规程》(TSG 21—2016)第9.2.1条
6	压力容器用液位计应当： 1.储存0 ℃以下介质的压力容器，选用防霜液位计； 2.寒冷地区室外使用的液位计，选用夹套型或者保温型结构的液位计； 3.用于易爆、毒性程度为极度或者高度危害介质、液化气体压力容器上的液位计，有防止泄漏的保护装置	《固定式压力容器安全技术监察规程》(TSG 21—2016)第9.2.2条

(续)

序号	排查内容	排查依据
（六）设备拆除和报废		
1	企业应建立设备报废和拆除程序，明确报废的标准和拆除的安全要求	《化工企业工艺安全管理实施导则》（AQ/T 3034—2010）第4.7.3条
2	设备的报废应办理审批手续，报废的设备拆除前应制定方案	《企业安全生产标准化基本规范》（GB/T 33000—2016）第5.4.1.6条

6 仪表安全风险隐患排查表

序号	排查内容	排查依据
（一）仪表安全管理		
1	企业应建立仪表自动化控制系统安全管理、日常维护保养等制度	《关于加强化工过程安全管理的指导意见》（安监总管三〔2013〕88号）第十六条
2	企业应建立健全仪表检查、维护、使用、检定等各类台账及仪表巡检记录	《关于加强化工过程安全管理的指导意见》（安监总管三〔2013〕88号）第十六条
3	仪表调试、维护及检测记录齐全，主要包括： 1.仪表定期校验、回路调试记录； 2.检测仪表和控制系统检维护记录	《自动化仪表工程施工及质量验收规范》（GB 50093—2013）第12.1.1、12.5.2条
4	新（改、扩）建装置和大修装置的仪表自动化控制系统投用前、长期停用的仪表自动化控制系统再次启用前，必须进行检查确认	《关于加强化工过程安全管理的指导意见》（安监总管三〔2013〕88号）第十六条
5	控制系统管理应满足以下要求： 1.控制方案变更应办理审批手续； 2.控制系统故障处理、检修及组态修改记录应齐全； 3.控制系统建立有应急预案	《工业自动化和控制系统网络安全 集散控制系统（DCS） 第2部分：管理要求》（GB/T 33009.2—2016）第5.11.2、5.9.2条
6	企业应建立安全联锁保护系统停运、变更专业会签和技术负责人审批制度。联锁保护系统的管理应满足： 1.联锁逻辑图、定期维修校验记录、临时停用记录等技术资料齐全； 2.应对工艺和设备联锁回路定期调试； 3.联锁保护系统（设定值、联锁程序、联锁方式、取消）变更应办理审批手续； 4.联锁摘除和恢复应办理工作票，有部门会签和领导签批手续； 5.摘除联锁保护系统应有防范措施及整改方案	《工业自动化和控制系统网络安全 集散控制系统（DCS） 第2部分：管理要求》（GB/T 33009.2—2016）

(续)

序号	排查内容	排查依据
(三)控制系统设置		
1	新建化工装置必须设置自动化控制系统,根据工艺过程危险和安全风险分析结果,确定配备安全仪表系统	《关于进一步加强危险化学品建设项目安全设计管理的通知》(安监总管三〔2013〕76号)第十九条
2	对涉及"两重点一重大"的需要配置安全仪表系统的化工装置应开展安全仪表功能评估	《国家安全监管总局关于加强化工安全仪表系统管理的指导意见》(安监总管三〔2014〕116号)第四、十四条
3	配备的安全仪表系统应处于投用状态	
(三)仪表系统设置		
1	化工生产装置自动化控制系统应设置不间断电源,可燃有毒气体检测报警系统应设置不间断电源,后备电池的供电时间不小于30 min	《仪表供电设计规范》(HG/T 20509—2014)第7.1.3条
2	仪表气源应符合下列要求: 1.采用清洁、干燥的空气; 2.应设置备用气源。备用气源可采用备用压缩机组、 贮气罐或第二气源(也可用干燥的氮气)	《仪表供气设计规范》(HG/T 20510—2014)第3.0.1、3.0.2、3.0.3、4.4.1、4.4.2条 《石油化工仪表供气设计规范》(SH 3020—2013)第3.0.1、4.3.1条
3	安装DCS、PLC、SIS等设备的控制室、机柜室、过程控制计算机的机房,应考虑防静电接地。其室内的导静电地面、活动地板、工作台等应进行防静电接地	《仪表系统接地设计规范》(HG/T 20513—2014)第5.3.1条 《石油化工仪表接地设计规范》(SH/T 3081—2003)第2.4.1条
4	爆炸危险场所的仪表、仪表线路的防爆等级应满足区域的防爆要求	《爆炸危险环境电力装置设计规范》(GB 50058—2014)第5.2.3条 《石油化工自动化仪表选型设计规范》(SH/T 3005—2016)第4.9条
5	保护管与检测元件或现场仪表之间应采取相应的防水措施。防爆场合应采取相应防爆级别的密封措施	《爆炸危险环境电力装置设计规范》(GB 50058—2014)第5.4.3条 《自动化仪表工程施工及质量验收规范》(GB 50093—2013)第7.4.8条 《石油化工仪表管道线路设计规范》(SH/T 3019—2003)第8.4.6条
6	危险化学品重大危险源配备的温度、压力、液位、流量、组分等信息应不间断采集和监测,并具备信息远传、连续记录、事故预警、信息存储等功能;记录的电子数据的保存时间不小于30天	《危险化学品重大危险源监督管理暂行规定》(国家安全监管总局令第40号)第十三条

(续)

序号	排查内容	排查依据
7	危险化学品重大危险源罐区安全监控装备应符合要求： 1.摄像头的设置个数和位置,应根据罐区现场的实际情况实现全面覆盖； 2.摄像头的安装高度应确保可以有效监控到储罐顶部； 3.有防爆要求的应使用防爆摄像机或采取防爆措施	《危险化学品重大危险源罐区现场安全监控装备设置规范》(AQ 3036—2010)第10.1条
8	紧急停车按钮应有可靠防护措施	《信号报警及联锁系统设计规范》(HG/T 20511—2014)第4.11.4条
9	罐区储罐高高、低低液位报警信号的液位测量仪表应采用单独的液位连续测量仪表或液位开关,报警信号应传送至自动控制系统	《石油化工储运系统罐区设计规范》(SH/T 3007—2014)第5.4.5条
(四)气体检测报警管理		
1	**可燃气体和有毒气体检测报警器的设置与报警值的设置应满足 GB 50493 要求**	《石油化工可燃气体和有毒气体检测报警设计规范》(GB 50493—2009)
2	可燃气体和有毒气体检测报警系统应独立于基本过程控制系统	《国家安全监管总局关于加强化工安全仪表系统管理的指导意见》(安监总管三〔2014〕116号)第十一条
3	可燃气体、有毒气体检测报警器管理应满足以下要求： 1.绘制可燃、有毒气体检测报警器检测点布置图； 2.可燃、有毒气体检测报警器按规定周期进行检定或校准,周期一般不超过一年	
4	可燃、有毒气体检测报警信号应发送至有操作人员常驻的控制室、现场操作室进行报警,并有报警与处警记录,对报警原因进行分析	《石油化工可燃气体和有毒气体检测报警设计规范》(GB 50493—2009)第3.0.4条 《国家安全监管总局关于加强化工企业泄漏管理的指导意见》(安监总管三〔2014〕94号)第十九条
5	可燃、有毒气体检测报警器应完好并处于正常投用状态	《安全生产法》第三十三条

7 电气安全风险隐患排查表

序号	排查内容	排查依据
(一)电气安全管理		
1	企业应编制电气设备设施操作、维护、检修等管理制度并实施	《关于加强化工过程安全管理的指导意见》(安监总管三〔2013〕88号)第十六条
2	临时用电应经有关主管部门审查批准,并有专人负责管理,限期拆除	《化学品生产单位特殊作业安全规范》(GB 30871—2014)
(二)供配电系统设置及电气设备设施		
1	企业的供电电源应满足不同负荷等级的供电要求: 1.一级负荷应由双重电源供电,当一电源发生故障时,另一电源不应同时受到损坏; 2.一级负荷中特别重要的负荷供电,尚应增设应急电源,并严禁将其他负荷接入应急供电系统;设备的供电电源的切换时间,应满足设备允许中断供电的要求; 3.二级负荷的供电系统,宜由两回线路供电。在负荷较小或地区供电条件困难时,二级负荷可由一回6 kV及以上专用的架空线路供电	《供配电系统设计规范》(GB 50052—2009)第3.0.1条
2	爆炸危险区域内的电气设备应符合GB 50058要求	《爆炸危险环境电力装置设计规范》(GB 50058—2014)第5.2.3条
3	电气设备的安全性能,应满足以下要求: 1.设备的金属外壳应采取防漏电保护接地; 2.接地线不得搭接或串接,接线规范、接触可靠; 3.明设的应沿管道或设备外壳敷设,暗设的在接线处外部应有接地标志; 4.接地线接线间不得涂漆或加绝缘垫	《电气装置安装工程接地装置施工及验收规范》(GB 50169—2016)第3.0.4、4.2.9条
4	电缆必须有阻燃措施;电缆桥架符合相关设计规范	《电力工程电缆设计规范》(GB 50217—2018)第6.2.7条
(三)防雷、防静电设施		
1	工艺装置内露天布置的塔、容器等,当容器顶板厚度等于或大于4 mm时,可不设避雷针、线保护,但必须设防雷接地	《石油化工企业设计防火标准(2018年版)》(GB 50160—2008)第9.2.2条

(续)

序号	排查内容	排查依据
2	可燃气体、液化烃、可燃液体的钢罐,必须设防雷接地,并应符合下列规定: 1.甲B、乙类可燃液体地上固定顶罐,当顶板厚度小于4 mm时应设避雷针、线,其保护范围应包括整个储罐; 2.丙类液体储罐,可不设避雷针、线,但必须设防感应雷接地; 3.浮顶罐(含内浮顶罐)可不设避雷针、线,但应将浮顶与罐体用两根截面不小于25 mm²的软铜线作电气连接; 4.压力储罐不设避雷针、线,但应作接地	《石油化工企业设计防火标准(2018年版)》(GB 50160—2008)第9.2.3条
3	在生产加工、储运过程中,设备、管道、操作工具等,有可能产生和积聚静电而造成静电危害时,应采取静电接地措施	《石油化工静电接地设计规范》(SH/T 3097—2017)第4.1.1条
4	可燃气体、液化烃、可燃液体、可燃固体的管道在下列部位应设静电接地设施: 1.进出装置区或设施处; 2.爆炸危险场所的边界; 3.管道泵及泵入口永久过滤器、缓冲器等	《石油化工企业设计防火标准(2018年版)》(GB 50160—2008)第9.3.3条
5	1.长距离管道应在始端、末端、分支处以及每隔100 m接地一次。 2.平行管道净距小于100 mm时,应每隔20 m加跨接线。当管道交叉且净距小于100 mm时,应加跨接线	《石油化工静电接地设计规范》(SHT3097—2017)第5.3.2、5.3.3条
6	重点防火、防爆作业区的入口处,应设计人体导除静电装置	《化工企业安全卫生设计规范》(HG 20571—2014)第4.2.10条
7	储罐罐顶平台上取样口(量油口)两侧1.5米之外,应各设一组消除人体静电设施,设施应与罐体做电气连接并接地,取样绳索、检尺等工具应与设施连接	《石油化工静电接地设计规范》(SHT 3097—2017)第5.2.2条
8	在爆炸危险区域内设计有静电接地要求的管道,当每对法兰或其他接头间电阻值超过0.03 Ω时,应设导线跨接	《工业金属管道工程施工规范》(GB 50235—2010)第7.13.1条
(四)现场安全		
1	电缆必须有阻燃措施。电缆沟必须有防窜油汽、防腐蚀、防水措施;电缆隧道必须有防火、防沉陷措施	

（续）

序号	排查内容	排查依据
2	临时电源、手持式电动工具、施工电源、插座回路均应采用TN-S供电方式,并采用剩余电流动作保护装置	
3	临时用电线路,应采用绝缘良好、完整无损的橡皮线,室内沿墙敷设,其高度不得低于2.5米,室外跨路时,其高度不得低于4.5米,不得沿暖气、水管及其他气体管道敷设,沿地面敷设时,必须加可靠的保护装置和醒目的警示标志	
4	沿墙面或地面敷设电缆线路应符合下列规定： 1.电缆线路敷设路径应有醒目的警告标识； 2.沿地面明敷的电缆线路应沿建筑物墙体根部敷设,穿越道路或其他易受机械损伤的区域,应采取防机械损伤的措施,周围环境应保持干燥； 3.在电缆敷设路径附近,当有产生明火的作业时,应采取防止火花损伤电缆的措施	《建设工程施工现场供用电安全规范》(GB 50194—2014)第7.4.2条

8 应急与消防安全风险隐患排查表

序号	排查内容	排查依据
	（一）应急管理	
1	企业应确立本单位的应急预案体系,按照GB/T 29639要求编制综合应急预案、专项应急预案、现场处置方案和应急处置卡	《生产安全事故应急预案管理办法》(应急管理部令第2号)第六、十九条
2	企业应建立应急指挥系统,配备应急救援队伍,实行分级管理,明确各级应急指挥系统和救援队的职责	《危险化学品从业单位安全生产标准化通用规范》(AQ 3013—2008)
3	企业应制定应急值班制度,成立应急处置技术组,实行24小时应急值班	《生产安全事故应急条例》(国务院令第708号)第十四条
4	1.企业应制定应急预案定期评估制度,应每三年进行一次应急预案评估,对应急预案内容的针对性和实用性进行分析,并对应急预案是否需要修订作出结论； 2.企业应按应急预案的评估结论及有关规定对应急预案及时修订	《生产安全事故应急条例》(国务院令第708号)第六条 《生产安全事故应急预案管理办法》(国家安全监管总局令88号)第三十五、三十六条

(续)

序号	排查内容	排查依据
5	1.企业应在应急预案公布之日起20个工作日内,向县级以上人民政府应急管理部门和其他负有安全生产监督管理职责的部门进行备案,并依法向社会公布; 2.应急预案修订涉及组织指挥体系与职责、应急处置程序、主要处置措施、应急响应分级等内容变更的,企业应按照有关应急预案报备程序重新备案	《生产安全事故应急条例》(国务院令第708号)第七条 《生产安全事故应急预案管理办法》(国家安全监管总局令88号)第二十六、三十七条
6	企业应定期组织开展本单位的应急预案、应急知识、自救互救和避险逃生技能的培训活动,使有关人员了解应急预案内容,熟悉应急职责、应急处置程序和措施	《生产安全事故应急预案管理办法》(国家安全监管总局令88号)第三十一条
7	企业应制定本单位的应急预案演练计划,每半年至少组织一次安全生产事故应急预案演练	《生产安全事故应急条例》(国务院令第708号)第八条 《生产安全事故应急预案管理办法》(国家安全监管总局令88号)第三十三条
8	应急预案演练结束后,企业应急预案演练组织单位应当对应急预案演练效果进行评估,撰写应急预案演练评估报告,分析存在的问题,并对应急预案提出修订意见	《生产安全事故应急预案管理办法》(国家安全监管总局令88号)第三十四条
9	企业应采取各种措施,保证从业人员具备必要的应急知识,掌握风险防范技能和事故应急措施	《生产安全事故应急条例》(国务院令第708号)第十五条
(二)应急器材和设施		
1	企业应制定应急器材管理与维护保养制度	《危险化学品单位应急救援物资配备标准》(GB 30077—2013)第9.1条
2	企业应建立应急器材台账、维护保养记录,按照制度要求定期检查应急器材	《危险化学品单位应急救援物资配备标准》(GB 30077—2013)第9.1、9.3条
3	企业应在有毒有害岗位配备应急器材柜(气防柜),设置与柜内器材相符的应急器材清单。应急器材完好有效	《危险化学品单位应急救援物资配备标准》(GB 30077—2013)第9.1、9.3条
4	企业存在可燃、有毒气体的区域应配备便携式检测仪,并定期检定	《危险化学品单位应急救援物资配备标准》(GB 30077—2013)第9.3条 《可燃气体检测报警器》(JJG 693—2011)第5.5条
5	石油化工企业的生产区、公用及辅助生产设施、全厂性重要设施和区域性重要设施的火灾危险场所应设置火灾自动报警系统和火灾电话报警	《石油化工企业设计防火标准(2018年版)》(GB 50160—2008)第8.12.1条

(续)

序号	排查内容	排查依据
6	消防控制室、消防水泵房、自备发电机房、配电室、防排烟机房以及发生火灾时仍需正常工作的消防设备房应设置备用照明,其作业面的最低照度不应低于正常照明的照度	《建筑设计防火规范(2018版)》(GB 50016—2014)第10.3.3条
7	消防水泵房及其配电室的消防应急照明采用蓄电池作备用电源时,其连续供电时间不应少于3 h	《石油化工企业设计防火标准(2018年版)》(GB 50160—2008)第9.1.2条
(三)消防安全		
1	企业消防道路应畅通无阻,满足消防车辆通行;可燃液体罐组、可燃液体储罐区、可燃气体储罐区、装卸区及化学危险品仓库区应按照要求设置环形消防车道	《石油化工企业设计防火标准(2018年版)》(GB 50160—2008)第4.3.4条
2	厂区消防车道净宽度、净空高度应满足消防救援要求	《石油化工企业设计防火标准(2018年版)》(GB 50160—2008)第4.3.4条 《化工企业总图运输设计规范》(GB 50489—2009)
3	储罐区消防栓供水压力应正常,满足消防要求;设置稳高压消防给水系统的,其管网压力宜为0.7～1.2 MPa	《石油化工企业设计防火标准(2018年版)》(GB 50160—2008)第8.5.1条
4	消防水泵、稳压泵应分别设置备用泵	《石油化工企业设计防火标准(2018年版)》(GB 50160—2008)第8.3.6条
5	消防水泵的主泵应采用电动泵,备用泵应采用柴油机泵,且按100%备用能力设置,柴油机的油料储备量应能满足机组连续运转6 h的要求	《石油化工企业设计防火标准(2018年版)》(GB 50160—2008)第8.3.8条
6	消防栓(炮)是否满足下列要求: 1.消防栓有编号,开启灵活,出水正常,排水良好,出水口扣盖、橡胶垫圈齐全完好; 2.消防栓阀门井完好,防冻措施到位; 3.消防炮完好无损、无泄漏,防冻措施落实;消防炮阀门及转向齿轮灵活,润滑无锈蚀现象	《消防给水及消火栓系统技术规范》(GB 50974—2014)第13.2.13条
7	消防器材应满足下列要求: 1.消防柜内器材配备齐全,附件完好无损; 2.有专人负责定期检查灭火器材,药剂定期更换,有更换记录和有效期标签	《危险化学品单位应急救援物资配备标准》(GB 30077—2013)第9.3条 《建筑灭火器配置验收及检查规范》(GB 50444—2008)第5.2.3条

（续）

序号	排查内容	排查依据
8	泡沫及水幕系统应满足下列要求： 1.泡沫发生系统保持完好，零部件齐全，随时保持备用状态；泡沫液定期更换，有记录； 2.消防水幕、喷淋、蒸汽等消防设施完好，能随时投用，定期试验	《泡沫灭火系统设计规范》（GB 50151—2010）
9	可燃液体地上立式储罐应设固定或移动式消防冷却水系统，罐壁高于17 m储罐、容积等于或大于10 000 m³储罐、容积等于或大于2 000 m³低压储罐应设置固定式消防冷却水系统	《石油化工企业设计防火标准(2018年版)》（GB 50160—2008）第8.4.5条
10	全压力式及半冷冻式液化烃储罐采用的消防设施应符合下列规定： 1.当单罐容积等于或大于1 000 m³时，应采用固定式水喷雾（水喷淋）系统及移动消防冷却水系统； 2.当单罐容积大于100 m³，且小于1 000 m³时，应采用固定式水喷雾（水喷淋）系统和移动式消防冷却系统或固定式水炮和移动式消防冷却系统； 3.当单罐容积小于或等于100 m³时，可采用移动式消防冷却水系统	《石油化工企业设计防火标准(2018年版)》（GB 50160—2008）第8.10.2条
11	全压力式、半冷冻式液化烃球罐固定式消防冷却水管道的控制阀应处于罐区防火堤外，距被保护罐壁不宜小于15 m。可燃液体立式储罐的固定消防冷却水系统（水喷淋或水喷雾系统）的控制阀门应设在防火堤外，且距被保护罐壁不宜小于15 m	《石油化工企业设计防火标准(2018年版)》（GB 50160—2008）第8.10.10、8.4.5条
12	生产污水管道的下列部位应设水封，水封高度不得小于250 mm： 1.工艺装置内的塔、加热炉、泵、冷换设备等区围堰的排水出口； 2.工艺装置、罐组或其他设施及建筑物、构筑物、管沟等的排水出口； 3.全厂性的支干管与干管交汇处的支干管上； 4.全厂性支干管、干管的管段长度超过300 m时，应用水封井隔开	《石油化工企业设计防火标准(2018年版)》（GB 50160—2008）第7.3条

9 重点危险化学品特殊管控安全风险隐患排查表

序号	排查内容	排查依据
	（一）液化烃	
1	液化烃储罐的储存系数不应大于0.9	《石油化工企业设计防火标准（2018版）》（GB 50160—2008）第6.3.9条
2	全冷冻式液化烃储罐应设真空泄放设施和高、低温温度检测，并与自动控制系统相联	《石油化工企业设计防火标准（2018版）》（GB 50160—2008）第6.3.11条
3	液化烃汽车装卸时严禁就地排放	《石油化工企业设计防火标准（2018版）》（GB 50160—2008）第6.4.3条
4	液化石油气实瓶不应露天堆放	《石油化工企业设计防火标准（2018版）》（GB 50160—2008）第6.5.5条
5	液化烃管道不得采用金属软管	《石油化工企业设计防火标准（2018版）》（GB 50160—2008）第7.2.18条
6	液化烃储罐底部的液化烃出入口管道应设可远程操作的紧急切断阀，紧急切断阀的执行机构应有故障安全保障的措施	《石油化工储运系统罐区设计规范》（SH/T 3007—2014）第6.4.1条
7	液化天然气储罐拦蓄区禁止设置封闭式LNG排放沟	《液化天然气（LNG）生产、储存和装运》（GB/T 20368—2012）第5.2.2.3条
8	液化天然气储罐应配备2套独立的液位计，液位计应能适应液体密度的变化	《液化天然气（LNG）生产、储存和装运》（GB/T 20368—2012）第10.1.1.1条
9	液化烃球形储罐，其法兰应采用带颈对焊钢制突面或凹凸面管法兰；垫片应采用带内外加强环型（对应于突面法兰）或内加强环型（对应于凹凸面法兰）缠绕式垫片；紧固件采用等长或通丝型螺柱、厚六角螺母	《石油化工液化烃球形储罐设计规范》（SH 3136—2003）第4.4.4条
10	液化烃球形储罐本体应设就地和远传温度计，并应保证在最低液位时能测液相的温度而且便于观测和维护	《石油化工液化烃球形储罐设计规范》（SH 3136—2003）第5.1条
11	液化烃球形储罐应设就地和远传的液位计，但不宜选用玻璃板液位计	《石油化工液化烃球形储罐设计规范》（SH 3136—2003）第5.3.1条
12	液化石油气球罐上的阀门的设计压力不应小于2.5 MPa	《石油化工液化烃球形储罐设计规范》（SH 3136—2003）第6条
13	**丙烯、丙烷、混合C4、抽余C4及液化石油气的球形储罐应采取防止液化烃泄漏的注水措施。注水压力应能满足需要**	《石油化工液化烃球形储罐设计规范》（SH 3136—2003）第7.4条

（续）

序号	排查内容	排查依据
14	丁二烯球形储罐应采取以下措施： 1.设置氮封系统； 2.储存周期在两周以下时,应设置水喷淋冷却系统；储存周期在两周以上时,应设置冷冻循环系统和阻聚剂添加系统； 3.丁二烯球形储罐安全阀出口管道应设氮气吹扫	《石油化工液化烃球形储罐设计规范》（SH 3136—2003）第8.5条
15	全压力式液化烃储罐宜采用有防冻措施的二次脱水系统,储罐根部宜设紧急切断阀	《石油化工企业设计防火标准（2018版）》（GB 50160—2008）第6.3.14条
16	**液化烃的充装应使用万向管道充装系统**	《首批重点监管的危险化学品安全措施和事故应急处置原则》（安监总厅管三〔2011〕142号）
17	液化烃充装车过程中,应设专人在车辆紧急切断装置处值守,确保可随时处置紧急情况	
（二）液氨		
1	液氨储罐的储存系数不应大于0.9	《石油化工企业设计防火标准（2018版）》（GB 50160—2008）第6.3.9条
2	液氨的实瓶不应露天堆放	《石油化工企业设计防火标准（2018版）》（GB 50160—2008）第6.5.5条
3	氨的安全阀排放气应经处理后排放	《石油化工企业设计防火标准》（2018年版）（GB 50160—2008）第5.5.10条
4	超过100 m³的液氨储罐应设双安全阀,安全阀排气应引至回收系统或火炬排放燃烧系统	《合成氨生产企业安全标准化实施指南》（AQ/T 3017—2008）第5.5.4.6条
5	液氨储罐进出口管线应设置双切断阀,其中一只出口切断阀为紧急切断阀	《合成氨生产企业安全标准化实施指南》AQ/T 3017—2008）第5.5.4.6条
6	**液氨充装时,应使用万向节管道充装系统**	《首批重点监管的危险化学品安全措施和事故应急处置原则》（安监总厅管三〔2011〕142号）
7	液氨管道不得采用金属软管	《石油化工企业设计防火标准（2018版）》（GB 50160—2008）第7.2.18条
（三）液氯		
1	液氯气瓶充装厂房、液氯重瓶库宜采用密闭结构,多点配备可移动式非金属软管吸风罩,软管半径覆盖密闭结构厂房、库房内的设备、管道和液氯重瓶堆放范围	《关于氯气安全设施和应急技术的指导意见》（中国氯碱工业协会〔2010〕协字第070号）第二条

(续)

序号	排查内容	排查依据
2	若采用半敞开式厂房,必须在充装场所配备二个以上移动式真空吸收软管,并与事故氯吸收装置相连	《关于氯气安全设施和应急技术的补充指导意见》(中国氯碱工业协会〔2012〕协字第012号)
3	工作场所应设置事故通风装置及与通风系统相联锁的泄漏报警装置;通风装置的控制分别设置在室内、室外便于操作地点;排风口设置尽可能避免影响作业人员	《氯职业危害防护导则》(GBZ/T 275—2016)第6.1.5条
4	液氯气化器、贮槽(罐)等设施设备的压力表、液位计、温度计,应装有带远传报警的安全装置	《氯气安全规程》(GB 11948—2008)第3.11D条
5	液氯贮槽(罐)、计量槽、气化器中液氯充装量不应大于容器容积的80%;液氯充装结束,应采取措施,防止管道处于满液封闭状态	《氯气安全规程》(GB 11948—2008)第4.4条
6	液氯气化器、预冷器及热交换器等设备,应装有排污(NCl_3)装置和污物处理设施,并定期分析 NCl_3 含量,排污物中 NCl_3 含量不应大于 60 g/L,否则需增加排污次数和排污量,并加强监测	《氯气安全规程》(GB 11948—2008)第4.6条
7	禁止液氯>1 000 kg的容器直接液氯气化,禁止液氯贮槽(罐)、罐车或半挂车槽罐直接作为液氯气化器使用	《关于氯气安全设施和应急技术的指导意见》(中国氯碱工业协会〔2010〕协字第070号)第三条
8	使用氯气作为生产原料时,宜使用盘管式或套管式气化器的液氯全气化工艺,液氯气化温度不得低于 71 ℃,建议热水控制温度75~85 ℃;采用特种气化器(蒸汽加热),温度不得大于 121 ℃,气化压力与进料调节阀联锁控制,气化温度与蒸汽调节阀联锁控制	《关于氯气安全设施和应急技术的指导意见》(中国氯碱工业协会〔2010〕协字第070号)第三条
9	缓冲罐底设有排污口,应定期排污,排污口接至碱液吸收池	《关于氯气安全设施和应急技术的指导意见》(中国氯碱工业协会〔2010〕协字第070号)第三条
10	液氯贮槽(罐)厂房应采用密闭结构,建构筑物设计或改造应防腐蚀;有条件时把厂房密闭结构扩大至液氯接卸作业区域;厂房密闭化同时配备事故氯处理装置	《关于氯气安全设施和应急技术的指导意见》(中国氯碱工业协会〔2010〕协字第070号)第一条
11	大贮量液氯贮槽(罐),其液氯出口管道,应装设柔性连接或者弹簧支吊架,防止因基础下沉引起安装应力	《氯气安全规程》(GB 11948—2008)第7.2.2条

(续)

序号	排查内容	排查依据
12	地上液氯贮槽(罐)区地面应低于周围地面0.3～0.5 m或在贮存区周边设0.3～0.5 m的事故围堰	《氯气安全规程》(GB 11948—2008)第7.2.4条
13	液氯贮槽(罐)液面计应采用两种不同方式,采用现场显示和远传液位显示仪表各一套,远传仪表宜采用罐外测量的外测式液位计	《关于氯气安全设施和应急技术的指导意见》(中国氯碱工业协会〔2010〕协字第070号)第一条
14	液氯贮槽(罐)的就地液位指示,不得选用玻璃板液位计	《自动化仪表选型设计规范》(HG/T 20507—2014)第7.2.2条
15	**液氯充装应使用万向管道充装系统**	《首批重点监管的危险化学品安全措施和事故应急处置原则》(安监总厅管三〔2011〕142号)
16	充装量为50 kg和100 kg的气瓶,使用时应直立放置,并有防倾倒措施;充装量为500 kg和1 000 kg的气瓶,使用时应卧式放置,并牢靠定位	《氯气安全规程》(GB 11948—2008)第6.1.3条
17	使用气瓶时,应有称重衡器;使用前和使用后均应登记重量,瓶内液氯不能用尽	《氯气安全规程》(GB 11948—2008)第6.1.4条
18	液氯的实瓶不应露天堆放。	《石油化工企业设计防火标准(2018版)》(GB 50160—2008)第6.5.5条
19	在液氯泄漏时应禁止直接向罐体喷水,应将泄漏点朝上(气相泄漏位置),宜采用专用工具堵漏,并将液氯瓶阀液相管抽液氯或紧急使用	《关于氯气安全设施和应急技术的指导意见》(中国氯碱工业协会〔2010〕协字第070号)第四条
20	液氯仓库必须设置事故氯吸收(塔)装置,具备24小时连续运行的能力,并与电解故障停车、动力电失电联锁控制;至少满足紧急情况下处理能力,吸收液循环槽具备切换、备用和配液的条件,保证热备状态或有效运行	《关于氯气安全设施和应急技术的指导意见》(中国氯碱工业协会〔2010〕协字第070号)第四条
21	液氯储存应至少配备一台体积最大的液氯槽(罐)作为事故液氯应急备用受槽(罐)	《氯气职业危害防护导则》(GBZ/T 275—2016)第6.2.2.1条
22	在液氯贮槽(罐)周围地面,设置地沟和事故池,地沟与事故池贯通并加盖栅板,事故池容积应足够;液氯贮槽(罐)泄漏时禁止直接向罐体喷淋水,可以在厂房、罐区围堰外围设置雾状水喷淋装置,喷淋水中可以适当加烧碱溶液,最大限度洗消氯气对空气的污染	《关于氯气安全设施和应急技术的指导意见》(中国氯碱工业协会〔2010〕协字第070号)第四条
23	液氯储存、充装和气化岗位的作业人员应取得特殊作业人员资格证书	《特种作业人员安全技术培训考核管理规定》(国家安全监管总局令第30号)

（续）

序号	排查内容	排查依据
24	氯气管道禁止穿越除厂区（包括化工园区、工业园区）外的公共区域	《化工和危险化学品生产经营单位重大生产安全事故隐患判定标准》（安监总管三〔2017〕121号）
25	液氯管道不得采用金属软管	《石油化工企业设计防火标准（2018版）》（GB 50160—2008）第7.2.18条
（四）硝酸铵		
1	硝酸铵生产、储存企业应按照GB/T 37243要求开展外部安全防护距离评估，确定外部安全防护距离满足根据GB 36894确定的个人风险基准的要求	《危险化学品生产装置和储存设施外部安全防护距离》（GB/T 37243—2019）《危险化学品生产装置和储存设施风险基准》（GB 36894—2018）
2	禁止将油和氯离子带入硝酸铵溶液系统	《首批重点监管的危险化学品安全措施和应急处置原则》（安监总厅管三〔2011〕142号）
3	硝酸铵贮存过程中，禁止混入下列物质： 1.硫、磷、硝酸钠、亚硝酸钠及其还原类物质； 2.硫酸、盐酸、硝酸等酸类物质； 3.易燃物、可燃物； 4.锌、铜、镍、铅、锑、镉等活性金属	
4	硝酸铵溶液的贮存罐区应设独立罐区，单个罐区存量最高不超1 000 m³，单个储罐最大储量不超200 m³。	
5	硝酸铵溶液储罐所有材质应选用不低于SUS304标准的不锈钢	
6	硝酸铵溶液罐区上方及地下严禁有其他油、燃气等无关物料管线通过	
7	硝酸铵储存搬运时禁止震动、撞击和摩擦	《首批重点监管的危险化学品安全措施和应急处置原则》（安监总厅管三〔2011〕142号）
8	硝酸铵应设置独立的贮存设施，包括专用仓库、临时堆场	
9	硝酸铵仓库的墙、柱、梁、楼板、屋顶等库内建筑构件必须采用不燃性材料建造	《石油化工企业设计防火标准（2018版）》（GB 50160—2008）第6.6.5条
10	进入硝酸铵仓库作业的机动车应加装阻火器，电瓶车应为防爆型	

(续)

序号	排查内容	排查依据
(五)光气		
1	光气管道严禁穿越除厂区(包括化工园区、工业园区)外的公共区域	《化工和危险化学品生产经营单位重大生产安全事故隐患判定标准》(安监总管三〔2017〕121号)
2	光气及光气化生产装置的安全防护距离应满足GB 19041要求	《光气及光气化产品生产安全规程》(GB 19041—2003)第4.2.1条
3	光气及光气化生产装置应集中布置在厂区的下风侧并自成独立生产区,该装置与厂围墙的距离不应小于100 m	《光气及光气化产品生产安全规程》(GB 19041—2003)第4.2.3条
4	光气合成过程中一氧化碳的含水量不宜大于50 mg/m³,氯气含水量不宜大于50 mg/m³	《光气及光气化产品生产安全规程》(GB 19041—2003)第5.1.1条
5	含光气物料管道应采用无缝钢管,管道连接应采用对焊焊接,严禁采用丝扣连接	《光气及光气化产品生产安全规程》(GB 19041—2003)第6.2条
6	光气及光气化装置应设置隔离操作室	《光气及光气化产品生产安全规程》(GB 19041—2003)第7.2条
7	光气及光气化产品生产装置的供电应设有双电源,紧急停车系统、尾气破坏处理系统应配备柴油发电机,要求在30 s内自动启动供电	《光气及光气化产品生产安全规程》(GB 19041—2003)第10.1条
8	光气及光气化产品生产装置应设置化工安全仪表系统(SIS)	
9	封闭式光气及光气化产品生产厂房应设机械排气系统,重要设备如光气化反应器等,宜设局部排风罩,排气必须接入应急破坏处理系统	《光气及光气化产品生产安全规程》(GB 19041—2003)第11.3条
10	敞开式厂房应在可能泄漏光气部位设置可移动式弹性软管负压排气系统,将有毒气体送至破坏处理系统	《光气及光气化产品生产安全规程》(GB 19041—2003)第11.4条
11	进入光气生产装置时,员工应使用企业指定的防护服装和装备,包括佩戴的光气指示牌(上面标有员工的姓名和日期);同时应随身配戴逃生器具(只用于需要撤离装置的紧急情况,不能够替代在装置内作业时使用的空气呼吸器),并检查逃生器具是否处于良好状态(如滤芯的有效期日期)	《国家安全监管总局办公厅关于印发光气及光气化产品安全生产管理指南的通知》(安监总厅管三〔2014〕104号)第6.6.1.1条
(六)氯乙烯		
1	氯乙烯生产企业应制定氯乙烯精馏和废碱液系统的液体氯乙烯排放回收至气柜的管理制度和管控措施	

(续)

序号	排查内容	排查依据
2	氯乙烯生产企业应确保精馏三塔的平稳运行,不得停运精馏三塔、直接用高沸物储罐进行氯乙烯的加热回收	
3	氯乙烯生产企业应对气柜进出口管道、气柜进口气水分离罐设置伴热并保温,确保氯乙烯、二氯乙烷不会在管道内因低温液化积聚;气柜进口气水分离罐应设置远传液位计,及时发现并处理液相物料积聚	
4	氯乙烯生产企业应严格下水管网安全管理,建立完善下水管网管理制度,明确责任人员,定期对下水管网内可燃、有毒气体进行监测,保证下水管网运行安全,严禁物料泄漏后或事故救援过程中带有化工物料的污水排出厂外,进入市政管网	
5	液体氯乙烯不应直接通入气柜	《电石乙炔法生产氯乙烯安全技术规程》(GB 14544—2008)第 6.5.4 条
6	氯乙烯气柜进出总管应设置压力和柜位检测,DCS指示、报警、联锁,记录保持时间不低于 3 个月。气柜压力和柜位联锁应设置高高或低低的三选二联锁动作	
7	气柜的合成氯乙烯管道和聚合回收氯乙烯入口管应分开设置,出入口管道最低处应设排水器	《电石乙炔法生产氯乙烯安全技术规程》(GB 14544—2008)第 6.5.4 条
8	氯乙烯气柜应有容积指示装置,允许容积为全容积的 20%～75%,雷雨或七级以上大风天气使用容积不应超过全容积的 60%	
9	氯乙烯气柜应定期检维修,应编制检维修方案并建立检维修记录	
10	气柜水槽补水管线应为常开溢流,并对溢流水进行收集处理,严禁直接排至下水系统,宜采用回收曝气检测合格后外排或循环使用	
11	氯乙烯气柜的进出口管道应设远程紧急切断阀	
12	氯乙烯单体储罐应设置注水设施	
13	氯乙烯应与氧化剂分应开存放	《首批重点监管的危险化学品安全措施和应急处置原则》(安监总厅管三〔2011〕142 号)

（续）

序号	排查内容	排查依据
14	氯乙烯贮存时应注意容器的密闭和氮封,并添加少量阻聚剂	《首批重点监管的危险化学品安全措施和应急处置原则》（安监总厅管三〔2011〕142号）
（七）硝化工艺		
1	硝化控制室应设置在远离硝化车间的安全地带,在采用远程DCS控制基础上、采用远程视频监管、在线检测、设备故障自诊断等技术措施,减少现场常驻操作人员数量和工作时间	
2	硝化工艺应实现自动化控制系统,并设置安全联锁;结合各种异常工况,计算工艺控制要求最大允许流量和时段累积量,设置固定的不可超调的限流措施	
3	半间歇、连续化硝化工艺等要严控加料配比的可靠性;设置滴加物料管道视镜（设置远程视频监控）	
4	应严格控制硝化反应温度上下限,禁止温度超限特别是超下限状态,避免物料累积、反应滞后引发的过程失控;硝化釜中设置双温度计,确保温度测量的可靠性	
5	硝化釜内有易燃易爆介质时,应采用氮气等保护措施	
6	在发生事故会有相互影响的硝化釜与硝化釜、硝化物贮槽等设施之间,应增设应急自动隔断阀（隔离措施）,防止事故扩大化	
7	硝化工艺设置的紧急排放收集系统,应有控制紧急排放物料安全收集存放的措施,以防发生次生事故;根据工艺控制难易和物料危险性等特点,合理设置硝化系统的泄爆方式,减少对周围的建筑和人员的伤害	
8	硝化车间应设置有效的防火防爆隔离措施,减少车间内不同工艺间的相互影响	

注：黑体字部分为构成重大隐患的条款。

危险化学品目录(2015版)

说　　明

一、危险化学品的定义和确定原则

定义:具有毒害、腐蚀、爆炸、燃烧、助燃等性质,对人体、设施、环境具有危害的剧毒化学品和其他化学品。

确定原则:危险化学品的品种依据化学品分类和标签国家标准,从下列危险和危害特性类别中确定:

1.物理危险

爆炸物:不稳定爆炸物、1.1、1.2、1.3、1.4。

易燃气体:类别1、类别2、化学不稳定性气体类别A、化学不稳定性气体类别B。

气溶胶(又称气雾剂):类别1。

氧化性气体:类别1。

加压气体:压缩气体、液化气体、冷冻液化气体、溶解气体。

易燃液体:类别1、类别2、类别3。

易燃固体:类别1、类别2。

自反应物质和混合物:A型、B型、C型、D型、E型。

自燃液体:类别1。

自燃固体:类别1。

自热物质和混合物:类别1、类别2。

遇水放出易燃气体的物质和混合物:类别1、类别2、类别3。

氧化性液体:类别1、类别2、类别3。

氧化性固体:类别1、类别2、类别3。

有机过氧化物:A型、B型、C型、D型、E型、F型。

金属腐蚀物:类别1。

2.健康危害

急性毒性:类别1、类别2、类别3。

皮肤腐蚀/刺激:类别1A、类别1B、类别1C、类别2。

严重眼损伤/眼刺激:类别1、类别2A、类别2B。

呼吸道或皮肤致敏:呼吸道致敏物1A、呼吸道致敏物1B、皮肤致敏物1A、皮肤致敏物1B。

生殖细胞致突变性:类别1A、类别1B、类别2。

致癌性:类别1A、类别1B、类别2。

生殖毒性:类别1A、类别1B、类别2、附加类别。

特异性靶器官毒性--一次接触:类别1、类别2、类别3。

特异性靶器官毒性-反复接触:类别1、类别2。

吸入危害:类别1。

3. 环境危害

危害水生环境-急性危害:类别1、类别2;危害水生环境-长期危害:类别1、类别2、类别3。

危害臭氧层:类别1。

二、剧毒化学品的定义和判定界限

定义:具有剧烈急性毒性危害的化学品,包括人工合成的化学品及其混合物和天然毒素,还包括具有急性毒性易造成公共安全危害的化学品。

剧烈急性毒性判定界限:急性毒性类别1,即满足下列条件之一:大鼠实验,经口 $LD_{50} \leqslant 5$ mg/kg,经皮 $LD_{50} \leqslant 50$ mg/kg,吸入(4h) $LC_{50} \leqslant 100$ ml/m³(气体)或 0.5 mg/L(蒸气)或 0.05 mg/L(尘、雾)。经皮 LD_{50} 的实验数据,也可使用兔实验数据。

三、《危险化学品目录》各栏目的含义

(一)"序号"是指《危险化学品目录》中化学品的顺序号。

(二)"品名"是指根据《化学命名原则》(1980)确定的名称。

(三)"别名"是指除"品名"以外的其他名称,包括通用名、俗名等。

(四)"CAS号"是指美国化学文摘社对化学品的唯一登记号。

(五)"备注"是对剧毒化学品的特别注明。

四、其他事项

(一)《危险化学品目录》按"品名"汉字的汉语拼音排序。

(二)《危险化学品目录》中除列明的条目外,无机盐类同时包括无水和含有结晶水的化合物。

(三)序号2828是类属条目,《危险化学品目录》中除列明的条目外,符合相应条件的,属于危险化学品。

(四)《危险化学品目录》中除混合物之外无含量说明的条目,是指该条目的工业产品或者纯度高于工业产品的化学品,用作农药用途时,是指其原药。

(五)《危险化学品目录》中的农药条目结合其物理危险性、健康危害、环境危害及农药管理情况综合确定。

序号	品名	别名	CAS号	备注
1	阿片	鸦片	8008-60-4	
2	氨	液氨;氨气	7664-41-7	
3	5-氨基-1,3,3-三甲基环己甲胺	异佛尔酮二胺;3,3,5-三甲基-4,6-二氨基-2-烯环己酮;1-氨基-3-氨基甲基-3,5,5-三甲基环己烷	2855-13-2	

（续）

序号	品名	别名	CAS 号	备注
4	5-氨基-3-苯基-1-[双（N,N-二甲基氨基氧膦基）]-1,2,4-三唑[含量＞20％]	威菌磷	1031-47-6	剧毒
5	4-[3-氨基-5-(1-甲基胍基)戊酰氨基]-1-[4-氨基-2-氧代-1(2H)-嘧啶基]-1,2,3,4-四脱氧-β,D 赤己-2-烯吡喃糖醛酸	灰瘟素	2079-00-7	
6	4-氨基-N,N-二甲基苯胺	N,N-二甲基对苯二胺；对氨基-N,N-二甲基苯胺	99-98-9	
7	2-氨基苯酚	邻氨基苯酚	95-55-6	
8	3-氨基苯酚	间氨基苯酚	591-27-5	
9	4-氨基苯酚	对氨基苯酚	123-30-8	
10	3-氨基苯甲腈	间氨基苯甲腈；氰化氨基苯	2237-30-1	
11	2-氨基苯胂酸	邻氨基苯胂酸	2045-00-3	
12	3-氨基苯胂酸	间氨基苯胂酸	2038-72-4	
13	4-氨基苯胂酸	对氨基苯胂酸	98-50-0	
14	4-氨基苯胂酸钠	对氨基苯胂酸钠	127-85-5	
15	2-氨基吡啶	邻氨基吡啶	504-29-0	
16	3-氨基吡啶	间氨基吡啶	462-08-8	
17	4-氨基吡啶	对氨基吡啶；4-氨基氮杂苯；对氨基氮苯；γ-吡啶胺	504-24-5	
18	1-氨基丙烷	正丙胺	107-10-8	
19	2-氨基丙烷	异丙胺	75-31-0	
20	3-氨基丙烯	烯丙胺	107-11-9	剧毒
21	4-氨基二苯胺	对氨基二苯胺	101-54-2	
22	氨基胍重碳酸盐		2582-30-1	
23	氨基化钙	氨基钙	23321-74-6	
24	氨基化锂	氨基锂	7782-89-0	
25	氨基磺酸		5329-14-6	
26	5-(氨基甲基)-3-异噁唑醇	3-羟基-5-氨基甲基异噁唑；蝇蕈醇	2763-96-4	

(续)

序号	品名	别名	CAS号	备注
27	氨基甲酸胺		1111-78-0	
28	(2-氨基甲酰氧乙基)三甲基氯化铵	氯化氨甲酰胆碱;卡巴考	51-83-2	
29	3-氨基喹啉		580-17-6	
30	2-氨基联苯	邻氨基联苯;邻苯基苯胺	90-41-5	
31	4-氨基联苯	对氨基联苯;对苯基苯胺	92-67-1	
32	1-氨基乙醇	乙醛合氨	75-39-8	
33	2-氨基乙醇	乙醇胺;2-羟基乙胺	141-43-5	
34	2-(2-氨基乙氧基)乙醇		929-06-6	
35	氨溶液[含氨>10%]	氨水	1336-21-6	
36	N-氨基乙基哌嗪	1-哌嗪乙胺;N-(2-氨基乙基)哌嗪;2-(1-哌嗪基)乙胺	140-31-8	
37	八氟-2-丁烯	全氟-2-丁烯	360-89-4	
38	八氟丙烷	全氟丙烷	76-19-7	
39	八氟环丁烷	RC318	115-25-3	
40	八氟异丁烯	全氟异丁烯;1,1,3,3,3-五氟-2-(三氟甲基)-1-丙烯	382-21-8	剧毒
41	八甲基焦磷酰胺	八甲磷	152-16-9	剧毒
42	1,3,4,5,6,7,8,8-八氯-1,3,3a,4,7,7a-六氢-4,7-甲撑异苯并呋喃[含量≥1%]	八氯六氢亚甲基苯并呋喃;碳氯灵	297-78-9	剧毒
43	1,2,4,5,6,7,8,8-八氯-2,3,3a,4,7,7a-六氢-4,7-亚甲基茚	氯丹	57-74-9	
44	八氯莰烯	毒杀芬	8001-35-2	
45	八溴联苯		27858-07-7	
46	白磷	黄磷	12185-10-3	
47	钡	金属钡	7440-39-3	
48	钡合金			
49	苯	纯苯	71-43-2	

(续)

序号	品名	别名	CAS号	备注
50	苯-1,3-二磺酰肼[糊状,浓度52%]		4547-70-0	
51	苯胺	氨基苯	62-53-3	
52	苯并呋喃	氧茚;香豆酮;古马隆	271-89-6	
53	1,2-苯二胺	邻苯二胺;1,2-二氨基苯	95-54-5	
54	1,3-苯二胺	间苯二胺;1,3-二氨基苯	108-45-2	
55	1,4-苯二胺	对苯二胺;1,4-二氨基苯;乌尔丝D	106-50-3	
56	1,2-苯二酚	邻苯二酚	120-80-9	
57	1,3-苯二酚	间苯二酚;雷琐酚	108-46-3	
58	1,4-苯二酚	对苯二酚;氢醌	123-31-9	
59	1,3-苯二磺酸溶液		98-48-6	
60	苯酚	酚;石炭酸	108-95-2	
60	苯酚溶液			
61	苯酚二磺酸硫酸溶液			
62	苯酚磺酸		1333-39-7	
63	苯酚钠	苯氧基钠	139-02-6	
64	苯磺酰肼	发泡剂BSH	80-17-1	
65	苯磺酰氯	氯化苯磺酰	98-09-9	
66	4-苯基-1-丁烯		768-56-9	
67	N-苯基-2-萘胺	防老剂D	135-88-6	
68	2-苯基丙烯	异丙烯基苯;α-甲基苯乙烯	98-83-9	
69	2-苯基苯酚	邻苯基苯酚	90-43-7	
70	苯基二氯硅烷	二氯苯基硅烷	1631-84-1	
71	苯基硫醇	苯硫酚;巯基苯;硫代苯酚	108-98-5	剧毒
72	苯基氢氧化汞	氢氧化苯汞	100-57-2	
73	苯基三氯硅烷	苯代三氯硅烷	98-13-5	
74	苯基溴化镁[浸在乙醚中的]		100-58-3	
75	苯基氧氯化膦	苯磷酰二氯	824-72-6	

(续)

序号	品名	别名	CAS 号	备注
76	N-苯基乙酰胺	乙酰苯胺;退热冰	103-84-4	
77	N-苯甲基-N-(3,4-二氯基本)-DL-丙氨酸乙酯	新燕灵	22212-55-1	
78	苯甲腈	氰化苯;苯基氰;氰基苯;苄腈	100-47-0	
79	苯甲醚	茴香醚;甲氧基苯	100-66-3	
80	苯甲酸汞	安息香酸汞	583-15-3	
81	苯甲酸甲酯	尼哦油	93-58-3	
82	苯甲酰氯	氯化苯甲酰	98-88-4	
83	苯甲氧基磺酰氯			
84	苯肼	苯基联胺	100-63-0	
85	苯肼化二氯	苯肼化氯;二氯化苯肼	622-44-6	
86	苯醌		106-51-4	
87	苯硫代二氯化膦	苯硫代磷酰二氯;硫代二氯化膦苯	3497-00-5	
88	苯胂化二氯	二氯化苯胂;二氯苯胂	696-28-6	剧毒
89	苯胂酸		98-05-5	
90	苯四甲酸酐	均苯四甲酸酐	89-32-7	
91	苯乙醇腈	苯甲氰醇;扁桃腈	532-28-5	
92	N-(苯乙基-4-哌啶基)丙酰胺柠檬酸盐	枸橼酸芬太尼	990-73-8	
93	2-苯乙基异氰酸酯		1943-82-4	
94	苯乙腈	氰化苄;苄基氰	140-29-4	
95	苯乙炔	乙炔苯	536-74-3	
96	苯乙烯[稳定的]	乙烯苯	100-42-5	
97	苯乙酰氯		103-80-0	
98	吡啶	氮杂苯	110-86-1	
99	1-(3-吡啶甲基)-3-(4-硝基苯基)脲	1-(4-硝基苯基)-3-(3-吡啶基甲基)脲;灭鼠优	53558-25-1	剧毒
100	吡咯	一氮二烯五环;氮杂茂	109-97-7	
101	2-吡咯酮		616-45-5	

(续)

序号	品名	别名	CAS 号	备注
102	4-[苄基(乙基)氨基]-3-乙氧基苯重氮氯化锌盐			
103	N-苄基-N-乙基苯胺	N-乙基-N-苄基苯胺;苄乙基苯胺	92-59-1	
104	2-苄基吡啶	2-苯甲基吡啶	101-82-6	
105	4-苄基吡啶	4-苯甲基吡啶	2116-65-6	
106	苄硫醇	α-甲苯硫醇	100-53-8	
107	变性乙醇	变性酒精		
108	(1R,2R,4R)-冰片-2-硫氰基醋酸酯	敌稻瘟	115-31-1	
109	丙胺氟磷	N,N′-氟磷酰二异丙胺;双(二异丙氨基)磷酰氟	371-86-8	
110	1-丙醇	正丙醇	71-23-8	
111	2-丙醇	异丙醇	67-63-0	
112	1,2-丙二胺	1,2-二氨基丙烷;丙邻二胺	78-90-0	
113	1,3-丙二胺	1,3-二氨基丙烷	109-76-2	
114	丙二醇乙醚	1-乙氧基-2-丙醇	1569-02-4	
115	丙二腈	二氰甲烷;氰化亚甲基;缩苹果腈	109-77-3	
116	丙二酸铊	丙二酸亚铊	2757-18-8	
117	丙二烯[稳定的]		463-49-0	
118	丙二酰氯	缩苹果酰氯	1663-67-8	
119	丙基三氯硅烷		141-57-1	
120	丙基肿酸	丙胂酸	107-34-6	
121	丙腈	乙基氰	107-12-0	剧毒
122	丙醛		123-38-6	
123	2-丙炔-1-醇	丙炔醇;炔丙醇	107-19-7	剧毒
124	丙炔和丙二烯混合物[稳定的]	甲基乙炔和丙二烯混合物	59355-75-8	
125	丙炔酸		471-25-0	
126	丙酸		79-09-4	
127	丙酸酐	丙酐	123-62-6	

(续)

序号	品名	别名	CAS号	备注
128	丙酸甲酯		554-12-1	
129	丙酸烯丙酯		2408-20-0	
130	丙酸乙酯		105-37-3	
131	丙酸异丙酯	丙酸-1-甲基乙基酯	637-78-5	
132	丙酸异丁酯	丙酸-2-甲基丙酯	540-42-1	
133	丙酸异戊酯		105-68-0	
134	丙酸正丁酯		590-01-2	
135	丙酸正戊酯		624-54-4	
136	丙酸仲丁酯		591-34-4	
137	丙酮	二甲基酮	67-64-1	
138	丙酮氰醇	丙酮合氰化氢;2-羟基异丁腈;氰丙醇	75-86-5	剧毒
139	丙烷		74-98-6	
140	丙烯		115-07-1	
141	2-丙烯-1-醇	烯丙醇;蒜醇;乙烯甲醇	107-18-6	剧毒
142	2-丙烯-1-硫醇	烯丙基硫醇	870-23-5	
143	2-丙烯腈[稳定的]	丙烯腈;乙烯基氰;氰基乙烯	107-13-1	
144	丙烯醛[稳定的]	烯丙醛;败脂醛	107-02-8	
145	丙烯酸[稳定的]		79-10-7	
146	丙烯酸-2-硝基丁酯		5390-54-5	
147	丙烯酸甲酯[稳定的]		96-33-3	
148	丙烯酸羟丙酯		2918-23-2	
149	2-丙烯酸-1,1-二甲基乙基酯	丙烯酸叔丁酯	1663-39-4	
150	丙烯酸乙酯[稳定的]		140-88-5	
151	丙烯酸异丁酯[稳定的]		106-63-8	
152	2-丙烯酸异辛酯		29590-42-9	
153	丙烯酸正丁酯[稳定的]		141-32-2	
154	丙烯酰胺		79-06-1	
155	丙烯亚胺	2-甲基氮丙啶;2-甲基乙撑亚胺;丙撑亚胺	75-55-8	剧毒

（续）

序号	品名	别名	CAS 号	备注
156	丙酰氯	氯化丙酰	79-03-8	
157	草酸-4-氨基-N,N-二甲基苯胺	N,N-二甲基对苯二胺草酸;对氨基-N,N-二甲基苯胺草酸	24631-29-6	
158	草酸汞		3444-13-1	
159	超氧化钾		12030-88-5	
160	超氧化钠		12034-12-7	
161	次磷酸		6303-21-5	
162	次氯酸钡[含有效氯＞22％]		13477-10-6	
163	次氯酸钙		7778-54-3	
164	次氯酸钾溶液[含有效氯＞5％]		7778-66-7	
165	次氯酸锂		13840-33-0	
166	次氯酸钠溶液[含有效氯＞5％]		7681-52-9	
167	粗苯	动力苯;混合苯		
168	粗蒽			
169	醋酸三丁基锡		56-36-0	
170	代森锰		12427-38-2	
171	单过氧马来酸叔丁酯[含量＞52％]		1931-62-0	
	单过氧马来酸叔丁酯[含量≤52％,惰性固体含量≥48％]			
	单过氧马来酸叔丁酯[含量≤52％,含 A 型稀释剂≥48％]			
	单过氧马来酸叔丁酯[含量≤52％,糊状物]			
172	氮[压缩的或液化的]		7727-37-9	
173	氮化锂		26134-62-3	
174	氮化镁		12057-71-5	
175	10-氮杂蒽	吖啶	260-94-6	

(续)

序号	品名	别名	CAS号	备注
176	氘	重氢	7782-39-0	
177	地高辛	地戈辛;毛地黄叶毒苷	20830-75-5	
178	碲化镉		1306-25-8	
179	3-碘-1-丙烯	3-碘丙烯;烯丙基碘;碘代烯丙基	556-56-9	
180	1-碘-2-甲基丙烷	异丁基碘;碘代异丁烷	513-38-2	
181	2-碘-2-甲基丙烷	叔丁基碘;碘代叔丁烷	558-17-8	
182	1-碘-3-甲基丁烷	异戊基碘;碘代异戊烷	541-28-6	
183	4-碘苯酚	4-碘酚;对碘苯酚	540-38-5	
184	1-碘丙烷	正丙基碘;碘代正丙烷	107-08-4	
185	2-碘丙烷	异丙基碘;碘代异丙烷	75-30-9	
186	1-碘丁烷	正丁基碘;碘代正丁烷	542-69-8	
187	2-碘丁烷	仲丁基碘;碘代仲丁烷	513-48-4	
188	碘化钾汞	碘化汞钾	7783-33-7	
189	碘化氢[无水]		10034-85-2	
190	碘化亚汞	一碘化汞	15385-57-6	
191	碘化亚铊	一碘化铊	7790-30-9	
192	碘化乙酰	碘乙酰;乙酰碘	507-02-8	
193	碘甲烷	甲基碘	74-88-4	
194	碘酸		7782-68-5	
195	碘酸铵		13446-09-8	
196	碘酸钡		10567-69-8	
197	碘酸钙	碘钙石	7789-80-2	
198	碘酸镉		7790-81-0	
199	碘酸钾		7758-05-6	
200	碘酸钾合一碘酸	碘酸氢钾;重碘酸钾	13455-24-8	
201	碘酸钾合二碘酸			
202	碘酸锂		13765-03-2	
203	碘酸锰		25659-29-4	

(续)

序号	品名	别名	CAS号	备注
204	碘酸钠		7681-55-2	
205	碘酸铅		25659-31-8	
206	碘酸锶		13470-01-4	
207	碘酸铁		29515-61-5	
208	碘酸锌		7790-37-6	
209	碘酸银		7783-97-3	
210	1-碘戊烷	正戊基碘;碘代正戊烷	628-17-1	
211	碘乙酸	碘醋酸	64-69-7	
212	碘乙酸乙酯		623-48-3	
213	碘乙烷	乙基碘	75-03-6	
214	电池液[酸性的]			
215	电池液[碱性的]			
216	叠氮化钡	叠氮钡	18810-58-7	
217	叠氮化钠	三氮化钠	26628-22-8	剧毒
218	叠氮化铅[含水或水加乙醇≥20%]		13424-46-9	
219	2-丁醇	仲丁醇	78-92-2	
220	丁醇钠	丁氧基钠	2372-45-4	
221	1,4-丁二胺	1,4-二氨基丁烷;四亚甲基二胺;腐肉碱	110-60-1	
222	丁二腈	1,2-二氰基乙烷;琥珀腈	110-61-2	
223	1,3-丁二烯[稳定的]	联乙烯	106-99-0	
224	丁二酰氯	氯化丁二酰;琥珀酰氯	543-20-4	
225	丁基甲苯			
226	丁基磷酸	酸式磷酸丁酯	12788-93-1	
227	2-丁基硫醇	仲丁硫醇	513-53-1	
228	丁基三氯硅烷		7521-80-4	
229	丁醛肟		110-69-0	

（续）

序号	品名	别名	CAS号	备注
230	1-丁炔[稳定的]	乙基乙炔	107-00-6	
231	2-丁炔	巴豆炔；二甲基乙炔	503-17-3	
232	1-丁炔-3-醇		2028-63-9	
233	丁酸丙烯酯	丁酸烯丙酯；丁酸-2-丙烯酯	2051-78-7	
234	丁酸酐		106-31-0	
235	丁酸正戊酯	丁酸戊酯	540-18-1	
236	2-丁酮	丁酮；乙基甲基酮；甲乙酮	78-93-3	
237	2-丁酮肟		96-29-7	
238	1-丁烯		106-98-9	
239	2-丁烯		107-01-7	
240	2-丁烯-1-醇	巴豆醇；丁烯醇	6117-91-5	
241	3-丁烯-2-酮	甲基乙烯基酮；丁烯酮	78-94-4	剧毒
242	丁烯二酰氯[反式]	富马酰氯	627-63-4	
243	3-丁烯腈	烯丙基氰	109-75-1	
244	2-丁烯腈[反式]	巴豆腈；丙烯基氰	4786-20-3	
245	2-丁烯醛	巴豆醛；β-甲基丙烯醛	4170-30-3	
246	2-丁烯酸	巴豆酸	3724-65-0	
247	丁烯酸甲酯	巴豆酸甲酯	623-43-8	
248	丁烯酸乙酯	巴豆酸乙酯	623-70-1	
249	2-丁氧基乙醇	乙二醇丁醚；丁基溶纤剂	111-76-2	
250	毒毛旋花苷G	羊角拗质	630-60-4	
251	毒毛旋花苷K		11005-63-3	
252	杜廷	羟基马桑毒内酯；马桑苷	2571-22-4	
253	短链氯化石蜡（C_{10-13}）	C_{10-13}氯代烃	85535-84-8	
254	对氨基苯磺酸	4-氨基苯磺酸	121-57-3	
255	对苯二甲酰氯		100-20-9	
256	对甲苯磺酰氯		98-59-9	
257	对硫氰酸苯胺	对硫氰基苯胺；硫氰酸对氨基苯酯	15191-25-0	

(续)

序号	品名	别名	CAS 号	备注
258	1-(对氯苯基)-2,8,9-三氧-5-氮-1-硅双环(3,3,3)十二烷	毒鼠硅;氯硅宁;硅灭鼠	29025-67-0	剧毒
259	对氯苯硫醇	4-氯硫酚;对氯硫酚	106-54-7	
260	对䓍基化过氧氢[72%＜含量≤100%]	对䓍基过氧化氢	39811-34-2	
	对䓍基化过氧氢[含量≤72%,含A型稀释剂≥28%]			
261	对壬基酚		104-40-5	
262	对硝基苯酚钾	对硝基酚钾	1124-31-8	
263	对硝基苯酚钠	对硝基酚钠	824-78-2	
264	对硝基苯磺酸		138-42-1	
265	对硝基苯甲酰肼		636-97-5	
266	对硝基乙苯		100-12-9	
267	对异丙基苯酚	对异丙基酚	99-89-8	
268	多钒酸铵	聚钒酸铵	12207-63-5	
269	多聚甲醛	聚蚁醛;聚合甲醛	30525-89-4	
270	多聚磷酸	四磷酸	8017-16-1	
271	多硫化铵溶液		9080-17-5	
272	多氯二苯并对二噁英	PCDDs		
273	多氯二苯并呋喃	PCDFs		
274	多氯联苯	PCBs		
275	多氯三联苯		61788-33-8	
276	多溴二苯醚混合物			
277	苊	萘乙环	83-32-9	
278	蒽醌-1-脒酸	蒽醌-α-脒酸		
279	蒽油乳膏			
	蒽油乳剂			
280	二-(1-羟基环己基)过氧化物[含量≤100%]		2407-94-5	

（续）

序号	品名	别名	CAS 号	备注
281	二-(2-苯氧乙基)过氧重碳酸酯[85%＜含量≤100%]		41935-39-1	
	二-(2-苯氧乙基)过氧重碳酸酯[含量≤85%,含水≥15%]			
282	二(2-环氧丙基)醚	二缩水甘油醚;双环氧稀释剂;2,2′-[氧双(亚甲基)]双环氧乙烷;二环氧甘油醚	2238-07-5	
283	二-(2-甲基苯甲酰)过氧化物[含量≤87%]	过氧化二-(2-甲基苯甲酰)	3034-79-5	
284	二-(2-羟基-3,5,6-三氯苯基)甲烷	2,2′-亚甲基-双（3,4,6-三氯苯酚）;毒菌酚	70-30-4	
285	二-(2-新癸酰过氧异丙基)苯[含量≤52%,含 A 型稀释剂≥48%]			
286	二-(2-乙基己基)磷酸酯	2-乙基己基-2′-乙基己基磷酸酯	298-07-7	
287	二-(3,5,5-三甲基己酰)过氧化物[52%＜含量≤82%,含 A 型稀释剂≥18%]		3851-87-4	
	二-(3,5,5-三甲基己酰)过氧化物[含量≤38%,含 A 型稀释剂≥62%]			
	二-(3,5,5-三甲基己酰)过氧化物[38%＜含量≤52%,含 A 型稀释剂≥48%]			
	二-(3,5,5-三甲基己酰)过氧化物[含量≤52%,在水中稳定弥散]			
288	2,2-二-(4,4-二(叔丁基过氧环己基)丙烷[含量≤22%,含 B 型稀释剂≥78%]		1705-60-8	
	2,2-二-(4,4-二(叔丁基过氧环己基)丙烷[含量≤42%,含惰性固体≥58%]			

(续)

序号	品名	别名	CAS号	备注
289	二-(4-甲基苯甲酰)过氧化物[硅油糊状物,含量≤52%]		895-85-2	
290	二-(4-叔丁基环己基)过氧重碳酸酯[含量≤100%]	过氧化二碳酸-二-(4-叔丁基环己基)酯	15520-11-3	
	二-(4-叔丁基环己基)过氧重碳酸酯[含量≤42%,在水中稳定弥散]			
291	二(苯磺酰肼)醚	4,4′-氧代双苯磺酰肼	80-51-3	
292	1,6-二-(过氧化叔丁基-羰基氧)己烷[含量≤72%,含A型稀释剂≥28%]		36536-42-2	
293	二(氯甲基)醚	二氯二甲醚;对称二氯二甲醚;氧代二氯甲烷	542-88-1	
294	二(三氯甲基)碳酸酯	三光气	32315-10-9	
295	1,1-二-(叔丁基过氧)-3,3,5-三甲基环己烷[90%＜含量≤100%]		6731-36-8	
	1,1-二-(叔丁基过氧)-3,3,5-三甲基环己烷[57%＜含量≤90%,含A型稀释剂≥10%]			
	1,1-二-(叔丁基过氧)-3,3,5-三甲基环己烷[含量≤32%,含A型稀释剂≥26%,含B型稀释剂≥42%]			
	1,1-二-(叔丁基过氧)-3,3,5-三甲基环己烷[含量≤57%,含A型稀释剂≥43%]			
	1,1-二-(叔丁基过氧)-3,3,5-三甲基环己烷[含量≤57%,含惰性固体≥43%]			
	1,1-二-(叔丁基过氧)-3,3,5-三甲基环己烷[含量≤77%,含B型稀释剂≥23%]			

(续)

序号	品名	别名	CAS 号	备注
295	1,1-二-(叔丁基过氧)-3,3,5-三甲基环己烷[含量≤90%,含A型稀释剂≥10%]		6731-36-8	
296	2,2-二-(叔丁基过氧)丙烷[含量≤42%,含A型稀释剂≥13%,惰性固体含量≥45%]		4262-61-7	
	2,2-二-(叔丁基过氧)丙烷[含量≤52%,含A型稀释剂≥48%]			
297	3,3-二-(叔丁基过氧)丁酸乙酯[77%<含量≤100%]	3,3-双-(过氧化叔丁基)丁酸乙酯	55794-20-2	
	3,3-二-(叔丁基过氧)丁酸乙酯[含量≤52%]			
	3,3-二-(叔丁基过氧)丁酸乙酯[含量≤77%,含A型稀释剂≥23%]			
298	2,2-二-(叔丁基过氧)丁烷[含量≤52%,含A型稀释剂≥48%]		2167-23-9	
299	1,1-二-(叔丁基过氧)环己烷[80%<含量≤100%]	1,1-双-(过氧化叔丁基)环己烷	3006-86-8	
	1,1-二-(叔丁基过氧)环己烷[52%<含量≤80%,含A型稀释剂≥20%]			
	1,1-二-(叔丁基过氧)环己烷[42%<含量≤52%,含A型稀释剂≥48%]			
	1,1-二-(叔丁基过氧)环己烷[含量≤13%,含A型稀释剂≥13%,含B型稀释剂≥74%]			
	1,1-二-(叔丁基过氧)环己烷[含量≤27%,含A型稀释剂≥25%]			

(续)

序号	品名	别名	CAS 号	备注
299	1,1-二-(叔丁基过氧)环己烷[含量≤42%,含A型稀释剂≥13%,惰性固体含量≥45%] 1,1-二-(叔丁基过氧)环己烷[含量≤42%,含A型稀释剂≥58%] 1,1-二-(叔丁基过氧)环己烷[含量≤72%,含B型稀释剂≥28%]	1,1-双-(过氧化叔丁基)环己烷	3006-86-8	
300	1,1-二-(叔丁基过氧)环己烷和过氧化(2-乙基己酸)叔丁酯的混合物[1,1-二-(叔丁基过氧)环己烷含量≤43%,过氧化(2-乙基己酸)叔丁酯含量≤16%,含A型稀释剂≥41%]			
301	二-(叔丁基过氧)邻苯二甲酸酯[糊状,含量≤52%] 二-(叔丁基过氧)邻苯二甲酸酯[42%<含量≤52%,含A型稀释剂≥48%] 二-(叔丁基过氧)邻苯二甲酸酯[含量≤42%,含A型稀释剂≥58%]			
302	3,3-二-(叔戊基过氧)丁酸乙酯[含量≤67%,含A型稀释剂≥33%]		67567-23-1	
303	2,2-二-(叔戊基过氧)丁烷[含量≤57%,含A型稀释剂≥43%]		13653-62-8	
304	4,4'-二氨基-3,3'-二氯二苯基甲烷		101-14-4	
305	3,3'-二氨基二丙胺	二丙三胺;3,3'-亚氨基二丙胺;三丙撑三胺	56-18-8	

(续)

序号	品名	别名	CAS 号	备注
306	2,4-二氨基甲苯	甲苯-2,4-二胺;2,4-甲苯二胺	95-80-7	
307	2,5-二氨基甲苯	甲苯-2,5-二胺;2,5-甲苯二胺	95-70-5	
308	2,6-二氨基甲苯	甲苯-2,6-二胺;2,6-甲苯二胺	823-40-5	
309	4,4'-二氨基联苯	联苯胺;二氨基联苯	92-87-5	
310	二氨基镁		7803-54-5	
311	二苯胺		122-39-4	
312	二苯胺硫酸溶液			
313	二苯基胺氯胂	吩吡嗪化氯;亚当氏气	578-94-9	
314	二苯基二氯硅烷	二苯二氯硅烷	80-10-4	
315	二苯基二硒		1666-13-3	
316	二苯基汞	二苯汞	587-85-9	
317	二苯基甲烷二异氰酸酯	MDI	26447-40-5	
318	二苯基甲烷-4,4'-二异氰酸酯	亚甲基双(4,1-亚苯基)二异氰酸酯;4,4'-二异氰酸二苯甲烷	101-68-8	
319	二苯基氯胂	氯化二苯胂	712-48-1	
320	二苯基镁		555-54-4	
321	2-(二苯基乙酰基)-2,3-二氢-1,3-茚二酮	2-(2,2-二苯基乙酰基)-1,3-茚满二酮;敌鼠	82-66-6	剧毒
322	二苯甲基溴	溴二苯甲烷;二苯溴甲烷	776-74-9	
323	1,1-二苯肼	不对称二苯肼	530-50-7	
324	1,2-二苯肼	对称二苯肼	122-66-7	
325	二苄基二氯硅烷		18414-36-3	
326	二丙硫醚	正丙硫醚;二丙基硫;硫化二正丙基	111-47-7	
327	二碘化苯胂	苯基二碘胂	6380-34-3	
328	二碘化汞	碘化汞;碘化高汞;红色碘化汞	7774-29-0	
329	二碘甲烷		75-11-6	
330	N,N-二丁基苯胺		613-29-6	
331	二丁基二(十二酸)锡	二丁基二月桂酸锡;月桂酸二丁基锡	77-58-7	

(续)

序号	品名	别名	CAS 号	备注
332	二丁基二氯化锡		683-18-1	
333	二丁基氧化锡	氧化二丁基锡	818-08-6	
334	S,S'-(1,4-二噁烷 2,3-二基)O,O,O',O'-四乙基双(二硫代磷酸酯)	敌噁磷	78-34-2	
335	1,3-二氟-2-丙醇		453-13-4	
336	1,2-二氟苯	邻二氟苯	367-11-3	
337	1,3-二氟苯	间二氟苯	372-18-9	
338	1,4-二氟苯	对二氟苯	540-36-3	
339	1,3-二氟丙-2-醇（Ⅰ）与 1-氯-3-氟丙-2-醇（Ⅱ）的混合物	鼠甘伏；甘氟	8065-71-2	剧毒
340	二氟化氧	一氧化二氟	7783-41-7	剧毒
341	二氟甲烷	R32	75-10-5	
342	二氟磷酸[无水]	二氟代磷酸	13779-41-4	
343	1,1-二氟乙烷	R152a	75-37-6	
344	1,1-二氟乙烯	R1132a；偏氟乙烯	75-38-7	
345	二甘醇双（碳酸烯丙酯）和过二碳酸二异丙酯的混合物[二甘醇双（碳酸烯丙酯）≥88%，过二碳酸二异丙酯≤12%]			
346	二环庚二烯	2,5-降冰片二烯	121-46-0	
347	二环己胺		101-83-7	
348	1,3-二磺酰肼苯		26747-93-3	
349	β-二甲氨基丙腈	2-(二甲胺基)乙基氰	1738-25-6	
350	O-[4-((二甲氨基)磺酰基)苯基]O,O-二甲基硫代磷酸酯	伐灭磷	52-85-7	
351	二甲氨基二氮硒杂茚			
352	二甲氨基甲酰氯		79-44-7	
353	4-二甲氨基偶氮苯-4'-胂酸	锆试剂	622-68-4	

(续)

序号	品名	别名	CAS号	备注
354	二甲胺[无水] 二甲胺溶液		124-40-3	
355	1,2-二甲苯	邻二甲苯	95-47-6	
356	1,3-二甲苯	间二甲苯	108-38-3	
357	1,4-二甲苯	对二甲苯	106-42-3	
358	二甲苯异构体混合物		1330-20-7	
359	2,3-二甲苯酚	1-羟基-2,3-二甲基苯;2,3-二甲酚	526-75-0	
360	2,4-二甲苯酚	1-羟基-2,4-二甲基苯;2,4-二甲酚	105-67-9	
361	2,5-二甲苯酚	1-羟基-2,5-二甲基苯;2,5-二甲酚	95-87-4	
362	2,6-二甲苯酚	1-羟基-2,6-二甲基苯;2,6-二甲酚	576-26-1	
363	3,4-二甲苯酚	1-羟基-3,4-二甲基苯	95-65-8	
364	3,5-二甲苯酚	1-羟基-3,5-二甲基苯	108-68-9	
365	O,O-二甲基-(2,2,2-三氯-1-羟基乙基)膦酸酯	敌百虫	52-68-6	
366	O,O-二甲基-O-(2,2-二氯乙烯基)磷酸酯	敌敌畏	62-73-7	
367	O-O-二甲基-O-(2-甲氧甲酰基-1-甲基)乙烯基磷酸酯[含量＞5%]	甲基-3-[(二甲氧基磷酰基)氧代]-2-丁烯酸酯;速灭磷	7786-34-7	剧毒
368	N,N-二甲基-1,3-丙二胺	3-二甲氨基-1-丙胺	109-55-7	
369	4,4-二甲基-1,3-二噁烷		766-15-4	
370	2,5-二甲基-1,4-二噁烷		15176-21-3	
371	2,5-二甲基-1,5-己二烯		627-58-7	
372	2,5-二甲基-2,4-己二烯		764-13-6	
373	2,3-二甲基-1-丁烯		563-78-0	
374	2,5-二甲基-2,5-二-(2-乙基己酰过氧)己烷[含量≤100%]	2,5-二甲基-2,5-双-(过氧化-2-乙基己酰)己烷	13052-09-0	
375	2,5-二甲基-2,5-二-(3,5,5-三甲基己酰过氧)己烷[含量≤77%,含A型稀释剂≥23%]	2,5-二甲基-2,5-双-(过氧化-3,5,5-三甲基己酰)己烷		

（续）

序号	品名	别名	CAS 号	备注
376	2,5-二甲基-2,5-二（叔丁基过氧)-3-己烷[52%＜含量≤86%,含 A 型稀释剂≥14%]		1068-27-5	
	2,5-二甲基-2,5-二（叔丁基过氧)-3-己烷[86%＜含量≤100%]			
	2,5-二甲基-2,5-二（叔丁基过氧)-3-己烷[含量≤52%,含惰性固体≥48%]			
377	2,5-二甲基-2,5-二（叔丁基过氧）己烷[90%＜含量≤100%]	2,5-二甲基-2,5-双-(过氧化叔丁基)己烷	78-63-7	
	2,5-二甲基-2,5-二（叔丁基过氧）己烷[52%＜含量≤90%,含 A 型稀释剂≥10%]			
	2,5-二甲基-2,5-二（叔丁基过氧）己烷[含量≤52%,含 A 型稀释剂≥48%]			
	2,5-二甲基-2,5-二（叔丁基过氧）己烷[含量≤77%]			
	2,5-二甲基-2,5-二（叔丁基过氧）己烷[糊状物,含量≤47%]			
378	2,5-二甲基-2,5-二氢过氧化己烷[含量≤82%]	2,5-二甲基-2,5-过氧化二氢己烷	3025-88-5	
379	2,5-二甲基-2,5-双（苯甲酰过氧）己烷[82%＜含量≤100%]	2,5-二甲基-2,5-双-(过氧化苯甲酰)己烷	2618-77-1	
	2,5-二甲基-2,5-双（苯甲酰过氧）己烷[含量≤82%,惰性固体含量≥18%]			
	2,5-二甲基-2,5-双（苯甲酰过氧）己烷[含量≤82%,含水≥18%]			

（续）

序号	品名	别名	CAS 号	备注
380	2,5-二甲基-2,5-双-(过氧化叔丁基)-3-己炔[86%＜含量≤100%] 2,5-二甲基-2,5-双-(过氧化叔丁基)-3-己炔[含量≤52%,含惰性固体≥48%] 2,5-二甲基-2,5-双-(过氧化叔丁基)-3-己炔[52%＜含量≤86% A 型稀释剂≥14%]		1068-27-5	
381	2,3-二甲基-2-丁烯	四甲基乙烯	563-79-1	
382	3-[2-(3,5-二甲基-2-氧代环己基)-2-羟基乙基]戊二酰胺	放线菌酮	66-81-9	
383	2,6-二甲基-3-庚烯		2738-18-3	
384	2,4-二甲基-3-戊酮	二异丙基甲酮	565-80-0	
385	二甲基-4-(甲基硫代)苯基磷酸酯	甲硫磷	3254-63-5	剧毒
386	1,1′-二甲基-4,4′-联吡啶阳离子	百草枯	4685-14-7	
387	3,3′-二甲基-4,4′-二氨基联苯	邻二氨基二甲基联苯;3,3′-二甲基联苯胺	119-93-7	
388	N′,N′-二甲基-N′-苯基-N′-(氟二氯甲硫基)磺酰胺	苯氟磺胺	1085-98-9	
389	O,O-二甲基-O-(1,2-二溴-2,2-二氯乙基)磷酸酯	二溴磷	300-76-5	
390	O,O-二甲基-O-(4-甲硫基-3-甲基苯基)硫代磷酸酯	倍硫磷	55-38-9	
391	O,O-二甲基-O-(4-硝基苯基)硫代磷酸酯	甲基对硫磷	298-00-0	
392	(E)-O,O-二甲基-O-[1-甲基-2-(1-苯基-乙氧基甲酰)乙烯基]磷酸酯	巴毒磷	7700-17-6	
393	(E)-O,O-二甲基-O-[1-甲基-2-(二甲基氨基甲酰)乙烯基]磷酸酯[含量＞25%]	3-二甲氧基磷氧基-N,N-二甲基异丁烯酰胺;百治磷	141-66-2	剧毒

(续)

序号	品名	别名	CAS 号	备注
394	O,O-二甲基-O-[1-甲基-2-(甲基氨基甲酰)乙烯基]磷酸酯[含量>0.5%]	久效磷	6923-22-4	剧毒
395	O,O-二甲基-O-[1-甲基-2-氯-2-(二乙基氨基甲酰)乙烯基]磷酸酯	2-氯-3-(二乙氨基)-1-甲基-3-氧代-1-丙烯二甲基磷酸酯;磷胺	13171-21-6	
396	O,O-二甲基-S-(2,3-二氢-5-甲氧基-2-氧代-1,3,4-噻二唑-3-基甲基)二硫代磷酸酯	杀扑磷	950-37-8	
397	O,O-二甲基-S-(2-甲硫基乙基)二硫代磷酸酯(Ⅱ)	二硫代田乐磷	2587-90-8	
398	O,O-二甲基-S-(2-乙硫基乙基)二硫代磷酸酯	甲基乙拌磷	640-15-3	
399	O,O-二甲基-S-(3,4-二氢-4-氧代苯并[d]-[1,2,3]-三氮苯-3-基甲基)二硫代磷酸酯	保棉磷	86-50-0	
400	O,O-二甲基-S-(N-甲基氨基甲酰甲基)硫代磷酸酯	氧乐果	1113-02-6	
401	O,O-二甲基-S-(吗啉代甲酰甲基)二硫代磷酸酯	茂硫磷	144-41-2	
402	O,O-二甲基-S-(酞酰亚胺基甲基)二硫代磷酸酯	亚胺硫磷	732-11-6	
403	O,O-二甲基-S-(乙基氨基甲酰甲基)二硫代磷酸酯	益棉磷	2642-71-9	
404	O-O-二甲基-S-[1,2-双(乙氧基甲酰)乙基]二硫代磷酸酯	马拉硫磷	121-75-5	
405	4-N,N-二甲基氨基-3,5-二甲基苯基 N-甲基氨基甲酸酯	4-二甲氨基-3,5-二甲苯基-N-甲基氨基甲酸酯;兹克威	315-18-4	
406	4-N,N-二甲基氨基-3-甲基苯基 N-甲基氨基甲酸酯	灭害威	2032-59-9	
407	4-二甲基氨基-6-(2-二甲基氨乙基氧基)甲苯-2-重氮氯化锌盐		135072-82-1	
408	8-(二甲基氨基甲基)-7-甲氧基氨基-3-甲基黄酮	二甲弗林	1165-48-6	

(续)

序号	品名	别名	CAS 号	备注
409	3-二甲基氨基亚甲基亚氨基苯基-N-甲基氨基甲酸酯（或其盐酸盐）	伐虫脒	22259-30-9；23422-53-9	
410	N,N-二甲基氨基乙腈	2-(二甲氨基)乙腈	926-64-7	剧毒
411	2,3-二甲基苯胺	1-氨基-2,3-二甲苯	87-59-2	
412	2,4-二甲基苯胺	1-氨基-2,4-二甲苯	95-68-1	
413	2,5-二甲基苯胺	1-氨基-2,5-二甲苯	95-78-3	
414	2,6-二甲基苯胺	1-氨基-2,6-二甲苯	87-62-7	
415	3,4-二甲基苯胺	1-氨基-3,4-二甲苯	95-64-7	
416	3,5-二甲基苯胺	1-氨基-3,5-二甲苯	108-69-0	
417	N,N-二甲基苯胺		121-69-7	
418	二甲基苯胺异构体混合物		1300-73-8	
419	3,5-二甲基苯甲酰氯		6613-44-1	
420	2,4-二甲基吡啶	2,4-二甲基氮杂苯	108-47-4	
421	2,5-二甲基吡啶	2,5-二甲基氮杂苯	589-93-5	
422	2,6-二甲基吡啶	2,6-二甲基氮杂苯	108-48-5	
423	3,4-二甲基吡啶	3,4-二甲基氮杂苯	583-58-4	
424	3,5-二甲基吡啶	3,5-二甲基氮杂苯	591-22-0	
425	N,N-二甲基苄胺	N-苄基二甲胺；苄基二甲胺	103-83-3	
426	N,N-二甲基丙胺		926-63-6	
427	N,N-二甲基丙醇胺	3-(二甲胺基)-1-丙醇	3179-63-3	
428	2,2-二甲基丙酸甲酯	三甲基乙酸甲酯	598-98-1	
429	2,2-二甲基丙烷	新戊烷	463-82-1	
430	1,3-二甲基丁胺	2-氨基-4-甲基戊烷	108-09-8	
431	1,3-二甲基丁醇乙酸酯	乙酸仲己酯；2-乙酸-4-甲基戊酯	108-84-9	
432	2,2-二甲基丁烷	新己烷	75-83-2	
433	2,3-二甲基丁烷	二异丙基	79-29-8	
434	O,O-二甲基-对硝基苯基磷酸酯	甲基对氧磷	950-35-6	剧毒

（续）

序号	品名	别名	CAS 号	备注
435	二甲基二噁烷		25136-55-4	
436	二甲基二氯硅烷	二氯二甲基硅烷	75-78-5	
437	二甲基二乙氧基硅烷	二乙氧基二甲基硅烷	78-62-6	
438	2,5-二甲基呋喃	2,5-二甲基氧杂茂	625-86-5	
439	2,2-二甲基庚烷		1071-26-7	
440	2,3-二甲基庚烷		3074-71-3	
441	2,4-二甲基庚烷		2213-23-2	
442	2,5-二甲基庚烷		2216-30-0	
443	3,3-二甲基庚烷		4032-86-4	
444	3,4-二甲基庚烷		922-28-1	
445	3,5-二甲基庚烷		926-82-9	
446	4,4-二甲基庚烷		1068-19-5	
447	N,N-二甲基环己胺	二甲氨基环己烷	98-94-2	
448	1,1-二甲基环己烷		590-66-9	
449	1,2-二甲基环己烷		583-57-3	
450	1,3-二甲基环己烷		591-21-9	
451	1,4-二甲基环己烷		589-90-2	
452	1,1-二甲基环戊烷		1638-26-2	
453	1,2-二甲基环戊烷		2452-99-5	
454	1,3-二甲基环戊烷		2453-00-1	
455	2,2-二甲基己烷		590-73-8	
456	2,3-二甲基己烷		584-94-1	
457	2,4-二甲基己烷		589-43-5	
458	3,3-二甲基己烷		563-16-6	
459	3,4-二甲基己烷		583-48-2	
460	N,N-二甲基甲酰胺	甲酰二甲胺	68-12-2	
461	1,1-二甲基肼	二甲基肼[不对称]；N,N-二甲基肼	57-14-7	剧毒
462	1,2-二甲基肼	二甲基肼[对称]	540-73-8	剧毒

(续)

序号	品名	别名	CAS号	备注
463	O,O'-二甲基硫代磷酰氯	二甲基硫代磷酰氯	2524-03-0	剧毒
464	二甲基氯乙缩醛		97-97-2	
465	2,6-二甲基吗啉		141-91-3	
466	二甲基镁		2999-74-8	
467	1,4-二甲基哌嗪		106-58-1	
468	二甲基胂酸钠	卡可酸钠	124-65-2	
469	2,3-二甲基戊醛		32749-94-3	
470	2,2-二甲基戊烷		590-35-2	
471	2,3-二甲基戊烷		565-59-3	
472	2,4-二甲基戊烷	二异丙基甲烷	108-08-7	
473	3,3-二甲基戊烷	2,2-二乙基丙烷	562-49-2	
474	N,N-二甲基硒脲	二甲基硒脲[不对称]	5117-16-8	
475	二甲基锌		544-97-8	
476	N,N-二甲基乙醇胺	N,N-二甲基-2-羟基乙胺;2-二甲氨基乙醇	108-01-0	
477	二甲基乙二酮	双乙酰;丁二酮	431-03-8	
478	N,N-二甲基异丙醇胺	1-(二甲胺基)-2-丙醇	108-16-7	
479	二甲醚	甲醚	115-10-6	
480	二甲胂酸	二甲次胂酸;二甲基胂酸;卡可地酸;卡可酸	75-60-5	
481	二甲双胍	双甲胍;马钱子碱	57-24-9	剧毒
482	2,6-二甲氧基苯甲酰氯		1989-53-3	
483	2,2-二甲氧基丙烷		77-76-9	
484	二甲氧基甲烷	二甲醇缩甲醛;甲缩醛;甲撑二甲醚	109-87-5	
485	3,3'-二甲氧基联苯胺	邻联二茴香胺;3,3'-二甲氧基-4,4'-二氨基联苯	119-90-4	
486	二甲氧基马钱子碱	番木鳖碱	357-57-3	剧毒
487	1,1-二甲氧基乙烷	二甲醇缩乙醛;乙醛缩二甲醇	534-15-6	
488	1,2-二甲氧基乙烷	二甲基溶纤剂;乙二醇二甲醚	110-71-4	
489	二聚丙烯醛[稳定的]		100-73-2	

（续）

序号	品名	别名	CAS 号	备注
490	二聚环戊二烯	双茂；双环戊二烯；4,7-亚甲基-3a,4,7,7a-四氢茚	77-73-6	
491	二硫代-4,4′-二氨基代二苯	4,4′-二氨基二苯基二硫醚二硫代对氨基苯	722-27-0	
492	二硫化二甲基	二甲二硫；二甲基二硫；甲基化二硫	624-92-0	
493	二硫化钛		12039-13-3	
494	二硫化碳		75-15-0	
495	二硫化硒		7488-56-4	
496	2,3-二氯-1,4-萘醌	二氯萘醌	117-80-6	
497	1,1-二氯-1-硝基乙烷		594-72-9	
498	1,3-二氯-2-丙醇	1,3-二氯异丙醇；1,3-二氯代甘油	96-23-1	
499	1,3-二氯-2-丁烯		926-57-8	
500	1,4-二氯-2-丁烯		764-41-0	
501	1,2-二氯苯	邻二氯苯	95-50-1	
502	1,3-二氯苯	间二氯苯	541-73-1	
503	2,3-二氯苯胺		608-27-5	
504	2,4-二氯苯胺		554-00-7	
505	2,5-二氯苯胺		95-82-9	
506	2,6-二氯苯胺		608-31-1	
507	3,4-二氯苯胺		95-76-1	
508	3,5-二氯苯胺		626-43-7	
509	二氯苯胺异构体混合物		27134-27-6	
510	2,3-二氯苯酚	2,3-二氯酚	576-24-9	
511	2,4-二氯苯酚	2,4-二氯酚	120-83-2	
512	2,5-二氯苯酚	2,5-二氯酚	583-78-8	
513	2,6-二氯苯酚	2,6-二氯酚	87-65-0	
514	3,4-二氯苯酚	3,4-二氯酚	95-77-2	
515	3,4-二氯苯基偶氮硫脲	3,4-二氯苯偶氮硫代氨基甲酰胺；灭鼠肼	5836-73-7	

(续)

序号	品名	别名	CAS号	备注
516	二氯苯基三氯硅烷		27137-85-5	
517	2,4-二氯苯甲酰氯	2,4-二氯代氯化苯甲酰	89-75-8	
518	2-(2,4-二氯苯氧基)丙酸	2,4-滴丙酸	120-36-5	
519	3,4-二氯苄基氯	3,4-二氯氯化苄;氯化-3,4-二氯苄	102-47-6	
520	1,1-二氯丙酮		513-88-2	
521	1,3-二氯丙酮	α,γ-二氯丙酮	534-07-6	
522	1,2-二氯丙烷	二氯化丙烯	78-87-5	
523	1,3-二氯丙烷		142-28-9	
524	1,2-二氯丙烯	2-氯丙烯基氯	563-54-2	
525	1,3-二氯丙烯		542-75-6	
526	2,3-二氯丙烯		78-88-6	
527	1,4-二氯丁烷		110-56-5	
528	二氯二氟甲烷	R12	75-71-8	
529	二氯二氟甲烷和二氟乙烷的共沸物[含二氯二氟甲烷约74%]	R500		
530	1,2-二氯二乙醚	乙基-1,2-二氯乙醚	623-46-1	
531	2,2-二氯二乙醚	对称二氯二乙醚	111-44-4	
532	二氯硅烷		4109-96-0	
533	二氯化膦苯	苯基二氯磷;苯膦化二氯	644-97-3	
534	二氯化硫		10545-99-0	
535	二氯化乙基铝	乙基二氯化铝	563-43-9	
536	2,4-二氯甲苯		95-73-8	
537	2,5-二氯甲苯		19398-61-9	
538	2,6-二氯甲苯		118-69-4	
539	3,4-二氯甲苯		95-75-0	
540	α,α-二氯甲苯	二氯化苄;二氯甲基苯;苄叉二氯;α,α-二氯甲基苯	98-87-3	
541	二氯甲烷	亚甲基氯;甲撑氯	75-09-2	
542	3,3'-二氯联苯胺		91-94-1	

(续)

序号	品名	别名	CAS 号	备注
543	二氯硫化碳	硫光气;硫代羰基氯	463-71-8	
544	二氯醛基丙烯酸	粘氯酸;二氯代丁烯醛酸;糠氯酸	87-56-9	
545	二氯四氟乙烷	R114	76-14-2	
546	1,5-二氯戊烷		628-76-2	
547	2,3-二氯硝基苯	1,2-二氯-3-硝基苯	3209-22-1	
548	2,4-二氯硝基苯		611-06-3	
549	2,5-二氯硝基苯	1,4-二氯-2-硝基苯	89-61-2	
550	3,4-二氯硝基苯		99-54-7	
551	二氯一氟甲烷	R21	75-43-4	
552	二氯乙腈	氰化二氯甲烷	3018-12-0	
553	二氯乙酸	二氯醋酸	79-43-6	
554	二氯乙酸甲酯	二氯醋酸甲酯	116-54-1	
555	二氯乙酸乙酯	二氯醋酸乙酯	535-15-9	
556	1,1-二氯乙烷	乙叉二氯	75-34-3	
557	1,2-二氯乙烷	乙撑二氯;亚乙基二氯;1,2-二氯化乙烯	107-06-2	
558	1,1-二氯乙烯	偏二氯乙烯;乙烯叉二氯	75-35-4	
559	1,2-二氯乙烯	二氯化乙炔	540-59-0	
560	二氯乙酰氯		79-36-7	
561	二氯异丙基醚	二氯异丙醚	108-60-1	
562	二氯异氰尿酸		2782-57-2	
563	1,4-二羟基-2-丁炔	1,4-丁炔二醇;丁炔二醇	110-65-6	
564	1,5-二羟基-4,8-二硝基蒽醌		128-91-6	
565	3,4-二羟基-α-((甲氨基)甲基)苄醇	肾上腺素;付肾碱;付肾素	51-43-4	
566	2,2′-二羟基二乙胺	二乙醇胺	111-42-2	
567	3,6-二羟基邻苯二甲腈	2,3-二氰基对苯二酚	4733-50-0	
568	2,3-二氢-2,2-二甲基苯并呋喃-7-基-N-甲基氨基甲酸酯	克百威	1563-66-2	剧毒

(续)

序号	品名	别名	CAS 号	备注
569	2,3-二氢吡喃		25512-65-6	
570	2,3-二氰-5,6-二氯氢醌		84-58-2	
571	二肉豆蔻基过氧重碳酸酯[含量≤100%]		53220-22-7	
	二肉豆蔻基过氧重碳酸酯[含量≤42%,在水中稳定弥散]			
572	2,6-二噻-1,3,5,7-四氮三环-[3,3,1,1,3,7]癸烷-2,2,6,6-四氧化物	毒鼠强	80-12-6	剧毒
573	二叔丁基过氧化物[52%<含量≤100%]	过氧化二叔丁基	110-05-4	
	二叔丁基过氧化物[含量≤52%,含B型稀释剂≥48%]			
574	二叔丁基过氧壬二酸酯[含量≤52%,含A型稀释剂≥48%]		16580-06-6	
575	1,1-二叔戊过氧基环己烷[含量≤82%,含A型稀释剂≥18%]		15667-10-4	
576	二-叔戊基过氧化物[含量≤100%]		10508-09-5	
577	二水合三氟化硼	三氟化硼水合物	13319-75-0	
578	二戊基磷酸	酸式磷酸二戊酯	3138-42-9	
579	二烯丙基胺	二烯丙胺	124-02-7	
580	二烯丙基代氰胺	N-氰基二烯丙基胺	538-08-9	
581	二烯丙基硫醚	硫化二烯丙基;烯丙基硫醚	592-88-1	
582	二烯丙基醚	烯丙基醚	557-40-4	
583	4,6-二硝基-2-氨基苯酚	苦氨酸;二硝基氨基苯酚	96-91-3	
584	4,6-二硝基-2-氨基苯酚锆	苦氨酸锆	63868-82-6	
585	4,6-二硝基-2-氨基苯酚钠	苦氨酸钠	831-52-7	
586	1,2-二硝基苯	邻二硝基苯	528-29-0	
587	1,3-二硝基苯	间二硝基苯	99-65-0	

(续)

序号	品名	别名	CAS 号	备注
588	1,4-二硝基苯	对二硝基苯	100-25-4	
589	2,4-二硝基苯胺		97-02-9	
590	2,6-二硝基苯胺		606-22-4	
591	3,5-二硝基苯胺		618-87-1	
592	二硝基苯酚[干的或含水<15%] 二硝基苯酚溶液		25550-58-7	
593	2,4-二硝基苯酚[含水≥15%]	1-羟基-2,4-二硝基苯	51-28-5	
594	2,5-二硝基苯酚[含水≥15%]		329-71-5	
595	2,6-二硝基苯酚[含水≥15%]		573-56-8	
596	二硝基苯酚碱金属盐[干的或含水<15%]	二硝基酚碱金属盐		
597	2,4-二硝基苯酚钠		1011-73-0	
598	2,4-二硝基苯磺酰氯		1656-44-6	
599	2,4-二硝基苯甲醚	2,4-二硝基茴香醚	119-27-7	
600	3,5-二硝基苯甲酰氯	3,5-二硝基氯化苯甲酰	99-33-2	
601	2,4-二硝基苯肼		119-26-6	
602	1,3-二硝基丙烷		6125-21-9	
603	2,2-二硝基丙烷		595-49-3	
604	2,4-二硝基二苯胺		961-68-2	
605	3,4-二硝基二苯胺			
606	二硝基甘脲		55510-04-8	
607	2,4-二硝基甲苯		121-14-2	
608	2,6-二硝基甲苯		606-20-2	
609	二硝基间苯二酚		519-44-8	
610	二硝基联苯		38094-35-8	
611	二硝基邻甲酚铵			

(续)

序号	品名	别名	CAS 号	备注
612	二硝基邻甲酚钾		5787-96-2	
613	4,6-二硝基邻甲苯酚钠		2312-76-7	
614	二硝基邻甲苯酚钠			
615	2,4-二硝基氯化苄	2,4-二硝基苯代氯甲烷	610-57-1	
616	1,5-二硝基萘		605-71-0	
617	1,8-二硝基萘		602-38-0	
618	2,4-二硝基萘酚		605-69-6	
619	2,4-二硝基萘酚钠	马汀氏黄;色淀黄	887-79-6	
620	2,7-二硝基芴		5405-53-8	
621	二硝基重氮苯酚[按质量含水或乙醇和水的混合物不低于40%]	重氮二硝基苯酚	4682-03-5	
622	1,2-二溴-3-丁酮		25109-57-3	
623	3,5-二溴-4-羟基苄腈	溴苯腈	1689-84-5	
624	1,2-二溴苯	邻二溴苯	583-53-9	
625	2,4-二溴苯胺		615-57-6	
626	2,5-二溴苯胺		3638-73-1	
627	1,2-二溴丙烷		78-75-1	
628	二溴二氟甲烷	二氟二溴甲烷	75-61-6	
629	二溴甲烷	二溴化亚甲基	74-95-3	
630	1,2-二溴乙烷	乙撑二溴;二溴化乙烯	106-93-4	
631	二溴异丙烷			
632	N,N'-二亚硝基-N,N'-二甲基对苯二酰胺		133-55-1	
633	二亚硝基苯		25550-55-4	
634	2,4-二亚硝基间苯二酚	1,3-二羟基-2,4-二亚硝基苯	118-02-5	
635	N,N'-二亚硝基五亚甲基四胺[减敏的]	发泡剂 H	101-25-7	
636	二亚乙基三胺	二乙撑三胺	111-40-0	
637	二氧化氮		10102-44-0	

（续）

序号	品名	别名	CAS 号	备注
638	二氧化丁二烯	双环氧乙烷	298-18-0	
639	二氧化硫	亚硫酸酐	7446-09-5	
640	二氧化氯		10049-04-4	
641	二氧化铅	过氧化铅	1309-60-0	
642	二氧化碳[压缩的或液化的]	碳酸酐	124-38-9	
643	二氧化碳和环氧乙烷混合物	二氧化碳和氧化乙烯混合物		
644	二氧化碳和氧气混合物			
645	二氧化硒	亚硒酐	7446-08-4	
646	1,3-二氧戊环	二氧戊环；乙二醇缩甲醛	646-06-0	
647	1,4-二氧杂环己烷	二噁烷；1,4-二氧己环	123-91-1	
648	S-[2-(二乙氨基)乙基]-O,O-二乙基硫赶磷酸酯	胺吸磷	78-53-5	剧毒
649	N-二乙氨基乙基氯	2-氯乙基二乙胺	100-35-6	剧毒
650	二乙胺		109-89-7	
651	二乙二醇二硝酸酯[含不挥发、不溶于水的减敏剂≥25%]	二甘醇二硝酸酯	693-21-0	
652	N,N-二乙基-1,3-丙二胺	N,N-二乙基-1,3-二氨基丙烷；3-二乙氨基丙胺	104-78-9	
653	N,N-二乙基-1-萘胺	N,N-二乙基-α-萘胺	84-95-7	
654	O,O-二乙基-N-(1,3-二硫戊环-2-亚基)磷酰胺[含量>15%]	2-(二乙氧基磷酰亚氨基)-1,3-二硫戊环；硫环磷	947-02-4	剧毒
655	O,O-二乙基-N-(4-甲基-1,3-二硫戊环-2-亚基)磷酰胺[含量>5%]	二乙基(4-甲基-1,3-二硫戊环-2-叉氨基)磷酸酯；地胺磷	950-10-7	剧毒
656	O,O-二乙基-N-1,3-二噻丁环-2-亚基磷酰胺	丁硫环磷	21548-32-3	剧毒
657	O,O-二乙基-O-(2,2-二氯-1-β-氯乙氧基乙烯基)-磷酸酯	彼氧磷	67329-01-5	
658	O,O-二乙基-O-(2-乙硫基乙基)硫代磷酸酯与O,O-二乙基-S-(2-乙硫基乙基)硫代磷酸酯的混合物[含量>3%]	内吸磷	8065-48-3	剧毒

147

(续)

序号	品名	别名	CAS号	备注
659	O,O-二乙基-O-(3-氯-4-甲基香豆素-7-基)硫代磷酸酯	蝇毒磷	56-72-4	
660	O,O-二乙基-O-(4-甲基香豆素基-7)硫代磷酸酯	扑杀磷	299-45-6	剧毒
661	O,O-二乙基-O-(4-硝基苯基)磷酸酯	对氧磷	311-45-5	剧毒
662	O,O-二乙基-O-(4-硝基苯基)硫代磷酸酯[含量>4%]	对硫磷	56-38-2	剧毒
663	O,O-二乙基-O-(4-溴-2,5-二氯苯基)硫代磷酸酯	乙基溴硫磷	4824-78-6	
664	O,O-二乙基-O-(6-二乙胺次甲基-2,4-二氯)苯基硫逐磷酰酯盐酸盐			
665	O,O-二乙基-O-[2-氯-1-(2,4-二氯苯基)乙烯基]磷酸酯[含量>20%]	2-氯-1-(2,4-二氯苯基)乙烯基二乙基磷酸酯;毒虫畏	470-90-6	剧毒
666	O,O-二乙基-O-2,5-二氯-4-甲硫基苯基硫代磷酸酯	O-[2,5-二氯-4-(甲硫基)苯基]-O,O-二乙基硫代磷酸酯;虫螨磷	21923-23-9;60238-56-4	
667	O,O-二乙基-O-2-吡嗪基硫代磷酸酯[含量>5%]	虫线磷	297-97-2	剧毒
668	O,O-二乙基-O-喹噁啉-2-基硫代磷酸酯	喹硫磷	13593-03-8	
669	O,O-二乙基-S-(2,5-二氯苯硫基甲基)二硫代磷酸酯	芬硫磷	2275-14-1	
670	O,O-二乙基-S-(2-氯-1-酞酰亚氨基乙基)二硫代磷酸酯	氯亚胺硫磷	10311-84-9	
671	O,O-二乙基-S-(2-乙基亚磺酰基乙基)二硫代磷酸酯	砜拌磷	2497-07-6	
672	O,O-二乙基-S-(2-乙硫基乙基)二硫代磷酸酯[含量>15%]	乙拌磷	298-04-4	剧毒
673	O,O-二乙基-S-(4-甲基亚磺酰基苯基)硫代磷酸酯[含量>4%]	丰索磷	115-90-2	剧毒

(续)

序号	品名	别名	CAS 号	备注
674	O,O-二乙基-S-(4-氯苯硫基甲基)二硫代磷酸酯	三硫磷	786-19-6	
675	O,O-二乙基-S-(对硝基苯基)硫代磷酸	硫代磷酸-O,O-二乙基-S-(4-硝基苯基)酯	3270-86-8	剧毒
676	O,O-二乙基-S-(乙硫基甲基)二硫代磷酸酯	甲拌磷	298-02-2	剧毒
677	O,O-二乙基-S-(异丙基氨基甲酰甲基)二硫代磷酸酯[含量＞15%]	发硫磷	2275-18-5	剧毒
678	O,O-二乙基-S-[N-(1-氰基-1-甲基乙基)氨基甲酰甲基]硫代磷酸酯	S-{2-[(1-氰基-1-甲基乙基)氨基]-2-氧代乙基}-O,O-二乙基硫代磷酸酯;果虫磷	3734-95-0	
679	O,O-二乙基-S-氯甲基二硫代磷酸酯[含量＞15%]	氯甲硫磷	24934-91-6	剧毒
680	O,O-二乙基-S-叔丁基硫甲基二硫代磷酸酯	特丁硫磷	13071-79-9	剧毒
681	O,O-二乙基-S-乙基亚磺酰基甲基二硫代磷酸酯	甲拌磷亚砜	2588-03-6	
682	1-二乙基氨基-4-氨基戊烷	2-氨基-5-二乙基氨基戊烷;N',N'-二乙基-1,4-戊二胺;2-氨基-5-二乙氨基戊烷	140-80-7	
683	二乙基氨基氰	氰化二乙胺	617-83-4	
684	1,2-二乙基苯	邻二乙基苯	135-01-3	
685	1,3-二乙基苯	间二乙基苯	141-93-5	
686	1,4-二乙基苯	对二乙基苯	105-05-5	
687	N,N-二乙基苯胺	二乙氨基苯	91-66-7	
688	N-(2,6-二乙基苯基)-N-甲氧基甲基-氯乙酰胺	甲草胺	15972-60-8	
689	N,N-二乙基对甲苯胺	4-(二乙胺基)甲苯	613-48-9	
690	N,N-二乙基二硫代氨基甲酸-2-氯烯丙基酯	菜草畏	95-06-7	
691	二乙基二氯硅烷	二氯二乙基硅烷	1719-53-5	

(续)

序号	品名	别名	CAS 号	备注
692	二乙基汞	二乙汞	627-44-1	剧毒
693	1,2-二乙基肼	二乙基肼[不对称]	1615-80-1	
694	N,N-二乙基邻甲苯胺	2-(二乙胺基)甲苯	2728-04-3	
695	O,O'-二乙基硫代磷酰氯	二乙基硫代磷酰氯	2524-04-1	
696	二乙基镁		557-18-6	
697	二乙基硒		627-53-2	
698	二乙基锌		557-20-0	
699	N,N-二乙基撑二胺	N,N-二乙基乙二胺	100-36-7	
700	N,N-二乙基乙醇胺	2-(二乙胺基)乙醇	100-37-8	
701	二乙硫醚	硫代乙醚;二乙硫	352-93-2	
702	二乙烯基醚[稳定的]	乙烯基醚	109-93-3	
703	3,3-二乙氧基丙烯	丙烯醛二乙缩醛;二乙基缩醛丙烯醛	3054-95-3	
704	二乙氧基甲烷	甲醛缩二乙醇;二乙醇缩甲醛	462-95-3	
705	1,1-二乙氧基乙烷	乙叉二乙基醚;二乙醇缩乙醛;乙缩醛	105-57-7	
706	二异丙胺		108-18-9	
707	二异丙醇胺	2,2'-二羟基二丙胺	110-97-4	
708	O,O-二异丙基-S-(2-苯磺酰胺基)乙基二硫代磷酸酯	S-2-苯磺酰基氨基乙基-O,O-二异丙基二硫代磷酸酯;地散磷	741-58-2	
709	二异丙基二硫代磷酸锑			
710	N,N-二异丙基乙胺	N-乙基二异丙胺	7087-68-5	
711	N,N-二异丙基乙醇胺	N,N-二异丙氨基乙醇	96-80-0	
712	二异丁胺		110-96-3	
713	二异丁基酮	2,6-二甲基-4-庚酮	108-83-8	
714	二异戊醚		544-01-4	
715	二异辛基磷酸	酸式磷酸二异辛酯	27215-10-7	
716	二正丙胺	二丙胺	142-84-7	

(续)

序号	品名	别名	CAS号	备注
717	二正丙基过氧重碳酸酯[含量≤100%] 二正丙基过氧重碳酸酯[含量≤77%,含B型稀释剂≥23%]		16066-38-9	
718	二正丁胺	二丁胺	111-92-2	
719	N,N-二正丁基氨基乙醇	N,N-二正丁基乙醇胺;2-二丁氨基乙醇	102-81-8	
720	二-正丁基过氧重碳酸酯[含量≤27%,含B型稀释剂≥73%] 二-正丁基过氧重碳酸酯[27%<含量≤52%,含B型稀释剂≥48%] 二-正丁基过氧重碳酸酯[含量≤42%,在水(冷冻)中稳定弥散]		16215-49-9	
721	二正戊胺	二戊胺	2050-92-2	
722	二仲丁胺		626-23-3	
723	发烟硫酸	硫酸和三氧化硫的混合物;焦硫酸	8014-95-7	
724	发烟硝酸		52583-42-3	
725	钒酸铵钠		12055-09-3	
726	钒酸钾	钒酸三钾	14293-78-8	
727	放线菌素		1402-38-6	
728	放线菌素D		50-76-0	
729	呋喃	氧杂茂	110-00-9	
730	2-呋喃甲醇	糠醇	98-00-0	
731	呋喃甲酰氯	氯化呋喃甲酰	527-69-5	
732	氟		7782-41-4	剧毒
733	1-氟-2,4-二硝基苯	2,4-二硝基-1-氟苯	70-34-8	
734	2-氟苯胺	邻氟苯胺;邻氨基氟化苯	348-54-9	

（续）

序号	品名	别名	CAS号	备注
735	3-氟苯胺	间氟苯胺;间氨基氟化苯	372-19-0	
736	4-氟苯胺	对氟苯胺;对氨基氟化苯	371-40-4	
737	氟代苯	氟苯	462-06-6	
738	氟代甲苯		25496-08-6	
739	氟锆酸钾	氟化锆钾	16923-95-8	
740	氟硅酸	硅氟酸	16961-83-4	
741	氟硅酸铵		1309-32-6	
742	氟硅酸钾		16871-90-2	
743	氟硅酸钠		16893-85-9	
744	氟化铵		12125-01-8	
745	氟化钡		7787-32-8	
746	氟化锆		7783-64-4	
747	氟化镉		7790-79-6	
748	氟化铬	三氟化铬	7788-97-8	
749	氟化汞	二氟化汞	7783-39-3	
750	氟化钴	三氟化钴	10026-18-3	
751	氟化钾		7789-23-3	
752	氟化镧	三氟化镧	13709-38-1	
753	氟化锂		7789-24-4	
754	氟化钠		7681-49-4	
755	氟化铅	二氟化铅	7783-46-2	
756	氟化氢[无水]		7664-39-3	
757	氟化氢铵	酸性氟化铵;二氟化氢铵	1341-49-7	
758	氟化氢钾	酸性氟化钾;二氟化氢钾	7789-29-9	
759	氟化氢钠	酸性氟化钠;二氟化氢钠	1333-83-1	
760	氟化铷		13446-74-7	
761	氟化铯		13400-13-0	
762	氟化铜	二氟化铜	7789-19-7	

(续)

序号	品名	别名	CAS号	备注
763	氟化锌		7783-49-5	
764	氟化亚钴	二氟化钴	10026-17-2	
765	氟磺酸		7789-21-1	
766	2-氟甲苯	邻氟甲苯;邻甲基氟苯;2-甲基氟苯	95-52-3	
767	3-氟甲苯	间氟甲苯;间甲基氟苯;3-甲基氟苯	352-70-5	
768	4-氟甲苯	对氟甲苯;对甲基氟苯;4-甲基氟苯	352-32-9	
769	氟甲烷	R41;甲基氟	593-53-3	
770	氟磷酸[无水]		13537-32-1	
771	氟硼酸		16872-11-0	
772	氟硼酸-3-甲基-4-(吡咯烷-1-基)重氮苯		36422-95-4	
773	氟硼酸镉		14486-19-2	
774	氟硼酸铅		13814-96-5	
	氟硼酸铅溶液[含量＞28％]			
775	氟硼酸锌		13826-88-5	
776	氟硼酸银		14104-20-2	
777	氟铍酸铵	氟化铍铵	14874-86-3	
778	氟铍酸钠		13871-27-7	
779	氟钽酸钾	钽氟酸钾;七氟化钽钾	16924-00-8	
780	氟乙酸	氟醋酸	144-49-0	剧毒
781	氟乙酸-2-苯酰肼	法尼林	2343-36-4	
782	氟乙酸钾	氟醋酸钾	23745-86-0	
783	氟乙酸甲酯		453-18-9	剧毒
784	氟乙酸钠	氟醋酸钠	62-74-8	剧毒
785	氟乙酸乙酯	氟醋酸乙酯	459-72-3	
786	氟乙烷	R161;乙基氟	353-36-6	
787	氟乙烯[稳定的]	乙烯基氟	75-02-5	

(续)

序号	品名	别名	CAS号	备注
788	氟乙酰胺		640-19-7	剧毒
789	钙	金属钙	7440-70-2	
	金属钙粉	钙粉		
790	钙合金			
791	钙锰硅合金			
792	甘露糖醇六硝酸酯[湿的,按质量含水或乙醇和水的混合物不低于40%]	六硝基甘露醇	15825-70-4	
793	高碘酸	过碘酸;仲高碘酸	10450-60-9	
794	高碘酸铵	过碘酸铵	13446-11-2	
795	高碘酸钡	过碘酸钡	13718-58-6	
796	高碘酸钾	过碘酸钾	7790-21-8	
797	高碘酸钠	过碘酸钠	7790-28-5	
798	高氯酸[浓度＞72%]	过氯酸	7601-90-3	
	高氯酸[浓度≤50%]			
	高氯酸[浓度50%~72%]			
799	高氯酸铵	过氯酸铵	7790-98-9	
800	高氯酸钡	过氯酸钡	13465-95-7	
801	高氯酸醋酐溶液	过氯酸醋酐溶液		
802	高氯酸钙	过氯酸钙	13477-36-6	
803	高氯酸钾	过氯酸钾	7778-74-7	
804	高氯酸锂	过氯酸锂	7791-03-9	
805	高氯酸镁	过氯酸镁	10034-81-8	
806	高氯酸钠	过氯酸钠	7601-89-0	
807	高氯酸铅	过氯酸铅	13637-76-8	
808	高氯酸锶	过氯酸锶	13450-97-0	
809	高氯酸亚铁		13520-69-9	
810	高氯酸银	过氯酸银	7783-93-9	
811	高锰酸钡	过锰酸钡	7787-36-2	
812	高锰酸钙	过锰酸钙	10118-76-0	

(续)

序号	品名	别名	CAS 号	备注
813	高锰酸钾	过锰酸钾;灰锰氧	7722-64-7	
814	高锰酸钠	过锰酸钠	10101-50-5	
815	高锰酸锌	过锰酸锌	23414-72-4	
816	高锰酸银	过锰酸银	7783-98-4	
817	镉[非发火的]		7440-43-9	
818	铬硫酸			
819	铬酸钾		7789-00-6	
820	铬酸钠		7775-11-3	
821	铬酸铍		14216-88-7	
822	铬酸铅		7758-97-6	
823	铬酸溶液		7738-94-5	
824	铬酸叔丁酯四氯化碳溶液		1189-85-1	
825	庚二腈	1,5-二氰基戊烷	646-20-8	
826	庚腈	氰化正己烷	629-08-3	
827	1-庚炔	正庚炔	628-71-7	
828	庚酸	正庚酸	111-14-8	
829	2-庚酮	甲基戊基甲酮	110-43-0	
830	3-庚酮	乙基正丁基甲酮	106-35-4	
831	4-庚酮	乳酮;二丙基甲酮	123-19-3	
832	1-庚烯	正庚烯;正戊基乙烯	592-76-7	
833	2-庚烯		592-77-8	
834	3-庚烯		592-78-9	
835	汞	水银	7439-97-6	
836	挂-3-氯桥-6-氰基-2-降冰片酮-O-(甲基氨基甲酰基)肟	肟杀威	15271-41-7	
837	硅粉[非晶形的]		7440-21-3	
838	硅钙	二硅化钙	12013-56-8	
839	硅化钙		12013-55-7	

(续)

序号	品名	别名	CAS 号	备注
840	硅化镁		22831-39-6；39404-03-0	
841	硅锂		68848-64-6	
842	硅铝		57485-31-1	
	硅铝粉[无涂层的]			
843	硅锰钙		12205-44-6	
844	硅酸铅		10099-76-0；11120-22-2	
845	硅酸四乙酯	四乙氧基硅烷；正硅酸乙酯	78-10-4	
846	硅铁锂		64082-35-5	
847	硅铁铝[粉末状的]		12003-41-7	
848	癸二酰氯	氯化癸二酰	111-19-3	
849	癸硼烷	十硼烷；十硼氢	17702-41-9	剧毒
850	1-癸烯		872-05-9	
851	过二硫酸铵	高硫酸铵；过硫酸铵	7727-54-0	
852	过二硫酸钾	高硫酸钾；过硫酸钾	7727-21-1	
853	过二碳酸二-(2-乙基己)酯[77%＜含量≤100%]		16111-62-9	
	过二碳酸二-(2-乙基己)酯[含量≤52%,在水(冷冻)中稳定弥散]			
	过二碳酸二-(2-乙基己)酯[含量≤62%,在水中稳定弥散]			
	过二碳酸二-(2-乙基己)酯[含量≤77%,含 B 型稀释剂≥23%]			
854	过二碳酸二-(2-乙氧乙)酯[含量≤52%,含 B 型稀释剂≥48%]			
855	过二碳酸二-(3-甲氧丁)酯[含量≤52%,含 B 型稀释剂≥48%]		52238-68-3	

(续)

序号	品名	别名	CAS 号	备注
856	过二碳酸钠		3313-92-6	
857	过二碳酸异丙仲丁酯、过二碳酸二仲丁酯和过二碳酸二异丙酯的混合物[过二碳酸异丙仲丁酯≤32%,15%≤过二碳酸二仲丁酯≤18%,12%≤过二碳酸二异丙酯≤15%,含 A 型稀释剂≥38%]			
	过二碳酸异丙仲丁酯、过二碳酸二仲丁酯和过二碳酸二异丙酯的混合物[过二碳酸异丙仲丁酯≤52%,过二碳酸二仲丁酯≤28%,过二碳酸二异丙酯≤22%]			
858	过硫酸钠	过二硫酸钠;高硫酸钠	7775-27-1	
859	过氯酰氟	氟化过氯氧;氟化过氯酰	7616-94-6	
860	过硼酸钠	高硼酸钠	15120-21-5；7632-04-4；11138-47-9	
861	过新庚酸-1,1-二甲基-3-羟丁酯[含量≤52%,含 A 型稀释剂≥48%]		110972-57-1	
862	过新庚酸枯酯[含量≤77%,含 A 型稀释剂≥23%]		104852-44-0	
863	过新癸酸叔己酯[含量≤71%,含 A 型稀释剂≥29%]		26748-41-4	
864	过氧-3,5,5-三甲基己酸叔丁酯[32%＜含量≤100%]	叔丁基过氧化-3,5,5-三甲基己酸酯	13122-18-4	
	过氧-3,5,5-三甲基己酸叔丁酯[含量≤32%,含 B 型稀释剂≥68%]			
	过氧-3,5,5-三甲基己酸叔丁酯[含量≤42%,惰性固体含量≥58%]			

(续)

序号	品名	别名	CAS 号	备注
865	过氧苯甲酸叔丁酯[77%<含量≤100%]		614-45-9	
	过氧苯甲酸叔丁酯[52%<含量≤77%,含 A 型稀释剂≥23%]			
	过氧苯甲酸叔丁酯[含量≤52%,惰性固体含量≥48%]			
866	过氧丁烯酸叔丁酯[含量≤77%,含 A 型稀释剂≥23%]	过氧化叔丁基丁烯酸酯;过氧化巴豆酸叔丁酯	23474-91-1	
867	过氧化钡	二氧化钡	1304-29-6	
868	过氧化苯甲酸叔戊酯[含量≤100%]	叔戊基过氧苯甲酸酯	4511-39-1	
869	过氧化丙酰[含量≤27%,含 B 型稀释剂≥73%]	过氧化二丙酰	3248-28-0	
870	过氧化二-(2,4-二氯苯甲酰)[糊状物,含量≤52%]		133-14-2	
	过氧化二-(2,4-二氯苯甲酰)[含硅油糊状,含量≤52%]			
	过氧化二-(2,4-二氯苯甲酰)[含量≤77%,含水≥23%]			
871	过氧化-二-(3,5,5-三甲基-1,2-二氧戊环)[糊状物,含量≤52%]			
872	过氧化二(3-甲基苯甲酰)、过氧化(3-甲基苯甲酰)苯甲酰和过氧化二苯甲酰的混合物[过氧化二(3-甲基苯甲酰)≤20%,过氧化(3-甲基苯甲酰)苯甲酰≤18%,过氧化二苯甲酰≤4%,含 B 型稀释剂≥58%]			

(续)

序号	品名	别名	CAS 号	备注
873	过氧化二-(4-氯苯甲酰)[含量≤77%]		94-17-7	
	过氧化二-(4-氯苯甲酰)[糊状物,含量≤52%]			
874	过氧化二苯甲酰[51%<含量≤100%,惰性固体含量≤48%]		94-36-0	
	过氧化二苯甲酰[35%<含量≤52%,惰性固体含量≥48%]			
	过氧化二苯甲酰[36%<含量≤42%,含A型稀释剂≥18%,含水<40%]			
	过氧化二苯甲酰[77%<含量≤94%,含水≥6%]			
	过氧化二苯甲酰[含量≤42%,在水中稳定弥散]			
	过氧化二苯甲酰[含量≤62%,惰性固体含量≥28%,含水≥10%]			
	过氧化二苯甲酰[含量≤77%,含水≥23%]			
	过氧化二苯甲酰[糊状物,52%<含量≤62%]			
	过氧化二苯甲酰[糊状物,含量≤52%]			
	过氧化二苯甲酰[糊状物,含量≤56.5%,含水≥15%]			
	过氧化二苯甲酰[含量≤35%,含惰性固体≥65%]			
875	过氧化二癸酰[含量≤100%]		762-12-9	
876	过氧化二琥珀酸[72%<含量≤100%]	过氧化双丁二酸;过氧化丁二酰	123-23-9	
	过氧化二琥珀酸[含量≤72%]			

(续)

序号	品名	别名	CAS 号	备注
877	2,2-过氧化二氢丙烷[含量≤27%,含惰性固体≥73%]		2614-76-8	
878	过氧化二碳酸二(十八烷基)酯[含量≤87%,含有十八烷醇]	过氧化二(十八烷基)二碳酸酯;过氧化二碳酸二硬脂酰酯	52326-66-6	
879	过氧化二碳酸二苯甲酯[含量≤87%,含水]	过氧化苄基二碳酸酯	2144-45-8	
880	过氧化二碳酸二乙酯[在溶液中,含量≤27%]	过氧化二乙基二碳酸酯	14666-78-5	
881	过氧化二碳酸二异丙酯[52%<含量≤100%]	过氧重碳酸二异丙酯	105-64-6	
	过氧化二碳酸二异丙酯[含量≤52%,含B型稀释剂≥48%]			
	过氧化二碳酸二异丙酯[含量≤32%,含A型稀释剂≥68%]			
882	过氧化二乙酰[含量≤27%,含B型稀释剂≥73%]		110-22-5	
883	过氧化二异丙苯[52%<含量≤100%]	二枯基过氧化物;硫化剂DCP	80-43-3	
	过氧化二异丙苯[含量≤52%,含惰性固体≤48%]			
884	过氧化二异丁酰[含量≤32%,含B型稀释剂≥68%]		3437-84-1	
	过氧化二异丁酰[32%<含量≤52%,含B型稀释剂≥48%]			
885	过氧化二月桂酰[含量≤100%]		105-74-8	
	过氧化二月桂酰[含量≤42%,在水中稳定弥散]			
886	过氧化二正壬酰[含量≤100%]			

(续)

序号	品名	别名	CAS号	备注
887	过氧化二正辛酰[含量≤100%]	过氧化正辛酰	762-16-3	
888	过氧化钙	二氧化钙	1305-79-9	
889	过氧化环己酮[含量≤72%,含A型稀释剂≥28%] 过氧化环己酮[含量≤91%,含水≥9%] 过氧化环己酮[糊状物,含量≤72%]		78-18-2	
890	过氧化甲基环己酮[含量≤67%,含B型稀释剂≤33%]		11118-65-3	
891	过氧化甲基乙基酮[10%＜有效氧含量≤10.7%,含A型稀释剂≥48%] 过氧化甲基乙基酮[有效氧含量≤10%,含A型稀释剂≥55%] 过氧化甲基乙基酮[有效氧含量≤8.2%,含A型稀释剂≥60%]		1338-23-4	
892	过氧化甲基异丙酮[活性氧含量≤6.7%,含A型稀释剂≥70%]		182893-11-4	
893	过氧化甲基异丁基酮[含量≤62%,含A型稀释剂≥19%]		28056-59-9	
894	过氧化钾		17014-71-0	
895	过氧化锂		12031-80-0	
896	过氧化邻苯二甲酸叔丁酯	过氧化叔丁基邻苯二甲酸酯	15042-77-0	
897	过氧化镁	二氧化镁	1335-26-8	
898	过氧化钠	双氧化钠;二氧化钠	1313-60-6	
899	过氧化脲	过氧化氢尿素;过氧化氢脲	124-43-6	
900	过氧化氢苯甲酰	过苯甲酸	93-59-4	

(续)

序号	品名	别名	CAS号	备注
901	过氧化氢对孟烷	过氧化氢孟烷	80-47-7	
902	过氧化氢二叔丁基异丙基苯[42%＜含量≤100%,惰性固体含量≤57%]	二-(叔丁基过氧)异丙基苯	25155-25-3	
	过氧化氢二叔丁基异丙基苯[含量≤42%,惰性固体含量≥58%]			
903	过氧化氢溶液[含量＞8%]		7722-84-1	
904	过氧化氢叔丁基[79%＜含量≤90%,含水≥10%]	过氧化叔丁醇;过氧化氢第三丁基;叔丁基过氧化氢	75-91-2	
	过氧化氢叔丁基[含量≤80%,含A型稀释剂≥20%]			
	过氧化氢叔丁基[含量≤79%,含水＞14%]			
	过氧化氢叔丁基[含量≤72%,含水≥28%]			
905	过氧化氢四氢化萘		771-29-9	
906	过氧化氢异丙苯[90%＜含量≤98%,含A型稀释剂≤10%]		80-15-9	
	过氧化氢异丙苯[含量≤90%,含A型稀释剂≥10%]			
907	过氧化十八烷酰碳酸叔丁酯	叔丁基过氧化硬脂酰碳酸酯		
908	过氧化叔丁基异丙基苯[42%＜含量≤100%]	1,1-二甲基乙基-1-甲基-1-苯基乙基过氧化物	3457-61-2	
	过氧化叔丁基异丙基苯[含量≤52%,惰性固体含量≥48%]			
909	过氧化双丙酮醇[含量≤57%,含B型稀释剂≥26%,含水≥8%]		54693-46-8	
910	过氧化锶	二氧化锶	1314-18-7	
911	过氧化碳酸钠水合物	过碳酸钠	15630-89-4	

(续)

序号	品名	别名	CAS号	备注
912	过氧化锌	二氧化锌	1314-22-3	
913	过氧化新庚酸叔丁酯[含量≤42%,在水中稳定弥散]		26748-38-9	
	过氧化新庚酸叔丁酯[含量≤77%,含A型稀释剂≥23%]			
914	1-(2-过氧化乙基己醇-1,3-二甲基丁基过氧化新戊酸酯[含量≤52%,含A型稀释剂≥45%,含B型稀释剂≥10%]		228415-62-1	
915	过氧化乙酰苯甲酰[在溶液中含量≤45%]	乙酰过氧化苯甲酰	644-31-5	
916	过氧化乙酰丙酮[糊状物,含量≤32%,含溶剂≥44%,含水≥9%,带有惰性固体≥11%]		37187-22-7	
	过氧化乙酰丙酮[在溶液中,含量≤42%,含水≥8%,含A型稀释剂≥48%,含有效氧≤4.7%]			
917	过氧化异丁基甲基甲酮[在溶液中,含量≤62%,含A型稀释剂≥19%,含甲基异丁基酮]		37206-20-5	
918	过氧化月桂酸[含量≤100%]		2388-12-7	
919	过氧化二异壬酰[含量≤100%]	过氧化二-(3,5,5-三甲基)己酰	3851-87-4	
920	过氧新癸酸枯酯[含量≤52%,在水中稳定弥散]		26748-47-0	
	过氧新癸酸枯酯[含量≤77%,含B型稀释剂≥23%]	过氧化新癸酸异丙基苯酯;过氧化异丙苯基新癸酸酯		
	过氧新癸酸枯酯[含量≤87%,含A型稀释剂≥13%]			

(续)

序号	品名	别名	CAS号	备注
921	过氧新戊酸枯酯[含量≤77%,含B型稀释剂≥23%]		23383-59-7	
922	1,1,3,3-过氧新戊酸四甲叔丁酯[含量≤77%,含A型稀释剂≥23%]		22288-41-1	
923	过氧异丙基碳酸叔丁酯[含量≤77%,含A型稀释剂≥23%]		2372-21-6	
924	过氧重碳酸二环己酯[91%<含量≤100%]	过氧化二碳酸二环己酯	1561-49-5	
	过氧重碳酸二环己酯[含量≤42%,在水中稳定弥散]			
	过氧重碳酸二环己酯[含量≤91%]			
925	过氧重碳酸二仲丁酯[52%<含量<100%]	过氧化二碳酸二仲丁酯	19910-65-7	
	过氧重碳酸二仲丁酯[含量≤52%,含B型稀释剂≥48%]			
926	过乙酸[含量≤16%,含水≥39%,含乙酸≥15%,含过氧化氢≤24%,含有稳定剂]	过醋酸;过氧乙酸;乙酰过氧化氢	79-21-0	
	过乙酸[含量≤43%,含水≥5%,含乙酸≥35%,含过氧化氢≤6%,含有稳定剂]			
927	过乙酸叔丁酯[32%<含量≤52%,含A型稀释剂≥48%]		107-71-1	
	过乙酸叔丁酯[52%<含量≤77%,含A型稀释剂≥23%]			
	过乙酸叔丁酯[含量≤32%,含B型稀释剂≥68%]			
928	海葱糖甙	红海葱甙	507-60-8	

(续)

序号	品名	别名	CAS 号	备注
929	氦[压缩的或液化的]		7440-59-7	
930	氨肥料[溶液,含游离氨＞35％]			
931	核酸汞		12002-19-6	
932	红磷	赤磷	7723-14-0	
933	苄胺	苯甲胺	100-46-9	
934	花青甙	矢车菊甙	581-64-6	
935	环丙基甲醇		2516-33-8	
936	环丙烷		75-19-4	
937	环丁烷		287-23-0	
938	1,3,5-环庚三烯	环庚三烯	544-25-2	
939	环庚酮	软木酮	502-42-1	
940	环庚烷		291-64-5	
941	环庚烯		628-92-2	
942	环己胺	六氢苯胺;氨基环己烷	108-91-8	
943	环己二胺	1,2-二氨基环己烷	694-83-7	
944	1,3-环己二烯	1,2-二氢苯	592-57-4	
945	1,4-环己二烯	1,4-二氢苯	628-41-1	
946	2-环己基丁烷	仲丁基环己烷	7058-01-7	
947	N-环己基环己胺亚硝酸盐	二环己胺亚硝酸;亚硝酸二环己胺	3129-91-7	
948	环己基硫醇		1569-69-3	
949	环己基三氯硅烷		98-12-4	
950	环己基异丁烷	异丁基环己烷	1678-98-4	
951	1-环己基正丁烷	正丁基环己烷	1678-93-9	
952	环己酮		108-94-1	
953	环己烷	六氢化苯	110-82-7	
954	环己烯	1,2,3,4-四氢化苯	110-83-8	
955	2-环己烯-1-酮	环己烯酮	930-68-7	
956	环己烯基三氯硅烷		10137-69-6	

(续)

序号	品名	别名	CAS号	备注
957	环三亚甲基三硝胺[含水≥15%]	黑索金;旋风炸药	121-82-4	
	环三亚甲基三硝胺[减敏的]			
958	环三亚甲基三硝胺与环四亚甲基四硝胺混合物[含水≥15%或含减敏剂≥10%]	黑索金与奥克托金混合物		
959	环三亚甲基三硝胺与三硝基甲苯和铝粉混合物	黑索金与梯恩梯和铝粉混合炸药;黑索托纳尔		
960	环三亚甲基三硝胺与三硝基甲苯混合物[干的或含水<15%]	黑索雷特		
961	环四亚甲基四硝胺[含水≥15%]	奥克托今(HMX)	2691-41-0	
	环四亚甲基四硝胺[减敏的]			
962	环四亚甲基四硝胺与三硝基甲苯混合物[干的或含水<15%]	奥克托金与梯恩梯混合炸药;奥克雷特		
963	环烷酸钴[粉状的]	萘酸钴	61789-51-3	
964	环烷酸锌	萘酸锌	12001-85-3	
965	环戊胺	氨基环戊烷	1003-03-8	
966	环戊醇	羟基环戊烷	96-41-3	
967	1,3-环戊二烯	环戊间二烯;环戊二烯	542-92-7	
968	环戊酮		120-92-3	
969	环戊烷		287-92-3	
970	环戊烯		142-29-0	
971	1,3-环辛二烯		3806-59-5	
972	1,5-环辛二烯		111-78-4	
973	1,3,5,7-环辛四烯	环辛四烯	629-20-9	
974	环辛烷		292-64-8	
975	环辛烯		931-87-3	
976	2,3-环氧-1-丙醛	缩水甘油醛	765-34-4	

（续）

序号	品名	别名	CAS号	备注
977	1,2-环氧-3-乙氧基丙烷		4016-11-9	
978	2,3-环氧丙基苯基醚	双环氧丙基苯基醚	122-60-1	
979	1,2-环氧丙烷	氧化丙烯;甲基环氧乙烷	75-56-9	
980	1,2-环氧丁烷	氧化丁烯	106-88-7	
981	环氧乙烷	氧化乙烯	75-21-8	
982	环氧乙烷和氧化丙烯混合物[含环氧乙烷≤30%]	氧化乙烯和氧化丙烯混合物		
983	1,8-环氧对孟烷	桉叶油醇	470-82-6	
984	4,9-环氧,3-(2-羟基-2-甲基丁酸酯)15-(S)2-甲基丁酸酯,[3β(S),4α,7α,15α®,16β]-瑟文-3,4,7,14,15,16,20-庚醇	杰莫灵	63951-45-1	
985	黄原酸盐			
986	磺胺苯汞	磺胺汞		
987	磺化煤油			
988	混胺-02			
989	己醇钠		19779-06-7	
990	1,6-己二胺	1,6-二氨基己烷;己撑二胺	124-09-4	
991	己二腈	1,4-二氰基丁烷;氰化四亚甲基	111-69-3	
992	1,3-己二烯		592-48-3	
993	1,4-己二烯		592-45-0	
994	1,5-己二烯		592-42-7	
995	2,4-己二烯		592-46-1	
996	己二酰二氯	己二酰氯	111-50-2	
997	己基三氯硅烷		928-65-4	
998	己腈	戊基氰;氰化正戊烷	628-73-9	
999	己硫醇	巯基己烷	111-31-9	
1000	1-己炔		693-02-7	
1001	2-己炔		764-35-2	

(续)

序号	品名	别名	CAS 号	备注
1002	3-己炔		928-49-4	
1003	己酸		142-62-1	
1004	2-己酮	甲基丁基甲酮	591-78-6	
1005	3-己酮	乙基丙基甲酮	589-38-8	
1006	1-己烯	丁基乙烯	592-41-6	
1007	2-己烯		592-43-8	
1008	4-己烯-1-炔-3-醇		10138-60-0	剧毒
1009	5-己烯-2-酮	烯丙基丙酮	109-49-9	
1010	己酰氯	氯化己酰	142-61-0	
1011	季戊四醇四硝酸酯[含蜡≥7%]	泰安;喷梯尔;P.E.T.N.	78-11-5	
	季戊四醇四硝酸酯[含水≥25%或含减敏剂≥15%]			
1012	季戊四醇四硝酸酯与三硝基甲苯混合物[干的或含水<15%]	泰安与梯恩梯混合炸药;彭托雷特		
1013	镓	金属镓	7440-55-3	
1014	甲苯	甲基苯;苯基甲烷	108-88-3	
1015	甲苯-2,4-二异氰酸酯	2,4-二异氰酸甲苯酯;2,4-TDI	584-84-9	
1016	甲苯-2,6-二异氰酸酯	2,6-二异氰酸甲苯酯;2,6-TDI	91-08-7	
1017	甲苯二异氰酸酯	二异氰酸甲苯酯;TDI	26471-62-5	
1018	甲苯-3,4-二硫酚	3,4-二巯基甲苯	496-74-2	
1019	2-甲苯硫酚	邻甲苯硫酚;2-巯基甲苯	137-06-4	
1020	3-甲苯硫酚	间甲苯硫酚;3-巯基甲苯	108-40-7	
1021	4-甲苯硫酚	对甲苯硫酚;4-巯基甲苯	106-45-6	
1022	甲醇	木醇;木精	67-56-1	
1023	甲醇钾		865-33-8	
1024	甲醇钠	甲氧基钠	124-41-4	
1025	甲醇钠甲醇溶液	甲醇钠合甲醇		
1026	2-甲酚	1-羟基-2-甲苯;邻甲酚	95-48-7	

(续)

序号	品名	别名	CAS号	备注
1027	3-甲酚	1-羟基-3-甲苯;间甲酚	108-39-4	
1028	4-甲酚	1-羟基-4-甲苯;对甲酚	106-44-5	
1029	甲酚	甲苯基酸;克利沙酸;甲苯酚异构体混合物	1319-77-3	
1030	甲硅烷	硅烷;四氢化硅	7803-62-5	
1031	2-甲基-1,3-丁二烯[稳定的]	异戊间二烯;异戊二烯	78-79-5	
1032	6-甲基-1,4-二氮萘基-2,3-二硫代碳酸酯	6-甲基-1,3-二硫杂环戊烯并(4,5-b)喹喔啉-2-二酮;灭螨猛	2439-01-2	
1033	2-甲基-1-丙醇	异丁醇	78-83-1	
1034	2-甲基-1-丙硫醇	异丁硫醇	513-44-0	
1035	2-甲基-1-丁醇	活性戊醇;旋性戊醇	137-32-6	
1036	3-甲基-1-丁醇	异戊醇	123-51-3	
1037	2-甲基-1-丁硫醇		1878-18-8	
1038	3-甲基-1-丁硫醇	异戊硫醇	541-31-1	
1039	2-甲基-1-丁烯		563-46-2	
1040	3-甲基-1-丁烯	α-异戊烯;异丙基乙烯	563-45-1	
1041	3-(1-甲基-2-四氢吡咯基)吡啶硫酸盐	硫酸化烟碱	65-30-5	剧毒
1042	4-甲基-1-环己烯		591-47-9	
1043	1-甲基-1-环戊烯		693-89-0	
1044	2-甲基-1-戊醇		105-30-6	
1045	3-甲基-1-戊炔-3-醇	2-乙炔-2-丁醇	77-75-8	
1046	2-甲基-1-戊烯		763-29-1	
1047	3-甲基-1-戊烯		760-20-3	
1048	4-甲基-1-戊烯		691-37-2	
1049	2-甲基-2-丙醇	叔丁醇;三甲基甲醇;特丁醇	75-65-0	
1050	2-甲基-2-丁醇	叔戊醇	75-85-4	
1051	3-甲基-2-丁醇		598-75-4	
1052	2-甲基-2-丁硫醇	叔戊硫醇;特戊硫醇	1679-09-0	

(续)

序号	品名	别名	CAS号	备注
1053	3-甲基-2-丁酮	甲基异丙基甲酮	563-80-4	
1054	2-甲基-2-丁烯	β-异戊烯	513-35-9	
1055	5-甲基-2-己酮		110-12-3	
1056	2-甲基-2-戊醇		590-36-3	
1057	4-甲基-2-戊醇	甲基异丁基甲醇	108-11-2	
1058	3-甲基-2-戊酮	甲基仲丁基甲酮	565-61-7	
1059	4-甲基-2-戊酮	甲基异丁基酮;异己酮	108-10-1	
1060	2-甲基-2-戊烯		625-27-4	
1061	3-甲基-2-戊烯		922-61-2	
1062	4-甲基-2-戊烯		4461-48-7	
1063	3-甲基-2-戊烯-4-炔醇		105-29-3	
1064	1-甲基-3-丙基苯	3-丙基甲苯	1074-43-7	
1065	2-甲基-3-丁炔-2-醇		115-19-5	
1066	2-甲基-3-戊醇		565-67-3	
1067	3-甲基-3-戊醇		77-74-7	
1068	2-甲基-3-戊酮	乙基异丙基甲酮	565-69-5	
1069	4-甲基-3-戊烯-2-酮	异丙叉丙酮;异亚丙基丙酮	141-79-7	
1070	2-甲基-3-乙基戊烷		609-26-7	
1071	2-甲基-4,6-二硝基酚	4,6-二硝基邻甲苯酚;二硝酚	534-52-1	剧毒
1072	1-甲基-4-丙基苯	4-丙基甲苯	1074-55-1	
1073	2-甲基-5-乙基吡啶		104-90-5	
1074	3-甲基-6-甲氧基苯胺	邻氨基对甲苯甲醚	120-71-8	
1075	S-甲基-N-[(甲基氨基甲酰基)-氧基]硫代乙酰胺酸酯	灭多威;O-甲基氨基甲酰酯-2-甲硫基乙醛肟	16752-77-5	
1076	O-甲基-O-(2-异丙氧基甲酰基苯基)硫代磷酰胺	水胺硫磷	24353-61-5	
1077	O-甲基-O-(4-溴-2,5-二氯苯基)苯基硫代磷酸酯	溴苯膦	21609-90-5	
1078	O-甲基-O-[(2-异丙氧基甲酰)苯基]-N-异丙基硫代磷酰胺	甲基异柳磷	99675-03-3	

(续)

序号	品名	别名	CAS 号	备注
1079	O-甲基-S-甲基-硫代磷酰胺	甲胺磷	10265-92-6	剧毒
1080	O-(甲基氨基甲酰基)-1-二甲氨基甲酰-1-甲硫基甲醛肟	杀线威	23135-22-0	
1081	O-甲基氨基甲酰基-2-甲基-2-(甲硫基)丙醛肟	涕灭威	116-06-3	剧毒
1082	O-甲基氨基甲酰基-3,3-二甲基-1-(甲硫基)丁醛肟	O-甲基氨基甲酰基-3,3-二甲基-1-(甲硫基)丁醛肟；久效威	39196-18-4	剧毒
1083	2-甲基苯胺	邻甲苯胺；2-氨基苯；邻氨基甲苯	95-53-4	
1084	3-甲基苯胺	间甲苯胺；3-氨基苯；间氨基甲苯	108-44-1	
1085	4-甲基苯胺	对甲基苯胺；4-氨基苯；对氨基甲苯	106-49-0	
1086	N-甲基苯胺		100-61-8	
1087	甲基苯基二氯硅烷		149-74-6	
1088	α-甲基苯基甲醇	苯基甲基甲醇；α-甲基苄醇	98-85-1	
1089	2-甲基苯甲腈	邻甲苯基氰；邻甲基苯甲腈	529-19-1	
1090	3-甲基苯甲腈	间甲苯基氰；间甲基苯甲腈	620-22-4	
1091	4-甲基苯甲腈	对甲苯基氰；对甲基苯甲腈	104-85-8	
1092	4-甲基苯乙烯[稳定的]	对甲基苯乙烯	622-97-9	
1093	2-甲基吡啶	α-皮考林	109-06-8	
1094	3-甲基吡啶	β-皮考林	108-99-6	
1095	4-甲基吡啶	γ-皮考林	108-89-4	
1096	3-甲基吡唑-5-二乙基磷酸酯	吡唑磷	108-34-9	
1097	(S)-3-(1-甲基吡咯烷-2-基)吡啶	烟碱；尼古丁；1-甲基-2-(3-吡啶基)吡咯烷	54-11-5	剧毒
1098	甲基苄基溴	甲基溴化苄；α-溴代二甲苯	89-92-9	
1099	甲基苄基亚硝胺	N-甲基-N-亚硝基苯甲胺	937-40-6	
1100	甲基丙基醚	甲丙醚	557-17-5	
1101	2-甲基丙烯腈[稳定的]	异丁烯腈	126-98-7	
1102	α-甲基丙烯醛	异丁烯醛	78-85-3	

（续）

序号	品名	别名	CAS 号	备注
1103	甲基丙烯酸[稳定的]	异丁烯酸	79-41-4	
1104	甲基丙烯酸-2-二甲氨乙酯	二甲氨基乙基异丁烯酸酯	2867-47-2	
1105	甲基丙烯酸甲酯[稳定的]	牙托水;有机玻璃单体;异丁烯酸甲酯	80-62-6	
1106	甲基丙烯酸三硝基乙酯			
1107	甲基丙烯酸烯丙酯	2-甲基-2-丙烯酸-2-丙烯基酯	96-05-9	
1108	甲基丙烯酸乙酯[稳定的]	异丁烯酸乙酯	97-63-2	
1109	甲基丙烯酸异丁酯[稳定的]		97-86-9	
1110	甲基丙烯酸正丁酯[稳定的]		97-88-1	
1111	甲基狄戈辛		30685-43-9	
1112	3-(1-甲基丁基)苯基-N-甲基氨基甲酸酯 和 3-(1-乙基丙基)苯基-N-甲基氨基甲酸酯	合杀威	8065-36-9	
1113	3-甲基丁醛	异戊醛	590-86-3	
1114	2-甲基丁烷	异戊烷	78-78-4	
1115	甲基二氯硅烷	二氯甲基硅烷	75-54-7	
1116	2-甲基呋喃		534-22-5	
1117	2-甲基庚烷		592-27-8	
1118	3-甲基庚烷		589-81-1	
1119	4-甲基庚烷		589-53-7	
1120	甲基环己醇	六氢甲酚	25639-42-3	
1121	甲基环己酮		1331-22-2	
1122	甲基环己烷	六氢化甲苯;环己基甲烷	108-87-2	
1123	甲基环戊二烯		26519-91-5	
1124	甲基环戊烷		96-37-7	
1125	甲基磺酸		75-75-2	
1126	甲基磺酰氯	氯化硫酰甲烷;甲烷磺酰氯	124-63-0	剧毒
1127	3-甲基己烷		589-34-4	
1128	甲基肼	一甲肼;甲基联氨	60-34-4	剧毒

（续）

序号	品名	别名	CAS号	备注
1129	2-甲基喹啉		91-63-4	
1130	4-甲基喹啉		491-35-0	
1131	6-甲基喹啉		91-62-3	
1132	7-甲基喹啉		612-60-2	
1133	8-甲基喹啉		611-32-5	
1134	甲基氯硅烷	氯甲基硅烷	993-00-0	
1135	N-甲基吗啉		109-02-4	
1136	1-甲基萘	α-甲基萘	90-12-0	
1137	2-甲基萘	β-甲基萘	91-57-6	
1138	2-甲基哌啶	2-甲基六氢吡啶	109-05-7	
1139	3-甲基哌啶	3-甲基六氢吡啶	626-56-2	
1140	4-甲基哌啶	4-甲基六氢吡啶	626-58-4	
1141	N-甲基哌啶	N-甲基六氢吡啶;1-甲基哌啶	626-67-5	
1142	N-甲基全氟辛基磺酰胺		31506-32-8	
1143	3-甲基噻吩	甲基硫茂	616-44-4	
1144	甲基三氯硅烷	三氯甲基硅烷	75-79-6	
1145	甲基三乙氧基硅烷	三乙氧基甲基硅烷	2031-67-6	
1146	甲基胂酸锌	稻脚青	20324-26-9	
1147	甲基叔丁基甲酮	3,3-二甲基-2-丁酮;1,1,1-三甲基丙酮;甲基特丁基酮	75-97-8	
1148	甲基叔丁基醚	2-甲氧基-2-甲基丙烷;MTBE	1634-04-4	
1149	2-甲基四氢呋喃	四氢-2-甲基呋喃	96-47-9	
1150	1-甲基戊醇	仲己醇;2-己醇	626-93-7	
1151	甲基戊二烯		54363-49-4	
1152	4-甲基戊腈	异戊基氰;氰化异戊烷;异己腈	542-54-1	
1153	2-甲基戊醛	α-甲基戊醛	123-15-9	
1154	2-甲基戊烷	异己烷	107-83-5	
1155	3-甲基戊烷		96-14-0	
1156	2-甲基烯丙醇	异丁烯醇	513-42-8	

(续)

序号	品名	别名	CAS号	备注
1157	甲基溴化镁[浸在乙醚中]		75-16-1	
1158	甲基乙烯醚[稳定的]	乙烯基甲醚	107-25-5	
1159	2-甲基己烷		591-76-4	
1160	甲基异丙基苯	伞花烃	99-87-6	
1161	甲基异丙烯甲酮[稳定的]		814-78-8	
1162	1-甲基异喹啉		1721-93-3	
1163	3-甲基异喹啉		1125-80-0	
1164	4-甲基异喹啉		1196-39-0	
1165	5-甲基异喹啉		62882-01-3	
1166	6-甲基异喹啉		42398-73-2	
1167	7-甲基异喹啉		54004-38-5	
1168	8-甲基异喹啉		62882-00-2	
1169	N-甲基正丁胺	N-甲基丁胺	110-68-9	
1170	甲基正丁基醚	1-甲氧基丁烷;甲丁醚	628-28-4	
1171	甲硫醇	巯基甲烷	74-93-1	
1172	甲硫醚	二甲硫;二甲基硫醚	75-18-3	
1173	甲醛溶液	福尔马林溶液	50-00-0	
1174	甲胂酸	甲基胂酸;甲次砷酸	56960-31-7	
1175	甲酸	蚁酸	64-18-6	
1176	甲酸环己酯		4351-54-6	
1177	甲酸甲酯		107-31-3	
1178	甲酸烯丙酯		1838-59-1	
1179	甲酸亚铊	甲酸铊;蚁酸铊	992-98-3	
1180	甲酸乙酯		109-94-4	
1181	甲酸异丙酯		625-55-8	
1182	甲酸异丁酯		542-55-2	
1183	甲酸异戊酯		110-45-2	
1184	甲酸正丙酯		110-74-7	

(续)

序号	品名	别名	CAS 号	备注
1185	甲酸正丁酯		592-84-7	
1186	甲酸正己酯		629-33-4	
1187	甲酸正戊酯		638-49-3	
1188	甲烷		74-82-8	
1189	甲烷磺酰氟	甲磺氟酰;甲基磺酰氟	558-25-8	剧毒
1190	N-甲酰-2-硝甲基-1,3-全氢化噻嗪			
1191	4-甲氧基-4-甲基-2-戊酮		107-70-0	
1192	2-甲氧基苯胺	邻甲氧基苯胺;邻氨基苯甲醚;邻茴香胺	90-04-0	
1193	3-甲氧基苯胺	间甲氧基苯胺;间氨基苯甲醚;间茴香胺	536-90-3	
1194	4-甲氧基苯胺	对氨基苯甲醚;对甲氧基苯胺;对茴香胺	104-94-9	
1195	甲氧基苯甲酰氯	茴香酰氯	100-07-2	
1196	4-甲氧基二苯胺-4′-氯化重氮苯	凡拉明蓝盐 B;安安蓝 B 色盐	101-69-9	
1197	3-甲氧基乙酸丁酯	3-甲氧基丁基乙酸酯	4435-53-4	
1198	甲氧基乙酸甲酯		6290-49-9	
1199	2-甲氧基乙酸乙酯	乙酸甲基溶纤剂;乙二醇甲醚乙酸酯;乙酸乙二醇甲醚	110-49-6	
1200	甲氧基异氰酸甲酯	甲氧基甲基异氰酸酯	6427-21-0	
1201	甲乙醚	乙甲醚;甲氧基乙烷	540-67-0	
1202	甲藻毒素(二盐酸盐)	石房蛤毒素(盐酸盐)	35523-89-8	剧毒
1203	钾	金属钾	7440-09-7	
1204	钾汞齐		37340-23-1	
1205	钾合金			
1206	钾钠合金	钠钾合金	11135-81-2	
1207	间苯二甲酰氯	二氯化间苯二甲酰	99-63-8	
1208	间苯三酚	1,3,5-三羟基苯;均苯三酚	108-73-6	

(续)

序号	品名	别名	CAS号	备注
1209	间硝基苯磺酸		98-47-5	
1210	间异丙基苯酚		618-45-1	
1211	碱土金属汞齐			
1212	焦硫酸汞		1537199-53-3	
1213	焦砷酸		13453-15-1	
1214	焦油酸			
1215	金属锆 金属锆粉[干燥的]	锆粉	7440-67-7	
1216	金属铪粉	铪粉	7440-58-6	
1217	金属镧[浸在煤油中的]		7439-91-0	
1218	金属锰粉[含水≥25%]	锰粉	7439-96-5	
1219	金属钕[浸在煤油中的]		7440-00-8	
1220	金属铷	铷	7440-17-7	
1221	金属铯	铯	7440-46-2	
1222	金属锶	锶	7440-24-6	
1223	金属钛粉[干的] 金属钛粉[含水不低于25%,机械方法生产的,粒径小于53微米;化学方法生产的,粒径小于840微米]		7440-32-6	
1224	精蒽		120-12-7	
1225	肼水溶液[含肼≤64%]			
1226	酒石酸化烟碱		65-31-6	
1227	酒石酸锑钾	吐酒石;酒石酸钾锑;酒石酸氧锑钾	28300-74-5	
1228	聚苯乙烯珠体[可发性的]			
1229	聚醚聚过氧叔丁基碳酸酯[含量≤52%,含B型稀释剂≥48%]			
1230	聚乙醛		9002-91-9	

(续)

序号	品名	别名	CAS 号	备注
1231	聚乙烯聚胺	多乙烯多胺;多乙撑多胺	29320-38-5	
1232	2-莰醇	冰片;龙脑	507-70-0	
1233	莰烯	樟脑萜;莰芬	79-92-5	
1234	糠胺	2-呋喃甲胺;麸胺	617-89-0	
1235	糠醛	呋喃甲醛	98-01-1	
1236	抗霉素 A		1397-94-0	剧毒
1237	氪[压缩的或液化的]		7439-90-9	
1238	喹啉	苯并吡啶;氮杂萘	91-22-5	
1239	雷汞[湿的,按质量含水或乙醇和水的混合物不低于20%]	二雷酸汞;雷酸汞	628-86-4	
1240	锂	金属锂	7439-93-2	
1241	连二亚硫酸钙		15512-36-4	
1242	连二亚硫酸钾	低亚硫酸钾	14293-73-3	
1243	连二亚硫酸钠	保险粉;低亚硫酸钠	7775-14-6	
1244	连二亚硫酸锌	亚硫酸氢锌	7779-86-4	
1245	联苯		92-52-4	
1246	3-[(3-联苯-4-基)-1,2,3,4-四氢-1-萘基]-4-羟基香豆素	鼠得克	56073-07-5	
1247	联十六烷基过氧重碳酸酯[含量≤100%] 联十六烷基过氧重碳酸酯[含量≤42%,在水中稳定弥散]	过氧化二(十六烷基)二碳酸酯	26322-14-5	
1248	镰刀菌酮 X		23255-69-8	剧毒
1249	邻氨基苯硫醇	2-氨基硫代苯酚;2-巯基胺;邻氨基苯硫酚苯	137-07-5	
1250	邻苯二甲酸苯胺		50930-79-5	
1251	邻苯二甲酸二异丁酯		84-69-5	
1252	邻苯二甲酸酐[含马来酸酐大于0.05%]	苯酐;酞酐	85-44-9	

(续)

序号	品名	别名	CAS号	备注
1253	邻苯二甲酰氯	二氯化邻苯二甲酰	88-95-9	
1254	邻苯二甲酰亚胺	酞酰亚胺	85-41-6	
1255	邻甲苯磺酰氯		133-59-5	
1256	邻硝基苯酚钾	邻硝基酚钾	824-38-4	
1257	邻硝基苯磺酸		80-82-0	
1258	邻硝基乙苯		612-22-6	
1259	邻异丙基苯酚	邻异丙基酚	88-69-7	
1260	磷化钙	二磷化三钙	1305-99-3	
1261	磷化钾		20770-41-6	
1262	磷化铝		20859-73-8	
1263	磷化铝镁			
1264	磷化镁	二磷化三镁	12057-74-8	
1265	磷化钠		12058-85-4	
1266	磷化氢	磷化三氢;膦	7803-51-2	剧毒
1267	磷化锶		12504-13-1	
1268	磷化锡		25324-56-5	
1269	磷化锌		1314-84-7	
1270	磷酸二乙基汞	谷乐生;谷仁乐生;乌斯普龙汞制剂	2235-25-8	
1271	磷酸三甲苯酯	磷酸三甲酚酯;增塑剂 TCP	1330-78-5	
1272	磷酸亚铊		13453-41-3	
1273	9-磷杂双环壬烷	环辛二烯膦		
1274	膦酸		10294-56-1	
1275	β,β′-硫代二丙腈		111-97-7	
1276	2-硫代呋喃甲醇	糠硫醇	98-02-2	
1277	硫代甲酰胺		115-08-2	
1278	硫代磷酰氯	硫代氯化磷酰;三氯化硫磷;三氯硫磷	3982-91-0	剧毒
1279	硫代氯甲酸乙酯	氯硫代甲酸乙酯	2941-64-2	

(续)

序号	品名	别名	CAS 号	备注
1280	4-硫代戊醛	甲基巯基丙醛	3268-49-3	
1281	硫代乙酸	硫代醋酸	507-09-5	
1282	硫代异氰酸甲酯	异硫氰酸甲酯;甲基芥子油	556-61-6	
1283	硫化铵溶液			
1284	硫化钡		21109-95-5	
1285	硫化镉		1306-23-6	
1286	硫化汞	朱砂	1344-48-5	
1287	硫化钾	硫化二钾	1312-73-8	
1288	硫化钠	臭碱	1313-82-2	
1289	硫化氢		7783-06-4	
1290	硫磺	硫	7704-34-9	
1291	硫脲	硫代尿素	62-56-6	
1292	硫氢化钙		12133-28-7	
1293	硫氢化钠	氢硫化钠	16721-80-5	
1294	硫氰酸苄	硫氰化苄;硫氰酸苄酯	3012-37-1	
1295	硫氰酸钙	硫氰化钙	2092-16-2	
1296	硫氰酸汞		592-85-8	
1297	硫氰酸汞铵		20564-21-0	
1298	硫氰酸汞钾		14099-12-8	
1299	硫氰酸甲酯		556-64-9	
1300	硫氰酸乙酯		542-90-5	
1301	硫氰酸异丙酯		625-59-2	
1302	硫酸		7664-93-9	
1303	硫酸-2,4-二氨基甲苯	2,4-二氨基甲苯硫酸	65321-67-7	
1304	硫酸-2,5-二氨基甲苯	2,5-二氨基甲苯硫酸	615-50-9	
1305	硫酸-2,5-二乙氧基-4-(4-吗啉基)-重氮苯		32178-39-5	
1306	硫酸-4,4′-二氨基联苯	硫酸联苯胺;联苯胺硫酸	531-86-2	
1307	硫酸-4-氨基-N,N-二甲基苯胺	N,N-二甲基对苯二胺硫酸;对氨基-N,N-二甲基苯胺硫酸	536-47-0	

(续)

序号	品名	别名	CAS号	备注
1308	硫酸苯胺		542-16-5	
1309	硫酸苯肼	苯肼硫酸	2545-79-1	
1310	硫酸对苯二胺	硫酸对二氨基苯	16245-77-5	
1311	硫酸二甲酯	硫酸甲酯	77-78-1	
1312	硫酸二乙酯	硫酸乙酯	64-67-5	
1313	硫酸镉		10124-36-4	
1314	硫酸汞	硫酸高汞	7783-35-9	
1315	硫酸钴		10124-43-3	
1316	硫酸间苯二胺	硫酸间二氨基苯	541-70-8	
1317	硫酸马钱子碱	二甲氧基士的宁硫酸盐	4845-99-2	
1318	硫酸镍		7786-81-4	
1319	硫酸铍		13510-49-1	
1320	硫酸铍钾		53684-48-3	
1321	硫酸铅[含游离酸＞3%]		7446-14-2	
1322	硫酸羟胺	硫酸胲	10039-54-0	
1323	硫酸氢-2-(N-乙羰基甲按基)-4-(3,4-二甲基苯磺酰)重氮苯			
1324	硫酸氢铵	酸式硫酸铵	7803-63-6	
1325	硫酸氢钾	酸式硫酸钾	7646-93-7	
1326	硫酸氢钠	酸式硫酸钠	7681-38-1	
	硫酸氢钠溶液	酸式硫酸钠溶液		
1327	硫酸三乙基锡		57-52-3	剧毒
1328	硫酸铊	硫酸亚铊	7446-18-6	剧毒
1329	硫酸亚汞		7783-36-0	
1330	硫酸氧钒	硫酸钒酰	27774-13-6	
1331	硫酰氟	氟化磺酰	2699-79-8	
1332	六氟-2,3-二氯-2-丁烯	2,3-二氯六氟-2-丁烯	303-04-8	剧毒
1333	六氟丙酮	全氟丙酮	684-16-2	

(续)

序号	品名	别名	CAS号	备注
1334	六氟丙酮水合物	全氟丙酮水合物;水合六氟丙酮	13098-39-0	
1335	六氟丙烯	全氟丙烯	116-15-4	
1336	六氟硅酸镁	氟硅酸镁	16949-65-8	
1337	六氟合硅酸钡	氟硅酸钡	17125-80-3	
1338	六氟合硅酸锌	氟硅酸锌	16871-71-9	
1339	六氟合磷氢酸[无水]	六氟代磷酸	16940-81-1	
1340	六氟化碲		7783-80-4	
1341	六氟化硫		2551-62-4	
1342	六氟化钨		7783-82-6	
1343	六氟化硒		7783-79-1	
1344	六氟乙烷	R116;全氟乙烷	76-16-4	
1345	3,3,6,6,9,9-六甲基-1,2,4,5-四氧环壬烷[含量52%~100%]		22397-33-7	
	3,3,6,6,9,9-六甲基-1,2,4,5-四氧环壬烷[含量≤52%,含A型稀释剂≥48%]			
	3,3,6,6,9,9-六甲基-1,2,4,5-四氧环壬烷[含量≤52%,含B型稀释剂≥48%]			
1346	六甲基二硅醚	六甲基氧二硅烷	107-46-0	
1347	六甲基二硅烷		1450-14-2	
1348	六甲基二硅烷胺	六甲基二硅亚胺	999-97-3	
1349	六氢-3a,7a-二甲基-4,7-环氧异苯并呋喃-1,3-二酮	斑蝥素	56-25-7	
1350	六氯-1,3-丁二烯	六氯丁二烯;全氯-1,3-丁二烯	87-68-3	
1351	(1R,4S,4aS,5R,6R,7S,8S,8aR)-1,2,3,4,10,10-六氯-1,4,4a,5,6,7,8,8a-八氢-6,7-环氧-1,4,5,8-二亚甲基萘[含量2%~90%]	狄氏剂	60-57-1	剧毒

（续）

序号	品名	别名	CAS 号	备注
1352	（1R,4S,5R,8S）-1,2,3,4,10,10-六氯-1,4,4a,5,6,7,8,8a-八氢-6,7-环氧-1,4;5,8-二亚甲基萘[含量＞5％]	异狄氏剂	72-20-8	剧毒
1353	1,2,3,4,10,10-六氯-1,4,4a,5,8,8a-六氢-1,4-挂-5,8-挂二亚甲基萘[含量＞10％]	异艾氏剂	465-73-6	剧毒
1354	1,2,3,4,10,10-六氯-1,4,4a,5,8,8a-六氢-1,4:5,8-桥,挂-二甲撑萘[含量＞75％]	六氯-六氢-二甲撑萘;艾氏剂	309-00-2	剧毒
1355	（1,4,5,6,7,7-六氯-8,9,10-三降冰片-5-烯-2,3-亚基双亚甲基）亚硫酸酯	1,2,3,4,7,7-六氯双环[2,2,1]庚烯-(2)-双羟甲基-5,6-亚硫酸酯;硫丹	115-29-7	
1356	六氯苯	六氯代苯;过氯苯;全氯代苯	118-74-1	
1357	六氯丙酮		116-16-5	
1358	六氯环戊二烯	全氯环戊二烯	77-47-4	剧毒
1359	α-六氯环己烷		319-84-6	
1360	β-六氯环己烷		319-85-7	
1361	γ-(1,2,4,5/3,6)-六氯环己烷	林丹	58-89-9	
1362	1,2,3,4,5,6-六氯环己烷	六氯化苯;六六六	608-73-1	
1363	六氯乙烷	全氯乙烷;六氯化碳	67-72-1	
1364	六硝基-1,2-二苯乙烯	六硝基芪	20062-22-0	
1365	六硝基二苯胺	六硝炸药;二苦基胺	131-73-7	
1366	六硝基二苯胺铵盐	曙黄	2844-92-0	
1367	六硝基二苯硫	二苦基硫	28930-30-5	
1368	六溴二苯醚		36483-60-0	
1369	2,2',4,4',5,5'-六溴二苯醚		68631-49-2	
1370	2,2',4,4',5,6'-六溴二苯醚		207122-15-4	
1371	六溴环十二烷			

（续）

序号	品名	别名	CAS号	备注
1372	六溴联苯		36355-01-8	
1373	六亚甲基二异氰酸酯	六甲撑二异氰酸酯;1,6-二异氰酸己烷;己撑二异氰酸酯;1,6-己二异氰酸酯	822-06-0	
1374	N,N-六亚甲基硫代氨基甲酸-S-乙酯	禾草敌	2212-67-1	
1375	六亚甲基四胺	六甲撑四胺;乌洛托品	100-97-0	
1376	六亚甲基亚胺	高哌啶	111-49-9	
1377	铝粉		7429-90-5	
1378	铝镍合金氢化催化剂			
1379	铝酸钠[固体]		1302-42-7	
	铝酸钠[溶液]			
1380	铝铁熔剂			
1381	氯	液氯;氯气	7782-50-5	剧毒
1382	1-氯-1,1-二氟乙烷	R142;二氟氯乙烷	75-68-3	
1383	3-氯-1,2-丙二醇	α-氯代丙二醇;3-氯-1,2-二羟基丙烷;α-氯甘油;3-氯代丙二醇	96-24-2	
1384	2-氯-1,3-丁二烯[稳定的]	氯丁二烯	126-99-8	
1385	2-氯-1-丙醇	2-氯-1-羟基丙烷	78-89-7	
1386	3-氯-1-丙醇	三亚甲基氯醇	627-30-5	
1387	3-氯-1-丁烯		563-52-0	
1388	1-氯-1-硝基丙烷	1-硝基-1-氯丙烷	600-25-9	
1389	2-氯-1-溴丙烷	1-溴-2-氯丙烷	3017-96-7	
1390	1-氯-2,2,2-三氟乙烷	R133a	75-88-7	
1391	1-氯-2,3-环氧丙烷	环氧氯丙烷;3-氯-1,2-环氧丙烷	106-89-8	
1392	1-氯-2,4-二硝基苯	2,4-二硝基氯苯	97-00-7	
1393	4-氯-2-氨基苯酚	2-氨基-4-氯苯酚;对氯邻氨基苯酚	95-85-2	
1394	1-氯-2-丙醇	氯异丙醇;丙氯仲醇	127-00-4	
1395	1-氯-2-丁烯		591-97-9	

(续)

序号	品名	别名	CAS号	备注
1396	5-氯-2-甲基苯胺	5-氯邻甲苯胺;2-氨基-4-氯甲苯	95-79-4	
1397	N-(4-氯-2-甲基苯基)-N′,N′-二甲基甲脒	杀虫脒	6164-98-3	
1398	3-氯-2-甲基丙烯	2-甲基-3-氯丙烯;甲基烯丙基氯;氯化异丁烯;1-氯-2-甲基-2-丙烯	563-47-3	
1399	2-氯-2-甲基丁烷	叔戊基氯;氯代叔戊烷	594-36-5	
1400	5-氯-2-甲氧基苯胺	4-氯-2-氨基苯甲醚	95-03-4	
1401	4-氯-2-硝基苯胺	对氯邻硝基苯胺	89-63-4	
1402	4-氯-2-硝基苯酚		89-64-5	
1403	4-氯-2-硝基苯酚钠盐		52106-89-5	
1404	4-氯-2-硝基甲苯	对氯邻硝基甲苯	89-59-8	
1405	1-氯-2-溴丙烷	2-溴-1-氯丙烷	3017-95-6	
1406	1-氯-2-溴乙烷	1-溴-2-氯乙烷;氯乙基溴	107-04-0	
1407	4-氯间甲酚	2-氯-5-羟基甲苯;4-氯-3-甲酚	59-50-7	
1408	1-氯-3-甲基丁烷	异戊基氯;氯代异戊烷	107-84-6	
1409	1-氯-3-溴丙烷	3-溴-1-氯丙烷	109-70-6	
1410	2-氯-4,5-二甲基苯基-N-甲基氨基甲酸酯	氯灭杀威	671-04-5	
1411	2-氯-4-二甲氨基-6-甲基嘧啶	鼠立死	535-89-7	
1412	3-氯-4-甲氧基苯胺	2-氯-4-氨基苯甲醚;邻氯对氨基苯甲醚	5345-54-0	
1413	2-氯-4-硝基苯胺	邻氯对硝基苯胺	121-87-9	
1414	氯苯	一氯化苯	108-90-7	
1415	2-氯苯胺	邻氯苯胺;邻氨基氯苯	95-51-2	
1416	3-氯苯胺	间氨基氯苯;间氯苯胺	108-42-9	
1417	4-氯苯胺	对氯苯胺;对氨基氯苯	106-47-8	
1418	2-氯苯酚	2-羟基氯苯;2-氯-1-羟基苯;邻氯苯酚;邻羟基氯苯	95-57-8	
1419	3-氯苯酚	3-羟基氯苯;3-氯-1-羟基苯;间氯苯酚;间羟基氯苯	108-43-0	

（续）

序号	品名	别名	CAS号	备注
1420	4-氯苯酚	4-羟基氯苯；4-氯-1-羟基苯；对氯苯酚；对羟基氯苯	106-48-9	
1421	3-氯苯过氧甲酸[57%＜含量≤86%，惰性固体含量≥14%]		937-14-4	
	3-氯苯过氧甲酸[含量≤57%，惰性固体含量≤3%，含水≥40%]			
	3-氯苯过氧甲酸[含量≤77%，惰性固体含量≥6%，含水≥17%]			
1422	2-[(RS)-2-(4-氯苯基)-2-苯基乙酰基]-2,3-二氢-1,3-茚二酮[含量＞4%]	2-(苯基对氯苯基乙酰)茚满-1,3-二酮；氯鼠酮	3691-35-8	剧毒
1423	N(3-氯苯基)氨基甲酸(4-氯丁炔-2-基)脂	燕麦灵	101-27-9	
1424	氯苯基三氯硅烷		26571-79-9	
1425	2-氯苯甲酰氯	邻氯苯甲酰氯；氯化邻氯苯甲酰	609-65-4	
1426	4-氯苯甲酰氯	对氯苯甲酰氯；氯化对氯苯甲酰	122-01-0	
1427	2-氯苯乙酮	氯乙酰苯；氯苯乙酮；苯基氯甲基甲酮；苯酰甲基氯；α-氯苯乙酮	532-27-4	
1428	2-氯吡啶		109-09-1	
1429	4-氯苄基氯	对氯苄基氯；对氯苯甲基氯	104-83-6	
1430	3-氯丙腈	β-氯丙腈；氰化-β-氯乙烷	542-76-7	
1431	2-氯丙酸	2-氯代丙酸	598-78-7	
1432	3-氯丙酸	3-氯代丙酸	107-94-8	
1433	2-氯丙酸甲酯		17639-93-9；77287-29-7	
1434	2-氯丙酸乙酯		535-13-7	
1435	3-氯丙酸乙酯		623-71-2	
1436	2-氯丙酸异丙酯		40058-87-5；79435-04-4	

(续)

序号	品名	别名	CAS 号	备注
1437	1-氯丙烷	氯正丙烷;丙基氯	540-54-5	
1438	2-氯丙烷	氯异丙烷;异丙基氯	75-29-6	
1439	2-氯丙烯	异丙烯基氯	557-98-2	
1440	3-氯丙烯	α-氯丙烯;烯丙基氯	107-05-1	
1441	氯铂酸		16941-12-1	
1442	氯代膦酸二乙酯	氯化磷酸二乙酯	814-49-3	剧毒
1443	氯代叔丁烷	叔丁基氯;特丁基氯	507-20-0	
1444	氯代异丁烷	异丁基氯	513-36-0	
1445	氯代正己烷	氯代己烷;己基氯	544-10-5	
1446	1-氯丁烷	正丁基氯;氯代正丁烷	109-69-3	
1447	2-氯丁烷	仲丁基氯;氯代仲丁烷	78-86-4	
1448	氯锇酸铵	氯化锇铵	12125-08-5	
1449	氯二氟甲烷和氯五氟乙烷共沸物	R502		
1450	氯二氟溴甲烷	R12B1;二氟氯溴甲烷;溴氯二氟甲烷;哈龙-1211	353-59-3	
1451	2-氯氟苯	邻氯氟苯;2-氟氯苯;邻氟氯苯	348-51-6	
1452	3-氯氟苯	间氯氟苯;3-氟氯苯;间氟氯苯	625-98-9	
1453	4-氯氟苯	对氯氟苯;4-氟氯苯;对氟氯苯	352-33-0	
1454	2-氯汞苯酚		90-03-9	
1455	4-氯汞苯甲酸	对氯化汞苯甲酸	59-85-8	
1456	氯化铵汞	白降汞,氯化汞铵	10124-48-8	
1457	氯化钡		10361-37-2	
1458	氯化苯汞		100-56-1	
1459	氯化苄	α-氯甲苯;苄基氯	100-44-7	
1460	氯化二硫酰	二硫酰氯;焦硫酰氯	7791-27-7	
1461	氯化二烯丙托锡弗林		15180-03-7	
1462	氯化二乙基铝		96-10-6	
1463	氯化镉		10108-64-2	

(续)

序号	品名	别名	CAS 号	备注
1464	氯化汞	氯化高汞;二氯化汞;升汞	7487-94-7	剧毒
1465	氯化钴		7646-79-9	
1466	氯化琥珀胆碱	司克林;氯琥珀胆碱;氯化琥珀酰胆碱	71-27-2	
1467	氯化环戊烷		930-28-9	
1468	氯化甲基汞		115-09-3	
1469	氯化甲氧基乙基汞		123-88-6	
1470	氯化钾汞	氯化汞钾	20582-71-2	
1471	4-氯化联苯	对氯化联苯;联苯基氯	2051-62-9	
1472	1-氯化萘	α-氯化萘	90-13-1	
1473	氯化镍	氯化亚镍	7718-54-9	
1474	氯化铍		7787-47-5	
1475	氯化氢[无水]		7647-01-0	
1476	氯化氰	氰化氯;氯甲腈	506-77-4	剧毒
1477	氯化铜		7447-39-4	
1478	α-氯化筒箭毒碱	氯化南美防己碱;氢氧化吐巴寇拉令碱;氯化箭毒块茎碱;氯化管箭毒碱	57-94-3	
1479	氯化硒	二氯化二硒	10025-68-0	
1480	氯化锌		7646-85-7	
	氯化锌溶液			
1481	氯化锌-2-(2-羟乙氧基)-1(吡咯烷-1-基)重氮苯			
1482	氯化锌-2-(N-氧羰基苯氨基)-3-甲氧基-4-(N-甲基环己氨基)重氮苯			
1483	氯化锌-2,5-二乙氧基-4-(4-甲苯磺酰)重氮苯			
1484	氯化锌-2,5-二乙氧基-4-苯璜酰重氮苯			
1485	氯化锌-2,5-二乙氧基-4-吗啉代重氮苯		26123-91-1	

(续)

序号	品名	别名	CAS 号	备注
1486	氯化锌-3-(2-羟乙氧基)-4(吡咯烷-1-基)重氮苯		105185-95-3	
1487	氯化锌-3-氯-4-二乙氨基重氮苯	晒图盐 BG	15557-00-3	
1488	氯化锌-4-苄甲氨基-3-乙氧基重氮苯		4421-50-5	
1489	氯化锌-4-苄乙氨基-3-乙氧基重氮苯		21723-86-4	
1490	氯化锌-4-二丙氨基重氮苯		33864-17-4	
1491	氯化锌-4-二甲氧基-6-(2-二甲氨乙氧基)-2-重氮甲苯			
1492	氯化溴	溴化氯	13863-41-7	
1493	氯化亚砜	亚硫酰二氯;二氯氧化硫;亚硫酰氯	7719-09-7	
1494	氯化亚汞	甘汞	10112-91-1	
1495	氯化亚铊	一氯化铊;一氧化二铊	7791-12-0	
1496	氯化乙基汞		107-27-7	
1497	氯磺酸	氯化硫酸;氯硫酸	7790-94-5	
1498	2-氯甲苯	邻氯甲苯	95-49-8	
1499	3-氯甲苯	间氯甲苯	108-41-8	
1500	4-氯甲苯	对氯甲苯	106-43-4	
1501	氯甲苯胺异构体混合物			
1502	氯甲基甲醚	甲基氯甲醚;氯二甲醚	107-30-2	剧毒
1503	氯甲基三甲基硅烷	三甲基氯甲硅烷	2344-80-1	
1504	氯甲基乙醚	氯甲基乙基醚	3188-13-4	
1505	氯甲酸-2-乙基己酯		24468-13-1	
1506	氯甲酸苯酯		1885-14-9	
1507	氯甲酸苄酯	苯甲氧基碳酰氯	501-53-1	
1508	氯甲酸环丁酯		81228-87-7	
1509	氯甲酸甲酯	氯碳酸甲酯	79-22-1	剧毒

(续)

序号	品名	别名	CAS号	备注
1510	氯甲酸氯甲酯		22128-62-7	
1511	氯甲酸三氯甲酯	双光气	503-38-8	
1512	氯甲酸烯丙基酯[稳定的]		2937-50-0	
1513	氯甲酸乙酯	氯碳酸乙酯	541-41-3	剧毒
1514	氯甲酸异丙酯		108-23-6	
1515	氯甲酸异丁酯		543-27-1	
1516	氯甲酸正丙酯	氯甲酸丙酯	109-61-5	
1517	氯甲酸正丁酯	氯甲酸丁酯	592-34-7	
1518	氯甲酸仲丁酯		17462-58-7	
1519	氯甲烷	R40;甲基氯;一氯甲烷	74-87-3	
1520	氯甲烷和二氯甲烷混合物			
1521	2-氯间甲酚	2-氯-3-羟基甲苯	608-26-4	
1522	6-氯间甲酚	4-氯-5-羟基甲苯	615-74-7	
1523	4-氯邻甲苯胺盐酸盐	盐酸-4-氯-2-甲苯胺	3165-93-3	
1524	N-(4-氯邻甲苯基)-N,N-二甲基甲脒盐酸盐	杀虫脒盐酸盐	19750-95-9	
1525	2-氯三氟甲苯	邻氯三氟甲苯	88-16-4	
1526	3-氯三氟甲苯	间氯三氟甲苯	98-15-7	
1527	4-氯三氟甲苯	对氯三氟甲苯	98-56-6	
1528	氯三氟甲烷和三氟甲烷共沸物	R503		
1529	氯四氟乙烷	R124	63938-10-3	
1530	氯酸铵		10192-29-7	
1531	氯酸钡		13477-00-4	
1532	氯酸钙		10137-74-3	
	氯酸钙溶液			
1533	氯酸钾		3811-04-9	
	氯酸钾溶液			
1534	氯酸镁		10326-21-3	

(续)

序号	品名	别名	CAS号	备注
1535	氯酸钠		7775-09-9	
	氯酸钠溶液			
1536	氯酸溶液[浓度≤10％]		7790-93-4	
1537	氯酸铯		13763-67-2	
1538	氯酸锶		7791-10-8	
1539	氯酸铊		13453-30-0	
1540	氯酸铜		26506-47-8	
1541	氯酸锌		10361-95-2	
1542	氯酸银		7783-92-8	
1543	1-氯戊烷	氯代正戊烷	543-59-9	
1544	2-氯硝基苯	邻氯硝基苯	88-73-3	
1545	3-氯硝基苯	间氯硝基苯	121-73-3	
1546	4-氯硝基苯	对氯硝基苯;1-氯-4-硝基苯	100-00-5	
1547	氯硝基苯异构体混合物	混合硝基氯化苯;冷母液	25167-93-5	
1548	氯溴甲烷	甲撑溴氯;溴氯甲烷	74-97-5	
1549	2-氯乙醇	乙撑氯醇;氯乙醇	107-07-3	剧毒
1550	氯乙腈	氰化氯甲烷;氯甲基氰	107-14-2	
1551	氯乙酸	氯醋酸;一氯醋酸	79-11-8	
1552	氯乙酸丁酯	氯醋酸丁酯	590-02-3	
1553	氯乙酸酐	氯醋酸酐	541-88-8	
1554	氯乙酸甲酯	氯醋酸甲酯	96-34-4	
1555	氯乙酸钠		3926-62-3	
1556	氯乙酸叔丁酯	氯醋酸叔丁酯	107-59-5	
1557	氯乙酸乙烯酯	氯醋酸乙烯酯;乙烯基氯乙酸酯	2549-51-1	
1558	氯乙酸乙酯	氯醋酸乙酯	105-39-5	
1559	氯乙酸异丙酯	氯醋酸异丙酯	105-48-6	
1560	氯乙烷	乙基氯	75-00-3	
1561	氯乙烯[稳定的]	乙烯基氯	75-01-4	
1562	2-氯乙酰-N-乙酰苯胺	邻氯乙酰-N-乙酰苯胺	93-70-9	
1563	氯乙酰氯	氯化氯乙酰	79-04-9	

(续)

序号	品名	别名	CAS 号	备注
1564	4-氯正丁酸乙酯		3153-36-4	
1565	马来酸酐	马来酐;失水苹果酸酐;顺丁烯二酸酐	108-31-6	
1566	吗啉		110-91-8	
1567	煤焦酚	杂酚;粗酚	65996-83-0	
1568	煤焦沥青	焦油沥青;煤沥青;煤膏	65996-93-2	
1569	煤焦油		8007-45-2	
1570	煤气			
1571	煤油	火油;直馏煤油	8008-20-6	
1572	镁		7439-95-4	
1573	镁合金[片状、带状或条状,含镁>50%]			
1574	镁铝粉			
1575	锰酸钾		10294-64-1	
1576	迷迭香油		8000-25-7	
1577	米许合金[浸在煤油中的]			
1578	脒基亚硝氨基脒基叉肼[含水≥30%]			
1579	脒基亚硝氨基脒基四氮烯[湿的,按质量含水或乙醇和水的混合物不低于30%]	四氮烯;特屈拉辛	109-27-3	
1580	木防己苦毒素	苦毒浆果(木防己属)	124-87-8	
1581	木馏油	木焦油	8021-39-4	
1582	钠	金属钠	7440-23-5	
1583	钠石灰[含氢氧化钠>4%]	碱石灰	8006-28-8	
1584	氖[压缩的或液化的]		7440-01-9	
1585	萘	粗萘;精萘;萘饼	91-20-3	
1586	1-萘胺	α-萘胺;1-氨基萘	134-32-7	
1587	2-萘胺	β-萘胺;2-氨基萘	91-59-8	
1588	1,8-萘二甲酸酐	萘酐	81-84-5	

(续)

序号	品名	别名	CAS 号	备注
1589	萘磺汞	双苯汞亚甲基二萘磺酸酯;汞加芬;双萘磺酸苯汞	14235-86-0	
1590	1-萘基硫脲	α-萘硫脲;安妥	86-88-4	
1591	1-萘甲腈	萘甲腈;α-萘甲腈	86-53-3	
1592	1-萘氧基二氯化膦		91270-74-5	
1593	镍催化剂[干燥的]			
1594	2,2′-偶氮-二-(2,4-二甲基-4-甲氧基戊腈)		15545-97-8	
1595	2,2′-偶氮-二-(2,4-二甲基戊腈)	偶氮二异庚腈	4419-11-8	
1596	2,2′-偶氮二-(2-甲基丙酸乙酯)		3879-07-0	
1597	2,2′-偶氮-二-(2-甲基丁腈)		13472-08-7	
1598	1,1′-偶氮-二-(六氢苄腈)	1,1′-偶氮二(环己基甲腈)	2094-98-6	
1599	偶氮二甲酰胺	发泡剂 AC;二氮烯二甲酰胺	123-77-3	
1600	2,2′-偶氮二异丁腈	发泡剂 N;ADIN;2-甲基丙腈	78-67-1	
1601	哌啶	六氢吡啶;氮己环	110-89-4	
1602	哌嗪	对二氮己环	110-85-0	
1603	α-蒎烯	α-松油萜	80-56-8	
1604	β-蒎烯		127-91-3	
1605	硼氢化钾	氢硼化钾	13762-51-1	
1606	硼氢化锂	氢硼化锂	16949-15-8	
1607	硼氢化铝	氢硼化铝	16962-07-5	
1608	硼氢化钠	氢硼化钠	16940-66-2	
1609	硼酸		10043-35-3	
1610	硼酸三甲酯	三甲氧基硼烷	121-43-7	
1611	硼酸三乙酯	三乙氧基硼烷	150-46-9	
1612	硼酸三异丙酯	硼酸异丙酯	5419-55-6	
1613	铍粉		7440-41-7	
1614	偏钒酸铵		7803-55-6	

(续)

序号	品名	别名	CAS号	备注
1615	偏钒酸钾		13769-43-2	
1616	偏高碘酸钾			
1617	偏高碘酸钠			
1618	偏硅酸钠	三氧硅酸二钠	6834-92-0	
1619	偏砷酸		10102-53-1	
1620	偏砷酸钠		15120-17-9	
1621	漂白粉			
1622	漂粉精[含有效氯＞39％]	高级晒粉		
1623	葡萄糖酸汞		63937-14-4	
1624	七氟丁酸	全氟丁酸	375-22-4	
1625	七硫化四磷	七硫化磷	12037-82-0	
1626	七溴二苯醚		68928-80-3	
1627	2,2′,3,3′,4,5′,6′-七溴二苯醚		446255-22-7	
1628	2,2′,3,4,4′,5′,6-七溴二苯醚		207122-16-5	
1629	1,4,5,6,7,8,8-七氯-3a,4,7,7a-四氢-4,7-亚甲基茚	七氯	76-44-8	
1630	汽油 乙醇汽油 甲醇汽油		86290-81-5	
1631	铅汞齐			
1632	1-羟环丁-1-烯-3,4-二酮	半方形酸	31876-38-7	
1633	3-羟基-1,1-二甲基丁基过氧新癸酸[含量≤52％,含A型稀释剂≥48％] 3-羟基-1,1-二甲基丁基过氧新癸酸[含量≤52％,在水中稳定弥散] 3-羟基-1,1-二甲基丁基过氧新癸酸[含量≤77％,含A型稀释剂≥23％]		95718-78-8	

(续)

序号	品名	别名	CAS 号	备注
1634	N-3-[1-羟基-2-(甲氨基)乙基]苯基甲烷磺酰胺甲磺酸盐	酰胺福林-甲烷磺酸盐	1421-68-7	
1635	3-羟基-2-丁酮	乙酰甲基甲醇	513-86-0	
1636	4-羟基-4-甲基-2-戊酮	双丙酮醇	123-42-2	
1637	2-羟基丙腈	乳腈	78-97-7	剧毒
1638	2-羟基丙酸甲酯	乳酸甲酯	547-64-8	
1639	2-羟基丙酸乙酯	乳酸乙酯	97-64-3	
1640	3-羟基丁醛	3-丁醇醛；丁间醇醛	107-89-1	
1641	羟基甲基汞		1184-57-2	
1642	羟基乙腈	乙醇腈	107-16-4	剧毒
1643	羟基乙硫醚	α-乙硫基乙醇	110-77-0	
1644	3-(2-羟基乙氧基)-4-吡咯烷基-1-苯重氮氯化锌盐			
1645	2-羟基异丁酸乙酯	2-羟基-2-甲基丙酸乙酯	80-55-7	
1646	羟间唑啉(盐酸盐)		2315-02-8	剧毒
1647	N-(2-羟乙基)-N-甲基全氟辛基磺酰胺		24448-09-7	
1648	氢	氢气	1333-74-0	
1649	氢碘酸	碘化氢溶液	10034-85-2	
1650	氢氟酸	氟化氢溶液	7664-39-3	
1651	氢过氧化蒎烷[56%＜含量≤100%]		28324-52-9	
	氢过氧化蒎烷[含量≤56%,含 A 型稀释剂≥44%]			
1652	氢化钡		13477-09-3	
1653	氢化钙		7789-78-8	
1654	氢化锆		7704-99-6	
1655	氢化钾		7693-26-7	
1656	氢化锂		7580-67-8	
1657	氢化铝		7784-21-6	

(续)

序号	品名	别名	CAS 号	备注
1658	氢化铝锂	四氢化铝锂	16853-85-3	
1659	氢化铝钠	四氢化铝钠	13770-96-2	
1660	氢化镁	二氢化镁	7693-27-8	
1661	氢化钠		7646-69-7	
1662	氢化钛		7704-98-5	
1663	氢气和甲烷混合物			
1664	氢氰酸[含量≤20%] 氢氰酸蒸熏剂		74-90-8	
1665	氢溴酸	溴化氢溶液	10035-10-6	
1666	氢氧化钡		17194-00-2	
1667	氢氧化钾 氢氧化钾溶液[含量≥30%]	苛性钾	1310-58-3	
1668	氢氧化锂 氢氧化锂溶液		1310-65-2	
1669	氢氧化钠 氢氧化钠溶液[含量≥30%]	苛性钠;烧碱	1310-73-2	
1670	氢氧化铍		13327-32-7	
1671	氢氧化铷 氢氧化铷溶液		1310-82-3	
1672	氢氧化铯 氢氧化铯溶液		21351-79-1	
1673	氢氧化铊		17026-06-1	
1674	柴油[闭杯闪点≤60℃]			
1675	氰	氰气	460-19-5	
1676	氰氨化钙[含碳化钙>0.1%]	石灰氮	156-62-7	
1677	氰胍甲汞	氰甲汞胍	502-39-6	剧毒
1678	氰化钡		542-62-1	
1679	氰化碘	碘化氰	506-78-5	
1680	氰化钙		592-01-8	
1681	氰化镉		542-83-6	剧毒

（续）

序号	品名	别名	CAS号	备注
1682	氰化汞	氰化高汞；二氰化汞	592-04-1	
1683	氰化汞钾	汞氰化钾；氰化钾汞	591-89-9	
1684	氰化钴（Ⅱ）		542-84-7	
1685	氰化钴（Ⅲ）		14965-99-2	
1686	氰化钾	山奈钾	151-50-8	剧毒
1687	氰化金		506-65-0	
1688	氰化钠	山奈	143-33-9	剧毒
1689	氰化钠铜锌			
1690	氰化镍	氰化亚镍	557-19-7	
1691	氰化镍钾	氰化钾镍	14220-17-8	
1692	氰化铅		592-05-2	
1693	氰化氢	无水氢氰酸	74-90-8	剧毒
1694	氰化铈			
1695	氰化铜	氰化高铜	14763-77-0	
1696	氰化锌		557-21-1	
1697	氰化溴	溴化氰	506-68-3	
1698	氰化金钾		14263-59-3	
1699	氰化亚金钾		13967-50-5	
1700	氰化亚铜		544-92-3	
1701	氰化亚铜三钾	氰化亚铜钾	13682-73-0	
1702	氰化亚铜三钠	紫铜盐；紫铜矾；氰化铜钠	14264-31-4	
	氰化亚铜三钠溶液			
1703	氰化银		506-64-9	
1704	氰化银钾	银氰化钾	506-61-6	剧毒
1705	（RS)-α-氰基-3-苯氧基苄基（SR)-3-(2,2-二氯乙烯基)-2,2-二甲基环丙烷羧酸酯	氯氰菊酯	52315-07-8	
1706	4-氰基苯甲酸	对氰基苯甲酸	619-65-8	
1707	氰基乙酸	氰基醋酸	372-09-8	

(续)

序号	品名	别名	CAS号	备注
1708	氰基乙酸乙酯	氰基醋酸乙酯;乙基氰基乙酸酯	105-56-6	
1709	氰尿酰氯	三聚氰酰氯;三聚氯化氰	108-77-0	
1710	氰熔体			
1711	2-巯基丙酸	硫代乳酸	79-42-5	
1712	5-巯基四唑并-1-乙酸			
1713	2-巯基乙醇	硫代乙二醇;2-羟基-1-乙硫醇	60-24-2	
1714	巯基乙酸	氢硫基乙酸;硫代乙醇酸	68-11-1	
1715	全氟辛基磺酸		1763-23-1	
1716	全氟辛基磺酸铵		29081-56-9	
1717	全氟辛基磺酸二癸二甲基铵		251099-16-8	
1718	全氟辛基磺酸二乙醇铵		70225-14-8	
1719	全氟辛基磺酸钾		2795-39-3	
1720	全氟辛基磺酸锂		29457-72-5	
1721	全氟辛基磺酸四乙基铵		56773-42-3	
1722	全氟辛基磺酰氟		307-35-7	
1723	全氯甲硫醇	三氯硫氯甲烷;过氯甲硫醇;四氯硫代碳酰	594-42-3	剧毒
1724	全氯五环癸烷	灭蚁灵	2385-85-5	
1725	壬基酚	壬基苯酚	25154-52-3	
1726	壬基酚聚氧乙烯醚		9016-45-9	
1727	壬基三氯硅烷		5283-67-0	
1728	壬烷及其异构体			
1729	1-壬烯		124-11-8	
1730	2-壬烯		2216-38-8	
1731	3-壬烯		20063-92-7	
1732	4-壬烯		2198-23-4	
1733	溶剂苯			
1734	溶剂油[闭杯闪点≤60℃]			
1735	乳酸苯汞三乙醇铵		23319-66-6	剧毒
1736	乳酸锑		58164-88-8	

(续)

序号	品名	别名	CAS号	备注
1737	乳香油		8016-36-2	
1738	噻吩	硫杂茂;硫代呋喃	110-02-1	
1739	三-(1-吖丙啶基)氧化膦	三吖啶基氧化膦	545-55-1	
1740	三(2,3-二溴丙磷酸酯)磷酸盐		126-72-7	
1741	三(2-甲基氮丙啶)氧化磷	三(2-甲基氮杂环丙烯)氧化膦	57-39-6	
1742	三(环己基)-1,2,4-三唑-1-基)锡	三唑锡	41083-11-8	
1743	三苯基磷		603-35-0	
1744	三苯基氯硅烷		76-86-8	
1745	三苯基氢氧化锡	三苯基羟基锡	76-87-9	
1746	三苯基乙酸锡		900-95-8	
1747	三丙基铝		102-67-0	
1748	三丙基氯化锡	氯丙锡;三丙锡氯	2279-76-7	
1749	三碘化砷	碘化亚砷	7784-45-4	
1750	三碘化铊		13453-37-7	
1751	三碘化锑		64013-16-7	
1752	三碘甲烷	碘仿	75-47-8	
1753	三碘乙酸	三碘醋酸	594-68-3	
1754	三丁基氟化锡		1983-10-4	
1755	三丁基铝		1116-70-7	
1756	三丁基氯化锡		1461-22-9	
1757	三丁基硼		122-56-5	
1758	三丁基氢化锡		688-73-3	
1759	S,S,S-三丁基三硫代磷酸酯	三硫代磷酸三丁酯;脱叶磷	78-48-8	
1760	三丁基锡苯甲酸		4342-36-3	
1761	三丁基锡环烷酸		85409-17-2	
1762	三丁基锡亚油酸		24124-25-2	
1763	三丁基氧化锡		56-35-9	

（续）

序号	品名	别名	CAS号	备注
1764	三丁锡甲基丙烯酸		2155-70-6	
1765	三氟丙酮		421-50-1	
1766	三氟化铋		7787-61-3	
1767	三氟化氮		7783-54-2	
1768	三氟化磷		7783-55-3	
1769	三氟化氯		7790-91-2	
1770	三氟化硼	氟化硼	7637-07-2	
1771	三氟化硼丙酸络合物			
1772	三氟化硼甲醚络合物		353-42-4	
1773	三氟化硼乙胺		75-23-0	
1774	三氟化硼乙醚络合物		109-63-7	
1775	三氟化硼乙酸酐	三氟化硼醋酸酐	591-00-4	
1776	三氟化硼乙酸络合物	乙酸三氟化硼	7578-36-1	
1777	三氟化砷	氟化亚砷	7784-35-2	
1778	三氟化锑	氟化亚锑	7783-56-4	
1779	三氟化溴		7787-71-5	
1780	三氟甲苯		98-08-8	
1781	（RS)-2-[4-(5-三氟甲基-2-吡啶氧基)苯氧基]丙酸丁酯	吡氟禾草灵丁酯	69806-50-4	
1782	2-三氟甲基苯胺	2-氨基三氟甲苯	88-17-5	
1783	3-三氟甲基苯胺	3-氨基三氟甲苯;间三氟甲基苯胺	98-16-8	
1784	三氟甲烷	R23;氟仿	75-46-7	
1785	三氟氯化甲苯	三氟甲基氯苯		
1786	三氟氯乙烯[稳定的]	R1113;氯三氟乙烯	79-38-9	
1787	三氟溴乙烯	溴三氟乙烯	598-73-2	
1788	2,2,2-三氟乙醇		75-89-8	
1789	三氟乙酸	三氟醋酸	76-05-1	
1790	三氟乙酸酐	三氟醋酸酐	407-25-0	
1791	三氟乙酸铬	三氟醋酸铬	16712-29-1	
1792	三氟乙酸乙酯	三氟醋酸乙酯	383-63-1	

(续)

序号	品名	别名	CAS号	备注
1793	1,1,1-三氟乙烷	R143	420-46-2	
1794	三氟乙酰氯	氯化三氟乙酰	354-32-5	
1795	三环己基氢氧化锡	三环锡	13121-70-5	
1976	三甲胺[无水]		75-50-3	
	三甲胺溶液			
1797	2,4,4-三甲基-1-戊烯		107-39-1	
1798	2,4,4-三甲基-2-戊烯		107-40-4	
1799	1,2,3-三甲基苯	连三甲基苯	526-73-8	
1800	1,2,4-三甲基苯	假枯烯	95-63-6	
1801	1,3,5-三甲基苯	均三甲苯	108-67-8	
1802	2,2,3-三甲基丁烷		464-06-2	
1803	三甲基环己胺		15901-42-5	
1804	3,3,5-三甲基己撑二胺	3,3,5-三甲基六亚甲基二胺	25620-58-0; 25513-64-8	
1805	三甲基己基二异氰酸酯	二异氰酸三甲基六亚甲基酯		
1806	2,2,4-三甲基己烷		16747-26-5	
1807	2,2,5-三甲基己烷		3522-94-9	
1808	三甲基铝		75-24-1	
1809	三甲基氯硅烷	氯化三甲基硅烷	75-77-4	
1810	三甲基硼	甲基硼	593-90-8	
1811	2,4,4-三甲基戊基-2-过氧化苯氧基乙酸酯[在溶液中,含量≤37%]	2,4,4-三甲基戊基-2-过氧化苯氧基醋酸酯	59382-51-3	
1812	2,2,3-三甲基戊烷		564-02-3	
1813	2,2,4-三甲基戊烷		540-84-1	
1814	2,3,4-三甲基戊烷		565-75-3	
1815	三甲基乙酰氯	三甲基氯乙酰;新戊酰氯	3282-30-2	
1816	三甲基乙氧基硅烷	乙氧基三甲基硅烷	1825-62-3	
1817	三聚丙烯	三丙烯	13987-01-4	

（续）

序号	品名	别名	CAS号	备注
1818	三聚甲醛	三氧杂环己烷;三聚蚁醛;对称三噁烷	110-88-3	
1819	三聚氰酸三烯丙酯		101-37-1	
1820	三聚乙醛	仲乙醛;三聚醋醛	123-63-7	
1821	三聚异丁烯	三异丁烯	7756-94-7	
1822	三硫化二磷	三硫化磷	12165-69-4	
1823	三硫化二锑	硫化亚锑	1345-04-6	
1824	三硫化四磷		1314-85-8	
1825	1,1,2-三氯-1,2,2-三氟乙烷	R113;1,2,2-三氯三氟乙烷	76-13-1	
1826	2,3,4-三氯-1-丁烯	三氯丁烯	2431-50-7	
1827	1,1,1-三氯-2,2-双(4-氯苯基)乙烷	滴滴涕	50-29-3	
1828	2,4,5-三氯苯胺	1-氨基-2,4,5-三氯苯	636-30-6	
1829	2,4,6-三氯苯胺	1-氨基-2,4,6-三氯苯	634-93-5	
1830	2,4,5-三氯苯酚	2,4,5-三氯酚	95-95-4	
1831	2,4,6-三氯苯酚	2,4,6-三氯酚	88-06-2	
1832	2-(2,4,5-三氯苯氧基)丙酸	2,4,5-涕丙酸	93-72-1	
1833	2,4,5-三氯苯氧乙酸	2,4,5-涕	93-76-5	
1834	1,2,3-三氯丙烷		96-18-4	
1835	1,2,3-三氯代苯	1,2,3-三氯苯	87-61-6	
1836	1,2,4-三氯代苯	1,2,4-三氯苯	120-82-1	
1837	1,3,5-三氯代苯	1,3,5-三氯苯	108-70-3	
1838	三氯硅烷	硅仿;硅氯仿;三氯氢硅	10025-78-2	
1839	三氯化碘		865-44-1	
1840	三氯化钒		7718-98-1	
1841	三氯化磷	氯化磷,氯化亚磷	7719-12-2	
1842	三氯化铝[无水]	氯化铝	7446-70-0	
	三氯化铝溶液	氯化铝溶液		
1843	三氯化钼		13478-18-7	

(续)

序号	品名	别名	CAS号	备注
1844	三氯化硼		10294-34-5	
1845	三氯化三甲基二铝	三氯化三甲基铝	12542-85-7	
1846	三氯化三乙基二铝	三氯三乙基络铝	12075-68-2	
1847	三氯化砷	氯化亚砷	7784-34-1	
1848	三氯化钛	氯化亚钛	7705-07-9	
	三氯化钛溶液	氯化亚钛溶液		
	三氯化钛混合物			
1849	三氯化锑		10025-91-9	
1850	三氯化铁	氯化铁	7705-08-0	
	三氯化铁溶液	氯化铁溶液		
1851	三氯甲苯	三氯化苄;苯基三氯甲烷;α,α,α-三氯甲苯	98-07-7	
1852	三氯甲烷	氯仿	67-66-3	
1853	三氯三氟丙酮	1,1,3-三氯-1,3,3-三氟丙酮	79-52-7	
1854	三氯硝基甲烷	氯化苦;硝基三氯甲烷	76-06-2	剧毒
1855	1-三氯锌酸-4-二甲氨基重氮苯			
1856	1,2-O-[(1R)-2,2,2-三氯亚乙基]-α-D-呋喃葡糖	α-氯醛糖	15879-93-3	
1857	三氯氧化钒	三氯化氧钒	7727-18-6	
1858	三氯氧磷	氧氯化磷;氯化磷酰;磷酰氯;三氯化磷酰;磷酰三氯	10025-87-3	
1859	三氯一氟甲烷	R11	75-69-4	
1860	三氯乙腈	氰化三氯甲烷	545-06-2	
1861	三氯乙醛[稳定的]	氯醛;氯油	75-87-6	
1862	三氯乙酸	三氯醋酸	76-03-9	
1863	三氯乙酸甲酯	三氯醋酸甲酯	598-99-2	
1864	1,1,1-三氯乙烷	甲基氯仿	71-55-6	
1865	1,1,2-三氯乙烷		79-00-5	
1866	三氯乙烯		79-01-6	

(续)

序号	品名	别名	CAS 号	备注
1867	三氯乙酰氯		76-02-8	
1868	三氯异氰脲酸		87-90-1	
1869	三烯丙基胺	三烯丙胺；三(2-丙烯基)胺	102-70-5	
1870	1,3,5-三硝基苯	均三硝基苯	99-35-4	
1871	2,4,6-三硝基苯胺	苦基胺	489-98-5	
1872	2,4,6-三硝基苯酚	苦味酸	88-89-1	
1873	2,4,6-三硝基苯酚铵[干的或含水＜10％]	苦味酸铵	131-74-8	
	2,4,6-三硝基苯酚铵[含水≥10％]			
1874	2,4,6-三硝基苯酚钠	苦味酸钠	3324-58-1	
1875	2,4,6-三硝基苯酚银[含水≥30％]	苦味酸银	146-84-9	
1876	三硝基苯磺酸		2508-19-2	
1877	2,4,6-三硝基苯磺酸钠		5400-70-4	
1878	三硝基苯甲醚	三硝基茴香醚	28653-16-9	
1879	2,4,6-三硝基苯甲酸	三硝基安息香酸	129-66-8	
1880	2,4,6-三硝基苯甲硝胺	特屈儿	479-45-8	
1881	三硝基苯乙醚		4732-14-3	
1882	2,4,6-三硝基二甲苯	2,4,6-三硝基间二甲苯	632-92-8	
1883	2,4,6-三硝基甲苯	梯恩梯；TNT	118-96-7	
1884	三硝基甲苯与六硝基-1,2-二苯乙烯混合物	三硝基甲苯与六硝基芪混合物		
1885	2,4,6-三硝基甲苯与铝混合物	特里托纳尔		
1886	三硝基甲苯与三硝基苯和六硝基-1,2-二苯乙烯混合物	三硝基甲苯与三硝基苯和六硝基芪混合物		
1887	三硝基甲苯与三硝基苯混合物			
1888	三硝基甲苯与硝基萘混合物	梯萘炸药		

(续)

序号	品名	别名	CAS 号	备注
1889	2,4,6-三硝基间苯二酚	收敛酸	82-71-3	
1890	2,4,6-三硝基间苯二酚铅[湿的，按质量含水或乙醇和水的混合物不低于20％]	收敛酸铅	15245-44-0	
1891	三硝基间甲酚		602-99-3	
1892	2,4,6-三硝基氯苯	苦基氯	88-88-0	
1893	三硝基萘		55810-17-8	
1894	三硝基芴酮		129-79-3	
1895	2,4,6-三溴苯胺		147-82-0	
1896	三溴化碘		7789-58-4	
1897	三溴化磷		7789-60-8	
1998	三溴化铝[无水]	溴化铝	7727-15-3	
	三溴化铝溶液	溴化铝溶液		
1899	三溴化硼		10294-33-4	
1900	三溴化三甲基二铝	三溴化三甲基铝	12263-85-3	
1901	三溴化砷	溴化亚砷	7784-33-0	
1902	三溴化锑		7789-61-9	
1903	三溴甲烷	溴仿	75-25-2	
1904	三溴乙醛	溴醛	115-17-3	
1905	三溴乙酸	三溴醋酸	75-96-7	
1906	三溴乙烯		598-16-3	
1907	2,4,6-三亚乙基氨基-1,3,5-三嗪	曲他胺	51-18-3	
1908	三亚乙基四胺	二缩三乙二胺;三乙撑四胺	112-24-3	
1909	三氧化二氮	亚硝酐	10544-73-7	
1910	三氧化二钒		1314-34-7	
1911	三氧化二磷	亚磷酸酐	1314-24-5	
1912	三氧化二砷	白砒;砒霜;亚砷酸酐	1327-53-3	剧毒
1913	三氧化铬[无水]	铬酸酐	1333-82-0	

(续)

序号	品名	别名	CAS 号	备注
1914	三氧化硫[稳定的]	硫酸酐	7446-11-9	
1915	三乙胺		121-44-8	
1916	3,6,9-三乙基-3,6,9-三甲基-1,4,7-三过氧壬烷[含量≤42%,含A型稀释剂≥58%]		24748-23-0	
1917	三乙基铝		97-93-8	
1918	三乙基硼		97-94-9	
1919	三乙基砷酸酯		15606-95-8	
1920	三乙基锑		617-85-6	
1921	三异丁基铝		100-99-2	
1922	三正丙胺	N,N-二丙基-1-丙胺	102-69-2	
1923	三正丁胺	三丁胺	102-82-9	剧毒
1924	砷		7440-38-2	
1925	砷化汞		749262-24-6	
1926	砷化镓		1303-00-0	
1927	砷化氢	砷化三氢;胂	7784-42-1	剧毒
1928	砷化锌		12006-40-5	
1929	砷酸		7778-39-4	
1930	砷酸铵		24719-13-9	
1931	砷酸钡		13477-04-8	
1932	砷酸二氢钾			
1933	砷酸二氢钠		10103-60-3	
1934	砷酸钙	砷酸三钙	7778-44-1	
1935	砷酸汞	砷酸氢汞	7784-37-4	
1936	砷酸钾		7784-41-0	
1937	砷酸镁		10103-50-1	
1938	砷酸钠	砷酸三钠	13464-38-5	
1939	砷酸铅		7645-25-2	
1940	砷酸氢二铵		7784-44-3	

(续)

序号	品名	别名	CAS 号	备注
1941	砷酸氢二钠		7778-43-0	
1942	砷酸锑		28980-47-4	
1943	砷酸铁		10102-49-5	
1944	砷酸铜		10103-61-4	
1945	砷酸锌		1303-39-5	
1946	砷酸亚铁		10102-50-8	
1947	砷酸银		13510-44-6	
1948	生漆	大漆		
1949	生松香	焦油松香;松脂		
1950	十八烷基三氯硅烷		112-04-9	
1851	十八烷基乙酰胺	十八烷醋酸酰胺		
1952	十八烷酰氯	硬脂酰氯	112-76-5	
1953	十二烷基硫醇	月桂硫醇;十二硫醇	112-55-0	
1954	十二烷基三氯硅烷		4484-72-4	
1955	十二烷酰氯	月桂酰氯	112-16-3	
1956	十六烷基三氯硅烷		5894-60-0	
1957	十六烷酰氯	棕榈酰氯	112-67-4	
1958	十氯酮	十氯代八氢-亚甲基-环丁异[CD]戊搭烯-2-酮;开蓬	143-50-0	
1959	1,1,2,2,3,3,4,4,5,5,6,6,7,7,8,8,8-十七氟-1-辛烷磺酸		45298-90-6	
1960	十氢化萘	萘烷	91-17-8	
1961	十四烷酰氯	肉豆蔻酰氯	112-64-1	
1962	十溴联苯		13654-09-6	
1963	石棉[含:阳起石石棉、铁石棉、透闪石石棉、直闪石石棉、青石棉]		1332-21-4	
1964	石脑油		8030-30-6	
1965	石油醚	石油精	8032-32-4	
1966	石油气	原油气		
1967	石油原油	原油	8002-05-9	

(续)

序号	品名	别名	CAS 号	备注
1968	铈[粉、屑]		7440-45-1	
	金属铈[浸在煤油中的]			
1969	铈镁合金粉			
1970	叔丁胺	2-氨基-2-甲基丙烷;特丁胺	75-64-9	
1971	5-叔丁基-2,4,6-三硝基间二甲苯	二甲苯麝香;1-(1,1-二甲基乙基)-3,5-二甲基-2,4,6-三硝基苯	81-15-2	
1972	叔丁基苯	叔丁苯	98-06-6	
1973	2-叔丁基苯酚	邻叔丁基苯酚	88-18-6	
1974	4-叔丁基苯酚	对叔丁基苯酚;对特丁基苯酚;4-羟基-1-叔丁基苯	98-54-4	
1975	叔丁基过氧-2-甲基苯甲酸酯[含量≤100%]		22313-62-8	
1976	叔丁基过氧-2-乙基己酸酯[52%<含量≤100%]	过氧化-2-乙基己酸叔丁酯	3006-82-4	
	叔丁基过氧-2-乙基己酸酯[32%<含量≤52%,含 B 型稀释剂≥48%]			
	叔丁基过氧-2-乙基己酸酯[含量≤32%,含 B 型稀释剂≥68%]			
	叔丁基过氧-2-乙基己酸酯[含量≤52%,惰性固体含量≥48%]			
1977	叔丁基过氧-2-乙基己酸酯和2,2-二-(叔丁基过氧)丁烷的混合物[叔丁基过氧-2-乙基己酸酯≤12%,2,2-二-(叔丁基过氧)丁烷的混合物≤14%,含 A 型稀释剂≥14%,含惰性固体≥60%]			
	叔丁基过氧-2-乙基己酸酯和2,2-二-(叔丁基过氧)丁烷的混合物[叔丁基过氧-2-乙基己酸酯≤31%,2,2-二-(叔丁基过氧)丁烷≤36%,含 B 型稀释剂≥33%]			

(续)

序号	品名	别名	CAS 号	备注
1978	叔丁基过氧-2-乙基己碳酸酯[含量≤100%]		34443-12-4	
1979	叔丁基过氧丁基延胡索酸酯[含量≤52%,含A型稀释剂≥48%]			
1980	叔丁基过氧二乙基乙酸酯[含量≤100%]	过氧化二乙基乙酸叔丁酯;过氧化叔丁基二乙基乙酸酯		
1981	叔丁基过氧新癸酸酯[77%<含量≤100%]	过氧化新癸酸叔丁酯	26748-41-4	
	叔丁基过氧新癸酸酯[含量≤32%,含A型稀释剂≥68%]			
	叔丁基过氧新癸酸酯[含量≤42%,在水(冷冻)中稳定弥散]			
	叔丁基过氧新癸酸酯[含量≤52%,在水中稳定弥散]			
	叔丁基过氧新癸酸酯[含量≤77%]			
1982	叔丁基过氧新戊酸酯[27%<含量≤67%,含B型稀释剂≥33%]		927-07-1	
	叔丁基过氧新戊酸酯[67%<含量≤77%,含A型稀释剂≥23%]			
	叔丁基过氧新戊酸酯[含量≤27%,含B型稀释剂≥73%]			
1983	1-(2-叔丁基过氧异丙基)-3-异丙烯基苯[含量≤42%,惰性固体含量≥58%]		96319-55-0	
	1-(2-叔丁基过氧异丙基)-3-异丙烯基苯[含量≤77%,含A型稀释剂≥23%]			

(续)

序号	品名	别名	CAS号	备注
1984	叔丁基过氧异丁酸酯[52%<含量≤77%,含B型稀释剂≥23%]	过氧化异丁酸叔丁酯	109-13-7	
	叔丁基过氧异丁酸酯[含量≤52%,含B型稀释剂≥48%]			
1985	叔丁基过氧硬酯酰碳酸酯[含量≤100%]			
1986	叔丁基环己烷	环己基叔丁烷;特丁基环己烷	3178-22-1	
1987	叔丁基硫醇	叔丁硫醇	75-66-1	
1988	叔戊基过氧-2-乙基己酸酯[含量≤100%]	过氧化-2-乙基己酸叔戊酯	686-31-7	
1989	叔戊基过氧化氢[含量≤88%,含A型稀释剂≥6%,含水≥6%]		3425-61-4	
1990	叔戊基过氧戊酸酯[含量≤77%,含B型稀释剂≥23%]	过氧化叔戊基新戊酸酯	29240-17-3	
1991	叔戊基过氧新癸酸酯[含量≤77%,含B型稀释剂≥23%]	过氧化叔戊基新癸酸酯	68299-16-1	
1992	叔辛胺		107-45-9	
1993	树脂酸钙		9007-13-0	
1994	树脂酸钴		68956-82-1	
1995	树脂酸铝		61789-65-9	
1996	树脂酸锰		9008-34-8	
1997	树脂酸锌		9010-69-9	
1998	双(1-甲基乙基)氟磷酸酯	二异丙基氟磷酸酯;丙氟磷	55-91-4	剧毒
1999	双(2-氯乙基)甲胺	氮芥;双(氯乙基)甲胺	51-75-2	剧毒
2000	5-[(双(2-氯乙基)氨基]-2,4-(1H,3H)嘧啶二酮	尿嘧啶芳芥;嘧啶苯芥	66-75-1	剧毒

（续）

序号	品名	别名	CAS 号	备注
2001	2,2-双-[4,4-二（叔丁基过氧化）环己基]丙烷[含量≤42%，惰性固体含量≥58%]			
	2,2-双-[4,4-二（叔丁基过氧化）环己基]丙烷[含量≤22%，含 B 型稀释剂≥78%]			
2002	2,2-双(4-氯苯基)-2-羟基乙酸乙酯	4,4′-二氯二苯乙醇酸乙酯；乙酯杀螨醇	510-15-6	
2003	O,O-双(4-氯苯基)N-(1-亚氨基)乙基硫代磷酸胺	毒鼠磷	4104-14-7	剧毒
2004	双(N,N-二甲基甲硫酰)二硫化物	四甲基二硫代秋兰姆；四甲基硫代过氧化二碳酸二酰胺；福美双	137-26-8	
2005	双(二甲胺基)磷酰氟[含量>2%]	甲氟磷	115-26-4	剧毒
2006	双(二甲基二硫代氨基甲酸)锌	福美锌	137-30-4	
2007	4,4-双-(过氧化叔丁基)戊酸正丁酯[52%＜含量≤100%]	4,4-二(叔丁基过氧化)戊酸正丁酯	995-33-5	
	4,4-双-(过氧化叔丁基)戊酸正丁酯[含量≤52%，含惰性固体≥48%]			
2009	双过氧化壬二酸[含量≤27%，惰性固体含量≥73%]		1941-79-3	
2009	双过氧化十二烷二酸[含量≤42%，含硫酸钠≥56%]		66280-55-5	
2010	双戊烯	苎烯；二聚戊烯；1,8-萜二烯	138-86-3	
2011	2,5-双(1-吖丙啶基)-3-(2-氨甲酰氧-1-甲氧乙基)-6-甲基-1,4-苯醌	卡巴醌	24279-91-2	
2012	水合肼[含肼≤64%]	水合联氨	10217-52-4	
2013	水杨醛	2-羟基苯甲醛；邻羟基苯甲醛	90-02-8	
2014	水杨酸汞		5970-32-1	

（续）

序号	品名	别名	CAS 号	备注
2015	水杨酸化烟碱		29790-52-1	
2016	丝裂霉素 C	自力霉素	50-07-7	
2017	四苯基锡		595-90-4	
2018	四碘化锡		7790-47-8	
2019	四丁基氢氧化铵		2052-49-5	
2020	四丁基氢氧化磷		14518-69-5	
2021	四丁基锡		1461-25-2	
2022	四氟代肼	四氟肼	10036-47-2	
2023	四氟化硅	氟化硅	7783-61-1	
2024	四氟化硫		7783-60-0	
2025	四氟化铅		7783-59-7	
2026	四氟甲烷	R14	75-73-0	
2027	四氟硼酸-2,5-二乙氧基-4-吗啉代重氮苯		4979-72-0	
2028	四氟乙烯[稳定的]		116-14-3	
2029	1,2,4,5-四甲苯	均四甲苯	95-93-2	
2030	1,1,3,3-四甲基-1-丁硫醇	特辛硫醇；叔辛硫醇	141-59-3	
2031	1,1,3,3-四甲基丁基过氧-2-乙基己酸酯[含量≤100%]	过氧化-2-乙基己酸-1,1,3,3-四甲基丁酯；过氧化-1,1,3,3-四甲基丁基-2-乙基己酸酯；过氧化-2-乙基己酸叔辛酯	22288-43-3	
2032	1,1,3,3-四甲基丁基过氧新癸酸酯[含量≤52%,在水中稳定弥散]		51240-95-0	
	1,1,3,3-四甲基丁基过氧新癸酸酯[含量≤72%,含 B 型稀释剂≥28%]			
2033	1,1,3,3-四甲基丁基氢过氧化物[含量≤100%]	过氧化氢叔辛基	5809-08-5	
2034	2,2,3′,3′-四甲基丁烷	六甲基乙烷；双叔丁基	594-82-1	
2035	四甲基硅烷	四甲基硅	75-76-3	

(续)

序号	品名	别名	CAS 号	备注
2036	四甲基铅		75-74-1	
2037	四甲基氢氧化铵		75-59-2	
2038	N,N,N′,N′-四甲基乙二胺	1,2-双(二甲基氨基)乙烷	110-18-9	
2039	四聚丙烯	四丙烯	6842-15-5	
2040	四磷酸六乙酯	乙基四磷酸酯	757-58-4	
2041	四磷酸六乙酯和压缩气体混合物			
2042	2,3,4,6-四氯苯酚	2,3,4,6-四氯酚	58-90-2	
2043	1,1,3,3-四氯丙酮	1,1,3,3-四氯-2-丙酮	632-21-3	
2044	1,2,3,4-四氯代苯		634-66-2	
2045	1,2,3,5-四氯代苯		634-90-2	
2046	1,2,4,5-四氯代苯		95-94-3	
2047	2,3,7,8-四氯二苯并对二噁英	二噁英;2,3,7,8-TCDD;四氯二苯二噁英	1746-01-6	剧毒
2048	四氯化碲		10026-07-0	
2049	四氯化钒		7632-51-1	
2050	四氯化锆		10026-11-6	
2051	四氯化硅	氯化硅	10026-04-7	
2052	四氯化硫		13451-08-6	
2053	1,2,3,4-四氯化萘	四氯化萘	1335-88-2	
2054	四氯化铅		13463-30-4	
2055	四氯化钛		7550-45-0	
2056	四氯化碳	四氯甲烷	56-23-5	
2057	四氯化硒		10026-03-6	
2058	四氯化锡[无水]	氯化锡	7646-78-8	
2059	四氯化锡五水合物		10026-06-9	
2060	四氯化锗	氯化锗	10038-98-9	
2061	四氯邻苯二甲酸酐		117-08-8	
2062	四氯锌酸-2,5-二丁氧基-4-(4-吗啉基)-重氮苯(2∶1)		14726-58-0	

(续)

序号	品名	别名	CAS 号	备注
2063	1,1,2,2-四氯乙烷		79-34-5	
2064	四氯乙烯	全氯乙烯	127-18-4	
2065	N-四氯乙硫基四氢酞酰亚胺	敌菌丹	2425-06-1	
2066	5,6,7,8-四氢-1-萘胺	1-氨基-5,6,7,8-四氢萘	2217-41-6	
2067	3-(1,2,3,4-四氢-1-萘基)-4-羟基香豆素	杀鼠醚	5836-29-3	剧毒
2068	1,2,5,6-四氢吡啶		694-05-3	
2069	四氢吡咯	吡咯烷;四氢氮杂茂	123-75-1	
2070	四氢吡喃	氧己环	142-68-7	
2071	四氢呋喃	氧杂环戊烷	109-99-9	
2072	1,2,3,6-四氢化苯甲醛		100-50-5	
2073	四氢糠胺		4795-29-3	
2074	四氢邻苯二甲酸酐[含马来酐＞0.05％]	四氢酞酐	2426-02-0	
2075	四氢噻吩	四甲撑硫;四氢硫杂茂	110-01-0	
2076	四氰基代乙烯	四氰代乙烯	670-54-2	
2077	2,3,4,6-四硝基苯胺		3698-54-2	
2078	四硝基甲烷		509-14-8	剧毒
2079	四硝基萘		28995-89-3	
2080	四硝基萘胺			
2081	四溴二苯醚		40088-47-9	
2082	四溴化硒		7789-65-3	
2083	四溴化锡		7789-67-5	
2084	四溴甲烷	四溴化碳	558-13-4	
2085	1,1,2,2-四溴乙烷		79-27-6	
2086	四亚乙基五胺	三缩四乙二胺;四乙撑五胺	112-57-2	
2087	四氧化锇	锇酸酐	20816-12-0	剧毒
2088	四氧化二氮		10544-72-6	

(续)

序号	品名	别名	CAS 号	备注
2089	四氧化三铅	红丹;铅丹;铅橙	1314-41-6	
2090	O,O,O′,O′-四乙基-S,S′-亚甲基双(二硫代磷酸酯)	乙硫磷	563-12-2	
2091	O,O,O′,O′-四乙基二硫代焦磷酸酯	治螟磷	3689-24-5	剧毒
2092	四乙基焦磷酸酯	特普	107-49-3	剧毒
2093	四乙基铅	发动机燃料抗爆混合物	78-00-2	剧毒
2094	四乙基氢氧化铵		77-98-5	
2095	四乙基锡	四乙锡	597-64-8	
2096	四唑并-1-乙酸	四唑乙酸;四氮杂茂-1-乙酸	21732-17-2	
2097	松焦油		8011-48-1	
2098	松节油		8006-64-2	
2099	松节油混合萜	松脂萜;芸香烯	1335-76-8	
2100	松油		8002-09-3	
2101	松油精	松香油	8002-16-2	
2102	酸式硫酸三乙基锡		57875-67-9	
2103	铊	金属铊	7440-28-0	
2104	钛酸四乙酯	钛酸乙酯;四乙氧基钛	3087-36-3	
2105	钛酸四异丙酯	钛酸异丙酯	546-68-9	
2106	钛酸四正丙酯	钛酸正丙酯	3087-37-4	
2107	碳化钙	电石	75-20-7	
2108	碳化铝		1299-86-1	
2109	碳酸二丙酯	碳酸丙酯	623-96-1	
2110	碳酸二甲酯		616-38-6	
2111	碳酸二乙酯	碳酸乙酯	105-58-8	
2112	碳酸铍		13106-47-3	
2113	碳酸亚铊	碳酸铊	6533-73-9	
2114	碳酸乙丁酯		30714-78-4	
2115	碳酰氯	光气	75-44-5	剧毒

（续）

序号	品名	别名	CAS号	备注
2116	羰基氟	碳酰氟;氟化碳酰	353-50-4	
2117	羰基硫	硫化碳酰	463-58-1	
2118	羰基镍	四羰基镍;四碳酰镍	13463-39-3	剧毒
2119	2-特丁基-4,6-二硝基酚	2-(1,1-二甲基乙基)-4,6-二硝酚;特乐酚	1420-07-1	
2120	2-特戊酰-2,3-二氢-1,3-茚二酮	鼠完	83-26-1	
2121	锑粉		7440-36-0	
2122	锑化氢	三氢化锑;锑化三氢;睇	7803-52-3	
2123	天然气[富含甲烷的]	沼气	8006-14-2	
2124	萜品油烯	异松油烯	586-62-9	
2125	萜烯		63394-00-3	
2126	铁铈齐	铈铁合金	69523-06-4	
2127	铜钙合金			
2128	铜乙二胺溶液		13426-91-0	
2129	土荆芥油	藜油;除蛔油	8006-99-3	
2130	烷基、芳基或甲苯磺酸[含游离硫酸]			
2131	烷基锂			
2132	烷基铝氢化物			
2133	乌头碱	附子精	302-27-2	剧毒
2134	无水肼[含肼＞64%]	无水联胺	302-01-2	
2135	五氟化铋		7787-62-4	
2136	五氟化碘		7783-66-6	
2137	五氟化磷		7647-19-0	
2138	五氟化氯		13637-63-3	剧毒
2139	五氟化锑		7783-70-2	
2140	五氟化溴		7789-30-2	
2141	五甲基庚烷		30586-18-6	

(续)

序号	品名	别名	CAS号	备注
2142	五硫化二磷	五硫化磷	1314-80-3	
2143	五氯苯		608-93-5	
2144	五氯苯酚	五氯酚	87-86-5	剧毒
2145	五氯苯酚苯基汞			
2146	五氯苯酚汞			
2147	2,3,4,7,8-五氯二苯并呋喃	2,3,4,7,8-PCDF	57117-31-4	剧毒
2148	五氯酚钠		131-52-2	
2149	五氯化磷		10026-13-8	
2150	五氯化钼		10241-05-1	
2151	五氯化铌		10026-12-7	
2152	五氯化钽		7721-01-9	
2153	五氯化锑	过氯化锑;氯化锑	7647-18-9	剧毒
2154	五氯硝基苯	硝基五氯苯	82-68-8	
2155	五氯乙烷		76-01-7	
2156	五氰金酸四钾		68133-87-9	
2157	五羰基铁	羰基铁	13463-40-6	剧毒
2158	五溴二苯醚		32534-81-9	
2159	五溴化磷		7789-69-7	
2160	五氧化二碘	碘酐	12029-98-0	
2161	五氧化二钒	钒酸酐	1314-62-1	
2162	五氧化二磷	磷酸酐	1314-56-3	
2163	五氧化二砷	砷酸酐;五氧化砷;氧化砷	1303-28-2	剧毒
2164	五氧化二锑	锑酸酐	1314-60-9	
2165	1-戊醇	正戊醇	71-41-0	
2166	2-戊醇	仲戊醇	6032-29-7	
2167	1,5-戊二胺	1,5-二氨基戊烷;五亚甲基二胺;尸毒素	462-94-2	
2168	戊二腈	1,3-二氰基丙烷	544-13-8	
2169	戊二醛	1,5-戊二醛	111-30-8	

(续)

序号	品名	别名	CAS号	备注
2170	2,4-戊二酮	乙酰丙酮	123-54-6	
2171	1,3-戊二烯[稳定的]		504-60-9	
2172	1,4-戊二烯[稳定的]		591-93-5	
2173	戊基三氯硅烷		107-72-2	
2174	戊腈	丁基氰;氰化丁烷	110-59-8	
2175	1-戊硫醇	正戊硫醇	110-66-7	
2176	戊硫醇异构体混合物			
2177	戊硼烷	五硼烷	19624-22-7	剧毒
2178	1-戊醛	正戊醛	110-62-3	
2179	1-戊炔	丙基乙炔	627-19-0	
2180	2-戊酮	甲基丙基甲酮	107-87-9	
2181	3-戊酮	二乙基酮	96-22-0	
2182	1-戊烯		109-67-1	
2183	2-戊烯		109-68-2	
2184	1-戊烯-3-酮	乙烯乙基甲酮	1629-58-9	
2185	戊酰氯		638-29-9	
2186	烯丙基三氯硅烷[稳定的]		107-37-9	
2187	烯丙基缩水甘油醚		106-92-3	
2188	硒		7782-49-2	
2189	硒化镉		1306-24-7	
2190	硒化铅		12069-00-0	
2191	硒化氢[无水]		7783-07-5	
2192	硒化铁		1310-32-3	
2193	硒化锌		1315-09-9	
2194	硒脲		630-10-4	
2195	硒酸		7783-08-6	
2196	硒酸钡		7787-41-9	
2197	硒酸钾		7790-59-2	

(续)

序号	品名	别名	CAS号	备注
2198	硒酸钠		13410-01-0	剧毒
2199	硒酸铜	硒酸高铜	15123-69-0	
2200	氙[压缩的或液化的]		7440-63-3	
2201	硝铵炸药	铵梯炸药		
2202	硝化甘油[按质量含有不低于40％不挥发、不溶于水的减敏剂]	硝化丙三醇；甘油三硝酸酯	55-63-0	
2203	硝化甘油乙醇溶液[含硝化甘油≤10％]	硝化丙三醇乙醇溶液；甘油三硝酸酯乙醇溶液		
2204	硝化淀粉		9056-38-6	
2205	硝化二乙醇胺火药			
2206	硝化沥青			
2207	硝化酸混合物	硝化混合酸	51602-38-1	
2208	硝化纤维素[干的或含水（或乙醇）＜25％]	硝化棉	9004-70-0	
	硝化纤维素[含氮≤12.6％，含乙醇≥25％]			
	硝化纤维素[含氮≤12.6％]			
	硝化纤维素[含水≥25％]			
	硝化纤维素[含乙醇≥25％]			
	硝化纤维素[未改型的,或增塑的,含增塑剂＜18％]			
	硝化纤维素溶液[含氮量≤12.6％,含硝化纤维素≤55％]	硝化棉溶液		
2209	硝化纤维塑料[板、片、棒、管、卷等状,不包括碎屑]	赛璐珞	8050-88-2	
	硝化纤维塑料碎屑	赛璐珞碎屑		
2210	3-硝基-1,2-二甲苯	1,2-二甲基-3-硝基苯；3-硝基邻二甲苯	83-41-0	
2211	4-硝基-1,2-二甲苯	1,2-二甲基-4-硝基苯；4-硝基邻二甲苯；4,5-二甲基硝基苯	99-51-4	
2212	2-硝基-1,3-二甲苯	1,3-二甲基-2-硝基苯；2-硝基间二甲苯	81-20-9	

(续)

序号	品名	别名	CAS 号	备注
2213	4-硝基-1,3-二甲苯	1,3-二甲基-4-硝基苯;4-硝基间二甲苯;2,4-二甲基硝基苯;对硝基间二甲苯	89-87-2	
2214	5-硝基-1,3-二甲苯	1,3-二甲基-5-硝基苯;5-硝基间二甲苯;3,5-二甲基硝基苯	99-12-7	
2215	4-硝基-2-氨基苯酚	2-氨基-4-硝基苯酚;邻氨基对硝基苯酚;对硝基邻氨基苯酚	99-57-0	
2216	5-硝基-2-氨基苯酚	2-氨基-5-硝基苯酚	121-88-0	
2217	4-硝基-2-甲苯胺	对硝基邻甲苯胺	99-52-5	
2218	4-硝基-2-甲氧基苯胺	5-硝基-2-氨基苯甲醚;对硝基邻甲氧基苯胺	97-52-9	
2219	2-硝基-4-甲苯胺	邻硝基对甲苯胺	89-62-3	
2220	3-硝基-4-甲苯胺	间硝基对甲苯胺	119-32-4	
2221	2-硝基-4-甲苯酚	4-甲基-2-硝基苯酚	119-33-5	
2222	2-硝基-4-甲氧基苯胺	枣红色基 GP	96-96-8	剧毒
2223	3-硝基-4-氯三氟甲苯	2-氯-5-三氟甲基硝基苯	121-17-5	
2224	3-硝基-4-羟基苯胂酸	4-羟基-3-硝基苯胂酸	121-19-7	
2225	3-硝基-N,N-二甲基苯胺	N,N-二甲基间硝基苯胺;间硝基二甲苯胺	619-31-8	
2226	4-硝基-N,N-二甲基苯胺	N,N-二甲基对硝基苯胺;对硝基二甲苯胺	100-23-2	
2227	4-硝基-N,N-二乙基苯胺	N,N-二乙基对硝基苯胺;对硝基二乙基苯胺	2216-15-1	
2228	硝基苯		98-95-3	
2229	2-硝基苯胺	邻硝基苯胺;1-氨基-2-硝基苯	88-74-4	
2230	3-硝基苯胺	间硝基苯胺;1-氨基-3-硝基苯	99-09-2	
2231	4-硝基苯胺	对硝基苯胺;1-氨基-4-硝基苯	100-01-6	
2232	5-硝基苯并三唑	硝基连三氮杂茚	2338-12-7	
2233	2-硝基苯酚	邻硝基苯酚	88-75-5	
2234	3-硝基苯酚	间硝基苯酚	554-84-7	
2235	4-硝基苯酚	对硝基苯酚	100-02-7	

(续)

序号	品名	别名	CAS号	备注
2236	2-硝基苯磺酰氯	邻硝基苯磺酰氯	1694-92-4	
2237	3-硝基苯磺酰氯	间硝基苯磺酰氯	121-51-7	
2238	4-硝基苯磺酰氯	对硝基苯磺酰氯	98-74-8	
2239	2-硝基苯甲醚	邻硝基苯甲醚;邻硝基茴香醚;邻甲氧基硝基苯	91-23-6	
2240	3-硝基苯甲醚	间硝基苯甲醚;间硝基茴香醚;间甲氧基硝基苯	555-03-3	
2241	4-硝基苯甲醚	对硝基苯甲醚;对硝基茴香醚;对甲氧基硝基苯	100-17-4	
2242	4-硝基苯甲酰胺	对硝基苯甲酰胺	619-80-7	
2243	2-硝基苯甲酰氯	邻硝基苯甲酰氯	610-14-0	
2244	3-硝基苯甲酰氯	间硝基苯甲酰氯	121-90-4	
2245	4-硝基苯甲酰氯	对硝基苯甲酰氯	122-04-3	
2246	2-硝基苯肼	邻硝基苯肼	3034-19-3	
2247	4-硝基苯肼	对硝基苯肼	100-16-3	
2248	2-硝基苯胂酸	邻硝基苯胂酸	5410-29-7	
2249	3-硝基苯胂酸	间硝基苯胂酸	618-07-5	
2250	4-硝基苯胂酸	对硝基苯胂酸	98-72-6	
2251	4-硝基苯乙腈	对硝基苯乙腈;对硝基苄基氰;对硝基氰化苄	555-21-5	
2252	2-硝基苯乙醚	邻硝基苯乙醚;邻乙氧基硝基苯	610-67-3	
2253	4-硝基苯乙醚	对硝基苯乙醚;对乙氧基硝基苯	100-29-8	
2254	3-硝基吡啶		2530-26-9	
2255	1-硝基丙烷		108-03-2	
2256	2-硝基丙烷		79-46-9	
2257	2-硝基碘苯	2-碘硝基苯;邻硝基碘苯;邻碘硝基苯	609-73-4	
2258	3-硝基碘苯	3-碘硝基苯;间硝基碘苯;间碘硝基苯	645-00-1	
2259	4-硝基碘苯	4-碘硝基苯;对硝基碘苯;对碘硝基苯	636-98-6	

(续)

序号	品名	别名	CAS号	备注
2260	1-硝基丁烷		627-05-4	
2261	2-硝基丁烷		600-24-8	
2262	硝基苊		602-87-9	
2263	硝基胍	橄苦岩	556-88-7	
2264	2-硝基甲苯	邻硝基甲苯	88-72-2	
2265	3-硝基甲苯	间硝基甲苯	99-08-1	
2266	4-硝基甲苯	对硝基甲苯	99-99-0	
2267	硝基甲烷		75-52-5	
2268	2-硝基联苯	邻硝基联苯	86-00-0	
2269	4-硝基联苯	对硝基联苯	92-93-3	
2270	2-硝基氯化苄	邻硝基苄基氯;邻硝基氯化苄;邻硝基苯氯甲烷	612-23-7	
2271	3-硝基氯化苄	间硝基苯氯甲烷;间硝基苄基氯;间硝基氯化苄	619-23-8	
2272	4-硝基氯化苄	对硝基氯化苄;对硝基苄基氯;对硝基苯氯甲烷	100-14-1	
2273	硝基马钱子碱	卡可西灵	561-20-6	
2274	2-硝基萘		581-89-5	
2275	1-硝基萘		86-57-7	
2276	硝基脲		556-89-8	
2277	硝基三氟甲苯			
2278	硝基三唑酮	NTO	932-64-9	
2279	2-硝基溴苯	邻硝基溴苯;邻溴硝基苯	577-19-5	
2280	3-硝基溴苯	间硝基溴苯;间溴硝基苯	585-79-5	
2281	4-硝基溴苯	对硝基溴苯;对溴硝基苯	586-78-7	
2282	4-硝基溴化苄	对硝基溴化苄;对硝基苯溴甲烷;对硝基苄基溴	100-11-8	
2283	硝基盐酸	王水	8007-56-5	
2284	硝基乙烷		79-24-3	
2285	硝酸		7697-37-2	

(续)

序号	品名	别名	CAS号	备注
2286	硝酸铵[含可燃物＞0.2%,包括以碳计算的任何有机物,但不包括任何其他添加剂]		6484-52-2	
	硝酸铵[含可燃物≤0.2%]			
2287	硝酸铵肥料[比硝酸铵(含可燃物＞0.2%,包括以碳计算的任何有机物,但不包括任何其他添加剂)更易爆炸]			
	硝酸铵肥料[含可燃物≤0.4%]			
2288	硝酸钡		10022-31-8	
2289	硝酸苯胺		542-15-4	
2290	硝酸苯汞		55-68-5	
2291	硝酸铋		10361-44-1	
2292	硝酸镝		10143-38-1	
2293	硝酸铒		10168-80-6	
2294	硝酸钙		10124-37-5	
2295	硝酸锆		13746-89-9	
2296	硝酸镉		10325-94-7	
2297	硝酸铬		13548-38-4	
2298	硝酸汞	硝酸高汞	10045-94-0	
2299	硝酸钴	硝酸亚钴	10141-05-6	
2300	硝酸胍	硝酸亚氨脲	506-93-4	
2301	硝酸镓		13494-90-1	
2302	硝酸甲胺		22113-87-7	
2303	硝酸钾		7757-79-1	
2304	硝酸镧		10099-59-9	
2305	硝酸铑		10139-58-9	
2306	硝酸锂		7790-69-4	
2307	硝酸镥		10099-67-9	

（续）

序号	品名	别名	CAS号	备注
2308	硝酸铝		7784-27-2	
2309	硝酸镁		10377-60-3	
2310	硝酸锰	硝酸亚锰	20694-39-7	
2311	硝酸钠		7631-99-4	
2312	硝酸脲		124-47-0	
2313	硝酸镍	二硝酸镍	13138-45-9	
2314	硝酸镍铵	四氨硝酸镍		
2315	硝酸钕		16454-60-7	
2316	硝酸钕镨	硝酸镨钕	134191-62-1	
2317	硝酸铍		13597-99-4	
2318	硝酸镨		10361-80-5	
2319	硝酸铅		10099-74-8	
2320	硝酸羟胺		13465-08-2	
2321	硝酸铯		7789-18-6	
2322	硝酸钐		13759-83-6	
2323	硝酸铈	硝酸亚铈	10108-73-3	
2324	硝酸铈铵		16774-21-3	
2325	硝酸铈钾			
2326	硝酸铈钠			
2327	硝酸锶		10042-76-9	
2328	硝酸铊	硝酸亚铊	10102-45-1	
2329	硝酸铁	硝酸高铁	10421-48-4	
2330	硝酸铜		10031-43-3	
2331	硝酸锌		7779-88-6	
2332	硝酸亚汞		7782-86-7	
2333	硝酸氧锆	硝酸锆酰	13826-66-9	
2334	硝酸乙酯醇溶液			
2335	硝酸钇		13494-98-9	

(续)

序号	品名	别名	CAS 号	备注
2336	硝酸异丙酯		1712-64-7	
2337	硝酸异戊酯		543-87-3	
2338	硝酸镱		35725-34-9；13768-67-7	
2339	硝酸铟		13770-61-1	
2340	硝酸银		7761-88-8	
2341	硝酸正丙酯		627-13-4	
2342	硝酸正丁酯		928-45-0	
2343	硝酸正戊酯		1002-16-0	
2344	硝酸重氮苯		619-97-6	
2345	辛二腈	1,6-二氰基戊烷	629-40-3	
2346	辛二烯		3710-30-3	
2347	辛基苯酚		27193-28-8	
2348	辛基三氯硅烷		5283-66-9	
2349	1-辛炔		629-05-0	
2350	2-辛炔		2809-67-8	
2351	3-辛炔		15232-76-5	
2352	4-辛炔		1942-45-6	
2353	辛酸亚锡	含锡稳定剂	301-10-0	
2354	3-辛酮	乙基戊基酮；乙戊酮	106-68-3	
2355	1-辛烯		111-66-0	
2356	2-辛烯		111-67-1	
2357	辛酰氯		111-64-8	
2358	锌尘 锌粉 锌灰		7440-66-6	
2359	锌汞齐	锌汞合金		
2360	D 型 2-重氮-1-萘酚磺酸酯混合物			

(续)

序号	品名	别名	CAS号	备注
2361	溴 溴水[含溴≥3.5%]	溴素	7726-95-6	
2362	3-溴-1,2-二甲基苯	间溴邻二甲苯;2,3-二甲基溴化苯	576-23-8	
2363	4-溴-1,2-二甲基苯	对溴邻二甲苯;3,4-二甲基溴	583-71-1	
2364	3-溴-1,2-环氧丙烷	环氧溴丙烷;溴甲基环氧乙烷;表溴醇	3132-64-7	
2365	3-溴-1-丙烯	3-溴丙烯;烯丙基溴	106-95-6	
2366	1-溴-2,4-二硝基苯	3,4-二硝基溴化苯;1,3-二硝基-4-溴化苯;2,4-二硝基溴化苯	584-48-5	
2367	2-溴-2-甲基丙酸乙酯	2-溴异丁酸乙酯	600-00-0	
2368	1-溴-2-甲基丙烷	异丁基溴;溴代异丁烷	78-77-3	
2369	2-溴-2-甲基丙烷	叔丁基溴;特丁基溴;溴代叔丁烷	507-19-7	
2370	4-溴-2-氯氟苯		60811-21-4	
2371	1-溴-3-甲基丁烷	异戊基溴;溴代异戊烷	107-82-4	
2372	溴苯		108-86-1	
2373	2-溴苯胺	邻溴苯胺;邻氨基溴化苯	615-36-1	
2374	3-溴苯胺	间溴苯胺;间氨基溴化苯	591-19-5	
2375	4-溴苯胺	对溴苯胺;对氨基溴化苯	106-40-1	
2376	2-溴苯酚	邻溴苯酚	95-56-7	
2377	3-溴苯酚	间溴苯酚	591-20-8	
2378	4-溴苯酚	对溴苯酚	106-41-2	
2379	4-溴苯磺酰氯		98-58-8	
2380	4-溴苯甲醚	对溴苯甲醚;对溴茴香醚	104-92-7	
2381	2-溴苯甲酰氯	邻溴苯甲酰氯	7154-66-7	
2382	4-溴苯甲酰氯	对溴苯甲酰氯;氯化对溴代苯甲酰	586-75-4	
2383	溴苯乙腈	溴苄基腈	5798-79-8	
2384	4-溴苯乙酰基溴	对溴苯乙酰基溴	99-73-0	
2385	3-溴丙腈	β-溴丙腈;溴乙基氰	2417-90-5	
2386	3-溴丙炔		106-96-7	

(续)

序号	品名	别名	CAS号	备注
2387	2-溴丙酸	α-溴丙酸	598-72-1	
2388	3-溴丙酸	β-溴丙酸	590-92-1	
2389	溴丙酮		598-31-2	
2390	1-溴丙烷	正丙基溴;溴代正丙烷	106-94-5	
2391	2-溴丙烷	异丙基溴;溴代异丙烷	75-26-3	
2392	2-溴丙酰溴	溴化-2-溴丙酰	563-76-8	
2393	3-溴丙酰溴	溴化-3-溴丙酰	7623-16-7	
2394	溴代环戊烷	环戊基溴	137-43-9	
2395	溴代正戊烷	正戊基溴	110-53-2	
2396	1-溴丁烷	正丁基溴;溴代正丁烷	109-65-9	
2397	2-溴丁烷	仲丁基溴;溴代仲丁烷	78-76-2	
2398	溴化苄	α-溴甲苯;苄基溴	100-39-0	
2399	溴化丙酰	丙酰溴	598-22-1	
2400	溴化汞	二溴化汞;溴化高汞	7789-47-1	
2401	溴化氢		10035-10-6	
2402	溴化氢乙酸溶液	溴化氢醋酸溶液		
2403	溴化硒		7789-52-8	
2404	溴化亚汞	一溴化汞	10031-18-2	
2405	溴化亚铊	一溴化铊	7789-40-4	
2406	溴化乙酰	乙酰溴	506-96-7	
2407	溴己烷	己基溴	111-25-1	
2408	2-溴甲苯	邻溴甲苯;邻甲基溴苯;2-甲基溴苯	95-46-5	
2409	3-溴甲苯	间溴甲苯;间甲基溴苯;3-甲基溴苯	591-17-3	
2410	4-溴甲苯	对溴甲苯;对甲基溴苯;4-甲基溴苯	106-38-7	
2411	溴甲烷	甲基溴	74-83-9	
2412	溴甲烷和二溴乙烷液体混合物			

(续)

序号	品名	别名	CAS 号	备注
2413	3-[3-(4′-溴联苯-4-基)-1,2,3,4-四氢-1-萘基]-4-羟基香豆素	溴鼠灵	56073-10-0	剧毒
2414	3-[3-(4-溴联苯-4-基)-3-羟基-1-苯丙基]-4-羟基香豆素	溴敌隆	28772-56-7	剧毒
2415	溴三氟甲烷	R13B1;三氟溴甲烷	75-63-8	
2416	溴酸		7789-31-3	
2417	溴酸钡		13967-90-3	
2418	溴酸镉		14518-94-6	
2419	溴酸钾		7758-01-2	
2420	溴酸镁		7789-36-8	
2421	溴酸钠		7789-38-0	
2422	溴酸铅		34018-28-5	
2423	溴酸锶		14519-18-7	
2424	溴酸锌		14519-07-4	
2425	溴酸银		7783-89-3	
2426	2-溴戊烷	仲戊基溴;溴代仲戊烷	107-81-3	
2427	2-溴乙醇		540-51-2	
2428	2-溴乙基乙醚		592-55-2	
2429	溴乙酸	溴醋酸	79-08-3	
2430	溴乙酸甲酯	溴醋酸甲酯	96-32-2	
2431	溴乙酸叔丁酯	溴醋酸叔丁酯	5292-43-3	
2432	溴乙酸乙酯	溴醋酸乙酯	105-36-2	
2433	溴乙酸异丙酯	溴醋酸异丙酯	29921-57-1	
2434	溴乙酸正丙酯	溴醋酸正丙酯	35223-80-4	
2435	溴乙烷	乙基溴;溴代乙烷	74-96-4	
2436	溴乙烯[稳定的]	乙烯基溴	593-60-2	
2437	溴乙酰苯	苯甲酰甲基溴	70-11-1	
2438	溴乙酰溴	溴化溴乙酰	598-21-0	

(续)

序号	品名	别名	CAS 号	备注
2439	β,β′-亚氨基二丙腈	双(β-氰基乙基)胺	111-94-4	
2440	亚氨基二亚苯	咔唑;9-氮杂芴	86-74-8	
2441	亚胺乙汞	埃米	2597-93-5	
2442	亚碲酸钠		10102-20-2	
2443	4,4′-亚甲基双苯胺	亚甲基二苯胺;4,4′-二氨基二苯基甲烷;防老剂 MDA	101-77-9	
2444	亚磷酸		13598-36-2	
2445	亚磷酸二丁酯		1809-19-4	
2446	亚磷酸二氢铅	二盐基亚磷酸铅	1344-40-7; 12141-20-7	
2447	亚磷酸三苯酯		101-02-0	
2448	亚磷酸三甲酯	三甲氧基磷	121-45-9	
2449	亚磷酸三乙酯		122-52-1	
2450	亚硫酸		7782-99-2	
2451	亚硫酸氢铵	酸式亚硫酸铵	10192-30-0	
2452	亚硫酸氢钙	酸式亚硫酸钙	13780-03-5	
2453	亚硫酸氢钾	酸式亚硫酸钾	7773-03-7	
2454	亚硫酸氢镁	酸式亚硫酸镁	13774-25-9	
2455	亚硫酸氢钠	酸式亚硫酸钠	7631-90-5	
2456	亚硫酸氢锌	酸式亚硫酸锌	15457-98-4	
2457	亚氯酸钙		14674-72-7	
2458	亚氯酸钠 亚氯酸钠溶液[含有效氯>5%]		7758-19-2	
2459	亚砷酸钡		125687-68-5	
2460	亚砷酸钙	亚砒酸钙	27152-57-4	剧毒
2461	亚砷酸钾	偏亚砷酸钾	10124-50-2	
2462	亚砷酸钠 亚砷酸钠水溶液	偏亚砷酸钠	7784-46-5	
2463	亚砷酸铅		10031-13-7	

（续）

序号	品名	别名	CAS号	备注
2464	亚砷酸锶	原亚砷酸锶	91724-16-2	
2465	亚砷酸锑			
2466	亚砷酸铁		63989-69-5	
2467	亚砷酸铜	亚砷酸氢铜	10290-12-7	
2468	亚砷酸锌		10326-24-6	
2469	亚砷酸银	原亚砷酸银	7784-08-9	
2470	亚硒酸		7783-00-8	
2471	亚硒酸钡		13718-59-7	
2472	亚硒酸钙		13780-18-2	
2473	亚硒酸钾		10431-47-7	
2474	亚硒酸铝		20960-77-4	
2475	亚硒酸镁		15593-61-0	
2476	亚硒酸钠	亚硒酸二钠	10102-18-8	
2477	亚硒酸氢钠	重亚硒酸钠	7782-82-3	剧毒
2478	亚硒酸铈		15586-47-7	
2479	亚硒酸铜		15168-20-4	
2480	亚硒酸银		28041-84-1	
2481	4-亚硝基-N,N-二甲基苯胺	对亚硝基二甲基苯胺;N,N-二甲基-4-亚硝基苯胺	138-89-6	
2482	4-亚硝基-N,N-二乙基苯胺	对亚硝基二乙基苯胺;N,N-二乙基-4-亚硝基苯胺	120-22-9	
2483	4-亚硝基苯酚	对亚硝基苯酚	104-91-6	
2484	N-亚硝基二苯胺	二苯亚硝胺	86-30-6	
2485	N-亚硝基二甲胺	二甲基亚硝胺	62-75-9	
2486	亚硝基硫酸	亚硝酰硫酸	7782-78-7	
2487	亚硝酸铵		13446-48-5	
2488	亚硝酸钡		13465-94-6	
2489	亚硝酸钙		13780-06-8	
2490	亚硝酸甲酯		624-91-9	

(续)

序号	品名	别名	CAS 号	备注
2491	亚硝酸钾		7758-09-0	
2492	亚硝酸钠		7632-00-0	
2493	亚硝酸镍		17861-62-0	
2494	亚硝酸锌铵		63885-01-8	
2495	亚硝酸乙酯		109-95-5	
2496	亚硝酸乙酯醇溶液			
2497	亚硝酸异丙酯		541-42-4	
2498	亚硝酸异丁酯		542-56-3	
2499	亚硝酸异戊酯		110-46-3	
2500	亚硝酸正丙酯		543-67-9	
2501	亚硝酸正丁酯	亚硝酸丁酯	544-16-1	
2502	亚硝酸正戊酯	亚硝酸戊酯	463-04-7	
2503	亚硝酰氯	氯化亚硝酰	2696-92-6	
2504	1,2-亚乙基双二硫代氨基甲酸二钠	代森钠	142-59-6	
2505	氩[压缩的或液化的]		7440-37-1	
2506	烟碱氯化氢	烟碱盐酸盐	2820-51-1	
2507	盐酸	氢氯酸	7647-01-0	
2508	盐酸-1-萘胺	α-萘胺盐酸	552-46-5	
2509	盐酸-1-萘乙二胺	α-萘乙二胺盐酸	1465-25-4	
2510	盐酸-2-氨基酚	盐酸邻氨基酚	51-19-4	
2511	盐酸-2-萘胺	β-萘胺盐酸	612-52-2	
2512	盐酸-3,3′-二氨基联苯胺	3,3′-二氨基联苯胺盐酸；3,4,3′,4′-四氨基联苯盐酸；硒试剂	7411-49-6	
2513	盐酸-3,3′-二甲基-4,4′-二氨基联苯	邻二氨基二甲基联苯盐酸；3,3′-二甲基联苯胺盐酸	612-82-8	
2514	盐酸-3,3′-二甲氧基-4,4′-二氨基联苯	邻联二茴香胺盐酸；3,3′-二甲氧基联苯胺盐酸	20325-40-0	
2515	盐酸-3,3′-二氯联苯胺	3,3′-二氯联苯胺盐酸	612-83-9	
2516	盐酸-3-氯苯胺	盐酸间氯苯胺；橙色基 GC	141-85-5	
2517	盐酸-4,4′-二氨基联苯	盐酸联苯胺；联苯胺盐酸	531-85-1	

(续)

序号	品名	别名	CAS号	备注
2518	盐酸-4-氨基-N,N-二乙基苯胺	N,N-二乙基对苯二胺盐酸;对氨基-N,N-二乙基苯胺盐酸	16713-15-8	
2519	盐酸-4-氨基酚	盐酸对氨基酚	51-78-5	
2520	盐酸-4-甲苯胺	对甲苯胺盐酸盐;盐酸-4-甲苯胺	540-23-8	
2521	盐酸苯胺	苯胺盐酸盐	142-04-1	
2522	盐酸苯肼	苯肼盐酸	27140-08-5	
2523	盐酸邻苯二胺	邻苯二胺二盐酸盐;盐酸邻二氨基苯	615-28-1	
2524	盐酸间苯二胺	间苯二胺二盐酸盐;盐酸间二氨基苯	541-69-5	
2525	盐酸对苯二胺	对苯二胺二盐酸盐;盐酸对二氨基苯	624-18-0	
2526	盐酸马钱子碱	二甲氧基士的宁盐酸盐	5786-96-9	
2527	盐酸吐根碱	盐酸依米丁	316-42-7	剧毒
2528	氧[压缩的或液化的]		7782-44-7	
2529	氧化钡	一氧化钡	1304-28-5	
2530	氧化苯乙烯	环氧乙基苯	96-09-3	
2531	β,β'-氧化二丙腈	2,2'-二氰二乙基醚;3,3'-氧化二丙腈;双(2-氰乙基)醚	1656-48-0	
2532	氧化镉[非发火的]		1306-19-0	
2533	氧化汞	一氧化汞;黄降汞;红降汞	21908-53-2	剧毒
2534	氧化环己烯		286-20-4	
2535	氧化钾		12136-45-7	
2536	氧化钠		1313-59-3	
2537	氧化铍		1304-56-9	
2538	氧化铊	三氧化二铊	1314-32-5	
2539	氧化亚汞	黑降汞	15829-53-5	
2540	氧化亚铊	一氧化二铊	1314-12-1	
2541	氧化银		20667-12-3	
2542	氧氯化铬	氯化铬酰;二氯氧化铬;铬酰氯	14977-61-8	

(续)

序号	品名	别名	CAS号	备注
2543	氧氯化硫	硫酰氯；二氯硫酰；磺酰氯	7791-25-5	
2544	氧氯化硒	氯化亚硒酰；二氯氧化硒	7791-23-3	
2545	氧氰化汞[减敏的]	氰氧化汞	1335-31-5	
2546	氧溴化磷	溴化磷酰；磷酰溴；三溴氧化磷	7789-59-5	
2547	腰果壳油	脱羧腰果壳液	8007-24-7	
2548	液化石油气	石油气[液化的]	68476-85-7	
2549	一氟乙酸对溴苯胺		351-05-3	剧毒
2550	一甲胺[无水]	氨基甲烷；甲胺	74-89-5	
	一甲胺溶液	氨基甲烷溶液；甲胺溶液		
2551	一氯丙酮	氯丙酮；氯化丙酮	78-95-5	
2552	一氯二氟甲烷	R22；二氟一氯甲烷；氯二氟甲烷	75-45-6	
2553	一氯化碘		7790-99-0	
2554	一氯化硫	氯化硫	10025-67-9	
2555	一氯三氟甲烷	R13	75-72-9	
2556	一氯五氟乙烷	R115	76-15-3	
2557	一氯乙醛	氯乙醛；2-氯乙醛	107-20-0	
2558	一溴化碘		7789-33-5	
2559	一氧化氮		10102-43-9	
2560	一氧化氮和四氧化二氮混合物			
2561	一氧化二氮[压缩的或液化的]	氧化亚氮；笑气	10024-97-2	
2562	一氧化铅	氧化铅；黄丹	1317-36-8	
2563	一氧化碳		630-08-0	
2564	一氧化碳和氢气混合物	水煤气		
2565	乙胺	氨基乙烷	75-04-7	
	乙胺水溶液[浓度50%～70%]	氨基乙烷水溶液		
2566	乙苯	乙基苯	100-41-4	
2567	乙撑亚胺	吖丙啶；1-氮杂环丙烷；氮丙啶	151-56-4	剧毒
	乙撑亚胺[稳定的]			

（续）

序号	品名	别名	CAS号	备注
2568	乙醇[无水]	无水酒精	64-17-5	
2569	乙醇钾		917-58-8	
2570	乙醇钠	乙氧基钠	141-52-6	
2571	乙醇钠乙醇溶液	乙醇钠合乙醇		
2572	1,2-乙二胺	1,2-二氨基乙烷；乙撑二胺	107-15-3	
2573	乙二醇单甲醚	2-甲氧基乙醇；甲基溶纤剂	109-86-4	
2574	乙二醇二乙醚	1,2-二乙氧基乙烷；二乙基溶纤剂	629-14-1	
2575	乙二醇乙醚	2-乙氧基乙醇；乙基溶纤剂	110-80-5	
2576	乙二醇异丙醚	2-异丙氧基乙醇	109-59-1	
2577	乙二酸二丁酯	草酸二丁酯；草酸丁酯	2050-60-4	
2578	乙二酸二甲酯	草酸二甲酯；草酸甲酯	553-90-2	
2579	乙二酸二乙酯	草酸二乙酯；草酸乙酯	95-92-1	
2580	乙二酰氯	氯化乙二酰；草酰氯	79-37-8	
2581	乙汞硫水杨酸钠盐	硫柳汞钠	54-64-8	
2582	2-乙基-1-丁醇	2-乙基丁醇	97-95-0	
2583	2-乙基-1-丁烯		760-21-4	
2584	N-乙基-1-萘胺	N-乙基-α-萘胺	118-44-5	
2585	N-(2-乙基-6-甲基苯基)-N-乙氧基甲基-氯乙酰胺	乙草胺	34256-82-1	
2586	N-乙基-N-(2-羟乙基)全氟辛基磺酰胺		1691-99-2	
2587	O-乙基-O-(3-甲基-4-甲硫基)苯基-N-异丙氨基磷酸酯	苯线磷	22224-92-6	
2588	O-乙基-O-(4-硝基苯基)苯基硫代膦酸酯[含量>15%]	苯硫膦	2104-64-5	剧毒
2589	O-乙基-O-[(2-异丙氧基酰基)苯基]-N-异丙基硫代磷酰胺	异柳磷	25311-71-1	
2590	O-乙基-O-2,4,5-三氯苯基-乙基硫代膦酸酯	O-乙基-O-2,4,5-三氯苯基-乙基硫代膦酸酯；毒壤膦	327-98-0	
2591	O-乙基-S,S-二苯基二硫代磷酸酯	敌瘟磷	17109-49-8	

233

(续)

序号	品名	别名	CAS号	备注
2592	O-乙基-S,S-二丙基二硫代磷酸酯	灭线磷	13194-48-4	
2593	O-乙基-S-苯基乙基二硫代膦酸酯[含量＞6%]	地虫硫膦	944-22-9	剧毒
2594	2-乙基苯胺	邻乙基苯胺;邻氨基乙苯	578-54-1	
2595	N-乙基苯胺		103-69-5	
2596	乙基苯基二氯硅烷		1125-27-5	
2597	2-乙基吡啶		100-71-0	
2598	3-乙基吡啶		536-78-7	
2599	4-乙基吡啶		536-75-4	
2600	乙基丙基醚	乙丙醚	628-32-0	
2601	1-乙基丁醇	3-己醇	623-37-0	
2602	2-乙基丁醛	二乙基乙醛	97-96-1	
2603	N-乙基对甲苯胺	乙氨基对甲苯	622-57-1	
2604	乙基二氯硅烷		1789-58-8	
2605	乙基二氯胂	二氯化乙基胂	598-14-1	
2606	乙基环己烷		1678-91-7	
2607	乙基环戊烷		1640-89-7	
2608	2-乙基己胺	3-(氨基甲基)庚烷	104-75-6	
2609	乙基己醛		123-05-7	
2610	3-乙基己烷		619-99-8	
2611	N-乙基间甲苯胺	乙氨基间甲苯	102-27-2	
2612	乙基硫酸	酸式硫酸乙酯	540-82-9	
2613	N-乙基吗啉	N-乙基四氢-1,4-噁嗪	100-74-3	
2614	N-乙基哌啶	N-乙基六氢吡啶;1-乙基哌啶	766-09-6	
2615	N-乙基全氟辛基磺酰胺		4151-50-2	
2616	乙基三氯硅烷	三氯乙基硅烷	115-21-9	
2617	乙基三乙氧基硅烷	三乙氧基乙基硅烷	78-07-9	
2618	3-乙基戊烷		617-78-7	

(续)

序号	品名	别名	CAS号	备注
2619	乙基烯丙基醚	烯丙基乙基醚	557-31-3	
2620	S-乙基亚磺酰甲基-O,O-二异丙基二硫代磷酸酯	丰丙磷	5827-05-4	
2621	乙基正丁基醚	乙氧基丁烷;乙丁醚	628-81-9	
2622	乙腈	甲基氰	75-05-8	
2623	乙硫醇	氢硫基乙烷;巯基乙烷	75-08-1	
2624	2-乙硫基苄基 N-甲基氨基甲酸酯	乙硫苯威	29973-13-5	
2625	乙醚	二乙基醚	60-29-7	
2626	乙硼烷	二硼烷	19287-45-7	剧毒
2627	乙醛		75-07-0	
2628	乙醛肟	亚乙基羟胺;亚乙基胲	107-29-9	
2629	乙炔	电石气	74-86-2	
2630	乙酸[含量＞80%] 乙酸溶液[10%＜含量≤80%]	醋酸 醋酸溶液	64-19-7	
2631	乙酸钡	醋酸钡	543-80-6	
2632	乙酸苯胺	醋酸苯胺	542-14-3	
2633	乙酸苯汞		62-38-4	
2634	乙酸酐	醋酸酐	108-24-7	
2635	乙酸汞	乙酸高汞;醋酸汞	1600-27-7	剧毒
2636	乙酸环己酯	醋酸环己酯	622-45-7	
2637	乙酸甲氧基乙基汞	醋酸甲氧基乙基汞	151-38-2	剧毒
2638	乙酸甲酯	醋酸甲酯	79-20-9	
2639	乙酸间甲酚酯	醋酸间甲酚酯	122-46-3	
2640	乙酸铍	醋酸铍	543-81-7	
2641	乙酸铅	醋酸铅	301-04-2	
2642	乙酸三甲基锡	醋酸三甲基锡	1118-14-5	剧毒
2643	乙酸三乙基锡	三乙基乙酸锡	1907-13-7	剧毒

(续)

序号	品名	别名	CAS 号	备注
2644	乙酸叔丁酯	醋酸叔丁酯	540-88-5	
2645	乙酸烯丙酯	醋酸烯丙酯	591-87-7	
2646	乙酸亚汞		631-60-7	
2647	乙酸亚铊	乙酸铊;醋酸铊	563-68-8	
2648	乙酸乙二醇乙醚	乙酸乙基溶纤剂;乙二醇乙醚乙酸酯;2-乙氧基乙酸乙酯	111-15-9	
2649	乙酸乙基丁酯	醋酸乙基丁酯;乙丁基乙酸酯	10031-87-5	
2650	乙酸乙烯酯[稳定的]	乙烯基乙酸酯;醋酸乙烯酯	108-05-4	
2651	乙酸乙酯	醋酸乙酯	141-78-6	
2652	乙酸异丙烯酯	醋酸异丙烯酯	108-22-5	
2653	乙酸异丙酯	醋酸异丙酯	108-21-4	
2654	乙酸异丁酯	醋酸异丁酯	110-19-0	
2655	乙酸异戊酯	醋酸异戊酯	123-92-2	
2656	乙酸正丙酯	醋酸正丙酯	109-60-4	
2657	乙酸正丁酯	醋酸正丁酯	123-86-4	
2658	乙酸正己酯	醋酸正己酯	142-92-7	
2659	乙酸正戊酯	醋酸正戊酯	628-63-7	
2660	乙酸仲丁酯	醋酸仲丁酯	105-46-4	
2661	乙烷		74-84-0	
2662	乙烯		74-85-1	
2663	乙烯(2-氯乙基)醚	(2-氯乙基)乙烯醚	110-75-8	
2664	4-乙烯-1-环己烯	4-乙烯基环己烯	100-40-3	
2665	乙烯砜	二乙烯砜	77-77-0	剧毒
2666	2-乙烯基吡啶		100-69-6	
2667	4-乙烯基吡啶		100-43-6	
2668	乙烯基甲苯异构体混合物[稳定的]		25013-15-4	
2669	4-乙烯基间二甲苯	2,4-二甲基苯乙烯	1195-32-0	
2670	乙烯基三氯硅烷[稳定的]	三氯乙烯硅烷	75-94-5	

(续)

序号	品名	别名	CAS 号	备注
2671	N-乙烯基乙撑亚胺	N-乙烯基氮丙环	5628-99-9	剧毒
2672	乙烯基乙醚[稳定的]	乙基乙烯醚;乙氧基乙烯	109-92-2	
2673	乙烯基乙酸异丁酯		24342-03-8	
2674	乙烯三乙氧基硅烷	三乙氧基乙烯硅烷	78-08-0	
2675	N-乙酰对苯二胺	对氨基苯乙酰胺;对乙酰氨基苯胺	122-80-5	
2676	乙酰过氧化磺酰环己烷[含量≤32%,含B型稀释剂≥68%]	过氧化乙酰磺酰环己烷	3179-56-4	
	乙酰过氧化磺酰环己烷[含量≤82%,含水≥12%]			
2677	乙酰基乙烯酮[稳定的]	双烯酮;二乙烯酮	674-82-8	
2678	3-(α-乙酰甲基苄基)-4-羟基香豆素	杀鼠灵	81-81-2	
2679	乙酰氯	氯化乙酰	75-36-5	
2680	乙酰替硫脲	1-乙酰硫脲	591-08-2	
2681	乙酰亚砷酸铜	巴黎绿;祖母绿;醋酸亚砷酸铜;翡翠绿;帝绿;苔绿;维也纳绿;草地绿;翠绿	12002-03-8	
2682	2-乙氧基苯胺	邻氨基苯乙醚;邻乙氧基苯胺	94-70-2	
2683	3-乙氧基苯胺	间乙氧基苯胺;间氨基苯乙醚	621-33-0	
2684	4-乙氧基苯胺	对乙氧基苯胺;对氨基苯乙醚	156-43-4	
2685	1-异丙基-3-甲基吡唑-5-基N,N-二甲基氨基甲酸酯[含量>20%]	异索威	119-38-0	剧毒
2686	3-异丙基-5-甲基苯基N-甲基氨基甲酸酯	猛杀威	2631-37-0	
2687	N-异丙基-N-苯基-氯乙酰胺	毒草胺	1918-16-7	
2688	异丙基苯	枯烯;异丙苯	98-82-8	
2689	3-异丙基苯基-N-氨基甲酸甲酯	间异丙威	64-00-6	

(续)

序号	品名	别名	CAS号	备注
2690	异丙基异丙苯基氢过氧化物[含量≤72%,含A型稀释剂≥28%]	过氧化氢二异丙苯	26762-93-6	
2691	异丙硫醇	硫代异丙醇;2-巯基丙烷	75-33-2	
2692	异丙醚	二异丙基醚	108-20-3	
2693	异丙烯基乙炔		78-80-8	
2694	异丁胺	1-氨基-2-甲基丙烷	78-81-9	
2695	异丁基苯	异丁苯	538-93-2	
2696	异丁基环戊烷		3788-32-7	
2697	异丁基乙烯基醚[稳定的]	乙烯基异丁醚;异丁氧基乙烯	109-53-5	
2698	异丁腈	异丙基氰	78-82-0	
2699	异丁醛	2-甲基丙醛	78-84-2	
2700	异丁酸	2-甲基丙酸	79-31-2	
2701	异丁酸酐	异丁酐	97-72-3	
2702	异丁酸甲酯		547-63-7	
2703	异丁酸乙酯		97-62-1	
2704	异丁酸异丙酯		617-50-5	
2705	异丁酸异丁酯		97-85-8	
2706	异丁酸正丙酯		644-49-5	
2707	异丁烷	2-甲基丙烷	75-28-5	
2708	异丁烯	2-甲基丙烯	115-11-7	
2709	异丁酰氯	氯化异丁酰	79-30-1	
2710	异佛尔酮二异氰酸酯		4098-71-9	
2711	异庚烯		68975-47-3	
2712	异己烯		27236-46-0	
2713	异硫氰酸-1-萘酯		551-06-4	
2714	异硫氰酸苯酯	苯基芥子油	103-72-0	
2715	异硫氰酸烯丙酯	人造芥子油;烯丙基异硫氰酸酯;烯丙基芥子油	57-06-7	

（续）

序号	品名	别名	CAS 号	备注
2716	异氰基乙酸乙酯		2999-46-4	
2717	异氰酸-3-氯-4-甲苯酯	3-氯-4-甲基苯基异氰酸酯	28479-22-3	
2718	异氰酸苯酯	苯基异氰酸酯	103-71-9	剧毒
2719	异氰酸对硝基苯酯	对硝基苯异氰酸酯；异氰酸-4硝基苯酯	100-28-7	
2720	异氰酸对溴苯酯	4-溴异氰酸苯酯	2493-02-9	
2721	异氰酸二氯苯酯	3,4-二氯苯基异氰酸酯	102-36-3	
2722	异氰酸环己酯	环己基异氰酸酯	3173-53-3	
2723	异氰酸甲酯	甲基异氰酸酯	624-83-9	剧毒
2724	异氰酸三氟甲苯酯	三氟甲苯异氰酸酯	329-01-1	
2725	异氰酸十八酯	十八异氰酸酯	112-96-9	
2726	异氰酸叔丁酯		1609-86-5	
2727	异氰酸乙酯	乙基异氰酸酯	109-90-0	
2728	异氰酸异丙酯		1795-48-8	
2729	异氰酸异丁酯		1873-29-6	
2730	异氰酸正丙酯		110-78-1	
2731	异氰酸正丁酯		111-36-4	
2732	异山梨醇二硝酸酯混合物〔含乳糖、淀粉或磷酸≥60％〕	混合异山梨醇二硝酸酯		
2733	异戊胺	1-氨基-3-甲基丁烷	107-85-7	
2734	异戊醇钠	异戊氧基钠	19533-24-5	
2735	异戊腈	氰化异丁烷	625-28-5	
2736	异戊酸甲酯		556-24-1	
2737	异戊酸乙酯		108-64-5	
2738	异戊酸异丙酯		32665-23-9	
2739	异戊酰氯		108-12-3	
2740	异辛烷		26635-64-3	
2741	异辛烯		5026-76-6	
2742	萤蒽		206-44-0	

(续)

序号	品名	别名	CAS 号	备注
2743	油酸汞		1191-80-6	
2744	淤渣硫酸			
2745	原丙酸三乙酯	原丙酸乙酯;1,1,1-三乙氧基丙烷	115-80-0	
2746	原甲酸三甲酯	原甲酸甲酯;三甲氧基甲烷	149-73-5	
2747	原甲酸三乙酯	三乙氧基甲烷;原甲酸乙酯	122-51-0	
2748	原乙酸三甲酯	1,1,1-三甲氧基乙烷	1445-45-0	
2749	月桂酸三丁基锡		3090-36-6	
2750	杂戊醇	杂醇油	8013-75-0	
2751	樟脑油	樟木油	8008-51-3	
2752	锗烷	四氢化锗	7782-65-2	
2753	赭曲毒素	棕曲霉毒素	37203-43-3	
2754	赭曲毒素 A	棕曲霉毒素 A	303-47-9	
2755	正丙苯	丙苯;丙基苯	103-65-1	
2756	正丙基环戊烷		2040-96-2	
2757	正丙硫醇	1-巯基丙烷;硫代正丙醇	107-03-9	
2758	正丙醚	二正丙醚	111-43-3	
2759	正丁胺	1-氨基丁烷	109-73-9	
2760	N-(1-正丁氨基甲酰基-2-苯并咪唑基)氨基甲酸甲酯	苯菌灵	17804-35-2	
2761	正丁醇		71-36-3	
2762	正丁基苯		104-51-8	
2763	N-正丁基苯胺		1126-78-9	
2764	正丁基环戊烷		2040-95-1	
2765	N-正丁基咪唑	N-正丁基-1,3-二氮杂茂	4316-42-1	
2766	正丁基乙烯基醚[稳定的]	正丁氧基乙烯;乙烯正丁醚	111-34-2	
2767	正丁腈	丙基氰	109-74-0	
2768	正丁硫醇	1-硫代丁醇	109-79-5	
2769	正丁醚	氧化二丁烷;二丁醚	142-96-1	
2770	正丁醛		123-72-8	

(续)

序号	品名	别名	CAS号	备注
2771	正丁酸	丁酸	107-92-6	
2772	正丁酸甲酯		623-42-7	
2773	正丁酸乙烯酯[稳定的]	乙烯基丁酸酯	123-20-6	
2774	正丁酸乙酯		105-54-4	
2775	正丁酸异丙酯		638-11-9	
2776	正丁酸正丙酯		105-66-8	
2777	正丁酸正丁酯	丁酸正丁酯	109-21-7	
2778	正丁烷	丁烷	106-97-8	
2779	正丁酰氯	氯化丁酰	141-75-3	
2780	正庚胺	氨基庚烷	111-68-2	
2781	正庚醛		111-71-7	
2782	正庚烷	庚烷	142-82-5	
2783	正硅酸甲酯	四甲氧基硅烷;硅酸四甲酯;原硅酸甲酯	681-84-5	
2784	正癸烷		124-18-5	
2785	正己胺	1-氨基己烷	111-26-2	
2786	正己醛		66-25-1	
2787	正己酸甲酯		106-70-7	
2788	正己酸乙酯		123-66-0	
2789	正己烷	己烷	110-54-3	
2790	正磷酸	磷酸	7664-38-2	
2791	正戊胺	1-氨基戊烷	110-58-7	
2792	正戊酸	戊酸	109-52-4	
2793	正戊酸甲酯		624-24-8	
2794	正戊酸乙酯		539-82-2	
2795	正戊酸正丙酯		141-06-0	
2796	正戊烷	戊烷	109-66-0	
2797	正辛腈	庚基氰	124-12-9	
2798	正辛硫醇	巯基辛烷	111-88-6	

241

(续)

序号	品名	别名	CAS 号	备注
2799	正辛烷		111-65-9	
2800	支链-4-壬基酚		84852-15-3	
2801	仲丁胺	2-氨基丁烷	13952-84-6	
2802	2-仲丁基-4,6-二硝基苯基-3-甲基丁-2-烯酸酯	乐杀螨	485-31-4	
2803	2-仲丁基-4,6-二硝基酚	二硝基仲丁基苯酚;4,6-二硝基-2-仲丁基苯酚;地乐酚	88-85-7	
2804	仲丁基苯	仲丁苯	135-98-8	
2805	仲高碘酸钾	仲过碘酸钾;一缩原高碘酸钾	14691-87-3	
2806	仲高碘酸钠	仲过碘酸钠;一缩原高碘酸钠	13940-38-0	
2807	仲戊胺	1-甲基丁胺	625-30-9	
2808	2-重氮-1-萘酚-4-磺酸钠		64173-96-2	
2809	2-重氮-1-萘酚-5-磺酸钠		2657-00-3	
2810	2-重氮-1-萘酚-4-磺酰氯		36451-09-9	
2811	2-重氮-1-萘酚-5-磺酰氯		3770-97-6	
2812	重氮氨基苯	三氮二苯;苯氨基重氮苯	136-35-6	
2813	重氮甲烷		334-88-3	
2814	重氮乙酸乙酯	重氮醋酸乙酯	623-73-4	
2815	重铬酸铵	红矾铵	7789-09-5	
2816	重铬酸钡		13477-01-5	
2817	重铬酸钾	红矾钾	7778-50-9	
2818	重铬酸锂		13843-81-7	
2819	重铬酸铝			
2820	重铬酸钠	红矾钠	10588-01-9	
2821	重铬酸铯		13530-67-1	
2822	重铬酸铜		13675-47-3	
2823	重铬酸锌		14018-95-2	
2824	重铬酸银		7784-02-3	
2825	重质苯			

（续）

序号	品名	别名	CAS 号	备注
2826	D-苎烯		5989-27-5	
2827	左旋溶肉瘤素	左旋苯丙氨酸氮芥;米尔法兰	148-82-3	
2828	含易燃溶剂的合成树脂、油漆、辅助材料、涂料等制品[闭杯闪点≤60 ℃]			

注：
(1) A 型稀释剂是指与有机过氧化物相容、沸点不低于 150 ℃ 的有机液体。A 型稀释剂可用来对所有有机过氧化物进行退敏；
(2) B 型稀释剂是指与有机过氧化物相容、沸点低于 150 ℃ 但不低于 60 ℃、闪点不低于 5 ℃ 的有机液体。B 型稀释剂可用来对所有有机过氧化物进行退敏，但沸点必须至少比 50 千克包件的自加速分解温度高 60 ℃；
(3) 条目 2828，闪点高于 35 ℃，但不超过 60 ℃ 的液体如果在持续燃烧性试验中得到否定结果，则可将其视为非易燃液体，不作为易燃液体管理。

化工和危险化学品生产经营单位重大生产安全事故隐患判定标准(试行)

(2017年11月13日国家安全监管总局安监总管三〔2017〕121号印发)

依据有关法律法规、部门规章和国家标准,以下情形应当判定为重大事故隐患:

一、危险化学品生产、经营单位主要负责人和安全生产管理人员未依法经考核合格。

二、特种作业人员未持证上岗。

三、涉及"两重点一重大"的生产装置、储存设施外部安全防护距离不符合国家标准要求。

四、涉及重点监管危险化工工艺的装置未实现自动化控制,系统未实现紧急停车功能,装备的自动化控制系统、紧急停车系统未投入使用。

五、构成一级、二级重大危险源的危险化学品罐区未实现紧急切断功能;涉及毒性气体、液化气体、剧毒液体的一级、二级重大危险源的危险化学品罐区未配备独立的安全仪表系统。

六、全压力式液化烃储罐未按国家标准设置注水措施。

七、液化烃、液氨、液氯等易燃易爆、有毒有害液化气体的充装未使用万向管道充装系统。

八、光气、氯气等剧毒气体及硫化氢气体管道穿越除厂区(包括化工园区、工业园区)外的公共区域。

九、地区架空电力线路穿越生产区且不符合国家标准要求。

十、在役化工装置未经正规设计且未进行安全设计诊断。

十一、使用淘汰落后安全技术工艺、设备目录列出的工艺、设备。

十二、涉及可燃和有毒有害气体泄漏的场所未按国家标准设置检测报警装置,爆炸危险场所未按国家标准安装使用防爆电气设备。

十三、控制室或机柜间面向具有火灾、爆炸危险性装置一侧不满足国家标准关于防火防爆的要求。

十四、化工生产装置未按国家标准要求设置双重电源供电,自动化控制系统未设置不间断电源。

十五、安全阀、爆破片等安全附件未正常投用。

十六、未建立与岗位相匹配的全员安全生产责任制或者未制定实施生产安全事故隐患排查治理制度。

十七、未制定操作规程和工艺控制指标。

十八、未按照国家标准制定动火、进入受限空间等特殊作业管理制度,或者制度未有效执行。

十九、新开发的危险化学品生产工艺未经小试、中试、工业化试验直接进行工业化生产;国内首次使用的化工工艺未经过省级人民政府有关部门组织的安全可靠性论证;新建装置未制定试生产方案投料开车;精细化工企业未按规范性文件要求开展反应安全风险评估。

二十、未按国家标准分区分类储存危险化学品,超量、超品种储存危险化学品,相互禁配物质混放混存。

危险化学品生产、储存装置个人可接受风险标准和社会可接受风险标准(试行)

(2014年4月22日国家安全生产监督管理总局局长办公会议审议通过,2014年5月7日国家安全生产监督管理总局公告第13号公布)

一、适用范围

《危险化学品生产、储存装置个人可接受风险标准和社会可接受风险标准(试行)》(以下简称《可接受风险标准》)用于确定陆上危险化学品企业新建、改建、扩建和在役生产、储存装置的外部安全防护距离。

二、个人可接受风险标准

我国个人可接受风险标准值表

防护目标	个人可接受风险标准(概率值)	
	新建装置(每年)≤	在役装置(每年)≤
低密度人员场所(人数<30人):单个或少量暴露人员	1×10^{-5}	3×10^{-5}
居住类高密度场所(30人≤人数<100人):居民区、宾馆、度假村等 公众聚集类高密度场所(30人≤人数<100人):办公场所、商场、饭店、娱乐场所等	3×10^{-6}	1×10^{-5}
高敏感场所:学校、医院、幼儿园、养老院、监狱等 重要目标:军事禁区、军事管理区、文物保护单位等 特殊高密度场所(人数≥100人):大型体育场、交通枢纽、露天市场、居住区、宾馆、度假村、办公场所、商场、饭店、娱乐场所等	3×10^{-7}	3×10^{-6}

三、社会可接受风险标准

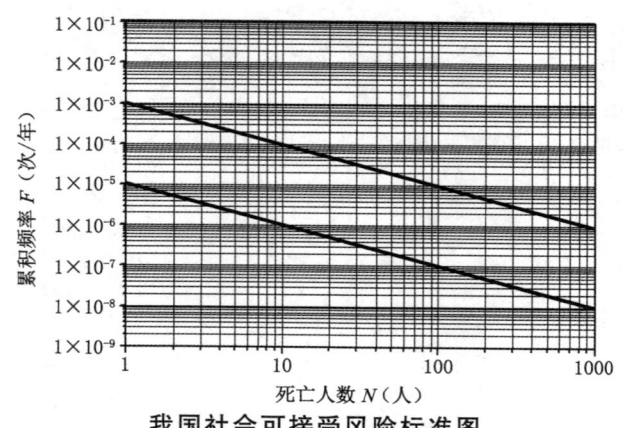

我国社会可接受风险标准图

附录:1.相关术语
 2.危险化学品生产、储存装置外部安全防护距离推荐方法

附录1

相 关 术 语

定量风险评价:是对某一装置或作业活动中发生事故频率和后果进行定量分析,并与可接受风险标准比较的系统方法。

风险:是指发生特定危害事件的可能性以及发生事件后果严重性的结合。

个人风险:是指因危险化学品生产、储存装置各种潜在的火灾、爆炸、有毒气体泄漏事故造成区域内某一固定位置人员的个体死亡概率,即单位时间内(通常为一年)的个体死亡率。通常用个人风险等值线表示。

社会风险:是对个人风险的补充,指在个人风险确定的基础上,考虑到危险源周边区域的人口密度,以免发生群死群伤事故的概率超过社会公众的可接受范围。通常用累积频率和死亡人数之间的关系曲线($F-N$ 曲线)表示。

防护目标:指在发生危险化学品事故时,易造成群死群伤的危险化学品单位周边的人员密集场所或敏感场所,包括居民区、村镇、商业中心、公园、学校、医院、影剧院、体育场(馆)、养老院、车站等。

不可接受区:指风险不能被接受。

可接受区:指风险可以被接受,无需采取安全改进措施。

尽可能降低区:指需要尽可能采取安全措施,降低风险。

外部安全防护距离:是指危险化学品生产、储存装置危险源在发生火灾、爆炸、有毒气体泄漏时,为避免事故造成防护目标处人员伤亡而设定的安全防护距离。

附录2

危险化学品生产、储存装置外部安全防护距离推荐方法

根据不同适用范围,一般采用事故后果计算法、定量风险评价法或危险指数法计算外部安全防护距离。

一、事故后果计算法

是以爆炸事故后果模型为基础,根据装置可能发生的最严重爆炸事故情景,计算确定外部安全防护距离的方法。

(一)适用范围。

涉及爆炸品类危险化学品(如:硝酸铵、三硝基甲苯、硝基胍)的生产、储存装置。

(二)计算步骤。

事故后果计算法确定外部安全防护距离的计算步骤如下:

1.确定最严重事故情景。

参照《民用爆破器材工程设计安全规范》(GB 50089—2007)中第 3 条的有关规定,确定

该生产、储存装置内能够发生同时爆炸的最大爆炸品量作为计算药量,选择计算药量同时发生爆炸的情景作为最严重事故情景进行后果计算。

2.计算事故后果。

最严重事故情景下距爆炸点中心某距离处的冲击波超压可按下式计算：

$$\Delta P = 14\frac{Q}{R^3} + 4.3\frac{Q^{\frac{2}{3}}}{R^2} + 1.1\frac{Q^{\frac{1}{3}}}{R} \tag{1}$$

式中：

ΔP ——空气冲击波超压值,单位为 10^5 帕斯卡(Pa)；

Q ——一次爆炸的梯恩梯(TNT)炸药当量,根据计算药量折算,单位为千克(kg)；

R ——爆炸点距防护目标的距离,单位为米(m)。

3.确定外部安全防护距离。

根据空气冲击波超压的安全允许强度(一般取 $\Delta P = 0.02 \times 10^5$ Pa;可以影响建筑物玻璃破损的强度),通过计算得出生产、储存装置与防护目标间的外部安全防护距离。

二、定量风险评价法

是对危险化学品生产、储存装置发生事故频率和后果进行定量分析和计算,以可接受风险标准确定外部安全防护距离的方法。

(一)适用范围。

危险化学品生产、储存装置符合下列情形之一的,应当选用定量风险评价法确定外部安全防护距离：

1.涉及国家安全监管总局公布的重点监管的危险化工工艺的；

2.构成一级、二级重大危险源,且涉及国家安全监管总局公布的重点监管的危险化学品的；

3.构成重大危险源,且涉及毒性气体的。

但是危险化学品生产、储存装置符合《危险化学品重大危险源监督管理暂行规定》(国家安全监管总局令第 40 号)第九条规定的情形,按照《危险化学品重大危险源监督管理暂行规定》中规定的风险标准执行。

(二)计算步骤。

定量风险评价法确定外部安全防护距离的计算步骤如下：

1.定量风险评价。

个人风险计算中的危害辨识和评价单元选择、失效场景分析、失效后果分析、个人风险计算和社会风险计算可参照《化工企业定量风险评价导则》(AQ/T 3046—2013)中有关规定执行。其中设备设施的失效场景频率及修正可参照《基于风险检验的基础方法》(SY/T 6714—2008)中有关规定执行。

2.确定外部安全防护距离。

根据本公告公布的可接受风险标准,通过定量风险评价法得到生产、储存装置的个人可接受风险等值线及社会可接受风险图,以此确定该装置与防护目标的外部安全防护距离。

三、危险指数法

根据危险化学品的数量、性质、位置和生产类型,评估和计算危险化学品生产、储存装置的危险指数,并确定外部安全防护距离的方法。

(一)适用范围。

危险化学品生产、储存装置同时符合下列所有情形的,应当选用危险指数法确定外部安全防护距离:

1.未列入国家安全监管总局公布的重点监管的危险化工工艺的;

2.不涉及国家安全监管总局公布的重点监管危险化学品,或涉及重点监管的危险化学品但不构成一级、二级重大危险源的;

3.涉及毒性气体但危险化学品生产、储存装置不构成重大危险源的。

(二)计算步骤。

危险指数法确定外部安全防护距离的流程图如图1所示:

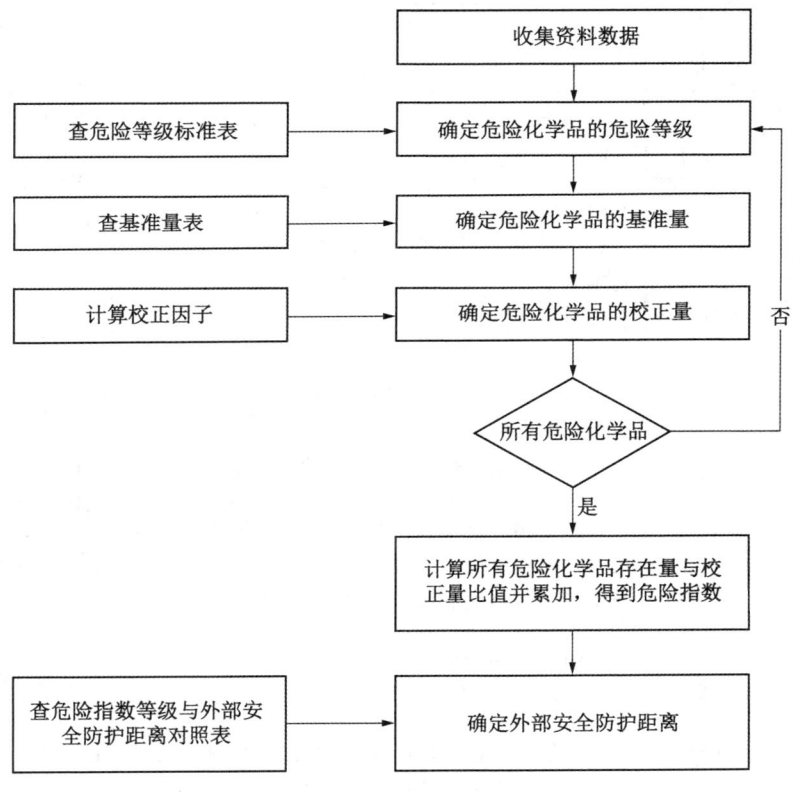

图 1 危险指数法流程图

计算步骤如下:

1.确定危险化学品的危险等级。

危险化学品的危险等级是按物理危险性(火灾/爆炸)或健康危害性(人员健康)进行的危险性分级。根据收集的危险化学品资料,通过查表1,可得到其危险等级。

表1 危险化学品的危险等级标准表

危险化学品	危险货物分类	说明	危险种类	危险等级
易燃气体	2.1	a)与空气的混合物按体积分数占13%或更少时可点燃的气体； b)不论易燃下限如何，与空气混合，燃烧范围的体积分数至少为12%的气体	火灾爆炸	高
	2.1	易燃成分占45%或更多的气溶胶	火灾爆炸	高
	液化石油气（LPG）		火灾爆炸	中
易燃液体	3PGⅠ	闪点<23 ℃,初沸点≤35 ℃	火灾爆炸	高
	3PGⅡ	闪点<23 ℃,初沸点>35 ℃	火灾爆炸	高
	3PGⅢ	23 ℃≤闪点≤60 ℃	火灾爆炸	中
	可燃液体	60 ℃<闪点≤93 ℃	火灾爆炸	低
液态退敏爆炸品	3 PGⅠ PGⅡ PGⅢ	a)物质： (i)列为液态退敏爆炸品,在联合国《关于危险货物运输的建议书-规章范本》（以下简称《规章范本》）中包装分类为Ⅰ、Ⅱ或Ⅲ； b)液态退敏爆炸品： (i)是一类爆炸品添加退敏剂形成液体,不再满足爆炸品的条件； (ii)没有列在《规章范本》中,没有包装分类	火灾爆炸	高
易燃固体-易燃固体和摩擦易着火的固体	4.1(a) PGⅡ	按联合国《关于危险货物运输的建议书-试验和标准手册》（以下简称《试验和标准手册》）,迅速燃烧或反应迅速或可能通过摩擦起火的物质	火灾爆炸	中
	4.1(a) PGⅢ	按《试验和标准手册》相关测试方法测试,危险性比4.1(a)PGⅡ低的物质	火灾爆炸	低
自反应性物质	4.1(b) A类 B类	按《试验和标准手册》相关测试方法测试,会传播爆轰或快速爆燃或剧烈反应或热爆炸的热不稳定物质	火灾爆炸	高
	4.1(b) C类 D类	按《试验和标准手册》相关测试方法测试,危险性比4.1(b)A类、B类低的物质	火灾爆炸	中
	4.1(b) E类 F类	按《试验和标准手册》相关测试方法测试,危险性比4.1(b)C类、D类低的物质	火灾爆炸	低

表 1（续）

危险化学品	危险货物分类	说明	危险种类	危险等级
固体退敏爆炸品	4.1(c) PGⅠ PGⅡ PGⅢ	a)列入《规章范本》的几种物质； b)是一类爆炸品添加退敏剂形成固体，不再满足一类爆炸品的条件	火灾爆炸	高
自燃物质	4.2 PGⅠ	a)不满足《规章范本》4.1.2判定标准，但按《试验和标准手册》，与空气接触5分钟内发生燃烧的固体； b)不满足《规章范本》4.1.2判定标准，但是依据相关测试条件，可以燃烧或使滤纸燃烧的液体	火灾爆炸	高
自燃物质	4.2 PGⅡ	不满足《规章范本》4.1.2判定标准，但按相关测试方法，满足特定标准的物质	火灾爆炸	高
自燃物质	4.2 PGⅢ	不满足《规章范本》4.1.2判定标准，但按相关测试方法，一定数量满足特定标准的物质	火灾爆炸	中
遇湿易燃固体	4.3 PGⅠ	a)少量物质与水接触释放出易燃气体的物质； b)常温下易与水反应的物质，易燃气体释放率在任一分钟内大于10 L/kg	火灾爆炸	高
遇湿易燃固体	4.3 PGⅡ	常温下易与水反应的物质，易燃气体释放率每小时大于20 L/kg	火灾爆炸	高
遇湿易燃固体	4.3 PGⅢ	常温下与水反应缓慢的物质，易燃气体释放率每小时大于1 L/kg	火灾爆炸	中
氧化物-固体或液体	5.1 PGⅠ	a)《规章范本》中属于5.1类物质，包装分类为Ⅰ的物质； b)与干纤维素混合自燃或平均燃烧时间小于特定参考物的固体； c)与干纤维素混合自燃或平均燃烧时间小于特定参考物的液体	火灾爆炸	高
氧化物-固体或液体	5.1 PGⅡ	a)《规章范本》中属于5.1类物质，包装分类为Ⅱ的物质； b)与干纤维素混合形成的混合物平均燃烧时间大于或等于特定参考物，不符合5.1PGⅠ标准的固体； c)与干纤维素混合形成的混合物平均燃烧时间大于或等于特定参考物，不符合5.1PGⅠ标准的液体	火灾爆炸	高

表 1（续）

危险化学品	危险货物分类	说明	危险种类	危险等级
氧化物-固体或液体	5.1 PGⅢ	a)《规章范本》中属于5.1类物质,包装分类为Ⅲ物质; b)与干纤维素混合形成的混合物平均燃烧时间大于或等于特定参考物,不符合5.1PGⅠ或Ⅱ标准的固体; c)与干纤维素混合形成的混合物平均燃烧时间大于或等于特定参考物,不符合5.1PGⅠ或Ⅱ标准的液体	火灾爆炸	中
氧化物-气体	2.2	a)《规章范本》中属于5.1类的气体; b)引起或有助于其他物质比在空气中燃烧更快的气体	火灾爆炸	高
有机过氧化物	5.2 A类 B类	按《试验和标准手册》相关测试方法测试,会传播爆轰或快速爆燃或剧烈反应或热爆炸的物质	火灾爆炸	高
有机过氧化物	5.2 C类 D类	按《试验和标准手册》相关测试方法测试,危险性比5.2A类、B类低的物质	火灾爆炸	中
有机过氧化物	5.2 E类 F类 G类	按《试验和标准手册》相关测试方法测试,危险性比5.2C类、D类低的物质	火灾爆炸	低
有毒物质	6.1 PGⅠ 2.3(气体)	食入毒性:$LD_{50} \leqslant 5$ mg/kg 皮肤毒性:$LD_{50} \leqslant 50$ mg/kg 吸入毒性(气体):$LC_{50} \leqslant 100$ ppm 吸入毒性(蒸气):$LC_{50} \leqslant 0.5$ mg/L 吸入毒性(粉尘/雾滴):$LC_{50} \leqslant 0.05$ mg/L	人员健康	高
有毒物质	6.1 PGⅡ 2.3(气体)	食入毒性:5 mg/kg$<LD_{50} \leqslant 50$ mg/kg 皮肤毒性:50 mg/kg$<LD_{50} \leqslant 200$ mg/kg 吸入毒性(气体):100 ppm$<LC_{50} \leqslant 500$ ppm 吸入毒性(蒸气):0.5 mg/L$<LC_{50} \leqslant 2.0$ mg/L 吸入毒性(粉尘/雾滴):0.05 mg/L$<LC_{50} \leqslant 0.5$ mg/L	人员健康	高
有毒物质	6.1 PGⅢ	食入毒性:50 mg/kg$<LD_{50} \leqslant 300$ mg/kg 皮肤毒性:200 mg/kg$<LD_{50} \leqslant 1000$ mg/kg 吸入毒性(气体):500 ppm$<LC_{50} \leqslant 2500$ ppm 吸入毒性(蒸气):2.0 mg/L$<LC_{50} \leqslant 10.0$ mg/L 吸入毒性(粉尘/雾滴):0.5 mg/L$<LC_{50} \leqslant 1.0$ mg/L	人员健康	中

表 1（续）

危险化学品	危险货物分类	说明	危险种类	危险等级
有毒物质	6.1 PGⅢ	食入毒性：300 mg/kg＜LD_{50}≤2 000 mg/kg 皮肤毒性：1 000 mg/kg＜LD_{50}≤2 000 mg/kg 吸入毒性（气体）：2 500 ppm＜LC_{50}≤5 000 ppm 吸入毒性（蒸气）：10 mg/L＜LC_{50}≤20 mg/L 吸入毒性（粉尘/雾滴）：1.0 mg/L＜LC_{50}≤5.0 mg/L	人员健康	低
腐蚀物质	8 PGⅠ	资料表明短期暴露会造成皮肤不可逆毁坏	人员健康	高
	8 PGⅡ	资料表明中期暴露会造成皮肤不可逆毁坏	人员健康	中
	8 PGⅢ	资料表明长期暴露会造成皮肤不可逆毁坏	人员健康	低

2.确定危险化学品基准量。

通过查表2，按危险化学品的物理危险性确定其火灾爆炸基准量，或按危险化学品的健康危害性确定其人员健康基准量。

表 2 危险化学品基准量

危险货物分类	危险等级	单位	基准量	
			火灾爆炸	人员健康
易燃气体				
2.1	高	立方米（m³） 吨（t）	10 000 10	—
2.1	高	立方米（m³） 吨（t）	10 000 10	—
液化石油气（LPG）	中	吨（t）	30	
易燃液体				
3PGⅠ	高	吨（t）	10	
3PGⅡ	高	吨（t）	10	
3PGⅢ	中	吨（t）	30	
可燃液体	低	吨（t）	100	
液态退敏爆炸品				
3 PGⅠ PGⅡ PGⅢ	高	吨（t）	1	—

表2（续）

危险货物分类	危险等级	单位	基准量	
			火灾爆炸	人员健康
易燃固体				
4.1(a)PGⅡ	中	吨(t)	10	—
4.1(a)PGⅢ	低	吨(t)	20	—
自反应性物质				
4.1(b)A类 B类	高	吨(t)	1	—
4.1(b)C类 D类	中	吨(t)	10	—
4.1(b)E类 F类	低	吨(t)	30	—
固体退敏爆炸品				
4.1(c) PGⅠ PGⅡ PGⅢ	高	吨(t)	1	—
自燃物质				
4.2 PGⅠ	高	吨(t)	1	—
4.2 PGⅡ	高	吨(t)	1	—
4.2 PGⅢ	中	吨(t)	10	—
遇湿易燃固体				
4.3 PGⅠ	高	吨(t)	1	—
4.3 PGⅡ	高	吨(t)	1	—
4.3 PGⅢ	中	吨(t)	10	—
氧化物-固体或液体				
5.1 PGⅠ	高	吨(t)	1	—
5.1 PGⅡ	高	吨(t)	1	—

表 2（续）

危险货物分类	危险等级	单位	基准量 火灾爆炸	基准量 人员健康
5.1 PGⅢ	中	吨(t)	10	—
氧化物-气体				
2.2	高	立方米(m³) 吨(t)	10 000 10	
有机过氧化物				
5.2 A 类 B 类	高	吨(t)	1	
5.2 C 类 D 类	中	吨(t)	10	
5.2 E 类 F 类 G 类	低	吨(t)	30	
有毒物质				
6.1 PGⅠ 2.3(气体)	高	吨(t) 立方米(m³)	—	1 50
6.1 PGⅡ 2.3(气体)	高	吨(t) 立方米(m³)	—	1 50
6.1 PGⅢ	中	吨(t) 立方米(m³)	—	10 150
6.1 PGⅢ	低	吨(t) 立方米(m³)	—	30 500
腐蚀物质				
8 PGⅠ	高	吨(t)	—	1
8 PGⅡ	中	吨(t)	—	10
8 PGⅢ	低	吨(t)	—	30

3.计算校正因子。

根据危险化学品的危险类型,校正因子分为针对火灾、爆炸影响的最终火灾/爆炸校正因子和针对人员健康的最终人员健康校正因子。计算校正因子时,主要考虑以下因素:1)危险化学品的物理状态;2)危险化学品生产、储存装置与边界的距离;3)危险化学品的使用状态。同时还要考虑理论模型的计算结果以及专家的意见和经验。

最终火灾/爆炸校正因子的计算公式如下:

$$\beta = FF_1 \times FF_2 \times FF_3 \tag{2}$$

式中　FF_1——取决于危险化学品的物理状态：当危险化学品为固体或粉末、液体时，$FF_1=1$；当危险化学品为气体时，$FF_1=0.1$；

　　　FF_2——取决于危险化学品生产、储存装置距厂区边界的距离：当危险化学品生产、储存装置距厂区边界的距离小于或等于30米时，$FF_2=1$；当危险化学品生产、储存装置距厂区边界的距离大于30米时，$FF_2=3$。

　　　FF_3——取决于危险化学品装置的类型：当装置类型为生产装置时，$FF_3=0.3$；当装置类型为地面储存装置时，$FF_3=1$；当装置类型为地下储存装置时，$FF_3=10$。

最终人员健康校正因子的计算公式如下：
$$\beta = FH_1 \times FH_2 \times FH_3 \tag{3}$$

式中　FH_1——取决于危险化学品的物理状态：当危险化学品为固体时，$FH_1=3$；当危险化学品为液体或粉末时，$FH_1=1$；当危险化学品为气体时，$FH_1=0.1$；

　　　FH_2——取决于危险化学品生产、储存装置距厂区边界的距离：当危险化学品生产、储存装置距厂区边界的距离小于或等于30米时，$FH_2=1$；当危险化学品生产、储存装置距厂区边界的距离大于30米时，$FH_2=3$。

　　　FH_3——取决于危险化学品装置的类型：当装置类型为生产装置时，$FH_3=0.3$；当装置类型为地面储存装置时，$FH_3=1$；当装置类型为地下储存装置时，$FH_3=10$。

校正因子用来校正危险化学品基准量，以得到该危险化学品生产、储存装置的危险化学品校正量。

4.计算危险指数。

危险指数根据危险化学品生产、储存装置涉及的每一种危险化学品的实际存在量与校正量比值之和得到。计算公式如下：

$$F = \frac{q_1}{\beta_1 \times Q_1} + \frac{q_2}{\beta_2 \times Q_2} + \cdots + \frac{q_n}{\beta_n \times Q_n} \tag{4}$$

式中　$q_1,q_2,\cdots,q_n$——每种危险化学品实际存在量（单位：吨或立方米）；

　　　$Q_1,Q_2,\cdots,Q_n$——与各危险化学品相对应的基准量（单位：吨或立方米）；

　　　$\beta_1,\beta_2,\cdots,\beta_n$——与各危险化学品相对应的校正因子。

5.确定外部安全防护距离。

通过查表3，确定危险化学品生产、储存装置与防护目标间的外部安全防护距离。

表3　危险指数与外部安全防护距离对照表

危险指数	危险程度	标识	外部安全防护距离（米）
$F<10$	较轻	Ⅰ	40
$10 \leqslant F<100$	中等	Ⅱ	50
$100 \leqslant F<1\,000$	很大	Ⅲ	70
$F \geqslant 1\,000$	非常大	Ⅳ	80

危险化学品生产装置和储存设施外部安全防护距离确定方法(GB/T 37243—2019)

前言

本标准按照 GB/T 1.1—2009 给出的规则起草。

本标准由中华人民共和国应急管理部提出并归口。

本标准起草单位：中国安全生产科学研究院、中石化青岛安全工程研究院、北京理工大学。

本标准主要起草人：魏利军、王如君、多英全、于立见、杨国梁、师立晨、党文义、钱新明、罗艾民、杨春生、宋占兵、张圣柱、褚云、曹炳志、黄兰。

1 范围

本标准规定了危险化学品生产装置和储存设施外部安全防护距离确定方法。

本标准适用于确定危险化学品生产装置和储存设施外部安全防护距离。

本标准不适用于民爆行业生产、流通企业，烟花爆竹生产企业和储存仓库，汽车加油加气站，油气输送管道，城镇燃气，港区内以及用于国防科研生产的危险化学品生产装置和储存设施。

2 规范性引用文件

下列文件对于本文件的应用是必不可少的。凡是注日期的引用文件，仅注日期的版本适用于本文件。凡是不注日期的引用文件，其最新版本（包括所有的修改单）适用于本文件。

GB 18218 危险化学品重大危险源辨识
GB 36894 危险化学品生产装置和储存设施风险基准
GB 50089—2018 民用爆炸物品工程设计安全标准

3 术语和定义

下列术语和定义适用于本文件。

3.1
爆炸物 explosive

列入《危险化学品目录》及《危险化学品分类信息表》的所有爆炸物。

3.2
有毒气体 toxic gas

列入《危险化学品目录》及《危险化学品分类信息表》，危害特性类别包含急性毒性-吸入的气体。

3.3
易燃气体 flammable gas

列入《危险化学品目录》及《危险化学品分类信息表》,危害特性类别包含易燃气体,类别1、类别2的气体。

3.4

外部安全防护距离 external safety distance

为了预防和减缓危险化学品生产装置和储存设施潜在事故(火灾、爆炸和中毒等)对厂外防护目标的影响,在装置和设施与防护目标之间设置的距离或风险控制线。

3.5

点火源 ignition source

促使可燃物与助燃物发生燃烧的初始能量来源,包括明火、化学反应热、热辐射、高温表面、摩擦和撞击等。

4 外部安全防护距离确定流程

4.1 危险化学品生产装置和储存设施确定外部安全防护距离的流程见图1。

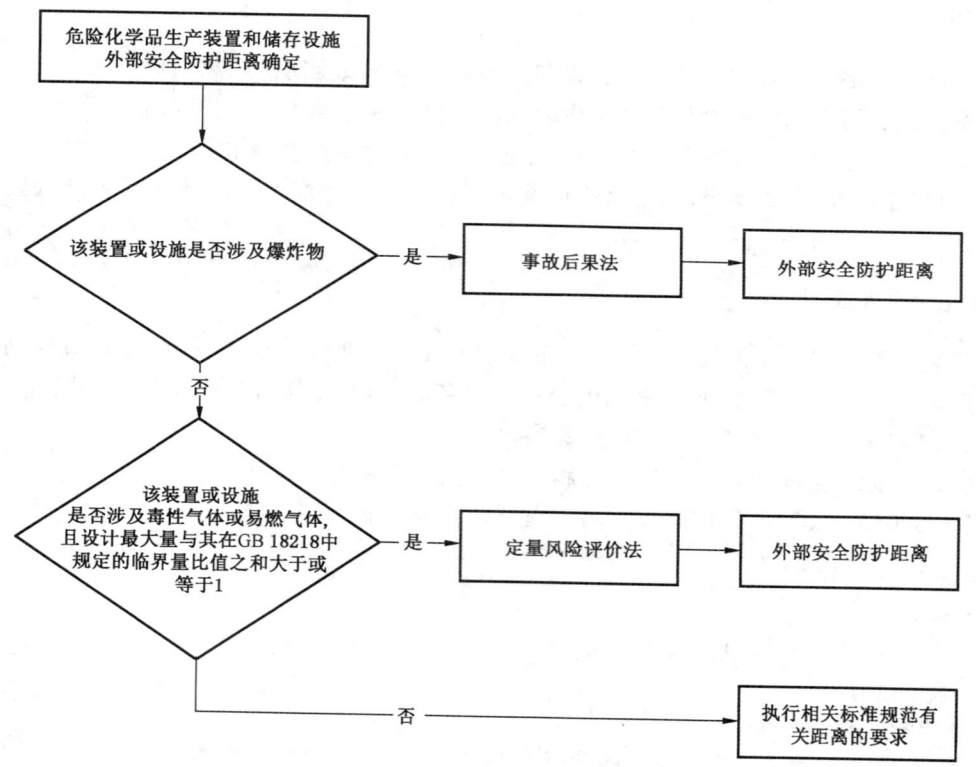

图1 危险化学品生产装置和储存设施外部安全防护距离确定流程

4.2 涉及爆炸物的危险化学品生产装置和储存设施应采用事故后果法确定外部安全防护距离。

4.3 涉及有毒气体或易燃气体,且其设计最大量与GB 18218中规定的临界量比值之和大于或等于1的危险化学品生产装置和储存设施应采用定量风险评价方法确定外部安全防护距离。当企业存在上述装置和设施时,应将企业内所有的危险化学品生产装置和储存设施作为一个整体进行定量风险评估,确定外部安全防护距离。

4.4 本标准4.2及4.3规定以外的危险化学品生产装置和储存设施的外部安全防护距离应满足相关标准规范的距离要求。

5 事故后果法

5.1 计算程序

事故后果法确定外部安全防护距离的流程见图2。

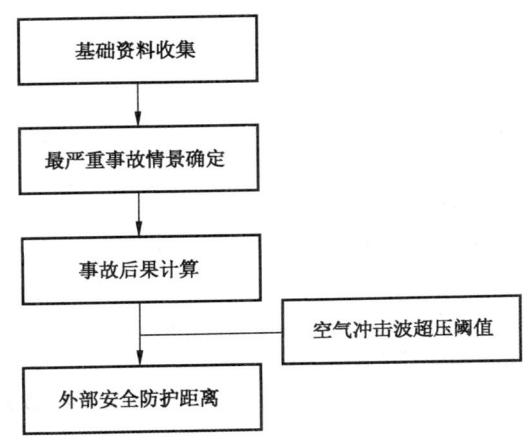

图2 事故后果法确定外部安全防护距离流程

5.2 基础资料收集

5.2.1 与爆炸物有关的工艺过程资料,包括爆炸物资料、装置和设施平面布置图、工艺过程描述等。

5.2.2 装置和设施外部可能受到事故影响的周边情况,包括周边土地使用状况、地形状况、居民与人口分布统计资料等。

5.3 最严重事故情景确定

5.3.1 辨识生产装置和储存设施中涉及爆炸物的单元,参照GB 50089—2018规定,确定该装置和设施内能够发生同时爆炸的最大爆炸物数量,并将该数量爆炸物同时发生爆炸的情景作为最严重事故情景。

5.3.2 当硝酸铵独立储存时,可不考虑其发生爆炸的事故情景。装置或设施中硝酸铵在极端条件下,容易受到周边其他可燃物、易燃物、爆炸物或禁忌物品影响时,应考虑其发生爆炸的事故情景,并将硝酸铵存量的一半计入该装置或设施能够发生同时爆炸的最大爆炸物数量。

5.4 外部安全防护距离确定

5.4.1 根据最严重事故情景以及表1给出的空气冲击波超压安全阈值,按式(1)计算外部安全防护距离:

$$\Delta p = 14\frac{Q}{R^3} + 4.3\frac{Q^{2/3}}{R^2} + 1.1\frac{Q^{1/3}}{R} \quad \cdots\cdots\cdots\cdots\cdots(1)$$

式中：

Δp——空气冲击波超压值，单位为 10^5 帕斯卡(Pa)；

Q ——一次爆炸的梯恩梯炸药当量，单位为千克(kg)；

R ——爆炸点距防护目标的距离，单位为米(m)。

表1 不同类型防护目标的空气冲击波超压阈值 单位为帕斯卡

防护目标（类别按照 GB 36894 划分）	空气冲击波超压阈值[a]
高敏感防护目标、重要防护目标 一般防护目标中的一类防护目标	2 000
一般防护目标中的二类防护目标	5 000
防护目标（类别按照 GB 36894 划分）	空气冲击波超压阈值[a]
一般防护目标中的三类防护目标	9 000

[a] 2 000 Pa 阈值为对建筑物基本无破坏的上限；5 000 Pa 阈值为对建筑物造成次轻度破坏（2 000 Pa～9 000 Pa）的中等偏下，有可能造成玻璃全部破碎，瓦屋面少量移动，内墙面抹灰少量掉落；9 000 Pa 阈值为造成建筑物次轻度破坏（2 000 Pa～9 000 Pa）的上限，有可能造成房屋建筑物部分破坏不能居住，钢结构的建筑轻微变形，对钢筋混凝土柱无损坏；以上阈值基本不会对室外人员造成直接死亡。

5.4.2 因地形条件对外部安全防护距离造成的影响可参照 GB 50089—2018 附录 A，对计算得到的外部安全防护距离进行调整。

5.4.3 外部安全防护距离的起点为装置和设施最外侧设备外缘或建筑物的最外轴线，止点为防护目标处建筑物的外墙。

6 定量风险评价法

6.1 计算程序

定量风险评价法确定外部安全防护距离的计算流程见图3，包括以下步骤：

a) 收集资料数据；
b) 确定评估单元；
c) 危险识别和泄漏场景辨识；
d) 分析事故概率；
e) 分析事故后果；
f) 定量风险计算；
g) 确定外部安全防护距离。

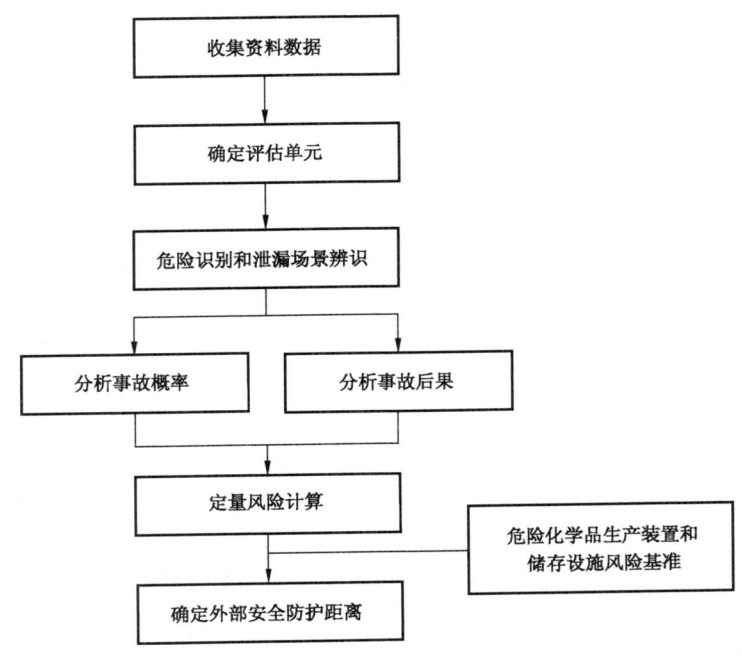

图 3 定量风险评价法计算流程

6.2 资料数据收集
6.2.1 一般资料数据
根据评估单元的范围确定所需收集的资料数据,包括但不限于表 2 所列的资料数据。

表 2 定量风险评价收集的一般资料数据

类别	一般资料数据
危害信息	危险化学品存量、化学品安全技术说明书(Safety Data Sheet,SDS)、现有的工艺危害分析(如危险与可操作性分析)结果、点火源等
设计和运行数据	设计说明、平面布置图、工艺技术规程、安全操作规程、工艺流程图(Process Flow Diagram,PFD)、管道和仪表流程图(Piping & Instrument Diagram,P&ID)、设备数据、管道数据、运行数据等
减缓控制系统	探测和切断系统(可燃气体和有毒气体探测、火焰探测、电视监控、联锁切断等)、消防、水幕等减缓控制系统
管理系统	管理制度、操作和维护手册、应急、事故调查、承包商管理、机械完整性管理、变更和作业程序等
自然条件	大气参数(气压、温度、湿度等)、风向、风速及大气稳定度联合频率;现场周边地形、现场建筑物等
历史数据	事故案例、设备失效统计资料等
人口数据	企业厂区内、厂区外的人口分布

6.2.2 人口数据统计原则

6.2.2.1 遵循以下原则开展人口分布统计:
  a) 根据装置事故状态下可能影响的最大范围,确定人口统计的地域边界;
  b) 考虑人员分布在白天和夜间的区别;
  c) 考虑娱乐场所、体育馆等敏感场所人员的流动性;
  d) 考虑已批准的规划区内可能存在的人口。

6.2.2.2 对人口数据可采用实地统计数据,也可采用通过政府主管部门、地理信息系统等途径获得的数据。

6.2.3 点火源统计原则

6.2.3.1 典型点火源分为:
  a) 点源,如加热炉(锅炉)、车辆、火炬、人员等;
  b) 线源,如公路、铁路、输电线路等;
  c) 面源,如厂区外的化工厂、冶炼厂等。

6.2.3.2 应对评估单元的工艺条件、装置设施、平面布置等进行分析,结合现场调研,根据事故状态下可能影响的最大范围辨识潜在点火源,并统计点火源的名称、种类、方位、数目以及出现的概率等要素。

6.3 确定评估单元

6.3.1 根据评价目的,可对辨识出的所有危险单元开展定量风险评价;也可对辨识出的危险单元进行初步评价,然后选择能代表评价对象风险水平的单元开展定量风险评价。

6.3.2 评估单元的选择可采用如下方法:
  a) 危险度评价法(参见附录A);
  b) 设备选择数法(参见附录B);
  c) 其他方法。

6.4 危险识别和泄漏场景辨识

6.4.1 应根据评价对象的具体情况进行系统的危险识别,识别系统中可能对人造成急性伤亡或对物造成突发性损坏的危险,确定其存在的部位、方式以及发生作用的途径和变化规律。

6.4.2 危险识别可采用如下方法:
  a) 系统危险识别方法,如安全检查表法(Checklist)、故障假设分析法(What-if)、危险与可操作性分析法(Hazard and Operability Analysis,HAZOP)、故障类型和影响分析法(Failure Mode and Effect Analysis,FMEA)、故障树分析法(Fault Tree Analysis,FTA)等;
  b) 重大危险源辨识;
  c) 其他危险识别方法,如事故案例分析等。

6.4.3 对泄漏场景的设定应同时满足以下两个条件:
  a) 泄漏发生的频率$\geq 10^{-8}$次/年;
  b) 至少导致1%的致死概率。

6.4.4 泄漏场景根据泄漏孔径大小可分为完全破裂和孔泄漏两大类,各泄漏孔径的取值范围和代表值见表3。当设备直径小于150 mm时,取小于设备直径的孔泄漏场景以及完全破裂场景。

表 3　泄漏孔径取值　　　　　　　　　　　　　　　单位为毫米

泄漏场景	范围	代表值
小孔泄漏	0～5	5
中孔泄漏	5～50	25
大孔泄漏	50～150	100
完全破裂	>150	1) 设备(设施)完全破裂或泄漏孔径>150； 2) 全部存量瞬时释放

6.4.5　泄漏场景的选择应考虑设备(设施)的工艺条件、历史事故和实际运行环境，宜采用表 4 定义的典型泄漏场景。

表 4　设备(设施)典型泄漏场景

序号	设备(设施)种类	泄漏事件
1	管道	见 6.4.6、6.4.7
2	固定的带压容器和储罐	见 6.4.8
3	固定的常压容器和储罐	见 6.4.9
4	泵和压缩机	见 6.4.10
5	换热器	见 6.4.11
6	压力释放装置	见 6.4.12
7	仓库	见 6.4.13
8	铁路槽车或汽车槽车	见 6.4.14

6.4.6　管道泄漏场景见 6.4.4，对于完全破裂场景，如果泄漏位置严重影响泄漏量或泄漏后果，应至少分别考虑以下三个位置的完全破裂：

　　a)　管道上游；
　　b)　管道中游；
　　c)　管道下游。

6.4.7　对于长管线，应沿管线选择一系列泄漏点，泄漏点的初始间距可取为 50 m，泄漏点数应确保当增加泄漏点数量时，风险曲线不会显著变化。

6.4.8　固定的带压容器和储罐分为三类，见表 5，其泄漏场景见 6.4.4。

表 5　固定带压容器和储罐分类

类别	定义	例子
带压容器	内部绝对压力大于 0.1 MPa 储存容器	分液罐、压力储罐等
工艺容器	在容器内，物质发生物理性质变化(如温度或相态)的容器。如果容器仅仅发生液位的变化，则它应作为一个受压容器(不包括具有管程和壳程结构的换热器)	蒸馏塔、过滤器等

表 5（续）

类别	定义	例子
反应容器	在容器内物质发生了化学变化的容器。如果在一个容器内发生了物质混合放热，则该容器也应作为一个反应容器	通用反应器、釜式反应器、床式反应器等

6.4.9 当固定的容器或储罐的内部绝对压力小于或等于 0.1 MPa 时，应考虑为常压容器或储罐，常见的常压容器和储罐的泄漏场景见表 6。

表 6 固定的常压容器和储罐的泄漏场景

类别	泄漏到大气中				泄漏到外罐中			
	小孔泄漏	中孔泄漏	大孔泄漏	完全破裂	小孔泄漏	中孔泄漏	大孔泄漏	完全破裂
单防罐	√	√	√	√				
双防罐				√	√	√	√	√
全防罐				√				
半地下储罐				√			√[a]	
地下储罐	√[a]							

[a] 对于地下储罐的泄漏场景，周围包围介质（如土壤）应考虑为第二级容器（外罐），如果储罐周围的包围介质允许泄漏物质快速蒸发或包围介质可能失效，则应考虑地下储罐的泄漏场景。对于半地下储罐的地下部分，应遵循地下储罐的原则。

6.4.10 泵和压缩机的泄漏场景取吸入管道的泄漏场景，见 6.4.4；当泵或压缩机的吸入管道直径小于 150 mm 时，取小于吸入直径的孔泄漏场景以及完全破裂场景。

6.4.11 换热器的泄漏场景见表 7。

表 7 换热器的泄漏场景

物料位置	泄漏场景			
	泄漏场景1	泄漏场景2	泄漏场景3	泄漏场景4
危险物质在壳程	5 mm 孔径泄漏	25 mm 孔径泄漏	100 mm 孔径泄漏	破裂
危险物质在管程，壳程设计压力小于危险物质压力		一条管道中孔泄漏	一条管道破裂	十条管道破裂
危险物质在管程，壳程设计压力大于危险物质压力				十条管道破裂
注：假设泄漏物质直接泄漏到大气环境中。				

6.4.12 若压力释放装置的排放气直接排入大气环境中,应考虑压力释放装置的泄漏风险,其泄漏场景可取压力释放装置以最大释放速率进行排放。

6.4.13 仓库应考虑包装单元和仓库整体火灾的可能性,可取以下三种场景:
a) 固体包装单元的粉末扩散;
b) 液体包装单元的存量释放;
c) 火灾(关注毒性燃烧产物和非火灾燃烧产生的毒性物释放)。

6.4.14 企业内部铁路槽车或汽车槽车的泄漏场景应考虑槽车自身失效引起的泄漏、装卸活动导致的泄漏和外部影响导致的泄漏,泄漏场景见表8。

表8 铁路槽车或汽车槽车的泄漏场景

设备(设施)	泄漏场景
汽车槽车或铁路槽车	场景1:孔泄漏,孔直径等于槽车最大接管直径 场景2:槽车破裂
装卸软管	场景3:装卸软管中孔泄漏 场景4:装卸软管完全破裂
装卸臂	场景5:装卸臂中孔泄漏 场景6:装卸臂完全破裂
槽车罐下火灾	罐内存量瞬时释放[a]
[a] 槽车罐下的火灾可能导致罐内存量瞬时释放,导致槽车罐下发生火灾的常见原因包括:槽车周边的火灾或槽车下部的连接部分泄漏后遇到点火源等。	

6.5 泄漏频率分析

6.5.1 泄漏频率可使用以下数据来源:
a) 工业失效数据库;
b) 企业历史数据;
c) 供应商的数据;
d) 基于可靠性的失效概率模型;
e) 同类设备(设施)典型泄漏场景泄漏频率值参见附录C中的表C.1~表C.8。

6.5.2 泄漏频率数据选择,应考虑以下事项:
a) 使用工业失效数据库时,应确保泄漏场景与失效数据场景基本假设相一致;
b) 使用企业历史数据时,应保证该历史数据充足并具有统计意义;
c) 应谨慎使用供应商提供的数据。

6.6 事故后果分析

6.6.1 源项和气云扩散计算

6.6.1.1 源项和气云扩散的计算,应考虑以下情形:
a) 泄漏(释放);
b) 闪蒸和液池蒸发;
c) 射流和气云扩散;

d) 火灾;
e) 爆炸。

6.6.1.2 在选择源项和气云扩散模型时,应考虑泄漏物质的特性。源项和气云扩散的计算模型参见附录 D。

6.6.2 泄漏

6.6.2.1 对每一个泄漏场景应选择一个适当的泄漏模型,不同泄漏场景的泄漏速率计算方法参见附录 D 中的 D.1。

6.6.2.2 泄漏位置应根据设备(设施)实际情况而确定。在工艺容器或反应容器中,当容器内同时存在气相和液相时,应模拟气相泄漏和液相泄漏两种场景。

6.6.2.3 泄漏方向应根据设备安装的实际情况确定。如果没有准确的信息,泄漏方向宜设为水平方向,与风向相同。对于地下管道,泄漏方向宜为垂直向上。

6.6.2.4 泄漏一般考虑为无阻挡释放,当同时满足以下两种情况时,宜考虑泄漏位置附近的地面或者物体的阻挡作用:

a) 对任意的释放方向,存在 L_o/L_j 小于 0.33。L_o 为泄漏点到阻挡物的距离,L_j 为自由喷射长度,按式(2)计算:

$$L_j = 12 \times u_0 \times b_0 / u_{air} \quad \cdots\cdots\cdots\cdots\cdots\cdots (2)$$

式中:
u_0——源处的喷射速度,单位为米每秒(m/s);
b_0——源半径,单位为米(m);
u_{air}——平均环境风速,单位为米每秒(m/s),通常取 5 m/s。

b) 对所有可能的释放方向,L_o/L_j 小于 0.33 的概率 P_i 大于 0.5。在这种情况下,频率为 f 的泄漏场景应分成两个独立的泄漏场景:频率 $P_i \times f$ 的有阻挡释放和频率为 $(1-P_i) \times f$ 的无阻挡释放。

6.6.2.5 最大可能泄漏量取 a)和 b)的较小值:

a) 泄漏设备单元中的物料加上相连设备截断前可流入到泄漏设备单元中的物料,设定流入速度等于泄漏速度;

b) 泄漏设备及相连单元内所有的物料量。泄漏设备及相连单元内所有的物料量应根据实际运行数据确定。

6.6.2.6 有效泄漏时间的确定应考虑以下因素:

a) 设备和相连系统中的存量;
b) 探测和联锁切断时间;
c) 可能采取的任何反应措施。

6.6.2.7 在确定有效泄漏时间时,应对每个泄漏场景的有效泄漏时间逐个确认,有效泄漏时间可取如下三项中的最小值:

a) 60 min;
b) 最大可能泄漏量与泄漏速率的比值;
c) 基于探测及联锁切断系统等级的泄漏时间,参见附录 E。

6.6.3 闪蒸和液池蒸发

6.6.3.1 过热液体泄漏计算应考虑闪蒸的影响,闪蒸计算参见附录 D 中的 D.2。

6.6.3.2 可形成的液池面积应考虑泄漏量、地面粗糙度、障碍物以及液体收集系统等影响，如果存在围堰、防护堤等拦蓄区，且泄漏的物质不溢出拦蓄区时，液池最大半径为拦蓄区的等效半径。

6.6.4 扩散

6.6.4.1 计算扩散时，应至少考虑以下两种情况：
   a) 射流。对于射流需确定喷射高度或距离；
   b) 大气扩散。大气扩散计算应考虑实际气体特性，根据扩散气体的初始密度、Richardson 数等条件选择重气扩散或非重气扩散。

6.6.4.2 室内的容器、油罐和管道等设备泄漏，应考虑建筑物对扩散的影响，选择模型时应考虑以下情况：
   a) 建筑物不能承受物质泄漏带来的压力，可设定物质直接释放到大气中；
   b) 建筑物可承受物质泄漏带来的压力，则室外扩散源项应考虑建筑物内的源项以及通风系统的影响。

6.6.4.3 在计算扩散时，天气条件宜考虑不同的大气稳定度和风速。当使用 Pasquill 大气稳定度（参见 D.3）时，可选择以下六种天气条件，见表 9。

表 9 选择的天气条件

大气稳定度	风速
B	中风速：3 m/s～5 m/s
D	低风速：1 m/s～2 m/s
D	中风速：3 m/s～5 m/s
D	高风速：8 m/s～9 m/s
E	中风速：3 m/s～5 m/s
F	低风速：1 m/s～2 m/s

6.6.4.4 扩散计算时，应考虑当地的风速、风向及稳定度联合频率，宜选择十六种风向。气象统计资料宜采用评估单元附近气象站的气象统计数据。

6.6.5 火灾和爆炸

6.6.5.1 对于易燃气体或易燃液体泄漏（释放）应考虑发生沸腾液体扩展蒸气云爆炸（Boiling Liquid Expanding Vapor Explosio，BLEVE）和（或）火球、喷射火、池火、蒸气云爆炸及闪火等火灾、爆炸场景。具体场景与物质特性、储存参数、泄漏类型、点火类型等有关，可采用事件树方法确定各种可燃物质释放后，各种事件发生的类型及概率。可燃物质释放后的事件树参见附录 F 中的图 F.1～图 F.5。

6.6.5.2 点火类型分为立即点火和延迟点火。

6.6.5.3 立即点火的点火概率应考虑设备类型、物质种类和泄漏形式（瞬时释放或者连续释放）。可根据数据库统计或通过概率模型计算获得。可燃物质泄漏后立即点火的概率参见 F.2。

6.6.5.4 延迟点火的点火概率应考虑点火源特性、泄漏物特性以及泄漏发生时点火源存在

的概率,按式(3)计算:

$$P(t) = P_{present}(1 - e^{-\omega t}) \quad\quad\quad\quad\quad\quad (3)$$

式中:
$P(t)$ ——$0 \sim t$ 时间内发生点火的概率;
$P_{present}$ ——点火源存在的概率;
ω ——点火源的点火概率,单位为每秒(s^{-1}),与点火源特性有关;
t ——时间,单位为秒(s)。

点火源的点火概率可根据点火源在某一时间内的点火概率计算得出,常见点火源在 1 min 内的点火概率参见 F.3。

6.6.5.5 压缩液化气体或压缩气体瞬时释放时,应考虑 BLEVE 或火球的影响。BLEVE 或火球热辐射计算参见 D.4.2。

6.6.5.6 可燃有毒物质在点火前应考虑毒性影响,在点火后应考虑燃烧影响。可进行如下简化:

a) 对低活性物质(参见附录 F 中的 F.2),假设不发生点火过程,仅考虑有毒物释放影响;
b) 对中等活性及高活性物质,宜分成可燃物释放和有毒物释放两种独立事件进行考虑。

6.6.5.7 对于喷射火,其方向为物质的实际泄漏方向;如果没有准确的信息,宜考虑垂直方向喷射火和水平方向喷射火,计算方法参见 D.4.3。

6.6.5.8 气云延迟点火发生闪火和爆炸时,可将闪火和爆炸考虑为两个独立的过程。

6.6.5.9 气云爆炸产生的冲击波超压计算宜考虑气云受约束或阻碍的状况,计算方法参见 D.4.4。

6.6.6 减缓控制系统

减缓控制系统应考虑不同种类的减缓控制系统对危险物质释放及其后果的影响。如果能够确定减缓控制系统的效果,宜采用下列步骤反应减缓控制系统的作用:

a) 确定系统起作用需要的时间;
b) 确定系统的效果;
c) 系统起作用前不考虑减缓控制作用;
d) 系统起作用后的源项值应考虑减缓控制系统的效果并进行修正;
e) 应考虑减缓控制系统的失效频率。

6.6.7 暴露影响

6.6.7.1 死亡概率计算

6.6.7.1.1 有毒气体、热辐射和超压的影响阈值参见附录 G。

6.6.7.1.2 给定暴露场景下,人员的死亡概率可采用概率函数法计算,死亡概率 P_d 与相应的概率值 P_r 函数关系见式(4)和式(5),P_d 和 P_r 的对应关系参见附录 H 中的 H.1。

$$P_d = 0.5 \times \left[1 + \mathrm{erf}\left(\frac{P_r - 5}{\sqrt{2}}\right)\right] \quad\quad\quad\quad\quad\quad (4)$$

$$\mathrm{erf}(x) = \frac{2}{\sqrt{\pi}} \int_0^x e^{-t^2} dt \quad\quad\quad\quad\quad\quad (5)$$

式中：
t——暴露时间，单位为秒(s)。

6.6.7.2 中毒
毒性暴露下死亡概率值可按式(6)计算：

$$P_{rT} = a + b\ln(C^n \times t) \quad\quad\quad\quad\quad (6)$$

式中：
P_{rT} ——毒性暴露下的死亡概率值；
a, b, n——描述物质毒性的常数，参见 H.2；
C ——暴露浓度，单位为毫克每立方米(mg/m^3)；
t ——暴露于毒物环境中的时间，单位为分(min)，最大值为 30 min。

6.6.7.3 热辐射危害
6.6.7.3.1 火球、池火及喷射火的死亡概率值可按式(7)计算：

$$P_{rH} = -36.38 + 2.56\ln(Q^{4/3} \times t) \quad\quad\quad\quad\quad (7)$$

式中：
P_{rH}——热辐射暴露下的死亡概率值；
Q ——热辐射强度，单位为瓦特每平方米(W/m^2)；
t ——暴露时间，单位为秒(s)，最大值为 20 s。

6.6.7.3.2 在计算热辐射暴露死亡概率时，处于火球、池火及喷射火火场中或热辐射强度不小于 37.5 kW/m^2 时，人员的死亡概率为 100%。

6.6.7.4 闪火和爆炸
6.6.7.4.1 闪火的火焰区域等于点燃时可燃云团浓度超过燃烧下限的范围。闪火火焰区域内，人员的死亡概率为 100%；闪火火焰区域外，人员的死亡概率为 0。

6.6.7.4.2 对于蒸气云爆炸，在超过 0.03 MPa 超压影响的区域内，人员的死亡概率为 100%；在 0.01 MPa 超压影响区域外，人员的死亡概率为 0。

6.7 定量风险计算
6.7.1 定量风险可用个人风险和社会风险来度量。个人风险可用绘制在标准比例尺地理图上的个人风险等值线表示，个人风险等值线对应的死亡概率不宜小于 10^{-8} 次/年。社会风险可用 $F\text{-}N$ 曲线(Frequency-Number curve)表示。

6.7.2 在计算个人风险和社会风险时，应对评价区域进行计算网格划分。网格单元的划分应考虑当地人口密度和事故影响范围，网格尺寸不应影响计算结果。在确定每个网格单元的人员数量时，可假设网格单元内部有相同的人口密度。将点火概率分配到每一个网格单元，如网格中有多个点火源，应将所有的点火源合并成处于网格单元中心的单个点火源。

6.7.3 当人员处于室外和室内两种情况下时，社会风险可按式(8)进行修正：

$$P_{SR} = \beta_{SR} \times P_d \quad\quad\quad\quad\quad (8)$$

式中：
P_{SR}——社会风险计算时的人口死亡百分比；
β_{SR}——社会风险计算时的人口死亡百分比修正因子，取值参见表 10；
P_d ——人员的死亡概率。

表 10 修正因子 β_{SR} 取值

危害场景			β_{SR}	
			室外	室内
爆炸		爆炸超压≥0.03 MPa	1	1
		0.01 MPa<爆炸超压<0.03 MPa	注1	
		爆炸超压≤0.01 MPa	0	0
	闪火范围内		1	1
	闪火范围外		0	0
热辐射强度<37.5 kW/m²		火球	0.14[a]	0
		喷射火	0.14[a]	0
		池火	0.14[a]	0
热辐射强度≥37.5 kW/m²		火球	1	1
		喷射火	1	1
		池火	1	1
	毒性		1	0.1[b]

注：爆炸超压 0.01 MPa～0.03 MPa 半径区域的室外人员的死亡概率为 0；在计算社会风险时，室内人员需考虑建筑物破坏的影响，死亡百分比为 2.5%。

[a] 当计算社会风险时，通常认为在衣服着火以前，室外人员因受到衣服的保护而减弱了热辐射的影响，与没有衣服保护相比，其死亡百分比减小至 14%，因此修正因子为 0.14。
[b] 计算室内人员的死亡百分比时应考虑室内真实毒性剂量，室内毒性剂量与毒性气团的通过时间和房间通风率有关，在没有具体参数时，可取同样剂量下室外人员死亡概率的 0.1 倍。

6.7.4 个人风险计算流程见图 4，包括以下步骤：
a) 选择一个泄漏场景（Loss of Containment，LOC），确定 LOC 的发生频率 f_S。
b) 选择一种天气等级 M 和该天气等级下的一种风向 φ，给出天气等级 M 和风向 φ 同时出现的联合概率 $P_M \times P_\varphi$。
c) 如果是可燃物释放，选择一个点火事件 i 并确定点火概率 P_i。如果考虑物质毒性影响，则不考虑点火事件。
d) 计算在特定的 LOC、天气等级 M、风向 φ 及点火事件 i（针对可燃物）条件下网格单元上的死亡概率 P_d，计算中参考高度取 1 m。
e) 计算（LOC、M、φ、i）条件下对网格单元个体风险（Individual Risk，IR）的贡献，按式(9)计算。

$$\Delta IR_{S,M,\varphi,i} = f_S \times P_M \times P_\varphi \times P_i \times P_d \quad\quad\quad (9)$$

f) 对所有的 LOC(f_S)、M、φ 及 i，重复 a)～e)步的计算；则网格单元处的个人风险按式(10)计算。

$$IR = \sum_S \sum_M \sum_\varphi \sum_i \Delta IR_{S,M,\varphi,i} \quad\quad\quad (10)$$

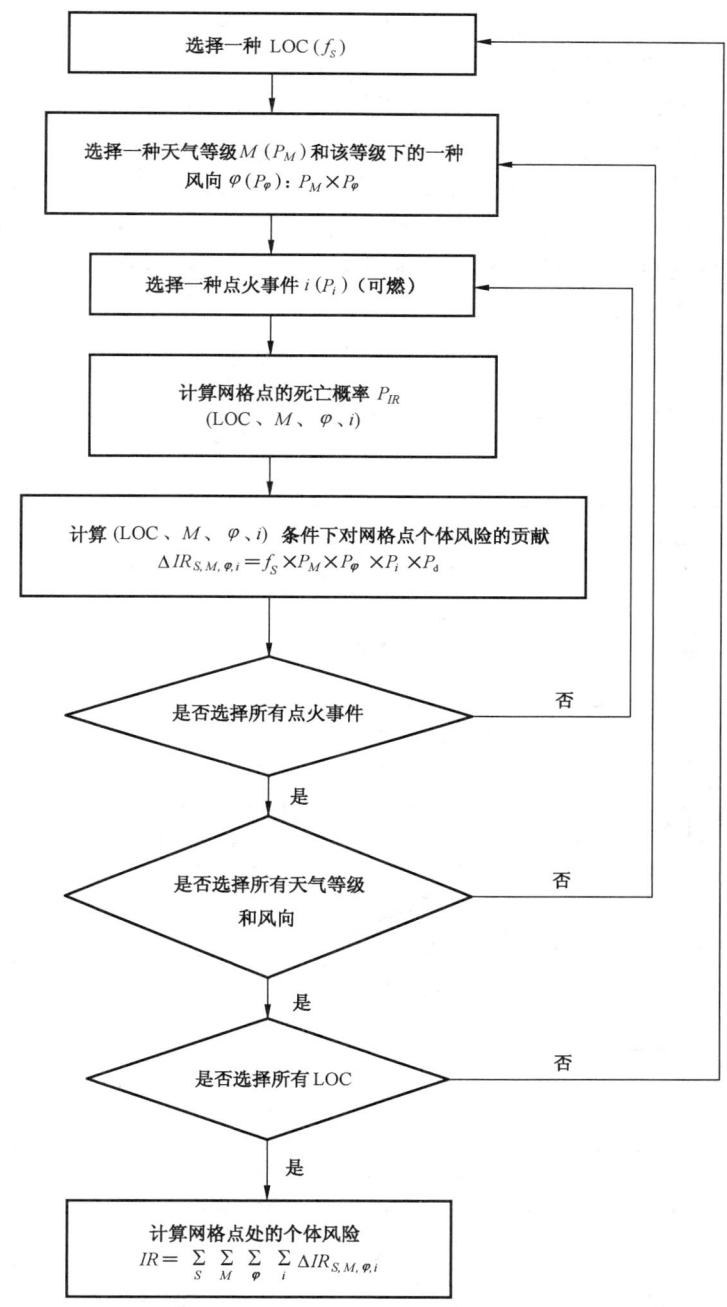

图 4 网格单元的个人风险计算程序

6.7.5 社会风险计算流程见图 5,包括以下步骤:
  a) 首先确定以下条件:
    1) 确定 LOC 及其发生频率 f_S;
    2) 选择天气等级 M,频率为 P_M;
    3) 选择天气等级 M 下的一种风向 φ,频率为 P_φ;

271

4) 对于可燃物,选择条件概率为 P_i 的点火事件 i。

b) 选择一个网格单元 j,确定网格单元内的人数 N_{cell}。

c) 计算在特定的 LOC、M、φ 及 i 下,网格单元 j 内的人口死亡百分比 P_{SRj},计算中参考高度取 1 m。

d) 按式(11)计算在特定的 LOC、M、φ 及 i 下的网格单元 j 的死亡人数 $\Delta N_{S,M,\varphi,i,j}$。

$$\Delta N_{S,M,\varphi,i,j} = P_{SRj} \times N_{cell} \quad \cdots\cdots\cdots\cdots (11)$$

e) 对所有网格单元,重复 b)~d)步的计算,按式(12)计算在特定的 LOC、M、φ 及 i 下的死亡总人数 $N_{S,M,\varphi,i}$。

$$N_{S,M,\varphi,i} = \sum_j \Delta N_{S,M,\varphi,i,j} \quad \cdots\cdots\cdots\cdots (12)$$

f) 按式(13)计算 LOC、M、φ 及 i 的联合频率 $f_{S,M,\varphi,i}$。

$$f_{S,M,\varphi,i} = f_S \times P_M \times P_\varphi \times P_i \quad \cdots\cdots\cdots\cdots (13)$$

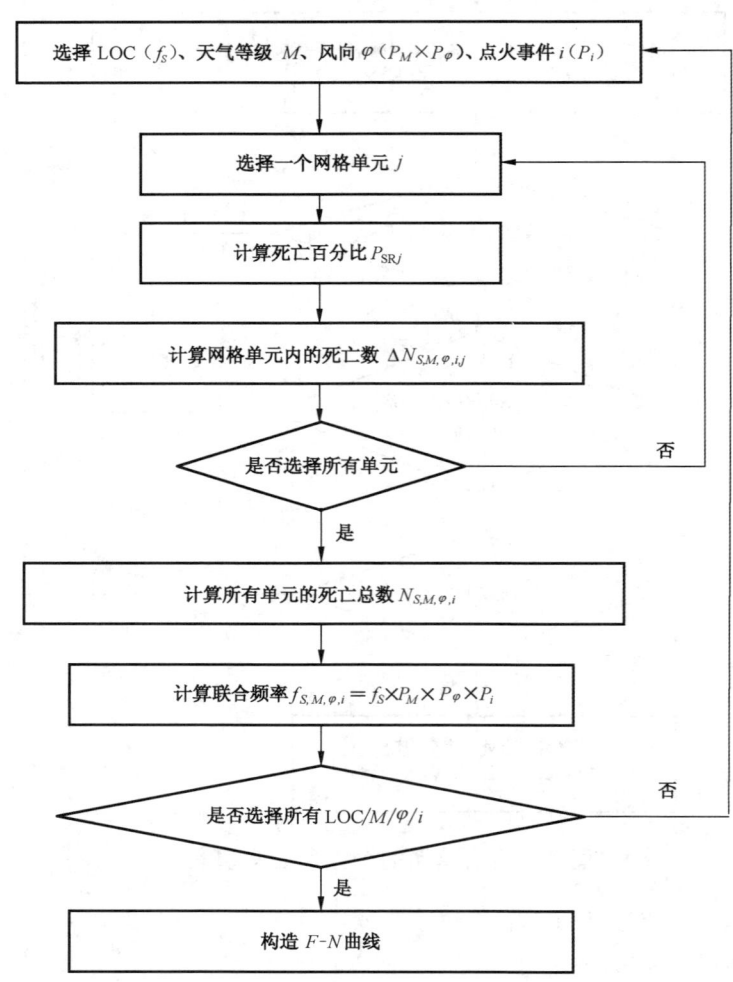

图 5 网格单元的社会风险计算流程

对所有的 LOC(f_S)、M、φ 及 i，重复 a)~f)步的计算，按式(14)用累积死亡总人数 $N_{S,M,\varphi,i} \geqslant N$ 的所有事故发生的频率 $f_{S,M,\varphi,i}$ 构造 F-N 曲线。

$$F_N = \sum_{S,M,\varphi,i} f_{S,M,\varphi,i} \rightarrow N_{S,M,\varphi,i} \geqslant N \quad \cdots\cdots\cdots\cdots\cdots\cdots(14)$$

6.8 外部安全防护距离确定

6.8.1 按照 GB 36894 中的个人风险基准，绘制危险化学品生产装置和储存设施周围的风险等值线，确定不同类型防护目标外部安全防护距离是否满足风险基准的要求。

6.8.2 当防护目标为单栋建筑物时，应以建筑物的外墙为边界评定其是否满足个人风险基准的要求，当防护目标为带有配套设施的机构或场所时，应以机构或场所的围墙或用地边界线为边界评定其是否满足个人风险基准的要求。

6.8.3 社会风险基准是在个人风险基准确定的基础上，结合危险化学品生产装置和储存设施周边区域的人口分布，对危险化学品事故引发群死群伤事故的约束。绘制危险化学品生产装置和储存设施的社会风险 F-N 曲线，应按照 GB 36894 中的社会风险基准，判断项目的社会风险水平是否可以接受：

a) 若社会风险曲线进入不可接受区，则应立即采取安全改进措施降低社会风险；
b) 若社会风险曲线进入尽可能降低区，需要在可实现的范围内，尽可能采取安全改进措施，降低社会风险；
c) 若社会风险曲线全部落在可接受区，则该风险可接受。

附　录　A
（资料性附录）
评估单元选择方法——危险度评价法

危险度评价法是以各单元的物料、容量、温度、压力和操作等五项指标进行评定，每一项又分为 A、B、C、D 四个类别，分别给定 10 分、5 分、2 分、0 分，最后根据这些分值之和来评定该单元的危险程度等级。危险度评价取值表见表 A.1。

表 A.1 危险度评价取值表

工程	分　值			
	A(10 分)	B(5 分)	C(2 分)	D(0 分)
物质（系指单元中危险、有害程度最大的物质）	1.甲类可燃气体[a]； 2.甲 A 类物质及液态烃类； 3.甲类固体； 4.极度危害物质[b]	1.乙类可燃气体； 2.甲 B、乙 A 类可燃液体； 3.乙类固体； 4.高度危害物质	1.乙 B、丙 A、丙 B 类可燃液体； 2.丙类可燃固体； 3.中、轻度危害物质	不属于左述之 A、B、C 项的物质
容量[c]	1.气体在 1 000 m³ 以上； 2.液体在 100 m³ 以上	1.气体在 500 m³~1 000 m³； 2.液体在 50 m³~100 m³	1.气体在 100 m³~500 m³； 2.液体在 10 m³~50 m³	1.气体＜100 m³； 2.液体＜10 m³

表 A.1（续）

工程	分 值			
	A(10 分)	B(5 分)	C(2 分)	D(0 分)
温度	1 000 ℃ 以上使用,其操作温度在燃点以上	1. 1 000 ℃ 以上使用,但操作温度在燃点以下； 2. 在 250 ℃ ~ 1 000 ℃ 使用,其操作温度在燃点以上	1. 在 250 ℃ ~ 1 000 ℃ 使用,其操作温度在燃点以下； 2. 在低于 250 ℃ 时使用,操作温度在燃点以上	在低于 250 ℃ 时使用,操作温度在燃点以下
压力	100 MPa	20 MPa~100 MPa	1 MPa~20 MPa	1 MPa 以下
操作	1.临界放热和特别剧烈的放热反应操作； 2.在爆炸极限范围内或其附近操作	1. 中等放热反应（如烷基化、酯化、加成、氧化、聚合、缩合等反应）操作； 2. 系统进入空气或不纯物质,可能发生危险的操作； 3. 使用粉状或雾状物质,有可能发生粉尘爆炸的操作； 4. 单批式操作	1. 轻微放热反应（如加氢、水合、异构化、磺化、中和等反应）操作； 2. 在精制过程中伴有化学反应； 3. 单批式操作,但开始使用机械等手段进行程序操作； 4. 有一定危险的操作	无危险的操作

ª 见 GB 50160 中可燃物质的火灾危险性分类。
ᵇ 见 HG/T 20660 表 1、表 2、表 3。
ᶜ (1)有触媒的反应,应去掉触媒所占空间；(2)气液混合反应,应按其反应的相态选择上述规定。

危险度分级见表 A.2。

表 A.2 危险度分级

总分值	≥16 分	11 分~15 分	≤10 分
等级	Ⅰ	Ⅱ	Ⅲ
危险程度	高度危险	中度危险	低度危险

可选择总分值≥11 分的单元（装置）进行风险评价。

附 录 B
（资料性附录）
评估单元选择方法——设备选择数法

B.1 流程

选择数法是根据单元中危险物质的量和工艺条件,来表征该单元的相对危险性,流程示

意图见图 B.1,具体步骤如下:

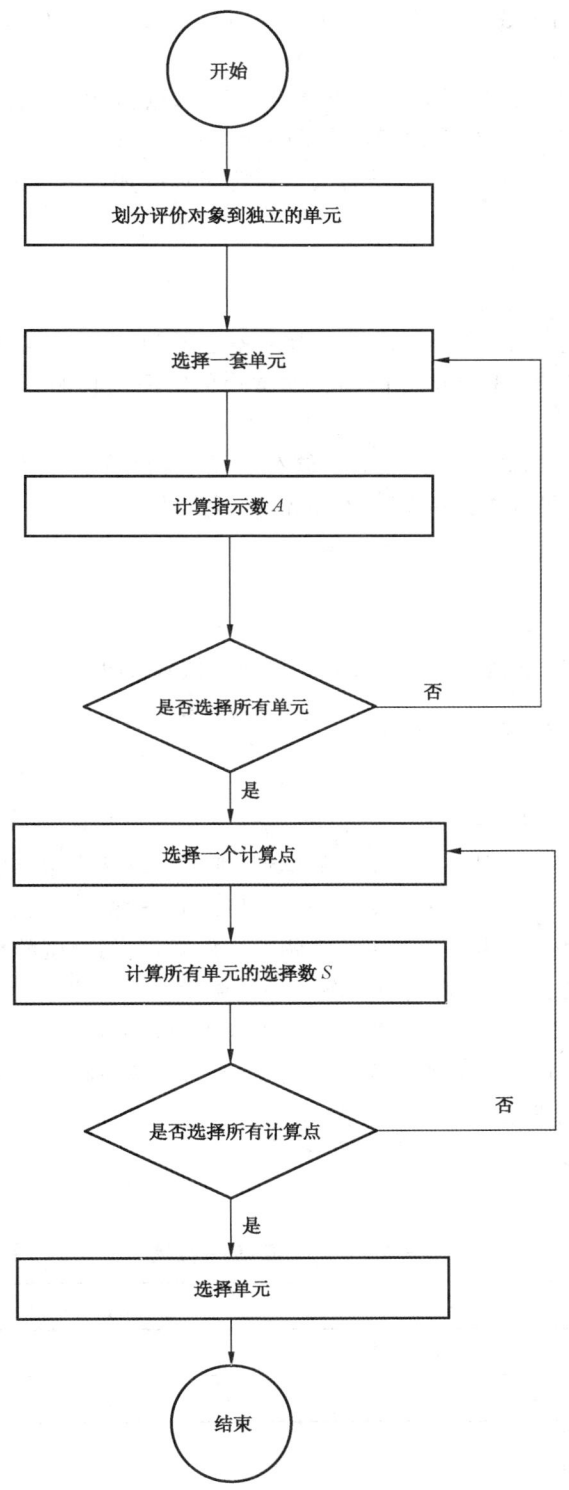

图 B.1 设备选择数法流程示意图

a) 将企业划分为独立的单元；
b) 计算单元的指示数 A，它表征了单元的固有危险，$A=f$（危险物质的质量，工艺条件，物质属性）；
c) 计算单元对企业周边系列点上造成的危险。该点的危险用选择数 S 来表征，它是指示数 A 和该点与装置的距离 L 的函数，$S=f(A,L)$；
d) 根据选择数 S 的相对大小，选择需进行定量风险评价的单元。

B.2　划分单元

划分单元的主要原则如下：

a) "独立单元"是指该单元内物质的泄漏不会导致相邻其他单元的物质大量释放。如果事故发生时，两个单元能够在非常短的时间内切断，则它们可划分为相互独立的单元。
b) 区分工艺单元和储存单元。对于储存单元，如储罐，即使储罐包含循环系统和热交换系统，它仍将作为一个独立的储存单元对待。

B.3　计算指示数 A

B.3.1　指示数 A 计算公式

指示数 A 为无因次量，表征了单元的固有危险，按式（B.1）计算。

$$A = f(Q, Q_1, Q_2, Q_3, G) = \frac{Q \times Q_1 \times Q_2 \times Q_3}{G} \quad\quad\quad\quad\quad (\text{B}.1)$$

式中：

Q ——单元中物质的质量，单位为千克（kg）；
Q_1 ——工艺条件因子，用以表征单元的类型，即工艺单元或储存单元；
Q_2 ——工艺条件因子，用以表征单元的布局以及防止物质扩散到环境的措施；
Q_3 ——工艺条件因子，用以表征单元中物质释放后，气相物质的量（基于单元的工艺温度、物质常压沸点、物质的相态和环境温度）；工艺条件因子只适用于有毒物质和可燃物质，对于爆炸物质（炸药、火药等），$Q_1=Q_2=Q_3=1$，则 $A=Q/G$；
G ——阈值，它表征了物质的危险度，由物质的物理属性和毒性、燃烧爆炸性所决定。

B.3.2　因子 Q_1、Q_2、Q_3 取值

B.3.2.1　工艺条件因子 Q_1

Q_1 的取值见表 B.1。

表 B.1　Q_1 取值一览表

单元类型	Q_1
工艺单元	1
储存单元	0.1

B.3.2.2　工艺条件因子 Q_2

Q_2 的取值见表 B.2。

表 B.2 Q_2 取值一览表

单元的布置和防护措施	Q_2
室外单元	1.0
封闭式单元	0.1
单元有围堰,工艺温度 $T_p \leqslant$ 沸点 $T_{bp}+5$ ℃	1
单元有围堰,工艺温度 $T_p >$ 沸点 $T_{bp}+5$ ℃	0.1

注 1:对于储存单元,工艺温度可视为储存温度。
注 2:封闭式单元能阻止物质泄漏时扩散到环境中。但要求封闭设施能承受装置物质瞬时释放的物理压力,能极大地降低物质直接释放到环境中。如果封闭设施能够使释放到大气环境中的物质数量降低 5 倍以上,或者能够将释放物导向安全地点,那么这样的单元可以考虑为封闭的,否则应该作为一个室外单元。
注 3:围堰能阻止物质扩散到环境中。对于能够容纳液体,并能承受载荷的双层封闭设施,可作为围堰考虑,如双防常压罐、全防常压储罐、地下常压罐和半地下常压罐。

B.3.2.3 工艺条件因子 Q_3

工艺条件因子 Q_3 取值见表 B.3。

表 B.3 Q_3 取值一览表

物质相态	Q_3
物质为气态	10
物质为液态: ①工艺温度下饱和蒸汽压 $\geqslant 3 \times 10^5$ Pa; ②$1 \times 10^5$ Pa $\leqslant$ 工艺温度下饱和蒸汽压 $< 3 \times 10^5$ Pa; ③工艺温度下饱和蒸汽压 $< 1 \times 10^5$ Pa	10 $X+\Delta$ $P_i+\Delta$
物质为固态	0.1

注 1:表中压力为绝对压力。
注 2:$X = 45 \times P_{sat} - 3.5$,$P_{sat}$ 为饱和蒸汽压(MPa),P_i 为工艺温度下物质的蒸汽分压。
注 3:Δ 表征环境与液池之间的热传导导致的液池蒸发增量。Δ 由常压沸点 T_{bp} 决定,Δ 取值见表 B.4。对危险物质混合物应该使用 10% 蒸馏温度点作为常压沸点,即在此温度下混合物的 10% 被蒸馏掉。
注 4:对于溶解在非危险性溶剂里的危险物质,应使用工艺温度下饱和蒸汽压中的危险物质的分压。
注 5:$0.1 \leqslant Q_3 \leqslant 10$。

表 B.4 Δ 取值一览表

T_{bp}	Δ
-25 ℃ $\leqslant T_{bp}$	0
-75 ℃ $\leqslant T_{bp} < -25$ ℃	1
-125 ℃ $\leqslant T_{bp} < -75$ ℃	2
$T_{bp} < -125$ ℃	3

B.3.3 阈值 G

B.3.3.1 有毒物质的阈值

有毒物质的阈值由致死浓度 LC_{50}（老鼠吸入 1 h 半数死亡的浓度）和 25 ℃下物质的相态决定，取值见表 B.5。

表 B.5 有毒物质阈值表

LC_{50} mg/m³	25 ℃时物质的相态	阈值 G kg
LC≤100	气相	3
	液相(L)	10
	液相(M)	30
	液相(H)	100
	固态	300
100＜LC≤500	气相	30
	液相(L)	100
	液相(M)	300
	液相(H)	1 000
	固态	3 000
500＜LC≤2 000	气相	300
	液相(L)	1 000
	液相(M)	3 000
	液相(H)	10 000
	固态	∞
2 000＜LC≤20 000	气相	3 000
	液相(L)	10 000
	液相(M)	∞
	液相(H)	∞
	固态	∞
LC＞20 000	所有相	∞

注 1：液相(L)表示，25 ℃＜物质常压沸点≤50 ℃。
注 2：液相(M)表示，50 ℃＜物质常压沸点≤100 ℃。
注 3：液相(H)表示，物质常压沸点＞100 ℃。

B.3.3.2 可燃物的阈值

可燃物是指在系统中，工艺温度不小于其闪点的可燃物质。可燃物的阈值 $G=1\times 10^4$ kg。

B.3.3.3 爆炸物质的阈值

爆炸物质的阈值等于 1 000 kgTNT 当量的爆炸物的质量。

B.3.4 计算单元的指示数 A

对于单元中物质 i 的指示数 A_i，按式（B.2）计算。

$$A_i = \frac{Q_i \times Q_1 \times Q_2 \times Q_3}{G_i} \quad \cdots\cdots\cdots\cdots\cdots\cdots\cdots（B.2）$$

式中：

Q_i——单元中物质 i 的质量，单位为千克(kg)；

G_i——物质 i 的阈值，单位为千克(kg)。

如果单元中出现多种物质和工艺条件，则必须对每种物质和每种工艺条件进行计算，计算时应将物质划分为可燃物、有毒物质和爆炸物质三类，分别计算可燃指示数 A^F，毒性指示数 A^T 和爆炸指示数 A^E，按式（B.3）～式（B.5）。

$$A^T = \sum_{i,P} A_{i,P} \quad \cdots\cdots\cdots\cdots\cdots\cdots\cdots（B.3）$$

$$A^F = \sum_{i,P} A_{i,P} \quad \cdots\cdots\cdots\cdots\cdots\cdots\cdots（B.4）$$

$$A^E = \sum_{i,P} A_{i,P} \quad \cdots\cdots\cdots\cdots\cdots\cdots\cdots（B.5）$$

上式中 i 表示各类物质，P 表示工艺条件。一个单元可能有三个不同的指示数。此外，如该物质既属于可燃物又有毒性，则应分别计算该物质的 A^T，A^F。

B.4 计算选择数 S

选择数 S，按式（B.6）～式（B.8）计算：

$$\text{有毒物质} \quad S^T = \left(\frac{100}{L}\right)^2 A^T \quad \cdots\cdots\cdots\cdots\cdots\cdots（B.6）$$

$$\text{可燃物质} \quad S^F = \left(\frac{100}{L}\right)^3 A^F \quad \cdots\cdots\cdots\cdots\cdots\cdots（B.7）$$

$$\text{爆炸物质} \quad S^E = \left(\frac{100}{L}\right)^3 A^E \quad \cdots\cdots\cdots\cdots\cdots\cdots（B.8）$$

式中 L 表示计算点离单元的实际距离，单位为米(m)，最小值为 100 m。

对于每个单元，应至少在企业边界上选择 8 个计算点进行选择数计算。相邻两点的距离不能超过 50 m。除计算企业的边界上的选择数外，对于最靠近装置的、已存在的或计划修建的社区，也应计算选择数 S。

B.5 选择单元

如果满足下列条件之一的单元，则应进行定量风险评价：

a) 对于企业边界上某点，该单元的选择数较大，并大于该点最大选择数的 50%；

b) 某单元对附近已存在或计划修建的社区的选择数大于其他单元的选择数；

c) 有毒物质单元的选择数与最大的选择数处于同一数量级。

附 录 C
（资料性附录）
同类设备（设施）典型泄漏场景泄漏频率值

同类设备（设施）典型泄漏场景泄漏频率值参见表 C.1～表 C.8。

表 C.1 管道泄漏频率值

管道直径 mm	泄漏频率 每米每年			
	小孔泄漏	中孔泄漏	大孔泄漏	完全破裂
20	3×10^{-5}	—	—	1×10^{-6}
25	2×10^{-5}	—	—	2×10^{-6}
50	1×10^{-5}	—	—	2×10^{-6}
100	3×10^{-6}	2×10^{-6}	—	2×10^{-7}
150	1×10^{-6}	1×10^{-6}	—	3×10^{-7}
200	1×10^{-6}	1×10^{-6}	3×10^{-7}	7×10^{-8}
250	7×10^{-7}	1×10^{-6}	3×10^{-7}	7×10^{-8}
300	3×10^{-7}	1×10^{-6}	1×10^{-7}	7×10^{-8}
400	3×10^{-7}	7×10^{-7}	7×10^{-8}	7×10^{-8}
>400	2×10^{-7}	7×10^{-7}	7×10^{-8}	3×10^{-8}

表 C.2 固定的带压容器和储罐泄漏频率值

单位为每年

设备类型	泄漏频率			
	小孔泄漏	中孔泄漏	大孔泄漏	完全破裂
带压容器	4×10^{-5}	1×10^{-4}	1×10^{-5}	6×10^{-6}
工艺容器-塔器	8×10^{-5}	2×10^{-4}	2×10^{-5}	6×10^{-6}
工艺容器-过滤器	9×10^{-4}	1×10^{-4}	5×10^{-5}	1×10^{-5}
反应容器	1×10^{-4}	3×10^{-4}	3×10^{-5}	2×10^{-6}

表 C.3 固定的常压容器和储罐泄漏频率值

单位为每年

设备类型	泄漏到大气中				泄漏到外罐中			
	小孔泄漏	中孔泄漏	大孔泄漏	完全破裂	小孔泄漏	中孔泄漏	大孔泄漏	完全破裂
单防罐	4×10^{-5}	1×10^{-4}	1×10^{-5}	2×10^{-5}	—	—	—	—
双防罐	—	—	—	1.2×10^{-8}	1×10^{-4}	1×10^{-5}	1×10^{-7}	5×10^{-8}
全防罐	—	—	—	1×10^{-8}				
半地下储罐	—	—	—	1×10^{-8}				
地下储罐	—							

表 C.4 泵和压缩机泄漏频率值　　　　　　　　　　　　　单位为每年

设备类型	泄漏频率			
	小孔泄漏	中孔泄漏	大孔泄漏	完全破裂
单密封离心泵	6×10^{-2}	5×10^{-4}	1×10^{-4}	—
双密封离心泵	6×10^{-3}	5×10^{-4}	1×10^{-4}	—
离心压缩机	—	1×10^{-3}	1×10^{-4}	—
往复式压缩机	—	6×10^{-3}	6×10^{-4}	—

表 C.5 换热器的泄漏频率值　　　　　　　　　　　　　单位为每年

物料位置	泄漏场景			
	泄漏场景1	泄漏场景2	泄漏场景3	泄漏场景4
危险物质在壳程	4×10^{-5}	1×10^{-4}	1×10^{-5}	6×10^{-6}
危险物质在管程,壳程设计压力小于危险物质压力	—	1×10^{-2}	1×10^{-3}	1×10^{-5}
危险物质在管程,壳程设计压力大于危险物质压力	—	—	—	1×10^{-6}

表 C.6 压力泄放装置泄漏频率值　　　　　　　　　　　　单位为每年

设备类型	泄漏频率
压力释放装置	2×10^{-5}

表 C.7 仓库三种场景对应频率值

设施场所	场景1 每次处理包装单元	场景2 每次处理包装单元	场景3 每年
包装单元和仓库	1×10^{-5}	1×10^{-5}	5×10^{-4}

注：场景1和场景2应结合包装单元和仓库的年处理包装单元次数,折算场景对应的年频率。

表 C.8 铁路槽车或汽车槽车泄漏场景对应频率值

槽车类型	槽车自身		装卸软管		装卸臂	
	场景1 每年	场景2 每年	场景3 每小时	场景4 每小时	场景5 每小时	场景6 每小时
压力槽车	5×10^{-7}	5×10^{-7}	4×10^{-5}	4×10^{-6}	3×10^{-7}	3×10^{-8}
常压槽车	5×10^{-7}	1×10^{-5}	4×10^{-5}	4×10^{-6}	3×10^{-7}	3×10^{-8}

注：场景3、4、5、6应结合实际卸装作业的年时长,折算场景对应的年频率。槽车下部的连接部分泄漏后被点燃形成的火灾,通常只发生在装载可燃物质的槽车,压力储存槽车对应频率值通常取1×10^{-6},常压储存槽车对应频率值通常取1×10^{-5}。槽车周边的火灾通常发生在周边储罐发生泄漏后被点燃,对应的频率值应结合周边泄漏事故发生进行确定。

附 录 D
（资料性附录）
源项和气云扩散计算

D.1 泄漏速率计算

D.1.1 液体经管道上的孔流出

质量流率可按式（D.1）计算：

$$Q_m = AC_0\sqrt{2\rho(p-p_0)} \quad\quad\quad\quad (D.1)$$

式中：
Q_m——质量流率，单位为千克每秒（kg/s）；
A——泄漏孔面积，单位为平方米（m²）；
C_0——液体泄漏系数；
p——管道内液体压力，单位为帕斯卡（Pa）；
ρ——泄漏液体密度，单位为千克每立方米（kg/m³）；
p_0——环境压力，单位为帕斯卡（Pa）。

液体泄漏系数 C_0 是雷诺数和孔直径的函数，经验数据如下：

a) 对于锋利的孔和雷诺数大于 30 000 时，液体泄漏系数近似取 0.61。对于这种情况，液体的流出速率不依赖于裂口的尺寸。
b) 对于圆滑喷嘴，液体泄漏系数可近似取 1。
c) 对于与容器相连的管嘴（即长度与直径之比不小于 3），液体泄漏系数近似取 0.81。
d) 当液体泄漏系数不知道或不能确定时，取 1.0 使所计算的流量最大。

D.1.2 液体经储罐上的孔流出

瞬时质量流率可按式（D.2）计算：

$$Q_m = \rho AC_0\sqrt{2\left(\frac{p-p_0}{\rho}+gh_L\right)} \quad\quad\quad\quad (D.2)$$

式中：
Q_m——质量流率，单位为千克每秒（kg/s）；
p——储罐内液体压力，单位为帕斯卡（Pa）；
p_0——环境压力，单位为帕斯卡（Pa）；
C_0——液体泄漏系数；
g——重力加速度，取 9.8m/s²；
A——泄漏孔面积，单位为平方米（m²）；
ρ——液体密度，单位为千克每立方米（kg/m³）；
h_L——泄漏孔上方液体高度，单位为米（m）。

D.1.3 液体管道断裂

不可压缩液体在管道中流动，能量式可按式（D.3）计算：

$$\frac{\Delta p}{\rho}+\frac{\Delta \overline{u}^2}{2\alpha}+g\Delta Z+F=-\frac{W_s}{m} \quad\quad\quad\quad\quad\quad (D.3)$$

式中：
Δp ——管道两端压力差，单位为帕斯卡(Pa)；
ρ ——液体密度，单位为千克每立方米(kg/m³)；
$\overline{u}$ ——液体平均瞬时流速，单位为米每秒(m/s)；
α ——无量纲速率轮廓修正系数，其取值为：对于层流，α 取 0.5；对于湍流，α 取 1.0；
g ——重力加速度，单位为米每二次方秒(m/s²)；
ΔZ ——终止状态减去初始状态的高度差，单位为米(m)；
F ——摩擦导致的机械能损失，包括来自流经管道长度的摩擦损失，适用于诸如阀门、弯头、孔、管道的进口和出口，单位为米牛顿每千克(m·N/kg)；
W_s ——轴功，单位为帕斯卡米(Pa·m)；
m ——质量流速，单位为千克每秒(kg/s)；
Δ 函数——终止状态减去初始状态。

对于有摩擦阻力的设备，摩擦损失项形式可按式(D.4)计算：

$$F=K_f\left(\frac{u^2}{2}\right) \quad\quad\quad\quad\quad\quad (D.4)$$

式中：
K_f ——管道或管道配件摩擦导致的压差损失(无量纲)；

对于流经管道的液体，压差损失项 K_f 可按式(D.5)计算：

$$K_f=\frac{4fL}{d} \quad\quad\quad\quad\quad\quad (D.5)$$

式中：
f ——Fanning(范宁)摩擦系数(无量纲)；
L ——管道长度，单位为米(m)；
d ——管道内径，单位为米(m)。

Fanning(范宁)摩擦系数 f 是雷诺数 Re 和管道粗糙度 ε 的函数。
表 D.1 给出了各种类型净管道的 ε 值。

表 D.1 净管道的粗糙系数 ε 　　　　单位为毫米

管道材料	ε	管道材料	ε
水泥覆护钢	1～10	熟铁	0.046
混凝土	0.3～3	拉制钢管	0.001 5
铸铁	0.26	玻璃	0
镀锌铁	0.15	塑料	0
型钢	0.046		

对于层流，摩擦系数可按式(D.6)计算：

$$f=\frac{16}{Re} \quad\quad\quad\quad\quad\quad (D.6)$$

对于湍流,摩擦系数可按式(D.7)计算:

$$\frac{1}{\sqrt{f}} = -4\log\left(\frac{1}{3.7} \times \frac{\varepsilon}{d} + \frac{1.255}{Re\sqrt{f}}\right) \quad\cdots\cdots\cdots\cdots\cdots\cdots\quad (\text{D.7})$$

对于粗糙管道中发展完全的湍流,f 独立于雷诺数,此时,摩擦系数可按式(D.8)计算:

$$\frac{1}{\sqrt{f}} = 4\log\left(3.7\,\frac{d}{\varepsilon}\right) \quad\cdots\cdots\cdots\cdots\cdots\cdots\cdots\cdots\cdots\cdots\quad (\text{D.8})$$

对于光滑管道,$\varepsilon = 0$,摩擦系数可按式(D.9)计算:

$$\frac{1}{\sqrt{f}} = 4\log\frac{Re\sqrt{f}}{1.255} \quad\cdots\cdots\cdots\cdots\cdots\cdots\cdots\cdots\cdots\cdots\quad (\text{D.9})$$

对于光滑管道,当雷诺数小于 10 000 时,摩擦系数可按式(D.10)计算:

$$f = 0.079Re^{-1/4} \quad\cdots\cdots\cdots\cdots\cdots\cdots\cdots\cdots\cdots\cdots\cdots\cdots\quad (\text{D.10})$$

对于管道附件、阀门及其他流动障碍物,可采用改进的 2-K 方法来计算能量损失,2-K 方法根据雷诺数和管道内径定义压差损失,可按式(D.11)计算:

$$K_f = \frac{K_1}{Re} + K_\infty\left(1 + \frac{25.4}{ID}\right) \quad\cdots\cdots\cdots\cdots\cdots\cdots\quad (\text{D.11})$$

式中:

K_f ——超压位差损失(无量纲);

K_1 ——常数(无量纲),见表 D.2;

K_∞ ——常数(无量纲),见表 D.2;

Re ——雷诺数(无量纲);

ID ——管道内径,单位为毫米(mm)。

表 D.2 管道附件和阀门中损失系数的 2-K 常数

附件	附件描述	K_1	K_∞
弯头 90°	标准($r/D=1$),带螺纹	800	0.40
	标准($r/D=1$),采用法兰连接/焊接	800	0.25
	长半径($r/D=1.5$),所有类型	800	0.2
	斜接($r/D=1.5$):1 焊缝(90°)	1 000	1.15
	2 焊缝(45°)	800	0.35
	3 焊缝(30°)	800	0.30
	4 焊缝(22.5°)	800	0.27
	5 焊缝(18°)	800	0.25
45°	长半径($r/D=1$),所有类型	500	0.20
	长半径($r/D=1.5$)	500	0.15
	斜接,1 焊缝(45°)	500	0.25
	斜接,2 焊缝(22.5°)	500	0.15

表 D.2（续）

附件	附件描述	K_1	K_∞
180°	标准($r/D=1$),带螺纹	1 000	0.60
	标准($r/D=1$),采用法兰连接/焊接	1 000	0.35
	长半径($r/D=1.5$),所有类型	1 000	0.30
三通管			
作为弯头使用	标准的,带螺纹	500	0.70
	长半径,带螺纹	800	0.40
	标准的,采用法兰连接/焊接	800	0.80
	短分支	1 000	1.00
贯通	带螺纹	200	0.10
	采用法兰连接/焊接	150	0.50
	短分支	100	0.00
阀门			
闸阀、球阀或旋塞阀	全尺寸,$\beta=1.0$	300	0.10
	缩减尺寸,$\beta=0.9$	500	0.15
	缩减尺寸,$\beta=0.8$	1000	0.25
球心阀	标准	1 500	4.00
	斜角或 Y 型	1 000	2.00
隔膜阀	Dam(闸坝)类型	1 000	2.00
蝶形阀		800	0.25
止回阀	提升阀	2 000	10.0
	回转阀	1 500	1.50
	倾斜片状阀	1 000	0.50

对于管道的入口和出口,可按式(D.12)计算:

$$K_f = \frac{K_1}{Re} + K_\infty \quad\quad\quad\quad\quad\quad\quad (D.12)$$

对于管道进口,$K_1=160$;对于一般的进口,$K_\infty=0.50$;对于边界类型的入口,$K_\infty=1.0$。对于管道出口,$K_1=0$;$K_\infty=1.0$。对于高雷诺数($Re>10\,000$),上式中的第一项可忽略,即 $K_f = K_\infty$;对于低雷诺数($Re<50$),Re 小于 50,第一项占支配地位,$K_f = K_1/Re$。

物质从管道系统中流出,质量流率的求解步骤如下:

a) 假设:管道长度、直径和类型;沿管道系统的压力和高度变化;来自泵、涡轮等对液体的输入或输出功;管道上附件的数量和类型;液体的特性,包括密度和黏度。

b) 指定初始点(点 1)和终止点(点 2)。
c) 确定点 1 和点 2 处的压力和高度。确定点 1 处的初始液体流速。
d) 推测点 2 处的液体流速,如果认为是完全发展的湍流,则不需要这一步。
e) 用式(D.6)~式(D.10)确定管道的摩擦系数。
f) 确定管道的超压位差损失[式(D.5)]、附件的超压位差损失[式(D.11)]、和进出口效应的超压位差损失[式(D.12)]。将这些压差损失相加,使用式(D.4)计算净摩擦损失项。使用点 2 处的高度。
g) 计算式(D.3)中的所用各项的值,并将其代入到方程中。如果式(D.3)所用项的和等于零,那么计算结束。如果不等于零,返回到第 d)步重新计算。
h) 使用方程 $m=\overline{\rho u}A$ 确定质量流率。

如果为完全发展的湍流,则将已知项代入到式(D.3)中,将点 2 处的速度设为变量,直接求解该速度。

D.1.4 气体经孔泄漏

当式(D.13)成立时,气体流动属音速流动;当式(D.14)成立时,气体流动属亚音速流动。

$$\frac{p_0}{p} \leqslant \left(\frac{2}{\gamma+1}\right)^{\frac{\gamma}{\gamma-1}} \qquad\cdots\cdots\cdots\cdots\cdots(\text{D}.13)$$

$$\frac{p_0}{p} > \left(\frac{2}{\gamma+1}\right)^{\frac{\gamma}{\gamma-1}} \qquad\cdots\cdots\cdots\cdots\cdots(\text{D}.14)$$

式中:
p_0——环境压力,单位为帕斯卡(Pa);
p ——容器内介质压力,单位为帕斯卡(Pa);
γ ——绝热指数,$\gamma=c_p/c_v$。

音速流动的气体泄漏质量流率可按式(D.15)计算:

$$Q = C_d A p \sqrt{\frac{M\gamma}{R_g T}\left(\frac{2}{\gamma+1}\right)^{\frac{\gamma+1}{\gamma-1}}} \qquad\cdots\cdots\cdots\cdots\cdots(\text{D}.15)$$

亚音速流动的气体泄漏质量流率可按式(D.16)计算:

$$Q = Y C_d A p \sqrt{\frac{M\gamma}{R_g T}\left(\frac{2}{\gamma+1}\right)^{\frac{\gamma+1}{\gamma-1}}} \qquad\cdots\cdots\cdots\cdots\cdots(\text{D}.16)$$

式中:
Q ——气体泄漏质量流率,单位为千克每秒(kg/s);
C_d——气体泄漏系数,与泄漏孔形状有关,泄漏孔形状为圆形时取 1.00,三角形时取 0.95,长方形时取 0.90;
A ——泄漏孔面积,单位为平方米(m²);
p ——容器内介质压力,单位为帕斯卡(Pa);
M ——泄漏气体或蒸气的相对分子质量;
R_g——理想气体常数,单位为焦耳每摩尔开尔文[J/(mol·K)];
T ——气体温度,单位为开尔文(K);

Y ——流出系数,按式(D.17)计算。

$$Y = \left[\frac{p_0}{p}\right]^{\frac{1}{\gamma}} \times \left\{1 - \left[\frac{p_0}{p}\right]^{\frac{(\gamma-1)}{\gamma}}\right\}^{\frac{1}{2}} \times \left\{\left[\frac{2}{\gamma-1}\right] \times \left[\frac{\gamma+1}{2}\right]^{\frac{(\gamma+1)}{(\gamma-1)}}\right\}^{\frac{1}{2}}$$
.....................(D.17)

D.1.5 气体管道断裂

D.1.5.1 绝热流动

对于长管或沿管程有较大压差,气体流速在大部分情况下接近声速。对于涉及塞流绝热流动的情况下,已知管长(L)、内径(d)、上游压力(p_1)和温度(T_1),计算质量通量 G 步骤如下:

a) 根据式(D.8)确定 Fanning 摩擦系数 f。假设是高雷诺数的发展完全的湍流。

b) 马赫数 Ma 可按式(D.18)计算:

$$\frac{\gamma+1}{2}\ln\left[\frac{2Y_1}{(\gamma+1)Ma^2}\right] - \left(\frac{1}{Ma^2} - 1\right) + \gamma\left(\frac{4fL}{d}\right) = 0$$
.........................(D.18)

$$Y_1 = 1 + \frac{\gamma-1}{2}Ma^2$$ ....(D.19)

式中:

Ma ——马赫数;

L ——管道长度,单位为米(m);

d ——管道内径,单位为米(m);

Y_1 ——气体膨胀系数,无量纲。

c) 质量通量 G_{choked} 可按式(D.20)计算:

$$G_{choked} = p_{choked}\sqrt{\frac{\gamma M}{R_g T_{choked}}}$$ ....(D.20)

$$\frac{T_{choked}}{T_1} = \frac{2Y_1}{\gamma+1}$$ ....(D.21)

$$\frac{p_{choked}}{p_1} = Ma\sqrt{\frac{2Y_1}{\gamma+1}}$$ ....(D.22)

式中:

G_{choked} ——质量通量,单位为千克每平方米秒[kg/(m²·s)];

p_1 ——上游气体压力,单位为帕斯卡(Pa);

p_{choked} ——下游气体压力,单位为帕斯卡(Pa);

T_1 ——上游气体温度,单位为开尔文(K);

T_{choked} ——下游气体温度,单位为开尔文(K)。

d) 根据式(D.22)确定 p_{choked},以确认处于塞流情况。

D.1.5.2 等温流动

对于大多数典型问题,已知管长(L)、内径(d)、上游压力(p_1)和温度(T_1),质量通量 G_{chokCd} 计算步骤如下:

a) 根据式(D.8)确定 Fanning 摩擦系数 f。假设是高雷诺数发展完全的湍流。

b) 马赫数 Ma 可按式(D.23)计算：

$$\ln\left(\frac{1}{\gamma Ma^2}\right) - \left(\frac{1}{\gamma Ma^2}\right) + \frac{4fL}{d} = 0 \quad\quad\quad (\text{D.23})$$

c) 质量通量 G_{choked} 可按式(D.24)计算：

$$G_{choked} = p_{choked}\sqrt{\frac{M}{R_g T}} \quad\quad\quad (\text{D.24})$$

$$\frac{p_{choked}}{p_1} = Ma\sqrt{\gamma} \quad\quad\quad (\text{D.25})$$

式中：

G_{choked}——质量通量，单位为千克每平方米秒[kg/(m²·s)]；
T——上游初始温度，单位为开尔文(K)；
p_{choked}——下游塞流压力，单位为帕斯卡(Pa)；
p_1——上游压力，单位为帕斯卡(Pa)；
Ma——马赫数；
γ——绝热指数，$\gamma = c_p/c_v$；
R_g——理想气体常数，单位为焦耳每摩尔开尔文[J/(mol·K)]；
M——物质的相对分子质量。

绝热和等温管道方法得到的结果很接近，对于大多数实际情况，并不能很容易地确定热传递特性。因此选择绝热管道方法，计算所得的质量通量较大，适合于保守的安全设计。

D.1.6 泄漏液体蒸发量

D.1.6.1 泄漏液体的蒸发分为闪蒸蒸发、热量蒸发和质量蒸发三种，其蒸发量为这三种蒸发之和。

D.1.6.2 闪蒸蒸发参照附录 D 中的 D.2 计算。

D.1.6.3 当液体闪蒸不完全，有一部分液体在地面形成液池，并吸收地面热量而气化称为热量蒸发。热量蒸发的蒸发速度 Q_2 按式(D.26)计算：

$$Q_2 = \frac{KA_1(T_0 - T_b)}{H\sqrt{\pi a t}} \quad\quad\quad (\text{D.26})$$

式中：

Q_2——热量蒸发速率，单位为千克每秒(kg/s)；
A_1——液池面积，单位为平方米(m²)；
T_0——环境温度，单位为开尔文(K)；
T_b——液体沸点，单位为开尔文(K)；
H——液体蒸发热，单位为焦耳每千克(J/kg)；
a——表面热扩散系数，单位为平方米每秒(m²/s)，见表 D.3；
K——表面导热系数，单位为瓦特每米开尔文[W/(m·K)]，见表 D.3；
t——蒸发时间，单位为秒(s)。

表 D.3 某些地面的热传递(热扩散、导热)系数

地面情况	导热系数 K W/(m·K)	热扩散系数 α m²/s
水泥	1.1	1.29×10^{-7}
土地(含水 8%)	0.9	4.3×10^{-7}
干涸土地	0.3	2.3×10^{-7}
湿地	0.6	3.3×10^{-7}
沙砾地	2.5	1.1×10^{-6}

D.1.6.4 当热量蒸发结束,转由液池表面气流运动使液体蒸发,称之为质量蒸发。质量蒸发速度 Q_3 可按式(D.27)计算:

$$Q_3 = a \times p \times M/(R \times T_0) \times u^{(2-n)(2+n)} \times r^{(4+n)/(2+n)} \quad\quad\quad (D.27)$$

式中:
Q_3 ——质量蒸发速率,单位为千克每秒(kg/s);
a, n ——大气稳定度系数,见表 D.4;
p ——液体表面蒸气压,单位为帕斯卡(Pa);
R ——气体常数,单位为焦耳每摩尔开尔文[J/(mol·K)];
T_0 ——环境温度,单位为开尔文(K);
u ——风速,单位为米每秒(m/s);
r ——液池半径,单位为米(m)。

表 D.4 液池蒸发模式参数

稳定度条件	n	a
不稳定(A,B)	0.2	3.846×10^{-3}
中性(D)	0.25	4.685×10^{-3}
稳定(C,F)	0.3	5.285×10^{-3}

液池最大直径取决于泄漏点附近的地域构型、泄漏的连续性或瞬时性。有围堰时,以围堰最大等效半径为液池半径;无围堰时,设定液体瞬间扩散到最小厚度时,推算液池等效半径。

D.1.6.5 液体蒸发总量按式(D.28)计算:

$$W_p = Q_1 t_1 + Q_2 t_2 + Q_3 t_3 \quad\quad\quad (D.28)$$

式中:
W_p ——液池蒸发总量,单位为千克(kg);
Q_1 ——闪蒸蒸发速率,单位为千克每秒(kg/s);
t_1 ——闪蒸蒸发时间,单位为秒(s);

Q_2——热量蒸发速率,单位为千克每秒(kg/s);
t_2——热量蒸发时间,单位为秒(s);
Q_3——质量蒸发速率,单位为千克每秒(kg/s);
t_3——从液体泄漏到液体全部处理完毕的时间,单位为秒(s)。

D.2 闪蒸

D.2.1 闪蒸带走的气体量

泄漏液体的闪蒸比例可按式(D.29)计算:

$$F_v = \frac{C_p(T_T - T_b)}{H_v} \quad \quad \quad (D.29)$$

过热液体闪蒸蒸发速率可按式(D.30)计算:

$$Q_1 = Q_L \times F_v \quad \quad \quad (D.30)$$

式中:
F_v——泄漏液体的闪蒸比例;
T_T——储存温度,单位为开尔文(K);
T_b——泄漏液体的沸点,单位为开尔文(K);
H_v——泄漏液体的蒸发热,单位为焦耳每千克(J/kg);
C_p——泄漏液体的定压热容,单位为千焦耳每千克开尔文[kJ/(kg·K)];
Q_1——过热液体闪蒸蒸发速率,单位为千克每秒(kg/s);
Q_L——物质泄漏速率,单位为千克每秒(kg/s)。

D.2.2 闪蒸带走的液体量

当需要计算闪蒸带走的液体量时,可按照以下方法计算。

在液体闪蒸过程中,除了有一部分液体转变成气体外,还有一部分液体以液滴的形式悬浮在气体中,闪蒸带走的液体量的计算如下:

a) 当 $F_v \leqslant 0.2$ 时:

带到空气中的液体量可按式(D.31)计算:

$$D = 5 \times F_v \times Q_L \quad \quad \quad (D.31)$$

式中:
D——带到空气中的液体量,单位为千克每秒(kg/s);
地面液池内液体量可按式(D.32)计算:

$$D_s = (1 - 5 \times F_v) \times Q_L \quad \quad \quad (D.32)$$

式中:
D_s——地面液池内液体量,单位为千克每秒(kg/s)。

b) 当 $F_v > 0.2$ 时,液体全部带走,地面无液池形成。

D.3 泄漏物质在大气中的扩散

D.3.1 大气稳定度确定

大气稳定度通常采用 Pasquill 分类方法确定,大气稳定度分为 A、B、C、D、E 和 F 六类,大气稳定度的具体分类见表 D.5 和表 D.6。

表 D.5　Pasquill 大气稳定度确定

地面风速 m/s	白天日照			夜间条件	
	强	中等	弱	阴天且云层薄,或低空云量为 4/8	天空云量为 3/8
<2	A	A~B	B		
2~3	A~B	B	C	E	F
3~4	B	B~C	C	D	E
4~6	C	C~D	D	D	D
>6	C	D	D	D	D

表 D.6　日照强度确定

天空云层情况	60°<日照角	35°<日照角<60°	15°<日照角<35°
天空云量为 4/8,或高空有薄云	强	中等	弱
天空云量为 5/8~7/8,云层高度 2 134 m~4 877 m	中等	弱	弱
天空云量为 5/8~7/8,云层高度<2 134 m	弱	弱	弱

D.3.2　Pasquill-Gifford 模型扩散方程

D.3.2.1　位于地面 H_r 高处的连续稳态源的烟羽在给定地点(x,y,z)的污染物浓度可按式(D.33)计算:

$$\langle C \rangle (x,y,z) = \frac{Q}{2\pi\sigma_y\sigma_z u} \exp\left[-\frac{1}{2}\left(\frac{y}{\sigma_y}\right)^2\right] \times \left\{ \exp\left[-\frac{1}{2}\left(\frac{z-H_r}{\sigma_z}\right)^2\right] + \exp\left[-\frac{1}{2}\left(\frac{z+H_r}{\sigma_z}\right)^2\right] \right\} \quad\quad\text{(D.33)}$$

式中:

$\langle C \rangle(x,y,z)$——连续排放时,形成稳定的流场后,给定地点(x,y,z)的污染物的浓度,单位为千克每立方米(kg/m³);

Q——连续排放的物料质量流量,单位为千克每秒(kg/s);

u——风速,单位为米每秒(m/s);

σ_y, σ_z——侧风向和垂直风向的扩散系数,单位为米(m);

x——下风向距离,单位为米(m);

y——侧风向距离,单位为米(m);

z——垂直风向距离,单位为米(m)。

D.3.2.2　位于地面 H_r 高处的瞬时点源的烟团,地面上的坐标系随烟团移动,坐标系的中心位于烟团的中心烟团中心在 $x=ut$ 处,平均浓度方程可按式(D.34)计算:

$$\langle C \rangle (x,y,z,t) = \frac{Q^*}{(2\pi)^{3/2}\sigma_x\sigma_y\sigma_z} \exp\left[-\frac{1}{2}\left(\frac{y}{\sigma_y}\right)^2\right] \times \left\{ \exp\left[-\frac{1}{2}\left(\frac{z-H_r}{\sigma_z}\right)^2\right] + \exp\left[-\frac{1}{2}\left(\frac{z-H_r}{\sigma_z}\right)^2\right] \right\} \quad\quad\text{(D.34)}$$

式中:

$\langle C \rangle(x,y,z,t)$——瞬时排放时,给定地点$(x,y,z)$和时间 t 的污染物的浓度,单位为千克每立方米(kg/m³);

Q^* ——瞬时排放的物料质量,单位为千克(kg);

$\sigma_x, \sigma_y, \sigma_z$ ——下风向,侧风向和垂直风向的扩散系数,单位为米(m)。

D.3.2.3 Pasquill-Gifford 模型扩散系数确定见表 D.7 和表 D.8。

表 D.7 烟羽扩散 Pasquill-Gifford 模型扩散系数方程(下风向距离 x 的单位为米)

Pasquill-Gifford 稳定度等级	σ_y	σ_z
农村条件		
A	$0.22x(1+0.0001x)^{-1/2}$	$0.20x$
B	$0.16x(1+0.0001x)^{-1/2}$	$0.12x$
C	$0.11x(1+0.0001x)^{-1/2}$	$0.08x(1+0.0002x)^{-1/2}$
D	$0.08x(1+0.0001x)^{-1/2}$	$0.06x(1+0.0015x)^{-1/2}$
E	$0.06x(1+0.0001x)^{-1/2}$	$0.03x(1+0.0003x)^{-1}$
F	$0.04x(1+0.0001x)^{-1/2}$	$0.016x(1+0.0003x)^{-1}$
城市条件		
A~B	$0.32x(1+0.0004x)^{-1/2}$	$0.24x(1+0.0001x)^{-1/2}$
C	$0.22x(1+0.0004x)^{-1/2}$	$0.20x$
D	$0.16x(1+0.0004x)^{-1/2}$	$0.14x(1+0.0003x)^{-1/2}$
E~F	$0.11x(1+0.0004x)^{-1/2}$	$0.08x(1+0.0015x)^{-1/2}$

表 D.8 烟团扩散 Pasquill-Gifford 模型扩散系数方程(下风向距离 x 的单位为米)

Pasquill-Gifford 稳定度等级	σ_y/m 或 σ_x/m	σ_z/m	Pasquill-Gifford 稳定度等级	σ_y/m 或 σ_x/m	σ_z/m
A	$0.18x^{0.92}$	$0.60x^{0.75}$	D	$0.06x^{0.92}$	$0.15x^{0.70}$
B	$0.14x^{0.92}$	$0.53x^{0.73}$	E	$0.04x^{0.92}$	$0.10x^{0.65}$
C	$0.10x^{0.92}$	$0.34x^{0.71}$	F	$0.02x^{0.89}$	$0.05x^{0.61}$

D.4 火灾和爆炸

D.4.1 池火计算

池火火焰的几何尺寸及热辐射参数按如下步骤计算:

a) 计算液池直径

当危险单元为油罐或油罐区时,液池直径 D 可按式(D.35)计算:

$$D = \left(\frac{4S}{\pi}\right)^{1/2} \quad \quad \quad \quad \quad (D.35)$$

式中:

S ——防火堤所围面积,单位为平方米(m²);

D ——液池直径,单位为米(m)。

当危险单元为输油管道且无防护堤时,假定泄漏的液体无蒸发、并已充分蔓延、地面无渗透,则根据泄漏的液体量和地面性质,最大的池面积可按式(D.36)计算:

$$S = W/(H_{\min} \times \rho) \quad\quad\quad\quad\quad (D.36)$$

式中：
W ——泄漏液体的质量，单位为千克（kg）；
$H_{\min}$——最小物料层厚度，单位为米（m）；
ρ ——液体的密度，单位为千克每立方米（kg/m³）。

最小物料层与地面性质对应关系见表 D.9。

表 D.9 不同性质地面物料层厚度 单位为米

地面性质	最小物料层厚度
草地	0.020
粗糙地面	0.025
平整地面	0.010
混凝土地面	0.005
平静的水面	0.001 8

b) 确定火焰高度
计算池火焰高度的经验公式如下：

$$L/D = 42 \times [m_f/(\rho_0 \sqrt{gD})]^{0.61} \quad\quad\quad\quad\quad (D.37)$$

式中：
L ——火焰高度，单位为米（m）；
D ——池直径，单位为米（m）；
m_f——燃烧速率，单位为千克每平方米秒[kg/(m²·s)]；
ρ_0 ——空气密度，单位为千克每立方米（kg/m³）；
g ——重力加速度，单位为米每二次方秒（m/s²）。

c) 计算火焰表面热通量
假定能量由圆柱形火焰侧面和顶部向周围均匀辐射，用式（D.38）计算火焰表面的热通量：

$$q_0 = \frac{0.25\pi D^2 \Delta H_c m_f f_h}{0.25\pi D^2 + \pi DL} \quad\quad\quad\quad\quad (D.38)$$

式中：
q_0 ——火焰表面的热通量，单位为千瓦特每平方米（kW/m²）；
ΔH_c——燃烧热，单位为千焦耳每千克（kJ/kg）；
f_h ——热辐射系数，可取 0.15；
m_f ——燃烧速率，单位为千克每平方米秒[kg/(m²·s)]。

d) 目标接收到的热通量的计算
目标接收到的热通量 $q(r)$ 的计算公式为：

$$q(r) = q_0(1 - 0.058\ln r)V$$

$$\quad\quad\quad\quad\quad (D.39)$$

式中：

$q(r)$——目标接收到的热通量,单位为千瓦特每平方米(kW/m^2);
r ——目标到泄漏中心的水平距离,单位为米(m);
V ——视角系数。

e) 视角系数的计算

视角系数 V 与目标到火焰垂直轴的距离与火焰半径之比 s 和火焰高度与直径之比 h 有关。

$$V = \sqrt{V_V^2 + V_H^2} \quad \cdots\cdots (D.40)$$

$$\pi V_H = A - B \quad \cdots\cdots (D.41)$$

$$A = (b - 1/s)\left\{\arctan\left[\frac{(b+1)(s-1)}{(b-1)(s+1)}\right]^{0.5}\right\}/(b^2-1)^{0.5} \quad \cdots\cdots (D.42)$$

$$B = (a - 1/s)\left\{\arctan\left[\frac{(a+1)(s-1)}{(a-1)(s+1)}\right]^{0.5}\right\}/(a^2-1)^{0.5} \quad \cdots\cdots (D.43)$$

$$\pi V_V = \arctan[h/(s^2-1)^{0.5}]/s + h(J-K)/s \quad \cdots\cdots (D.44)$$

$$J = \left[\frac{a}{(a^2-1)^{0.5}}\right]\arctan\left[\frac{(a+1)(s-1)}{(a-1)(s+1)}\right]^{0.5} \quad \cdots\cdots (D.45)$$

$$K = \arctan[(s-1)/(s+1)]^{0.5} \quad \cdots\cdots (D.46)$$

$$a = (h^2 + s^2 + 1)/(2s) \quad \cdots\cdots (D.47)$$

$$b = (1 + s^2)/(2s) \quad \cdots\cdots (D.48)$$

式中:
s ——目标到火焰垂直轴的距离与火焰半径之比;
h ——火焰高度与直径之比;
A、B、J、K、V_H、V_V——描述方便而引入的中间变量。

D.4.2 沸腾液体扩展为蒸气云爆炸(BLEVE)计算

采用国际劳工组织建议的沸腾液体扩展为蒸气云爆炸热辐射模型进行计算,步骤如下:

a) 火球直径的计算

火球直径计算公式为:

$$R = 2.9W^{1/3} \quad \cdots\cdots (D.49)$$

式中:
R ——火球直径,单位为米(m);
W ——火球中消耗的可燃物质量,单位为千克(kg);对于单罐储存,W 取罐容量的 50%;对于双罐储存,W 取罐容量的 70%;对于多罐储存,W 取罐容量的 90%。

b) 火球持续时间的计算

火球持续时间按式(D.50)计算:

$$t = 0.45W^{1/3} \quad \cdots\cdots (D.50)$$

式中：
t ——火球持续时间，单位为秒(s)；
W ——火球消耗的可燃物质量，单位为千克(kg)。

c) 目标接收到热辐射通量的计算：

$$q(r) = \frac{q_0 R^2 r(1 - 0.058\ln r)}{(R^2 + r^2)^{3/2}} \quad\quad\quad\quad\quad (\text{D.51})$$

式中：
q_0 ——火球表面的辐射通量，单位为瓦特每平方米(W/m^2)；对于柱形罐取270 W/m^2，对于球形罐取200 W/m^2；
r ——目标到火球中心的平均距离，单位为米(m)。

D.4.3 喷射火计算

D.4.3.1 垂直方向喷射火计算

垂直方向喷射火热辐射通量计算步骤如下：

a) 火焰长度的计算

火焰长度按式(D.52)计算：

$$\frac{L}{d_j} = \frac{5.3}{C_T} \sqrt{\frac{T_f/T_j}{\alpha_T} \left[C_T + (1 - C_T) \frac{M_a}{M_f} \right]}$$

$$\quad\quad\quad\quad\quad (\text{D.52})$$

式中：
L ——火焰长度，单位为米(m)；
d_j ——喷管直径，单位为米(m)；
C_T ——燃料-空气计算化学反应中燃料的摩尔系数；
T_f ——燃烧火焰的绝热温度，单位为开尔文(K)；
T_j ——喷射流体的绝热温度，单位为开尔文(K)；
α_T ——燃料-空气计量化学反应中产生每摩尔燃烧产物所需反应物的摩尔数；
M_a ——空气的摩尔质量，单位为克每摩尔(g/mol)；
M_f ——燃料的摩尔质量，单位为克每摩尔(g/mol)。

对于大多数燃料而言，C_T 远小于1，α_T 近似等于1，T_f 和 T_j 的比值在7到9之间。

b) 目标接收到热辐射通量的计算

$$q(r) = \tau_a \eta \dot{m} \Delta H_c F_p \quad\quad\quad\quad\quad (\text{D.53})$$

式中：
$q(r)$ ——距离 r 处目标接收到的热通量，单位为千瓦特每平方米(kW/m^2)；
τ_a ——大气传输率；
η ——热辐射系数；
$\dot{m}$ ——燃料的质量流速，单位为千克每秒(kg/s)；
ΔH_c ——燃烧热，单位为千焦耳每千克(kJ/kg)；
F_p ——视角因子。

大气传输率可按式(D.54)计算：

$$\tau_a = 2.02 \times (p_w X_s)^{-0.09} \quad\quad\quad\quad\quad (\text{D.54})$$

式中：
τ_a——大气传输率；
p_w——大气中水蒸气的分压，单位为帕斯卡(Pa)；
X_s——目标到火焰表面的距离，单位为米(m)。

大气中水蒸气分压 p_w 可按式(D.55)计算：

$$p_w = 101\,325 \times \text{RH} \times e^{\left(14.411\,4 - \frac{5\,328}{T_a}\right)} \quad\quad\quad\quad (\text{D.55})$$

式中：
p_w——大气中水蒸气的分压，单位为帕斯卡(Pa)；
RH——相对湿度，%；
T_a——环境温度，单位为开尔文(K)。

视角因子 F_p 可按式(D.56)计算：

$$F_p = \frac{1}{4\pi r^2} \quad\quad\quad\quad (\text{D.56})$$

式中：
r——目标到火焰中心的距离，单位为米(m)。

D.4.3.2 水平方向喷射火计算

D.4.3.2.1 加压的可燃物泄漏时形成射流，如果在泄漏裂口处被点燃，则形成喷射火。假定火焰为圆锥形，并用从泄漏处到火焰长度 4/5 处的点源模型来表示。

D.4.3.2.2 喷射火的火焰长度可按式(D.57)计算：

$$L = \frac{(H_c m)^{0.444}}{161.66} \quad\quad\quad\quad (\text{D.57})$$

式中：
L ——火焰长度，单位为米(m)；
H_c——燃烧热，单位为焦耳每千克(J/kg)；
m ——质量流速，单位为千克每秒(kg/s)。

D.4.3.2.3 距离火焰点源 X(m)处接收到的热辐射通量可按式(D.58)计算：

$$q = \frac{fH_c m\tau}{4\pi X^2 \times 1\,000} \quad\quad\quad\quad (\text{D.58})$$

式中：
q——距离 X 处接收的热辐射的通量，单位为千瓦特每平方米(kW/m²)；
f——热辐射率；
τ——大气传输率。

大气传输率 τ 按式(D.59)计算：

$$\tau = 1 - 0.056\,5\ln X \quad\quad\quad\quad (\text{D.59})$$

当为固体火灾时可根据实际情况选择固体火焰模型。

D.4.4 蒸气云爆炸(TNO模型)计算

D.4.4.1 TNO 方法计算包括以下步骤：
a) 进行扩散计算，确定可燃气云的范围；
b) 进行区域检查，确定拥挤的区域；

c) 在被可燃气云覆盖的区域内,确定引起强烈冲击波的爆炸源,包括:
   1) 拥挤的空间和建筑物(如工艺设备、平台和管架等);
   2) 平行平面之间的空间(如汽车底部与地面之间等);
   3) 管状结构内的空间(如隧道、桥梁及下水道系统等);
   4) 高压泄放喷射形成的剧烈扰动的燃料-空气。

d) 通过下列步骤,估算区域内(作为爆炸源)燃料-空气混合物的燃烧能:
   1) 单独考虑每一个爆炸源。
   2) 假设位于部分受约束或受阻碍区域的燃料-空气或喷射时剧烈绕动的燃料-空气为气云中的爆炸源,对爆炸冲击波有贡献。
   3) 估算出现在区域内(爆炸源)的燃料-空气混合物体积(估算是基于整个区域的大小。注意燃料-空气混合物可能没有充满整个区域,此时爆炸源内的燃料-空气混合物为实际进入该区域的体积;此外在估算受阻碍区域体积时,应减去该区域内设备所占体积)。
   4) 爆炸源的燃烧能按式(D.60)计算:
   $$E = V_s \times 3.5 \times 10^6 \quad\quad\quad\quad\quad (D.60)$$
   式中:
   E ——爆炸源内燃料-空气混合物的燃烧能,单位为焦耳(J);
   V_s ——爆炸源中燃料-空气混合物体积,单位为立方米(m^3)。

e) 估计爆炸源的强度 $\overline{R}_0$,取值范围为 1~10,如:
   1) 对气云中未受约束或未受阻碍的部分,取 1;
   2) 对喷射时强扰动的气云部分,取 3;
   3) 典型工艺单元,取 7~9;
   4) 最大爆炸源强度取 10。

f) 比拟距离 $\overline{R}$ 按式(D.61)计算:
   $$\overline{R} = \frac{R}{(E/p_0)^{1/3}} \quad\quad\quad\quad\quad (D.61)$$
   式中:
   $\overline{R}$ ——爆炸源的 Sachs 比拟距离(无量纲);
   R ——距爆炸源中心的距离,单位为米(m);
   E ——爆炸源的燃烧能,单位为焦耳(J);
   p_0 ——环境大气压,单位为帕斯卡(Pa)。

g) 计算爆炸超压:
   查图 D.1 得到 Sachs 比拟爆炸超压 $\Delta \overline{p}_s$,爆炸超压按式(D.62)计算:
   $$p = \Delta \overline{p}_s p_0 \quad\quad\quad\quad\quad (D.62)$$
   式中:
   p ——爆炸超压,单位为帕斯卡(Pa);
   $\Delta \overline{p}_s$ ——Sachs 比拟爆炸超压(无量纲);
   p_0 ——环境大气压,单位为帕斯卡(Pa)。

h) 如果两个爆炸源的距离很近,需考虑两个爆炸源同时爆炸的影响。

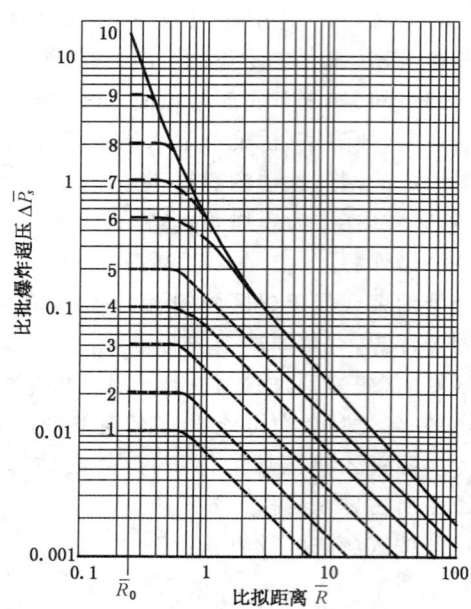

图 D.1 TNO 模型的 Sachs 比拟超压

D.4.4.2 爆炸源强度选择可采用 Kinsella 方法，见表 D.10。

表 D.10 定性判断法分析表

点火能		受阻塞程度			受约束程度		强度等级
弱	强	强	弱	不存在阻塞	不存在约束	存在约束	
	X	X			X		7～10
	X	X				X	7～10
X		X			X		5～7
	X		X		X		5～7
	X		X			X	4～6
	X			X	X		4～6
X		X				X	4～5
	X			X		X	4～5
X			X		X		3～5
X			X			X	2～3
X				X	X		1～2
X				X		X	1

注：X 表示选中的场景。

附 录 E
（资料性附录）
探测和联锁切断系统的判定及相应的泄漏时间

表 E.1 和表 E.2 为探测和联锁切断系统分级指南，该表中给出的信息只在评价连续性泄漏时使用。

表 E.1 探测系统的分级指南

探测系统类型	探测系统分级
专门设计的仪器仪表，用来探测系统的运行工况变化所造成的物质损失（即压力损失或流量损失）	A
适当定位探测器，确定物质何时会出现在承压密闭体之外	B
外观检查，照相机，远距离功能的探测器	C

表 E.2 联锁切断系统的分级指南

联锁切断系统类型	联锁切断系统等级
直接在工艺仪表或探测器启动，而无需操作者干预的切断或停机系统	A
操作者在控制室或远离泄放点的其他合适位置启动的切断或停机系统	B
手动操作阀启动的切断系统	C

通过对探测和联锁切断系统的分级，各孔径下的泄漏时间见表 E.3。

表 E.3 基于探测和联锁切断系统等级的泄漏时间

探测系统等级	联锁切断系统等级	泄放时间
A	A	5 mm 泄漏孔径，20 min 25 mm 泄漏孔径，10 min 100 mm 泄漏孔径，5 min
A	B	5 mm 泄漏孔径，30 min 25 mm 泄漏孔径，20 min 100 mm 泄漏孔径，10 min
A	C	5 mm 泄漏孔径，40 min 25 mm 泄漏孔径，30 min 100 mm 泄漏孔径，20 min

表 E.3（续）

探测系统等级	联锁切断系统等级	泄放时间
B	A 或 B	5 mm 泄漏孔径,40 min 25 mm 泄漏孔径,30 min 100 mm 泄漏孔径,20 min
B	C	5 mm 泄漏孔径,60 min 25 mm 泄漏孔径,30 min 100 mm 泄漏孔径,20 min
C	A,B 或 C	5 mm 泄漏孔径,60 min 25 mm 泄漏孔径,40 min 100 mm 泄漏孔径,20 min

附 录 F
（资料性附录）
可燃物质释放事件树及点火概率

F.1 可燃物质释放事件树

可燃物质释放事件树见图 F.1～图 F.5。

F.1.1 易燃气体瞬时释放

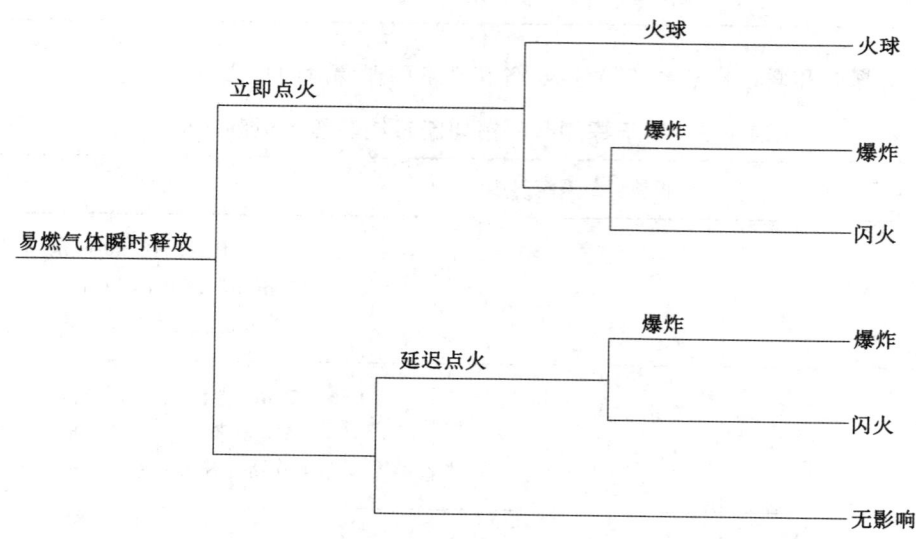

图 F.1 易燃气体瞬时释放事件树

F.1.2 易燃气体连续释放

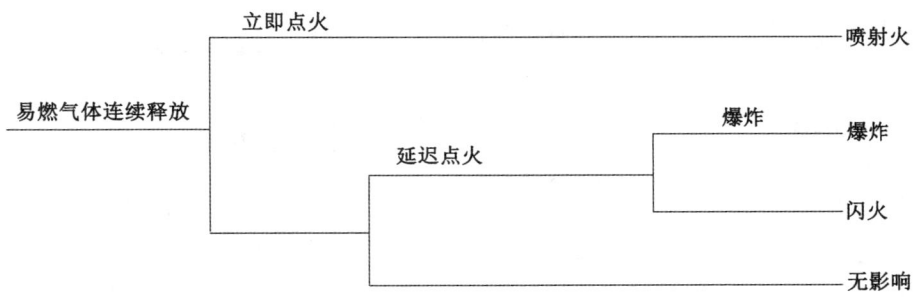

图 F.2 易燃气体连续释放事件树

F.1.3 压缩液化气体瞬时释放

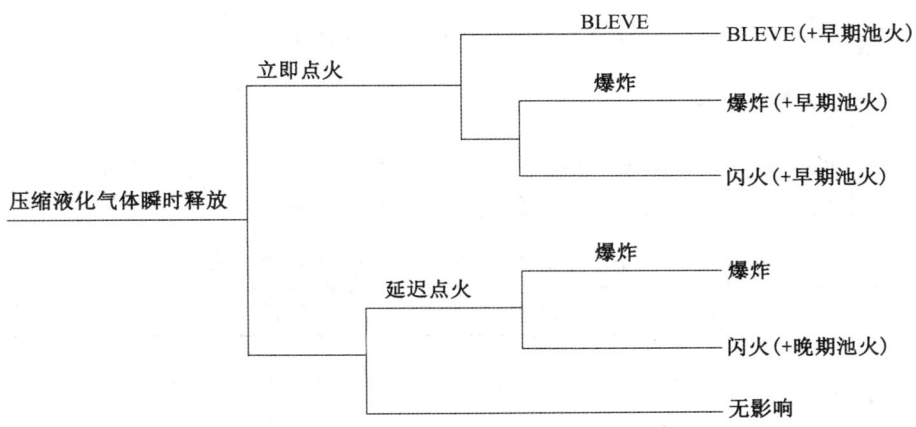

注：对于压缩液化气体释放，云团可能发生液滴下落到（地）表面，形成液池，点火时可能发生池火。

图 F.3 压缩液化气体瞬时释放事件树

F.1.4 压缩液化气体连续释放

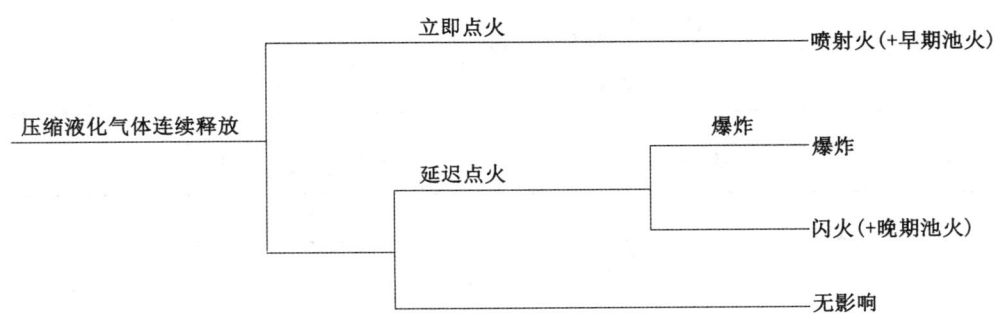

图 F.4 压缩液化气体连续释放事件树

F.1.5 易燃液体释放

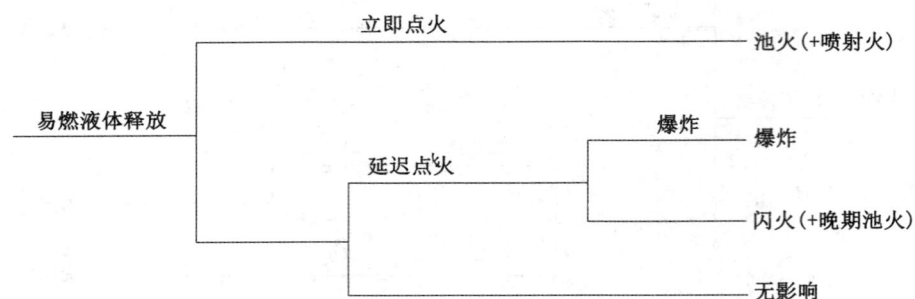

注1:对于可燃液体释放,在到达地面前可能发生物质的蒸发。如果蒸发气立即点火将形成喷射火。喷射火的物质量取决于蒸发气中的物质量。
注2:在延迟点火时,除了闪火或爆炸,也将发生池火。

图 F.5 易燃液体释放事件树

F.2 立即点火的点火概率

立即点火的概率与装置类型、物质种类及泄漏(释放)有关。固定装置可燃物质泄漏后,立即点火概率见表 F.1,运输设备可燃物质泄漏后立即点火概率见表 F.2,物质分类见表 F.3。

表 F.1 固定装置可燃物质泄漏后立即点火概率

物质分类	连续释放	瞬时释放	立即点火概率
类别0(中/高活性)	<10 kg/s	<1 000 kg	0.2
	10 kg/s~100 kg/s	1 000 kg~10 000 kg	0.5
	>100 kg/s	>10 000 kg	0.7
类别0(低活性)	<10 kg/s	<1 000 kg	0.02
	10 kg/s~100 kg/s	1 000 kg~10 000 kg	0.04
	>100 kg/s	>10 000 kg	0.09
类别1	任意速率	任意量	0.065
类别2	任意速率	任意量	0.01
类别3,4	任意速率	任意量	0

表 F.2 企业内运输设备可燃物质泄漏后立即点火概率

物质类别	运输设备	泄漏场景	立即点火概率
类别0	公路槽车	连续释放	0.1
	公路槽车	瞬时释放	0.4
	铁路槽车	连续释放	0.1
	铁路槽车	瞬时释放	0.8

表 F.2（续）

物质类别	运输设备	泄漏场景	立即点火概率
类别 1	槽车	连续释放、瞬时释放	0.065
类别 2	槽车	连续释放、瞬时释放	0.01
类别 3,4	槽车	连续释放、瞬时释放	0

表 F.3 可燃物质分类

物质类别	燃烧性	条件
类别 0	极度易燃	1）闪点小于 0 ℃，沸点≤35 ℃ 的液体 2）暴露于空气中，在正常温度和压力下可以点燃的气体
类别 1	高可燃性	闪点<21 ℃ 的液体，但不是极度易燃的
类别 2	可燃	21 ℃≤闪点≤55 ℃ 的液体
类别 3	可燃	55 ℃<闪点≤100 ℃ 的液体
类别 4	可燃	闪点>100 ℃ 的液体

注 1：对于类别 2,3,4 的物质，如果操作温度高于闪点，则立即点火概率按照类别 1 进行考虑。
注 2：部分化学品的活性分类，见表 F.4。

表 F.4 部分化学品活性分类

低	中	高
1-氯-2,3-环氧丙烷 1,3-二氯丙烷 3-氯-1-丙烯 氨 溴甲烷 一氧化碳 氯乙烷 氯甲烷 甲烷 四乙铅	1-丁烷 1,2-二氨基乙烷 乙醛 乙腈 丁烷 氯乙烯 二甲胺乙烷 乙基乙酰胺 甲酸 丙烷 丙烯	丁三醇* 乙炔 苯* 二硫化碳* 乙硫醇* 环氧乙烷 甲酸乙酯* 甲醛* 甲基丙烯酸酯* 甲酸甲酯* 甲基环氧乙烷 石脑油,溶剂* 四氢噻吩* 乙烯基乙酸盐*

注：以 * 符号表示的物质，化学品活性信息非常少，可将此物质作为高活性物质。

F.3 不同点火源在 1 min 内的点火概率

不同点火源在 1 min 内的点火概率见表 F.5。

表 F.5 点火源在 1 min 内的点火概率

点火源	1 min 内的点火概率
点源	
机动车辆	0.4
火焰	1.0
室外燃烧炉	0.9
室内燃烧炉	0.45
室外锅炉	0.45
室内锅炉	0.23
船	0.5
危化品船	0.3
捕鱼船	0.2
游艇	0.1
内燃机车	0.4
电力机车	0.8
线源	
输电线路	0.2/100 m
公路	注1
铁路	注1
面源	
化工厂	0.9/座
炼油厂	0.9/座
重工业区	0.7/座
轻工业区	按人口计算
人口	
居民	0.01/人
工人	0.01/人

注1：发生泄漏事故地点周边的公路或铁路的点火概率与平均交通密度 d 有关。平均交通密度 d 的计算公式为：

$$d = N \times E / V$$

式中：

N——每小时通过的汽车数量，单位为每小时（h^{-1}）；

E——道路或铁路的长度，单位为千米（km）；

V——汽车平均速度，单位为千米每小时（km·h^{-1}）。

表 F.5（续）

> 如果 $d \leqslant 1$，则 d 的数值就是蒸气云通过时点火源存在的概率，此时
> $$P(t) = d(1-e^{-\omega t})$$
> 式中：
> ω——单辆汽车的点火效率，单位为每秒(s^{-1})。
>
> 如果 $d \geqslant 1$，则 d 表示当蒸气云经过时的平均点火源数目；则在 $0 \sim t$ 时间内发生点火的概率为：
> $$P(t) = 1-e^{-d\omega t}$$
> 式中：
> ω——单辆汽车的点火效率，单位为每秒(s^{-1})。
>
> 注2：对某个居民区而言，$0 \sim t$ 时间内的点火概率的计算公式为：
> $$P(t) = 1-e^{-n\omega t}$$
> 式中：
> ω——每个人的点火效率，单位为每秒(s^{-1})；
> n——居民区中存在的平均人数。
>
> 注3：如果其他模型中采用不随时间变化的点火概率，则该点火概率等于 1 min 内的点火概率。

附 录 G
（资料性附录）
影 响 阈 值

G.1 应急响应计划指南（Emergency Response Planning Guidelines, ERPGs）值

G.1.1 物质的 ERPGs 值包括以下 3 类：
  a) ERPG-1：当人员暴露在低于该浓度的环境中 1 h 时，除受到短暂的微弱不良健康影响，或恶劣气味之外，不会有更严重的不良影响。
  b) ERPG-2：当人员暴露在低于该浓度的环境中 1 h 时，不会受到不可逆或严重健康影响，或者不会降低人员自身采取防护措施的能力。
  c) ERPG-3：当人员暴露在低于该浓度的环境中 1 h 时，不会产生危及生命健康的影响。

G.1.2 常用物质的 ERPGs 值见表 G.1。

表 G.1 常用物质的 ERPGs 值（除非注明，所有值的单位均为 10^{-6}）

化学物质	ERPG-1	ERPG-2	ERPG-3	化学物质	ERPG-1	ERPG-2	ERPG-3
乙醛	10	200	1 000	氰化氢	NA	10	25
丙烯醛	0.05	0.15	1.5	氟化氢	2	20	50
丙烯酸	1	50	250	硫化氢	0.1	30	100
丙烯腈	10	35	75	异丁腈	ID	30	100
烯丙基氯	3	40	300	氨	25	150	1 500

表 G.1（续）

化学物质	ERPG-1	ERPG-2	ERPG-3	化学物质	ERPG-1	ERPG-2	ERPG-3
苯	50	150	1 000	氢化锂	25 μg/m³	100 μg/m³	300 μg/m³
氯苯	1	10	25	甲醇	200	1 000	5 000
溴	0.1	0.5	5	氯甲烷	150	1 000	3 000
1,3-丁二烯	10	500	5 000	二氯甲烷	300	750	4 000
丙烯酸丁酯	0.05	25	250	异氰酸甲酯	0.025	0.25	1.5
异氰酸丁酯	0.01	0.05	1	甲硫醇	0.005	25	100
二硫化碳	1	50	500	甲基三氯硅烷	1	3	25
四氯化碳	20	100	750	一甲胺	10	100	500
氯气	1	3	20	全氟异丁烯	NA	0.1	0.3
三氟化氯	0.1	1	10	苯酚	10	50	200
氯乙酰氯	0.1	1	10	光气	NA	0.5	1.5
三氯硝基甲	NA	0.2	3	五氧化二磷	1 mg/m³	10 mg/m³	50 mg/m³
氯磺酸	2 mg/m³	10 mg/m³	30 mg/m³	环氧丙烷	50	250	750
三氟氯乙烯	20	100	300	苯乙烯	50	250	1 000
2-丁烯醛	0.2	5	15	磺酸	2	10	30
乙硼烷	NA	1	3	二氧化硫	0.3	3	25
双烯酮	1	5	50	四氟乙烯	200	1 000	10 000
二甲胺	0.6	100	350	四氯化钛	5 mg/m³	20 mg/m³	100 mg/m³
二甲基氯硅烷	0.8	5	25	甲苯	50	300	1 000
二甲基二硫醚	0.01	50	250	三甲胺	0.1	100	500
表氯醇	2	20	100	六氟化溴	5 mg/m³	15 mg/m³	30 mg/m³
环氧乙烷	NA	50	500	乙酸乙烯酯	5	75	500
甲醛	1	10	40	乙酸	5	35	250
六氯丁二烯	1	3	10	乙酸酐	0.5	15	100
六氟丙酮	NA	1	50	3-氯丙烯	3	40	300
六氟环丙烷	10	50	500	砷化氢	NA	0.5	1.5
氯化氢	3	20	150	苯甲酰氯	0.3	5	20
铍	NA	25 mg/m³	100 mg/m³	二氯二甲醚	ID	0.1	0.5
三氟化硼	2 mg/m³	30 mg/m³	100 mg/m³	无水肼	0.5	5	30
乙酸正丁酯	5	200	3 000	盐酸	3	20	150
丁基异氰酸酯	0.01	0.05	1	氢氰酸	NA	10	25

表 G.1（续）

化学物质	ERPG-1	ERPG-2	ERPG-3	化学物质	ERPG-1	ERPG-2	ERPG-3
一氧化碳	200	350	500	过氧化氢	10	50	100
二氧化氯	NA	0.5	3	硒化氢	NA	0.2	2
一氯二氟乙烷	10 000	15 000	25 000	氯甲酸异丙酯	ID	5	20
三氟甲烷	NA	50	5 000	碘	0.1	0.5	5
氯甲基甲醚	NA	1.0	10	顺丁烯二酸酐	0.2	2	20
硝基三氯甲烷	0.075	0.15	1.5	汞	NA	0.25	0.5
氯化氰	NA	0.05	4	溴甲烷	NA	50	200
1,2-二氯乙烷	50	200	300	氯甲酸甲酯	NA	2	5
2,4-二氯酚	0.2	2	20	甲基异氰酸酯	0.025	0.25	1.5
二聚环戊二烯	0.01	5	75	二苯甲撑二异氰酸酯	0.2 mg/m^3	2 mg/m^3	25 mg/m^3
1,1-二氟乙烷	10 000	15 000	25 000	硝酸	1	10	78
二乙烯酮	1	5	20	二氧化氮	1	15	30
N,N-二甲基甲酰胺	2	100	200	三氟化氮	200	400	800
二甲硫醚	0.5	1 000	5 000	1-辛烯	40^a	800^b	2 000
3-氯-1,2-环氧丙烷	5	20	100	四氯乙烯	100	200	1 000
丙烯酸乙酯	0.01	30	300	磷化氢	NA	0.5	5
氯甲酸乙酯	ID	5	10	三氯化磷	0.5	3	15
异辛醇	0.1	100	200	四氯化硅	0.75	5	37
氟	0.5	5	20	氢氧化钠	0.5 mg/m^3	5 mg/m^3	50 mg/m^3
氯磺酸	2 mg/m^3	10 mg/m^3	30 mg/m^3	锑化氢	ID	0.5	1.5
呋喃甲醛	2	10	100	正硅酸乙酯	25	100	300
戊二醛	0.2	1	5	四氢呋喃	100	500	5 000
六氟-1,3-丁二烯	1	3	10	正硅酸甲酯	NA	10	20
六氟丙烯	10	50	500	氯化亚砜	0.2	2	10
1-己烯	NA	500	5 000	1,1,1-三氯乙烷	350	700	3 500
三氯乙烯	100	500	5 000	三氯硅烷	1	3	25
三甲基氯硅烷	3	20	150	氯乙烯	500	5 000	20 000
乙烯三氯硅烷	0.5	5	50	1,1-二氯乙烯	ID	500	1 000
八氧化三铀	ID	10 mg/m^3	50 mg/m^3	二氧化铀	ID	10 mg/m^3	30 mg/m^3

表 G.1（续）

化学物质	ERPG-1	ERPG-2	ERPG-3	化学物质	ERPG-1	ERPG-2	ERPG-3
六氟化铀	5 mg/m³	15 mg/m³	30 mg/m³	三氧化铀	ID	0.5 mg/m³	3 mg/m³
三乙氧基硅烷	0.5	4	10	三甲氧基甲硅烷	0.5	2	5
甲苯-2,4(2,6-)二异氰酸酯	0.01	0.15	0.6	甲基丙烯酸异氰基乙酯	ID	0.1	1
异戊二烯	5	1 000	4 000	2,2-二氯-1,1,1-三氟乙烷	ID	1 000	10 000
二乙基苯	10	100	500	四羟基氢化钴	ID	0.13	0.42
1,1,1,2-四氟-2-氯乙烷	1 000	5 000	10 000	氯乙酰氯	0.05	0.5	10
邻氯苄叉缩丙二腈	0.005 mg/m³	0.1 mg/m³	25 mg/m³	亚乙基降冰片烯	0.02	100	500
三氯甲烷	NA	50	5 000	乙醇	1 800	3 300	NA
甲酸	3	25	250	糠醛	2	10	50
汽油	200	1 000	4 000	1-氯-1,1-二氟乙烷	10 000	15 000	25 000
马来酸酐	0.2	5	20	二苯基甲烷-4,4'-二异氰酸酯	NA	5 mg/m³	55 mg/m³
碘甲烷	25	50	125	甲基叔丁基醚	50	1 000	5 000
发烟硫酸 硫酸 三氧化硫	2 mg/m³	10 mg/m³	120 mg/m³	异氰酸苯酯	0.1	0.4	1.2
正磷酸	3 mg/m³	30 mg/m³	150 mg/m³	二甲基二氯硅烷	2	10	75
硅酸四乙酯	25	100	300	氧氯化硫	0.3	3	15
乙酰基乙烯酮	1	5	50	二硫化二甲基	0.01	50	250
2,3,3,3-四氟丙烯	NA	24 000	NA	2-异丙基丙烯酸氰乙酯	NA	0.1	1

注1：NA 表示尚未分析；ID 表示数据不充分。
注2：上述物质的 ERPG 数值由美国工业卫生协会 2016 年公布，ERPG 值定期更新，宜使用最新的 ERPG 值。

[a] 25%的最低爆炸下限。
[b] 10%的最低爆炸下限。

G.2 热辐射

不同热辐射强度造成的伤害和损坏见表 G.2。

表 G.2 不同热辐射强度造成的伤害和损坏

热辐射强度 kW/m²	对设备的损坏	对人的伤害
37.5	操作设备损坏	1%死亡(10 s) 100%死亡(1 min)
25.0	在无火焰,长时间辐射下木材燃烧的最小能量	重大烧伤(10 s) 100%死亡(1 min)
12.5	有火焰时,木材燃烧及塑料熔化的最低能量	1度烧伤(10 s) 1%死亡(1 min)
6.3	—	在 8 s 内裸露皮肤有痛感;无热辐射屏蔽设施时,操作人员穿上防护服可停留 1 min
4.7	—	暴露 16 s,裸露皮肤有痛感;无热辐射屏蔽设施时,操作人员穿上防护服可停留几分钟
1.58	—	长时间暴露无不适感

G.3 超压

不同超压对建筑物造成的影响和损坏见表 G.3。

表 G.3 超压对建筑物的影响(近似值)

压力 kPa	影响
0.14	令人厌恶的噪声(137 dB,或低频 10 Hz~15 Hz)
0.21	已经处于疲劳状态下的大玻璃偶尔破碎
0.28	产生大的噪声(143 dB)、玻璃破裂
0.69	处于压力应变状态的小玻璃破裂
1.03	玻璃破裂的典型压力
2.07	"安全距离"(低于该值,不造成严重损坏的概率为 0.95);抛射限值;屋顶出现某些破坏;10%的窗户玻璃被打碎
2.76	有限的较小结构破坏
3.4~6.9	大窗户和小窗户通常破碎;窗户框架偶尔遭到破坏
4.8	房屋建筑物受到较小的破坏

表 G.3（续）

压力 kPa	影响
6.9	房屋部分破坏,不能居住
6.9～13.8	石棉板粉碎;钢板或铝板起皱,紧固失效;木板固定失效、吹落
9.0	钢结构的建筑物轻微变形
13.8	房屋的墙和屋顶局部坍塌
13.8～20.7	没有加固的混凝土墙毁坏
15.8	严重结构破坏的低限值
17.2	房屋砌砖50%破坏
20.7	工厂建筑物内的重型机械(1 362 kg)轻微损坏;钢结构建筑变形,并离开基础
20.7～27.6	自成构架的钢面板建筑破坏;油储罐破裂
27.6	轻工业建筑物的覆层破裂
34.5	木制的支撑柱折断;建筑物内高大液压机(18 160 kg)轻微破坏
34.5～48.2	房屋几乎完全破坏
48.2	装载货物的火车车厢倾翻
48.2～55.1	未加固的203.2 mm～304.8 mm厚的砖板因剪切或弯曲导致失效
62.0	装载货物的火车货车车厢完全破坏
68.9	建筑物可能全部遭到破坏;重型机械工具(3178 kg)移位并严重损坏,非常重的机械工具(5 448 kg)幸免

附 录 H
（资料性附录）
死亡概率与概率值对应关系及物质毒性常数

H.1 死亡概率与概率值的对应关系见表 H.1。

表 H.1 P_d 和 P_r 的对应关系

P_d %	0	1	2	3	4	5	6	7	8	9
0		2.67	2.95	3.12	3.25	3.36	3.45	3.52	3.59	3.66
10	3.72	3.77	3.82	3.87	3.92	3.96	4.01	4.05	4.08	4.12
20	4.16	4.19	4.23	4.26	4.29	4.33	4.36	4.39	4.42	4.45
30	4.48	4.50	4.53	4.56	4.59	4.61	4.64	4.67	4.69	4.72
40	4.75	4.77	4.80	4.82	4.85	4.87	4.90	4.92	4.95	4.97
50	5.00	5.03	5.05	5.08	5.10	5.13	5.15	5.18	5.20	5.23

表 H.1（续）

P_d %	0	1	2	3	4	5	6	7	8	9
60	5.25	5.28	5.31	5.33	5.36	5.39	5.41	5.44	5.47	5.50
70	5.52	5.55	5.58	5.61	5.64	5.67	5.71	5.74	5.77	5.81
80	5.84	5.88	5.92	5.95	5.99	6.04	6.08	6.13	6.18	6.23
90	6.28	6.34	6.41	6.48	6.55	6.64	6.75	6.88	7.05	7.33
99	0.0	0.1	0.2	0.3	0.4	0.5	0.6	0.7	0.8	0.9
	7.33	7.37	7.41	7.46	7.51	7.58	7.58	7.65	7.88	8.09

H.2 常用物质的毒性常数见表 H.2。

表 H.2 常用物质毒性常数 a、b、n

物质	a	b	n	物质	a	b	n
丙烯醛	−4.1	1	1	氟化氢	−8.4	1	1.5
丙烯腈	−8.6	1	1.3	硫化氢	−11.5	1	1.9
烯丙醇	−11.7	1	2	溴甲烷	−7.3	1	1.1
氨	−15.6	1	2	异氰酸盐钾	−1.2	1	0.7
谷硫磷	−4.8	1	2	二氧化氮	−18.6	1	3.7
溴	−12.4	1	2	对硫磷	−6.6	1	2
一氧化碳	−7.4	1	1	光气（碳酰氯）	−10.6	2	1
氯	−6.35	0.5	2.75	磷胺（大灭虫）	−2.8	1	0.7
乙烯	−6.8	1	1	磷化氢	−6.8	1	2
氯化氢	−37.3	3.69	1	二氧化硫	−19.2	1	2.4

参 考 文 献

[1] GB 50160 石油化工企业设计防火规范

[2] HG/T 20660 压力容器中化学介质毒性危害和爆炸危险程度分类标准

[3] 国家安全生产监督管理总局,中华人民共和国工业和信息化部,中华人民共和国公安部,等.危险化学品目录(2015 版):公告 2015 年第 5 号[DB/OL].(2015-02-27)[2018-07-23]. http://www.chinasafety.gov.cn/zjnsjg/ajss/wxhxpaqjg/gggw_419/xzxk_423/201503/t20150309_207141.shtml.

[4] 国家安全生产监督管理总局.国家安全监管总局办公厅关于印发危险化学品目录(2015 版)实施指南(试行)的通知:安监总厅管三〔2015〕80 号[DB/OL].(2015-08-19)[2018-07-23]. http://www.chinasafety.gov.cn/zjnsjg/ajss/wxhxpaqjg/gggw_419/tzgg_420/201509/t20150902_207057.shtml.

危险化学品经营企业安全技术基本要求
（GB 18265—2019）

前　言

本标准的全部技术内容为强制性。

本标准按照 GB/T 1.1—2009 给出的规则起草。

本标准代替 GB 18265—2000《危险化学品经营企业开业条件和技术要求》，与 GB 18265—2000 相比，主要技术变化如下：

——修改了标准名称，由原《危险化学品经营企业开业条件和技术要求》改为《危险化学品经营企业安全技术基本要求》；

——修改了标准的范围、引用标准、定义；

——删除了对从业人员技术要求、废弃物处理、危险化学品经营许可证要求；

——附录 A 具体给出了本标准与 GB 18265—2000 主要内容对比的变化情况。

本标准由中华人民共和国应急管理部提出并归口。

本标准起草单位：中国安全生产科学研究院、中国石油大学（华东）、中国仓储协会危险化学品仓储分会。

本标准主要起草人：魏利军、王如君、多英全、罗艾民、赵东风、孙杰、陈思凝、宋占兵、尹法波、林震宇、易高翔、刘义、徐一星、凌新、李思斯。

本标准所代替标准的历次版本发布情况为：

——GB 18265—2000。

1　范围

本标准规定了危险化学品经营企业的安全技术基本要求。

本标准适用于危险化学品经营企业的危险化学品仓库、危险化学品商店的选址、建设、安全设施的安全技术基本要求。

本标准不适用于汽车加油加气站、石油库、无实物陈列营业场所的危险化学品商店及网上销售的危险化学品商店。

2　规范性引用文件

下列文件对于本文件的应用是必不可少的。凡是注日期的引用文件，仅注日期的版本适用于本文件。凡是不注日期的引用文件，其最新版本（包括所有的修改单）适用于本文件。

　　GB 2894　　安全标志及其使用导则
　　GB 12158　　防止静电事故通用导则
　　GB 15603　　常用化学危险品贮存通则
　　GB 18218　　危险化学品重大危险源辨识
　　GB 30077　　危险化学品单位应急救援物资配备要求

GB/T 37243　危险化学品生产装置和储存设施外部安全防护距离确定方法
GB 50016　建筑设计防火规范
GB 50057　建筑物防雷设计规范
GB 50058　爆炸危险环境电力装置设计规范
GB 50089　民用爆破器材工程设计安全规范
GB 50140　建筑灭火器配置设计规范
GB 50161　烟花爆竹工程设计安全规范
GB 50493　石油化工可燃气体和有毒气体检测报警设计规范

3　术语和定义

下列术语和定义适用于本文件。

3.1
危险化学品仓库　hazardous chemicals warehouse

储存危险化学品的专用库房及其附属设施。

3.2
危险化学品商店　hazardous chemicals store

零售危险化学品民用小包装的专门经营场所,由营业场所或与其毗邻的备货库房组成。

3.3
爆炸物　explosive

列入《危险化学品目录》及《危险化学品分类信息表》的所有爆炸物。

3.4
有毒气体　toxic gas

列入《危险化学品目录》及《危险化学品分类信息表》,危害特性类别包含急性毒性-吸入的气体。

3.5
易燃气体　flammable gas

列入《危险化学品目录》及《危险化学品分类信息表》,危害特性类别包含易燃气体,类别1、类别2的气体。

4　危险化学品仓库安全技术基本要求

4.1　规划选址

4.1.1　危险化学品仓库应符合本地区城乡规划,选址在远离市区和居民区的常年最小频率风向的上风侧。

4.1.2　危险化学品仓库防火间距应按 GB 50016 的规定执行。危险化学品仓库与铁路安全防护距离,与公路、广播电视设施、石油天然气管道、电力设施距离应符合其法规要求。

4.1.3　爆炸物库房除符合 4.1.2 要求外,与防护目标应至少保持 1 000 m 的距离。还应按 GB/T 37243 的规定,采用事故后果法计算外部安全防护距离。事故后果法计算时应采用最严重事故情景计算外部安全防护距离。

4.1.4　涉及有毒气体或易燃气体,且其构成危险化学品重大危险源的库房除符合 4.1.2 要求外,还应按 GB/T 37243 的规定,采用定量风险评价法计算外部安全防护距离。定量风险评价法计算时应采用可能储存的危险化学品最大量计算外部安全防护距离。

4.2 建设要求

4.2.1 危险化学品仓库建设应按 GB 50016 平面布置、建筑构造、耐火等级、安全疏散、消防设施、电气、通风等规定执行。

4.2.2 爆炸物库房建设应按 GB 50089 或 GB 50161 平面布置、建筑与结构、消防、电气、通风等规定执行。

4.2.3 危险化学品库房应防潮、平整、坚实、易于清扫。可能释放可燃性气体或蒸气,在空气中能形成粉尘、纤维等爆炸性混合物的危险化学品库房应采用不发生火花的地面。储存腐蚀性危险化学品的库房的地面、踢脚应采取防腐材料。

4.2.4 危险化学品储存禁忌应按 GB 15603 的规定执行。

4.2.5 应建立危险化学品追溯管理信息系统,应具备危险化学品出入库记录,库存危险化学品品种、数量及库内分布等功能,数据保存期限不得少于 1 年,且应异地实时备份。

4.2.6 构成危险化学品重大危险源的危险化学品仓库应符合国家法律法规、标准规范关于危险化学品重大危险源的技术要求。

4.2.7 爆炸物宜按不同品种单独存放。当受条件限制,不同品种爆炸物需同库存放时,应确保爆炸物之间不是禁忌物品且包装完整无损。

4.2.8 有机过氧化物应储存在危险化学品库房特定区域内,避免阳光直射,并应满足不同品种的存储温度、湿度要求。

4.2.9 遇水放出易燃气体的物质和混合物应密闭储存在设有防水、防雨、防潮措施的危险化学品库房中的干燥区域内。

4.2.10 自热物质和混合物的储存温度应满足不同品种的存储温度、湿度要求,并避免阳光直射。

4.2.11 自反应物质和混合物应储存在危险化学品库房特定区域内,避免阳光直射并保持良好通风,且应满足不同品种的存储温度、湿度要求。自反应物质及其混合物只能在原装容器中存放。

4.3 安全设施

4.3.1 危险化学品库房内的爆炸危险环境电力装置应按 GB 50058 的规定执行。危险化学品库房爆炸危险环境内使用的电瓶车、铲车等作业工具应符合防爆要求。

4.3.2 危险化学品仓库防雷、防静电应按 GB 50057、GB 12158 的规定执行。

4.3.3 危险化学品仓库应设置通信、火灾报警装置,有供对外联络的通讯设备,并保证处于适用状态。

4.3.4 储存可能散发可燃气体、有毒气体的危险化学品库房应按 GB 50493 的规定配备相应的气体检测报警装置,并与风机联锁。报警信号应传至 24 h 有人值守的场所,并设声光报警器。

4.3.5 储存易燃液体的危险化学品库房应设置防液体流散措施。剧毒物品的危险化学品库房应安装通风设备。

4.3.6 危险化学品仓库应在库区建立全覆盖的视频监控系统。

4.3.7 危险化学品库房、作业场所和安全设施、设备上,应按 GB 2894 的规定设置明显的安全警示标志。不能用水、泡沫等灭火的危险化学品库房应在库房外适当位置设置醒目标识。

4.3.8 危险化学品仓库应按 GB 50016、GB 50140 的规定设置消防设施和消防器材。

4.3.9 危险化学品仓库应按 GB 30077 的规定配备相应的防护装备及应急救援器材、设备、物资,并保障其完好和方便使用。

5 危险化学品商店安全技术基本要求

5.1 商店选址
禁止选址在人员密集场所、居住建筑内。

5.2 建设要求

5.2.1 危险化学品商店建筑构造、耐火等级、安全疏散、消防设施、电气、通风应按 GB 50016 规定执行。

5.2.2 危险化学品商店的营业场所面积(不含备货库房)应不小于 60 m²,危险化学品商店内不应设有生活设施。营业场所与备货库房之间,以及危险化学品商店与其他场所之间应进行防火分隔。

5.2.3 备货库房应设置高窗,窗上应安装防护铁栏,窗户应采取避光和防雨措施。

5.2.4 备货库房地面应防潮、平整、坚实、易于清扫。可能释放可燃性气体或蒸气,在空气中能形成粉尘、纤维等爆炸性混合物的备货库房应采用不发生火花的地面。储存腐蚀性危险化学品的备货库房的地面、踢脚应采用防腐材料。

5.2.5 营业场所只允许存放单件质量小于 50 kg 或容积小于 50 L 的民用小包装危险化学品,其存放总质量不得超过 1 t,且营业场所内危险化学品的量与 GB 18218 中所规定的临界量比值之和应不大于 0.3。

5.2.6 备货库房只允许存放单件质量小于 50 kg 或容积小于 50 L 的民用小包装危险化学品,其存放总质量不得超过 2 t,且备货库房内危险化学品的量与 GB 18218 中所规定的临界量比值之和应不大于 0.6。

5.2.7 只允许经营除爆炸物、剧毒化学品(属于剧毒化学品的农药除外)以外的危险化学品。

5.2.8 经营有机过氧化物、遇水放出易燃气体的物质和混合物、自热物质和混合物、自反应物质和混合物的商店应分别具备 4.2.8、4.2.9、4.2.10 及 4.2.11 的存储要求。

5.2.9 危险化学品不应露天存放。

5.2.10 危险化学品的摆放应布局合理,禁忌物品要求应按 GB 15603 的规定执行。

5.2.11 应建立危险化学品经营档案,档案内容至少应包括危险化学品品种、数量、出入记录等,数据保存期限应不少于 1 年。

5.3 安全设施

5.3.1 备货库房平开门应向疏散方向开启。平开门及窗应设等电位接地线,门外应设人体静电消除器设施。

5.3.2 备货库房内的爆炸危险环境电力装置应按 GB 50058 的规定执行。

5.3.3 备货库房照明设施、电气设备的配电箱及电气开关应设置在库外,并应可靠接地,安装过压、过载、触电、漏电保护设施,采取防雨、防潮保护措施。

5.3.4 备货库房应有防止小动物进入的设施。

5.3.5 危险化学品商店应设置视频监控设备。

5.3.6 危险化学品商店应配备灭火器等消防器材,且其类型和数量应按 GB 50140 的规定执行。

5.3.7 危险化学品商店应按 GB 2894 的规定设置安全警示标志。

附 录 A
（资料性附录）
GB 18265—2019 与 GB 18265—2000 的技术内容对比

本附录给出了 GB 18265—2019 与上版 GB 18265—2000 的主要技术内容对比，参见表 A.1。

表 A.1　GB 18265—2019 与上版 GB 18265—2000 的对比

对比内容	GB 18265—2000	GB 18265—2019
标准名称	危险化学品经营企业开业条件和技术要求	危险化学品经营企业安全技术基本要求
标准适用范围	适用于从事危险化学品交易和配送的任何经营企业	适用于危险化学品经营企业的危险化学品仓库、危险化学品商店的选址、建设、安全设施的安全技术基本要求；不适用于汽车加油加气站、石油库、无实物陈列营业场所的危险化学品商店及网上销售的危险化学品商店
术语和定义	危险化学品、剧毒物品、禁忌物料、隔离储存、隔开储存、分离储存	危险化学品、危险化学品商店、爆炸物、有毒气体、易燃气体
规划选址	危险化学品经营企业的经营场所应坐落在交通便利、便于疏散处；大中型危险化学品仓库应选址在远离市区和居民区的当地主导风向的下风方向和河流下游的地域	危险化学品仓库应符合本地区城乡规划，选址在远离市区和居民区的常年最小频率风向的上风侧；危险化学品商店禁止选址在人员密集场所、居住建筑内
内、外部距离	大中型危险化学品仓库应与周围公共建筑物、交通干线（公路、铁路，水路）、工矿企业等距离至少保持 1000 m；零售业务的店面应与繁华商业区或居住人口稠密区保持 500 m 以上距离	危险化学品仓库防火间距应按 GB 50016 的规定执行。危险化学品仓库与铁路安全防护距离，与公路、广播电视设施、石油天然气管道、电力设施距离应符合其法规要求；爆炸物库房与防护目标应至少保持 1000 m 的距离，还应采用事故后果法计算外部安全防护距离；涉及有毒气体或易燃气体，且其构成危险化学品重大危险源的库房还应采用定量风险评价法计算外部安全防护距离
爆炸物库房建设要求	无规定	爆炸物库房建设应按 GB 50089 或 GB 50161 平面布置、建筑与结构、消防、电气、通风等规定执行

表 A.1（续）

对比内容	GB 18265—2000	GB 18265—2019
危险化学品追溯管理信息系统	入库的危险化学品应符合产品标准，收货保管员应严格按 GB 190 的规定验收内外标志、包装、容器等，并做到账、货、卡相符	危险化学品仓库建立危险化学品追溯管理信息系统，应具备危险化学品出入库记录、库存危险化学品品种、数量及库内分布等功能，数据保存期限不得少于 1 年，且应异地实时备份； 危险化学品商店应建立危险化学品经营档案，档案内容至少应包括危险化学品品种、数量、出入记录等，数据保存期限不得少于 1 年
构成危险化学品重大危险源的危险化学品仓库	无规定	构成危险化学品重大危险源的危险化学品仓库应符合国家法律法规、标准规范关于危险化学品重大危险源的技术要求
爆炸物等危险化学品库房具体要求	毒害性、腐蚀性危险化学品库房，易燃易爆性危险化学品库房，爆炸品库房，低、中闪点液体、一级易燃固体、自燃物品、压缩气体和液化气体类库房的耐火等级要求； 各类危险化学品均应按其性质储存在适宜的温湿度内	爆炸物、有机过氧化物、遇水放出易燃气体的物质和混合物、自热物质和混合物、自反应物质和混合物储存要求
危险化学品商店存放量要求	零售业务的店面内只许存放民用小包装的危险化学品，其存放总质量不得超过 1 t； 零售业务的店面与存放危险化学品的库房（或罩棚）应有实墙相隔。单一品种存放量不能超过 500 kg，总质量不能超过 2 t	营业场所只允许存放单件质量小于 50 kg 或容积小于 50 L 的民用小包装危险化学品，其存放总质量不得超过 1 t，且营业场所内危险化学品的量与 GB 18218 中所规定的临界量比值之和应不大于 0.3；备货库房只允许存放单件质量小于 50 kg 或容积小于 50 L 的民用小包装危险化学品，其存放总质量不得超过 2 t，且备货库房内危险化学品的量与 GB 18218 中所规定的临界量比值之和应不大于 0.6
危险化学品仓库内储存要求	危险化学品仓库储存的化学品应符合 GB 15603、GB 17914、GB 17915、GB 17916 的规定，分区、分类、分库储存，禁忌物料，垛距、墙距、柱距	不涉及
危险化学品的运输要求	运输危险化学品的车辆、危险化学品包装、剧毒物品运输、夜间运输危险化学品	不涉及
从业人员技术要求	危险化学品经营业的法定代表人或经理、企业业务经营人员、经营剧毒物品企业的人员上岗要求	不涉及

表 A.1（续）

对比内容	GB 18265—2000	GB 18265—2019
安全设施	设有消防、治安报警装置。有供对外报警、联络的通讯设备； 危险化学品仓库应有专职或义务消防、警卫队伍，都应制定灭火预案并经常进行消防演练； 装卸毒害品作业人员应佩戴手套和相应的防毒口罩或面具，穿防护服； 装卸易燃易爆品人员应穿工作服，戴手套、口罩等必需的防护用具，须穿防静电工作服。 禁止穿带钉鞋； 装卸腐蚀品人员应穿工作服、戴护目镜、胶皮手套、胶皮围裙等必需的防护用具； 企业应在经营店面和仓库，准备相应的急救药品和制定急救预案	设置通信、火灾报警装置，有供对外联络的通讯设备，并保证处于适用状态； 气体检测报警装置与风机联锁，报警信号应传至24 h有人值守的场所，并设声光报警器； 储存易燃液体的危险化学品库房应设置防液体流散措施； 危险化学品仓库应在库区建立全覆盖的视频监控系统； 不能用水、泡沫等灭火的危险化学品库房应在库房外适当位置设置醒目标识； 危险化学品商店应设置视频监控设备； 危险化学品仓库应按GB 30077的规定配备相应的防护装备及应急救援器材、设备、物资
企业内部安全管理	安全组织、安全制度、安全操作	不涉及
废弃物处理	堆积可燃性废弃物、泄漏或渗漏危险化学品的包装容器、处理废弃物品	不涉及
危险化学品经营许可证	危险化学品经营许可证制作、发放、申领	不涉及

参 考 文 献

［1］ 国家安全生产监督管理总局,中华人民共和国工业和信息化部,中华人民共和国公安部,等.危险化学品目录（2015版）:公告2015年第5号[DB/OL].(2015-02-27)[2018-07-23]. http://www.chinasafety.gov.cn/zjnsjg/ajss/wxhxpaqjg/gggw_419/xzxk_423/201503/t20150309_207141.shtml.

［2］ 国家安全生产监督管理总局.国家安全监管总局办公厅关于印发危险化学品目录（2015版）实施指南（试行）的通知:安监总厅管三〔2015〕80号[DB/OL].(2015-08-19)：2018-07-23]. http://www.chinasafety,gov.cn/zjnsjg/ajss/wxhxpaqjg/gggw_419/tzgg_420/201509/t20150902_207057.shtml.

石油化工可燃气体和有毒气体检测报警设计标准
（GB/T 50493—2019）

前　　言

根据住房和城乡建设部《关于印发〈2016年工程建设标准规范制订、修订计划〉的通知》（建标〔2015〕274号）的要求，由中石化广州工程有限公司会同有关参编单位对《石油化工可燃气体和有毒气体检测报警设计规范》GB 50493—2009进行修订而成。

本标准在修订过程中，标准编制组针对石油化工可燃气体和有毒气体检测报警设计中遇到的有关问题进行广泛的调查研究，总结了近年来石油化工企业可燃气体探测器和有毒气体探测器的使用经验，参考欧洲标准《可燃气体或氧气检测与测量仪器的选用、安装、使用和维护指南》（EN 60079-29-2），在征求设计、生产、科研和探测器制造企业等有关方面意见的基础上，最后经审查定稿。

本标准的主要技术内容是：总则、术语、基本规定、检测点确定、可燃气体和有毒气体检测报警系统设计、可燃气体和有毒气体检测报警系统安装设计等。

本标准修订的主要技术内容是：1.标准适用范围"石油化工新建、扩建及改建工程"修改为"石油化工新建、扩建工程"；2.拓展了有毒气体的范围，由《高毒物品目录》中所列的毒气扩大到常见的剧毒气体；3.增加了可燃气体和有毒气体检测报警系统（GDS）的设计相容性、独立性和可靠性要求；4.增加了可燃气体和有毒气体检测报警系统（GDS）与火灾及消防监控系统分开设置的要求；5.增加了开路式（激光、红外）探测器、噪声探测器等内容，进一步完善了探测器的布点和布置要求；6.增加了常见气体探测器选用指南、可燃气体和有毒气体检测报警系统配置图。

本标准由住房和城乡建设部负责管理，由中国石油化工集团有限公司负责日常管理，由中石化广州工程有限公司负责具体技术内容的解释。执行过程中如有意见或建议，请寄送中石化广州工程有限公司（地址：广东省广州市天河区体育西路191号中石化大厦A塔20楼，邮编：510620）。

本 标 准 主 编 单 位：中石化广州工程有限公司
本 标 准 参 编 单 位：中国石化工程建设有限公司
　　　　　　　　　　深圳市诺安环境安全股份有限公司
　　　　　　　　　　无锡格林通安全装备有限公司
　　　　　　　　　　北京燕山时代仪表有限公司
　　　　　　　　　　深圳市特安电子有限公司
　　　　　　　　　　汉威科技集团股份有限公司
　　　　　　　　　　成都安可信电子股份有限公司
　　　　　　　　　　中石化霍尼韦尔（天津）有限公司
本标准主要起草人员：文科武　裴炳安　朱华兴　吕明伦　金　哲　邵　瑜　林　融
　　　　　　　　　　卿笃安　唐　蓉　刘　昕　韩振东　张占峰　龙方彦　沙蓓裔

本标准主要审查人员：李　冰　曾裕玲　葛春玉　叶向东　李玉明　张颖琮　胡红页
　　　　　　　　　章敦辉　孙新文　邢　勐　刘　冰　张同科　魏剑萍　徐伟清
　　　　　　　　　严春明　林洪俊　宋志远　任　泓　刘　凤　戴文杰　张晋红
　　　　　　　　　马恒平　孙建文　陈　鹏　孙　旭　李　江　陈学敏　谭志波
　　　　　　　　　魏高升　邱敬敏　张悦崑　赵　柱　陈　鑫　庄晓峰　王成林
　　　　　　　　　李宣南　王若青

1 总则

1.0.1 为保障石油化工企业的人身安全和生产安全，监测生产过程及储运设施中泄漏的可燃气体或有毒气体，并及时报警，预防人身伤害以及火灾与爆炸事故的发生，制定本标准。

1.0.2 本标准适用于石油化工新建、扩建工程中可燃气体和有毒气体检测报警系统的设计。

1.0.3 石油化工可燃气体和有毒气体检测报警系统的设计，除应符合本标准要求外，尚应符合国家现行有关标准的规定。

2 术语

2.0.1

　　可燃气体　flammable gas

　　又称易燃气体，甲类气体或甲、乙$_A$类可燃液体气化后形成的可燃气体或可燃蒸气。

2.0.2

　　有毒气体　toxic gas

　　劳动者在职业活动过程中，通过皮肤接触或呼吸可导致死亡或永久性健康伤害的毒性气体或毒性蒸气。

2.0.3

　　释放源　source of release

　　可释放并能形成爆炸性气体环境、有毒气体环境的位置或地点。

2.0.4

　　探测器　detector

　　又称检测器，将可燃气体、有毒气体或氧气的浓度转换为电信号的电子设备。

2.0.5

　　线型气体探测器　open-path gas detector

　　一种开放式、用于检测直线路径中可燃气体或有毒气体云团的气体探测器。常用的线性气体探测器有：红外气体探测器、激光气体探测器等。

2.0.6

　　现场警报器　field alarming unit/audible and visual alarm unit

　　安装在现场，通过声、光或旋光向现场或接近现场人员发出警示的电子设备。常见的有：探测器自带的一体化的声、光警报器，按区域设置的现场区域警报器。

2.0.7

　　报警控制单元　alarm control unit

接收探测器的输出信号、显示和记录被检测气体的浓度、发出声光报警信号,并能向消防控制室图形显示装置等设备发送气体浓度报警信号和报警控制单元故障信息的电子设备。可燃气体报警信号参与消防联动时,报警控制单元通常采用按专用可燃气体报警控制器产品标准制造并取得检测报告的专用可燃气体报警控制器。

2.0.8

检测范围 sensible range

又称测量范围,探测器能够检测出被测气体的浓度范围。

2.0.9

报警设定值 alarm set point

预先设定的报警浓度值。报警设定值分为一级报警设定值和二级报警设定值。

2.0.10

响应时间 response time

在试验条件下,从探测器接触被测气体至达到稳定指示值的时间。通常达到稳定指示值90%的时间为响应时间,恢复到稳定指示值10%的时间为恢复时间。

2.0.11

安装高度 vertical height

探测器传感器吸入口到指定参照物的垂直距离。

2.0.12

爆炸下限 lower explosion limit(LEL)

可燃气体发生爆炸时的下限浓度(V%)值。

2.0.13

爆炸上限 upper explosion limit(UEL)

可燃气体发生爆炸时的上限浓度(V%)值。

2.0.14

职业接触限值 occupational exposure limit(OEL)

劳动者在职业活动中长期反复接触,不会对绝大多数接触者的健康引起有害作用的容许接触水平。化学因素的职业接触限值分为最高容许浓度、短时间接触容许浓度和时间加权平均容许浓度三种。

2.0.15

最高容许浓度 maximum allowable concentration(MAC)

工作地点在一个工作日内、任何时间有毒化学物质均不应超过的浓度。

2.0.16

时间加权平均容许浓度 permissible concentrationtime weighted average(PC-TWA)

以时间为权数规定的8 h工作日、40 h工作周的平均容许接触浓度。

2.0.17

短时间接触容许浓度 permissible concentrationshort term exposure limit(PC-STEL)

在遵守时间加权平均容许浓度(PC-TWA)前提下容许短时间(15 min)接触的浓度。

2.0.18

直接致害浓度 immediately dangerous to life or health concentration(IDLH)

在工作地点,环境中空气污染物浓度达到某种危险水平,如可致命或永久损害健康,或使人立即丧失逃生能力。

3 基本规定

3.0.1 在生产或使用可燃气体及有毒气体的生产设施及储运设施的区域内,泄漏气体中可燃气体浓度可能达到报警设定值时,应设置可燃气体探测器;泄漏气体中有毒气体浓度可能达到报警设定值时,应设置有毒气体探测器;既属于可燃气体又属于有毒气体的单组分气体介质,应设有毒气体探测器;可燃气体与有毒气体同时存在的多组分混合气体,泄漏时可燃气体浓度和有毒气体浓度有可能同时达到报警设定值,应分别设置可燃气体探测器和有毒气体探测器。

3.0.2 可燃气体和有毒气体的检测报警应采用两级报警。同级别的有毒气体和可燃气体同时报警时,有毒气体的报警级别应优先。

3.0.3 可燃气体和有毒气体检测报警信号应送至有人值守的现场控制室、中心控制室等进行显示报警;可燃气体二级报警信号、可燃气体和有毒气体检测报警系统报警控制单元的故障信号应送至消防控制室。

3.0.4 控制室操作区应设置可燃气体和有毒气体声、光报警;现场区域警报器宜根据装置占地的面积、设备及建构筑物的布置、释放源的理化性质和现场空气流动特点进行设置,现场区域警报器应有声、光报警功能。

3.0.5 可燃气体探测器必须取得国家指定机构或其授权检验单位的计量器具型式批准证书、防爆合格证和消防产品型式检验报告;参与消防联动的报警控制单元应采用按专用可燃气体报警控制器产品标准制造并取得检测报告的专用可燃气体报警控制器;国家法规有要求的有毒气体探测器必须取得国家指定机构或其授权检验单位的计量器具型式批准证书。安装在爆炸危险场所的有毒气体探测器还应取得国家指定机构或其授权检验单位的防爆合格证。

3.0.6 需要设置可燃气体、有毒气体探测器的场所,宜采用固定式探测器;需要临时检测可燃气体、有毒气体的场所,宜配备移动式气体探测器。

3.0.7 进入爆炸性气体环境或有毒气体环境的现场工作人员,应配备便携式可燃气体和(或)有毒气体探测器。进入的环境同时存在爆炸性气体和有毒气体时,便携式可燃气体和有毒气体探测器可采用多传感器类型。

3.0.8 可燃气体和有毒气体检测报警系统应独立于其他系统单独设置。

3.0.9 可燃气体和有毒气体检测报警系统的气体探测器、报警控制单元、现场警报器等的供电负荷,应按一级用电负荷中特别重要的负荷考虑,宜采用 UPS 电源装置供电。

3.0.10 确定有毒气体的职业接触限值时,应按最高容许浓度、时间加权平均容许浓度、短时间接触容许浓度的优先次序选用。

3.0.11 常见易燃气体、蒸气特性应按本标准附录 A 采用;常见有毒气体、蒸气特性应按本标准附录 B 采用。

4 检测点确定

4.1 一般规定

4.1.1 可燃气体和有毒气体探测器的检测点,应根据气体的理化性质、释放源的特性、生产场地布置、地理条件、环境气候、探测器的特点、检测报警可靠性要求、操作巡检路线等因素进行综合分析,选择可燃气体及有毒气体容易积聚、便于采样检测和仪表维护之处布置。

4.1.2 判别泄漏气体介质是否比空气重,应以泄漏气体介质的分子量与环境空气的分子量的比值为基准,并应按下列原则判别:

1 当比值大于或等于1.2时,则泄漏的气体重于空气;
2 当比值大于或等于1.0、小于1.2时,则泄漏的气体为略重于空气;
3 当比值为0.8~1.0时,则泄漏的气体为略轻于空气;
4 当比值小于或等于0.8时,则泄漏的气体为轻于空气。

4.1.3 下列可燃气体和(或)有毒气体释放源周围应布置检测点:

1 气体压缩机和液体泵的动密封;
2 液体采样口和气体采样口;
3 液体(气体)排液(水)口和放空口;
4 经常拆卸的法兰和经常操作的阀门组。

4.1.4 检测可燃气体和有毒气体时,探测器探头应靠近释放源,且在气体、蒸气易于聚集的地点。

4.1.5 当生产设施及储运设施区域内泄漏的可燃气体和有毒气体可能对周边环境安全有影响需要监测时,应沿生产设施及储运设施区域周边按适宜的间隔布置可燃气体探测器或有毒气体探测器,或沿生产设施及储运设施区域周边设置线型气体探测器。

4.1.6 在生产过程中可能导致环境氧气浓度变化,出现欠氧、过氧的有人员进入活动的场所,应设置氧气探测器。当相关气体释放源为可燃气体或有毒气体释放源时,氧气探测器可与相关的可燃气体探测器、有毒气体探测器布置在一起。

4.2 生产设施

4.2.1 释放源处于露天或敞开式厂房布置的设备区域内,可燃气体探测器距其所覆盖范围内的任一释放源的水平距离不宜大于10 m,有毒气体探测器距其所覆盖范围内的任一释放源的水平距离不宜大于4 m。

4.2.2 释放源处于封闭式厂房或局部通风不良的半敞开厂房内,可燃气体探测器距其所覆盖范围内的任一释放源的水平距离不宜大于5 m;有毒气体探测器距其所覆盖范围内的任一释放源的水平距离不宜大于2 m。

4.2.3 比空气轻的可燃气体或有毒气体释放源处于封闭或局部通风不良的半敞开厂房内,除应在释放源上方设置探测器外,还应在厂房内最高点气体易于积聚处设置可燃气体或有毒气体探测器。

4.3 储运设施

4.3.1 液化烃、甲$_B$、乙$_A$类液体等产生可燃气体的液体储罐的防火堤内,应设探测器。可燃气体探测器距其所覆盖范围内的任一释放源的水平距离不宜大于10 m,有毒气体探测器距其所覆盖范围内的任一释放源的水平距离不宜大于4 m。

4.3.2 液化烃、甲$_B$、乙$_A$类液体的装卸设施,探测器的设置应符合下列规定:

1 铁路装卸栈台,在地面上每一个车位宜设一台探测器,且探测器与装卸车口的水平距离不应大于10 m;
2 汽车装卸站的装卸车鹤位与探测器的水平距离不应大于10 m。

4.3.3 装卸设施的泵或压缩机区的探测器设置,应符合本标准第4.2节的规定。

4.3.4 液化烃灌装站的探测器设置,应符合下列规定:
　　1 封闭或半敞开的灌瓶间,灌装口与探测器的水平距离宜为5 m～7.5 m;
　　2 封闭或半敞开式储瓶库,应符合本标准第4.2.2条规定;敞开式储瓶库房沿四周每隔15 m～20 m应设一台探测器,当四周边长总和小于15 m时,应设一台探测器;
　　3 缓冲罐排水口或阀组与探测器的水平距离宜为5 m～7.5 m。

4.3.5 封闭或半敞开氢气灌瓶间,应在灌装口上方的室内最高点易于滞留气体处设探测器。

4.3.6 可能散发可燃气体的装卸码头,距输油臂水平平面10 m范围内,应设一台探测器。

4.3.7 其他储存、运输可燃气体、有毒气体的储运设施,可燃气体探测器和(或)有毒气体探测器应按本标准第4.2节的规定设置。

4.4 其他有可燃气体、有毒气体的扩散与积聚场所

4.4.1 明火加热炉与可燃气体释放源之间应设可燃气体探测器,探测器距加热炉炉边的水平距离宜为5 m～10 m。当明火加热炉与可燃气体释放源之间设有不燃烧材料实体墙时,实体墙靠近释放源的一侧应设探测器。

4.4.2 设在爆炸危险区域2区范围内的在线分析仪表间,应设可燃气体和(或)有毒气体探测器,并同时设置氧气探测器。

4.4.3 控制室、机柜间的空调新风引风口等可燃气体和有毒气体有可能进入建筑物的地方,应设置可燃气体和(或)有毒气体探测器。

4.4.4 有人进入巡检操作且可能积聚比空气重的可燃气体或有毒气体的工艺阀井、管沟等场所,应设可燃气体和(或)有毒气体探测器。

5 可燃气体和有毒气体检测报警系统设计

5.1 一般规定

5.1.1 可燃气体和有毒气体检测报警系统应由可燃气体或有毒气体探测器、现场警报器、报警控制单元等组成。

5.1.2 可燃气体的第二级报警信号和报警控制单元的故障信号,应送至消防控制室进行图形显示和报警。可燃气体探测器不能直接接入火灾报警控制器的输入回路。

5.1.3 可燃气体或有毒气体检测信号作为安全仪表系统的输入时,探测器宜独立设置,探测器输出信号应送至相应的安全仪表系统,探测器的硬件配置应符合现行国家标准《石油化工安全仪表系统设计规范》GB/T 50770有关规定。

5.1.4 可燃气体和有毒气体检测报警系统配置图见本标准附录C。

5.2 探测器选用

5.2.1 探测器的输出可选用4 mA～20 mA的DC信号、数字信号、触点信号。

5.2.2 可燃气体及有毒气体探测器的选用,应根据探测器的技术性能、被测气体的理化性质、被测介质的组分种类和检测精度要求、探测器材质与现场环境的相容性、生产环境特点等确定。

5.2.3 常用可燃气体及有毒气体探测器的选用应符合下列规定:
　　1 轻质烃类可燃气体宜选用催化燃烧型或红外气体探测器;当使用场所的空气中含有能使催化燃烧型检测元件中毒的硫、磷、硅、铅、卤素化合物等介质时,应选用抗毒性催化燃

烧型探测器、红外气体探测器或激光气体探测器；在缺氧或高腐蚀性等场所，宜选用红外气体探测器或激光气体探测器；重质烃类蒸气可选用光致电离型探测器；

  2 氢气检测宜选用催化燃烧型、电化学型、热传导型探测器；

  3 有机有毒气体宜选用半导体型、光致电离型探测器；

  4 无机有毒气体检测宜选用电化学型探测器；

  5 氧气宜选用电化学型探测器；

  6 在气候环境或生产环境特殊，需监测的区域开阔的场所，宜选择线型可燃气体探测器；

  7 在工艺介质泄漏后形成的气体或蒸气能显著改变释放源周围环境温度的场所，可选用红外图像型探测器；

  8 在高压工艺介质泄漏时产生的噪声能显著改变释放源周围环境声压级的场所，可选用噪声型探测器；

  9 在生产和检修过程中需要临时检测可燃气体、有毒气体的场所，应配备移动式气体探测器。

5.2.4 常用探测器的采样方式应根据使用场所按下列规定确定：

  1 可燃气体和有毒气体的检测宜采用扩散式探测器；

  2 受安装条件和介质扩散特性的限制，不便使用扩散式探测器的场所，可采用吸入式探测器；

  3 当探测器配备采样系统时，采样系统的滞后时间不宜大于 30 s。

5.2.5 常见气体探测器的技术性能应符合本标准附录 D 的要求；常见气体探测器应按照本标准附录 E 选用。

5.3 现场警报器选用

5.3.1 可燃气体和有毒气体检测报警系统应按照生产设施及储运设施的装置或单元进行报警分区，各报警分区应分别设置现场区域警报器。区域警报器的启动信号应采用第二级报警设定值信号。区域警报器的数量宜使在该区域内任何地点的现场人员都能感知到报警。

5.3.2 区域警报器的报警信号声级应高于 110 dBA，且距警报器 1 m 处总声压值不得高于 120 dBA。

5.3.3 有毒气体探测器宜带一体化的声、光警报器，可燃气体探测器可带一体化的声、光警报器，一体化声、光警报器的启动信号应采用第一级报警设定值信号。

5.4 报警控制单元选用

5.4.1 报警控制单元应采用独立设置的以微处理器为基础的电子产品，并应具备下列基本功能：

  1 能为可燃气体探测器、有毒气体探测器及其附件供电。

  2 能接收气体探测器的输出信号，显示气体浓度并发出声、光报警。

  3 能手动消除声、光报警信号，再次有报警信号输入时仍能发出报警。

  4 具有相对独立、互不影响的报警功能，能区分和识别报警场所位号。

  5 在下列情况下，报警控制单元应能发出与可燃气体和有毒气体浓度报警信号有明显区别的声、光故障报警信号：

    1） 报警控制单元与探测器之间连线断路或短路。

2) 报警控制单元主电源欠压；
3) 报警控制单元与电源之间的连线断路或短路。
6 具有以下记录、存储、显示功能：
1) 能记录可燃气体和有毒气体的报警时间，且日计时误差不应超过30 s；
2) 能显示当前报警部位的总数；
3) 能区分最先报警部位，后续报警点按报警时间顺序连续显示；
4) 具有历史事件记录功能。

5.4.2 控制室内可燃气体和有毒气体声、光警报器的声压等级应满足设备前方1 m处不小于75 dBA，声、光警报器的启动信号应采用第二级报警设定值信号。

5.4.3 可燃气体探测器参与消防联动时，探测器信号应先送至按专用可燃气体报警控制器产品标准制造并取得检测报告的专用可燃气体报警控制器，报警信号应由专用可燃气体报警控制器输出至消防控制室的火灾报警控制器。可燃气体报警信号与火灾报警信号在火灾报警控制系统中应有明显区别。

5.5 测量范围及报警值设定

5.5.1 测量范围应符合下列规定：
1 可燃气体的测量范围应为0～100%LEL；
2 有毒气体的测量范围应为0～300%OEL；当现有探测器的测量范围不能满足上述要求时，有毒气体的测量范围可为0～30%IDLH；环境氧气的测量范围可为0～25%VOL；
3 线型可燃气体测量范围为0～5LEL·m。

5.5.2 报警值设定应符合下列规定：
1 可燃气体的一级报警设定值应小于或等于25%LEL。
2 可燃气体的二级报警设定值应小于或等于50%LEL。
3 有毒气体的一级报警设定值应小于或等于100%OEL，有毒气体的二级报警设定值应小于或等于200%OEL。当现有探测器的测量范围不能满足测量要求时，有毒气体的一级报警设定值不得超过5%IDLH，有毒气体的二级报警设定值不得超过10%IDLH。
4 环境氧气的过氧报警设定值宜为23.5%VOL，环境欠氧报警设定值宜为19.5%VOL。
5 线型可燃气体测量一级报警设定值应为1 LEL·m；二级报警设定值应为2 LEL·m。

6 可燃气体和有毒气体检测报警系统安装设计

6.1 探测器安装

6.1.1 探测器应安装在无冲击、无振动、无强电磁场干扰、易于检修的场所，探测器安装地点与周边工艺管道或设备之间的净空不应小于0.5 m。

6.1.2 检测比空气重的可燃气体或有毒气体时，探测器的安装高度宜距地坪（或楼地板）0.3 m～0.6 m；检测比空气轻的可燃气体或有毒气体时，探测器的安装高度宜在释放源上方2.0 m内。检测比空气略重的可燃气体或有毒气体时，探测器的安装高度宜在释放源下方0.5 m～1.0 m；检测比空气略轻的可燃气体或有毒气体时，探测器的安装高度宜高出释放源0.5 m～1.0 m。

6.1.3 环境氧气探测器的安装高度宜距地坪或楼地板1.5 m～2.0 m。

6.1.4 线型可燃气体探测器宜安装于大空间开放环境，其检测区域长度不宜大于100 m。

6.2 报警控制单元及现场区域警报器安装

6.2.1 可燃气体和有毒气体检测报警系统人机界面应安装在操作人员常驻的控制室等建筑物内。

6.2.2 现场区域警报器应就近安装在探测器所在的报警区域。

6.2.3 现场区域警报器的安装高度应高于现场区域地面或楼地板2.2 m，且位于工作人员易察觉的地点。

6.2.4 现场区域警报器应安装在无振动、无强电磁场干扰、易于检修的场所。

附录 A 常见易燃气体、蒸气特性

表 A 常见易燃气体、蒸气特性表

序号	物质名称	沸点（℃）	闪点（℃）	爆炸浓度(V%) 下限	爆炸浓度(V%) 上限	火灾危险性分类	蒸气密度（kg/m³N）	备注
1	甲烷	−161.5	气体	5.0	15.0	甲	0.77	液化后为甲$_A$
2	乙烷	−88.9	气体	3.0	12.5	甲	1.34	液化后为甲$_A$
3	丙烷	−42.1	气体	2.0	11.1	甲	2.07	液化后为甲$_A$
4	丁烷	−0.5	气体	1.9	8.5	甲	2.59	液化后为甲$_A$
5	戊烷	36.07	<−40.0	1.4	7.8	甲$_B$	3.22	—
6	己烷	68.9	−22.8	1.1	7.5	甲$_B$	3.88	—
7	庚烷	98.3	−3.9	1.1	6.7	甲$_B$	4.53	—
8	辛烷	125.67	13.3	1.0	6.5	甲$_B$	5.09	—
9	壬烷	150.77	31.0	0.7	2.9	乙$_A$	5.73	—
10	环丙烷	−33.9	气体	2.4	10.4	甲	1.94	液化后为甲$_A$
11	环戊烷	469.4	<−6.7	1.4	—	甲$_B$	3.10	—
12	异丁烷	−11.7	气体	1.8	8.4	甲	2.59	液化后为甲$_A$
13	环己烷	81.7	−20.0	1.3	8.0	甲$_B$	3.75	—
14	异戊烷	27.8	<−51.1	1.4	7.6	甲$_B$	3.21	—
15	异辛烷	99.24	−12.0	1.0	6.0	甲$_B$	5.09	—
16	乙基环丁烷	71.1	<−15.6	1.2	7.7	甲$_B$	3.75	—
17	乙基环戊烷	103.3	<21	1.1	6.7	甲$_B$	4.40	—
18	乙基环己烷	131.7	35	0.9	6.6	乙$_A$	5.04	—
19	甲基环己烷	101.1	−3.9	1.2	6.7	甲$_B$	4.40	—

表 A（续）

序号	物质名称	沸点（℃）	闪点（℃）	爆炸浓度(V%) 下限	爆炸浓度(V%) 上限	火灾危险性分类	蒸气密度（kg/m³N）	备注
20	乙烯	−103.7	气体	2.7	36	甲	1.29	液化后为甲$_A$
21	丙烯	−47.2	气体	2.0	11.1	甲	1.94	液化后为甲$_A$
22	1-丁烯	−6.1	气体	1.6	10.0	甲	2.46	液化后为甲$_A$
23	2-丁烯（顺）	3.7	气体	1.7	9.0	甲	2.46	液化后为甲$_A$
24	2-丁烯（反）	1.1	气体	1.8	9.7	甲	2.46	液化后为甲$_A$
25	丁二烯	−4.44	气体	2.0	12	甲	2.42	液化后为甲$_A$
26	异丁烯	−6.7	气体	1.8	9.6	甲	2.46	液化后为甲$_A$
27	乙炔	−84	气体	2.5	80	甲	1.16	液化后为甲$_A$
28	丙炔	−2.3	气体	1.7	—	甲	1.81	液化后为甲$_A$
29	苯	80.1	−11.1	1.2	7.8	甲$_B$	3.62	—
30	甲苯	110.6	4.4	1.2	7.1	甲$_B$	4.01	—
31	乙苯	136.2	21	0.8	6.7	甲$_B$	4.73	—
32	邻-二甲苯	144.4	17	1.0	6.0	甲$_B$	4.78	—
33	间-二甲苯	138.9	25	1.1	7.0	甲$_B$	4.78	—
34	对-二甲苯	138.3	25	1.1	7.0	甲$_B$	4.78	—
35	苯乙烯	146.1	32	0.9	6.8	乙$_A$	4.64	—
36	环氧乙烷	10.56	<−17.8	3.0	80	甲$_A$	1.94	爆炸极限数据按《化工过程安全理论与应用》（第二版）
37	环氧丙烷	33.9	−37.2	2.8	37	甲$_B$	2.59	—
38	甲基醚	−23.9	气体	3.4	27	甲	2.07	液化后为甲$_A$
39	乙醚	35	−45	1.9	36	甲$_B$	3.36	—
40	乙基甲基醚	10.6	−37.2	2.0	10.1	甲$_A$	2.72	—
41	二甲醚	−23.7	气体	3.4	27	甲	2.06	液化后为甲$_A$
42	二丁醚	141.1	25	1.5	7.6	甲$_B$	5.82	—
43	甲醇	63.9	11	6.0	36	甲$_B$	1.42	—
44	乙醇	78.3	12.8	3.3	19	甲$_B$	2.06	—
45	丙醇	97.2	25	2.1	13.5	甲$_B$	2.72	—

表 A（续）

序号	物质名称	沸点（℃）	闪点（℃）	爆炸浓度(V%) 下限	爆炸浓度(V%) 上限	火灾危险性分类	蒸气密度（kg/m³N）	备注
46	丁醇	117.0	28.9	1.4	11.2	乙$_A$	3.36	—
47	戊醇	138.0	32.7	1.2	10.5	乙$_A$	3.88	—
48	异丙醇	82.8	11.7	2.0	12	甲$_B$	2.72	—
49	异丁醇	108.0	31.6	1.7	19.0	乙$_A$	3.30	—
50	甲醛	−19.4	气体	7.0	73	甲	1.38	液化后为甲$_A$
51	乙醛	21.1	−37.8	4.0	60	甲$_B$	1.94	—
52	丙醛	48.9	−9.4～7.2	2.9	17	甲$_B$	2.59	—
53	丙烯醛	51.7	−26.1	2.8	31	甲$_B$	2.46	—
54	丙酮	56.7	−17.8	2.6	12.8	甲$_B$	2.59	—
55	丁醛	76	−6.7	2.5	12.5	甲$_B$	3.23	—
56	甲乙酮	79.6	−6.1	1.8	10	甲$_B$	3.23	—
57	环己酮	156.1	43.9	1.1	8.1	乙$_A$	4.40	—
58	乙酸	118.3	42.8	5.4	17	乙$_A$	2.72	—
59	甲酸甲酯	32.2	−18.9	4.5	23	甲$_B$	2.72	—
60	甲酸乙酯	54.4	−20	2.8	16	甲$_B$	3.37	—
61	醋酸甲酯	60	−10	3.1	16	甲$_B$	3.62	—
62	醋酸乙酯	77.2	−4.4	2.0	11.5	甲$_B$	3.88	—
63	醋酸丙酯	101.7	14.4	1.7	8.0	甲$_B$	4.53	—
64	醋酸丁酯	127	22	1.7	9.8	甲$_B$	5.17	—
65	醋酸丁烯酯	717.7	7.0	2.6	—	甲$_B$	3.88	—
66	丙烯酸甲酯	79.7	−2.9	2.8	25	甲$_B$	3.88	—
67	呋喃	31.1	＜0	2.3	14.3	甲$_B$	2.97	—
68	四氢呋喃	66.1	−14.4	2.0	11.8	甲$_B$	3.23	—
69	氯代甲烷	−23.9	气体	8.1	17.4	甲	2.33	液化后为甲$_A$
70	氯乙烷	12.2	−50	3.8	15.4	甲$_A$	2.84	—
71	溴乙烷	37.8	＜−20	6.7	8	甲$_B$	4.91	—
72	氯丙烷	46.1	＜−17.8	2.6	11.1	甲$_B$	3.49	—
73	氯丁烷	76.6	−9.4	1.8	10.1	甲	4.14	液化后为甲$_A$
74	溴丁烷	102	18.9	2.6	6.6	甲$_B$	6.08	—
75	氯乙烯	−13.9	气体	3.6	33	甲	2.84	液化后为甲$_A$

表 A（续）

序号	物质名称	沸点（℃）	闪点（℃）	爆炸浓度(V%) 下限	爆炸浓度(V%) 上限	火灾危险性分类	蒸气密度（kg/m³N）	备注
76	烯丙基氯	45	−32	2.9	11.1	甲$_B$	3.36	—
77	氯苯	132.2	28.9	1.3	7.1	乙$_A$	5.04	—
78	1,2-二氯乙烷	83.9	13.3	6.2	16	甲$_B$	4.40	—
79	1,1-二氯乙烯	37.2	−17.8	7.3	16	甲$_B$	4.40	—
80	硫化氢	−60.4	气体	4.3	45.5	甲	1.54	—
81	二硫化碳	46.2	−30	1.3	5.0	甲$_B$	3.36	—
82	乙硫醇	35.0	<26.7	2.8	18.0	甲$_B$	2.72	—
83	乙腈	81.6	5.6	3.0	16.0	甲$_B$	1.81	—
84	丙烯腈	77.2	0	3.0	17.0	甲$_B$	2.37	—
85	硝基甲烷	101.1	35.0	7.3	63	乙$_A$	2.72	—
86	硝基乙烷	113.8	27.8	3.4	5.0	甲$_B$	3.36	—
87	亚硝酸乙酯	17.2	−35	3.0	50	甲$_B$	3.36	—
88	氰化氢	26.1	−17.8	5.6	40	甲$_B$	1.16	—
89	甲胺	−6.5	气体	4.9	20.7	甲	2.72	液化后为甲$_A$
90	二甲胺	7.2	气体	2.8	14.4	甲	2.07	—
91	吡啶	115.5	<2.8	1.7	12	甲$_B$	3.53	—
92	氢	−253	气体	4.0	75	甲	0.09	—
93	天然气	—	气体	3.8	13	甲	—	—
94	城市煤气	<−50	气体	4.0	—	甲	0.65	—
95	液化石油气	—	—	1.0	—	甲$_A$	—	气化后为甲类气体,下限按国际海协数据
96	轻石脑油	36~68	<−20.0	1.2	5.9	甲$_B$	≥3.22	—
97	重石脑油	65~177	−22~20	0.6	—	甲$_B$	≥3.61	—
98	汽油	50~150	<−20	1.1	5.9	甲$_B$	4.14	—
99	喷气燃料	80~250	<28	0.6	6.5	乙$_A$	6.47	闪点按现行行业标准《2号喷气燃料》GB 1788—79的数据
100	煤油	150~300	≤45	0.6	6.5	乙$_A$	6.47	—
101	原油	—	—	—	—	甲$_B$	—	—

附录B 常见有毒气体、蒸气特性

表B 常见有毒气体、蒸气特性

序号	物质名称	蒸气密度(kg/cm³)	熔点(℃)	沸点(℃)	OEL(mg/m³) MAC	OEL(mg/m³) PC-TWA	OEL(mg/m³) PC-STEL	IDLH(mg/m³)
1	一氧化碳	1.17	−199.5	−191.4	—	20	30	1 700
2	氯乙烯	2.60	−160	−13.9	—	10	25	—
3	硫化氢	1.44	−85.5	−60.4	10	—	—	430
4	氯	3.00	−101	−34.5	1	—	—	88
5	氰化氢	1.13	−13.2	26.1	1	—	—	56
6	丙烯腈	2.21	−83.6	77.2	—	1	2	1 100
7	二氧化氮	3.87	−11.2	21.2	—	5	10	96
8	苯	3.35	5.5	80.1	—	6	10	9 800
9	氨	0.73	−78	−33.4	—	20	30	360
10	碳酰氯	4.11	−104	8.3	0.5	—	—	8
11	二氧化硫	2.73	−75.5	−10	—	5	10	270
12	甲醛	1.29	−92	−19.5	—	2	—	37
13	环氧乙烷	1.84	−112.2	10.8	—	0.6	2	1 500
14	溴	8.64	−7.2	58.8	0.3	—	—	66

注:对环境大气(空气)中有毒气体浓度的表示方法有两种:质量浓度(每立方米空气中所含有毒气体的质量数,即 mg/m³)和体积浓度(一百万体积的空气中所含有毒气体的体积数,即 ppm 或 μmol/mol)。通常,大部分气体检测仪器测得的气体浓度是体积浓度(ppm)。而我们国家的标准规范采用的气体浓度为质量浓度单位(mg/m³)。

本标准中,浓度单位 ppm(μmol/mol)与 mg/m³ 的换算关系是:

$$c_{ppm} = \frac{22.4}{M_w} \cdot \frac{T}{273} \cdot \frac{1}{P} \cdot c_{mg/m^3} \quad \cdots\cdots\cdots\cdots\cdots\cdots(\text{式B})$$

式中:
M_w——气体的分子量(g/mol);
T——环境温度(K);
P——环境大气压力(atm)。

附录 C 可燃气体和有毒气体检测报警系统配置图

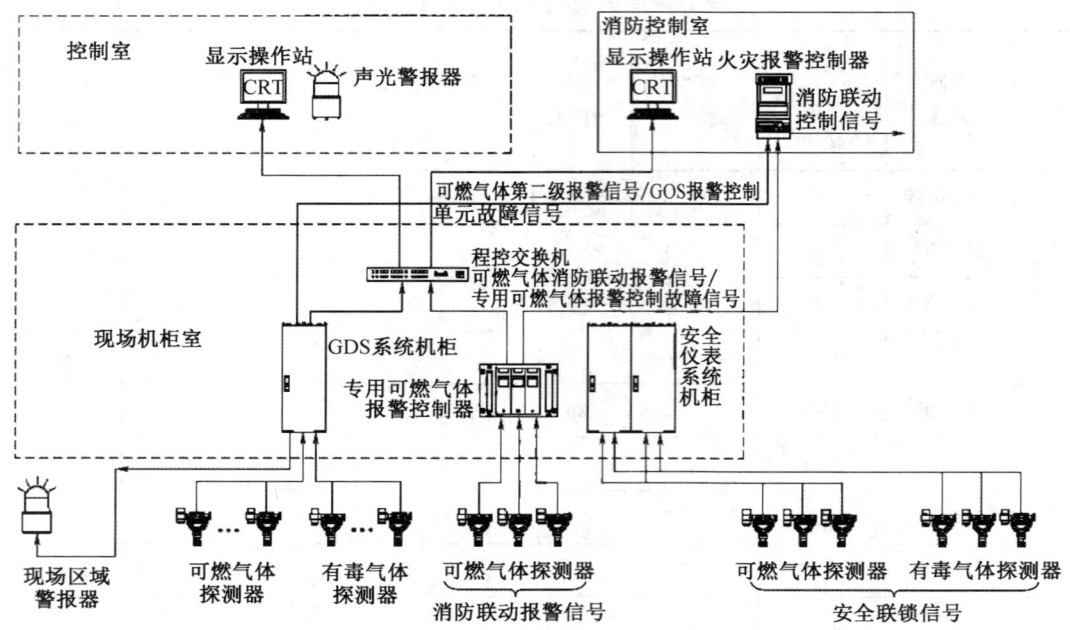

图 C 可燃气体和有毒气体检测报警系统配置图

附录 D 常见气体探测技术性能表

表 D 常见气体探测器的技术性能表

项 目	催化燃烧型检(探)测器	热传导型检(探)测器	红外气体检(探)测器		半导体型检(探)测器	电化学型检(探)测器	光致电离型检(探)测器	顺磁型	激光型	
			点式	开路					点式	开路
被测气体的含氧量要求	$O_2>10\%$	无	无		微量 O_2	微量	无	无		
氧气测量范围			$0\sim100\%$	$0\sim100\%$		$0\sim25\%$ $(0\sim100\%)$		$0\sim100\%$	$0\sim100\%$	$0\sim100\%$
可燃气体测量范围	≤LEL	LEL~100%			≤LEL	≤LEL	<LEL		≤LEL	≤LEL
不适用的被测气体	大分子有机物		H_2	H_2O	N_2,Cl_2	烷烃	$H_2,CO,$ $HCN,SO_2,$ $HCl,HF,$ $HNO_3,$ $CH_4$①	可燃气体		
相对响应时间	与被测介质有关	中等	较短		与被测介质有关	中等	较短	短和中等	较短	较短
检测干扰气体	无	CO_2,氟里昂	H_2O	H_2O	$SO_2,$ $NO_x,$ HO_2	SO_2,NO_x	②	$NO,$ NO_2		

表 D（续）

项目		催化燃烧型检(探)测器	热传导型检(探)测器	红外气体检(探)测器		半导体型检(探)测器	电化学型检(探)测器	光致电离型检(探)测器	顺磁型	激光型	
				点式	开路					点式	开路
使检测元件中毒的介质		Si、Pb 卤素，H_2S，含硅化合物，含磷化合物，铝化物（可选）用抗中毒型传感器	无	无		$Si、SO_2$，卤素	CO_2	无		无	
辅助气体要求		无	无	无		无	无	无		无	
室外环境温度	便携式	−10 ℃～+40 ℃									
	固定式	−25 ℃～+55 ℃									
空气相对湿度		20%RH～90%RH									
风速		<6 m/s									
机械振动		10 Hz～30 Hz，1.0 mm 总位移；31 Hz～100 Hz，2 g 加速度峰值									

注：①为离子化能级高于所用紫外灯的能级的被测物；②为离子化能级低于所用紫外灯的能级的被测物；③"无"代表无要求。

附录 E 常见气体探测器选用指南

表 E 常见气体探测器选用指南

常见介质		催化燃烧型	热传导型	红外气体型		半导体型	电化学型	光致电离型	顺磁型	激光型	
				点式	开路					点式	开路
烃类	氢气	**	+	—	—	+	**	—	—	—	—
	轻质烃（C₄以下）	**	+	**	+	+	—	+	—	+	+
	烃蒸气（C₅以上）	**	+	+	+	+	—	+	—	+	+
	卤代烃	—	—	+	+	+	+	—	—	—	—
醇类		**	+	**	—	**	**	—	—	—	—
酯类		**	+	+	—	+	+	**	—	—	—
有毒气体	一氧化碳	+	—	**	—	—	**	—	+	—	—
	氯乙烯	—	—	+	—	+	**	**	—	+	—
	硫化氢	—	—	—	—	+	**	+	—	+	—
	氯	—	—	—	—	—	**	—	—	—	—
	氰化氢	—	—	—	—	—	**	—	—	—	—
	丙烯腈	+	—	—	—	—	**	—	—	—	—
	二氧化氮	—	—	—	—	—	**	—	—	—	—
	苯	+	—	—	—	+	—	**	—	—	—
	氨	+	—	—	—	+	**	—	—	+	—
	碳酰氯	—	—	—	—	—	**	—	—	—	—
O₂		—	—	—	—	—	**	—	+	—	—

注：" ＊＊ "表示常用；" ＋ "表示可用；" — "表示不用。

本标准用词说明

1 为便于在执行本标准条文时区别对待，对要求严格程度不同的用词说明如下：

1）表示很严格，非这样做不可的：
正面词采用"必须"，反面词采用"严禁"；

2）表示严格，在正常情况下均应这样做的：
正面词采用"应"，反面词采用"不应"或"不得"；

3）表示允许稍有选择，在条件许可时首先应这样做的：
正面词采用"宜"，反面词采用"不宜"；

4)表示有选择,在一定条件下可以这样做的,采用"可"。
2 条文中指明应按其他有关标准执行的写法为:"应符合……的规定"或"应按……执行"。

引 用 标 准 名 录

《石油化工安全仪表系统设计规范》GB/T 50770

危险化学品生产装置和储存设施风险基准
（GB 36894—2018）

前言

本标准的全部技术内容为强制性。

本标准按照 GB/T 1.1—2009 给出的规则起草。

本标准由中华人民共和国应急管理部提出并归口。

本标准起草单位：中国安全生产科学研究院、中国化学品安全协会、南京工业大学。

本标准主要起草人：魏利军、王如君、多英全、杨国梁、蒋军成、于立见、路念明、师立晨、杨春生、张圣柱、吴昊、王媛媛、马大庆、胡敏、孙明亮。

1 范围

本标准规定了危险化学品生产装置和储存设施个人风险和社会风险的可接受风险基准值。

本标准适用于危险化学品生产装置和储存设施选址和周边土地使用规划时的风险判定。

2 术语和定义

下列术语和定义适用于本文件。

2.1
个人风险 individual risk

假设人员长期处于某一场所且无保护，由于发生危险化学品事故而导致的死亡频率，单位为次每年。

2.2
社会风险 societal risk

群体（包括周边企业员工和公众）在危险区域承受某种程度伤害的频发程度，通常表示为大于或等于 N 人死亡的事故累计频率（F），以累计频率和死亡人数之间关系的曲线图（F-N 曲线）来表示。

2.3
防护目标 protected object

受危险化学品生产装置和储存设施事故影响，场外可能发生人员伤亡的设施或场所。

3 个人风险基准

3.1 防护目标分类

3.1.1 防护目标按设施或场所实际使用的主要性质，分为高敏感防护目标、重要防护目标、一般防护目标。

3.1.2 高敏感防护目标包括下列设施或场所：
   a) 文化设施。包括：综合文化活动中心、文化馆、青少年宫、儿童活动中心、老年活动中心等设施。
   b) 教育设施。包括：高等院校、中等专业学校、体育训练基地、中学、小学、幼儿园、业余学校、民营培训机构及其附属设施，包括为学校配建的独立地段的学生生活场所。
   c) 医疗卫生场所。包括：医疗、保健、卫生、防疫、康复和急救场所；不包括：居住小区及小区级以下的卫生服务设施。
   d) 社会福利设施。包括：福利院、养老院、孤儿院等为社会提供福利和慈善服务的设施及其附属设施。
   e) 其他在事故场景下自我保护能力相对较低群体聚集的场所。

3.1.3 重要防护目标包括下列设施或场所：
   a) 公共图书展览设施。包括：公共图书馆、博物馆、档案馆、科技馆、纪念馆、美术馆、展览馆、会展中心等设施。
   b) 文物保护单位。
   c) 宗教场所。包括：专门用于宗教活动的庙宇、寺院、道观、教堂等场所。
   d) 城市轨道交通设施。包括：独立地段的城市轨道交通地面以上部分的线路、站点。
   e) 军事、安保设施。包括：专门用于军事目的的设施，监狱、拘留所设施。
   f) 外事场所。包括：外国政府及国际组织驻华使领馆、办事处等。
   g) 其他具有保护价值的或事故场景下人员不便撤离的场所。

3.1.4 一般防护目标根据其规模分为一类防护目标、二类防护目标和三类防护目标。一般防护目标的分类规定参见表1。

表 1 一般防护目标的分类

防护目标类型	一类防护目标	二类防护目标	三类防护目标
住宅及相应服务设施 住宅包括：农村居民点、低层住区、中层和高层住宅建筑等。 相应服务设施包括：居住小区及小区级以下的幼托、文化、体育、商业、卫生服务、养老助残设施，不包括中小学	居住户数 30 户以上，或居住人数 100 人以上	居住户数 10 户以上 30 户以下，或居住人数 30 人以上 100 人以下	居住户数 10 户以下，或居住人数 30 人以下
行政办公设施 包括：党政机关、社会团体、科研、事业单位等办公楼及其相关设施	县级以上党政机关以及其他办公人数 100 人以上的行政办公建筑	办公人数 100 人以下的行政办公建筑	
体育场馆 不包括：学校等机构专用的体育设施	总建筑面积 5 000 m² 以上的	总建筑面积 5 000 m² 以下的	

表1（续）

防护目标类型	一类防护目标	二类防护目标	三类防护目标
商业、餐饮业等综合性商业服务建筑 包括：以零售功能为主的商铺、商场、超市、市场类商业建筑或场所；以批发功能为主的农贸市场；饭店、餐厅、酒吧等餐饮业场所或建筑	总建筑面积5 000 m² 以上的建筑，或高峰时300人以上的露天场所	总建筑面积1 500 m² 以上5 000 m² 以下的建筑，或高峰时100人以上300人以下的露天场所	总建筑面积1 500 m² 以下的建筑，或高峰时100人以下的露天场所
旅馆住宿业建筑 包括：宾馆、旅馆、招待所、服务型公寓、度假村等建筑	床位数100张以上的	床位数100张以下的	
金融保险、艺术传媒、技术服务等综合性商务办公建筑	总建筑面积5 000 m² 以上的	总建筑面积1 500 m² 以上5 000 m² 以下的	总建筑面积1 500 m² 以下的
娱乐、康体类建筑或场所 包括：剧院、音乐厅、电影院、歌舞厅、网吧以及大型游乐等娱乐场所建筑；赛马场、高尔夫、溜冰场、跳伞场、摩托车场、射击场等康体场所	总建筑面积3 000 m² 以上的建筑，或高峰时100人以上的露天场所	总建筑面积3 000 m² 以下的建筑，或高峰时100人以下的露天场所	
公共设施营业网点		其他公用设施营业网点。包括电信、邮政、供水、燃气、供电、供热等其他公用设施营业网点	加油加气站营业网点
其他非危险化学品工业企业		企业中当班人数100人以上的建筑	企业中当班人数100人以下的建筑
交通枢纽设施 包括：铁路客运站、公路长途客运站、港口客运码头、机场、交通服务设施（不包括交通指挥中心、交通队）等	旅客最高聚集人数100人以上	旅客最高聚集人数100人以下	
城镇公园广场	总占地面积5 000 m² 以上的	总占地面积1 500 m² 以上5 000 m² 以下的	总占地面积1 500 m² 以下的

注1：低层建筑（一层至三层住宅）为主的农村居民点、低层住区以整体为单元进行规模核算，中层（四层至六层住宅）及以上建筑以单栋建筑为单元进行规模核算。其他防护目标未单独说明的，以独立建筑为目标进行分类。
注2：人员数量核算时，居住户数和居住人数按照常住人口核算，企业人员数量按照最大当班人数核算。
注3：具有兼容性的综合建筑按其主要类型进行分类，若综合楼使用的主要性质难以确定时，按底层使用的主要性质进行归类。
注4：表中"以上"包括本数，"以下"不包括本数。

3.2 防护目标个人风险基准

危险化学品生产装置和储存设施周边防护目标所承受的个人风险应不超过表 2 中个人风险基准的要求。

表 2 个人风险基准

防护目标	个人风险基准(次/年) ≤	
	危险化学品新建、改建、扩建生产装置和储存设施	危险化学品在役生产装置和储存设施
高敏感防护目标 重要防护目标 一般防护目标中的一类防护目标	3×10^{-7}	3×10^{-6}
一般防护目标中的二类防护目标	3×10^{-6}	1×10^{-5}
一般防护目标中的三类防护目标	1×10^{-5}	3×10^{-5}

4 社会风险基准

通过两条风险分界线将社会风险划分为 3 个区域,即:不可接受区、尽可能降低区和可接受区。具体分界线位置如图 1 所示。

a) 若社会风险曲线进入不可接受区,则应立即采取安全改进措施降低社会风险。
b) 若社会风险曲线进入尽可能降低区,应在可实现的范围内,尽可能采取安全改进措施降低社会风险。
c) 若社会风险曲线全部落在可接受区,则该风险可接受。

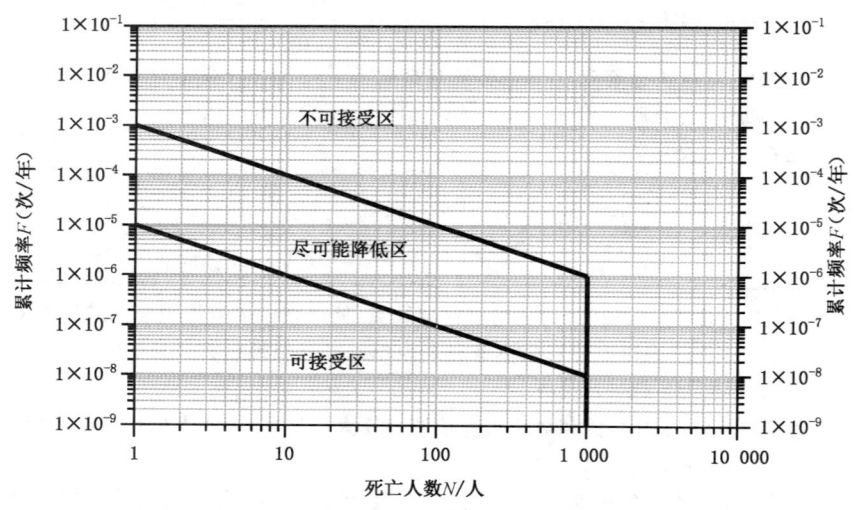

图 1 社会风险基准

参 考 文 献

［1］ GB 50137 城市用地分类与规划建设用地标准
［2］ GB 50180 城市居住区规划设计规范
［3］ Health and Safety Authority. Policy & Approach of the Health & Safety Authority to COMAH Risk-based land-use planning.2010.3.
［4］ N.J.Duijm. Acceptance criteria in Denmark and the EU. Danmarks Tekniske Universitet，2009.

危险化学品重大危险源辨识(GB 18218—2018)

前 言

本标准的全部技术内容为强制性。

本标准按照 GB/T 1.1—2009 给出的规则起草。

本标准代替 GB 18218—2009《危险化学品重大危险源辨识》,与 GB 18218—2009 相比,主要技术变化如下:

——适用范围中明确厂外运输不包括在辨识范围内[见第 1 章 d),2009 年版的第 1 章 d)];
——修改了危险化学品、危险化学品重大危险源的定义(见 3.1、3.4,2009 年版的 3.1、3.4);
——增加了混合物的定义(见 3.7);
——修改了重大危险源分类,分为生产单元重大危险源和储存单元重大危险源(见 4.1.1,2009 年版的 4.1.1);
——修改了危险化学品名称(见表 1,2009 年版的表 1);
——修改了危险化学品分类方法(见 4.1.2,2009 年版的 4.1.2);
——增加了危险化学品实际存在量的确定方式(见 4.2.2);
——增加了对混合物的辨识要求(见 4.2.3);
——增加了重大危险源的分级方法(见 4.3)。

本标准由中华人民共和国应急管理部提出并归口。

本标准起草单位:中国安全生产科学研究院、中国石油化工股份有限公司青岛安全工程研究院。

本标准主要起草人:魏利军、王如君、多英全、师立晨、张圣柱、于立见、罗艾民、杨春生、宋占兵、杨国梁、李运才、赵文芳、王家见。

本标准所代替标准的历次版本发布情况为:
——GB 18218—2000、GB 18218—2009。

1 范围

本标准规定了辨识危险化学品重大危险源的依据和方法。

本标准适用于生产、储存、使用和经营危险化学品的生产经营单位。

本标准不适用于:

a) 核设施和加工放射性物质的工厂,但这些设施和工厂中处理非放射性物质的部门除外;
b) 军事设施;
c) 采矿业,但涉及危险化学品的加工工艺及储存活动除外;
d) 危险化学品的厂外运输(包括铁路、道路、水路、航空、管道等运输方式);
e) 海上石油天然气开采活动。

2 规范性引用文件

下列文件对于本文件的应用是必不可少的。凡是注日期的引用文件,仅注日期的版本适用于本文件。凡是不注日期的引用文件,其最新版本(包括所有的修改单)适用于本文件。

GB 30000.2　化学品分类和标签规范　第2部分:爆炸物
GB 30000.3　化学品分类和标签规范　第3部分:易燃气体
GB 30000.4　化学品分类和标签规范　第4部分:气溶胶
GB 30000.5　化学品分类和标签规范　第5部分:氧化性气体
GB 30000.7　化学品分类和标签规范　第7部分:易燃液体
GB 30000.8　化学品分类和标签规范　第8部分:易燃固体
GB 30000.9　化学品分类和标签规范　第9部分:自反应物质和混合物
GB 30000.10　化学品分类和标签规范　第10部分:自燃液体
GB 30000.11　化学品分类和标签规范　第11部分:自燃固体
GB 30000.12　化学品分类和标签规范　第12部分:自热物质和混合物
GB 30000.13　化学品分类和标签规范　第13部分:遇水放出易燃气体的物质和混合物
GB 30000.14　化学品分类和标签规范　第14部分:氧化性液体
GB 30000.15　化学品分类和标签规范　第15部分:氧化性固体
GB 30000.16　化学品分类和标签规范　第16部分:有机过氧化物
GB 30000.18　化学品分类和标签规范　第18部分:急性毒性

3 术语和定义

下列术语和定义适用于本文件。

3.1
危险化学品　hazardous chemicals

具有毒害、腐蚀、爆炸、燃烧、助燃等性质,对人体、设施、环境具有危害的剧毒化学品和其他化学品。

3.2
单元　unit

涉及危险化学品的生产、储存装置、设施或场所,分为生产单元和储存单元。

3.3
临界量　threshold quantity

某种或某类危险化学品构成重大危险源所规定的最小数量。

3.4
危险化学品重大危险源　major hazard installations for hazardous chemicals

长期地或临时地生产、储存、使用和经营危险化学品,且危险化学品的数量等于或超过临界量的单元。

3.5
生产单元　production unit

危险化学品的生产、加工及使用等的装置及设施,当装置及设施之间有切断阀时,以切断阀作为分隔界限划分为独立的单元。

3.6

储存单元 storage unit

用于储存危险化学品的储罐或仓库组成的相对独立的区域,储罐区以罐区防火堤为界限划分为独立的单元,仓库以独立库房(独立建筑物)为界限划分为独立的单元。

3.7

混合物 mixture

由两种或者多种物质组成的混合体或者溶液。

4 危险化学品重大危险源辨识

4.1 辨识依据

4.1.1 危险化学品应依据其危险特性及其数量进行重大危险源辨识,具体见表1和表2。危险化学品的纯物质及其混合物应按 GB 30000.2、GB 30000.3、GB 30000.4、GB 30000.5、GB 30000.7、GB 30000.8、GB 30000.9、GB 30000.10、GB 30000.11、GB 30000.12、GB 30000.13、GB 30000.14、GB 30000.15、GB 30000.16、GB 30000.18 的规定进行分类。危险化学品重大危险源可分为生产单元危险化学品重大危险源和储存单元危险化学品重大危险源。

4.1.2 危险化学品临界量的确定方法如下:

a) 在表1范围内的危险化学品,其临界量应按表1确定;

b) 未在表1范围内的危险化学品,应依据其危险性,按表2确定其临界量;若一种危险化学品具有多种危险性,应按其中最低的临界量确定。

表 1 危险化学品名称及其临界量

序号	危险化学品名称和说明	别名	CAS 号	临界量/t
1	氨	液氨;氨气	7664-41-7	10
2	二氟化氧	一氧化二氟	7783-41-7	1
3	二氧化氮		10102-44-0	1
4	二氧化硫	亚硫酸酐	7446-09-5	20
5	氟		7782-41-4	1
6	碳酰氯	光气	75-44-5	0.3
7	环氧乙烷	氧化乙烯	75-21-8	10
8	甲醛(含量≥90%)	蚁醛	50-00-0	5
9	磷化氢	磷化三氢;膦	7803-51-2	1
10	硫化氢		7783-06-4	5
11	氯化氢(无水)		7647-01-0	20
12	氯	液氯;氯气	7782-50-5	5
13	煤气(CO,CO 和 H_2、CH_4 的混合物等)			20

表 1（续）

序号	危险化学品名称和说明	别名	CAS 号	临界量/t
14	砷化氢	砷化三氢、胂	7784-42-1	1
15	锑化氢	三氢化锑；锑化三氢；䏲	7803-52-3	1
16	硒化氢		7783-07-5	1
17	溴甲烷	甲基溴	74-83-9	10
18	丙酮氰醇	丙酮合氰化氢；2-羟基异丁腈；氰丙醇	75-86-5	20
19	丙烯醛	烯丙醛；败脂醛	107-02-8	20
20	氟化氢		7664-39-3	1
21	1-氯-2,3-环氧丙烷	环氧氯丙烷（3-氯-1,2-环氧丙烷）	106-89-8	20
22	3-溴-1,2-环氧丙烷	环氧溴丙烷；溴甲基环氧乙烷；表溴醇	3132-64-7	20
23	甲苯二异氰酸酯	二异氰酸甲苯酯；TDI	26471-62-5	100
24	一氯化硫	氯化硫	10025-67-9	1
25	氰化氢	无水氢氰酸	74-90-8	1
26	三氧化硫	硫酸酐	7446-11-9	75
27	3-氨基丙烯	烯丙胺	107-11-9	20
28	溴	溴素	7726-95-6	20
29	乙撑亚胺	吖丙啶；1-氮杂环丙烷；氮丙啶	151-56-4	20
30	异氰酸甲酯	甲基异氰酸酯	624-83-9	0.75
31	叠氮化钡	叠氮钡	18810-58-7	0.5
32	叠氮化铅		13424-46-9	0.5
33	雷汞	二雷酸汞；雷酸汞	628-86-4	0.5
34	三硝基苯甲醚	三硝基茴香醚	28653-16-9	5
35	2,4,6-三硝基甲苯	梯恩梯；TNT	118-96-7	5
36	硝化甘油	硝化丙三醇；甘油三硝酸酯	55-63-0	1
37	硝化纤维素[干的或含水（或乙醇）<25%]	硝化棉	9004-70-0	1
38	硝化纤维素（未改型的，或增塑的，含增塑剂<18%）			1
39	硝化纤维素（含乙醇≥25%）			10
40	硝化纤维素（含氮≤12.6%）			50
41	硝化纤维素（含水≥25%）			50

表 1（续）

序号	危险化学品名称和说明	别名	CAS号	临界量/t
42	硝化纤维素溶液（含氮量≤12.6%，含硝化纤维素≤55%）	硝化棉溶液	9004-70-0	50
43	硝酸铵（含可燃物>0.2%，包括以碳计算的任何有机物，但不包括任何其他添加剂）		6484-52-2	5
44	硝酸铵（含可燃物≤0.2%）		6484-52-2	50
45	硝酸铵肥料（含可燃物≤0.4%）			200
46	硝酸钾		7757-79-1	1000
47	1,3-丁二烯	联乙烯	106-99-0	5
48	二甲醚	甲醚	115-10-6	50
49	甲烷,天然气		74-82-8（甲烷）8006-14-2（天然气）	50
50	氯乙烯	乙烯基氯	75-01-4	50
51	氢	氢气	1333-74-0	5
52	液化石油气（含丙烷、丁烷及其混合物）	石油气（液化的）	68476-85-7 74-98-6（丙烷）106-97-8（丁烷）	50
53	一甲胺	氨基甲烷；甲胺	74-89-5	5
54	乙炔	电石气	74-86-2	1
55	乙烯		74-85-1	50
56	氧（压缩的或液化的）	液氧；氧气	7782-44-7	200
57	苯	纯苯	71-43-2	50
58	苯乙烯	乙烯苯	100-42-5	500
59	丙酮	二甲基酮	67-64-1	500
60	2-丙烯腈	丙烯腈；乙烯基氰；氰基乙烯	107-13-1	50
61	二硫化碳		75-15-0	50
62	环己烷	六氢化苯	110-82-7	500
63	1,2-环氧丙烷	氧化丙烯；甲基环氧乙烷	75-56-9	10
64	甲苯	甲基苯；苯基甲烷	108-88-3	500
65	甲醇	木醇；木精	67-56-1	500
66	汽油（乙醇汽油、甲醇汽油）		86290-81-5（汽油）	200

表1（续）

序号	危险化学品名称和说明	别名	CAS号	临界量/t
67	乙醇	酒精	64-17-5	500
68	乙醚	二乙基醚	60-29-7	10
69	乙酸乙酯	醋酸乙酯	141-78-6	500
70	正己烷	己烷	110-54-3	500
71	过乙酸	过醋酸;过氧乙酸;乙酰过氧化氢	79-21-0	10
72	过氧化甲基乙基酮（10%＜有效氧含量≤10.7%，含A型稀释剂≥48%）		1338-23-4	10
73	白磷	黄磷	12185-10-3	50
74	烷基铝	三烷基铝		1
75	戊硼烷	五硼烷	19624-22-7	1
76	过氧化钾		17014-71-0	20
77	过氧化钠	双氧化钠;二氧化钠	1313-60-6	20
78	氯酸钾		3811-04-9	100
79	氯酸钠		7775-09-9	100
80	发烟硝酸		52583-42-3	20
81	硝酸（发红烟的除外,含硝酸＞70%）		7697-37-2	100
82	硝酸胍	硝酸亚氨脲	506-93-4	50
83	碳化钙	电石	75-20-7	100
84	钾	金属钾	7440-09-7	1
85	钠	金属钠	7440-23-5	10

表2　未在表1中列举的危险化学品类别及其临界量

类别	符号	危险性分类及说明	临界量/t
健康危害	J（健康危害性符号）	—	—
急性毒性	J1	类别1,所有暴露途径,气体	5
	J2	类别1,所有暴露途径,固体、液体	50
	J3	类别2、类别3,所有暴露途径,气体	50
	J4	类别2、类别3,吸入途径,液体(沸点≤35 ℃)	50
	J5	类别2,所有暴露途径,液体(除J4外)、固体	500
物理危险	W（物理危险性符号）	—	—
爆炸物	W1.1	—不稳定爆炸物 —1.1项爆炸物	1

表 2（续）

类别	符号	危险性分类及说明	临界量/t
爆炸物	W1.2	1.2、1.3、1.5、1.6 项爆炸物	10
	W1.3	1.4 项爆炸物	50
易燃气体	W2	类别 1 和类别 2	10
气溶胶	W3	类别 1 和类别 2	150（净重）
氧化性气体	W4	类别 1	50
易燃液体	W5.1	—类别 1 —类别 2 和 3，工作温度高于沸点	10
	W5.2	—类别 2 和 3，具有引发重大事故的特殊工艺条件包括危险化工工艺、爆炸极限范围或附近操作、操作压力大于 1.6 MPa 等	50
	W5.3	—不属于 W5.1 或 W5.2 的其他类别 2	1 000
	W5.4	—不属于 W5.1 或 W5.2 的其他类别 3	5 000
自反应物质和混合物	W6.1	A 型和 B 型自反应物质和混合物	10
	W6.2	C 型、D 型、E 型自反应物质和混合物	50
有机过氧化物	W7.1	A 型和 B 型有机过氧化物	10
	W7.2	C 型、D 型、E 型、F 型有机过氧化物	50
自燃液体和自燃固体	W8	类别 1 自燃液体 类别 1 自燃固体	50
氧化性固体和液体	W9.1	类别 1	50
	W9.2	类别 2、类别 3	200
易燃固体	W10	类别 1 易燃固体	200
遇水放出易燃气体的物质和混合物	W11	类别 1 和类别 2	200

4.2 重大危险源的辨识指标

4.2.1 生产单元、储存单元内存在危险化学品的数量等于或超过表1、表2规定的临界量，即被定为重大危险源。单元内存在的危险化学品的数量根据危险化学品种类的多少区分为以下两种情况：

  a) 生产单元、储存单元内存在的危险化学品为单一品种时，该危险化学品的数量即为单元内危险化学品的总量，若等于或超过相应的临界量，则定为重大危险源。

  b) 生产单元、储存单元内存在的危险化学品为多品种时，按式(1)计算，若满足式(1)，则定为重大危险源：

$$S = q_1/Q_1 + q_2/Q_2 + \cdots + q_n/Q_n \geq 1 \quad \cdots\cdots\cdots\cdots(1)$$

式中:
S ——辨识指标;
$q_1,q_2,\cdots,q_n$ ——每种危险化学品的实际存在量,单位为吨(t);
$Q_1,Q_2,\cdots,Q_n$ ——与每种危险化学品相对应的临界量,单位为吨(t)。

4.2.2 危险化学品储罐以及其他容器、设备或仓储区的危险化学品的实际存在量按设计最大量确定。

4.2.3 对于危险化学品混合物,如果混合物与其纯物质属于相同危险类别,则视混合物为纯物质,按混合物整体进行计算。如果混合物与其纯物质不属于相同危险类别,则应按新危险类别考虑其临界量。

4.2.4 危险化学品重大危险源的辨识流程参见附录A。

4.3 重大危险源的分级

4.3.1 重大危险源的分级指标

采用单元内各种危险化学品实际存在量与其相对应的临界量比值,经校正系数校正后的比值之和 R 作为分级指标。

4.3.2 重大危险源分级指标的计算方法

重大危险源的分级指标按式(2)计算。

$$R = \alpha \left(\beta_1 \frac{q_1}{Q_1} + \beta_2 \frac{q_2}{Q_2} + \cdots + \beta_n \frac{q_n}{Q_n} \right) \quad \cdots\cdots\cdots\cdots\cdots(2)$$

式中:
R ——重大危险源分级指标;
α ——该危险化学品重大危险源厂区外暴露人员的校正系数;
$\beta_1,\beta_2,\cdots,\beta_n$ ——与每种危险化学品相对应的校正系数;
$q_1,q_2,\cdots,q_n$ ——每种危险化学品实际存在量,单位为吨(t);
$Q_1,Q_2,\cdots,Q_n$ ——与每种危险化学品相对应的临界量,单位为吨(t)。

根据单元内危险化学品的类别不同,设定校正系数 β 值。在表3范围内的危险化学品,其 β 值按表3确定;未在表3范围内的危险化学品,其 β 值按表4确定。

表 3 毒性气体校正系数 β 取值表

名称	校正系数 β
一氧化碳	2
二氧化硫	2
氨	2
环氧乙烷	2
氯化氢	3
溴甲烷	3
氯	4
硫化氢	5

表 3（续）

名称	校正系数 β
氟化氢	5
二氧化氮	10
氰化氢	10
碳酰氯	20
磷化氢	20
异氰酸甲酯	20

表 4 未在表 3 中列举的危险化学品校正系数 β 取值表

类别	符号	β 校正系数
急性毒性	J1	4
	J2	1
	J3	2
	J4	2
	J5	1
爆炸物	W1.1	2
	W1.2	2
	W1.3	2
易燃气体	W2	1.5
气溶胶	W3	1
氧化性气体	W4	1
易燃液体	W5.1	1.5
	W5.2	1
	W5.3	1
	W5.4	1
自反应物质和混合物	W6.1	1.5
	W6.2	1
有机过氧化物	W7.1	1.5
	W7.2	1
自燃液体和自燃固体	W8	1
氧化性固体和液体	W9.1	1
	W9.2	1
易燃固体	W10	1
遇水放出易燃气体的物质和混合物	W11	1

根据危险化学品重大危险源的厂区边界向外扩展500 m范围内常住人口数量,按照表5设定暴露人员校正系数 α 值。

表5 暴露人员校正系数 α 取值表

厂外可能暴露人员数量	校正系数 α
100人以上	2.0
50～99人	1.5
30～49人	1.2
1～29人	1.0
0人	0.5

4.3.3 重大危险源分级标准

根据计算出来的 R 值,按表6确定危险化学品重大危险源的级别。

表6 重大危险源级别和 R 值的对应关系

重大危险源级别	R 值
一级	$R \geq 100$
二级	$100 > R \geq 50$
三级	$50 > R \geq 10$
四级	$R < 10$

附 录 A
（资料性附录）
危险化学品重大危险源辨识流程

图A.1给出了危险化学品重大危险源辨识流程。

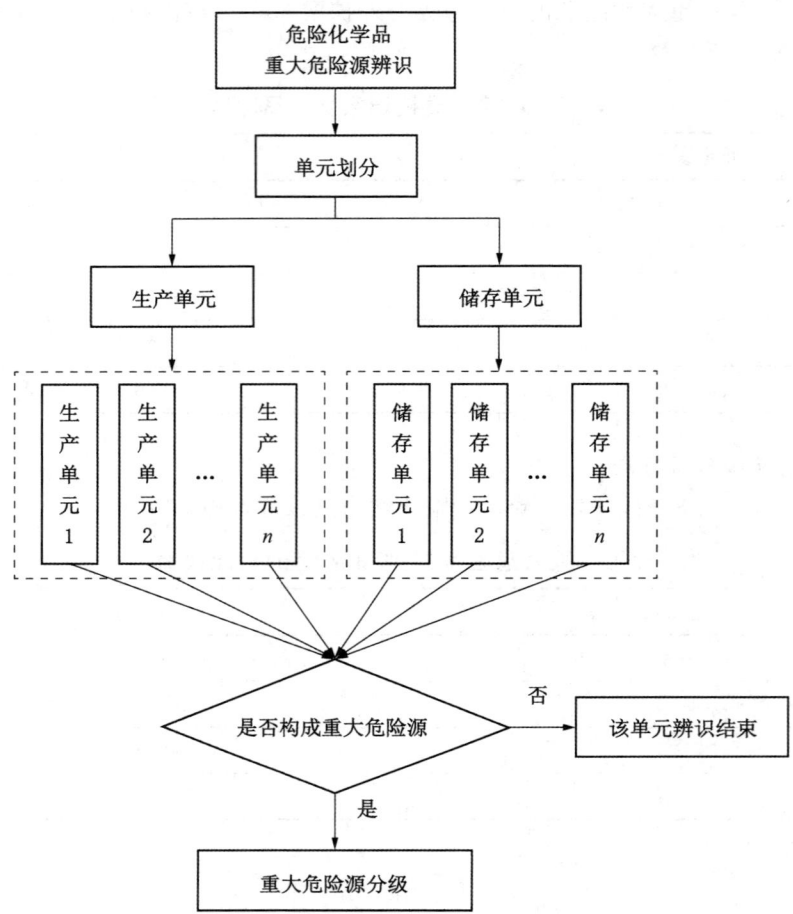

图 A.1　危险化学品重大危险源辨识流程图

化学品生产单位特殊作业安全规范
(GB 30871—2014)

前言

本标准第 4 章、5.2、5.3、5.4、第 6 章、第 7 章、8.2、9.2、第 10 章、第 11 章为强制性的,其余为推荐性的。

本标准按照 GB/T 1.1—2009 给出的规则起草。

本标准由国家安全生产监督管理总局提出。

本标准由全国安全生产标准化技术委员会化学品安全分技术委员会(SAC/TC 288/SC 3)归口。

本标准起草单位:中国化学品安全协会、中国化工集团公司、中国化工信息中心、中国海洋石油总公司、中国石油化工集团公司、中化化工标准化研究所。

本标准主要起草人:侯明艳、郭凤琴、苏峥、石青松、朱小磊、孙春玲、葛晓军、周厚云、赵正宏、赵兰祥、徐钢、郑甜。

1 范围

本标准规定了化学品生产单位设备检修中动火、进入受限空间、盲板抽堵、高处作业、吊装、临时用电、动土、断路的安全要求。

本标准适用于化学品生产单位设备检修中涉及的动火作业、受限空间作业、盲板抽堵作业、高处作业、吊装作业、临时用电作业、动土作业、断路作业。

2 规范性引用文件

下列文件对于本文件的应用是必不可少的。凡是注日期的引用文件,仅注日期的版本适用于本文件。凡是不注日期的引用文件,其最新版本(包括所有的修改单)适用于本文件。

GB 2811　安全帽

GB 2894　安全标志及其使用导则

GB 3869　体力劳动强度分级

GB/T 4200　高温作业分级

GB 5082　起重吊运指挥信号

GB 6095　安全带

GB/T 11651　个体防护装备选用规范

GB 26557　吊笼有垂直导向的人货两用施工升降机

GB 50016　建筑设计防火规范

GB 50074　石油库设计规范

GB 50160　石油化工企业设计防火规范

GBZ 2.1　工作场所有害因素职业接触限值　第 1 部分:化学有害因素

DL 409　电业安全工作规程(电力线路部分)
JB/T 450　锻造角式高压阀门技术条件
JGJ 46　施工现场临时用电安全技术规范

3 术语和定义

下列术语和定义适用于本文件。

3.1

特殊作业　special work

化学品生产单位设备检修过程中可能涉及的动火、进入受限空间、盲板抽堵、高处作业、吊装、临时用电、动土、断路等,对操作者本人、他人及周围建(构)筑物、设备、设施的安全可能造成危害的作业。

3.2

动火作业　hot work

直接或间接产生明火的工艺设备以外的禁火区内可能产生火焰、火花或炽热表面的非常规作业,如使用电焊、气焊(割)、喷灯、电钻、砂轮等进行的作业。

3.3

易燃易爆场所　inflammable and explosive area

GB 50016、GB 50160、GB 50074 中火灾危险性分类为甲、乙类区域的场所。

3.4

受限空间　confined space

进出口受限,通风不良,可能存在易燃易爆、有毒有害物质或缺氧,对进入人员的身体健康和生命安全构成威胁的封闭、半封闭设施及场所,如反应器、塔、釜、槽、罐、炉膛、锅筒、管道以及地下室、窨井、坑(池)、下水道或其他封闭、半封闭场所。

3.5

受限空间作业　operation at confined space

进入或探入受限空间进行的作业。

3.6

盲板抽堵作业　blinding-pipeline operation with stop plate

在设备、管道上安装和拆卸盲板的作业。

3.7

高处作业　work at height

在距坠落基准面 2 m 及 2 m 以上有可能坠落的高处进行的作业。

3.8

坠落基准面　falling datum plane

坠落处最低点的水平面。

3.9

坠落高度　falling height

作业高度　work height

从作业位置到坠落基准面的垂直距离。

3.10

异温高处作业 high or low temperature work at height

在高温或低温情况下进行的高处作业。高温是指作业地点具有生产性热源,其环境温度高于本地区夏季室外通风设计计算温度 2 ℃ 及以上。低温是指作业地点的气温低于 5 ℃。

3.11

带电高处作业 hot-line work at height

采取地(零)电位或等(同)电位方式接近或接触带电体,对带电设备和线路进行检修的高处作业。

3.12

吊装作业 lifting work

利用各种吊装机具将设备、工件、器具、材料等吊起,使其发生位置变化的作业过程。

3.13

临时用电 temporary electricity

正式运行的电源上所接的非永久性用电。

3.14

动土作业 excavation work

挖土、打桩、钻探、坑探、地锚入土深度在 0.5 m 以上;使用推土机、压路机等施工机械进行填土或平整场地等可能对地下隐蔽设施产生影响的作业。

3.15

断路作业 work for road breaking

在化学品生产单位内交通主、支路与车间引道上进行工程施工、吊装、吊运等各种影响正常交通的作业。

4 基本要求

4.1 作业前,作业单位和生产单位应对作业现场和作业过程中可能存在的危险、有害因素进行辨识,制定相应的安全措施。

4.2 作业前,应对参加作业的人员进行安全教育,主要内容如下:
   a) 有关作业的安全规章制度;
   b) 作业现场和作业过程中可能存在的危险、有害因素及应采取的具体安全措施;
   c) 作业过程中所使用的个体防护器具的使用方法及使用注意事项;
   d) 事故的预防、避险、逃生、自救、互救等知识;
   e) 相关事故案例和经验、教训。

4.3 作业前,生产单位应进行如下工作:
   a) 对设备、管线进行隔绝、清洗、置换,并确认满足动火、进入受限空间等作业安全要求;
   b) 对放射源采取相应的安全处置措施;
   c) 对作业现场的地下隐蔽工程进行交底;
   d) 腐蚀性介质的作业场所配备人员应急用冲洗水源;

e) 夜间作业的场所设置满足要求的照明装置；

f) 会同作业单位组织作业人员到作业现场,了解和熟悉现场环境,进一步核实安全措施的可靠性,熟悉应急救援器材的位置及分布。

4.4 作业前,作业单位对作业现场及作业涉及的设备、设施、工器具等进行检查,并使之符合如下要求：

a) 作业现场消防通道、行车通道应保持畅通；影响作业安全的杂物应清理干净；

b) 作业现场的梯子、栏杆、平台、箅子板、盖板等设施应完整、牢固,采用的临时设施应确保安全；

c) 作业现场可能危及安全的坑、井、沟、孔洞等应采取有效防护措施,并设警示标志,夜间应设警示红灯；需要检修的设备上的电器电源应可靠断电,在电源开关处加锁并加挂安全警示牌；

d) 作业使用的个体防护器具、消防器材、通信设备、照明设备等应完好；

e) 作业使用的脚手架、起重机械、电气焊用具、手持电动工具等各种工器具应符合作业安全要求；超过安全电压的手持式、移动式电动工器具应逐个配置漏电保护器和电源开关。

4.5 进入作业现场的人员应正确佩戴符合 GB 2811 要求的安全帽,作业时,作业人员应遵守本工种安全技术操作规程,并按规定着装及正确佩戴相应的个体防护用品,多工种、多层次交叉作业应统一协调。

特种作业和特种设备作业人员应持证上岗。患有职业禁忌证者不应参与相应作业。

注：职业禁忌证依据 GBZ/T 157—2009。

作业监护人员应坚守岗位,如确需离开,应有专人替代监护。

4.6 作业前,作业单位应办理作业审批手续,并有相关责任人签名确认。

同一作业涉及动火、进入受限空间、盲板抽堵、高处作业、吊装、临时用电、动土、断路中的两种或两种以上时,除应同时执行相应的作业要求外,还应同时办理相应的作业审批手续。

作业时审批手续应齐全、安全措施应全部落实、作业环境应符合安全要求。作业审批手续的相关内容参见附录 A 和附录 B。

4.7 当生产装置出现异常,可能危及作业人员安全时,生产单位应立即通知作业人员停止作业,迅速撤离。

当作业现场出现异常,可能危及作业人员安全时,作业人员应停止作业,迅速撤离,作业单位应立即通知生产单位。

4.8 作业完毕,应恢复作业时拆移的盖板、箅子板、扶手、栏杆、防护罩等安全设施的安全使用功能；将作业用的工器具、脚手架、临时电源、临时照明设备等及时撤离现场；将废料、杂物、垃圾、油污等清理干净。

5 动火作业

5.1 作业分级

5.1.1 固定动火区外的动火作业一般分为二级动火、一级动火、特殊动火三个级别,遇节日、假日或其他特殊情况,动火作业应升级管理。

注:企业应划定固定动火区及禁火区。

5.1.2 二级动火作业:除特殊动火作业和一级动火作业以外的动火作业。凡生产装置或系统全部停车,装置经清洗、置换、分析合格并采取安全隔离措施后,可根据其火灾、爆炸危险性大小,经所在单位安全管理部门批准,动火作业可按二级动火作业管理。

5.1.3 一级动火作业:在易燃易爆场所进行的除特殊动火作业以外的动火作业。厂区管廊上的动火作业按一级动火作业管理。

5.1.4 特殊动火作业:在生产运行状态下的易燃易爆生产装置、输送管道、储罐、容器等部位上及其他特殊危险场所进行的动火作业,带压不置换动火作业按特殊动火作业管理。

5.2 作业基本要求

5.2.1 动火作业应有专人监火,作业前应清除动火现场及周围的易燃物品,或采取其他有效安全防火措施,并配备消防器材,满足作业现场应急需求。

5.2.2 动火点周围或其下方的地面如有可燃物、空洞、窨井、地沟、水封等,应检查分析并采取清理或封盖等措施;对于动火点周围有可能泄漏易燃、可燃物料的设备,应采取隔离措施。

5.2.3 凡在盛有或盛装过危险化学品的设备、管道等生产、储存设施及处于 GB 50016、GB 50160、GB 50074 规定的甲、乙类区域的生产设备上动火作业,应将其与生产系统彻底隔离,并进行清洗、置换,分析合格后方可作业;因条件限制无法进行清洗、置换而确需动火作业时按 5.3 规定执行。

5.2.4 拆除管线进行动火作业时,应先查明其内部介质及其走向,并根据所要拆除管线的情况制定安全防火措施。

5.2.5 在有可燃物构件和使用可燃物做防腐内衬的设备内部进行动火作业时,应采取防火隔绝措施。

5.2.6 在生产、使用、储存氧气的设备上进行动火作业时,设备内氧含量不应超过 23.5%。

5.2.7 动火期间距动火点 30 m 内不应排放可燃气体;距动火点 15 m 内不应排放可燃液体;在动火点 10 m 范围内及动火点下方不应同时进行可燃溶剂清洗或喷漆等作业。

5.2.8 铁路沿线 25 m 以内的动火作业,如遇装有危险化学品的火车通过或停留时,应立即停止。

5.2.9 使用气焊、气割动火作业时,乙炔瓶应直立放置,氧气瓶与之间距不应小于 5 m,二者与作业地点间距不应小于 10 m,并应设置防晒设施。

5.2.10 作业完毕应清理现场,确认无残留火种后方可离开。

5.2.11 五级风以上(含五级)天气,原则上禁止露天动火作业。因生产确需动火,动火作业应升级管理。

5.3 特殊动火作业要求

特殊动火作业在符合 5.2 规定的同时,还应符合以下规定:

a) 在生产不稳定的情况下不应进行带压不置换动火作业;
b) 应预先制定作业方案,落实安全防火措施,必要时可请专职消防队到现场监护;
c) 动火点所在的生产车间(分厂)应预先通知工厂生产调度部门及有关单位,使之在异常情况下能及时采取相应的应急措施;
d) 应在正压条件下进行作业;
e) 应保持作业现场通排风良好。

5.4 动火分析及合格标准

5.4.1 作业前应进行动火分析,要求如下:
   a) 动火分析的监测点要有代表性,在较大的设备内动火,应对上、中、下各部位进行监测分析;在较长的物料管线上动火,应在彻底隔绝区域内分段分析;
   b) 在设备外部动火,应在不小于动火点 10 m 范围内进行动火分析;
   c) 动火分析与动火作业间隔一般不超过 30 min,如现场条件不允许,间隔时间可适当放宽,但不应超过 60 min;
   d) 作业中断时间超过 60 min,应重新分析,每日动火前均应进行动火分析;特殊动火作业期间应随时进行监测;
   e) 使用便携式可燃气体检测仪或其他类似手段进行分析时,检测设备应经标准气体样品标定合格。

5.4.2 动火分析合格标准为:
   a) 当被测气体或蒸气的爆炸下限大于或等于 4% 时,其被测浓度应不大于 0.5%(体积分数);
   b) 当被测气体或蒸气的爆炸下限小于 4% 时,其被测浓度应不大于 0.2%(体积分数)。

6 受限空间作业

6.1 作业前,应对受限空间进行安全隔绝,要求如下:
   a) 与受限空间连通的可能危及安全作业的管道应采用插入盲板或拆除一段管道进行隔绝;
   b) 与受限空间连通的可能危及安全作业的孔、洞应进行严密地封堵;
   c) 受限空间内的用电设备应停止运行并有效切断电源,在电源开关处上锁并加挂警示牌。

6.2 作业前,应根据受限空间盛装(过)的物料特性,对受限空间进行清洗或置换,并达到如下要求:
   a) 氧含量为 18%~21%,在富氧环境下不应大于 23.5%;
   b) 有毒气体(物质)浓度应符合 GBZ 2.1 的规定;
   c) 可燃气体浓度要求同 5.4.2 规定。

6.3 应保持受限空间空气流通良好,可采取如下措施:
   a) 打开人孔、手孔、料孔、风门、烟门等与大气相通的设施进行自然通风;
   b) 必要时,应采用风机强制通风或管道送风,管道送风前应对管道内介质和风源进行分析确认。

6.4 应对受限空间内的气体浓度进行严格监测,监测要求如下:
   a) 作业前 30 min 内,应对受限空间进行气体分析,分析合格后方可进入,如现场条件不允许,时间可适当放宽,但不应超过 60 min;
   b) 监测点应有代表性,容积较大的受限空间,应对上、中、下各部位进行监测分析;
   c) 分析仪器应在校验有效期内,使用前应保证其处于正常工作状态;
   d) 监测人员深入或探入受限空间监测时应采取 6.5 中规定的个体防护措施;

- e) 作业中应定时监测,至少每 2 h 监测一次,如监测分析结果有明显变化,应立即停止作业,撤离人员,对现场进行处理,分析合格后方可恢复作业;
- f) 对可能释放有害物质的受限空间,应连续监测,情况异常时应立即停止作业,撤离人员,对现场进行处理,分析合格后方可恢复作业;
- g) 涂刷具有挥发性溶剂的涂料时,应做连续分析,并采取强制通风措施;
- h) 作业中断时间超过 60 min 时,应重新进行分析。

6.5 进入下列受限空间作业应采取如下防护措施:
- a) 缺氧或有毒的受限空间经清洗或置换仍达不到 6.2 要求的,应佩戴隔绝式呼吸器,必要时应拴带救生绳;
- b) 易燃易爆的受限空间经清洗或置换仍达不到 6.2 要求的,应穿防静电工作服及防静电工作鞋,使用防爆型低压灯具及防爆工具;
- c) 酸碱等腐蚀性介质的受限空间,应穿戴防酸碱防护服、防护鞋、防护手套等防腐蚀护品;
- d) 有噪声产生的受限空间,应配戴耳塞或耳罩等防噪声护具;
- e) 有粉尘产生的受限空间,应配戴防尘口罩、眼罩等防尘护具;
- f) 高温的受限空间,进入时应穿戴高温防护用品,必要时采取通风、隔热、佩戴通讯设备等防护措施;
- g) 低温的受限空间,进入时应穿戴低温防护用品,必要时采取供暖、佩戴通讯设备等措施。

6.6 照明及用电安全要求如下:
- a) 受限空间照明电压应小于或等于 36 V,在潮湿容器、狭小容器内作业电压应小于或等于 12 V;
- b) 在潮湿容器中,作业人员应站在绝缘板上,同时保证金属容器接地可靠。

6.7 作业监护要求如下:
- a) 在受限空间外应设有专人监护,作业期间监护人员不应离开;
- b) 在风险较大的受限空间作业时,应增设监护人员,并随时与受限空间内作业人员保持联络。

6.8 应满足的其他要求如下:
- a) 受限空间外应设置安全警示标志,备有空气呼吸器(氧气呼吸器)、消防器材和清水等相应的应急用品;
- b) 受限空间出入口应保持畅通;
- c) 作业前后应清点作业人员和作业工器具;
- d) 作业人员不应携带与作业无关的物品进入受限空间;作业中不应抛掷材料、工器具等物品;在有毒、缺氧环境下不应摘下防护面具;不应向受限空间充氧气或富氧空气;离开受限空间时应将气割(焊)工器具带出;
- e) 难度大、劳动强度大、时间长的受限空间作业应采取轮换作业方式;
- f) 作业结束后,受限空间所在单位和作业单位共同检查受限空间内外,确认无问题后方可封闭受限空间;
- g) 最长作业时限不应超过 24 h,特殊情况超过时限的应办理作业延期手续。

7 盲板抽堵作业

7.1 生产车间(分厂)应预先绘制盲板位置图,对盲板进行统一编号,并设专人统一指挥作业。

7.2 应根据管道内介质的性质、温度、压力和管道法兰密封面的口径等选择相应材料、强度、口径和符合设计、制造要求的盲板及垫片。高压盲板使用前应经超声波探伤,并符合JB/T 450 的要求。

7.3 作业单位应按图进行盲板抽堵作业,并对每个盲板设标牌进行标识,标牌编号应与盲板位置图上的盲板编号一致。生产车间(分厂)应逐一确认并做好记录。

7.4 作业时,作业点压力应降为常压,并设专人监护。

7.5 在有毒介质的管道、设备上进行盲板抽堵作业时,作业人员应按 GB/T 11651 的要求选用防护用具。

7.6 在易燃易爆场所进行盲板抽堵作业时,作业人员应穿防静电工作服、工作鞋,并应使用防爆灯具和防爆工具;距盲板抽堵作业地点 30 m 内不应有动火作业。

7.7 在强腐蚀性介质的管道、设备上进行盲板抽堵作业时,作业人员应采取防止酸碱灼伤的措施。

7.8 介质温度较高、可能造成烫伤的情况下,作业人员应采取防烫措施。

7.9 不应在同一管道上同时进行两处及两处以上的盲板抽堵作业。

7.10 盲板抽堵作业结束,由作业单位和生产车间(分厂)专人共同确认。

8 高处作业

8.1 作业分级

8.1.1 作业高度 h 分为四个区段:$2\ m \leqslant h \leqslant 5\ m$;$5\ m < h \leqslant 15\ m$;$15\ m < h \leqslant 30\ m$;$h > 30\ m$。

8.1.2 直接引起坠落的客观危险因素分为 11 种:
  a) 阵风风力五级(风速 8.0 m/s)以上;
  b) GB/T 4200 规定的Ⅱ级或Ⅱ级以上的高温作业;
  c) 平均气温等于或低于 5 ℃的作业环境;
  d) 接触冷水温度等于或低于 12 ℃的作业;
  e) 作业场地有冰、雪、霜、水、油等易滑物;
  f) 作业场所光线不足或能见度差;
  g) 作业活动范围与危险电压带电体距离小于表 1 的规定;

表 1 作业活动范围与危险电压带电体的距离

危险电压带电体的电压等级/kV	≤10	35	63~110	220	330	500
距离/m	1.7	2.0	2.5	4.0	5.0	6.0

  h) 摆动,立足处不是平面或只有很小的平面,即任一边小于 500 mm 的矩形平面、直径小于 500 mm 的圆形平面或具有类似尺寸的其他形状的平面,致使作业者无法

维持正常姿势;

i) GB 3869 规定的Ⅲ级或Ⅲ级以上的体力劳动强度;

j) 存在有毒气体或空气中含氧量低于19.5%的作业环境;

k) 可能会引起各种灾害事故的作业环境和抢救突然发生的各种灾害事故。

8.1.3 不存在8.1.2列出的任一种客观危险因素的高处作业按表2规定的A类法分级,存在8.1.2列出的一种或一种以上客观危险因素的高处作业按表2规定的B类法分级。

表 2 高处作业分级

分类法	高处作业高度/m			
	$2 \leqslant h \leqslant 5$	$5 < h \leqslant 15$	$15 < h \leqslant 30$	$h > 30$
A	Ⅰ	Ⅱ	Ⅲ	Ⅳ
B	Ⅱ	Ⅲ	Ⅳ	Ⅳ

8.2 作业要求

8.2.1 作业人员应正确佩戴符合GB 6095要求的安全带。

带电高处作业应使用绝缘工具或穿均压服。

Ⅳ级高处作业(30 m以上)宜配备通讯联络工具。

8.2.2 高处作业应设专人监护,作业人员不应在作业处休息。

8.2.3 应根据实际需要配备符合GB 26557等标准安全要求的吊笼、梯子、挡脚板、跳板等,脚手架的搭设应符合国家有关标准。

8.2.4 在彩钢板屋顶、石棉瓦、瓦棱板等轻型材料上作业,应铺设牢固的脚手板并加以固定,脚手板上要有防滑措施。

8.2.5 在临近排放有毒、有害气体、粉尘的放空管线或烟囱等场所进行作业时,应预先与作业所在地有关人员取得联系、确定联络方式,并为作业人员配备必要的且符合相关国家标准的防护器具(如空气呼吸器、过滤式防毒面具或口罩等)。

8.2.6 雨天和雪天作业时,应采取可靠的防滑、防寒措施;遇有五级以上强风、浓雾等恶劣气候,不应进行高处作业、露天攀登与悬空高处作业;暴风雪、台风、暴雨后,应对作业安全设施进行检查,发现问题立即处理。

8.2.7 作业使用的工具、材料、零件等应装入工具袋,上下时手中不应持物,不应投掷工具、材料及其他物品。易滑动、易滚动的工具、材料堆放在脚手架上时,应采取防坠落措施。

8.2.8 与其他作业交叉进行时,应按指定的路线上下,不应上下垂直作业,如果确需垂直作业应采取可靠的隔离措施。

8.2.9 因作业必需,临时拆除或变动安全防护设施时,应经作业审批人员同意,并采取相应的防护措施,作业后应立即恢复。

8.2.10 作业人员在作业中如果发现异常情况,应及时发出信号,并迅速撤离现场。

8.2.11 拆除脚手架、防护棚时,应设警戒区并派专人监护,不应上部和下部同时施工。

9 吊装作业

9.1 作业分级

吊装作业按照吊装重物质量 m 不同分为:

a) 一级吊装作业：$m>100\ t$；
b) 二级吊装作业：$40\ t \leqslant m \leqslant 100\ t$；
c) 三级吊装作业：$m<40\ t$。

9.2 作业要求

9.2.1 三级以上的吊装作业，应编制吊装作业方案。吊装物体质量虽不足 40 t，但形状复杂、刚度小、长径比大、精密贵重，以及在作业条件特殊的情况下，也应编制吊装作业方案，吊装作业方案应经审批。

9.2.2 吊装现场应设置安全警戒标志，并设专人监护，非作业人员禁止入内，安全警戒标志应符合 GB 2894 的规定。

9.2.3 不应靠近输电线路进行吊装作业。确需在输电线路附近作业时，起重机械的安全距离应大于起重机械的倒塌半径并符合 DL 409 的要求；不能满足时，应停电后再进行作业。吊装场所如有含危险物料的设备、管道等时，应制定详细吊装方案，并对设备、管道采取有效防护措施，必要时停车，放空物料，置换后进行吊装作业。

9.2.4 大雪、暴雨、大雾及六级以上风时，不应露天作业。

9.2.5 作业前，作业单位应对起重机械、吊具、索具、安全装置等进行检查，确保其处于完好状态。

9.2.6 应按规定负荷进行吊装，吊具、索具应经计算选择使用，不应超负荷吊装。

9.2.7 不应利用管道、管架、电杆、机电设备等作吊装锚点。未经土建专业审查核算，不应将建筑物、构筑物作为锚点。

9.2.8 起吊前应进行试吊，试吊中检查全部机具、地锚受力情况，发现问题应将吊物放回地面，排除故障后重新试吊，确认正常后方可正式吊装。

9.2.9 指挥人员应佩戴明显的标志，并按 GB 5082 规定的联络信号进行指挥。

9.2.10 起重机械操作人员应遵守如下规定：
a) 按指挥人员发出的指挥信号进行操作；任何人发出的紧急停车信号均应立即执行；吊装过程中出现故障，应立即向指挥人员报告；
b) 重物接近或达到额定起重吊装能力时，应检查制动器，用低高度、短行程试吊后，再吊起；
c) 利用两台或多台起重机械吊运同一重物时应保持同步，各台起重机械所承受的载荷不应超过各自额定起重能力的 80%；
d) 下放吊物时，不应自由下落（溜）；不应利用极限位置限制器停车；
e) 不应在起重机械工作时对其进行检修；不应在有载荷的情况下调整起升变幅机构的制动器；
f) 停工和休息时，不应将吊物、吊笼、吊具和吊索悬在空中；
g) 以下情况不应起吊：
　1) 无法看清场地、吊物，指挥信号不明；
　2) 起重臂吊钩或吊物下面有人、吊物上有人或浮置物；
　3) 重物捆绑、紧固、吊挂不牢，吊挂不平衡，绳打结，绳不齐，斜拉重物，棱角吊物与钢丝绳之间没有衬垫；
　4) 重物质量不明、与其他重物相连、埋在地下、与其他物体冻结在一起。

9.2.11 司索人员应遵守如下规定：
a) 听从指挥人员的指挥，并及时报告险情；
b) 不应用吊钩直接缠绕重物及将不同种类或不同规格的索具混在一起使用；
c) 吊物捆绑应牢靠，吊点和吊物的重心应在同一垂直线上；起升吊物时应检查其连接点是否牢固、可靠；吊运零散件时，应使用专门的吊篮、吊斗等器具，吊篮、吊斗等不应装满；
d) 起吊重物就位时，应与吊物保持一定的安全距离，用拉伸或撑杆、钩子辅助其就位；
e) 起吊重物就位前，不应解开吊装索具；
f) 9.2.10中与司索人员有关的不应起吊的情况，司索工应做相应处理。

9.2.12 用定型起重机械(例如履带吊车、轮胎吊车、桥式吊车等)进行吊装作业时，除遵守本标准外，还应遵守该定型起重机械的操作规程。

9.2.13 作业完毕应做如下工作：
a) 将起重臂和吊钩收放到规定位置，所有控制手柄均应放到零位，电气控制的起重机械的电源开关应断开；
b) 对在轨道上作业的吊车，应将吊车停放在指定位置有效锚定；
c) 吊索、吊具应收回，放置到规定位置，并对其进行例行检查。

10 临时用电作业

10.1 在运行的生产装置、罐区和具有火灾爆炸危险场所内不应接临时电源，确需时应对周围环境进行可燃气体检测分析，分析结果应符合5.4.2的要求。

10.2 各类移动电源及外部自备电源，不应接入电网。

10.3 动力和照明线路应分路设置。

10.4 在开关上接引、拆除临时用电线路时，其上级开关应断电上锁并加挂安全警示标牌。

10.5 临时用电应设置保护开关，使用前应检查电气装置和保护设施的可靠性。所有的临时用电均应设置接地保护。

10.6 临时用电设备和线路应按供电电压等级和容量正确使用，所用的电器元件应符合国家相关产品标准及作业现场环境要求，临时用电电源施工、安装应符合JGJ 46的有关要求，并有良好的接地，临时用电还应满足如下要求：
a) 火灾爆炸危险场所应使用相应防爆等级的电源及电气元件，并采取相应的防爆安全措施；
b) 临时用电线路及设备应有良好的绝缘，所有的临时用电线路应采用耐压等级不低于500 V的绝缘导线；
c) 临时用电线路经过有高温、振动、腐蚀、积水及产生机械损伤等区域，不应有接头，并应采取相应的保护措施；
d) 临时用电架空线应采用绝缘铜芯线，并应架设在专用电杆或支架上。其最大弧垂与地面距离，在作业现场不低于2.5 m，穿越机动车道不低于5 m；
e) 对需埋地敷设的电缆线路应设有走向标志和安全标志。电缆埋地深度不应小于0.7 m，穿越道路时应加设防护套管；
f) 现场临时用电配电盘、箱应有电压标识和危险标识，应有防雨措施，盘、箱、门应能牢靠关闭并能上锁；

g) 行灯电压不应超过 36 V；在特别潮湿的场所或塔、釜、槽、罐等金属设备内作业，临时照明行灯电压不应超过 12 V；

h) 临时用电设施应安装符合规范要求的漏电保护器，移动工具、手持式电动工具应逐个配置漏电保护器和电源开关。

10.7 临时用电单位不应擅自向其他单位转供电或增加用电负荷，以及变更用电地点和用途。

10.8 临时用电时间一般不超过 15 天，特殊情况不应超过一个月。用电结束后，用电单位应及时通知供电单位拆除临时用电线路。

11 动土作业

11.1 作业前，应检查工具、现场支撑是否牢固、完好，发现问题应及时处理。

11.2 作业现场应根据需要设置护栏、盖板和警告标志，夜间应悬挂警示灯。

11.3 在破土开挖前，应先做好地面和地下排水，防止地面水渗入作业层面造成塌方。

11.4 作业前应首先了解地下隐蔽设施的分布情况，动土临近地下隐蔽设施时，应使用适当工具挖掘，避免损坏地下隐蔽设施。如暴露出电缆、管线以及不能辨认的物品时，应立即停止作业，妥善加以保护，报告动土审批单位处理，经采取措施后方可继续动土作业。

11.5 动土作业应设专人监护。挖掘坑、槽、井、沟等作业，应遵守下列规定：

a) 挖掘土方应自上而下逐层挖掘，不应采用挖底脚的办法挖掘；使用的材料、挖出的泥土应堆放在距坑、槽、井、沟边沿至少 0.8 m 处，挖出的泥土不应堵塞下水道和窨井；

b) 不应在土壁上挖洞攀登；

c) 不应在坑、槽、井、沟上端边沿站立、行走；

d) 应视土壤性质、湿度和挖掘深度设置安全边坡或固壁支撑。作业过程中应对坑、槽、井、沟边坡或固壁支撑架随时检查，特别是雨雪后和解冻时期，如发现边坡有裂缝、松疏或支撑有折断、走位等异常情况，应立即停止工作，并采取相应措施；

e) 在坑、槽、井、沟的边缘安放机械、铺设轨道及通行车辆时，应保持适当距离，采取有效的固壁措施，确保安全；

f) 在拆除固壁支撑时，应从下而上进行；更换支撑时，应先装新的，后拆旧的；

g) 不应在坑、槽、井、沟内休息。

11.6 作业人员在沟（槽、坑）下作业应按规定坡度顺序进行，使用机械挖掘时不应进入机械旋转半径内；深度大于 2 m 时应设置人员上下的梯子等，保证人员快速进出设施；两个以上作业人员同时挖土时应相距 2 m 以上，防止工具伤人。

11.7 作业人员发现异常时，应立即撤离作业现场。

11.8 在化工危险场所动土时，应与有关操作人员建立联系，当化工装置发生突然排放有害物质时，化工操作人员应立即通知动土作业人员停止作业，迅速撤离现场。

11.9 施工结束后应及时回填土石，并恢复地面设施。

12 断路作业

12.1 作业前，作业申请单位应会同本单位相关主管部门制定交通组织方案，方案应能保证消防车和其他重要车辆的通行,并满足应急救援要求。

12.2 作业单位应根据需要在断路的路口和相关道路上设置交通警示标志,在作业区附近设置路栏、道路作业警示灯、导向标等交通警示设施。

12.3 在道路上进行定点作业,白天不超过 2 h、夜间不超过 1 h 即可完工的,在有现场交通指挥人员指挥交通的情况下,只要作业区设置了相应的交通警示设施,即白天设置了锥形交通路标或路栏,夜间设置了锥形交通路标或路栏及道路作业警示灯,可不设标志牌。

12.4 在夜间或雨、雪、雾天进行作业应设置道路作业警示灯,警示灯设置要求如下:
    a) 采用安全电压;
    b) 设置高度应离地面 1.5 m,不低于 1.0 m;
    c) 其设置应能反映作业区的轮廓;
    d) 应能发出至少自 150 m 以外清晰可见的连续、闪烁或旋转的红光。

12.5 断路作业结束后,作业单位应清理现场,撤除作业区、路口设置的路栏、道路作业警示灯、导向标等交通警示设施。申请断路单位应检查核实,并报告有关部门恢复交通。

附 录 A
(资料性附录)
安全作业证的样式

A.1 《动火安全作业证》样式

动火安全作业证

申请单位		申请人		作业证编号	
动火作业级别					
动火地点					
动火方式					
动火时间	自　年　月　日　时　分始至　年　月　日　时　分止				
动火作业负责人		动火人			
动火分析时间	年　月　日　时		年　月　日　时		年　月　日　时
分析点名称					
分析数据					
分析人					
涉及的其他特殊作业					
危害辨识					

序号	安全措施	确认人
1	动火设备内部构件清理干净,蒸汽吹扫或水洗合格,达到用火条件	
2	断开与动火设备相连接的所有管线,加盲板(　)块	

（续）

3	动火点周围的下水井、地漏、地沟、电缆沟等已清除易燃物,并已采取覆盖、铺沙、水封等手段进行隔离	
4	罐区内动火点同一围堰内和防火间距内的油罐不同时进行脱水作业	
5	高处作业已采取防火花飞溅措施	
6	动火点周围易燃物已清除	
7	电焊回路线已接在焊件上,把线未穿过下水井或与其他设备搭接	
8	乙炔气瓶(直立放置)、氧气瓶与火源间的距离大于 10 m	
9	现场配备消防蒸汽带（ ）根,灭火器（ ）台,铁锹（ ）把,石棉布（ ）块	
10	其他安全措施： 编制人：	

生产单位负责人		监火人		动火初审人	
实施安全教育人					
申请单位意见			签字：	年 月 日 时 分	
安全管理部门意见			签字：	年 月 日 时 分	
动火审批人意见			签字：	年 月 日 时 分	
动火前,岗位当班班长验票			签字：	年 月 日 时 分	
完工验收			签字：	年 月 日 时 分	

A.2 《受限空间安全作业证》样式

受限空间安全作业证

申请单位		申请人		作业证编号	
受限空间所属单位			受限空间名称		
作业内容			受限空间内原有介质名称		
作业时间		自 年 月 日 时 分始至 年 月 日 时 分止			
作业单位负责人					
监护人					
作业人					
涉及的其他特殊作业					

(续)

分析	危害辨识							
	分析项目	有毒有害介质	可燃气	氧含量	时间	部位	分析人	
	分析标准							
	分析数据							

序号	安全措施	确认人
1	对进入受限空间危险性进行分析	
2	所有与受限空间有联系的阀门、管线加盲板隔离,列出盲板清单,落实抽堵盲板责任人	
3	设备经过置换、吹扫、蒸煮	
4	设备打开通风孔进行自然通风,温度适宜人员作业;必要时采用强制通风或佩戴空气呼吸器,不能用通氧气或富氧空气的方法补充氧	
5	相关设备进行处理,带搅拌机的设备已切断电源,电源开关处加锁或挂"禁止合闸"标志牌,设专人监护	
6	检查受限空间内部已具备作业条件,清罐时(无需用/已采用)防爆工具	
7	检查受限空间进出口通道,无阻碍人员进出的障碍物	
8	分析盛装过可燃有毒液体、气体的受限空间内的可燃、有毒有害气体含量	
9	作业人员清楚受限空间内存在的其他危险因素,如内部附件、集渣坑等	
10	作业监护措施:消防器材( )、救生绳( )、气防装备( )	
11	其他安全措施: 编制人:	

实施安全教育人			
申请单位意见	签字: 年 月 日 时 分		
审批单位意见	签字: 年 月 日 时 分		
完工验收	签字: 年 月 日 时 分		

A.3 《盲板抽堵安全作业证》样式

盲板抽堵安全作业证

申请单位				申请人			作业证编号			
设备管道名称	介质	温度	压力	盲板			实施时间		作业人	监护人
				材质	规格	编号	堵　抽	堵　抽	堵　抽	堵　抽

生产单位作业指挥	
作业单位负责人	
涉及的其他特殊作业	

盲板位置图及编号：

编制人：　　　年　月　日

序号	安全措施	确认人
1	在有毒介质的管道、设备上作业时，尽可能降低系统压力，作业点应为常压	
2	在有毒介质的管道、设备上作业时，作业人员穿戴适合的防护用具	
3	易燃易爆场所，作业人员穿防静电工作服、工作鞋；作业时使用防爆灯具和防爆工具	
4	易燃易爆场所，距作业地点 30 m 内无其他动火作业	
5	在强腐蚀性介质的管道、设备上作业时，作业人员已采取防止酸碱灼伤的措施	
6	介质温度较高、可能造成烫伤的情况下，作业人员已采取防烫措施	
7	同一管道上不同时进行两处及两处以上的盲板抽堵作业	
8	其他安全措施： 　　　　　　　　　　　　　　　　　　　　　　　　编制人：	

实施安全教育人			

生产车间(分厂)意见
签字：　　　　年　月　日

作业单位意见
签字：　　　　年　月　日

审批单位意见
签字：　　　　年　月　日

盲板抽堵作业单位确认情况
签字：　　　　年　月　日

生产车间(分厂)确认情况
签字：　　　　年　月　日

A.4 《高处安全作业证》样式

高处安全作业证

申请单位		申请人		作业证编号	
作业时间	自　　年　月　日　时　分始至　　年　月　日　时　分止					
作业地点					
作业内容					
作业高度			作业类别		
作业单位			监护人		
作业人			涉及的其他特殊作业		
危害辨识					

序号	安全措施	确认人
1	作业人员身体条件符合要求	
2	作业人员着装符合工作要求	
3	作业人员佩戴合格的安全帽	
4	作业人员佩戴安全带,安全带高挂低用	
5	作业人员携带有工具袋及安全绳	
6	作业人员佩戴:A.过滤式防毒面具或口罩 B.空气呼吸器	
7	现场搭设的脚手架、防护网、围栏符合安全规定	
8	垂直分层作业中间有隔离设施	
9	梯子、绳子符合安全规定	
10	石棉瓦等轻型棚的承重梁、柱能承重负荷的要求	
11	作业人员在石棉瓦等不承重物作业所搭设的承重板稳定牢固	
12	采光,夜间作业照明符合作业要求,(需采用并已采用/无需采用)防爆灯	
13	30 m 以上高处作业配备通讯、联络工具	
14	其他安全措施:　　　　　　　　　　　　　　　　　　编制人:	

实施安全教育人			
生产单位作业负责人意见		签字:　　　　　年　月　日　时　分	
作业单位负责人意见		签字:　　　　　年　月　日　时　分	
审核部门意见		签字:　　　　　年　月　日　时　分	

(续)

审批部门意见	签字：　　　　年　月　日　时　分
完工验收	签字：　　　　年　月　日　时　分

A.5 《吊装安全作业证》样式

吊装安全作业证

吊装地点		吊装工具名称		作业证编号	
吊装人员及特殊工种作业证号		监护人			
吊装指挥及特殊工种作业证号		起吊重物质量(t)			
作业时间	自　　年　月　日　时　分至　　年　月　日　时　分					
吊装内容					
危害辨识					

序号	安全措施	确认人
1	吊装质量大于等于40 t的重物和土建工程主体结构；吊装物体虽不足40 t，但形状复杂、刚度小、长径比大、精密贵重，作业条件特殊，已编制吊装作业方案，且经作业主管部门和安全管理部门审查，报主管(副总经理/总工程师批准)	
2	指派专人监护，并监守岗位，非作业人员禁止入内	
3	作业人员已按规定佩戴防护器具和个体防护用品	
4	已与分厂(车间)负责人取得联系，建立联系信号	
5	已在吊装现场设置安全警戒标志，无关人员不许进入作业现场	
6	夜间作业采用足够的照明	
7	室外作业遇到(大雪/暴雨/大雾/六级以上大风)，已停止作业	
8	检查起重吊装设备、钢丝绳、揽风绳、链条、吊钩等各种机具，保证安全可靠	
9	明确分工、坚守岗位，并按规定的联络信号，统一指挥	
10	将建筑物、构筑物作为锚点，需经工程处审查核算并批准	
11	吊装绳索、揽风绳、拖拉绳等避免同带电线路接触，并保持安全距离	
12	人员随同吊装重物或吊装机械升降，应采取可靠的安全措施，并经过现场指挥人员批准	

（续）

序号	安全措施	确认人
13	利用管道、管架、电杆、机电设备等作吊装锚点,不准吊装	
14	悬吊重物下方站人、通行和工作,不准吊装	
15	超负荷或重物质量不明,不准吊装	
16	斜拉重物、重物埋在地下或重物坚固不牢,绳打结,绳不齐,不准吊装	
17	棱角重物没有衬垫措施,不准吊装	
18	安全装置失灵,不准吊装	
19	用定型起重吊装机械(履带吊车/轮胎吊车/轿式吊车等)进行吊装作业,遵守该定型机械的操作规程	
20	作业过程中应先用低高度、短行程试吊	
21	作业现场出现危险品泄漏,立即停止作业,撤离人员	
22	作业完成后现场杂物已清理	
23	吊装作业人员持有法定的有效的证件	
24	地下通讯电(光)缆、局域网络电(光)缆、排水沟的盖板,承重吊装机械的负重量已确认,保护措施已落实	
25	起吊物的质量(　t)经确认,在吊装机械的承重范围	
26	在吊装高度的管线、电缆桥架已做好防护措施	
27	作业现场围栏、警戒线、警告牌、夜间警示灯已按要求设置	
28	作业高度和转臂范围内,无架空线路	
29	人员出入口和撤离安全措施已落实:A.指示牌;B.指示灯	
30	在爆炸危险生产区域内作业,机动车排气管已装火星熄灭器	
31	现场夜间有充足照明:36 V、24 V、12 V防水型灯;36 V、24 V、12 V防爆型灯	
32	作业人员已佩戴防护器具	
33	其他安全措施:　　　　　　　　　　　　　　编制人:	

实施安全教育人			
生产单位安全部门负责人(签字):		生产单位负责人(签字):	
作业单位安全部门负责人(签字):		作业单位负责人(签字):	
审批部门意见　　　　　　　　　　　　　　　　签字:　　　　年　月　日　时　分			

A.6 《临时用电安全作业证》样式

临时用电安全作业证

申请单位		申请人		作业证编号	
作业时间	自 年 月 日 时 分至 年 月 日 时 分					
作业地点					
电源接入点			工作电压		
用电设备及功率					
作业人			电工证号		
危害辨识					

序号	安全措施	确认人
1	安装临时线路人员持有电工作业操作证	
2	在防爆场所使用的临时电源、元器件和线路达到相应的防爆等级要求	
3	临时用电的单项和混用线路采用五线制	
4	临时用电线路在装置内不低于 2.5 m,道路不低于 5 m	
5	临时用电线路架空进线未采用裸线,未在树或脚手架上架设	
6	暗管埋设及地下电缆线路设有"走向标志"和"安全标志",电缆埋深大于 0.7 m	
7	现场临时用配电盘、箱有防雨措施	
8	临时用电设施装有漏电保护器,移动工具、手持工具"一机一闸一保护"	
9	用电设备、线路容量、负荷符合要求	
10	其他安全措施: 编制人:	

实施安全教育人			
作业单位意见		签字: 年 月 日 时 分	
配送电单位意见		签字: 年 月 日 时 分	
审批部门意见		签字: 年 月 日 时 分	
完工验收		签字: 年 月 日 时 分	

A.7 《动土安全作业证》样式

动土安全作业证

申请单位		申请人		作业证编号	
监护人					
作业时间	自　年　月　日　时　分至　　年　月　日　时　分				
作业地点					
作业单位					
涉及的其他特殊作业					
作业范围、内容、方式(包括深度、面积,并附简图): 　　　　　　　　　　　　　　　　签字:　　年　月　日　时　分					
危害辨识					

序号	安全措施	确认人
1	作业人员作业前已进行了安全教育	
2	作业地点处于易燃易爆场所,需要动火时已办理了动火证	
3	地下电力电缆已确认保护措施已落实	
4	地下通讯电(光)缆、局域网络电(光)缆已确认保护措施已落实	
5	地下供排水、消防管线、工艺管线已确认保护措施已落实	
6	已按作业方案图划线和立桩	
7	动土地点有电线、管道等地下设施,已向作业单位交待并派人监护;作业时轻挖,未使用铁棒、铁镐或抓斗等机械工具	
8	作业现场围栏、警戒线、警告牌夜间警示灯已按要求设置	
9	已进行放坡处理和固壁支撑	
10	人员出入口和撤离安全措施已落实:A.梯子;B.修坡道	
11	道路施工作业已报:交通、消防、安全监督部门、应急中心	
12	备有可燃气体检测仪、有毒介质检测仪	
13	现场夜间有充足照明:A.36 V、24 V、12 V防水型灯;B.36 V、24 V、12 V防爆型灯	
14	作业人员已佩戴防护器具	
15	动土范围内无障碍物,并已在总图上做标记	
16	其他安全措施:　　　　　　　　　　　　　　　　　　　编制人:	

实施安全教育人		
申请单位意见　　　　　　　　　　　　　　　　签字:　　年　月　日　时　分		
作业单位意见　　　　　　　　　　　　　　　　签字:　　年　月　日　时　分		
有关水、电、汽、工艺、设备、消防、安全等部门会签意见: 　　　　　　　　　　　　　　　　签字:　　年　月　日　时　分		
审批部门意见　　　　　　　　　　　　　　　　签字:　　年　月　日　时　分		
完工验收　　　　　　　　　　　　　　　　　　签字:　　年　月　日　时　分		

A.8 《断路安全作业证》样式

断路安全作业证

申请单位		申请人		作业证编号	
作业单位				作业单位负责人	
涉及相关单位(部门)					
断路原因					
断路时间	自 年 月 日 时 分至 年 月 日 时 分				

断路地段示意图及相关说明:
签字: 年 月 日 时 分

危害辨识	

序号	安全措施	确认人
1	作业前,制定交通组织方案(附后),并已通知相关部门或单位	
2	作业前,在断路的路口和相关道路上设置交通警示标志,在作业区附近设置路栏、道路作业警示灯、导向标等交通警示设施	
3	夜间作业设置警示红灯	
4	其他安全措施: 编制人:	

实施安全教育人			

申请单位意见
签字: 年 月 日 时 分

作业单位意见
签字: 年 月 日 时 分

审批部门意见
签字: 年 月 日 时 分

完工验收
签字: 年 月 日 时 分

附 录 B
（资料性附录）
安全作业证的管理

B.1 安全作业证的区分

有分级的特殊作业，安全作业证应根据特殊作业的等级以明显标记加以区分。

B.2 安全作业证的办理、审批和使用

B.2.1 安全作业证的办理、审核（会签）、审批部门（人）的内容如表 B.1 所示。

表 B.1 安全作业证的办理和审批的内容

安全作业证种类		办理部门	审核或会签	审批部门（人）
动火证	特殊动火作业	作业单位	—	主管厂长或总工程师
	一级动火作业		—	安全管理部门
	二级动火作业		—	动火点所在车间
受限空间证		作业单位	—	受限空间所在单位
盲板抽堵证		生产车间（分厂）	作业单位	生产部门
高处作业证	一级高处作业[a]	作业单位	—	设备管理部门
	二级、三级高处作业[b]		车间	设备管理部门
	特级高处作业[c]		安全管理部门	主管厂长
吊装证[d]	一级吊装作业	作业单位	—	主管厂长或总工程师
	二级、三级吊装作业	作业单位	—	设备管理部门
临时用电证		作业单位	配送电单位	动力部门
动土证		动土所在单位	水、电、汽、工艺、设备、消防、安全管理等部门	工程管理部门
断路证		断路所在单位	消防、安全管理部门	工程管理部门

[a] 还包括在坡度大于 45°的斜坡上面实施的高处作业。
[b] 还包括下列情形的高处作业：
　　1) 在升降（吊装）口、坑、井、池、沟、洞等上面或附近进行的高处作业；
　　2) 在易燃、易爆、易中毒、易灼伤的区域或转动设备附近进行的高处作业；
　　3) 在无平台、无护栏的塔、釜、炉、罐等化工容器、设备及架空管道上进行的高处作业；
　　4) 在塔、釜、炉、罐等设备内进行的高处作业；
　　5) 在临近排放有毒、有害气体、粉尘的放空管线或烟囱及设备的高处作业。
[c] 还包括下列情形的高处作业：
　　1) 在阵风风力为六级（风速 10.8 m/s）及以上情况下进行的强风高处作业；
　　2) 在高温或低温环境下进行的异温高处作业；

表 B.1（续）

3） 在降雪时进行的雪天高处作业； 　　4） 在降雨时进行的雨天高处作业； 　　5） 在室外完全采用人工照明进行的夜间高处作业； 　　6） 在接近或接触带电体条件下进行的带电高处作业； 　　7） 在无立足点或无牢靠立足点的条件下进行的悬空高处作业。 ᵈ 其他要求： 　　1） 对本标准 9.2.1 规定的吊装作业,应将吊装方案与填好的《吊装证》一并报设备管理部门批准； 　　2） 吊装质量小于 10 t 的吊装作业可不办理《吊装证》。

B.2.2 安全作业证实行一个作业点、一个作业周期内同一作业内容一张《安全作业证》的管理方式。

B.2.3 安全作业证不应随意涂改和转让,不应变更作业内容、扩大使用范围、转移作业部位或异地使用。

B.2.4 作业内容变更,作业范围扩大、作业地点转移或超过有效期限,以及作业条件、作业环境条件或工艺条件改变时,应重新办理安全作业证。

B.3　安全作业证的有效期限

B.3.1 特殊动火作业和一级动火作业的《动火证》有效期不应超过 8 h；二级动火作业的《动火证》有效期不应超过 72 h。

B.3.2 《受限空间证》有效期不应超过 24 h。

B.4　安全作业证持有及保存

　　安全作业证一式三联,其持有和存档部门（人）参见表 B.2。安全作业证应至少保存一年。

表 B.2　《安全作业证》持有及保存的内容

安全作业证种类		持有及保存情况		
		第一联	第二联	第三联（存档）
动火证	一级和特殊动火	动火点所在车间（监火）	动火人	安全管理部门
	二级动火	动火点所在车间操作岗位（监火）	动火人	生产车间
受限空间证		作业负责人	监护人	受限空间所在单位
盲板抽堵证		作业单位	生产车间（分厂）	生产管理部门
高处作业证		作业人员	作业负责人	设备管理部门
吊装证		吊装指挥	项目单位	设备管理部门
临时用电证		作业单位（作业时）配送电执行人（作业结束后注销）	配送电执行人	动力部门

表 B.2（续）

安全作业证种类	持有及保存情况		
	第一联	第二联	第三联(存档)
动土证	现场作业人员	动土所在单位	工程管理部门
断路证	作业单位	断路所在单位	工程管理部门

参 考 文 献

[1] HG 23011—1999 厂区动火作业安全规程
[2] HG 23012—1999 厂区设备内作业安全规程
[3] HG 23013—1999 厂区盲板抽堵作业安全规程
[4] HG 23014—1999 厂区高处作业安全规程
[5] HG 23015—1999 厂区吊装作业安全规程
[6] HG 23016—1999 厂区断路作业安全规程
[7] HG 23017—1999 厂区动土作业安全规程
[8] HG 23018—1999 厂区设备检修作业安全规程
[9] GA 182 道路作业交通安全标志

危险化学品单位应急救援物资配备要求
(GB 30077—2013)

前　　言

本标准 5.1、5.2、第 6 章、7.1、7.2.1 和 7.3 为强制性的,其余为推荐性的。

本标准按照 GB/T 1.1—2009 给出的规则起草。

本标准由国家安全生产监督管理总局提出。

本标准由全国安全生产标准化技术委员会化学品安全分技术委员会(SAC/TC 288/SC 3)归口。

本标准起草单位:中国石油化工股份有限公司青岛安全工程研究院、危险化学品安全控制国家重点实验室。

本标准主要起草人:付靖春、袁纪武、翟良云、姜春明、赵永华。

1　范围

本标准规定了危险化学品单位应急救援物资的配备原则、总体配备要求、作业场所配备要求、企业应急救援队伍配备要求、其他配备要求和管理维护。

本标准适用于危险化学品生产和储存单位应急救援物资的配备。危险化学品使用、经营、运输和处置废弃单位应急救援物资的配备,参照本标准执行。

2　规范性引用文件

下列文件对于本文件的应用是必不可少的。凡是注日期的引用文件,仅注日期的版本适用于本文件。凡是不注日期的引用文件,其最新版本(包括所有的修改单)适用于本文件。

GB/T 18664　呼吸防护用品的选择、使用与维护

GB 50313　消防通信指挥系统设计规范

GBZ 1　工业企业设计卫生标准

AQ/T 6107　化学防护服的选择、使用和维护

3　术语和定义

下列术语和定义适用于本文件。

3.1

危险化学品应急救援　hazardous chemical accidents emergency rescue

由危险化学品造成或可能造成人员伤害、财产损失和环境污染及其他较大社会危害时,为及时控制事故源,抢救受害人员,指导群众防护和组织撤离,清除危害后果而组织的救援活动。

3.2

应急救援物资　emergency materials

危险化学品单位配备的用于处置危险化学品事故的车辆和各类侦检、个体防护、警戒、

通信、输转、堵漏、洗消、破拆、排烟照明、灭火、救生等物资及其他器材。

3.3

企业应急救援队伍　industrial emergency team

企业内承担处置各类危险化学品事故、救援遇险人员等应急救援任务的专业队伍。

3.4

作业场所　workplace

可能使从业人员接触危险化学品的任何作业活动场所,如一个工厂的生产区,或生产区中的一个车间。

4 配备原则

4.1 危险化学品单位应急救援物资应根据本单位危险化学品的种类、数量和危险化学品事故可能造成的危害进行配置,本标准范围内的危险化学品单位分为3类,危险化学品单位类别划分方法见附录A。

4.2 应急救援物资应符合实用性、功能性、安全性、耐用性以及单位实际需要的原则,应满足单位员工现场应急处置和企业应急救援队伍所承担救援任务的需要。

5 总体配备要求

5.1 本标准是危险化学品单位应急救援物资配备的最低要求,危险化学品单位可根据实际情况增配应急救援物资的种类和数量。

5.2 危险化学品单位应急救援物资及其配备,除应符合本标准外,尚应符合国家现行的有关标准、规范的要求。

6 作业场所配备要求

在危险化学品单位作业场所,应急救援物资应存放在应急救援器材专用柜或指定地点。作业场所应急物资配备应符合表1的要求。

表 1 作业场所救援物资配备要求

序号	物资名称	技术要求或功能要求	配备	备注
1	正压式空气呼吸器	技术性能符合 GB/T 18664 要求	2套	
2	化学防护服	技术性能符合 AQ/T 6107 要求	2套	具有有毒、腐蚀性危险化学品的作业场所
3	过滤式防毒面具	技术性能符合 GB/T 18664 要求	1个/人	类型根据有毒有害物质确定,数量根据当班人数确定
4	气体浓度检测仪	检测气体浓度	2台	根据作业场所的气体确定
5	手电筒	易燃易爆场所,防爆	1个/人	根据当班人数确定

表 1（续）

序号	物资名称	技术要求或功能要求	配备	备注
6	对讲机	易燃易爆场所，防爆	4 台	
7	急救箱或急救包	物资清单见 GBZ 1	1 包	
8	吸附材料或堵漏器材	处理化学品泄漏	*	以工作介质理化性质选择吸附材料，常用吸附材料为干沙土（具有爆炸危险性的除外）
9	洗消设施或清洗剂	洗消受污染或可能受污染的人员、设备和器材	*	在工作地点配备
10	应急处置工具箱	工作箱内配备常用工具或专业处置工具	*	防爆场所应配置无火花工具

注："*"表示由单位根据实际需要进行配置，本标准不作规定。

7 企业应急救援队伍配备要求

7.1 企业应急救援队伍应急救援人员的个人防护装备配备应符合表 2 的要求

表 2 应急救援人员个体防护装备配备要求

序号	名称	主要用途	配备	备份比	备注
1	头盔	头部、面部及颈部的安全防护	1 顶/人	4:1	
2	二级化学防护服装	化学灾害现场作业时的躯体防护	1 套/10 人	4:1	1) 以值勤人员数量确定；2) 至少配备 2 套
3	一级化学防护服装	重度化学灾害现场全身防护	*		
4	灭火防护服	灭火救援作业时的身体防护	1 套/人	3:1	指挥员可选配消防指挥服
5	防静电内衣	可燃气体、粉尘、蒸汽等易燃易爆场所作业时的躯体内层防护	1 套/人	4:1	
6	防化手套	手部及腕部防护	2 副/人		应针对有毒有害物质穿透性选择手套材料
7	防化靴	事故现场作业时的脚部和小腿部防护	1 双/人	4:1	易燃易爆场所应配备防静电靴
8	安全腰带	登梯作业和逃生自救	1 根/人	4:1	

表 2（续）

序号	名称	主要用途	配备	备份比	备注
9	正压式空气呼吸器	缺氧或有毒现场作业时的呼吸防护	1具/人	5∶1	1）以值勤人员数量确定；2）备用气瓶按照正压式空气呼吸器总量1∶1备份
10	佩戴式防爆照明灯	单人作业照明	1个/人	5∶1	
11	轻型安全绳	救援人员的救生、自救和逃生	1根/5人	4∶1	
12	消防腰斧	破拆和自救	1把/人	5∶1	

注1：表中"备份比"是指应急救援人员防护装备配备投入使用数量与备用数量之比。
注2：根据备份比计算的备份数量为非整数时向上取整。
注3：第三类危险化学品单位应急救援人员可使用作业场所配备的个体防护装备，不配备该表中的装备。
注4："＊"表示由单位根据实际需要进行配置，本标准不作规定。

7.2 企业应急救援队伍抢险救援车辆配备要求

7.2.1 企业应急救援队伍抢险救援车辆配备数量应符合表 3 的要求。

表 3 企业应急救援队伍抢险救援车辆配备数量

危险化学品单位级别	第一类危险化学品单位	第二类危险化学品单位	第三类危险化学品单位
抢险救援车辆数量	≥3	1～2	0～1

7.2.2 企业应急救援队伍抢险救援车品种，宜符合表 4 的要求，生产、储存剧毒或高毒危险化学品的单位宜配备气体防护车。

表 4 企业应急救援队伍常用抢险救援车辆品种配备要求

序号	设备名称		第一类危险化学品单位	第二类危险化学品单位	第三类危险化学品单位
1	灭火抢险救援车	水罐或泵浦抢险救援车	1	1	1
2		水罐或泡沫抢险救援车			
3		干粉泡沫联用抢险救援车			—
4		干粉抢险救援车		—	—
5	举高抢险救援车	登高平台抢险救援车	＊	—	—
6		云梯抢险救援车			
7		举高喷射抢险救援车			

表 4（续）

序号	设备名称		第一类危险化学品单位	第二类危险化学品单位	第三类危险化学品单位
8	专勤抢险救援车	多功能抢险救援车或气防车	1	*	—
9		排烟抢险救援车或照明抢险救援车	—	—	—
10		危险化学品事故抢险救援车或防化洗消抢险救援车	1	*	—
11		通信指挥抢险救援车	—	—	—
12		供气抢险救援车	—	—	—
13	后勤抢险救援车	自装卸式抢险救援车（含器材保障、生活保障、供液集装箱）	—	—	—
14		器材抢险救援车或供水抢险救援车	*	—	—

注："*"表示由单位根据实际需要进行配置，本标准不作规定。

7.2.3 企业应急救援队伍主要抢险救援车辆的技术性能应符合表 5 的要求，气体防护车内应急救援物资配备可参考表 6 配置。

表 5 企业应急救援队伍主要抢险救援车辆的技术性能

技术性能		第一类危险化学品单位		第二类危险化学品单位		第三类危险化学品单位	
发动机功率/kW		≥191		≥132		≥132	
比功率/kW/t		≥10		≥8		≥8	
水罐抢险救援车出水性能	出口压力/MPa	1	1.8	1	1.8	1	1.8
	流量/L/s	60	30	40	20	40	20
水罐抢险救援车出泡沫性能/类		A、B		A、B		B	
举高抢险救援车车额定工作高度/m		≥30		≥20		≥20	
多功能抢险救援车	起吊质量/kg	≥5000		≥3000		≥3000	
	牵引质量/kg	≥10000		≥10000		≥10000	

表 6 气体防护车内应急救援物资配备要求

序号	物资名称	主要功能或技术要求	配备	备注
1	正压式空气呼吸器	技术性能符合 GB/T 18664 要求	2套	配备空气瓶1个/套
2	苏生器	自动进行正负压人工呼吸	1套	
3	医用氧气瓶	治疗中毒人员	2个	
4	移动式长管供气系统	在缺氧或有毒有害气体环境中的抢险救灾人员提供长时间呼吸保护	1台	
5	对讲机	易燃易爆场所应防爆型	2台	
6	抢险救援服	抢险人员躯体保护,橘红色	1套/人	根据气体防护车上配备的人员确定
7	头戴式照明灯	灭火和抢险救援现场作业时的照明,易燃易爆场所应为防爆型	1个/人	根据气体防护车上配备的人员确定
8	一级化学防护服	重度化学灾害现场全身防护	2套	
9	二级化学防护服	化学灾害现场作业时的躯体防护	2套	
10	隔热服	强热辐射场所的全身防护	*	
11	折叠担架	运送事故现场受伤人员	2副	
12	急救包	盛放常规外伤和化学伤害急救所需的敷料、药品和器械等	1个	
13	可燃气体检测仪	检测事故现场易燃易爆气体,可检测多种易燃易爆气体的体积浓度	2台	根据企业可燃气体的种类配备
14	有毒气体检测仪	具备自动识别、防水、防爆性能,能探测有毒、有害气体及氧含量	2台	根据企业有毒有害气体的种类配备

注:"*"表示由单位根据实际需要进行配置,本标准不作规定。

7.3 企业应急救援队伍抢险救援物资配备要求

7.3.1 第一类危险化学品单位应急救援队伍的抢险救援物资配备的种类和数量不应低于表7~表17的要求。

7.3.2 第二类危险化学品单位应急救援队伍的抢险救援物资配备的种类和数量不应低于表18的要求。

7.3.3 第三类危险化学品单位应急救援队伍可使用作业场所应急救援物资作为抢险救援物资。

表7 第一类危险化学品单位侦检器材配备要求

序号	物资名称	主要用途或技术要求	配备	备注
1	有毒气体探测仪	具备自动识别、防水、防爆性能;能探测有毒、有害气体及氧含量	2台	
2	可燃气体检测仪	检测事故现场易燃易爆气体,可检测多种易燃易爆气体的浓度	2台	
3	红外测温仪	测量事故现场温度;可预设高、低温危险报警	1台	
4	便携式气象仪	测量风速、风向、温度、湿度、大气压等气象参数	1台	
5	水质分析仪	定性分析液体内的化学成分	*	
6	红外热像仪	事故现场黑暗、浓烟环境中的搜寻;温差分辨率不小于0.25 ℃,有效检测距离不小于40 m	*	

注:"*"表示由单位根据实际需要进行配置,本标准不作规定。

表8 第一类危险化学品单位警戒器材配备要求

序号	物资名称	主要用途或技术要求	配备	备注
1	警戒标志杆	灾害事故现场警戒,有反光功能	10根	
2	锥形事故标志柱	灾害事故现场道路警戒	10根	
3	隔离警示带	灾害事故现场警戒;双面反光,每盘长度约500 m	10盘	备份2盘
4	出入口标志牌	灾害事故现场标示;图案、文字、边框均为反光材料,与标志杆配套使用,易燃易爆环境应为无火花材料	2组	
5	危险警示牌	灾害事故现场警戒警示;分为有毒、易燃、泄漏、爆炸、危险等5种标志,图案为反光材料。与标志杆配套使用,易燃易爆环境应为无火花材料	5块	
6	闪光警示灯	灾害事故现场警戒警示;频闪型,光线暗时自动闪亮	5个	备份2个
7	手持扩音器	灾害事故现场指挥;功率大于10 W,同时应具备警报功能	2个	

表9 第一类危险化学品单位灭火器材配备要求

序号	物资名称	主要用途或技术要求	配备	备注
1	机动手抬泵	可人力搬运,用作输送水或泡沫溶液等液体灭火剂的专用泵	3台	
2	移动式消防炮	扑救可燃化学品火灾	2个	
3	A、B类比例混合器、泡沫液桶、空气泡沫枪	扑救小面积化工类火灾;由储液桶、吸液管和泡沫管枪组成,操作轻便快捷	2套	
4	二节拉梯	登高作业	3个	
5	三节拉梯	登高作业	2个	
6	移动式水带卷盘或水带槽	清理水带	3个	
7	水带	消防用水的输送	2800 m	
8	其他	按所配车辆技术标准要求配备	1套	扳手、水枪、分水器、接口、包布、护桥等常规器材工具

表10 第一类危险化学品单位通信器材配备要求

序号	物资名称	主要用途或技术要求	配备	备注
1	移动电话	易燃易爆环境应防爆	2部	指挥员
2	对讲机	应急救援人员间以及与后方指挥员的通讯,通讯距离不低于1000 m,易燃易爆环境应防爆	1部/人	按执勤人数配备
3	通信指挥系统	符合GB 50313要求	1套	

表11 第一类危险化学品单位救生物资配备要求

序号	物资名称	主要用途或技术要求	配备	备注
1	缓降器	高处救人和自救;安全负荷不低于1300 N,绳索防火、耐磨	2套	
2	医药急救箱	盛放常规外伤和化学伤害急救所需的敷料、药品和器械等	1个	
3	逃生面罩	灾害事故现场被救人员呼吸防护	10个	备份10个
4	折叠式担架	运送事故现场受伤人员;为金属框架,高分子材料表面质材,便于洗消,承重不小于100 kg	1架	
5	救援三脚架	高处、井下等救援作业;金属框架,配有手摇式绞盘,牵引滑轮,最大承载2500 N,绳索长度不小于30 m	1个	

表 11（续）

序号	物资名称	主要用途或技术要求	配备	备注
6	救生软梯	登高救生作业	1 条	
7	安全绳	灾害事故现场救援，长度 50 m	2 组	
8	救生绳	救人或自救工具，也可用于运送消防施救器材，50 m	2 组	

表 12 第一类危险化学品单位破拆器材配备要求

序号	物资名称	主要用途或技术要求	配备	备注
1	液压破拆工具组	灾害现场破拆作业	1 套	根据企业实际情况选配
2	无齿锯	切割金属和混凝土材料		
3	机动链锯	切割各类木质结构障碍物		
4	手动破拆工具组	灾害现场破拆作业		

表 13 第一类危险化学品单位堵漏器材配备要求

序号	物资名称	主要用途或技术要求	配备	备注
1	木制堵漏楔	各类孔洞状较低压力的堵漏作业；经专门绝缘处理，防裂，不变形	1 套	每套不少于 28 种规格
2	气动吸盘式堵漏工具	封堵不规则孔洞；气动、负压式吸盘，可输转作业	1 套	根据企业实际情况和工艺特点，选配 1 套堵漏工具
3	粘贴式堵漏工具	各种罐体和管道表面点状、线状泄漏的堵漏作业；无火花材料		
4	电磁式堵漏工具	各种罐体和管道表面点状、线状泄漏的堵漏作业；适用温度不大于 80 ℃		
5	注入式堵漏工具	阀门或法兰盘堵漏作业；无火花材料；配有手动液压泵，液压不小于 74 MPa，使用温度 −100 ℃～400 ℃	1 套	含注入式堵漏胶 1 箱
6	无火花工具	易燃、易爆事故现场的手动作业，铜制材料	1 套	每套不小于 11 种
7	金属堵漏套管	各种金属管道裂缝的密封堵漏	1 套	
8	内封式堵漏袋	圆形容器和管道的堵漏作业；由防腐橡胶制成，工作压力 0.15 MPa，4 种，直径分别为：10 mm/20 mm、20 mm/40 mm、30 mm/60 mm、50 mm/100 mm	*	
9	外封式堵漏袋	罐体外部堵漏作业；由防腐橡胶制成，工作压力 0.15 MPa，2 种，尺寸 5 mm/20 mm、20 mm/48 mm	*	

表 13（续）

序号	物资名称	主要用途或技术要求	配备	备注
10	捆绑式堵漏袋	管道断裂堵漏作业；由防腐橡胶制成，工作压力 0.15 MPa，尺寸为 5 mm/20 mm、20 mm/48 mm	*	
11	阀门堵漏套具	阀门泄漏的堵漏作业	*	
12	管道粘结剂	小空洞或砂眼的堵漏	*	
注："*"表示由单位根据实际需要进行配置，本标准不作规定。				

表 14　第一类危险化学品单位输转物资配备要求

序号	物资名称	主要用途或技术要求	配备	备注
1	输转泵	吸附、输转各种液体；易燃易爆场所应为防爆	1 台	
2	有毒物质密封桶	装载有毒有害物质；防酸碱，耐高温	2 个	
3	吸附垫、吸附棉	小范围内吸附酸、碱和其他腐蚀性液体	2 箱	
4	集污袋	装载有害物质	2 只	

表 15　第一类危险化学品单位洗消物资配备要求

序号	物资名称	主要用途或技术要求	配备	备注
1	强酸、碱清洗剂	手部或身体小面积部位的洗消	5 瓶	酸碱环境下配备
2	强酸、碱洗消器	化学灼伤部位的洗消	2 只	酸碱环境下配备
3	洗消帐篷	消防人员洗消；配有电动充气泵、喷淋、照明等系统	1 套	
4	洗消粉	按比例与水混合后，对人体、物品和场地的降毒洗消	*	
注："*"表示由单位根据实际需要进行配置，本标准不作规定。				

表 16　第一类危险化学品单位排烟照明器材配备要求

序号	物资名称	主要用途或技术要求	配备	备注
1	移动式排烟机	灾害现场的排烟和送风，配有相应口径的风管	1 台	
2	坑道小型空气输送机	缺氧空间作业，排风量符合常用救灾的要求	*	
3	移动照明灯组	灾害现场的作业照明，照度符合作业要求	1 套	
4	移动发电机	灾害现场等电器设备的供电	2 台	
注："*"表示由单位根据实际需要进行配置，本标准不作规定。				

表 17 第一类危险化学品单位其他物资配备要求

序号	物资名称	主要用途或技术要求	配备	备注
1	心肺复苏人体模型	急救训练用	1套	
2	空气充填泵	现场为空气呼吸器储气瓶充气	1套	

表 18 第二类危险化学品单位抢险救援物资配备要求

序号	种类	物资名称	主要用途或技术要求	配备	备注
1	侦检	有毒气体探测仪	具备自动识别、防水、防爆性能，能探测有毒、有害气体及氧含量	2台	根据企业有毒有害气体的种类配备
2	侦检	可燃气体检测仪	检测事故现场易燃易爆气体；可检测多种易燃易爆气体的浓度	2台	根据企业可燃气体的种类配备
3	警戒	各类警示牌	灾害事故现场警戒警示	1套	
4	警戒	隔离警示带	灾害事故现场警戒，双面反光	5盘	备用2盘
5	灭火	移动式消防炮	扑救可燃化学品火灾	1个	
6	灭火	水带	消防用水的输送	1 200米	
7	灭火	常规器材工具,扳手、水枪等	按所配车辆技术标准要求配备	1套	扳手、水枪、分水器、接口、包布、护桥等常规器材工具
8	通信	移动电话	易燃易爆环境应防爆	2部	
9	通信	对讲机	易燃易爆环境应防爆	2台	
10	救生	缓降器	高处救人和自救；安全负荷不低于1 300 N,绳索防火、耐磨	2套	
11	救生	逃生面罩	灾害事故现场被救人员呼吸防护	10个	备用5个
12	救生	折叠式担架	运送事故现场受伤人员，为金属框架,高分子材料表面质材,便于洗消,承重不小于100 kg	1架	
13	救生	救援三脚架	金属框架,配有手摇式绞盘,牵引滑轮最大承载2 500 N,绳索长度不小于30 m	1个	
14	救生	救生软梯	登高救生作业	1个	
15	救生	安全绳	长度50 m	2组	
16	救生	医药急救箱	盛放常规外伤和化学伤害急救所需的敷料、药品和器械等	1个	

表 18（续）

序号	种类	物资名称	主要用途或技术要求	配备	备注
17	破拆	液压破拆工具组	灾害现场破拆作业	1套	根据企业实际情况选择其中一项
18		无齿锯	切割金属和混凝土材料		
19		手动破拆工具组	灾害现场破拆作业		
20	堵漏	木制堵漏楔	各类孔洞状较低压力的堵漏作业。经专门绝缘处理，防裂，不变形	1套	每套不少于28种规格
21		无火花工具	易燃易爆事故现场的手动作业，铜制材料	1套	
22		粘贴式堵漏工具	各种罐体和管道表面点状、线状泄漏的堵漏作业；无火花材料	*	
23		注入式堵漏工具	阀门或法兰盘堵漏作业；无火花材料；配有手动液压泵，泵缸压力≥74 MPa，使用温度－100 ℃～400 ℃	*	
24	输转	输转泵	吸附、输转各种液体，安全防爆	1台	
25		有毒物质密封桶	装载有毒有害物质，可防酸碱，耐高温	1个	
26		吸附垫	小范围内的吸附酸、碱和其他腐蚀性液体	2箱	
27	洗消	洗消帐篷	消防人员洗消；配有电动充气泵、喷淋、照明等系统	1顶	
28	排烟照明	移动式排烟机	灾害现场的排烟和送风，配有相应口径的风管	1台	
29		移动照明灯组	灾害现场的作业照明，照度符合作业要求	1组	
30		移动发电机	灾害现场等的照明	*	
31	其他	水幕水带	阻挡或稀释有毒和易燃易爆气体或液体蒸气	1套	
注："＊"表示由单位根据实际需要进行配置，本标准不作规定。						

8 其他配备要求

8.1 危险化学品单位,除作业场所和应急救援队伍外的其他部门应根据应急响应过程中所承担的职责配备相应的应急救援物资。

8.2 沿江河湖海的危险化学品单位应配备水上灭火抢险救援、水上泄漏物处置和防汛排涝物资。

8.3 除作业场所的应急救援物资外的其他应急救援物资,可由危险化学品单位与其周边其他相关单位或应急救援机构签订互助协议,并能在这些单位或机构接到报警后 5 min 内到达现场,可作为本单位的应急救援物资。

9 管理和维护

9.1 危险化学品单位应建立应急救援物资的有关制度和记录:
——物资清单;
——物资使用管理制度;
——物资测试检修制度;
——物资租用制度;
——资料管理制度;
——物资调用和使用记录;
——物资检查维护、报废及更新记录。

9.2 应急救援物资应明确专人管理;严格按照产品说明书要求,对应急救援物资进行日常检查、定期维护保养;应急救援物资应存放在便于取用的固定场所,摆放整齐,不得随意摆放、挪作他用。

9.3 应急救援物资应保持完好,随时处于备战状态;物资若有损坏或影响安全使用的,应及时修理、更换或报废。

9.4 应急救援物资的使用人员,应接受相应的培训,熟悉装备的用途、技术性能及有关使用说明资料,并遵守操作规程。

附 录 A
（规范性附录）
危险化学品单位类别划分方法

危险化学品单位类别根据从业人数、营业收入和危险化学品重大危险源级别划分,见表A.1。

表 A.1 危险化学品单位类别划分依据

企业规模	危险化学品重大危险源级别			
	一级危险化学品重大危险源	二级危险化学品重大危险源	三级危险化学品重大危险源	四级危险化学品重大危险源
从业人数 300 人以下或营业收入 2 000 万元以下	第二类危险化学品单位	第三类危险化学品单位	第三类危险化学品单位	第三类危险化学品单位

表 A.1(续)

企业规模	危险化学品重大危险源级别			
	一级危险化学品重大危险源	二级危险化学品重大危险源	三级危险化学品重大危险源	四级危险化学品重大危险源
从业人数 300 人以上 1 000 人以下或营业收入 2 000 万元以上 40 000 万元以下	第二类危险化学品单位	第二类危险化学品单位	第二类危险化学品单位	第三类危险化学品单位
从业人数 1 000 人以上或营业收入 40 000 万元以上	第一类危险化学品单位	第二类危险化学品单位	第二类危险化学品单位	第二类危险化学品单位

注 1：表中所称的"以上"包括本数，所称的"以下"不包括本数。
注 2：没有危险化学品重大危险源的危险化学品单位可作为第三类危险化学品单位。

参 考 文 献

[1] GB 18218　危险化学品重大危险源辨识
[2] GA 621　消防员个人防护装备配备标准
[3] GA 622　消防特勤队(站)装备配备标准
[4] AQ/T 9002　生产经营单位安全生产事故应急预案编制导则
[5] 危险化学品重大危险源监督管理暂行规定　安全监管总局令(2011)第 40 号　安全监管总局
[6] 中小企业划型标准规定　工信部联企业(2011)300 号　工业和信息化部、国家统计局、发展改革委和财政部

化学品安全技术说明书编写指南
(GB/T 17519—2013)

前　言

本标准按照 GB/T 1.1—2009 给出的规则起草。

本标准代替 GB/T 17519.2—2003《化学品安全资料表　第 2 部分：编写细则》，与 GB/T 17519.2—2003 相比，主要技术变化如下：

——标准名称改为《化学品安全技术说明书编写指南》；
——对格式和书写要求进行了修改（见第 4 章、第 5 章，2003 年版的第 3 章）；
——针对化学品安全技术说明书（Safety data sheet for chemical products，SDS）16 部分及其各小项内容的编写提出了更详细的要求（见第 3 章，2003 年版的第 4 章）；
——增加了《全球化学品统一分类和标签制度（全球统一制度）》(GHS)分类和标签要素（见 3.2.2、3.2.3）；
——调整了化学品安全技术说明书样例（见附录 A，2003 年版的附录 A）；
——增加了化学品安全技术说明书编写参考数据源（见附录 B）。

本标准由中国石油和化学工业联合会提出。

本标准由全国化学标准化技术委员会（SAC/TC 63）归口。

本标准负责起草单位：国家安全生产监督管理总局化学品登记中心。

本标准参加起草单位：中国化工经济技术发展中心、上海化工研究院、中国石油化工股份有限公司青岛安全工程研究院、中国检验检疫科学研究院。

本标准主要起草人：李运才、杨建海、李永兴、杨一、李晞、郭宗舟、陈军、陈金合。

本标准所代替标准的历次版本发布情况为：

——GB/T 17519.2—2003。

引　言

GB/T 17519.2—2003《化学品安全资料表　第 2 部分：编写细则》为 GB/T 17519.1—1998《化学品安全资料表　第 1 部分　内容和项目顺序》的配套标准，该标准规定了 SDS 的具体编写细则和固定格式。2008 年，GB/T 16483—2008《化学品安全技术说明书　内容和项目顺序》发布实施，内容与被代替标准 GB/T 17519.1—1998 和 GB 16483—2000《化学品安全技术说明书　编写规定》相比有较大改变，因此 GB/T 17519.2—2003 已不能适应 GB/T 16483—2008 对 SDS 编制的要求。本标准 GB/T 17519—2013《化学品安全技术说明书编写指南》（以下简称《编写指南》）为 GB/T 17519.2—2003 的修订版，是 GB/T 16483 的配套实施标准。

本修订标准参考 GHS 第四修订版、欧盟化学品管理局《化学品安全技术说明书编写指南》(1.1 版-2011.12)、美国国家标准 ANSI Z400.1/Z 129.1—2010《工作场所有害化学品　危害评估、安全技术说明书和安全标签的编写》和日本化学工业协会《GHS 应对指南　标签·化学品安全技术说明书编制指南》(2008年第2次修订版)等与编制SDS有关的国际和发达国家(地区)的法规、标准和指南文件,结合国内编制SDS的实际需要,进一步细化GB/T 16483对编制SDS提出的规定和要求,力求对SDS编制的规范性、准确性和完整性起指导作用。

1 范围

本标准规定了SDS中16个部分内容的编写细则、SDS的格式、SDS的书写要求和计量单位要求。

本标准适用于SDS的编制。

2 规范性引用文件

下列文件对于本文件的应用是必不可少的。凡是注日期的引用文件,仅注日期的版本适用于本文件。凡是不注日期的引用文件,其最新版本(包括所有的修改单)适用于本文件。

GB 3100～3102 量和单位
GB 4839 农药中文通用名称
GB/T 11651 个体防护装备选用规范
GB 12268 危险货物品名表
GB 15258 化学品安全标签编写规定
GB/T 16483 化学品安全技术说明书 内容和项目顺序
GB/T 18664 呼吸防护用品的选择、使用与维护
GB 20576 化学品分类、警示标签和警示性说明安全规范 爆炸物
GB 20577 化学品分类、警示标签和警示性说明安全规范 易燃气体
GB 20578 化学品分类、警示标签和警示性说明安全规范 易燃气溶胶
GB 20579 化学品分类、警示标签和警示性说明安全规范 氧化性气体
GB 20580 化学品分类、警示标签和警示性说明安全规范 压力下气体
GB 20581 化学品分类、警示标签和警示性说明安全规范 易燃液体
GB 20582 化学品分类、警示标签和警示性说明安全规范 易燃固体
GB 20583 化学品分类、警示标签和警示性说明安全规范 自反应物质
GB 20584 化学品分类、警示标签和警示性说明安全规范 自热物质
GB 20585 化学品分类、警示标签和警示性说明安全规范 自燃液体
GB 20586 化学品分类、警示标签和警示性说明安全规范 自燃固体
GB 20587 化学品分类、警示标签和警示性说明安全规范 遇水放出易燃气体的物质
GB 20588 化学品分类、警示标签和警示性说明安全规范 金属腐蚀物
GB 20589 化学品分类、警示标签和警示性说明安全规范 氧化性液体
GB 20590 化学品分类、警示标签和警示性说明安全规范 氧化性固体
GB 20591 化学品分类、警示标签和警示性说明安全规范 有机过氧化物
GB 20592 化学品分类、警示标签和警示性说明安全规范 急性毒性
GB 20593 化学品分类、警示标签和警示性说明安全规范 皮肤腐蚀/刺激
GB 20594 化学品分类、警示标签和警示性说明安全规范 严重眼睛损伤/眼睛刺

激性

　　GB 20595　化学品分类、警示标签和警示性说明安全规范　呼吸或皮肤过敏

　　GB 20596　化学品分类、警示标签和警示性说明安全规范　生殖细胞突变性

　　GB 20597　化学品分类、警示标签和警示性说明安全规范　致癌性

　　GB 20598　化学品分类、警示标签和警示性说明安全规范　生殖毒性

　　GB 20599　化学品分类、警示标签和警示性说明安全规范　特异性靶器官系统毒性一次接触

　　GB 20601　化学品分类、警示标签和警示性说明安全规范　特异性靶器官系统毒性反复接触

　　GB 20602　化学品分类、警示标签和警示性说明安全规范　对水环境的危害

　　GBZ 2.1　工作场所有害因素职业接触限值　第1部分:化学有害因素

　　GBZ/T 195　有机溶剂作业场所个人职业病防护用品使用规范

　　ISO 1750　农药和其他农用化学品　通用名称(Pesticides and other agrochemicals—Common names)

　　《关于危险货物运输的建议书　规章范本》(UN Recommendations on theTransport of Dangerous Goods—Model Regulations)(联合国危险货物运输专家委员会)

　　《国际海运危险货物规则》(International Maritime Dangerous Goods Code)(国际海事组织)

3　编写要点

3.1　化学品及企业标识

3.1.1　化学品标识

化学品标识的填写应遵循以下原则:

　　a)　标明化学品的中文名称和英文名称。中英文名称应与标签上的名称一致。化学品属于物质的可填写其化学名称或常用名(俗名);属于混合物的可填写其商品名称或混合物名称;属于农药的应填写其通用名称。建议同时标注供应商为该化学品编写的产品代码。

　　b)　中文化学名称应按照中国化学会推荐使用的无机化学命名原则和有机化学命名原则确定;英文化学名称应按照国际纯化学和应用化学联合会(IUPAC)推荐使用的 IUPAC 命名法确定。英文化学名称过长可使用其缩写,但应在 SDS 的第3部分——成分/组成信息中给出其全称。

　　c)　农药的中英文通用名称应分别按照 GB 4839 和 ISO 1750 填写。

3.1.2　企业标识

应详细标明供应商的名称、地址、电话号码和电子邮件地址。编写时应注意:

　　a)　地址应完整,包括省(直辖市、自治区)、市、区(县)和街道名称,门牌号码,以及邮政编码。

　　b)　所提供的电话号码(可同时提供传真电话号码),应为供应商 SDS 责任部门的电话号码。

　　c)　所提供的电子邮件地址,应为供应商 SDS 责任部门的电子邮件地址。电子邮件地

址宜设为专用和共用(非个人),以方便多人使用和核查(例如:SDS@companyX.com)。

3.1.3 应急咨询电话

编写本项时应注意:

a) 应提供供应商的 24 h 化学事故应急咨询电话或供应商签约委托机构的 24 h 化学事故应急咨询电话。

b) 对于国外进口的化学品,应提供至少 1 家中国境内的 24 h 化学事故应急咨询电话。

3.1.4 化学品的推荐用途和限制用途

本项的填写内容包括:

a) 提供化学品的推荐或预期用途,包括其实际应用的简要说明,如用作阻燃剂、用作抗氧化剂等。

b) 应尽可能说明化学品的使用限制,包括非法定的供应商建议的使用限制。

3.2 危险性概述

3.2.1 紧急情况概述

紧急情况概述描述在事故状态下化学品可能立即引发的严重危害,以及可能具有严重后果需要紧急识别的危害,为化学事故现场救援人员处置时提供参考。编写本项应注意的事项如下:

a) 本项应置于 SDS 第 2 部分——危险性概述的起始位置,可使用醒目字体或加边框。

b) 必要时,描述化学品的物理状态等,例如颜色、形状、气味,以及蒸气的颜色等。

c) 化学品的以下性质(但不限于),可作为事故状态下可能立即引发严重危害或具有严重后果需要紧急识别的危害列入本项:

   1) 化学品具有易燃易爆特性;
   2) 化学品具有重大或特殊的火灾或爆炸危险性(如可扩散到点火源,能够形成爆炸性混合物,可燃粉尘爆炸危险等);
   3) 属于氧化剂、有机过氧化物、自燃物;
   4) 化学品不稳定(反应)或遇水反应;
   5) 可引发重大反应性危害(例如与水或有机物发生失控反应,自然分解等);
   6) 在压力状态下搬运或处置化学品(例如压缩气体、液化气体等);
   7) 化学品的使用过程产生危害(例如加热过程发生热烧伤,加工过程释放有害化学品或产生其他危害);
   8) 属于剧毒或有毒化学品,进入人体(如吸入)后产生严重危害(如为强烈的中枢神经系统抑制剂,可引起中毒性肺水肿等);
   9) 接触后必须立即进行特殊医疗救治(例如接触氢氟酸、氰化物中毒等);
   10) 化学品能引起组织灼伤(例如对皮肤、眼睛和呼吸道具有腐蚀作用);
   11) 化学品对眼和(或)皮肤有强烈刺激性;
   12) 化学品对皮肤或呼吸道有致敏性;
   13) 化学品属于确认、可能或可疑致癌物(例如 GHS 分类为类别 1A、类别 1B 或

类别2致癌物;国际癌症研究机构(LARC)分类为G1、G2A或G2B类致癌物);

14) 化学品对水生生物有高毒性(例如在低浓度下能够导致鱼、藻或溞类等水生生物死亡);

15) 化学品具有环境持久性[例如多氯联苯(PCB)、汞等]。

示例:

> 紧急情况概述:
> 无色液体,遇水剧烈反应产生有毒和腐蚀性蒸气。对身体各部位组织有强烈腐蚀性。食入或吸入可致死。过量接触后需采取特殊急救措施和进行医疗随访。本品不燃,但可与多数金属反应产生可燃性气体。

3.2.2 危险性类别

编写本项时应注意的事项有:

a) 填写依据相关国家标准(见GB 20576~GB 20599,GB 20601,GB 20602等)对化学品进行危险性分类的结果。对于国家有关目录已经统一分类的化学品,其危险性分类应采用目录分类的结果。

b) 应根据危险性分类结果,标明化学品的物理、健康和环境危害的危险性种类和类别。

示例:

GHS危险性类别:

易燃液体 类别2

急性毒性-经口 类别3

急性毒性-经皮 类别3

急性毒性-吸入 类别3

特异性靶器官系统毒性-一次接触 类别1

对水环境的危害-急性毒性 类别1

3.2.3 标签要素

编写本项时应注意:

a) 根据分类提供适当的标签要素。

b) 提供的标签要素应符合GB 20576~GB 20599,GB 20601,GB 20602及GB 15258等标准的相关规定。

c) SDS标签要素的内容应与化学品安全标签上的要素内容一致。

示例:

标签要素:

象形图:

信号词:危险。

危险性说明:极易燃液体和蒸气,食入致死,对水生生物毒性非常大。

防范说明:

预防措施:
—— 远离热源、火花、明火、热表面。使用不产生火花的工具作业。
—— 保持容器密闭。
—— 采取防止静电措施,容器和接收设备接地、连接。
—— 使用防爆电器、通风、照明及其他设备。
—— 戴防护手套、防护眼镜、防护面罩。
—— 操作后彻底清洗身体接触部位。
—— 作业场所不得进食、饮水、吸烟。
—— 禁止排入环境。

事故响应:
—— 皮肤(或头发)接触:立即脱掉所有被污染的衣着,用水冲洗皮肤、淋浴。
—— 食入:催吐,立即就医。
—— 收集泄漏物。
—— 火灾时,使用干粉、泡沫、二氧化碳灭火。

安全储存:
—— 在阴凉、通风良好处储存。
—— 上锁保管。

废弃处置:
—— 本品或其容器采用焚烧法处置。

3.2.4 物理和化学危险

简要描述化学品潜在的物理和化学危险性,例如燃烧爆炸的危险性、金属腐蚀性等。填写本项内容时注意与 SDS 第 2 部分——危险性概述中的紧急情况概述和危险性类别项,第 9、10 等部分的相关内容相对应。

3.2.5 健康危害

编写本项时应注意的事项有:

a) 提供的信息为人接触化学品后所引起的有害健康影响(包括人接触化学品后出现的症状、体征,以及能够加重病情的原有疾患等);或外推及人很可能出现同样有害影响的非人类研究结果。支持性毒理学和流行病学等资料和数据宜在 SDS 的第 11 部分——毒理学信息中描述。

b) 本项内容宜包括以下要素:
 1) 接触途径(如吸入、皮肤接触、眼睛接触、食入);
 2) 接触的频率和持续时间(如一次、反复、终生);
 3) 有害影响的严重程度(如轻度、中度或重度);
 4) 靶器官(如肝脏、肾脏、肺、皮肤等);
 5) 效应的类型(如刺激、皮肤过敏反应、出生缺陷、肿瘤、血液影响等);
 6) 接触后出现的症状和体征;
 7) 已知接触后能导致病情加重的疾患;
 8) 能够增强毒性的与其他化学品的交互作用(例如甲基乙基酮能够增强正己烷的神经毒性)。

c) 对于混合物中能引起危害的特定成分,可在本项或 SDS 的其他部分(例如第 11 部分)中说明。

d) 如果资料表明化学品没有显著的健康影响,可在本项或 SDS 的第 11 部分内说明。

示例:

健康危害:

吸入:可经肺部迅速吸收。可引起肝、肾损害。过量吸入可引起中枢神经系统抑制,出现倦睡、意识障碍。引起心律不齐。

食入:食入无毒。

慢性影响:长期或反复过量接触,可引起肝、肾损害。动物研究显示有致癌性。IARC 列为可能致癌物(G2A)。大鼠试验未发现有显著生殖毒性。

皮肤:长期接触可引起皮肤刺激。一次或长期接触未见引起本品有害剂量的皮肤吸收。

眼睛:可引起轻度刺激。

症状和体征:眼和皮肤刺激见发红、肿胀;倦睡或意识障碍;心律不齐;肾损害可见尿量和尿液外观改变,水肿(体液蓄积);肝损害可见食欲不振、黄疸(皮肤发黄),偶见上腹疼痛。

3.2.6 环境危害

编写本项应注意的事项有:

a) 描述化学品的显著环境危害,语言简洁易懂。有关支持性资料或数据,可在 SDS 的第 12 部分——生态学信息中提供。

b) 混合物中能引起环境危害的特定成分,可在本项或 SDS 第 12 部分中说明。

c) 如果资料表明化学品没有显著的环境影响,可在本项或 SDS 第 12 部分中说明。

示例 1:

对水生生物有毒。可能对水生环境造成长期有害影响。

示例 2:

藻类试验未发现有显著毒性效应。

3.2.7 其他危害

本项应描述 GHS 危险性分类没有包括的其他危害特性(这些危害特性也可在 SDS 第 2 部分的物理和化学危险、健康危害或环境危害项中分别表述)。以下 GHS 没有包括的危险特性(但不限于),可在本项内表述:

a) 物理和化学危险:粉尘爆炸。

b) 健康危害:窒息、冻伤、交叉致敏、光毒性反应。

c) 环境危害:属于持久性、生物累积性和毒性(PBT)化学品或高持久性和高生物累积性(vPvB)化学品,内分泌干扰物,粉尘污染,恶臭污染,淬火或加工过程中产生的空气污染物,光化学臭氧生成潜势,对土壤生物的危害。

示例:

其他危害:

本品属于高持久性和高生物累积性(vPvB)物质。

3.3 成分/组成信息

3.3.1 物质

属于物质填写时应注意:

a) 按照 3.1.1 的要求注明物质的名称。

b) 提供物质的美国化学文摘登记号(CAS 号)及其他标识符。

c) 应列明包括对该物质的危险性分类产生影响的杂质和稳定剂在内的所有危险组分的名称,以及浓度或浓度范围。

3.3.2 混合物

属于混合物填写时应注意:

a) 不必列明混合物的所有组分。
b) 如果按照 GHS 标准被分类为危险的组分,且其含量等于或大于浓度限值(见表 1),应列出其名称、浓度或浓度范围。

表 1 混合物健康及环境危害组分浓度限值

危险性种类		浓度限值%
急性毒性		≥1.0
皮肤腐蚀/刺激		≥1.0
严重眼睛损伤/眼睛刺激性		≥1.0
呼吸或皮肤过敏		≥0.1
生殖细胞突变性	类别 1	≥0.1
	类别 2	≥1.0
致癌性		≥0.1
生殖毒性		≥0.1
特异性靶器官系统毒性——次接触		≥1.0
特异性靶器官系统毒性-反复接触		≥1.0
吸入危害	类别 1	≥10 和运动黏度≤20.5 mm^2/s(40℃)
	类别 2	≥10 和运动黏度≤14 mm^2/s(40℃)
对水环境的危害		≥1.0

c) 按照 3.1.1 的要求提供列出组分物质的名称。
d) 按照递减顺序标注组分的质量或体积分数或浓度范围。
e) 除保密组分外,应提供列出组分的美国化学文摘登记号(CAS 号)及其他标识符。

示例:

第 3 部分 成分/组成信息

组 分	浓度或浓度范围(质量分数,%)	CASNo.
×××××	5~10	×××-××-×
×××××	1~5	×××-××-×
×××××	1~5	××××-××-×

f) 对于混合物中供应商需要保密的组分,根据需要保密的具体情况,组分的真实名称、CAS 号可不写,但应在 SDS 的相关部分列明其危险性。

3.4 急救措施
3.4.1 急救措施的描述
编写本项应注意的事项有:
    a) 根据化学品的不同接触途径,按照吸入、皮肤接触、眼睛接触和食入的顺序,分别描述相应的急救措施。如果存在除中毒、化学灼伤外必须处置的其他损伤(例如低温液体引起的冻伤,固体熔融引起的烧伤等),也应说明相应的急救措施。

示例:

急救:

吸入:迅速脱离现场至空气新鲜处。保持呼吸道通畅。如呼吸困难,给输氧。呼吸、心跳停止,立即进行心肺复苏术。立即就医。

皮肤接触:立即脱去污染的衣着,用大量流动清水彻底冲洗,冲洗时间至少 15 min。立即就医。

眼睛接触:立即分开眼睑,用流动清水或生理盐水彻底冲洗,冲洗时间一般为 5 min~10 min。立即就医。

食入:漱口,禁止催吐。立即就医。

    b) 所提出的急救措施,应与 SDS 的第 2 部分中健康危害项的内容相互对应。
    c) 所提出的急救措施,应与标签上描述的急救措施保持一致。
    d) 急救措施应由医学专业人员根据化学品的健康危害特性,逐一评估、确定。
    e) 应就以下事项(但不限于)提出建议:
        1) 是否应将接触者从现场转移至空气新鲜处;
        2) 是否需要脱去接触者的衣着和对污染衣着进行处置;
        3) 是否需要清除身体接触的毒物,如体表污染毒物或食入毒物的清除;
        4) 是否需要立即就医。

3.4.2 最重要的症状和健康影响
简要说明接触化学品后可能出现的急性和迟发性效应,应描述最重要的症状和健康影响。

3.4.3 对保护施救者的忠告
必要时,应就施救人员的自我保护提出建议。

示例:

对保护施救者的忠告:进入事故现场应佩戴携气式呼吸防护器。

3.4.4 对医生的特别提示
适当时,作为对医生的特别提示应就迟发性效应的临床检查和医学监护、特殊解毒剂的使用及禁忌证、药品禁忌、气道正压通气的使用、是否需要洗胃等作出说明。不宜使用"无特效解毒剂"等词语,以免引起中毒患者对化学品毒性的焦虑和误解。

本项内容应由医学专业人员评估、确定。

示例1:

对医生的特别提示:禁止使用肾上腺素。

示例2:

对医生的特别提示:本品无胆碱酯酶抑制作用,阿托品和肟类药物不能作为本品中毒的解毒剂使用。

3.5 消防措施
3.5.1 灭火剂
本项内容包括:
    a) 适用灭火剂:使用简洁的语言标明适用的灭火剂。适用灭火剂的选用可参考有关专业书籍;部分化学品火灾适用灭火剂的选用参见 GB 17914、GB 17915 和 GB 17916。

示例 1:

使用泡沫、CO_2 或干粉灭火。

b) 不适用灭火剂:注明不适用的灭火剂,包括那些可能与着火物质发生化学反应或急剧的物理变化而导致其他危害的灭火剂(如某些物质遇水反应释放出可燃或有毒气体)。建议填写灭火剂不适用的原因。

示例 2:

用水灭火无效。

示例 3:

避免使用直流水灭火,直流水可能导致可燃性液体的飞溅,使火势扩散。

3.5.2 特别危险性

本项应提供在火场中化学品可能引起的特别危害方面的信息。例如:

a) 化学品燃烧可能产生的有毒有害燃烧产物。
b) 遇高热容器内压缩气体(或液体)急剧膨胀,或发生物料聚合放出热量,导致容器内压增大引起开裂或爆炸。

示例:

特别危险性:燃烧产生有毒的硫或氮的氧化物气体。

3.5.3 灭火注意事项及防护措施

本项提供的信息应包括:

a) 灭火过程中采取的保护行动。例如隔离事故现场,禁止无关人员进入;消防人员应在上风向灭火;喷水冷却容器等。
b) 消防人员应穿戴的个体防护装备。包括消防靴、消防服、消防手套、消防头盔,以及呼吸防护装备(如携气式呼吸器)等。
c) 在填写本项时,应包括泄漏物和消防水对水源和土壤污染的可能性,以及减少这些环境污染应采取的措施等方面的信息。

3.6 泄漏应急处理

3.6.1 人员防护措施、防护装备和应急处置程序

包括:

a) 非应急人员穿戴的防护装备(参见 SDS 第 8 部分)。
b) 应急人员穿戴的防护装备。
c) 火源控制措施。
d) 现场警戒区的划定及人员疏散。
e) 泄漏源控制措施。
f) 泄漏物的控制等。

示例:

人员防护措施、防护装备和应急处置程序:

消除所有点火源;

根据液体流动和蒸气扩散的影响区域划定警戒区,无关人员撤离至安全区;

建议应急处理人员戴正压携气式呼吸器,穿防静电服,戴橡胶耐油手套;

作业时使用的所有设备应接地;

禁止接触或跨越泄漏物；
尽可能切断泄漏源。

3.6.2 环境保护措施

提出与化学品意外泄漏事故有关的环境保护措施建议。

示例：

环境保护措施：本品为水污染物，防止进入下水道、地表水和地下水。

3.6.3 泄漏化学品的收容、清除方法及所使用的处置材料

提出收容和清除泄漏物的方法及所使用处置材料的有关建议：

a) 收容方法：包括筑堤堵截，用防爆泵转移等。
b) 清除方法：包括中和、净化、吸附、洗消等。
c) 收容或清除设备的使用（包括使用不产生火花的工具和设备）。
d) 与泄漏处置有关的其他问题，例如不宜采用的收容或清除技术。

示例：

泄漏化学品的收容、清除方法及所使用的处置材料：

小量泄漏：用活性炭或其他惰性材料吸附。

大量泄漏：构筑围堤或挖坑收容。用泡沫覆盖，抑制蒸发。用防爆泵转移至槽车或专用收集器内，回收或运至废物处理场所处置。

3.6.4 防止发生次生灾害的预防措施

包括消除点火源，防止泄漏物进入下水道和地下室等。

3.7 操作处置与储存

3.7.1 操作处置

本项填写内容包括：

a) 就化学品安全处置的注意事项和措施提出建议。包括：
   1) 防止人员接触化学品：应填写除 SDS 第 8 部分——接触控制/个体防护要求填写内容以外的防止人员接触的注意事项和措施。个体防护等措施可在此项内注明"参见 SDS 的第 8 部分"。
   2) 防火防爆：应填写防止火灾、爆炸等操作处置上的注意事项和措施。
   3) 局部或全面通风：填写在操作处置化学品时采用局部通风或全面通风措施的必要性。
   4) 防止产生气溶胶和粉尘：填写在操作处置化学品时防止产生气溶胶和粉尘的注意事项和措施。
   5) 防止接触禁配物（不相容物质或混合物）：填写防止直接接触禁配物的特殊处置注意事项。

b) 一般卫生要求建议。例如：
   1) 禁止在工作场所进饮食；
   2) 使用后洗手；
   3) 进入餐饮区前脱掉污染的衣着和防护装备。

示例：

操作处置：

密闭操作，防止蒸气泄漏到工作场所空气中；

避免眼和皮肤的接触,避免吸入蒸气,个体防护措施参见第8部分;

操作处置应在具备局部通风或全面通风换气设施的场所进行;

室外操作处置尽可能在上风向进行;

远离火种、热源,工作场所严禁吸烟;

使用防爆型的通风系统和设备;

灌装时应控制流速,且有接地装置,防止静电积聚;

避免与氧化剂接触;

使用后洗手,禁止在工作场所进饮食,进入餐饮区前脱掉污染的衣着和防护装备。

3.7.2 储存

编写本项时应注意:

a) 安全储存条件:填写该化学品适合的和应避免的储存条件,应符合下列要求:
   1) 所提出的安全储存条件应符合有关标准的规定。如:GB 15603、GB 17914、GB 17915 和 GB 17916 等。
   2) 在具体描述安全储存条件(适合的储存条件和不适合的储存条件)时,应考虑以下各项内容:
      ——库房及温湿度条件,包括要求库房阴凉、通风,库房温度、湿度不得超过某一规定数值等;
      ——安全设施与设备,包括防火、防爆、防腐蚀、防静电以及防止泄漏物扩散的措施;
      ——禁配物;
      ——添加抑制剂或稳定剂的要求;
      ——其他要求:包括储存仓库(或容器)的具体设计、储存限量等。

b) 包装材料:填写适合和不适合该化学品的包装材料。

示例:

储存:

储存于阴凉、通风良好的专用库房内;

通常加有稳定剂;

远离火种、热源;

库温不宜超过 37 ℃;

应与氧化剂、酸类、碱类分开存放,切忌混储;

采用防爆型照明、通风设施;

禁止使用易产生火花的机械设备和工具;

储区应备有泄漏应急处理设备和合适的收容材料。

3.8 接触控制和个体防护

3.8.1 职业接触限值

列出物质或混合物组分的职业接触限值。编写本项时应注意以下几点:

a) 准确填写 GBZ 2.1 的工作场所空气中化学物质容许浓度值,包括最高容许浓度(MAC)、时间加权平均容许浓度(PC-TWA)和短时间接触容许浓度(PC-STEL)。

b) 对于国内尚未制定职业接触限值的物质,可填写国外发达国家规定的该物质的职业接触限值。例如美国政府工业卫生学家会议(ACGIH)的阈限值(TLV),包括阈限值-时间加权平均浓度(TLV-TWA)、阈限值-短时间接触限值(TLV-STEL)

和阈限值-上限值(TLV-C)。
- c) 如果预计化学品的使用过程中能够产生其他空气污染物,应列出这些污染物的职业接触限值。
- d) 在填写职业接触限值时,应注意不要遗漏标识内容,以保持职业接触限值的完整性。例如 GBZ 2.1 使用的以下标识:
    1) 皮——表示该物质通过完整的皮肤吸收引起全身效应;
    2) 敏——表示该物质可能有致敏作用;
    3) G1、G2A、G2B——国际癌症研究机构(IARC)的致癌性分级。
- e) 列出职业接触限值的化学品的名称,应与 SDS 第 3 部分——成分/组成信息填写的名称一致。
- f) 如有可能,注明职业接触限值的出处和发布时间。

示例 1:

职业接触限值:

组分名称	标准来源	类型	标准值	备注
丙烯腈	GBZ 2.1—2007	PC-TWA	1 mg/m³	皮[a],G2B[b]
		PC-STEL	2 mg/m³	
[a] 皮——通过完整的皮肤吸收引起全身效应。 [b] G2B——国际癌症研究机构致癌性分级:可疑人类致癌物。				

示例 2:

职业接触限值:

组分名称	标准来源	类型	标准值	备注
二氯乙酸	ACGIH(2009)	TLV-TWA	0.5 ppm	皮[a],A3[b]
[a] 皮——经皮肤吸收可引起全身效应。 [b] A3——ACGIH 致癌性分类:确定的动物致癌物,但与人类的相关性未知。				

3.8.2 生物限值

列出物质或混合物组分的生物限值。编写本项时应注意以下几点:
- a) 准确填写国内已制定标准规定的生物限值。
- b) 对于国内未制定生物限值标准的物质,可填写国外尤其是发达国家规定的该物质的生物限值。
    例如 ACGIH 制定的生物限值(BEIs)。
- c) 列出的具有生物限值化学品的名称,应与 SDS 第 3 部分——成分/组成信息填写的名称一致。
- d) 如有可能,注明生物限值的出处和发布时间。

示例 1:

生物接触限值:

组分名称	标准来源	生物监测指标	生物限值	采样时间
甲苯	WS/T 110—1999	尿中马尿酸	1 mol/mol 肌酐(1.5 g/g 肌酐)或 11 mmol/L^a(2.0 g/L)	工作班末(停止接触后)
		终末呼出气甲苯	20 mg/m³	工作班末(停止接触后 15 min ~ 30 min)
			5 mg/m³	工作班前
^{a} 尿校正相对密度为 1.020。				

示例 2:
生物接触限值:

组分名称	标准来源	生物监测指标	生物限值	采样时间
二甲苯	ACGIH(2009)	尿中甲基马尿酸	1.5 g/g 肌酐	班末

3.8.3 监测方法

如有可能,提供职业接触限值和生物限值的监测方法,以及监测方法的来源。

示例:

监测方法:

空气中有毒物质测定方法:GBZ/T 160.42 中规定的溶剂解析-气相色谱法、热解析-气相色谱法、无泵型采样-气相色谱法。

生物监测检验方法:WS/T52 中规定的尿中马尿酸的分光光度测定法;WS/T 110 附录 A 中规定的呼出气中甲苯的气相色谱测定法。

3.8.4 工程控制

编写本项时应注意以下几点:

a) 应针对 SDS 第 1 部分——化学品及企业标识所述化学品的推荐用途,列明减少接触的工程控制方法。

b) 提出的工程控制措施,应符合国家有关标准的规定。如:GBZ 1、GBZ/T 194 等。

c) 注明在什么情况下需要采取特殊工程控制措施,并说明工程控制措施的类型。例如:

   1) 使用局部排风系统,保持空气中的浓度低于职业接触限值;
   2) 仅在密闭系统中使用;
   3) 仅在喷漆房内使用;
   4) 使用机械操作,减少人员与材料的接触;
   5) 采用粉尘爆炸控制措施。

d) 该项内容是对 SDS 第 7 部分内容的进一步补充。

3.8.5 个体防护装备

个体防护装备的使用应与其他控制措施(包括通风、密闭和隔离等)相结合,以将化学品接触引起疾患和损伤的可能性降至最低。本项应为个体防护装备的正确选择和使用提出建议。编写要点如下：
a) 个体防护装备的选择，应符合国家或行业的相关标准。包括：GB/T 11651、GB/T 18664 和 GBZ/T 195 等。
b) 根据化学品的危险特性和接触的可能性，提出推荐使用的个体防护装备。包括：
   1) 呼吸系统防护：根据化学品的形态（气体、蒸气、雾或尘）、危险特性及接触的可能性，具体填写类型合适的呼吸防护装备，例如过滤式呼吸器及合适的过滤元件（滤毒盒或滤毒罐）；
   2) 眼面防护：根据眼面部接触的可能性，具体说明所需眼面护品的类型；
   3) 皮肤和身体防护：根据化学品的危险特性及除手之外身体其他部位皮肤接触的可能性，具体说明需穿戴的个体防护装备[如防护服、防护鞋（靴）]的类型、材质等；
   4) 手防护：根据化学品的危害特性及手部皮肤接触的可能性，具体说明所需防护手套的类型、材质等。

示例：
个体防护装备：
呼吸系统防护：空气中浓度超标时，佩戴过滤式防毒面具，应急情况下佩戴携气式呼吸器。
眼面防护：戴防腐蚀液护目镜。
皮肤和身体防护：穿橡胶耐酸碱服。
手防护：戴橡胶耐酸碱手套。

3.9 理化特性

理化特性内容的编写应注意：
a) 对于混合物，在不能获取其整体理化特性信息的情况下，应填写混合物中对其危险性有贡献组分的理化特性。应明确注明相关组分的名称，并与 SDS 第 3 部分——成分/组成信息填写的名称保持一致。
b) 填写的各项理化特性应与 SDS 其他各相关部分核对，以确保在内容上相互对应。
c) 如果具体特性不适用或无资料，仍应将其列入 SDS，并注明"不适用"或"无资料"。
d) 除 GB/T 16483 中要求列出的理化特性外，如有与化学品安全使用有关的其他理化特性数据，也应列出。例如：
   1) 放射性；
   2) 体积密度；
   3) 热值；
   4) 挥发性有机化合物（VOC）含量；
   5) 软化点；
   6) 黏度；
   7) 挥发百分比；
   8) 饱和蒸气浓度（包括温度）；
   9) 升华点；
   10) 液体电导率；
   11) 金属腐蚀速率；

12) 粉尘粒径/粉尘分散度；
13) 最小点火能（MIE）；
14) 最小爆炸浓度（MEC）。

以上列出的各项如不适用或无资料，不必列入 SDS。

e) 必要时，应提供数据的测定方法和相关条件。例如：闪点：23 ℃（闭杯）；运动黏度：0.65 mm^2/s(25 ℃)。

3.10 稳定性和反应性

3.10.1 稳定性

描述在正常环境下和预计的储存和处置温度和压力条件下，物质或混合物是否稳定。说明为保持物质或混合物的化学稳定性可能需要使用的任何稳定剂。说明物质或混合物的外观变化有何安全意义。

3.10.2 危险反应

说明物质或混合物能否发生伴有诸如压力升高、温度升高、危险副产物形成等现象的危险反应。危险反应包括（但不限于）聚合、分解、缩合、与水反应和自反应等。应注明发生危险反应的条件。

3.10.3 应避免的条件

列出可能导致危险反应的条件，如热、压力、撞击、静电、震动、光照等。

3.10.4 禁配物

编写注意事项有以下几点：

a) 列出物质或混合物的禁配物。当物质或混合物与这些禁配物接触时，能发生反应而引发危险（例如爆炸、有毒或可燃物质的释放、大量热释放等）。禁配物可为某些类别的物质、混合物，或者特定物质，例如水、空气、酸、碱、氧化剂等。

b) 在确定禁配物时，应考虑在产品的储存、使用或运输中接触到的材料、容器或污染物。

c) 为避免禁配物列出过多，有些在任何情况下都不可能接触到的禁配物不必列出。有时可以使用列出物质类别（如"芳烃类溶剂"）的方法来代替列出类别中的每一种物质。

d) SDS 的第 7 部分——操作处置与储存也涉及禁配物，描述时应注意与该部分的相关内容保持一致。

3.10.5 危险的分解产物

列出已知和可合理预计会因使用、储存、泄漏或受热产生危险分解产物，例如可燃和有毒物质，窒息性气体等。分解产物一氧化碳、二氧化碳和水除外；有害燃烧产物应包括在第 5 部分消防措施中，不必在此项中列出。

示例：

第 10 部分 稳定性和反应性

稳定性：在正常环境温度下储存和使用，本品稳定。

危险反应：遇水或接触能与本品发生反应的物质，或温度超过 177 ℃，可引起聚合反应。聚合反应过程产生大量的二氧化碳和热，热积聚和压力升高可导致密封容器破裂。

应避免的条件：潮湿空气、高热和阳光直射。

禁配物：水、胺类、强碱、醇类和铜合金等。

危险分解产物：遇高热产生氰化氢、异氰酸酯、异氰酸和其他不明化合物。

3.11 毒理学信息

编写本部分应注意的事项包括：

a) 所提供的信息应能用来评估物质、混合物的健康危害和进行危险性分类。这些信息包括：
  1) 人类健康危害资料（例如流行病学研究、病例报告或人皮肤斑贴试验等）；
  2) 动物试验资料（例如急性毒性试验、反复染毒毒性试验等）；
  3) 体外试验资料（例如体外哺乳动物细胞染色体畸变试验、Ames试验等）；
  4) 结构-活性关系（SAR）[例如定量结构-活性关系（QSAR）]。

b) 为SDS的第2部分——危险性概述中的健康危害分类提供支持性毒理学信息。

c) 对于动物试验数据，应简明扼要地填写试验动物种类（性别），染毒途径（经口、经皮、吸入等）、频度、时间和剂量等方面的信息。对于中毒病例报告和流行病学调查信息，应分别描述。

d) 应按照不同的接触途径（例如吸入、皮肤接触、眼睛接触、食入）提供有关接触物质或混合物后引起毒性作用（健康影响）方面的信息。

e) 与物质或混合物的健康危害的危险性分类相对应，分别描述一次性接触、反复接触与连续接触所产生的毒性作用（健康影响）。迟发效应和即刻效应应分开描述。描述人接触化学品对健康的急慢性影响和症状；如不能获取人类资料，应使用动物试验资料概括说明化学品的毒性作用，但要标明试验动物的品种。应注明毒理学资料是基于人类还是动物试验资料。

f) 潜在的有害效应，应包括毒性试验值（急性毒性估计值等），毒性试验观察到的症状，以及其他毒理学特性。

g) 提供能够引起有害健康影响的接触剂量、浓度或条件方面的信息。如有可能，接触量（包括可能引起损害的接触时间）应与出现的症状和效应相联系。例如，"接触本品浓度10 mg/m³出现呼吸道刺激，250 mg/m³～300 mg/m³出现呼吸困难，500 mg/m³神志丧失，30 min后死亡"；"小剂量接触可出现头痛和眩晕，随病情进展出现昏厥或神志丧失，大剂量可导致昏迷甚至死亡"。

h) 如果有关试验或调查研究的资料为阴性结果，亦应填写。例如："大鼠致癌性试验研究结果表明，癌症的发病率没有明显增加"。

i) 在不能获得特定物质或混合物危险性数据的情况下，可酌情使用类似物质或混合物的相关数据。无论是不能获取数据或是使用类属物质或混合物的数据，都应清楚说明。

j) 如有可能，应提供物质相互作用方面的信息。

k) 不宜采用无数据支持的"有毒"或"如使用得当无危险"等一般性用语，因为这类用语易引起误解，且未对化学品的健康影响作出具体描述。如果没有获得健康影响方面的信息，应做出明确说明。应准确描述健康影响并作出相关区分，例如变应性接触性皮炎与刺激性接触性皮炎之间的区分。

l) 在物质或混合物的试验数据数量较大的情况下，宜摘要说明研究结果，例如按照接触途径。
- m) 混合物毒性作用(健康影响)的描述应注意以下问题:
    1) 对于某特定毒性作用,如果有混合物整体试验(观察)数据,应填写其整体数据;如果没有混合物整体试验(观察)数据,应填写 SDS 第 3 部分——成分/组成信息中列出组分的相关数据。
    2) 各组分在体内有可能发生相互作用,致使其吸收、代谢和排泄速率发生变化。因此,毒性作用可能发生改变,混合物的总毒性可能有别于其组分的毒性。在填写时应予考虑。
    3) 应考虑每种成分的浓度是否足以影响混合物的总毒性(健康影响)。应列出相关组分的毒性作用(健康影响)信息,但以下情况除外:
        ——如果组分间存在相同的毒性作用(健康影响),则不必将其重复列出。例如,在两种组分都能引起呕吐和腹泻的情况下,不必两次列出这些症状,总体描述这种混合物能够引起呕吐和腹泻即可。
        ——组分的存在浓度不可能引起相关效应。例如,轻度刺激物被无刺激性的溶液稀释降低到一定浓度,则整体混合物将不可能引起刺激。
        ——各组分之间的相互作用难以预测,因此在不能获取相互作用信息的情况下,不能任意假设,而应分别描述每种组分的毒性作用(健康影响)。
- n) 对于其他健康危害,即使 GHS 未作分类要求,也应在 SDS 的本部分中提供相关信息。

3.12 生态学信息

编写本部分应注意的事项包括:
- a) 应为 SDS 第 2 部分——危险性概述中的环境危害分类提供支持性信息。
- b) 对于试验资料,应清楚说明试验数据、物种、媒介、单位、试验方法、试验间期和试验条件等。
- c) 提供以下环境影响方面的摘要信息:
    1) 生态毒性:提供水生和(或)陆生生物的毒性试验资料。包括鱼类、甲壳纲、藻类和其他水生植物的急性和慢性水生毒性的现有资料;其他生物(包括土壤微生物和大生物),如鸟类、蜂类和植物等的现有毒性资料。如果物质或混合物对微生物的活性有抑制作用,应填写对污水处理厂可能产生的影响。
    2) 持久性和降解性:是指物质或混合物相关组分在环境中通过生物或其他过程(如氧化或水解)降解的可能性。如有可能,应提供有关评估物质或混合物相关组分持久性和降解性的现有试验数据。如填写降解半衰期,应说明这些半衰期是指矿化作用还是初级降解。还应填写物质或混合物的某些组分在污水处理厂中降解的可能性。
    对于混合物,如有可能应提供 SDS 第 3 部分——成分/组成信息中所列出组分持久性和降解性方面的信息。
    3) 潜在的生物累积性:应提供评估物质或混合物某些组分生物累积潜力的有关试验结果,包括生物富集系数(BCF)和辛醇/水分配系数(K_{ow})。
    对于混合物,如有可能应提供 SDS 第 3 部分——成分/组成信息中列出组分

　　　　潜在的生物累积性方面的信息。
　　4) 土壤中的迁移性:是指排放到环境中的物质或混合物组分在自然力的作用下迁移到地下水或排放地点一定距离以外的潜力。如能获得,应提供物质或混合物组分在土壤中迁移性方面的信息。物质或混合物组分的迁移性可经由相关的迁移性研究确定,如吸附研究或淋溶作用研究。吸附系数值(K_{oc}值)可通过K_{ow}推算;淋溶和迁移性可利用模型推算。对于混合物,如有可能应提供SDS第3部分——成分/组成信息中所列出组分土壤中的迁移性方面的信息。
　　5) 其他环境有害作用:如有可能,应提供化学品其他任何环境影响有关的资料,如环境转归、臭氧损耗潜势、光化学臭氧生成潜势、内分泌干扰作用、全球变暖潜势等。

示例:

第 12 部分　生态学信息

生态毒性:

斑马鱼 LC_{50}:>100 mg/L(96 h),OECD 203

大型溞 EC_{50}:12.5 mg/L(48 h),OECD 202

中肋骨条藻 IC_{50}:3230 mg/L(96 h),OECD 201

持久性和降解性:

生物降解性:0%(28 d),OECD 302 C

潜在的生物累积性:

辛醇/水分配系数:3.43(22 ℃)

土壤中的迁移性:

泄漏到潮湿土壤中迅速降解,预计不会在土壤中发生淋溶和吸附作用。

3.13　废弃处置

SDS 该部分的编写应注意:

a) 具体说明处置化学品及容器的方法,包括废弃化学品和被污染的任何包装物的合适处置方法(如焚烧、填埋或回收利用等)。

b) 说明影响废弃处置方案选择的废弃化学品的物理化学特性。

c) 应明确说明不得采用排放到下水道的方式处置废弃化学品。

d) 说明焚烧或填埋废弃化学品时应采取的任何特殊防范措施。

e) 有关从事废弃化学品处置或回收利用活动人员的安全防范措施,可参见 SDS 第 8 部分中的信息。

f) 提请下游用户注意国家和地方有关废弃化学品的处置法规。

示例:

第 13 部分　废弃处置

废弃处置前应参阅国家和地方有关法规。

废弃化学品:尽可能回收利用。如果不能回收利用,采用焚烧方法进行处置。焚烧本品时会产生氯化氢,应该与能够完全燃烧的溶剂、重油等燃料在焚烧炉中一起焚烧。尽可能维持高温焚烧;产生的尾气应该进行中和处理。

不得采用排放到下水道的方式废弃处置本品。

污染包装物:不得重复利用未经处置或废弃盛装过本品的空容器。如果要重复利用和废弃污染的空容器,应该彻底清洗,直到不存在本品为止;清洗液应该进行无害化处理。

3.14 运输信息

提供危险物质或混合物国际运输规定的编号与分类信息。根据需要,可区分陆运、内陆水运、海运、空运填写信息。

a) 联合国危险货物编号(UN 号):提供联合国《关于危险货物运输的建议书 规章范本》中的联合国危险货物编号(即物质或混合物的 4 位数字识别号码)。见 GB 12268。

b) 联合国运输名称:提供联合国《关于危险货物运输的建议书 规章范本》中的联合国危险货物运输名称。见 GB 12268。

c) 联合国危险性分类:提供联合国《关于危险货物运输的建议书 规章范本》中根据物质或混合物的最主要危险性划定的物质或混合物的运输危险性类别(和次要危险性)。见 GB 12268。

d) 包装类别:提供联合国《关于危险货物运输的建议书 规章范本》的包装类别。包装类别是根据危险货物的危险程度划定的。见 GB 12268。

e) 海洋污染物(是/否):注明根据《国际海运危险货物规则》物质或混合物是否为已知的海洋污染物。

f) 运输注意事项:为使用者提供应该了解或遵守的其他与运输或运输工具有关的特殊防范措施方面的信息,包括:

  1) 对运输工具的要求;
  2) 消防和应急处置器材配备要求;
  3) 防火、防爆、防静电等要求;
  4) 禁配要求;
  5) 行驶路线要求;
  6) 其他运输要求。

示例:

第 14 部分 运输信息

联合国危险货物编号(UN 号):1307

联合国运输名称:二甲苯

联合国危险性分类:3

包装类别:Ⅲ

海洋污染物(是/否):否

运输注意事项:

——运输时所用的槽(罐)车应有接地链,槽内可设孔隔板以减少震荡产生静电;
——装运该物品的车辆排气管必须配备阻火装置,禁止使用易产生火花的机械设备和工具装卸;
——严禁与氧化剂、食用化学品等混装混运;
——运输途中应防曝晒、雨淋,防高温,夏季最好早晚运输;
——中途停留时应远离火种、热源、高温区;
——公路运输时要按规定路线行驶,勿在居民区和人口稠密区停留;
——铁路运输时要禁止溜放;
——运输车辆应配备相应品种和数量的消防器材及泄漏应急处理设备。

3.15 法规信息

编写本部分时应注意:

a) 标明国家管理该化学品的法律(或法规)的名称,提供基于这些法律(或法规)管制该化学品的法规、规章或标准等方面的具体信息。

示例1:

第15部分 法规信息

下列法律、法规、规章和标准,对该化学品的管理作了相应的规定:

中华人民共和国职业病防治法:
职业病危害因素分类目录:属氰及腈类化合物,可能导致的职业病:氰及腈类化合物中毒
职业病目录:氰及腈类化合物中毒

危险化学品安全管理条例:
危险化学品目录:列入
GB 18218—2008《危险化学品重大危险源辨识》:类别:易燃液体,临界量(t):50
首批重点监管的危险化学品名录:列入
危险化学品环境管理登记办法(试行)

使用有毒物品作业场所劳动保护条例:
高毒物品目录:列入

化学品首次进口及有毒化学品进出口环境管理规定:
中国严格限制进出口的有毒化学品目录(2010年):列入

新化学物质环境管理办法:
中国现有化学物质名录:列入

b) 如果化学品已列入有关化学品国际公约的管制名单,应在SDS的本部分中说明。

示例2:
本品列入《鹿特丹公约》(附件三)

c) 提请下游用户注意遵守有关该化学品的地方管理规定。

d) 如果该化学品为混合物,则应提供混合物中相关组分的与上述a),b),c)项要求相同的信息。

3.16 其他信息

应提供SDS其他各部分没有包括的,对于下游用户安全使用化学品有重要意义的其他任何信息。例如:

a) 编写和修订信息:应说明最新修订版本与修订前相比有哪些改变。

示例1:
本修订版SDS对下述部分的内容进行了修订:
第9部分——理化特性;
第11部分——毒理学信息。

示例2:
鉴于有新的建议,对第8部分的个体防护要求进行了修订。

示例3:
第9部分——理化特性部分增加了pH值。

b) 缩略语和首字母缩写:列出编写SDS时使用的缩略语和首字母缩写,并作适当说明。

示例4:
缩略语和首字母缩写:
MAC:最高容许浓度(maximum allowable concentration,MAC)。指工作地点、在一个工作日内、任何时间有毒化学物质均不应超过的浓度。

PC-TWA:时间加权平均容许浓度(permissible concentration-time weighted average,PC-TWA)。指以时间为权数规定的 8 h 工作日、40 h 工作周的平均容许接触浓度。

PC-STEL:短时间接触容许浓度(permissible concentration-short term exposure limit,PC-STEL)。指在遵守 PCTWA 前提下允许短时间(15 min)接触的浓度。

  c) 培训建议:根据需要提出对员工进行安全培训的建议。
  d) 参考文献:编写 SDS 使用的主要参考文献和数据源可在 SDS 的本部分中列出。
  e) 免责声明:必要时可在 SDS 的本部分给出 SDS 编写者的免责声明。

示例 5:
免责声明:
本 SDS 的信息仅适用于所指定的产品,除非特别指明,对于本产品与其他物质的混合等情况不适用。

4 格式

4.1 幅面尺寸

  SDS 的幅面尺寸一般为 A4(也可以是供应商认为合适的其他幅面尺寸),按竖式编排。

4.2 一般编排格式

4.2.1 首页上部

使用以下编排格式:
  a) 使用显著字体排写"化学品安全技术说明书"大标题。
  b) 给出编制 SDS 化学产品的名称(名称的填写应符合 GB/T 16483 的要求)。
  c) 注明 SDS 的修订日期(指最后修订的日期)。
  d) 注明 SDS 最初编制日期。
  e) 注明本 SDS 编写依据的标准,即"按照 GB/T 16483、GB/T 17519 编制"。
  f) 如有 SDS 编号,应在此给出。
  g) 如有 SDS 的版本号,应在此给出。

示例:

化学品安全技术说明书

产品名称:间二甲苯	按照 GB/T 16483、GB/T 17519 编制
修订日期:2012 年 8 月 31 日	SDS 编号:112000013600
最初编制日期:2006 年 5 月 3 日	版本:2.1

4.2.2 首页后各页上部

使用以下编排格式:
  a) 首页已给出的产品名称。
  b) 首页已给出的修订日期。
  c) 首页已给出的 SDS 编号。

示例:

产品名称:间二甲苯	SDS 编号:112000013600
修订日期:2011 年 1 月 31 日	

4.2.3 页码系统及其位置

  按照 GB/T16483 规定的页码系统编写页码,印在 SDS 每一页页脚线下居中或右侧位置。

4.2.4 内文

编排要求包括：

a) 16 部分的编排要求：
   1) 16 部分的标题、编号和前后顺序不应随意变更；
   2) 16 部分的大标题排版要使用醒目字体，且在标题上下留有一定空间。
b) 16 部分中各小项的编排要求：
   1) 小项标题排版要醒目，但不编号；
   2) 小项应按 GB/T16483 中指定的顺序排列。

5 书写要求

书写要求如下：

a) SDS 应使用规范中文汉字编制。
b) SDS 的文字表达应准确、简明、扼要、易懂、逻辑严谨，避免使用不易理解或易产生歧义的语句。
c) 在书写时应选用经常使用的、熟悉的词语。

6 计量单位

计量单位的使用应遵循以下原则：

a) 应执行 GB3100～3102 的规定，使用法定计量单位。
b) 对于随温度或其他条件变化的参数（如：蒸气压、黏度、溶解度等），在其数值后应指明其测量或计算该参数的条件（如温度、压力等）。

示例 1：
蒸气压 3.9226×10^5 Pa(21 ℃)

c) 某些参数是无量纲参数，如相对密度，应指明测量时所使用的参比物质（水或空气）。

示例 2：
相对密度（水以 1 计）：1.732
蒸气相对密度（空气以 1 计）：3.36

附 录 A
（资料性附录）
化学品安全技术说明书样例

化学品安全技术说明书

产品名称：苯　　　　　　　　　　　按照 GB/T 16483、GB/T 17519 编制
修订日期：2012 年 2 月 19 日　　　　SDS 编号：×××××-×××
最初编制日期：2001 年 11 月 20 日　　版本：2.1

第 1 部分　化学品及企业标识

化学品中文名：苯
化学品英文名：benzene
企业名称：××××××公司
企业地址：××省××市××区××路××号
邮　　编：××××××　　　　传真：×××-××××××××
联系电话：×××-××××××××;×××-××××××××
电子邮件地址：×××××@×××.com
企业应急电话：×××-××××××××(24 h);国家化学事故应急咨询专线(已签委托协议):0532－83889090(24 h)
产品推荐及限制用途:是染料、塑料、合成橡胶、合成树脂、合成纤维、合成药物和农药的重要原料。用作溶剂。

第 2 部分　危险性概述

紧急情况概述：

> 无色液体,有芳香气味。易燃液体和蒸气。其蒸气能与空气形成爆炸性混合物。重度中毒出现意识障碍、呼吸循环衰竭、猝死。可发生心室纤颤。损害造血系统。可致白血病。

产品名称:苯　　　　　　　　　　SDS 编号:×××××-×××
修订日期:2012 年 2 月 19 日

GHS 危险性类别:
　　易燃液体　类别 2
　　皮肤腐蚀/刺激　类别 2
　　严重眼睛损伤/眼睛刺激性　类别 2
　　致癌性　类别 1A
　　生殖细胞突变性　类别 1B
　　特异性靶器官系统毒性-一次接触　类别 3
　　特异性靶器官系统毒性-反复接触　类别 1
　　吸入危害　类别 1
　　对水环境危害-急性　类别 2
　　对水环境危害-慢性　类别 3

标签要素:
　　象形图:

警示词:危险

危险性说明: 易燃液体和蒸气,引起皮肤刺激,引起严重眼睛刺激,可致癌,可引起遗传性缺陷,可能引起昏睡或眩晕,长期或反复接触引起器官损伤,吞咽并进入呼吸道可能致命,对水生生物有毒,对水生生物有害并且有长期持续影响。

防范说明:
- 预防措施:
——在得到专门指导后操作。在未了解所有安全措施之前,且勿操作。
——远离热源、火花、明火、热表面。使用不产生火花的工具作业。
——采取防止静电措施,容器和接收设备接地、连接。
——使用防爆型电器、通风、照明及其他设备。
——保持容器密闭。
——仅在室外或通风良好处操作。

产品名称:苯　　　　　　　SDS 编号:×××××-×××
修订日期:2012 年 2 月 19 日

　　——避免吸入蒸气(或雾)。
　　——戴防护手套和防护眼镜。
　　——空气中浓度超标时戴呼吸防护器具。
　　——妊娠、哺乳期间避免接触。
　　——作业场所不得进食、饮水、吸烟。
　　——操作后彻底清洗身体接触部位。污染的工作服不得带出工作场所。
　　——应避免释放到环境中。
　• 事故响应:
　　——如食入,立即就医。禁止催吐。
　　——如吸入,立即将患者转移至空气新鲜处,休息,保持有利于呼吸的体位。就医。
　　——眼接触后应该用水清洗若干分钟,注意充分清洗。如戴隐形眼镜并可方便取出,应将其取出,继续清洗。就医。
　　——皮肤(或头发)接触,立即脱去所有被污染的衣着,用大量肥皂水和水冲洗。如发生皮肤刺激,就医。受污染的衣着在重新穿用前应彻底清洗。
　　——收集泄漏物。
　　——发生火灾时,使用雾状水、干粉、泡沫或二氧化碳灭火。
　• 安全储存:
　　——在阴凉、通风良好处储存。
　　——上锁保管。
　• 废弃处置:
　　——本品或其容器采用焚烧法处置。

物理和化学危险:易燃液体和蒸气。其蒸气与空气混合,能形成爆炸性混合物。遇明火、高热能引起燃烧爆炸。与强氧化剂能发生强烈反应。流速过快,容易产生和积聚静电。其蒸气比空气重,能在较低处扩散到相当远的地方,遇火源会着火回燃。

健康危害:

　急性中毒:短期内吸入大量苯蒸气引起急性中毒。轻者出现头晕、头痛、恶心、呕吐、黏膜刺激症状,伴有轻度意识障碍。重度中毒出现中、重度意识障碍或呼吸循环衰竭、猝死。可发生心室纤颤。

产品名称:苯　　　　　　　　　　　SDS编号:×××××-×××
修订日期:2012年2月19日

慢性中毒:长期接触可引起慢性中毒。可有头晕、头痛、乏力、失眠、记忆力减退;造血系统改变有白细胞减少(计数低于$4\times10^9/L$)、血小板减少,重者出现再生障碍性贫血;并有易感染和(或)出血倾向。少数病例在慢性中毒后可发生白血病(以急性粒细胞性为多见)。

皮肤损害有脱脂、干燥、皲裂、皮炎。

环境危害:对水生生物有毒,有长期持续影响。

第3部分　成分/组成信息

组分	浓度或浓度范围 (质量分数,%)	CAS No.
苯	99	71-43-2

第4部分　急救措施

急救:

吸　　入:迅速脱离现场至空气新鲜处。保持呼吸道通畅。如呼吸困难,给输氧。呼吸心跳停止,立即进行心肺复苏术。立即就医。

皮肤接触:脱去污染的衣着,用肥皂水和清水彻底冲洗皮肤。如有不适感,就医。

眼睛接触:分开眼睑,用流动清水或生理盐水冲洗。如有不适感,就医。

食　　入:漱口,饮水,禁止催吐。就医。

对保护施救者的忠告:进入事故现场应佩戴携气式呼吸防护器。

对医生的特别提示:急性中毒可用葡萄糖醛酸内酯;忌用肾上腺素,以免发生心室纤颤。

第5部分　消防措施

灭火剂:

产品名称:苯　　　　　　　　　　　SDS 编号:×××××-×××
修订日期:2012 年 2 月 19 日

　　用水雾、干粉、泡沫或二氧化碳灭火剂灭火。
　　避免使用直流水灭火,直流水可能导致可燃性液体的飞溅,使火势扩散。
特别危险性:
　　易燃液体和蒸气。燃烧会产生一氧化碳、二氧化碳、醛类和酮类等有毒气体。
　　在火场中,容器内压增大有开裂和爆炸的危险。
灭火注意事项及防护措施:
　　消防人员须佩戴携气式呼吸器,穿全身消防服,在上风向灭火。
　　尽可能将容器从火场移至空旷处。
　　喷水保持火场容器冷却,直至灭火结束。
　　处在火场中的容器若已变色或从安全泄压装置中发出声音,必须马上撤离。
　　隔离事故现场,禁止无关人员进入。
　　收容和处理消防水,防止污染环境。

第 6 部分　泄漏应急处理

作业人员防护措施、防护装备和应急处置程序:
　　建议应急处理人员戴携气式呼吸器,穿防静电服,戴橡胶耐油手套。
　　禁止接触或跨越泄漏物。
　　作业时使用的所有设备应接地。
　　尽可能切断泄漏源。
　　消除所有点火源。
　　根据液体流动和蒸气扩散的影响区域划定警戒区,无关人员从侧风、上风向撤离至安全区。
环境保护措施: 收容泄漏物,避免污染环境。防止泄漏物进入下水道、地表水和地下水。
泄漏化学品的收容、清除方法及所使用的处置材料:
　　小量泄漏:尽可能将泄漏液体收集在可密闭的容器中。用沙土、活性炭或其他惰性材料吸收,并转移至安全场所。禁止冲入下水道。

产品名称：苯　　　　　　　　　　　　SDS 编号：×××××-×××
修订日期：2012 年 2 月 19 日

　　大量泄漏：构筑围堤或挖坑收容。封闭排水管道。用泡沫覆盖，抑制蒸发。用防爆泵转移至槽车或专用收集器内，回收或运至废物处理场所处置。

第 7 部分　操作处置与储存

操作注意事项：
　　操作人员应经过专门培训，严格遵守操作规程。
　　操作处置应在具备局部通风或全面通风换气设施的场所进行。
　　避免眼和皮肤的接触，避免吸入蒸气。个体防护措施参见第 8 部分。
　　远离火种、热源，工作场所严禁吸烟。
　　使用防爆型的通风系统和设备。
　　灌装时应控制流速，且有接地装置，防止静电积聚。
　　避免与氧化剂等禁配物接触（禁配物参见第 10 部分）。
　　搬运时要轻装轻卸，防止包装及容器损坏。
　　倒空的容器可能残留有害物。
　　使用后洗手，禁止在工作场所进饮食。
　　配备相应品种和数量的消防器材及泄漏应急处理设备。

储存注意事项：
　　储存于阴凉、通风的库房。
　　库温不宜超过 37 ℃。
　　应与氧化剂、食用化学品分开存放，切忌混储（禁配物参见第 10 部分）。
　　保持容器密封。
　　远离火种、热源。
　　库房必须安装避雷设备。
　　排风系统应设有导除静电的接地装置。
　　采用防爆型照明、通风设施。

产品名称:苯　　　　　　　　　　　　SDS 编号:×××××-×××
修订日期:2012 年 2 月 19 日

禁止使用易产生火花的设备和工具。
储区应备有泄漏应急处理设备和合适的收容材料。

第 8 部分　接触控制/个体防护

职业接触限值:

组分名称	标准来源	类型	标准值	备注
苯	GBZ 2.1—2007	PC-TWA	6 mg/m^3	皮[a],G1[b]
		PC-STEL	10 mg/m^3	
[a]　皮——通过完整的皮肤吸收引起全身效应。				
[b]　G1——IARC 致癌性分类:确认人类致癌物。				

生物限值:

组分名称	标准来源	生物监测指标	生物限值	采样时间
苯	ACGIH(2009)	尿中 S-苯巯基尿酸	25 μg/g(肌酐)	班末
		尿中 t,t-黏糠酸	500 μg/g(肌酐)	

监测方法:
　　工作场所空气有毒物质测定方法:GBZ/T 160.42 中规定的溶剂解析-气相色谱法、热解析-气相色谱法、无泵型采样-气相色谱法。
　　生物监测检验方法:ACGIH 推荐的尿中 t,t-黏糠酸的高效液相色谱法、尿中 S-苯巯基尿酸的气相色谱/质谱测定法。

工程控制:
　　本品属高毒物品,作业场所应与其他作业场所分开。
　　密闭操作,防止蒸气泄漏到工作场所空气中。
　　加强通风,保持空气中的浓度低于职业接触限值。
　　设置自动报警装置和事故通风设施。
　　设置应急撤离通道和必要的泻险区。
　　设置红色区域警示线、警示标识和中文警示说明,并设置通讯报警系统。

产品名称:苯　　　　　　　　　　SDS 编号:×××××-×××
修订日期:2012 年 2 月 19 日

提供安全淋浴和洗眼设备。
个体防护装备:
　　呼吸系统防护:空气中浓度超标时,佩戴过滤式防毒面具(半面罩)。紧急事态抢救或撤离时,应该佩戴携气式呼吸器。
　　手防护:戴橡胶耐油手套。
　　眼睛防护:戴化学安全防护眼镜。
　　皮肤和身体防护:穿防毒物渗透工作服。

第 9 部分　理化特性

外观与性状:无色透明液体,有强烈芳香味。
pH 值:无资料　　　　　　　　　　　　**临界温度**(℃):288.9
熔点(℃):5.5　　　　　　　　　　　　**临界压力**(MPa):4.92
沸点(℃):80　　　　　　　　　　　　**自燃温度**(℃):498
闪点(℃):-11(闭杯)　　　　　　　　**分解温度**(℃):无资料
爆炸上限[%(体积分数)]:8.0　　　　**燃烧热**(kJ/mol):3264.4
爆炸下限[%(体积分数)]:1.2　　　　**蒸发速率**:5.1[乙酸(正)丁酯以 1 计]
饱和蒸气压(kPa):10(20 ℃)　　　　　**易燃性(固体、气体)**:不适用
相对密度(水以 1 计):0.88　　　　　 **黏度**(mPa·s):0.604(25 ℃)
相对蒸气密度(空气以 1 计):2.7　　　**气味阈值**(mg/m^3):15(4.68 ppm)
辛醇/水分配系数(lg P):2.13
溶解性:不溶于水,溶于醇、醚、丙酮等多数有机溶剂。

第 10 部分　稳定性和反应性

稳定性:在正常环境温度下储存和使用,本品稳定。
危险反应:与强氧化剂等禁配物接触,有发生火灾和爆炸的危险。

产品名称:苯 SDS 编号:×××××-×××
修订日期:2012 年 2 月 19 日

避免接触的条件:静电放电、热等。
禁配物:氯、硝酸、过氧化氢、过氧化钠、过氧化钾、三氧化铬、高锰酸、臭氧、二氟化二氧、六氟化铀、液氧、过(二)硫酸、过一硫酸、乙硼烷、高氯酸盐(如高氯酸银)、高氯酸硝酰盐、卤间化合物等。
危险的分解产物:无资料。

第 11 部分　毒理学信息

急性毒性:
　　大鼠经口 LD_{50} 范围为 810 mg/kg~10 016 mg/kg。大鼠使用数量较大试验的结果显示经口 LD_{50} 大于 2 000 mg/kg[1]。
　　兔经皮 LD_{50}:≥8 200 mg/kg[2]。
　　大鼠吸入 LC_{50}:44.6 mg/L(4h)[3]。
皮肤刺激或腐蚀:
　　兔标准德瑞兹试验:20 mg(24 h),中度皮肤刺激[4]。
　　兔皮肤刺激试验:0.5 mL(未稀释,4 h),中度皮肤刺激[5]。
眼睛刺激或腐蚀:
　　兔眼内滴入 1~2 滴未稀释液苯,引起结膜中度刺激和角膜一过性轻度损伤[2,3]。
呼吸或皮肤过敏:
　　未见苯对皮肤和呼吸系统有致敏作用的报道[1,2]。从苯的化学结构分析,本品不可能引起与呼吸道和皮肤过敏有关的免疫性改变[1]。
生殖细胞突变性:
　　体内研究显示,苯对哺乳动物和人有明显的体细胞致突变作用。有关生殖细胞致突变的显性死试验没有得出明确的结论。根据苯对精原细胞的遗传效应的阳性数据及其毒物代谢动力学特点,苯有到达性腺并导致生殖细胞发生突变的潜在能力[1]。
致癌性:
　　苯所致白血病已列入《职业病目录》,属职业性肿瘤。

产品名称:苯　　　　　　　　　　　SDS 编号:×××××-×××
修订日期:2012 年 2 月 19 日

　　IARC 对本品的致癌性分类:G1——确认人类致癌物[6]。
生殖毒性:
　　动物实验结果显示,苯在对母体产生毒性的剂量下出现胚胎毒性[7,8]。
特异性靶器官系统毒性-一次接触:
　　大鼠经口和小鼠吸入苯后出现麻醉作用;吸入麻醉作用的阈值约为 13 000 mg/m^3 [3]。

　　人吸入高浓度或口服大剂量苯引起急性中毒,表现为中枢神经系统抑制,甚至死亡。急性中毒的原因主要是工业事故或为追求欣快感而故意吸入含苯产品引起。除非发生死亡,接触停止后中枢神经系统的抑制症状可逆[2,3]。
特异性靶器官系统毒性-反复接触:
　　大鼠吸入最低中毒浓度(TCLo):300 ppm(每天 6h,共 13 周,间断),白细胞减少[4]。

　　小鼠吸入最低中毒浓度(TCLo):300 ppm(每天 6h,共 13 周,间断),出现贫血和血小板减少[4]。

　　人反复或长期接触苯主要对骨髓造血系统产生抑制作用,出现血小板减少、白细胞减少、再生障碍性贫血,甚至发生白血病。这些毒效应取决于接触剂量、时间以及受影响干细胞的发育阶段[3]。

　　一项对 32 名苯中毒者的研究显示,患者吸入接触苯的时间为 4 个月~15 年,接触浓度为 480 mg/m^3~2 100 mg/m^3(150 ppm~650 ppm),出现伴有再生不良、过度增生或幼红细胞骨髓象的各类血细胞减少。其中 8 名有血小板减少,导致出血和感染[3]。
吸入危害:
　　液苯直接吸入肺部,可立即在肺组织接触部位引起水肿和出血[1]。

第 12 部分　生态学信息[1]

生态毒性:
　　鱼类急性毒性试验(OECD203):虹鳟(*Oncorhynchus mykis*)LC_{50}:5.3 mg/L(96 h)。使用流水式试验系统,对苯浓度进行实时监测。

产品名称:苯   SDS 编号:×××××-×××
修订日期:2012 年 2 月 19 日

 溞类 24 hEC_{50}急性活动抑制试验(OECD 202):大型溞(*Daphnia magna*)EC_{50}:10 mg/L(48 h)。

 藻类生长抑制试验(OECD 201):羊角月牙藻(*Selenastrum capricornutum*)ErC_{50}:100 mg/L(72 h)。使用密闭系统。

 鱼类早期生活阶段毒性试验(OECD 210):呆鲦鱼(*Pimephales promelas*)NOEC:0.8 mg/L(32 d)。

持久性和降解性:

 非生物降解:苯不会水解,不易直接光解。在大气中,与羟基自由基反应降解的半衰期为 13.4 d。

 生物降解性:呼吸计量法试验(OECD 301F),28 d 后降解率 82%～100%(满足 10 d 的观察期)。试验表明,苯易快速生物降解。

生物富集或生物积累性:

 生物富集因子(BCF):大西洋鲱(*Clupea harrengus*)为 11;高体雅罗鱼(*Leuciscus idus*)<10。众多鱼类试验表明苯的生物富集性很低。

土壤中的迁移性:

 有氧条件下被土壤和有机物吸附,厌氧条件下转化为苯酚;根据 K_{oc} 值估算,苯易挥发。因此,苯在土壤中有很强的迁移性。

第 13 部分　废弃处置

废弃化学品:

 尽可能回收利用。如果不能回收利用,采用焚烧方法进行处置。

 不得采用排放到下水道的方式废弃处置本品。

污染包装物:

 将容器返还生产商或按照国家和地方法规处置。

废弃注意事项:

 废弃处置前应参阅国家和地方有关法规。

产品名称:苯　　　　　　　　　　　SDS 编号:×××××-×××
修订日期:2012 年 2 月 19 日

处置人员的安全防范措施参见第 8 部分。

第 14 部分　运输信息

联合国危险货物编号(UN 号):1114
联合国运输名称:苯
联合国危险性分类:3
包装类别:Ⅱ
包装标志:易燃液体
包装方法:小开口钢桶;螺纹口玻璃瓶、铁盖压口玻璃瓶、塑料瓶或金属桶(罐)外普通木箱。
海洋污染物(是/否):否
运输注意事项:

　　本品铁路运输时限使用企业自备钢制罐车装运,装运前需报有关部门批准。
　　铁路运输时应严格按照铁道部《危险货物运输规则》中的危险货物配装表进行配装。运输车辆应配备相应品种和数量的消防器材及泄漏应急处理设备。
　　严禁与氧化剂、食用化学品等混装混运。
　　装运该物品的车辆排气管必须配备阻火装置。
　　使用槽(罐)车运输时应有接地链,槽内可设孔隔板以减少震荡产生静电。
　　禁止使用易产生火花的机械设备和工具装卸。
　　夏季最好早晚运输。
　　运输途中应防曝晒、雨淋,防高温。
　　中途停留时应远离火种、热源、高温区。
　　公路运输时要按规定路线行驶,勿在居民区和人口稠密区停留。
　　铁路运输时要禁止溜放。

产品名称:苯　　　　　　　　　　　　SDS编号:×××××-×××
修订日期:2012年2月19日

第15部分　法规信息

下列法律、法规、规章和标准,对该化学品的管理作了相应的规定:
中华人民共和国职业病防治法:
　　职业病危害因素分类目录:列入
　　可能导致的职业病:苯中毒、苯所致白血病
　　职业病目录:苯中毒,苯所致白血病
危险化学品安全管理条例:
　　危险化学品目录:列入
　　危险化学品重大危险源监督管理暂行规定
　　GB 18218《危险化学品重大危险源辨识》:类别:易燃液体,临界量(t):50
　　国家安全监管总局关于公布首批重点监管的危险化学品名录的通知——附件:
首批重点监管的危险化学品名录:列入
　　危险化学品环境管理登记办法(试行)
使用有毒物品作业场所劳动保护条例:
　　高毒物品目录:列入
新化学物质环境管理办法:
　　中国现有化学物质名录:列入

第16部分　其他信息

编写和修订信息:
　　与第一版相比,本修订版SDS对下述部分的内容进行了修订:
　　第2部分——危险性概述,增加了GHS危险性分类和标签要素。
　　第9部分——理化特性,增加了黏度数据。
　　第11部分——毒理学信息。
　　第12部分——生态学信息。

产品名称:苯　　　　　　　　　　　SDS 编号:×××××-×××
修订日期:2012 年 2 月 19 日

参考文献:

[1]　European Union Risk Assessment Report—BENZENE (Final version of 2008)

[2]　AUSTRALIA.National Industrial Chemicals Notification and Assessment Schem(NICNAS),Priority Existing Chemical Assessment Report No.21—Benzene

[3]　International Programme on Chemical Safety(IPCS).Environmental Health Criteria(ECH)150—Benzene,1993

[4]　Symyx Technologies.Registry of Toxic Effects of Chemical Substances (RTECS),http://ccinfoweb.ccohs.ca/rtecs/search.html

[5]　Canadian Centrefor Occupational Health and Safety(CCOHS).CHEM-INFO database,http://ccinfoweb.ccohs.ca/cheminfo/search.html

[6]　International Agency for Research on Cancer(IARC).Summaries & Evaluations BENZENE VOL.:29(1982)(p.93)

[7]　National Toxicology Program (NTP) Technical Report Series No.289.Toxicology and Carcinogenesis Studies of Benzene in F344/N Rats and B6C3F1 Mice (Gavage Studies),1986

[8]　Agency for Toxic Substances and Disease Registry(ATSDR).Toxicological Profile for Benzene,2007

缩略语和首字母缩写:

PC-TWA:时间加权平均容许浓度(permissible concentration-time weighted average),指以时间为权数规定的 8 h 工作日、40 h 工作周的平均容许接触浓度。

PC-STEL:短时间接触容许浓度(permissible concentration-short term exposure limit),指在遵守 PC-TWA 前提下允许短时间(15 min)接触的浓度。

IARC:国际癌症研究机构(International Agency for Research on Cancer)。

ACGIH:美国政府工业卫生学家会议(American Conference of Governmental Industrial Hygienists)。

免责声明:

本 SDS 的信息仅适用于所指定的产品,除非特别指明,对于本产品与其他物质的混合物等情况不适用。本 SDS 只为那些受过适当专业训练的该产品的使用人员提供产品使用安全方面的资料。本 SDS 的使用者,在特殊的使用条件下必须对该 SDS 的适用性作出独立判断。在特殊的使用场合下,由于使用本 SDS 所导致的伤害,本 SDS 的编写者将不负任何责任。

附 录 B
（资料性附录）

化学品安全技术说明书编写参考数据源

表 B.1 列出的 SDS 编写数据源仅供参考，并不限制其他数据源的使用。表中"√"表示编写 SDS 各部分时可重点参考的数据源，但并不限制数据源中其他数据的采用。

表 B.1 化学品安全技术说明书编写参考数据源

SDS 编写数据源	第1部分	第2部分	第3部分	第4部分	第5部分	第6部分	第7部分	第8部分	第9部分	第10部分	第11部分	第12部分	第13部分	第14部分	第15部分	第16部分
Accelrys:（美国）化学物质毒性效应登记数据库 Accelrys: Registry of Toxic Effects of Chemical Substances(RTECS) http://ccinfoweb.ccohs.ca/rtecs/search.html		√						√								
（美国）有毒物质与疾病登记局；（有害物质）毒理学档案 ATSDR: Toxicological Profile http://www.atsdr.cdc.gov/toxprofiles/index.asp		√							√							
（德国）BUA 报告 BUA Report http://www.hirzel.de/bua-report/download.html		√									√					
（美国）CAMEO 化学物质数据库 CAMEO Chemicals http://cameochemicals.noaa.gov				√	√	√	√	√	√	√						
加拿大职业卫生与安全中心：CHEMINFO 数据库 CCOHS:CHEMINFO http://ccinfoweb.ccohs.ca/cheminfo/search.html		√		√	√	√	√	√	√	√	√					

表 B.1（续）

SDS 编写数据源	第1部分	第2部分	第3部分	第4部分	第5部分	第6部分	第7部分	第8部分	第9部分	第10部分	第11部分	第12部分	第13部分	第14部分	第15部分	第16部分
欧盟危险性评价报告 EU Risk Assessment Report (EU RAR) http://esis.jrc.ec.europa.eu/		√														
欧洲化学物质信息系统 European chemical Substances Information System (ESIS) http://esis.jrc.ec.europa.eu/		√														
欧洲化学品管理局已注册物质数据库 Registered substances-ECHA http://echa.europa.eu/web/guest/information-on-chemicals/registered-substances		√							√		√					
美国环境保护署：综合危险性信息系统 EPA:Integrated Risk Information System (IRIS) http://www.epa.gov/iris/		√								√						
美国环境保护署：高产量化学品信息系统 EPA:High Production Volume Information System (HPVIS) http://www.epa.gov/HPV/hpvis/index.html		√								√						
美国环境保护署：生态毒理学数据库 EPA:ECOTOXicology database (ECOTOX) http://cfpub.epa.gov/ecotox/		√								√						
应急响应指南 Emergency Response Guidebook (ERG) http://www.phmsa.dot.gov/hazmat/library/erg		√			√	√										

表 B.1（续）

SDS 编写数据源	第1部分	第2部分	第3部分	第4部分	第5部分	第6部分	第7部分	第8部分	第9部分	第10部分	第11部分	第12部分	第13部分	第14部分	第15部分	第16部分
环境/健康加拿大：优先管理物质评价报告 Environment Canada/Health Canada: Priority Substance Assessment Reports http://www.ec.gc.ca/substances/ese/eng/psap/final/main.cfm		√								√						
（德国）GESTIS有害物质数据库 GESTIS-database on hazardous substances http://www.dguv.de/ifa/en/gestis/stoffdb/index.jsp		√														
（新西兰）有害物质和新生物法化学分类信息数据库 HSNO Chemical Classification and Information Database (CCID) http://www.epa.govt.nz/search-databases/Pages/HSNO-CCID.aspx		√														
国际化学品安全规划署：INCHEM数据库 IPCS:INCHEM http://www.inchem.org/		√								√	√					
国际化学品安全规划署：健康和安全指南 IPCS: Health and Safety Guides (HSGs) http://inchem.org/pages/hsg.html		√					√		√		√					
国际化学品安全规划署：国际化学品安全卡 IPCS: International Chemical Safety Cards (ICSCs) http://www.ilo.org/dyn/icsc/showcard.home		√			√	√	√									
国际癌症研究机构 IARC http://www.iarc.fr/		√								√						

表 B.1（续）

SDS 编写数据源	第1部分	第2部分	第3部分	第4部分	第5部分	第6部分	第7部分	第8部分	第9部分	第10部分	第11部分	第12部分	第13部分	第14部分	第15部分	第16部分
国际统一化学品信息数据库 International Uniform Chemical Information Database (IUCLID) http://esis.jrc.ec.europa.eu/		√							√		√					
Kemi N-CLASS 环境危害分类数据库 Kemi N-CLASS Database on Environmental Hazard Classification http://apps.kemi.se/nclass/		√										√				
（美国）NTP 数据库搜索主页 NTP Database Search Home Page http://ntp-apps.niehs.nih.gov/ntp_tox/index.cfm?		√								√						
（美国）NTP 致癌性报告 NTP Report on Carcinogens http://ntp.niehs.nih.gov/?objectid=03C9B512-ACF8-C1F3-AD-BA 53CAE848F635		√								√						
（美国）NIOSH 化学危害袖珍指南 NIOSH Pocket Guide to Chemical Hazards http://www.cdc.gov/niosh/npg/				√				√	√							
美国医学图书馆：毒理学网络 NLM：TOXNET http://toxnet.nlm.nih.gov/index.html		√									√					
美国医学图书馆：有害物质数据库 NLM：HSDB http://toxnet.nlm.nih.gov/cgi-bin/sis/htmlgen?HSDB		√		√		√			√		√	√				

表 B.1（续）

SDS 编写数据源	第1部分	第2部分	第3部分	第4部分	第5部分	第6部分	第7部分	第8部分	第9部分	第10部分	第11部分	第12部分	第13部分	第14部分	第15部分	第16部分
美国医学图书馆：化学致癌研究信息系统 NLM:CCRIS http://toxnet.nlm.nih.gov/cgi-bin/sis/htmlgen? CCRIS		√								√						
美国医学图书馆：发育和生殖毒理学数据库 NLM:DART http://toxnet.nlm.nih.gov/cgi-bin/sis/htmlgen? DART-ETIC		√								√						
美国医学图书馆：化学品标识数据库 NLM:ChemIDplus http://toxnet.nlm.nih.gov/cgi-bin/sis/htmlgen? CHEM		√							√							
（澳大利亚）国家工业化学品申报与评价机构：优先管理现有化学品评价报告 NICNAS:Priority Existing Chemical Assessment Reports http://www.nicnas.gov.au/publications/car/pec/default.asp		√									√	√				
（日本）国立技术与评价研究所：现有化学物质生物降解和生物浓缩数据库 NITE:Biodegradation and Bioconcentration of the Existing Chemical Substances http://www.safe.nite.go.jp/data/hazkizon/pk_e_kizon_data_input.home_list		√							√			√				
（日本）国立技术与评价研究所：化学物质综合信息系统 NITE:化学物質総合情報提供システム(CHRIP) http://www.safe.nite.go.jp/japan/db.html									√	√		√				

表 B.1（续）

SDS 编写数据源	第1部分	第2部分	第3部分	第4部分	第5部分	第6部分	第7部分	第8部分	第9部分	第10部分	第11部分	第12部分	第13部分	第14部分	第15部分	第16部分
（日本）国立技术与评价研究所：GHS 分类物质一览表 NITE：GHS分類物質一覧 http://www.safe.nite.go.jp/ghs/list.html		√														
（日本）国立技术与评价研究所：现有化学物质毒性效应数据库 NIHS：既存化学物質毒性データベース（JECDB） http://dra4.nihs.go.jp/mhlw_data/jsp/SearchPage.jsp		√							√							
经济合作与发展组织：全球化学物质信息门户网站 OECD：Global Portal to Information on Chemical Substances（eChemPortal） http://www.echemportal.org/echemportal/index?pageID=0&request_locale=en		√									√	√				
经济合作与发展组织：SIDS 初步评价报告 OECD：SIDS Initial Assessment Report（SIDS Report） http://www.chem.unep.ch/irptc/sids/OECDSIDS/sidspub.html		√									√	√				
SRC 环境转归数据库 SRC Environmental Fate Data Base（EFDB） http://www.srcinc.com/what-we-do/efdb.aspx												√				
SYKE：化学物质环境特性数据库 SYKE：Data bank of environmental properties of chemicals http://wwwp.ymparisto.fi/scripts/Kemrek/Kemrek.asp?Method=MAKECHEMSEARCHFORM		√										√				

表 B.1（续）

SDS 编写数据源	第1部分	第2部分	第3部分	第4部分	第5部分	第6部分	第7部分	第8部分	第9部分	第10部分	第11部分	第12部分	第13部分	第14部分	第15部分	第16部分
世界卫生组织/国际化学品安全规划署:环境卫生基准 WHO/IPCS:Environmental Health Criteria(EHC) http://www.inchem.org/pages/ehc.html		√									√					
世界卫生组织/国际化学品安全规划署:简明国际化学品评价文件 WHO/IPCS: Concise International Chemical Assessment Documents (CICAD) http://www.inchem.org/pages/cicads.html		√									√					
（日本）环境省:化学物质生态毒性试验结果 環境省:化学物質の生態影響試験について http://www.env.go.jp/chemi/sesaku/seitai.html												√				
美国工业卫生学家会议:职业接触限值指南 ACGIH :Guide to Occupational Exposure Values								√								
Bretherick's 有害化学反应手册.P.G.Urben,埃尔塞维尔科学技术出版公司 Bretherick's Handbook of Reactive Chemical Hazards. P. G. Urben, Elsevier's Science & Technology publishing		√							√	√						
CRC 化学物理手册.W.M.Haynes.CRC 出版社 CRC Handbook of Chemistry and Physics.W.M.Haynes.CRC Press									√							

表 B.1（续）

SDS 缩写数据源	第1部分	第2部分	第3部分	第4部分	第5部分	第6部分	第7部分	第8部分	第9部分	第10部分	第11部分	第12部分	第13部分	第14部分	第15部分	第16部分
致畸物质名录.Thomas H.Shepard, Ronald J.Lemire.约翰斯·霍普金斯大学出版社 Catalog of teratogenic agents.Thomas H.Shepard, Ronald J.Lemire. The Johns Hopkins University Press		✓														
商业化学品临床毒理学:急性中毒.Gosselin,威廉姆斯和威尔金斯出版社 Clinical Toxicology of Commercial Products:Acute Poisoning.Gosselin, Williams and Wilkins		✓		✓						✓						
化学物质危险特性综合指南.Pradyot Patnaik.约翰·威利父子出版公司 Comprehensive Guide to Hazardous Properties of Chemical Substances. Pradyot Patnaik.John Wiley & Sons, Inc.		✓						✓								
有机物物理化学特性及环境转归手册(第2版).Donald Mackay.CRC 出版社 Handbook of Physical-Chemical Properties and Environmental Fate for Organic Chemicals(Second Edition).Donald Mackay.CRC Press												✓				
有机物物理特性手册.P.H.Howard, W.M.Meylan, P.H.Howard, W.M. Meylan.CRC 出版社 Handbook of Physical Properties of Organic Chemicals.P.H.Howard, W.M,Meylan,CRC-Press									✓							
危险化学品参考手册.Richard J.Lewis.约翰·威利父子出版公司 Hazardous Chemicals Desk Reference.Richard J.Lewis.John Wiley &. Sons, Inc									✓							

表 B.1（续）

SDS编写数据源	第1部分	第2部分	第3部分	第4部分	第5部分	第6部分	第7部分	第8部分	第9部分	第10部分	第11部分	第12部分	第13部分	第14部分	第15部分	第16部分
有机物环境数据手册.Karel Verschueren.约翰·威利父子出版公司 Handbook of Environmental Data on Organic Chemicals. Karel Verschueren John Wiley & Sons, Inc.												√				
环境降解速率手册.Philip H.Howard.路易斯出版社 Handbook of Environmental Degradation Rates.Philip H.Howard. Lewis Publishers												√				
有机物环境转归和暴露数据手册.Philip Hall Howard.路易斯出版社 Handbook of Environmental Fate and Exposure Data for Organic Chemicals. Philip Hall Howard.Lewis Press												√				
霍利简明化学辞典.Richard J.Lewis.约翰·威利父子出版公司 Hawley's Condensed Chemical Dictionary.Richard J.Lewis.John Wiley & Sons									√							
兰氏化学手册.Speight, James G.麦格劳-希尔出版公司 Lange's Handbook of Chemistry.Speight, James G.McGraw-Hill									√							
默克索引.默克公司 Merck Index.Merck & Co.,Inc.		√			√				√							
美国消防协会：有害材料防火指南 National Fire Protection Association (NFPA): Fire Protection Guide to Hazardous Materials		√							√	√						

表 B.1（续）

SDS编写数据源	第1部分	第2部分	第3部分	第4部分	第5部分	第6部分	第7部分	第8部分	第9部分	第10部分	第11部分	第12部分	第13部分	第14部分	第15部分	第16部分
帕蒂毒理学(1~9卷).E.Bingham、B.Cohrssen、C.H.Powell.约翰·威利父子出版公司 Patty's Toxicology(vol.1-vol.9).E.Bingham, B.Cohrssen, C.H.Powell. John Wiley & Sons Inc.		√														
化学防护服快速择选指南.Krister Forsberg、S.Z.Mansdorf.约翰·威利父子出版公司 Quick Selection Guide to Chemical Protective Clothing.Krister Forsberg, S.Z.Mansdorf.John Wiley & Sons										√						
工业化学品生殖危害.Susan M.Barlow、Frank Maurice Sllivan.学术出版社 Reproductive Hazards of Industrial Chemicals.Susan M.Barlow, Frank Maurice Sullivan.Academic Press		√						√								
萨克斯工业材料危险特性.Richard J.Lewis.约翰·威利父子出版公司 Sax's Dangerous Properties of Industrial Materials.Richard J.Lewis. John Wiley & Sons									√	√						
西蒂格有毒有害化学品和致癌物手册.Pohanish, Richard P.威廉·安德鲁出版社 Sittig's Handbook of Toxic and Hazardous Chemicals and Carcinogens. Pohanish, Richard P.William Andrew Publishing		√									√					
眼毒理学.W.Morton Grant.托马斯出版有限公司 Toxicology of the Eye.W.Morton Grant.Charles C Thomas Publisher		√			√						√					

表 B.1（续）

SDS 编写数据源	第1部分	第2部分	第3部分	第4部分	第5部分	第6部分	第7部分	第8部分	第9部分	第10部分	第11部分	第12部分	第13部分	第14部分	第15部分	第16部分
威利化学不相容物质指南.Richard P.Pohanish, Stanley A.Greene.约翰·威利父子出版公司 Wiley guide to chemical incompatibilities.Richard P.Pohanish, Stanley A.Greene.John Wiley & Sons Inc		√														
关于危险货物运输的建议书 规章范本.联合国经济及社会理事会危险货物运输专家委员会编写									√				√			
国际海运危险货物规则.国际海事组织									√				√			
国家危险废物名录								√								
GBZ 2.1《工作场所有害因素职业接触限值 第1部分：化学有害因素》	√															
化工百科全书.化工百科全书编辑委员会编.化学工业出版社出版	√		√													
化学化工大辞典.化学化工大辞典编委会·化学工业出版社辞书编辑部编.化学工业出版社	√		√													
危险化学品目录	√	√	√											√		
GB 12268《危险货物品名表》														√	√	
英汉化学化工词汇.科学出版社名词室编.科学出版社	√															
中国消防手册.公安部消防局编.上海科学技术出版社					√			√								
中国现有化学物质名录															√	

参 考 文 献

[1] Globally Harmonized System of Classification and Labelling of Chemicals(GHS). Fourth revised edition.New York and Geneva:UNITED NATIONS,2011

[2] COMMISSION REGULATION (EU)No.453/2010 of 20 May 2010 Amending Regulation(EC)No.1907/2006 of the European Parliament and of the Council on the Registration,Evaluation,Authorisation and Restriction of Chemicals(REACH)

[3] Guidance on the compilation of safety data sheets(Version1.1-December2011, ECHA)

[4] ANSI Z400.1/Z129.1—2010 American National Standard for Hazardous Workplace Chemicals—Hazard Evaluation and Safety Data Sheet and Precautionary Labeling Preparation

[5] Japanese Industrial Standard JIS Z 7250:2010 Safety data sheet for chemical products—Content and order of sections

[6] GHS対応ガイドライン(暫定版)・第二部:製品安全データシートの作成指針(改訂2版).日本化学工業協会,平成18年5月

[7] GBZ 1　工业企业设计卫生标准

[8] GBZ/T 194　工作场所防止职业中毒卫生工程防护措施规范

[9] GB 15603　常用化学危险品贮存通则

[10] GB 17914　易燃易爆炸性商品储藏养护技术条件

[11] GB 17915　腐蚀性商品储藏养护技术条件

[12] GB 17916　毒害性商品储藏养护技术条件

危险化学品自反应物质包装规范（GB 27834—2011）

前 言

本标准第 4 章、第 5 章和第 6 章为强制性的，其余为推荐性的。

本标准按照 GB/T 1.1—2009 给出的规则起草。

本标准与联合国《关于危险货物运输的建议书 规章范本》（第十六修订版）第二、四、五、六章对于 4.1 项自反应物质包装要求的技术内容一致。

本标准由全国危险化学品管理标准化技术委员会（SAC/TC 251）提出并归口。

本标准起草单位：湖南出入境检验检疫局技术中心、天津出入境检验检疫局、江南大学。

本标准主要起草人：王利兵、冯智劼、赵黎华、熊中强、王华、赵好力宝。

1 范围

本标准规定了危险化学品自反应物质包装的分类、要求、标记和标签。

本标准适用于危险化学品自反应物质包装的检验。

2 规范性引用文件

下列文件对于本文件的应用是必不可少的。凡是注日期的引用文件，仅注日期的版本适用于本文件。凡是不注日期的引用文件，其最新版本（包括所有的修改单）适用于本文件。

GB 19432 危险货物大包装检验安全规范

GB 19433 空运危险货物包装检验安全规范

GB 21178 自反应物质和有机过氧化物分类程序

联合国《关于危险货物运输的建议书 规章范本》（第十六修订版）

联合国《全球化学品统一分类和标签制度》（GHS）（第三修订版）

3 术语和定义

联合国《关于危险货物运输的建议书·规章范本》（以下简称《规章范本》）界定的以及下列术语和定义适用于本文件。

3.1

自反应物质 self-reactive substances

即使没有氧（空气）也容易发生激烈放热分解的热不稳定物质，在《规章范本》中危险类别为 4.1 项自反应物质。以下物质应不被视为 4.1 项自反应物质：

——根据第 1 类的标准它们是爆炸品；

——根据 5.1 项的分类程序，它们是氧化性物质，但氧化性物质的混合物，如所含可燃有机物质达到 5.0% 或更多的，则应经过 GB 21178 界定的分类程序；

——根据 5.2 项的标准它们是有机过氧化物；

——其分解热小于 300 kJ/kg；

——其 50 kg 包装件的自加速分解温度大于 75 ℃。

3.2

自加速分解温度 **self-accelerating decomposition temperature（SADT）**
包装好的物质可发生自加速分解的最低环境温度。

4 分类

4.1 自反应物质分类

自反应物质按其危险性程度分为 A 型到 G 型七种类型，详见 GB 21178。自反应物质的包装只适用于其中 B-F 型自反应物质。

a) A 型自反应物质，任何物质，如在运输包装件中能起爆或迅速爆燃。具体依据 GB 21178 进行判定，判定为 A，应禁止装在该容器中按本标准的规定运输。

b) B 型自反应物质，具有爆炸性质的任何物质，如在运输包装件中既不起爆也不迅速爆燃，但在该包装件中可能发生热爆炸，则也应贴有"爆炸品"次要危险标签。这类物质装在容器中的数量最高可达 25 kg，但为了排除在包装件中起爆或迅速爆燃而应把最高数量限制在较低者除外。具体依据 GB 21178 进行判定，判定为 B。

c) C 型自反应物质，具有爆炸性质的任何物质，如在运输包装件（最多 50 kg）中不可能起爆或迅速爆燃或发生热爆炸，运输时可不贴"爆炸品"次要危险标签。具体依据 GB 21178 进行判定，判定为 C。

d) D 型自反应物质，任何物质，如在实验室试验中：
   1) 部分地起爆，不迅速爆燃，在封闭条件下加热时不呈现任何剧烈效应；或
   2) 根本不起爆，缓慢爆燃，在封闭条件下加热时不呈现任何剧烈效应；或
   3) 根本不起爆或爆燃，在封闭条件下加热时呈现中等效应；
   可接受装在净重不超过 50 kg 的包装件中运输。具体依据 GB 21178 进行判定，判定为 D。

e) E 型自反应物质，任何物质，如在实验室试验中，既绝不起爆也绝不爆燃，在封闭条件下加热时呈现微弱或无效应，可接受装在不超过 400 kg/450 L 的包装件中运输，具体依据 GB 21178 进行判定，判定为 E。

f) F 型自反应物质，任何物质，如在实验室试验中，既绝不在空化状态下起爆也绝不爆燃，在封闭条件下加热时只显示微弱效应或无效应，而且爆炸力弱或无爆炸力，可考虑用中型散货箱或罐体运输，具体依据 GB 21178 进行判定，判定为 F；可采用便携式罐体和中性散装容器进行运输。

g) G 型自反应物质，任何物质，如在实验室试验中，既绝不在空化状态下起爆也绝不爆燃，在封闭条件下加热时显示无效应，而且无任何爆炸力，应免予被划为 4.1 项自反应物质，但配制品应是热稳定的（50 kg 包装件的自加速分解温度 60 ℃～75 ℃），任何稀释剂应符合《规章范本》的要求，如果配制品不是热稳定的，或用沸点小于 150 ℃ 的相容稀释剂退敏，配制品应定为 F 型自反应液体/固体。具体依据 GB 21178 进行判定，判定为 G。

4.2 自反应物质包装方法分类

自反应物质的包装根据每个容器和包装件的最大装载量分为 OP1～OP8 八类，见表 1。

允许使用下列容器:符合 GB 19432 和 GB 19433 要求的包装,同时满足第 5 章要求的包装。《规章范本》现已规定的自反应物质的包装方法详见附录 A。允许使用《规章范本》规定的下列容器:

——外容器包括箱(4A、4B、4C1、4C2、4D、4F、4G、4H1 和 4H2),桶(1A2、1B2、1G、1H2 和 1D)和罐(3A2、3B2 和 3H2)的组合容器;

——包括桶(1A1、1A2、1B1、1G、1H1 和 1D)和罐(3A1、3A2、3B1、3B2、3H1 和 3H2)的单容器;

——带塑料内容器的复合容器(6HA1、6HA2、6HB1、6HB2、6HC、6HD1、6HD2、6HG1、6HG2、6HH1 和 6HH2)。

表 1 自反应物质包装方法及最大装载量

包装方法及对应最大装载量	OP1	OP2[a]	OP3	OP4[a]	OP5	OP6	OP7	OP8
装固体和组合容器(装液体和固体)的最大质量/kg	0.5	0.5/10	5	5/25	25	50	50	400[b]
装液体的最大容量[c]/L	0.5	—	5	—	30	60	60	225[d]

注:金属容器,包括组合容器的内容器和组合容器或复合容器的外容器,只能用于包装方法 OP7 和 OP8。在组合容器中,玻璃贮器只能作为内容器使用,装载固体最大容器 0.5 kg,液体 0.5 L。组合容器中使用的衬垫材料应不是易燃物。需要贴"爆炸品"次要危险性标签的自反应物质也应符合《规章范本》爆炸品所载的规定。对于某些 B 型或 C 型自反应物质,UN3221、UN3222、UN3223、UN3224、UN3231、UN3232、UN3233 和 UN3234,应使用比包装方法 OP5 或 OP6 分别允许的更小的容器。UN3241,2-溴-2-硝基丙烷-1,3-二醇,应按照包装方法 OP6 包装。

[a] 如果有两个数值,第一个数值适用与每个内容器的最大净重,第二个数值适用于整个包装件的最大净重。

[b] 罐为 60 kg,箱 200 kg,在带有外容器的组合容器中。固体为 400 kg,组合容器由箱(4C1、4C2、4D、4F、4G、4H1 和 4H2)和塑料或纤维制内容器组成,最大净重 25 kg。

[c] 黏性液体如不符合:在 50 ℃时蒸气压不大于 300 kPa,在 20 ℃和 101.3 kPa 压力下不完全是气态、在 101.3 kPa 压力下熔点或起始熔点等于或低于 20 ℃,应作为固体处理。

[d] 罐为 60 L。

5 要求

5.1 一般要求

5.1.1 自反应物质的包装应符合《规章范本》6.1 的要求,并符合 GB 19432 和 GB 19433 规定的Ⅱ类包装性能水平的要求。

5.1.2 自反应物质的包装方法应符合表 1 自反应物质包装方法及最大装载量的要求。对已划定的自反应物质的包装方法应符合附录 A 的要求。

5.1.3 允许用中型散装容器运输的自反应物质包装应符合《规章范本》IBC 520 的要求,允许用便携式罐体运输的自反应物质包装《规章范本》T23 的要求。

5.1.4 对于新的自反应物质或现已划定的自反应物质的新配制品,应按照 GB 21178 进行分类确定后再选择适当的包装。

5.2 特殊要求

5.2.1 B型自反应物质

5.2.1.1 包装方法见表1的OP5。

5.2.1.2 任何具有爆炸性质的自反应物质配制品，如装在供运输的容器中时既不起爆也不迅速爆燃，但在该容器中可能发生热爆炸，应贴有"爆炸品"次要危险性标签。这种自反应物质装在容器中的数量最高为25 kg，但为了排除在包装件中起爆或迅速爆燃而需要把最高数量限制在较低数量者除外。

5.2.2 C型自反应物质

5.2.2.1 包装方法见表1的OP6。

5.2.2.2 任何具有爆炸性质的自反应物质配制品，如装在供运输的容器中时既不起爆也不迅速爆燃，但在该容器中可能发生热爆炸，应贴有"爆炸品"次要危险性标签。这种自反应物质装在容器中的数量最高可达25 kg。

5.2.2.3 若只有装在比包装方法OP6允许的容器更小的容器里才能满足这些标准，应使用OP数目较小的相应包装方法，如OP5。

5.2.3 D型自反应物质

包装方法见表1的OP7。

5.2.4 E型自反应物质

包装方法见表1的OP8。

5.2.5 F型自反应物质

包装方法见表1的OP8。

5.3 使用中型散装容器包装的要求

5.3.1 对于《规章范本》在包装规范IBC 520中具体列出的目前划定的自反应物质，可根据标准用中型散装容器运输，中型散装容器应符合6.5的要求，并达到Ⅱ类包装的试验要求。

5.3.2 其他F型自反应物质可按产地国家主管当局确定的条件装在中型散装容器运输，如该主管当局根据适当试验的结果确信这种运输可以安全地进行。进行的试验应包括下列事项所需的试验：

——证明自反应物质符合F型自反应物质；
——证明在运输期间通常与物质接触的所有材料都具有相容性；
——从自加速分解温度推算（如果适用）产品装在有关中型散装容器内运输时的控制温度和危急温度；
——设计（如果适用）安全降压装置和紧急降压装置；
——确定安全运输物质所需的任何特别要求。

5.3.3 自加速分解温度不大于45 ℃的F型自反应物质在运输中应进行温度控制。

5.3.4 应考虑的紧急情况是自加速分解和被火焰吞没。为防止具有完整金属壳体的便携式罐体爆炸破裂，紧急降压装置的设计应能将自加速分解期间或按式(1)计算的被火焰完全吞没不少于1 h内产生的所有分解物和蒸气排放掉：

$$q = 70961\ FA^{0.82} \quad\quad\quad\quad\quad\quad (1)$$

式中：

q ——吸热率,单位为瓦(W);
A ——沾湿面积,单位为平方米(m^2);
F ——隔热系数。
非隔热型罐体,$F=1$,隔热型罐体,F 按式(2)计算:

$$F = \frac{U(923-T)}{47032} \quad \cdots\cdots\cdots\cdots\cdots\cdots (2)$$

式中:
K ——隔热层导热率,单位为瓦特每米开($W \cdot m^{-1} \cdot K^{-1}$);
L ——隔热层厚度,单位为米(m);
U ——隔热层热传导系数,$U=K/L$,单位为瓦特每平方米开($W \cdot m^{-2} \cdot K^{-1}$);
T ——物质在降压释放条件下的温度,单位为开(K)。

5.4 使用便携式罐体包装的要求

5.4.1 对每种物质都应进行试验,并将报告提交产地国主管当局核准。应向目的地国主管当局寄送关于该物质的通知书。通知书应包含有关的运输资料并附上载有试验结果的报告。安全运输该物质所需的任何附加规定,应清楚地写在报告里。进行的试验应包括能达到下述目的的必要试验:
——证明在运输期间通常与该物质接触的所有材料都具有相容性;
——提供设计安全降压和紧急降压装置所需的数据,同时考虑到便携式罐体的设计特征。

5.4.2 便携式罐体承装自反应物质应符合《规章范本》4.2.1.13 的规定。

6 标记及标签

6.1 标记

6.1.1 包装代码及标记

包装代码参见 GB 19432 和 GB 19433。中性散装容器和便携式罐体包装标记代码参见《规章范本》。

6.1.2 自反应物质标记

6.1.2.1 危险货物正式运输名称及前加字母"UN"的相应联合国编号,应展示在每个包装件上。如果是无包装物品,标记应展示在物品上、在其托架上或在其装卸、储存或发射装置上。

6.1.2.2 除非是自反应物质在危险货物一览表列出的名称中已经含有"稳定的"一词,则应加入"稳定的"一词作为如下情况的物质正式运输名称的一部分,否则不予运输。

6.1.2.3 所有包装件标记的要求:
——应明显可见而且易读;
——应能够经受日晒雨淋而不显著减少其效果;
——应展示在包装件外表面的反衬底色上;
——不应与可能大大降低其效果的其他包装件标记放在一起。

6.1.2.4 容量超过 450 L 的中型散货集装箱和大型容器,应在相对的两面作标记。

6.2 标签

6.2.1 自反应物质(4.1 项)标签为黑色火焰符号,底色为白色,带有七条垂直红色条纹,数字 4 写在底角,见图 1。

6.2.2 B 型自反应物质应贴有"爆炸品"次要危险性标签(见图 2),除非试验数据已证明自反应物质在此种容器中不显示爆炸性能,主管当局准许具体容器免贴此种标签。

6.2.3 依据《规章范本》和《全球化学品统一分类和标签制度》(GHS)(第三版)(以下简称 GHS)自反应物质分类和标签要素的配置要求见表 2。

图 1 自反应物质(4.1项)　　　　图 2 爆炸品标签

表 2 自反应物质分类和标签要素的配置表

危规	A 型	B 型	C 和 D 型	E 和 F 型	G 型
GHS	危险 加热 可引起爆炸	危险 加热可引起 燃烧或爆炸	危险 加热 可引起燃烧	警告 加热 可引起燃烧	这一类别无标签要求
《规章范本》	与爆炸物相同 (遵照同样的符号 选择程序)				《规章范本》中 不要求

注1:对 B 型,在《规章范本》中,可以应用 181 条款(国家主管当局批准时可免除爆炸标签,见《规章范本》的 3.3 以获更多细节)。
注2:在《规章范本》中,象形图的颜色可参见对易燃固体和爆炸物的说明。

附 录 A
（规范性附录）
《规章范本》已列明的4.1项自反应物质品名及包装规范

表A.1给出了《规章范本》已列明的4.1项自反应物质品名及包装规范。

表A.1 《规章范本》已列明的4.1项自反应物质品名及包装规范

序号	自反应物质	浓度/%	包装方法	控制温度/℃	危急温度/℃	UN编号
1	丙酮-连苯三酚共聚物 2-重氮-1-萘酚-5-磺酸盐	100	OP8			3228
2	B型偶氮甲酰胺配制品，控制温度的[a,b]	<100	OP5			3232
3	C型偶氮甲酰胺配制品[c]	<100	OP6			3224
4	C型偶氮甲酰胺配制品，控制温度的[d]	<100	OP6			3234
5	D型偶氮甲酰胺配制品[e]	<100	OP7			3226
6	D型偶氮甲酰胺配制品，控制温度的[f]	<100	OP7			3236
7	2,2'-偶氮二(2,4-二甲基-4-甲氧基戊腈)	100	OP7	−5	+5	3236
8	2,2'-偶氮二(2,4-二甲基戊腈)	100	OP7	+10	+15	3236
9	2,2'-偶氮二(2-甲基丙酸乙酯)	100	OP7	+20	+25	3235
10	1,1'-偶氮二(环己基甲腈)	100	OP7			3226
11	2,2'-偶氮二异丁腈	100	OP6	+40	+45	3234
12	2,2'-偶氮二异丁腈，水基糊状	≤50	OP6			3224
13	2,2'-偶氮二(2-甲基丁腈)	100	OP7	+35	+40	3236
14	苯-1,3-二磺酰肼，糊状	52	OP7			3226
15	苯磺酰肼	100	OP7			3226
16	氯化锌-4-苄(乙)氨基-3-乙氧基重氮苯	100	OP7			3226
17	氯化锌-4-苄(甲)氨基-3-乙氧基重氮苯	100	OP7	+40	+45	3236
18	氯化锌-3-氯-4-二乙氨基重氮苯	100	OP7			3226
19	2-重氮-1-萘酚-4-磺酰氯[b]	100	OP5			3222
20	2-重氮-1-萘酚-5-磺酰氯[b]	100	OP5			3222
21	D型2-重氮-1-萘酚磺酸酯混合物[i]	<100	OP7			3226
22	(2:1)四氯锌酸-2,5-二丁氧基-4-(4-吗啉基)-重氮苯	100	OP8			3228
23	氯化锌-2,5-二乙氧基-4-吗啉代重氮苯	67-100	OP7	+35	+40	3236
24	氯化锌-2,5-二乙氧基-4-吗啉代重氮苯	66	OP7	+40	+45	3236
25	四氟硼酸-2,5-二乙氧基-4-吗啉代重氮苯	100	OP7	+30	+35	3236

表 A.1（续）

序号	自反应物质	浓度/%	包装方法	控制温度/℃	危急温度/℃	UN编号
26	硫酸-2,5-二乙氧基-4-(4-吗啉基)-重氮苯	100	OP7			3226
27	氯化锌-2,5-二乙氧基-4-苯磺酰重氮苯	67	OP7	+40	+45	3236
28	二甘醇双(碳酸烯丙酯)+过二碳酸二异丙酯	≥88+≤12	OP8	−10	0	3237
29	氯化锌-2,5-二乙氧基-4-(4-甲苯磺酰)重氮苯	79	OP7	+40	+45	3236
30	1-三氯锌酸-4-二甲氨基重氮苯	100	OP8			3228
31	氯化锌-4-二甲氧基-6(2-二氨乙氧基)-2-重氮甲苯	100	OP7	+40	+45	3236
32	N,N'-二亚硝基-N,N'-二甲基对苯二甲酰胺,糊状	72	OP6			3224
33	N,N'-二亚硝基五甲撑四胺g	82	OP6			3224
34	二苯醚-4,4'-二磺酰肼	100	OP7			3226
35	氯化锌-4-二丙氨基重氮苯	100	OP7			3226
36	氯化锌-2-(N-氧羰基苯氨基)-3-甲氧基-4-(N-甲基环己氨基)重氮苯	63-92	OP7	+40	+45	3236
37	氯化锌-2-(N-氧羰基苯氨基)-3-甲氧基-4-(N-甲基环己氨基)重氮苯	62	OP7	+35	+40	3236
38	N-甲酰-2-硝甲基-1,3-全氢化噻嗪	100	OP7	+45	+50	3236
39	氯化锌-2-(2-羟乙氧基)-1-(吡咯烷-1-基)重氮苯	100	OP7	+45	+50	3236
40	氯化锌-3-(2-羟乙氧基)-4(吡咯烷-1-基)重氮苯	100	OP7	+40	+45	3236
41	硫酸氢-2-(N-乙羰基甲胺基)-4-(3,4-二甲基苯磺酰)重氮苯	96	OP7	+45	+50	3236
42	4-甲苯磺酰肼	100	OP7			3226
43	氟硼酸-3-甲基-4-(吡咯烷-1-基)重氮苯	95	OP6	+45	+50	3234
44	4-亚硝基苯酚	100	OP7	+35	+40	3236
45	自反应液体试样h		OP2			3223
46	自反应液体试样,温度控制的h		OP2			3233
47	自反应固体试样h		OP2			3224
48	自反应固体试样,温度控制的h		OP2			3234
49	2-重氮-1-萘酚-4-磺酸钠	100	OP7			3226

表 A.1（续）

序号	自反应物质	浓度/%	包装方法	控制温度/℃	危急温度/℃	UN编号
50	2-重氮-1-萘酚-5-磺酸钠	100	OP7			3226
51	硝酸（二份）钯四氨合物	100	OP6	+30	+35	3234

^a B类自反应物质，偶氮甲酰胺配制品。控制温度和危急温度按 GB 21178 所载的程序确定。
^b 需要"爆炸品"次要危险标签。
^c C类自反应物质，偶氮甲酰胺配制品。
^d C类自反应物质，偶氮甲酰胺配制品。控制温度和危急温度按 GB 21178 所载的程序确定。
^e D类自反应物质，偶氮甲酰胺配制品。
^f D类自反应物质，偶氮甲酰胺配制品。控制温度和危急温度按 GB 21178 所载的程序确定。
^g 加沸点不低于 150 ℃ 的相容稀释剂。
^h 未列入附录 A 的包装规范 IBC 520 或便携式罐体规范 T23 的自反应物质，分类和划定类属，应由原产地国家主管当局根据试验报告作出。对这些物质进行分类所适用的原则及适用的分类程序、试验方法见 GB 21178。试验报告的内容应包括分类和有关的运输条件。
ⁱ D类自反应物质，2-重氮-1-萘酚-4-磺酸酯和 2-重氮-1-萘酚-5-磺酸酯的混合物。

化工企业总图运输设计规范(GB 50489—2009)

前　　言

本规范是根据原建设部"关于印发《2005年工程建设标准规范制订、修订计划(第二批)》的通知"(建标函〔2005〕124号文)的要求,由中国石油和化工勘察设计协会、全国化工总图运输设计技术中心站会同有关单位共同编制而成。

本规范共分10章和3个附录,主要内容包括:总则、术语、厂址选择、化工区总体布置、总平面布置、竖向设计、管线综合布置、绿化设计、运输设计和主要技术经济指标等。

本规范在编制过程中力求有较强的适应性,对化工企业总图运输设计能起到指导作用,大力推进我国的化工总图运输设计与国际接轨,以适应我国市场经济的发展需要。编制组在调查研究的基础上,根据我国现行的法规和制度,结合工程项目的实践,参照国内、外先进技术标准和成熟理念,总结了几十年来我国总图运输设计方面的经验,广泛征求了国内化工、石油、医药及铁路等行业的意见,经过多次讨论、反复修改,最后审查定稿。

本规范中以黑体字标志的条文为强制性条文,必须严格执行。

本规范由住房和城乡建设部负责管理和对强制性条文的解释,由全国化工总图运输设计技术中心站负责具体技术内容的解释。请各单位在规范执行过程中,结合工程实践,认真总结经验,注意积累资料,随时将意见和有关资料寄送全国化工总图运输设计技术中心站(地址:北京市朝阳区小营路15号院1号楼中乐大厦406房间,邮政编码:100101,传真:010-51372789),以便今后修订时参考。

本规范主编单位、参编单位和主要起草人:

主编单位:中国石油和化工勘察设计协会
　　　　　全国化工总图运输设计技术中心站

参编单位:昊华工程有限公司
　　　　　中国天辰工程有限公司
　　　　　中国五环工程有限公司
　　　　　上海工程化学设计院有限公司
　　　　　浙江工程设计有限公司
　　　　　中国石化集团南京设计院
　　　　　华陆工程科技有限责任公司
　　　　　浙江省天正设计工程有限公司
　　　　　中国寰球工程公司
　　　　　中国化学工业桂林工程公司
　　　　　湖南化工医药设计院

主要起草人:邹仁杰　臧庆立　冷维佳　倪振声　肖炎斌　杨焕标
　　　　　　王幼明　王均鹤　杨华志　周国璋　李　慧　邓小健
　　　　　　魏　民　倪嘉贤　胡祖忠　郑玉胜　赵如兰

1 总则

1.0.1 为统一化工企业总图运输设计原则和技术要求,使化工企业总图运输设计符合国家的工程建设方针政策,做到技术先进、节约资源、保护环境、布置合理、生产安全、方便管理,有利于提高企业的经济效益、社会效益和环境效益,制定本规范。

1.0.2 本规范适用于除矿山外的化工企业的新建、扩建和改建工程的总图运输设计。

1.0.3 化工企业总图运输设计除应符合本规范外,尚应符合国家现行有关标准的规定。

2 术语

2.0.1
逆温层 inversion layer
对流层中出现的气温随高度增加而升高的大气层。

2.0.2
化工区 chemical works area
由多个化工企业和相关联的企业组成自成一体的区域。

2.0.3
管理服务区 management service area
化工区内为多个化工厂服务的行政管理、商贸和生活服务区域。

2.0.4
居住区 residential area
具有一定人口和用地规模,人们日常生活居住的地方。

2.0.5
仓储设施 storage facility
化工区或化工厂内公用的仓库、堆场、储罐区。

2.0.6
固体废物堆场 solid waste dump field
化工区暂时不能处理的固体废物存放区。

2.0.7
施工基地 construction base
化工区建设期间,各施工单位集中的临时生产和生活区。

2.0.8
自备热电站 self-supply heating and power station
化工区或化工厂内以供热为主要功能的热电厂。

2.0.9
集中供热锅炉房 central heating boiler house
为化工区或化工厂的各厂或车间供热的锅炉房。

2.0.10
厂区 plant area
由生产设施或装置、辅助生产设施、公用工程设施、仓储设施、运输设施、行政办公及生活服务设施等组成的区域。

2.0.11
生产区　production area
指为完成生产过程的生产设施或装置集中布置的区域。

2.0.12
工艺装置　process units
按工艺流程完成一个完整的生产过程的组合体,包括生产区(含若干个生产单元)、装置储罐及棚库、控制及配电室、污水预处理等设施。

2.0.13
辅助生产设施　auxiliary production facilities
配合主要生产装置完成其生产过程而必需的设施,如罐区、中央化验室、污水处理场、维修间、火炬等。

2.0.14
公用工程设施　public engineering facilities
指水、电、气、汽、冷冻水等设施的统称,如循环水系统、变配电所、锅炉房、空压站、冷冻站等。

2.0.15
运输设施　transportation facilities
为完成特定物流而设置的专用铁路、道路、码头等相关的设施及装卸机具。

2.0.16
行政办公及生活服务设施区　administration office and living servicing facility area
在厂区内为工厂生产调度、经营管理而独立设置的行政办公楼、食堂、浴室、急救站、倒班宿舍、行政车库、停车场等生活服务设施的区域。

2.0.17
罐组　tank group
布置在一个防火堤内的一个或多个储罐。

2.0.18
罐区　tank yard
由两个或多个储罐组集中布置的区域。

2.0.19
通道　access
街区间设置的全厂系统性的道路、管廊、管线和进行绿化的地带。

2.0.20
街区　block
指用通道分隔成的独立区域。

2.0.21
工厂绿化　green for plant
为防止工厂污染扩散,改善和保护自然环境,在厂区内选择不同的植物(树木、花卉、草皮等)种植绿化。

2.0.22

厂区绿地率 greening rate for plant

厂区用地范围内各类绿地计算面积的总和与厂区用地面积的比率。

2.0.23

投资强度 investment strength

项目用地范围内单位面积固定资产投资额。

2.0.24

建筑系数 building coefficient

厂区用地范围内各种建筑物、构筑物占(用)地面积总和(包括露天生产装置或设备、露天堆场及操作场地的用地面积)与厂区用地面积的比率。

2.0.25

厂区利用系数 utilization coefficient for plant

厂区用地范围内各种建筑物、构筑物占(用)地面积,铁路和道路用地面积,露天设备及堆场、操作场地用地面积,工程管线用地面积总和与厂区用地面积的比率。

2.0.26

工厂容积率 plot ratio for plant

计算工厂容积率的总建筑物、构筑物面积与厂区用地面积的比值。

3 厂址选择

3.1 一般规定

3.1.1 厂址选择应符合国家工业布局和当地城镇总体规划及土地利用总体规划的要求。厂址选择应严格执行国家建设前期工作的有关规定。

3.1.2 厂址选择应由有关职能部门和有关专业协同对建厂条件进行调查,并全面论证和评价厂址对当地经济、社会和环境的影响,同时应满足防灾、安全、环境保护及卫生防护的要求。

3.1.3 厂址选择应充分利用非可耕地和劣地,不宜破坏原有森林、植被,并应减少土石方开挖量。

3.1.4 厂址选择应同时满足交通运输设施、能源和动力设施、防洪设施、环境保护工程及生活等配套建设用地的要求。

3.1.5 厂址宜靠近主要原料和能源供应地、产品主要销售地及协作条件好的地区。

3.1.6 厂址应具有方便和经济的交通运输条件。临江、河、湖、海的厂址,通航条件能满足工厂运输要求时,应充分利用水路运输,且厂址宜靠近适于建设码头的地段。

3.1.7 厂址应有充足、可靠的水源和电源,且应满足企业发展需要。

3.1.8 厂址应位于城镇或居住区的全年最小频率风向的上风侧。

3.1.9 可能散发有害气体工厂的厂址,应避开易形成逆温层及全年静风频率较高的区域。

3.1.10 事故状态泄漏或散发有毒、有害、易燃、易爆气体工厂的厂址,应远离城镇、居住区、公共设施、村庄、国家和省级干道、国家和地方铁路干线、河海港区、仓储区、军事设施、机场等人员密集场所和国家重要设施。

3.1.11 事故状态泄漏有毒、有害、易燃、易爆液体工厂的厂址,应远离江、河、湖、海、供水水调防护区。

3.1.12 产生环境噪声超过现行国家标准《工业企业厂界环境噪声排放标准》GB 12348 规定的工厂,不应在噪声敏感区域内选择厂址;对外部噪声敏感的工厂,应根据其正常生产运行的要求选择厂址。

3.1.13 厂址不应选择在下列地段或地区:
 1 地震断层及地震基本烈度高于9度的地震区。
 2 工程地质严重不良地段。
 3 重要矿床分布地段及采矿陷落(错动)区。
 4 国家或地方规定的风景区、自然保护区及历史文物古迹保护区。
 5 对飞机起降、电台通信、电视传播、雷达导航和天文、气象、地震观测以及军事设施等有影响的地区。
 6 供水水源卫生保护区。
 7 易受洪水危害或防洪工程量很大的地区。
 8 不能确保安全的水库,在库坝决溃后可能淹没的地区。
 9 在爆破危险区范围内。
 10 大型尾矿库及废料场(库)的坝下方。
 11 有严重放射性物质污染影响区。
 12 全年静风频率超过60%的地区。

3.1.14 设置洁净厂房的医药化工企业厂址选择,应符合下列要求:
 1 应在大气含尘、含菌和有害气体浓度较低、自然环境较好的区域。
 2 应远离铁路、码头、飞机场、交通要道以及散发大量粉尘和有害气体的工厂、储仓、堆场等有严重空气污染、振动或噪声干扰的区域。不能远离严重空气污染源时,应位于全年最小频率风向下风侧。

3.2 技术要求

3.2.1 厂址应具有建设必需的场地面积和适于建厂的地形,并应根据工厂发展规划的需要,留有适当的发展余地。

3.2.2 厂址的自然地形应有利于工厂布置、厂内运输、场地排水及减少土(石)方工程量等要求,且自然地面坡度不宜大于5%。

3.2.3 厂址应具有满足建设工程需要的工程地质及水文地质条件,在地质灾害易发区应进行地质灾害危险性评估。

3.2.4 厂址不应受洪水、潮水和内涝威胁,其防洪标准应按表3.2.4的规定执行。其他防洪要求尚应符合现行国家标准《防洪标准》GB 50201 的有关规定。

表 3.2.4 防洪标准

等级	企业规模	防洪标准[重现期(年)]
Ⅰ	特大型	200~100
Ⅱ	大型	100~50

表 3.2.4（续）

等级	企业规模	防洪标准[重现期（年）]
Ⅲ	中型	50～20
Ⅳ	小型	20～10

注：1 企业规模的划分应按国家有关规定执行。
  2 滨海地区的中型及以上的化工企业，按本表确定的设计高潮位低于当地历史最高潮位时，应采用历史最高潮位进行校核。
  3 当企业遭受洪水淹没后，损失巨大、影响严重、恢复生产所需时间较长时，其防洪标准可取表中的上限或提高一级；当企业遭受洪灾后，其损失和影响较小，很快可恢复生产时，其防洪标准可按表中规定的下限确定。
  4 辅助生产设施区如单独进行防护时，其防洪标准可适当降低。但自备电站和全厂总变电站等对生产有较大直接影响的设施的防洪标准不得降低。

3.2.5 当企业遭受洪水淹没后，会引起爆炸或导致毒液、毒气、放射性等有害物质大量泄漏、扩散时，其防洪标准应符合下列规定：
  1 中、小型化工企业的企业规模应按提高两级确定。
  2 特大、大型化工企业，尚应采取专门的防护措施。

3.2.6 当厂址位于山坡或山脚处时，应避开受山洪威胁的地段，并应对山坡的稳定性等作出地质灾害危险性评估报告。

3.3 居住区

3.3.1 居住区应充分依托当地城镇的居住设施。

3.3.2 居住区用地的选择，应符合当地城镇或工业区的总体规划。

3.3.3 居住区与工厂区及其他设施之间的安全和卫生防护距离，应符合现行国家标准《硫化碱厂卫生防护距离标准》GB 18069、《炼油厂卫生防护距离标准》GB 8195、《制胶厂卫生防护距离标准》GB 18079、《焦化厂卫生防护距离标准》GB 11661 和《聚氯乙烯树脂厂卫生防护距离标准》GB 11658 等的有关规定。

3.3.4 居住区宜充分利用荒地、劣地和山坡地。在利用山坡地带作为居住区时，应选择阳坡且不窝风的地段，并应避免山洪及不良工程地质的影响。

3.3.5 居住区场地防洪标准应按当地城镇防洪标准确定。

3.3.6 居住区宜选择在工厂全年最小频率风向的下风侧。

4 化工区总体布置

4.1 一般规定

4.1.1 化工区总体布置应根据当地的经济政策、自然条件、现状特点和化工区近期建设项目及远期发展规划等进行编制。在满足生产、生活、交通运输、安全卫生、环境保护的条件时，应经多方案的技术经济比较后择优确定。

4.1.2 在城镇规划区内的化工区总体布置，应符合城镇总体规划。在非城镇规划区内的化工区总体布置，应以保护当地环境、防止污染、保护历史文化遗产及合理有效利用土地资源等原则进行编制,并应与当地的地区规划相协调。

4.1.3 在工业区内的化工区总体布置,应符合工业区的总体规划,并宜利用工业区内的基础设施。

4.1.4 现有化工区进行改建、扩建时,其总体布置不得妨碍城镇的发展、危害城镇的安全、污染和破坏城镇的环境及影响城镇各项功能的协调。

4.1.5 化工区中的生产、辅助生产、公用工程、交通运输、仓储等设施,以及居住区、环境保护工程、卫生防护带、防洪排涝工程、施工基地及固体废物堆场等,应统一规划、合理布局,并应符合下列要求:

　　1 应根据规划用地的使用性质和功能,进行合理布置。

　　2 生产关联密切的工厂应靠近布置,并应满足相互间对安全生产、环境保护、工业卫生及发展等要求。

　　3 应有利于各工厂的三废治理及综合利用,并应合理布置固体废物堆场的位置。

　　4 化工区主要交通运输路线及交通运输设施的布置,应与当地交通运输现状和规划路线相协调,并应和区外路线合理衔接。应有利于各工厂货物运输、方便厂际间生产联系,物流宜顺畅,路线宜短捷,并应满足职工工作和生活的需要。在区内规划机动车和非机动车的车位用地时,应按有关停车场建设和管理的规定,结合各工厂的总平面布置,并以满足本单位车辆使用要求为原则进行规划。

　　5 分期建设时,应以近期为主、近远期结合、一次规划、分期实施,并应根据生产的发展趋势及具体建设条件留有发展余地。

4.1.6 设置洁净厂房的医药化工企业应布置在化工区内环境清洁、大气质量较好的地段。洁净厂房与化工区运输主干道的距离宜大于50 m。

4.1.7 化工联合企业的总体布置,除应符合本规范第4.1.5条的规定外,尚应符合下列要求:

　　1 总体布置应根据联合企业生产大流程,并结合各生产厂内部的工艺流程和上下游厂之间的物流流向及衔接状况进行,应做到联合企业的生产流程顺畅、减少折返与迂回。

　　2 公用工程设施应集中或分区集中布置,宜靠近负荷中心,并应方便公用工程各类主干管和线路的布置,宜短捷地与用户相连通。

　　3 联合企业共用的仓储设施应靠近铁路装卸线、码头陆域区集中布置,并宜靠近区域主要货运通道。

　　仓储设施的所在地段应便于货流出入,并应满足联合企业生产大流程顺捷的要求。

　　4 对联合企业中有污染源的厂区布置应有利于缩小污染范围,并应采取防止有毒、有害、可燃液体和受污染消防水排出厂外的措施。

4.1.8 化工区位于机场附近时,其布置应满足机场净空区域对周围环境的要求,并应符合国家现行标准《民用机场飞行区技术标准》MH 5001的有关规定。

4.1.9 化工区内或附近有气象台站时,化工区总体布置应符合气象观测对环境的技术要求。观测场应位于化工区的全年最小频率风向的下风侧;化工区内孤立的建筑物、构筑物距观测场边缘的距离不应小于该建筑物、构筑物高度的3倍;成排布置的建筑物、构筑物距离不应小于该建筑物、构筑物平均高度的10倍,且不应小于50 m。

4.1.10 凡受洪水、潮水和内涝威胁的化工区,在布置中应充分利用已有的防洪、防潮及排涝设施。新建的防洪工程设施应一次建成。防洪工程的规划设计应符合国家现行标准《防洪标准》GB 50201 和《城市防洪工程设计规范》CJJ 50 的有关规定。

4.1.11 化工区内共用设施的防洪标准应符合下列规定：

1 化工区自备热电站和集中供热锅炉房、总变电站的防洪标准，应与化工企业的防洪标准相一致；其他各类独立设施的防洪标准，应根据其服务对象的防洪要求确定。

2 化工区内独立石油库的防洪标准应符合现行国家标准《石油库设计规范》GB 50074 的有关规定；液体化学品库的防洪标准应为 50 年。

3 化工废渣填埋场的防洪标准应为 100 年。

4.1.12 全厂性高架火炬应布置在厂区全年最小频率风向的上风侧，并应避免火炬的辐射热、光亮、噪声、烟尘及有害气体对居住区及人员集中场所的影响。

全厂性高架火炬的卫生防护距离不宜小于表 4.1.12 的规定。

表 4.1.12 全厂性高架火炬卫生防护距离

设 施	至火炬的距离(m)
管理服务区	500～600
居住区	600～1 200
医院住院部	2 500～3 500

注：1 表中距离按火炬中心至相邻设施最近建筑物的最外边轴线或边缘计算。

2 表中下限值适用于采用附壁效应的火炬头、用蒸汽直接助燃的火炬头，以及用蒸汽与空气混合后送入火焰燃烧区的火炬头的高架火炬。

3 表中上限值适用于蒸汽与空气混合后送入火焰燃烧区，且蒸汽用量大于 10 t/h 的火炬头。

4 本表不适用于注 2 和 3 以外的火炬。

5 设计采用的卫生防护距离应符合环境影响评价的要求。

4.1.13 产生环境噪声污染的设施，其布置应符合现行国家标准《工业企业厂界环境噪声排放标准》GB 12348、《声环境质量标准》GB 3096 和《工业企业噪声控制设计规范》GBJ 87 的有关规定。

4.1.14 化工区的工业废水和生活污水排出口，应布置在当地生活饮用水取水口的下游，其距离应符合水源卫生保护的有关要求。

4.1.15 污水处理场及受污染消防水收集池，宜位于化工区边缘或化工区外的单独地段，且地势及地下水位较低处，并宜布置在化工区全年最小频率风向的上风侧。

4.2 交通运输

4.2.1 化工区的交通运输规划，应根据下列条件进行编制：

1 当地城镇总体规划中的交通运输专业规划，并应结合现有的交通运输方式及路线。

2 当地公共交通系统及其发展规划和人流预测情况。

3 化工区内运输货物的种类、包装方式、运量、流向、起迄地的运输条件、货流预测及大件运输要求。

4 当地社会运输现状和规划运输能力。

4.2.2 化工区交通运输规划应符合下列要求：

1 宜利用城镇现有的及规划的交通运输设施和路线。

  2 化工区内运输路线和运输设施布置应满足生产、经营需要及职工生活要求,并应方便职工通勤,同时应兼顾地方运输要求。

  3 化工区内运输量大的厂外道路和厂外铁路,不应穿越工厂厂区;运输量较小的厂外道路和厂外铁路,不宜穿越工厂厂区。生产关系非常密切的两个工厂不宜分别布置在厂外道路和厂外铁路的两侧。

  4 应根据地形及工程地质等自然条件,结合地物状况,选择路线短捷、工程量较小,并靠近运输量大的工厂的路线。

  5 交通运输规划应留有采用新型运输方式的可能。

4.2.3 化工区道路网规划应与当地城镇现有的和规划的道路网紧密结合。

4.2.4 化工区道路的布置应有利于化工区土地合理利用和企业发展、水陆联运及疏港,并应方便各工厂、公用设施、居住区相互间的交通运输和消防。

4.2.5 化工区内经常运输易燃、易爆及有毒危险品道路的最大纵坡不应大于6％。

4.2.6 靠近现有港口的化工区,在化工区总体布置前应调查了解该港的性质、规模、船型、陆域和水域情况,并应利用现有的港口设施为化工区服务。

  化工区自建企业专用码头时,码头位置选择及其陆域规划,应满足化工区总体布置要求,并应符合国家现行标准《河港工程设计规范》GB 50192 和《装卸油品码头防火设计规范》JTJ 237 的有关规定。

4.2.7 化工区内工业企业铁路接轨站的位置,应符合下列要求:

  1 接轨站位置应符合当地城镇总体规划、铁路专业规划及化工区总体布置要求。

  2 路网铁路或工业企业铁路的区间不宜接轨。在地形复杂、工程量大、运输量相对较小等特殊情况下,经技术经济比较,并取得铁路局或铁路局和工业企业铁路的主管单位同意时,可区间接轨。必要时,可在接轨点开设线路所或车站。

  3 接轨站应满足化工区运输要求,并应符合大宗货物流向和主要车流的运行方向。

  4 应有利于路、厂协作,并应方便运营管理。

  5 接轨站布置应具有较强的适应性。

4.2.8 当采用管道、索道、带式等运输方式时,应充分利用地形,并应与铁路、道路、水路运输合理衔接,形成协调的运输系统。

4.2.9 厂外管廊带应根据地形、地质、物料起终点的设施布局、管架形式等合理布置,并应沿道路平行布置,宜减少与铁路、道路交叉。

4.2.10 大宗散装物料采用栈桥带式运输时,其布置应符合下列要求:

  1 栈桥两端与运出及接受设施应有良好的衔接,且运距短而顺。

  2 栈桥不宜与铁路和主要道路相交叉。条件困难需要交叉时,其交叉角不得小于30°,并应符合现行国家标准《标准轨距铁路建筑限界》GB 146.2 和《厂矿道路设计规范》GBJ 22 的有关规定。

  3 栈桥路线宜沿边缘地带布置。

4.2.11 架空索道线路不宜跨越工厂区和居住区,亦不宜多次跨越铁路、公路、航道和架空电力线路。其线路选择应符合现行国家标准《架空索道工程技术规范》GB 50127 的有关规定。

4.3 公用工程设施

4.3.1 地下水取水点的位置应与化工区总体布置统一规划,并应符合下列要求:

  1　应在水质良好、不易受污染的富水地段,宜靠近主要用户或净水厂。
  2　应有利于敷设全厂给水管网,并宜方便施工、运行和维修。
  3　与有可能污染土体和地下水的污染源之间应设卫生防护距离。
  4　生活饮用水的地下水源,应符合现行国家标准《生活饮用水卫生标准》GB 5749 和《地下水环境质量标准》GB/T 14848 的有关规定。

4.3.2　地表水取水点的位置,应符合下列要求:
  1　应符合河道、湖泊、水库的整治规划及当地给水规划的要求。
  2　应在有较好水质、河床和岸边稳定及工程地质条件良好的主河流或其他水体附近。
  3　不宜受泥沙、漂浮物、冰凌、冰絮、支流和咸潮等影响。
  4　取水构筑物不得妨碍航运和排洪。
  5　取水口应在排水口的上游,并应符合水源卫生防护的有关要求。
  6　生活饮用水的地表水源,应符合现行国家标准《生活饮用水卫生标准》GB 5749 和《地表水环境质量标准》GB 3838 的有关规定。

4.3.3　化工区总变电站的布置,应符合下列要求:
  1　应便于地区电网供电。
  2　地区架空线路,严禁穿越生产区。
  3　应靠近负荷中心或主要用户,并应有利于出线。
  4　应远离散发腐蚀性气体、水雾及粉尘的设施,并应布置在该设施的全年最小频率风向的下风侧。
  5　应远离人员集中活动场所。
  6　应有利于施工、安装及维修。
  7　不应布置在有强烈振动设施附近。

4.3.4　化工区电话站或电话分局的布置,应符合下列要求:
  1　应便于电信路网的敷设。
  2　宜远离总变电站。
  3　应远离产生强烈振动和强噪声的设施。
  4　应远离散发腐蚀性气体、水雾及粉尘设施,并应布置在其全年最小频率风向的下风侧。
  5　宜布置在地势平坦、地下水埋藏较深的地段。
  6　宜避免西晒。

4.3.5　热电站及集中供热锅炉房的布置,应符合下列要求:
  1　应靠近高压、中压蒸汽用户,并宜接近低压蒸汽负荷中心。
  2　以煤为燃料的热电站和集中供热锅炉房,应布置在运输方便的地段。
  3　宜布置在化工区全年最小频率风向的上风侧。
  4　季节性运行的集中供热锅炉房,宜布置在该季节最小频率风向的上风侧。

4.3.6　液化石油气站的布置,应符合现行国家标准《建筑设计防火规范》GB 50016、《石油化工企业设计防火规范》GB 50160 和《城镇燃气设计规范》GB 50028 的有关规定,并应符合下列要求:
  1　宜位于地势较低且大气扩散条件较好的地段。
  2　宜靠近生产液化石油气的工厂,并应利用工厂现有的储存设施。

    3 应远离有明火和飞火设备的设施,并应在其全年最小频率风向的上风侧。
    4 液化石油气站的主要出入口应与化工区或当地主要道路直接相通。
    5 应远离人员集中场所,并应在其全年最小频率风向的上风侧。

4.3.7 化工区污水处理厂的布置,应符合下列要求:
    1 宜布置在化工区和居住区全年最小频率风向的上风侧。
    2 宜位于化工区地下水流向的下游、地势较低的地段。
    3 与水源地和居住区之间的卫生防护距离,应满足有关规定。
    4 宜靠近工厂污水排出口或城镇污水处理厂。

4.4 仓储设施

4.4.1 化工区内的仓库、堆场、储罐区的布置,应满足国家现行有关防火、防爆、卫生及环境保护等标准的要求,宜靠近服务对象,并应有较好的运输和装卸条件。

4.4.2 临江、河、湖、海岸边布置的可燃液体、液化烃的储罐区,应位于临江、河、湖、海的城镇、居住区、工厂、船厂以及码头、重要桥梁、大型锚地等的下游,并应采取防止泄漏的液体流入水体的措施。液化烃储罐外壁距通航江、河、湖、海岸边的距离不应小于 25 m。可燃液体储罐距水体的距离,应满足防洪、安全卫生防护以及城镇水域岸线规划控制蓝线管理等要求。

4.4.3 化工区内的甲、乙类液体和液化烃等的储罐区,宜布置在化工区全年最小频率风向的上风侧,且地势较低、扩散条件较好的地段。

4.5 居住区

4.5.1 居住区规划设计,应符合当地城镇总体规划和化工区总体布置。靠近城镇的居住区规划宜与城镇居住区现状及其规划结合,并应利用城镇现有的和规划的公共服务和公共交通设施。

4.5.2 居住区规划设计,应符合现行国家标准《城市居住区规划设计规范》GB 50180 的有关规定。

4.5.3 居住区应集中布置,宜与邻近企业协作组成集中的居住区。

4.5.4 产生有害气体、烟、雾、粉尘等大气污染物的化工企业与居住区之间的卫生防护距离,应符合国家现行标准《工业企业设计卫生标准》GBZ 1 和《制定地方大气污染物排放标准的技术方法》GB/T 3840 等的有关规定。在卫生防护距离内严禁设置经常居住的房屋,并应绿化。
    卫生防护用地,应利用城镇总体规划中的绿地、原有绿地、水塘、河、湖、山冈。

4.5.5 居住区应布置在化工区全年最小频率风向的下风侧,以及高架污染源的上风向。

4.5.6 居住区与工厂区宜布置在铁路的同一侧。当条件困难需要布置在两侧时,两区之间的道路与铁路交叉处应设置护栏看守道口或立体交叉,立体交叉的设置应符合本规范第 9.3.15 条的规定。

4.5.7 当居住区一侧有铁路通过时,居住区至铁路的最小距离应符合当地城镇规划管理的有关规定。

4.5.8 居住区不应布置在高速公路、一级和二级公路、一级工矿企业厂外道路的两侧。当居住区一侧有公(道)路通过时,居住区至公(道)路之间的最小距离宜符合表 4.5.8 的规定。

表 4.5.8 居住区至公(道)路的最小距离

公(道)路类别及等级		距离(m)
国家公路	高速公路	30
	一、二级	30
	三、四级	20
一级厂外道路		20

注：表中距离，国家公路为公路型时，自公路两侧边沟外缘（高速公路隔离栅栏）算起；公(道)路为城市型时，自路面边缘算起；一级厂外道路为公路型时，自路肩边缘算起；居住区从距公(道)路最近的街区建筑红线算起。

4.5.9 居住区大气质量应符合现行国家标准《环境空气质量标准》GB 3095 和《居住区大气中可吸入颗粒物卫生标准》GB 11667 的有关规定；居住区的环境噪声应符合现行国家标准《声环境质量标准》GB 3096 和《工业企业噪声控制设计规范》GBJ 87 的有关规定。

4.5.10 居住区宜布置在可能对土体、地下水造成污染的工厂及辅助生产设施的地下水水流方向的上游。

当化工区位于江河岸边时，其居住区宜布置在可能对江河造成污染的工厂及辅助生产设施的上游。

4.5.11 110 kV 及以上电压的架空输电线路，不应穿越居住区。当在居住区一侧通过时，输电线路边导线至居住区街区建筑红线的最小距离，应符合国家现行标准《110～500 kV 架空送电线路设计技术规程》DL/T 5092 和当地城镇规划管理的有关规定。

4.6 施工基地及施工用地

4.6.1 需要独立设置的施工基地（生产、生活）的用地，应符合化工区总体布置。施工生产基地在不影响企业发展用地时，应靠近主要施工场地。施工生活基地宜与化工区的居住区统一规划，并宜利用永久性居住建筑和公共服务设施。

4.6.2 施工生产基地应具备施工机械和建筑材料等的运输条件，并宜利用永久性铁路、道路和水运等运输设施和线路。

4.6.3 施工用地宜利用厂区空隙地、堆场和卫生防护带。施工用地内不得设置永久性或半永久性的设施。

4.7 固体废物堆场

4.7.1 化工区内固体废物堆场的布置应符合当地城镇总体规划和化工区总体布置，并应符合国家现行标准《一般工业固体废物储存、处置场污染控制标准》GB 18599、《危险废物填埋污染控制标准》GB 18598 和《化工废渣填埋场设计规定》HG 20504 的有关规定。

4.7.2 凡可进行综合利用的固体废物，堆存方式应按综合利用的条件选择。储存周期不宜超过 2 年，并应减少堆存用地。

4.7.3 固体废物堆场的布置，应符合下列规定：

 1 废物应分类堆存。堆存方式宜根据其形态、性质、数量及对环境的影响程度选择。
 2 不可综合利用的废物堆场的有效容积，宜满足 10～20 年的堆存量。
 3 废物堆场应充分利用荒地、劣地和沟谷地。
 4 当利用江、湖、河、塘及海岸边滩地堆存废物时，不得妨碍泄洪、航行，不得污染水体。

5　用地范围较大的废物堆场,宜一次规划、分期实施。
　　6　有害固体填埋场应选在地下水位较低的地段,其构筑物基础应高出地下水位1.5 m以上,并不得布置在地下水源的蓄水层和补给区内。

4.7.4　固体废物堆场应远离居住区,并应位于厂区和居住区全年最小频率风向的上风侧。

5　总平面布置

5.1　一般规定

5.1.1　总平面布置应在总体布置的基础上,根据工厂的性质、规模、生产流程、交通运输、环境保护、防火、安全、卫生、施工、检修、生产、经营管理、厂容厂貌及发展等要求,并结合当地自然条件进行布置,经方案比较后择优确定。

5.1.2　总平面布置应符合国家有关用地控制指标的规定,并应符合下列要求:
　　1　工艺装置在生产、操作和环境条件许可时,应露天化、联合集中布置。
　　2　生产及辅助生产建筑物,在生产流程、防火、安全及卫生要求许可时,宜合并建造。
　　3　宜利用生产装置区的管廊及框架等处空间布置有关设施。
　　4　仓库设施宜按储存货物的性质及要求,合并设计为大体量仓库或多层仓库。对大宗物料的储存,宜采用机械化装卸设施。
　　5　行政办公及生活服务设施,宜根据其性质、使用功能,分别进行平面和空间的组合,并应按多功能综合楼建筑设计。
　　6　应合理划分街区和确定通道宽度,街区、装置区和建筑物、构筑物的外形宜规整。
　　7　铁路线路、装卸设施及仓储设施,应根据其性质及使用功能,相对集中布置,并应避免或减少铁路进线在厂区内形成的扇形地带。
　　8　工厂改建或扩建时应结合原有总平面布置,以及生产运行管理的特点,相互协调、合理布置。

5.1.3　总平面布置的预留发展用地,应符合下列要求:
　　1　分期建设的工厂,近远期工程应统一规划。近期工程应集中、紧凑、合理布置,并应与远期工程合理衔接。
　　2　远期工程用地应预留在厂外。当在厂内或在街区内预留发展用地时,应有可靠的依据。
　　3　除应满足生产设施发展用地外,尚应满足辅助生产设施、公用工程、交通运输、仓储设施和管线敷设等相应的发展用地。
　　4　一次建成的工厂,应根据工厂的生产发展趋势和当地建设条件,在符合化工区总体规划的前提下,总平面布置应有发展的可能。
　　5　在预留发展用地红线内,不得修建永久性设施。

5.1.4　厂区总平面应按功能分区布置,可分为生产装置区、辅助生产区、公用工程设施区、仓储区和行政办公及生活服务区。辅助生产和公用工程设施也可布置在生产装置区内。功能分区布置应符合下列要求:
　　1　各功能区内部应布置紧凑、合理并与相邻功能区相协调。
　　2　各功能区之间物流输送、动力供应便捷合理。
　　3　生产装置区宜布置在全年最小频率风向的上风侧,行政办公及生活服务设施区宜布置在全年最小频率风向的下风侧,辅助生产和公用工程设施区宜布置在生产装置区与行政办公及生活服务设施区之间。

5.1.5 街区外形宜为矩形。街区面积应根据生产装置、辅助生产设施、公用工程、仓储设施的组成和用地要求,结合地形等因素综合确定。甲、乙类生产装置内部的设备、建筑物区占地面积不宜大于 1 hm^2;当占地面积为 1~2 hm^2 时,应符合现行国家标准《石油化工企业设计防火规范》GB 50160 的有关规定。

5.1.6 厂区通道宽度应根据下列因素经计算确定:
   1 应符合防火、安全、卫生间距的要求。
   2 应符合各种管线、管廊、运输线路及设施、竖向设计、绿化等的布置要求。
   3 应符合施工、安装及检修的要求。
   4 厂区通道的预留宽度应为该通道计算宽度的 10%~20%。
   5 当厂区通道宽度不具备按本条第 1~4 款因素计算时,通道的宽度可按表 5.1.6 采用。

表 5.1.6 厂区通道宽度

厂区用地面积(hm^2)	厂区通道宽度(m)	
	主要通道	次要通道
<15	20~30	16~20
16~40	30~40	20~30
41~100	40~45	30~35
101~200	45~50	35~40
>200	50~55	40~45

注:1 表中数值,当厂区用地面积接近上限时,宜采用上限值,接近下限时,宜采用下限值;管线较多的工厂宜采用上限值,管线较少的工厂宜采用下限值。当厂区用地面积小于 5 hm^2 时,通道宽度可适当减小。
   2 大型化工联合企业及化工区内厂际之间的通道,按用地规模取表中相应的数值,并应符合现行国家标准《石油化工企业设计防火规范》GB 50160 的有关规定。
   3 工厂周边通道的宽度按实际需要确定。

5.1.7 总平面布置应合理利用场地地形,并应符合下列要求:
   1 当地形坡度较大时,生产装置及建筑物、构筑物的长边宜顺地形等高线布置。
   2 液体物料输送、装卸的重力流和固体物料的高站台、低货位设施,宜利用地形高差合理布置。

5.1.8 总平面布置应结合工程地质及水文地质条件进行设计,并应符合下列要求:
   1 大型建筑物、构筑物,以及大型设备、储罐,宜布置在工程地质良好的地段。
   2 地下构筑物宜布置在地下水位较低的填方地段。
   3 有可能渗透腐蚀性介质的生产、储存和装卸设施,宜布置在可能受其地下水流向影响的重要设施地段的下游。

5.1.9 总平面布置应根据当地气象条件和地理位置等,使建筑物具有良好的朝向和自然通风。生产有特殊要求和人员较多的建筑物,应避免西晒。在丘陵和山区建厂时,建筑朝向应根据地形和气象条件确定。

5.1.10 总平面布置应防止或减少有害气体、烟雾、粉尘、振动、噪声对周围环境的污染。

5.1.11 产生环境噪声污染的设施,宜相对集中布置,并应远离人员集中和有安静要求的场所。总平面布置的噪声控制,应符合现行国家标准《工业企业噪声控制设计规范》GBJ 87 的有关规定。

5.1.12 ∏、山形的半封闭式建筑物布置,应符合下列要求:

 1 半封闭式建筑物开口方向宜面向全年盛行风向,其开口方向与盛行风向的夹角不宜大于 45°。

 2 半封闭式建筑物内院的宽度不得小于内院两翼建筑物较高屋檐的高度,并应符合现行国家标准《建筑设计防火规范》GB 50016 的有关规定。

 3 散发有害气体和粉尘的厂房,不得设计成∏、山形半封闭式。

5.1.13 运输路线的布置,应使物流顺畅、短捷,并应避免或减少折返迂回。人流、货流组织应合理,并应避免运输繁忙的路线与人流交叉和运输繁忙的铁路与道路平面交叉。

5.1.14 总平面布置应使建筑群体的平面布置与空间景观相协调,并应与厂外环境相适应。

5.1.15 厂区建筑系数不应小于30%,厂区利用系数不应小于50%,除特殊工艺要求的企业外的工厂容积率控制指标应符合表 5.1.15 的规定,其计算方法应符合本规范附录 A 的规定。

表 5.1.15 工厂容积率控制指标

工厂类别	工厂容积率
石油加工、炼焦及核燃料加工	≥0.5
化学原料及化学制品制造	≥0.6
医药制造业	≥0.7
化学纤维制造业	≥0.8
橡胶制品业	≥0.8
塑料制品业	≥1.0

5.2 生产设施

5.2.1 生产设施的布置,应根据工艺流程、生产的火灾危险性类别、安全、卫生、施工、安装、检修及生产操作等要求,以及物料输送与储存方式等条件确定;生产上有密切联系的建筑物、构筑物、露天设备、生产装置,应布置在一个街区或相邻的街区内;当采用阶梯式布置时,宜布置在同一台阶或相邻台阶上。

5.2.2 可能散发可燃气体的设施,宜布置在明火或散发火花地点的全年最小频率风向的上风侧,在山区或丘陵地区时,应避免布置在窝风地段。

5.2.3 可能泄漏、散发有毒或腐蚀性气体、粉尘的设施,应避开人员集中活动场所,并应布置在该场所及其他主要生产设备区全年最小频率风向的上风侧。

5.2.4 剧毒物品的生产设施,应布置在远离人员集中活动场所的单独地段内,并应布置在人员集中活动场所全年最小频率风向的上风侧,同时应设置围墙与其他设施隔开。

5.2.5 要求洁净的生产设施,应布置在厂区内环境清洁、人流和货流不穿越或少穿越的地段,并应位于散发粉尘、烟、雾和有害气体的污染源全年最小频率风向的下风侧,且应符合现行国家标准《洁净厂房设计规范》GB 50073 的有关规定。

5.2.6 医药化工生产区的布置,应符合下列要求:
　　1 医药洁净厂房的位置,应符合本规范第 5.2.5 条的规定。
　　2 药品制剂的洁净生产区、空气净化设施应布置在同一建筑物内;包装材料库、成品库等宜合并布置。
　　3 生产高致敏性药品必须使用独立的厂房与设施,其厂房应布置在其他药品生产区全年最小频率风向的上风侧;其分装室应保持相对负压,排风口应远离其他空气净化系统的进风口。
　　4 中药材的前处理、提取、浓缩以及动物脏器、组织的洗涤或处理等生产操作,必须与其制剂生产严格分开。

5.2.7 生产装置内的布置,应符合下列要求:
　　1 装置区的管廊和设备布置,应与相关的厂区管廊、运输路线相互协调、衔接顺畅。
　　2 装置内的设备、建筑物、构筑物布置应满足防火、安全、施工安装、检修的要求。
　　3 装置的控制室、变配电室、化验室、办公室等宜布置在装置外,当布置在装置内时,应布置在装置区的一侧,并应位于爆炸危险区范围以外,且宜位于可燃气体、液化烃和甲、乙类设备全年最小频率风向的下风侧。
　　4 生产装置中所使用化学品的装卸和存放设施,应布置在装置边缘、便于运输和消防的地带。
　　5 明火加热炉宜集中布置在装置的边缘,并宜位于可燃气体、液化烃和甲类液体设备区全年最小频率风向的下风侧。
　　6 装置区内的可燃气体、液化烃和可燃液体的中间储罐或装置储罐的布置,宜集中并毗邻主要服务对象布置,也可布置在毗邻主要服务对象的单独地段内;宜布置在明火或散发火花地点的全年最小频率风向的上风侧,并应满足防火、防爆要求。
　　7 装置街区内预留地的位置,应根据工厂总平面布置的要求、生产性质及特点等确定。

5.2.8 全厂性控制室的布置应符合下列要求:
　　1 有爆炸危险的甲、乙类生产装置的全厂性控制室应独立布置,当靠近生产装置布置时,应位于爆炸危险区范围以外,并宜位于可燃气体、液化烃和甲、乙类设备以及可能泄漏、散发毒性气体、腐蚀性气体、粉尘及大量水雾设施的全年最小频率风向的下风侧。
　　2 应避免噪声、振动及电磁波对控制室的干扰。
　　3 沿主干道布置的控制室,最外边的轴线距主干道中心的距离不宜小于 20 m。

5.2.9 需要大宗原料、燃料的生产设施,宜与其原料、燃料的储存及加工设施靠近布置。生产大宗产品的设施宜靠近其产品储存和运输设施布置。

5.2.10 有防潮、防水雾要求的生产设施,应布置在地势较高、地下水位较低的地段,其与机械通风冷却塔之间的最小距离,应符合本规程表 5.3.3 的规定。

5.3 公用工程及辅助生产设施

5.3.1 总变电所的布置,应符合下列要求:
　　1 应靠近厂区边缘、进出线方便的独立地段。

2 不宜布置在易泄漏、散发液化烃及较空气重的可燃气体、腐蚀性气体和粉尘的设施全年最小频率风向的上风侧和有水雾场所冬季盛行风向的下风侧。

  3 室外总变电所的最外构架边缘与易泄漏、散发腐蚀性气体和粉尘的设施边缘之间的间距宜大于 50 m。

  4 不宜布置在强烈振动源附近。

  5 宜靠近负荷中心。

5.3.2 给水净化站及化学水处理设施，宜靠近水源或主要用户布置，并宜避免粉尘、毒性气体及污水对水质的影响。

5.3.3 循环水冷却设施的布置，应符合下列要求：

  1 应靠近主要用户。

  2 宜布置在通风良好的开阔地段，不应靠近加热炉等热源体，并应避免粉尘和可溶于水的化学物质影响。

  3 不宜布置在室外变电所、露天生产装置、铁路、主干道冬季盛行风向的上风侧，并不应布置在受水雾影响而产生危害设施的全年盛行风向的上风侧。

  4 沉淀池、集水池、循环水泵房，宜布置在能使回水自流或能减少扬程的地段。

  5 机械通风冷却塔的长边，不宜与夏季盛行风向垂直。

  6 机械通风冷却塔应远离对噪声敏感的设施。

  7 机械通风冷却塔与相邻建筑物、构筑物之间的最小水平间距，应符合表 5.3.3 的规定。

表 5.3.3 机械通风冷却塔与相邻建筑物、构筑物之间的最小水平间距（m）

建筑物、构筑物		间距
生产及辅助生产建筑物		25
中央试(化)验室、生产控制室		35
露天生产装置		30
室外总变电所	当在冷却塔冬季盛行风向的上风向时	40
	当在冷却塔冬季盛行风向的下风向时	60
电石库	当在冷却塔全年盛行风向的上风向时	50
	当在冷却塔全年盛行风向的下风向时	100
危险品库		25
散发粉尘的原料、燃料及材料堆场		40
工业企业铁路	厂外铁路(中心线)	35
	厂内铁路(中心线)	20
工业企业道路	厂外道路	35
	厂内道路	15
厂区围墙(中心线)		15

注：1 表中间距除注明者外，冷却塔自塔外壁算起；建筑物、构筑物自最外边轴线算起；露天生产装置自最

外设备外壁算起;变电所自室外变、配电装置最外构架边缘算起;堆场自场地边缘算起;道路为城市型时自路面边缘算起,为公路型时自路肩边缘算起。

2　车间或装置的室外变、配电所与冷却塔之间的距离,应按表中数值减少25%。

3　冬季采暖室外计算温度在0℃以上的地区,冷却塔与室外总变电所和道路之间的距离应按表中数值减少25%。冬季采暖室外计算温度在-20℃以下的地区冷却塔与相邻设施(不包括室外总变电所和散发粉尘的原料、燃料及材料堆场、道路)之间的间距应按表中数值增加25%,当设计规定在寒冷季节不使用冷却塔风机时,其间距不增加。

4　在改建、扩建工程中,当受条件限制时,表中间距可适当减少,但不得超过25%。

5　小型机械通风冷却塔与相邻设施之间的间距可适当减少。

5.3.4　燃煤锅炉房的布置,除应符合现行国家标准《锅炉房设计规范》GB 50041的有关规定外,尚应符合下列要求:
　　1　宜布置在厂区边缘。
　　2　宜布置在厂区全年最小频率风向的上风侧。
　　3　应靠近高压蒸汽用户,宜和煤气发生站布置在同一区域。
　　4　锅炉房不宜布置在煤堆场和中转灰渣场的全年最小频率风向的上风侧。
　　5　当采用自流回收冷凝水时,宜布置在地势较低,且不窝风的地段。

5.3.5　燃油、燃气锅炉房的布置,宜靠近用热集中的设施,并应符合现行国家标准《锅炉房设计规范》GB 50041的有关规定。

5.3.6　氧(氮)气站的布置,除应符合现行国家标准《氧气站设计规范》GB 50030的有关规定外,尚应符合下列要求:
　　1　宜布置在空气洁净的地段,并宜靠近主要负荷中心。
　　2　空分设备的吸风口,应位于二氧化碳气体发生源、乙炔站和电石渣场及散发其他烃类和尘埃等设施的全年最小频率风向的下风侧。
　　3　有振动机组的空分装置氧(氮)气站与有防振要求的设施间距,应符合现行国家标准《工业企业总平面设计规范》GB 50187的有关规定。

5.3.7　压缩空气站的布置,除应符合现行国家标准《压缩空气站设计规范》GB 50029的有关规定外,尚应符合下列要求:
　　1　宜布置在空气洁净的地段,并应避免靠近散发爆炸性、腐蚀性和有毒等有害气体及粉尘的场所,同时应位于散发爆炸性、腐蚀性和有毒等有害气体及粉尘场所全年最小频率风向的下风侧。
　　2　压缩空气站的朝向,应结合地形和气象条件,保证有良好的通风和采光,并应避免西晒,储气罐宜布置在压缩机房北侧。
　　3　宜靠近负荷中心。
　　4　不应布置在对噪声、振动有防护要求的场所附近,与有防振要求设施的间距,应符合现行国家标准《工业企业总平面设计规范》GB 50187的有关规定。

5.3.8　冷冻站的布置应符合下列要求:
　　1　应靠近负荷中心。
　　2　宜布置在通风良好的地段,并应避免靠近热源和人员集中场所。
　　3　宜位于散发腐蚀性气体、粉尘设施的全年最小频率风向的下风侧。

    4 附有湿式空冷器的冷冻站,不应布置在受水雾影响而产生危害的设施的全年盛行风向的上风侧。

5.3.9 乙炔站的布置,除应符合现行国家标准《乙炔站设计规范》GB 50031 的有关规定外,尚应符合下列要求：
    1 严禁布置在易被水淹没的地段。
    2 不应布置在人员集中活动场所和主要交通地段。
    3 与空分装置的吸风口之间的最小水平距离,应符合现行国家标准《氧气站设计规范》GB 50030 的有关规定。
    4 应有良好的自然通风。

5.3.10 煤气站、天然气配气站、液化气配气站宜布置在厂区边缘地带,除应符合现行国家标准《建筑设计防火规范》GB 50016、《石油化工企业设计防火规范》GB 50160 和《城镇燃气设计规范》GB 50028 的有关规定外,并应符合下列要求：
    1 煤气站的布置应符合下列规定：
        1) 煤气站的布置,应符合现行国家标准《工业企业煤气安全规程》GB 6222 的有关规定;发生炉煤气站的布置,应符合现行国家标准《发生炉煤气站设计规范》GB 50195 的有关规定;
        2) 应布置在运输条件方便的地段;
        3) 应避免其有害气体、烟尘和灰渣对周围环境的污染;
        4) 宜位于其主要用户的全年最小频率风向的上风侧。
    2 天然气配气站布置,应符合下列规定：
        1) 宜靠近天然气总管进厂的合理方向和各用户支管较短的地点;
        2) 应位于有明火或散发火花地点的全年最小频率风向的上风侧。
    3 液化气配气站布置应符合下列规定：
        1) 应布置在运输条件方便的地段;
        2) 宜布置在人员集中活动场所、明火或散发火花地点的全年最小频率风向的上风侧,在山区或丘陵地区应避免布置在窝风地带;
        3) 宜靠近主要用户。

5.3.11 中央试(化)验室及仪表修理车间的布置,应符合下列要求：
    1 不应布置在散发毒性和腐蚀性及其他有害气体、粉尘以及循环水冷却塔等产生大量水雾设施的全年最小频率风向的上风侧。
    2 宜有良好的朝向,并宜避免西晒。
    3 与振源的最小间距,应符合现行国家标准《工业企业总平面设计规范》GB 50187 的有关规定。

5.3.12 机修、电修车间布置,应符合下列要求：
    1 宜集中布置在厂区一侧,并宜有较方便的交通运输条件。
    2 不宜位于散发毒性和腐蚀性气体、粉尘的设施全年最小频率风向的上风侧。
    3 应避免机修车间的噪声、振动及粉尘对周围设施的影响,其防振间距应符合现行国家标准《工业企业总平面设计规范》GB 50187 的有关规定。

5.3.13 机车、车辆维修间宜集中布置,应根据机车、车辆作业分布情况,布置在机车作业较集中且机车出入库方便的地段。进出车库的路线应避开运输繁忙的咽喉区。

5.3.14 汽车修理车间，可独立设置或与汽车库联合布置，也可邻近机修车间布置。应避免其烟尘、有害气体、噪声及污水对周围环境的影响，并应符合现行国家标准《汽车库、修车库、停车场设计防火规范》GB 50067 的有关规定。

5.3.15 工厂或装置内高架火炬的布置，应符合下列要求：
　　1 宜位于生产区、全厂性重要设施全年最小频率风向的上风侧。
　　2 在符合人身与生产安全要求的前提下，宜靠近火炬气的主要排放源。
　　3 火炬布置的防火间距应符合现行国家标准《石油化工企业设计防火规范》GB 50160 的有关规定。

5.3.16 污水处理场宜位于厂区边缘或厂区外的单独地段，且地势及地下水位较低处，并宜布置在厂区全年最小频率风向的上风侧，同时应避免其对周围环境的影响。

5.3.17 受污染消防水收集池，宜布置在邻近污水处理场及厂区边缘排雨水管出口地段。

5.3.18 医药化工企业的实验动物饲养、实验设施与生活区的距离应大于 50 m；实验动物房应采用实体围墙与其他区域严格分开。实验动物房的设置尚应符合现行国家标准《实验动物环境及设施》GB 14925 的有关规定。

5.4 仓储设施

5.4.1 原料、燃料、材料、成品及半成品的仓库、堆场及储罐，应根据其储存物料的性质、数量、包装及运输方式等条件，按不同类别相对集中布置，并宜靠近相关装置和运输路线，且应符合防火、防爆、安全、卫生的规定。

5.4.2 散装固体原料、燃料仓库或堆场的布置，应符合下列要求：
　　1 宜邻近主要用户，并应方便运输及适应机械化装卸作业。
　　2 堆场应根据物料性质和操作要求铺砌地坪，并应设置排水设施。
　　3 易散发粉尘的仓库或堆场，宜布置在厂区边缘地带，且宜位于厂区全年最小频率风向的上风侧。

5.4.3 可燃液体和液化烃储罐区布置，应符合下列要求：
　　1 宜集中布置在厂区边缘，且运输方便的安全地带。同时应留有必要的发展用地。
　　2 不宜布置在人员集中活动场所和明火或散发火花地点全年最小频率风向的下风侧，并宜避免布置在窝风地带。
　　3 不应布置在高于相邻装置、车间、全厂性重要设施及人员集中活动场所的场地上，否则应采取防止液体泄漏的安全措施。
　　4 不宜紧靠排洪沟布置。
　　5 当沿江、河、湖、海岸边布置时，应符合本规范第 4.4.2 条的规定。
　　6 与罐区无关的管线、输电线严禁穿越罐区。

5.4.4 酸库及酸桶堆场的布置，应符合下列要求：
　　1 应布置在厂区全年最小频率风向的上风侧。
　　2 宜布置在厂区边缘且地势较低处，并应避免对地下水的污染。
　　3 酸库及酸桶堆场应做成耐酸地坪，且应有不小于 1% 的排水坡度，并应在四周采用耐酸材料修筑排水设施及污酸的收集池。

5.4.5 液氨储罐、实瓶库及灌装站的布置，应符合下列要求：

1　应布置在厂区或所在街区全年最小频率风向的上风侧。
　　2　大型液氨储罐外壁、实瓶库及灌装站的边缘与人员集中活动场所边缘的距离不宜小于 50 m；小型液氨储罐、实瓶库及灌装站其距离不宜小于 25 m。
　　3　常压低温液氨储罐应设防火堤，堤内的有效容积应为所围一个最大储罐容积的 60%，堤内应铺设地坪。
　　4　实瓶库应有装车站台及便于运输的道路。
5.4.6　液氯储罐、实瓶库及灌装站的布置，应符合下列要求：
　　1　应布置在厂区全年最小频率风向的上风侧及地势较低的开阔地带。
　　2　应远离厂区主干道、易燃和易爆的生产、储存和装卸设施，与人员集中活动场所边缘的距离不应小于 50 m。
　　3　地上液氯储罐的地坪应低于周围地面 0.3～0.5 m，或在储罐周围做高出地坪 0.3～0.5 m 的围堰。
　　4　实瓶底应有装车站台及便于运输的道路。
5.4.7　金属钠（钾）仓库的布置，应符合下列要求：
　　1　不应布置在人员集中活动场所。
　　2　不应布置在产生大量水雾设施附近，并不应布置在产生大量水雾设施的全年盛行风向的下风侧。
　　3　应位于不易受潮湿的场所，仓库四周应设置排水设施。
5.4.8　电石库的布置，宜位于厂区地势较高、场地干燥和地下水位较低的地段，不应与散发水雾设施毗邻布置。电石库与机械通风冷却塔之间的最小水平间距，应符合本规范表 5.3.3 的规定。
5.4.9　粉状物料仓库的布置，应位于厂区全年最小频率风向的上风侧，并应避免对周围环境的污染，同时应靠近用户，且有方便的运输条件。
5.4.10　全厂性的公用仓库，应按储存物料的性质分类储存，并应集中布置在运输方便的地方。
5.4.11　危险化学品仓库的布置应符合现行国家标准《危险化学品经营企业开业条件和技术要求》GB 18265 的有关规定。
5.4.12　厂区内废弃物临时堆场宜布置在厂区边缘，且不影响厂容的地方。

5.5　运输设施

5.5.1　液化烃、可燃液体的铁路装卸区及汽车装卸场，宜按品种分类，并宜集中布置在厂区全年最小频率风向的上风侧，同时应位于厂区边缘地带。
5.5.2　铁路槽车洗罐站的布置，应符合下列要求：
　　1　应便于铁路线的引入和车辆取送，宜靠近液体装卸站场的咽喉区。
　　2　宜位于厂区全年最小频率风向的上风侧，并宜有利于污水的处理及排放。
　　3　用于洗涤液化烃及甲、乙类液体的槽车洗罐站，其防火间距应符合现行国家标准《石油化工企业设计防火规范》GB 50160 的有关规定。
5.5.3　机车库应位于机车出入方便的地点，当设有企业车站时，应布置在企业车站附近。
5.5.4　轨道衡的布置，宜位于装卸点的进出线路上，应符合车辆秤重流水作业的要求。
5.5.5　液化烃、可燃液体的汽车装卸站的布置，应符合现行国家标准《建筑设计防火规范》

GB 50016 和《石油化工企业设计防火规范》GB 50160 的有关规定,并应符合下列要求:
    1 宜位于厂区边缘或厂区外,并应避开人员集中活动的场所、明火和散发火花的地点及厂区主要人流出入口。
    2 宜设围墙独立成区,宜分设进、出口。当进、出口合用时,站内应设置回车道。
    3 汽车液体装卸场外宜设置汽车停车场。

5.5.6 汽车库、停车场的布置,应符合现行国家标准《汽车库、修车库、停车场设计防火规范》GB 50067 和《厂矿道路设计规范》GBJ 22 的有关规定,并应符合下列要求:
    1 应靠近工厂主要货流出入口或仓库区布置。
    2 应避开主要生产区、储罐区、主要人流出入口和运输繁忙的铁路。
    3 生产管理及生活用车单独设置车库时,宜布置在行政办公及生活服务设施区。
    4 汽车停车场的面积应根据车型、停放形式及数量确定。
    5 洗车设施宜布置在车库入口附近。
    6 汽车加油站宜布置在车辆出库的地段。加油站的防火安全间距,应符合现行国家标准《建筑设计防火规范》GB 50016 和《汽车加油加气站设计与施工规范》GB 50156 的有关规定。

5.5.7 汽车衡的布置,宜位于秤量汽车主要行驶方向的右侧;进出车端的平坡直线段长度不应小于一辆车长,且不应影响其他车辆的正常行驶。

5.5.8 叉车库和电瓶车库宜靠近用车的库房或装置布置,并宜与库房或装置的建筑物合并建造。

5.6 行政办公及生活服务设施

5.6.1 行政办公及生活服务设施用地面积不得超过厂区总用地面积的7%。

5.6.2 行政办公及生活服务设施的布置,应符合下列要求:
    1 应布置在厂区主要人流出入口处。
    2 宜位于厂区全年最小频率风向的下风侧,且环境洁净的地段。
    3 建筑群体的组合及空间景观宜与周围的环境相协调。
    4 宜设置相应的绿化、美化设施。

5.6.3 厂区应设置机动车和非机动车停车场。

5.6.4 厂区出入口的位置及数量,应符合下列要求:
    1 出入口的位置和数量,应根据工厂规模、厂区用地面积和当地规划要求等因素综合确定,不宜少于 2 个。
    2 人流、货流出入口应分开设置。
    3 主要人流出入口,应设在工厂主干道通往居住区和城镇的一侧;主要货流出入口,应位于主要货流方向,并应靠近运输繁忙的仓库、堆场,同时应与厂外运输路线连接方便。
    4 铁路出入口,应具备良好的瞭望条件,且不得兼作其他出入口。

5.6.5 厂区围墙可根据工厂性质和所在地区的规划要求设置。

5.6.6 工厂消防站的设置及其规模,应根据企业的规模、火灾危险性、固定消防设施的设置情况,以及邻近协作单位条件等因素确定。消防站的布置应符合下列要求:
    1 消防站的位置应使消防车能迅速、方便地通往厂区内各街区,并能顺畅通往厂外有关设施和居住区。

  2 消防站的服务范围应符合下列规定：
    1）至甲、乙、丙类火灾危险场所最远点行车路程不宜大于 2.5 km，且接到火警后消防车到达火场的时间不宜超过 5 min；
    2）对丁、戊类火灾危险的局部场所最远点可加大到 4.0 km；
    3）超出服务半径的场所，应设消防分站或采取其他有效的灭火措施。消防分站服务范围应与消防站相同。
  3 消防站布置宜远离噪声场所，并应位于厂区全年最小频率风向的下风侧；消防站的主体建筑与全厂性行政办公及生活服务设施等人员集中活动场所的主要疏散出口的距离，不应小于 50 m，消防站布置的防火间距应符合现行国家标准《石油化工企业设计防火规范》GB 50160 的有关规定。
  4 消防车库不宜与综合性建筑物或汽车库合并建筑。特殊情况下，与综合性建筑物和汽车库合建的消防车库应有独立的功能分区和不同方向的出入口。
  5 消防站车库的大门应面向道路，距路面边缘的距离不应小于 15 m；门应避开管廊、栈桥或其他障碍物，其地面应用水泥混凝土或沥青等材料铺筑，并应向道路方向设 1%～2%的坡度。

6 竖向设计

6.1 一般规定

6.1.1 竖向设计应符合当地城镇规划中有关竖向规划和化工区总体布置的要求，并应满足厂区总平面布置对竖向设计的要求。当工厂分期建设时，尚应符合分期建设的要求。

6.1.2 竖向设计应结合场地地形、工程地质和水文地质条件，合理确定各类设施、运输线路和场地的标高，并应与厂区外部现有和规划的有关设施、运输线路、排水系统及周围场地的标高相协调。

6.1.3 竖向设计应根据生产工艺、运输、防洪、排水、管线敷设及厂区总平面布置等要求，结合土（石）方工程、护坡和挡土墙等工程量，以及场地平整后对建筑物、构筑物、设备等基础工程的影响，经技术经济比较后择优确定。

6.1.4 竖向设计应符合下列要求：
  1 场地不应受洪水、潮水及内涝水的淹没。
  2 应满足生产、运输的要求。
  3 场地雨水排除应顺畅，并应满足火灾事故状态下受污染消防水的有效收集和排放。
  4 应因地制宜地对自然地形加以充分利用和合理改造，并减少土（石）方、建筑物及构筑物基础、护坡和挡土墙等工程量。
  5 山区或丘陵地区建厂，应防止产生滑坡、塌方，并应注意保护植被，防止水土流失。
  6 应充分利用和保护现有排水系统，必须改造时，应使其水流顺畅。
  7 改建、扩建工程应与现有场地及建筑物、构筑物、铁路、道路等的标高相协调。
  8 分期建设的工程，近远期的竖向设计应相互协调。
  9 应与厂区景观相协调。

6.1.5 竖向布置方式的选择，应根据场地地形和工程地质、水文地质条件、厂区用地面积、总平面布置特点、生产运输和消防的要求、建筑物、构筑物密集程度、管线敷设，以及施工方法和条件等选择,可选择平坡式、阶梯式或混合式。

自然地形坡度小于或等于2%时,宜采用平坡式;大于2%时,宜采用阶梯式或混合式。

6.1.6 各类场地设计地面的适宜坡度,宜符合表6.1.6的规定。

表6.1.6 各类场地设计地面的适宜坡度

场地类型	地面形式	适宜坡度(%)
室外场地	自然土壤	0.3～1.0
	草坪	0.5～2.0
	简易面层	0.5～2.5
	沥青或水泥混凝土面层	0.3～4.0
物料堆场	自然土壤	0.5～1.0
	简易面层	0.5～1.5
	沥青或水泥混凝土面层	0.5～2.0
	酸类装卸场地及堆场	1.0～1.5
	易燃和可燃液体装卸场地	0.5～2.0
汽车停车场	沥青或水泥混凝土面层	0.5～2.0

6.2 设计标高的确定

6.2.1 场地设计标高的确定,应符合下列要求:

1 应便于生产联系、运输及满足排水要求。
2 土(石)方工程量宜小,填方、挖方量宜接近平衡,运距短。
3 平坦地区,其场地设计标高应略高于场地自然地形标高。
4 应与所在地区城镇、相邻企业、相关的运输线路和排水系统的标高相协调。

6.2.2 受江、河、湖、海的洪水或内涝水威胁的场地,其设计标高的确定应符合下列规定:

1 场地设计标高应按本规范表3.2.4规定的防洪标准确立的设计频率水位,再加上不小于0.5m的安全超高值,当有波浪侵袭或壅水现象时,尚应加上波浪侵袭或壅水高度。
2 当按本条第1款规定的场地设计标高填方量很大时,经技术经济比较后,可采用设防洪(潮)堤的方案,并应采取防、排内涝措施,此时场地的设计标高可不作规定。

6.2.3 场地的平整坡度应有利于排水,并应防止场地受到雨水冲刷。其最大坡度应根据土质、植被、铺砌材料和运输要求等条件确定,最小坡度不宜小于0.3%。

6.2.4 建筑物室内地面与室外地面设计标高的高差确定,应符合下列规定:

1 应满足生产工艺和运输要求。
2 一般生产及辅助生产建筑物可为0.15～0.30m;行政办公及生活服务设施等建筑物可为0.30～0.45m。
3 在可能散发比空气重的可燃气体的装置内,控制室、变配电室、化验室的室内地面,应至少比室外地面高0.6m。
4 电石库应大于0.3m。
5 在湿陷性黄土地区或位于地基可能沉陷或排水不良地段和有特殊防潮要求,受淹后损失较大的建筑物,应根据需要加大室内外地面的高差。

  6 露天生产装置区地坪的设计标高宜比相邻场地高 0.1～0.3 m。

6.2.5 普通货物装卸作业站台高度应符合下列要求:

  1 准轨铁路装卸站台由轨顶至站台面的高度可采用 1.0 m 或 1.1 m。

  2 汽车装卸站台高度应按选用汽车车厢底板高度确定,宜采用 0.80～1.5 m。

  3 集装箱汽车装卸站台高度应按选用集装箱汽车的吨位和集装箱尺寸确定,宜采用 1.20～1.65 m。

6.2.6 厂内外铁路、道路、排水管沟等连接点标高,应按其线路平面、纵断面的要求确定。

  厂区出入口处的路面宜高出厂外路面标高;当低于时,应采取防止厂外雨水流入厂内的截水措施。

6.3 阶梯式竖向设计

6.3.1 阶梯式竖向设计台阶的划分,应与地形和总平面布置相适应,并应符合下列要求:

  1 联系密切的生产设施和建筑物、构筑物应布置在同一台阶或相邻台阶上。

  2 荷重大或对基础沉降控制要求高的建筑物、构筑物、生产装置及储罐区,宜布置在挖方或低填方地段。

  3 台阶的划分不宜大量切坡或高填土。

  4 台阶的长边宜平行于自然地形等高线布置。

  5 台阶的宽度,应满足建筑物、构筑物、露天设备、运输线路、管线和绿化等布置要求,以及操作、检修、消防和施工等需要。

  6 台阶的高度,应按生产要求、地形和工程地质及水文地质条件,结合台阶间运输联系和基础的埋置深度等因素综合确定,并不宜高于 4 m。

6.3.2 两相邻台阶之间的连接方式,应根据用地情况、工程地质条件、台阶高度、荷载要求、降雨强度以及景观等因素确定,可采用自然放坡、护坡、护墙或挡土墙等形式。

6.3.3 台阶边缘至建筑物、构筑物的距离,应满足生产操作、管线敷设、交通运输、消防、施工和检修等要求。台阶坡脚至建筑物、构筑物的距离尚应满足采光、通风及排水的要求,并应避免开挖基槽对边坡或挡土墙的影响,且不应小于 2 m;台阶坡顶至建筑物、构筑物的距离尚应避免建筑物、构筑物基础侧压力对边坡或挡土墙的影响,并应符合现行国家标准《建筑地基基础设计规范》GB 50007 的有关规定,且不得小于 2.5 m。

6.3.4 场地挖方、填方边坡的坡度允许值,应根据岩土类别、边坡高度和拟采用的施工方法,结合当地的实际经验确定,且应符合现行国家标准《工业企业总平面设计规范》GB 50187、《建筑边坡工程技术规范》GB 50330 的有关规定。

6.3.5 台阶高度大于或等于 1.2 m 且侧面临空时,应设置防护栏等防护设施。

6.4 场地排水

6.4.1 场地应清污分流,并有完整、有效的雨水排水系统。场地排雨水管、沟应与厂外排雨水系统相衔接,场地雨水不得任意排泄至厂外,不得对其他工程设施或农田造成危害。

6.4.2 场地雨水的排水方式,应根据工厂性质、工程管线、运输线路和建筑密度、地形和工程地质条件、道路型式及环境卫生要求等因素,并结合工厂所在地区的排雨水方式,合理地选择暗管、明沟或自然排渗等方式。

  一般情况下,厂区宜采用暗管排水。

6.4.3 场地雨水排水设计流量及水力计算,应符合现行国家标准《室外排水设计规范》GB 50014的有关规定。

6.4.4 雨水明沟的设计宜符合下列要求:
 1 雨水明沟的断面形式,宜采用矩形或梯形;在岩石地段,雨量少,汇水面积和流量小的地段,也可采用三角形。
 2 明沟的起点及分水点的深度,不宜小于0.2 m,盖板明沟不宜小于0.3 m。明沟的沟底宽度,矩形明沟不宜小于0.4 m,梯形明沟不宜小于0.3 m;明沟的纵坡,不宜小于3‰;明沟最小设计流速不应小于0.4 m/s,最小纵坡不应小于2‰。有腐蚀介质的明沟,不宜小于5‰。
 3 按流量设计的明沟,其沟顶应高于计算水位0.2 m以上。
 4 厂内明沟应进行铺砌,并宜加设盖板。
 5 明沟边缘距建筑物基础外缘不宜小于3 m。

6.4.5 当采用暗管排水时,雨水口的设置应符合下列要求:
 1 雨水口应设置在汇水集中并与雨水管道连接短捷处;建筑物出入口、地下管道的上方不宜设置雨水口。
 2 雨水口的型式、数量和布置,应按汇水面积所产生的流量、雨水口的泄水能力及道路型式确定。
 3 雨水口的间距,宜采用25～50 m,雨水口连接管的长度不宜超过25 m。
 4 当道路纵坡大于2%时,雨水口的间距可大于50 m,其型式、数量和布置应根据具体情况计算确定。坡段较短时可在最低点处集中收水,其雨水口的数量和面积应适当增加。
 5 当道路交叉口为最低标高时,应增设雨水口。

6.4.6 对不宜设置明沟及暗管的地带,可设置盲沟,其沟底纵坡不应小于0.5%;在严寒地区,盲沟必须设置在冰冻线以下。

6.4.7 煤堆场排雨水设计宜符合下列要求:
 1 煤堆场两侧宜设置1.0～1.5 m高的挡煤墙,墙体应设泄水孔,孔间距宜为3～5 m。
 2 煤堆场周围宜设排水沟和沉淀池,排水沟和沉淀池应设在挡煤墙的外侧3～5 m处。

6.4.8 在山坡地带建厂时,应在厂区上方的山坡设置截水沟。截水沟至厂区挖方坡顶的距离不宜小于5 m。当挖方不高且土质良好或截水沟经铺砌加固时,该距离可减至2.5 m。
 截水沟不应穿越厂区。当确有困难必须穿越时,应从管线、铁路、道路较少和建筑物、构筑物密集程度较小的地段穿越,穿过地段的截水沟应加铺砌,并应确保厂区不受水害。

6.5 土(石)方工程

6.5.1 在厂区土(石)填方、挖方工程量平衡计算时,应符合下列要求:
 1 填方与挖方量宜基本平衡。
 2 填方与挖方量的平衡计算中,除应包括场地平整的土(石)方量外,还应包括厂区铁路、道路、建筑物、构筑物和设备基础、管线沟槽和排水沟等工程的土(石)方量,以及表土的清除量与回填利用量,并应计算其松土量和压缩量。
 土壤的松散系数应符合本规范附录B的规定。
 3 当厂区内的填方和挖方量不平衡时,可与厂外铁路、道路等的土(石)方工程量统一计算。

4　当厂区附近有弃土和取土条件,且经技术经济比较合理时,可不强求填方和挖方量的平衡。

　　5　厂区内暂不使用的填方地段,当土源不足时,可暂缓填筑,待投产后可利用适于填筑场地的生产废渣逐步回填。

6.5.2　场地平整土(石)方量的计算方法,可采用方格网法和断面法。方格网的边长和断面的间距应根据设计阶段、场地地形复杂程度、厂区面积大小和计算精度要求确定,宜采用20～50 m。自然地形复杂或设计地面突变处,可根据需要增加方格和计算断面。

6.5.3　场地平整土(石)方工程的施工要求及其质量,应符合现行国家标准《岩土工程勘察规范》GB 50021 和《建筑地基基础工程施工质量验收规范》GB 50202 的有关规定。

7　管线综合布置

7.1　一般规定

7.1.1　管线综合布置应与工厂总平面布置、竖向设计和绿化布置相结合,并应统一规划。管线之间、管线与建筑物、构筑物、道路、铁路等之间在平面及竖向上应相互协调、紧凑合理、有利厂容。

7.1.2　管线敷设方式,可根据管道内介质的性质、地形、生产安全、交通运输、施工、检修等因素综合确定,并应符合下列规定:

　　1　有可燃性、爆炸危险性、毒性及腐蚀性介质的管道,应采用地上敷设。

　　2　有条件的管线宜采用共架或共沟敷设。

　　3　在散发比空气重的可燃、有毒性气体的场所,不宜采用管沟敷设,否则应采取防止气体积聚和沿沟扩散的措施。

7.1.3　管线综合布置应符合下列要求:

　　1　应满足生产、安全、施工和检修要求。

　　2　管线应敷设在规划的管线带内,管线带应平行于相邻的道路布置。

　　3　宜减少管线与铁路、道路交叉。必须交叉时,交叉角不应小于45°。

　　4　地下干管应布置在其用户较多的道路一侧,也可将干管分类布置在道路两侧。

　　5　装置内部管廊及地下管线的布置,应与主管廊及地下干管在平面及竖向上合理连接,并应有效利用装置内管廊下方空间,布置有关设施。

7.1.4　具有可燃性、爆炸危险性及有毒性介质的管道,不应穿越与其无关的建筑物、构筑物、生产装置、辅助生产及仓储设施等。

7.1.5　分期建设的工厂,管线带布置应全面规划、近期管线集中、远近期结合。近期管线穿越远期用地时,不得妨碍远期用地的使用。

　　新建厂区的管线带内,应预留中远期管线的用地,余量宜为10%～20%。

7.1.6　山区建厂时,管线敷设应充分利用地形。应避免山洪、泥石流及其他不良地质的危害。

7.1.7　管线宜按下列顺序,自建筑红线向道路综合布置:

　　1　电信电缆。

　　2　电力电缆。

　　3　热力管道。

4　各种工艺管道及压缩空气、氧气、氮气、乙炔气、煤气等管道、管廊或管架。
　　5　生产及生活给水管道。
　　6　消防水管道。
　　7　工业废水(生产废水及生产污水)管道。
　　8　生活污水管道。
　　9　雨水排水管道。
　　10　照明电缆及杆柱。

7.1.8　改建、扩建工程中的管线综合布置，不应妨碍现有管线的正常使用。当管线间距不能满足本规范表7.2.7和表7.2.8的规定时，在采取有效措施后可适当缩小，但必须保证生产安全，并应满足施工及检修要求。

7.2　地下管线

7.2.1　地下管线的布置应符合下列要求：
　　1　应按管线的埋深，自建筑红线向道路由浅至深布置。
　　2　管线和管沟不应布置在建筑物、构筑物的基础压力影响范围内。
　　3　铁路下面严禁与铁路平行敷设管线、管沟。
　　4　道路路面下面可将检修少或检修时对路面损坏小的管线敷设在路面下，给水管道可敷设在人行道下面。
　　5　直埋式地下管线不得平行重叠敷设。

7.2.2　地下管线综合布置，应符合下列规定：
　　1　压力管让自流管。
　　2　管径小的让管径大的。
　　3　易弯曲的让不易弯曲的。
　　4　临时性的让永久性的。
　　5　工程量小的让工程量大的。
　　6　新建的让现有的。
　　7　检修方便的或次数少的让检修不方便的或次数多的。

7.2.3　地下管线交叉布置时，其竖向布置应符合下列要求：
　　1　给水管道应在排水管道上面。
　　2　可燃气体管道应在除热力管道外的其他管道上面。
　　3　电力电缆应在热力管道下面、其他管道上面。
　　4　氧气管道应在可燃气体管道下面、其他管道上面。
　　5　有腐蚀性介质的管道及碱性、酸性介质的排水管道，应在其他管道下面。
　　6　热力管道应在可燃气体管道及给水管道上面。

7.2.4　地下管线(沟)穿越铁路、道路时，管顶或沟盖板顶覆土厚度应根据其上面荷载的大小及分布、管材强度及土壤冻结深度等条件确定，并应符合下列要求：
　　1　管顶至铁路轨底的垂直净距，不应小于1.2 m。
　　2　管顶至道路路面结构层底的垂直净距，不应小于0.5 m。
　　3　当不能满足本条第1、2款要求时，应加防护套管或设管沟。在保证路基稳定的条件下，套管或管沟两端应伸出下列界线以外至少1.0 m：

  1) 铁路路肩或路堤坡脚线；
  2) 城市型道路路面、公路型道路路肩或路堤坡脚线；
  3) 铁路或道路的路边排水沟沟边。

7.2.5 地下管线不应敷设在有腐蚀性物料的包装或灌装、堆存及装卸场地的下面，且距有腐蚀性物料的包装或灌装、堆存及装卸场地的边界水平距离不应小于 2 m；地下管线应避免布置在有腐蚀性物料的包装或灌装、堆存及装卸场地的地下水下游方向，当无法避免时，其距离不应小于 4 m。

7.2.6 管线共沟敷设，应符合下列要求：
  1 热力管道不应与电力、通信电缆和压力管道共沟。
  2 排水管道应布置在沟底。当沟内有腐蚀性介质管道时，排水管道应位于其上面。
  3 腐蚀性介质管道的标高，应低于沟内其他管线。
  4 凡有可能产生相互有害影响的管线，不应共沟敷设。
  5 共沟敷设的地下管沟外壁与地下建筑物、构筑物基础的水平距离，应满足施工要求；与乔木的最小水平距离宜为 3 m，与灌木的最小水平距离宜为 2 m。

7.2.7 地下管线之间的水平间距，不应小于表 7.2.7 的规定。

7.2.8 地下管线与建筑物、构筑物之间的最小水平间距，不宜小于表 7.2.8 的规定。

7.3 地上管线

7.3.1 地上管线的敷设，可采用管架、低架、管墩、建筑物支撑式及地面式。敷设方式应根据生产安全、介质性质、生产操作、维修管理、交通运输和厂容等因素综合确定。

7.3.2 有甲、乙类火灾危险性、腐蚀性及毒性介质的管道，除使用该管线的建筑物、构筑物外，均不得采用建筑物支撑式敷设。

表7.2.7 地下管线之间的最小水平间距（m）

名称	规格	给水管 <75	给水管 75~150	给水管 200~400	给水管 >400	排水管 生产废水管与雨水管 <800	排水管 生产废水管与雨水管 800~1500	排水管 生产废水管与雨水管 >1500	排水管 生产与生活污水管 <300	排水管 生产与生活污水管 400~600	排水管 生产与生活污水管 >600	热力沟（管）	煤气管 P<0.005	煤气管 0.005<P<0.2	煤气管 0.2<P<0.4	煤气管 0.4<P<0.8	煤气管 0.8<P<1.6	压缩空气管	乙炔管、氢气管	氧气管	电力电缆 <1	电力电缆 1~10	电力电缆 <35	电缆沟	通信电缆 直埋电缆	通信电缆 电缆管道
给水管（mm）	<75	—	—	—	—	—	—	—	0.7	—	—	0.8	0.8	0.8	0.8	1.0	1.2	0.8	0.8	0.8	0.6	0.8	1.0	0.8	0.5	0.5
给水管（mm）	75~150	—	—	—	—	—	—	—	0.8	1.0	1.2	1.0	0.8	1.0	1.0	1.2	1.5	1.0	1.0	1.0	0.8	0.8	1.0	1.0	0.5	0.5
给水管（mm）	200~400	—	—	—	—	—	—	—	1.0	1.2	1.5	1.2	0.8	1.0	1.2	1.5	2.0	1.2	1.2	1.2	1.0	1.0	1.0	1.2	1.0	1.0
给水管（mm）	>400	—	—	—	—	—	—	1.0	1.2	1.5	2.0	1.5	1.0	1.2	1.5	1.5	2.0	1.5	1.5	1.5	1.0	1.0	1.0	1.5	1.2	1.2
排水管（mm） 生产废水与雨水管	<800	0.7	0.8	1.0	1.0	—	—	—	0.8	1.0	1.0	1.0	0.8	1.0	1.0	1.2	1.5	0.8	0.8	0.8	0.6	0.8	1.0	1.2	0.8	0.8
排水管（mm） 生产废水与雨水管	800~1500	0.8	1.0	1.2	1.2	—	—	—	1.0	1.2	1.2	1.2	1.0	1.0	1.2	1.5	2.0	1.0	1.0	1.0	0.8	1.0	1.0	1.5	1.0	1.0
排水管（mm） 生产废水与雨水管	>1500	1.0	1.2	1.5	1.5	—	—	—	1.2	1.5	1.5	1.5	1.0	1.2	1.5	1.5	2.0	1.2	1.2	1.2	1.0	1.0	1.0	1.5	1.0	1.0
排水管（mm） 生产与生活污水管	<300	0.7	0.8	1.0	1.2	0.8	1.0	1.2	—	—	—	1.0	0.8	1.0	1.0	1.2	1.5	0.8	0.8	0.8	0.6	0.8	1.0	1.2	0.8	0.8
排水管（mm） 生产与生活污水管	400~600	0.8	1.0	1.2	1.5	1.0	1.2	1.5	—	—	—	1.2	1.0	1.0	1.2	1.5	2.0	1.0	1.0	1.0	0.8	1.0	1.0	1.5	1.0	1.0
排水管（mm） 生产与生活污水管	>600	1.0	1.2	1.5	2.0	1.2	1.5	2.0	—	—	—	1.5	1.0	1.2	1.2	1.5	2.0	1.2	1.2	1.2	1.0	1.0	1.0	1.5	1.0	1.0
热力沟（管）		0.8	1.0	1.2	1.5	1.0	1.2	1.5	1.0	1.2	1.5	—	1.0	1.2	1.5	2.0	2.0	1.5	1.5	1.5	1.0	1.0	1.2	2.0	1.0	0.6
煤气管压力P（MPa）	P<0.005	0.8	0.8	1.0	1.0	0.8	0.8	1.2	0.8	1.0	1.0	1.0	—	—	—	—	—	—	1.0	1.2	0.8	1.0	1.2	1.2	0.8	1.0
煤气管压力P（MPa）	0.005<P<0.2	0.8	1.0	1.0	1.2	0.8	1.0	1.2	0.8	1.0	1.2	1.2	—	—	—	—	—	1.0	1.2	1.5	0.8	1.0	1.2	1.2	0.8	1.0
煤气管压力P（MPa）	0.2<P<0.4	1.0	1.0	1.2	1.5	0.8	1.0	1.2	0.8	1.0	1.2	1.5	—	—	—	—	—	1.0	1.2	2.0	0.8	1.0	1.2	1.5	0.8	1.0
煤气管压力P（MPa）	0.4<P<0.8	1.2	1.2	1.5	2.0	1.2	1.2	2.0	1.2	1.5	2.0	2.0	—	—	—	—	—	1.2	1.5	2.5	1.0	1.2	1.5	2.0	1.2	1.5
煤气管压力P（MPa）	0.8<P<1.6	1.5	1.5	1.5	2.0	1.5	1.5	2.0	1.5	2.0	2.0	2.0	—	—	—	—	—	1.5	2.0	1.5	1.2	1.5	2.0	1.5	1.5
压缩空气管		0.8	1.0	1.2	1.2	0.8	1.0	1.2	0.8	1.0	1.2	1.0	1.0	1.0	1.0	1.2	1.5	—	1.5	1.5	0.8	1.0	1.0	1.0	0.8	1.0

表 7.2.7（续）

间距\名称·规格	给水管(mm) <75	75~150	200~400	>400	排水管 生产废水管与雨水管 <800	800~1500	>1500	生产与生活污水管 <300	400~600	>600	热力沟(管)	煤气管压力 P(MPa) P<0.005	0.005<P<0.2	0.2<P<0.4	0.4<P<0.8	0.8<P<1.6	压缩空气管	乙炔管、氢气管	氧气管	电力电缆(kV) <1	1~10	<35	电缆沟	通信电缆 直埋电缆	电缆管道
乙炔管、氢气管	0.8	1.0	1.2	1.5	0.8	1.0	1.5	0.8	1.0	1.2	1.5	1.0	1.0	1.2	1.5	2.0	1.5	—	1.5	0.8	0.8	1.0	1.5	0.8	1.0
氧气管	0.8	1.0	1.2	1.5	0.8	1.0	1.5	0.8	1.0	1.2	1.5	1.0	1.5	2.0	2.5	—	1.5	1.5	—	0.8	0.8	1.0	1.5	0.8	1.0
电力电缆(kV) <1	0.6	0.6	0.8	1.0	0.6	0.6	0.8	0.6	0.6	0.8	1.0	0.8	1.0	1.0	1.2	1.0	0.8	0.8	0.8	—	—	—	0.5	0.5	0.5
电力电缆(kV) 1~10	0.8	0.8	1.0	1.0	0.8	0.8	1.0	0.8	0.8	1.0	1.0	1.0	1.0	1.2	1.2	1.2	1.0	0.8	0.8	—	—	—	0.5	0.5	0.5
电力电缆(kV) <35	1.0	1.0	1.0	1.2	1.0	1.0	1.2	1.0	1.0	1.2	2.0	1.2	1.2	1.5	1.5	1.5	1.0	1.0	1.0	—	—	—	0.5	0.5	0.5
电缆沟	0.5	0.5	0.5	1.0	0.5	0.5	0.5	0.5	0.5	0.5	0.6	0.5	0.8	0.8	1.2	1.5	0.5	1.5	1.5	0.5	0.5	0.5	0.5	0.5	0.5
通信电缆 直埋电缆	0.5	0.5	0.5	—	0.5	0.5	—	0.5	0.5	—	—	0.5	0.5	0.5	0.8	0.8	0.8	0.8	0.8	—	—	—	0.5	—	—
通信电缆 电缆管道	0.5	0.5	0.5	1.0	0.5	0.5	—	0.5	0.5	—	—	0.5	0.5	0.5	0.8	0.8	1.0	1.0	1.0	0.5	0.5	0.5	0.5	—	—

注：
1. 表中间距均自管壁、沟壁或防护设施的外缘或最外一根电力电缆算起。
2. 当热力沟与电力电缆间距不能满足本表规定时，应采取隔热措施。
3. 局部地段电力电缆穿管保护或加隔板后与给水管、排水管道、压缩空气管道的间距可减少到0.5 m，与穿管通信电缆的间距可减少到0.1 m。
4. 表中数据系按给水管在污水管上方制定的。生活饮用水给水管与生产废水管及污水管之间的间距应按本表数据增加50%；生产废水管与雨水管之间的间距可减少20%，和给水管、电力电缆之间的间距不得小于0.5 m。
5. 当给水管与排水管同沟埋设时，且给水管的材质为非金属或合成塑料时，给水管与排水管间距不应小于1.5 m。
6. 仅供采暖用的热力沟与电力电缆沟及电缆沟之间的间距可减少20%，电力电缆管道（即电力电缆沟）间距不小于0.5 m。
7. 110 kV的电力电缆与本表中各类电力电缆水平敷设时，其间距可减至0.25 m，但管道上部0.3 m高度范围内，应用砂类、松散土，夯实后再回填。
8. 氧气管与生产废水管及雨水管的间距系指非满流管；满流时的间距宜增加10%，与盖板式排水沟的间距同电缆沟。
9. 煤气管与生产废水及雨水管线的间距同各类电力电缆相同。
10. 天然气管道按现行国家标准《城镇燃气设计规范》GB 50028 的有关规定执行。
11. 管径指公称直径。
12. 表中间距未作规定的，可根据具体情况确定。
13. 其他燃气管道按现行国家标准《城镇燃气设计规范》GB 50028 的有关规定执行。

表7.2.8 地下管线与建筑物、构筑物之间的最小水平间距（m）

间距	名称\规格	给水管（mm） <75	给水管 75~150	给水管 200~400	给水管 >400	排水管（mm）生产废水与雨水管 <800	生产废水与雨水管 800~1500	生产废水与雨水管 >1500	生产与生活污水管 <300	生产与生活污水管 400~600	生产与生活污水管 >600	热力沟（管）	煤气管压力P(MPa) P<0.005	0.005<P<0.2	0.2<P<0.4	0.4<P<0.8	0.8<P<1.6	压缩空气管	乙炔管、氢气管、氧气管	液化气管	电力电缆(kV) <10	电力电缆 10~35	电缆沟	通信电缆
间距	建筑物、构筑物基础外缘	1.0	1.0	2.5	3.0	1.5	2.0	2.5	1.5	2.0	2.5	1.5	1.0	1.5	4.0	5.0	6.0	1.5	注4,5	注6	0.5	0.6	1.5	0.5 注7
	铁路（中心线）注3	5.0	5.0	5.0	5.0	5.0	5.0	5.0	5.0	5.0	5.0	3.8	4.0	5.0	5.0	5.0	6.0	2.5	2.5	注6	2.5	3.0	2.5	2.5
	道路	1.0	1.0	1.5	1.5	1.5	1.5	1.5	1.5	1.5	1.5	1.5	1.5	1.5	1.5	1.0	1.0	1.0	0.8	5	1.0	1.0	0.8	0.8
	管架基础外缘	0.8	0.8	1.0	1.0	0.8	1.2	1.2	0.8	1.0	1.0	0.8	0.6	0.6	0.6	1.0	1.0	0.8	0.8	10	0.5	0.5	0.8	0.8
	照明、通信杆柱（中心）	0.5	0.5	1.0	1.0	0.8	0.8	0.8	0.8	1.0	1.0	0.8	0.6	0.6	0.6	1.5	1.5	0.8	0.8	2	0.5	0.5	0.8	0.5
	围墙基础外缘	1.0	1.0	1.0	1.0	1.0	1.0	1.0	1.0	1.0	1.0	1.0	0.6	0.6	0.6	1.0	1.5	1.0	1.0	2	0.5	0.5	1.0	0.5
	排水沟外缘	0.8	0.8	0.8	1.0	0.8	0.8	0.8	0.8	0.8	0.8	0.8	0.6	0.6	0.6	0.8	1.0	0.8	0.8	2	0.8	1.0	1.0	0.8

注：1 表中间距除注明者外，管线均为压力管，管壁或自管壁、沟壁或壁护设施的外缘或自管最外、构筑物基础外缘的外缘或最外一根电缆算起。

2 当排水管为压力管时，与建筑物、构筑物基础外缘的间距，应按表列数据增加1倍。

3 给水管道至铁路路堤坡脚的间距，不宜小于路堤高度，并不得小于5.0 m；至铁路路堤或路堑坡顶的间距，不宜小于堑高度，并不得小于5.0 m。道路为城市型时，自路面边缘算起；为公路型时，自路肩边缘算起。

4 乙炔管道，距有地下室及生产甲类火灾危险性的建筑物、构筑物的基础外缘和通行沟道的外缘的水平间距为3.0 m；距无地下室的建筑物、构筑物的基础外缘和通行沟道的外缘的间距为3.0 m；距无地下室的建筑物、构筑物的基础外缘的间距为2.0 m。

5 氧气管道，距有地下室的建筑物的基础外缘和通行沟道外缘净距为：氧气压力小于等于1.6 MPa时，采用1.5 m；氧气压力大于1.6 MPa时，采用2.5 m。距无地下室的建筑物基础外缘的间距为：氧气压力小于等于1.6 MPa时，采用3.0 m；氧气压力大于1.6 MPa时，采用5.0 m；距无地下室的建筑物基础外缘的间距为：氧气压力小于等于1.6 MPa时，采用1.5 m；氧气压力大于1.6 MPa时，采用2.5 m。

6 液化气管[Ⅰ级 $p>4.0$ MPa(表压),Ⅱ级 $1.6≤p≤4.0$ MPa,Ⅲ级 $p<1.6$ MPa]与建筑物,构筑物基础外缘的间距分别为 25 m、15 m、10 m;与国家铁路干线间距 25 m,支线 10 m;与厂外高速公路,Ⅰ、Ⅱ级公路的间距为 10 m。

7 通信电缆管道距建筑物、构筑物基础外缘的间距应为 1.2 m;电力电缆排管(即电力电缆沟管道)间距要求与电缆沟同。

8 表中埋地管道与建筑物、构筑物基础外缘的间距,均是指埋地管道与建筑物、构筑物的基础在同一标高或其以上时,当埋地管道深度大于建筑物、构筑物的基础深度时,应按土壤性质计算确定,但不得小于表列数值。

9 高压电力杆柱或铁塔(基础外边缘)距本表中各类管线间距,应按表列照明及通信管线。

10 当为双柱式管架分别设基础时,在满足本表要求时,可在管架基础之间敷设管线。

11 管径指公称直径。

12 其他燃气管道按现行国家标准《城镇燃气设计规范》GB 50028 的有关规定执行。

13 在七度以上地震区、多年冻土地区、严寒地区、埋地管道、排水沟、雨水明沟和水池与建筑物之间的防护距离,应符合国家现行有关标准的规定。

7.3.3 管架的布置,应符合下列要求:
 1 管架的净空高度及基础位置,不得影响交通运输、消防及检修。
 2 不应妨碍建筑物的自然采光与通风。
 3 可燃气体、液化烃、可燃液体的管道,不得穿越或跨越与其无关的化工生产单元或设施。
7.3.4 管架与建筑物、构筑物之间的最小水平间距,宜符合表7.3.4的规定。

表 7.3.4 管架与建筑物、构筑物之间的最小水平间距（m）

建筑物、构筑物	最小水平间距
建筑物有门窗的墙壁外缘或突出部分外缘	3.0
建筑物无门窗的墙壁外缘或突出部分外缘	1.5
铁路（中心线）	3.75
道路	1.0
人行道外缘	0.5
厂区围墙（中心线）	1.0
照明电缆及杆柱（中心）	1.0

注:1 表中间距除注明者外,管架从最外边线算起;道路为城市型时,自路面边缘算起;为公路型时,自路肩边缘算起。
 2 本表不适用于低架式、管墩、建筑物支撑式。
 3 可燃液体、可燃气体与液化石油气、液化烃介质管道的管架与建筑物、构筑物之间的最小水平间距应符合国家现行有关标准的规定。

7.3.5 架空电力线路不应跨越用可燃性材料建造的屋顶和生产火灾危险性属于甲、乙类的建筑物、构筑物和生产装置,以及储存可燃性、爆炸性物料的罐区及仓库区。
 架空电力线路的布置尚应符合国家现行标准《66 kV及以下架空电力线路设计规范》GB 50061和《110～500 kV架空送电线路设计技术规程》DL/T 5092的有关规定。
7.3.6 引入厂区的35 kV及以上的架空高压输电线路,应减少在厂区内的长度,并应沿厂区边缘布置。
7.3.7 通信架空线的布置,应符合现行国家标准《工业企业通信设计规范》GBJ 42的有关规定。
7.3.8 架空管线、管架跨越铁路、道路的最小净空高度,应符合表7.3.8的规定。

表 7.3.8 架空管线、管架跨越铁路、道路的最小净空高度

名称	最小净空高度（m）
铁路（从轨顶算起）	5.5 并不小于铁路建筑限界

道路（从路拱算起）
  厂区道路
  装置内道路
	
	5.0
	4.5

人行道（从路面算起）	2.5

注：1 表中净空高度除注明者外,管线从防护设施的外缘算起;管架自最低部分算起。
2 表中铁路一栏的最小净空高度,不适用于由电力机车牵引的线路。
3 有大件运输要求或在检修时有大型起吊设备以及有大型消防车通过的道路,应根据需要确定其净空高度。

8 绿化设计

8.1 一般规定

8.1.1 化工企业绿化设计应符合化工区总体布置要求,应与工厂总平面布置、竖向设计及管线布置统一进行,并应合理安排绿化用地。

8.1.2 绿化设计应符合下列要求：

1 应根据化工生产的性质、火灾危险性和防火、防爆、防噪声、环境卫生及景观对绿化设计的要求,并结合当地的自然条件和周围的环境条件,因地制宜进行绿化设计,应合理地确定各类植物配置方式。

2 绿化设计不应妨碍生产操作、设备检修、交通运输、管线敷设和维修,不应影响消防作业和建筑物的采光、通风。

3 应充分利用厂区非建筑地段及零星空地进行绿化;应利用管架、栈桥、架空线等设施的下面及地下管线带上面的场地布置绿化。

8.1.3 工厂绿化,应以绿为主,并应符合下列要求：

1 净化空气、减轻污染、保护环境、改善卫生条件。
2 调节气温、湿度和日晒,抵御风沙,改善小气候。
3 加固坡地堤岸、稳定土壤、防止水土流失。
4 美化厂容、创造良好的工作、生活环境。

8.1.4 工厂绿化的植物选择,应满足下列要求：

1 抗污染、衰噪和滞尘能力强,净化大气效果好。
2 生长速度快、适应性强。
3 易成活、移植、病虫害少和养护管理方便。
4 树木形态美观、挺拔。
5 符合防火、卫生和安全要求。
6 选择苗木来源方便的乡土植物。

8.1.5 化工企业绿化设计指标应采用厂区绿地率,绿地率的计算方法应符合本规范附录C的规定。一般化工企业内的厂区绿地率不应小于12%,且不应大于20%;对环境洁净度要求高的化工企业,厂区绿地率不得大于30%。在工业用地范围内不得设置集中绿地。化工工厂的厂区绿地率可按表8.1.5选用。

表8.1.5 厂区绿地率

绿化类别	化 工 工 厂	厂区绿地率
Ⅰ类	制药厂、电影胶片厂、感光材料厂、磁带厂等对环境洁净度要求高的工厂	20%～30%

表 8.1.5（续）

绿化类别	化 工 工 厂	厂区绿地率
Ⅱ类	化肥厂、油漆厂、染料及染料中间体厂、橡胶制品厂、涂料厂、颜料厂、塑料制品厂等	12%～25%
Ⅲ类	石油化工厂、纯碱厂、合成橡胶厂、合成纤维树脂厂、合成塑料厂、有机溶剂厂、氯碱厂、硫酸厂、农药厂、焦化厂、煤气厂等	12%～20%

注：1 当工厂所在地的土壤及气候条件适于绿化植物生长，且厂区用地许可时用上限；当工厂所在地的土壤及气候条件不利于绿化植物生长，或厂区用地不许可时用下限。
    2 当Ⅱ类厂设有酸类或氯碱生产装置时，厂区绿地率可按Ⅲ类选用。
    3 改建、扩建工厂当绿化用地困难时，其厂区绿地率可适当降低。

8.2 绿化布置及植物选择

8.2.1 工厂的下列地段应重点进行绿化布置：
 1 工厂行政办公及生活服务设施区和主要出入口，以及主要道路两旁。
 2 洁净度要求高的生产设施周围。
 3 散发有害气体、粉尘及产生高噪声的生产设施周围。
 4 需改善建筑物西晒和卫生条件的地段。
 5 易受雨水冲刷的地段。

8.2.2 行政办公及生活服务设施区及工厂主要出入口的绿化设计，应符合下列要求：
 1 行政办公及生活服务设施区绿化宜以景观效果为主。绿化布置及植物选择应与建筑物造型、建筑群体布置形式相协调，应具有空间艺术效果、利于人流活动。
 2 工厂出入口的绿化应有利于出入交通。
 3 行政办公及生活服务设施区与生产区之间可设置绿化用地。

8.2.3 在洁净厂房及对大气有一定洁净度要求的设施周围，应种植对大气含尘、含菌不产生有害影响和不飞扬花絮或绒毛，且减滞粉尘能力强、净化大气效果好的树种，不宜种植花卉，其附近地面宜铺设草皮。

对大气洁净度要求高的工厂厂区地面，不得有裸露的土地表面，应铺设草皮。

8.2.4 散发有害气体的生产、储存和装卸设施周围，应种植对有害气体耐性及抗性强的植物，广植地被植物或草皮，稀植矮小乔木、灌木，不应混合密植乔木、灌木，并应在适当地点栽植相应敏感性植物。

8.2.5 散发液化石油气及比空气重的可燃气体的生产、储存和装卸设施附近，绿化布置应注意通风，不应种植不利于较重气体扩散的绿篱及茂密的灌木丛。

8.2.6 具有可燃、易爆特性的生产、储存和装卸设施及火灾危险性较大的区域附近，不应种植含油脂较多及易着火的树种，应选择水分较多、枝叶较密、根系深、萌蘖力强，且有利于防火、防爆的树种。其绿化布置，应保证消防通道的宽度和净空高度。

8.2.7 可燃液体、液化烃及可燃气体储罐区的绿化布置及植物选择，应符合下列要求：
 1 在可燃液体储罐组防火堤内，不得种植树木，可种植生长高度不超过 15 cm，且含水分多的四季常青的草皮。
 2 液化烃储罐组防火堤内严禁绿化。

3 可燃液体、液化烃及可燃气体储罐组与周围消防车道之间,不应种植绿篱或茂密的灌木丛。

8.2.8 散发粉尘的生产、储存和装卸设施周围或有防尘要求的设施附近,宜栽植枝叶茂密、叶面粗糙、叶片挺硬、有绒毛、滞尘力强的常绿树,并宜种植地被植物或草皮。

8.2.9 产生环境噪声污染的车间、生产装置或对防噪声要求较高的建筑物周围,宜选用分枝点低、枝叶茂密的常绿乔木,并宜与灌木相结合,组成紧密结构的复层防噪声林带。

8.2.10 循环水冷却设施周围的绿化布置及植物选择,不应妨碍冷却设施的冷却效果,不应污染水质,应选择湿生植物,并应符合下列要求:

　　1 冷却塔周围不应成排种植高大乔木,不应种植有绒毛、花絮的植物。

　　2 冷却塔附近地面可铺草皮、栽植灌木,也可分散种植单株小乔木,树木距冷却塔外壁应在 2 m 以外。

8.2.11 污水处理场周围宜栽植高大的常绿乔木,曝气池周围的绿化布置不得影响通风,应选择抗性强的植物。

8.2.12 管廊或管架的两侧,宜种植耐修剪、根系浅的灌木及小乔木,其下方可种植花卉及草皮。

　　埋地管线(热力管道、直埋电缆除外)上部地面可种植草皮、花卉或栽植根系浅的灌木,当管线顶部埋深大于 1.5 m 时,可种植小乔木。

　　地上及地下管线附近的绿化布置不得妨碍管线的使用及检修。

8.2.13 厂内道路的两侧应布置行道树,主干道两侧可由各类树木、花卉组成多层次的行道绿化带,并应与工程管线及管廊的布置相配合。道路交叉口、弯道内侧和道路与铁路平交道口处的绿化布置,应符合行车视距的有关规定。

8.2.14 厂内铁路沿线的绿化布置,应符合现行国家标准《工业企业标准轨距铁路设计规范》GBJ 12 的有关规定,并不得妨碍信号、照明的设置。

8.2.15 挡土墙、护坡及适宜绿化的建构筑物外墙面宜进行垂直绿化。

8.2.16 厂区围墙内宜沿周边道路种植行道树或设置绿化带。

8.2.17 树木与建筑物、构筑物、管线等之间的最小水平间距,应符合表8.2.17的规定。

表 8.2.17 树木与建筑物、构筑物、管线等之间的最小水平间距(m)

建筑物、构筑物及管线等	最小水平间距	
	至乔木中心	至灌木中心
建筑物外墙(有窗)	3.00～5.00	1.50
建筑物外墙(无窗)	2.00	1.50
围墙	2.00	1.00
挡土墙顶内侧或墙脚(沟)外侧	2.00	0.50
栈桥和管架边缘及电杆中心	2.00	不限
道路路面边缘	1.00	0.50
人行道边缘	0.50	0.50

表 8.2.17（续）

建筑物、构筑物及管线等	最小水平间距	
	至乔木中心	至灌木中心
厂内铁路中心线	5.00	3.50
排水明沟边缘	1.00	0.50
管沟	3.00	1.50
给水管、排水管	1.00～1.50	不限
热力管	2.00	2.00
煤气管、天然气管、乙炔管	2.00	1.50
氧气管、压缩空气管	1.50	1.00
电缆	2.00	0.50

注：1 表中间距除注明者外，建筑物、构筑物自最外边轴线算起；城市型道路，自路面边缘算起；公路型道路，自路肩边缘算起；管线自管壁（沟壁）或防护设施外缘算起；电缆按最外一根算起。
  2 灌木中心至建筑物、构筑物距离系指灌木丛最外边的一株灌木中心。
  3 树木至建筑物外墙（有窗）的距离，当树冠直径小于或等于 5.00 m 时采用 3.00 m，大于 5.00 m 时采用 5.00 m。
  4 树木至铁路、道路弯道内侧的间距，应满足视距要求。

8.2.18 树木与架空电力线路之间的最小间距，应符合国家现行标准《66 kV 及以下架空电力线路设计规范》GB 50061 和《110～500 kV 架空送电线路设计技术规程》DL/T 5092 的有关规定。

8.3 卫生防护林带

8.3.1 卫生防护林带的设置应符合下列要求：
  1 卫生防护林带的位置应符合化工区总体布置要求，并应纳入当地城市总体规划中统一考虑。
  2 卫生防护林带的位置、宽度、林带数量和结构形式，应根据工厂产生污染物的性质和浓度、当地大气扩散条件、污染物最大浓度落地位置，以及地形、地貌等自然条件确定。
  新建产生有毒、有害气体的工厂卫生防护林带宽度不得小于 50 m。
  3 卫生防护林带应垂直于由工厂污染源吹向居住区的主害风向。当不能垂直于主害风向时，林带与主害风向的交角不应小于 45°。
  4 卫生防护林带的结构形式的选择，应符合下列规定：
    1）当林带较窄时，可采用紧密结构式；
    2）当林带有足够宽度时，可从工厂区一侧到居住区逐次采用通透式、半通透式、紧密结构式的复式林带。

8.3.2 卫生防护林带的树种选择应符合下列要求：
  1 应选用生长健壮、抗污性和耐污性强、滞尘和衰噪性能好、病虫害少的树种。
  2 高大乔木应与低矮灌木相结合，常绿树应与落叶树相结合，乔木中常绿树比例不宜低于 50%。

3 喜阳树应与耐阴、喜阴树相结合。

4 净化宜与美化相结合。靠工厂区一侧的树种应以净化空气为主,靠居住区一侧的树种在满足净化要求的同时,应多选用有观赏价值的树种。

8.3.3 受风沙危害的工厂,应在厂区受风沙侵袭季节的盛行风向的上风向,设置半通透结构的防风沙林带。林带的横断面宜为矩形,林带宽度不宜小于 25 m。

防风沙林带应选用根系深、抗风沙性强、生长健壮、病虫害少的树种,且乔木应与灌木相结合,常绿树应与落叶树相结合,乔木中常绿树比例不宜低于50%。

9 运输设计

9.1 一般规定

9.1.1 化工企业的运输设计,应根据货物性质、流向、年运输量、到发作业条件和当地运输系统的现状与规划,以及当地自然条件和协作条件等因素,进行运输方案的比较,选择能适应生产要求、投资省、运营费低、效率高、连续性强和安全可靠的运输方式。

当工厂靠近水路,且水路运输能满足工厂货运要求时,应充分利用水路运输。

9.1.2 运输设计应与化工区总体布置和工厂总平面布置及竖向设计紧密结合,并应做到运行通畅、布局合理、避免货物流向的迂回或折返。

9.1.3 当工厂运输采用多种方式时,各种运输方式之间应衔接合理,并应使厂内外运输、装卸、储存形成一个完整的运转体系。

9.1.4 厂区运输线路与作业货位布置应相互适应、运转协调,并宜接近固体物料的送入或产出部位,同时宜按储运货物类别划分作业区、带,应避免倒运和相互干扰,且应便于作业环境的管理。

9.1.5 运输设计应合理组织货流和人流,各种运输线路、车站、码头前沿和人流繁忙的道路应减少相互间的平面交叉与干扰。

9.1.6 企业各种运输系统的设计,应首先确定其管理体制和交接方式,并按不同情况进行运输设备、运输线路、车站、码头、辅助设施和运输组织的设计。

9.1.7 运输、装卸、储存设施应相互配套,并应减少倒运作业环节。

9.1.8 运输设施及其维修宜社会化。对于运输量大、作业复杂或有特殊要求的货物,在需要配置专用运输设备、设施时,应依据充分、数量适当、选型合理、方便维修、减少定员。

9.1.9 化工企业分期建设时,运输设计应统一规划、近期布置集中、远期发展合理。

9.1.10 化工企业采用铁路运输时,车站及线路的布置应在规划阶段与相关的铁路部门协调,并宜取得相关协议。

9.2 企业铁路

9.2.1 化工企业修建铁路,应具备下列条件之一,并应与其他运输方式进行技术经济比较后确定:

1 企业近期的年货运量较大,并具备修建铁路条件,且采用铁路运输能够满足生产要求。

2 年货运量不大,但接轨便捷、工程量小、取送作业方便。

3 货物以铁路运输最为安全可靠,或发货、卸车地点已确定采用铁路运输。

9.2.2 工厂货物需铁路运输,但修建铁路工程艰巨、投资过大时,可在工厂附近且铁路出线方便的地点,修建独立的装卸作业区或转运站,再以其他运输方式与工厂连接。

9.2.3 有大量装卸作业的化工区，可根据需要设置主要为其服务的铁路工业站。工业站的布置应符合下列要求：

  1 可根据化工区所在位置及其总体布置、经过铁路的运量和交接方式，设在企业铁路与外部铁路的接轨点处或靠近到发车辆较多、调车作业繁忙的企业处，其与外部铁路接轨应保证主要车辆运行方向顺直。

  2 工业站对各企业站、分区车场和装卸点取送车应有方便的条件。

  3 应与城镇规划密切配合，并应避免工业站对城镇发展、城镇道路的干扰，同时应满足环境保护、消防和卫生等要求。

9.2.4 采用车辆交接、取送车组较多或取送距离较远的企业，可设置企业站。企业站的布置，应符合下列要求：

  1 企业站的位置，应便于与工业站联系，并应有利于厂区铁路进线，不宜折角运行。

  2 车站位置和站型应根据引入线的数量、方向，作业性质，作业量以及工程条件等选择，并应预留发展余地和分期建设的可能。

  3 近期站场及与其有关设施的布置，应便于运营和节省投资，并应减少扩建时的拆改工程和对运营的干扰。

  4 站内各组成部分之间应工作协调，并应减少进路交叉和作业干扰。

  5 应缩短机车车辆、列车的走行距离和在站内的停留时间。

  6 当工业站担负路网中转车流的作业量较小，距企业较近，且地形条件适宜时，可将企业站与工业站联合设置。

9.2.5 工业企业铁路与路网铁路之间的交接作业方式，应根据经济比选和路、厂双方协商确定。交接作业地点应根据所采用的交接方式及铁路专用线管理方式和车站的布置形式分别确定，宜符合下列规定：

  1 采用货物交接方式时，出入企业的货物交接作业可在企业的装卸线上办理。

  2 采用车辆交接方式，且工业站与企业站分设时，宜在工业站设交接场办理交接。当双方车站间铁路专用线运输由铁路管理时，在工业站可不设交接场，宜在企业站到发场办理交接。

  3 采用车辆交接，且工业站与企业站联设时，可根据车站布置形式在工业站的交接场或双方的到发场交接。

9.2.6 企业站股道数量及有效长度，可按下列要求设置：

  1 企业站的到发线数量，应根据每昼夜占用到发线的各种列车次数和路厂的统一技术作业过程分析确定，但不宜小于表9.2.6的规定。

表9.2.6 企业车站到发线数量

年货运总量(kt/a)	到发线数量(股)
900及以下	1～2
901～2 500	2～3
2 501～4 000	3～4
4 000以上	5

当车辆交接作业在企业站上进行时,可根据需要增设1~2股到发线兼作交接作业用。

到发线有效长度应根据运输能力、进站机车的牵引定数、技术作业过程及地形条件确定,在有路网直达列车到发或整列交接的企业站上,应有部分到发线的长度与衔接的路网车站的到发线有效长度一致。对于只接发(取送)小运转列车的到发线有效长度,可根据实际需要确定。

2 企业站调车线的数量,应根据企业各作业站(分区车场)或装卸点数量、向各作业站(分区车场)或装卸点每昼夜发送车数和调车作业方法等因素确定。一般对应于与企业站衔接的每一个作业站或调车场应设1股调车线。当一个作业站或调车场每昼夜有调车作业车数在100辆以上时,可设2股调车线。当企业车站仅为一个工厂服务时,调车线也不得少于2股。

调车线的有效长度应满足车列取送时最大长度要求。应有1股与到发线有效长度一致,其余调车线的有效长度可适当缩短。

在办理车辆交接的企业站,可设置集结发往工业站车流的调车线,线路的数量和有效长度应根据每昼夜发往工业站的车流量和车流性质确定。

3 企业站的牵出线应根据行车量、调车作业繁忙程度等条件设置。当行车量和调车作业量较小或可利用正线或其他线路进行调车作业时,也可缓设或不设牵出线,其平、纵断面及瞭望条件等应符合调车作业的要求,并应有安全防护设施。

企业车站每昼夜调车作业车数超过100辆,且列车解体作业较多,或在车站正线(或联络线)的平面或纵断面不能满足调车技术要求时,可设置牵出线,调车牵出线的有效长度,可按到发线的有效长度设计。在困难条件下,调车作业较少时可按到发线有效长度一半设计,但不得短于机车牵引作业车列长度另加制动附加距离。

9.2.7 企业车站可根据需要设置运转、机务、工务、电力、通信和信号等与行车有关的建筑物、构筑物及设备。

9.2.8 厂内铁路布置应符合下列要求:

1 应满足生产要求、作业便捷,并应减少物料在运输、装卸和储存过程中的环节。

2 厂区内铁路,应集中布置于厂区边缘地带,且应与厂区总平面布置及竖向设计相结合,并应做到运行通畅、工程量小、利用率高。

3 固体物料装卸线,可布置在该物料储存设施的边缘。

有火灾危险、剧毒的货物或散发粉尘的大宗物料装卸线,应分类集中布置在厂区最小频率风向的上风侧,且应布置在厂区边缘地带。

4 车间、仓库、堆场的线路,宜合并集中与联络线或连接线连接,当各种作业线路靠近厂区一侧边缘布置有困难时,应力求铁路进厂分线后所形成的扇形面积最小。

5 各种作业线路不应与厂前及厂区中心地段的主干道平面交叉。在其他地段与主、次干道交叉时,应根据铁路及道路交通繁忙情况,按现行国家标准《工业企业铁路道口安全标准》GB 6389和《工业企业厂内铁路、道路运输安全规程》GB 4387的有关规定,设置相应的道口安全防护设施。

6 可作铁路货位用的沿线场地,不宜布置与铁路运输无关的建筑物、构筑物。

7 厂内铁路线路布置应符合现行国家标准《工业企业标准轨距铁路设计规范》GBJ 12、《建筑设计防火规范》GB 50016和《石油化工企业设计防火规范》GB 50160的有关规定。

9.2.9 厂内装卸线应与其配套的仓库、堆场、装卸站（栈）台相互协调。装卸线有效长度应根据下列因素，并经计算确定：
　　1　货物品种、性质及年运量与运输不平衡系数。
　　2　固定车组长度及调车取送次数。
　　3　装卸方式及装卸、储存能力。
　　4　相衔接的铁路部门对大宗货物一次整列或半列装卸作业的要求。

9.2.10 货物装卸线应设在直线上。在困难条件下，可设在半径不小于600 m的曲线上；在特别困难条件下，曲线半径不应小于500 m。不靠站台的装卸线（可燃、易燃、危险品的装卸线除外），可设在半径不小于300 m的曲线上；如无车辆摘挂作业，可设在半径不小于200 m的曲线上。
　　一般货物装卸线宜设在平道上，在困难条件下，可设在不大于1.5‰的坡道上。货物装卸线起迄点距离竖曲线始、终点不应小于15 m。

9.2.11 可燃液体、液化烃和剧毒品等各种危险货物的铁路装卸线布置，宜符合下列要求：
　　1　宜按品种设计为尽头式平直线路。当受地形条件限制时，可设在半径不小于500 m的平坡曲线上。
　　2　装卸线宜按品种布置专用的线路。当货物性质相近时，可合用1股装卸线，但1股装卸线上不宜超过3个品种。
　　3　液化烃装卸栈台，宜单独设置；当不同时作业时，也可与可燃液体装卸共台设置。
　　4　丙B类可燃液体的装卸栈台宜单独设置。
　　5　装卸线不应与道路平面交叉。
　　6　装卸线不得兼作走行线。

9.2.12 尽头式装卸线末端的安全距离应符合下列规定：
　　1　一般货物装卸线自货位末端至车挡的距离不应小于10 m；
　　有火灾危险性和其他危险品的装卸线，自货位末端至车挡的距离不应小于20 m。
　　2　厂房、仓库内安装弹簧车挡或金属车挡的线路停车位置距车挡不应小于5 m。
　　3　厂房内车挡后部的安全距离不应小于6 m；露天布置车挡后部的安全距离不应小于15 m。车挡外延30 m范围内不应布置生产、使用和储存有火灾危险性和其他危险品的设施及全厂性大型管廊或管廊支柱。

9.2.13 装卸线设计应按调车和装卸操作人员安全作业，设置走道、阶梯和护栏。

9.2.14 装卸作业区咽喉道岔前方的一段线路纵坡，应满足列车启动要求。

9.2.15 企业自备或常年租用车辆回厂及待修车辆的存车线，可靠近大型作业区或企业车站。其有效长度应按计算确定。

9.2.16 洗罐站所属的各种线路应按洗罐作业要求配置。其中的待洗线、停放线和取送线宜与企业车站及存车线结合布置。

9.2.17 散装货物运输需要设置轨道衡时，轨道衡线应为通过式布置，其长度及两端线路的技术条件应按具体的设备技术要求确定，并应符合现行国家标准《工业企业标准轨距铁路设计规范》GBJ 12的有关规定。

9.2.18 装卸线的道床设计除应符合现行国家标准《工业企业标准轨距铁路设计规范》GBJ 12的有关规定外，尚应符合下列要求：

1　酸、碱类的液体装卸线宜为防腐道床。
　　2　应便于线路维修和养护。
　　3　应便于清扫散落物料及雨水和冲洗水的排出。
9.2.19　下列线路宜设计为整体道床或暗道床：
　　1　重质油类和不易挥发的液体物料装卸线。
　　2　酸、碱装卸线。
　　3　厂房和仓库内线路及洗罐线。
　　4　跨线漏斗下的装车线。
　　5　装卸易散落物料需清扫回收的装卸线。
9.2.20　火灾危险性属于甲、乙类的可燃液体和液化烃以及腐蚀、剧毒物品的装卸线和库内线等，应在装卸线段或库外30～50m处设置装卸防护联锁信号装置。
9.2.21　厂内所有站线、装卸线和其他技术作业线，应根据作业要求，设置相应的照明设施。
9.2.22　厂内所有与铁路运输作业有直接关系的操作岗位，均应设置铁路调度电话；其他运转、管理和维修工作场所应设置必要的行政电话。
9.2.23　化工企业铁路为自营体制时，宜自备机车。自备机车的选型及数量应按企业铁路年运量、运用时制和作业性质经计算确定。
　　对于路网不能提供的专用车辆，宜按"送货制"原则由企业自备；对固定行驶在自营线路上的货运车辆，也宜由企业自备。自备车辆车型及数量，应按装运的货物品种、运量和周转时间经计算确定。
9.2.24　自备车辆的停放、整备和维修作业设施，宜合并设置。维修设施宜按定修设置，架修和厂修（大修）宜委托专业厂家。

9.3　厂内道路及汽车运输

9.3.1　厂内道路布置在符合厂区总平面布置的前提下，尚应符合下列要求：
　　1　应满足生产、交通运输、消防、安全、施工、安装及检修的要求。
　　2　全厂道路网的布置应与厂区总平面布置功能分区和街区划分相结合，并与场地竖向设计和主要管线带的走向相协调，且宜与主要建筑物、构筑物轴线平行或垂直布置。
　　3　主、次干道布置和人、货流向应合理。
　　4　厂内道路不宜中断，当出现尽头时，其终端应设置回车场，回车场面积应根据所通行的车辆最小转弯半径和路面宽度确定。
　　5　厂内道路与厂外公路的衔接应短捷、通畅。
　　6　厂内道路布置应符合现行国家标准《厂矿道路设计规范》GBJ 22、《建筑设计防火规范》GB 50016和《石油化工企业设计防火规范》GB 50160的有关规定。
　　7　洁净厂房周围宜设置环形消防车道，环形消防车道可利用交通道路，如有困难时，可沿厂房的两个长边设置消防车道。
9.3.2　厂内道路横断面类型可分为城市型、公路型和混合型，并宜符合下列要求：
　　1　全厂宜采用一种类型，也可分区采用不同类型。
　　2　行政办公及生活服务设施区或生产装置区、卫生要求较高及人流频繁的地段，宜采用城市型。
　　3　储罐区、厂区边缘及人流较少或场地高差较大的地段，可采用公路型或混合型。

9.3.3 厂内道路路面等级、面层类型,应根据道路使用要求和当地的气候、路基状况、材料供应和施工条件等因素确定,并应符合下列要求:
1 厂内道路宜采用高级或次高级路面,车间引道可与其相连的道路相同。
2 生产及环境需要路面防尘、防振、防噪声、防火和防腐等,应符合下列要求:
　　1) 对防尘、防振、防噪声要求较高的路段,宜选用沥青路面;
　　2) 在防腐要求较高的路段,应选用耐腐蚀的路面;
　　3) 在经常有对沥青产生侵蚀、溶解作用的液体滴落的路段,不宜采用沥青路面;
　　4) 对防火要求较高的路段,应采用不产生火花的路面材料;
　　5) 洁净厂房周围的道路面层,应选用整体性能好、发尘少的材料。
3 地下管线穿埋较多的路段,不宜采用现浇水泥混凝土路面。
4 经常行驶履带式车辆的路段,宜采用块石或中级路面。
5 供施工期间使用的永久性道路路面设计,应能满足分期实施和过渡的结构形式的要求。

9.3.4 厂内道路路面宽度应根据车辆通行、消防和人行需要确定,并宜符合下列规定:
1 路面宽度宜按表9.3.4确定。

表9.3.4　厂内道路路面宽度(m)

道路类别	路面宽度		
	大型厂	中型厂	小型厂
主干道	9.0～12.0	7.0～9.0	6.0(7.0)
次干道	7.0～9.0	6.0～7.0	4.0～6.0
支道	4.0		—
车间引道	3.5或4.0,也可与该引道连通的厂房大门宽度相适应		

注:1 大型厂厂区面积在120 hm² 以上的厂区主干道路面宽度可采用15 m。
　　2 主干道、次干道、支道和车间引道的释义应符合现行国家标准《厂矿道路设计规范》GBJ 22 的有关规定。

2 各类道路可根据需要,分段采用不同宽度。不同宽度线段宜在道路交叉口处划分。

9.3.5 厂内道路最小圆曲线半径不宜小于15 m。厂内道路交叉口路面内边缘转弯半径应根据其行驶车辆的类别确定,可按表9.3.5的规定选用。

表9.3.5　交叉口路面内边缘转弯半径(m)

道路类别	路面内边缘转弯半径		
	主干道	次干道	支道
主干道	12～15	9～12	6～9
次干道	9～12	9～12	6～9
支道及车间引道	6～9	6～9	6～9

注:1 当场地受限制时,表列数值(6 m半径除外)可适当减少。
　　2 供大型消防车通行单车道路面内边缘转弯半径不应小于12 m。

9.3.6 厂内道路在平面转弯处和纵断面变坡处的视距,不应小于表9.3.6的规定。

当平面转弯处视距不符合规定时,横净距以内和交叉口视距三角形范围内的障碍物,除对视线妨碍不大的稀疏树木或单个管线支架、电杆、灯柱等可保留外,应予以清除。

表9.3.6 视距

视距类别	视距(m)
停车视距	15
会车视距	30
交叉口停车视距	20

注:1 当受场地条件限制、采用会车视距困难时,可采用停车视距,但必须设置分道行驶的设施或其他设施。
  2 当受场地条件限制时,交叉口停车视距可采用15 m。

9.3.7 厂内道路的最大纵坡,应符合表9.3.7的规定。

在海拔3 000 m以上地区,厂内道路最大纵坡值的折减,应符合现行国家标准《厂矿道路设计规范》GBJ 22的有关规定。

当主、次干道和支道纵坡变更处的两相邻坡度代数差大于2%时,应设置竖曲线。竖曲线半径不应小于100 m,长度不应小于15 m。

表9.3.7 厂内道路最大纵坡

厂内道路类别	主干道	次干道	支道、车间引道
最大纵坡(%)	6	8	9

注:1 当场地条件困难时,主干道的最大纵坡可增加1%,次干道、支道、车间引道的最大纵坡可增加2%。但在海拔2 000 m以上地区,不得增加;在寒冷冰冻、积雪地区,不应大于8%。交通较繁忙的车间引道的最大纵坡,不宜增加。
  2 经常运输易燃、易爆危险品专用道路的最大纵坡,不得大于6%。

9.3.8 厂内道路设计应满足基建、检修期间大件设备的运输与吊装要求。

有大件设备运输的生产装置区与厂外公路之间,应有通畅的运输线路,其条件应满足大件运输的要求。

9.3.9 厂内消防道路应避免与铁路交叉。当不可避免时,应设备用车道,且两车道之间的距离不应小于进入厂内最长列车的长度。

9.3.10 生产装置和建筑物的主要出入口,应根据需要设置与出入口或大门宽度相适应的引道或人行道,并应就近与厂内道路连接。

9.3.11 大、中型厂的主、次干道,当人流集中、采用混合交通影响行人安全时,应设置人行道。经常通过行人而无道路的地方,亦应设置人行道。人行道的设置宜符合下列要求:

　　1 主干道两侧的人行道宽度,不宜小于1.5 m;其他的人行道宽度,不宜小于0.75 m。当人行道宽度超过1.5 m时,可按0.5 m的倍数递增,但人行道的宽度最多不得超过3 m。

　　2 人行道的纵坡超过8%时,宜设粗糙面层或踏步,危险地段应设护栏。

　　3 人行道面宜高出附近地面(路面)0.10~0.15 m。

9.3.12 厂内道路平面交叉,应设在直线路段,并宜正交。当需要斜交时,交叉角不宜小于45°。

9.3.13 厂内主、次干道平面交叉处的纵坡不宜大于2%,其坡长从路面两侧向外算起,各不应小于16 m(不包括竖曲线长度)。紧接路段的纵坡,不宜大于3%;困难地段,不宜大于5%。

9.3.14 厂内道路与铁路平面交叉时,应设置道口,并应符合下列要求:

1 道口宜设在直线、正交位置。当需要斜交时,交叉角不宜小于45°,如受地形限制,交叉角可适当减少。

2 道口应避开道岔区和繁忙的铁路作业区,并严禁设在道岔尖轨处。

3 道两端的道路,从铁路钢轨外侧算起,各应有不小于16 m(不包括竖曲线长度)的水平路段。当受地形条件限制时,可采用纵坡不大于2%的平缓路段。紧接水平路段或平缓路段的道路纵坡,不宜大于3%;困难地段,不宜大于5%。

4 道口铺砌长度,应延至铁路钢轨以外2 m;道口铺砌宽度,宜与相交的道路路基同宽。设有人行道的道路,道口铺砌宽度,应包括人行道的宽度。

5 道口视距、道口的设置、分级、安全设施的配备和看守,应符合现行国家标准《工业企业铁路道口安全标准》GB 6389的有关规定。

9.3.15 新建厂的道路与铁路线路交叉,具有下列条件之一时,应设置立体交叉:

1 交叉点附近地形条件适于铁路与道路设置立体交叉的高差要求,且采用平面交叉危及行车安全。

2 经常运输可燃及其他危险货物的主干道与铁路交叉,且地形条件及厂区总平面布置允许,经技术经济比较合理。

3 当昼间12 h道路双向换算标准载重汽车超过1400辆和昼间12 h铁路列车通过道口的封闭时间超过1 h,经技术经济比较设置立体交叉合理。

9.3.16 当人流较大的道路与作业繁忙的铁路线路或车流特别大的主干道交叉,在总平面布置图中确实不能避免时,应设置人行天桥跨越或地道穿行通过。

9.3.17 在汽车库、修车库和大宗货物装卸点附近,应设置停车场或回车场。

9.3.18 厂内道路边缘至建筑物、构筑物的最小距离,应符合表9.3.18的规定。

表9.3.18 厂内道路边缘至建筑物、构筑物的最小距离(m)

序号	建筑物、构筑物	最小距离
1	建筑物外墙面: (1)面向道路一侧无出入口 (2)面向道路一侧有出入口,但不通行汽车 (3)面向道路一侧有出入口,且通行汽车	1.50 3.00 6.00~9.00 (根据车型)
2	铁路中心线	3.75
3	各种管架及构筑物支架外边缘	1.00
4	照明电杆中心线	0.50

表 9.3.18（续）

序号	建筑物、构筑物	最小距离
5	围墙内边缘	1.00
6	绿化树木中心	见本规范表 8.2.17

注：1 表中距离，城市型道路自路面边缘算起，公路型道路自路肩边缘算起。
　　2 小型管架及小型构筑物支架可采用1.00 m。道路与全厂管架平行布置时，应大于1.00 m；布置在公路型道路路肩上的管架支柱至单车道宽度小于 4 m 的道路中心线的距离，不应小于3.00 m。
　　3 布置在公路型道路路肩上的照明电杆至双车道道路路面边缘不应小于 0.50 m，至单车道道路中心线不应小于 3.00 m。
　　4 当厂内道路与建筑物、构筑物之间设置边沟、管线等或进行绿化时，应按需要另行确定其间距。

9.3.19 汽车衡可根据货物运输计量的需要，在厂区货运进出口（重车行驶方向的右侧）位置设置。汽车衡台面两端的引道设计应符合所采用的汽车衡设备安装的技术要求。两端引道与道路连接的路面内边缘转弯半径不宜小于 12 m，在困难条件下，不应小于 9 m。

9.3.20 化工企业自备汽车的配置，宜符合下列要求：
　　1 货物的运输宜依托当地运输部门，并宜减少自备汽车。
　　2 对于有特殊运输要求的化工产品，当不能依托当地运输部门时，可自备专业车辆。
　　3 排渣、厂内货物转送和日常行政、生活、救护等用车可自备。
　　4 自备货运车辆的车型，应按货物性质、包装方式及装卸工艺要求选用，其数量应按计算确定。

9.3.21 货运汽车车辆入库率，在非采暖地区，不宜超过自备货运车的 15%；在采暖地区，不宜超过 30%，但冬季采暖室外计算温度在 −20 ℃ 以下的地区可为 50%。

9.3.22 汽车保养、维修的规模可根据作业车辆的数量及地区协作条件进行设计。在承修 50 辆以上时，可设一、二、三级保养及小修修程；在承修 50 辆车以下时，可设一、二级保养及小修理。保修车位可按承修车辆每 8～10 辆设置 1 个。
　　企业的汽车保修均不宜设大修修程。

9.4 企业码头

9.4.1 化工企业码头位置的选择应符合化工区总体布置，并应与当地城市的港口建设规划相协调，且应符合国家现行有关港口工程设计标准的规定。

9.4.2 可燃液体、液化烃和其他危险品码头应位于邻近城镇和居住区全年最小频率风向的上风侧，并应位于临江、河、湖、海的城镇、居住区、工厂、船厂以及重要桥梁、大型锚地等的下游。码头与其他建筑物、构筑物的安全距离应符合国家现行有关港口工程设计标准的规定。

9.4.3 对水体可能有污染的码头，应位于水源地下游，并应满足水源地的卫生防护要求。

9.4.4 企业的基建码头宜与生产码头相结合。当有大件设备通过码头进厂时，码头前方作业地带和通往厂区的道路，应满足大件设备的运输条件。

9.4.5 码头陆域的总平面布置、竖向设计、运输线路设计，除应符合国家现行有关港口工程设计标准的规定外，尚应符合下列要求：
　　1 码头陆域场地应按有利生产、方便管理的原则，重点进行系缆、装卸和储运设施的布置。生产调度、装卸作业的设备和建筑物、构筑物等应布置在陆域前方。堆场、仓库、储罐区和行政办公及生活服务设施等,可因地制宜、合理安排在陆域后方。

2 码头陆域场地竖向设计宜采用平坡式。当受地形等条件限制,采用阶梯式布置时,其台阶宽度和高程应根据水文、地形及装卸工艺等因素,综合分析确定。

3 当装卸货物以无轨运输直接进、出仓库或直接对外运输时,进、出码头前方作业地带的通道不宜少于2条。

4 码头后方设有可燃、易爆等危险物料的仓库或储罐区时,除应与前方作业地带保持足够的安全距离外,其周围应设环形道路。

5 斜坡式码头的下河坡道,当为单车道时,其宽度宜为5 m;双车道时,宜为7~9 m。坡道的纵坡不宜大于9%,在困难条件下,不应大于11%。坡道宜设计为粗糙路面。

6 当码头区域内车辆和移动机具较多时,应设置必需的回车场和停车场。

10 主要技术经济指标

10.0.1 化工企业总图运输设计,应结合工程的具体情况,选取下列技术经济指标:

  1 化工企业建设项目总用地面积指标,可包括下列各项用地面积:
  　　1) 项目总用地面积(hm^2);
  　　2) 管理服务区用地面积(hm^2);
  　　3) 厂区用地面积(hm^2);
  　　4) 居住区用地面积(hm^2);
  　　5) 厂外铁路专用线及铁路运输设施用地面积(hm^2);
  　　6) 厂外道路及汽车运输设施用地面积(hm^2);
  　　7) 厂外其他工程设施用地面积(hm^2)。

  2 厂区总平面布置宜列出下列主要技术经济指标:
  　　1) 厂区用地面积(hm^2);
  　　2) 建筑物、构筑物占地面积(m^2);
  　　3) 行政办公及生活服务设施用地面积(hm^2);
  　　4) 露天生产装置或设备用地面积(m^2);
  　　5) 露天堆场及操作场用地面积(m^2);
  　　6) 天桥、栈桥、管线及管廊用地面积(m^2);
  　　7) 总建筑面积(m^2);
  　　8) 计算工厂容积率的总建筑物、构筑物面积(m^2);
  　　9) 厂内铁路线路长度(m);
  　　10) 厂内铁路用地面积(m^2);
  　　11) 厂内道路用地面积(包括广场、停车场、回车场、车间引道、人行道等用地面积)(m^2);
  　　12) 围墙长度(m);
  　　13) 厂区土(石)方工程总量(m^3);
  　　14) 厂区绿化用地面积(m^2);
  　　15) 投资强度(万元/hm^2);
  　　16) 建筑系数(%);
  　　17) 厂区利用系数(%);

18) 工厂容积率；
19) 行政办公及生活服务设施用地面积比率(%)；
20) 厂区绿地率(%)。

10.0.2 改建、扩建工程的总图运输设计，应结合现有设施及场地具体情况，计算有关指标。

附录 A 投资强度、建筑系数、厂区利用系数和工厂容积率的计算

A.1 投资强度

A.1.1 投资强度应为化工企业建设项目用地范围内单位面积固定资产投资额。可按下式计算：

$$投资强度(万元/hm^2) = 项目固定资产总投资(万元) \div 项目总用地面积(hm^2) \quad (A.1.1)$$

其中：项目固定资产总投资包括生产厂房及辅助设施、设备和地价款；项目总用地面积包括生产厂区用地、管理服务区用地及厂区外辅助设施用地。

A.1.2 化工企业建设项目投资强度控制指标应符合《工业项目建设用地控制指标》的有关规定。

A.2 建筑系数

A.2.1 建筑系数应为厂区用地范围内各种建筑物、构筑物占(用)地面积总和(包括露天生产装置或设备、露天堆场及操作场地的用地面积)与厂区用地面积的比率，应按下式计算：

$$建筑系数 = (建筑物、构筑物占地面积 + 露天生产装置或设备用地面积 + 露天堆场及操作场用地面积) \div 厂区用地面积 \times 100\% \quad (A.2.1)$$

A.2.2 厂区用地面积应为厂区围墙内用地面积，面积计算应按厂区围墙坐标计算。

A.2.3 建筑物、构筑物占(用)地面积，应按下列规定计算：

1 新设计的建筑物、构筑物占地面积，应按其外墙建筑轴线尺寸计算。
2 现有的建筑物、构筑物占地面积，应按其外墙面尺寸计算。
3 圆形构筑物用地面积，应按实际投影面积计算。
4 储罐区用地面积，设防火堤或围堰时，应按防火堤轴线或围堰最外边计算；未设防火堤或围堰时，应按成组设备的最外边缘计算。
5 球罐用地面积，周围有铺砌场地时，应按铺砌面积计算；周围无铺砌场地时，应按球罐投影面积计算。
6 火炬用地面积，应按防护对象允许的最大辐射热强度的防护半径内的面积计算。
7 天桥、栈桥用地面积，应按其外壁投影面积计算。
8 外管廊用地面积，架空敷设可按管架支柱间的轴线宽度加 1.5 m 乘以管架长度计算；沿地敷设应按其宽度加 1.0 m 乘以管线带长度计算。

A.2.4 露天生产装置用地面积，应按生产装置的界区范围(BL线)内面积计算；露天设备用地面积，独立设备应按其投影面积计算；成组设备应按设备场地铺砌范围计算，但当铺砌场地超出设备基础外缘 1.2 m 时，可计算至设备基础外缘 1.2 m 处。

A.2.5 露天堆场用地面积,应按堆场场地边缘或实际地坪计算。

A.2.6 露天操作场地用地面积,应按操作场场地边缘或实际地坪计算。

A.3 厂区利用系数

A.3.1 厂区利用系数应为厂区用地范围内各种建筑物、构筑物占(用)地面积,铁路和道路用地面积,工程管线用地面积的总和与厂区用地面积的比率,应按下式计算:

$$厂区利用系数=建筑系数+[(铁路用地面积+道路用地面积+工程管线用地面积)\div 厂区用地面积]\times 100\% \qquad (A.3.1)$$

A.3.2 管线用地面积应按管线长度乘以管线计算宽度计算,管线计算宽度应按下列规定计算:

1 地下管线及沟渠计算宽度,应按管线外径或沟渠外缘宽度加 1.0 m 计算。

2 电缆计算宽度,电缆与管道相邻时,应按电缆敷设宽度加 1.0 m 计算;当电力电缆与电信电缆相邻敷设时,应按电缆敷设宽度加 0.75 m 计算。

3 电杆计算宽度,应按宽 0.5 m 计算。

4 敷设在管廊及道路下面的管线不得重复计算其用地面积。

A.3.3 道路用地面积(包括车间引道、人行道、停车场、回车场),应为道路长度乘以道路用地宽度。城市型道路用地宽度,应按路面宽度计算;公路型道路用地宽度,应计算到道路路肩边缘。车间引道、人行道、停车场、回车场面积,均应按设计用地面积计算。挡土墙、护坡、护墙等用地面积,应按实际投影面积计算。

A.3.4 铁路用地面积,应为铁路线路长度乘以路基用地宽度。

厂内铁路线路长度计算,应以厂区围墙为界。路基用地宽度应按 5 m 计算。

A.4 工厂容积率

A.4.1 工厂容积率应为计算工厂容积率的总建筑物、构筑物面积与厂区用地面积的比值,应按下式计算:

$$工厂容积率=计算工厂容积率的总建筑物、构筑物面积\div 厂区用地面积 \qquad (A.4.1)$$

A.4.2 计算工厂容积率的总建筑物、构筑物面积,应符合下列规定:

1 建筑物、构筑物计算面积,应按建筑物、构筑物的建筑面积计算;当层高超过 8 m 时,该层建筑面积应加倍计算;高度超过 8 m 的化学反应装置、容器装置等设施,应加倍计算。

2 圆形构筑物计算面积,应按实际投影面积计算。

3 储罐区计算面积,应按防火堤轴线或围堰最外边计算,未设防火堤的储罐区,应按成组设备的最外边缘计算。

4 天桥、栈桥的计算面积,应按其外壁投影面积计算。

5 外管廊计算面积,架空敷设可按管架支柱间的轴线宽度加 1.5 m 乘以管架长度计算;沿地敷设应按其宽度加 1.0 m 乘以管线带长度计算。

6 工艺装置计算面积,应按工艺装置铺砌界线计算。

7 露天堆场计算面积,应按堆场实际地坪面积计算。

8 露天设备计算面积,应按设备场地铺砌范围计算。

附录 B 土壤松散系数

表 B 土壤松散系数

土的分类	土的级别	土壤	最初松散系数	最终松散系数
一类土（松散土）	I	略有黏性的砂土，粉土腐殖土及疏松的种植土；泥炭（淤泥）（种植土、泥炭除外）	1.08~1.17	1.01~1.03
		植物性土、泥炭	1.20~1.30	1.03~1.04
二类土（普通土）	II	潮湿的黏性土和黄土；软的盐土和碱土；含有建筑材料碎屑的碎石、卵石的堆积土和种植土	1.14~1.28	1.02~1.05
三类土（坚土）	III	中等密实的黏性土或黄土；含有碎石、卵石或建筑材料碎屑的潮湿的黏性土或黄土	1.24~1.30	1.04~1.07
四类土（砂砾坚土）	IV	坚硬密实的黏性土或黄土；含有碎石、砾石（体积在10%~30%、质量在25 kg以下的石块）的中等密实黏性土或黄土；硬化的重盐土；软泥灰炭（泥灰岩、蛋白石除外）	1.26~1.32	1.06~1.09
		泥灰岩、蛋白石	1.33~1.37	1.11~1.15
五类土（软岩）	V~VI	硬的石炭纪黏土；胶结不紧的砾岩；软的、节理多的石灰岩及贝壳石灰岩；坚实的白垩；中等坚实的页岩、泥灰岩	1.30~1.45	1.10~1.20
六类土（次坚岩）	VII~IX	坚硬的泥质页岩；坚实的泥灰岩；角砾状花岗岩；泥灰质石灰岩；黏土质砂岩；云母页岩及砂质页岩；风化的花岗岩、片麻岩及正长岩；滑石质的蛇纹岩；密实的石灰岩；硅质胶结的砾岩；砂岩；砂质石灰质页岩	1.30~1.45	1.10~1.20
七类土（坚岩）	X~XII	白云岩；大理石；坚实的石灰岩；石灰质及石英质的砂岩；坚硬的砂质页岩；蛇纹岩；粗粒正长岩；有风化痕迹的安山岩及玄武岩；片麻岩；粗面岩；中粗花岗岩；坚实的片麻岩，粗面岩；辉绿岩；玢岩；中粗正长岩	1.30~1.45	1.10~1.20
八类土（特坚石）	XIV~XVI	坚实的细粒花岗岩；花岗片麻岩；闪长岩；坚实的玢岩、角闪岩、辉长岩、石英岩、安山岩、玄武岩；最坚实的辉绿岩、石灰岩及闪长岩；橄榄石质玄武岩；特别坚实的辉长岩；石英岩及玢岩	1.45~1.50	1.20~1.30

注：1 土的级别相当于一般16级土石分类级别。
    2 一类~八类土壤，挖方转化为虚方时，乘以最初松散系数；挖方转化为填方时，乘以最终松散系数。

附录 C 厂区绿地率的计算规定

C.0.1 厂区绿地率应为厂区用地范围内各类绿化用地计算面积的总和与厂区用地面积的比率。

绿地应包括厂区集中绿地，建筑物、构筑物旁绿地和道路绿地，并应包括满足当地植树绿化覆土要求和地下室或半地下建筑物的屋顶绿地，不应包括其他屋顶、晒台的人工绿地。

C.0.2 厂区绿地率应按下列公式计算：

$$厂区绿地率 = 厂区绿化用地计算面积总和 \div 厂区用地面积 \times 100\% \quad (C.0.2-1)$$

厂区绿化用地计算面积总和(m^2)
= 乔木、灌木绿化用地计算面积(m^2) + 草坪用地计算面积(m^2) + 花卉用地计算面积(m^2) + 花坛、建筑小品用地计算面积(m^2) + 用于绿化和美化的水面计算面积(m^2) + 厂区防护林带用地计算面积(m^2) $\quad$ (C.0.2-2)

C.0.3 乔木、灌木绿化用地计算面积应符合表 C.0.3 的规定。

草坪用地计算面积、花卉用地计算面积、花坛和建筑小品用地计算面积、用于绿化和美化的水面面积，均应按设计面积计算，草坪中的乔木、灌木不应另计算其面积。当建筑小品与水面在绿化用地内，不应重复计算其面积。

表 C.0.3 乔木、灌木绿化用地计算面积

植物类别	用地计算面积(m^2)
单株乔木	2.25
单行乔木	$1.50 \times L$
多行乔木	$(B+1.50) \times L$
单株大灌木	1.00
单株小灌木	0.25
单行绿篱	$0.50 \times L$
多行绿篱	$(B+0.50) \times L$

注：L 为绿化带长度(m)；B 为总行距(m)。

C.0.4 厂区绿化用地计算面积的起止界应为厂内道路、便道及人行道计算至路缘石外缘；建筑物、构筑物应距墙脚 1.5 m 起计算；围墙应计算至墙脚。

化学品分类和危险性公示　通则
（GB 13690—2009）

前　言

本标准第 4 章、第 5 章为强制性的，其余为推荐性的。

本标准对应于联合国《化学品分类及标记全球协调制度》(GHS)第二修订版(ST/SG/AC.10/30/Rev.2)，与其一致性程度为非等效，其有关技术内容与 GHS 中一致，在标准文本格式上按 GB/T 1.1—2000 做了编辑性修改。

本标准代替 GB 13690—1992《常用危险化学品的分类及标志》。

本标准与 GB 13690—1992 相比主要变化如下：
——标准名称改为"化学品分类和危险性公示　通则"；
——本标准按照 GHS 的要求对化学品危险性进行分类；
——本标准按照 GHS 的要求对化学品危险性公示进行了规定。

本标准的附录 A、附录 B、附录 C、附录 D 为资料性附录。

本标准由全国危险化学品管理标准化技术委员会(SAC/TC 251)提出并归口。

本标准参加起草单位：中化化工标准化研究所、山东出入境检验检疫局、上海化工研究院、江苏出入境检验检疫局、湖北出入境检验检疫局。

本标准起草人：张少岩、崔海容、杨一、王晓兵、梅建、汤礼军、车礼东、陈会明、周玮。

本标准所代替标准的历次版本发布情况为：
——GB 13690—1992。

1　范围

本标准规定了有关 GHS 的化学品分类及其危险公示。

本标准适用于化学品分类及其危险公示。本标准适用于化学品生产场所和消费品的标志。

2　规范性引用文件

下列文件中的条款，通过本标准的引用而成为本标准的条款。凡是注日期的引用文件，其随后所有的修改单(不包括勘误的内容)或修订版均不适用于本标准，然而，鼓励根据本标准达成协议的各方研究是否可使用这些文件的最新版本。凡是不注日期的引用文件，其最新版本适用于本标准。

　　GB/T 16483　化学品安全技术说明书　内容和项目顺序
　　GB 20576　化学品分类、警示标签和警示性说明安全规范　爆炸物
　　GB 20577　化学品分类、警示标签和警示性说明安全规范　易燃气体
　　GB 20578　化学品分类、警示标签和警示性说明安全规范　易燃气溶胶
　　GB 20579　化学品分类、警示标签和警示性说明安全规范　氧化性气体

GB 20580　化学品分类、警示标签和警示性说明安全规范　压力下气体
GB 20581　化学品分类、警示标签和警示性说明安全规范　易燃液体
GB 20582　化学品分类、警示标签和警示性说明安全规范　易燃固体
GB 20583　化学品分类、警示标签和警示性说明安全规范　自反应物质
GB 20584　化学品分类、警示标签和警示性说明安全规范　自热物质
GB 20585　化学品分类、警示标签和警示性说明安全规范　自燃液体
GB 20586　化学品分类、警示标签和警示性说明安全规范　自燃固体
GB 20587　化学品分类、警示标签和警示性说明安全规范　遇水放出易燃气体的物质
GB 20588　化学品分类、警示标签和警示性说明安全规范　金属腐蚀物
GB 20589　化学品分类、警示标签和警示性说明安全规范　氧化性液体
GB 20590　化学品分类、警示标签和警示性说明安全规范　氧化性固体
GB 20591　化学品分类、警示标签和警示性说明安全规范　有机过氧化物
GB 20592　化学品分类、警示标签和警示性说明安全规范　急性毒性
GB 20593　化学品分类、警示标签和警示性说明安全规范　皮肤腐蚀/刺激
GB 20594　化学品分类、警示标签和警示性说明安全规范　严重眼睛损伤/眼睛刺激性
GB 20595　化学品分类、警示标签和警示性说明安全规范　呼吸或皮肤过敏
GB 20596　化学品分类、警示标签和警示性说明安全规范　生殖细胞突变性
GB 20597　化学品分类、警示标签和警示性说明安全规范　致癌性
GB 20598　化学品分类、警示标签和警示性说明安全规范　生殖毒性
GB 20599　化学品分类、警示标签和警示性说明安全规范　特异性靶器官系统毒性 一次接触
GB 20601　化学品分类、警示标签和警示性说明安全规范　特异性靶器官系统毒性 反复接触
GB 20602　化学品分类、警示标签和警示性说明安全规范　对水环境的危害
GB/T 22272～GB/T 22278　良好实验室规范(GLP)系列标准
ISO 11683:1997　包装　触觉危险警告　要求
国际化学品安全方案/环境卫生标准第225号文件"评估接触化学品引起的生殖健康风险所用的原则"

3　术语和定义

GHS转化的系列国家标准(GB 20576～GB 20599、GB 20601、GB 20602)以及下列术语和定义适用于本标准。

3.1
化学名称　chemical identity

唯一标识一种化学品的名称。这一名称可以是符合国际纯粹与应用化学联合会(IUPAC)或化学文摘社(CAS)的命名制度的名称,也可以是一种技术名称。

3.2
压缩气体　compressed gas

加压包装时在－50 ℃时完全是气态的一种气体;包括临界温度为≤－50 ℃的所有

气体。

3.3

闪点 flash point

规定试验条件下施用某种点火源造成液体汽化而着火的最低温度(校正至标准大气压101.3 kPa)。

3.4

危险类别 hazard category

每个危险种类中的标准划分,如口服急性毒性包括五种危险类别而易燃液体包括四种危险类别。这些危险类别在一个危险种类内比较危险的严重程度,不可将它们视为较为一般的危险类别比较。

3.5

危险种类 hazard class

危险种类指物理、健康或环境危险的性质,例如易燃固体、致癌性、口服急性毒性。

3.6

危险性说明 hazard statement

对某个危险种类或类别的说明,它们说明一种危险产品的危险性质,在情况适合时还说明其危险程度。

3.7

初始沸点 initial boiling point

一种液体的蒸气压力等于标准压力(101.3 kPa),第一个气泡出现时的温度。

3.8

标签 label

关于一种危险产品的一组适当的书面、印刷或图形信息要素,因为与目标部门相关而被选定,它们附于或印刷在一种危险产品的直接容器上或它的外部包装上。

3.9

标签要素 label element

统一用于标签上的一类信息,例如象形图、信号词。

3.10

《联合国关于危险货物运输的建议书·规章范本》(以下简称规章范本) recommendations on the transport of dangerous goods, model regulations

经联合国经济贸易理事会认可,以联合国关于危险货物运输建议书附件"关于运输危险货物的规章范本"为题,正式出版的文字材料。

3.11

象形图 pictogram

一种图形结构,它可能包括一个符号加上其他图形要素,例如边界、背景图案或颜色,意在传达具体的信息。

3.12

防范说明 precautionary statement

一个短语/和(或)象形图,说明建议采取的措施,以最大限度地减少或防止因接触某种危险物质或因对它存储或搬运不当而产生的不利效应。

3.13

产品标识符　product identifier

标签或安全数据单上用于危险产品的名称或编号。它提供一种唯一的手段使产品使用者能够在特定的使用背景下识别该物质或混合物,例如在运输、消费时或在工作场所。

3.14

信号词　signal word

标签上用来表明危险的相对严重程度和提醒读者注意潜在危险的单词。GHS使用"危险"和"警告"作为信号词。

3.15

图形符号　symbol

旨在简明地传达信息的图形要素。

4　分类

4.1　理化危险

4.1.1　爆炸物

爆炸物分类、警示标签和警示性说明见GB 20576。

4.1.1.1　爆炸物质(或混合物)是这样一种固态或液态物质(或物质的混合物),其本身能够通过化学反应产生气体,而产生气体的温度、压力和速度能对周围环境造成破坏。其中也包括发火物质,即使它们不放出气体。

发火物质(或发火混合物)是这样一种物质或物质的混合物,它旨在通过非爆炸自持放热化学反应产生的热、光、声、气体、烟或所有这些的组合来产生效应。

爆炸性物品是含有一种或多种爆炸性物质或混合物的物品。

烟火物品是包含一种或多种发火物质或混合物的物品。

4.1.1.2　爆炸物种类包括:

a) 爆炸性物质和混合物;

b) 爆炸性物品,但不包括下述装置:其中所含爆炸性物质或混合物由于其数量或特性,在意外或偶然点燃或引爆后,不会由于迸射、发火、冒烟、发热或巨响而在装置之外产生任何效应。

c) 在a)和b)中未提及的为产生实际爆炸或烟火效应而制造的物质、混合物和物品。

4.1.2　易燃气体

易燃气体分类、警示标签和警示性说明见GB 20577。

易燃气体是在20 ℃和101.3 kPa标准压力下,与空气有易燃范围的气体。

4.1.3　易燃气溶胶

易燃气溶胶分类、警示标签和警示性说明见GB 20578。

气溶胶是指气溶胶喷雾罐,系任何不可重新罐装的容器,该容器由金属、玻璃或塑料制成,内装强制压缩、液化或溶解的气体,包含或不包含液体、膏剂或粉末,配有释放装置,可使所装物质喷射出来,形成在气体中悬浮的固态或液态微粒或形成泡沫、膏剂或粉末或处于液态或气态。

4.1.4 氧化性气体

氧化性气体分类、警示标签和警示性说明见 GB 20579。

氧化性气体是一般通过提供氧气,比空气更能导致或促使其他物质燃烧的任何气体。

4.1.5 压力下气体

压力下气体分类、警示标签和警示性说明见 GB 20580。

压力下气体是指高压气体在压力等于或大于 200 kPa(表压)下装入贮器的气体,或是液化气体或冷冻液化气体。

压力下气体包括压缩气体、液化气体、溶解液体、冷冻液化气体。

4.1.6 易燃液体

易燃液体分类、警示标签和警示性说明见 GB 20581。

易燃液体是指闪点不高于 93 ℃ 的液体。

4.1.7 易燃固体

易燃固体分类、警示标签和警示性说明见 GB 20582。

易燃固体是容易燃烧或通过摩擦可能引燃或助燃的固体。

易于燃烧的固体为粉状、颗粒状或糊状物质,它们在与燃烧着的火柴等火源短暂接触即可点燃和火焰迅速蔓延的情况下,都非常危险。

4.1.8 自反应物质或混合物

自反应物质分类、警示标签和警示性说明见 GB 20583。

4.1.8.1 自反应物质或混合物是即使没有氧(空气)也容易发生激烈放热分解的热不稳定液态或固态物质或者混合物。本定义不包括根据统一分类制度分类为爆炸物、有机过氧化物或氧化物质的物质和混合物。

4.1.8.2 自反应物质或混合物如果在实验室试验中其组分容易起爆、迅速爆燃或在封闭条件下加热时显示剧烈效应,应视为具有爆炸性质。

4.1.9 自燃液体

自燃液体分类、警示标签和警示性说明见 GB 20585。

自燃液体是即使数量小也能在与空气接触后 5 min 之内引燃的液体。

4.1.10 自燃固体

自燃固体分类、警示标签和警示性说明见 GB 20586。

自燃固体是即使数量小也能在与空气接触后 5 min 之内引燃的固体。

4.1.11 自热物质和混合物

自热物质分类、警示标签和警示性说明见 GB 20584。

自热物质是发火液体或固体以外,与空气反应不需要能源供应就能够自己发热的固体或液体物质或混合物;这类物质或混合物与发火液体或固体不同,因为这类物质只有数量很大(公斤级)并经过长时间(几小时或几天)才会燃烧。

注:物质或混合物的自热导致自发燃烧是由于物质或混合物与氧气(空气中的氧气)发生反应并且所产生的热没有足够迅速地传导到外界而引起的。当热产生的速度超过热损耗的速度而达到自燃温度时,自燃便会发生。

4.1.12 遇水放出易燃气体的物质或混合物

遇水放出易燃气体的物质分类、警示标签和警示性说明见 GB 20587。

遇水放出易燃气体的物质或混合物是通过与水作用,容易具有自燃性或放出危险数量的易燃气体的固态或液态物质或混合物。

4.1.13 氧化性液体

氧化性液体分类、警示标签和警示性说明见 GB 20589。

氧化性液体是本身未必燃烧,但通常因放出氧气可能引起或促使其他物质燃烧的液体。

4.1.14 氧化性固体

氧化性固体分类、警示标签和警示性说明见 GB 20590。

氧化性固体是本身未必燃烧,但通常因放出氧气可能引起或促使其他物质燃烧的固体。

4.1.15 有机过氧化物

有机过氧化物分类、警示标签和警示性说明见 GB 20591。

4.1.15.1 有机过氧化物是含有二价-O-O-结构的液态或固态有机物质,可以看作是一个或两个氢原子被有机基替代的过氧化氢衍生物。该术语也包括有机过氧化物配方(混合物)。有机过氧化物是热不稳定物质或混合物,容易放热自加速分解。另外,它们可能具有下列一种或几种性质:

a) 易于爆炸分解;
b) 迅速燃烧;
c) 对撞击或摩擦敏感;
d) 与其他物质发生危险反应。

4.1.15.2 如果有机过氧化物在实验室试验中,在封闭条件下加热时组分容易爆炸、迅速爆燃或表现出剧烈效应,则可认为它具有爆炸性质。

4.1.16 金属腐蚀剂

金属腐蚀物分类、警示标签和警示性说明见 GB 20588。

腐蚀金属的物质或混合物是通过化学作用显著损坏或毁坏金属的物质或混合物。

4.2 健康危险

4.2.1 急性毒性

急性毒性分类、警示标签和警示性说明见 GB 20592。

急性毒性是指在单剂量或在 24 h 内多剂量口服或皮肤接触一种物质,或吸入接触 4 h 之后出现的有害效应。

4.2.2 皮肤腐蚀/刺激

皮肤腐蚀/刺激分类、警示标签和警示性说明见 GB 20593。

皮肤腐蚀是对皮肤造成不可逆损伤;即施用试验物质达到 4 h 后,可观察到表皮和真皮坏死。

腐蚀反应的特征是溃疡、出血、有血的结痂,而且在观察期 14 d 结束时,皮肤、完全脱发区域和结痂处由于漂白而褪色。应考虑通过组织病理学来评估可疑的病变。

皮肤刺激是施用试验物质达到 4 h 后对皮肤造成可逆损伤。

4.2.3 严重眼损伤/眼刺激

严重眼睛损伤/眼睛刺激性分类、警示标签和警示性说明见 GB 20594。

严重眼损伤是在眼前部表面施加试验物质之后,对眼部造成在施用 21 d 内并不完全可逆的组织损伤,或严重的视觉物理衰退。

眼刺激是在眼前部表面施加试验物质之后,在眼部产生在施用 21 d 内完全可逆的变化。

4.2.4 呼吸或皮肤过敏

呼吸或皮肤过敏分类、警示标签和警示性说明见 GB 20595。

4.2.4.1 呼吸过敏物是吸入后会导致气管超过敏反应的物质。皮肤过敏物是皮肤接触后会导致过敏反应的物质。

4.2.4.2 过敏包含两个阶段:第一个阶段是某人因接触某种变应原而引起特定免疫记忆。第二阶段是引发,即某一致敏个人因接触某种变应原而产生细胞介导或抗体介导的过敏反应。

4.2.4.3 就呼吸过敏而言,随后为引发阶段的诱发,其形态与皮肤过敏相同。对于皮肤过敏,需有一个让免疫系统能学会作出反应的诱发阶段;此后,可出现临床症状,这时的接触就足以引发可见的皮肤反应(引发阶段)。因此,预测性的试验通常取这种形态,其中有一个诱发阶段,对该阶段的反应则通过标准的引发阶段加以计量,典型做法是使用斑贴试验。直接计量诱发反应的局部淋巴结试验则是例外做法。人体皮肤过敏的证据通常通过诊断性斑贴试验加以评估。

4.2.4.4 就皮肤过敏和呼吸过敏而言,对于诱发所需的数值一般低于引发所需数值。

4.2.5 生殖细胞致突变性

4.2.5.1 生殖细胞突变性分类、警示标签和警示性说明见 GB 20596。

4.2.5.2 本危险类别涉及的主要是可能导致人类生殖细胞发生可传播给后代的突变的化学品。但是,在本危险类别内对物质和混合物进行分类时,也要考虑活体外致突变性/生殖毒性试验和哺乳动物活体内体细胞中的致突变性/生殖毒性试验。

4.2.5.3 本标准中使用的引起突变、致变物、突变和生殖毒性等词的定义为常见定义。突变定义为细胞中遗传物质的数量或结构发生永久性改变。

4.2.5.4 "突变"一词用于可能表现于表型水平的可遗传的基因改变和已知的基本 DNA 改性(例如,包括特定的碱基对改变和染色体易位)。引起突变和致变物两词用于在细胞和/或有机体群落内产生不断增加的突变的试剂。

4.2.5.5 生殖毒性的和生殖毒性这两个较具一般性的词汇用于改变 DNA 的结构、信息量、分离试剂或过程,包括那些通过干扰正常复制过程造成 DNA 损伤或以非生理方式(暂时)改变 DNA 复制的试剂或过程。生殖毒性试验结果通常作为致突变效应的指标。

4.2.6 致癌性

4.2.6.1 致癌性分类、警示标签和警示性说明见 GB 20597。

4.2.6.2 致癌物一词是指可导致癌症或增加癌症发生率的化学物质或化学物质混合物。在实施良好的动物实验性研究中诱发良性和恶性肿瘤的物质也被认为是假定的或可疑的人类致癌物,除非有确凿证据显示该肿瘤形成机制与人类无关。

4.2.6.3 产生致癌危险的化学品的分类基于该物质的固有性质,并不提供关于该化学品的使用可能产生的人类致癌风险水平的信息。

4.2.7 生殖毒性

生殖毒性分类、警示标签和警示性说明见 GB 20598。

4.2.7.1 生殖毒性

生殖毒性包括对成年雄性和雌性性功能和生育能力的有害影响,以及在后代中的发育毒性。下面的定义是国际化学品安全方案/环境卫生标准第225号文件中给出的。

在本标准中,生殖毒性细分为两个主要标题:
a) 对性功能和生育能力的有害影响;
b) 对后代发育的有害影响。

有些生殖毒性效应不能明确地归因于性功能和生育能力受损害或者发育毒性。尽管如此,具有这些效应的化学品将划为生殖有毒物并附加一般危险说明。

4.2.7.2 对性功能和生育能力的有害影响

化学品干扰生殖能力的任何效应。这可能包括(但不限于)对雌性和雄性生殖系统的改变,对青春期的开始、配子产生和输送、生殖周期正常状态、性行为、生育能力、分娩怀孕结果的有害影响,过早生殖衰老,或者对依赖生殖系统完整性的其他功能的改变。

对哺乳期的有害影响或通过哺乳期产生的有害影响也属于生殖毒性的范围,但为了分类目的,对这样的效应进行了单独处理。这是因为对化学品对哺乳期的有害影响最好进行专门分类,这样就可以为处于哺乳期的母亲提供有关这种效应的具体危险警告。

4.2.7.3 对后代发育的有害影响

从其最广泛的意义上来说,发育毒性包括在出生前或出生后干扰孕体正常发育的任何效应,这种效应的产生是由于受孕前父母一方的接触,或者正在发育之中的后代在出生前或出生后性成熟之前这一期间的接触。但是,发育毒性标题下的分类主要是为了为怀孕女性和有生殖能力的男性和女性提出危险警告。因此,为了务实的分类目的,发育毒性实质上是指怀孕期间引起的有害影响,或父母接触造成的有害影响。这些效应可在生物体生命周期的任何时间显现出来。

发育毒性的主要表现包括:
a) 发育中的生物体死亡;
b) 结构异常畸形;
c) 生长改变;
d) 功能缺陷。

4.2.8 特异性靶器官系统毒性——一次接触

特异性靶器官系统毒性一次接触分类、警示标签和警示性说明见GB 20599。

4.2.8.1 本条款的目的是提供一种方法,用以划分由于单次接触而产生特异性、非致命性靶器官/毒性的物质。所有可能损害机能的,可逆和不可逆的,即时和/或延迟的并且在4.2.1～4.2.7中未具体论述的显著健康影响都包括在内。

4.2.8.2 分类可将化学物质划为特定靶器官有毒物,这些化学物质可能对接触者的健康产生潜在有害影响。

4.2.8.3 分类取决于是否拥有可靠证据,表明在该物质中的单次接触对人类或试验动物产生了一致的、可识别的毒性效应,影响组织/器官的机能或形态的毒理学显著变化,或者使生物体的生物化学或血液学发生严重变化,而且这些变化与人类健康有关。人类数据是这种危险分类的主要证据来源。

4.2.8.4 评估不仅要考虑单一器官或生物系统中的显著变化,而且还要考虑涉及多个器官的严重性较低的普遍变化。

4.2.8.5 特定靶器官毒性可能以与人类有关的任何途径发生,即主要以口服、皮肤接触或吸入途径发生。

4.2.9 特异性靶器官系统毒性——反复接触

特异性靶器官系统毒性反复接触分类、警示标签和警示性说明见 GB 20601。

4.2.9.1 本条款的目的是对由于反复接触而产生特定靶器官/毒性的物质进行分类。所有可能损害机能的,可逆和不可逆的,即时和/或延迟的显著健康影响都包括在内。

4.2.9.2 分类可将化学物质划为特定靶器官/有毒物,这些化学物质可能对接触者的健康产生潜在有害影响。

4.2.9.3 分类取决于是否拥有可靠证据,表明在该物质中的单次接触对人类或试验动物产生了一致的、可识别的毒性效应,影响组织/器官的机能或形态的毒理学显著变化,或者使生物体的生物化学或血液学发生严重变化,而且这些变化与人类健康有关。人类数据是这种危险分类的主要证据来源。

4.2.9.4 评估不仅要考虑单一器官或生物系统中的显著变化,而且还要考虑涉及多个器官的严重性较低的普遍变化。

4.2.9.5 特定靶器官/毒性可能以与人类有关的任何途径发生,即主要以口服、皮肤接触或吸入途径发生。

4.2.10 吸入危险

注:本危险性我国还未转化成为国家标准。

4.2.10.1 本条款的目的是对可能对人类造成吸入毒性危险的物质或混合物进行分类。

4.2.10.2 "吸入"指液态或固态化学品通过口腔或鼻腔直接进入或者因呕吐间接进入气管和下呼吸系统。

4.2.10.3 吸入毒性包括化学性肺炎、不同程度的肺损伤或吸入后死亡等严重急性效应。

4.2.10.4 吸入开始是在吸气的瞬间,在吸一口气所需的时间内,引起效应的物质停留在咽喉部位的上呼吸道和上消化道交界处时。

4.2.10.5 物质或混合物的吸入可能在消化后呕吐出来时发生。这可能影响到标签,特别是如果由于急性毒性,可能考虑消化后引起呕吐的建议。不过,如果物质/混合物也呈现吸入毒性危险,引起呕吐的建议可能需要修改。

4.2.10.6 特殊考虑事项

    a) 审阅有关化学品吸入的医学文献后发现有些烃类(石油蒸馏物)和某些烃类氯化物已证明对人类具有吸入危险。伯醇和甲酮只有在动物研究中显示吸入危险。

    b) 虽然有一种确定动物吸入危险的方法已在使用,但还没有标准化。动物试验得到的正结果只能用作可能有人类吸入危险的指导。在评估动物吸入危险数据时必须慎重。

    c) 分类标准以运动黏度作基准。式(1)用于动力黏度和运动黏度之间的换算:

$$\nu = \frac{\eta}{\rho} \quad \cdots\cdots\cdots\cdots\cdots\cdots\cdots\cdots\cdots\cdots(1)$$

式中:

    ν ——运动黏度,单位为平方毫米每秒(mm^2/s);

    η ——动力黏度,单位为毫帕秒($mPa \cdot s$);

    ρ ——密度,单位为克每立方厘米(g/cm^3)。

d) 气溶胶/烟雾产品的分类

气溶胶/烟雾产品通常分布在密封容器、扳机式和按钮式喷雾器等容器内。这些产品分类的关键是，是否有一团液体在喷嘴内形成，因此可能被吸出。如果从密封容器喷出的烟雾产品是细粒的，那么可能不会有一团液体形成。另一方面，如果密封容器是以气流形式喷出产品，那么可能有一团液体形成然后可能被吸出。一般来说，扳机式和按钮式喷雾器喷出的烟雾是粗粒的，因此可能有一团液体形成然后可能被吸出。如果按钮装置可能被拆除，因此内装物可能被吞咽，那么就应当考虑产品的分类。

4.3 环境危险

4.3.1 危害水生环境

对水环境的危害分类、警示标签和警示性说明见 GB 20602。

4.3.2 急性水生毒性是指物质对短期接触它的生物体造成伤害的固有性质。

a) 物质的可用性是指该物质成为可溶解或分解的范围。对金属可用性来说，则指金属（Mo）化合物的金属离子部分可以从化合物（分子）的其他部分分解出来的范围。

b) 生物利用率是指一种物质被有机体吸收以及在有机体内一个区域分布的范围。它依赖于物质的物理化学性质、生物体的解剖学和生理学、药物动力学和接触途径。可用性并不是生物利用率的前提条件。

c) 生物积累是指物质以所有接触途径（即空气、水、沉积物/土壤和食物）在生物体内吸收、转化和排出的净结果。

d) 生物浓缩是指一种物质以水传播接触途径在生物体内吸收、转化和排出的净结果。

e) 慢性水生毒性是指物质在与生物体生命周期相关的接触期间对水生生物产生有害影响的潜在性质或实际性质。

f) 复杂混合物或多组分物质或复杂物质是指由不同溶解度和物理化学性质的单个物质复杂混合而成的混合物。在大部分情况下，它们可以描述为具有特定碳链长度/置换度数目范围的同源物质系列。

g) 降解是指有机分子分解为更小的分子，并最后分解为二氧化碳、水和盐。

4.3.3 基本要素

a) 基本要素是：
急性水生毒性；
潜在或实际的生物积累；
有机化学品的降解（生物或非生物）；和
慢性水生毒性。

b) 最好使用通过国际统一试验方法得到的数据。一般来说，淡水和海生物种毒性数据可被认为是等效数据，这些数据建议根据良好实验室规范（GLP）的各项原则，符合 GB/T 22272～GB/T 22278 良好实验室规范（GLP）系列标准。

4.3.4 急性水生毒性

4.3.5 生物积累潜力

4.3.6 快速降解性

a) 环境降解可能是生物性的,也可能是非生物性的(例如水解)。

b) 诸如水解之类的非生物降解、非生物和生物主要降解、非水介质中的降解和环境中已证实的快速降解都可以在定义快速降解性时加以考虑。

4.3.7 慢性水生毒性

慢性毒性数据不像急性数据那么容易得到,而且试验程序范围也未标准化。

5 危险性公示

5.1 危险性公示:标签

5.1.1 标签涉及的范围

制定 GHS 标签的程序:

a) 分配标签要素;
b) 印制符号;
c) 印制危险象形图;
d) 信号词;
e) 危险说明;
f) 防范说明和象形图;
g) 产品和供应商标识;
h) 多种危险和信息的先后顺序;
i) 表示 GHS 标签要素的安排;
j) 特殊的标签安排。

5.1.2 标签要素

关于每个危险种类的各个标准均用表格详细列述了已分配给 GHS 每个危险类别的标签要素(符号、信号词、危险说明)。危险类别反映统一分类的标准。

5.1.3 印制符号

下列危险符号是 GHS 中应当使用的标准符号。除了将用于某些健康危险的新符号,即感叹号及鱼和树之外,它们都是规章范本使用的标准符号集的组成部分,见图 1。

5.1.4 印制象形图和危险象形图

5.1.4.1 象形图指一种图形构成,它包括一个符号加上其他图形要素,如边界、背景图样或颜色,意在传达具体的信息。

5.1.4.2 形状和颜色

5.1.4.2.1 GHS 使用的所有危险象形图都应是设定在某一点的方块形状。

5.1.4.2.2 对于运输,应当使用规章范本规定的象形图(在运输条例中通常称为标签)。规章范本规定了运输象形图的规格,包括颜色、符号、尺寸、背景对比度、补充安全信息(如危险种类)和一般格式等。运输象形图的规定尺寸至少为 $100\ mm \times 100\ mm$,但非常小的包装和高压气瓶可以例外,使用较小的象形图。运输象形图包括标签上半部的符号。规章范本要求将运输象形图印刷或附在背景有色差的包装上。以下例子是按照规章范本制作的典型标签,用来标识易燃液体危险,见图 2。

火 焰	圆圈上方火焰	爆炸弹

腐 蚀	高压气瓶	骷髅和交叉骨
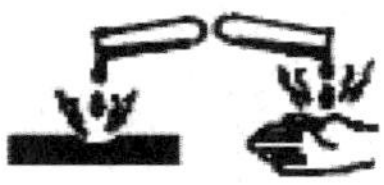		
感叹号	环 境	健康危险

图 1　GHS 中应当使用的标准符号

图 2　《联合国规章范本》中易燃液体的象形图

（符号：火焰；黑色或白色；背景：红色；下角为数字 3；最小尺寸 100 mm×100 mm）

5.1.4.2.3　GHS(与规章范本的不同)规定的象形图，应当使用黑色符号加白色背景，红框要足够宽，以便醒目。不过，如果此种象形图用在不出口的包装的标签上，主管当局也可给予供应商或雇主酌情处理权，让其自行决定是否使用黑边。此外，在包装不为规章范本所覆盖的其他使用背景下，主管当局也可允许使用规章范本的象形图。以下例子是 GHS 的一个象形图，用来标识皮肤刺激物(见图 3)。

5.2 分配标签要素
5.2.1 规章范本所覆盖的包装所需要的信息
在出现规章范本象形图的标签上,不应出现 GHS 的象形图。危险货物运输不要求使用的 GHS 象形图,象形图不应出现在散货箱、公路车辆或铁路货车/罐车上。

图 3　皮肤刺激物象形图

5.2.2 GHS 标签所需的信息(见图 3)
5.2.2.1 信号词
信号词指标签上用来表明危险的相对严重程度和提醒读者注意潜在危险的单词。GHS 使用的信号词是"危险"和"警告"。"危险"用于较为严重的危险类别(即主要用于第 1 类和第 2 类),而"警告"用于较轻的类别。关于每个危险种类的各个章节均以图表详细列出了已分配给 GHS 每个危险类别的信号词。

5.2.2.2 危险性说明
危险说明指分配给一个危险种类和类别的短语,用来描述一种危险产品的危险性质,在情况合适时还包括其危险程度。关于每个危险种类的各个章节均以标签要素表详细列出了已分配给 GHS 每个危险类别的危险说明。

危险说明和每项说明专用的标定代码列于《化学品分类、警示标签和警示性说明安全规范》系列标准中。危险说明代码用作参考。此种代码并非危险说明案文的一部分,不应用其替代危险说明案文。

5.2.2.3 防范说明和象形图
防范说明指一个短语和(或)象形图,说明建议采取的措施,以最大限度地减少或防止因接触某种危险物质或因对它存储或搬运不当而产生的不利效应。GHS 的标签应当包括适当的防范信息,但防范信息的选择权属于标签制作者或主管当局。附录 A 和附录 B 中有可以使用的防范说明的例子和在主管当局允许的情况下可以使用的防范象形图的例子。

5.2.2.4 产品标识符
5.2.2.4.1 在 GHS 标签上应使用产品标识符,而且标识符应与安全数据单上使用的产品标识符相一致。如果一种物质或混合物为规章范本所覆盖,包装上还应使用联合国正确的运输名称。

5.2.2.4.2 物质的标签应当包括物质的化学名称。在急性毒性、皮肤腐蚀或严重眼损伤、生殖细胞突变性、致癌性、生殖毒性、皮肤或呼吸道敏感或靶器官系统毒性出现在混合物或合金标签上时,标签上应当包括可能引起这些危险的所有成分或合金元素的化学名称。主管当局也可要求在标签上列出可能导致混合物或合金危险的所有成分或合金元素。

5.2.2.4.3 如果一种物质或混合物专供工作场所使用，主管当局可选择将处理权交给供应商，让其决定是将化学名称列入安全数据单上还是列在标签上。

5.2.2.4.4 主管当局有关机密商业信息的规则优先于有关产品标识的规则。这就是说，在某种成分通常被列在标签上的情况下，如果它符合主管当局关于机密商业信息的标准，那就不必将它的名称列在标签上。

5.2.2.4.5 供应商标识

标签上应当提供物质或混合物的生产商或供应商的名称、地址和电话号码。

5.3 多种危险和危险信息的先后顺序

在一种物质或混合物的危险不只是 GHS 所列一种危险时，可适用以下安排。因此，在一种制度不在标签上提供有关特定危险的信息的情况下，应相应修改这些安排的适用性。

5.3.1 图形符号分配的先后顺序

对于规章范本所覆盖的物质和混合物，物理危险符号的先后顺序应遵循规章范本的规则。在工作场所的各种情况中，主管当局可要求使用物理危险的所有符号。对于健康危险，适用以下先后顺序原则：

a) 如果适用骷髅和交叉骨，则不应出现感叹号；

b) 如果适用腐蚀符号，则不应出现感叹号，用以表示皮肤或眼刺激；

c) 如果出现有关呼吸道敏感的健康危险符号，则不应出现感叹号，用以表示皮肤敏感或皮肤或眼刺激。

5.3.2 信号词分配的先后顺序

如果适用信号词"危险"，则不应出现信号词"警告"。

5.3.3 危险性说明分配的先后顺序

所有分配的危险说明都应出现在标签上。主管当局可规定它们的出现顺序。

5.4 GHS 标签要素的显示安排

5.4.1 GHS 信息在标签上的位置

应将 GHS 的危险象形图、信号词和危险说明一起印制在标签上。主管当局可规定它们以及防范信息的展示布局，主管当局也可让供应商酌情处理。具体的指导和例子载于关于个别危险种类的各个标准中。

5.4.2 补充信息

主管当局对是否允许使用不违反 GHS 中关于对非标准化与补充信息规定的信息拥有处理权。主管当局可规定这种信息在标签上的位置，也可让供应商酌定。不论采用何种方法，补充信息的安排不应妨碍 GHS 信息的识别。

5.4.3 象形图外颜色的使用

颜色除了用于象形图中，还可用于标签的其他区域，以执行特殊的标签要求，如将农药色带用于信号词和危险说明或用作它们的背景，或执行主管当局的其他规定。

5.5 特殊标签安排

主管当局可允许在标签和安全数据单上，或只通过安全数据单公示有关致癌物、生殖毒性和靶器官系统毒性反复接触的某些危险信息（有关这些种类的相关临界值的详细情况，见具体各章）。同样，对于金属和合金，在它们大量而不是分散供应时，主管当局可允许只通过安全数据单公示危险信息。

5.5.1 工作场所的标签

5.5.1.1 属于GHS范围内的产品将在供应工作场所的地点贴上GHS标签,在工作场所,标签应一直保留在提供的容器上。GHS的标签或标签要素也应用于工作场所的容器(见附录C)。不过,主管当局可允许雇主使用替代手段,以不同的书面或显示格式向工人提供同样的信息,如果此种格式更适合于工作场所而且与GHS标签能同样有效地公示信息的话。例如,标签信息可显示在工作区而不是在单个容器上。

5.5.1.2 如果危险化学品从原始供应商容器倒入工作场所的容器或系统,或化学品在工作场所生产但不用预定用于销售或供应的容器包装,通常需要使用替代手段向工人提供GHS标签所载信息。在工作场所生产的化学品可以用许多不同的方法容纳或存储,例如,为了进行试验或分析而收集的小样品、包括阀门在内的管道系统、工艺过程容器或反应容器、矿车、传送带或独立的固体散装存储。采用成批制造工艺过程时,可以使用一个混合容器容纳若干不同的化学混合物。

5.5.1.3 在许多情况下,例如由于容器尺寸的限制或不能使用工艺过程容器,制作完整的GHS标签并将它附着在容器上是不切实际的。在工作场所的一些情况下,化学品可能会从供应商容器中移出,这方面的部分例子有:用于实际或分析的容器、存储容器、管道或工艺过程反应系统或工人在短时限内使用化学品时使用的临时容器。对于打算立即使用的移出的化学品,可标上其主要组成部分并请使用者直接参阅供应商的标签信息和安全数据单。

5.5.1.4 所有此类制度都应确保危险公示的清楚明确。应当训练工人,使其了解工作场所使用的具体公示方法。替代方法的例子包括:将产品标识符与GHS符号和其他象形图结合使用,以说明防范措施;对于复杂系统,将工艺流程图与适当的安全数据单结合使用,以标明管道和容器中所装的化学品;对于管道系统和加工设备,展示GHS的符号、颜色和信号词;对于固定管道,使用永久性布告;对于批料混合容器,将批料单或处方贴在它们上面,以及在管道带上印上危险符号和产品标识符。

5.5.2 基于伤害可能性的消费产品标签

所有制度都应使用基于危险的GHS分类标准,然而主管当局可授权使用提供基于伤害可能性的信息的消费标签制度(基于风险的标签)。在后一种情况下,主管当局将制定用来确定产品使用的潜在接触和风险的程序。基于这种方法的标签提供有关认定风险的有针对性的信息但可能不包括有关慢性健康效应的某些信息(例如反复接触后的靶器官系统毒性、生殖毒性和致癌性),这些信息将出现在只基于危险的标签上。

5.5.3 触觉警告

如果使用触觉警告应符合ISO 11683:1997。

5.6 危险性公示:安全数据单(SDS)

5.6.1 确定是否应当制作SDS的标准

应当为符合GHS中物理、健康或环境危险统一标准的所有物质和混合物及含有符合致癌性、生殖毒性或靶器官系统毒性标准且浓度超过混合物标准所规定的安全数据单临界极限的物质的所有混合物制作安全数据单,见GB/T 16483。主管当局还可要求为不符合危险类别标准但含有某种浓度的危险物质的混合物制作安全数据单。

5.6.2 关于编制SDS的一般指导

5.6.2.1 临界值/浓度极限值

a) 应根据表1所示通用临界值/浓度极限值提供安全数据单。

表1 每个健康和环境危险种类的临界值/浓度极限值

危险种类	临界值/浓度极限值
急性毒性	≥1.0%
皮肤腐蚀/刺激	≥1.0%
严重眼损伤/眼刺激	≥1.0%
呼吸/皮肤过敏作用	≥1.0%
生殖细胞致突变性:第1类	≥0.1%
生殖细胞致突变性:第2类	≥1.0%
致癌性	≥0.1%
生殖毒性	≥0.1%
特定靶器官系统毒性(单次接触)	≥1.0%
特定靶器官系统毒性(重复接触)	≥1.0%
危害水生环境	≥1.0%

b) 可能出现这样的情况,即现有的危险数据可能证明,基于其他临界值/浓度极限值的分类比基于关于健康和环境危险种类的各章所规定的通用临界值/浓度极限值的分类更合理。在此类具体临界值用于分类时,它们也应适用于编制SDS的义务。

c) 主管当局可能要求为这样的混合物编制SDS:它们由于适用加和性公式而不进行急性毒性或水生毒性分类,但它们含有浓度等于或大于1%的急性有毒物质或对水生环境有毒的物质。

d) 主管当局可能决定不对一个危险种类内的某些类别实行管理。在此种情况下,没有义务编制SDS。

e) 一旦弄清某种物质或混合物需要SDS,那么需要列入SDS中的信息在所有情况下都应按照GHS的要求提供。

5.6.2.2 SDS的格式

安全数据单中的信息应按16个项目提供,见附录D。

5.6.2.3 SDS的内容

a) SDS应清楚说明用来确定危险的数据。如果可适用和可获得,附录B中的最低限度的信息应列在安全数据单的有关标题下。如果在某一特定小标题下具体的信息不能适用或不能获得,则SDS应予以明确指出。主管当局可要求提供补充信息。

b) 有些小标题实际上涉及国家性或区域性信息,如"欧洲联盟委员会编号"和"职业接触极限"。供应商或雇主应将适当的、与SDS所针对和产品所供应的国家或区域有关的信息收列在此类小标题下。

c) 根据GHS的要求编制SDS的编写见GB/T 16483。

附 录 A
（资料性附录）
防范说明示例

A.1 爆炸物防范说明示例，见图 A.1。

危险类别	信号词	危险性说明		图形符号
不稳定爆炸物	危险	不稳定爆炸物 H200		爆炸的炸弹

	防 范 说 明		
预 防	反 应	贮 存	处 置
P201 在使用前获取特别指示 P202 在读懂所有安全防范措施之前勿搬动 P281 使用所需的个人防护装备	P372 烧到爆炸物时切切勿救火。 P373 火灾时可能爆炸。 P380 火灭时，撤离灾区。	P401 贮存…… ……按照地方/区域/国家/国际规章（待规定）。	P501 处置内装物容器…… ……按照地方/区域/国家/国际规章（待规定）。

图 A.1

爆炸物
（见 4.1.1）

A.2 急性毒性——口服

急性毒性——口服口服防范说明示例,见图 A.2。

急性毒性——口服
(见 4.2.1)

危险类别	信号词	危险性说明
1	危险	吞咽致命
2	危险	**H300**

图形符号

骷髅和交叉骨

防范说明			
预防	反应	贮存	处置
P264 作业后彻底清洗……。 ……制造商/供应商或主管当局规定 作业后需清洗的身体部位。 P270 使用本产品时不得进食、饮水或 吸烟。	P301+P310 如误吞咽:立即呼叫解毒中心或 医生。 P321 具体治疗(见本标签上的……)。 ……参看附加急救指示。 ——如需立即施用解毒药。 P330 漱口。	P405 存放处须加锁。	P501 处置内装物/容器 ……按照地方/区域/国家/国际规章 (待规定)。

图 A.2

A.3 危害水生环境——急性危险防范说明示例,见图A.3。

危害水生环境——急性危险

(见 4.3.1)

危险类别	信号词	危险性说明	图形符号
1	警告	对水生生物毒性极大 **H400**	图形符号 环境

防 范 说 明			
预 防	反 应	贮 存	处 置
P273 避免释放到环境中。 ——如非其预定用途。	P391 收集溢出物		P501 处置内装物/容器……。 ……按照地方/区域/国家/国际规章 (待规定)。

图 A.3

附 录 B
（资料性附录）
防 范 象 形 图

B.1 图 B.1 来自欧洲联盟理事会第 92/58/EEC 号指令（1992 年 6 月 24 日）。

图 B.1

B.2 图 B.2 来自南非标准局（SABS 0265：1999）。

图 B.2

附 录 C
（资料性附录）
GHS 标签样例

C.1 例子:第 2 类易燃液体的组合容器,见图 C.1。

C.1.1 外容器:带易燃液体运输标签的箱[1]。

C.1.2 内容器:带 GHS 危险警告标签的塑料瓶[2]。

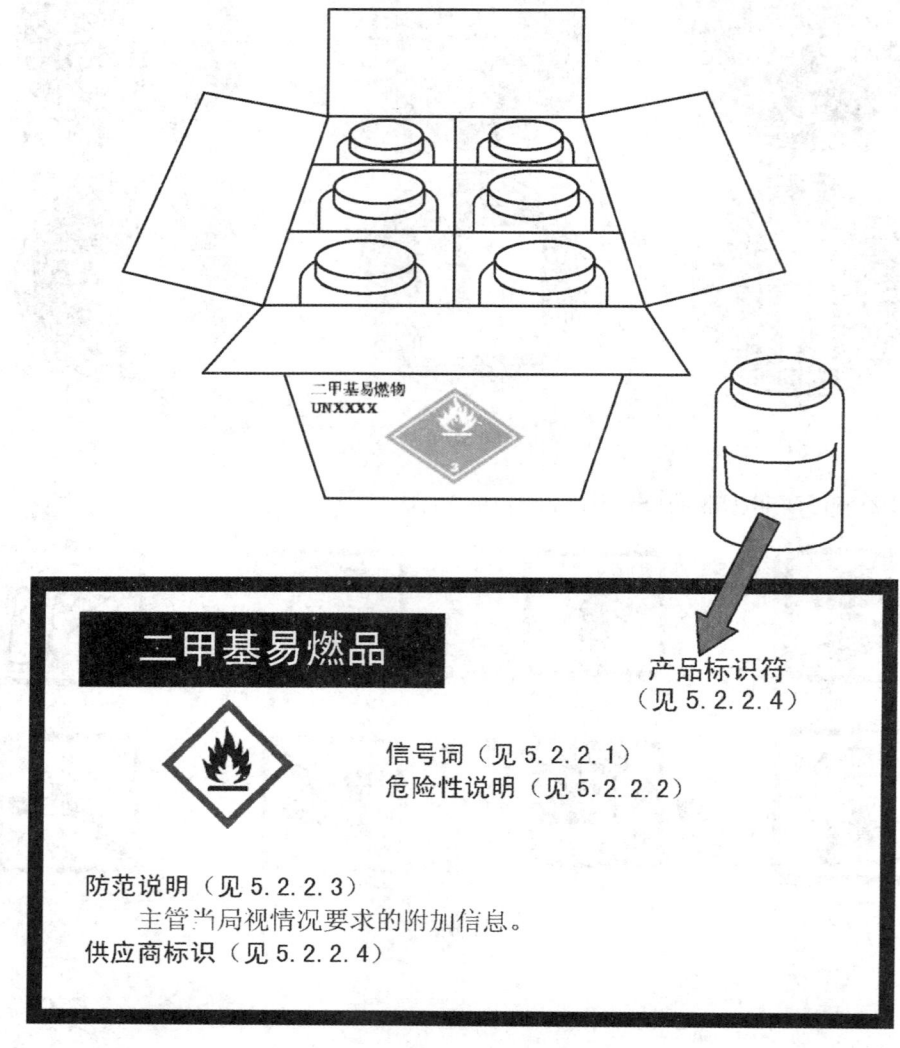

图 C.1

---

[1] 外容器仅要求有规章范本易燃液体运输标记和标签。

[2] 内容器标签可使用规章范本规定的易燃液体象形图替代 GHS 象形图。

附 录 D
（资料性附录）
安全数据单最低限度的信息

1	物质或化合物和供应商的标识	• GHS产品标识符。 • 其他标识手段。 • 化学品使用建议和使用限制。 • 供应商的详细情况（包括名称、地址、电话号码等）。 • 紧急电话号码
2	危险标识	• 物质/混合物的GHS分类和任何国家或区域信息。 • GHS标签要素，包括防范说明（危险符号可为黑白两色的符号图形或符号名称，如火焰、骷髅和交叉骨）。 • 不导致分类的其他危险（例如尘爆危险）或不为GHS覆盖的其他危险
3	成分构成/成分信息	物质 • 化学名称。 • 普通名称、同物异名等。 • 化学文摘登记号码、欧洲联盟委员会编号等。 • 本身已经分类并有助于物质分类的稳定添加剂。 混合物 • 在GHS含义范围内具有危险和存在量超过其临界水平的所有成分的化学名称和浓度或浓度范围。 注：对于成分信息，主管当局关于机密商业商业信息的规则优先于关于产品标识的规则。
4	急救措施	• 注明必要的措施，按不同的接触途径细分，即吸入、皮肤和眼接触及摄入。 • 最重要的急性和延迟症状/效应。 • 必要时注明要立即就医及所需特殊治疗
5	消防措施	• 适当（和不适当）的灭火介质。 • 化学品产生的具体危险（如任何危险燃烧品的性质）。 • 消防人员的特殊保护设备和防范措施
6	事故排除措施	• 人身防范、保护设备和应急程序。 • 环境防范措施。 • 抑制和清洁的方法和材料
7	搬运和存储	• 安全搬运的防范措施。 • 安全存储的条件，包括任何不相容性
8	接触控制/人身保护	• 控制参数，如职业接触极限值或生物极限值。 • 适当的工程控制。 • 个人保护措施，如人身保护设备

（续）

9	物理和化学特性	<ul><li>外观(物理状态、颜色等)。</li><li>气味。</li><li>气味阈值。</li><li>pH 值。</li><li>熔点/凝固点。</li><li>初始沸点和沸腾范围。</li><li>闪点。</li><li>蒸发速率。</li><li>易燃性(固态、气态)。</li><li>上下易燃极限或爆炸极限。</li><li>蒸气压力。</li><li>蒸气密度。</li><li>相对密度。</li><li>可溶性。</li><li>分配系数:n-辛醇/水。</li><li>自动点火温度。</li><li>分解温度。</li></ul>
10	稳定性和反应性	<ul><li>化学稳定性。</li><li>危险反应的可能性。</li><li>避免的条件(如静态卸载、冲击或振动)。</li><li>不相容材料。</li><li>危险的分解产品。</li></ul>
11	毒理学信息	简洁但完整和全面地说明各种毒理学(健康)效应和可用来确定这些效应的现有数据，其中包括：<ul><li>关于可能的接触途径的信息(吸入、摄入、皮肤和眼接触)。</li><li>有关物理、化学和毒理学特点的症状。</li><li>延迟和即时效应以及长期和短期接触引起的慢性效应。</li><li>毒性的数值度量(如急性毒性估计值)</li></ul>
12	生态信息	<ul><li>生态毒性(水生和陆生,如果有)。</li><li>持久性和降解性。</li><li>生物积累潜力。</li><li>在土壤中的流动性。</li><li>其他不利效应</li></ul>
13	处置考虑	1.废物残留的说明和关于它们的安全搬运和处置方法的信息,包括任何污染包装的处置
14	运输信息	2.联合国编号。 3.联合国专有的装运名称。 4.运输危险种类。 5.包装组,如果适用。 6.海洋污染物(是/否)。 7.在其房地内外进行运输或传送时,用户需要遵守的特殊防范措施。

（续）

15	管理信息	8.针对有关产品的安全、健康和环境条例
16	其他信息,包括关于安全数据单编制和修订的信息	

化学品安全标签编写规定(GB 15258—2009)

前　　言

本标准的 4.1、4.2、4.3、5.1、5.2、5.4.1、5.4.2 为强制性的,其余为推荐性的。

本标准对应于联合国《全球化学品统一分类和标签制度》(GHS,第二修订版),与其一致性程度为非等效。

本标准代替 GB 15258—1999《化学品安全标签编写规定》。

本标准与 GB 15258—1999 相比,主要差异如下:

——4.2 中标签内容作了调整;

——5.3 中增加了"标签尺寸";

——4.3 中增加了"简化标签";

——调整了附录 A、附录 B、附录 C,根据 GHS 设计了安全标签样例、安全标签与运输标志粘贴样例,提供了不同类别危险化学品的防范说明。

本标准的附录 A、附录 B、附录 C 为资料性附录。

本标准自实施之日起实施过渡期为 1 年。

本标准由全国危险化学品管理标准化技术委员会(SAC/TC 251)提出并归口。

本标准负责起草单位:国家安全生产监督管理总局化学品登记中心。

本标准参加起草单位:中国石油化工股份有限公司青岛安全工程研究院、化学品安全控制国家重点实验室。

本标准主要起草人:纪国峰、李运才、郭秀云、李永兴、李雪华、陈军、彭湘潍、曹永友、张海峰。

本标准所代替标准的历次版本发布情况为:

——GB/T 15258—1994、GB 15258—1999。

1　范围

本标准规定了化学品安全标签的术语和定义、标签内容、制作和使用要求。

本标准适用于化学品安全标签的编写、制作与使用。

产品安全标签另有标准规定的,例如农药、气瓶等,按其标准执行。

2　规范性引用文件

下列文件中的条款通过本标准的引用而成为本标准的条款。凡是注日期的引用文件,其随后所有的修改单(不包括勘误的内容)或修订版均不适用于本标准,然而,鼓励根据本标准达成协议的各方研究是否可使用这些文件的最新版本。凡是不注日期的引用文件,其最新版本适用于本标准。

GB 12268　危险货物品名表

GB 20576　化学品分类、警示标签和警示性说明安全规范　爆炸物

GB 20577　化学品分类、警示标签和警示性说明安全规范　易燃气体
GB 20578　化学品分类、警示标签和警示性说明安全规范　易燃气溶胶
GB 20579　化学品分类、警示标签和警示性说明安全规范　氧化性气体
GB 20580　化学品分类、警示标签和警示性说明安全规范　压力下气体
GB 20581　化学品分类、警示标签和警示性说明安全规范　易燃液体
GB 20582　化学品分类、警示标签和警示性说明安全规范　易燃固体
GB 20583　化学品分类、警示标签和警示性说明安全规范　自反应性物质
GB 20584　化学品分类、警示标签和警示性说明安全规范　自热物质
GB 20585　化学品分类、警示标签和警示性说明安全规范　自燃液体
GB 20586　化学品分类、警示标签和警示性说明安全规范　自燃固体
GB 20587　化学品分类、警示标签和警示性说明安全规范　遇水放出易燃气体的物质
GB 20588　化学品分类、警示标签和警示性说明安全规范　金属腐蚀物
GB 20589　化学品分类、警示标签和警示性说明安全规范　氧化性液体
GB 20590　化学品分类、警示标签和警示性说明安全规范　氧化性固体
GB 20591　化学品分类、警示标签和警示性说明安全规范　有机过氧化物
GB 20592　化学品分类、警示标签和警示性说明安全规范　急性毒性
GB 20593　化学品分类、警示标签和警示性说明安全规范　皮肤腐蚀/刺激
GB 20594　化学品分类、警示标签和警示性说明安全规范　严重眼睛损伤/眼睛刺激性
GB 20595　化学品分类、警示标签和警示性说明安全规范　呼吸或皮肤过敏
GB 20596　化学品分类、警示标签和警示性说明安全规范　生殖细胞突变性
GB 20597　化学品分类、警示标签和警示性说明安全规范　致癌性
GB 20598　化学品分类、警示标签和警示性说明安全规范　生殖毒性
GB 20599　化学品分类、警示标签和警示性说明安全规范　特异性靶器官系统毒性一次接触
GB 20601　化学品分类、警示标签和警示性说明安全规范　特异性靶器官系统毒性反复接触
GB 20602　化学品分类、警示标签和警示性说明安全规范　对水环境的危害
联合国《关于危险货物运输的建议书　规章范本》

3　术语和定义

下列术语和定义适用于本标准。

3.1

标签　label

用于标示化学品所具有的危险性和安全注意事项的一组文字、象形图和编码组合,它可粘贴、挂栓或喷印在化学品的外包装或容器上。

3.2

标签要素　label element

安全标签上用于表示化学品危险性的一类信息,例如象形图、信号词等。

3.3 信号词 signal word
标签上用于表明化学品危险性相对严重程度和提醒接触者注意潜在危险的词语。

3.4 图形符号 symbol
旨在简明地传达安全信息的图形要素。

3.5 象形图 pictogram
由图形符号及其他图形要素,如边框、背景图案和颜色组成,表述特定信息的图形组合。

3.6 危险性说明 hazard statement
对危险种类和类别的说明,描述某种化学品的固有危险,必要时包括危险程度。

3.7 防范说明 precautionary statement
用文字或象形图描述的降低或防止与危险化学品接触,确保正确储存和搬运的有关措施。

3.8 物理危险 physical hazard
化学品所具有的爆炸性、燃烧性(易燃或可燃性、自燃性、遇湿易燃性)、自反应性、氧化性、高压气体危险性、金属腐蚀性等危险性。

3.9 健康危害 health hazard
根据已确定的科学方法进行研究,由得到的统计资料证实,接触某种化学品对人员健康造成的急性或慢性危害。

3.10 环境危害 environmental hazard
化学品进入环境后通过环境蓄积、生物累积、生物转化或化学反应等方式,对环境产生的危害。

4 标签

4.1 标签要素
包括化学品标识、象形图、信号词、危险性说明、防范说明、应急咨询电话、供应商标识、资料参阅提示语等。

4.2 内容

4.2.1 化学品标识
用中文和英文分别标明化学品的化学名称或通用名称。名称要求醒目清晰,位于标签的上方。名称应与化学品安全技术说明书中的名称一致。

对混合物应标出对其危险性分类有贡献的主要组分的化学名称或通用名、浓度或浓度范围。当需要标出的组分较多时,组分个数以不超过 5 个为宜。对于属于商业机密的成分可以不标明,但应列出其危险性。

4.2.2 象形图

采用 GB 20576~GB 20599、GB 20601~GB 20602 规定的象形图。

4.2.3 信号词

根据化学品的危险程度和类别,用"危险""警告"两个词分别进行危害程度的警示。信号词位于化学品名称的下方,要求醒目、清晰。根据 GB 20576~GB 20599、GB 20601~GB 20602,选择不同类别危险化学品的信号词。

4.2.4 危险性说明

简要概述化学品的危险特性。居信号词下方。根据 GB 20576~GB 20599、GB 20601~GB 20602,选择不同类别危险化学品的危险性说明。

4.2.5 防范说明

表述化学品在处置、搬运、储存和使用作业中所必须注意的事项和发生意外时简单有效的救护措施等,要求内容简明扼要、重点突出。该部分应包括安全预防措施、意外情况(如泄漏、人员接触或火灾等)的处理、安全储存措施及废弃处置等内容。防范说明详见附录C。

4.2.6 供应商标识

供应商名称、地址、邮编和电话等。

4.2.7 应急咨询电话

填写化学品生产商或生产商委托的 24 h 化学事故应急咨询电话。

国外进口化学品安全标签上应至少有一家中国境内的 24 h 化学事故应急咨询电话。

4.2.8 资料参阅提示语

提示化学品用户应参阅化学品安全技术说明书。

4.2.9 危险信息先后排序

当某种化学品具有两种及两种以上的危险性时,安全标签的象形图、信号词、危险性说明的先后顺序规定如下:

4.2.9.1 象形图先后顺序

物理危险象形图的先后顺序,根据 GB 12268 中的主次危险性确定,未列入 GB 12268 的化学品,以下危险性类别的危险性总是主危险:爆炸物、易燃气体、易燃气溶胶、氧化性气体、高压气体、自反应物质和混合物、发火物质、有机过氧化物。其他主危险性的确定按照联合国《关于危险货物运输的建议书 规章范本》危险性先后顺序确定方法确定。

对于健康危害,按照以下先后顺序:如果使用了骷髅和交叉骨图形符号,则不应出现感叹号图形符号;如果使用了腐蚀图形符号,则不应出现感叹号来表示皮肤或眼睛刺激;如果使用了呼吸致敏物的健康危害图形符号,则不应出现感叹号来表示皮肤致敏物或者皮肤/眼睛刺激。

4.2.9.2 信号词先后顺序

存在多种危险性时,如果在安全标签上选用了信号词"危险",则不应出现信号词"警告"。

4.2.9.3 危险性说明先后顺序

所有危险性说明都应当出现在安全标签上,按物理危险、健康危害、环境危害顺序排列。

4.3 简化标签

对于小于或等于 100 mL 的化学品小包装,为方便标签使用,安全标签要素可以简化,包括化学品标识、象形图、信号词、危险性说明、应急咨询电话、供应商名称及联系电话、资料参阅提示语即可。

4.4 安全标签样例

安全标签样例见附录A。

5 制作

5.1 编写

标签正文应使用简捷、明了、易于理解、规范的汉字表述，也可以同时使用少数民族文字或外文，但意义必须与汉字相对应，字形应小于汉字。相同的含义应用相同的文字或图形表示。

当某种化学品有新的信息发现时，标签应及时修订。

5.2 颜色

标签内象形图的颜色根据GB 20576～GB 20599、GB 20601～GB 20602的规定执行，一般使用黑色图形符号加白色背景，方块边框为红色。正文应使用与底色反差明显的颜色，一般采用黑白色。若在国内使用，方块边框可以为黑色。

5.3 标签尺寸

对不同容量的容器或包装，标签最低尺寸如表1所示。

表1 标签最低尺寸

容器或包装容积/L	标签尺寸/（mm×mm）
≤0.1	使用简化标签
>0.1～≤3	50×75
>3～≤50	75×100
>50～≤500	100×150
>500～≤1 000	150×200
>1 000	200×300

5.4 印刷

5.4.1 标签的边缘要加一个黑色边框，边框外应留大于或等于3 mm的空白，边框宽度大于或等于1 mm。

5.4.2 象形图必须从较远的距离，以及在烟雾条件下或容器部分模糊不清的条件下也能看到。

5.4.3 标签的印刷应清晰，所使用的印刷材料和胶粘材料应具有耐用性和防水性。

6 使用

6.1 使用方法

6.1.1 安全标签应粘贴、挂栓或喷印在化学品包装或容器的明显位置。

6.1.2 当与运输标志组合使用时,运输标志可以放在安全标签的另一面版,将之与其他信息分开,也可放在包装上靠近安全标签的位置,后一种情况下,若安全标签中的象形图与运输标志重复,安全标签中的象形图应删掉。

6.1.3 对组合容器,要求内包装加贴(挂)安全标签,外包装上加贴运输象形图,如果不需要运输标志可以加贴安全标签。见附录B。

6.2 位置

安全标签的粘贴、喷印位置规定如下:

a) 桶、瓶形包装:位于桶、瓶侧身;
b) 箱状包装:位于包装端面或侧面明显处;
c) 袋、捆包装:位于包装明显处。

6.3 使用注意事项

6.3.1 安全标签的粘贴、挂栓或喷印应牢固,保证在运输、储存期间不脱落,不损坏。

6.3.2 安全标签应由生产企业在货物出厂前粘贴、挂栓或喷印。若要改换包装,则由改换包装单位重新粘贴、挂栓或喷印标签。

6.3.3 盛装危险化学品的容器或包装,在经过处理并确认其危险性完全消除之后,方可撕下安全标签,否则不能撕下相应的标签。

附 录 A
（资料性附录）
化学品安全标签样例

A.1 安全标签样例

化学品名称　　A组分：40%；B组分：60%

危　险　

极易燃液体和蒸气，食入致死，对水生生物毒性非常大

【预防措施】
- 远离热源、火花、明火、热表面。使用不产生火花的工具作业。
- 保持容器密闭。
- 采取防止静电措施，容器和接收设备接地、连接。
- 使用防爆电器、通风、照明及其他设备。
- 戴防护手套、防护眼镜、防扩面罩。
- 操作后彻底清洗身体接触部位。
- 作业场所不得进食、饮水或吸烟。
- 禁止排入环境。

【事故响应】
- 如皮肤（或头发）接触：立即脱掉所有被污染的衣服。用水冲洗皮肤、沐浴。
- 食入：催吐，立即就医。
- 收集泄漏物。
- 火灾时，使用干粉、泡沫、二氧化碳灭火。

【安全储存】
- 在阴凉、通风良好处储存。
- 上锁保管。

【废弃处置】
- 本品或其容器采用焚烧法处置。

请参阅化学品安全技术说明书

供应商：×××××　　　　　　　　　　　　电话：××××××
地　址：×××××××××××××××××　　邮编：××××××
化学事故应急咨询电话：××××××

A.2 简化标签样例

化学品名称		
危险   		
极易燃液体和蒸气，食入致死，对水生生物毒性非常大		
请参阅化学品安全技术说明书		
供应商：×××××××××××××××××× 电话：×××××
化学事故应急咨询电话：××××××		

附 录 B
（资料性附录）
化学品安全标签与运输标志粘贴样例

B.1 单一容器安全标签粘贴样例

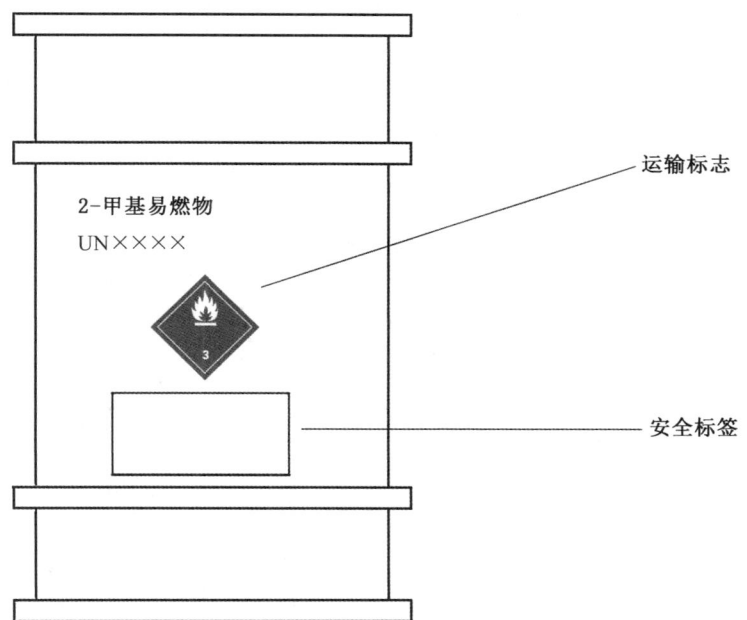

B.2 组合容器安全标签粘贴样例

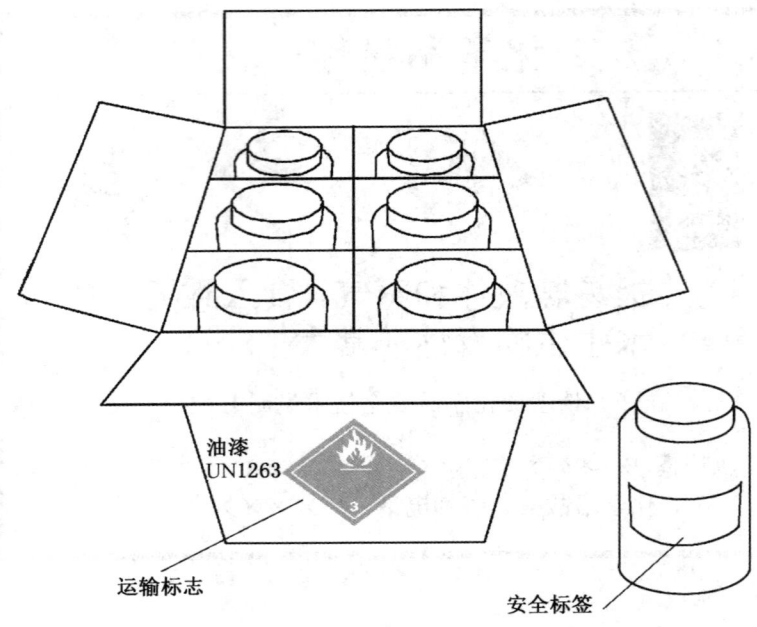

附 录 C
（资料性附录）
化学品安全标签防范说明

C.1 本防范说明可以根据化学品的实际情况进行组合、调整。表格中用语是防范说明的核心部分，"注"是解释说明的内容，根据情况选择是否出现在安全标签上。

危险类别		预防措施	防范说明		
			事故响应	安全储存	废弃处置
爆炸物	不稳定爆炸物	得到专门指导后操作。 在阅读并了解所有安全预防措施之前，切勿操作。 按要求使用个体防护装备。	火灾时有爆炸危险。 火势蔓延到爆炸物时，切勿灭火。 撤离现场。	储存…… 注：……按照地方、区域、国家、国际法规（规定）填写。	本品、容器的处置…… 注：……按照地方、区域、国家、国际法规（规定）填写。
	1.1项 1.2项 1.3项	远离热源、火花、明火、热表面。——禁止吸烟。 注：制造商、供应商或主管当局指定适用的用……保持湿润。 注：制造商、供应商或主管当局指定适用的物质。 如果干燥，增加爆炸危险，制造或操作程序需要干燥的情况除外。 （例如：硝化纤维） 容器和接收设备接地、连接。 注：爆炸物对静电是敏感时适用。 避免研磨、撞击、……、摩擦 注：制造商、供应商或主管当局建议避免的处理方式。 戴防护护罩 注：制造商、供应商或主管当局指定的防护装备。	火灾时，撤离现场。 火灾时，有爆炸危险。 火势蔓延到爆炸物时，切勿灭火。	储存…… 注：……按照地方、区域、国家、国际法规（规定）填写。	本品、容器的处置…… 注：……按照地方、区域、国家、国际法规（规定）填写。

（续）

危险类别		防范说明			
		预防措施	事故响应	安全储存	废弃处置
爆炸物	1.4项	远离热源、火花、明火、热表面。——禁止吸烟。 注：制造商、供应商或主管当局指定适当的点火源。 容器和接收设备应接地、连接。 注：如果爆炸物对静电是敏感的。 避免研磨、撞击、……、摩擦。 注：……指制造商、供应商或主管当局建议避免的处理方式。 戴防护面罩 注：制造商、供应商或主管当局指定的防护装备。	火灾时，撤离现场。 火灾时，有爆炸危险。 注：爆炸物是1.4S的弹药及其组件除外。 火势蔓延到爆炸物时，切勿灭火。 采取通常的预防措施，在适当的距离处灭火。 注：爆炸物是1.4S的弹药及其组件时适用。	储存…… 注：按照地方、区域、国家、国际法规（规定）填写。	本品、容器的处置…… 注：按照地方、区域、国家、国际法规（规定）填写。
	1.5项	远离热源、火花、明火、热表面。——禁止吸烟。 用……保湿。 注：……指制造商、供应商或主管当局指定适用的物质。 如果增加爆炸危险，制造或操作程序需要干燥的情况除外（例如，硝化纤维）。 容器和接收设备应接地、连接。 注：如果爆炸物对静电是敏感时适用。 避免研磨、撞击、……、摩擦。 注：……指制造商、供应商或主管当局建议避免的处理方式。 戴面罩。 注：制造商、供应商或主管当局指定的防护装备。	火灾时，撤离现场。 火灾时，有爆炸危险。 火势蔓延到爆炸物时，切勿灭火。	储存…… 注：按照地方、区域、国家、国际法规（规定）填写。	本品、容器的处置…… 注：按照地方、区域、国家、国际法规（规定）填写。

(续)

危险类别		防范说明			
		预防措施	事故响应	安全储存	废弃处置
易燃气体	1	远离热源、火花、明火、热表面。——禁止吸烟。 注：制造商（供应商或主管当局）指定适当的点火源。	泄漏气体着火：切勿灭火。除非能安全地切断泄漏源。如果泄漏没有危险，消除一切点火源。	在通风良好处储存。	
	2	远离热源、火花、明火、热表面。——禁止吸烟。 注：制造商（供应商或主管当局）指定适当的点火源。	泄漏气体着火：切勿灭火。除非能安全地切断泄漏源。如果泄漏没有危险，消除一切点火源。	在通风良好处储存。	
易燃气溶胶	1	远离热源、火花、明火、热表面。——禁止吸烟。 注：制造商（供应商或主管当局）指定适当的点火源。 避免在明火或其他火源上喷射。压力容器：禁止戳穿或烧毁，即使在使用后。		避免日照。不可暴露在超过50℃的温度下。	
氧化性气体	1	远离可燃物，……可燃物保存。 注：……指制造商（供应商或主管当局）指定的其他不相容的物质。 减压阀不得带有油脂。	火灾时，如能确保安全，堵漏。	在通风良好处储存。	
压力下气体	压缩气体 液化气体 溶解气体			避免日照。在通风良好处储存。	
	冷冻液化气体	戴防寒手套、防护面罩、防护眼镜。	用温水使受冻部位复温。不得搓擦冻伤处。立即就医。	在通风良好处储存。	

(续)

危险类别		防范说明			
		预防措施	事故响应	安全储存	废弃处置
易燃液体	1 2 3	远离热源、火花、明火、热表面。——禁止吸烟。 注：制造商、供应商或主管当局指定适当的点火源。 保持容器密闭。 容器和接收设备接地、连接。 注：如果再充装的是静电敏感物料时适用。 如果产品是易挥发的，以致产生危险的环境时适用。 使用防爆电器、通风、照明、……设备 注：……制造商、供应商或主管当局指定的其他设备。 只能使用不产生火花的工具。 采取防止静电措施。 戴防护手套、防护眼镜、防护面罩。 注：……制造商、供应商或主管当局指定的防护装备。	如皮肤（或头发）接触：立即脱掉所有被污染的衣服。用水冲洗皮肤、淋浴。 火灾时，使用……灭火 注：……制造商、供应商或主管当局指定的适当的灭火剂。 如果用水增加危险时适用。	在阴凉、通风良好处储存。	本品、容器的处置…… 注：……按照地方、区域、国家、国际法规（规定）填写。
	4	远离火焰和热表面。——禁止吸烟。 戴防护手套、防护眼镜、防护面罩。 注：制造商、供应商或主管当局指定的防护装备。	火灾时，使用……灭火 注：……指制造商、供应商或主管当局确定的适当的灭火剂。 注：如果用水增加危险时适用。	在阴凉、通风良好处储存。	本品、容器的处置…… 注：……按照地方、区域、国家、国际法规（规定）填写。

（续）

危险类别		防范说明			
		预防措施	事故响应	安全储存	废弃处置
易燃固体	1 2	远离热源、火花、明火、热表面。——禁止吸烟。 容器和接收设备接地、连接。 注：如果再充装的是静电敏感物料时适用。 使用防爆电器、通风、照明、……设备。 注：制造商、供应商或主管当指定的其他设备如能产生粉尘云时适用。 戴防护手套、防护眼镜、防护面罩。 注：制造商、供应商或主管当指定的防护装备。	火灾时，使用……灭火 注：……制造商、供应商、供应当指定当局的适当的灭火剂。 如果用水增加危险时适用。		
自反应性物质	A型	远离热源、火花、明火、热表面。——禁止吸烟。 注：制造商、供应商或主管当指定的适当的点火源。 远离……衣物、……可燃物保存。 注：……指制造商、供应商或主管当指定的其他不相容的物质。 仅在原容器中保存。 戴防护手套、防护眼镜、防护面罩。 注：制造商、供应商或主管当指定的防护装备。	火灾时，使用……灭火 注：……制造商、供应商、供应当指定当局的适当的灭火剂。 注：如果用水增加危险时适用。 火灾时，撤离现场，因有爆炸危险，应远距离灭火。	在阴凉、通风良好处储存。 储存温度不超过……℃。 注：……制造商、供应商指当局指定的温度。 远离其他物质储存。	本品、容器的处置 注：……按照地方、区域、国家、国际法规（规定）填写。

539

(续)

危险类别		防范说明			
		预防措施	事故响应	安全储存	废弃处置
自反应物质	B型	远离热源、火花、明火、热表面。——禁止吸烟。 远离衣物、……、可燃物。 注：……指制造商、供应商或主管当局指定的其他不相容的物质。 仅在原容器中保存。 戴防护手套、防护眼镜、防护面罩。 注：制造商、供应商或主管当局指定的防护装备。	火灾时，使用……灭火 注：……指制造商、供应商或主管当局指定的适当的灭火剂。 火灾时，撤离现场，因有爆炸危险，应远距离灭火。	在阴凉、通风良好处储存。 储存温度不超过……℃。 注：……指制造商、供应商或主管当局指定的温度。 远离其他物质储存。	本品、容器的处置…… 注：按照地方、区域、国家、国际法规（规定）填写。
	C型 D型 E型 F型	远离热源、火花、明火、热表面。——禁止吸烟。 远离衣物、……、可燃物。 注：……指制造商、供应商或主管当局指定的其他不相容的物质。 仅在原容器中保存。 戴防护手套、防护眼镜、防护面罩。 注：制造商、供应商或主管当局指定的防护装备。	火灾时，使用……灭火 注：……指制造商、供应商或主管当局指定的适当的灭火剂。 如果用水增加危险时适用。	在阴凉、通风良好处储存。 储存温度不超过……℃。 注：……指制造商、供应商或主管当局指定的温度。 远离其他物质储存。	本品、容器的处置…… 注：按照地方、区域、国家、国际法规（规定）填写。

（续）

危险类别		防范说明			
		预防措施	事故响应	安全储存	废弃处置
自燃液体	1	远离热源、火花、明火、热表面。——禁止吸烟。 不得与空气接触。 注：制造商、供应商或主管当局指定适当的点火源。 戴防护手套、防护眼镜、防护面罩。 注：制造商、供应商或主管当局指定的防护装备。	如果皮肤接触，将接触部位浸入冷水中，用湿绷带包扎。 火灾时，使用……灭火 注：……指制造商、供应商、当局指定的适当的灭火剂。 如用水增加危险时适用。	在……下储存。 注：……指制造商、供应商、或主管当局指定适当的液体或惰性气体。	
自燃固体	1	远离热源、火花、明火、热表面。——禁止吸烟。 不得与空气接触。 注：制造商、供应商或主管当局指定适当的点火源。 戴防护手套、防护眼镜、防护面罩。 注：制造商、供应商或主管当局指定的防护装备。	擦掉皮肤上的微粒，将接触部位浸入冷水中，用湿绷带包扎。 火灾时，使用……灭火 注：……指制造商、供应商、当局指定的适当的灭火剂。 如用水增加危险时适用。	在……下储存。 注：……指制造商、供应商、或主管当局指定适当的液体或惰性气体。	
自热物质	1 2	保持阴凉，避免日照。 戴防护手套和防护眼镜、防护面罩。 注：制造商、供应商或主管当局指定的防护装备。		踩、货架之间留有空隙。 储存散货量大于……千克，……磅时，温度不超过……℃。 注：……指制造商、供应商、或主管当局规定的质量和温度。 远离其他物质储存。	

（续）

危险类别		预防措施	防范说明 事故响应	安全储存	废弃处置
遇水放出易燃气体的物质	1	因与水发生剧烈反应和可能发生暴燃，应避免与水接触。 在惰性气体中操作。防潮。	擦掉皮肤上的微粒，将接触部位浸入冷水中，用湿绷带包扎。	在干燥处和密闭的容器中储存。	本品、容器的处置……按照地方、区域、国家、国际法规（规定）填写。
	2	戴防护手套、防护眼镜、防护面罩。 注：制造商、供应商或主管当局指定的防护装备。	火灾时，使用……灭火。 注：……指制造商、供应商或主管当局指定的适当的灭火剂。 如果用水增加危险时适用。		
	3	在惰性气体中操作。防潮。 戴防护手套、防护眼镜、防护面罩。 注：制造商、供应商或主管当局指定的防护装备。	火灾时，使用……灭火。 注：……指制造商、供应商或主管当局指定的适当的灭火剂。 如果用水增加危险时适用。	在干燥处和密闭的容器中储存。	本品、容器的处置……按照地方、区域、国家、国际法规（规定）填写。
氧化性液体	1	远离热源。 远离衣物和其他可燃物保存。 采取一切预防措施，避免与可燃物……混合 注：……指制造商、供应商或主管当局指定的其他不相容物质。 戴防护手套、防护眼镜、防护面罩。 注：制造商、供应商或主管当局指定的防护装备。 穿防火、阻燃服。	如溅到衣物上，立即用大量清水冲洗污染的衣服和皮肤，然后脱去衣服。 如果着火，撤离现场，因有爆炸危险，应距离灭火。 火灾时，使用……灭火。 注：……指制造商、供应商或主管当局指定的适当的灭火剂。 如果用水增加危险时适用。		本品、容器的处置……按照地方、区域、国家、国际法规（规定）填写。

(续)

危险类别		防范说明			
		预防措施	事故响应	安全储存	废弃处置
氧化性液体	2 3	远离热源。 远离衣物、……、可燃物保存。 注：……指制造商、供应商或主管当局指定的其他不相容的物质。 采取一切预防措施，避免与可燃物、……混合 注：……指制造商、供应商或主管当局指定的其他不相容物质。 戴防护手套、防护眼镜、防护面罩 注：制造商、供应商或主管当局指定的防护装备。	火灾时，使用……灭火 注：……指制造商、供应商指定的适当的灭火剂。 如果用水增加危险时适用。		本品、容器的处置…… 注：……按照地方、区域、国家、国际法规（规定）填写。
氧化性固体	1	远离热源。 远离衣物和其他可燃物。 采取一切预防措施，避免与可燃物、……混合 注：……指制造商、供应商或主管当局指定的其他不相容物质。 戴防护手套和防护眼镜、防护面罩 注：制造商、供应商或主管当局指定的防护装备。 穿防火、阻燃服。	如溅到衣服上：立即用大量清水冲洗污染的衣服和皮肤，然后脱去衣服。 如果发生大火和大量物质着火： 撤离现场。因有爆炸危险，应距离灭火。 火灾时，使用……灭火 注：……指制造商、供应商指定的适当的灭火剂。 如果用水增加危险时适用。		本品、容器的处置…… 注：……按照地方、区域、国家、国际法规（规定）填写。

543

（续）

危险类别		防范说明			
		预防措施	事故响应	安全储存	废弃处置
氧化性固体	2 3	远离热源。 远离衣物、……、可燃物保存。 注：……指制造商、供应商或主管当局指定的其他不相容物质。 采取一切预防措施，避免与可燃物、……混合。 注：……指制造商、供应商或主管当局指定的其他不相容物质。 戴防护手套、防护眼镜、防护面罩。 注：制造商、供应商或主管当局指定的防护装备。	火灾时，使用……灭火 注：……指制造商、供应商或主管当局指定的适当的灭火剂。如果用水增加危险时适用。		本品、容器的处置…… 注：按照地方、区域、国家、国际法规（规定）填写。
有机过氧化物	A型	远离热源、火花、明火、热表面。——禁止吸烟。 注：制造商、供应商或主管当局指定适用的点火源。 远离衣物、……、可燃物保存。 注：……指制造商、供应商或主管当局指定的其他不相容物质。 仅在原容器中保存。 戴防护手套、防护眼镜、防护面罩。 注：制造商、供应商或主管当局指定的防护装备。		保持阴凉，储存温度不超过……℃。 注：……指制造商、供应商或主管当局指定的温度。 避免日照。 远离其他物质储存。	本品、容器的处置…… 注：按照地方、区域、国家、国际法规（规定）填写。

（续）

危险类别		防范说明			
		预防措施	事故响应	安全储存	废弃处置
有机过氧化物	B型	远离热源、火花、明火、热表面。——禁止吸烟。 远离衣物、……、可燃物保存。 注：……指制造商、供应商或主管当局指定的不相容物质。 仅在原容器中保存。 戴防护手套、防护眼镜、防护面罩。 注：制造商、供应商或主管当局指定的防护装备。		保持阴凉，储存温度不超过……℃。 注：……指制造商、供应商或主管当局指定的温度。 避免日照。 远离其他物质储存。	本品、容器的处置…… 注：……按照地方、区域、国家、国际法规（规定）填写。
	C型 D型 E型 F型	远离热源、火花、明火、热表面。——禁止吸烟。 远离衣物、……、可燃物保存。 注：……指制造商、供应商或主管当局指定适用的点火源。 注：……指制造商、供应商或主管当局指定的不相容物质。 仅在原容器中保存。 戴防护手套、防护眼镜、防护面罩。 注：制造商、供应商或主管当局指定的防护装备。		保持阴凉，储存温度不超过……℃。 注：……指制造商、供应商或主管当局指定的温度。 避免日照。 远离其他物质储存。	本品、容器的处置…… 注：……按照地方、区域、国家、国际法规（规定）填写。
金属腐蚀物	1	仅在原容器中保存。	吸收泄漏物，防止材料损坏。	储存于抗腐蚀、……有抗腐蚀内衬的容器中。 注：……指制造商、供应商或主管当局确定的其他相容材料。	

(续)

危险类别	防范说明			
	预防措施	事故响应	安全储存	废弃处置
急性毒性—经口 1	操作后彻底清洗……。注：……指制造商、供应商或主管当局确定操作后要清洗的身体部位。作业场所不得进食、饮水或吸烟。	食入：立即呼叫中毒控制中心或就医。具体治疗（见本标签）具体说明。注：……补充急救说明。如果需要立即服用解毒药漱口。	上锁保管。	本品、容器的处置……。注：……按照地方、区域、国家、国际法规（规定）填写。
急性毒性—经口 2				
急性毒性—经口 3	操作后彻底清洗……。注：……指制造商、供应商或主管当局确定操作后要清洗的身体部位。作业场所不得进食、饮水或吸烟。	食入：立即呼叫中毒控制中心或就医。具体治疗（见本标签）具体说明。注：……补充急救说明。如果需要立即服用解毒药漱口。	上锁保管。	本品、容器的处置……。注：……按照地方、区域、国家、国际法规（规定）填写。
急性毒性—经口 4	操作后彻底清洗……。注：……制造商、供应商或主管当局确定操作后要清洗的身体部位。作业场所不得进食、饮水或吸烟。	食入：如果感觉不适，立即呼叫中毒控制中心或就医。漱口。		本品、容器……。注：……按照地方、区域、国家、国际法规（规定）填写。
急性毒性—经口 5		如果感觉不适，呼叫中毒控制中心或就医。		

(续)

危险类别		防范说明			
		预防措施	事故响应	安全储存	废弃处置
急性毒性——经皮	1 2	避免接触眼睛、皮肤或衣服。 操作后彻底清洗…… 注：……制造商、供应商或主管当局确定操作要清洗的身体部位。 作业场所不得进食、饮水或吸烟。 戴防护手套、穿防护服 注：制造商、供应商或主管当局指定的防护装备。	皮肤接触：用大量肥皂水和水轻轻地清洗。 立即呼叫中毒控制中心或就医。 具体治疗（见本标签……）。 注：……参见补充应急救措施，如使用专用清洁剂。 立即脱去所有被污染的衣服。 被污染的衣服须经洗净后方可重新使用。		本品、容器的处置…… 注：……按照地方、区域、国家、国际法规（规定）填写。
	3	戴防护手套、穿防护服 注：制造商、供应商或主管当局指定的防护装备。	皮肤接触：用大量肥皂水和水清洗。 如感觉不适，呼叫中毒控制中心或就医。 具体治疗（见本标签……）。 注：……参见补充应急救措施，如使用专用的清洁剂。 立即脱去所有被污染的衣服。 被污染的衣服须经洗净后方可重新使用。	上锁保管。	本品、容器的处置…… 注：……按照地方、区域、国家、国际法规（规定）填写。

(续)

危险类别		防范说明			
		预防措施	事故响应	安全储存	废弃处置
急性毒性—经皮	4	戴防护手套,穿防护服 注:制造商、供应商或主管当局指定的防护装备。	皮肤接触:用大量肥皂水和水清洗。 如感觉不适,呼叫中毒控制中心或就医。 具体治疗(见本标签……) 注:……参见补充急救说明。 如建议采取措施,如使用专用的清洁剂。 被污染的衣服经洗净后方可重新使用。		本品、容器的处置…… 注:……按照地方、区域、国家、国际法规(规定)填写。
	5		如感觉不适,呼叫中毒控制中心或就医。		
急性毒性—吸入	1	避免吸入粉尘、烟气、气体、烟雾、蒸气、喷雾。 仅在室外或通风良好处操作。 戴呼吸防护器具。 注:制造商、供应商或主管当局指定的防护器具。	如吸入:将患者转移到空气新鲜处,休息,保持利于呼吸的体位。 立即呼叫中毒控制中心或就医。 紧急治疗(见本标签……) 注:……参见补充急救说明如果需要立即服用解毒药。	在通风良好处储存。 保持容器密闭。 注:如果产品易于挥发,致使造成危险的环境时适用。 上锁保管。	本品、容器的处置…… 注:……按照地方、区域、国家、国际法规(规定)填写
	2				

(续)

危险类别		防范说明			
		预防措施	事故响应	安全储存	废弃处置
急性毒性—吸入	3	避免吸入粉尘、烟气、气体、烟雾、蒸气、喷雾。仅在室外或通风良好处操作。	如吸入：将患者转移到空气新鲜处，休息，保持利于呼吸的体位。呼叫中毒控制中心或就医。…具体治疗（见本标签）注：…参见补充急救说明如果需要立即采取措施时适用。	在通风良好处储存。保持容器密闭。注：如产品极易于挥发，致使容器密闭的环境时适用。上锁保管。	本品，容器的处置…按照地方、区域、国家、国际法规（规定）填写。
	4	避免吸入粉尘、烟气、气体、烟雾、蒸气、喷雾。仅在室外或通风良好处操作。	如吸入：将患者转移到空气新鲜处，休息，保持利于呼吸的体位。如感觉不适，呼叫中毒控制中心或就医。		
	5		如吸入：如感觉不适，呼叫中毒控制中心或就医。		

(续)

危险类别	防范说明			
	预防措施	事故响应	安全储存	废弃处置
皮肤腐蚀/刺激 1A至1C	避免吸入使用中可能产生可吸入性粉尘或雾微粒。 注：如果彻底清洗…… 操作后彻底清洗。 注：制造商、供应商或主管当局确定的操作后要清洗的身体部位。 戴防护手套、穿防护服、戴防护眼镜、防护面罩。 注：制造商、供应商或主管当局指定的防护装备。	食入：漱口。不要催吐。 皮肤（或头发）接触：立即脱掉所有被污染的衣服。用水冲洗皮肤、淋浴。 污染的衣服须净洗后方可重新使用。 如吸入：将患者转移到空气新鲜处，休息，保持利于呼吸的体位。 立即呼叫中毒控制中心或就医。具体治疗（见本标签……） 注：……参见补充急救说明。 如果适用，制造商、供应商或主管当局可能指定清洁剂。 眼睛接触：用水细心地冲洗数分钟。如戴隐形眼镜并可方便地取出，则取出隐形眼镜。继续冲洗。	上锁保管。	本品、容器的处置。 注：……按照地方、区域、国家、国际法规（规定）填写。

550

（续）

危险类别		预防措施	事故响应	安全储存	废弃处置
皮肤腐蚀/刺激	2	操作后彻底清洗……。 注：制造商、供应商或主管当局确定的操作后要清洗的身体部位。 戴防护手套。 注：制造商、供应商或主管当局指定的防护装备。	皮肤接触：用大量肥皂水和水清洗。 具体治疗（见本标签……） 注：……参见本急救说明。 如果适用，制造商、供应商或主管当局指定清洁剂。 如发生皮肤刺激，就医。 脱去被污染的衣服，洗净后方可重新使用。		
	3		如发生皮肤刺激，就医。		
严重眼睛损伤/眼睛刺激性	1	戴防护眼镜，防护面罩。 注：制造商、供应商或主管当局指定的防护装备。	接触眼睛：用水细心冲洗数分钟。如戴隐形眼镜，方便地取出，取出隐形眼镜，继续冲洗。 立即呼叫中毒控制中心或就医。		
	2A	操作后彻底清洗…… 注：……者清洗的身体部位，供应商或主管当局确定的操作后要清洗眼镜，防护面罩。 戴防护眼镜，防护面罩。 注：制造商、供应商或主管当局指定的防护装备。	如接触眼睛：用水细心冲洗数分钟。如戴隐形眼镜，方便地取出，取出隐形眼镜。继续冲洗。 如果眼睛刺激持续，就医。		

551

(续)

危险类别	防范说明			
	预防措施	事故响应	安全储存	废弃处置
严重眼睛损伤/眼睛刺激性 2B	操作后彻底清洗……。注：……带制造商、供应商或主管当局确定的身体部位。	如接触眼睛：用水细心冲洗数分钟。如戴隐形眼镜并可方便地取出，取出隐形眼镜。继续冲洗。如果眼睛刺激持续：就医。		
呼吸或皮肤过敏—呼吸 1	避免吸入粉尘、烟气、气体、烟雾、蒸气、喷雾。注：……由制造商、供应商或主管当局指定的适当的条件。通风不良时，戴呼吸防护器具。注：……由制造商、供应商或主管当局指定的防护器具。	如吸入：如果呼吸困难，将患者转移到空气新鲜处，休息，保持利于呼吸的体位。如有呼吸系统症状，呼叫中毒控制中心或就医。		本品、容器的处置……。注：……按照地方、区域、国家、国际法规（规定）填写。
呼吸或皮肤过敏—皮肤 1	避免吸入粉尘、烟气、气体、烟雾、蒸气、喷雾。注：……由制造商、供应商或主管当局指定的适当的条件。污染的工作服不得带出工作场所。戴防护手套。注：……由制造商、供应商或主管当局指定的防护装备。	如皮肤接触：用大量肥皂水和水清洗。如出现皮肤刺激或皮疹：就医。具体治疗（见本标签）注：……参见补充急救说明，如果适当，制造商、供应商可能指定清洁剂。污染的衣服清洗后方可重新使用。		本品、容器的处置……。注：……按照地方、区域、国家、国际法规（规定）填写。

（续）

危险类别		防范说明			
		预防措施	事故响应	安全储存	废弃处置
生殖细胞致突变性	1 2	得到专门指导后操作。 在阅读并了解所有安全预防措施之前，切勿操作。 按要求使用个体防护装备。	如果接触或有担心，就医。	上锁保管。	本品、容器的处置…… 注：……按照地方、区域、国家、国际法规（规定）填写。
致癌性	1 2	得到专门指导后操作。 在阅读并了解所有安全预防措施之前，切勿操作。 按要求使用个体防护装备。	如果接触或有担心，就医。	上锁保管。	本品、容器的处置…… 注：……按照地方、区域、国家、国际法规（规定）填写。
生殖毒性	1 2	得到专门指导后操作。 在阅读并了解所有安全预防措施之前，切勿操作。 按要求使用个体防护装备。	如果接触或有担心，就医。	上锁保管。	本品、容器的处置…… 注：……按照地方、区域、国家、国际法规（规定）填写。
生殖毒性（附加的）		避免吸入粉尘或烟雾。 注：如果在使用时可能产生可吸入性粉尘或雾微粒。 妊娠、哺乳期间避免接触。 操作后彻底清洗。 注：指制造商、供应商或主管当局确定操作后要清洗的身体部位。 作业场所不得进食、饮水或吸烟。	如果接触或有担心，就医。		

（续）

危险类别	防范说明			
	预防措施	事故响应	安全储存	废弃处置
1	避免吸入粉尘、烟气、气体、烟雾、蒸气、喷雾。 注：制造商、供应商或主管当局指定适当的条件…… 操作后要彻底清洗…… 注：制造商、供应商或主管当局确定操作后要清洗的身体部位。 作业场所不得进食、饮水或吸烟。	如果接触：立即呼叫中毒控制中心或就医。 具体治疗（见本标签……）。 注：参见补充急救措施时适用。 如需立即采取急救措施时适用。	上锁保管。	本品、容器的处置…… 注：……按照地方、区域、国家、国际法规（规定）填写。
2	避免吸入粉尘、烟气、气体、烟雾、蒸气、喷雾。 注：制造商、供应商或主管当局指定适当的条件…… 操作后要彻底清洗…… 注：……者制造商、供应商或主管当局确定操作后要清洗的身体部位。 工作场所不得进食、饮水或吸烟。	如吸入感觉不适：呼叫中毒控制中心或就医。	上锁保管。	本品、容器的处置…… 注：……按照地方、区域、国家、国际法规（规定）填写。
3	避免吸入粉尘、烟气、气体、烟雾、蒸气、喷雾。 注：制造商、供应商或主管当局指定适当的条件…… 仅在户外或通风良好处使用。	如吸入：将患者转移至空气新鲜处，休息，保持利于呼吸的体位。 如感觉不适，呼叫中毒控制中心或就医。	在通风良好处储存。 保持容器密闭。 注：如果产品是易挥发的，致使产生危险的环境时适用。 上锁保管。	本品、容器的处置…… 注：……按照地方、区域、国家、国际法规（规定）填写。

特异性靶器官系统毒性一次接触

(续)

危险类别		防范说明			
		预防措施	事故响应	安全储存	废弃处置
特异性靶器官系统毒性——反复接触	1	避免吸入粉尘、烟气、气体、烟雾、蒸气、喷雾。 注：制造商、供应商或主管当局指定适当的条件……。 注：……指造商、供应商、供应商或主管当局确定适当操作后要清洗的身体部位。 操作现场不得进食、饮水或吸烟。	如感觉不适，就医。		本品、容器的处置…… 注：……按照地方、区域、国家、国际法规（规定）填写。
	2	避免吸入粉尘、烟气、气体、烟雾、蒸气、喷雾。 注：制造商、供应商或主管当局指定适当的条件……。	如感觉不适，就医。		本品、容器的处置…… 注：……按照地方、区域、国家、国际法规（规定）填写。
吸入危险	1		如果食入：立即呼叫中毒控制中心或就医。 不要催吐。	上锁保管。	本品、容器的处置…… 注：……按照地方、区域、国家、国际法规（规定）填写。
	2				
危害水生环境——急性危险	1	禁止排入环境。 注：如果不是指定用途时适用。	收集泄漏物。		本品、容器的处置…… 注：……按照地方、区域、国家、国际法规（规定）填写。
	2	禁止排入环境。 注：如果不是指定用途时适用。			本品、容器的处置…… 注：……按照地方、区域、国家、国际法规（规定）填写。
	3				

(续)

危险类别	防范说明			
	预防措施	事故响应	安全储存	废弃处置
危害水生环境——慢性危险 1	禁止排入环境	收集泄漏物。		本品、容器的处置……注：……按照地方、区域、国家、国际法规（规定）填写。
2	注：如果不是指定用途时适用。			
3	禁止排入环境			本品、容器的处置……注：……按照地方、区域、国家、国际法规（规定）填写。
4	注：如果不是指定用途时适用。			

常用化学危险品贮存通则（GB 15603—1995）

1 主题内容与适用范围

本标准规定了常用化学危险品（以下简称化学危险品）贮存的基本要求。

本标准适用于常用化学危险品（以下简称化学危险品）出、入库，贮存及养护。

2 引用标准

GB 190 危险货物包装标志

GB 13690 常用危险化学品的分类及标志

GBJ16 建筑设计防火规范

3 定义

3.1

隔离贮存 segregated storage

在同一房间或同一区域内，不同的物料之间分开一定距离，非禁忌物料间用通道保持空间的贮存方式。

3.2

隔开贮存 cut-off storage

在同一建筑或同一区域内，用隔板或墙，将其与禁忌物料分离开的贮存方式。

3.3

分离贮存 detached storage

在不同的建筑物或远离所有建筑的外部区域内的贮存方式。

3.4

禁忌物料 incinpatible inaterals

化学性质相抵触或灭火方法不同的化学物料。

4 化学危险品贮存的基本要求

4.1 贮存化学危险品必须遵照国家法律、法规和其他有关的规定。

4.2 化学危险品必须贮存在经公安部门批准设置的专门的化学危险品仓库中，经销部门自管仓库贮存化学危险品及贮存数量必须经公安部门批准。未经批准不得随意设置化学危险品贮存仓库。

4.3 化学危险品露天堆放，应符合防火、防爆的安全要求，爆炸物品、一级易燃物品、遇湿燃烧物品、剧毒物品不得露天堆放。

4.4 贮存化学危险品的仓库必须配备有专业知识的技术人员，其库房及场所应设专人管理，管理人员必须配备可靠的个人安全防护用品。

4.5 化学危险品按 GB 13690 的规定分为八类：

a. 爆炸品；
b. 压缩气体和液化气体；
c. 易燃液体；
d. 易燃固体、自燃物品和遇湿易燃物品；
e. 氧化剂和有机过氧化物；
f. 毒害品；
g. 放射性物品；
h. 腐蚀品。

4.6 标志

贮存的化学危险品应有明显的标志，标志应符合 GB 190 的规定。同一区域贮存两种或两种以上不同级别的危险品时，应按最高等级危险物品的性能标志。

4.7 贮存方式

化学危险品贮存方式分为三种：

a. 隔离贮存；
b. 隔开贮存；
c. 分离贮存。

4.8 根据危险品性能分区、分类、分库贮存。

各类危险品不得与禁忌物料混合贮存，禁忌物料配置见附录 A（参考件）。

4.9 贮存化学危险品的建筑物、区域内严禁吸烟和使用明火。

5 贮存场所的要求

5.1 贮存化学危险品的建筑物不得有地下室或其他地下建筑，其耐火等级、层数、占地面积、安全疏散和防火间距，应符合国家有关规定。

5.2 贮存地点及建筑结构的设置，除了应符合国家的有关规定外，还应考虑对周围环境和居民的影响。

5.3 贮存场所的电气安装

5.3.1 化学危险品贮存建筑物、场所消防用电设备应能充分满足消防用电的需要；并符合 GB J16 第十章第一节的有关规定。

5.3.2 化学危险品贮存区域或建筑物内输配电线路、灯具、火灾事故照明和疏散指示标志，都应符合安全要求。

5.3.3 贮存易燃、易爆化学危险品的建筑，必须安装避雷设备。

5.4 贮存场所通风或温度调节

5.4.1 贮存化学危险品的建筑必须安装通风设备，并注意设备的防护措施。

5.4.2 贮存化学危险品的建筑通排风系统应设有导除静电的接地装置。

5.4.3 通风管应采用非燃烧材料制作。

5.4.4 通风管道不宜穿过防火墙等防火分隔物，如必须穿过时应用非燃烧材料分隔。

5.4.5 贮存化学危险品建筑采暖的热媒温度不应过高，热水采暖不应超过 80 ℃，不得使用蒸汽采暖和机械采暖。

5.4.6 采暖管道和设备的保温材料，必须采用非燃烧材料。

6 贮存安排及贮存量限制

6.1 化学危险品贮存安排取决于化学危险品分类、分项、容器类型、贮存方式和消防的要求。

6.2 贮存量及贮存安排见表1。

表 1

贮存要求 \ 贮存类别	露天贮存	隔离贮存	隔开贮存	分离贮存
平均单位面积贮存量,t/m²	1.0～1.5	0.5	0.7	0.7
单一贮存区最大贮量,t	2000～2400	200～300	200～300	400～600
垛距限制,m	2	0.3～0.5	0.3～0.5	0.3～0.5
通道宽度,m	4～6	1～2	1～2	5
墙距宽度,m	2	0.3～0.5	0.3～0.5	0.3～0.5
与禁忌品距离,m	10	不得同库贮存	不得同库贮存	7～10

6.3 遇火、遇热、遇潮能引起燃烧、爆炸或发生化学反应,产生有毒气体的化学危险品不得在露天或在潮湿、积水的建筑物中贮存。

6.4 受日光照射能发生化学反应引起燃烧、爆炸、分解、化合或能产生有毒气体的化学危险品应贮存在一级建筑物中。其包装应采取避光措施。

6.5 爆炸物品不准和其他类物品同贮,必须单独隔离限量贮存,仓库不准建在城镇,还应与周围建筑、交通干道、输电线路保持一定安全距离。

6.6 压缩气体和液化气体必须与爆炸物品、氧化剂、易燃物品、自燃物品、腐蚀性物品隔离贮存。易燃气体不得与助燃气体、剧毒气体同贮;氧气不得与油脂混合贮存,盛装液化气体的容器属压力容器的,必须有压力表、安全阀、紧急切断装置,并定期检查,不得超装。

6.7 易燃液体、遇湿易燃物品、易燃固体不得与氧化剂混合贮存,具有还原性的氧化剂应单独存放。

6.8 有毒物品应贮存在阴凉、通风、干燥的场所,不要露天存放,不要接近酸类物质。

6.9 腐蚀性物品,包装必须严密,不允许泄漏,严禁与液化气体和其他物品共存。

7 化学危险品的养护

7.1 化学危险品入库时,应严格检验物品质量、数量、包装情况、有无泄漏。

7.2 化学危险品入库后应采取适当的养护措施,在贮存期内,定期检查,发现其品质变化、包装破损、渗漏、稳定剂短缺等,应及时处理。

7.3 库房温度、湿度应严格控制、经常检查,发现变化及时调整。

8 化学危险品出入库管理

8.1 贮存化学危险品的仓库,必须建立严格的出入库管理制度。

8.2 化学危险品出入库前均应按合同进行检查验收、登记,验收内容包括:
    a. 数量;
    b. 包装;
    c. 危险标志。
    经核对后方可入库、出库,当物品性质未弄清时不得入库。

8.3 进入化学危险品贮存区域的人员、机动车辆和作业车辆,必须采取防火措施。

8.4 装卸、搬运化学危险品时应按有关规定进行,做到轻装、轻卸。严禁摔、碰、撞、击、拖拉、倾倒和滚动。

8.5 装卸对人身有毒害及腐蚀性的物品时,操作人员应根据危险性,穿戴相应的防护用品。

8.6 不得用同一车辆运输互为禁忌的物料。

8.7 修补、换装、清扫、装卸易燃、易爆物料时,应使用不产生火花的铜制、合金制或其他工具。

9 消防措施

9.1 根据危险品特性和仓库条件,必须配置相应的消防设备、设施和灭火药剂。并配备经过培训的兼职和专职的消防人员。

9.2 贮存化学危险品建筑物内应根据仓库条件安装自动监测和火灾报警系统。

9.3 贮存化学危险品的建筑物内,如条件允许,应安装灭火喷淋系统(遇水燃烧化学危险品,不可用水扑救的火灾除外),其喷淋强度和供水时间如下:

    喷淋强度   15 L/(min·m^2);
    持续时间   90 min。

10 废弃物处理

10.1 禁止在化学危险品贮存区域内堆积可燃废弃物品。

10.2 泄漏或渗漏危险品的包装容器应迅速移至安全区域。

10.3 按化学危险品特性,用化学的或物理的方法处理废弃物品,不得任意抛弃、污染环境。

11 人员培训

11.1 仓库工作人员应进行培训,经考核合格后持证上岗。

11.2 对化学危险品的装卸人员进行必要的教育,使其按照有关规定进行操作。

11.3 仓库的消防人员除了具有一般消防知识之外,还应进行在危险品库工作的专门培训,使其熟悉各区域贮存的化学危险品种类、特性、贮存地点、事故的处理程序及方法。

附 录 A

常用化学危险品贮存禁忌物配存表

（参考件）

化学危险品的种类和名称			配存顺号	1	2	3	4	5	6	7	8	9	10	11	12	13	14	15	16	17	18	19	20	21	22	23	24	25	26	27	28	29
爆炸品	点火器材		1																													
	起爆器材		2	×																												
	炸药及爆炸性药品（不同品名的不得在同一库内配存）		3	×	×																											
	其他爆炸品		4	△	×	×																										
氧化剂	有机氧化剂		5	×	×	×	×																									
	亚硝酸盐、亚氯酸盐、次氯酸盐[2]		6	△	×	×	△	×																								
	其他无机氧化剂[2]		7	△	×	×	△	×	△																							
剧毒品（液氯、液氨空钢瓶不能在一库内配存）			8	×	×	×	△	×	×	×																						
压缩气体和液化气体	易燃		9	△	×	×	△	×	△	△	△																					
	助燃（液氯及液氨空钢瓶不得在同一库内配存）		10	△	×	×	△	×	×	△	△	×																					
	不燃		11	△	△	△	△	△	△	△	△	△	△																			
易燃液体	自燃物品	一级	12	×	×	×	×	×	×	×	×	△	×	△																		
		二级	13	×	×	×	△	×	△	△	△	△	×	△	△																		
遇水燃烧物品（不得与含水液体货物在同一库内配存）			14	×	×	×	×	×	×	×	×	×	×	△	×	×																	
易燃液体			15	△	×	×	△	×	△	△	△	△	×	△	△	△	×																
易燃固体（H发孔剂不可与酸性腐蚀物品及有毒或易燃酯类危险货物配存）			16	△	×	×	△	×	△	△	△	△	×	△	×	△[1]	×	△															
毒害品	氰化物		17	×	×	×	×	×	×	×	×	△	×	△	×	×	×	△	△														
	其他毒害品		18	△	×	×	△	×	△	△	△	△	△	△	△	△	×	△	△	△													
腐蚀物品	酸性腐蚀物品	溴	19	×	×	×	×	×	×	×	×	×	×	△	×	×	×	×	×	×	△												
		过氧化氢	20	×	×	×	×	×	×	×	×	×	×	△	×	×	×	×	×	×	△	△											
		硝酸、发烟硝酸、硫酸、发烟硫酸、氢碘酸	21	△	×	×	△	×	△	△	△	×	×	△	×	×	×	×	×	×	△	△	△										
		其他酸性腐蚀物品	22	△	×	×	△	×	△	△	△	△	×	△	×	×	×	×	×	×	△	△	△	△									
	碱性及其他	生石灰、漂白粉	23	×	×	×	×	×	×	×	×	△	×	△	×	×	×	×	×	×	△	×	×	×	△								
		其他（水合肼、水合胺、氨水不得与氧化剂配存）	24	△	×	×	△	×	△	△	△	△	△	△	△	△	×	△	△	△	△	△	△	△	△	△							
普通物品	易燃物品		25	×	×	×	×	×	×	×	×	×	×	△	×	×	×	×	×	×	×	×	×	×	×	×	△						
	饮食品、粮食、饲料、药品、药材类		26	×	×	×	×	×	×	×	×	×	×	△	×	×	×	×	×	×	×	×	×	×	×	×	△	△					
	非食用油脂		27	×	×	×	×	×	×	×	×	×	×	△	×	×	×	×	×	×	×	×	×	×	×	×	△	△	△				
	活动物[3]		28	×	×	×	×	×	×	×	×	×	×	△	×	×	×	×	×	×	×	×	×	×	×	×	△	△	×	△			
	其他[3,4]		29	△	×	×	△	×	△	△	△	△	△	△	△	△	×	△	△	△	△	△	△	△	△	△	△	△	△	△	△		
配存顺号				1	2	3	4	5	6	7	8	9	10	11	12	13	14	15	16	17	18	19	20	21	22	23	24	25	26	27	28	29

注：① 无配存符号表示可配存。
② △ 表示可以配存，堆放时至少隔离 2 m。
③ × 表示不可以配存。
④ 有注释时按注释规定办理。
  1) 除硝酸盐（如硝酸钠、硝酸钾、硝酸铵）与硝酸、发烟硝酸可以配存外，其他情况均不得配存。
  2) 无机氧化剂不得与松散的粉状可燃物（如煤粉、焦粉、炭黑、糖、淀粉、锯末等）配存。
  3) 饮食品、粮食、饲料、药品、药材、食用油脂及活动物不得贴毒品标志有恶臭易张和生皮毛（包括碎皮）、畜产品中的生皮毛和生皮（包括碎皮）、畜角、鬃等物品配存。
  4) 饮食品、粮食、饲料、药品、药材、食用油脂与牧普通货物条件应贮存的化工原料、化学试剂、非食用药剂、香精、香料应隔离 1 m 以上。

附 录 B
常用化学危险品的安全贮存
(参考件)

B1 第 1 类 爆炸品

B1.1 品名:叠氮钠

编号:11010

化学式:NaN_3

分子量:65.02

特性:无色六角形结晶,能溶于水及氨水,微溶于乙醇,不溶于乙醚。相对密度1.846;熔点65.02 ℃(分解)。性质不稳定,加热300 ℃时分解,遇高热、震动能引起强烈爆炸。用于制造炸药、医药、试剂。

包装:装入玻璃瓶、塑料瓶或聚乙烯袋,严密封口再装入铁皮桶或塑料盒,再装入坚固木箱,箱内用塑料气泡垫或松软材料衬垫牢固,箱外用铁皮或铁丝加固,每箱净重不超过20 kg,每瓶净重不超过1 kg。

贮存条件:贮存在专存爆炸品的库房,库内阴凉、干燥,库温不超过30 ℃,相对湿度不超过80%。与各种起爆器材、黑火药、其他化学危险品等隔离贮存。

养护:
1) 入库验收:检查包装是否完整,有无雨淋、水浸、受潮等现象,物品结晶应松散无结块现象。
2) 堆码苫垫:货垛垛底应垫高15~30 cm,货垛宜垛小堆,垛高不超过2 m,垛距80~90 cm,墙距、柱距30~50 cm。
3) 在库检查:物品在贮存期限内,每日上班要坚持一日二检制度,坚持定期对物品和包装进行检查。
4) 温湿度管理:在梅雨季节要注意密封库房并采取通风和吸潮相结合的办法使库内相对湿度不超过80%,库温不超过30 ℃。
5) 安全作业:操作过程中轻拿轻放、防止撞击、禁止拖拉包装。开启容器时应使用铜或铜合金工具。
6) 保管期限:1 年。

注意事项:发生火灾用雾状水、泡沫、二氧化碳灭火,禁用砂土压置。

B1.2 品名:三硝基苯甲醚

编号:11062

别名:苦味酸甲酯

化学式:$C_6H_2(OCH_3)(NO_2)_3$

分子量:243.13

特性:黄色结晶,不溶于水,溶于乙醇、乙醚。相对密度1.61(结晶),1.408(熔融);熔点68.4 ℃;爆燃点285 ℃;爆轰气体体积701 L/kg;爆速6 800 m/s;生成能-548.2 kJ/kg。干燥情况下与金属不发生作用,遇水生成苦味酸,遇明火、高温、震动、撞击、摩擦能引起燃烧爆炸。有毒,接触皮肤易引起皮疹。本品在烈性炸药中感度较低,为冲击安全炸药之一,其效力在 TNT 与苦味酸之间。

包装:装入玻璃瓶,严封后再装入坚固木箱,内衬聚乙烯气泡垫或其他松软材料,箱外用铁皮或铁丝加固。禁止使用金属容器。使用塑料瓶装,瓶口必须严封,再用坚固厚纸板箱或纤维板箱,箱内用松软材料衬垫,箱外用铁皮或塑料带捆紧,每箱净重不超过 20 kg。

贮存条件:贮存在阴凉、干燥、通风的专用库房,避免日光直晒,远离火源、热源。与雷管、起爆器材、黑火药等隔离贮存,与一般化学危险品不得同贮同运。

养护:
1) 入库验收:检查包装是否完整,有无破损、雨淋、水浸,物品不得有漏洒。
2) 堆码苫垫:库内地面可铺一层干砂土,货垛下垫高 15~30 cm,宜堆小垛,垛高不超过 2 m,垛距 80~90 cm,墙距、柱距 30~50 cm。
3) 在库检查:在储藏期,每日上班后、下班前应对货垛及库内外环境各进行一次检查。每三个月对库存物品定期进行一次检查。
4) 温湿度管理:库房进行密封,夏季应结合通风和吸潮以控制库温不超过 30 ℃,相对湿度不超过 80%,但库内外不得使用石灰及吸湿机去湿,可使用氯化钙。
5) 安全作业:搬运操作人员应穿工作服,戴手套,穿软底鞋,鞋底不得钉铁钉。搬运时注意轻拿轻卸,禁止摔碰撞击。使用工具应为铜制或铜合金制。
6) 保管期限:1 年。

注意事项:发生火灾可用雾状水灭火,禁用砂土盖压。

B1.3 品名:硝基胍

编号:11027

别名:橄苦岩

化学式:$H_2NC(NH)NHNO_2$

分子量:104.07

特性:白色针状结晶,不吸湿,不溶于冷水,溶于热水,微溶于乙醇,易溶于碱。相对密度 1.715;熔点 232 ℃(分解);爆燃点 275 ℃(5 s);爆速 8 200 m/s;爆轰气体体积 895 L/kg;爆热 372 kJ/kg。易被碱分解,遇明火、高热、强烈震动易发生爆炸,分解后放出有毒气体,遇氧化性物质能发生强烈反应。用于无烟火药制造、有机合成。

包装:装入玻璃瓶严封后再装入坚固木箱,箱内用塑料气泡垫或其他松软材料衬垫牢固。箱外用铁皮或铁丝加固,每箱净重不超过 20 kg,每瓶净重不超过 1 kg。包装外应有明显"爆炸品"标志。

贮存条件:为了安全贮存和运输,在小包装内可加少于 20%的水,贮存在专用库房,远离火源、热源,避免日光直晒。与起爆器材及其他化学危险品,特别是氧化剂及碱类完全隔离。北方地区宜存放在保暖库,库温在 0 ℃以上。

养护:
1) 入库验收:检查包装是否完整,有无水湿污染,含水量是否适当。
2) 堆码苫垫:货垛垛底应垫高 15 cm 以上,宜堆成小垛,垛高不超过 2 m,垛距 80~90 cm,墙距及柱距 30~50 cm。

3) 在库检查:在库储藏期间,每日上班后、下班前对货垛及库内外环境各进行一次检查,每三个月定期对库存物品检查一次,如发现稳定剂含水量不足时应立即添加。
4) 温湿度管理:北方地区冬季库温应保持 0 ℃以上,防止含水结冻将包装冻破。库内禁止用明火提温,可采用水暖、地下库或密封保温方法。
5) 安全作业:搬运装卸应注意轻卸,严禁摔碰、撞击。使用工具应为铜制或铜合金制。
6) 保管期限:1 年。

注意事项:火灾可用雾状水、泡沫灭火。

B1.4 品名:硝基脲

编号:11028

化学式:$NH_2CONHNO_2$

分子量:105.05

特性:白色结晶粉末,溶于水,易受潮分解,稍溶于苯、醚和三氯甲烷。熔点 159 ℃(分解);爆燃点 180 ℃;爆轰气体体积 853 L/kg;爆热 3304 kJ/kg;生成能 912 kJ/kg。受热后 80 ℃即开始分解,受高热、强烈震动易发生爆炸,分解后放出氧化氮有毒气体。与还原性物质接触能发生强烈反应。

包装:装入玻璃瓶或塑料瓶,严封后再装入坚固木箱,箱内用塑料气泡垫或其他松软材料衬垫牢固,箱外用铁皮或铁丝加固,箱外应有明显"爆炸品"标志。每箱净重不超过20 kg,每瓶净重不超过 1 kg。

贮存条件:贮存在阴凉、通风、干燥的专用爆炸品库房。远离火源热源,避免日光直晒。库房温度不超过 30 ℃,相对湿度不超过 80%。与起爆器材及其他化学危险品隔离存放。

养护:
1) 入库验收:检查外包装是否完整,有无水湿、破漏等现象,内包装有无吸潮块溶化等。
2) 堆码苫垫:货垛垛底应垫高 15~30 cm,宜码小垛,垛高不超过 2 m,垛距 80~90 cm,墙距、柱距 30~50 cm。
3) 在库检查:在贮存期间,保管人员每日应对货垛及库内外环境各进行一次检查,每三个月定期对物品检查一次。
4) 温湿度管理:库房进行密封并采取通风与吸潮相结合的方法以控制库温不超过 30 ℃,相对湿度不超过 80%。
5) 安全作业:搬运装卸要注意轻拿轻放,严禁摔震、撞击、拖拉包装,使用工具应为铜制或铜合金制。
6) 保管期限:1 年。

注意事项:火灾可用水,救火人员应佩戴防毒面具。

B1.5 品名:三硝基甲苯

编号:11035

别名:TNT

化学式:$CH_3C_6H_2(NO_2)_3$

分子量:227.13

特性:白色或淡黄色针状结晶,无臭,有毒,不溶于水,微溶于乙醇,溶于苯、甲苯、丙酮。

相对密度 1.654（结晶），1.47（熔融）；熔点 80.7 ℃；沸点 280 ℃；爆熔点 300 ℃；爆速 6 900 m/s；爆轰气体体积 620 L/kg；爆热 5 066 kJ/kg；生成能－174.8 kJ/kg；含氮量 18.5%。性能稳定，中性，遇碱生成不稳定的爆炸物，对机械作用敏感，有吸湿性，接触明火、遇高温、摩擦、撞击都可能引起爆炸。

包装：装入四层坚韧厚纸袋或一层塑料袋，捆紧袋口，然后装入坚固的木箱，箱板厚度 15 mm 以上，也可装入坚韧的麻袋中，单位包装净重不超过 50 kg。小剂量可装入玻璃瓶或塑料瓶中，瓶口封严，再装木箱或坚固厚纸板箱，箱内用塑料气泡垫或松软材料衬垫严实。

贮存条件：为了安全起见，可加水 10%～30% 作稳定剂，贮存于专用爆炸品库房。库内要求阴凉、通风，避免日光直射，库房温度 30 ℃，相对湿度 80% 以下。库内可使用防爆型照明，开关设在库外。与起爆器材及其他化学危险品特别是碱类要严格隔离贮存。

养护：
1) 入库验收：检查包装是否完整，有无破损、雨淋。
2) 堆码苫垫：库内地面可铺一层干砂土，货垛下垫高 10～30 cm，宜堆小垛，垛高不超过 2 m，垛距 80～90 cm，墙距、柱距 30～50 cm。
3) 在库检查：在库储藏期，每日上班后、下班前应对货垛及库内外环境各进行一次检查。每三个月对库存物品定期进行一次检查。
4) 温湿度管理：夏季库房应密封，应结合通风和吸潮以控制库温不超过 30 ℃，相对湿度不超过 80%，但库内不得使用块石灰及吸湿机去湿，可使用氯化钙。北方地区库温要保持 0 ℃ 以上，以防止稳定剂冻结胀破包装。
5) 安全作业：搬运人员应穿工作服，戴手套，穿软底鞋，鞋底不得钉铁钉。搬运时注意轻装轻卸，禁止摔碰、撞击，使用工具应为铜制或铜合金制。
6) 保管期限：1 年。

注意事项：火灾可用雾状水，禁用砂土盖压。

B1.6 品名：2,4,6-三硝基苯甲硝胺

编号：11040

别名：硝基代胺、特屈儿

化学式：$(NO_2)_3C_6H_2N(NO_2)CH_3$

分子量：287.15

特性：白色或淡黄色结晶，不溶于水。微溶于乙醇、乙醚、乙酸。易溶于苯。相对密度 1.73；熔点 130 ℃；沸点 187 ℃（爆炸）；爆燃点 185 ℃；爆轰气体体积 672 L/kg；爆速 7 570 m/s；爆热 5526.58 kJ/kg。遇酸、碱能分解，有较大毒性，在相对湿度 60% 下吸湿 0.15%，遇火种、高温、震动、撞击能引起燃烧爆炸，有良好引爆能力。用于引爆药及猛烈炸药。

包装：装入四层牛皮纸袋，其中有一层沥青纸，袋口逐层折叠、压紧、加缝，也可装入布袋中，将袋口捆紧，放入坚固木箱中，箱板厚度在 15 mm 以上，每件包装净重不超过 50 kg。每件包装外应有牢固清晰的品名、毛重、批号、出厂日期、"爆炸品""防热""小心轻放"等明显标志。

贮存条件：贮存在爆炸品专用库房，库温不超过 35 ℃，避免日光直晒，相对湿度 80% 以下。与起爆器材、黑火药、导火索及其他化学危险品隔离存放。

养护：
1) 入库验收：检查包装是否完整，有无破损、雨淋、水浸，不得有漏洒。
2) 堆码苫垫：库内地面可铺一层干砂土，货垛下垫高 15～30 cm，宜堆小垛，垛高不超过 2 m，垛距 80～90 cm，墙距、柱距 30～50 cm。
3) 在库检查：物品在库储藏期间，每日上班后、下班前应对货垛及库内外环境各进行一次检查。每三个月对库存物品定期进行一次检查。
4) 温湿度管理：库房进行密封，夏季应注意通风和吸潮以控制库温不超过 30 ℃，相对湿度不超过 80%，但库内不得使用块石灰及吸湿机去湿，可使用氯化钙。北方地区库温要保持 0 ℃ 以上，以防止稳定剂冻结胀破包装。
5) 安全作业：搬运操作人员应穿工作服、戴手套、穿软底鞋，鞋底不得钉铁钉。搬运时注意轻装轻卸，禁止摔碰、撞击。使用工具应为铜制或铜合金制。
6) 保管期限：1 年。

注意事项：火灾用水，禁用砂土压盖。

B1.7　品名：环三次甲基三硝胺

编号：11041

别名：黑索金

化学式：$C_3H_6N_3(NO_2)_3$

分子量：222.15

特性：无色结晶，不溶于水，微溶于乙醚和乙醇，在丙酮和热苯中略高，在加热的环乙酮、硝基苯和乙二醇中较易溶解。相对密度 1.82；熔点 209 ℃；爆燃点 230 ℃；爆速 8 750 m/s；爆轰气体体积 910 L/kg；爆热 6 025 kJ/kg；生成能 417 kJ/kg。化学性质比较稳定，在 110 ℃ 加热 152 h，化学稳定性不变，50 ℃ 长期贮存不分解。遇稀酸、稀碱无变化，遇浓硫酸分解。遇明火、高温、震动、撞击、摩擦能引起燃烧爆炸，是一种爆炸力极强大的烈性炸药，比 TNT 猛烈 1.5 倍。

包装：装入四层坚韧的厚纸袋中，将袋口捆紧，然后装入坚硬的木箱中，箱板厚 15 mm 以上，单位包装净重不超过 50 kg。外包装应有明显的品名、厂名、出厂日期、毛重及有关危险性标志。

贮存条件：贮存在专用的爆炸品库房，远离火源、热源，与各种起爆器材、黑色火药及其他各种化学危险品隔离存放。

养护：

保管期限：1 年。

其他同 B1.5。

注意事项：火灾用雾状水扑救，禁用砂土压盖。

B1.8　品名：三硝基间苯二酚

编号：11061

别名：三硝基树脂酚

化学式：$C_6H(OH_2)(ON_2)_3$

分子量：245.11

特性：黄色六角形结晶，微溶于水。在 14 ℃ 时 100 g 水能溶解 0.65 g，62 ℃ 时能溶解

1.1 g。溶于乙醇、乙醚、丙酮、苯。相对密度1.83;熔点179~180 ℃;爆燃点223 ℃;爆轰气体体积608 L/kg;爆热4 676.7 kJ/kg;生成能－1 703 kJ/kg。遇明火、高温、震动、撞击、摩擦能引起燃烧爆炸。用于制造炸药。

包装:装入玻璃瓶或塑料瓶,瓶口严封,再装入坚固木箱或厚纸板箱,箱内用松软材料衬垫牢固,箱外用铁皮或铁线加固,每箱净重不超过20 kg,每瓶净重不超过1 kg。

贮存条件:贮存在阴凉、干燥、通风的专用爆炸品库房,库温不超过30 ℃。与各种起爆器材、黑火药及各种化学危险品隔离存放。

养护:
1) 入库验收:检查包装是否完整,有无破损、雨淋、水浸,不得有漏洒。
2) 堆码苫垫:库内地面可铺一层干砂土,货垛下垫高15~30 cm,宜堆小垛,垛高不超过2 m,垛距80~90 cm,墙距、柱距30~50 cm。
3) 在库检查:在库储藏期,每日上班后、下班前应对货垛,及库内外环境各进行一次检查。每三个月对库存物品定期进行一次检查。
4) 温湿度管理:库房进行密封,夏季应进行通风和吸潮以控制库温不超过30 ℃,相对湿度不超过80%,但库内不得使用块石灰及去湿机去湿,可使用氯化钙。
5) 安全作业:搬运操作人员应穿工作服,戴手套,穿软底鞋,鞋不得钉铁钉。搬运时注意轻装轻卸,禁止摔碰、撞击。使用工具应为铜制或铜合金制。
6) 保管期限:1年。

注意事项:火灾可用雾状水,禁止砂土压盖。

B1.9 品名:三硝基苯酚

编号:11057

别名:苦味酸、黄色炸药

化学式:$(NO_2)_3C_6H_2OH$

分子量:229.11

特性:黄色针状或块状结晶,无臭,味极苦、难溶于冷水,能溶于热水、醇、苯、乙醚,水溶液呈酸性。相对密度1.763;熔点122 ℃;沸点7 300 ℃爆炸;闪点150 ℃;自燃点300 ℃;爆热5 025 kJ/kg;爆速7 350 m/s,爆轰气体体积,610 L/kg;爆温3 000~3 200 ℃。与金属或重金属氧化物易发生作用生成盐类,各种金属盐类都比较敏感,受到震动、撞击、摩擦都能发生猛烈爆炸,特别是苦味酸铁、苦味酸铅。苦味酸燃烧后易生成有刺激性和毒性的氮氧化物,有毒,水溶液能使皮肤起泡。用于制造炸药、药品、试剂。

包装:瓶装试剂应含35%以上的水作稳定剂,严密封口,然后装入1.5 mm厚的木箱中,每箱净重不超过20 kg。工业用可装入四层坚韧厚纸袋,装入坚固的木箱内,箱板厚度不小于15 mm,每箱净重不超过25 kg。

贮存条件:贮存于阴凉、通风的专用库房,远离火源热源。库内照明设施应采用防爆型,开关设在库外。与起爆器材、黑色火药及各种化学危险品隔离存放。含水的苦味酸在北方冬季应做好防冻工作,库温应控制在0 ℃以上。

养护:
1) 入库验收:检查包装是否符合要求,包装是否完整,稳定剂是否充足。
2) 堆码苫垫:宜堆小垛,垛高不超过2 m,垛距80~90 cm,墙距、柱距30~50 cm。

3) 在库检查:在贮存期间,每日上班后、下班前进行一次检查,每三个月进行一次定期检查,稳定剂不足时可及时加足。
4) 温湿度管理:库房在冬季时库温应控制在 0 ℃ 以上。
5) 安全作业:操作现场注意轻拿轻放,严禁摔碰、撞击或拖拉。
6) 保管期限:1～2 年。

注意事项:火灾可用水。

B1.10　品名:硝铵炸药

编号:11084

特性:本品是硝酸钠与 TNT 炸药的混合物,其机械敏感度大于 TNT 炸药,爆炸点 250～320 ℃,爆速 4 700～6 000 m/s。

包装:装入 2～3 层纸药卷,再用两层纸包成中包,或用一层塑料袋,一层包装纸包成中包,然后将数个中包或大包捆扎牢固后装入质量良好的麻袋或装入板厚不小于 12 mm 的木箱内,每箱净重不超过 35 kg。

贮存条件:贮存于阴凉、通风、干燥的专用库房,避免日光直晒,远离火源、热源,库温不宜超过 30 ℃,相对湿度不超过 80%。库内照明应采用防爆型开关,设在库房外。与起爆器材、黑色火药及其他化学危险品隔离存放。

养护:
1) 入库验收:检查包装是否完整,有无受湿污染现象,内包装物品有无受潮溶化破漏等,并做好记录。
2) 堆码苫垫:货垛垛底应垫高 15～30 cm,宜码成小垛,垛高不超过 2 m,垛距 80～90 cm。
3) 在库检查:在贮存期间,保管人员每日上班后、下班前应对货垛及库内外环境各检查一次。梅雨季节每月定期检查一次,其他季节每三个月检查一次,主要检查有无吸湿溶化现象。
4) 温湿度管理:梅雨季节要严格密封库房,采取通风与吸潮相结合的方法控制库温不超过 30 ℃,相对湿度不超过 80%,但库房内只允许用箱装块石灰远离货垛吸湿,禁用吸湿机。
5) 安全作业:操作搬运时要注意轻拿轻放,禁止摔震、撞击。使用工具应为铜制或铜合金制。
6) 保管期限:1 年。

注意事项:发生火灾时用雾状水,禁用砂土压盖。

B1.11　品名:黑火药制品

编号:11096

特性:黑色粒状粉末,是硝酸钾、硫磺及炭末的混合物,易吸潮,吸潮后降低爆炸效果。爆发点 270～300 ℃;最大爆速 500 m/s;爆轰气体体积 280 cm^3/g;火焰温度 2 500 ℃。遇明火、高温、撞击、摩擦都易引起燃烧爆炸,爆炸时有黑烟,爆炸能量较其他炸药小,是一种低级炸药,一般不变质。用来制造导火索、烟花、爆竹、子弹。

包装:装入塑料袋或铁皮箱内,再装入坚固木箱,箱板厚度 15 mm 以上,每个包装净重不超过 75 kg。

贮存条件:贮存于黑色火药的专用库房,库房要求干燥、阴凉、通风,库温不超过 30 ℃,

相对湿度不超过 80%。远离火源、热源,与其他易燃爆炸品、易燃品及化学危险品隔离存放。

养护:
1) 入库验收:包装是否完整,有无破损、漏洒、雨淋、水浸、污染现象。
2) 堆码苫垫:货垛应垫高 15~30 cm,垛高不超过 2 m,垛距 80~90 cm,墙距、柱距 30~50 cm。
3) 在库检查:贮存期间,每日坚持一日二检,春、夏、冬坚持定期检查。
4) 温湿度管理:库房内要求保持干燥,夏季库内相对湿度不超过 85%;相对湿度大时可采取石灰吸潮方法,禁用电动吸湿机。
5) 安全作业:操作现场穿工作服,不得穿带钉子鞋。搬运时轻拿轻放,不得撞击和拖拉包装。
6) 保管期限:1~2 年。

注意事项:火灾时可用水,禁止砂土压盖。

B1.12　品名:导火索

编号:13001

特性:以黑火药为芯体,外层包棉绒,其外形如棉绳制成卷状,每卷长 50 m,可用明火和电火花点燃,燃烧速度约 1 cm/s。性质不稳定,受到猛烈撞击或摩擦等机械作用均可引起燃烧。

包装:导火索接口应封严不得漏药,每四卷装入一塑料袋内,袋口封严或扎紧,装入外包装木箱、纸箱或坚固筐篓,木箱应有箱带,两端有握柄。包装上应有产品名称、数量、毛重、生产日期、批号以及"防火""防潮""爆炸品""轻拿轻放"等字样。每件包装净重不超过 50 kg。

贮存条件:贮存在干燥、通风的库房内,远离火源、热源,避免日光直射,库温不超过 35 ℃。与其他爆炸品、易燃品及一切化学危险品隔离存放。

养护:
1) 入库验收:检查包装是否完好,有无破损、漏洒、雨淋、水浸、污染等现象。
2) 堆码苫垫:货垛堆码高度不超过 2 m,垛距 80~90 cm,墙距、柱距 30~50 cm。
3) 在库检查:物品在贮存期间,坚持一日二检,每三个月定期检查一次。
4) 温湿度管理:库内保持干燥,梅雨季节库内相对湿度超过 85% 时,可用箱装生石灰吸潮,要注意远离货垛,石灰不得漏洒在地面,禁用电动吸湿机。
5) 安全作业:搬运操作人员应穿工作服、软底鞋。搬运时要轻拿轻放,不得摔震、撞击和滚动。
6) 保管期限:1~2 年。

注意事项:火灾可用水灭火,禁止砂土压盖。

B1.13　品名:礼花弹

编号:13056

特性:以易燃金属盐或氧化物为原料混合配制,能引起爆炸,燃烧时间较长,其发火点温度常在 250 ℃ 以上。对火焰和机械作用比较敏感,在温度 50 ℃ 以上或接触明火、受震动、撞击有引起燃烧爆炸的危险。

包装:礼花弹用防潮纸包装,外用板厚 18~20 mm 的木箱,箱内填塞牢固不得移动,每箱净重不超过 66 kg。

贮存条件：贮存于阴凉、干燥专用库房内，远离火源、热源，避免日光直晒，库温不宜超过 30 ℃，相对湿度在 75% 以下，与其他危险品隔离贮存。

养护：
1) 入库验收：检查包装是否完好，有无雨淋、水湿、污染、受潮等异常现象。
2) 堆码苫垫：货堆底层应垫高 15～30 cm，堆小垛，垛高不超过 2 m，墙距、柱距 30～50 cm。
3) 在库检查：贮存期间坚持一日二检制度，每三个月定期检查物品、包装等。
4) 温湿度管理：库房进行密封，掌握通风结合吸湿以控制库温不超过 30 ℃，相对湿度不超过 75%。
5) 安全作业：搬运操作注意轻拿轻放，禁止摔震、碰撞。
6) 保管期限：1 年。

注意事项：火灾可用雾状水灭火，禁止用砂土压盖。

B2 第 2 类 压缩气体和液化气体

B2.1 品名：氢

编号：21001

化学式：H_2

分子量：2.0162

特性：无色无臭气体，极微溶于水、乙醇、乙醚。无毒、无腐蚀性，极易燃烧，燃烧时发出青色火焰并发生爆鸣，燃烧温度可达 2 000 ℃，氢氧混合燃烧火焰温度达 2 100～2 500 ℃，与氟、氯等能引起猛烈反应。相对密度 0.089 9；沸点－252.8 ℃；熔点－259.18 ℃；气压在－214 ℃时为 10 个大气压；临界温度－239 ℃；临界压力 1 297 kPa；自燃点 400 ℃；爆炸极限 4.1%～74.2%，最大爆炸压力 740 kPa，产生最大爆炸压力浓度 32.3%，最小引燃能量 0.019 mJ。

包装：应使用耐压钢瓶盛装，钢瓶外部漆深绿色，并用红漆标明"氢气"字样。

贮存条件：贮存于阴凉、通风，地面不易发生火花的库房内，远离火种、热源，避免日光直晒，防止雨淋、水湿，与氧气、压缩空气、氟、氯等隔离贮存，与其他化学药剂分别贮存，库温宜保持在 30 ℃以下，相对湿度不超过 80%。

养护：
1) 入库验收：核对品名，检查验瓶日期，逐瓶检查有无安全帽及防震胶圈，气阀处有无油污漏气。
2) 堆码苫垫：行列式直立放置在牢固的木箱内以防倾倒。如平放时，则瓶口阀门应顺序排列，垫高 10～15 cm，堆高 1～4 层，垛距 80～90 cm，墙距、柱距 30～50 cm。
3) 在库检查：每日上班后、下班前对货垛库内外环境进行一次检查，每三个月进行一次质量检查。
4) 温湿度管理：炎热季节要密封库房并根据温度变化进行通风和吸潮以控制库温不超过 30 ℃，相对湿度不超过 80%，可实行夜间作业。
5) 安全作业：装卸搬运要注意轻装轻卸，不得摔扔、撞击和在地面滚动。

6) 保管期限:1年。

注意事项:火灾可用水、二氧化碳。

B2.2 品名:甲烷(液化的)

编号:21008

别名:液化甲烷

化学式:CH_4

分子量:16

特性:无色、无臭、无毒,微溶于水。易燃,燃点537 ℃。能与空气形成爆炸性混合物,爆炸极限5%～15%。

包装:用钢瓶贮装。

贮存条件:贮存在遮光、通风的库房内,远离火源、热源,与其他化学危险品,特别是易燃品、爆炸品、氧化剂等隔离存放。

养护:

1) 入库验收:检查钢瓶有效期限、安全帽、防震胶圈是否齐全,是否漏气。木箱包装是否完整、牢固,瓶有无破碎等。
2) 堆码苫垫:用专用木架直立放置,平放时阀门在同一方向,垛底垫高10～15 cm,堆码1～4层。木箱堆垛高度不超过 2 m,垛距50 cm、墙距、柱距40 cm。
3) 在库检查:每日交接班各检查一次,每季度检查一次并称量。
4) 温湿度管理:库温度不超过 30 ℃,相对湿度低于80%。
5) 安全作业:钢瓶不得摔震、撞动或在地面滚动。
6) 保管期限:1年。

注意事项:火灾时可用雾状水、二氧化碳及1211灭火剂。用水保持钢瓶冷却,保护关闭阀门。甲烷本身无毒,高浓度气体具有麻醉效应。应使吸入者脱离污染区,休息并保持温暖。

B2.3 品名:丁烷

编号:21012

化学式:$CH_3CH_2CH_2CH_3$

分子量:58.12

特性:无色易燃气体,有轻微不愉快气味,微溶于水,微溶于醇及三氯甲烷,与空气混合形成爆炸混合物。相对密度0.599(0 ℃),0.578 8(20 ℃);沸点0.5 ℃;凝固点138 ℃;自燃点405 ℃;闪点60 ℃;爆炸极限1.9%～8.5%;最易引燃浓度3.1%;最大爆炸压力$8.414×10^5$ Pa/cm^2;产生最大爆炸压力浓度3.6%;最小引燃能量0.25 mJ;气化热389.4 kJ/kg;燃烧热值1 189.6 kJ/m^3;蒸气压 0 ℃时为 160.39 kPa,10 ℃时为 153 kPa,20 ℃时为 214.81 kPa,30 ℃时为 291.8 kPa,40 ℃时为 391 kPa,50 ℃时为 512.7 kPa;相对蒸气密度2.046(0 ℃空气=1);临界温度152 ℃;临界压力$3.81×10^6$ Pa。

包装:装入符合耐压安全标准的钢瓶内,钢瓶上应标有国家规定的有效使用期限的钢印,钢瓶应漆成褐色并标明白色"丁烷"字样。小包装应装入封口严密的铝管内,外套纸盒,再装入坚固木箱内,每箱不超过240瓶。箱外应有明显易燃品标志。

贮存条件:应贮存在阴凉、通风的库房内,远离火源、热源,防止日光直晒、雨淋、水湿,与氧气、压缩空气隔离存放,库温不宜超过30 ℃,相对湿度不超过80%。

养护:
1) 入库验收:主要检查钢瓶有效期限钢印,阀门有无漏气,有无安全帽及防护胶圈。木箱包装有无损坏,内包装有无破漏,在库贮存期间每三个月应进行定期检查并称量。
2) 堆码苫垫:钢瓶应使用坚固木架,直立行列式码垛。如平放时,瓶口阀门应顺序排列,垛底垫高10～15 cm,可堆1～4层高。木箱包装可堆10箱,垛距80～90 cm,墙距、柱距30～50 cm。
3) 在库检查:在贮存期间,每日上班后、下班前应对货垛及库内外环境各进行一次检查,每三个月应对全部物品进行一次检查。
4) 温湿度管理:炎热季节要密封库房,根据库内外温湿度变化注意通风和吸潮,使库温控制在30 ℃以下,相对湿度不超过80%,并实行夜间作业。
5) 安全作业:搬运操作要注意轻装轻卸,禁止摔碰、撞击和在地面滚动。
6) 保管期限:1年。

注意事项:火灾可用雾状水、二氧化碳及1211灭火剂扑救。

B2.4 品名:乙炔(溶于介质的)

编号:21024

别名:电石气

化学式:HC≡CH

分子量:26.04

特性:无色气体,沸点−83 ℃,乙炔气因含杂质有大蒜气味,可微溶于水。极易燃,溶解于丙酮中才能在高压下保持稳定,否则很容易分解成氢与碳,产生爆炸。乙炔能与铜、银、汞等化合生成爆炸性化合物,并能与氯化合,生成爆炸性的乙炔基氯。熔点81.8 ℃;闪点−17.78 ℃(闭);自燃点305 ℃;最大爆炸压力$10.1×10^5$ Pa;产生最大爆炸压力的浓度14.5%;最小引燃能量0.019 mJ;闪点−32 ℃;汽化热828.99 kJ/kg;蒸气压力$4.05×10^6$ Pa(16.8 ℃);爆炸极限2.8%～81%;临界温度35.5 ℃;临界压力$6.25×10^6$ Pa。

包装:乙炔一般溶解于丙酮及多孔物中再装入钢瓶内,钢瓶为白色,以红色"乙炔"字样标明。

贮存条件:贮存在阴凉、通风的库房内,远离火种、热源,避免日光直晒、雨淋、水湿,与氧气、压缩空气及其他化学危险品隔离存放,库温保持在30 ℃以下。

养护:
1) 入库验收:核对品名,检查钢瓶有效期限钢印,检查阀门是否漏气。
2) 堆码苫垫:用专用木架直立放置,平放时阀门在同一方向,垛底垫高10～15 cm,堆码1～4层,垛距80 cm,墙距、柱距40 cm。
3) 在库检查:每日交接班各检查一次,每季度检查一次。
4) 温湿度管理:库温度不超过30 ℃,相对湿度低于80%。
5) 安全作业:钢瓶不得摔震、撞击或在地面滚动。
6) 保管期限:1年。

注意事项:火灾用水、泡沫、二氧化碳扑救,救火时人站在上风处,并佩戴防毒面具。乙炔与氧混合具有麻醉效应,会产生眩晕、头痛、恶心等症状,其本身无毒,但会造成缺氧窒息致死,使吸入者离开污染区移送通风处,休息并保暖。

B2.5　品名:环氧乙烷

编号:21039

化学式:$(CH_2)_2O$

分子量:44.05

特性:常温下为无色气体,40 ℃以下时为无色液体,有乙醚气味,易溶于水、乙醇和乙醚。有毒易燃,在空气中易形成爆炸混合物,遇火星、高热有燃烧爆炸危险。化学性质活泼,能与许多化合物起反应。相对密度 0.8711(20 ℃);熔点 −111.3 ℃;沸点 10.7 ℃;闪点< −17.78 ℃(开);自燃点 429 ℃;爆炸极限 3.0%~100%;蒸气压 $1.46×10^5$ Pa;相对蒸气密度 1.52;临界温度 195.8 ℃;临界压力 $7.19×10^5$ Pa。用于有机合成,合成树脂、熏蒸剂、洗涤剂。

包装:装入经过检测符合标准的钢瓶内,钢瓶外表应漆灰色,并用红色标明"环氧乙烷"。

贮存条件:贮存在阴凉、通风的库房内,远离火种、热源,避免日光直晒,雨淋水湿,与氧气、压缩空气隔离存放,与其他化学危险品也应分仓贮存,库温应控制在 30 ℃以下。

养护:
1) 入库验收:要核对品名,检查验瓶日期,安全帽、防震胶圈是否完备,气阀有无漏气。
2) 堆码苫垫:应使用坚固木架直立放置,行列式堆码。如平放时,垛底应垫高 10~15 cm,安全帽应在同一方向,堆 1~4 层高,垛距 80~90 cm,墙距、柱距 30~50 cm。
3) 在库检查:每日上班后、下班前应进行例行检查,每三个月定期抽查一次并称量。
4) 温湿度管理:炎热季节应做好库房的密封和通风吸潮,以保持库温不超过 30 ℃,相对湿度 80%以下,并实行夜间作业。
5) 安全作业:搬运操作要注意轻装轻放,严禁摔震、撞击和在地面滚动。
6) 保管期限:1 年。

注意事项:火灾用水、泡沫、二氧化碳扑救,救火时应站在上风处,并应佩戴防毒面具。

B2.6　品名:乙胺

编号:21046

化学式:$CH_3CH_2NH_2$

分子量:45.08

特性:无色液体,有氨臭,易挥发,易燃,强碱性反应,能与水、醇、醚混合。有毒,对上呼吸道黏膜、皮肤有刺激性。相对密度 0.705 9(0 ℃/4 ℃);熔点 −80.6 ℃;沸点 16.6 ℃;闪点< −17.8 ℃;自燃点 385 ℃;爆炸极限 3.5%~14%;蒸气压 $1.01×10^5$ Pa(16.6 ℃)。受高热、遇明火、强氧化剂能引起燃烧爆炸。用于染料、萃取剂、乳化剂、有机合成、试剂。

包装:装入经过试压符合安全标准的钢瓶或筒内,拧紧安全帽,钢瓶(筒)上应标明国家规定有效使用期限的钢印,瓶身应漆红色,并用白色标明品名,钢瓶阀门应罩安全帽,瓶身应有防震胶圈。试剂应装入有螺丝口玻璃瓶或塑料瓶,塞紧瓶塞,瓶口包蜡纸烫蜡后再用石膏严封,或用塑料膜扎紧,装入坚固木箱,或装入安瓿,外加瓦楞纸套,装入纸盒后再装入木箱内,箱内应用松软材料衬垫牢固,箱外用铁皮或铁丝加固。包装外应注明品名、规格、重量、出厂日期、生产单位及"易燃品""有毒""小心轻放"等明显标志。

贮存条件：贮存于阴凉、通风库房内，试剂在炎热季节应冷藏，库温不超过10 ℃，钢瓶装可控制库温在3 ℃以下，相对湿度不超过80%，远离火种、热源，防止日光直晒，与氧化剂、酸类隔离，禁止混贮混运。

养护：
1) 入库验收：对钢瓶装要检查安全帽、防震胶圈是否齐全，钢瓶有效期，钢瓶有无锈蚀损坏，阀门是否漏气。玻璃瓶装检查封口是否完整，封口是否严密，有无漏气现象，物品应透明清澈不应有混浊或沉淀现象。
2) 堆码苫垫：钢瓶堆垛应使用牢固的木架直立堆放，码行列式垛。如平放时，则瓶口阀门要按同一方向顺序堆放，堆码1~4层。箱装垛底应垫高15~30 cm，垛高不超过2 m，垛距80~90 cm，墙距、柱距30~50 cm。
3) 在库检查：在贮存期间，每日上班后、下班前对货垛及环境各进行一次检查，每季度对全部库存进行一次质量检查。
4) 温湿度管理：炎热季节要注意控制库温，主要采取密封和通风相结合的办法使库温保持在30 ℃以下。箱装只能存放在冷库中，库温不超过10 ℃。出入库应在夜间作业以防日晒。使用工具应为铜制或铜合金制，以防产生火花。
5) 安全作业：搬运操作要轻装轻卸，严禁摔震。装运时安全帽应放同一方向，工作人员应穿工作服，戴胶手套、护目镜、口罩。
6) 保管期限：钢瓶装1年，玻璃瓶或塑料瓶装半年。

注意事项：火灾可用泡沫、二氧化碳、干粉、砂土和雾状水扑救，救火人员应佩戴防毒面具。

B2.7 品名：甲硫醇

编号：21047

化学式：CH_3SH

分子量：48.11

特性：无色液体或气体，有不愉快的恶臭气味。不溶于水，能溶于乙醇和乙醚。有毒和刺激性。相对密度0.859 9(25 ℃/40 ℃)；熔点－123 ℃；沸点5.8~6.2 ℃；闪点－32 ℃；爆炸极限3.9%~21%。极易燃烧，遇酸产生有毒气体，遇水产生有毒易燃气体，遇氧化剂反应强烈，其蒸气能与空气形成爆炸性混合物。主要用于杀虫剂、催化剂。

包装：钢瓶装要经过试压，符合标准，钢瓶漆成红色用白色字标明品名。试剂装入磨砂、螺丝口玻璃瓶，塞紧瓶塞，先烫蜡，再用石膏严封，装入坚固木箱内用松软材料衬垫，箱外用铁丝或铁皮加固；最好装入安瓿，外加瓦楞纸套或纸盒，再装入坚固木箱，箱外用铁丝或铁皮加固。

贮存条件：贮存于阴凉、通风一级防火建筑的库房内，远离火种及热源，防止阳光直射。玻璃瓶装物品最高库内温度不宜超过5 ℃，有条件的单位宜冷藏，温度控制在0 ℃以下。安瓿或钢瓶装在25 ℃以下，与氧化剂、酸类分开存放。搬运时应轻拿轻放、轻装轻卸，防止包装破损。

养护：

养护方法同B2.6。

保管期限:1年。

注意事项:如遇火灾,可用二氧化碳、化学干粉、1211灭火剂、砂土扑救,忌用酸碱灭火剂、水和泡沫。

B2.8 品名:氧

编号:22001

化学式:O_2

分子量:32.0

特性:无色、无味,助燃性气体,能被液化和固化。接触油脂、锯末、油布、油纸及其他有机粉末时即发热引起燃烧爆炸,与乙炔、氢、甲烷等易燃气体混合达一定比例时能形成爆炸或燃烧的混合物。相对密度 1.429;熔点-218.4 ℃;沸点-183 ℃;临界温度-118.4 ℃;临界压力 5.11×10^6 Pa。

包装:在钢瓶内贮存,钢瓶外漆天蓝色,以黑色字样标明"氧"。

贮存条件:贮存在阴凉、通风的库房内。宜专库贮存,远离火种、热源,避免日光直晒,雨淋水湿。禁止与各种易燃品、油脂、金属粉末、氢、乙炔及各种易燃气体钢瓶混存混运。

养护:

1) 入库验收:核对品名、检查钢瓶有效期限钢印,检查阀门是否漏气。
2) 堆码苫垫:用专用木架直立设置,平放时阀门在同一方向,垛底垫高 10～15 cm,堆码 1～4 层,垛距 80 cm,墙距、柱距 40 cm。
3) 在库检查:每日交接班各检查一次,每季度检查一次并称量。
4) 温湿度管理:库温度不超过 30 ℃。
5) 安全作业:钢瓶不得摔震、撞击或在地面滚动。
6) 保管期限:1 年。

注意事项:火灾用雾状水、二氧化碳扑救。

B2.9 品名:压缩空气

编号:22003

特性:无色无味气体,不燃烧,有助燃性,与易燃气体及油脂接触有引起燃烧、爆炸的危险。熔点-213 ℃;沸点-195 ℃;汽化热 20.53 kJ/kg;临界温度-140.7 ℃;临界压力 3.77×10^6 Pa。

包装:装入符合安全标准的钢瓶内,钢瓶应有有效期限的钢印,钢瓶外漆成黑色,以白字标明"压缩空气"。

贮存条件:贮存于阴凉、通风的库房内,远离火种、热源,避免日光直晒,防止雨淋水湿,禁止与油脂、金属粉末及其他易燃气体混存混运,库温不宜超过 30 ℃。

养护:

1) 入库验收:核对品名,检查钢瓶有效期限钢印,安全帽、防震圈是否完备,钢瓶是否有锈蚀、油污,阀门是否漏气。
2) 堆码苫垫:应使用牢固木架直立放置,行列式码垛。如平放时,垛底垫高 10～15 cm,堆码 1～4 层,垛距 80～90 cm,墙距、柱距 30～50 cm。
3) 在库检查:每天上班后、下班前应进行一次检查,每季定期检查并称量一次。
4) 温湿度管理:在库内不受日光直晒,及时通风降温。

5) 安全作业:搬运装卸不得任意摔震、撞击和在地面滚动。
6) 保管期限:1～2年。

注意事项:火灾可用雾状水、泡沫扑救。

B2.10 品名:氮(压缩的)

编号:22005

化学式:N_2

分子量:28.02

特性:无色、无臭气体,微溶于水和乙醇。化学性质不活泼,不燃烧。常温下和锂能直接反应,炽热时与镁、钙、锶、钡、氧和氢直接化合。相对密度1.2 506(0 ℃);熔点−210 ℃;沸点−195.8 ℃;临界温度−147 ℃;临界压力3.39×10^6 Pa。

包装:钢瓶内贮存,瓶外漆成黑色,用黄色标明"氮气"。钢瓶阀门应罩安全帽,瓶身应有防震胶圈。

贮存条件:贮存在阴凉、通风的库房内,远离火种、热源,防止日光直晒及雨淋水湿,与其他类化学危险品隔离贮存,库温不超过30 ℃。

养护:
1) 入库验收:核对品名,检查钢瓶有效期限钢印,检查阀门是否漏气。
2) 堆码苫垫:用专用木架直立放置,平放时阀门在同一方向,垛底垫高10～15 cm,堆码1～4层,垛距80 cm,墙、柱距40 cm。
3) 在库检查:每日交接班各检查一次,每季度检查一次并称量。
4) 温湿度管理:库温度不超过30 ℃。
5) 安全作业:钢瓶不得摔震、撞动或在地面滚动。
6) 保管期限:1年。

注意事项:火灾时可用水龙喷水保持火场容器冷却。

B2.11 品名:二氯二氟甲烷

编号:22045

化学式:CCl_2F_2

分子量:120.92

特性:无色、无味、无毒、不燃气体,化学性质稳定,遇热不分解,对金属无腐蚀性,在室温下与强酸、强碱、润滑油无作用,不溶于水,溶于乙醇、乙醚。相对密度1.456(−30 ℃);相对蒸气密度4.2;熔点−158 ℃;沸点−129 ℃;蒸气压:在−29.8 ℃为1.01×10^5 Pa,在16.1 ℃为5.066×10^5 Pa,在42.4 ℃为1.0×10^6 Pa,在74 ℃为2.0256×10^6 Pa;临界温度111.5 ℃;临界压力3.61×10^6 Pa。用作致冷剂(可降温至−50～−60 ℃),气溶杀虫药发射剂。

包装:耐压钢瓶装,钢瓶漆铝白色,用黑字标明"二氯二氟甲烷"字样,瓶外还应有明显的"无毒""不燃压缩气体"标志。

贮存条件:贮存于阴凉、通风的库房内,远离火种、热源,避免日光直晒、雨淋水湿,与一般化学危险品隔离存放,库温不超过30 ℃。

养护:
1) 入库验收:核对品名,检查钢瓶有效期限钢印,阀门是否有漏气现象。
2) 堆码苫垫:堆码时应使用牢固木架直立放置排成行列式。如平放时,阀门应放同一方向,垛底垫高 10~15 cm,码 1~4 层高,垛距 80~90 cm,墙距、柱距 50 cm。
3) 在库检查:在库贮存期间,每日上班后、下班前要对货垛和库房内外环境各作一次检查,每季抽样检查一次并称量。
4) 温湿度管理:库房应进行密封,根据库内外温湿度变化进行通风和吸潮,以控制库温不超过 30 ℃,相对湿度在 80% 以下。
5) 安全作业:搬运操作要注意轻拿轻放,不得摔震、碰撞和在地面滚动。
6) 保管期限:1 年。

注意事项:火灾可用水扑救,宜用水喷淋瓶外降温,以防受热爆瓶。

B2.12 品名:氟

编号:23001

化学式:F_2

分子量:38

特性:淡黄色气体,具有刺鼻恶臭,沸点 -188 ℃。刺激性强,能与大多数可氧化物质或有机物强烈反应而燃烧。与水反应生成氟化氢与氧。与硝酸反应形成具有爆炸性的气体硝酸氟。

包装:用特种钢瓶灌装。

养护:

1) 入库验收:核对品名,检查钢瓶有效期限钢印,检查阀门是否漏气。
2) 堆码苫垫:用专用木架直立放置,平放时阀门在同一方向,垛底垫高 10~15 cm,堆码 1~4 层,垛距 80 cm,墙、柱距 40 cm。
3) 在库检查:每日交接班各检查一次,每季度检查一次并称量。
4) 温湿度管理:库温度不超过 30 ℃,相对湿度低于 80%。
5) 安全作业:钢瓶不得摔震、撞击或在地面滚动。
6) 保管期限:1 年。

注意事项:火灾时消防人员应在防爆掩蔽处灭火,可用水龙喷水保持火场容器冷却,切不可将水直接喷射漏气处,否则会助长火势。

B2.13 品名:氯(液化的)

编号:23002

别名:液氯

化学式:Cl_2

分子量:70.91

特性:黄绿色气体,具有刺鼻臭味,可溶于水。气体剧毒,液氯能引起严重灼伤,在空气中最大允许含量为 2 mg/m^2。氯气在空气中不燃烧,但一般可燃物大都能在氯气中燃烧,就像在氧气中燃烧一样。一般易燃性气体或蒸气也都与氯气形成爆炸性混合物。氯气能与许多化学物品(如乙炔、松节油、乙醚、氨气、燃料气、烃类、氢气、金属粉末等)猛烈反应发生爆炸或生成爆炸性产物。相对密度 3.214;熔点 -100.93 ℃;沸点 -34.05 ℃;临界温度 144 ℃;临界压力 7.71×10^6 Pa。

包装:耐压钢瓶,钢瓶颜色为草绿色,并以白色标明"氯"字样,瓶身应有明显"有毒压缩气体"标志。

贮存条件：贮存于阴凉、通风的专用库房内。避免与火种、热源接触，避免日光直晒。禁止与易燃性压缩气体、金属粉末、氨、醚、松节油及有机物、自燃品共贮共运。

养护：
1) 入库验收：逐瓶检查有无漏气现象及钢瓶有效期限钢印。当漏气严重无法修复时，可将钢瓶浸入过量石灰乳水中，防止人身中毒。
2) 堆码苫垫：同 B2.12。
3) 在库检查：同 B2.12。
4) 温湿度管理：同 B2.12。
5) 安全作业：操作人员应穿工作服、戴手套、护目镜及防毒口罩，搬运时必须轻拿轻放，严禁摔、撞击或在地面上滚动。
6) 保管期限：半年。

注意事项：火灾时救火人员应戴好防毒面具，用水保持火场容器冷却，并用水喷淋保护关闭阀门的人员。人体中毒应立即离开现场，送医院治疗。

B2.14 品名：氨

编号：23003

化学式：NH_3

分子量：17.03

特性：无色有刺激性恶臭气体，易压缩成为液体，同时放出大量热。当压力减低时则易气化，并吸收大量热。易溶于水、乙醇、乙醚，水溶液呈碱性。有毒，在空气中最高允许浓度 $30\ mg/m^3$。可燃，遇强氧化剂（如氯酸盐、高氯酸盐、三氧化铬、溴酸盐以及硝酸等）都易引起强烈反应或燃烧爆炸。相对密度 0.597 1；熔点 $-77.7\ ℃$；沸点 $-33.5\ ℃$；自燃点 651 ℃；最易引燃浓度 17%；爆炸极限 15.7%～27.4%；产生最大爆炸压力的浓度 22.5%；最大爆炸压力 $47.56×10^4\ Pa$；临界温度 132.5 ℃；临界压力 $11.4×10^6\ Pa$。主要用作致冷剂和制造铵盐及氮肥。

包装：耐压钢瓶装，钢瓶耐压为 $9.806\ 65×10^4\ Pa$，钢瓶外漆成黄色，以黑色字样标明"氨"。钢瓶外应有明显的"有毒压缩气体"标志。每瓶净重 25 kg、40 kg、80 kg 不等。

贮存条件：贮存于阴凉、通风、干燥的库房，远离火种、热源，避免日光直晒。宜专库贮存，与氯、溴、碘、酸类及氧化剂严格隔离。

养护：
1) 入库验收：检查钢瓶有效期限钢印，安全帽、防震胶圈是否完备，钢瓶有无锈蚀、伤痕、阀门是否漏气。
2) 堆码苫垫：要直立堆放在坚固木架内。如平放时，垛底垫高 10～15 cm，堆码 1～4 层，垛距 80～90 cm，墙距、柱距 50～50 cm。
3) 在库检查：在库贮存期间，每日上班后、下班前要做好检查，每三个月定期进行检查一次。如有漏气现象，应立即旋紧阀门螺丝。
4) 温湿度管理：库内宜经常通风，炎热季节要及时采取密封通风相结合的办法，保持库内空气清洁，使温度不超过 30 ℃，入库工作人员应戴风镜及口罩。
5) 安全作业：搬运操作要注意轻装轻卸，严禁滚动、撞击、摔震。
6) 保管期限：6 个月。

注意事项:火灾可用雾状水及泡沫扑救,消防人员应佩戴防毒面具。人体中毒应立即离开现场,用大量水冲洗后再到医院诊治。

B2.15 品名:二氧化硫(液化的)

编号:23013

别名:亚硫酸酐

化学式:SO_2

分子量:64.10

特性:无色气体,具有刺鼻恶臭,−10 ℃以下即行液化,有一定的水溶性。与水及水蒸气作用生成有毒及腐蚀性蒸气,最高允许浓度为 20 mg/m³。相对密度 2.927[1.434(0 ℃)];沸点−10 ℃。熔点−75.5 ℃;临界温度 157.8 ℃;临界压力 $7.87×10^6$ Pa。水溶液具有还原性,与氯酸盐、硝酸盐、金属钠、镁以及氟等接触可能引起燃烧、爆炸。

包装:耐压钢瓶包装,钢瓶漆成灰色并以黑色标明"二氧化硫"字样,钢瓶必须有阀门安全帽及防震胶圈。净重 50 kg 或 100 kg。小剂量可装安瓿,外加瓦楞纸套、纸盒再装入木箱内。每箱净重不超过 10 kg,每瓶净重不超过 0.25 kg。

贮存条件:贮存在遮光、通风的库房内,远离火、热源,与其他化学危险品,特别是易燃品、爆炸品、氧化剂等隔离存放。

养护:

1) 入库验收:检查钢瓶有效期限钢印,安全帽、防震胶圈是否齐全,是否漏气。木箱包装是否完整、牢固,瓶有无破碎等。
2) 堆码苫垫:用专用木架直立放置。平放时,阀门在同一方向,垛底垫高 10~15 cm,堆码 1~4 层。木箱堆垛高不超过 2 m,垛距 80 cm,墙距、柱距 40 cm。
3) 在库检查:同 B2.13。
4) 温湿度管理:二氧化硫有剧毒,库房应加强通风降温,保持空气新鲜,温度不超过 30 ℃。炎热季节应夜间作业。
5) 安全作业:同 B2.13。
6) 保管期限:6~12 个月。

注意事项:火灾用大量水冷却钢瓶,救火人员应佩戴防毒面具。吸入蒸气的患者应脱离污染区,休息并保持温暖。严重者应就医及输氧。如果呼吸停止,须立即进行人工呼吸。眼部刺激用 2%苏打水冲洗后就医诊治。

B2.16 品名:溴甲烷

编号:23041

化学式:CH_3Br

分子量:94.05

特性:室温下为无色透明气体,在 4 ℃以下为无色透明液体、有灼味、香如三氯甲烷,难溶于水,能溶于乙醇、乙醚、三氯甲烷、二硫化碳、四氯化碳和苯。有剧毒,空气中含有 0.86%~6%时吸入能中毒,空气中最高允许浓度为 1 mg/m³,能经皮肤吸收和灼伤皮肤。一般情况下易燃,但接触到高能量火源和在狭小的易燃范围内,在空气中能燃烧。相对密度 1.732(0 ℃);凝固点−93 ℃;沸点 3.56 ℃;自燃点 537 ℃;爆炸极限 10%~16%;蒸气压$2.43×10^5$ Pa(25 ℃);临界温度 194 ℃,临界压力 $8.45×10^6$ Pa。遇明火、高温,接触铝粉、二甲亚砜有燃烧爆炸的可能。用作杀虫剂、冷冻剂。

包装:耐压钢瓶装,钢瓶外漆成灰色,用红色字标明"溴甲烷"等字样。

贮存条件:贮存于阴凉、通风的库房内,避免日光直晒,远离火种、热源。与氧气、其他助燃气体分别存放,与其他各种化学危险品必须隔离存贮。库温不超过 30 ℃,相对湿度 80% 以下。

养护:
1) 入库验收:首先核对品名、检查验瓶日期,安全帽、防震胶圈是否完备,钢瓶有无锈蚀、阀门是否漏气。
2) 堆码苫垫:堆成行列式垛,直立放置在牢固木架内。如平放时,阀门应统一朝向,垛底垫高 10~15 cm,堆码 1~4 层,垛距 80~90 cm,墙距、柱距 30~50 cm。
3) 在库检查:在库贮存期间,每日上班后、下班前应对全部货垛及环境进行一次检查,每月定期全面检查一次。每季度要抽查、称量及检查一次阀门是否漏气。
4) 温湿度管理:要认真做好库房的温湿度控制与调节,要注意经常通风以保持库内空气新鲜。炎热季节要及时利用通风、密封来降低库温,使库温保持在 30 ℃以下,并实行夜间作业,以保证物品及人身安全。
5) 安全作业:搬运装卸堆码必须轻装轻卸,严禁摔震、撞击、滚动,操作人员在作业时要穿工作服、戴口罩、护目镜、胶手套。
6) 保管期限:1 年。

注意事项:火灾用水、泡沫、二氧化碳扑救,救火人员必须配戴防毒面具。人身中毒应立即转移到新鲜空气处,大量饮水及增加蛋白质食品,严重者送医院治疗。本品中毒后恢复缓慢,应坚持治疗。

B3 第 3 类 易燃液体

B3.1 品名:汽油

编号:31001

特性:无色透明液体,是含 C_5~C_{12} 的烷烃、烯烃、环烷烃和芳香烃组成的混合物,极易挥发,有特殊气味不溶于水,能溶于苯、二硫化碳和无水乙醇,毒性与煤油相似,在空气中浓度达到 30~40 mg/L,能引起人身中毒。沸点 40~200 ℃;闪点-50 ℃。

包装:铁桶包装,桶皮厚度不小于 1.2 mm。桶口严密不漏。

贮存条件:贮存于阴凉、通风的库房,避免日光直接照射,与氧化剂隔离存放,库温控制在 30 ℃以下为宜。

养护:
1) 入库验收:检查包装容器有无破漏、渗漏和污染,然后按 15% 比例开桶检验,物品应为无色透明,不混入任何杂质。
2) 堆码苫垫:铁桶包装应码成行列垛,采取垫板码垛办法,堆码高度应为 2~3 个桶高。散装垛不超过 3 m,垛距为 80~90 cm,墙距、柱距为 30 cm。
3) 在库检查:物品在库检查,坚持一日二检制度,发现异常情况及时养护并做好记录。
4) 温湿度管理:炎热季节严格控制温度,可采取密封喷水降温措施,库温保持在 30 ℃

以下。

5) 安全作业:严格遵守操作规程,天干物燥季节作业现场要设防静电设施,避免滚动撞击。
6) 保管期限:2 年。

注意事项:火灾发生后可用干粉、泡沫、干粉灭火机,也可用水冷却未燃烧的包装外部。发生中毒现象立即移至空气新鲜处,严重者送医院抢救。

B3.2 品名:戊烷

编号:31002

别名:正戊烷

化学式:C_5H_{12}

分子量:72.12

特性:属饱和烷烃,化学性质很稳定,通常状况下不与酸、碱、氧化剂发生反应。常温下为白色液体,极易流动和蒸发,易于燃烧。其蒸气与空气混合能形成爆炸性的混合物。相对密度 0.626;沸点 36 ℃;闪点 -49 ℃,自燃点 309 ℃;爆炸极限 1.4%～8%。

包装:装入坚固的铁桶,桶口严密不漏,桶皮厚度不小于 1.2 mm,每桶净重 125 kg。玻璃瓶包装,封口要严,外包装木箱内衬松软材料。包装外应标明物品的品名、规格、重量、生产日期、厂名、"易燃品""防火""小心轻放""勿倒置"等标志。

贮存条件:应贮存于阴凉、通风的库房,避免日光照射,库房温度控制在 26 ℃ 以下,可与其他易燃液体、有机溶剂同库贮存,不得与性质有抵触物品同库贮存。

养护:

1) 入库验收:检验物品包装是否封口严密,有无渗漏和污染,物品为无色透明极易流动的液体,无沉淀杂质。
2) 堆码苫垫:铁桶包装应码成行列垛,采取垫板码垛方法,堆码高度 2～3 桶高,箱装垛不超过 3 m,垛距 80～90 cm,墙距、柱距 30 cm。
3) 在库检查:坚持一日二检,发现异常情况及时养护,并做好记录。
4) 温湿度管理:炎热季节严格控制温湿度管理,可采取库房密封和喷水降温等措施,库温保持 26 ℃ 以下。
5) 安全作业:装卸操作人员严格遵守操作规程,严禁大桶在地面滚动、摩擦、撞击。库房和操作现场不得穿带钉子鞋和化纤工作服。物品检验、倒桶、整理等各项操作均应在库外安全地点进行。
6) 保管期限:1 年。

注意事项:火灾可用干粉灭火剂、1211 灭火剂泡沫、二氧化碳扑救。

B3.3 品名:环戊烷

编号:31003

化学式:$\mathrm{\underset{\rule{2cm}{0.4pt}}{CH_2CH_2CH_2CH_2CH_2}}$

分子量:70.14

特性:无色流动液体,易于挥发,是性质稳定的环烷烃。有汽油的臭味,能溶于丙酮、乙醚、苯、乙醇中,遇强氧化剂、明火能引起燃烧。相对密度 0.745;熔点 -93.3 ℃;沸点 49～

50 ℃;闪点－42 ℃;爆炸极限下限 1.4%。

包装、储存条件、养护、注意事项与 B3.2 相同。

B3.4　品名:乙醛

编号:31022

别名:醋醛

化学式:CH₃CHO

分子量:44.05

特性:无色易流动液体,有辛辣刺激性的气味,能与水、乙醇、乙醚、三氯甲烷相混合。相对密度 0.783;熔点－123.5 ℃;沸点 20.2 ℃。化学性质活泼,易燃、易挥发,蒸气与空气形成爆炸混合物。爆炸极限 4.0%～57.0%(体积),易氧化生成乙酸,与碱、浓硫酸作用发生变化。

包装:玻璃瓶盛装,每瓶 500 mL,每 20 瓶装入一木箱内,瓶与瓶之间要有松软材料衬垫。金属桶装,均留有一定的容量空隙,然后封闭严密,达到气体密封的程度。外包装标明规格、重量、批号等。

贮存条件:贮存于阴凉、通风的库房内,库房温度控制在 25 ℃ 以下,能与其他易燃液体同库贮存,不得与氧化剂、酸类、硫化氢、氰化氢等混存。

养护:

1) 入库验收:包装是否完整,有无破漏和污染,不得雨淋水湿,物品是否无色透明、流动,无沉淀杂质。

2) 堆码苫垫:大桶采用垫板码行列式垛,堆码高度 2～3 桶高。木箱码行列垛,垛高不超过 2.5 m,垛距 80～90 cm,墙距、柱距 30 cm。

3) 在库检查:坚持一日二检制度,三个月进行一次开箱、开桶质量检查,发现异常变化及时养护并做好记录。

4) 温湿度管理:乙醛溶液危险性比无水物相对小,但也要特别注意防止挥发和燃烧爆炸。贮存时,易生成絮状聚合物,夏季温度应不高于 26 ℃。

5) 安全作业:操作人员及现场绝对禁止火种和电流,必须轻拿轻放,严禁摩擦、震动,防止物品在地面滚动,禁止使用铁制工具。

6) 保管期限:半年。

注意事项:遇火灾可用干粉灭火剂、抗醇泡沫、二氧化碳扑灭。

B3.5　品名:丙酮

编号:31025

别名:二甲基酮

化学式:CH₃COCH₃

分子量:58.08

特性:最简单的饱和酮,无色易挥发易燃液体,有微香气味。相对密度 0.792;熔点－94.6 ℃;沸点 56.5 ℃;闪点－20 ℃。能与水、甲醇、乙醚、乙醇、三氯甲烷、吡啶等混溶,能溶解油脂、树脂和橡胶,蒸气和空气形成爆炸的混合物,爆炸极限 2.55%～12.80%(体积)。化学性质比较活泼,燃烧时产生刺激性蒸气,有毒、有麻醉性。

包装:一般工业品使用铁桶包装,每桶净重 150 kg,桶口密封,桶皮厚度不小于 1.2 mm。

贮存条件:应贮存于阴凉、通风的库房,可与其他易燃液体同库贮存,不得与氧化剂、自燃物品、遇水燃烧等性质不同的物品同库贮存,库内温度控制在 26 ℃为宜。

养护:
1) 入库验收:验包装有无污染、渗漏。物品应为无色透明液体,无杂质。
2) 堆码苫垫:大桶包装码行列垛,层层垫板,堆码高度为 2~3 桶高。
3) 在库检查:坚持一日二检制度,三个月进行一次开桶检验,发现异状及时采取措施,以便掌握物品变化,做好记录。
4) 温湿度管理:炎热季节严格控制温度,库房可采取密封和墙外喷白、夜间作业等办法,库温控制在 26 ℃。
5) 安全作业:严格遵守操作规程,严禁大桶在地面滚动、摩擦、撞击,开桶检验、整理包装、倒桶等各项操作都应在专门场所进行。
6) 保管期限:2 年。

注意事项:发生火灾可用干粉、抗醇泡沫或二氧化碳扑救,可用水冷却容器。如吸入蒸气,会出现眩晕、麻醉、昏迷等症状,接触皮肤先用水冲洗再用肥皂洗涤。

B3.6 品名:乙醚

编号:31026

别名:二乙醚

化学式:$C_2H_5OC_2H_5$

分子量:74.12

特性:易流动的无色透明液体,有相当爽快的特殊气味,蒸气能使人失去知觉,甚至死亡。相对密度 0.713 5;沸点 34.5 ℃;闪点 -45 ℃;自燃点 180 ℃。难溶于水,易溶于三氯甲烷,极易挥发和着火。蒸气与空气混合形成爆炸物,其爆炸极限 1.85%~36.5%(体积)。

包装:化学试剂玻璃瓶装,工业用大铁桶包装。最大盛装量不得超过 90%(体积)留有一定的安全膨胀系数,防止气胀。

贮存条件:贮存于阴凉、通风的库房,库温控制在 26 ℃以下,不得与酸、氧化剂等性质不同的物品同库贮存。

养护:
1) 入库验收:包装有无污染、破漏,物品应为无色透明液体,不含杂质。
2) 堆码苫垫:铁桶包装码行列垛,层层垫板,堆码高度 2~3 桶高。
3) 在库检查:入库后,坚持一日二检,发现包装有破漏或封口不严等,及时更换、整理包装,以防止库内蒸气浓度过大。
4) 温湿度管理:炎热季节严格控制温度,可采取库房密封、夜间作业的方法,使库温保持在 26 ℃以下。
5) 安全作业:操作时轻拿轻放,不能摩擦、撞击。物品在干燥季节作业过程中,要防止静电的产生,可用铁链或铁棍插入地下把产生的静电导入地下,也可用喷水增加相对湿度来控制静电的产生。
6) 保管期限:1 年。

注意事项:发生火灾时可用干粉和泡沫灭火机扑救,可用雾状水冷却物品。

B3.7　品名:四氢呋喃

编号:31042

别名:一氧五环、氧杂环戊烷

化学式:C_4H_8O

分子量:72.10

特性:无色透明液体,有乙醚气味,相对密度 0.888(21 ℃/4 ℃);沸点 66 ℃;凝固点 -108.56 ℃;爆炸极限 2.3%~11.8%;闪点-17.2 ℃。溶于水和多数有机溶剂,易燃烧。

包装:大铁桶包装,每桶 180 kg,桶口严密不漏,桶皮厚度不小于 1.2 mm。试剂玻璃瓶包装,每瓶 500 mL,每 20 瓶装一木箱中,瓶与瓶之间用泡沫塑料衬垫,以免相互撞击。包装外注明品名、重量、数量、出厂日期和"易燃""防止受热""小心轻放"等标志。

贮存条件:贮存在阴凉、通风库房内,库温保持在 30 ℃以下,与其他有机溶剂可同库贮存,不得与氧化剂、酸类混存。

养护:与 B3.13 相同。

注意事项:与 B3.13 相同。

B3.8　品名:二硫化碳

编号:31050

化学式:CS_2

分子量:76.14

特性:纯品是无色易燃液体,工业品因含有杂质,微黄色有恶臭味,有毒。相对密度 1.26(22 ℃/20 ℃);熔点-108.6 ℃;沸点 46.4 ℃;闪点-30 ℃;爆炸极限 1.25%~5.0%。能溶解碘、溴、硫、脂肪。化学性质不太稳定,受日光照射,能缓慢分解。与氧化剂和过氧化氢接触能引起燃烧爆炸。

包装:装入坚固的铁桶包装中,每桶净重不得超过 200 kg,物品液面水层覆盖,水层不少于容器的 1/4,铝桶包装净重不超过 100 kg。

贮存条件:贮存在阴凉、通风一级防火建筑的库房,远离火源、热源,避免日光直晒,与氧化剂、强酸等隔离,库房温度保持在 26 ℃以下。

养护:与 B3.6 同。

注意事项:发生火灾可用水、干粉、二氧化碳。

B3.9　品名:石油醚

编号:32002

特性:无色透明液体,有类似乙醚的香味,按照沸点可分为 30~60 ℃、60~90 ℃、90~120 ℃三种。能与丙酮、乙醚、乙酸乙酯、苯、三氯甲烷、甲醇及高级醇相混合,不溶于水中。相对密度 0.635~0.660;相对蒸气密度 2.5;凝固点<-73 ℃;沸点 30~120 ℃(分三个馏程);闪点<17.78 ℃;自燃点 287 ℃;爆炸极限 1.1%~5.9%。

包装:玻璃瓶装有 500 mL、2 500 mL 两种,均采用高压聚乙烯内盖,胶木螺丝口外盖并外套胶帽达到密封。每 20 小瓶或 4 大瓶装入一个木箱,箱内瓶间以松软材料填充,箱外以铁皮、铁丝加固。钢桶装时不超过容积的 80%,封闭器密封不漏,桶皮厚度不小于 1.2 mm。

贮存条件:贮存在阴凉、通风的防火建筑库房内,可以与其他易燃液体同库贮存,但不能与氧化剂、爆炸品、酸、碱类性质互抵的物品同库贮存。

养护：
1) 入库验收：包装容器、包装方法、衬垫物应符合要求，无其他不同性质物品（如氧化剂等）沾染物，包装无渗漏，达到密封要求。
2) 堆码苫垫：钢桶码成2~3桶一批，行列式货垛，2桶高，垛底垫高15 cm，桶间用木板相隔，货垛牢固。木箱码行列式货垛，高不超过2.5 m，垛距80 cm，墙距、柱距30 cm。
3) 在库检查：每天上班后、下班前两次安全检查。每三月一次开桶、开箱检查，与入库情况对照，及时养护并做好记录。
4) 温湿度管理：炎热季节库温不得超过25 ℃，可采取库顶喷水、外墙涂白、密封库房、夜间通风等方法。
5) 安全作业：作业现场禁止任何火源与热源。严格遵守操作规程，不得穿带钉子的鞋和化纤服装，钢桶不得撞击、滚动。仅可使用铜合金工具。物品验收、整理、封口作业应在库外安全地点进行。
6) 保管期限：2年。

注意事项：火灾用砂土、二氧化碳、1211灭火剂、泡沫和干粉灭火剂。只可用水冷却未燃烧的包装和人员。蒸气有毒性，可产生麻醉、头痛、恶心、昏迷等症状。人体中毒应立即离开现场，严重者送医院抢救。

B3.10 品名：苯

编号：32050

化学式：C_6H_6

分子量：78.11

特性：无色液体，具有芳香气味。蒸气比空气重，扩散相当远。相对密度0.879 01（20 ℃）；熔点5.53 ℃；沸点80.099 ℃；闪点－11 ℃（闭杯）；燃点562 ℃；爆炸极限1.3%~8%；空气中最高允许浓度50 mg/m³。

包装：用钢桶盛装，封闭器不渗漏，钢板厚度不小于1.2 mm。玻璃瓶（500 mL）加聚乙烯塞，再盖罗口胶木盖拧紧后再套一层胶帽，装入木箱，用松软材料衬垫，箱外用铁丝、铁皮加固。

贮存条件：贮存在阴凉、通风、干燥库房内，不能与氧化剂、强酸、强碱等混存。

养护：
1) 入库验收：包装容器、包装方法、衬垫物应符合要求，无其他不同性质物品（如氧化剂等）沾染物，包装无渗漏达到密封要求。
2) 堆码苫垫：钢桶码成2~3桶一批行列式货垛，2桶高，垛底垫高15 cm，桶间用木板相隔，货垛牢固。木箱码行列式货垛，高不超过2.5 m，垛距80 cm，墙距、柱距30 cm。
3) 在库检查：每天上班后、下班前两次安全检查。每三月一次开桶、开箱检查，与入库情况对照，及时养护并做好记录。
4) 温湿度管理：炎热季节库温不得超过30 ℃，可采取库顶喷水、外墙涂白、密封库房夜间通风等方法。
5) 安全作业：作业现场禁止任何火源与热源。严格遵守操作规程，不得穿带钉子的鞋和化纤服装,钢桶不得撞击、滚动。仅可使用铜合金工具。验收、整理、封口作业应在库外安全地点进行。
  6) 保管期限:2年。
  注意事项:火灾可使用二氧化碳、干粉、干砂土和泡沫灭火机灭火,不可用水。

B3.11 品名:甲醇
  编号:32058
  别名:木醇、木酒精
  化学式:CH_3OH
  分子量:32.04
  特性:最简单的一元醇,无色易挥发和易燃液体,有毒。相对密度 0.791 4(20 ℃/40 ℃);熔点-97.8 ℃;沸点 64.96 ℃;闪点 11 ℃。能与水和多数有机物混溶,蒸气与空气形成爆炸性混合物,爆炸极限 6.0%~36.5%。
  包装:用铁桶包装,每桶净重量 160 kg,桶口要密封以免渗漏。包装容器要有明显的"易燃液体"及"有毒"标志。
  贮存条件:应贮存于阴凉、通风的库房,避免日光暴晒,不得与氧化剂共存,库房温度控制在 30 ℃以下。
  养护:
  1) 入库验收:包装有无污染、渗漏,物品应为无色透明液体,无沉淀杂质和异物等。
  2) 堆码苫垫:与 B3.12 同。
  3) 在库检查:与 B3.12 同。
  4) 温湿度管理:与 B3.12 同。
  5) 安全作业:与 B3.12 同。
  6) 保管期限:与 B3.12 同。
  注意事项:可用二氧化碳扑灭,如大桶垛着火可先用水冷却再用抗醇泡沫灭火,消防人员要戴过滤防毒面具,防止中毒。甲醇毒性较大,如接触皮肤可用水冲洗。

B3.12 品名:乙醇
  编号:32061
  别名:酒精
  化学式:CH_3CH_2OH
  分子量:46.07
  特性:无色而有特殊香味的透明、易挥发、易燃液体。相对密度 0.789(20 ℃/4 ℃);沸点 78.5 ℃;熔点-117.3 ℃。能够溶解多种无机物和有机物,能跟水任意互溶,乙醇蒸气与空气混合形成爆炸性混合物,爆炸极限 3.5%~18%(体积)。通常饮用的各种酒中都含乙醇,啤酒含乙醇 3%~5%,葡萄酒含乙醇 6%~20%,黄酒含乙醇 8%~15%,白酒含乙醇 50%~70%。
  包装:150 kg 或 160 kg 大铁桶包装,桶皮厚度不小于 1.2 mm。500 mL 或 2 500 mL 玻璃瓶装,外装木箱,箱内用塑料气泡垫或其他松软材料衬垫。不渗漏,达到气体密封的程度。各种包装注明容量、规格、出厂日期和"易燃""防止受热""小心轻放""勿倒置"等明显标志。
  贮存条件:应贮存于阴凉、通风,具有避免日光直射的库房,库内温度控制在 30 ℃以下。

可与其他醇类、酮类等性质相同的物品同库贮存,不得与氧化剂、酸类、强碱等不同性质物品混存。

养护:
1) 入库验收:包装容器是否被性质不同的物品污染,物品是否无色透明、无杂质。
2) 堆码苫垫:铁桶包装按行列垛堆码,堆码高度为2~3桶高。木箱堆码3 m以下,垛距80~90 cm,墙距、柱距30 cm。
3) 在库检查:坚持一日二检,每三个月开桶、开箱检验一次,发现异常状态及时养护,并做好记录。
4) 温湿度管理:高温季节可采取早晚、夜间气温较低时自然通风降温。
5) 安全作业:操作必须轻拿轻放,防止摩擦、撞击,开启容器时须在专用库或场所进行,使用铜质工具。
6) 保管期限:2年。

注意事项:发生火灾可用抗醇泡沫、二氧化碳和砂土扑救,普通泡沫无效。

B3.13 品名:2-丙烯-1-醇

编号:32065

别名:烯丙醇、蒜醇

化学式:CH_2CHCH_2OH

分子量:47

特性:无色液体,具有刺鼻恶臭,可混溶于水。能放出剧毒蒸气,并通过皮肤吸收,极易燃。闪点21 ℃;自燃点378 ℃;沸点97 ℃。蒸气能与空气形成爆炸性混合物,爆炸极限3%~18%。蒸气比空气重,能扩散相当远,遇火源会燃着,并将火焰沿气流相反方向引回。

包装:用钢桶或金属桶包装。

贮存条件:贮存在阴凉、通风的防火建筑库房内,可以与其他易燃液体同库贮存,但不能与氧化剂、爆炸品、酸、碱类性质互抵的物品同库贮存。

养护:
1) 入库验收:包装容器、包装方法、衬垫物应符合要求,无其他不同性质(如氧化剂等)沾染物;包装无渗漏,达到密封要求。
2) 堆码苫垫:钢桶码成2~3桶一批行列货垛,2桶高,垛底垫高15 cm,桶间用木板相隔,货垛牢固。木箱码行列式货垛,高不超过2.5 cm,垛距80 cm,墙距、柱距30 cm。
3) 在库检查:每天上班后、下班前两次安全检查。每三月一次开桶、开箱检查,与入库情况对照,及时养护并做好记录。
4) 温湿度管理:炎热季节库温不得超过25 ℃,可采取库顶喷水、外墙涂白、密封库房夜间通风等方法。
5) 安全作业:作业现场禁止任何火源与热源。严格遵守操作规程,不得穿带钉子的鞋和化纤服装,钢桶不得撞击、滚动,仅可使用铜合金工具。验收、整理、封口作业应在库外安全地点进行。

注意事项:消防人员必须穿戴防护服和防毒面具,避免吸入蒸气,用抗醇泡沫、二氧化碳、干粉、1211雾状水灭火。用雾状水冷却火场中的容器。应使吸入蒸气的人员迅速移至空气新鲜处安置休息并保暖,严重者送医院救治、清洗衣物。

B3.14　品名:丁酮

　　编号:32073

　　别名:甲乙酮

　　化学式:$CH_3COC_2H_5$

　　分子量:72.10

　　特性:无色易燃液体,有丙酮气味。相对密度0.806(20 ℃/4 ℃);沸点79.6 ℃;凝固点－86.4 ℃。溶于水、乙醇和乙醚,可与油类混溶。蒸气与空气形成爆炸混合物,爆炸极限2.0%～12%。

　　包装:500 mL玻璃瓶,瓶口内衬聚乙烯内盖,外套聚乙烯或胶木罗丝口盖,拧紧封严。每20瓶装一木箱内,箱板厚1～1.5 cm。瓶与瓶之间用聚乙烯气泡垫填塞。160 kg大铁桶,要封口严密,达到气体密封的程度。包装标记应标有品名、规格、重量、生产日期及"易燃""防止受热""小心轻放""勿倒置"等明显标志。

　　贮存条件:贮存阴凉、通风库房内,库内温度保持在30 ℃以下,不得与氧化剂、酸类、强碱等性质不同的物品同库存放。

　　养护:与B3.12相同。

　　注意事项:可使用干粉灭火、抗醇泡沫和二氧化碳扑救。火场和工作现场吸入蒸气所造成头痛、恶心应立即移入新鲜空气处,重者送医院救治。

B3.15　品名:乙酸乙酯

　　编号:32127

　　别名:醋酸乙酯

　　化学式:$CH_3COOCH_2CH_3$

　　分子量:88.07

　　特性:无色透明易燃液体,有水果香味,有较强的挥发性。相对密度0.900 5;熔点－83.6 ℃;沸点77.1 ℃;闪点426.67 ℃。微溶于水,溶于乙醇、三氯甲烷、乙醚和苯等,易起水解和皂化作用。在空气中易形成爆炸的混合物,爆炸极限2.2%～11.2%。

　　包装:大铁桶包装,每桶150 kg,桶皮厚不小于1.2 mm。试剂玻璃瓶包装,要求严密封口再装入木箱,箱内用软材料衬垫。箱外注明"易燃""防止受热""小心易碎""轻拿轻放"等标志。

　　贮存条件:贮存于阴凉、通风干燥的库房,库房温度控制在30 ℃以下,可与其他有机溶剂同库贮存,但不得与氧化剂、强酸、强碱同存。

　　养护:

　　1) 入库验收:包装有无污染、渗漏,物品为无色透明液体,无沉淀,桶内留有一定的安全空隙。

　　2) 堆码苫垫:铁桶包装采用垫板码行列垛,2～3桶高,木箱堆码不超过2.5 m,垛距80～90 cm,墙距、柱距30 cm。

　　3) 在库检查:除坚持一日二检外,还应定期进行开桶、开箱抽查,发现问题及时养护,并做好详细记录。

　　4) 温湿度管理:该物品挥发性大,炎热季节加强温湿度控制与调节,库房温度保持在

30 ℃以下。

5) 安全作业:由于该物品易燃性强,挥发出的蒸气容易与空气形成爆炸性的混合物,因此,在装卸、操作过程中,必须轻拿轻放,防止摩擦、撞击。开启容器时必须使用铜制专用工具。

6) 保管期限:2年。

注意事项:火灾可使用干粉抗醇泡沫,可用水冷却包装外部,如火灾初期可使二氧化碳、干砂等灭火。

B3.16 品名:丙烯酸甲酯

编号:32146

化学式:CH_2=$CHCOOCH_3$

特性:无色易挥发液体。相对密度 0.953 5;熔点—76.5 ℃;沸点 80.5 ℃;闪点 32 ℃。溶于乙醇、乙醚,易聚合。

包装:与 B3.5 相同。

贮存条件:与 B3.5 相同。

养护:与 B3.5 相同。

注意事项:与 B3.5 相同。

B3.17 品名:乙腈

编号:32159

别名:甲基氰

化学式:CH_3CN

分子量:41.05

特性:无色液体,有芳香气味,有毒。相对密度 0.782 8(20 ℃/4 ℃);熔点—45 ℃;沸点 80～82 ℃。溶于水和乙醇,水解时生成乙酸,还原时生成乙胺。

包装:铁桶包装,桶皮厚度不小于 1.2 mm。每桶净重 150 kg。

贮存条件:贮存于阴凉、通风的库房,防热、防火,不得与氧化剂共存。

养护:

1) 入库验收:检查包装是否污染、渗漏,物品应为无色透明液体,无杂质、沉淀。

2) 堆码苫垫:大桶包装码行列垛,堆码高度 2～3 桶高。

3) 在库检查:坚持一日二检,发现物品异常状态及时养护并做好记录。

4) 温湿度管理:炎热季节严格控制温度,可采取密封和夜间作业方法,库温保持在 26 ℃以下。

5) 安全作业:操作时轻拿轻放,防止撞击、滚动。

注意事项:火灾可用干粉灭火剂、二氧化碳扑救。

B3.18 品名:丙烯腈

编号:32162

别名:氰(基)乙烯

化学式:CH_2=$CHCN$

分子量:53.06

特性:无色易流动液体,蒸气有毒。相对密度 0.800 4;冰点—83.5 ℃;沸点 77.3 ℃;闪点0 ℃。稍溶于水,易溶于一般有机溶剂。蒸气与空气形成爆炸混合物,爆炸极限3.05％～17.0％。水解时生成丙烯酸,还原时生成丙腈。

包装:与B3.17同。
贮存条件:与B3.17同。
养护:与B3.17同。
注意事项:与B3.17同。

B3.19　品名:硝基漆稀释剂

编号:32198

别名:香蕉水

特性:无色透明易挥发液体混合物,常用作稀释剂的有甲苯、二甲苯、轻质汽油,但也用乙酸乙酯、乙酸丁酯、乙酸戊酯、丙酮、丁酮及乙醚等有机溶剂的混合物,带有酯类的水果香味。化学性质一般比较稳定,特点是极易燃、极挥发,遇明火引起爆炸,闪点≤23 ℃。

包装:铁桶装150 kg,桶口应严密不漏,桶皮厚度不小于1.2 mm。方听装容器要求封口严密、不渗不漏,再装入坚固木箱。箱外标志明显清楚。

贮存条件:贮存于阴凉、通风、干燥的库房内,避免阳光直射,库温应在30 ℃以下。能与其他稀料类(如有机溶剂)同库贮存,不得与氧化剂、酯类、强碱类性质不同的物品混存。

养护:
1) 入库验收:包装是否封口严密、无破漏、无污染,物品应为无色透明,不含杂质、无沉淀。
2) 堆码苫垫:铁桶包装码行列垛,堆码高度2～3桶高,木箱堆码不超过2.5 m,垛距80～90 cm、墙距、柱距30 cm。
3) 在库检查:加强一日二检制度,贮存期间有无渗漏,如库内气味浓度大说明有包装不严,要及时倒垛。
4) 温湿度管理:在炎热的夏季要严格控制库内的温度,库内温度不超过30 ℃。
5) 安全作业:操作时严禁撞击、滚动,装卸机械严禁打火花。开启包装应使用专用工具和专门的场所。
6) 保管期限:2年。

注意事项:火灾时可用泡沫、二氧化碳、干粉、砂土扑救。

B3.20　品名:煤油

编号:33501

特性:无色或淡黄色液体,略带臭味。易燃液体,是沸点范围比汽油高的石油馏分,一般为含碳原子C_{11}～C_{17}的高沸点烃类的混合物,其性质与石油醚、汽油等石油系列溶剂相似。毒性与汽油相似。对于皮肤、黏膜刺激性较强,有的其中含有环烷烃和芳香烃,故毒性更大。家兔经口服半数致死量为28 g/kg,人最大耐受浓度为15 g/m³10～15 min;成人经口服最小致死量约100 mL。相对密度0.78～0.80(15 ℃/4 ℃);沸点160～300 ℃;闪点65～85 ℃;自燃点400～500 ℃;爆炸极限1.2％～6.0％。

包装:玻璃瓶有500 mL、2 500 mL,均采用高压聚乙烯内盖,胶木螺丝口外盖,外套胶帽密封,每20小瓶或4大瓶装入一木箱,箱内以松软材料衬垫,箱外用铁皮、铁丝加固。钢桶装时不超过容积的80％,封闭器密封不漏,桶皮厚度不小于1.2 mm。

贮存条件：贮存于阴凉、通风防火建筑库房，库温在 32 ℃以下，可与其他易燃液体同库存，但不能与氧化剂、爆炸品、酸、碱相互抵触物品同贮。

养护：
1) 入库验收：包装容器、包装方法、衬垫物应符合要求，无其他不同性质物品（如氧化剂等）沾染物；包装无渗漏达到密封要求。
2) 堆码苫垫：钢桶 2～3 桶一批码行列式货垛，高不超过 2.5 m，垛距 80 cm，墙距、柱距 30 cm。
3) 在库检查：每天上班后、下班前两次安全检查。每三个月一次开桶、开箱检查，与入库情况对照，及时养护并做好记录。
4) 温湿度管理：炎热季节库温不得超过 25 ℃，可采取库顶喷水、外墙涂白、密封库房、夜间通风等方法。
5) 安全作业：作业现场禁止任何火源与热源。严格遵守操作规程，不得穿带钉子的鞋和化纤服装，钢桶不得撞击、滚动。物品验收、整理、封口作业应在库外安全地点进行，仅可使用铜合金工具。
6) 保管期限：2 年。

注意事项：火灾用砂土、二氧化碳、1211 灭火剂、泡沫和干粉灭火剂，只可用水冷却未燃烧的包装和人员。蒸气有毒性，可产生麻醉、头痛、恶心、昏迷等症状。人体中毒应立即离开现场，严重者送医院抢救。

B3.21 品名：壬烷

编号：33505

别名：正壬烷

化学式：C_9H_{20}

分子量：128.26

特性：无色透明液体，其溶解性与辛烷相似。相对密度 0.716 3；熔点 －53.52 ℃；沸点 150.80 ℃；闪点 30 ℃；爆炸极限 6.87%～2.9%。常温下化学性质比较稳定，和酸、碱不起作用。易燃，有麻醉性。主要用于洗净仪器的无臭溶剂、干洗用溶剂和油漆稀释剂。

包装：与 B3.2 相同。

贮存条件：应贮存于阴凉、通风的库房内，可与其他石油烃类溶剂同库贮存。库温保持在 30 ℃以下，不能与酸、碱、氧化剂、放射性等性质不同或相互抵触的物品混存。

养护：与 B3.2 同。

注意事项：与 B3.2 同。

B3.22 品名：松节油

编号：33638

特性：无色至淡黄色澄明液体。有特殊气味，微辛辣味，久贮或露置空气中，气味即逐渐增强。该品是多种萜烯混合物，主要含有 α-蒎烯和 β-蒎烯，还有松油烯和双烯等。能溶于乙醚、三氯甲烷、四氯化碳等有机溶剂。相对密度 0.860～0.875；沸点 155～180 ℃；闪点约 35 ℃；自燃点 253 ℃；爆炸极限下限 0.8%。由于本品所含成分均有双键化合物，所以比其他有机溶剂的化学性质活泼。遇强氧化剂（如硝酸、三氧化铬等）能发生剧烈的化学反应，并引起燃烧和爆炸。

包装：大钢桶包装，每桶160 kg。桶口应密封不漏，桶皮厚度不小于1.2 mm。玻璃瓶包装，瓶口密封后，装入有衬垫的木箱中。箱外标明品名、规格、净重、"易燃液体""防火"等标志。

贮存条件：贮存于阴凉、干燥、通风的库房。避免日光直射，库温应保持30 ℃以下，不得与氧化剂、酸类、碱类混存，可与其他有机溶剂共存。

养护：
1) 入库验收：包装是否完好，有无污染、异状，物品为无色澄清液体，无沉淀、无杂质。
2) 堆码苫垫：铁桶包装堆码应按垫板码行列垛的方法。堆码高度2～3桶高，木箱包装堆码高度不超过2.5 m，垛距80～90 cm，墙距、柱距30 cm。
3) 在库检查：物品入库期间，坚持一日二检，发现包装渗漏或封口不严应及时倒桶、整修以免损耗。
4) 温湿度管理：炎热季节容易使物品挥发。库内应控制温度，可采取库房密封的方法，库温保持在30 ℃以下。
5) 安全作业：搬运操作必须轻拿轻放，防止摩擦、撞击。验收、检查中的开箱、倒桶应在专用现场进行，使用铜制或铜合金工具。
6) 保管期限：2年。

注意事项：火灾可用干粉、干砂和泡沫灭火。

B3.23 品名：二甲苯（邻位、间位、对位）

编号：33535

化学式：$C_6H_4(CH_3)_2$

分子量：106.17

特性：无色透明液体，有芳香气味，易蒸发，不溶于水，溶于乙醇、乙醚。工业品二甲苯多为三种同分异构体的混合物。蒸气有毒，能经皮肤吸收，极限值为100 mg/m³。

	相对密度	凝固点℃	沸点℃	闪点℃	自燃点℃
邻位：	0.880 2	−25.23	144.4	17	464
间位：	0.864 17	−47.87	139.1	25	528
对位：	0.861 05	12.26	138.41	25	529

本品化学性质比较稳定，高温及明火引起燃烧。与空气混合可形成爆炸性混合物，爆炸极限大约为1%～7%。蒸气比空气重能扩散较远。

包装：钢桶包装，封闭器密封不漏，桶皮厚度不小于1.2 mm。瓶装同B3.9。

贮存条件：贮存在阴凉、通风防火建筑库房内，可以与其他易燃液体同库贮存，但不能与氧化剂、爆炸品、酸、碱类性质互抵的物品同库贮存。

养护：
1) 入库验收：包装容器、包装方法、衬热物应符合要求，无其他不同性质物品（如氧化剂等）沾染物；包装无渗漏达到密封要求。
2) 堆码苫垫：钢桶码成2～3桶一批行列式货垛，2桶高，垛底垫高15 cm，桶间用木板相隔，货垛牢固。木箱码行列式货垛，高不超过2.5 m，垛距80 cm，墙距、柱距

30 cm。

3) 在库检查:每天上班后、下班前两次安全检查。每三月一次开桶、开箱检查,与入库情况对照,及时养护并做好记录。
4) 温湿度管理:炎热季节库温不得超过 30 ℃,可采取库顶喷水、外墙涂白、密封库房、夜间通风等方法。
5) 安全作业:作业现场禁止任何火源与热源。严格遵守操作规程,不得穿带钉子的鞋和化纤服装,钢桶不得撞击、滚动。物品验收、整理、串倒、封口作业应在库外安全地点进行,仅可使用铜合金工具。
6) 保管期限:2 年。

注意事项:如遇火灾,可以用水冷却钢桶,用干砂干粉和泡沫灭火。

B3.24 品名:异丁醇

编号:33552

别名:2-甲基-丙醇

化学式:$CH_3\text{—}\underset{\underset{CH_3}{|}}{CH}\text{—}CH_2OH$

分子量:74.12

特性:无色透明液体,溶于水、乙醇、乙醚。相对密度 0.806;沸点 107 ℃;熔点 −108 ℃;闪点 28 ℃。在空气中形成爆炸的混合物,爆炸下限 2.40%(体积)。

包装、贮存条件、养护、注意事项与 B.12 相同。

B3.25 品名:含二级易燃溶剂的油漆、辅助材料及涂料

编号:33646

特性:属易燃液体。其蒸气都可与空气混合成爆炸性混合物,遇火种即可引起蒸气爆炸。遇高热、明火易燃烧,过浓的蒸气对人有麻醉性和毒害性。

包装:一般用大铁桶装,桶口严密不漏,桶皮厚不得小于 1.2 mm。方听容器封口严密,不渗不漏,再装入木箱。

贮存条件:贮存于阴凉、通风良好、干燥的库房内,避免阳光直射。可与其他漆类等同库贮存,不得与氧化剂、酸类、强碱类不同性质的物品同库存放。

养护:

1) 入库验收:包装容器、包装方法、衬垫物应符合要求,无其他不同性质物品(如氧化剂等)沾染物;包装无渗漏、达到密封要求。
2) 堆码苫垫:钢桶码成 2~3 桶一批行列式货垛,2 桶高,桶底垫高 15 cm,桶间用木板相隔,货垛牢固。木箱码行列式货垛,高不超过 2.5 m,垛距 80 cm,墙距、柱距 30 cm。
3) 在库检查:每天上班后、下班前两次安全检查。每三月一次开桶、箱检查,与入库情况对照,及时养护并做好记录。
4) 温湿度管理:炎热季节库温不得超过 30 ℃,相对湿度不超过 80%。可采取库顶喷水、外墙涂白、密封库房、夜间通风等方法。
5) 安全作业:作业现场禁止任何火源与热源。严格遵守操作规程,不得穿带钉子的

鞋和化纤服装,钢桶不得撞击、滚动。验收、整理、封口作业应在库外安全地点进行,仅可使用铜合金工具。

6) 保管期限:2年。

注意事项:火灾时可用泡沫、二氧化碳、干粉、砂土扑救。

B3.26 品名:克罗甸

别名:火柿胶、胶柿液

特性:分散于乙醇和乙醚的混合液而制得的浆胶,淡黄色,有乙醚的气味,极易燃烧,其硝化棉含量为2%左右。涂在物体表面,溶剂迅速蒸发,是一种照相制版材料,能与空气形成爆炸性混合物。

包装、贮存条件、养护、注意事项与B3.6相同。

B4 第四类 易燃固体、自燃物品和遇湿易燃物品

B4.1 品名:红磷

编号:41001

别名:赤磷

化学式:P_4

分子量:124.08

特性:红色或紫红色粉末,无臭,无毒,416 ℃升华,在暗处不发磷光。能溶于无水醇和二硫化碳,不溶于水。相对密度2.2;相对蒸气密度4.77;熔点590 ℃(4.36×10^6 Pa);着火点200 ℃;自燃点260 ℃。为强还原剂,化学性质很活泼,与溴、氯等强氧化剂,能立即反应引起燃烧;与强氧化剂氯酸钾混合,轻微摩擦,即会发生燃烧,燃烧将生成大量五氧化二磷的烟雾,并有强烈的刺激性和毒害性。主要用于制造火柴、火药、五氧化二磷、硫化磷、有机合成等。

包装:试剂品为玻璃瓶盛装,严封后装入木箱,在包装的内侧和瓶与瓶之间有松软材料作衬垫,箱外用铁丝或铁皮加固。工业品为塑料袋,外加铁桶包装,净重不超过50 kg,再装入坚固木箱。包装外均应标明产品名称、规格、重量、出厂日期、易燃固体、注意事项等,封口必须严密。

贮存条件:本品为一级易燃固体,应贮存于阴凉、干燥、通风良好的库房内。库房墙壁和房顶有隔热层、门窗开关灵活,通风良好,能严密封闭,库内温度保持32 ℃以下,相对湿度80%以下。库内照明和排风设备应使用防爆、密封式电器,与氧化剂、酸类、氯、溴等分库存放。

养护:

1) 入库验收:包装应完整无损、无受潮、水湿现象,不沾染其他性质不同的杂物,封口严密有效,衬垫、标记等符合要求。颜色正常,无潮湿结块,用手摆动能自由流动,并无异味等异常现象。

2) 堆码苫垫:货垛应下垫枕木,码行列式垛,货垛整齐、牢固、不倾斜,不靠墙依柱,包装不能倒置,垛高不超过2.5 m,垛距80~90 cm,墙距、柱距30 cm。

3) 在库检查:易缓慢吸潮或受高温影响而变质,保管员除每日班前班后和风雨雪前中后进行安全检查外,还应对库存物品每三个月进行一次检查,检查内容方法与

入库验收同。
4) 温湿度管理:本品化学性质活泼,在贮存期间以防热为主,利用低温天气做好通风降温工作。梅雨季节,做好库内吸潮和通风散潮工作。
5) 安全作业:本品燃烧点很低,对摩擦和撞击极其敏感,故在装卸、搬运、堆码、整理等各项操作中,禁止滚动、摩擦和撞击,必须轻搬轻放。使用铜制或铜合金制不产生火花的工具。验收、质量检查及拆钉包装等,各项操作均须在远离库房的安全地点或专用房间进行,均不得在库内作业。操作现场须有专人指导,备有相应的消防器材,作业完毕彻底清扫现场,作业人员须穿工作服及其他防护用品,操作完毕洗净手脸、漱口后,方能饮食。
6) 保管期限:1年。

注意事项:冒烟及初起火苗可用黄砂、干粉、石灰粉扑救,大火时可用水,但应注意水的流向,防止危及其他库房或物品;同时,还必须对红磷现场的散落物进行彻底处理,防止复燃,灭火时应注意防毒。

红磷本身毒性不大,具有一定刺激性,人体接触后即脱离危险区,安静休息。

B4.2　品名:三硫化(四)磷

编号:41003

化学式:P_4S_3

分子量:220.09

特性:一般是黑色脆而硬的可燃结晶。纯品是灰黄色至淡黄色结晶粉末,无臭无味,能溶于二硫化碳,不溶于冷水。在空气中放置时变黏,并分解放出硫化氢。在空气中猛烈加热时即行燃烧,属一级易燃固体,极易燃烧,并会因碰撞、摩擦等而起火。本品毒性不大,但燃烧时要生成有强刺激性与毒性的二氧化硫等气体。相对密度2.03(17 ℃);熔点174.5 ℃;沸点407.5 ℃;自燃点100 ℃。

包装:试剂品为0.5～1 kg装玻璃瓶,外加木箱(每箱净重不超过20 kg)衬垫妥实。工业品为坚固大口铁桶,内应有塑料袋,桶口严密不漏,桶壁厚度不小于0.75 mm。每桶净重不超过50 kg。

贮存条件:贮存于阴凉、干燥、通风的库房,避免日光直晒。可与含酸性的易燃固体同库贮存,严禁与氧化剂、酸和酸性物品同存。库内温度在30 ℃以下,相对湿度80%以下。

养护:
1) 入库验收:检查包装是否完整无损,物品有无异常。
2) 堆码苫垫:码垛时下面应垫一层枕木或垫高15 cm,垛高不超过3 m,垛距80～90 cm,墙距、柱距30 cm。
3) 在库检查:上班后、下班前安全检查,三个月还应进行一次全面检查,检查内容与入库验收相同。
4) 温湿度管理:以防热为主。
5) 安全作业:轻拿轻放,防止摩擦、撞击和流动。操作人员必须穿工作服及戴手套,工作现场配有相应的消防器材。
6) 保管期限:1年。

注意事项:火灾用水、干砂灭火,灭火时应戴好防毒面具。若遇呼吸不正常,可用含5%

二氧化碳的氧气帮助呼吸,并保持温暖。皮肤烧伤用小苏打溶液洗涤伤处,再涂稀石灰水用纱布包扎。

B4.3 品名:五硫化二磷

别名:五硫化磷

化学式:P_2S_5

分子量:222.27

特性:灰色到黄绿色结晶,或潮解性块状物。有类似硫化氢的气味,极易吸湿,遇水分解,产生硫化氢。在潮湿空气中或在空气中受摩擦能燃烧。能溶于氢氧化钠溶液,微溶于二硫化碳。相对密度2.03;熔点276 ℃;沸点514 ℃;着火点260~290 ℃(粉尘),270 ℃(液体);自燃点141.67 ℃。易燃烧,粉尘有刺激性,有硫化氢的臭鸡蛋味,极容易潮解,遇水分解生成磷酸和硫化氢;在潮湿空气或空气中若受到摩擦,能自行发热燃烧,生成五氧化二磷和二氧化硫;与氧化剂接触,稍经摩擦,即可引起燃烧,遇水产生的硫化氢气,有刺激性恶臭和毒害性。

危险特性:易燃烧,呈粉末状时受热或接触明火有火灾危险。加热分解,放出有毒的氧化硫和氧化磷气体,也能与水、水蒸气或酸产生有毒的易燃的硫化氢气体,与氧化性物质接触会发生反应。

包装:试剂品为0.5~1 kg玻璃瓶装,外加木箱(每箱净重不超过20 kg)衬垫妥实。工业品为铁桶包装。容器应密封,不能吸潮。包装外应有明显的"易燃物品"和"有毒品"的标志。

贮存条件:贮存于阴凉、干燥、通风的库内,避免日光直晒。可与同类易燃固体同库贮存,严禁与氧化剂混贮共运。贮存温度在30 ℃以下,相对湿度80%以下。

养护:
1) 入库验收:检查包装是否完好,物品有无异样。
2) 堆码苫垫:码垛时下面应垫一层枕木或用砖、石及预制构件垫高15 cm,垛高不超过3 m,垛距80~90 cm,墙距、柱距30 cm。
3) 在库检查:上班后、下班前例行检查,三个月还应进行一次全面检查,检查内容与入库验收一致。
4) 温湿度管理:以防热为主。
5) 安全作业:搬运、换装操作时应穿戴防护用品。操作完毕应脱换工作服,并洗净手、脸方可进食。散落地面粉末,立即用塑料铲收集。
6) 保管期限:1年。

注意事项:火灾用干粉灭火剂、砂土扑灭,也可用二氧化碳灭火器。灭火时应戴上防毒面具,以防中毒。急性中毒应立即离开现场,保温静卧。若呼吸困难可用含5%二氧化碳的氧气帮助呼吸。皮肤灼伤用2%小苏打溶液洗涤、浸泡,再敷以5%碳酸氢钠纱布或石灰水纱布。误食五硫化二磷中毒者可用25%~50%葡萄糖40~60 mL并加维生素C0.1~2 g静脉注射。用升压药、低分子左旋糖酐或输血以治疗休克。患有慢性呼吸道炎症、口腔疾患、骨髓炎、肝、肾疾患、贫血等疾病者,不宜从事五硫化二磷作业。

B4.4 品名:亚磷酸二氢铅

编号:41005

别名:二盐基亚磷酸铅、二盐二碱式亚磷酸铅

化学式：$2PbO·PbHPO_3·\frac{1}{2}H_2O$

分子量：742.57

特性：白色至微褐色粉末，有毒。相对密度6.94。溶于盐酸、硝酸，不溶于水。200 ℃左右变成灰黑色，450 ℃左右变成黄色，具有持续还原力，是氧化防止剂。耐紫外线性能，耐寒性，耐老化性均相当优良。

包装：用纤维板桶，内衬塑料袋。每桶净重40 kg。

贮存条件：可贮存在一般的库房。容器必须密封，防止雨淋，不可与食用物品共贮混运。

养护：

1) 入库验收：包装应完整无损，封口是否严密，无受潮、水湿现象，不沾染其他性质不同的杂物，封口严密有效，衬垫、标记符合要求。物品颜色正常，无潮湿结块，用手摇动能自由流动，并无异味等异常现象。
2) 堆码苫垫：货垛应下垫枕木，码行列式垛，货垛整齐、牢固、不倾斜，不靠墙依柱，包装不倒置，垛高不超过3 m，垛距80～90 cm，垛距、柱距30 cm。
3) 在库检查：班前班后例行安全检查，三个月应检查一次，检查内容与入库验收相同。
4) 温湿度管理：以防热为主。
5) 安全作业：轻拿轻放，防止撞击和滚动。操作人员必须穿工作服及戴手套，工作现场配有相应的消防器材。
6) 保管期限：2年。

注意事项：火灾时可用大量水、砂土、泡沫、二氧化碳灭火，扑救人员应戴面具。

B4.5 品名：4-亚硝基(苯)酚

编号：41009

别名：对亚硝基(苯)酚

化学式：ONC_6H_4OH

分子量：123.11

特性：黄色针状结晶或棕色片状结晶，易燃有毒。能溶于乙醇、乙醚和丙酮，不溶于水。与含酸含碱的物质接触易爆炸或着火。溶于稀碱液面得到绿色或棕色液体。熔点124～126 ℃；分解144 ℃。本品属易燃品，遇明火、受高热或接触浓酸、浓碱有引起燃烧爆炸的危险。用于制染料、化学试剂。

包装：用玻璃瓶、塑料桶或其他金属容器包装，严密封口后再装坚固木桶。每箱净重不超过50 kg。包装上应有"易燃品"标志。

贮存条件：贮存于阴凉、通风、干燥的库房。库温最高不得超过30 ℃，隔绝热源火种，避免日光直接照射，与氧化剂、酸、碱隔开，不得混贮混运。

养护：

1) 入库验收：检查包装是否完整，有无受潮、污染现象，内包装物品有无卷边、开裂、钉眼破漏等，并做好入库记录。
2) 堆码苫垫：货垛垛底应牢固，垫高15～30 cm，垛高不超过3 m，垛距80～90 cm，墙距30～50 cm。

3) 在库检查:物品在库贮存期间,保管人员每日上班后、下班前应对货垛及库内外环境各检查一次,每三个月还应对物品进行一次全面质量感观检查,发现异状应立即通知质检部门进行技术鉴定。
4) 温湿度管理:梅雨季节要严格密封库房,采取通风排潮相结合的方法,控制库温不超过30 ℃,相对湿度不超过80%。
5) 安全作业:堆码、搬运应注意轻拿轻放,严禁摔震、撞击,包装修补应采用铜制工具。
6) 保管期限:1年。

注意事项:火灾时用砂土、二氧化碳、四氯化碳等灭火,灭火时注意安全,防止灼伤或其他事故。

B4.6 品名:2,4-二硝基(苯)酚(含水≥15%)
　　　　2,5-二硝基(苯)酚(含水≥15%)
　　　　2,6-二硝基(苯)酚(含水≥15%)

编号:41010

化学式:$(NO_2)_2C_6H_3OH$

分子量:184.11

特性:黄色结晶或粉末,易燃,有毒,能溶于醇及醚,微溶于水(冷水0.5%,热水5%),急剧加热会发生爆炸。二硝基苯酚有六种同分异构体,但一般以2,4-二硝基苯酚为多。本品遇火种、高温易引起燃烧,与氧化剂混合,能成为爆炸性混合物。遇重金属粉末能起化学作用,而生成盐,增加危险性,有毒。相对密度1.683(24 ℃);熔点112 ℃;燃烧热值27 147.2 J/mol(20 ℃);相对蒸气密度6.35。

包装:试剂品为0.5~1 kg玻璃瓶,外加木箱,每箱净重不超过20 kg,在箱内用松软泡沫塑料或气泡垫填塞妥实,箱外用铁丝或铁皮加固。工业品为塑料袋外套铁桶盛装,严密封闭,容器内可加大于15%的水作稳定剂,也可不加水。包装外有品名、规格、重量、数量、危险品标志、出厂日期、注意事项。

贮存条件:应贮存于阴凉、干燥、通风良好的库房内,密封严格,门窗开关灵活,便于启闭通风,有避光和防辐射措施。库内保持在30 ℃以下,相对湿度80%以下。库内照明和排风设施应使用防爆和封闭式电器,严禁用明火照明。可与其他硝基、二硝基等易燃固体化合物同库贮存,不得与氧化剂、酸类、金属粉末、金属盐类等不同性质的物品混存。

养护:
1) 入库验收:包装应完整无破损,容器和外包装不沾有物品及其他杂物等。包装方法及衬垫符合规定,物品无变色变质、异味等现象。
2) 堆码苫垫:码垛时应下垫一层枕木。木桶和铁桶包装码行列式垛,垛高不超过3 m,要整齐、牢固、不倾斜、勿倒置,垛距80~90 cm,墙距和柱距30 cm,便于操作和安全。
3) 在库检查:保管员除进行每日上班后、下班前的安全检查外,还应每三四个月进行一次质量检查,检查内容与入库验收同,发现问题及时做好养护工作,并做好记录。
4) 温湿度管理:高温季节以防热为主,随时掌握库内温湿度变化,根据需要和库内外温湿度变化,做好库房密封和通风降湿工作。

5) 安全作业:在装卸、搬运、堆码、整理等项工作时,必须轻拿轻放,防止摩擦震动和撞击。使用的机械应有防爆措施,各种工具必须是不易产生火花的铜或铜合金制成。验收、质量检查、拆钉包装等必须在库外安全地点或专门场地进行,现场须有专人指导操作,配备一定数量的消防器材,操作完毕彻底清扫现场。凡参加作业人员,必须穿工作服戴手套等防护用品,不得赤身露体、赤脚操作,工作完毕应洗手漱口方可进食。

6) 保管期限:2年。

注意事项:火灾时可用雾状水、砂土、二氧化碳灭火。火灾须防止受热可能发生的爆炸,人员远离着火地点。接触皮肤能造成皮炎与发绀。眼部接触能造成伤害,可用水冲洗,再用肥皂水彻底洗涤。

B4.7 品名:2,4-二硝基间苯二酚(含水≥15%)

编号:41011

化学式:$(NO_2)_2C_6H_2(OH)_2$

分子量:200.11

特性:黄色结晶,极微溶于水或冷醇,能溶于氢氧化钠溶液。为一级易燃固体,有毒性,受强烈震动和高热能引起爆炸。与重金属粉末能起化学反应,生成盐类,增加爆炸的敏感性。与氧化剂混合能成为爆炸性混合物。熔点146~148℃;相对蒸气密度6.79。主要用于染料、制引爆剂、钴和钡的分析试剂等。

包装:试剂品为0.5~1.0 kg玻璃瓶,外加木箱,每箱净重不超过20 kg,箱内用松软泡沫塑料或气泡塑料垫填塞妥实,箱外用铁丝或铁皮加固。工业品为塑料袋外套铁桶盛装,严密封闭,容器内可加大于15%的水作稳定剂,也可不加水。包装外有品名、规格、重量、数量、危险品标志、出厂日期、注意事项等标志。

贮存条件:应贮存于阴凉、干燥、通风良好的库房内,封闭严密,门窗开关灵活,便于启闭通风,有避光和防辐射措施,库内保持在30℃以下,相对湿度80%以下。库内照明和排风设备,应使用防爆和封闭式电器,严禁用明火照明。可与其他硝基、二硝基等易燃固体化合物同库贮存,不得与氧化剂、酸类、金属粉末、金属盐类等不同性质的物品混存。

养护:

1) 入库验收:包装应完整无破损,容器和外包装不沾有本品及其他杂物等。包装方法及衬垫符合规定,物品无变色、变质、异味等现象。

2) 堆码苫垫:码垛时应下垫一层枕木,木箱和铁桶包装,码行列式垛,垛高不超过3 m,要整齐、牢固、不倾斜、勿倒置,垛距80~90 cm,墙距和柱距30 cm,便于操作和安全。

3) 在库检查:保管员除进行每日上班后、下班前的安全检查外,还应每三四个月进行一次质量检查,检查内容方法与入库验收同,发现问题及时做好养护工作,做好记录。

4) 温湿度管理:高温季节应以防热为主,随时掌握库内温湿度变化,根据需要和库内外温湿度变化,做好库房密封和通风降温降潮工作。

5) 安全作业:在装卸、搬运、堆码、整理等项工作时,必须轻拿轻放,防止摩擦震动和撞击。使用的机械应有防爆措施,各种工具必须是不易产生火花的铜制或铜合金制成。验收、质量检查、拆钉包装等必须在库外安全地点或专门场所进行,现场须有专人指导操作,配备一定数量的消防器材,操作完毕彻底清扫现场。凡参加作业人员,必须穿工作服戴手套等防护用品,不得赤身露体、赤脚操作,工作完毕应洗手漱口后方能进食。

6) 保管期限:2年。

注意事项:火灾时可用雾状水、砂土、二氧化碳灭火。火场须防止受热可能发生的爆炸,人员须远离着火地点。接触皮肤能造成皮炎与发绀;眼部接触能造成伤害,可用水冲洗,再用肥皂水彻底洗涤。

B4.8 品名:2,4-二硝基苯甲醚

编号:41013

别名:二硝基茴香醚

化学式:$CH_3OC_6H_3(NO_2)_2$

分子量:198.14

特性:无色至黄色结晶,能溶于醇和醚,微溶于热水,能升华。本品遇明火、高热易燃烧,与氧化剂混合,能成为有爆炸性的混合物,有毒。相对密度1.341(20 ℃);相对蒸气密度6.80;熔点89 ℃。

包装:试剂品为0.5~1.0 kg玻璃瓶,外加木箱,每箱净重不超过20 kg,箱内用松软泡沫塑料或气泡塑料垫填塞妥实,箱外用铁丝或铁皮加固。工业品为塑料袋外套铁桶盛装,严密封闭,物品可加大于15%的水作稳定剂,也可不加水。包装有品名、规格、重量、数量、危险品标志、出厂日期、注意事项等。

贮存条件:应贮存于阴凉、干燥、通风良好的库房内,严格封闭,门窗开关灵活,便于启闭、通风,有避光和防辐射措施;库内温度保持在30 ℃以下,相对湿度80%以下。库内照明和排风设备,应使用防爆和封闭式电器,严禁用明火照明。可与其他硝基、二硝基等易燃固体化合物同库贮存,不得与氧化剂、酸类、金属粉末、金属盐类等不同性质的物品混存。

养护:

1) 入库验收:包装应完整无破损,容器和外包装不沾有本品及其他杂物等,包装方法及衬垫符合规定,物品无变色、变质、异味等现象。

2) 堆码苫垫:码垛时应下垫一层枕木,木箱和铁桶包装,码行列式垛,垛高不超过3 m,要整齐、牢固、不倾斜、勿倒置,垛距80~90 cm,墙距和柱距30 cm,便于操作和安全。

3) 在库检查:保管员除进行每日上班后、下班前的安全检查外,还应每三四个月进行一次质量检查,检查内容方法与入库验收同,发现问题及时做好养护工作,做好记录。

4) 温湿度管理:高温季节应以防热为主,随时掌握库内温湿度变化,根据需要和库内外温湿度变化,做好库房密封和通风降温降潮工作。

5) 安全作业:在装卸、搬运、堆码、整理等项工作时,必须轻拿轻放,防止摩擦、震动和撞击,使用的机械应有防爆措施。各种工具必须是不易产生火花的铜制或铜合金制成。验收、质量检查、拆钉包装等必须在库外安全地点或专门场所进行,现场必须有专人指导操作,配备一定数量的消防器材,操作完毕彻底清扫现场。凡参加作业的人员必须穿戴防护用品,不得赤身露体、赤脚操作,工作完毕应洗手漱口后方能饮食。

6) 保管期限:2年。

注意事项:火灾时可用雾状水、砂土、二氧化碳灭火。火场须防止受热可能发生的爆炸,人员须远离着火地点。接触皮肤能造成皮炎发绀;眼部接触能造成伤害,可用水冲洗,再用肥皂彻底洗涤。

B4.9 品名:二硝基苯肼

编号:41014

化学式:$(NO_2)_2C_6H_3NH \cdot NH_2$

分子量:198.14

特性:红色结晶粉末,微溶于水和乙醇,能溶于无机稀酸、热醇、乙酸乙酯和苯胺等。燃点约200 ℃,是易燃固体。在酸性中稳定,而在碱性中不稳定;干燥时有爆炸性,含水量在20%以上时,则无爆炸危险;与氧化剂混合,能成为爆炸性混合物。主要用于化学试剂及炸药制造等。

包装:试剂品为0.5~1.0 kg玻璃瓶,外加木箱,每箱净重不超过20 kg,在箱内用松软泡沫塑料或气泡塑料垫填塞妥实,箱外用铁丝或铁皮加固。工业品为塑料袋外套铁桶盛装,严密封闭,物品可加大于15%的水作稳定剂,也可不加水。包装外标有品名、规格、重量、数量、危险品标志、出厂日期、注意事项等。

贮存条件:应贮存于阴凉、干燥、通风良好的库房内,严格封闭,门窗开关灵活,便于启闭通风有避光和防辐射措施;库内保持在30 ℃以下,相对湿度80%以下。库内照明和排风设备,应使用防爆和封闭电器,严禁用明火照明。可与其他硝基、二硝基等易燃固体化合物同库贮存,不得与氧化剂、酸类、金属粉末、金属盐类等不同性质的物品混存。

养护:

1) 入库验收:包装应完整无破损,容器和外包装不沾有本品及其他杂物等,包装方法及衬垫符合规定,物品无变色、变质、异味等现象。

2) 堆码苫垫:码垛时应下垫一层枕木,木箱和铁桶包装,码行列式垛,垛高不超过3 m,要整齐、牢固、不倾斜,勿倒置,垛距80~90 cm,墙距和柱距30 cm,便于操作和安全。

3) 在库检查:保管员除进行每日上班后、下班前的安全检查外,还应每三四个月进行一次质量检查,检查内容方法与入库验收同,发现问题及时做好养护工作,做好记录。

4) 温湿度管理:高温季节应以防热为主,随时掌握库内温度变化,根据需要和库内外温湿度变化,做好库房密封和通风降温降潮工作。

5) 安全作业:在装卸、搬运、堆码、整理等项工作时,必须轻拿轻放,防止摩擦、震动和撞击。使用的机械应有防爆措施,各种工具必须是不易产生火花的铜制或铜合金制成。验收、质量检查、拆钉包装等必须在库外安全地点或专门场所进行,现场必须有专人指导操作,配备一定数量的消防器材,操作完毕彻底清扫现场。凡参加作业人员必须穿工作服戴手套等防护用品,不得赤手露体、赤足操作,工作完毕应洗手漱口后方能饮食。

6) 保管期限:2年。

注意事项:火灾时可用雾状水、砂土、二氧化碳灭火。火场须防止受热可能发生的爆炸,人员须远离着水地点。接触皮肤能造成皮炎发绀；眼部接触能造成伤害,可用水冲洗,再用肥皂水彻底洗涤。

B4.10 品名:2,4-二硝基氯化苄

　　　　　2,4-二硝基苄基氯,氯化二硝基苄基

　　　　　2,4-二硝基氯化苯甲基

　　　　　2,4-二硝基苯(代)氯甲烷

编号:41015

化学式:$C_6H_3(NO_2)_2CH_2Cl$

分子量:216.58

特性:黄色柱状结晶,不溶于水,溶于有机溶剂。熔点 34 ℃,是易燃固体,易引起燃烧,急剧加热能引起爆炸。与金属接触能生成盐类,可引起爆炸。主要用于化学试剂。

包装:试剂品为玻璃瓶装,严封后装入木箱,箱内瓶与瓶之间均用塑料气泡垫填塞妥实。箱外用铁丝或铁皮加固。工业品为塑料袋,外套铁桶包装,桶口严密不漏,桶皮厚度不少于 0.5 mm。包装外均应标明产品名称、规格、重量、危险品标志、出厂日期、注意事项等。

贮存条件:贮存于阴凉、干燥、通风良好的库房内,门窗严密,且开关灵活,通风畅,窗玻璃涂白以防日光直晒。库温保持在 30 ℃ 以下,最高不超过 32 ℃,相对湿度 80% 以下。库房照明和排风设备,应使用防爆、封闭式电器,严禁用明火照明。与氧化剂、酸类等性质不同的物品分库贮存。

养护:

1) 入库验收:包装应无破损、受潮、水湿现象；内外包装无沾染杂质,产品感官质量无异变、受潮、结块、异味等不正常现象,做好记录。

2) 堆码苫垫:堆码时下垫一层枕木或垫高 15 cm 以上,码行列式货垛,要求整齐、美观、牢固,垛高不超过 2.5 m,垛距 80~90 cm,墙距、柱距 30 cm。

3) 在库检查:保管员除每日上班后、下班前进行安全检查外,还应每三个月对库存物品进行一次质量检查,检查项目和内容与入库验收相同,发现问题及时采取封闭、修补、调温、调湿等养护措施,做好检查记录。

4) 温湿度管理:主要控制好库房温湿度变化,高温季节以防热为主,梅雨季节以防潮为主。根据库内外温湿度变化,随时掌握库房门窗密封和通风降温与散潮情况,不宜使用去湿机降潮。

5) 安全作业:鉴于本品对热、摩擦、撞击易引起燃烧的特点,在装卸、搬运、堆码、整理等各项操作中,必须轻搬、轻放、防止摩擦和撞击,桶装不得在地面滚动。使用的机械应有防爆措施,小工具须用铜制或铜合金等不易产生火花的制品。验收、质量检查、拆钉包装等各项操作,须在专门场所或库外安全地点进行,现场有专人指导作业,并配备相应的消防器材,作业完毕彻底清除现场杂物。参加作业人员穿工作服、戴手套等防护用品,不得赤手露体、赤足操作,工作完毕应洗手、漱口方能饮食。

6) 保管期限:1 年。

注意事项:火灾时可用水、泡沫、砂土、二氧化碳扑救。本品燃烧时产生剧毒的氮氧化物,参加灭火抢救人员应注意防毒。若吸入蒸气或经皮肤吸收,都会造成头痛、眩晕与呕吐,严重时会昏迷不醒等。有此症状者,立即送医院诊治,接触皮肤或眼睛立即用清水冲洗,用

肥皂洗手,干净为止。

B4.11 品名:1,5-二硝基萘;1,8-二硝基萘

编号:41016

别名:硝化樟脑

化学式:$C_{10}H_6(NO_2)_2$

分子量:218.17

特性:黄色针状结晶,能溶于水和一般有机溶剂,有多种同分异构体。易燃固体,有毒,遇高热、明火有引起燃烧的危险,与氧化剂混合能成为爆炸性的混合物。相对蒸气密度7.51;熔点 217 ℃(1,5位),173~173.5 ℃(1,8位);爆点:318 ℃;爆燃气体体积 488 L/kg。主要用于有机合成、染料等。

包装:试剂品为玻璃瓶装,严封后再装入坚固木箱,在箱内用松软泡沫塑料或气泡垫填塞妥实,箱外用铁丝或铁皮加固。工业品为塑料袋外套铁桶盛装,严密封闭,容器内可加大于15%的水作稳定剂,也可不加水。包装外有品名、规格、重量、数量、危险品标志、出厂日期、注意事项等。

贮存条件:应贮存于阴凉、干燥、通风良好的库房内,严密封闭,门窗开关灵活,便于启闭,库房通风并有避光和防辐射措施。库内保持在 30 ℃以下,相对湿度 80%以下。库内有照明和排风设备,应使用防爆和封闭式电器,严禁用明火照明。可与其他硝基、二硝基等易燃固体化合物同库贮存,不得与氧化剂、酸类、金属粉末、金属盐类等不同性质的物品混存。

养护:

1) 入库验收:包装应完整无破损,容器和外包装不沾有本品及其他杂物等,包装方法及衬垫符合规定,物品无变色、变质、异味等现象。

2) 堆码苫垫:码垛时应下垫一层枕木,木箱和铁桶包装,码行列式垛,垛高不超过3 m,要整齐、牢固、不倾斜,勿倒置,垛距80~90 cm,墙距和柱距30 cm。

3) 在库检查:保管员除进行每日上班后、下班前的安全检查外,还应每三四个月进行一次质量检查,检查内容方法与入库验收相同,发现问题及时做好养护工作,做好记录。

4) 温湿度管理:高温季节应以防热为主,随时掌握库内温湿度变化,根据需要和库内外温湿度变化,做好库房密封和通风降温降潮工作。

5) 安全作业:在装卸、搬运、堆码、整理等项工作时,必须轻拿轻放,防止摩擦、震动和撞击。使用的机械应有防爆措施,各种工具必须是不易产生火花的铜制或铜合金制成。验收、质量检查、拆钉包装等必须在库外安全地点专门场所进行,现场须有专人指导操作,配备一定数量的消防器材,操作完毕彻底清扫现场。凡参加作业人员,必须穿工作服戴手套等防护用品,不得赤手露体、赤足操作,工作完毕应洗手漱口方能饮食。

6) 保管期限:2年。

注意事项:火灾时可用雾状水、砂土、二氧化碳灭火。火场须防止受热可能发生的爆炸,人员须远离着火地点。接触皮肤能造成皮炎与发绀;眼部接触能造成伤害,可用水冲洗,再用肥皂水彻底洗涤。

B4.12 品名:邻-二硝基苯

化学式:$C_6H_4(NO_2)_2$

分子量:168.11

特性:无色或淡黄色片状结晶,有苦杏仁味,有挥发性,能与水蒸气同时挥发,可溶于醇,微溶于水。易燃固体,易引起燃烧,受摩擦、高热或与氧化剂接触能引起燃烧或爆炸。有毒,接触皮肤可引起皮炎,吸入蒸气能使人头痛等。相对密度1.571;相对蒸气密度5.79;熔点118 ℃;沸点319 ℃;闪点150 ℃(闭杯)。主要用于有机合成、染料中间体等。

包装:试剂品为玻璃瓶装,严封后再装入木箱,箱内瓶与瓶之间均用塑料气泡垫填塞妥实,箱外用铁丝或铁皮加固。工业品为塑料袋,外套铁桶包装,桶口严密不漏,桶皮厚度不小于0.5 mm。包装外均应标明产品名称、规格、重量、危险品标志、出厂日期、注意事项等。

贮存条件:贮存于阴凉、干燥通风良好的库房内,门窗严密,且开关灵活,通风畅,窗玻璃涂白以防日光直晒。库温保持在30 ℃以下,最高不超过32 ℃,相对湿度80%以下。库房照明和排风设备,应使用防爆、封闭式电器,严禁用明火照明。与氧化剂、酸类等性质不同的物品分库贮存。

养护:
1) 入库验收:包装应无破损、受潮、水湿现象,内外包装无沾染杂质,感官质量无异变、受潮、结块、异味等不正常现象,做好记录。
2) 堆码苫垫:堆码时下垫一层枕木或垫高15 cm以上,码行列式货垛,要求整齐、美观、牢固,垛高不超过2.5 m,垛距80～90 cm,墙距、柱距15 cm。
3) 在库检查:保管员除每日班前班后进行检查外,还应每三个月对库存物品进行一次质量检查,检查项目和内容与入库验收同,发现问题及时采取封闭、修补、调温、调湿等养护措施,做好检查记录。
4) 温湿度管理:主要控制好库房温湿度变化,高温季节以防热为主,梅雨季节以防潮为主。根据库内外湿温度变化,随时掌握库房门窗密封和通风降温与散潮情况,不宜使用去湿机降潮。
5) 安全作业:鉴于本品对热、摩擦、撞击易引起燃烧的特点,在装卸、搬运、堆码、整理等各项操作中,必须轻搬、轻放,防止摩擦和撞击,桶装不得在地面滚动。使用的机械应有防爆措施,小工具须用铜制或铜合金等不易产生火花的制品。验收、质量检查、拆钉包装等各项操作,须在专门场所或库外安全地点进行,现场有专人指导作业,并配备相应的消防器材,作业完毕彻底清除现场杂物。参加作业人员穿工作服、戴手套等防护用品,不得赤身露体、赤脚操作,工作完毕应洗手、漱口方能饮食。
6) 保管期限:1年。

注意事项:火灾时可用水、泡沫、二氧化碳、砂土等扑救。燃烧时能生成剧毒的氮氧化物,参加救火人员须注意防毒。如接触皮肤可用肥皂水洗涤,发现头痛、眩晕或呕吐,立即送医院诊治。

B4.13 品名:间-二硝基苯

化学式:$C_6H_4(NO_2)_2$

分子量:168.11

特性:纯品为无色固体,粗制品因含有微量杂质,略呈淡黄色,能随水蒸气同时挥发,微溶于水,能溶于乙醇、乙醚和苯中,其蒸气较空气重4.8倍。相对密度1.573;熔点89 ℃;沸点301 ℃;爆燃点300 ℃;爆速6 160 m/s;爆轰气体体积717 L/kg;爆温2 497 ℃。易燃固体,其蒸气与空气能形成爆炸性混合物。不含水分的干品,对摩擦作用较为敏感,遇明火、高温易燃烧,与氧化剂混合,极易发生燃烧爆炸。主要用于染料、有机合成的中间体,亦可用于制造炸药。

包装:试剂品为玻璃瓶装,严封后再装入木箱,箱内瓶与瓶之间均用塑料气泡垫填塞妥实,箱外用铁丝或铁皮加固。工业品为塑料袋,外套铁桶包装,桶口严密不漏,桶皮厚度不小于 0.5 mm。包装外均应标明产品名称、规格、重量、危险品标志、出厂日期、注意事项等。

贮存条件:贮存于阴凉、干燥、通风良好的库房内,门窗严密,且开关灵活,空气畅通,窗玻璃涂白以防日光直晒。库温保持在 30 ℃ 以下,最高不超过 32 ℃,相对湿度 80% 以下。库房照明和排风设备应使用防爆、封闭式电器,严禁用明火照明。与氧化剂、酸类等性质不同的物品分库贮存。

养护:
1) 入库验收:包装应无破损、受潮、水湿现象,内外包装无沾染杂质,感官质量无异变、受潮、结块、异味等不正常现象,做好记录。
2) 堆码苫垫:堆码时下垫一层枕木或垫高 15 cm 以上,码行列式货垛,要求整齐、美观、牢固,垛高不超过 2.5 m,垛距 80～90 cm,墙距、柱距 15 cm。
3) 在库检查:保管员除每日班前班后进行安全检查外,还应每三个月进行一次质量检查,检查项目和内容与入库验收同,发现问题及时采取封闭、修补、调温、调湿等养护措施,做好检查记录。
4) 温湿度管理:主要控制好库房温湿度变化,高温季节以防热为主,梅雨季节以防潮为主。根据库内外温湿度变化,随时掌握库房门窗密封、通风降温与散潮情况,不宜使用去湿机降潮。
5) 安全作业:鉴于本品对热、摩擦、撞击易引起燃烧的特点,在装卸、搬运、堆码、整理等各项操作中,必须轻搬轻放,防止摩擦和撞击,桶装不得在地面滚动。使用的机械应有防爆措施,小工具须用铜质或铜合金等不易产生火花的制品。验收、质量检查、拆钉包装等各项操作,须在专门场所或库外安全地点进行,现场有专人指导作业,并配备相应的消防器材,作业完毕彻底清除现场杂物。参加作业人员穿工作服,戴手套等防护用品,不得赤身露体、赤脚操作,工作完毕应洗手、漱口方能饮食。
6) 保管期限:1 年。

注意事项:火灾时可用泡沫、砂土、二氧化碳扑救。本品燃烧时产生剧毒的氮氧化物,参加灭火抢救人员应注意防毒。若吸入蒸气或经皮肤吸收,都会造成头痛、眩晕与呕吐,严重时会昏迷不醒等。有此症状者,立即送医院诊治,皮肤或眼睛接触立即用清水冲洗,用肥皂洗手,干净为止。

B4.14 品名:对-二硝基苯

化学式:$C_6H_4(NO_2)_2$

分子量:168.11

特性:黄色结晶,能溶于醇,微溶于水,有挥发性,能随水蒸气同时挥发,其蒸气比空气重 4.8 倍。相对密度 1.587;熔点 173 ℃;沸点 299 ℃。易燃固体,其蒸气能与空气形成爆炸性混合物,遇火种或高温能引起燃烧,与氧化剂混合能成为爆炸性混合物。主要用于有机合成染料。

包装：试剂品为玻璃瓶装，严封后再装入木箱，箱内瓶与瓶之间均用塑料气泡垫填塞妥实，箱外用铁丝或铁皮加固。工业品为塑料袋，外套铁桶包装，桶口严密不漏，桶皮厚度不少于 0.5 mm。包装外均应标明产品名称、规格、重量、危险品标志、出厂日期、注意事项等。

贮存条件：贮存于阴凉、干燥、通风良好的库房内，门窗严密，且开关灵活，空气畅通，窗玻璃涂白以防日光直晒。库温保持在 30 ℃ 以下，最高不超过 32 ℃，相对湿度 80% 以下。库房照明和排风设备，应使用防爆、封闭式电器，严禁用明火照明。与氧化剂、酸类等性质不同的产品分库贮存。

养护：

1) 入库验收：包装应无破损，受潮、水湿现象，内外包装无沾染杂质，感官质量无异变、受潮、结块、异味等不正常现象，做好记录。

2) 堆码苫垫：堆码时下垫一层枕木或垫高 15 cm 以上，码行列式货垛，要求整齐、美观、牢固，垛高不超过 2.5 m，垛距 80～90 cm，墙距、柱距 15 cm。

3) 在库检查：保管员除每日上班后、下班前进行安全检查外，还应每三个月进行一次质量检查，检查项目和内容与入库验收同，发现问题及时采取封闭、修补、调温、调湿等养护措施，做好检查记录。

4) 温湿度管理：主要控制好库房温湿度变化，高温季节以防热为主，梅雨季节以防潮为主。根据库内外温湿度变化，随时掌握库房门窗密封和通风降温与散潮，不宜使用去湿机降潮。

5) 安全作业：鉴于本品对热、摩擦、撞击易引起燃烧的特点，在装卸、搬运、堆码、整理等各项操作中，必须轻搬、轻放，防止摩擦和撞击，桶装不得在地面滚动。使用的机械应有防爆措施，小工具须用铜质或铜合金等不易产生火花的制品。验收、质量检查、拆钉包装等各项操作，须在专门的库房或库外安全地点进行，现场有专人指导作业，并配备相应的消防器材，作业完毕彻底清除现场杂物。参加作业人员穿工作服、戴手套等防护用品，不得赤身露体、赤脚操作，工作完毕应洗手、漱口方能饮食。

6) 保管期限：1 年。

注意事项：火灾时可用水、泡沫、砂土、二氧化碳扑救。本品燃烧时产生剧毒的氮氧化物，参加灭火抢救人员应注意防毒。若吸入蒸气或经皮肤吸收，都会造成头痛、眩晕与呕吐，严重时会昏迷不醒等。有此症状者，立即送医院诊治，接触皮肤或眼睛立即用清水冲洗，用肥皂洗手，干净为止。

B4.15 品名：2,4-二硝基甲苯

化学式：$C_6H_3CH_3(NO_2)_2$

分子量：182.14

特性：黄色针状结晶，有苦杏仁味，微溶于水、乙醇及乙醚，易溶于丙酮和苯。易燃固体，容易引起燃烧，燃烧时产生大量黑烟，烟雾有刺激性。加热至 300 ℃ 时分解。遇明火、高热极易引燃。与氧化剂混合，能成为爆炸性混合物。相对密度 1.521(15 ℃)；相对蒸气密度 6.27；熔点 69.5 ℃；沸点 300 ℃；闪点 207 ℃；爆炸点 360 ℃（发火）；爆轰气体体积 602 L/kg。主要用于染料中间体、炸药等。

包装：试剂品为玻璃瓶装，严封后再装入木箱，箱内瓶与瓶之间均用塑料气泡垫填塞妥实,箱外用铁丝或铁皮加固。工业品为塑料袋,外套铁桶包装,桶口严密不漏,桶皮厚度不少于 0.5 mm。包装外均应标明品名、规格、重量、危险品标志、出厂日期、注意事项等。

贮存条件:贮存于阴凉、干燥、通风良好的库房内,门窗严密,且开关灵活,空气畅通,窗玻璃涂白以防日光直晒。库温保持在 30 ℃ 以下,最高不超过 32 ℃,相对湿度 80% 以下。库房照明和排风设备,应使用防爆、封闭式电器,严禁用明火照明。与氧化剂、酸类等性质不同的物品分库贮存。

养护:
1) 入库验收:包装应无破损、受潮、水湿现象,内外包装无沾染杂质,感官质量无异变、受潮、结块、异味等不正常现象,做好记录。
2) 堆码苫垫:堆码时下垫一层枕木或垫高 15 cm 以上,码行列式货垛,要求整齐、美观、牢固,垛高不超过 2.5 m,垛距 80~90 cm,墙距、柱距 15 cm。
3) 在库检查:保管员除每日班前班后进行安全检查外,还应每三个月对库存品进行一次质量检查,检查项目和内容与入库验收同,发现问题及时采取封闭、修补、调温、调湿等措施,做好检查记录。
4) 温湿度管理:主管控制好库房温度变化,高温季节以防热为主,梅雨季节以防潮为主。根据库内外温湿度变化随时掌握库房门窗密封、通风降温与散潮情况,不宜使用去湿机降湿。
5) 安全作业:鉴于本品对热、摩擦、撞击易引起燃烧的特点,在装卸、搬运、堆码、整理等各项操作中,必须轻搬、轻放,防止摩擦和撞击,桶装不得在地面滚动。使用的机械应有防爆措施,小工具须用铜质或铜合金等不易产生火花的制品。验收、质量检查、拆钉包装等各项操作,须在专门场所或库外安全地点进行,现场有专人指导作业,并配备相应的消防器材,作业完毕彻底清除现场杂物。参加作业人员穿工作服,戴手套等防护用品,不得赤身露体、赤脚操作,工作完毕应洗手、漱口方能饮食。
6) 保管期限:1 年。

注意事项:火灾时可用水、泡沫、砂土、二氧化碳扑救。本品燃烧时产生剧毒的氮氧化物,参加灭火抢救人员应注意防毒。若吸入蒸气或经皮肤吸收,都会造成头痛、眩晕与呕吐,严重时会昏迷不醒等。有此症状者,立即送医院诊治,接触皮肤或眼睛立即用清水冲洗,用肥皂洗手,干净为止。

B4.16 品名:对-亚硝基苯酚

别名:对-亚硝基酚

化学式:NOC_6H_4OH

分子量:123.11

特性:黄色针状结晶或淡棕色片状结晶,能溶于乙醇、乙醚和丙酮,略溶于水,溶于碱液呈棕色,稀释后复成绿色。熔点 144 ℃(分解)。易燃固体,并有毒性,在 124 ℃ 变成棕色,144 ℃ 分解,如含有不纯物则发生强烈燃烧。遇明火,受高热或接触浓酸、浓碱均能引起燃烧爆炸。主要用于染料、化学试剂等。

包装:试剂为玻璃瓶装,严封后再装入坚固木箱,在箱内用松软泡沫塑料或气泡垫填塞妥实,箱外用铁丝或铁皮加固。工业品为塑料袋外套铁桶盛装,严密封闭,产品内可加大于 15% 的水作稳定剂,也可不加水。包装外有品名、规格、重量、数量、危险品标志、出厂日期、注意事项等。

贮存条件:应贮存于阴凉、干燥、通风良好的库房内,严密封闭,门窗开关灵活,便于启闭通风,有避光和防辐射措施。库内保持在30℃以下,相对湿度80%以下。库内照明和排风设备应使用防爆和封闭式电器,严禁明火照明。可与其他含硝基、二硝基等易燃固体化合物同库贮存,不得与氧化剂、酸类、金属粉末、金属盐类等不同性质的物品混存。

养护:
1) 入库验收:包装应完整无损,容器和外包装不沾有本品及其他杂物等,包装方法及衬垫符合规定,物品体无变色、变质、异味等现象。
2) 堆码苫垫:码垛时应下垫一层枕木,木箱和铁桶包装,码行列式垛,垛高不超过3 m,要整齐、牢固、不倾斜、勿倒置,垛距80～90 cm,墙距和柱距30 cm。
3) 在库检查:保管员除进行每日上班后、下班前的安全检查外,还应每三四个月进行一次质量检查,检查内容方法与入库验收同,发现问题及时做好养护工作,做好记录。
4) 温湿度管理:高温季节以防热为主,随时掌握库内温湿度变化,根据需要和库内外温湿度变化,做好库房密封、通风降温降潮工作。
5) 安全作业:在装卸、搬运、堆码、整理等项工作时,必须轻拿轻放,防止摩擦、震动和撞击。使用的机械应有防爆措施,各种工具必须是不易产生火花的铜制或铜合金制成。验收、质量检查、拆钉包装等,必须在库外安全地点或专门场所进行,现场须有专人指导操作,配备一定数量的消防器材,操作完毕彻底清扫现场。凡参加作业人员必须穿工作服、戴手套等防护用品,不得赤身露体、赤脚操作,工作完毕应洗手、漱口后方能饮食。
6) 保管期限:2年。

注意事项:火灾时可用雾状水、砂土、二氧化碳灭火。火场须防止受热可能发生的爆炸,人员须远离着火地点。接触皮肤能造成皮炎与发绀,眼部接触能造成伤害,可用水冲洗,再用肥皂彻底洗涤。

B4.17 品名:N,N'-二亚硝基五亚甲基四胺(含纯感剂)

编号:41021

别名:发孔剂 H

化学式:$(CH_2)_5(NO)_2N_4$

分子量:186.16

特性:微黄色松散晶体或粉末状,易溶于丙酮,略溶于三氯甲烷,不溶于乙醚和水。相对密度1.45～1.51;熔点200℃(分解);分解温度190～205℃;水分小于1%。易燃,有毒,遇高温即可分解爆炸;遇酸类、酸的蒸气、酸性物品立即分解,发生燃烧;与氧化剂混合能成为爆炸性混合物。主要用于各种橡胶和塑料的发孔剂。

包装:试剂品为0.5～1.0 kg玻璃瓶装,外加木箱,每箱净重不超过20 kg,在包装的内侧和瓶与瓶之间用泡沫塑料或塑料气泡垫衬垫妥实,使整个木箱内外形成一体。工业品为塑料袋外套铁桶(每桶净重不超过50 kg),袋口捆扎严密,桶口严密封闭,内圈加海绵胶垫。在包装上均应注明品名、规格、重量、易燃标志、批号、注意事项。

贮存条件:应贮存于阴凉、干燥、通风良好的库房内,门窗开关灵活,便于启闭通风,密封严,窗玻璃涂白,防日光直晒。有条件的最好单独保存,无单存条件者,可与其他不含酸性的易燃固体同库贮存,但绝对不得与氧化剂、酸和酸性物品同存。库内温度在 30 ℃ 以下,相对湿度 80% 以下。

养护:

1) 入库验收:包装应完整无破损,内外包装无沾染其他物品,标记齐全,内外包装封闭严密,符合包装要求,应无异状、结块、杂质、异味等。
2) 堆码苫垫:码垛时应下垫一层枕木或垫高 15 cm,码行列式垛,铁桶装层层垫木板,垛高不超过 3 m,垛距 80~90 cm,墙距、柱距 30 cm。
3) 在库检查:保管员除进行每日上班后、下班前的安全检查外,还应每三个月进行一次质量检查,检查内容方法与入库验收同,发现问题及时采取相应的养护措施,如封口、整理等,并做好详细记录。
4) 温湿度管理:高温季节以防热为主,利用自然气候,根据库内外温湿度变化做好密封和通风降温工作。
5) 安全作业:操作人员必须穿工作服、戴手套,在装卸、堆码、搬运、整理包装等项工作中,必须轻拿轻放,防止摩擦、撞击和滚动。使用的机械要有防爆措施,宜用铜制或铜合金工具,以免产生火花;使用的各种搬运机械和工具必须注意不得沾染其他物品和酸性物品。验收、质量检查、包装整理、拆钉包装等项作业,必须在专用地点或临时指定地点进行,不得在库内作业,现场必须有专人指导,并配有相应的消防器材。
6) 保管期限:1 年。

注意事项:火灾时可用大量水、砂土扑救,严禁用酸碱式泡沫灭火机。本品在高温条件下分解生成有毒气体,参加灭火和抢救人员须戴防毒面具。

B4.18 品名:苦味酸芴

编号:41028

化学式:$C_{18}H_{13}N_3O_7$

分子量:395.32

特性:红棕色结晶体。易燃,化学性质不稳定,遇水和有机溶液分解。有毒。遇强烈震动或受热能引起燃烧。主要用于化学试剂和染料等。

包装:试剂品为玻璃瓶装,严封后再装入坚固木箱,在箱内用松软泡沫塑料或气泡垫衬垫妥实,箱外用铁丝或铁皮加固。工业品为塑料袋外套铁桶盛装,严密封闭,容器内可加大于 15% 的水作稳定剂,也可不加水。包装外有品名、规格、重量、数量、危险品标志、出厂日期、注意事项等。

贮存条件:应贮存于阴凉、干燥、通风良好的库房内,严密封闭,门窗开关灵活,便于启闭通风,有避光和防辐射措施。库内保持在 30 ℃ 以下,相对湿度 80% 以下。库内照明和排风设备应使用防爆和封闭式电器,严禁用明火照明。可与其他含硝基、二硝基等易燃固体化合物同库贮存,不得与氧化剂、酸类、金属粉末、金属盐类等不同性质的物品混存。

养护:

1) 入库验收:包装应完整无损,容器和外包装不沾有本品及其他杂物等,包装方法及衬垫符合规定,物品无变色、变质、异味等现象。
2) 堆码苫垫:码垛时应下垫一层枕木,木箱和铁桶包装,码行列式垛,垛高不超过

3 m,要整齐、牢固、不倾斜、勿倒置,垛距 80～90 cm,墙距和柱距 30 cm。

3) 在库检查:保管员除进行每日上班后、下班前的安全检查外,还应每三四个月进行一次质量检查,检查内容、方法与入库验收同,发现问题及时做好养护工作,做好记录。

4) 温湿度管理:高温季节以防热为主,随时掌握库内温湿度变化,根据需要和库内外温湿度变化,做好库房密封、通风降温降潮工作。

5) 安全作业:在装卸、搬运、堆码、整理等项工作时,必须轻拿轻放,防止摩擦、震动和撞击。使用的机械应有防爆措施,各种工具必须是不易产生火花的铜制或铜合金制成。验收、质量检查、拆钉包装等,必须在库外安全地点或专门场所进行,现场须有专人指导操作,配备一定数量的消防器材,操作完毕彻底清扫现场。凡参加作业人员必须穿工作服、戴手套等防护用品,不得赤身露体、赤脚操作,工作完毕应洗手、漱口后方能饮食。

6) 保管期限:2 年。

注意事项:火灾时可用雾状水、砂土、二氧化碳灭火。火场须防止受热可能发生的爆炸,人员须远离着火地点。接触皮肤能造成皮炎与发绀,眼部接触能造成伤害,可用水冲洗,再用肥皂彻底洗涤。

B4.19 品名:硝酸纤维素酯(含氮量 12.5% 以下)

别名:硝化棉、硝化纤维素、低氮硝化纤维素

编号:41031

化学式:$C_{12}H_{16}O_6(NO_3)_4$

分子量:504.3

特性:一硝酸纤维素酯、二硝酸纤维素酯和三硝酸纤维素酯的混合物,其含量在 12.5% 以下(12.5% 以上的为爆炸品)。虽经过化合,但外观仍保持天然棉的白色絮状,能溶于醇、醚混合液(1:3),能在丙酮等有机溶剂中发生胶凝作用。相对密度 1.66;熔点 160～170 ℃;闪点 12.78 ℃;自燃点 170 ℃。易燃,极易燃烧,干品尤甚,燃烧迅速猛烈,一燃而尽。为稳定起见,物品中加入一定量的乙醇作为稳定剂。与碱或碱性蒸气高温作用下,容易泛黄而分解,在分解过程中产生高热直至自行燃烧。干燥品遇火星、高温、与氧化剂和有机胺(如乙二胺、间苯二甲胺)接触会发生燃烧爆炸。主要用于制造喷漆、赛璐珞、胶帽、胶套、封口胶、漆布、漆纸等。

包装:试剂品为塑料袋,外套塑料瓶或小铁听包装,封口严密,再装入坚固木箱内,在包装木箱内填入轻质不燃粉状物料,作为衬垫和防震。工业品为塑料袋,外套大口铁桶包装,每桶装 50 kg。包装外注明品名、规格、重量、易燃标志、出厂日期及"防晒""防热"等标志。

贮存条件:应贮存于阴凉、干燥、通风良好的库房内,库房墙壁和顶部宜安装隔热层,以控制温度,最好在半地下堡贮存,要门窗开关灵活,通风畅、密封严,窗玻璃涂白色防日光直接照射。库温保持在 25 ℃ 以下,最高不超过 28 ℃,相对湿度 80% 以下。库内应无电源和火种,如须照明宜用手电筒或由库外向内照明。宜专库贮存,严禁与氧化剂、碱类(如脂胺)等性质不同的物品混存。

养护:

1) 入库验收:凡入库物品需事先索取质量指标检测报告单。包装应完整无破损,封

闭严密,稳定剂不渗漏,内外包装不得沾有本品或其他物品、杂物、污染等,包装、衬垫应符合规定。本品应为白色絮状的棉花,不泛黄,除酒精味外,无其他气味;无酸性反应等异常现象,用手捏棉体有湿润感,即为稳定剂合适,如发现耐热度、发火点、游离酸三项中有一项不合格者,立即退厂经处理合格后方能入库。

2) 堆码苫垫:垛底垫高 15～30 cm,货垛码行列式要整齐牢固、不倾斜、不倒置,垛高 2.5 m 以下,垛距 80～90 cm,墙距、柱距 30 cm。

3) 在库检查:保管员除进行上班后、下班前安全检查外,还应每三个月对库存物品进行一次开包检查,检查方法和内容与入库验收同。如发现稳定剂缺乏或物品变干燥,必须立即加添酒精;如果棉体泛黄或有酸味或有棕白色气体出现,说明已开始变质,应及时挑选有问题的移出仓库,放置安全地点,及时处理。

4) 温湿度管理:应严格控制库内温湿度,可采取整库密封、库房外墙涂白、夜间通风降温,炎热季节实行夜间出入库作业,梅雨季节要做好防潮降潮工作。

5) 安全作业:本品燃点低,对撞击、摩擦敏感,故在装卸、搬运、堆码、整理等作业时,必须轻拿轻放,防止摩擦、撞击和地面滚动;大口桶装用专用车出入库房,各种工具必须是不产生火花的铜质、包铜或铜合金制品。验收、质量检查、拆钉包装、整理包装等操作必须在库外安全地点或专用场所进行,现场有专人指导,并备足消防用水,整理完毕必须将现场遗留物清除干净,作业人员穿工作服戴手套。

6) 保管期限:6 个月。

注意事项:火灾时可用大量水扑救。本品一旦引燃,往往形成爆炸性燃烧,难于施救,同时分解生成有毒的氮氧化物气体,救火人员应戴防毒面具并注意防止烧伤。

B4.20 品名:硝化沥青

编号:41033

特性:褐色粉末物,无味。软化点 240 ℃ 左右。易燃固体,有毒,遇火容易引起燃烧。

包装:试剂品为玻璃瓶装,严封后再装入坚固木箱,在箱内用松软泡沫塑料或气泡垫衬垫妥实,箱外用铁丝或铁皮加固。工业品为塑料袋外套铁桶盛装,严密封闭,物品内可加大于 15% 的水作稳定剂,也可不加水。包装外有品名、规格、重量、数量、危险品标志、出厂日期、注意事项等。

贮存条件:应贮存于阴凉、干燥、通风良好的库房内,严格封闭,门窗开关灵活,便于启闭通风,有避光和防辐射措施。库内保持在 30 ℃ 以下,相对湿度 80% 以下。库内照明和排风设备应使用防爆和封闭式电器,严禁用明火照明。可与其他含硝基、二硝基等易燃固体化合物同库贮存,不得与氧化剂、酸类、金属粉末、金属盐类等不同性质的物品混存。

养护:

1) 入库验收:包装应完整无损,容器和外包装不沾有本品及其他杂物,包装方法及衬垫符合规定,物品无变色、变质、异味等现象。

2) 堆码苫垫:码垛时应下垫一层枕木,木箱和铁桶包装,码行列式垛,垛高不超过 3 m,要整齐、牢固、不倾斜、勿倒置,垛距 80～90 cm,墙距和柱距 30 cm,便于操作和安全。

3) 在库检查:保管员除进行每日上班后、下班前的安全检查外,还应每三四个月进行一次质量检查,检查内容、方法与入库验收同,发现问题及时做好养护工作,做好记录。
4) 温湿度管理:高温季节以防热为主,随时掌握库内温湿度变化,根据需要和库内外温湿度变化,做好库房密封、通风降温降潮工作。
5) 安全作业:在装卸、搬运、堆码、整理等项工作时,必须轻拿轻放,防止摩擦、震动和撞击。使用的机械应有防爆措施,各种工具必须是不易产生火花的铜制或铜合金制成。验收、质量检查,拆钉包装等必须在库外安全地点或专门场所进行,现场须有专人指导操作,配备一定数量的消防器材,操作完毕彻底清扫现场。凡参加作业人员必须穿工作服、戴手套等防护用品,不得赤身露体、赤脚操作,工作完毕应洗手、漱口后方能饮食。
6) 保管期限:2年。

注意事项:火灾时可用雾状水、砂土、二氧化碳灭火。火场须防止受热可能发生的爆炸,人员须远离着火地点。接触皮肤能造成皮炎与发绀,眼部接触能造成伤害,可用水冲洗,再用肥皂彻底洗涤。

B4.21 品名:发泡剂 BSH

编号:41036

别名:苯磺酰肼

化学式:$C_6H_5SO_2NHNH_2$

分子量:172.20

特性:为浅黄色结晶或细微白色颗粒,易吸潮而不溶于水中。相对密度1.41~1.43;熔点95~100 ℃。易燃固体,有毒。在103~104 ℃时分解,放出氮气。对氧化剂敏感,遇火种、高热或与氧化剂接触,有引起燃烧的危险。

包装:试剂品为玻璃瓶装,外加木箱,在包装的内侧和瓶与瓶之间用泡沫塑料或塑料气泡垫衬妥实,使整个木箱内外形成一体。工业品为塑料袋,外套铁桶,袋口捆扎严密,桶口严格封闭,内圈加胶垫。在包装上均应注明品名、规格、重量、易燃标志、批号、注意事项等。

贮存条件:应贮存于阴凉、干燥、通风良好库房内,门窗开关灵活,通风畅、密封严,窗玻璃涂白防日光直晒。有条件的最好单独贮存,无单存条件者可与其他不含酸性的易燃固体同库贮存,但绝对不得与氧化剂、酸和酸性物品同存。库内温度在30 ℃以下,相对湿度80%以下。

养护:
1) 入库验收:包装应完整,无破损,内外包装无沾染其他物品,标记齐全,内外包装封闭严密,符合包装要求,物品应无异状、结块、杂质、异味等。
2) 堆码苫垫:码垛时应下垫一层枕木或垫高15 cm,码行列式货垛,铁桶装层层垫木板,垛高不超过3 m,垛距80~90 cm,墙距、柱距30 cm。
3) 在库检查:保管员除每日上班后、下班前进行安全检查外,还应每三个月对库存物品进行定期质量检查,检查项目与入库验收同,发现问题及时采取相应的养护措施,如封口、换装整理等,并做好详细记录。
4) 温湿度管理:高温季节以防热为主,利用自然气候,根据库内外温湿度变化做好密封和通风降温工作。
5) 安全作业:操作人员必须穿工作服、戴手套,在装卸、堆码、搬运、整理包装等项工作中,必须轻拿、轻放,防止摩擦、撞击和滚动。使用的机械要有防爆措施,宜用铜制或铜合金工具,以免产生火花;使用的各种搬运机械和工具必须注意不得沾染其他物品和酸性物品。验收、质量检查、包装整理、拆钉包装等项作业,必须在专用地点或临时指定地点进行,不得在库内作业,现场必须专人指导,并配有相应的消防器材。

6) 保管期限:1年。

注意事项:火灾时可用大量水、砂土扑救,严禁用酸碱或泡沫灭火机。本品在高温条件下分解生成有毒气体,参加灭火和抢救人员须戴防毒面具。

B4.22 品名:发泡剂 OB

编号:41038

别名:4,4-氧化-双苯磺酰肼、二苯磺酰肼醚、对,对-氧双苯磺酰肼

化学式:$(C_6H_4SO_2NHNH_2)_2O$

分子量:358.39

特性:白色针状结晶,无味、微溶于热水和乙醇,不溶于冷水和许多有机溶剂中。熔点151 ℃;相对密度1.52。易燃固体,约在 150 ℃开始熔融分解,放出氮气和水蒸气,其发孔能力为 120~140 倍(体积)。

包装:试剂品为玻璃瓶装,外加木箱,在包装的内侧和瓶与瓶之间用泡沫塑料或塑料气泡垫衬垫妥实,使整个木箱内外形成一体。工业品为塑料袋,外套铁桶,袋口捆扎严密,桶口严格封闭,内圈加胶垫。在包装上均应注明品名、规格、重量、易燃标志、批号、注意事项等。

贮存条件:应贮存于阴凉、干燥、通风良好的库房内,门窗开关灵活,通风畅、密封严,窗玻璃涂白防日光直晒。有条件的最好单独贮存,无单存条件者可与其他不含酸性的易燃固体同库贮存,但绝对不得与氧化剂、酸和酸性物品同存。库内温度在 30 ℃以下,相对湿度80%以下。

养护:

1) 入库验收:包装应完整无破损,内外包装无沾染其他物品,标记齐全,内外包装封闭严密,符合包装要求,物品应无异状、结块、杂质、异味等。

2) 堆码苫垫:码垛时应下垫一层枕木或垫高 15 cm,码行列式货垛,铁桶装层层垫木板,垛高不超过 3 m,垛距 80~90 cm,墙距、柱距 30 cm。

3) 在库检查:保管员除每日上班后、下班前进行安全检查外,还应每三个月对库存物品进行定期质量检查,检查项目与入库验收同,发现问题及时采取相应的养护措施,如封口、更换包装、整理等,并做好详细记录。

4) 温湿度管理:高温季节以防热为主,利用自然气候,根据库内外温湿度变化,做好密封和降温工作。

5) 安全作业:操作人员必须穿工作服、戴手套,在装卸、堆码、搬运、整理包装等项工作中,必须轻拿、轻放,防止摩擦、撞击和滚动。使用的机械要有防爆措施,宜用铜制或铜合金工具,以免产生火花;使用的各种搬运机械和工具必须注意不得沾染其他物品和酸性物品。验收、质量检查、包装整理、拆钉包装等项工作必须在专用地点或临时指定地点进行,不得在库内作业,现场必须有专人指导,并配有消防器材。

6) 保管期限:1年。

注意事项:火灾时可用大量水、砂土扑救,严禁用酸碱式泡沫灭火机。本品在高温条件下分解生成有毒气体,参加灭火和抢救人员须戴防毒面具。

B4.23 品名:发孔剂N

编号:41040

别名:偶氮二异丁腈

化学式:$NCC(CH_3)_2NNC(CH_3)_2CN$

分子量:164.21

特性:白色透明结晶,能溶于醇、甲苯、苯胺、乙醚、戊醇等,不溶于水中。熔点1 050 ℃(分解)。不稳定化合物,溶于丙酮会爆炸。受热在40 ℃时开始逐渐分解,在103～104 ℃时激烈分解,放出氮气及数种有机氰化物,对人体有毒,同时放出高热,可能引起爆炸。遇火、高温与氧化剂混合,经摩擦、撞击均可能引起燃烧。遇酸即引起激烈反映,遇发烟硝酸立即燃烧。

包装:试剂品为玻璃瓶装,外加木箱,在包装内和瓶与瓶之间用泡沫塑料或塑料气泡垫衬垫妥实,使整个木箱内外形成一体。工业品用塑料袋,外套铁桶,袋口捆扎严密,桶口严格封闭,内圈加胶垫。在包装上均应注明品名、规格、重量、易燃标志、批号、注意事项等。

贮存条件:应贮存于阴凉、干燥、通风良好的库房内,门窗开关灵活,通风畅、密封严,窗玻璃涂白防日光直晒。有条件的最好单独贮存,无单存条件者可与其他不含酸性的易燃固体同库贮存,但绝对不得与氧化剂、酸和酸性物品同存。库内温度在30 ℃以下,相对湿度80%以下。

养护:

1) 入库验收:包装应完整无破损,内外包装无沾染其他物品,标记齐全,内外包装封闭严密,符合包装要求,物品应无异状、结块、杂质、异味等。

2) 堆码苫垫:码垛时应下垫一层枕木或垫高15 cm,码行列式货垛,铁桶装层层垫木板,垛高不超过3 m,垛距80～90 cm,墙距、柱距30 cm。

3) 在库检查:保管员除每日上班后、下班前进行安全检查外,还应每三个月对库存物品进行定期质量检查,检查项目与入库验收同,发现问题及时采取相应的养护措施,如封口、更换包装、整理等,并做好详细记录。

4) 温湿度管理:高温季节以防热为主,利用自然气候,根据库内外温湿度变化,做好密封和降温工作。

5) 安全作业:操作人员必须穿工作服,戴手套,在装卸、堆码、搬运、整理包装等项工作中,必须轻拿、轻放,防止摩擦、撞击和滚动。使用的机械要有防爆措施,宜用铜制或铜合金工具,以免产生火花;使用的各种搬运机械和工具必须注意不得沾染其他物品和酸性物品。验收、质量检查、包装整理、拆钉包装等项工作必须在专用地点或临时指定地点进行,不得在库内作业,现场必须有专人指导,并配有消防器材。

6) 保管期限:1年。

注意事项:火灾时可用大量水、砂土扑救,严禁用酸碱式泡沫灭火机。本品在高温条件下分解生成有毒气体,参加灭火和抢救人员须戴防毒面具。

B4.24　品名:重氮氨基苯

编号:41053

别名:三氮二苯,苯胺基重氮苯

化学式:$C_6H_5N = NNHC_6H_5$

分子量:197.24

特性:黄色片状晶体或粉末,易溶于苯、醚和热醇,不溶于水。相对蒸气密度6.8;熔点89~99 ℃;沸点100 ℃以上(爆炸)。易燃固体,受热在100 ℃以上时爆炸,尤其受到强烈震动和高热,更易引起爆炸。有毒,接触皮肤能引起浮肿,粉末侵入眼内能引起角膜发炎。主要用于有机合成染料、镉的测定、化学试剂等。

包装:试剂品为玻璃瓶装,外加木箱,在包装的内侧和瓶与瓶之间用泡沫塑料或塑料气泡垫衬垫妥实,使整个木箱内外形成一体。工业品为塑料袋,外套铁桶,袋口捆扎严密,桶口严格封闭,内圈加胶垫。在包装上均应注明品名、规格、重量、易燃标志、批号、注意事项等。

贮存条件:应贮存于阴凉、干燥、通风良好的库房内,门窗开关灵活,通风畅、密封严,窗玻璃涂白防日光直晒。有条件的最好单独贮存,无单存条件者可与其他不含酸性的易燃固体同库贮存,但绝对不得与氧化剂、酸和酸性物品同存。库内温度在30 ℃以下,相对湿度80%以下。

养护:

1) 入库验收:包装应完整无破损,内外包装无沾染其他物品,标记齐全,内外包装封闭严密,符合包装要求,物品应无异状、结块、杂质、异味等。

2) 堆码苫垫:码垛时应下垫一层枕木或垫高15 cm,码行列式货垛,铁桶装层层垫木板,垛高不超过3 m,垛距80~90 cm,墙距、柱距30 cm。

3) 在库检查:保管员除每日上班后、下班前进行安全检查外,还应每三个月对库存物品进行定期质量检查,检查项目与入库验收同,发现问题及时采取相应的养护措施,如封口、更换包装、整理等,并做好详细记录。

4) 温湿度管理:高温季节以防热为主,利用自然气候,根据库内外温湿度变化,做好密封和通风降温工作。

5) 安全作业:操作人员必须穿工作服、戴手套,在装卸、堆码、搬运、整理包装等项工作中,必须轻拿、轻放,防止摩擦、撞击和滚动。使用的机械要有防爆措施,宜用铜制或铜合金工具,以免产生火花;使用的各种搬运机械和工具必须注意不得沾染其他物品和酸性物品。验收、质量检查、包装整理、拆钉包装等项工作必须在专用地点或临时指定地点进行,不得在库内作业,现场必须有专人指导,并配有消防器材。

6) 保管期限:1年。

注意事项:火灾时可用砂土、泡沫、二氧化碳、雾状水抢救。本品有毒,参加抢救人员注意防毒。如接触皮肤,可用肥皂水洗涤,进入眼中用清水冲洗,严重者送医院诊治。

B4.25　品名:1-重氮-2-苯酚-4-磺酸

别名:2,1-氧化重氮萘-4-磺酸

化学式:$C_{10}H_5N_2OSO_3H$

分子量:250.22

特性:黄色针状结晶或胶状物,能溶于碱生成块状物,难溶于水。熔点168 ℃。不稳定化合物,加热至 100 ℃以上即分解,易燃烧。主要用于偶氮染料、铬染料成分等。

包装:试剂品为玻璃瓶装,外加木箱,在包装的内侧和瓶与瓶之间用泡沫塑料或塑料气泡垫衬垫妥实,使整个木箱内外形成一体。工业品为塑料袋,外套铁桶,袋口捆扎严密,桶口严格封闭,内圈加胶垫。在包装上均应注明品名、规格、重量、易燃标志、批号、注意事项等。

贮存条件:应贮存于阴凉、干燥、通风良好的库房内,门窗开关灵活,通风畅、密封严,窗玻璃涂白防日光直晒。有条件的最好单独贮存,无单存条件者可与其他不含酸性的易燃固体同库贮存,但绝对不得与氧化剂、酸和酸性物品同存。库内温度在 30 ℃以下,相对湿度 80% 以下。

养护:

1) 入库验收:包装应完整无破损,内外包装无沾染其他物品,标记齐全,内外包装封闭严密,符合包装要求,物品应无异状、结块、杂质、异味等。

2) 堆码苫垫:码垛时应下垫一层枕木或垫高 15 cm,码行列式货垛,铁桶装层层垫木板,垛高不超过 3 m,垛距 80~90 cm,墙距、柱距 30 cm。

3) 在库检查:保管员除每日上班后、下班前进行安全检查外,还应每三个月对库存物品进行定期质量检查,检查项目与入库验收同,发现问题及时采取相应的养护措施,如封口、更换包装、整理等,并做好详细记录。

4) 温湿度管理:高温季节以防热为主,利用自然气候,根据库内外温湿度变化,做好密封和通风降温工作。

5) 安全作业:操作人员必须穿工作服、戴手套,在装卸、堆码、搬运、整理包装等项工作中,必须轻拿、轻放,防止摩擦、撞击和滚动。使用的机械要有防爆措施,宜用铜制或铜合金工具,以免产生火花;使用的各种搬运机械和工具必须注意不得沾染其他物品和酸性物品。验收、质量检查、包装整理、拆钉包装等项工作必须在专用地点或临时指定地点进行,不得在库内作业,现场必须有专人指导,并配有消防器材。

6) 保管期限:1 年。

注意事项:火灾时可用大量水、砂土扑救,严禁用酸碱式泡沫灭火机。本品在高温条件下分解生成有毒气体,参加灭火和抢救人员须戴防毒面具。

B4.26 品名:癸硼烷

编号:41056

别名:十硼氢、十硼烷

化学式:$B_{10}H_{14}$

分子量:122.32

特性:本品为白色晶体,有毒,能溶于苯、甲苯、烃类。相对密度 0.94;熔点 99.7 ℃;沸点 213 ℃;蒸气压 6.666 Pa。纯品在常温时稳定、不燃烧,在 300 ℃时缓慢分解成硼酸和氢气。遇水、潮湿空气、酸类、氧化剂、高热及明火能引起燃烧。主要用于聚合物合成、防腐剂、稳定剂等。

包装:装入玻璃瓶,严封后再装入木箱,箱内用松软材料衬垫牢固,箱外用铁皮或铁丝加固,每箱净重不超过 20 kg,每瓶净重不超过 1 kg。

贮存条件:应贮存于阴凉、干燥、通风地势高的库房内,库内不得漏雨水。与氧化剂、酸类、卤素、含水物质要分库存放。防止日光照射,温度要求在 30 ℃以下,相对湿度控制在

75%以下。

养护：

1) 入库验收：物品包装应符合要求，用不燃材料衬垫，桶、瓶、箱坚固不漏，能保证物品在贮存中的安全。物品应浸没在稳定剂中，物品表面应有光泽，只允许有极薄的氧化膜存在，不能外露出稳定剂液面。

2) 堆码苫垫：应根据库房地势条件，垛底垫高至少 30 cm，码两箱或两桶一批的行列式货垛，其高度不超过 2 m，货垛要牢固可靠，垛距 80～90 cm，墙距、柱距 30 cm。

3) 在库检查：保管员除每日上班后、下班前对库房进行安全检查外，还应按规定每三个月对物品进行一次开箱开桶的质量检查，查看包装容器的封口和物品，与入库验收的情况相对照，有无变化和异状，发现问题及时采取各种有效的修补、整理、添加稳定剂等措施。

4) 温湿度管理：其极易吸入空气中的水分而变质，遇水分立即引起燃烧或爆炸。在干燥季节要充分利用自然气候通风降潮；在夏季或梅雨季节，库房密封，同时采取库内放氯化钙、生石灰或用去湿剂吸潮，以保持库内相对湿度不超过 75％。

5) 安全操作：在搬运操作中，特别注意轻拿轻放，防止震动而使桶、瓶破裂，造成稳定剂流失，发生危险。各项验收、整理、换装、质量检查等操作必须在库外安全地方进行。

6) 保管期限：1 年。

注意事项：在雨天应关闭门窗，停止出库、入库等业务活动。如遇火灾，禁止用水和泡沫灭火机，可用干沙、石灰粉、干粉。皮肤灼烧后，用大量水冲洗，然后用 0.5％～10％乙酸冲洗，再用清水冲洗，严重者可送医院治疗。

B4.27 品名：聚苯乙烯珠体（可发性）

编号：41057

特性：外观与聚苯乙烯珠体相同，含 6％～9％石油醚，遇热易膨胀成多孔状物体。对热比较敏感，易燃烧。

包装：工业品为塑料袋外加纤维板桶包装。包装外应注明品名、规格、重量、危险品标志、出厂日期、注意事项等。

贮存条件：应贮存于阴凉、通风、干燥的库房内，门窗开关灵活，通风畅、密封严、窗玻璃涂白色防止日光直晒。库房温度 30 ℃ 以下，相对湿度 80％以下。库内照明和排风设备应使用防爆、密封式电器，严禁用明火照明。与氧化剂、酸类等不同性质的物品分库贮存。

养护：

1) 入库验收：包装应完整无破损、无受潮水湿现象，内外包装不沾染本品和其他物品，包装及衬垫应符合包装要求，物品无异状、无受潮、结块、异味等现象。

2) 堆码苫垫：码垛时下垫一层枕木，或垫高 30 cm 以上，堆行列式货垛，要求整齐、牢固，不靠墙、不靠柱，灯距应大于 1 m，一般垛高不超过 3 m，垛距 80～90 cm，墙距、柱距 30 cm。

3) 在库检查：保管员除进行每日上班后、下班前和风、雨、雪前后的安全检查外，还应每三个月对物品进行一次质量检查，其检查项目方法与入库验收同，检查出的问题及时采取各种相应的养护措施，并做好记录。

4) 温湿度管理:在高温季节应以防热为主,根据库内外温度变化,利用自然气候进行通风降温;梅雨季节以防潮为主,根据库内外相对湿度变化,进行通风散潮。
5) 安全作业:工作人员应穿工作服、戴手套,不得赤身露体操作,操作中必须轻拿轻放,禁止滚动、摩擦和撞击。使用撬、棍、锤子等工具须用铜制或铜合金制成,以免产生火花,使用的机械应有防爆措施。物品验收、质量检查、包装整理、拆钉包装等,必须在专用或指定的安全地点进行,一律不得在库内操作,操作现场必须有熟悉业务的人员指导,配备相应的消防器材,工作完毕彻底清扫现场,用水冲洗干净。
6) 保管期限:1年。

注意事项:火灾时可用水、砂土、泡沫、二氧化碳灭火剂扑救、防毒。

B4.28 品名:硫

编号:41501

别名:硫磺

化学式:S

分子量:32.06

特性:硫分为块状和粉状两种,块状叫硫磺块,粉状的叫硫磺粉;还有沉降硫、升华硫和棒状硫等数种,均为淡黄色。硫溶于苯、甲苯、四氯化碳及二硫化碳,微溶于醇及醚,不溶于水。相对密度1.950(粉),2.06(块),1.803(液体);熔点112.8~119 ℃;沸点446.6 ℃;闪点207.20 ℃(闭杯);自燃点232.2 ℃;爆炸下限 2.3 g/m³;最大爆炸压力 2.736×10^7 Pa;最小点火能量 15 mJ。硫的化学性质比较活泼,当与强氧化剂混合或作用时,能成为爆炸混合物。当与强还原剂混合反应时,又表现为氧化剂。遇火容易燃烧,燃烧时发生蓝色火焰,生成有毒和强烈刺激性的二氧化硫气体。硫粉在空气中飞扬,能形成带电的云状粉尘,达到爆炸下限浓度时,遇火种立即引起粉尘爆炸。当硫体受到撞击和摩擦时,即可引起爆炸。主要用于制造硫酸、硫化染料、漂白剂、塑料、硫化橡胶、杀虫剂等。

包装:工业品用麻袋或塑编袋盛装,试剂、医药品用玻璃瓶装,袋装每袋不超过 50 kg,玻璃瓶装每瓶不超过 500 g,每 20 瓶装入一坚固木箱内,箱板厚度不小于 1 cm,外加十只条带,箱外用两道铁丝加固,箱内用松软材料衬垫妥实。各种内外包装有明显的危险品标志和品名、规格、重量、数量、生产工厂、出厂日期、注意事项等。

贮存条件:本品为易燃固体,可贮存于一般库房或露天货场内,库房通风良好,门窗开关灵活,通风畅。尽可能安装防爆式的排尘设备,可与其他易燃固体同存。若露天贮存必须下垫条石枕木,苫盖严密不漏雨。严禁与氧化剂、强还原剂、酸碱类等性质不同或相抵触的物品同库或同货场贮存。

养护:

1) 入库验收:包装应完整无损、无受潮水湿现象,不沾染与本品性质相抵触的其他杂物,包装方法及衬垫符合要求。感官检查无可见杂质,无潮湿结块等现象。
2) 堆码苫垫:库房垛底应垫高 15 cm,可码较大垛形,垛脊坡度要大,苫盖严密,不漏雨水,库房堆码或露天垛,均应备有适当的走道、墙距、垛距,以便于出入库安全。
3) 在库检查:保管员除每日上班后、下班前认真做好库房货场、货垛等安全检查外,还应每半年对物品进行一次检查,检查项目与入库验收同,发现包装被腐蚀或变色、变质,立即更换或提前出库,并做好记录。

4) 温湿度管理:在高温季节,利用自然气候进行通风降温降潮,防止腐蚀包装。
5) 安全作业:本品粉尘最小着火能量 16 mJ,因而对撞击、摩擦比较敏感,进行装卸、搬运、堆码、加工等作业时产生的静电,足以达到燃点所需能量。因此,工作人员必须穿工作服、戴防尘目镜,各种操作轻搬、轻放,防止摩擦、撞击;使用机械作业,应有防爆措施,禁用易产生火花的铁制工具,应使用铜或铜制合金制造的工具。各项整理、加工作业必须在库外安全地点进行,现场有熟悉的人员指导,并备有相应的消防和防护用品。工作完毕,彻底清扫现场,工作人员洗手、漱口后方可饮食。
6) 保管期限:3 年。

注意事项:火灾时可用砂土、水灭火。

B4.29　品名:铝粉

编号:41503

别名:银粉、铝银粉

化学式:Al

分子量:26.97

特性:银白色金属粉末,有不同的细度。相对密度 2.702;熔点 660 ℃;沸点 2 056 ℃;燃点 645 ℃;燃烧温度 3 000 ℃;爆炸极限 25~40 g/m³;最小点燃能量 20 mJ;最大爆炸压力 $5.98×10^5$ Pa。铝是活泼的金属元素,能溶于酸碱,同时置换出氢气。遇水或吸潮会缓慢反应到一定程度,又急剧反应,放出氢气和热量,可能引起自燃。粉末在空气中的发火点约大于 800 ℃,粉末在空气中飞扬与空气混合能形成爆炸性混合物。与酸碱作用产生氢气,易引起燃烧。与氧化剂混合,则形成爆炸性混合物。主要用于颜料、油漆、烟火、冶金等。

包装:装入坚固大口铁桶,桶口严密不漏,桶皮厚度不小于 0.5 mm,每桶净重不超过 50 kg。装入金属容器或塑料瓶,严封后再装入木箱或坚固纸箱,箱内用松软衬垫,箱外用铁皮带捆紧。包装外应有品名、重量、生产单位、生产日期及"易燃品""防潮""小心轻放"等明显的标志。

贮存条件:应贮存在阴凉、干燥、通风的库房内,远离火种、热源与酸类、碱类、氧化剂等隔离存放,严禁混贮混运。雨天不宜运输和出入库,以防受潮后发热引起燃烧。库房温度不超过 30 ℃,相对湿度在 80% 以下。

养护:
1) 入库验收:检查包装是否整齐,有无破漏,是否沾染其他物品或受潮现象。物品应是干燥粉状,无受潮、结块现象;外观为银白色,无发乌、发黑现象。
2) 堆码苫垫:垛底应垫一层枕木,上铺一层木板,再铺一层油毡和二层席,以防潮湿,堆行列式垛,应堆放 3 桶高,横放可垒 4~5 层,箱装堆高不超过 3 m。
3) 在库检查:每天上班后、下班前应对货垛及环境各检查一次。在贮存期间每季度应定期全面检查一次,主要检查包装有无变化,是否有发热现象,有无受压变形破裂物品外露等现象。
4) 温湿度管理:在高温潮湿季节要加强库内温湿度管理,可采用密封、通风和吸潮相结合的办法来降温、降潮,使库温不超过 30 ℃,相对湿度低于 80%。
5) 安全作业:搬运装卸要注意轻拿轻放,不得摔震撞击,以求包装完整不发生漏散现象,操作时应使用铜制或铜合金制工具。验收检查、包装整理等各项工作都应在库外指定的地点进行,禁止在库内操作。
  6) 保管期限:1年。
  注意事项:火灾禁止用水、二氧化碳、压力喷射的干粉,只能用干砂、石粉或人力投掷的干粉。

B4.30 品名:金属钛粉
  编号:41504
  别名:钛粉
  化学式:Ti
  分子量:47.90
  特性:深灰色及黑色发亮的无定形粉末,不溶于水中。相对密度 4.5(20 ℃);熔点 1 720 ℃;沸点 7 300 ℃;着火点 610 ℃;自燃温度 1 200 ℃(块状),250～600 ℃(粉状);爆炸极限 40～300 mg/L。粉状品容易引起燃烧,且能被硝酸氧化成钛酸。高温时,易与卤素、氧、硫、氮化合,能在氮中剧烈燃烧,其作用约在 800 ℃时开始,在 1 000 ℃时能分解水,放出氢。粉末遇明火或摩擦能引起燃烧。
  包装:装入坚固大口铁桶,桶口严密不漏,桶皮厚度不小于 0.5 mm,每桶净重不超过 50 kg。装入金属容器或塑料瓶,严封口再装入木箱或坚固纸箱,箱内用松软衬垫,箱外用铁皮带捆紧。包装外应有品名、重量、生产单位、生产日期及"易燃品""防潮""小心轻放"等明显的标志。
  贮存条件:应贮存在阴凉、干燥、通风的库房内,远离火种、热源,与酸类、碱类、氧化剂等隔离存放,严禁混贮混运。雨天不宜运输和出入库,以防受潮后发热引起燃烧。库房温度不超过 30 ℃,相对湿度在 80%以下。
  养护:
  1) 入库验收:检查包装是否整齐,有无破漏,是否沾染其他物品或受潮。物品应是干燥粉状,无受潮、结块现象;外观为银白色,无发乌、发黑现象。
  2) 堆码苫垫:垛底应垫一层枕木,上铺一层木板,再铺一层油毡和二层席,以防潮湿,堆行列式垛,箱装堆高不超过 3 m。
  3) 在库检查:每天班前班后应对货垛及环境各检查一次。在贮存期间每季度应定期全面检查一次,主要检查包装有无变化,是否有发热现象,有无受压变形破裂物品外露等现象。
  4) 温湿度管理:在高温潮湿季节要加强库内温湿度管理,可采用密封、通风和吸潮相结合的办法来降温降潮,使库温不超过 30 ℃,相对湿度低于 80%。
  5) 安全作业:搬运装卸要注意轻拿轻放,不得摔震、撞击,以求包装完整,不发生漏散现象,操作时应使用铜制或铜合金制工具。验收检查、包装整理等各项工作都应在库外指定的地点进行,禁止在库内操作。
  6) 保管期限:1年。
  注意事项:火灾禁止用水、二氧化碳、压力喷射的干粉,只能用干砂、石粉或人力投掷的干粉。

B4.31 品名:金属锰粉
  编号:41506

别名:锰粉

化学式:Mn

分子量:54.93

特性:纯品为银白色,含碳时为灰色而有光泽。相对密度 7.20;熔点 1 260 ℃;沸点 1 900 ℃。本品为较活泼的金属元素,粉末越细则化学活泼性就越大,能与卤元素直接化合。在水及酸中则分解放出氢气,在热水中其反应更快。在空气中易氧化成一氧化锰,有毒。空气中最高允许浓度为 5 mg/m³,粉尘接触火源能引起燃烧,与氧化剂混合,能成为爆炸品混合物,尤其是遇氧化氢、硝酸铵、硝酸能剧烈分解,发生爆炸。

包装:装入坚固大口铁桶,桶口严密不漏,桶皮厚度不小于 0.5 mm,每桶净重不超过 50 kg。装入金属容器或塑料瓶,严封口再装入木箱或坚固纸箱,箱内用松软衬垫,箱外用铁皮带捆紧。包装外应有品名、重量、生产单位、生产日期及"易燃品""防潮""小心轻放"等明显的标志。

贮存条件:应贮存在阴凉、干燥、通风的库房内,远离火种、热源,与酸类、碱类、氧化剂等隔离存放,严禁混贮混运。雨天不宜运输和出入库,以防受潮后发热引起燃烧。库房温度不超过 30 ℃,相对湿度在 80%以下。

养护:
1) 入库验收:检查包装是否整齐,有无破漏,是否沾染其他物品或受潮现象。
2) 堆码苫垫:垛底应垫一层枕木,上铺一层木板,再铺一层油毡和二层席,以防潮湿,堆行列式垛,应堆放 3 桶高,横放可堆 4~5 层,箱装堆高不超过 3 m。
3) 在库检查:每天上班后、下班前应对货垛及环境各检查一次。在贮存期间每季度应定期全面检查一次,主要检查包装有无变化,是否有发热现象,有无受压变形破裂物品外露等现象。
4) 温湿度管理:在高温潮湿季节要加强库内温湿度管理,可采用密封、通风和吸潮相结合的办法来降温降潮,使库温不超过 30 ℃,相对湿度低于 80%。
5) 安全作业:搬运装卸要注意轻拿轻放,不得摔震、撞击,以求包装完整,不发生漏散现象,操作时应使用铜制或铜合金制工具。验收检查、包装整理等各项工作都应在库外指定的地点进行,禁止在库内操作。
6) 保管期限:1 年。

注意事项:火灾禁止用水、二氧化碳、压力喷射的干粉,只能用干砂、石粉或人力投掷的干粉。

B4.32 品名:金属锆粉(含水≥25%)

编号:41507

别名:锆粉

化学式:Zr

分子量:91.22

特性:淡灰色有光泽的金属或灰色无定型粉末,能溶于热浓酸、氢氟酸、王水,不溶于冷酸及水中。相对密度 6.506(20 ℃);熔点 1 852 ℃;沸点 3 577 ℃;爆炸极限 0.16 g/L。锆粉容易引起燃烧,在空气中的发火点为 400 ℃,燃烧时发白光,生成氧化锆,有毒性,空气中最高允许浓度为 5 mg/m³。极细的粉尘受热或接触明火即引起燃烧,与氧化剂混合成爆炸物,一经摩擦或撞击即发生燃烧或爆炸。

包装:装入坚固大口铁桶,桶口严密不漏,桶皮厚度不小于 0.5 mm,每桶净重不超过 50 kg。装入金属容器或塑料瓶,严封口再装入木箱或坚固纸箱,箱内用松软衬垫,箱外用铁皮带捆紧。包装外应有品名、重量、生产单位、生产日期及"易燃品""防潮""小心轻放"等明显的标志。

贮存条件:应贮存在阴凉、干燥、通风的库房内,远离火种、热源,与酸类、碱类、氧化剂等隔离存放,严禁混贮混运。雨天不宜运输和出入库,以防受潮后发热引起燃烧。库房温度不超过 30 ℃,相对湿度在 80% 以下。

养护:
1) 入库验收:检查包装是否整齐,有无破漏,是否沾染其他物品或受潮现象。物品应是干燥粉状,无受潮、结块现象;外观为银白色,无发乌发黑现象。
2) 堆码苫垫:垛底应垫一层枕木,上铺一层木板,再铺一层油毡和二层席,以防潮湿,堆行列式垛,堆高不超过 3 m。
3) 在库检查:每天上班后、下班前应对货垛及环境各检查一次。在贮存期间每季度应定期全面检查一次,主要检查包装有无变化,是否有发热现象,包装有无受压变形破裂物品外露等现象。
4) 温湿度管理:在高温潮湿季节要加强库内温湿度管理,可采用密封、通风和吸潮相结合的办法来降温降潮,使库温不超过 30 ℃,相对湿度低于 80%。
5) 安全作业:搬运装卸要注意轻拿轻放,不得摔震、撞击,以求包装完整,不发生漏散现象,操作时应使用铜制或铜合金制工具。验收检查、包装整理等各项工作都应在库外指定的地点进行,禁止在库内操作。
6) 保管期限:1 年。

注意事项:火灾禁止用水、二氧化碳、压力喷射的干粉,只能用干砂、石灰粉或人力投掷的干粉。

B4.33 品名:其他海绵状金属粉

特性:本品为金属粉末或海绵状粉末,无统一的熔沸点和其他常数。多数金属虽本身不燃烧,但一经粉碎即成为易燃烧的固体,粉末越细越容易燃烧,受热、遇明火或接触氧化剂时,也会引起爆炸,在燃烧时产生高温,如遇水则会引起爆炸。

包装:装入坚固大口铁桶,桶口严密不漏,桶皮厚度不小于 0.5 mm,每桶净重不超过 50 kg。装入金属容器或塑料瓶,严封口再装入木箱或坚固纸箱,箱内用松软衬垫,箱外用铁皮带捆紧。包装外应有品名、重量、生产单位、生产日期及"易燃品""防潮""小心轻放"等明显的标志。

贮存条件:应贮存在阴凉、干燥、通风的库房内,远离火种、热源,与酸类、碱类、氧化剂等隔离存放,严禁混贮混运。雨天不宜运输和出入库,以防受潮后发热引起燃烧,库房温度不超过 30 ℃,相对湿度在 80% 以下。

养护:
1) 入库验收:检查包装是否整齐,有无破漏,是否沾染其他物品或受潮现象。物品应是干燥粉状,无受潮、结块现象;外观为银白色,无发乌发黑现象。
2) 堆码苫垫:垛底应垫一层枕木,上铺一层木板,再铺一层油毡和两层席,以防潮湿,堆行列式垛,堆高不超过 3 m。
3) 在库检查:每天上班后、下班前应对货垛及环境各检查一次。在贮存期间每季度应定期全面检查一次,主要检查包装有无变化,是否有发热现象,有无受压变形破裂物品外露等现象。
4) 温湿度管理:在高温潮湿季节要加强库内温湿度管理,可采用密封、通风和吸潮相结合的办法来降温降潮,使库温不超过 30 ℃,相对湿度低于 80%。
5) 安全作业:搬运装卸要注意轻拿轻放,不得摔震、撞击,以求包装完整,不发生漏散现象,操作时应使用铜制或铜合金制工具。验收检查、包装整理等各项工作都应在库外指定的地点进行,禁止在库内操作。
6) 保管期限:1 年。

注意事项:火灾禁止用水、二氧化碳、压力喷射的干粉,只能用干砂、石粉或人力投掷的干粉。

B4.34 品名:铝镍合金氢化媒剂

特性:灰黑色粉末或立方形结晶,系经过氢氧化钠处理。化学性质比较活泼,遇火能引起燃烧;遇酸强烈分解,放出氢气。粉尘能与空气形成爆炸性混合物。主要用于工业生产中的催化剂。

包装:装入坚固大口铁桶,桶口严密不漏,桶皮厚度不小于 0.5 mm,每桶净重不超过 50 kg。装入金属容器或塑料瓶,严封后再装入木箱或坚固纸箱,箱内用松软衬垫,箱外用铁皮带捆紧。包装外应有品名、重量、生产单位、生产日期及"易燃品""防潮""小心轻放"等明显的标志。

贮存条件:应贮存在阴凉、干燥、通风的库房内,远离火种、热源,与酸类、碱类、氧化剂等隔离存放,严禁混贮混运。雨天不宜运输和出入库,以防受潮后发热引起燃烧。库房温度不超过 30 ℃,相对湿度在 80%以下。

养护:
1) 入库验收:检查包装是否整齐,有无破漏,是否沾染其他物品或受潮现象。物品应是干燥粉状,无受潮、结块现象;外观为银白色,无发乌发黑现象。
2) 堆码苫垫:垛底应垫一层枕木,上铺一层木板,再铺一层油毡和二层席,以防潮湿,堆行列式垛,堆高不超过 3 m。
3) 在库检查:每天上班后、下班前应对货垛及环境各检查一次。在贮存期间每季度应定期全面检查一次,主要检查包装有无变化,是否有发热现象,有包装无受压变形破裂物品外露等现象。
4) 温湿度管理:在高温潮湿季节要加强库内温湿度管理,可采用密封、通风和吸潮相结合的办法来降温降潮,使库温不超过 30 ℃,相对湿度低于 80%。
5) 安全作业:搬运装卸要注意轻拿轻放,不得摔震、撞击,以求包装完整,不发生漏散现象,操作时应使用铜制或铜合金制工具。验收检查、包装整理等各项工作都应在库外指定的地点进行,禁止在库内操作。
6) 保管期限:1 年。

注意事项:火灾时可用砂土、干粉灭火剂灭火,在火场中能产生剧毒的碳酰镍,灭火人员要戴防毒面具,防止人身中毒。

B4.35 品名：萘

编号：41511

化学式：$C_{10}H_8$

分子量：128.2

特性：精制品为白色结晶体，叫精萘；粗制品因含有其他杂质常呈灰棕色或黄棕色，叫粗萘。在常温下能升华，随温度增高而升华加速。能溶于苯、醚及无水乙醇，不溶于水，但能同水蒸气一同蒸发，逸散于空气中。相对密度1.162；相对蒸气密度4.42；熔点80.10 ℃；沸点217.9 ℃；闪点78.89 ℃；自燃点526 ℃；蒸气压133.322 Pa(52.6 ℃)；爆炸极限粉尘下限2.5 g/m³；蒸气0.9～5.90 g/m³(体积)。化学性质比较稳定，蒸气能刺激眼和呼吸道黏膜。其蒸气与空气混合，达到一定限度时，遇火种即发生爆炸。与强氧化剂混合(如三氧化铬、浓硝酸等)可能引起燃烧。主要用于有机分析中作难溶性染料结晶的溶剂、测定分子量、比色法标准、较正温度计、有机合成、有机微量分析、测定碳和氢的指标。

包装：试剂品为玻璃瓶装，外套木箱，在木箱的内侧用塑料气泡垫衬垫妥实。工业品为塑料袋外套纸箱，或多层牛皮纸袋盛装，并有明显的产品名称、规格、重量、易燃标志、出厂日期、注意事项等。

贮存条件：应贮存于阴凉、通风、干燥的库房内，门窗开关灵活，通风畅、密封严，窗玻璃涂白色，有防日光直晒和辐射的措施。库内保持在32 ℃以下，相对湿度80%以下。库内照明和排风设备应使用防爆封闭式电器，严禁明火照明。可与其他易燃固体同库贮存，与氧化剂、酸类等不同性质的物品分库贮存。

养护：

1) 入库验收：包装应无破损、无受潮和水湿现象，不沾染其他杂物，包装和衬垫方法符合包装要求。精萘应为白色结晶或块状，粗萘因含杂质，一般带黄色，含杂质越多，成分越低，颜色越深，无可见异物。

2) 堆码苫垫：因易升华，空气中萘的浓度增加，加大了燃烧爆炸的危险性，在原包装容器密封的基础上，宜采取整垛用厚苫布密封的方法，即垛底用枕木铺垫，再放三层席，垛码好后用大苫布整体围裹严密，要求整齐、牢固、美观，垛高不超过3 m，垛距80～90 cm，墙距、柱距30 cm。

3) 在库检查：保管员除每天班前班后和风雨雪前中后对物品进行安全检查外，还应每四个月对库存物品进行一次检查，检查项目方法与入库相同，发现问题及时采取养护措施，如封口、修补、整理、更换包装，做好记录。

4) 温湿度管理：根据产品特性，高温季节应以防热为主，做好通风降温工作。

5) 安全作业：在搬运、装卸、堆码、整装等各项作业时，必须轻拿轻放。使用的机械应有防爆措施，各种工具应使用不易产生火花的铜合金制成。验收、质量检查、包装整理、拆钉包装等各项操作必须在指定安全地点进行，现场有专人指导，配备一定的消防器材。作业完毕彻底清扫现场，参加作业人员应穿戴工作服、口罩、风镜，不得赤身露体和赤脚操作，工作完毕应洗手、漱口方能饮食。

6) 保管期限：1年。

注意事项：火灾时可用砂土、泡沫、二氧化碳扑救。本品受热放出大量蒸气和燃烧烟雾，救火人员应戴防毒面具。对皮肤有刺激性，热蒸气能使皮肤痛痒而引起湿疹，如接触皮肤可用肥皂水洗涤,再用清水冲洗。

B4.36　品名:甲基萘

编号:41512

化学式:$C_{11}H_{10}$

分子量:142.20

特性:β-甲基萘为无色单斜晶体,易溶于醇及醚,能溶于苯,不溶水。相对密度1.005;熔点34.58 ℃;沸点241.1 ℃;闪点101 ℃。为易燃固体,包括α-甲基萘,遇高热、火种,与氧化剂接触,可引起燃烧。主要用于有机合成、杀虫剂、医药和染料中间体等。

包装:试剂品为玻璃瓶装,外套木箱,在木箱的内侧用塑料气泡垫衬垫妥实。工业品为塑料袋外套纸箱,或多层牛皮纸袋盛装,并有明显的品名、规格、重量、易燃标志、出厂日期、注意事项等。

贮存条件:应贮存于阴凉、通风、干燥的库房内,门窗开关灵活,通风畅、能密封严,窗玻璃涂白色,有防日光直晒和辐射的措施。库内保持在32 ℃以下,相对湿度80%以下。库内照明和排风设备应使用防爆封闭式电器,严禁明火照明。可与其他易燃固体同库贮存,与氧化剂、酸类等不同性质的物品分库贮存。

养护:

1) 入库验收:包装应无破损、无受潮和水湿现象,不沾染其他杂物,包装和衬垫方法符合包装要求。

2) 堆码苫垫:因易升华,空气中的萘的浓度增加,加大了燃烧爆炸的危险性,在原包装容器密封的基础上,宜采取整垛用厚苫布密封的方法,即垛底用枕木铺垫,再放三层席,垛码好后用大苫布整体围裹严密,要求整齐、牢固、美观,垛高不超过3 m,垛距80~90 cm,墙距、柱距30 cm。

3) 在库检查:保管员除每天上班后、下班前和风雨雪前中后进行安全检查外,还应每四个月对库存品进行一次检查,检查项目方法与入库相同,发现问题及时采取养护措施,如封口、修补、整理、更换包装,做好记录。

4) 温湿度管理:根据产品特性,高温季节应以防热为主,做好通风降温工作。

5) 安全作业:在搬运、装卸、堆码、整装等各项作业时,必须轻拿轻放。使用的机械应有防爆措施,各种工具应使用不易产生火花的铜合金制成。验收、质量检查、包装整理等各项操作必须在指定安全地点进行,现场有专人指导,配备一定的消防器材。作业完毕彻底清扫现场,参加作业人员应穿戴工作服、口罩、风镜,不得赤身露体和赤脚操作,工作完毕应洗手、漱口方能饮食。

6) 保管期限:1年。

注意事项:火灾时可用砂土、泡沫、二氧化碳扑救。本品受热放出大量蒸气和燃烧烟雾,救火人员应戴防毒面具。对皮肤有刺激性,热蒸气能使皮肤痛痒而引起湿疹,如接触皮肤可用肥皂水洗涤,再用清水冲洗。

B4.37　品名:1,8-萘-二甲酸酐、萘二甲酸酐

编号:41514

化学式:$C_{10}H_6(CO)_2O$

分子量:198.8

特性:浅黄色结晶,微溶于乙酸、乙醇,不溶于水及乙醚。熔点 274 ℃。易燃固体,遇明火、高温能引起燃烧,与氧化剂接触或经摩擦、撞击可能引起燃烧。主要用于染料及有机合成。

包装:试剂品为玻璃瓶装,外套木箱,在木箱的内侧用塑料气泡垫衬垫妥实。工业品为塑料袋外套纸箱,或多层牛皮纸袋盛装,并有明显的产品名称、规格、重量、易燃标志、出厂日期、注意事项等。

贮存条件:应贮存于阴凉、通风、干燥的库房内,门窗开关灵活,通风畅、密封严,窗玻璃涂白色,有防日光直晒和辐射的措施。库内保持在 32 ℃以下,相对湿度 80%以下。库内照明和排风设备应使用防爆、封闭式电器,严禁明火照明。可与其他易燃固体同库贮存,与氧化剂、酸类等不同性质的物品分库贮存。

养护:
1) 入库验收:包装应无破损、无受潮和水湿现象,不沾染其他杂物,包装和衬垫方法符合包装要求。
2) 堆码苫垫:因易升华,空气中的萘的浓度增加,加大了燃烧爆炸的危险性,在原包装容器密封的基础上,宜采取整垛用厚苫布密封的方法,即垛底用枕木铺垫,再放三层席,垛码好后用大苫布整体围裹严密,要求整齐、牢固、美观,垛高不超过 3 m,垛距 80~90 cm,墙距、柱距 30 cm。
3) 在库检查:保管员除每天上班后、下班前和风雨雪前中后进行安全检查外,还应每四个月对库存品进行一次检查,检查项目方法与入库相同,发现问题及时采取养护措施,如封口、修补、整理、更换包装等,并做好记录。
4) 温湿度管理:根据产品特性,高温季节应以防热为主,做好通风降温工作。
5) 安全作业:在搬运、装卸、堆码、整装等各项作业时,必须轻拿轻放。使用的机械应有防爆措施,各种工具应使用不易产生火花的铜合金制成。验收、质量检查、包装整理等各项操作必须在指定安全地点进行,现场有专人指导,配备一定的消防器材。作业完毕彻底清扫现场,参加作业人员应穿戴工作服、口罩、风镜,不得赤身露体和赤脚操作,工作完毕应洗手、漱口方能饮食。
6) 保管期限:1 年。

注意事项:火灾时可用砂土、泡沫、二氧化碳扑救。本品受热放出大量蒸气和燃烧烟雾,救火人员应戴防毒面具。对皮肤有刺激性,热蒸气能使皮肤痛痒而引起湿疹,如接触皮肤可用肥皂水洗涤,再用清水冲洗。

B4.38　品名:苊

编号:41515

别名:萘乙环

化学式:$C_{10}H_6CH_2CH_2$

分子量:154.21

特性:白色或带黄色结晶,能溶于热苯、醚、醇,不溶于水。相对密度 1.024(20 ℃);熔点 95 ℃;沸点 277.5 ℃;闪点 108 ℃。为易燃固体,遇高温或与氧化剂接触或摩擦、撞击,有引起燃烧的危险。对皮肤和眼睛有刺激性。受热分解能产生有毒气体。主要用于染料中间体、药品、杀虫剂等。

包装:试剂品为玻璃瓶装,外套木箱,在木箱的内侧用塑料气泡垫衬垫妥实。工业品为塑料袋外套纸箱,或多层牛皮纸袋盛装,并有明显的品名、规格、重量、易燃标志、出厂日期、注意事项等。

贮存条件:应贮存于阴凉、通风、干燥的库房内,门窗开关灵活,通风畅、密封严,窗玻璃涂白色,有防日光直晒和辐射的措施。库内保持 32 ℃以下,相对湿度 80% 以下。库内照明和排风设备应使用防爆、封闭式电器,严禁明火照明。可与其他易燃固体同库贮存,与氧化剂、酸类等不同性质的物品分库贮存。

养护:

1) 入库验收:包装应无破损、无受潮和水湿现象,不沾染其他杂物,包装和衬垫方法符合包装要求。萘为白色结晶块,粗萘因含杂质,一般带黄色,含杂质越多,成分越低,颜色更深,无可见异物。

2) 堆码苫垫:因易升华,空气中的萘的浓度增加,加大了燃烧爆炸的危险性,在原包装容器密封的基础上,宜采取整垛用厚苫布密封的方法,即垛底用枕木铺垫,再放三层席,垛码好后用大苫布整体围裹严密,要求整齐、牢固、美观,垛高不超过 3 m,垛距 80~90 cm,墙距、柱距 30 cm。

3) 在库检查:保管员除每天上班后、下班前和风雨雪前中后进行安全检查外,还应每四个月对库存品进行一次检查,检查项目方法与入库相同,发现问题及时采取养护措施,如封口、修补、整理、更换包装等,做好记录。

4) 温湿度管理:根据产品特性,高温季节应以防热为主,做好通风降温工作。

5) 安全作业:在搬运、装卸、堆码、整装等各项作业时,必须轻拿轻放。使用的机械应有防爆措施,各种工具应使用不易产生火花的铜制或铜合金制成。验收、质量检查、包装整理等各项操作必须在指定安全地点进行,现场有专人指导,配备一定的消防器材。作业完毕彻底清扫现场,参加作业人员应穿戴工作服、口罩、风镜,不得赤身露体和赤脚操作,工作完毕应洗手、漱口方能饮食。

6) 保管期限:1 年。

注意事项:火灾时可用砂土、泡沫、二氧化碳扑救。本品受热放出大量蒸气和燃烧烟雾,救火人员应戴防毒面具。对皮肤有刺激性,热蒸气能使皮肤痛痒而引起湿疹,如接触皮肤可用肥皂水洗涤,再用清水冲洗。

B4.39 品名:1,2,4,5-四甲基苯

编号:41517

别名:均四甲苯

化学式:$C_6H_2(CH_3)_4$

分子量:134.22

特性:白色或无色结晶,有类似樟脑的气味,能溶于乙醇、乙醚和苯,不溶于水,能升华。相对密度 0.891 8(15.5 ℃);熔点 79.2 ℃;沸点 196.8 ℃;闪点 73.89 ℃(开杯)。为易燃固体,遇高热、火种能引起燃烧。其蒸气能与空气形成爆炸性混合物。与氧化剂接触能引起燃烧。主要用于有机合成。

包装:试剂品为螺丝口玻璃瓶包装,严封后再装入木箱,在外包装内用塑料气泡垫或塑料海绵等松软材料垫妥实,箱外用铁皮或铁丝加固。工业品为塑料袋再装入铁桶包装,内外

包装均应注明品名、规格、重量、危险品标志、出厂日期、注意事项等。

贮存条件:应贮存于阴凉、通风、干燥的库房内,门窗开关灵活,通风畅,窗玻璃涂白色,有防日光直晒和辐射的措施。库内保持在32 ℃以下,最高不超过35 ℃,相对湿度80%以下。库内照明和排风设备应使用防爆、封闭式电器,严禁明火照明。与氧化剂、酸类等不同性质的物品分库贮存。

养护:
1) 入库验收:包装完整,封口严密无破损,无受潮和水湿现象,瓶、箱、桶外无沾染本品和其他杂物。产品无异状,无潮湿或结块,无可见杂质等,并做好验收记录。
2) 堆码苫垫:货垛底应垫高15 cm以上,垛高不超过3 m,货垛整齐、牢固、不倾斜,不靠墙依柱,包装不倒置,垛距80～90 cm,墙距、柱距30 cm。
3) 在库检查:保管员除每天上班后、下班前和风雨雪前中后对库房、垛、产品进行安全检查外,还必须每四个月进行一次质量检查,检查项目和内容与入库验收相同,检查中发现问题及时采取封口、修补、整理、更换包装等养护措施,并做好详细记录。
4) 温湿度管理:因本产品能升华失重,所以包装容器必须严格密封。高温季节以防热为主,并做好通风降温工作;梅雨季节以防潮为主,根据库内外温湿度变化情况,做好密封、防潮和通风散潮工作。
5) 安全作业:本品蒸气易燃,在各项操作中,必须轻拿轻放,防止摩擦和撞击。各种机械应有防爆措施,应使用铜制或铜合金制撬棒、锤子等小工具。验收、质量检查、包装整理,必须在库外指定地点进行,现场有专人指导操作,配备相应的灭火器材。工作完毕清扫现场,参加作业人员应穿戴防护用品,不得赤身露体、赤脚操作,工作完毕应洗手、漱口后方能饮食。
6) 保管期限:1年。

注意事项:火灾时可用火、干粉、抗醇泡沫和二氧化碳扑救,施救人员要戴防毒面具。粉尘能刺激眼睛、皮肤和呼吸系统,吞服能严重伤害内脏。如吸入粉尘应脱离现场,安静休息;如眼部受伤,可用水冲洗;如皮肤接触,先用水冲洗,然后用肥皂水洗净。

B4.40 品名:4,6-二硝基-2-氨基苯酚

编号:41521

别名:苦氨酸

化学式:$C_6H_2(NO_2)_2(NH_2)OH$

分子量:199.2

特性:暗红色针状或棱形结晶,能溶于苯、冰乙酸和苯胺,微溶于三氯甲烷和醚,极微溶于水。熔点169～170 ℃;闪点210 ℃。易燃固体,遇高温或与氧化剂混合,受撞击、震动有引起燃烧爆炸的危险。主要用于偶氮染料、指示剂、试剂等。

包装:试剂品为玻璃瓶装,严封后再装入坚固木箱,在箱内用松软泡沫塑料或气泡垫填塞妥实,箱外用铁丝或铁皮加固。工业品为塑料袋外套铁桶盛装,严密封闭,容器内可加大于15%的水作稳定剂,也可不加水。包装外有品名、规格、重量、数量、危险品标志、出厂日期、注意事项等。

贮存条件:应贮存于阴凉、干燥、通风良好的库房内,门窗开关灵活,便于启闭通风,有避

光和防辐射措施。库内温度保持在 30 ℃ 以下,相对湿度 80% 以下。库内照明和排风设备应使用防爆和封闭式电器,严禁用明火照明。可与其他含硝基、二硝基等易燃固体化合物同库贮存,不得与氧化剂、酸类、金属粉末、金属盐类等不同性质的物品混存。

养护:
1) 入库验收:包装应完整无破损,容器和外包装不沾有本品及其他杂物等,包装方法及衬垫等符合规定,物品无变色、变质、异味等现象。
2) 堆码苫垫:码垛时应下垫一层枕木,木箱和铁桶包装,码行列式垛,垛高不超过 3 m,要整齐、牢固、不倾斜、不倒置,垛距 80~90 cm,墙距、柱距 30 cm。
3) 在库检查:保管员除每日班前班后的安全检查外,还应每三四个月进行一次质量检查,检查内容方法与入库验收同,发现问题及时做好养护工作,做好记录。
4) 温湿度管理:高温季节应以防热为主,随时掌握库内温湿度变化,根据需要和库内外温湿度变化,做好库房密封和通风降温、防潮工作。
5) 安全作业:在装卸、搬运、堆码、整理等项工作时,必须轻拿轻放,防止摩擦、撞击。使用的机械应有防爆措施,各种工具必须是不易产生火花的铜制或铜合金制成。验收、质量检查、整理、包装等必须在库外安全地点或专门场所进行,现场须有专人指导操作,配备一定数量的消防器材,操作完毕彻底清扫现场。凡参加作业人员必须穿工作服、戴手套等防护用品,不得赤身露体、赤脚操作,工作完毕应漱口后方能饮食。
6) 保管期限:1 年。

注意事项:火灾时可用雾状水、砂土、二氧化碳灭火,火场须防止受热可能发生爆炸,人员须远离着火点。接触皮肤能造成皮炎与发绀,眼部接触能造成伤害,可用水冲洗,再用肥皂水彻底洗涤。

B4.41 品名:2,4-二硝基萘酚钠盐

编号:41522

别名:马汀氏黄、色淀黄

化学式:$C_{10}H_5(NO_2)_2ONa \cdot H_2O$

分子量:274.16

特性:黄色针状结晶,能溶于水,微溶于醇。易燃固体,有毒,遇火种、高热能引起燃烧,与氧化剂接触,经强烈震动、撞击,有引起燃烧的危险。主要用于指示剂、生物染色剂和染料等。

包装:试剂品为玻璃瓶装,严封后再装入坚固木箱,在箱内用松软泡沫塑料或气泡垫填塞妥实,箱外用铁丝或铁皮加固。工业品为塑料袋外套铁桶盛装,严密封闭,容器内可加水大于 15% 作稳定剂,也可不加水。包装外有品名、规格、重量、数量、危险品标志、出厂日期、注意事项等。

贮存条件:应贮存于阴凉、干燥、通风良好的库房内,门窗开关灵活,便于启闭通风,有避光和防辐射措施。库内温度保持在 30 ℃ 以下,相对湿度 80% 以下。库内照明和排风设备应使用防爆和封闭式电器,严禁用明火照明。可与其他含硝基、二硝基等易燃固体化合物同库贮存,不得与氧化剂、酸类、金属粉末、金属盐类等不同性质的物品混存。

养护:

1) 入库验收:包装应完整无破损,容器和外包装不沾有本品及其他杂物等,包装方法及衬垫等符合规定,物品无变色、变质、异味等现象。
2) 堆码苫垫:码垛时应下垫一层枕木,木箱和铁桶包装,码行列式垛,垛高不超过3 m,要整齐、牢固、不倾斜、勿倒置,垛距80～90 cm,墙距、柱距30 cm。
3) 在库检查:保管员除每日班前班后的安全检查外,还应每三四个月进行一次质量检查,检查内容方法与入库验收同,发现问题及时做好养护工作,做好记录。
4) 温湿度管理:高温季节应以防热为主,随时掌握库内温湿度变化,根据需要和库内外温湿度变化,做好库房密封和通风降温、防潮工作。
5) 安全作业:在装卸、搬运、堆码、整理等项工作时,必须轻拿轻放,防止摩擦、震动、撞击。使用的机械应有防爆措施,各种工具必须是不易产生火花的铜制或铜合金制成。验收、质量检查、整理包装等必须在库外安全地点或专门场所进行,现场须有专人指导操作,配备一定数量的消防器材,操作完毕彻底清扫现场。凡参加作业人员必须穿工作服、戴手套等防护用品,不得赤身露体、赤脚操作,工作完毕应漱口后方能饮食。
6) 保管期限:2 年。

注意事项:火灾时可用雾状水、砂土、二氧化碳灭火,火场须防止受热可能引起的爆炸,人员须远离着火点。接触皮肤能造成皮炎与发绀,眼部接触能造成伤害,可用水冲洗,再用肥皂水彻底洗涤。

B4.42 品名:2,4-二亚硝基间苯二酚

编号:41526

别名:1,3-二羟基-2,4-二亚硝基苯

化学式:$C_6H_2(OH)_2(NO)_2$

分子量:168.11

特性:呈褐色叶片状结晶,易溶于乙醚和苯,难溶于冷水和乙醇,自甲醇和水中析出者含一分子结晶水,不溶于水。熔点168 ℃;自燃点115 ℃。易燃固体,遇铜、铁和钴盐溶液呈褐色,受高热能剧烈分解,含一分子结晶水者,熔点162 ℃。主要用作重金属的络合剂、交联剂、生物染色剂、弹药制造和钴的测定等。

包装:试剂品为玻璃瓶装,严封后再装入坚固木箱,在箱内用松软泡沫塑料或气泡垫填塞妥实,箱外用铁丝或铁皮加固。工业品为塑料袋外套铁桶盛装,严密封闭,容器内可加大于15%的水作稳定剂,也可不加水。包装外有品名、规格、重量、数量、危险品标志、出厂日期、注意事项等。

贮存条件:应贮存于阴凉、干燥、通风良好的库房内,门窗开关灵活,便于启闭通风、有避光和防辐射措施。库内温度保持在30 ℃以下,相对湿度80%以下。库内照明和排风设备应使用防爆和封闭式电器,严禁用明火照明。可与其他含硝基、二硝基等易燃固体化合物同库贮存,不得与氧化剂、酸类、金属粉末、金属盐类等不同性质的物品混存。

养护:
1) 入库验收:包装应完整无破损,容器和外包装不沾有本品及其他杂物等,包装方法及衬垫等符合规定,物品无变色、变质、异味等现象。
2) 堆码苫垫:码垛时应下垫一层枕木,木箱和铁桶包装,码行列式垛,垛高不超过

3 m,要整齐、牢固、不倾斜,勿倒置,垛距80～90 cm,墙距、柱距30 cm。

3) 在库检查:保管员除每日班前班后的安全检查外,还应每三四个月进行一次质量检查,检查内容方法与入库验收同,发现问题及时做好养护工作,做好记录。

4) 温湿度管理:高温季节应以防热为主,随时掌握库内温湿度变化,根据需要和库内外温湿度变化,做好库房密封和通风降温、防潮工作。

5) 安全作业:在装卸、搬运、堆码、整理等项工作时,必须轻拿轻放,防止摩擦、撞击。使用的机械应有防爆措施,各种工具必须是不易产生火花的铜制或铜合金制成。验收、质量检查、拆钉包装等必须在库外安全地点或专门场所进行,现场须有专人指导操作,配备一定数量的消防器材,操作完毕彻底清扫现场。凡参加作业人员必须穿工作服、戴手套等防护用品,不得赤身露体、赤脚操作,工作完毕应漱口后方能饮食。

6) 保管期限:2年。

注意事项:火灾时可用雾状水、砂土、二氧化碳灭火,火场须防止受热可能发生爆炸,人员须远离着火点。接触皮肤能造成皮炎与发绀,眼部接触能造成伤害,可用水冲洗,再用肥皂水彻底洗涤。

B4.43 品名:氨基胍重碳酸盐

编号:41529

化学式:$H_2NC(NH)NHNH_2 \cdot H_2CO_3$

分子量:136.1

特性:白色结晶或粉末,难溶于水、醇和有机溶剂。熔点164 ℃(分解)。易燃固体,容易引起燃烧。当加热到100 ℃时变红,164 ℃即分解。遇酸亦可分解,分解后可溶于水,有毒。遇火或与氧化剂混合经摩擦、撞击会引起爆炸。主要用于有机合成、制药工业、发泡剂等。

包装:试剂品为玻璃瓶装,外套木箱,在木箱的内侧、底部和瓶与瓶之间,使用松软材料或塑料气泡垫衬垫妥实。工业品为塑料袋外套铁桶盛装,各种包装均须封闭严密,做到不吸潮、不漏气。外包装注明品名、重量、规格、易燃标志、批号、注意事项等。

贮存条件:应贮存于阴凉、通风、干燥的库房内,门窗开关灵活,能做到通风时空气流畅,密封时能封闭严密,有防日光和辐射热措施。库温保持在30 ℃以下,相对湿度80%以下。库房照明、机械设备应使用防爆、封闭式电器,严禁用明火照明。可与其他易燃固体同库贮存,不得与氧化剂、酸类和其他不同性质的物品同库贮存。

养护:

1) 入库验收:包装应完整,无破损,瓶、桶、袋口封闭严密,内外包装干净,不沾有本品和其他杂物等,包装方法和衬垫符合要求。物品无异变,无受潮、结块,无明显可见的杂质等现象。

2) 堆码苫垫:码垛时垛底应垫高15 cm,堆垛整齐、牢固、不倾斜,不靠墙依柱,垛高不超过3 m,垛距80～90 cm,墙距、柱距30 cm。

3) 在库检查:保管员除每日班前班后对所管库房、货垛和物品进行安全检查外,对在库物品每三个月按比例进行一次检查,检查方法、内容与入库验收同,发现问题及时采取密封、更换包装、整理、温湿度调节等养护措施,并做好记录。

4) 温湿度管理:采取整库密封,在库房外墙涂白降温等措施。高温高湿季节,随时掌握库内温湿度变化,做好密封防潮和通风、散潮、降温工作。

5) 安全作业:在进行装卸、搬运、堆码、验收、整理等项作业时,防止滚动、摩擦、撞击。使用的机械应有防爆措施,各项工具用不易产生火花的铜制或铜合金工具。验收、质量检查、整理包装等,必须在指定的安全地点进行,现场有专人指导,配备相应的消防器材,操作完毕,彻底清扫现场遗留的残余物品。参加作业人员均应穿戴工作服、手套、口罩等防护用品,不得赤身露体和赤脚操作,工作完毕应及时洗手、漱口后方能饮食。

6) 保管期限:2 年。

注意事项:火灾时可用水、砂土、泡沫、二氧化碳灭火,抢救人员应戴防毒面具。

B4.44 品名:2,2-二硝基丙烷

编号:41530

化学式:$CH_3C(NO_2)_2CH_3$

分子量:134.09

特性:黄色结晶或液体,易溶于水而不溶于碱液。相对密度 1.30;熔点 53 ℃;沸点 185.5 ℃。本品为易燃固体,有毒性。遇火、受高热,有引起燃烧的危险。与氧化剂混合,成为爆炸性混合物。

包装:试剂品为玻璃瓶盛装,严封后装入木箱,箱内用塑料气泡或其他松软材料衬垫妥实。工业品为塑料袋外加铁桶包装。不论何种容器包装和衬垫,均须能保证产品在运输和贮存过程中的安全,并在包装上注明品名、规格、重量、出厂日期、易燃标志、注意事项等。

贮存条件:应贮于阴凉、通风、干燥的库房内,门窗开关灵活,通风畅,玻璃涂白防止日光直晒。库温在 32 ℃以下,相对湿度 80%以下。库房照明和排风设备应使用防爆、封闭式电器,严禁明火照明。与氧化剂、酸类等不同性质的物品分库存放。

养护:

1) 入库验收:包装应完整无损,无受潮、水湿现象,包装外不沾本品或其他杂物,包装符合要求,物品无异变,无受潮、结块,无可见杂质等现象。

2) 堆码苫垫:垛底垫高 15 cm,堆码整齐、牢固、不倾斜,不靠墙依柱,垛距 80~90 cm,墙距 30 cm,垛高不超过 3 m。

3) 在库检查:保管员除每日班前班后和风雨雪前中后对库房、货垛、物品的安全检查外,还应每三个月进行一次质量检查,即以感官检查为主,辅以必要的仪器检查或分析化验,检查项目、检查方法与入库验收同。

4) 温湿度管理:在高温季节以防热为主,做好库房密封和通风降温工作;梅雨季节以防潮为主,根据库外温湿度变化情况,做好密封防潮和通风散潮工作。

5) 安全作业:在进行装、卸、搬运、堆码、整理等各项作业时,必须轻搬轻放,防止摩擦和撞击。使用工具应为铜制或铜合金制品,使用的机械也必须是防爆式的。验收检查、整理必须在指定的安全地点进行,现场应有专人指导,配备一定数量沙土、二氧化碳、泡沫灭火机等,操作完毕,彻底清扫现场,工作后操作人员洗净手脸方能饮食。

6) 保管期限:2 年。

注意事项:火灾时可用砂土、二氧化碳、雾状水灭火,灭火人员需戴防毒面具。如接触皮肤先用肥皂水洗净后,再用清水洗,如溅入眼中,必须先用清水较长时间冲洗。

B4.45 品名:2,2,3,3-四甲基丁烷

编号:41531

别名:六甲基乙烷

化学式:$[(CH_3)_3C]_2$

分子量:114.23

特性:无色结晶,不溶于水,能溶于醚、醇。相对密度 0.824 2;熔点 100.7 ℃;沸点 106.5 ℃。属易燃固体,遇高热、火种、氧化剂、强酸等可能引起燃烧。主要用于气相色谱对比样品。

包装:试剂品为玻璃瓶盛装,严封后再装入木箱,箱内用塑料气泡垫或其他松软材料衬垫妥实。工业品为塑料袋外加铁桶包装。不论何种容器包装和衬垫,均须能保证物品在运输和贮存过程中的安全,并在包装上注明品名、规格、重量、出厂日期、易燃标志、注意事项等。

贮存条件:应贮于阴凉、通风、干燥的库房内,门窗开关灵活,通风畅、封闭严,玻璃涂白防止日光直晒。库温在 32 ℃以下,相对湿度 80% 以下。库房照明和排风设备应使用防爆、封闭式电器,严禁明火照明。与氧化剂、酸类等不同性质的物品分库存放。

养护:
1) 入库验收:包装应完整无损,无受潮、水湿现象,包装外不沾本品或其他杂物,包装符合要求,无异变,无受潮、结块,无可见杂质等现象。
2) 堆码苫垫:垛底垫高 15 cm,堆垛整齐、牢固、不倾斜,不靠墙依柱,包装无倒置,垛距 80~90 cm,墙距 30 cm,垛高不超过 3 m。
3) 在库检查:保管员除每日班前班后和风雨雪前中后对库房、货垛、产品的安全检查外,还应每三个月进行一次质量检查,即以感官检查为主,辅以必要的仪器检查或分析化验,检查项目、检查方法与入库验收同。
4) 温湿度管理:在高温季节以防热为主,做好库房密封和通风降温工作;梅雨季节以防潮为主,根据库外温湿度变化情况,做好密封防潮和通风散潮工作。
5) 安全作业:在进行装、卸、搬运、堆码、整理等各作业时,必须轻搬轻放,防止摩擦和撞击。使用工具应为铜制或铜合金制品,使用的机械也必须是防爆式的。验收检查、整理必须在指定的安全地点进行,现场应有专人指导,配备一定数量沙土、二氧化碳、泡沫灭火机等,操作完毕,彻底清扫现场,工作后操作人员洗净手脸方能饮食。
6) 保管期限:2 年。

注意事项:火灾时可用砂土、二氧化碳、四氯化碳、干粉灭火机灭火。

B4.46 品名:丁炔二醇

别名:1,4-二羟基-丁醇、电镀发光剂

化学式:$HOH_2CC\!=\!\!=\!CCH_2OH$

分子量:86.09

特性:无色呈微黄色片状结晶,具有醇香味,易溶于水、甲醇、乙醇和丙酮,不溶于乙醚、苯、三氯甲烷。熔点 58 ℃;沸点 238 ℃;闪点 152 ℃;自燃点 248 ℃。化学性质比较活泼,为二级易燃固体。有毒性,能刺激皮肤。遇强酸发生急剧聚合。主要用于二丁烯的中间体、防

腐、电镀发光剂、聚合催化剂等。

包装:试剂品为玻璃瓶盛装,严封后装入木箱,箱内用塑料气泡或其他松软材料衬垫妥实。工业品为塑料袋外加铁桶包装。不论何种容器包装和衬垫,均须能保证运输和贮存过程中的安全,并在包装上注明品名、规格、重量、出厂日期、易燃标志、注意事项等。

贮存条件:应贮于阴凉、通风、干燥的库房内,门窗开关灵活,通风畅、封闭严,玻璃涂白防止日光直晒。库温在32 ℃以下,相对湿度80%以下。库房照明和排风设备应使用防爆、封闭式电器,严禁明火照明。与氧化剂、酸类等不同性质的物品分库存放。

养护:
1) 入库验收:包装应完整无损,无受潮、水湿现象,包装外不沾本品或其他杂物,包装符合要求,物品无异变,无受潮、结块,无可见杂质等现象。
2) 堆码苫垫:垛底垫高15 cm,堆垛整齐、牢固、不倾斜,不靠墙依柱,包装无倒置,垛距80~90 cm,墙距30 cm,垛高不超过3 m。
3) 在库检查:保管员除每日班前班后和风雪前中后对库房、货垛、产品的安全检查外,还应每三个月进行一次质量检查,即以感官检查为主,辅以必要的仪器检查或分析化验,检查项目、检查方法与入库验收同。
4) 温湿度管理:在高温季节以防热为主,做好库房密封和通风降温工作;梅雨季节以防潮为主,根据库外温湿度变化情况,做好密封防潮和通风散潮工作。
5) 安全作业:在进行装、卸、搬运、堆码、整理等各项作业时,必须轻搬轻放,防止摩擦和撞击。使用工具应为铜制或铜合金制品,使用的机械也必须是防爆式的。验收检查、产品整理必须在指定的安全地点进行,现场应有专人指导,配备一定数量砂土、二氧化碳、泡沫灭火机等,操作完毕,彻底清扫现场,工作后操作人员洗净手脸方能饮食。
6) 保管期限:2年。

注意事项:火灾时可用水、泡沫、干粉和砂土扑救,如接触皮肤可用肥皂水洗净,工作完毕洗脸漱口。

B4.47 品名:三聚甲醛

编号:41532

别名:1,3,5-三氧六环、1,3,5-三噁烷、1,3,5-三氧杂环己烷

化学式:$(HCHO)_3$

分子量:90.08

特性:白色结晶,有三氯甲烷的气味,能升华,易溶于水、醇、醚、丙酮、三氯甲烷、二硫化碳、芳香烃及其他有机溶剂,微溶于石油醚和戊烷,能与水成共沸物。相对密度1.17(65 ℃);熔点62~64 ℃;沸点114.5 ℃;闪点45 ℃(开杯);自燃点414 ℃;爆炸极限3.6%~28.7%;蒸气压173 3.19 Pa(25 ℃)。强还原剂,易燃,其蒸气易燃有毒性。有酸存在受热条件下,易分解放出甲醛气体。接触明火或氧化剂能引起燃烧,其蒸气能与空气形成爆炸混合物。主要用于有机合成、消毒、染料、树脂的原料等。

包装:试剂品为玻璃瓶装,瓶口封严,再装入木箱,箱的内侧用塑料气泡衬垫妥实。工业品为塑料袋外加铁桶包装,桶口封严。内外包装均应标明品名、规格、重量、易燃标志、出厂日期、注意事项等。

贮存条件:应贮存于阴凉、干燥、通风的库房内,门窗开关灵活,通风畅、封闭严,窗玻璃涂白色防日光直晒。库温保持在32 ℃以下,最高不超过35 ℃,相对湿度80%以下。库房照明和排风设备应使用防爆、封闭式电器,严禁用明火照明。与氧化剂、酸类等不同性质的物品分库贮存。

养护:
1) 入库验收:包装应完整,封口严密无破损,无受潮、水湿现象,瓶、箱、桶外无沾染本品和其他杂物,无异状,无潮湿或结块,无可见杂质等,并做好验收记录。
2) 堆码苫垫:货垛底应垫高15 cm以上,垛高不超过3 m,货垛整齐、牢固、不倾斜,包装不倒置,垛距80~90 cm,墙距、柱距30 cm。
3) 在库检查:保管员除每日班前班后和风雨雪前中后对库房、货垛、物品进行安全检查外,还必须每四个月对物品进行一次质量检查,检查项目和内容与入库验收同,检查中发现问题及时采取封口、整理、更换包装等相应的养护措施,并做好详细记录。
4) 温湿度管理:因本品能升华失重,所以包装容器必须严格密封。高温季节以防热为主,并做好通风降温工作;梅雨季节应以防潮为主,根据库内外温湿度变化情况,做好密封防潮和通风散潮工作。
5) 安全作业:本品蒸气易燃,在各项操作中必须轻拿轻放,防止摩擦和撞击。各种机械应有防爆措施,应使用铜制或铜合金制撬、棒、锤子等小工具。验收、质量检查、包装整理等,必须在库外指定地点进行,现场有专人指导操作,配备相应的灭火器材,工作完毕清扫现场。参加作业人员应穿戴防护用品,不得赤身露体、赤脚操作,工作完毕应洗手漱口后方能饮食。
6) 保管期限:1年。

注意事项:火灾时可用水、干粉、抗醇泡沫和二氧化碳扑救,施救人员要戴防毒面具。粉尘能刺激眼睛、皮肤和呼吸系统,吞服能严重伤害内脏。如吸入粉尘应脱离现场,安静休息;如眼部受伤,可用水冲洗;皮肤接触,先用水冲洗,然后用肥皂水洗净。

B4.48 品名:多聚甲醛

编号:41533

别名:聚合甲醛、聚蚁醛

化学式:$(HCHO)_n$ $n=8\sim100$

分子量:$(30.03)_n$

特性:白色固体或无定型粉末,微有甲醛气味,系甲醛的线型聚合物,能溶于稀酸及稀碱中,微溶于冷水,不溶于醇和醚。相对密度1.39;熔点120~160 ℃;闪点70 ℃;自燃点300 ℃;蒸气压193.32 Pa(25 ℃)。强还原剂,易燃烧,燃烧时火焰上端为黄色,下端为蓝色。遇高热、明火或氧化剂接触,能引起燃烧。

包装:试剂品为玻璃瓶装,瓶口封严,再装入木箱,箱的内侧用塑料气泡衬垫妥实。工业品为塑料袋外加铁桶包装,桶口封严。内外包装均应标明品名、规格、重量、易燃标志、出厂日期、注意事项等。

贮存条件:应贮存于阴凉、干燥、通风的库房内,门窗开关灵活,通风畅、封闭严,窗玻璃涂白色防日光直晒。库温保持在32 ℃以下,最高不超过35 ℃,相对湿度80%。库房照明和排风设备应使用防爆、密闭式电器,严禁用明火照明。与氧化剂、酸类等不同性质的物品分库贮存。

养护：

1) 入库验收：包装应完整，封口严密无破损，无受潮、水湿现象，瓶、箱、桶外无沾染本品和其他杂物，无异状，无潮湿或结块，无可见杂质等，并做好验收记录。

2) 堆码苫垫：货垛底应垫高 15 cm 以上，垛高不超过 3 m，货垛整齐、牢固、不倾斜，不靠墙依柱，包装不倒置，垛距 80～90 cm，墙距、柱距 30 cm。

3) 在库检查：保管员除每日班前班后和风雨雪前中后对库房、货垛、物品进行安全检查外，还必须每四个月进行一次质量检查，检查项目和内容与入库验收同，检查中发现问题及时采取封口、整理、更换包装等相应的养护措施，并做好详细记录。

4) 温湿度管理：因本品能升华失重，所以包装容器必须严格密封。高温季节以防热为主，并做好通风降温工作；梅雨季节应以防潮为主，根据库内外温湿度变化情况，做好密封防潮和通风散潮工作。

5) 安全作业：本品蒸气易燃，在各项操作中必须轻拿轻放，防止摩擦和撞击。各种机械应有防爆措施，应使用铜制或铜合金制撬、棒、锤子等小工具。验收、质量检查、包装整理等，必须在库外指定地点进行，现场有专人指导操作，配备相应的灭火器材，工作完毕清扫现场。参加作业人员应穿戴防护用品，不得赤身露体、赤脚操作，工作完毕应洗手、漱口后方能饮食。

6) 保管期限：1 年。

注意事项：火灾时可用水、干粉、抗醇泡沫和二氧化碳扑救，施救人员要戴防毒面具。粉尘能刺激眼睛、皮肤和呼吸系统。吞服能严重伤害内脏，如吸入粉尘应脱离现场，安静休息；如眼部受伤，可用水冲洗；皮肤接触，先用水冲洗，然后用肥皂水洗净。

B4.49 品名：2-茨醇

编号：41535

别名：龙脑、冰片

化学式：$C_{10}H_{17}OH$

分子量：154.25

特性：白色透明固体，有樟脑的气味，能溶于醇及醚，极易溶于水，常温下极易升华。相对密度 1.01；熔点 208 ℃；沸点 212 ℃。易燃固体，被氧化时生成樟脑，遇明火、高热或氧化剂有引起燃烧的危险。主要用于医药和香料。

包装：试剂品为玻璃瓶装，外套木箱，在木箱的内侧用塑料气泡垫衬垫妥实。工业品为塑料袋外套纸箱，或多层牛皮纸袋盛装，并有明显的品名、规格、重量、易燃标志、出厂日期、注意事项等。

贮存条件：应贮存于阴凉、干燥、通风的库房内，门窗开关灵活，通风畅、密封严，窗玻璃涂白色，有防日光直晒和辐射措施。库温保持在 32 ℃ 以下，相对湿度 80% 以下。库房照明和排风设备应使用防爆、封闭式电器，严禁用明火照明。可与其他易燃固体同库贮存，与氧化剂、酸类等不同性质的物品分库贮存。

养护：

1) 入库验收：包装应完整，封口严密无破损，无受潮、水湿现象，不沾染其他杂物，包装和衬垫方法符合包装要求。龙脑应为白色结晶或块状，粗龙脑因含杂质，一般带黄色,含杂质越多,成分越低,颜色更深,无可见异物。
2) 堆码苫垫:因易升华,空气中的龙脑浓度增加,加大了燃烧爆炸的危险性,在原包装容器密封的基础上,宜采取整垛用厚苫布密封的方法,即垛底用枕木铺垫,再放三层席,垛码好后用大苫布整体围起裹严,要求整齐、牢固、美观,垛高不超过3 m,垛距80~90 cm,墙距、柱距30 cm。
3) 在库检查:保管员除每天班前班后和风雨雪前中后对物品进行安全检查外,还应每四个月对库存物品进行一次检查,检查项目与入库验收同,发现问题及时采取养护措施,如封口、修补、整理、更换包装等,并做好记录。
4) 温湿度管理:根据本品特性,高温季节应以防热为主,做好通风降温工作。
5) 安全作业:在搬运、装卸、堆码、整装等各项作业时,必须轻拿轻放。使用的机械应有防爆措施,各种工具应使用不易产生火花的铜制或铜合金制成。验收、质量检查、包装整理等各项操作,必须在指定安全地点进行,现场有专人指导,配备一定的消防器材,作业完毕彻底清扫现场。参加作业人员应穿戴工作服、口罩、风镜,不得赤身露体和赤脚操作,工作完毕应洗手、漱口后方能饮食。
6) 保管期限:1年。

注意事项:火灾时可用砂土、泡沫、二氧化碳扑救。本品受热放出大量蒸气和燃烧烟雾,救火人员应戴防毒面具。对皮肤有刺激性,热蒸气能使皮肤痛痒而引起湿疹,如接触皮肤可用肥皂水洗涤,再用清水冲洗。

B4.50 品名:2-茨酮

编号:41536

别名:樟脑

化学式:$C_{10}H_{16}O$

分子量:152.24

特性:白色半透明块状或粉末,气味芳香(味初辛辣,后有清凉感),能溶于乙醇、乙醚、三氯甲烷、二硫化碳和油类,难溶于水,常温下易升华。相对密度0.992(25 ℃);相对蒸气密度5.24;熔点180 ℃;沸点204 ℃;闪点65.56 ℃(闭杯);自燃点466.1 ℃;爆炸界限0.63%~3.5%。易燃固体,遇明火、高热或与氧化剂接触,可引起燃烧。蒸气与空气混合,在爆炸界限以内时,遇火即发生蒸气爆炸。主要用于医药强心剂、清凉剂、防腐剂,农药上用作驱虫剂、杀虫剂,赛璐珞增塑剂,涂料和电影胶片的原料等。

包装:试剂品为玻璃瓶装,外套木箱,在木箱的内侧和瓶与瓶之间衬垫松软材料防震。工业品为塑料袋,外套胶合板桶或木箱,封闭严密有效。包装外注明品名、规格、重量、批号、危险品标记、注意事项等。

贮存条件:应贮存于阴凉、干燥、通风的库房内,门窗开关灵活,通风畅、密封严,窗玻璃涂白色,有防日光直晒和辐射措施。库温保持在32 ℃以下,相对湿度80%以下。库房照明和排风设备应使用防爆、封闭式电器,严禁用明火照明。可与其他易燃固体同库贮存,与氧化剂、酸类等不同性质的物品分库贮存。

养护:
1) 入库验收:包装应完整,封口严密无破损,无受潮、水湿现象,不沾染其他杂物,包装和衬垫方法符合包装要求。樟脑应为白色结晶或块状,粗樟脑因含杂质,一般带黄色,含杂质越多,成分越低,颜色更深,无可见异物。

2) 堆码苫垫:因易升华,空气中的樟脑浓度增加,加大了燃烧爆炸的危险性,在原包装容器密封的基础上,宜采取整垛用厚苫布密封的方法,即垛底用枕木铺垫,再放三层席,垛码好后用大苫布整体围起裹严,要求整齐、牢固、美观,垛高不超过3 m,垛距80~90 cm,墙距、柱距30 cm。

3) 在库检查:保管员除每天班前班后和风雨雪前中后对物品进行安全检查外,还应每四个月检查一次,检查项目与入库验收同,发现问题及时采取养护措施,如封口、修补、整理、更换等,并做好记录。

4) 温湿度管理:根据物品特性,高温季节应以防热为主,做好通风降温工作。

5) 安全作业:在搬运、装卸、堆码、整装等各项作业时,必须轻拿轻放。使用的机械应有防爆措施,各种工具应使用不易产生火花的铜制或铜合金制成。验收、质量检查、包装整理等各项操作,必须在指定安全地点进行,现场有专人指导,配备一定的消防器材,作业完毕彻底清扫现场。参加作业人员应穿戴工作服、口罩、风镜,不得赤身露体和赤脚操作,工作完毕应洗手、漱口后方能饮食。

6) 保管期限:1年。

注意事项:火灾时可用砂土、泡沫、二氧化碳扑救。本品受热放出大量蒸气和燃烧烟雾,救火人员应戴防毒面具。对皮肤有刺激性,热蒸气能使皮肤痛痒而引起湿疹,如接触皮肤可用肥皂水洗涤,再用清水冲洗。

B4.51　品名:茨烯

编号:41537

别名:樟脑萜

化学式:$C_{10}H_{16}$

分子量:136.23

特性:微黄或黄色结晶体,具有樟脑的气味,在空气中升华,能溶于乙醚,微溶于乙醇,不溶于水。相对密度0.842 2(54 ℃);熔点50~51 ℃;沸点159 ℃;闪点34 ℃。易燃固体,遇火种、高温,接触氧化剂,有引起燃烧的危险。其毒性比樟脑低得多。

包装:试剂品为玻璃瓶装,外套木箱,在木箱的内侧用塑料气泡垫衬垫妥实。工业品为塑料袋外套纸箱,或多层牛皮纸袋盛装,并有明显的品名、规格、重量、易燃标志、出厂日期、注意事项等。

贮存条件:应贮存于阴凉、干燥、通风的库房内,门窗开关灵活,通风畅、密封严,窗玻璃涂白色,有防日光直晒和辐射措施。库温保持在32 ℃以下,相对湿度80%以下。库房照明和排风设备应使用防爆、封闭式电器,严禁用明火照明。可与其他易燃固体同库贮存,与氧化剂、酸类等不同性质的物品分库贮存。

养护:

1) 入库验收:包装应完整,无受潮、水湿现象,不沾染其他杂物,包装和衬垫方法符合包装要求。樟脑萜应为白色结晶或块状,粗樟脑萜因含杂质,一般带黄色,含杂质越多,成分越低,颜色更深,无可见异物。

2) 堆码苫垫:因易升华,空气中的樟脑萜浓度增加,加大了燃烧爆炸的危险性,在原包装容器密封的基础上,宜采取整垛用厚苫布密封的方法,即垛底用枕木铺垫,再放三层席,垛码好后用大苫布整体围起裹严,要求整齐、牢固、美观,垛高不超过3 m,垛距80~90 cm,墙距、柱距30 cm。

3) 在库检查:保管员除每天班前班后和风雨雪前中后进行安全检查外,还应每四个月对库存物品进行一次检查,检查项目与入库验收同,发现问题及时采取物品养护措施,如封口、修补、整理、更换包装等,并做好记录。

4) 温湿度管理:根据本品特性,高温季节应以防热为主,做好通风降温工作。

5) 安全作业:在搬运、装卸、堆码、整装等各项作业时,必须轻拿轻放。使用的机械应有防爆措施,各种工具应使用不易产生火花的铜制或铜合金制成。验收、质量检查、包装整理等各项操作,必须在指定安全地点进行,现场有专人指导,配备一定的消防器材,作业完毕彻底清扫现场。参加作业人员应穿戴工作服、口罩、风镜,不得赤身露体和赤脚操作,工作完毕应洗手、漱口后方能饮食。

6) 保管期限:1年。

注意事项:火灾时可用砂土、泡沫、二氧化碳扑救。本品受热放出大量蒸气和燃烧烟雾,救火人员应戴防毒面具。对皮肤有刺激性,热蒸气能使皮肤痛痒而引起湿疹,如接触皮肤可用肥皂水洗涤,再用清水冲洗。

B4.52　品名:干喷漆

编号:41546

特性:本品的主要成分为硝化棉,为各种颜色的块状或片状固体。化学性质不稳定,极易燃烧,受热分解,可能引起自燃,遇高热或与氧化剂接触有引起燃烧的危险。主要作喷漆用。

包装:塑料袋再装入铁桶内,桶口严密不漏,桶皮厚度不小于0.5 mm,或装入马口铁听,再装入坚固木箱。各种包装外注明品名、规格、重量、出厂日期及"易燃品""防热防晒""小心轻放"等标志。

贮存条件:应贮存于阴凉、干燥、通风良好的库房内,库房墙壁和顶部宜安装隔热层,以控制温度,最好在半地下堡贮存,要门窗灵活,通风畅、密封严,窗玻璃涂白色防日光直接照射。库温保持在25 ℃以下,最高不超过28 ℃,相对湿度80%以下。库内应无电源和火种,如须照明宜用手电筒或由库外向内照明。宜专库贮存,严禁与氧化剂、碱类(如脂肪胺)等性质不同的物品混存。

养护:

1) 入库验收:凡入库物品需事先索取产品质量指标检测报告单。包装应完整无破损,封闭严密,稳定剂不渗漏,内外包装不得沾有本品或其他杂物等,包装、衬垫应符合规定。本品应为白色絮状棉,不泛黄,除酒精味外,无其他气味,无酸性反应等异常现象,用手捏棉体有湿润感,即为稳定剂合适。如发现耐热度、发火点、游离酸三项中有一项不合格者,立即退厂,经处理合格后方能入库。

2) 堆码苫垫:垛底垫高15~30 cm,货垛码行列式要整齐、牢固、不倾斜,不倒置,垛高2.5 m以下,垛距80~90 cm,墙距、柱距30 cm。

3) 在库检查:保管员除进行班前班后的安全检查外,还应每三个月对库存物品进行一次开包装检查,检查方法和内容与入库验收同。如发现稳定剂缺乏或物品变干燥,必须立即加添酒精;如果棉体泛黄或有酸味或有棕白色气体出现,说明已开始变质,应及时挑选,有问题的移出仓库,放置安全地点,及时处理。

4) 温湿度管理:应严格控制库内温湿度,可采取整库密封,库房外墙涂白,夜间通风降温,炎热季节实行夜间出入库作业,梅雨季节则做好防潮、降潮工作。

5) 安全作业:本品燃点低,对撞击、摩擦敏感,故在装卸、搬运、堆码、整理等作业时,必须轻拿轻放,防止摩擦、撞击和地面滚动,大桶装用专用车出入库房。各种工具必须是不产生火花的铜制、包铜或铜合金制品。验收、质量检查、整理包装等操作必须在库外安全地点或专用库房进行,现场有专人指导,并备足消防用水。整理完毕,必须将现场遗留物品清除干净,作业人员穿工作服戴手套。

6) 保管期限:1 年。

注意事项:火灾时用大量水扑救,该品燃烧时放出大量有毒烟雾,抢救人员应注意防毒。

B4.53 品名:硝化纤维漆布(纸)及其制品

编号:41546

特性:以布或纸为基料,上面喷涂各种颜色的硝化纤维胶液,涂在布上称为漆布,涂在纸上称为漆纸,又根据需要可制成各种漆布(纸)制品。易燃固体,遇明火易燃烧。在受潮、受热的情况下,易发霉、发黏,出现变质,随着变质的过程产生了热量,如积热不散,易产生自燃。遇高热或与氧化剂作用,亦能引起自燃。

包装:装入坚固的透笼木箱,在包装箱的内侧衬两层牛皮纸。包装外标明品名、规格、数量、出厂日期及"易燃""防热"等标志。

贮存条件:应贮存于阴凉、干燥、通风良好的库房内,门窗开关灵活,通风畅、密封严,库外墙及窗玻璃涂白色防日光和辐射热。库温在 30 ℃ 以下,相对湿度 80% 以下。库房排风和照明设备应使用防爆、封闭式电器,禁止使用明火照明。有条件的应专库存放,也可与其他易燃固体同存,但绝对禁止与氧化剂和酸碱类等不同性质的物品同库贮存。

养护:

1) 入库验收:包装应完整无破损,无受潮、水湿现象,不沾染与本品性质不同的其他物质,包装方法符合上述要求。物品不发黏,无变色、发霉,不脆等异常现象。

2) 堆码苫垫:垛底垫高 15 cm,或原箱单批行列式垛,便于通风,有条件的也可码入货架,主要是防止重压而不通风,货垛要整齐、牢固、不倾斜,不靠墙依柱,垛距 80~90 cm,墙距、柱距 30 cm。

3) 在库检查:主要以感官检查为主,保管员除每天认真执行班前班后的安全检查外,还应对在库物品每三个月进行定期质量检查,其检查项目内容方法均与入库验收同,查后做好详细的检查记录。

4) 温湿度管理:在梅雨季节应密封仓库,并根据湿度变化采取通风和吸潮相结合的办法,使库温控制在 30 ℃ 以下,相对湿度不超过 80%。

5) 安全作业:本品燃点低,对撞击、摩擦敏感,在搬运、装卸、堆码、整理等作业时,必须轻拿轻放,防止摩擦,撞击和滚动。使用的机械应有防爆措施,各种操作应使用铜制或铜合金的不产生火花的工具。验收、质量检查、包装整理必须在库外安全地点作业,现场有专人指导,并配备一定的消防器材。操作完彻底清扫现场,参与人员应穿工作服戴手套。

6) 保管期限:2 年。

注意事项:火灾时可用雾状水、泡沫、二氧化碳灭火。

B4.54　品名:硝化纤维色片

编号:41547

特性:黑色或白色小片状,硬而脆,它的主要原料是硝化纤维素脂,其余为颜料。与硝化棉的特性基本一致。熔点160 ℃;自燃点 180 ℃。易燃固体,遇明火极易引起燃烧,一经着火,就会一燃而尽。长期处于高温、高湿条件下,或与碱性物质作用,会加速其分解变质,开始时有白色气体,进而发展为放出黄色剧毒的氮氧化物气体,并产生高热,在聚热到自燃点时会引起自燃。主要用于制造喷漆。

包装:工业品为塑料袋外套铁桶盛装,桶口应严密不漏,铁皮桶厚度不小于 0.5 mm,每桶净重不超过 100 kg 或装入马口铁桶严密封闭后装入坚固木箱。箱外注明品名、规格、重量、出厂日期及"易燃品""防热""防晒""小心轻放"等标志。

贮存条件:应贮存于阴凉、干燥、通风良好的库房内,库房墙壁和顶部宜安装隔热层,以控制温度,最好在半地下库贮存,要门窗开关灵活,通风畅、密封严,窗玻璃涂白,防日光直接照射。库温保持在 25 ℃以下,最高不超过 28 ℃,相对湿度 80%以下。库内应无电源和火种,如须照明宜用手电筒或由库外向内照明。宜专库贮存,严禁与氧化剂、碱类(如脂肪胺)等性质不同的物品混存。

养护:
1) 入库验收:凡入库物品需事先索取产品质量指标检测报告单。包装应完整无破损,封闭严密,稳定剂不渗漏,内外包装不得沾有本品或其他杂物、污染等,包装、衬垫应符合规定。物品应为白色絮状棉花,不泛黄,除酒精味外,无其他气味,无酸性反应等异常现象,用手捏棉体有湿润感,即为稳定剂合适。如发现耐热度、发火点、游离酸三项中有一项不合格者,立即返厂,经处理合格后方能入库。
2) 堆码苫垫:垛底垫高 15~30 cm,货垛码行列式要整齐、牢固、不倾斜、不倒置,垛高 2.5 m 以下、垛距 80~90 cm,墙距、柱距 30 cm。
3) 在库检查:保管员除进行班前班后的安全检查外,还应每三个月对库存品进行一次开包装检查,检查方法和内容与入库验收同。如发现稳定剂缺乏或物品变干燥,必须立即加添酒精;如果棉体泛黄或有棕白色气体出现,说明已开始变质,应及时挑选,有问题的移出仓库,放置安全地点及时处理。
4) 温湿度管理:应严格控制库内温湿度,可采取整库密封、库房外墙涂白、夜间通风降温措施,炎热季节实行夜间出入库作业,梅雨季节做好防潮降潮工作。
5) 安全作业:本品燃点低,对撞击、摩擦敏感,故在装卸、搬运、堆码、整理等作业时,必须轻拿轻放,防止摩擦、撞击和地面滚动,大桶装用专用车出入库房。各种工具必须是不产生火花的铜制、包铜或铜合金制品。验收、质量检查、拆钉包装、整理包装等操作必须在库外安全地点或专用库房进行,现场有专人指导,并备足消防用水。整理完毕,必须将现场遗留物品清除干净,作业人员穿工作服戴手套。
6) 保管期限:1 年。

注意事项:火灾时用大量水扑救,该品燃烧时放出大量有毒烟雾,抢救人员应注意防毒。

B4.55　品名:硝化纤维塑料(板、片、棒、管卷等状;不包括碎屑)

编号:41547

别名:赛璐珞

特性：是用硝化棉（含氮量 10.8%～11.2%）加酒精、樟脑作溶剂或用丙酮、羧酸酯作溶剂再加入增塑剂、染料，经过滤、压延、刨片等工序，最后干燥而成的一种低级塑料，即赛璐珞板材，它主要保持了硝化棉的亲溶性和疏水性。化学性质表现了硝化棉的不稳定性和易燃性，若长期在高温、高湿条件下贮存，特别是与碱性物质接触或在碱性蒸气的作用下，硝化棉开始分解，其材料表面会局部变色或泛黄成疤痕，或龟裂成很多小纹，并呈强酸性反应，随时都有发生自燃的可能性。由于各种色料不同、厚度不同，实际测得的自燃点为 140～200 ℃，其挥发出的樟脑、溶剂等与空气能形成爆炸性混合物。主要用于制造乒乓球、眼镜架及装饰品等。

包装：大木板箱装内衬数层牛皮纸，每箱 200 kg，到仓库后都拆包装分色称量入库。箱外应注明品名、规格、重量、出厂日期及"易燃品""防热""防火""防水湿"等标记。

贮存条件：贮存于阴凉、通风、干燥的库房内，库内温度30 ℃以下，相对湿度80%以下。由于本品易挥发失重，加大保管损耗，可与樟脑、萘等易升华易燃固体同库贮存，以降低保管损耗，但不能与氧化剂、碱类或碱性物质，易挥发出碱性蒸气的物质等同库贮存。

养护：
1) 入库验收：检查各种板材的颜色，有无变色泛黄斑点裂纹，有无异味等异状，外包装及产品无沾染其他不同性质的物质，称量入库，做好记录。
2) 堆码苫垫：入库后，均需挑色称量放入仓库贮存，可按照赛璐珞片的规格大小，做成密封格式货架，格内无缝隙，格门用泡沫橡胶垫密封，按不同颜色、厚度分别放入格架内，然后封闭严密。
3) 在库检查：保管员除每日进行班前班后和风雨雪前中后的货垛和库房的安全检查外，还应每三个月进行质量检查，主要检查有无异状及异味，其内容方法与入库验收同，发现问题及时出库，以防发生自燃。
4) 温湿度管理：严格控制好库内温湿度，切实做好防热、防潮工作，最好做成双层房顶，门窗玻璃及库外墙涂白色，防止日光直晒和辐射热。库房密封并根据温湿度变化掌握通风和吸潮，使库温不超过 30 ℃，相对湿度不超过 80%。
5) 安全作业：工作人员穿工作服戴手套，验收、换装、整理、质量检查、拆钉包装等不得在库内进行，在远离库房的安全地点进行，必须使用不易产生火花的铜制或铜合金工具。
6) 保管期限：1 年。

注意事项：火灾时可用大量水扑救，注意防毒。

B4.56　品名：赛璐珞制品

编号：41547

特性：无色或有色透明、半透明、白色等各种形态的固体，系由不同厚度和各种颜色的赛璐珞板材制成，如乒乓球、化学尺、三角尺、直尺、铁道弯尺、放大格、眼镜架、琴拨子、琵琶指甲等各种不同用途的赛璐珞制品。其物理化学特性均与赛璐珞同。

包装：一般各种制品都用白纸包裹，然后装入纸盒，再装入大纸箱中。各种包装外必须注明品名、数量、出厂日期及"易燃品""防热""防火""防潮"等标记。

贮存条件：贮存于阴凉、通风、干燥的库房内，库内温度30 ℃以下，相对湿度80%以下。由于本品易挥发失重，加大保管损耗，可与樟脑、萘等易升华易燃固体同库贮存，以降低保管损耗,但不能与氧化剂、碱类或碱性物质,易挥发出碱性蒸气的物质等物品同库贮存。

养护:
1) 入库验收:检查各种板材的颜色,有无变色泛黄斑点裂纹,有无异味等异状,外包装及产品无沾染其他不同性质的物质,称量入库,做好记录。
2) 堆码苫垫:码垛时下垫枕木,枕木上垫一层木板或三层苇席或直接用木托盘码垛,码行列式垛,该类产品比较零星,在库内搭货架码垛,可提高仓容。
3) 在库检查:保管员除每日进行班前班后和风雨雪前中后的货垛和库房的安全检查外,还应每三个月对库存品进行质量检查,主要检查有无异状及异味,其内容方法与入库验收同,发现问题及时联系出库,以防发生自燃。
4) 温湿度管理:严格控制好库内温湿度,切实做好防热、防潮工作,最好做成双层房顶,门窗玻璃及库外墙涂白色,防止日光直晒和辐射热。库房密封并根据温湿度变化掌握通风和吸潮,使库温不超过 30 ℃,相对湿度不超过 80%。
5) 安全作业:工作人员穿工作服戴手套,验收、换装、整理、质量检查、拆钉包装等均不得在库内进行,在远离库房的安全地点进行,必须使用不易产生火花的铜制或铜合金工具。
6) 保管期限:1 年。

注意事项:火灾时可用大量水扑救,注意防毒。

B4.57 品名:火补胶

编号:41549

特性:含有硫磺、松香、铝粉等易燃物品。本身为一混合体,遇高热、明火或与氧化剂接触,有引起燃烧的危险。属易燃固体。

包装:系小铁听装,再装入木箱,在包装的内侧用松软材料填塞妥实。不论何种包装形式,均应标明产品名称、规格、数量、生产单位、出厂日期及"易燃品""防火"等危险标志。

贮存条件:应贮存于阴凉、干燥、通风良好的库房内,库房门窗开关灵活,通风畅、密封严,门口要设防鼠门挡板。库内保持在 32 ℃ 以下,相对湿度 80% 以下。库房照明和排风设备,应使用防爆、封闭式电器,严禁用明火照明。应专库专存,不得与氧化剂、酸类、易燃物品等不同性质的物品同库存放。

养护:
1) 入库验收:包装应完整无破损、无受潮水湿现象。内外包装上不沾染其他物质,包装衬垫符合规定,验物品应洁净无霉污,无潮湿、无脱落、无外露现象。
2) 堆码苫垫:应根据不同的包装材料和包装形式采取不同的码垛方法,堆垛不宜超过 3 m,垛底垫一层枕木,一层板一层油毡两层芦席以防地潮,顶距 50 cm,垛距 80~90 cm,墙距、柱距 30 cm。
3) 在库检查:保管员除进行每天班前班后的安全检查,项目与验收方法同,特别要随时检查有无老鼠活动,并在沿库墙和垛边及时变换使用不同药、械灭鼠。
4) 温湿度管理:库房应进行密封,在梅雨季节注意防潮,可采取通风和吸潮相结合的办法,使库内温度不超过 32 ℃,相对湿度不超过 80%。
5) 安全作业:摩擦和撞击极易引起燃烧,这往往是由于火补胶外露(没有完全装入盒内),与另一盒的赤磷涂层的摩擦所致,鼠咬也能引起自燃。装卸、搬运、堆码、整理等各项作业必须轻拿轻放,避免受撞击、摩擦和抛掷。各项验收、整理、质量检查操作,须在库外安全地点进行,不得在库内作业,操作现场要有专人指导,并配备相应的灭火器材,操作完毕彻底清扫现场。

6) 保管期限:1年。

注意事项:火灾时可用二氧化碳、干粉、砂土灭火剂扑救。

B4.58 品名:生松香

编号:41550

别名:焦油松香、松脂

特性:淡黄色透明及不透明颗粒或块状,有芳香味,产品体内平均含松香68%,松节油20%,水分及其他12%,稍具有光泽和黏性,能溶于醇、醚、三氯甲烷及乙酸。相对密度1.00;熔点55 ℃;燃点390 ℃;爆炸极限5 mg/L(粉尘);最小点燃能量10 mJ。易燃固体,遇火种、高温或与氧化剂接触,都有引起燃烧的危险。

包装:装入铁桶后封闭或焊牢,每桶净重100 kg。包装外应有明显品名、重量、"易燃品""防止日晒""小心轻放"等标记。

贮存条件:贮存于库房内,远离火源、热源、防止日光直晒,库温控制在35 ℃以下,禁止与氧化剂同贮同运。

养护:

1) 入库验收:检查包装是否完整、有无破漏锈损,包装外是否沾有其他物品。本品应为黄色透明块状。

2) 堆码苫垫:垛底应垫高15 cm,一层木板堆行列式垛,立放可堆三层高,横放可堆4~5桶高,每层都应放三角楔木防止自然滑动,垛距1 m,墙距、柱距30 cm。

3) 在库检查:保管员除每日进行班前班后对货垛及环境进行安全检查外,每四个月对库存物品进行一次全面检查,货垛是否牢固,包装是否生锈,有无破漏损失。

4) 温湿度管理:要注意防止日光直晒,库温如超过30 ℃以上应进行通风降温。

5) 安全作业:要注意安全作业,不得摔震,防止包装破裂。如有散失应及时清扫。

6) 保管期限:2年。

注意事项:火灾可用水、砂土、泡沫、二氧化碳。

B4.59 品名:安全火柴

编号:41551

特性:系由柴梗、发火药和柴盒配套组装而成,柴梗是用杨木或松木制成,蘸石蜡和松香,火柴盒两侧用胶涂上赤磷和硫化锑的混合物,发火药是用氯酸钾、硫磺为主要原料,粘结在火柴梗的一头叫作柴头。火柴头实际是由强氧化剂和强还原剂混合而成,将药头与火柴盒两侧所涂的赤磷层摩擦立即自燃。

包装:每十盒为一包,每100包装入纸板箱,其包装应承受20倍于本身物体重量压力,也有用蒲草包、竹篾篓,每种包装必须严密、牢固、不破损,采用其他材料时,其牢固程度必须符合上述要求。包装外注明工厂名称、牌号、型号、出厂日期、易燃标记等。

贮存条件:应贮存于阴凉、干燥、通风良好的库房内,库房门窗开关灵活,通风畅、密封严,门口要设防鼠门挡板。库内保持在32 ℃以下,相对湿度80%以下。库房照明和排风设备应使用防爆封闭式电器,严禁用明火照明。应专库专存,不得与氧化剂、酸类、易燃物品等不同性质的物品同库存放。

养护：
1) 入库验收：包装应完整、无破损，无受潮、水湿现象，内外包装上不沾染其他物品，包装衬垫符合规定，物品应洁净无霉污，无潮湿，药头无脱落，无外露现象。
2) 堆码苫垫：应根据不同的包装材料和包装形式采取不同的码垛方法，堆垛不宜超过 3 m，垛底垫一层枕木，一层板一层油毡两层芦席以防地潮，顶距 50 cm，垛距 80～90 cm，墙距、柱距 30 cm。
3) 在库检查：保管员除进行每天班前班后的安全检查外，还应每三个月对库存物品进行一次检查，检查方法和项目与验收同，特别要随时检查有无老鼠活动，并在沿库墙和垛边及时变换使用不同药、械灭鼠。
4) 温湿度管理：库房应进行密封，在梅雨季节注意防潮，可采取通风和吸潮相结合的办法，使库内温度不超过 32 ℃，相对湿度不超过 80%。
5) 安全作业：摩擦和撞击极易引起燃烧，装卸、搬运、堆码、整理等各项作业，必须轻拿轻放，避免受撞击、摩擦和抛掷。各项验收、整理、质量检查操作，须在库外安全地点进行，不能在库内操作，操作现场要有专人指导，并配备相应的灭火器材，操作完毕彻底清扫现场。
6) 保管期限：1 年。

注意事项：火灾时可用大量水扑救，也可用泡沫、砂土、二氧化碳、干粉灭火剂灭火。在操作中，或在其他情况下，如发现火柴包冒烟（一般不会立即起火），可立刻转移到库外或安全地点，待烟停止后再拆箱整理，如果立刻拆箱则空气中的氧供给充分，可能立即起火。

B4.60 品名：闪光粉

特性：为镁粉和氯酸钾混合物，镁粉为银白色金属光泽的粉末，不溶于水中。氯酸钾为无色片状结晶或白色颗粒粉末，味咸而凉，不易潮解，能溶于水，难溶于醇。镁粉为强还原剂，与水缓慢作用产生热和氢气，在潮湿空气中表面被氧化而发暗。粉末在空气中极易燃烧，燃烧时产生强烈的白光和热，同时显白色烟雾，生成白色氧化镁粉末。氯酸钾为强氧化剂金属粉末，稍经摩擦或撞击，即可引起燃烧爆炸。二者混合后如遇火星或摩擦震动即可引起燃烧。

包装：装入马口铁桶（听）金属容器内，严密封闭后，再装入木箱内，或用玻璃瓶盛装，再装入木箱中，各种外包装内，必须用松软材料衬垫妥实。包装外标明品名、规格、重量、出厂日期、"易燃""防热""小心轻放"等标志。

贮存条件：应贮存于阴凉、干燥、通风良好的库房内，门窗开关灵活，通风畅，密封严，库墙外和门窗玻璃涂白色，防日光和辐射热。库温保持在 30 ℃ 以下，相对湿度 80% 以下。库房照明和排风设备应使用防爆、封闭式电器，严禁用明火照明。最好单独贮存，不能与氧化剂、酸、碱类等性质不同的物品同库存放。

养护：
1) 入库验收：包装应完整、无破损，无受潮、无水湿现象，包装外无沾染本品或其他物质，包装方法和衬垫符合规定。产品感官质量无异变，无受潮、结块、异味等现象。
2) 堆码苫垫：垛底应垫高 15 cm 以上，码行列式垛，要整齐、牢固、不倾斜、不靠墙依柱，垛高 2.5 m 以上，垛距 80～90 cm，墙距、柱距 30 cm。
3) 在库检查：保管员除每日认真做好班前班后和风雨雪前中后的安全检查外，还应每三个月对库存物品进行定期质量检查,其检查项目和方法与入库验收同。
4) 温湿度管理:梅雨季节认真做好库房密封防潮和通风,以控制库内湿度。
5) 安全作业:由于本品系强氧化剂和强还原剂的混合物,对撞击和摩擦十分敏感,易引起燃烧、爆炸。在装卸、堆码、搬运、验收、检查等作业时,必须轻拿轻放,防止滚动、摩擦、撞击。使用的机械有防爆措施,使用工具应不产生火花的铜制或铜合金制品。验收、整理必须在库外安全地点进行,现场有专人指导操作,现场配备一定数量的消防器材,操作完毕彻底清扫现场。参加作业人员均应穿工作服,不得赤身露体和赤脚,工作完毕洗手、漱口后方能饮食。
6) 保管期限:1年。

注意事项:火灾时可用砂土、干粉灭火机灭火,不宜用水、二氧化碳、四氯化碳、酸、碱泡沫灭火机扑救。

B4.61 品名:黄磷

编号:42001

化学式:P_4

分子量:123.89

特性:淡黄色蜡状半透明固体,能溶于液碱、苯、乙醇、易溶于二硫化碳,不溶于水。相对密度1.82(20 ℃);熔点44.1 ℃;沸点280 ℃;自燃点34 ℃。化学性质非常活泼,在常温下与空气中的氧作用而自燃,必须保存在水中;还原性强,与氧化剂作用而发生爆炸,与氯酸钾接触发生猛烈爆炸。在暗处能发光,具有恶臭。剧毒,成人如服用50 mg/kg即可致死。

包装:工业品用铁桶装,净重20～50 kg。试剂用玻璃瓶装或聚乙烯瓶内塞外盖,严密不渗不漏。黄磷注入水中,瓶装入坚固木箱,用不燃材料填实(如碳酸钙等)。

贮存条件:贮存于冬暖夏凉的一级防火建筑的库房,库温在1～30 ℃,单独贮存,与酸、碱、氧化剂、还原剂、易燃物、爆炸品等分库存放。

养护:
1) 入库验收:检查包装是否完整无损,不得沾污稳定剂,水位应高于产品。
2) 堆码苫垫:码垛时下垫石条或水泥条,垛高1.5 m,垛距80～90 cm,墙距、柱距30 cm。
3) 在库检查:班前班后坚持安全检查,每三个月进行一次质量检查,按比例抽查,发现问题扩大抽查,做好记录。
4) 温湿度管理:密封库房、通风降温,但应防止稳定剂结冰。
5) 安全作业:工作人员穿工作服戴手套,轻拿轻放,防止摔扔和撞击,抽样、包装整理必须在安全地点进行。
6) 保管期限:1年。

注意事项:火灾可用水,但须防冲溅;火灾后,再用湿砂覆盖,防止继续发生燃烧。切勿触及皮肤,以免灼伤。

B4.62 品名:连二亚硫酸钠

编号:42012(外贸);43046(内贸)

化学式:$Na_2S_2O_4$

分子量:179.13

特性:白色砂状结晶或淡黄色粉末,有特殊臭味,溶于冷水,性质不稳定,熔点55 ℃。在热水中立即分解,加热至190 ℃即可爆炸,易吸收氧而氧化,遇氧化剂、少量水或潮湿空气会引起燃烧或爆炸,并产生二氧化硫气体。

包装:500 g瓶装、50 kg铁桶装,包装必须坚固,封口要严密,瓶装要装入木箱,衬垫妥实,标志清楚。

贮存条件:贮存于阴凉、干燥、通风良好的库房,与氧化剂,酸类,潮湿类物质要隔离,库内保持在32 ℃以下,相对湿度在75%以下,避免日光直射。

养护:

1) 入库验收:检查包装容器,应该严密有效,瓶外无沾染异物,铁桶装应严密封闭,不漏不洒。本品应为无色或为微带淡黄色结晶或粉末,无吸潮结块,或形成一体的黏结现象。

2) 堆码苫垫:木箱装下垫高30 cm,码行列式货垛,垛高不超过2.5 m,桶装下垫20～30 cm,码3～5桶为一批的行列式货垛,桶底用薄木板(2 cm厚)拉连,以保持货垛平衡牢固,垛高3 m以下。

3) 在库检查:保管员除每日进行班前班后的货垛和库房的安全检查,雨天要检查库房是否漏雨,及时疏通水沟防止库内进水。梅雨季节,每月对包装容器封口和物品进行一次在库质量检查,其他季节每三个月检查一次。发现问题及时解决处理,并及时做好记录。

4) 温湿度管理:库房门窗要严密可靠,悬挂厚门窗帘。在干燥季节,尽量打开门通风散潮;在梅雨季节不能通风散潮时,采取门窗紧闭,出入库随手关门,防止潮湿空气侵入库内,并在库内适当放置氯化钙吸潮,或采取吸潮机库内机械吸潮等办法,以保持室内相对湿度不超过75%。

5) 安全作业:装卸堆码操作必须轻搬轻放,禁止摔碰和撞击,以免包装破裂,造成漏洒,影响安全。各项验收、质量检查、开桶、开箱、更换、整理等,均不能在库内进行,必须到指定的安全地点作业。

6) 保管期限:1年。

注意事项:如发生火灾,禁止用水、泡沫,可用干砂干粉、石粉。

B4.63 品名:烷基铝(三乙基铝)

编号:42022

化学式:$(CH_3CH_2)_3Al$

分子量:114.15

特性:无色澄清液体,能与饱和的碳氢化合物相混合。相对密度0.837(20 ℃);沸点194 ℃;熔点-52.5 ℃;闪点约-52.7 ℃;自燃点<-52.5 ℃。为自燃品,性质活泼,与空气接触能自燃,与水剧烈反应爆炸,也能与酸类、卤素、醇类和胺类起剧烈反应。

包装:铁桶包装,桶板厚不小于1.2 mm,严密封闭。装入钢瓶内严密封闭,然后装入不可燃材料衬垫的木箱内。

贮存条件:应贮存于阴凉、干燥、通风良好的库房。可与其他同类烃基金属化合物同库贮存。库温在30 ℃以下,相对湿度在75%以下。与酸、碱、氧化剂、易燃品、遇水燃烧品、爆炸品等不同性质的物品分库分类分别贮存。

养护：
1) 入库验收：检查包装，标记是否完好、齐全，并记录。
2) 堆码苫垫：垛底应垫高 15 cm，码行列式，垛高 1.5 m 以下，走道 1.5～1.8 m，墙距、柱距 30 cm，垛距 80～90 cm。
3) 在库检查：除班前班后、风雨前中后的安全检查外，每二个月进行一次感官质量检查，发现问题及时养护，并做好记录。
4) 温湿度管理：采取密封形式，控制温湿度。

注意事项：如遇火灾，可用干砂、土或干粉灭火机扑救，禁止用水。

B4.64　品名：三异丁基铝

化学式：$[(CH_3)_2CHCH_2]_3Al$

分子量：198.33

特性：无色透明液体。相对密度 0.7876(20 ℃/4 ℃)；凝固点 −5.6 ℃；沸点 114 ℃；自燃点＜4 ℃。化学性质很活泼，在空气中能强烈的发烟或着火，与水能剧烈反应而燃烧，也能与酸类、醇类、胺类、卤素剧烈反应。主要用于烯烃的聚合反应催化剂。

包装：应装入坚固铁桶内，桶口应严密不漏，铁皮厚度不小于 1.2 mm，或装入钢瓶内严密封闭，然后装入不燃材料衬垫的木箱内。内外包装均有明显的品名、规格、重量、数量、出厂日期、生产厂、"易燃""防潮""小心轻放"等标志。

贮存条件：应贮存于阴凉、干燥、通风良好的库房内，可与其他同类烃基化合物同库存放。库温在 30 ℃ 以下，相对湿度 75% 以下。与酸、碱、氧化剂、易燃品、遇水燃烧品、爆炸品等不同性质的物品，分库分类分别存放。

养护：
1) 入库验收：包装应完好无损，无水湿、雨淋痕迹，无沾染其他不同性质物品或杂物，各项标记齐全。因多系钢瓶包装，无法观察，物品一般采取用手摇动的办法，如系液体的状态，则视为正常，可做好验收记录或登载质量检查卡片。
2) 堆码苫垫：码垛时垛底应垫高 15 cm 以上，码行列式小型货堆，垛高 1.5 m 以下，走道 1.5～1.8 m，墙距、柱距 30 cm，垛距 80～90 cm，以便于安全和出入库检查操作等。
3) 在库检查：保管员除每天班前班后、风雨雪前中后的安全检查外，还应根据库存物品特点，每二个月进行一次感官质量检查，检查物品在库存期间的包装、容器和质量变化，检查方法内容与验收入库同。发现问题及时采取相应的养护措施，并做好记录。
4) 温湿度管理：采取密封库、密封包装、密封货垛、库房外墙涂白，通风降温、散潮措施。
5) 安全作业：装卸堆码，检查验收等各项操作，必须轻拿轻放，防止摩擦和撞击，不能摔、扔。工作人员须穿工作服戴手套。验收、质量检查、包装整理等各项工作，须在专门场所或安全地点进行，不得在库内操作。
6) 保管期限：1 年。

注意事项：如遇火灾，可用干砂、土或干粉灭火机扑救，禁止用水。

B4.65　品名：三丁基硼

编号：42030

化学式:$(CH_3CH_2CH_2CH_2)_3B$

分子量:182.2

特性:无色液体,能溶于多数有机溶剂,不溶于水。相对密度 0.747(25 ℃);沸点 170 ℃(29 597.4 Pa);闪点 84 ℃。化学性质比较活泼,在空气中能自燃,因此容器中都充满惰性气体。主要用于石油化学、催化剂等。

包装:应装入坚固铁桶内,桶口应严密不漏,铁皮厚度不小于 1.2 mm;或装入钢瓶内严密封闭,然后装入不燃材料衬垫的木箱内。内外包装均有明显的品名、规格、重量、数量、出厂日期、生产工厂、"易燃""防潮""小心轻放"等标志。

贮存条件:应贮存于阴凉、干燥、通风良好的库房内,可与其他同类烃基金属化合物同库贮存。库温在 30 ℃ 以下,相对湿度 75% 以下。与酸、碱、氧化剂、易燃品、遇水燃烧品、爆炸品等不同性质的物品,分库分类分别贮存。

养护:

1) 入库验收:包装应完好无损,无水湿、雨淋痕迹,无沾染其他不同性质的物品或杂物,各项标记齐全。因多系钢瓶包装,无法观察,物品一般采取用手摇动的方法,如系液体的动态,即视为正常,可作为验收记录及登载质量检查卡片。

2) 堆码苫垫:码垛时垛底应垫高 15 cm 以上,码行列式小型货垛,垛高 1.5 m 以下,走道 1.50～1.80 m,墙距、柱距 30 cm,垛距 80～90 cm,以便于安全和出入库检查操作等。

3) 在库检查:保管员除每天进行班前班后、风雨雪前中后的安全检查外,还应根据库存物品特点,每二个月对库存物品进行一次感官质量检查,检查物品在库存期间的包装、容器和质量变化,检查方法、内容与入库验收同,发现问题及时采取相应的养护措施,并做好记录。

4) 温湿度管理:采取密封库、密封包装、密封货垛、库房外墙涂白、通风降温、散潮措施。

5) 安全作业:装卸堆码、检查、验收等各项操作,必须轻拿轻放,防止摩擦和撞击,不得摔扔。工作人员需穿工作服戴手套。验收、质量检查、包装整理等各项操作,须在专门场所或安全地点进行,不得在库内操作。

6) 保管期限:1 年。

注意事项:如遇火灾,可用大量干砂、土或干粉灭火机扑救,禁止用水。

B4.66 品名:硝化纤维片基

编号:42035

别名:硝化纤维胶片

特性:能溶于丙酮及醇醚混合液中。化学性质主要表现为硝酸纤维素酯的高度可燃性,长期贮存在高温高湿,尤其是在碱性物质或蒸气作用下,极易分解脱硝或皂水脱硝而自燃,同时产生剧毒的氮氧化物气体。

包装:金属盒包装,再装入金属容器,或装入坚固木箱中密封,净重 50 kg。

贮存条件:单独贮存于低温、干燥的一级防火建筑库房,库温在 28 ℃ 以下,相对湿度在 80% 以下。

养护:

1) 入库验收:验包装完好无损,无沾染,无水湿、雨淋。
2) 堆码苫垫:垛底应垫高 15 cm,垛高 1.5 m,垛距 80~90 cm,墙距、柱距 30 cm。
3) 在库检查:班前班后检查,每二个月一次感官检查。
4) 温湿度管理:密封并采取通风降温、散潮并控制温湿度。
5) 安全作业:轻拿轻放,并防止摩擦、震动和撞击。操作不准在库内进行,并要配备必要的灭火器材和用具。
6) 保管期限:半年。

注意事项:一旦着火即一燃而尽,须用大量水扑救,如其他物品被引燃,须用相应的器材扑救,抢救人员要戴防毒面具或氧气呼吸器。发现中毒者立即移至新鲜空气处或用氧气帮助呼吸并保持身体温暖。

B4.67　品名:锂

编号:43001

别名:金属锂

化学式:Li

特性:锂为银白色软金属。相对密度 0.534(25 ℃);熔点 179 ℃;沸点 1 317 ℃;发火点 180 ℃;蒸气压 133.3 Pa(723 ℃)。锂在空气中表面逐渐氧化成黄色。遇湿空气、水或酸立即剧烈分解放出氢,能引起燃烧爆炸。与氧、硫、磷、氮、卤素等混合,引起放热反应。溶于液氨。遇硝酸燃烧。主要用于还原剂、氰化剂及有机合成。

包装:盛于玻璃瓶或铁桶内,因为比重很小,必须先将产品盛于瓶(桶)中,然后再用熔融的固体石蜡浇铸封闭严密,或用玻璃瓶直接熔封,绝对隔绝空气,然后再装入用不燃材料作衬垫的木箱内。瓶、桶、箱内外都有明显的品名、规格、重量、出厂日期、生产工厂、"遇湿燃烧""勿倒置"等标志。

贮存条件:贮存于干燥、阴凉、通风地势高的库房,库内不得漏雨水。与氧化剂、酸类、卤素、含水物质要分库存放。防止日光照射,温度要求在 30 ℃ 以下,相对湿度应控制在 75% 以下。

养护:
1) 入库验收:物品包装应符合要求,用不燃材料衬垫,桶、瓶、箱坚固不漏,能保证物品在贮存过程中的安全。物品应浸没在稳定剂中,物品表面应有光泽,只允许有极薄的氧化膜存在,不能外露出稳定剂液面,如出现膨松状态即是变质。
2) 堆码苫垫:应根据库房地势条件,垛底垫高至少 30 cm,码 2 箱或 2 桶一批的行列式货垛,其高度不超过两层,货垛要牢固可靠,垛距 80~90 cm,墙距、柱距 30 cm。
3) 在库检查:保管员除每日班前班后对库房货垛、物品等安全检查外,还应按规定每三个月开箱开桶进行一次质量检查,查看包装容器封口和物品体,与入库验收记录相对照,有无变化和异状,发现问题及时采取各种有效的修补、整理、添加稳定剂等措施。
4) 温湿度管理:锂极易吸入空气中的水分而变质,遇水则立即引起燃烧或爆炸。在干燥季节,要充分利用自然气候通风降潮;在夏季或梅雨季节,则库房密封,同时采取库内放氯化钙、生石灰或用去湿机吸潮等措施,以保持库内相对湿度不超过 75%。

5) 安全操作:在搬运操作中,特别注意轻搬轻放,防止震动,而使桶瓶破裂,造成稳定剂流失,发生危险。各项验收、整理、换装、质量检查等操作,必须在库外安全地点进行。

6) 保管期限:1年。

注意事项:在雨天关闭门窗,停止出库、入库等业务活动。如遇火灾,禁止用水和泡沫灭火机,可用干砂、石灰粉、干粉。皮肤灼烧后,用大量水冲洗,然后用0.5%~10%乙酸冲洗,再用清水冲洗,严重者可送往医院治疗。

B4.68 品名:钠

编号:43002

别名:金属钠

化学式:Na

特性:银白色蜡状软金属,常温下可用刀切开,具有较好的延展性,在-20 ℃时开始脆硬。在100 ℃时开始蒸发,其蒸气可侵蚀玻璃。相对密度0.9 710(20 ℃);熔点97.81 ℃;沸点892 ℃;自燃点>115 ℃(在干燥空气中)。钠呈强碱性,并能腐蚀人体,在氯、氟中能剧烈燃烧,燃烧时火焰呈黄色。钠能与水发生剧烈反应,生成氢氧化钠和氢。与酸作用生成相应的盐类和氢,同时能立即燃烧爆炸。主要用于制造氢化钠、染料中间体及药物、还原剂和脱水剂。

包装:250 g、500 g塑料瓶、玻璃瓶装,10 kg、20 kg铁听装,包装必须密封,无渗漏再装入木箱,箱内填充足够的不燃性内衬物(如碳酸钙等)。包装外应注明品名、规格、产地、出厂日期、重量及"遇水燃烧物品""请勿倒置"等标志。

贮存条件:贮存于干燥、阴凉、通风良好的库房,要隔绝热源、火种与氧化剂、酸类。贮存防止日光直射,库温度应控制在30 ℃以下,相对湿度在75%以下。

养护:

1) 入库验收:包装应符合要求,用不燃材料衬垫,桶、瓶、箱坚固不漏,能保证物品在贮存过程中的安全。物品应浸没在稳定剂中,物品表面应有光泽,只允许有极薄的氧化膜存在,不能外露出稳定剂液面,如出现膨松状态即是变质。

2) 堆码苫垫:应根据库房地势条件,垛底垫高至少30 cm,码2箱或2桶一批的行列式货垛,其高度不超过两层,货垛要牢固可靠,垛距80~90 cm,墙距、柱距30 cm。

3) 在库检查:保管员除每日班前班后对库房货垛、物品等安全检查外,还应按规定每三个月开箱开桶进行一次质量检查,查看包装容器封口和物品,与入库验收记录相对照,有无变化和异状,发现问题及时采取各种有效的修补、整理、添加稳定剂等措施。

4) 温湿度管理:钠极易吸收空气中的水分而变质,遇水则立即引起燃烧或爆炸。在干燥季节,要充分利用自然气候,通风降潮;在夏季或梅雨季节,则库房密封,同时采取库内放氯化钙、生石灰或用去湿机吸潮等措施,以保持库内相对湿度不超过75%。

5) 安全操作:在搬运操作中,特别注意轻搬轻放,防止震动,而使桶瓶破裂,造成稳定剂流失,发生危险。各项验收、整理、换装、质量检查等操作,必须在库外安全地点进行。

6) 保管期限:1年。

注意事项：在雨天关闭门窗，停止出库、入库等业务活动。如遇火灾，禁止用水和泡沫灭火机，可用干砂、石灰粉、干粉。皮肤灼烧后，用大量水冲洗，然后用0.5%～10%乙酸冲洗，再用清水冲洗，严重者可送往医院治疗。

B4.69　品名：钾

编号：43003

分子量：39.10

特性：银白色软金属，常温下容易用刀切开，能溶于液氨、苯胺、汞和钠中。相对密度0.862（20 ℃）；熔点63.65 ℃；沸点774 ℃。化学性质比钠活泼，在干燥空气中易氧化，遇水、潮湿空气或酸能发生剧烈反应，产生大量热并放出氢引起燃烧，燃烧时放出紫色火焰。主要用于制造过氧化钾、合金的热交换等。

包装：100 g、250 g、1 kg塑料瓶、玻璃瓶、铁听，40 kg铁桶装。包装不得渗漏，封口必须严密，钾必须浸泡在对钾无溶解性、无化学反应的甲苯、煤油、液体石蜡等液体中，也可以放置在有惰性气体或真空容器中，然后放入木箱，箱内填充不燃性衬垫物。包装外应注明品名、规格、等级、产地、出厂日期、净重、毛重及"遇水燃烧""请勿倒置"等标志。

贮存条件：贮存于干燥、阴凉、通风、地势高的库房，库内不得漏雨水。与氧化剂、酸类、卤素、含水物质要分库存放。防止日光照射，温度要求在30 ℃以下，相对湿度应控制在75%以下。

养护：

1) 入库验收：包装应符合要求，用不燃材料衬垫，桶、瓶、箱坚固不漏，能保证物品在贮存过程中的安全。物品应浸没在稳定剂中，物品表面应有光泽，只允许有极薄的氧化膜存在，不能外露出稳定剂液面，如出现膨松状态即是变质。

2) 堆码苫垫：应根据库房地势条件，垛底垫高至少30 cm，码2箱或2桶一批的行列式货垛，其高度不超过两层，货垛要牢固可靠，垛距80～90 cm，墙距、柱距30 cm。

3) 在库检查：保管员除每日班前班后对库房货垛、物品等安全检查外，还应按规定每三个月开箱开桶进行一次质量检查，查看包装容器封口和物品，与入库验收记录相对照，有无变化和异状，发现问题及时采取各种有效的修补、整理、添加稳定剂等措施。

4) 温湿度管理：钾极易吸收空气中的水分而变质，遇水则立即引起燃烧或爆炸。在干燥季节，要充分利用自然气候，通风降潮；在夏季或梅雨季节，则库房密封，同时采取库内放氯化钙，生石灰或用去湿机吸潮等措施，以保持库内相对湿度不超过75%。

5) 安全操作：在搬运操作中，特别注意轻搬轻放，防止震动，而使桶瓶破裂，造成稳定剂流失，发生危险。各项验收、整理、换装、质量检查等操作，必须在库外安全地点进行。

6) 保管期限：1年。

注意事项：在雨天关闭门窗，停止出库、入库等业务活动。如遇火灾，禁止用水和泡沫灭火机，可用干砂、石灰粉、干粉。皮肤灼烧后，用大量水冲洗，然后用0.5%～10%乙酸冲洗，再用清水冲洗，严重者可送往医院治疗。

B4.70　品名：钾钠合金

编号：43004

分子式:(Na44%,K56%)

特性:本品为银白色软质固体或液体,在常温下为液态,无味,无毒。相对密度0.886;熔点19 ℃;沸点825 ℃。钾钠合金遇酸、二氧化碳、潮湿空气、水能发生剧烈反应和燃烧甚至爆炸。接触氧、卤素、氧化剂、四氯化碳、三氯甲烷、二氯甲烷等也会引起燃烧爆炸。主要用于热交换液体,有机合成催化剂,核反应堆的冷却剂,焊接金属,制取乙酸、氰化物、聚氯乙烯、氯丁橡胶等。

包装:装入500 g、1 000 g玻璃瓶或50 kg、100 kg、200 kg坚固铁桶,包装严密封口,桶盖应牢固,盖上应衬厚纸或胶垫密封,为防止桶内气体的引燃,桶内应充氮气。容器外应注明品名、规格、产地、净重、生产日期及"遇湿燃烧""怕潮"的标志。

贮存条件:贮存于干燥、阴凉、通风库房,禁止存放在露天。相对湿度控制在75%以下,不可与易燃物、强酸类共贮。

养护:
1) 入库验收:包装应完整密封,桶盖胶垫齐全,大小螺丝拧紧有效,无受潮、雨淋、水湿现象。物品呈块状,无风化,观察是否吸水成为粉末或测定产生气体数量以检测物品质量是否合格,做好记录。
2) 堆码苫垫:可选择干燥、地势高,便于控制湿度的库房,水泥地面,垛底垫高至少30 cm,码行列垛,垛高不超过两层,垛距80~90 cm,墙距、柱距30 cm。
3) 在库检查:保管员每天班前班后必须对货垛及库房环境进行详细的安全检查,特别是雨天,更应特别检查库房是否漏雨,库房周围排水是否畅通,防止库房进水。此外应在夏季每月,其他季节每三个月定期对库房物品进行一次检查,主要检查包装容器和物品在库变化情况,发现问题及时采取容器密封、用修补剂修补破桶等有效措施(绝对禁用锡、电气焊),并详细做好记录。
4) 温湿度管理:库房内要采取密封、通风和吸潮相结合的温湿度管理办法,充分利用冬春干燥季节进行开门通风降潮;雨季不能通风降潮时,可采取库房内放氯化钙的吸潮办法,以保持库内干燥,保持物品质量。
5) 安全作业:装卸搬运要轻拿轻放,防止撞击、摩擦、震动,不得在水泥地面滚动,如须滚动,也必须下垫木板或胶板,绝对不准在库内开桶敲击,开桶检查操作均在库外安全地点进行。如系大桶装,人工操作,人必须站在桶的中间,不得站在桶的两端,以防万一爆炸伤人。由于包装重量大,各项操作最好使人力推车或防爆机具装卸和堆码,以保证人身、物品和仓库安全。
6) 保管期限:1年。

注意事项:灭火时,禁止用水和灭火机,只可用干砂、干粉和石灰粉。不可在雨天作业。如发现头昏、头痛、呕吐,速移至新鲜空气处,重者马上送往医院治疗。

B4.71 品名:钙

编号:43005

别名:金属钙

化学式:Ca

分子量:40.08

特性:钙为碱土金属,银白色稍软。相对密度1.54(20 ℃);熔点842 ℃;沸点1 484 ℃;

蒸气压1 333.2 Pa(983 ℃)。本品在空气中表面氧化成灰色粘附的保护膜,在真空中熔点以下能升华。受高温或接触强氧化剂时,即发生燃烧和爆炸。遇水和酸发生反应,而放出大量氢和热,并能引起燃烧,燃烧时发出红色火焰。主要用于与铝、铜、铅制合金,合金的脱氧剂,油脂的脱氢剂。

包装:100 g、250 g、1 kg塑料瓶、玻璃瓶、铁听,40 kg铁桶装。包装不得渗漏,封口必须严密,钙必须浸泡在对钙无溶解性、无化学反应的甲苯、煤油、液体石蜡等液体中,也可以放置在有惰性气体或真空容器中,然后放入木箱,箱内填充不燃性衬垫物。包装外应注明品名、规格、等级、产地、净重、毛重、生产日期及"遇水燃烧""请勿倒置"的标志。

贮存条件:贮存于干燥、阴凉、通风地势高的库房,库内不得漏雨水。与氧化剂、酸类、卤素、含水物质要分库存放。防止日光照射,温度要求在30 ℃以下,相对湿度应控制在75%以下。

养护:
1) 入库验收:物品包装应符合要求,用不燃材料衬垫,桶、瓶、箱坚固不漏,能保证物品在贮存过程中的安全。物品应浸没在稳定剂中,其表面应有光泽,只允许有极薄的氧化膜存在,不能外露出稳定剂液面,如出现膨松状态即是变质。
2) 堆码苫垫:应根据库房地势条件,垛底垫高至少30 cm,码2箱或2桶一批的行列式货垛,其高度不超过两层,货垛要牢固可靠,垛距80~90 cm,墙距、柱距30 cm。
3) 在库检查:保管员每天班前班后必须对货垛、物品等安全检查外,还应按规定每三个月开箱开桶进行一次质量检查,查看包装容器封口和物品,与入库验收记录相对照,有无变化和异状,发现问题及时采取各种有效的修补、整理、添加稳定剂等措施。
4) 温湿度管理:钙极易吸收空气中的水分而变质,遇水则立即引起燃烧或爆炸。在干燥季节,要充分利用自然气候,通风降潮;在夏季或梅雨季节则库房密封,同时采取库内放氯化钙、生石灰或用去湿机吸潮等措施,以保持库内相对湿度不超过75%。
5) 安全作业:在搬运操作中,特别注意轻搬轻放,防止震动而使桶瓶破裂,造成稳定剂流失,发生危险。各项验收、整理、换装、质量检查等操作,必须在库外安全地点进行。
6) 保管期限:1年。

注意事项:在雨天关闭门窗,停止出库、入库等业务活动。如遇火灾,禁止用水和泡沫灭火机,可用干砂、石灰粉和干粉。皮肤灼烧后,用大量水冲洗,然后用0.5%~10%乙酸冲洗,再用清水冲洗,严重者可送往医院治疗。

B4.72　品名:铷

编号:43006

别名:金属铷

化学式:Rb

分子量:85.5

特性:银白色蜡状金属。相对密度1.532(固体20 ℃),1.475(液体39 ℃);熔点388 ℃;沸点688 ℃。在空气中易氧化,遇乙醇分解,遇水或潮湿空气时可发生剧烈反应,产生氢和大量的热并发生燃烧或爆炸,与氧化剂、卤素接触可产生强烈反应而引起燃烧。主要用于光电池、真空管和催化剂。

包装:10 g、50 g、100 g 装。铷必须浸泡在石油或有惰性气体、真空的铁盒或安瓿中,装入木箱,包装箱内必须用不燃物做衬垫。包装外注明品名、规格、生产厂、生产日期、净重、"遇水燃烧"等标志。

贮存条件:贮存于干燥、阴凉、通风、地势高的库房,库内不得漏雨水。与氧化剂、酸类、卤素、含水物质要分库存放。防止日光照射,温度要求在 30 ℃ 以下,相对湿度应控制在 75% 以下。

养护:
1) 入库验收:包装应符合要求,用不燃材料衬垫,桶、瓶、箱坚固不漏,能保证物品在贮存过程中的安全,物品应浸没在稳定剂中,其表面应有光泽,只允许有极薄的氧化膜存在,不能外露出稳定剂液面,如出现膨松状态即是变质。
2) 堆码苫垫:应根据库房地势条件,垛底垫高至少 30 cm,码 2 箱或 2 桶一批的行列式货垛,其高度不超过两层,货垛要牢固可靠,垛距 80~90 cm,墙距、柱距 30 cm。
3) 在库检查:保管员每天班前班后必须对货垛、物品等进行安全检查外,还应按规定每三个月开箱开桶进行一次质量检查,查看包装容器封口和物品,与入库验收记录相对照,有无变化和异状,发现问题及时采取各种有效的修补、整理、添加稳定剂等措施。
4) 温湿度管理:铷极易吸收空气中的水分而变质,遇水则立即引起燃烧或爆炸,在干燥季节要充分利用自然气候通风降潮;在夏季或梅雨季节则库房密封,同时采取库内放氯化钙、生石灰或用去湿机吸潮等措施,以保持库内相对湿度不超过 75%。
5) 安全作业:在搬运操作中,特别注意轻搬轻放,防止震动而使桶瓶破裂,造成稳定剂流失,发生危险。各项验收、整理、换装、质量检查等操作,必须在库外安全地点进行。
6) 保管期限:1 年。

注意事项:在雨天关闭门窗,停止出库、入库等业务活动。如遇火灾,禁止用水和泡沫灭火机,可用干砂、石灰粉和干粉。皮肤灼烧后,用大量水冲洗,然后用 0.5%~10% 乙酸冲洗,再用清水冲洗,严重者可送往医院治疗。

B4.73 品名:铯

编号:43007

别名:金属铯

化学式:Cs

分子量:132.91

特性:银白色柔软金属或银白色液体。相对密度 1.873(20 ℃);熔点 28.5 ℃;沸点 705 ℃。铯的化学性质非常活泼,危险性大于钾钠,在潮湿的空气中能自燃。遇酸、水能发生强烈的化学反应,产生蒸气和热而燃烧爆炸。与氧、磷、硫、卤素能剧烈反应,发生燃烧和爆炸。主要用于光电池、电子管的吸气剂、氢催化剂等。

包装:10 g、50 g 铁盒或安瓿装,包装不得渗漏,封口必须严密,铯必须浸泡在石油或惰性气体或真空的容器中,外包装箱必须用不燃材料,衬垫妥实。包装外应注明品名、规格、产地、生产日期、净重及"遇湿燃烧"的标志。

贮存条件：贮存于干燥、阴凉、通风的库房内,因包装小,最好放入货架或柜内,防止高温、日光直射。温度要求控制在30 ℃以下,相对湿度应控制在75%以下。与氧化剂、酸、卤素等分别存放。

养护：
1) 入库验收：包装应符合要求,用不燃材料衬垫,桶、瓶、箱坚固不漏,能保证物品在贮存过程中的安全。物品应浸没在稳定剂中,其表面应有光泽,只允许有极薄的氧化膜存在,不能外露出稳定剂液面,如出现膨松状态即是变质。
2) 堆码苫垫：应根据库房地势条件,垛底垫高至少30 cm,码2箱或2桶一批的行列式货垛,其高度不超过两层,货垛要牢固可靠,垛距80～90 cm,墙距、柱距30 cm。
3) 在库检查：保管员每天班前班后必须对货垛、物品等进行安全检查外,还应按规定每三个月开箱开桶进行一次质量检查,查看包装容器封口和物品,与入库验收记录相对照,有无变化和异状,发现问题及时采取各种有效的修补、整理、添加稳定剂等措施。
4) 温湿度管理：铯极易吸收空气中的水分而变质,遇水则立即引起燃烧或爆炸。在干燥季节,要充分利用自然气候,通风降潮；在夏季或梅雨季节则库房密封,同时采取库内放氯化钙、生石灰或用去湿机吸潮等措施,以保持库内相对湿度不超过75%。
5) 安全作业：在搬运操作中,特别注意轻搬轻放,防止震动而使桶瓶破裂,造成稳定剂流失,发生危险。各项验收、整理、换装、质量检查等操作,必须在库外安全地点进行。

注意事项：在雨天关闭门窗,停止出库、入库等业务活动。如遇火灾,禁止用水和泡沫灭火机,可用干砂、石灰粉和干粉。皮肤灼烧后,用大量水冲洗,然后用0.5%～10%乙酸冲洗,再用清水冲洗,严重者可送往医院治疗。

B4.74 品名：锶

编号：43008

别名：金属锶

化学式：Sr

分子量：87.63

特性：锶为银白色或淡黄色软金属,能溶于乙醇中。相对密度2.54；熔点1 384 ℃；蒸气压1 333.2 Pa(898 ℃)。化学性质活泼,在空气中加热能燃烧,遇稀酸或水分解,放出氢及热量,并能引起燃烧,燃烧时发出深红色火焰。粉末状的锶能与水发生强烈的化学反应而产生氢,有燃烧爆炸的危险性。主要用于合金、电子管吸气剂、制造焰火等。

包装：100 g、250 g、1 kg塑料瓶、玻璃瓶、铁听,40 kg铁桶装。包装不得渗漏,封口必须严密,锶必须浸泡在对锶无溶解性、无化学反应的甲苯、煤油、液体石蜡等液体中,也可以放置在有惰性气体或真空容器中,然后放入木箱,箱内填充不燃性衬垫物。包装外应注明品名、规格、等级、产地、出厂日期、净重、毛重及"遇水燃烧""请勿倒置"的标志。

贮存条件：贮存于干燥、阴凉、通风、地势高的库房,库内不得漏雨水。与氧化剂、酸类、卤素、含水物质要分库存放。防止日光照射,温度要求控制在30 ℃以下,相对湿度应控制在

75%以下。

养护：

1) 入库验收：包装应符合要求，用不燃材料衬垫，桶、瓶、箱坚固不漏，能保证物品在贮存过程中的安全。物品应浸没在稳定剂中，其表面应有光泽，只允许有极薄的氧化膜存在，不能外露出稳定剂液面，如出现膨松状态即是变质。

2) 堆码苫垫：应根据库房地势条件，垛底垫高至少 30 cm，码 2 箱或 2 桶一批的行列式货垛，其高度不超过两层，货垛要牢固可靠，垛距 80～90 cm，墙距、柱距 30 cm。

3) 在库检查：保管员每天班前班后必须对货垛、物品等进行安全检查外，还应按规定每三个月开箱开桶进行一次质量检查，查看包装容器封口和物品，与入库验收记录相对照，有无变化和异状，发现问题及时采取各种有效的修补、整理、添加稳定剂等措施。

4) 温湿度管理：锶极易吸收空气中的水分而变质，遇水则立即引起燃烧或爆炸。在干燥季节，要充分利用自然气候，通风降潮；在夏季或梅雨季节则库房密封，同时采取库内放氯化钙、生石灰或用去湿机吸潮等措施，以保持库内相对湿度不超过75%。

5) 安全作业：在搬运操作中，特别注意轻搬轻放，防止震动而使桶瓶破裂，造成稳定剂流失，发生危险。各项验收、整理、换装、质量检查等操作，必须在库外安全地点进行。

6) 保管期限：1 年。

注意事项：在雨天关闭门窗，停止出库、入库等业务活动。如遇火灾，禁止用水和泡沫灭火机，可用干砂、石灰粉和干粉。皮肤灼烧后，用大量水冲洗，然后用 0.5%～10% 乙酸冲洗，再用清水冲洗，严重者可送往医院治疗。

B4.75 品名：钾汞齐

编号：43010

别名：钾汞膏、钾汞合金

化学式：K_xHg_y

特性：为金属钾与汞熔融而成的合金，银白色液体或多孔性结晶块状。在空气或氧中加热时会发生强烈的燃烧或爆炸，同时产生大量有毒气体。与水、潮湿空气、酸类接触会发生化学反应并产生易燃气体，受热时发出有毒蒸气。主要用于制备氢、金属卤化物及有机化合物的还原剂。

包装：应放置在塑料瓶或磨口玻璃瓶中，严密封口后再装入木箱内，瓶外用衬垫物塞紧。包装外要注明品名、规格、产地、净重、生产日期等及"遇水燃烧"标志。

贮存条件：应贮存于阴凉、干燥、通风库房，库房不得漏雨、进水，相对湿度要控制在75%以下。与氧化剂、酸类及含水物质、卤素等分离存放。

养护：

1) 入库验收：包装应符合要求，用不燃材料衬垫，桶、瓶、箱坚固不漏，能保证物品在贮存过程中的安全。物品应浸没在稳定剂中，其表面应有光泽，只允许有极薄的氧化膜存在，不能露出稳定剂液面，如出现膨松状态即是变质。

2) 堆码苫垫：应根据库房地势条件，垛底垫高至少 30 cm，码 2 箱或 2 桶一批的行列

　　　　式货垛,其高度不超过 2 m,货垛要牢固可靠,垛距 80～90 cm,墙距、柱距 30 cm。
　　3) 在库检查:保管员每天班前班后必须对货垛、物品等安全检查外,还应按规定每三个月开箱开桶进行一次质量检查,查看包装容器封口和物品,与入库验收记录相对照,有无变化和异状,发现问题及时采取各种有效的修补、整理、添加稳定剂等措施。
　　4) 温湿度管理:本品极易吸收空气中的水分而变质,遇水则立即引起燃烧或爆炸。在干燥季节,要充分利用自然气候,通风降潮;在夏季或梅雨季节则库房密封,同时采取库内放氯化钙、生石灰或用去湿机吸潮等措施,以保持库内相对湿度不超过 75%。
　　5) 安全作业:在搬运操作中,特别注意轻搬轻放,防止震动而使桶瓶破裂,造成稳定剂流失,发生危险。各项验收、整理、换装、质量检查等操作,必须在库外安全地点进行。
　　6) 保管期限:1 年。
　　注意事项:灭火时禁止用水、泡沫灭火机,可用干燥黄砂、干粉、石灰粉。在高温时产生有毒蒸气,中毒者及时送往医院治疗。

B4.76　品名:钠汞齐

　　编号:43010

　　别名:钠汞膏

　　化学式:Na_xHg_y

　　特性:银白色液体或多孔性固体结晶块状,含有 2%～20% 的金属钠,其余是汞。如果含金属钠低于 2% 则为液体状态。熔点 −36.8 ℃。钠汞齐能与水、潮湿空气、酸类发生剧烈反应,放出氢。在空气、氧气中加热时能发生强烈燃烧或爆炸。主要用于制备氢及有机化合物的还原剂。

　　包装:100 g、250 g、1 kg 塑料瓶、玻璃瓶、铁听,40 kg 铁桶装。包装不得渗漏,封口必须严密,必须浸没在无溶解性、无化学反应的甲苯、煤油、液体石蜡等液体中,也可以放置在有惰性气体或真空容器中,然后放入木箱,箱内填充不燃性衬垫物。包装外应注明品名、规格、等级、产地、出厂日期、净重、毛重及"遇水燃烧""请勿倒置"的标志。

　　贮存条件:贮存于干燥、阴凉、通风、地势高的库房,库内不得漏雨水。与氧化剂、酸类、卤素、含水物质要分库存放。防止日光照射,温度要求控制在 30 ℃ 以下,相对湿度应控制在 75% 以下。

　　养护:

　　1) 入库验收:包装应符合要求,用不燃材料衬垫,桶、瓶、箱坚固不漏,能保证物品在贮存过程中的安全。物品应浸没在稳定剂中,其表面应有光泽,只允许有极薄的氧化膜存在,不能外露出稳定剂液面,如出现膨松状态即是变质。
　　2) 堆码苫垫:应根据库房地势条件,垛底垫高至少 30 cm,码 2 箱或 2 桶一批的行列式货垛,其高度不超过两层,货垛要牢固可靠,垛距 80～90 cm,墙距、柱距 30 cm。
　　3) 在库检查:保管员每天班前班后必须对货垛、物品等进行安全检查外,还应按规定每三个月开箱开桶进行一次质量检查,查看包装容器封口和物品,与入库验收记录相对照,有无变化和异状,发现问题及时采取各种有效的修补、整理、添加稳定剂等措施。

4) 温湿度管理:极易吸入空气中的水分而变质,遇水则立即引起燃烧或爆炸。在干燥季节,要充分利用自然气候,通风降潮;在夏季或梅雨季节则库房密封,同时采取库内放氯化钙、生石灰或用去湿机吸潮,以保持库内相对湿度不超过75%。

5) 安全作业:在搬运操作中,特别注意轻搬轻放,防止震动而使桶瓶破裂,造成稳定剂流失,发生危险。各项验收、整理、换装、质量检查等操作,必须在库外安全地点进行。

6) 保管期限:1年。

注意事项:在雨天关闭门窗,停止出库、入库等业务活动。如遇火灾,禁止用水和泡沫灭火机,可用干砂、石灰粉和干粉。皮肤灼烧后,用大量水冲洗,然后用0.5%~10%乙酸冲洗,再用清水冲洗,严重者可送往医院治疗。

B4.77 品名:镁粉

编号:43012

别名:金属镁粉

化学式:Mg

分子量:24.31

特性:银白色有光泽的金属粉末;制成带状体叫镁带,屑状的叫镁屑等。相对密度1.74(5 ℃);熔点651 ℃;沸点1 107 ℃;着火点550~650 ℃;燃烧温度3 000 ℃;最小点火能量20 mJ。镁的性质比较活泼,在空气中表面氧化生成无光泽的薄膜,遇火即燃烧而发出耀眼白光,同时冒白烟;常温下与水反应缓慢产生氢气和热,与稀酸反应剧烈生成氢气,与铵盐溶液反应生成复盐;红热时能还原一氧化碳、二氧化碳、氧化氮和氧化亚氮。能与氮、硫、卤素、磷和砷直接化合,200 ℃时能与甲醇反应生成甲醇镁。镁粉、镁屑、镁带都是易燃固体;粉末在空气中飞扬,能形成爆炸混合物,遇火即发生粉尘爆炸。为强还原剂,当与氧化剂混合后,则成为爆炸性混合物。

包装:化学试剂为玻璃瓶装,每瓶500 g,每20瓶装入一坚固木箱,箱板厚不小于1 cm,箱外两头加两道铁丝捆扎,瓶与瓶之间及瓶底下和瓶上层,均用松软材料(如塑料气泡垫、瓦楞纸板等)衬垫妥实。工业品为金属桶内衬塑料袋装,每桶20 kg,外套花格木箱。各种包装都必须严密封闭,内外包装有明显的"遇湿燃烧""小心轻放"等标志并注明品名、规格、重量、生产工厂、出厂日期、注意事项等。

贮存条件:应贮存于阴凉、通风、干燥的库房内,门窗开关灵活,便于通风和密封,仓玻璃涂白防止日光直晒,库温保持在32 ℃以下。库房照明和排风设备应使用防爆和封闭式电器,严禁用明火照明。可与其他金属粉或性质相同的易燃固体同库贮存。与氧化剂、酸类、氯、氟等卤族元素及相互反应的物品分库存放。

养护:

1) 入库验收:包装应完整无破损,无受潮、水湿现象,包装上无其他性质不同的沾染物,包装衬垫符合包装要求,物品无异变,无可见杂物,无受潮结块现象。桶装不打开时,可用手摇动听声,有松散感时,即为好品;如有时桶内底层有水,应翻倒检查。

2) 堆码苫垫:桶、箱包装码垛,垫高均不低于20 cm,码行列式货垛,要求整齐、牢固、不斜不倒,垛高不超过2.5 m,垛距80~90 cm,墙距、柱距不小于30 cm。

3) 在库检查:保管员除每日进行班前班后和风雨雪前中后对库房货垛和物品的安全检查外,还应每三个月进行一次质量检查,检查内容与入库验收同,以便随时掌握库存物品的变化情况,发现问题,如封口不严、受潮等,应及时采取封闭、干燥、催调出库等养护措施,并做好记录。

4) 温湿度管理:梅雨季节,应根据当地和库房温湿度变化,及时做好库房密封,通风和库内吸潮等工作。

5) 安全作业:操作人员必须穿工作服、戴手套和口罩,轻拿轻放,防止摩擦和撞击。使用不产生火花的铜制或铜合金制工具,机械操作须有防爆措施,以避免操作现场产生高热或火花。验收、质量检查、加工整理、拆钉包装等,必须在库外专门场所或指定地点进行,现场有专人指导操作,并备有相应的消防灭火器材,操作完毕将现场打扫干净。

6) 保管期限:2年。

注意事项:火灾时可用干砂、干粉灭火剂,不可使用泡沫、四氯化碳或二氧化碳灭火。粉尘稍有刺激性,应使吸入粉尘的患者脱离现场,安置休息并保持温暖;眼部受刺激用水冲洗并就医诊治;皮肤接触,先用水冲洗,再用肥皂水彻底洗净。

B4.78 品名:镁铝粉

编号:43012

化学式:$Mg+Al$

特性:系镁粉和铝粉按一定比例混合而成的,如果单纯的镁粉或铝粉吸潮或遇水,能生成相应的氢氧化物保护膜,阻止了反应的继续进行,二者混合之后的氢氧化镁和氢氧化铝可能发生反应,生成偏铝酸镁,破坏了氢氧化镁和氢氧化铝的保护层作用,使镁和铝不断地和水发生剧烈的反应,同时放出大量的氢和热,引起燃烧。

包装:工业品装入坚固铁桶,桶口严密不漏,桶皮厚度不小于1.2 mm。试剂品为玻璃瓶装,每20瓶装入一木箱,箱内用松软材料衬垫妥实,箱外用铁丝或铁皮加固。箱外应有生产厂名称、出厂日期及"遇湿燃烧""怕潮"等标志。

贮存条件:应贮存于地势高、干燥的库房内,库内相对湿度保持在80%以下。可与其他遇水燃烧的金属或粉末同库贮存,应与易燃液体、酸类、强碱、氧化剂及其他含水物品分库贮存。

养护:

1) 入库验收:验包装容器,在运输途中有无遭受雨淋或与不同性质的物品的混装混运,外包装上不得沾染异物,包装容器封闭严密无破漏损毁。物品无黏结或结块现象,用手摇动粉末或成散状或粉末扬起。

2) 堆码苫垫:仓库内地面高或水泥地面可垫高15~20 cm,码行列式货垛,铁桶应垫2 cm厚的木板,垛高不超过2.5 m。

3) 在库检查:保管员每日班前班后进行货垛和库房的安全检查外,还应每三个月进行一次物品质量检查,发现问题及时解决,并做好检查记录。

4) 温湿度管理:主要是采取密封库房和通风及库内吸潮相结合的温湿度管理办法,以保持库内干燥,也可利用自然气候,在干燥季节长时间进行通风散潮,尽可能保持库内湿度不超过80%。

5) 安全操作:搬运装卸要轻拿轻放,防止摩擦和撞击。使用的各种工具应为铜或铜合金制工具。验收、质量检查、整理、拆钉包装等各项操作,均不得在库内进行,应在库外或指定的安全地点进行。
6) 保管期限:2年。

注意事项:如遇火灾,可用干粉和干砂土扑救,禁止用水和泡沫机灭火。

B4.79 品名:锌粉

编号:43014

别名:锌灰

化学式:Zn

分子量:65.38

特性:本品为浅灰色的细小粉末。相对密度7.142;熔点419.4 ℃;沸点907 ℃;在空气中发火点500 ℃;蒸气压133.322 Pa(487 ℃);最小点火能量65 mJ。锌粉具有强还原性,在空气中吸收氮,在潮湿状态时吸收氧。通常含有少量氧化锌,与酸类、碱类、水、硫、硒、卤素、氧化剂等能引起燃烧或爆炸。锌粉的粉末飞扬在空气中遇火星能发生粉尘爆炸。主要用于催化剂、印染作还原剂、油脂脱色剂、农药杀虫剂或有机合成。

包装:100 g、250 g、1 kg塑料瓶、玻璃瓶、铁听,40 kg铁桶装。包装不得渗漏,封口必须严密,锌必须浸泡在对锌无溶解性、无化学反应的甲苯、煤油、液体石蜡等液体中,也可以放置在有惰性气体或真空容器中,然后放入木箱,箱内填充不燃性衬垫。包装外应注明品名、规格、等级、产地、净重、毛重、生产日期及"遇水燃烧""请勿倒置"的标志。

贮存条件:贮存于干燥、阴凉、通风地势高的库房,库内不得漏雨水。与氧化剂、酸类、卤素、含水物质要分库存放。防止日光照射,温度要求在30 ℃以下,相对湿度应控制在75%以下。

养护:
1) 入库验收:包装应符合要求,用不燃材料衬垫,桶、瓶、箱坚固不漏,能保证物品在贮存过程中的安全。物品应浸没在稳定剂中,其表面应有光泽,只允许有极薄的氧化膜存在,不能外露出稳定剂液面,如出现膨松状态即是变质。
2) 堆码苫垫:应根据库房地势条件,垛底垫高至少30 cm,码2箱或2桶一批的行列式货垛,其高度不超过2 m,货垛要牢固可靠,垛距80～90 cm、墙距、柱距30 cm。
3) 在库检查:保管员每天班前班后必须对货垛、物品等安全检查外,还应按规定每三个月开箱开桶进行一次质量检查,查看包装容器封口和物品,与入库验收记录相对照,有无变化和异状,发现问题及时采取各种有效的修补、整理、添加稳定剂等措施。
4) 温湿度管理:极易吸入空气中的水分而变质,遇水则立即引起燃烧或爆炸。在干燥季节,要充分利用自然气候,通风降潮;在夏季或梅雨季节则库房密封,同时采取库内放氯化钙、生石灰或用去湿机吸潮等措施,以保持库内相对湿度不超过75%。
5) 安全作业:在搬运操作中,特别注意轻搬轻放,防止震动而使桶瓶破裂,造成稳定剂流失,发生危险。各项验收、整理、换装、质量检查等操作,必须在库外安全地点进行。
6) 保管期限:2年。

注意事项:灭火时禁止用水、泡沫灭火机,可用干砂、干粉。如果粉尘浓度较大时,特别注意杜绝一切火源,防止引起粉尘爆炸。

B4.80 品名:氢化锂

  编号:43016

  化学式:LiH

  分子量:7.95

  特性:锂为白色带蓝灰色半透明结晶块状或粉末状两种。不溶于苯和甲苯,能溶于醚。相对密度 0.82(20 ℃);熔点 680 ℃;沸点 850 ℃分解。氢化锂成块状时较稳定,成粉状时与潮湿空气接触能自燃与氧化剂、酸、水接触时可引起燃烧。主要用于干燥剂、有机合成的缩合剂、核防护材料、还原剂。

  包装:50 g、100 g 玻璃瓶,真空铁盒装,严封后再装入木箱,箱内衬垫不燃性松软材料,箱外用铁皮或铁丝加固。包装外应注明品名、规格、产地、净重、生产日期及"遇湿燃烧""防潮"的标志。

  贮存条件:必须贮存于阴凉、干燥、通风的库房,保持上不漏水、下不受潮,相对湿度应控制在 75% 以下。与氧化剂、酸、含水物质分库存放。

  养护:

1) 入库验收:包装应符合要求,用不燃材料衬垫,桶、瓶、箱坚固不漏,能保证物品在贮存过程中的安全。物品应浸没在稳定剂中,其表面应有光泽,只允许有极薄的氧化膜存在,不能外露出稳定剂液面,如出现膨松状态即是变质。

2) 堆码苫垫:应根据库房地势条件,垛底垫高至少 30 cm,码 2 箱或 2 桶一批的行列式货垛,其高度不超过 2 m,货垛要牢固可靠,垛距 80~90 cm,墙距、柱距 30 cm。

3) 在库检查:保管员每天班前班后必须对货垛、物品等安全检查外,还应按规定每三个月开箱、开桶进行一次质量检查,查看包装容器封口和物品,与入库验收记录相对照,有无变化和异状,发现问题及时采取各种有效的修补、整理、添加稳定剂等措施。

4) 温湿度管理:本品极易吸入空气中的水分而变质,遇水则立即引起燃烧或爆炸。在干燥季节,要充分利用自然气候,通风降潮;在夏季或梅雨季节则库房密封,同时采取库内放氯化钙、生石灰或用去湿机吸潮等措施,以保持库内相对湿度不超过 75%。

5) 安全作业:在搬运操作中,特别注意轻搬轻放,防止震动而使桶瓶破裂,造成稳定剂流失,发生危险。各项验收、整理、换装、质量检查等操作,必须在库外安全地点进行。

  注意事项:灭火时禁止用水、泡沫,可用干砂、干粉、石灰粉。

B4.81 品名:氢化钠

  编号:43017

  化学式:NaH

  分子量:2400

  特性:氢化钠为白色至淡棕色细微结晶或粉末。相对密度 0.92;熔点 800 ℃(225 ℃开始分解)。在潮湿空气中能自燃,有毒,能溶于熔融的氢氧化钠,不溶于液氨、苯、二硫化碳与水或酸发生剧烈反应,放出氢气并可引起燃烧、爆炸。与低级醇作用也很剧烈。受高热分解。主要用于缩合及烷化剂、还原剂。

包装:100 g、250 g、1 kg塑料瓶、玻璃瓶、铁听,40 kg铁桶装。包装不得渗漏,封口必须严密,必须浸泡在对其无溶解性、无化学反应的甲苯、煤油、液体石蜡等液体中,也可以放置在有惰性气体或真空容器中,然后放入木箱,箱内填充不燃性衬垫。包装外应注明品名、规格、等级、产地、净重、毛重、生产日期及"遇水燃烧""请勿倒置"的标志。

贮存条件:贮存于干燥、阴凉、通风地势高的库房,库内不得漏雨水。与氧化剂、酸类、卤素、含水物质要分库存放。防止日光照射,温度要求在30 ℃以下,相对湿度应控制在75%以下。

养护:

1) 入库验收:包装应符合要求,用不燃材料衬垫,桶、瓶、箱坚固不漏,能保证物品在贮存过程中的安全。物品应浸没在稳定剂中,其表面应有光泽,只允许有极薄的氧化膜存在,不能外露出稳定剂液面,如出现膨松状态即是变质。

2) 堆码苫垫:应根据库房地势条件,垛底垫高至少30 cm,码2箱或2桶一批的行列式货垛,其高度不超过2 m,货垛要牢固可靠,垛距80~90 cm,墙距、柱距30 cm。

3) 在库检查:保管员每天班前班后必须对货垛、物品等安全检查外,还应按规定每三个月开箱、开桶进行一次质量检查,查看包装容器封口和物品,与入库验收记录相对照,有无变化和异状,发现问题及时采取各种有效的修补、整理、添加稳定剂等措施。

4) 温湿度管理:本品极易吸收空气中的水分而变质,遇水则立即引起燃烧或爆炸。在干燥季节,要充分利用自然气候,通风降潮;在夏季或梅雨季节则库房密封,同时采取库内放氯化钙、生石灰或用去湿机吸潮等措施,以保持库内相对湿度不超过75%。

5) 安全作业:在搬运操作中,特别注意轻搬轻放,防止震动而使桶瓶破裂,造成稳定剂流失,发生危险。各项验收、整理、换装、质量检查等操作,必须在库外安全地点进行。

6) 保管期限:1年。

注意事项:在雨天关闭门窗,停止出库、入库等业务活动。如遇火灾,禁止用水和泡沫灭火机,可用干砂、石灰粉、干粉。皮肤灼烧后,用大量水冲洗,然后用0.5%~10%乙酸冲洗,再用清水冲洗,严重者可送往医院治疗。

B4.82 品名:氢化钾

编号:43018

化学式:KH

分子量:34.09

特性:氢化钾为白色针状结晶,一般产品为灰色粉末,浸入石油中。相对密度1.43~1.47。加热或接触水时分解,产生氢。易燃,与氧化剂、酸、水、潮湿空气接触时可引起燃烧、爆炸。主要用于有机合成的缩合及烷化剂、还原剂。

包装:100 g、250 g、1 kg塑料瓶、玻璃瓶、铁听,40 kg铁桶装。包装不得渗漏,封口必须严密,必须浸泡在对其无溶解性、无化学反应的甲苯、煤油、液体石蜡等液体中,也可以放置在有惰性气体或真空容器中,然后放入木箱,箱内填充不燃性衬垫物。包装外应注明品名、规格、等级、产地、净重、毛重、生产日期及"遇水燃烧""请勿倒置"的标志。

贮存条件:贮存于干燥、阴凉、通风、地势高的库房,库内不得漏雨水。与氧化剂、酸类、卤素、含水物质要分库存放。防止日光照射,温度要求在30℃以下,相对湿度应控制在75%以下。

养护:
1) 入库验收:包装应符合要求,用不燃材料衬垫,桶、瓶、箱坚固不漏,能保证物品在贮存过程中的安全。物品应浸没在稳定剂中,其表面应有光泽,只允许有极薄的氧化膜存在,不能外露出稳定剂液面,如出现膨松状态即是变质。
2) 堆码苫垫:应根据库房地势条件,垛底垫高至少30 cm,码2箱或2桶一批的行列式货垛,其高度不超过2 m,货垛要牢固可靠,垛距80~90 cm,墙距、柱距30 cm。
3) 在库检查:保管员每天班前班后必须对货垛、物品等安全检查外,还应按规定每三个月开箱、开桶进行一次质量检查,查看包装容器封口和物品,与入库验收记录相对照,有无变化和异状,发现问题及时采取各种有效的修补、整理、添加稳定剂等措施。
4) 温湿度管理:本品极易吸收空气中的水分而变质,遇水则立即引起燃烧或爆炸。在干燥季节,要充分利用自然气候,通风降潮;在夏季或梅雨季节则库房密封,同时采取库内放氯化钙、生石灰或用去湿机吸潮等措施,以保持库内相对湿度不超过75%。
5) 安全作业:在搬运操作中,特别注意轻搬轻放,防止震动而使桶瓶破裂,造成稳定剂流失,发生危险。各项验收、整理、换装、质量检查等操作,必须在库外安全地点进行。
6) 保管期限:1年。

注意事项:在雨天关闭门窗,停止出库、入库等业务活动。如遇火灾,禁止用水和泡沫灭火机,可用干砂、石灰粉、化学干粉。皮肤灼烧后,用大量水冲洗,然后用0.5%~10%乙酸冲洗,再用清水冲洗,严重者可送往医院治疗。

B4.83 品名:氢化钙

编号:43020

化学式:CaH_2

分子量:42.10

特性:为灰白色结晶块。相对密度1.8;熔点675℃(分解)。本品暴露在潮湿空气中或遇水生成氢氧化钙并放出氢气,易被酸和低碳醇分解,与溴酸盐、氯酸盐、过氯酸盐反应剧烈。在空气中燃烧剧烈。主要用于还原剂、干燥剂等。

包装:100 g、250 g、1 kg塑料瓶、玻璃瓶、铁听,40 kg铁桶装。包装不得渗漏,封口必须严密,必须浸泡在对其无溶解性、无化学反应的甲苯、煤油、液体石蜡等液体中,也可以放置在有惰性气体或真空容器中,然后放入木箱,箱内填充不燃性衬垫物。包装外应注明品名、规格、等级、产地、净重、毛重、生产日期及"遇水燃烧""请勿倒置"的标志。

贮存条件:贮存于干燥、阴凉、通风地势高的库房,库内不得漏雨水。与氧化剂、酸类、卤素、含水物质要分库存放。防止日光照射,温度要求在30℃以下,相对湿度应控制在75%以下。

养护：
1) 入库验收：包装应符合要求，用不燃材料衬垫，桶、瓶、箱坚固不漏，能保证物品在贮存过程中的安全。物品应浸没在稳定剂中，其表面应有光泽，只允许有极薄的氧化膜存在，不能外露出稳定剂液面，如出现膨松状态即是变质。
2) 堆码苦垫：应根据库房地势条件，垛底垫高至少 30 cm，码 2 箱或 2 桶一批的行列式货垛，其高度不超过 2 m，货垛要牢固可靠，垛距 80~90 cm，墙距、柱距 30 cm。
3) 在库检查：保管员每天班前班后必须对货垛、物品等安全检查外，还应按规定每三个月开箱开桶进行一次质量检查，查看包装容器封口和物品体，与入库验收记录相对照，有无变化和异状，发现问题及时采取各种有效的修补、整理、添加稳定剂等措施。
4) 温湿度管理：本品极易吸收空气中的水分而变质，遇水则立即引起燃烧或爆炸。在干燥季节，要充分利用自然气候，通风降潮；在夏季或梅雨季节则库房密封，同时采取库内放氯化钙、生石灰或用去湿机吸潮等措施，以保持库内相对湿度不超过 75%。
5) 安全作业：在搬运操作中，特别注意轻搬轻放，防止震动而使桶瓶破裂，造成稳定剂流失，发生危险。各项验收、整理、换装、质量检查等操作，必须在库外安全地点进行。
6) 保管期限：1 年。

注意事项：在雨天关闭门窗，停止出库、入库等业务活动。如遇火灾，禁止用水和泡沫灭火机，可用干砂、石灰粉、化学干粉。皮肤灼烧后，用大量水冲洗，然后用 0.5%~10% 乙酸冲洗，再用清水冲洗，严重者可送往医院治疗。

B4.84 品名：氢化铝

编号：43021

别名：铝烷

化学式：AlH_3

分子量：29.98

特性：本品为白色至灰色粉末。在空气中能自行氧化燃烧，遇水、乙醇、酸类会发生分解、放出氢，加热至 160 ℃ 时分解引起燃烧，与氧化剂反应更加剧烈。主要用于塑料制品、纤维品、电镀、火箭材料。

包装：100 g、250 g、1 kg 塑料瓶、玻璃瓶、铁听，40 kg 铁桶装。包装不得渗漏，封口必须严密，必须浸泡在对其无溶解性、无化学反应的甲苯、煤油、液体石蜡等液体中，也可以放置在有惰性气体或真空容器中，然后放入木箱，箱内填充不燃性衬垫物。包装外应注明品名、规格、等级、产地、净重、毛重、生产日期及"遇水燃烧""请勿倒置"的标志。

贮存条件：贮存于干燥、阴凉、通风地势高的库房，库内不得漏雨水。与氧化剂、酸类、卤素、含水物质要分库存放。防止日光照射，温度要求在 3 ℃ 以下，相对湿度应控制在 75% 以下。

养护：
1) 入库验收：包装应符合要求，用不燃材料衬垫，桶、瓶、箱坚固不漏，能保证物品在贮存过程中的安全。物品应浸没在稳定剂中，物品表面应有光泽，只允许有极薄的氧化膜存在，不能外露出稳定剂液面，如出现膨松状态即是变质。

2) 堆码苦垫:应根据库房地势条件,垛底垫高至少 30 cm,码 2 箱或 2 桶一批的行列式货垛,其高度不超过 2 m,货垛要牢固可靠,垛距 80～90 cm,墙距、柱距 30 cm。

3) 在库检查:保管员每天班前班后必须对货垛、物品等安全检查外,还应按规定每三个月开箱、开桶进行一次质量检查,查看包装容器封口和物品,与入库验收记录相对照,有无变化和异状,发现问题及时采取各种有效的修补、整理、添加稳定剂等措施。

4) 温湿度管理:本品极易吸收空气中的水分而变质,遇水则立即引起燃烧或爆炸。在干燥季节,要充分利用自然气候,通风降潮;在夏季或梅雨季节则库房密封,同时采取库内放氯化钙、生石灰或用去湿机吸潮等措施,以保持库内相对湿度不超过 75%。

5) 安全作业:在搬运操作中,特别注意轻搬轻放,防止震动而使桶瓶破裂,造成稳定剂流失,发生危险。各项验收、整理、换装、质量检查等操作,必须在库外安全地点进行。

6) 保管期限:1 年。

注意事项:在雨天关闭门窗,停止出库、入库等业务活动。如遇火灾,禁止用水和泡沫灭火机,可用干砂、石灰粉、干粉。皮肤灼烧后,用大量水冲洗,然后用 0.5%～10% 乙酸冲洗,再用清水冲洗,严重者用可送往医院治疗。

B4.85 品名:氢化铝锂

编号:43022

化学式:$LiAlH_4$

分子量:37.94

特性:白色疏松的结晶块或粉末。能溶于乙醚、四氢呋喃,微溶于丁醚,不溶于或极微溶于烃类和二噁烷。相对密度 0.917;熔点 125 ℃(分解)。在干燥空气中稳定,遇水或潮湿空气能分解出氢气。受热至 125 ℃ 以上不经熔融即分解成铝、氢、氢化锂。当摩擦或有静电火花时能引起燃烧。与氧化剂混合能形成比较敏感的爆炸混合物。主要用于聚合催化剂、还原剂、喷气发动机燃料。

包装:玻璃瓶或铁听装严密封口后再装入木箱,箱内用不燃材料衬垫,箱外用铁皮或铁丝加固。箱外应注明品名、规格、等级、产地、净重、生产日期及"遇湿燃烧""防潮"的标志。

贮存条件:贮存于干燥、阴凉、通风地势高的库房,库内不得漏雨水。与氧化剂、酸类、卤素、含水物质要分库存放。防止日光照射,温度要求在 30 ℃ 以下,相对湿度应控制在 75% 以下。

养护:

1) 入库验收:包装应符合要求,用不燃材料衬垫,桶、瓶、箱坚固不漏,能保证物品在贮存过程中的安全。物品应浸没在稳定剂中,其表面应有光泽,只允许有极薄的氧化膜存在,不能外露出稳定剂液面,如出现膨松状态即是变质。

2) 堆码苦垫:应根据库房地势条件,垛底垫高至少 30 cm,码 2 箱或 2 桶一批的行列式货垛,其高度不超过 2 m,货垛要牢固可靠,垛距 80～90 cm,墙距、柱距 30 cm。

3) 在库检查:保管员每天班前班后必须对货垛、物品等安全检查外,还应按规定每三个月开箱开桶进行一次质量检查,查看包装容器封口和物品,与入库验收记录相对照,有无变化和异状,发现问题及时采取各种有效的修补、整理、添加稳定剂等措施。

4) 温湿度管理:本品极易吸收空气中的水分而变质,遇水则立即引起燃烧或爆炸。在干燥季节,要充分利用自然气候,通风降潮;在夏季或梅雨季节则库房密封,同时采取库内放氯化钙、生石灰或用去湿机吸潮等措施,以保持库内相对湿度不超过75%。

5) 安全作业:在搬运操作中,特别注意轻搬轻放,防止震动而使桶瓶破裂,造成稳定剂流失,发生危险。各项验收、整理、换装、质量检查等操作,必须在库外安全地点进行。

6) 保管期限:1年。

注意事项:在雨天关闭门窗,停止出库、入库等业务活动。如遇火灾,禁止用水和泡沫灭火机,可用干砂、石灰粉、干粉。皮肤灼烧后,用大量水冲洗,然后用0.5%~10%乙酸冲洗,再用清水冲洗,严重者可送往医院治疗。

B4.86 品名:氢化铝钠

编号:43023

别名:四氢化钠铝、氢铝化钠

化学式:$NaAlH_4$

分子量:54.00

特性:白色结晶体,能熔于四氢呋喃、乙二醇、二甲醚。相对密度1.24;熔点1.83 ℃(分解)。在干燥空气中稳定,在潮湿空气中极易分解,放出氢。与氧化剂、水接触发生燃烧、爆炸。主要用于还原剂。

包装:100 g、250 g、1 kg塑料瓶、玻璃瓶、铁听,40 kg铁桶装。包装不得渗漏,封口必须严密,必须浸泡在对其无溶解性、无化学反应的甲苯、煤油、液体石蜡等液体中,也可以放置在有惰性气体或真空容器中,然后放入木箱,箱内填充不燃性衬垫物。包装外应注明品名、规格、等级、产地、净重、毛重、生产日期及"遇水燃烧""请勿倒置"的标志。

贮存条件:贮存于干燥、阴凉、通风地势高的库房,库内不得漏雨水。与氧化剂、酸类、卤素、含水物质要分库存放。防止日光照射,温度要求在30 ℃以下,相对湿度应控制在75%以下。

养护:

1) 入库验收:包装应符合要求,用不燃材料衬垫,桶、瓶、箱坚固不漏,能保证物品在贮存过程中的安全。物品应浸没在稳定剂中,其表面应有光泽,只允许有极薄的氧化膜存在,不能外露出稳定剂液面,如出现膨松状态即是变质。

2) 堆码苫垫:应根据库房地势条件,垛底垫高至少30 cm,码2箱或2桶一批的行列式货垛,其高度不超过2 m,货垛要牢固可靠,垛距80~90 cm,墙距、柱距30 cm。

3) 在库检查:保管员每天班前班后必须对货垛、物品等进行安全检查外,还应按规定每三个月开箱、开桶进行一次质量检查,查看包装容器封口和物品,与入库验收记录相对照,有无变化和异状,发现问题及时采取各种有效的修补、整理、添加稳定剂等措施。

4) 温湿度管理:本品极易吸收空气中的水分而变质,遇水则立即引起燃烧或爆炸。

5) 安全作业:在搬运操作中,特别注意轻搬轻放,防止震动而使桶瓶破裂,造成稳定剂流失,发生危险。各项验收、整理、换装、质量检查等操作,必须在库外安全地点进行。
   6) 保管期限:1年。

   注意事项:在雨天关闭门窗,停止出库、入库等业务活动。如遇火灾,禁止用水和泡沫灭火机,可用干砂、石灰粉、干粉。皮肤灼烧后,用大量水冲洗,然后用0.5%～10%乙酸冲洗,再用清水冲洗,严重者可送往医院治疗。

B4.87 品名:碳化钙

   编号:43025

   别名:电石、二碳化钙、臭煤石

   化学式:CaC_2

   分子量:64.10

   特性:本品为黄褐色或黑色硬块,其断面为紫色。相对密度2.222,熔点2.300 ℃。在空气中极易受潮而失去光泽变为灰黄色,粉末放出乙炔气而变质失效。电石因含有磷、砷、硫等杂质,与水作用同时可放出磷化氢、硫化氢、砷化氢,并放出高热,当磷化氢含量超过0.02%,硫化氢含量超过0.15%时,容易引起自燃或爆炸。电石遇水后产生乙炔气体,乙炔与银、铜等接触能生成敏感度高的强爆炸物质,乙炔与氟、氯等气体和酸类接触能发生剧烈反应引起燃烧爆炸。产生的乙炔气可切割和焊接金属,制取乙酸、氰化物、聚氯乙烯、氯丁橡胶等。

   包装:装入500 g、1 000 g玻璃瓶或50 kg、100 kg、200 kg坚固铁桶,包装严密封口,桶盖应牢固,盖上应衬厚纸或胶垫密封,为防止桶内乙炔气的引燃,桶内应充氮气。容器外应注明品名、规格、产地、净重、生产日期及"遇湿燃烧""怕潮"的标志。

   贮存条件:贮存于干燥、阴凉、通风的库房,禁止存放在露天。相对湿度应控制在75%以下,不可与易燃物、强酸类共贮。

   养护:
   1) 入库验收:包装应完整密封,桶盖胶垫齐全,大小螺丝拧紧有效,无受潮、雨淋、水湿现象。呈块状,无风化,观察是否吸水成为粉末或测定产生气体数量以检测质量是否合格,做好记录。
   2) 堆码苫垫:可选择干燥、地势高,便于控制湿度的库房,水泥地面,垛底垫高至少30 cm,码行列垛,垛高不超过3 m,垛距80～90 cm,墙距、柱距30 cm。
   3) 在库检查:保管员每天班前班后必须对货垛及库房环境进行详细的安全检查,特别是雨天,更应特别检查库房是否漏雨,库房周围排水是否畅通,防止库房进水。此外夏季每月,其他季节每三个月定期对库存品进行一次检查,主要检查包装容器和物品的在库变化情况,发现问题及时采取容器密封、用修补剂修补破桶等有效措施(绝对禁用锡、电气焊),并做好记录。
   4) 温湿度管理:库房内要采取密封、通风和吸潮相结合的温湿度管理办法,充分利用冬春干燥季节进行开门通风降潮;雨季不能通风降潮时,可采取库房内放氯化钙的吸潮办法,以保持库内干燥,保持物品质量。
5) 安全作业:装卸搬运要轻拿轻放,防止撞击,防止摩擦震动,不得在水泥地面滚动,如须滚动,也必须下垫木板或胶板。绝对不准在库内开桶敲击,开桶检查操作均在库外安全地点进行。如系大桶装,人工操作,人必须站在桶的中间,不得站在桶的两端,以防万一爆炸伤人。由于包装重量大,各项操作最好使人力推车或防爆机具装卸和堆码,以保证人身和仓库安全。
6) 保管期限:1年。

注意事项:灭火时禁止用水和灭火机,只可用干砂、干粉和石灰粉。不可在雨天作业。如发现头昏、头痛、呕吐,速移至新鲜空气处,重者马上送往医院治疗。

B4.88 品名:碳化铝

编号:43026

化学式:Al_4C_3

分子量:143.91

特性:黄色或绿灰色结晶块或粉末,有吸湿性。遇水分解放出易燃气体甲烷。与酸类反应剧烈。相对密度2.36;熔点2 100 ℃;沸点>2 200 ℃。

贮存条件:贮存于干燥的仓库内,库房不允许漏水,下水道要畅通,防止积水内涝。应与酸类、潮解性物质、含水物资分库存放。库内相对湿度保持在75%以下。

养护:搬运时轻装轻卸,防止包装损坏,保持包装完整。平时加强检查,包装破损时要及时处理,以防发生事故,雨天不运输。

注意事项:火灾时可用干砂、干粉、石灰粉,禁止用水和泡沫。

B4.89 品名:磷化钙

编号:43034

化学式:Ca_3P_2

分子量:182.19

特性:本品为灰色块状固体。相对密度2.238(25 ℃);熔点1 600 ℃。遇水、潮湿空气、酸能分解出剧毒的磷化氢气体,自燃点极低,与氢气、氧、硫磺、盐酸反应剧烈,会引起燃烧、爆炸。主要用于信号弹、焰火、鱼雷等。

包装:有25 kg、50 kg、100 kg铁听装,包装必须坚固,铁皮厚度不少于1.2 mm,桶口要严密,小件包装的铁桶,应装入木箱或条筐。包装上要注明品名、规格、产地、净重、生产日期及"遇水燃烧"标志等。

贮存条件:贮存于阴凉、干燥、通风的库房。与氧化剂、酸类、潮解性的物质要分别存放。库内温度30 ℃以下,相对湿度可控制在75%以下。

养护:
1) 入库验收:检查包装木箱是否完整,运输途中有无雨淋、水浸,包装铁盒有无锈蚀破损,如有问题应再检查内包装是否有破损。
2) 堆码苫垫:库内应有水泥地坪,至少垫高30 cm,可堆大垛,垛高不超过3 m,垛距80~90 cm,墙距、柱距30 cm。
3) 在库检查:保管人员每天班前班后对货垛及环境必须进行安全检查,阴雨天要注意库房是否漏雨和防止库内进水,梅雨季每月要对库存物品进行一次详细检查,其他季节每三个月定期检查一次,发现问题及时研究解决措施,并做好记录。
4) 温湿度管理:库房要采取密封、通风和吸潮相结合的方法,严格控制库内相对湿度不超过75%。
5) 安全作业:装卸搬运注意轻装轻卸,禁止摔震,防止包装损坏。雨天停止作业。操作时应使用铜制或铜合金制工具。

注意事项:火灾禁止用水、泡沫,可用干粉、干砂、石灰粉等扑救,救火人员应戴防毒面具。

B4.90 品名:磷化铝

编号:43036

化学式:AlP

分子量:37.96

特性:黄绿片剂或粉剂。相对密度2.850。本品本身不会燃烧,但遇酸和水会放出能燃烧的硫化氢气体。含磷化氢33%和其他杂质很易自燃。空气中浓度达到0.01 mg/L时使人发生严重中毒。主要用于熏杀各种害虫等。

包装:粉剂为大铁桶装,封口严密。片剂每20片装入一铝管内,管口封严,每16管装入塑料袋,再装入马口铁盒,上下机器封口,每铁盒装1 kg。每20盒装入厚木箱,箱外用铁皮或铁丝加固。箱外应注明品名、厂名、生产日期和"有毒""防潮"等危险标志。

贮存条件:贮存于阴凉、干燥、通风的库房内,禁止在露天存放。与酸类,含水分高的物品严格隔离。库内相对湿度保持75%以下。

养护:
1) 入库验收:检查包装木箱是否完整,运输途中有无雨淋、水浸,包装铁盒有无锈蚀破损,如有问题应再检查内包装铝管是否有破损。
2) 堆码苫垫:库内应有水泥地坪,至少垫高30 cm,可堆大垛,垛高不超过3 m,垛距80~90 cm,墙距、柱距30 cm。
3) 在库检查:保管人员每天班前班后对货垛及环境必须进行安全检查,阴雨天要注意库房是否漏雨和防止库内进水,梅雨季每月要对库存物品进行一次详细检查,其他季节每三个月定期检查一次,发现问题及时研究解决措施并做好记录。
4) 温湿度管理:库房要采取密封、通风和吸潮相结合的方法,严格控制库内相对湿度不超过75%。
5) 安全作业:装卸搬运注意轻装轻卸,禁止摔震,防止包装损坏。雨天停止作业。操作时应使用铜制或铜合金制工具。
6) 保管期限:1年。

注意事项:火灾禁止用水、泡沫,可用干粉、干砂、石灰粉等扑救,救火人员应戴防毒面具。

B4.91 品名:磷化锌

编号:43038

化学式:Zn_3P_2

分子量:258.10

特性:本品为灰黑色粉末,剧毒。有蒜臭味。相对密度4.55;熔点420 ℃;沸点1 100 ℃。本品干燥时很稳定,遇潮湿空气及水会逐渐分解,产生有毒气体磷化氢,与氧化剂反应强烈,温度超过60 ℃时会自燃。大鼠的口服半数致死量为40.5~46.7 mg/kg。空气中达到 0.01 mg/L 时,使人发生严重中毒。主要用于杀鼠和粮食熏蒸等。

包装:1～50 kg 铁桶装,外套木箱,包装必须牢固,防止松动,铁桶厚度不少于 1.2 mm,封口要严密。包装外注明品名、规格、净重、出厂日期、厂名等及"遇水燃烧"和"有毒"标志。

贮存条件:贮存于阴凉、干燥、通风的库房内,禁止在露天存放。与酸类,含水分高的物品严格隔离。库内相对湿度保持 75% 以下。

养护:
1) 入库验收:检查包装木箱是否完整,运输途中有无雨淋、水浸,包装铁盒有无锈蚀破损,如有问题应再检查内包装是否有破损。
2) 堆码苫垫:库内应有水泥地坪,至少垫高 30 cm,可堆大垛,垛高不超过 3 m,垛距 80～90 cm,墙距、柱距 30 cm。
3) 在库检查:保管人员每天班前班后对货垛及环境必须进行安全检查,阴雨天要注意库房是否漏雨和防止库内进水,梅雨季每月要对库存物品进行一次详细检查,其他季节每三个月定期检查一次,发现问题及时研究解决措施,并做好记录。
4) 温湿度管理:库房要采取密封、通风和吸潮相结合的方法,严格控制库内相对湿度不超过 75%。
5) 安全作业:装卸搬运注意轻装轻卸,禁止摔震,防止包装损坏。雨天停止作业。操作时应使用铜制或铜合金制工具。
6) 保管期限:1 年。

注意事项:火灾禁止用水、泡沫,可用干粉、干砂、石灰粉等扑救,救火人员应戴防毒面具。

B4.92　品名:氨基化锂

编号:43042

别名:氨基锂

化学式:$LiNH_2$

分子量:22.69

特性:白色结晶或粉末,有氨的气味,遇水分解,不溶于醚、苯、甲苯。相对密度 1.178 (17.5 ℃);熔点 380～400 ℃;沸点 430 ℃。本品化学性质比较活泼,有剧毒性,遇水或空气中的水分,即分解生成氨和强碱性的氢氧化锂。与酸或酸的蒸气以及氧化剂能发生剧烈反应,而产生高热,可能引起燃烧。主要用于有机合成、药品制造的原料等。

包装:本品遇水分解,要求包装严密封闭,严格防潮。工业品为塑料袋,外套铁桶严密封闭;试制品为玻璃瓶装,外加木箱,在包装箱的内侧和瓶与瓶之间用松软材料衬垫妥实。各种包装均应符合危险品包装规定,标明品名、规格、重量、批号、"易燃""防潮""小心轻放"等标志。

贮存条件:本品极易吸潮分解,应贮存于阴凉、干燥、通风良好的库房,门窗开关灵活,通风畅、密封严,防止日光直射。库温保持在 30 ℃ 以下,相对湿度 80% 以下。库房照明和排风设备应使用防爆、封闭式电器,严禁用明火照明。应与氧化剂、酸类、含水量大、性质不同或相互作用的物品分别分库存放。

养护:
1) 入库验收:包装应完整无破损,无受潮、水湿现象,不沾染与本品性质不同的其他杂物,包装方法及衬垫应符合包装要求。物品无潮湿、结块、异味,手感外包装无发热现象。

2) 堆码苫垫:本品应在包装容器密封的基础上码密封垛,如果量小时,也可使用密封箱、密封罐等方法密封,垛底垫高15 cm,码行列式,垛高不超过2.5 m,堆垛要整齐牢固,垛距80~90 cm,墙距、柱距30 cm。

3) 在库检查:保管员每天除认真执行班前班后和风雨雪前中后的检查外,还应每三个月对库存物品进行一次质量检查,检查内容与入库验收同,发现问题及时采取措施,并做好详细记录。

4) 温湿度管理:库房门窗要严密,高温季节以防热为主,梅雨季节以防潮为主。可在密封垛、密封库房的基础上,利用自然气候进行通风降温降潮,或用吸潮剂、吸潮机进行库内吸潮。

5) 安全作业:在装卸、搬运、堆码、整理等项作业时,必须轻搬轻放,防止摩擦、撞击。各种机械工具必须使用不产生火花的铜制或铜合金制品。物品验收、质量检查、加工整理、拆钉包装必须在库外指定安全地点操作,现场并有专人指导,并配备必要的消防器材。操作完毕,要彻底清理现场。操作人员需配戴必要的防护用品,穿工作服、戴手套、口罩,工作完毕洗净手脸和漱口,方能饮食。

注意事项:火灾时可用砂土、干粉、二氧化碳灭火剂,不宜用水灭火,抢救人员须戴防毒面具,防止中毒。

B4.93 品名:氨基化钠

编号:43042

别名:氨基钠

化学式:$NaNH_2$

分子量:39.02

特性:白色结晶粉末,具有氨的气味,400 ℃时开始挥发。熔点210 ℃;沸点400 ℃。化学性质比较活泼,遇水发生剧烈反应,能强烈吸收空气中的水分而分解,生成氢氧化钠和氨;在干燥空气中,易吸收二氧化碳;遇醇反应较慢;接触明火或与氧化剂混合能发生燃烧或爆炸。主要用于制造氰化钠、脱水剂、有机合成等。

包装:本品遇水分解,要求包装严密封闭,严格防潮。工业品为塑料袋,外套铁桶严密封闭;试制品为玻璃瓶装,外加木箱,在包装箱的内侧和瓶与瓶之间用松软材料衬垫妥实。各种包装均应符合危险品包装规定,标明品名、规格、重量、批号、"易燃""防潮""小心轻放"等标志。

贮存条件:本品极易吸潮分解,应贮存于阴凉、干燥、通风良好的库房,门窗开关灵活,通风畅、密封严,防止日光直射。库温保持在30 ℃以下,相对湿度80%以下。库房照明和排风设备应使用防爆、封闭式电器,严禁用明火照明。应与氧化剂、酸类、含水量大、性质不同或相互作用的物品分别分库存放。

养护:

1) 入库验收:包装应完整无破损,无受潮、水湿现象,不沾染与本品性质不同的其他杂物,包装方法及衬垫应符合包装要求。物品无潮湿、结块、异味,手感外包装无发热现象。

2) 堆码苫垫:本品应在包装容器密封的基础上码密封垛,如果量小时,也可使用密封箱、密封罐等方法密封,垛底垫高 15 cm,码行列式,垛高不超过 2.5 m,堆垛要整齐牢固,垛距 80~90 cm,墙距、柱距 30 cm。

3) 在库检查:保管员每天除认真执行班前班后和风雨雪前中后的检查外,还应每三个月对库存物品进行一次质量检查,检查内容与入库验收同,发现问题及时采取措施,并做好详细记录。

4) 温湿度管理:库房门窗要严密,高温季节以防热为主,梅雨季节以防潮为主。可在密封垛、密封库房的基础上,利用自然气候进行通风降温降潮,或用吸潮剂、吸潮机进行库内吸潮。

5) 安全作业:在装卸、搬运、堆码、整理等项作业时,必须轻搬轻放,防止摩擦、撞击。各种机械工具必须使用不产生火花的铜制或铜合金制品。验收、质量检查、加工整理、拆钉包装必须在库外指定安全地点操作,现场并有专人指导,并配备必要的消防器材。操作完毕,要彻底清理现场。操作人员需配戴必要的防护用品,穿工作服,戴手套、口罩,工作完毕洗净手脸和漱口,方能饮食。

注意事项:火灾时可用砂土、干粉、二氧化碳灭火剂,不宜用水灭火,抢救人员须戴防毒面具,防止中毒。

B4.94 品名:硼氢化钠

编号:43044

别名:硼醚钠、钠硼氢

化学式:$NaBH_4$

分子量:37.85

特性:白色细结晶粉末。相对密度 1.07;熔点 36 ℃;沸点 400 ℃(真空)。本品吸水(湿)性强,与热水反应,放出氢;与氧化剂、酸类或酸性气体反应剧烈,放出氢和热,可引起自燃。主要用于制造硼氢盐、还原剂、木和纸浆漂白、塑料发泡剂等。

包装:100 g、250 g、1 kg 塑料瓶、玻璃瓶、铁听,40 kg 铁桶装。包装不得渗漏,封口必须严密,必须浸泡在对其无溶解性、无化学反应的甲苯、煤油、液体石蜡等液体中,也可以放置在有惰性气体或真空容器中,然后放入木箱,箱内填充不燃性衬垫物。包装外应注明品名、规格、等级、产地、净重、毛重、生产日期及"遇水燃烧""请勿倒置"的标志。

贮存条件:贮存于干燥、阴凉、通风、地势高的库房,库内不得漏雨水。与氧化剂、酸类、卤素、含水物质要分库存放。防止日光照射,温度要求在 30 ℃以下,相对湿度应控制在 75% 以下。

养护:

1) 入库验收:包装应符合要求,用不燃材料衬垫,桶、瓶、箱坚固不漏,能保证物品在贮存过程中的安全。物品应浸没在稳定剂中,其表面应有光泽,只允许有极薄的氧化膜存在,不能外露出稳定剂液面,如出现膨松状态即是变质。

2) 堆码苫垫:应根据库房地势条件,垛底垫高至少 30 cm,码 2 箱或 2 桶一批的行列式货垛,其高度不超过 2 m,货垛要牢固可靠,垛距 80~90 cm,墙距、柱距 30 cm。

3) 在库检查:保管员每天班前班后必须对货垛、物品等安全检查外,还应按规定每三个月对物品进行一次质量检查,查看包装容器封口和物品,与入库验收记录相对照,有无变化和异状,发现问题及时采取各种有效的修补、整理、添加稳定剂等措施。

4) 温湿度管理:本品极易吸收空气中的水分而变质,遇水则立即引起燃烧或爆炸。在干燥季节,要充分利用自然气候,通风降潮;在夏季或梅雨季节则库房密封,同时采取库内放氯化钙、生石灰或用去湿机吸潮等措施,以保持库内相对湿度不超过75%。

5) 安全作业:在搬运操作中,特别注意轻搬轻放,防止震动而使桶瓶破裂,造成稳定剂流失,发生危险。各项验收、整理、换装、质量检查等操作,必须在库外安全地点进行。

6) 保管期限:1年。

注意事项:在雨天关闭门窗,停止出库、入库等业务活动。如遇火灾,禁止用水和泡沫灭火机,可用干砂、石灰粉、干粉。皮肤灼烧后,用大量水冲洗,然后用0.5%～10%乙酸冲洗,再用清水冲洗,严重者可送往医院治疗。

B4.95 品名:硼氢化钾

编号:43045

别名:钾硼氢

化学式:KBH_4

分子量:53.94

特性:白色结晶粉末。相对密度1.177;熔点>400 ℃(分解)。本品不吸湿,在空气中稳定,氧化作用较硼氢化钠为弱。与水接触会缓缓散发出氢气;接触酸类、氧化剂即放出氢气,会引起自燃。主要用于醛、酮、酰基化合物的还原等。

包装:100 g、250 g、1 kg塑料瓶、玻璃瓶、铁听,40 kg铁桶装。包装不得渗漏,封口必须严密,必须浸泡在对其无溶解性、无化学反应的甲苯、煤油、液体石蜡等液体中,也可以放置在有惰性气体或真空容器中,然后放入木箱,箱内填充不燃性衬垫物。包装外应注明品名、规格、等级、产地、净重、毛重、生产日期及"遇水燃烧""请勿倒置"的标志。

贮存条件:贮存于干燥、阴凉、通风、地势高的库房,库内不得漏雨水。与氧化剂、酸类、卤素、含水物质要分库存放。防止日光照射,温度要求在30 ℃以下,相对湿度应控制在75%以下。

养护:

1) 入库验收:包装应符合要求,用不燃材料衬垫,桶、瓶、箱坚固不漏,能保证物品在贮存过程中的安全。物品应浸没在稳定剂中,其表面应有光泽,只允许有极薄的氧化膜存在,不能外露出稳定剂液面,如出现膨松状态即是变质。

2) 堆码苫垫:应根据库房地势条件,垛底垫高至少30 cm,码2箱或2桶一批的行列式货垛,其高度不超过2 m,货垛要牢固可靠,垛距80～90 cm,墙、柱距30 cm。

3) 在库检查:保管员每天班前班后必须对货垛、物品等安全检查外,还应按规定每三个月对物品进行一次质量检查,查看包装容器封口和物品,与入库验收记录相对照,有无变化和异状,发现问题及时采取各种有效的修补、整理、添加稳定剂等措施。

4) 温湿度管理:本品极易吸收空气中的水分而变质,遇水则立即引起燃烧或爆炸。在干燥季节,要充分利用自然气候,通风降潮;在夏季或梅雨季节则库房密封,同时采取库内放氯化钙、生石灰或用去湿机吸潮等措施,以保持库内相对湿度不超过 75%。

5) 安全作业:在搬运操作中,特别注意轻搬轻放,防止震动而使桶瓶破裂,造成稳定剂流失,发生危险。各项验收、整理、换装、质量检查等操作,必须在库外安全地点进行。

6) 保管期限:1 年。

注意事项:在雨天关闭门窗,停止出库、入库等业务活动。如遇火灾,禁止用水和泡沫灭火机,可用干砂、石灰粉、干粉。皮肤灼烧后,用大量水冲洗,然后用 0.5%～10% 乙酸冲洗,再用清水冲洗,严重者可送往医院治疗。

B4.96 品名:连二亚硫酸钠

编号:43046

别名:保险粉

化学式:$Na_2S_2O_4$

分子量:179.13

特性:本品为白色砂状结晶或淡黄色粉末,有特殊臭味,溶于冷水,性质不稳定。熔点 55 ℃。在热水中立即分解,加热至 190 ℃ 时即可爆炸,并产生二氧化硫气体。主要用于印染工业的还原剂,丝、毛漂白等。

包装:500 g 瓶装,50 kg 铁桶装。包装必须坚固,封口要严密,瓶装入木箱,衬垫要塞严,防止碰撞。包装外注明品名、规格、产地、净重、生产日期及"遇湿燃烧""小心轻放""切勿受潮"等标志。

贮存条件:贮存于阴凉、干燥、通风良好的库房。与氧化剂、酸类、潮湿物资要隔离。库内保持在 32 ℃ 以下,相对湿度应在 75% 以下,避免日光直射。

养护:

1) 入库验收:检查包装材料容器,应当严密有效,瓶外无沾染异物,铁桶装应焊接牢固,严密封闭,不漏不撒。物品应为无色或微带黄色结晶或粉末,无吸潮结块,或形成一体的黏结现象。

2) 堆码苫垫:木箱装码行列式货垛,垛高不超过 2.5 m,下垫高 30 cm。桶装下垫 20～30 cm,码 3～5 桶为一批的行列式货垛,桶底用薄木板(2 cm 厚)拉连,以保持货垛平稳牢固,垛高 3 m 以下。

3) 在库检查:保管员除每日进行班前班后的货垛和库房的安全检查,雨天还要检查库房是否漏雨,及时疏通水沟,防止库内进水。梅雨季节每月对包装容器封口和物品进行一次质量检查,其他季节每三个月检查一次。发现问题及时解决处理,并及时记录。

4) 温湿度管理:库房门窗要严密有效,悬挂厚门窗帘。在干燥季节,尽量打开门通风散潮;在梅雨季节不能通风散潮时,采取门窗紧闭,出入库随手关门,防止潮湿空气侵入库内,并在库内适当放置氯化钙吸潮或采用去湿机库内机械吸潮等办法,以保持库内相对湿度不超过 75%。

5) 安全作业:装卸堆码操作,必须轻搬轻放,禁止摔碰和撞击,防止包装破裂,造成漏撒,影响安全。各项验收、质量检查、开桶、开箱、换装整理等,均不得在库内进行,到指定的安全地点作业。

6) 保管期限：1年。

注意事项：如发生火灾，禁止用水、泡沫，可用干粉、干砂、石灰粉。

B4.97　品名：硅铁

编号：43505

别名：矽铁

化学式：SiFe

特性：铁与硅合金。含硅量14%～44%，毒性较小，含硅45%～70%时有毒。熔点1 267 ℃。硅铁对气体，特别是氧的溶解力很强，遇碱性液体产生氢气而自燃。

包装：装入500 g、1 000 g玻璃瓶或50 kg、100 kg、200 kg坚固铁桶，包装严密封口，桶盖应牢固，盖上应衬厚纸或胶垫密封。容器外应注明品名、规格、产地、净重、生产日期及"遇湿燃烧""怕潮"的标志。

贮存条件：贮存于干燥、阴凉、通风的库房，禁止存放在露天。相对湿度应控制在75%以下，不可与易燃物、强酸类共贮。

养护：

1) 入库验收：包装应完整密封，桶盖胶垫齐全，大小螺丝拧紧有效，无受潮、雨淋、水湿现象，物品呈块状，无风化，观察是否吸水成为粉末或直接测定产生气体数量以检测物品质量是否合格，并做好记录。

2) 堆码苫垫：可选择干燥、地势高、便于控制湿度的库房、水泥地面，垛底垫高至少30 cm，码行列垛，垛高不超过3 m，垛距80～90 cm，墙距、柱距30 cm。

3) 在库检查：保管员每天班前班后必须对货垛及库房环境进行详细的安全检查，特别是雨天，更应特别检查库房是否漏雨，库房周围排水是否畅通，防止库房进水。此外夏季每月，其他季节每三个月对库存物品进行一次定期检查，主要检查包装容器和物品的在库变化情况，发现问题及时采取容器密封、用修补剂修补破桶等有效措施（绝对禁用锡、电气焊），并做好记录。

4) 温湿度管理：库房内要采取密封、通风和吸潮相结合的温湿度管理办法，充分利用冬春干燥季节进行开门通风降潮；雨季不能通风降潮时，可采取库内放氯化钙的吸潮办法，以保持库内干燥，保持物品质量。

5) 安全作业：装卸搬运要轻拿轻放，防止撞击，防止摩擦、震动，不得在水泥地面滚动，堆码必须下垫木板或胶板。绝对不准在库内开桶敲击，开桶检查操作均在库外安全地点进行。如系大桶装，人工操作，人必须站在桶的中间，不得站在桶的两端，以防万一爆炸伤人。由于包装重量大，各项操作最好使人力推车或防爆机具装卸和堆码，以保证人身和仓库安全。

6) 保管期限：1年。

注意事项：如遇火灾禁止用水和灭火机，只可用干砂、干粉和石粉。不可在雨天作业。如发现头昏、头痛、呕吐，速移至新鲜空气处，重者马上送往医院治疗。

B4.98　品名：氢化钡

编号：43506

化学式：BaH_2

分子量:139.38。

特性:灰色结晶块。相对密度4.21(℃);熔点675℃(分解);沸点1 400℃。遇水、潮湿空气及酸类即分解,放出氢气可引起燃烧或爆炸。主要用于还原剂等。

包装:100 g、250 g、1 kg塑料瓶、玻璃瓶、铁听,40 kg铁桶装。包装不得渗漏,封口必须严密,必须浸泡在对钾无溶解性、无化学反应的甲苯、煤油、液体石蜡等液体中,也可以放置在有惰性气体或真空容器中,然后放入木箱,箱内填充不燃性衬垫物。包装外应注明品名、规格、等级、产地、净重、毛重、生产日期及"遇水燃烧""请勿倒置"的标志。

贮存条件:贮存于干燥、阴凉、通风、地势高的库房,库内不得漏雨水。与氧化剂、酸类、卤素、含水物质要分库存放。防止日光照射,温度要求在30℃以下,相对湿度应控制在75%以下。

养护:
1) 入库验收:包装应符合要求,用不燃材料衬垫,桶、瓶、箱坚固不漏,能保证在贮存过程中的安全。物品应浸没在稳定剂中,其表面应有光泽,只允许有极薄的氧化膜存在,不能外露出稳定剂液面。如出现膨松状态即是变质。
2) 堆码苫垫:应根据库房地势条件,垛底垫高至少30 cm,码2箱或2桶一批的行列式货垛,其高度不超过2 m,货垛要牢固可靠,垛距80~90 cm,墙距、柱距30 cm。
3) 在库检查:保管员每天班前班后必须对货垛、物品等安全检查外,还应按规定每三个月对物品进行一次质量检查,查看包装容器封口和物品,与入库验收记录相对照,有无变化和异状,发现问题及时采取各种有效的修补、整理、添加稳定剂等措施。
4) 温湿度管理:本品极易吸收空气中的水分而变质,遇水则立即引起燃烧或爆炸。在干燥季节,要充分利用自然气候,通风降潮;在夏季或梅雨季节则库房密封,同时采取库内放氯化钙、生石灰或用去湿机吸潮等措施,以保持库内相对湿度不超过75%。
5) 安全作业:在搬运操作中,特别注意轻搬轻放,防止震动而使桶瓶破裂,造成稳定剂流失,发生危险。各项验收、整理、换装、质量检查等操作,必须在库外安全地点进行。
6) 保管期限:1年。

注意事项:在雨天关闭门窗,停止出库、入库等业务活动。如遇火灾,禁止用水和泡沫灭火机,可用干砂、石灰粉、干粉。皮肤灼烧后,用大量水冲洗,然后用0.5%~10%乙酸冲洗,再用清水冲洗,严重者可送往医院治疗。

B4.99 品名:氰氨化钙

编号:43507

别名:石灰氮、碳氮化钙

化学式:$CaCN_2$

分子量:80.11

特性:本品为灰褐色结晶性粉末,有特殊臭味,有毒。相对密度1.083;熔点1.300℃;沸点>1 500℃。本品遇水分解放出氨气和乙炔,如有含杂质碳化钙或少量磷化钙时,会引起自燃。遇酸类发生剧烈反应,发生燃烧甚至爆炸。主要用于肥料、氮制造、钢铁淬火等。

包装:有瓶装、袋装两种。瓶口封严,再装木箱内,箱内必须衬垫牢固。袋装必须内衬塑料袋,每袋不得超过 50 kg,包装封口要求严密。包装容器应注明品名、规格、产地、净重、生产日期及"遇水燃烧""小心轻放"等标志。

贮存条件:贮存于阴凉、干燥、通风良好、不漏雨、地面不潮的库房。与氧化剂、酸类、含水量较大的物品分库存放,相对湿度不超过75%。

养护:
1) 入库验收:检查包装是否完整封口是否严密,是否受雨淋、水湿或沾染其他异物。
2) 堆码苫垫:垛底应垫高 15~30 cm,堆垛高度不超过 2.5 m,垛距 80~90 cm,墙距、柱距 30 cm。
3) 在库检查:每日上班后、下班前对货垛及库房内环境进行一次检查,每三个月应定期对库存物品检查一次。
4) 温湿度管理:库房要密封,根据库内外温湿度变化进行通风和吸潮,以控制库内温度不超过 30 ℃,相对湿度在 75%以下。
5) 安全作业:搬运装卸要注意保护包装完整,不得摔损、撞击和地面滚动。
6) 保管期限:1 年。

注意事项:火灾不能用水、泡沫,只能用干粉、干砂。

B5 第五类 氧化剂和有机过氧化物

B5.1 品名:过氧化氢(20%~60%)

编号:51001

别名:双氧水

化学式:H_2O_2

分子量:34.02

特性:含量60%~100%为爆炸品,40%~60%为一级氧化剂,市售工业品含量为27.5%及35%,医药用含量为3%。工业品以锡酸盐或焦磷酸钠为稳定剂,医药品以乙酰苯胺为稳定剂。

无色透明液体,有强腐蚀性。

含量	27.5%	35%
相对密度	1.11	1.13
沸点	106 ℃	108 ℃
凝固点	−26 ℃	−32.8 ℃
有效氧含量	14.1%	16.5%

化学性质不稳定,在贮存及运输过程中易发生缓慢分解成为氧及水,氧化能力强,遇金属(如铁、铜、锰或离子)存在,可加速分解。与强氧化剂(如高锰酸钾)则能发生猛烈氧化还原反应。与铅和铅的氧化物接触能发生剧烈反应。与丙酮、甲酸、羧酸、乙二醇能引起爆炸。接触有机物(如木材、稻草等)能缓慢引起燃烧。

包装:工业品用高压聚乙烯桶装,每桶 20 kg,桶盖有气体溢出孔,每两桶套一铁框架以便运输。试剂用螺丝口玻璃瓶或塑料瓶,瓶盖应有气体溢出孔。每瓶 500 mL,每瓶外套有厚塑料袋,袋口扎紧,每20瓶装入坚固木箱,箱内使用不燃性松软材料衬垫牢固。各种包装容器都应有明显的品名、重量、规格、厂名、批号、生产日期及"氧化剂""腐蚀性""小心轻放""勿倒置"等标记。

贮存条件:贮藏在阴凉、通风专用库房,远离火源、热源、避免日光直晒。库温不超过30 ℃。与各种强氧化剂、易燃液体、易燃物隔离。

养护:
1) 入库验收:检查包装有无沾染油污或其他有机物,包装完整,无渗漏破损,大小容器必须带有出气孔,物品为无色透明无沉淀杂质。
2) 堆码苫垫:木箱塑料桶装最好先除去外包装木箱,将塑料桶码在特制铁托盘上(带支架),用叉车或码垛机操作,码三托盘高,如直接光桶码垛,可直接码在地面上或铺垫一层水泥条,3桶高。木箱装可码行列式较小垛形,垛高 2.5 m 以下,垛距 80~90 cm,墙距、柱距 30 cm。
3) 在库检查:除认真进行班前班后的安全检查外,还应每三个月进行一次在库质量检查,检查内容与入库验收同,发现问题及时采取养护措施。
4) 温湿度管理:炎热季节可利用早晚开门通风降温,或采用密封库或墙外涂白等降温措施,以保持库内不超过 30 ℃。
5) 安全作业:操作人员穿工作服、戴手套,注意轻搬、轻放,不得摔扔和撞击。
6) 保管期限:1 年。

注意事项:火灾可用雾状水扑救,火灾熄灭后应使用大量水冲洗现场。皮肤灼伤使用大量水冲洗。

B5.2 品名:过氧化钠

编号:51002

别名:双氧化钠、二氧化钠

化学式:Na_2O_2

分子量:77.99

特性:浅黄白色粉末或粒状物,具有吸湿性。工业品一般呈浅黄色,加热后则变黄色。有较强的腐蚀性,是强氧化剂。露置在空气中吸收水分而分解,放出氧气。溶解于水生成氢氧化钠及过氧化氢,后者很快分解成水和氧,并放出大量的热。相对密度 2.085;熔点 460 ℃(分解);沸点 657 ℃(分解)。本品与有机物、易燃物、硫、磷等接触能发生燃烧,甚至爆炸;遇水引起剧烈反应,产生高热,量大时能发生爆炸;与酸类接触立即引起爆炸。主要用于脱色或漂白、氧化剂、防腐剂、杀菌剂、除臭剂、微量分析、医药、印染、化学工业作为制造过氧化物的原料等。

包装:玻璃瓶、塑料瓶或塑料袋装,严封后再装入金属容器、金属卡口罐或塑料桶内,衬松软不燃材料,容器严封扣紧,然后装入坚固木箱(可装 250 g×20 瓶或 500 g×14 瓶),箱内用不燃材料填塞妥实,箱外应包铁皮搭角或铁丝、铁皮加固。小铁听装,桶口密封,每 10 小桶(听),再装入白铁皮箱,箱内放吸潮剂,箱外再套厚度为 15 mm 以上的坚固干燥木箱,用铁皮或铁丝加固,净重不超过 25 kg。各种内外包装均应注明生产厂、品名、规格、等级、生产日期、批号、净重、重量,有明显的"氧化剂""腐蚀性""小心轻放""勿倒置"等标志。

贮存条件:贮藏于阴凉、通风、干燥一级防火建筑的危险品库房,门窗严密,应有遮光设备。库内温度在35 ℃以下,相对湿度在75%以下。可与其他无机过氧化物同库贮存。隔热源、火种,与有机物还原剂,易燃物等分别存放。包装必须完整密封,堆垛用品及设备应专库专用,不准互换。

养护:

1) 入库验收:验物品形态、颜色,有无吸潮、溶化、结块、变色等。内外包装有无受潮、雨淋,容器封口是否严密,包装衬垫物料是否符合物品性质要求,内外标记是否相符,批号、有效期限等情况都要做好验收记录。

2) 堆码苫垫:木箱和铁桶码垛垛底垫高15～30 cm,每层铁桶之间垫木板,垛高不超过2.5 m,保持货垛牢固安全。木箱瓶装货垛高一般在2.5 m 以下,垛距80～90 cm,墙距、柱距30～50 cm。

3) 在库检查:每日进行班前班后的安全检查,还应每三个月进行一次物品质量检查,检查项目、内容与入库验收同,发现封口不严、物品受潮、有异状异味,要及时取样化验质量变化情况,并立即采取有效的养护措施,做好质量检查记录。

4) 温湿度管理:加强库内的温湿度管理,一般可利用密封库房,自然通风散潮与调节库内温度和湿度。如在雨季不能进行通风降潮时,可利用氯化钙或用空气去湿机吸潮等办法,以保持库内相对湿度在75%以下。

5) 安全作业:各项验收、质量检查、装卸、堆码、搬运等操作,必须轻拿轻放,防止摩擦、震动与撞击。验收、质量检查、整理、包装等操作,必须在库外安全地点或操作室内进行,并由业务熟练人员指导,备有各种消防和人身防护设备,操作使用的工具应为铜制或铜合金制。

6) 保管期限:2 年。

注意事项:发生火灾禁止用水、泡沫、二氧化碳,可用干砂、干土、干粉等。

B5.3　品名:过氧化钾

编号:51003

化学式:K_2O_2

分子量:110.20

特性:黄色无定形块状物,易潮解。遇水猛烈分解放出氧气,有腐蚀性。熔点490 ℃。遇水及水蒸气产生热,热量大时可能引起爆炸;与还原剂能产生剧烈反应;接触易燃物(如硫、磷等)也能引起燃烧爆炸。主要用于氧化剂、漂白剂等。

包装:玻璃瓶、塑料瓶或塑料袋装,严封后再装入金属容器、金属卡口罐或塑料桶内,衬垫松软不燃材料,容器严封,然后装入坚固木箱(可装250 g×20 瓶或500 g×14 瓶),箱内用不燃材料填塞妥实,箱外应包铁皮搭角或铁丝、铁皮加固。小铁听装,桶口密封,每10 小桶(听),再装入白铁皮箱,箱内放吸潮剂,箱外再套厚度为15 mm 以上的坚固干燥木箱,用铁皮或铁丝加固,净重不超过25 kg。各种内外包装均应注明生产工厂、产品名称、规格、等级、生产日期、批号、净重、重量,有明显的"氧化剂""腐蚀性""小心轻放""勿倒置"等标志。

贮存条件:贮存于阴凉、通风、干燥一级防火建筑的危险品库房,门窗严密,应有遮光设备,库内温度在35 ℃以下,相对湿度在75%以下。可与其他无机过氧化物同库贮存,隔绝热源、火种,与有机物、还原剂、易燃物等分别存放。包装必须完整密封,堆垛用品及设备应专库专用。

养护：
1) 入库验收：验物品形态、颜色，有无吸潮、溶化、结块、变色等。内外包装有无受潮、雨淋。容器封口是否严密，包装衬垫物料是否符合物品性质要求，内外标记是否相符，批号、有效期限等情况都要做验收记录。
2) 堆码苫垫：木箱和铁桶码垛垛底垫高 15~30 cm，每层铁桶之间垫木板，垛高不超过 2.5 m，保持货垛牢固安全。木箱瓶装货垛高一般在 2.5 m 以下，垛距 80~90 cm，墙距、柱距 30~50 cm。
3) 在库检查：每日进行班前班后的安全检查，还应每三个月进行一次物品检验，检查项目内容与入库验收同，发现封口不严、物品受潮、有异状异味，要及时取样化验质量变化情况，立即采取有效的养护措施，做好质量检查记录。
4) 温湿度管理：加强库内的温湿轻理，一般可利用密封库房、自然通风散潮，调节库内温度和湿度。如在雨季不能进行通风降潮时，可利用氯化钙或用空气去湿机吸潮等办法，以保持库内相对湿度在 75% 以下。
5) 安全作业：各项验收、质量检查、装卸、堆码、搬运等操作，必须轻拿轻放，防止摩擦、震动与撞击。验收、质量检查、整理、包装等操作必须在库外安全地点或操作室内进行，并由业务熟练人员指导，备有各种消防和人身防护设备，操作使用的工具应为铜制或铜合金制。
6) 保管期限：2 年。

注意事项：发生火灾禁用水、泡沫、二氧化碳，可用干砂、干土、干粉等。

B5.4　品名：高氯酸钠

编号：51018

别名：过氯酸钠

化学式：$NaClO_4$

分子量：122.45

特性：无水物为无色或白色斜方晶体，有吸湿性。易溶于水及醇，不溶于醚。一水物是无色六方晶系结晶，有吸湿性。加热到 50 ℃ 时失去结晶水，而成无水物，无水物又能在空气中逐渐吸收水分而转变为一水物。本品有毒。相对密度 2.02；熔点 482 ℃（分解）。与有机物、还原剂、易燃物（如硫、磷等）混合或与硫酸接触有引起燃烧爆炸的危险。主要用于爆炸品工业、分析试剂，氧化剂。

包装：化学试剂装入玻璃瓶内，每瓶 250 g 或 500 g，严封后，再装入金属或塑料卡口桶内，用不燃性干燥的轻体碳酸钙填充，然后再装入坚固木箱内，箱板厚度不应小于 1.5 cm，箱内空隙用碳酸钙填塞妥实，箱外再用双道铁丝捆扎牢固。工业品装入 1.5~2 cm 厚坚固干燥咬口对缝木板材料制成的箱内，箱外用非金属材料加固；或装入特制的塑料桶内，内衬两层纸袋或塑料袋，严密封闭，最后再将桶口严封，每件净重 25 kg 或 50 kg。各种正式内外包装均应注明品名、规格、净重、毛重、生产厂、出厂日期及"氧化剂""防晒""小心轻放"等明显标志。防止包装破损，如果散失地面上，要及时打扫干净或用水冲洗，以消除隐患。

贮存条件：贮存于阴凉、通风、干燥一级防火建筑的库房内，库温在 30 ℃ 以下，相对湿度 80% 以下。可与其他氯酸盐、过氯酸盐类同库贮存。库房门窗要求严密遮光，要隔绝热源、火源、有机物、还原剂、易燃物品等。

养护：
1) 入库验收：验包装应完整无损、无破漏，无水湿、雨淋，包装封口严密，包装材料以及衬垫物料符合包装要求。物品形态、颜色正常，无潮解、溶化、结块、变色、变质等质量问题，验收完毕，做好入库验收记录。
2) 堆码苫垫：桶装和木箱装码垛，下面应垫高 15～30 cm，码行列式货垛，层层垫木板，垛高 2 m。玻璃瓶木箱装垫高 5～10 cm，码行列式垛，垛高 2.5 m，垛距 90 cm，墙距、柱距 30 cm。
3) 在库检查：保管员除每天进行班前班后和风雨雪前中后安全检查外，还应根据物品特性，每三个月抽样检查，检查项目内容与入库验收同，如发现问题及时采取封口、修理、控制温湿度等养护措施，并做好记录。
4) 温湿度管理：每日按时记载库内温湿度，并根据当地气候，采取有效的密封、通风吸潮相结合的温湿度管理办法，使温度不超过 30 ℃，相对湿度不超过 80%。
5) 安全作业：工作人员需穿工作服，戴手套、口罩，堆码装卸、包装整理等各项操作电，绝对禁止推拉、摩擦和撞击。使用的工具应为铜制或铜合金制。包装整理等工作，必须在远离库房的安全地点进行，不得在库房内和库房周围进行。
6) 保管期限：2 年。

注意事项：火灾可用雾状水、干砂土、干粉扑救。

B5.5 品名：高氯酸钾

编号：51019

别名：过氯酸钾

化学式：$KClO_4$

分子量：138.55

特性：无色结晶或白色结晶粉末。易溶于沸水，微溶于水，几乎不溶于醇、醚。对皮肤组织有强烈刺激性。相对密度 2.524；熔点 610 ℃±10 ℃（分解）。系强氧化剂，与有机物接触摩擦或震动能引起分解。与还原剂、易燃物（如硫、磷等）相混合有引起爆炸的危险。

包装：试剂装入玻璃瓶内，250 g×20 瓶装，严封后再装入金属或塑料卡口桶内，衬不燃松软材料，然后再装入坚固木箱，箱板厚度不应小于 1 cm，箱内空隙应用不燃松软材料填塞妥实。箱外应用铁皮或用铁丝捆扎或铁皮搭角。工业品装入厚度 1.5 cm 以上的坚实干燥木箱，内衬两层坚实纸袋或塑料袋，严密封口，箱外用铁皮或铁丝加固。两层纸袋或塑料袋装，严密封口，再装入厚度 0.5 mm 以上的铁皮制成的铁桶或塑料桶内，桶口密封牢固，净重 25 kg 或 50 kg。各种内外包装均应注明品名、规格、净重、毛重、生产厂、出厂日期，有明显的"氧化剂""小心轻放"等标志。

贮存条件：贮存于阴凉、通风、干燥一级防火建筑的库房，门窗严密，应有遮光设备。库温在 30 ℃ 以下，相对湿度 80%。要隔绝热源、火源，与有机物、还原剂、易燃物品等分别存放。

养护：
1) 入库验收：包装应完整无损、无破漏，无水湿、雨淋，封口严密，包装材料符合要求，物品颜色正常，无潮解、溶化、结块、变色、变质，验收完毕，做好记录。
2) 堆码苫垫：桶装和木箱码垛，应下垫 15～30 cm，码行列式货垛，层层垫木，垛高 2 m。玻璃瓶木箱装垫高 5～10 cm，码行列式垛，垛高 2.5 m，垛距 90 cm，墙距、柱距 30 cm。
3) 在库检查:班前班后和风雨雪前中后要安全检查,每三个月抽样检查,检查内容与入库验收同,如发现问题及时处理,并做好记录。
4) 温湿度管理:按时记录温湿度,温度不超过 30 ℃,相对湿度不超过 80%。
5) 安全作业:工作人员须穿工作服、戴手套、口罩,堆码装卸、包装整理等,绝对禁止拖拉、摩擦、撞击。使用工具应为铜制或铜合金。包装、整理等作业必须在远离库房安全地点进行。
6) 保管期限:2 年。

注意事项:如遇火灾,可用雾状水、干砂土、干粉灭火机扑救。避免其水溶液流到易燃物处。漏散物品须立即清除,用大量水冲洗后排放入废水系统。对污染地面用水多次冲洗,并用湿布擦净,以免干燥后遇有机物(如纸张、木材、纤维等)引起燃烧。

B5.6　品名:氯酸铵

编号:51029

化学式:NH_4ClO_3

分子量:101.5

特性:白色结晶或呈块状。能溶于水,微溶于醇。性质不稳定,加热至 100 ℃ 以上即爆炸。相对密度 1.80;熔点 102 ℃(爆炸)。与有机物、易燃物(如硫、磷)、还原剂以及硫酸相接触,有燃烧爆炸的危险。遇高温(100 ℃ 以上)或猛烈撞击也会引起爆炸。主要用于氧化剂。

包装:化学试剂装入玻璃瓶内,每瓶 250 g 或 500 g,严封后,再装入金属或塑料卡口桶内,用不燃性干燥的轻体碳酸钙填充,然后再装入坚固木箱内,箱板厚度不应小于 1.5 cm,箱内空隙用碳酸钙填塞妥实,箱外再用铁丝捆扎牢固。工业品装入 1.5~2 cm 厚坚固干燥木箱内,箱外用非金属材料加固;或装入特制的厚塑料桶内,内衬两层纸袋或塑料袋,严密封闭,最后再将桶口严封,每件净重 25 kg 或 50 kg。各种内外包装均应注明品名、规格、净重、毛重、生产厂、出厂日期及"氧化剂""防晒""小心轻放"等明显标志。

贮存条件:贮存于阴凉、通风、干燥一级防火建筑的库房内,库温在 30 ℃ 以下,相对湿度 80% 以下。可与其他氯酸盐、过氯酸盐类同库贮存。库房门窗要求严密遮光,要隔绝热源、火源、有机物、还原剂、易燃物品等。

养护:
1) 入库验收:包装应完整无损、无破漏,无水湿、雨淋,包装封口严密,包装材料以及衬垫物料符合包装要求,物品形态、颜色正常,无潮解、溶化、结块、变色、变质等质量问题,验收完毕,做好入库验收记录。
2) 堆码苫垫:桶装和木箱装码垛,应垫高 15~30 cm,码行列式货垛,层层垫木板,垛高 2 m。玻璃瓶木箱装垫高 5~10 cm,码行列式垛,垛高 2.5 m,垛距 90 cm,墙距、柱距 30 cm。
3) 在库检查:保管员除每天认真进行班前班后和风雨雪前中后要安全检查外,还应根据物品特性,每三个月进行抽样检查,其检查项目与内容与入库验收同,如发现问题及时采取封口、修理、控制温湿度等养护措施,并做好记录。
4) 温湿度管理:每日按时记录库内温湿度,并根据当地气候,采取有效的密封和吸潮相结合的温湿度管理办法,使温度不超过 30 ℃,相对湿度不超过 80%。

5) 安全作业:工作人员需穿工作服,戴手套、口罩,堆码装卸、包装整理、拆钉包装等各项操作中,绝对禁止推拉、摩擦、撞击。使用的工具应为铜制或铜合金制。包装、整理等作业必须在远离库房的安全地点进行,不得在库房内和库房周围进行。

6) 保管期限:2年。

注意事项:发生火灾可用雾状水、干砂土、干粉扑救。

B5.7 品名:氯酸钾

编号:51031

化学式:$KClO_3$

分子量:122.55

特性:无色有光泽结晶或白色颗粒、粉末,味咸而凉。在空气中不易潮解,易溶于沸水,能溶于水和甘油,几乎不溶于醇中。相对密度2.32;熔点368 ℃;沸点400 ℃。强氧化剂,加热至610 ℃时,能放出所含的氧。与有机物、可燃物、还原剂能形成爆炸性混合物,如遇硫酸可爆炸;与硫、磷、亚硫酸盐、次磷酸盐及其他被氧化的物质混合,即可引起燃烧爆炸;与赤磷混合,即使极微弱的摩擦,亦可爆炸;特别是与黄磷接触,会立即发生猛烈爆炸。

包装:化学试剂装入玻璃瓶内,每瓶250 g或500 g,严封后,再装入金属或塑料卡口桶内,用不燃性干燥的轻体碳酸钙填充,然后再装入坚固木箱内,箱板厚度不应小于1.5 cm,箱内空隙用碳酸钙填塞妥实,箱外再用双道铁丝捆扎牢固。工业品装入1.5~2 cm厚坚固干燥木箱内,箱外用非金属材料加固;或装入特制的厚塑料桶或钢桶内,内衬两层纸袋或塑料袋,严密封闭,最后再将桶口严封,每件净重25 kg或50 kg。各种内外包装均应注明品名、规格、净重、毛重、生产厂、出厂日期及"氧化剂""防晒""小心轻放"等明显标志。

贮存条件:贮存于阴凉、通风、干燥一级防火建筑的库房内,库温在30 ℃以下,相对湿度80%以下。可与其他氯酸盐、过氯酸盐类同库贮存。库房门窗要求严密遮光,要隔绝热源、火源、有机物、还原剂、易燃物品等。

养护:

1) 入库验收:包装应完整无损、无破漏,无水湿、雨淋,包装封口严密,包装材料以及衬垫物料符合包装要求,物品形态、颜色正常,无潮解、溶化、结块、变色、变质等质量问题,验收完毕,做好入库验收记录。

2) 堆码苫垫:桶装和木箱装码垛,应垫高15~30 cm,码行列式货垛,层层垫木板,垛高2 m。玻璃瓶木箱装垫高5~10 cm,码行列式垛,垛高2.5 m,垛距90 cm,墙距、柱距30 cm。

3) 在库检查:保管员班前班后和风雨雪前中后要安全检查,还应每三个月进行抽样检查,其检查项目、内容与入库验收同,如发现问题及时采取封口、修理、控制温湿度等养护措施,并做好记录。

4) 温湿度管理:每日按时记录库内温湿度,并根据当地气候,采取有效的密封、通风和吸潮相结合的温湿度管理办法,使温度不超过30 ℃,相对湿度不超过80%。

5) 安全作业:工作人员需穿工作服,戴手套、口罩,堆码装卸、包装整理、拆钉包装等各项操作,绝对禁止推拉、摩擦、撞击。使用的工具应为铜制或铜合金制。各项分改装、包装整理等作业必须在远离库房的安全地点进行,不得在库房内和库房周围进行。

6) 保管期限:2年。

注意事项:发生火灾可用雾状水、干砂土、干粉扑救。氯酸钾粉尘有毒,应使吸入粉尘的患者远离污染区,安静休息,并保持温暖;皮肤接触,先用水冲洗,再用肥皂水彻底洗涤,脱去污染衣物,洗净后再用;如果进入口内,立即漱口,急送医院救治。

B5.8 品名:次氯酸钙(含有效氯>39%)

编号:51043

化学式:$Ca(OCl)_2$ 或 $3Ca(OCl)_2 \cdot 2Ca(OH)_2$

分子量:142.99 或 577

特性:白色颗粒或粉末。有强烈氯气味,具有腐蚀性和强氧化性,与酸作用能放出氯气。易溶于冷水、在热水与乙醇中分解。相对密度 2.35;熔点 100 ℃(分解)。遇水放出大量热量,放出初生态氧。接触有机物等易引起燃烧和爆炸;遇光也易发生爆炸分解,产生氧气和氯气,一般含有效氯约 65%~70% 左右。本品与油类反应能引起燃烧。与铁、锰、钴、镍等粉末混合能成为爆炸性的混合物。遇潮湿空气或水分能发热,引起燃烧或爆炸。加热至 15 ℃以上急剧分解,能引起爆炸。主要用于消毒剂、漂白剂、脱臭剂、氧化剂、医药、造纸工业。

包装:坚固铁桶装,桶内有塑料袋两层,桶口应密闭不漏。铁桶厚度不小于 0.5 mm。玻璃瓶或金属容器装,严封后再装入坚固木箱,箱板厚度不应小于 1 cm,木箱四周上下加带,箱外应用铁皮或用铁丝捆紧,或包铁皮搭角,箱内衬塑料气泡垫或其他松软材料填塞妥实。木箱玻璃瓶装每件净重不超过 10 kg。桶装每件净重不超过 50 kg。各种包装均应注明品名、规格、等级、净重、毛重、生产厂、出厂日期及"氧化剂""腐蚀性物品""防潮""小心轻放"等明显标志。

贮存条件:贮存于阴凉、通风、干燥地势高的库房内,库温在 30 ℃以下,相对湿度 80% 以下,要求门窗严密、窗户遮光、避免阳光直射。与其他氧化剂不宜同库贮存,可以与铬酸盐同库存放,与热源、火源、有机物、易燃物、还原剂等分别存放。

养护:

1) 入库验收:包装容器是否符合要求,是否沾染其他物品,有无雨淋、水湿现象,封口是否严密,不撒不漏。物品是干燥粉末状,无吸潮结块,无明显氯臭味。

2) 堆码苫垫:桶装和木箱装码垛,应下垫 15~20 cm,码行列式货垛,垛高不超过 2.5 m,垛距 80~90 cm,墙距、柱距 30 cm。

3) 在库检查:保管员除每天认真进行班前班后安全检查外,还应按规定夏季 2 个月、冬季 3 个月进一次检查,其检查项目、内容与入库验收同,并将检查数量,发现问题及时采取养护措施,并做好记录。

4) 温湿度管理:每日按时记录库内温湿度,掌握好库内温湿度变化,采取密封、通风和吸潮相结合的办法,以控制库内温度不超过 30℃,相对湿度不超过 80%。

5) 安全作业:搬运操作要轻装轻卸不得震动、撞击、桶装不得直接在水泥地面滚动。验收、质量检查、整理包装,一律不得在库内操作,必须在库外安全地点或专用室内进行,操作现场须备有相应的消防器材,并由主管保管员负责指导操作。操作人员应穿工作服,戴手套、口罩、护目镜。

6) 保管期限:2 年。

注意事项:火灾可用干砂、土、干粉和雾状水扑救。灭火救护人员必须站在上风头,戴好防毒面具,防止中毒。

B5.9 品名:亚氯酸钠

编号:51046

化学式:$NaClO_2$

分子量:90.41

特性:白色结晶或结晶形粉末。170 ℃时即行分解放出氧气。有氧化性,可能引起强烈爆炸,遇强酸能放出有毒气体。

包装:坚固铁桶装,桶内有塑料袋两层,桶口应密闭不漏。铁桶厚度不小于 0.5 mm。玻璃瓶或金属容器装,严封后再装入坚固木箱,箱板厚度不应小于 1 cm,木箱四周上下加带,箱外应用铁皮或用铁丝捆紧,或包铁皮搭角,箱内衬塑料气泡垫或其他松软材料填塞妥实。木箱玻璃瓶装每件净重不超过 10 kg。桶装每件净重不超过 50 kg。各种包装均应注明品名、规格、等级、净重、毛重、生产厂、出厂日期及"氧化剂""腐蚀性物品""防潮""小心轻放"等明显标志。

贮存条件:贮存于阴凉、通风、干燥、地势高的库房内,库温在 30 ℃以下,相对湿度 80%以下,要求门窗严密、窗户遮光、避免阳光直射。与其他氧化剂不宜同库贮存,可以与铬酸盐同库存放,与热源、火源、有机物、易燃物、还原剂等分别存放。

养护:

1) 入库验收:包装容器是否符合要求,包装是否沾染其他物品,有无雨淋、水湿现象,封口是否严密,不撒不漏。物品是干燥粉末状,无吸潮结块,无明显氯臭味。

2) 堆码苫垫:桶装码垛垛底应垫高 15～20 cm,码行列式货垛,垛高不超过 2.5 m,垛距 80～90 cm,墙距、柱距 30 cm。

3) 在库检查:保管员除每天认真进行班前班后安全检查外,还应按规定夏季 2 个月、冬季 3 个月进行一次检查,其检查项目、内容与入库验收同,并将检查数量,发现问题及时采取养护措施,并做好记录。

4) 温湿度管理:每日按时记录库内温湿度,掌握好库内温湿度变化,采取密封、通风和吸潮相结合的办法,以控制库内温度不超过 30 ℃,相对湿度不超过 80%。

5) 安全作业:搬运操作要轻装轻卸不得震动、撞击、桶装不得直接在水泥地面滚动。验收、质量检查、整理包装,一律不得在库内操作,必须在库外安全地点或专用室内进行,操作现场须备有相应的消防器材,并由主管保管员负责指导操作。操作人员应穿工作服,戴手套、口罩、护目镜。

6) 保管期限:2 年。

注意事项:火灾可用干砂、土、干粉和雾状水扑救。灭火救护人员必须站在上风头,戴好防毒面具,防止中毒。

B5.10 品名:高锰酸钠

编号:51047

别名:过锰酸钠

化学式:$NaMnO_4 \cdot 3H_2O$

分子量:195.97

特性:紫色到红紫色结晶或粉末。能溶于水、乙醇和乙醚。易潮解,有毒。氧化性较强,溶于液氨,在碱中分解。熔点 170 ℃(分解)。与有机物、还原剂、易燃物(如硫、磷等)接触有引起燃烧爆炸的危险。遇甘油立即分解而强烈燃烧。

包装：玻璃瓶或金属容器，严封后再装入坚固木箱，箱板厚度不应小于1 cm，木箱四周上下加带，箱外应包铁皮或用铁丝捆紧，或包铁皮搭角。箱内空隙处应用松软材料填塞妥实。坚固大口铁桶装，桶内应衬厚塑料袋，袋口扎紧，桶口严密不漏，铁桶厚度不小于5 mm。瓶装木箱每件净重不超过10 kg。铁桶包装每件净重不超过50 kg。各种内外包装均应注明品名、规格、等级、净重、毛重、生产厂、出厂日期及"氧化剂""防潮"等明显标志。

贮存条件：贮存于干燥、通风、阴凉的库房内，应与有机物、还原剂、甘油、易燃物（如硫、磷、酸类、双氧水等）严格分库贮存，严禁混贮混运。搬运时应轻装轻卸，保持包装完整，如有散漏，应及时清洗。

养护：
1) 入库验收：根据条件制定抽样方案，一般本地产品每批抽2～5件，外埠产品抽5～30件，发现问题加倍抽样。检验物品形态、颜色、有无吸潮、溶化、结块、变色等。内外包装有无受潮、雨淋，容器封口是否严密，包装物料衬垫是否符合要求，内外是否相符，做好验收记录。
2) 堆码苫垫：垛底垫高15～30 cm，袋装码垛，垛高不超过2.5 m，木箱装垛底垫高不小于10 cm，垛高不超过2.5 m，垛距80 cm，墙距、柱距30 cm。
3) 在库检查：在库贮存期间，每日上班后下班前应对货垛及库内外各进行检查，每三个月定期检查一次。
4) 温湿度管理：可密封库房并根据气温变化采取通风和吸湿的办法来控制库内温度不超过30 ℃，相对湿度不超过80%。
5) 安全作业：各项堆码、装卸、搬运操作必须轻装轻卸，防止摩擦、撞击。验收、质量检查、包装整理等各项操作，均在库外的安全地点或专用操作室内进行，操作现场必须配备好消防灭火设备。操作人员应穿工作服戴手套并应使用铜制或铜合金工具，工作完毕打扫干净。

注意事项：发生火灾可用雾状水、砂土灭火。

B5.11 品名：高锰酸钾

编号：51048

别名：过锰酸钾、灰锰氧

化学式：$KMnO_4$

分子量：158.03

特性：深紫色细长斜方柱状结晶，有金属光泽，能溶于水，味甜而涩，属强氧化剂。在空气中稳定，加热至约240 ℃分解出氧。遇乙醇及其他有机溶剂分解，也能从浓酸中游离出氧，遇盐酸游离氯。能被多种还原物质分解，如亚铁盐、碘化物及草酸盐等，特别是在含有机酸时更易氧化。相对密度2.703 1；熔点240 ℃（分解）。本品与乙醇、乙醚、硫磺、磷、硫酸、双氧水等接触会发生爆炸；与甘油混合能发生燃烧；与铵的化合物混合有引起爆炸的危险。

包装：玻璃瓶或金属容器，严封后再装入坚固木箱，箱板厚度不应小于1 cm，木箱四周上下加带，箱外包铁皮或用铁丝捆紧，或包铁皮搭角。箱内空隙处应用松软材料填塞妥实。坚固大口铁桶装，桶内应衬厚塑料袋，袋口扎紧，桶口严密不漏，铁桶厚度不小于5 mm。瓶装木箱每件净重不超过10 kg。铁桶包装每件净重不超过50 kg。各种内外包装均应注明品名、规格、等级、净重、毛重、生产厂、出厂日期及"氧化剂""防潮"等明显标志。

贮存条件:贮存于阴凉、通风、干燥防火建筑的库房内,门窗严密,避免阳光直射,库温可在32 ℃以下,相对湿度80%以下。可与其他高锰酸盐同库贮放,必须与其他氧化剂分别贮存,与有机物、易燃物、还原剂等不同性质的物品分别存放,并隔绝热源与火种。

养护:
1) 入库验收:以感官检验为主,检验包装有无雨淋、水湿,沾有其他物品等,各种内外标记齐全,封口严密有效,无破漏损毁,物品深紫色针片或块状结晶体,干燥无黏结现象,无杂质等。
2) 堆码苫垫:货垛应垫高15 cm,码行列式货垛,如金属桶装须层层垫木,垛高不超过2.5 m,垛距80~90 cm,墙距、柱距30 cm。
3) 在库检查:保管人员除进行班前班后的安全检查外,还应规定每三个月对库房物品包装、封口和物品进行检查,其检查内容方法与入库验收一样,同时做好详细记录。
4) 温湿度管理:认真记录库内温湿度变化,库房进行密封,并采取通风和吸湿的办法来控制库内温度不超过30 ℃,相对湿度不超过80%。
5) 安全作业:高锰酸钾是一种碱性强氧化剂,与还原剂、有机物混合,经摩擦撞击,往往引起爆炸,故在各项操作中,必须轻装轻卸,防止撞击。桶装不得在石、砖、水泥地面滚动(应用专用车出入库房),如确无车辆必须滚动时,也要垫好木板滚动。各项验收、质量检查、整理包装等各项操作,一律不得在库内进行,应到远离库房或指定地点进行。
6) 保管期限:2年。

注意事项:发生火灾可用雾状水、砂土灭火。

B5.12 品名:硝酸钠

编号:51055

别名:智利硝石

化学式:$NaNO_3$

分子量:101.10

特性:无色透明结晶或白色或微黄色颗粒粉末,溶于水,易潮解。无臭,味咸微苦,在潮湿空气中吸湿。当溶解于水时其溶液温度降低,溶液呈中性。相对密度2.26;熔点308 ℃;沸点380 ℃(分解)。强氧化剂,与易燃物、还原剂、硫、磷、木炭等混合即成为爆炸性混合物。加温到380 ℃以上分解成亚硝酸钠和氧。

包装:化学试剂装入玻璃瓶、塑料瓶容器内,500 g×20瓶装,严封后再装入坚固木箱,箱板厚度不应小于1.5 cm,木箱四周上下加带,箱外应包铁皮或用铁丝捆紧或包铁皮搭角,箱内空隙处应用塑料气泡垫或其他松软材料填塞妥实。工业品装入内衬三层牛皮纸或塑料袋,外套麻袋或塑料编织袋,严密封闭,不洒不漏。各种内外包装应注明品名、生产厂、规格、等级、毛重、净重、批号,粘贴"氧化剂""防潮"等标志。

贮存条件:贮存于干燥、阴凉、通风的危险品库房,门窗严密,应有遮光设备,库温在30 ℃以下,相对湿度80%以下。可以除硝酸铵以外的其他硝酸盐同库存放,但要隔绝热源、火种、有机物、还原剂、易燃物等。

养护:
1) 入库验收:验物品形态、颜色,有无吸潮、溶化、结块、变色等,内外包装有无受潮、雨淋,容器封口是否严密,包装衬垫物料是否符合物品性质要求,内外标记是否相符,批号、有效期限等情况都要做好验收记录。
2) 堆码苫垫:袋装码垛垛底垫高15~30 cm,垛高一般不超过2.5 m,保持货垛牢固安全。木箱瓶装垛底垫高不小于10 cm,垛高一般在2.5 m以下,垛与垛间距80 cm,墙距、柱距30 cm。
3) 在库检查:每日进行班前班后的安全检查,还应建立物品定期质量检查,每隔三个月检查一次,检查内容同入库验收,并做好记录。
4) 温湿度管理:可采取密封库控制温湿度的办法。干燥季节可充分进行自然通风,尽量保持库内干燥,如桶、瓶包装只要容器好、严封密闭,不会潮解溶化。如麻袋或牛皮纸袋包装,则易吸潮溶化,可进行密封货垛,方法是在枕木上铺三层苇席或垫一层塑料薄膜,用塑料薄膜将整垛密封。
5) 安全作业:各项装卸堆码必须轻拿轻放,防止撞击和摩擦。验收、质量检查、包装整理等操作,一律到远离库房的安全地点进行,使用的工具应用铜制或铜合金制,同时须有主管保管员监督指导,操作现场配备必要的消防器材和防护工具。
6) 保管期限:2年。

注意事项:发生火灾可用水、砂土扑救。注意防止水溶液流到易燃物处。如包装破裂物品漏撒,须立即清除,用大量水冲洗,再放入废水系统。对污染地面用水多次冲洗,并用湿布擦净,以免干燥后,遇有机物(如纸张、木材、纤维等)能引起燃烧着火。

B5.13 品名:硝酸钾

编号:51056

化学式:KNO_3

分子量:101.10

特性:无色透明棱形或白色颗粒或粉末,味辛辣而有凉感。微吸潮,吸潮性比硝酸钠小。易溶于水,能溶于甘油,微溶于乙醇,溶于水时能使温度降低。相对密度2.11;熔点333 ℃;沸点400 ℃(分解)。属强氧化剂,有助燃性,加热到334 ℃即分解放出氧。与有机物及硫、磷等混合,成为爆炸性混合物。浸过硝酸钾的麻袋易自燃。主要用于制造烟火、火药、医药、分析试剂、玻璃工业原料、强氧化剂、农业用作氮钾复合肥料。

包装:装入玻璃瓶、塑料瓶或金属容器内,500 g×20瓶装,严封后再装入坚固木箱,箱板厚度不应小于1.5 cm,木箱四周上下加带,箱外应包铁皮或用铁丝捆紧或包铁皮搭角,箱内空隙处应用塑料气泡垫或其他松软材料填塞妥实。内衬三层牛皮纸或塑料袋,外套麻袋或塑料编织袋包装,严密封闭,净重25 kg或50 kg。各种内外包装应注明品名、生产厂、规格、等级、毛重、净重、批号,粘贴"氧化剂""防潮"危险品标志。

贮存条件:贮存于干燥、阴凉、通风的危险品仓库,门窗严密,应有遮光设备,库温在30 ℃以下,相对湿度80%以下,可与除硝酸铵以外的硝酸盐同库贮存。

养护:
1) 入库验收:验物品形态、颜色,有无吸潮、溶化、结块、变色等,内外包装有无受潮,雨淋、容器封口不严,衬垫物料是否符合要求,内外标记是否相符,做好验收记录。

2) 堆码苫垫:垛底垫高 15～30 cm,袋装垛高一般不超过 2.5 m,木箱瓶装垛底垫高不小于 10 cm,垛高一般在 2.5 m,垛距 80 cm,墙距、柱距 30 cm。

3) 在库检查:在库贮存期间,每日班前班后应对货垛及库内外进行一次检查,每三个月定期对物品检查一次。

4) 温湿度管理:可密封库房并根据气温变化采取通风和吸湿的办法来控制库内温度不超过 30 ℃,相对湿度不超过 80%。

5) 安全作业:各项装卸、堆码、搬运操作必须轻拿轻放,防止撞击和摩擦。验收、质量检查、包装整理等操作,均在库外的安全地点或专用操作室内进行,操作现场必须配备好消防灭火设备,操作人员应穿工作服戴手套并使用铜制或铜合金制具,工作完毕打扫干净。

6) 保管期限:2 年。

注意事项:发生火灾可用水、砂土扑救(避免水溶液流到易燃物处)。物品漏撒须立即清除。对污染地面用水多次冲洗,并用湿布擦净,以免干燥后,遇有机物(如纸张、木材、纤维等)能引起燃烧。

B5.14 品名:硝酸银

编号:51063

化学式:$AgNO_3$

分子量:169.87

特性:无色透明的斜方结晶或白色结晶,有苦味。熔点 212 ℃。与还原剂、有机物、易燃物(如硫、磷、或金属粉末等)混合可形成爆炸性混合物,急剧加热时可发生爆炸。主要用于照相乳剂、镀银、制镜、印刷、医药、染毛发等,也用于电子工业。

包装:装入带色玻璃瓶容器内,严封后外包黑色避光纸,再装入坚固木箱,箱板厚度不应小于 1 cm,木箱四周上下加带,箱外应包铁皮或铁丝捆紧或包铁皮搭角,箱内空隙处应用气垫或其他松软材料填塞妥实。各种内外包装均应注明品名、生产厂、规格、等级、毛重、净重、批号、生产日期、危险标志、"氧化剂""防潮""小心轻放"等。

贮存条件:贮存于干燥清洁的库房内,远离火种、热源。避免光照。包装必须密封,切勿受潮。应与易燃物、可燃物、还原剂、硫、潮湿物品等分开存放,切忌混贮混运。搬运时要轻装轻卸,防止包装及容器损坏。

养护:

1) 入库验收:检查包装是否符合要求,有无破损,雨淋、水湿或沾染其他物质,包装封口是否严密,物品有无变化、吸潮、结块、溶化及异物,做好记录。

2) 堆码苫垫:垛底应至少垫高 15 cm,堆垛最高不超过 2.5 m,垛距 80～90 cm,墙距、柱距 30 cm。

3) 在库检查:物品在贮藏期间,保管人员每日在班前班后应对货垛及环境进行一次检查,每三个月定期进行一次质量检查,检查内容同入库验收,发现问题及时采取相应的养护措施,并做好记录。

4) 温湿度管理:库房应进行密封,根据气候变化采取通风和吸潮控制库温不超过 30 ℃,相对湿度不超过 80%。

5) 安全作业:搬运操作必须轻拿轻放,防止撞击和摩擦。验收、质量检查、包装整理等操作,都应到远离库房专用地点进行,操作现场必须配备好消防灭火设备,操作工具应为铜制或铜合金制。

注意事项:发生火灾,使用雾状水、砂土等。

B5.15 品名:硝酸铵(含可燃物≤0.2%;≤0.4%)

编号:51069 或 51070

化学式:NH_4NO_3

分子量:80.05

特性:无色、白色透明结晶性粉末或小颗粒,有潮解性,极易溶于水、乙醇和氨溶液及碱类。相对密度 1.725(25 ℃);熔点 155 ℃;沸点分解(210 ℃,1 466.5 Pa)。硝酸铵在 300 ℃ 时有爆炸危险,含水 3% 以上在 400 ℃ 时能引起爆炸。硝酸铵是强氧化性,常温下与亚硝酸盐反应放出高热;极易吸潮结块和溶化,溶化后的硝酸铵溶液,爆炸性降低,若浸入有机物,干燥后危险性增加,若经撞击等机械作用,有可能引起爆炸。硝酸铵易吸潮结块,防结块的方法,如硝酸铵中加入约 1% 的硫酸铵与磷酸氢二铵混合物,或用硝酸镁作为防结块剂。

纯硝酸铵在常温下是稳定的,对打击、碰撞摩擦均不敏感。但在高温、高压和易氧化物质存在下易发生爆炸;如混入有机物杂质时或与硫、磷、还原剂相混合,都有引燃烧爆炸的危险。主要用于致冷剂、制备氧化氮(笑气)、氧化剂、催化剂、农药、化肥、炸药等。

包装:玻璃瓶、塑料瓶或金属容器装,净重 500 g×20 瓶装,严封后再装入坚固木箱,箱板厚度不应小于 1 cm,木箱四周上下加带,箱外应包铁皮或用铁丝捆紧,或包铁皮搭角,箱内空隙处用塑料气泡垫或其他松软材料填塞妥实。袋装内衬三层牛皮纸或厚塑料袋,外套麻袋或塑料编织袋,包装严密不漏,净重 25 kg 或 50 kg。各种内外包装均应注明品名、生产厂、规格、等级、毛重、净重、批号、生产日期、危险品标志、"氧化剂""防潮""小心轻放"等。

贮存条件:要求仓库干燥、阴凉、通风,最好单独存放,门窗严密,应有遮光设备,要隔绝热源、火种,与有机物、还原剂、易燃物等严格分开存放。特别要注意防止与其他氧化剂和亚硝酸盐混存,因即使微量相混,在 40 ℃ 的条件下,会发生氧化还原反应引起易燃物着火。库温在 30 ℃ 以下,相对湿度不超过 80%。

养护:

1) 入库验收:查看物品形态、颜色,有无吸潮、溶化、结块、变色等,内外包装有无受潮、雨淋,容器封口是否严密,包装衬垫物料是否符合要求,内外标记是否相符,发现问题及时处理,并做好记录。

2) 堆码苫垫:袋装码垛应下垫高度 15~30 cm,垛高一般不超过 2.5 m,如系干燥品应码密封垛(即用塑料薄膜或苫布垫好底,码好后再整垛密封)木箱瓶装垛高一般在 3 m 以下,垛距 90 cm、墙距、柱距 30 cm。

3) 温湿度管理:库房应进行密封,根据气候变化采怪通风和吸潮控制库温不超过 30 ℃,相对湿度不超过 80%。

4) 在库检查:每日进行班前班后的安全检查,还应建立物品定期质量检查,每隔三个月检查一次,检查内外包装、封口、质量情况,做好详细记录,发现问题应及时采取相应的养护措施。

5) 安全作业:验收、质量检查、包装整理等各项操作,均不得在库内进行。使用工具应为铜制或铜合金制。各项操作必须轻搬轻放,防止摩擦、撞击,已结块的硝酸铵不准用金属重击,如需击碎时,可用木锤轻轻敲击。已溶化侵入木质的硝酸铵、必须用水浸泡数日后方能使用,以免干燥后发生危险。

　　6) 保管期限:1年。

　　注意事项:发生火灾可用雾状水、砂土扑救(避免水溶液流到易燃货物处)。在火场高热下硝酸铵能分解放出剧毒氮氧化物。物品漏撒逸出须用水冲洗多次,废水应排入废水系统。对污染的地区冲洗后,须用湿布擦净,以免干燥后遇有机物(如纸张、木材、纤维等)能引起燃烧。

B5.16　品名:过硫酸钠

　　编号:51504

　　别名:高硫酸钠、过二硫酸钠

　　化学式:$Na_2S_2O_8$

　　分子量:238.13

　　特性:白色结晶性粉末,能逐渐分解,潮湿和高温能使分解加快。溶于水,能被醇和银离子分解。其蒸气对皮肤有刺激性。与有机物、还原剂、硫、磷等混合,能成为爆炸性混合物。主要用于漂白剂、氧化剂、电池去极剂、乳液聚合促进剂。

　　包装:玻璃瓶 500 g 装,加盖聚乙烯内盖,外套螺口电木盖,然后用胶套或封口胶封闭严密,再装入木箱,每件 20 瓶,瓶与瓶之间用塑料气泡垫相隔。金属桶或木桶装内加塑料袋,然后封闭严密。各种容器外均有明显的品名、规格、重量、批号及"氧化剂""防潮""防日晒""小心轻放"等标记。

　　贮存条件:贮存于阴凉、通风避光干燥的库房内,库内温度 30 ℃以下,相对湿度 80% 以下。不得与有机物、易燃物、还原剂、有机过氧化物等同库贮存,并远离热源与火种。

　　养护:

　　1) 入库验收:以感官验收为主,检验外包装,应无水湿、雨淋,无粘有其他物品,无破损漏散,包装完整,标记齐全,物品应无潮湿、溶化和杂质。

　　2) 堆码苫垫:木箱包装,垛底应垫高 15~30 cm,码行列式货垛,垛高不超过 2.5 m;桶装码垛应层层垫板,以防摩擦和保持货垛牢固;垛距 80~90 cm,墙距、柱距 30 cm,以便于出入库。

　　3) 在库检查:保管员除每天班前班后对物品、库房、货垛的安全检查外,还应按规定每三个月定期进行检查,其检查内容和方法与入库验收同,发现问题及时采取相应的养护措施,如封口、修补、整理等,并详细记录。

　　4) 温湿度管理:如达不到库内温湿度要求时,可采取库外墙涂白、密封库,随时掌握库内温湿度的变化,充分利用自然气候,进行通风和吸湿办法来控制库内温湿度。

　　5) 安全操作:各项操作,必须轻搬轻放,严禁摩擦和碰撞。验收、质量检查、整理包装等,必须到远离库房的安全地点或专用库房进行,一律不准在库房内操作,并有专人指导,并配备相应的消防器材。

　　6) 保管期限:2年。

　　注意事项:火灾时可用雾状水、泡沫、砂土等扑救。

B5.17　品名:高硼酸钠

　　编号:51505

别名:过硼酸钠

化学式:$NaBO_3 \cdot 4H_2O$

分子量:153.88

特性:白色结晶或粉末,无气味,有咸味。能溶于酸、甘油及水,水溶液呈碱性反应。熔点63 ℃;沸点130 ℃～150 ℃($-H_2O$)。不稳定的氧化剂,在潮湿的空气中能吸水缓慢分解。在40 ℃以上时能逐渐分解放出氧,在60 ℃能分解成过氧化氢和氧。有酸存在时,生成过氧化氢。水溶液pH值为10～10.3,有效氧为10%。本品属弱氧化剂,主要用于印染、医药、油脂工业、织物漂白、清洁剂、电镀、杀菌剂,是一种温和的碱性氧化剂。

包装:装入玻璃瓶、塑料瓶或金属容器内,严封后在装入坚固的木箱,箱板厚度不应小于1 cm,木箱四周上下加带,箱外应包铁皮或铁丝捆紧,或包铁皮搭角,箱内空隙处应用塑料气泡垫或其他松软材料填塞妥实,每件净重不超过10 kg。装入厚塑料袋内再套塑编袋,袋口密封。装入厚塑料袋内,再装入坚实铁桶中,袋,铁桶密封不漏,每件净重不超过50 kg。各种内外包装均应注明品名、生产厂、规格、等级、毛重、批号、生产日期,并粘贴危险物品标志、"氧化剂"及"小心轻放""防潮"等。

贮存条件:贮存于危险品仓库的阴凉、通风、干燥的一级防火建筑的库房,门窗严密,应有遮光设备,库内温度35 ℃以下,相对湿度75%以下。可与其他无机过氧化物同库贮存,隔绝热源、火种与有机物还原剂、易燃物等分别存放。包装必须完整密封,堆垛用品及设备应专库专用,不准互串。

养护:
1) 入库验收:根据具体情况对入库物品抽样检验,如本市产品每批验2～5件,外埠每批5～30件,发现问题,扩大验收比例,验物品形态、颜色,有无吸潮、溶化、结块、变色等。内外包装有无受潮、雨淋,容器封口是否严密,包装衬垫物料是否符合物品性质要求,内外标记是否相符,批号、有效期限等情况都要作为验收记录。
2) 堆码苫垫:木箱和铁桶码垛时,垛底垫高度15～30 cm,每层铁桶之间垫木板,垛高不超过2.5 m,保持货垛牢固安全。木箱瓶装货垛高一般在2.5 m以下,垛与垛之间距80～90 cm,墙距、柱距30～50 cm。
3) 温湿度管理:加强库内的温湿度管理,一般可利用密封库房,自然通风散潮与调节库内温度和湿度。如在雨季不能进行通风降潮时,可用氯化钙或用空气去湿机吸潮等方法,以保持库内相对湿度在75%以下。
4) 安全作业:各项验收、质量检查、装卸、堆码、搬运等操作,必须轻拿轻放,防止摩擦、震动与撞击。验收、质量检查、整理包装等操作均不得在库内进行,必须在库外安全地点或操作室内,并由业务熟练人员指导,备有各种消防和人身防护设备。操作使用工具应为铜制或铜合金制。
5) 保管期限:2年。

注意事项:发生火灾禁止用水、泡沫、二氧化碳,可用干砂、干土、干粉等。

B5.18 品名:溴酸钾

编号:51510

化学式:$KBrO_3$

分子量:167.01

特性:无色三角晶体或白色结晶粉末。可溶于水,微溶于乙醇。相对密度3.27(17.5 ℃);熔点370 ℃(分解)。加热至370 ℃时分解,生成溴化钾和氧气。与易燃物硫、磷、金属粉末、有机物、还原剂、铵的化合物混合,有成为爆炸性混合物的危险。与硫酸接触容易着火。本品有毒。主要用于分析试剂、氧化剂、食品添加剂。

包装:玻璃瓶盛装,瓶口加塑料内盖,外套螺口盖拧紧封严,每20瓶装入木箱内,瓶间及周围均用塑料气泡衬垫妥实,箱外用双道铁丝捆扎牢固。金属桶装,每桶最多不超过50 kg,桶内加一层塑料袋,袋口捆扎牢固,桶口封闭严密。各种包装容器外均有明显的品名、规格、重量、成分、批号、出厂日期及"氧化剂""防晒""小心轻放"等标志。

贮存条件:贮存于阴凉、通风、干燥的库房内,库内保持在30 ℃以下,相对湿度80%以下,门窗应封闭严密,窗玻璃涂白避光。可用碘酸盐和其他溴酸盐二级氧化剂的硝酸盐同库贮存,不得与有机物、易燃物、还原剂、过氧化物、酸类同库贮存,并隔绝热源与火种。

养护:
1) 入库验收:包装和容器应无雨淋、水湿,无沾染其他物品,无损毁破漏;物品无变色和潮湿溶化、无杂质,做好记录。
2) 堆码苫垫:各种包装,垛底应垫高15~30 cm,码行列式货垛,桶装垛层层垫板,垛高不超过2.5 m,垛距80~90 cm,墙距、柱距30 cm,便于出入库。
3) 在库检查:保管员除每日进行班前班后的物品、货垛及库房内外的安全检查外,还应每三个月对在库物品进行定期检查,其检查项目内容与入库验收同,发现问题及时采取修补、整理等措施,做好记录。
4) 温湿度管理:做好每日温湿度记录,密封库房,并采取通风和吸潮相结合的方法以控制库温不超过30 ℃,相对湿度在80%以下。
5) 安全操作:装卸堆码操作,必须轻拿轻放,金属桶不得直接在水泥地面滚动,应在地面垫木板或用胶轮车出入库房。验收、质量检查、整理包装等,必须在远离库房的安全地点或专用场所内进行,一律不得在库内操作。操作现场必须有专人指导,并配备相应的消防器材。使用的工具应为铜制或铜合金制。

注意事项:火灾时可用雾状水、砂土等扑救,防毒。

B5.19 品名:碘酸

编号:51515

化学式:HIO_3

分子量:175.91

特性:无色斜方形结晶或白色粉末,遇光色泽变暗。易溶于水,不溶于乙酸、无水乙醇。相对密度4.629(0 ℃);熔点110 ℃(分解)。与易燃物硫、磷、有机物、还原剂接触,能引起化学反应,甚至燃烧。具有腐蚀性,其蒸气有毒,对眼及皮肤有强烈刺激性。主要用于分析试剂、药物。

包装:装入坚固铁桶内,桶口应严密不漏,铁桶厚度不小于1.2 mm,桶内衬厚塑料袋,袋口扎紧。装入玻璃瓶或金属容器内,严封后再装入坚固木箱,箱板厚度不应小于1 cm。木箱四周加带,箱外应包铁皮或铁丝捆紧,或包铁皮搭角,箱内空隙应用塑料气泡垫或松软材料填塞妥实。木箱瓶装每件净重不超过10 kg,桶装每件净重不超过50 kg。各种内外包装均应注明生产厂、品名、规格、等级、生产日期、净重、毛重,有明显的"氧化剂""防晒""小心轻放"等标志。

贮存条件:贮存于阴凉、通风、干燥的库房,门窗严密,应有遮光设备。可与其他碘、溴酸盐同库贮存,要隔绝热源、火种,与有机物还原剂、易燃物品等分别存放。库温在32 ℃以下,相对湿度在80%以下。

养护:
1) 入库验收:验包装容器有无雨淋、水湿或沾染其他物品,容器封口严密与否,有无破损漏撒,物品为结晶或粉末,有无明显的变暗变黑现象,做好验收记录。
2) 堆码苫垫:货垛垛底垫高15~30 cm,码行列式货垛,桶装应层层垫木板,以防摩擦和保持货垛牢固,垛高不超过2.5 m,垛距80~90 cm,墙距、柱距30~50 cm。
3) 在库检查:保管员除认真执行班前班后和风雨雪前中后的安全检查外,还必须每三个月对库存物品进行一次检查,主要检查物品在库存期间的包装容器和物品变化情况,发现封口不严或包装破漏,必须及时采取封口、修补等有效的养护措施,并详细记录。
4) 温湿度管理:保管员必须每日认真记载温湿度,如达不到温湿度要求时,及时采取密封通风和降潮措施,以控制好库内温度不超过32 ℃,相对湿度80%以下。
5) 安全作业:各项操作必须轻拿轻放,防止摩擦和震动。验收、质量检查、整理包装等操作,必须到远离库房的安全地点或专用库进行,一律禁止在库内作业,操作现场必须有专人指导,并配备有相应的消防设备。操作人员应使用铜制或铜合金制工具。

注意事项:如遇火灾,可用雾状水、干砂扑救,救火人员应佩戴防毒面具。

B5.20 品名:五氧化二碘

编号:51516

别名:碘酐

化学式:I_2O_5

分子量:333.84

特性:白色结晶粉末,有潮解性。易溶于水形成碘酸,可溶于甲醇,但溶液不稳定而析出碘,能溶于硝酸,但当硝酸浓度大于50%时,又析出五氧化二碘结晶,不溶于无水醇、醚、三氯甲烷和二硫化碳。相对密度5.08(25 ℃);熔点约300 ℃(分解)。加热至275 ℃以上不熔融,而分解出紫色有毒蒸气和氧气,350 ℃时分解加速,在熔封管内加热至370 ℃则爆炸。当干燥粉末与还原剂、可燃的有机物质接触,能发烟燃烧。主要用于氧化剂、有机合成、测定气体中的一氧化碳。

包装:装入坚固铁桶内,桶口应严密不漏,铁桶厚度不小于1.2 mm。桶内衬厚塑料袋,袋口扎紧。装入玻璃瓶或金属容器内,严封后再装入坚固木箱,箱板厚度不应小于1 cm。木箱四周加带,箱外应包铁皮或铁丝捆紧,或包铁皮搭角,箱内空隙应用塑料气泡垫或松软材料填塞妥实。木箱瓶装每件净重不超过10 kg,桶装每件净重不超过50 kg。各种内外包装均应注明生产厂、品名、规格、等级、生产日期、净重、毛重,有明显的"氧化剂""防晒""小心轻放"等标志。

贮存条件:贮存于干燥、阴凉、通风的库房,门窗严密,应有遮光设备。可与其他碘、溴酸盐同库贮存,要隔绝热源、火种,与有机物、还原剂、易燃物品等分别存放。库温在32 ℃以下,相对湿度在80%以下。

养护：

1) 入库验收：验包装容器有无雨淋、水湿或沾染其他物品,容器封口严密与否,有无破损漏撒,物品为结晶或粉末,有无明显的变黑现象,做好验收记录。

2) 堆码苫垫：货垛垛底垫高15～30 cm,码行列式货垛,桶装应层层垫木板,以防摩擦和保持货垛牢固,垛高不超过2.5 m,垛距80～90 cm,墙距、柱距30 cm。

3) 在库检查：保管员除认真执行班前班后和风雨雪前中后的安全检查外,还必须每三个月对库物品进行一次检查,主要检查物品在库存期间的包装容器和物品变化情况,发现封口不严或包装破漏,必须及时采取封口、修补、改装等有效的养护措施,并详细记录。

4) 温湿度管理：保管员必须每日认真记载温湿度,如达不到温湿度要求时,及时采取密封通风和降潮措施,以控制好库内温度不超过32 ℃,相对湿度80%以下。

5) 安全作业：各项操作必须轻拿轻放,防止摩擦和震动。验收、质量检查、整理包装等操作,必须到远离库房的安全地点或专用库进行,一律禁止在库内作业,操作现场必须有专人指导,并配备有相应的消防设备。操作人员应使用铜制或铜合金制工具。

注意事项：如遇火灾,可用雾状水、干砂扑救,救火人员应佩戴防毒面具。

B5.21 品名：碘酸铵

编号：51517

化学式：NH_4IO_3

分子量：192.94

特性：白色棱形或单斜结晶或白色粉末,微溶于水。相对密度3.309(21 ℃);熔点150 ℃(分解)。与易燃物硫、磷及有机物、还原剂混合后,经摩擦、撞击、有引起燃烧爆炸的危险。主要用于分析试剂、氧化剂等。

包装：装入坚固铁桶内,桶口应严密不漏,铁桶厚度不小于1.2 mm,桶内衬厚塑料袋,袋口扎紧。装入玻璃瓶或金属容器内,严封后再装入坚固木箱,箱板厚度不应小于1 cm。木箱四周加带,箱外应包铁皮或铁丝捆紧,或包铁皮搭角,箱内空隙应用塑料气泡垫或松软材料填塞妥实。木箱瓶装每件净重不超过10 kg,桶装每件净重不超过50 kg。各种内外包装均应注明生产厂、品名、规格、等级、生产日期、净重、毛重,有明显的"氧化剂""防晒""小心轻放"等标志。

贮存条件：贮存于干燥、阴凉、通风的库房,门窗严密,应有遮光设备。可与其他碘、溴酸盐同库贮存,要隔绝热源、火种,与有机物、还原剂、易燃物品等分别存放。库温在32 ℃以下,相对湿度在80%以下。

养护：

1) 入库验收：验包装容器有无雨淋、水湿或沾染其他物品,容器封口严密与否,有无破损漏撒,物品为结晶或粉末,有无明显的变暗变黑现象,做好验收记录。

2) 堆码苫垫：货垛垛底垫高15～30 cm,码行列式货垛,桶装应层层垫木板,以防摩擦和保持货垛牢固,垛高不超过2.5 m,垛距80～90 cm,墙距、柱距30 cm。

3) 在库检查：保管员除认真执行班前班后和风雨雪前中后的安全检查外,还必须每三个月对库存物品进行一次检查,主要检查在库存期间的包装容器和物品变化情况,发现封口不严或包装破漏,必须及时采取封口、修补、改装等有效的养护措施,并详细记录。

4) 温湿度管理:保管员必须每日认真记载温湿度,如达不到温湿度要求时,及时采取密封通风和降潮措施,以控制好库内温度不超过32 ℃,相对湿度80%以下。

5) 安全作业:各项操作必须轻拿轻放,防止摩擦和震动。验收、质量检查、整理包装等操作,必须到远离库房的安全地点或专用库进行,一律禁止在库内作业,操作现场必须有专人指导,并配备有相应的消防设备,操作人员应使用铜制或铜合金制工具。

注意事项:如遇火灾,可用雾状水、干砂扑救,救火人员应佩戴防毒面具。

B5.22　品名:三氧化铬(无水)

编号:51519

另名:铬(酸)酐

化学式:CrO_3

分子量:100.01

特性:暗红色或暗紫色斜方结晶、片晶或颗粒状粉末。易吸空气中水分而潮解。能溶于水及乙醚、乙醇,能溶于硫酸。相对密度2.70(20 ℃/4 ℃);熔点196 ℃(分解),熔融时稍有分解。在230 ℃以上分解,放出氧气;在250 ℃分解成三氧化二铬及氧。能氧化醇及其他有机物质,与易燃物质接触能起火,对动植物组织有腐蚀性,浓溶液能腐蚀皮肤及多种金属,稀溶液亦能损害纤维。铬酸具有强氧化性,与糖、纤维苯、乙醇、丙酮、双氧水、还原剂接触会发生剧烈反应,甚至引起燃烧。与硫、磷及某些有机物混合,经摩擦、撞击、有引起燃烧爆炸的危险。有较强的毒性,在空气中允许浓度0.1 mg/m³。主要用于电镀工业、医药、印刷、鞣革和织物媒染、测定碳及磷、氮肥生产中气体分析植保化验、氧化剂。

包装:装入坚固铁桶内,桶口应严密不漏。装入玻璃瓶内,严封后再装入坚固木箱,箱板厚度不应小于1 cm。木箱四周上下加带,箱外应包铁皮或铁丝捆紧,或包铁皮搭角,箱内空隙处应用塑料气泡垫或松软材料填塞妥实。木箱瓶装每件净重不超过20 kg,桶装每件净重不超过50 kg。各种内外包装均应注明生产厂、品名、规格、等级、生产日期、净重、毛重,有明显的"氧化剂""腐蚀"及"小心轻放""防潮"等标志。

贮存条件:应贮存于地势高、通风、干燥的库房内,门窗严密,有遮光设备。库内温度在35 ℃以下,相对湿度在80%以下。可与其他铬酸盐、重铬酸盐类同库贮存,但不得与有机物、可燃物、爆炸物、毒品、还原剂同存,并要隔绝热源与火种。

养护:

1) 入库验收:包装容器应符合要求,在运输中无雨淋、水湿或沾染其他物品,包装容器是否封闭严密有效,物品是否干燥,有无吸水溶化、结块现象,做好入库验收记录。

2) 堆码苫垫:垛底应垫高不少于15 cm,码行列式货垛,每层之间垫木板,垛高不超过2.5 m。瓶箱包装,码行列式货垛,垛高不超过3 m,垛距80~90 cm,墙距、柱距30 cm。

3) 在库检查:保管员除进行班前班后的物品货垛和库房内外的安全检查外,还应按规定每三个月对库存物品进行一次检查,其检查方法、范围与验收同。

4) 温湿度管理:应采取库房密封结合通风和降湿等方法以控制温度不超过35 ℃,相对湿度不高于80%以下。

5) 安全作业:操作人员必须穿工作服,戴胶围裙、胶手套、口罩。各项操作必须轻拿轻放,严禁摩擦与震动。桶装不得直接在地面滚动。操作时应使用不易产生火花的铜制或铜合金制工具。验收、整理、质量检查、开拆钉箱等各项操作一律不得在库内进行,必须在远离库房的安全地点,或专用库室内进行,操作现场有专人负责,并配有相应的消防器材。

6) 保管期限:2年。

注意事项:火灾可用雾状水、干砂扑救,应避免溶液到处流淌。

B5.23 品名:重铬酸钾

编号:51520

别名:红矾钾

化学式:$K_2Cr_2O_7$

分子量:294.21

特性:橙红色有光泽结晶颗粒或粉末,味苦,不吸潮或潮解。能溶于水,水溶液呈酸性反应,不溶于醇。相对密度2.69;熔点398 ℃(成褐色液体);沸点500 ℃(分解)。强热约500 ℃分解为氧化铬及铬酸钾。在冷盐酸中不起作用,加热时则产生氯气。在白热温度下分解放出氧气。有氧化作用,本品有毒和腐蚀性。

包装:装入坚固铁桶内,桶口应严格密封,铁皮厚不小于1.2 mm。装入玻璃瓶或金属容器内,严封后再装入坚固木箱,箱板厚度不应小于1 cm。木箱四周加带,箱外应包铁皮或用铁丝捆紧,或包铁皮搭角,箱内空隙应用塑料气泡垫或松软材料填塞妥实。木箱瓶装每件净重不超过20 kg,桶装每件净重不超过50 kg。各种内外包装均应注明生产厂、品名、规格、等级、生产日期、净重、毛重,有明显的"氧化剂""腐蚀""有毒"及"小心轻放""防潮"等标志。

贮存条件:应贮存于地势高、通风、干燥的库房内,门窗严密,有遮光设备。库内温度在35 ℃以下,相对湿度在80%以下。可与其他铬酸盐、重铬酸盐类同库贮存,但不得与有机物、可燃物、爆炸物、毒品、还原剂同存,并要隔绝热源、火种。

养护:

1) 入库验收:包装容器应符合要求,在运输中无雨淋、水湿或沾染其他物品,包装容器是否封闭严密有效,物品是否干燥,有无吸水溶化、结块现象,做好入库验收记录。

2) 堆码苫垫:垛底应垫高不少于15 cm,码行列式货垛,每层之间垫木板,垛高不超过2.5 m。瓶箱包装,码行列式货垛,垛高不超过3 m,垛距80~90 cm,墙距、柱距30 cm。

3) 在库检查:保管员除进行班前班后的物品货垛和库房内外的安全检查外,还应按规定每三个月对库存物品进行一次检查,其检查方法、范围与验收同。

4) 温湿度管理:应采取库房密封结合通风和降湿等方法以控制温度不超过35 ℃,相对湿度不高于80%以下。

5) 安全作业:操作人员必须穿工作服,戴胶围裙、胶手套、口罩。各项操作必须轻拿轻放,严禁摩擦与震动。桶装不得直接在地面滚动。操作时应使用不易产生火花的铜制或铜合金制工具。验收、整理、质量检查、开拆钉箱等各项操作一律不得在库内进行,必须在远离库房的安全地点,或专用库室内进行,操作现场有专人负责,并配有相应的消防器材。
6) 保管期限:2年。
注意事项:火灾可用雾状水、干砂扑救,应避免溶液到处流淌。

B5.24 品名:重铬酸钠

编号:51520

别名:红矾钠

化学式:$Na_2Cr_2O_7$

分子量:261.99

特性:橙红色有光泽结晶或粉末,味苦。不吸潮或潮解。能溶于水,水溶溶呈酸性反应,不溶于醇。相对密度2.69;熔点398 ℃(成褐色液体);沸点500 ℃(分解)。强热约500 ℃分解为氧化铬及铬酸钠。在冷盐酸中不起作用,加热时则发生氯气。在高热温度下分解放出氧气。有氧化作用,本品有毒和腐蚀性。

包装:装入坚固铁桶内,桶口应严格密封,铁皮厚不小于1.2 mm。装入玻璃瓶或金属容器内,严封后再装入坚固木箱,箱板厚度不应小于1 cm。木箱四周上下加带,箱外应包铁皮或用铁丝捆紧,或包铁皮搭角,箱内空隙应用塑料气泡垫或松软材料填塞妥实。木箱瓶装每件净重不超过20 kg,桶装每件净重不超过50 kg。各种内外包装均应注明生产厂、品名、规格、等级、生产日期、净重、毛重,有明显的"氧化剂""腐蚀""有毒"及"小心轻放""防潮"等标志。

贮存条件:应贮存于地势高、通风、干燥的库房内,门窗严密,有遮光设备。库内温度在35 ℃以下,相对湿度在80%以下。可与其他铬酸盐、重铬酸盐类同库贮存,但不得与有机物、可燃物、爆炸物、毒品、还原剂同存,并要隔绝热源、火种。

养护:

1) 入库验收:验包装容器应符合要求,在运输中无雨淋、水湿或沾染其他物品,包装容器是否封闭严密有效,物品是否干燥,有无吸水溶化、结块现象,做好入库验收记录。

2) 堆码苫垫:垛底应垫高不少于15 cm,码行列式货垛,每层之间垫木板,垛高不超过2.5 m。瓶箱包装,码行列式货垛,垛高不超过3 m,垛距80~90 cm,墙距、柱距30 cm。

3) 在库检查:保管员除进行班前班后的物品货垛和库房内外的安全检查外,还应按规定每三个月对库存物品进行一次检查,其检查方法、范围与验收同。

4) 温湿度管理:应采取库房密封结合通风和降湿等方法以控制温度不超过35 ℃,相对湿度不高于80%。

5) 安全作业:操作人员必须穿工作服,戴胶围裙、胶手套、口罩。各项操作必须轻拿轻放,严禁摩擦与震动。桶装不得直接在地面滚动。操作时应使用不易产生火花的铜制或铜合金制工具。验收、整理、质量检查、开拆钉箱等各项操作一律不得在库内进行,必须在远离库房的安全地点,或专用库室内进行,操作现场有专人负责,并配有相应的消防器材。

6) 保管期限:2年。

注意事项:火灾可用雾状水、干砂扑救,应避免溶液到处流淌。

B5.25 品名:亚硝酸钾

编号:51525

化学式:$NaNO_2$

分子量:69.01

特性:白色至淡黄色粒状细结晶或粉末,无臭,有吸潮性,有毒。微溶于醇及醚,水溶液呈碱性,pH 值约为 9。相对密度 2.17;熔点 27 ℃;沸点 320 ℃(分解)。本品有氧化性又有还原性。露置于空气中会逐渐氧化,表面则变为硝酸钠,也能被氧化剂所氧化。遇弱酸分解放出棕色二氧化氮气体;与有机物、还原剂接触能引起燃烧或爆炸,并放出有毒的刺激性的氧化氮气体;遇强氧化剂亦能被氧化,特别是铵盐,如与硝酸铵、过硫酸铵等在常温下,即能互相作用产生高热,引起可燃物燃烧。

包装:化学试剂装入玻璃瓶,塑料瓶容器内,500 g×20 瓶装严封后再装入坚固木箱,箱板厚度不小于 1.5 cm,木箱四周上下加带,箱外应用铁皮或铁丝捆紧或包铁皮搭角,箱内空隙处应用塑料气泡垫或其他松软材料填塞妥实。工业品装入内衬三层牛皮纸或塑料袋,外套麻袋或塑料编织袋,严密封闭,不洒不漏。各种内外包装均应注明生产厂名称、品名、规格、等级、净重、毛重、批号、危险品标志、"氧化剂""防腐"等标志。

贮存条件:贮存于干燥、阴凉、通风的库房,门窗严密,有遮光设备。库内温度在 30 ℃以下,相对湿度在 80%以下。可与除硝酸铵以外的其他硝酸盐同库存放,但要隔绝热源、火种、有机物、还原剂、易燃物等。

养护:
1) 入库验收:验物品形态、颜色,有无吸潮、溶化、结块、变色等,内外包装有无受潮、雨淋,容器封口是否严密,包装衬垫物料是否符合物品性质要求,内外标记是否相符,批号、有效期限等情况都要做好验收记录。
2) 堆码苫垫:袋装码垛垛底垫高 15～30 cm,垛高一般不超过 2.5 m,保持货垛牢固安全。木箱瓶装垛底垫高不小于 10 cm,垛高一般在 2.5 m 以下,垛与垛间距 80 cm,墙距、柱距 30 cm。
3) 在库检查:保管员对所管的物品,每日进行班前班后的安全检查外,还应建立物品定期质量检查,每隔三个月检查一次,检查内容同入库验收,并做好记录。
4) 温湿度管理:可采取密封库控制温湿度的办法,干燥季节可充分进行自然通风,尽量保持库内干燥。如桶、瓶包装只要容器好严封密闭,不会潮解溶化;如麻袋或牛皮纸袋包装,则易吸潮溶化。可进行密封货垛,方法是在枕木上铺三层苇席或垫一层塑料薄膜,用塑料薄膜将整垛密封。
5) 安全作业:各项装卸堆码必须轻拿轻放,防止撞击和摩擦。验收、质量检查、包装整理、改装等操作,一律到远离库房的安全地点进行,使用的工具应用铜制或铜合金制,同时必须由主管保管员监督指导,操作现场配备必要的消防器材和防护工具。
6) 保管期限:2 年。

注意事项:发生火灾可用水、砂土扑救,注意防止水溶液流到易燃物处。如包装破裂物品漏撒,须立即清除,用大量水冲洗,再放入废水系统。对污染地面用水多次冲洗,并用湿布擦净,以免干燥后,遇有机物(如纸张、木材、纤维等)能引起燃烧着火。

B5.26　品名：氧化银

编号：51526

化学式：Ag_2O

分子量：231.76

特性：棕黑色重质粉末，见光易分解，易溶于稀硝酸及氨水，几乎不溶于水和醇。相对密度 7.22(25 ℃/4 ℃)。加热至 200 ℃ 开始分解，250～300 ℃ 分解加速。潮湿氧化银易吸收二氧化碳，有氧化性，与有机物混合易引起爆炸。用于催化剂、净水剂、玻璃工业等。

包装：装入坚固大口铁桶内，内衬塑料袋，袋口扎紧，桶口应严密不漏，铁桶厚度不小于 0.5 mm，每桶不超过 50 kg，或装入坚固木箱，木桶或塑料袋，扎紧袋口，包装封口，应严密不漏，箱外用铁皮或铁丝加固。装入玻璃瓶或塑料瓶，严封后再装入坚固木箱，箱内用聚乙烯气泡垫或其他松软材料衬垫牢固，箱外用铁皮或铁丝加固，每箱净重不超过 10 kg。包装外应注明品名、规格、重量、生产日期、生产厂及粘贴"氧化剂""有毒""防毒""小心轻放"等明显标志。

贮存条件：应贮存于阴凉、干燥、通风的库房，门窗严密，门窗玻璃应有遮光设备。库内相对湿度在 80% 以下。远离热源、火种，与各种有机物、还原剂、易燃物及酸类隔离存放。

养护：
1) 入库验收：检查包装是否符合要求，有无破损、雨淋、水湿或沾染其他物品，包装封口是否严密，物品有无变色、吸潮结块、溶化及异物，做好详细记录。
2) 堆码苫垫：垛底应至少垫高 15 cm，堆垛最高不超过 2.5 m，垛距 80～90 cm，墙距、柱距 30 cm。
3) 在库检查：物品在贮藏期间，保管人员每日在班前班后对货垛及环境各进行一次检查，还应按每三个月定期进行一次质量检查，检查内容同入库验收，发现问题及时采取相应的养护措施，并做好记录。
4) 温湿度管理：库房进行密封，根据气候变化采取通风和吸潮以控制库温不超过 30 ℃，相对湿度不超过 80%。
5) 安全作业：搬运操作人员必须轻拿轻放，防止撞击和摩擦。验收、检查、包装整理等操作都应到远离库房地点进行，使用的工具应为铜制或铜合金制，操作现场应配备必要的消防设备。

注意事项：发生火灾可用水、砂土，注意防止水溶液流至其他易燃品上。

B5.27　品名：过甲酸

编号：52050

别名：过蚁酸

化学式：HCOOOH

分子量：62.03

特性：无色液体，不稳定，有强烈刺激性。能与水、乙醇、乙醚混溶，能溶于苯、三氯甲烷。沸点 105 ℃；闪点 40 ℃。本品与 H 发孔剂接触，会起火燃烧，与还原剂、金属氧化物混合有燃烧爆炸的危险。

包装：装入玻璃瓶，塑料瓶中或装入金属容器，严封后再装入坚固木箱，木箱板厚度不应小于 1 cm，木箱四周加带，箱外应包铁皮或铁丝捆紧，或包铁皮搭角，箱内空隙处应用不燃松软材料填塞妥实。每箱净重不超过 10 kg,桶装不超过 20 kg。各种内外包装均应注明生产厂、品名、规格、等级、生产日期、净重、毛重,有明显的"氧化剂""小心轻放""请勿倒置"等标志。

贮存条件:贮存于冬暖夏凉、通风良好的一级防火建筑的库房内,门窗严密、遮光,温度 1～28 ℃,相对湿度 80%以下。可与其他有机氧化物同库贮存,不得与酸类无机氧化剂、有机物、易燃物、还原剂混存。

养护:
1) 入库验收:包装是否完整无损,物品有无沾污,颜色是否正常。
2) 堆码苫垫:金属桶装垛底应垫高 15 cm,码行列式,桶与桶之间应层层垫木板,瓶箱装垫高 10 cm,垛高 2 m,垛距 80～90 cm,墙距、柱距 30 cm。
3) 在库检查:班前班后安全检查,夏季每二个月检查一次,其他季节每三个月检查一次。
4) 温湿度管理:密封库与通风相结合的方法。
5) 安全作业:轻搬轻放,防止摩擦、撞击和震动。操作必须在安全地点进行。
6) 保管期限:1 年。

注意事项:火灾可用火、砂土扑救。

B6　第六类　毒害品

B6.1　品名:氰化钠

编号:61001

别名:山奈

化学式:NaCN

分子量:49.02

特性:无色立方晶体,在空气中易潮解,有氰化氢的微弱臭味。溶于水,水溶液发生水解呈碱性反应,微溶于醇。相对密度 1.596;熔点 563.7 ℃;沸点 149.6 ℃;蒸气压 133.3 Pa(817 ℃),1 333.2 Pa(983 ℃)。本品剧毒,有腐蚀性。本身不会燃烧,遇酸即分解放出氰化物剧毒气体,露置空气中与水分和二氧化碳接触后,亦能缓慢反应生成剧毒气体。与氰酸盐、硝酸盐或亚硝酸盐反应强烈,有发生爆炸的危险。接触皮肤或吸入微量粉末极易中毒,最高浓度 0.3 mg/m³,大白鼠口服半数致死量 15 mg/kg。

包装:装入塑料袋,袋口密封,再装入不小于 0.75 mm 厚铁皮的坚固铁桶中,桶盖严密封固,每桶净重不超过 50 kg。装入玻璃瓶,严封后瓶外套乙烯气泡套垫,装入坚固木箱,箱内空隙处用松软材料填塞妥实。箱外用铁皮搭角或铁丝、铁皮加固,每箱净重不超过10 kg,每瓶净重不超过 1 kg。各种外包装均应注明生产厂、品名、规格、等级、出厂日期、重量,有明显"剧毒品""小心轻放"标志。

贮存条件:属剧毒品类,应专库贮存,且干燥、通风,门窗严密、坚固有效。由专人保管,非工作人员禁止入内,严格管理,出入库后随时锁门。库温为环境温度,相对湿度 80%以下。

养护:
1) 入库验收:包装和容器必须完好,不得有破损漏撒、水湿雨淋。各种容器验收,一律不破坏原封。如有破损漏撒等,必须会同保卫部门做好记录签名,整理称量,铅封后再作入库。

2) 堆码苫垫：桶装码垛，垛底至少垫高 15 cm，可码较大的行列式货垛，桶与桶之间垫木板牵拉，垛高不超过 3 m，垛距 80～90 cm，墙距、柱距 30 cm。

3) 在库检查：入库后，每日检查两次，还应每三个月对库存物品进行一次感官质量检查。除玻璃瓶能看到瓶内物品形状外，其他包装均可检查外包装与入库时是否相同，有无变化，如金属桶的锈蚀等；看不到物品的即用手摇动听声，若是块状，无黏结熔化的一体感即可，检查后做好记录。

4) 温湿度管理：氰化物类库内一般对温度要求不高，但若有包装封闭不严，湿度过大时容易引起分解，特别是贮存几年以后，即使封闭严密也容易引起分解而渐渐失效变质。

5) 安全作业：各项操作，必须穿工作服、戴手套和防尘口罩或防毒面具。皮肤破伤者和哺乳期妇女禁止操作，操作中必须轻拿轻放，防止摔扔和撞击，操作中不准饮食和吸烟。工作完后打扫现场，并用水冲洗干净，工作完毕脱掉工作服，洗净手脸和身体，以防引起中毒。

注意事项：本品遇火灾可用大量干砂土扑救，严禁用酸碱式泡沫灭剂，施救人员必须戴防毒面具。

B6.2　品名：氰化亚铜

编号：61001

化学式：CuCN

分子量：89.56

特性：白色到奶油色粉末，无色到暗绿色斜方形结晶。能溶于氨水和氰化钠溶液，几乎不溶于水、醇和冷酸。遇硝酸分解，在沸腾的稀盐酸中分解生成氯化亚铜和氰化氢。也可与多种金属离子形成络合物。暴露在日光下，受二氧化碳作用产生氧化铜变成黑灰色。相对密度 2.92；熔点 473 ℃（在氮中）。本品不会燃烧，但遇酸产生极毒的易燃气体。吸入蒸气或粉尘易中毒，车间空气中最高容许浓度（以氰化氢计算）为 0.3 mg/m^3。

包装：装入塑料袋，袋口密封，再装入壁厚不小于 0.75 mm 的坚固铁桶中，桶盖严密封闭，每桶净重不超过 50 kg。装入玻璃瓶，严封后瓶外套聚乙烯气泡套垫，装入坚固木箱，箱内空隙处用松软材料填塞妥实。箱外用铁皮搭角或铁丝、铁皮加固，每箱净重不超过 10 kg，每瓶净重不超过 1 kg。各种外包装均应注明生产厂、品名、规格、等级、出厂日期、重量，有明显的"剧毒品""小心轻放"标志。

贮存条件：属剧毒品类，应专库贮存，且干燥、通风，门窗严密，坚固有效。由专人保管，非工作人员禁止入内，严格管理，出入库后随时锁门。可与其他剧毒品同存，不得与氧化剂、易燃品、酸碱性物品、氯酸盐、亚硝酸盐同库贮存。库温为环境温度，相对湿度 80% 以下。

养护：

1) 入库验收：根据物品性质，包装和容器必须完好，不得有破损漏撒、水湿、雨淋，物品无潮湿结块现象，其他包装只是用手摇动为块状即可。各种容器验收，一律不得破坏原封，如有破损漏撒等，必须经过整理称量，铅封后再作入库，验收中发现问题，做好详细验收记录，并同时登记质量检查卡片，备日后质量检查时参考。

2) 堆码苫垫：桶装码垛，垛底至少垫高 15 cm，可码较大的行列式货垛，桶与桶之间垫

  木板牵拉,垛高不超过 3 m,垛距 80～90 cm,墙距、柱距 30 cm。
3) 在库检查:入库后,保管员除一日两检外,还应每三个月对库存物品进行一次感官质量检查。除检查能看到瓶内物品形状外,其他包装均可检查外包装与入库时是否相同,有无变化,如金属桶的锈蚀等;看不到物品体的即用手摇动听声,若是块状,无黏结溶化的一体感即可,检查后做好记录。
4) 温湿度管理:氰化物类库内一般对温度要求不高,但若有包装封闭不严,湿度过大时容易引起分解,特别是贮存几年后,即使封闭严密也容易引起分解而渐渐失效变质。
5) 安全作业:各项操作必须穿工作服、戴手套和防尘口罩或防毒面具。皮肤破伤者和哺乳期妇女禁止操作,操作中必须轻拿轻放,防止摔扔和撞击,操作中不准饮食和吸烟。工作完后打扫现场,并用水冲洗干净,工作完毕脱掉工作服,洗净手脸和身体,以防引起中毒。

  注意事项:如遇火灾,可用大量干砂土扑救,严禁用酸碱式泡沫灭火剂,施救人员必须戴防毒面具。

B6.3　品名:氰化锌

  编号:61001

  化学式:$Zn(CN)_2$

  分子量:117.39

  特性:纯品为白色粉末,800 ℃时分解,不溶于水和乙醇,溶于氰化钾(钠)溶液、碱液和氨水。相对密度 1.852;熔点 800 ℃。本品不会自燃,但遇酸会产生极毒、易燃的氰化氢气体。在潮湿空气中吸收二氧化碳生成碳酸锌并放出有毒气体。吸入蒸气和粉尘易中毒。

  包装:装入塑料袋,袋口密封,再装入壁厚不小于 0.75 mm 的坚固铁桶中,桶盖严密封闭,每桶净重不超过 50 kg。装入玻璃瓶,严封后瓶外套聚乙烯气泡套垫,装入坚固木箱,箱内空隙处用松软材料填塞妥实。箱外用铁皮搭角或铁丝、铁皮加固,每箱净重不超过10 kg。各种外包装均应注明生产厂、产品名称、规格、等级、出厂日期、重量,有明显"剧毒品""小心轻放"标志。

  贮存条件:属剧毒品类,应专库贮存,且干燥、通风,门窗严密,坚固有效。由专人保管,非工作人员禁止入内,严格管理,出入库后随时锁门。库温在环境温度,相对湿度80%以下。

  养护:
1) 入库验收:包装容器必须完好,不得有破损漏撒、水湿、雨淋,物品无潮湿结块现象,其他包装只用手摇动为块状即可。各种容器验收,一律不得破坏原封,如有破损漏撒等,必须经过整理称量,铅封后再作入库,验收中发现问题,做好详细记录,并同时登记质量检查卡片。
2) 堆码苫垫:桶装码垛,垛底至少垫高 15 cm,可码较大的行列式货垛,桶与桶之间垫木板牵拉,垛高不超过 3 m,垛距 80～90 cm,墙距、柱距 30 cm。
3) 在库检查:除每天进行班前班后的安全检查外,还应每三个月对库存物品进行一次感官质量检查。
4) 温湿度管理:此类物品对温度要求不高,但若封闭不严,湿度过大,容易分解,特别是贮存时间过长时,即使封闭严密也容易引起分解而失效变质。

5) 安全作业:各项操作必须穿工作服、戴手套和防尘口罩或防毒面具。皮肤破伤者和哺乳期妇女禁止操作,操作中必须轻拿轻放,防止摔扔和撞击,操作中不准饮食和吸烟。工作完后打扫现场,并用水冲洗干净,工作完毕脱掉工作服,洗净手脸和身体,以防引起中毒。
6) 保管期限:2年。

注意事项:如遇火灾,可用大量干砂土扑救,严禁用酸碱式泡沫灭火剂,施救人员必须戴防毒面具。

B6.4 品名:砷

编号:61006

化学式:As

分子量:74.9216

特性:银白色或钢灰色或灰黑色块状,硬而脆,也有制成粉状的,有毒。在615 ℃升华而不熔化。在空气中失去光泽而黑色,被氧化生成三氧化砷。能溶于硝酸、热硫酸而生成亚砷酸或砷酸,遇冷硫酸或盐酸不起反应,不溶于水。相对密度 5.727(25 ℃/4 ℃);熔点 818 ℃(36 大气压)。本品剧毒,其毒性强弱,亦视三氧化砷的含量而定。主要用于高纯分析,半导体掺杂材料,砷化镓、铟等Ⅲ~Ⅴ族半导体材料的合成,冶金等。

包装:装入坚固大口铁桶中,内应有衬垫,桶口严密不漏,桶壁厚度不小于 0.5 mm,每桶净重不超过 100 kg。装入坚固木箱、木桶或塑料桶中,内衬塑料袋或两层牛纸袋,包装封口严密不漏箱外铁丝、铁皮加固,每件净重不超过 50 kg。装入塑料袋或两层坚固纸袋内,再装入五合板木箱或两层三合板木箱,纤维板桶,厚纸板桶,包装应严密不漏,每件净重不超过 30 kg。装入耐酸坛,陶瓷坛,陶瓷瓶或玻璃瓶中。严封后装入坚固木箱,箱内空隙处用惰性松软材料填塞妥实,箱外用铁丝、铁皮加固。坛或塑料桶装每件净重不超过 50 kg。瓶装每箱净重不超过 20 kg,每瓶净重不超过 1 kg。

贮存条件:贮藏于阴凉、通风、干燥的库房内,库房门窗要坚固严密专人专管,非工作人员严禁入内,严格管理,出入库随手锁门。可与其他剧毒品、砷化物同库贮存,不得与氧化剂、易燃品、酸碱性物等性质不同的物品同库存放。库内相对湿度不超过80%。

养护:

1) 入库验收:验包装容器,应当完好无损,无漏撒、水浸、雨淋,物品应是白色质重的粉末,无变色结块等现象,如有破损,需进行整理修补、严封后再进行入库,并做好详细记录。
2) 堆码苫垫:桶装码垛垛底垫高至少 15 cm,码行列式货垛,桶与桶之间须垫木板,使货垛牢固,垛高不超过 3 m;玻璃瓶木箱装码行列式货垛,垛高不超过 3 m,垛距 80~90 cm,墙距、柱距 30 cm。
3) 在库检查:保管员除每日班前班后进行库房、货垛、门窗、物品等安全检查外,还应每三个月对库存物品进行一次感官质量检查,其检查内容与入库验收同,发现问题及时采取相应的养护措施,并做好记录。
4) 温湿度管理:砷的化合物一般对库的温湿度变化不太严格,库温为环境温度,相对湿度80%以下即可。
5) 安全作业:操作人员必须戴口罩或防毒面具、手套、穿工作服。皮肤破伤者或哺乳期妇女不得操作,操作中轻拿轻放,防止摔扔和撞击。工作完毕清扫现场,操作中不得饮水、进食和吸烟。工作完毕,洗净脸和手,换掉工作服,以保证个人和其他人的健康。

注意事项:如遇火灾,可用大量水救,救火人员应佩戴防毒面具。

B6.5　品名:五氧化二砷

化学式:As_2O_5

分子量:229.82

特性:白色无定形块状物或粉末。露于空气中易潮解,易溶于水和醇,还溶于酸或碱。在水中逐渐化合成砷酸。相对密度4.086;熔点315 ℃(分解)。本品剧毒,不会燃烧。遇明火、高温时会产生剧毒蒸气。

包装:装入坚固大口铁桶中,内应有衬垫,桶口严密不漏,铁桶壁厚度不小于0.5 mm,每桶净重不超过100 kg。装入坚固木箱、木桶或塑料桶中,内衬塑料袋或两层牛皮纸袋,包装封口严密不漏箱外铁丝、铁皮加固,每件净重不超过50 kg。装入玻璃瓶,严封后瓶外套塑料袋或聚乙烯气泡套垫,再装入坚固木箱。箱内空隙处用松软材料填塞妥实,箱外用铁皮或铁丝加固。各种外包装应注明生产厂、品名、规格、重量、出厂日期和"剧毒品""小心轻放"等明显标志。

贮存条件:贮藏于阴凉、通风、干燥的库房内,库房门窗要坚固严密专人专管,非工作人员严禁入内,严格管理,出入库随手锁门。可与其他剧毒品、砷化物同库贮存,不得与氧化剂、易燃品、酸碱性物等性质不同的物品同库存放。库内相对湿度不超过80%。

养护:

1) 入库验收:验包装容器,应当完好无损,无漏撒、水浸、雨淋,物品应是白色质重的粉末,无变色结块等现象,如有破损,需进行整理修补、严封后再入库,并做好详细记录。

2) 堆码苫垫:桶装码垛垛底垫高至少15 cm,码行列式货垛,桶与桶之间须垫木板,使货垛牢固,垛高不超过3 m。玻璃瓶木箱装码行列式货垛,垛高不超过3 m,垛距80~90 cm,墙距、柱距30 cm。

3) 在库检查:保管员除每日班前班后进行库房、货垛、门窗、物品等安全检查外,还应每三个月对库存物品进行一次感官质量检查,其检查内容与入库验收同,发现问题及时采取相应的养护措施,并做好记录。

4) 温湿度管理:砷的化合物一般对库的温湿度变化不太严格,库温在35 ℃以下,相对湿度80%以下即可。

5) 安全作业:操作人员必须戴口罩或防毒面具、手套、穿工作服。皮肤破伤者或哺乳期妇女不得操作,操作中轻拿轻放,防止摔扔和撞击。工作完毕清扫现场,工作中不得饮水、进食和吸烟。工作完毕,洗净脸和手,换掉工作服,以保证个人和其他人的健康。

注意事项:该品本身不燃烧,若遇包装或其他物品着火,可用大量水、砂土扑救,施救人员戴好防毒面具,站在上风头,以免中毒。

B6.6　品名:亚砷酸钾

编号:61009

化学式：$KAsO_2$

分子量：146.01

特性：白色粉末,易潮解,极毒,遇酸分解,暴露在空气中缓慢分解能溶于醇。

包装：内衬两层牛皮纸袋或塑料袋包装,再装入板厚1.5 cm对缝咬口木箱,每箱净重50 kg。大口铁桶包装,桶皮厚不小于0.5 mm,内衬塑料袋,封口严密,每桶不超过200 kg。装入玻璃瓶严封后再装入木箱。箱内用松软材料垫衬牢固,箱外用铁皮或铁丝加固,每箱净重不超过20 kg,每瓶净重不超过1 kg。各种外包装外部应注明品名、规格、重量、出厂日期、厂名以及"剧毒品""小心轻放""切勿受潮"等标志。

贮存条件：库房阴凉、通风、干燥,严密坚固,专人专管,严格管理。可与其他剧毒品砷化物同库贮存,不得与氧化剂、易燃品,酸碱性物等性质不同的物品同库存放。库内相对湿度不超过80%。

养护：

1) 入库验收：验包装容器是否完好无损,无漏撒、水浸、雨淋,无变色结块。
2) 堆码苫垫：桶装码行列式,垛底应垫高15 cm,桶间应垫木板,垛高不超过3 m；玻璃瓶木箱装码行列式,垛高不超过3 m,垛距80~90 cm,墙距、柱距30 cm。
3) 在库检查：应班前班后检查,三个月一次质量检查。
4) 温湿度管理：库温为环境温度,相对湿度80%以下即可。
5) 安全作业：作业人员必须穿戴防护用具,带破伤者或哺乳期妇女不得操作,轻拿轻放。工作完毕清扫现场,工作中不得进食、饮水和吸烟。工作完要洗净脸、手,脱掉工作服。
6) 保管期限：2年。

注意事项：该品本身不燃烧,若遇包装或其他物品着火,可用大量水、砂土扑救。施救人员戴好防毒面具,避开风头,以免中毒。

B6.7 品名：砷酸汞

编号：61012

化学式：$HgHAsO_4$

分子量：340.53

特性：黄色粉末,有毒。能溶于盐酸和硝酸,不溶于水。主要用于油漆涂料、工业防水。

包装：装入对缝咬口制成的坚固木箱内,内衬两层坚实纸袋或塑料袋,缝结实,箱外捆铁丝或铁皮,每箱净重不超过50 kg。装入坚固大口铁桶中,内有衬垫或塑料袋中,桶口严封不漏,铁桶壁厚度不小于0.5 mm,每桶净重不超过100 kg。厚玻璃螺丝口瓶或塑料瓶包装,严封后瓶外套气泡套垫或塑料垫再装入坚固木箱中。箱内空隙处用松软材料填塞妥实,箱外用铁皮搭角或铁丝加固。每箱净重不超过20 kg,每瓶净重不超过1 kg。各种包装外部应注明生产厂、品名、规格、等级、重量、出厂日期,有明显"剧毒品""小心轻放"等标志。

贮存条件：贮藏于阴凉、通风、干燥的库房内,库房门窗要坚固严密,专人专管。非工作人员严禁入内,严格管理,出入库随手锁门。

养护：

1) 入库验收：验包装容器,应当完好无损,无漏撒、水浸、雨淋,物品应是白色质重的粉末,无变色结块等现象,如有破损,需进行整理修补,严封后再进行入库,并做好详细记录。

　2)　堆码苫垫:桶装码垛垛底垫高至少 15 cm,码行列式货垛,桶与桶之间须垫木板,使货垛牢固,垛高不超过 3 m。玻璃瓶木箱装码行列式货垛,垛高不超过 3 m,垛距 80～90 cm,墙距、柱距 30 cm。

　3)　在库检查:保管员除每日班前班后进行库房、货垛、门窗、物品等安全检查外,还应每三个月对库存物品进行一次感官质量检查,其检查内容与入库验收同,发现问题及时采取相应的养护措施,并做好记录。

　4)　温湿度管理:砷的化合物一般对库的温湿度变化不太严格,库温在 35 ℃以下,相对湿度 80%以下即可。

　5)　安全作业:操作人员必须戴口罩或防毒面具、手套,穿工作服。带破伤者或哺乳期妇女不得操作,操作中轻拿轻放,防止摔扔和撞击。工作完毕清扫现场,洗净脸和手,换掉工作服,以保证个人和其他人的健康。

　注意事项:若遇包装或其他物品着火,可用大量水、砂土扑救,施救人员戴好防毒面具,避开风头,以免中毒。

B6.8　品名:二氧化硒

　　编号:61015

　　别名:亚硒酐

　　化学式:SeO_2

　　分子量:110.96

　　特性:白色或微红色有光泽针状结晶性粉末,味酸并有灼烧感。其蒸气呈黄绿色,并带有辛辣味,对光及热稳定。有潮解性,易被碳或有机物还原,能溶于水、甲醇、乙醇、乙醚、丙酮和乙酸。易吸收干燥氟化氢、氯化氢和碘化氢生成卤化硒。与氨反应生成氮和硒。与硝酸生成亚硒酸。相对密度 3.954(15 ℃/15 ℃);熔点 340 ℃;沸点 315 ℃(升华);折光率<1.76(20 ℃)。本品剧毒,不会燃烧。遇明火,高热时放出极毒蒸气。空气中最高容许浓度为 0.1 mg/m³。水溶液接触皮肤产生疼痛,甚至使组织坏死。

　　包装:装入坚固大口铁桶中,内应有塑料袋,桶口严密不漏,铁桶壁厚度不小于0.5 mm,每桶净重不超过 100 kg。装入玻璃,瓶严封后瓶外套聚乙烯气泡套或草套,再装入坚固木箱中,箱内用松软材料填塞妥实,箱外用铁皮搭角或铁丝加固。每箱净重不超过 20 kg,每瓶净重不超过 1 kg。各种外包装外部应注明生产厂、品名、规格、等级、重量、出厂日期,有明显"剧毒品""防潮""小心轻放"等标志及注意事项。

　　贮存条件:贮藏于阴凉、通风、门窗坚固的库房内,库内地面要光滑便于打扫和冲洗。可与其他剧毒品同库存放,不得与氧化剂、易燃物、酸碱性物质、自燃物、爆炸物等性质不同的物品同库存放。库内温度 35 ℃以下,相对湿度 80%以下。

　　养护:

　1)　入库验收:首先验外包装,有无雨淋、水浸、破损、漏撒,包装封口是否完整,物品无变色、溶化及变质分解现象,发现问题需经整理、严封后再入库贮存,并做好记录。

　2)　堆码苫垫:货垛垛底至少应垫高 15 cm,码行列式货垛,垛高不超过 3 m,垛距 80～90 cm,墙距、柱距 30 cm。

3) 在库检查:保管员除进行班前班后对库房货垛、物品及环境的安全检查外,还应每三个月对库存物品进行一次感官质量检查,其检查内容与入库验收同,查后做好详细记录。
4) 温湿度管理:每日做好库内外温湿度记录并密封库房,及时进行通风和吸潮,以控制库内相对湿度不超过80%。
5) 安全作业:操作人员必须穿工作服,戴防毒面具或防毒口罩,轻拿轻放,严禁摔扔和撞击。孕妇或哺乳期妇女或有破伤者不得操作。操作中不得饮食和吸烟,操作完毕清扫地并冲刷干净。下班前,必须脱掉工作服,洗净脸手或洗澡。

注意事项:如遇火灾,可用大量水扑救,施救人员戴好防毒面具。

B6.9 品名:亚硒酸钠

编号:61016

化学式:Na_2SeO_3

分子量:172.95

特性:无色四方形棱晶,无味。能溶于水,不溶于醚。含5分子结晶水者,为白色结晶。在空气中稳定,在干燥空气中表面风化失水,易被还原剂还原。加热到40 ℃时转变无水,易溶于水。熔点1 056 ℃。本品具有腐蚀性,有毒。主要用于细菌学试剂、种子发芽试验。

包装:装入坚固大口铁桶中,内应有塑料袋,桶口严密不漏,铁桶壁厚度不小于0.5 mm,每桶净重不超过100 kg。装入玻璃瓶严封后瓶外套聚乙烯气泡套或草套,再装入坚固木箱中,箱内用松软材料填塞妥实,箱外用铁皮搭角或铁丝加固。每箱净重不超过20 kg,每瓶净重不超过1 kg。各种外包装外部应注明生产厂、品名、规格、等级、重量、出厂日期,有明显"剧毒品""防潮""小心轻放"等标志及注意事项。

贮存条件:贮藏于阴凉、通风、门窗坚固的库房内,库内地面要光滑便于打扫和冲洗。可与其他剧毒品同库存放,不得与氧化剂、易燃物、酸碱性物质、自燃物、爆炸物等性质不同的物品同库存放。库内温度35 ℃以下,相对湿度80%以下。

养护:
1) 入库验收:首先验外包装,有无雨淋、水浸、破损、漏撒,包装封口是否完整,物品无变色、溶化及变质分解现象,发现问题须经整理、严封后再入库贮存,并做好记录。
2) 堆码苫垫:货垛垛底至少应垫高15 cm,码行列式货垛,垛高不超过3 m,垛距80~90 cm,墙距、柱距30 cm。
3) 在库检查:保管员除进行班前班后对库房货垛、物品及环境的安全检查外,还应每三个月对库存物品进行一次质量检查,其检查内容与入库验收同,检查后做好详细记录。
4) 温湿度管理:每日做好库内外温湿度记录并密封库房,及时进行通风和吸潮,以控制库内相对湿度不超过80%。
5) 安全作业:操作人员必须穿工作服,戴防毒面具或防毒口罩,轻拿轻放,严禁摔扔和撞击。孕妇或哺乳期妇女或有破伤者不得操作。操作中不能饮食和吸烟,操作完毕清扫场地并冲刷干净。下班前,必须脱掉工作服,洗净脸手或洗澡。

注意事项:如遇火灾,可用大量水扑救,施救人员戴好防毒面具。

B6.10　品名:硒酸钾

编号:61017

化学式:K_2SeO_4

分子量:221.15

特性:无色结晶或白色粉末,易溶于水,有毒。相对密度3.07。

包装:装入坚固大口铁桶中,内应有塑料袋,桶口严密不漏,铁桶壁厚度不小于0.5 mm,每桶净重不超过100 kg。装入玻璃瓶严封后瓶外套聚乙烯气泡套或草套,再装入坚固木箱中,箱内用松软材料填塞妥实,箱外用铁皮搭角或铁丝加固。每箱净重不超过20 kg,每瓶净重不超过1 kg。各种外包装外部应注明生产厂、品名、规格、等级、重量、出厂日期,有明显"剧毒品""防潮""小心轻放"等标志及注意事项。

贮存条件:贮藏于阴凉、通风、门窗坚固的库房内,库内地面要光滑便于打扫和冲洗。可与其他剧毒品同库存放,不得与氧化剂、易燃物、酸碱性物质、自燃物、爆炸物等性质不同的物品同库存放。库内温度35 ℃以下,相对湿度80%以下。

养护:
1) 入库验收:首先验外包装,有无雨淋、水浸、破损、漏撒,包装封口是否完整,物品无变色、溶化及变质分解现象,发现问题须经整理、严封后再入库贮存,并做好记录。
2) 堆码苫垫:货垛垛底至少应垫高15 cm,码行列式货垛,垛高不超过3 m。垛距80~90 cm,墙距、柱距30 cm。
3) 在库检查:保管员除进行班前班后对库房货垛、物品及环境的安全检查外,还应每三个月对库存物品进行一次感官质量检查,其检查内容与入库验收同,查后做好详细记录。
4) 温湿度管理:每日做好库内外温湿度记录并密封库房,及时进行通风和吸潮,以控制库内相对湿度不超过80%。
5) 安全作业:操作人员必须穿工作服,戴防毒面具或防毒口罩,轻拿轻放,严禁摔扔和撞击。孕妇或哺乳期妇女或有破伤者不得操作。操作中不能饮食和吸烟,操作完毕清扫场地并冲刷干净。下班前,必须脱掉工作服,洗净脸手或洗澡。

注意事项:如遇火灾,可用大量水扑救,施救人员戴好防毒面具。

B6.11　品名:氯化硒

编号:61019

别名:二氯化二硒

化学式:Se_2Cl_2

分子量:228.83

特性:深红色油状液体,在100 ℃时分解,能溶于三氯甲烷、苯、四氯化碳、二硫化碳及发烟硫酸,在水中分解成亚硒酸、盐酸及硒。相对密度2.774 1(25/4 ℃);熔点-85 ℃;沸点127 ℃(97 725.03 Pa);折光率1.599 3。本品剧毒,不会燃烧。受高热时放出有毒气体。与磷、钾、过氧化钠反应猛烈。

包装:装入厚玻璃螺丝口瓶或塑料瓶中,严封后外套聚乙烯气泡套或塑料袋,再装入木箱中,箱内空隙处用松软材料填塞妥实,箱外用铁皮搭角或铁丝铁皮加固,每箱净重不超过25 kg,每瓶净重不超过1 kg。装入安瓿,外加瓦楞纸套、草套或纸盒,再装入坚固木箱,箱内用松软材料衬垫妥实,箱外用铁皮搭角或铁丝铁皮加固,每箱净重不超过10 kg,每瓶不超过0.25 kg(250 mL)。各种外包装均应注明生产厂、品名、规格、等级、重量,应有明显的"剧毒品""小心轻放""切勿倒置"等标志。

贮存条件:贮藏于阴凉、通风、干燥、门窗严密库房内,与氧化剂、还原剂、酸碱类、易燃物、爆炸品等性质不同的物品分别存放,并隔绝热源与火种。库温在35 ℃以下,相对湿度80%以下。

养护:

1) 入库验收:检验外包装情况,外观无雨淋水湿、无沾染、无破损漏撒,封口严密而有效,并符合包装要求,物品无异状或沉淀杂物等现象,做好验收记录。

2) 堆码苫垫:货垛垛底应垫高至少15 cm,码行列式货垛,垛高不超过2.5 m,垛距80~90 cm,墙距、柱距30 cm。

3) 在库检查:保管员除认真进行班前班后对库房、货垛、物品的安全检查外,还应认真做好每三个月一次物品质量检查,发现问题及时采取措施,做好记录。

4) 温湿度管理:库房门窗严密,利用自然气候或进行机械通风和吸潮以控制库内温度和湿度。

5) 安全作业:操作人员必须遵守安全操作规程,穿工作服,戴手套、防毒口罩或防毒面具,严禁赤臂露胸。操作时要轻拿轻放,防止摔、撞、扔等,如有破漏必须及时采取整理、修补、封口等有效措施。操作完毕打扫干净并洗手,洗脸或淋浴更换衣服后才能饮食。

6) 保管期限:1年。

注意事项:如遇火灾,可用大量水和砂土、泡沫扑救,施救人员应戴防毒面具。

B6.12　品名:硝酸汞

编号:61030

别名:硝酸高汞

化学式:$Hg(NO_3)_2$

分子量:324.63

特性:无色或白色透明结晶。有潮解性,遇热分解。易溶于水,发生水解成碱式盐。溶于硝酸,不溶于乙醇。相对密度4.39;熔点79 ℃;沸点180 ℃(分解)。受热分解放出有毒的汞蒸气,与有机物、还原剂、易燃物、硫、磷等混合易着火燃烧,摩擦、撞击有引起燃烧爆炸的危险。有毒。

包装:装入坚固大口铁桶中,应有衬垫,桶口严密不漏,铁桶壁厚度不小于0.5 mm。装入坚固木箱、木桶或塑料桶中,内衬塑料袋或两层牛皮纸袋。装入玻璃瓶严封后再装入坚固木箱,箱内用草垫衬,箱外用铁皮搭角或铁丝加固。

贮存条件:贮存于干燥仓间内,容器必须密封。应与有机物、易燃物、硫、磷、还原剂分开贮存和运输。切忌混贮混运,搬运时要轻装轻卸防止包装破损。

养护:

1) 入库验收:查验包装,外观完好无损,无漏撒、水浸、雨淋,物品应是白色结晶小粒,无变色结块等现象。如有破损,应整理修补加固入库并做好记录。

2) 堆码苫垫:桶装码垛垛底垫高至少15 cm,码行列式货垛,垛高不超过3 m。玻璃瓶、木箱装码行列式货垛垛高不超过 3 m,垛距 80～90 cm,墙距、柱距 30 cm。
3) 存库检查:坚持一日两检制度。严格注意相对湿度和库房门窗。货垛堆码等安全检查,对库存物品每三个月进行一次感官质量检查,发现问题及时采取相应养护措施,做好记录。
4) 温湿度管理:汞化合物库温在 30 ℃ 以下,相对湿度不应超过 70%。
5) 安全作业:操作人员必须穿戴必要的防护用具如工作服、口罩、防毒面具、手套等。误触皮肤,立即用水冲洗。工作现场及时清理。工作后洗净脸和手,换掉工作服方可进餐、饮水和吸烟。

注意事项:若遇包装或其他物品着火,可用大量水、砂土扑救。施救人员戴好防毒面具,避开风向,以免中毒。

B6.13 品名:氯化汞

编号:61030
别名:氯化高汞、二氯化汞
化学式:$HgCl_2$
分子量:271.52

特性:无色或白色结晶性粉末,常温下微量挥发,300 ℃ 升华,遇光或暴露空气中分解变质。有腐蚀性。能溶于水、乙醇、乙醚、吡啶及乙酸乙酯。车间空气中最高允许浓度为 0.1 mg/m³。大鼠经口半数致死量约 37 mg/kg,小鼠经口半数致死量 10 mg/kg。相对密度 5.440(25 ℃);熔点 276 ℃;沸点 302 ℃(升华)。本品不会燃烧,剧毒,吸入粉尘和蒸气会中毒,与钾、钠能猛烈反应。

包装:装入衬纸袋的坚固铁桶内,外套木箱,每箱净重不超过 50 kg。装入玻璃瓶,严封后再装入坚固木箱,箱内用草垫及其他轻软材料衬垫,箱外用铁皮搭角或铁丝、铁皮加固。

贮存条件:贮存于干燥、清洁的仓间内。远离热源,应与食品添加剂和酸、碱类物资分开存放。搬运时轻装轻卸,防止包装损坏、粉尘飞扬。注意个人防护,减少引起中毒的因素,应严格执行极毒物品管理制度,贮存这类物资的仓库发生火灾时,消防人员应戴防毒面具。

养护:
1) 入库验收:查验内外包装,外观应完好无损,无漏撒、水浸、雨淋,物品应是白色结晶粉末,无变色结块现象,发现破损及时整修再行入库,并做好记录。
2) 堆码苫垫:铁桶外套木箱,堆码行列式货垛垛高不超过 3 m,垛底垫 15 cm 木排。玻璃瓶木箱装物品也要堆码行列式货垛,垛高不超过 3 m,垛距 80～90 cm,墙距、柱距 30 cm。
3) 在库检查:坚持一日两检制度,库房门窗要封闭,避光贮存。并检查货垛堆码等安全设施,对库存物品每三个月进行一次感官质量检查,发现问题及时采取相应的养护措施,并做好记录。
4) 温湿度管理:对库内温湿度管理工作要认真细致保证库温最佳温度不超过 30 ℃,相对湿度不超过 70%。
5) 安全作业:操作人员必须配戴必要的防护用具,如工作服、口罩、手套及防毒面具等。工作现场及时清理,工作后洗净脸和手,换掉工作服,方可吸烟、饮水和进食。

注意事项：本品常温下即挥发，遇光或暴露空气中即分解变质。库房管理要严格执行先通风后进库，防止吸入粉尘和蒸气中毒。

B6.14　品名：（未列名的）汞

编号：61034

别名：水银

化学式：Hg

分子量：200.59

特性：常温下唯一的液态质重流动性液体金属；常温能挥发，在 -39 ℃时成锡白色软而有延展性固体，可以切割。纯品在常温下空气中不会变色，但加热接近沸点时逐渐变为氧化汞。在常温下，能与多种金属（除铁外）形成汞齐，也能与硫结合。能溶于稀硝酸，不溶于水，不与水反应，与热的浓硫酸作用生成硫酸亚汞和硫酸汞，但不与盐酸及冷硫酸作用。在常温下与氨溶液作用生成 Hg_2NOH。相对密度 13.593 9（20/4 ℃）；熔点 -38.89 ℃；沸点 356.9 ℃；蒸气压 0.39 Pa（30 ℃）。汞属于无机有毒品，蒸气剧毒，并能经皮肤吸收。高浓度蒸气有金属臭味，造成恶心、腹泻、呕吐、腹痛、头痛等症状，经常吸入低浓度蒸气能损害神经系统，如造成四肢震颤、失眠、记忆力减退、烦躁、抑郁等症状，以及产生牙齿脱落、流涎失禁等现象；经常与皮肤接触产生皮炎，并能经皮肤吸收，损害肾脏，对皮肤最高允许浓度 $0.1\ mg/m^3$，空气中含有 0.001 mg/L 时，能使人在短时间内中毒。

包装：装入坚固陶瓷瓶、坛、罐或金属罐内，重量可在 500 g、1 000 g 和 5 000 g 之间，每种容器装好严密封口后再装入木箱内，箱底和瓶罐周围用松软材料填塞妥实，箱外用铁丝捆扎两行，每箱净重不超过 20 kg。

贮存条件：贮藏于阴凉、通风的库房内，库内宜安装机械排风装置，库房地面应光滑整洁。库内温度 30 ℃以下，相对湿度 80% 以下。可与其他金属毒品及其化合物同库贮存，与氧化剂、爆炸物、易燃物、自燃物等性质不同的物品分库贮存。

养护：

1) 入库验收：包装和衬垫等应符合包装要求，包装外不得沾污，外包装牢固可靠，内包装坚固，封闭严密有效；容器是不透明体的，外观检验不漏不洒，无破裂，封口严，用手摇动为沉重液体，或连同容器一起称量，求出净重，以核查包装内物品是否有漏洒，做好记录。

2) 堆码苫垫：货垛垛底应垫高 15～20 cm，堆成行列式垛，垛高不超过 2 m，垛距 80～90 cm，墙距、柱距 30 cm。

3) 在库检查：保管员除每天班前班后对货垛、库房和环境进行安全检查外，还应按规定每三个月对库内物品进行一次质量检查，其检查内容主要查包装容器和封口等外部是否发生变化，发现问题需及时采取养护措施，并做好记录。

4) 温湿度管理：严格控制库内温湿度，库内防止阳光直射，库房玻璃窗可涂白漆，随时开门窗通风，降温降潮散毒等保证物品和人身安全。

5) 保管期限：2 年。

注意事项：如发现吸入蒸气患者迅速脱离污染区，皮肤、眼睛接触时用大量水及肥皂彻底清洗，休息保暖。经口进入，立即漱口，饮牛奶、豆浆或蛋清水，注射二巯基丁二钠 BAL 等。本品不燃烧，但如果包装引起燃烧可用水、二氧化碳、化学干粉、泡沫扑救，防毒。

B6.15　品名:三氯硝基甲烷

　　编号:61051

　　别名:氯化苦、硝基氯甲烷

　　化学式:CCl_3NO_3

　　分子量:164.39

特性:无色或微黄色油状液体,有极强刺激性,常温时能挥发,温度越高挥发量越多。能与无水醇、苯和二硫化碳混合,能溶于醚,几乎不溶于水,不与无机酸混合。干燥纯品对金属无作用,在潮湿条件下易引起金属腐蚀。相对密度 1.655 8(20 ℃/4 ℃);熔点 −64 ℃;沸点 112 ℃。剧毒,不易燃烧。受热分解放出有毒气体,遇发烟硫酸分解生成光气和亚硝基硫酸,在碱和乙醇中分解加快,其毒性较氯气大,较光气小。有催泪和窒息性,蒸气浓度 0.002~0.025 mg/L 时可引起流泪。空气中含有 0.12 mg/L 时可致人死之。其绝对致死量为 1 000 mg/m^3,空气中最高允许浓度为 0.7 mg/m^3。主要用于有机合成、杀虫剂。

包装:装入玻璃瓶或金属容器内,严密封口,再装入木箱中,空隙处用松软材料填塞妥实,每箱净重不超过 25 kg。装入 1 mm 厚镀锌铁桶,严封后再装入透笼木箱内,每箱净重不超过 50 kg。装入厚玻璃螺丝口瓶、塑料瓶中,严封后每瓶外套聚乙烯气泡垫套或塑料袋,再装入木箱中,箱内用松软材料填塞妥实,箱外用铁皮搭角或铁丝、铁皮加固。每箱净重不超过 25 kg,每瓶净重不超过 1 kg。各种外包装均应注明生产厂、品名、规格、等级、重量、出厂日期及明显的"剧毒品""勿倒置""小心轻放"等标志。

贮存条件:贮藏于阴凉、干燥、易于通风的库房内,门窗严密能遮光线,远离热源火种。与酸类、碱类、乙醇等易燃物、氧化剂分别存放。库内温度 30 ℃以下,相对湿度 80%以下。

养护:

1)　入库验收:验包装容器,无水湿雨淋,无沾染其他物品,包装完整无损、无漏洒,金属桶无腐蚀,封口严密有效;物品在空气中容易挥发,若封口不严,有严重的催泪作用,一般应无明显的异状和杂质沉淀等物,并做好入库验收记录。

2)　堆码苫垫:货垛垛底应垫高 15 cm 以上,码行列式货垛,桶装可码 2 或 3 桶一批,垛高不超过 2.5 m,垛距 80~90 cm,墙距、柱距 30 cm。

3)　在库检查:保管员除每日班前班后对货垛及库内外各进行一次检查外,还应每三个月定期进行物品在库感官质量检查一次,检查内容与入库验收同,如发现封口不严或桶皮锈蚀严重应及时采取封口修补等措施,并及时做好记录。

4)　温湿度管理:库房密封并且配备机械通风设备以便进行排风散毒,结合早晚或夜间低温通过降温,控制库内温度不超过 30 ℃。

5)　安全作业:操作人员必须穿工作服戴手套、护目镜或防毒面具,操作中轻拿轻放,严禁摔扔和撞击,防止包装容器破损,操作完毕及时清理现场。如有漏洒,必须用水冲洗干净。在操作后,洗净手脸、漱口或进行淋浴净身后,方能饮食和吸烟。

6)　保管期限:1 年。

注意事项:火灾时可用水、砂土、泡沫扑救,救火人员应佩戴防毒面具。呼吸中毒立即转移至空气流通处,眼睛受伤立即用生理盐水冲洗,再送医院治疗。

B6.16　品名:3-氯-1,2-环氧丙烷

　　编号:61052

别名:环氧氯丙烷

化学式:ClCH$_2$CH——CH$_2$
　　　　　　　　＼　／
　　　　　　　　　O

分子量:92.52

特性:无色液体,有类似三氯甲烷的气味,有较强的刺激性,皮肤也能吸收,空气中最高允许浓度为 1 mg/m^3,能与醇、醚、三氯甲烷及四氯化碳等混合。相对密度 1.176(20 ℃);凝固点－57.1 ℃;沸点 117.9 ℃;闪点 32 ℃;爆炸极限 5.23%～17.86%。遇明火、高温、氧化剂有燃烧危险,与硝酸、硫酸、氯磺酸、乙二胺等反应剧烈。

包装:装入坚固铁桶内,桶口应严密不漏,铁桶壁厚度不小于 1.2 mm。装入马口铁或薄铁桶金属容器内,再装入坚固木箱,花格木箱或条竹箱。装入玻璃瓶再装入木箱和内衬草垫衬套或其他松软材料衬垫。

贮存条件:贮存于阴凉、通风的仓间内,远离火种、热源,并与氧化剂酸类隔离存放。桶装堆放应留墙距、顶距、柱距及必要的走道。包装要完整密封,搬运时轻装轻卸,防止包装破漏损坏。

养护:

1) 入库验收:查验包装无锈损渗漏封口严密,外观检查无异味、水湿,木箱包装完整无损、无水湿雨淋、无沾染其他物品,发现问题做好验收记录。

2) 堆码苫垫:货垛垛底应垫高 15～20 cm,堆码行列式货垛,桶装可码 3～5 桶一批垛高不超过 2.5 m,垛距 80～90 cm,墙距、柱距 30 cm。

3) 在库检查:保管员应坚持一日两检制度,还应定期对物品内在质量进行检查,如发现包装封口不严、桶底渗漏、桶皮锈损,应及时采取相应的补救措施,并做好记录。

4) 温湿度管理:库内温度不超过 30 ℃,相对湿度 75% 以下,并根据库外温湿度情况适时进行通风降温降湿。

5) 安全作业:操作人员必须配戴工作服、手套和口罩,操作中要轻装轻卸,防止摔、轧、碰、撞。工作完毕及时清理现场,并脱掉工作服洗净手脸方能饮水、吸烟和进餐。

6) 保管期限:2 年。

注意事项:如遇火灾,可用大量水、砂土、干粉灭火和扑救。

B6.17　品名:硝基苯

编号:61056

化学式:C$_6$H$_5$NO$_2$

分子量:123.11

特性:淡黄色透明液体(油状),有苦杏仁味,能溶于苯、乙醇及乙醚,难溶于水。有毒,大量吸入蒸气或经皮肤吸收都会引起中毒,在车间空气中的最高容许浓度为 5 mg/m^3,兔口服全致死量为 1 g/kg,大鼠经口半数致死量 640 mg/kg。相对密度 1.205(25 ℃);熔点 5.7 ℃;沸点 210.9 ℃;闪点 87.8 ℃(闭杯);爆炸极限下限 1.8%(93.3 ℃)。本品有毒,遇火种、高温能引起燃烧爆炸,与硝酸反应强烈。

包装:装入坚固铁桶内,桶内应严密不漏,铁桶壁厚度不小于 1.2 mm。装入马口铁或薄铁桶金属容器内,再装入坚固木箱内或花格木箱或条、竹箱。装入玻璃瓶,再装入木箱,箱内衬垫草垫衬套或其他松软材料衬垫。

贮存条件:贮存于阴凉、通风仓间内,远离火种、热源,避免日光暴晒,应与氧化剂、硝酸分开堆放。

养护:

1) 入库验收:查验包装有无锈损渗漏,封口严密,外观检查无湿痕、无异味。木箱包装完整无损、无水湿雨淋、无沾染其他物品,外部标记齐全,发现问题做好验收记录。

2) 堆码苫垫:货垛垛底应垫高15~20 cm,堆码行列式货垛,桶装可码3~5桶一批,垛高不超过2.5 m,垛距80~90 cm,墙距、柱距30 cm。

3) 在库检查:保管员应坚持一日两检制度,还应定期对物品内在质量进行检查,如发现封口不严、桶底渗漏、桶皮锈损,应及时采取相应的养护措施,并做好检查记录。

4) 温湿度管理:库内温度不超过30 ℃,相对湿度75%以下,并根据库内外温湿度适时进行通风降温降湿措施。

5) 安全作业:操作人员必须穿戴工作服、手套和口罩等必要的防护用具,操作中要轻装轻卸,防止摔、轧、碰、撞。工作完毕及时清理现场,并脱掉工作服,洗净手脸方能吸烟、饮水和就餐。

6) 保管期限:2年。

注意事项:本品兼具有毒和易燃,发生火险可用大量水、砂土、干粉灭火机扑救,应注意风向风力。

B6.18 品名:1,4-二硝基苯

编号:61057

别名:对硝基苯

化学式:$C_6H_4(NO_2)_2$

分子量:168.11

特性:本品为黄色结晶,能溶于醇,微溶于水,有挥发性,能随水蒸气同时挥发。易燃,其蒸气较空气重4.8倍。有毒,空气中允许浓度1 mg/m³。熔点173 ℃;沸点299 ℃。遇火种、高温易燃烧,与氧化剂混合能成为有爆炸性的混合物。

包装:装入坚固大口铁桶中,内应有衬垫,桶口严密不漏,铁桶壁厚度不小于0.5 mm。装入坚固木箱(桶),内衬塑料袋或两层牛皮纸袋装,箱外用铁丝、铁皮捆紧。装入玻璃瓶,严封后再装入木箱或花格木箱,箱内衬草垫或其他松软材料。

贮存条件:贮存于阴凉、通风仓间内,最高仓温不得高于30 ℃,应与氧化剂严格分仓贮存,切勿混贮混运。远离火种、热源。搬运时轻装轻卸,保持包装完整,防止接触皮肤,以免中毒。

养护:

1) 入库验收:查验包装有无锈损渗漏,封口严密,外观检查无湿痕、无异味。木箱包装完整无损、无水湿雨淋、无沾染其他物品,外部标记齐全,发现问题做好验收记录。

2) 堆码苫垫:货垛垛底垫高15~20 cm,堆码行列式货垛,桶装可码3~5桶宽,垛高不超过2.5 m,垛距80~90 cm,墙距、柱距30 cm。

3) 在库检查:坚持一日两检制度,还应定期对物品内在质量进行抽验,如发现封口不严、桶底渗漏、桶皮锈损,应采取相应的养护措施,并做好检查记录。

4) 温湿度管理:库内温度不超过 30 ℃,相对湿度不超过 75%,并根据库内外温湿度情况适时进行通风降温降湿措施。

5) 安全作业:操作人员必须穿戴工作服、手套和口罩等必要的防护用具。操作中要轻装轻卸,防止摔、轧、碰、撞。工作完毕及时清理作业现场,并脱掉工作服,洗净手、脸,方能吸烟、饮水和就餐。

6) 保管期限:2 年。

注意事项:本品有毒和易燃,发生火灾可用大量水、砂土、干粉灭火机扑救,还应注意现场风向风力。

B6.19 品名:3-硝基甲苯

编号:61058

别名:间硝基甲苯

化学式:$CH_3C_6H_4NO_2$

分子量:137.44

特性:黄色液体或结晶,不溶于水,能溶于乙醇,能与乙醚混溶。易经皮肤吸收,在车间空气中最高容许浓度为 1 mg/m³。相对密度 1.163(15 ℃);熔点 15.1 ℃;沸点 231.9 ℃;闪点 106.11 ℃(闭杯)。有毒,遇明火能发生燃烧,受热散发有毒气体。

包装:装入坚固大口铁桶中,内应有衬垫,桶口严密不漏,铁桶壁厚度不小于 0.5 mm。每桶限重 100 kg。装入坚固木箱,木桶或塑料桶,内衬塑料袋或两层牛皮纸袋,包装封口严密不漏,箱外用铁丝、铁皮捆紧。装入玻璃瓶,严封后再装入坚固木箱,箱内用草垫衬,箱外用铁皮搭角或铁皮加固。

贮存条件:贮存于阴凉、通风的仓间内,远离火种、热源。应与氧化剂及直接用于食品工业的化工物资分开存放。搬运时轻装轻卸,保持包装完整。

养护:

1) 入库验收:查验包装有无锈损渗漏,封口严密,外观检查无湿痕、无异味。木箱包装完整无损、无水湿雨淋、无沾染其他物品,外部标记齐全,发现问题做好验收记录。

2) 堆码苫垫:货垛垛底垫高 15~20 cm,堆码行列式货垛,桶装可码 3~5 桶宽,垛高不超过 2.5 m,垛距 80~90 cm,墙距、柱距 30 cm。

3) 在库检查:坚持一日两检制度,还应定期对物品内在质量进行抽验,如发现封口不严、桶底渗漏、桶皮锈损,应采取相应的养护措施,并做好检查记录。

4) 温湿度管理:库内温度不超过 30 ℃,相对湿度不超过 75%,并要根据库内外温湿度情况,适时进行通风降温降湿措施。

5) 安全作业:操作人员必须穿戴工作服、手套和口罩等必要的防护用具,操作中要轻装轻卸,防止摔、轧、碰、撞。工作完毕及时清理作业现场并脱掉工作服,洗净手、脸,方能吸烟、饮水和就餐。

6) 保管期限:2 年。

注意事项:本品有毒和易燃,发生火险可用大量水、砂土、干粉灭火机扑救,扑救时要注意风向。

B6.20 品名:氯化苄

编号:61063

别名:α-氯化苄、苄基氯

化学式:$C_6H_5CH_2Cl$

分子量:126.58

特性:本品为无色液体,有刺激性和不愉快的气味。不溶于水,能与乙醇、乙醚和三氯甲烷混溶。对皮肤和眼睛有强烈的刺激性,主要由呼吸道吸入人体,也能经皮肤吸收。空气中容许浓度为 5 mg/m³。相对密度 1.102 6(18 ℃);沸点 179 ℃;闪点 67.22 ℃。有毒,遇明火能燃烧,当有金属(如铁)存在时分解,并可能引起爆炸。与水或水蒸气发生作用,能产生有毒和腐蚀性的气体,与氧化剂发生强烈反应。

包装:装入坚固铁桶内,桶口应严密不漏,铁桶壁厚度不小于 1.2 mm,每桶净重不超过 200 kg。装入马口铁或薄铁桶内,严密封闭后再装入坚固木箱,容器不得在箱内移动。装入螺丝口或铁盖口的玻璃瓶、塑料瓶中,严密封闭,装入木箱箱内用草衬垫,箱外用铁皮搭角加固。

贮存条件:贮存于阴凉、通风的仓间内,远离火种、热源。应与食用化工原料、氧化剂、酸类物资分开存放。搬运时应轻装轻卸,保持包装完整,防止渗漏。

养护:

1) 入库验收:查验包装有无锈损渗漏,封口严密,外观检查无湿痕、无异味。木箱包装完整无损、无水湿雨淋、无沾染其他物品,外部标记齐全,发现问题做好验收记录。

2) 堆码苫垫:货垛垛底垫高 15~20 cm,堆码行列式货垛,桶装可码 2~3 桶宽,垛高不超过 2.5 m,垛距 80~90 cm,墙距、柱距 30 cm。

3) 在库检查:坚持一日两检制度,定期对物品内在质量进行抽查,如发现封口不严、桶底渗漏、异味加重、桶皮锈损等现象应及时采取相应的养护措施,查出破漏原因及时整修换装,并做好检查记录。

4) 温湿度管理:库内温度不超过 30 ℃,相对湿度不超过 70%,并根据库内外温湿度情况,适时进行通风降温降湿措施。

5) 安全作业:操作人员必须穿戴工作服、手套和防毒口罩以及护目镜等必要的防护用具,操作时间不宜过长。注意轻装轻卸,防止撞击、碰撞。工作完毕要脱掉工作服和手套等防护用具,洗净手脸,方可吸烟、饮水或就餐。

6) 保管期限:1 年。

注意事项:遇有火灾要注意防止中毒或受到腐蚀,只能用大量水扑救,扑救时要注意风向。

B6.21 品名:苯酚

编号:61067

别名:石炭酸

化学式:C_6H_5OH

分子量:94.11

特性:纯品是白色结晶,在空气中逐渐变微红色结晶,有特殊气味,有毒,空气中最高允许浓度为 5 mg/m³,大鼠经口半数致死量为 530 mg/kg。本品能自空气中吸收水分而逐渐液化,水溶液呈酸性。有腐蚀性,能破坏细胞。能与乙醇、醚、三氯甲烷、甘油相混合,与碱起作用生成盐。相对密度 1.071(25 ℃);熔点 40.6 ℃;沸点 181.9 ℃;闪点 79.44 ℃(闭杯)。

遇明火、高温、强氧化剂有燃烧危险。

包装：装入坚固铁桶内，桶口应严密不漏。铁桶壁厚度不小于1.2 mm，每桶净重不超过200 kg。装入耐酸坛、陶瓷坛、塑料桶中严密封口再装入木箱。箱内用不燃材料垫妥实，箱外用铁丝加固。装入玻璃瓶，严封后再装入坚固木箱，箱内用草垫衬，箱外用铁皮搭角或铁丝、铁皮加固。

贮存条件：贮存于通风、干燥处所，远离火种、热源。应与氧化剂隔离堆放。包装要密封，防止吸潮变质，如露天堆放，要防止雨水侵入。

养护：
1) 入库验收：包装容器应当完好，封口严密，无漏撒、无异味。本品应呈白色结晶，无变色液化现象，如有破损应及时整修补漏，要做好验收记录。
2) 堆码苫垫：桶装码垛，垛底垫高 15~20 cm，码行列式货垛，垛高不超过 3 m，玻璃瓶木箱装码行列式货垛，垛高不超过 3 m，垛距 80~90 cm，墙距、柱距 30 cm。
3) 在库检查：保管员要坚持一日两检制度，还应在三个月内对库存物品进行一次质量检查，发现问题及时采取相应的养护措施，并做好记录。
4) 温湿度管理：本品对温度要求不严，库房温度在 30 ℃以下，湿度在 70%以下为最佳，但该品对空气较敏感，湿度不易过大。
5) 安全作业：操作人员必须戴口罩、手套、穿工作服，操作中要轻搬轻放，防止撞击、摔砸。工作中不能饮水、进食和吸烟，工作完毕要洗净手脸。
6) 保管期限：2 年。

注意事项：本品有毒及腐蚀性，皮肤接触要用大量水冲洗或用肥皂水冲洗。

B6.22 品名：3-甲(苯)酚

编号：61073

别名：间甲(苯)酚

化学式：$CH_3C_6H_4OH$

分子量：108.13

特性：无色透明液体，有酚的气味。在空气中露光逐渐变色，能与乙醇、乙醚和氢氧化钠溶液任意混溶，微溶于水。大鼠经口半数致死量为 2 020 mg/kg。相对密度 1.034 4 (20 ℃)；熔点 10.9 ℃；闪点 94.44 ℃。可燃，有腐蚀性和毒性。

包装：装入坚固铁桶内，桶口应严密不漏。铁桶壁厚度不小于1.2 mm，每桶净重不超过200 kg。装入马口铁或薄铁桶内，严密封闭后，再装入坚固木箱，容器在箱内不得移动。装入玻璃瓶严封后再装入坚固木箱，箱内用草垫衬，箱外用铁皮或铁丝加固。

贮存条件：贮存于干燥、通风的处所，远离火种、热源。应与氧化剂分开存放。搬运时轻装轻卸，防止包装破损。

养护：
1) 入库验收：包装容器完好无损，封口严密，无撒漏、无异味，物品应呈无色液体。不能将破包装放置过久，应及时整修补漏进行入库，并做好验收记录。
2) 堆码苫垫：桶装码垛垛底垫高 15~20 cm，码行列式货垛，垛高不超过 3 m。玻璃瓶木箱装码行列式货垛，垛高不超过 3 m，垛距 80~90 cm，墙距、柱距 30 cm。
3) 在库检查：保管员坚持一日两检制度，还应定期检查物品内在质量发现异状，包封口不严、桶底渗漏、桶皮锈损应及时采取相应的养护措施。
4) 温湿度管理:库内温度不超过 30 ℃,相对湿度不超过 70%,并根据库外温湿度变化情况适时采取通风、降温、降湿措施。
5) 安全作业:操作人员必须戴口罩、手套,穿工作服。操作中要轻搬轻卸,防止撞击、摔砸。在工作中不得饮水、进食和吸烟,工作完毕要洗净手、脸,触及皮肤应速用肥皂水冲洗。
6) 保管期限:1 年。

注意事项:本品有毒性和腐蚀性,接触皮肤要用肥皂水和大量水冲洗。

B6.23 品名:一氯乙醛

编号:61079

别名:氯乙醛

化学式:C_2H_3OCl

分子量:78.50

特性:无色透明油状液体,有刺激气味,能溶于水、乙醇、乙醚和三氯甲烷。相对密度 1.19(40% 溶液 25 ℃);凝固点 −16.3 ℃(40% 溶液);沸点 90～100.1 ℃(40% 溶液);闪点 87.78 ℃。可燃,并有腐蚀性和刺激性臭味。

包装:装入坚固铁桶内,桶口严密不漏,铁桶壁厚度不小于 1.2 mm,每桶净重不超过 200 kg。装入马口铁或薄铁桶的,严密封闭后,再装入坚固木箱,每箱净重不超过 50 kg。装入玻璃瓶,严封后再装入坚固木箱,箱内用草垫衬,箱外用铁皮搭角或铁丝加固。

贮存条件:贮存于阴凉、通风仓间内。远离火种、热源,防止阳光直射。应与氧化剂、食品添加剂分仓间存放。搬运时要轻装轻卸,防止包装破损。

养护:
1) 入库验收:查验包装容器无水湿、雨淋,无沾染其他物品,包装完整无损,无漏洒,金属桶无锈蚀,封口严密。检查物品有无异味,物品应呈无色透明液体无明显的异状和沉淀物,并做好检验记录。
2) 堆码苫垫:货垛垛底应垫高 15～20 cm,码行列式货垛,桶装 3～5 m 桶宽,垛高不超过 3 m,垛距 80～90 cm,墙距、柱距 30 cm。
3) 在库检查:保管员应坚持一日两检制度,还要每三个月检查物品质量及包装情况,发现问题及时采取必要措施,并做好检查记录。
4) 温湿度管理:库内温度 30 ℃ 以下,相对湿度 70%,并要结合库内外温湿度情况采取通风措施。
5) 安全作业:操作人员必须穿工作服,戴手套、口罩。操作中要轻拿轻放,严禁摔、轧、撞、碰,防止包装容器破损。作业完毕用水冲洗手、脸。
6) 保管期限:2 年。

注意事项:发生火灾可用水、砂土、干粉灭火机扑救。

B6.24 品名:苯甲酸汞

编号:61093

别名:安息香酸汞

化学式:$Hg(C_7H_5O_2)_2$

分子量:442.83

特性:白色结晶粉末,对光敏感,能溶于氯化钠和苯甲酸铵溶液,微溶于乙醇和水,有强刺激性,能被皮肤吸收,露置空气中见光易变质。熔点165 ℃。

包装:装入坚固铁桶内,桶口应严密不漏,铁桶厚度不小于1.2 mm,每桶净重不超过200 kg。装入马口铁或薄铁桶内,严密封闭后,再装入木箱,每箱净重不超过50 kg。装入厚玻璃瓶或塑料瓶中,严封后再装入坚固木箱,箱内用防潮或塑料膜衬垫,箱外用铁丝加固。

贮存条件:贮存于阴凉、通风的仓间内,远离火种、热源。应与氧化剂、酸类、直接用于食品工业的化工原料分开存放。避光保存,保持包装完整、密封,搬运时轻装轻卸,防止包装破损。

养护:

1) 入库验收:查验物品包装,外观完好无损,无漏撒、水浸雨淋。物品应是白色结晶粉末,无变色、结块等现象,发现破损及时整修,做好验收记录。
2) 堆码苫垫:货垛垛底垫高25～30 cm,码行列式货垛,桶装垛底3～5桶宽,货垛高度不超过3 m,垛距80～90 cm,墙距、柱距30 cm。
3) 在库检查:坚持一日两检制度,做好班前班后检查,还应每三个月对物品内在质量和包装外部异状检查一次,发现问题及时处理,并做好检查记录。
4) 温湿度管理:库内温度在30 ℃以下,相对湿度75%以下,并结合库内外温湿度情况适时采取通风、降温、降湿措施。
5) 安全作业:操作人员必须穿工作服、戴手套、口罩。操作中要轻拿轻放,严禁摔、砸、撞、碰,防止包装容器破损。作业完毕要洗净手、脸。
6) 保管期限:2年。

注意事项:保存或运输时应注意避光贮存,发生火灾要用大量水、砂土等进行扑救。

B6.25 品名:四乙基铅

编号:61097

别名:发动机燃料抗爆混合物

化学式:$Pb(C_2H_5)_4$

分子量:323.44

特性:无色油状液体,有香味,能溶于有机溶剂,不溶于水、稀酸和稀碱液。室温下缓慢分解,加热到125～150 ℃时迅速分解,遇氧化剂反应强烈。相对密度1.659(180 ℃);凝固点－136 ℃;沸点198～202 ℃(分解);闪点93.33 ℃;蒸气压133.322 Pa(38.4 ℃)。本品剧毒,可燃,遇明火、高热引起燃烧,受热分解放出有毒气体,易被皮肤吸收。中毒症状主要是慢性中毒,表现于消化系统神经系统的损害,空气中最高允许浓度为0.1 mg/m³。

包装:装入坚固铁桶内,桶口应严密不漏,铁桶厚度不小于1.2 mm,每桶净重不超过200 kg。装入马口铁或薄铁桶(听)金属容器内,严封后再装入坚固木箱或透笼木箱中,容器在箱内不得移动,每件净重不超过50 kg。包装外应注明品名、规格、重量、出厂日期、生产厂及明显的"剧毒品""易燃""切勿倒置""小心轻放"等标志。

贮存条件:本品为有机金属化合物,有毒,化学性质不稳定,应存于阴凉、通风的库房内。库内温度在30 ℃以下,相对湿度80%以下。可与其他液体毒品同存,但必须与氧化剂、易燃物、爆炸物、酸碱类等不同性质的物品分别贮存,隔绝热源与火种。

养护:
1) 入库验收:包装和衬垫完好无损,不破不漏,封口严密,符合包装要求。物品无色,无杂质沉淀,无变色现象,发现问题及时整理,并做好验收记录。
2) 堆码苫垫:垛底应垫高 15 cm 以上,大铁桶一般堆码 3 桶一批的行列式货垛,每层之间垫木板,人工码 2 桶高,机械堆码可码 3 桶高,小桶装若包装质量好,可码 3 或 4 桶为一批的行列式货垛,中间垫薄木板(2 cm)相连。垛高不超过 2 m,垛距 80～90 cm,墙距、柱距 30 cm。
3) 在库检查:保管员除每日进行班前班后和风雨雪前中后的安全检查外,还应每三个月对物品进行一次质量检查,检查内容与入库验收同,发现问题及时采取养护措施,并做好记录。
4) 温湿度管理:可采取密封库,利用低温、低湿天气进行通风、降温和散潮。梅雨季节可用吸湿机或生石灰等吸湿,控制温度不超过 30 ℃,相对湿度不超过 80%。
5) 安全作业:操作人员必须穿工作服、戴手套,不得赤脚赤臂露体。整理串倒容器时,还要戴胶手套和防毒面具。操作完后,必须脱去工作服,洗净手脸或洗澡。操作现场打扫干净,若有洒漏必须用水冲洗干净。
6) 保管期限:1 年。

注意事项:如遇火灾,可用水、砂土、二氧化碳扑救,防毒。

B6.26 品名:2-丁烯腈(反式)

编号:61104

别名:巴豆腈(反式)、丙烯基氰

化学式:$CH_3CH=CHCN$

分子量:67.09

特性:无色液体,遇水醇分解,溶于乙醚及丙酮。相对密度 0.823 9(20 ℃);沸点 120～121 ℃;闪点<100 ℃。剧毒,遇明火、高温有引起燃烧的危险,遇酸分解产生有毒气体。

包装:装入坚固铁桶内,桶口严密不漏,铁桶壁厚度不小于 1.2 mm,每桶净重不超过 200 kg。装入马口铁或薄铁桶内,严密封闭后再装入坚固木箱,容器在箱内不得移动,每箱净重不超过 50 kg。装入厚玻璃瓶或塑料瓶,严封后再装入木箱中,箱内用防潮纸或塑料膜衬垫,箱外用铁皮搭角、铁丝加固。

贮存条件:贮存于阴凉、通风仓库内,远离火种、热源。应与食品添加剂、酸类、氧化剂分开存放。切勿混贮混运。搬运时轻装轻卸,保持包装完整,防止损漏。

养护:
1) 入库验收:查验包装完好无损,无渗漏、水湿雨淋。物品应为无色液体,无颜色变化,外包装标记齐全、清楚,并做好验收记录。
2) 堆码苫垫:桶装码垛,垛底垫高 15～20 cm,码行列式货垛垛底宽度 2～3 桶。木箱装堆码行列式货垛,垛高不超过 3 m,垛距 80～90 cm,墙距、柱距 30 cm。
3) 在库检查:坚持日检制度,尤其班前班后检查库房门窗货物堆码等安全情况,对库存物品每三个月检查一次内在质量和外部包装情况,发现问题及时采取必要的养护措施,并做好检查记录。
4) 温湿度管理:库内温度不超过 30 ℃,相对湿度 70%以下,湿度过大时要采取必要的通风措施。
5) 安全作业:操作人员必须穿工作服,戴手套、口罩或防毒面具,工作现场要及时清理。工作中不得饮水、进食,工作后换去工作服,清洗手、脸后方可饮水、进食。
6) 保管期限:1年。

注意事项:本品剧毒,且遇水分解,操作人员要严格遵守搬卸货物轻拿轻放的管理制度。不得摔、砸、碰、撞违章操作,发现破漏要移到通风处并及时整修。救火时应使用泡沫灭火或砂土扑救。

B6.27 品名:3-氯丙腈

编号:61105

别名:β-氯丙腈

化学式:$ClCH_2CH_2CN$

分子量:89.53

特性:无色液体,具有特殊臭味,能与丙酮、苯、四氯化碳、乙醇和乙醚混溶。大鼠经口半数致死量为 100 mg/kg。相对密度 1.136 3(25 ℃);熔点 −51 ℃;沸点 176 ℃(分解);闪点 75.56 ℃(闭杯)。有毒,遇明火能燃烧,受热放出有毒气体,易被皮肤吸收中毒,其毒性介于丙烯腈和氢氰酸之间。

包装:装入坚固铁桶内,桶口严密不漏,铁桶壁厚度不小于 1.2 mm,每桶净重不超过 200 kg。装入马口铁或薄铁桶内,严密封闭后,再装入木箱,每箱净重不超过 50 kg。装入玻璃瓶严封后再装入坚固木箱,箱内用草垫衬,箱外用铁皮搭角或铁丝加固。

贮存条件:贮存于阴凉、通风的仓库内,应与食用化工原料、氧化剂、酸类分开存放。搬运工人应穿戴好防护用品,切勿接触皮肤。

养护:
1) 入库验收:查验包装完好无损,无渗漏、水湿雨淋。物品呈无色液体,无颜色变化,外观包装标记齐全、清楚。发生破漏整修,换装后方可入库,并做好验收记录。
2) 堆码苫垫:堆码垛底垫高 15~20 cm,桶装码行列式货垛,垛底码 3~5 桶宽。木箱装码垛高不超过 3 m,垛距 80~90 cm,墙距、柱距 30 cm。
3) 在库检查:贮存期间每日班前班后对货垛、库内外环境各进行检查,每季度定期进行一次检查,发现问题及时研究解决。
4) 温湿度管理:库房内要加强通风以保持空气清新,库内温度不超过 30 ℃,相对湿度 75% 以下,并根据贮存情况采取适当的通风、降温、降湿措施。
5) 安全作业:操作人员要穿工作服,搬运时注意轻装轻卸,不得摔、撞。
6) 保管期限:2年。

注意事项:火灾可用干料、砂土扑救,救火人员应戴防毒面具。

B6.28 品名:硫氰酸甲酯

编号:61108

化学式:CH_3SCN

分子量:73.12

特性:无色液体,有蒜的气味,极微溶于水,能与醇、醚混合。小鼠经口致死量 0.02 mg。相对密度 1.067 8(25 ℃);熔点 −51 ℃;沸点 132.9 ℃;闪点 38.33 ℃。有毒,遇明火能燃烧,受热放出有毒气体。

包装:装入螺丝口或铁盖压口的玻璃瓶、塑料瓶中,严密封闭再装入坚固木箱,箱内用草垫衬,箱外用铁皮搭角或铁皮铁似加固。装入玻璃瓶或塑料瓶,瓶口用不易腐蚀材料封严,再装入坚固木箱,箱内用草垫衬,箱外用铁皮加固。

贮存条件:应贮存于阴凉、通风仓库内,远离火种、热源。应与食品添加剂、酸类、氧化剂分开存放。切勿混贮混运。搬运时轻装轻卸,保持包装完整,防止破漏。

养护:
1) 入库验收:包装应符合要求,包装容器完好无损,封口严密不漏、不洒。物品透明,无明显沉淀杂质,发现问题及时处理,做好验收记录。
2) 堆码苫垫:货垛底垛底应垫高15~20 cm以上,桶底码3桶宽,行列式货垛,垛高不超过2.5 m,垛距80~90 cm,墙距、柱距30 cm。
3) 在库检查:保管员除每天认真进行班前班后和风雨雪前中后对库房、门窗、货垛等检查外,还应每三个月对库存物品进行一次质量检查,发现问题及时采取有效的养护措施,并做好记录。
4) 温湿度管理:每日定时记录库内外温湿度,随时掌握温湿度变化情况,及时采取通风和吸潮措施,以控制库温不超过30 ℃,相对湿度75%以下。
5) 安全作业:装卸堆码必须轻装轻卸,不得撞击、摔碰和翻滚,防止容器破损。操作人员要穿工作服戴手套、口罩。工作中不得饮食、吸烟,工作完毕洗净手和脸。
6) 保管期限:1年。

注意事项:如遇火灾,可用砂土、水、二氧化碳扑救,注意防毒。

B6.29 品名:甲苯-2,4-二异氰酸酯

编号:61111

别名:2,4-甲苯二异氰酸酯

化学式:$H_3CC_6H_3(NCO)_2$

分子量:174.16

特性:无色或淡黄色透明液体。有吸湿性,与水作用能产生二氧化碳。能溶于醚、丙酮及其他有机溶剂。对皮肤、呼吸器官,特别对眼睛有强烈刺激作用。空气中最高容许浓度为0.2 mg/kg。大鼠吸入半数致死量95.76 mg/kg。相对密度1.22(20 ℃);凝固点13.2 ℃;沸点118~120 ℃;闪点132.22 ℃(开杯),121 ℃(闭杯);爆炸极限0.9%~9.5%。有毒,遇明火能燃烧,受热时能分解出有毒气体。

包装:装入坚固铁桶内,桶口严密不漏,铁桶壁厚度不超过1.2 mm,每桶净重不超过200 kg。装入马口铁桶,严密封闭后再装入木箱,容器在箱内不得移动。装入玻璃瓶,严封后再装入坚固木箱,箱内用不燃材料衬垫,箱外铁皮搭角或铁丝加固。

贮存条件:贮藏于阴凉、通风仓库内,远离火种、热源。应与食品添加剂、酸类、氧化剂分开存放。切勿混贮混运。搬运时轻装轻卸,保持包装完整,防止破漏。

养护:
1) 入库验收:包装应符合要求,包装容器完好无损,封口严密不漏、不洒,物品色淡透明,无沉淀,外观包装标记明显、齐全、清楚。发生破漏及时纠正,换装后方可入库,并做好记录。

2) 堆码苫垫:堆码垛底垫高 15 cm 以上,桶装堆码行列式货垛,垛底码 3~5 桶宽,垛高不超过 3 m。木箱装码行列式货垛,垛高不超过 2.5 m,垛距 80~90 cm,墙距、柱距 30 cm。

3) 在库检查:认真做好班前班后和风雨前后的检查,每季度定期进行一次质量检查,发现问题及时处理并做好记录。

4) 温湿度管理:库房内要加强通风以保持空气清新,库内温度不超过 30 ℃,相对湿度 75%以下,并根据库内外温湿度情况采取必要的通风、降温措施。

5) 安全作业:装卸堆码必须轻装轻卸,不得撞击、摔碰和翻滚,防止容器破损。操作人员要穿工作服戴手套、口罩。工作中不得饮食、吸烟,工作完毕洗净手和脸。

6) 保管期限:1 年。

注意事项:火灾可用雾状水、干粉灭火机、砂土扑救,施救人员注意防毒。

B6.30 品名:硫酸二甲酯

编号:61116

化学式:$(CH_3)_2SO_4$

分子量:126.13

特性:无色或淡黄色透明液体。有腐蚀性,蒸气对眼有刺激性,损害呼吸道。液体与皮肤接触可引起组织局部发生溃疡,不易愈合。能溶于醇,微溶于水。易经皮肤吸收,浓度为 500 mg/m³ 时,10 min 可能致命。车间空气中最高容许浓度为 5 mg/m³。大鼠经口半数致死量 400 mg/kg。相对密度 1.332 2(20 ℃);熔点 −31.8 ℃;自燃点 190.78 ℃;沸点 188 ℃;闪点 83.3 ℃(开杯)。剧毒,可燃。蒸气无严重气味,不易被察觉,往往不知不觉中中毒。遇明火、高温能燃烧,与氢氧化铵反应强烈。

包装:装入 1.2 mm 厚镀锌铁桶内,严密封口,每桶净重不超过 180 kg。装入厚玻璃瓶或塑料瓶中,严封后再装入木箱中,箱内用两层牛皮纸袋、防潮袋或塑料膜衬垫,箱外用铁皮搭角或铁皮加固,每箱净重不超过 25 kg,每瓶净重不超过 1 kg。

贮存条件:贮藏于阴凉、通风仓库内,库内最高温度不得超过 30 ℃,相对湿度 70%左右,远离火种、热源。与食品添加剂、氨、氧化剂分开存放。如触及皮肤,用漂白粉加水 5 倍浸湿 10 min 解毒,再经温水冲洗干净,然后医治,较易愈复。

养护:

1) 入库验收:包装容器完好无损,封口严密不漏、不洒,物品色淡透明,无沉淀。外观包装标记清楚、明显、齐全。发生破漏及时整修,换装后方可入库,并做好验收记录。

2) 堆码苫垫:堆码垛底垫高 15 cm 以上,桶装堆码行列式货垛,垛底码 3~5 桶宽,垛高不超过 3 m。木箱装码行列式货垛,垛高不超过 2.5 m,垛距 80~90 cm,墙距、柱距 30 cm。

3) 在库检查:保管员应在班前班后和风雨雪前中后做好详细检查,并在每季度定期进行一次质量检查、外观检查,发现问题及时处理,并做好记录。

4) 温湿度管理:库房内要加强通风以保持空气清新,库内温度不超过 30 ℃,相对湿度 75%以下,并根据库内外温湿度情况采取必要的通风、降温措施。

5) 安全作业:装卸堆码必须轻装轻卸,不得撞击、摔碰和翻滚,防止容器破损。操作人员要穿工作服,戴手套、口罩。工作中不得饮食、吸烟,工作完毕洗净手和脸。

6) 保管期限:1年。

注意事项:失火时可用雾状水、干粉灭火机、砂土扑救,注意防毒。

B6.31　品名:甲基对硫磷

编号:61125

别名:O,O-二甲基-O-(对硝基苯基)硫代磷酸酯、甲基1605

化学式:$(CH_3O)_2P(S)OC_6H_4NO_2$

分子量:263.21

特性:纯品为白色结晶。微溶于水,易溶于芳香烃,在中性或弱酸性中比较稳定,遇碱能迅速分解。在100 ℃以上能迅速转变为异构体,工业为黄色或棕色油状液体,挥发性少。大鼠经口半数致死量为14 mg/kg,车间最高容许浓度0.1 mg/m³。相对密度1.358(20 ℃);熔点35~36 ℃(纯品);29 ℃(工业品)。剧毒,可燃。毒性为对硫磷三分之一。

包装:装入坚固铁桶内,桶口应严密不漏,铁桶壁厚度不小于1.2 mm,每桶净重不超过200 kg。装入厚玻璃瓶、塑料瓶中,严封后再装入木箱中,箱内用两层牛皮纸袋、防潮袋或塑料膜衬垫,并用松软材料填塞妥实,箱外用铁皮搭角或铁皮铁丝加固。

贮存条件:贮藏于阴凉、通风仓库内,库内温度不得高于30 ℃,远离火种、热源。应与食品添加剂、氧化剂(包括化肥、硝铵、硝酸钠)、酸类分开堆放。搬运时轻装轻卸,保持包装完整,切勿损漏,避免中毒。

养护:

1) 入库验收:查验包装和容器符合要求,大桶无渗漏,瓶装无破裂,衬垫牢固可靠,封口严密。物品液体透明,无沉淀杂质,固体洁白无污染,外观包装清楚、齐全,发现问题及时处理,做好验收记录。

2) 堆码苫垫:货垛垛底垫高15~20 cm以上,码宽3~5桶行列式货垛,高度不超过3 m。木箱垛高不超过3 m,垛距80~90 cm,墙距、柱距30 cm。

3) 在库检查:坚持一日两检制度,认真执行班前班后和风雨雪前中后的安全检查,每季度对物品进行一次感官质量检查,检查内容与入库验收相同,发现问题及时采取有效的养护措施,并做好检查记录。

4) 温湿度管理:每日定时记录库内外温湿度,掌握温湿度变化情况,适时采取通风、降温降湿措施。控制库内温度不超过30 ℃,相对湿度75%以下。

5) 安全作业:工作场所保持空气流通。操作人员必须轻拿轻放,不得撞击、摔碰和翻滚,防止容器破损。工作时应穿工作服、戴手套、口罩,工作完毕及时洗净手和脸。

6) 保管期限:1年。

注意事项:如遇火灾,可用砂土、水、二氧化碳扑救,施救人员注意防毒。

B6.32　品名:一〇五九

编号:61126

别名:内吸磷、杀虱多

化学式:$(C_2H_5O)_2P(S)OC_2H_4SC_2H_5$

分子量:258.34

特性:一〇五九乳剂含有硫离型60%~70%和硫联型30%~40%两种异构体。二者纯品均为无色黏稠液体,工业品为黄色油状液体,有硫醇样臭味。在水中溶解度:硫离型

1∶15 000;硫联型1∶500。易溶于甲苯、乙醇、丙二醇等。常温下稳定,遇高温易分解,放出有毒的硫及磷的氧化物等有毒气体。130 ℃时硫离型容易异构化成硫联型。遇碱性溶液易分解失效。大鼠经口半数致死量为7.5 mg/kg,车间空气最高容许浓度0.02 mg/m³。相对密度1.119(20 ℃硫离型),1.132(20 ℃硫联型);沸点94 ℃(硫离型),110 ℃(硫联型)。剧毒,可燃。

包装:装入坚固铁桶内,桶口应严密不漏,铁桶壁厚度大于1.2 mm,每桶净重不超过200 kg。装入厚玻璃螺丝口瓶、塑料瓶,严封后再装入木箱中,箱内用两层牛皮纸袋或防潮袋塑料薄膜衬垫,并用松软材料填实,箱外用铁皮搭角或铁丝铁皮加固。

贮存条件:贮存于阴凉、通风的仓库内,远离火种、热源。应与食品添加剂、氧化剂(包括化肥硫铵、硝铵)酸类分开堆放。搬运时轻装轻卸,保持包装完整,切勿损漏,避免中毒。

养护:

1) 入库验收:查验包装和容器是否符合要求,桶装无渗漏、破损,桶装无水湿,无异味,衬垫牢固可靠,封口严密。物品透明无杂质,发现问题扩大验收比例,并做好检验记录。

2) 堆码苫垫:货垛垛底垫高15~20 cm,桶装垛底码3~5桶宽,箱装码行列式货垛,垛高不超过3 m,垛距80~90 cm,墙距、柱距30 cm。

3) 在库检查:保管员认真执行一日两检制度,对自己主管库房门窗、货垛及环境进行检查,每三个月进行一次物品在库质量检查,项目与入库同,如发现问题需进行养护处理,并做好记录。

4) 温湿度管理:库内要防止阳光直射窗,玻璃要安装毛玻璃或涂白漆,库温不超过30 ℃,相对湿度不大于80%,并适时进行通风、降湿等措施。

5) 安全作业:操作人员须戴口罩、手套、穿工作服,现场保持空气流通。工作中不得吸烟、饮水、进食,工作完毕打扫干净、洗净手脸、漱口方可进食。

6) 保管期限:2年。

注意事项:如遇火灾,可用水、砂土、二氧化碳扑救,施救人员应注意防毒。

B6.33 品名:一六〇五(农药)

编号:61126

别名:对硫磷、乙基对硫磷、一扫光

化学式:$(C_2H_5O)_2P(S)OC_6H_4NO_2$

分子量:291.27

特性:纯品几乎无色无臭液体,由于光线的作用能变成黄褐色。在130~150 ℃时分解。在碱性条件下,不稳定而迅速分解失效,接触空气亦能使其毒性减弱。工业品为黄色至红色油状液体,有蒜臭。一般含95%~97%对硫磷和0.5%以下的对硝基酚或46%~48%乳剂及1%粉剂。大鼠经口半数致死量为14 mg/kg,人经口致死量估计成人为10~30 mg,儿童为10 mg以下,车间空气中最高容许浓度为0.05 mg/m³。相对密度1.265(25 ℃);熔点6 ℃;沸点157 ℃。剧毒,可燃,受热分解放出有毒的氮、磷、硫的氧化物气体。

包装:装入坚固铁桶内,桶口应严密不漏,铁桶壁厚度大于1.2 mm,每桶净重不超过200 kg。装入厚玻璃螺丝口瓶、塑料瓶,严封后再装入木箱中,箱内用两层牛皮纸袋或防潮袋塑料薄膜衬垫,并用松软材料填实,箱外用铁皮搭角或铁丝铁皮加固。

贮存条件:贮存于阴凉、通风的仓库内,远离火种、热源。应与食品添加剂、氧化剂(包括化肥硫胺、硝胺)酸类分开堆放。搬运时轻装轻卸,保持包装完整,切勿损漏,避免中毒。

养护:
1) 入库验收:查验包装和容器是否符合要求,桶装无渗漏、破损,桶装无水湿,无异味,衬垫牢固可靠,封口严密。物品透明无杂质,发现异状及时处理并扩大验收比例,并做好检验记录。
2) 堆码苫垫:货垛垛底垫高15~20 cm,桶装垛底码3~5桶宽。箱装码行列式货垛,垛高不超过3 m,垛距80~90 cm,墙距、柱距30 cm。
3) 在库检查:保管员坚持一日两检制度,对自己所管库区门窗、货垛及环境进行安全检查,每三个月进行一次质量检查,如发现问题及时做好养护处理,并做好记录。
4) 温湿度管理:库内要防止阳光直射,窗玻璃要安装毛玻璃或涂白漆。当库内温度超过要求时,可进行通风、降温、降潮。库内温度不超过30 ℃,相对湿度不大于80%。
5) 安全作业:操作人员须戴口罩、手套,穿工作服,现场保持空气流通。工作中不得吸烟和进食,工作完毕打扫干净、洗净手和脸。
6) 保管期限:1年。

注意事项:如遇火灾,可用水、砂土、二氧化碳扑救,施救人员应注意防毒。

B6.34 品名:磷胺

编号:61126

别名:大灭虫、福斯安、O,O-甲基-O(2 氯-2 二乙胺甲酰基-1-甲基乙烯基)磷酸酯

化学式:$C_{10}H_{19}ClNO_5P$

分子量:299.69

特性:纯品为无色油状液体,工业品为棕色油状液体。能与水混溶,易溶于乙醇、乙醚、丙酮及二氯甲烷。磷胺原液稳定,其水溶液不太稳定,在碱性或高温下迅速水解。大鼠经口半数致死量为7.5~28 mg/kg。相对密度1.21;熔点-45~-48 ℃;沸点160~162 ℃。

包装:装入坚固铁桶内,严密不漏,铁桶壁厚度不小于1.2 mm,每桶净重不超过200 kg。装入厚玻璃瓶、塑料瓶中,严封后再装入坚固木箱,箱内用两层牛皮纸袋、防潮袋或塑料膜衬垫,并用松软材料填塞妥实,箱外铁皮搭角或铁丝铁皮加固。

贮存条件:贮藏于阴凉、通风仓库内,远离火种、热源,防止阳光直射。应与食品添加剂、氧化剂(包括化肥硝酸铵、硝酸钠)分开堆放。不可混贮混运。搬运时轻装轻卸,保持包装完整,防止破漏。

养护:
1) 入库验收:查验包装和容器是否符合要求,桶装物品无渗漏、破损,箱装物无渗漏、水湿,无异味,封口严密。物品透明,无沉淀杂质,发现问题及时处理,应做好验收记录。
2) 堆码苫垫:堆码垛底垫高15~20 cm以上,垛底宽3~5桶,垛高不超过3 m。箱装垛高不超过2.5 m,垛距80~90 cm,墙距、柱距30 cm。
3) 在库检查:保管员对主管库区的门窗货垛和环境进行班前班后安全检查,每三个月进行一次质量检查,检查项目内容与入库验收项目相同。发现问题进行必要的养护处理,并做好记录。
4) 温湿度管理:库内防止阳光直射,窗玻璃要安装玻璃或涂白漆。当库内温湿度超

过要求时,应进行通风、吸潮,以控制库温不超过 30 ℃,相对湿度不大于 80%。
5) 安全作业:操作人员须戴口罩或防毒面具、手套,穿工作服,现场保持空气流通。工作中不得饮食、吸烟,工作完毕打扫干净、洗净手和脸。
6) 保管期限:1 年。

注意事项:如遇火灾,可用水、砂土,严禁用酸碱灭火机。施救人员注意防毒。

B6.35 品名:甲胺磷

编号:61126

别名:脱麦隆、多页磷、杀螨磷、克螨磷

化学式:$C_2H_8NO_2PS$

分子量:141.13

特性:纯品为白色针状结晶,工业品为黄色黏稠液体,冷却或久置能析出针状结晶。易溶于水、乙醇、丙酮,稍溶于苯、甲苯,难溶于醚、汽油,遇强酸或碱易分解。大鼠经口半数致死量为 29.1 mg/kg。熔点 42～45 ℃;工业品熔点 18～25 ℃。剧毒,可燃。

包装:装入坚固铁桶内,桶口严密不漏,铁桶壁厚度不小于 1.2 mm,每桶净重不超过 200 kg。装入金属容器、玻璃瓶、塑料桶中,严封后再装入坚固木箱,箱内用草垫衬或其他松软材料衬垫,箱外铁皮搭角或铁丝铁皮加固,每箱净重不超过 20 kg。

贮存条件:贮藏于阴凉、通风仓库内,远离火种、热源,防止阳光直射。应与食品添加剂、氧化剂、酸类分开存放。不可混贮混运。搬运时轻装轻卸,保持包装完整,防止破漏,避免中毒。

养护:
1) 入库验收:查验包装和容器是否符合要求,桶装无渗漏、破损,箱装物无渗漏、水湿,无异味,封口严密,物品无异状。
2) 堆码苫垫:堆码垛底垫高 15～20 cm 以上,垛底宽 3～5 桶,垛高不超过 3 m。箱装码行列式货垛,垛高不超过 2.5 m,垛距 80～90 cm,墙距、柱距 30 cm。
3) 在库检查:保管员对主管库区的门窗货垛和环境进行班前班后安全检查,每三个月进行一次质量检查,检查项目内容与入库验收项目相同,发现问题进行必要的养护处理,并做好记录。
4) 温湿度管理:库内防止阳光直射,窗户安装玻璃或涂白漆。库温不超过 30 ℃,相对湿度不大于 80%,超过要求时应及时采取必要的通风、降温、降湿措施。
5) 安全作业:操作人员须戴口罩或防毒面具、手套,穿工作服,现场保持空气流通。工作中不得饮食、吸烟,工作完毕打扫干净、洗净手和脸。
6) 保管期限:1 年。

注意事项:如遇火灾,可用水、砂土,严禁用酸碱灭火机,施救人员注意防毒。

B6.36 品名:安妥

编号:61135

别名:2-萘基硫脲

化学式:$C_{10}H_7NHCSNH_2$

分子量:202.28

特性:纯品为白色结晶,工业品为灰色粉末或结晶。不溶于水,溶于一般有机溶剂。对光、热和空气都很稳定。大鼠经口半数致死量为6～8 mg/kg。熔点198 ℃(纯品),182 ℃(粗制品)。剧毒,可燃,受热分解放出有毒气体。

包装:装入坚固木箱、木桶或塑料桶中,内衬塑料袋或两层牛皮纸袋包装封口应严密不漏,箱外捆紧。装入玻璃瓶,塑料瓶或聚乙烯袋内,严封后再装入金属容器,金属卡口缸或塑料罐内,罐口严密扣紧,然后在装入坚固木箱内,箱内用不燃材料填塞妥实,箱外用铁丝加固。

贮藏条件:贮存于阴凉、通风的仓库内,远离火种、热源。应与食品添加剂、氧化剂分开堆放。不可混贮混运。搬运时轻装轻卸,保持包装完整,防止漏损。

养护:
1) 入库验收:包装衬垫应符合要求,容器无破损、洒漏,物品无变色受潮、结块、含杂质等现象,发现问题及时处理,做好验收记录。
2) 堆码苫垫:垛底垫高15～20 cm,码行列式货垛,垛高不超过3 m,垛距80 cm,墙距、柱距30 cm。
3) 在库检查:保管员要做到一日两检,对库房、货垛及环境进行安全检查,还应每三个月进行一次质量检查,发现问题及时采取相应措施,并做好记录。
4) 温湿度管理:做好温湿度记录,严格控制和掌握库内外温湿度变化。采取必要的通风、降温、降湿措施,库内温度不超过30 ℃,相对湿度不大于80%。
5) 安全作业:操作人员必须穿工作服,戴口罩或防尘口罩、手套,操作中必须轻拿轻放,防止摔砸,防止包装破裂,粉尘飞扬。
6) 保管期限:2年。

注意事项:火灾可用雾状水、砂土、泡沫灭火机,施救人员应注意防毒。

B6.37 品名:硒粉

编号:61502

化学式:Se

分子量:78.06(原子质量)

特性:灰色或暗红色粉末。能溶于硝酸、硫酸、碱类,不溶于水和醇。在空气中受强热能燃烧,火焰为浅蓝色,并放出毒气。车间空气中,最高容许浓度为0.1 mg/m³。相对密度4.81(20 ℃);熔点217 ℃;沸点685 ℃。有毒,在高温下会燃烧。

包装:装入坚固铁桶内,桶口应严密不漏,铁桶壁厚度大于1.2 mm,每桶净重不超过200 kg。装入坚固大口铁桶内,内应有衬垫,桶口严密不漏,铁皮厚度不小于0.5 cm,每桶装100 kg。装入坚固木箱,木桶或塑料桶内,内衬塑料袋,包装封口严密不漏,箱外用铁丝铁皮加固。

贮存条件:贮存于阴凉、通风的库房内。应与酸类、碱类、食用化工原料分开贮存。切勿混贮混运。搬运时轻装轻卸,保持包装完整,防止破损洒漏。

养护:
1) 入库验收:包装及衬垫应符合要求,容器无破损、渗漏,物品无吸潮结块、含杂质等现象,发现问题及时处理,要做好记录。
2) 堆码苫垫:货垛垛底垫高15～20 cm,码行列式货垛,垛高不超过3 m,垛距80～90 cm,墙距、柱距30 cm。
3) 在库检查:保管员每日进行班前班后两次对库房,货垛及环境的安全检查外,还应每三个月进行一次质量检查,检查内容与入库验收相同,发现问题及时做好养护措施,并做好记录。
4) 温湿度管理:严格控制与掌握库内温湿度变化,每日做好温湿度记录。适时采取降温、降湿措施,以控制库温不超过 30 ℃,相对湿度不大于 80%。
5) 安全作业:操作人员须穿工作服,戴手套、口罩或防尘口罩。有破伤者或孕妇不得操作。操作中轻拿轻放,防止摔、扔、碰、撞,防止包装破裂粉尘飞扬。
6) 保管期限:2 年。

注意事项:火灾可用雾状水、砂土,施救人员注意防毒。

B6.38 品名:锑粉

编号:61505

化学式:Sb

分子量:121.75

特性:银白色金属或深灰色粉末,性质松脆,不溶于水、盐酸和碱液,溶于王水及浓硫酸。常温下在空气中较稳定,但加热能燃烧成氧化物。大鼠腹膜半数致死量 100 mg/kg。相对密度 6.684(25 ℃);熔点 630 ℃;沸点 1635 ℃。有毒,遇明火能在空气中燃烧,甚至爆炸。受热或接触酸类放出有毒烟雾。

包装:装入坚固木箱、木桶或塑料桶中,内衬塑料袋,包装封口严密不漏,箱外用铁皮、铁条加固。装入玻璃瓶,严密封口再装入坚固木箱,箱内用松软材料衬垫,箱外用铁条或铁皮加固,每瓶净重不超过 1 kg,每箱净重不超过 20 kg。

贮存条件:贮存于干燥库房,远离火种、热源。应与食用化工原料、酸类、氧化剂分开贮存。不可混贮混运。搬运时轻装轻卸,保持包装完整,防止毒物散失。

养护:
1) 入库验收:包装及衬垫应符合要求,容器无破损和撒漏。物品无吸潮结块、含杂等现象,并做好记录。
2) 堆码苫垫:垛底垫高 15~20 cm,码行列式货垛,垛高不超过 3 m,垛距 80 cm。
3) 在库检查:保管员除每日班前班后两次对库房货垛及环境进行安全检查外,还应每三个月对库存物品进行一次质量检查,检查内容与入库验收相同,发现问题及时采取措施,并做好检查记录。
4) 温湿度管理:严格控制与掌握库内温度变化,每日做好温湿度记录。适时采取通风、降温、降湿措施,控制库温不超过 30 ℃,相对湿度不大于 80%。
5) 安全作业:操作人员必须穿工作服,戴手套、口罩或防尘口罩。操作中轻拿轻放,防止摔、扔、碰、撞,防止包装破裂粉尘飞扬。
6) 保管期限:2 年。

注意事项:火灾可用雾状水、砂土扑救,施救人员注意防毒。

B6.39 品名:一氧化铅

编号:61507

别名:黄丹

化学式:PbO

分子量:223

特性:黄色或略带红色的黄色粉末或细小片结晶。不溶于水和乙醇,溶于硝酸、乙酸和热碱溶液。在空气中能逐渐吸收二氧化碳。大鼠腹腔半数致死量 450 mg/kg。相对密度 9.53(四角晶体);熔点 888 ℃。有毒,不会燃烧。

包装:装入 0.5 mm 壁厚铁桶,内衬塑料袋或两层皮纸袋,每桶净重不超过 50 kg。装入玻璃瓶,严封后再装入坚固木箱,箱内用松软材料衬垫,箱外用铁皮搭角或铁丝、铁皮加固,每瓶净重 1 kg,每箱净重 20 kg。

贮存条件:贮存于干燥仓间内。应与食用化工原料,酸类分开贮运。不可混贮混运。搬运时轻装轻卸,防止包装损漏。本品遇光容易变质,应保持包装完整,避光保存。

养护:
1) 入库验收:包装应完整无损,内衬物完好,无破裂漏撒,符合安全要求,无变色结块,无杂质等异状。
2) 堆码苫垫:垛底垫高 15~20 cm,码行列式货垛,垛高不超过 3 m,垛距 80 cm,墙距、柱距 30 cm。
3) 在库检查:保管员每日两次对库房、货垛和环境的安全检查外还应每三个月进行一次质量检查,检查内容与入库验收同,发现问题及时采取必要的养护措施,并做好检查记录。
4) 温湿度管理:严格控制与掌握库内温湿度变化,每日做好温湿度记录。适时采取通风、降温、降湿的措施,控制库温不超过 30 ℃,相对湿度不大于 80%。
5) 安全作业:操作人员必须穿工作服、戴手套、口罩或防尘口罩。操作中轻拿轻放,防止摔、扔、碰、撞,防止包装破漏粉尘飞扬。
6) 保管期限:2 年。

注意事项:火灾可用水或砂土扑救。

B6.40　品名:四氧化(三)铅

编号:61507

别名:红丹、铅丹

化学式:Pb_3O_4

分子量:685.63

特性:鲜橘红色粉末或块状固体。不溶于水,溶于热碱溶液和硝酸、乙酸、盐酸,有氧化性。相对密度 8.32~9.16;熔点 500~530 ℃(分解)。有毒,不会燃烧,有氧化剂的性质,受热分解产生有毒气体。

包装:装入 0.5 mm 壁厚铁桶,内衬塑料袋或两层纸袋,每桶净重不超过 50 kg。装入玻璃瓶,严封后再装入坚固木箱,箱内用松软材料衬垫,箱外用铁皮搭角或铁丝铁皮加固,每瓶净重 1 kg,每箱净重 20 kg。

贮存条件:贮存于干燥仓库内。应与食用化工原料、酸类、还原剂分开。切勿混贮混运。搬运时轻装轻卸,防止包装损漏。

养护:
1) 入库验收:包装应完整无损,内衬物完好,无破裂漏撒,符合安全要求,无变色结块,无杂质等异状。
2) 堆码苫垫:垛底垫高 15~20 cm,码行列式货垛,垛高不超过 3 m,垛距 80 cm,墙距、柱距 30 cm。
   3) 在库检查:保管员每日两次对库房、货垛和环境的安全检查外,还应每三个月进行一次质量检查,检查内容与入库验收同,发现问题及时采取必要的养护措施,并做好检查记录。
   4) 温湿度管理:严格控制与掌握库内温湿度变化,每日做好温湿度记录。适当采取通风、降温、降湿的措施,控制库温不超过 30 ℃,相对湿度不大于 80%。
   5) 安全作业:操作人员必须穿工作服,戴手套、口罩或防毒口罩。操作中轻拿轻放,防止摔、扔、碰、撞,防止包装破漏粉尘飞扬。
   6) 保管期限:2 年。
   注意事项:火灾可用雾状水或砂土扑救。

B6.41　品名:溴化亚汞
　　编号:61509
　　别名:一溴化汞
　　化学式:HgBr 或 Hg_2Br_2
　　分子量:280.49 或 561.0
　　特性:白色细小四角结晶体或粉末,受热变黄,冷后恢复白色,遇光变暗,难溶于水,不溶于乙醇,在热盐酸、硫酸中分解。相对密度 7.307;熔点 345 ℃(升华)。有毒,不会燃烧。
　　包装:装入玻璃瓶或塑料瓶内,严封后再装入坚固木箱,箱内有松软材料衬垫,箱外用铁皮搭角或铁丝、铁皮加固,每瓶净重不超过 1 kg,每箱净重不超过 20 kg。
　　贮存条件:贮存于阴凉、避光的仓库内。与食用化工原料、酸类分开。不可混贮混运。搬运时轻装轻卸,防止包装损漏。远离火种、热源,防止露光、受热引起变质。
　　养护:
   1) 入库验收:首先验外包装,有无雨淋、水浸,有无破裂、漏撒,包装封口是否完好,有无变色、熔化及变质分解现象,发现问题及时处理,并做好记录。
   2) 堆码苫垫:垛底垫高 15～20 cm,码行列式货垛,垛高不超过 3 m,垛距 80 cm,墙距、柱距 30 cm。
   3) 在库检查:保管员每日两次对库房、货垛和环境的安全检查外还应每三个月进行一次质量检查,检查内容与入库验收同,发现问题及时采取必要的养护措施,并做好检查记录。
   4) 温湿度管理:严格控制与掌握库内温湿度变化,每日做好温湿度记录。适时采取通风、降温、降湿的措施,控制库温不超过 30 ℃,相对湿度不大于 80%。
   5) 安全作业:操作人员必须穿工作服,戴手套、口罩或防毒口罩。操作中不得饮食和吸烟。下班前脱掉工作服,洗净手和脸或洗澡。
   6) 保管期限:1 年。
   注意事项:火灾可用水或砂土扑救,施救人员戴防毒面具。

B6.42　品名:氟化钠
　　编号:61513
　　化学式:NaF
　　分子量:42.00

特性:白色或类白色粉末或结晶,无臭,不燃。能溶于水,水溶液呈弱碱性,微溶于醇。粉末对黏膜有刺激性,触及出汗的皮肤有疼痛感。水溶液能腐蚀玻璃。大鼠经口半数致死量 180 mg/kg。熔点 993 ℃;沸点 1700 ℃。有毒,不会燃烧,遇酸或酸雾放出有毒的氟化氢气体。

包装:装入坚固木箱内衬塑料袋,包装封口应严密不漏,箱外用铁丝、铁皮加固。装入沥青麻袋严密不漏,装入塑料袋或沥青纸袋,再外套麻袋布袋,严密不漏。装入玻璃瓶,严封后再装入木箱,箱内有松软材料衬垫,箱外铁皮搭角或铁丝铁皮加固。

贮存条件:贮存于干燥仓库内。应与食用化工原料、酸类隔离存放,包装必须完整。搬运时轻装轻卸,防止包装损漏,吸入中毒。

养护:

1) 入库验收:包装和衬垫应符合要求,容器无破损、撒漏,物品无结块、含杂质等现象,发现问题及时处理,要做好记录。

2) 堆码苫垫:垛底垫高 15～20 cm,码行列式货垛,垛高不超过 3 m,垛距 80 cm,墙距、柱距 30 cm。

3) 在库检查:保管员每日两次对库房、货垛和环境的安全检查外,还应每三个月进行一次质量检查,发现问题及时采取必要的养护措施,并做好检查记录。

4) 温湿度管理:严格控制与掌握库内温湿度变化,每日做好温湿度记录,适时采取通风、降温、降湿的措施,控制库温不超过 30 ℃,相对湿度不大于 80%。

5) 安全作业:操作人员必须穿工作服,戴手套、口罩或防尘口罩。有破伤者或孕妇不得操作。操作中轻拿轻放,防止摔、扔、碰、撞,防止包装破漏粉尘飞扬。

6) 保管期限:2 年。

注意事项:火灾可用水或砂土扑救。

B6.43 品名:二氯甲烷

编号:61552

别名:亚甲基氯、甲撑氯

化学式:CH_2Cl_2

分子量:84.94

特性:无色透明易挥发液体,有刺激性芳香气味,吸入蒸气有毒,有麻醉性。微溶于水,溶于乙醇、乙醚等。大鼠经口半数致死量 1.6 mg/kg。相对密度 1.326(20 ℃);沸点 39.8 ℃;爆炸极限 15.5%～66.4%。在氧中有毒,易挥发,蒸气也有毒,受热放出剧毒的光气。蒸气不燃,与空气混合无爆炸性。

包装:装入坚固铁桶内,桶口应严密不漏,铁桶壁厚度不小于 1.2 mm,每桶净重不超过 200 kg。装入马口铁桶内,严密封闭后,再装入坚固木箱,其在箱内不得移动,每箱净重不超过 50 kg。装入玻璃瓶,严封后再装入坚固木箱,箱内有松软材料衬垫,箱外用铁皮搭角或铁丝、铁皮加固。

贮存条件:贮存于阴凉、通风的库房内,远离火种、热源,避免日光暴晒。应与氧化剂及硝酸隔离存放。搬运时轻装轻卸,防止容器损漏。夏季注意库内温度,超过 30 ℃时要采取降温措施。

养护:

1) 入库验收:包装符合要求,包装容器完好无损,封口严密,不漏不洒。物品无色透明,无沉淀,外观标记清楚、明显、齐全,发生损漏要及时整修,换装后方可入库,并做好记录。
2) 堆码苫垫:垛底垫高 15～20 cm,码行列式货垛,垛高不超过 3 m,垛距 80 cm,墙距、柱距 30 cm。
3) 在库检查:保管员每日两次对库房、货垛和环境的安全检查外,还应每三个月进行一次质量检查。检查内容与入库验收同,发现问题及时采取必要的养护措施,并做好检查记录。
4) 温湿度管理:库内加强通风以保持空气清新,每日做好温湿度记录。适当采取通风、降温、降湿的措施,控制库温不超过 30 ℃,相对湿度不大于 80%。
5) 安全作业:操作人员必须穿工作服,戴手套、口罩。操作中轻拿轻放,防止摔、扔、碰、撞,防止容器损坏。
6) 保管期限:1 年。

注意事项:发生火灾可用雾装水或砂土、二氧化碳扑救,注意防毒和光气。

B6.44 品名:三氯甲烷

编号:61553

别名:氯仿

化学式:$CHCl_3$

分子量:119.39

特性:无色透明重质液体。不溶于水,能溶于醇、醚、苯等。有特殊气味,极易挥发,其蒸气有毒,有麻醉性。在光的作用下及在空气中能被氧化生成氯化氢和光气。液体触及皮肤能使皮肤干裂,大鼠经口半数致死量 2 180 mg/kg。相对密度 1.498 5(15 ℃);凝固点 −63.5 ℃;沸点 61.25 ℃。有毒,一般不会燃烧,但长时间暴露在明火及高温下也能燃烧。

包装:装入坚固铁桶中,桶口严密不漏,铁桶壁厚度不小于 1.2 mm,每桶净重不超过 200 kg。装入马口铁桶内,严密封闭后再装入坚固木箱。容器在箱内不得移动,每箱净重不超过 50 kg。装入玻璃瓶严封后再装入坚固木箱,箱内用松软材料衬垫,箱外用铁皮搭角或铁丝、铁皮加固。

贮存条件:贮存于阴凉、通风的仓库内,不可露天存放,容器必须完整。应与食用化工原料分开存放。

养护:
1) 入库验收:各种包装符合要求,包装容器完好无损,封口严密,不漏不洒。物品透明,无沉淀,外观标记清楚、明显、齐全。发生漏损要及时整修,换装后方可入库,并做好记录。
2) 堆码苫垫:垛底垫高 15～20 cm,码行列式货垛,垛高不超过 3 m,垛距 80～90 cm,墙距、柱距 30 cm。
3) 在库检查:坚持一日两检制度,除对库房、货垛及环境检查外,每三个月进行一次质量检查,发现问题及时处理,并做好记录。
4) 温湿度管理:库内加强通风以保持空气清新,库内温度不超过 30 ℃,相对湿度不大于 80%,做好每日的温湿度记录。
5) 安全作业:操作时要轻装轻卸,不得撞击、摔碰。防止容器损坏,操作人员要穿工作服,戴口罩、手套。
6) 保管期限:1年。
注意事项:火灾可用雾状水、砂土、二氧化碳扑救,注意防毒和光气。

B6.45 品名:四氯化碳

编号:61554

别名:四氯甲烷

化学式:CCl_4

分子量:153.84

特性:无色透明液体,有时因含杂质而微呈淡黄色,特臭,极易挥发,其蒸气较空气重。有毒,有麻醉性,易经皮肤吸收,微溶于水,易溶于各种有机溶剂。在车间空气中最高容许浓度为 25 mg/m³。小鼠经口半数致死量为 12.8 mL/kg。相对密度1.597(20 ℃);熔点−22.6 ℃;沸点 76.8 ℃。有毒,不易燃烧,但遇潮湿空气或在阳光下能徐徐分解生成盐酸,受热分解放出剧毒光气。

包装:装入坚固铁桶内,桶口密闭不漏,铁桶壁壁厚不小于 1.2 mm,每桶净重不超过 200 kg。装入马口铁桶内,严密封闭后,再装入坚固木箱,箱外用铁皮搭角,或用铁丝、铁皮加固。装入玻璃瓶严密封闭后,再装入坚固木箱,箱内用松软物质衬垫,箱外用铁皮搭角,或用铁丝、铁皮加固。

贮存条件:贮存于阴凉、通风的仓库内,远离热源,不能在日光下暴晒。应与食用化工原料分开存放。搬运时轻搬轻放,防止包装破损。

养护:
1) 入库验收:包装符合要求,包装容器完好无损,封口严密,不漏不洒。物品透明清澈,无沉淀,外观标记明显、齐全、清楚,发现漏损要及时修补,换装后才可入库,并做好记录。
2) 堆码苫垫:垛底垫高 15~20 cm,堆码行列或货垛,垛高不超过 3 m,垛距 80~90 cm,墙距、柱距 30 cm。
3) 在库检查:坚持一日两检制度,保管员除对库房、货垛、环境进行安全检查外,每三个月还要进行一次质量检查,发现问题及时处理,并做好检查记录。
4) 温湿度管理:每日要做好库内温湿度记录,并保持良好通风,以保证库内空气清新,库内温度不超过 30 ℃,相对湿度不超过 80%。
5) 安全作业:操作中要轻装轻放,不能撞击、摔砸,防止容器损坏。工作人员要穿工作服,戴口罩、手套。
6) 保存期限:1年。

注意事项:注意本品受热易使人中毒,产生光气。

B6.46 品名:三溴甲烷

编号:61562

别名:溴仿

化学式:$CHBr_3$

分子量:252.77

特性:无色重质液体或结晶,有似三氯甲烷味,微溶于水,能溶于乙醇、乙醚、三氯甲烷、苯和挥发油。露置空气及光中,能逐渐分解而成淡黄色。相对密度2.890(20 ℃);熔点6~7 ℃;沸点149.5 ℃。有毒,不会燃烧,受热分解出有毒气体。

包装:装入玻璃瓶,严封后再装入坚固的木箱,箱内用松软材料衬垫,木箱外用铁皮搭角或用铁皮、铁丝加固。装入磨砂口或螺丝口玻璃瓶、塑料瓶中,塞紧瓶盖,瓶口用不易腐蚀渗漏的材料严封后,外再封石膏,装入坚固木箱,木箱用松软材料衬垫,箱外用铁皮搭角,或用铁皮、铁丝加固。

贮存条件:贮存于阴凉、通风的仓库内,远离火种、热源。应与食用化工原料分开存放,搬运时轻装轻放,防止包装破裂。

养护:
1) 入库验收:检查包装是否符合要求,有无破漏、雨淋、水浸或沾染异物,物品是否澄清、无色、不含杂质。
2) 堆码苫垫:垛底垫高15~30 cm,垛高度不超过2 m,垛距80 cm,墙距、柱距30 cm。
3) 在库检查:保管员应在每日班前班后对货垛、库内外环境及物品进行一次检查,发现问题及时研究解决,并做好记录。
4) 温湿度管理:库内温度不超过30 ℃,相对湿度不大于80%,库内根据情况及时通风,保持空气清新。
5) 安全作业:操作人员应穿工作服,戴口罩、手套或防毒面具。搬运时轻装轻放,禁止摔震、撞击。
6) 保管期限:1年。

注意事项:此品不易燃烧,但受热分解出有毒气体。发生火灾时,可用水、二氧化碳、砂土扑救。

B6.47 品名:三氯乙烯

编号:61580

化学式:$CHClCCl_2$

分子量:131.40

特性:无色透明液体,吸入高浓度气体有麻醉性。气味与三氯甲烷相似,不溶于水,溶于乙醇、乙醚,能与大多数有机溶剂相混溶。车间空气最高浓度为30 mg/m^3。小鼠接触半致死量为263.6 mg/m^3(30 min)。相对密度1.455 6(25 ℃);熔点-73 ℃;沸点87.5 ℃。有毒,可燃,遇高温有火灾危险。

包装:装入铁桶,桶口严密不漏,铁桶壁厚度大于1.2 mm,每桶净重不超过200 kg。装入马口铁桶,严密封闭后,再装入木箱,木箱内容器不得移动,每箱净重不超过50 kg。装入玻璃瓶,严封后装入木箱,木箱内用松软材料衬垫,木箱外用铁皮搭角或用铁皮条加固。

贮存条件:贮存于阴凉、通风的仓库内。贮存过久会发生变质,如发现桶口有白色结晶,则是由于三氯乙烯分解引起,并会有少量光气产生,毒性就会增大。本品应与氧化剂、食用化工原料隔离存放,并应远离火种、热源。

养护:
1) 入库验收:检查包装应无雨淋、水湿现象,无沾染其他物质,包装容器完好,无破损、渗漏,封口严密。物品为无色透明液体,无杂质及沉淀。
2) 堆码苫垫:垛底垫高15~20 cm,堆码行列式货垛,垛高不超过2.5 m,垛距80 cm,

墙距、柱距 30 cm。
3) 在库检查:保管员应每日进行班前班后检查门窗、货架、堆码、气味、浓度等情况,并应定期检查物品质量,及时掌握包装、容器和物品变化情况,发现情况及时采取必要的防护措施,并做好记录。
4) 温湿度管理:由于本品易挥发,蒸气有麻醉性,库温要求不超过 25 ℃,相对湿度 75% 以下。随时掌握库内外温湿度变化情况,适时进行通风降温降湿措施,夏季应采取早晚或夜间通风工作。
5) 安全作业:操作人员要穿工作服、戴口罩、手套。操作时要轻拿轻放,防止剧烈震动。
6) 保管期限:1 年。

注意事项:如遇火灾,可用干粉灭火剂和泡沫灭火剂、1211 灭火剂、二氧化碳等扑救,也可用水进行冷却处理,施救人员注意防毒。

B6.48 品名:氯乙酸丁酯
编号:61611
别名:氯醋酸丁酯
化学式:$ClCH_2CO_2(CH_2)_3CH_3$
分子量:150.61
特性:无色透明液体。不溶于水,能溶于乙醇、乙醚。相对密度 1.070 4(20 ℃);沸点 183 ℃。有毒,遇明火能燃烧,受热放出有毒气体。

包装:装入螺丝口或铁盖压口的玻璃瓶、塑料瓶中,严密封闭,再装入坚固木箱,箱内用草衬垫,箱外用铁皮搭角或铁丝铁皮加固。装入磨砂口玻璃瓶,瓶口用不易腐蚀渗漏的材料严封后,再用石膏严封,装入坚固木箱,箱内用不燃材料衬垫,箱外用铁皮搭角或铁丝、铁皮加固。

贮存条件:贮存于阴凉、通风的仓库内,远离火种、热源。应与氧化剂、食用化工原料隔离存放。搬运时轻装轻卸,防止渗漏。

养护:
1) 入库验收:查验包装完好无损,无撒漏,封口严密。物品为无色透明液体,无变色无杂质沉淀,发现问题应做好记录。
2) 堆码苫垫:垛底垫高 15~20 cm,堆码行列式货垛,垛高不超过 3 m,垛距 80 cm,墙距、柱距 30 cm。
3) 在库检查:坚持一日两检制度,对库房、货垛及环境进行认真细致的检查,并应每三个月进行一次质量抽查,发现问题及时采取必要的防护措施,并做好记录。
4) 温湿度管理:库内温度不超过 30 ℃,相对湿度不大于 80%,并结合库内外温湿度变化情况,适时进行通风。
5) 安全作业:操作人员应穿工作服、戴手套、口罩。操作时要轻拿轻放,工作完毕要洗净手和脸。
6) 保管期限:2 年。

注意事项:遇火灾,可用各种灭火剂和水进行冷却,注意防毒。

B6.49 品名:2,4-二硝基甲苯
编号:61674

化学式：$C_6H_3CH_3(NO_2)_2$

分子量：182.13

特性：黄色针状结晶，有杏仁味。有毒，接触皮肤易引起皮炎。微溶于水、乙醇、乙醚，易溶于丙酮和苯。相对密度 1.521(15 ℃)；熔点 69.5 ℃；沸点 300 ℃。遇明火、高温易燃烧。与氧化剂混合，能成为有爆炸性的混合物，燃烧时产生大量有刺激性的烟雾。

包装：装入坚实干燥木箱、木桶中，内衬袋，箱盖严封，木箱四壁的厚度不小于 15 mm。装入铁皮箱，每箱净重不超过 100 kg。装入玻璃瓶，严封后再装入坚固木箱，箱内用松软材料衬垫，箱外用铁皮、铁丝加固。

贮存条件：贮存于阴凉、通风的库房内，最高仓温不得超过 30 ℃。与氧化剂、酸类隔离存放，远离火种、热源。搬运时轻装轻卸，禁止摩擦、撞击。装车要稳，防止倒推，平时要勤检查。

养护：

1) 入库验收：首先验外包装，有无雨淋、水浸，有无破损、漏撒，包装封口严密。物品无变色，溶化及变质分解现象，发现问题及时纠正，更换包装，严封后方可入库，并做好记录。

2) 堆码苫垫：垛底垫高 15~20 cm，码行列式货垛，袋装物品也可码五五垛，垛高不超过 3 m，垛距 80~90 cm，墙距、柱距 30 cm。

3) 在库检查：保管员每日进行班前班后的库房、货垛物品及环境的安全检查外，还应定期进行质量检查，查后做好记录。

4) 温湿度管理：定时做好温湿度记录，库内温度不超过 30 ℃，相对湿度不大于 80%，并适时采取降温、降湿措施。

5) 安全作业：操作人员要穿工作服，戴手套、口罩，避免接触皮肤。工作完毕，洗净手脸。

6) 保管期限：2 年。

注意事项：如遇火灾，可用大量水扑救。施救人员避开风向，注意防毒。

B6.50　品名：二甲(苯)酚

编号：61700

化学式：$(CH_3)_2C_6H_3OH$

分子量：122.16

特性：纯品为无色透明液体或固体，工业品通常为微黄色或棕红色液体，有时也有结晶体，是六种异构体的混合物。微溶于水，能溶于有机溶剂。遇明火、高温可燃，并有腐蚀性及毒性。

包装：装入坚固铁桶内，桶口应严密不漏，铁桶厚度不小于 1.2 mm，每桶净重不超过 200 kg。装入玻璃瓶，严封后再装入坚固木箱中，箱内用不燃材料衬垫，箱外用铁皮搭角或铁丝、铁皮加固。每箱净重不超过 20 kg，每瓶净重不超过 1 kg。

贮存条件：贮存于阴凉、通风的棚内，远离火种、热源。应与氧化剂分开存放。搬运时轻装轻卸，防止包装破损。

养护：

1) 入库验收：检查包装完好无损，无渗漏，无水湿。物品色淡透明，无异物沉淀，各种标记清楚、齐全,发现问题及时处理,并做好检验记录。
2) 堆码苫垫:垛底垫高 15～20 cm,堆码行列式货垛,垛高不超过 3 m,垛距 80～90 cm,墙距、柱距 30 cm。
3) 在库检查:保管员每日班前班后对门窗、锁及环境进行检查外,还应每三个月对质量检查一次,发现问题及时处理,并做好记录。
4) 温湿度管理:库温不超过 30 ℃,相对湿度不大于 80%,超过标准要采取通风、降温、降湿措施。
5) 安全作业:操作人员需穿工作服、戴手套,不得撞击、摔砸,防止包装破损。
6) 保管期限:2 年。

注意事项:如遇火灾,可用水、砂土、各种灭火剂扑救。

B6.51 品名:1,3-苯二酚

编号:61725

别名:间苯二酚

化学式:$C_6H_4(OH)_2$

分子量:110.11

特性:白色或次白色针状结晶粉末,露置空气中逐渐变为红色。易溶于水、乙醇、乙醚,能溶于三氯甲烷及四氯化碳,难溶于苯。有不愉快的气味,对皮肤及眼睛有刺激性。大鼠经口半数致死量为 301 mg/kg。相对密度 1.285(15 ℃);熔点 110 ℃;沸点 276.5 ℃。有毒,可燃。

包装:装入坚固木箱、木桶或塑料桶中,内衬塑料袋包装严密不漏,箱外用铁丝加固。装入塑料袋,再装入五合板木箱或两层三合板木箱,包装应严密不漏。装入玻璃瓶,严封后再装入坚固木箱,箱内用松软材料衬垫,箱外用铁皮搭角或铁丝加固。

贮存条件:贮存于阴凉、通风的仓库内,远离火种、热源。应与氧化剂、食品化工原料分开存放。搬运时轻装轻卸,防止包装破损。触及皮肤,应立即用水冲洗。

养护:
1) 入库验收:查验外包装有无雨淋、水湿,有无破损、漏撒,包装封口严密,物品无变色、溶化及变质分解现象,发现问题及时纠正,更换包装,严封后方可入库,并做好记录。
2) 堆码苫垫:垛底垫高 15～20 cm,码行列式货垛,垛高不超过 3 m,垛距 80 cm,墙距、柱距 30 cm。
3) 在库检查:保管员每日班前班后对库房、货垛及环境进行安全检查外,还应 3～5 月内进行一次质量检查,查后做好记录。
4) 温湿度管理:定时做好温湿度记录,库内温度不超过 30 ℃,相对湿度不大于 80%。
5) 安全作业:操作人员要穿工作服、戴口罩、手套,防止摔、扔、碰、砸。工作完毕清扫场地,洗净手脸。
6) 保管期限:2 年。

注意事项:如遇火灾,可用大量水扑救。

B6.52 品名:苯胺

编号:61746

别名:氨基苯

化学式：$C_6H_5NH_2$

分子量：93.12

特性：无色或淡黄色油状液体。呈弱酸性，具有特殊臭味。微溶于水，能溶于醇及醚。露置在空气中，将逐渐变为深棕色，久之则变为棕黑色。能被皮肤吸收而引起中毒，液态的吸收率：皮肤能吸收苯胺 $0.2\ mg/(h\cdot cm^2)$，随气温升高，其吸收量还可以增加。车间空气中的最高容许浓度为 $5\ mg/m^3$。大鼠经口半数致死量为 $440\ mg/kg$。相对密度 1.02（20 ℃）；凝固点 -6.2 ℃；沸点 184.4 ℃；闪点 70 ℃（闭杯）。毒性很高，易经皮肤及呼吸道吸入而中毒，饮酒后更容易引起中毒。事先服用牛奶则有解毒作用。可燃，遇明火、强氧化剂、高温，有火灾危险。

包装：装入坚固铁桶内，桶口应严密不漏，铁桶厚度大于 $1.2\ mm$，每桶净重不超过 $200\ kg$。装入玻璃瓶，严封后再装入坚固纸箱，箱内用松软材料衬垫，箱外用铁丝铁皮加固。装入金属容器或塑料瓶，严封后再装入坚固木箱，箱内用松软材料衬垫，箱外用铁丝、铁皮加固。

贮存条件：贮存于阴凉、通风的库房内，远离火种、热源。应与氧化剂及食用化工原料隔离堆放。搬运时轻拿轻放，防止包装破损。搬运人员应穿戴防护用具；若误触皮肤，立即用肥皂水洗去。

养护：

1) 入库验收：检查包装是否符合要求，包装完好无损，衬垫妥实，容器无破损、渗漏，封口严密。物品应为无色或淡色液体，若为棕褐色或黑色系存放时间过久变质之故；有无杂质或沉淀，验收完毕做好记录。

2) 堆码苫垫：货垛垛底垫高 $15\sim20\ cm$，桶装垛底码 $3\sim5$ 桶宽，码行列式货垛，垛高不超过 $3\ m$，垛距 $80\sim90\ cm$，墙距、柱距 $30\ cm$。

3) 在库检查：保管员每日进行班前班后对库房、货垛的安全检查外，还应每三个月对质量进行一次检查，发现问题及时做好养护措施，并做好检查记录。

4) 温湿度管理：严格控制库内温湿度，库内温度不超过 30 ℃，相对湿度不大于 80%，超过要求则采取通风、降温、降湿等措施。为了防止物品见光变色变质，库房玻璃应涂白防晒。

5) 安全作业：操作人员须穿工作服，戴防毒口罩、手套，袖口、裤口和领口都要扎紧，无外露皮肤。如有漏洒或破损时，必须戴防毒面具，以防皮肤和呼吸中毒。各项操作中，不得进食和饮水；工作完毕，脱去工作服洗净手和脸。检查及各项操作须远离库房到指定地点进行，必须使用铜制工具。

6) 保管期限：1 年。

注意事项：如遇火灾，可用水、干粉灭火剂、泡沫和二氧化碳扑救，施救人员应佩戴防毒面具。

B6.53 品名：五氯酚钠

编号：61876

化学式：C_6Cl_5ONa

分子量：288.34

特性：无色或淡黄色鳞片状固体，易溶于水、醇和丙酮，不溶于石油和苯。加热至 110 ℃

失去结晶水。有特殊气味,遇酸析出五氯酚结晶。常温下不易挥发,光照下迅速分解。大鼠经口半数致死量为 78 mg/kg。有毒,可燃,有腐蚀性。

包装:装入坚固木箱、木桶或塑料桶中,内衬塑料袋,包装严密不漏,箱外用铁丝、铁皮捆紧。装入两层牛皮袋或塑料袋,外套麻袋、布袋或厚塑料袋,严密不漏,每件净重不超过50 kg。装入塑料袋,外套两层牛皮纸袋或装入五层坚韧的牛皮纸袋内严密不漏,每件净重不超过 25 kg。

贮存条件:贮存于阴凉、通风的仓库或棚下,远离火种、热源。应与氧化剂、酸类、食品化工原料分开存放,切勿混贮混运,防止沾污。搬运时轻装轻卸,防止包装损漏,引起中毒或腐蚀皮肤。

养护:
1) 入库验收:首先验外包装,有无雨淋、水浸,有无破损、漏撒,包装封口是否完整,物品有无变色、溶化及变质分解现象。发现问题及时纠正,更换包装,严封后方可入库,并做好记录。
2) 堆码苫垫:垛底垫高 15~20 cm,码行列式货垛,垛高不超过 3 m,垛距 80~90 cm,墙距、柱距 30 cm。
3) 在库检查:保管员每日班前班后对库房、货垛及环境进行安全检查外,还应每三个月进行一次质量检查,查后做好记录。
4) 温湿度管理:定时做好温湿度记录,避光贮存。库内温度不超过 30 ℃,相对湿度不大于 80%,并结合库内外温湿差,适时采取通风、降温措施。
5) 安全作业:操作人员注意轻装轻卸,穿工作服,戴手套、口罩,不得摔扔和撞击。工作完毕,洗净手脸。
6) 保管期限:2 年。

注意事项:如遇火灾,可用大量水扑救,注意防毒。

B7 第七类放射性物品

B7.1 品名:金属钍

编号:71001

别名:钍粉

分子量:232.04

特性:为灰色粉末或海绵状粉末,刚切开时为银白色有光泽金属。能溶于酸,不溶于碱和水。相对密度 11.72;熔点 1 750 ℃;沸点约 4 500 ℃。金属钍粉末为易燃固体,遇火易引起燃烧,粉尘遇火星即可引起爆炸,又能与卤素、磷、硫作用引起燃烧。

包装:装入玻璃瓶,塑料瓶严密封口,容器瓶外用黑色避光纸包裹,外套厚塑料袋密封,再装入塑料或金属制成的外容器,再装入木箱。箱外用铁丝或铁皮加固,每箱净重不超过 15 kg。箱外应有品名、重量、生产日期、生产厂及"放射性物品""易燃""小心轻放"等明显标志。

贮存条件:贮存在干燥的库房内,远离火种及热源。与氧化剂、卤素、磷、硫及酸等分别贮存。库内相对湿度不超过 80%。

养护:
1) 入库验收:检查包装是否完整,有无雨淋、水浸,是否沾染其他物品。因物品有放射性,无专门设备,一般不作检验,但应注意包装外标志是否齐全。

2) 堆码苫垫:垛底应垫高15~30 cm,上铺一层木板,再铺一层油毡,两层席以防潮,堆垛不宜过大,垛高不超过2 m,垛距80~90 cm,墙距、柱距30 cm。

3) 在库检查:每天班前班后对货垛及环境各进行一次检查,在库贮存期间每四个月定期全面检查一次,主要检查包装有无异状。

4) 温湿度管理:在梅雨季节注意防潮,库房应进行密封,结合通风和吸潮以控制库内相对湿度不超过80%。

5) 安全作业:搬运操作要注意轻拿轻放,不得摔震、撞击。工作人员应穿工作服,戴橡胶围裙、胶手套、口罩、护目镜。工作完毕应洗手,洗脸或沐浴后方可饮食。

6) 储存期限:2年。

注意事项:火灾不宜用水,可用干粉或干砂扑救。

B7.2 品名:硝酸钍

编号:71003

化学式:$Th_n(NO_3)_4 \cdot 4H_2O$

分子量:552.12

特性:无色或白色晶体,有吸湿性,易潮解,能溶于水、醇及多种有机溶剂。水溶液呈酸性反应。以强烈灼烧后无水物在500 ℃分解为二氧化钍。一般工业品约含48%~50%二氧化钍,呈白色蔗糖状。具有放射性,同时为强氧化剂。与有机物混合时能发热燃烧,燃烧时释放出有毒氮氧化物气体和放射性灰尘,污染环境并影响人身健康。用于化学试剂、医药及耐火材料等。

包装:装入螺丝口厚玻璃瓶或塑料瓶,瓶口套胶帽封严,容器瓶外用黑色避光纸包裹,外套厚塑料袋密封再装入坚固木箱,箱内用聚乙烯气泡垫牢固,箱外用铁丝或铁皮加固,每箱净重不超过15 kg。包装外应有明显的放射性物品标志。

贮存条件:贮存于专用放射性物品库房,库内地坪表面应光滑便于清洗。库房窗玻璃应涂白色,避免日光直晒,远离火源、热源。与其他各类化学药品隔离存放。

养护:

1) 入库验收:检查包装是否有破裂、受潮污染,内包装是否有漏洒。发现有破碎包装必须进行整理,废弃残留物应集中交有关部门处理,不得任意抛弃或作一般垃圾处理,防止放射性物质污染环境和人体健康。

2) 堆码苫垫:货垛底垫高15~30 cm,垛高不超过3~4箱,墙距、柱距30~50 cm,垛距80~90 cm。

3) 在库检查:在库贮存期间,每日班前班后应对货垛及库房内外环境各进行一次检查,每三个月定期进行一次质量检查。

4) 温湿度管理:库房应进行密封,保持库内洁净。库温变化对物品无影响。

5) 安全作业:搬运操作人员在工作时应穿布工作服,戴口罩、手套。注意轻装轻卸,不得摔震、撞击,只能用手搬,禁止背负肩扛。操作完毕,应洗手洗脸或沐浴更衣后才能进食。

6) 保管限限:1~2年。

注意事项:火灾可用泡沫、二氧化碳、砂土扑救,火灾后现场要进行射线剂量检测及消毒处理后才能继续工作。

B7.3　品名：硝酸铀酰（固体）

　　　编号：71004

　　　别名：硝酸铀

　　　化学式：$UO_2(NO_3)_2 \cdot 6H_2O$

　　　分子量：502.18

　　　特性：浅黄色斜方结晶，有吸湿性，在潮湿空气中易潮解，能溶于水、醇、醚及丙酮，不溶于苯、甲苯及酸，水溶液呈酸性。在170～180 ℃时失去结晶水成无水盐，在200 ℃时分解。相对密度2.807(13 ℃)；熔点60 ℃。硝酸铀乙醚溶液在日光下能引起爆炸。本品具氧化剂性质并有放射性，遇有机物及易燃物能引起燃烧，燃烧时产生放射性灰尘，污染环境及人体健康。用于化学试剂、照相及陶瓷工业。

　　　包装：装入螺丝口厚玻璃瓶或塑料瓶，瓶口套胶帽封严，容器瓶外用黑色避光纸包裹，外套厚塑料袋密封再装入坚固木箱，箱内用聚乙烯气泡垫衬垫严实，箱外用铁丝或铁皮加固，每箱净重不超过15 kg。包装外应有明显的放射性物品标志。

　　　贮存条件：贮存于专用放射性物品库房，库内地坪表面应光滑便于清洗。库房窗玻璃应涂白色，避免日光直晒，远离火源、热源。与其他各类化学药品隔离存放。

　　　养护：

　　　1）　入库验收：检查物品包装是否有破裂、受潮污染，内包装是否有漏洒。发现有破碎包装必须进行整理，废弃残留物应集中交有关部门处理，不得任意抛弃或作一般垃圾处理，防止放射性物质污染环境和人体健康。

　　　2）　堆码苫垫：货垛底垫高15～30 cm，垛高不超过3～4箱，墙距、柱距30～50 cm，垛距80～90 cm。

　　　3）　在库检查：在库贮存期间，每日班前班后应对货垛及库房内外环境各进行一次检查，每三个月定期进行一次质量检查。

　　　4）　温湿度管理：库房应进行密封，保持库内洁净，库温变化对物品无影响。

　　　5）　安全作业：搬运操作人员在工作时应穿布工作服、戴口罩、手套。注意轻装轻卸不得摔震、撞击，只能用手搬，禁止背负肩扛。操作完毕，应洗手洗脸或沐浴更衣后才能进食。

　　　6）　保管期限：1～2年。

　　　注意事项：火灾可用泡沫、二氧化碳、砂土扑救，火灾后现场要进行射线剂量检测及消毒处理后才能继续工作。

B7.4　品名：氧化钍

　　　别名：二氧化钍

　　　化学式：ThO_2

　　　分子量：264.12

　　　特性：白色结晶粉末，加热能发白光，不溶于水及碱，溶于硫酸。相对密度9.7；熔点3 050 ℃；沸点4 400 ℃。具有放射性，用于制造光学玻璃、催化剂、合金、白热纱罩、电子研究等。

　　　包装：装入螺丝口厚玻璃瓶或塑料瓶，瓶口套胶帽封严，容器瓶外用黑色避光纸包装包裹，外套厚塑料袋密封再装入坚固木箱，箱内用聚乙烯气泡垫衬垫牢固，箱外用铁丝或铁皮加固，每箱净重不超过15 kg。包装外应明显写有放射性物品标志。

贮存条件:贮存于专用放射性物品库房,库内地坪表面应光滑便于清洗。库房窗玻璃应涂白色,避免日光直晒,远离火源热源。与其他各类化学药品隔离存放。

养护:
1) 入库验收:检查包装是否有破裂、受潮污染,内包装是否有漏洒。发现有破碎包装必须进行整理,废弃残留物应集中交有关部门处理,不得任意抛弃或作一般垃圾处理,防止污染环境和人体健康。
2) 堆码苫垫:货垛底垫高 15～30 cm,垛高不超过 3～4 箱,墙距、柱距 30～50 cm,垛距 80～90 cm。
3) 在库检查:在库贮存期间,每日班前班后应对货垛及库房内外环境各进行一次检查,每三个月定期进行一次检查。
4) 温湿度管理:库房应进行密封,保持库内洁净,库温变化对物品无影响。
5) 安全作业:搬运操作人员在工作时应穿布工作服,戴口罩、手套。注意轻装轻卸不得摔震、撞击,只能用手搬,禁止背负肩扛。操作完毕,应洗手洗脸或沐浴更衣后才能进食。
6) 保管期限:2 年。

注意事项:火灾可用泡沫、二氧化碳、砂土扑救,火灾后现场要进行射线剂量检测及消毒处理后才能继续工作。

B7.5 品名:乙酸铀

化学式:$UO_2(CH_3COO)_2$

分子量:424.19

特性:黄色结晶性粉末,有乙酸气味,易溶于被乙酸酸化的水。溶于水,水溶液遇光即被还原并析出紫色沉淀物。微溶于醇。加热至 110 ℃即失去结晶水成无水物。

包装:装入螺丝口厚玻璃瓶或塑料瓶,瓶口套胶帽封严,容器瓶外用黑色避光纸包裹,外套厚塑料袋密封再装入坚固木箱,箱内用聚乙烯气泡垫衬垫牢固,箱外用铁丝或铁皮加固,每箱净重不超过 15 kg。包装外应有明显的放射性物品标志。

贮存条件:贮存于专用放射性物品库房,库内地坪表面应光滑便于清洗。库房窗玻璃应涂白色,避免日光直晒,远离火源、热源。与其他各类化学药品隔离存放。

养护:
1) 入库验收:检查包装是否有破裂、受潮污染,内包装是否有漏洒。发现有破碎包装必须进行整理,废弃残留物应集中交有关部门处理,不得任意抛弃或作一般垃圾处理,防止放射性物质污染环境和人体健康。
2) 堆码苫垫:货垛底垫高 15～30 cm,垛高不超过 3～4 箱,墙距、柱距 30～50 cm,垛距 80～90 cm。
3) 在库检查:在库贮存期间,每日班前班后应对货垛及库房内外环境各进行一次检查,每三个月定期进行一次质量检查。
4) 温湿度管理:库房应进行密封,保持库内洁净,库温变化对物品无影响。
5) 安全作业:搬运操作人员在工作时应穿布工作服,戴口罩、手套。注意轻装轻卸不得摔震、撞击,只能用手搬,禁止背负肩扛。操作完毕,应洗手洗脸或沐浴更衣后才能进食。

6) 保管期限:1～2年。

注意事项:火灾可用泡沫、二氧化碳、砂土扑救,火灾后现场要进行射线剂量检测及消毒处理后才能继续工作。

B7.6 品名:硫酸铀

别名:硫酸铀酰

化学式:$UO_2SO_4 \cdot 3H_2O$

分子量:420.18

特性:黄绿色结晶,能溶于水、醇及硫酸,在100 ℃以上分解。相对密度3.28。有放射性,用于气体分析。

包装:装入螺丝口厚玻璃瓶或塑料瓶,瓶口套胶帽封严,容器瓶外用黑色避光纸包裹,外套厚塑料袋密封再装入坚固木箱,箱内用聚乙烯气泡垫衬垫牢固,箱外用铁丝或铁皮加固,每箱净重不超过15 kg。包装外应有明显的放射性物品标志。

贮存条件:贮存于专用放射性物品库房,库内地坪表面应光滑便于清洗。库房窗玻璃应涂白色,避免日光直晒,远离火源、热源。与其他各类化学药品隔离存放。

养护:

1) 入库验收:检查包装是否有破裂、受潮污染,内包装是否有漏洒。发现有破碎包装必须进行整理,废弃残留物应集中交有关部门处理,不得任意抛弃或作一般垃圾处理,防止放射性物质污染环境和人体健康。
2) 堆码苫垫:货垛底垫高15～30 cm,垛高不超过3～4箱,墙距、柱距30～50 cm,垛距80～90 cm。
3) 在库检查:在库贮存期间,每日班前班后应对货垛及库房内外环境各进行一次检查,每三个月期间进行一次物品检查。
4) 温湿度管理:库房应进行密封,保持库内洁净,库温变化对物品无影响。
5) 安全作业:搬运操作人员在工作时应穿布工作服、戴口罩、手套。注意轻装轻卸不得摔震、撞击,只能用手搬,禁止背负肩扛。操作完毕,应洗手洗脸或沐浴更衣后才能进食。
6) 保管期限:1～2年。

注意事项:火灾可用泡沫、二氧化碳、砂土扑救,火灾后现场要进行射线剂量检测及消毒处理后才能继续工作。

B7.7 品名:夜光粉

特性:本品为混合物,以硫酸锌、铜为基体加入少量含镭化合物混合而成,白色或浅色粉末。夜间能发出荧光,能放射出肉眼不能见的、穿透力极强的射线。对人体无感觉,但放射剂量较大时对人身有较大危害,有毒。

包装:装入螺丝口玻璃瓶或塑料瓶,封严后容器瓶外用黑色避光纸包裹,再套一层塑料袋铅皮罩,铁皮盒再装入坚固木箱,箱内用聚乙烯气泡垫衬垫牢固,箱外用铁丝或铁皮加固,每箱净重不超过15 kg。包装外应有明显的品名、规格、重量、厂名、出厂日期及放射性物品等标志。

贮存条件:贮存于放射性物品专用库房,库房内壁及地坪表面应光滑便于清扫冲洗,防止积尘。库房窗玻璃应涂白色避免日光直晒,门窗外应钉一层铅皮,远离火源、热源及生活区。与其他各类化学药品隔离存放。

养护：
1) 入库验收：检查包装是否有破裂、受潮污染，内包装是否有漏洒。发现有破碎包装必须进行整理，废弃残留物应集中交有关部门处理，不得任意抛弃或作一般垃圾处理，防止放射性物质污染环境和人体健康。有条件的应进行一次放射剂量检测，按放射防护规定要求，人体对乙种、丙种射线每日最大允许剂量为 $477.3×10^3$ Bq/kg。
2) 堆码苫垫：货垛底垫高 15～30 cm，货垛易堆小垛，垛高不超过 3～4 箱，墙距、柱距 30～50 cm，垛距 80～90 cm。
3) 在库检查：在库贮存期间，每日班前班后应对货垛及库房内外环境各进行一次检查，每三个月定期进行一次检查。
4) 温湿度管理：库房应尽量保持密封，使库内减少灰尘，库温变化对物品影响很小。库内湿度超过 80% 时，可用吸湿机或吸湿剂降湿。
5) 安全作业：搬运操作人员在工作时应穿工作服、戴口罩、胶手套、护目镜。注意轻装轻卸，不得摔震、撞击，只能用手搬，禁止背负肩扛。操作完毕，应洗手洗脸或沐浴更衣后才能进食。一切防护用具使用后应清洗以便再用。
6) 保管期限：1～2 年。

注意事项：火灾可用水、泡沫、二氧化碳、砂土，火灾后现场要进行射线检测及消毒处理。

B8 第 8 类腐蚀品

B8.1 品名：发烟硝酸

编号：81001

化学式：HNO_3

分子量：63.02

特性：无色，微黄或微带棕色澄清液体。在空气中挥发出深黄或棕红色二氧化氮或四氧化氮烟状蒸气，发烟硝酸浓度随二氧化氮含量的增加而增大。工业硝酸含量在 96%～98% 时为浓硝酸即发烟硝酸，试剂用发烟硝酸为 90%～100% 时相对密度为 1.5。易溶于水及醚。沸点 86 ℃（97%～98%）；熔点 -42 ℃。有强烈腐蚀性及氧化性，遇光能部分分解，与人体接触皮肤组织即被破坏，与有机物接触易发生氧化作用而引起燃烧，与氧化剂氯酸钠、发孔剂 H、发孔剂 N 接触能引起剧烈燃烧，与金属镁、钠接触能引起爆炸，与乙醇、环己胺、环戊二烯、乙酸酐、硝基甲烷、硝基苯接触能引起爆炸和燃烧，与苯胺、松节油、丁硫醇、丙酮等接触能引起剧烈燃烧。

主要用途：有机合成、染料、炸药、化肥人造纤维、医药、试剂、电镀等。

包装：用 8 mm 厚容积 2 m³ 的铝罐装，或 250～500 kg 铝罐装封口严密。用耐酸陶瓷坛装，每坛 35～40 kg，坛口用水玻璃拌黄沙或用石膏封闭，装入坚固的半透笼木箱中，内衬细煤渣或矿渣。化学试剂用玻璃瓶装，每 250 mL 装入一磨砂口玻璃瓶中，瓶口先用一层塑料薄膜包严，用石膏、石蜡混合封口剂严封，再烫一层清蜡，每瓶外套一大口高压聚乙烯筒，每 10 筒或 20 筒装入 1.5～2 cm 厚的坚固木箱内，用碳酸钙衬垫，箱外用铁丝或铁皮捆扎牢固。各种包装必须有明显的品名、规格、净重或容量、厂名、出厂日期及"腐蚀物品""切勿倒置"等标志。

贮存条件:宜单独存放在低温、干燥、通风的一级防火建筑库房,防止日光直晒。与各种酸、碱、氧化剂、可燃物、有毒物品隔离存放。

养护:

1) 入库验收:主要检查包装有无破漏,封口是否严密,衬垫是否恰当。如发现内包装有破漏或渗漏时,必须更换或整理后才得入库。

2) 堆码苫垫:罐装只能平列一层高,坛装光坛码行列式一层高,木箱装码行列式货垛两层高;化学试剂木箱装码行列式货垛,垛高不超过1.5 m,根据库房大小留出垛距80～90 cm,墙距30～50 cm,距顶1 m,便于出入库和操作。

3) 在库检查:保管员除每日班前班后对库房、货垛、货场进行安全检查外,还应每2～3个月对所管物品进行一次感官质量检查,检查物品在贮存期间的包装、封口、颜色等有无漏损和变化,发现问题及时采取措施,并做好记录。

4) 温湿度管理:采取挂棉门帘和门窗玻璃涂白、外墙皮涂白等降温措施,库内温度保持在25 ℃以下,相对湿度80%。

5) 安全作业:作业人员必须穿工作服,戴护目镜及胶皮手套,戴胶皮围裙。操作中必须轻搬轻放,防止摔扔和撞击。

6) 保管期限:半年。

注意事项:灭火可用雾状水、砂土、二氧化碳扑救,灭火时戴好防毒面具以防人身中毒,禁止使用高压水以防暴溅伤人,进入口内立即用大量水漱口,服大量冷开水催吐,有条件的再服牛奶或氧化镁悬浊液洗胃。呼吸中毒立即移至新鲜空气处吸氧,皮肤受伤用大量水或小苏打水洗涤后再敷软膏,然后再送医院诊治。

B8.2 品名:硝酸

编号:81002

别名:硝镪水

化学式:HNO_3

分子量:63.01

特性:无色或微黄色澄清液体,在空气中冒烟,有窒息刺激性气味,工业稀硝酸含量45%～55%,化学试剂一般含量68%。相对密度为1.42(20 ℃/4 ℃);沸点86 ℃。有强烈氧化腐蚀性,遇光能分解产生二氧化氮和四氧化二氮气体而变成黄色以至深黄色。能与水任意混合,与氧化剂及有机物接触极易发生剧烈化学变化以至引起燃烧爆炸,其危险性与发烟硝酸基本相同。

主要用途:分析试剂、有机合成、化纤、化肥、染料等。

包装:同发烟硝酸,但玻璃瓶装可不套聚乙烯筒。

贮存条件:可贮存在通风、避光、干燥库房内,与酸、碱、氧化剂、有机物、易燃物隔离存放,库温不超过30 ℃。

养护:

1) 入库验收:主要是检查外包装有无破损或沾有其他不同性质物品,容器封口是否有效。工业用可以是黄或棕色液体,化学试剂必须无色透明液体。

2) 堆码苫垫:光坛装可码行列式1坛高,木箱装码行列式垛2坛高。化学试剂木箱装码行列式货垛,垛高不超过2 m,根据库房大小留出垛距80～90 cm,墙距30～

　　　　50 cm,距顶不少于 1 m,以便于操作。
　　3) 在库检查:保管员除认真做好班前班后的安全检查外,还应每三个月对库存物品进行一次感观质量检查,检查内容与入库验收同,发现问题及时采取措施,并做好记录。
　　4) 温湿度管理:根据物品特点,除挂门帘密封、外墙涂白外,还应在炎热天气采取早晚开门窗通风降温,使库温保持在 30 ℃以下。
　　5) 安全作业:作业人员必须穿工作服,戴手套及护目镜,戴胶皮围裙。操作中小心谨慎,轻拿轻放,防止摔、扔和撞击。
　　6) 保管期限:1 年。
　注意事项:火灾可用雾状水、砂土、二氧化碳,不能使用高压水,救火时应戴防毒面具以防人身中毒。进入口内立即用清水漱口及服冷开水催吐,有条件的再服牛奶或氧化镁乳剂洗胃;呼吸中毒立即移至新鲜空气处吸氧;皮肤接触用大量水或小苏打水洗涤后再敷氧化锌软膏,然后再送医院诊治。

B8.3　品名:硝酸羟胺
　　编号:81005
　　化学式:$NH_2OH \cdot HNO_3$
　　分子量:96.1
　　特性:无色结晶。熔点 48 ℃;沸点 100 ℃(分解),在 100 ℃以上挥发分解并易爆炸。有毒和强腐蚀性,能强烈腐蚀皮肤、眼睛和黏膜,造成眼结膜充血、疼痛、视力模糊,皮肤红肿、疼痛甚至烧伤。
　　包装:玻璃瓶,包装外有腐蚀品标志。
　　贮存条件:贮存阴凉、干燥、通风的不燃材料结构的库房,远离热源、火源。与氧化剂、碱类物品隔离贮存。
　　养护:
　　1) 入库验收:检查包装有无破损,密封是否严密,确认无误方可入库。
　　2) 温湿度调节:严格控制库房温度,定期检查,防止受潮,避免日光直射。
　　3) 安全作业:搬运时轻装轻卸,防止容器受损,发现泄漏,戴好防毒面具与手套。用大量水冲洗,经稀释的污水放入废水系统。
　注意事项:可用雾状水、砂土、干粉、二氧化碳灭火。如遇中毒者迅速脱离污染区,安置休息并保暖,严重者立即送医院急救;眼睛受刺激用大量水冲洗,如溅入眼内用水冲 15 min以上,并送医院急救;皮肤灼伤用大量水冲洗 15~20 min 再送医院急救。

B8.4　品名:发烟硫酸
　　编号:81006
　　别名:焦硫酸
　　化学式:$H_2SO_4 \cdot xSO_3$
　　分子量:$98.08+x80$
　　特性:无色或微黄色稠厚透明液体,含三氧化硫 20%~50%,遇冷能凝结成结晶状固体,在空气中能发出窒息性三氧化硫烟雾。相对密度 1.92~1.94;凝固点 -11 ℃(含SO_3 20%)。有强烈腐蚀性及吸水性,遇有机物和氧化剂能引起燃烧和爆炸,如接触氯酸钠能引起燃烧,接触红磷、钠也能引起燃烧和爆炸,遇水能产生暴溅及高热,遇有机溶剂(如戊烯、硝基苯胺)能引起爆炸。

用途:工业上用作磺化剂、脱水剂,还用于炼油、化纤、染料、炸药、冶炼、纺织等。

包装:工业品一般使用耐酸陶瓷坛装,每坛净重 40 kg,坛口用黄沙加水玻璃或水泥加石膏封严,再装入坚固木箱或半透笼木箱中,箱内用不燃材料衬垫。化学试剂用磨砂口玻璃瓶装,每瓶 250 mL 或 500 mL 装,瓶口用石膏、石蜡混合严封,外烫层清蜡,装入坚固严密木箱,箱内用轻体碳酸钙衬垫,并将瓶口埋没,箱外用铁丝或铁皮加固。各种包装必须有明显的品名、净重、重(容)量、生产厂、批号及"腐蚀品""小心轻放""勿倒置"等标志。

贮存条件:贮存在阴凉、通风的库房内,避免日光直晒。与氧化剂、有机物、易燃品、毒品等隔离存放与硝酸盐及其他酸、碱分别存放。库温不宜超过 30 ℃,玻璃瓶装宜保持 0～30 ℃。

养护:
1) 入库验收:首先查验内外包装,是否沾有可燃物和其他物品,封口是否严密有效,物品为黏稠液体,无沉淀杂质。
2) 堆码苫垫:光坛装码 1 坛高,木箱木架码行列式货垛 2 坛高;化学试剂木箱装码行列式货垛,垛高不超过 2 m,一般垛距 80～90 cm,墙距 30～50 cm,顶距不少于 1 m,以便于出入库和操作。
3) 在库检查:保管员除每天做好班前班后的安全检查外,还应每三个月对所管物品进行一次感官质量检查,内容与入库验收同,以便掌握物品在贮存期间的变化,发现问题及时采取倒垛、封口、加固等养护措施。
4) 温湿度管理:根据物品特点,采取挂棉帘密封库,以保持库内温度在 30 ℃ 以下;用氯化钙库内吸潮的办法,使库内相对湿度保持在 75% 以下。
5) 安全作业:操作人员穿工作服,戴手套、护目镜、胶皮围裙。轻搬轻放,防止震动和撞击,整理包装人员,除具备上述各项要求外,还必须戴防毒面具。
6) 保管期限:1 年。

注意事项:火灾只宜用干砂、二氧化碳扑救,不可用水以防爆溅,灭火时应戴好防毒面具以防中毒。眼睛及皮肤受伤用大量清水或小苏打洗涤或用苏打粉包扎,或敷氧化锌软膏,再送医院诊治。

B8.5 品名:硫酸

编号:81007

化学式:H_2SO_4

分子量:98.08

特性:无色澄清油状液体,无气味,能与水及醇任意混合并放出大量热,暴露在空气中能迅速吸收水分。相对密度 1.84;沸点 338 ℃(分解为三氧化硫及水);凝固点 -10 ℃。有强烈腐蚀性及吸水性,能使木材、织物等碳水化合物剧烈脱水而碳化并可能引起燃烧,能使铜、银等金属氧化成氧化物随即变为硫酸盐,接触强氧化剂(如氯酸盐)能发生剧烈反应并能引起火灾,遇碱金属(如钾、钠等)能引起燃烧爆炸。有毒,空气中最大允许浓度为 2 mg/m³。

主要用途:硫酸为工业基本原料,主要用于化肥、化纤、医药、冶金、纺织、造纸等。

包装:坛装,用耐酸陶瓷坛装,坛口用石膏拌水玻璃封闭严密,每坛净重 40 kg,每 1 坛或

2坛装入一坚固透笼木箱中,用松软材料衬垫妥实,工业用量大者,也有用罐装的。化学试剂都用玻璃瓶装,瓶口用乙烯内盖塞紧,外套螺丝口盖拧紧,然后用胶套封闭严密,每瓶装500 mL或2 500 mL;小瓶每20瓶装入一坚固木箱中,大瓶每4瓶装入一坚固木箱中,用松软材料衬垫妥实,然后再用铁丝捆扎牢固。各种包装必须有明显的品名、规格、重(容)量、批号、生产工厂等标志。

贮存条件:坛装可存放在露天货场,坛口应使用陶盆或瓷盆覆盖,防止雨水流入;木箱玻璃瓶装则应存放在货棚或干燥通风的库房内。与氧化剂、易燃物、有机物及金属粉末严格分开不得混存。注意防止雨淋水浸,地面可铺垫干砂,不铺垫枕木。库房内相对湿度不超过85%,因硫酸极易吸收空气中水分使浓度降低,冬季可能受冻凝浆将包装胀破,造成渗漏损失。

养护:
1) 入库验收:物品入库首先查验包装是否沾有异物或其他物品,封口应严密有效,无渗漏破损。工业品是无色或带黄色透明液体,化学试剂是无色透明液体,均无沉淀杂质。
2) 堆码苫垫:露天堆垛裸坛时只能平放一层,木箱装可码两层,每坛口上盖一瓷碗或陶钵,用以防水;化学试剂木箱装码行列式货垛,垛高不超过2 m,垛距80~90 cm,墙距柱距30~50 cm,顶距不少于1 m。
3) 在库检查:保管员除认真做好班前班后的安全检查外,还应每季度对库存物品进行一次质量检查,必要时坛装可用玻璃管抽出观察颜色变化或有无沉淀。玻璃瓶装除查包装封口外,还可以摇动检查是否有沉淀杂质等,发现问题及时采取措施,做好记录。
4) 温湿度管理:一般库房或货棚温度可保持在35 ℃以下,相对湿度85%以下。
5) 安全作业:操作人员须穿工作服,戴护目镜和手套、胶皮围裙。操作时轻搬轻放,防止摔、扔和撞击,并不得肩扛和背负,以防流出伤人。
6) 保管期限:2年。

注意事项:火灾只宜用干砂、二氧化碳扑救,不宜使用水以防暴溅,灭火时应戴胶质防护用具、护目镜。误入口内立即用清水漱口,服大量冷开水催吐,呼吸受刺激立即移至新鲜空气处。皮肤受伤用大量清水或小苏打水洗涤后再敷氧化锌软膏,然后送医院诊治。

B8.6 品名:亚硫酸

编号:81011

别名:二氧化硫水溶液、亚硫酸酐水溶液

化学式:H_2SO_3

分子量:82.1

特性:无色透明水溶液,有二氧化硫窒息嗅味,呈酸性。相对密度1.03。性不稳定,易分解,有还原性,在空气中渐渐氧化成硫酸,对大多数金属有腐蚀性。有窒息性气味,蒸气能刺激呼吸系统,造成支气管炎与窒息,高浓度的二氧化硫能刺激眼睛造成结膜炎。

包装:耐酸坛或玻璃瓶外木格箱,玻璃瓶外加木箱,内衬不燃材料,外包装上有"腐蚀物品"标志。

贮存条件:贮存于阴凉、通风良好和干燥的地方,并有耐酸地坪,仓库附近应装有消防龙头及水管,工作人员须穿戴耐酸工作服、橡皮围裙、长统靴、手套及防护眼镜和口罩。

养护:
1) 入库验收:检查包装是否沾污破损,密封是否严密,检查后方可入库。
2) 在库检查:定期检查防止包装破损,发现破损必须更换包装。
3) 安全作业:对泄漏物处理必须穿戴防毒面具和手套。用大量水冲洗,经稀释的污水放入废水系统。

注意事项:吸入蒸气的患者尽快脱离污染区,安置休息并保暖,严重的需就医诊治及输氧。眼睛刺激用大量水冲洗。皮肤沾染用大量水冲洗,再用肥皂彻底洗涤,并敷以甘油。

B8.7　品名:盐酸

编号:81013

别名:氢氯酸

化学式:HCl

分子量:36.4

特性:为氯化氢水溶液,纯品无色透明,工业品为黄色,在空气中发烟,有极强刺激性气味,能与水、乙醇任意混合。相对密度 1.18(38%);恒沸点 108.6 ℃(10 325 Pa,20.2%);凝固点 −67.14 ℃(10.81%)、−62.25 ℃(20.6%)、−46.2(31.24%)、−25.4 ℃(39.17%)。呈强酸性有较强腐蚀性,有毒。与金属及金属氧化物、碳酸盐、硝酸盐、氯酸盐、硫化钙等都能发生剧烈化学变化,对硫、磷等非金属则无任何影响,与碱中和能反应产生大量热,与氰化物接触能产生剧毒的氰化氢气,与 H 发孔剂接触能立即引起燃烧。

主要用途:重要工业原料,用于制造氯化物、医药、食品、农药。

包装:工业品用耐酸陶瓷坛装,每坛净重 30 kg,坛口用石膏、水泥密封,每 2 坛装入一透笼木箱,箱内用稻草等松软材料衬垫妥实。化学试剂用玻璃瓶盛装,每瓶 500 mL 或 2 500 mL,压紧聚乙烯内盖,拧紧螺丝口外盖,再用胶帽封严;小瓶每 20 瓶,大瓶每 4 瓶装入一坚固木箱,用松软材料衬垫妥实,箱外用铁丝或铁皮加固。各种包装必须有明显的品名、规格、重(容)量、出厂日期、生产工厂及"腐蚀物品""切勿倒置"等标志。

贮存条件:贮存于石棉瓦或玻璃钢瓦货棚下,使用耐酸地坪。不可与硫酸、硝酸混放,不可与碱类、金属粉末、氧化剂、氰化物、氯酸盐、氟化物混放,与水、可燃物品隔开。

养护:
1) 入库验收:首先查验物品包装有无沾染异物或其他物品。工业品坛装可用玻璃管抽出观察应无色或黄色,无沉淀杂质;试剂品封口严密有效,为无色澄清透明液体,其他符合包装要求。
2) 堆码苫垫:坛装可在露天或货棚堆码,光坛 1 坛高,透笼木箱 2 坛高;化学试剂码行列式货垛,垛高不超过 2 m。
3) 在库检查:保管员除每日做好班前班后的安全检查外,还应每三个月对库存物品进行一次感官质量检查,其检查内容与入库验收同,发现问题及时采取封口、更换包装等措施,并做好记录。
4) 温湿度管理:库房内可保持在 30 ℃ 以下,相对湿度 85% 以下。若存有大玻璃瓶装,因高温可能发生爆破,可采取密封库结合早晚或夜间通风降温。
5) 安全作业:操作人员必须穿工作服,戴护目镜和手套、胶皮围裙。只能用手搬或车推,不得肩扛背负,注意轻搬轻放,不得扔、撞等。
6) 保管期限:2 年。

注意事项:火灾可用水、砂土、干粉扑救。不慎接触皮肤应立即用大量水冲洗,再敷氧化锌软膏后送医院诊治。呼吸道受刺激立即移至新鲜空气处,误入口内立即用清水漱口并服大量冷开水催吐,有条件的可用牛奶、氧化镁悬浮液洗胃。

B8.8　品名:氢氟酸

编号:81016

化学式:HF

分子量:20.01

特性:无色透明易流动液体,极易挥发,在空气中发白烟,氟化氢气体的水溶液,一般含量为 30%～48%,易溶于水、醇、微溶于醚。相对密度 1.15～1.18(47%～53%);沸点 19.4 ℃(无水);熔点－92.3 ℃(无水)。有强烈刺激性气味和腐蚀性,并有剧毒,对呼吸道及眼危害较严重。空气中最高允许浓度为 1 mg/m^3。接触皮肤有剧痛,发生溃疡,不易愈合。除金属金、铂、铅外,对各种金属均有腐蚀作用,对硅及其化合物也有强烈腐蚀作用,因此不能使用玻璃或陶瓷为包装容器。

主要用途:工业用于刻蚀玻璃、医药、颜料、有机氟合成等。

包装:工业品一般都使用聚乙烯桶盛装,每坛净重 10～20 kg 不等,桶口用聚苯乙烯塑料严密封闭,每 1 桶或 2 桶装入一坚固木箱内,用不燃材料(如碳酸钙、石棉灰等)衬垫妥实。化学试剂都使用高压聚乙烯瓶装,塞紧内盖,再涂聚苯乙烯封严后拧紧螺丝口外盖,然后烫蜡或套胶帽封严,每瓶 500 mL,每 20 瓶装入一坚固木箱中,箱内用轻体碳酸钙填满,箱外再用铁丝或铁皮捆扎牢固。各种包装必须有明显的品名、规格、重(容)量、出厂日期、生产厂及"腐蚀物品""切勿倒置"等标志。

贮存条件:应贮存在阴凉、通风库房,避免日光直晒,防止受热。与有机物、氧化剂、各种金属严格隔离存放。库温不宜超过 30 ℃,相对湿度不超过 85%。

养护:
1) 入库验收:查验物品包装有无渗漏或破裂,封口是否严密无漏洒,物品应为无色透明液体。
2) 堆码苫垫:码行列式货垛,垛高不超过 2 m,垛距 80～90 cm,墙距 30～50 cm。
3) 在库检查:保管员除每日做好班前班后的安全检查外,还应每三个月对库存物品进行一次感官质量检查,检查内容主要是封口是否严密有效,包装容器有老化损坏情况等。
4) 温湿度管理:密封库房,采取通风和吸潮的方法,使库内温度保持在 30 ℃ 以下,相对湿度 85% 以下。
5) 安全作业:操作人员必须穿工作服,戴胶手套和围裙、护目镜和口罩。要小心谨慎,轻拿轻放,不得摔撞,更不得背负肩扛,保证安全。

注意事项:灭火时可用雾状水、干砂、二氧化碳,救火必须穿戴防毒面具以防中毒。如接触眼睛及皮肤应立即用冷开水冲洗,如皮肤已被腐蚀,伤口应用清水冲洗 20 min 以上,可用稀氨水敷浸后保暖,再送医院诊治,灼伤创口治愈极慢。呼吸中毒移至新鲜空气处进行吸氧再送医院诊治。

B8.9　品名:氢溴酸

编号:81017

化学式:HBr

分子量:80.92

特性:为溴化氢的水溶液,无色或微黄色透明液体,轻微发烟,能与水、乙酸任意混合。相对密度 1.49(48%);恒沸点 126 ℃(47.5%)。有刺激性酸味和腐蚀性,遇光易变黄,受热易挥发出有毒的溴化氢气体,与氧化剂、碱类能发生剧烈化学反应,遇 H 发孔剂能立即引起燃烧,与氰化物接触能分解释出剧毒的氰化氢气体。

主要用途:医药、分析试剂、有机合成。

包装:装入深色螺丝口或磨口玻璃瓶或塑料瓶,瓶盖塞紧后用蜡封再用聚乙烯薄膜扎紧,装入坚固木箱内,箱内用聚乙烯气泡衬垫牢固,箱外用铁皮铁丝加固。箱外标志齐全。

贮存条件:宜贮存在通风良好的库房或货棚内,避光贮存。与各种氧化剂、毒品、碱类隔离贮存。

养护:

养护技术同 B8.7 盐酸。

保管期限:1 年。

注意事项:灭火可用雾状水、二氧化碳、砂土。眼睛及皮肤接触应立即用大量清水冲洗或用碳酸氢钠水冲洗,然后涂氧化锌软膏再去医院诊治,误服后立即用清水漱口再服大量冷开水或豆浆催吐,有条件的可用鲜牛奶、氧化镁悬浮液洗胃后再送医院诊治。

B8.10　品名:氢碘酸

编号:81019

化学式:HI

分子量:127.92

特性:无色或淡黄色液体,遇光或在空气中能逐渐氧化游离出碘而呈黑褐色。0 ℃时饱和溶液含 90%碘化氢,常用品为 57%。相对密度 1.7、1.5(45%),1.1(10%);沸点 127 ℃。有酸性和腐蚀作用,遇热能挥发出有毒和腐蚀性气体,遇碱性物品立即发生强烈化学反应,遇 H 发孔剂能立即引起燃烧,遇氰化物分解成剧毒气体。

主要用途:试剂制作、染料、制药。

包装:使用棕色或黑色玻璃瓶装,塞紧聚乙烯内盖,拧紧螺丝口外盖,再套胶帽封严,如浅色瓶还应包一层黑色纸,每瓶装 500 mL,每 20 瓶装入一坚固木箱中,箱内用松软材料衬垫妥实,箱外用双道铁丝捆紧扎牢固。内外包装均应有明显的品名、规格、容量、数量、批号、生产厂及"腐蚀物品""避光""切勿倒置"等标志。

贮存条件:应贮存在通风、阴凉、避光的库房,远离热源、火源,与碱类、有机物、氰化物、H 发孔剂等严格隔离存放,库房温度不超过 30 ℃。

养护:

养护技术同 B8.7 盐酸。

保管期限:半年。

注意事项:灭火时可用雾状水、二氧化碳、砂土、泡沫扑救。接触皮肤应立即用水清洗,再进行治疗。

B8.11 品名:溴

编号:81021

别名:溴素

化学式:Br_2

分子量:159.81

特性:在室温下为黑褐色液体,极易挥发出棕红色蒸气,-8 ℃以下时为红色针状结晶,微溶于水,易溶于乙醇、乙醚、三氯甲烷。相对密度 3.12;熔点-7.3 ℃;沸点 58.7 ℃。有强烈刺激性,有剧毒。对人体皮肤、眼黏膜有强烈刺激性和腐蚀性。对金属有强腐蚀性。遇木材、干草等有机物立即氧化发热引起燃烧。遇赤磷、砷、锑等能引起燃烧和爆炸。遇氨、氢等气体也能引起爆炸。

主要用途:用于医药、染料、石油、照相、制革、冶金等。

包装:25 kg 耐酸陶瓷坛装,封口用石膏、水泥密封牢固,再装入半透笼木箱,箱内用煤渣或矿渣衬垫妥实。5 kg 以下磨口或螺丝口玻璃瓶装,封口用石蜡、石膏封严再用塑膜扎紧,再装入坚固木箱,用碳酸钙或石棉灰衬垫牢固,防止容器相互碰撞。包装外标志齐全。

贮存条件:宜存放在通风、阴凉的库房或低温库,隔绝热源,避免日光直晒。与有机物、还原剂、可燃物、氧化剂、液化气体、金属粉、砜类等不得同库贮存。最好专库贮存。库温宜保持在-5 ℃~25 ℃。

养护:

1) 入库验收:主要查验包装和物品有无沾染异物或其他物品,包装有无破损,封口是否严密,衬垫是否符合要求,发现封口不严或渗漏,立即封闭或更换包装。

2) 堆码苫垫:裸坛装码 1 坛高;木箱坛装码 2 坛高;化学试剂木箱装,码行列式货垛,垛高不超过 2 m,垛距 80~90 cm,墙距 30~50 cm,顶距不小于 1 m。

3) 在库检查:保管员除每日进行班前班后的安全检查外,还应每三个月对库存物品进行一次感官质量检查,其检查内容与入库验收同,发现问题及时处理,并做好记录。

4) 温湿度管理:库房可采取挂棉门帘密封和外墙涂白的方法,使其库内温度控制在-5 ℃~25 ℃,以减少蒸发和避免结冰,并随时开门通风换气,以保持库内空气新鲜。

5) 安全作业:操作人员必须穿工作服,戴手套和胶皮围裙、护目镜和口罩。注意轻搬轻放,防止摔、扔、撞击。

6) 保管期限:1 年。

注意事项:灭火可用干砂、二氧化碳,救火时必须佩戴防毒面具。皮肤灼伤立即用大量清水冲洗,然后用稀氨水或碱液洗敷后再送医院诊治。呼吸中毒可立即嗅氨然后送医院诊治,进入口内立即漱口,服大量冷开水催吐或服镁乳以中和胃内酸性物质。

B8.12 品名:高氯酸(含酸≤50%)

编号:81022

别名:过氯酸

化学式:$HClO_4$

分子量:100.47

特性:无色或浅蓝色液体,有挥发性,极易吸湿溶于水能产生高热,一般含量在72%以下,超过72%有爆炸性为氧化剂。相对密度1.6(70%);熔点-112℃;沸点203℃。有强烈腐蚀性和刺激性,呈强酸性有剧毒和强氧化性。在160℃以上遇易燃物,有机物能立即引起燃烧和爆炸。在常温下遇乙醚、丙酮、乙醇、乙酸、乙二醇都能引起激烈反应和燃烧爆炸。遇纤维素、碳、五氧化二磷以及硫酸可能引起爆炸燃烧。

主要用途:分析试剂、医药、镀铅、炸药等。

包装:磨口玻璃瓶装,瓶外套聚乙烯塑料桶,内衬碳酸钙石棉灰等松软不燃性物品,再装入坚固木箱内,包装外用铁皮或铁丝加固。内外包装应有品名、规格、重量、批号、生产厂及"腐蚀物品""易碎""勿倒置"等明显标志。

贮存条件:应贮存在通风、阴凉、干燥的库房,避免日光直晒。与有机物、易燃物、氧化剂、金属粉末以及其他酸、碱隔离存放。

养护:
1) 入库验收:主要查验包装有无沾染异物或其他物品,包装、封口有无渗漏破损,物品应是无色透明液体。
2) 堆码苫垫:木箱装码行列式货垛,垛高不超过2 m,垛距80~90 cm,墙距30~50 cm,顶距不小于1 m。
3) 在库检查:保管员除每日进行班前班后的安全检查外,还应每三个月对库存物品进行一次感官质量检查,其检查内容与入库验收同,发现问题及时采取有效措施,如封口、更换等,并做好记录。
4) 温湿度管理:库房应采取挂棉门帘密封和外墙涂白降温,小量的可用砂土埋藏降温。炎热季节早晚开门通风降温,使库温保持在25℃以下,相对湿度80%以下。
5) 安全作业:操作人员必须穿工作服,戴手套和胶皮围裙、护目镜。搬运时轻拿轻放,不得摔、扔、撞击,不得肩扛和背负。
6) 保管期限:1年。

注意事项:火灾应使用砂土、二氧化碳扑救,救火人员应佩戴防毒面具。皮肤沾染用大量温水及肥皂水冲洗,溅入眼内用温水或稀硼砂水冲洗。

B8.13 品名:氯磺酸

编号:81023

化学式:HSO_3Cl

分子量:116.52

特性:无色或黄色透明液体,在空气中能发烟,有强烈刺激性辛辣气味。相对密度1.753;熔点-80℃;沸点151~152℃。遇水能引起剧烈分解生成硫酸和盐酸放出大量热。遇易燃物、有机物能引起燃烧。与金属铅、铝、镁、锌、铁粉、碱、金属钠能引起燃烧和爆炸。接触强氧化剂和氯酸钠能引起燃烧和爆炸。对人体皮肤及黏膜有强烈腐蚀性和刺激性。

主要用途:有机合成、分析试剂、气体分析等。

包装:工业品可装入耐酸陶瓷坛,坛口用水泥加石膏封严再装入坚固木箱或半透笼木箱,箱内用煤渣或矿渣衬垫妥实,每坛净重不超过50 kg。试剂用磨砂口或螺丝口玻璃瓶或聚乙烯塑料瓶装,瓶口必须严密用聚乙烯薄膜扎紧,并加胶套严封,再装入坚固木箱,箱内用碳酸钙或石棉衬垫牢固,每箱净重不超过20 kg。包装外标志齐全。

贮存条件:可贮存在阴凉、通风、干燥的库房或货棚内。防止雨淋水浸,可以同硫酸、盐酸同贮存在一库,但与其他酸、碱隔离存放。与金属、易燃物、有机物、氧化剂特别是氯酸盐、硝酸盐等要严格隔离存放。库内温度宜控制在35 ℃以下,相对湿度不超过80%。

养护:
1) 入库验收:主要查验包装和物品有无沾染异物或其他物品,封口是否严密有效,木箱坚固无破损,能否保证物品贮存安全。
2) 堆码苫垫:裸坛装只能平放一层,木箱坛装可码2坛高;化学试剂玻璃瓶木箱装码行列式货垛,垛高不超过2 m,垛距80~90 cm,墙距30~50 cm,顶距不小于1 m,以便于出入库操作和安全。
3) 在库检查:保管员除进行班前班后的安全检查外,还应每三个月进行一次质量检查,其检查内容与入库验收同,发现问题及时采取有效措施,如封口、更换等,并做好记录。
4) 温湿度管理:可采取挂棉帘密封保温或库房外墙涂白降温等措施,使库内保持适宜的温湿度。
5) 安全作业:搬运操作人员必须穿工作服,戴手套和胶皮围裙。操作中轻搬轻放,防止摔、扔、撞击,并不得背负和肩扛。
6) 保管期限:1年。

注意事项:火灾时可用干砂、二氧化碳扑救,扑救人员应戴防毒面具、眼镜。皮肤灼伤用大量水或小苏打水冲洗,或用小苏打粉包扎后送医院诊治。

B8.14 品名:氟磺酸

编号:81024

别名:氟代硫酸

化学式:HSO_3F

分子量:100.1

特性:无色或黄色发烟液体,在潮湿空气中能产生白色烟雾状的极强刺激性和腐蚀性的氟化氢气体。相对密度1.740(18 ℃);熔点—89 ℃;沸点163 ℃。氟磺酸能与锡反应,对汞也稍有侵蚀。能很快地破坏橡皮、软木、火漆。热时能强烈侵蚀硫、铅、锡和汞。能与丙酮反应产生暗红色并放出大量的热,与苯、三氯甲烷反应放出氟化氢。有极强的腐蚀性和刺激性,对硅质材料和大多数金属有强腐蚀性。蒸气与液体能严重刺激眼睛、皮肤和呼吸系统,造成极严重灼伤。

包装:铅桶外加木箱包装,内用松软材料,箱外铁带加固。外包装上加腐蚀品标志。

贮存条件:贮存在阴凉、通风良好的地方,与有机物、可燃物、电石、高氯酸盐、雷酸盐、硝酸盐、苦味酸盐、金属粉末、氟化物等隔离。附近应设有水源。工作人员应穿戴耐酸工作服、橡皮围裙、手套、长统靴及防护眼镜。

养护:
1) 温湿度管理:定期检查,控制温湿度。
2) 堆码苫垫:堆垛应垫高,防止受潮。
3) 在库检查:定期检查包装情况,包装如有破损及时更换包装。
4) 安全作业:处理卸漏物时必须戴好防毒面具与手套,将地面洒水、碳酸钠,用水冲洗,经稀释的污水放入废水系统。

注意事项:少量氟磺酸起火可用干燥砂土、二氧化碳灭火,禁止用水,消防人员必须穿戴全身防护服。吸入蒸气的患者应尽快脱离污染区,安置休息并保暖。眼睛受刺激须用大量水冲洗15 min以上,严重的需就医。与皮肤接触用水冲洗,并涂敷氧化镁甘油软膏。误服立即漱口,饮水及镁乳,严重者就医诊治。

B8.15 品名:氟硅酸

编号:81025

别名:硅氟酸

化学式:H_2SiF_6

分子量:144.1

特性:透明无色强酸性发烟液体,遇热分解为氟化氢及四氟化硅,溶于水。相对密度1.29~1.31(15 ℃/4 ℃);凝固点19 ℃;沸点分解。腐蚀性极强,能腐蚀玻璃。有毒,接触皮肤能发生红肿和溃疡。不燃。

主要用途:工业涂料、处理瓷品、电镀。

包装:塑料瓶或塑料桶装,严封后再装入坚固木箱,箱内用不燃性材料(如蛭石、石棉灰、轻体碳酸钙)衬垫,箱外用铁皮或铁丝加固,每箱不超过20 kg,3~5 kg包装每箱限装4瓶。内外包装需有明显的品名、规格、重量、数量、批号、工厂名称及"腐蚀物品""切勿倒置"等标志。

贮存条件:贮存在低温、通风、干燥库房,避免日光直晒,远离火源及热源。与各种氧化剂、强酸、金属粉末、有机物、H发孔剂、各种氰化物隔离存放。库温不宜超过30 ℃。

养护:

1) 入库验收:首先查验包装有无沾染异物或其他物品,封口是否严密有效,容器有无渗漏破损,包装和衬垫物料,标志要符合要求。

2) 堆码苫垫:码行列式货垛,垛高不超过2 m,垛距80~90 cm,墙距30~50 cm,顶距不小于1 m。

3) 在库检查:保管员除每日进行班前班后的安全检查外,还应每三个月进行一次质量检查,其检查内容与入库验收同,发现问题做好记录。

4) 温湿度管理:库房挂棉门帘密封,门窗玻璃涂白,防止日光直射;库房外墙涂白,以保持库温在30 ℃以下。

5) 安全作业:操作人员在操作时应戴手套和胶皮围裙、戴护目镜。注意轻拿轻放,避免震动、撞击,搬运时不得肩扛和背负,只允许用手搬。库房应注意通风、降温、排毒。

6) 保管期限:1年。

注意事项:灭火可用干砂、二氧化碳扑救,灭火人员应佩戴防毒面具。不慎接触皮肤应用大量清水反复冲洗,或以肥皂水洗涤后再行诊治。

B8.16 品名:氟硼酸

编号:81026

化学式:HBF_4

分子量:87.83

特性：无色透明液体，能与水及醇任意混合。沸点 130 ℃。具有强酸性和腐蚀性,有毒,受热易分解。遇 H 发孔剂立即引起燃烧,遇氰化物能分解生成剧毒气体。用于冶炼、电镀。

包装、贮存条件、养护、注意事项同 B8.13 氯磺酸。

B8.17　品名：硒酸

编号：81030

化学式：H_2SeO_4

分子量：145.0

特性：无色或白色结晶,具有潮解性。相对密度 2.95(15 ℃)；熔点 58 ℃；沸点 260 ℃,沸点以上分解为二氧化硒、氧和水。与硫酸大体相似为二价强酸并具强氧化性。易溶于水,溶于硫酸,不溶于氨,在醇中分解。是一种有腐蚀性和刺激性的物质,能灼伤皮肤。

包装：玻璃瓶外加木箱,内衬不燃材料,外包装上加腐蚀品和毒害品标志。

贮存条件：贮存于干燥、通风的库房,双人双锁专人保管。防潮容器密封。与可燃物、有机物及碱类物质隔离贮运。

养护：
1) 入库验收：检查容器是否完好,密封、衬垫是否妥实,标志是否清楚,如有破漏,更换包装后方可入库。
2) 堆码苫垫：堆垛底部应垫高,避免受潮。
3) 在库检查：定期检查包装情况,物料是否受潮、变质,如发现破损必须更换。
4) 安全作业：作业人员必须戴防毒面具与手套。将污染地面上洒上碳酸钠,用水冲洗,经稀释的污水放入废水系统。

注意事项：应使吸入粉尘和蒸气的患者脱离污染区,安置休息并保暖。误服立即漱口,并送医院救治。溅入眼睛应立即用水冲洗眼睛和面部,至少冲洗 15 min,严重的要就医诊治。皮肤接触先用水冲洗,再用肥皂彻底洗涤,如果灼烧则及时诊治。可用水灭火。

B8.18　品名：铬酸溶液

编号：81031

化学式：H_2CrO_4

分子量：102.0

特性：橘红色液体,与有机材料(如木、棉花或草)接触有引起燃烧的危险,对大多数金属有腐蚀性,对眼睛、皮肤和黏膜造成严重灼伤。

包装：玻璃瓶外木箱包装内衬垫不燃材料,外包装有腐蚀品标志。

贮存条件：贮存于阴凉、通风的库房内与可燃物、有机物或还原剂隔离,避免存放在木质地板上。搬运时轻装轻放,防止容器破损。

养护：
1) 入库验收：主要进行外观检查,合格后方可入库。
2) 温湿度管理：注意控制库房温度,并保持通风良好。
3) 在库检查：定期检查包装情况,容器破损及时更换。
4) 安全作业：处理泄漏物料,戴好防毒面具与手套,用大量水冲洗。

注意事项：皮肤沾染用大量水冲洗,眼睛受刺激也用水冲洗,误服立即漱口,急送医院救治。

B8.19　品名：一氯化硫

编号：81032

化学式：S_2Cl_2

特性：琥珀色或黄红色油状液体，在空气中发烟，有剧臭和强烈刺激性气味。在水中易分解，能溶于醇、醚、苯、二硫化碳、四氯化碳等，有易燃性。在空气中最高允许浓度为 $6\ mg/m^3$。相对密度1.678；沸点135～138 ℃；熔点－77～－80 ℃；闪点118 ℃（闭）；自燃点233.8 ℃；蒸气压13 332 Pa(27.5 ℃)；相对蒸气密度4.66。

主要用途：橡胶工业中作为硫溶剂、有机合成。

包装：耐酸陶瓷坛装，封口用水泥加石膏封严，再装入坚固木箱或透笼木箱，箱内衬以煤渣或矿渣。试剂用磨口或螺丝口玻璃瓶装，瓶用石蜡、石膏封严，再用塑料薄膜扎紧，装入坚固木箱，箱内衬碳酸钙或石棉灰，箱外钉铁皮或铁丝保持牢固。包装外标志齐全。

贮存条件：贮存在干燥、通风库房内，防止日光直晒。与氧化剂、食品添加剂、金属及碱类隔离存放。库内应尽量保持干燥，相对湿度不宜超过80%，温度不超过35 ℃。

养护：

1) 入库验收：验物品及包装有无沾染异物或其他物品，包装有无渗漏破损，封口应严密有效。物品是澄明液体，无沉淀杂质。

2) 堆码苫垫：工业品陶瓷裸坛装可平放一层；坛外有透笼箱装码行列式垛，码两层高。化学试剂木箱装码行列式垛，垛高不超过2 m，留出垛距80～90 cm，墙距30～50 cm，顶距不小于1 m。

3) 在库检查：保管员除每天进行班前班后的安全检查外，每三个月对库存物品进行一次质量检查，检查内容与入库验收同，发现问题及时采取养护措施，并做好记录。

4) 温湿度管理：保管员应定时记录和掌握库内温湿度变化情况，以便采取通风降温和排除气味等措施。

5) 安全作业：操作人员应穿工作服、戴手套、胶围裙，注意轻搬轻放，防止摔、扔和撞击等。

6) 保管期限：1年。

注意事项：灭火时可用干砂、二氧化碳扑救，不可用高压水，救火时应戴防毒面具。呼吸中毒立即移至新鲜空气处吸氧，眼及皮肤受伤用大量水冲洗后涂氧化锌软膏再送医院诊治。

B8.20　品名：氧氯化硫

编号：81035

别名：磺酰氯、硫酰氯、氯硫酰

化学式：SO_2Cl_2

分子量：134.98

特性：无色发烟液体，有强烈刺激臭味，溶于乙酸，不溶于丙酮。相对密度1.667(20 ℃/4 ℃)；熔点－54.1 ℃；沸点69.2 ℃；蒸气压1 333 Pa(17.8 ℃)；相对蒸气密度4.65。有强烈腐蚀性，遇水放热分解，放出有毒及腐蚀性气体。用于制造人造丝、塑料、制药、有机合成、染料、橡胶、化学试剂、毒气制造。

包装：装入磨砂口或螺丝口玻璃瓶中塞紧瓶塞，用石膏、石蜡混合剂封严或用塑料薄膜扎紧后再套一层胶套,装入坚固木箱。箱内衬垫蛭石、石棉灰或轻体碳酸钙,箱外用铁皮或铁丝加固。包装外标志齐全。

贮存条件:贮存在阴凉、通风、干燥的库房。与食用化工原料、碱类、氰化物、可燃物、有机物、H 发孔剂隔离存放。远离热源,避免日光直晒,防止雨淋、水浸,库内温度不超过 30 ℃。

养护:

1) 入库验收:验包装是否完好,封口是否有效,包装衬垫是否合乎包装要求,物品及包装无沾染其他物品和杂物,发现问题及时处理,做好验收记录。

2) 堆码苫垫:码行列式货垛,垛高不超过 2 m,并留出垛距 80~90 cm,墙距 30~50 cm,顶距不小于 1 m,以便出入和操作。

3) 在库检查:保管员除每天坚持班前班后对库房、货场进行安全检查外,还应每三个月进行一次质量检查,以掌握物品在贮存期间的变化,发现问题及时采取各项养护措施,并做好记录。

4) 温湿度管理:可采取库房挂棉门帘密封、玻璃门窗和外墙涂白或地面铺干砂土及通风和吸潮的办法,以保持库温在 30 ℃以下,相对湿度 75%以下。

5) 安全作业:搬运操作应穿戴工作服、胶围裙、胶手套、护目镜、口罩等,搬运时不得背负肩扛,只能用手搬,要轻拿轻放,避免摔震、撞击。

6) 保管期限:1 年。

注意事项:灭火不可用水,只能用干砂、干粉扑救。接触皮肤立即用大量水冲洗,呼吸道受刺激立即停止作业,先到空气流通处休息,再行治疗。

B8.21 品名:氯化亚砜

编号:81037

别名:亚硫酰(二)氯、二氯氧化硫

化学式:$SOCl_2$

分子量:118.97

特性:无色或淡黄色发烟液体,在空气中能挥发出浓烟。相对密度 1.640(15.5 ℃/15.5 ℃);熔点-105 ℃;沸点 78.8 ℃;相对蒸气密度 4.1。遇水或水蒸气则分解为二氧化硫、一氯化硫、盐酸、氯等。在碱溶液中水解,溶于三氯甲烷。有强烈刺激性、窒息性气味,有腐蚀性和毒性。本身不燃烧,接触皮肤引起灼伤。用于有机合成,制造酰氯、有机酸酐、催化剂等。

包装:装入磨砂口或螺丝口玻璃瓶中,瓶口塞紧,用聚乙烯塑料薄膜扎紧后再套一层胶套,或用石蜡、石膏混合剂封严,装入坚固木箱,箱内用蛭石、石棉灰或轻体碳酸钙衬垫,箱外用铁皮或铁丝加固,每箱净重不超过 20 kg。包装外标志齐全。

贮存条件:养护、注意事项同 B8.20。

B8.22 品名:氧氯化铬

编号:81038

别名:铬酰氯、氯化铬酰、二氯氧化铬

化学式:CrO_2Cl_2

分子量:154.92

特性:深红色流动液体,有强烈焦灼味,在空气中能发烟,易溶于四氯化碳、四氯乙烷、二硫化碳。相对密度1.915(25 ℃/4 ℃);熔点−96.5 ℃;沸点115.7 ℃。与水反应剧烈,分解成铬酸、盐酸、氯化铬、氯等。有强烈腐蚀性、剧毒性,对人体皮肤、眼均有强腐蚀性和毒性。本身为强氧化剂,与易燃物、有机物、还原剂均有强烈反应并能引起火灾,特别是与同属腐蚀物品的卤化磷类接触立即着火燃烧。

主要用途:用于有机氧化剂制造、染料。

包装:装入磨砂口或螺丝口玻璃瓶中,瓶口用石膏、石蜡封严后再用塑料薄膜扎紧,再装入坚固木箱,每箱净重不超过20 kg。箱内用石棉灰、碳酸钙等不燃材料衬垫妥实,箱外用铁皮或铁丝加固。包装外标志齐全明显。

贮存条件:宜贮存在通风、干燥的库房内,注意防潮。与氧化剂、还原剂、有机物、食品添加剂、碱类及易燃物隔离存放。

养护:
1) 入库验收:首先查看包装是否沾有其他物品或异物,包装完好,封口严密,无破漏和封口不严,衬垫符合包装要求,发现问题及时处理,做好记录。
2) 堆码苫垫:根据库房大小,可码4箱或6箱为一批的行列式货垛,垛高2 m以下,垛距80～90 cm,墙距30～50 cm,顶距不小于1 m。
3) 在库检查:保管员除每天进行班前班后的安全检查外,每三个月对所管物品进行一次质量检查,发现问题及时处理,做好记录。
4) 温湿度管理:应采取库房门挂棉帘、门窗玻璃和库房外墙涂白等降温措施。梅雨季节可在库内放氯化钙吸潮,或利用早晚库外温度低于库内时进行通风降温。当库外温度、相对湿度、绝对湿度都低时,可进行通风散潮,以保持库温在30 ℃以下,相对湿度在75%以下。
5) 安全作业:操作人员必须穿工作服,戴手套和胶皮围裙,注意轻搬轻放,防止摔震和撞击。
6) 保管期限:1年。

注意事项:灭火只能用干粉、干砂、二氧化碳扑救,不能用水。救火时必须戴防毒面具以防中毒。皮肤受伤可立即用大量水冲洗后用硫代硫酸钠敷伤处后送医院诊治。误入口内可用温水或2%硫代硫酸钠洗胃。

B8.23 品名:氧氯化磷

编号:81040

别名:氯化磷酰、磷酰氯、二氯氧化磷

化学式:$POCl_3$

分子量:153.35

特性:无色透明发烟液体,有强烈刺激性臭味,在水中及醇中分解并发热。相对密度1.67(20 ℃/20 ℃);熔点2 ℃;沸点107 ℃。强烈吸收空气中的水分而分解发烟,遇水猛烈分解爆炸。与金属钠、锌接触能产生极大反应热并有着火危险。与易燃液体接触能产生较高反应热。与二硫化碳、丙酮急剧反应并产生氯化氢气。与二甲亚砜接触能产生激烈反应有爆炸的危险。与纤维接触能着火。

主要用途:医药、试剂、农药制造。

包装：装入磨口或螺丝口玻璃瓶中塞紧内盖，拧紧螺丝盖瓶口用石蜡、石膏混合封口剂严封，或用塑料薄膜扎紧再套一层胶套，装入坚固木箱，箱内用蛭石、石棉灰、轻体碳酸钙等不燃材料填充，箱体用铁丝或铁皮加固。包装标志齐全。

贮存条件：应贮存在阴凉、干燥、通风的库房，库内注意保持干燥。与氧化剂、易燃物、有机物、还原剂，特别是水溶液等都要隔离存放。远离热源、火源，库温不宜超过30 ℃。

养护：
1) 入库验收：主要检验包装外有无污染或沾有其他杂质，包装封口完好，无渗漏现象，包装衬垫符合包装要求，物品为澄清透明无沉淀的液体。
2) 堆码苫垫：码行列式货垛，垛底垫高15～20 cm，垛高不超过2 m，留出垛距80～90 cm，墙距30～50 cm。
3) 在库检查：保管员除每天进行班前班后的安全检查外，还应每三个月对库存物品进行一次质量检查，检查内容与入库验收不同，发现问题及时采取封口、吸潮、整理等养护措施。
4) 温湿度管理：采取库房挂棉门帘或改造成双道门、加避风阁，以保持库温在30 ℃以下。雨季在库房密封的基础上，采取通风散潮或用氯化钙库内吸潮的办法，使相对湿度保持在75%以下。
5) 安全作业：操作人员应穿工作服，戴手套、护目镜，要轻搬轻放，不得摔、扔和撞击。
6) 保管期限：半年。

注意事项：火灾不得用水，只能用干砂土、干粉、二氧化碳。人身中毒可移至新鲜空气处进行人工呼吸，保持体温。接触皮肤可用肥皂水和大量水冲洗，眼睛受到刺激可用温水冲洗15 min。

B8.24 品名：三氯化磷

编号：81041

化学式：PCl_3

分子量：137.34

特性：无色澄清液体，在潮湿空气中能发烟，极易挥发，与乙醚、四氯化碳、苯、二硫化碳可任意混合。相对密度1.574；沸点74～76 ℃；熔点－112 ℃；蒸气压13 332.2 Pa(21 ℃)；相对蒸气密度4.75。溶于水及醇同时分解放出热及大量烟雾，有极强腐蚀性和刺激性，对皮肤、眼及黏膜能引起极强灼伤。有剧毒，在空气中最大允许含量为$0.5×10^{-6}$。遇硝酸、乙酸、磷化氢能分解发热并能引起冒烟、燃烧和爆炸。除铅、镣外，对各种金属都有腐蚀性，与氧作用生成氧氯化磷，与硫作用生成硫氯化磷。遇有机化物能引起燃烧，遇氧化物（如过氧化钠、二氧化铅）能放热并有引起爆炸的可能。

主要用途：有机合成、催化剂、医药及染料等。

包装：25 kg耐酸陶瓷坛装，封口用石膏、水泥密封牢固，再装入半透笼木箱，箱内用煤渣或矿渣衬垫妥实。5 kg以下磨口或螺丝口玻璃瓶装，封口用石蜡、石膏封严后再用塑膜扎紧，再装入坚固木箱，用碳酸钙或石棉灰衬垫牢固，防止容器相互碰撞。包装外标志齐全。

贮存条件：宜贮存在干燥、通风的库房内。与有机物、易燃物、碱等隔离存放。避免日光直晒，库内温度不宜超过30 ℃，相对湿度宜保持在75%以下。

养护：
1) 入库验收：验包装有无沾染杂物和其他物品，封口应严密无烟雾发生，包装完整，衬垫符合包装要求，发现问题及时处理，做好记录。
2) 堆码苫垫：应码行列式货垛，垛底垫高 15～20 cm，垛高不超过 2 m，留出垛距 80～90 cm，墙、柱距 30～50 cm。
3) 在库检查：保管员除每天进行班前班后的安全检查外，还应每三个月进行一次质量检查，其内容与入库验收同，发现问题时采取封口、降温、吸潮、整理等养护措施。
4) 温湿度管理：采取库房挂棉门、窗帘或加盖避风阁密封库房，门窗玻璃涂白，利用早晚或干燥天气进行通风及库内吸潮相结合的办法降温和降潮，使库温保持在 30 ℃ 以下，相对湿度保持在 75%。
5) 安全作业：操作人员必须穿工作服，戴手套、防护眼镜和口罩，注意轻搬轻放，不得背负肩扛。
6) 保管期限：半年。

注意事项：灭火可用干砂、二氧化碳扑救，不可用水，救火时应戴防毒面具。眼睛及皮肤灼伤立即用清水冲洗 15 min 以上再行医治。

B8.25 品名：五氯化磷

编号：81042

化学式：PCl_5

分子量：208.31

特性：白色或淡蓝色结晶，在潮湿空气中能发烟，有潮解性，遇水及醇时发热分解冒烟，甚至能引起爆炸。有强烈刺激性气味，对眼有害。相对密度 3.60；熔点 148 ℃（加压）；160 ℃ 升华，部分分解。溶于二硫化碳及四氯化碳，与有机物接触能引起燃烧，与金属钠、铝接触能爆炸和着火，与镁接触能发高热。

主要用途：有机合成、催化剂、医药。

包装：装入耐酸坛中，用石膏严密封口再装入坚固木箱，箱内用不燃材料（如蛭石、轻体碳酸钙、石棉灰等）衬垫牢固，箱外用铁皮或铁丝加固。装入磨砂口或螺丝口玻璃瓶中，瓶口用石膏、石蜡混合剂封严，装入坚固木箱，箱内用不燃材料衬垫牢固，箱外用铁丝或铁皮加固。包装外标志齐全。

贮存条件：宜贮存在阴凉、干燥、通风的库房，库内温度 30 ℃ 以下，相对湿度不超过 75%。与铝、镁、钠等金属及有机物隔离存放。

养护：
1) 入库验收：检查物品色泽，是否潮解、溶化，包装及封口是否严密。
2) 堆码苫垫：垛底应垫高 15～20 cm，垛距 90 cm，墙距、柱距 30～50 cm，货垛堆高不超过 2.5 m。
3) 在库检查：在库贮存期间，除每日班前班后对货垛及库内外各进行一次检查外，每季度定期检查一次。
4) 温湿度管理：库内注意保持干燥，梅雨季相对湿度超过 75% 时，可用吸湿机或氯化钙、生石灰吸湿。

5) 安全作业:搬运操作人员应穿工作服,戴胶围裙、胶手套,搬运操作时注意不得重摔、撞击。
6) 保管期限:1年。

注意事项:火灾不得用水,只能用干砂、干粉扑救。接触皮肤可用大量温水及肥皂水冲洗。

B8.26 品名:四氯化硅

编号:81043

别名:氯化硅

化学式:$SiCl_4$

分子量:169.92

特性:无色液体,在空气中能发烟,有强烈刺激性、窒息性气味,易与苯、醚、三氯甲烷混合,易溶于碳氢化合物及其卤代物。相对密度1.483;熔点-70 ℃;沸点59 ℃;折光率1.412。遇水能引起剧烈分解并产生大量热,对人体皮肤、眼及黏膜有强烈刺激性和腐蚀性。对金属及有机物有强烈腐蚀性,与氧化剂反应剧烈并产生高热。

包装:磨口或螺丝口玻璃瓶,瓶口用石膏、石蜡密封后再用聚氯乙烯薄膜扎紧,装入坚固木箱,内衬碳酸钙或石棉灰、蛭石等不燃性物料,箱外用铁丝或铁皮加固。包装外标志明显。

贮存条件:宜贮存在阴凉、通风、干燥的库房内,避免日光直晒,远离热源,防止受潮。库温不得超过30 ℃,相对湿度宜保持在75%以下。与氧化剂、碱类、金属隔离存放。

养护:
1) 入库验收:首先查验包装是否完好无破损,封口是否严密,有无沾染可燃物、还原剂或其他物品,再检验有无沉淀和杂质,包装衬垫应符合要求。
2) 堆码苫垫:码垛前可根据库房地势高低,垛底垫高15~20 cm,堆垛较小型行列式货垛,垛高不超过2 m,垛距80~90 cm。
3) 在库检查:保管员除每日班前班后对所管库房货场进行安全检查外,还应每三个月进行一次质量检查,检查内容与入库验收同。
4) 温湿度管理:除采取库房挂棉门帘或加盖避风阁密封库房外,还应将库门窗玻璃和库房外墙涂白,加强通风吸潮以保持库温在30 ℃以下,相对湿度75%以下。
5) 安全作业:操作人员必须穿工作服,戴手套、护目镜和胶皮围裙。更换容器必须在干燥天气进行,注意轻搬轻放,避免摔、扔和撞击。注意不得重摔、撞击。
6) 保管期限:半年。

注意事项:灭火只能用干砂、二氧化碳,不得用水。如不慎沾染眼睛及皮肤,立即用大量水或碳酸氢钠冲洗,然后到医院诊治。

B8.27 品名:四氯化碲

编号:81044

别名:氯化碲

化学式:$TeCl_4$

分子量:269.4

特性:白色极易潮解的结晶性固体,加热至225 ℃时熔化,呈黄色液体,再加热开始变为暗红色。相对密度3.01;沸点380 ℃(分解)。遇水即分解为氧氯化物、氯化氢及亚碲酸。溶于水、乙醇、三氯甲烷、甲苯、盐酸,不溶于二硫化碳。遇水产生氯化氢。有腐蚀性及毒性,工作场所有 0.1 mg/m³ 的浓度呼气就有蒜臭性,在此浓度以上就出现中毒症状。据以往经验,尿中如发生恶臭,即为中毒预兆。对北京鸭经口摄入试验(饲料含碲量 50×10^{-6}),第三周死亡率为 10%,第四周为 40%。

包装:玻璃瓶包装,外加木箱,内衬不燃材料。

贮存条件:贮存于通风、干燥的库房,避免日光暴晒,防止辐射热、防止受潮。与可燃物、碱类物质和铁盐隔离贮运。

养护:

1) 入库验收:入库前必须检查包装有无破损、渗漏,如发现破损必须更换包装,然后入库。
2) 堆码苫垫:堆码时底部必须垫高以防潮湿。
3) 在库检查:班前班后必须进行安全检查,并做好记录。
4) 温湿度管理:注意控制湿度,打开门窗通风。
5) 安全作业:操作人员必须穿戴耐酸防护用品。处理泄漏物时,须戴好防毒面具与手套,用砂土混合铲入桶内,送到空旷地方,慢慢倾入水里,经分解后稀释的污水放入废水系统。

注意事项:消防人员必须穿戴全身防护服,可用砂土、二氧化碳灭火。应使吸入烟雾的患者脱离污染区,安置休息并保暖。眼睛受刺激立即用大量水冲洗。皮肤接触用水冲洗,再用肥皂彻底洗涤。误服立即漱口,急救再送医院治疗。

B8.28 品名:三氯化铝(无水)

编号:81045

化学式:$AlCl_3$

分子量:133.34

特性:白色或微黄色粉末或颗粒状结晶,粗制品为黄褐色,有强烈刺激性盐酸味,遇潮湿空气能发白烟,遇水能放高热,激烈时能起火甚至爆炸。相对密度 2.44;熔点 190 ℃(25 大气压);升华 178 ℃,沸点 182.7 ℃。易溶于水、醚、三氯甲烷、二硫化碳及四氯化碳、无水乙醇等。具有强酸性、腐蚀性,对人体皮肤及呼吸道有严重刺激性和腐蚀性,遇各种强氧化剂(如氯酸盐、硝酸盐)均有强烈放热反应。

主要用途:有机合成、石油精炼、医药、染料等。

包装:工业品用镀锌铁桶或内衬聚氯乙烯薄膜的黑铁桶包装,桶盖必须严密封闭,每桶 50 kg。玻璃瓶装,磨口瓶或螺丝口瓶加聚乙烯内盖,内盖用聚苯乙烯封闭后,再拧紧外盖,或在瓶内加一塑料装好再封严,外盖用石膏、石蜡混合剂封口,每瓶装 250 g 或 500 g,然后装入木箱,箱内用不燃材料衬垫妥实,箱外用铁丝捆扎牢固。各种包装必须有明显的品名、规格、重量、批号、生产厂及"腐蚀物品"等标志。

贮存条件:应贮存在干燥、通风的库房内,防止受潮。与碱类、氧化剂、有机物隔离存放,库内易燃物(如废包装物品)必须及时消埋,以防不慎接触引起火灾。库内相对湿度宜保持在 75% 以下。

养护:

1) 入库验收:验包装有无沾染其他物品和异物,包装应完整,封口有效,无结块或吸水溶化现象。工业品颜色允许微黄,试剂品为白色结晶。发现问题及时处理,做好记录。

2) 堆码苫垫:货垛垛底垫高 15 cm 以上,桶装垛高 2 m 以下。木箱装码行列式货垛,垫高 15 cm,垛高 2.5 m 以下,垛距 80～90 cm,墙距、柱距 30～50 cm,顶距不小于 1 m。

3) 在库检查:保管员除每日进行班前班后的安全检查外,还应每三个月进行一次质量检查,检查内容与入库验收同,发现问题及时采取密封、更换、整理等养护措施。

4) 温湿度管理:采取库房挂棉门帘密封库,或加双道门密封,还可用大塑料袋将少量物品封存、箱内碳酸钙埋藏等措施防潮。阴雨天气采取吸潮办法,以保持相对湿度在 75% 以下。

5) 安全作业:操作人必须穿工作服,戴手套。注意轻搬轻放,防止撞击。

6) 保管期限:1 年。

注意事项:火灾可用干砂、二氧化碳,不可用水。接触皮肤可用大量水冲洗,敷氧化锌软膏后送医院诊治。

B8.29　品名:五氯化锑

编号:81047

化学式:$SbCl_5$

分子量:299.05

特性:黄红色油状液体,有恶臭,有吸湿性,在潮湿空气中能猛烈发烟。能溶于水,在大量水中能水解成白色 SbCl 沉淀。相对密度 2.336;熔点 2.8 ℃;沸点 92 ℃。对人体皮肤有强烈腐蚀性,并有剧毒,空气中最大允许浓度 1 mg/m³。

主要用途:有机合成及试剂。

包装:装入坚固的铁桶、桶口应严密不漏,桶皮厚度不小于 1.2 mm,每桶装 200 kg。50 kg 包装可装入马口铁或薄铁桶,严密封闭后再装入坚固木箱或透笼木箱,容器在箱内不得移动。装入磨砂口或螺丝口玻璃瓶,瓶口烫蜡后再用石膏封严,外面再用聚乙烯薄膜扎紧,装入坚固木箱,箱内用碳酸钙或石棉灰衬垫牢固,箱外用铁皮或铁丝加固。箱外标志齐全。

贮存条件:宜贮存在干燥、通风库房,防止受潮,库内相对湿度不宜超过 75%。与碱类、氧化剂、有机物、易燃物隔离存放。

养护:

1) 入库验收:入库验收主要检查物品是否透明,有无沉淀现象,包装是否完整,封口是否严密。

2) 堆码苫垫:大铁桶装应堆成行列式,堆 2 桶高。木箱装可堆高 2 m,保留垛距 90 cm,墙距、柱距 30～50 cm。

3) 在库检查:保管员除每天进行班前班后的安全检查外,还应每三个月进行一次质量检查,检查内容与入库验收同,以随时掌握物品在贮存期间的变化,发现问题及时采取封口、整理、更换等养护措施。

4) 温湿度管理:采取挂棉门帘或加盖双道门的措施,小包装或存量不大时,也可用箱内碳酸钙埋藏密封或厚质塑料袋包裹密封防潮,或用氯化钙库内吸潮等,以保持库温在 30 ℃ 以下,相对湿度在 75% 以下。

5) 安全作业:搬运操作人员必须穿工作服,戴手套和护目镜、胶围裙,小心轻放,切勿摔、扔和撞击。
6) 保管期限:1年。

注意事项:灭火用干砂、二氧化碳,禁止用水。接触皮肤可用大量水冲洗。

B8.30 品名:四氯化锗

编号:81048

别名:氯化锗

化学式:$GeCl_4$

分子量:214.4

特性:无色及流动挥发性液体,在空气中发烟,另有特殊臭味。相对密度1.879(20 ℃);结晶温度(-49.5 ℃);沸点83.1 ℃;相对蒸气密度7.39。遇水分解成氧化锗和氯化氢,并发出爆炸声。微溶于盐酸,溶于苯、醚和其他有机溶剂。在干燥空气中稳定,但在潮湿空气中则因水解而成氯化氢,对大多数金属有腐蚀性。蒸气和液体刺激黏膜、眼睛和皮肤,症状与一般锗化合物没有多大区别。

包装:包装在硼硅玻璃或石英玻璃安瓿中,外加瓦楞纸套或塑料泡垫再装入纸盒。

贮存条件:贮存于阴凉、通风的库房,不得受潮,不可与碱类物品同贮。

养护:
1) 入库验收:检查包装是否有破损,衬垫是否完好,检查之后方可入库。
2) 堆码苫垫:堆垛应垫底,以防潮湿。
3) 在库检查:班前班后应进行安全检查,检查包装有无破漏,发现问题及时处理,并做好记录。
4) 温湿度管理:控制库房温、湿度,湿度不能过大,并做好库房的通风。
5) 安全作业:作业人员必须穿戴防护用品,遇有泄漏,工作人员穿戴防毒面具与手套,在污染地面上洒以碳酸钠。

注意事项:消防人员必须戴防毒面具,用干燥砂土灭火,不可用水。如果吸入蒸气迅速离开污染区,安置休息并保暖。眼睛受刺激用水冲洗。皮肤接触先用水冲洗,再涂敷氧化镁甘油软膏。误服立即漱口,饮水及镁乳,并送医院救治。

B8.31 品名:四氯化钛

编号:81051

化学式:$TiCl_4$

分子量:189.73

特性:无色或浅黄包液体,有刺激性酸性气味,有极强吸湿性,在空气中能发白烟,易溶于水及醇同时发热,遇热水分解生成不溶性盐基性氯化物。能溶于三氯甲烷及四氯化碳,与溴互溶成红色溶液。相对密度1.726;熔点-30 ℃;沸点136.4 ℃。有较强腐蚀性,遇潮湿空气分解产生白色氯化氢烟雾,对人体皮肤、眼、呼吸道有强烈刺激性及腐蚀性。与很多含氧化合物起反应而呈黄红色或褐色。

主要用途:制造颜料、织物媒染剂、烟幕剂、人造珍珠、钛盐等。

包装:磨口或螺丝口玻璃瓶装,瓶口用石膏、石蜡密封后再用聚乙烯薄膜扎紧,装入坚固木箱,内衬碳酸钙或石棉灰、蛭石等不燃性物料,箱外用铁丝或铁皮加固。包装外标志明显。

贮存条件:宜贮存在干燥、通风的库房内,防止受潮,库内相对湿度不超过75%。如发现库内有烟雾,应先行通风后,再检查包装容器有无渗漏破损或封口不严现象。与各种碱类、金属、氧化剂、易燃物等隔离存放。

养护:
1) 入库验收:检查包装是否完整,有无破裂渗漏现象,稍有渗漏即有强烈刺激性臭味,必须经过修补或更换新包装后再入库。
2) 堆码苫垫:垛底垫高15 cm以上,货垛堆成行列式以便于检查,垛高不超过2 m。垛距保持90 cm,墙、柱距30~50 cm。
3) 在库检查:保管员除每天进行班前班后的安全检查外,梅雨季节每月、其他季节每三个月进行一次质量检查,检查内容与入库验收同,发现问题及时处理,做好记录。
4) 温湿度管理:库内应保持干燥,相对湿度不超过75%,阴雨季节库内湿度超过75%时,可用吸湿机或用箱装生石灰块吸潮。
5) 安全作业:搬运操作应穿戴胶围裙、手套、护目镜,搬运时要注意轻拿轻放,不得摔震。
6) 保管期限:半年。

注意事项:灭火可用二氧化碳、干砂,不可用水。沾染眼及皮肤应立即用大量水冲洗后再作诊治。

B8.32 品名:四氯化锡(无水)

编号:81053

别名:氯化锡

化学式:$SnCl_4$

分子量:260.53

特性:无色黏稠发烟液体,易溶于醇、二硫化碳,溶于水能发高热,吸水后变成白色结晶五水化合物。相对密度2.23;熔点-33 ℃;沸点114 ℃;蒸气压1 333.22 Pa(10 ℃)。有强腐蚀性和毒性,遇潮湿空气产生氯化氢白色烟雾,遇H发孔剂能立即引起爆炸和燃烧,遇氰化物能产生剧毒的氰化氢气体。

主要用途:纺织印染、陶瓷、医药等。

包装:200 kg坚固铁桶装,桶口严密不漏,桶皮厚度不小于1.2 mm,装桶前应进行49 033 Pa的水压或气压试验。50 kg装铁桶内衬塑料袋,严密封闭后再装入木箱或透笼木箱,铁桶在箱内应固定不得移动。装入带聚乙烯内盖的螺丝口玻璃瓶内,瓶口应用石膏、石蜡封后再用聚乙烯薄膜扎紧,然后烫一层清蜡,装入木箱,箱内用不燃材料衬垫牢固。包装外标志明显。

贮存条件:宜贮存在干燥、通风的库房内,库内相对湿度不宜超过75%。与氧化剂、可燃物、碱类等分库存放。

养护:
1) 入库验收:查验包装有无沾染杂物和其他物品,包装有无封口不严和渗漏。物品应是无色液体,无沉淀和杂质。
2) 堆码苫垫:桶装垫高15 cm,大桶装码两层高,小桶木箱装码行列式垛,可码2小桶高,使用机械可立码 3 小桶高。木箱装码行列式垛,垛高不超过 2.5 m,留出垛距 80~90 cm,墙、柱距 30~50 cm,顶距不小于 1 m 以便于出入库和检查。

3) 在库检查:保管员除每天进行班前班后安全检查外,还应每三个月进行一次质量检查,检查内容与入库验收同,以随时掌握物品在贮存期间的变化。

4) 温湿度管理:应采取库房挂棉门帘和加盖避风阁等措施,梅雨季节可用氯化钙或吸湿机吸潮降湿,控制库内相对湿度在 75% 以下。

5) 安全作业:操作人员应穿工作服,戴手套和胶皮围裙,轻搬轻放,防止摔、扔和撞击。

6) 保管期限:1 年。

注意事项:火灾可用干砂及二氧化碳,不得用水。接触眼睛及皮肤可用大量清水或肥皂水清洗。

B8.33 品名:三溴化磷

编号:81056

化学式:PBr_3

分子量:270.73

特性:无色发烟液体,有刺激性臭味。能溶于水、醇,并同时分解发热、冒烟,可能发生爆炸,能溶于丙酮、二硫化碳。相对密度 2.852(15 ℃);熔点 −40 ℃;沸点 175.3 ℃;蒸气压 1 333.2 Pa。遇潮湿空气即冒烟产生溴化氢气体。有较强腐蚀性及毒性。与金属钾、钠接触能着火,与乙酸、硝酸、亚硝酸盐接触能引起爆炸,与纤维素接触能引起火灾。主要用于有机合成、化学分析。

包装:装入磨砂口或螺丝口玻璃瓶、瓶塞盖严拧紧后瓶口烫蜡再用石膏封严或用塑料薄膜扎紧并加一层胶套严封后装入坚固木箱,内衬不燃性材料(如蛭石、石棉灰、轻体碳酸钙),箱外用铁丝或铁皮加固。包装外标志明显。

贮存条件:宜贮存在干燥、通风的库房内,与有机物、易燃物、碱等隔离存放。避免日光直晒,库内温度不宜超过 30 ℃,相对湿度宜保持在 75% 以下。

养护:

1) 入库验收:验包装有无沾染物和其他物品,封口应严密无烟雾发生,包装完整,衬垫符合包装要求,发现问题及时处理,做好记录。

2) 堆码苫垫:应码行列式货垛,垛底垫高 15~20 cm,垛高不超过 2 m,留出垛距 80~90 cm,墙、柱距 30~50 cm。

3) 在库检查:保管员除每天进行班前班后的安全检查外,还应每三个月进行一次质量检查,其内容与入库验收同,发现问题及时采取封口、降温、吸潮、整理等养护措施。

4) 温湿度管理:采取库房挂门、窗帘或加盖避风阁密封库房,门窗玻璃涂白,利用早晚或干燥天气进行通风及库内吸潮相结合的办法降温和降潮,使库温保持在 30 ℃ 以下,相对湿度 75% 以下。

5) 安全作业:操作人员必须穿工作服,戴手套、防护眼镜和口罩,注意轻搬轻放,不得背负肩扛。

6) 保管期限:半年。

注意事项:灭火可用干砂、二氧化碳,不可用水,救火时应戴防毒面具。眼睛及皮肤灼伤,立即用清水冲洗 15 min 以上,再行医治。

B8.34　品名:五溴化磷

编号:81057

化学式:PBr_5

分子量:430.56

特性:淡黄色结晶,在潮湿空气中能冒烟并分解成有腐蚀性及毒性溴化氢气体,遇水分解、发热以至于爆炸,溶于二硫化碳、四氯化碳等溶剂,在 100 ℃时升华并有部分分解。相对密度 3.60;熔点 148 ℃(分解)。接触金属钠、镁、铝等均能发生高热并引起燃烧。主要用于有机合成。

包装:装入耐酸坛中,用石膏严密封口再装入坚固木箱,箱内用不燃材料(如蛭石、轻体碳酸钙、石棉灰等)衬垫牢固,箱外用铁皮或铁丝加固。装入磨砂口或螺丝口玻璃瓶中,瓶口用石膏、石蜡混合剂封严,装入坚固木箱,箱内用不燃材料衬垫牢固,箱外用铁丝或铁皮加固。包装外标志齐全。

贮存条件:宜贮存在阴凉、干燥、通风的库房,库内温度 30 ℃以下,相对湿度不超过 75%。与铝、镁、钠等金属及有机物隔离存放。

养护:

1) 入库验收:检查物品色泽,是否潮解、溶化,包装及封口是否严密。
2) 堆码苫垫:垛底应垫高 15～20 cm 垛距 90 cm,墙距、柱距 30～50 cm,货垛堆高不超过 2.5 m。
3) 在库检查:在库贮存期间,除每日班前班后对货垛及库内外各进行一次检查外,每季度定期检查一次。
4) 温湿度管理:库内注意保持干燥,梅雨季相对湿度超过 75% 时,可用吸湿机或氯化钙、生石灰吸湿。
5) 安全作业:搬运操作人员应穿工作服,戴胶围裙、胶手套,搬运操作时注意不得重摔、撞击。
6) 保管期限:1 年。

注意事项:火灾不得用水,只能用干砂、干粉。接触皮肤可用大量温水及肥皂水冲洗。

B8.35　品名:五氧化(二)磷

编号:81063

别名:磷酸酐

化学式:P_2O_5

分子量:141.96

特性:白色无定形粉末,不纯物为淡黄色,有蒜臭,有毒,极易吸湿成块状并溶化成磷酸放出大量热。相对密度 2.39;347 ℃升华;熔点 563 ℃(加压)。对人体皮肤、眼、呼吸道黏膜有极强刺激性,与强氧化剂(如高氯酸盐)接触能发生剧烈反应,与纤维素、有机物接触能引起火灾。

主要用途:制造农药、医药、脱水剂。

包装:装入塑料桶或马口铁桶中严格封闭,再装入木箱,箱内用聚氯乙烯泡垫衬垫牢固,箱外用铁皮或铁丝加固。磨口或螺丝口玻璃瓶装,瓶口用蜡封后再套胶帽封严。再装入坚固木箱,箱内用聚乙烯气泡垫衬垫牢固,箱外用铁皮或铁丝加固。包装外标志齐全。

贮存条件:宜贮存在干燥、通风的库房内,库内应保持清洁卫生。与氧化剂、易燃物、有机物、碱类隔离存放。库内应尽量保持干燥,相对湿度不超过75%为宜。

养护:
1) 入库验收:查验包装有无沾染其他物品或污物,包装及衬垫是否符合要求,物品应无吸潮溶化现象,摇动时应呈细微粉末状。
2) 堆码苫垫:应根据库房地势高低,垛底垫高15~30 cm,码行列式货垛,垛高不超过3 m,并留出垛距80~90 cm,墙、柱距30~50 cm。
3) 在库检查:保管员除每天班前班后对所管库房和货场进行安全检查外,还应每三个月进行一次质量检查,其内容与入库验收同,发现问题及时采取封口、修补、埋藏等养护措施。
4) 温湿度管理:采取密封库房或地面铺一层5 cm厚沙土,或装入塑料袋用碳酸钙埋藏及密封箱和货架等办法,以保持温度在30 ℃以下,相对湿度在75%以下。
5) 安全作业:搬运操作人员应穿工作服、戴手套,注意轻拿轻放,防止摔扔和撞击。
6) 保管期限:1年。

注意事项:灭火可用干砂、二氧化碳,灭火时应戴防毒面具,以防人身中毒。皮肤灼伤用大量清水或小苏打水冲洗后送医院诊治。

B8.36 品名:硫代磷酰氯

编号:81064

别名:三氯化硫磷

化学式:$PSCl_3$

分子量:169.4

特性:无色或淡黄色发烟油状液体,具有刺激性气味,易挥发。相对密度1.63;熔点D型－40.8 ℃,β型－36.2 ℃;沸点125 ℃;蒸气压2 933 Pa(25 ℃);相对蒸气密度5.86。遇水发生剧烈反应,放出近似白色烟雾状氯化氢、硫化氢和磷酸。易溶于苯、三氯化磷、二硫化碳、四氯化碳。与乙醇、甲醇激烈反应,遇高热释出有毒的气体。遇潮时,对大多数金属有强腐蚀性。蒸气刺激黏膜,液体对皮肤有腐蚀性。

包装:玻璃瓶包装,外加木箱,内衬不燃材料。

贮存条件:贮存于阴凉、通风的仓库,防止雨淋受潮。与氧化剂、碱类及食用原料隔离贮运。

养护:
1) 入库验收:检查包装是否完好,瓶口密封不漏,验收合格后方可入库。
2) 堆码苫垫:堆垛应垫高避免受潮。
3) 在库检查:保管员班前班后应进行安全检查,主要检查包装封口、物料等情况。
4) 温湿度管理:注意湿度变化,湿度不能过高,适当打开门窗通风。
5) 安全作业:工作人员必穿戴防护用品,操作中必须轻搬轻放,防止摔扔和撞击。

注意事项:消防人员必须穿戴防毒面具和全身防护服,用二氧化碳、砂土灭火。眼睛受刺激用大量水冲洗,涂敷氯化镁甘油软膏,灼伤要送医院治疗。

B8.37 品名:甲酸

编号:81101

别名:蚁酸

化学式:HCOOH

分子量:46.02

特性:无色透明发烟液体,有刺激性气味,呈强酸性,能与水、醇、醚、甘油等任意混合。相对密度 1.22;熔点 8.4 ℃(无水);沸点 100.5 ℃(无水);凝固点 7 ℃;闪点 68.8 ℃(闭杯);燃点 316 ℃。蒸气有易燃性,爆炸极限 18%～57%。有剧毒,对皮肤有较强的腐蚀性能使皮肤发生水泡和疼痛性灼伤。遇浓度较高的硫酸易脱水生成一氧化碳。为强还原剂,遇氧化剂能发生剧烈化学反应,有时可能引起爆炸,如接触过氧化氢在有机物存在下即能引起爆炸。遇有机溶剂(如糠醇、硝基甲烷)能生成敏感的爆炸混合物。

主要用途:有机合成、印染、橡胶、溶剂等。

包装:装入磨口或螺丝口玻璃瓶或塑料瓶中,封口用蜡封,再用塑料薄膜扎紧,装入坚固木箱,箱内用聚氯乙烯泡垫衬垫妥实,箱外用铁皮或铁丝加固。包装外标志明显。

贮存条件:宜在阴凉、通风的库房内贮存。与各种碱类、氧化剂、强含氧酸类隔离存放。库温最高不宜超过 30 ℃,相对湿度不超过 85%。

养护:同 B8.8 氢氟酸。

保管期限:1 年。

注意事项:灭火用雾状水、二氧化碳,灭火时应戴防毒面具。

B8.38 品名:三氟乙酸

编号:81102

别名:三氟醋酸

化学式:CF_3COOH

分子量:114.0

特性:无色发烟液体,具有强烈刺激性气味,有吸湿性。相对密度 1.4890;熔点 -5.6 ℃;沸点 71.1 ℃;蒸气压 1.37×10^4 Pa(25 ℃)。极易溶于水。不燃,受热分解。和酸类接触放出有毒气体。遇潮时,对大多数金属有腐蚀性。有毒,毒性比一氟乙酸小,误服或吸入会中毒。蒸气对皮肤、眼睛和黏膜有强刺激性。液体对皮肤、眼睛和黏膜会引起腐蚀性灼伤。

包装:玻璃瓶外木箱包装内衬不燃材料。外包装加腐蚀品标志。

贮存条件:贮存于阴凉、干燥、通风良好的仓库,远离热源、火源,与碱类、H 发孔剂、氰化物隔离贮运。

养护:

1) 入库验收:主要检查包装有无渗漏,物品是否变质,检查合格后入库。
2) 堆码苫垫:堆垛时垛底应垫高以免物品受潮。
3) 在库检查:保管员班前班后对库房、货架、货场应进行检查,每隔一段时间也应检查一次包装、封口,物品有无变质,如发现问题及时处理,并做好记录。
4) 温湿度管理:严格控制温湿度,天气炎热时可打开门窗通风。
5) 安全作业:作业人员必须穿工作服。

注意事项：消防人员必须穿戴防毒面具和全身特殊防护服，用干粉、砂土灭火，不可用水或泡沫施救。吸入蒸气的患者脱离污染区，安置休息，并保暖，严重者须就医。眼睛受刺激用水冲洗，严重者就医诊治。皮肤接触先用水冲洗，再涂敷氧化镁甘油软膏，起水泡须就医。误服立即漱口，饮水及镁乳，急送医院救治。

B8.39　品名：乙基硫酸

编号：81104

别名：酸式硫酸乙酯、硫酸氢乙酯

化学式：$C_2H_5HSO_4$

分子量：126.1

特性：无色油性液体。相对密度1.361(17)；沸点280 ℃（分解）。与水反应放出热，遇水或蒸气反应，产生热量。遇热分解释放出SO_x的剧毒烟雾。误服会中毒、对皮肤、眼睛和黏膜有强烈刺激性和强腐蚀性。

包装：玻璃瓶外加木箱包装，内衬不燃材料，外包装上有腐蚀品标志。

贮存条件：贮存于阴凉、通风、干燥的房间，与氰化物、碱类物品隔离贮存。

养护：
1) 入库验收：进行外观检验，检查包装是否完好无损封口是否严封不漏，验收合格方可入库。
2) 堆码苫垫：垛底应垫高，不得受潮。
3) 在库检查：班前班后对库房货垛进行安全检查，每隔一段时间对物品还要进行定期检查，检查包装，封口、颜色等有无问题，发现问题及时处理，并做好记录。
4) 温湿度管理：采取适当措施降温，如开门通风。
5) 安全作业：作业人员必须穿工作服、戴防护用品。遇有泄漏覆盖足量小苏打混合均匀后用水冲洗，经稀释后污水排入废水系统。

注意事项：消防人员必须穿戴防毒面具和全身防护服，用砂土、二氧化碳灭火。眼睛受刺激用水冲洗，严重者须就医。皮肤接触先用水冲洗，再用肥皂彻底洗涤，如有灼伤须就医。误服立即漱口，饮水及镁乳，急送医院诊治。

B8.40　品名：溴乙酰

编号：81110

别名：乙酰溴

化学式：CH_3COBr

分子量：122.96

特性：无色发烟液体，在空气中渐变成黄色，有极强刺激性，能溶于醚、三氯甲烷、苯。相对密度1.52；凝固点−66 ℃；沸点81 ℃；闪点<6 ℃。易燃，遇水及醇起剧烈分解反应生成刺激性、腐蚀性较强的溴化氢气体，对人体皮肤、眼及呼吸道黏膜有较强刺激性和腐蚀性，并有剧毒。遇强氧化剂（如氯酸盐、硝酸盐、高锰酸盐、重铬酸盐、过氧化物）都能发生剧烈化学反应，遇强酸（如硝酸）产生剧烈化学反应，遇乙醇有剧烈反应。

主要用途：用于有机合成及染料。

包装：装入磨口或螺丝口玻璃瓶，瓶口用蜡封后再用石膏封严，然后用聚乙烯薄膜扎紧，装入坚固木箱内，并用不燃材料（如碳酸钙等）衬垫，箱外用铁皮或铁丝加固。箱外标志齐全。

贮存条件：贮存于阴凉、通风、干燥的库房内，防止日光直射，库温不超过 30 ℃，相对湿度不超过 75%。与氧化剂、各种碱及易燃物隔离存放。

养护：
1) 入库验收：首先检查包装是否粘有异物或其他物品，包装及衬垫是否符合要求，包装封口完好，无挥发渗漏现象，各种标记清楚明显。物品为无色透明，无杂质。
2) 堆码苫垫：垛底应垫高 15 cm 以上，码行列式货垛，垛高不超过 2 m，并留出垛距 80～90 cm，墙、柱距 30～50 cm，顶距不小于 1 m。
3) 在库检查：保管员除每天进行班前班后的检查外，还应每三个月进行一次质量检查，如发现问题及时采取养护措施，并做好记录。
4) 温湿度管理：采取挂门帘或关双道门密封库房，地面铺砂土，屋内用氯化钙吸潮，小包装的也可用碳酸钙箱内埋藏和装塑料袋密封，或密封货架，密封桶或玻璃干燥器密封法等，以保持温度在 30 ℃ 以下，相对湿度在 75% 以下。
5) 安全作业：搬运操作工人必须穿工作服，戴手套和胶皮围裙，注意轻拿轻放，防止摔扔和撞击。

注意事项：火灾禁止用水扑救，可用干砂、泡沫、干粉扑救，救火时应戴防毒面具。接触皮肤用肥皂水冲洗再涂氧化锌软膏后送医诊治。

B8.41 品名：溴乙酰溴

编号：81112

别名：溴化溴乙酰

化学式：$BrCH_2COBr$

分子量：201.9

特性：无色或浅黄色液体，具有刺激性气味。相对密度 2.317；沸点 147～150 ℃；折光率 1.5480。遇水或乙醇分解。溶于苯、乙醚和三氯甲烷可燃，可燃性较溴乙酰为低。遇潮对大部分金属有腐蚀性。与碱类（如氨及其溶液、肼及其碱液）发生剧烈反应。能严重烧伤皮肤、眼和黏膜，与水发生剧烈反应并放出白色烟雾状的刺激性和腐蚀性溴化氢气体。

包装：玻璃瓶外加木箱，内衬不可燃材料，外包装上加腐蚀品标记。

贮存条件：贮存于阴凉、通风良好的不燃材料的库房，密封、防潮，不可与水接触，远离容易起火的地方。与氧化剂、碱类、醇类和含水物品隔离存放。

养护：
1) 入库验收：主要检查包装，封口情况，遇有破损及时处理。
2) 堆码苫垫：垛底应垫高，以防受潮。
3) 在库检查：保管员除每天班前班后对库房、货垛进行安全检查，每三个月检查一次，如有破损更换包装，并做好记录。
4) 温湿度管理：严格控制温湿度，热天早晚可打开门窗通风，库房温度不能过大。
5) 安全作业：工作人员必须穿工作服，遇到泄漏，立即切断一切火源，戴好防毒面具与手套。用小苏打覆盖并混合均匀，将混合物摊开，用大量水冲洗，经稀释的废水排入污水系统。

注意事项：不可用水或泡沫灭火剂灭火，可用二氧化碳干粉灭火剂灭火。应将吸入蒸气的患者脱离污染区,安置休息并保暖,严重者就医诊治。眼睛受刺激用水冲洗,严重者就医诊治。皮肤接触先用水冲洗,再用肥皂彻底洗涤。误服立即漱口,饮水及蜂乳,并送医院。

B8.42　品名:戊酰氯

　　编号:81115

　　化学式:$(CH_3)_2CHCH_2COCl$

　　分子量:120.6

　　特性:带有刺激性气味的液体。相对密度 1.016 ℃;沸点 125～127 ℃;折光率1.4216。与水反应释放出腐蚀性的氯化氢气体。易燃,闪点 23 ℃。对大多数金属有腐蚀性,蒸气与液体能刺激和腐蚀眼睛、皮肤和呼吸系统。与水反应,放出似白色雾状的腐蚀性的氯化氢气体。

　　包装:玻璃瓶包装外加木箱,内衬不燃材料。

　　贮存条件:贮存于阴凉、干燥、通气良好的不燃材料结构的库房,密闭贮存,不可受潮,远离容易起火的地方。与氧化剂、碱类、醇类和含水物品隔离贮存。

　　养护:

　　1) 入库验收:主要进行外观检查,包装、封口、标志物料外观,如有包装破损,更换后方可入库。

　　2) 堆码苫垫:垛底应垫高,以免物料受潮。

　　3) 在库检查:保管员班前班后均应进行安全检查,检查包装有无破损,物料有无变化,每隔 2～3 个月进行一次全面检查,发现问题及时处理,并做好记录。

　　4) 温湿度管理:控制温、湿度,炎热天气早晚可打开门窗降温。

　　5) 安全作业:轻装轻卸,防止容器受损,遇有泄漏,切断火源,戴好防毒面具和手套,用小苏打覆盖,并混合均匀,将混合物摊开用大量水冲洗,稀释的污水放入废水系统。

　　注意事项:应使吸入蒸气的患者脱离污染区,安置休息,并保暖。眼睛受刺激用水冲洗,严重者就医诊治。皮肤接触先用水冲洗再涂敷氧化镁甘油软膏。误服立即漱口,饮水及镁乳,急送医院。

B8.43　品名:乙二酰氯

　　编号:81116

　　别名:氯化乙二酰、草酰氯

　　化学式:$ClCOCOCl$

　　分子量:126.9

　　特性:无色发烟液体,具有刺鼻恶臭。相对密度 1.455;熔点 －12 ℃;沸点 63～64 ℃。遇水分解生成盐酸与草酸,遇高温(600 ℃)或脱水剂($AlCl_3$)共存时加热分解为光气和一氧化碳。可燃,与钾钠合金接触剧烈反应。对皮肤、眼睛、黏膜有强的刺激作用,可引起严重的皮肤灼伤。吸入少量的草酰氯时,整天饮食感到有强烈的煤烟臭,使人食欲不振,4～10 天后夜间咳嗽加剧,呼吸困难,白天并无异状。即使从事轻工作也感到很疲劳,并患腹泻、呕吐、头痛、喘息、心脏肥大等疾病,在外部虽不显症状,但已引起视力障碍,看灯火时眼花,四周后才能勉强恢复,但会遗留吸收促迫心动过速等症。

　　包装:玻璃瓶外加木箱,内衬不燃材料。

贮存条件:贮存在于阴凉、干燥、通风良好的库房,远离热源、火源。密封贮存,与氧化剂、氰化物、碱类及含水物品隔离。

养护:
1) 入库验收:主要检查包装、封口、物料颜色等是否有变化,如有破损,更换包装后方可入库。
2) 堆码苫垫:堆码不宜太高,垛底应用木板垫起以免受潮。
3) 在库检查:保管员班前班后应进入一次安全检查,每二三个月进行一次全面检查,检查包装物料外观等,发现问题及时处理,并做好记录。
4) 温湿度管理:库房温度、湿度不能过高,应采取适当的降温措施。
5) 安全作业:工作人员必须穿工作服,遇有泄漏,戴好防毒面具与手套,用小苏打覆盖混合均匀,用大量水冲洗,经稀释的水放入废水系统。

注意事项:不可用水灭火,而用砂土、干粉、二氧化碳灭火,消防人员须戴氧气防毒面具和全身防护服。吸入蒸气的患者应迅速离开污染区安置休息并保暖,严重者须就医诊治。眼睛受刺激用水冲洗,溅入眼内的严重患者须就医诊治。皮肤接触先用水冲洗,再涂敷氧化镁甘油软膏,如有灼伤须就医诊治。误服立即漱口,饮水及镁乳,急送医院。

B8.44 品名:氯乙酰氯

编号:81118

别名:氯化氯乙酰

化学式:$ClCH_2COCl$

分子量:113.0

特性:无色至淡黄色液体,具有强刺激性和催泪性臭味。相对密度1.495;熔点-22.5 ℃;沸点105～106 ℃;折光率1.4530;蒸气压6 265 Pa(20 ℃)。遇水分解,不燃。能与很多物质发生剧烈反应造成燃烧爆炸。遇潮时对大多数金属有强腐蚀性。毒性强,蒸气能严重刺激和腐蚀眼睛、皮肤和呼吸系统,吸入可引起肺水肿,严重者可致死。可引起咽喉痛、咳嗽、气急呼吸困难,腹痛腹泻症状,可使眼睛、皮肤充血、疼痛、烧伤、视力模糊。与水发生强烈反应,散发出白色烟雾状、刺激性和腐蚀性氯化氢气体。遇热分解释出高毒的氯化物烟雾。

包装:玻璃瓶包装,外加木箱,内衬不燃材料。外包装加腐蚀品标志。

贮存条件:贮存于阴凉、干燥、通风良好的仓库,远离火种、热源。与氰化物、H发孔剂、碱类隔离贮存。

养护:
1) 入库验收:主要检查包装是否完好,封口是否严密,物料外观有无变化,合格后方可入库。
2) 堆码苫垫:垛底应用木板垫高,防止受潮。
3) 在库检查:保管员每日班前班后都要进行安全检查,每二三个月再检查一次,发现问题及时处理,并做好记录。
4) 温湿度管理:库内温度保持在常温以下,湿度不能过高。
5) 安全作业:工作人员应穿防护服,戴防毒面具、手套,操作遇有泄漏撒上足量小苏打,将其混匀在地面摊开,用大量水冲洗,经稀释后的废水放入污水系统。

注意事项:用砂土、干粉、二氧化碳灭火。着火时可用水喷淋冷却容器,但不能直接与水接触,消防人员必须穿戴氧气防毒面具和全身防护服。吸入蒸气的患者脱离污染区,安置休息,并保暖,严重者送医院救治。眼睛受刺激用水冲洗,对溅入眼内的严重患者务就医诊治。皮肤接触先用水冲洗,再用肥皂彻底洗涤涂敷氧化镁甘油软膏。误服立即漱口,饮水及镁乳,急送医院救治。

B8.45 品名:二甲氨基甲酰氯

编号:81119

化学式:$(CH_3)_2NCOCl$

分子量:107.6

特性:无色或发黄液体,带有令人不愉快的气味。相对密度1.168;熔点－33 ℃;沸点167~168 ℃;折光率1.4540;相对蒸气密度3.73。不与水溶混,与水发生反应放出氯化氢烟雾。可燃,闪点68 ℃,遇高热、火焰或与氧化剂接触有燃烧危险。对皮肤、眼睛和黏膜有腐蚀性。遇水或水蒸气能产生有毒和腐蚀性烟雾。

包装:玻璃瓶包装,外加木箱,内垫不燃材料。

贮存条件:贮存于阴凉、干燥、通风良好的仓库,远离火种、热源。与氰化物、氧化剂、碱类隔离贮存。

养护:

1) 入库验收:主要检查包装是否完好,封口严密,物料外观有无变化,合格后方可入库。

2) 堆码苫垫:垫底应用木板垫高,防止受潮。

3) 在库检查:保管员每日班前班后都要进行安全检查,每二三个月再进行全面检查,发现问题及时处理,并做好记录。

4) 温湿度管理:严格注意库房温湿度,炎热天气应采取措施降低温度,早晚可打开门窗通风。

5) 安全作业:工作人员应穿防护服,戴防毒面具、手套。轻装轻卸、防止容器受损。

注意事项:用砂土、干粉、二氧化碳灭火。着火时可用水喷淋冷却容器,但不能直接与水接触,消防人员必须穿戴氧气防毒面具和全身防护服。吸入蒸气的患者脱离污染区,安置休息并保暖,严重者送医院救治。眼睛受刺激用水冲洗,对溅入眼内的严重患者须就医诊治。皮肤接触先用水冲洗,再用肥皂彻底洗涤。误服立即漱口,饮水及镁乳,急送医院。

B8.46 品名:苯甲酰氯

编号:81121

别名:氯化苯甲酰

化学式:C_6H_5COCl

分子量:140.57

特性:无色透明有刺激性发烟液体,溶于乙醚、苯、二硫化碳。相对密度1.22;熔点－1 ℃;沸点197 ℃;闪点67 ℃;爆炸下限1.1%。遇水、水蒸气或乙醇反应剧烈并放热。蒸气对人体眼、鼻有强烈刺激性,液体能腐蚀皮肤。受热后能产生剧毒性光气。遇碱性物质放高热能燃烧,遇氧化剂和强含氧酸都产生剧烈反应并能引起燃烧。

主要用途:合成香料、染料、有机合成。

包装:装入磨口或螺丝口玻璃瓶,瓶口用蜡封后再用石膏封严后用聚乙烯薄膜扎紧,装入坚固木箱内,并用不燃材料(如碳酸钙等)衬垫,箱外用铁皮或铁丝加固。箱外标志齐全。

贮存条件:宜贮存在阴凉、通风、干燥的库房内,避免日光直晒,远离热源或火源。与氧化剂、强含氧酸、碱性物质、氰化物、H 发孔剂、可燃物等隔离存放。库温不宜超过 30 ℃,相对湿度宜保持 75% 以下。

养护:
1) 入库验收:主要查验包装有无污染或沾染其他异物,包装封口应严密不漏,无挥发分解现象,包装衬垫符合要求。
2) 堆码苫垫:垛底垫高 15 cm 码行列式货垛,垛高不超过 2 m,垛距 80~90 cm,墙距、柱距 30~50 cm,顶距不小于 1 m。
3) 在库检查:除认真执行班前班后的安全检查外,每三个月进行一次质量检查,检查内容与入库验收同,发现问题及时采取相应的养护措施。
4) 温湿度管理:库房挂棉门帘密封,地面铺砂土,或用箱内碳酸钙埋藏,装塑料袋密封等,采取通风和吸潮以保持库温在 30 ℃ 以下,相对湿度 75% 以下。
5) 安全作业:操作人员必须穿工作服、戴手套,注意轻搬轻放,防止摔扔和撞击。
6) 保管期限:1 年。

注意事项:火灾只能用砂土、二氧化碳,不能用水,救火时应戴防毒面具。不慎吸入可立即移至新鲜空气处吸氧并送医院诊治。接触皮肤可用大量清水冲洗。

B8.47 品名:苯磺酰氯

编号:81126

别名:氯化苯磺酰

化学式:$C_6H_5SO_2Cl$

分子量:176.62

特性:无色油状液体,不溶于冷水,能溶于醚及醇。相对密度 1.384 2(15 ℃/15 ℃);熔点 14.5 ℃;凝固点 0 ℃;沸点 251~252 ℃(分解)。可燃,有腐蚀性及毒性。用于有机合成、试剂。

包装:装入磨砂口或螺丝口玻璃瓶中,塞紧瓶塞拧紧外盖、蜡封后用塑料薄膜扎紧再套胶套封严或先烫蜡再用石膏封严,装入坚固木箱,内衬松软材料或聚乙烯气泡垫衬垫牢固,箱外用铁皮或铁丝加固,每箱净重不超过 20 kg。箱外标志明显。

贮存条件:贮存在通风良好的库房,避免日光直晒。与氧化剂、碱类、氰化物、H 发孔剂等严格隔离贮存。

养护:
1) 入库验收:检查是否符合包装要求,有无破损、雨淋、水浸、沾染异物等,内包装封口是否严密,有无渗漏。物料应透明,不含杂质。
2) 堆码苫垫:货垛垛底应垫高 15~30 cm,堆码高度不超过 2.5 m。
3) 在库检查:在库贮存期间,每日上班后、下班前要对货垛及库内外环境各检查一次,每三个月定期进行一次全面质量检查。
4) 温湿度管理:库房密封,地面铺干砂,根据气温变化进行通风和吸潮,保持库温不超过 30 ℃,相对湿度在 80% 以下。
5) 安全作业:搬运操作人员应穿工作服、戴手套、护目镜,搬运时要轻拿轻放,禁止摔扔、撞击,不能背负肩扛。

6) 保管期限:1年。

注意事项:火灾不得用水,只能用干砂、干粉、二氧化碳,救火人员应戴防毒面具。接触皮肤可用大量水冲洗后再涂氧化锌软膏。

B8.48　品名:甲(基)磺酰氯

编号:81127

别名:氯化硫酰甲烷

化学式:CH_3SO_2Cl

分子量:114.6

特性:浅黄色液体,具有刺鼻的臭味。相对密度1.485;熔点-32 ℃;沸点164 ℃;折光率1.451 8;蒸气压1 600 Pa(53 ℃);相对蒸气密度4.0。不溶于冷水(微水解),在热水中很快分解,溶于多数有机溶剂。可燃,闪点110 ℃。遇高热、火种有燃烧危险,能与碱、氨起剧烈反应,造成火灾和爆炸。高毒,对皮肤和黏膜有腐蚀性,大量吸收引起肺水肿(几小时后出现症状)。

包装:玻璃瓶包装外加木箱,内衬不燃材料,外包装上加腐蚀品标志。

贮存条件:贮存于阴凉、干燥、通风良好的库房,远离热源、火种。与氧化剂、氨、碱类和含水物品隔离。

养护:

1) 入库验收:主要检查包装是否完好,封口是否严密,标志是否清楚。如有包装破损,更换包装后方可入库。
2) 堆码苫垫:堆垛不宜太高,垛底应用木板垫高以免受潮。
3) 在库检查:保管员每日班前、班后都要进行安全检查,除检查包装情况外,还应进行物品外观检查,发现问题及时处理,并做好记录。
4) 温湿度管理:严格控制库房温度、湿度,采取适当的隔热措施,炎热天气早晚可打开门窗通风。
5) 安全作业:操作人员应戴好防毒面具和手套,遇有泄漏用小苏打覆盖、混匀后用水冲洗,经稀释后的污水放入废水系统。

注意事项:用干粉、二氧化碳灭火,不可用水施救,消防人员必须穿戴防毒面具和全身防护服。吸入蒸气的患者脱离污染区,安置休息并保暖。眼睛受刺激用水冲洗,再用肥皂彻底洗涤。误服立即漱口、饮水,急送医院抢救。

B8.49　品名:苯(基)氧氯化膦

编号:81128

别名:苯膦酰二氯

化学式:$C_6H_5POCl_2$

分子量:195.0

特性:无色发烟有刺激性的液体。相对密度1.375 ℃;熔点3 ℃;沸点258 ℃;相对蒸气密度6.7。在水中发生水解,溶于苯、三氯甲烷、四氯化碳。本品及其分解产物有很强的刺激性和腐蚀性。与水和潮气反应产生有毒性和腐蚀性的烟雾,腐蚀眼睛、造成腹痛、视力模糊、皮肤烧伤。

包装:玻璃瓶外加木箱包装,内衬不燃烧材料。

贮存条件:贮于阴凉、干燥、通风良好的库房,远离火种、热源。与氧化剂、氰化物、碱类物品隔离贮存。

养护:
1) 入库验收:主要检查包装封口是否严密,物料颜色有无变化。如有破损,更换包装后方可入库。
2) 堆码苫垫:堆垛不宜过高,垛底应用木板垫高,严防潮湿。
3) 在库检查:班前班后进行安全检查,每二三个月检查一次,发现问题及时处理,并做好记录。
4) 温湿度管理:严格控制库房温湿度,采取适当降温措施,早晚可打开门窗通风,门窗玻璃可涂白。
5) 安全作业:作业人员必须戴防毒面具和手套,遇有泄漏,用干燥砂土混合,铲起逐渐倒入大量水中,经稀释的污水放入废水中,对污染地区用肥皂和洗涤剂刷洗。

注意事项:用干燥砂土、干粉、二氧化碳灭火。吸入蒸气的患者脱离污染区,安置休息并保暖。眼睛受刺激用大量水冲洗。皮肤接触先用水冲洗,再涂敷氧化镁甘油软膏。误服立即漱口,饮水及镁乳,并送医院救治。

B8.50 品名:正磷酸

编号:81501

别名:磷酸

化学式:H_3PO_4

分子量:98.0

特性:一般磷酸含量为85%,为无色透明糖浆状液体,无水分的为无色不稳定的斜方晶体,易吸潮,能与水及乙醇任意混合。相对密度1.7(85%),1.874(100%);熔点22 ℃(100%);沸点261 ℃(100%)。在150 ℃时能变成无水物,在200 ℃时逐渐变成针状固体仍易吸湿的焦磷酸($H_4P_2O_7$),如灼热至300 ℃时可变为偏磷酸(HPO_2)。加热的浓磷酸能蚀瓷器。有腐蚀性和毒性,为中强酸能刺激皮肤发炎,对眼有害。

主要用途:常用于金属防锈、食品、橡胶、医药及试剂。

包装:工业品用塑料桶装,桶口密封,再装入透笼木箱,衬垫牢固。试剂用装入磨口或螺丝口玻璃或塑料瓶,瓶口用蜡封后再套一层胶帽,装入坚固木箱,用聚乙烯气泡垫衬垫牢固。包装外标明品名、规格、重量、生产日期、厂名及"腐蚀品""勿倒置"等。

贮存条件:可贮存在通风的库房、货棚或货场,但高浓度磷酸(85%以上),北方冬季要注意防冻。要与毒品、食品隔离存放。

养护:
1) 入库验收:主要查验包装有无污染及沾染其他物品,有无渗漏和封口是否严密,包装衬垫应符合要求。
2) 堆码苫垫:塑料桶装,光桶可码4~6桶一批的行列式垛,最高码两层。透笼木箱宜码行列式垛,可码三层高。玻璃瓶木箱装可码行列式垛,垛高3 m以下,垛距80~90 cm,墙距、柱距30~50 cm,顶距不小于1 m。
3) 在库检查:除每天进行班前班后的安全检查外,每四个月进行一次质量检查,发现问题及时采取养护措施。

4) 温湿度管理:对库房温湿度无特殊要求,保持库温 35 ℃以下,相对湿度 85% 以下。
5) 安全作业:搬运操作人员穿工作服、戴手套,注意轻搬轻放,防止摔扔和撞击。
6) 保管期限:2 年。

注意事项:火灾可用雾状水、砂土、二氧化碳。接触眼及皮肤立即用大量水冲洗。

B8.51 品名:乙酸

编号:81601

别名:醋酸、冰醋酸

化学式:CH_3COOH

分子量:60.05

特性:无色透明液体,有强烈刺鼻醋味,味酸带苦。相对密度 1.049;熔点 16.6 ℃;沸点 118.9 ℃;闪点 42.78 ℃;自燃点 465 ℃;爆炸极限 5.4%～16%(100 ℃);蒸气压 1 520 Pa;相对蒸气密度 2.07。易燃烧,火焰淡蓝色,蒸气有毒,对皮肤有腐蚀性,能引起刺激痛,发红起水泡。水溶液呈酸性,能与各种碱反应生成盐类,与醇接触起酯化反应生成各种酯类。

主要用途:制造各种乙酸盐、化纤、医药、颜料、染料、香料等。

包装:50 kg、100 kg 及 200 kg 铝桶装或塑料桶装,封口严密。化学试剂用螺丝口玻璃瓶或塑料瓶装,封口用蜡封再套一层胶帽,装入木箱,箱内用聚乙烯气泡垫衬垫牢固,箱外用铁皮或铁丝加固。包装外标志明显。

贮存条件:宜存在货棚或通风良好的库房内,大玻璃瓶装冬季应贮存在暖库或地窖内,注意保温在 16 ℃左右以防止其凝固。与各种碱类、氧化剂及强含氧酸隔离存放。

养护:
1) 入库验收:主要查验物品和包装有无沾染其他物质,包装是否完好,有无渗漏破裂。物品应为无色澄清液体,无沉淀杂质。
2) 堆码苫垫:桶装可立码 2～3 桶高,平码 3～4 桶高。箱装可码行列式货垛,垛高 3 m 以下,垛距 80～90 cm,墙、柱距 30～50 cm,顶距大于 1 m。
3) 在库检查:认真执行班前班后的安全检查,特别是大玻璃瓶装,在结冰之初或溶化时,易造成大量破裂,一旦有酸味即说明有破瓶,必须翻捣查出。每三个月进行一次质量检查,内容与入库验收同。
4) 温湿度管理:库温可控制在 35 ℃以下,若有大玻璃瓶装(2500 mL 以上),冬季应贮存保温库须保持在 16 ℃以上,相对湿度 85% 以下。
5) 保管期限:2 年。

注意事项:灭火用雾状水、砂土、二氧化碳、泡沫。接触皮肤可用大量清水或肥皂水冲洗。

B8.52 品名:乙酸酐

编号:81602

别名:醋酸酐

化学式:$(CH_3CO)_2O$

分子量:102.05

特性:无色透明液体,有极强乙酸气味,遇水即分解成乙酸。能溶于苯,极易溶于乙醇及乙醚。相对密度 1.802;沸点 140 ℃;熔点 -73 ℃;闪点 49.4 ℃;燃点 380 ℃;爆炸极限 2.67%～10.13%。有易燃性和极强腐蚀性,对人体皮肤有较强刺激性并发水泡,对眼的危害很大。遇氧化剂中硝酸盐、高锰酸盐有爆炸的危险性,遇硝酸、铬都有剧烈反应。

主要用途:用于医药、染料、合成纤维等。

包装:要求同 B8.51 乙酸。

贮存条件:宜贮存在阴凉、通风的库房内,避免日光直晒,远离热源、火源。与强氧化剂及强含氧酸、H 发孔剂、氰化物等隔离存放。库内温度宜控制在 30 ℃ 以下,相对湿度在 80% 以下。

养护:

1) 入库验收:检查物品是否含杂质,包装有无破裂,封口有无渗漏等。发现问题应即行整理,否则必须将有问题物品出库。
2) 堆码苫垫:与 B8.51 乙酸同。
3) 在库检查:除认真执行班前班后的安全检查外,还应每三个月进行一次质量检查,其检查内容与入库验收同,发现问题及时采取封口、整理或更换等措施。
4) 温湿度管理:密封库房,进行通风和吸潮,库内温度可控制在 30 ℃ 以下,相对湿度 80% 以下。
5) 安全作业:操作搬运人员必须穿工作服、戴手套,注意轻搬轻放,防止摔扔和撞击。
6) 保管期限:2 年。

注意事项:火灾只能用干粉、砂土、二氧化碳,救火人员应佩戴防毒面具。接触皮肤或眼部时应立即用大量清水或肥皂水冲洗后再去医院诊治。

B8.53 品名:氯乙酸

编号:81603

别名:氯醋酸

化学式:$CH_2ClCOOH$

分子量:94.51

特性:无色结晶,有 α、β、γ 三种异构体。易潮解溶化,易溶于水、乙醇、乙醚、三氯甲烷、苯等。相对密度 1.58(20 ℃/20 ℃);沸点 189 ℃;熔点 63 ℃(α),56 ℃(β),50 ℃(γ);闪点 126.1 ℃;爆炸下限 8%;蒸气压 666.6 Pa(71.5 ℃);相对蒸气密度 3.26。可以燃烧,受热分解产生有毒的光气和氯化物气体。有较强腐蚀性,对人体皮肤有腐蚀性,有毒。对金属、橡胶及软木等有腐蚀作用。

主要用途:有机合成、染料、医药、农药、试剂等。

包装:装入耐酸陶瓷坛、塑料桶中严密封口后装入坚固木箱,箱内用不燃材料(如石棉灰、蛭石等)材料衬垫妥实,箱外用铁丝或铁皮加固。装入螺丝口玻璃瓶,塑料瓶中严密封闭,瓶口蜡封后再用聚乙烯薄膜扎紧,装入木箱内用聚乙烯气泡垫衬垫牢固,箱外用铁皮或铁丝加固。包装外标志明显。

贮存条件:宜贮存在干燥的库房,必须注意容器严密,防止吸潮溶化,库内温度宜控制在 30 ℃ 以下,相对湿度不超过 80%,阴雨季节要加强库房的密封防潮。贮存时应注意和氧化剂、碱类、H 发孔剂及氰化物等隔离存放。

养护:

1) 入库验收:主要查验包装有无污染或沾有其他物品,包装应完整无损,无封口不严或吸水溶化现象。

2) 堆码苫垫:坛、桶、透笼木箱装,可码行列式货垛2～3个高。玻璃瓶木箱装,可码行列式货垛,垛高不超过3 m,垛距80～90 cm,墙、柱距30～50 cm,顶距大于1 m。
3) 在库检查:除每天进行班前班后的安全检查外,还应每三个月进行一次质量检查,内容与入库验收同。
4) 温湿度管理:库温应控制在3 ℃以下,相对湿度80%以下。
5) 安全作业:操作人员必须穿工作服、戴手套,注意轻搬轻放,防止摔扔和撞击。
6) 保管期限:2年。

注意事项:火灾时可用砂土、泡沫、二氧化碳、雾状水,救火时应戴防毒面具。接触皮肤可立即用大量清水或肥皂水冲洗后再涂氧化锌软膏,然后送医诊治。

B8.54 品名:三氯乙酸

编号:81606

别名:三氯醋酸

化学式:CCl_3COOH

分子量:163.40

特性:无色结晶,有刺激性气味,有潮解性,在空气中能吸潮溶化,溶于水、醇、醚。对眼有强烈刺激性,有毒和腐蚀性。相对密度1.629(61 ℃/4 ℃);熔点57～58 ℃;沸点196～197 ℃。不易燃,但受热易分解放出有毒性氯气。用于有机合成、医药、化学试剂、杀虫药。

包装:装入螺丝口玻璃瓶或塑料瓶中,塞紧瓶盖,并套胶套,然后装入木箱或瓦楞纸箱,箱内用松软材料或聚乙烯气泡垫衬垫牢固、箱外用铁皮带或塑料带捆扎,每箱不超过20 kg。装入耐酸坛或陶瓷坛,封口严密再装坚固木箱或半透笼木箱,箱内用松软材料衬垫牢固,箱外用铁皮或铁丝加固,每箱净重不超过50 kg。包装外标志明显。

贮存条件:贮存在干燥库房内,与碱类、氧化剂隔离贮存,库内相对湿度不超过80%。

养护:
1) 入库验收:检查外包装是否受雨淋、水浸、污染、破裂,包装封口是否严密,物品是否潮解溶化。
2) 堆码苫垫:货底应垫高15～30 cm,货垛高度不超过3 m,墙距、柱距30～50 cm。
3) 在库检查:在库贮存期间每日上班后、下班前应对货垛及环境各进行一次检查,每季度定期全面检查一次。
4) 温湿度管理:库房应经常进行通风以保持干燥,阴雨季库内相对湿度达到80%时可用吸湿机或放生石灰块吸潮。
5) 安全作业:搬运操作时应穿工作服、戴手套,装卸堆码要注意轻拿轻放。
6) 保管期限:1年。

注意事项:火灾可用雾状水、泡沫、砂土、二氧化碳。眼睛受刺激,可用大量水清洗后再送医院诊治。接触皮肤可用大量水冲洗,或用2%苏打水冲洗。

B8.55 品名:丙烯酸

编号:81617

化学式:$CH_2=CHCOOH$

分子量:72.07

特性:无色透明液体,有刺激性臭味,能与水、乙醇、乙醚任意混合。相对密度1.052;沸点 141 ℃;熔点 13 ℃;闪点 54.4 ℃;自燃点 429 ℃;膨胀系数 9.76×10⁻⁴(20～25 ℃);相对蒸气密度 2.45。易燃,受热易分解产生有毒气体,受光、热影响极易聚合,同时产生大量热引起火灾。对人体皮肤、眼有刺激性和腐蚀性,但对金属无腐蚀性。易被氢还原成为丙酸,遇碱能分解成为甲酸和乙酸,遇氧化剂(如氯酸盐、高氯酸盐、硝酸盐、过氧化物等)极易分解产生高热。

主要用途:用于塑料、合成、橡胶、涂料、油漆等。

包装:螺丝口玻璃瓶或塑料瓶装,瓶口用蜡封后再套胶帽,装入坚固木箱,箱内用聚乙烯气泡垫衬垫牢固,箱外用铁皮或铁丝加固。包装外标志明显。

贮存条件:宜贮存在低温库或地下库,库温不宜超过 5 ℃以防止自聚。目前,各地生产的丙烯酸都加阻聚剂以防止其自然聚合。贮存地点应远离火源、热源,防止日光直晒,与氧化剂、强含氧酸、强碱隔离存放。

养护:
1) 入库验收:主要查验包装有无沾染其他物质,包装封口是否严密,有无渗漏和破损。物品应为无色澄清液体,无沉淀杂质和黏稠现象。
2) 堆码苫垫:应码较小形,便于周围检查的行列式垛,垛高不超 2 m,留出垛距 80～90 cm,墙距、柱距 30～50 cm。
3) 在库检查:认真执行班前班后的安全检查制度,货垛内放一最高温度表,便于随时检查温度,如有发热现象即全部检查,防止聚合发生着火。还应每二个月进行一次质量检查,检查内容与入库验收同。
4) 温湿度管理:应采取半地下地堡、山洞、窑洞密封或低温库储藏,并注意吸潮,以保持温度在 5 ℃以下,相对湿度 80%以下。
5) 安全作业:搬运操作人员应穿工作服、戴手套,注意轻搬轻放。如发现容器发热,应立即移至安全地点,用冷水冷却铁桶。
6) 保管期限:半年。

注意事项:火灾只能用雾状水、砂土、二氧化碳、泡沫扑救。

B8.56 品名:氢氧化钠

编号:82001

别名:苛性钠、烧碱

化学式:NaOH

分子量:40.01

特性:白色无定形易潮解固体,人工加工成块状、棒状、粒状不等。在空气中易吸收水蒸气而溶化,同时产生大量热,市场有液态销售称液碱,易溶于乙醇、甘油,不溶于丙酮。相对密度 2.13;熔点 318.4 ℃;沸点 1390 ℃。有极强腐蚀性,接触皮肤能破坏肌体组织导致坏死。易吸收空气中二氧化碳成为碳酸钠,遇各种酸能发生中和反应并产生大量热。在高温下接触铝能立即发生反应生成氢,遇乙醛、丙烯腈、一氯硝基甲苯能发生剧烈反应引起爆炸,遇顺丁烯二酸酐能引起爆炸,遇硝基烷经撞击反应剧烈,遇三氯甲烷有强烈放热反应。

主要用途:为工业基本原料,用于造纸、制皂、石油、印染、化纤、医药、试剂等。

包装:工业品为 200 kg、100 kg 铁桶包装,桶盖焊接牢固,严格密封,防止吸潮溶化。液碱 250 kg 厚铁桶装,桶盖严封不得渗漏。化学试剂、小量工业品用螺丝口玻璃瓶或塑料瓶装,瓶口严封,用蜡封后再套一层胶套,装入木箱或纸箱,箱内用聚乙烯气泡垫衬垫牢固,木箱外用铁皮或铁丝加固,纸箱外用塑料带捆紧。包装外标志明显。

贮存条件:铁桶装和液碱可以存放在货棚或露天货场,地面应高亢干燥无积水,垛底应垫高15～30 cm,不得将包装直接接触地面,木箱及纸箱必须存放在干燥的库房内,库内相对湿度保持在80%以下。与酸类、醚类,特别是顺丁烯二酸酐、丙烯腈、烷类以及金属或其他有机物都应隔离存贮。

养护:
1) 入库验收:检查外包装是否有损坏、水湿、污染,包装内衬垫是否妥当,包装瓶口封口是否严密,物品有无吸湿结块或变色等现象。
2) 堆码苫垫:垛底应垫高15～30 cm,直立堆码行列式垛,堆高两层,还可平放堆垛,压缝堆5桶高。液碱铁桶装立放堆2桶高,平放只能堆三层,露天货垛应苫席五层。
3) 在库检查:在库贮存期间每日上班后、下班前应对货垛及库内外环境各进行一次检查,每三个月定期进行一次质量检查。
4) 温湿度管理:在库内贮存应注意湿度控制,使相对湿度保持在80%以下。
5) 安全作业:搬运操作固体碱时应穿工作服、戴手套,搬运液碱时应加穿胶围裙、戴胶手套护目镜。桶装体重,桶皮较薄易碰破吸湿溶化,宜使用机械搬运,使用人力时应注意轻装轻卸,严禁摔撞。
6) 保管期限:2年。

注意事项:火灾可用水、砂土扑救。接触皮肤可立即用大量水冲洗,或用硼酸水或稀乙酸冲洗后,涂氧化锌软膏,腐蚀严重的立即送医院诊治。

B8.57 品名:氢氧化钾

编号:82002

别名:苛性钾

化学式:KOH

分子量:56.11

特性:白色无定形固体,质脆、味涩,易溶于水,微溶于醇,有极强碱性,在空气中易吸收二氧化碳和水而溶化,溶解时能产生大量热。相对密度2.044;熔点360 ℃;沸点1320 ℃。有极强腐蚀性,接触皮肤能被腐蚀成严重灼伤。与各种酸均起剧烈反应,遇二氯乙烯、三氯乙烯能产生自燃及爆炸性氯乙炔、二氯乙炔气体,遇顺丁烯二酸酐能产生剧烈反应,遇四氢呋喃有发生爆炸可能,遇丙烯醛产生剧烈聚合反应。用于各种钾盐制造、碱电池、石油化工、印染、有机合成、化学试剂等。

包装:工业品为200 kg、100 kg铁桶包装,桶盖焊接牢固严格密封防止吸潮溶化。液碱250 kg厚铁桶装,桶盖严密不得渗漏。化学试剂、小量工业品用螺丝口玻璃瓶或塑料瓶装,瓶口严封,用蜡封后再套一层胶套,装入木箱或纸箱,箱内用聚乙烯气泡垫衬垫牢固,木箱外用铁皮或铁丝加固,纸箱外用塑料带捆紧。包装外标志明显。

贮存条件:铁桶装和液碱可以存放在货棚或露天货场,地面应高亢干燥无积水,排水畅通,垛底应垫高15～30 cm,不得将包装直接接触地面,木箱及纸箱必须存放在干燥的库房内,库内相对湿度宜保持在80%以下。与酸类、醛类,特别是顺丁烯二酸酐、丙烯腈、烷类以及金属或其他有机物都应隔离存贮。

养护:
1) 入库验收:检查外包装是否有损坏、水湿、污染,包装内衬垫是否妥当,包装瓶口封口是否严密,物品有无吸湿结块或变色等现象。
2) 堆码苫垫:垛底应垫高 15~30 cm,直立堆码行列式垛,堆高两层,还可平放堆垛,压缝堆 5 桶高。液碱铁桶装立放堆 2 桶高,平放只能堆三层,露天货垛应苫席五层。木箱装或纸箱装堆高不超过 2.5 m,垛距 80 cm(液碱铁桶装垛距 90 cm),墙距、柱距 30 cm。
3) 在库检查:在库贮存期间每日上班后、下班前应对货垛及库内外环境各进行一次检查,每三个月定期进行一次质量检查。
4) 温湿度管理:在库内贮存应注意湿度控制,使相对湿度保持在 80% 以下。
5) 安全作业:搬运操作固体碱时应穿工作服、戴手套,搬运液碱时应加穿胶围裙、戴胶手套护目镜。桶装体重,桶皮较薄易碰破吸湿溶化,宜使用机械搬运,使用人力时应注意轻装轻卸,严禁摔撞。
6) 保管期限:2 年。

注意事项:火灾可用水、砂土扑救。接触皮肤可立即用大量水冲洗,或用硼酸水或稀乙酸冲洗后,涂氧化锌软膏,腐蚀严重的立即送医院诊治。

B8.58 品名:氢氧化锂

编号:82003

化学式:LiOH

分子量:23.95

特性:白色粉末,有辛辣味,易溶于水,微溶于醇,在空气中易吸收二氧化碳而变质。相对密度 2.54;熔点 450 ℃;沸点 925 ℃(分解)。不燃,有强碱性及腐蚀性。用于蓄电池、试剂、显影剂。

包装:工业品为 200 kg、100 kg 铁桶包装,桶盖焊接牢固严格密封防止吸潮溶化。液碱 250 kg 厚铁桶装,桶盖严密不得渗漏。化学试剂、小量工业品用螺丝口玻璃瓶或塑料瓶装,瓶口严封,用蜡封后再套一层胶套,装入木箱或纸箱,箱内用聚乙烯气泡垫衬垫牢固,木箱外用铁皮或铁丝加固,纸箱外用塑料带捆紧。包装外标志明显。

贮存条件:铁桶装和液碱可以存放在货棚或露天货场,地面应高亢干燥无积水、排水畅通,垛底应垫高 15~30 cm,不得将包装直接接触地面,木箱及纸箱必须存放在干燥的库房内,库内相对湿度宜保持在 80% 以下。与酸类、醛类,特别是顺丁烯二酸酐、丙烯腈、烷类以及金属或其他有机物都应隔离存贮。

养护:
1) 入库验收:检查外包装是否有损坏、水湿、污染,包装内衬垫是否妥当,包装瓶口封口是否严密,物品有无吸湿结块或变色等现象。
2) 堆码苫垫:垛底应垫高 15~30 cm,直立堆码行列式垛,堆高两层,还可平放堆垛,压缝堆 5 桶高。液碱铁桶装立放堆 2 桶高,平放只能堆三层,露天货垛应苫席五层。木箱装或纸箱装堆高不超过 2.5 m。垛距 80 cm(液碱铁桶装垛距 90 cm),墙距、柱距 30 cm。

3) 在库检查:在库贮存期间每日上班后、下班前应对货垛及库内外环境各进行一次检查,每三个月定期进行一次质量检查。
4) 温湿度管理:在库内贮存应注意湿度控制,使相对湿度保持在80%以下。
5) 安全作业:搬运操作固体碱时应穿工作服、戴手套,搬运液碱时应加穿胶围裙、戴胶手套护目镜。桶装体重,桶皮较薄易碰破吸湿溶化,宜使用机械搬运,使用人力时应注意轻装轻卸,严禁摔撞。
6) 保管期限:2年。

注意事项:火灾可用水、砂土扑救。接触皮肤可立即用大量水冲洗,或用硼酸水或稀乙酸冲洗后,涂氧化锌软膏,腐蚀严重的立即送医院诊治。

B8.59 品名:氧化钠

编号:82006

别名:一氧化钠

化学式:Na_2O

分子量:62.0

特性:白色无定形片状或粉末。在暗红炽热时熔融,到400 ℃以上时分解成过氧化钠及金属钠。相对密度2.27。遇水起剧烈反应,放出热,形成氢氧化钠。与乙醇起反应,可与酸类发生剧烈反应。与铵盐类反应放出氮气。遇潮时,对铝、锌、锡有腐蚀性。对人有强烈刺激性,对眼、皮、黏膜造成严重灼伤。在100 ℃以上时能与一氧化氮反应。也能与水剧烈反应形成氢氧化钠。

用途:化学反应的聚合及缩合剂、脱氧剂。

包装:玻璃瓶或塑料瓶外加木箱,内衬不燃材料,用金属桶盛装内衬塑料袋。

贮存条件:贮存于干燥库房内,与酸类、铵盐隔离贮存。

养护:

1) 入库验收:检查外包装是否损坏。
2) 堆码苫垫:垛底垫高15～30 cm,直立堆码行列式垛,堆高两层。
3) 在库检查:每日上下班前后对库内外各进行一次检查,每三个月进行一次质量检查。
4) 温湿度管理:相对湿度保持在80%以下。
5) 安全作业:搬运操作时应穿戴防护眼镜与手套,搬运时轻装轻放严禁摔撞。
6) 保管期限:1年。

注意事项:火灾用干燥砂土、干粉、二氧化碳灭火,不可用水扑救。吸入粉尘的患者脱离污染区,安置休息并保暖。刺激眼睛用大量水冲洗,接触皮肤用大量水冲洗。误服时立即漱口,饮水及醋或1%乙酸,并送医院急救。

B8.60 品名:氧化钾

编号:82007

化学式:K_2O

分子量:94.2

特性:常温下为无色极易潮解结晶或粉末,350～400 ℃时生成过氧化钾和钾。相对密度2.33。与水剧烈反应,溶于乙醇、乙醚。与酸类发生剧烈反应,与铵盐反应放出氮气。遇潮对铝、锌、锡有腐蚀性。对眼、皮、黏膜造成严重灼伤。

包装:玻璃瓶或塑料瓶外加木箱,内衬不燃材料,用金属桶盛装内衬塑料袋。

贮存条件:贮存于干燥库房内,与酸类、铵盐隔离贮存。

养护:
1) 入库验收:检查外包装是否损坏。
2) 堆码苫垫:垛底垫高15～30 cm,码行列式垛,堆高两层。
3) 在库检查:每日上下班前后对库内外各进行一次检查,每三个月进行一次质量检查。
4) 温湿度管理:相对湿度保持在80%以下。
5) 安全作业:搬运操作时应穿戴防护眼镜与手套,搬运时轻装轻放严禁摔撞。
6) 保管期限:1年。

注意事项:火灾用干燥砂土、干粉、二氧化碳灭火,不可用水扑救。吸入粉尘的患者脱离污染区,安置休息并保暖。刺激眼睛用大量水冲洗,接触皮肤用大量水冲洗。误服时立即漱口,饮水及醋或1%乙酸,并送医院急救。

B8.61 品名:铝酸钠溶液

编号:82008

化学式:$AlNaO_2$

分子量:82.0

特性:无色液体,水溶液呈碱性,逐渐水解生成氢氧化铝。与酸类发生剧烈反应,放出氨气。对铝、锌、锡有腐蚀性。对皮肤、眼睛和黏膜有刺激性和腐蚀性,使眼结膜充血疼痛、视力模糊、腹痛腹泻等。

包装:铁桶装。

贮存条件:贮存于干燥、通风的库房内,与酸类隔离贮存。

养护:
1) 入库验收:检查包装是否损坏、水湿污染。包装封口是否严密,物品有无吸湿等。
2) 堆码苫垫:垛底垫高15～30 cm,直立堆码行列式垛,堆高两层。
3) 在库检查:每日上下班前后对库内外各进行一次检查,每三个月进行一次质量检查。
4) 温湿度管理:相对湿度保持在80%以下。
5) 安全作业:搬运操作时应穿工作服戴棉布手套,搬运时轻装轻放严禁摔撞。
6) 保管期限:1年。

注意事项:火灾用水、砂土、二氧化碳灭火。接触皮肤、眼睛用大量水冲洗。误服时立即漱口,并送医院急救。

B8.62 品名:多硫化铵溶液

编号:82009

化学式:$(NH_4)_2S_x$

特性:不稳定的发黄色液体,有臭鸡蛋味,可与水混溶,与酸类接触可分解,放出H_2S有毒易燃气体。误服、吸入或皮肤接触会中毒,对皮肤、眼睛和黏膜有腐蚀性。

用途:沉淀重金属,做还原剂、杀虫剂、硝酸纤维脱硝剂、感光材料、分析试剂等。

包装:用玻璃瓶或塑料瓶外加木箱包装。

贮存条件:贮存于低温、干燥、通风良好的库房内或库区,与酸类物品隔离贮存。

养护:
1) 入库验收:检查外包装是否损坏、水湿、污染,包装封口是否严密,物品有无吸湿等。
2) 堆码苫垫:垛底垫高 15～30 cm,直立堆码行列式垛,堆高两层。
3) 在库检查:每日上下班前后对库内外各进行一次检查,每三个月进行一次质量检查。
4) 温湿度管理:湿度保持在 80% 以下,温度低于 35 ℃。
5) 安全作业:搬运操作时应穿戴防护眼镜与手套,搬运时轻装轻放严禁摔撞。
6) 保管期限:1 年。

注意事项:火灾时用水灭火。吸入蒸气者脱离危险区,安置休息并保暖。接触皮肤、眼睛大量水冲洗。误服时立即漱口,并送医院急救。

B8.63　品名:硫化铵溶液

编号:82010

化学式:$(NH_4)_2S$

特性:低于 -18 ℃ 为结晶,高于此温度即分解为硫氢化铵、多硫化物等。一般市场上供应的相当于 16%～20% 的硫化铵溶液出售。新制品为几乎无色的液体但很快变成黄色,且有氨及硫化氢恶臭,强碱性。本品不稳定,气体有毒。遇酸性烟雾能释出极毒和易燃的硫化氢。高浓度蒸气能使人失去知觉,以至昏迷不醒,低浓度蒸气也能使人产生头晕等症状。溶液能严重刺激眼睛和皮肤,引起灼伤。

包装:玻璃瓶或塑料瓶,外包装为木箱,或散装。

贮存条件:低温、干燥、通风良好的库区内。

养护:
1) 入库验收:检查内外包装有无破损,封口是否严密,对破损必须更换或整理。
2) 堆码苫垫:木箱装码行列式货垛两层高。
3) 在库检查:每日上下班前后对货垛、库房进行一次检查,每二个月进行一次感官质量检查,发现问题及时采取措施,并做好记录。
4) 温湿度管理:库温低于 30 ℃。
5) 安全作业:操作需穿工作服、戴护目镜,操作中必须轻放轻搬,防止摔扔和撞击。
6) 保管期限:3 个月。

注意事项:火灾时用水灭火。使吸入蒸气的患者脱离污染区,安置休息并保暖。眼睛受刺激时用大量水冲洗,严重者就医诊治。如皮肤接触先用水冲洗,再用肥皂彻底洗涤,如果有灼伤送医院。误服后立即漱口,急送医院救治。

B8.64　品名:硫化钠

编号:82011

化学式:Na_2S

分子量:78.05

特性:工业用品含 9 个结晶水,为棕红色块状或片状结晶,味臭有潮解性,能溶于水,易溶于热水,微溶于乙醇。相对密度 2.471,1.427(无水);920 ℃ 分解;熔点 1180 ℃(无水)。遇水、遇酸都能产生可燃有毒的硫化氢气,遇硝酸能引起剧烈化学反应。遇强氧化剂(如硝酸铵、硝酸钠、氯酸钠、高氯酸钠、过氧化氢等)都能发生剧烈放热反应。遇重氮盐及二氯甲胺等能发生爆炸,遇碳也有可能引起燃烧。主要用于印染、黏胶纤维制造、橡胶硬化、皮革脱毛、电镀等。

包装:100 kg 或 160 kg 铁皮桶装,桶皮厚度应不小于 1.2 mm,桶全部焊严不留缝隙。50 kg 薄铁皮桶装,应严密封闭后再装入坚固木箱或透笼木箱、铁桶,在箱内应牢固不能移动。试剂用螺丝口玻璃瓶或塑料瓶装,瓶口盖紧后用蜡封再套一层胶帽,然后装入纸箱或木箱内,箱内用松软材料或聚乙烯气泡垫衬垫牢固,木箱外用铁皮或铁丝加固,纸箱用铁皮或塑料带捆紧。包装外标志明显。

贮存条件:大铁桶装可存放在货棚或露天货场,货场垛底应垫高 50 cm,露天货场货垛五层苫席或一层防雨苫布,货棚垛底应垫高 20～30 cm,要注意苫盖周密防止雨淋水浸导致桶皮腐蚀破损。木箱及纸箱应存放在干燥的库房内,与酸类、氧化剂、有机物等隔离存放,并远离火源,库内相对湿度要控制在 80% 以下。

养护:
1) 入库验收:入库验收检查铁桶是否已锈蚀,有无破漏,有无吸湿溶化。试剂要检查包装封口是否严密,晶体是否变色,或成为粉末,如颜色变浅、粉末增多,说明物品已吸潮。
2) 堆码苫垫:露天堆垛垛底应垫高 30 cm 以上。大铁桶装堆行列式垛,立放可堆高两层,平放可堆高五层,露天垛至少苫席五层或防雨苫布一层。木箱装可堆高 3 m。
3) 在库检查:在库贮存期间每日上班后、下班前都应对货垛和环境各进行一次检查,每三个月应定期进行一次检查。
4) 温湿度管理:露天垛要保持包装不受雨淋、水浸,库房要注意控制相对湿度不超过 85%,以防铁桶生锈及吸潮。
5) 安全作业:搬运操作人员应穿工作服、戴棉布手套,搬运时要注意轻装轻卸防止包装破损吸湿溶化。
6) 保管期限:1 年。

注意事项:火灾可用水及砂土,救火人员应戴防毒面具。皮肤接触可用清水或稀乙酸冲洗。人身中毒应立即移至空气流通处,重者送医院诊治。

B8.65 品名:硫化钾(含结晶水＞30%)

编号:82012

化学式:K_2S

分子量:110.26

特性:黄色或黄红色结晶,干燥时呈片状,易溶于水,溶解时产生大量热,水溶液呈碱性。相对密度 1.805;熔点 840 ℃。在空气中易吸收水分后分解产生硫化氢气体并放出大量热,并可能引起着火。粉尘在空气中可能发生自燃而爆炸,燃烧后产生有毒和臭味的二氧化硫气体。遇酸能产生易燃,有毒和臭味的硫化氢气。遇强氧化剂(如氯酸钠、过氧化氢等)能产生剧烈反应。遇硝基溶剂也能发生剧烈反应释出大量热。主要用于医药、试剂。

包装、贮存条件、养护、注意事项等项同 B8.64 硫化钠。

B8.66 品名:硫化钡

编号:82013

化学式：BaS

分子量：169.43

特性：白色正方形结晶或黄绿色、灰色粉末或块状，能溶于水，在潮湿空气中能吸湿分解并释放大量热，可能引起自燃。相对密度 4.25；熔点 1 200 ℃；折光率 2.155。遇酸类及氧化剂即发生剧烈反应，并产生大量热，有毒。主要用于橡胶、发光剂、脱毛剂、分析试剂。

包装：50 kg 麻袋、塑编袋或乳胶玻璃纤维袋装内衬塑料袋，封口严密不漏洒。试剂用螺丝口玻璃瓶装，瓶口盖紧后先用蜡封再套一层胶帽，然后装入坚固木箱或纸箱，箱内用松软材料或聚乙烯气泡垫衬垫牢固，木箱外用铁皮或铁丝加固，纸箱用铁皮或塑编带捆扎牢固。包装外标志明显。

贮存条件：宜贮存在干燥的库房内，地面不得有积水，与酸类、氧化剂等隔离存放。库内相对湿度不超过 80%。

养护：
1) 入库验收：检查包装有无破漏，有无雨淋水浸，物品有无结块现象。
2) 堆码苫垫：垛底应垫高 15～30 cm，不得直接堆放在地面，袋装可堆高 3～3.5 m，箱装堆高 3 m，垛距 80 cm，墙距、柱距 30 cm。
3) 在库检查：在库贮存期间每日上班后、下班前应对货垛及环境各进行一次检查，每三个月定期检查一次。
4) 温湿度管理：库房应进行密封，根据库内外温湿度变化，进行通风和吸潮以控制库内相对湿度不超过 80%。
5) 安全作业：搬运操作人员应穿工作服、戴手套、口罩，操作时应注意轻装轻卸。

注意事项：火灾不能用水及酸碱式灭火剂，只能用砂土及二氧化碳，救火人员在救火时应在上风处并戴防毒面具。

B8.67 品名：硫氢化钠（含结晶水≥25%）

编号：82014

化学式：NaHS

分子量：56.1

特性：无色至白色结晶或熔融固体，有硫化氢臭味。极易吸湿，在潮湿空气中迅速分解成 NaOH 或 NaS。相对密度 1.79；熔点 350 ℃。溶于水、醇、醚等。二水物为针状或片状，熔点 55 ℃，极易溶于水，溶于醇、醚。工业品一般为溶液，呈橙色或黄色。与皮肤和黏膜接触呈强刺激性，有类似硫化氢样的急性中毒。

包装：玻璃瓶外木箱，内衬不燃材料或铁桶（固体）和散装（液体）。

贮存条件：贮存于干燥、通风的库房，不可与酸类、易燃物、氧化剂共贮混存。

养护：
1) 入库验收：检查内外包装是否损坏，封口是否严密。
2) 堆码苫垫：垛底垫高 15～30 cm，堆高两层。
3) 在库检查：每日上下班前后对库内外各进行一次检查，每三个月进行一次质量检查。
4) 温湿度管理：相对湿度保持在 80% 以下。
5) 安全作业：搬运操作时应穿戴防护镜与手套，并轻装与轻卸，严禁摔撞。
6) 保管期限：1 年。

注意事项:火灾时用水灭火。眼睛受刺激时用大量水冲洗并就医。皮肤接触时用大量水冲洗。误服立即漱口,饮水并送医院治疗。

B8.68 品名:硫氢化钙

编号:82015

别名:氢硫化钙

化学式:$Ca(HS)_2 \cdot 6H_2O$

分子量:214.3

特性:无色透明结晶。在空气中分解(15~18 ℃),易溶于水,微溶于醇。遇酸反应放出硫化氢。剧毒,而且易燃,对皮肤、眼睛有刺激性和腐蚀性,吸入会中毒。

包装:固体用铁桶包装,液体用罐车装。

贮存条件:贮存于阴凉、干燥、通风的地方,与酸类物品隔离贮存。

养护:

1) 入库验收:检查内外包装是否损坏,包装封口是否严密。
2) 堆码苫垫:垛底垫高 15~30 cm,堆高两层。
3) 在库检查:每日上下班前后对库内外各进行一次检查,每三个月进行一次质量检查。
4) 温湿度管理:库温在 30 ℃以下,湿度在 80%以下。
5) 安全作业:搬运操作轻装轻卸严禁摔撞,操作需穿戴防护镜、手套等。

注意事项:火灾用水灭火。眼睛受刺激时用大量水冲洗,并就医诊治。皮肤接触时用大量水冲洗。如误服立即漱口,饮水并送医院就医。

B8.69 品名:乙醇钠

编号:82018

别名:乙氧基钠

化学式:C_2H_5ONa

分子量:68.1

特性:白色或微黄色吸湿性粉末,在空气中易分解。贮存中会变黑,遇水迅速分解成氢氧化钠和乙醇。相对密度 0.868;折光率 1.3 850;熔点>300 ℃。易燃,遇热或火种容易引起燃烧。遇潮时,对部分金属(如铝、锌等)有腐蚀性。遇氧化剂强烈反应。遇热分解并放出高毒的烟雾。接触后有刺激感、喉痛、咳嗽、呼吸困难、腹痛、腹泻、呕吐,严重时发生肺水肿。皮肤、眼睛接触时,会引起皮肤和眼结膜充血、皮肤灼伤等。

包装:玻璃瓶加外木箱包装,内衬不燃材料;钢桶装。

贮存条件:贮存在阴凉、干燥、通风良好的不燃材料结构库房内,远离火源热源,防止与水或潮气接触。与氧化剂、酸类物品隔离贮存。

养护:

1) 入库验收:检查内、外包装是否损坏,包装封口是否严密。
2) 堆码苫垫:垛底垫高 15~30 cm,堆高两层。
3) 在库检查:每日上下班前后对库内外各进行一次检查,每三个月进行一次质量检查。
4) 温湿度管理:相对湿度保持在 75%以下,温度 28 ℃以下。
5) 安全作业:搬运操作轻装轻卸,严禁摔撞,不得背负肩扛,工作人员戴手套、防护镜、口罩等。

6) 保管期限:半年。

注意事项:用干粉、砂土等无水灭火剂灭火。使吸入蒸气或烟雾的患者脱离污染区,安置休息并保暖。眼睛及皮肤受刺激时用大量水冲洗。如误服时立即漱口,饮水并送医院救治。

B8.70 品名:四甲基氢氧化铵

编号:82019

别名:氢氧化四甲基铵

化学式:$(CH_3)_4NOH$

分子量:181.2

特性:水合状态的固体,极易溶于水和乙醇。熔点65~68 ℃。常见为水溶液,无色透明液体。呈强碱性,易吸收空气中的二氧化碳。与酸类发生激烈反应。也有20%甲醇的溶液,无色透明液体。相对密度0.882;闪点26 ℃。为易燃性和腐蚀性液体。其水溶液不燃,其甲醇溶液易燃,闪点26 ℃。对皮肤、眼睛和黏膜有强刺激性和腐蚀性。

包装:塑料瓶,外包装木箱内衬不燃材料。

贮存条件:贮存于阴凉、通风的库房内,远离火源和热源。与酸类物品隔离贮存。

养护:

1) 入库验收:检查内外包装是否损坏,封口是否严密。
2) 堆码苫垫:垛底垫高15 cm,堆高两层。
3) 在库检查:每日上下班前后对库内外各进行一次检查,每三个月进行一次质量检查。
4) 温湿度管理:存四甲基氢氧化铵甲醇溶液的库房温度严格控制。
5) 安全作业:搬运操作时应穿戴防护镜、手套等,并轻装轻卸,严禁摔撞。

注意事项:用雾状水、砂土、二氧化碳灭火。使吸入蒸气的患者脱离污染区,休息并保暖。眼睛受刺激或皮肤接触时用大量水冲洗。如误服立即漱口,饮水并送医院救治。

B8.71 品名:水合肼(含肼≤64%)

编号:82020

别名:水合联胺

化学式:$H_2NNH_2 \cdot H_2O$

分子量:50.06

特性:无色发烟液体,易溶于水及醇,不溶于三氯甲烷及醚,在空气中能冒烟。相对密度1.03;熔点−40 ℃;沸点119 ℃;凝固点−51.7 ℃;闪点73 ℃。蒸气易燃烧爆炸,有强还原性、腐蚀性及毒性,能刺激人体皮肤、眼及黏膜。用于化学试剂、还原剂。

包装:装入良好耐酸坛、塑料桶中,严密封口再装入坚固木箱内,箱内用不燃材料衬垫,箱外用铁皮或铁丝加固。装入螺丝口玻璃瓶或塑料瓶中,严密封闭,再装入坚固木箱,箱内用不燃材料衬垫,箱外用铁皮或铁丝加固。包装外应标明品名、规格、重量、生产日期、生产厂及"易燃品""腐蚀品""小心轻放"等明显标志。

贮存条件:贮存于阴凉、通风的库房,库房宜保持在30 ℃以下,相对湿度不超过80%。与酸类、氧化剂等隔离存放。

养护:

1) 入库验收:检查包装是否符合要求,有无破漏,是否沾染其他异物,物品应透明澄清不含杂质。

2) 堆码苫垫:垛底应垫高 15～30 cm,堆行列式垛,垛高不超过 2 m,垛距 80 cm,墙距、柱距 30 cm。
3) 在库检查:贮存期间每日上班后下班前应对货垛及环境各检查一次,夏季每个月、其他季节每三个月应定期进行一次检查。
4) 温湿度管理:库房应密封,可根据库内外温湿度变化掌握通风和吸湿,但禁用电动吸湿机,可用氯化钙等吸湿剂,不宜使用生石灰。
5) 安全作业:搬运操作人员应穿工作服、胶围裙、戴护目镜及口罩,操作时应注意轻拿轻放,禁止摔震、撞击。

注意事项:火灾可用雾状水、泡沫、干粉、二氧化碳扑救。

B8.72 品名:环己胺

编号:82021

别名:六氢苯胺、氨基环己烷

化学式:$C_6H_{11}NH_2$

分子量:99.2

特性:无色液体,具有强烈鱼腥味。强碱性,吸收空气中二氧化碳生成白色碳酸盐结晶。相对密度 0.687;熔点-17 ℃;沸点 134 ℃;折光率 1.4585;相对蒸气密度 3.42。溶于水、醇、酮、酯、脂肪烃、芳香烃及它们的含氯化合物。易燃,闪点 26.5 ℃,自燃点 265 ℃,爆炸极限 1.6%～1.9%。能与氧化剂剧烈反应。环己胺能抑制中枢神经系统,有麻醉作用,可经皮肤吸收,刺激眼睛、皮肤、呼吸道。遇热分解释放出高毒烟雾。

包装:玻璃瓶,外包装木箱内衬不燃材料或钢桶装。

贮存条件:贮存于阴凉、干燥、通风良好的不燃材料结构的库房,远离火种、热源。与强氧化剂、酸类隔离贮存。

养护:

1) 入库验收:检查内外包装是否损坏,封口是否严密。
2) 堆码苫垫:垛底垫高 15 cm,堆高两层。
3) 在库检查:每日上下班前后对库内、外各进行一次检查,每三个月进行一次质量检查。
4) 温湿度管理:库温应严格控制在 30 ℃以下。
5) 安全作业:搬运操作要穿戴防护镜、手套等,轻装轻卸,严禁摔撞。

注意事项:火灾时用干粉、抗醇泡沫或二氧化碳灭火。用水保持火场中容器冷却,用雾状水驱散蒸气,用水喷淋保护堵漏救火人员。使吸入蒸气的患者脱离现场,休息并保暖。眼睛受刺激时用水冲洗。皮肤接触时先用水冲洗,再用肥皂水彻底洗涤,严重时送医院救治。

B8.73 品名:N,N-二甲基环己胺

编号:82022

别名:二甲氨基环己烷

化学式:$(CH_3)_2NC_6H_{11}$

分子量:127.2

特性:无色易燃液体。相对密度 0.8647(25 ℃);熔点≤-50 ℃;沸点 159 ℃;折光率

1.4522。略溶于水,能与醇、苯混溶。易燃,闪点 38.1 ℃,自燃 200 ℃,爆炸极限 0.79%～7.0%。遇明火和氧化剂有引起燃烧的危险。对皮肤、眼睛和黏膜有强腐蚀性。受高热分解出有毒的气体。

包装:玻璃瓶装,外包装木箱,内衬不燃材料或钢桶装。

贮存条件:贮存于阴凉、干燥、通风良好的不燃材料结构的库房,远离火种、热源。与强氧化剂、酸类隔离贮存。

养护:
1) 入库验收:检查内外包装是否损坏,封口是否严密。
2) 堆码苫垫:垛底垫高 15 cm,堆高两层。
3) 在库检查:每日上下班前后对库内各进行检查。
4) 温湿度管理:库温度严格控制在 30 ℃ 以下。
5) 安全作业:搬运操作要穿戴防护镜、手套等,轻装轻卸,严禁摔撞。

注意事项:用干粉、抗醇泡沫或二氧化碳灭火。用水灭火可能无效,但须用水保持火场中容器冷却。用雾状水驱散蒸气,赶走泄漏的液体,使之稀释成为不燃性混合物,并用水喷淋保护堵漏救火人员。应使吸入蒸气的患者脱离污染区,安置休息。眼睛受刺激时,用水冲洗,严重者就医诊治。皮肤接触时先用水冲洗,再用肥皂水彻底洗涤,如灼伤就医诊治。如误服立即漱口,饮水并医院救治。

B8.74 品名:二(正)丁胺

编号:82027

化学式:$(C_4H_8)_2NH$

分子量:129.3

特性:无色挥发性易燃液体,带有氨的气味,呈碱性。相对密度 0.7613;熔点 −59 ℃;沸点 159 ℃;折光率 1.401;蒸气压 266.6 Pa(20 ℃);相对蒸气密度 4.6。部分混溶于水,溶于乙醇与乙醚。易燃,闪点 39 ℃,爆炸极限下限 1.1%,遇明火高热或接触氧化剂有发生燃烧的危险。有毒性,大鼠经口 LD_{50}:550 mg/kg。液体能腐蚀皮肤、眼睛和黏膜,蒸气会刺激黏膜。

包装:玻璃瓶,外包装木箱内衬不燃材料或钢桶装。

贮存条件:贮存于阴凉、干燥、通风良好的不燃材料结构的库房,远离火种、热源。与强氧化剂、酸类隔离贮存。

养护:
1) 入库验收:检查内外包装是否损坏,封口是否严密。
2) 堆码苫垫:垛底垫高 15 cm,堆高两层。
3) 在库检查:每日上下班前后对库内、外各进行一次检查,每三个月进行一次质量检查。
4) 温湿度管理:库温度控制在 30 ℃ 以下。
5) 安全作业:搬运操作要穿戴防护镜、手套等,物品轻装轻卸,严禁摔撞。

注意事项:火灾时用干粉、抗醇泡沫或二氧化碳灭火,用水保持火场容器冷却,用雾状水驱散蒸气,并用水喷淋、保护堵漏和灭火人员。使吸入蒸气的患者脱离现场,休息并保暖。眼睛受刺激时用水冲洗。皮肤接触时先用水冲洗,再用肥皂水彻底洗涤,严重时送医院救治。如误服立即漱口,饮水并送医院救治。

B8.75 品名:1,2-乙二胺

编号:82028

别名:乙二胺

化学式:$NH_2CH_2CH_2NH_2$

分子量:60.1

特性:无色或微黄色黏稠液体,有类似氨的气味。具有吸湿性和强碱性,能从空气中吸收二氧化碳。相对密度 0.8994;熔点 8.5 ℃;沸点 117.2 ℃;折光率 1.4540;蒸气压1246 Pa(20 ℃);相对蒸气密度 2.07。溶于水和醇,微溶于乙醚,不溶于苯。能与无机酸生成溶于水的盐。易燃,闪点 34 ℃,自燃点 385 ℃。蒸气能与空气形成爆炸性混合物,遇火、高温或氧化剂有燃烧的危险。与乙酸、乙酸酐、二硫化碳、氯、磺酸盐、硝酸、硫酸、发烟硫酸、过氯酸等剧烈反应。能腐蚀铜及其合金。有毒,刺激眼、皮肤和呼吸道,引起过敏症,呈现出变态反应。误服和吸入高浓蒸气引起关节痛、晕眩、呼吸短促、恶心、呕吐,发生致命性中毒。

包装:玻璃瓶外加木箱,内衬不燃材料包装或塑料桶、钢桶装。

贮存条件:贮存于阴凉、干燥、通风良好的不燃材料结构的库房,远离火种、热源。与强氧化剂、酸类隔离贮存。

养护:

1) 入库验收:检查内外包装是否损坏,封口是否严密。
2) 堆码苫垫:垛底垫高 15 cm,堆高两层。
3) 在库检查:每日上下班前后对库内外各进行一次检查,每三个月进行一次质量检查。
4) 温湿度管理:库温应严格控制在 30 ℃以下。
5) 安全作业:搬运操作要穿戴防护镜、手套等,操作时要轻装轻卸,严禁摔撞。

注意事项:与 B8.72 环己胺同。

B8.76 品名:1,3-丙二胺

编号:82030

化学式:$NH_2(CH_2)_3NH_2$

分子量:74.1

特性:水白色有氨味的液体。相对密度 0.888 1;熔点 -12 ℃;沸点 139.7 ℃。易溶于水、甲醇和乙醚。易燃,闪点 48.8 ℃,遇高热或火焰有燃烧爆炸的危险。强碱性,受热分解释放出有毒的氧化氮气体。

包装:玻璃瓶,外包装木箱内衬不燃材料或钢桶装。

贮存条件:贮存在阴凉、干燥、通风良好的不燃材料结构的库房。远离火种、热源,与强氧化剂、酸类隔离贮存。

养护:

1) 入库验收:检查内外包装是否损坏,封口是否严密。
2) 堆码苫垫:垛底垫高 15 cm,堆高两层。
3) 在库检查:每日上下班前后对库内外各进行一次检查,每三个月进行一次质量检查。
4) 温湿度管理:库温应严格控制在 35 ℃以下。
5) 安全作业:搬运操作要穿戴防护镜、手套等,物品轻装轻卸,严禁摔撞。

注意事项：火灾时用干粉或二氧化碳灭火。使吸入蒸气的患者脱离现场，休息并保暖。眼睛受刺激时用水冲洗，皮肤接触时用水冲洗。如误服立即漱口并送医院救治。

B8.77 品名：1,2-丙二胺

  编号：82030

  化学式：$CH_3CH(NH_2)CH_2NH_2$

  分子量：74.1

  特性：无色有吸湿性液体，呈强碱性，有氨的气味。与空气接触产生白色烟雾。吸下层空气中二氧化碳，生成白色沉淀。相对密度 0.873 2；熔点 -37.2 ℃；沸点 118.9 ℃；折光率 1.446 0；相对蒸气密度 2.6。易吸湿形成水合物。溶于水，与水形成恒沸混合物。溶于很多有机溶剂。易燃，闪点 33.3 ℃，蒸气能与空气形成爆炸性混合物。接触明火或受高热有燃烧危险，与氧化剂接触能剧烈反应。能腐蚀铜及其合金。具有和乙胺同样的毒，能刺激皮肤和黏膜，受热分解放出有毒氧化氮气体。

  包装：玻璃瓶，外加木箱，内衬不燃材料或钢桶装。

  贮存条件：贮存于阴凉、干燥、通风良好的不燃材料结构的库房，远离火种、热源。与强氧化剂、酸类隔离贮存。

  养护：

  1) 入库验收：检查内外包装是否损坏，封口是否严密。

  2) 堆码苫垫：垛底垫高 15 cm，堆高两层。

  3) 在库检查：每日上下班前后对库内外各进行一次检查，每三个月进行一次质量检查。

  4) 温湿度管理：库温应严格控制在 30 ℃ 以下。

  5) 安全作业：搬运操作要穿戴防护镜、手套等，轻装轻卸，严禁摔撞。

  注意事项：火灾时用干粉、抗酸泡沫或二氧化碳灭火。用水保持火场中容器冷却，用雾状水驱散蒸气，并用水喷淋保护灭火人员。使吸入蒸气的患者脱离现场，休息并保暖。眼睛受刺激时用水冲洗。皮肤接触时先用水冲洗，再用肥皂水彻底洗涤，严重时送医院救治。如误服立即漱口，饮水并送医院救治。

B8.78 品名：1,6-己二胺

  编号：82031

  化学式：$H_2N(CH_2)_6NH_2$

  分子量：116.2

  特性：白色结晶或有光泽的片状物，具有吡啶臭味。在空气中吸收水分及二氧化碳。熔点 42 ℃；沸点 205 ℃。溶于水，水溶液呈强碱性，也溶于乙醇和苯。可燃，闪点 81 ℃，遇火源或高热有轻微的燃烧爆炸危险。受热分解放出易燃的且对人有毒的气体。能与氧化剂反应，强碱性。毒性较大，蒸气对上呼吸道和眼睛出现刺激症状。误服或吸入有害，可引起结膜炎、呼吸短促、水肿肝炎。

  包装：玻璃瓶，外加木箱内衬不燃材料或者用钢桶包装。

  贮存条件：贮存于阴凉、干燥、通风良好的不燃材料结构的库房，远离火种、热源。与强氧化剂、酸类隔离贮存。

  养护：

  1) 入库验收：检查内外包装是否损坏，封口是否严密。

2) 堆码苫垫:垛底垫高 15 cm,堆高两层。
3) 在库检查:每日上下班前后对库内外各进行一次检查,每三个月进行一次质量检查。
4) 温湿度管理:库温应控制在 30 ℃以下。
5) 安全作业:搬运操作要穿戴防护镜、手套等,轻装轻卸,严禁摔撞。

注意事项:用泡沫、砂土、干粉或二氧化碳灭火。使吸入蒸气的患者脱离现场,休息并保暖。眼睛皮肤等受刺激时用水冲洗,严重时送医院救治。

B8.79 品名:聚乙烯聚胺

编号:82032

别名:多乙烯多胺、多乙掌多胺

化学式:$(CH_2CH_2NH_2)_n$

特性:黄色或橙红色透明黏稠液体。是乙二胺、二乙烯三胺、三乙烯四胺和四乙烯五胺的联产物。呈强碱性,能与水、醇、醚混合。可燃,遇高热、火焰有燃烧危险。能与氧化剂反应。有腐蚀性,能刺激皮肤、黏膜。受高热分解释出有毒氧化氮烟雾。

包装:玻璃瓶,外加木箱内衬不燃材料或钢桶包装。

贮存条件:贮存在阴凉、干燥、通风良好的不燃材料结构的库房,远离火种、热源。与强氧化剂、酸类隔离贮存。

养护:
1) 入库验收:检查外包装是否损坏,封口是否严密。
2) 堆码苫垫:垛底垫高 15 cm,堆高两层。
3) 在库检查:每日上下班前后对库内、外各进行一次检查,每三个月进行一次质量检查。
4) 温湿度管理:库温应控制在 30 ℃以下。
5) 安全作业:搬运操作要穿戴防护镜、手套,轻装轻卸,严禁摔撞。

注意事项:火灾时用干粉或二氧化碳灭火。使吸入蒸气的患者脱离现场,休息并保暖。眼睛、皮肤接触受刺激时用水冲洗。如误服立即漱口并送医院救治。

B8.80 品名:钠石灰(含 NaOH>4%)

编号:82501

别名:碱石灰

化学式:$NaOH+Ca(OH)_2$

特性:白色或灰白色易潮解的颗粒。是氧化钙同 5%~20%氢氧化钠的紧密混合物,它能吸收以自身重量 25%~30%的二氧化碳。不燃,遇潮时对铝、锌、锡有腐蚀性。与酸类发生剧烈反应。可与铵盐发生反应,散发出氨气。有强烈刺激性和腐蚀性,对眼睛、皮肤、黏膜会造成严重灼伤。

包装:玻璃瓶或塑料听装。

贮存条件:贮存于阴凉、干燥、通风的库房,密闭贮存防止受潮,不宜久贮。与酸类、铵盐隔离贮存。

养护:
1) 入库验收:检查内、外包装是否损坏,封口是否严密。
2) 堆码苫垫:垛底垫高 15 cm,堆高三层。
3) 在库检查:每日上下班前后对库内、外各进行一次检查,每三个月进行一次质量检查。

4) 温湿度管理:库房应严格注意通风防潮,湿度在80%以下。
5) 安全作业:搬运操作要穿戴防护镜、手套等,轻装轻卸,严禁摔撞。

注意事项:用干砂、干粉、二氧化碳灭火。皮肤接触用水冲洗,眼睛受刺激用温水冲洗,误服应立即漱口、饮水。

B8.81 品名:氨溶液(含氨大于10%～小于35%)

编号:82503

别名:氨水

化学式:NH_4OH

分子量:35.05

特性:无色或微黄色透明液体,为含氨28%～29%的水溶液。有极强的刺激性臭味,对人体、眼及呼吸道有刺激性和腐蚀性。与水可任意混合。溶解时产生高热,水溶液呈碱性,有毒。相对密度0.90。不燃烧,受热易分解放出氨,在100℃时全部分解为氨及水。与各种酸均能发生反应产生铵盐,遇强氧化剂、氯酸钠、高氯酸钠、过氧化氢等均有强烈放热反应。用于医药、试剂、化肥、皮革、橡胶印染等。

包装:200 kg铁桶装,桶皮厚度不小于1.2 mm,桶口应严密不漏,在装桶前必须通过$4.9×10^4$ Pa的水压或气压试验。陶瓷坛装坛口用石膏水泥封严,再装入透笼木箱,衬垫牢固。试剂用装入螺丝口玻璃瓶或塑料瓶,瓶口封严,用蜡封后套一层胶帽再装入木箱,箱内用松软材料衬垫牢固,箱外用铁皮或铁丝加固。包装外标志明显。

贮存条件:宜贮存在阴凉、通风的库房或货棚内,与酸类、氧化剂及过氧化氢等隔离存放,库房温度不超过35℃。

养护:
1) 入库验收:检查包装是否合乎要求,封口是否严密,有无渗漏现象,物品是否透明无色,不含沉淀杂质。
2) 堆码苫垫:垛底应垫高至少15 cm,堆垛时大铁桶应码成行列式,直立堆码可堆高两层,横放可堆3～5桶高,箱装可堆高2～2.5 m。
3) 在库检查:在贮存期间,每日上下班前后要对货垛及环境各检查一次,夏季每月、其他季节每三个月应进行一次检查,主要检查包装有无破裂渗漏。
4) 温湿度管理:库内可用排风扇加强通风以保持空气新鲜,夏季只宜在白天密封库房,夜间进行通风,使库温保持30℃以下。
5) 安全作业:搬运操作人员应穿工作服,戴手套、护目镜及口罩,搬运时必须轻装轻卸,防止物品包装破损、物品洒漏影响操作。
6) 保管期限:6～12个月。

注意事项:火灾可用水或砂土扑救,救火人员应佩戴防毒面具,站在上风口。如不慎接触眼部,可立即移至通风处用大量水冲洗或用硼酸水冲洗,严重的送医院诊治。

B8.82 品名:氟化铬

编号:83002

别名:三氟化铬

化学式:CrF_3

分子量:109.0

特性：暗绿色结晶性粉末。相对密度3.78；熔点1000 ℃以上；沸点1100 ℃以上；在1100~1200 ℃升华。不溶于水、醇。在热盐酸、硝酸和硫酸中少量分解，溶于氢氟酸。由于溶解性低，由铬引起的急性毒性较低，由于分解生成氟化氢等有毒气体，必须注意。

包装：玻璃瓶或塑料瓶，外包装大木箱，内衬不燃材料或钢桶。

贮存条件：贮存在通风、干燥的库房内，与酸类隔开贮存。

养护：
1) 入库验收：检查内外包装是否损坏，封口是否严密。
2) 堆码苫垫：垛底垫高15 cm，堆高三层。
3) 在库检查：每日上下班前后对库内、外各检查一次，每三个月进行一次质量检查。
4) 温湿度管理：注意防潮，湿度应在80%以下。
5) 安全作业：搬运操作要穿戴防护镜、手套等，轻装轻卸，严禁摔撞。

注意事项：用水、二氧化碳灭火。使吸入蒸气的患者脱离污染区，安置休息并保暖。眼睛、皮肤接触受刺激时用水冲洗。误服后立即漱口，急送医院救治。

B8.83　品名：二氯乙醛

编号：83009

化学式：$CHCl_2CHO$

分子量：113.0

特性：无色液体，能缓慢聚合成白色固体，具有强烈刺激性气味。相对密度1.463(25 ℃)；冰点－50 ℃；沸点88 ℃；蒸气压6 665 Pa(20 ℃)；相对蒸气密度3.9。腐蚀品，可燃，与氧化剂接触激烈反应。经口或吸入高毒。蒸气具有催泪性、刺激性、恶臭及腐蚀性。能严重刺激眼睛和呼吸系统。液体对皮肤有强烈刺激性。

包装：玻璃瓶、外包装木箱，内衬不燃材料。

贮存条件：贮存于阴凉、干燥、通风良好的库房，远离火种、热源，避免受潮，防止日光直晒。

养护：
1) 入库验收：检查内外包装是否损坏，封口是否严密。
2) 堆码苫垫：垛底垫高15 cm，堆高两层。
3) 在库检查：每日上下班前后对库内、外各进行一次检查，每三个月进行一次质量检查。
4) 温湿度管理：温度25 ℃，湿度85%以下。
5) 安全作业：搬运操作要穿戴防护镜、手套等，物品轻装轻卸，严禁摔撞。

注意事项：消防人员必须穿戴氧气防毒面具和全身防护服。用二氧化碳、干粉灭火。使吸入蒸气的患者脱离污染区，安置休息并保暖，严重者须就医诊治。眼睛受刺激用水冲洗，对溅入眼内的严重患者须就医诊治。皮肤接触先用水冲洗，再用肥皂彻底洗涤，误服立即漱口、促吐，随后送医院救治。

B8.84　品名：甲醛溶液

编号：83012

化学式：$HCHO$

分子量：30.03

特性：为37%甲醛的水溶液，其中还含有10%~15%甲醇以阻止聚合，无色透明液体，有刺激性及窒息性气味,与水、醇、丙酮可任意混合。相对密度0.815(-20 ℃纯品),1.075～1.085(37%,不含甲醇),1.067(气体);凝固点-92 ℃(100%);沸点-19.44 ℃(纯),101 ℃(37%不含甲醇);闪点85 ℃(37%不含甲醇);自燃点430 ℃;蒸气压$4.38×10^5$ Pa(20 ℃);折光率1.3746。在温度低于10 ℃时,易自聚成为不溶性三聚甲醛白色沉淀。其蒸气与空气混合能成为燃烧爆炸性混合物,燃烧范围7%～73%。与强酸、强氧化剂接触均能发生高热。对人体黏膜、眼均有强刺激性,毒害性。用于消毒杂菌、合成树脂、有机合成等。

包装:装入坚固铁桶内涂防酸保护层,封口严密,每桶净重不超过200 kg。或装入陶瓷坛,封口严密不漏再装入木箱或半透笼木箱,箱内用松软材料填塞牢固,箱外用铁皮或铁丝加固,每坛净重不超过50 kg。装入螺口玻璃瓶中,瓶盖塞紧后用石蜡、石膏封严再用塑料薄膜扎紧,每箱不超过20 kg。包装外标志应明显齐全。

贮存条件:贮存在阴凉、通风良好的库房,避免日光直晒,要注意冬季库内温度不低于10 ℃。与强酸、氧化剂,遇水燃烧物品隔离存贮。

养护:
1) 入库验收:检查包装是否符合包装要求有无破损,瓶口是否渗漏,物品是否透明无白色沉淀或浑浊现象。
2) 堆码苫垫:垛底应垫高15 cm,铁桶装可堆行列式垛,立放不超过两层,横放不超过四层,木箱装垛高不超2.5 m,垛距80 cm,墙距、柱距30 cm。
3) 在库检查:在库贮存期间每日上班后、下班前对物品进行一次检查。
4) 温湿度管理:在北方地区冬季应贮存在保温库,温度不低于10 ℃,或贮存在地下或半地下库,要求温度在10 ℃左右。夏季应密封库房加强通风,使库温不超过30 ℃。
5) 安全作业:搬运操作人员应穿工作服,戴手套、护目镜,搬运时要注意轻拿轻放,防止包装破损。
6) 保管期限:6个月。

注意事项:火灾可用水、泡沫、二氧化碳。眼受伤立即用大量清水冲洗。接触皮肤,先用大量水冲洗,再用酒精擦洗后涂甘油。呼吸中毒可移至新鲜空气处,用2%碳酸氢钠溶液雾化吸入以解除呼吸道刺激,然后送医院治疗。

B8.85 品名:苯酚钠

编号:83013

化学式:C_6H_5ONa

分子量:116.1

特性:白色潮解性针状结晶,在空气中能被二氧化碳所分解,溶于水和乙醇。可燃,受热分解或遇酸液、酸雾能产生有毒的气体,并有腐蚀性。高毒,对皮肤、眼睛和黏膜有强烈刺激作用。

包装:玻璃瓶外加木箱,内衬不燃材料或镀锌钢桶装。

贮存条件:贮存于阴凉、通风的仓库中,远离火种、热源,与氧化剂、酸类隔离贮存。

养护:
1) 入库验收:检查内外包装是否损坏,封口是否严密。
2) 堆码苫垫:垛底垫高15 cm,堆高两层。

3) 在库检查:每日上下班前后对库内、外各检查一次,每三个月进行一次质量检查。
4) 温湿度管理:注意防潮,湿度在80%以下。
5) 安全作业:搬运操作要穿戴全身防护服、护目镜、手套等,轻装轻卸,严禁摔撞。

注意事项:用雾状水、干粉、抗醇泡沫或二氧化碳灭火,消防人员应穿戴防毒面具和全身防护服。眼睛受刺激时先用水冲洗,直至送医院医治为止。皮肤接触时先用水冲洗,并用甘油浸洗至少10 min。误服后催吐,随后漱口并送医院救治。

B8.86 品名:蒽

编号:83018

化学式:$C_6H_4(CH)_2C_6H_4$

分子量:178.2

特性:带蓝色荧光的无色至淡黄色结晶,具有强烈刺激性。相对密度1.25(27 ℃);熔点217 ℃;沸点340 ℃;蒸气压133 Pa;相对蒸气密度6.15。不溶于水,溶于加热的乙醇及乙醚。可燃,闪点121 ℃,自燃点540 ℃,爆炸极限(下限)0.6%。遇高热、火焰或铬酸有爆炸的危险。遇氧化剂激烈反应。含致癌物,刺激眼睛及呼吸道。长期接触皮肤会染色并生癌,误服会刺激胃肠。

包装:纸袋或编织袋内衬塑料袋。

贮存条件:贮存于阴凉、通风的仓库,远离火种、热源,与氧化剂隔离贮存。

养护:
1) 入库验收:检查包装是否损坏。
2) 堆码苫垫:垛底垫高15 cm。
3) 在库检查:每日上下班前后对库内外各进行一次检查,每三个月进行一次质量检查。
4) 温湿度管理:库房应注意通风,温度在30 ℃以下,湿度在80%以下。
5) 安全作业:搬运操作要穿戴全身防护服、护目镜,轻装轻卸。

注意事项:消防人员必须穿戴全身防护服,用二氧化碳或干粉灭火,用水可能引起沸腾或飞溅,容易灼伤人员。使患者脱离污染区,安置休息并保暖。眼睛受刺激时用水冲洗。皮肤接触时先用水冲洗,再用肥皂彻底洗涤。误服应洗胃后,再用盐类导泻。

B8.87 品名:次氯酸钠溶液(含有效氯大于5%)

编号:83501

别名:漂白水、漂白液

化学式:NaClO

分子量:74.5

特性:固体次氯酸钠在空气中极不稳定,受热后迅速分解为氯化钠或氯酸盐和氧,只有在碱性状态时极稳定。市上一般为碱性溶液,为微黄色液体,有氯的臭味。碱度不低于2%~3%时,溶液可贮存10~15天。碱性较小时分解较快,并放出次氯酸进而分解成氯和氧酸盐。与有机物、日光接触发出有毒的氯气,对大多数金属有轻微的腐蚀。溶液能刺激眼睛和皮肤,造成灼伤。

包装:用衬胶槽车或塑料槽车装运。

贮存条件:贮存于低温、阴凉库房,不可在日光下曝晒,远离热源与火种。与自燃物、易燃物隔离贮远。本品容易分解不可久贮。

养护：
1) 入库验收：检查包装是否损坏、渗漏。
2) 堆码苫垫：垛底垫高 15 cm，堆高两层。
3) 在库检查：每日上下班前后对库内外各进行一次检查。
4) 温湿度管理：库温不得高于 30 ℃。
5) 安全作业：作业时戴好防毒面具与手套。
6) 保管期限：碱度不低于 2‰～3‰的存放 10～15 天，碱度高于 5‰的存放 1 个月。

注意事项：火灾时用雾状水、砂土、二氧化碳灭火。眼睛受刺激时用大量水冲洗，严重时就医。皮肤接触时先用水洗，再用肥皂彻底洗涤，如灼伤就医诊治。误服应立即漱口，饮水并送医院诊治。

B8.88 品名：氯化铜

编号：83503

别名：二氯化铜、氯化高铜

化学式：$CuCl_2$

分子量：134.5

特性：黄棕色吸湿性粉末。相对密度 3.054；熔点 498 ℃；而在 993 ℃分解成氯化亚铜。二水物氯化铜为绿色晶体，相对密度 2.51，熔点约 100 ℃。在潮湿空气中易潮解，在干燥空气中易风化。易溶于水，溶于氯化铵、丙酮、醇及醚中。遇湿时对部分金属有腐蚀性，有毒。

包装：玻璃瓶，外包装木箱，内衬不燃材料或钢桶内衬塑料袋。

贮存条件：贮存在阴凉、干燥、通风的库房内，与食用原料隔离贮存。

养护：
1) 入库验收：检查内外包装是否损坏。
2) 堆码苫垫：垛底垫高 15 cm，堆高三层。
3) 在库检查：每日上下班前后对库内外各进行一次检查，每三个月进行一次质量检查。
4) 温湿度管理：库温低于 30 ℃，空气湿度 80%以下。
5) 安全作业：作业时戴手套，轻装轻卸。

注意事项：火灾时用水、泡沫、二氧化碳灭火。皮肤接触时用水冲洗，并用肥皂彻底洗涤。

B8.89 品名：汞

编号：83505

别名：水银

化学式：Hg

分子量：200.6

特性：银白色有光泽的液态金属。相对密度 13.59 ℃；熔点－38.9 ℃；沸点 356.6 ℃；蒸气压 0.024 7 Pa，0.16 Pa(20 ℃)，0.006 079 Pa(40 ℃)，0.025 24 Pa(60 ℃)。汞在常温下即能蒸发，汞蒸气剧毒。汞易与硫、卤素结合，易溶于硝酸，不易溶于盐酸，加热时和碳酸结合，溶于类脂中。与叠氮化物、乙炔或氨反应可生成爆炸性化合物，与乙烯氯、三氯甲烷、碳化钠接触发生剧烈反应。汞中毒一般由于大量吸收汞蒸气所致,也经皮肤吸收,主要症状为化学性肺炎所引起的症状,但有时可引起急性腹泻及肾脏损害。

包装:金属罐装,丝口必须密闭或塑料罐外用木箱加固。

贮存条件:贮存于干燥、通风的库房,与叠氮化物、乙炔、氨、硝酸和乙醇隔离贮存。

养护:
1) 入库验收:检查内、外包装是否损坏封口是否严密。
2) 堆码苫垫:垛底垫高 15 cm,堆高两层。
3) 在库检查:每日上下班前后对库外各进行一次检查,每半年进行一次全面检查。
4) 温湿度管理:库温 30 ℃以下,库内注意通风。
5) 安全作业:轻搬轻放,切忌撞击、卧放和倒置。
6) 保管期限:2 年。

注意事项:火灾时必须穿戴氧气防毒面具和全身防护服,用水、砂土灭火。吸入蒸气者脱离污染区,休息并保暖,严重者送医院诊治。长期与皮肤接触须就医诊治。误服后立即送医院抢救。凡皮肤疾病患者(湿疹)、口腔炎、肾或神经功能障碍者,不可接触汞。禁止工作场所进食、饮水及吸烟,下班后应沐浴。

附 录 C
化学危险品品名汉语拼音索引
(参考件)

A

氨	B2.14
氨基胍重碳酸盐	B4.43
安全火柴	B4.59
氨基化锂	B4.92
氨基化钠	B4.93
安妥	B6.36
氨溶液	B8.81

B

苯	B3.10
苯酚	B6.21
苯甲酸汞	B6.24
苯胺	B6.52
苯甲酰氯	B8.46
苯磺酰氯	B8.47
苯(基)氧氯化膦	B8.49
苯酚钠	B8.85
丙酮	B3.5

丙烯酸甲酯	B3.16
丙腈	B3.18
丙烯酸	B8.55

C

重铬酸钾	B5.23
重铬酸钠	B5.24
重氮氨基苯	B4.24
莰烯	B4.51
次氯酸钙	B5.8
次氯酸钠溶液(含有效氯>5%)	B8.86

D

N,N-二甲基环己胺	B8.73
N,N-二亚硝基五亚甲基四胺(含纯感剂)	B4.17
氮	B2.10
导火索	B1.12
碘酸	B5.19
碘酸铵	B5.21
叠氮钠	B1.1
丁烷	B2.3
丁酮	B3.14
丁炔二醇	B4.46
对二硝基苯	B4.14
对亚硝基苯酚	B4.16
多聚甲醛	B4.48
多硫化铵溶液	B8.61

E

芘	B4.38
蒽	B8.86
二氯二氟甲烷	B2.11
二氧化硫(液化的)	B2.15
二硫化碳	B3.8
2-丙烯-1-醇	B3.13
二甲苯(邻位、间位、对位)	B3.23
2,4-二硝基(苯)酚(含水≥15%)	B4.6
2,5-二硝基(苯)酚(含水≥15%)	B4.6
2,6-二硝基(苯)酚(含水≥15%)	B4.6

2,4-二硝基间苯二酚(含水≥15%)	B4.7
2,4-二硝基苯甲醚	B4.8
二硝基苯肼	B4.9
2,4-二硝基氯化苄	B4.10
2,4-二硝基苄基氯	B4.10
氯化二硝基苄基	B4.10
2,4-二硝基苯(代)氯甲烷	B4.10
2,4-二硝基甲苯	B4.15
2,4-二硝基萘酚钠盐	B4.41
2,4-二亚硝基间苯二酚	B4.42
2,2-二硝基丙烷	B4.44
2,2,3,3-四甲基丁烷	B4.45
2-茨醇	B4.49
2-茨酮	B4.50
二氧化硒	B6.8
2-丁烯腈(反式)	B6.26
二氯甲烷	B6.43
2,4-二硝基甲苯	B6.49
二甲(苯)酚	B6.50
二甲氨基甲酰氯	B8.45
二(正)丁胺	B8.74
二氯乙醛	B8.83
2,4,6-三硝基苯甲硝胺	B1.6

F

发泡剂 BSH	B4.21
发泡剂 OB	B4.22
发孔剂 N	B4.23
发烟硝酸	B8.1
发烟硫酸	B8.4
氟	B2.12
氟化钠	B6.42
氟磺酸	B8.14
氟硅酸	B8.15
氟硼酸	B8.16
氟化铬	B8.82

G

钙	B4.71

干喷漆	B4.52
高氯酸钠	B5.4
高氯酸钾	B5.5
高锰酸钠	B5.10
高锰酸钾	B5.11
高硼酸钠	B5.17
高氯酸	B8.12
铬酸溶液	B8.18
硅铁	B4.97
过氧化氢(20%～60%)	B5.1
过氧化钠	B5.2
过氧化钾	B5.3
过硫酸钠	B5.16
过甲酸	B5.27
汞	B8.89

H

含二级易燃溶剂的油漆辅助材料及涂料	B3.25
黑火药制品	B1.11
红磷	B4.1
环三次甲基三硝铵	B1.7
环氧乙烷	B2.5
环戊烷	B3.3
环己胺	B8.72
黄磷	B4.61
火补胶	B4.57

J

甲烷	B2.2
甲硫醇	B2.7
甲醇	B3.11
甲基萘	B4.36
钾	B4.71
钾钠合金	B4.70
钾汞齐	B4.75
甲苯-2,4-二异氰酸酯	B6.29
甲基对硫磷	B6.31
甲胺磷	B6.35
甲酸	B8.37

甲(基)磺酰氯	B8.48
甲醛溶液	B8.84
间-二硝基苯	B4.13
金属锆粉(含水≥25%)	B4.32
金属钍	B7.1
聚苯乙烯珠体(可发性)	B4.27
聚乙烯聚胺	B8.79

K

克罗甸	B3.26
苦味酸芴	B4.18

L

礼花弹	B1.13
锂	B4.67
连二亚硫酸钠	B4.96
连二亚硫酸钠	B4.62
邻-二硝基苯	B4.12
磷化钙	B4.89
磷化铝	B4.90
磷化锌	B4.91
磷胺	B6.34
硫	B4.28
硫氰酸甲酯	B6.28
硫酸二甲酯	B6.30
硫酸铀	B7.6
硫酸	B8.5
硫代磷酰氯	B8.36
硫化铵溶液	B8.63
硫化钠	B8.64
硫化钾	B8.65
硫化钡	B8.66
硫氢化钠	B8.67
硫氢化钙	B8.68
铝粉	B4.29
铝镍合金氢化媒剂	B4.34
铝酸钠溶液	B8.61
氯	B2.13
氯酸铵	B5.6

氯酸钾	B5.7
氯化硒	B6.11
氯化苄	B6.20
氯乙酸丁酯	B6.48
氯磺酸	B8.13
氯化亚砜	B8.21
氯乙酰氯	B8.44
氯乙酸	B8.53
氯化铜	B8.88
氯化汞	B6.13

M

煤油	B3.20
镁粉	B4.77
镁铝粉	B4.78
锰粉	B4.31

N

钠	B4.68
钠汞齐	B4.76
钠石灰	B8.80
萘	B4.35

P

硼氢化钠	B4.94
硼氢化钾	B4.95

Q

其他海绵状金属粉	B4.33
汽油	B3.1
氢	B2.1
氢化锂	B4.80
氢化钠	B4.81
氢化钾	B4.82
氢化钙	B4.83
氢化铝	B4.84
氢化铝锂	B4.85
氢化铝钠	B4.86
氢化钡	B4.98

氢氟酸	B8.8
氢溴酸	B8.9
氢碘酸	B8.10
氢氧化钠	B8.56
氢氧化钾	B8.57
氢氧化锂	B8.58
氰氨化钙	B4.99
氰化钠	B6.1
氰化亚铜	B6.2
氰化锌	B6.3

R

壬烷	B3.21
铷	B4.72

S

三硝基甲苯	B1.5
三硝基间苯二酚	B1.8
三硝基苯酚	B1.9
三硝基苯甲醚	B1.2
三聚甲醛	B4.47
三硫化(四)磷	B4.2
三异丁基铝	B4.64
三丁基硼	B4.65
三氧化铬(无水)	B5.22
三氯硝基甲烷	B6.15
3-氯-1,2-环氧丙烷	B6.16
3-硝基甲苯	B6.19
3-甲(苯)酚	B6.22
3-氯丙腈	B6.27
三氯甲烷	B6.44
三溴甲烷	B6.46
三氯乙烯	B6.47
三氯化磷	B8.24
三氯化铝	B8.28
三溴化磷	B8.33
三氟乙酸	B8.38
三氯乙酸	B8.54
赛璐珞制品	B4.56

闪光粉	B4.60
生松香	B4.58
十硼氢	B4.28
石油醚	B3.9
铯	B4.73
锶	B4.74
四氢呋喃	B3.7
四-亚硝基苯酚	B4.5
4,6-二硝基-2-氨基酚	B4.40
四氧化(三)铅	B6.40
四氯化碳	B6.45
四氯化硅	B8.26
四氯化碲	B8.27
四氯化锗	B8.30
四氯化钛	B8.31
四氯化锡	B8.32
四甲基氢氧化铵	B8.70
四乙基铅	B6.25
砷	B6.4
砷酸汞	B6.7
水合肼(含肼≤64%)	B8.71
松节油	B3.22

T

钛粉	B4.30
碳化钙	B4.87
碳化铝	B4.88
锑粉	B6.38

W

烷基铝	B4.63
五硫化二磷	B4.3
五氧化二碘	B5.20
五氧化二砷	B6.5
五氯酚钠	B6.53
五氯化磷	B8.52
五氯化锑	B8.29
五氧化(二)磷	B8.35
戊烷	B3.2

五溴化磷	B8.34
戊酰氯	B8.42

X

硒酸钾	B6.10
硒粉	B6.37
硒酸	B8.17
硝基胍	B1.3
硝基脲	B1.4
硝铵炸药	B1.10
硝基漆稀释剂	B3.19
硝酸纤维素脂(含氮量12.5%以下)	B4.19
硝化沥青	B4.20
硝化纤维漆布(纸)及其制品	B4.53
硝化纤维色片	B4.54
硝化纤维塑料(板、片、棒、管卷等状,不包括碎屑)	B4.55
硝化纤维片基	B4.66
硝酸钠	B5.12
硝酸钾	B5.13
硝酸银	B5.14
硝酸铵(含可燃物≤0.2%;0.4%)	B5.15
硝酸汞	B6.12
硝基苯	B6.17
硝酸钍	B7.2
硝酸铀酰(固体)	B7.3
硝酸	B8.2
硝酸羟胺	B8.3
锌粉	B4.79
溴	B8.11
溴甲烷	B2.16
溴酸钾	B5.18
溴化亚汞	B6.41
溴乙酰	B8.40
溴乙酰溴	B8.41

Y

亚磷酸二氢铅	B4.4
压缩空气	B2.9
亚氯酸钠	B5.9

名称	编号
亚硝酸钾	B5.25
亚砷酸钾	B6.6
亚硒酸钠	B6.9
亚硫酸	B8.6
盐酸	B8.7
氧	B2.8
氧化银	B5.26
氧化钍	B7.4
氧氯化硫	B8.20
氧氯化铬	B8.22
氧氯化磷	B8.23
氧化钠	B8.59
氧化钾	B8.60
夜光粉	B7.7
1,5-二硝基萘;1,8-二硝基萘	B4.11
1-重氮-2-苯酚-4-磺酸	B4.25
1,8-萘-二甲酸酐	B4.37
1,2,4,5-四甲基苯	B4.39
一氧化铅	B6.39
1,4-二硝基苯	B6.18
一氯乙醛	B6.23
一〇五九	B6.32
一六〇五(农药)	B6.33
1,3-苯二酚	B6.51
一氯化硫	B8.19
1.2-乙二胺	B8.75
1.3-丙二胺	B8.76
1,2-丙二胺	B8.77
1,6-己二胺	B8.78
异丁醇	B3.24
乙醛	B3.4
乙醚	B3.6
乙炔	B2.4
乙醇	B3.11
乙腈	B3.17
乙酸乙酯	B3.15
乙酸铀	B7.5
乙胺	B2.6
乙酸	B8.51

乙酸酐 ··· B8.52
乙醇钠 ··· B8.69
乙基硫酸 ··· B8.39
乙二酰氨 ··· B8.43

Z

正磷酸 ··· B8.50

附加说明：
    本标准由劳动部提出。
    本标准由劳动部归口。
    本标准由化学工业部标准化研究所负责起草。
    本标准主要起草人张桂英、梅建、乔文海、董益林、麦宝华。

化学品作业场所安全警示标志规范
（AQ 3047—2013）

前　　言

本标准第 3.1、3.2、4.1、4.2 条为强制性条款，其余为推荐性条款。

本标准按照 GB/T 1.1—2009 给出的规则起草。

本标准对应于《全球化学品统一分类和标签制度》（GHS，第四修订版），与其一致性程度为非等效。

本标准由国家安全生产监督管理总局提出。

本标准由全国安全生产标准化技术委员会化学品安全分技术委员会（SAC/TC 288/SC 3）归口。

本标准起草单位：国家安全生产监督管理总局化学品登记中心、中国石油化工股份有限公司青岛安全工程研究院、化学品安全控制国家重点实验室。

本标准主要起草人：陈军、李运才、郭宗舟、陈金合、慕晶霞、纪国峰、郭秀云、张海峰。

1　范围

本标准规定了化学品作业场所安全警示标志的有关定义、内容、编制与使用要求。

本标准适用于化工企业生产、使用化学品的场所，储存化学品的场所以及构成重大危险源的场所。

2　规范性引用文件

下列文件对于本文件的应用是必不可少的。凡是注日期的引用文件，仅注日期的版本适用于本文件。凡是不注日期的引用文件，其最新版本（包括所有的修改单）适用于本文件。

GB 2894　安全标志及其使用导则

GB 15258　化学品安全标签编写规定

GB 20576　化学品分类、警示标签和警示性说明安全规范　爆炸物

GB 20577　化学品分类、警示标签和警示性说明安全规范　易燃气体

GB 20578　化学品分类、警示标签和警示性说明安全规范　易燃气溶胶

GB 20579　化学品分类、警示标签和警示性说明安全规范　氧化性气体

GB 20580　化学品分类、警示标签和警示性说明安全规范　压力下气体

GB 20581　化学品分类、警示标签和警示性说明安全规范　易燃液体

GB 20582　化学品分类、警示标签和警示性说明安全规范　易燃固体

GB 20583　化学品分类、警示标签和警示性说明安全规范　自反应性物质

GB 20584　化学品分类、警示标签和警示性说明安全规范　自热物质

GB 20585　化学品分类、警示标签和警示性说明安全规范　自燃液体

GB 20586　化学品分类、警示标签和警示性说明安全规范　自燃固体

GB 20587　化学品分类、警示标签和警示性说明安全规范　遇水放出易燃气体的物质

GB 20588　化学品分类、警示标签和警示性说明安全规范　金属腐蚀物

GB 20589　化学品分类、警示标签和警示性说明安全规范　氧化性液体

GB 20590　化学品分类、警示标签和警示性说明安全规范　氧化性固体

GB 20591　化学品分类、警示标签和警示性说明安全规范　有机过氧化物

GB 20592　化学品分类、警示标签和警示性说明安全规范　急性毒性

GB 20593　化学品分类、警示标签和警示性说明安全规范　皮肤腐蚀/刺激

GB 20594　化学品分类、警示标签和警示性说明安全规范　严重眼睛损伤/眼睛刺激性

GB 20595　化学品分类、警示标签和警示性说明安全规范　呼吸或皮肤过敏

GB 20596　化学品分类、警示标签和警示性说明安全规范　生殖细胞突变性

GB 20597　化学品分类、警示标签和警示性说明安全规范　致癌性

GB 20598　化学品分类、警示标签和警示性说明安全规范　生殖毒性

GB 20599　化学品分类、警示标签和警示性说明安全规范　特异性靶器官系统毒性一次接触

GB 20601　化学品分类、警示标签和警示性说明安全规范　特异性靶器官系统毒性反复接触

GB 20602　化学品分类、警示标签和警示性说明安全规范　对水环境的危害

3　一般要求

3.1　标志要素

化学品作业场所安全警示标志以文字和图形符号组合的形式,表示化学品在工作场所所具有的危险性和安全注意事项。标志要素包括化学品标识、理化特性、危险象形图、警示词、危险性说明、防范说明、防护用品说明、报警电话以及资料参阅提示语等。

3.2　标志内容

3.2.1　化学品标识

化学品作业场所安全警示标志应列明化学品的中文化学名称或通用名称,以及美国化学文摘号(CAS号)。化学品标识要求醒目、清晰,位于标志的上方,名称应与化学品安全技术说明书中的名称一致。

3.2.2　理化特性

根据危险化学品的危险特性,列出的相应的理化数据,包括闪点、爆炸极限、密度、挥发性等。

3.2.3　危险象形图

采用GB 20576～GB 20599、GB 20601、GB 20602规定的危险象形图,表1列出了9种危险象形图对应的危险性类别。

表1　9种危险象形图

危险象形图	该图形对应的危险性类别
	爆炸物,类别1～3; 自反应物质,A、B型; 有机过氧化物,A、B型
	压力下气体
	氧化性气体; 氧化性液体; 氧化性固体
	易燃气体,类别1; 气溶胶,类别1～2; 易燃液体,类别1～3; 易燃固体; 自反应物质,B～F型; 自热物质; 自燃液体; 自燃物体; 有机过氧化物,B～F型; 遇水放出易燃气体的物质
	金属腐蚀物; 皮肤腐蚀/刺激,类别1; 严重眼损伤/眼睛刺激性,类别1
	急性毒性,类别1～3

表 1（续）

危险象形图	该图形对应的危险性类别
(感叹号)	急性毒性，类别4； 皮肤腐蚀/刺激，类别2； 严重眼损伤/眼睛刺激性，类别2A； 皮肤过敏 特异性靶器官系统毒性一次接触，类别3； 对臭氧层的危害
(健康危害)	呼吸过敏； 生殖细胞突变性； 致癌性； 生殖毒性； 特异性靶器官系统毒性 一次接触； 特异性靶器官系统毒性 反复接触； 吸入危害
(环境危害)	对水环境的危害，急性类别1，慢性类别1、2

3.2.4 警示词

根据化学品的危险程度和类别，用"危险""警告"两个词分别进行危害程度的警示。根据 GB 20576～GB 20599、GB 20601、GB 20602，选择不同类别危险化学品的警示词。警示词位于化学品名称的下方，要求醒目、清晰。

3.2.5 危险性说明

简要概述化学品的危险特性。根据 GB 20576～GB 20599、GB 20601～GB 20602，选择不同类别危险化学品的危险性说明，要求醒目、清晰。

3.2.6 防范说明

表述化学品在处置、搬运、储存和使用作业中所应注意的事项和发生意外时简单有效的救护措施等，要求内容简明扼要、重点突出。该部分应包括安全预防措施、意外情况（如泄漏、人员接触或火灾等）的处理、安全储存措施及废弃处置等内容。防范说明按 GB 15258 的规定表述。

3.2.7 防护用品说明

个体防护用品使用防护象形图来表示。根据作业场所化学品的危险特性，单独或组合使用防护象形图。防护象形图按 GB 2894 的规定选择。

3.2.8 报警电话

填写发生危险化学品事故后的报警电话。

3.2.9 资料参阅提示语
提示参阅化学品安全技术说明书。
3.2.10 危险信息先后排序
当化学品具有两种及两种以上的危险性时,作业场所安全警示标志的象形图、警示词、危险性说明的先后顺序按 GB 15258 的规定执行。

3.3 样例
化学品作业场所安全警示标志样例参见附录 A。

4 制作

4.1 编写
化学品作业场所安全警示标志应与化学品安全技术说明书的信息保持一致,要不断补充信息资料,若发现新的危险性,及时作出更新。

4.2 颜色
危险象形图的颜色根据 GB 20576～GB 20599、GB 20601、GB 20602 的规定执行,一般使用黑色符号加白色背景,方块边框为红色。警示词应使用黄色,搭配黑色对比底色。正文应使用与底色反差明显的颜色,一般采用黑白色。

4.3 字体
化学品标识、警示词、危险性说明以及标题宜使用黑体,其他内容宜使用宋体。字体要求醒目、清晰。

4.4 标志大小
通常情况下,横版标志的大小不宜小于 80 cm×60 cm,竖版标志的大小不宜小于 60 cm×90 cm。

4.5 印制
4.5.1 化学品作业场所安全警示标志的制作应清晰、醒目,应在边缘加一个黄黑相间条纹的边框,边框宽度大于或等于 3 mm。

4.5.2 采用坚固耐用、不锈蚀的不燃材料制作,有触电危险的作业场所使用绝缘材料,有易燃易爆物质的场所使用防静电材料。

5 应用

5.1 设置的位置
设置在作业场所的出入口、外墙壁或反应容器、管道旁等的醒目位置。

5.2 设置方式
化学品作业场所安全警示标志设置方式分附着式、悬挂式和柱式 3 种。悬挂式和附着式应稳固不倾斜,柱式应与支架牢固地连接在一起。

5.3 设置高度
设置高度应尽量与人眼的视线高度相一致。悬挂式和柱式的下缘距地面的高度不宜小于 1.5 m。

5.4 注意事项
5.4.1 化学品作业场所安全警示标志应设在与安全有关的醒目处,并使进入作业场所的人员看见后有足够的时间来注意它所表示的内容。

5.4.2 化学品作业场所安全警示标志不应设在门、窗、架等可移动的物体上。标志前不得放置妨碍认读的障碍物。

5.4.3 标志的平面与视线夹角应接近90°,观察者位于最大观察距离时,最小夹角不低于75°。

附 录 A
（资料性附录）
化学品作业场所安全警示标志样例

苯

CAS号：71-43-2

危　险

极易燃液体和蒸气！
食入有害！
引起皮肤刺激！
引起严重眼睛刺激！
怀疑可致遗传性缺陷！
可致癌！
对水生生物有毒！

【理化特性】
无色透明液体；闪点-11℃；爆炸上限8%,爆炸下限1.2%；密度比水轻,比空气重；易挥发。

【预防措施】
远离热源、火花、明火、热表面。禁止吸烟。保持容器密闭。采取防止静电措施,容器和接收设备接地、连接。使用防爆电器/通风/照明等设备,只能使用不产生火花的工具。得到专门指导后操作。在阅读并了解所有安全预防措施之前,切勿操作。按要求使用个体防护装备,戴防护手套、防护眼镜、防护面罩。避免吸入烟气、气体、烟雾、蒸气、喷雾。操作后彻底清洗,操作现场不得进食、饮水或吸烟。禁止排入环境。

【事故响应】
火灾时使用泡沫、干粉、二氧化碳、砂土灭火。如接触或有担心,感觉不适,就医。脱去被污染的衣服,洗净后方可重新使用。如皮肤(或头发)接触：立即脱掉所有被污染的衣服。用大量肥皂和水冲洗皮肤/淋浴。如发生皮肤刺激,就医。如果食入,立即呼叫中毒控制中心或就医,不要催吐。如接触眼睛,用水小心冲洗数分钟；如戴隐形眼镜并可方便地取出,取出隐形眼镜,继续冲洗；如果眼睛刺激持续,就医。

【安全贮存】
在阴凉通风处储存,保持容器密闭,上锁保管。

【废弃处置】
本品/容器的处置推荐使用焚烧法。

【个体防护用品】

请参阅化学品安全技术说明书
报警电话：****

3 术语和定义

下列术语和定义适用于本标准。

3.1

重大危险源安全监控预警系统 major hazard installations safety monitoring controlling and early-warning system

由数据采集装置、逻辑控制器、执行机构以及工业数据通讯网络等仪表和器材组成,可采集安全相关信息,并通过数据分析进行故障诊断和事故预警确定现场安全状况,同时配备联锁装备在危险出现时采取相应措施的重大危险源计算机数据采集与监控系统。

3.2

现场监控器 field monitoring and controlling unit

现场接收和传输来自监测器或远程 I/O 的信号或者传输接口的多路复用信号,且可能对其进行分析计算、超限判断等逻辑处理并控制执行机构工作的装置。

3.3

传输接口 transmission interface

实现数据(信息)的传输、转换和交换,保证必要的隔离和信息安全,并可能具有多路复用信号的调制与解调、数据本地存储和系统自检等功能的装置或软件。

3.4

监控计算机 monitoring computer

接收监测信号,实现图形化的实时与历史信息显示、信息处理、报警与预警、统计与分析、存储、输出控制、报表与打印等功能,提供重大危险源安全监控预警系统的人机操作界面的计算机软、硬件系统。

4 技术要求

4.1 总则

危险化学品重大危险源涉及生产、使用和储存大量易燃、易爆及毒性物质,易发生燃烧、爆炸和中毒等重大事故,故监控预警系统需解决下列问题:

a) 充分考虑生产过程复杂的工艺安全因素、物料危险特性、被保护对象的事故特殊性、事故连锁反应以及环境影响等问题,根据工程危险及有害因素分析完成安全分析和系统设计;

b) 通过计算机、通信、控制与信息处理技术的有机结合,建设现场数据采集与监控网络,实时监控与安全相关的监测预警参数,实现不同生产单元或区域、不同安全监控设备的信息融合,并通过人机友好的交互界面提供可视化、图形化的监控平台;

c) 通过对现场采集的监控数据和信息的分析处理,完成故障诊断和事故预警,及时发现异常,为操作人员进行现场故障的排除和应急处置提供指导;

d) 安全监控预警系统应有与企业级各类安全管理系统及政府各类安全监管系统进行联网预警的接口及网络发布和通讯联网功能;

e) 根据现场情况和监控对象的特性,合理选择、设计、安装、调试和维护监控设备和设施;

f) 除本标准外,尚应遵守国家现行的有关法律、法规和标准的规定。

4.2 一般要求

监控预警系统应满足下列要求:

a) 重大危险源(储罐区、库区和生产场所)应设有相对独立的安全监控预警系统,相关现场探测仪器的数据宜直接接入到系统控制设备中,系统应符合本标准的规定;

b) 系统中的设备应符合有关国家法规或标准的规定,按照经规定程序批准的图样及文件制造、成套,并经国家权威部门检测检验认证合格;

c) 系统所用设备应符合现场和环境的具体要求,具有相应的功能和使用寿命。在火灾和爆炸危险场所设置的设备,应符合国家有关防爆、防雷、防静电等标准和规范的要求;

d) 控制设备应设置在有人值班的房间或安全场所;

e) 系统报警等级的设置应同事故应急处置与救援相协调,不同级别的事故分别启动相对应的应急预案;

f) 对于容易发生燃烧、爆炸和毒物泄漏等事故的高度危险场所、远距离传输、移动监测、无人值守或其他不宜于采用有线数据传输的应用环境,应选用无线传输技术与装备。

4.3 应用环境

系统中的机房、监控中心,应提供下列工作条件:

a) 环境温度:15 ℃~32 ℃;
b) 相对湿度:40%~70%;
c) 温度变化率:小于 10 ℃/h,且不得结露;
d) 大气压力:80 kPa~106 kPa;
e) GB/T 2887 规定的尘埃、照明、噪声、电磁场干扰和接地条件。

4.4 供电电源

除非有关标准另行规定,系统供电电源应符合以下要求:

a) 交流供电电源:
   1) 电压:380 V/220 V,误差应不大于±5%;
   2) 频率:50 Hz,其误差应不大于±0.5 Hz;
   3) 谐波失真系数:应不大于±5%。
b) 直流供电电源:
   电压:误差应不大于±5%。

4.5 监控项目

4.5.1 监控项目的分类

对于储罐区(储罐)、库区(库)、生产场所三类重大危险源,因监控对象不同,所需要的安全监控预警参数有所不同。主要可分为:

a) 储罐以及生产装置内的温度、压力、液位、流量、阀位等可能直接引发安全事故的关键工艺参数;

b) 当易燃易爆及有毒物质为气态、液态或气液两相时,应监测现场的可燃/有毒气体

f) 除本标准外,尚应遵守国家现行的有关法律、法规和标准的规定。

4.2 一般要求

监控预警系统应满足下列要求：

a) 重大危险源(储罐区、库区和生产场所)应设有相对独立的安全监控预警系统,相关现场探测仪器的数据宜直接接入到系统控制设备中,系统应符合本标准的规定；

b) 系统中的设备应符合有关国家法规或标准的规定,按照经规定程序批准的图样及文件制造、成套,并经国家权威部门检测检验认证合格；

c) 系统所用设备应符合现场和环境的具体要求,具有相应的功能和使用寿命。在火灾和爆炸危险场所设置的设备,应符合国家有关防爆、防雷、防静电等标准和规范的要求；

d) 控制设备应设置在有人值班的房间或安全场所；

e) 系统报警等级的设置应同事故应急处置与救援相协调,不同级别的事故分别启动相对应的应急预案；

f) 对于容易发生燃烧、爆炸和毒物泄漏等事故的高度危险场所、远距离传输、移动监测、无人值守或其他不宜于采用有线数据传输的应用环境,应选用无线传输技术与装备。

4.3 应用环境

系统中的机房、监控中心,应提供下列工作条件：

a) 环境温度：15 ℃～32 ℃；
b) 相对湿度：40%～70%；
c) 温度变化率：小于 10 ℃/h,且不得结露；
d) 大气压力：80 kPa～106 kPa；
e) GB/T 2887 规定的尘埃、照明、噪声、电磁场干扰和接地条件。

4.4 供电电源

除非有关标准另行规定,系统供电电源应符合以下要求：

a) 交流供电电源：
  1) 电压：380 V/220 V,误差应不大于±5%；
  2) 频率：50 Hz,其误差应不大于±0.5 Hz；
  3) 谐波失真系数：应不大于±5%。

b) 直流供电电源：
  电压：误差应不大于±5%。

4.5 监控项目

4.5.1 监控项目的分类

对于储罐区(储罐)、库区(库)、生产场所三类重大危险源,因监控对全监控预警参数有所不同。主要可分为：

a) 储罐以及生产装置内的温度、压力、液位、流量、阀位等可能关键工艺参数；

b) 当易燃易爆及有毒物质为气态、液态或气液两相时,应监浓度；
c) 气温、湿度、风速、风向等环境参数；
d) 音视频信号和人员出入情况；
e) 明火和烟气；
f) 避雷针、防静电装置的接地电阻以及供电状况。

4.5.2 储罐区（储罐）

罐区监测预警项目主要根据储罐的结构和材料、储存介质特性以及罐区环境条件等的不同进行选择。一般包括罐内介质的液位、温度、压力，罐区内可燃/有毒气体浓度、明火、环境参数以及音视频信号和其他危险因素等。

4.5.3 库区（库）

库区（库）监测预警项目主要根据储存介质特性、包装物和容器的结构形式和环境条件等的不同进行选择。一般包括库区室内的温度、湿度、烟气以及室内外的可燃/有毒气体浓度、明火、音视频信号以及人员出入情况和其他危险因素等。

4.5.4 生产场所

生产场所监测预警项目主要根据物料特性、工艺条件、生产设备及其布置条件等的不同进行选择。一般包括温度、压力、液位、阀位、流量以及可燃/有毒气体浓度、明火和音视频信号和其他危险因素等。

4.6 系统设计要求

4.6.1 系统组成

系统一般由监测器、隔离变送器、摄像机、二次仪表、现场监控器、执行机构（包括报警器等）、视频处理设备、监控计算机、传输接口、电源、线缆、防雷装置、防静电装置、其他必要设备等和软件组成。

其中，监控中心硬件一般包括传输接口、监控计算机、显示设备、服务器、网络设备、大容量储存设备、UPS电源、打印机、空调等其他配套设备等。现场设备包括传感器、隔离变送设备、摄像机、二次仪表、现场监控器、执行机构等。

4.6.2 硬件

4.6.2.1 所用设备应采用主流技术和通用产品，保证系统满足先进性、安全性、可靠性、可扩展性、可维护性、开放性和实时性的要求，并具有实用性和灵活性。

4.6.2.2 可能导致重大事故或标定、检修和维护困难的场所，宜采用高安全完整性等级（SIL）的安全监测设备，并根据功能安全相关标准建立安全相关系统。

4.6.2.3 传感器及仪表选型可参考 HG/T 20507 和 SH 3005 的规定，主要考虑测量精度、稳定性与可靠性、防爆和防腐、安装、维护及检修、环境要求和经济性等因素。传感器的指示值漂移在 15 天~90 天之内不得超过其规定的误差值。

4.6.2.4 传感器和仪表的安装可参考 HG/T 21581 和 SH/T 3104 的规定。应选择合适的安装位置和安装方式，符合安全和可靠性要求。

4.6.2.5 由外部本安电源供电的设备应能在 9 V~24 V 范围内正常工作。

4.6.2.6 有关罐区等重大危险源现场监控设备选择、安装和布置的具体规定参照 AQ 3036—2010《危险化学品重大危险源 罐区 现场安全监控装备设置规范》及相关标准。

4.6.3 软件

4.6.3.1 操作系统、数据库和编程语言等系统软件和开发工具应选择通用、开放、可靠、成熟、界面友好、易维护和易操作的主流产品。监控程序、控制算法、逻辑控制和通信等应用软件应经过功能测试,稳定可靠并带有详细的汉字使用帮助和操作指南。

4.6.3.2 系统软件开发应符合下列基本要求:
   a) 软件设计应采用多任务操作系统;
   b) 软件开发应符合 GB/T 8566;
   c) 软件文档编制应符合 GB/T 8567;
   d) 软件质量保证应符合 GB/T 12504。

4.7 功能设计

4.7.1 数据采集

4.7.1.1 系统应具有温度、压力、液位和可燃/有毒气体浓度等模拟量,以及液位高低报警等开关量的采集功能。

4.7.1.2 数据采集时间的间隔应可调。

4.7.1.3 系统应具有巡检功能。

4.7.2 显示

4.7.2.1 系统应具有模拟动画显示功能,在界面中依据系统实际情况显示各测点的参数及各设备的运行状态。

4.7.2.2 系统应具有监控设备和监控对象平面布置图显示功能。图形包括生产储运装置总平面图、各分系统的系统图和任一分系统内某一部分或设备的局部图以及用户要求的任何其他图形。

4.7.2.3 系统应具有监控参数列表显示功能,同一参数各量值应统一采用标准计算单位,包括模拟量、模拟量累计值和开关量等。

4.7.2.4 系统应具有监控参数图形显示功能:
   a) 系统应具有模拟量实时曲线和历史曲线显示功能。曲线为点绘图,根据需要可以按照多线图的方式在同一坐标上使用不同颜色同时显示多个变量,或同一变量的最大、最小、平均值等曲线;
   b) 系统应具有开关量状态图及柱状图显示功能。

4.7.2.5 系统应能在同一时间坐标上同时显示模拟量和开关量及其变化情况等。

4.7.2.6 系统宜具有视频图像显示功能,视频监控画面可以动态配置,可选择全屏、4 分屏及 16 分屏等多种方式,支持图像窗口拖放,可远程进行云台及镜头控制。

4.7.2.7 系统应具有报警信息显示功能,除了报警汇总列表显示外,在界面上应有一个专门的报警区或弹出式界面,用来指示最新的、最高优先级的或其他设定条件的未经确认的系统报警。

4.7.2.8 系统应支持各类统计和查询结果的列表和图形化显示功能,具体显示项目根据实际设定。

4.7.3 存储

系统应具有监控数据的存储功能:
   a) 将数据加工处理后以数据文件形式存储在现场或监控中心的外存储器内并保留

一定的时间,包括监控参数、报警及处置、视频图像、故障及排除以及相关系统信息等,所有数据应附带时间信息;

b) 系统宜具有事故追忆功能;

c) 存储器应支持合法的读取操作,并应采取可靠的软硬件安全设计,防止非法篡改。

4.7.4 统计查询与数据分析

4.7.4.1 系统应提供对实时和历史数据的多条件复合查询和分类统计功能,应支持模糊查询,查询信息包括:

a) 模拟量实时监测值及其最大、最小、平均和累计值;

b) 开关量状态及变化时刻;

c) 视频录像;

d) 报警及警报解除信息;

e) 系统操作日志;

f) 系统故障及恢复情况;

g) 其他。

4.7.4.2 系统宜具有数据分析的功能,包括生产储运装置运行情况、系统运行、报警种类和分布、故障和事故原因以及处置情况等。

4.7.5 报警

系统应具有根据设定的报警条件进行报警及提示的功能:

a) 当出现模拟量超限、非正常流程切换操作引起的开关量状态改变以及其他异常情况时实时报送至相关的报警控制设备,由系统实现多种方式的联动报警,包括页面图文报警、报警点声光报警以及必要时可选邮件和短信报警等。在事故现场设置有监控摄像机时,页面图文报警时应同时显示现场监控视频图像与参数报警信息,并进行现场录像;

b) 系统应设有事故远程报警按钮,此按钮应设在适宜部位并带有防护罩和明显标志。

4.7.6 故障诊断与事故预警

系统应具有故障诊断与事故预警功能。对所采集的现场数据进行综合处理,在线智能分析重大危险源的安全状况包括运行状态和安全等级等,提供原因分析和处置的建议,指导有关人员正确迅速地排除设备故障及重大事故隐患,同时及时识别错误报警信号,确保系统可靠稳定运行。

4.7.7 控制

4.7.7.1 系统的控制对象指的是其所属的安全监控设备或装置以及带有安全功能的执行机构等。

4.7.7.2 系统应具有对系统所属设备或装置进行控制的功能。操作人员或具备相应权限的人员可在系统中的控制点上启停或调节受系统控制的任一设备,包括手动、现场、远程和异地管理。系统也应可以根据设定的条件进行全局自动调度管理。

4.7.7.3 不属于系统但与系统相关联的其他系统或设备,以及不为系统独有的子系统或设备的控制权应明确,不得互相干扰或影响各自系统的运行。

4.7.7.4 气体泄漏报警、紧急停车、安全联锁和故障安全控制等应作为独立的子系统纳入安全监控预警系统的整体设计,并保证其可靠地发挥各自的安全功能。

4.7.7.5 所有自动控制的设备或装置宜同时设计手动控制机构,并可通过切换确保系统控制权的唯一性和有效性。

4.7.8 输出

系统应具有报表和打印的功能：

a) 报表输出各种监控参数及设备运行状态在各个时刻的情况,包括模拟量、模拟量统计值历史数据、开关量、报警及处置情况、监控设备及故障和系统日志报表等；

b) 应支持班报表、日报表、月报表以及任意时间段内任一参数或诸多参数的数值；

c) 报表应可按操作员请求生成,也应可以周期性定时触发或事件触发；

d) 允许用户编辑报表内容和格式；

e) 报表应可直接送于系统中的打印机,也应可以写入硬盘等存储器,并可按要求传送到其他计算机系统；

f) 打印应支持报表、曲线图、柱状图、状态图、模拟图(带当前显示参数)和平面布置图等图表格式。

4.7.9 人机对话

系统应具有人机对话功能,除键盘、鼠标和按钮等输入装置和显示器等输出装置外,提供图形化和可视化界面,方便系统管理、设置、功能调用和命令及文本输入等。

4.7.10 信息发布

系统应具有信息发布的功能。通过传输接口,将允许外部访问的信息进行发布,实现监控预警系统与企业管理系统及重大危险源各级政府监管网络的连接；遵循国内外主流工业网络标准的通讯协议、数据编码或接口规范,完成数据上报或部分界面和功能的授权共享,实现政府和企业对现场工况及视频的实时监管与监控,服务于重大事故预防及应急救援。并应采用防火墙等技术手段确保数据及系统安全。

4.7.11 系统管理与设置

系统应具有管理与设置的功能。包括：

a) 系统参数设置应支持个别或成批修改；

b) 报警设置,应支持多种报警条件的设置：每个模拟量点应有两种以上报警级别,每一种有各自的优先级；任一开关量点的状态均可报警,每一状态应有一个单独的优先级；应支持不同报警级别的分级处置,包括报警地点和报警方式的设定以及数据上报等；

c) 应支持根据时间段设定不同参数值,在不同层次上优化系统设置。

4.7.12 设备管理

系统应具有设备管理功能,建立系统所属监控设备的电子化档案,并可查询、添加、修改和统计相关信息,包括设备名称、唯一编号、型号、主要技术指标、产地、生产厂家、安装地址、开始运行时间、累计运行时间、开关次数(永久性记录)维护、维修、更换记录等。

4.7.13 日志

系统应具有日志管理的功能。系统日志将运行系统的状态信息和通信信息统一管理起来,用户可以通过日志来了解系统的运行情况。

4.7.14 安全管理

系统应提供可设置的安全级,控制级和区域设定,限制用户对系统功能模块、设备和系

统资源的访问,通过权限管理确保系统安全。包括:
  a) 系统应实现对每个操作员和每台现场监控器的设置;
  b) 系统应有不少于5个的安全访问级别用来限制操作员对监控计算机功能模块的访问;
  c) 系统应有多个控制级,用来限制操作员对各台设备的控制;
  d) 系统应有设备区域设定,用来将操作员对系统资源的访问限制在指派给他们的区域;
  e) 如系统内存在安全相关系统,应遵循功能安全相关的国际和国内标准保证其安全。

4.7.15 可靠性保障
4.7.15.1 自诊断
系统宜具有自诊断功能:
  a) 当组成系统的设备和装置以及传输电缆线等出现故障时,系统可以自动识别、报警并记录故障设备和时间等相关信息;
  b) 系统在通电开始工作时,应首先进行自检,自检正常后应指示工作正常,如有故障则应指示故障信息。

4.7.15.2 双机备份
系统监控计算机宜设置双机互为备份,当工作设备发生故障时,通过手动或自动双机切换功能,备份设备投入工作。

4.7.15.3 备用电源
系统宜配备备用电源及自动切换装置。当电网停电后,可保持对重要设备和监控参数继续进行实时监控。推荐采用带隔离的在线式UPS供电。

4.7.15.4 数据备份
系统应具有数据备份功能。

4.7.15.5 防雷和防静电
系统防雷功能根据当地雷暴日的情况确定,必要时具有防静电功能。

4.7.15.6 软件自监视和容错
系统应具有软件自监视功能和软件容错功能。

4.7.16 其他
4.7.16.1 系统应具有网络通信功能,支持不同网络和设备间的数据访问和交换。
4.7.16.2 系统应通过算法及控制方法模块支持专业应用。
4.7.16.3 系统应具有多任务功能,能周期地循环运行而不中断。
4.7.16.4 系统应有时间校准功能,系统的时钟误差应不大于5秒/24小时。存在多个子系统及远程设备时,宜使用全球时钟同步设备统一时钟。
4.7.16.5 系统应具有数据及软硬件系统恢复的功能。

4.8 软件设计与开发
4.8.1 主菜单
软件主菜单应始终在界面显示或驻留,包括:
  a) 系统管理:用户管理、权限管理、参数设置和其他;
  b) 实时监控:各子系统监控如各生产单元、子系统以及罐区或库房等;
  c) 列表显示:模拟量、开关量、报警信息、设备故障、操作记录和系统日志等;
  d) 图形显示:实时曲线图、历史曲线、状态图、柱状图、模拟图或系统平面布置图等;

e) 编辑：当前列表、曲线、模拟图或其他；
f) 查询统计：报警信息、模拟量、开关量、设备故障、操作记录和系统日志等；
g) 报警管理：报警条件设置等；
h) 数据分析：系统运行状态分析、报警分析和故障分析等；
i) 控制：控制逻辑、操作及其他等；
j) 报表：设置、模拟量、开关量、报警信息、设备故障、操作记录和系统日志等；
k) 打印：打印设置和打印输出等；
l) 帮助：系统设置、编辑、控制、列表和图形显示、查询和统计以及报表和打印等。

4.8.2 用户与权限管理

软件应具有用户与权限管理功能：

a) 系统用户信息包括姓名、登录名、密码、单位和角色等，应提供管理界面授权用户可以对相关记录进行添加、删除和修改；
b) 软件应实现多级权限管理。建立各用户对系统模块、设备和数据库记录的操作权限表，提供操作界面允许对各权限表进行修改维护；
c) 软件应提供密码设置功能。操作员应通过密码校验方可进行相关操作，并记录操作人、时间和相关操作记录等。

4.8.3 列表显示

4.8.3.1 模拟量的显示内容包括：①地点；②名称；③监控对象或区域；④监测值；⑤最大值；⑥最小值；⑦平均值及相关信息；⑧报警级别及限值；⑨超限报警及报警时间等；⑩传感器工作状态。

4.8.3.2 模拟量累计值的显示内容包括：①地点；②名称；③监控对象或区域；④监测累计量值；⑤累计时间段；⑥报警级别及限值；⑦超限报警及报警时间等。

4.8.3.3 开关量的显示内容包括：①地点；②名称；③监控对象；④当前状态起始时刻；⑤状态；⑥开停次数；⑦报警及报警解除的时间和状态等；⑧传感器工作状态。

4.8.3.4 报警信息的显示内容包括：①地点；②名称；③监控对象或区域；④监测值或状态；⑤报警时间；⑥报警条件，包括限值或状态等。

4.8.3.5 报警历史记录的显示内容包括：①地点；②名称；③监控对象或区域；④监测值或状态；⑤报警时间；⑥报警条件，包括限值或状态等；⑦报警原因及类型；⑧处置措施；⑨接警人和时间；⑩报警解除人和时间等。

4.8.3.6 故障信息的显示内容包括：①地点；②名称；③故障对象或区域；④故障描述；⑤故障时间等。

4.8.3.7 故障信息历史记录的显示内容包括：①地点；②名称；③故障对象或区域；④故障描述；⑤故障时间；⑥故障原因及类型；⑦排除措施；⑧接警人和时间；⑨故障排除人和时间等。

4.8.3.8 系统日志的显示内容包括：①类型；②时间；③来源；④内容等。

4.8.3.9 操作记录的显示内容包括：①时间；②操作人；③操作对象；④方式等。

4.8.4 图形显示

4.8.4.1 模拟量曲线显示：

a) 坐标的竖轴为监测值或统计值，横轴为时间；
b) 各级报警限值用平行于横轴的红色虚线表示；

c) 实时监测值、最大值、最小值和平均值等用平行于横轴的不同颜色的实线表示；
d) 图形上方标明传感器的位置和所测物理量等信息，并在图中适当位置给出图例说明；
e) 支持鼠标信息提示。

4.8.4.2 开关量状态图显示：
a) 用直线表示开关量状态随时间的变化；
b) 图形上方标明传感器的位置和所测物理量等信息；
c) 支持鼠标信息提示。

4.8.4.3 开关量柱状图显示：
a) 坐标竖轴为开机效率状态，横轴为时间；
b) 图形上方标明传感器的位置和所测物理量等信息；
c) 支持鼠标信息提示。

4.8.4.4 系统模拟图显示：在表明系统现场布局等情况的背景图上，显示监控对象、监控设备、线缆及其他设施等，标明相对位置、参数与运行状态等。将实时监测到的开关量状态用图样在相应位置模拟显示；将实时监测到的模拟量数值在相应位置显示；用红色图标标注报警点；点击设备、传感器或报警点等，可以提示相关信息或弹出选择菜单；支持通过鼠标完成漫游、分页和缩放等图形操作。

4.8.5 查询统计

查询统计内容包括：
a) 报警查询：根据报警时间、地点、参数和级别等情况进行复合检索；
b) 监控信息查询：根据时间、地点和名称等进行复合检索；
c) 设备故障：根据地点、时间、类型和故障对象或区域等进行复合检索；
d) 操作记录：根据时间、操作人、对象和方式等进行复合检索；
e) 系统日志：根据时间、类型和来源等进行复合检索。

4.8.6 报表

按一定时间段输出的各类报表，除列表显示的内容外，还应包括表头、打印日期和时间、操作人员或单位等信息，模拟量、开关量、报警信息和设备故障的报表应包括给定时间内的累计次数和时间等统计信息。

4.8.7 快捷方式

通过设置的快捷键或常驻工具图标，在任何显示界面均可直接调用所选功能模块，包括参数的列表和图形显示、视频监控显示、系统与子系统模拟图显示、关键设备状态查看、报警信息显示及查询、系统和参数设置、帮助和打印等。

4.8.8 中文显示与打印

软件应支持汉字显示、汉字编辑、汉字提示和汉字打印功能。

4.9 技术指标与性能要求

4.9.1 模拟量输入传输处理误差

模拟量输入传输处理误差应不大于1.0%。

4.9.2 模拟量输出传输处理误差

模拟量输出传输处理误差应不大于1.0%。

4.9.3 最大巡检周期
最大巡检周期宜不大于 30 秒,并应满足监控要求。

4.9.4 控制执行时间
控制执行时间应不大于最大巡检周期,异地控制执行时间应不大于 2 倍的最大巡检周期,并应满足监控要求。

4.9.5 存储时间
无报警稳定运行期间,重要监测点的实时监控数据应保存 7 天以上,否则应保存 30 天以上。音视频信息应保存 7 天以上。报警信息应保存 1 年以上。

4.9.6 画面响应时间
调出整幅画面 85% 的响应时间应不大于 2 秒,其余画面应不大于 5 秒。

4.9.7 误码率
误码率应不大于 10^{-8}。

4.9.8 系统余量
系统所能连接的监测器和执行器的数量,应留有至少 20% 的余量。

4.9.9 双机切换时间
从工作设备发生故障到备用设备投入正常工作的时间间隔应不大于 5 分钟。

4.9.10 备用电源工作时间
在供电失败后,备用交直流电源应能保证系统连续监控时间不小于 30 分钟,并应满足监控要求。

4.9.11 工作稳定性
系统应进行工作稳定性试验,通电试验时间不小于 7 天。测试期间,系统性能应符合本标准以及各自企业产品标准的规定。

4.9.12 抗干扰性
对于监控设备的抗干扰性要求如下:
a) 设备应能通过 GB/T 17626.2 规定的 3 级(接触放电)静电放电抗扰度试验,其性能应符合各自企业产品标准的规定;
b) 系统应能通过 GB/T 17626.3 规定的 2 级射频电磁场辐射抗扰度试验,其性能应符合各自企业产品标准的规定;
c) 系统应能通过 GB/T 17626.4 规定的 3 级电快速瞬变脉冲群抗扰度试验,其性能应符合各自企业产品标准的规定;
d) 系统应能通过 GB/T 17626.5 规定的 3 级浪涌(冲击)抗扰度试验,其性能应符合各自企业产品标准的规定。

4.9.13 可靠性
系统平均无故障工作时间(MTBF)应不小于 5 000 小时,并应满足监控要求。

4.9.14 防爆性能
防爆型设备应符合相关国家标准的规定。

危险化学品重大危险源 罐区现场安全监控装备设置规范（AQ 3036—2010）

前　言

本标准第 4 章的 4.2.1、4.2.5、4.2.6，第 5 章的 5.2，第 6 章的 6.1.1 c）、6.2.4、6.2.12、6.2.13、6.3.1、6.3.7，第 7 章的 7.1、7.2.1、7.3.2，第 8 章的 8.3、8.4，第 10 章的 10.1，第 12 章的 12.2、12.3.4 为强制性条款，其余为推荐性条款。

本标准是危险化学品重大危险源罐区监控装备设置规范。

本标准由国家安全生产监督管理总局提出。

本标准由全国安全生产标准化技术委员会化学品安全分技术委员会（TC 288/SC 3）归口。

本标准主要起草单位：中国安全生产科学研究院、华瑞科力恒（北京）科技有限公司、北京科学技术研究院安全工程技术研究中心。

本标准主要起草人：吴宗之、关磊、魏利军、刘骥、聂剑红、马瑞岭、孔祥霞。

本标准为首次发布。

1　范围

本标准规定了危险化学品重大危险源罐区现场安全监控装备的设置要求和管理。

本标准适用于化工（含石油化工）行业危险化学品重大危险源罐区现场安全监控设备的设置，其他行业可参照执行。

2　规范性引用文件

下列文件对于本文件的应用是必不可少的。凡是注日期的引用文件，仅注日期的版本适用于本文件。凡是不注日期的引用文件，其最新版本（包括所有的修改单）适用于本文件。

GB 3836　爆炸性气体环境用电气设备
GB 12158　防止静电事故通用导则
GB 12358　作业环境气体监测报警仪通用技术要求
GB 16808　可燃气体报警控制器技术要求和试验方法
GB 17681　易燃易爆罐区安全监控系统验收技术要求
GB 50058　爆炸和火灾危险环境电力装置设计规范
GB 50074　石油库设计规范
GB 50116　火灾自动报警系统设计规范
GB 50160　石油化工企业设计防火规范
GB 50257　电气装置安装工程爆炸和火灾危险环境电气装置施工及验收规范
GB 50493　石油化工可燃气体和有毒气体检测报警设计规范
AQ 3035—2010　危险化学品重大危险源安全监控通用技术规范

HG/T 20507　自动化仪表选型设计规定
HG/T 21581　自控安装图册
SH 3005　石油化工自动化仪表选型设计规范
SH/T 3019　石油化工仪表管道线路设计规范
SH 3097　石油化工静电接地设计规范
SH/T 3104　石油化工仪表安装设计规范

3 术语和定义

本标准采用下列术语和定义。

3.1
安全监控装备　safety monitoring and controlling equipments

罐区危险因素(参数)监测报警和控制的相关装备。

3.2
泄漏释放源　leak source

可能释放出可燃或有毒气体(含蒸气)部位。

3.3
封闭或半封闭场所　fully close or half close site

有顶棚、围墙和门窗的房间称封闭场所,有顶棚和半截以上围墙(或花墙)而无门窗,自然通风不良的场所,称半封闭场所。

3.4
露天和半露天场所　fully open and half open site

无顶棚和围墙的场所,称露天场所。只有顶棚而无围墙自然通风良好的场所称半露天场所。

3.5
监控预警参数　monitoring and forewarning parameter

能够预测、预报,表征事物是否处于安全状态或影响事物安全状态的物理量或化学量参数称为监控预警参数。

3.6
可燃气体　combustible gas

在20 ℃和标准大气压101.3 kPa时与空气混合有一定易燃范围的气体。

3.7
有毒气体　toxic gas

包括:
a) 已知对人类健康造成危害的气体;
b) 半数致死浓度LC50值不大于5000 mL/m³,因而判定对人类具有危害的气体。

3.8
最高容许浓度　maximum allowable concentration, MAC

在工作场所的空气中,一个工作日内的任何时间,均不容许超过的有毒化学物质的浓度。

4 罐区安全监测仪器的设置要求

4.1 监控预警参数

罐区监控预警参数的选择主要以预防和控制重大工业事故为出发点,根据对罐区危险及有害因素的分析,结合储罐的结构和材料、储存介质特性以及罐区环境条件等的不同,选取不同的监控预警参数。

罐区的监控预警参数一般有罐内介质的液位、温度、压力等工艺参数,罐区内可燃/有毒气体的浓度、明火以及气象参数和音视频信号等。主要的预警和报警指标包括与液位相关的高低液位超限,温度、压力、流速和流量超限,空气中可燃和有毒气体浓度、明火源和风速等超限及异常情况。

4.2 监控仪器选择、安装和布置的一般原则

4.2.1 对于监测方法和仪表的选择,主要考虑监测对象、监测范围和测量精度、稳定性与可靠性、防爆和防腐、安装、维护及检修、环境要求和经济性等因素。监控设备的性能应满足应用要求。

4.2.2 储罐区监测传感器可分为罐内监测传感器和罐外监测传感器两类。罐内监测传感器用于储罐内的液位、压力和温度等工艺参数的监控,防止冒顶或者异常的温度压力变化。罐外监测传感器用于明火、可燃和有毒气体泄漏及相关的环境危险因素等的监控。

4.2.3 罐区监测传感器及仪表选型中的一般问题可参考遵循 HG/T 20507 和 SH 3005 的规定。

4.2.4 罐区传感器和仪表的安装,可执行 HG/T 21581 和 SH/T 3104 的规定,应选择合适的安装位置和安装方式,符合安全和可靠性要求。

4.2.5 对于老罐改造,应优先选择不清罐就可以安装的传感器。应符合安全要求,电线无破皮、露线及发生短路的现象。二次仪表应安装在安全区。传感器盖安装后应严格检查,旋紧装好防拆装置。现场严禁带电开盖检修非本质安全型防爆设备。采用非铠装电缆时,传感器与排线管之间用防爆软性管连接。安装过程中避开焊接和可能产生火花的操作,防止电火花、机械火花及高温等因素引起的燃烧和爆炸。需要罐内安装且可能产生火花或高温的,应进行空气置换后再进入作业。

4.2.6 对于罐区明火和可燃、有毒气体的监测报警仪,应根据监测范围、监测点和环境因素等确定其安装位置,安装应符合有关规定。

4.2.7 罐区应实时监测风速、风向、环境温度等参数。

4.2.8 罐区安全监控预警系统建设中的一般问题可参考 AQ 3036—2010 危险化学品重大危险源安全监控通用技术规范。

4.3 报警和预警装置的预(报)警值的确定

4.3.1 温度报警至少分为两级,第一级报警阈值为正常工作温度的上限。第二级为第一级报警阈值的 1.25 倍～2 倍,且应低于介质闪点或燃点等危险值。

4.3.2 液位报警高低位至少各设置一级,报警阈值分别为高位限和低位限。

4.3.3 压力报警高限至少设置两级,第一级报警阈值为正常工作压力的上限,第二级为容器设计压力的 80%,并应低于安全阀设定值。

4.3.4 风速报警高限设置一级,报警阈值为风速 13.8 m/s(相当于 6 级风)。

4.3.5 可燃气体报警至少应分为两级,第一级报警阈值不高于25％爆炸下限(LEL),第二级报警阈值不高于50％爆炸下限(LEL)。

4.3.6 有毒气体报警至少应分为两级,第一级报警阈值为最高允许浓度的75％,当最高允许浓度较低,现有监测报警仪器灵敏度达不到要求的情况,第一级报警阈值可适当提高,其前提是既能有效监测报警,又能避免职业中毒;第二级报警值为最高允许浓度的2倍~3倍。

5 联锁控制装备的设置要求

5.1 可根据实际情况设置储罐的温度、液位、压力以及环境温度等参数的联锁自动控制装备,包括物料的自动切断或转移以及喷淋降温装置等。

5.2 紧急切换装置应同时考虑对上下游装置安全生产的影响,并实现与上下游装置的报警通讯、延迟执行功能。必要时,应同时设置紧急泄压或物料回收设施。

5.3 原则上,自动控制装备应同时设置就地手动控制装置或手动遥控装置备用。就地手动控制装置应能在事故状态下安全操作。

5.4 不能或不需要实现自动控制的参数,可根据储罐的实际情况设置必要的监测报警仪器,同时设置相关的手动控制装置。

5.5 安全控制装备应符合相关产品的技术质量要求和使用场所的防爆等级要求。

6 储罐内安全监控装备的设置

6.1 温度监控装备的设置

6.1.1 一般采用双金属温度计和热电阻温度计,优先采用铂热电阻温度计。测量误差应优于±0.5 ℃。其中:
   a) 测温变送一体化温度计及变送器应带 4 mA(DC)~20 mA(DC)输出,宜带数字式显示表头;
   b) 在有振动或对精度要求不高的场合可选择压力式温度计;
   c) 有防爆要求的罐区,应根据所存储的物料进行危险区域的划分,并选择相应防爆类型的仪表。

6.1.2 温度传感器一般安装在储罐壁或者悬挂在储罐顶部,要根据现场情况和传感器特点选用适合的安装方式。安装方式可选无固定装置、可动外螺纹、可动内螺纹、固定螺纹、固定法兰、卡套螺纹和卡套法兰等。

6.1.3 温度传感器在储罐的安装高度一般为 1 m~1.3 m(球罐、卧罐除外),插入深度 0.5 m~1 m,压力储罐可设置一个温度监测器,监测点深入罐内 1 m 以上。监测平均温度一般选用 6 点~10 点。

6.1.4 根据储罐的环境条件选择温度计接线盒。普通式和防溅式(防水式)用于条件较好的场所;防爆式用于易燃、易爆场所。根据被测介质条件(腐蚀性和最高使用温度)选择温度计的测温保护管材质。

6.2 压力监控装备的设置

6.2.1 压力监测仪表选型时应主要考虑仪表的类型、型号、量程、精度等级和材质,兼顾气体特性对测量的影响。

6.2.2 仪表的量程根据所测压力的大小确定。当被测压力较稳定时,正常操作压力应为量程的 1/3～2/3;当被测压力为脉动压力时,正常操作压力应为量程的 1/3～1/2。

6.2.3 仪表的精度等级根据生产过程允许的最大测量误差,以经济、实惠的原则确定。一般工业用压力表可选 1.5 级或 2.5 级。

6.2.4 根据生产要求、介质情况、现场环境条件的特殊要求选择耐腐蚀压力表、耐高温压力表、隔膜压力表、防震压力表等。

6.2.5 气动就地式压力指示调节器适宜做就地压力指示调节;对需远距离测量或测量精度要求较高的现场,应选择压力传感器或压力变送器。压力变送器、压力开关应根据安装场所防爆要求合理选择。

6.2.6 储罐区压力储罐应选择符合测量范围要求的电阻式压力传感器、电感式压力传感器、电容式压力传感器、压阻式压力传感器、振筒式压力传感器和霍尔压力传感器,且直接将压力转换成电信号,提高测量精度。

6.2.7 采用螺纹型安装方式时,压力传感器安装在储罐内壁或顶部;选用浸入型从储罐顶部悬浮安装。

6.2.8 压力仪表的安装应注意取压口的开口位置和仪表安装位置的正确以及连接导管的合理铺设等问题。

6.2.9 进行取压口位置选择时,应该:
   a) 避免处于管路弯曲、分叉及流束形成涡流的区域;
   b) 当管路中有突出物体(如测温元件)时,取压口应取在其前面;
   c) 当在调节阀门附近取压时,若取压口在其前,则与阀门距离应不小于 2 倍管径;若取压口在其后,则与阀门距离应不小于 3 倍管径;
   d) 对于宽广容器,取压口应处于流体流动平稳和无涡流的区域。

6.2.10 进行测压连接导管的铺设时,连接导管的水平段应有一定的斜度,以利于排除冷凝液体或气体。当被测介质为气体时,导管应向取压口方向低倾;当被测介质为液体时,导管则应向测压仪表方向倾斜;当被测参数为较小的差压值时,倾斜角度可加大。此外,如导管在上下拐弯处,则应根据导管中的介质情况,在最低点安置排泄冷凝液体装置或在最高处安置排气装置。

6.2.11 测压仪表的安装及使用时应注意:
   a) 仪表应垂直于水平面安装;
   b) 仪表测定点与仪表安装处在同一水平位置,要考虑附加高度误差的修正;
   c) 仪表安装处与测定点之间的距离应尽量短;
   d) 保证密封性,应进行泄漏测试,不应有泄漏现象出现,尤其是易燃易爆和有毒有害介质。

6.2.12 对于储存介质属于 GB 50160 规范中甲类物料的压力储罐,应设置压力自动报警系统和相应的压力控制设施。

6.2.13 压力储罐的罐顶应安装安全阀和相关的泄压系统,执行 GB 50160 和 GB 17681 的规定。

6.3 液位监控装备的设置

6.3.1 储罐应设置液位监测器,应具备高低位液位报警功能。

6.3.2 新建储罐区宜优先采用雷达等非接触式液位计及磁致伸缩、光纤液位计。
6.3.3 监测和报警精度:不大于±5%。有计量功能的,应执行相关规范中的高精度规定。
6.3.4 监测方式。各种介质适用的液位仪表见表1。

表1 各种介质适用的液位仪表类型

介 质	优 先 采 用	可 选
轻油(汽油、煤油、柴油)	力平衡式、伺服式、雷达式、静压式、HIMS、磁致伸缩、光纤	直接式
重油(干点(终馏点)在365℃以上的油品)[a]	力平衡式、雷达式、光纤	直接式、伺服式、静压式、HIMS
原油[b]	力平衡式、伺服式、雷达式、HIMS、光纤	静压式
沥青[c]	雷达式	
LPG(液化气)	伺服式、雷达式[d]、磁致伸缩、光纤	直接式、伺服式、HIMS
液体化学品(易燃、易爆、有毒[e]、腐蚀性介质)	雷达式、静压式、磁致伸缩、光纤	HIMS

[a b c] 对于重油、原油、沥青等黏度较高的介质,接触式仪表容易挂壁,例如磁致伸缩,时间长了浮子将被粘住不动读数为假读数。
[d] 对于易挥发介质例如液化气,应采用特殊功能雷达液位计。
[e] 对于有毒介质,如果易挥发,易使用密封原理液位计,光纤需要考虑严格密封。最好选用非接触式。

6.3.5 仪表的防爆等级、防腐性能:
应根据GB 3836及GB 50058进行爆炸危险区域划分并选择相应等级的仪表和电器。
设置在有腐蚀性介质区域的仪器,应从表体本身结构、安装和防护等方面解决防腐问题。
6.3.6 仪表安装、维护及检修:液位传感器可选法兰、螺纹和安装板安装方式。安装时确保传感器外壳良好接地。
6.3.7 大型(5 000 m³以上)可燃液体储罐、400 m³以上的危险化学品压力储罐应另设高高液位监测报警及联锁控制系统。
6.3.8 压力储罐的高高液位监测控制系统,应由软件报警和硬件报警组成。报警控制宜采用或门逻辑结构。

7 罐区可燃气体和有毒气体监测报警仪和泄漏控制装备的设置

7.1 罐区环境可燃气体和有毒气体监测报警仪的设置原则

7.1.1 具有可燃气体释放源,且释放时空气中可燃气体的浓度有可能达到25% LEL的场所,应设置相关的可燃气体监测报警仪。

7.1.2 具有有毒气体释放源,且释放时空气中有毒气体浓度可达到最高容许值并有人员活动的场所,应设置有毒气体监测报警仪。

7.1.3 可燃气体和有毒气体释放源同时存在的场所,应同时设置可燃气体和有毒气体监测报警仪。

7.1.4 可燃的有毒气体释放源存在的场所,可只设置有毒气体监测报警仪。

7.1.5 可燃气体和有毒气体混合释放的场所,一旦释放,当空气中可燃气体浓度可能达到25% LEL,而有毒气体不能达到最高容许浓度时,应设置可燃气体监测报警仪;如果一旦释放,当空气中有毒气体可能达到最高容许值,而可燃气体浓度不能达到25% LEL 时,应设置毒气体监测报警仪。

7.1.6 一般情况安装固定式可燃气体或有毒气体监测报警仪。但是,若没有相关固定式监测报警仪或无安装固定式检报警测仪的条件,或属于非长期固定的生产场所的,可使用便携式仪器监测,或者采样监测。

7.1.7 可燃气体和(或)有毒气体监测报警的数据采集系统,宜采用专用的数据采集单元或设备,不宜将可燃气体和(或)有毒气体监测器接入其他信号采集单元或设备内,避免混用。

7.2 监测报警点的确定

7.2.1 可燃气体监测报警点的确定

7.2.1.1 可燃气体或易燃液体储罐场所,在防火堤内每隔20 m～30 m 设置一台可燃气体报警仪,且监测报警器与储罐的排水口、连接处、阀门等易释放物料处的距离不宜大于15 m。

7.2.1.2 可燃气体或易燃液体鹤管装卸栈台,应按以下规定设置可燃气体监测报警仪:

a) 小鹤管铁路装卸栈台,在地面上每隔一个车位设置一台监测报警器,且装卸车口与监测报警器的水平距离不应大于15 m;

b) 大鹤管铁路装卸栈台可设一台可燃气体监测报警器;

c) 汽车装卸站,可燃气体监测报警器与装卸车鹤位的水平距离不应大于10 m。

7.2.1.3 液化烃的灌装站,应按以下规定设置可燃气体监测报警器:

a) 封闭或半封闭的灌装间,每隔15 m 设置一台监测报警器,且灌装口与监测报警器的距离不宜大于7.5 m;

b) 封闭或半封闭储瓶库,每隔10 m 设置一台可燃气体监测报警器,且储瓶与监测报警器之间的距离不大于5 m;

c) 半露天储瓶库周围每隔20 m 设置一台可燃气体监测报警器,当周长小于20 m 时可只在主风向的下风位置设一台;

d) 缓冲罐排水口或阀组与监测报警器之间的距离宜为5 m～7.5 m。

7.2.1.4 封闭或半封闭氢气灌瓶间,应在灌装口上方的室内高点等易于滞留气体处设置监测报警器。

7.2.1.5 压缩机或输送泵所在场所,按以下规定设置可燃气监测报警器:

a) 可燃气体释放源处于封闭或半封闭的场所,每隔15 m 设置一台监测报警器,且任何一个释放源与监测报警器之间的距离不宜大于7.5 m;

b) 可燃气体释放源处于露天或半露天场所,监测报警器应设置在该场所主风向的下风侧,且每个释放源与监测报警器的距离不宜大于10 m。若不便装于主风向的下风侧时,释放源与监测报警器距离不宜大于 7.5 m。

7.2.1.6 罐区的地沟、电缆沟或其他可能积聚可燃气体处,宜设置可燃气体监测报警器;在未设置可燃气体监测报警器的场所进行相关作业时,可配置便携式可燃气体监测仪进行现场监测。

7.2.2 有毒气体监测报警点的确定

7.2.2.1 有毒气体释放源处于封闭或半封闭场所时,每个释放源与有毒气体监测报警器的距离不大于 1 m。

7.2.2.2 有毒气体释放源处于露天或半露天的场所时,有毒气体监测报警器宜设置在该场所主风向的下风侧,每个释放源距离监测报警器不宜大于 2 m,如设置在上风侧,每个释放源距离监测报警器不宜大于 1 m。

7.3 可燃气体和有毒气体监测报警器的安装要求

7.3.1 可燃气体监测探头安装可采用房顶吊装、墙壁安装或抱管安装等方式,应确保安装牢固可靠,同时应考虑便于维护、标定。

7.3.2 可燃气及有毒气体浓度报警器的安装高度,应按探测介质的密度以及周围状况等因素来确定。当被监测气体的密度小于空气的密度时,可燃气体监测探头的安装位置应高于泄漏源 0.5 m 以上;被监测气体的密度大于空气的密度时,安装位置应在泄漏源下方,但距离地面不得小于 0.3 m。

7.3.3 可燃气体及有毒气体监测探头布线应采用三芯屏蔽电缆,单根线的截面积应大于 1 mm^2,接线时屏蔽层应良好接地。

7.3.4 可燃及有毒气体监测探头安装时,应保证传感器垂直朝下固定。

7.3.5 可燃气体监测探头应在断电情况下接线,确定接线正确后通电;应在确定现场无可燃气体泄漏情况下,开盖调试探头。

7.3.6 可燃气体及有毒气体探测器应避开强机械或电磁干扰,避开强风尘及其他自然污染源,且周围应留有不小于 0.3 m 的净空间。

7.4 监测报警传感器的选用原则

7.4.1 根据被监测气体种类和环境条件等因素选择传感器类型,考虑其选择性、抗干扰和抵抗环境能力,特别要避开对传感器有害的物质,可参考 GB 50493 的相关规定。

7.4.2 在满足精度、稳定性和响应时间等技术要求的情况下,可选择经济、安装使用方便的传感器。

7.4.3 可燃气体的监测报警,一般选用催化燃烧式可燃气体监测报警仪,也可选用红外式、半导体式或光纤式等仪器,微量泄漏时可优先选用半导体式。

7.4.4 当可燃气体监测的环境空气中含有少量能使催化燃烧元件中毒的硫、磷、砷、卤素、硅的化合物时,应选择抗中毒的催化燃烧式元件,当引起元件中毒的物质含量较大时,应选择其他类型监测仪。

7.4.5 现场可燃气体以烷烃类为主时,可优先采用红外式可燃气体监测报警仪。

7.4.6 常见无机毒性气体监测报警,可优先采用定电位电解式有毒气体监测报警仪。

7.4.7 电离电位低于紫外光能的有机毒性气体等监测报警,当气体组成明确时,可优先选用光电离有毒气体监测报警仪(PID)。

7.4.8 有毒气体的监测报警,也可选择相应的红外式和光纤式等其他类型的监测报警仪。

7.5 可燃气体和有毒气体监测报警仪的技术性能要求

7.5.1 可燃和有毒气体监测仪的技术性能,应符合 GB 12358 和 GB 16808 要求。

7.5.2 可燃气体的报警控制器和监测报警系统,应符合 GB 16808 的规定。

7.6 泄漏控制装备的设置

7.6.1 配备检漏、防漏和堵漏装备和工具器材,泄漏报警时,可及时控制泄漏。

7.6.2 针对罐区物料的种类和性质,配备相应的个体防护用品,泄漏时用于应急防护。

7.6.3 罐区应设置物料的应急排放设备和场所,以备应急使用。

7.6.4 封闭场所宜设置排风机,并与监测报警仪联网,自动控制空气中有害气体含量。排风机规格和安装地点视现场情况而定。

8 罐区气象监测、防雷和防静电装备的设置

8.1 应设置风力、风向和环境温度等参数的监测仪器,并与罐区安全监控系统联网。

8.2 压力储罐的环境温度监测仪器宜与喷淋水系统联锁(或者手动),抑制储罐压力的升高。

8.3 防雷装备按 GB 50074 设置。定期监测避雷针(网、带)的接地电阻,不得大于 10 Ω。

8.4 易产生静电的危险化学品装卸系统,应设置接地装置,执行 SH 3097 的规定。

9 罐区火灾监控装置的设置

9.1 监测报警系统的设置

9.1.1 罐区火灾监测报警系统的设置

罐区火灾监测报警系统的设置应符合 GB 50116 的规定。

9.1.2 手动报警按钮和声光报警控制装置的设置

易于发生火灾且难以快速报警的场所,应按要求设置火灾报警按钮,控制室、操作室应设置声光报警控制装置。

9.1.3 自动报警控制系统的设置

易于发生火灾的场所,可设置火焰、温度或感光火灾监测器,与火灾自动监控系统联网,实现火灾自动监控报警。

在有 24 小时连续职守的控制室、操作室可不设火焰、温度或感光火灾自动监测器。

9.2 罐区消防灭火装备的设置

9.2.1 罐区消防灭火装备的设置要求

罐区消防灭火装备的设置应符合 GB 50160 和 GB 50074 的要求。

9.2.2 自动灭火控制系统

在易于发生火灾并需快速灭火的高风险场所,应根据物料性质选择设置气体、干粉或水的自动灭火控制系统。

9.2.3 远程灭火控制系统

对于在储罐着火后,由于高温和有毒等不易靠近灭火的罐区、罐组,应设置远程灭火控制系统,灭火介质应依危险物料性质而定。

9.2.4 远程水喷淋控制系统

在储罐着火后会引起相邻的储罐受高温辐射影响而产生次生灾害的罐区,应设置远程

水喷淋控制系统,并要求水源充足,能及时快捷喷淋降温。

10 音视频监控装备的设置

10.1 一般原则

10.1.1 罐区应设置音视频监控报警系统,监视突发的危险因素或初期的火灾报警等情况。

10.1.2 摄像头的设置个数和位置,应根据罐区现场的实际情况而定,既要覆盖全面,也要重点考虑危险性较大的区域。

10.1.3 摄像视频监控报警系统应可实现与危险参数监控报警的联动。

10.1.4 摄像监控设备的选型和安装要符合相关技术标准,有防爆要求的应使用防爆摄像机或采取防爆措施。

10.1.5 摄像头的安装高度应确保可以有效监控到储罐顶部。

10.2 技术要求

10.2.1 音视频编解码标准应符合国家相关标准,图像分辨率支持 QCIF、CIF 和 D1 格式,也支持 NTSC 制。

10.2.2 视频服务器支持多路视频输入,每路可扩展。

10.2.3 视频服务器网络协议采用 TCP/IP,支持固定 IP 及动态 IP 用户联网,支持扩展网络应用,宜带 1 路外接上网 LAN 口,直接上网。

10.3 其他

10.3.1 视频监控系统应与罐区安全监控系统联网,为其提供信息,也可单独配置报警装备。

10.3.2 根据现场需要,可安装红外摄像报警装备,及时发现不安全因素。

11 罐区安全监控传输电缆的敷设要求

11.1 罐区安全监控传输电缆的敷设规定

安全监控传输电缆的敷设可遵照 GB 50257 及 SH/T 3019 的有关规定执行。

11.2 传输电缆的保护措施

11.2.1 电缆明敷设时,应选用钢管加以保护,所用保护管应与相关仪表设备等妥善连接,电缆的连接处需安装防爆接线盒。

11.2.2 如选用钢带铠装电缆埋地敷设时,可不加防护措施,但应遵照电缆埋地敷设的有关规定进行操作。

11.3 本质安全电路和数字回路传输电缆要求

11.3.1 传输电缆线通常选用对绞信号传输电线/电缆,应避免非本质安全电路混触,防止由非本质安全电路引发静电感应和电磁感应。

11.3.2 数字回路传输电路应有屏蔽层,接头处的屏蔽层连接良好,整体屏蔽层要有良好的接地。

11.3.3 本质安全型监测报警仪在供电或信号连接之间应安装符合要求的安全栅。

11.4 接地保护措施

11.4.1 罐区应设置防止雷电、静电的接地保护系统,接地保护系统应符合 GB 12158 等标准的要求。

11.4.2 安全接地的接地体应设置在非爆炸危险场所,接地干线与接地体的连接点应有两处以上,安全接地电阻应小于 4 Ω。

11.4.3 进入爆炸危险场所的电缆金属外皮或其屏蔽层,应在控制室一端接地,且只允许一端接地。

11.4.4 本质安全电路除安全栅外,原则上不得接地,有特殊要求的按说明书规定执行。

12 罐区安全监控装备的管理

12.1 安全监控装备的可靠性保障

12.1.1 按照相关标准规范的规定,正确设置和施工,避免设置和施工的不规范而造成故障。

12.1.2 在设置时,应考虑安全监控系统的故障诊断和报警功能。

12.1.3 对于重要的监控仪器设备,应有"冗余"设置,以便在监控仪器设备出现故障时,及时切换。

12.1.4 在设置安全监控装备时,要充分考虑仪器设备的安装使用环境和条件,为正确选型提供依据。

12.1.5 对于环境空气中有害物质的自动监测报警仪器,要求正确设置监测报警点的数量和位置。对现场裸露的监控仪器设备采取防水、防尘和抗干扰措施。

12.2 安全监控装备的检查和维护

12.2.1 安全监控装备,应定期进行检查、维护和校验,保持其正常运行。

12.2.2 强制计量检定的仪器和装置,应按有关标准的规定进行计量检定,保持其监控的准确性。

12.2.3 安全监控项目中,对需要定期更换的仪器或设备应根据相关规定处理。

12.3 安全监控装备的日常管理

12.3.1 安全监控项目应建立档案,内容包括:监控对象和监控点所在位置,监控方案及其主要装备的名称,监控装备运行和维修记录。

12.3.2 在安全监控点宜设立醒目的标志。安全监控设备的表面宜涂醒目漆色,包括接线盒与电缆,易于与其他设备区分,利于管理维护。

12.3.3 安全监控装备应分类管理,并根据类级别制定相应的管理方案。

12.3.4 建立安全监控装备的管理责任制,明确各级管理人员、仪器的维护人员及其责任。

危险化学品生产单位主要负责人安全生产培训大纲及考核标准（AQ/T 3029—2010）

前言

本标准由国家安全生产监督管理总局提出。

本标准由全国安全生产标准化技术委员会化学品安全分技术委员会（TC 288/SC 3）归口。

本标准主要起草单位：中钢集团武汉安全环保研究院、中国石油化工股份有限公司青岛安全工程研究院。

本标准主要起草人：王志、李永红、王红汉、苏国胜、高泉、向维、刘峰、乐有邦、李敬、陈美龄。

本标准为首次发布。

1 范围

本标准规定了危险化学品生产单位主要负责人安全生产培训的要求，培训和再培训的内容及学时安排，以及安全生产考核的方法、内容，再培训考核的方法、要求与内容。

本标准适用于危险化学品生产单位主要负责人的安全生产培训与考核。

2 规范性引用文件

下列文件对于本文件的应用是必不可少的。凡是注日期的引用文件，仅注日期的版本适用于本文件。凡是不注日期的引用文件，其最新版本（包括所有的修改单）适用于本文件。

GB 12463　危险货物运输包装通用技术条件
GB 13690　常用危险化学品的分类及标志
GB 15258　化学品安全标签编写规定
GB 15603　常用危险化学品储存通则
GB/T 16483　化学品安全技术说明书　内容和项目顺序
GB 18218　危险化学品重大危险源辨识

3 术语和定义

下列术语和定义适用于本标准。

3.1
危险化学品生产单位主要负责人　principals in hazardous chemicals manufacturer

从事危险化学品生产的有限责任公司或者股份有限公司的董事长、总经理，其他生产单位的厂长、经理（含实际控制人）。

4 安全生产培训大纲

4.1 培训要求

4.1.1 危险化学品生产单位主要负责人应接受安全生产培训，具备与所从事的生产经营活动相适应的安全生产知识和安全生产管理能力。

4.1.2 培训应按照国家有关安全生产培训的规定组织进行。

4.1.3 培训工作应坚持理论与实践相结合,采用多种有效的培训方式,加强案例教学;应注重提高主要负责人的职业道德、安全意识、法律知识,加强安全生产基础知识和安全生产管理技能等内容的综合培训。

4.2 培训内容

4.2.1 危险化学品安全生产法律法规

4.2.1.1 法律法规基本知识。

4.2.1.2 安全生产立法的必要性和意义。

4.2.1.3 国家安全生产方针、政策和危险化学品安全生产法律法规体系,主要法律、法规、规章、标准、规范。

法律法规主要包括《中华人民共和国安全生产法》《中华人民共和国职业病防治法》《使用有毒物品作业场所劳动保护条例》《安全生产许可证条例》《危险化学品安全管理条例》《危险化学品生产企业安全生产许可证实施办法》《危险化学品登记管理办法》《危险化学品建设项目安全许可实施办法》等。危险化学品安全标准主要包括 GB 12463、GB 13690、GB 15258、GB 15603、GB/T 16483 等。

4.2.1.4 我国危险化学品安全生产监管体制。

4.2.1.5 主要负责人安全生产的责任和义务。

4.2.1.6 案例分析。

4.2.2 安全生产管理

4.2.2.1 危险化学品基础知识,主要包括危险化学品的概念、分类与特性以及防护要求等。

4.2.2.2 危险化学品生产单位安全生产管理概述,主要包括危险化学品安全生产的特点与现状,以及主要安全生产管理制度;生产安全事故分类、事故报告、调查处理要求。

4.2.2.3 现代安全管理方法,主要包括危害辨识、安全评价、职业健康安全管理体系、安全标准化等。

4.2.2.4 案例分析。

4.2.3 危险化学品安全技术知识

4.2.3.1 防火防爆安全:
   a) 燃烧及其特性,主要包括燃烧的概念、条件、燃烧形式和燃烧种类、燃烧基本过程等;
   b) 爆炸及其特性,主要包括爆炸的概念、分类、基本过程及其主要影响因素等;
   c) 防火防爆措施;
   d) 案例分析。

4.2.3.2 电气安全:
   a) 电气安全基础知识,主要包括电气事故的特点与类型,触电事故的种类、形式等;
   b) 电气防火防爆安全知识,主要包括电气火灾爆炸的起因,电气防火防爆技术;
   c) 静电、雷电危害以及防静电、防雷措施;
   d) 案例分析。

4.2.3.3 工艺过程安全管理:
   a) 工艺过程安全技术,主要包括化学反应过程安全技术、化工生产单元安全技术、化

工生产关键装置(系统)及要害部位的安全技术知识;
  b) 工艺过程安全管理要求;
  c) 案例分析。

4.2.3.4 机械设备安全管理:
  a) 设备安全管理概论,主要包括化工设备分类、机械安全通用技术及安全管理要求;
  b) 锅炉安全管理,主要包括锅炉基本知识,锅炉安全管理要求;
  c) 压力容器安全管理,主要包括压力容器分类,压力容器安全管理;气瓶分类,气瓶安全管理要求;
  d) 工业管道安全管理,主要包括工业管道的分类,压力管道安全管理要求;
  e) 起重机械安全管理,主要包括起重机械分类、工作类型、级别、起重机械安全管理要求;
  f) 设备维护检修安全管理,主要包括化工设备维护检修过程与特点,维护检修安全管理要求;
  g) 案例分析。

4.2.4 职业危害及其预防

4.2.4.1 职业危害防治概述,主要包括职业危害因素分类和职业病,职业病及职业危害因素管理。

4.2.4.2 工业毒物及其危害,主要包括工业毒物的分类及毒性,工业毒物的危害,防毒基本措施。

4.2.4.3 其他职业危害,主要包括生产性粉尘、噪声、辐射、高温等的危害及防护措施,灼伤分类及其预防。

4.2.4.4 个体防护,主要包括个体防护用品,特别是呼吸防护用品的分类、选用与管理要求。

4.2.4.5 案例分析。

4.2.5 危险化学品重大危险源与危险化学品事故应急管理

4.2.5.1 危险化学品重大危险源管理:
  a) 危险化学品重大危险源的概念与辨识方法,遵照 GB 18218 的规定执行;
  b) 危险化学品重大危险源的安全管理要求;
  c) 案例分析。

4.2.5.2 危险化学品事故应急管理:
  a) 危险化学品事故应急管理概述;
  b) 危险化学品事故应急预案基本要素、编制过程与方法;
  c) 危险化学品事故应急防护用品的配备原则;
  d) 危险化学品事故应急演练方法、基本任务与目标;
  e) 案例分析。

4.2.6 安全管理技能

4.2.6.1 实际安全管理要领。

4.2.6.2 实际安全管理技能。

4.3 再培训要求与内容

4.3.1 再培训要求

4.3.1.1 凡已取得安全生产资格证的主要负责人,若继续从事原岗位工作的,在资格证书有效期内,每年应进行一次再培训。

4.3.1.2 再培训按照有关规定,由具有相应资质的安全培训机构组织进行。

4.3.2 再培训内容

再培训内容包括:
a) 有关危险化学品安全生产新的政策、法律、法规、规章、规程、标准;
b) 有关危险化学品生产的新工艺、新技术、新设备、新材料及其安全技术要求;
c) 国内外危险化学品生产单位安全生产管理先进经验;
d) 危险化学品安全生产形势及危险化学品典型事故案例分析。

4.4 学时安排

4.4.1 危险化学品生产单位主要负责人安全生产管理资格培训时间不少于48学时,其中第一单元、第二单元培训时间均不少于12学时,第三单元培训时间不少于16学时,第四单元培训时间不少于4学时。培训内容中案例分析不少于6学时。具体课时安排见表1。

表 1 危险化学品生产单位主要负责人培训课时安排

项 目		培 训 内 容	学时
培训	第一单元 (共12学时)	危险化学品安全生产法律法规	10
		案例分析	2
	第二单元 (共12学时)	安全生产管理	6
		危险化学品重大危险源与危险化学品事故应急管理	4
		案例分析	2
	第三单元 (共16学时)	危险化学品安全生产知识	12
		职业危害及其预防	2
		案例分析	2
	第四单元 (共4学时)	安全管理技能	4
	复习		2
	考试		2
	合计		48
再培训	有关危险化学品安全生产新的政策、法律、法规、规章、规程、标准; 有关危险化学品生产的新工艺、新技术、新设备、新材料及其安全技术要求; 国内外危险化学品生产单位安全生产管理先进经验; 危险化学品安全生产形势及危险化学品典型事故案例分析。		12
	复习		2
	考试		2
	合计		16

4.4.2 危险化学品生产单位主要负责人每年再培训时间不少于 16 学时。

5 安全生产考核标准

5.1 考核办法

5.1.1 考核分为安全生产知识考试和安全管理技能考核两部分。

5.1.2 安全生产知识考试为闭卷笔试。考试内容应符合本标准 5.2 规定的范围,其中第一单元、第二单元分别占总分数的 30%,第三单元占总分数的 40%。考试时间为 120 分钟。考试采用百分制,60 分及以上为合格。

5.1.3 安全管理技能考核由安全生产监管部门进行,采用实地考核、写论文、答辩等方式。考核内容应符合本标准 5.3 规定的范围,成绩评定分为合格、不合格。

5.1.4 安全生产知识考试及安全管理技能考核均合格者,方为合格。考试(核)不合格允许补考一次,补考仍不合格者需重新培训。

5.1.5 考核要点的深度分为了解、熟悉和掌握三个层次,三个层次由低到高,高层次的要求包含低层次的要求。

了解:能正确理解本标准所列知识的含义、内容并能够应用。

熟悉:对本标准所列知识有较深的认识,能够分析、解释并应用相关知识解决问题。

掌握:对本标准所列知识有全面、深刻的认识,能够综合分析、解决较为复杂的相关问题。

5.2 安全生产知识考试要点

5.2.1 危险化学品安全生产法律法规

危险化学品安全生产法律法规的考试要点包括:

a) 了解法律法规基本知识,安全生产立法的意义和重要性;
b) 了解我国安全生产方针、政策和有关危险化学品安全生产的法律、法规、规章、标准和规范;
c) 了解国家危险化学品安全生产监管体制;
d) 熟悉主要负责人安全生产的责任和义务。

5.2.2 危险化学品安全生产管理

危险化学品安全生产管理的考试要点包括:

a) 了解危险化学品的分类、特性及防护要求;
b) 了解危险化学品安全生产的特点;
c) 熟悉危险化学品生产单位主要安全生产管理制度;
d) 掌握生产安全事故分类,事故报告、调查处理要求;
e) 了解现代安全管理方法。

5.2.3 危险化学品安全生产知识

5.2.3.1 防火防爆安全:

a) 了解物质燃烧条件,以及燃烧过程、燃烧形式、燃烧种类及影响燃烧的因素;
b) 了解爆炸分类、爆炸过程及其影响因素;
c) 熟悉防火防爆措施及管理要求。

5.2.3.2 电气安全:

a) 了解危险化学品生产单位电气防火防爆安全技术以及安全管理要求;

b) 了解静电的危害,静电产生的原因及其消除措施;
c) 了解雷电分类、危害和防雷措施。

5.2.3.3 工艺过程安全:
a) 了解化学反应过程的安全技术;
b) 了解化工生产单元的安全技术;
c) 了解化工生产关键装置(系统)、要害部位的安全技术知识;
d) 熟悉化工生产工艺安全管理;
e) 熟悉化工生产紧急情况安全处理措施。

5.2.3.4 机械设备安全管理:
a) 了解化工设备分类与通用机械安全要求及安全管理要求;
b) 了解锅炉基本知识,锅炉安全管理要求;
c) 了解压力容器分类,压力容器安全管理要求;
d) 了解气瓶分类,气瓶的安全管理要求;
e) 了解工业管道的分类,压力管道安全管理要求;
f) 了解起重机械分类,起重机安全管理要求;
g) 了解化工设备维护检修的过程与特点,熟悉化工设备维护检修的一般安全管理要求。

5.2.4 职业危害及其预防

职业危害及其预防的考试要点包括:
a) 了解职业危害因素分类和职业病防治知识,职业病及职业危害因素管理要求;
b) 了解工业毒物的分类及毒性、危害,防毒措施;
c) 了解生产性粉尘、噪声、辐射、高温、灼伤及其对人体的危害,防护措施;
d) 了解个体防护用品的分类、选用原则及管理要求。

5.2.5 危险化学品重大危险源与危险化学品事故应急管理

5.2.5.1 危险化学品重大危险源安全管理:
a) 了解危险化学品重大危险源的概念与辨识方法;
b) 了解危险化学品重大危险源安全管理要求。

5.2.5.2 危险化学品事故应急管理:
a) 熟悉危险化学品事故应急救援的目的、原则与程序;
b) 掌握危险化学品事故应急预案要素、编制程序与方法;
c) 了解危险化学品事故应急防护用品的配备原则及管理要求;
d) 了解危险化学品事故应急演练的方法、基本任务与目标。

5.3 安全管理技能考核要点

安全管理技能考核要点包括:
a) 贯彻执行国家安全生产方针、政策、法律、法规和标准的程序和要点;
b) 组织危险化学品安全生产的程序和方法;
c) 主持制定安全生产管理规章制度的程序和要求;
d) 安全费用提取、管理办法,安全技术措施计划实施程序及要点;
e) 组织安全检查和隐患排除与整改的基本程序及要点;

  f) 组织制定危险化学品重大事故应急预案的程序和要点；
  g) 组织、指挥危险化学品事故应急救援演练的程序及要点；
  h) 生产安全事故报告要求，事故调查处理的程序和要点。

5.4 再培训考核要求与内容

5.4.1 再培训考核要求

5.4.1.1 对已取得生产单位安全生产资格证书的主要负责人，在证书有效期内，每年再培训完毕都应进行考核，考核内容按本标准5.4.2的要求进行，并将考核结果在安全生产资格证书上做好记录。

5.4.1.2 再培训考核可只进行笔试，考试办法可参照5.1.2。

5.4.2 再培训考核要点

  再培训考核要点包括以下内容：
  a) 掌握有关危险化学品安全生产的法律、法规、规章、规程、标准和政策；
  b) 了解有关化工生产的新工艺、新技术、新设备、新材料及其安全技术要求；
  c) 了解国内外危险化学品生产单位安全生产管理经验；
  d) 了解危险化学品安全生产形势及危险化学品典型事故案例。

危险化学品生产单位安全生产管理人员安全生产培训大纲及考核标准（AQ/T 3030—2010）

前　言

本标准由国家安全生产监督管理总局提出。

本标准由全国安全生产标准化技术委员会化学品安全分技术委员会（TC 288/SC 3）归口。

本标准主要起草单位：中钢集团武汉安全环保研究院、中国石油化工股份有限公司青岛安全工程研究院。

本标准主要起草人：王志、李永红、王红汉、苏国胜、高泉、向维、刘峰、乐有邦、李敬、陈美龄。

本标准为首次发布。

1 范围

本标准规定了危险化学品生产单位安全生产管理人员安全生产培训的要求，培训和再培训的内容及学时安排，以及安全生产考核的方法、内容，再培训考核的方法、要求与内容。

本标准适用于危险化学品生产单位安全生产管理人员的安全生产培训与考核。

2 规范性引用文件

下列文件对于本文件的应用是必不可少的。凡是注日期的引用文件，仅注日期的版本适用于本文件。凡是不注日期的引用文件，其最新版本（包括所有的修改单）适用于本文件。

　　GB 12463　危险货物运输包装通用技术条件
　　GB 13690　常用危险化学品的分类及标志
　　GB 15258　化学品安全标签编写规定
　　GB 15603　常用危险化学品储存通则
　　GB 18218　危险化学品重大危险源辨识
　　GB/T 16483　化学品安全技术说明书　内容和项目顺序

3 术语和定义

下列术语和定义适用于本标准。

3.1

危险化学品生产单位安全生产管理人员　safety manager in hazardous chemicals manufacturer

危险化学品生产单位中分管安全生产的负责人、安全生产管理机构负责人及其管理人员，以及未设安全生产管理机构的生产单位的专、兼职安全生产管理人员。

4 安全生产培训大纲

4.1 培训要求

4.1.1 危险化学品生产单位安全生产管理人员应接受安全生产培训,具备与所从事的生产活动相适应的安全生产知识和安全生产管理能力。

4.1.2 培训应按照国家有关安全生产培训的规定组织进行。

4.1.3 培训工作应坚持理论与实践相结合,采用多种有效的培训方式,加强案例教学;应注重提高安全生产管理人员的职业道德、安全意识、法律知识,加强安全生产基础知识和安全生产管理技能等内容的综合培训。

4.2 培训内容

4.2.1 危险化学品安全生产法律法规

4.2.1.1 法律法规基本知识。

4.2.1.2 安全生产立法的必要性和意义。

4.2.1.3 国家安全生产方针、政策和危险化学品安全生产法律法规体系,主要法律、法规、规章、标准、规范。

　　法律法规主要包括《中华人民共和国安全生产法》《中华人民共和国职业病防治法》《使用有毒物品作业场所劳动保护条例》《安全生产许可证条例》《危险化学品安全管理条例》《特种设备安全监察条例》《危险化学品生产企业安全生产许可证实施办法》《危险化学品登记管理办法》《危险化学品建设项目安全许可实施办法》等。危险化学品主要安全标准主要包括 GB 12463、GB 13690、GB 15258、GB 15603、GB 18218、GB/T 16483 等。

4.2.1.4 我国危险化学品安全生产监管体制。

4.2.1.5 从业人员安全生产的权利和义务。

4.2.1.6 案例分析。

4.2.2 安全生产管理

4.2.2.1 危险化学品基础知识,主要包括危险化学品的概念、分类与特性,危险化学品生产、使用、储存、运输及包装基本要求,废弃危险化学品处置要求。

4.2.2.2 危险化学品安全生产管理概述,主要包括危险化学品安全生产的特点与现状,危险化学品生产单位主要安全管理制度,包括安全生产责任制度、安全技术措施计划管理、安全教育培训、安全检查、建设项目"三同时"等制度等。

4.2.2.3 事故管理与工伤保险,主要包括生产安全事故分类、事故报告、事故调查处理程序和方法、事故等级划分原则和损失计算、事故责任认定和工伤认定、工伤保险的申报与伤残等级鉴定、工伤待遇等。

4.2.2.4 现代安全管理技术,主要包括危害辨识、安全评价、职业健康安全管理体系、安全标准化等。

4.2.2.5 案例分析。

4.2.3 危险化学品安全生产技术

4.2.3.1 防火防爆安全技术:
　　a) 燃烧及其特性,主要包括燃烧条件、燃烧过程、燃烧形式、燃烧种类、燃烧机理与燃烧速度、闪点、燃点、自燃点等;

b) 爆炸及其特性,主要包括爆炸分类、爆炸极限及其影响因素、爆轰、分解爆炸性气体爆炸、爆炸性混合物爆炸、粉尘爆炸及其影响因素、雾滴爆炸等;
c) 防火防爆技术,主要包括激发能源的控制、火灾爆炸危险物质控制、工艺参数的安全控制、自动控制与安全保险装置、限制火灾爆炸蔓延扩散的措施等;
d) 案例分析。

4.2.3.2 电气安全技术:
a) 电气安全基础知识,主要包括电流对人体的危害及影响因素、触电方式、触电预防措施及触电急救知识;
b) 电气防火安全技术,主要包括变、配电所,动力、照明及电气系统的防火防爆,电气火灾爆炸及危险区域的划分,火灾爆炸危险环境电气设备的选用等;
c) 静电防护,主要包括静电产生的原因,静电的危害及消除措施;
d) 雷电防护,主要包括雷电的分类和危害,建(构)筑物的防雷措施;
e) 案例分析。

4.2.3.3 工艺过程安全技术:
a) 工艺过程安全技术,主要包括化学反应过程安全技术、化工生产单元安全技术、化工生产关键装置(系统)及要害部位安全技术;
b) 岗位操作安全技术,主要包括开车、停车岗位操作安全要点,岗位安全操作和生产过程紧急情况处置措施;
c) 案例分析。

4.2.3.4 化工机械设备安全技术:
a) 化工机械设备管理概述,主要包括化工机械设备分类、通用机械安全技术;
b) 锅炉安全技术,主要包括锅炉基本知识,锅炉运行的安全管理,锅炉的安全监督与检验;
c) 压力容器安全技术,主要包括压力容器分类,压力容器安全运行及影响因素,压力容器的定期检验,压力容器的安全附件;
d) 气瓶安全技术,主要包括气瓶分类,气瓶的安全附件,气瓶的颜色和标记,气瓶的安全管理;
e) 工业管道安全技术,主要包括工业管道的分类,压力管道的管理和维护,压力管道的检查和检测;
f) 起重机械安全技术,主要包括起重机械分类,工作类型、级别与起重搬运安全;
g) 密封安全技术,主要包括密封分类,泄漏的危害及检测,密封安全管理;
h) 化工腐蚀与防护技术,主要包括腐蚀机理及分类,腐蚀影响因素,防护机理及手段;
i) 设备状态监测与故障诊断技术,主要包括在线监测方法、监测设备与安全管理;
j) 机械设备维护检修安全管理,主要包括维护检修的过程与特点,检修组织、检修作业的一般要求,安全验收要求;
k) 案例分析。

4.2.4 职业危害及其预防

4.2.4.1 职业危害防治概述,主要包括职业危害因素分类和职业病。

4.2.4.2 工业毒物及其危害,主要包括工业毒物的分类及毒性,工业毒物侵入人体的途径及危害,常见工业毒物最高容许浓度与阈限值,职业接触毒物危害程度分级,职业中毒与现场急救。

4.2.4.3 生产性粉尘及其对人体的危害,主要包括生产性粉尘分类,生产性粉尘对人体危害,生产性粉尘的卫生标准。

4.2.4.4 防尘防毒对策措施,主要包括车间空气中尘、毒物质的测定方法,主要防尘防毒技术措施。

4.2.4.5 噪声危害及控制,主要包括噪声的类型,噪声的危害,噪声的测量仪器与测量方法,噪声的预防与控制。

4.2.4.6 辐射危害及防护,主要包括电离辐射、非电离辐射、辐射防护措施。

4.2.4.7 高温危害及防护,主要包括高温作业的危害,高温防护措施。

4.2.4.8 灼伤及防范措施,主要包括灼伤分类及其预防与现场急救知识。

4.2.4.9 个体防护,主要包括个体防护用品的分类、选用与维护原则。

4.2.4.10 案例分析。

4.2.5 危险化学品重大危险源与危险化学品事故应急管理

4.2.5.1 危险化学品重大危险源管理:
　　a) 危险化学品重大危险源的概念与辨识方法,遵照 GB 18218 的规定执行;
　　b) 危险化学品重大危险源的普查;
　　c) 危险化学品重大危险源风险评价、监控与管理技术;
　　d) 案例分析。

4.2.5.2 危险化学品事故应急管理:
　　a) 危险化学品事故应急救援的原则与程序;
　　b) 危险化学品事故应急预案基本要素、编制程序与方法;
　　c) 危险化学品事故应急防护用品的配备原则及维护;
　　d) 危险化学品事故应急演练方法、基本任务与目标;
　　e) 案例分析。

4.2.6 安全管理技能

4.2.6.1 实际安全管理要领。

4.2.6.2 实际安全管理技能。

4.3 再培训要求与内容

4.3.1 再培训要求

4.3.1.1 凡已取得危险化学品生产单位安全生产资格证的安全生产管理人员,若继续从事原岗位工作的,在资格证书有效期内,每年应进行一次再培训。再培训的内容按本标准4.3.2的要求进行。

4.3.1.2 再培训按照有关规定,由具有相应资质的安全培训机构组织进行。

4.3.2 再培训内容

　　再培训包括以下内容:
　　a) 有关危险化学品安全生产的新的法律、法规、规章、规程、标准和政策;
　　b) 有关化工生产的新技术、新材料、新工艺、新设备及其安全技术要求;

c) 国内外危险化学品生产单位先进安全生产管理经验;
d) 危险化学品安全生产形势及危险化学品生产单位典型事故案例。

4.4 学时安排

4.4.1 危险化学品生产单位安全生产管理人员的安全管理资格培训时间不少于56学时,其中第一单元不少于8学时,第二单元不少于16学时,第三单元不少于24学时,第四单元不少于4学时。培训内容中案例分析不少于6学时。具体课时安排见表1。

表 1　危险化学品生产单位安全生产管理人员培训课时安排

项　　目		培　训　内　容	学时
培训	第一单元 (共8学时)	危险化学品安全生产法律法规	6
		案例分析	2
	第二单元 (共16学时)	安全生产管理	8
		危险化学品重大危险源与危险化学品事故应急管理	6
		案例分析	2
	第三单元 (共24学时)	危险化学品安全生产技术	18
		职业危害及其预防	4
		案例分析	2
	第四单元 (共4学时)	安全管理技能	4
	复习		2
	考试		2
	合计		56
再培训	有关危险化学品安全生产的新的法律、法规、规章、规程、标准和政策 有关化工生产的新技术、新材料、新工艺、新设备及其安全技术要求 国内外危险化学品生产单位先进安全生产管理经验 危险化学品安全生产形势及危险化学品生产单位典型事故案例分析		12
	复习		2
	考试		2
	合计		16

4.4.2 危险化学品生产单位安全生产管理人员的每年再培训时间不少于16学时。

5 考核标准

5.1 考核办法

5.1.1 考核分为安全生产知识考试和安全管理技能考核两部分。

5.1.2 安全生产知识考试为闭卷笔试。考试内容应符合本标准 5.2 规定的范围,其中第一单元占总分数的 20%,第二单元占总分数的 30%,第三单元占总分数的 50%。考试时间为 120 分钟。考试采用百分制,60 分及以上为合格。

5.1.3 安全管理技能考核由安全生产监管部门进行,采用实地考核、写论文、答辩等方式。考核内容应符合本标准 5.3 规定的范围,成绩评定分为合格、不合格。

5.1.4 安全生产知识考试及安全管理技能考核均合格者,方为合格。考试(核)不合格允许补考一次,补考仍不合格者需重新培训。

5.1.5 考核要点的深度分为了解、熟悉和掌握三个层次,三个层次由低到高,高层次的要求包含低层次的要求。

  了解:能正确理解本标准所列知识的含义、内容并能够应用;

  熟悉:对本标准所列知识有较深的认识,能够分析、解释并应用相关知识解决问题;

  掌握:对本标准所列知识有全面、深刻的认识,能够综合分析、解决较为复杂的相关问题。

5.2 安全生产知识考试要点

5.2.1 危险化学品安全生产法律法规:

 a) 了解法律法规基本知识,以及安全生产立法的必要性和意义;

 b) 熟悉我国安全生产方针、政策和有关危险化学品安全生产的主要法律、法规、规章、标准和规范;

 c) 了解国家危险化学品安全生产监管体制;

 d) 了解从业人员安全生产的权利和义务。

5.2.2 安全生产管理:

 a) 熟悉危险化学品分类与特性;

 b) 掌握危险化学品生产、使用、储存、运输及包装的安全要求;

 c) 熟悉危险化学品的卫生防护距离、安全防护距离;

 d) 熟悉废弃危险化学品的处置方法;

 e) 了解危险化学品安全生产的特点;

 f) 掌握危险化学品生产单位主要安全管理制度;

 g) 掌握工伤事故管理与工伤保险知识;

 h) 熟悉现代安全管理方法。

5.2.3 危险化学品安全生产技术:

 a) 防火防爆安全技术:

  1) 掌握物质燃烧条件,熟悉燃烧过程、燃烧形式、燃烧种类;

  2) 熟悉爆炸分类、爆炸极限及其影响因素;

  3) 熟悉防火防爆主要技术措施。

 b) 电气安全技术:

  1) 熟悉电气安全基础知识,掌握电流对人体的危害及影响因素、触电的主要预防措施和触电急救知识;

  2) 熟悉电气防火安全技术;

  3) 了解静电危害,熟悉静电产生的原因及其消除措施;

4) 了解雷电分类、危害和建(构)筑物的防雷措施。
c) 工艺过程安全技术：
1) 了解化学反应过程安全技术；
2) 了解化工生产单元的安全技术；
3) 熟悉化工生产关键装置(系统)、要害部位的安全技术；
4) 掌握开车、停车岗位操作安全要点；
5) 掌握岗位操作安全要点；
6) 熟悉化工生产紧急情况安全处理措施。
d) 化工机械设备安全：
1) 了解化工设备分类与通用机械安全技术；
2) 了解锅炉基本知识,熟悉锅炉安全管理、监督与检验要求；
3) 了解压力容器分类知识,熟悉压力容器安全管理要求；
4) 熟悉气瓶分类,掌握气瓶安全附件、颜色和标记,以及气瓶的安全管理要求；
5) 了解起重机械分类,熟悉起重机械安全管理要求；
6) 了解工业管道的分类,熟悉压力管道的安全管理要求,以及压力管道的维护、检查和检测要求；
7) 了解密封分类、密封安全管理,泄漏的危害及检测；
8) 了解腐蚀机理及分类,腐蚀影响因素,防护机理及手段；
9) 了解在线监测方法、监测设备与安全管理；
10) 了解化工设备维护检修的过程与特点,熟悉化工检修的安全要求。

5.2.4 职业危害及其预防：
a) 掌握职业危害因素分类和职业病防治知识；
b) 了解工业毒物的分类及毒性,熟悉工业毒物侵入人体途径及危害；
c) 了解生产性粉尘及其对人体的危害；
d) 熟悉防尘防毒主要对策措施；
e) 了解噪声危害,熟悉噪声控制措施；
f) 熟悉电离辐射和非电离辐射防护知识；
g) 了解高温作业危害,熟悉高温作业防护措施；
h) 了解灼伤分类,熟悉灼伤预防与现场急救知识；
i) 熟悉个体防护用品的分类、选用与维护原则。

5.2.5 危险化学品重大危险源与危险化学品事故应急管理：
a) 危险化学品重大危险源管理：
1) 熟悉危险化学品重大危险源辨识标准及辨识方法；
2) 了解危险化学品重大危险源普查技术；
3) 了解危险化学品重大危险源风险评价方法、监控与管理技术。
b) 危险化学品事故应急管理：
1) 掌握危险化学品事故应急救援的原则与程序；
2) 熟悉危险化学品事故应急预案要素、编制程序与方法；
3) 熟悉危险化学品事故应急防护用品的配备原则及维护；

    4） 熟悉危险化学品事故应急演练的方法、基本任务与目标。
5.3 安全管理技能考核要点
  安全管理技能考核要点包括：
  a) 贯彻执行国家安全生产方针、政策、法律、法规、标准的程序和要点；
  b) 制定、落实安全管理规章制度的方法和要点；
  c) 进行危险化学品安全生产检查和隐患排查与整改的程序、方法和内容；
  d) 开展安全教育培训的基本要求、方法和内容；
  e) 生产安全事故报告的要求，事故调查处理的程序和要点，事故调查报告编写基本要求。

5.4 再培训考核要求与内容
5.4.1 再培训考核要求
5.4.1.1 对已取得危险化学品生产单位安全生产资格证的安全生产管理人员，在证书有效期内，每年再培训完毕都应进行考核，考核内容按本标准 5.4.2 的要求进行，并将考核结果在安全生产资格证书上做好记录；

5.4.1.2 再培训考核可只进行笔试，考试办法可参照 5.1.2。

5.4.2 再培训考核要点
  再培训考核要点包括以下内容：
  a) 掌握有关危险化学品安全生产的法律、法规、规章、规程、标准和政策；
  b) 了解有关化工生产的新技术、新材料、新工艺、新设备及其安全技术要求；
  c) 了解国内外危险化学品生产单位安全生产管理经验；
  d) 了解危险化学品安全生产形势及危险化学品生产典型事故案例。

危险化学品从业单位安全标准化通用规范
（AQ 3013—2008）

前　　言

本标准第 4 章、第 5 章为强制性条款。

本标准明确了危险化学品从业单位开展安全标准化的总体原则、过程和要求，同时用于指导危险化学品从业单位安全标准化系列标准的编制与实施。

本标准由国家安全生产监督管理总局提出。

本标准由全国安全生产标准化技术委员会化学品安全分技术委员会归口。

本标准主要起草单位：国家安全生产监督管理总局化学品登记中心、中国石油化工股份有限公司青岛安全工程研究院。

本标准主要起草人：张海峰、曹永友、曲福年、刘艳萍、董国胜、郭秀云、张秀亭、刘伟、李运才。

本标准首次发布。

1　范围

本标准规定了危险化学品从业单位（以下简称企业）开展安全标准化的总体原则、过程和要求。

本标准适用于中华人民共和国境内危险化学品生产、使用、储存企业及有危险化学品储存设施的经营企业。

2　规范性引用文件

下列文件中的条款，通过本标准的引用而成为本标准的条款。凡是注日期的引用文件，其随后所有的修改单（不包括勘误的内容）或修订版均不适用于本标准，然而，鼓励根据本标准达成协议的各方研究是否可使用这些文件的最新版本。凡是不注日期的引用文件，其最新版本适用于本标准。

　　GB 2894　　安全标志

　　GB 11651　　劳动防护用品选用规则

　　GB 13690　　常用危险化学品的分类及标志

　　GB 15258　　化学品安全标签编写规定

　　GB 16179　　安全标志使用导则

　　GB 16483　　化学品安全技术说明书编写规定

　　GB 18218　　重大危险源辨识

　　GB 50016　　建筑设计防火规范

　　GB 50057　　建筑物防雷设计规范

　　GB 50058　　爆炸和火灾危险环境电力装置设计规范

　　GB 50140　　建筑灭火器配置设计规范

GB 50160　石油化工企业设计防火规范
GB 50351　储罐区防火堤设计规范
GBZ 1　工业企业设计卫生标准
GBZ 2　工作场所有害因素职业接触限值
GBZ 158　工作场所职业病危害警示标识
AQ/T 9002　生产经营单位安全生产事故应急预案编制导则
SH 3063—1999　石油化工企业可燃气体和有毒气体检测报警设计规范
SH 3097—2000　石油化工静电接地设计规范

3　术语和定义

本标准采用下列术语和定义。

3.1
危险化学品从业单位　chemical enterprise

依法设立，生产、经营、使用和储存危险化学品的企业或者其所属生产、经营、使用和储存危险化学品的独立核算成本的单位。

3.2
安全标准化　safety standardization

为安全生产活动获得最佳秩序，保证安全管理及生产条件达到法律、行政法规、部门规章和标准等要求制定的规则。

3.3
关键装置　key facility

在易燃、易爆、有毒、有害、易腐蚀、高温、高压、真空、深冷、临氢、烃氧化等条件下进行工艺操作的生产装置。

3.4
重点部位　key site

生产、储存、使用易燃易爆、剧毒等危险化学品场所，以及可能形成爆炸、火灾场所的罐区、装卸台(站)、油库、仓库等；对关键装置安全生产起关键作用的公用工程系统等。

3.5
资源　resources

实施安全标准化所需的人力、财力、设施、技术和方法等。

3.6
相关方　interested party

关注企业职业安全健康绩效或受其影响的个人或团体。

3.7
供应商　supplier

为企业提供原材料、设备设施及其服务的外部个人或团体。

3.8
承包商　contractor

在企业的作业现场，按照双方协定的要求、期限及条件向企业提供服务的个人或团体。

3.9

事件　incident

导致或可能导致事故的情况。

3.10

事故　accident

造成死亡、职业病、伤害、财产损失或其他损失的意外事件。

3.11

危险、有害因素　hazardous elements

可能导致伤害、疾病、财产损失、环境破坏的根源或状态。

3.12

危险、有害因素识别　hazard identification

识别危险、有害因素的存在并确定其性质的过程。

3.13

风险　risk

发生特定危险事件的可能性与后果的结合。

3.14

风险评价　risk assessment

评价风险程度并确定其是否在可承受范围的过程。

3.15

安全绩效　safe performance

基于安全生产方针和目标,控制和消除风险取得的可测量结果。

3.16

变更　change

人员、管理、工艺、技术、设施等永久性或暂时性的变化。

3.17

隐患　potential accidents

作业场所、设备或设施的不安全状态,人的不安全行为和管理上的缺陷。

3.18

重大事故隐患　serious potential accidents

可能导致重大人身伤亡或者重大经济损失的事故隐患。

4 要求

4.1 概述

本规范采用计划(P)、实施(D)、检查(C)、改进(A)动态循环、持续改进的管理模式。

4.2 原则

4.2.1 企业应结合自身特点,依据本规范的要求,开展安全标准化。

4.2.2 安全标准化的建设,应当以危险、有害因素辨识和风险评价为基础,树立任何事故都是可以预防的理念,与企业其他方面的管理有机地结合起来,注重科学性、规范性和系统性。

4.2.3 安全标准化的实施,应体现全员、全过程、全方位、全天候的安全监督管理原则,通过有效方式实现信息的交流和沟通,不断提高安全意识和安全管理水平。

4.2.4 安全标准化采取企业自主管理,安全标准化考核机构考评、政府安全生产监督管理部门监督的管理模式,持续改进企业的安全绩效,实现安全生产长效机制。

4.3 实施

4.3.1 安全标准化的建立过程,包括初始评审、策划、培训、实施、自评、改进与提高等六个阶段。

4.3.2 初始评审阶段:依据法律法规及本规范要求,对企业安全管理现状进行初始评估,了解企业安全管理现状、业务流程、组织机构等基本管理信息,发现差距。

4.3.3 策划阶段:根据相关法律法规及本规范的要求,针对初始评审的结果,确定建立安全标准化方案,包括资源配置、进度、分工等;进行风险分析;识别和获取适用的安全生产法律法规、标准及其他要求;完善安全生产规章制度、安全操作规程、台账、档案、记录等;确定企业安全生产方针和目标。

4.3.4 培训阶段:对全体从业人员进行安全标准化相关内容培训。

4.3.5 实施阶段:根据策划结果,落实安全标准化的各项要求。

4.3.6 自评阶段:应对安全标准化的实施情况进行检查和评价,发现问题,找出差距,提出完善措施。

4.3.7 改进与提高阶段:根据自评的结果,改进安全标准化管理,不断提高安全标准化实施水平和安全绩效。

5 管理要素

5.1 负责人与职责

5.1.1 负责人

5.1.1.1 企业主要负责人是本单位安全生产的第一责任人,应全面负责安全生产工作,落实安全生产基础和基层工作。

5.1.1.2 企业主要负责人应组织实施安全标准化,建设企业安全文化。

5.1.1.3 企业主要负责人应作出明确的、公开的、文件化的安全承诺,并确保安全承诺转变为必需的资源支持。

5.1.1.4 企业主要负责人应定期组织召开安全生产委员会(以下简称安委会)或领导小组会议。

5.1.2 方针目标

5.1.2.1 企业应坚持"安全第一,预防为主,综合治理"的安全生产方针。主要负责人应依据国家法律法规,结合企业实际,组织制定文件化的安全生产方针和目标。安全生产方针和目标应满足:

1) 形成文件,并得到所有从业人员的贯彻和实施;
2) 符合或严于相关法律法规的要求;
3) 与企业的职业安全健康风险相适应;
4) 目标予以量化;
5) 公众易于获得。

5.1.2.2 企业应签订各级组织的安全目标责任书,确定量化的年度安全工作目标,并予以考核。企业各级组织应制定年度安全工作计划,以保证年度安全工作目标的有效完成。

5.1.3 机构设置

5.1.3.1 企业应设置安委会或领导小组,设置安全生产管理部门或配备专职安全生产管理人员,并按规定配备注册安全工程师。

5.1.3.2 企业应根据生产经营规模大小,设置相应的管理部门。

5.1.3.3 企业应建立、健全从安委会或领导小组到基层班组的安全生产管理网络。

5.1.4 职责

5.1.4.1 企业应制定安委会或领导小组和管理部门的安全职责。

5.1.4.2 企业应制定主要负责人、各级管理人员和从业人员的安全职责。

5.1.4.3 企业应建立安全责任考核机制,对各级管理部门、管理人员及从业人员安全职责的履行情况和安全生产责任制的实现情况进行定期考核,予以奖惩。

5.1.5 安全生产投入及工伤保险

5.1.5.1 企业应依据国家、当地政府的有关安全生产费用提取规定,自行提取安全生产费用,专项用于安全生产。

5.1.5.2 企业应按照规定的安全生产费用使用范围,合理使用安全生产费用,建立安全生产费用台账。

5.1.5.3 企业应依法参加工伤社会保险,为从业人员缴纳工伤保险费。

5.2 风险管理

5.2.1 范围与评价方法

5.2.1.1 企业应组织制定风险评价管理制度,明确风险评价的目的、范围和准则。

5.2.1.2 企业风险评价的范围应包括:
1) 规划、设计和建设、投产、运行等阶段;
2) 常规和非常规活动;
3) 事故及潜在的紧急情况;
4) 所有进入作业场所人员的活动;
5) 原材料、产品的运输和使用过程;
6) 作业场所的设施、设备、车辆、安全防护用品;
7) 丢弃、废弃、拆除与处置;
8) 企业周围环境;
9) 气候、地震及其他自然灾害等。

5.2.1.3 企业可根据需要,选择科学、有效、可行的风险评价方法。常用的评价方法有:
1) 工作危害分析(JHA);
2) 安全检查表分析(SCL);
3) 预危险性分析(PHA);
4) 危险与可操作性分析(HAZOP);
5) 失效模式与影响分析(FMEA);
6) 故障树分析(FTA);
7) 事件树分析(ETA);
8) 作业条件危险性分析(LEC)等方法。

5.2.1.4 企业应依据以下内容制定风险评价准则：
  1）有关安全生产法律、法规；
  2）设计规范、技术标准；
  3）企业的安全管理标准、技术标准；
  4）企业的安全生产方针和目标等。

5.2.2 风险评价

5.2.2.1 企业应依据风险评价准则，选定合适的评价方法，定期和及时对作业活动和设备设施进行危险、有害因素识别和风险评价。企业在进行风险评价时，应从影响人、财产和环境等三个方面的可能性和严重程度分析。

5.2.2.2 企业各级管理人员应参与风险评价工作，鼓励从业人员积极参与风险评价和风险控制。

5.2.3 风险控制

5.2.3.1 企业应根据风险评价结果及经营运行情况等，确定不可接受的风险，制定并落实控制措施，将风险尤其是重大风险控制在可以接受的程度。企业在选择风险控制措施时：
  1）应考虑：
    （1）可行性；
    （2）安全性；
    （3）可靠性。
  2）应包括：
    （1）工程技术措施；
    （2）管理措施；
    （3）培训教育措施；
    （4）个体防护措施。

5.2.3.2 企业应将风险评价的结果及所采取的控制措施对从业人员进行宣传、培训，使其熟悉工作岗位和作业环境中存在的危险、有害因素，掌握、落实应采取的控制措施。

5.2.4 隐患治理

5.2.4.1 企业应对风险评价出的隐患项目，下达隐患治理通知，限期治理，做到定治理措施、定负责人、定资金来源、定治理期限。企业应建立隐患治理台账。

5.2.4.2 企业应对确定的重大隐患项目建立档案，档案内容应包括：
  1）评价报告与技术结论；
  2）评审意见；
  3）隐患治理方案，包括资金概预算情况等；
  4）治理时间表和责任人；
  5）竣工验收报告。

5.2.4.3 企业无力解决的重大事故隐患，除采取有效防范措施外，应书面向企业直接主管部门和当地政府报告。

5.2.4.4 企业对不具备整改条件的重大事故隐患，必须采取防范措施，并纳入计划，限期解决或停产。

5.2.5 重大危险源

5.2.5.1 企业应按照 GB 18218 辨识并确定重大危险源,建立重大危险源档案。

5.2.5.2 企业应按照有关规定对重大危险源设置安全监控报警系统。

5.2.5.3 企业应按照国家有关规定,定期对重大危险源进行安全评估。

5.2.5.4 企业应对重大危险源的设备、设施定期检查、检验,并做好记录。

5.2.5.5 企业应制定重大危险源应急救援预案,配备必要的救援器材、装备,每年至少进行1次重大危险源应急救援预案演练。

5.2.5.6 企业应将重大危险源及相关安全措施、应急措施报送当地县级以上人民政府安全生产监督管理部门和有关部门备案。

5.2.5.7 企业重大危险源的防护距离应满足国家标准或规定。不符合国家标准或规定的,应采取切实可行的防范措施,并在规定期限内进行整改。

5.2.6 风险信息更新

5.2.6.1 企业应适时组织风险评价工作,识别与生产经营活动有关的危险、有害因素和隐患。

5.2.6.2 企业应定期评审或检查风险评价结果和风险控制效果。

5.2.6.3 企业应在下列情形发生时及时进行风险评价:
   1) 新的或变更的法律法规或其他要求;
   2) 操作条件变化或工艺改变;
   3) 技术改造项目;
   4) 有对事件、事故或其他信息的新认识;
   5) 组织机构发生大的调整。

5.3 法律法规与管理制度

5.3.1 法律法规

5.3.1.1 企业应建立识别和获取适用的安全生产法律、法规、标准及其他要求管理制度,明确责任部门,确定获取渠道、方式和时机,及时识别和获取,定期更新。

5.3.1.2 企业应将适用的安全生产法律、法规、标准及其他要求及时对从业人员进行宣传和培训,提高从业人员的守法意识,规范安全生产行为。

5.3.1.3 企业应将适用的安全生产法律、法规、标准及其他要求及时传达给相关方。

5.3.2 符合性评价

企业应每年至少1次对适用的安全生产法律、法规、标准及其他要求的执行情况进行符合性评价,消除违规现象和行为。

5.3.3 安全生产规章制度

5.3.3.1 企业应制定健全的安全生产规章制度,至少包括下列内容:
   1) 安全生产职责;
   2) 识别和获取适用的安全生产法律法规、标准及其他要求;
   3) 安全生产会议管理;
   4) 安全生产费用;
   5) 安全生产奖惩管理;
   6) 管理制度评审和修订;

7) 安全培训教育；
8) 特种作业人员管理；
9) 管理部门、基层班组安全活动管理；
10) 风险评价；
11) 隐患治理；
12) 重大危险源管理；
13) 变更管理；
14) 事故管理；
15) 防火、防爆管理，包括禁烟管理；
16) 消防管理；
17) 仓库、罐区安全管理；
18) 关键装置、重点部位安全管理；
19) 生产设施管理，包括安全设施、特种设备等管理；
20) 监视和测量设备管理；
21) 安全作业管理，包括动火作业、进入受限空间作业、临时用电作业、高处作业、起重吊装作业、破土作业、断路作业、设备检维修作业、高温作业、抽堵盲板作业管理等；
22) 危险化学品安全管理，包括剧毒化学品安全管理及危险化学品储存、出入库、运输、装卸等；
23) 检维修管理；
24) 生产设施拆除和报废管理；
25) 承包商管理；
26) 供应商管理；
27) 职业卫生管理，包括防尘、防毒管理；
28) 劳动防护用品（具）和保健品管理；
29) 作业场所职业危害因素检测管理；
30) 应急救援管理；
31) 安全检查管理；
32) 自评等。

5.3.3.2 企业应将安全生产规章制度发放到有关的工作岗位。

5.3.4 操作规程

5.3.4.1 企业应根据生产工艺、技术、设备设施特点和原材料、辅助材料、产品的危险性，编制操作规程，并发放到相关岗位。

5.3.4.2 企业应在新工艺、新技术、新装置、新产品投产或投用前，组织编制新的操作规程。

5.3.5 修订

5.3.5.1 企业应明确评审和修订安全生产规章制度和操作规程的时机和频次，定期进行评审和修订，确保其有效性和适用性。在发生以下情况时，应及时对相关的规章制度或操作规程进行评审、修订：

1) 当国家安全生产法律、法规、规程、标准废止、修订或新颁布时；
2) 当企业归属、体制、规模发生重大变化时；
3) 当生产设施新建、扩建、改建时；
4) 当工艺、技术路线和装置设备发生变更时；
5) 当上级安全监督部门提出相关整改意见时；
6) 当安全检查、风险评价过程中发现涉及规章制度层面的问题时；
7) 当分析重大事故和重复事故原因，发现制度性因素时；
8) 其他相关事项。

5.3.5.2 企业应组织相关管理人员、技术人员、操作人员和工会代表参加安全生产规章制度和操作规程评审和修订，注明生效日期。

5.3.5.3 企业应及时组织相关管理人员和操作人员培训学习修订后的安全规章制度和操作规程。

5.3.5.4 企业应保证使用最新有效版本的安全生产规章制度和操作规程。

5.4 培训教育

5.4.1 培训教育管理

5.4.1.1 企业应严格执行安全培训教育制度，依据国家、地方及行业规定和岗位需要，制定适宜的安全培训教育目标和要求。根据不断变化的实际情况和培训目标，定期识别安全培训教育需求，制定并实施安全培训教育计划。

5.4.1.2 企业应组织培训教育，保证安全培训教育所需人员、资金和设施。

5.4.1.3 企业应建立从业人员安全培训教育档案。

5.4.1.4 企业安全培训教育计划变更时，应记录变更情况。

5.4.1.5 企业安全培训教育主管部门应对培训教育效果进行评价。

5.4.1.6 企业应确立终身教育的观念和全员培训的目标，对在岗的从业人员进行经常性安全培训教育。

5.4.2 管理人员培训教育

5.4.2.1 企业主要负责人和安全生产管理人员应接受专门的安全培训教育，经安全生产监管部门对其安全生产知识和管理能力考核合格，取得安全资格证书后方可任职，并按规定参加每年再培训。

5.4.2.2 企业其他管理人员，包括管理部门负责人和基层单位负责人、专业工程技术人员的安全培训教育由企业相关部门组织，经考核合格后方可任职。

5.4.3 从业人员培训教育

5.4.3.1 企业应对从业人员进行安全培训教育，并经考核合格后方可上岗。从业人员每年应接受再培训，再培训时间不得少于国家或地方政府规定学时。

5.4.3.2 企业特种作业人员应按有关规定参加安全培训教育，取得特种作业操作证，方可上岗作业，并定期复审。

5.4.3.3 企业从事危险化学品运输的驾驶员、船员、押运人员，必须经所在地设区的市级人民政府交通部门考核合格（船员经海事管理机构考核合格），取得从业资格证，方可上岗作业。

5.4.3.4 企业应在新工艺、新技术、新装置、新产品投产前，对有关人员进行专门培训，经考核合格后，方可上岗。

5.4.4 新从业人员培训教育

5.4.4.1 企业应按有关规定,对新从业人员进行厂级、车间(工段)级、班组级安全培训教育,经考核合格后,方可上岗。

5.4.4.2 企业新从业人员安全培训教育时间不得少于国家或地方政府规定学时。

5.4.5 其他人员培训教育

5.4.5.1 企业从业人员转岗、脱离岗位一年以上(含一年)者,应进行车间(工段)、班组级安全培训教育,经考核合格后,方可上岗。

5.4.5.2 企业应对外来参观、学习等人员进行有关安全规定及安全注意事项的培训教育。

5.4.5.3 企业应对承包商的作业人员进行入厂安全培训教育,经考核合格发放入厂证,保存安全培训教育记录。进入作业现场前,作业现场所在基层单位应对施工单位的作业人员进行进入现场前安全培训教育,保存安全培训教育记录。

5.4.6 日常安全教育

5.4.6.1 企业管理部门、班组应按照月度安全活动计划开展安全活动和基本功训练。

5.4.6.2 班组安全活动每月不少于 2 次,每次活动时间不少于 1 学时。班组安全活动应有负责人、有计划、有内容、有记录。企业负责人应每月至少参加 1 次班组安全活动,基层单位负责人及其管理人员应每月至少参加 2 次班组安全活动。

5.4.6.3 管理部门安全活动每月不少于 1 次,每次活动时间不少于 2 学时。

5.4.6.4 企业安全生产管理部门或专职安全生产管理人员应每月至少 1 次对安全活动记录进行检查,并签字。

5.4.6.5 企业安全生产管理部门或专职安全生产管理人员应结合安全生产实际,制定管理部门、班组月度安全活动计划,规定活动形式、内容和要求。

5.5 生产设施及工艺安全

5.5.1 生产设施建设

5.5.1.1 企业应确保建设项目安全设施与建设项目的主体工程同时设计、同时施工、同时投入生产和使用。

5.5.1.2 企业应按照建设项目安全许可有关规定,对建设项目的设立阶段、设计阶段、试生产阶段和竣工验收阶段规范管理。

5.5.1.3 企业应对建设项目的施工过程实施有效安全监督,保证施工过程处于有序管理状态。

5.5.1.4 企业建设项目建设过程中的变更应严格执行变更管理规定,履行变更程序,对变更全过程进行风险管理。

5.5.1.5 企业应采用先进的、安全性能可靠的新技术、新工艺、新设备和新材料。

5.5.2 安全设施

5.5.2.1 企业应严格执行安全设施管理制度,建立安全设施台账。

5.5.2.2 企业应确保安全设施配备符合国家有关规定和标准,做到:

1) 宜按照 SH 3063—1999 在易燃、易爆、有毒区域设置固定式可燃气体和/或有毒气体的检测报警设施,报警信号应发送至工艺装置、储运设施等控制室或操作室;
2) 按照 GB 50351 在可燃液体罐区设置防火堤,在酸、碱罐区设置围堤并进行防腐处理;

3) 宜按照 SH 3097—2000 在输送易燃物料的设备、管道安装防静电设施；
4) 按照 GB 50057 在厂区安装防雷设施；
5) 按照 GB 50016、GB 50140 配置消防设施与器材；
6) 按照 GB 50058 设置电力装置；
7) 按照 GB 11651 配备个体防护设施；
8) 厂房、库房建筑应符合 GB 50016、GB 50160；
9) 在工艺装置上可能引起火灾、爆炸的部位设置超温、超压等检测仪表、声和/或光报警和安全联锁装置等设施。

5.5.2.3 企业的各种安全设施应有专人负责管理，定期检查和维护保养。

5.5.2.4 安全设施应编入设备检维修计划，定期检维修。安全设施不得随意拆除、挪用或弃置不用，因检维修拆除的，检维修完毕后应立即复原。

5.5.2.5 企业应对监视和测量设备进行规范管理，建立监视和测量设备台账，定期进行校准和维护，并保存校准和维护活动的记录。

5.5.3 特种设备

5.5.3.1 企业应按照《特种设备安全监察条例》管理规定，对特种设备进行规范管理。

5.5.3.2 企业应建立特种设备台账和档案。

5.5.3.3 特种设备投入使用前或者投入使用后 30 日内，企业应当向直辖市或者设区的市特种设备监督管理部门登记注册。

5.5.3.4 企业应对在用特种设备进行经常性日常维护保养，至少每月进行一次检查，并保存记录。

5.5.3.5 企业应对在用特种设备及安全附件、安全保护装置、测量调控装置及有关附属仪器仪表进行定期校验、检修，并保存记录。

5.5.3.6 企业应在特种设备检验合格有效期届满前一个月向特种设备检验检测机构提出定期检验要求。未经定期检验或者检验不合格的特种设备，不得继续使用。企业应将安全检验合格标志置于或者附着于特种设备的显著位置。

5.5.3.7 企业特种设备存在严重事故隐患，无改造、维修价值，或者超过安全技术规范规定使用年限，应及时予以报废，并向原登记的特种设备监督管理部门办理注销。

5.5.4 工艺安全

5.5.4.1 企业操作人员应掌握工艺安全信息，主要包括：
1) 化学品危险性信息：
    (1) 物理特性；
    (2) 化学特性，包括反应活性、腐蚀性、热和化学稳定性等；
    (3) 毒性；
    (4) 职业接触限值。
2) 工艺信息：
    (1) 流程图；
    (2) 化学反应过程；
    (3) 最大储存量；
    (4) 工艺参数（如：压力、温度、流量）安全上下限值。

3) 设备信息:
   (1) 设备材料;
   (2) 设备和管道图纸;
   (3) 电气类别;
   (4) 调节阀系统;
   (5) 安全设施(如报警器、联锁等)。

5.5.4.2 企业应保证下列设备设施运行安全可靠、完整:
1) 压力容器和压力管道,包括管件和阀门;
2) 泄压和排空系统;
3) 紧急停车系统;
4) 监控、报警系统;
5) 联锁系统;
6) 各类动设备,包括备用设备等。

5.5.4.3 企业应对工艺过程进行风险分析:
1) 工艺过程中的危险性;
2) 工作场所潜在事故发生因素;
3) 控制失效的影响;
4) 人为因素等。

5.5.4.4 企业生产装置开车前应组织检查,进行安全条件确认。安全条件应满足下列要求:
1) 现场工艺和设备符合设计规范;
2) 系统气密测试、设施空运转调试合格;
3) 操作规程和应急预案已制订;
4) 编制并落实了装置开车方案;
5) 操作人员培训合格;
6) 各种危险已消除或控制。

5.5.4.5 企业生产装置停车应满足下列要求:
1) 编制停车方案;
2) 操作人员能够按停车方案和操作规程进行操作。

5.5.4.6 企业生产装置紧急情况处理应遵守下列要求:
1) 发现或发生紧急情况,应按照不伤害人员为原则,妥善处理,同时向有关方面报告;
2) 工艺及机电设备等发生异常情况时,采取适当的措施,并通知有关岗位协调处理,必要时,按程序紧急停车。

5.5.4.7 企业生产装置泄压系统或排空系统排放的危险化学品应引至安全地点并得到妥善处理。

5.5.4.8 企业操作人员应严格执行操作规程,对工艺参数运行出现的偏离情况及时分析,保证工艺参数控制不超出安全限值,偏差及时得到纠正。

5.5.5 关键装置及重点部位

5.5.5.1 企业应加强对关键装置、重点部位安全管理,实行企业领导干部联系点管理机制。

5.5.5.2 联系人对所负责的关键装置、重点部位负有安全监督与指导责任,包括:

1) 指导安全联系点实现安全生产；
2) 监督安全生产方针、政策、法规、制度的执行和落实；
3) 定期检查安全生产中存在的问题；
4) 督促隐患项目治理；
5) 监督事故处理原则的落实；
6) 解决影响安全生产的突出问题等。

5.5.5.3 联系人应每月至少到联系点进行一次安全活动,活动形式包括参加基层班组安全活动、安全检查、督促治理事故隐患、安全工作指示等。

5.5.5.4 企业应建立关键装置、重点部位档案,建立企业、管理部门、基层单位及班组监控机制,明确各级组织、各专业的职责,定期进行监督检查,并形成记录。

5.5.5.5 企业应制定关键装置、重点部位应急预案,至少每半年进行一次演练,确保关键装置、重点部位的操作、检修、仪表、电气等人员能够识别和及时处理各种事件及事故。

5.5.5.6 企业关键装置、重点部位为重大危险源时,还应按5.2.5条执行。

5.5.6 检维修

5.5.6.1 企业应严格执行检维修管理制度,实行日常检维修和定期检维修管理。

5.5.6.2 企业应制订年度综合检维修计划,落实"五定",即定检修方案、定检修人员、定安全措施、定检修质量、定检修进度原则。

5.5.6.3 企业在进行检维修作业时,应执行下列程序:
1) 检维修前：
（1）进行危险、有害因素识别；
（2）编制检维修方案；
（3）办理工艺、设备设施交付检维修手续；
（4）对检维修人员进行安全培训教育；
（5）检维修前对安全控制措施进行确认；
（6）为检维修作业人员配备适当的劳动保护用品；
（7）办理各种作业许可证。
2) 对检维修现场进行安全检查。
3) 检维修后办理检维修交付生产手续。

5.5.7 拆除和报废

5.5.7.1 企业应严格执行生产设施拆除和报废管理制度。拆除作业前,拆除作业负责人应与需拆除设施的主管部门和使用单位共同到现场进行对接,作业人员进行危险、有害因素识别,制定拆除计划或方案,办理拆除设施交接手续。

5.5.7.2 企业凡需拆除的容器、设备和管道,应先清洗干净,分析、验收合格后方可进行拆除作业。

5.5.7.3 企业欲报废的容器、设备和管道内仍存有危险化学品的,应清洗干净,分析、验收合格后,方可报废处置。

5.6 作业安全

5.6.1 作业许可

企业应对下列危险性作业活动实施作业许可管理,严格履行审批手续,各种作业许可证中应有危险、有害因素识别和安全措施内容：
    1) 动火作业；
    2) 进入受限空间作业；
    3) 破土作业；
    4) 临时用电作业；
    5) 高处作业；
    6) 断路作业；
    7) 吊装作业；
    8) 设备检修作业；
    9) 抽堵盲板作业；
    10) 其他危险性作业。

5.6.2　警示标志

5.6.2.1　企业应按照 GB 16179 规定，在易燃、易爆、有毒有害等危险场所的醒目位置设置符合 GB 2894 规定的安全标志。

5.6.2.2　企业应在重大危险源现场设置明显的安全警示标志。

5.6.2.3　企业应按有关规定，在厂内道路设置限速、限高、禁行等标志。

5.6.2.4　企业应在检维修、施工、吊装等作业现场设置警戒区域和安全标志，在检修现场的坑、井、洼、沟、陡坡等场所设置围栏和警示灯。

5.6.2.5　企业应在可能产生严重职业危害作业岗位的醒目位置，按照 GBZ 158 设置职业危害警示标识，同时设置告知牌，告知产生职业危害的种类、后果、预防及应急救治措施、作业场所职业危害因素检测结果等。

5.6.2.6　企业应按有关规定在生产区域设置风向标。

5.6.3　作业环节

5.6.3.1　企业应在危险性作业活动作业前进行危险、有害因素识别，制定控制措施。在作业现场配备相应的安全防护用品(具)及消防设施与器材，规范现场人员作业行为。

5.6.3.2　企业作业活动的负责人应严格按照规定要求科学指挥；作业人员应严格执行操作规程，不违章作业，不违反劳动纪律。

5.6.3.3　企业作业人员在进行 5.6.1 中规定的作业活动时，应持相应的作业许可证作业。

5.6.3.4　企业作业活动监护人员应具备基本救护技能和作业现场的应急处理能力，持相应作业许可证进行监护作业，作业过程中不得离开监护岗位。

5.6.3.5　企业应保持作业环境整洁。

5.6.3.6　企业同一作业区域内有两个以上承包商进行生产经营活动，可能危及对方生产安全时，应组织并监督承包商之间签订安全生产协议，明确各自的安全生产管理职责和应当采取的安全措施，并指定专职安全生产管理人员进行安全检查与协调。

5.6.3.7　企业应办理机动车辆进入生产装置区、罐区现场相关手续，机动车辆应佩戴标准阻火器、按指定线路行驶。

5.6.3.8　企业应严格执行危险化学品储存、出入库安全管理制度。危险化学品应储存在专用仓库、专用场地或者专用储存室(以下统称专用仓库)内，并按照相关技术标准规定的储存方法、储存数量和安全距离，实行隔离、隔开、分离储存，禁止将危险化学品与禁忌物品混合储存；危险化学品专用仓库应当符合相关技术标准对安全、消防的要求，设置明显标志，并由专人管理;危险化学品出入库应当进行核查登记,并定期检查。

5.6.3.9 企业的剧毒化学品必须在专用仓库单独存放,实行双人收发、双人保管制度。企业应将储存剧毒化学品的数量、地点以及管理人员的情况,报当地公安部门和安全生产监督管理部门备案。

5.6.3.10 企业应严格执行危险化学品运输、装卸安全管理制度,规范运输、装卸人员行为。

5.6.4 承包商与供应商

5.6.4.1 企业应严格执行承包商管理制度,对承包商资格预审、选择、开工前准备、作业过程监督、表现评价、续用等过程进行管理,建立合格承包商名录和档案。企业应与选用的承包商签订安全协议书。

5.6.4.2 企业应严格执行供应商管理制度,对供应商资格预审、选用和续用等过程进行管理,并定期识别与采购有关的风险。

5.6.5 变更

5.6.5.1 企业应严格执行变更管理制度,履行下列变更程序:
1) 变更申请:按要求填写变更申请表,由专人进行管理;
2) 变更审批:变更申请表应逐级上报主管部门,并按管理权限报主管领导审批;
3) 变更实施:变更批准后,由主管部门负责实施。不经过审查和批准,任何临时性的变更都不得超过原批准范围和期限;
4) 变更验收:变更实施结束后,变更主管部门应对变更的实施情况进行验收,形成报告,并及时将变更结果通知相关部门和有关人员。

5.6.5.2 企业应对变更过程产生的风险进行分析和控制。

5.7 产品安全与危害告知

5.7.1 危险化学品档案

企业应对所有危险化学品,包括产品、原料和中间产品进行普查,建立危险化学品档案,包括:
1) 名称,包括别名、英文名等;
2) 存放、生产、使用地点;
3) 数量;
4) 危险性分类、危规号、包装类别、登记号;
5) 安全技术说明书与安全标签。

5.7.2 化学品分类

企业应按照国家有关规定对其产品、所有中间产品进行分类,并将分类结果汇入危险化学品档案。

5.7.3 化学品安全技术说明书和安全标签

5.7.3.1 生产企业的产品属危险化学品时,应按 GB 16483 和 GB 15258 编制产品安全技术说明书和安全标签,并提供给用户。

5.7.3.2 企业采购危险化学品时,应索取危险化学品安全技术说明书和安全标签,不得采购无安全技术说明书和安全标签的危险化学品。

5.7.4 化学事故应急咨询服务电话

生产企业应设立 24 h 应急咨询服务固定电话,有专业人员值班并负责相关应急咨询。

没有条件设立应急咨询服务电话的,应委托危险化学品专业应急机构作为应急咨询服务代理。

5.7.5 危险化学品登记
企业应按照有关规定对危险化学品进行登记。

5.7.6 危害告知
企业应以适当、有效的方式对从业人员及相关方进行宣传,使其了解生产过程中危险化学品的危险特性、活性危害、禁配物等,以及采取的预防及应急处理措施。

5.8 职业危害

5.8.1 职业危害申报
企业如存在法定职业病目录所列的职业危害因素,应按照国家有关规定,及时、如实向当地安全生产监督管理部门申报,接受其监督。

5.8.2 作业场所职业危害管理
5.8.2.1 企业应制定职业危害防治计划和实施方案,建立、健全职业卫生档案和从业人员健康监护档案。

5.8.2.2 企业作业场所应符合 GBZ 1、GBZ 2。

5.8.2.3 企业应确保使用有毒物品作业场所与生活区分开,作业场所不得住人;应将有害作业与无害作业分开,高毒作业场所与其他作业场所隔离。

5.8.2.4 企业应在可能发生急性职业损伤的有毒有害作业场所按规定设置报警设施、冲洗设施、防护急救器具专柜,设置应急撤离通道和必要的泄险区,定期检查,并记录。

5.8.2.5 企业应严格执行生产作业场所职业危害因素检测管理制度,定期对作业场所进行检测,在检测点设置标识牌,告知检测结果,并将检测结果存入职业卫生档案。

5.8.2.6 企业不得安排上岗前未经职业健康检查的从业人员从事接触职业病危害的作业;不得安排有职业禁忌的从业人员从事禁忌作业。

5.8.3 劳动防护用品
5.8.3.1 企业应根据接触危害的种类、强度,为从业人员提供符合国家标准或行业标准的个体防护用品和器具,并监督、教育从业人员正确佩戴、使用。

5.8.3.2 企业各种防护器具应定点存放在安全、方便的地方,并有专人负责保管、检查,定期校验和维护,每次校验后应记录、铅封。

5.8.3.3 企业应建立职业卫生防护设施及个体防护用品管理台账,加强对劳动防护用品使用情况的检查监督,凡不按规定使用劳动防护用品者不得上岗作业。

5.9 事故与应急

5.9.1 事故报告
5.9.1.1 企业应明确事故报告程序。发生生产安全事故后,事故现场有关人员除立即采取应急措施外,应按规定和程序报告本单位负责人及有关部门。情况紧急时,事故现场有关人员可以直接向事故发生地县级以上人民政府安全生产监督管理部门和负有安全生产监督管理职责的有关部门报告。

5.9.1.2 企业负责人接到事故报告后,应当于 1 h 内向事故发生地县级以上人民政府安全生产监督管理部门和负有安全生产监督管理职责的有关部门报告。

5.9.1.3 企业在事故报告后出现新情况时,应按有关规定及时补报。

5.9.2 抢险与救护
5.9.2.1 企业发生生产安全事故后,应迅速启动应急救援预案,企业负责人直接指挥,积极组织抢救,妥善处理,以防止事故的蔓延扩大,减少人员伤亡和财产损失。安全、技术、设备、动力、生产、消防、保卫等部门应协助做好现场抢救和警戒工作,保护事故现场。
5.9.2.2 企业发生有害物大量外泄事故或火灾爆炸事故应设警戒线。
5.9.2.3 企业抢救人员应佩戴好相应的防护器具,对伤亡人员及时进行抢救处理。

5.9.3 事故调查和处理
5.9.3.1 企业发生生产安全事故后,应积极配合各级人民政府组织的事故调查,负责人和有关人员在事故调查期间不得擅离职守,应当随时接受事故调查组的询问,如实提供有关情况。
5.9.3.2 未造成人员伤亡的一般事故,县级人民政府委托企业负责组织调查的,企业应按规定成立事故调查组组织调查,按时提交事故调查报告。
5.9.3.3 企业应落实事故整改和预防措施,防止事故再次发生。整改和预防措施应包括:
1) 工程技术措施;
2) 培训教育措施;
3) 管理措施。
5.9.3.4 企业应建立事故档案和事故管理台账。

5.9.4 应急指挥与救援系统
5.9.4.1 企业应建立应急指挥系统,实行分级管理,即厂级、车间级管理。
5.9.4.2 企业应建立应急救援队伍。
5.9.4.3 企业应明确各级应急指挥系统和救援队伍的职责。

5.9.5 应急救援器材
5.9.5.1 企业应按国家有关规定,配备足够的应急救援器材,并保持完好。
5.9.5.2 企业应建立应急通讯网络,保证应急通讯网络的畅通。
5.9.5.3 企业应为有毒有害岗位配备救援器材柜,放置必要的防护救护器材,进行经常性的维护保养并记录,保证其处于完好状态。

5.9.6 应急救援预案与演练
5.9.6.1 企业宜按照AQ/T 9002,根据风险评价的结果,针对潜在事件和突发事故,制定相应的事故应急救援预案。
5.9.6.2 企业应组织从业人员进行应急救援预案的培训,定期演练,评价演练效果,评价应急救援预案的充分性和有效性,并形成记录。
5.9.6.3 企业应定期评审应急救援预案,尤其在潜在事件和突发事故发生后。
5.9.6.4 企业应将应急救援预案报当地安全生产监督管理部门和有关部门备案,并通报当地应急协作单位,建立应急联动机制。

5.10 检查与自评
5.10.1 安全检查
5.10.1.1 企业应严格执行安全检查管理制度,定期或不定期进行安全检查,保证安全标准化有效实施。

5.10.1.2 企业安全检查应有明确的目的、要求、内容和计划。各种安全检查均应编制安全检查表,安全检查表应包括检查项目、检查内容、检查标准或依据、检查结果等内容。

5.10.1.3 企业各种安全检查表应作为企业有效文件,并在实际应用中不断完善。

5.10.2 安全检查形式与内容

5.10.2.1 企业应根据安全检查计划,开展综合性检查、专业性检查、季节性检查、日常检查和节假日检查;各种安全检查均应按相应的安全检查表逐项检查,建立安全检查台账,并与责任制挂钩。

5.10.2.2 企业安全检查形式和内容应满足:

1) 综合性检查应由相应级别的负责人负责组织,以落实岗位安全责任制为重点,各专业共同参与的全面安全检查。厂级综合性安全检查每季度不少于一次,车间级综合性安全检查每月不少于1次;

2) 专业检查分别由各专业部门的负责人组织本系统人员进行,主要是对锅炉、压力容器、危险物品、电气装置、机械设备、构建筑物、安全装置、防火防爆、防尘防毒、监测仪器等进行专业检查。专业检查每半年不少于一次;

3) 季节性检查由各业务部门的负责人组织本系统相关人员进行,是根据当地各季节特点对防火防爆、防雨防汛、防雷电、防暑降温、防风及防冻保暖工作等进行预防性季节检查;

4) 日常检查分岗位操作人员巡回检查和管理人员日常检查。岗位操作人员应认真履行岗位安全生产责任制,进行交接班检查和班中巡回检查,各级管理人员应在各自的业务范围内进行日常检查;

5) 节假日检查主要是对节假日前安全、保卫、消防、生产物资准备、备用设备、应急预案等方面进行的检查。

5.10.3 整改

5.10.3.1 企业应对安全检查所查出的问题进行原因分析,制定整改措施,落实整改时间、责任人,并对整改情况进行验证,保存相应记录。

5.10.3.2 企业各种检查的主管部门应对各级组织和人员检查出的问题和整改情况定期进行检查。

5.10.4 自评

企业应每年至少一次对安全标准化运行进行自评,提出进一步完善安全标准化的计划和措施。

加油站作业安全规范(AQ 3010—2007)

前　　言

本标准第 4 章,第 5 章的 5.1、5.2.1、5.2.3、5.2.5、5.2.6、5.2.9、5.2.10、5.2.11、5.2.12、5.2.13、5.2.14、5.2.15、5.2.16、5.2.17、5.2.18,第 6 章,第 7 章的 7.1、7.2,第 8 章的 8.1、8.2.1、8.2.2、8.2.3、8.2.4、8.2.5、8.3.1、8.3.2、8.3.3、8.3.5、8.4.1、8.4.2、8.4.3、8.4.4、8.4.5、8.4.6、8.4.7、8.4.8、8.4.9、8.4.10、8.4.11、8.5.1、8.5.2、8.5.3、8.6.1、8.6.2、8.6.3、8.6.4、8.6.5、8.6.6 和第 9 章的 9.1 为强制性条文件,其余为推荐性的。

加油站内作业除执行本标准的规定外,并应符合国家现行的有关标准、规范的要求。
本标准由国家安全生产监督管理总局提出。
本标准由全国安全生产标准化技术委员会化学品安全分技术委员会(TC 288/SC 3)归口。
本标准负责起草单位:江苏省安全生产研究院。
本规程主要起草人:施祖建、吴龙英、成文东、夏尔淳、谢建兵。
本标准由全国安全生产标准化技术委员会化学品安全标准化分技术委员会解释。
本标准为首次制定。

1　范围

本标准规定了在加油站内进行的卸油、加油,油罐计量,设备使用、维护、检修等作业的安全要求及安全标志。

本标准适用于加油站内的作业,不适用于橇装式加油装置、水上加油站的作业。

2　规范性引用文件

下列文件中的条款通过本标准的引用而成为本标准的条款。凡是标注日期的引用文件,其随后所有的修改本(不包括勘误的内容)或修订版均不适用于本标准。然而,鼓励根据本标准达成协议的各方研究是否可使用这些文件的最新版本。凡是不标注日期的引用文件,其最新版本适用于本标准。

　　GB/T 13869　用电安全导则
　　GB 15630　消防安全标志设置要求
　　GB 16179　安全标志使用导则
　　GB 50156　汽车加油加气站设计与施工规范

3　术语和定义

3.1

加油站　automobile gasoline filling station
为汽车油箱充装汽油、柴油的专门场所。

3.2
加油岛 gasoline filling island
用于安装加油机的平台。

3.3
爆炸危险区域 explosive hazard zone
本标准所称爆炸危险区域指存在由于爆炸性混合物出现可能造成爆炸危险而必须对加油站作业采取预防措施的区域。爆炸危险区域等级划分应符合 GB 50156《汽车加油加气站设计与施工规范》附录的规定。

3.4
动火 hot work
本标准所称动火指可能产生火焰、火花和形成赤热表面的施工作业。

4 基本要求

4.1 作业人员应经过培训、考试合格后持证上岗。特种作业人员必须经过专业培训,持有特种作业资格证。

4.2 在加油站区域内作业人员上岗时应穿防静电工作服、防静电工作鞋;严禁穿带铁钉的鞋。严禁在爆炸危险区域穿脱衣服、帽子或类似物。严禁携带火种、非防爆移动通信工具进入爆炸危险区域。

4.3 严禁在加油站内吸烟、使用明火。加油站内不应使用移动通信设备。

4.4 作业时应使用不产生火花的工具及安全防爆照明设备。

4.5 不得在 GB 50156 标准规定的防火距离内提供住宿、餐饮、娱乐经营性活动,不得进行修理和洗车作业。

4.6 加油站上空有闪电或雷击时,应停止卸油、加油作业。

4.7 站区内搬运金属容器时,严禁在地上抛掷、拖拉或金属容器相互碰撞。

4.8 加油站应使用金属制污油布存放桶,并定期清理。

4.9 泄漏在加油站地面的油料必须立即清除。

4.10 不得使用汽油做清洁工作。

5 卸油作业

5.1 基本要求

5.1.1 必须具备密闭卸油的条件。

5.1.2 防雷、防静电接地设施完好。

5.1.3 油罐车车况良好,防火、防静电设施完备;油罐车的排气管应安装阻火器。

5.1.4 卸油作业所需消防器材配备齐全。

5.1.5 卸油时卸油区域内应停止其他非卸油作业活动。

5.2 卸油作业安全要求

5.2.1 油罐车站内移动时,应由加油站人员引导、指挥,车速不应大于 5 km/h。

5.2.2 油罐车停于密闭卸油点,熄火并拉上手刹车;车头宜向外。

5.2.3 油罐车进站后,卸油人员检查油罐车的安全设施后,应先将静电接地线夹头接到专用接地端,并确认接触良好,报警器不报警。按规定数量在卸油位置上风处摆放消防器材。

5.2.4 油罐车熄火并静置 15 min 后,卸油员按工艺流程连接卸油管及油气回收管接头,将接头结合紧密,保持卸油管自然弯曲;经计量后准备接卸。

5.2.5 油罐卸油、计量前,与该罐连接的给油设备应停止使用。

5.2.6 卸油前,应准确计量油罐的存油量。卸油作业中,严禁用量油尺计量油罐。

5.2.7 卸油前,核对罐车与油罐中油品的品名、牌号是否一致。

5.2.8 检查确认油罐计量孔密闭良好,并检查通气管阀门是否关闭。

5.2.9 卸油作业中,必须有专人在现场监护,并禁止车辆及非操作人员进入卸油区。

5.2.10 卸油过程中,卸油人员和油罐车驾驶员不得离开作业现场。

5.2.11 油罐车驾驶员缓慢开启卸油阀卸油。卸油员应监视卸油管线、相关阀门、过滤器等设备的运行情况,随时准备处理可能发生的问题。

5.2.12 卸油时严格控制油的流速,在油面淹没进油管口 200 mm 前,初始流速不应大于 1 m/s,卸油时流速不应大于 4.5 m/s。

5.2.13 卸油时若发生油料溅溢,应立即停止卸油并及时处理。

5.2.14 卸油时如发生交通事故、火灾事故、爆炸事故、破坏性事故和伤亡事故等,应立即停止卸油作业,启动相应的应急预案。

5.2.15 在卸油过程中,严禁修理、擦洗油罐车,不得鸣笛;使用器具时要轻拿轻放。

5.2.16 卸油完毕,油罐车驾驶员应关闭卸油阀。卸油员应先拆卸油管与油罐车连接端头,并将卸油管抬高使管内油料流入油罐内并防止溅出。盖严罐口处的卸油帽并加锁,收回静电导线。收存卸油管、油气回收管时不可抛摔,以防接头变形。

5.2.17 卸油完毕应静置 5 min,卸油员全面检查确认状态正常后,引导油罐车启动车辆、离站,并清理卸油现场,将消防器材放回原位。

5.2.18 卸油完毕待罐内油面静止平稳后,方可通知加油员开机加油。

6 加油作业

6.1 基本要求

6.1.1 加油员在使用加油机前,应确认加油机机件性能良好,油气分离器及过滤器功能正常,排气管应畅通、无损,泵安全阀定压正常。

6.1.2 加油岛上不应放置除消防器材外的其他物品。

6.1.3 加油员不应向绝缘性容器加注汽油、柴油及煤油等。

6.2 加油作业安全要求

6.2.1 车辆驶入加油站时,加油员应主动引导车辆进入加油位置。当加油车辆停稳、发动机熄火后,方可开始加油作业。

6.2.2 有加油车辆进站时,加油员应避免站在车辆正面车道上。车辆移动时操作人员应避开车辆以防被撞。

6.2.3 加油作业应由加油员操作,不得由顾客自行处置。

6.2.4 加油机运转时,电机和泵温度应保持正常,计量器和泵的轴封应无明显泄漏,汽油加油流量不应大于 60 L/min。

6.2.5 加油时应避免油料溅出,若有油料溢出,应立即擦拭。油污布料应妥善收存到金属制污油布存放桶内。

6.2.6 加完油后,应立即将加油枪复位于加油机。

6.2.7 站内有人吸烟或使用非防爆移动通信工具时,应立即停止加油,并及时制止。

6.2.8 摩托车加油前驾驶人员应离开座位;摩托车加油后,应用人力将摩托车推离加油机 4.5 m 后,方可启动。

7 油罐计量

7.1 油罐计量时应使用经法定检定并符合安全要求的计量器具。

7.2 油罐计量时应停止使用与此油罐相连的加油机。

7.3 卸油后,待静置 15 min 后方可计量。

7.4 采用人工采样、计量和测温时,测量工具上提速度不得大于 0.5 m/s,下落速度不得大于 1 m/s。

8 设备使用、维护、检修的安全要求

8.1 基本要求

8.1.1 作业应使用防爆机具,手持工具应为不产生火花的工具,清洁设备应使用全棉清洁用具。

8.1.2 应定期检测地下油罐,确认无油料泄漏。

8.1.3 清除阴井内积水时,需使用防爆型电动设备或以手工清除。

8.2 清洗油罐

8.2.1 清洗油罐时必须按清洗油罐安全要求进行。清洗油罐处须设置施工标识,并严禁无关人员接近。

8.2.2 油罐清洗前,必须对油罐的油管和电气连接采取隔离措施。

8.2.3 油罐清洗前和作业中,应适时测试油罐油气浓度,并采取相应的安全和个体防护措施。

8.2.4 油罐清洗作业期间,监护人须在现场监督清洗作业过程。

8.2.5 油罐清洗后,监护人应检查所有部件,确认完好后恢复到正常工作状态。

8.3 加油机维修

8.3.1 加油机维修时应设警示标志并对维修区域进行隔离,隔离范围不小于以加油机中心线为中心线,半径为 4.5 m 的区域范围。

8.3.2 加油机维修之前应切断电源。

8.3.3 若所修的部位需要放油时,必须用金属容器收集。

8.3.4 维修所需工具应摆放整齐,严禁乱放乱扔。

8.3.5 加油机被车辆撞击后,应立即关闭电源通知维护人员检修。

8.4 动火作业

8.4.1 在加油站区域内进行动火作业,应办理动火审批手续。

8.4.2 现场应挂警示标志,作业场所应增设消防器材,放置于施工现场。动火人员应按动火审批的具体要求作业。

8.4.3 动火前,与动火设备相连的所有管线均应加堵盲板与系统彻底隔离、切断。

8.4.4 将动火设备内的油品等可燃物彻底清理干净,达到动火条件。严禁使用压缩空气对管线进行清扫。

8.4.5 在爆炸危险区域附近动火施工时,应隔离并注意风向。

8.4.6 动火点周围(最小半径 15 m)的下水井、水封井、隔油池、地漏、地沟等应清除易燃物,并予以封闭。

8.4.7 油罐动火,应作动火分析,合格后方可动火。

8.4.8 动火期间,安全监护人员应在现场监督,落实防火措施。

8.4.9 施工中须启、闭管线阀门设备时,施工人员应会同值班站长处理,施工人员不得擅自操作。

8.4.10 电焊回路线应接在焊件上,不得穿过下水井或其他设备搭火。

8.4.11 高处动火(2 m 以上)必须采取防止火花飞溅措施,风力大于 5 级时禁止室外动火。

8.5 防雷、防静电设施和接地装置检测

8.5.1 防雷装置检测应每年一次,并建立设备检测档案。

8.5.2 所有防静电设施应定期检查、维修,并建立设施检测档案。

8.5.3 定期检查加油枪胶管上的金属屏蔽线和机体之间的连接情况,保持其具有良好的接地性能,并建立检查记录。

8.6 供电、发电

8.6.1 供电、发电基本要求应按 GB/T 13869 规定执行。

8.6.2 电气检修、临时用电必须执行工作票制度,并明确工作票签发人、工作负责人、监护人、工作许可人、操作人员责任。必须办理签发、许可手续后方可作业。

8.6.3 变、配电房间必须制定运行规程、巡回检查制度。

8.6.4 变、配电设备无论带电与否,不得单人移开或越过遮栏进行工作。若必须移开遮栏时,必须有监护人在场,并符合设备不停电检修安全距离要求。

8.6.5 在高压设备或大容量低压总盘上倒闸操作及在带电设备附近工作时,必须由两人进行。

8.6.6 不得在电气设备、供电线路上带电作业。断电后,应在电源开关处上锁、拆下熔断器,并挂上"禁止合闸、有人工作"等标示牌;工作未结束或未得到许可,任何人不得拿下标示牌或送电。工作完毕并经复查无误后,由工作负责人将检修情况与值班人员做好交接后方可摘牌送电。

8.6.7 发电、供电过程中应有专人巡回检查。

8.6.8 当外线停电时,及时断开配电柜中外电总闸和加油站内设备及照明的电源开关。按发电操作规程启动发电设备。

8.6.9 当外线来电时,断开加油站内设备及照明的电源开关。注意观察外电指示灯及电压表变化情况,确认电压稳定后,按操作规程恢复供电。

9 安全标志

9.1 加油站作业场所应按 GB 16179、GB 15630 规定设置安全标志。

9.2 以下情况宜设"禁止标志":
   a) 加油站出入口及周边、作业防火区内,选用"禁止烟火""禁止使用手机""当心火

　　　　灾"标志。
　　b) 作业场所动火时,选用"禁止放易燃品""当心火灾""禁止使用手机"标志。
　　c) 火灾爆炸危险场所选用"禁止穿化纤服""禁止穿带钉鞋"标志。
　　d) 润滑油储存区域选用"禁止吸烟"标志。
　　e) 加油站出入口选用"限制速度"标志。

9.3　以下情况宜设"警告标志":
　　a) 加油站作业场所选用"注意安全""当心爆炸""当心火灾""当心车辆"标志。
　　b) 润滑油储存区域选用"当心火灾"标志。
　　c) 可能产生触电危险的配电间和电气设备,选用"当心触电"标志。

9.4　以下情况宜设"指令标志":
　　a) 加油站出入口选用"入口""出口"标志。
　　b) 卸油作业时在作业区放置"禁止带火种""注意安全"标志;在对应的加油机醒目处放置"暂停使用"标志。
　　c) 有限空间作业场所选用"当心中毒""禁止带火种""注意安全"标志。

9.5　手动火灾报警按钮和固定灭火系统的手动启动器等装置附近,选用"消防手动启动器"标志。

三、烟花爆竹及民爆品安全

烟花爆竹生产经营单位重大生产安全事故隐患判定标准(试行)

(2017年11月13日国家安全监管总局安监总管三〔2017〕121号印发)

依据有关法律法规、部门规章和国家标准,以下情形应当判定为重大事故隐患:

一、主要负责人、安全生产管理人员未依法经考核合格。

二、特种作业人员未持证上岗,作业人员带药检维修设备设施。

三、职工自行携带工器具、机器设备进厂进行涉药作业。

四、工(库)房实际作业人员数量超过核定人数。

五、工(库)房实际滞留、存储药量超过核定药量。

六、工(库)房内、外部安全距离不足,防护屏障缺失或者不符合要求。

七、防静电、防火、防雷设备设施缺失或者失效。

八、擅自改变工(库)房用途或者违规私搭乱建。

九、工厂围墙缺失或者分区设置不符合国家标准。

十、将氧化剂、还原剂同库储存、违规预混或者在同一工房内粉碎、称量。

十一、在用涉药机械设备未经安全性论证或者擅自更改、改变用途。

十二、中转库、药物总库和成品总库的存储能力与设计产能不匹配。

十三、未建立与岗位相匹配的全员安全生产责任制或者未制定实施生产安全事故隐患排查治理制度。

十四、出租、出借、转让、买卖、冒用或者伪造许可证。

十五、生产经营的产品种类、危险等级超许可范围或者生产使用违禁药物。

十六、分包转包生产线、工房、库房组织生产经营。

十七、一证多厂或者多股东各自独立组织生产经营。

十八、许可证过期、整顿改造、恶劣天气等停产停业期间组织生产经营。

十九、烟花爆竹仓库存放其他爆炸物等危险物品或者生产经营违禁超标产品。

二十、零售点与居民居住场所设置在同一建筑物内或者在零售场所使用明火。

烟花爆竹 标志（GB 24426—2015）

前 言

本标准的全部技术内容为强制性。

本标准按照 GB/T 1.1—2009 给出的规则起草。

GB 10631《烟花爆竹 安全与质量》是烟花爆竹产品的通用要求，适用于本标准。

本标准代替 GB 24426—2009《烟花爆竹 标志》。

本标准与 GB 24426—2009 相比，技术内容的主要变化包括：
——增加了安全警示语字体颜色要求、点火位置标注；
——增加了专业燃放类的安全警示语、燃放说明要求；
——完善了个人燃放类烟花安全警示语内容、燃放说明及其他要求；
——新增了个人燃放类各大类及小类的安全警示语和燃放说明示例。

本标准由中国轻工业联合会提出。

本标准由全国烟花爆竹标准化技术委员会（SAC/TC 149）归口。

本标准起草单位：湖南出入境检验检疫局烟花爆竹检测中心、浏阳市颐和隆烟花集团有限公司、湖南省浏阳市文家市玩具烟花出口厂、国家烟花爆竹产品质量监督检验中心、浙江星耀花炮有限公司、云南恒邦烟花销售有限公司。

本标准主要起草人：谭爱喜、张光辉、黄茶香、李志坚、黄光辉、江资成、江放明。

本标准所代替标准的历次版本发布情况为：
——GB 24426—2009。

1 范围

本标准规定了烟花爆竹产品销售包装标志和运输包装标志的要求。

本标准适用于国内销售的烟花爆竹产品销售包装标志和运输包装标志的标注和检验。

2 规范性引用文件

下列文件对于本文件的应用是必不可少的。凡是注日期的引用文件，仅注日期的版本适用于本文件。凡是不注日期的引用文件，其最新版本（包括所有的修改单）适用于本文件。

GB 190　危险货物包装标志
GB/T 191　包装储运图示标志
GB 10631　烟花爆竹 安全与质量

3 术语和定义

GB 10631 界定的以及下列术语和定义适用于本文件。

3.1
标志 labeling

用于识别产品及其质量、数量、特征和使用方法所做的各种表示的统称。产品标志可以用文字、符号、数字、图案以及其他说明物等表示。

3.2
燃放安全区域 safety zone for set off

当按照说明燃放时,为确保人身安全或财产不受到伤害,距离产品及其燃放轨迹规定的范围。

3.3
生产日期 date of manufacture

烟花爆竹成为最终产品的日期。

3.4
保质期 date of minimum durability

产品从生产日期起至能确保安全和燃放效果的期限。

3.5
主展示版面 principal display panel

包装上最容易观察到的版面。

4 技术要求

4.1 内容要求

4.1.1 应符合本标准及 GB 10631 的规定。

4.1.2 标志内容应清晰、醒目、持久;应使消费者购买时易于辨认和识读。

4.1.3 标志内容应通俗易懂、准确、有科学依据;不应标注封建迷信、淫秽色情、贬低同类产品或违背科学常识的内容。

4.1.4 标志内容不应以虚假、使消费者误解或用欺骗性的文字、图形等方式介绍产品。

4.1.5 标志内容不应与包装物或包装容器分离。

4.2 文字要求

4.2.1 文字应使用国家规定的规范汉字,但不包括注册商标。

4.2.2 可以同时使用与中文有对应关系的汉语拼音或少数民族文字,但汉语拼音或少数民族文字字体不应大于相应的汉字。

4.2.3 可以同时使用与中文有对应关系的外文,但外文字体不应大于相应的汉字(国外注册商标除外)。

4.3 字体高度要求

4.3.1 运输包装上的"消费类别"字体高度≥28 mm,其他字体高度≥6 mm。

4.3.2 销售包装上"安全警示语及内容"字体高度≥4 mm,其他字体高度应符合以下要求:

    a) 销售包装主展示版面最大表面积大于 30 cm^2 时,标注内容的文字、符号、数字的高度≥4 mm;

    b) 销售包装主展示版面最大表面积大于 20 cm^2 小于 30 cm^2 时,标注内容的文字、符号、数字的高度≥2.2 mm。

5 销售包装标志内容及要求

5.1 个人燃放类

个人燃放类产品销售包装标志应符合 GB 10631 的规定,基本信息应包含:产品名称、消费类别、产品级别、产品类别、制造商名称及地址、含药量(总药量和单发药量)、警示语、燃放说明、生产日期、保质期、执行标准编号。计数类产品应标明数量。

5.1.1 产品名称

应在主展示版面醒目位置,清晰标注规范的产品名称。

5.1.2 消费类别

应在主展示版面醒目位置,用绿色字体清晰标注消费类别"个人燃放"字样。

5.1.3 产品级别

标注的产品级别应符合 GB 10631 中的分级规定。

混合包装以包装中产品最高级别为该包装的标注级别。

5.1.4 产品类别

5.1.4.1 单个产品标注的产品类别应符合 GB 10631 的规定。

5.1.4.2 组合类烟花除标注组合烟花外,还应标注所有组合单元的类别。

5.1.5 燃放安全区域

由"燃放安全区域:数字 m(米)"组成。如"燃放安全区域:××m(米)以外"。

5.1.6 制造商名称、地址

应标注制造商经依法登记注册的名称和地址。

进口产品应标注:原产地(国家/地区)以及代理商或进口商或销售商在中国依法登记注册的名称和地址。

5.1.7 含药量

5.1.7.1 单个产品的含药量标注为:"含药量:××g(克)"。

5.1.7.2 组合烟花类产品和爆竹类结鞭爆竹产品标注为:"总药量:××××g(克),单发(个)药量:××g(克)"。

5.1.8 安全警示语

5.1.8.1 安全警示语内容

个人燃放类烟花爆竹参考附录 A 给出的示例内容标明安全警示语。附录 A 所给出的安全警示为基本要求,必要情况下还可包含其他适用的信息。

5.1.8.2 安全警示语字体颜色要求

安全警示语应使用区别于包装底色的字体清晰标明。

5.1.9 燃放说明

应按附录 A 给出的示例内容标明燃放说明,附录 A 所给出的燃放说明为基本要求,必要情况下还应包含其他适用的信息。

5.1.10 生产日期

5.1.10.1 应标注产品真实的生产日期。生产日期标注应采用加盖生产日期印章或加贴不易脱落的不干胶等不能篡改的方式。

5.1.10.2 应按年、月的顺序标注日期,如××××年××月。年代号一般应标注 4 位数字;

难以标注 4 位数字的小包装产品,可以标注 2 位数字。

5.1.11 保质期
保质期应标注为:"保质期为×年"。

5.1.12 产品标准编号
应标注所执行的产品标准编号。

5.1.13 点火位置标注
应在产品引线保护装置上标明点火位置,采用摩擦头点火方式的应在摩擦头附近标明点火位置。

5.1.14 其他
5.1.14.1
由于产品太小而不能完整标注 5.1.1～5.1.12 的全部内容时,应在销售包装上标明完整标注 5.1.1～5.1.12 的全部内容以及"不应拆开销售"的字样。
5.1.14.2
销售包装应标明数量(个、发等)。

5.2 专业燃放类
专业燃放类产品销售包装标志应符合 GB 10631 的规定,基本信息应包含:产品名称、消费类别、产品级别、产品类别、制造商名称及地址、含药量(总药量和单发药量)、警示语、燃放说明、生产日期、保质期、执行标准编号,计数类产品应标明数量。

5.2.1 一般要求
专业燃放类烟花应清晰标注 5.1.1、5.1.3～5.1.7、5.1.10～5.1.13 及 5.2.2～5.2.3 的全部内容,并用红色字体标注消费类别"专业燃放"字样。礼花弹应有产品流向登记标签。

5.2.2 安全警示
5.2.2.1 安全警示内容
安全警示语内容应为"本产品为专业燃放类烟花,必须由专业人员燃放。"
5.2.2.2 安全警示字体颜色要求
安全警示语字体颜色应为红色。

5.2.3 燃放说明
应按产品特性和燃放要求标明燃放说明,包括加工、安装方法,标注发射高度、辐射半径、火焰熄灭高度、燃放轨迹及其他燃放注意事项等。设计为水上效果的产品应标注其适用的水域范围。

6 运输包装标志内容及要求

运输包装标志应符合 GB 10631 的规定,基本信息应包含:产品名称、消费类别、产品级别、产品类别、制造商名称及地址、安全生产许可证号、箱含量、箱含药量、毛重、体积、生产日期、保质期、执行标准编号以及产品运输危险级别、产品流向登记标签、安全警示语及图示标志。

6.1 产品名称
见 5.1.1 的规定。

6.2 消费类别
按 GB 10631 的规定和运输包装内产品实际标注消费级别。

6.3 产品级别

见 5.1.3 的规定。

6.4 产品类别

标注的产品类别应符合 GB 10631 的规定。

6.5 制造商名称、地址

见 5.1.6 的规定。

6.6 安全生产许可证号

按"(×)YH 安许证字〔20××〕×××××××"格式,标注生产企业安全生产许可证号。

6.7 箱含量

包装箱内所装产品数量。由数字和计数单位构成。如:"箱含量:××个"。

6.8 箱含药量

包装箱内所装产品的药量总和,由数字和质量单位组成。如:"箱含药量:××kg(千克)"。

6.9 毛重

包装箱及其所装产品的质量总和,由数字和质量单位组成,如:"毛重:××kg(千克)"。

6.10 体积

包装箱的体积,用长(mm 或毫米)×宽(mm 或毫米)×高(mm 或毫米)标注。

6.11 生产日期

应标注产品真实的生产日期,并按年、月的顺序标注,如××××年××月。年代号一般应标注 4 位数字;难以标注 4 位数字的小包装产品,可以标注最后 2 位数字。

6.12 保质期

见 5.1.11 的规定。

6.13 产品标准编号

见 5.1.12 的规定。

6.14 产品运输危险级别

应标注与箱内产品运输危险级别相适应的运输危险级别和相对应的危规标志。

6.15 流向登记标签

运输包装应有流向登记标签,流向登记标签示例见 GB 10631。

6.16 安全警示语及图示标志

运输包装上应有"烟花爆竹""防火防潮""轻拿轻放"等安全警示语或图示标志,组合烟花除此之外还应标注"严禁倒置"等安全警示语或图案。安全图示及标志应符合 GB 190、GB/T 191 的有关规定。

6.17 其他

当销售包装与运输包装等同时,标注的内容及字体要求应同时符合销售包装和运输包装的要求,但不应重复。

烟花爆竹运输包装应当符合危险货物包装标志以及其他有关标准要求。

6.18 示例

运输包装标志示例见 GB 10631。

附 录 A
（资料性附录）
个人燃放类烟花警示语和燃放说明示例

个人燃放类烟花警示语和燃放说明示例见图 A.1～图 A.14。

警示语

严禁在相关法规和县级以上人民政府规定的禁止燃放烟花爆竹的地点燃放；
严禁未成年人、无完全民事行为能力人独立燃放；
严禁手持或甩向空中及人群中；严禁酒后燃放；
严禁在室内或封闭容器内燃放；严禁将单个爆竹扯下燃放；
严禁在离产品小于 8 米的区域观看。

燃放说明

选择在远离人群和易燃易爆物品的室外燃放。将产品放置在干燥的地面燃放。点火前，人体偏离爆竹 0.5 米以外，用香烟或香棒点燃，人立即离开至离产品 8 米外的安全区域观看。燃放过程中如发生断火、熄引，切勿立即靠近和探头察看，严禁再次点燃，15 分钟后灌水处理。未成年人应在成年人监护下燃放。

图 A.1 爆竹类：结鞭爆竹警示语和燃放说明示例

警示语

严禁在相关法规和县级以上人民政府规定的禁止燃放烟花爆竹的地点燃放；
严禁未成年人、无完全民事行为能力人独立燃放；
严禁手持或甩向空中及人群中；严禁酒后燃放；
严禁在室内或封闭容器内燃放；
严禁在离产品小于 8 米的区域观看。

燃放说明

选择在远离人群和易燃易爆物品的室外燃放。将产品放置在干燥的地面或悬挂燃放。点火前，人体偏离爆竹 0.5 米以外，用香烟或香棒点燃，人立即离开至离产品 8 米外的安全区域观看。燃放过程中如发生断火、熄引，切勿立即靠近和探头察看，严禁再次点燃，15 分钟后灌水处理。未成年人应在成年人监护下燃放。

图 A.2 爆竹类：单个爆竹警示语和燃放说明示例

警示语

严禁在相关法规和县级以上人民政府规定的禁止燃放烟花爆竹的地点燃放；

严禁未成年人、无完全民事行为能力人独立燃放；

严禁手持燃放；严禁酒后燃放；严禁在室内燃放；

严禁在离产品小于×米（C级8米；D级1米）的区域观看。

燃放说明

选择在远离人群和易燃易爆物品的室外燃放。燃放时按向上标志，放置在坚实、平整的地面（平静水面）燃放。点火前，人体偏离爆竹0.5米以外，用香烟或香棒点燃，人立即离开至离产品×米（C级8米；D级1米）外的安全区域观看。燃放过程中如发生断火、熄引，切勿立即靠近和探头察看，严禁再次点燃，15分钟后灌水处理。未成年人应在成年人监护下燃放。

图A.3 喷花类：地面（水上）喷花警示语和燃放说明示例

警示语

严禁在相关法规和县级以上人民政府规定的禁止燃放烟花爆竹的地点燃放；

严禁未成年人、无完全民事行为能力人独立燃放；

严禁酒后燃放；严禁在室内燃放；

严禁对准他人、易燃易爆物品和障碍物燃放；

严禁在离产品小于×米（C级8米；D级1米）的区域观看。

燃放说明

选择在远离人群和易燃易爆物品的室外燃放。握住手柄，用香烟或香棒点燃引线后伸直手臂，使燃放的产品远离身体其他部位；不可逆风燃放。燃放过程中如发生断火、熄引，切勿探头察看，严禁再次点燃，作浸水处理。未成年人应在成年人监护下燃放。

图A.4 喷花类：手持式喷花警示语和燃放说明示例

警示语

严禁在相关法规和县级以上人民政府规定的禁止燃放烟花爆竹的地点燃放;

严禁未成年人、无完全民事行为能力人独立燃放;

严禁手持燃放;严禁酒后燃放;严禁在室内燃放;

严禁对准他人、易燃易爆物品和障碍物燃放;

严禁在离产品小于×米(C级8米;D级1米)的区域观看。

燃放说明

选择在远离人群和易燃易爆物品的室外燃放。燃放时按向上标志,将产品牢固垂直插入装置内。点火前,人体偏离烟花0.5米以外,用香烟或香棒点燃,人立即离开至离产品×米(C级8米;D级1米)外的安全区域观看。燃放过程中如发生断火、熄引,切勿立即靠近和探头察看,严禁再次点燃,15分钟后灌水处理。未成年人应在成人监护下燃放。

图 A.5 喷花类:插入式喷花警示语和燃放说明示例

警示语

严禁在相关法规和县级以上人民政府规定的禁止燃放烟花爆竹的地点燃放;

严禁未成年人、无完全民事行为能力人独立燃放;

严禁手持燃放;严禁酒后燃放;严禁在室内燃放;

严禁在离产品小于8米的区域观看。

燃放说明

选择在远离人群和易燃易爆物品的室外燃放。燃放时按向上标志,轴部件朝下,放置在坚实、平整的地面,不可倒放。点火前,人体偏离烟花0.5米以外,用香烟或香棒点燃,人立即离开至离产品8米外的安全区域观看。燃放过程中如发生断火、熄引,切勿立即靠近和探头察看,严禁再次点燃,15分钟后灌水处理。未成年人应在成人监护下燃放。

图 A.6 旋转类:有固定轴旋转烟花警示语和燃放说明示例

警示语

严禁在相关法规和县级以上人民政府规定的禁止燃放烟花爆竹的地点燃放；

严禁未成年人、无完全民事行为能力人独立燃放；

严禁手持燃放；严禁酒后燃放；严禁在室内燃放；

严禁在离产品小于×米（C级8米；D级1米）的区域观看。

燃放说明

选择在远离人群和易燃易爆物品的室外燃放。燃放时按向上标志，放置在坚实、平整的地面，不可倒放。点火前，人体偏离烟花0.5米以外，用香烟或香棒点燃，人立即离开至离产品×米（C级8米；D级1米）外的安全区域观看。燃放过程中如发生断火、熄引，切勿立即靠近和探头察看，严禁再次点燃，15分钟后灌水处理。未成年人应在成人监护下燃放。

图 A.7　旋转类：无固定轴旋转烟花警示语和燃放说明示例

警示语

严禁在相关法规和县级以上人民政府规定的禁止燃放烟花爆竹的地点燃放；

严禁在易燃易爆物品、高层建筑物及居住集中区域燃放；

严禁未成年人、无完全民事行为能力人独立燃放；

严禁对准他人、易燃易爆物品和障碍物燃放；

严禁燃放时将产品横放、斜放、倒放；

严禁手持燃放；严禁酒后燃放；严禁在室内燃放；

严禁在离产品小于8米的区域观看。

燃放说明

选择室外空旷、上空无障碍物、远离人群和易燃易爆物品的区域燃放。燃放时按向上标志，将产品垂直插入装置内。点火前，人体偏离烟花0.5米以外，用香烟或香棒点燃，人立即离开至离产品8米外的安全区域观看。燃放过程中如发生断火、熄引，切勿立即靠近和探头察看，严禁再次点燃，15分钟后灌水处理。未成年人应在成人监护下燃放。

图 A.8　升空类：火箭警示语和燃放说明示例

> **警 示 语**
>
> 严禁在相关法规和县级以上人民政府规定的禁止燃放烟花爆竹的地点燃放;
> 严禁在易燃易爆物品、高层建筑物及居住集中区域燃放;
> 严禁未成年人、无完全民事行为能力人独立燃放;
> 严禁对准他人、易燃易爆物品和障碍物燃放;
> 严禁燃放时将产品横放、斜放、倒放;
> 严禁手持燃放;严禁酒后燃放;严禁在室内燃放;
> 严禁在离产品小于8米的区域观看。

> **燃 放 说 明**
>
> 选择室外空旷、上空无障碍物、远离人群和易燃易爆物品的区域燃放。燃放时按向上标志,将产品垂直放置在坚实、平整地面。点火前,人体偏离烟花0.5米以外,用香烟或香棒点燃,人立即离开至离产品8米外的按全区域观看。燃放过程中如发生断火、熄引,切勿立即靠近和探头察看,严禁再次点燃,15分钟后灌水处理。未成年人应在成人监护下燃放。

图 A.9　升空类:双响警示语和燃放说明示例

> **警 示 语**
>
> 严禁在相关法规和县级以上人民政府规定的禁止燃放烟花爆竹的地点燃放;
> 严禁在易燃易爆物品、高层建筑物及居住集中区域燃放;
> 严禁未成年人、无完全民事行为能力人独立燃放;
> 严禁对准他人、易燃易爆物品和障碍物燃放;
> 严禁燃放时将产品横放、斜放、倒放;
> 严禁手持燃放;严禁酒后燃放;严禁在室内燃放;
> 严禁在离产品小于8米的区域观看。

> **燃 放 说 明**
>
> 选择室外空旷、上空无障碍物、远离人群和易燃易爆物品的区域燃放。燃放时按向上标志,将产品放置在坚实、平整地面。点火前,人体偏离烟花0.5米以外,用香烟或香棒点燃,人立即离开至离产品8米外的安全区域观看。燃放过程中如发生断火、熄引,切勿立即靠近和探头察看,严禁再次点燃,15分钟后灌水处理。未成年人应在成人监护下燃放。

图 A.10　升空类:旋转升空烟花警示语和燃放说明示例

警示语

严禁在相关法规和县级以上人民政府规定的禁止燃放烟花爆竹的地点燃放；

严禁在易燃易爆物品、高层建筑物及居住集中区域燃放；

严禁未成年人、无完全民事行为能力人独立燃放；

严禁对准他人、易燃易爆物品和障碍物燃放；

严禁手持燃放；严禁酒后燃放；严禁在室内燃放；

严禁在离产品小于8米的区域观看。

燃放说明

选择室外空旷、上空无障碍物、远离人群和易燃易爆物品的区域燃放。燃放时按向上标志，将产品插入地面或固定装置内。点火前，人体偏离烟花0.5米以外，用香烟或香棒点燃，人立即离开至离产品8米外的安全区域观看。燃放过程中如发生断火、熄引，切勿立即靠近和探头察看，严禁再次点燃，15分钟后灌水处理。未成年人应在成人监护下燃放。

图 A.11　吐珠类:警示语和燃放说明示例

警示语

严禁在相关法规和县级以上人民政府规定的禁止燃放烟花爆竹的地点燃放；

严禁未成年人、无完全民事行为能力人独立燃放；

严禁手持燃放；严禁酒后燃放；严禁在室内燃放；

严禁在离产品小于×米（C级8米；D级1米）的区域观看。

燃放说明

选择在远离人群和易燃易爆物品的室外燃放。燃放时按向上标志，放置在坚实、平整的地面。点火前，人体偏离烟花0.5米以外，用香烟或香棒点燃，人立即离开至离产品×米（C级8米；D级1米）外的安全区域观看。燃放过程中如发生断火、熄引，切勿立即靠近和探头察看，严禁再次点燃，15分钟后灌水处理。未成年人应在成人监护下燃放。

图 A.12　玩具类:玩具造型烟花警示语和燃放说明示例

警示语
严禁在相关法规和县级以上人民政府规定的禁止燃放烟花爆竹的地点燃放；
严禁未成年人、无完全民事行为能力人独立燃放；
严禁酒后燃放；严禁在室内燃放；
严禁在离产品小于×米（C级8米；D级1米）的区域观看。

燃放说明
选择在远离人群和易燃易爆物品的室外燃放。燃放时伸开手臂，握住手柄，远离身体其他部位，避免火花接近衣服或其他易燃物质，切勿触摸非手持部分。用香烟或香棒点燃，不应逆风燃放，一次只能点燃一根产品。燃放过程中如发生断火，切勿探头察看，严禁再次点燃，作浸水处理。未成年人应在成人监护下燃放。

图 A.13 玩具类:线香型烟花警示语和燃放说明示例

警示语
严禁在相关法规和县级以上人民政府规定的禁止燃放烟花爆竹的地点燃放；
严禁在易燃易爆物品、高层建筑物及居住集中地带燃放；
严禁在室内、建筑物阳台或建筑物顶燃放；
严禁两盆以上（含两盆）联结燃放。严禁手持燃放；严禁酒后燃放；严禁未满18周岁、无完全民事行为能力人燃放；
严禁燃放时发射口对准他人、易燃易爆物品和障碍物；
严禁将产品拆开成单个或多个筒体燃放；严禁在离建筑物小于25米的地点燃放；
严禁在离产品小于30米的区域观看。
燃放过程中如发生间隔时间超长、中途断火、熄引，切勿靠近，严禁探头察看，禁止再次点燃引火线。

图 A.14 组合烟花(个人燃放类)警示语和燃放说明示例

燃放说明

选择室外空旷、上空无障碍物、远离人群、离建筑物 25 米以上，且远离易燃易爆物品和居住集中区域听场所燃放。燃放时，请将烟花直立平放于坚实、平整地面，并注意按向上标志摆放，防止烟花因燃放产生震动而倾斜或倾倒。点火前，撕开点火引线贴，人体偏离烟花 0.5 米以外，身体任何部位切勿置于产品上方，用香烟或香棒点燃绿色安全引火线（无绿色安全引火线严禁燃放），人迅速离开，至离产品 30 米以外的安全区域观看。燃放过程中如发生间隔时间超长、断火、熄引，切勿立即靠近和探头察看，严禁再次点燃，15 分钟后灌水处理。

图 A.14（续）

烟花爆竹 包装(GB 31368—2015)

前言

本标准的全部技术内容为强制性。

本标准按照 GB/T 1.1—2009 给出的规则起草。

GB 10631《烟花爆竹 安全与质量》是烟花爆竹产品的通用要求,适用于本标准。

本标准由中国轻工业联合会提出。

本标准由全国烟花爆竹标准化技术委员会(SAC/TC 149)归口。

本标准起草单位:湖南烟花爆竹产品安全质量监督检测中心、山东省淄博市鞭炮烟花日杂公司、浏阳市荷花山枣出口花炮厂、浏阳市东方红烟花制造艺术燃放有限公司、浏阳市金刚金利烟花制造有限公司。

本标准主要起草人:朱玉平、黄茶香、方钊、王贤震、曾小军、闫金亮。

1 范围

本标准规定了烟花爆竹包装的术语和定义、基本要求、检验方法、检验规则。

本标准适用于烟花爆竹产品的包装,不适用于黑火药、烟火药、引火线的包装。

2 规范性引用文件

下列文件对于本文件的应用是必不可少的。凡是注日期的引用文件,仅注日期的版本适用于本文件。凡是不注日期的引用文件,其最新版本(包括所有的修改单)适用于本文件。

GB/T 191 包装储运图示标志

GB/T 462 纸、纸板和纸浆 分析试样水分的测定

GB/T 2679.7 纸板 戳穿强度的测定

GB/T 4857.4 包装 运输包装件基本试验 第4部分:采用压力试验机进行的抗压和堆码试验方法

GB/T 4857.7 包装 运输包装件基本试验 第7部分:正弦定频振动试验方法

GB 10631 烟花爆竹 安全与质量

GB 12463 危险货物运输包装通用技术条件

GB 19270 水路运输危险货物包装检验安全规范

GB 19359 铁路运输危险货物包装检验安全规范

GB 19433 空运危险货物包装检验安全规范

GB 24426 烟花爆竹 标志

3 术语和定义

下列术语和定义适用于本文件。

3.1

同类包装　single pack

同类烟花爆竹产品进行充装的包装方式。

3.2

混合包装　mixed pack

两种或两种以上不同类烟花爆竹产品进行混合充装的包装方式。

3.3

填充材料　filling material

防止包装内产品产生相对运动的缓冲材料。

3.4

瓦楞纸箱　corrugated box

由瓦楞纸板经模切、压痕、钉箱或粘箱制成的包装箱。

3.5

彩色包装纸　color package paper

表面印刷或粘贴有彩色图案、文字等产品信息的纸张。

3.6

彩箱　color box

瓦楞纸箱的一种，其面纸为彩色包装纸。

4 要求

4.1 总则

4.1.1 烟花爆竹产品应有运输包装和销售包装。

4.1.2 烟花爆竹包装宜采用瓦楞纸箱包装，在满足质量安全的条件下，可使用其他材质包装箱。

4.1.3 运输包装应具有透气、防潮、抗震、抗压等性能，每件毛重不超过 30 kg。

4.1.4 烟花爆竹产品运输包装和销售包装容器体积应符合包装内产品品种规格的设计要求。

4.1.5 应严格区分专业燃放类和个人燃放类烟花爆竹产品的包装，专业燃放类产品包装（包括运输包装和销售包装）应使用单一色彩（瓦楞纸原色、灰色、草黄）的包装，不应使用其他彩色包装；个人燃放类产品包装可使用对比度鲜明的彩色包装。

4.1.6 运输包装和销售包装应封装牢固、封口严密。

4.1.7 成箱产品的跌落试验应符合 GB 10631 的要求。

4.1.8 烟花爆竹产品采用内卡、填充材料包装后，应保证在正常装卸、运输条件下包装内物品不移动、不露出。

4.1.9 包装内物品产生相对运动的距离应小于等于 5 mm。

4.1.10 运输包装和销售包装的包装箱箱体、包角压痕应深浅一致，压痕线宽应≤15 mm，折线居中，无裂破、断线、重线等缺陷，不应有多余的压痕线。

4.1.11 运输包装和销售包装的包装箱采用粘合方式搭接时，搭舌宽度应≥30 mm，且粘合剂应涂布均匀、充分、无溢出，粘合面剥离时面纸不分离。

4.1.12 运输包装和销售包装的包装箱采用钉合方式搭接时,搭舌宽度应≥35 mm,箱钉应使用带镀层的低碳钢扁丝,不应有锈斑、剥层、龟裂或其他使用上的缺陷,且箱钉应沿搭舌中线钉合,排列整齐,间隔均匀,钉距应≤50 mm,钉合接缝处应钉牢、钉透,不得有叠钉、翘钉、不转脚钉等缺陷。

4.1.13 摩擦类产品的运输包装和销售包装应符合 GB 10631 的要求。

4.2 产品包装

4.2.1 运输包装

4.2.1.1 A 级、B 级烟花爆竹产品的运输包装应采用五层以上的瓦楞纸箱,C 级、D 级烟花爆竹产品的运输包装应采用三层以上的瓦楞纸箱(含彩箱),且符合 GB 12463 和 GB 10631 的要求。满足运输安全要求条件下可采用其他材质的包装箱。

4.2.1.2 礼花弹类产品的运输包装应采用五层以上瓦楞纸箱加五层内衬,且包装内产品应使用瓦楞纸盒或内卡进行固定。

4.2.1.3 水路、铁路和空运的运输包装应分别符合 GB 19270、GB 19359、GB 19433 的技术要求。

4.2.1.4 烟花爆竹产品运输包装的其他包装要求见表1。

表 1 烟花爆竹产品包装要求

序号	产品类别	小类	运输包装要求	销售包装要求	包装方式
1	爆竹类	黑药炮	应采用瓦楞纸箱、彩箱等,包装箱内产品应堆放整齐,封装牢固	单挂或单盘的结鞭爆竹应采用油蜡纸、玻璃纸包装,较大规格或为满足客户需求的结鞭爆竹可辅以纸盒进行包装	同类包装或混合包装
		白药炮			
2	喷花类	地面(水上)喷花	应采用瓦楞纸箱、彩箱等,包装箱内产品应采用纸盒、塑封等方式对产品进行固定,堆放整齐	单个产品应采用包装纸包装;多个同规格产品应辅以纸盒、塑封等方式进行包装	同类包装或混合包装
		手持喷花			
		插入式喷花			
	升空类	火箭类			
		双响			
		旋转升空烟花			
	吐珠类	药粒型吐珠			
		内筒型吐珠			
3	旋转类	有轴旋转烟花	应采用瓦楞纸箱、彩箱等,包装内产品应采取隔栅或加塞填充材料等方式对包装内产品进行固定	不宜单个产品进行销售包装,多个产品应用纸盒或塑封等形式进行包装,包装内物品应采用填充材料或捆扎方式固定	同类包装或混合包装
		无轴旋转烟花			
	玩具类	造型玩具类			
		电光花			

表1（续）

序号	产品类别	小类	运输包装要求	销售包装要求	包装方式
4	架子烟花类	—	同序号3运输包装要求，焰火燃放包装产品每件毛重不超过30 kg	同序号3运输包装要求	同类包装
5	礼花类	小礼花	同序号2运输包装要求	同序号2运输包装要求	同类包装
5	礼花类	礼花弹	应采用五层以上瓦楞纸箱加五层内衬包装，其中12号礼花弹产品应采取一箱一弹的方式包装，12号以下礼花弹产品可一箱多弹，但箱内礼花弹应根据其规格型号采用瓦楞纸盒、内卡等进行固定	同礼花弹运输包装	同类包装
6	组合烟花类	—	应采用瓦楞纸箱、彩箱等，包装箱内产品应堆放整齐，封装牢固，不同规格产品不应充装于同一包装箱内	单个产品应采用包装纸、瓦楞纸箱或彩箱包装，多个产品应采用瓦楞纸箱、彩箱包装	同类包装

4.2.2 销售包装

4.2.2.1 烟花爆竹产品的销售包装应封闭包装，无漏药、浮药，多个或多发包装的产品应排列整齐、不松动。

4.2.2.2 销售包装与运输包装等同时，应同时符合销售包装与运输包装要求。

4.2.2.3 烟花爆竹产品销售包装的其他包装要求见表1。

4.3 印刷标志

4.3.1 包装箱箱体表面印刷图案、文字应清晰正确，无涂改，位置准确。

4.3.2 标志应符合 GB/T 191、GB 10631 和 GB 24426 的要求。

4.4 包装箱（运输包装）规格尺寸

4.4.1 烟花爆竹产品用包装箱纸板厚度应符合下列要求：
——A级、B级烟花爆竹产品包装箱纸板厚度应≥4.0 mm；
——C级烟花爆竹产品包装箱（含彩箱）纸板厚度应≥3.0 mm；
——D级烟花爆竹产品包装箱（含彩箱）纸板厚度应≥2.0 mm；
——礼花弹类产品包装箱纸板（含内衬）厚度应≥7.0 mm。

4.4.2 包装箱综合尺寸（长＋宽＋高）应≤1 800 mm。

4.5 包装物要求

4.5.1 一般要求

4.5.1.1 烟花爆竹产品包装用瓦楞纸箱(含彩箱)应采用竖楞纸箱。

4.5.1.2 瓦楞纸箱(彩箱)箱体方正,纸箱各折叠部位互成直角,单面箱面纸板不应拼接。

4.5.1.3 瓦楞纸箱(彩箱)箱体表面清洁、平整,无裂纹、起泡、破损等缺陷,裁切刀口无明显毛刺。

4.5.1.4 销售包装材料应具有防潮性,且不应与烟火药起化学反应。

4.5.1.5 填充材料宜采用软质填充材料,且应具有一定弹性,防潮,防静电,易于分割(切割)以满足不同包装空隙的填充需要。

4.5.1.6 包装箱需要安装提手时,提手安装位置适当,安装牢固,充装产品后至少 2 h 自由悬挂后提手不松动、脱落。

4.5.1.7 烟花爆竹产品用包装物在正常运输和储存条件下应保证其质量满足本标准规定的其他要求。

4.5.1.8 采用其他材质的包装箱应符合 GB 10631 和本标准规定的要求。

4.5.2 性能要求

4.5.2.1 含水率

瓦楞纸箱含水率应为(12±3)%。

4.5.2.2 箱盖

包装箱箱盖应牢固、封口严实,箱盖对口不重叠,不错位,经先合后开 270°往复 5 次,其面层不得有裂缝,里层裂缝长总和不大于 50 mm。

4.5.2.3 堆码试验

经 5.5.2.3 试验后,包装箱不应有引起堆码不稳定的任何变形和破损。

4.5.2.4 抗压力试验

包装箱抗压力试验实测值应大于或等于抗压力值 P,抗压力值 P 按式(1)计算。

$$P = K \cdot G(H/h - 1) \times 9.8 \quad \cdots\cdots\cdots\cdots\cdots\cdots\cdots\cdots (1)$$

式中:
- P ——抗压力值,单位为牛(N);
- K ——劣变系数(强度系数),见表2;
- G ——单件包装毛重,单位为千克(kg);
- H ——堆码高度,单位为米(m);
- h ——包装箱高度,单位为米(m);
- H/h——取整数部分。

表 2 劣变系数(强度系数)

贮存期	小于 30 天	30 天～100 天	100 天以上
劣变系数 K	1.6	1.65	2

4.5.2.5 振动试验

经 5.5.2.5 试验后,包装箱不应出现偏倒、变形等现象。

4.5.2.6 戳穿强度

三层瓦楞纸箱(含彩箱)戳穿强度应大于等于 6.3 J,五层以上瓦楞纸箱(含彩箱)戳穿强度应大于等于 10.3 J,其他材质包装箱戳穿强度应大于等于 10.3 J。

5 检验方法

5.1 总则

目测和使用符合计量要求的器具进行检验。

5.2 产品包装

用目测方法进行检验。

5.3 印刷标志

用目测方法进行检验。

5.4 包装箱(运输包装)规格尺寸

5.4.1 包装箱纸板厚度用精度为 0.1 mm 的游标卡尺等计量器具进行测量。

5.4.2 箱体尺寸用精度为 1 mm 的符合计量要求的器具进行测量。

5.5 包装物要求

5.5.1 一般要求

用目测方法进行检验。

5.5.2 性能要求

5.5.2.1 含水率

按 GB/T 462 检测。

5.5.2.2 箱盖

用目测方法进行检验。

5.5.2.3 堆码试验

按 GB 12463 检测,堆码高度为 2.5 m,持续时间 24 h。

5.5.2.4 抗压力试验

按 GB/T 4857.4 进行,堆码高度 3 m。

5.5.2.5 振动试验

按 GB/T 4857.7 检测。

5.5.2.6 戳穿强度

按 GB/T 2679.7 进行,包装箱纸板通过裁剪经预处理(温度 23 ℃±2 ℃、相对湿度 50%±5%环境中预处理 24 h)后的包装箱获得,并在相同条件下进行试验。每个箱体应保留 1 个上(下)底面或 1 个侧面,底面与侧面数量之比为 1∶1,裁取的纸板大小和数量应满足检测标准的要求。

6 检验规则

6.1 检验分类

烟花爆竹包装的检验分为出厂检验和型式检验。

6.2 出厂检验

按 4.1～4.4、4.5.1、4.5.2.1 和 4.5.2.6 的要求进行确认和检验。

6.3 型式检验

型式检验项目为4.1～4.5规定的全部项目。在下列情况之一时，进行型式试验：
——新产品试制定型或老产品转厂生产时；
——结构、材料、工艺有较大改变，可能影响产品性能时；
——连续停产六个月恢复生产时；
——正常生产每满三年时；
——国家质量监督机构或客户提出要求时。

6.4 抽样

6.4.1 以相同材料、相同工艺制作，同一规格、同时交付的产品为一检验批，最大批量数5 000。

6.4.2 烟花爆竹包装抽样与合格判定方案见表3。

表3 烟花爆竹包装抽样与合格判定方案

批量范围 N	运输包装（瓦楞纸箱）			销售包装（含彩箱）		
	抽样数件	接收数件	拒收数件	抽样数件	接收数件	拒收数件
≤100	5	0	1	5	0	1
101～500	8	1	2	$5+N\times1\%$	0	1
501～1000	20	2	3	$10+N\times0.5\%$	1	2
≥1001	32	3	4	$15+N\times0.1\%$	2	3

6.5 检验

6.5.1 缺陷及项目

6.5.1.1 轻缺陷：每件毛重、包装箱色彩、压痕线、刀口、箱钉、搭舌宽度、印刷标志、箱盖、提手。

6.5.1.2 重缺陷：包装要求（封装封口、填充材料、包装方式等）、包装箱规格尺寸、含水率、堆码性能、跌落性能、振动性能、戳穿强度。

6.5.2 判定规则

6.5.2.1 重缺陷只要有一项不合格，则该件包装不合格，轻缺陷有两项不合格，则该件包装不合格。

6.5.2.2 礼花弹产品包装重缺陷和轻缺陷均只要有一项不合格，则该件包装不合格。

6.5.2.3 每批产品的不合格数小于等于接收数时，则该批产品合格；大于等于拒收数时，则该批产品不合格。

烟花爆竹 安全与质量(GB 10631—2013)

前　　言

本标准的全部技术内容为强制性。

本标准按照 GB/T 1.1—2009 给出的规则起草。

本标准代替 GB 10631—2004《烟花爆竹　安全与质量》。

本次修订依据《国务院办公厅转发安全监管总局等部门关于进一步加强烟花爆竹安全监督管理工作意见的通知》(国办发〔2010〕53 号)文件精神及烟花爆竹安全监管部际联席会议要求,主要修订内容如下:

——完善了术语和定义;

——调整了分类与分级,将烟花爆竹产品分为个人燃放类和专业燃放类两大类,并分别对药种、药量、规格、结构、材质、燃放轨迹、燃放效果等技术要求做出了具体的规定;

——在个人燃放类中取消了小礼花类和内筒型组合烟花中危险性较大的品种,在严格限定单筒内径、单筒药量、开包药量、总药量等安全技术指标的前提下,保留了小部分内筒型组合烟花;

——完善了包装要求和检验方法。

本标准由中国轻工业联合会、国家安全生产监督管理总局、公安部提出。

本标准由全国烟花爆竹标准化技术委员会(SAC/TC 149)归口。

本标准主要起草单位:国家轻工业烟花爆竹安全质量监督检测中心、熊猫烟花集团股份有限公司、江西李渡烟花集团有限公司、东信烟花集团有限公司、浏阳市中洲烟花有限公司、湖南庆泰烟花制造有限公司、浏阳市大吉烟花爆竹制造有限公司、浏阳市集里出口礼花厂、浏阳市德顺鞭炮烟花制作有限公司、四川省广汉金雁花炮有限责任公司、浙江省桐庐县花炮厂、山东省莱芜市花王出口礼花厂、四川省职业安全健康协会烟花爆竹分会、郎溪县烟花爆竹行业协会、江苏省烟花爆竹产品质量监督检验中心。

本标准主要起草人:黄茶香、刘春文、刘捷光、朱玉平、刘东辉、徐莉、邱志雄、刘劲彪、谭爱喜、黎仲畦、张光辉、罗建社、江木根。

本标准所代替标准的历次版本发布情况为:

——GB 10631—1989、GB 10631—2004。

1　范围

本标准规定了烟花爆竹术语和定义、分类与分级、通用安全质量要求、检验方法、检验规则、运输和储存等内容。

本标准适用于烟花爆竹产品,不包括黑火药、烟火药和引火线。

2　规范性引用文件

下列文件对于本文件的应用是必不可少的。凡是注日期的引用文件,仅注日期的版本

适用于本文件。凡是不注日期的引用文件,其最新版本(包括所有的修改单)适用于本文件。

  GB 190 危险货物包装标志
  GB/T 191 包装储运图示标志
  GB/T 6284 化工产品中水分测定的通用方法 干燥减量法
  GB/T 9724 化学试剂 pH值测定通则
  GB/T 10632 烟花爆竹 抽样检查规则
  GB 11652 烟花爆竹作业安全技术规程
  GB 12463 危险货物运输包装通用技术条件
  GB/T 15814.1 烟花爆竹 烟火药成分定性测定
  GB 19270 水路运输危险货物包装检验安全规范
  GB 19359 铁路运输危险货物包装检验安全规范
  GB 19433 空运危险货物包装检验安全规范
  GB/T 21242 烟花爆竹 禁限用药剂定性检测方法
  GB 24426 烟花爆竹 标志
  GB 50161 烟花爆竹工程设计安全规范
  QB/T 1941.5 烟花爆竹药剂 吸湿率的测定
  SN/T 1730.3 出口烟花爆竹安全性能检验方法 第3部分:低温稳定性试验

3 术语和定义

下列术语和定义适用于本文件。

3.1
烟花爆竹 fireworks

以烟火药为主要原料制成,引燃后通过燃烧或爆炸,产生光、声、色、型、烟雾等效果,用于观赏,具有易燃易爆危险的物品。

3.2
效果药 pyrotechnic charge

用于产生光、声、色、型、烟雾等效果的烟火药。

3.3
开包药 bursting charge

用于炸开效果件并引燃效果药的烟火药。

3.4
发射药 lifting charge

用于发射和推进作用的烟火药,有粒状、粉状两种。

3.5
雷弹 thunder

外壳封闭,内装药全部为爆炸药,以声响效果为主的效果件。

3.6
运输包装 transportation pack

用于运输的烟花爆竹包装单元。

3.7

销售包装　sales package

作为最小零售单位的烟花爆竹包装单元。

3.8

计数类产品　counting products

由一定数量的单一产品组成,通过烧成率进行评价的产品。

3.9

稳定杆　stability stick

用于稳定产品在空中运动方向或轨迹的部件。

3.10

引燃装置　ignition device

用于点火、传火、控制引燃时间以及保护引火线的装置,含引火线、点火头、擦火头、护引套(纸)、引线接驳器等。

3.11

护引套　fuse protector

用于防止引火线被意外点燃,保护引火线的部件。

3.12

引线接驳器　fuse connector

用于烟花连接传火的部件,由插头和插座组成。

3.13

底座　base

用于防止产品在燃放时倒筒的部件。

3.14

底塞　bottom plug

用于防止烟火药燃烧时火焰、气体等从底部喷出而筑填在底部的部件。

3.15

引燃时间　ignition time

从引火线点燃至主体被引燃的时间。

3.16

烧成　successful function

产品在燃放时达到预期效果的现象。

3.17

烧成率　functioning percentage

计数类产品燃放后,烧成个数占燃放总个数的百分比。

3.18

熄引　fuse extinguish

引火线被点燃后,未引燃主体的现象。

3.19

冲头　unpredictable top ejection

燃放时产生不应有的将产品喷射口冲掉或将爆竹的头部冲开的现象。

3.20

　　冲底　unpredictable plug ejection

　　燃放时产生不应有的将产品底塞或底座冲开的现象。

3.21

　　冲射　unpredictable ejection

　　燃放时产生不应有的快速发射状燃烧的现象。

3.22

　　倒筒　tipover

　　燃放时产生不应有的倾倒的现象。

3.23

　　烧筒　tube burnout

　　燃放时产生不应有的筒体燃烧的现象。

3.24

　　炸筒　tube blowout

　　燃放时产生不应有的筒体炸裂的现象。

3.25

　　散筒　multi-tube separation

　　燃放时产生不应有的筒体开裂、穿孔或筒体间分离的现象。

3.26

　　低炸　low burst

　　燃放时在规定高度以下开包（炸）的现象。

3.27

　　炙热物　debris

　　燃放时产生的高温块状物。

3.28

　　发射偏斜角　deflection angle of launch

　　升空产品发射时偏离水平面垂线的角度。

3.29

　　速燃　rapid burning

　　燃放时烟火药以大于设计燃速燃烧的现象。

3.30

　　爆燃　deflagration

　　燃放时烟火药以接近爆速猛烈燃烧的现象。

3.31

　　断火　fire off

　　燃放时主体中途熄灭或留有未被点燃烟火药的现象。

3.32

　　殉爆　detonation

某一产品或部件爆炸时,引发相邻产品或部件瞬间同时爆炸的现象。

4 分类与分级

4.1 产品类别

根据结构与组成、燃放运动轨迹及燃放效果,烟花爆竹产品分为以下 9 大类和若干小类(各类及小类与美国、欧盟标准对照表参见附录 A),产品类别及定义见表 1。

表 1 产品类别及定义

序号	产品大类	产品大类定义	产品小类	产品小类定义
1	爆竹类	燃放时主体爆炸(主体筒体破碎或者爆裂)但不升空,产生爆炸声音、闪光等效果,以听觉效果为主的产品	黑药炮	以黑火药为爆响药的爆竹
			白药炮	以高氯酸盐或其他氧化剂并含有金属粉成分为爆响药的爆竹
2	喷花类	燃放时以直向喷射火苗、火花、响声(响珠)为主的产品	地面(水上)喷花	固定放置在地面(或者水面)上燃放的喷花类产品
			手持(插入)喷花	手持或插入某种装置上燃放的喷花类产品
3	旋转类	燃放时主体自身旋转但不升空的产品	有固定轴旋转烟花	产品设置有固定旋转轴的部件,燃放时以此部件为中心旋转,产生旋转效果的旋转类产品
			无固定轴旋转烟花	产品无固定轴,燃放时无固定轴而旋转的旋转类产品
4	升空类	燃放时主体定向或旋转升空的产品	火箭	产品安装有定向装置,起到稳定方向作用的升空类产品
			双响	圆柱型筒体内分别装填发射药和爆响药,点燃发射竖直升空(产生第一声爆响),在空中产生第二声爆响(可伴有其他效果)的升空类产品
			旋转升空烟花	燃放时自身旋转升空的产品
5	吐珠类	燃放时从同一筒体内有规律地发射出(药粒或药柱)彩珠、彩花、声响等效果的产品		

表 1（续）

序号	产品大类	产品大类定义	产品小类	产品小类定义
6	玩具类	形式多样、运动范围相对较小的低空产品，燃放时产生火花、烟雾、爆响等效果，有玩具造型、线香型、摩擦型、烟雾型产品等	玩具造型	产品外壳制成各种形状，燃放时或燃放后能模仿所造形象或动作；或产品外表无造型，但燃放时或燃放后能产生某种形象的产品
			线香型	将烟火药涂敷在金属丝、木杆、竹竿、纸条上，或将烟火药包裹在能形成线状可燃的载体内，燃烧时产生声、光、色、形效果的产品
			烟雾型	燃放时以产生烟雾效果为主的产品
			摩擦型	用撞击、摩擦等方式直接引燃引爆主体的产品
7	礼花类	燃放时弹体、效果件从发射筒（单筒，含专用发射筒）发射到高空或水域后能爆发出各种光色、花型图案或其他效果的产品	小礼花	发射筒内径<76 mm，筒体内发射出单个或多个效果部件，在空中或水域产生各种花型、图案等效果。可分为裸药型、非裸药型；可发射单发、多发
			礼花弹	弹体或效果件从专用发射筒（发射筒内径≥76 mm）发射到空中或水域产生各种花型图案等效果。可分为药粒型（花束）、圆柱型、球型
8	架子烟花类	以悬挂形式固定在架子装置上燃放的产品，燃放时可以喷射火苗、火花，形成字幕、图案、瀑布、人物、山水等画面。分为瀑布、字幕、图案等		
9	组合烟花类	由两个或两个以上小礼花、喷花、吐珠同类或不同类烟花组合而成的产品	同类组合烟花	限由小礼花、喷花、吐珠同类组合，小礼花组合包括药粒（花束）型、药柱型、圆柱型、球型以及助推型
			不同类组合烟花	仅限由喷花、吐珠、小礼花中两种组合
注：烟雾型、摩擦型仅限出口。				

4.2 产品级别

按照药量及所能构成的危险性大小，烟花爆竹产品分为 A、B、C、D 四级，具体见表 2 和

表 3。

4.2.1　A级：由专业燃放人员在特定的室外空旷地点燃放、危险性很大的产品。

4.2.2　B级：由专业燃放人员在特定的室外空旷地点燃放、危险性较大的产品。

4.2.3　C级：适于室外开放空间燃放、危险性较小的产品。

4.2.4　D级：适于近距离燃放、危险性很小的产品。

4.3　消费类别

按照对燃放人员要求的不同，烟花爆竹产品分为个人燃放类和专业燃放类。

4.3.1　个人燃放类：不需加工安装，普通消费者可以燃放的C级、D级产品，见表2。

4.3.2　专业燃放类：应由取得燃放专业资质人员燃放的A级、B级产品和需加工安装的C级、D级产品，见表3。

5　通用安全质量要求

5.1　标志

5.1.1　产品应有符合国家有关规定的标志和流向登记标签。产品标志分为运输包装标志和销售包装标志。标志应附在运输包装和销售包装上不脱落。包装标志内容样式见附录B。

5.1.2　运输包装标志的基本信息应包含：产品名称、消费类别、产品级别、产品类别、制造商名称及地址、安全生产许可证号、箱含量、箱含药量、毛重、体积、生产日期、保质期、执行标准代号以及"烟花爆竹""防火防潮""轻拿轻放"等安全用语或图案，安全图案应符合GB 190、GB/T 191要求。

5.1.3　销售包装标志的基本信息应包含：产品名称、消费类别、产品级别、产品类别、制造商名称及地址、含药量（总药量和单发药量）、警示语、燃放说明、生产日期、保质期。计数类产品应标明数量。

5.1.4　专业燃放类产品应使用红色字体注明"专业燃放"的字样，个人燃放类产品应使用绿色字体注明"个人燃放"的字样。摩擦型产品应用红色字体注明"不应拆开"的字样。

5.1.5　专业燃放类产品还应标注加工、安装方法，发射高度、辐射半径、火焰熄灭高度、燃放轨迹等信息。设计为水上效果的产品应标注其适用的水域范围。

5.1.6　标注内容正确且清晰可见，易于识别，难以消除并且与背景色对比鲜明。运输包装上的"消费类别"字体高度≥28 mm，其他字体高度≥6 mm，销售包装上的"警示语及内容"字体高度≥4 mm，其他字体高度≥2.2 mm。

5.1.7　燃放说明和警示语内容应符合GB 24426的规定。

5.2　包装

5.2.1　产品应有销售包装（含内包装）和运输包装；销售包装与运输包装等同时，应同时符合销售包装与运输包装要求。

5.2.2　销售包装（含内包装）材料应采用防潮性好的塑料、纸张等，封闭包装，产品排列整齐、不松动。内包装材质不应与烟火药发生化学反应。

5.2.3　运输包装应符合GB 12463的要求。

5.2.4　运输包装容器体积符合品种规格的设计要求，每件毛重不超过30 kg。

5.2.5　水路、铁路运输和空运产品的运输包装应分别符合GB 19270、GB 19359、GB 19433

的技术要求。

5.2.6 专业燃放类产品包装(包括运输包装和销售包装)应使用单一色彩(瓦楞纸原色、灰色、草黄)的包装,不应使用其他彩色包装;个人燃放类产品包装可使用对比度鲜明的彩色包装。

5.2.7 摩擦型产品包装应采取隔栅或填充物等方式。

5.3 外观

5.3.1 产品应保证完整、清洁,文字图案清晰。

5.3.2 产品表面无浮药、无霉变、无污染,外形无明显变形、无损坏、无漏药。

5.3.3 筒标纸粘贴吻合平整,无遮盖、无露头露脚、无包头包脚、无露白现象。

5.3.4 筒体应粘合牢固,不开裂、不散筒。

5.4 部件

5.4.1 底座、底塞和吊线

5.4.1.1 不需要加工安装的 C 级、D 级,且放置在地面燃放主体不运动的烟花(喷花类、玩具类产品),筒高超过外径三倍的,应安装底座,底座的外径或边长应大于主体高度(含安装底座后增加的高度)三分之一。

5.4.1.2 底座应安装牢固,在燃放过程中,底座应不散开、不脱落。

5.4.1.3 底塞应安装牢固,在跌落试验过程中,不开裂、不脱落。

5.4.1.4 吊线应在 50 cm 以上,安装牢固并保持一定的强度。

5.4.2 引燃装置

5.4.2.1 在所有正常、可预见的使用条件下使用引燃装置,应能正常地点燃并引燃效果药。

5.4.2.2 引火线、引线接驳器、电点火头应符合相应的质量标准要求。

5.4.2.3 点火引火线应为绿色安全引线,点火部位应有明显标识。

5.4.2.4 点火引火线应安装牢固,可承受产品自身重量 2 倍或 200 g 的作用力而不脱落或损坏。

5.4.2.5 快速引火线、电点火头和引线接驳器应慎重使用,并遵循下列要求:

a) 产品不应预先连接电点火头(舞台用焰火采取固定防摩擦且有短路措施的除外);
b) 个人燃放类产品不应使用电点火头;
c) 使用快速引火线和引线接驳器(仅限定在特殊的组合烟花)时,快速引火线与安全引火线及引线接驳器之间应安装牢固,可承受 1 kg 的作用力而不脱落或损坏,快速引火线和引线接驳器均应有防火措施;
d) 快速引火线只能作为连接引火线,颜色应为银色、红色或黄色。

5.4.2.6 点火引火线的引燃时间应保证燃放人员安全离开,且在规定时间内引燃主体。D 级:2 s~5 s;C 级:3 s~8 s;A 级、B 级:6 s~12 s。C 级、D 级产品设计无引燃时间的产品可不计引燃时间,专业燃放类产品采用电点火引燃的不规定引燃时间。

5.4.3 手持部位不应装药或涂敷药物。手持部位长度:C 级≥100 mm,D 级≥80 mm。A 级、B 级产品不应设计为手持燃放。

5.4.4 个人燃放类产品不应含漂浮物和雷弹。

5.4.5 其他部件应符合有关标准要求,安装牢固,不脱落。

5.5 结构和材质

5.5.1 产品的结构和材质应符合安全要求,保证产品及产品燃放时安全可靠。

5.5.2 个人燃放类组合烟花不应两盆以上(含两盆)联结。

5.5.3 个人燃放类组合烟花筒体高度与底面最小水平尺寸或直径的比值应≤1.5,且筒体高度应≤300 mm。

5.5.4 产品运动部件、爆炸部件及相关附件一般采用纸质材料,不应采用金属等硬质材料,以保证在燃放时不产生尖锐碎片或大块坚硬物。如技术需要,固定物可采用木材、订书钉、钉子或捆绑用金属线,但固定物不应与烟火药物直接接触。

5.5.5 带炸效果件和单个爆竹产品内径>5 mm的,如需使用固引剂,应能确保固引剂燃放后散开,固引剂碎片中不应含有直径>5 mm的块状物。

5.6 药种、药量和安全性能

5.6.1 药种

5.6.1.1 产品不应使用氯酸盐(烟雾型、摩擦型的过火药、结鞭爆竹中纸引和擦火药头除外,所用氯酸盐仅限氯酸钾,结鞭爆竹中纸引仅限氯酸钾和炭粉配方),微量杂质检出限量为0.1%。

5.6.1.2 产品不应使用双(多)基火药,不应直接使用退役单基火药。使用退役单基火药时,安定剂含量≥1.2%。

5.6.1.3 产品不应使用砷化合物、汞化合物、没食子酸、苦味酸、六氯代苯、镁粉、锆粉、磷(摩擦型除外)等,爆竹类、喷花类、旋转类、吐珠类、玩具类产品及个人燃放类组合烟花不应使用铅化合物,检出限量为0.1%。

5.6.1.4 喷花类、旋转类、玩具类产品除可含每单个药量<0.13 g的响珠和炸子外,不应使用爆炸药和带炸效果件。

5.6.1.5 架子烟花产品仅限燃烧型烟火药,不应使用爆炸药和带炸效果件。

5.6.2 药量

5.6.2.1 单个产品不应超过最大装药量(见表2和表3,不包括引火线和填充物)。实际药量与标称药量的允许误差:药量≤2 g,误差±20%;2 g<药量≤25 g,误差±10%;药量>25 g,误差±5%。

5.6.2.2 个人燃放类产品最大允许药量见表2。

5.6.2.3 专业燃放类产品最大允许药量见表3。

表 2 个人燃放类产品最大允许药量

序号	产品大类	产品小类	最大允许药量	
			C级	D级
1	爆竹类	黑药炮	1 g/个	—
		白药炮	0.2 g/个	
2	喷花类	地面(水上)喷花	200 g	10 g
		手持(插入)喷花	75 g	10 g
3	旋转类	有固定轴旋转烟花	30 g	—
		无固定轴旋转烟花	15 g	1 g

表2（续）

序号	产品大类	产品小类	最大允许药量	
			C级	D级
4	升空类	火箭	10 g	—
		双响	9 g	—
		旋转升空烟花	5 g/发	—
5	吐珠类	药粒型吐珠	20 g（2 g/珠）	—
6	玩具类	玩具造型	15 g	3 g
		线香型	25 g	5 g
7	组合烟花类	同类组合和不同类组合，其中：小礼花单筒内径≤30 mm；圆柱型喷花内径≤52 mm；圆锥型喷花内径≤86 mm；吐珠单筒内径≤20 mm	小礼花：25 g/筒；喷花：200 g/筒；吐珠：20 g/筒；总药量：1 200 g（开包药：黑火药 10 g，硝酸盐加金属粉 4 g，高氯酸盐加金属粉 2 g）	50 g（仅限喷花组合）
注：图中符号"—"代表无此级别产品。				

表3 专业燃放类产品最大允许药量

序号	产品大类	产品小类	最大允许药量			
			A级	B级	C级	D级
1	喷花类	地面（水上）喷花	1 000 g	500 g	—	—
2	旋转类	有固定轴旋转烟花	150 g/发	60 g/发		
		无固定轴旋转烟花	—	30 g		
3	升空类	火箭	180 g	30 g		
		旋转升空烟花	30 g/发	20 g/发		
4	吐珠类	吐珠	400 g（20 g/珠）	80 g（4 g/珠）	—	—
5	礼花类	小礼花	—	70 g/发		
		礼花弹 药粒型（花束）（外径≤125 mm）	250 g			
		礼花弹 圆柱型和球型（外径≤305 mm 其中雷弹外径≤76 mm）	爆炸药 50 g 总药量 8 000 g	—		
6	架子烟花	架子烟花	—	瀑布 100 g/发 字幕和图案 30 g/发	瀑布 50 g/发 字幕和图案 20 g/发	—

表 3（续）

序号	产品大类	产品小类	最大允许药量			
			A 级	B 级	C 级	D 级
7	组合烟花类	同类组合和不同类组合	药柱型、圆柱型内径≤76 mm 100 g/筒 球型内径≤102 mm 320 g/筒	总药量8 000 g	内径≤51 mm 50 g/筒 总药量3 000 g	—	—

注 1：图中符号"—"表示无此级别产品。
注 2：舞台上用各类产品均为专业燃放类产品。
注 3：含烟雾效果件产品均为专业燃放类产品。

5.6.3 安全性能

5.6.3.1 产品及烟火药的安全性能应定期进行检测。新产品批量生产前应对产品及烟火药进行检测。

5.6.3.2 产品安全性能检测包括跌落试验、热安定性、低温试验及烟火药安全性能检测。烟火药安全性能检测包括摩擦感度、撞击感度、火焰感度、静电感度、着火温度、爆发点、相容性、吸湿性、水分、pH 值。

5.6.3.3 产品及烟火药热安定性在 75 ℃±2 ℃、48 h 条件下应无肉眼可见分解现象，且燃放效果无改变。

5.6.3.4 产品低温试验在 −35 ℃～−25 ℃、48 h 条件下应无肉眼可见冻裂现象，且燃放效果无改变。

5.6.3.5 产品的跌落试验不应出现燃烧、爆炸或漏药的现象。

5.6.3.6 产品各类烟火药摩擦感度、撞击感度、火焰感度、静电感度、着火温度、爆发点、热安定性、相容性应符合相关标准要求。

5.6.3.7 烟火药的吸湿率应≤2.0%，笛音药、粉状黑火药、含单基火药的烟火药应≤4.0%。

5.6.3.8 烟火药的水分应≤1.5%，笛音药、粉状黑火药、含单基火药的烟火药≤3.5%。

5.6.3.9 烟火药的 pH 值应为 5～9。

5.7 燃放性能

5.7.1 喷花类的喷射高度应符合以下规定：D 级≤1 m，C 级≤8 m，B 级≤15 m。

5.7.2 各类升空产品效果出现的最低高度见表 4。

5.7.3 发射升空产品的发射偏斜角应≤22.5°，造型组合烟花和旋转升空烟花的发射偏斜角应≤45°（仅限专业燃放类）。

5.7.4 A 级产品的声级值应≤120 dB，B 级、C 级、D 级产品的声级值应≤110 dB。

5.7.5 个人燃放类产品燃放时产生的火焰、燃烧物、色火或带火残体不应落到距离燃放中心点 8 m 之外的地面。专业燃放类产品燃放时产生的火焰、燃烧物、色火或带火残体不应落到距离燃放中心点 B 级 20 m，A 级 40 m 之外的地面（特殊设计的专业燃放类产品除外）。

表 4 各类升空产品效果出现的最低高度值

产品类别	典型产品	产品型号或级别	最低高度值/m
礼花类	小礼花	B级	35
	礼花弹	3号	50
		4号	60
		5号	80
		6号	100
		7号	110
		8号	130
		10号	140
		12号	160
组合烟花类		C级	15
		B级	35
		A级	45(3号)/60(4号)
升空类	旋转升空		3
	其他		5
注:不包括花束和水上效果的产品。			

5.7.6 产品燃放时产生的炙热物与燃放中心点横向距离:C级≤15 m,B级≤25 m,A级≤50 m。

5.7.7 产品燃放时产生的质量>5 g(纸质>15 g,设计效果中的漂浮物除外)的抛射物与燃放中心点横向距离:C级≤20 m,B级≤30 m,A级≤60 m。

5.7.8 产品燃放不应出现倒筒、烧筒、散筒、低炸现象,且燃放后筒体不应继续燃烧超过30 s;其他缺陷应符合 GB/T 10632 的要求。

5.7.9 计数类产品,计量误差应在±5%的范围内。

5.7.10 计数类产品烧成率应>90%。

5.7.11 旋转类产品的允许飞离地面高度应≤0.5 m,旋转直径范围应≤2 m。

5.7.12 线香型产品不应爆燃,燃放高度1 m±0.1 m时不应有火星落地。

5.7.13 烟雾效果不应出现明火。

5.7.14 玩具造型产品行走距离应≤2 m。

6 检验方法

6.1 标志检验
目测方法进行检验。

6.2 包装检验
目测及按相关包装标准执行。

6.3 外观检验

目测方法进行检验。

6.4 部件检验

6.4.1 底座牢固性和稳定性检验

6.4.1.1 底座牢固性检验:拿起底座使主体向下,在下垂的主体上吊起 50 g 重物 1 min,观察底座与主体是否分离;观察产品燃放过程,底座是否脱落或者散开。

6.4.1.2 底座稳定性检验:将样品直立放置在用硬木板制成的与水平面成 30°的斜面上,样品不应斜倒,样品旋转任意角度后,也不应倾倒。

6.4.2 引燃装置检验

6.4.2.1 用目测方法观察点火引火线、快速引火线、电点火头、引线接驳器的外观及连接是否完好。

6.4.2.2 引火线牢固性检验:将样品主体提起,在下垂的引火线上吊起 200 g 或自身质量 2 倍(取最小值)的重物 1 min,观察引火线是否脱落;快速引火线与安全引火线及引线接驳器之间应吊起 1 000 g 或自身质量 1 倍(取最小值)的重物 1 min,观察引火线是否脱落。

6.4.2.3 引燃时间测定:用两块精度不低于 0.1 s 的计时秒表,测量从点燃引火线至引燃主体的时间。两块表读的数偏差＜0.5 s,则检验结果有效。取其平均值,采用四舍五入法,精确到 0.1 s。

6.4.2.4 快速引火线和接驳器防火测试:露在外面的快速引火线和接驳器旁燃时间应＞20 s。

6.4.3 底塞牢固性检验

将主体(安装底座的产品不摘除底座)水平状拿住,从 400 mm 高处,向厚度为 30 mm 以上的硬木板上自由落下,每个样品重复 3 次,观察底塞是否开裂或跌落。

6.4.4 吊线牢固度检验

在吊线上加 50 g 重物后吊起 1 min,观察吊线是否脱落或断线。

6.5 结构与材质检验

目测产品结构和材质是否符合 5.5 的要求,必要时解剖检测其结构。

6.6 药种、药量、安全性能检测

6.6.1 药种采用 GB/T 21242、GB/T 15814.1 标准方法进行。

6.6.2 药量采用计量合格且符合相应精度的天平进行检测。药量≤2 g 的,取 10 个(发)样品分别称量记录,最大值为产品药量;2 g＜药量≤25 g 的,取 5 个(发)样品分别称量记录,最大值为产品药量;药量＞25 g 的,取 3 个(发)样品分别称量记录,最大值为产品药量。

6.6.3 安全性能检测

6.6.3.1 吸湿性测定按 QB/T 1941.5 规定执行。

6.6.3.2 水分测定:按 GB/T 6284 规定执行(采取烘箱干燥或红外水分测定仪检测)。

6.6.3.3 pH 值测定按 GB/T 9724 规定执行。

6.6.3.4 热安定性测定:单个产品药量＜100 g 的,将产品放置在 75 ℃±2 ℃的烘箱中 48 h 无燃烧、爆炸现象,取出放置 24 h 后燃放,观察是否保持原设计效果;单个产品药量≥100 g 的,称取 50 g 烟火药放置在 75 ℃±2 ℃的烘箱中 48 h 无燃烧、爆炸现象,取出放置 24 h 后点燃,观察是否保持原设计效果。

6.6.3.5 低温试验按 SN/T 1730.3 规定执行。

6.6.3.6 跌落试验:将成箱产品从 12 m 高处自由落在平整的水泥地面上,观察产品是否发生燃烧、爆炸和漏药现象。

6.6.3.7 摩擦感度、撞击感度、火焰感度、静电感度、着火温度、爆发点按相关标准检测。

6.7 燃放性能检验

6.7.1 进行燃放性能检验时遇有下列情况,应暂停或终止燃放:

    a) 风力超过 6 级或可能危及安全区内建筑物、电力通讯设施和公众安全;

    b) 突然下雨、起雾等,妨碍燃放正常进行;

    c) 发生膛炸、低炸、筒口炸等危及人身安全的意外情况;

    d) 现场燃放人员认为有必要暂停或终止燃放的情况。

6.7.2 发射高度的测定:可选用标杆、测距仪、经纬仪及其他仪器设备测定,允许误差:发射高度≤30 m 时,±2 m;发射高度 30 m～50 m 时,±4 m;发射高度＞50 m 时,±8 m。

6.7.3 发射偏斜角的测定:选择图 1 或图 2 装置,在观测点处将 A 点对准发射点,透过透明板观察发射偏斜角。

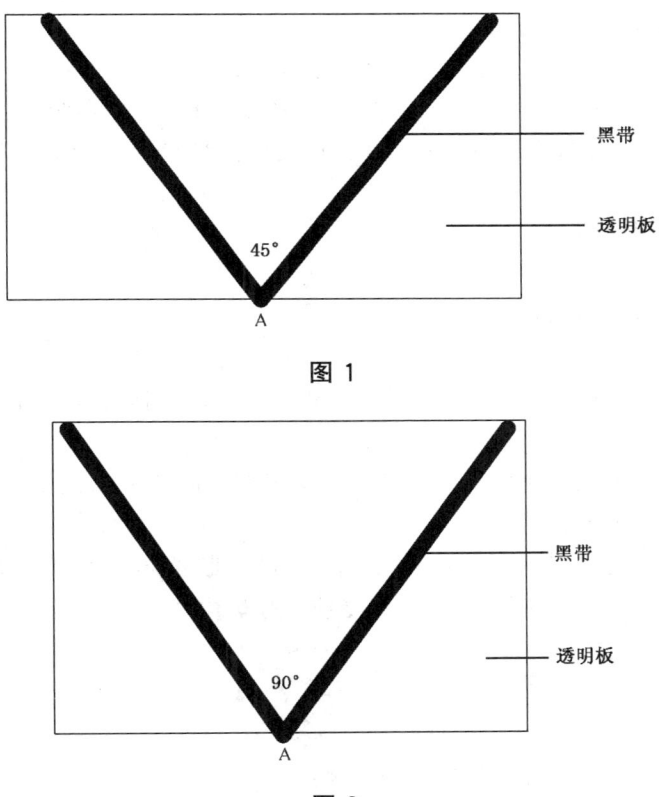

图 1

图 2

6.7.4 声级值检验:随机抽取样品(爆竹 10 个、其他 3 个)进行声级测定,声级计水平放置安装在三脚架上,吸音器中心线距地面 1.5 m,根据不同级别的样品,确定声级计与样品燃放点的水平距离:A 级为 25 m,B 级为 15 m,C 级为 8 m,D 级为 2 m,燃放样品,记录声级数据,取最大值为样品的声级值。(环境条件:室外开阔平坦的硬性地面上,周围 15 m 内无声音反射的物件;环境噪音<60 dB;风速<5级,无雨、雾。)
6.7.5 烧成率检验:将一定数量的产品燃放后,统计出烧成数与未烧成数,计算出烧成率。
6.7.6 抛射物检测:目测是否有金属抛射物,观察色火或炙热物是否在规定范围以内。用米尺测量有可能超过指定限度质量残渣离燃放点的距离,并用感量0.1 g的天平称量其质量。

7 检验规则

7.1 组批
以相同原材料、相同工艺条件、同一生产线和班次生产的品种、规格相同的产品为一批。

7.2 型式检验
7.2.1 有下列情况之一应进行型式检验:
   a) 新产品投产之前;
   b) 停产半年以上再生产时;
   c) 原材料、工艺发生重大变化时;
   d) 监督检验部门提出要求时。

7.2.2 型式检验抽样方法:按GB/T 10632规定执行。

7.2.3 型式检验项目:标志、包装、外观、部件、结构与材质、药种、药量、安全性能(烟火药涉及新材料的以及需检测的,应检测摩擦感度、撞击感度、静电感度、火焰感度和着火温度等项目)、燃放性能。

7.3 出厂检验和进货验收

7.3.1 出厂检验
7.3.1.1 出厂检验抽样方法:按GB/T 10632规定执行。
7.3.1.2 出厂检验项目:标志、包装、外观、部件、药量、燃放性能。
7.3.1.3 每批产品应经生产厂家按本标准规定的方法检验合格,并出具合格证方可出厂。

7.3.2 进货验收
7.3.2.1 进货单位应委托专业检验机构或自行组织对产品的标志、包装、外观、部件、药量、燃放性能等进行检验验收。
7.3.2.2 产品无质量合格证明或有破损、受潮、霉变、变形的应拒收,并视情况作相应处理。
7.3.2.3 供需双方发生质量纠纷,应由法定专业检验机构进行质量仲裁。

8 运输和储存

8.1 运输
产品应符合国家对烟花爆竹运输的统一规定。

8.2 储存
8.2.1 产品储存应按GB 11652要求存放在专用危险品仓库。仓库和储存限量应符合GB 50161规定。
8.2.2 产品从制造完成之日起,在正常条件下运输、储存,保质期三年(含铁砂的产品保质期一年)。

附 录 A
（资料性附录）
烟花爆竹分类与美国、欧盟标准对照表

表 A.1 烟花爆竹分类与美国、欧盟标准对照表

序号	大类	典型产品	对应的美国标准类别	对应的欧盟标准类别
1	爆竹类	黑药炮	爆竹类	爆竹类
		白药炮		
2	喷花类	地面(水上)喷花	地面花筒	花筒
		手持(插入)喷花	手持式花筒	
			插座式花筒	
3	旋转类	有固定轴旋转烟花	地面旋转类	转轮、地面旋转和地面移动类
		无固定轴旋转烟花		
4	升空类	火箭	火箭、飞弹	火箭、小火箭、空中转轮
		双响	—	双响炮
		旋转升空烟花	直升飞机	旋转升空类
5	吐珠类	吐珠	吐珠筒	罗马烛光
6	玩具类	玩具造型	聚会、玩具和烟类	蛇、桌面烟花、玩具火柴
		线香	手持电光花	手持电光花
		烟雾	聚会、玩具和烟类	孟加拉火焰,孟加拉烟花棒
		摩擦	聚会、玩具和烟类之砂炮	摔炮
			聚会、玩具和烟类之拉炮	拉炮
				火帽
			聚会、玩具和烟类之快乐烟花	快乐烟花、圣诞烟花
7	礼花类	小礼花	彗尾、地面花束和礼花弹类	单筒地面礼花
		礼花弹		礼花弹
8	架子烟花	—	—	—
9	组合烟花类	同类组合烟花	组合类	同类组合
		不同类组合烟花		不同类组合

附 录 B
（资料性附录）
烟花爆竹包装标志内容示例

以下示例的文字的字体大小应按照标准要求执行；销售包装和运输包装应按照标准执行；印刷的比例应根据包装的大小规格确定。

消费类别	个人燃放类	产品名称	爆竹 （××××响大地红）
产品类别	爆竹类	产品级别	C级
总药量	×××g	单发（个）药量	0.×g
警示语	按照相关标准规范填写		
燃放说明	按照相关标准规范填写		
生产日期	20××年××月××日	保质期	3年
生产厂家	×××××烟花爆竹×××公司	联系电话	××××－××××××××
地　　址	××省××市××县××镇××村		

图 B.1　烟花爆竹销售包装标志内容示例 1

消费类别	个人燃放类	产品名称	组合烟花 （××发万紫千红）
产品类别	组合烟花类	产品级别	C级
总药量	×××g	单发（个）药量	××g
警示语	按照相关标准规范填写		
燃放说明	按照相关标准规范填写		
生产日期	20××年××月××日	保质期	3年
生产厂家	××烟花爆竹××公司（厂）	联系电话	××××－××××××××
地　　址	××省××市××县××镇××村		

图 B.2　烟花爆竹销售包装标志内容示例 2

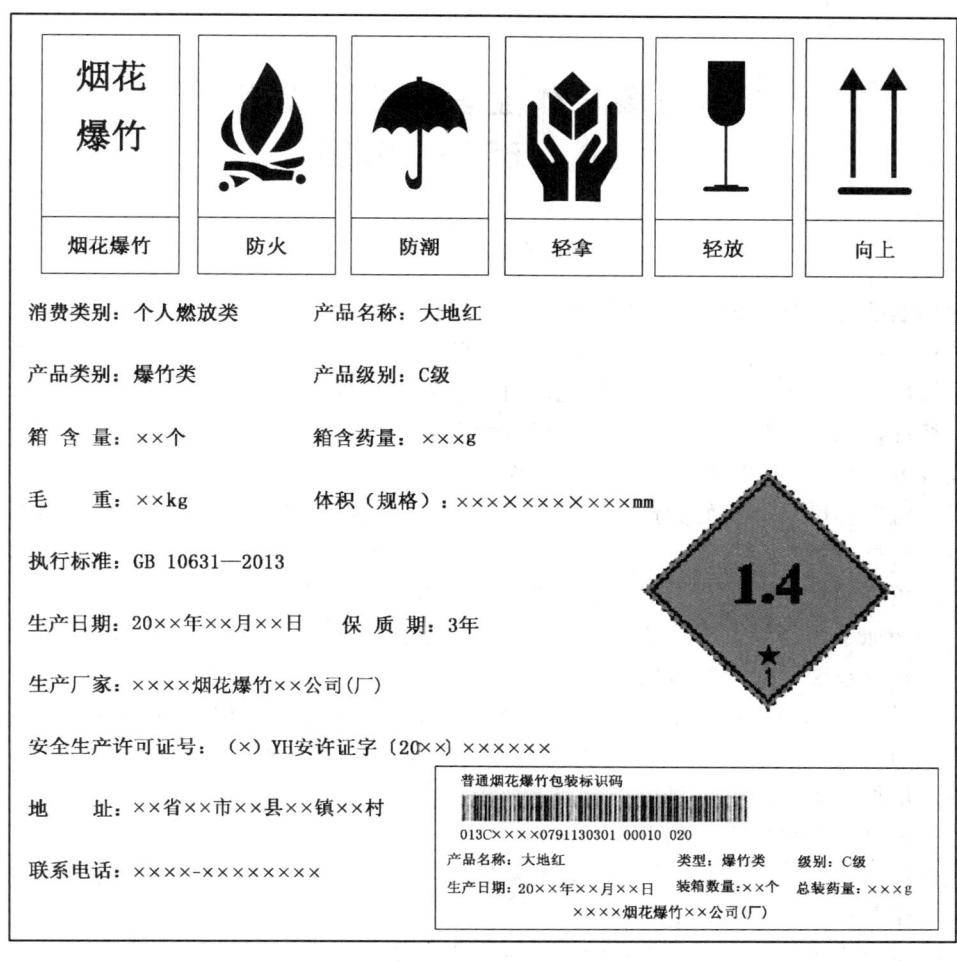

图 B.3 烟花爆竹运输包装标志内容示例

参 考 文 献

［1］ 国务院办公厅转发安全监管总局等部门关于进一步加强烟花爆竹安全监督管理工作意见的通知（国办发〔2010〕53号）

［2］ 烟花爆竹安全监管部际联席会议第二次全体会议纪要（2012年10月）

烟花爆竹作业安全技术规程
(GB 11652—2012)

前　言

本标准的全部技术内容为强制性的。

本标准按照 GB/T 1.1—2009 给出的规则起草。

本标准代替 GB 11652—1989《烟花爆竹劳动安全技术规程》。

本标准与 GB 11652—1989 相比，对适用范围、烟火药制造、产品制作等方面内容进行了较大幅度的修订，主要技术变化如下：

——将原标准名称中的"劳动"修改为"作业"，定名为《烟花爆竹作业安全技术规程》；
——将标准适用范围从仅限于烟花爆竹生产企业扩大到烟花爆竹生产和经营企业；
——更科学地界定了几个重要术语的定义，增加了效果件的定义；
——增加了药物混合时药量的控制和黑火药制造的规定，完善了烟火药的干燥散热和收取包装等安全技术要求；
——考虑了不同生产工序药物定量有规律衔接和现实生产情况，确定了各生产工序的药物定量，对礼花弹装球和烟花组装的定量作了较大修改；
——增加了爆竹插引与封口安全技术要求；
——完善了烘房的安全技术要求；
——将"设备与维修"修改为"设备及设备安装、使用、维修"，并根据现实与发展的需要，作了较大的调整和增补；
——完善了危险工序作业人员安全培训要求内容；
——增加了一般性规定、引火线制作、危险性废弃物处置三章。

此外，本标准把主要产品的生产工艺流程图作为资料性附录（附录 A），以便对照查阅。

本标准由国家安全生产监督管理总局提出。

本标准由全国安全生产标准化技术委员会（SAC/TC 288）归口。

本标准起草单位：国家轻工业烟花爆竹安全质量监督检测中心、江西李渡烟花集团有限公司、熊猫烟花集团股份有限公司、浏阳东信烟花集团有限公司、浏阳庆泰烟花有限公司、湖南景泰烟花有限公司、浏阳集里出口礼花厂、河北蠡县德茂花炮厂、浙江桐庐县花炮厂、山东夏津县鲁阳花炮有限公司。

本标准主要起草人：黄茶香、宋汉文、刘宁、黎仲畦、罗建社、刘春文、蔺传球、李金明、孙仕定、刘捷光、肖湘杰、赵伟平、范志宇、杜元金、危成焰、刘刚、姜锡松、卢荣秋、赵政。

本标准所代替标准的历次版本发布情况为：
——GB 11652—1989。

1　范围

本标准规定了烟花爆竹生产和经营企业在烟花爆竹生产、研制、储存、装卸、企业内运输、燃放试验及危险性废弃物处置过程中的作业安全技术要求。

本标准适用于烟花爆竹生产和经营企业。

2 规范性引用文件

下列文件对于本文件的应用是必不可少的。凡是注日期的引用文件,仅注日期的版本适用于本文件。凡是不注日期的引用文件,其最新版本(包括所有的修改单)适用于本文件。

GB 2626　呼吸防护用品自吸过滤式防颗粒物呼吸器

GB 5083　生产设备安全卫生设计总则

GB/T 8196　机械安全　防护装置　固定式和活动式防护装置设计与制造一般要求

GB 10631　烟花爆竹　安全与质量

GB/T 12801　生产过程安全卫生要求总则

GB/T 13869　用电安全导则

GB 24284　大型焰火燃放安全技术规程

GB/T 25295　电气设备安全设计导则

GB 50161　烟花爆竹工程设计安全规范

AQ 4111　烟花爆竹作业场所机械电器安全规范

3 术语和定义

下列术语和定义适用于本文件。

3.1

烟火药　gunpowder

主要由氧化剂与还原剂等组成的,燃烧、爆炸时能产生光、声、色、烟雾、气体等效果的混合物。

3.2

黑火药　black gunpowder

用硝酸钾、炭粉和硫磺或用硝酸钾和炭粉为原材料制成的一种烟火药。

3.3

效果件　effect parts

通过工艺制作形成的烟火药或含有烟火药的单个形体(包括药粒、药柱、药块、药包、药球、效果内筒、效果引线等),分为裸药效果件和非裸药效果件。

3.4

非裸药效果件　non-exposure gunpowder effect parts

用壳体将烟火药紧密包装后的效果件。

3.5

工房　workshop

烟花爆竹生产作业的厂房。

3.6

定机　equipment quota

在危险性场所允许的最多机械设备台(套)数。

3.7
定员　personnel quota

在危险性场所允许的最多人数。

3.8
定量　gunpowder weight quota

在危险场性场所允许存放(或滞留)的最大药物质量(含半成品、成品中的药物质量)。

3.9
危险性废弃物　hazardous waste

在烟花爆竹生产经营过程中,废弃的烟花爆竹产品及含药半成品、烟火药、引火线、危险化学品。

3.10
蘸药(点药)　dipping of wet gunpowder

将湿药粘附在效果件、部件点火端上的过程。

3.11
组装　assembly work

将非裸药效果件、部件组合在一起的过程。

3.12
装、筑(压)药　filling gunpowder

将烟火药、黑火药或裸药效果件装(填、筑、压)入壳体或模具的过程。

4　一般性规定

4.1　应建立健全安全生产管理规章制度和岗位操作规程,并有效实施。

4.2　应在许可的专用场所内,按许可的产品类别、级别范围进行安全生产和储存。

4.3　应按设计用途使用工(库)房,并按规定设置安全标志或标识,不应擅自改变生产作业流程、工(库)房用途和危险等级。

4.4　操作者不应擅自改变药物配方和操作规程;确需改变时,应按相应程序和规定经审查批准后方可操作。

4.5　应遵守本标准定员、定量和定机的规定,不应超定员、定机、定量生产和储存。

4.6　手工直接接触烟火药的工序应使用铜、铝、木、竹等材质的工具,不应使用铁器、瓷器和不导静电的塑料、化纤材料等工具盛装、掏挖、装筑(压)烟火药;盛装烟火药时药面应不超过容器边缘。

4.7　操作工作台应稳定牢固;直接接触烟火药工序的工作台宜靠近窗口,应设置橡胶、纸质、木质工作台面,且应高于窗口,不应使用塑料、化纤等不导静电材质的工作台面。

4.8　烟火药中不应混入与烟火药配方无关的泥沙等杂物、杂质,如意外混入不应使用。

4.9　直接接触烟火药的工序应按规定设置防静电装置,并采取增加湿度等措施,以减少静电积累。

4.10　烟火药、黑火药、引火线、效果件、含药半成品及成品生产、制作、装卸、搬运过程中应轻拿、轻放、轻操作,不应有拖拉、碰撞、抛摔、用力过猛等行为。

4.11　生产作业场所应保证疏散通道畅通,不应闩门、闩窗生产。

4.12 应在工作台上操作,不应把地面当作工作台。

4.13 不应在规定地点外晾晒烟花爆竹成品、半成品及烟火药、黑火药、引火线。

4.14 不应在规定的燃放试验场外燃放试验产品,不应在规定的销毁场外销毁危险性废弃物。

4.15 未安装阻火器的机动车辆不应进入有药生产、储存区域。

4.16 不应擅自增设建(构)筑物、安装电气(器)设备。

4.17 不应在生产、储存区吸烟、生火取暖;不应携带火柴、打火机等火源火种进入生产、储存区;不应在有可燃性气体、药物、可燃物粉尘环境的工(库)房使用无线通信设备。

4.18 有药工序使用新设备和新工艺前,应按有关规定对其安全性能、安全技术要求进行论证。

4.19 储存乙醇、丙酮等易燃液体的库房应保持通风良好。

4.20 工(库)房面积应满足 GB 50161 人均使用面积要求。

4.21 按照 GB 50161 规定,采用抗爆间室、隔离操作的联建 1.1 级工房,其定员、定机可为单人单机单间。

5 烟火药制造及裸药效果件制作

5.1 基本要求

5.1.1 烟火药制造、裸药效果件制作的各工序应分别在单独工房内进行。

5.1.2 除造粒和制开包(球)药外,电动机械制造(作)烟火药及裸药效果件,在机械运转时人与机械间应有防护设施隔离。

5.2 原材料准备

5.2.1 烟火药的原材料应符合有关原材料质量标准要求,具有产品合格证;进厂应经过检验合格后方可使用。

5.2.2 原材料(药种)的使用应符合 GB 10631 规定。

5.2.3 在开启原材料的包装时,应检查包装是否完整;包装打开后,应检查包装内物质与有关标识是否相符;发现包装内物质与标识不符及物质受潮、变质等现象应停止使用。

5.3 原材料粉碎筛选

5.3.1 原材料筛选粉碎,每栋工房定员 2 人。

5.3.2 粉碎前应对设备和工具进行全面检查,并认真清除粉尘;粉碎前后应筛选除去杂质。

5.3.3 粉碎氧化剂、还原剂应分别在单独专用工房内进行,每栋工房定员 2 人;严禁将氧化剂和还原剂混合粉碎筛选;粉碎筛选过一种原材料后的机械、工具、工房应经清扫(洗)、擦拭干净才能粉碎筛选另一种原材料;高感度的材料应专机粉碎;不应用粉碎氧化剂的设备粉碎还原剂,或用粉碎还原剂的设备粉碎氧化剂。

5.3.4 原材料粉碎时应保持通风并防止粉尘浓度过高。

5.3.5 用湿法粉碎时,不应有原材料外溢。

5.3.6 粉碎的原材料包装后,应标明品种、规格、数量和日期。

5.4 原材料称量

5.4.1 原材料称量,每栋工房定员 1 人,定量 200 kg。

5.4.2 称量应符合下列要求:

5.4.2.1 称量前应检查各种原材料的标志标签、色质以及计量器具的准确性。
5.4.2.2 称量应准确,其每份总量应与每次药物混合工序定量相一致。
5.4.2.3 称量氧化剂、还原剂,应分别使用取料工具和计量器具,称好的氧化剂应与还原剂及其他原材料应分别盛装,装入容器后应立即标识。
5.4.2.4 不应在称原材料工房进行药物混合。

5.5 药物混合

5.5.1 烟火药各成分混合宜采用转鼓等机械设备,每栋工房定机1台,定员1人;手工混药,每栋工房定员1人。
5.5.2 黑火药制造宜采用球磨、振动筛混合,三元黑火药制造应先将炭和硫进行二元混合。
5.5.3 含氯酸盐等高感度药物的混合,应有专用工房,并使用专用工具。
5.5.4 机械混药应符合下列要求:
5.5.4.1 药物混合前对设备进行全面检查,并检查粉尘清理情况。
5.5.4.2 应远距离操作,人员未离开机房,不应开机。
5.5.4.3 人工进出料时,应停机断电、散热后进行。
5.5.5 药物混合每栋工房定量应符合表1规定。

表1 药物混合定量表

序号	烟火药类别	烟火药种别	定量/kg	
			手工	机械
1	硝酸盐烟火药	黑火药	8	200
		含金属粉烟火药	5	20(干法) 100(湿法)
2	高氯酸盐烟火药	含铝渣、钛粉、笛音剂的烟火药、爆炸药	3	10
		光色药、引燃药	5	10
3	氯酸盐烟火药	烟雾药、过火药	8	20
		引火线药	3	10(干法) 100(湿法)
		摩擦药		0.5(湿法)
4	其他烟火药	响珠烟火药等	5	10
注:表中未注明湿法的均为干法混合。				

5.5.6 多种烟火药混合,每次限量取该若干种烟火药表1限量的平均值。
5.5.7 不应使用石磨、石臼混合药物;不应使用球磨机混合氯酸盐烟火药等高感度药物。
5.5.8 摩擦药的混合,应将氧化剂、还原剂分别用水润湿后方可混合,混合后的烟火药应保持湿度;不应使用干法和机械法混合摩擦药。
5.5.9 每次药物混合后,宜采用竹、木、纸等不易产生静电的材质容器盛装,及时送入下道工序或药物中转库存放,并立即标识。
5.5.10 混合药(除黑火药外)应及时用于制作产品或效果件,湿药应即混即用,保持湿度,防止发热;干药在中转库的停滞时间小于或等于 24 h。

5.5.11 采用湿法配制含铝、铝镁合金等活性金属粉末的烟火药时,应及时做好通风散热处理。

5.5.12 混药结束后应及时清理粉尘和现场。

5.5.13 不应在混药工房进行装药。

5.6 烟火药调湿

5.6.1 每栋工房定员 1 人,每栋工房的定量:使用水溶剂调湿硝酸盐烟火药 100 kg,含氯酸盐或使用易燃有机溶剂(如二硫化碳、酒精、丙酮、油漆)作粘合剂的药物(如擦火头药、擦地炮药)3 kg,其他药物 15 kg。

5.6.2 调湿时如发现温度异常,应迅速摊开散热;搅拌工具应避免与容器摩擦撞击。

5.6.3 调制湿药使用的溶剂和粘合剂 pH 应为 5~8。

5.7 裸药效果件制作

5.7.1 药粒、开包炸药制作:

5.7.1.1 电动机械造粒或制药,每栋工房定机 1 台,定员 1 人,定量(干法 5 kg,湿法 20 kg);手工造粒或制药,每栋工房定员 1 人,定量 5 kg。

5.7.1.2 造粒或制药前应用相应溶剂湿润药罐内壁,造粒或制药后应用相应溶剂清洗药罐内壁。

5.7.1.3 机械运转过程中,药物温度急剧上升时应及时停机处理。

5.7.1.4 药粒的筛选分级应在药粒未干之前进行,每栋工房定员 1 人,定量(干法 5 kg,湿法 20 kg)。

5.7.2 药柱(块、片)制作:

5.7.2.1 制作药柱应采用湿药筑压,定量按表 1 限量的 1/2 计算。

5.7.2.2 机械压药,每栋工房定机 1 台,定员 2 人,人机隔离操作;手工模具压药,每栋工房定员 1 人。

5.7.2.3 裥药柱、药柱蘸(装)药,每栋工房定员 2 人,定量 5 kg。

5.7.2.4 制药块(片)应采用湿药切割,每栋工房定员 1 人,定量 2 kg。

5.7.3 制成的湿效果件应摊开放置,摊开厚度小于或等于 1.5 cm(效果件直径大于 0.75 cm 时,其摊开厚度小于或等于效果件直径的 2 倍)。

5.8 粒状黑火药制作

5.8.1 潮药装模、人工碎(药)片、包装,每栋工房定员 1 人;机械压(药)片、机械碎(药)片、造粒分筛、抛光、精筛,每栋工房定机 1 台,定员 1 人。

5.8.2 各工序工房定量分别为:潮药装模 120 kg、压(药)片 120 kg、散热 800 kg、人工碎(药)片 15 kg、机械碎(药)片 80 kg、造粒分筛 80 kg、抛光 250 kg、精筛 80 kg、包装 80 kg。

5.8.3 添加药和出药操作时,应在停机 10 min 后进行;装模时宜包片,压药应同时均匀加热,温度小于或等于 110 ℃;压药片时应预加压,并缓慢升压,最大压力小于或等于 20 MPa。

5.8.4 定量大的工序到定量小的工序之间应设置中转库。

5.9 其他烟火药(雷酸银)制造

5.9.1 雷酸银制作应在单独专用工房内进行,每栋工房定员 1 人,每次制作时使用的硝酸银量小于或等于 15 g,制作好的雷酸银应保持湿度并迅速混砂。

5.9.2 雷酸银混砂：

5.9.2.1 将湿雷酸银倒入计量的砂堆上，用竹或木片拌匀，不应使用金属棒或用手直接拌混。

5.9.2.2 每次混砂砂量小于或等于10 kg。

5.9.2.3 雷酸银砂混好后，应保持湿度，拌混工具应放入硫代硫酸钠等还原性水中浸泡并清洗干净。

5.10 药物干燥散热、收取包装

5.10.1 药物干燥应采用日光、热水(溶液)、低压热蒸汽、热风干燥或自然晾干，不应用明火直接烘烤药物。

5.10.2 被干燥的药物应摊开放置药盘中，药层厚度小于或等于1.5 cm(效果件直径大于0.75 cm时，其摊开厚度小于或等于效果件直径的2倍)；药盘直径或边长应小于或等于60 cm。

5.10.3 日光干燥应符合下列要求：

5.10.3.1 日光干燥应在专用晒场进行，定量应小于或等于1 000 kg，晒坪应硬化、平整、光洁。

5.10.3.2 晒场应设晒架，晒架应稳固，高度宜在25 cm～35 cm，晒架间应留搬运、疏散通道，通道应与主干道垂直，通道宽度大于或等于80 cm。

5.10.3.3 严禁将药物直晒在地面上，气温高于37 ℃时不宜进行日光直晒。

5.10.3.4 晒场应由专人管理，同时进入场内不应超过2人，非管理和操作人员不应进入晒场；不应在晒场进行浆药、筛药、包装等操作。

5.10.3.5 应时刻关注晒场气象情况，在大风、下雨前应将晒场内药物收入散热间或及时采取防雨淋措施；下雨时不应抢收药物，被淋湿的药物应摊开放置，不应堆放，不应放置在封闭室内。

5.10.4 烘房干燥应符合下列要求：

5.10.4.1 水暖干燥时，每栋烘房定量应小于或等于1 000 kg，烘房温度应小于或等于60 ℃；热风干燥时，每栋烘房定量应小于或等于500 kg，烘房温度应小于或等于50 ℃，同时应有防止药物产生扬尘的措施，风速应小于或等于0.5 m/s。

5.10.4.2 烘房应设置温度感应报警装置，保持均匀供热，烘房升温速度应小于或等于30 ℃/h。

5.10.4.3 烘房应有排湿装置并及时排湿。

5.10.4.4 烘房内药物应用药盘盛装，分层平稳地放置在烘架上。

5.10.4.5 烘房内药物堆码应符合表2规定。

表2 烘房内药物堆码要求

单位为厘米

名称	烘架高度	距离地面高度	层间隔	与热源距离
药物	≤120	≥25	≥15	≥30

5.10.4.6 烘架间应留搬运、疏散通道，宽度大于或等于100 cm。

5.10.4.7 烘房应由专人管理，加温干燥药物时任何人不应进入；烘干前后烘房内药物进出操作，每栋定员2人。

5.10.4.8 烘房应保持清洁,散热器上不应留有任何药物。

5.10.5 药物在干燥散热时,不应翻动和收取,应冷却至室温时收取,如另设散热间,其定员、定量、药架设置应与烘房一致并配套;散热间内不应进行收取和计量包装操作,不应堆放成箱药物;湿药和未经摊凉、散热的药物不应堆放和入库。

5.10.6 不应在干燥散热场所检测药物。

5.10.7 干燥后的药物,水分含量应符合烟火药含水量相应标准的规定。

5.10.8 药物计量包装应在专用工房进行,每栋工房定员1人,定量30 kg。

5.10.9 药物进出晒场、烘房、散热、收取和计量包装间,应单件搬运。

6 引火线(含效果引线)制作

6.1 引火线应机械制作,并在专用工房操作;机械动力装置应与制引机隔离。

6.2 干法生产,每栋定机4台,单机单间;水溶剂湿法生产,每栋定机16台,每间定机4台;其他溶剂湿法生产,每栋定机2台,单机单间。

6.3 机械运转时,人机应分离;接引、添药、取引锭时,应停机。

6.4 工房地面应保持湿润,墙体和地面应定时清洗。

6.5 引火线制作定员、定量应符合表3规定。

表 3 引火线制作定员定量表

引火线种类		定员/(人/栋)		定量/(kg/台)	
		干法	湿法	干法	湿法
硝酸盐引火线	纸引火线	1	4	3	6
	安全引火线(含效果引火线)	1	4	6	12
	快速引火线	—	2 (有机溶剂)	3	6
高氯酸盐引火线	纸引火线	1	4	3	6
	安全引火线(含效果引火线)	1	4	6	12
	快速引火线	—	2 (有机溶剂)	3	6
氯酸盐引火线	纸引火线	1	4	1	2

6.6 纸引火线上浆、绕引每栋工房定员2人,定量15 kg,单人单间,引锭与人应分离,隔墙应密封。

6.7 安全引火线上漆每栋工房定员2人,定量25 kg,应用调速电动机控制发引端引卷转速,出引卷转速小于或等于40 r/min。

6.8 引火线干燥应在专用晒场或烘房进行;干燥后,应在散热后方可收取,晒场内通道应与主干道垂直,宽度大于或等于100 cm。

6.9 采用烘房干燥的技术要求,按有药半成品干燥的规定执行。

6.10 割引、捆引、切引：

6.10.1 切、割引宜采用机械，当采用机械操作时，每栋工房定员1人，硝酸盐引线定量1 kg，其他引线定量0.6 kg。

6.10.2 操作人员应戴披肩帽、手套、防护面罩进行操作。

6.10.3 割、捆、切引应分别单独进行，不应在晒场、散热间进行；手工操作每栋工房定员1人，定量应符合表4规定。

表4 切、割、捆引定量表

操作名称		药量/kg
		手工
割引	硝酸盐引火线	6
	高氯酸盐引火线	3
	氯酸盐引火线、效果引火线	1.5
捆引	硝酸盐引火线	6
	高氯酸盐引火线	3
	氯酸盐引火线、效果引火线	1.5
切引	硝酸盐引火线	2
	高氯酸盐引火线	1
	氯酸盐引火线、效果引火线	0.5

6.10.4 切、割引的刀刃要锋利，应及时涂油、蜡；严禁在切引间磨（刮）刀具。

6.10.5 切、割引时用力应均匀，严禁来回拉扯。

6.10.6 引头、引尾应及时放至水中，及时销毁。

6.10.7 包装每栋工房定员1人，定量30 kg。

7 产品制作

7.1 基本要求

7.1.1 各工序应分别在单独专用工房进行；烟火药、黑火药、引火线、效果件及有药半成品应设专人管理，各工序应按定量领取并登记。

7.1.2 使用的烟火药为多种时，定量按表1限量的平均值确定；产品制作如定量小于或等于单发（枚）产品药量时，定量为单发（枚）的含药量。

7.1.3 使用含氯酸盐、黄磷、赤磷、雷酸银、笛音剂等高感度烟火药的工房，不应改做其他产品制作工房。

7.1.4 每次限量药物、半成品用完后，应及时将半成品送入中转库或指定地点。

7.1.5 剩余的烟火药，应退还保管人，不应留置工房或临时存药洞过夜。

7.1.6 装、压纸片、安装点火引定员、定量、定机应按其前一道工序执行。

7.2 装、筑（压）药（裸药效果件）

7.2.1 装药前应筛除效果件中的药尘（灰），除药尘（灰）应在单独工房操作，定员、定量按下道工序执行。

7.2.2 1.1级工房每栋工房定员1人;当隔离操作时,每栋工房定员2人,单人单间。

7.2.3 装药每栋工房定量按表1确定。

7.2.3.1 砂炮手工包(装)药砂每栋工房定员24人,每人定量0.5 kg;砂炮机械包(装)药砂每栋工房定机4台,每台机2人,每机定量5 kg。

7.2.3.2 筑(压)药定量按表1限量的1/2确定;笛音药筑(压)药每栋工房定量:手工0.5 kg,机械2 kg。

7.2.4 礼花弹装球时,只能轻轻按压,合球不应猛烈碰合,合球后,不应进行强烈敲击。

7.2.5 当筒体变形、筒体内壁不洁净或效果件变形时,按废弃物处理,不应将药物(效果件)强行装入。

7.2.6 摩擦药(含赤磷、雷酸银)应保持湿润。

7.2.7 筑(压)药的过程中,当模具与药物难以分离时,不应强行分离,采用酒精清洗。

7.2.8 含有较大颗粒的铝、钛、铁粉的烟火药,不应筑压。

7.2.9 礼花弹安装外导火索和发射药盒时,不应有药粉外泄。

7.3 蘸(点)药

7.3.1 效果内筒蘸药每栋工房定员2人,单人单间,效果内筒应单层摆放,每人定量15 kg。

7.3.2 擦炮蘸药每栋工房定员4人,单人单间,含药半成品应单层摆放,每人定量5 kg。

7.3.3 摩擦类产品手工蘸药每栋工房定员4人,每人定量25 g;机械蘸药每栋工房定机2台,单人单间,每人定量50 g。

7.3.4 线香类蘸药(提板)每栋工房定员8人,每人定量(湿药)25 kg。

7.3.5 电点火头手工蘸药每栋工房定员8人,每人定量25 g;机械蘸药每栋工房定员4人,定机4台,每人定量0.1 kg。

7.3.6 蘸(点)药时,不应将湿药粘附在内筒外壁、摩擦类产品的非效果处。

7.3.7 用于蘸(点)药的各类药物干涸后不应对其刮、铲、撞击,应用相应的溶剂,充分溶解后清洗。

7.4 钻孔

7.4.1 有药半成品机械钻孔每栋工房定机1台、定员1人;当隔离操作时,每栋工房定机2台、单人单间。

7.4.2 有药半成品手工钻孔每栋工房定员1人;当隔离操作时,每栋工房定员4人、单人单间。

7.4.3 每栋工房定量按表1规定执行。

7.4.4 钻孔工具刃口应锋利,使用时应涂蜡擦油并交替使用,工具不符合要求时不应强行操作。

7.4.5 裸药效果件或单个药量大于20 g的半成品,不应钻孔;单个含药量大于5 g或不含黑火药、光色药的半成品不应手工钻孔。

7.4.6 有药半成品的机械钻孔,转速小于或等于90 r/min。

7.5 插引、安(串)引

7.5.1 手工插引,每间定员4人,每栋工房定员16人;当单间只有1个疏散出口时,每间定员2人;每人定量0.5 kg。

7.5.2 机械插引每栋工房定员 4 人,单人单间,每人定量 3 kg。

7.5.3 无药部件插、串、安引每栋工房定员,24 人,每人定量 0.5 kg。

7.5.4 切割刀片应锋利,引锭与插引机应隔离,含药半成品应用有盖的箱子盛装。

7.6 封口(底)

7.6.1 每栋工房定员 2 人。

7.6.2 爆音药半成品封口(底)每人定量 3 kg,其余每人定量 5 kg。

7.6.3 爆竹直接挤压封口,不应猛力敲打。

7.6.4 含爆炸药、笛音药的半成品,不应采用筑(压)方法封口。

7.6.5 半成品的封口应密实,防止药物外泄、受潮。

7.7 结鞭

7.7.1 手工(人力机械)结鞭,每人定量 3 kg。每栋工房定员 24 人,每间定员 4 人;当单间只有 1 个疏散出口时,每间定员 2 人;

7.7.2 动力机械结鞭,每栋工房定机 6 台,单机单间,每机定量 6 kg,每间定员 2 人,带包装的机械结鞭每间定员 3 人。

7.7.3 结鞭时,应除去半成品上粘附的药尘。

7.7.4 结鞭爆竹分割工具应锋利,宜用单刃刀片。

7.8 礼花弹、小礼花类糊球

7.8.1 手工糊球每间工房定员 4 人,每栋工房定员 16 人,每人定量 15 kg;含全爆炸药的每人定量 10 kg。

7.8.2 机械糊球每栋工房定机 8 台,每间定机 2 台,每机 2 人,每机定量 30 kg;含全爆炸药的每机定量 20 kg。

7.8.3 盛装工具应有围框,围框高度应超过弹(球)体直径(高度)的 1/2,5 号以上(含 5 号)弹(球)体应单层放置。

7.8.4 敷弹(球)后应及时进行干燥。

7.9 组装

7.9.1 升空类、吐珠类、小礼花类、组合烟花类直径大于或等于 3.8 cm 或单发药量大于或等于 25 g 的效果内筒(或球)等非裸药效果件的组装、礼花弹组装(含安引、装发射药包、串球),每栋工房定员 1 人,定量 10 kg(含全爆炸药的定量 4 kg);当工房采用抗爆间室结构时,每栋定员 2 人,单人单间,每间定量 10 kg(含全爆炸药的定量 4 kg)。

7.9.2 升空类、吐珠类、小礼花类、组合烟花类直径小于 3.8 cm 或单发药量小于 25 g 的效果内筒(或球)等非裸药效果件的组装每栋定员 12 人,每间定员 2 人,每人定量 12 kg(含全爆炸药的定量 7 kg)。操作时,效果内筒(或球)应单层摆放,不应堆积存放。

7.9.3 喷花类、架子烟花类、造型玩具类、旋转类、烟雾类、旋转升空类等产品组装每栋工房定员 24 人,每人定量 15 kg。

7.9.4 礼花弹安装定时引线时,应使用竹、铜钎轻轻刺破中心管的纱纸。

7.9.5 组装前,应除去半成品、效果件、无药部件上粘附的药尘。

7.10 包装(褙皮、封装、装箱)

每栋工房定员 24 人;每人定量按表 1 规定的 3.5 倍执行。

7.11 成品、有药半成品的干燥

7.11.1 应在专用场所(晒场、烘房)进行。

7.11.2 每栋工房定员、定量、热能选择、干燥方式等要求按5.10规定执行。

7.11.3 晒礼花弹的抬架,应有围框,围框高度应超过礼花弹直径的1/2,弹体(球)宜单层放置。

7.11.4 产品干燥不应与药物干燥在同一晒场(烘房)进行,摩擦类产品不应与其他类产品在同一晒场(烘房)干燥。

7.11.5 蒸汽干燥的烘房温度小于或等于75 ℃,升温速度小于或等于30 ℃/h,不宜采用肋形散热器。

7.11.6 热风干燥成品,有药半成品室温小于或等于60 ℃,风速小于或等于1 m/s;循环风干燥应有除尘设备,除尘设备要定期清扫。

7.11.7 烘房中堆码高度等按表5规定执行。

表5 烘房内产品堆码要求

单位为厘米

名称	架码高度	距离地面高度	与热源距离
成品、半成品	≤150	≥25	≥20

7.11.8 烘房应设置温度报警装置,烘房看管人员应严格控制温度的升降,发现异常情况应及时处理并报告安全管理负责人。

7.11.9 干燥后的成品、有药半成品应通风散热。在干燥散热时,不应翻动和收取,应冷却至室温时收取。

7.12 燃放试验

7.12.1 燃放试验应在规定场所进行,燃放试验场地与生产区及非生产区的距离应符合GB 50161规定。

7.12.2 燃放试验时,应设专人警戒;现场操作人员不应超过2人,其余人员应在安全区域观看;操作时应戴头盔,点火时身体应偏离产品燃放轨迹,并及时撤离至安全区域内。

7.12.3 燃放试验时,产品及导向筒应牢固固定,严防倒筒、散筒。

7.12.4 待燃放产品应妥善存放,并采取防火隔离措施。

7.12.5 燃放试验时应注意风向风速,对熄引的试验物应妥善处理。

7.12.6 燃放试验后的残留物应进行清扫和妥善处理。

8 设备及设备安装、使用、维修

8.1 设备

8.1.1 各种机电设备应符合GB/T 25295要求,各种机械电器应符合AQ 4111要求,各种设备防护装置应符合GB/T 8196要求。

8.1.2 带电设备应按GB 5083的要求设置,有防止意外起动的联锁安全装置和防止传动部件摩擦发热的措施。

8.1.3 电气装置在使用前应确认其符合相应的环境要求和使用等级要求。

8.1.4 非标准和自制的生产设备应打磨平整光洁后方可投入使用。

8.1.5 危险性工房所用设备的动力部分,可使用三相防爆电机,使用单相电机时应使用防爆型电容运转电机,使用其他电机时应符合防爆要求。

8.1.6 凡接触药物的机械传动部分,不应采用金属搭扣皮带和不宜采用平板皮带或万能皮带,应采用三角皮带轮或齿轮减速箱。

8.1.7 带电的机械设备应有可靠的接地设施,接地电阻小于或等于4 Ω。

8.1.8 进行二元或三元黑火药混合的球磨机与药物接触的部分不应使用铁制部件,可用黄铜、杂木、楠竹和皮革及导电橡胶等材料制成。进行烟火药混合的设备应达到不产生火花和静电积累的要求,不应使用易产生火花(铁质)和静电积累(塑料)材质。

8.1.9 特种设备应由有资质的生产厂家生产,经法定检验机构检验合格方可投入使用,并应定期检验合格。

8.1.10 不应在危险场所架设临时性的电气设施,确需架设电气设施时应符合 GB 50161 规定。

8.2 安装

8.2.1 设备安装应按 GB 50161 规定和设备安装要求进行,且满足劳动者的劳动保护要求。

8.2.2 设备安装位置应符合 GB/T 12801 和 AQ 4111 的要求,保证疏散通道畅通,不影响操作人员的安全出入;与墙体等物体之间有相应的距离,便于检修和维护。

8.2.3 设备安装后的人均使用面积应符合 GB 50161 规定。

8.3 使用

8.3.1 设备使用应根据设备的要求制定安全操作规程,并有效实施。

8.3.2 应定期对机械设备进行维护和保养。

8.3.3 发生故障应立即断电停机。

8.4 维修

8.4.1 机械设备应有专人负责日常维修保养,定期进行检查、维修和保养,非设备专管人员不应擅自装拆移动。

8.4.2 在有药工房进行设备检修时,应将工房内的药物、有药半成品、成品搬走,清洗设备及操作台、地面、墙壁的药尘,修理结束应清理修理现场。

8.4.3 带电设备的维修应按 GB/T 13869 的要求进行,应由具有电工作业资格的专人负责维修保养,非电工作业人员不应从事任何电工作业。进行设备维修需临时使用明火或从事易产生火花作业时,应制定安全措施,由企业有关负责人审查签发动火作业证,经现场管理人员检查符合要求后方可动火作业,动火作业过程中应有专人进行现场监护。

8.4.4 经维修后的电气装置应重新确认其符合相应的环境要求和使用等级要求。

9 装卸、运输、储存

9.1 装卸

9.1.1 装卸前应打开仓库相应的安全出口,机动车应熄火平稳停靠在仓库门前2.5 m以外。

9.1.2 装卸烟火药、黑火药、引火线、有药半成品时,进入库房定员2人;装卸烟花爆竹成品,进入库房定员8人;不应有无关人员靠近,电瓶车、板车、手推车不应进入烟火药(黑火药)、引火线、有药半成品仓库内。

9.1.3 应单件装卸;不应有碰撞、拖拉、抛摔、翻滚、摩擦、挤压等操作行为;不应使用铁锹等铁质工具。

9.2 运输

9.2.1 运输工具应使用符合安全要求的机动车、板车、手推车,不应使用自卸车、挂车、三轮车、摩托车、畜力车和独轮手推车等;工房之间的物品搬运可采用肩挑、手抬(提)等方式。

9.2.2 所运输的物品堆码应平稳、整齐,遮盖严密,物品堆码高度不应超过运输工具围板、挡板高度。

9.2.3 厂内运输应遵守以下规定:

9.2.3.1 机动车辆进入生产区和仓库区时,排气管应安装阻火器,速度小于或等于 15 km/h。

9.2.3.2 使用手推车、板车在坡道上运输时,应有人协助并以低速行驶。

9.2.3.3 道路纵坡大于 6°时不应使用板车、手推车运输。

9.2.3.4 手推车、板车以及抬架应安装挡板,外延轮盘应是橡胶制品,车(架)脚应为木质或包裹橡胶。

9.2.3.5 肩挑、手抬(提)的绳索、扁担、挑、抬(提)架应牢靠、稳固。

9.2.4 厂区、库区之间运输应遵守以下规定:

9.2.4.1 车辆应配备消防灭火器,并设置明显的爆炸危险品标志。

9.2.4.2 车辆速度应低于有关限速规定,应当保持车距,不应抢道,避免紧急制动。

9.2.5 危险品运输车辆不应混装性质不相容的物品,除驾驶员和押运员外,不应有其他人员搭乘。

9.3 储存

9.3.1 各类物品应按不同性质分别设库储存,性质不相容的物品不应混存。

9.3.2 危险品仓库的危险等级划分应按 GB 50161 规定执行。

9.3.3 不应改变危险等级或超过核定数量储存,应储存在危险等级高的仓库、中转库的物品不应储存在危险等级低的仓库、中转库,摩擦药、含摩擦药的半成品、成品应在单独专用库房储存。

9.3.4 仓库内木地板、垛架和木箱上使用的铁钉,钉头要低于木板外表面 3 mm 以上,钉孔要用油灰填实;未做防潮处理的地面,应铺设防潮材料或设置大于或等于 20 cm 高的垛架。

9.3.5 库房温度控制范围应为 −20 ℃～45 ℃,相对湿度控制范围为 50%～85%;库房内应有温、湿度计,每天对库房内温、湿度进行检测记录;应适时作好库房通风、防潮、降温处理,环境湿度较高的地区应设除(去)湿设备。

9.3.6 烟火药、效果件、引火线等应经彻底干燥、冷却经包装后方可收存入库;包装物或盛装容器应使用防潮、防静电的材质,包装应符合 GB 10631 等标准要求。

9.3.7 仓库内应保持卫生整洁,通道畅通,物品摆放整齐、平码堆放;堆垛与库墙之间宜留有大于或等于 0.45 m 的通风巷,堆垛与堆垛之间应留有大于或等于 0.7 m 的检查通道,通往安全出口的主通道宽度应大于或等于 1.5 m,每个堆垛的边长应小于或等于 10 m。

9.3.8 仓库内物品堆垛高度应符合表 6 规定。

表 6 仓库内物品堆码要求　　　　　　　　　　　　　　　　　　单位为厘米

名　称	烟火药(黑火药、效果件)	散装成品、半成品、引火线	成箱成品
高　度	≤100	≤150	≤250

9.3.9 仓库应设专门保管人员;保管人员应熟悉所储存物品的安全性能和消防器材的使用方法,加强对消防设施(器材)以及通风、防潮、防鼠等设施的维护,保障其功能有效、适用安全要求;应分库建立危险品登记台账,严格出入库登记手续,并定期进行货账核对。

9.3.10 严禁在库房区域内进行钉箱、分箱、成箱、串引、蘸(点)药、封口等生产作业;总仓库区域内物品应整箱(件)出入。

9.3.11 危险品分类储存条件和灭火物质应符合表7规定。

表7 危险品分类储存条件和灭火物质要求

序号	类别	名称	储存条件	灭火物质
1	氧化剂	氯酸钾	专库储存,不应与还原剂、易燃易爆物及酸类物质混存	水、沙土、泡沫
		高氯酸钾、高氯酸铵、硝酸钾、硝酸钡、硝酸锶	可同间分离储存,不应与还原剂、易燃易爆物及酸类物质混存	水、沙土、泡沫
		氧化铜、四氧化三铅、三氧化二铋、四氧化三铁	可同间分离储存,不应与铝粉、铝镁合金粉、钛粉、铁粉及酸类物质混存	水、沙土、泡沫
2	还原剂	铝粉、铝镁合金粉、钛粉、铁粉	可同间分离储存,通风防潮,不应与氧化剂、酸类物质混存	沙土、干粉
		炭粉	专库储存,保持阴凉干燥,新制木炭在炭化后7 d内不应入库储存	水
		硫、硫化锑、碳素粉、虫胶、酚醛树脂、淀粉	可同间分离储存,不应与氧化剂混存	水、干粉
		赤磷	专间储存,室温低于40 ℃	水
		白磷	专间储存,存放于水中,室温低于40 ℃	水
3	特殊效应物质	苯甲酸钾、苯二甲酸钾、成烟物	可同间分离储存,不应与氧化剂混存	水
4	着色剂	碱式碳酸铜、碳酸锶、草酸钠、氟硅酸钠、氟铝酸钠	可同间分离储存	水、沙土、泡沫
5	含氯物质	聚氯乙烯、六氯乙烯、氯化石蜡	可同间分离储存	水、干粉
6	酸类	硝酸	专间储存,干燥通风,不应与易燃易爆物及硫、磷等混存	沙土、泡沫
7	可燃性液体	酒精、丙酮、防潮剂	专间储存,不应与氧化剂混存	泡沫

表 7（续）

序号	类别	名　称	储存条件	灭火物质
8	烟火药	裸药效果件、黑火药、开球炸药、其他烟火药	按 GB50161 中的分级分类规定储存在相应的仓库	水、沙土、泡沫
9	引火线	快速引火线、慢速引火线		
10	烟花爆竹	半成品		
11		成品		
12	单基药	硝化棉、单基发射药	专库储存，通风散热，室温低于 40 ℃	水、沙土、泡沫

10 生产经营条件和环境

10.1 生产条件和环境

10.1.1 生产企业应有符合 GB 50161 规定，满足其生产的品种及生产规模的建（构）筑物，防爆、防雷、防静电、消防等安全设施设备；

10.1.2 防爆、防雷、防静电、消防设施设备应经检测（或验收）合格，消防器材方便取用。

10.1.3 危险性作业场所、库区应设有明显的安全警示标志。

10.1.4 烟火药采用新材料或改变组成成分时，应经检测符合国家或行业有关安全标准方可使用。

10.1.5 工房应配置适合操作人员的设备设施，配备保护工作人员健康安全的防护用具。

10.1.6 粉尘较大的工序应设更衣室。

10.1.7 在有药工序的作业过程中，出现如下情况时应停止生产：

10.1.7.1 电源线路发生漏电、短路和机器运转不正常。

10.1.7.2 天气恶劣，如雷电、暴风雨天气。

10.1.7.3 发现药物温度异常升高或产生异味。

10.1.7.4 直接接触烟火药的操作工序室温超过 34 ℃ 或低于 0 ℃ 时；其他危险工序室温超过 36 ℃ 或低于 0 ℃ 时。

10.1.7.5 工作人员身体状况不佳或情绪异常。

10.1.8 应建立事故应急组织机构，编制应急预案，配备必要的应急救援队伍、设施设备、物资，并每年至少演练 1 次。

10.1.9 工房和仓库应经常清扫（洗）、整理，应保持整洁、干净。

10.1.10 在清扫（洗）有药工房时应符合下列要求：

10.1.10.1 清扫（洗）前，应将药物、半成品等搬走。

10.1.10.2 药物粉尘小的工房可采用湿法清扫，粉尘大的工房应用水冲洗，不应使用铁器清理。

10.1.10.3 搬动物件时，应轻抬轻放，不应拖拉、摔打。

10.1.11 含有有毒、易燃、易爆等物质的废水处理，应符合下列要求：

10.1.11.1 排水系统应有相应的沉淀池，并及时清理。

10.1.11.2 排水系统应保持光洁，保证废水排放顺畅。

10.1.12 含有易燃易爆废渣和垃圾等固体物质不应埋入地层或排入水体,应到指定地点销毁。

10.1.13 厂区宜种植阔叶绿化植物,不应影响疏散通道;危险品生产区、库区不应种植庄稼、蔬菜。

10.1.14 应有控制人员和车辆进入危险品生产区、库区的措施,有严格的出入登记制度,无关人员和车辆不应进入危险品生产区、库区。

10.1.15 不应将危险品存放在非规定场所或擅自带离规定的生产经营场所。

10.2 经营条件和环境

10.2.1 经营企业应具备与其经营规模相适应的经营场所,并设置明显安全警示标志。

10.2.2 批发企业应有符合 GB 50161 规定的仓库及防爆、防雷、防静电、消防等安全设施,并配备符合规定要求的仓库保管、守护员。

10.2.3 批发企业宜分设办公区、样品陈列区和商品存放(仓库)区,样品陈列区陈列的样品应是无药样品。

10.2.4 批发企业应建立事故应急组织机构,编制应急预案,配备必要的应急救援队伍、设施设备、物资,并每年至少演练 1 次。

10.2.5 零售点宜专店销售,应有明显安全警示标志,并配备足够的消防器材;店内不应吸烟、生火。

10.2.6 零售点不应与居住场所设置在同一建筑物内,并与加油站等易燃易爆生产、储存及人员密集场所保持足够的安全距离。

10.2.7 零售点应根据周围环境、距离确定总药量,但最大不宜超过 300 kg。

10.2.8 产品销售过程中应提示并指导消费者按燃放说明燃放。

11 劳动防护用品

11.1 应根据工作性质和作业条件配备符合国家标准要求的防护用品,并指导、监督使用。

11.2 从事原材料药物粉碎、混合、造粒、筛选、装药、筑药、压药、搬运等高危高粉尘工序操作人员的防护用品应符合下列要求:

11.2.1 佩戴自吸过滤式防尘口罩,应符合 GB 2626 要求。

11.2.2 应穿着紧口棉麻质长袖长裤工作服、披肩帽、布袜、不藏泥砂的软底鞋,尽量减少身体的裸露部分,衣着简单易脱;不应赤膊或穿着背心、短袖衣、短裤、硬底鞋、钉底鞋、拖鞋和产生静电积累、易燃的化纤衣服上岗作业。

11.3 用于配制药物的专用工作服,不应在从事其他作业时穿用;离开工作岗位前应更衣,不应穿戴有药尘的工作服进入其他工房。

12 人员要求

12.1 所有从事烟花爆竹有药工序生产、经营、管理人员应身体健康,且年龄满 18 周岁。

12.2 从事混药、造粒、筛选、装药、筑药、压药、切引、插引、封口、搬运的人员不应有身体残疾、精神障碍或年龄超过 60 周岁。

12.3 从事粉尘作业或与有毒有害物质接触的人员在上岗前应进行健康检查,上岗后定期进行健康检查;患职业禁忌证者,不应安排从事有禁忌的作业。

12.4 企业的主要负责人、分管负责人、安全管理人员、危险工序作业人员应依法培训考核合格,持证上岗。

12.5 从业人员均应经相应的安全知识教育培训后方可上岗,从事新工种、新工艺的人员应进行相应安全知识和操作技能的教育和培训。

12.6 不应擅自变换工作岗位、离岗、互相串岗和违反劳动纪律。

13 危险性废弃物处置

13.1 企业应及时收集并妥善处置危险性废弃物,不应随意丢弃、转让、赠送、销售危险性废弃物;危险性废弃物不应与合格产品混存。

13.2 生产产生的危险性废弃物当日妥善处置,避免大批量集中一次性销毁。

13.3 处置危险性废弃物应明确专人负责,制定专门的处置方案,采取有效安全措施,确保安全。

13.4 大批量处置危险性废弃物:

13.4.1 销毁大批量危险性废弃物应分类、分批进行;处置前应制定处置作业方案,处置总含药量超过1 000 kg的作业方案应经相关专业专家组评估。

13.4.2 处置作业方案应包括下列内容:处置规模概况、处置时间地点、所处置的危险性废弃物的危险性、种类数量、处置方式方法、安全距离与安全警戒的范围、现场组织机构设置、现场人员分工岗位职责、危险性废弃物的运输和装卸安全措施、处置时的保卫措施和应急处置措施。

13.5 进行危险性废弃物的收集、装卸、运输、销毁等处置作业的人员应进行专业知识培训。

13.6 处置方法:

13.6.1 含烟火药(黑火药)和可燃物宜采用焚烧销毁法,其他危险性废弃物应根据其性质采用化学中和法等相应的方法妥善处置;不应将危险性废弃物掩埋或倒入地面水体;不应将危险性废弃物混入其他普通废弃物中进行处置。

13.6.2 采用焚烧销毁法时,应符合下列安全要求:

13.6.2.1 处置场所应符合GB 50161有关安全距离规定,并在处置场所设立明显的安全警示标志;销毁时,应采取远距离点火方式;处置人员应戴头盔并撤离至安全区域;待处理危险性废弃物应远距离防火隔离保管。

13.6.2.2 根据处置场所的安全距离及环境确定每次销毁量;烟火药、具有爆炸危险的效果件应摊成厚度小于或等于3 cm(单个效果件超过3 cm的应单层摊放)、宽度小于或等于2 m的带状、长度应根据现场环境确定。

13.6.2.3 废弃礼花弹宜单个进行解剖取出发射药、烟火药;解剖应在符合安全条件的场所进行。

13.6.2.4 升空类产品应在符合安全条件的场所取出稳定杆、发射药筒后进行烧毁。

13.6.2.5 其他烟花爆竹制品、含药半成品,应尽量摊开直接焚毁。

13.6.2.6 危险性废弃物为流质型的(沉淀池、浸泡池、废水沟等内含有危险性废弃物的残渣)应带水清理,将残渣倒成厚度小于或等于5 cm、宽度小于或等于2 m的带状,待残渣水分稍渗干后,浇燃油或助燃物进行烧毁。

13.6.3 焚烧完毕应对现场进行清理,确认彻底销毁。

13.6.4 对装运危险性废弃物的车辆、容器在处置后应当立即冲洗干净。

13.7 采用其他方法处置时,应采取相应的安全技术措施。

附 录 A
（资料性附录）
生产工艺流程图

本附录给出了烟花爆竹产品制作流程图，如图 A.1～图 A.22 所示。本流程图作参考件。
a) 可以根据区域环境、产品结构、产品技术要求的不同进行调整。
b) 各工序的危险等级按 GB50161 确定。
c) 切纸、卷筒、筑底等统称为无药部件制作。
d) 各个工序之间宜设置中转。
e) 图中虚线表示的工序为需要设置时，宜放在该位置。

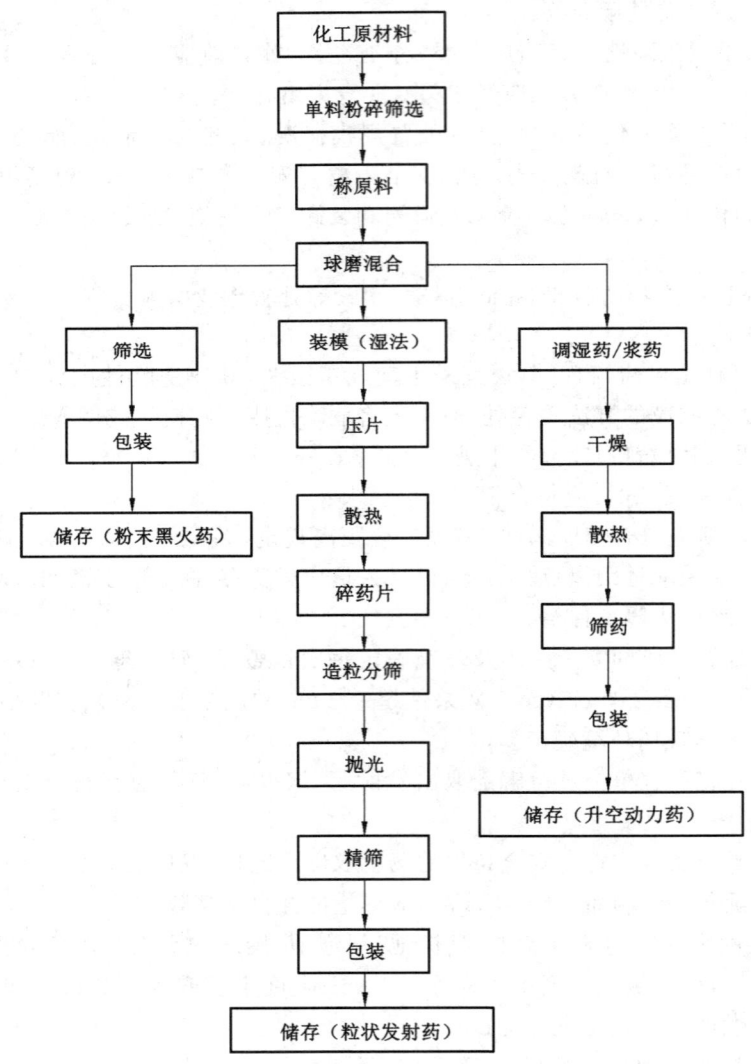

图 A.1 黑火药制造工艺流程图
（粉状黑火药、粒状发射药、升空动力药）

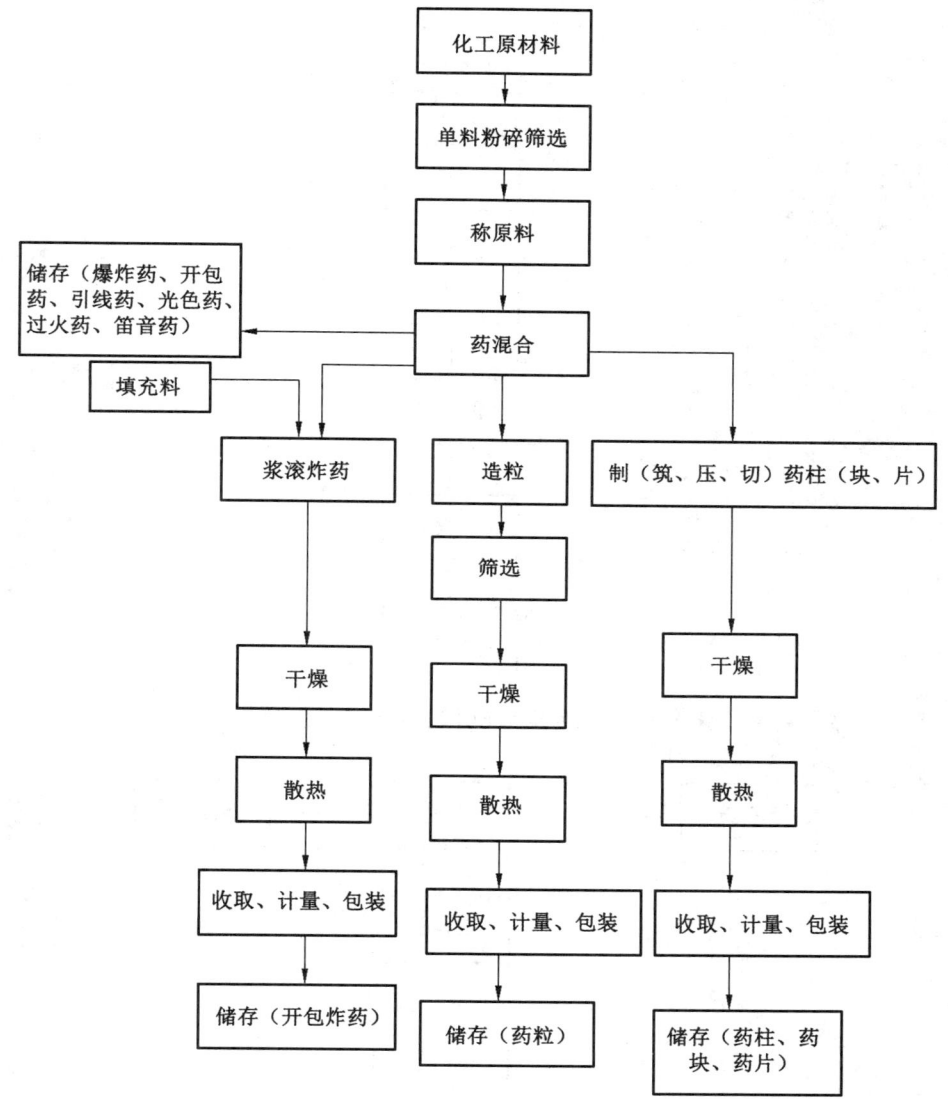

图 A.2 药物裸药效果件生产工艺流程图
[爆炸药、开包药、药粒、药柱(块、片)、引线药、光色药、过火药、笛音药]

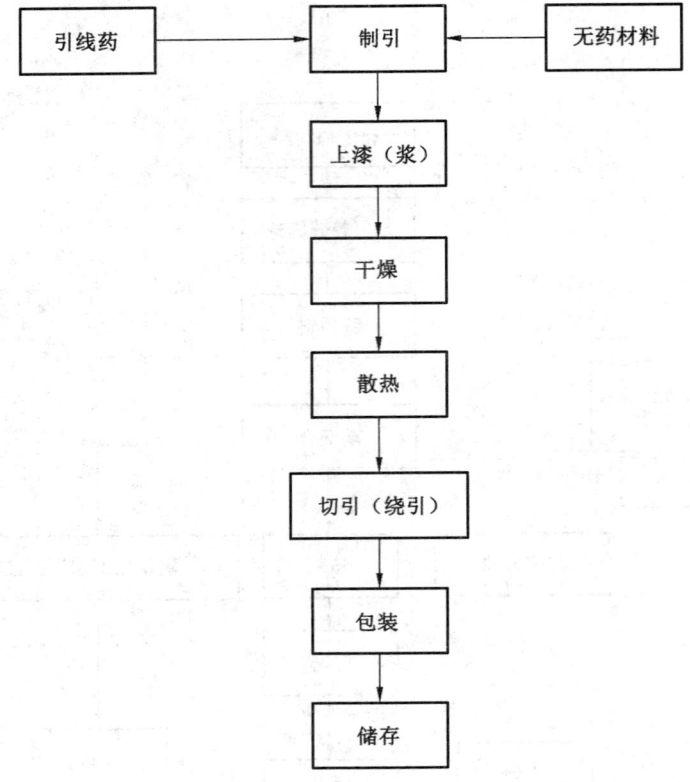

图 A.3　安全(皮纸)引线生产工艺流程图

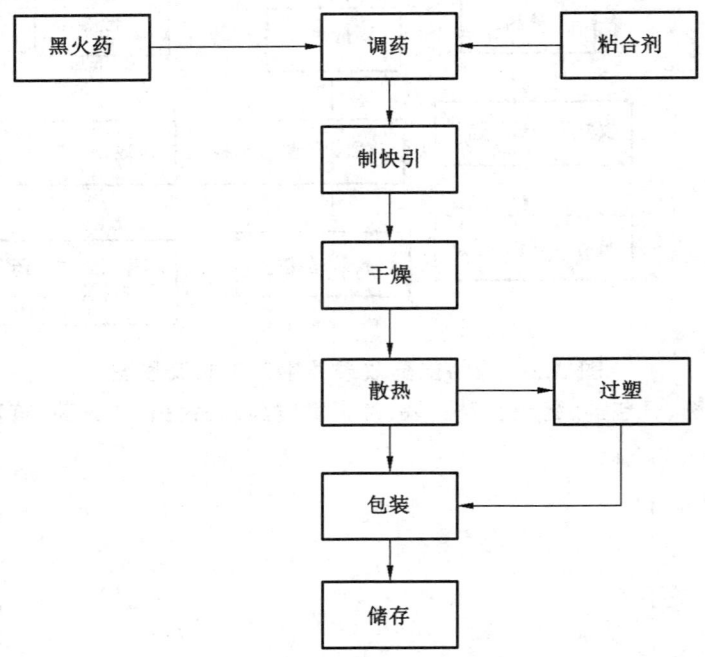

图 A.4　皮纸快引生产工艺流程图

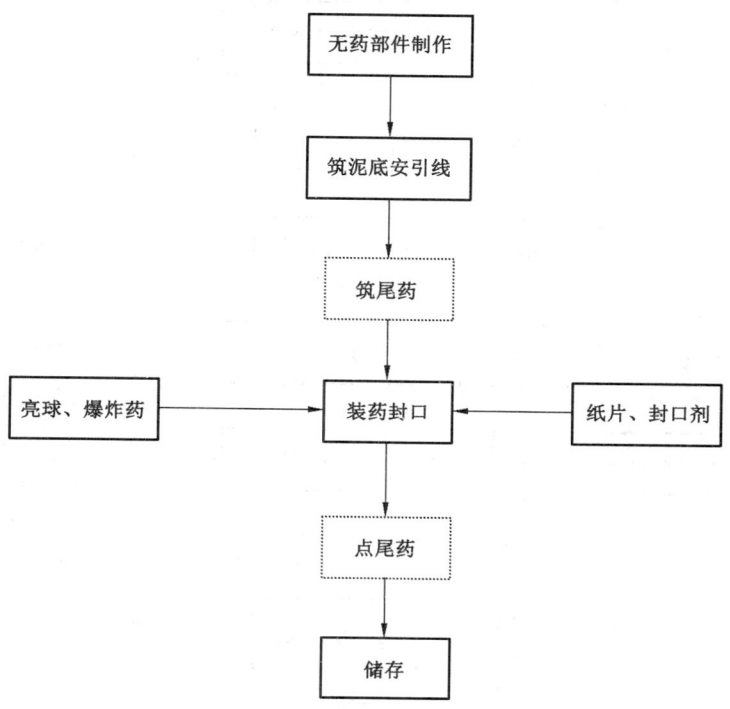

图 A.5　效果内筒生产工艺流程

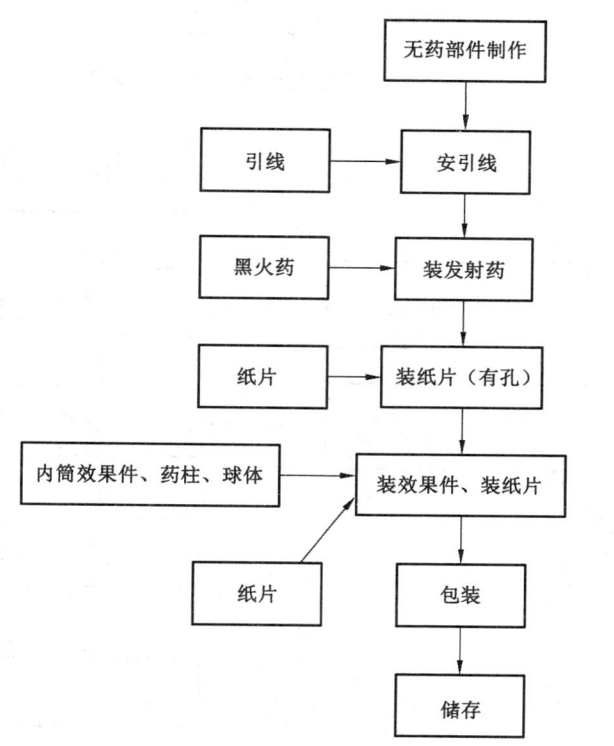

图 A.6　(单个)小礼花生产工艺流程图

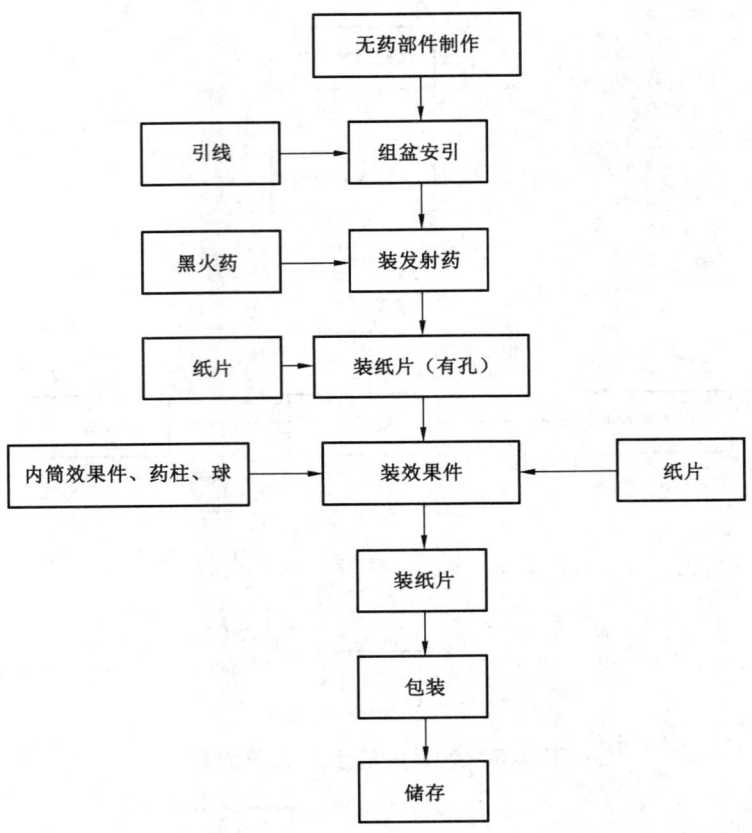

图 A.7 组合烟花生产流程图(内筒型)

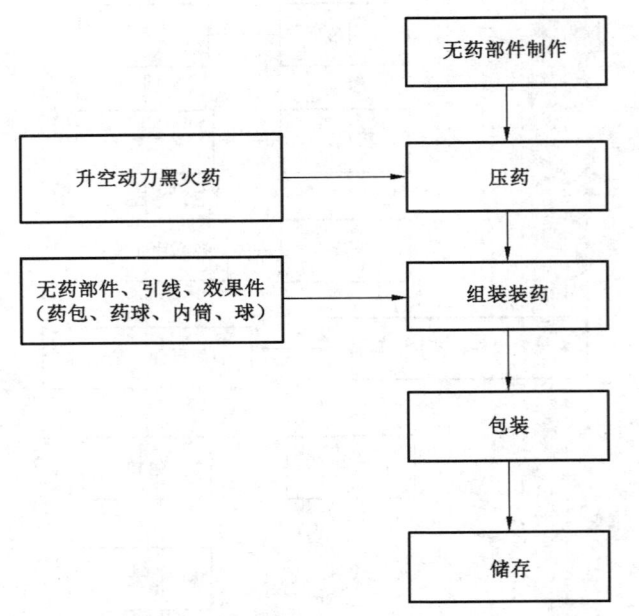

图 A.8 升空类(火箭 A、B 级)生产流程图

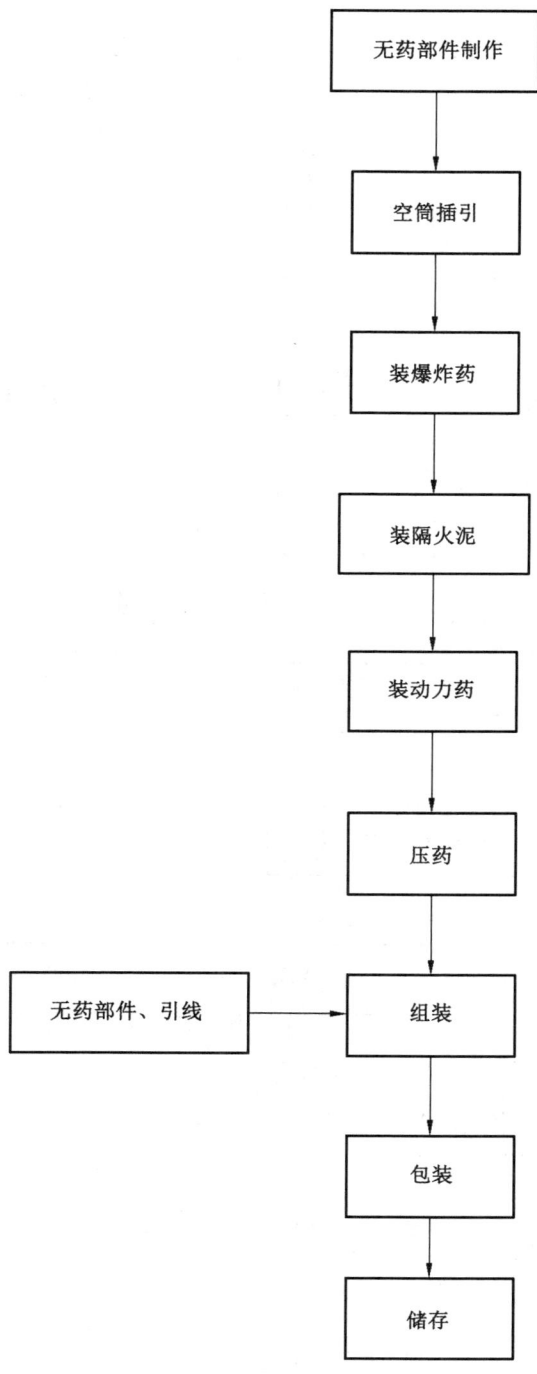

图 A.9 升空类(小型火箭之一)生产流程图

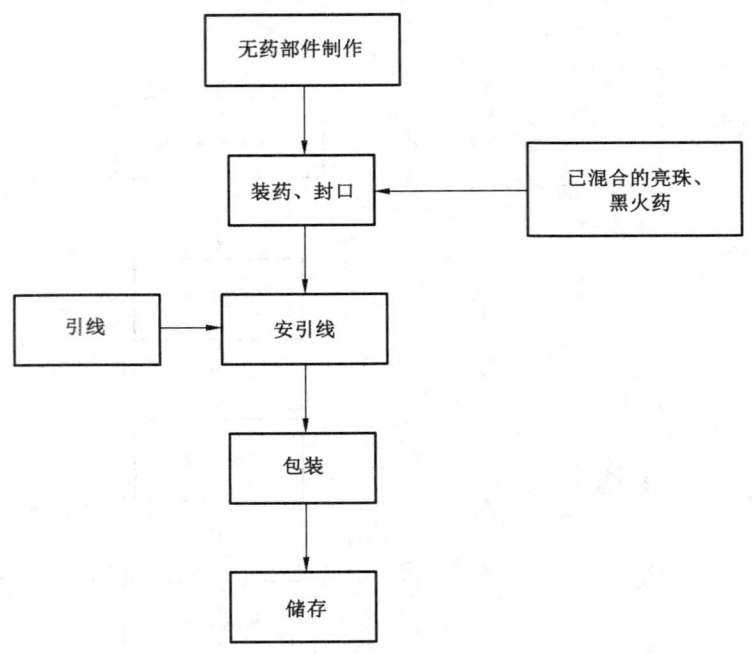

图 A.10 喷花类生产流程图

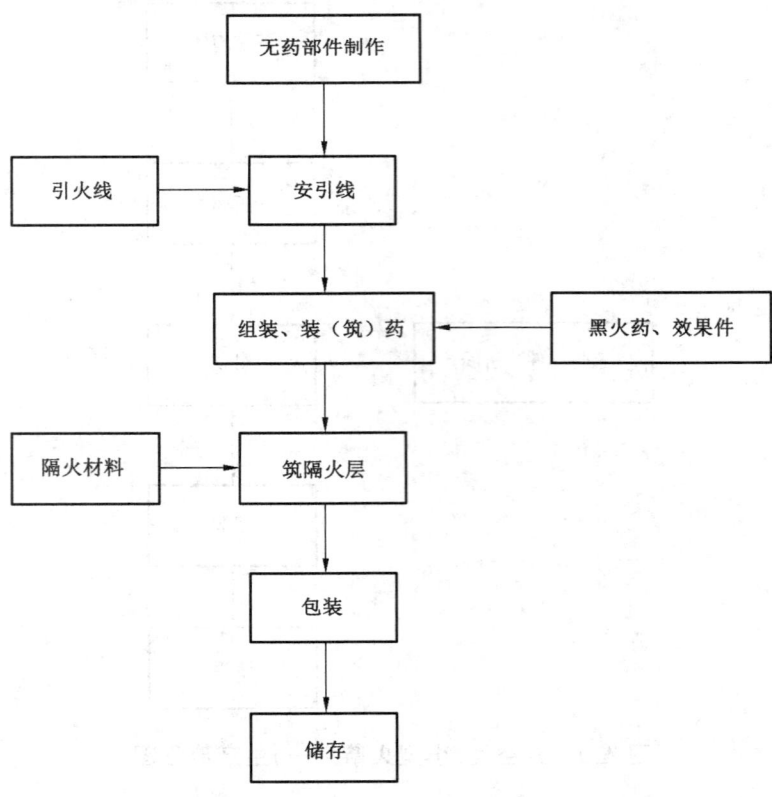

图 A.11 吐珠类生产流程图

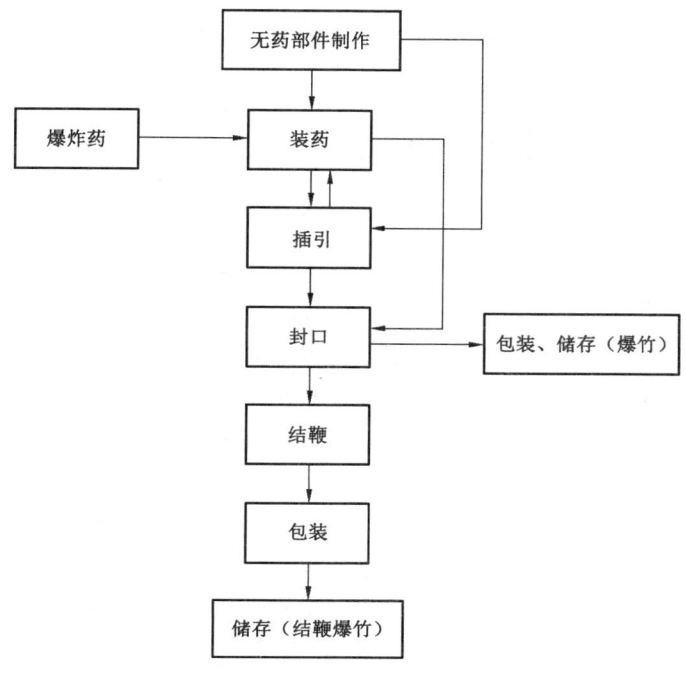

图 A.12　结鞭类爆竹生产流程图

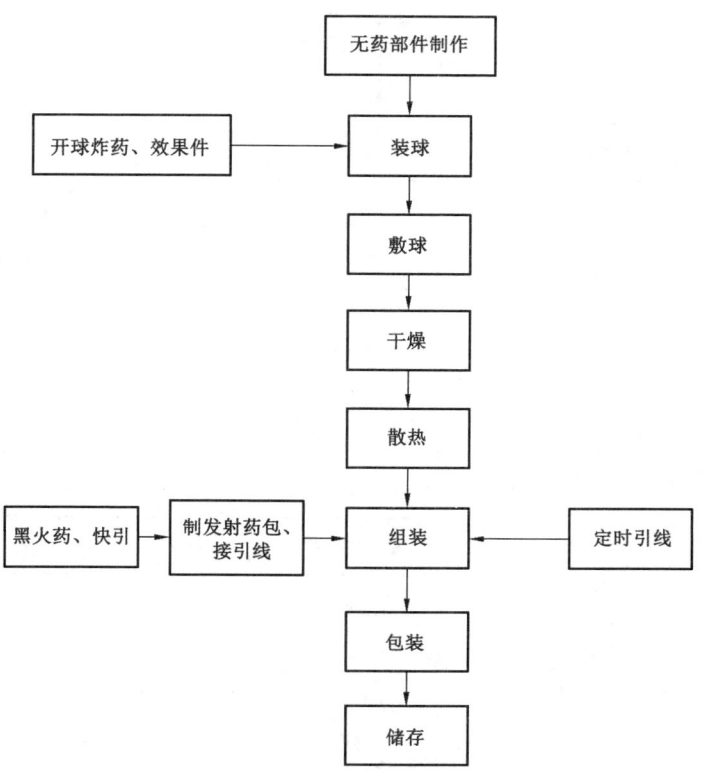

图 A.13　礼花弹(球型)(包括球型小礼花)生产流程图

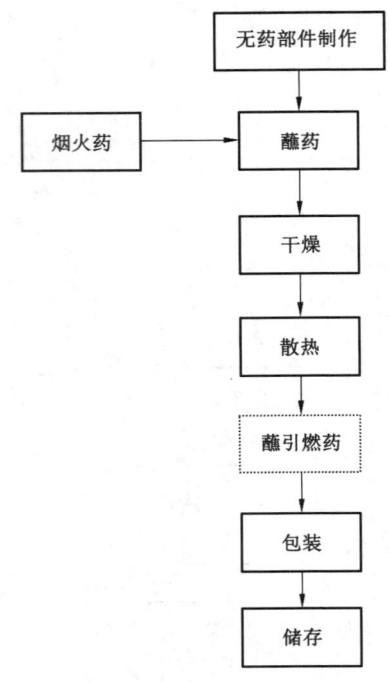

图 A.14 线香类(涂敷型)生产流程图

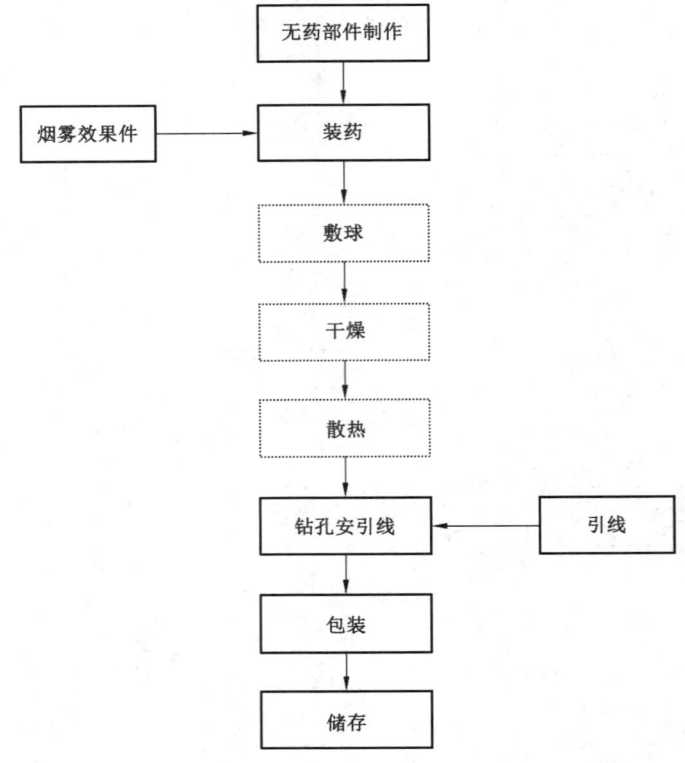

图 A.15 烟雾类生产工艺流程图

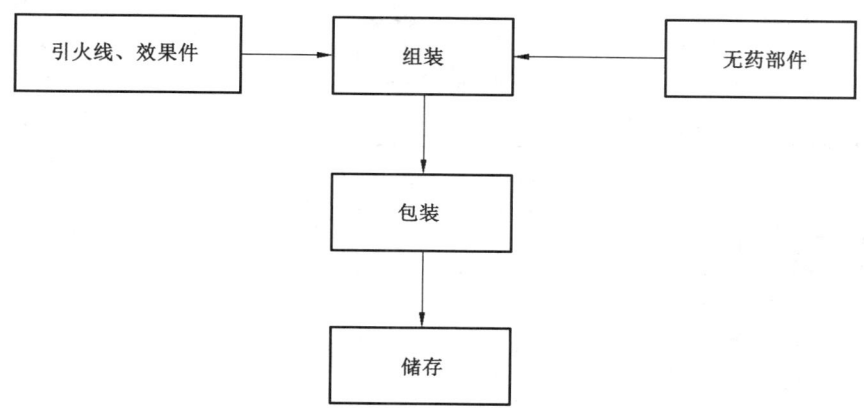

图 A.16 架子烟花生产工艺流程图

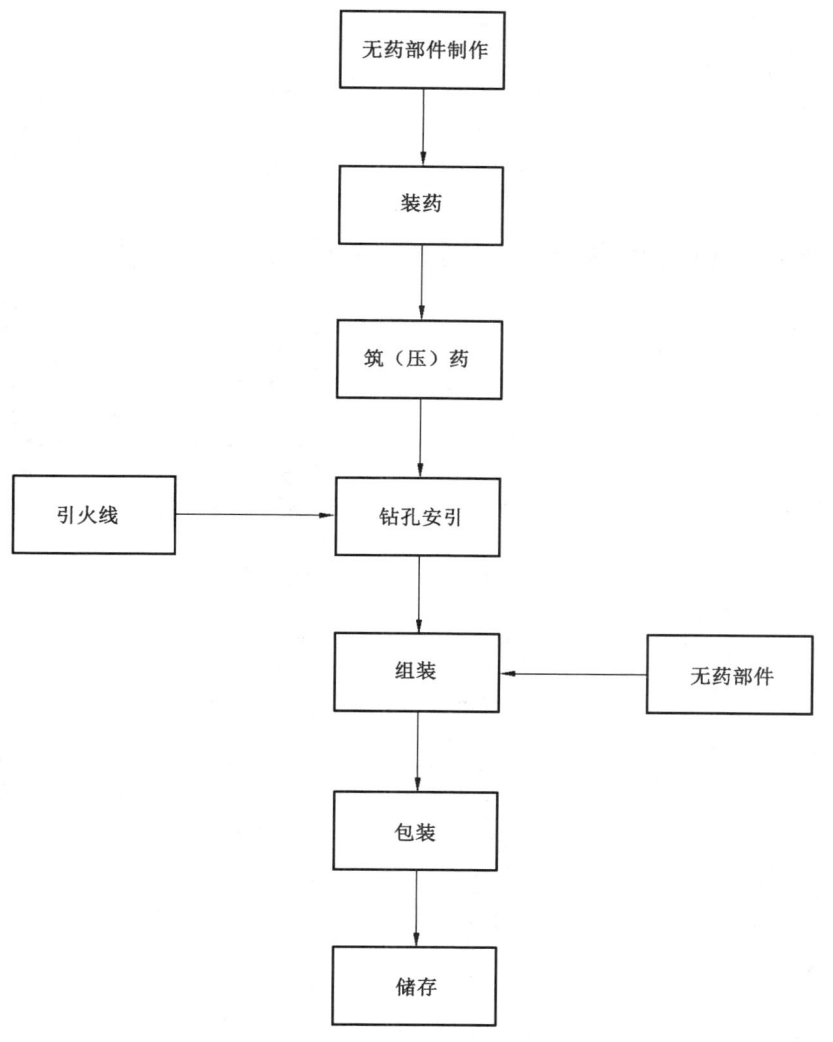

图 A.17 旋转类生产工艺流程图(无轴、有轴)

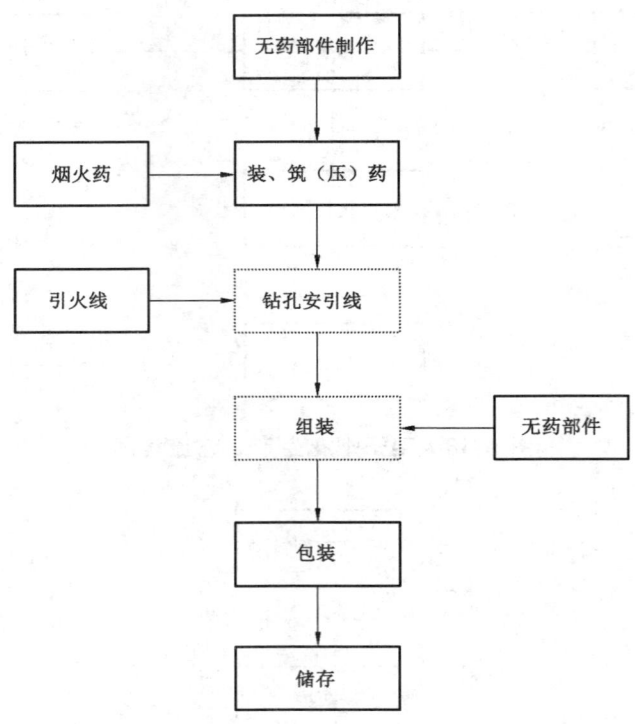

图 A.18 旋转升空类生产工艺流程图(无翅、有翅)

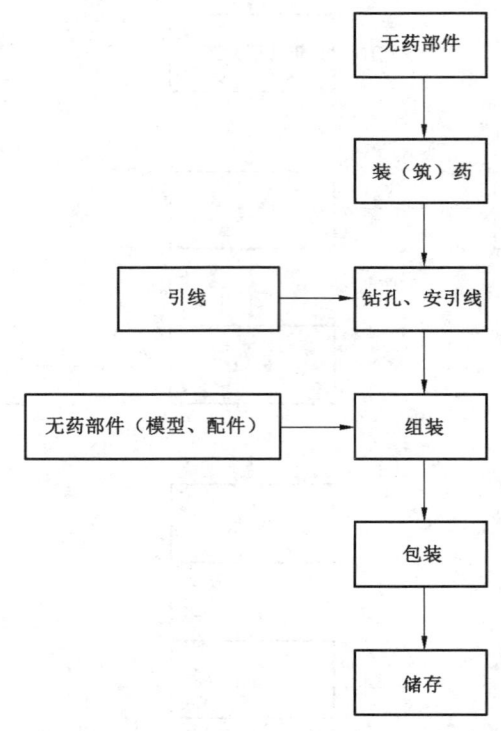

图 A.19 造型玩具类生产流程图

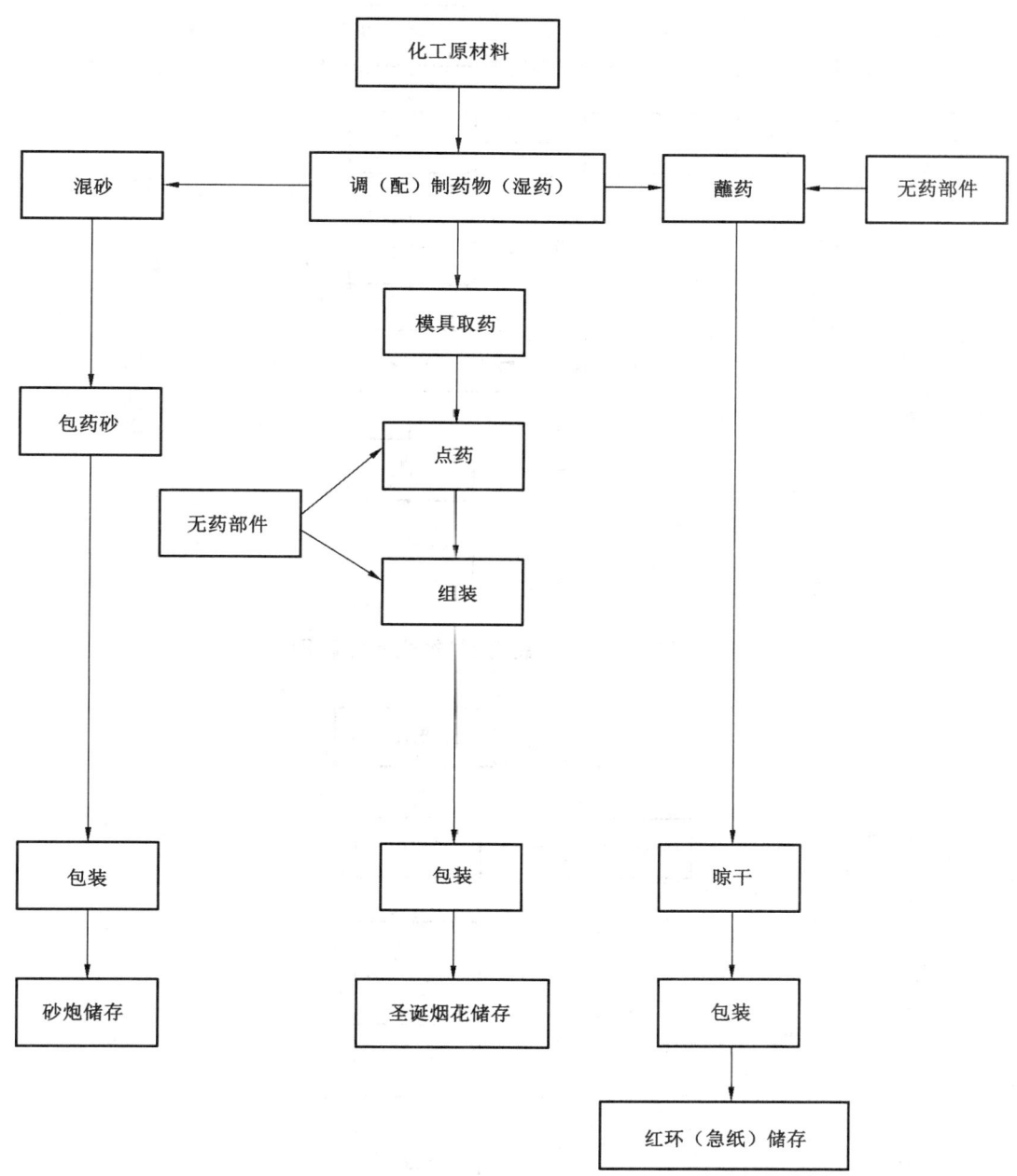

图 A.20 摩擦类生产流程图(砂炮、圣诞烟花、红环)

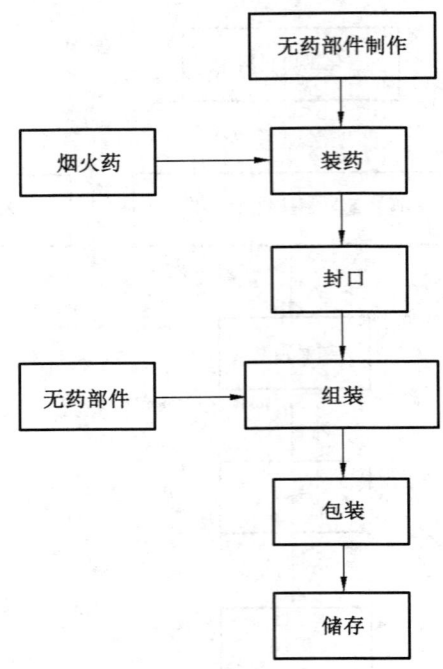

图 A.21 线香(包裹药型)类生产流程图

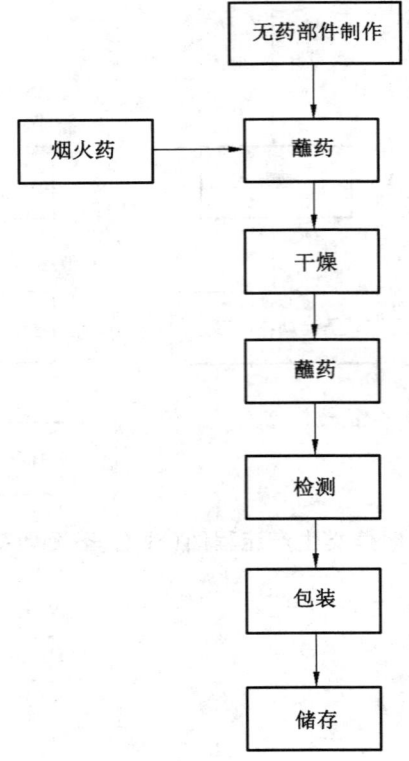

图 A.22 电点火头生产流程图

民用爆炸物品生产、销售企业安全管理规程
(GB 28263—2012)

前 言

本标准的 5.18、5.19、5.20、5.22、6.2.1、6.2.2、6.2.5、6.2.6、6.2.7、6.2.8、6.2.11、6.2.12、6.2.13、6.2.14、6.2.15、6.2.16、7.1、7.2.1.1、7.2.1.2、7.2.2.1、7.2.2.3、7.2.2.7、7.2.2.8、7.3.1.2、7.3.1.3、7.4.2、7.5.4、7.6.1、7.6.2、7.6.3、7.6.7、7.7.2、7.7.5、7.7.6、7.7.8、7.7.10、8.2.2、8.2.3、9.1.1、9.1.4、9.1.8、9.1.15、9.2.7、9.2.8、9.2.9、10、11.2.2 为强制性的,其余为推荐性的。

本标准依据 GB/T1.1—2009 的规则起草。

本标准由中华人民共和国工业和信息化部提出。

本标准由工业和信息化部民爆器材标准化技术委员会归口。

本标准起草单位:中国爆破器材行业协会、五洲工程设计研究院、湖北凯龙化工集团股份有限公司、北京北方天亚工程设计有限公司、兵器工业安全技术研究所、北京国科安联科技咨询有限公司、浙江物产民爆器材实业发展有限公司、湖北东神化工科技有限公司、中国兵器工业标准化研究所。

本标准主要起草人:杨祖一、张利洪、肖月华、高晓莉、秦卫国、乔枫革、王建国、王春乐、曹晓宏、马福民、尹利、韩永宏。

1 范围

本标准规定了民用爆炸物品(简称民爆物品)生产(含现场混装炸药)和销售企业安全管理总则、综合安全管理、生产工艺管理、设备与设施管理、作业场所管理、运输与储存管理、试验与销毁管理,以及事故应急救援预案与事故报告等要求。

本标准适用于民爆物品生产、销售企业安全管理。民爆物品科研、检测单位可参照执行。

2 规范性引用文件

下列文件对于本文件的应用是必不可少的。凡是注日期的引用文件,仅注日期的版本适用于本文件。凡是不注日期的引用文件,其最新版本(包括所有的修改单)适用于本文件。

GB 4387 工业企业厂内铁路、道路运输规程

GB/T 14659 民用爆破器材术语

GB 50089 民用爆破器材工程设计安全规范

GB 50140 建筑灭火器配置设计规范

AQ 3004 危险化学品汽车运输安全监控车载终端

GA 837 民用爆炸物品储存库治安防范要求

JT 618 汽车运输、装卸危险货物作业规程

WJ 9048　民用爆炸物品行业安全评价导则
WJ 9063　民用爆炸物品专用生产设备安全使用年限管理规定
WJ 9065　民用爆炸物品危险作业场所监控系统设置要求
WJ 9068　民用爆破器材企业报废生产线销爆安全管理规程
《生产安全事故报告和调查处理条例》（中华人民共和国国务院　2007.6.1　第493号令）
《道路危险货物运输管理规定》（中华人民共和国交通部　2005.7.12　第9号令）

3　术语和定义

GB/T 14659、GB 50089界定的以及下列术语和定义适用于本文件。

3.1
企业安全负责人　enterprise security leader
协助主要负责人主管安全生产工作的企业领导人。

3.2
企业技术负责人　enterprise technology leader
协助主要负责人主管生产技术工作的企业领导人。

3.3
企业机电设备负责人　mechanical and electrical equipment enterprise leader
协助主要负责人主管机电设备工作的企业领导人。

3.4
定员　allowable number of persons
危险性建筑物内或操作工位上允许的生产人员数量。
注：定员分为操作定员和最大允许定员。

3.5
操作定员　operation fixed number of persons
危险性建筑物内或操作工位上满足生产需要的最低操作人数。

3.6
最大允许定员　the maximum allowable fixed number of persons
最多允许进入该危险性建筑物内或操作岗位上的操作人员和临时人员人数。
注：临时人员指检修、取样、装卸、安检、参观等人员。

3.7
定量　allowable amount
危险性建筑物内或操作工位上允许存放的危险品最大计算药量。

3.8
定置　set position management
生产作业区、库房或其他设施内，规定各类物品分区、定点管理放置。

3.9
超产　overcapacity
生产企业超过安全生产许可或行政主管部门批准的计划限定产量组织生产的行为。

3.10

超时 overtime

超过规定的作业时间组织生产的行为。

3.11

超员 overstaff

生产、经营企业在危险作业场所超过规定定员的行为。

3.12

超量 over-amount

生产、经营企业在生产或储运场所超过规定定量进行作业、存放和运输的行为。

3.13

专用生产设备 special production equipment

直接用于民爆物品生产的专用设备。

注：专用生产设备根据其使用场所的危险情况和发生事故概率，可分为0类、Ⅰ类、Ⅱ类、Ⅲ类。0类、Ⅰ类、Ⅱ类专用生产设备实行目录管理制度，目录由国家民用爆炸物品行业行政主管部门定期发布。

3.14

人机隔离 separation between man and machine

危险品生产时，通过设置防护装置和采用自动控制措施，使操作人员与危险品隔离的作业方式。

3.15

基础雷管 basic detonator

已经完成火工药剂和其他火工元件装填或装配，尚未装配引火元件的半成品雷管。

3.16

炸药制品 products of industrial explosives

由各类火药、炸药（不含起爆药）加工制造而成的各种不同形状、不同用途的爆炸物品，如导爆索、震源药柱、起爆具、爆裂管、射孔弹、压裂弹等。

4 总则

4.1 企业在科研、生产、储存、装卸、运输、试验、销毁等作业过程中，应坚持"安全第一、预防为主、综合治理"的方针，认真执行国家和有关行政主管部门颁发的有关安全生产的法律、法规、标准、规范和规定。

4.2 企业安全生产管理的目的是防止和减少安全事故发生，保障人民群众生命和财产安全。

4.3 企业应按照国家民爆行业行政主管部门行政许可的品种、产量组织建设和生产经营，严禁非法建设、非法生产、非法销售。

4.4 民爆物品生产、储存设施建设项目的安全设施与建设项目主体工程同时设计、同时施工、同时投入生产使用。

4.5 民爆物品生产宜采用连续化、自动化、人机隔离的工艺，并贯彻执行在线危险品存量少、工房内定员少、危险作业工序少，在有固定操作人员的情况下，非危险建筑物与危险建筑物隔开、非危险生产线与危险生产线隔开、非危险操作与危险操作隔开的原则。

4.6 企业应从消除事故隐患、降低事故危害程度出发,在管理制度、工艺技术、设备设施、操作方法、作业环境以及劳动组织等方面采取有效措施,防止发生燃烧、爆炸、中毒等事故,减少职业危害;一旦发生伤亡事故,应按照《生产安全事故报告和调查处理条例》以及本标准的有关规定处置。

4.7 企业不应使用国家和行业行政主管部门明令淘汰禁止使用的生产工艺和设备,应按照 WJ 9063 的有关要求使用和管理专用生产设备。鼓励采用自动化、信息化技术,提高本质安全水平及安全防护能力,保障安全生产。

5 综合安全管理

5.1 企业主要负责人应是本单位安全生产的第一责任人,对本单位的安全生产工作全面负责。企业主要负责人和安全生产管理人员应当接受安全培训,并按照民爆行业行政主管部门的有关规定取得安全资格证书后,方可任职。

5.2 企业应建立、健全本单位安全生产管理机构,配备与企业规模相适应的专职安全生产管理人员,并建立安全生产责任制,明确各级各类人员的安全生产责任。

5.3 企业应编制本单位安全生产规章制度和安全技术操作规程,并能有效指导安全生产。

5.4 企业应建立保证本单位安全投入及其有效性的管理责任制。

5.5 企业应建立本单位从业人员安全生产教育和安全技能培训考核制度。危险工序作业人员应经考核合格后方可上岗;特种作业人员应按国家规定持证上岗。

5.6 企业应依法参加工伤保险,为从业人员缴纳保险费。

5.7 企业应为从业人员配备符合国家或行业标准规定的劳保防护用品。

5.8 企业应建立完善的工艺技术、专用生产设备设施、事故等档案及其管理制度。

5.9 企业应按照国家对重大危险源管理的有关规定,建立本单位重大危险源的管理制度,确保重大危险源处于安全和受控状态。

5.10 企业应结合本单位实际制定生产安全事故应急救援预案,建立企业生产安全事故应急救援预案管理制度,并定期进行演练。

5.11 企业应依法建立生产安全事故报告制度。

5.12 企业在委托中介机构对本企业进行安全技术咨询、工程设计、安全评价等活动中,应对所提供资料的真实性、时效性负责。

5.13 企业应按照 WJ 9065 的规定设置监控系统。应建立视频监视和安监人员现场检查相结合的危险点安全检查制度,发现隐患应采取有效整改措施。

5.14 企业应根据民爆物品生产的危险特性,制定科学合理的劳动作业班制;在生产技术不能满足 24 h 连续作业的安全条件下,当日零点至六点期间(允许企业根据地域时差作顺延调整),不应组织工业炸药及其炸药制品的生产作业;当日二十二点至次日六点期间(允许企业根据地域时差作顺延调整),不应组织起爆器材的生产作业。因地域时差作顺延调整作息时间时,人、机连续工歇时间应与对应产品一致。

5.15 企业应根据安全生产许可或行政主管部门批准的计划产量,均衡组织生产,严禁超产、超时、超员、超量。

5.16 当恶劣天气危及安全生产时,应立即停止生产并采取有效的安全处理措施。遇有地震、台风、洪水等重大自然灾害时,应及时启动应急预案,按照规定程序处理生产现场;造成安全生产设施破坏,恢复生产时应由省级民爆行业行政主管部门组织验收后方可复产。

5.17 企业应根据产品性质、生产设备结构特性等情况,制定停产时设备和现场的清扫制度。

5.18 民爆物品生产线建设(包括新建和改造)工程竣工后,在带危险物料进行试生产应符合以下条件:

    a) 符合 GB 50089 和国家有关建设工程竣工验收规定的要求;建筑物(含土建)、消防、防雷等设施通过当地主管部门或专业机构的验收和检测。

    b) 编制试生产计划、试生产应急救援预案并配备相应的应急器材;受让方会同技术提供方编制试生产安全技术操作规程,并经受让方技术负责人审批同意。

    c) 安全预评价、设计文件以及设计文件审查时提出的安全对策、措施已全部落实。

    d) 主要生产设备、安全设施、仪表、工器具已经空车或用非危险物料试运行达到正常;设备、设施的安装、施工、调试记录完整;压力容器、安全计量仪表、安全保护装置等进行检定或标定的记录齐全、完整。其中标准仪器、仪表、压力容器的检定证书由有资质的单位出具,非标装置的标定试验报告由仪表设备提供方出具。

    e) 建立定员、定量、定置管理制度。

    f) 建立试生产劳动组织并制定各岗位责任制,各工位操作人员已经培训且考试合格后持证上岗。

5.19 民爆物品生产设施建设工程验收除应符合 5.18 的要求外,还应满足以下条件:

    a) 试生产期间发现的问题已经得到解决;

    b) 试生产总结能充分证明主要设备、设施运行正常、安全可靠;生产线按照正常劳动作业班制连续试生产产品数量应达到生产许可产量的 5% 以上(特种产品不少于 20 个批次以上),但最多不应超过生产线年许可产量的 10%～20%,试生产时间不应超过 6 个月;

    c) 试生产产品的质量应经有资质的机构检测合格;

    d) 试生产应经有资质的安全评价机构安全验收评价合格;

    e) 环保和职业卫生设施通过当地主管部门或有资质的专业机构的验收和检测合格;

    f) 工程竣工图纸、安全技术操作规程、安全管理制度齐全完整并归档;

    g) 受让方和技术提供方均同意申请投产验收;

    h) 法律、法规规定的其他有关要求。

5.20 民爆物品储存设施建设工程验收应符合 5.18a)、5.18c)、5.18e)、5.19d)、5.19f)、5.19h)的要求。

5.21 拆除报废危险性工(库)房和生产设施时,应按 WJ 9068 的规定进行。

5.22 严禁在正常生产的同时进行试验。从事新产品、新设备(处于研制阶段的专用生产设备)、新材料、新工艺等科研创新活动,需要在生产线上进行批量试制、试用时,应参照 5.18 的有关要求完成试验准备,经研制单位和试生产(试用)企业组织内部安全论证,或经有资质的安全评价机构安全咨询符合要求,并将安全论证或安全评价资料报省级民爆行业行政主管部门备案后方可进行。试验期间,该生产线停止其他正常生产;疏散与试验无关的人员;试验中应指定专人负责安全监督工作。试验完毕生产线恢复正常生产前,企业应组织内部验收,并经企业主要负责人批准。

5.23 企业应对进入危险生产区、库区的生产作业人员、试验人员、检验人员、外来人员等建立管理制度,并应符合以下要求:

  a) 对于本企业生产作业人员,应按照工业炸药类、起爆器材类生产工种作业人员分区管理,未经企业人事或安全保卫部门批准,不应进入非本职工作的生产区、库区和试验区;不同区域生产作业人员宜采用不同颜色的服装或鞋帽等予以区分;

  b) 对外来参观、工作检查的人员,进入危险工(库)房和危险区域时,应按照企业规定办理审批手续,并进行相关安全知识教育;穿戴好劳保护具,在指定人员的陪同下方可进入;每次进入危险性工(库)房的人数不应超过三人且不应超过最大允许定员;

  c) 外单位工作人员进入危险生产区或试验场地参加危险性试验时,应与试生产(试用)企业签订安全责任协议书,明确双方责任和义务;

  d) 外来人员进入企业管辖区内从事其他临时性工程作业时,企业应与外来人员所在单位或本人签订安全责任协议书,明确双方安全责任和义务;

  e) 严禁将移动通讯工具带入民爆物品生产、储存区、试验区和销毁场。

5.24 生产区、总仓库区入口处应有"严禁烟火"警示标志;民爆物品生产场所、危险性建筑物内的安全疏散通道应有指示性标志;危险设施及设备应有警示标志。

5.25 企业在变更危险性建筑物用途、危险等级和计算药量时,应由有资质的设计单位进行设计或由有资质的安全评价机构出具安全咨询意见,并经企业安全负责人和技术负责人共同签批后方可实施,相关技术资料应及时整理归档,并向省级民爆行业行政主管部门备案。

6 生产工艺管理

6.1 基本要求

6.1.1 企业应结合本企业实际,及时将国家或行业颁布实施的有关民爆物品生产安全技术方面的标准、规定编入本企业相关的安全技术操作规程中,编制安全技术操作规程的内容要求参见附录 A。

6.1.2 企业引进新产品、新技术时,应结合实际编制或完善安全技术操作规程。

6.1.3 企业在局部调整原生产线生产工艺、改变工艺参数和设备布置、更新专用生产设备时,应组织专业技术人员充分论证,或经有资质的安全评价机构咨询后,再经企业安全负责人和安全技术负责人共同签批后方可实施,相关技术资料应及时整理归档,并向省级民爆行业行政主管部门备案。

6.2 技术要求

6.2.1 所有用于生产的原材料和辅料在储存、加工过程中应按照各自的理化性能存放或加工,性质相抵触的物质应分隔存储。

6.2.2 在硝酸铵粉碎、加热干燥工序中不宜加入有机物。因工艺需要加入有机物时,应经省级以上行业行政主管部门组织的专家论证、评审后方可进行,且有机物质加入量(质量分数)不应超过 0.2%。

6.2.3 粉状铵油类炸药连续化生产中的混药工序宜采用冷混工艺。

6.2.4 经加工后的易燃易爆原材料、辅料和半成品因工艺需要存放或保温时,应有防止自行分解或加热分解而导致发生火灾和爆炸的安全技术措施。易燃易爆物品存放时,应距离加热器(包括暖气片)和热力管线 300 mm 以上。

6.2.5 生产过程中需用热媒加热危险物料或加工中可能引起物料温升的作业点,均应设温度检测仪器并采取温控措施。

6.2.6 生产过程中应根据加工、运输或添加物料等危险作业特点,采取防止人员受伤害的有效措施。

6.2.7 所有液态物料进入混合工序前,应设置过滤装置除去固体杂质;工业炸药原材料进入制药工序前应设置除铁装置;起爆药、延期药、点火药等生产工艺用水和液态半成品(中间体)应设置除去杂质的过滤装置。

6.2.8 危险性物料输送装置应有防止液体结晶或固体物料粘结器壁的技术措施,并应结合工艺特点和生产情况制定定期清扫制度。严禁轴承设置在粉状危险性物料中混药、输送等;输送螺旋和混药设备应有应急消防雨淋装置,输送螺旋和混药设备应选择有利于泄爆、清扫、应急处理的封闭方式。

6.2.9 采用湿法粉碎混合单质炸药或点火药、延期药时,应待物料全部浸湿后方可开机;当采用金属球和金属球磨筒方式进行单质炸药或点火药、延期药的粉碎和混合时,宜用水或含水溶剂作为介质。

6.2.10 单质炸药的粉碎加工的开、停机操作应在控制室内,控制室的设置应符合GB 50089 的规定,设备运行过程中工房内不应留有人员;延期药、点火药剂的混合、造粒、筛分应根据药量设置可靠的防护设施,操作应人机隔离。

6.2.11 新建工业雷管半成品装填生产线应具备人机隔离、自动添加药、自动在线检测药高、自动剔除废品、自动安全报警、自动安全联锁、可靠防止工序间殉爆的连续化生产功能。现有条件下的自动化工业雷管装填生产线生产能力应符合:单班年产不超过 3 000 万发;两班年产不超过 5 000 万发。

6.2.12 工业雷管电阻检查、卡口(腰)、打把、装盒(袋)、排模、卸模、导爆管拉制加药等作业工序应设置有效安全防护设施。

6.2.13 生产线危险工序的抗爆结构应具有民爆物品设计甲级资质的专业设计单位设计,或经抗爆试验验证;在连续化生产线工序之间传送危险品时应有可靠的防殉爆措施和防传爆措施。

6.2.14 工业炸药制造过程中采用机械搅拌混合氧化剂水溶液和可燃剂的工艺,应限制机械搅拌强度和输送泵的有关技术参数。其中乳化炸药(含粉状乳化炸药)的乳化、基质冷却、基质温度低于 70 ℃ 的敏化工序宜采用敞口作业;连续化生产线的密闭式乳化器不应采用两台(含两台)以上机械强力搅拌乳化,乳化器和螺杆泵的结构、技术参数应符合附录B的要求。

6.2.15 起爆药生产废水处理系统、危险性粉状物料除尘系统、炸药熔化蒸汽排除系统应定期清理。清理出的危险性残渣应及时销毁。

6.2.16 生产过程中产生的不合格品和废品应隔离存放、及时处理;危险物品内包装材料应统一回收存放在远离热源的场所,并及时销毁。

7 设备与设施管理

7.1 基本要求

7.1.1 新研制的民爆物品专用生产设备投入使用,应通过科技成果鉴定。

7.1.2 民爆物品生产线建设和更新专用生产设备时,选用的设备应符合以下要求:
    a) 0类、Ⅰ类、Ⅱ类设备已经被列入民爆物品专用生产设备目录;
    b) Ⅲ类设备已经通过科技成果鉴定。

7.1.3 应建立专用生产设备易损件的强制更换制度。应定期检查乳化器和螺杆泵的转子、定子和密封件,磨损超过规定值或发现异常应立即处理。

7.1.4 企业应根据设备供应单位提供的有关技术资料,结合本企业实际编制能正确指导作业人员操作和维护设备的技术文件。

7.1.5 设备在更新或大修后投入使用前,企业应组织专业技术人员进行现场验收,验收投产报告应经企业安全负责人和机电设备负责人签批,技术资料应及时整理归档。

7.2 机械

7.2.1 一般要求

7.2.1.1 生产过程中所用的设备、工装、器具、仪表与危险物品接触时应相容;对用于加工、输送、存储危险物品的各种设备、器具或有可能接触危险物品的转动部件,均应有防止产生摩擦、撞击、静电积累的措施。

7.2.1.2 设计制造危险性物料螺旋输送机时,其长度和强度应能保证螺旋叶片与槽体之间不发生摩擦;应有防止物料进入空心轴和夹套的技术措施;不应采用螺纹连接。螺旋叶片和槽体之间应采用有色金属材料制作。

7.2.1.3 设备机械传动部位应设置防护罩。

7.2.1.4 产生噪声的设备应采取措施满足国家相关规定,作业场所操作人员应采取个体防护措施。

7.2.1.5 在压力容器、计量仪表和安全保护装置等设备和设施安装前,应查验设备和设施检定合格证或试验报告。

7.2.2 检修

7.2.2.1 在对有可能产生燃烧、爆炸或中毒事故的设备和设施进行检修前,应制定检修安全规程,检修安全规程的主要内容应包括:危险物料的处理措施、施工前后检查验收方法、施工过程注意事项、安全防护和应急救援措施等。

7.2.2.2 企业应对从事危险品生产设备和设施检修的人员进行安全知识培训,并通过考核持证上岗。

7.2.2.3 在检修危险工房内的设备前应停止生产并切断电源,应有防止他人合闸的措施;应彻底清理所要检修的设备、管道及作业场所的危险品,必要时应做销爆处理;不产生明火的检修应经生产现场负责人检查合格后方可进行。

7.2.2.4 若需对危险工房内的设备进行零部件拆卸或组件检修时,宜将可拆卸部件卸下后移至工房外的安全地带进行。不应在带有压力的管线和容器上检修或拆卸阀门等部件。

7.2.2.5 检修工具应符合安全要求,登高作业台、脚手架和起重设施等应安全可靠,随身携带的工具应有防坠落措施。

7.2.2.6 检修用材料、填料和润滑油应符合安全技术要求。

7.2.2.7 拆除或修理含有起爆药的污水池、下水管和沉淀池前,应先做化学处理或其他有效的销爆处理。在起爆药生产区周围进行工程施工时,应制定专门的安全技术措施。

7.2.2.8 在危险区域内的焊接与动火作业应符合以下要求:

a) 应制定焊接与动火许可审批制度,在危险场所施工或检修危险品生产设备时,焊接人员应了解危险品的性能和应急处理措施,并持证上岗;

b) 宜在危险生产区内设置固定的焊接动火地点,焊接动火地点与危险工房或场地的距离不应小于 50 m,焊接动火地点周围 5 m 范围内应无杂草和其他可燃物品,固定的焊接动火地点应由企业安全部门审定,且不应变动,如遇特殊情况需要变动动火地点时应重新审批;

c) 在危险性建筑物和构筑物内,生产期间或停产后未进行彻底清理和未经安检人员验收,严禁焊接与动火;

d) 与危险品接触的设备及与危险品有金属连接的一切设备进行焊接时宜使用气焊,并有防止火花飞溅的措施;因工艺需要不能拆卸且使用电焊时,应由企业安全部门批准,并在被焊接的设备与其他设备之间应采取可靠的绝缘措施或防止杂散电流扩散的措施;

e) 焊接动火期间应设专人监护,工作结束后应彻底清理现场。

7.2.3 危险性废旧器材处理

危险性废旧器材处理应符合以下要求:

a) 所有与危险品接触的废旧器材(主要指设备、设施及器具)应制定销爆措施,并指定专人负责清理,确保器材内外部不存有危险品;

b) 经过处理的危险性废旧器材应按器材种类分别存放在指定地点,并建立台账设专人管理;管理人员不应接收未进行清理和销爆处理的废旧危险性器材;

c) 经销爆处理后的危险性废旧器材应解体后方可回收处理。

7.3 电气与通讯

7.3.1 电气

7.3.1.1 一般要求

7.3.1.1.1 电气设备及线路除应符合 GB 50089 的规定外,还应符合国家其他有关规范、标准的规定。企业制定的安全技术操作规程中应包括电气设备安全技术管理的内容,并能有效指导实际操作。

7.3.1.1.2 电气设备及线路的安装验收应符合施工图和设计文件的要求,并按有关电气装置安装工程施工及验收规范的规定进行,验收合格后方能投入运行。

7.3.1.1.3 在危险作业场所内不宜架设临时线路,确需安装临时线路时,应经企业安全部门审批,临时线路使用完毕后应及时拆除。

7.3.1.1.4 电气设备操作人员应了解有关规范,掌握电气设备产品使用说明书及安全技术操作规程,并经考核合格,持证上岗。企业应对电气设备及线路维护、检修人员进行培训,并经考核合格,持证上岗。

7.3.1.2 运行与维护

7.3.1.2.1 应定期试用备用电源和各种安全事故报警信号等装置,确保安全事故报警信号等装置处于完好状态。

7.3.1.2.2 应保持电气设备处于良好的清洁、通风、散热状态。

7.3.1.2.3 运行中如发生下列情况,操作人员应采取紧急措施并立即上报企业安全部门:

a) 电气设备发出异常声响或异常气味;

- b) 负载电流突然超过允许值；
- c) 电气设备及线路突然出现高温或冒烟；
- d) 电气设备连接部件松动或产生火花；
- e) 设备壳罩破损；
- f) 自控设备出现异常启动、停机等；
- g) 其他异常情况。

7.3.1.2.4 易燃易爆作业场所中的电气设备不应任意变动。如需变动应由企业机电设备负责人批准。

7.3.1.2.5 不应任意更改或拆除经验收合格投入运行的电气联锁装置及其他安全保护装置，如确需更改，应报企业技术负责人和机电设备负责人批准后方可进行。

7.3.1.2.6 生产工房应按照 GB 50089 的规定配备应急照明设备并保持良好的照明状态。

7.3.1.2.7 生产结束后，除保持必要的值班照明和监控设施用电外，应将其他电源关闭。

7.3.1.2.8 值班及操作人员应严格遵守交接班制度，并作好值班、操作及运行记录。

7.3.1.3 检修

7.3.1.3.1 对所有的电气设备及线路应制定定期检修和定期检查制度，发现问题应及时处理。

7.3.1.3.2 拆修有易燃易爆危险物品存放的危险场所的电气设备时应按以下规定进行：
- a) 制定安全技术措施，并按企业规定办理审批手续；
- b) 彻底清理检修现场，将易燃易爆危险物品移至安全场所；
- c) 切断该设备的电源，并悬挂"有人工作，禁止合闸"的警示标志牌。

7.3.1.3.3 更换或检修后的电气设备及线路，应经验收和试运行合格后方能投入正式使用。

7.3.1.3.4 应保持电气设备的接地保护系统完好，并定期检测。

7.3.2 通讯

7.3.2.1 企业应有方便快捷的对内、对外通讯系统，有固定操作人员的各类危险作业场所应能与企业生产调度中心、企业安全部门及医务室等保持通讯畅通。

7.3.2.2 有固定操作人员的危险性生产工房内应设置防爆电话机，非防爆电话机应安装在非危险性工房或非危险性工作间出入口处的外面。允许工作业务电话兼作报警电话。

7.3.2.3 民爆物品仓库区应设报警电话。

7.4 消防

7.4.1 企业的消防设施除应符合 GB 50089 和 GB 50140 的要求外，还应根据危险物料性质配置相应种类和数量的消防器材、消防设备和设施。

7.4.2 消火栓、灭火器、雨淋装置等消防设施应定期检查、定期维修，保持消防设施处于良好状态。

7.4.3 企业不应随意拆除、移动和改装消防设施。

7.5 采暖与通风

7.5.1 危险工房内采暖所用的加热介质、散热器及其安装要求等应符合 GB 50089 的要求。

7.5.2 采暖设施使用前应进行试运行，其温度、压力、运行性能应符合安全要求。采用低压蒸汽采暖的设施，蒸汽进入工房前应设置减压阀、安全阀和压力表。

7.5.3 在产生有毒有害粉尘或气体的作业场所应设置通风或除尘装置，有毒有害粉尘或气体不应直接向室外排放。

7.5.4 爆炸、燃烧危险性粉尘除尘系统应采用水浴除尘器,水浴除尘器应按规定保持一定水位。

7.5.5 空调系统的过滤器应定期清洗。

7.6 自动控制

7.6.1 自动控制系统的设置除符合本标准的要求外,还应符合 GB 50089、WJ 9065 的相关要求。

7.6.2 生产过程中易引起燃烧爆炸事故的机械化作业,应根据危险程度选择设置自动报警、自动停机、自动泄爆、自动雨淋等自动控制装置;抗爆间室的防爆门与抗爆间室内的设备应有安全联锁装置;自动化生产线的单机设备除有自动控制系统监控外,在生产现场还应设置应急控制操作装置。

7.6.3 乳化器、敏化器、输送泵等密闭式带有机械搅动装置的乳化炸药专用生产设备,应有防止超压、超温、断料干磨的自动控制装置。

7.6.4 对开、停车有顺序要求的操作宜设程序控制装置。

7.6.5 突然发生停气、停电、停水时,应有安全措施确保工艺操作和设备运转安全。

7.6.6 自动控制系统中执行机构的动作形式及调节器正反作用的选择,应使自动控制系统在突然停电或停气时能满足再次开机的安全要求。

7.6.7 生产线自动控制系统的自动记录装置均应设备用电源。

7.6.8 控制或检测信号电缆、脉冲管线由危险区域至非危险区域,或不同危险区域之间穿越隔墙或穿越楼板时,应采用金属管护套或阻燃材料严密封堵。控制或检测信号电缆不应与动力电缆混在一起或通过同一个预留孔出入工作室。

7.6.9 自动控制系统应设专业人员管理,应定期检查、试验或标定传感器、转换器、执行器、信号传输线及自动保护装置,每次检查、试验或标定后应做记录,并由检查、试验或标定人员签字保留。

7.7 防静电与防雷

7.7.1 防静电与防雷设施及其接地应符合 GB 50089 的要求。

7.7.2 危险物料粉碎混合加工过程中易产生静电积聚的工序应设置自动导出静电的装置,出料时应将接料车和出料器用导线可靠连接并整体接地。生产工序中盛装火工药剂及其炸药制品的盒、盘等活动器具应采用防静电材料制品,活动器具对地电阻值应为$1.0×10^4 \Omega \sim 1.0×10^8 \Omega$。

7.7.3 静电危险场所不应存在电容大于 3 pF 的孤立导体。装有产品的金属容器应直接放置在防静电地面上。

7.7.4 工业雷管药剂生产工房的入口处应设导出静电的门帘、扶手及人体静电检测仪,工房地面、工作台面、椅子、脚踏等应铺设防静电材料。

7.7.5 进入工业雷管药剂生产工房内的作业人员,应穿戴防静电(或纯棉)工作服、防静电(或纯棉)鞋袜,经静电检测合格后方可进入,人体对地电阻值应为$1.0×10^4 \Omega \sim 1.0×10^8 \Omega$。

7.7.6 企业应根据危险物品特性、静电危害风险以及生产加工作业方式等因素,规定危险作业场所空气相对湿度下限。以下生产工房(工作间)内的空气相对湿度不应低于60%(工艺有特殊要求的生产企业可另行规定):

a) 起爆药制造：分盘工作间、筛分工作间、称量工作间；
b) 炸药粉碎工房；
c) 延期药（点火药）制造：混合工作间、造粒工作间、筛分工作间、称量分盒工作间；
d) 导爆药制造：配料工作间、混合工作间、筛药工作间、分盒工作间；
e) 基础雷管装填线：有危险品和作业人员同时存在的工作间；
f) 雷管装配：电雷管装配工房、编码工房、包装工房；
g) 起爆具和震源药柱制造：炸药称量工作间、过筛工作间、TNT熔化工作间、灌装工作间；
h) 有必要控制相对湿度的生产工房。

7.7.7 防静电用品及器材主要技术性能指标应符合以下要求：
a) 导静电胶板对地电阻值为 5.0×10^4 Ω ～ 1.0×10^8 Ω；
b) 人体静电测试仪检测范围为 1.0×10^7 Ω ～ 1.0×10^8 Ω，测量值误差应不大于 $\pm10\%$；
c) 防静电工作服的摩擦带电量每件应小于 0.5 μC，防静电工作服布料的摩擦起电电位应低于 500 V，防静电鞋对地等效电阻值为 5.0×10^4 Ω ～ 1.0×10^8 Ω；
d) 生产工器具使用的棉织品或防静电织品的电荷面密度应小于 1 $\mu C/m^2$，摩擦起电电位应低于 500 V。

7.7.8 生产线和危险品仓库的防静电接地系统应每半年检测一次，起爆器材生产线防静电地面、防静电台面等装置每月应不少于一次抽查，应经常检查各工序、工位的静电接地线是否连接可靠，发现安全隐患应立即处理。

7.7.9 避雷针塔附近应根据实际情况设立警示标志牌或护栏。

7.7.10 防雷接地装置应按当地气象部门的规定定期检测。

8 作业场所管理

8.1 生产现场

8.1.1 应保持作业场所整齐清洁，疏散通道畅通。

8.1.2 工房内设备与工作台的布置应有利于工序间物流传递、方便操作、方便设备维修及方便操作人员安全疏散。物流、人流宜设置各自通行路线和标识，避免交叉。

8.1.3 应对作业场所的人员、物料、成品、工具及其在制品实行定置管理。作业现场危险物品的存放方式应有利于防止殉爆。

8.1.4 危险工房内的楼梯、平台应装设坚固可靠的扶手和护栏；楼梯的宽度和角度应便于人员通行和疏散；平台和楼梯的表层材料应符合相关要求；设备的入料口设在平台或楼板上时，入料口四周应有防肢体误入措施；厂区内的地沟、地坑、沉淀池等应有盖板或护栏；升降口和提升平台应加围栏，提升平台的围栏高度不应低于 1 m。

8.1.5 有操作人员作业的场所照度应满足要求。

8.1.6 在易发生燃烧或爆炸事故的工序之间不宜设置用于传递危险品的过墙孔洞。因工艺需要设置时，应有隔火或隔爆的安全措施。

8.1.7 穿越危险工房隔墙和楼板的管道安装完毕并经检验合格后，应将墙洞、楼板洞与管道之间的空隙在粉刷或油漆前用阻燃材料填封密实，通风管道中的空隙部分应选用柔性阻燃材料填封。

8.1.8 危险工房内外通道、安全出口(含安全窗口)及安全疏散隧道等应设置明显的警示标志,严禁堆放任何物品,严禁设置坎、沟、台阶等。

8.1.9 顶棚、墙面应光洁,地面应平整无裂缝、无坑洼,门窗应完好无损、开启灵活。

8.1.10 危险工房维修前应按停工要求彻底清扫,清扫的垃圾应存放在指定地点并统一定期销毁。

8.2 定员、定量

8.2.1 企业应制定危险工(库)房及操作岗位的定员、定量审批和监督检查制度。

8.2.2 工(库)房内危险品总定量应符合 GB 50089 的规定;抗爆间室内爆炸物品的存量不应超出抗爆间室的设计药量;各岗位(工位)的定量在满足生产的前提下应尽量控制在下限。

8.2.3 工业炸药及其炸药制品生产线危险工房(工位)操作定员、最大允许定员和危险品定量应符合附录 C 的要求;起爆器材生产线危险工位操作定员、最大允许定员和危险品定量应符合附录 D 要求;无人操作的连续化、自动化基础雷管装填线,成品雷管装配生产线(工位),索类产品生产线(工位)的危险品定量应符合设计药量或抗爆试验验证药量。

8.2.4 应在危险工(库)房外墙的显著位置设立警示标志牌,警示标志牌式样和内容参见附录 E。

8.3 环境保护与职业卫生

8.3.1 新建、改建、扩建和技术改造的企业,涉及影响环境和职业卫生时应按照国家有关要求办理相关手续。其防治污染和职业危害的设施应与主体工程同时设计、同时施工、同时投入生产使用,竣工时应经环保主管部门和劳动卫生管理部门验收合格后方可投入生产。

8.3.2 生产过程中的生产用水宜循环使用。

8.3.3 生产产生的废水、废气、废渣、噪声等应达到国家有关排放和控制标准的要求。危险性废水应经销爆后送废水处理工房统一处理;固体残渣应根据不同的危险成分或有害成分分别销毁处理;有害粉尘应消除其危害后再排入大气。

8.3.4 应对从事有毒有害作业的人员定期进行体检,若体检发现不宜从事有毒有害作业,应及时更换。

9 运输与储存管理

9.1 运输

9.1.1 民爆物品运输应符合《道路危险货物运输管理规定》、JT 618、GB 50089 和 GB 4387 的有关规定。采用铁路、水路或航空运输时应符合国家相关规定。

9.1.2 生产区至总仓库区的运输路线通过企业外部公路时,由企业和当地交通安全管理部门确定运输路线,不应随意更改。

9.1.3 生产区至总仓库区运输道路应坚实牢固、路面平整、边坡稳定,并应按照国家相关规定设置必要的交通标志。

9.1.4 在社会公路上运输民爆物品时,应使用符合国家有关爆破器材运输车安全技术标准要求的专用运输车。厂内、库区内使用普通汽车运输民爆物品时,排气管应安装灭火罩,车厢底部应铺软垫。

9.1.5 运输工业电雷管的车辆安装卫星定位导航终端时,应符合以下要求:

9.1.5.1 当运输的工业电雷管发火冲能大于或等于 $2.0 A^2 \cdot ms$ 时：
   a) 卫星定位导航终端的工作频率为 900 MHz 时，输出功率应不大于 2 W；工作频率为 1 800 MHz 时，输出功率应不大于 1 W；天线增益应不大于 3 dB；
   b) 卫星定位导航终端的安装应符合 AQ 3004 的规定，终端天线的位置不应高于车体；
   c) 卫星定位导航终端的天线与运输车内电雷管的距离不应小于 0.5 m。

9.1.5.2 当运输的工业电雷管发火冲能小于 $2.0 A^2 \cdot ms$ 时，卫星定位导航终端的技术参数和安装要求除应符合 9.1.5.1a)和 9.1.5.1b)的要求外，卫星定位导航终端的天线与电雷管的距离应按国家有关标准要求计算和测试后确定。

9.1.6 采用电瓶车运输民爆物品时，电瓶车应符合防爆要求；采用防爆叉车装运民爆物品时，叉杆应有防止火花产生的安全措施。

9.1.7 人力手推车运输工业炸药时，所载工业炸药质量不宜超过 300 kg，运输过程中应采取防滑、防摩擦产生火花等安全措施；人力手推车运输散装工业炸药药粉时应保持车厢清洁、干净，装药高度不应超过车厢高度，并应有防止工业炸药药粉撒落的安全措施。

9.1.8 人工传送起爆药时，应有专用道路并保持道路平整；传送人员和传送工具应有明显标志；传送人员行走时应与他人保持 5 m 以上间距。

9.1.9 在生产区和总仓库区内运输民爆物品的机动车行车速度不应超过 15 km/h，前后车之间的距离不应小于 50 m。

9.1.10 运输民爆物品的汽车司机除应取得公安部门批准的与驾驶车辆相符合的正式驾照外，还应具有 50 000 km 和三年以上安全驾驶经历，并由企业安全部门考核批准后方可上岗。

9.1.11 从事运输和装卸民爆物品的作业人员，应掌握所运输和装卸民爆物品的理化性能及应急措施。不应穿带有铁钉的工作鞋和易产生静电的工作服，严禁将火种带入装卸作业区。

9.1.12 运输民爆物品应配备押运人员，押运人员应随车携带符合行政许可审批要求的有关证件，应掌握押运产品的数量、质量、规格和装载等情况，了解所押运物品的主要危险特性和安全防护知识。押运人员应与库房管理人员当面点清所押运民爆物品的数量，运达时应与接收人员办理有关交接手续。

9.1.13 从事民爆物品运输的管理人员应经培训且考试合格后持证上岗；企业应对民爆物品运输管理人员定期进行安全教育和应急事故训练；每年应对民爆物品运输管理人员的素质进行一次安全审核，不符合要求应及时调整。

9.1.14 装有民爆物品的车辆在厂区及库区的运输，应符合国家和地方有关部门的相关规定。

9.1.15 民爆物品装卸应符合以下要求：
   a) 非防爆机动车辆不应直接进入危险性建筑物或构筑物内，装卸作业宜在距危险性建筑物不小于 2.5 m 处进行；
   b) 当危险性建筑物或构筑物内有火炸药粉尘或易燃易爆溶剂挥发气体时，装卸机动车应在距危险性建筑物不小于 5 m 处进行；
   c) 用于装卸民爆物品的高位站台应设置防止车辆顶撞站台的缓冲设施或采取其他有效措施；
   d) 装卸和搬运民爆物品时应轻拿轻放，严禁翻滚、拖拉，严禁用撬棍、榔头等铁器敲打包装件；

- e) 厂内普通汽车装载民爆物品时,车厢底部应铺软垫,不应倒置或侧放;装载量不应超过额定装载量;产品包装箱超出车厢的高度不应超过产品包装箱高度的三分之一;雷管装车高度应低于车厢三分之一;车厢应盖好篷布,捆绑牢固,在确保包装件固定可靠后,方可关严车厢栏板;
- f) 专用运输车装载民爆物品时,装载质量不应超过额定装载量;包装件应码放整齐并根据运输量确定合适的码放高度;中途卸车后及时调整包装件的堆放高度,防止高位坠落和撞击;正确使用车内专用捆绑带和挂钩;
- g) 装运民爆物品时,驾乘人员应对民爆物品的包装进行检查,发现不符合包装要求和破损的,应及时报告和处理;
- h) 同车(包括同船等)运输不同品种的民爆物品时,应符合不同品种的民爆物品同库存放的相关要求。

9.1.16 运输民爆物品的车辆出车或收车前应将车厢打扫干净,清出的药粉、药渣应存放在指定地点并统一定期销毁。

9.1.17 在暴雨和雷电等恶劣天气情况下,产品不应出入库;恶劣天气的能见度在 5 m 以内,或道路坡度在 6% 以上且能见度在 10 m 以内时,运输民爆物品的车辆应停止行驶。

9.1.18 民爆物品生产、销售企业需委托其他单位运输民爆物品时,应审查承运单位是否具备运输危险物品的资质,并与承运单位签订运输安全责任合同。

9.1.19 装有民用爆炸物品的车辆遇有临时停车时,应避开人员密集地区和重要设施,并设专人监护;车辆故障必须进行检修时,严禁在装有民用爆炸物品的车辆周围近 50 m 范围内进行明火产生的作业。

9.2 储存

9.2.1 设置民爆物品仓库的企业应取得"民用爆炸物品生产许可证"或"民用爆炸物品销售许可证"。

9.2.2 企业生产点的爆炸性材料仓储能力应满足生产需要,安全许可能力(不含现场混装炸药)与成品总库储存能力应满足以下要求:
- a) 工业炸药及其炸药制品:
  1) 安全许可能力小于或等于 10 000 t 时,总库储存能力应不小于安全许可能力的 3.0%,且不少于 200 t;
  2) 安全许可能力大于 10 000 t 小于或等于 20 000 t 时,总库储存能力应不小于安全许可能力的 2.5%,且不少于 300 t;
  3) 安全许可能力大于 20 000 t 时,总库储存能力应不小于安全许可能力的 2.0%,且不少于 500 t;
- b) 工业雷管成品总库储存能力应不小于安全许可能力的 10%;
- c) 工业导爆索成品总库储存能力应不小于安全许可能力的 10%。

9.2.3 企业应建立严格的民爆物品进出仓库检查制度,设置仓库负责人,并配备相应的仓库管理人员和足够的安防人员。安防人员应设置固定岗哨和流动岗哨,并按公安部门规定配备必要的警用器具。

9.2.4 仓库管理人员应了解仓库所储存产品的安全性能,掌握防火、防爆等知识,熟悉仓库的各项安全规定并经培训且考试合格后持证上岗。

9.2.5 外来人员进入民爆物品仓库应经本企业保卫部门审查批准,在了解仓库有关管理规定的前提下由仓库管理人员带领进入。

9.2.6 出库后返回的产品应有验收手续方可入库,拆包的产品应另库存放。

9.2.7 各类民爆物品宜单独品种专库存放,仓库内严禁储存无关物品。以下品种的民爆物品允许同库存放:
  a) 单质炸药、工业导爆索、工业炸药及其炸药制品允许同库存放;
  b) 包装完好的塑料导爆管允许与工业雷管(含继爆管)、单质炸药、工业导爆索、工业炸药及其炸药制品同库存放。

9.2.8 废品或未进行安定性试验的新产品应单独存放。

9.2.9 民爆物品仓库应环境整洁、通风良好,仓库内产品的堆放应整齐、稳固、标志清晰、利于行走、搬运方便,具体应符合以下要求:
  a) 产品应按生产批号成垛堆放,不同规格的民爆物品应分垛堆放。
  b) 仓库内装运通道应满足不同的运输方式,最小宽度应不小于1.2 m;人行检查通道宽度、清点通道宽度、堆垛边缘与墙之间的距离及堆垛之间的距离应符合GB 50089的规定。
  c) 堆放工业炸药、索类火工品成品箱的堆垛总高度不应大于1.8m;堆放工业雷管和其他起爆器材成品箱的堆垛总高度不应大于1.6 m。

9.2.10 严禁在民爆物品仓库内开箱;需取出产品时应在仓库管理人员监督下,将产品箱移至库房防护屏障外指定地点进行;应使用不产生火花的启箱工具。

9.2.11 维修民爆物品仓库时,应采取可靠的安全措施。门窗小修可移至室外指定地点进行;库房大修应将仓库内的产品全部搬出,库房清扫干净后方可进行。

9.2.12 应按GA 837的规定在仓库设置安全防范电子监控装置,并确保监控装置完好。

10 试验与销毁管理

10.1 基本要求

10.1.1 应建立完整的民爆物品试验与销毁记录,每次试验与销毁均应清点民爆物品的数量,账物应一致,并由参与试验或销毁的主要操作人员共同签字。

10.1.2 起爆器材生产企业应有固定的试验场和销毁场;工业炸药及其炸药制品生产企业应有固定的工业炸药性能试验场,并根据需要设置固定的销毁场。试验场或销毁场的设置应满足GB 50089的要求。

10.1.3 试验或销毁工作不应单人进行,试验人员或销毁操作人员应是专职人员并经培训且考试合格后持证上岗。

10.1.4 进行试验或用爆炸法、烧毁法进行销毁时,引爆或点火前应发出音响警告信号;在销毁场以外销毁时,应按规定在销毁场地四周安排警戒人员,严格控制所有可能进入危险区域的人员和车辆。

10.1.5 起爆器的手柄或钥匙应始终由指定的放炮员随身携带。放炮员应亲自接通放炮线和启动起爆器,严禁其他人员进行上述作业。

10.1.6 试验或销毁工作结束后应检查和清理现场、熄灭余烬,确认无残留爆炸物后方可离开场地。

10.2 性能试验

10.2.1 民爆物品性能试验场的设置应符合 GB 50089 的有关规定。当周围环境允许一次最大试验药量大于 2 kg 时,应经企业安全负责人和企业技术负责人审批后方可进行。

10.2.2 样品准备间的工业雷管与工业炸药应分开放置。只有在准备工作全部完毕后、放炮员撤离试验场地前,方可将工业雷管插入药卷中。

10.2.3 采用工业电雷管起爆时,通电线路应设置双重开关,第一道开关合闸时应发出音响报警信号。

10.2.4 试验完毕后剩余的民爆物品应按企业相关规定处理。

10.3 销毁

10.3.1 企业应建立严格的民爆物品销毁制度,制定具体的销毁安全规程。销毁过程应在技术人员和安全人员的监护下进行。

10.3.2 销毁场内不应设置待销毁的民爆物品储存库,允许设置为销毁时使用的点火件或起爆件掩体。

10.3.3 销毁方法应根据民爆物品的特点采用炸毁法、烧毁法、溶解法或化学分解法。新研制的民爆物品销毁方法应由研制单位经试验后提出,由企业安全负责人和企业技术负责人审批后方可进行。

10.3.4 采用炸毁法销毁民爆物品时,应符合以下要求:
a) 被销毁的民爆物品应放置在销毁坑中进行,当销毁场地周围没有自然屏障时,在销毁坑周围宜设高度不低于 3 m 的防护土堤;
b) 一次销毁药量(不包括工业雷管)不宜超过 2 kg,周围环境允许且已制定可靠的安全措施时,经企业安全负责人和企业技术负责人审批后,允许适当扩大销毁药量;
c) 应采用工业电雷管和导爆管雷管在安全距离外起爆。采用电雷管起爆的爆炸场地不应设在有射频电源、高压电网和其他有电磁波干扰源的附近,其杂散电流不应大于 30 mA;
d) 销毁工业雷管时,允许在工业雷管上面放置适量的单质炸药,每次销毁的工业雷管和单质炸药的总质量不应超过 1 kg;基础雷管应整齐地装入纸盒内进行销毁操作;零散工业电雷管或导爆管雷管应在安全防护下将脚线或导爆管剪下,装入纸盒内进行销毁操作;
e) 每次起爆后应停留 10 min 以上人员方可进入现场检查。未爆炸或怀疑爆炸不完全时,应停留 30 min 后人员方可进入现场处理。

10.3.5 采用烧毁法销毁民爆物品时,应符合以下要求:
a) 禁止不同性质的民爆物品混合烧毁,烧毁前应进行彻底检查,严防起爆药或装有起爆药的制品等混入被烧毁物中。
b) 铺设烧毁物的方向应与当时的风向平行,点火点应设在下风向烧毁物的端头。
c) 烧毁工业炸药前应将工业炸药在地面上铺成厚度不超过 3 cm、宽度为 20 cm～30 cm 的带状长条,条距不应低于 3m。硝酸铵类炸药一次最大烧毁量不应超过 200 kg;梯恩梯、黑索今、太安等单质炸药一次最大烧毁量不应超过 100 kg。严禁成箱成堆烧毁,结块的工业炸药应用木锤轻轻打碎后再进行烧毁。
d) 烧毁纸壳工业雷管药柱(不含起爆药)时,应将其铺成厚度为 8 cm～10 cm、宽度为

50 cm~60 cm 的带状长条,条距不应低于 3 m。每条药柱质量不应超过 10 kg,每次烧毁应不超过两条,允许均匀掺入少量废黑索今同时烧毁。

e) 烧毁导爆索时,应将索团松开铺成厚度不超过 10 cm,宽度不超过 1 m 的条状,条距不应低于 3 m。导爆索不应成团或堆积在一起,不应混入工业炸药。每条药柱质量应不超过 10 kg,每次烧毁应不超过两条。

f) 烧毁太乳炸药时应单片平铺在地面上,片与片之间的间距为 0.5 cm~1.0 cm,严禁叠加,每次烧毁药量不应超过 10 kg。

g) 烧毁法的引火材料可用蜡纸、木材等,应在点火点铺 1 m~2 m 长的引火物,烧毁时应先点燃引火物,不应直接点燃待销毁的民爆物品。

h) 在同一地点分多次烧毁民爆物品时,每次烧毁后应待烧毁场地地面温度降至常温后方可再次进行烧毁。

i) 应待烧毁场地地面冷却后再彻底清理烧毁场地,清理动作应轻、稳。当发现有未烧毁的民爆物品时应立即组织就地烧毁。

j) 操作人员点火后应立即离开烧毁点撤到安全距离以外(安全距离视销毁药量和品种确定)。

10.3.6 采用溶解法销毁民爆物品时,应使民爆物品全部溶解后,滤出其中的不溶物另行处理。

10.3.7 采用化学分解法销毁民爆物品时,应使药剂和溶剂充分混合并完全分解,其溶液应经处理,符合有关规定后再排入下水道。

10.3.8 销毁起爆药时宜采用化学分解法。用硫化钠销毁二硝基重氮酚宜在橡胶桶内进行,硫化钠溶液浓度宜控制在 4%~10% 范围内。销毁时首先应使二硝基重氮酚在水中充分分散,然后缓慢地加入硫化钠溶液,并控制反应的速度和温度,保证充分散热,直至化学反应停止。将废液倒入废水池时,还应不断地加入上述硫化钠溶液,以防止销毁不完全。销毁其他起爆药时,应根据相应起爆药性质制定销毁规程。

10.3.9 待销毁的民爆物品严禁在阳光下暴晒;严禁将销毁不彻底的民爆物品随地散失和任意处理。

10.3.10 严禁在夜间、暴风、雷雨、大雪、大雾和风向不定等恶劣天气进行销毁作业。

11 生产安全事故应急救援预案与事故报告

11.1 生产安全事故应急救援预案

11.1.1 应根据本企业生产、经营的实际情况,以"以防为主,防救结合"为原则,制定生产安全事故应急救援预案,并按《生产安全事故报告和调查处理条例》的规定上报所在地县级以上地方人民政府安全生产监督管理部门和民爆行业行政主管部门备案。

11.1.2 生产安全事故应急救援预案编制原则:

a) 应结合本企业危险源的特点,内容有较强的针对性;
b) 救援措施、避险要领应简洁明了,有较强的可操作性;
c) 企业自救应与社会救援相结合。

11.1.3 生产安全事故应急救援预案的主要内容应包含:

a) 危险源辨识与评价结果;

b) 事故类型及可能造成的危害分析；
   c) 事故应急救援及紧急避险措施；
   d) 事故应急救援组织指挥机构、救援队伍及职责分工；
   e) 事故应急救援器材、装备；
   f) 需要请求社会救援的事项；
   g) 事故应急预案演练的考核评价标准；
   h) 事故应急预案管理制度。

11.1.4 事故应急救援预案中指挥机构的负责人应由企业主要负责人承担，企业相关负责人为指挥机构成员，下设日常办事机构。

11.1.5 为应急救援配备的器材和装备不应移做他用，器材和装备应保持完好、有效状态。

11.1.6 应与当地有关单位保持良好的消防、救护、救援等协同联系。

11.1.7 应根据本单位实际，将事故应急救援方案分解到各基层车间（分厂）、各危险点；每年应至少组织一次综合应急预案演练或专项应急预案演练，并有记录。

11.1.8 企业应根据事故应急救援预案管理制度，定期对预案中规定的机构、责任制、报警系统、预防措施、演练记录和救援设施等内容进行检查，发现问题及时纠正。

11.2 生产安全事故报告

11.2.1 民爆物品生产安全事故是指科研、生产和经营活动中发生火灾、爆炸、中毒等人身伤害和较大经济损失事故。事故等级划分应按 WJ 9048 的有关规定进行。

11.2.2 企业发生伤亡事故后，企业主要负责人应当迅速采取有效措施，组织抢救，防止事故扩大，减少人员伤亡和财产损失，并按照《生产安全事故报告和调查处理条例》的有关规定如实上报当地政府主管部门外，还应上报省级和国家民爆行业行政主管部门，并积极调查事故原因。不应瞒报、谎报、故意迟延不报，不应故意破坏事故现场、毁灭事故证据。

11.2.3 事故报告应包括以下内容：
   a) 事故发生的单位、时间、地点及事故现场情况；
   b) 事故的简要经过、伤亡人数（包括下落不明人数）和直接经济损失的初步估计；
   c) 事故发生原因的初步判断；
   d) 事故发生后采取的措施及事故控制情况；
   e) 事故报告单位及主要负责人、联系人、联系电话。

11.2.4 企业根据事故报告制度对发生的事故处理完毕后，应填写《民用爆炸物品企业火灾、爆炸、中毒事故档案》（封面及格式参见附录F）报民爆行业行政主管部门。

11.2.5 上报事故资料应按以下规定进行：
   a) 事故造成人员伤亡或经济损失已达到《生产安全事故报告和调查处理条例》规定的等级时，应按照《生产安全事故报告和调查处理条例》以及民爆行业行政主管部门的有关规定上报；
   b) 企业发生伤害事故，应在事故发生后的一个月内将事故调查报告上报至省级和国家民爆行业行政主管部门。

附 录 A
（资料性附录）
民用爆炸物品生产安全技术操作规程的主要内容

A.1 安全守则

安全守则的内容应包括：
a) 物品危险、有害性说明；
b) 个人防护要求；
c) 主要安全设施及使用方法；
d) 作业现场管理（定员、定量、定置和清扫等要求）；
e) 现场应急程序；
f) 特许作业审批规定；
g) 其他。

A.2 工艺规程

工艺规程的内容应包括：
a) 原材料、辅助材料技术标准；
b) 主要工艺技术参数；
c) 仪器设备检查和校准；
d) 质量控制措施（材料或半成品技术指标、抽检方法和记录要求等）；
e) 不合格品和废品管理：
 ——分类；
 ——隔离存放要求；
 ——合理利用的方法；
 ——废品（废弃物）的处理方法。
f) 其他。

A.3 操作规程

操作规程的内容应包括：
a) 材料配制或准备过程；
b) 操作程序：
 ——启动程序；
 ——操作过程；
 ——收工程序；
c) 安全注意事项：
 ——紧急停机（异常）；
 ——生产故障排除指导说明（应急情况处理方法和现场记录等）；
 ——报警和警告。

A.4 其他

根据具体情况需要规定的其他有关要求。

附 录 B
（规范性附录）
乳化器和螺杆泵的主要技术参数

B.1 乳化器

B.1.1 胶状乳化炸药乳化器

机械搅拌连续式胶状乳化炸药乳化器的主要技术参数应符合以下要求：
a) 主轴工作转速不大于 1 500 r/min；
b) 转子线速度不大于 15 m/s；
c) 产能与装机功率之比不小于 300 kg/kW；
d) 转子与定子（无定子的以容器内壁计）径向间隙不小于 2.5 mm，转子的轴向间隙不小于 3.0 mm；
e) 物料出口直径不小于 50 mm；
f) 有防止轴承碎裂引起主轴径向和轴向位移的技术措施；有防止物料进入轴承和机械密封的技术措施；
g) 有效容积不大于 5 L。

B.1.2 粉状乳化炸药乳化器

机械搅拌连续式粉状乳化炸药乳化器的主要技术参数应符合以下要求：
a) 转子线速度不大于 10.0 m/s；
b) 转子直径不大于 200 mm；
c) 转子与定子（无定子的以容器内壁计）径向间隙不小于 3.25 mm；
d) 物料出口直径不小于 50 mm；
e) 有防止轴承碎裂引起主轴径向和轴向位移的技术措施；有防止药体进入轴承和机械密封的技术措施。

B.2 输送乳化基质或乳化炸药的螺杆泵主要技术参数

输送乳化基质或乳化炸药的螺杆泵的主要技术参数应符合以下要求：
a) 定子材质：
　　——应选用耐油、耐温型，宜采用非金属软性材料；
　　——定子的耐温性应高于被输送物料 20 ℃以上。
b) 螺杆的工作转速不宜超过 150 r/min；宜有超压自动泄爆装置。
c) 转动部件不应有进入危险物料的可能。

B.3 其他

乳化炸药乳化器主要技术参数与国家民爆行业行政主管部门最新公布的专用生产设备

目录编录要求有差别的,以最新要求为准。

附 录 C
（规范性附录）

工业炸药及其炸药制品生产线危险工房(工位)操作定员、最大允许定员和危险品定量

工业炸药及其炸药制品生产线危险工房(工位)操作定员、最大允许定员和危险品定量见表C.1。

表 C.1 工业炸药及其炸药制品生产线危险工房(工位)操作定员、最大允许定员和危险品定量

项目	序号	工房名称	操作定员/最大允许定员/危险品定量	主要操作工位
工业炸药	1	原料制备工房	6/9/设计定量	硝酸甲胺中和、浓缩/其他爆炸性原材料准备
	2	制药工房	6/9/设计定量	原料准备、混制、在线检查等
	3	制药与装药工房	12/15/设计定量	原料准备、混制、在线检查、装药等
	4	装药与包装工房	22/25/设计定量	半成品输送、装药、包装、装运
	5	制药与装药、包装联建工房	15/18/设计定量	原料准备、混制、在线检查、半成品输送、装药、包装、装运
	6	包装工房	6/9/设计定量	包装、装运
震源药柱、起爆具	1	工业炸药制药与装药联建工房	15/18/设计定量	配料、熔化、塑化、罐装
	2	装药与包装联建工房	22/25/设计定量	装药、炸药制品整理、装箱、包装、装运等
	3	包装工房	6/9/设计定量	包装、装运
	4	起(传)爆药柱压制(铸装)	3/5/工位	压制(铸装)
石油射孔弹(分工房和工位计算)	1	单质炸药准备	1/2/抗爆间设计定量	炸药准备
	2	称量	1/2/6 kg(工位)	每一个工位1人称量,加送药交叉2人
	3	压药	1/2/3 kg(工位、抗爆间设计定量)	每一个工位1人压药,加搬运交叉2人
	4	擦药	2/3/8 kg(工位)	每一个工位2人擦药,加搬运交叉3人
	5	口部涂胶	2/3/8 kg(工位)	每一个工位2人涂胶,加搬运交叉3人

表 C.1（续）

项目	序号	工房名称	操作定员/最大允许定员/危险品定量	主要操作工位
石油射孔弹（分工房和工位计算）	6	插压丝	2/3/8 kg（工位）	每一个工位2人压丝，加搬运交叉3人
	7	固化	0/2/20 kg（工作室）	无人操作，搬运交叉2人
	8	外观检查	1/2/12 kg（工位）	每一个工位1人检查，加搬运交叉2人
	9	喷码	2/3/12 kg（工位）	排弹2人，加运输交叉3人
	10	装箱、包装	5/6/12 kg（工位）	传送、装箱、包装5人，加搬运交叉6人
		累计	17/22/工房设计总量	—
注：其他炸药制品生产线危险工房（工位）操作定员、最大允许定员和危险品定量由生产企业参照本标准相关类别的产品制定。				

附 录 D
（规范性附录）
起爆器材生产线危险工房（工位）操作定员、最大允许定员和危险品定量

起爆器材生产线危险工位操作定员、最大允许定员和危险品定量见表 D.1。

表 D.1 起爆器材生产线危险工位操作定员、最大允许定员和危险品定量

项目	序号	工位名称	操作定员/最大允许定员/危险品定量	主要操作工位及防护要求
工业雷管	1	起爆药化合	1/3/抗爆间设计定量	LA、GTG、NHN等的化合在抗爆间内，人机隔离下的辅助操作
			4/6/设计定量或规定定量	同一个工房内DDNP中和、还原、重氮，人工操作
	2	洗涤、抽滤	1/3/抗爆间设计定量	LA、GTG、NHN等洗涤、抽滤在抗爆间室内人机隔离下的辅助操作
			1/3/抗爆间设计定量	同一个工房内DDNP洗涤、抽滤，人工操作

表 D.1（续）

项目	序号	工位名称	操作定员/最大允许定员/危险品定量	主要操作工位及防护要求
工业雷管	3	分盘	1/2/抗爆间设计定量	同一抗爆间内,湿起爆药人工分盘
	4	干燥	1/2/抗爆间设计定量	同一抗爆间内真空干燥或烘房干燥
	5	筛药	1/1/抗爆间设计定量	同一抗爆间内防爆墙外人机隔离操作
	6	起爆药传送	1/2/3 kg	人工室内外传送干品
			1/2/企业规定定量	工序间传送湿品
	7	延期药混合	1/1/设计定量或规定定量	有防护的人机隔离辅助操作
	8	延期药造粒	1/1/设计定量或规定定量	有防护的人机隔离辅助操作
	9	延期药干燥	1/1/设计定量或规定定量	有防护的人机隔离辅助操作
	10	延期药筛分	1/1/设计定量或规定定量	有防护的人机隔离辅助操作
	11	装延期药	1/2/设计定量或规定定量	有防护的人机隔离辅助操作
	12	炸药传送	1/2/装填线暂存间定量	人工室内外传送
	13	装单质炸药	1/2/抗爆间内执行设计定量、室外 400 发	抗爆间室外人工辅助操作
	14	装起爆药	1/1/抗爆间内执行设计量、室外防爆装置内 200 发	抗爆间室外人工辅助操作
	15	压药、压合	1/1/抗爆间内执行设计量、室外防爆装置内 200 发	抗爆装甲外人工辅助操作
	16	拔管、擦浮药、装盒、检查	1/2/320 发工业雷管(作业台上 100 发,其余在防爆装置内)	抗爆装甲外人工辅助操作
	17	剔废品	1/2/320 发工业雷管(作业台 120 发,其余在防爆装置内)	有防护罩下的人工操作

表 D.1（续）

项目	序号	工位名称	操作定员/最大允许定员/危险品定量	主要操作工位及防护要求
工业雷管	18	混制点火药	1/2/抗爆间设计定量	抗爆间室外人机隔离辅助操作
			1/1/20g(干基)	有防护罩下的人工操作
	19	卡中腰	1/2/320发工业雷管(作业台2发,其余存防爆装置内)	防护装甲间内,防护罩下的人工操作
	20	卡成品	1/2/320发工业雷管(作业台20发,其余存防爆装置内)	防护装甲间内,防护罩下的人工操作
	21	工业电雷管导通	1/2/220发工业雷管(作业台上防爆装置内20发,其余存防爆装置内)	防护装甲间内,防护罩下的人工操作
	22	编码排管	1/2/220发工业雷管(作业台上基础管100发或60发工业电雷管或60发导爆管雷管,其余存防爆装置内)	防护装甲间内,防护罩下的人工操作
	23	编码拆模、检查	1/2/220发工业雷管(作业台上120发工业电雷管或50发导爆管雷管,其余存防爆装置内)	防护装甲间内,防护罩下的人工操作
	24	工业雷管打把、验数	1/2/400发工业雷管(作业台上100发,其余存防爆装置内)	防护装甲间内,防护罩下的人工操作
	25	沾蜡	1/2/200发工业雷管	防护装甲间内,人工操作
	26	装盒	1/2/500发工业雷管(作业台上100发,其余存防爆装置内)	防护装甲间内,防护罩下的人工操作
	27	包中包	2/2/600发工业雷管	防护装甲或独立工作间内的人工操作
	28	传送带	半自动线:1/2/100发工业雷管	人工辅助操作,传送带上各工位上的量
	29	装箱	1/2/2 000发成品雷管(基础雷管5 000发)	一个装箱间内

表 D.1（续）

项目	序号	工位名称	操作定员/最大允许定员/危险品定量	主要操作工位及防护要求
工业雷管	30	成品组批或待运	1/2/6 箱成品工业雷管（6000 发）或基础雷管 4 箱	一个暂存间内
	31	基础雷管传送	1/1/20 000 发	工房之间、工库房之间人力车
	32	成品传送	1/2/6 000 发工业雷管	手推车人工操作
	33	半成品试验	1/2/200（作业台上 10 发，其余存防爆装置内）	防护装甲或独立工作间内的人工操作
	34	质检抽样	1/2/300 发工业雷管	防护装甲间内的人工操作
	35	成品试验	2/2/按照企业相关规定执行	—
	36	销毁	2/2/按照企业相关规定执行	—
导爆管	1	混药	1/1/抗爆设计定量	抗爆墙外人机隔离下的辅助操作
	2	干燥	1/1/抗爆设计定量	抗爆墙外人机隔离下的辅助操作
	3	制管（机台）	1/2/40 g（药斗）或按抗爆设计	单台机的加药和收管操作
工业导爆索	1	单质炸药准备	1/2/设计定量	太安、黑索今等炸药造粒、过筛
	2	制索	1/2/抗爆间设计定量	人机隔离下的制索巡检、收卷操作
	3	涂塑	1/2/设计定量	涂塑巡检、收卷
	4	包装	5/6/设计定量	盘卷分切、包卷、装箱、装运
注：DDNP 为二硝基重氮酚起爆药的缩写；LA 为叠氮化铅起爆药的缩写；GTG 为高氯酸三碳酰肼合镉（Ⅱ）起爆药的缩写；NHN 为硝酸肼镍起爆药的缩写。				

附 录 E
(资料性附录)
危险工(库)房警示标志牌式样

E.1 "危险工(库)房警示标志牌"尺寸应为 700 mm×660 mm;材质应有一定强度,不易变形;字体大小按字数多少排列并居中;标志牌颜色与字体颜色应有明显反差,且宜采用白底黑字。

E.2 危险工(库)房警示标志牌样式见图 E.1。

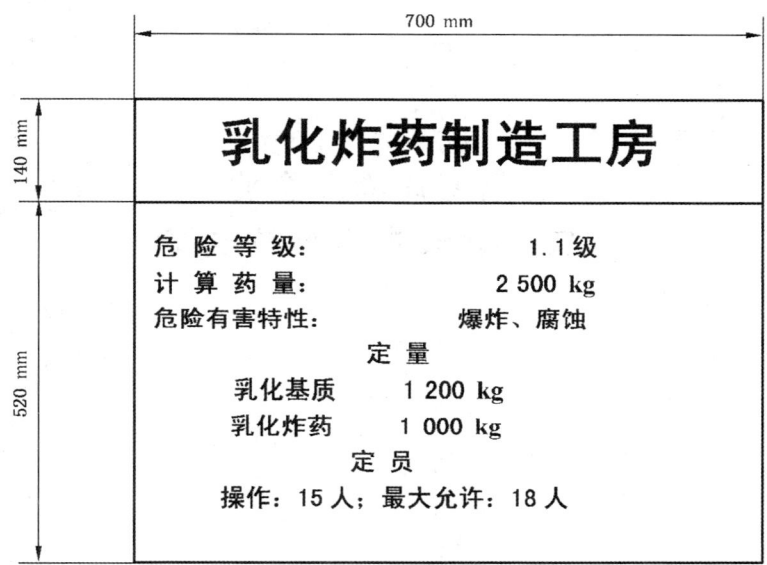

图 E.1 危险工(库)房警示标志牌样式

E.3 警示标志牌内容应符合以下要求:
   a) "危险工(库)房名称"按建筑物内实际生产或存储主要危险品名称确定,如:乳化炸药制造工房、工业雷管库;
   b) "工(库)房危险等级、计算药量"按 GB 50089 的规定确定;
   c) "危险工(库)房操作定员和最大允许定员"按附录 C、附录 D 的规定确定;
   d) "危险品名称及定量"按建筑物内存放的主要危险性原材料、半成品及成品的名称和最大允许存放危险品的数量确定;
   e) "危险、有害特性"按危险品的主要危险性和有害性确定。

附 录 F
（资料性附录）
民用爆炸物品企业火灾、爆炸、中毒事故档案

F.1 民用爆炸物品企业火灾、爆炸、中毒事故档案封面格式见图 F.1。

民用爆炸物品企业
火灾、爆炸、中毒事故档案

事故企业名称 _____

企业注册地省份 _____

事故地点省份 _____

年　　月　　日

图 F.1　民用爆炸物品企业火灾、爆炸、中毒事故档案封面格式

F.2 民用爆炸物品企业火灾、爆炸、中毒事故记录表格样式见表 F.1。

表 F.1 民用爆炸物品企业火灾、爆炸、中毒事故记录表格样式

企业名称	
发生事故时间	年　月　日　时　分
发生事故单位、地点	
事故性质	
事故类别	
伤亡人数	死亡　　人　　　　重伤　　人　　　　轻伤　　人
直接经济损失（万元）	
破坏程度	
事故概况	
事故经过	
原因分析	
整改措施	
填报单位意见	填表人（签字）　　　　　企业负责人（签字）　　　　　单位（公章） 　　年　月　日　　　　　　　　　　　年　月　日

注1：凡有事故现场的录像带、照片等资料随此表一并附上。
注2：表格内内容填不下时可附页。

烟花爆竹工程设计安全规范(GB 50161—2009)

前 言

本规范是根据原建设部《关于印发〈2007年工程建设标准规范制订、修订计划(第二批)〉的通知》(建标〔2007〕126号)的要求,由兵器工业安全技术研究所和国家安全生产宜春烟花爆竹检测检验中心会同有关单位,对原国家标准《烟花爆竹工厂设计安全规范》GB 50161—92进行修订而成。

本规范在修订过程中,遵照《中华人民共和国安全生产法》和国家基本建设的有关政策,贯彻"安全第一,预防为主,综合治理"的方针,对湖南、江西、广西等烟花爆竹主产区30多个烟花爆竹生产、经营企业进行了调查研究。总结了我国烟花爆竹生产的实践经验,参考了有关国内标准和国外标准。在全国范围内广泛征求了有关行业协会、科研检测单位、大专院校、企业单位及行业主管部门的意见,最后经审查定稿。

本规范共分12章和1个附录。主要内容包括工艺、总图、建筑、结构、消防、废水处理、采暖通风、电气等专业的安全必要规定。

本次修订的主要技术内容有:增加了术语一章,调整了建筑物的危险等级,增加了工艺安全要求,调整了危险性建筑物的内外部最小允许距离,增加了结构防护要求,修订了电气危险场所的类别划分,补充了电气安全要求。

本规范中以黑体字标志的条文为强制性条文,必须严格执行。

本规范由住房和城乡建设部负责管理和对强制性条文的解释,国家安全生产监督管理总局安全监督管理三司负责日常管理,兵器工业安全技术研究所负责具体技术内容的解释。

本规范在执行过程中,如发现需要修改或补充之处,请将意见和有关资料寄送兵器工业安全技术研究所(地址:北京市55号信箱,邮政编码:100053,传真:010-83111943),以供今后修订时参考。

本规范主编单位、参编单位、主要起草人和主要审查人员:
主 编 单 位:兵器工业安全技术研究所
       国家安全生产宜春烟花爆竹检测检验中心
参 编 单 位:湖南烟花爆竹产品安全质量监督检测中心
       江西省李渡烟花集团有限公司
       熊猫烟花集团股份有限公司
主 要 起 草 人:魏新熙　范军政　郑志良　李后生　王爱凤
       陶少萍　陈　洁　侯国平　尹君平　张幼平
       白春光　管怀安　董文学　王建国　阎　翀
       万　军　郭玲香　罗建社　黄茶香
主要审查人员:赵家玉　黄明章　刘幼贞　张兴林　韩国庆
       杜元金　潘功配　李金明　李增义　黄玉国
       刘春文　肖湘杰　余建国　袁学群

1 总则

1.0.1 为贯彻《中华人民共和国安全生产法》,坚持"安全第一、预防为主、综合治理"的方针,规范烟花爆竹工程的设计,预防和减少生产安全事故,保障人民群众生命和财产安全,促进烟花爆竹行业安全、持续、健康发展,制定本规范。

1.0.2 本规范适用于烟花爆竹生产项目和经营批发仓库的新建、改建和扩建工程设计;本规范不适用于经营零售烟花爆竹的储存,以及军用烟火的制造、运输和储存。

1.0.3 本规范有关外部安全距离的规定也适用于在烟花爆竹生产企业和经营批发企业仓库周边进行居民点、企业、城镇、重要设施的规划建设。

1.0.4 本规范规定了烟花爆竹生产项目和经营批发仓库工程设计的基本技术要求。当本规范与国家法律、行政法规的规定相抵触时,应按国家法律、行政法规的规定执行。

1.0.5 烟花爆竹生产项目和经营批发仓库的工程设计除应执行本规范的规定外,尚应符合国家现行有关标准的规定。

2 术语

2.0.1
烟花爆竹生产项目 fireworks and firecracker project
指生产烟花、爆竹及生产用于烟花、爆竹产品的黑火药、烟火药、引火线、电点火头等的厂房、场所及配套的仓库。

2.0.2
危险品 hazardous goods
指本规范范围内的烟火药、黑火药、引火线、氧化剂等,以及用以上物品制成的烟花、爆竹在制品、半成品、成品。

2.0.3
在制品 work in-process
指正在各生产阶段加工的产品。

2.0.4
半成品 semi-finished product
指在某些生产阶段上已完工,尚需进一步加工的产品。

2.0.5
危险品生产厂房 production building of hazardous goods
生产、制造、加工危险品的建筑物。

2.0.6
中转库 transit store
在生产过程中,在厂区内用于暂存药物、半成品、成品、引火线及有药部件的建(构)筑物。

2.0.7
危险品总仓库区 hazardous goods general store area
指储存成品、化工原材料、药物(黑火药、烟火药、亮珠、药柱、药块)、效果内筒、引火线的危险品仓库集中的区域。

2.0.8

　　临时存药洞　temporary explosive storage cave
　　指在危险性建筑物附近自然山体内镶嵌的临时存放药物的洞室。

2.0.9

　　危险性建筑物　hazardous goods building
　　指生产或储存危险品的建（构）筑物，包括危险品生产厂房、储存库房（仓库）、晒场、临时存药洞等。

2.0.10

　　计算药量　explosive quantity
　　能形成同时爆炸或燃烧的危险品最大药量。

2.0.11

　　摩擦类药剂　friction ignited powder
　　含氯酸钾、硫化锑、雷酸银等药剂，经摩擦能产生引燃（爆）作用的药剂。

2.0.12

　　笛音剂　whistling powder
　　含高氯酸钾、苯甲酸氢钾、苯二甲酸氢钾等药剂，能产生哨音效果的药剂。

2.0.13

　　爆炸音剂　powder with detonation sound
　　含高氯酸盐、硝酸盐、硫磺、硫化锑、铝粉等药剂，能产生爆炸音响效果的药剂。

2.0.14

　　外部最小允许距离　external separation distance
　　指危险性建筑物与外部各类目标之间，在规定的破坏标准下所允许的最小距离。它是按建筑物的危险等级和计算药量确定的。

2.0.15

　　内部最小允许距离　imernal separation distance
　　指危险品厂房、库房与相邻建筑物之间，在规定的破坏标准下所允许的最小距离。它是按建筑物的危险等级和计算药量确定的。

2.0.16

　　防护屏障　protecting barrier
　　有天然屏障和人工屏障，其形式、强度均能按规定方式限制爆炸冲击波、碎片、火焰对附近建筑物及设施的影响。

2.0.17

　　人均使用面积　useable floor area per capita
　　厂房内有效使用面积按作业人员平均，每个作业人员所占有的面积。

2.0.18

　　轻型泄压屋盖　light relief roof
　　泄压部分（不包括檩条、梁、屋架）由轻质材料构成，当建筑物内部发生事故时，具有泄压效能，使建筑物主体结构尽可能不受到破坏的屋盖。
　　轻型泄压部分的单位面积重量不应大于 $0.8\ kN/m^2$。

2.0.19

轻质易碎屋盖　light fragile roof

由轻质易碎材料构成,当建筑物内部发生事故时,不仅具有泄压效能,且破碎成小块,减轻对外部影响的屋盖。

轻质易碎部分的单位面积重量不大于 $1.5\ kN/m^2$。

2.0.20

抗爆间室　blast resistant chamber

具有承受本室内因发生爆炸而产生破坏作用的间室,对间室外的人员、设备以及危险品起到保护作用。可根据间室内生产或储存的危险品性质、恢复生产的要求,可承受一次或多次爆炸破坏作用的间室。

2.0.21

抗爆屏院　blast resistant shield yard

当抗爆间室内发生爆炸事故时,为阻止爆炸破片和减弱爆炸冲击波向泄爆方向扩散而在抗爆间室轻型窗外设置的屏院。

2.0.22

装甲防护装置　armor protective device

装于特定场所或设于单个特定设备或操作岗位的装置,以防止装置外的人员、物资或设备受到可能发生的局部火灾或爆炸侵害的金属防护体。

2.0.23

安全出口　emergency exit

建筑物内的作业人员能直接疏散到室外安全地带的门或出口。

2.0.24

生活辅助用室　auxiliary room

指更衣室、盥洗室、浴室、洗衣房、休息室、厕所等。

2.0.25

电气危险场所　electrical installation in hazardous locations

爆炸或燃烧性物质出现或预期可能出现的数量达到足以要求对电气设备的结构、安装和使用采取预防措施的场所。

2.0.26

可燃性粉尘环境　combustible dust atmosphere

在大气环境条件下,粉尘或纤维状的可燃性物质与空气的混合物点燃后,燃烧传至全部未燃混合物的环境。

2.0.27

爆炸性气体环境　explosive gas atmosphere

在大气环境条件下,气体或蒸气可燃性物质与空气的混合物点燃后,燃烧传至全部未燃混合物的环境。

2.0.28

直接接地　direct-earthing

将金属设备或金属构件与接地系统直接用导体进行可靠连接。

2.0.29

间接接地 indirect-earthing

将人体、金属设备等通过防静电材料或防静电制品与接地系统进行可靠连接。

2.0.30

防静电材料 anti-electrostatic material

通过在聚合物内添加导电性物质(炭黑、金属粉等)、抗静电剂等,以降低电阻率,增加电荷泄漏能力的材料统称为防静电材料。

2.0.31

防静电制品 anti-electrostatic ware

由防静电材料制成,具有固体形状,电阻值在 $5 \times 10^4 \ \Omega \sim 1 \times 10^8 \ \Omega$ 范围内的物品。

2.0.32

静电非导体 static non-conductor

体电阻率值大于或等于 $1.0 \times 10^{10} \ \Omega \cdot m$ 的物体或表面电阻率大于或等于 $1.0 \times 10^{11} \ \Omega$ 的物体。

2.0.33

允许最高表面温度 maximum permissible surface temperature

为了避免粉尘点燃,允许电气设备在运行中达到的最高表面温度。

2.0.34

独立变电所 independent electrical substation

变电所为独立的建筑物。

2.0.35

防静电地面 anti-electrostatic floor

能有效地泄漏或消散静电荷,防止静电荷积累的地面。

2.0.36

静电泄漏电阻 electrostatically leakage resistance

物体的被测点与大地之间的总电阻。

2.0.37

防火墙 fire wall

指能够截断火焰及火星传播且在一定时间内能起到隔绝温度传播的不燃烧体材料制成的实心砌体,耐火极限不小于 3 h。防火墙上不应开设门、窗和洞口。

3 建筑物危险等级和计算药量

3.1 建筑物危险等级

3.1.1 危险性建筑物的危险等级,应按下列规定划分为 1.1、1.3 级:

1 1.1 级建筑物为建筑物内的危险品在制造、储存、运输中具有整体爆炸危险或有迸射危险,其破坏效应将波及周围。根据破坏能力划分为 1.1^{-1}、1.1^{-2} 级。

1.1^{-1} 级建筑物为建筑物内的危险品发生爆炸事故时,其破坏能力相当于 TNT 的厂房和仓库;

1.1^{-2} 级建筑物为建筑物内的危险品发生爆炸事故时,其破坏能力相当于黑火药的厂房和仓库。

2 1.3级建筑物为建筑物内的危险品在制造、储存、运输中具有燃烧危险,偶尔有较小爆炸或较小迸射危险,或两者兼有,但无整体爆炸危险,其破坏效应局限于本建筑物内,对周围建筑物影响较小。

3.1.2 厂房的危险等级应由其中最危险的生产工序确定。仓库的危险等级应由其中所储存最危险的物品确定。

3.1.3 危险品生产工序的危险等级分类应符合表3.1.3-1的规定。危险品仓库的危险等级分类应符合表3.1.3-2的规定。

表3.1.3-1 危险品生产工序的危险等级分类

序号	危险品名称	危险等级	生 产 工 序
1	黑火药	1.1^{-2}	药物混合(硝酸钾与碳、硫球磨),潮药装模(或潮药包片),压药,拆模(撕片),碎片、造粒、抛光、浆药、干燥、散热、筛选、计量包装
		1.3	单料粉碎、筛选、平燥、称料,硫、碳二成分混合
2	烟火药	1.1^{-1}	药物混合,造粒,筛选,制开球药,压药,浆药,干燥,散热,计量包装
		1.1^{-2}	褙药柱(药块),湿药调制,烟雾剂干燥、散热、计量包装
		1.3	氧化剂、可燃物的粉碎与筛选,称料(单料)
3	引火线	1.1^{-2}	制引,浆引,漆引,干燥,散热,绕引,定型裁割,捆扎,切引,包装
4	爆竹类	1.1^{-1}	装药
		1.1^{-2}	黑火药装药
		1.3	插引(含机械插引,手工插引和空筒插引),挤引,封口,点药,结鞭,包装
5	组合烟花类、内筒型小礼花类	1.1^{-1}	装药,筑(压)药,内筒封口(压纸片、装封口剂)
		1.1^{-2}	装发射药,黑火药装(压)药,已装药部件钻孔,装单个裸药件,单筒药量≥25g非裸药件组装,外筒封口(压纸片)
		1.3	蘸药,安引,组盆串引(空筒),单筒药量<25g非裸药件组装,包装
6	礼花弹类	1.1^{-1}	装球
		1.1^{-2}	包药,组装(含安引、装发射药包、串球),剖引(引线钻孔),球干燥、散热,包装
		1.3	空壳安引,糊球
7	吐珠类	1.1^{-2}	装(筑)药
		1.3	安引(空筒),组装,包装
8	升空类(含双响炮)	1.1^{-1}	装药,筑(压)药
		1.1^{-2}	黑火药装(筑、压)药,包药,装裸药效果件(含效果药包),单个药量≥30g非裸药件组装
		1.3	安引,单个药量<30g非裸药效果件组装(含安稳定杆),包装

表 3.1.3-1（续）

序号	危险品名称	危险等级	生　产　工　序
9	旋转类（旋转升空类）	1.1^{-1}	装药、筑(压)药
		1.1^{-2}	黑火药装、筑(压)药,已装药部件钻孔
		1.3	安引,组装(含引线、配件、旋转轴、架),包装
10	喷花类和架子烟花	1.1^{-2}	装药、筑(压)药,已装药部件的钻孔
		1.3	安引,组装,包装
11	线香类	1.1^{-1}	装药
		1.3	粘药,干燥,散热,包装
12	摩擦类	1.1^{-1}	雷酸银药物配制,拌药砂,发令纸干燥
		1.1^{-2}	机械蘸药
		1.3	包药砂,手工蘸药,分装,包装
13	烟雾类	1.1^{-2}	装药,筑(压)药
		1.3	糊球,安引,球干燥,散热,组装,包装
14	造型玩具类	1.1^{-1}	装药,筑(压)药
		1.1^{-2}	已装药部件钻孔
		1.3	安引,组装,包装
15	电点火头	1.3	蘸药,干燥(晾干),检测,包装

注：表中未列品种、加工工序,其危险等级可依照本规范第 3.1.1 条并对照本表确定。

表 3.1.3-2　危险品仓库的危险等级分类

贮存的危险品名称	危险等级
烟火药(包括裸药效果件),开球药	1.1^{-1}
黑火药,引火线,未封口含药半成品,单个装药量在 40 g 及以上已封口的烟花半成品及含爆炸音剂、笛音剂的半成品,已封口的 B 级爆竹半成品,A、B 级成品(喷花类除外),单筒药量 25 g 及以上的 C 级组合烟花类成品	1.1^{-2}
电点火头,单个装药量在 40 g 以下已封口的烟花半成品(不含爆炸音剂、笛音剂),已封口的 C 级爆竹半成品,C、D 级成品(其中,组合烟花类成品单筒药量在 25 g 以下),喷花类成品	1.3

注：表中 A、B、C、D 级为现行国家标准《烟花爆竹　安全与质量》GB 10631 规定的产品分级。

3.1.4 氧化剂、可燃物及其他化工原材料的火灾危险性分类应符合现行国家标准《建筑设计防火规范》GB 50016 的有关规定。

3.2 计算药量

3.2.1 危险性建筑物的计算药量应为该建筑物内(含生产设备、运输设备和器具里)所存放的黑火药、烟火药、在制品、半成品、成品等能形成同时爆炸或燃烧的危险品最大药量。

3.2.2 防护屏障内的危险品药量应计入该屏障内的危险性建筑物的计算药量。

3.2.3 危险性建筑物中抗爆间室的危险品药量可不计入危险性建筑物的计算药量。

3.2.4 危险性建筑物内采取了分隔防护措施,危险品相互间不会引起同时爆炸或燃烧的药量可分别计算,取其最大值为危险性建筑物的计算药量。

4 工程规划和外部最小允许距离

4.1 工程规划

4.1.1 烟花爆竹生产项目和经营批发仓库的选址应符合城乡规划的要求,并避开居民点、学校、工业区、旅游区、铁路和公路运输线、高压输电线等。

4.1.2 烟花爆竹生产项目应根据所生产的产品种类、工艺特性、生产能力、危险程度进行分区规划,分别设置非危险品生产区、危险品生产区、危险品总仓库区、燃放试验场区和销毁场、行政区。

4.1.3 烟花爆竹生产项目规划应符合下列要求:

1 根据生产、生活、运输、管理和气象等因素确定各区相互位置。危险品生产区、危险品总仓库区宜设在有自然屏障或有利于安全的地带,燃放试验场和销毁场宜单独设在偏僻地带。

2 非危险品生产区可靠近住宅区布置。

3 无关人流和货流不应通过危险品生产区和危险品总仓库区。危险品货物运输不宜通过住宅区。

4.1.4 当烟花爆竹生产项目建在山区时,应合理利用地形,将危险品生产区、危险品总仓库区、燃放试验场或销毁场区布置在有自然屏障的偏僻地带。不应将危险品生产区布置在山坡陡峭的狭窄沟谷中。

4.1.5 烟花爆竹经营批发企业设置危险品仓库时,应符合本规范第4.3节危险品总仓库区外部最小允许距离和第5.3节危险品总仓库区内部最小允许距离的规定。

4.2 危险品生产区外部最小允许距离

4.2.1 危险品生产区内的危险性建筑物与其周围零散住户、村庄、公路、铁路、城镇和本企业总仓库区等外部最小允许距离,应分别按建筑物的危险等级和计算药量计算后取其最大值。外部最小允许距离应自危险性建筑物的外墙算起,晒场自晒场边缘算起。

4.2.2 危险品生产区1.1级建筑物、构筑物的外部最小允许距离不应小于表4.2.2的规定。

表4.2.2 危险品生产区1.1级建筑物、构筑物的外部最小允许距离 (m)

项　目	计算药量(kg)								
	≤10	>10 ≤20	>20 ≤30	>30 ≤50	>50 ≤100	>100 ≤200	>200 ≤300	>300 ≤500	>500 ≤800	>800 ≤1 000
10户或50人以下的零散住户,50人以下的企业围墙,本企业独立的总仓库区建筑物边缘,无摘挂作业铁路中间站站界及建筑物边缘,110 kV架空输电线路	50	60	65	70	80	110	120	140	170	190

表 4.2.2（续） (m)

项　　目	计　算　药　量　(kg)								
	≤10	>10 ≤20	>20 ≤30	>30 ≤50	>50 ≤100	>100 ≤200	>200 ≤300	>300 ≤500	>500 ≤800	>800 ≤1 000
村庄边缘,学校,职工人数在50人及以上的企业围墙,有摘挂作业的铁路车站站界及建筑物边缘,220 kV 以下的区域变电站围墙,220 kV 架空输电线路	60	70	80	100	120	160	180	210	250	270
城镇规划边缘,220 kV 及以上的区域变电站围墙,220 kV 以上的架空输电线路	110	130	150	180	220	290	330	370	450	490
铁路线、二级及以上公路路边、通航的河流航道边缘	35	40	50	60	70	95	110	120	150	160
三级公路路边、35 kV 架空输电线路	35	35	40	50	60	80	90	110	130	140

4.2.3 危险品生产区 1.3 级建筑物、构筑物的外部最小允许距离不应小于表 4.2.3 的规定。

表 4.2.3　危险品生产区 1.3 级建筑物、构筑物的外部最小允许距离　　(m)

项　　目	计　算　药　量　(kg)					
	≤100	>100 ≤200	>200 ≤400	>400 ≤600	>600 ≤800	<800 ≤1000
10 户或 50 人以下的零散住户,50 人以下的企业围墙,本企业独立的总仓库区建筑物边缘,无摘挂作业铁路中间站站界及建筑物边缘,110 kV 架空输电线路	35	35	35	35	35	35
村庄边缘,学校,职工人数在 50 人及以上的企业围墙,有摘挂作业的铁路车站站界及建筑物边缘,220 kV 以下的区域变电站围墙,220 kV 架空输电线路	40	42	44	46	48	50
城镇规划边缘,220 kV 及以上的区域变电站围墙,220 kV 以上的架空输电线路	60	65	70	75	80	90
铁路线、二级及以上公路路边、通航的河流航道边缘	35	35	40	40	40	40
三级公路路边、35 kV 架空输电线路	35	35	35	35	35	35

4.3　危险品总仓库区外部最小允许距离

4.3.1　危险品总仓库区内的危险性建筑物与其周围零散住户、村庄、公路、铁路、城镇和本企业生产区等外部最小允许距离,应分别按建筑物的危险等级和计算药量计算后取其最大值。外部最小允许距离应自危险性建筑物的外墙算起。

4.3.2 危险品总仓库区1.1级仓库的外部最小允许距离不应小于表4.3.2的规定。

表4.3.2 危险品总仓库区1.1级仓库的外部最小允许距离 （m）

项 目	计 算 药 量 （kg）										
	≤500	>500 ≤1 000	>1 000 ≤2 000	>2 000 ≤3 000	>3 000 ≤4 000	>4 000 ≤5 000	>5 000 ≤6 000	>6 000 ≤7 000	>7 000 ≤8 000	>8 000 ≤9 000	>9 000 ≤10 000
10户或50人以下的零散住户,50人以下的企业围墙,本企业生产区建筑物边缘,无摘挂作业铁路中间站站界及建筑物边缘,110 kV架空输电线路	115	145	185	210	230	250	260	275	290	300	310
村庄边缘,学校,职工人数在50人及以上的企业围墙,有摘挂作业的铁路车站站界及建筑物边缘,220 kV以下的区域变电站围墙,220 kV架空输电线路	175	220	280	320	350	380	400	420	440	460	480
城镇规划边缘,220 kV及以上的区域变电站围墙,220 kV以上的架空输电线路	315	400	510	580	630	690	720	760	800	830	860
铁路线、二级及以上公路路边、通航的河流航道边缘	100	125	155	180	195	210	220	235	245	255	270
三级公路路边、35 kV架空输电线路	80	90	110	120	130	140	150	160	170	180	190

4.3.3 危险品总仓库区1.3级仓库的外部最小允许距离不应小于表4.3.3的规定。

表4.3.3 危险品总仓库区1.3级仓库的外部最小允许距离 (m)

项 目	计 算 药 量 （kg）										
	≤500	>500 ≤2 000	>2 000 ≤3 000	>3 000 ≤4 000	>4 000 ≤5 000	>5 000 ≤6 000	>6 000 ≤7 000	>7 000 ≤8 000	>8 000 ≤9 000	>9 000 ≤10 000	>10 000 ≤20 000
10户或50人以下的零散住户,50人以下的企业围墙,本企业生产区建筑物边缘,无摘挂作业铁路中间站站界及建筑物边缘,110 kV架空输电线路	35	40	45	48	50	55	57	60	65	78	85
村庄边缘,学校,职工人数在50人及以上的企业围墙,有摘挂作业的铁路车站站界及建筑物边缘,220 kV以下的区域变电站围墙,220 kV架空输电线路	40	65	75	80	85	90	95	100	105	110	140
城镇规划边缘,220 kV及以上的区域变电站围墙,220 kV以上的架空输电线路	70	110	120	130	140	150	160	170	180	190	250
铁路线、二级及以上公路路边、通航的河流航道边缘	40	50	50	50	50	50	50	50	53	55	70
三级公路路边、35 kV架空输电线路	35	35	38	40	43	45	48	50	53	55	70

4.3.4 若将总仓库区和生产区相邻或相连时,两者之间距离应按照各自外部最小允许距离要求计算,取大值。

4.4 燃放试验场和销毁场外部是小允许距离

4.4.1 燃放试验场的外部最小允许距离不应小于表4.4.1的规定。

表 4.4.1 燃放试验场的外部最小允许距离 （m）

项 目	燃放试验场类别				
	地面烟花	升空烟花	≤4号礼花弹	≥5号礼花弹<10号礼花弹	≥10号礼花弹
危险品生产区及危险品仓库易燃易爆液体库	50	200	300	600	800
居民住宅	30	100	150	300	400

注:外部最小允许距离自燃放试验场边缘算起。

4.4.2 烟花爆竹企业的危险品销毁场边缘距场外建筑物的外部最小允许距离不应小于65 m,一次烧毁药量不应超过20 kg。

5 总平面布置和内部最小允许距离

5.1 总平面布置

5.1.1 危险品生产区的总平面布置应符合下列规定:

    1 同时生产烟花爆竹多个产品类别的企业,应根据生产工艺特性、产品种类分别建立生产线,并应做到分小区布置。

    2 生产线的厂(库)房的总平面布置应符合工艺流程及生产能力的要求,宜避免危险品的往返和交叉运输。

    3 危险性建筑物之间、危险性建筑物与其他建筑物之间的距离应符合内部最小允许距离的要求。

    4 同一危险等级的厂房和库房宜集中布置;计算药量大或危险性大的厂房和库房,宜布置在危险品生产区的边缘或其他有利于安全的地形处;粉尘污染比较大的厂房应布置在厂区的边缘。

    5 危险品生产厂房宜小型、分散。

    6 危险品生产厂房靠山布置时,距山脚不宜太近。当危险品生产厂房布置在山凹中时,应考虑人员的安全疏散和有害气体的扩散。

5.1.2 危险品总仓库区的总平面布置应符合下列规定:

    1 应根据仓库的危险等级和计算药量结合地形布置。

    2 比较危险或计算药量较大的危险品仓库,不宜布置在库区出入口的附近。

    3 危险品运输道路不应在其他防护屏障内穿行通过。

    4 不同类别仓库应考虑分区布置,同一危险等级的仓库宜集中布置,计算药最大或危险性大的仓库宜布置在总仓库区的边缘或其他有利于安全的地形处。

5.1.3 危险品生产区和危险品总仓库区的围墙设置应符合下列规定:

  1 危险品生产区和危险品总仓库区应设置高度不低于2 m的围墙。
  2 围墙与危险性建筑物、构筑物之间的距离宜为12 m,且不得小于5 m。
  3 围墙应为密砌墙,特殊地形设置密砌围墙有困难时,局部地段可设置刺丝网围墙。
5.1.4 危险品生产区和危险品总仓库区的绿化,宜种植阔叶树。
5.1.5 距离危险性建筑物、构筑物外墙四周5 m内宜设置防火隔离带。

5.2 危险品生产区内部最小允许距离

5.2.1 危险品生产区内各建筑物之间的内部最小允许距离,应分别按照各危险性建筑物的危险等级及其计算药量所确定的距离和本节各条所规定的距离,取其最大值。内部最小允许距离应自建筑物的外墙算起,晒场自晒场边缘算起。

5.2.2 危险品生产区内1.1^{-1}级建筑物与邻近建筑物的内部最小允许距离,应符合表5.2.2的规定。

表5.2.2 危险品生产区内1.1^{-1}级建筑物与邻近建筑物的内部最小允许距离

计算药量(kg)	双有屏障(m)	单有屏障(m)	因屏障开口形成双方无屏障(m)
≤5	12(7)	12(7)	14
10	12(7)	12(8)	16
20	12(7)	12(10)	20
30	12(7)	12	24
40	12(8)	14	28
60	12(9)	15	30
80	12(10)	16	32
100	12	18	36
200	14	22	44
300	16	25	50
400	18	28	55
500	20	30	60
800	23	35	70
1000	25	38	76

注:当两座相邻厂房相对的外墙均为防火墙时,可采用括号内数字。

5.2.3 危险品生产区内1.1^{-2}级建筑物与邻近建筑物的内部最小允许距离,应符合表5.2.2中的数字乘以0.8,但不得小于表中相应列的最小值。

5.2.4 1.1级建筑物有敞开面时,该敞开面方向的内部最小允许距离应按本规范表5.2.2的要求计算后再增加20%。

5.2.5 在一条山沟中,当1.1级建筑物镶嵌在山坡陡峻的山体中时,与其正前方建筑物的内部最小允许距离应按本规范第5.2.2条或第5.2.3条的要求计算后再增加50%。

5.2.6 危险品生产区内布置有进射危险产品的生产线时,该生产线有进射危险品的建筑物与其他生产线建筑物的内部最小允许距离,应分别按各自的危险等级和计算药量计算后再增加50%。

5.2.7 危险品生产区内1.1级建筑物与公用建筑物、构筑物的内部最小允许距离应符合下列规定：

1 与锅炉房、独立变电所、水塔、高位水池（包括地上、地下或半地下）及消防蓄水池、有明火或散发火星的建筑物的内部最小允许距离，应按本规范表5.2.2的要求计算后再增加50%，并不应小于50 m。

2 与厂区内办公室、食堂、汽车库的内部最小允许距离，应按本规范表5.2.2的要求计算后再增加50%，并不应小于65 m。

5.2.8 危险品生产区内1.3级建筑物与邻近建筑物的内部最小允许距离应符合表5.2.8的规定。

表5.2.8 危险品生产区内1.3级建筑物与邻近建筑物的内部最小允许距离

计算药量(kg)	内部最小允许距离(m)
≤50	12
100	14
200	16
400	18
600	20
800	22
1 000	25

注：当两座相邻厂房相对的外墙均为防火墙时，表中距离可乘以0.8，但不得小于12 m。

5.2.9 危险品生产区内1.3级建筑物与公用建筑物、构筑物的内部最小允许距离应符合下列规定：

1 与锅炉房、有明火或散发火星的建筑物的内部最小允许距离不应小于50 m。

2 与独立变电所、水塔、高位水池（包括地上、地下或半地下）及消防蓄水池的内部最小允许距离不应小于35 m。

3 与厂区内办公室、食堂、汽车库的内部最小允许距离不应小于50 m。

5.2.10 在山区建厂利用山体设置临时存药洞时，临时存药洞洞口相对位置不应布置建筑物，临时存药洞外壁与相邻建筑物之间的内部最小允许距离应符合表5.2.10的规定。

表5.2.10 临时存药洞外壁与邻近建筑物之间的内部最小允许距离

计算药量(kg)	内部最小允许距离(m)
≤5	4
10	5

5.3 危险品总仓库区内部最小允许距离

5.3.1 危险品总仓库区内各建筑物之间的内部最小允许距离，应按各仓库的危险等级和计算药量分别计算后取其最大值。内部最小允许距离应自建筑物的外墙算起。

5.3.2 危险品总仓库区内 1.1^{-1} 级仓库与邻近危险品仓库的内部最小允许距离应符合表 5.3.2 的规定。

表 5.3.2 危险品总仓库区内 1.1^{-1} 级仓库与邻近危险品仓库的内部最小允许距离

计算药量(kg)	单有屏障(m)	双有屏障(m)
≤100	20	12
>100 ≤500	25	15
>500 ≤1 000	30	20
>1 000 ≤3 000	40	25
>3 000 ≤5 000	50	30
>5 000 ≤7 000	56	33
>7 000 ≤9 000	62	37
>9 000 ≤10 000	65	40

5.3.3 危险品总仓库区内 1.1^{-2} 级仓库与邻近危险品仓库的内部最小允许距离应符合表 5.3.2 中规定的距离乘以 0.8，但不得小于表中相应列的最小值。

5.3.4 危险品总仓库区内 1.3 级仓库与邻近危险品仓库的内部最小允许距离应符合表 5.3.4 的规定。

表 5.3.4 危险品总仓库区内 1.3 级仓库与邻近危险品仓库的内部最小允许距离

计算药量(kg)	内部最小允许距离(m)
≤500	15
>500 ≤1 000	20
>1 000 ≤5 000	25
>5 000 ≤10 000	30
>10 000 ≤15 000	35
>15 000 ≤20 000	40

5.3.5 危险品总仓库区 10 kV 及以下变电所与危险品仓库的内部最小允许距离应符合下列规定：
　　1 与 1.1^{-1} 级、1.1^{-2} 级仓库的内部最小允许距离应分别符合本规范第 5.3.2 条和第 5.3.3 条的规定，并不应小于 50 m。
　　2 与 1.3 级仓库的内部最小允许距离应符合表 5.3.4 的规定，并不应小于 25 m。

5.3.6 危险品总仓库区值班室宜结合地形布置在有自然屏障处，与危险品仓库的内部最小允许距离应符合下列规定：
　　1 与 1.1^{-1} 级仓库的内部最小允许距离应符合表 5.3.6-1 的规定。
　　2 与 1.1^{-2} 级仓库的内部最小允许距离按表 5.3.6-1 的要求乘以 0.8，但不得小于表中相应列的最小值。
　　3 与 1.3 级仓库的内部最小允许距离应符合表 5.3.6-2 的规定。
　　4 当值班室采取抗爆结构时，其与各级仓库的内部最小允许距离按设计确定。

表 5.3.6-1　1.1^{-1} 级仓库与库区值班室的内部最小允许距离

计算药量(kg)	值班室无防护屏障(m)	值班室有防护屏障(m)
≤500	50	35
>500 ≤1 000	65	50
>1 000 ≤5 000	110	80
>5 000 ≤10 000	140	100

表 5.3.6-2　1.3 级仓库与库区值班室的内部最小允许距离

计算药量(kg)	内部最小允许距离(m)
≤500	25
>500 ≤1 000	30
>1 000 ≤5 000	35
>5 000 ≤10 000	40
>10 000 ≤20 000	50

5.3.7 当危险品总仓库区设置无固定值班人员岗哨时，岗哨与危险品仓库的距离可不受本规范第 5.3.6 条的限制。

5.3.8 当采用洞库或覆土库储存危险品时,洞库或覆土库应符合现行国家标准《地下及覆土火药炸药仓库设计安全规范》GB 50154 中的有关规定。

5.4 防护屏障

5.4.1 防护屏障的形式应根据总平面布置、运输方式、地形条件、建筑物内计算药量等因素确定。防护屏障可采用防护土堤、钢筋混凝土防护屏障或夯土防护墙等形式。防护屏障的设置,应能对本建筑物及邻近建筑物起到防护作用。防护屏障的防护范围应按本规范附录 A 确定。

5.4.2 危险品生产区和危险品总仓库区防护屏障的设置应符合下列规定:

  1 1.1 级建筑物应设置防护屏障。

  2 1.1 级建筑物内计算药量小于 100 kg 时,可采用夯土防护墙。

  3 1.3 级建筑物可不设防护屏障。

5.4.3 防护屏障内坡脚与建筑物外墙之间的水平距离应符合下列规定:

  1 有运输或特殊要求的地段,其距离应按最小使用要求确定,但不应大于 9 m,并适当增加防护屏障高度。

  2 无运输或特殊要求时,其距离不应大于 3 m,且不宜小于 1.5 m。

5.4.4 防护屏障的高度不应低于防护屏障内危险性建筑物侧墙顶部与被保护建筑物屋檐或道路中心线上 3.7 m 处之间连线的高度,并应符合本规范附录 A 的规定。

5.4.5 防护屏障的设置应满足生产运输及安全疏散的要求,并应符合下列规定:

  1 当防护屏障采用防护土堤时,应设置运输通道或运输隧道,并应符合下列规定:

    1) 运输通道和运输隧道应满足运输要求,并应使其防护土堤的无防护作用区为最小。汽车运输通道净宽度不宜大于 5 m。汽车运输隧道净宽度宜为 3.5 m,净高度不宜小于 3.0 m,其结构应符合本规范第 8.7.2 条的规定。

    2) 运输通道的防护土堤端部需设挡土墙时,其结构宜为钢筋混凝土结构。

  2 当在危险品生产厂房的防护土堤内设置安全疏散隧道时,应符合下列规定:

    1) 安全疏散隧道应设置在危险品生产厂房安全出口附近。

    2) 安全疏散隧道的平面形式宜将内端的一半与土堤垂直,外端的一半成 35°角,宜按本规范附录 A 确定。

    3) 安全疏散隧道的净高度不宜小于 2.2 m,净宽度宜为 1.5 m,其结构应符合本规范第 8.7.2 条的规定。

    4) 安全疏散隧道不得兼作运输用。

  3 当防护屏障采用其他形式时,生产运输及安全疏散的要求由抗爆设计确定。

5.4.6 防护土堤的构造应符合下列规定:

  1 防护土堤的顶宽不应小于 1.0 m,底宽应根据不同土质材料确定,但不应小于防护土堤高度的 1.5 倍。防护土堤的边坡应稳定。

  2 在取土困难地区可在防护土堤内坡脚处砌筑高度不大于 1.0 m 的挡土墙,外坡脚处砌筑高度不大于 2.0 m 的挡土墙;在特殊困难情况下,允许在防护土堤底部距建筑物地面标高 1.0 m 范围内填筑块状材料。

5.4.7 夯土防护墙的顶宽不应小于 0.7 m,墙高不应大于 4.5 m,边坡度宜为 1:0.2～1:0.25,应采用灰土为填料,地面至地面以上 0.5 m 范围内墙体应采用砌体或石块砌护墙。

5.4.8 钢筋混凝土防护屏障应根据防护屏障内危险性建筑物的计算药量由抗爆设计确定,并应满足抗爆炸空气冲击波及爆炸碎片的作用。当建筑物外墙为钢筋混凝土墙,且满足抗爆设计要求时,该外墙可作为防护屏障。

6 工艺与布置

6.0.1 烟花爆竹的生产工艺宜采用机械化、自动化、自动监控等可靠的先进技术。对有燃烧、爆炸危险的作业宜采取隔离操作,并应坚持减少厂房内存药量和作业人员的原则,做到小型、分散。

6.0.2 烟花爆竹生产应按产品类型设置生产线,生产工序的设置应符合产品生产工艺流程要求,各危险性建筑物或各生产工序的生产能力应相互匹配。

6.0.3 有燃烧、爆炸危险的作业场所使用的设备、仪器、工器具应满足使用环境的安全要求。

6.0.4 有易燃易爆粉尘散落的工作场所应设置清洗设施,并应有充足的清洗用水。

6.0.5 在危险品生产区内,危险品生产厂房允许最大存药量应符合现行国家标准《烟花爆竹劳动安全技术规程》GB 11652 的有关规定;危险品中转库最大存药量不应超过两天生产需要量,且单库不应超过本规范第 7.1.2 条的规定;临时存药间或临时存药洞的最大存药量不应超过单人半天的生产需要量,且不应超过 10 kg。

6.0.6 1.1 级、1.3 级厂房和库房(仓库)应为单层建筑,其平面宜为矩形。

6.0.7 1.1 级厂房应单机单栋或单人单栋独立设置,当采取抗爆间室、隔离操作时可以联建。引火线制造厂房应单间单机布置,每栋厂房联建间数不超过 4 间。

6.0.8 1.3 级厂房设置应符合下列规定:
    1 工作间联建时应采用密实砌体墙隔开,且联建间数不应超过 6 间,当厂房建筑耐火等级为三级时,联建间数不应超过 4 间。
    2 机械插引厂房工作间联建间数不应超过 4 间,且每个工作间应为单人、单机布置。
    3 原料称量、氧化剂的粉碎和筛选、可燃物的粉碎和筛选,应独立设置厂房。

6.0.9 不同危险等级的中转库应独立设置,且不得和生产厂房联建。

6.0.10 有固定作业人员的非危险品生产厂房不得和危险品生产厂房联建。

6.0.11 1.1 级厂房内不应设置除更衣室外的辅助用室,1.3 级厂房内可设置生产辅助用室(如工器具室等)。

6.0.12 危险品生产厂房内设置临时存药间或在厂房附近设置临时存药洞时,临时存药间与操作间应采用钢筋混凝土墙或不小于 370 mm 的密实砌体墙隔开,临时存药洞的设置应符合本规范第 5.2.10 条和第 8.1.6 条的规定。

6.0.13 危险品生产厂房内的工艺布置应便于作业人员操作、维修以及发生事故时迅速疏散。

6.0.14 对危险品进行直接加工的岗位宜设置防护装甲、防护板或采取人机隔离、远距离操作。对于作业人员与药物直接接触的混药、造粒、装药等工序应设置防护隔离罩、隔离板或其他个体防护装置。对有升空迸射危险的生产岗位宜设置防迸射措施。

6.0.15 1.1 级厂房的人均使用面积不宜少于 9.0 m²,1.3 级厂房的人均使用面积不宜少于 4.5 m²。

6.0.16 有升空迸射危险的生产厂房与相邻厂房的门、窗不宜正对设置。若正对设置时,在门、窗前不大于3.0 m处应设置拦截装置,拦截装置的宽度应大于门窗宽0.5 m(每侧),高度应超出门窗高1.5 m,高出的1.5 m应斜向本建筑物,倾斜角度30°～45°。

6.0.17 烟花爆竹成品、有药半成品和药剂的干燥,宜采用热水、低压蒸汽或利用日光干燥,严禁采用明火烘干。干燥场所应符合下列规定:

  1 干燥厂房内应设置排湿装置、感温报警装置及通风凉药设施。

  2 热水、低压蒸汽干燥厂房内的温度应符合现行国家标准《烟花爆竹劳动安全技术规程》GB 11652的有关规定。

  3 热风干燥厂房可对没有裸露药剂的成品、半成品及无药半成品进行干燥;当对药剂和带裸露药剂的半成品采用热风干燥时,应有防止药物产生扬尘的措施。烘干温度应符合现行国家标准《烟花爆竹劳动安全技术规程》GB 11652的有关规定。

  4 日光干燥应在专门的晒场进行,晒场场地要求平整。危险品晒场周围应设置防护堤,防护堤顶面应高出产品面1 m。

6.0.18 晒场宜设置凉药间或凉药厂房。当有可靠的防雨和防溅措施时,可不设凉药厂房。

6.0.19 运输危险品的廊道应采用敞开式或半敞开式,不宜与危险品生产厂房直接相连。

6.0.20 产品陈列室应陈列产品模型,不应陈列危险品。陈列实物时应单独建设陈列场所,并应满足本规范中的有关条款规定。

7 危险品储存和运输

7.1 危险品储存

7.1.1 危险品的储存应符合现行国家标准《烟花爆竹劳动安全技术规程》GB 11652中有关储存的规定。

7.1.2 库房(仓库)危险品的存药量和建设规模应符合下列规定:

  1 危险品生产区内,1.1级中转库单库存药量不应超过500 kg,1.3级中转库单库存药量不应超过1 000 kg。

  2 危险品总仓库区内,1.1级成品仓库单库存药量不宜超过10 000 kg,1.3级成品仓库单库存药量不宜超过20 000 kg,烟火药、黑火药、引火线仓库单库存药量不宜超过5 000 kg。

  3 危险品总仓库区内,1.1级成品仓库单栋建筑面积不宜超过500 m²,1.3级成品仓库单栋建筑面积不宜超过1 000 m²,每个防火分区面积不超过500 m²,烟火药、黑火药、引火线仓库单栋建筑面积不宜超过100 m²。

7.1.3 库房(仓库)内危险品的堆放应符合下列规定:

  1 危险品堆垛间应留有检查、清点、装运的通道。堆垛之间的距离不宜小于0.7 m,堆垛距内墙壁距离不宜少于0.45 m;搬运通道的宽度不宜小于1.5 m。

  2 烟火药、黑火药堆垛的高度不应超过1.0 m,半成品与未成箱成品堆垛的高度不应超过1.5 m,成箱成品堆垛的高度不应超过2.5 m。

7.2 危险品运输

7.2.1 危险品的运输宜采用符合安全要求并带有防火罩的汽车运输;厂内运输可采用符合安全要求的手推车运输,厂房之间的运输也可采用人工提送的方式。不宜采用三轮车运输,严禁用畜力车、翻斗车和各种挂车运输。

7.2.2 危险品生产区运输危险品的主干道中心线与各级危险性建筑物的距离应符合下列

规定：
1 距1.1级建筑物不宜小于20 m,有防护屏障时可不小于12 m。
2 距1.3级建筑物不宜小于12 m,距实墙面可不小于6 m。
3 运输裸露危险品的道路中心线距有明火或散发火星的建筑物不应小于35 m。

7.2.3 危险品总仓库区运输危险品的主干道中心线与各级危险性建筑物的距离不应小于10 m。

7.2.4 危险品生产区和危险品总仓库区内汽车运输危险品的主干道纵坡不宜大于6%,手推车运输危险品的道路纵坡不宜大于2%。

7.2.5 机动车不应直接进入1.1级和1.3级建筑物内,装卸作业宜在各级危险性建筑物门前不小于2.5 m以外处进行。

7.2.6 人工提送危险品时,宜设专用人行道,道路纵坡不宜大于8%,路面应平整,且不应设有台阶。

8 建筑结构

8.1 一般规定

8.1.1 各级危险性建筑物的耐火等级和化学原料仓库的耐火等级除本规范第8.1.2条规定者外,均不应低于现行国家标准《建筑设计防火规范》GB 50016中二级耐火等级的规定。

8.1.2 建筑面积小于20 m²的1.1级建筑物或建筑面积不超过300 m²的1.3级建筑物的耐火等级可为三级。

8.1.3 危险性建筑物应有适当的净空,室内梁或板中的最低净空高度不宜小于2.8 m,并应满足正常的采光和通风要求。

8.1.4 危险品生产区内宜设有供1.1级、1.3级建筑物内操作人员使用的洗涤、淋浴、更衣、卫生间等生活辅助用室和办公用室。危险品总仓库区内应设置门卫值班室,不宜设置其他辅助用室。

8.1.5 危险品生产区的办公用室和生活辅助用室宜独立设置或布置在非危险性建筑物内。当危险品生产厂房附设办公用室和生活辅助用室时,应符合下列规定：
 1 1.1级厂房可附设更衣室。
 2 1.3级厂房除可附设更衣室外,还可附设其他生活辅助用室和车间办公用室,但应布置在厂房较安全的一端,并应采用防火墙与生产工作间隔开。
 车间办公用室和生活辅助用室应为单层建筑,其门窗不宜面向相邻厂房危险性工作间的泄爆面。

8.1.6 在危险品生产区内,当在两个危险性建筑物之间设置临时存药洞时,应符合下列规定：
 1 临时存药洞应镶嵌在天然山体内。存药洞门应离山体前坡脚不小于800 mm。
 2 临时存药洞的净空尺寸宽不大于800 mm,高不大于1 000 mm,存药洞净深不大于600 mm,存药洞底宜高出存药洞外人行地面600 mm。
 3 临时存药洞前面宜设置平开木门。
 4 临时存药洞墙体可采用不小于240 mm的密实砌体或钢筋混凝土墙体。
 5 临时存药洞上部覆土厚度不应小于500 mm,两侧墙顶覆土宽度不应小于1 500 mm。
 6 临时存药洞内应用水泥砂浆抹面,四周有土处应采取防水及隔潮措施。存药洞上部应有良好的排水措施。

8.1.7 距离本厂围墙小于 12 m 的危险性建筑物,危险性建筑物面向围墙方向的外墙宜为实体墙;如设有门、窗或洞口,应采取防火措施。

8.2 危险品生产区危险性建筑物的结构选型和构造

8.2.1 1.1 级建筑物的结构形式应符合下列规定:

    1 除本规范第 8.2.1 条第 2 款规定以外的 1.1 级建筑物,均应采用现浇钢筋混凝土框架结构。

    2 当符合下列条件之一者,可采用钢筋混凝土柱、梁承重结构或砌体承重结构:

        1) 建筑面积小于 20 m^2,且操作人员不超过 2 人的厂房。

        2) 远距离控制而室内无人操作的厂房。

8.2.2 1.3 级建筑物的结构形式应符合下列规定:

    1 除本规范第 8.2.2 条第 2 款规定以外的 1.3 级建筑物,均应采用现浇钢筋混凝土框架结构。

    2 当符合下列条件之一者,可采用钢筋混凝土柱、梁承重结构或砌体承重结构:

        1) 同时满足跨度不大于 7.5 m、长度不大于 30 m、室内净高不大于 4 m,且横隔墙间距不大于 15 m 的厂房。

        2) 横隔墙较密且间距不大于 6 m 的厂房。

8.2.3 采用砌体承重结构的 1.1 级、1.3 级建筑物不得采用独立砖柱承重。危险性建筑物的砌体厚度不应小于 240 mm,并不得采用空斗墙和毛石墙。

8.2.4 1.1 级、1.3 级厂房屋盖宜采用现浇钢筋混凝土屋盖,并与框架连成整体;也可采用轻质泄压屋盖。当采用钢筋混凝土柱、梁或砌体承重结构时,宜采用轻质泄压屋盖,当采用轻质泄压屋盖(如彩色复合压型钢板等)时,宜采取防止成片或整块屋盖飞出伤人的措施。1.1^{-2} 级黑火药生产厂房宜采用轻质易碎屋盖或轻质泄压屋盖。当 1.3 级厂房屋盖采用现浇钢筋混凝土屋盖时,宜设置能较好泄压的门窗等。

8.2.5 有易燃、易爆粉尘的厂房,应采用外形平稳、不易积尘的结构构件和构造。

8.2.6 1.1 级、1.3 级厂房结构构造应符合下列规定:

    1 在梁底标高处,沿外墙和内横墙应设置现浇钢筋混凝土闭合圈梁。

    2 梁与墙或柱应锚固可靠,梁与圈梁应连成整体。

    3 围护砌体和钢筋混凝土柱之间应加强联结,纵横砌体之间也应加强联结。

    4 门窗洞口应采用钢筋混凝土过梁,过梁的支承长度不应小于 250 mm。当门洞口大于 2 700 mm 时宜设置钢筋混凝土门框架或门楗。

    5 砌体承重结构的外墙四角及单元内外墙交接处应设构造柱。

8.3 抗爆间室和抗爆屏院

8.3.1 抗爆间室墙厚及屋盖应根据设计药量计算后确定,并应符合下列规定:

    1 当设计药量大于 1 kg 时,抗爆间室的墙及屋盖应采用现浇钢筋混凝土结构,墙厚不宜小于 300 mm。

    2 当设计药量不大于 1 kg 时,抗爆间室的墙及屋盖宜采用现浇钢筋混凝土结构,墙厚不应小于 200 mm。

    3 当设计药量不大于 1 kg 时,抗爆间室的墙及屋盖可采用钢板或组合钢板结构。

8.3.2 抗爆间室的墙(不包括轻型窗所在墙)和屋盖计算应符合下列规定：
 1 在设计药量爆炸空气冲击波和破片的局部作用下,不应产生震塌、飞散和穿透。
 2 在设计药量爆炸空气冲击波的整体作用下,允许产生一定的残余变形。按使用要求,抗爆间室的墙和屋盖按弹性或弹塑性理论设计。

8.3.3 抗爆间室朝室外的一面应设置轻型窗。窗台的高度不应高于室内地面0.4 m。

8.3.4 在抗爆间室轻型窗的外面应设置现浇钢筋混凝土抗爆屏院,并应符合下列规定：
 1 抗爆屏院的平面形式和最小进深应符合表8.3.4的规定。

表8.3.4 抗爆屏院的平面形式和最小进深 （m）

设计药量(kg)	小于3	大于等于3 并小于15	大于等于15 并小于30	大于等于30 并小于50
平面形式	⌐	⌐⌐	⊓	⊓
最小进深(m)	3	4	5	6

 2 抗爆屏院的高度不应低于抗爆间室的檐口高度。当抗爆屏院的进深超过4 m时,抗爆屏院中墙高度应增高,增加的高度不应小于进深超过量的1/2,抗爆屏院边墙由抗爆间室的檐口高度逐渐增加至屏院中墙高度。
 3 当采用平面形式为"⊓"的抗爆屏院时,在轻型窗处宜设置进出抗爆屏院的出入口。

8.3.5 危险品生产厂房中,采用抗爆间室时应符合下列规定：
 1 抗爆间室之间或抗爆间室与相邻工作间之间不应设地沟相通。
 2 输送有燃烧爆炸危险物料的管道,在未设隔火隔爆措施的条件下,不应通过或进出抗爆间室。
 3 当输送没有燃烧爆炸危险物料的管道必须通过或进出抗爆间室时,应在穿墙处采取密封措施。
 4 抗爆间室的门、操作口、观察孔和传递窗的结构应能满足抗爆及不传爆的要求。
 5 抗爆间室门的开启应与室内设备动力系统的启停进行联锁。
 6 抗爆间室的墙高出厂房相邻屋面应不少于0.5 m。

8.3.6 当危险品仓库均采用抗爆间室时,可不设置抗爆屏院,结构可按不殉爆设计。

8.4 危险品生产区危险性建筑物的安全疏散

8.4.1 危险品生产厂房安全出口的设置应符合下列规定：
 1 1.1级、1.3级厂房每一危险性工作间的建筑面积大于18 m^2时,安全出口的数目不应少于2个。
 2 1.1级、1.3级厂房每一危险性工作间的建筑面积小于18m^2,且同一时间内的作业人员不超过3人时,可设1个安全出口,但必须设置安全窗。当建筑面积为9 m^2,且同一时间内的作业人员不超过2人时,可设1个安全出口。

  3 安全出口应布置在建筑物室外有安全通道的一侧。

  4 须穿过另一危险性工作间才能到达室外的出口,不应作为本工作间的安全出口。

  5 防护屏障内的危险性厂房的安全出口,应布置在防护屏障的开口方向或安全疏散隧道的附近。

8.4.2 1.1级、1.3级厂房外墙上宜设置安全窗。安全窗可作为安全出口,但不计入安全出口的数目。

8.4.3 1.1级、1.3级厂房每一危险工作间内由最远工作点至外部出口的距离,应符合下列规定:

  1 1.1级厂房不应超过5 m。

  2 1.3级厂房不应超过8 m。

8.4.4 厂房内的主通道宽度不应小于1.2 m,每排操作岗位之间的通道宽度和工作间内的通道宽度不应小于1.0 m。

8.4.5 疏散门的设置应符合下列规定:

  1 应为向外开启的平开门,室内不得装插销。

  2 当设置门斗时,应采用外门斗,门的开启方向应与疏散方向一致。

  3 危险性工作间的外门口不应设置台阶,应做成防滑坡道。

8.5 危险品生产区危险性建筑物的建筑构造

8.5.1 1.1级、1.3级厂房的门应采用向外开启的平开门,外门宽度不应小于1.2 m。危险性工作间的门不应与其他房间的门直对设置,内门宽度不应小于1.0 m。内、外门均不得设置门槛。外门口不应设置影响疏散的明沟和管线等。

8.5.2 危险品生产区内建筑物的门窗玻璃宜采用防止碎玻璃伤人的措施。

8.5.3 黑火药和烟火药生产厂房应采用木门窗。门窗的小五金应采用在相互碰撞或摩擦时不产生火花的材料。

8.5.4 安全窗应符合下列规定:

  1 窗洞口的宽度不应小于1.0 m。

  2 窗扇的高度不应小于1.5 m。

  3 窗台的高度不应高出室内地面0.5 m。

  4 窗扇应向外平开,不得设置中梃。

  5 窗扇不宜设插销,应利于快速开启。

  6 双层安全窗的窗扇,应能同时向外开启。

8.5.5 危险性工作间的地面应符合现行国家标准《建筑地面设计规范》GB 50037的有关要求,并应符合下列规定:

  1 对火花能引起危险品燃烧、爆炸的工作间,应采用不发生火花的地面。

  2 当工作间内的危险品对撞击、摩擦特别敏感时,应采用不发生火花的柔性地面。

  3 当工作间内的危险品对静电作用特别敏感时,应采用不发生火花的防静电地面。

8.5.6 有易燃易爆粉尘的工作间不宜设置吊顶,当设置吊顶时,应符合下列规定:

  1 吊顶上不应有孔洞。

  2 墙体应砌至屋面板或梁的底部。

8.5.7 危险性工作间的内墙应抹灰。有易燃易爆粉尘的工作间,其地面、内墙面、顶棚面应平整、光滑,不得有裂缝,所有凹角宜抹成圆弧。易燃易爆粉尘较少的工作间内墙面应刷1.5 m～2.0 m高油漆墙裙;经常冲洗的工作间,其顶棚及内墙面应刷油漆,油漆颜色与危险品颜色应有所区别。收集冲洗废水的排水沟,其内壁宜平整、光滑,所有凹角宜抹成圆弧,不得有裂缝,排水沟的坡度不宜小于1%。

8.6 危险品总仓库区危险品仓库的建筑结构

8.6.1 危险品仓库应根据当地气候和存放物品的要求,采取防潮、隔热、通风、防小动物等措施。

8.6.2 危险品仓库宜采用现浇钢筋混凝土框架结构,也可采用钢筋混凝土柱、梁承重结构或砌体承重结构。屋盖宜采用现浇钢筋混凝土屋盖,也可采用轻质泄压或轻质易碎屋盖。1.3级仓库屋盖当采用现浇钢筋混凝土屋盖时,宜多设置门和高窗或采用轻型围护结构等。

8.6.3 危险品仓库安全出口的设置应符合下列规定:
   1 当仓库(或储存隔间)的建筑面积大于100 m²(或长度大于18 m)时,安全出口不应少于2个。
   2 当仓库(或储存隔间)的建筑面积小于100 m²,且长度小于18 m时,可设1个安全出口。
   3 仓库内任一点至安全出口的距离不应大于15 m。

8.6.4 危险品仓库门的设计应符合下列规定:
   1 仓库的门应向外平开,门洞的宽度不宜小于1.5 m,不得设门槛。
   2 当仓库设计门斗时,应采用外门斗,且内、外两层门均应向外开启。
   3 总仓库的门宜为双层,内层门为通风用门,通风用门应有防小动物进入的措施。外层门为防火门,两层门均应向外开启。

8.6.5 危险品总仓库的窗宜设可开启的高窗,并应配置铁栅和金属网。在勒脚处宜设置可开关的活动百叶窗或带活动防护板的固定百叶窗。窗应有防小动物进入的措施。

8.6.6 危险品仓库的地面应符合本规范第8.5.5条的规定。当危险品已装箱并不在库内开箱时,可采用一般地面。

8.7 通廊和隧道

8.7.1 危险品运输通廊设计应符合下列规定:
   1 通廊的承重及围护结构宜采用不燃烧体。
   2 通廊宜采用钢筋混凝土柱或符合防火要求的钢柱承重。
   3 运输中有可能撒落药粉的通廊,其地面面层应与连接的危险性建筑物地面面层相一致。

8.7.2 防护屏障的隧道应采用钢筋混凝土结构。运输中有可能撒落药粉的隧道地面,应用不发生火花地面,且不应设置台阶。

9 消防

9.0.1 烟花爆竹生产项目和经营批发仓库必须设置消防给水设施。消防给水可采用消火栓、手抬机动消防泵等不同形式的给水系统。

9.0.2 消防给水的水源必须充足可靠。当利用天然水源时,在枯水期应有可靠的取水设施;当水源来自市政给水管网而厂区内无消防蓄水设施时,消防给水管网应设计成环状,并有两条输水干管接自市政给水管网;当采用自备水源井时,应设置消防蓄水设施。

9.0.3 当厂区内设置蓄水池或有天然河、湖、池塘可利用时，应设有固定式消防泵或手抬机动消防泵。消防泵宜设有备用泵。

9.0.4 危险品生产厂房和中转库的室外消防用水量，应按现行国家标准《建筑设计防火规范》GB 50016 中甲类建筑物的规定执行。当单个建筑物的体积均不超过 300 m³ 时，室外消防用水量可按 10 L/s 计算，消防延续时间可按 2 h 计算。

9.0.5 1.3 级厂房宜设室内消火栓系统，室内消火栓系统的设置应符合现行国家标准《建筑设计防火规范》GB 50016 中对甲类建筑物的规定。

9.0.6 易发生燃烧事故的工作间宜设置雨淋灭火系统，并应符合下列规定：

  1 存药量大于 1 kg 且为单人作业的工作间内，宜在工作台上方设置手动控制的雨淋灭火系统或翻斗水箱等相应灭火设施。翻斗水箱容积应根据工作台面积，按 16 L/m² 计算确定。

  2 作业人员少于 6 人，建筑面积大于 9 m² 且小于 60 m² 的工作间内，宜设置手动控制的雨淋灭火系统，消防延续时间按 30 min 计算。

  3 雨淋灭火系统的喷水强度不宜低于 16 L/(min·m²)，最不利点的喷头压力不宜低于 0.05 MPa。

9.0.7 对产品或原料与水接触能引起燃烧、爆炸或助长火势蔓延的厂房，不应设置以水为灭火剂的消防设施，应根据产品和原料的特性选择灭火剂和消防设施。

9.0.8 危险品总仓库区根据当地消防供水条件，可设消防蓄水池、高位水池、室外消火栓或利用天然河、塘。室外消防用水量应按现行国家标准《建筑设计防火规范》GB 50016 中甲类仓库的规定执行，消防延续时间按 3 h 计算。供消防车或手抬机动消防泵取水的消防蓄水池的保护半径不应大于 150 m。

9.0.9 消防储备水应有平时不被动用的措施。使用后的补给恢复时间不宜超过 48 h。

9.0.10 烟花爆竹生产项目和经营批发仓库宜按现行国家标准《建筑灭火器配置设计规范》GB 50140 的有关规定配置灭火器。

10 废水处理

10.0.1 烟花爆竹生产项目的废水排放设计，应遵循清污分流、少排或不排出废水的原则。有害废水应采取必要的治理措施，并应达到国家现行有关排放标准的规定后排放。

10.0.2 有易燃易爆粉尘散落的工作间宜用水冲洗，并应设排水沟。排水沟的设计应符合国家现行有关标准的规定。

10.0.3 含药废水宜用管道集中收集。集中收集的含药废水宜先经污水池沉淀或过滤，再集中处理排放，沉淀及过滤的沉渣应定期挖出销毁。污水沉淀或过滤池的设计应符合国家现行有关标准的规定。

11 采暖通风与空气调节

11.1 采暖

11.1.1 当危险性建筑物需采暖时，宜采用散热器采暖，严禁使用火炉或其他明火采暖，并应符合下列规定：

  1 黑火药生产的 1.1^{-2} 级厂房、烟火药生产的 1.1^{-1} 级厂房及其他危险品生产中危险品呈干燥松散和裸露状态的厂房，采暖热媒应采用不高于 90 ℃ 的热水。

2 黑火药制品和烟火药制品加工的生产厂房,采暖热媒宜采用不高于110 ℃的热水或压力不大于0.05 MPa的低压蒸汽。

11.1.2 危险性建筑物散热器采暖系统的设计应符合下列规定:

1 散发燃烧爆炸危险性粉尘的厂房,散热器应采用光面管或其他易于擦洗的散热器,不应采用带肋片或柱形散热器。散热器和采暖管道外表面油漆颜色与燃烧爆炸危险性粉尘的颜色应有所区别。

2 散热器外表面距墙内表面不应小于60 mm,距地面不宜小100 mm,散热器不应设在壁龛内。

3 抗爆间室的散热器不应设在轻型面。采暖干管不应穿过抗爆间室的墙,抗爆间室内散热器支管上的阀门应设在操作走廊内。

4 采暖管道不应设在地沟内。当必须设在过门地沟内时,应对地沟采取密闭措施。

5 蒸汽或高温水管道的入口装置和换热装置不应设在危险工作间内。

11.1.3 当危险性建筑物采用热风采暖时,送风温度宜大于35 ℃并小于70 ℃。热风采暖系统的设置应符合本规范第11.2节中的有关规定。

11.2 通风和空气调节

11.2.1 在危险品生产厂房内,对散发燃烧爆炸危险性粉尘或气体的设备和操作岗位宜设局部排风,并宜分别设置。

11.2.2 危险品生产厂房的通风和空气调节系统设计应符合下列规定:

1 散发燃烧爆炸危险性粉尘或气体厂房的通风和空气调节系统应采用直流式,其送风机的出口应装止回阀。

2 散发燃烧爆炸危险性粉尘或气体的厂房内,通风和空气调节系统风管上的调节阀应采用防爆型。

3 黑火药生产厂房内不得设计机械通风。

11.2.3 空气中含有燃烧爆炸危险性粉尘或气体的厂房中,机械排风系统的设计应符合下列要求:

1 排除燃烧爆炸危险性粉尘或气体的风机及电机应采用防爆型,且电机和风机应直联。

2 含有燃烧爆炸危险性粉尘的空气应经过除尘处理后再排入大气,除尘处理宜采用湿法方式。当粉尘与水接触能引起爆炸或燃烧时,不应采用湿法除尘。除尘装置应置于排风系统的负压段上,且排风机应采用防爆型。

3 水平风管内的风速应按燃烧爆炸危险性粉尘不在风管内沉积的原则确定。水平风管应设有不小于1%的坡度。

4 排风管道不宜穿过与本排风系统无关的房间。

11.2.4 危险品生产厂房的通风和空气调节机室应单独设置,不应与危险性工作间相通,且应设置单独的外门。

11.2.5 各抗爆间室之间、抗爆间室与其他工作间及操作走廊之间不应有风管、风口相连通。

11.2.6 散发燃烧爆炸危险性粉尘厂房内的通风、空气调节系统的风管不宜暗设。

11.2.7 危险性建筑物中,送、排风管道宜采用圆形截面风管,风管上应设置检查孔,并架空敷设;风管应采用不燃烧材料制作,且风管和设备的保温材料也应采用不燃烧材料。风管涂漆颜色与燃烧爆炸危险性粉尘的颜色应易于分辨。

12 危险场所的电气

12.1 危险场所类别的划分

12.1.1 危险场所划分为 F0、F1、F2 三类,并应符合下列规定:
　　1　F0 类:经常或长期存在能形成爆炸危险的黑火药、烟火药及其粉尘的危险场所。
　　2　F1 类:在正常运行时可能形成爆炸危险的黑火药、烟火药及其粉尘的危险场所。
　　3　F2 类:在正常运行时能形成火灾危险,而爆炸危险性极小的危险品及粉尘的危险场所。
　　4　各类危险场所均以工作间(或建筑物)为单位。
　　5　生产、加工、研制危险品的工作间(或建筑物)危险场所分类和防雷类别应符合表 12.1.1-1 的规定。储存危险品的场所、中转库和仓库危险场所分类和防雷类别应符合表 12.1.1-2 的规定。

表 12.1.1-1　生产、加工、研制危险品的工作间(或建筑物)危险场所分类和防雷类别

序号	危险品名称	工作间(或建筑物)名称	危险场所分类	防雷类别
1	黑火药	药物混合(硝酸钾与碳、硫球磨),潮药装模(或潮药包片),压药,拆模(撕片),碎片,造粒,抛光,浆药,干燥,散热,筛选,计量包装	F0	一
		单料粉碎、筛选、干燥、称料、硫、碳二成分混合	F2	二
2	烟火药	药物混合,造粒,筛选,制开球药,压药,浆药,干燥,散热,计量包装。褙药柱(药块),湿药调剂,烟雾剂干燥、散热、包装	F0	一
		氧化剂、可燃物的粉碎与筛选,称料(单料)	F2	二
3	引火线	制引,浆引,漆引,干燥,散热,绕引,定型,裁割,捆扎,切引,包装	F1	一
4	爆竹类	装药	F0	一
		插引(含机械插引,手工插引和空筒插引),挤引,封口,点药,结鞭	F1	二
		包装	F2	二
5	组合烟花类、内筒型小礼花类	装药,筑(压)药,内筒封口(压纸片、装封口剂)	F0	一
		已装药部件钻孔,装单个裸药件,单发药量≥25 g 非裸药件组装,外筒封口(压纸片)	F1	一
		蘸药,安引,组盆串引(空筒),单筒药量<25 g 非裸药件组装,包装	F2	二
6	礼花弹类	装球,包药	F0	一
		组装(含安引、装发射药包、串球),剖引(引线钻孔),球干燥,散热,包装	F1	一
		空壳安引,糊球	F2	二

表 12.1.1-1（续）

序号	危险品名称	工作间（或建筑物）名称	危险场所分类	防雷类别
7	吐珠类	装（筑）药	F0	一
		安引（空筒），组装，包装	F2	二
8	升空类（含双响炮）	装药，筑（压）药	F0	一
		包药，装裸药效果件（含效果药包），单个药量≥30 g非裸药效果件组装	F1	一
		安引，单个药量＜30 g非裸药效果件组装（含安稳定杆），包装	F2	二
9	旋转类（旋转升空类）	装药、筑（压）药	F0	一
		已装药部件钻孔	F1	一
		安引，组装（含引线、配件、旋转轴、架），包装	F2	二
10	喷花类和架子烟花	装药、筑（压）药	F0	一
		已装药部件的钻孔	F1	一
		安引，组装，包装	F2	二
11	线香类	装药	F0	一
		干燥，散热	F1	二
		粘药，包装	F2	二
12	摩擦类	雷酸银药物配制，拌药砂，发令纸干燥	F0	一
		机械蘸药	F1	一
		包药砂，手工蘸药，分装，包装	F2	二
13	烟雾类	装药，筑（压）药	F0	一
		球干燥，散热	F1	二
		糊球，安引，组装，包装	F2	二
14	造型玩具类	装药、筑（压）药	F0	一
		已装药部件钻孔	F1	一
		安引，组装，包装	F2	二
15	电点火头	蘸药，干燥（晾干），检测，包装	F2	二

注：1 表中装药、筑（压）药包括烟火药、黑火药的装药、筑（压）药；
  2 当本规范表 3.1.3-1 生产工序危险等级分类为 1.1 级建筑物同时满足总存药量小于 10 kg、单人操作、建筑面积小于 12 m² 时，其防雷类别可划为二类；
  3 表中未列品种、加工工序，其危险场所分类和防雷类别划分可参照本表确定。

表 12.1.1-2 储存危险品的场所、中转库和仓库危险场所的分类与防雷类别

场所(或建筑物)名称	危险场所分类	防雷类别
烟火药(包括裸药效果件),开球药,黑火药,引火线,未封口含药半成品,单个装药量在 40 g 及以上已封口的烟花半成品及含爆炸音剂、笛音剂的半成品,已封口的 B 级爆竹半成品,A、B 级成品(喷花类除外),单筒药量 25 g 及以上的 C 级组合烟花类成品	F0	一
电点火头,单个装药量在 40 g 以下已封口的烟花半成品(不含爆炸音剂、笛音剂),已封口的 C 级爆竹半成品,C、D 级成品(其中,组合烟花类成品单筒药量在 25 g 以下),喷花类产品	F1	二

12.1.2 当危险场所既存在黑火药、烟火药,又存在易燃液体时,危险场所类别的划分除应符合本规范的规定外,还应符合现行国家标准《爆炸和火灾危险环境电力装置设计规范》GB 50058中有关爆炸性气体环境危险区域划分的规定。

12.1.3 危险场所与相毗邻场所采取不燃烧体密实墙隔开且隔墙上设有相通的门,当门经常处于关闭状态(除有人出入外)时,与危险场所相毗邻的场所类别可按表 12.1.3 确定;当门经常处于敞开状态时,与危险场所相毗邻的场所类别应与危险场所类别相同。

表 12.1.3 与危险场所相毗邻的场所类别

危险场所类别	用一道有门的密实墙隔开的工作间危险场所类别	用两道有门的密实墙通过走廊隔开的工作间危险场所类别
F0	F1	非危险场所
F1	F2	非危险场所
F2	非危险场所	非危险场所

注:1 本条不适用于配电室(电机室、控制室、仪表室等);
    2 密实墙应为不燃烧体的实体墙,墙上除门外无其他孔洞。

12.1.4 排风室的危险场所类别应按下列规定分类:
    1 为 F0 类危险场所(黑火药除外)服务的排风室划为 F1 类危险场所。
    2 为 F1 类、F2 类危险场所服务的排风室与所服务的危险场所类别相同。
    3 为各类危险场所服务的排风室,当采用湿式净化装置时,可划为 F2 类危险场所(黑火药除外)。

12.1.5 为危险场所服务的送风室,当通往危险场所的送风管能阻止危险物质回到送风室时,该送风室危险场所类别可划为非危险场所。

12.1.6 运输危险品的敞开式或半敞开式通廊,其危险场所类别应划为 F2 类,防雷类别宜为二类。

12.1.7 雷雨天存放危险品的晒场宜设置防直击雷装置,避雷装置保护范围的滚球半径可取 60 m。

12.2 电气设备

12.2.1 危险场所的电气设备应符合下列规定:

1 正常运行和操作时,可能产生电火花或高温的电气设备应安装在无危险或危险性较小的场所。
2 危险场所采用的防爆电气设备必须是按照现行国家标准生产的合格产品。
3 危险场所电气设备允许最高表面温度为 T4(135 ℃)。
4 危险场所采用的接线盒、挠性连接等选型,应与该场所电气设备防爆等级相一致。
5 危险场所电动机的电气设计应符合现行国家标准《通用用电设备配电设计规范》GB 50055中第二章电动机的规定。
6 生产时严禁工作人员入内的工作间,其用电设备的控制按钮应安装在工作间外,并应将用电设备的启停与门连锁,门关闭后用电设备才能启动。
7 危险场所不宜设置接插装置。当确需设置时,应选择相应防爆型、插座与插销带连锁保护装置,并满足断电后插销才能插入或拔出的要求。
8 危险场所不应使用无线遥控设备等。

12.2.2 危险场所采用非防爆电气设备隔墙传动时,应符合下列规定:
1 安装电气设备的工作间应采用不燃烧体密实墙与危险场所隔开,隔墙上不应设门、窗、洞口。
2 传动轴通过隔墙处的孔洞必须采用填料函封堵或有同等效果的密封措施。
3 安装电气设备工作间的门应设在外墙上或通向非危险场所,且门应向室外或非危险场所开启。

12.2.3 F0类危险场所不应安装电气设备。当确有必要时,可设置检测仪表(黑火药除外),检测仪表选型应符合本规范第12.2.5条的规定。

12.2.4 F0类危险场所电气照明应采用可燃性粉尘环境 21 区用电气设备 DIP21,外壳防护等级为 IP65级的灯具,安装在固定窗外照明或采用能够满足有关规范安全要求的壁龛灯。
门灯及安装在外墙外侧的开关、控制按钮、控制箱等,选型应选用与灯具防爆级别相同的产品。

12.2.5 F1类危险场所电气设备的选型应符合下列规定:
1 电气设备应采用可燃性粉尘环境用电气设备 21 区 DIP21、IP65,爆炸性气体环境用电气设备Ⅱ类B级隔爆型、本质安全型(IP54),灯具及控制按钮可采用增安型。
2 门灯及安装在外墙外侧的开关应采用可燃性粉尘环境用电气设备不低于 22 区 DIP22、IP54。

12.2.6 F2类危险场所电气设备、门灯及安装在外墙外侧的开关应采用可燃性粉尘环境用电气设备 22 区 DIP22、IP54。

12.3 室内电气线路

12.3.1 危险场所电气线路应符合下列规定:
1 危险性建筑物低压配电线路的保护应符合现行国家标准《低压配电设计规范》GB 50054的有关规定。
2 电气线路严禁采用绝缘电线明敷或穿塑料管敷设。
3 电气线路应采用铜芯阻燃绝缘电线或铜芯阻燃电缆。
4 电气线路的电线和电缆的额定电压不得低于 450 V/750 V。保护线的额定电压应与相线相同,并应在同一钢管或护套内敷设。电话线路电线的额定电压不应低于 300 V/

500 V。

  5 插座回路应设置额定动作电流不大于 30 mA、瞬时切断电路的剩余电流保护器。

  6 检测仪表线路可采用线芯截面不小于 1.0 mm² 的铜芯聚氯乙烯护套内钢带铠装控制电缆；也可采用线芯截面不小于 1.5mm² 的铜芯阻燃绝缘电线穿镀锌焊接钢管敷设。

  7 危险场所电气线路绝缘电线或电缆线芯的材质和最小截面应符合表 12.3.1 的规定。

表 12.3.1 危险场所电气线路绝缘电线或电缆线芯的材质和最小截面

危险场所类别	绝缘电线或电缆线芯最小截面（mm²）		
	电力	照明	控制按钮
F0	—	—	铜芯 1.5
F1	铜芯 2.5	铜芯 2.5	铜芯 1.5
F2	铜芯 1.5	铜芯 1.5	铜芯 1.5

  8 保护线（PE 线）截面的确定应符合现行国家标准的有关规定。

12.3.2 危险场所电气线路穿钢管敷设应符合下列规定：

  1 穿电线的钢管应采用公称口径不小于 15 mm 的镀锌焊接钢管，钢管间应采用螺纹连接，且连接螺纹不应少于 6 扣。在有剧烈振动的场所应设防松装置。

  2 电气线路与防爆电气设备连接处必须作隔离密封。

  3 电气线路宜采用明敷。

12.3.3 危险场所电气线路采用电缆敷设应符合下列规定：

  1 电缆明敷时，应采用金属铠装电缆。

  2 电缆沿桥架敷设时，宜采用绝缘护套电缆；桥架应采用金属槽式结构。

  3 电缆不宜敷设在电缆沟内。当必须敷设在电缆沟内时，应设置防止水及危险物质进入沟内的措施，电缆沟在过墙处应设隔板，并对孔洞严密封堵。

  4 电力电缆不应有分支或中间接头。照明线路的分支接头应设在接线盒内。

  5 在有机械损伤可能的部位应穿钢管保护。

12.3.4 F0 类危险场所电气线路应符合下列规定：

  1 危险场所不应敷设电力和照明线路，可敷设本工作间的控制按钮及检测仪表线路。灯具安装在固定窗外的电气线路应采用线芯截面不小于 2.5 mm² 的铜芯绝缘电线穿镀锌焊接钢管敷设，亦可采用线芯截面不小于 2.5 mm² 的铜芯金属铠装电缆明敷。

  2 当采用穿钢管敷设时，接线盒的选型应与防爆电气设备的等级相一致。当采用铠装电缆时，与设备连接处应采用铠装电缆密封接头。

  3 控制按钮线路线芯截面选择应符合本规范表 12.3.1 的规定。

12.3.5 F1 类危险场所电气线路应符合下列规定：

  1 电线或电缆线芯截面选择应符合本规范表 12.3.1 的规定。

  2 引至 1 kV 以下的单台鼠笼型感应电动机供电回路，电线或电缆线芯截面长期允许载流量不应小于电动机额定电流的 1.25 倍。

  3 移动电缆应采用线芯截面不小于 2.5 mm² 的重型橡套电缆。

12.3.6 F2类危险场所的电气线路应符合下列规定：

 1 电气线路采用的绝缘电线或电缆的线芯截面选择应符合本规范表12.3.1的规定。

 2 引至1kV以下的单台鼠笼型感应电动机供电回路,绝缘电线或电缆线芯截面长期允许载流量不应小于电动机的额定电流。当电动机经常接近满载运行时,线芯的载流量应留有适当裕量。

 3 移动电缆应采用线芯截面不小于1.5 mm² 的中型橡套电缆。

12.4 照明

12.4.1 烟花爆竹生产厂房主要工作间的照度标准宜为200 lx,且主要生产的工作间出入口应设置应急照明,其照度值应不低于该场所正常照明照度值的10%,应急时间宜为30 min。

12.4.2 烟花爆竹生产的辅助厂房、库房的照度标准宜分别为100 lx、50 lx。

12.5 10 kV 及以下变(配)电所和厂房配电室

12.5.1 烟花爆竹企业的供电设计应符合现行国家标准《供配电系统设计规范》GB 50052 中有关三级负荷的规定。

12.5.2 烟花爆竹生产过程中因突然中断供电有可能导致燃爆事故发生的用电设备,以及企业设置的视频监控系统、安全防范系统均应设置应急电源。消防系统宜设置应急电源。

12.5.3 危险品生产区10 kV 及以下变电所应为独立变电所。危险品总仓库区10 kV 及以下变电所宜为独立变电所。

12.5.4 变电所设计除执行本规范外,尚应符合现行国家标准《10 kV 及以下变电所设计规范》GB 50053 的有关规定。

12.5.5 变压器低压侧中心点接地电阻不应大于4 Ω。

12.5.6 厂房配电室、电机间、控制室可附建于各类危险性建筑物内,但应符合下列规定：

 1 与危险场所相毗邻的隔墙应为不燃烧体密实墙,且不应设门、窗与危险场所相通。

 2 门、窗应设在建筑物的外墙上,且门应向外开启。

 3 与配电室、电机间、控制室无关的管线不应通过配电室、电机间、控制室。

 4 设在黑火药生产厂房内的配电室、电机间、控制室除应满足上述要求外,配电室、电机间、控制室的门、窗与黑火药生产工作间的门、窗之间的距离不宜小于3 m。

12.6 室外电气线路

12.6.1 引入危险性建筑物的1 kV 以下低压线路的敷设应符合下列规定：

 1 从配电端到受电端宜全长采用金属铠装电缆埋地敷设,在入户端应将电缆的金属外皮、钢管接到防雷电感应的接地装置上。

 2 当全线采用电缆埋地有困难时,可采用钢筋混凝土杆和铁横担的架空线,并应使用一段金属铠装电缆或护套电缆穿钢管直接埋地引入,其埋地长度应符合下式的要求,但不应小于15 m。

$$L \geqslant 2\sqrt{\rho} \quad \cdots\cdots\cdots\cdots\cdots\cdots(12.6.1)$$

式中：

 L——金属铠装电缆或护套电缆穿钢管埋于地中的长度(m);

 ρ——埋电缆处的土壤电阻率(Ω·m)。

 3 在电缆与架空线换接处尚应装设避雷器。避雷器、电缆金属外皮、钢管和绝缘子的铁脚、金属器具等应连在一起接地,其冲击接地电阻不应大于10 Ω。

12.6.2 引入黑火药生产工房的 1 kV 以下低压线路,从配电端到受电端应全长采用铜芯金属铠装电缆埋地敷设。

12.6.3 与烟花爆竹企业无关的电气线路和通信线路严禁穿越、跨越危险品生产区和危险品总仓库区。当在危险品生产区或危险品总仓库区围墙外敷设时,10 kV 及以下电力架空线路和通信架空线路与危险性建筑物外墙的水平距离不应小于 35 m。

12.6.4 危险品生产区和危险品总仓库区 10 kV 及以下的高压线路宜采用埋地敷设。当采用架空敷设时,其轴线与危险性建筑物的距离应符合下列规定:

  1 距 1.1 级厂房外墙不应小于 35 m,距 1.1 级仓库外墙不应小于 50 m。

  2 距 1.3 级建筑物外墙不应小于电杆高度的 1.5 倍。

12.6.5 当危险品生产区和危险品总仓库区架空敷设 1 kV 以下的电气线路和通信线路时,其轴线与 1.1 级、1.3 级建筑物外墙的距离不应小于电杆高度的 1.5 倍,与生产烟火药和干法生产黑火药建筑物外墙的距离不应小于 35 m。

12.6.6 危险品生产区和危险品总仓库区不应设置无线通信塔。当无线通信塔设置在危险品生产区和危险品总仓库区围墙外时,无线通信塔与围墙的距离不应小于 100 m。

12.7 防雷与接地

12.7.1 危险性建筑物应采取防雷措施。防雷设计应符合现行国家标准《建筑物防雷设计规范》GB 50057 的有关规定。危险性建筑物防雷类别应符合本规范表 12.1.1-1 和 12.1.1-2 的规定。

12.7.2 变电所引至危险性建筑物的低压供电系统宜采用 TN-C-S 接地形式,从建筑物内总配电箱开始引出的配电线路和分支线路必须采用 TN-S 系统。

12.7.3 危险性建筑物内电气设备的工作接地、保护接地、防雷电感应等接地、防静电接地、信息系统接地等应共用接地装置,接地电阻值应取其中最小值。

12.7.4 危险性建筑物内穿电线的钢管、电缆的金属外皮、除输送危险物质外的金属管道、建筑物钢筋等设施均应等电位联结。

12.7.5 危险性建筑物总配电箱内应设置电涌保护器。

12.7.6 当危险场所设有多台需要接地的设备且位置分散时,工作间内应设置构成闭合回路的接地干线。接地体宜沿建筑物墙外埋地敷设,并应构成闭合回路,且每隔 18 m~24 m 室内与室外连接一次,每个建筑物的连接不应少于两处。

12.7.7 架空敷设的金属管道应在进出建筑物处与防雷电感应的接地装置相连接。距离建筑物 100 m 内的金属管道应每隔 25 m 左右接地一次,其冲击接地电阻不应大于 20 Ω。埋地或地沟内敷设的金属管道在进出建筑物处亦应与防雷电感应的接地装置相连。

12.7.8 平行敷设的金属管道,当其净距小于 100 mm 时,应每隔 25 m 左右用金属线跨接一次;当交叉净距小于 100 mm 时,其交叉处亦应跨接。

12.8 防静电

12.8.1 危险场所中可导电的金属设备、金属管道、金属支架及金属导体均应进行直接静电接地。

12.8.2 静电接地系统应与电气设备的保护接地共用同一接地装置。

12.8.3 危险场所中不能或不宜直接接地的金属设备、装置等,应通过防静电材料间接接地。

12.8.4 当危险场所采用防静电地面及工作台面时,其静电泄漏电阻值应控制在 0.05 MΩ～1.0 MΩ。

12.8.5 危险场所需要采用空气增湿方法泄漏静电时,其室内空气相对湿度宜为 60%。黑火药生产的危险场所空气相对湿度应为 65%。当工艺有特殊要求时可按工艺要求确定。

12.8.6 危险场所不应使用静电非导体材料制作的工装器具。当必须使用静电非导体材料制作的工装器具时,应对其进行导静电处理,使其静电泄漏电阻值符合要求。

12.8.7 黑火药、烟火药生产危险场所入口处的外墙外侧应设置人体综合电阻监测仪和人体静电指示及释放仪,在其附近宜设置备用接地端子。

12.9 通讯

12.9.1 危险品生产区和危险品总仓库区应设置畅通的固定电话。

12.9.2 危险场所电话设备选型及线路的技术要求应符合本规范的有关规定。

12.10 视频监控系统

12.10.1 危险品生产场所和危险品总仓库区宜设置视频监控系统,系统的构成应符合相关规范的规定。

12.10.2 危险场所视频监控设计,电气设备选型、线路技术要求及敷设方式等均应符合本规范的规定。

12.11 火灾报警系统

12.11.1 危险品生产区和危险品总仓库区可设置火灾自动报警系统。

12.11.2 危险场所火灾自动报警设计,电气设备选型、线路技术要求及敷设方式、防雷接地均应符合本规范的规定。

12.11.3 当危险品生产区和危险品总仓库区不设置火灾自动报警系统时,可采用畅通的电话系统兼作火灾报警装置。

12.12 安全防范工程

12.12.1 烟花爆竹总仓库区及库房的安全防范措施应采用"人防、物防、技防"相结合的方式。

12.12.2 烟花爆竹的危险品仓库及库区宜设置安全防范系统。

12.13 控制室

12.13.1 烟花爆竹生产项目和经营批发仓库的消防控制室、安全防范系统监控中心及自动控制室宜设置在单独建筑物内,亦可附建在非危险性建筑物内。

12.13.2 1.1 级建筑物内不应附建有人值班的控制室。1.3 级建筑物内可附建控制室,但应符合本规范第 12.5.6 条的规定。

12.13.3 当 1.1 级建筑物需要设置有人值班的控制室时,应将控制室嵌入防护土堤外侧或布置在防护土堤外符合安全要求的位置。

附录 A 防护屏障的防护范围

A.0.1 防护屏障的防护范围见图 A.0.1。

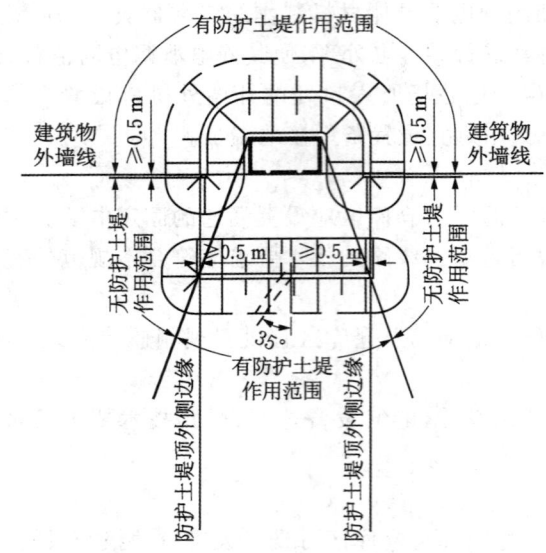

图 A.0.1 防护屏障的防护范围

A.0.2 "一字防护土挡墙"防护屏障的防护要求见图 A.0.2。

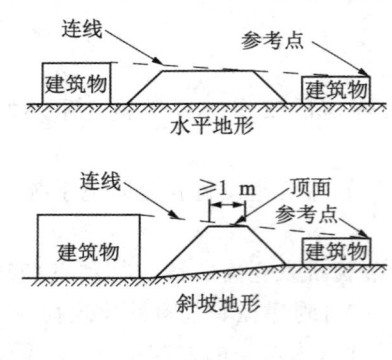

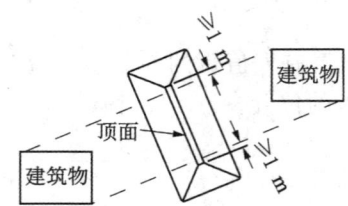

图 A.0.2 "一字防护土挡墙"防护屏障的防护要求

本规范用词说明

1 为便于在执行本规范条文时区别对待,对要求严格程度不同的用词说明如下:
    1) 表示很严格,非这样做不可的:
        正面词采用"必须",反面词采用"严禁";
    2) 表示严格,在正常情况下均应这样做的:
        正面词采用"应",反面词采用"不应"或"不得";
    3) 表示允许稍有选择,在条件许可时首先应这样做的:
        正面词采用"宜",反面词采用"不宜";
    4) 表示有选择,在一定条件下可以这样做的,采用"可"。
2 条文中指明应按其他有关标准执行的写法为:"应符合……的规定"或"应按……执行"。

引用标准名录

《烟花爆竹 安全与质量》GB 10631—2004
《烟花爆竹劳动安全技术规程》GB 11652—1989
《建筑设计防火规范》GB 50016—2006
《建筑地面设计规范》GB 50037—1996
《供配电系统设计规范》GB 50052—1995
《10 kV 及以下变电所设计规范》GB 50053—1994
《低压配电设计规范》GB 50054—1995
《通用用电设备配电设计规范》GB 50055—1993
《建筑物防雷设计规范》GB 50057—1994
《爆炸和火灾危险环境电力装置设计规范》GB 50058—1992
《建筑灭火器配置设计规范》GB 50140—2005
《地下及覆土火药炸药仓库设计安全规范》GB 50154—2009

中华人民共和国国家标准

烟花爆竹工程设计安全规范

GB 50161—2009

条文说明

修订说明

    国家标准《烟花爆竹工厂设计安全规范》GB 50161—92(以下简称原规范)自 1992 年发布实施后,为规范烟花爆竹行业规划建设、设计管理、安全生产等提供了重要的法规性决策依据,对工厂的安全生产起到了重要的保障作用。近年来,随着国家对安全生产越来越重视,"以人为本"的安全理念不断深入,烟花爆竹行业法制化建设的不断健全、生产企业周边环境的不断变化、社会安全性责任的不断加强，国家安全生产监督管理总局对烟花爆竹行业发展提出了新要求：即工厂化、机械化、科技化、标准化、集约化，推进行业技术进步，提高生产工艺技术水平；对于高风险的烟花爆竹行业有必要提升准入的基础条件，提高企业的本质安全度，防止重大群死群伤事故的发生。为适应烟花爆竹行业安全形势和发展需要，促进行业安全、健康发展，有必要对原规范进行一次全面修订。

本次修订遵循的是安全第一、科技进步、与国际接轨、覆盖行业范围、实事求是、可操作性及全面修订的基本原则。修订后的规范名称为《烟花爆竹工程设计安全规范》。

原规范 11 章、2 个附录，共 134 条。本次修订在原规范的基础上，保留了 33 条，修改了 98 条，取消了 3 条、2 个附录，增加了 114 条、1 个附录。规范修订后分 12 章、1 个附录，共 245 条，主要内容包括工艺、总图、建筑、结构、消防、废水处理、采暖通风、电气等专业的安全必要规定。主要修订内容有：

1. 对建筑物危险等级进行了修订。将原规范的 A 级、C 级修订为 1.1 级、1.3 级。对 1.1 级建筑物根据建筑物内危险品的破坏威力分为 1.1^{-1} 级和 1.1^{-2} 级。采用 1.1、1.2、1.3……的分级方法，首先可以避免与现行国家标准《烟花爆竹　安全与质量》GB 10631—2004 中产品等级 A、B、C、D 相混淆；其次与国际、国内标准接轨，便于交流与合作。

2. 对生产工序危险等级分类表和仓库危险等级分类表进行了修订。修订后的生产工序危险等级分类表 3.1.3-1，包括了现行国家标准《烟花爆竹　安全与质量》GB 10631—2004 中的全部 14 类产品的生产工序，比原规范分类更细、更易于操作；同时对部分工序的名称进行了修订，尽可能与行业内其他规范统一；根据行业发展和技术进步的成果对部分工序的危险等级进行了调整。

3. 根据国家、行业对安全生产的要求，增加了安全防护的规定。在生产工艺上，提倡采用机械化、自动化、自动监控的生产工艺技术；在安全防护上，对有燃烧、爆炸危险的作业要求采取隔离操作，并采取防传爆、防殉爆措施；在生产工房布置上，对燃烧、爆炸危险性大的工序要求单独设置厂房。体现了"以人为本"的安全理念。

4. 总结工厂的实践经验，增加了临时存药洞的相关安全规定。临时存药洞投资少、使用方便，而且对减少操作人员身边的存药量能起到一定作用，在烟花爆竹主产区应用非常普遍。但是各地的临时存药洞五花八门，存在不少安全隐患。对临时存药洞的设置条件、存药量、安全距离、结构等进行规定非常必要。

5. 总体规划增加了烟花爆竹批发经营企业仓库的内容，扩大了规范涵盖的范围。原规范只对烟花爆竹工厂设计提出规定，没有涵盖经营批发企业仓库等单位，修订后的规范覆盖了国家安全生产监督管理总局对烟花爆竹行业的监管范围，增加了经营批发企业仓库设计的安全规定。

6. 对部分危险性建筑物内、外部最小允许距离要求进行了修订，对烟花爆竹工厂燃放试验场的安全距离进行了修订，鉴于原规范安全距离标准比较低，在规范修订过程中，重新核算了原规范给出的安全距离数值，结合历史上兵器工业安全技术研究所爆炸试验的科学研究成果，参考事故调查报告，通过详细计算，对危险品生产区和危险品总仓库区的内部最小允许距离作了适当调整，对防护屏障的设置提高了要求，以符合提升安全的生产要求。

根据专家评审意见、考虑行业现状，并参照国家现行标准《焰火晚会烟花爆竹燃放安全规程》GA 183 附录 B 中礼花弹基本安全参数，结合工厂燃放试验的特点通过计算对工厂燃放试验场的安全距离进行了适当调整。

7.对危险性建筑物的结构选型进行了修订,吸收了国内、外有关抗爆结构要求,引入抗爆间室特种结构形式,对抗爆间室和抗爆屏院提出了具体要求,有利于在工程建设中采用。

8.对危险场所电气进行了修订,增加了工厂供电负荷等级、防静电、火灾报警、视频监控、安全防范工程的要求,对电气危险场所的分类重新进行了规定,根据行业危险性建筑物发生雷电事故的可能性和后果对其防雷类别进行了适当调整,与原规范相比更符合行业现状。

随着烟花爆竹行业的发展,不断出现新型烟花爆竹药物配方,需要对新型烟花爆竹药物的相容性、安全性能参数、TNT当量进行试验测试,建立药物配方与安全性能参数的数据库。

为便于广大设计、施工、科研、学校等单位有关人员在使用本标准时能正确理解和执行条文规定,《烟花爆竹工程设计安全规范》编制组按章、节、条顺序编制了本标准的条文说明,对条文规定的目的、依据以及执行中需注意的有关事项进行了说明,还着重对强制性条文的强制性理由作了解释。但是,本条文说明不具备与标准正文同等的法律效力,仅供使用者作为理解和把握标准规定的参考。

1 总则

1.0.1 本条强调了烟花爆竹工程设计必须贯彻的安全方针,以及制定本规范的目的,使所建工程从本质上符合安全要求,以利投入使用后对国家和人民生命财产安全有一定保障。

1.0.2 本条规定了本规范的适用范围和不适用范围。对新建、扩建工程,应按规范要求建成一个本质安全型的企业。对现有企业,由于历史原因,存在着不少安全隐患,在改建时为了消除这些不安全因素,防止事故发生以及限制事故波及范围,所以也应遵守本规范,使改建部分达到规范要求。

本次修订明确了烟花爆竹批发经营企业的仓库建设工程适用本规范。

对零售烟花爆竹的储存,以及军用烟火的制造、运输和储存,因其条件不同,不适用本规范。

1.0.3 本条是从保障人民群众生命和财产安全出发强调了外部安全距离规定的外延要求。

1.0.5 本规范主要规定了烟花爆竹建设工程在安全上的特殊要求,不能包括工程设计中的所有问题,因此,本规范未规定的其他问题应执行现行国家工程建设相关标准、规范的规定,如《建筑设计防火规范》GB 50016、《工业企业设计卫生标准》GBZ 1以及土建、供排水、电气设计等一系列有关专业的标准、规范。

3 建筑物危险等级和计算药量

3.1 建筑物危险等级

3.1.1 对烟花爆竹生产项目的建筑物划分危险等级,主要是为了便于确定危险性建筑物与相邻的建筑物、构筑物、设施及场所的安全距离,其次是为了确定危险性建筑物的结构形式和应采取的安全措施。

建筑物的危险等级是根据建筑物内所含的生产工序和制造、加工或储存危险品的危险性决定的。危险品的危险性是根据危险品的感度、一旦发生爆炸事故时所产生的对外界的破坏力为主要依据。本规范中的危险品指烟花、爆竹成品、已装药的半成品及其药剂,事故指涉及烟花、爆竹成品、已装药的半成品及其药剂的燃烧、爆炸事故。

实践证明,烟花爆竹企业的事故主要有两种形式,即爆炸和燃烧,这两种情况下,对外界破坏遵循的规律不一样,须分别处理。本规范中将危险等级分为两级:1.1级为具有整体爆炸危险的建筑物,1.3级为具有燃烧危险的建筑物。

1.1级建筑物主要特点是其中的危险品具有整体爆炸危险或有迸射危险性。该建筑物一旦发生事故,主要以爆炸冲击波和爆炸破片的形式对外界产生破坏,且这种破坏不局限于本建筑物中,周围的建筑物及附近的人员也会受到严重破坏和伤害,尤其是冲击波和破片的速度非常快,来不及疏散或采取相应的补救措施,一般多采用安全距离来防范对周围的危害。

通过我们对典型烟花爆竹药剂的 TNT 当量试验和全国范围的调研发现,烟花爆竹药剂爆炸时,其破坏威力变化很大,有的与 TNT 相当,有的与黑火药相当。对每种威力的药都定一个档次,既不可能,也不必要。经过反复的考虑和比较,借鉴现行国家标准《民用爆破器材工程设计安全规范》GB 50089 和国内、外同类标准的制定经验,考虑到工程处置、管理上方便,本次修订把 1.1 级再细分为:破坏威力与 TNT 相当的作为 1.1^{-1} 级,破坏威力与黑火药相当的作为 1.1^{-2} 级。这两级主要区别在破坏威力不同,因此在工程处置、管理上的差别主要在于安全距离不同。

1.3级建筑物主要特点是其中的危险品具有燃烧危险和较小爆炸或较小迸射危险,或两者兼有,但无整体爆炸危险性。该建筑物一旦发生事故,主要是燃烧事故,事故对外界的破坏主要是靠火焰以及辐射出的热量烧伤人员和引燃其他财产,但考虑到其中的危险品多数是有爆炸可能的含有烟火药、黑火药的危险品,不同于普通的危化品,因此,不能笼统地按防火规范处理,需在本规范中单独列为一个等级以考虑它的特殊性。如烟花产品的包装厂房,所包装的对象中含有烟火药、黑火药这样一些爆炸品,但加工方式(加工时不直接接触药剂)和这些爆炸品存在的状态(分散在各个产品中)使之不易发生整体爆炸事故,只发生燃烧事故或较小爆炸事故,故将其定为1.3级建筑物。

1.3级建筑物还包括一种情况,即建筑物内的危险品偶尔有轻微爆炸,但这种爆炸轻微到破坏效应只局限于本建筑物内。同样以包装厂房为例,在包装厂房中发生火灾事故时,其中的爆竹会发生爆炸,但其威力不会波及厂房以外,因此,包装厂房在包装某些产品时,也是属于偶尔有轻微爆炸,但其破坏效应只局限于本建筑物内的厂房。

危险品成品仓库要求在仓库内只有成箱产品的搬动,没有其他操作。

本条中的制造、储存、运输均指危险建筑物内,正常生产运行时所发生的制造、储存、运输。

3.1.3 本条是根据建筑物危险等级的划分原则,对烟花爆竹企业危险品生产、加工厂房和危险品储存库房的具体规定。

通过 81 个典型配方的 5 000 多次的冲击与摩擦感度试验和 9 个代表性配方的 49 次 TNT 当量试验,结果表明:含氯酸盐、高氯酸盐的药剂的 TNT 当量均大于黑火药,有些含有惰性剂的烟火药剂的 TNT 当量与黑火药相当,甚至还小。

因此,分级的原则主要是把烟花爆竹生产使用的烟火药剂定为 1.1^{-1} 级;把黑火药和含有惰性剂(如碳酸锶)的烟火药,以及其他 TNT 当量值相当于黑火药的烟火药定为 1.1^{-2}

级。对 1.1^{-1}级药剂进行加工的工序,定为 1.1^{-1}级工序,烟火药的 TNT 当量值有高有低,但在生产中间一厂房不同当量的烟火药没有区分开,因此按高的划分;对 1.1^{-2}级药剂进行加工的工序,定为 1.1^{-2}级工序。对药量比较少且分散或不直接加工危险药剂的工序定为 1.3 级工序。

本规范表 3.1.3-1 和表 3.1.3-2 就是依据上述原则,并考虑危险品的感度、生产工艺的危险程度、事故频率及产品包装情况等因素,对生产工序和库房划分危险等级。厂房的危险等级由其中生产工序的危险等级确定,库房的危险等级由其中储存的危险品的危险等级确定。

表 3.1.3-1 中所列工序,是修编组根据现场调研,综合全国大部分地区的实际情况,参照现行国家标准《烟花爆竹 安全与质量》GB 10631 中的产品分类定出的,基本上能概括烟花爆竹生产的危险工序。由于各地各厂的工艺流程不同、生产习惯不同,因此难以把全国各地所有的烟花爆竹生产企业的工序一一列出,对于那些没列出的工序,可参照本规范表 3.1.3-1 确定危险等级。

将烟花爆竹生产中所有药物(黑火药、烟火药、效果件、开球药等)生产工序(包括烟花爆竹产品制作装药前的药物计量)的危险等级统一归入表 3.1.3-1 中的黑火药、烟火药栏目。

单料称料工序,定义为:只有称量这一操作,称量的物质没有爆炸或自燃性质,并且称量后分开存放在容器内。这样的厂房称为原料厂房,作 1.3 级处理。称量的物质有爆炸或自燃性质或有混合这一操作的作为混合厂房。

氧化剂、可燃物的粉碎和筛选厂房还没形成爆炸品,较少发生能波及建筑物以外的爆炸事故,因此作 1.3 级厂房,但其粉尘很大,事故几率相对大一些。同时,其对周围环境污染也很大,这样一是影响周围厂房的工人健康,二是易将火灾传播出去,故要求原料称量,氧化剂、可燃物的粉碎和筛选厂房单独建设,不与其他厂房联建,这在本规范第 6.0.8 条中有规定。

无论黑火药引线还是烟火药引线,基本上采用机械制引,生产过程中一人管理多台设备,每台设备的药量与引火线的规格有关,随着氯酸盐药物的禁止使用,制引工序发生事故的频率大大降低,发生事故后的危害程度主要与引火线的规格有关,修订时把引火线的制作等工序归入 1.1^{-2}级,不再细分黑火药引线和烟火药引线。该条目中的"切引"工序还包括烟花爆竹产品制作过程中的切引。

烟花爆竹已装药的钻孔工序,药都分散在纸筒、引线中,因没有集中在一起的裸露药,不易发生波及建筑物以外的爆炸事故,但该工序事故频率较高,因此,该工序在爆竹和烟花制造中定为 1.1^{-2}级,以强调它的危险性,并采用相应的措施(如单独建设)。从全国调研情况看,各厂对这一厂房一般都是单独建设的,这样要求大家也能接受。

对于组合烟花类、礼花弹类、小礼花类、升空类、旋转类、旋转升空类、造型玩具类产品中,对烟火药或同时有烟火药、黑火药的装药、压药工序定为 1.1^{-1}级,对只有黑火药的装药、压药工序列入其中的 1.1^{-2}级;吐珠类、喷花类、架子烟花、烟雾类产品的装药,药物主要成分是黑火药、含惰性剂的烟火药,或者药物为湿态,这些产品的装药工序定为 1.1^{-2}级。

烟花爆竹制造中的插引(含机械插引,手工插引和空筒插引)工序药物分散在纸筒、引线中,不易发生波及建筑物以外的爆炸事故,在禁止使用氯酸盐药物的情况下,发生事故的频率大大降低,因此,修订中把插引工序列入 1.3 级,考虑到机械插引这一工序的切引具有危险性,曾引发过燃爆事故,本规范第 6.0.8 条对机械插引工序的工艺布置进行了特别规定。

组装、包装和礼花弹制造中的糊球工序,由于不对裸露药剂进行直接加工,厂房不易发生事故,即使发生了事故,只要不严重违反技术安全规程,不大量存放成品或待加工品,是不会酿成波及本建筑物以外的爆炸事故的,故也将这几道工序定为1.3级。

电子点火头蘸药在湿态下进行,由于电子点火头药量分散,不易发生波及工房外的爆炸事故,故将检测、干燥(晾干)、包装等工序也列入1.3级。

摩擦类产品雷酸银药物配制没有包括在黑火药和烟火药范围内,故单独列出雷酸银药物配制与拌药砂工序,列入1.1^{-1}级;发令纸中含有赤磷、高氯酸盐等物质,干燥(晾干)时可能发生燃爆事故,故发令纸干燥工序列入1.1^{-1}级;机械蘸药工序虽然药物为湿态,但药量较多,且机械设备残留物干燥后也易于发生事故,故将机械蘸药工序列入1.1^{-2}级;其他工序药量很少或药物为湿态不易发生事故,故列入1.3级;线香类产品装药工序列入1.1^{-1}级,其他制作工序药物为湿态或分散,不易发生事故,故列入1.3级。

表3.1.3-2包括中转库和成品总仓库,中转库是指准备进入下一道工序的待加工品(半成品)或成品进总库区前在厂区内集中暂存的库房。

半成品的面很广,有封口的也未封口的,有很危险的也有危险性小的,这与产品的品种、加工工艺及外贸需求有关。已封口的含爆炸音剂、笛音剂半成品感度较高,考虑药剂有纸壳约束,使爆炸威力有所削弱,因此把已封口的含爆炸音剂、笛音剂的半成品定为1.1^{-2}级。对于已封口的单个装药量在40 g及以上的烟花半成品、单个装药量在30 g及以上的升空类半成品、B级及以上爆竹半成品,单个威力不小,在库房中又是集中堆放,一旦发生事故,殉爆的可能性很大,即会酿成爆炸事故,一旦发生事故,可能殉爆周围产品,考虑药剂有纸壳约束,使爆炸威力有所削弱,故将其定为1.1^{-2}级。未封口的半成品、半成品的引火线和烟火药常暴露在外,事故几率相对增加,产生同时爆炸的可能性也大,加之半成品库中存药量大,因此,发生爆炸事故后不易仅局限在本库房内,如1988年1月4日,山西某爆竹厂在中转库领爆竹并编爆竹,整房爆竹半成品(已制好,待编鞭)爆炸,炸死几人,并抛到几十米外;同年四川某县也有一次类似事故。因此有裸药的半成品中转库应为1.1级,考虑半成品的药剂有纸壳约束,使爆炸威力有所削弱,故将其归入1.1^{-2}级。

A、B级成品(喷花类除外)每个装药量都很大,单个威力不小,在库房中又是集中堆放,一旦发生事故,殉爆的可能性很大,即会酿成爆炸事故,如2008年2月,广东某仓储公司仓库发生爆炸,库区20栋库房不同程度损毁(3栋库房整体炸毁、15栋库房过火烧毁、2栋库房顶板脱落),其中储存有礼花弹等大药量A、B级产品的3栋库房发生了整体爆炸。故A、B级成品仓库应为1.1级,考虑产品中的药剂有纸壳约束,使爆炸威力有所削弱,故将其归入1.1^{-2}级。

根据现行国家标准《烟花爆竹 安全与质量》GB 10631,C级组合烟花类产品药最可能达到1 500 g,如果单筒药量过大(特别是含爆炸药剂较多时),一旦产品中的某一个筒子发生意外爆炸,可能导致整个产品发生爆炸,进而可能引起恶性爆炸事故,在进行的试验中,曾发生过一个筒子爆炸殉爆整个产品的情况,特别是当筒子壁厚较薄时发生殉爆的可能更大,标技委及相关专家反复讨论,将单筒药量≥25 g的列入1.1^{-2}级。

在中转库、总仓库中将C、D级产品(含A、B级喷花类产品)、电子点火头定为1.3级的依据,是参考了美国、德国烟花爆竹规范,并结合我国的分级原则和事故经验确定的。如对C级爆竹成品库定为1.3级,就借鉴了一例事故的经验:1983年广西合浦某爆竹厂因装卸时擦着引线,燃爆满屋的爆竹,事后爆竹的碎纸近半米厚,可是爆炸仅局限在这一厂房内,甚至该厂房都没受到损坏,也没产生火灾。

表 3.1.3-1 和表 3.1.3-2 中,"单个"产品是指没有组合的个体产品,"单筒"是特指组合烟花类产品中,相对独立的个体筒子。

3.1.4 烟花爆竹企业涉及的氧化剂、可燃物及其他化工原材料的火灾危险性类别在防火规范中均有规定,在烟花爆竹企业储存时其性质没有发生变化,故本规范不对其仓库的危险等级重新进行规定。而对危险性可能发生变化的使用工序(比如粉碎、混合等)的危险等级进行了规定。

3.2 计算药量

3.2.1 危险性建筑物的计算药量是确定建筑物安全距离的重要根据,它考虑建筑物中发生事故时对外界可能造成的最严重破坏,这就要计算建筑物正常运转中可能有的能同时爆炸或燃烧的最大药量。许多实验和事故证明,一次爆炸(燃烧)的药量若分几次爆炸(燃烧),其威力就小得多。因此,确定计算药量的原则是:能形成同时爆炸(燃烧)或殉爆(燃)的药量,就要合起来计算;不会引起殉爆(燃)或不同时爆炸(燃烧)的药量可分别计算,取最大者。因各企业情况千差万别,很难再定得很细,作为规范也没必要很细,故这一节只定原则要求。

存药量是建筑物中所有的药量之和,而计算药量是指存药量中那些能形成同时爆炸(燃烧)的药量之和,两者是不同的。但在实践中由于难以确定存药量中哪些能同时爆(燃),哪些不能同时爆(燃),故常把存药量作为计算药量。

3.2.2 防护屏障内的危险品药量及运输工具内的药量,与危险性建筑物同处在一个防护屏障内,同时殉爆(燃)的可能性很大,所以应该计入危险性建筑物的计算药量内。

3.2.3 危险性建筑物抗爆间室内的药量,因考虑结构采取了抗爆防护,该部分药量不应殉爆厂房内的存药,厂房内的存药一旦发生事故,也不会引起抗爆间室内的药量爆炸(燃烧),为此,该部分药量可不计入危险性建筑物的计算药量。

3.2.4 当厂房内几处存药,采取防护措施(如防爆箱)隔离,不会相互引起爆炸或燃烧,则可以分别计算,取其中最大值作为危险性建筑物的计算药量。

4 工程规划和外部最小允许距离

4.1 工程规划

4.1.1 烟花爆竹生产属于危险性行业,有发生燃烧、爆炸事故的危险,一旦发生燃烧、爆炸事故,将可能波及周围,并有一定的破坏性。所以在选择厂址时,应重点考虑避免对外界重要设施的影响,故作此特别规定。对于企业选址还应符合现行国家标准《工业企业总平面设计规范》GB 50187 的规定。

4.1.2 总结易燃、易爆危险品生产、储存的实践经验和过去的事故教训(比如:1985 年 4 月太原某烟花厂特大燃烧爆炸事故、1993 年 12 月广西某爆竹厂特大燃烧爆炸事故、2000 年 3 月江西某花炮厂燃爆事故),工程规划时,应从整体布局上考虑,根据组成企业的各区功能、性质,做到分区、分开布置,这不仅有利于安全,而且便于企业管理。

4.1.3 本条具体规定了在进行分区规划时应遵循的基本原则和应考虑的主要问题。

1 本款强调在分区规划、确定各区位置时,应该全面考虑条文中所说的各种因素,同时提出危险品生产区宜设在适当位置。一个企业最主要也是最重要的部分是生产区,其他部分是对它的配套、辅助,是为它服务的。因而布局是否合理、安全决定于危险品生产区的布置。历来的经验表明,在总体布局上合理布置,确定危险品生产区的位置是企业安全的保证,同时有助于各区的联系,合理组织生产、方便职工生活。

　　危险品总仓库区是集中存放危险品的地方,存药量比较大,从安全角度上考虑,宜设在有自然屏障或有利于安全的地带。燃放试验场和销毁场都是散发火星的地方,而且也容易出事,为不影响危险品生产区,故宜单独布置,且设在有利于安全的偏僻地带。

　　2　非危险品生产区系指不涉及烟火药或爆竹药等危险品的生产区,对内外不存在危险,所以在满足生产的原则上,可将非危险品生产区靠近住宅区方向布置,以方便职工。

　　3　为了确保安全,减少不安全因素,本款强调不应使无关人员和货流通过危险品生产区和危险品总仓库区,同时考虑到住宅区人员密集,从人对危险品运输的影响和危险品运输一旦出事对人员的影响两方面考虑,强调提出危险品货物运输不宜通过住宅区。这里住宅区是指本厂的住宅区。

4.1.4　在山区建厂,充分利用有利地形,布置危险性建筑物,既有利于安全,又可减少占地。但本条规定不应将危险品生产区布置在山坡陡峭的狭窄沟谷中。对于狭窄沟谷,首先人员疏散困难;第二,一旦发生爆炸,产生的有害气体不易扩散;第三,山体对爆炸冲击波还有反射作用,将加剧破坏,鉴于这三点制定本规定。

4.1.5　本条为新增条文,针对烟花爆竹批发经营企业建设危险品仓库的情况,对其应执行的外部最小允许距离和内部最小允许距离作出了明确规定。

4.2　危险品生产区外部最小允许距离

4.2.1　危险品生产区内的危险性建筑物与其周围村庄、企业、公路、铁路、城镇和本企业生活区等之间的距离,均属外部最小允许距离。由于危险品生产区内各危险性建筑物的危险等级及其计算药量不尽相同,因而所需外部最小允许距离也不一样。所以在确定外部距离时,应根据危险品生产区内 1.1 级、1.3 级建筑物的各自要求分别计算,取最大值。

　　外部最小允许距离自危险性建筑物的外墙算起,与原规范相一致。对于晒场,则自晒场边缘算起。

4.2.2　本规范中,1.1 级建筑物是具有集中爆炸危险品的建筑物。试验表明,不同性质的爆炸物品爆炸后所形成的空气冲击波峰值超压,在较远处差别不太明显,为此,根据试验资料、事故调查和国内外有关文献,经分析整理后,提出用本规范表 4.2.2 来确定 1.1 级建筑物的外部最小允许距离,不再区分 1.1^{-1} 级和 1.1^{-2} 级建筑物。

　　1　对零散住户和本企业总仓库区,考虑到人员较少,按轻度破坏标准考虑,即:玻璃大部分粉碎,木窗扇大量破坏、木窗框和木门扇破坏,板条内墙抹灰大量掉落,砖外墙出现较小裂缝,钢筋混凝土结构无损坏。

　　2　对村庄、中小型企业,考虑人员较多且相对集中;对 220 kV 以下区域变电站、220 kV 架空输电线路,考虑其地区性,一旦出事影响面较广。所以以上各项均按次轻度破坏标准考虑,即:玻璃少部分到大部分破碎,木窗扇少量破坏,板条内墙抹灰少量掉落,钢筋混凝土结构和砖混结构均无损坏。

　　3　对于城镇规划边缘,考虑人员较多且集中,各种设施也多;对 220 kV 以上区域变电站、220 kV 以上架空输电线路,考虑其跨区域性,一旦出事影响面非常广。所以以上各项均按次轻度破坏标准下限确定外部最小允许距离。

4 对铁路、二级及以上公路、通航河道和35 kV架空输电线等,考虑是活动目标和线形目标,参照零散住户外部距离再适当降低确定。

5 在计算药量栏增加800 kg和1 000 kg两档主要是考虑生产区内烘干厂房的计算药量可能超过500 kg,增加相应外部最小允许距离要求。

本次修订从爆炸产生冲击波的峰值超压、爆炸飞散物密度、防火等因素考虑,规定当单个建筑物计算药量小于等于10 kg时的外部最小允许距离:距零散住户、本企业独立总仓库区边缘不小于50 m,距村庄边缘不小于60 m,距铁路、二级及以上公路路边不小于35 m,距三级公路路边不小于35 m。

由于无法将外部目标一一罗列,可根据人数规模和重要性选用相应项目栏来确定外部最小允许距离(如本企业住宅区可根据人数规模选择第一项或第二项的外部最小允许距离要求)。若外部目标要求的安全距离大于本规范规定,则执行外部目标的规定。本规范中所指住户指具备法定居住条件的有固定人员的居住场所。

4.2.3 1.3级建筑物外部最小允许距离在参照了国内外同类标准后,主要考虑的是防火,既防止外来的火引燃危险品,又防止一旦发生事故,明火传到外界,波及外部;再考虑综合安全系数。本次修订规定当单个建筑物计算药量小于100 kg时的外部最小允许距离:距零散住户、本企业独立总仓库区边缘不小于35 m,距村庄边缘不小于40 m,距铁路、二级及以上公路路边不小于35 m,距三级公路路边不小于35 m。

4.3 危险品总仓库区外部最小允许距离

4.3.1 烟花爆竹危险品总仓库区与其周围村庄、企业、铁路、公路、城镇和本企业生产区、住宅区等之间的距离,均属外部最小允许距离,由于总仓库区内各危险品仓库的危险等级和计算药量不尽相同,所以要求的外部最小允许距离也不一样。故在确定总仓库区的外部最小允许距离时,应分别按总仓库区内各个仓库的危险等级和计算药量计算,取大值。

4.3.2 本条规定原则与本规范第4.2.2条基本相同,鉴于危险品总仓库区发生爆炸事故的几率很少,本着节约土地,节省投资等原则,有集中爆炸危险品的1.1级仓库,按轻度破坏标准偏下限来确定与零散住户和本厂危险品生产区边缘的外部最小允许距离;与其他目标项目的外部距离,根据其重要性确定。

4.3.3 1.3级仓库的外部最小允许距离,主要考虑防火要求,为此规定最小防火距离为35 m;同时参照了国外同一类别烟火安全距离的标准,制定了本规范表4.3.3。

本次修订根据国内现有烟花爆竹危险品总仓库的实际储存情况,库房的最小计算药量从原规范2 000 kg降至500 kg,相应的外部最小允许距离降至:距零散住户、本企业危险品生产区边缘不小于35 m,距村庄边缘不小于40 m,距铁路、二级及以上公路路边不小于40 m,距三级公路路边不小于35 m。

4.3.4 本条为新增条文。明确总仓库区和生产区之间执行外部最小允许距离,且取各自要求的最大值。

4.4 燃放试验场和销毁场外部最小允许距离

4.4.1 本条规定了燃放试验场的外部最小允许距离,根据专家评审意见并参照《焰火晚会烟花爆竹燃放安全规程》GA 183附录B中礼花弹基本安全参数进行了适当调整。表4.4.1中的地面烟花燃放试验主要指鞭炮、玩具类烟花、喷花类产品(A级产品除外)的燃放试验。

4.4.2 本条规定了烟花爆竹生产企业日常销毁危险品的销毁场外部最小允许距离。危品的销毁可以采用多种方式,常用的是烧毁法。本条规定了当采用烧毁法时,考虑有可能发生爆炸的危险,限定一次烧毁药量不应超过 20 kg,以控制一旦爆炸对外界的影响,同时规定外部最小允许距离不应小于 65 m,是按次轻度破坏标准确定的。

5 总平面布置和内部最小允许距离

5.1 总平面布置

5.1.1 总结多年来的生产、建设实践经验,为使厂区布置更加科学、合理,确保安全,本条提出了对危险品生产区总平面布置的一般原则和基本要求。

  1 根据多年的生产、建设经验,企业根据生产工艺特性、产品种类分别建立生产线,做到分小区布置,不仅方便管理,也有利于安全。

  2 本款提出生产线的厂房布置应符合生产匹配,且应符合工艺流程,宜避免危险品往返和交叉运输,是从生产能力配套、安全生产,减少危险品的运输环节和相互影响等方面考虑而制定的。

  3 建筑物之间的距离要满足内部最小允许距离的要求,是为了控制一旦发生事故,对周围建筑物的影响不得超过允许的破坏标准。

  4 本款提出同一危险等级的厂房和库房宜集中布置,是指同一生产线上的同类厂房和库房,目的是为了减少较危险的厂房和库房对危险性小的厂房的影响,使整个厂区危险性降低,这样不仅可以减少厂区的占地面积,还有利于安全。

  5 本款强调了危险品生产区厂房布置的总原则,小型、分散、留有防护距离。这对于机械化程度不高,大量手工操作的烟花爆竹行业的生产是非常必要的,是多年来烟花爆竹生产经验和事故教训的总结。

  6 当危险品生产厂房靠山布置时,要考虑到山体的稳定、防洪以及山体对空气冲击波阻挡而产生的反射波。靠山布置太近时,山体对空气冲击波的反射作用会使邻近厂房和相对面产生的灾害加强,所以不宜太近,具体距离多少要综合考虑。

  对于危险品生产厂房布置在山凹中,从利用地形因素上讲是合适的,但不利于人员的安全疏散和有害气体的扩散,所以提出应考虑人员安全疏散的问题。

5.1.2 本条提出了对危险品总仓库区的总平面布置的一般原则。

  1 一般危险品的总仓库存药量较大,发生爆炸事故时破坏性较强,所以结合地形,布置不同等级的危险品仓库,不仅可以减少占地,而且有利于安全。

  2 比较危险或计算药最大的危险品仓库一般容易发生爆炸事故,或者一旦出事破坏性较大,考虑到库区的值班室一般都设在库区出入口附近,而且车辆、人员都必须经过出入口,故本款提出不宜布置在库区出入口附近。

  3 本款规定运输道路设计时,运输危险品的车辆不应在其他防护屏障内通过是为了安全起见。因为车辆通过其他防护屏障内,增加了车和人与危险品仓库的接触,增加了不安全因素,提高了发生事故的几率。

  4 本款为新增条款。本款提出同一等级的仓库宜集中布置,计算药量大和危险性大的仓库宜布置在总仓库区的边缘地带,目的是为了减少较危险的仓库对危险性较小的仓库的影响,使整个总仓库区危险性降低,这样不仅可以减少库区的占地面积,还有利于安全。

5.1.3 为确保危险品生产区和危险品总仓库区的安全,方便管理,也为了能真正起到防护作用,本条强调应分别设置密砌围墙。特殊地形设置密砌围墙有困难时,也应设置围墙,但设置方法可以结合具体地形条件因地制宜处理。

对于围墙与危险性建筑物的距离,由原规范规定不宜小于 5 m 现改为宜为 12 m,不得小于 5 m 的规定是为了提高防火能力,防止从围墙外扬进火星把危险性建筑物引燃。在新建时宜加大围墙与危险性建筑物、构筑物的距离。

5.1.4 危险品生产区和危险品总仓库区的绿化不仅可以美化环境,调节气温,改善工人工作条件,而且还有助于削弱爆炸产生的冲击波,同时还能阻挡爆炸产生的飞片,从而达到减少对周围建筑物的破坏。本条提出宜种植阔叶树,是因为它不易引燃,在此强调选择树种时,不应选用易引燃的针叶树或竹子。

5.1.5 本条为新增条文,是为了提高防山火的能力。

5.2 危险品生产区内部最小允许距离

5.2.1 危险品生产区内各建筑物之间距离属于内部最小允许距离,由于危险品生产区内有着不同等级的危险性厂房,还有为危险品生产区服务的车间办公室、公用建筑物、构筑物,如锅炉房、变电所、水塔等,而且各危险性厂房的计算药量又不尽相同,对这些不同危险等级、不同计算药量和不同用途、不同重要性的各公用建筑物、构筑物,都有自己各自不同的内部最小允许距离要求,在确定各建筑物之间的内部最小允许距离时,要全面考虑彼此各方的要求,综合结果,取大值。同时根据危险性建筑物的耐火等级,还应符合现行国家标准《建筑设计防火规范》GB 50016 的有关规定。

内部最小允许距离自危险性建筑物的外墙算起,与原规范相一致。对于晒场,则自晒场边缘算起。

5.2.2 本条规定了危险品生产区内 1.1^{-1} 级建筑物内部最小允许距离。这是根据国内多年爆炸危险品生产的实践,试验资料的总结,事故材料的统计结果,并参考了现行国家标准《民用爆破器材工程设计安全规范》GB 50089 而确定的。

表 5.2.2 规定的 1.1^{-1} 级建筑物内部最小允许距离,是按一旦危险性建筑物发生爆炸,周围邻近砖混建筑物按次严重破坏的标准考虑确定的,即:玻璃粉碎、木门窗扇摧毁、窗框掉落、砖外墙出现严重裂缝并有严重倾斜,砖内墙也出现较大裂缝。在制定表 5.2.2 时,主要考虑冲击波破坏,不考虑偶尔飞片的破坏和杀伤。

1.1 级建筑物应设防护屏障。表 5.2.2 中所列的双方无屏障是指由于防护屏障有开口,形成了无防护作用范围,造成无防护作用范围内的建筑物与该建筑物之间形成双方无防护的情况。

根据现状调研,原规范规定的内部距离表中计算药量小于等于 1 kg 的建筑物存在意义不大,故在表 5.2.2 中删除。原规范在确定建筑物内部最小允许距离时要求有防火墙,但实际上并未设置,导致小药量的内部最小允许距离要求偏小,故本次修订增加对防火墙的要求,否则加大内部最小允许距离。

5.2.3 本条为新增条文。涵盖了原规范中对 A_3 级建筑物的内部距离要求。

5.2.4 本条为新增条文。原规范规定的建筑物内部距离要求建筑物均应有外墙,但企业现状存在大部分建筑物为无墙体的敞开面,故对这种情形作出增加 20% 内部最小允许距离的规定。

5.2.5 本条为新增条文。对于镶嵌在山坡陡峻的山体中的危险性建筑物,考虑到山体对爆炸冲击波有反射作用,漏泄出的冲击波压力将加强。同时参考现行国家标准《地下及覆土火药炸药仓库设计安全规范》GB 50154 中危险性建筑物面对面布置时内部距离增大系数的规定,而制定本条。

5.2.6 本条为新增条文。根据国内多年事故资料的统计结果,有进射危险产品的生产线在发生事故时,对周围建筑物影响加大,故对生产这类产品的建筑物内部最小允许距离作出增加 50% 的规定。

5.2.7 本条规定了 1.1 级建筑物与公用建筑物、构筑物之间的内部最小允许距离。鉴于公用建筑物服务面广,牵涉范围大,所以根据不同的公用建筑物、构筑物的重要性和对安全的影响程度,采用不同的允许破坏标准来确定内部最小允许距离。

  1 锅炉房考虑到它们是全厂供热的中心,一旦遭破坏将直接影响整个企业,独立变电所、水塔和高位水池及消防蓄水池考虑到它们是全厂供电、供水的中心,一旦遭破坏将直接影响整个企业,故内部最小允许距离按砖混结构轻度破坏标准计算,破坏特征:玻璃大部分粉碎,木窗扇大量破坏、木窗框和木门扇破坏,板条内墙抹灰大量掉落,砖外墙出现较小裂缝,钢筋混凝土结构无损坏。

  2 厂部办公室、辅助部分建筑物考虑到人员密集,故内部最小允许距离按砖混结构轻度破坏标准下限计算。

5.2.8 本条规定了危险品生产区内 1.3 级建筑物与邻近建筑物的内部最小允许距离。1.3 级建筑物主要是集中燃烧的危险,着重从防火的角度确定与邻近建筑物的最小允许距离,同时考虑了偶尔有轻微爆炸的危险。表 5.2.8 所规定的内部最小允许距离是总结了国内外军工、烟花爆竹标准中集中燃烧级的内部最小允许距离规定而制定的。

  本次修订根据国内现有烟花爆竹危险品生产区内的实际生产、储存情况,对表 5.2.8 中的计算药量进行适当调小,增加了计算药量≤50 kg 和 100 kg 两档;针对原规范实际要求建筑物的外墙为防火墙,但部分企业并未设置,导致内部距离要求偏小,故增加对防火墙的设置要求。

5.2.9 本条规定了 1.3 级建筑物与公用建筑物、构筑物之间的内部最小允许距离,主要还是考虑防止火灾。

5.2.10 本条为新增条文。为减少厂房内作业人员身边的存药量,部分企业使用了此种存储方式。表 5.2.10 规定的内部最小允许距离,一是按照临时存药洞事故时不致引起邻近建筑物内药物发生殉爆的距离,二是为避免临时存药洞事故时对邻近建筑物产生抛掷现象,按照相邻建筑物设置在临时存药洞爆炸漏斗半径以外的距离。该距离允许相邻建筑倒塌。

5.3 危险品总仓库区内部最小允许距离

5.3.1 危险品总仓库区内各建筑物之间的距离属于危险品总仓库区的内部最小允许距离。由于危险品总仓库区内各仓库的危险等级不一,计算药量不相同,所以要求也不一样。在确定危险性仓库之间的内部最小允许距离时,应根据各仓库危险等级、计算药量分别计算,取大值。

5.3.2 本条规定了危险品总仓库区内 1.1^{-1} 级仓库的内部最小允许距离。表 5.3.2 中列出的单有、双有屏障的内部最小允许距离是参考了国内外有关资料,一旦某仓库爆炸,相邻仓库按允许次严重破坏标准上限而定的,即:门窗框掉落、门窗扇摧毁,木屋架杆件偶然折裂,木檩条折断,支座错位,钢筋混凝土屋盖出现明显裂缝,砖外墙出现严重裂缝并有严重倾斜,砖内墙出现较大裂缝,但不至于倒塌。

本次修订根据国内现有烟花爆竹危险品库区内的实际储存情况,对表5.3.2中的计算药量进行适当调小,增加了药量≤100 kg的档;删除了药量＞10 000 kg且≤15 000 kg和＞15 000 kg且≤20 000 kg的档。

5.3.3 本条为新增条文。涵盖了原规范对A_3级仓库的内部距离要求。

5.3.4 本条规定了危险品总仓库区内1.3级仓库的内部最小允许距离。表5.3.4中列出的内部最小允许距离是根据燃烧试验和美国有关烟火库的标准而制定的。

5.3.5 本条规定了在危险品总仓库区内设置10 kV及以下变电所时,变电所与各级仓库的内部最小允许距离。

5.3.6 库区值班室是昼夜有固定人员的地方,为保证安全,本条强调宜结合地形布置在有自然屏障的地方,既方便管理,又确保安全。

值班室与1.1级仓库的内部最小允许距离,按一旦仓库爆炸,值班室受到中等破坏标准而制定。

值班室与1.3级仓库的内部最小允许距离,按防火要求确定。本次修订增加了表5.3.6-2。

5.3.7 为管理方便,在危险品总仓库区内可以设置无固定值班人员的岗哨位。考虑岗哨位无固定人员,岗哨位与各级仓库的距离不限。

5.3.8 本条为新增条文。明确洞库和覆土库应执行的规范。

5.4 防护屏障

5.4.1 本条指出防护屏障有多种形式,可以根据需要采用不同的形式。规范中规定的为人工防护屏障,同时强调设置的防护屏障要能真正起到对被保护建筑物的防护作用。

5.4.2 本条规定了在危险品生产区和危险品总仓库区内各级危险性建筑物设置防护屏障的要求。

　　1 强调了对于有集中爆炸危险的1.1级建筑物应设置防护屏障,以阻挡爆炸产生的飞散物,削弱爆炸产生的冲击波,达到减少对周围影响的目的。

　　2 本款是针对夯土防护墙的结构强度作出的修订。对于计算药量小的建筑物,采用简易的夯土防护墙就可起到防护作用。

　　3 对1.3级建筑物,主要考虑燃烧危险,即使轻微爆炸对外影响也很小,故可以不设防护屏障。

5.4.3 防护屏障从阻挡爆炸空气冲击波和阻拦爆炸飞散物防护作用来讲,与建筑物的距离越小防护作用越好,但考虑到施工、使用、采光、排水等因素,两者之间还应有一定距离。

　　1 规定了当建筑物前面与防护屏障之间需考虑汽车回转半径、联系通道时,防护屏障的内坡脚与建筑物外墙的水平距离不应大于9 m,同时应增加防护屏障的高度,宜增高1 m。

　　2 规定了当只考虑建筑物采光、排水等因素时,防护屏障的内坡脚与建筑物外墙的水平距离不应大于3 m,且不应小于1.5 m。

5.4.4 防护屏障的高度直接影响防护屏障的作用效果,为有效阻挡爆炸空气冲击波,阻拦大部分飞散物,起到防护作用,故作本条规定。

5.4.5 在设置防护屏障时,应同时考虑生产运输、人员疏散。本次修订补充了对运输通道、运输隧道和安全疏散隧道的具体要求。

5.4.6 本条规定了防护土堤的具体做法要求。该要求是试验、事故、实践的总结,只有这样的防护土堤,才能有真正的防护作用。

防护土堤应分层夯实,确保其整体强度、边坡稳定。防护土堤坡度应根据不同土质材料确定;当采用土堤底宽为高度的1.5倍时,由于坡度很陡,应采取构造措施。

5.4.7 本条规定了夯土防护墙的具体做法要求。

5.4.8 当采用钢筋混凝土防护挡墙时,应根据建筑物的计算药量、与建筑物的距离,通过计算爆炸作用荷载来确定钢筋混凝土防护挡墙的厚度和配筋。

6 工艺与布置

6.0.1 烟花爆竹行业属高危行业,从安全上考虑,鼓励烟花爆竹生产采用机械化、自动化,采用隔离操作工艺技术,以减少事故对人员的伤害,有利于安全。

在工程建设和管理中,应尽可能减少危险性建筑物的存药量和作业人员,做到小型分散,这是根据我国的国情和烟花爆竹行业长期实践中总结出来的控制事故规模、减少事故损失的经验,应推广。

6.0.2 本条为新增条文,强调工艺设计的配套、协调、顺畅,不交叉、不倒流,满足产品生产流程,各工序与生产能力应匹配,不出现生产瓶颈,从工程设施上保证达到均衡、安全生产的条件。

6.0.3 各种机械和监控设施在危险场所的应用必须满足环境的安全要求,即电气设备应防尘、防爆或采取隔墙传动等技术防护措施,接触危险品物料的设备、仪器、工器具的材质应与接触的危险品物料具有相容性,且应符合安全使用要求。

6.0.4 本条要求在有易燃易爆粉尘的工作场所应设置清洗设施,是为了及时清洗易燃易爆粉尘,避免粉尘聚集引发事故。

6.0.5 危险品生产厂房的允许最大存药量在满足生产的前提下,应尽量减少。

现行国家标准《烟花爆竹劳动安全技术规程》GB 11652 对各危险品生产厂房的允许最大存药量均进行了规定,本规范不再作具体规定。从全国烟花爆竹主产区现场调研情况看,有些地方烘干房药量比较大,对生产区的安全是一个很大威胁,应严格执行《烟花爆竹劳动安全技术规程》GB 11652 的有关要求。

危险品中转库的允许最大存药量,考虑到有利于生产周转,故限定不超过两天生产需要量。因不同企业、不同规模、不同产品相差较大,有些企业某些产品两天的生产量过大,而生产区不允许大量集中存放,故对中转库单库最大存药量进行了限制。

临时存药间和临时存药洞是从减少作业人员身边的存药量和便于组织生产,减少从中转库取药次数而设置的。临时存药间与操作间一般仅一墙之隔,存药量不宜过大;临时存药洞一般布置在两个厂房中间的防护土堤内,药量过大与生产厂房的安全距离难以保证,故其最大存药量以不超过 10 kg 为限。

6.0.6 单层厂房比两层厂房的事故危害要小,加之发生事故时,楼上的人员不好疏散,因此,从安全上要求危险厂房和仓库都应为单层。矩形的厂房和库房(仓库)当某一点发生偶然事故时,对本厂房和库房(仓库)中其余部分的影响要比其他形式的建筑物小,所以危险厂房和库房(仓库)的平面都宜采用矩形。

6.0.7　1.1级厂房危险性相对较大,事故率高,历年来烟花爆竹工厂的事故多集中在这一类厂房。规定这类厂房单机单栋或单人单栋、独立建设,可限制事故规模,避免引起连锁反应,造成重大事故。但若采取有效的抗爆防护措施,如抗爆间室或经计算确定的其他防护间,在一个工作间内的燃烧爆炸事故不会影响相邻工作间时,则可以联建,可减少占地面积。从调研情况看,引火线制造均采用机械制引,一人可以看管几台设备,每台制引机的药量较少,发生事故基本上是爆燃事故,工作间之间采用符合防护要求的实体墙隔离后,可以联建,但不超过4间,这样可以减轻作业人员的劳动条件、减少占地面积,厂房危险品数量也不至于过大。

6.0.8　1.3级厂房联建时,应采用密实砌体墙隔开。机械插引的引线数量相对较多,为避免事故时的相互影响及操作人员的及时疏散,每个工作间只能布置插引机1台,应采用密实墙隔离,可以联建但不应超过4间。1.3级厂房中的原料称量,氧化剂、可燃剂的粉碎和筛选厂房,粉尘很多,这些粉尘又都是可燃剂和氧化剂,容易发生燃烧甚至粉尘爆炸,和其他1.3级厂房比事故率高;结合我国烟花爆竹工厂的实际情况,以上几个厂房应独立建设。

6.0.9　中转库存药量大,生产厂房事故率高,两者联建容易产生恶性事故。

6.0.10　危险性建筑物与非危险性建筑物分开布置是易燃易爆危险品生产、储存工程建设的基本准则,本条规定有固定操作人员的非危险品生产厂房不得与危险品厂房联建,主要是考虑危险品厂房有可能发生燃爆事故的风险,如与非危险品厂房联建,将波及该厂房,扩大事故的灾害。另外,非危险品生产的作业人员可避免受危险品生产的威胁,所以不允许联建。

6.0.11　设置必需的生产辅助用室(如工器具室等),可以减少工器具的搬动和作业人员的交叉,利于安全管理。但1.1级厂房固有的危险性决定了它不要附建除更衣室外的其他辅助用室。

6.0.12　本条是新增条文,是对设置临时存药间和临时存药洞的基本要求。从对全国主产区调研情况看,设置临时存药间和临时存药洞可以最大限度达到"存药岗位不操作、操作岗位少存药"对减少事故发生概率和降低事故伤害程度是有利的。

6.0.13　本条是对危险品生产厂房工艺路线、工艺设备布置的原则要求。设备挡住操作者的疏散道路、工作面太小等在发生事故时不利于人员迅速疏散。

6.0.14　危险品生产宜采取人机隔离、远距离操作。对危险品进行直接加工的工序当无法远距离操作时,应设置有效的个体防护隔离措施。从发生的事故案例和试验分析,作业人员与危险品面对面操作时,一旦发生燃爆事故就可能对作业人员的脸部和胸部烧伤,根本来不及跑开,对这些工序设置个体防护设施是保护作业人员的最有效可行的措施。

6.0.15　规定人均最少使用面积,以利于减少作业场地小,互相干扰而引起的事故。还可控制人员密度,减少事故的伤亡。1.1级厂房人均面积不宜少于9.0 m² 是通过核算单机单栋(或单人单栋)设备或作业台的面积而定的,1.3级厂房的人均使用面积不宜少于4.5 m² 是通过核算作业台面积、人员疏散要求等设定的。通过对全国主产区的调研情况看,在原规范的基础上适当增大人均面积是必要的,也符合大多数企业的现状。

6.0.16　本条为新增条文,是根据升空迸射类产品的危险特性及事故案例而规定的。例如,2006年湖南浏阳某烟花厂升空迸射类产品生产工房发生事故,迸射出的产品引起邻近中转库发生燃烧爆炸,导致多人死亡,整个工厂基本被毁。

6.0.17 采用日光干燥方式,可以节约能源、减少投资。但近年来因日光干燥出现安全生产事故比较多,故本次修订对采用日光干燥提出了安全要求。

采用暖气干燥方式,要求热媒采用热水或低压饱和蒸汽,热水温度不高于90 ℃,低压饱和蒸汽压力不大于0.05 MPa,经军用烟火生产企业实践证明,这样可保证药粉掉在散热器上不至于马上引燃。

从调研情况看,部分企业采用热风干燥方式。对药剂和带裸药的半成品采用热风干燥方式,干燥厂房容易形成药剂扬尘,增加事故风险。在满足烘干温度要求的情况下,对无裸露药剂的成品、半成品和无药的半成品可采用热风干燥的方式,若药剂和带裸药半成品的烘干采用热风干燥,应采取防止药物发生扬尘的有效措施,以降低事故风险。

由于明火,温度不好控制,易直接引燃药物。故严禁采用明火烘烤,包括火炕、在锅上烘烤等间接的形式。

6.0.18 本条为新增条文,对干燥的产品为防止在产品未完全凉透之前进行装箱,造成热量积聚,引发事故,需要配套凉药厂房。从调研情况看,有些地区晒场(特别是亮珠晒场)产品进入晒场后一直到产品晾晒达到要求后才收集,没有设置凉药工房,对于这种情况要求晒场设置可靠的防雨设施,同时要求晒架不能太低,能可靠防止雨水反溅影响产品。

6.0.19 当危险品运输采用廊道时,应采用敞开式和半敞开式廊道,防止传爆,不允许采用封闭式廊道。

6.0.20 本条为新增条文,曾有产品陈列室发生过事故,故作此规定。

7 危险品储存和运输

7.1 危险品储存

7.1.1 危险品应分类分级分库存放,防止相互影响,扩大事故。

7.1.2 对危险品库房(仓库)的单库存药量和面积进行限定,是为了减少库房一旦发生燃烧、爆炸时对外界造成的影响。危险品生产区内作业人员较多,严格控制生产区内中转库房的存药量,以防止一旦发生事故造成重大人员伤亡。本规范主要根据单栋仓库中存药量发生事故对周围建筑物的影响考虑的,故对单栋仓库中最大存药量进行限制。为防止仓库越建越大、提供超储的可能,本次规范修订在本条第3款对危险品总仓库的最大面积作了限制,仓库建筑面积宜根据单库存药量的多少及其他要求进行确定,建议"1.3级成品仓库单栋建筑面积不宜超过1 000 m²,每个防火分区的最大允许建筑面积不应超过500 m²;1.1级成品仓库单栋建筑面积不宜超过500 m²。"

7.1.3 对危险品的堆放通道,定出垛间距及堆垛与内墙壁的距离,是为了便于通风和人员检查,按一般人体肩宽0.4 m~0.5 m而定的。搬运通道宽1.5 m,主要考虑手推车运输和搬运作业的需要。

对危险品的堆放高度,成箱成品的堆垛高度限定,主要从不压坏最底层包装箱和便于装卸防止倒垛考虑而定。散件成品、半成品的堆垛高度是为了方便搬运而定的。

7.2 危险品运输

7.2.1 危险品运输从安全上有特殊的要求,本条规定应采用带有防火罩装置的汽车运输。三轮车不易控制,不宜用于危险品运输;畜力车、翻斗车和挂斗车,更由于有失控和不灵活等不安全因素,故而严禁使用。对于危险品运输车的具体规定以及运输危险品从业人员的管理规定还需执行相关的法律法规。

7.2.2 本条第1、2款的规定,一方面是考虑在生产过程中,危险品药粉有可能散落在1.1级和1.3级建筑物的附近,保持一定距离可以避免行驶车辆碾压危险品药粉而发生事故;另一方面是从运输、生产过程中发生事故时减少相互影响考虑的。第3款的规定是防止火星飞到运输的危险品车上造成事故。本次修订补充了有相应防护条件情况下可减少主干道中心线与各类建筑物的距离。

主干道为连接危险品生产区(或库区)主要出入口用于运输危险品的公用道路。

7.2.3 本条为新增条文,原规范只对危险品生产区有规定,而危险品总仓库区没有相应规定,本次修订考虑危险品总仓库区运输的危险品主要是包装好的、无散落的危险品粉尘,故危险品总仓库区运输危险品的主干道中心线与各类建筑物的距离较危险品生产区的规定有所减小。

7.2.4 根据现行国家标准《厂矿道路设计规范》GBJ 22的规定,厂内各类道路的最大纵坡,在平原微丘区主干道为6%,在山岭重丘区主干道为8%。考虑到危险品生产区和危险品总仓库区运输危险品的特殊要求,故对主干道纵坡规定不宜大于6%,用手推车运输的道路纵坡不宜大于2%,以防止重车上、下坡停不住而发生意外。

7.2.5 本条规定机动车应在危险性建筑物门前2.5 m以外进行作业,是考虑一旦建筑物内发生偶然事故时,机动车不会堵住门口,有利于人员疏散。

7.2.6 对人工提送危险品的人行道,规定不应设有台阶,是防止踩空、绊脚,造成危险品掉落,发生意外事故。

8 建筑结构

8.1 一般规定

8.1.1 现行国家标准《建筑设计防火规范》GB 50016规定,甲类生产厂房或库房均要求不低于二级耐火等级。而烟花爆竹生产均含有甲类第五项物质,理应遵守该规定。本次修订明确了化学原料仓库建筑物耐火等级的规定。

8.1.2 鉴于烟花爆竹生产的作业做到少量、分散,有的建筑物很小,为此按生产特点和现行国家标准《建筑设计防火规范》GB 50016的规定,对建筑面积小于20 m^2 的1.1级建筑物和建筑面积不超过300 m^2 的1.3级建筑物适当放宽,可不低于三级耐火等级。

8.1.3 本条增加危险性建筑物应有适当的净空,以满足正常的采光和通风要求。一般工房的净空不小于3.2 m,面积较大、人员较多的1.3级工房,房内净空高度一般均在4 m以上。根据行业的现状和特点,本条仅提出设计时同时满足梁或板中的最低净空要求不宜小于2.8 m,避免出现室内净空太低的情况。其他建筑规范有具体的采光和通风要求,本规范不作具体规定。

8.1.4 在危险品生产区内设置办公用室和生活辅助用室,一是直接指挥生产和紧急处理事故;二是工人卫生保健,不带粉尘离开危险品生产区,宜在危险品生产区内更换洁净后方可离开。明确了危险品仓库区内除设置警卫值班室外,不宜设置其他辅助用室。

8.1.5 生活辅助用室系指洗涤、更衣室、浴室、厕所等,考虑到1.1级厂房具有爆炸危险不应设置,防止扩大危害;而1.3级厂房则主要为燃烧危险,可以设置,但应布置在较安全一端,并用防火墙分隔,万一出事,可以及时疏散。同时,规定门窗不宜面对相邻厂房的泄爆面,主要避免波及生活辅助用室。

车间办公室是与生产调度、现场管理直接相关的，为方便管理，可以附设在1.3级厂房，它的设置与生活辅助用室的要求相同。

办公室一般为生产指挥首脑机构，不应在发生事故时一起摧毁而失去紧急指挥，所以宜单独设置。

8.1.6 本条为新增加条文。明确是在"生产区内"，为了减少生产作业厂房的药量，在两个危险性建筑物之间的天然山体等内镶嵌临时存放药物的洞室，对临时存放药物洞室的尺寸及做法等提出具体要求。把药物临时存放在洞室内，不对药物进行直接操作且临时存药洞四周覆土，极大减少了发生事故的概率，万一发生事故，则因有覆土减弱了冲击波和破片的次生灾害。

8.1.7 对建筑物外墙与本厂围墙的距离小于12 m的危险性建筑物，为了防止围墙外有火星等传入建筑物内，此墙不宜开设门洞和窗户。如开设时，面向围墙方向的外墙尽量少开设门洞和窗户，且对开设的门洞和窗户宜采取防止火焰传播的措施，如采用防火门、窗户外设置挡板或密格铁丝网等措施、加高围墙至不低于屋脊高度及留有不小于12 m的防火隔离带等防火措施。

8.2 危险品生产区危险性建筑物的结构选型和构造

8.2.1 1.1级建筑物有爆炸危险，为防止墙倒屋塌，所以对墙体有一定要求。砖墙承受爆炸冲击波的能力较低，容易倒塌，所以1.1级建筑物的结构形式除符合本条第2款条件者外，应采用现浇钢筋混凝土框架结构。现浇钢筋混凝土框架结构整体性及抗震性能较好，采用现浇钢筋混凝土框架承重结构，墙即使倒塌，柱仍能支持屋盖，不会出现墙倒屋塌的灾难性次生灾害事故。而符合本条第2款条件者，可采用钢筋混凝土柱、梁承重结构或砌体承重结构，主要是考虑鉴于有些厂房不大、人员也少，或室内无人的厂房，在满足规定的条件下，允许采用钢筋混凝土柱、梁承重结构或砖墙承重结构。

8.2.2 1.3级建筑物主要是燃烧危险，但一般厂房较大、人员也较多，为防止墙倒屋塌对室内人员的重大伤害，所以对结构形式有一定要求。砖墙承受爆炸冲击波的能力较低，容易倒塌，所以1.3级建筑物的结构形式除符合本条第2款条件者外，也应采用现浇钢筋混凝土框架结构。当厂房不大、人员也少，或横隔墙比较密的情况下，也可采用钢筋混凝土柱、梁承重结构或砖墙承重结构。当采用砖墙承重结构时，第1款对跨度、长度、净高、横隔墙间距同时提出要求，第2款对药量较小的理化、分析室等，只对横隔墙提出了要求，是为了避免1.3级厂房中人员较密集而厂房采用砖墙承重结构，由于横隔墙间距太大带来的安全隐患。

8.2.3 独立砖柱、180 mm墙、空斗墙、毛石墙，强度不高，较容易为气浪摧毁，所以独立砖柱、180 mm墙不应使用。虽然空斗墙、毛石墙在南方普遍使用，但现行国家标准《建筑抗震设计规范》GB 50011和《砌体结构设计规范》GB 50003中也不允许采用180 mm墙、空斗墙等墙体承重，所以规定危险性建筑物不得采用。

8.2.4 屋面采用钢筋混凝土屋盖，容易做到平整光滑，易于满足规范中表面平整光滑的要求。但一旦发生事故，发生事故的建筑物本身也会造成重大损失。原规范建议危险性厂房屋盖宜采用轻质易碎屋盖，主要考虑屋盖泄压的作用。根据烟花爆竹的事故分析，当采用现浇钢筋混凝土屋盖，可以在发生爆炸事故的相邻建筑物产生隔燃、隔爆的作用，可以避免"火烧连营"的事故，基本不会发生某一建筑物发生事故时，造成整个工厂或库区全部毁灭性破坏的局面。故本次修订规范首先建议使用现浇钢筋混凝土屋盖。对易燃易爆建筑物可采用轻质易碎或轻质泄压屋盖。现在南方普遍采用小青瓦屋盖,该屋盖总重量可能符合要求,但不属于易碎,在爆炸事故时,每一片瓦都成为破片,对周围破坏比较大,且易于积尘掉灰。本次提出危险性建筑物采用的轻质泄压屋盖(如彩色复合压型钢板等)时,应采取防止成片或整块屋盖飞出伤人的措施的要求,如采取屋檐处板上加钢梁加强锚固而屋脊处减弱连接的方法等。

当1.3级厂房屋盖采用现浇钢筋混凝土屋盖时,须满足门窗泄压面积 $F \geqslant 3P$(其中,P 为存药量,单位为 t;F 为泄压面积,单位为 m^2)的要求。一般情况,工房开设的门窗面积均比要求的泄压面积多。当门窗面积不能满足泄压的要求时,可在现浇钢筋混凝土屋盖上开设泄压孔洞,以满足泄压面积的要求。1.1级厂房因整体爆炸,不考虑泄压面积的问题。

8.2.5 危险性建筑物要求外形平整,主要防止积尘,有利于清洗,以免留下隐患,扩大事故危害。

8.2.6 对危险性建筑物采取构造措施,加强建筑物整体刚度,防止局部墙体倒塌而造成整体屋盖垮塌,在试验和事故中证明是有效的。本次规范主要增加钢筋混凝土构造柱、圈梁的设置要求和采用钢筋混凝土过梁的要求等。

8.3 抗爆间室和抗爆屏院

8.3.1 本条是对抗爆间室的结构形式作出的规定。

抗爆间室一般情况下应采用钢筋混凝土结构。目前国内广泛采用矩形钢筋混凝土抗爆间室,使用效果较好。钢筋混凝土系弹塑性材料,具有一定的延性,可经受爆炸荷载的多次反复作用,又具有抵抗破片穿透和爆炸震塌的局部破坏的性能。

抗爆间室的屋盖做成现浇钢筋混凝土的较好,其整体性强,可使间室的空气冲击波和破片对相邻部分不产生破坏作用,与轻质易碎屋盖相比,在爆炸事故后具有不须修理即可继续使用的优点。所以在一般情况下,抗爆间室宜做成现浇钢筋混凝土屋盖。本次修订增加了药量较小时可采用钢板或组合钢板结构,一是工程需要,二是有了具体设计及施工方法。

8.3.2 本条是对抗爆间室提出的设防标准和要求。明确抗爆间室在设计药量爆炸空气冲击波和破片的局部作用下,不能震塌、飞散和穿透;在设计药量爆炸空气冲击波的整体作用下,允许变形、破坏的程度。

8.3.3 抗爆间室朝向室外的一面应设置轻型窗,这是为了保证抗爆间室至少有一个泄爆面,以减少爆炸冲击波反射产生的荷载。增加窗台高度的规定,是为了防止室外雨水的侵入,又要尽可能扩大泄爆面。

8.3.4 抗爆间室轻型面的外面设置抗爆屏院,主要是从安全要求提出来的。抗爆屏院是为了承受抗爆间室内爆炸后泄出的空气冲击波和爆炸飞散物所产生的两类破坏作用,一是爆炸空气冲击波对屏院墙面的整体破坏作用,二是爆炸飞散物对屏院墙面造成的震塌和穿透的局部破坏作用。因此,必须确保在空气冲击波作用下,屏院不致倒塌或成碎块飞出。当抗爆间室是多室时,屏院还应阻挡经间室轻型窗泄出的空气冲击波传至相邻的另一间室而导致发生殉爆的可能。为了更好地保证抗爆屏院的作用,本次修订提出了抗爆屏院的平面形式和最小进深、高度以及构造的要求。

8.3.5 抗爆间室内发生爆炸事故可能性相对较大,为了避免一个抗爆间室发生爆炸时波及另一个抗爆间室或相邻工作间引起连锁爆炸,本条作了相关规定。

8.3.6 本条为新增条文。

8.4 危险品生产区危险性建筑物的安全疏散

8.4.1 安全出口是保障人员快速疏散到室外的有效措施，一般情况下不少于 2 个，防止有一个被堵住，尚有另一出口可通向室外。

当生产间很小且人员很少时，要设 2 个出口一无可能，二无必要，因此，对厂房分别规定不同的限额，可设 1 个，不等于一定设 1 个。在南方有条件多设更好，在北方由于气候关系而允许设 1 个，同时另有安全窗可作为逃脱口。

穿过危险工作间到达外部的出口，有可能被阻而失去疏散作用，故而不应作为本工作间的安全出口。

1.1 级、1.3 级厂房每一危险性工作间的面积大于 18 m² 时，安全出口不应少于 2 个。因本规范第 6.0.15 条规定，1.1 级厂房的人均使用面积不宜少于 9.0 m²，则面积大于 18 m² 时基本为 2 人及 2 人以上，故规定安全出口不应少于 2 个。

防护土堤内厂房的安全出口应布置在防护土堤的开口方向，以利于人员安全疏散，避免被堵在土堤内。

8.4.2 为便于岗位操作工人用最短的时间就近疏散，一般在岗位附近外墙上设安全窗，以便于疏散，但它不是专门用作厂房内所有工人的疏散，因此不计入安全出口的数目。

8.4.3 本条规定是为了既能迅速疏散人员到室外，又能满足生产上的要求。该最远疏散距离是根据现有厂房估算的，与国外同类标准的要求基本一致。

8.4.4 本条规定是保证通道通畅，避免操作岗位上的工人相互影响，以利于安全；通道上是不允许堆放杂物的，以保证厂房内比较整洁，方便生产过程的联系。

8.4.5 对疏散门的设置提出具体规定，门向外开启适合人向外疏散，不许设室内插销，为防止万一发生事故人员疏散受阻。寒冷风沙地区可设门斗，应采用外门斗；门开启方向与疏散门一致，易于人员疏散；外门口不应设台阶，为防止疏散时人员摔倒。

8.5 危险品生产区危险性建筑物的建筑构造

8.5.1 1.1 级、1.3 级厂房门的设置要求：一是向外开，便于人流由室内顺利向室外疏散；二是门的宽度需与厂房内的疏散通道宽度匹配且不应小于 1.2 m，不致在出口时造成拥塞。

8.5.2 为了减少破碎玻璃伤人的次生灾害问题，增加了本条的要求，可采用塑性透光材料（如阳光板）或普通玻璃贴防爆膜及玻璃内外加密格钢丝网等方法。

8.5.3 生产厂房要求采用木门窗是考虑安全要求，钢门窗易碰撞冒火星，对黑火药、烟火药都是危险的。故而作此规定。

8.5.4 本条规定是为便于一定身高的人员能快速顺利地从安全窗疏散出去。

8.5.5 本条对地面作原则规定，材料可以自选。总的目标是不允许产生火花。常用的有不发火水磨石地面、不发火沥青地面、不发火导静电沥青地面以及导静电地面等。目前烟花爆竹行业大多采用大方砖地面，缺点是表面不光滑、拼缝较多，易积粉尘，不易清扫，更有甚者是土地面，时间长了，药尘和土混在一起，存有隐患，这是不适宜的。

8.5.6 对有易燃易爆粉尘的工作间一般不允许设吊顶，目的是为了防止粉尘飞扬积存在吊顶内。而现在大多数为冷摊小青瓦屋顶，粉尘容易积存到小青瓦上，存在安全隐患。所以有的企业就设置了吊顶。为此规定当设置吊顶时不允许设人孔，即要求密闭；且隔墙砌到板底，起隔火墙的作用。

8.5.7 规定危险性工作间的内墙要粉刷,有利于清扫墙面上积存的粉尘。对粉尘较多的工作间要求油漆,便于用水冲洗;对粉尘较少的工作间,采用油漆墙裙,可用湿布擦洗。总之,不能让药粉长期积存在墙面上而留下隐患。本次增加了对排水沟的要求。

8.6 危险品总仓库区危险品仓库的建筑结构

8.6.1 本条为危险品仓库总的原则规定,考虑当地气候条件以及防小动物的措施。

8.6.2 本条规定危险品仓库宜采用现浇钢筋混凝土框架结构。也可采用砌体承重,即仓库允许墙倒屋塌,因为室内无人,但里面的所有产品可能爆炸、烧毁或无法继续使用。屋盖宜采用钢筋混凝土结构,在某种程度上它比轻质易碎、轻质泄压屋盖有利。采用轻质易碎、轻质泄压结构,虽然不致造成更严重的后果且易于清理;但有可能产生次生灾害较大。

当 1.3 级仓库屋盖采用现浇钢筋混凝土屋盖时,也须满足门窗泄压面积$(m^2)F \geqslant 3P$(P为存药量,单位为 t)的要求。一般情况下,仓库开设的门窗面积均比要求的泄压面积多。当门窗面积不能满足泄压的要求时,可在现浇钢筋混凝土屋盖上开设泄压孔洞,以满足泄压面积的要求。

8.6.3 危险品仓库(或储存隔间)安全出口数目不应少于 2 个,以便于快速疏散和互为备用。当仓库小时,设 2 个出口将使仓库堆放面积减少,为此,规定在仓库面积小于 100 m² 且长度小于 18 m 时,可设 1 个。原规范"当仓库面积小于 150 m²,且长度小于 18 m 时,可设 1 个"中面积小于 150 m² 改为面积小于 100 m²。主要为了与现行国家标准《建筑设计防火规范》GB 50016 中的要求(面积小于 100 m² 时,可设置 1 个)相协调。考虑到 3 个柱距内至少设 1 个门,故从库内最远点到安全出口的距离不应大于 15 m,该距离大了,不安全;小了,仓库设计将增加不少门,仓库的利用面积太小。

8.6.4 危险品仓库的内、外门向外开且不设门槛,易于疏散,门宽不小于 1.5 m 既方便运输也利于疏散。

长期储存危险品的仓库为双层门,要定期开门通风,内层门为通风门,可不打开,有利于防盗、防小动物。

8.6.5 危险品仓库的窗既要采光,又要通风,且能防盗、防小动物。故而宜配置铁栅、金属网,在勒脚处设能符合防护要求的进风小窗。

8.6.6 危险品仓库的地面应和相应生产间的要求一样,主要考虑有撒药的可能性。如果都以成品包装箱存放并不在库内开箱作业时,没有撒药的可能,则可采用一般地面。

8.7 通廊和隧道

8.7.1 本条为新增条文。室外通廊与厂房相比,属于次要建筑物,但通廊与生产厂房又直接连接,为了防止火灾通过通廊蔓延,故对通廊建筑物结构的材料提出要求,考虑到施工、安装的方便、快速以及工厂现状,规定通廊的承重及围护结构的防火性能不应低于非燃烧体。

8.7.2 本条为新增条文,是对穿过防护土堤的疏散隧道、运输隧道结构的具体规定。

9 消防

9.0.1 烟花爆竹的生产、储存具有燃烧爆炸危险性,消防是防止事故扩大的重要措施之一,因此必须设有消防给水设施。考虑到烟花爆竹生产区和危险品仓库区距城镇消防站较远,一般情况都应设消火栓给水系统,尤其应设室外消火栓,当火灾发生时,接上消防水龙带即可灭火。考虑厂房、库房(仓库)分散,如有天然河湖或池塘可利用或建消防蓄水池,也可采用固定消防泵或手抬机动消防泵取水加压灭火。

9.0.2　本条从确保消防供水安全的角度考虑,烟花爆竹工程必须有充足的消防水源,否则无法扑救火灾。水源来自市政管网时,要求厂区设计成环状管网,并有两条输水干管接自市政给水管网,主要是提高消防供水的可靠性,考虑其中一段给水管发生故障、断水、检修时,其他管段仍可保证消防供水。对自备水源井,要求设置消防蓄水设施,如水池、水塘等,主要考虑一旦水源井取水泵损坏,厂区仍有足够的消防储备水可满足灭火需要,以防事故扩大。

9.0.3　一般烟花爆竹工程远离市镇,无法接引市镇给水管网,只能依靠天然或自备水源(如天然河、湖、池塘、水源井、水池、水塔等),利用消防泵或手台机动消防泵加压灭火。要求设有备用消防泵,主要考虑火灾时的供水安全。

9.0.4　本条规定危险品生产厂房和中转库的室外消防用水量,应按现行国家标准《建筑设计防火规范》GB 50016 中甲类建筑的规定执行。考虑到烟花爆竹工厂建筑物分散,又有防护距离要求的特点,对建筑物体积小于 300 m^3 的工厂,适当放宽室外消防用水量的计算要求。

9.0.5　本条为新增条文。根据1.3级危险品生产厂房的危险特性,同时考虑到一般1.3级厂房面积较大,作业人员较多,室内消火栓可起到控制初期火灾的作用。

9.0.6　本条根据易发生燃烧事故厂房的不同情况,提出了设置雨淋灭火系统的要求,雨淋系统启动后,立即大面积下水,能有效遏制和扑救火灾,防止事故扩大,因此推荐设置。雨淋灭火系统的喷淋强度和最不利点喷头的压力是参照现行国家标准《自动喷水灭火系统设计规范》GB 50084 中严重危险级给出的。

9.0.7　有些产品和原材料遇水易引起燃烧爆炸危险,故不能采用水型灭火剂,本条提出应根据产品和原料的特性选择灭火剂和消防设施。如铝粉可采用干砂或石粉灭火。

9.0.8　本条是对危险品仓库区消防的规定。随着国家对燃放烟花政策的逐步放开,烟花仓库越建越大,危险性也随库房存药量的增加而增大,为确保有足够的消防储备水量,能及时扑灭火灾,避免事故扩大,因此本条要求烟花仓库的室外消防用水量按现行国家标准《建筑设计防火规范》GB 50016 中甲类仓库的规定执行。

9.0.9　规定消防储备水平时不能被动用,是为了保证火灾时有足够的消防水用以灭火。使用后,储水量的恢复时间也作了明确规定。

9.0.10　本条为新增条文,是对灭火器配置所作的规定。

10　废水处理

10.0.1　本条是对废水排放的原则规定。要求对废水进行治理,排出厂外的废水应达到国家现行有关排放标准的规定。

10.0.2、10.0.3　对有易燃易爆粉尘散落的工作间,采用水冲洗可有效避免扬尘和摩擦危险,减少发生燃爆事故的可能性。用水冲洗时,废水较多,工作间内可设排水沟,然后用管道收集后集中处理。由于悬浮物易附着在地面、沟壁,留下安全隐患,故室外不宜采用明沟收集。

要求集中收集的含药废水先经污水池沉淀或过滤,再集中处理排放,目的是降低废水中的悬浮固体浓度,减少废水处理设施的处理负荷,提高处理效率。沉淀及过滤的沉渣仍具有一定的危险性,因此规定应定期挖出销毁。

排水沟和沉淀池的一般要求见本规范建筑结构部分规定,具体做法由设计人员依据国家有关规范进行设计。

11 采暖通风与空气调节

11.1 采暖

11.1.1 本条是对采暖热媒的规定。

黑火药和烟火药对火焰的敏感度都比较高,与明火接触便会剧烈燃烧或爆炸,因此规定危险性建筑物内禁止用火炉和其他明火采暖。

黑火药和烟火药对温度的敏感度也较高,与高温物体接触也能引起燃烧、爆炸事故。其危险性的大小与接触物体表面温度的高低成正比。散状药物的危险性比制品和成品的危险性大,所以分别作出不同的规定。

11.1.2 本条是对采暖系统设计的安全规定。

1 规定散热器的选型要求,是为了便于清扫和擦洗,及时清除沉积于散热器表面的危险性粉尘,避免引起事故。规定散热器和管道外表面油漆的颜色应与危险性粉尘的颜色相区别,是为了易于发现和识别散热器及采暖管道表面积存的危险性粉尘,以便及时擦洗。

2 该规定是为了留出必要的操作空间,以便能将散热器和采暖管道上积存的危险性粉尘擦洗干净。

3 抗爆间室轻型面的作用是泄压,为了防止发生爆炸事故时,散热器被气浪掀出,导致事故扩大,故规定不应将散热器安装在轻型面的一面。采暖干管不应穿过抗爆间室的墙,也是避免抗爆间室发生爆炸事故时,采暖干管受到破坏而可能引起的传爆。把散热器支管上的阀门装在操作走廊内,是考虑当抗爆间室内发生爆炸,散热器及其管道受到破坏时,能及时将阀门关闭。

4 本款是为了防止危险性粉尘进入地沟,日积月累,造成隐患而规定的。

5 蒸汽管道、高温水管道的入口装置和换热装置所使用的热媒的压力和温度都可能超过本规范第11.1.1条规定,为避免发生事故,所以规定了不应设在危险工作间内。

11.1.3 本条为新增条文。热风采暖的送风温度是参照现行国家标准《采暖通风与空气调节设计规范》GB 50019制定的。从安全角度考虑,强调热风采暖系统的设置应符合本规范第11.2节的有关规定。

11.2 通风和空气调节

11.2.1 厂房中散发的危险性粉尘,如不及时处理,不仅危害工人的身体健康,而且有可能引发事故,危及工人安全。为此,规定在这些设备和岗位上宜设局部排风。为了避免事故沿风管蔓延扩大,规定局部排风系统应按操作岗位分别设置。

11.2.2 本条是对危险品生产厂房的通风、空气调节系统的设计规定。

1 散发易燃易爆危险性粉尘的厂房,若将空气循环使用,会使危险性粉尘浓度逐渐增高,当遇到火花时就会发生燃烧、爆炸,因此规定通风、空调系统应采用直流式,不允许回风。出口装止回阀是为了防止当风机停止运转时,含有危险性粉尘的空气倒流入通风机或空气调节机内。

2 采用防爆型是因为防爆阀门在调节风量、转动阀板时不会产生火花。

3 黑火药生产厂房内,由于黑火药的摩擦感度和火焰感度都比较高,含有黑火药粉尘的空气在风管内流动时,会产生电压很高的静电,在一定条件下会放电产生火花,引起事故。

为安全起见,规定了黑火药生产厂房内不应设计机械通风。

11.2.3 本条是对有燃烧爆炸危险性粉尘的厂房中机械排风系统的设计规定。

  1 排除含有燃烧爆炸危险性粉尘的排风系统,由于系统内外的空气中均含有危险性粉尘,遇火花即可能引起燃烧或爆炸,为此,规定了其排风机及电机均为防爆型。规定通风机和电机应直联,是因为采用三角胶带或联轴器传动会由于摩擦产生静电而发生爆炸事故。

  2 含有燃烧爆炸危险性粉尘的空气不经净化处理直接排放,不仅会污染环境,还会留下隐患,因此规定必须经过净化处理后方允许排入大气。从安全考虑,净化装置宜采用湿法除尘。对于与水接触易引起爆炸或燃烧的危险性粉尘,则不能采用湿法净化。将净化装置放于排风机的负压段上,目的是使粉尘经过净化后再进入排风机,减少事故发生的可能。经过净化处理后的空气中仍会含有少量的危险性粉尘,所以置于湿式除尘器后的排风机仍应采用防爆型。

  3 风速过低,危险性粉尘易沉积在管底,留下隐患。水平风管要求设有一定坡度,是为了便于清理。

  4 本款规定为了避免发生事故时,火焰和冲击波通过风管波及无关房间。

11.2.4 目的是为了当危险工作间发生事故时,通风机室内的人员和设备可免受伤害和损坏。

11.2.5 为了避免抗爆间室发生燃烧、爆炸时,会通过风管波及其他抗爆间室或操作走廊而引起连锁燃烧、爆炸事故,因此规定了抗爆间室之间或抗爆间室与操作走廊之间不允许有风管、风口相连通。

11.2.6 为了便于清扫沉积于风管表面的危险性粉尘,规定风管不宜设在吊顶内。

11.2.7 风管采用圆形风管主要是为了减少危险性粉尘在其外表面的聚集,且便于清洗。设置检查孔,是便于检查、清洗风管内的粉尘。规定风管架空敷设的目的,是为了防止一旦风管爆炸时减少对建筑物的危害程度,并便于检修。为了避免火灾通过通风、空调系统的风管进一步扩大,规定了风管及风管和设备的保温材料应采用非燃烧材料制作。风管涂漆颜色应与危险性粉尘易于识别,是为了易于发现风管外表面所积存的危险性粉尘,便于及时擦洗。

12 危险场所的电气

12.1 危险场所类别的划分

12.1.1 由于烟花爆竹生产过程中,主要原料为烟火药和黑火药等危险物质,这些物质遇电火花及高温能引起燃烧爆炸。为了防止危险场所由于电气设备和线路在运行中产生电火花和高温等危险因素,将危险场所划分为三类,工程设计时根据不同的危险场所采取相应的电气安全措施。

  危险场所类别划分的依据:

  1 危险品存药量。

  危险场所(或建筑物)中,危险品存药量的多少决定了事故风险的大小。存药量大时,一旦发生事故后的破坏程度就大,波及面广,所以危险品仓库危险类别划分的高。

  2 危险品电火花感度及热感度。

  危险场所(或建筑物)中,危险品种类不同,对电火花的感度及热感度是不一样的,分类应根据危险品电火花和热感度性能确定,如黑火药虽然引燃温度比较高,但点燃能量比较小,电火花感度高,因此,危险场所类别划分得比较高。

  3 危险品粉尘浓度及积聚。

  危险场所(或建筑物)中,危险品的粉尘扩散到空气中,当粉尘浓度未达到爆炸下限值时,一般不易发生爆炸。但当危险场所粉尘浓度达到下限值时,遇到热源、火源会引起燃烧、爆炸,粉尘浓度大,发生事故的可能性高;另外,空气中的粉尘会降落在电气设备外壳上,粉尘浓度越高积聚的厚度可能加厚,发生事故的几率就高,因此,生产过程粉尘浓度较大的场所,危险场所类别划分得比较高。

  本条所列各种危险场所分类划分,不可能包括的很齐全,在表12.1.1-1和表12.1.1-2中将常用危险品工作间及总仓库举例列出。但划分危险场所的因素很多,如生产过程中危险物质存药量的控制、散露程度、空气中散发的粉尘浓度、粉尘积聚程度、危险品干湿程度、空气流通状况等都与生产管理有着密切关系,在设计时应根据生产情况,合理确定危险场所类别,采取合理的电气安全防范措施。

  危险场所的类别与建筑物危险等级不同,前者是以工作间(或建筑物)为单位,后者是以整个建筑物为单位。防雷类别也是以整个建筑物为单位。

12.1.2 本条为新增条文。危险场所中存在烟火药、黑火药,又存在易燃液体(如酒精等)时,除应符合本规范要求外,还应符合相关的现行国家标准,如果二者不一致时,则以其中要求安全措施较高者为准。

12.1.3 本条规定主要是防止危险物质(含粉尘)进入非危险环境的工作间。因为配电室、电机室等工作间安装的电气设备及元器件均为非防爆产品,操作时易产生火花或电弧,所以配电室不应采用本条的规定。

12.1.4 本条是对排风室危险场所的分类:

  1 为F0类危险场所服务的排风室(生产黑火药的工作间不得安装机械排风),危险程度有所降低,故可划为F1类危险场所。

  2 该内容是借鉴了乌克兰相关规范的规定而制定的。

  3 采用湿式净化装置时,由于排出的危险物质已用水过滤,排风室内粉尘很少,故可划为F2类危险场所。

12.1.5 送风机系统在正常运行情况时为保持正压,且送风管道能阻止危险物质进入送风室,故可划为非危险场所。

12.1.7 设在室外的危险品晒场需要在雷雨天存放危险品时应执行本条规定。

12.2 电气设备

12.2.1 本条为危险场所电气设备的一般规定。

  2 该款内容原规范不是强制性规定,本次修订改为强制性条款。目前防爆电气设备生产厂家很多,以假乱真的现象时有发生,一旦安装了不合格的防爆电气设备,有可能产生电火花和电弧等危险因素。

  3 原规范危险场所电气设备最高表面温度为140℃～160℃,由于该数值不符合现行国家防爆电气设备最高表面温度的生产标准(T1～T6)的规定,因此修订后改为T4(135℃),安全要求比原规范严格了。

  7 接插装置是为移动设备提供电源的,移动设备是不固定的,容易造成危险事故,本条规定不推荐使用移动设备。

12.2.2 由于目前我国生产的防爆电动机外壳防护等级不能满足危险场所的安全要求,所以采取电动机隔墙传动。

12.2.3、12.2.4 在 F0 类危险场所中,生产或储存时可能出现比较多的粉尘或存药量大的工作间,发生事故的几率比较高,且发生事故后后果严重;同时黑火药、烟火药危险场所适用的防爆电气设备没有解决,必须采取最安全的措施,所以该场所不得安装电气设备。照明采用可燃性粉尘环境用灯具安装在固定窗外,这些措施是防止由于电气设备或线路而引发的危险。

由于生产工艺确有必要安装检测仪表(黑火药除外)时,仪表的外壳应具有一定防护能力防止粉尘进入壳内,且满足最高允许表面温度值要求。该内容是借鉴了瑞典国家电气检验局的有关规定而制定的。

由于我国黑火药生产工艺一般采用干法生产,生产时危险场所粉尘很多,同时黑火药粉尘的最小点火能量较小,因此,黑火药生产的危险场所不得安装电气设备和检测仪表。

12.2.5 根据烟花爆竹生产过程及产品的特点,F1 类危险场所中,生产过程粉尘较多的工作间,电气设备采用能够阻止粉尘进入壳内的产品比较合适。目前我国现行标准《可燃性粉尘环境用电气设备 第 1 部分:用外壳和限制表面温度保护的电气设备 第 2 节:电气设备的选择、安装和维护》GB 12476.2—2006 等同于国际电工委员会标准 IEC 6124-1-2(1999 年)。烟花爆竹生产的危险场所采用尘密外壳(DIP IP65 级)电气设备,比较适用于 F1 类危险场所选用。同时爆炸性气体环境用电气设备 dⅡB 级隔爆型产品,在类似危险场所已采用多年,也可以选用。

12.2.6 F2 类危险场所选用可燃性粉尘环境用电气设备防尘外壳(IP54 级)比较合适。

12.3 室内电气线路

12.3.1 电气线路严禁使用绝缘电线明敷或穿塑料管敷设,是因为其机械强度低、易受损伤、绝缘易受腐蚀破坏、容易着火等。对电线或电缆线芯的材质与最小截面进行规定是为了从物理性能和机械强度方面提高可靠性,防止因线路事故中断供电或引起燃爆事故。

12.3.2 第 3 款规定电气线路采用明敷目的是为了方便与防爆电气连接。

12.3.3 第 3 款规定危险场所尽量不采用电缆敷设在电缆沟内,主要考虑电缆沟内容易积聚危险物质,又不易清除,容易形成安全隐患;另外,危险场所需经常用水冲洗地面,电缆沟有可能进水,形成安全隐患。

12.3.4 F0 类危险场所不安装电气设备,当然也不敷设电气线路。控制按钮及检测仪表线路技术要求及敷设方式应满足相关条文的安全要求。

12.3.5

2 鼠笼型感应电动机有一定的过载能力,因此,引至电动机配电线路的电线或电缆线芯截面长期允许载流量应大于电动机额定电流。

3 移动电缆为了满足机械强度的要求,故需选用不小于 2.5 mm^2 的铜芯重型橡套电缆。

12.4 照明

12.4.1 现行国家标准《建筑照明设计标准》GB 50034 中没有明确规定烟花爆竹生产危险场所的照度值,本条提供了设计参考值。

考虑因突然停电时,操作人员能及时安全撤离现场,因此,危险场所宜设置应急照明。

12.4.2 对非危险的生产辅助厂房、库房(仓库)的照度没有特殊要求,执行现行国家相关标准的规定。

12.5 10 kV 及以下变(配)电所和厂房配电室

12.5.2 烟花爆竹生产时,一般不会因突然停电而引起燃烧爆炸事故,三级供电负荷基本能满足生产要求。但对供电有特殊要求的工序、系统等应设置应急电源。随着科学技术的发展,烟花爆竹生产工艺技术也有所改进,有可能实现连续化生产和自动控制,有条件时,提高供电负荷的等级是必要的。

12.5.3 独立变电所的安全性和可靠性都比较好。

12.5.6 附建于各类危险性建筑物内的配电室,考虑其安装的均为非防爆电气设备(含电气设备、仪表、电子元器件等),为防止危险物质及粉尘进入配电室引起事故,故应采取必要的安全防护措施。

12.6 室外电气线路

12.6.1 为了防止雷击电气线路时,高电位侵入危险性建筑物内引起燃烧爆炸事故,低压供电线路宜采用从配电端到受电端埋地敷设,不得将架空线路直接引入建筑物内。全线埋地有困难时,允许架空线路换接一段金属铠装电缆或护套电缆穿钢管埋地引入。应特别强调在架空线与电缆换接处和进建筑物时,必须采取规范中规定的安全措施,这样电缆进户端的高电位就可以降低很多,起到保护作用。

12.6.2 我国目前黑火药生产一般采用干法生产,生产过程危险场所粉尘很多,且黑火药的电火花感度高,为了防止电气线路引入高电位引发燃爆事故,所以要求低压供电线路从变电所至厂房应全长采用金属铠装电缆埋地敷设。

12.6.3 一是考虑烟花爆竹企业发生偶然爆炸事故时避免对外单位供电系统和通信系统的破坏,特别是高压供电线路一般为区域性供电线路,一旦遭到破坏影响大、波及面广;二是考虑外系统的供电、通信线路发生故障时,不致危及烟花爆竹企业的安全,故制定本条规定。

12.6.6 主要考虑防止电磁辐射引发安全生产事故,同时为防止烟花爆竹生产、储存发生偶然爆炸时,破坏无线电通信设施。

12.7 防雷与接地

12.7.1 根据送审稿专家审查意见和现行国家标准《建筑物防雷设计规范》GB 50057 中防雷类别的划分原则,分析了烟花爆竹行业生产现状和发生雷电事故的人员伤亡和经济损失情况,在本规程表 12.1.1-1 中适当调整了危险性建筑物的防雷类别并补充了注 2 要求。原规范是遵循 1983 年版本的《建筑防雷设计规范》制定的,现行防雷规范采用滚球法确定接闪器的保护范围,保护范围比旧版小。

12.7.2 危险性建筑物的低压供电系统采用 TN-S 接地形式比较安全。因为该系统中 PE 线不通过电流,但是造价比较高。等电位联结能使电气装置内的电位差减少或消除,在爆炸和火灾危险场所电气装置中可有效地避免电火花发生。总等电位联结可消除 TN-C-S 系统电源线路中 PEN 线电压降在危险环境内引起的电位差,因此,各类危险性建筑物内实施等电位联结后,电源引入线可采用 TN-C-S 形式。但 PE 线和 N 线必须在总配电箱开始分开后严禁再混接。

12.7.3、12.7.4 是对等电位接地的要求。一类防雷建筑物防直击雷接地必须单独设置接地装置。

12.7.5 安装电涌保护器是为了钳制过电压,使其过电压限制在设备所能耐受的数值内,使设备受到保护,避免雷电损坏设备。

12.8 防静电

本节为新增内容。

12.8.2 危险场所的防静电接地应与防雷电感应、防止高电位引入、电气装置内不带电金属部分等接地共用同一接地装置。

12.8.4 危险场所中防静电地面、工作台面等泄漏电阻只给出范围,具体阻值应按照该场所中危险品的类别确定,因为危险品的种类不同,防静电地面、台面泄漏电阻要求不同。

12.8.5 危险场所中湿度对静电影响很大。美国兵工安全规范中规定危险场所内相对湿度大于65%,在澳大利亚标准《The control of undesirable static electricity》AS 1020—1984中规定,起爆药静电感度高的危险场所相对湿度不低于70%,对静电不敏感场所相对湿度要求在50%及以上。本规范参考了上述标准,并作适当的调整后确定为危险场所相对湿度宜控制在60%。黑火药静电感度高,相对湿度要求高些,应为65%。

12.8.7 黑火药、烟火药生产过程粉尘很多,同时两种危险品粉尘电火花和静电感度比较高,最小引燃能量比较小,因此,黑火药、烟火药生产危险场所除进行等电位联结外,还需要设置下列的防静电措施:如工作间地面、工作台面、工作器具、操作人员的工作服(含工作鞋、腕带)等应采用导静电材料制作,同时在危险场所入口处设置泄漏静电和检测静电装置,如果危险场所采取了以上的导静电措施后,就可以防止和减少由于静电引起的燃爆事故。静电安全与企业安全生产管理关系非常密切,所以企业必须加强管理,确保安全生产。

12.9 通讯

12.9.1 烟花爆竹生产区应设置电话设施,为生产调度与物流提供信息系统,必要时可兼作火灾报警系统。危险品总仓库区的值班室应设置畅通电话系统设施,作为对外联络的通信系统,必要时可兼作火灾报警系统。

12.10 视频监控系统

烟花爆竹企业的原料、半成品及成品基本属于易燃易爆危险品,烟花爆竹的生产属于劳动密集型的高危行业。为防止生产、储存过程中的超药量、超人员和超范围,防止违章指挥、违章作业、违反劳动纪律等现象的发生,提高企业安全管理手段和水平,实现全天候监视危险场所的工作状况,本规范提出烟花爆竹生产区危险品生产场所和危险品总仓库区宜设置监控系统。

12.11 火灾报警系统

烟花爆竹属于易燃易爆物品,一旦发生燃烧或由此引发爆炸事故造成的后果是很严重的。为了及时检测和发现火情,以便迅速采取措施避免重大事故的发生,防止酿成重大损失,要求在危险场所设置火灾报警信号,有条件时最好设置火灾自动报警系统。安装在危险场所的火灾检测设备及线路的技术要求应符合本规范的规定,对于系统的构成及控制可按现行国家标准《火灾自动报警系统设计规范》GB 50116的有关规定进行设计。

12.12 安全防范工程

由于烟花爆竹属于易燃易爆物品,特别是仓库储存大量的烟花爆竹等危险品,一旦遭受破坏或流入社会而引发燃烧或爆炸事故,会造成严重的后果。为了维护社会公共安全,保障人身安全和国家、集体、个人财产安全,所以烟花爆竹生产库房和危险品总仓库区宜设置安全防范系统。

12.13 控制室

12.13.1 烟花爆竹生产项目和经营批发仓库的消防控制室、安全防范系统监控中心及自动控制室可分项设在单独建筑物内,也可三项合建在一个建筑物内,也可附建在非危险性建筑物内。

民用爆炸品危险货物危险特性检验安全规范
(GB 19455—2004)

前　　言

本标准的第 5 章、第 7 章和第 8 章为强制性的,其余为推荐性的。

本标准与联合国《关于危险货物运输的建议书　规章范本》(第 13 修订版)及《关于危险货物运输的建议书　试验和标准手册》(第 4 修订版)的一致性程度为非等效,其有关技术内容与上述规章一致,在标准文本格式上按 GB/T　1.1—2000 做了编辑性修改。

附录 A 和附录 B 为规范性附录。

本标准由全国危险化学品管理标准化技术委员会(SAC/TC 251)提出并归口。

本标准负责起草单位:国家质量监督检验检疫总局危险品中心实验室。

本标准参加起草单位:天津出入境检验检疫局、亚太地区危险品协会、江南大学。

本标准主要起草人:王利兵、黄勇、尚为、张莱、刘军、吕刚。

本标准为首次制订。

1　范围

本标准规定了民用爆炸品危险货物危险性的分类、要求、试验、代码和标签、检验规则。

本标准适用于民用爆炸品危险货物危险特性的检验。

本标准不适用于对下述货物危险性的检验:

——军用爆炸品的危险性;

——在生产过程中的爆炸品的危险性;

——无包装的爆炸物质在运输中的危险性;

——因受静电或电磁场的影响所造成的危险性;

——因操作不当或违章操作所引起的危险性;

——其他非正常运输条件下的特殊危险性。

2　规范性引用文件

下列文件中的条款通过本标准的引用而成为本标准的条款。凡是注日期的引用文件,其随后所有的修改单(不包括勘误的内容)或修订版均不适用于本标准,然而,鼓励根据本标准达成协议的各方研究是否可使用这些文件的最新版本。凡是不注日期的引用文件,其最新版本适用于本标准。

GB 19458—2004　《危险货物危险特性检验安全规范　通则》

联合国《关于危险货物运输的建议书　规章范本》(第 13 修订版)

联合国《关于危险货物运输的建议书　试验与标准手册》(第 4 修订版)

3　术语和定义

GB 19458—2004 确立的以及下列术语和定义适用于本标准。

3.1

爆炸 explosion

在极短时间内,释放出大量能量,产生高温,并放出大量气体,在周围造成高压的化学反应或状态变化的现象。

3.2

爆炸性物质 explosion substance

能够通过其自身化学反应产生气体,反应时在温度、压力和速度下能对周围环境造成破坏的某一种固态或液态物质(或这些物质的混合物)。烟火物质,即使不放出气体时,也包括在内。

3.3

爆炸性物品 explosion articles

含有一种或多种爆炸性物质的物品。

3.4

整体爆炸 mass detonation or explosion of total contents

全部物质或物品同时发生爆炸。

3.5

配装组 compatibility group

在爆炸品中,如果两种或两种以上物质或物品在一起能安全积载或运输,而不会明显的增加事故率或在一定量的情况下不会明显的提高事故危害程度的,可视其为同一配装组。

4 分类

4.1 民用爆炸品的划分

危险品按照《关于危险货物运输的建议书 规章范本》(第13修订版)的规定分为9类,民用爆炸品属于第1类,第1类具体划分为6项,见表1。

表 1 民用爆炸品的划分

项别	民用爆炸品说明
1.1项	有整体爆炸危险的物质和物品。
1.2项	有迸射危险,但无整体爆炸危险的物质或物品。
1.3项	有燃烧危险和有较小爆炸或较小迸射危险或同时有此两种危险,但无整体爆炸危险的物质和物品;本项物质和物品包括: 1)能够放出大量辐射热的物质和物品;或 2)相继燃烧,产生较小爆炸或迸射效应,或同时产生两种效应的物质和物品。
1.4项	无重大危险的物质和物品;本项包括运输中万一发生点燃或激发时仅有很小危险的物质和物品。其影响主要限于包件本身,估计不会产生较大的碎片,射程也不远。外部火烧不会引起几乎全部包装内容物的整体爆炸。
1.5项	有整体爆炸危险但极不敏感物质;本项包括有整体爆炸危险、但在正常运输条件下引爆或由燃烧转为爆炸的可能性都很小的物质。

表 1（续）

项别	民用爆炸品说明
1.6 项	没有整体爆炸危险的极不敏感物品；本项包括仅含有极不敏感爆炸物质，并证明事故发生或蔓延的可能性极小的物品。
注：第 1.6 项物品的危险仅限于单个物品的爆炸。	

4.2 配装组的划分

按民用爆炸品的理化性能、爆炸性能、内外包装方式、特殊危险性等不同特点，划分为 A、B、C、D、E、F、G、H、J、K、L、N 和 S 共 13 个配装组，见表 2。

表 2 配装组

配装组	待分类物质和物品的说明
A	一级爆炸性物质，例如起爆药。
B	含有一级爆炸性物质、而不含两种或多种以上有效保险装置的物品。某些物品虽然本身不含一级炸药，不具有爆炸性，例如引爆雷管，用于引爆和导火线，火帽型的雷管组装物，也应包括在内。
C	作为推进剂的爆炸性物质或其他爆燃爆炸性物质，或含有这类爆炸物质的物品，例如推进剂、发射药。
D	二级起爆物质或黑火药或含有二级起爆物质的物品，无引发装置和发射药；或含有一级爆炸性物质和两种或两种以上有效保护装置的物品。
E	含有二级起爆物质的物品，无引发装置，带有发射药（含有易燃液体、胶体或自燃液体的除外）。
F	含有二级起爆炸药的物品，带有引发装置，带有发射药（含有易燃液体或胶体或自燃液体的除外）或不带有发射药。
G	烟火物质或含有烟火物质的物品或既含有爆炸性物质和照明、燃烧、催泪或发烟物质的物品（水激活的物品或含有白磷、磷化物、自燃物、易燃液体或胶体、自燃液体的物品除外）。
H	含有爆炸性物质和白磷的物品。
J	含有爆炸性物质和易燃液体或胶体的物品。
K	含有爆炸性物质和毒性化学药剂的物品。
L	爆炸性物质或含有爆炸性物质并且具有特殊危险（如由于水激活作用或含有自燃液体、磷化物或自燃物）需要彼此隔离的物品，即配装组 L 的货物仅能与配装组 L 内的相同类型的货物一起运输。
N	只含有极不敏感爆炸物质的物品。
S	其包装或设计的物质或物品，除了包件被火烧损的情况外，能使意外起爆引起的任何危险效应，仅限于包件内部，在包件被火烧损的情况下，所有爆炸和进射效应也有限，不会妨碍或阻止在包件紧邻处救火或采取其他应急措施。

5 要求

5.1 具有或被怀疑具有爆炸性质的任何物质和物品应考虑划入爆炸品。划入爆炸品的物质和物品应划定适当的类别和配装组。

下列情况的货物不划入爆炸品：
——极敏感被禁止运输的爆炸性物质（经主管机关特别批准的除外）；
——根据爆炸品的定义，被明确地排除在爆炸品之外的物质和物品；
——不具有爆炸特性的物质和物品。

5.2 在下列情况时应提供由国家质量监督检验检疫部门认可的检验机构出具的危险品分类、定级和危险特性检验报告：
——首次运输或生产的；
——首次出口的；
——国家质检部门认为有必要时。

5.3 危险类别的评估通常根据试验结果得出。物质或物品被确定的危险类别，应与对提交运输形式的该物质或物品所作试验的结果相一致。

5.4 国家主管当局可根据试验结果和爆炸品的定义，把物品或物质排除于爆炸品之外。

5.5 配装要求：

5.5.1 分类代码相同的货物（L组除外）可以配装。

5.5.2 属于配装组L的货物不能同其他组的货物配装。而且只能与该组中同一危险的货物配装。

5.5.3 属于配装组A至K的货物，配装组相同，但项别不同，只要全部视为属于具有较小号码的项就可以配装。但是1.5项D组的货物同1.2项D组的货物配装时，整个货物应视为1.1项D组。

5.5.4 属于配装组C、D、E和F的货物可以配装，其总体视为具有较后字母的配装组。

5.5.5 属于配装组G的制品（不包括烟火剂制品和要求特殊装载的制品），只要在同一舱室中没有爆炸物质，则可与配装组C、D和E的制品配装。

5.5.6 配装组N的货物一般不与其他配装组（S组除外）的货物配装，但是，如果配装组N的货物与配装组C、D、E的货物配装时，配装组N的货物应视为配装组D。

5.5.7 属于配装组S的货物可以同除配装组A和L以外的其他配装组的货物配装。

6 试验

6.1 分类程序

6.1.1 程序包括爆炸品认定程序、爆炸品分类程序（见图1）和配装组的确定三部分，最后确定爆炸品的分类代码。

6.1.2 对待分类物质或物品确定它是否属于爆炸品危险货物应遵照附录A的规定进行分析和试验。

6.1.3 对已被暂定为爆炸品的物质或物品，应遵照附录B的规定进行分析和试验。

6.1.4 配装组的确定：

6.1.4.1 将待确定配装组的各种爆炸品的特性与表3中所给出的特征说明进行对照分析，

并参考已确定分类代码的类似爆炸品,确定该货物的配装组别。除 S 组和 N 组以外,配装组的确定一般不必进行试验。

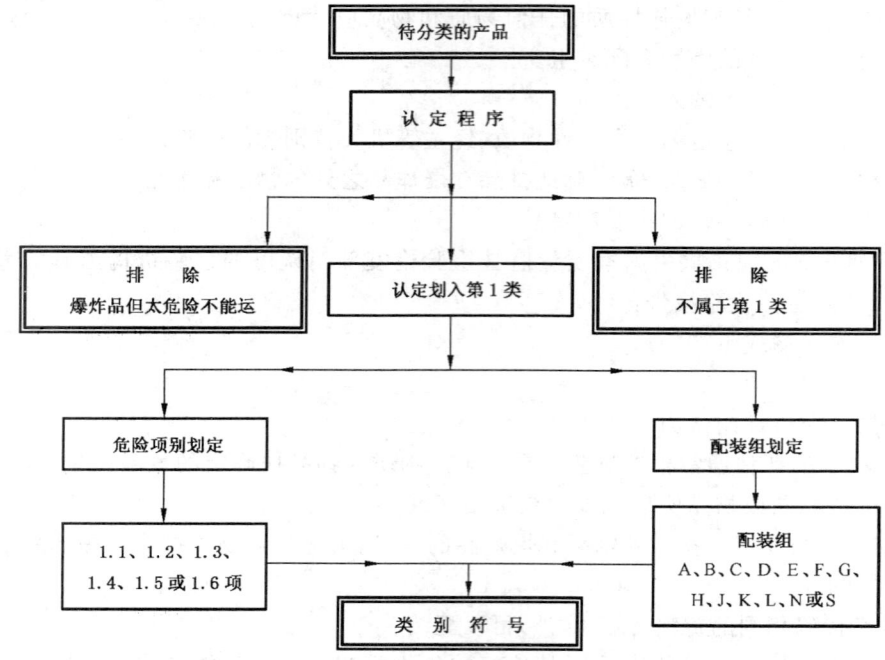

图 1 爆炸品分类程序

表 3 分类代码

危险项别	配装组													Σ 1.1~1.6
	A	B	C	D	E	F	G	H	J	K	L	N	S	
1.1	1.1A	1.1B	1.1C	1.1D	1.1E	1.1F	1.1G		1.1J		1.1L			9
1.2		1.2B	1.2C	1.2D	1.2E	1.2F	1.2G	1.2H	1.2J	1.2K	1.2L			10
1.3			1.3C			1.3F	1.3G	1.3H	1.3J	1.3K	1.3L			7
1.4		1.4B	1.4C	1.4D	1.4E	1.4F	1.4G						1.4S	7
1.5				1.5D										1
1.6												1.6N		1
Σ 1.1~1.6	1	3	4	4	3	4	4	2	3	2	3	1	1	35

6.1.4.2 4.2 中的配装组定义适用于彼此不相容的物质或物品,属于配装组 S 的物质或物品除外。由于配装组 S 的标准是一种以试验为依据的标准,确定这个配装组的试验需要联系确定 1.4 项的试验。

6.1.4.3 N 组的确定要与确定 1.6 项的试验相符合。

6.2 试验系列 1

6.2.1 试验项目:

类型(a)——隔板试验、类型(b)——克南试验、类型(c)——时间/压力试验的试验方法见《关于危险货物运输的建议书 试验和标准手册》(第4修订版)。

6.2.2 试验目的是回答爆炸品认定程序图(图A1)中框4的问题:"它是爆炸性物质吗?"在试验中,只要有1项试验结果为"+",就认为该试样有爆炸性。

6.3 试验系列2

6.3.1 试验项目:

类型(a)——隔板试验、类型(b)——克南试验、类型(c)——时间/压力试验的试验方法见《关于危险货物运输的建议书 试验和标准手册》(第4修订版)。

6.3.2 试验目的是回答爆炸品认定程序图(图A1)中框6的问题:"物质是否太不敏感不应认定划入爆炸品?"在试验中,只要有1项试验结果为"+",该问题的答案即为"否"。

6.4 试验系列3

6.4.1 类型(a)——撞击敏感度试验

6.4.1.1 试验仪器

德国联邦材料检验局BAM落锤仪或其他等效仪器。

6.4.1.2 试验样品

糊状或胶状以外的固态物质应遵守以下几点:

——粉末状物质要过筛(筛孔0.5 mm),通过筛子的物质用于做试验;对于含有一种以上成分的物质,用于做试验的筛出部分应能代表原来的物质。

——压缩、浇注或以其他方式压实的物质要打碎成小块过筛,通过1.0 mm筛但留在0.5 mm筛上的部分用于试验;对于含有一种以上成分的物质,用于做试验的筛出部分应能代表原来的物质。

——只以装药形式运输的物质要以圆片(小片)形式做试验,圆片体积为40 mm^3(大约直径4 mm,厚3 mm)。

对于粉末状物质,试样用容积40 mm^{3}的量器(直径3.7 mm,高3.7 mm)量取。

对于液体物质,用容积40 mm^{3}的移液管量取。对于粉末、糊状或胶状物质,轻压上面的撞击圆柱与试样接触,但不压平。液体试样使液体充满下承受撞击面与导向环之间的槽,用测深规使上面的撞击圆柱下降到距下撞击圆柱2 mm处,固定。

6.4.1.3 试验程序

根据公式$E_{撞击能}(J) \approx m_{落锤质量}(kg) \times g$(取10 N/kg)$\times h_{落锤落高}(m)$。试验开始从10 J进行1次试验。如在此试验中观察到"爆炸"(爆炸声、火花或火焰),就逐渐降低撞击能继续进行试验,直到观察到"分解"或"无反应"为止。在这一撞击能水平下重复进行试验,如果不发生爆炸,重复5次;否则就再逐级降低撞击能,直到测定出极限撞击能为止。如果在10 J撞击能水平下,观察到的结果是"分解"(颜色改变或有味道)或"无反应"(即不爆炸),则逐级增加撞击能继续进行试验,直到第1次得到"爆炸"的结果。那么再降低撞击能,直到测定出最低撞击能。

6.4.1.4 试验判定

如果在6次试验中至少出现1次"爆炸"的最低撞击能是2 J或更低,试验结果为"+",即物质太危险不能以其进行试验的形式运输。否则结果为"—"。

注:允许使用被证明与本方法等效的其他方法。

6.4.2 类型(b)——摩擦感度试验
6.4.2.1 试验仪器
德国联邦材料检验局 BAM 摩擦仪或其他等效仪器。
6.4.2.2 试验样品
通常以物质收到时的形式进行试验。湿润物质应以运输规定的湿润含量最小者进行试验。此外对于糊状或胶状以外的固态物质应遵守以下几点：
——粉末状物质要过筛(筛孔 0.5 mm)，通过筛子的物质用于做试验；对于含有一种以上成分的物质，用于做试验的筛出部分应能代表原来的物质。
——压缩、浇注或以其他方式压实的物质要打碎成小块过筛，通过 0.5 mm 筛上的部分用于试验；对于含有一种以上成分的物质，用于做试验的筛出部分应能代表原来的物质。
——仅以装药形式运输的物质要以体积 10 mm³（最小直径 4 mm）的圆片或小片形式进行试验。
——用于试验的物质数量约为 10 mm³，粉末状物质用量具(直径 2.3 mm、深 2.4 mm)量取；糊状或胶状物质用壁厚 0.5 mm 的带 2 mm×10 mm 窗孔的矩形量具量取。

6.4.2.3 试验程序
——瓷板和瓷棒表面的每 1 部分只能使用 1 次；每根瓷棒的两个端面可做两次试验，而瓷板的两个摩擦面可做 3 次试验。将瓷板固定在摩擦仪的托架上，使海绵纹路的槽沟与运动方向横切。将牢固卡紧的磁棒置于试样上，在荷重臂上加上所要求的砝码，启动开关。应注意确保磁棒贴在试样上，而且当瓷板移动到磁棒前时，有足够的物质进入磁棒下面。
——试验从用 360 N 荷重进行第 1 次试验开始。如果在第 1 次试验中观察到"爆炸"(爆炸声、火花或火焰)结果，便逐级减少荷重继续进行试验，直到观察到"分解"(颜色改变或有味道)或"无反应"(即不爆炸)结果为止。在此摩擦荷重水平上重复进行试验，如果不爆炸，重复进行 6 次试验，否则就再逐级减少荷重，直到在 6 次实验中没有发生"爆炸"的最低荷重得到确定为止。如果在 360 N 的第 1 次试验中，结果为"分解"或"无反应"，那么此试验也要再进行 5 次。如在这最高荷重的 6 次试验中，结果都是"分解"或"无反应"，即可认为物质对摩擦是不敏感的，如在这最高荷重的 6 次试验中得到 1 次"爆炸"结果，就按上述的方法减少荷重。

6.4.2.4 试验判定
如果在 6 次试验中出现 1 次"爆炸"的最低摩擦荷重小于 80 N，试验结果为"+"，即物质太危险不能以其进行试验的形式运输。否则结果为"—"。
注：允许使用被证明与本方法等效的其他方法。

6.4.3 类型(c)——75 ℃ 热稳定性试验
6.4.3.1 试验仪器：温度可以保持和记录 75 ℃±2 ℃ 的带有双重温度自动调节器、有防爆和通风装置的电烘箱，精度为±0.1 g 的天平，3 个热电偶。
6.4.3.2 试验程序：
——将少量试样在 75 ℃下加热 48 h，如试样在试验中没有发生爆炸反应，那么应进行下述步骤；如发生爆炸或着火，物质即为太热不稳定不能运输。

——将50 g试样放入烧杯,加盖后放进烘箱,将烘箱加热到75 ℃,试样在这一温度下保持48 h或直到出现着火、爆炸现象,以较早发生者为准。如果没有出现着火或爆炸但出现某种自加热现象(如冒烟或分解),那应当进行下述试验。如物质没有显示不稳定现象,则可当它是稳定的,不需进行下一步测试。

——将100 g(或100 cm³,如密度小于1 000 kg/m³)试样放在一根管子里,将同样数量的参考物质放在另一根管子里。将热电偶T1和T2插到管内物质一半高度的地方。如热电偶对于被试物质和参考物质来说不是惰性的,则应用惰性外罩包住。将热电偶T3和加了盖的两根管子放入烘箱内,在试样和参考物质达到75 ℃以后的48 h内,测量试样与参考之间的温度差,记下试样分解的迹象。

6.4.3.3 试验判定:在程序第2步中,如果出现着火或爆炸,结果为"+",如果没有观察到变化,结果为"-"。在程序第3步中,如果出现着火或爆炸或记录到的温度差(即自加热)为3 ℃或更大,结果即为"+"。如果记录到的自加热小于3 ℃,但观察到一定分解现象,则需进行附加试验或评价,再确定试验结果。如果试验结果为"+",则物质为太热不稳定不能运输。

6.4.4 类型(d)——小型燃烧试验

6.4.4.1 试验材料:煤油浸泡过的锯木屑(约100 g木屑和200 cm³煤油),1个点火器和1个薄的正好可以盛下试验物质并与试样兼容的塑料烧杯。

6.4.4.2 试验程序:在烧杯内放置10 g物质,将烧杯置于木屑底座(30 cm长,30 cm宽,1.3 cm厚;对于不易点燃的物质厚度增至2.5 cm)的中央,然后用电点火器将木屑点燃。用10 g试样进行两次试验,再用100 g进行两次,观察到爆炸则停止试验。

6.4.4.3 试验判定:如果试样发生"爆炸",试验结果为"+",即物质太危险不能以其进行试验的形式运输。如试样"未点着"或"点着并燃烧",试验结果为"-"。

6.5 试验系列4

类型(a)——无包装物品和包装物品的热稳定性试验、类型(b)——液体的钢管跌落试验、类型(c)——无包装物品、包装物品和包装物质的12 m跌落试验的试验方法见《关于危险货物运输的建议书 试验和标准手册》(第4修订版)。

6.6 试验系列5

类型(a)——雷管敏感度试验、类型(b)——爆燃转爆轰试验、类型(c)——1.5项的外部火烧试验的试验方法见《关于危险货物运输的建议书 试验和标准手册》(第4修订版)。

6.7 试验系列6

类型(a)——单个包件试验、类型(b)——堆垛试验、类型(c)——外部火烧试验的试验方法见《关于危险货物运输的建议书 试验和标准手册》(第4修订版)。

6.8 试验系列7

类型(a)——极不敏感引爆物质的雷管试验、类型(b)——极不敏感引爆物质的隔板试验、类型(c)——脆性试验、类型(d)——极不敏感引爆物质的子弹撞击试验、类型(e)——极不敏感引爆物质的外部火烧试验、类型(f)——极不敏感引爆物质的缓慢升温试验、类型(g)—1.6项物品的外部火烧试验、类型(h)——1.6项物品的外部火烧试验、类型(j)——1.6项物品的子弹撞击试验、类型(k)——1.6项物品的堆垛试验的试验方法见《关于危险货物运输的建议书 试验和标准手册》(第4修订版)。

7 代码和标签

7.1 分类代码

7.1.1 爆炸品的分类代码见表3。

7.1.2 分类代码由表示类、项的两个阿拉伯数字和一个表示配装组的字母组成。

7.2 标签

7.2.1 爆炸品标签的图形

见 GB 19458—2004。

7.2.2 爆炸品标签的使用

见 GB 19458—2004。

8 检验规则

8.1 检验项目

按本标准第5章、第6章和第7章的要求逐项进行检验。

8.2 民用爆炸品危险货物检验的条件

有下列情况之一时,应进行检验:

——新产品投产或老产品转产时;

——正式生产后,如材料、工艺有较大改变,可能影响产品性能时;

——在正常生产时,每半年一次;

——产品长期停产后,恢复生产时;

——出厂检验结果与上次性能检验结果有较大差异时;

——使用新设计的或新包装类型,包括新型内包装或新的物品排列方式的物质或物品;

——不拟用作炸药、但具有或被怀疑具有爆炸性质的新物质或物品;

——国家质量监督机构提出进行性能检验。

8.3 判定规则

按照本标准第6.2条至第6.8条进行试验,依据试验结果与本标准第6.1条的要求,对民用爆炸品危险货物的危险特性进行判定,确定民用爆炸品危险货物的类别及危险等级。

附 录 A
(规范性附录)
认 定 程 序

A.1 按图 A.1 所示的程序对待分类物质或物品进行分析、试验和判断,确定它是否属于第1类民用爆炸品危险货物。

A.2 认定试验程序中系列试验1~4编号是表示评估结果的顺序,而不是进行试验的顺序。

A.3 试验系列1是用于表明不是设计用于产生爆炸效果的物质是否实际上具有潜在的爆炸性。

A.4 试验应从系列3开始,因这些试验所用试样量小,可减少对试验人员的危险性。

A.5 如在进行系列3试验时,应先进行了3C试验,其试验结果为"+",则物质不稳定不能运输。

A.6 在第三组试验中,如3C结果为"−",但其他各项试验结果中至少有1项为"+",就认为该物质运输太危险,需要采取一定措施。如果改变物质成分就要按新物质处理,如改善包装,则需对包装后物质进行第 4 组试验判定。

A.7 待分类的物质或物品,如果根据已有可靠试验资料能够做出明确判断具有爆炸特性,可直接进行第 4 组试验,以判断该物质或物品是否危险不能以进行试验形式运输。

A.8 在第 2 组 2(a)和 2(b)试验中均给出"-"结果的物质,如果不需要进一步判断其是否具有爆炸性,则不必进行第 1 组试验,即可判断该物质不属于第 1 类危险货物。

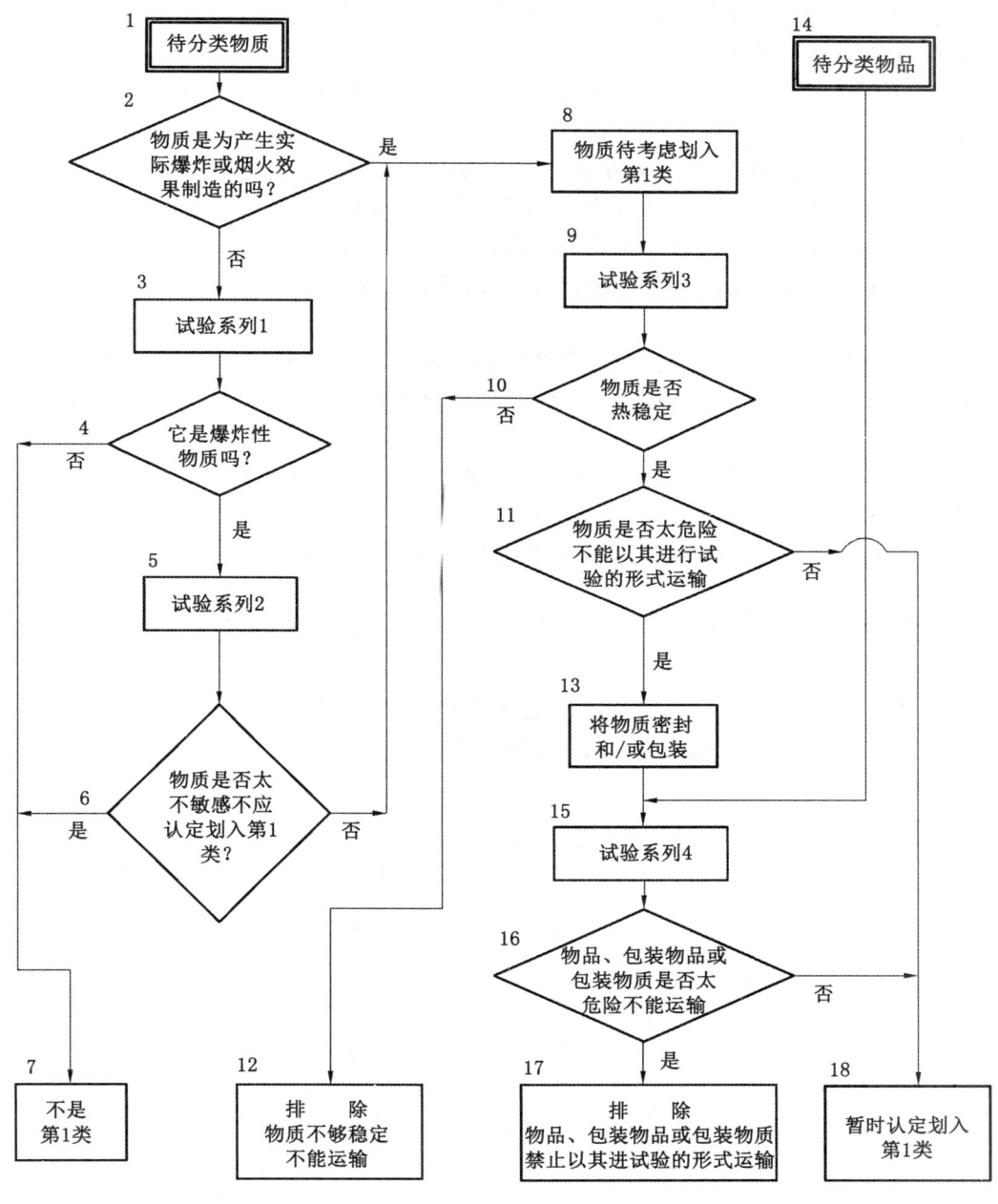

图 A.1 爆炸品认定程序

附 录 B
（规范性附录）
分 类 程 序

B.1 爆炸品分类程序：对已被暂定为爆炸品的物质或物品，应按图 B.1 所示的程序进行分析和试验，并结合其他有关资料，以及曾发生过的偶然事故或对类似的已分类货物的认定进行综合分析，确定其项别。

B.2 试验系列 5 用于确定物质可否划入 1.5 项，只有通过系列 5 所有的试验的物质才可划入 1.5 项。

B.3 项别 1.1 至 1.4 一般通过系列 6 试验确定，如已有可靠试验资料能够明确判定货物为 1.1 项、1.2 项、1.3 项或 1.4 项（S 组除外），则可不做系列 6 试验，直接确定其类别。

B.4 试验类型 6(a),6(b)和 6(c)按字母顺序进行。

B.4.1 如果爆炸性物品是在无容器情况下运输或者包件中只有一个物品时，可不进行6(a)试验。

B.4.2 如果在每次 6(a)试验中包件外部没有被内部爆轰和/或着火损坏，包件内装物没有爆炸或爆炸非常微弱，以至于可以排除试验 6(b)中爆炸效应会从一个包件传播到另一个包件，则 6(b)可以不进行。

B.4.3 如果在 6(b)试验中，堆垛的几乎全部内装物整体爆炸，可以不进行试验类型 6(c)，在这种情况下，产品划入 1.1 项。

B.4.4 如果物质在系列 1 类型(a)试验中得出"－"结果（没有传播爆轰），可以免去用雷管进行 6(a)试验。

B.4.5 如果物质在系列 2 类型(c)试验中得出"－"结果（没有或缓慢爆炸），可免去用点火器进行 6(a)试验。

试验 7(a)至 7(f)应用于确定爆炸品是极端不敏感引爆物质，然后用试验类型 7(g)、7(h)、7(j)和 7(k)确定含有极端不敏感引爆物质的物品是否划入 1.6 项。

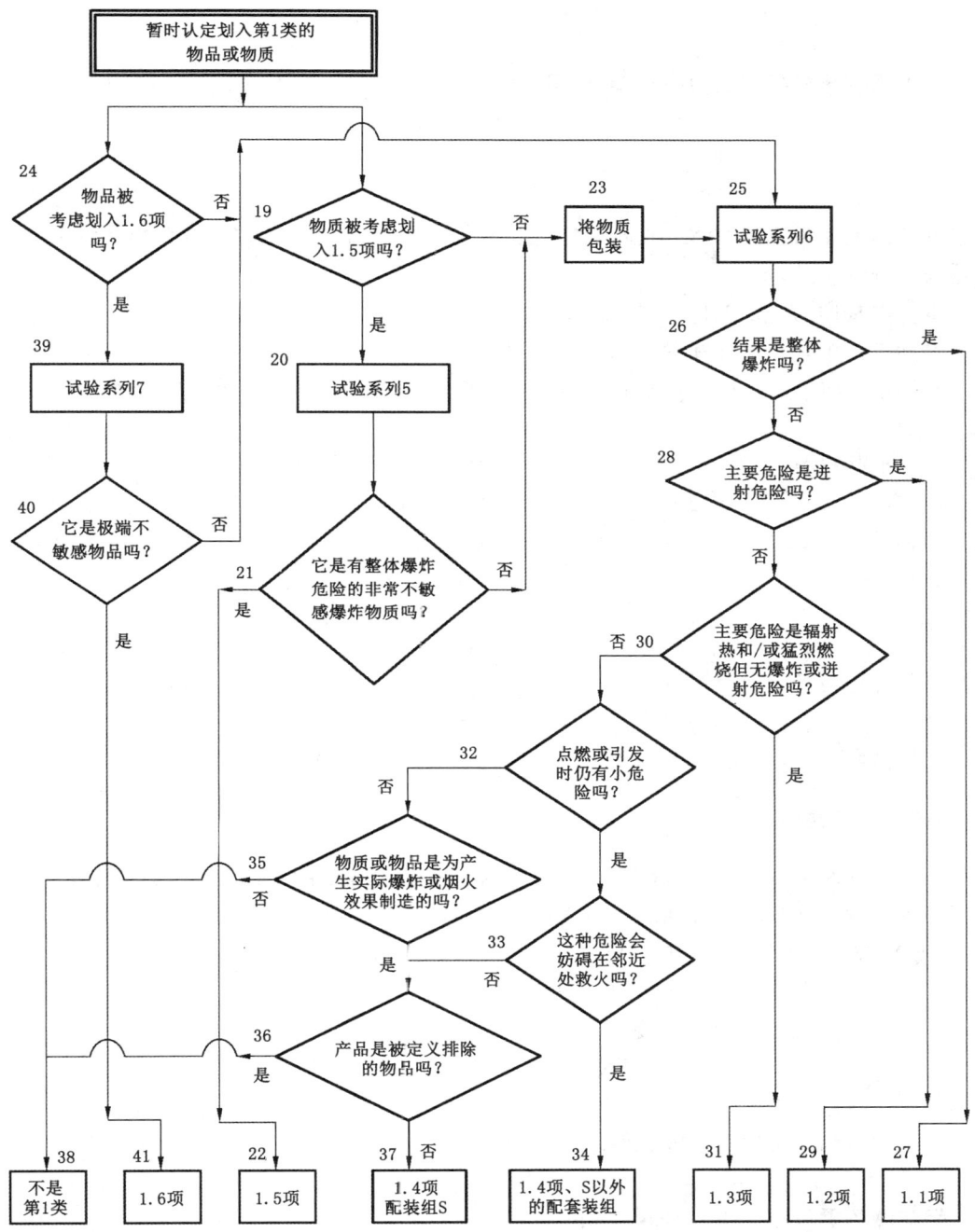

图 B.1 划定第 1 类项别的程序

烟花爆竹零售店(点)安全技术规范(AQ 4128—2019)

前　　言

本标准第 4 章至第 10 章中,除 7.1.1、7.1.6、7.1.7、7.2.1、7.2.2 和 8.2.3 为推荐性条款外,其他为强制性条款。

本标准按照 GB/T 1.1—2009 给出的规则起草。

本标准由中华人民共和国应急管理部提出。

本标准由全国安全生产标准化技术委员会烟花爆竹安全分技术委员会(SAC/TC 288/SC 4)归口。

本标准起草单位:南京理工中爆安全科技有限公司、江苏省应急管理厅、中国烟花爆竹协会、宜兴市万家乐烟花爆竹有限公司、常州市平安烟花杂品有限公司。

本标准主要起草人:曾宪华、柏立金、王金朝、李江龙、樊宝有、李谦、黄海辉、李增义、巢雍俊、谢仕纯。

1　范围

本标准规定了烟花爆竹零售店、零售点的选址及外部距离、面积和存放限量、平面布置、建筑结构、消防和电气、经营行为及安全管理要求。

本标准适用于烟花爆竹零售店、零售点的设置和安全管理。

2　规范性引用文件

下列文件对本文件的应用是必不可少的。凡是注日期的引用文件,仅注日期的版本适用于本文件。凡是不注日期的引用文件,其最新版本(包括所有的修改单)适用于本文件。

GB 10631　烟花爆竹　安全与质量

GB 11652　烟花爆竹作业安全技术规程

GB 50016　建筑设计防火规范

3　术语和定义

下列术语和定义适用于本文件。

3.1

烟花爆竹零售店　fireworks retail shop

依法取得经营许可,有效期限超过 3 个月的烟花爆竹零售场所。

3.2

烟花爆竹零售点　fireworks retail location

依法取得经营许可,有效期限不超过 3 个月的烟花爆竹零售场所。

3.3

专店销售　store sales

在商店内依法仅从事烟花爆竹零售业务。

3.4

专柜销售 the counter sales

在商店内划定区域依法零售烟花爆竹,其他区域同时销售其他商品。

3.5

产品储存仓 product storange bin

专门用于储存零售烟花爆竹的设施。

4 选址及外部距离

4.1 选址

烟花爆竹零售店、零售点的选址应符合下列要求:
a) 应选择在消防车辆可以顺畅到达的区域;
b) 不应设置在军事管理区、文物保护区等禁止燃放烟花爆竹区域内;
c) 不应设置在居民集中居住小区内,以及桥下与涵洞内;
d) 不应与居住场所设置在同一建筑物内,不应设置在地下及半地下室内;
e) 不应设置在其地下、室内或上方有输送石油、天然气等易燃易爆物质管道的建筑物内。
f) 不应设置在电压高于1 kV 的电力线路下方。

4.2 外部距离

烟花爆竹零售店、零售点外部最小允许距离应符合表1的规定,还应符合GB 50016等有关国家标准规定。外部最小允许距离自烟花爆竹零售场所外墙或与其他场所隔墙外侧算起;专柜销售的自烟花爆竹零售场所与其他场所之间隔断外侧算起。

表 1 烟花爆竹零售店(点)外部最小允许距离

项 目	烟花爆竹总药量			
	≤80 kg	>80 kg 且 ≤100 kg	>100 kg 且 ≤200 kg	>200 kg 且 ≤300 kg
220 kV 及以上的区域变电站围墙,220 kV 以上的架空输电线路	50 m	60 m	65 m	70 m
学校,医院,幼儿园,养老院,集贸市场,文物古迹,博物馆,展览馆,档案馆,图书馆,危险品生产、储存及加油站、加气站等易燃易爆场所边缘	100 m			
其他烟花爆竹零售店、零售点	50 m			
注:采用临时建筑物,以及两个烟花爆竹零售店或零售点之间门、窗等洞口直接相对时,两个烟花爆竹零售店或零售点之间最小允许距离为80 m。				

5 面积和存放限量

5.1 面积

5.1.1 烟花爆竹零售店、零售点的使用面积不应小于 10 m²,且不应大于 200 m²。

5.1.2 专柜销售烟花爆竹的商店,总建筑面积不应大于 300 m²。

5.2 存放限量

5.2.1 烟花爆竹零售店、零售点允许存放烟花爆竹数量,应根据其周边环境和使用面积确定。

5.2.2 烟花爆竹零售店、零售点允许存放烟花爆竹的总药量:专店不应超过 300 kg,专柜不应超过 100 kg;允许存放烟花爆竹总箱数:专店不应超过 300 箱,专柜不应超过 100 箱;且应同时符合表 2 规定。

表 2 烟花爆竹零售店(点)最大允许存放量

零售场所使用面积 m²	最大允许存放烟花爆竹总药量 kg	最大允许存放烟花爆竹总箱数 箱
10	50	50
>10 且≤15	70	70
>15 且≤25	100	100
>25 且≤35	140	140
>35 且≤50	190	190
>50 且≤70	250	250
>70 且≤200	300	300

6 平面布置

6.1 一般要求

6.1.1 当烟花爆竹零售店、零售点建筑物与其他场所联建时应符合如下要求:
   a) 零售场所与其他房间之间不应有楼梯或洞口相通;
   b) 零售场所正上方房间不应作为营业场所,不应作为培训教室、会议室,不应有人员留宿。

6.1.2 不应将烟花爆竹零售场所作为其他生产、经营和生活等场所的进出通道。

6.1.3 烟花爆竹零售店、零售点采用临时建筑物时,应独立设置。

6.2 内部平面布置

6.2.1 烟花爆竹零售店、零售点内平面布置,应本着有利于经营安全原则。

6.2.2 烟花爆竹存放区和销售柜台应分区布置,并保证安全疏散通道畅通。

6.2.3 烟花爆竹零售店、零售点内不应设置床铺。

6.2.4 专柜销售的内部平面布置,还应符合如下要求:

a) 所在商店内不应存放其他易燃易爆危险物品;
b) 设置在商店的侧边且相对独立,烟花爆竹与其他商品之间的距离不应小于0.7 m;
c) 商店内最远人员活动点至外部出口的距离大于8 m时,与其他商品销售场所之间设不燃材料密实隔断,且隔断至房间屋面板(或楼板)的底面基层;
d) 其他商品销售场所的安全疏散通道不应通过专柜,且不应影响安全疏散。

7 建筑结构

7.1 烟花爆竹零售店

7.1.1 建筑物可采用现浇钢筋混凝土框架结构,也可采用钢筋混凝土柱、梁承重结构、砌体承重结构、刚架结构等,也可采用拼接式板房、产品储存仓。

7.1.2 建筑物的耐火等级应符合 GB 50016 的规定,且不应低于三级。当建筑物独立设置且与其他建筑物相距超过 12 m 时,其耐火等级可为四级。

7.1.3 与其他场所联建时,其隔墙应为厚度不小于 180 mm 的密实砖墙或耐火极限不低于 3.00 h 的其他密实墙,隔墙上不应设置门窗和洞口。

7.1.4 外墙门窗等洞口与其正上方房间对应开口之间应设置高度不小于 1.2 m 的实体墙,或挑出宽度不小于 1 m、长度不小于开口宽度的防火挑檐,或安装挑出宽度不小于 1 m、长度不小于开口宽度的不燃材料制作的雨搭。

7.1.5 安全出口应通畅。建筑面积不大于 100 m² 时,可设 1 个安全出口;建筑面积大于 100 m² 时,安全出口不应少于 2 个;店内任意一点至安全出口的距离不应大于 15 m;顾客进出的门宽不应小于 1.5 m。

7.1.6 安全疏散门宜采用向外开启的平开门。采用其他形式的门时,应符合安全疏散要求。

7.1.7 搬运烟花爆竹进出的门宽不宜小于 1.2 m。

7.2 烟花爆竹零售点

7.2.1 可采用符合 7.1 要求的固定建筑物,也可采用拼接式板房或产品储存仓等临时建筑物。

7.2.2 临时建筑物为板式结构时,宜采用板厚不小于 50 mm 的彩钢岩棉夹芯板作墙面和屋面。

7.2.3 临时建筑物为搭棚形式时,搭建材料应为不燃或难燃材料,棚的两侧及后侧应密实围护。

7.2.4 门的设置符合 7.1.5、7.1.6、7.1.7 的要求。

7.2.5 应能承受当地的风载荷或雪载荷,有可靠的防止雨水浸入的措施。

7.3 产品储存仓

产品储存仓应满足如下要求:
a) 有泄压面,泄压面积不应小于 1 m²;
b) 结构和填充材料应为不燃材料,结构强度应符合有关国家标准规定;
c) 与其他建筑物相邻布置时,相邻一侧的围护结构不应留门窗和洞口,其耐火极限不应低于 3.00 h;
d) 应采取防止漏雨及防止烟花爆竹受潮的措施;

e) 安装稳定性良好。

8 消防和电气

8.1 消防

8.1.1 烟花爆竹零售店、零售点内严禁有明火。

8.1.2 不应采用产生明火和有强热辐射的采暖设备,且烟花爆竹与采暖设备的距离不应小于 300 mm。

8.1.3 烟花爆竹零售店、零售点周围 25 m 范围内若有明火或散发火花地点,两者之间应有不燃材料实体隔挡。

8.1.4 烟花爆竹零售店、零售点应配备 5 kg 及以上的磷酸铵盐干粉灭火器,放置在便于取用位置。使用面积不大于 100 m² 时,应至少配备 2 具;使用面积大于 100 m² 时,应至少配备 4 具且分为 2 个设置点。

8.2 电气

8.2.1 零售场所的电气线路不应有明接头。

8.2.2 室内电气线路可采用普通导线穿钢管敷设,也可采用带有阻燃护套电缆或阻燃型绝缘导线。线路接头处可采用防护等级不低于 IP54 的接线盒。

8.2.3 用电设备、照明灯具、开关及插座宜采用可燃性粉尘环境用电气设备 22 区 DIP22、IP54。

8.2.4 当采用普通电气设备时,应与烟花爆竹保持不小于 1.2 m 的水平投影距离,且不应使用白炽灯、射灯等容易产生高温的灯具。

9 经营行为

9.1 烟花爆竹零售店、零售点仅允许零售符合 GB 10631 规定的个人燃放类产品,不得销售超标、违禁或者非法的烟花爆竹。

9.2 不应在许可证载明的场所外销售、存放烟花爆竹,不应在店外随意摆放烟花爆竹。

9.3 不应在零售场所外 30 m 范围内燃放爆竹等地面类产品,不应在零售场所外 80 m 范围内燃放组合烟花等升空类产品。

9.4 在零售场所醒目位置设置"严禁烟火""易燃易爆",以及周边设置"严禁燃放烟花爆竹"等安全警示标识。

9.5 烟花爆竹的堆放应稳固,堆放高度不应超过 2.0 m。

9.6 烟花爆竹不应与其他商品或杂物混合存放。

9.7 烟花爆竹存放应防水防潮。

10 安全管理

10.1 烟花爆竹零售店、零售点的负责人应依法参加安全教育培训并经考核合格。其他从业人员应经过相关安全知识教育培训。

10.2 应制定并张贴烟花爆竹零售经营安全责任制、安全管理制度和安全操作规程。

10.3 安全责任制应包括负责人安全责任制和销售人员、看护人员安全责任制。

10.4 安全管理制度应包括现场管理、安全检查、隐患整改、事故报告等制度。

10.5 安全操作规程应包括烟花爆竹的查验、拆箱、搬运、堆码等安全要求。

10.6 从业人员应严格执行安全管理制度和安全操作规程,妥善保管购销票据、产品配送单。

10.7 应制定并张贴现场应急处置措施,在适当的醒目位置张贴应急联系电话信息。

10.8 应在醒目位置悬挂烟花爆竹零售经营者营业执照和烟花爆竹经营(零售)许可证。

烟花爆竹　化工原材料使用安全规范(AQ 4129—2019)

前　　言

本标准的全部技术内容为强制性条款。

本标准按照 GB/T 1.1—2009 给出的规则起草。

本标准由中华人民共和国应急管理部提出。

本标准由全国安全生产标准化技术委员会烟花爆竹安全分技术委员会(SAC/TC 288/SC 4)归口。

本标准起草单位:湖南醴陵神马花炮有限公司、北京市烟花爆竹质量监督检验站、北京市熊猫烟花有限公司、万载县万广源礼花制造有限公司、赣州永安安全生产科技服务有限公司。

本标准主要起草人:黄玉国、李增义、杜志明、潘迪、张汉文、张波勇、曾鸣、刘洪艳、李长波。

1　范围

本标准规定了生产制造烟花爆竹用化工原材料的使用安全规则及储存安全要求。

本标准适用于烟花爆竹(含黑火药、引火线)生产企业。

2　规范性引用文件

下列文件对于本文件的应用是必不可少的。凡是注日期的引用文件,仅注日期的版本适用于本文件。凡是不注日期的引用文件,其最新版本(包括所有的修改单)适用于本文件。

GB 10631　烟花爆竹　安全与质量
GB 11652　烟花爆竹作业安全技术规程
GB 15258　化学品安全标签编写规定
GB/T 16483　化学品安全技术说明书　内容和项目顺序
GB 50016　建筑设计防火规范
AQ 4104　烟花爆竹　烟火药安全性指标及测定方法

3　术语和定义

下列术语和定义适用于本文件。

3.1

常用化工原材料　frequently used chemical raw material

本文件附录 A 中的化学品。

3.2

新用化工原材料　firstly used chemical raw material

本文件附录 A 以外的,且危险特性明确的化学品。

3.3

新型化工原材料 new type of chemical raw material

新研发制造的,危险特性尚未确定的化学品,包括单质、化合物、混合物。

4 使用安全规则

4.1 基本安全要求

4.1.1 化工原材料的包装或容器上应有产品名称、标准代号、规格、等级、毛重、净重和安全标签,安全标签应符合 GB 15258 的规定。

4.1.2 化工原材料的包装或容器上应附有该产品的化学品安全技术说明书(MSDS),安全技术说明书应符合 GB/T 16483 的规定。

4.1.3 企业应根据化工原材料的危险(危害)性和 GB 11652 的规定,制定相应的安全操作规程。

4.1.4 企业应对购进的化工原材料进行质量检验,质量检验合格后方可使用。

4.1.5 企业使用化工原材料时,应严格遵守安全操作规程和安全技术说明书。

4.2 常用化工原材料使用安全规则

4.2.1 氯酸钾配制的烟火药,其撞击感度、摩擦感度较高,应严格按照 GB 10631 限定范围使用,且不得与硫磺、赤磷配制烟火药。

4.2.2 四氧化三铅配制的烟火药,燃烧时会产生含铅的烟尘,应严格按照 GB 10631 限定范围使用。

4.2.3 硝酸钠配制的烟火药吸湿性高,应采取有效防潮措施。

4.2.4 高氯酸铵、硝酸盐紧密接触时容易吸潮,应采取有效防潮措施。

4.2.5 铝镁合金粉、铝粉不应混入砂石等硬质颗粒,使用前应进行质量检验。

4.2.6 含金属粉、氧化铜的烟火药遇乙醇、水等溶剂时发生放热反应,应特别注意散热。

4.2.7 赤磷仅限配制摩擦型烟火药,其撞击感度、摩擦感度高,应尽量避免撞击、摩擦。

4.2.8 摩擦型烟火药的摩擦感度、撞击感度高,应在专用建筑物内称量、混药、使用和储存。

4.2.9 烟雾型烟火药会增加其他烟火药的危险性,应在专用建筑物内称量、混药、使用和储存。

4.2.10 常用化工原材料改变常规用途时,应按照 4.3 的规则使用。

4.3 新用化工原材料使用安全规则

4.3.1 首次试用新用化工原材料配制烟火药时,应由企业内部的技术、安全、生产等部门组成科研小组,对其安全风险和可行性进行分析,并采取严格的安全防范措施。

4.3.2 试用新用化工原材料配制烟火药时,应按照常规限药量的 1/5 选择环境条件和试验场地,并强化相应安全防范措施,谨慎操作和试验。

4.3.3 使用新用化工原材料配制的烟火药,应按照 AQ 4104 的规定逐批进行安全性能检测,确保其主要安全性符合安全规定。

4.3.4 批量使用新用化工原材料 3 年以上,其产品性能稳定,质量可靠,可按照常用化工原材料管理和使用该化工原材料。

4.4 新型化工原材料使用安全规则

4.4.1 新型化工原材料使用前,应按照《化学品物理危险性鉴定与分类管理办法》(国家安全生产监督管理总局令第 60 号)的规定进行化学品物理危险性鉴定和分类。
4.4.2 新型化工原材料经过化学品物理危险性鉴定后,应按照 4.3 的规则使用。

5 储存安全要求

5.1 化工原材料应分类储存,性质不相容的不应同库混存。
5.2 氯酸钾、高氯酸钾等强氧化剂和铝镁合金粉等强还原剂应分别专库储存。
5.3 新型化工原材料应根据其危险特性,分类储存在相应库房内。
5.4 化工原材料的储存条件和灭火物质,应符合 GB 11652 的规定。

附 录 A
(资料性附录)
常用化工原材料目录

A.1 氧化剂

　　a) 高氯酸钾;
　　b) 氯酸钾;
　　c) 高氯酸铵;
　　d) 硝酸钾;
　　e) 硝酸钡;
　　f) 硝酸锶;
　　g) 硝酸钠;
　　h) 重铬酸钾;
　　i) 四氧化三铅(又称红丹);
　　j) 三氧化二铋;
　　k) 五氧化二铋;
　　l) 三氧化二铁;
　　m) 四氧化三铁;
　　n) 二氧化锰;
　　o) 氧化铜;
　　p) 甲型氧化铜(氧化铜和重铬酸钾的重结晶体)。

A.2 还原剂(可燃物)

　　a) 铝镁合金粉;
　　b) 铝粉(又称银粉);
　　c) 铝渣;
　　d) 钛粉;
　　e) 铁粉;
　　f) 硫磺;
　　g) 三硫化二锑;

h) 木炭（包括松木炭、硬杂木炭、麻秆炭等）；
i) 碳素粉；
j) 炭黑；
k) 石墨；
l) 苯甲酸钾；
m) 苯二甲酸氢钾；
n) 赤磷。

A.3 着色剂

a) 乙二酸钠（又称草酸钠）；
b) 六氟铝酸钠（又称冰晶石）；
c) 六氟硅酸钠（又称氟硅酸钠）；
d) 碳酸氢钠；
e) 碳酸钙；
f) 碳酸锶；
g) 硫酸锶；
h) 草酸锶；
i) 氯化锶；
j) 硫酸钡；
k) 氯化钡。

A.4 黏合剂

a) 酚醛树脂；
b) 农作物粉（包括糯米粉、糊精、强力胶粉、小麦面粉等）；
c) 虫胶（又称漆片）；
d) 聚乙烯醇（又称 PVA）。

A.5 特殊添加剂

a) 聚氯乙烯（又称 PVC）；
b) 氯化聚氯乙烯（又称 CPVC）；
c) 氯化橡胶；
d) 氯化石蜡；
e) 石蜡；
f) 十八烷酸（又称硬脂酸）；
g) 珍珠岩粉。

A.6 溶剂

a) 乙醇；
b) 丙酮。

A.7 其他

a) 烟雾型产品常用化工原材料；
b) 摩擦型产品常用化工原材料。

烟花爆竹工程设计安全审查规范(AQ 4126—2018)

前言

本标准全部技术内容为强制性条款。

本标准按照 GB/T 1.1—2009 给出的规则起草。

本标准由原国家安全生产监督管理总局监管三司提出。

本标准由全国安全生产标准化技术委员会烟花爆竹安全分技术委员会(SAC/TC 288/SC 4)归口。

本标准起草单位：湖南省职业安全健康协会、长沙矿山研究院有限责任公司。

本标准主要起草人：李金明、谭杜艳、宋汉文。

1 范围

本标准规定了烟花爆竹新建、改建和扩建工程建设项目设计安全审查的申请、形式、内容、方法及有关要求。

本标准适用于烟花爆竹新建、改建和扩建工程建设项目安全设施的设计安全审查，也适用于烟花爆竹新建、改建和扩建工程建设项目整体的设计安全审查。

2 规范性引用文件

下列文件对于本文件的应用是必不可少的，凡是注明日期的引用文件，仅注日期的版本适应于本文件。凡是不注明日期的引用文件，其最新版本(包括所有的修改单)适应于本文件。

GB 50161 烟花爆竹工程设计安全规范

3 术语和定义

GB 50161 界定的以及下列术语和定义适用于本文件。

3.1

烟花爆竹专业 fireworks major

从事烟花爆竹产品和烟火药剂研究及其生产工艺研究、安全生产管理等相关专业。

4 审查申请和形式

4.1 审查申请

4.1.1 建设单位在设计单位完成施工设计图后，按照规定向审查部门提出书面设计安全审查申请。

4.1.2 建设单位提出审查申请时，应提交下列文件资料：
    a) 《烟花爆竹工程设计安全审查申请表》(参见附录 A)；
    b) 立项资料(所在地县级以上人民政府出具的项目批准文件)；
    c) 安全设计专篇(包括：安全设施专项设计和道路、供电、暖通、给排水设计)；

d) 安全预评价报告；
   e) 设计单位、评价单位资质证明；
   f) 设计生产能力与厂(库)房匹配计算及说明书；
   g) 设计说明书,总平面布置图、施工设计图等设计图纸；
   h) 工程用地及外部安全距离2倍之内周边环境图[显示地形及各类建(构)筑物、城镇规划、文物保护目标等和项目用地红线范围]。

4.2 审查形式

4.2.1 设计安全审查应成立专家组,采取审查会的形式。

4.2.2 审查专家组至少有烟花爆竹、建筑、电气、机械、消防与给排水5个专业的技术人员组成,且均应具备中级以上技术职称。

5 审查内容和方法

5.1 审查内容

5.1.1 设计安全审查主要内容为 GB 50161 规定的各项强制性要求,包括选址与总平面布置、生产工艺、建筑物结构、电气与防雷电、消防与给排水、暖通工程、其他安全设施等。

5.1.2 具有相关专业设计资质机构出具的特殊防爆、消防、电气、防雷、防静电、电子监控等设备设施的专项设计文件或检测检验资料,可作为审查合格的依据。

5.2 审查方法

5.2.1 设计安全审查采用检查表法。

5.2.2 设计安全审查表(参见附录 B)按专业类别划分为8个单元。

5.2.3 设计安全审查应遵循的基本原则及问题处理。

各单元审查内容为国家或行业标准强制性条文要求的,其检查结果均应为合格。每个单元中强制性条文要求的项目有一个不合格,该审查单元为不合格。所有审查单元均合格,方为通过审查。设计安全审查不合格时,按下列原则进行处理:

   a) 文件资料单元审查不合格的,由建设单位在15个工作日内补充完整后交设计安全审查部门,可不重新审查。
   b) 经审查不合格的其他单元,属于国家或行业标准强制性条文要求的,设计单位修改设计后,应重新审查；属于国家或行业标准推荐性条文要求的,可由设计单位修改设计并出具《修改设计说明》,交设计安全审查部门审核备案,不再重新审查。
   c) 通过修改设计仍不能满足国家标准规范要求的,不得通过审查。

5.2.4 按照设计安全审查表对照审查后,应填写《烟花爆竹工程设计安全审查意见汇总表》(参见附录 C)。

5.2.5 设计安全审查通过后,审查部门应出具《烟花爆竹工程设计安全审查报告书》(参见附录 D)。

5.2.6 《烟花爆竹工程设计安全审查报告书》应为准予烟花爆竹工程施工建设的必备条件之一。

6 简易程序

6.1 改扩建项目

改建规模超过原规模1/2或扩建规模是原规模1倍以上(含1倍)的工程项目,应按新建工程进行设计安全审查。其他改扩建工程项目的设计安全审查可按如下简化程序进行。

6.2 审查人员

审查专家组按 4.2.2 的规定,至少由 5 位专业技术人员组成。

6.3 提交的文件资料

6.3.1 一般情况下,建设单位应提交 4.1.2 规定中 a)、e)、f)、g)项文件资料和烟花爆竹安全生产许可证(或烟花爆竹经营许可证)复制件。

6.3.2 当改扩建项目涉及新增用地时,建设单位应提交 4.1.2 规定中 a)、b)、e)、g)、h)项文件资料和烟花爆竹安全生产许可证(或烟花爆竹经营许可证)复制件。

6.3.3 当改扩建项目涉及调整产能时,建设单位还应提交 4.1.2 规定中 f)项文件资料。

6.4 审查内容

对改扩建部分,应参照附录 B 划分单元进行审查;对依托原有生产、储存条件的,应对其依托条件进行审查。

附 录 A
（资料性附录）
烟花爆竹工程设计安全审查申请表

项目名称		联系人		联系电话	
工程地址		投资规模（万元）		总占地面积(m²)	
				建筑面积(m²)	
生产品种		生产规模			
建设单位				申请时间	
设计单位				设计资质等级	
	资料名称		文件名称		备注
1	立项批准文件				
2	安全设计专篇				
3	安全预评价报告				
4	设计单位和评价单位资质证明				
5	设计生产能力与厂(库)房匹配计算及说明书				
6	设计说明书				
7	总平面布置图				
8	施工设计图				
9	工程用地周边环境图				
10	相关许可证复印件				改扩建工程提供
申请单位意见：					
				申请人： 年 月 日	

附 录 B
（资料性附录）
烟花爆竹工程设计安全审查表

序号	单元名称	检查项目	检查记录或标准符合性说明	备注
1	申请文件资料	所在地县级以上人民政府出具的建设项目批准文件		
		安全设计专篇		
		安全预评价报告		
		设计单位和评价单位资质证明文件		
		设计生产能力与和厂（库）房匹配计算及说明书		
		设计说明书		
		总平面布置图		
		施工设计图等设计图纸		
		工程用地及外部安全距离2倍以上的周边环境图		
		相关许可证复印件		
2	选址与总平面布置	项目选址应符合城乡规划，避开居民点、学校、工业区、旅游区、铁路和公路运输线、高压输电线等；危险品生产区不应布置在山坡陡峭的狭窄沟谷中		
		生产项目应根据所生产的产品种类、工艺特性、生产能力、危险程度进行分区规划，分别设置非危险品生产区、危险品生产区、危险品总仓库区、燃放试验区和销毁场、行政区		
		危险品生产区、总仓库区宜设置在有自然屏障或有利于安全的地带，燃放试验场和销毁场宜单独设置在偏僻的地带		
		无关人流和货流不应通过危险品生产区和总仓库区，危险品货物运输不宜通过住宅区；危险品运输道路不应在其他防护屏障内穿行通过		
		危险性建筑物与其周围零散住户、村庄、公路、铁路、城镇和本企业总仓库等外部安全距离符合标准规定		
		危险性建筑物之间、危险性建筑物与其他建筑物之间的内部最小距离符合标准规定		
		燃放试验场外部最小距离符合标准规定；危险品销毁场边缘距场外建筑物的外部最小距离不小于65 m		

（续）

序号	单元名称	检查项目	检查记录或标准符合性说明	备注
2	选址与总平面布置	危险品总仓库区 10 kV 及以下变电所与危险品仓库的内部最小允许距离符合标准规定		
		危险品总仓库区值班室结合地形布置在有自然屏障处，与危险品仓库的内部最小距离符合标准规定		
		危险品洞库或覆土库的选址和布置，应符合 GB 50154 的规定		
		危险品生产区和总仓库区，运输危险品的主干道中心线与各级危险性建筑物的距离符合标准规定		
		同时生产多个产品类别的企业，根据生产工艺特性、产品种类分别建立生产线，且应分小区布置		
		厂（库）房的总平面布置应符合工艺流程及生产能力的要求，宜避免危险品的往返和交叉运输		
		计算药量大或危险性大的厂房和库房，布置在危险品生产区的边缘或其他有利于安全的地形处；比较危险或计算药量较大的危险品仓库，不宜布置在库区出入口附近；粉尘污染比较大的厂房应布置在厂区边缘		
3	生产工艺	生产工艺采用机械化、自动化、自动监控等可靠的先进技术，机械化生产符合有关安全规定和要求		
		按产品类型设置生产线，生产工序的设置符合工艺流程要求，各危险性建筑物或各工序的生产能力相匹配		
		有燃烧、爆炸危险的作业场所使用的设备、仪器、工器具满足使用环境的安全要求		
		危险品生产厂房允许最大存药量符合 GB 11652 的有关规定；危险品中转库最大存药量不超过两天生产需要量，单库容量应符合标准规定；临时存药间（洞）最大存药量不应超过单人半天生产需要量，且不超过 10 kg		
		成品、有药半成品和药剂的干燥，采用热水、低压蒸汽或利用日光干燥，且干燥场所符合标准规定		
		干燥厂房内设置排湿装置、感温报警装置及通风凉药设施。并采取防止药物产生扬尘的措施		

(续)

序号	单元名称	检查项目	检查记录或标准符合性说明	备注
4	建(构)筑物结构	危险品厂房和库房应为单层建筑,其平面为矩形		
		各级危险性建筑物的耐火等级和化学原料仓库的耐火等级不低于 GB 50016 的规定		
		危险品生产工序的危险等级、危险品仓库的危险等级分类符合标准的规定		
		1.1 级、1.3 级建筑物符合 GB 50616 的规定,采用现浇钢筋混凝土框架结构		
		采用砌体承重结构的 1.1 级、1.3 级建筑物不得采用独立砖柱承重。危险性建筑物的砌体厚度不小于 240 mm,不得采用空斗墙和毛石墙		
		1.1 级、1.3 级厂房结构构造、屋盖设置符合标准规定。砌体承重结构外墙四角及外墙交接处应设构造柱		
		抗爆间室的设置符合标准规定的要求;抗爆间室轻型窗的外面设置现浇钢筋混凝土抗爆屏院,抗爆屏院的平面形式、最小进深及高度符合标准规定		
		有易燃、易爆粉尘的厂房,采用外形平整、不易积尘的结构构件和构造		
		危险性建筑物的净空、室内梁或板的最小净空、应满足正常的采光和通风要求		
		对于作业人员与药物直接接触的混药、造粒、装药等工序应设置防护隔离罩、隔离板或其他个体防护装置。对有升空迸射危险的生产岗位设置防迸措施		
		危险品生产厂房安全出口的设置符合相关标准规定,1.1 级、1.3 级厂房每一危险性工作间的建筑面积大于 18 m² 时,安全出口的数目不应少于 2 个		
		危险品生产厂房安全窗、疏散门、主通道的设置符合标准规定		
		厂房的人均使用面积的设置符合标准规定。1.1 级厂房的人均使用面积不少于 9.0 m²,1.3 级厂房的人均使用面积不少于 4.5 m²		
		危险性工作间的门、窗、内墙面、吊顶、地面的设置符合标准规定。黑火药和烟火药生产厂房应采用木门窗。门窗的小五金采用在相互碰撞或摩擦时不产生火花的材料		

(续)

序号	单元名称	检查项目		检查记录或标准符合性说明	备注
4	建(构)筑物结构	危险品仓库建筑结构、安全出口、门窗、地面符合标准规定,采取防潮、隔热、通风、防小动物等措施			
		危险品运输通廊和隧道的设置符合标准规定			
		厂房布置	1.1级厂房应单机单栋或单人单栋独立设置。当采取抗爆间室、隔离操作时可以联建。引火线制造厂房应单间单机布置,每栋联建不超过4间		
			1.3级厂房联建时应采用密实砌体墙隔开,且联建间数不应超过6间,当厂房建筑耐火等级为三级时,联建间数不超过4间		
			机械插引厂房工作间联建间数不应超过4间,且每个工作间应为单人、单机布置		
			原料称量、氧化剂的粉碎和筛选、可燃物的粉碎和筛选,应独立设置厂房		
			不同危险等级的中转库应独立设置,且不得和生产厂房联建。有固定作业人员的非危险品生产厂房不得和危险品生产厂房联建		
			危险品生产区内生活辅助用室和办公用室、门卫值班室设置符合标准规定		
			在危险品生产区内,当在两个危险性建筑物之间设置临时存药洞时,应符合标准规定		
			危险品生产厂房内的工艺布置应便于作业人员操作、维修以及发生事故时迅速疏散		
			危险品晒场场地平整,周围设置防护堤,防护堤顶面高出产品面1 m		
			消防控制室、安全防范系统监控中心及自动控制室的设置符合标准规定		
		仓库设置	危险品中转库、药物总库、成品总库与设计生产能力相匹配		
			中转库单库存药量:1.1级不超过500 kg,1.3级不超过1 000 kg		
			成品仓库单库存药量:1.1级不超过10 000 kg,1.3级不超过20 000 kg;烟火药、黑火药、引火线不超过5 000 kg		

（续）

序号	单元名称	检查项目	检查记录或标准符合性说明	备注
4	建（构）筑物结构	仓库设置	成品仓库单栋建筑：1.1级不超过500 m²，1.3级不超过1 000 m²，每个防火分区不超过500 m²；烟火药、黑火药、引火线不超过100 m²		
5	防雷与电气		厂区防雷设计应符合GB 50057的规定		
			危险场所的防静电措施设置符合标准规定		
			厂房配电室、电机间、控制室的设置符合标准规定		
			危险场所的电气设备符合标准规定；采用的防爆电气设备应是按照现行国家标准生产的合格产品		
			生产时严禁工作人员入内的工作间，其用电设备的控制按钮应安装在工作间外，并应将用电设备的启停与门连锁，门关闭后用电设备才能启动		
			危险场所不设置接插装置。当确需设置时，应选择相应防爆型、插座与插销带连锁保护装置，并满足断电后插销才能插入或拔出的要求		
			危险场所采用非防爆电气设备隔墙传动时，应符合标准规定，采取密封等安全措施		
			F0类危险场所不应安装电气设备；F0类危险场所电气照明应采用可燃性粉尘环境21区用电气设备DIP21，外壳防护等级为IP65级的灯具，安装在固定窗外照明或采用满足安全要求的壁龛灯		
			F0类危险场所的门灯及安装在外墙外侧的开关、控制按钮、控制箱等，选型应当选用与灯具防爆级别相同的产品		
			F1类危险场所电气设备应采用可燃性粉尘环境用电气设备21区DIP21、IP65，爆炸性气体环境用电气设备Ⅱ类B级隔爆型、本质安全型(IP54)，灯具及控制按钮可采用增安型		
			F1类危险场所电气设备的选型符合标准规定。门灯及安装在外墙外侧的开关应采用可燃性粉尘环境用电气设备不低于22区DIP22 IP54。F2类危险场所电气设备、门灯及安装在外墙外侧的开关应采用可燃性粉尘环境用电气设备22区DIP22、IP54		

（续）

序号	单元名称	检查项目	检查记录或标准符合性说明	备注
5	防雷与电气	危险场所电气线路及敷设符合标准规定要求，电气线路严禁采用绝缘电线明敷或穿塑料管敷设		
		生产厂房、辅助厂房以及库房的照度符合标准规定		
		供电设计应符合 GB 50052 有关三级负荷的规定，变电所设计符合 GB 50053 的有关规定		
		生产过程中因突然中断供电有可能导致燃爆事故发生的用电设备、视频监控系统、安全防范系统、消防系统均设置应急电源		
		引入危险性建筑物的 1 kV 以下低压线路的敷设符合标准规定		
		引入黑火药生产工房的 1 kV 以下低压线路，从配电端到受电端全长采用铜芯金属铠装电缆埋地敷设		
		与本企业无关的电气线路和通信线路是否穿越、跨越危险品生产区和总仓库区。当在危险品生产区或总仓库区围墙外敷设时，10 kV 及以下电力架空线路和通信架空线路与危险性建筑物外墙的水平距离不小于 35 m		
		危险品生产区和危险品总仓库区 10 kV 及以下的高压线路采用埋地敷设。当采用架空敷设时，其轴线距 1.1 级厂房外墙不小于 35 m，距 1.1 级仓库外墙不小于 50 m；距 1.3 级建筑物外墙不小于电杆高度的 1.5 倍		
		危险品生产区和总仓库区架空敷设 1 kV 以下的电气线路和通信线路时，其轴线与 1.1 级、1.3 级建筑物外墙的距离不小于电杆高度的 1.5 倍，与生产烟火药和干法生产黑火药建筑物外墙的距离不小于 35 m		
		危险品生产区和总仓库区不应设置无线通信塔。当无线通信塔设置在危险品生产区和总仓库区围墙外时，无线通信塔与围墙的距离不小于 100 m		
		危险性建筑物应采取防雷措施。防雷设计符合 GB 50057 有关规定。危险性建筑物防雷类别符合标准规定要求		
		危险性建筑物内电气设备的工作接地、保护接地、防雷电感应接地、防静电接地、信息系统接地符合标准规定		

(续)

序号	单元名称	检查项目	检查记录或标准符合性说明	备注
5	防雷与电气	危险场所中可导电的金属设备、金属管道、金属支架及金属导体均应进行直接静电接地。静电接地系统应与电气设备的保护接地共用同一接地装置。危险场所中不能或不直接接地的金属设备、装置等,应通过防静电材料间接接地		
		危险场所的防静电地面及工作台面,其静电泄漏电阻值控制在 0.05 MΩ~1.0 MΩ		
		黑火药、烟火药生产危险场所入口处的外墙外侧应设置人体综合电阻监测仪和人体静电指示及释放仪,在其附近设置备用接地端子		
6	消防与给排水	消防给水系统的设置,消防水源、给水管网的设计符合标准规定		
		危险性厂库房室外消防用水量、消防储备水的补给与恢复符合标准规定		
		其他消防设施如室内消火栓系统、消防蓄水池、高位水池、室外消火栓等的设置符合标准规定		
		仓库应按照 GB 50140 的有关规定配置灭火器		
		易发生燃烧事故的工作间内设置的雨淋灭火系统符合标准规定要求		
		有易燃易爆粉尘散落的工作场所设置清洗设施,并有充足的清洗用水		
		废水排放设计遵循清污分流、少排或不排出废水的原则。有害废水采取必要的治理措施		
		有易燃易爆粉尘散落的工作间设置排水沟。排水沟的设计符合国家现行有关标准的规定		
7	暖通工程	采暖系统的形式与设计符合标准规定		
		危险品生产厂房内的排风设计符合标准规定		
		危险品生产厂房的通风和空气调节机室单独设置,不应与危险性工作间相通,且应设置单独的外门		
		机械排风系统的设计符合标准规定要求;黑火药生产厂房内不得设计机械通风		
		危险性建筑物中,送、排风管道的形式、材质等符合标准规定		

（续）

序号	单元名称	检查项目	检查记录或标准符合性说明	备注
8	其他安全设施	1.1级危险性建筑物应设置安全防护屏障,安全防护屏障的结构、形式等符合GB 50161规定		
		钢筋混凝土防护屏障应根据防护屏障内危险性建筑物的计算药量由抗爆设计确定		
		危险品生产区和总仓库区应设置高度不低于2 m的围墙;围墙与危险性建构筑物之间的距离宜为12 m,且不得小于5 m		
		距离危险性建(构)筑物外墙四周5 m范围内,设置防火隔离带		
		危险品生产区和总仓库区视频监控、火灾自动报警系统、通信设施、安全防范系统的设置符合标准规定		

附　录　C
（资料性附录）
烟花爆竹工程设计安全审查意见汇总表

项目名称			建设单位	
设计单位				
序号	审查单元	审查意见		审查人员签名
1	申请文件资料			
2	选址与总平面布置			
3	生产工艺			
4	建筑物结构			
5	防雷与电气			
6	消防与给排水			
7	暖通工程			
8	其他安全设施			

附 录 D
(资料性附录)
烟花爆竹工程设计安全审查报告书

项目名称		
设计单位		
序号	审查单元	审查结果	审查人员签名
1	申请文件资料		
2	选址与总平面布置		
3	生产工艺		
4	建筑物结构		
5	防雷与电气		
6	消防与给排水		
7	暖通工程		
8	其他安全设施		
审查结论	审查组组长(签名):　　　　　　　　　　　　　年　月　日		
其他说明			

参 考 文 献

[1] 《烟花爆竹安全管理条例》(国务院令第 455 号)
[2] GB 50016　建筑设计防火规范
[3] GB 50052　供配电系统设计规范
[4] GB 50053　10 kV 及以下变电所设计规范
[5] GB 50057　建筑物防雷设计规范
[6] GB 50154　地下及覆土火药炸药仓库设计安全规范

烟花爆竹工程竣工验收规范(AQ/T 4127—2018)

前　　言

本标准按照 GB/T 1.1—2009 给出的规则起草。

本标准由原国家安全生产监督管理总局监管三司提出。

本标准由全国安全生产标准化技术委员会烟花爆竹安全分技术委员会(SAC/TC 288/SC 4)归口。

本标准起草单位:湖南省职业安全健康协会、长沙矿山研究院有限责任公司。

本标准主要起草人:李金明、谭杜艳、宋汉文。

1　范围

本标准规定了烟花爆竹新建、改建和扩建工程建设项目竣工验收的基本要求、形式、内容、方法及有关要求。

本标准适用于烟花爆竹新建、改建和扩建工程建设项目安全设施的竣工验收,也适用于烟花爆竹新建、改建和扩建工程建设项目整体安全的竣工验收。

2　规范性引用文件

下列文件对于本文件的应用是必不可少的,凡是注明日期的引用文件,仅注日期的版本适应于本文件。凡是不注明日期的引用文件,其最新版本(包括所有的修改单)适应于本文件。

GB 50161　烟花爆竹工程设计安全规范

3　术语和定义

GB 50161 界定的以及下列术语和定义适用于本文件。

3.1

烟花爆竹专业　　fireworks major

从事烟花爆竹产品和烟火药剂研究及其生产工艺研究、安全生产管理等相关专业。

4　验收基本要求

4.1　竣工验收应在建设单位对施工质量验收合格的基础上,依据 GB 50161 和工程设计文件进行。

4.2　隐蔽工程安全质量,在隐蔽前应由建设单位或施工单位委托相关法定机构进行专项检验并形成专项记录证据资料,作为验收的依据。

4.3　已通过消防验收并取得消防安全合格证的,可作为消防验收合格的依据;相关部门出具的防雷检测合格证书,可作为防雷设施验收合格的依据。

4.4　电气设施、防静电设施、电子监控设施等应提供产品合格证明或产品检测检验报告,作为验收的依据。

4.5 施工单位应按照工程设计安全审查批准的设计进行施工,并对安全设施的工程质量负责。

5 验收形式、内容与方法

5.1 验收形式

5.1.1 竣工验收应成立专家组,采取现场检查和验收会的形式。

5.1.2 验收专家组至少有烟花爆竹、建筑、电气、机械、消防与给排水 5 个专业的技术人员组成,且均应具备中级以上技术职称。

5.1.3 竣工验收还应邀请设计单位、施工单位、监理单位、安全评价单位相关人员参加。

5.1.4 竣工验收时至少应有下列文件资料:
   a) 立项资料(所在地县级以上人民政府出具的项目批准文件);
   b) 工程设计文件和设计安全审查报告书;
   c) 施工单位、评价单位的资质证明;
   d) 安全验收评价报告;
   e) 相关检测检验报告。

5.2 验收内容

5.2.1 竣工验收主要内容为 GB 50161 规定的各项强制性要求,包括选址与总平面布置、生产工艺、建筑物结构、电气与防雷电、消防与给排水、暖通工程、安全设施等。

5.2.2 特殊防爆、消防、电气、防雷、防静电、电子监控等设备设施,应提供由相关机构出具有效的检测检验证书或产品合格证。

5.3 验收方法

5.3.1 竣工验收采用检查表法。

5.3.2 竣工验收检查表(参见附录 A)按专业类别划分为 8 个单元。

5.3.3 专家组成员按照分工对验收审查表各单元的内容逐一进行检查验收,并如实记录现场检查与 GB 50161 和工程设计文件符合性情况。

5.3.4 竣工验收应遵循的基本原则及问题处理。

各单元验收内容为国家或行业标准强制性条文要求的,其检查结果均应为合格。每个单元中强制性条文要求的项目有一个不合格,该验收单元为不合格。所有验收单元均合格,方为通过验收。验收不通过时,按下列原则处理:
   a) 文件资料单元验收不合格的,应在 15 个工作日内补充完整,可不重新验收。
   b) 单元验收不合格的,不合格项属于国家或行业标准强制性条文要求的,建设单位应组织设计、施工等有关单位进行整改完善,重新进行验收;不合格项属于国家或行业标准推荐性条文要求的,建设单位应组织有关单位进行整改完善,可不重新验收。
   c) 当验收各方意见不一致时,可增加聘请相应专业的专家进行复验。

5.3.5 按照验收检查表对照检查后,应填写《烟花爆竹工程竣工验收意见汇总表》(参见附录 B)。

5.3.6 验收完成后,专家组应出具《烟花爆竹工程竣工验收报告书》(参见附录 C)。

6 验收结果

6.1 建设单位应将竣工验收情况及结果书面报告当地安全生产监督管理部门备案。

6.2 建设工程的竣工验收由建设单位组织进行,验收通过后方可投入生产和使用。

6.3 《烟花爆竹工程竣工验收报告书》应作为烟花爆竹行政许可的必备资料之一。

附 录 A
（资料性附录）
烟花爆竹工程竣工验收检查表

序号	单元名称	检查项目	检查记录或标准符合性说明	备注
1	申请文件资料	所在地县级以上人民政府出具的建设项目批准文件		
		工程设计文件和设计安全审查报告书		
		施工单位、评价单位资质证明		
		施工质量验收合格证明		
		消防安全验收合格证明		
		防雷检测合格证明		
		安全验收评价报告		
		相关检测检验报告		
2	选址与总平面布置	项目选址应符合城乡规划,避开居民点、学校、工业区、旅游区、铁路和公路运输线、高压输电线等;危险品生产区不应布置在山坡陡峭的狭窄沟谷中		
		生产项目应根据所生产的产品种类、工艺特性、生产能力、危险程度进行分区规划,分别设置非危险品生产区、危险品生产区、危险品总仓库区、燃放试验场区和销毁场、行政区		
		危险品生产区、总仓库区宜设置在有自然屏障或有利于安全的地带,燃放试验场和销毁场宜单独设置在偏僻的地带		
		无关人流和货流不应通过危险品生产区和总仓库区,危险品货物运输不宜通过住宅区;危险品运输道路不应在防护屏障内穿行通过		
		危险性建筑物与其周围零散住户、村庄、公路、铁路、城镇和本企业总仓库等外部安全距离符合标准规定		
		危险性建筑物之间、危险性建筑物与建筑物之间的内部最小距离符合标准规定		
		燃放试验场外部最小距离符合标准规定;危险品销毁场边缘距场外建筑物的外部最小距离不小于 65 m		
		危险品总仓库区 10 kV 及以下变电所与危险品仓库的内部最小允许距离符合标准规定		

（续）

序号	单元名称	检查项目	检查记录或标准符合性说明	备注
2	选址与总平面布置	危险品总仓库区值班室结合地形布置在有自然屏障处，与危险品仓库的内部最小距离符合标准规定		
		危险品洞库或覆土库的选址和布置，应符合 GB 50154 的规定		
		危险品生产区和总仓库区，运输危险品的主干道中心线与各级危险性建筑物的距离符合标准规定		
		同时生产多个产品类别的企业，根据生产工艺特性、产品种类分别建立生产线，且应分小区布置		
		厂（库）房的总平面布置应符合工艺流程及生产能力的要求，宜避免危险品的往返和交叉运输		
		计算药量大或危险性大的厂房和库房，布置在危险品生产区的边缘或有利于安全的地形处；比较危险或计算药量较大的危险品仓库，不宜布置在库区出入口附近；粉尘污染比较大的厂房应布置在厂区边缘		
3	生产工艺	生产工艺采用机械化、自动化、自动监控等可靠的先进技术，机械化生产符合有关安全规定和要求		
		按产品类型设置生产线，生产工序的设置符合工艺流程要求，各危险性建筑物或各工序的生产能力相匹配		
		有燃烧、爆炸危险的作业场所使用的设备、仪器、工器具满足使用环境的安全要求		
		危险品生产厂房允许最大存药量符合 GB 11652 的有关规定；危险品中转库最大存药量不超过两天生产需要量，单库容量应符合标准规定；临时存药间(洞)最大存药量不应超过单人半天生产需要量，且不超过 10 kg		
		成品、有药半成品和药剂的干燥，采用热水、低压蒸汽或利用日光干燥，且干燥场所符合标准规定		
		干燥厂房内设置排湿装置、感温报警装置及通风凉药设施。并采取防止药物产生扬尘的措施		
4	建（构）筑物结构	危险品厂房和库房应为单层建筑，其平面为矩形		
		各级危险性建筑物的耐火等级和化学原料仓库的耐火等级不低于 GB 50016 的规定		

(续)

序号	单元名称	检查项目	检查记录或标准符合性说明	备注
4	建（构）筑物结构	危险品生产工序的危险等级、危险品仓库的危险等级分类符合标准的规定		
		1.1级、1.3级建筑物符合GB 50616的规定，采用现浇钢筋混凝土框架结构		
		采用砌体承重结构的1.1级、1.3级建筑物不得采用独立砖柱承重。危险性建筑物的砌体厚度不小于240 mm，不得采用空斗墙和毛石墙		
		1.1级、1.3级厂房结构构造、屋盖设置符合标准规定。砌体承重结构外墙四角及外墙交接处应设构造柱		
		抗爆间室的设置符合标准规定的要求；抗爆间室轻型窗的外面设置现浇钢筋混凝土抗爆屏院，抗爆屏院的平面形式、最小进深及高度符合标准规定		
		有易燃、易爆粉尘的厂房，采用外形平整、不易积尘的结构构件和构造		
		危险性建筑物的净空、室内梁或板的最小净空，应满足正常的采光和通风要求		
		对于作业人员与药物直接接触的混药、造粒、装药等工序应设置防护隔离罩、隔离板或个体防护装置。对有升空迸射危险的生产岗位设置防迸射措施		
		危险品生产厂房安全出口的设置符合标准规定，1.1级、1.3级厂房每一危险性工作间的建筑面积大于18 m² 时，安全出口的数目不应少于2个		
		危险品生产厂房安全窗、疏散门、主通道的设置符合标准规定		
		厂房的人均使用面积的设置符合标准规定。1.1级厂房的人均使用面积不少于9.0 m²，1.3级厂房的人均使用面积不少于4.5 m²		
		危险性工作间的门、窗、内墙面、吊顶、地面的设置符合标准规定。黑火药和烟火药生产厂房应采用木门窗。门窗的小五金采用在相互碰撞或摩擦时不产生火花的材料		
		危险品仓库建筑结构、安全出口、门窗、地面符合标准规定，采取防潮、隔热、通风、防小动物等措施		
		危险品运输通廊和隧道的设置符合标准规定		

（续）

序号	单元名称		检查项目	检查记录或标准符合性说明	备注
4	建（构）筑物结构	仓库设置	1.1级厂房应单机单栋或单人单栋独立设置。当采取抗爆间室、隔离操作时可以联建。引火线制造厂房应单间单机布置，每栋联建不超过4间		
			1.3级厂房联建时应采用密实砌体墙隔开，且联建间数不应超过6间，当厂房建筑耐火等级为三级时，联建间数不超过4间		
			机械插引厂房工作间联建间数不应超过4间，且每个工作间应为单人、单机布置		
			原料称量、氧化剂的粉碎和筛选、可燃物的粉碎和筛选，应独立设置厂房		
			不同危险等级的中转库应独立设置，且不得和生产厂房联建。有固定作业人员的非危险品生产厂房不得和危险品生产厂房联建		
			危险品生产区内生活辅助用室和办公用室、门卫值班室设置符合标准规定		
			在危险品生产区内，当在两个危险性建筑物之间设置临时存药洞时，应符合标准规定		
			危险品生产厂房内的工艺布置应便于作业人员操作、维修以及发生事故时迅速疏散		
			危险品晒场场地平整，周围设置防护堤，防护堤顶面高出产品面1 m		
			消防控制室、安全防范系统监控中心及自动控制室的设置符合标准规定		
			危险品中转库、药物总库、成品总库与设计生产能力相匹配		
			中转库单库存药量：1.1级不超过500 kg，1.3级不超过1 000 kg		
			成品仓库单库存药量：1.1级不超过10 000 kg，1.3级不超过20 000 kg；烟火药、黑火药、引火线不超过5 000 kg		
			成品仓库单栋建筑：1.1级不超过500 m²，1.3级不超过1 000 m²，每个防火分区不超过500 m²；烟火药、黑火药、引火线不超过100 m²		

（续）

序号	单元名称	检查项目	检查记录或标准符合性说明	备注
5	防雷与电气	厂区防雷设计应符合 GB 50057 的规定		
		危险场所的防静电措施设置符合标准规定		
		厂房配电室、电机间、控制室的设置符合标准规定		
		危险场所的电气设备符合标准规定；采用的防爆电气设备应是按照现行国家标准生产的合格产品		
		生产时严禁工作人员入内的工作间，其用电设备的控制按钮应安装在工作间外，并应将用电设备的启停与门连锁，门关闭后用电设备才能启动		
		危险场所不设置接插装置。当确需设置时，应选择相应防爆型、插座与插销带连锁保护装置，并满足断电后插销才能插入或拔出的要求		
		危险场所采用非防爆电气设备隔墙传动时，应符合标准规定，采取密封等安全措施		
		F0 类危险场所不应安装电气设备；F0 类危险场所电气照明应采用可燃性粉尘环境 21 区用电气设备 DIP21，外壳防护等级为 IP65 级的灯具，安装在固定窗外照明或采用满足安全要求的壁龛灯		
		F0 类危险场所的门灯及安装在外墙外侧的开关、控制按钮、控制箱等，选型应当选用与灯具防爆级别相同的产品		
		F1 类危险场所电气设备应采用可燃性粉尘环境用电气设备 21 区 DIP21、IP65，爆炸性气体环境用电气设备Ⅱ类 B 级隔爆型、本质安全型(IP54)，灯具及控制按钮可采用增安型		
		F1 类危险场所电气设备的选型符合标准规定。门灯及安装在外墙外侧的开关应采用可燃性粉尘环境用电气设备不低于 22 区 DIP22 IP54。F2 类危险场所电气设备、门灯及安装在外墙外侧的开关应采用可燃性粉尘环境用电气设备 22 区 DIP22、IP54		
		危险场所电气线路及敷设符合标准规定要求，电气线路严禁采用绝缘电线明敷或穿塑料管敷设		
		危险场所电气线路绝缘电线或电缆线芯的材质和最小截面符合标准规定要求		
		生产厂房、辅助厂房以及库房的照度符合标准规定		

(续)

序号	单元名称	检查项目	检查记录或标准符合性说明	备注
5	防雷与电气	供电设计应符合 GB 50052 有关三级负荷的规定,变电所设计符合 GB 50053 的有关规定		
		生产过程中因突然中断供电有可能导致燃爆事故发生的用电设备、视频监控系统、安全防范系统、消防系统均设置应急电源		
		引入危险性建筑物的 1 kV 以下低压线路的敷设符合标准规定		
		引入黑火药生产工房的 1 kV 以下低压线路,从配电端到受电端全长采用铜芯金属铠装电缆埋地敷设		
		与本企业无关的电气线路和通信线路是否穿越、跨越危险品生产区和总仓库区。当在危险品生产区或总仓库区围墙外敷设时,10 kV 及以下电力架空线路和通信架空线路与危险性建筑物外墙的水平距离不小于 35 m		
		危险品生产区和危险品总仓库区 10 kV 及以下的高压线路采用埋地敷设。当采用架空敷设时,其轴线距 1.1 级厂房外墙不小于 35 m,距 1.1 级仓库外墙不小于 50 m;距 1.3 级建筑物外墙不小于电杆高度的 1.5 倍		
		危险品生产区和总仓库区架空敷设 1 kV 以下的电气线路和通信线路时,其轴线与 1.1 级、1.3 级建筑物外墙的距离不小于电杆高度的 1.5 倍,与生产烟火药和干法生产黑火药建筑物外墙的距离不小于 35 m		
		危险品生产区和总仓库区不应设置无线通信塔。当无线通信塔设置在危险品生产区和总仓库区围墙外时,无线通信塔与围墙的距离不小于 100 m		
		危险性建筑物应采取防雷措施。防雷设计符合 GB 50057 有关规定。危险性建筑物防雷类别符合标准规定要求		
		危险性建筑物内电气设备的工作接地、保护接地、防雷电感应接地、防静电接地、信息系统接地符合标准规定		
		危险场所中可导电的金属设备、金属管道、金属支架及金属导体均应进行直接静电接地。静电接地系统应与电气设备的保护接地共用同一接地装置。危险场所中不能或不直接接地的金属设备、装置等,应通过防静电材料间接接地		
		危险场所的防静电地面及工作台面,其静电泄漏电阻值控制在 0.05 MΩ～1.0 MΩ		
		黑火药、烟火药生产危险场所入口处的外墙外侧应设置人体综合电阻监测仪和人体静电指示及释放仪,在其附近设置备用接地端子		

（续）

序号	单元名称	检查项目	检查记录或标准符合性说明	备注
6	消防与给排水	消防给水系统的设置，消防水源、给水管网的设计符合标准规定		
		危险性厂库房室外消防用水量、消防储备水的补给与恢复符合标准规定		
		消防设施如室内消火栓系统、消防蓄水池、高位水池、室外消火栓等的设置符合标准规定		
		仓库应按照 GB 50140 的有关规定配置灭火器		
		易发生燃烧事故的工作间内设置的雨淋灭火系统符合标准规定要求		
		有易燃易爆粉尘散落的工作场所设置清洗设施，并有充足的清洗用水		
		废水排放设计遵循清污分流、少排或不排出废水的原则。有害废水采取必要的治理措施		
		有易燃易爆粉尘散落的工作间设置排水沟。排水沟的设计符合国家现行有关标准的规定		
7	暖通工程	采暖系统的形式与设计符合标准规定		
		危险品生产厂房内的排风设计符合标准规定		
		危险品生产厂房的通风和空气调节机室单独设置，不应与危险性工作间相通，且应设置单独的外门		
		机械排风系统的设计符合标准规定要求；黑火药生产厂房内不得设计机械通风		
		危险性建筑物中，送、排风管道的形式、材质等符合标准规定		
8	安全设施	1.1 级危险性建筑物应设置安全防护屏障，安全防护屏障的结构、形式等符合 GB 50161 规定		
		钢筋混凝土防护屏障应根据防护屏障内危险性建筑物的计算药量由抗爆设计确定		
		危险品生产区和总仓库区应设置高度不低于 2 m 的围墙；围墙与危险性建构筑物之间的距离宜为 12 m，且不得小于 5 m		
		距离危险性建（构）筑物外墙四周 5 m 范围内，设置防火隔离带		
		危险品生产区和总仓库区视频监控、火灾自动报警系统、通信设施、安全防范系统的设置符合标准规定		

附 录 B
(资料性附录)
烟花爆竹工程竣工验收意见汇总表

项目名称			
设计单位			
施工单位			
序号	检查单元	检查验收意见	验收人员签名
1	文件资料		
2	选址与总平面布置		
3	生产工艺		
4	建筑物结构		
5	防雷与电气		
6	消防与给排水		
7	暖通工程		
8	安全设施		

附 录 C
（资料性附录）
烟花爆竹工程竣工验收报告书

工程名称			建筑面积	
工程地址			生产规模	
建设单位			产品种类	
设计单位			建设单位负责人	
主要施工单位			联系电话	
序号	检查单元	检查验收结果		验收人员签名
1	文件资料			
2	选址与总平面布置			
3	生产工艺			
4	建筑物结构			
5	防雷与电气			
6	消防与给排水			
7	暖通工程			
8	安全设施			
验收结论				
	验收组组长（签名）：		年 月 日	
备注	提供的相关验收资料应作为本报告书的附件材料一并保存。			

参 考 文 献

[1] 国务院令第 455 号《烟花爆竹安全管理条例》
[2] GB 50016　建筑设计防火规范
[3] GB 50052　供配电系统设计规范
[4] GB 50053　10 kV 及以下变电所设计规范
[5] GB 50057　建筑物防雷设计规范
[6] GB 50154　地下及覆土火药炸药仓库设计安全规范

烟花爆竹 烟火药危险性分类定级方法
(AQ/T 4124—2014)

前 言

本标准为推荐性标准。

本标准按照 GB/T 1.1—2009 给出的规则起草。

本标准由国家安全生产监督管理总局提出。

本标准由全国安全生产标准化技术委员会烟花爆竹安全分技术委员会(SAC/TC 288/SC 4)归口。

本标准起草单位：江西省李渡烟花集团有限公司、江西省安全生产科学院、宜春烟花爆竹检测检验中心、湖南安全技术职业学院。

本标准主要起草人：张晓成、邓庆茂、黄同林、程映昭、康斌、曾自志、万军、杨吉明。

1 范围

本标准规定了烟火药危险性的分类定级方法和烟火药危险性分类定级所用到的各种能量输入、输出参数测试方法。

本标准适用于烟花爆竹用烟火药的危险性分类定级。

2 规范性引用文件

下列文件对于本文件的应用是必不可少的。凡是注日期的引用文件，仅注日期的版本适用于本文件。凡是不注日期的引用文件，其最新版本(包括所有的修改单)适用于本文件。

GB/T 15813 烟花爆竹成型药剂 样品分离和粉碎

GB/T 20878—2007 不锈钢和耐热钢 牌号及化学成分

AQ 4105 烟花爆竹 烟火药 TNT 当量测定方法

AQ/T 4120 烟花爆竹 烟火药静电火花感度测定方法

GJB 5891.22 火工品药剂试验方法 第22部分：机械撞击感度试验

SN/T 1731.3 出口烟花爆竹用烟火药剂安全性能检验方法 第3部分：爆发点测定

SN/T 1731.6 出口烟花爆竹用烟火药剂安全性能检验方法 第6部分：摩擦感度测定

3 术语和定义

下列术语和定义适用于本文件。

3.1

极限压力 extreme pressure

摩擦感度测试中，连续6次试验都没有出现爆炸的最大承受压力。

3.2
极限落高　drop height limit

撞击感度测试中,连续 6 次试验都没有出现爆炸的最小落高。

3.3
TNT 当量　TNT equivalent

指 1 kg 烟火药爆炸时所释放的能量相当于多少千克 TNT 炸药所释放的能量,可用当量系数表示。

4 危险性的分类和定级

4.1 分类

4.1.1 分类方法

根据烟火药制造、加工等过程中发生事故的可能性和事故后果的严重程度,对应于烟火药的能量输入参数和输出参数,将烟火药的危险性分为烟火药敏感度和烟火药危害度两类。

4.1.2 烟火药敏感度

测试烟火药的能量输入参数,即机械感度(摩擦、撞击),热感度(爆发点),以及静电感度,并综合评估其危险性。

4.1.3 烟火药危害度

测试烟火药的能量输出参数,即 TNT 当量、燃烧速度,并综合评估其危险性。

4.2 定级

4.2.1 定级方法

根据烟火药能量输入参数和能量输出参数的量值并按大小排序,将烟火药敏感度和烟火药危害度均分为五级。

4.2.2 敏感度级数

烟火药敏感度划分为五级,用大写英文字母 A、B、C、D、E 表示,A 表示危险性最大,E 表示危险性最小。

4.2.3 危害度级数

烟火药危害度划分为五级,用小写英文字母 a、b、c、d、e 表示,a 表示危险性最大,e 表示危险性最小。

5 能量参数测试方法

5.1 摩擦感度测试

5.1.1 试验设备、材料和样品

试验设备、材料和样品应符合 SN/T 1731.6 的规定。

5.1.2 试验条件

摆角:70°;表压:动态;药量:(20±0.5)mg。

5.1.3 试验方法

仪器摆角固定为 70°。试样称好并装入滑柱套内,将装好试样的滑柱和滑柱套移入摩擦仪的爆炸室中心,将油压升至 1.00 MPa;装好击杆,拉动阻铁使摆锤自由落下,冲击击杆,使上滑柱发生位移,上下滑柱之间的试样受到摩擦;观察试样燃爆现象。

如果在上述试验中观察到的结果是燃烧或爆炸,重复以上步骤,这次油压为 0.75 MPa,再观察燃爆现象;如果有燃烧爆炸,仍逐级按每次 0.25 MPa 的间隔降低压力继续进行试验,直到观察到不燃烧爆炸。在此压力下重复 6 次试验,不应发生燃烧爆炸,此压力即为极限压力。否则就继续逐级降低压力,直到测出极限压力为止。

如果表压在 1.00 MPa 时,观察到的结果是不燃烧爆炸,则按 0.25 MPa 的间隔逐级增加压力继续进行试验,直到第一次得到燃烧爆炸现象出现,随后在此表压基础上,按每次 0.25 MPa 的间隔降低压力进行试验,直到测出极限压力为止。

5.1.4 试验结果

试验结果用极限压力(MPa)表示。

5.2 撞击感度测试

5.2.1 试验设备、材料,试验步骤参见 GJB 5891.22。

5.2.2 试验结果用极限落高(cm)表示。

5.3 爆发点测试

5.3.1 试验设备、材料,试验步骤参见 SN/T 1731.3。

5.3.2 试验结果用爆发点 T(℃)表示。

5.4 静电感度测试

5.4.1 试验设备、材料,试验步骤参见 AQ/T 4120。

5.4.2 试验结果以 0.01% 发火能量 $E_{0.01}$ 表示,单位为焦耳(J)。

5.5 燃烧速度测试

5.5.1 测定原理

将烟火药样品放入具有一定长度、规格的药槽内,从一端点燃烟火药,测定在药槽中的燃烧时间,然后根据药槽长度及烟火药燃烧时间计算出燃烧速度。

5.5.2 试验装置和材料

5.5.2.1 药槽

采用不锈钢(GB/T 2087—2007)长方体(500 mm×30 mm×20 mm),中间开有一条槽(500 mm×4 mm×3 mm)。

5.5.2.2 秒表

精度 0.01 s。

5.5.2.3 安全引线

用于点燃烟火药,采用慢引。

5.5.3 试验准备

试验准备应符合 GB/T 15813 的规定。

5.5.4 试验条件

室温为 10 ℃~35 ℃,相对湿度小于 80%,无风条件下测定。

5.5.5 试验方法

烟火药置于洁净的药槽内,均匀铺平。在药槽一端用安全引线点燃,测定和记录试样在药槽内的燃烧时间。每个试样测量三次,结果取其平均值。

5.5.6 试验结果计算

$$v = L/t$$

式中：
v ——烟火药试样的燃烧速度，单位为厘米每秒（cm/s）；
L ——药槽长度，单位为厘米（cm）；
t ——燃烧时间，单位为秒（s）。

5.6 TNT 当量测试
5.6.1 试验设备、材料，试验步骤参见 AQ 4105。
5.6.2 试验结果用 TNT 当量系数 f 表示。

6 敏感度定级

6.1 定级方法
单项感度量值按大小顺序分成 5 组，每组赋予一定的分值，见表 1 至表 4，可进行单项危险性定级；将上述四项感度的分值相加，得到总分值，再进行危险性综合定级，见表 5。

6.2 摩擦感度
摩擦感度（摆锤法）赋值及定级见表 1。

表 1　摩擦感度（摆锤法）赋值及定级

极限压力 MPa	分值	危险程度
≤0.50	5	极其敏感
0.51～1.50	4	高度敏感
1.51～2.50	3	中度敏感
2.51～3.50	2	较钝感
>3.50	1	钝感

部分烟火药的摩擦感度及危险性见附录 A。

6.3 撞击感度（落锤质量为 1.2 kg）
撞击感度赋值及定级见表 2。

表 2　撞击感度赋值及定级

极限落高 cm	分值	危险程度
≤20	5	极其敏感
21～30	4	高度敏感
31～40	3	中度敏感
41～50	2	较钝感
>50	1	钝感

6.4 爆发点（5 s 延时期）
爆发点赋值及定级见表 3。

表 3 爆发点赋值及定级

爆发点 T ℃	分值	危险程度
≤250	5	极其敏感
251～350	4	高度敏感
351～450	3	中度敏感
451～550	2	较钝感
>550	1	钝感

6.5 静电感度

静电感度赋值及定级见表 4。

表 4 静电感度赋值及定级

$E_{0.01}$值 J	分值	危险程度
≤0.010	5	极其敏感
0.011～0.10	4	高度敏感
0.11～0.50	3	中度敏感
0.51～1.0	2	较钝感
>1.0	1	钝感

6.6 敏感度综合定级

敏感度综合定级见表 5。

表 5 敏感度综合定级

总分值	定级	危险性
>16	A	极其危险
16～13	B	高度危险
12～9	C	中度危险
8～5	D	低度危险
<5	E	较安全

7 危害度定级

7.1 燃烧速度

燃烧速度赋值及定级见表 6。

表 6 燃烧速度赋值及定级

燃烧速度 cm/s	分值	危险程度
≥10.0	5	很快
9.9～5.0	4	快
4.9～2.0	3	较快
1.9～1.0	2	较慢
<1.0	1	慢

部分烟火药的燃烧速度及危险性见附录 B。

7.2 TNT 当量

TNT 当量赋值及定级见表 7。

表 7 TNT 当量赋值及定级

f 值	分值	危险程度
＞0.70	5	很大
0.70～0.51	4	大
0.50～0.31	3	较大
0.30～0.10	2	较小
＜0.10	1	小

7.3 危害度综合定级

危害度综合定级见表 8。

表 8 危害度综合定级

总分值	定级	危险性
＞8	a	高度危险
8～7	b	危险
6～5	c	中度危险
4～3	d	低度危险
＜3	e	较安全

8 试验结果

8.1 试验结果表征

烟火药样品各能量参数经过测试后,从表 1、表 2、表 3、表 4、表 6、表 7 中查找到各自的分值,将各分值累加得到总分值,见表 5 和表 8,然后分别对敏感度综合定级和对危害度综合定级,再用大写英文字母和小写英文字母表示各自的危险性综合特征,并报出试验结果,如Aa、Bd 等,并根据表5和表8,在试验报告(附录C)栏中描述受检烟火药的综合危险性程度。

8.2 试验报告

烟火药样品试验报告宜选用但不限于附录C的格式。

附 录 A
（资料性附录）
部分烟火药的摩擦感度及危险性

部分烟火药的摩擦感度及危险性见表A.1。

表 A.1 部分烟火药的摩擦感度及危险性

序号	烟火药名称	摩擦感度 MPa	分值	危险程度
1	钛雷炸药	<0.35	5	极其敏感
2	黄光	0.35	5	极其敏感
3	银波拉手	0.35	5	极其敏感
4	拉手炸药	0.35	5	极其敏感
5	紫波	0.35	5	极其敏感
6	金波	0.35	5	极其敏感
7	红拉手	0.35	5	极其敏感
8	银椰子	0.35	5	极其敏感
9	银波	0.35	5	极其敏感
10	紫拉手	0.35	5	极其敏感
11	粉红拉手	0.35	5	极其敏感
12	银旋花	0.35	5	极其敏感
13	蓝光	0.75	4	高度敏感
14	红波拉手	0.75	4	高度敏感
15	金椰子	0.75	4	高度敏感
16	蓝椰子	0.75	4	高度敏感
17	水银波	0.75	4	高度敏感
18	红拉手	0.75	4	高度敏感
19	橘黄	0.75	4	高度敏感
20	绿拉手	0.75	4	高度敏感
21	蓝椰子	0.75	4	高度敏感
22	粉红	0.75	4	高度敏感
23	白闪	0.75	4	高度敏感
24	银尾	0.75	4	高度敏感

表 A.1（续）

序号	烟火药名称	摩擦感度 MPa	分值	危险程度
25	银冠	0.75	4	高度敏感
26	紫光	1.25	4	高度敏感
27	海蓝	1.25	4	高度敏感
28	蓝波	1.25	4	高度敏感
29	红光	1.25	4	高度敏感
30	海蓝闪	1.25	4	高度敏感
31	红蜜蜂	1.25	4	高度敏感
32	含合金开包药	1.25	4	高度敏感
33	单基粉	1.25	4	高度敏感
34	金拉手	1.75	3	中度敏感
35	银拉手	1.75	3	中度敏感
36	菊花盛开	1.75	3	中度敏感
37	暗光	1.75	3	中度敏感
38	压亮引燃	1.75	3	中度敏感
39	黄爆裂拉手	1.75	3	中度敏感
40	橘黄拉手	1.75	3	中度敏感
41	海蓝拉手	1.75	3	中度敏感
42	蓝拉手	1.75	3	中度敏感
43	水金波	1.75	3	中度敏感
44	白拉手	1.75	3	中度敏感
45	绿光	1.75	3	中度敏感
46	草绿波	1.75	3	中度敏感
47	水蓝	1.75	3	中度敏感
48	渣响引	1.75	3	中度敏感
49	笛音剂	1.75	3	中度敏感
50	绿蜜蜂	1.75	3	中度敏感
51	绿椰子	2.25	3	中度敏感
52	开包药	2.25	3	中度敏感
53	白闪内引	2.25	3	中度敏感
54	黄蜜蜂	2.25	3	中度敏感
55	钝感黄光	2.25	3	中度敏感
56	外引	2.75	2	较钝感
57	水引	2.75	2	较钝感

表 A.1(续)

序号	烟火药名称	摩擦感度 MPa	分值	危险程度
58	响子引	2.75	2	较钝感
59	白光	2.75	2	较钝感
60	草绿	2.75	2	较钝感
61	绿闪内引	2.75	2	较钝感
62	花闪	3.25	2	较钝感
63	钝感银椰子	3.25	2	较钝感
64	钝感银粉炸药	3.5	1	钝感
65	黑火药	3.75	1	钝感
66	爆裂药	>5.0	1	钝感

附 录 B
（资料性附录）
部分烟火药的燃烧速度及危险性

部分烟火药的燃烧速度及危险性见表 B.1。

表 B.1 部分烟火药的燃烧速度及危险性

序号	烟火药名称	主要成分	燃烧速度 cm/s	分值	危险性
1	暗光	硝酸钾、硫磺、雄黄、米粉	0.71	1	慢
2	绿闪	硝酸钡、硫磺、铝镁合金、聚氯乙烯、米粉	0.9	1	慢
3	白闪	硝酸钾、硝酸钡、硫磺、铝镁合金、米粉	1.1	2	较慢
4	水蓝	高氯酸钾、氧化铜、铝镁合金、聚氯乙烯、米粉、酚醛树脂	1.4	2	较慢
5	银冠	高氯酸钾、硫磺、木炭、铝镁合金、铝粉、米粉	1.4	2	较慢
6	紫光	高氯酸钾、碳酸锶、氧化铜、铝镁合金、聚氯乙烯、酚醛树脂、硫磺	1.7	2	较慢
7	橙色	高氯酸钾、碳酸锶、氟铝酸钠、铝镁合金、聚氯乙烯、酚醛树脂	1.8	2	较慢
8	绿闪大丽	硝酸钡、硫磺、铝镁合金、聚氯乙烯、米粉	2	3	较快
9	蓝波	高氯酸钾、氧化铜、铝镁合金、聚氯乙烯、钛粉、酚醛树脂	2.2	3	较快
10	粉红	高氯酸钾、碳酸锶、氧化铜、铝镁合金、氯化橡胶、酚醛树脂、米粉	2.5	3	较快

表 B.1（续）

序号	烟火药名称	主要成分	燃烧速度 cm/s	分值	危险性
11	5号开包药	高氯酸钾、麻炭、硝酸钾、铝镁合金、酚醛树脂、米粉	2.5	3	较快
12	红光	高氯酸钾、碳酸锶、虫胶、铝镁合金、聚氯乙烯、酚醛树脂	3.1	3	较快
13	紫波	高氯酸钾、碳酸锶、氧化铜、铝镁合金、聚氯乙烯、酚醛树脂、硫磺、钛	3.1	3	较快
14	红波	高氯酸钾、碳酸锶、虫胶、铝镁合金、聚氯乙烯、酚醛树脂、钛	4	3	较快
15	海蓝	高氯酸钾、氧化铜、铝镁合金、氯化橡胶、硫磺、酚醛树脂、硝酸钡、米粉	4.2	3	较快
16	3号开包药	高氯酸钾、麻炭、硝酸钾、酚醛树脂、米粉	4.2	3	较快
17	金惠花	高氯酸钾、铝镁合金、氟铝酸钠、碳酸锶、酚醛树脂	5	4	快
18	响子引燃	硝酸钾、硫磺、木炭、高氯酸钾、铝镁合金、酚醛树脂、米粉	5	4	快
19	单基粉	硝化纤维素	5	4	快
20	金闪	硝酸钾、硫磺、木炭、铝镁合金、草酸钠、米粉	5.4	4	快
21	绿光	高氯酸钾、硝酸钡、硫磺、铝镁合金、聚氯乙烯、酚醛树脂	5.6	4	快
22	草绿	高氯酸钾、硝酸钡、硫磺、铝镁合金、聚氯乙烯、酚醛树脂、氟铝酸钠	5.6	4	快
23	黄惠花	高氯酸钾、氟铝酸钠、碳酸锶、铝镁合金、铝粉、酚醛树脂	5.6	4	快
24	金波	高氯酸钾、氟铝酸钠、碳酸锶、铝镁合金、铝粉、酚醛树脂	5.6	4	快
25	水引	硝酸钾、硫磺、木炭、高氯酸钾、铝镁合金、酚醛树脂、米粉	5.6	4	快
26	三味粉	硝酸钾、硫磺、木炭	5.6	4	快
27	黄光	高氯酸钾、氟铝酸钠、碳酸锶、铝镁合金、酚醛树脂	6.2	4	快
28	绿波	高氯酸钾、硝酸钡、硫磺、铝镁合金、聚氯乙烯、酚醛树脂、铝渣	6.7	4	快
29	外引	硝酸钾、硫磺、木炭、高氯酸钾、铝镁合金、酚醛树脂	8.3	4	快
30	内筒炸药	高氯酸钾、铝粉、硫磺、铝镁合金、木炭	10	5	很快

表 B.1（续）

序号	烟火药名称	主要成分	燃烧速度 cm/s	分值	危险性
31	铝粉炸药（钝感处理）	高氯酸钾、铝粉、硫磺、钝感剂	11.1	5	很快
32	白光	硝酸钾、硝酸钡、硫磺、铝镁合金、酚醛树脂	12.5	5	很快
33	银波	硝酸钡、硝酸钾、硫磺、铝渣、铝镁合金、酚醛树脂	12.5	5	很快
34	银惠花	高氯酸钾、铝渣、铝镁合金、酚醛树脂	12.5	5	很快
35	铝粉炸药	高氯酸钾、铝粉、硫磺	25	5	很快
36	笛音剂	高氯酸钾、邻苯二甲酸氢钾、钛粉	25	5	很快

附 录 C
（资料性附录）
试 验 报 告

试验报告见表 C.1。

表 C.1 试验报告

编号：

	送样单位			送样日期	
	样品名称			报告日期	
敏感度	能量输入参数	摩擦感度 MPa	撞击感度 cm	热感度 ℃	静电火花感度 J
	测定值				
	单项赋值				
	总分值				
	定级				
危害度	能量输出参数	TNT当量		燃烧速度 cm/s	
	测定值				
	单项赋值				
	总分值				
	定级				
	试验结果				
	综合危险性				
审核人		校对人		检测人	

参 考 文 献

[1] AQ/T 4120　烟花爆竹　烟火药静电火花感度测定方法
[2] GJB 5891.22　火工品药剂试验方法　第 22 部分：机械撞击感度试验
[3] SN/T 1731.3　出口烟花爆竹用烟火药剂安全性能检验方法　第 3 部分：爆发点测定

烟花爆竹　单基火药安全要求
（AQ 4125—2014）

前　言

本标准第 4 章、第 5 章、第 6 章、第 7 章、8.1、8.2.1、8.2.3、8.2.4、8.2.5 的技术内容为强制性的,其余为推荐性的。

本标准按照 GB/T 1.1—2009 给出的规则起草。

本标准由国家安全生产监督管理总局提出。

本标准由全国安全生产标准化技术委员会烟花爆竹安全分技术委员会（SAC/TC 288/SC 4）归口。

本标准起草单位:北京理工大学、北京市逗逗烟花爆竹有限公司、国营 245 厂、浏阳市余氏科技环保烟花厂。

本标准主要起草人:赵家玉、李增义、丛晓民、侯国保、胡厚坤、余本有、余培胜、钟自奇。

本标准为首次发布。

1　范围

本标准规定了烟花爆竹用退役单基火药的安全指标,检测方法,产品包装,验收规则,以及运输、贮存和使用安全要求。

本标准适用于烟花爆竹用退役单基火药。

2　规范性引用文件

下列文件对于本文件的应用是必不可少的。凡是注日期的引用文件,仅注日期的版本适用于本文件。凡是不注日期的引用文件,其最新版本（包括所有的修改单）适用于本文件。

GB 190　危险货物包装标志

GB/T 191　包装储运图示标志

GB 10631　烟花爆竹　安全与质量

GJB 770B　火药试验方法

国家技术监督局监发〔1997〕172 号　产品标识标注规定

3　术语和定义

下列术语和定义适用于本标准。

3.1

安定剂　stabilizer

为了维持单基火药在贮存、加工、运输和使用过程中化学特性稳定,提高其安全性能,而添加的某种成分。目前常用的安定剂是二苯胺。

4 安全指标

4.1 产品外观和粒度

4.1.1 色泽为黄色或橙黄色，应呈明显潮湿状，无显著的其他杂质。
4.1.2 颗粒大小基本均匀，标称粒度范围内的单基火药质量应大于等于总质量的90%。

4.2 主要安全指标

单基火药的主要安全指标应符合表1要求。

表 1　单基火药主要安全指标

指 标 名 称	指　　标
水分含量	20%～30%
安定剂含量	≥1.2%
134.5 ℃甲基紫化学安定性试验	甲基紫试纸变成橙红色时间不应小于40 min，且5 h内不应爆燃
pH值	GB 10631对烟火药pH值的要求

5 检测方法

5.1 外观检验

采用目测法检验外观。

5.2 粒度测定

按标称粒度选取标准筛，将粗标准筛置于细标准筛上面，称取(50±1)g(准确至0.1 g)干燥的单基火药，置于最上层的标准筛上，充分振动筛选，称量细标准筛上面的单基火药(准确至0.1 g)，计算其与总质量的百分比。

5.3 水分含量测定

5.3.1 测定方法

取1个称量瓶放入水浴(或油浴)烘干箱中，称量瓶盖放在称量瓶的旁边，在(55±2)℃的温度下烘干4 h，取出，立即盖好称量瓶盖，放入干燥器内冷却30 min，称其质量(准确至0.000 1 g)，记作 M_0，在称量瓶内放入(5±0.1)g单基火药，称其质量(准确至0.000 1 g)，记作 M_1，将单基火药均匀平铺于称量瓶内，将称量瓶放入水浴(或油浴)烘干箱中，称量瓶盖放在称量瓶的旁边，在(55±2)℃的温度下烘干4 h，取出称量瓶，立即盖好称量瓶盖，放入干燥器内冷却30 min，称量烘干后的称量瓶(带称量瓶盖)质量(准确至0.000 1 g)，记作 M_2。

5.3.2 计算单基火药的水分含量 P

$$P=\frac{M_1-M_2}{M_1-M_0}\times 100\% \quad\cdots\cdots\cdots\cdots\cdots\cdots\cdots\cdots（1）$$

式中：

P ——单基火药的水分含量；
M_0 ——干燥空称量瓶质量，单位为克(g)；
M_1 ——干燥空称量瓶和单基火药的总质量，单位为克(g)；
M_2 ——干燥空称量瓶和干燥单基火药的总质量，单位为克(g)。

5.4 安定剂含量测定

用测定水分含量时烘干的单基火药,按 GJB 770B 中的方法 2.1.1 测定安定剂(二苯胺)的含量。

5.5 甲基紫化学安定性试验

用测定水分含量时烘干的单基火药,按 GJB 770B 中的方法 5.3.3 进行 134.5 ℃甲基紫化学安定性试验。

5.6 pH 值测定方法

用测定水分含量时烘干的单基火药,按 GB 10631 规定的方法测定 pH 值。

6 产品包装

6.1 基本要求

6.1.1 外包装(运输包装)应采用合适尺寸的木箱或金属容器,并封装牢固。

6.1.2 每件运输包装的含水单基火药质量应小于等于 25 kg。

6.1.3 内包装应为塑料等防潮性好的材质,有足够的强度,无破损、封口密实。

6.1.4 应有产品合格证,产品合格证应放置在运输包装的里面。

6.1.5 产品合格证内容应包括:产品名称、制造商名称和地址、生产加工日期、保质期、产品粒度、主要成分和含量(应标注出单基火药、安定剂、水分含量,如单基火药含量≥××%、水分含量××%~××%、安定剂含量××%)、检验员名字或代号。

6.2 标识标注

6.2.1 运输标识标注

运输标识标注应符合《产品标识标注规定》的规定。

6.2.2 标识标注内容

6.2.2.1 产品名称

应在包装箱的正面清晰地标注出"烟花爆竹用退役单基火药"。

6.2.2.2 加工单位

应标注:加工单位名称和地址。

6.2.2.3 加工日期

应标注:粉碎加工的日期,按年、月、日的顺序标注。例如:生产日期:××××年××月××日。

6.2.2.4 保质期限

应标注:保质期××年或在××××年××月××日之前使用。

6.2.2.5 产品粒度

应标注:粒度:××μm(微米)~××μm(微米)。

6.2.2.6 执行标准

应标注:本标准号及企业执行的产品标准号。

6.2.2.7 净重

应标注:每件运输包装单基火药的质量,由数字和质量单位组成。例如:净重:××kg(千克)。

6.2.2.8 安全警示语
应标注:防火、轻拿轻放、保持水分,易燃易爆性等安全警示语。
6.2.2.9 安全图示
安全图示应符合 GB 190、GB/T 191 的要求。

7 验收规则

7.1 随机抽取 3 件(批量≤3 件时应全部检验)运输包装,分别检验单基火药的外观、运输包装和产品合格证。

7.2 用专用工具在抽取的运输包装内的上、中、下部位取出单基火药,混匀,用四分法缩分,样品量应大于等于 100 g,分别检测产品粒度和主要安全指标。

7.3 每批单基火药均应进行产品外观、粒度、主要安全指标、运输包装和产品合格证检验,其中任意一个项目不合格均判定该批单基火药不合格,所有检验项目全部合格则判定该批单基火药合格。

7.4 产品外观、粒度、运输包装、产品合格证、安定剂含量和水分含量不合格时,允许重新加工后复检;134.5 ℃甲基紫试验和 pH 值项目不合格应全部销毁处理。

8 运输、贮存和使用安全要求

8.1 运输和贮存

8.1.1 单基火药应在含水 20%～30%条件下运输、贮存和销售。

8.1.2 运输单基火药时应符合国家对危险货物运输的有关规定,不得与氧化剂混装。

8.1.3 装卸、搬运单基火药时,应轻拿轻放。

8.1.4 单基火药应单独存放在 1.1^{-2} 级危险品仓库,堆垛距内墙应大于等于 0.45 m,堆垛高度应小于等于 1.5 m。

8.1.5 单基火药从生产加工之日起保质期为 3 年,超过保质期的应及时销毁处理。

8.2 使用

8.2.1 单基火药应在使用前晾干或晒干,干燥的单基火药应当天使用完毕,少量未用完的应单库存放。

8.2.2 单基火药宜用于加工生产喷花类、架子烟花类、造型玩具类等类别的烟花爆竹产品。

8.2.3 单基火药不应用于配制开包药、效果药造粒和生产过程中有较大撞击、摩擦或挤压的生产工艺。

8.2.4 含单基火药烟火药的安全性能应符合 GB 10631 的规定。

8.2.5 使用和管理人员应熟悉含单基火药烟火药的安全性能。

礼花弹生产安全条件(AQ 4121—2012)

前言

本标准按照 GB/T 1.1—2009 给出的规则起草。

本标准第 1、2、3 章和附录 A、附录 B 以及带"宜"字的内容为推荐性，其余为强制性。

本标准由国家安全生产监督管理总局提出。

本标准由全国安全生产标准化技术委员会烟花爆竹分技术委员会(SAC/TC 288/SC 4)归口。

本标准起草单位：湖南省安全生产监督管理局、兵器工业安全技术研究所、长沙矿山研究院(湖南长斧众和科技有限公司)。

本标准主要起草人：李金明、范军政、邓庆茂、钟自奇、谭林。

1 范围

本标准规定了礼花弹生产企业的规划与选址、总平面与工艺布置、厂(库)房与配套设施、生产设备、安全设施、人员与教育培训、安全管理等条件。

本标准适用于礼花弹生产企业。

2 规范性引用文件

下列文件对于本文件的应用是必不可少的。凡是注日期的引用文件，仅注日期的版本适用于本文件。凡是不注日期的引用文件，其最新版本(包括所有的修改单)适用于本文件。

  GB 10631 烟花爆竹安全与质量
  GB 11652 烟花爆竹作业安全技术规程
  GB 19594 烟花爆竹 礼花弹
  GB 50161 烟花爆竹工程设计安全规范
  AQ 4101 烟花爆竹企业安全监控系统通用技术条件
  AQ 4102 烟花爆竹流向登记通用规范
  AQ 4114 烟花爆竹安全生产标志

3 术语和定义

GB 11652 和 GB 50161 界定的以及下列术语和定义适用于本文件。

3.1
土地利用率 land utilization rate

总用地面积减去因自然因素等造成不能使用土地面积，与总用地面积比值的百分率。

3.2
生产线 production line

完成烟火药制造、效果件制作等一个工艺过程的两个或多个工房及配套设施。

3.3
生产区 production zone
由一条以上功能相同或相近生产线构成的相对独立的区域。

3.4
一级中转库 primary transit store
在危险品生产区内暂时集中储存药物、含药半成品等危险物品的库房。

3.5
二级中转库 secondary transit store
在危险品生产线上暂时储存药物、含药半成品等危险物品的库房。

3.6
临时储存间（室） temporary transit chamber
在工房附近临时存放药物、含药半成品等危险物品的工房、抗爆间室或存药洞。

4 一般性要求

4.1 礼花弹生产企业的最小年生产能力不应小于30 000箱；其占地面积应根据生产能力和土地利用率确定，土地利用率为100%时，最小占地面积不应小于200 000 m²。

4.2 礼花弹生产企业的选址、总平面与工艺布置、厂（库）房与配套设施、生产设备、安全设施应符合GB 50161的规定，作业操作应符合GB 11652的规定，产品质量、标志及包装应符合GB 10631和GB 19594的规定，1.1级生产区和储存场所的视频监控设施应符合AQ 4101规定，产品流向登记符合AQ 4102规定，厂（库）区安全生产标志应符合AQ 4114规定。

5 选址

5.1 危险品生产区和危险品总仓库区应避开国家级文物建筑、高速铁路、机场等重点建筑，与文物建筑和高速铁路的最小允许距离不小于2 km，与机场的最小距离不得小于10 km。

5.2 危险品生产区内1.1级建（构）筑物与人员密集区的外部距离不应小于表1要求。

表1 危险品生产区1.1级建（构）筑物与人员密集区的外部最小允许距离(m)

项　　目	计算药量(kg)							
	≤30	>30 ≤50	>50 ≤100	>100 ≤200	>200 ≤300	>300 ≤500	>500 ≤800	>800 ≤1000
学校、集市、旅游区边缘、 500人以上企业围墙	150	180	220	290	330	370	450	490

5.3 危险品总仓库区内1.1级仓库与人员密集区的外部距离不应小于表2要求。

5.4 不应将危险品生产区布置在地震带、地质结构不稳固地带、陡峭山地及地势低洼易涝地区等其他不宜地带。

表 2 危险品总仓库区 1.1 级仓库与人员密集区的外部最小允许距离(m)

项 目	计算药量(kg)										
	≤500	>500 ≤1 000	>1 000 ≤2 000	>2 000 ≤3 000	>3 000 ≤4 000	>4 000 ≤5 000	>5 000 ≤6 000	>6 000 ≤7 000	>7 000 ≤8 000	>8 000 ≤9 000	>9 000 ≤10 000
学校、集市、旅游区边缘、500人以上企业围墙	315	400	510	580	630	690	720	760	800	830	860

6 总平面与工艺布置

6.1 礼花弹生产企业应分区合理,功能齐全。应根据其工艺特性、危险程度分别设立行政区、生产区、总仓库区、燃放试验场、余废药销毁场等。其中:生产区包括危险品生产区和无药部件制作区;危险品生产区包括药物生产(干燥)、装球、糊球(干燥)、成品组装区;总仓库区包括药物总仓库区、成品总仓库区。

6.2 各区的相互位置应根据生产、生活、运输和气象等因素确定,同一危险等级的工房和库房应集中布置,药物总仓库区和成品总仓库区应分小区布置。

6.3 药物总仓库区至药物生产区、装球区、成品组装区宜设立专用运输道路,出入药物总库区的运输道路不应从行政区、生活区通过。

6.4 厂(库)房的布置宜符合附录 A 规定的工艺流程,避免危险品的往返交叉运输。

6.5 各危险品生产区、生产线、操作工房应合理配设中转库、临时储存间(室),调节各工房停滞药量。当 1 个中转库、临时储存间(室)不能满足生产需要时,可以增设,但数量不宜超过 2 个。药物、半成品不应同库(间)存放。中转库、临时储存间(室)应符合以下要求:

   a) 应在危险品生产区设置一级中转库,一级中转库的位置宜设置在生产区一端。一级中转库单库存药量不应超过 500 kg,单库面积不宜超过 24 m²;含药半成品库房单库面积不宜超过 50 m²。

   b) 应在危险品生产线设置二级中转库,二级中转库的位置宜设置在生产线一端。二级中转库单库存药量或含药半成品存药量不应超过当天用量,且不应超过 300 kg;药物中转库单库面积不宜超过 12 m²,含药半成品中转库单库面积不宜超过 24 m²。

   c) 造粒、筛选、筑药、压药、褙药柱、切引、装球、制药包、接快引等操作工房宜按 1∶1 的比例独立设置临时储存间(室),临时储存间(室)存药量不应大于 50 kg,面积不宜超过 9 m²;计量包装工房的临时储存间(室)存药量不应超过 200 kg,面积不宜超过 9 m²;组装工房的临时储存间(室)存药量不应超过 200 kg,面积不宜超过 30 m²。

   d) 药物混合应根据生产能力设置临时储存间(室),其存药量不应超过 100 kg,含金属粉的炸药不应超过 50 kg,面积不宜超过 20 m²。

6.6 除药物及球的干燥、散热最大存药量应控制在 1 000 kg(含)以内外,其他 1.1 级建(构)筑物的最大存药量应控制在 500 kg(含)以内。

6.7 成品和药物的总仓库单栋建筑面积应根据设计存药量确定。但药物仓库单栋建筑面积不应超过 100 m²,存药量不应超过 5 000 kg;成品仓库单栋建筑面积不应超过 300 m²,存药量不应超过 10 000 kg,成箱成品堆垛高度不应超过 1.7 m。

6.8 1.3 级糊球工房采用钢筋混凝土柱、梁承重结构(或砌体承重结构)和轻质泄压屋盖时,机械糊球每栋联建间数不应超过 2 间,每间装机不应超过 2 台;手工糊球每栋联建间数不应超过 4 间。

6.9 1.1 级工房人均使用面积不应小于 9 m²,1.3 级工房人均使用面积不应小于 8 m²。

6.10 药物和球的干燥宜设置温度自动控制的干燥工房;采用日光干燥药物的,晒场应设置满足通风、防雨要求的晾棚;干燥室和晾晒场药量不应超过 1 000 kg。

6.11 糊球区应就近配设用于球干燥的晒场、晾棚,晒场、晾棚可设在同一场所内。

6.12 厂(库)区应设置高度不低于 2 m 的密砌围墙,围墙与危险性建(构)筑物的距离不应小于 5 m,与药物和成品总仓库距离不应小于 12 m。

6.13 礼花弹生产企业同时生产其他类别产品的,应分别设置独立的生产线,并分区布置。

7 厂(库)房与配套设施

7.1 厂(库)房的设置和燃放试验场等设施应符合以下要求:
　　a) 厂(库)房总量不宜少于 146 栋(不含操作控制室、原材料检验检测专用工房、产品研发、试制专用工房)。当采用新技术、新工艺将几个工序合并以及采用抗爆结构联建时,可相应减少工房数量。
　　b) 应在非危险生产区设置满足原材料检验检测的专用工房,在相对独立的安全区域内设置产品研发、试制专用工房,专用工房应符合相关安全要求。
　　c) 燃放试验场应满足其所生产各种规格产品燃放试验安全要求。

7.2 危险品总仓库中的黑火药、烟火药、引火线、成品仓库应分类设置。

黑火药能就近供应的,与 4.1 设定的最低生产能力相配套的药物和成品最小储存能力见表 3;黑火药不能就近供应的,应根据需要提高黑火药储存能力;当生产能力大于 4.1 设定的最低生产能力的,应相应提高药物和成品储存能力;同时生产其他类别产品的,还应设置满足其他产品储存要求的成品仓库。

表 3 危险品总仓库储存能力表

所属库区	名　称	危险等级	储存能力(kg)
药物库区	黑火药仓库	1.1^{-2}	5 000
	亮珠仓库	1.1^{-1}	9 000
	药柱仓库	1.1^{-1}	3 500
	开包药仓库	1.1^{-1}	2 000
	引火线仓库	1.1^{-2}	500
成品库区	成品仓库	1.1^{-2}	20 000

7.3 危险品生产区危险性建(构)筑物的建筑结构和构造选型应符合以下要求:

a) 工房建筑构造、结构选型和空间尺寸应满足其内部设备的安装、运行、操作、维修需要,且有利于操作、维修人员的安全疏散。
b) 存药量 100 kg 以上的 1.1 级中转库和药物总仓库应采用现浇钢筋混凝土的框架结构和屋盖。
c) 生产作业的危险性工房和 1.1 级药物总仓库的梁或顶板以下净空高度不应小于 2.8 m,1.1 级和 1.3 级成品总仓库的梁或顶板以下净空高度不应小于 3.8 m,并满足采光和通风要求。
d) 干燥烘房控制室应设置防护屏障,控制室一般设在满足安全要求的防护屏障外侧。
e) 1.1 级、1.3 级工房均应采用外形平整、不易积尘的构造,易燃易爆粉尘大的称(配)料、药物混合、造粒、压药及中转库(间)除应采用外形平整、不易积尘的建筑构造外,内墙面宜采用耐冲洗且颜色与危险粉尘颜色明显区别的材料。
f) 厂(库)房室内地面应硬化,药物混合、造粒、压药等工房室内地面应采用导静电、柔性不发火材料或措施。

7.4 供排水和易燃易爆粉尘清洗应符合以下要求:
a) 厂区应设置满足生产要求的供水和清洗设施,日供水能力应不小于 50 m³,需用水冲洗的工房水压不小于 0.2 MPa。当生产用水与生活用水和消防用水采用同一供水系统时,应按相关标准和实际用水量确定供水能力和水压。
b) 有易燃易爆粉尘散落的称(配)料、药物混合、压药、造粒、中转库(间)以及装球、切引等工房应设置供水和清洗设施。
c) 采用空气增湿方法防止静电积聚的危险场所应设置供水设施。
d) 厂区应设置完善的排水系统,并满足清污分流要求。
e) 含药废水收集和处理应符合 GB 50161 的规定。

7.5 危险物品的运输主干道和生产道路应符合以下要求:
a) 连接各工(库)房的道路、连接厂外公路的道路和厂内运输主干道应全部硬化。
b) 药物出入厂、产品出厂的运输主干道(含连接道)和厂内运输主干道宽度不应小于 3.5 m,无影响车辆安全运行的急弯,并满足会车要求;因地形限制会车有困难的,每 30 m 应设会车点。
c) 生产道路宽度不应小于 2.5 m。

8 生产设备

8.1 礼花弹生产机械和运输工具应选用符合国家或行业标准的合格机械设备和运输工具,并定期检验、维护。

8.2 与药物接触的非标准机械设备应按有关规定通过鉴定或评审,未通过鉴定或评审的非标准机械设备不得在礼花弹生产中使用。

8.3 礼花弹的生产应采用下列已成熟且不限于下列的机械化、自动化机械设备和运输工具:
a) 远距离控制的自动混药机。
b) 有防护隔离装置的效果件(药柱、药块、药饼)成形压药机。
c) 隔墙传动的电动造粒机。
d) 电动机械糊球机。

e) 远距离自动控制的效果件和含药半成品干燥散热设备。
   f) 符合危险货物运输要求的厂内运输专用电瓶车和柴油机动力车。

8.4 采暖通风与空气调节设备设施应符合以下要求：
   a) 在 5 ℃低温以下仍需作业的药物混合、造粒、筛选、压药、筑药、褙药、浆滚炸药、装球、药物收取包装、切引、装药包、糊球、组装工房应设置采暖设施。
   b) 药物混合、造粒、筛选、压药、筑药、褙药、浆滚炸药、装球、药物收取包装、切引、装药包等粉尘大的工房的采暖，应采用不高于 90 ℃热水作热媒。
   c) 糊球、组装等无裸药操作工房可采用热风取暖。
   d) 原料称取、药物混合、压药不应采用机械通风。

8.5 药物混合、液压压药、干燥设备等不应使用无线遥控设备，药物混合、造粒、筛选、压药等机械应采取防爆电器隔墙传动。

8.6 礼花弹生产企业至少应配备下列设备：
   a) 2 台药物混合机、4 台造粒机、2 台制开包炸药机、2 台油压压药机、10 台糊球机。
   b) 3 台(套)干燥设备或 3 间(药物、球)干燥烘房及与其匹配的热源。
   c) 2 辆总载重不小于 4 t 的危险货物运输汽车、4 辆危险货物运输电瓶车。
   d) 化工原辅材料理化检测分析仪器、接地电阻测量设备。

9 安全设施

9.1 礼花弹生产、储存场所的防爆、防雷、防静电、消防等安全设施应专人维护，定期检测合格。

9.2 药物混合、造粒、筛选、装球、筑药、压药、褙药、切引、包装等裸药作业场所应设置防静电积累的操作台。

9.3 1.1 级生产区入口处应设置人体综合电阻监测仪。

9.4 药物混合、造粒、筛选、压药、筑药、褙药、浆滚炸药、装球、药物收取包装、切引、装药包等裸药作业工房应设置人体静电指示及释放仪，其附近宜设置备用接地端子。

9.5 处于林区和有山火危险区的危险品生产、储存场所的围墙外应设置不小于 10 m 的防火隔离带。

10 人员与教育培训

10.1 生产人员应符合以下要求：
   a) 全体从业人员应具有烟花爆竹安全生产知识。
   b) 配备至少 1 名高级职称、2 名中级职称和 10 名初级职称的烟花工艺制作或相关专业技术人。
   c) 药物混合、造粒、筛选、装球、筑药、压药、切引、搬运、组装、仓库保管、危险货物运输车(含电瓶车)驾驶员等危险工序(特种)作业人员以及安全保卫人员应经过烟花爆竹及相关专业知识培训，经考核合格取得相应资格证书，其最低持证人数不宜少于 60 人。

10.2 管理人员应符合以下要求：
   a) 至少具有 1 名注册安全工程师或安全评价师。
   b) 各危险品生产线(车间)配各专职车间主任或班组长。

10.3 教育培训应符合以下要求:
  a) 具备实施全员教育培训场所。
  b) 制定覆盖全员的安全生产法律法规、烟花爆竹安全知识、礼花弹生产技术、各岗位安全操作技术的培训计划,并按计划组织实施。
  c) 主要负责人、安全生产管理人员和特种作业人员应经具备资质的培训机构培训,并经安全生产监管部门考核合格。
  d) 主要负责人、安全生产管理人员、一般从业人员每年再培训时间不少于20学时,危险工序(特种)作业人员每年再培训时间不少于30学时。
  e) 新入厂人员应进行上岗前培训,培训时间不少于72学时,并考核合格。调岗和复岗人员应进行上岗前再培训,再培训时间分别不少于20学时和8学时。
  f) 建立全员安全教育培训档案,个人安全培训考核资料及记录,资格证书影印件至少保存3年。

11 安全管理

11.1 建立完善的安全生产责任体系、安全生产管理组织机构,配备足量的安全生产管理人员,并应符合以下要求:
  a) 建立主要负责人、分管负责人、安全生产管理人员、职能部门以及各岗位的安全生产责任制。
  b) 设置保卫生产和储存环境安全的安保机构,其人员和装备配备应满足安保需求。
  c) 专职安全管理人员的配备不低于全员的2%,且不少于3人。

11.2 安全管理制度和操作规程不少于附录B列出的项目,并定期修订完善。

11.3 产品管理应符合以下要求:
  a) 有产品工艺流程资料。
  b) 分类建立产品技术档案并实施有效管理。
  c) 使用新设备、新工艺、新材料和生产新产品应及时向有关部门备案。
  d) 应用礼花弹流向管理信息系统,对产品张贴标识和流向信息化管理。

11.4 产品质量管理应符合以下要求:
  a) 建立产品和原材料质量检验机构,配有不少于2名中级专业技术职称以上的检验人员和专职管理人员。
  b) 有符合要求的原材料、产品质量检验检测的仪器、设备,具备产品燃放性能、包装标志的检验能力。
  c) 购进的原材料和半成品、成品入库和出厂应按批次验收检验并记录。
  d) 不能自行检验的项目应定期委托有资质的检验检测机构检验。

11.5 产品包装应符合以下要求:
  a) 药物、含药半成品包装应满足防潮、防静电和运输、堆码要求,药物不应使用能产生静电的塑料编织袋或塑料箱。
  b) 成品包装应采用5层以上(含5层)瓦楞纸纸箱,单个产品之间应有间隔纸板或单个产品有单独包装,层间应有层隔纸板,加垫防松动纸板或纸屑,每箱总质量不应超过30 kg。

11.6 应急处置应符合以下要求：
  a) 制定符合有关规范要求、操作性强的事故应急预案，并每半年至少进行一次应急演练。
  b) 成立应急救援领导小组，建立管理人员不少于 10 人的应急救援队伍。
  c) 配备至少一台专用的事故应急救援电话，配备满足应急预案要求的应急装备（器材）。

附　录　A
（资料性附录）
礼花弹生产工艺流程图

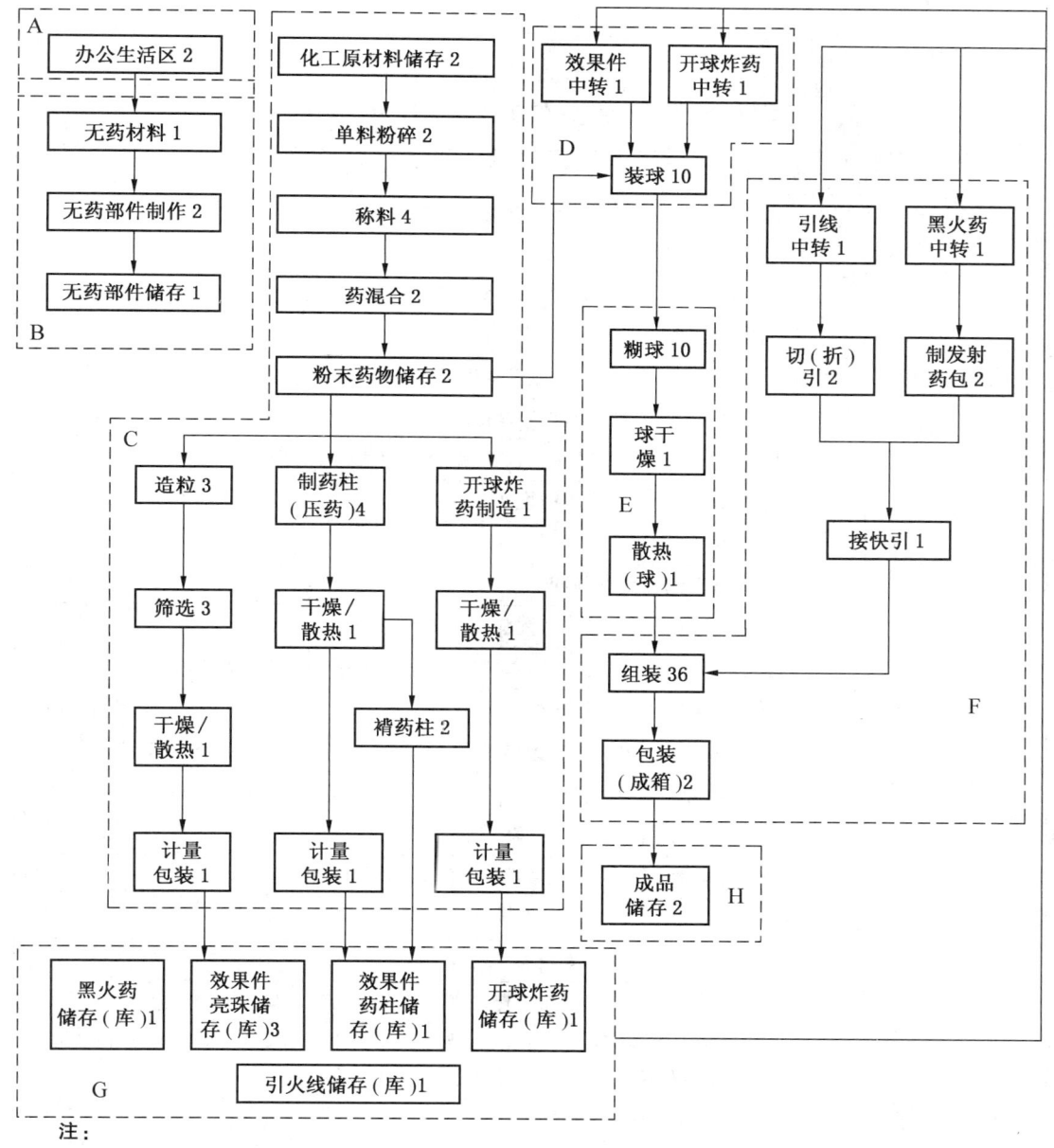

注：

1.图中方框中数字表示至少应设置的建（构）筑物栋数。其中：糊球、组装为岗位数，糊球应设 3 栋、组装应设18栋。
2.图中分区说明：A区为生活区；
　　　　　　　B区为无药部件制作区；
　　　　　　　C区为药物制造区；
　　　　　　　D区为装球区；
　　　　　　　E区为糊球区；
　　　　　　　F区为组装区；
　　　　　　　G区为药物总仓库区；
　　　　　　　H区为成品总仓库区。

附 录 B
（资料性附录）
基本安全管理制度、操作规程和管理档案一览表

安全管理制度	1.安全目标管理制度、安全奖惩制度、安全检查制度、安全技术措施审批制度
	2.事故隐患排查整改制度、安全设施设备管理制度
	3.从业人员安全教育培训制度
	4.动火作业管理制度、安全投入保障制度
	5.重大危险源检测监控和安全评估制度
	6.防护用品（具）管理制度，职业卫生管理制度
	7.原材料购买、检验、使用和保管制度
	8.黑火药、烟火药、引火线购买、领用、销售管理制度
	9.礼花弹成品流向登记管理制度
	10.值班制度
	11.事故报告和调查处理制度
安全操作规程	1.原材料粉碎、称料、开包炸药配料安全操作规程
	2.药物混合、浆滚炸药、造粒、筛选、晾晒、干燥散热、收取安全操作规程
	3.筑（压）药、褙药柱安全操作规程
	4.装球、糊球、组装、包装安全操作规程
	5.切引、做药包安全操作规程
	6.搬运、运输安全操作规程
	7.危险场所电器检修安装、机械设备维修安全操作规程
	8.礼花弹样品燃放安全操作规程
	9.余废药及报废产品销毁安全操作规程
	10.其他安全操作规程（根据生产产品工艺特点应规范的其他操作行为）
安全管理档案	1.安全技术条件档案：包括工程设计说明书，工房平面布局图，施工设计图、安全设施设计图、安全评价报告、各类安全设施检验检测档案
	2.企业标准化评定技术文件
	3.人员教育培训档案

（续）

安全管理档案	4.国家和省相关法律法规、国家、省、市、县相关文件
	5.国家、行业标准
	6.职业健康管理档案
	7.职工奖惩档案
	8.事故(含涉险事故)及调查处置档案
	9.隐患排查治理档案
	10.特种设备安装、使用、维护档案和涉药机械设备安装、使用、维护档案等
	11.产品原材料检验检测档案
	12.半成品、成品质量检验档案
	13.日常安全管理台账档案

烟花爆竹安全生产标志（AQ 4114—2011）

前　　言

本标准为强制性标准。

本标准是按照 GB/T 1.1—2009《标准化工作导则　第1部分：标准的结构和编写》的要求进行编写。

本标准由国家安全生产监督管理总局提出。

本标准由全国安全生产标准化技术委员会烟花爆竹安全分技术委员会（TC288/SC4）归口。

本标准起草单位：国家轻工业烟花爆竹安全质量监督检测中心。

本标准主要起草人：黄茶香、赵政、罗建社。

本标准为首次发布。

1　范围

本标准规定了烟花爆竹安全生产标志的分类、标志的图形、设置位置及要求等。

本标准适用于烟花爆竹生产、经营企业。

2　规范性引用文件

下列文件对于本文件的应用是必不可少的。凡是注日期的引用文件，仅注日期的版本适用于本文件。凡是不注日期的引用文件，其最新版本（包括所有的修改单）适用于本文件。

GB 2893　　安全色

GB 2894　　安全标志及其使用导则

GB 5768　　道路交通标志和标线

AQ 1017　　煤矿井下安全标志

3　术语和定义

GB 2894 界定的以及下列术语和定义适用于本标准。为了便于使用，以下重复列出了 GB 2894 中的某些术语和定义。

3.1
建（构）筑物标志　building signs

绘制或设置在建（构）筑物上的标志牌，说明该建（构）筑物的用途、危险等级、定员定量等。

3.2
区域标志　regional signs

设置在所属区域的标志，根据生产工序、危险程度的不同分为禁止标志、警告标志、指令标志和指示标志。

3.3

禁止标志　prohibition signs

禁止或制止人们的某种行为的标志。

3.4

警告标志　warning signs

警告人们注意可能发生危险的标志。

3.5

指令标志　directive signs

指示人们必须遵守某种规定的标志。

3.6

指示标志　instruction signs

告知人们目标方向、地点、所处区域的标志,分为分区标志、安全疏散标志和运输标志。

4　分类

根据烟花爆竹生产的安全性能和状态特点分为建(构)筑物标志和区域标志。

5　建(构)筑物标志

5.1　建(构)筑物标志的基本内容和形状要求,如图1所示。

编　号		建(构)筑物用途名称	
面　积		危险等级	
定(限)员		定　量	kg
安全责任人			
注:危险等级指 1.1^{-1} 级、1.1^{-2} 级、1.3级、非危险。			

图 1　建(构)筑物标志的基本内容

5.2　建(构)筑物标志的颜色为白底、红框、黑字、85磅～100磅字体。

5.3　建(构)筑物标志的基本尺寸。长度:70 cm;宽度:50 cm;边宽宽度:2.5 cm。

5.4　建(构)筑物标志设置位置:面向正通道,不低于1.5 m,不高于3 m,并要醒目。

6　区域标志

6.1　适用范围

区域标志适用于厂区内的区域,厂区外的区域标志参照 GB 2894 执行。

6.2　禁止标志

6.2.1　禁止标志的基本形状为带斜杠的圆环,如图2所示。

6.2.2　禁止标志的颜色为白底、红圈、红斜杠、黑图形符号。

6.2.3　禁止标志的基本尺寸。标志外径 D/mm:250;红杠宽度 a/mm:20;红环宽度 b/mm:25;白色衬边宽度 e/mm:5。

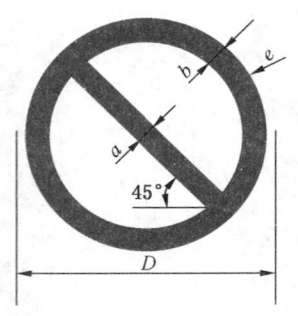

图 2 禁止标志基本形状

6.2.4 禁止标志的种类及设置位置：面向正通道，不低于 1.5 m，不高于 3 m，并要醒目。禁止标志的图形、名称、设置地点及说明见表1。

表 1 禁止标志的图形、名称、设置地点及说明

序号	标志图形	名 称	设置地点	说 明
1		禁带火种	生产区、仓库区入口醒目处	
2		禁止酒后作业	生产区、仓库区入口醒目处	引用 AQ 1017
3		禁止穿化纤服装作业	危险品生产区、危险品总仓库区	引用 AQ 1017
4		禁止串岗作业	危险品生产区	

表 1（续）

序号	标志图形	名　称	设置地点	说　明
5		禁止机动车通行	危险品生产区、危险品总仓库区	引用 GB 5768
6		禁止超温作业	危险品生产区、危险品总仓库区	
7		禁止超员作业	危险品生产区、危险品总仓库区	
8		禁止超药量作业	危险品生产区、危险品总仓库区	
9		禁止穿带钉鞋、藏沙鞋或拖鞋作业	危险品生产区、危险品总仓库区	
10		禁止老、幼者作业	危险品生产区、危险品总仓库区	

表1（续）

序号	标志图形	名　称	设置地点	说　明
11		禁止病、残者作业	危险品生产区、危险品总仓库区	
12		禁止孕妇者作业	危险品生产区、危险品总仓库区	
13		禁止改变建筑物用途	危险品生产区、危险品总仓库区	

6.3　警告标志

6.3.1　警告标志的基本形状为等边三角形，顶角朝上，如图3所示。

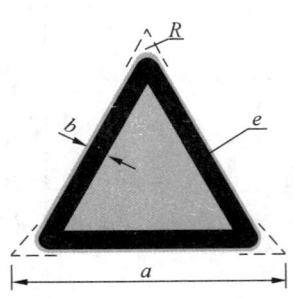

图 3　警告标志基本形状

6.3.2　警告标志的颜色为黄底、黑边、黑图形符号。

6.3.3　警告标志的基本尺寸。三角形边长 a/mm：340；黑边宽度 b/mm：30；黑边圆角半径 R/mm：17；黄色衬边宽度 e/mm：5。

6.3.4　警告标志的图形、名称、设置地点及说明见表2。

表2 警告标志的图形、名称、设置地点及说明

序号	标志图形	名　称	设置地点	说　明
1		当心触电	机电工作区	引用GB 2894
2		防静电	危险品生产区、危险品总仓库区	引用AQ 1017
3		当心火灾	所有区域	引用AQ 1017
4		防爆炸	所有区域	
5		防潮	危险品中转库、危险品总仓库区	
6		防摩擦、撞击	危险品生产区、危险品总仓库区	
7		防盗	危险品中转库、危险品总仓库区	

表 2（续）

序号	标志图形	名 称	设置地点	说 明
8		防雷击	危险品中转库、危险品总仓库区	
9		防机械伤害	生产区	
10		防疲劳作业	生产区	
11		重大危险源	危险品中转库、危险品总仓库区	
12		防止小动物进入	危险品中转库、危险品总仓库区	
13		当心滑倒	生产、储存区域容易引起滑跌的位置	引用 GB 2894

6.4 指令标志

6.4.1 指令标志基本形状为圆形，如图 4 所示。

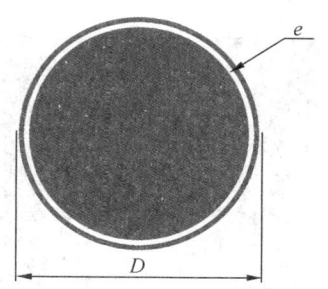

图 4 指令标志基本形状

6.4.2 指令标志的颜色为蓝底、白色形符号。
6.4.3 指令标志的基本尺寸。圆形直径 D/mm:250;白色衬边宽度 e/mm:5。
6.4.4 指令标志的图形、名称、设置地点及说明见表3。

表 3 指令标志的图形、名称、设置地点及说明

序号	标志图形	名 称	设置地点	说 明
1		必须戴防尘口罩	粉尘作业区	引用 GB 2894
2		必须加锁	危险品总仓库区	引用 GB 2894
3		必须持证上岗	危险品生产区、危险品总仓库区	引用 AQ 1017

6.5 指示标志
6.5.1 指示标志的基本形状为长方形,如图5所示。
6.5.2 指示标志的颜色为绿底(红底或黄底),白图案(黑图案)。文字字体为黑体,大小设置合理。

图 5 指示标志的基本形状

6.5.3 指示标志的基本尺寸。短边长度 b/mm:220;长边宽度 l/mm:330;白色衬边宽度 e/mm:5。

6.5.4 指示标志的图形、名称、设置地点及说明见表4。

表 4 指示标志的图形、名称、设置地点及说明

序号	标志图形	名 称	设置地点	说 明
1	1.1级生产区 ←		1.1级生产区入口	
2	1.3级生产区 ←		1.3级生产区入口	
3	机动车辆通道 ←		机动车辆通道入口	
4	危险品总仓库区 ←		药物总库区、成品仓库、原材料仓库入口	

表4（续）

序号	标志图形	名　称	设置地点	说　明
5	安全疏散通道 ←	安全疏散通道、方向	安全疏散通道入口附近、入口处及安全疏散通道内	

7 补充标志

7.1 文字补充标志的规定

7.1.1 文字补充标志（不包括提示标志）是将主标志的名称用黑体字横写在矩形的底版上。文字补充标志必须与主标志联用，单独使用没有任何安全含义。

7.1.2 文字补充标志基本形式是矩形边框，放在主标志下方，也可放在左方或右方，如图6、图7所示。

图6 文字补充标志的位置（在主标志下方）

图7 文字补充标志的位置（在主标志左方）

7.1.3 文字补充标志的底色应与联用的主标志底色相统一，其文字的颜色，警告标志用黑色，指示标志可用黑色或白色，其他标志均为白色。

7.1.4 文字补充标志为矩形，长边等于圆的直径或三角形边长，宽等于长边的五分之一。

如与方向补充标志联用,其尺寸宽为标志的二分之一,长为标志的三分之一。

7.2 方向补充标志的规定

7.2.1 方向补充标志(不包括提示标志)图形符号是箭头,他应指示被联用主标志所表示意义的方向,必须与主标志联用,单独使用没有任何安全含义。

7.2.2 方向补充标志如系指示左向(包括左上、左下)则放在主标志的左侧,如系右向(包括右上、右下)则放在主标志的右侧,如图8所示。

7.2.3 方向补充标志的底色和箭头颜色应与联用主标志的颜色相统一。

7.2.4 方向补充标志的尺寸,宽为标志的二分之一,长为标志的三分之一。

图 8 方向补充标志

8 颜色

本标准使用的安全色及其安全含义应符合 GB 2893 的规定。

9 制作

9.1 烟花爆竹安全生产标志牌应按本标准规定制作。一般选用金属或塑料为底版。有触电危险场所的标志牌,应使用绝缘材料制作。

9.2 本标准所涉及的颜色,必须符合 GB 2893 所规定色差范围。

10 设置与管理

10.1 烟花爆竹安全生产标志位置应设在与安全有关的明显地方并安装牢固,保证人们有足够的时间注意它所表示的内容。

10.2 烟花爆竹安全生产标志应定期清洗。如有变形、损坏、变色、图形符号脱落等现象应及时修理或更换。

10.3 烟花爆竹安全生产标志由烟花爆竹企业设置和维护。

10.4 在同一区域应设置多个标志时,应按禁止、警告、指令、指示类型的顺序,先左后右、先上后下地排列。

烟花爆竹防止静电通用导则(AQ 4115—2011)

前　　言

本标准的 6.3.4 条为推荐性条款,其余为强制性条款。

本标准是按照 GB/T 1.1—2009《标准化工作导则　第 1 部分:标准的结构和编写》的要求进行编写。

本标准由国家安全生产监督管理总局提出。

本标准由全国安全生产标准化技术委员会烟花爆竹安全分技术委员会(TC288/SC4)归口。

本标准起草单位:北京理工大学、北京市烟花爆竹质量监督检验站、湖南东信烟花集团有限公司。

本标准主要起草人:欧阳吉庭、缪劲松、李增义。

本标准为首次发布。

1　范围

本标准规定了在烟花爆竹生产、储存过程中防止静电危害的基本方法和措施,包括静电引燃起因、预防静电危害的基本方法、预防静电危害的技术措施、预防静电危害的管理措施等内容。

本标准适用于烟花爆竹生产、储存过程中静电危害的预防。

2　规范性引用文件

下列文件对于本文件的应用是必不可少的。凡是注日期的引用文件,仅注日期的版本适用于本文件。凡是不注日期的引用文件,其最新版本(包括所有的修改单)适用于本文件。

GB 4385　防静电鞋、导电鞋技术要求

GB 11652　烟花爆竹劳动安全技术规程

GB 12014　防静电工作服

GB 12158—2006　防止静电事故通用导则

GB 15463　静电安全术语

WJ 1911—2004　烟火药生产防静电安全规程

3　术语

GB 15463 界定的以及下列术语和定义适用于本标准。为了便于使用,以下重复列出了 GB 15463 中的某些术语和定义。

3.1

易燃易爆场所　combustible and explosive area

指烟花爆竹企业在生产、使用、储存、装卸和运输烟火药及其制品等过程中,可能由于静电或其他原因引起燃烧和爆炸的危险性场所。

3.2

直接静电接地　direct static earthing

利用金属导体将金属设备或部件与接地系统直接进行电气上的可靠连接的一种接地方式。

3.3

间接静电接地　indirect static earthing

利用非金属静电导体或防静电材料将物体(一般是非金属物品或可移动的物品)与接地系统进行电气上的可靠连接的一种接地方式。

3.4

接地电阻　ground resistance

指生产装置(设备)的静电接地体与大地间的电阻阻值。

3.5

最小点燃能量　minimum ignition energy

在常温常压下,影响物质点燃的各因素均处于最敏感条件时,点燃物质所需的最小电气能量。

4　静电引燃起因

在烟花爆竹生产、搬运、装卸等作业过程中,药物或操作人员都可能产生静电电荷的聚积。当聚积的电荷引发静电放电,产生的电火花的能量大于烟火药或黑火药的最小点燃能量时,将会引起它们的燃烧和爆炸。

典型静电放电的特点和其相对引燃能力参见 GB 12158—2006 的第4.1条。

5　预防静电危害的基本方法

5.1　接地法

5.1.1　直接静电接地

在易燃易爆场所严禁存在孤立导体,生产设备或器具上的所有非带电金属体应通过金属导体进行直接静电接地,使其在生产过程中不易积累静电。

5.1.2　间接静电接地

在易燃易爆场所中的工作人员及非金属物品,应采用防静电材料或不易产生静电的材料进行间接静电接地,例如在工作台和作业场所地面上铺设防静电材料,这样可防止生产过程中的静电积累。

5.2　增湿法

空气相对湿度高可使带电体表面吸附一定量的水分,降低其表面电阻率,静电更易于泄漏进入大地或相互中和,达到有效消除静电的目的。采用增湿法来消除静电时,应尽量采用局部增湿法,在易产生静电的工房利用增湿法增加相对湿度,这样可大大降低可能产生的静电电压。

6　预防静电危害的技术措施

6.1　静电接地

6.1.1　对易燃易爆场所使用设施中的非带电金属体,如球磨机、筛药机、造粒机等设备上的金属部件,应进行直接静电接地,接地电阻值应小于 100 Ω,在山区等土壤电阻率较高的地区,接地电阻值也不应大于 1 000 Ω。

6.1.2 直接静电接地线可使用三相五线制供电系统中的 PE 线,但严禁使用三相四线制供电系统中的零线。

6.1.3 直接静电接地线可使用设备的接地线或防感应雷的接地线,但严禁使用防直击雷的接地线。

6.1.4 在易燃易爆场所中,工作台和作业场所地面上应铺设防静电材料,防静电材料的接地电阻值应在 5×10^4 Ω～1×10^9 Ω 范围内。

6.1.5 工作台上的防静电材料宜通过金属导体进行接地,当防静电材料与接地导体连接时,其紧密接触面积不应小于 20 cm^2。

6.2 增加空气的湿度

6.2.1 在易产生静电的工艺过程或作业场所,如粉碎、筛分、混药和装药等工房,在工艺条件允许前提下,宜采用保持地面潮湿或增湿机等方式,增加空气湿度到 60% 及以上。

6.2.2 在清扫工房、车间时,宜采用湿法清洁,如用水冲洗。

6.3 减少和预防人体静电

6.3.1 在易燃易爆场所,作业人员严禁穿化纤、丝绸、毛料等材质的服装,应穿防静电工作服(参见 GB 12014)或纯棉工作服。

6.3.2 在易燃易爆场所,作业人员严禁穿绝缘鞋、戴绝缘手套和帽子,应穿防静电工作鞋(参见 GB 4385)、戴棉制品手套和棉制品工作帽。

6.3.3 在易燃易爆场所,作业人员动作应平缓,严禁跑、跳等剧烈运动,严禁做穿脱衣帽、梳头及类似动作。

6.3.4 作业人员进入易燃易爆场所前,应进行必要的人体静电检测。检测参数包括人体对地电阻、人体静电电位及人体静电能。作业人员的人体对地电阻应在 1×10^5 Ω～1×10^9 Ω 范围内,静电电位应小于 1 000 V,静电能应低于 0.2 mJ。如果作业人员的静电参数不在规定范围内,应禁止其进入易燃易爆场所。在更换着装后应重新进行测量,符合要求后方能进入厂房。

人体静电参数的测量方法及其注意事项参见附录 A。

6.4 工艺操作中的防静电技术措施

6.4.1 在烟花爆竹的生产过程中,除严格按照 GB 11652 的规定进行操作外,在某些因摩擦而极易产生静电的工序,如粉碎、筛分、混药和装药等工序中,操作速度不能过快,操作完成后,须静置 2 min～3 min,方能进入下一步工序。

6.4.2 在极易产生静电的工序中所使用的设备和器具应严格采用防静电或不易产生静电的材质,如在烟火药各成分的干法混合工序中,宜采用木转鼓、纸转鼓、导电橡胶转鼓等设备。

6.4.3 装药、筑药工具应采用木、铜、铝或其他不发火材料,严禁使用易产生撞击火花的黑色金属等。

6.4.4 生产工序中的接料小车、运输小车、接料箱、检药盘、装药箱等器具,应选用防静电材料制作,并应可靠接地。

6.4.5 在各道工序中严禁拖、拉等极易产生静电的动作。

7 预防静电危害的管理措施

7.1 制定防静电危害实施方案

在易燃易爆场所,应制定静电危害控制方案,并成为单位内部管理规范性文件的一部分,具体内容详见 GB 12158—2006 的第 5.1 条。

7.2 人员培训

在易燃易爆场所工作的人员,应定期进行防静电危害培训,培训内容详见 GB 12158—2006 的第 5.2 条。

7.3 防静电检测

烟花爆竹作业场所需定期进行相应的防静电检测,检测的主要项目包括:直接和间接接地装置的接地电阻、防静电工作服带电电荷量、防静电鞋电阻及人体综合电阻。相应静电参数的检测方法参见 WJ 1911—2004 的第 8 章。

7.4 防静电设施的检查和维护

对所有防静电设施(包括设备、装置及防护用品等)应进行定期检查和维护,建立相应的档案。凡不符合技术要求的,应对其静电安全性和危害程度进行分析,及时采取防范措施。

附 录 A
(规范性附录)
人体静电参数的测量方法及其注意事项

A.1 范围

本附录规定了测量人体对地电阻,人体电位、人体对地电容及其人体静电能的方法和注意事项。

A.2 人体对地电阻的测量

A.2.1 通常用特制高阻计进行测量,高阻计的两极分别是人体和置于地面上的金属平板,金属平板的面积应大于人双脚的站立面积。

A.2.2 测量时,人站在金属平板上,并用手触摸与高阻计另一极相连的导体球,高阻计就可显示人体对地电阻。当测得人体对地电阻不在规定对地电阻范围内时,仪器可发出警报。

A.3 人体电位的测量

A.3.1 测量人体电位可用各种类型的静电计,如感应型、旋叶型和振动电极型等。测量仪器的接地端子应该接地,测量开始前应该调零。

A.3.2 当测得人体电位高于规定电位范围的上限时,仪器可发出警报。

A.4 人体对地电容的测量

A.4.1 通常用特制电容计进行测量,电容计的两极分别是人体和置于地面上的金属平板,金属平板的面积应大于人双脚的站立面积。

A.4.2 测量时,人站在金属平板上,并用手触摸与电容计另一极相连的导体球,电容计就可显示人体对地电容。

A.5 人体静电能

人体静电能按式(A.1)进行计算

$$W = \frac{1}{2}CV^2 \quad \quad \quad \quad \quad \quad \quad \quad (A.1)$$

式中：
W——人体静电能，单位为焦耳(J)；
C——人体对地电容，通过附录 A.4 的方法测得，单位为法拉(F)；
V——人体的对地电位，通过附录 A.3 的方法测得，单位为伏特(V)。

烟花爆竹企业安全监控系统通用技术条件
（AQ 4101—2008）

前　　言

本标准 4.2、4.3、第 5 章(节)及附录为强制性,其他条款为推荐性。

本标准的基本内容有可能涉及专利,但发布机构不承担识别这些专利的责任。

本标准由国家安全生产监督管理总局提出。

本标准由全国安全生产标准化技术委员会归口。

本标准主要起草单位:中国民用爆破器材流通协会、北京网新中广科技发展有限责任公司、武汉大学国家多媒体软件工程技术研究中心、大唐高鸿数据网络技术股份有限公司、北京中山消防保安技术有限公司。

本标准主要起草人:韩国庆、彭杰、刘剑、胡瑞敏、杨德印、唐宁。

本标准首次发布。

1　范围

本标准规定了烟花爆竹企业安全监控系统(以下简称监控系统)的监控目标和要求、管理实施、组成和结构、前端设备设置和要求、网络传输、监控管理平台、用户终端等通用技术要求,以满足本地和远程监控管理需要。

本标准适用于烟花爆竹企业新建、改建和扩建视频监控、入侵检测、报警系统等监控系统的总体规划、方案设计、工程实施、项目验收以及与之相关的设备开发、生产和质量控制。

本标准可供烟花爆竹零售经营单位参考。

2　规范性引用文件

下列文件中的条款通过本标准的引用而成为本标准的条款。凡是注明日期的引用文件,其随后所有的修改单(不包括勘误内容)或修订版均不适用于本标准。然而,鼓励根据本标准达成协议的各方研究是否可使用这些文件的最新版本。凡是不注明日期的引用文件,其最新版本适用于本标准。

GA/T 75—1994　安全防范工程程序与要求

GA 308—2001　安全防范系统验收规则

GA/T 367—2001　视频安防监控系统技术要求

GA/T 368—2001　入侵报警系统技术要求

GA/T 379—2002　报警传输系统串行数据接口的信息格式和协议

GA/T 390—2002　计算机信息系统安全等级保护通用技术要求

GB 4943—2001　信息技术设备的安全

GB 11652　烟花爆竹劳动安全技术规程

GB 12663—2001　防盗报警控制器通用技术条件

GB/T 15211—1994　报警系统环境试验

GB/T 15408—1994　报警系统电源装置、测试方法和性能规范(IDT IEC 60839-1-2)

GB/T 15412—1994　应用电视摄像机云台通用技术条件

GB 16796—1997　安全防范报警设备　安全要求和试验方法

GB/T 17626—1998　电磁兼容试验和测量技术静电放电抗扰度试验

GB 50161　烟花爆竹工厂设计安全规范

GB 50198—1994　民用闭路监视电视系统工程技术规范

GB 50343　建筑物电子信息系统防雷技术规范

GB 50348—2004　安全防范工程技术规范

3　术语、定义和缩略语

下列术语、定义和缩略语适用于本标准。

3.1　术语、定义

3.1.1

烟花爆竹企业　fireworks and firecracker enterprise

取得相应资格的烟花爆竹生产和批发经营企业。

3.1.2

监控管理平台　monitoring management platform

烟花爆竹企业或某一区域信息汇集、处理、管理和共享的节点。可对所属监控点信息实施集中监视、有效控制和管理;可与其他有关业务系统实施联动,支持多级安全管理的计算机硬件、软件系统及其他设备。

3.1.3

监控人员　monitoring personnel

烟花爆竹企业利用监控管理平台实施监控管理的专业人员。

3.1.4

本地　local

同一烟花爆竹企业内部。

3.1.5

远程　remote

非本地。

3.1.6

环境照度　environmental illumination

反映目标所处环境明暗的物理量,数值上等于垂直通过单位面积的光通量。

3.1.7

抗易损防护　anti-damageable protection

保证系统安全、可靠、持久运行并便于维修和维护的技术措施。

3.1.8

模拟接入　analog access

前端设备通过模拟传输通道传送模拟视音频等信号的方式。

3.1.9

   模数混合型监控系统　analog-digital mixed monitoring system

   同时存在数字、模拟两种接入方式的监控系统。

3.1.10

   前端设备　terminal device

   指分布于探测现场、采集各种探测信息的各类设备。

3.1.11

   入侵探测　intrude detecting

   采用红外、微波、电容、接近感应以及视频位移侦测等技术,对未经允许而进入特定区域行为的探知方法。

3.1.12

   视频编码设备　video coding device

   具有视频信号的数字采集、编码、网络传输功能的设备,并可带有音频处理、设备控制、视频移动侦测、图像存储和回放等特定功能。

3.1.13

   视频采集　video collection

   采用光电成像技术对目标进行感知并生成视频图像信号的方法。

3.1.14

   视频监控　video monitoring

   根据视频采集信息或视频位移侦测对探测对象进行的监控。

3.1.15

   视频解码设备　video decoding device

   具有数字压缩视频的解码还原功能的设备,并可带有音频处理、设备控制、数据交换、图像分割显示等特定功能。

3.1.16

   视频位移侦测　video moving detecting

   利用视频处理技术分析视频图像变化,侦测视频采集区内人员或物体位移情况。

3.1.17

   数字接入　digital access

   前端设备通过数字化传输通道传送数字化视音频等信号的方式。

3.1.18

   图像分辨率　picture resolution

   采集和处理的视频信息中,水平和垂直方向能够分辨线条或像素点的数量。

3.1.19

   图像质量　picture quality

   处理和显示视频信息的图像质量,它通常包括像素数量、分辨率和信噪比。主要表现为信噪比。

3.1.20

   温度、湿度测量　temperature/humidity collection

采用热电偶、热敏电阻、微波、红外等传感介质或方式,测量物体或周边环境温度、湿度的方法。

3.1.21

信号丢失报警 video loss alarm

监控管理平台对前端设备的信号进行监控时,一旦图像信号的峰值小于设定值,系统即视为信号丢失,并发出报警信息的一种功能。

3.1.22

用户终端 user terminal

经过系统注册并授权的,能够接入监控管理平台,显示部分或全部监控信息、实现部分监控功能的用户及设备。

3.2 缩略语

3.2.1 AVS

数字音视频编码标准 Audio Video coding Standard。

3.2.2 B/S

浏览器/服务器 Browser/Server。

3.2.3 BPS

比特/秒 Bits Per Second。

3.2.4 C/S

客户/服务器 Client/Server。

3.2.5 H.264

由 ITU-T 和 ISO 两个国际标准化组织的有关视频编码专家联合(JVT)制定的视频编码标准。目前已被 ITU-T 接纳为 H.264 标准;也被 ISO 接纳为 AVC(Advanced Video Coding)标准,是 MPEG-4 的第 10 部分。

3.2.6 IP

因特网协议 Internet Protocol。

3.2.7 MPEG

运动图像专家组 Moving Picture Experts Group。

3.2.8 NTP

网络时间协议 Network Timing Protocol。

3.2.9 RTCP

实时传输控制协议 Real-time Transport Control Protocol。

3.2.10 RTP

实时传输协议 Real-time Transport Protocol。

3.2.11 RTSP

实时流化协议 Real-Time Streaming Protocol。

3.2.12 TCP

传输控制协议 Transmission Control Protocol。

3.2.13 UUID

全局唯一标识符 Universally Unique Identifier。

4 监控系统要求

监控系统设计在满足 GB 50348—2004 中 3.1 一般规定基础上，需遵从如下原则和要求。

4.1 监控目标

为有效防止各生产、储存环节超范围、超定员、超药量、改变工房用途、违章作业、未经许可进入等情况发生，测量、监控危险性工作场所的温度、湿度情况，保障安全生产，烟花爆竹企业可对以下各方面进行有效的本地或远程监控、管理。

4.1.1 视频监控

包括，但不仅限于下列危险场所，宜设置视频采集设备，监控作业人员数量、作业行为、危险品（药物、半成品、成品）滞留量、工房用途等。

a) 每间人员多于 5 人的危险性工房；
b) 联建建筑物，每栋累计人员多于 10 人的危险性工房；
c) 1.1 级工房、药物、半成品、成品仓库、中转库的出入口；
d) 成品、半成品和药物的晾晒场出入口；
e) 危险生产、储存区的出入口、主要人员通道和危险品运输通道；
f) 采用远距离或遥控操作的作业设备；
g) 监控机房。

4.1.2 入侵探测

包括，但不仅限于下列危险场所，宜设置入侵探测设备，探测、发现未经许可的进入情况，并在监控管理平台发出报警信息，显示入侵发生位置：

a) 成品、药物总仓库库区围墙周界和出入口，应设置入侵探测装置；
b) 危险生产区围墙周界、成品或药物中转库、监控机房，宜设置入侵探测装置。

4.1.3 温度、湿度测量

包括，但不仅限于成品库、危险性原料库、烘干房内部、晾晒场、生产区环境，宜设置温度、湿度测量设备，测量温度、湿度。

4.2 管理实施

4.2.1 监控管理

4.2.1.1 监控人员和时间

烟花爆竹企业应配备专职人员，进行本地每日 24 h 不间断察看监控情况。

烟花爆竹企业负责人、安全生产管理负责人应每天通过本地监控管理平台、本地或远程用户终端，不定期察看监控情况。

4.2.1.2 事件处置和报告

监控人员和单位负责人、安全管理负责人发现超定员、超药量、违章作业、非法入侵、温、湿度超过限定值等任何异常事件，应及时纠正或制止，情况较严重的，应报告烟花爆竹企业主要负责人。

发生重大异常事件，或发生造成人身伤亡或者直接经济损失事故，应及时报告有关安全监管部门。

4.2.1.3 记录处置

记录处置如下：
a) 任何监控异常事件的处置和结果，均应记录备查。记录保存时间不少于1年；
b) 发生造成人身伤亡或者直接经济损失事故的，事故调查处理须查阅保存的监控信息。

4.2.1.4 监控中止和恢复

监控范围内连续48 h以上没有危险品存留，可中止每日24 h不间断察看，但监控人员仍需每日定时察看系统历史记录。如有危险品存留，应立即恢复每日24 h不间断察看。

4.2.2 监控信息的保存和远程响应

4.2.2.1 监控信息的保存和远程调用

烟花爆竹企业应保存所有监控信息备查，保存时间不得少于30天。

实时和保存的监控信息，应能够满足远程授权用户终端的调用请求，通过传输网络，被远程用户终端调用。

传输网络上行带宽小于512 kbps时，监控信息保存时间不得少于60天。

4.2.2.2 保存监控信息的回放

烟花爆竹企业保存的监控信息，应能由监控管理平台和远程用户终端回放。

4.3 组成和结构

安全监控系统由烟花爆竹企业前端设备、本地传输网络、监控管理平台、本地用户终端、远程传输网络、远程用户认证中心、远程用户终端等部分组成。系统结构如图1所示。

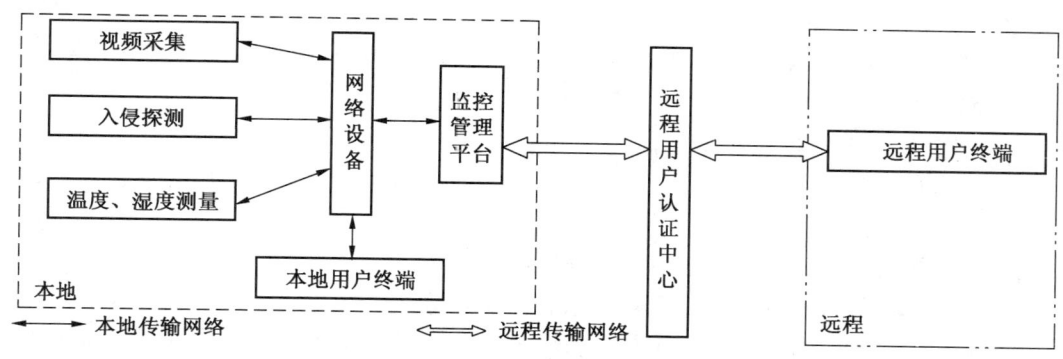

图1 安全监控系统示意图

5 监控系统建设

烟花爆竹企业建设安全监控系统，应符合本规范附录有关要求，并与设计、施工及设备制造等技术支持单位密切配合，及时处理系统各类技术问题，保障系统稳定运行。

新建监控系统应采用数字接入技术、设备，以适应远程监控、网络传输的需要。

改建和扩建原有的模拟或模数混合型监控系统应通过采用数字化转换技术（如：编码、转码、添加或更换设备），以达到符合本规范要求，适应远程监控、网络传输。

6 验收和测试方法

监控系统验收、测试应依照GB 50348—2004中相应规范和本规范所规定的各项指标、要求执行。

附 录 A
（规范性附录）
监控系统技术要求

A.1 前端设备要求

A.1.1 视频采集
A.1.1.1 图像效果

应能清晰有效地采集到现场图像。采集点本地图像应达到四级或四级以上质量等级。

人员处于正常作业状态时，在采集、传输和处理的图像画面中，人员影像应不少于原始影像高度的 1/5，达到可清晰辨识人员数量的图像效果。需监督作业人员作业情况时，应能辨别作业行为。

主要通道等难以达到上述要求的场所，应同时布置两台或两台以上视频图像采集设备，确保提供全景和定点两种视场范围的视频图像。

监控采集设备的视场角度、高度应以满足以上主要目的为原则布设。

本标准 4.1.1 条款 a)、b)、d)、e)、f)各项中要求的监控场所和监督作业人员作业情况的图像帧率不小于 25 帧/s，其他图像帧率不小于 10 帧/s。

A.1.1.2 主要技术要求

应能适应现场的照明条件。环境照度不满足视频监控要求时，宜采用微光（低照度、超低照度）摄像设备，或配置辅助照明。

推荐采用摄像机技术指标如下：

照度：彩色≤0.1 LUX、黑白≤0.02 LUX；生产、储存区出入口，主要道路彩色≤0.01 LUX、黑白≤0.001 LUX。

分辨率：彩色≥480 TVL、黑白≥500 TVL。

镜头、护罩及摄像机其他附件性能指标应符合现场环境条件。

应具有抗易损防护措施，安装应与现场环境相协调，并满足相应的设备防护等级要求。

视频编码设备应采用 MPEG4、H.264 或 AVS 视频信源标准，或提供相应的转换方式，以转换成上述标准的信源格式，满足与监管系统互联互通的要求。

具有以太网接口，支持 TCP/IP 协议，宜扩展支持 SIP、RTSP、RTP、RTCP 等协议。

具有对讲或广播功能。

在重要场所或特殊应用时，宜具有设备认证、防篡改及加密传输功能。

应具有图像标识功能，宜标识主要报警或控制指标。

能够按本标准和监控管理平台要求，为每一监控前端提供 UUID。

A.1.1.3 移动视频采集

固定视频采集设备较多的企业，宜配备移动视频采集设备，作为固定视频采集设备的补充和备份，用于发生事故后采集事故现场和处置过程图像信息。

移动视频采集设备可按固定视频采集设备 1‰～3‰的比例配置，宜采用无线网络接入方式。

A.1.2 入侵探测

A.1.2.1 设备选型要求

入侵探测采集设备可以采用主动、被动红外或其他入侵探测和报警设备,也可采用具有动态位移侦测的图像采集设备。可根据入侵探测监控对象的特点,选用一种探测装置或技术为主,辅以其他几种入侵探测装置加强探测效果。

围墙周界等线状监控对象和库房窗,宜采用红外入侵侦测装置。

出入口和库房门,宜采用视频位移探测技术监控,也可辅以红外、微波、电容、接近感应等探测技术。

A.1.2.2 技术要求

动态位移侦测的图像采集设备,应满足本附录 A1.1 的要求;其他入侵探测设备应符合有关标准要求。

A.1.3 温度、湿度测量设备技术要求

安装在危险性建筑物内部的温度、湿度测量装置,应符合相应的防爆要求。

测量数据应可传输至监控管理平台。

A.2 网络传输设备

新建系统应采用以太网结构以及传输设备。骨干通路应为有线传输方式,宜双路。配备移动视频采集设备的,应具备无线网络接入能力。

A.3 监控管理平台

监控管理平台完成监控系统所需的传输、控制、管理、存储和显示输出,并提供与远程用户认证中心、远程用户终端的网络上联接口,为实现远程监控管理的机制和功能提供链路保障。

A.3.1 显示和控制

监控管理平台的显示输出应满足下列要求。

A.3.1.1 集中、综合显示

前端设备采集的视频图像、入侵探测、温度、湿度等全部信息,应能在监控管理平台的显示设备上集中、综合、同时显示。不应采用轮循显示方式。

应能够体现监控信息与其物理位置的对应关系,并可分别显示监控信息和物理位置。

A.3.1.2 即时显示和回放

监控管理平台应能显示前端设备采集的即时信息,并能回放保存的历史记录。

回放应支持正常、快速和慢速播放、逐帧进退、画面暂停、图像快照、关键帧浏览等,并支持回放图像的缩放显示。

回放应能按照指定设备、通道、时间、报警信息等要素快速检索、回放。

A.3.1.3 图像显示

主控图像显示应不小于本地储存图像画面的大小,其他图像不应小于本地储存图像画面大小的 1/3。

不得改变原始图像的长宽比例关系。

A.3.1.4 显示设备和控制、管理

显示设备宜采用计算机控制的显示器和(或)其他设备如投影机、组合大屏幕以及可能配置的多画面分割器、大屏幕控制器等。根据前端设备的数量和显示要求,设置相应数量的显示设备。

所有显示设备应由同一监控管理平台控制、管理。

A.3.1.5 入侵探测位置

入侵探测应能显示入侵发生的位置。

A.3.1.6 温度、湿度值

温度、湿度测量,应能显示测量点的具体测量值和发生位置。

A.3.1.7 控制

应根据监控要求、报警信息,对前端设备进行自动或手动控制;入侵探测报警,根据入侵发生的位置,宜进行照明、视频采集设备控制、警告性广播、对话等报警联动控制。

A.3.2 远程响应和传输

A.3.2.1 响应条件

本地监控管理平台对远程调用的响应须经过远程用户认证中心的认证。

各类用户终端应有权限获取所辖范围内的历史图像和实时监视图像,当需要获取非管辖范围内的历史图像和实时图像时,需要获得有效授权。

A.3.2.2 响应方式

系统应具有以下各类响应方式:实时视频图像显示、历史视频图像记录查询、实时报警信息显示、历史报警记录查询。

传输带宽受限时,对远程用户终端的历史记录查询要求,可采用图片传输方式。

A.3.2.3 传输及带宽

远程传输网络宜采用公共通信网络,稳定上行带宽不小于 512 kbps;上行带宽小于 512 kbps时,发送端可降低发送帧率或采用图片发送响应方式。

A.3.3 系统管理和维护

系统的管理和维护应由授权用户进行。

非授权用户不可调整系统设置,不可关闭任何系统设备。

A.3.3.1 记录管理

记录内容不可更改、不可删除。应对记录文件采取防篡改或完整性检查措施。

A.3.3.2 用户管理

应具有对接入的用户进行授权和认证的功能。应能够定义用户对设备的操作权限、访问数据的权限和使用程序的权限。

系统用户应有权限获取所辖范围内的历史图像和实时监视图像,当需要获取非管辖范围内的历史图像和实时图像时,需要获得有效授权。

A.3.3.3 日志管理

包括运行和操作两种日志。

运行日志应能记录系统内设备启动、自检、异常、故障、恢复、关闭等状态及发生时间。

操作日志应能记录操作人员进入、退出系统的时间和主要操作情况。

支持日志信息的查询和报表制作等功能,并可上传至远程管理终端。

A.3.3.4 存储、备份和恢复

系统本地视频图像存储分辨率应不小于640×480像素。

应制定每日和每个数据更新周期的数据备份计划,每日宜对前一天的系统管理日志和用户管理数据的更新作备份,每个数据更新周期宜对本周期内的有效数据作备份。

数据恢复前应制定具体合理的恢复工作计划,数据恢复的方案应根据数据备份的方案制定,数据恢复完成后应检测数据恢复的效果。

A.3.3.5 运行管理

负责在监控管理范围内对系统设备、网络进行管理。收集、监测网络内的监控设备、有关服务的运行情况。遵照NTP协议实现系统内部和系统与远程监管平台间的时钟同步。

前端设备和监控管理平台用户终端的在线率应不低于95%。

系统中采用的主要硬件设备宜具有故障自检功能,并能够提供故障、出错信息,以便于确定故障源、故障原因及维护措施。

信号丢失报警发生后,应在24 h内予以恢复。

监控系统运行失效,应在4 h内恢复正常运行。

A.4 用户终端

用户终端是获得系统授权的网络终端用户,是系统对图像、报警、数据等采集信息的最终应用工具。具体方式可以是通过显示设备将信息直接反馈到用户,也可以是将信息进行记录留待用户日后查阅,或对信息进行智能化加工分析、触发其他相关系统联动等。

A.4.1 终端分类和权限

用户终端包括本地用户终端、远程用户终端和远程维护终端。

烟花爆竹企业负责人、监控人员和其他管理人员,通过本地用户终端进行监督、管理。远程用户终端经远程用户认证中心授权,用于对烟花爆竹企业的远程监督、管理。远程维护终端用于授权人员对系统进行维护、设置。

用户终端可以是固定终端,也可以是移动终端。

A.4.2 设备要求

用户终端可采用固定和移动方式,应具有远程浏览、控制等功能。

固定用户终端应具有10 Mbps以上的以太网端口,显示分辨率应不小于1 024×768,颜色位数应不少于24位。

移动用户终端的应具有10 Mbps以上的以太网端口或无线网络接口,显示分辨率宜不小于240×320。

A.4.3 功能要求

用户终端根据不同的身份认证和权限管理,应能实现与系统前端设备的互联、互通,实现视频及报警信息的显示、存储、控制。图像显示、存储质量参照本规范中视频图像质量的有关规定。

用户终端应同时支持C/S、B/S架构。

宜具有报警联动功能,报警时能自动切换到对应的视频通道或触发相应的处置方式。

A.4.3.1 控制

用户终端应能通过手动或自动操作,对前端设备的各种动作进行遥控。应能够设定控

制优先级,对级别高的用户请求应有相应措施保证优先响应。

A.4.3.2 快速实时图像点播

用户终端应能访问本地监控管理平台,并按照指定设备、指定通道快速进行图像的实时点播或轮循。

A.4.3.3 快速历史图像检索和回放

应能按照指定设备、通道、时间、报警信息等要素快速检索历史图像文件并回放。远程用户终端应支持对监控管理平台本地录像文件的调取。

A.5 系统安全

A.5.1 物理安全

监控系统环境、设备、防雷、记录介质等物理安全,应按照 GA/T 390—2002 的要求进行安全保护。

A.5.2 信号安全

监控系统应采集并复核本地监控范围内的前端采集信号丢失、设备失效情况,监控传输设备、管理平台的运行状态。

A.5.3 运行安全

监控系统宜使用防火墙、入侵检测系统、漏洞扫描工具来提高网络通信的安全性。应安装病毒防杀产品,做好病毒防御。

应对某些重要的数据(如配置信息、用户信息、日志、报警记录等)进行定期备份;宜对重要的设备进行冗余设置实现双机备份或备援,对重要的数据应做异地备份。

宜支持对审计功能的开启和关闭,对身份鉴别事件、系统管理员/安全员/审计员/操作员所实施的操作、其他与系统安全有关的事件做审计,并设计相应的审计响应。如:实时报警、违例进程终止、服务取消等措施。

A.5.4 信息安全

监控系统须对接入的设备和用户进行身份认证。为了防止信息的完整性被破坏,系统宜采用数字摘要、数字时间戳或数字水印等技术。对需要保密的数据在存储和传输过程中宜进行加密处理。

A.6 设计原则

监控系统设计、建设,应遵循下列原则:

A.6.1 互通性

本地监控中心与前端设备、用户终端之间能够有效地进行通信和共享数据,能够实现多种不同厂商、不同规格的设备与系统间的兼容和互操作,满足系统远程监控管理要求。

A.6.2 实用性

根据环境条件、监视对象、投资规模、维护保养以及监控方式等因素统筹考虑。技防、物防、人防相结合,探测、延迟、反应相协调,设计合理,结构简单,切合实际,能有效地提高工作效率,满足业务需求。

A.6.3 扩展性

采用标准化、模块化部件和设计,系统规模和功能易于扩充,系统配套软件具有升级能力。

A.6.4 规范性

系统设计符合 GB 50348—2004 中风险等级划分及防护原则,符合系统设计规范及建设方的管理和使用要求。控制协议、视频编解码、接口协议、视频文件格式、传输协议等应遵循本规范中的规定。

A.6.5 易操作性

提供清晰、简洁、友好的中文人机交互界面,操控简便、灵活,易学易用,便于管理和维护。

A.6.6 安全性

系统设备安全按系统安装、实施、运行现场环境条件要求,选择采用符合 GB 50161 规范中的密封防爆、增安型等设备和安装方式。系统设备应具备防雷击、过载、断电、电磁干扰和人为破坏等安全保护措施。

A.6.7 可靠性

采用成熟、稳定和通用的技术和设备,关键部分应有备份、冗余措施,系统软件应有备份和维护保障能力,能够保证系统长期稳定运行,有较强的容错和系统恢复能力。

A.6.8 可维护性

系统应具备自检、故障诊断及故障弱化功能,在出现故障时,应能得到及时、快速的恢复。

A.6.9 可管理性

系统内的设备、网络、用户、性能和安全应能够并便于管理和配置。

A.6.10 经济性

系统在保证符合规范、满足使用要求的前提下,需充分考虑设备的性价比指标,综合优化一次性购置安装成本和长期运行维护成本。

A.7 远程用户认证中心

远程用户认证中心为远程用户终端和监控管理平台提供目录、注册、认证服务,应具有对接入用户进行授权和认证的功能,能够定义用户对设备的操作、访问和使用权限。

烟花爆竹流向登记通用规范(AQ 4102—2008)

前 言

本标准的第4.2.4、4.3.2条和第4.5节,对未进行产品标识的企业和地区为推荐性,其他为强制性。

本标准由国家安全生产监督管理总局提出。

本标准由全国安全生产标准化技术委员会归口。

本标准主要起草单位:中国民用爆破器材流通协会、北京网新中广科技发展有限责任公司、上海中京电子标签集成技术有限公司、北京金安国泰科技有限责任公司。

本标准主要起草人:韩国庆、彭杰、冀京秋、周婧。

本标准首次发布。

1 范围

本规范规定了烟花爆竹和氯酸钾流向登记、管理、监督的基本要求。

本规范适用于烟花爆竹、氯酸钾生产、经营单位的流向登记管理和安全监管部门对烟花爆竹、氯酸钾流向的监督管理。

2 规范性引用文件

下列文件中的条款通过本规范的引用而成为本规范的条款。凡是注明日期的引用文件,其随后所有的修改单(不包括勘误内容)或修订版均不适用于本规范。然而,鼓励根据本规范达成协议的各方研究是否可使用这些文件的最新版本。凡是不注明日期的引用文件,其最新版本适用于本规范。

GB 10631　烟花爆竹安全与质量

ISO/IEC 18000—3　信息技术—分类管理射频识别技术　第3部分:13.56 MHz通信接口参数

GB/T 18284—2000　快速响应矩阵码

3 术语、定义和缩略语

下列术语、定义和缩略语适用于本规范。

3.1

流向登记管理　flow of registration and management

记录烟花爆竹和氯酸钾取得的来源、给付(拨出)的去向,并对来源和去向的合法性、合理性进行有效管理。

3.2

登记单位　registration enterprise

按本规范实施流向登记管理的烟花爆竹生产、经营(批发)企业和氯酸钾生产、经营单位。

3.3
产品代码　product code

赋予某一类产品的统一代码。

3.4
编号　serial number

由管理系统赋予登记标签的唯一编号。

3.5
登记标签　registration tag

粘贴在烟花爆竹包装箱上,对烟花爆竹进行唯一性标识的标签。标签由集成电路芯片及其天线组成,基于射频原理接收和返回数据,表面印制产品信息和QR码图形。

3.6
产品标签　product tag

粘贴在产品上,对产品进行标识的标签,表面印制QR码图形和说明文字。

3.7
QR码图形　QR code figure

按照GB/T 18284要求生成的快速响应矩阵码图形。

4 登记管理要求

4.1 登记范围和环节

4.1.1 登记范围

流向登记范围包括产品和单位。产品包括：烟花爆竹产品、烟火药、黑火药、引火线和氯酸钾；单位包括：烟花爆竹生产、经营（批发）企业和氯酸钾生产、经营单位。

4.1.2 登记环节

流向登记环节包括烟花爆竹生产和经营企业之间,氯酸钾生产、经营单位和烟花爆竹生产企业之间的产品交接环节。

4.2 登记内容

4.2.1 流向内容

包括,但不仅仅是表1烟花爆竹流向登记表内容。

4.2.2 单位内容

包括,但不仅仅是表2-1、表2-2单位信息登记表内容。

4.2.3 产品内容

包括,但不仅仅是表3产品信息登记表内容。烟火药、黑火药、氯酸钾不需登记产品内容。

4.2.4 编号与登记

对产品和包装箱标识并编号的,应登记产品和包装的编号。

4.2.5 流向登记表

按表4确定的产品类别,每一个类别产品应填写一张烟花爆竹流向登记表。烟花爆竹流向登记表式样如图1所示。

烟花爆竹流向登记表

登记单位名称：
产品 类 别：　　　　　　　　　　　　　　　　　　　　　　　　　　　计量单位：

序号	时间	产品代码	产品名称	单位序号	供货/购买单位名称	经办人	收入量	拨出量	结余量	备注
(1)	(2)	(3)	(4)	(5)	(6)	(7)	(8)	(9)	(10)	(11)

图 1　烟花爆竹流向登记表式样

4.2.6　单位登记表

与烟花爆竹和氯酸钾流向相关的每一单位，应填写单位信息登记表。单位信息登记表式样如图2、图3所示。

供货单位信息登记表

登记单位名称：

序号	单位序号	供货单位名称	许可证编号	地址	负责人		联系人	
					姓名	电话	姓名	电话
(1)	(2)	(3)	(4)	(5)	(6)	(7)	(8)	(9)

图 2　供货单位信息登记表式样

购买单位信息登记表

登记单位名称：

序号	单位序号	购买单位名称	许可证编号	地址	负责人		联系人	
					姓名	电话	姓名	电话
(1)	(2)	(3)	(4)	(5)	(6)	(7)	(8)	(9)

图 3　购买单位信息登记表式样

4.2.7　产品信息登记表

产品信息登记表式样如图 4 所示。

产品信息登记表

序号	产品代码	产品名称	产品类别	级别	规格	型号	含药量	箱含量	净重	体积	备注
(1)	(2)	(3)	(4)	(5)	(6)	(7)	(8)	(9)	(10)	(11)	(12)

图 4　产品信息登记表式样

4.2.8　产品代码

4.2.8.1　编码要求

实行流向登记的产品，应按产品类别、规格、型号编制规范性代码，并进行登记和管理。

已经编制代码的产品，交付给其他单位，接受单位不需重新编制代码，仍用原代码进行登记管理；代码编制单位应将代码内容提交给接受单位。

4.2.8.2　代码格式

产品代码使用 9 位数字代码规则编制，格式如下：

$$X_1X_2X_3-X_4X_5X_6-X_7X_8X_9$$

$X_1X_2X_3$ 为产品类别代码，应按表 4 的要求统一编制；

$X_4X_5X_6$ 宜为主要规格代码，$X_7X_8X_9$ 宜为型号、次要规格或花色差异分类代码，由登记单位自行确定。

烟火药、黑火药、氯酸钾仅需按表 4 的要求编制 3 位代码。

表 4 产品类别代码表

代码	产品类别	代码	产品类别
101	喷花类	111	礼花弹类
102	旋转类	112	架子烟花
103	升空类	113	爆竹类
104	旋转升空类	114	组合烟花
105	吐珠类	215	引火线
106	线香类	216	黑火药
107	烟雾类	217	烟火药
108	造型玩具类	218	氯酸钾
109	摩擦类	219	电点火头
110	小礼花类		

4.3 登记要求和方法

4.3.1 登记要求

4.3.1.1 对应关系

表 1 的第 3、4 栏分别与表 3 的第 2、3 栏对应；表 1 的第 5、6 栏分别与表 2-1 或 2-2 的第 2、3 栏对应。

4.3.1.2 数量平衡

登记单位在某一检查时期内，产品的来源、去向和库存应平衡。即：

检查期期初库存＋来源量＝检查期期末库存量＋去向量＋合理损耗量。

4.3.2 登记方法

流向登记宜使用计算机记录和数据处理。

4.4 管理要求

4.4.1 合法、合理性要求

登记单位应按规定的表式建立登记台账，认真登记并有效管理烟花爆竹和氯酸钾流向。

登记单位的烟花爆竹和氯酸钾的来源和去向须合法、合理。

登记单位应及时核对产品来源和去向，不合法的须立即终止执行。

4.4.2 流向、实物与记录一致性要求

登记单位流入、流出和库存的烟花爆竹和氯酸钾应与登记记录的内容一致。

登记单位应定期核查库存实物与登记记录是否相符，发现不相符时，应及时查明原因并向本单位负责人和当地有关部门报告。

4.4.3 登记记录存留

登记单位的流向登记记录应保存 2 年备查。

4.5 产品标识编号

条件具备的企业或地区,可对烟花爆竹包装箱及产品进行标识并编号。其产品标签、登记标签、登记管理流程、管理系统等,应符合附录 A 的要求。

附 录 A
(规范性附录)
产品标识编号登记管理要求

对烟花爆竹产品和包装箱进行标识并编号的,应符合本附录要求。

A.1 流程

标识编号、登记管理流程如图 A.1 所示。

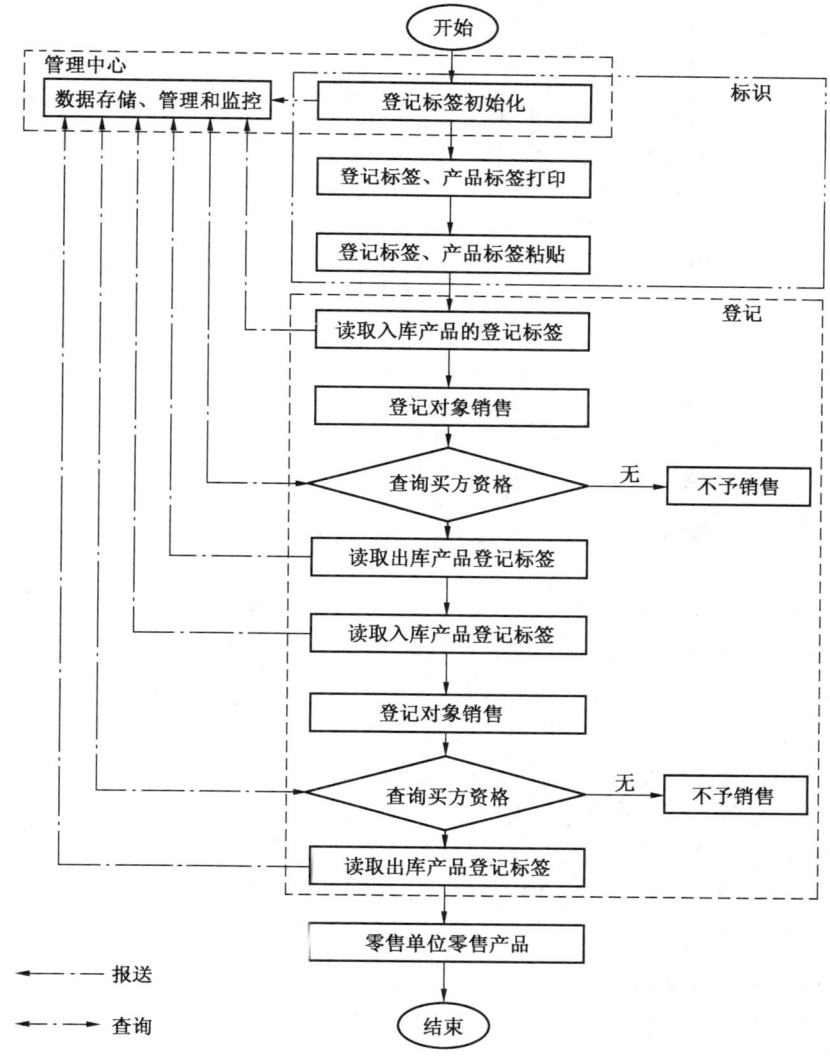

图 A.1 流向登记管理流程图

A.2 标识

登记单位得到的烟花爆竹,应在包装箱上粘贴登记标签;包装箱内产品需要标识并编号的,应在产品上粘贴产品标签。

已经按本附录标识的烟花爆竹,不需再次标识。

A.2.1 标签

A.2.1.1 登记标签

a) 登记标签外形如图 A.2 所示。

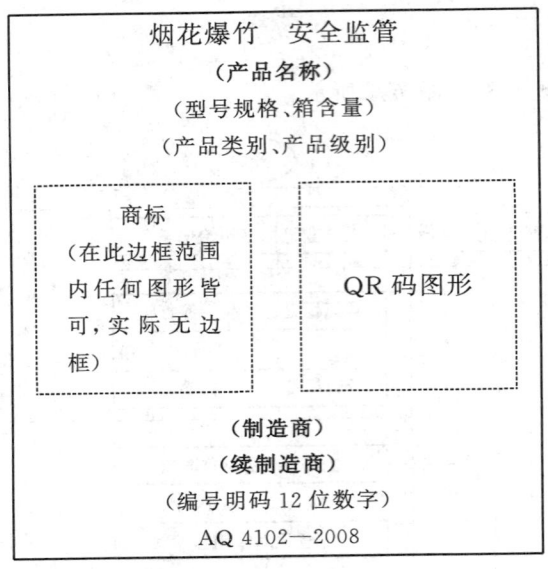

图 A.2 登记标签

商标可根据烟花爆竹生产单位或出品人的要求印制,也可不印制商标。

b) 相关要求

宽 54 mm±1 mm,高 86 mm±1 mm,0.1 mm≤厚≤1 mm(包括芯片所在位置);

应做易撕毁的预切(横竖贯通整个标签或边缘"米"字形),一旦附着后被撕下应不具完整性,且不能被有效读写,严禁重复使用;

经过统一初始化处理,芯片中记录内容,应予加密认证存储;

工作频率为 13.56 MHz±7 kHz 的专用芯片;

芯片全球唯一 UID,本应用系统下唯一编号;

可用的数据容量≥4 kbit;

标签与读写器之间的感应距离≥30 mm。

A.2.1.2 产品标签

a) 产品标签外形如图 A.3 所示。

b) 相关要求

宽 54 mm±1 mm,高 40 mm±1 mm,QR 码图形不大于 20 mm×20 mm;

同一登记标签下的产品唯一编号;

```
┌─────────────────────────────────────────────────┐
│   ┌─────────┐                                   │
│   │         │    读取的产品信息,可以通过短信确认  │
│   │ QR 码图形│    是否正确,并能回复销售单位名称。  │
│   │         │                                   │
│   └─────────┘                                   │
│                                                 │
│   (编号明码 12 位 QR 码编号 4 位)                │
└─────────────────────────────────────────────────┘
```

图 A.3　产品标签

应做易撕毁的预切(横竖贯通整个标签或边缘"米"字形),一旦附着后被撕下应不具完整性,且不能被有效读写,严禁重复使用。

A.2.2　粘贴要求

产品标签靠近产品标识粘贴,登记标签粘贴在包装箱的表面;包装箱中产品标签的编号应与包装箱表面登记标签的编号相同。

A.3　登记要求

使用计算机登记管理,并与管理中心进行核对。

A.4　管理要求

来源、去向以及对方的资格,应与管理中心核对确认。

A.5　系统要求

A.5.1　系统结构

系统结构如图 A.4 所示:

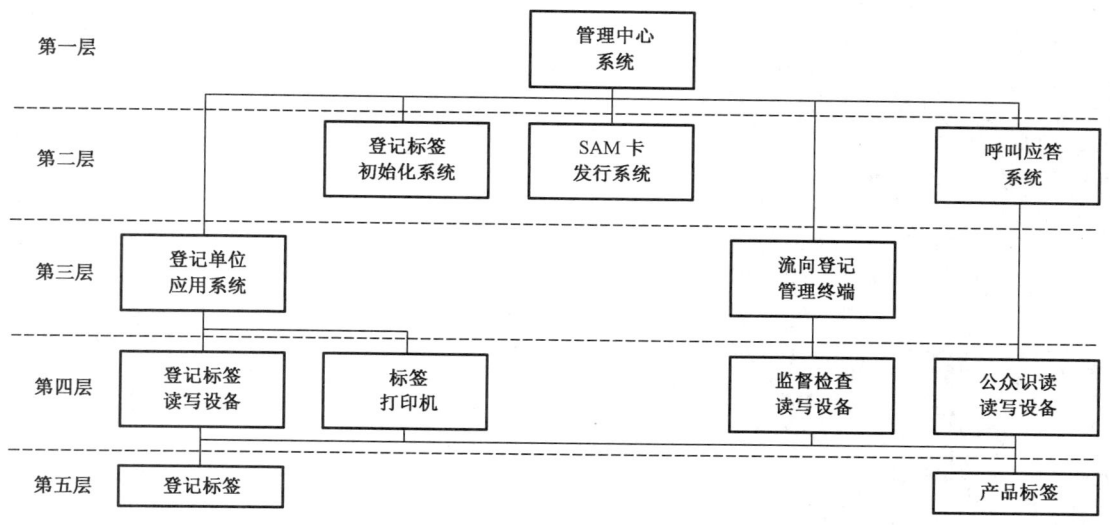

图 A.4　系统结构

A.5.2 管理中心系统

接收、存储、交换和处理流向登记管理的数据,控制流向登记管理业务流程,管理登记标签初始化、SAM 卡发行、呼叫应答系统,维持流向登记管理体系安全运行,提供监督管理平台。

A.5.3 登记单位应用系统

控制本单位登记标签读写设备和标签打印机操作,处理相关流向登记内容,管理烟花爆竹接收和给付,接收、存储和监控本单位内部登记标签状态信息,查询进出本单位的烟花爆竹情况,发送和接收与管理中心交换的流向登记信息。

烟花爆竹 烟火药安全性指标及测定方法
（AQ 4104—2008）

前　言

本标准为强制性标准。

本标准由国家安全生产监督管理总局提出。

本标准由全国安全生产标准化技术委员会归口。

本标准主要起草单位：北京理工大学、北京市烟花爆竹质量监督检验站、湖南东信烟花集团公司、江西李渡烟花集团有限公司、河北饶阳县烟花爆竹厂、河北蠡县德茂花炮厂、内蒙古敖汉旗德茂花炮厂。

本标准主要起草人：赵家玉、李增义、钱新明、钟自奇、邓庆茂、李亚军、张树申。

本标准首次发布。

1 范围

本标准规定了烟花爆竹用烟火药安全性指标、测定条件和判定规则。

本标准适用于烟花爆竹用烟火药。

2 规范性引用文件

下列文件中的条款通过本标准的引用而成为本标准的条款。凡是注明日期的引用文件，其随后所有的修改（不包括勘误的内容）或修订版均不适用于本标准，然而，鼓励根据本标准达成协议的各方研究是否可使用这些文件的最新版本。凡是不注明日期的引用文件，其最新版本适用于本标准。

GB/T 10632 《烟花爆竹　抽样检查规则》

3 术语和定义

下列术语和定义适用于本标准。

湿法生产工艺　wet proless

湿法生产工艺是指在烟花爆竹产品生产过程中，为保证安全，提高产品质量，在烟火药中拌入水、酒精等溶剂的生产工艺。

4 取样方法

按 GB/T 10632 执行

5 试样处理

按本标准附录 A《烟火药安全性检测试样处理方法》对试样进行处理。

若样品内含有在空间上相对隔离（混合物以及粘在一起的视为同一种药物）的不同烟火

药,应分别取样,分别按本标准附录 A《烟火药安全性检测试样处理方法》对试样进行处理,分别进行各种安全性能检测,不能混合后检测。

6 安全性指标及测定条件

6.1 撞击感度(表 1)

表 1 撞击感度安全指标及测定条件表

	撞击感度	单项判定
安全指标	≤50%	合格
	>50% ≤90%	采用湿法生产工艺时判定为合格; 未采用湿法生产工艺时判定为不合格
	>90%	不合格
测定条件	药量:0.040 g±0.001 g 锤重:10.000 kg±10 g 落高:250 mm±1 mm	
备 注	摩擦类烟火药不检测撞击感度	

6.2 摩擦感度(表 2)

表 2 摩擦感度安全指标及测定条件表

	摩擦感度	单项判定
安全指标	≤60%	合格
	>60% ≤90%	采用湿法生产工艺时判定为合格; 未采用湿法生产工艺时判定为不合格
	>90%	不合格
测定条件	药量:0.020 g±0.001 g 摆角:70° 压力:1.23 MPa	
备 注	摩擦类烟火药不检测摩擦感度	

6.3 静电感度(表 3)

表 3 静电感度安全指标及测定条件表

	静电感度	单项判定
安全指标	$E_下≥0.15\text{mJ}$	合格
	$E_下<0.15\text{mJ}$	不合格

表 3（续）

测定条件	药量：0.025 g 充电电容：0.03 μF 放电极针为负极，电极间隙：1 mm
备 注	$E_下 = 500 \times C \times V_下^2$ 式中： $E_下$——烟火药 0.01% 发火能量，mJ； C——充电电容实测值，μF； $V_下^2$——烟火药 0.01% 发火电压，V

6.4 相容性（表 4）

表 4 相容性安全指标及测定条件表

安全指标	相容性	单项判定
	$\Delta T < 5.0$ ℃	合格
	$\Delta T \geqslant 5.0$ ℃	不合格
测定条件	采用差热分析和差示扫描量热法 药量：0.002 g～0.010 g 惰性参比物：α-Al$_2$O$_3$	
备 注	$\Delta T = T_1 - T_2$ 式中： T_1——基准物质的第一放热峰值温度（℃）； T_2——烟火药（或原材料）与接触材料混合物第一放热峰值温度（℃）	

6.5 75 ℃ 热安定性（表 5）

表 5 75 ℃ 热安定性安全指标及测定条件表

安全指标	75 ℃ 热安定性	单项判定
	恒温期间烟火药未发生燃烧、爆炸、冒烟现象，恒温结束后烟火药仍保持原设计效果	合格
	恒温期间烟火药发生了燃烧、爆炸、冒烟现象或恒温结束后烟火药未保持原设计效果	不合格
测定条件	药量：50.0 g 环境温度：75 ℃±2 ℃ 测定时间：连续 48 h	

6.6 吸湿率(表6)

表6 吸湿率安全指标及测定条件表

安全指标	吸湿率	单项判定
	≤2.0%	合格
	>2.0% ≤4.0%	烟火药(发射药除外)中不含镁铝合金粉、铝粉时判定为合格; 微烟火药判定为合格; 烟火药中含镁铝合金粉或铝粉时且不是微烟效果判定为不合格; 发射药判定为不合格
	>4.0%	不合格
测定条件	药量:5.0 g±0.1 g 吸湿时间:24 h; 湿度控制:20 ℃±2 ℃的硝酸钾饱和溶液	
备 注	镁铝合金粉、铝粉均特指粒度≤125 μm的粉	

6.7 水分含量(表7)

表7 水分含量安全指标及测定条件表

安全指标	水分含量	单项判定
	≤1.5%	合格
	>1.5% ≤4.0%	烟火药(发射药除外)中不含镁铝合金粉、铝粉时判定为合格; 烟火药中含镁铝合金粉或铝粉时判定为不合格; 发射药判定为不合格
	>4.0%	不合格
测定条件	药量:10 g 环境温度:100 ℃±2 ℃ 测定时间:连续 30 min	
备 注	镁铝合金粉、铝粉均特指粒度≤125 μm的粉	

6.8 pH值(表8)

表8 pH值安全指标及测定条件表

安全指标	pH值	单项判定
	5~10	合格
	>10 或<5	不合格
测定条件	样品用无二氧化碳的水(不超过室温)配成5%的溶液,从试样加水溶解至过滤完毕时间不得超过 3 min	
备 注	不含镁铝合金粉、铝粉(均特指粒度≤125 μm的粉)的烟火药不检验 pH 值	

7 判定规则

任意一项安全性指标不合格,则判定该批烟火药不安全。

附 录 A
（规范性附录）
烟火药安全性检测试样处理方法

A.1 研磨与筛选

A.1.1 粉状烟火药不进行研磨,使烟火药通过孔径 425 μm 的标准筛,如有不能通过的铝渣、钛粉等硬质颗粒,将硬质颗粒一同放入筛过的药剂中混合均匀。

A.1.2 块状或粒状药物,不论是否含有外层的引燃药,均在铜钵内混合碾碎、研磨（如有大块的纸屑、稻壳应首先剔除）,使烟火药通过孔径 425 μm 的标准筛,如有不能碾碎的铝渣、钛粉等硬质颗粒,将硬质颗粒一同放入筛过的药剂中混合均匀。

A.2 烘干

A.2.1 撞击感度、摩擦感度、吸湿率、静电感度检测前,需将烟火药烘干；相容性、75 ℃热安定性、水分、pH 值检测前,烟火药不烘干。

A.2.2 将烟火药放入水浴（或油浴）烘干箱内,试样厚度不超过 3 mm,干燥温度为 55 ℃～60 ℃,恒温烘干 2 h,烘好的试样放入干燥器内,在常温下冷却 1 h 后备用。

烟花爆竹作业场所机械电器安全规范
(AQ 4111—2008)

前言

本标准的全部技术内容为强制性。

本标准由国家安全生产监督管理总局提出。

本标准由全国安全生产标准化技术委员会归口。

本标准主要起草单位:国家安全生产醴陵烟花爆竹检测检验中心、醴陵神马花炮有限公司。

本标准主要起草人:廖建文、易力群、肖湘杰、唐炳祥、邹海峰、周联仙、钟长虎、陆恩武、周文伟。

本标准首次发布。

1 范围

本规范规定了烟花爆竹作业场所机械电器设计、制造和使用的通用安全技术要求。

本规范适用于烟花爆竹作业场所中使用的各类机械、电器设备。

2 规范性引用文件

下列文件中的条款通过本规范的引用而成为本规范的条款,凡是注明日期的引用文件,其随后所有的修改单(不包括勘误的内容)或修订版均不适用本规范。然而鼓励根据本规范达成协议的各方研究是否可以使用这些文件的最新版本。凡是未注明日期的引用文件,其最新版本适用于本规范。

GB 11652 烟花爆竹劳动安全技术规程

GB 12476.1 可燃性粉尘环境用电气设备

GB/T 15706.1 机械安全基本概念与设计通则

GB 50161 烟花爆竹工厂设计安全规范

3 术语和定义

下列术语和定义适用于本规范。

3.1
最高表面温度 the maximum temperature on the surface

为了避免粉尘被点燃,在实际运行中允许电器表面达到的最高温度。

3.2
接地 connection to ground

电器设备的某个部分与大地之间作良好的连接称为接地。

3.3
接地保护 a protective method, connecting it to ground

为防止发生电击危险而与特定部件进行电气连接的一种措施。

3.4

接地电阻 resistance between ground and the connected part

电器设备接地装置和大地之间的电阻值称为接地电阻。

3.5

本质安全型电器 safe electrical appliance

在正常运行或标准试验条件下,所产生的火花或热效应均不能点燃可燃性混合物的电器。

3.6

增安型电器 safety adding electrical appliance

正常条件下不会产生点燃爆炸性混合物的火花或危险温度,并在结构上采取措施,提高其安全程度,以避免在正常或规定过载条件下出现点燃现象的电器。

3.7

紧急停止开关 emergency switch

发生危险时能迅速终止设备或工作部件运行的控制开关。

4 作业场所分类

根据作业场所生产工序的危险程度,按照 GB 50161 的相关规定进行分类。

5 安全技术要求

5.1 机械设备安全技术要求

5.1.1 机械设备的外形结构应平整光滑,避免尖角和锐边。

5.1.2 机械设备的构造应坚固耐用,在运行过程中不断裂,不散架。

5.1.3 对运动部件(如皮带、运动齿轮等),应有安全防护装置,并设置安全警示标志,防止人员或其他物体接触,避免对人员和设备产生危害。

5.1.4 机械设备应设有自动安全保护装置,运转不正常或温度上升太高时能自动停止运转。

5.1.5 机械设备应设紧急停止开关,出现紧急情况时能迅速切断设备的电源,停止运转。

5.1.6 须手工送料时,机械设备应有防护装置,避免操作人员的手受到伤害。

5.1.7 对接触烟火药或烟火药制品的运动部件(刀、钻、针等锋利部件除外),不应直接使用易产生火花的硬质材料制造,应采用导电塑料、导电橡胶、铜、铝等材料制造,避免在运动中撞击、摩擦产生火花而发生事故,且设备应有防静电装置和接地保护。

5.1.8 对刀、钻、针等锋利部件,直接接触烟火药和烟火药制品时应有必要措施,减小摩擦,降低温度。在1.1级场所里机械设备上使用的电机应采用防尘防爆型电机。

5.1.9 在使用中易产生粉尘的机械设备,应设防尘或除尘装置。

5.2 电器设备安全技术要求

5.2.1 电器设备的电机

1.1^{-1}级场所除监控仪表外,一般不应装设电器。特殊情况下装设电器应选择适用于烟火药、黑火药等危险场所的本质安全型电器,并且设备应有断电保护装置,防止因断电后恢复供电造成事故。1.1级场所电器的电机应采用防尘、防爆型电机,宜采取隔墙传动,并有可靠的接地保护装置。接地电阻不应大于 10 Ω。

5.2.2 电器设备的开关和闸盒

1.1级场所内电器开关和闸盒应装于外墙安全位置,且选择防水防尘型。插座的选择应满足在断电后插头才能插入和拔出的要求。

5.2.3 电器设备的线路

电器设备线路的敷设应符合 GB 50161 "室内线路"要求。1.1^{-1}级场所除仪表线路外,不应敷设电力和照明线路,1.1^{-2}级场所应采用铜芯电线或电缆。1.3级场所可采用铝线。1.1^{-2}级和1.3级场所的移动电缆应采用铜芯电缆。1.1级、1.3级场所电器线路上应设可靠的过负荷保护装置。

6 设备布置

6.1 安装机械电器设备作业场所的建筑物,应满足 GB 50161 的要求。

6.2 作业场所内机械电器设备应合理分开布置,留有不小于 1.5 m 宽的通道,能满足人员、物流的畅通,同时满足紧急情况下人员疏散的要求。

6.3 存在危险的机械电器设备应设置警示标志,避免无关人员接近。

7 使用维修

7.1 机械电器设备应在其设计范围内使用,禁止超负荷生产,禁止随意对机械电器设备进行改装和变更。

7.2 机械电器设备操作人员应有与该工种相适应的劳动保护用品。作业场所内机械设备产生的噪声应小于 85 dB。

7.3 制定相应机械设备的操作规程,1.1级和1.3级场所使用的机械电器设备操作规程中应有防止火灾爆炸及发生火灾爆炸事故的控制措施和自救措施。1.1级和1.3级场所应配备必要的消防器材。

7.4 机械电器设备应定期检查、发现问题及时维修,严禁带病设备运行。

7.5 1.1级和1.3级场所机械电器设备的维修:小型可移动的机械电器应该搬离作业场所进行维修。如需现场维修的应切断设备电源,清除设备上药尘,清理设备现场环境,确保无可燃和爆炸危险后进行。

7.6 1.1级和1.3级场所的机械电器设备安装和维修,应由专业人员来进行。

8 标志及使用说明

8.1 机械电器设备应配有相应的技术文件,其内容应包含有该设备的使用说明书、设备的安全性能、安全注意事项、安装装配说明以及检修的安全要求等内容。

8.2 机械电器设备易发生危险的部位,必须有安全标志或涂有安全警告色。

8.3 所有机械电器设备应在主体部分的明显部位设置标牌,标牌上应有制造厂名称、注册商标、产品型号、产品序列号、生产日期、安全使用等主要参数。

烟花爆竹出厂包装检验规程
(AQ 4112—2008)

前言

本标准的全部技术内容为强制性。

本标准由国家安全生产监督管理总局提出。

本标准由全国安全生产标准化技术委员会归口。

本标准主要起草单位:国家安全生产醴陵烟花爆竹检测检验中心、醴陵神马花炮有限公司。

本标准主要起草人:肖湘杰、邹海峰、唐炳祥、易力群、廖建文、陈妮、钟长虎、周联仙、陆恩武、邓琼香。

本标准首次发布。

1 范围

本规程规定了烟花爆竹(烟火药、黑火药除外)出厂包装的技术要求、试验方法和检验规则。

本规程适用于烟花爆竹(烟火药、黑火药除外)出厂包装的检验。

2 规范性引用文件

下列文件中的条款通过本规程的引用而成为本规程的条款,凡是注明日期的引用文件,其随后所有的修改单(不包括勘误的内容)或修订版均不适用本规程。然而鼓励根据本规程达成协议的各方研究是否可以使用这些文件的最新版本。凡是未注明日期的引用文件,其最新版本适用于本规程。

GB 191 包装储运图示标志

GB 10631 烟花爆竹 安全与质量

GB/T 4857.3 包装 运输包装件静载荷堆码试验方法

GB/T 4857.5 包装 运输包装件跌落试验方法

SN/T 0262 出口商品运输包装 瓦楞纸箱检验规程

3 基本技术要求

3.1 基本要求

3.1.1 除特殊情况外,烟花爆竹出厂包装应采用瓦楞纸箱,禁止使用牛皮纸、编织袋等简易包装作为出厂包装。

3.1.2 包装箱应质量良好,构造和密闭性应能防止在正常运输条件下撒漏或破损。

3.1.3 包装箱采用巷钉紧固或钉合时,钉要钉实,钉尖应盘倒。

3.1.4 包装箱应有足够的强度和防潮性。

3.1.5 包装箱应为方形或矩形,综合尺寸(长+宽+高)≤250 cm;且长、宽之比不大于 2.5∶1,高、宽之比不大于 2∶1 并不小于 0.15∶1。

3.1.6 瓦楞纸箱应采用双摇盖。

3.1.7 瓦楞纸箱的含水率应为(14±2)%。

3.2 标志要求

3.2.1 每一包装件应有外包装标志,并符合 GB 191 的要求,文字应清晰,不易磨损。

3.2.2 外包装标志内容包括:产品名称、产品级别、商标、制造商或出品人名称和地址、生产日期(或批号)、箱含量、含药量、净重和体积以及"烟花爆竹""防火防潮""轻拿轻放"等安全用语或安全图案及执行标准代号。

3.3 使用要求

3.3.1 烟花爆竹出厂包装应有内包装,内包装应符合 GB 10631 的要求。

3.3.2 包装规格尺寸应符合设计要求,装好相应的产品后,与外包装内壁间隙应≤1.5 cm。

3.3.3 包装箱内摇盖间隙≥100 mm 时,应加填空板。

3.3.4 瓦楞纸箱摇盖经开、合 180°往复 5 次,箱面层纸张和里层纸张都不得有裂缝。

3.3.5 包装箱应完好无损,封口应平整牢固,打包带应紧固箱体。

3.3.6 包装箱表面应清洁,不允许有烟火药残留物和污染。

3.4 性能要求

3.4.1 烟花爆竹出厂包装应进行跌落试验和堆码试验。

3.4.2 出厂包装经跌落试验应能保持完整,无散漏。

3.4.3 出厂包装经堆码试验应无破损,无散漏,不倒塌。

4 试验方法

4.1 试验条件

4.1.1 跌落试验和堆码试验样品应在 23 ℃±2 ℃保持 24 h。

4.1.2 试样内装物可采用物理性能与拟装物相同的物质来代替,允许使用添加物。

4.2 试验方法

基本要求、标志要求和使用要求采用目测和符合相应精度量具检测。

4.3 含水率检验

4.3.1 快速水分测定法

用快速水分仪在每个样箱不同部位测量 4 个点,最后求 5 个样箱的平均值。

使用快速水分测定仪时,仪器应事先进行校正。当产生疑义时,则用烘箱法测定含水率。

4.3.2 烘箱测定法

从每一个样箱的不同部位,称取约 50 g 试样(精确度 0.001 g)。撕成小薄片,置已知质量的称量瓶中。在 100 ℃~105 ℃的烘箱中,烘干至恒重。

含水率计算公式:

$$X = \frac{m_1 - m_2}{m_1}$$

式中：

X ——含水率；

m_1 ——干燥前试样质量，g；

m_2 ——干燥后试样质量，g。

4.4 跌落试验

4.4.1 跌落试验按 GB/T 4857.5 规定进行。

4.4.2 跌落高度为 1.2 m。

4.4.3 试验步骤

    a. 第一次跌落：以箱底平落。

    b. 第二次跌落：以箱顶平落。

    c. 第三次跌落：以一长侧面平落。

    d. 第四次跌落：以一个短侧面平落。

    e. 第五次跌落：以一个角跌落。

注：试验应在预处理相同的温湿度条件下进行，如果达不到相同条件，则必须在试样离开预处理环境 5 min 内开始试验。

4.5 堆码试验

4.5.1 堆码试验按 GB/T 4857.3 规定进行。

4.5.2 堆码载荷计算

$$M_0 = \left(\frac{X}{H} - 1\right) \times M_1$$

式中：

M_0 ——加载的负荷，kg；

X ——堆码高度（不低于 3 m），m；

H ——单个包装箱高度，m；

M_1 ——单个包装箱内毛重，kg；

$\dfrac{X}{H}$ ——堆码层数。

4.5.3 堆码试验方法

将试样置于堆码地面上，载荷平板置于试样顶面中心位置，然后将定量块在不造成冲击力的情况下，均匀与载荷平板接触，施加的载荷应均匀分布。定量块和载荷平板的总重量与计算值的误差为±2%，负荷物的重心离载荷平板的垂直距离不得超过试样高度的 50%，堆码 24 h，或使用堆码机进行试验。

4.6 瓦楞纸箱其他技术指标要求应符合 SN/T 0262 标准要求。

5 检验规则

5.1 抽样

5.1.1 以同一原材料、同一结构、同一工艺加工的包装箱为一检验批，最大批量为 2.5 万个。

5.1.2 抽样数量。

5.1.2.1 基本要求、标志要求和使用要求检验的抽样数量见表 1。

表 1　　　　　　　　　　　　　　　　　　　　　　　　　　　　　　　单位：个

批　　量	抽　样　数　量
≤90	5
91～150	8
151～280	13
281～500	20
501～1 200	32
1 201～25 000	50

5.1.2.2 性能要求检验的抽样数量见表2。

表 2　　　　　　　　　　　　　　　　　　　　　　　　　　　　　　　单位：个

检　验　项　目	抽　样　数　量
跌落试验	不少于5
堆码试验	保证堆码高度不低于3 m

5.2　判定规则

5.2.1　基本要求、标志要求和使用要求判定规则

5.2.1.1　单个样品的各项指标均符合3.1、3.2、3.3的相关内容要求,则判定为合格；有一项不符合要求,则判定为不合格。

5.2.1.2　批的判定按表3执行。

表 3　　　　　　　　　　　　　　　　　　　　　　　　　　　　　　　单位：个

抽样数量	判定合格	判定不合格
5	不合格样品数≤1	不合格样品数≥2
8	不合格样品数≤2	不合格样品数≥3
13	不合格样品数≤3	不合格样品数≥4
20	不合格样品数≤5	不合格样品数≥6
32	不合格样品数≤7	不合格样品数≥8
50	不合格样品数≤10	不合格样品数≥11

5.2.2　跌落试验判定规则

所有样品经跌落试验符合3.4.2要求,则判定为合格；其中有一个样品不合格,则判定为不合格。

5.2.3　堆码试验判定规则

所有样品经堆码试验符合3.4.3要求,则判定为合格；其中有一个样品不合格,则判定为不合格。

5.2.4　基本要求、标志要求和使用要求的批判定合格,且样品的跌落试验、堆码试验判定均合格,则判定该批包装合格；否则判定该批包装不合格。

应急管理执法基础性标准常用手册

(中 卷)

中共中央党校(国家行政学院)应急管理培训中心 组织编写

应急管理出版社

·北 京·

目 录

（上 卷）

第一部分　安全生产基础性标准

一、安全色、安全标志和责任险 …… 3
　　安全色(GB 2893—2008) …… 3
　　安全标志及其使用导则(GB 2894—2008) …… 13
　　工业管道的基本识别色、识别符号和安全标识(GB 7231—2003) …… 39
　　安全生产责任保险事故预防技术服务规范(AQ 9010—2019) …… 43

二、危险化学品及化工安全 …… 47
　　化工园区安全风险排查治理导则(试行) …… 47
　　危险化学品企业安全风险隐患排查治理导则 …… 60
　　危险化学品目录(2015 版) …… 115
　　化工和危险化学品生产经营单位重大生产安全事故隐患判定标准(试行) …… 244
　　危险化学品生产、储存装置个人可接受风险标准和社会可接受风险标准(试行) …… 246
　　危险化学品生产装置和储存设施外部安全防护距离确定方法
　　　(GB/T 37243—2019) …… 257
　　危险化学品经营企业安全技术基本要求(GB 18265—2019) …… 312
　　石油化工可燃气体和有毒气体检测报警设计标准(GB/T 50493—2019) …… 319
　　危险化学品生产装置和储存设施风险基准(GB 36894—2018) …… 337
　　危险化学品重大危险源辨识(GB 18218—2018) …… 342
　　化学品生产单位特殊作业安全规范(GB 30871—2014) …… 353
　　危险化学品单位应急救援物资配备要求(GB 30077—2013) …… 378
　　化学品安全技术说明书编写指南(GB/T 17519—2013) …… 392
　　危险化学品自反应物质包装规范(GB 27834—2011) …… 441
　　化工企业总图运输设计规范(GB 50489—2009) …… 450
　　化学品分类和危险性公示　通则(GB 13690—2009) …… 502
　　化学品安全标签编写规定(GB 15258—2009) …… 526
　　常用化学危险品贮存通则(GB 15603—1995) …… 557

1

化学品作业场所安全警示标志规范(AQ 3047—2013) …… 816
危险化学品重大危险源安全监控通用技术规范(AQ 3035—2010) …… 822
危险化学品重大危险源 罐区现场安全监控装备设置规范(AQ 3036—2010) …… 833
危险化学品生产单位主要负责人安全生产培训大纲及考核标准
（AQ/T 3029—2010） …… 844
危险化学品生产单位安全生产管理人员安全生产培训大纲及考核标准
（AQ/T 3030—2010） …… 851
危险化学品从业单位安全标准化通用规范(AQ 3013—2008) …… 859
加油站作业安全规范(AQ 3010—2007) …… 877

三、烟花爆竹及民爆品安全 …… 883

烟花爆竹生产经营单位重大生产安全事故隐患判定标准(试行) …… 883
烟花爆竹 标志(GB 24426—2015) …… 884
烟花爆竹 包装(GB 31368—2015) …… 897
烟花爆竹 安全与质量(GB 10631—2013) …… 904
烟花爆竹作业安全技术规程(GB 11652—2012) …… 922
民用爆炸物品生产、销售企业安全管理规程(GB 28263—2012) …… 953
烟花爆竹工程设计安全规范(GB 50161—2009) …… 982
民用爆炸品危险货物危险特性检验安全规范(GB 19455—2004) …… 1046
烟花爆竹零售店（点）安全技术规范(AQ 4128—2019) …… 1058
烟花爆竹 化工原材料使用安全规范(AQ 4129—2019) …… 1064
烟花爆竹工程设计安全审查规范(AQ 4126—2018) …… 1069
烟花爆竹工程竣工验收规范(AQ/T 4127—2018) …… 1082
烟花爆竹 烟火药危险性分类定级方法(AQ/T 4124—2014) …… 1094
烟花爆竹 单基火药安全要求(AQ 4125—2014) …… 1106
礼花弹生产安全条件(AQ 4121—2012) …… 1110
烟花爆竹安全生产标志(AQ 4114—2011) …… 1120
烟花爆竹防止静电通用导则(AQ 4115—2011) …… 1131
烟花爆竹企业安全监控系统通用技术条件(AQ 4101—2008) …… 1136
烟花爆竹流向登记通用规范(AQ 4102—2008) …… 1148
烟花爆竹 烟火药安全性指标及测定方法(AQ 4104—2008) …… 1157
烟花爆竹作业场所机械电器安全规范(AQ 4111—2008) …… 1162
烟花爆竹出厂包装检验规程(AQ 4112—2008) …… 1165

（中　卷）

四、煤矿安全 …… 1169

煤矿安全规程(2016 版) …… 1169

爆破安全规程(GB 6722—2014) ·· 1291
煤矿用化学氧自救器(GB 24502—2009) ··· 1351
矿山安全标志(GB 14161—2008) ··· 1371
煤矿安全监控系统及检测仪器使用管理规范(AQ 1029—2019) ··································· 1391
煤矿安全监控系统通用技术要求(AQ 6201—2019) ·· 1410
煤矿建设项目安全审核基本要求(AQ 1049—2018) ·· 1430
煤矿建设项目安全设施设计审查和竣工验收规范(AQ 1055—2018) ······························ 1434
煤矿建设项目安全预评价实施细则(AQ 1095—2014) ··· 1487
煤矿建设项目安全验收评价实施细则(AQ 1096—2014) ·· 1495
井工煤矿安全设施设计编制导则(AQ 1097—2014) ·· 1509
露天煤矿安全设施设计编制导则(AQ 1098—2014) ·· 1532
煤矿建设安全规范(AQ 1083—2011) ·· 1547
煤矿低浓度瓦斯管道输送安全保障系统设计规范(AQ 1076—2009) ······························ 1619
瓦斯管道输送自动喷粉抑爆装置通用技术条件(AQ 1079—2009) ·································· 1624
煤矿主要负责人安全生产培训大纲及考核标准(AQ 1069—2008) ·································· 1633
煤矿安全生产管理人员安全生产培训大纲及考核标准(AQ 1070—2008) ························· 1641
煤矿职业安全卫生个体防护用品配备标准(AQ 1051—2008) ······································· 1650
隔绝式压缩氧气自救器(AQ 1054—2008) ··· 1680
矿山救护规程(AQ 1008—2007) ·· 1698
煤矿井下作业人员管理系统通用技术条件(AQ 6210—2007) ······································· 1746
矿用产品安全标志标识(AQ 1043—2007) ··· 1761
煤与瓦斯突出矿井鉴定规范(AQ 1024—2006) ··· 1765
矿井瓦斯等级鉴定规范(AQ 1025—2006) ··· 1775
煤矿瓦斯抽采基本指标(AQ 1026—2006) ··· 1781
煤矿瓦斯抽放规范(AQ 1027—2006) ·· 1785
煤矿井工开采通风技术条件(AQ 1028—2006) ··· 1805
选煤厂安全规程(AQ 1010—2005) ··· 1856
煤矿井下安全标志(AQ 1017—2005) ·· 1892
矿井救灾通信系统通用技术条件(MT/T 1129—2011) ··· 1915
煤矿用自动苏生器(MT/T 949—2005) ··· 1924
隔绝式正压氧气呼吸器(MT/T 867—2000) ·· 1935
矿井压风自救装置技术条件(MT 390—1995) ··· 1949

五、非煤矿山安全 ·· 1952

金属非金属矿山重大生产安全事故隐患判定标准(试行) ·· 1952
金属非金属矿山安全规程(GB 16423—2006) ·· 1954
金属非金属矿山提升系统日常检查和定期检测检验管理规范
  (AQ 2068—2019) ·· 2027
金属非金属地下矿山无轨运人车辆安全技术要求(AQ 2070—2019) ································ 2032

3

金属非金属矿山在用设备设施安全检测检验目录(AQ/T 2075—2019) ………… 2046
金属非金属地下矿山防治水安全技术规范(AQ 2061—2018) ………………… 2052
金属非金属矿山在用主通风机系统安全检验规范(AQ 2054—2016) ………… 2084
金属非金属地下矿山监测监控系统建设规范(AQ 2031—2011) ……………… 2091
金属非金属地下矿山人员定位系统建设规范(AQ 2032—2011) ……………… 2096
金属非金属地下矿山紧急避险系统建设规范(AQ 2033—2011) ……………… 2100
金属非金属地下矿山压风自救系统建设规范(AQ 2034—2011) ……………… 2103
金属非金属地下矿山供水施救系统建设规范(AQ 2035—2011) ……………… 2105
金属非金属地下矿山通信联络系统建设规范(AQ 2036—2011) ……………… 2107
金属非金属矿山提升钢丝绳检验规范(AQ 2026—2010) ……………………… 2110
金属非金属地下矿山主排水系统安全检验规范(AQ 2029—2010) …………… 2115
金属非金属地下矿山通风技术规范 通风系统(AQ 2013.1—2008) …………… 2124
金属非金属地下矿山通风技术规范 局部通风(AQ 2013.2—2008) …………… 2132
金属非金属地下矿山通风技术规范 通风系统检测(AQ 2013.3—2008) ……… 2135
金属非金属地下矿山通风技术规范 通风管理(AQ 2013.4—2008) …………… 2140
金属非金属地下矿山通风技术规范 通风系统鉴定指标(AQ 2013.5—2008) … 2144
金属非金属矿山竖井提升系统防坠器安全性能检测检验规范
　(AQ 2019—2008) ……………………………………………………………… 2149
金属非金属矿山在用缠绕式提升机安全检测检验规范(AQ 2020—2008) …… 2153
金属非金属矿山在用摩擦式提升机安全检测检验规范(AQ 2021—2008) …… 2160
金属非金属矿山在用提升绞车安全检测检验规范(AQ 2022—2008) ………… 2165
金属非金属矿山主要负责人安全生产培训大纲(AQ 2008—2006) …………… 2171
金属非金属矿山主要负责人安全生产考核标准(AQ 2009—2006) …………… 2176
金属非金属矿山安全生产管理人员安全生产培训大纲(AQ 2010—2006) …… 2181
金属非金属矿山安全生产管理人员安全生产考核标准(AQ 2011—2006) …… 2186
金属非金属矿山排土场安全生产规则(AQ 2005—2005) ……………………… 2191
尾矿库安全技术规程(AQ 2006—2005) ………………………………………… 2199

六、粉尘防爆和涂装安全 ……………………………………………………………… 2217

粉尘防爆安全规程(GB 15577—2018) ………………………………………… 2217
粉尘防爆术语(GB/T 15604—2008) …………………………………………… 2225
涂装作业安全规程　安全管理通则(GB 7691—2003) ………………………… 2232
铝镁制品机械加工粉尘防爆安全技术规范(AQ 4272—2016) ………………… 2255
粉尘爆炸危险场所用除尘系统安全技术规范(AQ 4273—2016) ……………… 2267
塑料生产系统粉尘防爆规范(AQ 4232—2013) ………………………………… 2277
粮食立筒仓粉尘防爆安全规范(AQ 4229—2013) ……………………………… 2283
粮食平房仓粉尘防爆安全规范(AQ 4230—2013) ……………………………… 2288
木材加工系统粉尘防爆安全规范(AQ 4228—2012) …………………………… 2293
涂装工程安全评价导则(AQ 5206—2011) ……………………………………… 2301

涂装作业危险有害因素分类(AQ/T 5209—2011) …… 2307
建筑涂装安全通则(AQ 5210—2011) …… 2312
涂料生产企业安全生产标准化实施指南(AQ 3040—2010) …… 2322
电镀生产装置安全技术条件(AQ 5203—2008) …… 2340
涂装工程安全设施验收规范(AQ 5201—2007) …… 2347

七、个体防护装备 …… 2353

防护服装　阻燃服(GB 8965.1—2020) …… 2353
防护服装　防静电服(GB 12014—2019) …… 2365
足部防护　安全鞋(GB 21148—2020) …… 2381
头部防护　安全帽(GB 2811—2019) …… 2410
呼吸防护　自吸过滤式防颗粒物呼吸器(GB 2626—2019) …… 2420
个体防护装备　眼面部防护　职业眼面部防护具　第1部分:要求
　(GB 32166.1—2016) …… 2455
手部防护　化学品及微生物防护手套(GB 28881—2012) …… 2466
安全带(GB 6095—2009) …… 2475
防护服装　化学防护服通用技术要求(GB 24539—2009) …… 2487

(下　卷)

第二部分　消防救援基础性标准

一、消防术语 …… 2531

消防词汇　第1部分:通用术语(GB/T 5907.1—2014) …… 2531
消防词汇　第2部分:火灾预防(GB/T 5907.2—2015) …… 2539
消防词汇　第3部分:灭火救援(GB/T 5907.3—2015) …… 2554
消防词汇　第4部分:火灾调查(GB/T 5907.4—2015) …… 2562
消防词汇　第5部分:消防产品(GB/T 5907.5—2015) …… 2571

二、消防安全标志 …… 2605

消防安全标志　第1部分:标志(GB 13495.1—2015) …… 2605
消防安全标志设置要求(GB 15630—1995) …… 2620
消防安全标志通用技术条件　第1部分:通用要求和试验方法
　(XF 480.1—2004) …… 2635
消防安全标志通用技术条件　第2部分:常规消防安全标志
　(XF 480.2—2004) …… 2645

三、消防产品及装备配备 ... 2650

  消防监督技术装备配备(GB/T 25203—2010) ... 2650
  消防电子产品检验规则(GB 12978—2003) ... 2669
  消防产品市场准入信息管理(XF/T 1465—2018) ... 2677
  消防技术服务机构设备配备(XF 1157—2014) ... 2702
  消防产品一致性检查要求(XF 1061—2013) ... 2708
  消防员个人防护装备配备标准(XF 621—2013) ... 2832
  消防特勤队(站)装备配备标准(XF 622—2013) ... 2843
  消防产品现场检查判定规则(XF 588—2012) ... 2858
  消防产品工厂检查通用要求(XF 1035—2012) ... 2935
  消防产品身份信息管理(XF 846—2009) ... 2951

四、火灾分类、勘验、认定、判定和统计 ... 2972

  重大火灾隐患判定方法(GB 35181—2017) ... 2972
  火灾分类(GB/T 4968—2008) ... 2979
  火灾原因认定规则(XF 1301—2016) ... 2981
  火灾损失统计方法(XF 185—2014) ... 2987
  火灾现场勘验规则(XF 839—2009) ... 3006

五、建筑场所消防安全 ... 3016

  社会单位灭火和应急疏散预案编制及实施导则(GB/T 38315—2019) ... 3016
  建筑设计防火规范(GB 50016—2014)(2018年版) ... 3028
  建筑消防设施的维护管理(GB 25201—2010) ... 3255
  文物建筑消防安全管理(XF/T 1463—2018) ... 3279
  住宅物业消防安全管理(XF 1283—2015) ... 3290
  多产权建筑消防安全管理(XF/T 1245—2015) ... 3298
  仓储场所消防安全管理通则(XF 1131—2014) ... 3305
  住宿与生产储存经营合用场所消防安全技术要求(XF 703—2007) ... 3319
  人员密集场所消防安全管理(XF 654—2006) ... 3323
  城市轨道交通消防安全管理(XF/T 579—2005) ... 3338

第三部分　减灾救灾基础性标准

一、减灾救灾综合 ... 3355

  自然灾害承灾体分类与代码(GB/T 32572—2016) ... 3355
  自然灾害分类与代码(GB/T 28921—2012) ... 3362
  自然灾害救助应急响应划分基本要求(GB/T 29425—2012) ... 3368

灾区农户住房倒塌或损坏数量抽样核查方法(GB/T 28225—2011) ……… 3371
自然灾害管理基本术语(GB/T 26376—2010) ……… 3379
社会捐助款物管理和使用规范(GB/T 26375—2010) ……… 3385
救灾物资储备库管理规范(GB/T 24439—2009) ……… 3388
社会捐助基本术语(GB/T 24440—2009) ……… 3390
自然灾害灾情统计 第1部分:基本指标(GB/T 24438.1—2009) ……… 3393
自然灾害灾情统计 第2部分:扩展指标(GB/T 24438.2—2012) ……… 3398
自然灾害灾情统计 第3部分:分层随机抽样统计方法(GB/T 24438.3—2012) ……… 3412
自然灾害避灾点管理规范(MZ/T 052—2014) ……… 3418
应急期受灾人员集中安置点基本要求(MZ/T 040—2013) ……… 3422
自然灾害损失现场调查规范(MZ/T 042—2013) ……… 3425
房屋受灾损坏程度现场识别(MZ/T 043—2013) ……… 3430
自然灾害风险分级方法(MZ/T 031—2012) ……… 3434

二、地震地质灾害应急救援 ……… 3439

地震震级的规定(GB 17740—2017) ……… 3439
地震应急避难场所 运行管理指南(GB/T 33744—2017) ……… 3453
中小学校地震避险指南(GB/T 33735—2017) ……… 3476
社区地震应急指南(GB/T 31079—2014) ……… 3482
人员密集场所地震避险(GB/T 30353—2013) ……… 3492
地震灾情应急评估(GB/T 30352—2013) ……… 3499
地震灾害紧急救援队伍救援行动 第1部分:基本要求
　(GB/T 29428.1—2012) ……… 3530
地震灾害紧急救援队伍救援行动 第2部分:程序和方法
　(GB/T 29428.2—2014) ……… 3549
地震应急避难场所 场址及配套设施(GB 21734—2008) ……… 3561
防震减灾术语 第1部分:基本术语(GB/T 18207.1—2008) ……… 3566
防震减灾术语 第2部分:专业术语(GB/T 18207.2—2005) ……… 3575
工程场地地震安全性评价(GB 17741—2005) ……… 3607
地质灾害排查规范(DZ/T 0284—2015) ……… 3619
地质灾害危险性评估规范(DZ/T 0286—2015) ……… 3639
地质灾害灾情统计(DZ/T 0269—2014) ……… 3672

三、水旱灾害应急救援 ……… 3686

暴雨灾害等级(GB/T 33680—2017) ……… 3686
干旱灾害等级(GB/T 34306—2017) ……… 3690
防洪标准(GB 50201—2014) ……… 3694
治涝标准(SL 723—2016) ……… 3735
水库大坝安全管理应急预案编制导则(SL/Z 720—2015) ……… 3764

  防洪风险评价导则(SL 602—2013) ··· 3828
  抗旱预案编制导则(SL 590—2013) ··· 3841
  防台风应急预案编制导则(SL 611—2012) ·· 3850

四、气象灾害预警预报与应急响应 ··· 3858
  气象灾害预警信号图标(GB/T 27962—2011) ···································· 3858
  灾害性天气预报警报指南(GB/T 27966—2011) ·································· 3867
  气象灾害调查技术规范　气象灾情信息收集(QX/T 531—2019) ············· 3870
  重大气象灾害应急响应启动等级(QX/T 116—2018) ···························· 3875

四、煤矿安全

煤矿安全规程(2016版)

(2015年12月22日国家安全生产监督管理总局第13次局长办公会议审议通过,2016年2月25日国家安全生产监督管理总局令第87号公布,自2016年10月1日起施行)

第一编 总 则

第一条 为保障煤矿安全生产和从业人员的人身安全与健康,防止煤矿事故与职业病危害,根据《煤炭法》《矿山安全法》《安全生产法》《职业病防治法》《煤矿安全监察条例》和《安全生产许可证条例》等,制定本规程。

第二条 在中华人民共和国领域内从事煤炭生产和煤矿建设活动,必须遵守本规程。

第三条 煤炭生产实行安全生产许可证制度。未取得安全生产许可证的,不得从事煤炭生产活动。

第四条 从事煤炭生产与煤矿建设的企业(以下统称煤矿企业)必须遵守国家有关安全生产的法律、法规、规章、规程、标准和技术规范。

煤矿企业必须加强安全生产管理,建立健全各级负责人、各部门、各岗位安全生产与职业病危害防治责任制。

煤矿企业必须建立健全安全生产与职业病危害防治目标管理、投入、奖惩、技术措施审批、培训、办公会议制度,安全检查制度,事故隐患排查、治理、报告制度,事故报告与责任追究制度等。

煤矿企业必须建立各种设备、设施检查维修制度,定期进行检查维修,并做好记录。

煤矿必须制定本单位的作业规程和操作规程。

第五条 煤矿企业必须设置专门机构负责煤矿安全生产与职业病危害防治管理工作,配备满足工作需要的人员及装备。

第六条 煤矿建设项目的安全设施和职业病危害防护设施,必须与主体工程同时设计、同时施工、同时投入使用。

第七条 对作业场所和工作岗位存在的危险有害因素及防范措施、事故应急措施、职业病危害及其后果、职业病危害防护措施等,煤矿企业应当履行告知义务,从业人员有权了解并提出建议。

第八条 煤矿安全生产与职业病危害防治工作必须实行群众监督。煤矿企业必须支持群众组织的监督活动,发挥群众的监督作用。

从业人员有权制止违章作业,拒绝违章指挥;当工作地点出现险情时,有权立即停止作业,撤到安全地点;当险情没有得到处理不能保证人身安全时,有权拒绝作业。

从业人员必须遵守煤矿安全生产规章制度、作业规程和操作规程,严禁违章指挥、违章作业。

第九条 煤矿企业必须对从业人员进行安全教育和培训。培训不合格的,不得上岗作业。

主要负责人和安全生产管理人员必须具备煤矿安全生产知识和管理能力,并经考核合格。特种作业人员必须按国家有关规定培训合格,取得资格证书,方可上岗作业。

矿长必须具备安全专业知识,具有组织、领导安全生产和处理煤矿事故的能力。

第十条 煤矿使用的纳入安全标志管理的产品,必须取得煤矿矿用产品安全标志。未取得煤矿矿用产品安全标志的,不得使用。

试验涉及安全生产的新技术、新工艺必须经过论证并制定安全措施;新设备、新材料必须经过安全性能检验,取得产品工业性试验安全标志。

严禁使用国家明令禁止使用或淘汰的危及生产安全和可能产生职业病危害的技术、工艺、材料和设备。

第十一条 煤矿企业在编制生产建设长远发展规划和年度生产建设计划时,必须编制安全技术与职业病危害防治发展规划和安全技术措施计划。安全技术措施与职业病危害防治所需费用、材料和设备等必须列入企业财务、供应计划。

煤炭生产与煤矿建设的安全投入和职业病危害防治费用提取、使用必须符合国家有关规定。

第十二条 煤矿必须编制年度灾害预防和处理计划,并根据具体情况及时修改。灾害预防和处理计划由矿长负责组织实施。

第十三条 入井(场)人员必须戴安全帽等个体防护用品,穿带有反光标识的工作服。入井(场)前严禁饮酒。

煤矿必须建立入井检身制度和出入井人员清点制度;必须掌握井下人员数量、位置等实时信息。

入井人员必须随身携带自救器、标识卡和矿灯,严禁携带烟草和点火物品,严禁穿化纤衣服。

第十四条 井工煤矿必须按规定填绘反映实际情况的下列图纸:

(一)矿井地质图和水文地质图。

(二)井上、下对照图。

(三)巷道布置图。

(四)采掘工程平面图。

(五)通风系统图。

(六)井下运输系统图。

(七)安全监控布置图和断电控制图、人员位置监测系统图。

(八)压风、排水、防尘、防火注浆、抽采瓦斯等管路系统图。

(九)井下通信系统图。

(十)井上、下配电系统图和井下电气设备布置图。

(十一)井下避灾路线图。

第十五条 露天煤矿必须按规定填绘反映实际情况的下列图纸：

(一)地形地质图。

(二)工程地质平面图、断面图。

(三)综合水文地质图。

(四)采剥、排土工程平面图和运输系统图。

(五)供配电系统图。

(六)通信系统图。

(七)防排水系统图。

(八)边坡监测系统平面图。

(九)井工采空区与露天矿平面对照图。

第十六条 井工煤矿必须制定停工停产期间的安全技术措施，保证矿井供电、通风、排水和安全监控系统正常运行，落实 24 h 值班制度。复工复产前必须进行全面安全检查。

第十七条 煤矿企业必须建立应急救援组织，健全规章制度，编制应急救援预案，储备应急救援物资、装备并定期检查补充。

煤矿必须建立矿井安全避险系统，对井下人员进行安全避险和应急救援培训，每年至少组织 1 次应急演练。

第十八条 煤矿企业应当有创伤急救系统为其服务。创伤急救系统应当配备救护车辆、急救器材、急救装备和药品等。

第十九条 煤矿发生事故后，煤矿企业主要负责人和技术负责人必须立即采取措施组织抢救，矿长负责抢救指挥，并按有关规定及时上报。

第二十条 国家实行资质管理的，煤矿企业应当委托具有国家规定资质的机构为其提供鉴定、检测、检验等服务，鉴定、检测、检验机构对其作出的结果负责。

第二十一条 煤矿闭坑前，煤矿企业必须编制闭坑报告，并报省级煤炭行业管理部门批准。

矿井闭坑报告必须有完善的各种地质资料，在相应图件上标注采空区、煤柱、井筒、巷道、火区、地面沉陷区等，情况不清的应当予以说明。

第二编 地 质 保 障

第二十二条 煤矿企业应当设立地质测量(简称地测)部门，配备所需的相关专业技术人员和仪器设备，及时编绘反映煤矿实际的地质资料和图件，建立健全煤矿地测工作规章制度。

第二十三条 当煤矿地质资料不能满足设计需要时，不得进行煤矿设计。矿井建设期间，因矿井地质、水文地质等条件与原地质资料出入较大时，必须针对所存在的地质问题开展补充地质勘探工作。

第二十四条 当露天煤矿地质资料不能满足建设及生产需要时，必须针对所存在的地质问题开展补充地质勘探工作。

第二十五条 井筒设计前，必须按下列要求施工井筒检查孔：

(一)立井井筒检查孔距井筒中心不得超过25 m，且不得布置在井筒范围内，孔深应当不小于井筒设计深度以下 30 m。地质条件复杂时,应当增加检查孔数量。

(二)斜井井筒检查孔距井筒纵向中心线不大于 25 m,且不得布置在井筒范围内,孔深应当不小于该孔所处斜井底板以下 30 m。检查孔的数量和布置应当满足设计和施工要求。

(三)井筒检查孔必须全孔取芯,全孔数字测井;必须分含水层(组)进行抽水试验,分煤层采测煤层瓦斯、煤层自燃、煤尘爆炸性煤样;采测钻孔水文地质及工程地质参数,查明地质构造和岩(土)层特征;详细编录钻孔完整地质剖面。

第二十六条 新建矿井开工前必须复查井筒检查孔资料;调查核实钻孔位置及封孔质量、采空区情况,调查邻近矿井生产情况和地质资料等,将相关资料标绘在采掘工程平面图上;编制主要井巷揭煤、过地质构造及含水层技术方案;编制主要井巷工程的预想地质图及其说明书。

第二十七条 井筒施工期间应当验证井筒检查孔取得的各种地质资料。当发现影响施工的异常地质因素时,应当采取探测和预防措施。

第二十八条 煤矿建设、生产阶段,必须对揭露的煤层、断层、褶皱、岩浆岩体、陷落柱、含水岩层,矿井涌水量及主要出水点等进行观测及描述,综合分析,实施地质预测、预报。

第二十九条 井巷揭煤前,应当探明煤层厚度、地质构造、瓦斯地质、水文地质及顶底板等地质条件,编制揭煤地质说明书。

第三十条 基建矿井、露天煤矿移交生产前,必须编制建井(矿)地质报告,并由煤矿企业技术负责人组织审定。

第三十一条 掘进和回采前,应当编制地质说明书,掌握地质构造、岩浆岩体、陷落柱、煤层及其顶底板岩性、煤(岩)与瓦斯(二氧化碳)突出(以下简称突出)危险区、受水威胁区、技术边界、采空区、地质钻孔等情况。

第三十二条 煤矿必须结合实际情况开展隐蔽致灾地质因素普查或探测工作,并提出报告,由矿总工程师组织审定。

井工开采形成的老空区威胁露天煤矿安全时,煤矿应当制定安全措施。

第三十三条 生产矿井应当每 5 年修编矿井地质报告。地质条件变化影响地质类型划分时,应当在 1 年内重新进行地质类型划分。

第三编 井 工 煤 矿

第一章 矿 井 建 设

第一节 一 般 规 定

第三十四条 煤矿建设单位和参与建设的勘察、设计、施工、监理等单位必须具有与工程项目规模相适应的能力。国家实行资质管理的,应具备相应的资质,不得超资质承揽项目。

第三十五条 有突出危险煤层的新建矿井必须先抽后建。矿井建设开工前,应当对首采区突出煤层进行地面钻井预抽瓦斯,且预抽率应当达到 30% 以上。

第三十六条 建设单位必须落实安全生产管理主体责任,履行安全生产与职业病危害防治管理职责。

第三十七条 煤矿建设、施工单位必须设置项目管理机构,配备满足工程需要的安全人员、技术人员和特种作业人员。

第三十八条 单项工程、单位工程开工前,必须编制施工组织设计和作业规程,并组织相关人员学习。

第三十九条 矿井建设期间必须按规定填绘反映实际情况的井巷工程进度交换图、井巷工程地质实测素描图及通风、供电、运输、通信、监测、管路等系统图。

第四十条 矿井建设期间的安全出口应当符合下列要求:

(一)开凿或者延深立井时,井筒内必须设有在提升设备发生故障时专供人员出井的安全设施和出口;井筒到底后,应当先短路贯通,形成至少2个通达地面的安全出口。

(二)相邻的两条斜井或者平硐施工时,应当及时按设计要求贯通联络巷。

第二节 井巷掘进与支护

第四十一条 开凿平硐、斜井和立井时,井口与坚硬岩层之间的井巷必须砌碹或者用混凝土砌(浇)筑,并向坚硬岩层内至少延深5 m。

在山坡下开凿斜井和平硐时,井口顶、侧必须构筑挡墙和防洪水沟。

第四十二条 立井锁口施工时,应当遵守下列规定:

(一)采用冻结法施工井筒时,应当在井筒具备试挖条件后施工。

(二)风硐口、安全出口与井筒连接处应当整体浇筑,并采取安全防护措施。

(三)拆除临时锁口进行永久锁口施工前,在永久锁口下方应当设置保护盘,并满足通风、防坠和承载要求。

第四十三条 立井永久或者临时支护到井筒工作面的距离及防止片帮的措施必须根据岩性、水文地质条件和施工工艺在作业规程中明确。

第四十四条 立井井筒穿过冲积层、松软岩层或者煤层时,必须有专门措施。采用井圈或者其他临时支护时,临时支护必须安全可靠、紧靠工作面,并及时进行永久支护。建立永久支护前,每班应当派专人观测地面沉降和井帮变化情况;发现危险预兆时,必须立即停止作业,撤出人员,进行处理。

第四十五条 采用冻结法开凿立井井筒时,应当遵守下列规定:

(一)冻结深度应当穿过风化带延深至稳定的基岩10 m以上。基岩段涌水较大时,应当加深冻结深度。

(二)第一个冻结孔应当全孔取芯,以验证井筒检查孔资料的可靠性。

(三)钻进冻结孔时,必须测定钻孔的方向和偏斜度,测斜的最大间隔不得超过30 m,并绘制冻结孔实际偏斜平面位置图。偏斜度超过规定时,必须及时纠正。因钻孔偏斜影响冻结效果时,必须补孔。

(四)水文观测孔应当打在井筒内,不得偏离井筒的净断面,其深度不得超过冻结段深度。

(五)冻结管应当采用无缝钢管,并采用焊接或者螺纹连接。冻结管下入钻孔后应当进行试压,发现异常时,必须及时处理。

(六)开始冻结后,必须经常观察水文观测孔的水位变化。只有在水文观测孔冒水7天且水量正常,或者提前冒水的水文观测孔水压曲线出现明显拐点且稳定上升7天,确定冻结壁已交圈后,才可以进行试挖。在冻结和开凿过程中,要定期检查盐水温度和流量、井帮温度和位移,以及井帮和工作面盐水渗漏等情况。检查应当有详细记录,发现异常,必须及时处理。

(七)开凿冻结段采用爆破作业时,必须使用抗冻炸药,并制定专项措施。爆破技术参数应当在作业规程中明确。

(八)掘进施工过程中,必须有防止冻结壁变形和片帮、断管等的安全措施。

(九)生根壁座应当设在含水较少的稳定坚硬岩层中。

(十)冻结深度小于300 m时,在永久井壁施工全部完成后方可停止冻结;冻结深度大于300 m时,停止冻结的时间由建设、冻结、掘砌和监理单位根据冻结温度场观测资料共同研究确定。

(十一)冻结井筒的井壁结构应当采用双层或者复合井壁,井筒冻结段施工结束后应当及时进行壁间充填注浆。注浆时壁间夹层混凝土温度应当不低于4 ℃,且冻结壁仍处于封闭状态,并能承受外部水静压力。

(十二)在冲积层段井壁不应预留或者后凿梁窝。

(十三)当冻结孔穿过布有井下巷道和硐室的岩层时,应当采用缓凝浆液充填冻结孔壁与冻结管之间的环形空间。

(十四)冻结施工结束后,必须及时用水泥砂浆或者混凝土将冻结孔全孔充满填实。

第四十六条 采用竖孔冻结法开凿斜井井筒时,应当遵守下列规定:

(一)沿斜长方向冻结终端位置应当保证斜井井筒顶板位于相对稳定的隔水地层5 m以上,每段竖孔冻结深度应当穿过斜井冻结段井筒底板5 m以上。

(二)沿斜井井筒方向掘进的工作面,距离每段冻结终端不得小于5 m。

(三)冻结段初次支护及永久支护距掘进工作面的最大距离、掘进到永久支护完成的间隔时间必须在施工组织设计中明确,并制定处理冻结管和解冻后防治水的专项措施。永久支护完成后,方可停止该段井筒冻结。

第四十七条 冻结站必须采用不燃性材料建筑,并装设通风装置。定期测定站内空气中的氨气浓度,氨气浓度不得大于0.004%。站内严禁烟火,必须备有急救和消防器材。

制冷剂容器必须经过试验,合格后方可使用;制冷剂在运输、使用、充注、回收期间,应当有安全技术措施。

第四十八条 冬季或者用冻结法开凿井筒时,必须有防冻、清除冰凌的措施。

第四十九条 采用装配式金属模板砌筑内壁时,应当严格控制混凝土配合比和入模温度。混凝土配合比除满足强度、坍落度、初凝时间、终凝时间等设计要求外,还应当采取措施减少水化热。脱模时混凝土强度不小于0.7 MPa,且套壁施工速度每24 h不得超过12 m。

第五十条 采用钻井法开凿立井井筒时,必须遵守下列规定:

(一)钻井设计与施工的最终位置必须穿过冲积层,并进入不透水的稳定基岩中5 m以上。

(二)钻井临时锁口深度应当大于4 m,且进入稳定地层中3 m以上,遇特殊情况应当采取专门措施。

(三)钻井期间,必须封盖井口,并采取可靠的防坠措施;钻井泥浆浆面必须高于地下静止水位0.5 m,且不得低于临时锁口下端1 m;井口必须安装泥浆浆面高度报警装置。

(四)泥浆沟槽、泥浆沉淀池、临时蓄浆池均应当设置防护设施。泥浆的排放和固化应当满足环保要求。

(五)钻井时必须及时测定井筒的偏斜度。偏斜度超过规定时,必须及时纠正。井筒偏斜度及测点的间距必须在施工组织设计中明确。钻井完毕后,必须绘制井筒的纵横剖面图,井筒中心线和截面必须符合设计。

(六)井壁下沉时井壁上沿应当高出泥浆浆面1.5 m以上。井壁对接找正时,内吊盘工作人员不得超过4人。

(七)下沉井壁、壁后充填及充填质量检查、开凿沉井井壁的底部和开掘马头门时,必须制定专项措施。

第五十一条 立井井筒穿过预测涌水量大于10 m^3/h 的含水岩层或者破碎带时,应当采用地面或者工作面预注浆法进行堵水或者加固。注浆前,必须编制注浆工程设计和施工组织设计。

第五十二条 采用注浆法防治井壁漏水时,应当制定专项措施并遵守下列规定:

(一)最大注浆压力必须小于井壁承载强度。

(二)位于流砂层的井筒段,注浆孔深度必须小于井壁厚度200 mm。井筒采用双层井壁支护时,注浆孔应当穿过内壁进入外壁100 mm。当井壁破裂必须采用破壁注浆时,必须制定专门措施。

(三)注浆管必须固结在井壁中,并装有阀门。钻孔可能发生涌砂时,应当采取套管法或者其他安全措施。采用套管法注浆时,必须对套管与孔壁的固结强度进行耐压试验,只有达到注浆终压后才可使用。

第五十三条 开凿或者延深立井、安装井筒装备的施工组织设计中,必须有天轮平台、翻矸平台、封口盘、保护盘、吊盘以及凿岩、抓岩、出矸等设备的设置、运行、维修的安全技术措施。

第五十四条 延深立井井筒时,必须用坚固的保险盘或者留保护岩柱与上部生产水平隔开。只有在井筒装备完毕、井筒与井底车场连接处的开凿和支护完成,制定安全措施后,方可拆除保险盘或者掘凿保护岩柱。

第五十五条 向井下输送混凝土时,必须制定安全技术措施。混凝土强度等级大于C40或者输送深度大于400 m时,严禁采用溜灰管输送。

第五十六条 斜井(巷)施工时,应当遵守下列规定:

(一)明槽开挖必须制定防治水和边坡防护专项措施。

(二)由明槽进入暗硐或者由表土进入基岩采用钻爆法施工时,必须制定专项措施。

(三)施工15°以上斜井(巷)时,应当制定防止设备、轨道、管路等下滑的专项措施。

(四)由下向上施工25°以上的斜巷时,必须将溜矸(煤)道与人行道分开。人行道应当设扶手、梯子和信号装置。斜巷与上部巷道贯通时,必须有专项措施。

第五十七条 采用反井钻机掘凿暗立井、煤仓及溜煤眼时,应当遵守下列规定:

(一)扩孔作业时,严禁人员在下方停留、通行、观察或者出渣。出渣时,反井钻机应当停止扩孔作业。更换破岩滚刀时,必须采取保护措施。

(二)严禁干钻扩孔。

(三)及时清理溜矸孔内的矸石,防止堵孔。必须制定处理堵孔的专项措施。严禁站在溜矸孔的矸石上作业。

(四)扩孔完毕,必须在上、下孔口外围设置栅栏,防止人员进入。

第五十八条 施工岩(煤)平巷(硐)时,应当遵守下列规定:

(一)掘进工作面严禁空顶作业。临时和永久支护距掘进工作面的距离,必须根据地质、水文地质条件和施工工艺在作业规程中明确,并制定防止冒顶、片帮的安全措施。

(二)距掘进工作面10 m内的架棚支护,在爆破前必须加固。对爆破崩倒、崩坏的支架必须先行修复,之后方可进入工作面作业。修复支架时必须先检查顶、帮,并由外向里逐架进行。

(三)在松软的煤(岩)层、流砂性地层或者破碎带中掘进巷道时,必须采取超前支护或者其他措施。

第五十九条 使用伞钻时,应当遵守下列规定:

(一)井口伞钻悬吊装置、导轨梁等设施的强度及布置,必须在施工组织设计中验算和明确。

(二)伞钻摘挂钩必须由专人负责。

(三)伞钻在井筒中运输时必须收拢绑扎,通过各施工盘口时必须减速并由专人监视。

(四)伞钻支撑完成前不得脱开悬吊钢丝绳,使用期间必须设置保险绳。

第六十条 使用抓岩机时,应当遵守下列规定:

(一)抓岩机应当与吊盘可靠连接,并设置专用保险绳。

(二)抓岩机连接件及钢丝绳,在使用期间必须由专人每班检查1次。

(三)抓矸完毕必须将抓斗收拢并锁挂于机身。

第六十一条 使用耙装机时,应当遵守下列规定:

(一)耙装机作业时必须有照明。

(二)耙装机绞车的刹车装置必须完好、可靠。

(三)耙装机必须装有封闭式金属挡绳栏和防耙斗出槽的护栏;在巷道拐弯段装岩(煤)时,必须使用可靠的双向辅助导向轮,清理好机道,并有专人指挥和信号联系。

(四)固定钢丝绳滑轮的锚桩及其孔深和牢固程度,必须根据岩性条件在作业规程中明确。

(五)耙装机在装岩(煤)前,必须将机身和尾轮固定牢靠。耙装机运行时,严禁在耙斗运行范围内进行其他工作和行人。在倾斜井巷移动耙装机时,下方不得有人。上山施工倾角大于20°时,在司机前方必须设护身柱或者挡板,并在耙装机前方增设固定装置。倾斜井巷使用耙装机时,必须有防止机身下滑的措施。

(六)耙装机作业时,其与掘进工作面的最大和最小允许距离必须在作业规程中明确。

(七)高瓦斯、煤与瓦斯突出和有煤尘爆炸危险矿井的煤巷、半煤岩巷掘进工作面和石门揭煤工作面,严禁使用钢丝绳牵引的耙装机。

第六十二条 使用挖掘机时,应当遵守下列规定:

(一)严禁在作业范围内进行其他工作和行人。

(二)2台以上挖掘机同时作业或者与抓岩机同时作业时应当明确各自的作业范围,并设专人指挥。

（三）下坡运行时必须使用低速挡，严禁脱挡滑行，跨越轨道时必须有防滑措施。

（四）作业范围内必须有充足的照明。

第六十三条 使用凿岩台车、模板台车时，必须制定专项安全技术措施。

第三节 井塔、井架及井筒装备

第六十四条 井塔施工时，井塔出入口必须搭设双层防护安全通道，非出入口和通道两侧必须密闭，并设置醒目的行走路线标识。采用冻结法施工的井筒，严禁在未完全融化的人工冻土地基中施工井塔桩基。

第六十五条 井架安装必须编制施工组织设计。遇恶劣气候时，不得进行吊装作业。采用扒杆起立井架时，应当遵守下列规定：

（一）扒杆选型必须经过验算，其强度、稳定性、基础承载能力必须符合设计。

（二）铰链及预埋件必须按设计要求制作和安装，销轴使用前应当进行无损探伤检测。

（三）吊耳必须进行强度校核，且不得横向使用。

（四）扒杆起立时应当有缆风绳控制偏摆，并使缆风绳始终保持一定张力。

第六十六条 立井井筒装备安装施工时，应当遵守下列规定：

（一）井筒未贯通严禁井筒装备安装施工。

（二）突出矿井进行煤巷施工，且井筒处于回风状态时，严禁井筒装备安装施工。

（三）封口盘预留通风口应当符合通风要求。

（四）吊盘、吊桶（罐）、悬吊装置的销轴在使用前应当进行无损探伤检测，合格后方可使用。

（五）吊盘上放置的设备、材料及工具箱等必须固定牢靠。

（六）在吊盘以外作业时，必须有牢靠的立足处。

（七）严禁吊盘和提升容器同时运行，提升容器或者钩头通过吊盘的速度不得大于0.2 m/s。

第六十七条 井塔施工与井筒装备安装平行作业时，应当遵守下列规定：

（一）在土建与安装平行作业时，必须编制专项措施，明确安全防护要求。

（二）利用永久井塔凿井时，在临时天轮平台布置前必须对井塔承重结构进行验算。

（三）临时天轮平台的上一层提升孔口和吊装孔口必须封闭牢固。

（四）施工电梯和塔式起重机位置必须避开运行中的井筒装备、材料运输路线和人员行走通道。

第六十八条 安装井架或者井架上的设备时必须盖严井口。装备井筒与安装井架及井架上的设备平行作业时，井口掩盖装置必须坚固可靠，能承受井架上坠落物的冲击。

第六十九条 井下安装应当遵守下列规定：

（一）作业现场必须有充足的照明。

（二）大型设备、构件下井前必须校验提升设备的能力，并制定专项措施。

（三）巷道内固定吊点必须符合吊装要求。吊装时应当有专人观察吊点附近顶板情况，严禁超载吊装。

（四）在倾斜井巷提升运输时不得进行安装作业。

第四节 建井期间生产及辅助系统

第七十条 建井期间应当尽早形成永久的供电、提升运输、供排水、通风等系统。未形成上述永久系统前,必须建设临时系统。

矿井进入主要大巷施工前,必须安装安全监控、人员位置监测、通信联络系统。

第七十一条 建井期间应当形成两回路供电。当任一回路停止供电时,另一回路应当能担负矿井全部用电负荷。暂不能形成两回路供电的,必须有备用电源,备用电源的容量应当满足通风、排水和撤出人员的需要。

高瓦斯、煤与瓦斯突出、水文地质类型复杂和极复杂的矿井进入巷道和硐室施工前,其他矿井进入采区巷道施工前,必须形成两回路供电。

第七十二条 悬挂吊盘、模板、抓岩机、管路、电缆和安全梯的凿井绞车,必须装设制动装置和防逆转装置,并设有电气闭锁。

第七十三条 建井期间,2个提升容器的导向装置最突出部分之间的间隙,不得小于 $0.2+H/3000$(H 为提升高度,单位为 m);井筒深度小于 300 m 时,上述间隙不得小于 300 mm。

立井凿井期间,井筒内各设施之间的间隙应当符合表1的要求。

表 1 立井凿井期间井筒内各设施之间的间隙

序号	井筒内设施	间隙/mm
1	吊桶最突出部分与孔口之间	≥150
2	吊桶上滑架与孔口之间	≥100
3	抓岩机停止工作,抓斗悬吊时的最突出部分与运行的吊桶之间	≥200
4	管、线与永久井壁之间(井壁固定管线除外)	≥300
5	管、线最突出部分与提升容器最突出部分之间: 井深小于 400 m 井深 400~500 m 井深大于 500 m	≥500 ≥600 ≥800
6	管、线卡子的最突出部分与其通过的各盘、台孔口之间	≥100
7	吊盘与永久井壁之间	≤150

第七十四条 建井期间采用吊桶提升时,应当遵守下列规定:

(一)采用阻旋转提升钢丝绳。

(二)吊桶必须沿钢丝绳罐道升降,无罐道段吊桶升降距离不得超过 40 m。

(三)悬挂吊盘的钢丝绳兼作罐道绳时,必须制定专项措施。

(四)吊桶上方必须装设保护伞帽。

(五)吊桶翻矸时严禁打开井盖门。

(六)在使用钢丝绳罐道时,吊桶升降人员的最大速度不得超过采用下式求得的值,且最大不超过 7 m/s;无罐道绳段,不得超过 1 m/s。

$$v = 0.25\sqrt{H}$$

式中：

v ——最大提升速度，m/s；

H ——提升高度，m。

（七）在使用钢丝绳罐道时，吊桶升降物料时的最大速度不得超过采用下式求得的值，且最大不超过 8 m/s；无罐道绳段，不得超过 2 m/s。

$$v = 0.4\sqrt{H}$$

（八）在过卷行程内可不安设缓冲装置，但过卷行程不得小于表 2 确定的值。

表 2　提升速度与过卷行程

提升速度/ (m·s^{-1})	4	5	6	7	8
过卷行程/m	2.38	2.81	3.25	3.69	4.13

（九）提升机松绳保护装置应当接入报警回路。

第七十五条　立井凿井期间采用吊桶升降人员时，应当遵守下列规定：

（一）乘坐人员必须挂牢安全绳，严禁身体任何部位超出吊桶边缘。

（二）不得人、物混装。运送爆炸物品时应当执行本规程第三百三十九条的规定。

（三）严禁用自动翻转式、底卸式吊桶升降人员。

（四）吊桶提升到地面时，人员必须从井口平台进出吊桶，并只准在吊桶停稳和井盖门关闭后进出吊桶。

（五）吊桶内人均有效面积不应小于 0.2 m^2，严禁超员。

第七十六条　立井凿井期间，掘进工作面与吊盘、吊盘与井口、吊盘与辅助盘、腰泵房与井口、翻矸平台与绞车房、井口与提升机房必须设置独立信号装置。井口信号装置必须与绞车的控制回路闭锁。

吊盘与井口、腰泵房与井口、井口与提升机房，必须装设直通电话。

建井期间罐笼与箕斗混合提升，提人时应当设置信号闭锁，当罐笼提人时箕斗不得运行。

装备 1 套提升系统的井筒，必须有备用通信、信号装置。

第七十七条　立井凿井期间，提升钢丝绳与吊桶的连接，必须采用具有可靠保险和回转卸力装置的专用钩头。钩头主要受力部件每年应当进行 1 次无损探伤检测。

第七十八条　建井期间，井筒中悬挂吊盘、模板、抓岩机的钢丝绳，使用期限一般为 1 年；悬挂水管、风管、输料管、安全梯和电缆的钢丝绳，使用期限一般为 2 年。钢丝绳到期后经检测检验，不符合本规程第四百一十二条的规定，可以继续使用。

煤矿企业应当根据建井工期、在用钢丝绳的腐蚀程度等因素，确定是否需要储备检验合格的提升钢丝绳。

第七十九条　立井井筒临时改绞必须编制施工组织设计。井筒井底水窝深度必须满足过放距离的要求。提升容器过放距离内严禁积水积物。

同一工业广场内布置 2 个及以上井筒时，未与另一井筒贯通的井筒不得进行临时改绞。

单井筒确需临时改绞的,必须制定专项措施。

第八十条 开凿或者延深斜井、下山时,必须在斜井、下山的上口设置防止跑车装置,在掘进工作面的上方设置跑车防护装置,跑车防护装置与掘进工作面的距离必须在施工组织设计或者作业规程中明确。

斜井(巷)施工期间兼作人行道时,必须每隔 40 m 设置躲避硐。设有躲避硐的一侧必须有畅通的人行道。上下人员必须走人行道。人行道必须设红灯和语音提示装置。

斜巷采用多级提升或者上山掘进提升时,在绞车上山方向必须设置挡车栏。

第八十一条 在吊盘上或者在 2 m 以上高处作业时,工作人员必须佩带保险带。保险带必须拴在牢固的构件上,高挂低用。保险带应当定期按有关规定试验。每次使用前必须检查,发现损坏必须立即更换。

第八十二条 井筒开凿到底后,应当先施工永久排水系统,并在进入采区施工前完成。永久排水系统完成前,在井底附近必须设置临时排水系统,并符合下列要求:

(一)当预计涌水量不大于 50 m^3/h 时,临时水仓容积应当大于 4 h 正常涌水量;当预计涌水量大于 50 m^3/h 时,临时水仓容积应当大于 8 h 正常涌水量。临时水仓应当定期清理。

(二)井下工作水泵的排水能力应当能在 20 h 内排出 24 h 正常涌水量,井下备用水泵排水能力不小于工作水泵排水能力的 70%。

(三)临时排水管的型号应当与排水能力相匹配。

(四)临时水泵及配电设备基础应当比巷道底板至少高 300 mm,泵房断面应当满足设备布置需要。

第八十三条 立井凿井期间的局部通风应当遵守下列规定:

(一)局部通风机的安装位置距井口不得小于 20 m,且位于井口主导风向上风侧。

(二)局部通风机的安装和使用必须满足本规程第一百六十四条的要求。

(三)立井施工应当在井口预留专用回风口,以确保风流畅通,回风口的大小及安全防护措施应当在作业规程中明确。

第八十四条 巷道及硐室施工期间的通风应当遵守下列规定:

(一)主井、副井和风井布置在同一个工业广场内,主井或者副井与风井贯通后,应当先安装主要通风机,实现全风压通风。不具备安装主要通风机条件的,必须安装临时通风机,但不得采用局部通风机或者局部通风机群代替临时通风机。

主井、副井和风井布置在不同的工业广场内,主井或者副井短期内不能与风井贯通的,主井与副井贯通后必须安装临时通风机实现全风压通风。

(二)矿井临时通风机应当安装在地面。低瓦斯矿井临时通风机确需安装在井下时,必须制定专项措施。

(三)矿井采用临时通风机通风时,必须设置备用通风机,备用通风机必须能在 10 min 内启动。

第八十五条 建井期间有下列情况之一的,必须建立瓦斯抽采系统:

(一)突出矿井在揭露突出煤层前。

(二)任一掘进工作面瓦斯涌出量大于 3 m^3/min,用通风方法解决瓦斯问题不合理的。

第二章 开 采

第一节 一 般 规 定

第八十六条 新建非突出大中型矿井开采深度（第一水平）不应超过 1 000 m，改扩建大中型矿井开采深度不应超过 1 200 m，新建、改扩建小型矿井开采深度不应超过 600 m。

矿井同时生产的水平不得超过 2 个。

第八十七条 每个生产矿井必须至少有 2 个能行人的通达地面的安全出口，各出口间距不得小于 30 m。

采用中央式通风的新建和改扩建矿井，设计中应当规定井田边界的安全出口。

新建、扩建矿井的回风井严禁兼作提升和行人通道，紧急情况下可作为安全出口。

第八十八条 井下每一个水平到上一个水平和各个采（盘）区都必须至少有 2 个便于行人的安全出口，并与通达地面的安全出口相连。未建成 2 个安全出口的水平或者采（盘）区严禁回采。

井巷交岔点，必须设置路标，标明所在地点，指明通往安全出口的方向。

通达地面的安全出口和 2 个水平之间的安全出口，倾角不大于 45°时，必须设置人行道，并根据倾角大小和实际需要设置扶手、台阶或者梯道。倾角大于 45°时，必须设置梯道间或者梯子间，斜井梯道间必须分段错开设置，每段斜长不得大于 10 m；立井梯子间中的梯子角度不得大于 80°，相邻 2 个平台的垂直距离不得大于 8 m。

安全出口应当经常清理、维护，保持畅通。

第八十九条 主要绞车道不得兼作人行道。提升量不大、保证行车时不行人的，不受此限。

第九十条 巷道净断面必须满足行人、运输、通风和安全设施及设备安装、检修、施工的需要，并符合下列要求：

（一）采用轨道机车运输的巷道净高，自轨面起不得低于 2 m。架线电机车运输巷道的净高，在井底车场内、从井底到乘车场，不小于 2.4 m；其他地点，行人的不小于 2.2 m，不行人的不小于 2.1 m。

（二）采（盘）区内的上山、下山和平巷的净高不得低于 2 m，薄煤层内的不得低于 1.8 m。

（三）运输巷（包括管、线、电缆）与运输设备最突出部分之间的最小间距，应当符合表 3 的要求。

巷道净断面的设计，必须按支护最大允许变形后的断面计算。

表 3　运输巷与运输设备最突出部分之间的最小间距

巷道类型	顶部/m	两侧/m	备　　注
轨道机车运输巷道		0.3	综合机械化采煤矿井为 0.5 m
输送机运输巷道		0.5	输送机机头和机尾处与巷帮支护的距离应当满足设备检查和维修的需要，并不得小于 0.7 m
卡轨车、齿轨车运输巷道	0.3	0.3	单轨运输巷道宽度应当大于 2.8 m，双轨运输巷道宽度应当大于 4.0 m

表 3（续）

巷道类型	顶部/m	两侧/m	备注
单轨吊车运输巷道	0.5	0.85	曲线巷道段应当在直线巷道允许安全间隙的基础上，内侧加宽不小于0.1 m，外侧加宽不小于0.2 m。巷道内外侧加宽要从曲线巷道段两侧直线段开始，加宽段的长度不小于5.0 m
无轨胶轮车运输巷道	0.5	0.5	曲线巷道段应当在直线巷道允许安全间隙的基础上，按无轨胶轮车内、外轮曲率半径计算需加大的巷道宽度。巷道内外侧加宽要从曲线巷道两侧直线段开始，加宽段的长度应当满足安全运输的要求
设置移动变电站或者平板车的巷道		0.3	移动变电站或者平板车上设备最突出部分与巷道侧的间距

第九十一条 新建矿井、生产矿井新掘运输巷的一侧，从巷道道碴面起1.6 m的高度内，必须留有宽0.8 m（综合机械化采煤及无轨胶轮车运输的矿井为1 m）以上的人行道，管道吊挂高度不得低于1.8 m。

生产矿井已有巷道人行道的宽度不符合上述要求时，必须在巷道的一侧设置躲避硐，2个躲避硐的间距不得超过40 m。躲避硐宽度不得小于1.2 m，深度不得小于0.7 m，高度不得小于1.8 m。躲避硐内严禁堆积物料。

采用无轨胶轮车运输的矿井人行道宽度不足1 m时，必须制定专项安全技术措施，严格执行"行人不行车，行车不行人"的规定。

在人车停车地点的巷道上下人侧，从巷道道碴面起1.6 m的高度内，必须留有宽1m以上的人行道，管道吊挂高度不得低于1.8 m。

第九十二条 在双向运输巷中，两车最突出部分之间的距离必须符合下列要求：

（一）采用轨道运输的巷道：对开时不得小于0.2 m，采区装载点不得小于0.7 m，矿车摘挂钩地点不得小于1 m。

（二）采用单轨吊车运输的巷道：对开时不得小于0.8 m。

（三）采用无轨胶轮车运输的巷道：

1.双车道行驶，会车时不得小于0.5 m。

2.单车道应当根据运距、运量、运速及运输车辆特性，在巷道的合适位置设置机车绕行道或者错车硐室，并设置方向标识。

第九十三条 掘进巷道在揭露老空区前，必须制定探查老空区的安全措施，包括接近老空区时必须预留的煤（岩）柱厚度和探明水、火、瓦斯等内容。必须根据探明的情况采取措施，进行处理。

在揭露老空区时，必须将人员撤至安全地点。只有经过检查，证明老空区内的水、瓦斯和其他有害气体等无危险后，方可恢复工作。

第九十四条 采（盘）区结束后、回撤设备时，必须编制专门措施，加强通风、瓦斯、顶板、防火管理。

第二节 回采和顶板控制

第九十五条 采(盘)区开采前必须按照生产布局和资源回收合理的要求编制采(盘)区设计,并严格按照采(盘)区设计组织施工,情况发生变化时及时修改设计。

一个采(盘)区内同一煤层的一翼最多只能布置1个采煤工作面和2个煤(半煤岩)巷掘进工作面同时作业。一个采(盘)区内同一煤层双翼开采或者多煤层开采的,该采(盘)区最多只能布置2个采煤工作面和4个煤(半煤岩)巷掘进工作面同时作业。

采掘过程中严禁任意扩大和缩小设计确定的煤柱。采空区内不得遗留未经设计确定的煤柱。

严禁任意变更设计确定的工业场地、矿界、防水和井巷等的安全煤柱。

严禁在高速铁路下开采安全煤柱。

下山采区未形成完整的通风、排水等生产系统前,严禁掘进回采巷道。

第九十六条 采煤工作面回采前必须编制作业规程。情况发生变化时,必须及时修改作业规程或者补充安全措施。

第九十七条 采煤工作面必须保持至少2个畅通的安全出口,一个通到进风巷道,另一个通到回风巷道。

采煤工作面所有安全出口与巷道连接处超前压力影响范围内必须加强支护,且加强支护的巷道长度不得小于20 m;综合机械化采煤工作面,此范围内的巷道高度不得低于1.8 m,其他采煤工作面,此范围内的巷道高度不得低于1.6 m。安全出口和与之相连的巷道必须设专人维护,发生支架断梁折柱、巷道底鼓变形时,必须及时更换、清挖。

采煤工作面必须正规开采,严禁采用国家明令禁止的采煤方法。

高瓦斯、突出、有容易自燃或者自燃煤层的矿井,不得采用前进式采煤方法。

第九十八条 采煤工作面不得任意留顶煤和底煤,伞檐不得超过作业规程的规定。采煤工作面的浮煤应当清理干净。

第九十九条 台阶采煤工作面必须设置安全脚手板、护身板和溜煤板。倒台阶采煤工作面,还必须在台阶的底脚加设保护台板。

阶檐的宽度、台阶面长度和下部超前小眼的个数,必须在作业规程中规定。

第一百条 采煤工作面必须存有一定数量的备用支护材料。严禁使用折损的坑木、损坏的金属顶梁、失效的单体液压支柱。

在同一采煤工作面中,不得使用不同类型和不同性能的支柱。在地质条件复杂的采煤工作面中使用不同类型的支柱时,必须制定安全措施。

单体液压支柱入井前必须逐根进行压力试验。

对金属顶梁和单体液压支柱,在采煤工作面回采结束后或者使用时间超过8个月后,必须进行检修。检修好的支柱,还必须进行压力试验,合格后方可使用。

采煤工作面严禁使用木支柱(极薄煤层除外)和金属摩擦支柱支护。

第一百零一条 采煤工作面必须及时支护,严禁空顶作业。所有支架必须架设牢固,并有防倒措施。严禁在浮煤或者浮矸上架设支架。单体液压支柱的初撑力,柱径为100 mm的不得小于90 kN,柱径为80 mm的不得小于60 kN。对于软岩条件下初撑力确实达不到要求的,在制定措施、满足安全的条件下,必须经矿总工程师审批。严禁在控顶区域内提前摘柱。碰倒或者损坏、失效的支柱,必须立即恢复或者更换。移动输送机机头、机尾需要拆除附近的支架时,必须先架好临时支架。

采煤工作面遇顶底板松软或者破碎、过断层、过老空区、过煤柱或者冒顶区,以及托伪顶开采时,必须制定安全措施。

第一百零二条 采用锚杆、锚索、锚喷、锚网喷等支护形式时,应当遵守下列规定:

(一)锚杆(索)的形式、规格、安设角度,混凝土强度等级、喷体厚度,挂网规格、搭接方式,以及围岩涌水的处理等,必须在施工组织设计或者作业规程中明确。

(二)采用钻爆法掘进的岩石巷道,应当采用光面爆破。打锚杆眼前,必须采取敲帮问顶等措施。

(三)锚杆拉拔力、锚索预紧力必须符合设计。煤巷、半煤岩巷支护必须进行顶板离层监测,并将监测结果记录在牌板上。对喷体必须做厚度和强度检查并形成检查记录。在井下做锚固力试验时,必须有安全措施。

(四)遇顶板破碎、淋水,过断层、老空区、高应力区等情况时,应加强支护。

第一百零三条 巷道架棚时,支架腿应当落在实底上;支架与顶、帮之间的空隙必须塞紧、背实。支架间应当设牢固的撑杆或者拉杆,可缩性金属支架应当采用金属支拉杆,并用机械或者力矩扳手拧紧卡缆。倾斜井巷支架应当设迎山角;可缩性金属支架可待受压变形稳定后喷射混凝土覆盖。巷道砌碹时,碹体与顶帮之间必须用不燃物充满填实;巷道冒顶空顶部分,可用支护材料接顶,但在碹拱上部必须充填不燃物垫层,其厚度不得小于0.5 m。

第一百零四条 严格执行敲帮问顶及围岩观测制度。

开工前,班组长必须对工作面安全情况进行全面检查,确认无危险后,方准人员进入工作面。

第一百零五条 采煤工作面用垮落法管理顶板时,必须及时放顶。顶板不垮落、悬顶距离超过作业规程规定的,必须停止采煤,采取人工强制放顶或者其他措施进行处理。

放顶的方法和安全措施,放顶与爆破、机械落煤等工序平行作业的安全距离,放顶区内支架、支柱等的回收方法,必须在作业规程中明确规定。

放顶人员必须站在支架完整,无崩绳、崩柱、甩钩、断绳抽人等危险的安全地点工作。

回柱放顶前,必须对放顶的安全工作进行全面检查,清理好退路。回柱放顶时,必须指定有经验的人员观察顶板。

采煤工作面初次放顶及收尾时,必须制定安全措施。

第一百零六条 采煤工作面采用密集支柱切顶时,两段密集支柱之间必须留有宽0.5 m以上的出口,出口间的距离和新密集支柱超前的距离必须在作业规程中明确规定。采煤工作面无密集支柱切顶时,必须有防止工作面冒顶和矸石窜入工作面的措施。

第一百零七条 采用人工假顶分层垮落法开采的采煤工作面,人工假顶必须铺设完好并搭接严密。

采用分层垮落法开采时,必须向采空区注浆或者注水。注浆或者注水的具体要求,应当在作业规程中明确规定。

第一百零八条 采煤工作面用充填法控制顶板时,必须及时充填。控顶距离超过作业规程规定时禁止采煤,严禁人员在充填区空顶作业;且应当根据地表保护级别,编制专项设计并制定安全技术措施。

采用综合机械化充填采煤时,待充填区域的风速应当满足工作面最低风速要求;有人进行充填作业时,严禁操作作业区域的液压支架。

第一百零九条 用水砂充填法控制顶板时,采空区和三角点必须充填满。充填地点的下方,严禁人员通行或者停留。注砂井和充填地点之间,应当保持电话联络,联络中断时,必须立即停止注砂。

清理因跑砂堵塞的倾斜井巷前,必须制定安全措施。

第一百一十条 近距离煤层群开采下一煤层时,必须制定控制顶板的安全措施。

第一百一十一条 采用分层垮落法回采时,下一分层的采煤工作面必须在上一分层顶板垮落的稳定区域内进行回采。

第一百一十二条 采用柔性掩护支架开采急倾斜煤层时,地沟的尺寸,工作面循环进度,支架的角度、结构,支架垫层数和厚度,以及点柱的支设角度、排列方式和密度,钢丝绳的规格和数量,必须在作业规程中规定。

生产中遇断梁、支架悬空、窜矸等情况时,必须及时处理。支架沿走向弯曲、歪斜及角度超过作业规程规定时,必须在下一次放架过程中进行调整。应当经常检查支架上的螺栓和附件,如有松动,必须及时拧紧。

正倾斜柔性掩护支架的每个回采带的两端,必须设置人行眼,并用木板与溜煤眼相隔。对伪倾斜柔性掩护支架工作面上下 2 个出口的要求和工作面的伪倾角,超前溜煤眼的规格、间距和施工方式,必须在作业规程中规定。

掩护支架接近平巷时,应当缩短每次下放支架的距离,并减少同时爆破的炮眼数目和装药量。掩护支架过平巷时,应当加强溜煤眼与平巷连接处的支护或者架设木垛。

第一百一十三条 采用水力采煤时,必须遵守下列规定:

(一)第一次采用水力采煤的矿井,必须根据矿井地质条件、煤层赋存条件等因素编制开采设计,并经行业专家论证。

(二)水采工作面必须采用矿井全风压通风。可以采用多条回采巷道共用 1 条回风巷的布置方式,但回采巷道数量不得超过 3 个,且必须正台阶布置,单枪作业,依次回采。采用倾斜短壁水力采煤法时,回采巷道两侧的回采煤垛应当上下错开,左右交替采煤。

应当根据煤层自然发火期进行区段划分,保证划分区段在自然发火期内采完并及时密闭。密闭设施必须进行专项设计。

(三)相邻回采巷道及工作面回风巷之间必须开凿联络巷,用以通风、运料和行人。应当及时安设和调整风帘(窗)等控风设施。联络巷间距和支护形式必须在作业规程中规定。

(四)采煤工作面应当采用闭式顺序落煤,贯通前的采碉可以采用局部通风机辅助通风。应当在作业规程中明确工作面顶煤、顶板突然垮落时的安全技术措施。

(五)回采水枪应当使用液控水枪,水枪到控制台距离不得小于 10 m。对使用中的水枪,每 3 个月应当至少进行 1 次耐压试验。

(六)采煤工作面附近必须设置通信设备,在水枪附近必须有直通高压泵房的声光兼备的信号装置。

严禁水枪司机在无支护条件下作业。水枪司机与煤水泵司机、高压泵司机之间必须装电话及声光兼备的信号装置。

(七)用明槽输送煤浆时,倾角超过 25°的巷道,明槽必须封闭,否则禁止行人。倾角在

15°～25°时,人行道与明槽之间必须加设挡板或者挡墙,其高度不得小于 1 m;在拐弯、倾角突然变大及有煤浆溅出的地点,在明槽处应当加高挡板或者加盖。在行人经常跨过的明槽处,必须设过桥。必须保持巷道行人侧畅通。

除不行人的急倾斜专用岩石溜煤眼外,不得无槽、无沟沿巷道底板运输煤浆。

(八)工作面回风巷内严禁设置电气设备,在水枪落煤期间严禁行人和安排其他作业。

有下列情形之一的,严禁采用水力采煤:

(一)突出矿井,以及掘进工作面瓦斯涌出量大于 3 m³/min 的高瓦斯矿井。

(二)顶板不稳定的煤层。

(三)顶底板容易泥化或者底鼓的煤层。

(四)容易自燃煤层。

第一百一十四条 采用综合机械化采煤时,必须遵守下列规定:

(一)必须根据矿井各个生产环节、煤层地质条件、厚度、倾角、瓦斯涌出量、自然发火倾向和矿山压力等因素,编制工作面设计。

(二)运送、安装和拆除综采设备时,必须有安全措施,明确规定运送方式、安装质量、拆装工艺和控制顶板的措施。

(三)工作面煤壁、刮板输送机和支架都必须保持直线。支架间的煤、矸必须清理干净。倾角大于 15°时,液压支架必须采取防倒、防滑措施;倾角大于 25°时,必须有防止煤(矸)窜出刮板输送机伤人的措施。

(四)液压支架必须接顶。顶板破碎时必须超前支护。在处理液压支架上方冒顶时,必须制定安全措施。

(五)采煤机采煤时必须及时移架。移架滞后采煤机的距离,应当根据顶板的具体情况在作业规程中明确规定;超过规定距离或者发生冒顶、片帮时,必须停止采煤。

(六)严格控制采高,严禁采高大于支架的最大有效支护高度。当煤层变薄时,采高不得小于支架的最小有效支护高度。

(七)当采高超过 3 m 或者煤壁片帮严重时,液压支架必须设护帮板。当采高超过 4.5 m 时,必须采取防片帮伤人措施。

(八)工作面两端必须使用端头支架或者增设其他形式的支护。

(九)工作面转载机配有破碎机时,必须有安全防护装置。

(十)处理倒架、歪架、压架,更换支架,以及拆修顶梁、支柱、座箱等大型部件时,必须有安全措施。

(十一)在工作面内进行爆破作业时,必须有保护液压支架和其他设备的安全措施。

(十二)乳化液的配制、水质、配比等,必须符合有关要求。泵箱应当设自动给液装置,防止吸空。

(十三)采煤工作面必须进行矿压监测。

第一百一十五条 采用放顶煤开采时,必须遵守下列规定:

(一)矿井第一次采用放顶煤开采,或者在煤层(瓦斯)赋存条件变化较大的区域采用放顶煤开采时,必须根据顶板、煤层、瓦斯、自然发火、水文地质、煤尘爆炸性、冲击地压等地质特征和灾害危险性进行可行性论证和设计,并由煤矿企业组织行业专家论证。

(二)针对煤层开采技术条件和放顶煤开采工艺特点,必须制定防瓦斯、防火、防尘、防水、采放煤工艺、顶板支护、初采和工作面收尾等安全技术措施。

（三）放顶煤工作面初采期间应当根据需要采取强制放顶措施，使顶煤和直接顶充分垮落。

（四）采用预裂爆破处理坚硬顶板或者坚硬顶煤时，应当在工作面未采动区进行，并制定专门的安全技术措施。严禁在工作面内采用炸药爆破方法处理未冒落顶煤、顶板及大块煤（矸）。

（五）高瓦斯、突出矿井的容易自燃煤层，应当采取以预抽方式为主的综合抽采瓦斯措施和综合防灭火措施，保证本煤层瓦斯含量不大于 6 m^3/t。

（六）严禁单体支柱放顶煤开采。

有下列情形之一的，严禁采用放顶煤开采：

（一）缓倾斜、倾斜厚煤层的采放比大于 1：3，且未经行业专家论证的；急倾斜水平分段放顶煤采放比大于 1：8 的。

（二）采区或者工作面采出率达不到矿井设计规范规定的。

（三）煤层有突出危险的。

（四）坚硬顶板、坚硬顶煤不易冒落，且采取措施后冒放性仍然较差，顶板垮落充填采空区的高度不大于采放煤高度的。

（五）矿井水文地质条件复杂，放顶煤开采后有可能与地表水、老窑积水和强含水层导通的。

（六）放顶煤开采后有可能沟通火区的。

第一百一十六条 采用连续采煤机开采，必须根据工作面地质条件、瓦斯涌出量、自然发火倾向、回采速度、矿山压力，以及煤层顶底板岩性、厚度、倾角等因素，编制开采设计和回采作业规程，并符合下列要求：

（一）工作面必须形成全风压通风后方可回采。

（二）严禁采煤机司机等人员在空顶区作业。

（三）运输巷与短壁工作面或者回采支巷连接处（出口），必须加强支护。

（四）回收煤柱时，连续采煤机的最大进刀深度应当根据顶板状况、设备配套、采煤工艺等因素合理确定。

（五）采用垮落法控制顶板，对于特殊地质条件下顶板不能及时冒落时，必须采取强制放顶或者其他处理措施。

（六）采用煤柱支承采空区顶板及上覆岩层的部分回采方式时，应当有防止采空区顶板大面积垮塌的措施。

（七）应当及时安设和调整风帘（窗）等控风设施。

（八）容易自燃煤层应当分块段回采，且每个采煤块段必须在自然发火期内回采结束并封闭。

有下列情形之一的，严禁采用连续采煤机开采：

（一）突出矿井或者掘进工作面瓦斯涌出量超过 3 m^3/min 的高瓦斯矿井。

（二）倾角大于 8°的煤层。

（三）直接顶不稳定的煤层。

第三节 采 掘 机 械

第一百一十七条 使用滚筒式采煤机采煤时,必须遵守下列规定:

(一)采煤机上装有能停止工作面刮板输送机运行的闭锁装置。启动采煤机前,必须先巡视采煤机四周,发出预警信号,确认人员无危险后,方可接通电源。采煤机因故暂停时,必须打开隔离开关和离合器。采煤机停止工作或者检修时,必须切断采煤机前级供电开关电源并断开其隔离开关,断开采煤机隔离开关,打开截割部离合器。

(二)工作面遇有坚硬夹矸或者黄铁矿结核时,应当采取松动爆破处理措施,严禁用采煤机强行截割。

(三)工作面倾角在15°以上时,必须有可靠的防滑装置。

(四)使用有链牵引采煤机时,在开机和改变牵引方向前,必须发出信号。只有在收到返向信号后,才能开机或者改变牵引方向,防止牵引链跳动或者断链伤人。必须经常检查牵引链及其两端的固定连接件,发现问题,及时处理。采煤机运行时,所有人员必须避开牵引链。

(五)更换截齿和滚筒时,采煤机上下 3 m 范围内,必须护帮护顶,禁止操作液压支架。必须切断采煤机前级供电开关电源并断开其隔离开关,断开采煤机隔离开关,打开截割部离合器,并对工作面输送机施行闭锁。

(六)采煤机用刮板输送机作轨道时,必须经常检查刮板输送机的溜槽、挡煤板导向管的连接情况,防止采煤机牵引链因过载而断链;采煤机为无链牵引时,齿(销、链)轨的安设必须紧固、完好,并经常检查。

第一百一十八条 使用刨煤机采煤时,必须遵守下列规定:

(一)工作面至少每隔 30 m 装设能随时停止刨头和刮板输送机的装置,或者装设向刨煤机司机发送信号的装置。

(二)刨煤机应当有刨头位置指示器;必须在刮板输送机两端设置明显标志,防止刨头与刮板输送机机头撞击。

(三)工作面倾角在12°以上时,配套的刮板输送机必须装设防滑、锚固装置。

第一百一十九条 使用掘进机、掘锚一体机、连续采煤机掘进时,必须遵守下列规定:

(一)开机前,在确认铲板前方和截割臂附近无人时,方可启动。采用遥控操作时,司机必须位于安全位置。开机、退机、调机时,必须发出报警信号。

(二)作业时,应当使用内、外喷雾装置,内喷雾装置的工作压力不得小于 2 MPa,外喷雾装置的工作压力不得小于 4 MPa。

(三)截割部运行时,严禁人员在截割臂下停留和穿越,机身与煤(岩)壁之间严禁站人。

(四)在设备非操作侧,必须装有紧急停转按钮(连续采煤机除外)。

(五)必须装有前照明灯和尾灯。

(六)司机离开操作台时,必须切断电源。

(七)停止工作和交班时,必须将切割头落地,并切断电源。

第一百二十条 使用运煤车、铲车、梭车、履带式行走支架、锚杆钻车、给料破碎机、连续运输系统或者桥式转载机等掘进机后配套设备时,必须遵守下列规定:

(一)所有安装机载照明的后配套设备启动前必须开启照明,发出开机信号,确认人员离开,再开机运行。设备停机、检修或者处理故障时,必须停电闭锁。

(二)带电移动的设备电缆应当有防拔脱装置。电缆必须连接牢固、可靠,电缆收放装置必须完好。操作电缆卷筒时,人员不得骑跨或者踩踏电缆。

(三)运煤车、铲车、梭车制动装置必须齐全、可靠。作业时,行驶区间严禁人员进入;检修时,铰接处必须使用限位装置。

(四)给料破碎机与输送机之间应当设联锁装置。给料破碎机行走时两侧严禁站人。

(五)连续运输系统或者桥式转载机运行时,严禁在非行人侧行走或者作业。

(六)锚杆钻车作业时必须有防护操作台,支护作业时必须将临时支护顶棚升至顶板。非操作人员严禁在锚杆钻车周围停留或者作业。

(七)履带行走式支架应当具有预警延时启动装置、系统压力实时显示装置,以及自救、逃逸功能。

第一百二十一条 使用刮板输送机运输时,必须遵守下列规定:

(一)采煤工作面刮板输送机必须安设能发出停止、启动信号和通讯的装置,发出信号点的间距不得超过 15 m。

(二)刮板输送机使用的液力偶合器,必须按所传递的功率大小,注入规定量的难燃液,并经常检查有无漏失。易熔合金塞必须符合标准,并设专人检查、清除塞内污物;严禁使用不符合标准的物品代替。

(三)刮板输送机严禁乘人。

(四)用刮板输送机运送物料时,必须有防止顶人和顶倒支架的安全措施。

(五)移动刮板输送机时,必须有防止冒顶、顶伤人员和损坏设备的安全措施。

第四节 建(构)筑物下、水体下、铁路下及主要井巷煤柱开采

第一百二十二条 建(构)筑物下、水体下、铁路下及主要井巷煤柱开采,必须设立观测站,观测地表和岩层移动与变形,查明垮落带和导水裂缝带的高度,以及水文地质条件变化等情况。取得的实际资料作为本井田建(构)筑物下、水体下、铁路下的以及主要井巷煤柱开采的依据。

第一百二十三条 建(构)筑物下、水体下、铁路下,以及主要井巷煤柱开采,必须经过试采。试采前,必须按其重要程度以及可能受到的影响,采取相应技术措施并编制开采设计。

第一百二十四条 试采前,必须完成建(构)筑物、水体、铁路,主要井巷工程及其地质、水文地质调查,观测点设置以及加固和保护等准备工作;试采时,必须及时观测,对受到开采影响的受护体,必须及时维修。试采结束后,必须由原试采方案设计单位提出试采总结报告。

第五节 井巷维修和报废

第一百二十五条 矿井必须制定井巷维修制度,加强井巷维修,保证通风、运输畅通和行人安全。

第一百二十六条 井筒大修时必须编制施工组织设计。

维修井巷支护时,必须有安全措施。严防顶板冒落伤人、堵人和支架歪倒。

扩大和维修井巷时,必须有冒顶堵塞井巷时保证人员撤退的出口。在独头巷道维修支架时,必须保证通风安全并由外向里逐架进行,严禁人员进入维修地点以里。

撤掉支架前,应当先加固作业地点的支架。架设和拆除支架时,在一架未完工之前,不

得中止作业。撤换支架的工作应当连续进行,不连续施工时,每次工作结束前,必须接顶封帮。

维修锚网井巷时,施工地点必须有临时支护和防止失修范围扩大的措施。

维修倾斜井巷时,应当停止行车;需要通车作业时,必须制定行车安全措施。严禁上、下段同时作业。

更换巷道支护时,在拆除原有支护前,应当先加固邻近支护,拆除原有支护后,必须及时除掉顶帮活矸和架设永久支护,必要时还应当采取临时支护措施。在倾斜巷道中,必须有防止矸石、物料滚落和支架歪倒的安全措施。

第一百二十七条 修复旧井巷时,必须首先检查瓦斯。当瓦斯积聚时,必须按规定排放,只有在回风流中甲烷浓度不超过1.0%、二氧化碳浓度不超过1.5%、空气成分符合本规程第一百三十五条的要求时,才能作业。

第一百二十八条 从报废的井巷内回收支架和装备时,必须制定安全措施。

第一百二十九条 报废的巷道必须封闭。报废的暗井和倾斜巷道下口的密闭墙必须留泄水孔。

第一百三十条 报废的井巷必须做好隐蔽工程记录,并在井上、下对照图上标明,归档备查。

第一百三十一条 报废的立井应当填实,或者在井口浇注1个大于井筒断面的坚实的钢筋混凝土盖板,并设置栅栏和标志。

报废的斜井(平硐)应当填实,或者在井口以下斜长20 m处砌筑1座砖、石或者混凝土墙,再用泥土填至井口,并加砌封墙。

报废井口的周围有地表水影响时,必须设置排水沟。

第六节 防 止 坠 落

第一百三十二条 立井井口必须用栅栏或者金属网围住,进出口设置栅栏门。井筒与各水平的连接处必须设栅栏。栅栏门只准在通过人员或者车辆时打开。

立井井筒与各水平车场的连接处,必须设专用的人行道,严禁人员通过提升间。

罐笼提升的立井井口和井底、井筒与各水平的连接处,必须设置阻车器。

第一百三十三条 倾角在25°以上的小眼、煤仓、溜煤(矸)眼、人行道、上山和下山的上口,必须设防止人员、物料坠落的设施。

第一百三十四条 煤仓、溜煤(矸)眼必须有防止煤(矸)堵塞的设施。检查煤仓、溜煤(矸)眼和处理堵塞时,必须制定安全措施。处理堵塞时应当遵守本规程第三百六十条的规定,严禁人员从下方进入。

严禁煤仓、溜煤(矸)眼兼作流水道。煤仓与溜煤(矸)眼内有淋水时,必须采取封堵疏干措施;没有得到妥善处理不得使用。

第三章 通风、瓦斯和煤尘爆炸防治

第一节 通 风

第一百三十五条 井下空气成分必须符合下列要求:

（一）采掘工作面的进风流中,氧气浓度不低于20%,二氧化碳浓度不超过0.5%。
（二）有害气体的浓度不超过表4规定。

表4 矿井有害气体最高允许浓度

名　　称	最高允许浓度/%
一氧化碳 CO	0.002 4
氧化氮（换算成 NO_2）	0.000 25
二氧化硫 SO_2	0.000 5
硫化氢 H_2S	0.000 66
氨 NH_3	0.004

甲烷、二氧化碳和氢气的允许浓度按本规程的有关规定执行。

矿井中所有气体的浓度均按体积百分比计算。

第一百三十六条 井巷中的风流速度应当符合表5要求。

表5 井巷中的允许风流速度

井巷名称	允许风速/(m·s^{-1})	
	最　低	最　高
无提升设备的风井和风硐		15
专为升降物料的井筒		12
风桥		10
升降人员和物料的井筒		8
主要进、回风巷		8
架线电机车巷道	1.0	8
输送机巷,采区进、回风巷	0.25	6
采煤工作面、掘进中的煤巷和半煤岩巷	0.25	4
掘进中的岩巷	0.15	4
其他通风人行巷道	0.15	

设有梯子间的井筒或者修理中的井筒,风速不得超过8 m/s;梯子间四周经封闭后,井筒中的最高允许风速可以按表5规定执行。

无瓦斯涌出的架线电机车巷道中的最低风速可低于表5的规定值,但不得低于0.5 m/s。

综合机械化采煤工作面,在采取煤层注水和采煤机喷雾降尘等措施后,其最大风速可高于表5的规定值,但不得超过5 m/s。

第一百三十七条 进风井口以下的空气温度（干球温度,下同）必须在2 ℃以上。

第一百三十八条 矿井需要的风量应当按下列要求分别计算,并选取其中的最大值:

（一）按井下同时工作的最多人数计算,每人每分钟供给风量不得少于4 m³。

(二)按采掘工作面、硐室及其他地点实际需要风量的总和进行计算。各地点的实际需要风量,必须使该地点的风流中的甲烷、二氧化碳和其他有害气体的浓度,风速、温度及每人供风量符合本规程的有关规定。

使用煤矿用防爆型柴油动力装置机车运输的矿井,行驶车辆巷道的供风量还应当按同时运行的最多车辆数增加巷道配风量,配风量不小于 4 m³/min·kW。

按实际需要计算风量时,应当避免备用风量过大或者过小。煤矿企业应当根据具体条件制定风量计算方法,至少每 5 年修订 1 次。

第一百三十九条 矿井每年安排采掘作业计划时必须核定矿井生产和通风能力,必须按实际供风量核定矿井产量,严禁超通风能力生产。

第一百四十条 矿井必须建立测风制度,每 10 天至少进行 1 次全面测风。对采掘工作面和其他用风地点,应当根据实际需要随时测风,每次测风结果应当记录并写在测风地点的记录牌上。

应当根据测风结果采取措施,进行风量调节。

第一百四十一条 矿井必须有足够数量的通风安全检测仪表。仪表必须由具备相应资质的检验单位进行检验。

第一百四十二条 矿井必须有完整的独立通风系统。改变全矿井通风系统时,必须编制通风设计及安全措施,由企业技术负责人审批。

第一百四十三条 贯通巷道必须遵守下列规定:

(一)巷道贯通前应当制定贯通专项措施。综合机械化掘进巷道在相距 50 m 前、其他巷道在相距20 m前,必须停止一个工作面作业,做好调整通风系统的准备工作。

停掘的工作面必须保持正常通风,设置栅栏及警标,每班必须检查风筒的完好状况和工作面及其回风流中的瓦斯浓度,瓦斯浓度超限时,必须立即处理。

掘进的工作面每次爆破前,必须派专人和瓦斯检查工共同到停掘的工作面检查工作面及其回风流中的瓦斯浓度,瓦斯浓度超限时,必须先停止在掘工作面的工作,然后处理瓦斯,只有在 2 个工作面及其回风流中的甲烷浓度都在 1.0% 以下时,掘进的工作面方可爆破。每次爆破前,2 个工作面入口必须有专人警戒。

(二)贯通时,必须由专人在现场统一指挥。

(三)贯通后,必须停止采区内的一切工作,立即调整通风系统,风流稳定后,方可恢复工作。

间距小于 20 m 的平行巷道的联络巷贯通,必须遵守以上规定。

第一百四十四条 进、回风井之间和主要进、回风巷之间的每条联络巷中,必须砌筑永久性风墙;需要使用的联络巷,必须安设 2 道联锁的正向风门和 2 道反向风门。

第一百四十五条 箕斗提升井或者装有带式输送机的井筒兼作风井使用时,必须遵守下列规定:

(一)生产矿井现有箕斗提升井兼作回风井时,井上下装、卸载装置和井塔(架)必须有防尘和封闭措施,其漏风率不得超过 15%。装有带式输送机的井筒兼作回风井时,井筒中的风速不得超过 6 m/s,且必须装设甲烷断电仪。

(二)箕斗提升井或者装有带式输送机的井筒兼作进风井时,箕斗提升井筒中的风速不得超过 6 m/s、装有带式输送机的井筒中的风速不得超过 4 m/s,并有防尘措施。装有带式输送机的井筒中必须装设自动报警灭火装置、敷设消防管路。

第一百四十六条 进风井口必须布置在粉尘、有害和高温气体不能侵入的地方。已布置在粉尘、有害和高温气体能侵入的地点的,应当制定安全措施。

第一百四十七条 新建高瓦斯矿井、突出矿井、煤层容易自燃矿井及有热害的矿井应当采用分区式通风或者对角式通风;初期采用中央并列式通风的只能布置一个采区生产。

第一百四十八条 矿井开拓新水平和准备新采区的回风,必须引入总回风巷或者主要回风巷中。在未构成通风系统前,可将此回风引入生产水平的进风中;但在有瓦斯喷出或者有突出危险的矿井中,开拓新水平和准备新采区时,必须先在无瓦斯喷出或者无突出危险的煤(岩)层中掘进巷道并构成通风系统,为构成通风系统的掘进巷道的回风,可以引入生产水平的进风中。上述2种回风流中的甲烷和二氧化碳浓度都不得超过0.5%,其他有害气体浓度必须符合本规程第一百三十五条的规定,并制定安全措施,报企业技术负责人审批。

第一百四十九条 生产水平和采(盘)区必须实行分区通风。

准备采区,必须在采区构成通风系统后,方可开掘其他巷道;采用倾斜长壁布置的,大巷必须至少超前2个区段,并构成通风系统后,方可开掘其他巷道。采煤工作面必须在采(盘)区构成完整的通风、排水系统后,方可回采。

高瓦斯、突出矿井的每个采(盘)区和开采容易自燃煤层的采(盘)区,必须设置至少1条专用回风巷;低瓦斯矿井开采煤层群和分层开采采用联合布置的采(盘)区,必须设置1条专用回风巷。

采区进、回风巷必须贯穿整个采区,严禁一段为进风巷、一段为回风巷。

第一百五十条 采、掘工作面应当实行独立通风,严禁2个采煤工作面之间串联通风。

同一采区内1个采煤工作面与其相连接的1个掘进工作面、相邻的2个掘进工作面,布置独立通风有困难时,在制定措施后,可采用串联通风,但串联通风的次数不得超过1次。

采区内为构成新区段通风系统的掘进巷道或者采煤工作面遇地质构造而重新掘进的巷道,布置独立通风有困难时,其回风可以串入采煤工作面,但必须制定安全措施,且串联通风的次数不得超过1次;构成独立通风系统后,必须立即改为独立通风。

对于本条规定的串联通风,必须在进入被串联工作面的巷道中装设甲烷传感器,且甲烷和二氧化碳浓度都不得超过0.5%,其他有害气体浓度都应当符合本规程第一百三十五条的要求。

开采有瓦斯喷出、有突出危险的煤层或者在距离突出煤层垂距小于10 m的区域掘进施工时,严禁任何2个工作面之间串联通风。

第一百五十一条 井下所有煤仓和溜煤眼都应当保持一定的存煤,不得放空;有涌水的煤仓和溜煤眼,可以放空,但放空后放煤口闸板必须关闭,并设置引水管。

溜煤眼不得兼作风眼使用。

第一百五十二条 煤层倾角大于12°的采煤工作面采用下行通风时,应当报矿总工程师批准,并遵守下列规定:

(一)采煤工作面风速不得低于1 m/s。

(二)在进、回风巷中必须设置消防供水管路。

(三)有突出危险的采煤工作面严禁采用下行通风。

第一百五十三条 采煤工作面必须采用矿井全风压通风,禁止采用局部通风机稀释瓦斯。

采掘工作面的进风和回风不得经过采空区或者冒顶区。

无煤柱开采沿空送巷和沿空留巷时，应当采取防止从巷道的两帮和顶部向采空区漏风的措施。

矿井在同一煤层、同翼、同一采区相邻正在开采的采煤工作面沿空送巷时，采掘工作面严禁同时作业。

水采和连续采煤机开采的采煤工作面由采空区回风时，工作面必须有足够的新鲜风流，工作面及其回风巷的风流中的甲烷和二氧化碳浓度必须符合本规程第一百七十二条、第一百七十三条和第一百七十四条的规定。

第一百五十四条 采空区必须及时封闭。必须随采煤工作面的推进逐个封闭通至采空区的连通巷道。采区开采结束后 45 天内，必须在所有与已采区相连通的巷道中设置密闭墙，全部封闭采区。

第一百五十五条 控制风流的风门、风桥、风墙、风窗等设施必须可靠。

不应在倾斜运输巷中设置风门；如果必须设置风门，应当安设自动风门或者设专人管理，并有防止矿车或者风门碰撞人员以及矿车碰坏风门的安全措施。

开采突出煤层时，工作面回风侧不得设置调节风量的设施。

第一百五十六条 新井投产前必须进行 1 次矿井通风阻力测定，以后每 3 年至少测定 1 次。生产矿井转入新水平生产、改变一翼或者全矿井通风系统后，必须重新进行矿井通风阻力测定。

第一百五十七条 矿井通风系统图必须标明风流方向、风量和通风设施的安装地点。必须按季绘制通风系统图，并按月补充修改。多煤层同时开采的矿井，必须绘制分层通风系统图。

应当绘制矿井通风系统立体示意图和矿井通风网络图。

第一百五十八条 矿井必须采用机械通风。

主要通风机的安装和使用应当符合下列要求：

（一）主要通风机必须安装在地面；装有通风机的井口必须封闭严密，其外部漏风率在无提升设备时不得超过 5%，有提升设备时不得超过 15%。

（二）必须保证主要通风机连续运转。

（三）必须安装 2 套同等能力的主要通风机装置，其中 1 套作备用，备用通风机必须能在 10 min 内开动。

（四）严禁采用局部通风机或者风机群作为主要通风机使用。

（五）装有主要通风机的出风井口应当安装防爆门，防爆门每 6 个月检查维修 1 次。

（六）至少每月检查 1 次主要通风机。改变主要通风机转数、叶片角度或者对旋式主要通风机运转级数时，必须经矿总工程师批准。

（七）新安装的主要通风机投入使用前，必须进行试运转和通风机性能测定，以后每 5 年至少进行 1 次性能测定。

（八）主要通风机技术改造及更换叶片后必须进行性能测试。

（九）井下严禁安设辅助通风机。

第一百五十九条 生产矿井主要通风机必须装有反风设施，并能在 10 min 内改变巷道中的风流方向；当风流方向改变后，主要通风机的供给风量不应小于正常供风量的40%。

每季度应当至少检查1次反风设施，每年应当进行1次反风演习；矿井通风系统有较大变化时，应当进行1次反风演习。

第一百六十条 严禁主要通风机房兼作他用。主要通风机房内必须安装水柱计（压力表）、电流表、电压表、轴承温度计等仪表，还必须有直通矿调度室的电话，并有反风操作系统图、司机岗位责任制和操作规程。主要通风机的运转应当由专职司机负责，司机应当每小时将通风机运转情况记入运转记录簿内；发现异常，立即报告。实现主要通风机集中监控、图像监视的主要通风机房可不设专职司机，但必须实行巡检制度。

第一百六十一条 矿井必须制定主要通风机停止运转的应急预案。因检修、停电或者其他原因停止主要通风机运转时，必须制定停风措施。

变电所或者电厂在停电前，必须将预计停电时间通知矿调度室。

主要通风机停止运转时，必须立即停止工作、切断电源，工作人员先撤到进风巷道中，由值班矿领导组织全矿井工作人员全部撤出。

主要通风机停止运转期间，必须打开井口防爆门和有关风门，利用自然风压通风；对由多台主要通风机联合通风的矿井，必须正确控制风流，防止风流紊乱。

第一百六十二条 矿井开拓或者准备采区时，在设计中必须根据该处全风压供风量和瓦斯涌出量编制通风设计。掘进巷道的通风方式、局部通风机和风筒的安装和使用等应当在作业规程中明确规定。

第一百六十三条 掘进巷道必须采用矿井全风压通风或者局部通风机通风。

煤巷、半煤岩巷和有瓦斯涌出的岩巷掘进采用局部通风机通风时，应当采用压入式，不得采用抽出式（压气、水力引射器不受此限）；如果采用混合式，必须制定安全措施。

瓦斯喷出区域和突出煤层采用局部通风机通风时，必须采用压入式。

第一百六十四条 安装和使用局部通风机和风筒时，必须遵守下列规定：

（一）局部通风机由指定人员负责管理。

（二）压入式局部通风机和启动装置安装在进风巷道中，距掘进巷道回风口不得小于10 m；全风压供给该处的风量必须大于局部通风机的吸入风量，局部通风机安装地点到回风口间的巷道中的最低风速必须符合本规程第一百三十六条的要求。

（三）高瓦斯、突出矿井的煤巷、半煤岩巷和有瓦斯涌出的岩巷掘进工作面正常工作的局部通风机必须配备安装同等能力的备用局部通风机，并能自动切换。正常工作的局部通风机必须采用三专（专用开关、专用电缆、专用变压器）供电，专用变压器最多可向4个不同掘进工作面的局部通风机供电；备用局部通风机电源必须取自同时带电的另一电源，当正常工作的局部通风机故障时，备用局部通风机能自动启动，保持掘进工作面正常通风。

（四）其他掘进工作面和通风地点正常工作的局部通风机可不配备备用局部通风机，但正常工作的局部通风机必须采用三专供电；或者正常工作的局部通风机配备安装一台同等能力的备用局部通风机，并能自动切换。正常工作的局部通风机和备用局部通风机的电源必须取自同时带电的不同母线段的相互独立的电源，保证正常工作的局部通风机故障时，备用局部通风机能投入正常工作。

（五）采用抗静电、阻燃风筒。风筒口到掘进工作面的距离、正常工作的局部通风机和备用局部通风机自动切换的交叉风筒接头的规格和安设标准，应当在作业规程中明确规定。

(六)正常工作和备用局部通风机均失电停止运转后,当电源恢复时,正常工作的局部通风机和备用局部通风机均不得自行启动,必须人工开启局部通风机。

(七)使用局部通风机供风的地点必须实行风电闭锁和甲烷电闭锁,保证当正常工作的局部通风机停止运转或者停风后能切断停风区内全部非本质安全型电气设备的电源。正常工作的局部通风机故障,切换到备用局部通风机工作时,该局部通风机通风范围内应当停止工作,排除故障;待故障被排除,恢复到正常工作的局部通风后方可恢复工作。使用2台局部通风机同时供风的,2台局部通风机都必须同时实现风电闭锁和甲烷电闭锁。

(八)每15天至少进行一次风电闭锁和甲烷电闭锁试验,每天应当进行一次正常工作的局部通风机与备用局部通风机自动切换试验,试验期间不得影响局部通风,试验记录要存档备查。

(九)严禁使用3台及以上局部通风机同时向1个掘进工作面供风。不得使用1台局部通风机同时向2个及以上作业的掘进工作面供风。

第一百六十五条 使用局部通风机通风的掘进工作面,不得停风;因检修、停电、故障等原因停风时,必须将人员全部撤至全风压进风流处,切断电源,设置栅栏、警示标志,禁止人员入内。

第一百六十六条 井下爆炸物品库必须有独立的通风系统,回风风流必须直接引入矿井的总回风巷或者主要回风巷中。新建矿井采用对角式通风系统时,投产初期可利用采区岩石上山或者用不燃性材料支护和不燃性背板背严的煤层上山作爆炸物品库的回风巷。必须保证爆炸物品库每小时能有其总容积4倍的风量。

第一百六十七条 井下充电室必须有独立的通风系统,回风风流应当引入回风巷。

井下充电室,在同一时间内,5 t及以下的电机车充电电池的数量不超过3组、5 t以上的电机车充电电池的数量不超过1组时,可不采用独立通风,但必须在新鲜风流中。

井下充电室风流中以及局部积聚处的氢气浓度,不得超过0.5%。

第一百六十八条 井下机电设备硐室必须设在进风风流中;采用扩散通风的硐室,其深度不得超过6 m,入口宽度不得小于1.5 m,并且无瓦斯涌出。

井下个别机电设备设在回风流中的,必须安装甲烷传感器并实现甲烷电闭锁。

采区变电所及实现采区变电所功能的中央变电所必须有独立的通风系统。

第二节 瓦 斯 防 治

第一百六十九条 一个矿井中只要有一个煤(岩)层发现瓦斯,该矿井即为瓦斯矿井。瓦斯矿井必须依照矿井瓦斯等级进行管理。

根据矿井相对瓦斯涌出量、矿井绝对瓦斯涌出量、工作面绝对瓦斯涌出量和瓦斯涌出形式,矿井瓦斯等级划分为:

(一)低瓦斯矿井。同时满足下列条件的为低瓦斯矿井:

1. 矿井相对瓦斯涌出量不大于10 m³/t;
2. 矿井绝对瓦斯涌出量不大于40 m³/min;
3. 矿井任一掘进工作面绝对瓦斯涌出量不大于3 m³/min;
4. 矿井任一采煤工作面绝对瓦斯涌出量不大于5 m³/min。

(二)高瓦斯矿井。具备下列条件之一的为高瓦斯矿井:

1.矿井相对瓦斯涌出量大于 10 m^3/t;

2.矿井绝对瓦斯涌出量大于 40 m^3/min;

3.矿井任一掘进工作面绝对瓦斯涌出量大于 3 m^3/min;

4.矿井任一采煤工作面绝对瓦斯涌出量大于 5 m^3/min。

(三)突出矿井。

第一百七十条 每 2 年必须对低瓦斯矿井进行瓦斯等级和二氧化碳涌出量的鉴定工作,鉴定结果报省级煤炭行业管理部门和省级煤矿安全监察机构。上报时应当包括开采煤层最短发火期和自燃倾向性、煤尘爆炸性的鉴定结果。高瓦斯、突出矿井不再进行周期性瓦斯等级鉴定工作,但应当每年测定和计算矿井、采区、工作面瓦斯和二氧化碳涌出量,并报省级煤炭行业管理部门和煤矿安全监察机构。

新建矿井设计文件中,应当有各煤层的瓦斯含量资料。

高瓦斯矿井应当测定可采煤层的瓦斯含量、瓦斯压力和抽采半径等参数。

第一百七十一条 矿井总回风巷或者一翼回风巷中甲烷或者二氧化碳浓度超过0.75%时,必须立即查明原因,进行处理。

第一百七十二条 采区回风巷、采掘工作面回风巷风流中甲烷浓度超过1.0%或者二氧化碳浓度超过1.5%时,必须停止工作,撤出人员,采取措施,进行处理。

第一百七十三条 采掘工作面及其他作业地点风流中甲烷浓度达到1.0%时,必须停止用电钻打眼;爆破地点附近 20 m 以内风流中甲烷浓度达到1.0%时,严禁爆破。

采掘工作面及其他作业地点风流中、电动机或者其开关安设地点附近 20 m 以内风流中的甲烷浓度达到1.5%时,必须停止工作,切断电源,撤出人员,进行处理。

采掘工作面及其他巷道内,体积大于 0.5 m^3 的空间内积聚的甲烷浓度达到2.0%时,附近 20 m 内必须停止工作,撤出人员,切断电源,进行处理。

对因甲烷浓度超过规定被切断电源的电气设备,必须在甲烷浓度降到1.0%以下时,方可通电开动。

第一百七十四条 采掘工作面风流中二氧化碳浓度达到1.5%时,必须停止工作,撤出人员,查明原因,制定措施,进行处理。

第一百七十五条 矿井必须从设计和采掘生产管理上采取措施,防止瓦斯积聚;当发生瓦斯积聚时,必须及时处理。当瓦斯超限达到断电浓度时,班组长、瓦斯检查工、矿调度员有权责令现场作业人员停止作业,停电撤人。

矿井必须有因停电和检修主要通风机停止运转或者通风系统遭到破坏以后恢复通风、排除瓦斯和送电的安全措施。恢复正常通风后,所有受到停风影响的地点,都必须经过通风、瓦斯检查人员检查,证实无危险后,方可恢复工作。所有安装电动机及其开关的地点附近 20 m 的巷道内,都必须检查瓦斯,只有甲烷浓度符合本规程规定时,方可开启。

临时停工的地点,不得停风;否则必须切断电源,设置栅栏、警标,禁止人员进入,并向矿调度室报告。停工区内甲烷或者二氧化碳浓度达到3.0%或者其他有害气体浓度超过本规程第一百三十五条的规定不能立即处理时,必须在 24 h 内封闭完毕。

恢复已封闭的停工区或者采掘工作接近这些地点时,必须事先排除其中积聚的瓦斯。排除瓦斯工作必须制定安全技术措施。

严禁在停风或者瓦斯超限的区域内作业。

第一百七十六条 局部通风机因故停止运转,在恢复通风前,必须首先检查瓦斯,只有停风区中最高甲烷浓度不超过1.0%和最高二氧化碳浓度不超过1.5%,且局部通风机及其开关附近10 m以内风流中的甲烷浓度都不超过0.5%时,方可人工开启局部通风机,恢复正常通风。

停风区中甲烷浓度超过1.0%或者二氧化碳浓度超过1.5%,最高甲烷浓度和二氧化碳浓度不超过3.0%时,必须采取安全措施,控制风流排放瓦斯。

停风区中甲烷浓度或者二氧化碳浓度超过3.0%时,必须制定安全排放瓦斯措施,报矿总工程师批准。

在排放瓦斯过程中,排出的瓦斯与全风压风流混合处的甲烷和二氧化碳浓度均不得超过1.5%,且混合风流经过的所有巷道内必须停电撤人,其他地点的停电撤人范围应当在措施中明确规定。只有恢复通风的巷道风流中甲烷浓度不超过1.0%和二氧化碳浓度不超过1.5%时,方可人工恢复局部通风机供风巷道内电气设备的供电和采区回风系统内的供电。

第一百七十七条 井筒施工以及开拓新水平的井巷第一次接近各开采煤层时,必须按掘进工作面距煤层的准确位置,在距煤层垂距10 m以外开始打探煤钻孔,钻孔超前工作面的距离不得小于5 m,并有专职瓦斯检查工经常检查瓦斯。岩巷掘进遇到煤线或者接近地质破坏带时,必须有专职瓦斯检查工经常检查瓦斯,发现瓦斯大量增加或者其他异常时,必须停止掘进,撤出人员,进行处理。

第一百七十八条 有瓦斯或者二氧化碳喷出的煤(岩)层,开采前必须采取下列措施:

(一)打前探钻孔或者抽排钻孔。

(二)加大喷出危险区域的风量。

(三)将喷出的瓦斯或者二氧化碳直接引入回风巷或者抽采瓦斯管路。

第一百七十九条 在有油气爆炸危险的矿井中,应当使用能检测油气成分的仪器检查各个地点的油气浓度,并定期采样化验油气成分和浓度。对油气浓度的规定可按本规程有关瓦斯的各项规定执行。

第一百八十条 矿井必须建立甲烷、二氧化碳和其他有害气体检查制度,并遵守下列规定:

(一)矿长、矿总工程师、爆破工、采掘区队长、通风区队长、工程技术人员、班长、流动电钳工等下井时,必须携带便携式甲烷检测报警仪。瓦斯检查工必须携带便携式光学甲烷检测仪和便携式甲烷检测报警仪。安全监测工必须携带便携式甲烷检测报警仪。

(二)所有采掘工作面、硐室、使用中的机电设备的设置地点、有人员作业的地点都应当纳入检查范围。

(三)采掘工作面的甲烷浓度检查次数如下:

1.低瓦斯矿井,每班至少2次;

2.高瓦斯矿井,每班至少3次;

3.突出煤层、有瓦斯喷出危险或者瓦斯涌出较大、变化异常的采掘工作面,必须有专人经常检查。

(四)采掘工作面二氧化碳浓度应当每班至少检查2次;有煤(岩)与二氧化碳突出危险或者二氧化碳涌出量较大、变化异常的采掘工作面,必须有专人经常检查二氧化碳浓度。对于未进行作业的采掘工作面,可能涌出或者积聚甲烷、二氧化碳的硐室和巷道,应当每班至少检查1次甲烷、二氧化碳浓度。

(五)瓦斯检查工必须执行瓦斯巡回检查制度和请示报告制度,并认真填写瓦斯检查班报。每次检查结果必须记入瓦斯检查班报手册和检查地点的记录牌上,并通知现场工作人员。甲烷浓度超过本规程规定时,瓦斯检查工有权责令现场人员停止工作,并撤到安全地点。

(六)在有自然发火危险的矿井,必须定期检查一氧化碳浓度、气体温度等变化情况。

(七)井下停风地点栅栏外风流中的甲烷浓度每天至少检查1次,密闭外的甲烷浓度每周至少检查1次。

(八)通风值班人员必须审阅瓦斯班报,掌握瓦斯变化情况,发现问题,及时处理,并向矿调度室汇报。

通风瓦斯日报必须送矿长、矿总工程师审阅,一矿多井的矿必须同时送井长、井技术负责人审阅。对重大的通风、瓦斯问题,应当制定措施,进行处理。

第一百八十一条 突出矿井必须建立地面永久抽采瓦斯系统。

有下列情况之一的矿井,必须建立地面永久抽采瓦斯系统或者井下临时抽采瓦斯系统:

(一)任一采煤工作面的瓦斯涌出量大于 5 m^3/min 或者任一掘进工作面瓦斯涌出量大于 3 m^3/min,用通风方法解决瓦斯问题不合理的。

(二)矿井绝对瓦斯涌出量达到下列条件的:

1.大于或者等于 40 m^3/min;

2.年产量 1.0~1.5 Mt 的矿井,大于 30 m^3/min;

3.年产量 0.6~1.0 Mt 的矿井,大于 25 m^3/min;

4.年产量 0.4~0.6 Mt 的矿井,大于 20 m^3/min;

5.年产量小于或者等于 0.4 Mt 的矿井,大于 15 m^3/min。

第一百八十二条 抽采瓦斯设施应当符合下列要求:

(一)地面泵房必须用不燃性材料建筑,并必须有防雷电装置,其距进风井口和主要建筑物不得小于 50 m,并用栅栏或者围墙保护。

(二)地面泵房和泵房周围 20 m 范围内,禁止堆积易燃物和有明火。

(三)抽采瓦斯泵及其附属设备,至少应当有1套备用,备用泵能力不得小于运行泵中最大一台单泵的能力。

(四)地面泵房内电气设备、照明和其他电气仪表都应当采用矿用防爆型;否则必须采取安全措施。

(五)泵房必须有直通矿调度室的电话和检测管道瓦斯浓度、流量、压力等参数的仪表或者自动监测系统。

(六)干式抽采瓦斯泵吸气侧管路系统中,必须装设有防回火、防回流和防爆炸作用的安全装置,并定期检查。抽采瓦斯泵站放空管的高度应当超过泵房房顶 3 m。

泵房必须有专人值班,经常检测各参数,做好记录。当抽采瓦斯泵停止运转时,必须立即向矿调度室报告。如果利用瓦斯,在瓦斯泵停止运转后和恢复运转前,必须通知使用瓦斯的单位,取得同意后,方可供应瓦斯。

第一百八十三条 设置井下临时抽采瓦斯泵站时,必须遵守下列规定:

(一)临时抽采瓦斯泵站应当安设在抽采瓦斯地点附近的新鲜风流中。

（二）抽出的瓦斯可引排到地面、总回风巷、一翼回风巷或者分区回风巷,但必须保证稀释后风流中的瓦斯浓度不超限。在建有地面永久抽采系统的矿井,临时泵站抽出的瓦斯可送至永久抽采系统的管路,但矿井抽采系统的瓦斯浓度必须符合本规程第一百八十四条的规定。

（三）抽出的瓦斯排入回风巷时,在排瓦斯管路出口必须设置栅栏、悬挂警戒牌等。栅栏设置的位置是上风侧距管路出口 5 m、下风侧距管路出口 30 m,两栅栏间禁止任何作业。

第一百八十四条 抽采瓦斯必须遵守下列规定:

（一）抽采容易自燃和自燃煤层的采空区瓦斯时,抽采管路应当安设一氧化碳、甲烷、温度传感器,实现实时监测监控。发现有自然发火征兆时,应当立即采取措施。

（二）井上下敷设的瓦斯管路,不得与带电物体接触并应当有防止砸坏管路的措施。

（三）采用干式抽采瓦斯设备时,抽采瓦斯浓度不得低于 25%。

（四）利用瓦斯时,在利用瓦斯的系统中必须装设有防回火、防回流和防爆炸作用的安全装置。

（五）抽采的瓦斯浓度低于 30% 时,不得作为燃气直接燃烧。进行管道输送、瓦斯利用或者排空时,必须按有关标准的规定执行,并制定安全技术措施。

第三节　瓦斯和煤尘爆炸防治

第一百八十五条 新建矿井或者生产矿井每延深一个新水平,应当进行 1 次煤尘爆炸性鉴定工作,鉴定结果必须报省级煤炭行业管理部门和煤矿安全监察机构。

煤矿企业应当根据鉴定结果采取相应的安全措施。

第一百八十六条 开采有煤尘爆炸危险煤层的矿井,必须有预防和隔绝煤尘爆炸的措施。矿井的两翼、相邻的采区、相邻的煤层、相邻的采煤工作面间,掘进煤巷同与其相连的巷道间,煤仓同与其相连的巷道间,采用独立通风并有煤尘爆炸危险的其他地点同与其相连的巷道间,必须用水棚或者岩粉棚隔开。

必须及时清除巷道中的浮煤,清扫、冲洗沉积煤尘或者定期撒布岩粉;应当定期对主要大巷刷浆。

第一百八十七条 矿井应当每年制定综合防尘措施、预防和隔绝煤尘爆炸措施及管理制度,并组织实施。

矿井应当每周至少检查 1 次隔爆设施的安装地点、数量、水量或者岩粉量及安装质量是否符合要求。

第一百八十八条 高瓦斯矿井、突出矿井和有煤尘爆炸危险的矿井,煤巷和半煤岩巷掘进工作面应当安设隔爆设施。

第四章　煤（岩）与瓦斯（二氧化碳）突出防治

第一节　一　般　规　定

第一百八十九条 在矿井井田范围内发生过煤（岩）与瓦斯（二氧化碳）突出的煤（岩）层或者经鉴定、认定为有突出危险的煤（岩）层为突出煤（岩）层。在矿井的开拓、生产范围内有突出煤（岩）层的矿井为突出矿井。

煤矿发生生产安全事故,经事故调查认定为突出事故的,发生事故的煤层直接认定为突出煤层,该矿井为突出矿井。

有下列情况之一的煤层,应当立即进行煤层突出危险性鉴定,否则直接认定为突出煤层;鉴定未完成前,应当按照突出煤层管理:

(一)有瓦斯动力现象的。

(二)瓦斯压力达到或者超过0.74 MPa的。

(三)相邻矿井开采的同一煤层发生突出事故或者被鉴定、认定为突出煤层的。

煤矿企业应当将突出矿井及突出煤层的鉴定结果报省级煤炭行业管理部门和煤矿安全监察机构。

新建矿井应当对井田范围内采掘工程可能揭露的所有平均厚度在0.3 m以上的煤层进行突出危险性评估,评估结论作为矿井初步设计和建井期间井巷揭煤作业的依据。评估为有突出危险时,建井期间应当对开采煤层及其他可能对采掘活动造成威胁的煤层进行突出危险性鉴定或者认定。

第一百九十条 新建突出矿井设计生产能力不得低于0.9 Mt/a,第一生产水平开采深度不得超过800 m;生产矿井延深水平开采深度不得超过1 200 m。

第一百九十一条 突出矿井的防突工作必须坚持区域综合防突措施先行、局部综合防突措施补充的原则。

区域综合防突措施包括区域突出危险性预测、区域防突措施、区域防突措施效果检验和区域验证等内容。

局部综合防突措施包括工作面突出危险性预测、工作面防突措施、工作面防突措施效果检验和安全防护措施等内容。

突出矿井的新采区和新水平进行开拓设计前,应当对开拓采区或者开拓水平内平均厚度在0.3 m以上的煤层进行突出危险性评估,评估结论作为开拓采区或者开拓水平设计的依据。对评估为无突出危险的煤层,所有井巷揭煤作业还必须采取区域或者局部综合防突措施;对评估为有突出危险的煤层,按突出煤层进行设计。

突出煤层突出危险区必须采取区域防突措施,严禁在区域防突措施效果未达到要求的区域进行采掘作业。

施工中发现有突出预兆或者发生突出的区域,必须采取区域综合防突措施。

经区域验证有突出危险,则该区域必须采取区域或者局部综合防突措施。

按突出煤层管理的煤层,必须采取区域或者局部综合防突措施。

在突出煤层进行采掘作业期间必须采取安全防护措施。

第一百九十二条 突出矿井必须确定合理的采掘部署,使煤层的开采顺序、巷道布置、采煤方法、采掘接替等有利于区域防突措施的实施。

突出矿井在编制生产发展规划和年度生产计划时,必须同时编制相应的区域防突措施规划和年度实施计划,将保护层开采、区域预抽煤层瓦斯等工程与矿井采掘部署、工程接替等统一安排,使矿井的开拓区、抽采区、保护层开采区和被保护层有效区按比例协调配置,确保采掘作业在区域防突措施有效区内进行。

第一百九十三条 有突出危险煤层的新建矿井及突出矿井的新水平、新采区的设计,必须有防突设计篇章。

非突出矿井升级为突出矿井时,必须编制防突专项设计。

第一百九十四条 石门、井筒揭穿突出煤层必须编制防突专项设计,并报企业技术负责人审批。

突出煤层采掘工作面必须编制防突专项设计。

矿井必须对防突措施的技术参数和效果进行实际考察确定。

第一百九十五条 突出矿井的采掘布置应当遵守下列规定:

(一)主要巷道应当布置在岩层或者无突出危险煤层内。突出煤层的巷道优先布置在被保护区域或者其他无突出危险区域内。

(二)应当减少井巷揭开(穿)突出煤层的次数,揭开(穿)突出煤层的地点应当合理避开地质构造带。

(三)在同一突出煤层的集中应力影响范围内,不得布置2个工作面相向回采或者掘进。

第一百九十六条 突出煤层的采掘工作应当遵守下列规定:

(一)严禁采用水力采煤法、倒台阶采煤法或者其他非正规采煤法。

(二)在急倾斜煤层中掘进上山时,应当采用双上山、伪倾斜上山等掘进方式,并加强支护。

(三)上山掘进工作面采用爆破作业时,应当采用深度不大于1.0 m的炮眼远距离全断面一次爆破。

(四)预测或者认定为突出危险区的采掘工作面严禁使用风镐作业。

(五)在过突出孔洞及其附近30 m范围内进行采掘作业时,必须加强支护。

(六)在突出煤层的煤巷中安装、更换、维修或者回收支架时,必须采取预防煤体冒落引起突出的措施。

第一百九十七条 有突出危险煤层的新建矿井或者突出矿井,开拓新水平的井巷第一次揭穿(开)厚度为0.3 m及以上煤层时,必须超前探测煤层厚度及地质构造、测定煤层瓦斯压力及瓦斯含量等与突出危险性相关的参数。

第一百九十八条 在突出煤层顶、底板掘进岩巷时,必须超前探测煤层及地质构造情况,分析勘测验证地质资料,编制巷道剖面图,及时掌握施工动态和围岩变化情况,防止误穿突出煤层。

第一百九十九条 有突出矿井的煤矿企业应当填写突出卡片、分析突出资料、掌握突出规律、制定防突措施,在每年第一季度内,将上年度的突出资料报省级煤炭行业管理部门。

第二百条 突出矿井必须编制并及时更新矿井瓦斯地质图,更新周期不得超过1年,图中应当标明采掘进度、被保护范围、煤层赋存条件、地质构造、突出点的位置、突出强度、瓦斯基本参数等,作为突出危险性区域预测和制定防突措施的依据。

第二百零一条 突出煤层工作面的作业人员、瓦斯检查工、班组长应当掌握突出预兆。发现突出预兆时,必须立即停止作业,按避灾路线撤出,并报告矿调度室。

班组长、瓦斯检查工、矿调度员有权责令相关现场作业人员停止作业,停电撤人。

第二百零二条 煤与二氧化碳突出、岩石与二氧化碳突出、岩石与瓦斯突出的管理和防治措施参照本章规定执行。

第二节 区域综合防突措施

第二百零三条 突出矿井应当对突出煤层进行区域突出危险性预测(以下简称区域预

测)。经区域预测后,突出煤层划分为无突出危险区和突出危险区。未进行区域预测的区域视为突出危险区。

第二百零四条 具备开采保护层条件的突出危险区,必须开采保护层。选择保护层应当遵循下列原则:

(一)优先选择无突出危险的煤层作为保护层。矿井中所有煤层都有突出危险时,应当选择突出危险程度较小的煤层作保护层。

(二)应当优先选择上保护层;选择下保护层开采时,不得破坏被保护层的开采条件。

开采保护层后,在有效保护范围内的被保护层区域为无突出危险区,超出有效保护范围的区域仍然为突出危险区。

第二百零五条 有效保护范围的划定及有关参数应当实际考察确定。正在开采的保护层采煤工作面,必须超前于被保护层的掘进工作面,其超前距离不得小于保护层与被保护层之间法向距离的3倍,并不得小于100 m。

第二百零六条 对不具备保护层开采条件的突出厚煤层,利用上分层或者上区段开采后形成的卸压作用保护下分层或者下区段时,应当依据实际考察结果来确定其有效保护范围。

第二百零七条 开采保护层时,应当不留设煤(岩)柱。特殊情况需留煤(岩)柱时,必须将煤(岩)柱的位置和尺寸准确标注在采掘工程平面图和瓦斯地质图上,在瓦斯地质图上还应当标出煤(岩)柱的影响范围。在煤(岩)柱及其影响范围内采掘作业前,必须采取区域预抽煤层瓦斯防突措施。

第二百零八条 开采保护层时,应当同时抽采被保护层和邻近层的瓦斯。开采近距离保护层时,必须采取防止误穿突出煤层和被保护层卸压瓦斯突然涌入保护层工作面的措施。

第二百零九条 采取预抽煤层瓦斯区域防突措施时,应当遵守下列规定:

(一)预抽区段煤层瓦斯的钻孔应当控制区段内的整个回采区域、两侧回采巷道及其外侧如下范围内的煤层:倾斜、急倾斜煤层巷道上帮轮廓线外至少20 m,下帮至少10 m;其他煤层为巷道两侧轮廓线外至少各15 m。以上所述的钻孔控制范围均为沿煤层层面方向(以下同)。

(二)穿层钻孔预抽煤巷条带煤层瓦斯区域防突措施的钻孔应当控制整条煤层巷道及其两侧一定范围内的煤层。该范围与(一)中回采巷道外侧的要求相同。

(三)穿层钻孔预抽井巷(含石门、立井、斜井、平硐)揭煤区域煤层瓦斯时,应当控制井巷及其外侧一定范围内的煤层,并在揭煤工作面距煤层最小法向距离7 m以前实施(在构造破坏带应当适当加大距离)。

(四)顺层钻孔预抽煤巷条带煤层瓦斯时,应当控制的煤巷条带前方长度不小于60 m和煤层两侧一定范围,该范围与(一)中回采巷道外侧的要求相同。

(五)当煤巷掘进和采煤工作面在预抽防突效果有效的区域内作业时,工作面距未预抽或者预抽防突效果无效范围的前方边界不得小于20 m。

(六)厚煤层分层开采时,预抽钻孔应当控制开采分层及其上部法向距离至少20 m、下部10 m范围内的煤层。

(七)应当采取措施确保预抽瓦斯钻孔能够按设计参数控制整个预抽区域。

第二百一十条 有下列条件之一的突出煤层,不得将在本巷道施工顺煤层钻孔预抽煤巷条带瓦斯作为区域防突措施：

（一）新建矿井的突出煤层。

（二）历史上发生过突出强度大于 500 t/次的。

（三）开采范围内煤层坚固性系数小于 0.3 的；或者煤层坚固性系数为 0.3～0.5，且埋深大于 500 m 的；或者煤层坚固性系数为 0.5～0.8，且埋深大于 600 m 的；或者煤层埋深大于 700 m 的；或者煤巷条带位于开采应力集中区的。

第二百一十一条 保护层的开采厚度不大于 0.5 m，上保护层与突出煤层间距大于 50 m 或者下保护层与突出煤层间距大于 80 m 时，必须对每个被保护层工作面的保护效果进行检验。

采用预抽煤层瓦斯防突措施的区域，必须对区域防突措施效果进行检验。

检验无效时，仍为突出危险区。检验有效时，无突出危险区的采掘工作面每推进 10～50 m 至少进行 2 次区域验证，并保留完整的工程设计、施工和效果检验的原始资料。

第三节 局部综合防突措施

第二百一十二条 突出煤层采掘工作面经工作面预测后划分为突出危险工作面和无突出危险工作面。

未进行突出预测的采掘工作面视为突出危险工作面。

当预测为突出危险工作面时，必须实施工作面防突措施和工作面防突措施效果检验。只有经效果检验有效后，方可进行采掘作业。

第二百一十三条 井巷揭煤工作面的防突措施包括预抽煤层瓦斯、排放钻孔、金属骨架、煤体固化、水力冲孔或者其他经试验证明有效的措施。

第二百一十四条 井巷揭穿（开）突出煤层必须遵守下列规定：

（一）在工作面距煤层法向距离 10 m（地质构造复杂、岩石破碎的区域 20 m）之外，至少施工 2 个前探钻孔，掌握煤层赋存条件、地质构造、瓦斯情况等。

（二）从工作面距煤层法向距离大于 5 m 处开始，直至揭穿煤层全过程都应当采取局部综合防突措施。

（三）揭煤工作面距煤层法向距离 2 m 至进入顶（底）板 2 m 的范围，均应当采用远距离爆破掘进工艺。

（四）厚度小于 0.3 m 的突出煤层，在满足（一）的条件下可直接采用远距离爆破掘进工艺揭穿。

（五）禁止使用震动爆破揭穿突出煤层。

第二百一十五条 煤巷掘进工作面应当选用超前钻孔预抽瓦斯、超前钻孔排放瓦斯的防突措施或者其他经试验证实有效的防突措施。

第二百一十六条 采煤工作面可以选用超前钻孔预抽瓦斯、超前钻孔排放瓦斯、注水湿润煤体、松动爆破或者其他经试验证实有效的防突措施。

第二百一十七条 突出煤层的采掘工作面，应当根据煤层实际情况选用防突措施，并遵守下列规定：

（一）不得选用水力冲孔措施，倾角在 8°以上的上山掘进工作面不得选用松动爆破、水力疏松措施。

(二)突出煤层煤巷掘进工作面前方遇到落差超过煤层厚度的断层,应当按井巷揭煤的措施执行。

(三)采煤工作面采用超前钻孔预抽瓦斯和超前钻孔排放瓦斯作为工作面防突措施时,超前钻孔的孔数、孔底间距等应当根据钻孔的有效抽排半径确定。

(四)松动爆破时,应当按远距离爆破的要求执行。

第二百一十八条 工作面执行防突措施后,必须对防突措施效果进行检验。如果工作面措施效果检验结果均小于指标临界值,且未发现其他异常情况,则措施有效;否则必须重新执行区域综合防突措施或者局部综合防突措施。

第二百一十九条 在煤巷掘进工作面第一次执行局部防突措施或者无措施超前距时,必须采取小直径钻孔排放瓦斯等防突措施,只有在工作面前方形成5 m以上的安全屏障后,方可进入正常防突措施循环。

第二百二十条 井巷揭穿突出煤层和在突出煤层中进行采掘作业时,必须采取避难硐室、反向风门、压风自救装置、隔离式自救器、远距离爆破等安全防护措施。

第二百二十一条 突出煤层的石门揭煤、煤巷和半煤岩巷掘进工作面进风侧必须设置至少2道反向风门。爆破作业时,反向风门必须关闭。反向风门距工作面的距离,应当根据掘进工作面的通风系统和预计的突出强度确定。

第二百二十二条 井巷揭煤采用远距离爆破时,必须明确起爆地点、避灾路线、警戒范围,制定停电撤人等措施。

井筒起爆及撤人地点必须位于地面距井口边缘20 m以外,暗立(斜)井及石门揭煤起爆及撤人地点必须位于反向风门外500 m以上全风压通风的新鲜风流中或者300 m以外的避难硐室内。

煤巷掘进工作面采用远距离爆破时,起爆地点必须设在进风侧反向风门之外的全风压通风的新鲜风流中或者避险设施内,起爆地点距工作面的距离必须在措施中明确规定。

远距离爆破时,回风系统必须停电撤人。爆破后,进入工作面检查的时间应当在措施中明确规定,但不得小于30 min。

第二百二十三条 突出煤层采掘工作面附近、爆破撤离人员集中地点、起爆地点必须设有直通矿调度室的电话,并设置有供给压缩空气的避险设施或者压风自救装置。工作面回风系统中有人作业的地点,也应当设置压风自救装置。

第二百二十四条 清理突出的煤(岩)时,必须制定防煤尘、片帮、冒顶、瓦斯超限、出现火源,以及防止再次发生突出事故的安全措施。

第五章 冲击地压防治

第一节 一般规定

第二百二十五条 在矿井井田范围内发生过冲击地压现象的煤层,或者经鉴定煤层(或者其顶底板岩层)具有冲击倾向性且评价具有冲击危险性的煤层为冲击地压煤层。有冲击地压煤层的矿井为冲击地压矿井。

第二百二十六条 有下列情况之一的,应当进行煤岩冲击倾向性鉴定:

(一)有强烈震动、瞬间底(帮)鼓、煤岩弹射等动力现象的。

(二)埋深超过400 m的煤层,且煤层上方100 m范围内存在单层厚度超过10 m的坚硬岩层。

(三)相邻矿井开采的同一煤层发生过冲击地压的。

(四)冲击地压矿井开采新水平、新煤层。

第二百二十七条 开采具有冲击倾向性的煤层,必须进行冲击危险性评价。

第二百二十八条 矿井防治冲击地压(以下简称防冲)工作应当遵守下列规定:

(一)设专门的机构与人员。

(二)坚持"区域先行、局部跟进"的防冲原则。

(三)必须编制中长期防冲规划与年度防冲计划,采掘工作面作业规程中必须包括防冲专项措施。

(四)开采冲击地压煤层时,必须采取冲击危险性预测、监测预警、防范治理、效果检验、安全防护等综合性防治措施。

(五)必须建立防冲培训制度。

第二百二十九条 新建矿井和冲击地压矿井的新水平、新采区、新煤层有冲击地压危险的,必须编制防冲设计。防冲设计应当包括开拓方式、保护层的选择、采区巷道布置、工作面开采顺序、采煤方法、生产能力、支护形式、冲击危险性预测方法、冲击地压监测预警方法、防冲措施及效果检验方法、安全防护措施等内容。

第二百三十条 冲击地压矿井应当按防冲要求进行矿井生产能力核定。提高矿井生产能力和新水平延深时,必须进行论证。

采取综合防冲措施后不能消除冲击地压灾害的矿井,不得进行采掘作业。

第二百三十一条 冲击地压矿井巷道布置与采掘作业应当遵守下列规定:

(一)开采冲击地压煤层时,在应力集中区内不得布置2个工作面同时进行采掘作业。2个掘进工作面之间的距离小于150 m时,采煤工作面与掘进工作面之间的距离小于350 m时,2个采煤工作面之间的距离小于500 m时,必须停止其中一个工作面。相邻矿井、相邻采区之间应当避免开采相互影响。

(二)开拓巷道不得布置在严重冲击地压煤层中,永久硐室不得布置在冲击地压煤层中。煤层巷道与硐室布置不应留底煤,如果留有底煤必须采取底板预卸压措施。

(三)严重冲击地压厚煤层中的巷道应当布置在应力集中区外。双巷掘进时2条平行巷道在时间、空间上应当避免相互影响。

(四)冲击地压煤层应当严格按顺序开采,不得留孤岛煤柱。在采空区内不得留有煤柱,如果必须在采空区内留煤柱时,应当进行论证,报企业技术负责人审批,并将煤柱的位置、尺寸以及影响范围标在采掘工程平面图上。开采孤岛煤柱的,应当进行防冲安全开采论证;严重冲击地压矿井不得开采孤岛煤柱。

(五)对冲击地压煤层,应当根据顶底板岩性适当加大掘进巷道宽度。应当优先选择无煤柱护巷工艺,采用大煤柱护巷时应当避开应力集中区,严禁留大煤柱影响邻近层开采。巷道严禁采用刚性支护。

(六)采用垮落法管理顶板时,支架(柱)应当有足够的支护强度,采空区中所有支柱必须回净。

(七)冲击地压煤层掘进工作面临近大型地质构造、采空区、其他应力集中区时,必须制定专项措施。

(八)应当在作业规程中明确规定初次来压、周期来压、采空区"见方"等期间的防冲措施。

(九)在无冲击地压煤层中的三面或者四面被采空区所包围的区域开采和回收煤柱时,必须制定专项防冲措施。

第二百三十二条 具有冲击地压危险的高瓦斯、突出煤层的矿井,应当根据本矿井条件,制定专门技术措施。

第二百三十三条 开采具有冲击地压危险的急倾斜、特厚等煤层时,应当制定专项防冲措施,并由企业技术负责人审批。

第二节 冲击危险性预测

第二百三十四条 冲击地压矿井必须进行区域危险性预测(以下简称区域预测)和局部危险性预测(以下简称局部预测)。区域与局部预测可根据地质与开采技术条件等,优先采用综合指数法确定冲击危险性。

第二百三十五条 必须建立区域与局部相结合的冲击地压危险性监测制度。

应当根据现场实际考察资料和积累的数据确定冲击危险性预警临界指标。

第二百三十六条 冲击地压危险区域必须进行日常监测。判定有冲击地压危险时,应当立即停止作业,撤出人员,切断电源,并报告矿调度室。在实施解危措施、确认危险解除后方可恢复正常作业。

停采3天及以上的采煤工作面恢复生产前,应当评估冲击地压危险程度,并采取相应的安全措施。

第三节 区域与局部防冲措施

第二百三十七条 冲击地压矿井应当选择合理的开拓方式、采掘部署、开采顺序、采煤工艺及开采保护层等区域防冲措施。

第二百三十八条 保护层开采应当遵守下列规定:

(一)具备开采保护层条件的冲击地压煤层,应当开采保护层。

(二)应当根据矿井实际条件确定保护层的有效保护范围,保护层回采超前被保护层采掘工作面的距离应当符合本规程第二百三十一条的规定。

(三)开采保护层后,仍存在冲击地压危险的区域,必须采取防冲措施。

第二百三十九条 冲击地压煤层的采煤方法与工艺确定应当遵守下列规定:

(一)采用长壁综合机械化开采方法。

(二)缓倾斜、倾斜厚及特厚煤层采用综采放顶煤工艺开采时,直接顶不能随采随冒的,应当预先对顶板进行弱化处理。

第二百四十条 冲击地压煤层采用局部防冲措施应当遵守下列规定:

(一)采用钻孔卸压措施时,必须制定防止诱发冲击伤人的安全防护措施。

(二)采用煤层爆破措施时,应当根据实际情况选取超前松动爆破、卸压爆破等方法,确定合理的爆破参数,起爆点到爆破地点的距离不得小于300 m。

(三)采用煤层注水措施时,应当根据煤层条件,确定合理的注水参数,并检验注水效果。

（四）采用底板卸压、顶板预裂、水力压裂等措施时,应当根据煤岩层条件,确定合理的参数。

第二百四十一条 冲击地压危险工作面实施解危措施后,必须进行效果检验,确认检验结果小于临界值后,方可进行采掘作业。

第四节 冲击地压安全防护措施

第二百四十二条 进入严重冲击地压危险区域的人员必须采取特殊的个体防护措施。

第二百四十三条 有冲击地压危险的采掘工作面,供电、供液等设备应当放置在采动应力集中影响区外。对危险区域内的设备、管线、物品等应当采取固定措施,管路应当吊挂在巷道腰线以下。

第二百四十四条 冲击地压危险区域的巷道必须加强支护,采煤工作面必须加大上下出口和巷道的超前支护范围和强度。严重冲击地压危险区域,必须采取防底鼓措施。

第二百四十五条 有冲击地压危险的采掘工作面必须设置压风自救系统,明确发生冲击地压时的避灾路线。

第六章 防 灭 火

第一节 一 般 规 定

第二百四十六条 煤矿必须制定井上、下防火措施。煤矿的所有地面建（构）筑物、煤堆、矸石山、木料场等处的防火措施和制度,必须遵守国家有关防火的规定。

第二百四十七条 木料场、矸石山等堆放场距离进风井口不得小于80 m。木料场距离矸石山不得小于50 m。

不得将矸石山设在进风井的主导风向上风侧、表土层10 m以浅有煤层的地面上和漏风采空区上方的塌陷范围内。

第二百四十八条 新建矿井的永久井架和井口房、以井口为中心的联合建筑,必须用不燃性材料建筑。

对现有生产矿井用可燃性材料建筑的井架和井口房,必须制定防火措施。

第二百四十九条 矿井必须设地面消防水池和井下消防管路系统。井下消防管路系统应当敷设到采掘工作面,每隔100 m设置支管和阀门,但在带式输送机巷道中应当每隔50 m设置支管和阀门。地面的消防水池必须经常保持不少于200 m^3 的水量。消防用水同生产、生活用水共用同一水池时,应当有确保消防用水的措施。

开采下部水平的矿井,除地面消防水池外,可以利用上部水平或者生产水平的水仓作为消防水池。

第二百五十条 进风井口应当装设防火铁门,防火铁门必须严密并易于关闭,打开时不妨碍提升、运输和人员通行,并定期维修;如果不设防火铁门,必须有防止烟火进入矿井的安全措施。

第二百五十一条 井口房和通风机房附近20 m内,不得有烟火或者用火炉取暖。通风机房位于工业广场以外时,除开采有瓦斯喷出的矿井和突出矿井外,可用隔焰式火炉或者防爆式电热器取暖。

暖风道和压入式通风的风硐必须用不燃性材料砌筑,并至少装设 2 道防火门。

第二百五十二条 井筒与各水平的连接处及井底车场,主要绞车道与主要运输巷、回风巷的连接处,井下机电设备硐室,主要巷道内带式输送机机头前后两端各 20 m 范围内,都必须用不燃性材料支护。

在井下和井口房,严禁采用可燃性材料搭设临时操作间、休息间。

第二百五十三条 井下严禁使用灯泡取暖和使用电炉。

第二百五十四条 井下和井口房内不得进行电焊、气焊和喷灯焊接等作业。如果必须在井下主要硐室、主要进风井巷和井口房内进行电焊、气焊和喷灯焊接等工作,每次必须制定安全措施,由矿长批准并遵守下列规定:

(一)指定专人在场检查和监督。

(二)电焊、气焊和喷灯焊接等工作地点的前后两端各 10 m 的井巷范围内,应当是不燃性材料支护,并有供水管路,有专人负责喷水,焊接前应当清理或者隔离焊碴飞溅区域内的可燃物。上述工作地点应当至少备有 2 个灭火器。

(三)在井口房、井筒和倾斜巷道内进行电焊、气焊和喷灯焊接等工作时,必须在工作地点的下方用不燃性材料设施接受火星。

(四)电焊、气焊和喷灯焊接等工作地点的风流中,甲烷浓度不得超过 0.5%,只有在检查证明作业地点附近 20 m 范围内巷道顶部和支护背板后无瓦斯积存时,方可进行作业。

(五)电焊、气焊和喷灯焊接等作业完毕后,作业地点应当再次用水喷洒,并有专人在作业地点检查 1 h,发现异常,立即处理。

(六)突出矿井井下进行电焊、气焊和喷灯焊接时,必须停止突出煤层的掘进、回采、钻孔、支护以及其他所有扰动突出煤层的作业。

煤层中未采用砌碹或者喷浆封闭的主要硐室和主要进风大巷中,不得进行电焊、气焊和喷灯焊接等工作。

第二百五十五条 井下使用的汽油、煤油必须装入盖严的铁桶内,由专人押运送至使用地点,剩余的汽油、煤油必须运回地面,严禁在井下存放。

井下使用的润滑油、棉纱、布头和纸等,必须存放在盖严的铁桶内。用过的棉纱、布头和纸,也必须放在盖严的铁桶内,并由专人定期送到地面处理,不得乱放乱扔。严禁将剩油、废油泼洒在井巷或者硐室内。

井下清洗风动工具时,必须在专用硐室进行,并必须使用不燃性和无毒性洗涤剂。

第二百五十六条 井上、下必须设置消防材料库,并符合下列要求:

(一)井上消防材料库应当设在井口附近,但不得设在井口房内。

(二)井下消防材料库应当设在每一个生产水平的井底车场或者主要运输大巷中,并装备消防车辆。

(三)消防材料库储存的消防材料和工具的品种和数量应当符合有关要求,并定期检查和更换;消防材料和工具不得挪作他用。

第二百五十七条 井下爆炸物品库、机电设备硐室、检修硐室、材料库、井底车场、使用带式输送机或者液力偶合器的巷道以及采掘工作面附近的巷道中,必须备有灭火器材,其数量、规格和存放地点,应当在灾害预防和处理计划中确定。

井下工作人员必须熟悉灭火器材的使用方法,并熟悉本职工作区域内灭火器材的存放地点。

井下爆炸物品库、机电设备硐室、检修硐室、材料库的支护和风门、风窗必须采用不燃性材料。

第二百五十八条 每季度应当对井上、下消防管路系统、防火门、消防材料库和消防器材的设置情况进行1次检查,发现问题,及时解决。

第二百五十九条 矿井防灭火使用的凝胶、阻化剂及进行充填、堵漏、加固用的高分子材料,应当对其安全性和环保性进行评估,并制定安全监测制度和防范措施。使用时,井巷空气成分必须符合本规程第一百三十五条要求。

第二节 井下火灾防治

第二百六十条 煤的自燃倾向性分为容易自燃、自燃、不易自燃3类。

新设计矿井应当将所有煤层的自燃倾向性鉴定结果报省级煤炭行业管理部门及省级煤矿安全监察机构。

生产矿井延深新水平时,必须对所有煤层的自燃倾向性进行鉴定。

开采容易自燃和自燃煤层的矿井,必须编制矿井防灭火专项设计,采取综合预防煤层自然发火的措施。

第二百六十一条 开采容易自燃和自燃煤层时,必须开展自然发火监测工作,建立自然发火监测系统,确定煤层自然发火标志气体及临界值,健全自然发火预测预报及管理制度。

第二百六十二条 对开采容易自燃和自燃的单一厚煤层或者煤层群的矿井,集中运输大巷和总回风巷应当布置在岩层内或者不易自燃的煤层内;布置在容易自燃和自燃的煤层内时,必须锚喷或者砌碹,碹后的空隙和冒落处必须用不燃性材料充填密实,或者用无腐蚀性、无毒性的材料进行处理。

第二百六十三条 开采容易自燃和自燃煤层时,采煤工作面必须采用后退式开采,并根据采取防火措施后的煤层自然发火期确定采(盘)区开采期限。在地质构造复杂、断层带、残留煤柱等区域开采时,应当根据矿井地质和开采技术条件,在作业规程中另行确定采(盘)区开采方式和开采期限。回采过程中不得任意留设计外煤柱和顶煤。采煤工作面采到终采线时,必须采取措施使顶板冒落严实。

第二百六十四条 开采容易自燃和自燃的急倾斜煤层用垮落法管理顶板时,在主石门和采区运输石门上方,必须留有煤柱。禁止采掘留在主石门上方的煤柱。留在采区运输石门上方的煤柱,在采区结束后可以回收,但必须采取防止自然发火措施。

第二百六十五条 开采容易自燃和自燃煤层时,必须制定防治采空区(特别是工作面始采线、终采线、上下煤柱线和三角点)、巷道高冒区、煤柱破坏区自然发火的技术措施。

当井下发现自然发火征兆时,必须停止作业,立即采取有效措施处理。在发火征兆不能得到有效控制时,必须撤出人员,封闭危险区域。进行封闭施工作业时,其他区域所有人员必须全部撤出。

第二百六十六条 采用灌浆防灭火时,应当遵守下列规定:

(一)采(盘)区设计应当明确规定巷道布置方式、隔离煤柱尺寸、灌浆系统、疏水系统、预筑防火墙的位置以及采掘顺序。

(二)安排生产计划时,应当同时安排防火灌浆计划,落实灌浆地点、时间、进度、灌浆浓度和灌浆量。

（三）对采（盘）区始采线、终采线、上下煤柱线内的采空区,应当加强防火灌浆。

（四）应当有灌浆前疏水和灌浆后防止溃浆、透水的措施。

第二百六十七条 在灌浆区下部进行采掘前,必须查明灌浆区内的浆水积存情况。发现积存浆水,必须在采掘之前放出;在未放出前,严禁在灌浆区下部进行采掘作业。

第二百六十八条 采用阻化剂防灭火时,应当遵守下列规定：

（一）选用的阻化剂材料不得污染井下空气和危害人体健康。

（二）必须在设计中对阻化剂的种类和数量、阻化效果等主要参数作出明确规定。

（三）应当采取防止阻化剂腐蚀机械设备、支架等金属构件的措施。

第二百六十九条 采用凝胶防灭火时,编制的设计中应当明确规定凝胶的配方、促凝时间和压注量等参数。压注的凝胶必须充填满全部空间,其外表面应当喷浆封闭,并定期观测,发现老化、干裂时重新压注。

第二百七十条 采用均压技术防灭火时,应当遵守下列规定：

（一）有完整的区域风压和风阻资料以及完善的检测手段。

（二）有专人定期观测与分析采空区和火区的漏风量、漏风方向、空气温度、防火墙内外空气压差等状况,并记录在专用的防火记录簿内。

（三）改变矿井通风方式、主要通风机工况以及井下通风系统时,对均压地点的均压状况必须及时进行调整,保证均压状态的稳定。

（四）经常检查均压区域内的巷道中风流流动状态,并有防止瓦斯积聚的安全措施。

第二百七十一条 采用氮气防灭火时,应当遵守下列规定：

（一）氮气源稳定可靠。

（二）注入的氮气浓度不小于97%。

（三）至少有1套专用的氮气输送管路系统及其附属安全设施。

（四）有能连续监测采空区气体成分变化的监测系统。

（五）有固定或者移动的温度观测站（点）和监测手段。

（六）有专人定期进行检测、分析和整理有关记录、发现问题及时报告处理等规章制度。

第二百七十二条 采用全部充填采煤法时,严禁采用可燃物作充填材料。

第二百七十三条 开采容易自燃和自燃煤层时,在采（盘）区开采设计中,必须预先选定构筑防火门的位置。当采煤工作面通风系统形成后,必须按设计构筑防火门墙,并储备足够数量的封闭防火门的材料。

第二百七十四条 矿井必须制定防止采空区自然发火的封闭及管理专项措施。采煤工作面回采结束后,必须在45天内进行永久性封闭,每周1次抽取封闭采空区气样进行分析,并建立台账。

开采自燃和容易自燃煤层,应当及时构筑各类密闭并保证质量。

与封闭采空区连通的各类废弃钻孔必须永久封闭。

第二百七十五条 任何人发现井下火灾时,应当视火灾性质、灾区通风和瓦斯情况,立即采取一切可能的方法直接灭火,控制火势,并迅速报告矿调度室。矿调度室在接到井下火灾报告后,应当立即按灾害预防和处理计划通知有关人员组织抢救灾区人员和实施灭火工作。

矿值班调度和在现场的区、队、班组长应当依照灾害预防和处理计划的规定,将所有可能受火灾威胁区域中的人员撤离,并组织人员灭火。电气设备着火时,应当首先切断其电源;在切断电源前,必须使用不导电的灭火器材进行灭火。

抢救人员和灭火过程中,必须指定专人检查甲烷、一氧化碳、煤尘、其他有害气体浓度和风向、风量的变化,并采取防止瓦斯、煤尘爆炸和人员中毒的安全措施。

第二百七十六条 封闭火区时,应当合理确定封闭范围,必须指定专人检查甲烷、氧气、一氧化碳、煤尘以及其他有害气体浓度和风向、风量的变化,并采取防止瓦斯、煤尘爆炸和人员中毒的安全措施。

第三节 井下火区管理

第二百七十七条 煤矿必须绘制火区位置关系图,注明所有火区和曾经发火的地点。每一处火区都要按形成的先后顺序进行编号,并建立火区管理卡片。火区位置关系图和火区管理卡片必须永久保存。

第二百七十八条 永久性密闭墙的管理应当遵守下列规定:
(一)每个密闭墙附近必须设置栅栏、警标,禁止人员入内,并悬挂说明牌。
(二)定期测定和分析密闭墙内的气体成分和空气温度。
(三)定期检查密闭墙外的空气温度、瓦斯浓度,密闭墙内外空气压差以及密闭墙墙体。发现封闭不严、有其他缺陷或者火区有异常变化时,必须采取措施及时处理。
(四)所有测定和检查结果,必须记入防火记录簿。
(五)矿井做大幅度风量调整时,应当测定密闭墙内的气体成分和空气温度。
(六)井下所有永久性密闭墙都应当编号,并在火区位置关系图中注明。

密闭墙的质量标准由煤矿企业统一制定。

第二百七十九条 封闭的火区,只有经取样化验证实火已熄灭后,方可启封或者注销。火区同时具备下列条件时,方可认为火已熄灭:
(一)火区内的空气温度下降到 30 ℃ 以下,或者与火灾发生前该区的日常空气温度相同。
(二)火区内空气中的氧气浓度降到 5.0% 以下。
(三)火区内空气中不含有乙烯、乙炔,一氧化碳浓度在封闭期间内逐渐下降,并稳定在 0.001% 以下。
(四)火区的出水温度低于 25 ℃,或者与火灾发生前该区的日常出水温度相同。
(五)上述 4 项指标持续稳定 1 个月以上。

第二百八十条 启封已熄灭的火区前,必须制定安全措施。

启封火区时,应当逐段恢复通风,同时测定回风流中一氧化碳、甲烷浓度和风流温度。发现复燃征兆时,必须立即停止向火区送风,并重新封闭火区。

启封火区和恢复火区初期通风等工作,必须由矿山救护队负责进行,火区回风风流所经过巷道中的人员必须全部撤出。

在启封火区工作完毕后的 3 天内,每班必须由矿山救护队检查通风工作,并测定水温、空气温度和空气成分。只有在确认火区完全熄灭、通风等情况良好后,方可进行生产工作。

第二百八十一条 不得在火区的同一煤层的周围进行采掘工作。

在同一煤层同一水平的火区两侧、煤层倾角小于35°的火区下部区段、火区下方邻近煤层进行采掘时，必须编制设计，并遵守下列规定：

（一）必须留有足够宽（厚）度的隔离火区煤（岩）柱，回采时及回采后能有效隔离火区，不影响火区的灭火工作。

（二）掘进巷道时，必须有防止误冒、误透火区的安全措施。

煤层倾角在35°及以上的火区下部区段严禁进行采掘工作。

第七章 防治水

第一节 一般规定

第二百八十二条 煤矿防治水工作应当坚持"预测预报、有疑必探、先探后掘、先治后采"基本原则，采取"防、堵、疏、排、截"综合防治措施。

第二百八十三条 煤矿企业应当建立健全各项防治水制度，配备满足工作需要的防治水专业技术人员，配齐专用探放水设备，建立专门的探放水作业队伍，储备必要的水害抢险救灾设备和物资。

水文地质条件复杂、极复杂的煤矿，应当设立专门的防治水机构。

第二百八十四条 煤矿应当编制本单位防治水中长期规划（5～10年）和年度计划，并组织实施。

矿井水文地质类型应当每3年修订一次。发生重大及以上突（透）水事故后，矿井应当在恢复生产前重新确定矿井水文地质类型。

水文地质条件复杂、极复杂矿井应当每月至少开展1次水害隐患排查，其他矿井应当每季度至少开展1次。

第二百八十五条 当矿井水文地质条件尚未查清时，应当进行水文地质补充勘探工作。

第二百八十六条 矿井应当对主要含水层进行长期水位、水质动态观测，设置矿井和各出水点涌水量观测点，建立涌水量观测成果等防治水基础台账，并开展水位动态预测分析工作。

第二百八十七条 矿井应当编制下列防治水图件，并至少每半年修订1次：

（一）矿井充水性图。

（二）矿井涌水量与相关因素动态曲线图。

（三）矿井综合水文地质图。

（四）矿井综合水文地质柱状图。

（五）矿井水文地质剖面图。

第二百八十八条 采掘工作面或者其他地点发现有煤层变湿、挂红、挂汗、空气变冷、出现雾气、水叫、顶板来压、片帮、淋水加大、底板鼓起或者裂隙渗水、钻孔喷水、煤壁溃水、水色发浑、有臭味等透水征兆时，应当立即停止作业，撤出所有受水患威胁地点的人员，报告矿调度室，并发出警报。在原因未查清、隐患未排除之前，不得进行任何采掘活动。

第二节 地面防治水

第二百八十九条 煤矿每年雨季前必须对防治水工作进行全面检查。受雨季降水威胁的矿井,应当制定雨季防治水措施,建立雨季巡视制度并组织抢险队伍,储备足够的防洪抢险物资。当暴雨威胁矿井安全时,必须立即停产撤出井下全部人员,只有在确认暴雨洪水隐患消除后方可恢复生产。

第二百九十条 煤矿应当查清井田及周边地面水系和有关水利工程的汇水、疏水、渗漏情况;了解当地水库、水电站大坝、江河大堤、河道、河道中障碍物等情况;掌握当地历年降水量和最高洪水位资料,建立疏水、防水和排水系统。

煤矿应当建立灾害性天气预警和预防机制,加强与周边相邻矿井的信息沟通,发现矿井水害可能影响相邻矿井时,立即向周边相邻矿井发出预警。

第二百九十一条 矿井井口和工业场地内建筑物的地面标高必须高于当地历年最高洪水位;在山区还必须避开可能发生泥石流、滑坡等地质灾害危险的地段。

矿井井口及工业场地内主要建筑物的地面标高低于当地历年最高洪水位的,应当修筑堤坝、沟渠或者采取其他可靠防御洪水的措施。不能采取可靠安全措施的,应当封闭填实该井口。

第二百九十二条 当矿井井口附近或者开采塌陷波及区域的地表有水体或者积水时,必须采取安全防范措施,并遵守下列规定:

(一)当地表出现威胁矿井生产安全的积水区时,应当修筑泄水沟渠或者排水设施,防止积水渗入井下。

(二)当矿井受到河流、山洪威胁时,应当修筑堤坝和泄洪渠,防止洪水侵入。

(三)对于排到地面的矿井水,应当妥善疏导,避免渗入井下。

(四)对于漏水的沟渠和河床,应当及时堵漏或者改道;地面裂缝和塌陷地点应当及时填塞,填塞工作必须有安全措施。

第二百九十三条 降大到暴雨时和降雨后,应当有专业人员观测地面积水与洪水情况、井下涌水量等有关水文变化情况和井田范围及附近地面有无裂缝、采空塌陷、井上下连通的钻孔和岩溶塌陷等现象,及时向矿调度室及有关负责人报告,并将上述情况记录在案,存档备查。

情况危急时,矿调度室及有关负责人应当立即组织井下撤人。

第二百九十四条 当矿井井口附近或者开采塌陷波及区域的地表出现滑坡或者泥石流等地质灾害威胁煤矿安全时,应当及时撤出受威胁区域的人员,并采取防治措施。

第二百九十五条 严禁将矸石、杂物、垃圾堆放在山洪、河流可能冲刷到的地段,防止淤塞河道和沟渠等。

发现与矿井防治水有关系的河道中存在障碍物或者堤坝破损时,应当及时报告当地人民政府,清理障碍物或者修复堤坝,防止地表水进入井下。

第二百九十六条 使用中的钻孔,应当安装孔口盖。报废的钻孔应当及时封孔,并将封孔资料和实施负责人的情况记录在案,存档备查。

第三节 井下防治水

第二百九十七条 相邻矿井的分界处,应当留防隔水煤(岩)柱;矿井以断层分界的,应当在断层两侧留有防隔水煤(岩)柱。

矿井防隔水煤(岩)柱一经确定,不得随意变动,并通报相邻矿井。严禁在设计确定的各类防隔水煤（岩）柱中进行采掘活动。

第二百九十八条 在采掘工程平面图和矿井充水性图上必须标绘出井巷出水点的位置及其涌水量、积水的井巷及采空区范围、底板标高、积水量、地表水体和水患异常区等。在水淹区域应当标出积水线、探水线和警戒线的位置。

第二百九十九条 受水淹区积水威胁的区域，必须在排除积水、消除威胁后方可进行采掘作业；如果无法排除积水，开采倾斜、缓倾斜煤层的，必须按照《建筑物、水体、铁路及主要井巷煤柱留设与压煤开采规程》中有关水体下开采的规定，编制专项开采设计，由煤矿企业主要负责人审批后，方可进行。

严禁开采地表水体、强含水层、采空区水淹区域下且水患威胁未消除的急倾斜煤层。

第三百条 在未固结的灌浆区、有淤泥的废弃井巷、岩石洞穴附近采掘时，应当制定专项安全技术措施。

第三百零一条 开采水淹区域下的废弃防隔水煤柱时，应当彻底疏干上部积水，进行安全性论证，确保无溃浆（砂）威胁。严禁顶水作业。

第三百零二条 井田内有与河流、湖泊、充水溶洞、强或者极强含水层等存在水力联系的导水断层、裂隙（带）、陷落柱和封闭不良钻孔等通道时，应当查明其确切位置，并采取留设防隔水煤（岩）柱等防治水措施。

第三百零三条 对于煤层顶、底板带压的采掘工作面，应当提前编制防治水设计，制定并落实水害防治措施。

第三百零四条 煤层顶板存在富水性中等及以上含水层或者其他水体威胁时，应当实测垮落带、导水裂隙带发育高度，进行专项设计，确定防隔水煤（岩）柱尺寸。当导水裂隙带范围内的含水层或者老空积水等水体影响采掘安全时，应当超前进行钻探疏放或者注浆改造含水层，待疏放水完毕或者注浆改造等工程结束、消除突水威胁后，方可进行采掘活动。

第三百零五条 开采底板有承压含水层的煤层，隔水层能够承受的水头值应当大于实际水头值；当承压含水层与开采煤层之间的隔水层能够承受的水头值小于实际水头值时，应当采取疏水降压、注浆加固底板改造含水层或者充填开采等措施，并进行效果检验，制定专项安全技术措施，报企业技术负责人审批。

第三百零六条 矿井建设和延深中，当开拓到设计水平时，必须在建成防、排水系统后方可开拓掘进。

第三百零七条 煤层顶、底板分布有强岩溶承压含水层时，主要运输巷、轨道巷和回风巷应当布置在不受水害威胁的层位中，并以石门分区隔离开采。对已经不具备石门隔离开采条件的应当制定防突水安全技术措施，并报矿总工程师审批。

第三百零八条 水文地质条件复杂、极复杂或者有突水淹井危险的矿井，应当在井底车场周围设置防水闸门或者在正常排水系统基础上另外安设由地面直接供电控制，且排水能力不小于最大涌水量的潜水泵。在其他有突水危险的采掘区域，应当在其附近设置防水闸门；不具备设置防水闸门条件的，应当制定防突（透）水措施，报企业主要负责人审批。

防水闸门应当符合下列要求：

（一）防水闸门必须采用定型设计。

（二）防水闸门的施工及其质量，必须符合设计。闸门和闸门硐室不得漏水。

（三）防水闸门硐室前、后两端，应当分别砌筑不小于 5 m 的混凝土护硐，硐后用混凝土填实,不得空帮、空顶。防水闸门硐室和护碹必须采用高标号水泥进行注浆加固,注浆压力应当符合设计。

(四)防水闸门来水一侧15～25 m处,应当加设1道挡物箅子门。防水闸门与箅子门之间,不得停放车辆或者堆放杂物。来水时先关箅子门,后关防水闸门。如果采用双向防水闸门,应当在两侧各设1道箅子门。

(五)通过防水闸门的轨道、电机车架空线、带式输送机等必须灵活易拆;通过防水闸门墙体的各种管路和安设在闸门外侧的闸阀的耐压能力,都必须与防水闸门设计压力相一致;电缆、管道通过防水闸门墙体时,必须用堵头和阀门封堵严密,不得漏水。

(六)防水闸门必须安设观测水压的装置,并有放水管和放水闸阀。

(七)防水闸门竣工后,必须按设计要求进行验收;对新掘进巷道内建筑的防水闸门,必须进行注水耐压试验,防水闸门内巷道的长度不得大于15 m,试验的压力不得低于设计水压,其稳压时间应当在24 h以上,试压时应当有专门安全措施。

(八)防水闸门必须灵活可靠,并每年进行2次关闭试验,其中1次应当在雨季前进行。关闭闸门所用的工具和零配件必须专人保管,专地点存放,不得挪用丢失。

第三百零九条　井下防水闸墙的设置应当根据矿井水文地质条件确定,防水闸墙的设计经煤矿企业技术负责人批准后方可施工,投入使用前应当由煤矿企业技术负责人组织竣工验收。

第三百一十条　井巷揭穿含水层或者地质构造带等可能突水地段前,必须编制探放水设计,并制定相应的防治水措施。

井巷揭露的主要出水点或者地段,必须进行水温、水量、水质和水压(位)等地下水动态和松散含水层涌水含砂量综合观测和分析,防止滞后突水。

第四节　井　下　排　水

第三百一十一条　矿井应当配备与矿井涌水量相匹配的水泵、排水管路、配电设备和水仓等,并满足矿井排水的需要。除正在检修的水泵外,应当有工作水泵和备用水泵。工作水泵的能力,应当能在20 h内排出矿井24 h的正常涌水量(包括充填水及其他用水)。备用水泵的能力,应当不小于工作水泵能力的70%。检修水泵的能力,应当不小于工作水泵能力的25%。工作和备用水泵的总能力,应当能在20 h内排出矿井24 h的最大涌水量。

排水管路应当有工作和备用水管。工作排水管路的能力,应当能配合工作水泵在20 h内排出矿井24 h的正常涌水量。工作和备用排水管路的总能力,应当能配合工作和备用水泵在20 h内排出矿井24 h的最大涌水量。

配电设备的能力应当与工作、备用和检修水泵的能力相匹配,能够保证全部水泵同时运转。

第三百一十二条　主要泵房至少有2个出口,一个出口用斜巷通到井筒,并高出泵房底板7 m以上;另一个出口通到井底车场,在此出口通路内,应当设置易于关闭的既能防水又能防火的密闭门。泵房和水仓的连接通道,应当设置控制闸门。

排水系统集中控制的主要泵房可不设专人值守,但必须实现图像监视和专人巡检。

第三百一十三条　矿井主要水仓应当有主仓和副仓,当一个水仓清理时,另一个水仓能够正常使用。

新建、改扩建矿井或者生产矿井的新水平,正常涌水量在 1 000 m³/h 以下时,主要水仓的有效容量应当能容纳 8 h 的正常涌水量。

正常涌水量大于 1 000 m³/h 的矿井,主要水仓有效容量可以按照下式计算:
$$V = 2(Q + 3 000)$$

式中:

V ——主要水仓的有效容量,m³;

Q ——矿井每小时的正常涌水量,m³。

采区水仓的有效容量应当能容纳 4 h 的采区正常涌水量。

水仓进口处应当设置箅子。对水砂充填和其他涌水中带有大量杂质的矿井,还应当设置沉淀池。水仓的空仓容量应当经常保持在总容量的 50% 以上。

第三百一十四条 水泵、水管、闸阀、配电设备和线路,必须经常检查和维护。在每年雨季之前,必须全面检修 1 次,并对全部工作水泵和备用水泵进行 1 次联合排水试验,提交联合排水试验报告。

水仓、沉淀池和水沟中的淤泥,应当及时清理,每年雨季前必须清理 1 次。

第三百一十五条 大型、特大型矿井排水系统可以根据井下生产布局及涌水情况分区建设,每个排水分区可以实现独立排水,但泵房设计、排水能力及水仓容量必须符合本规程第三百一十一条至第三百一十四条要求。

第三百一十六条 井下采区、巷道有突水危险或者可能积水的,应当优先施工安装防、排水系统,并保证有足够的排水能力。

第五节 探 放 水

第三百一十七条 在地面无法查明水文地质条件时,应当在采掘前采用物探、钻探或者化探等方法查清采掘工作面及其周围的水文地质条件。

采掘工作面遇有下列情况之一时,应当立即停止施工,确定探水线,实施超前探放水,经确认无水害威胁后,方可施工:

(一)接近水淹或者可能积水的井巷、老空区或者相邻煤矿时。

(二)接近含水层、导水断层、溶洞和导水陷落柱时。

(三)打开隔离煤柱放水时。

(四)接近可能与河流、湖泊、水库、蓄水池、水井等相通的导水通道时。

(五)接近有出水可能的钻孔时。

(六)接近水文地质条件不清的区域时。

(七)接近有积水的灌浆区时。

(八)接近其他可能突(透)水的区域时。

第三百一十八条 采掘工作面超前探放水应当采用钻探方法,同时配合物探、化探等其他方法查清采掘工作面及周边老空水、含水层富水性以及地质构造等情况。

井下探放水应当采用专用钻机,由专业人员和专职探放水队伍施工。

探放水前应当编制探放水设计,采取防止有害气体危害的安全措施。探放水结束后,应当提交探放水总结报告存档备查。

第三百一十九条 井下安装钻机进行探放水前,应当遵守下列规定:

（一）加强钻孔附近的巷道支护，并在工作面迎头打好坚固的立柱和拦板，严禁空顶、空帮作业。

（二）清理巷道，挖好排水沟。探放水钻孔位于巷道低洼处时，应当配备与探放水量相适应的排水设备。

（三）在打钻地点或者其附近安设专用电话，保证人员撤离通道畅通。

（四）由测量人员依据设计现场标定探放水孔位置，与负责探放水工作的人员共同确定钻孔的方位、倾角、深度和钻孔数量等。

探放水钻孔的布置和超前距离，应当根据水压大小、煤（岩）层厚度和硬度以及安全措施等，在探放水设计中做出具体规定。探放老空积水最小超前水平钻距不得小于30 m，止水套管长度不得小于10 m。

第三百二十条　在预计水压大于0.1 MPa的地点探放水时，应当预先固结套管，在套管口安装控制闸阀，进行耐压试验。套管长度应当在探放水设计中规定。预先开掘安全躲避硐室，制定避灾路线等安全措施，并使每个作业人员了解和掌握。

第三百二十一条　预计钻孔内水压大于1.5 MPa时，应当采用反压和有防喷装置的方法钻进，并制定防止孔口管和煤（岩）壁突然鼓出的措施。

第三百二十二条　在探放水钻进时，发现煤岩松软、片帮、来压或者钻孔中水压、水量突然增大和顶钻等突（透）水征兆时，应当立即停止钻进，但不得拔出钻杆；现场负责人员应当立即向矿井调度室汇报，撤出所有受水威胁区域的人员，采取安全措施，派专业技术人员监测水情并进行分析，妥善处理。

第三百二十三条　探放老空水前，应当首先分析查明老空水体的空间位置、积水范围、积水量和水压等。探放水时，应当撤出探放水点标高以下受水害威胁区域所有人员。放水时，应当监视放水全过程，核对放水量和水压等，直到老空水放完为止，并进行检测验证。

钻探接近老空时，应当安排专职瓦斯检查工或者矿山救护队员在现场值班，随时检查空气成分。如果甲烷或者其他有害气体浓度超过有关规定，应当立即停止钻进，切断电源，撤出人员，并报告矿调度室，及时采取措施进行处理。

第三百二十四条　钻孔放水前，应当估计积水量，并根据矿井排水能力和水仓容量，控制放水流量，防止淹井；放水时，应当有专人监测钻孔出水情况，测定水量和水压，做好记录。如果水量突然变化，应当立即报告矿调度室，分析原因，及时处理。

第三百二十五条　排除井筒和下山的积水及恢复被淹井巷前，应当制定安全措施，防止被水封闭的有毒、有害气体突然涌出。

排水过程中，应当定时观测排水量、水位和观测孔水位，并由矿山救护队随时检查水面上的空气成分，发现有害气体，及时采取措施进行处理。

第八章　爆炸物品和井下爆破

第一节　爆炸物品贮存

第三百二十六条　爆炸物品的贮存，永久性地面爆炸物品库建筑结构（包括永久性埋入式库房）及各种防护措施，总库区的内、外部安全距离等，必须遵守国家有关规定。

井上、下接触爆炸物品的人员，必须穿棉布或者抗静电衣服。

第三百二十七条 建有爆炸物品制造厂的矿区总库,所有库房贮存各种炸药的总容量不得超过该厂 1 个月生产量,雷管的总容量不得超过 3 个月生产量。没有爆炸物品制造厂的矿区总库,所有库房贮存各种炸药的总容量不得超过由该库所供应的矿井 2 个月的计划需要量,雷管的总容量不得超过 6 个月的计划需要量。单个库房的最大容量:炸药不得超过 200 t,雷管不得超过 500 万发。

地面分库所有库房贮存爆炸物品的总容量:炸药不得超过 75 t,雷管不得超过 25 万发。单个库房的炸药最大容量不得超过 25 t。地面分库贮存各种爆炸物品的数量,不得超过由该库所供应矿井 3 个月的计划需要量。

第三百二十八条 开凿平硐或者利用已有平硐作为爆炸物品库时,必须遵守下列规定:

(一)硐口必须装有向外开启的 2 道门,由外往里第一道门为包铁皮的木板门,第二道门为栅栏门。

(二)硐口到最近贮存硐室之间的距离超过 15 m 时,必须有 2 个入口。

(三)硐口前必须设置横堤,横堤必须高出硐口 1.5 m,横堤的顶部长度不得小于硐口宽度的 3 倍,顶部厚度不得小于 1 m。横堤的底部长度和厚度,应当根据所用建筑材料的静止角确定。

(四)库房底板必须高于通向爆炸物品库巷道的底板,硐口到库房的巷道坡度为 5‰,并有带盖的排水沟,巷道内可以铺设不延伸到硐室内的轨道。

(五)除有运输爆炸物品用的巷道外,还必须有通风巷道(钻眼、探井或者平硐),其入口和通风设备必须设置在围墙以内。

(六)库房必须采用不燃性材料支护。巷道内采用固定式照明时,开关必须设在地面。

(七)爆炸物品库上面覆盖层厚度小于 10 m 时,必须装设防雷电设备。

(八)检查电雷管的工作,必须在爆炸物品贮存硐室外设有安全设施的专用房间或者硐室内进行。

第三百二十九条 各种爆炸物品的每一品种都应当专库贮存;当条件限制时,按国家有关同库贮存的规定贮存。

存放爆炸物品的木架每格只准放 1 层爆炸物品箱。

第三百三十条 地面爆炸物品库必须有发放爆炸物品的专用套间或者单独房间。分库的炸药发放套间内,可临时保存爆破工的空爆炸物品箱与发爆器。在分库的雷管发放套间内发放雷管时,必须在铺有导电的软质垫层并有边缘突起的桌子上进行。

第三百三十一条 井下爆炸物品库应当采用硐室式、壁槽式或者含壁槽的硐室式。

爆炸物品必须贮存在硐室或者壁槽内,硐室之间或者壁槽之间的距离,必须符合爆炸物品安全距离的规定。

井下爆炸物品库应当包括库房、辅助硐室和通向库房的巷道。辅助硐室中,应当有检查电雷管全电阻、发放炸药以及保存爆破工空爆炸物品箱等的专用硐室。

第三百三十二条 井下爆炸物品库的布置必须符合下列要求:

(一)库房距井筒、井底车场、主要运输巷道、主要硐室以及影响全矿井或者一翼通风的风门的法线距离:硐室式不得小于 100 m,壁槽式不得小于 60 m。

(二)库房距行人巷道的法线距离:硐室式不得小于 35 m,壁槽式不得小于 20 m。

(三)库房距地面或者上下巷道的法线距离:硐室式不得小于 30 m,壁槽式不得小于 15 m。

（四）库房与外部巷道之间，必须用3条相互垂直的连通巷道相连。连通巷道的相交处必须延长2 m，断面积不得小于4 m²，在连通巷道尽头还必须设置缓冲砂箱隔墙，不得将连通巷道的延长段兼作辅助硐室使用。库房两端的通道与库房连接处必须设置齿形阻波墙。

（五）每个爆炸物品库房必须有2个出口，一个出口供发放爆炸物品及行人，出口的一端必须装有能自动关闭的抗冲击波活门；另一出口布置在爆炸物品库回风侧，可以铺设轨道运送爆炸物品，该出口与库房连接处必须装有1道常闭的抗冲击波密闭门。

（六）库房地面必须高于外部巷道的地面，库房和通道应当设置水沟。

（七）贮存爆炸物品的各硐室、壁槽的间距应当大于殉爆安全距离。

第三百三十三条　井下爆炸物品库必须采用砌碹或者用非金属不燃性材料支护，不得渗漏水，并采取防潮措施。爆炸物品库出口两侧的巷道，必须采用砌碹或者用不燃性材料支护，支护长度不得小于5 m。库房必须备有足够数量的消防器材。

第三百三十四条　井下爆炸物品库的最大贮存量，不得超过矿井3天的炸药需要量和10天的电雷管需要量。

井下爆炸物品库的炸药和电雷管必须分开贮存。

每个硐室贮存的炸药量不得超过2 t，电雷管不得超过10天的需要量；每个壁槽贮存的炸药量不得超过400 kg，电雷管不得超过2天的需要量。

库房的发放爆炸物品硐室允许存放当班待发的炸药，最大存放量不得超过3箱。

第三百三十五条　在多水平生产的矿井、井下爆炸物品库距爆破工作地点超过2.5 km的矿井以及井下不设置爆炸物品库的矿井内，可以设爆炸物品发放硐室，并必须遵守下列规定：

（一）发放硐室必须设在独立通风的专用巷道内，距使用的巷道法线距离不得小于25 m。

（二）发放硐室爆炸物品的贮存量不得超过1天的需要量，其中炸药量不得超过400 kg。

（三）炸药和电雷管必须分开贮存，并用不小于240 mm厚的砖墙或者混凝土墙隔开。

（四）发放硐室应当有单独的发放间，发放硐室出口处必须设1道能自动关闭的抗冲击波活门。

（五）建井期间的爆炸物品发放硐室必须有独立通风系统。必须制定预防爆炸物品爆炸的安全措施。

（六）管理制度必须与井下爆炸物品库相同。

第三百三十六条　井下爆炸物品库必须采用矿用防爆型（矿用增安型除外）照明设备，照明线必须使用阻燃电缆，电压不得超过127 V。严禁在贮存爆炸物品的硐室或者壁槽内安设照明设备。

不设固定式照明设备的爆炸物品库，可使用带绝缘套的矿灯。

任何人员不得携带矿灯进入井下爆炸物品库房内。库内照明设备或者线路发生故障时，检修人员可以在库房管理人员的监护下使用带绝缘套的矿灯进入库内工作。

第三百三十七条　煤矿企业必须建立爆炸物品领退制度和爆炸物品丢失处理办法。

电雷管（包括清退入库的电雷管）在发给爆破工前，必须用电雷管检测仪逐个测试电阻值，并将脚线扭结成短路。

发放的爆炸物品必须是有效期内的合格产品，并且雷管应当严格按同一厂家和同一品种进行发放。

爆炸物品的销毁,必须遵守《民用爆炸物品安全管理条例》。

第二节　爆炸物品运输

第三百三十八条　在地面运输爆炸物品时,必须遵守《民用爆炸物品安全管理条例》以及有关标准规定。

第三百三十九条　在井筒内运送爆炸物品时,应当遵守下列规定:

(一)电雷管和炸药必须分开运送;但在开凿或者延深井筒时,符合本规程第三百四十五条规定的,不受此限。

(二)必须事先通知绞车司机和井上、下把钩工。

(三)运送电雷管时,罐笼内只准放置1层爆炸物品箱,不得滑动。运送炸药时,爆炸物品箱堆放的高度不得超过罐笼高度的2/3。采用将装有炸药或者电雷管的车辆直接推入罐笼内的方式运送时,车辆必须符合本规程第三百四十条(二)的规定。使用吊桶运送爆炸物品时,必须使用专用箱。

(四)在装有爆炸物品的罐笼或者吊桶内,除爆破工或者护送人员外,不得有其他人员。

(五)罐笼升降速度,运送电雷管时,不得超过2 m/s;运送其他类爆炸物品时,不得超过4 m/s。吊桶升降速度,不论运送何种爆炸物品,都不得超过1 m/s。司机在启动和停绞车时,应当保证罐笼或者吊桶不震动。

(六)在交接班、人员上下井的时间内,严禁运送爆炸物品。

(七)禁止将爆炸物品存放在井口房、井底车场或者其他巷道内。

第三百四十条　井下用机车运送爆炸物品时,应当遵守下列规定:

(一)炸药和电雷管在同一列车内运输时,装有炸药与装有电雷管的车辆之间,以及装有炸药或者电雷管的车辆与机车之间,必须用空车分别隔开,隔开长度不得小于3 m。

(二)电雷管必须装在专用的、带盖的、有木质隔板的车厢内,车厢内部应当铺有胶皮或者麻袋等软质垫层,并只准放置1层爆炸物品箱。炸药箱可以装在矿车内,但堆放高度不得超过矿车上缘。运输炸药、电雷管的矿车或者车厢必须有专门的警示标识。

(三)爆炸物品必须由井下爆炸物品库负责人或者经过专门培训的人员专人护送。跟车工、护送人员和装卸人员应当坐在尾车内,严禁其他人员乘车。

(四)列车的行驶速度不得超过2 m/s。

(五)装有爆炸物品的列车不得同时运送其他物品。

井下采用无轨胶轮车运送爆炸物品时,应当按照民用爆炸物品运输管理有关规定执行。

第三百四十一条　水平巷道和倾斜巷道内有可靠的信号装置时,可以用钢丝绳牵引的车辆运送爆炸物品,炸药和电雷管必须分开运输,运输速度不得超过1 m/s。运输电雷管的车辆必须加盖、加垫,车厢内以软质垫物塞紧,防止震动和撞击。

严禁用刮板输送机、带式输送机等运输爆炸物品。

第三百四十二条　由爆炸物品库直接向工作地点用人力运送爆炸物品时,应当遵守下列规定:

(一)电雷管必须由爆破工亲自运送,炸药应当由爆破工或者在爆破工监护下运送。

(二)爆炸物品必须装在耐压和抗撞冲、防震、防静电的非金属容器内,不得将电雷管和炸药混装。严禁将爆炸物品装在衣袋内。领到爆炸物品后,应当直接送到工作地点,严禁中途逗留。

(三)携带爆炸物品上、下井时,在每层罐笼内搭乘的携带爆炸物品的人员不得超过4人,其他人员不得同罐上下。

(四)在交接班、人员上下井的时间内,严禁携带爆炸物品人员沿井筒上下。

第三节　井　下　爆　破

第三百四十三条　煤矿必须指定部门对爆破工作专门管理,配备专业管理人员。

所有爆破人员,包括爆破、送药、装药人员,必须熟悉爆炸物品性能和本规程规定。

第三百四十四条　开凿或者延深立井井筒,向井底工作面运送爆炸物品和在井筒内装药时,除负责装药爆破的人员、信号工、看盘工和水泵司机外,其他人员必须撤到地面或者上水平巷道中。

第三百四十五条　开凿或者延深立井井筒中的装配起爆药卷工作,必须在地面专用的房间内进行。

专用房间距井筒、厂房、建筑物和主要通路的安全距离必须符合国家有关规定,且距离井筒不得小于50 m。

严禁将起爆药卷与炸药装在同一爆炸物品容器内运往井底工作面。

第三百四十六条　在开凿或者延深立井井筒时,必须在地面或者在生产水平巷道内进行起爆。

在爆破母线与电力起爆接线盒引线接通之前,井筒内所有电气设备必须断电。

只有在爆破工完成装药和连线工作,将所有井盖门打开,井筒、井口房内的人员全部撤出,设备、工具提升到安全高度以后,方可起爆。

爆破通风后,必须仔细检查井筒,清除崩落在井圈上、吊盘上或者其他设备上的矸石。

爆破后乘吊桶检查井底工作面时,吊桶不得蹾撞工作面。

第三百四十七条　井下爆破工作必须由专职爆破工担任。突出煤层采掘工作面爆破工作必须由固定的专职爆破工担任。爆破作业必须执行"一炮三检"和"三人连锁爆破"制度,并在起爆前检查起爆地点的甲烷浓度。

第三百四十八条　爆破作业必须编制爆破作业说明书,并符合下列要求:

(一)炮眼布置图必须标明采煤工作面的高度和打眼范围或者掘进工作面的巷道断面尺寸,炮眼的位置、个数、深度、角度及炮眼编号,并用正面图、平面图和剖面图表示。

(二)炮眼说明表必须说明炮眼的名称、深度、角度,使用炸药、雷管的品种,装药量,封泥长度,连线方法和起爆顺序。

(三)必须编入采掘作业规程,并及时修改补充。

钻眼、爆破人员必须依照说明书进行作业。

第三百四十九条　不得使用过期或者变质的爆炸物品。不能使用的爆炸物品必须交回爆炸物品库。

第三百五十条　井下爆破作业,必须使用煤矿许用炸药和煤矿许用电雷管。一次爆破必须使用同一厂家、同一品种的煤矿许用炸药和电雷管。煤矿许用炸药的选用必须遵守下列规定:

（一）低瓦斯矿井的岩石掘进工作面，使用安全等级不低于一级的煤矿许用炸药。

（二）低瓦斯矿井的煤层采掘工作面、半煤岩掘进工作面，使用安全等级不低于二级的煤矿许用炸药。

（三）高瓦斯矿井，使用安全等级不低于三级的煤矿许用炸药。

（四）突出矿井，使用安全等级不低于三级的煤矿许用含水炸药。

在采掘工作面，必须使用煤矿许用瞬发电雷管、煤矿许用毫秒延期电雷管或者煤矿许用数码电雷管。使用煤矿许用毫秒延期电雷管时，最后一段的延期时间不得超过130 ms。使用煤矿许用数码电雷管时，一次起爆总时间差不得超过130 ms，并应当与专用起爆器配套使用。

第三百五十一条 在有瓦斯或者煤尘爆炸危险的采掘工作面，应当采用毫秒爆破。在掘进工作面应当全断面一次起爆，不能全断面一次起爆的，必须采取安全措施。在采煤工作面可分组装药，但一组装药必须一次起爆。

严禁在1个采煤工作面使用2台发爆器同时进行爆破。

第三百五十二条 在高瓦斯矿井采掘工作面采用毫秒爆破时，若采用反向起爆，必须制定安全技术措施。

第三百五十三条 在高瓦斯、突出矿井的采掘工作面实体煤中，为增加煤体裂隙、松动煤体而进行的10 m以上的深孔预裂控制爆破，可以使用二级煤矿许用炸药，并制定安全措施。

第三百五十四条 爆破工必须把炸药、电雷管分开存放在专用的爆炸物品箱内，并加锁，严禁乱扔、乱放。爆炸物品箱必须放在顶板完好、支护完整，避开有机械、电气设备的地点。爆破时必须把爆炸物品箱放置在警戒线以外的安全地点。

第三百五十五条 从成束的电雷管中抽取单个电雷管时，不得手拉脚线硬拽管体，也不得手拉管体硬拽脚线，应当将成束的电雷管顺好，拉住前端脚线将电雷管抽出。抽出单个电雷管后，必须将其脚线扭结成短路。

第三百五十六条 装配起爆药卷时，必须遵守下列规定：

（一）必须在顶板完好、支护完整，避开电气设备和导电体的爆破工作地点附近进行。严禁坐在爆炸物品箱上装配起爆药卷。装配起爆药卷数量，以当时爆破作业需要的数量为限。

（二）装配起爆药卷必须防止电雷管受震动、冲击，折断电雷管脚线和损坏脚线绝缘层。

（三）电雷管必须由药卷的顶部装入，严禁用电雷管代替竹、木棍扎眼。电雷管必须全部插入药卷内。严禁将电雷管斜插在药卷的中部或者捆在药卷上。

（四）电雷管插入药卷后，必须用脚线将药卷缠住，并将电雷管脚线扭结成短路。

第三百五十七条 装药前，必须首先清除炮眼内的煤粉或者岩粉，再用木质或者竹质炮棍将药卷轻轻推入，不得冲撞或者捣实。炮眼内的各药卷必须彼此密接。

有水的炮眼，应当使用抗水型炸药。

装药后，必须把电雷管脚线悬空，严禁电雷管脚线、爆破母线与机械电气设备等导电体相接触。

第三百五十八条 炮眼封泥必须使用水炮泥，水炮泥外剩余的炮眼部分应当用黏土炮泥或者用不燃性、可塑性松散材料制成的炮泥封实。严禁用煤粉、块状材料或者其他可燃性材料作炮眼封泥。

无封泥、封泥不足或者不实的炮眼,严禁爆破。

严禁裸露爆破。

第三百五十九条 炮眼深度和炮眼的封泥长度应当符合下列要求:

(一)炮眼深度小于 0.6 m 时,不得装药、爆破;在特殊条件下,如挖底、刷帮、挑顶确需进行炮眼深度小于 0.6 m 的浅孔爆破时,必须制定安全措施并封满炮泥。

(二)炮眼深度为 0.6~1 m 时,封泥长度不得小于炮眼深度的 1/2。

(三)炮眼深度超过 1 m 时,封泥长度不得小于 0.5 m。

(四)炮眼深度超过 2.5 m 时,封泥长度不得小于 1 m。

(五)深孔爆破时,封泥长度不得小于孔深的 1/3。

(六)光面爆破时,周边光爆炮眼应当用炮泥封实,且封泥长度不得小于 0.3 m。

(七)工作面有 2 个及以上自由面时,在煤层中最小抵抗线不得小于 0.5 m,在岩层中最小抵抗线不得小于 0.3 m。浅孔装药爆破大块岩石时,最小抵抗线和封泥长度都不得小于 0.3 m。

第三百六十条 处理卡在溜煤(矸)眼中的煤、矸时,如果确无爆破以外的其他方法,可爆破处理,但必须遵守下列规定:

(一)爆破前检查溜煤(矸)眼内堵塞部位的上部和下部空间的瓦斯浓度。

(二)爆破前必须洒水。

(三)使用用于溜煤(矸)眼的煤矿许用刚性被筒炸药,或者不低于该安全等级的煤矿许用炸药。

(四)每次爆破只准使用 1 个煤矿许用电雷管,最大装药量不得超过 450 g。

第三百六十一条 装药前和爆破前有下列情况之一的,严禁装药、爆破:

(一)采掘工作面控顶距离不符合作业规程的规定,或者有支架损坏,或者伞檐超过规定。

(二)爆破地点附近 20 m 以内风流中甲烷浓度达到或者超过 1.0%。

(三)在爆破地点 20 m 以内,矿车、未清除的煤(矸)或者其他物体堵塞巷道断面 1/3 以上。

(四)炮眼内发现异状、温度骤高骤低、有显著瓦斯涌出、煤岩松散、透老空区等情况。

(五)采掘工作面风量不足。

第三百六十二条 在有煤尘爆炸危险的煤层中,掘进工作面爆破前后,附近 20 m 的巷道内必须洒水降尘。

第三百六十三条 爆破前,必须加强对机电设备、液压支架和电缆等的保护。

爆破前,班组长必须亲自布置专人将工作面所有人员撤离警戒区域,并在警戒线和可能进入爆破地点的所有通路上布置专人担任警戒工作。警戒人员必须在安全地点警戒。警戒线处应当设置警戒牌、栏杆或者拉绳。

第三百六十四条 爆破母线和连接线必须符合下列要求:

(一)爆破母线符合标准。

(二)爆破母线和连接线、电雷管脚线和连接线、脚线和脚线之间的接头相互扭紧并悬空,不得与轨道、金属管、金属网、钢丝绳、刮板输送机等导电体相接触。

(三)巷道掘进时,爆破母线应当随用随挂。不得使用固定爆破母线,特殊情况下,在采取安全措施后,可不受此限。

(四)爆破母线与电缆应当分别挂在巷道的两侧。如果必须挂在同一侧,爆破母线必须挂在电缆的下方,并保持0.3 m以上的距离。

(五)只准采用绝缘母线单回路爆破,严禁用轨道、金属管、金属网、水或者大地等当作回路。

(六)爆破前,爆破母线必须扭结成短路。

第三百六十五条 井下爆破必须使用发爆器。开凿或者延深通达地面的井筒时,无瓦斯的井底工作面中可使用其他电源起爆,但电压不得超过380 V,并必须有电力起爆接线盒。

发爆器或者电力起爆接线盒必须采用矿用防爆型(矿用增安型除外)。

发爆器必须统一管理、发放。必须定期校验发爆器的各项性能参数,并进行防爆性能检查,不符合要求的严禁使用。

第三百六十六条 每次爆破作业前,爆破工必须做电爆网路全电阻检测。严禁采用发爆器打火放电的方法检测电爆网路。

第三百六十七条 爆破工必须最后离开爆破地点,并在安全地点起爆。起爆地点到爆破地点的距离必须在作业规程中具体规定。

第三百六十八条 发爆器的把手、钥匙或者电力起爆接线盒的钥匙,必须由爆破工随身携带,严禁转交他人。只有在爆破通电时,方可将把手或者钥匙插入发爆器或者电力起爆接线盒内。爆破后,必须立即将把手或者钥匙拔出,摘掉母线并扭结成短路。

第三百六十九条 爆破前,脚线的连接工作可由经过专门训练的班组长协助爆破工进行。爆破母线连接脚线、检查线路和通电工作,只准爆破工一人操作。

爆破前,班组长必须清点人数,确认无误后,方准下达起爆命令。

爆破工接到起爆命令后,必须先发出爆破警号,至少再等5 s后方可起爆。

装药的炮眼应当当班爆破完毕。特殊情况下,当班留有尚未爆破的已装药的炮眼时,当班爆破工必须在现场向下一班爆破工交接清楚。

第三百七十条 爆破后,待工作面的炮烟被吹散,爆破工、瓦斯检查工和班组长必须首先巡视爆破地点,检查通风、瓦斯、煤尘、顶板、支架、拒爆、残爆等情况。发现危险情况,必须立即处理。

第三百七十一条 通电以后拒爆时,爆破工必须先取下把手或者钥匙,并将爆破母线从电源上摘下,扭结成短路;再等待一定时间(使用瞬发电雷管,至少等待5 min;使用延期电雷管,至少等待15 min),才可沿线路检查,找出拒爆的原因。

第三百七十二条 处理拒爆、残爆时,应当在班组长指导下进行,并在当班处理完毕。如果当班未能完成处理工作,当班爆破工必须在现场向下一班爆破工交接清楚。

处理拒爆时,必须遵守下列规定:

(一)由于连线不良造成的拒爆,可重新连线起爆。

(二)在距拒爆炮眼0.3 m以外另打与拒爆炮眼平行的新炮眼,重新装药起爆。

(三)严禁用镐刨或者从炮眼中取出原放置的起爆药卷,或者从起爆药卷中拉出电雷管。不论有无残余炸药,严禁将炮眼残底继续加深;严禁使用打孔的方法往外掏药;严禁使用压风吹拒爆、残爆炮眼。

1225

(四)处理拒爆的炮眼爆炸后,爆破工必须详细检查炸落的煤、矸,收集未爆的电雷管。
(五)在拒爆处理完毕以前,严禁在该地点进行与处理拒爆无关的工作。

第三百七十三条 爆炸物品库和爆炸物品发放硐室附近 30 m 范围内,严禁爆破。

第九章 运输、提升和空气压缩机

第一节 平巷和倾斜井巷运输

第三百七十四条 采用滚筒驱动带式输送机运输时,应当遵守下列规定:
(一)采用非金属聚合物制造的输送带、托辊和滚筒包胶材料等,其阻燃性能和抗静电性能必须符合有关标准的规定。
(二)必须装设防打滑、跑偏、堆煤、撕裂等保护装置,同时应当装设温度、烟雾监测装置和自动洒水装置。
(三)应当具备沿线急停闭锁功能。
(四)主要运输巷道中使用的带式输送机,必须装设输送带张紧力下降保护装置。
(五)倾斜井巷中使用的带式输送机,上运时,必须装设防逆转装置和制动装置;下运时,应当装设软制动装置且必须装设防超速保护装置。
(六)在大于 16°的倾斜井巷中使用带式输送机,应当设置防护网,并采取防止物料下滑、滚落等的安全措施。
(七)液力偶合器严禁使用可燃性传动介质(调速型液力偶合器不受此限)。
(八)机头、机尾及搭接处,应当有照明。
(九)机头、机尾、驱动滚筒和改向滚筒处,应当设防护栏及警示牌。行人跨越带式输送机处,应当设过桥。
(十)输送带设计安全系数,应当按下列规定选取:
1.棉织物芯输送带,8~9。
2.尼龙、聚酯织物芯输送带,10~12。
3.钢丝绳芯输送带,7~9;当带式输送机采取可控软启动、制动措施时,5~7。

第三百七十五条 新建矿井不得使用钢丝绳牵引带式输送机。生产矿井采用钢丝绳牵引带式输送机运输时,必须遵守下列规定:
(一)装设过速保护、过电流和欠电压保护、钢丝绳和输送带脱槽保护、输送带局部过载保护、钢丝绳张紧车到达终点和张紧重锤落地保护,并定期进行检查和试验。
(二)在倾斜井巷中,必须在低速驱动轮上装设液控盘式失效安全型制动装置,制动力矩与设计最大静拉力差在闸轮上作用力矩之比在 2~3 之间;制动装置应当具备手动和自动双重制动功能。
(三)采用钢丝绳牵引带式输送机运送人员时,应当遵守下列规定:
1.输送带至巷道顶部的垂距,在上、下人员的 20 m 区段内不得小于 1.4 m,行驶区段内不得小于 1 m。下行带乘人时,上、下输送带间的垂距不得小于 1 m。
2.输送带的宽度不得小于 0.8 m,运行速度不得超过 1.8 m/s,绳槽至输送带边的宽度不得小于 60 mm。
3.人员乘坐间距不得小于 4 m。乘坐人员不得站立或者仰卧,应当面向行进方向。严禁携带笨重物品和超长物品,严禁触摸输送带侧帮。

4.上、下人员的地点应当设有平台和照明。上行带平台的长度不得小于5 m,宽度不得小于0.8 m,并有栏杆。上、下人的区段内不得有支架或者悬挂装置。下人地点应当有标志或者声光信号,距离下人区段末端前方2 m处,必须设有能自动停车的安全装置。在机头机尾下人处,必须设有人员越位的防护设施或者保护装置,并装设机械式倾斜挡板。

5.运送人员前,必须卸除输送带上的物料。

6.应当装有在输送机全长任何地点可由乘坐人员或者其他人员操作的紧急停车装置。

第三百七十六条 采用轨道机车运输时,轨道机车的选用应当遵守下列规定:

(一)突出矿井必须使用符合防爆要求的机车。

(二)新建高瓦斯矿井不得使用架线电机车运输。高瓦斯矿井在用的架线电机车运输,必须遵守下列规定:

1.沿煤层或者穿过煤层的巷道必须采用砌碹或者锚喷支护;

2.有瓦斯涌出的掘进巷道的回风流,不得进入有架线的巷道中;

3.采用炭素滑板或者其他能减小火花的集电器。

(三)低瓦斯矿井的主要回风巷、采区进(回)风巷应当使用符合防爆要求的机车。低瓦斯矿井进风的主要运输巷道,可以使用架线电机车,并使用不燃性材料支护。

(四)各种车辆的两端必须装置碰头,每端突出的长度不得小于100 mm。

第三百七十七条 采用轨道机车运输时,应当遵守下列规定:

(一)生产矿井同一水平行驶7台及以上机车时,应当设置机车运输监控系统;同一水平行驶5台及以上机车时,应当设置机车运输集中信号控制系统。新建大型矿井的井底车场和运输大巷,应当设置机车运输监控系统或者运输集中信号控制系统。

(二)列车或者单独机车均必须前有照明,后有红灯。

(三)列车通过的风门,必须设有当列车通过时能够发出在风门两侧都能接收到声光信号的装置。

(四)巷道内应当装设路标和警标。

(五)必须定期检查和维护机车,发现隐患,及时处理。机车的闸、灯、警铃(喇叭)、连接装置和撒砂装置,任何一项不正常或者失爆时,机车不得使用。

(六)正常运行时,机车必须在列车前端。机车行近巷道口、硐室口、弯道、道岔或者噪声大等地段,以及前有车辆或者视线有障碍时,必须减速慢行,并发出警号。

(七)2辆机车或者2列列车在同一轨道同一方向行驶时,必须保持不少于100 m的距离。

(八)同一区段线路上,不得同时行驶非机动车辆。

(九)必须有用矿灯发送紧急停车信号的规定。非危险情况下,任何人不得使用紧急停车信号。

(十)机车司机开车前必须对机车进行安全检查确认;启动前,必须关闭车门并发出开车信号;机车运行中,严禁司机将头或者身体探出车外;司机离开座位时,必须切断电动机电源,取下控制手把(钥匙),扳紧停车制动。在运输线路上临时停车时,不得关闭车灯。

(十一)新投用机车应当测定制动距离,之后每年测定1次。

运送物料时制动距离不得超过40 m;运送人员时制动距离不得超过20 m。

第三百七十八条 使用的矿用防爆型柴油动力装置,应满足以下要求:

(一)具有发动机排气超温、冷却水超温、尾气水箱水位、润滑油压力等保护装置。

(二)排气口的排气温度不得超过 77 ℃,其表面温度不得超过 150 ℃。

(三)发动机壳体不得采用铝合金制造;非金属部件应具有阻燃和抗静电性能;油箱及管路必须采用不燃性材料制造;油箱最大容量不得超过 8 h 用油量。

(四)冷却水温度不得超过 95 ℃。

(五)在正常运行条件下,尾气排放应满足相关规定。

(六)必须配备灭火器。

第三百七十九条 使用的蓄电池动力装置,必须符合下列要求:

(一)充电必须在充电硐室内进行。

(二)充电硐室内的电气设备必须采用矿用防爆型。

(三)检修应当在车库内进行,测定电压时必须在揭开电池盖 10 min 后测试。

第三百八十条 轨道线路应当符合下列要求:

(一)运行 7 t 及以上机车、3 t 及以上矿车,或者运送 15 t 及以上载荷的矿井、采区主要巷道轨道线路,应当使用不小于 30 kg/m 的钢轨;其他线路应当使用不小于 18 kg/m 的钢轨。

(二)卡轨车、齿轨车和胶套轮车运行的轨道线路,应当采用不小于 22 kg/m 的钢轨。

(三)同一线路必须使用同一型号钢轨,道岔的钢轨型号不得低于线路的钢轨型号。

(四)轨道线路必须按标准铺设,使用期间应当加强维护及检修。

第三百八十一条 采用架线电机车运输时,架空线及轨道应当符合下列要求:

(一)架空线悬挂高度、与巷道顶或者棚梁之间的距离等,应当保证机车的安全运行。

(二)架空线的直流电压不得超过 600 V。

(三)轨道应当符合下列规定:

1.两平行钢轨之间,每隔 50 m 应当连接 1 根断面不小于 50 mm² 的铜线或者其他具有等效电阻的导线。

2.线路上所有钢轨接缝处,必须用导线或者采用轨缝焊接工艺加以连接。连接后每个接缝处的电阻应当符合要求。

3.不回电的轨道与架线电机车回电轨道之间,必须加以绝缘。第一绝缘点设在 2 种轨道的连接处;第二绝缘点设在不回电的轨道上,其与第一绝缘点之间的距离必须大于 1 列车的长度。在与架线电机车线路相连通的轨道上有钢丝绳跨越时,钢丝绳不得与轨道相接触。

第三百八十二条 长度超过 1.5 km 的主要运输平巷或者高差超过 50 m 的人员上下的主要倾斜井巷,应当采用机械方式运送人员。

运送人员的车辆必须为专用车辆,严禁使用非乘人装置运送人员。

严禁人、物料混运。

第三百八十三条 采用架空乘人装置运送人员时,应当遵守下列规定:

(一)有专项设计。

(二)吊椅中心至巷道一侧突出部分的距离不得小于 0.7 m,双向同时运送人员时钢丝绳间距不得小于 0.8 m,固定抱索器的钢丝绳间距不得小于 1.0 m。乘人吊椅距底板的高度不得小于 0.2 m,在上下人站处不大于 0.5 m。乘坐间距不应小于牵引钢丝绳 5 s 的运行距离,且不得小于 6 m。除采用固定抱索器的架空乘人装置外,应当设置乘人间距提示或者保护装置。

(三)固定抱索器最大运行坡度不得超过 28°,可摘挂抱索器最大运行坡度不得超过 25°,运行速度应当满足表 6 的规定。运行速度超过 1.2 m/s 时,不得采用固定抱索器;运行速度超过 1.4 m/s 时,应当设置调速装置,并实现静止状态上下人员,严禁人员在非乘人站上下。

表 6　架空乘人装置运行速度规定　　　　　　　　　　　　　　　m/s

巷道坡度 θ	28°≥θ>25°	25°≥θ>20°	20°≥θ>14°	θ≤14°
固定抱索器	≤0.8	≤1.2		
可摘挂抱索器	—	≤1.2	≤1.4	≤1.7

(四)驱动系统必须设置失效安全型工作制动装置和安全制动装置,安全制动装置必须设置在驱动轮上。

(五)各乘人站设上下人平台,乘人平台处钢丝绳距巷道壁不小于 1 m,路面应当进行防滑处理。

(六)架空乘人装置必须装设超速、打滑、全程急停、防脱绳、变坡点防掉绳、张紧力下降、越位等保护,安全保护装置发生保护动作后,需经人工复位,方可重新启动。

应当有断轴保护措施。

减速器应当设置油温检测装置,当油温异常时能发出报警信号。沿线应当设置延时启动声光预警信号。各上下人地点应当设置信号通信装置。

(七)倾斜巷道中架空乘人装置与轨道提升系统同巷布置时,必须设置电气闭锁,2 种设备不得同时运行。

倾斜巷道中架空乘人装置与带式输送机同巷布置时,必须采取可靠的隔离措施。

(八)巷道应当设置照明。

(九)每日至少对整个装置进行 1 次检查,每年至少对整个装置进行 1 次安全检测检验。

(十)严禁同时运送携带爆炸物品的人员。

第三百八十四条　新建、扩建矿井严禁采用普通轨斜井人车运输。

生产矿井在用的普通轨斜井人车运输,必须遵守下列规定:

(一)车辆必须设置可靠的制动装置。断绳时,制动装置既能自动发生作用,也能人工操纵。

(二)必须设置使跟车工在运行途中任何地点都能发送紧急停车信号的装置。

(三)多水平运输时,从各水平发出的信号必须有区别。

(四)人员上下地点应当悬挂信号牌。任一区段行车时,各水平必须有信号显示。

(五)应当有跟车工,跟车工必须坐在设有手动制动装置把手的位置。

(六)每班运送人员前,必须检查人车的连接装置、保险链和制动装置,并先空载运行一次。

第三百八十五条　采用平巷人车运送人员时,必须遵守下列规定:

(一)每班发车前,应当检查各车的连接装置、轮轴、车门(防护链)和车闸等。

(二)严禁同时运送易燃易爆或者腐蚀性的物品,或者附挂物料车。

(三)列车行驶速度不得超过 4 m/s。

(四)人员上下车地点应当有照明,架空线必须设置分段开关或者自动停送电开关,人员上下车时必须切断该区段架空线电源。

(五)双轨巷道乘车场必须设置信号区间闭锁,人员上下车时,严禁其他车辆进入乘车场。

(六)应当设跟车工,遇有紧急情况时立即向司机发出停车信号。

(七)两车在车场会车时,驶入车辆应当停止运行,让驶出车辆先行。

第三百八十六条　人员乘坐人车时,必须遵守下列规定:

(一)听从司机及跟车工的指挥,开车前必须关闭车门或者挂上防护链。

(二)人体及所携带的工具、零部件,严禁露出车外。

(三)列车行驶中及尚未停稳时,严禁上下车和在车内站立。

(四)严禁在机车上或者任意 2 车厢之间搭乘。

(五)严禁扒车、跳车和超员乘坐。

第三百八十七条　倾斜井巷内使用串车提升时,必须遵守下列规定:

(一)在倾斜井巷内安设能够将运行中断绳、脱钩的车辆阻止住的跑车防护装置。

(二)在各车场安设能够防止带绳车辆误入非运行车场或者区段的阻车器。

(三)在上部平车场入口安设能够控制车辆进入摘挂钩地点的阻车器。

(四)在上部平车场接近变坡点处,安设能够阻止未连挂的车辆滑入斜巷的阻车器。

(五)在变坡点下方略大于1列车长度的地点,设置能够防止未连挂的车辆继续往下跑车的挡车栏。

上述挡车装置必须经常关闭,放车时方准打开。兼作行驶人车的倾斜井巷,在提升人员时,倾斜井巷中的挡车装置和跑车防护装置必须是常开状态并闭锁。

第三百八十八条　倾斜井巷使用提升机或者绞车提升时,必须遵守下列规定:

(一)采取轨道防滑措施。

(二)按设计要求设置托绳轮(辊),并保持转动灵活。

(三)井巷上端的过卷距离,应当根据巷道倾角、设计载荷、最大提升速度和实际制动力等参量计算确定,并有 1.5 倍的备用系数。

(四)串车提升的各车场设有信号硐室及躲避硐;运人斜井各车场设有信号和候车硐室,候车硐室具有足够的空间。

(五)提升信号参照本规程第四百零三条和第四百零四条规定。

(六)运送物料时,开车前把钩工必须检查牵引车数、各车的连接和装载情况。牵引车数超过规定,连接不良,或者装载物料超重、超高、超宽或者偏载严重有翻车危险时,严禁发出开车信号。

(七)提升时严禁蹬钩、行人。

第三百八十九条　人力推车必须遵守下列规定:

(一)1次只准推1辆车。严禁在矿车两侧推车。同向推车的间距,在轨道坡度小于或者等于 5‰时,不得小于 10 m;坡度大于 5‰时,不得小于 30 m。

(二)推车时必须时刻注意前方。在开始推车、停车、掉道、发现前方有人或者有障碍物,从坡度较大的地方向下推车以及接近道岔、弯道、巷道口、风门、硐室出口时,推车人必须及时发出警号。

（三）严禁放飞车和在巷道坡度大于7‰时人力推车。

（四）不得在能自动滑行的坡道上停放车辆,确需停放时必须用可靠的制动器或者阻车器将车辆稳住。

第三百九十条　使用的单轨吊车、卡轨车、齿轨车、胶套轮车、无极绳连续牵引车,应当符合下列要求：

（一）运行坡度、速度和载重,不得超过设计规定值。

（二）安全制动和停车制动装置必须为失效安全型,制动力应当为额定牵引力的1.5～2倍。

（三）必须设置既可手动又能自动的安全闸。安全闸应当具备下列性能：

1.绳牵引式运输设备运行速度超过额定速度30%时,其他设备运行速度超过额定速度15%时,能自动施闸；施闸时的空动时间不大于0.7 s。

2.在最大载荷最大坡度上以最大设计速度向下运行时,制动距离应当不超过相当于在这一速度下6 s的行程。

3.在最小载荷最大坡度上向上运行时,制动减速度不大于5 m/s^2。

（四）胶套轮材料与钢轨的摩擦系数,不得小于0.4。

（五）柴油机和蓄电池单轨吊车、齿轨车和胶套轮车的牵引机车或者头车上,必须设置车灯和喇叭,列车的尾部必须设置红灯。

（六）柴油机和蓄电池单轨吊车,必须具备2路以上相对独立回油的制动系统,必须设置超速保护装置。司机应当配备通信装置。

（七）无极绳连续牵引车、绳牵引卡轨车、绳牵引单轨吊车,还应当符合下列要求：

1.必须设置越位、超速、张紧力下降等保护。

2.必须设置司机与相关岗位工之间的信号联络装置；设有跟车工时,必须设置跟车工与牵引绞车司机联络用的信号和通信装置。在驱动部、各车场,应当设置行车报警和信号装置。

3.运送人员时,必须设置卡轨或者护轨装置,采用具有制动功能的专用乘人装置,必须设置跟车工。制动装置必须定期试验。

4.运行时绳道内严禁有人。

5.车辆脱轨后复轨时,必须先释放牵引钢丝绳的弹性张力。人员严禁在脱轨车辆的前方或者后方工作。

第三百九十一条　采用单轨吊车运输时,应当遵守下列规定：

（一）柴油机单轨吊车运行巷道坡度不大于25°,蓄电池单轨吊车不大于15°,钢丝绳单轨吊车不大于25°。

（二）必须根据起吊重物的最大载荷设计起吊梁和吊挂轨道,其安装与铺设应当保证单轨吊车的安全运行。

（三）单轨吊车运行中应当设置跟车工。起吊或者下放设备、材料时,人员严禁在起吊梁两侧；机车过风门、道岔、弯道时,必须确认安全,方可缓慢通过。

（四）采用柴油机、蓄电池单轨吊车运送人员时,必须使用人车车厢；两端必须设置制动装置,两侧必须设置防护装置。

(五)采用钢丝绳牵引单轨吊车运输时,严禁在巷道弯道内侧设置人行道。

(六)单轨吊车的检修工作应当在平巷内进行。若必须在斜巷内处理故障时,应当制定安全措施。

(七)有防止淋水侵蚀轨道的措施。

第三百九十二条 采用无轨胶轮车运输时,应当遵守下列规定:

(一)严禁非防爆、不完好无轨胶轮车下井运行。

(二)驾驶员持有"中华人民共和国机动车驾驶证"。

(三)建立无轨胶轮车入井运行和检查制度。

(四)设置工作制动、紧急制动和停车制动,工作制动必须采用湿式制动器。

(五)必须设置车前照明灯和尾部红色信号灯,配备灭火器和警示牌。

(六)运行中应当符合下列要求:

1.运送人员必须使用专用人车,严禁超员;

2.运行速度,运人时不超过 25 km/h,运送物料时不超过 40 km/h;

3.同向行驶车辆必须保持不小于 50 m 的安全运行距离;

4.严禁车辆空挡滑行;

5.应当设置随车通信系统或者车辆位置监测系统;

6.严禁进入专用回风巷和微风、无风区域。

(七)巷道路面、坡度、质量,应当满足车辆安全运行要求。

(八)巷道和路面应当设置行车标识和交通管控信号。

(九)长坡段巷道内必须采取车辆失速安全措施。

(十)巷道转弯处应当设置防撞装置。人员躲避硐室、车辆躲避硐室附近应当设置标识。

(十一)井下行驶特殊车辆或者运送超长、超宽物料时,必须制定安全措施。

第二节 立 井 提 升

第三百九十三条 立井提升容器和载荷,必须符合下列要求:

(一)立井中升降人员应当使用罐笼。在井筒内作业或者因其他原因,需要使用普通箕斗或者救急罐升降人员时,必须制定安全措施。

(二)升降人员或者升降人员和物料的单绳提升罐笼必须装设可靠的防坠器。

(三)罐笼和箕斗的最大提升载荷和最大提升载荷差应当在井口公布,严禁超载和超最大载荷差运行。

(四)箕斗提升必须采用定重装载。

第三百九十四条 专为升降人员和升降人员与物料的罐笼,必须符合下列要求:

(一)乘人层顶部应当设置可以打开的铁盖或者铁门,两侧装设扶手。

(二)罐底必须满铺钢板,如果需要设孔时,必须设置牢固可靠的门;两侧用钢板挡严,并不得有孔。

(三)进出口必须装设罐门或者罐帘,高度不得小于 1.2 m。罐门或者罐帘下部边缘至罐底的距离不得超过 250 mm,罐帘横杆的间距不得大于 200 mm。罐门不得向外开,门轴必须防脱。

(四)提升矿车的罐笼内必须装有阻车器。升降无轨胶轮车时,必须设置专用定车或者锁车装置。

(五)单层罐笼和多层罐笼的最上层净高(带弹簧的主拉杆除外)不得小于1.9 m,其他各层净高不得小于1.8 m。带弹簧的主拉杆必须设保护套筒。

(六)罐笼内每人占有的有效面积应当不小于0.18 m^2。罐笼每层内1次能容纳的人数应当明确规定。超过规定人数时,把钩工必须制止。

(七)严禁在罐笼同一层内人员和物料混合提升。升降无轨胶轮车时,仅限司机一人留在车内,且按提升人员要求运行。

第三百九十五条 立井罐笼提升井口、井底和各水平的安全门与罐笼位置、摇台或者锁罐装置、阻车器之间的联锁,必须符合下列要求:

(一)井口、井底和中间运输巷的安全门必须与罐位和提升信号联锁;罐笼到位并发出停车信号后安全门才能打开;安全门未关闭,只能发出调平和换层信号,但发不出开车信号;安全门关闭后才能发出开车信号;发出开车信号后,安全门不能打开。

(二)井口、井底和中间运输巷都应当设置摇台或者锁罐装置,并与罐笼停止位置、阻车器和提升信号系统联锁;罐笼未到位,放不下摇台或者锁罐装置,打不开阻车器;摇台或者锁罐装置未抬起,阻车器未关闭,发不出开车信号。

(三)立井井口和井底使用罐座时,必须设置闭锁装置,罐座未打开,发不出开车信号。升降人员时,严禁使用罐座。

第三百九十六条 提升容器的罐耳与罐道之间的间隙,应当符合下列要求:

(一)安装时,罐耳与罐道之间所留间隙应当符合下列要求:

1.使用滑动罐耳的刚性罐道每侧不得超过5 mm,木罐道每侧不得超过10 mm。

2.钢丝绳罐道的罐耳滑套直径与钢丝绳直径之差不得大于5 mm。

3.采用滚轮罐耳的矩形钢罐道的辅助滑动罐耳,每侧间隙应当保持10~15 mm。

(二)使用时,罐耳和罐道的磨损量或者总间隙达到下列限值时,必须更换:

1.木罐道任一侧磨损量超过15 mm或者总间隙超过40 mm。

2.钢轨罐道轨头任一侧磨损量超过8 mm,或者轨腰磨损量超过原有厚度的25%;罐耳的任一侧磨损量超过8 mm,或者在同一侧罐耳和罐道的总磨损量超过10 mm,或者罐耳与罐道的总间隙超过20 mm。

3.矩形钢罐道任一侧的磨损量超过原有厚度的50%。

4.钢丝绳罐道与滑套的总间隙超过15 mm。

第三百九十七条 立井提升容器间及提升容器与井壁、罐道梁、井梁之间的最小间隙,必须符合表7要求。

提升容器在安装或者检修后,第一次开车前必须检查各个间隙,不符合要求时不得开车。

采用钢丝绳罐道,当提升容器之间的间隙小于表7要求时,必须设防撞绳。

第三百九十八条 钢丝绳罐道应当优先选用密封式钢丝绳。

每个提升容器(平衡锤)有4根罐道绳时,每根罐道绳的最小刚性系数不得小于500 N/m,各罐道绳张紧力之差不得小于平均张紧力的5%,内侧张紧力大,外侧张紧力小。

每个提升容器(平衡锤)有2根罐道绳时,每根罐道绳的刚性系数不得小于1 000 N/m,各罐道绳的张紧力应当相等。单绳提升的2根主提升钢丝绳必须采用同一捻向或者阻旋转钢丝绳。

表7 立井提升容器间及提升容器与井壁、罐道梁、井梁间的最小间隙值 mm

罐道和井梁布置		容器与容器之间	容器与井壁之间	容器与罐道梁之间	容器与井梁之间	备注
罐道布置在容器一侧		200	150	40	150	罐耳与罐道卡子之间为20
罐道布置在容器两侧	木罐道		200	50	200	有卸载滑轮的容器,滑轮与罐道梁间隙增加25
	钢罐道		150	40	150	
罐道布置在容器正面	木罐道	200	200	50	200	
	钢罐道	200	150	40	150	
钢丝绳罐道		500	350		350	设防撞绳时,容器之间最小间隙为200

第三百九十九条 应当每年检查1次金属井架、井筒罐道梁和其他装备的固定和锈蚀情况,发现松动及时加固,发现防腐层剥落及时补刷防腐剂。检查和处理结果应当详细记录。

建井用金属井架,每次移设后都应当涂防腐剂。

第四百条 提升系统各部分每天必须由专职人员至少检查1次,每月还必须组织有关人员至少进行1次全面检查。

检查中发现问题,必须立即处理,检查和处理结果都应当详细记录。

第四百零一条 检修人员站在罐笼或箕斗顶上工作时,必须遵守下列规定:

(一)在罐笼或箕斗顶上,必须装设保险伞和栏杆。
(二)必须系好保险带。
(三)提升容器的速度,一般为0.3～0.5 m/s,最大不得超过2 m/s。
(四)检修用信号必须安全可靠。

第四百零二条 罐笼提升的井口和井底车场必须有把钩工。

人员上下井时,必须遵守乘罐制度,听从把钩工指挥。开车信号发出后严禁进出罐笼。

第四百零三条 每一提升装置,必须装有从井底信号工发给井口信号工和从井口信号工发给司机的信号装置。井口信号装置必须与提升机的控制回路相闭锁,只有在井口信号工发出信号后,提升机才能启动。除常用的信号装置外,还必须有备用信号装置。井底车场与井口之间、井口与司机操控台之间,除有上述信号装置外,还必须装设直通电话。

1套提升装置服务多个水平时,从各水平发出的信号必须有区别。

第四百零四条 井底车场的信号必须经由井口信号工转发,不得越过井口信号工直接向提升机司机发送开车信号;但有下列情况之一时,不受此限:

(一)发送紧急停车信号。
(二)箕斗提升。
(三)单容器提升。
(四)井上下信号联锁的自动化提升系统。

第四百零五条 用多层罐笼升降人员或者物料时,井上、下各层出车平台都必须设有信号工。各信号工发送信号时,必须遵守下列规定:

(一)井下各水平的总信号工收齐该水平各层信号工的信号后,方可向井口总信号工发出信号。

(二)井口总信号工收齐井口各层信号工信号并接到井下水平总信号工信号后,才可向提升机司机发出信号。

信号系统必须设有保证按上述顺序发出信号的闭锁装置。

第四百零六条 在提升速度大于 3 m/s 的提升系统内,必须设防撞梁和托罐装置。防撞梁必须能够挡住过卷后上升的容器或者平衡锤,并不得兼作他用;托罐装置必须能够将撞击防撞梁后再下落的容器或者配重托住,并保证其下落的距离不超过 0.5 m。

第四百零七条 立井提升装置的过卷和过放应当符合下列要求:

(一)罐笼和箕斗提升,过卷和过放距离不得小于表 8 所列数值。

(二)在过卷和过放距离内,应当安设性能可靠的缓冲装置。缓冲装置应当能将全速过卷(过放)的容器或者平衡锤平稳地停住,并保证不再反向下滑或者反弹。

(三)过放距离内不得积水和堆积杂物。

(四)缓冲托罐装置必须每年至少进行 1 次检查和保养。

表 8 立井提升装置的过卷和过放距离

提升速度/(m·s^{-1})	≤3	4	6	8	≥10
过卷、过放距离/m	4.0	4.75	6.5	8.25	≥10.0

注:* 提升速度为表 8 中所列速度的中间值时,用插值法计算。

第三节 钢丝绳和连接装置

第四百零八条 各种用途钢丝绳的安全系数,必须符合下列要求:

(一)各种用途钢丝绳悬挂时的安全系数,必须符合表 9 的要求。

表 9 钢丝绳安全系数最小值

用途分类			安全系数*的最小值
单绳缠绕式提升装置	专为升降人员		9
	升降人员和物料	升降人员时	9
		混合提升时**	9
		升降物料时	7.5
	专为升降物料		6.5
摩擦轮式	专为升降人员		9.2—0.000 5 H***

表 9（续）

用途分类			安全系数* 的最小值
提升装置	升降人员和物料	升降人员时	9.2—0.000 5H
		混合提升时	9.2—0.000 5H
		升降物料时	8.2—0.000 5H
	专为升降物料		7.2—0.000 5H
倾斜钢丝绳牵引带式输送机	运人		6.5—0.001L **** 但不得小于 6
	运物		5—0.001L 但不得小于 4
倾斜无极绳绞车	运人		6.5—0.001L 但不得小于 6
	运物		5—0.001L 但不得小于 3.5
架空乘人装置			6
悬挂安全梯用的钢丝绳			6
罐道绳、防撞绳、起重用的钢丝绳			6
悬挂吊盘、水泵、排水管、抓岩机等用的钢丝绳			6
悬挂风筒、风管、供水管、注浆管、输料管、电缆用的钢丝绳			5
拉紧装置用的钢丝绳			5
防坠器的制动绳和缓冲绳（按动载荷计算）			3

注：* 钢丝绳的安全系数，等于实测的合格钢丝拉断力的总和与其所承受的最大静拉力（包括绳端载荷和钢丝绳自重所引起的静拉力）之比；
　　** 混合提升指多层罐笼同一次在不同层内提升人员和物料；
　　*** H 为钢丝绳悬挂长度，m；
　　**** L 为由驱动轮到尾部绳轮的长度，m。

（二）在用的缠绕式提升钢丝绳在定期检验时，安全系数小于下列规定值时，应当及时更换：

1.专为升降人员用的小于 7。
2.升降人员和物料用的钢丝绳：升降人员时小于 7，升降物料时小于 6。
3.专为升降物料和悬挂吊盘用的小于 5。

第四百零九条 各种用途钢丝绳的韧性指标，必须符合表 10 的要求。

第四百一十条 新钢丝绳的使用与管理，必须遵守下列规定：

（一）钢丝绳到货后，应当进行性能检验。合格后应当妥善保管备用，防止损坏或者锈蚀。

（二）每根钢丝绳的出厂合格证、验收检验报告等原始资料应当保存完整。

（三）存放时间超过 1 年的钢丝绳，在悬挂前必须再进行性能检测，合格后方可使用。

（四）钢丝绳悬挂前，必须对每根钢丝做拉断、弯曲和扭转 3 种试验，以公称直径为准对试验结果进行计算和判定：

表 10　不同钢丝绳的韧性指标

钢丝绳用途	钢丝绳种类	钢丝绳韧性指标下限		说　明
		新　绳	在用绳	
升降人员或升降人员和物料	光面绳	MT 716 中光面钢丝绳韧性指标	新绳韧性指标的 90%	在用绳按 MT 717 标准（面接触绳除外）
	镀锌绳	MT 716 中 AB 类镀锌钢丝韧性指标	新绳韧性指标的 85%	
	面接触绳	GB/T 16269—1996 中钢丝韧性指标	新绳韧性指标的 90%	
升降物料	光面绳	MT 716 中光面钢丝绳韧性指标	新绳韧性指标的 80%	
	镀锌绳	MT 716 中 A 类镀锌钢丝韧性指标	新绳韧性指标的 80%	
	面接触绳	GB/T 16269—1996 中钢丝韧性指标	新绳韧性指标的 80%	
罐道绳	密封绳	特级	普级	按 YB/T 5295 标准

1.不合格钢丝的断面积与钢丝总断面积之比达到 6%，不得用作升降人员；达到 10%，不得用作升降物料。

2.钢丝绳的安全系数小于本规程第四百零八条的规定时，该钢丝绳不得使用。

（五）主要提升装置必须有检验合格的备用钢丝绳。

（六）专用于斜井提升物料且直径不大于 18 mm 的钢丝绳，有产品合格证和检测检验报告等，外观检查无锈蚀和损伤的，可以不进行（一）、（三）所要求的检验。

第四百一十一条　在用钢丝绳的检验、检查与维护，应当遵守下列规定：

（一）升降人员或者升降人员和物料用的缠绕式提升钢丝绳，自悬挂使用后每 6 个月进行 1 次性能检验；悬挂吊盘的钢丝绳，每 12 个月检验 1 次。

（二）升降物料用的缠绕式提升钢丝绳，悬挂使用 12 个月内必须进行第一次性能检验，以后每 6 个月检验 1 次。

（三）缠绕式提升钢丝绳的定期检验，可以只做每根钢丝的拉断和弯曲 2 种试验。试验结果，以公称直径为准进行计算和判定。出现下列情况的钢丝绳，必须停止使用：

1.不合格钢丝的断面积与钢丝总断面积之比达到 25% 时；

2.钢丝绳的安全系数小于本规程第四百零八条规定时。

（四）摩擦式提升钢丝绳、架空乘人装置钢丝绳、平衡钢丝绳以及专用于斜井提升物料且直径不大于 18 mm 的钢丝绳，不受（一）、（二）限制。

（五）提升钢丝绳必须每天检查 1 次，平衡钢丝绳、罐道绳、防坠器制动绳（包括缓冲绳）、架空乘人装置钢丝绳、钢丝绳牵引带式输送机钢丝绳和井筒悬吊钢丝绳必须每周至少检查 1 次。对易损坏和断丝或者锈蚀较多的一段应当停车详细检查。断丝的突出部分应当在检查时剪下。检查结果应当记入钢丝绳检查记录簿。

（六）对使用中的钢丝绳，应当根据井巷条件及锈蚀情况，采取防腐措施。摩擦提升钢丝绳的摩擦传动段应当涂、浸专用的钢丝绳增摩脂。

（七）平衡钢丝绳的长度必须与提升容器过卷高度相适应，防止过卷时损坏平衡钢丝绳。使用圆形平衡钢丝绳时，必须有避免平衡钢丝绳扭结的装置。

(八)严禁平衡钢丝绳浸泡水中。

(九)多绳提升的任意一根钢丝绳的张力与平均张力之差不得超过±10%。

第四百一十二条 钢丝绳的报废和更换,应当遵守下列规定:

(一)钢丝绳的报废类型、内容及标准应当符合表11的要求。达到其中一项的,必须报废。

(二)更换摩擦式提升机钢丝绳时,必须同时更换全部钢丝绳。

表11 钢丝绳的报废类型、内容及标准

项目	钢丝绳类别		报废标准	说明
使用期限	摩擦式提升机	提升钢丝绳	2年	如果钢丝绳的断丝、直径缩小和锈蚀程度不超过本表断丝、直径缩小、锈蚀类型的规定,可继续使用1年
		平衡钢丝绳	4年	
	井筒中悬挂水泵、抓岩机的钢丝绳		1年	到期后经检查鉴定,锈蚀程度不超过本表锈蚀类型的规定,可以继续使用
	悬挂风管、输料管、安全梯和电缆的钢丝绳		2年	
断丝	升降人员或者升降人员和物料用钢丝绳		5%	各种股捻钢丝绳在1个捻距内断丝断面积与钢丝总断面积之比
	专为升降物料用的钢丝绳、平衡钢丝绳、防坠器的制动钢丝绳(包括缓冲绳)、兼作运人的钢丝绳牵引带式输送机的钢丝绳和架空乘人装置的钢丝绳		10%	
	罐道钢丝绳		15%	
	无极绳运输和专为运物料的钢丝绳牵引带式输送机用的钢丝绳		25%	
直径缩小	提升钢丝绳、架空乘人装置或者制动钢丝绳		10%	1.以钢丝绳公称直径为准计算的直径减小量 2.使用密封式钢丝绳时,外层钢丝厚度磨损量达到50%时,应当更换
	罐道钢丝绳		15%	
锈蚀	各类钢丝绳			1.钢丝出现变黑、锈皮、点蚀麻坑等损伤时,不得再用作升降人员 2.钢丝绳锈蚀严重,或者点蚀麻坑形成沟纹,或者外层钢丝松动时,不论断丝数多少或者绳径是否变化,应当立即更换

第四百一十三条 钢丝绳在运行中遭受到卡罐、突然停车等猛烈拉力时,必须立即停车

检查,发现下列情况之一者,必须将受损段剁掉或者更换全绳:

(一)钢丝绳产生严重扭曲或者变形。

(二)断丝超过本规程第四百一十二条的规定。

(三)直径减小量超过本规程第四百一十二条的规定。

(四)遭受猛烈拉力的一段的长度伸长 0.5% 以上。

在钢丝绳使用期间,断丝数突然增加或者伸长突然加快,必须立即更换。

第四百一十四条 有接头的钢丝绳,仅限于下列设备中使用:

(一)平巷运输设备。

(二)无极绳绞车。

(三)架空乘人装置。

(四)钢丝绳牵引带式输送机。

钢丝绳接头的插接长度不得小于钢丝绳直径的 1 000 倍。

第四百一十五条 新安装或者大修后的防坠器,必须进行脱钩试验,合格后方可使用。对使用中的立井罐笼防坠器,应当每 6 个月进行 1 次不脱钩试验,每年进行 1 次脱钩试验。对使用中的斜井人车防坠器,应当每班进行 1 次手动落闸试验、每月进行 1 次静止松绳落闸试验、每年进行 1 次重载全速脱钩试验。防坠器的各个连接和传动部分,必须处于灵活状态。

第四百一十六条 立井和斜井使用的连接装置的性能指标和投用前的试验,必须符合下列要求:

(一)各类连接装置的安全系数必须符合表 12 的要求。

表 12 各类连接装置的安全系数最小值

用　　　途		安全系数最小值
专门升降人员的提升容器连接装置		13
升降人员和物料的提升容器连接装置	升降人员时	13
	升降物料时	10
专为升降物料的提升容器的连接装置		10
斜井人车的连接装置		13
矿车的车梁、碰头和连接插销		6
无极绳的连接装置		8
吊桶的连接装置		13
凿井用吊盘、安全梯、水泵、抓岩机的悬挂装置		10
凿井用风管、水管、风筒、注浆管的悬挂装置		8
倾斜井巷中使用的单轨吊车、卡轨车和齿轨车的连接装置	运人时	13
	运物时	10

注:连接装置的安全系数等于主要受力部件的破断力与其所承受的最大静载荷之比。

(二)各种环链的安全系数,必须以曲梁理论计算的应力为准,并同时符合下列要求:

1.按材料屈服强度计算的安全系数,不小于2.5;
2.以模拟使用状态拉断力计算的安全系数,不小于13。
(三)各种连接装置主要受力件的冲击功必须符合下列要求:
1.常温(15 ℃)下不小于100 J;
2.低温(-30 ℃)下不小于70 J。
(四)各种保险链以及矿车的连接环、链和插销等,必须符合下列要求:
1.批量生产的,必须做抽样拉断试验,不符合要求时不得使用;
2.初次使用前和使用后每隔2年,必须逐个以2倍于其最大静荷重的拉力进行试验,发现裂纹或者永久伸长量超过0.2%时,不得使用。
(五)立井提升容器与提升钢丝绳的连接,应当采用楔形连接装置。每次更换钢丝绳时,必须对连接装置的主要受力部件进行探伤检验,合格后方可继续使用。楔形连接装置的累计使用期限:单绳提升不得超过10年;多绳提升不得超过15年。
(六)倾斜井巷运输时,矿车之间的连接、矿车与钢丝绳之间的连接,必须使用不能自行脱落的连接装置,并加装保险绳。
(七)倾斜井巷运输用的钢丝绳连接装置,在每次换钢丝绳时,必须用2倍于其最大静荷重的拉力进行试验。
(八)倾斜井巷运输用的矿车连接装置,必须至少每年进行1次2倍于其最大静荷重的拉力试验。

第四节 提 升 装 置

第四百一十七条 提升装置的天轮、卷筒、摩擦轮、导向轮和导向滚等的最小直径与钢丝绳直径之比值,应当符合表13的要求。

第四百一十八条 各种提升装置的卷筒上缠绕的钢丝绳层数,必须符合下列要求:
(一)立井中升降人员或者升降人员和物料的不超过1层,专为升降物料的不超过2层。
(二)倾斜井巷中升降人员或者升降人员和物料的不超过2层,升降物料的不超过3层。
(三)建井期间升降人员和物料的不超过2层。
(四)现有生产矿井在用的绞车,如果在滚筒上装设过渡绳楔,滚筒强度满足要求且滚筒边缘高度符合本规程第四百一十九条要求,可按本条(一)、(二)所规定的层数增加1层。
(五)移动式或者辅助性专为升降物料的(包括矸石山和向天桥上提升等),不受本条(一)、(二)、(三)的限制。

第四百一十九条 缠绕2层或者2层以上钢丝绳的卷筒,必须符合下列要求:
(一)卷筒边缘高出最外层钢丝绳的高度,至少为钢丝绳直径的2.5倍。
(二)卷筒上必须设有带绳槽的衬垫。
(三)钢丝绳由下层转到上层的临界段(相当于绳圈1/4长的部分)必须经常检查,并每季度将钢丝绳移动1/4绳圈的位置。
对现有不带绳槽衬垫的在用提升机,只要在卷筒板上刻有绳槽或者用1层钢丝绳作底绳,可继续使用。

第四百二十条 钢丝绳绳头固定在卷筒上时,应当符合下列要求:
(一)必须有特备的容绳或者卡绳装置,严禁系在卷筒轴上。

表 13　提升装置的天轮、卷筒、摩擦轮、导向轮和导向滚等的最小直径与钢丝绳直径之比值

用　　途		最小比值	说　　明
落地式摩擦提升装置的摩擦轮及天轮、围抱角大于180°的塔式摩擦提升装置的摩擦轮	井上	90	在这些提升装置中,如使用密封式提升钢丝绳,应当将各相应的比值增加20%
	井下	80	
围抱角为180°的塔式摩擦提升装置的摩擦轮	井上	80	
	井下	70	
摩擦提升装置的导向轮		80	
地面缠绕式提升装置的卷筒和围抱角大于90°的天轮		80	
地面缠绕式提升装置围抱角小于90°的天轮		60	
井下缠绕式提升机和凿井提升机的卷筒,井下架空乘人装置的主导轮和尾导轮、围抱角大于90°的天轮		60	
井下缠绕式提升机、凿井提升机和井下架空乘人装置围抱角小于90°的天轮		40	
斜井提升的游动天轮	围抱角大于60°	60	
	围抱角在35°～60°	40	
	围抱角小于35°	20	
矸石山绞车的卷筒和天轮		50	
悬挂水泵、吊盘、管子用的卷筒和天轮,凿井时运输物料的提升机卷筒和天轮,倾斜井巷提升机的游动轮、矸石山绞车的压绳轮以及无极绳运输的导向滚等		20	

(二)绳孔不得有锐利的边缘,钢丝绳的弯曲不得形成锐角。

(三)卷筒上应当缠留 3 圈绳,以减轻固定处的张力,还必须留有定期检验用绳。

第四百二十一条　通过天轮的钢丝绳必须低于天轮的边缘,其高差:提升用天轮不得小于钢丝绳直径的 1.5 倍,悬吊用天轮不得小于钢丝绳直径的 1 倍。

天轮和摩擦轮绳槽衬垫磨损达到下列限值,必须更换:

(一)天轮绳槽衬垫磨损达到 1 根钢丝绳直径的深度,或者沿侧面磨损达到钢丝绳直径的 1/2。

(二)摩擦轮绳槽衬垫磨损剩余厚度小于钢丝绳直径,绳槽磨损深度超过 70 mm。

第四百二十二条　矿井提升系统的加(减)速度和提升速度必须符合表 14 的要求。

第四百二十三条　提升装置必须按下列要求装设安全保护:

(一)过卷和过放保护:当提升容器超过正常终端停止位置或者出车平台 0.5 m 时,必须能自动断电,且使制动器实施安全制动。

(二)超速保护:当提升速度超过最大速度 15% 时,必须能自动断电,且使制动器实施安全制动。

表 14　矿井提升系统的加（减）速度和提升速度值

项　目	立井提升		斜井提升	
	升降人员	升降物料	串车提升	箕斗提升
加（减）速度/ (m·s^{-2})	≤0.75		≤0.5	
提升速度/ (m·s^{-1})	v≤0.5$\sqrt{H}$， 且不超过 12	v≤0.6$\sqrt{H}$	≤5	≤7,当铺设固定道床且钢轨≥38 kg/m时,≤9

注：v—最大提升速度,m/s；H—提升高度,m。

（三）过负荷和欠电压保护。

（四）限速保护：提升速度超过 3 m/s 的提升机应当装设限速保护,以保证提升容器或者平衡锤到达终端位置时的速度不超过 2 m/s。当减速段速度超过设定值的 10% 时,必须能自动断电,且使制动器实施安全制动。

（五）提升容器位置指示保护：当位置指示失效时,能自动断电,且使制动器实施安全制动。

（六）闸瓦间隙保护：当闸瓦间隙超过规定值时,能报警并闭锁下次开车。

（七）松绳保护：缠绕式提升机应当设置松绳保护装置并接入安全回路或者报警回路。箕斗提升时,松绳保护装置动作后,严禁受煤仓放煤。

（八）仓位超限保护：箕斗提升的井口煤仓仓位超限时,能报警并闭锁开车。

（九）减速功能保护：当提升容器或者平衡锤到达设计减速点时,能示警并开始减速。

（十）错向运行保护：当发生错向时,能自动断电,且使制动器实施安全制动。

过卷保护、超速保护、限速保护和减速功能保护应当设置为相互独立的双线型式。

缠绕式提升机应当加设定车装置。

第四百二十四条　提升机必须装设可靠的提升容器位置指示器、减速声光示警装置,必须设置机械制动和电气制动装置。

严禁司机擅自离开工作岗位。

第四百二十五条　机械制动装置应当采用弹簧式,能实现工作制动和安全制动。

工作制动必须采用可调节的机械制动装置。

安全制动必须有并联冗余的回油通道。

双滚筒提升机每个滚筒的制动装置必须能够独立控制,并具有调绳功能。

第四百二十六条　提升机机械制动装置的性能,必须符合下列要求：

（一）制动闸空动时间：盘式制动装置不得超过 0.3 s,径向制动装置不得超过 0.5 s。

（二）盘形闸的闸瓦与闸盘之间的间隙不得超过 2 mm。

（三）制动力矩倍数必须符合下列要求：

1.制动装置产生的制动力矩与实际提升最大载荷旋转力矩之比 K 值不得小于 3。

2.对质量模数较小的提升机,上提重载保险闸的制动减速度超过本规程规定值时,K 值可以适当降低,但不得小于 2。

3.在调整双滚筒提升机滚筒旋转的相对位置时,制动装置在各滚筒闸轮上所产生的力矩,不得小于该滚筒所悬重量(钢丝绳重量与提升容器重量之和)形成的旋转力矩的1.2倍。

4.计算制动力矩时,闸轮和闸瓦的摩擦系数应当根据实测确定,一般采用0.30~0.35。

第四百二十七条 各类提升机的制动装置发生作用时,提升系统的安全制动减速度,必须符合下列要求:

(一)提升系统的安全制动减速度必须符合表15的要求。

表15 提升系统安全制动减速度规定值

减速度	$\theta \leqslant 30°$	$\theta > 30°$
提升减速度/(m·s^{-2})	$\leqslant A_c{}^*$	$\leqslant 5$
下放减速度/(m·s^{-2})	$\geqslant 0.75$	$\geqslant 1.5$

注:* $A_c = g(\sin\theta + f\cos\theta)$

式中:

A_c——自然减速度,m/s^2;

g ——重力加速度,m/s^2;

θ ——井巷倾角,(°);

f ——绳端载荷的运行阻力系数,一般取0.010~0.015。

(二)摩擦式提升机安全制动时,除必须符合表15的要求外,还必须符合下列防滑要求:

1.在各种载荷(满载或者空载)和提升状态(上提或者下放重物)下,制动装置所产生的制动减速度计算值不得超过滑动极限。钢丝绳与摩擦轮衬垫间摩擦系数的取值不得大于0.25。由钢丝绳自重所引起的不平衡重必须计入。

2.在各种载荷和提升状态下,制动装置发生作用时,钢丝绳都不出现滑动。

计算或者验算时,以本条第(二)款第1项为准;在用设备,以本条第(二)款第2项为准。

第四百二十八条 提升机操作必须遵守下列规定:

(一)主要提升装置应当配有正、副司机。自动化运行的专用于提升物料的箕斗提升机,可不配备司机值守,但应当设图像监视并定时巡检。

(二)升降人员的主要提升装置在交接班升降人员的时间内,必须正司机操作,副司机监护。

(三)每班升降人员前,应当先空载运行1次,检查提升机动作情况;但连续运转时,不受此限。

(四)如发生故障,必须立即停止提升机运行,并向矿调度室报告。

第四百二十九条 新安装的矿井提升机,必须验收合格后方可投入运行。专门升降人员及混合提升的系统应当每年进行1次性能检测,其他提升系统每3年进行1次性能检测,检测合格后方可继续使用。

第四百三十条 提升装置管理必须具备下列资料,并妥善保管:

(一)提升机说明书。

(二)提升机总装配图。

(三)制动装置结构图和制动系统图。

(四)电气系统图。

(五)提升机、钢丝绳、天轮、提升容器、防坠器和罐道等的检查记录簿。

(六)钢丝绳的检验和更换记录簿。

（七）安全保护装置试验记录簿。
（八）故障记录簿。
（九）岗位责任制和设备完好标准。
（十）司机交接班记录簿。
（十一）操作规程。
制动系统图、电气系统图、提升装置的技术特征和岗位责任制等应当悬挂在提升机房内。

第五节　空　气　压　缩　机

第四百三十一条　矿井应当在地面集中设置空气压缩机站。
在井下设置空气压缩设备时，应当遵守下列规定：
（一）应当采用螺杆式空气压缩机，严禁使用滑片式空气压缩机。
（二）固定式空气压缩机和储气罐必须分别设置在2个独立硐室内，并保证独立通风。
（三）移动式空气压缩机必须设置在采用不燃性材料支护且具有新鲜风流的巷道中。
（四）应当设自动灭火装置。
（五）运行时必须有人值守。

第四百三十二条　空气压缩机站设备必须符合下列要求：
（一）设有压力表和安全阀。压力表和安全阀应当定期校准。安全阀和压力调节器应当动作可靠，安全阀动作压力不得超过额定压力的1.1倍。
（二）使用闪点不低于215 ℃的压缩机油。
（三）使用油润滑的空气压缩机必须装设断油保护装置或者断油信号显示装置。水冷式空气压缩机必须装设断水保护装置或者断水信号显示装置。

第四百三十三条　空气压缩机站的储气罐必须符合下列要求：
（一）储气罐上装有动作可靠的安全阀和放水阀，并有检查孔。定期清除风包内的油垢。
（二）新安装或者检修后的储气罐，应当用1.5倍空气压缩机工作压力做水压试验。
（三）在储气罐出口管路上必须加装释压阀，其口径不得小于出风管的直径，释放压力应当为空气压缩机最高工作压力的1.25～1.4倍。
（四）避免阳光直晒地面空气压缩机站的储气罐。

第四百三十四条　空气压缩设备的保护，必须遵守下列规定：
（一）螺杆式空气压缩机的排气温度不得超过120 ℃，离心式空气压缩机的排气温度不得超过130 ℃。必须装设温度保护装置，在超温时能自动切断电源并报警。
（二）储气罐内的温度应当保持在120 ℃以下，并装有超温保护装置，在超温时能自动切断电源并报警。

第十章　电　　　气

第一节　一　般　规　定

第四百三十五条　煤矿地面、井下各种电气设备和电力系统的设计、选型、安装、验收、运行、检修、试验等必须按本规程执行。
第四百三十六条　矿井应当有两回路电源线路（即来自两个不同变电站或者来自不同

电源进线的同一变电站的两段母线)。当任一回路发生故障停止供电时,另一回路应当担负矿井全部用电负荷。区域内不具备两回路供电条件的矿井采用单回路供电时,应当报安全生产许可证的发放部门审查。采用单回路供电时,必须有备用电源。备用电源的容量必须满足通风、排水、提升等要求,并保证主要通风机等在10 min内可靠启动和运行。备用电源应当有专人负责管理和维护,每10天至少进行一次启动和运行试验,试验期间不得影响矿井通风等,试验记录要存档备查。

矿井的两回路电源线路上都不得分接任何负荷。

正常情况下,矿井电源应当采用分列运行方式。若一回路运行,另一回路必须带电备用。带电备用电源的变压器可以热备用;若冷备用,备用电源必须能及时投入,保证主要通风机在10 min内启动和运行。

10 kV及以下的矿井架空电源线路不得共杆架设。

矿井电源线路上严禁装设负荷定量器等各种限电断电装置。

第四百三十七条 矿井供电电能质量应当符合国家有关规定;电力电子设备或者变流设备的电磁兼容性应当符合国家标准、规范要求。

电气设备不应超过额定值运行。

第四百三十八条 对井下各水平中央变(配)电所和采(盘)区变(配)电所、主排水泵房和下山开采的采区排水泵房供电线路,不得少于两回路。当任一回路停止供电时,其余回路应当承担全部用电负荷。向局部通风机供电的井下变(配)电所应当采用分列运行方式。

主要通风机、提升人员的提升机、抽采瓦斯泵、地面安全监控中心等主要设备房,应当各有两回路直接由变(配)电所馈出的供电线路;受条件限制时,其中的一回路可引自上述设备房的配电装置。

向突出矿井自救系统供风的压风机、井下移动瓦斯抽采泵应当各有两回路直接由变(配)电所馈出的供电线路。

本条上述供电线路应当来自各自的变压器或者母线段,线路上不应分接任何负荷。

本条上述设备的控制回路和辅助设备,必须有与主要设备同等可靠的备用电源。

向采区供电的同一电源线路上,串接的采区变电所数量不得超过3个。

第四百三十九条 采区变电所应当设专人值班。无人值班的变电所必须关门加锁,并有巡检人员巡回检查。

实现地面集中监控并有图像监视的变电所可以不设专人值班,硐室必须关门加锁,并有巡检人员巡回检查。

第四百四十条 严禁井下配电变压器中性点直接接地。

严禁由地面中性点直接接地的变压器或者发电机直接向井下供电。

第四百四十一条 选用井下电气设备必须符合表16的要求。

第四百四十二条 井下不得带电检修电气设备。严禁带电搬迁非本安型电气设备、电缆,采用电缆供电的移动式用电设备不受此限。

检修或者搬迁前,必须切断上级电源,检查瓦斯,在其巷道风流中甲烷浓度低于1.0%时,再用与电源电压相适应的验电笔检验;检验无电后,方可进行导体对地放电。开关把手在切断电源时必须闭锁,并悬挂"有人工作,不准送电"字样的警示牌,只有执行这项工作的人员才有权取下此牌送电。

1245

表 16　井下电气设备选型

设备类别	突出矿井和瓦斯喷出区域	高瓦斯矿井、低瓦斯矿井				总回风巷、主要回风巷、采区回风巷、采掘工作面和工作面进、回风巷
		井底车场、中央变电所、总进风巷和主要进风巷		翻车机硐室	采区进风巷	
		低瓦斯矿井	高瓦斯矿井			
1.高低压电机和电气设备	矿用防爆型（增安型除外）	矿用一般型	矿用一般型	矿用防爆型	矿用防爆型	矿用防爆型（增安型除外）
2.照明灯具	矿用防爆型（增安型除外）	矿用一般型	矿用防爆型	矿用防爆型	矿用防爆型	矿用防爆型（增安型除外）
3.通信、自动控制的仪表、仪器	矿用防爆型（增安型除外）	矿用一般型	矿用防爆型	矿用防爆型	矿用防爆型	矿用防爆型（增安型除外）

注：1.使用架线电机车运输的巷道中及沿巷道的机电设备硐室内可以采用矿用一般型电气设备（包括照明灯具、通信、自动控制的仪表、仪器）。

2.突出矿井井底车场的主泵房内，可以使用矿用增安型电动机。

3.突出矿井应当采用本安型矿灯。

4.远距离传输的监测监控、通信信号应当采用本安型，动力载波信号除外。

5.在爆炸性环境中使用的设备应当采用 EPL Ma 保护级别。非煤矿专用的便携式电气测量仪表，必须在甲烷浓度 1.0% 以下的地点使用，并实时监测使用环境的甲烷浓度。

第四百四十三条　操作井下电气设备应当遵守下列规定：

（一）非专职人员或者非值班电气人员不得操作电气设备。

（二）操作高压电气设备主回路时，操作人员必须戴绝缘手套，并穿电工绝缘靴或者站在绝缘台上。

（三）手持式电气设备的操作手柄和工作中必须接触的部分必须有良好绝缘。

第四百四十四条　容易碰到的、裸露的带电体及机械外露的转动和传动部分必须加装护罩或者遮拦等防护设施。

第四百四十五条　井下各级配电电压和各种电气设备的额定电压等级，应当符合下列要求：

（一）高压不超过 10 000 V。

（二）低压不超过 1 140 V。

（三）照明和手持式电气设备的供电额定电压不超过 127 V。

（四）远距离控制线路的额定电压不超过 36 V。

（五）采掘工作面用电设备电压超过 3 300 V 时，必须制定专门的安全措施。

第四百四十六条　井下配电系统同时存在 2 种或者 2 种以上电压时，配电设备上应当明显地标出其电压额定值。

第四百四十七条　矿井必须备有井上、下配电系统图，井下电气设备布置示意图和供电线路平面敷设示意图，并随着情况变化定期填绘。图中应当注明：

(一)电动机、变压器、配电设备等装设地点。
(二)设备的型号、容量、电压、电流等主要技术参数及其他技术性能指标。
(三)馈出线的短路、过负荷保护的整定值以及被保护干线和支线最远点两相短路电流值。
(四)线路电缆的用途、型号、电压、截面和长度。
(五)保护接地装置的安设地点。

第四百四十八条 防爆电气设备到矿验收时,应当检查产品合格证、煤矿矿用产品安全标志,并核查与安全标志审核的一致性。入井前,应当进行防爆检查,签发合格证后方准入井。

第二节 电气设备和保护

第四百四十九条 井下电力网的短路电流不得超过其控制用的断路器的开断能力,并校验电缆的热稳定性。

第四百五十条 井下严禁使用油浸式电气设备。

40 kW及以上的电动机,应当采用真空电磁起动器控制。

第四百五十一条 井下高压电动机、动力变压器的高压控制设备,应当具有短路、过负荷、接地和欠压释放保护。井下由采区变电所、移动变电站或者配电点引出的馈电线上,必须具有短路、过负荷和漏电保护。低压电动机的控制设备,必须具备短路、过负荷、单相断线、漏电闭锁保护及远程控制功能。

第四百五十二条 井下配电网路(变压器馈出线路、电动机等)必须具有过流、短路保护装置;必须用该配电网路的最大三相短路电流校验开关设备的分断能力和动、热稳定性以及电缆的热稳定性。

必须用最小两相短路电流校验保护装置的可靠动作系数。保护装置必须保证配电网路中最大容量的电气设备或者同时工作成组的电气设备能够起动。

第四百五十三条 矿井6 000 V及以上高压电网,必须采取措施限制单相接地电容电流,生产矿井不超过20 A,新建矿井不超过10 A。

井上、下变电所的高压馈电线上,必须具备有选择性的单相接地保护;向移动变电站和电动机供电的高压馈电线上,必须具有选择性的动作于跳闸的单相接地保护。

井下低压馈电线上,必须装设检漏保护装置或者有选择性的漏电保护装置,保证自动切断漏电的馈电线路。

每天必须对低压漏电保护进行1次跳闸试验。

煤电钻必须使用具有检漏、漏电闭锁、短路、过负荷、断相和远距离控制功能的综合保护装置。每班使用前,必须对煤电钻综合保护装置进行1次跳闸试验。

突出矿井禁止使用煤电钻,煤层突出参数测定取样时不受此限。

第四百五十四条 直接向井下供电的馈电线路上,严禁装设自动重合闸。手动合闸时,必须事先同井下联系。

第四百五十五条 井上、下必须装设防雷电装置,并遵守下列规定:

(一)经由地面架空线路引入井下的供电线路和电机车架线,必须在入井处装设防雷电装置。

(二)由地面直接入井的轨道、金属架构及露天架空引入(出)井的管路,必须在井口附近对金属体设置不少于2处的良好的集中接地。

第三节　井下机电设备硐室

第四百五十六条　永久性井下中央变电所和井底车场内的其他机电设备硐室,应当采用砌碹或者其他可靠的方式支护,采区变电所应当用不燃性材料支护。

硐室必须装设向外开的防火铁门。铁门全部敞开时,不得妨碍运输。铁门上应当装设便于关严的通风孔。装有铁门时,门内可加设向外开的铁栅栏门,但不得妨碍铁门的开闭。

从硐室出口防火铁门起5 m内的巷道,应当砌碹或者用其他不燃性材料支护。硐室内必须设置足够数量的扑灭电气火灾的灭火器材。

井下中央变电所和主要排水泵房的地面标高,应当分别比其出口与井底车场或者大巷连接处的底板标高高出0.5 m。

硐室不应有滴水。硐室的过道应当保持畅通,严禁存放无关的设备和物件。

第四百五十七条　采掘工作面配电点的位置和空间必须满足设备安装、拆除、检修和运输等要求,并采用不燃性材料支护。

第四百五十八条　变电硐室长度超过6 m时,必须在硐室的两端各设1个出口。

第四百五十九条　硐室内各种设备与墙壁之间应当留出0.5 m以上的通道,各种设备之间留出0.8 m以上的通道。对不需从两侧或者后面进行检修的设备,可以不留通道。

第四百六十条　硐室入口处必须悬挂"非工作人员禁止入内"警示牌。硐室内必须悬挂与实际相符的供电系统图。硐室内有高压电气设备时,入口处和硐室内必须醒目悬挂"高压危险"警示牌。

硐室内的设备,必须分别编号,标明用途,并有停送电的标志。

第四节　输电线路及电缆

第四百六十一条　地面固定式架空高压电力线路应当符合下列要求:

(一)在开采沉陷区架设线路时,两回电源线路之间有足够的安全距离,并采取必要的安全措施。

(二)架空线不得跨越易燃、易爆物的仓储区域,与地面、建筑物、树木、道路、河流及其他架空线等间距应当符合国家有关规定。

(三)在多雷区的主要通风机房、地面瓦斯抽采泵站的架空线路应当有全线避雷设施。

(四)架空线路、杆塔或者线杆上应当有线路名称、杆塔编号以及安全警示等标志。

第四百六十二条　在总回风巷、专用回风巷及机械提升的进风倾斜井巷(不包括输送机上、下山)中不应敷设电力电缆。确需在机械提升的进风倾斜井巷(不包括输送机上、下山)中敷设电力电缆时,应当有可靠的保护措施,并经矿总工程师批准。

溜放煤、矸、材料的溜道中严禁敷设电缆。

第四百六十三条　井下电缆的选用应当遵守下列规定:

(一)电缆主线芯的截面应当满足供电线路负荷的要求。电缆应当带有供保护接地用的足够截面的导体。

(二)对固定敷设的高压电缆:

1.在立井井筒或者倾角为45°及其以上的井巷内,应当采用煤矿用粗钢丝铠装电力电缆。

2.在水平巷道或者倾角在45°以下的井巷内,应当采用煤矿用钢带或者细钢丝铠装电力电缆。

3.在进风斜井、井底车场及其附近、中央变电所至采区变电所之间,可以采用铝芯电缆;其他地点必须采用铜芯电缆。

(三)固定敷设的低压电缆,应当采用煤矿用铠装或者非铠装电力电缆或者对应电压等级的煤矿用橡套软电缆。

(四)非固定敷设的高低压电缆,必须采用煤矿用橡套软电缆。移动式和手持式电气设备应当使用专用橡套电缆。

第四百六十四条 电缆的敷设应当符合下列要求:

(一)在水平巷道或者倾角在30°以下的井巷中,电缆应当用吊钩悬挂。

(二)在立井井筒或者倾角在30°及以上的井巷中,电缆应当用夹子、卡箍或者其他夹持装置进行敷设。夹持装置应当能承受电缆重量,并不得损伤电缆。

(三)水平巷道或者倾斜井巷中悬挂的电缆应当有适当的弛度,并能在意外受力时自由坠落。其悬挂高度应当保证电缆在矿车掉道时不受撞击,在电缆坠落时不落在轨道或者输送机上。

(四)电缆悬挂点间距,在水平巷道或者倾斜井巷内不得超过3 m,在立井井筒内不得超过6 m。

(五)沿钻孔敷设的电缆必须绑紧在钢丝绳上,钻孔必须加装套管。

第四百六十五条 电缆不应悬挂在管道上,不得遭受淋水。电缆上严禁悬挂任何物件。电缆与压风管、供水管在巷道同一侧敷设时,必须敷设在管子上方,并保持0.3 m以上的距离。在有瓦斯抽采管路的巷道内,电缆(包括通信电缆)必须与瓦斯抽采管路分挂在巷道两侧。盘圈或者盘"8"字形的电缆不得带电,但给采、掘等移动设备供电电缆及通信、信号电缆不受此限。

井筒和巷道内的通信和信号电缆应当与电力电缆分挂在井巷的两侧,如果受条件所限:在井筒内,应当敷设在距电力电缆0.3 m以外的地方;在巷道内,应当敷设在电力电缆上方0.1 m以上的地方。

高、低压电力电缆敷设在巷道同一侧时,高、低压电缆之间的距离应当大于0.1 m。高压电缆之间、低压电缆之间的距离不得小于50 mm。

井下巷道内的电缆,沿线每隔一定距离、拐弯或者分支点以及连接不同直径电缆的接线盒两端、穿墙电缆的墙的两边都应当设置注有编号、用途、电压和截面的标志牌。

第四百六十六条 立井井筒中敷设的电缆中间不得有接头;因井筒太深需设接头时,应当将接头设在中间水平巷道内。

运行中因故需要增设接头而又无中间水平巷道可以利用时,可以在井筒中设置接线盒。接线盒应当放置在托架上,不应使接头承力。

第四百六十七条 电缆穿过墙壁部分应当用套管保护,并严密封堵管口。

第四百六十八条 电缆的连接应当符合下列要求:

(一)电缆与电气设备连接时,电缆线芯必须使用齿形压线板(卡爪)、线鼻子或者快速连接器与电气设备进行连接。

（二）不同型电缆之间严禁直接连接，必须经过符合要求的接线盒、连接器或者母线盒进行连接。

（三）同型电缆之间直接连接时必须遵守下列规定：

1. 橡套电缆的修补连接（包括绝缘、护套已损坏的橡套电缆的修补）必须采用阻燃材料进行硫化热补或者与热补有同等效能的冷补。在地面热补或者冷补后的橡套电缆，必须经浸水耐压试验，合格后方可下井使用。

2. 塑料电缆连接处的机械强度以及电气、防潮密封、老化等性能，应当符合该型矿用电缆的技术标准。

第五节 井下照明和信号

第四百六十九条 下列地点必须有足够照明：

（一）井底车场及其附近。

（二）机电设备硐室、调度室、机车库、爆炸物品库、候车室、信号站、瓦斯抽采泵站等。

（三）使用机车的主要运输巷道、兼作人行道的集中带式输送机巷道、升降人员的绞车道以及升降物料和人行交替使用的绞车道（照明灯的间距不得大于30 m，无轨胶轮车主要运输巷道两侧安装有反光标识的不受此限）。

（四）主要进风巷的交岔点和采区车场。

（五）从地面到井下的专用人行道。

（六）综合机械化采煤工作面（照明灯间距不得大于15 m）。

地面的通风机房、绞车房、压风机房、变电所、矿调度室等必须设有应急照明设施。

第四百七十条 严禁用电机车架空线作照明电源。

第四百七十一条 矿灯的管理和使用应当遵守下列规定：

（一）矿井完好的矿灯总数，至少应当比经常用灯的总人数多10%。

（二）矿灯应当集中统一管理。每盏矿灯必须编号，经常使用矿灯的人员必须专人专灯。

（三）矿灯应当保持完好，出现亮度不够、电线破损、灯锁失效、灯头密封不严、灯头圈松动、玻璃破裂等情况时，严禁发放。发出的矿灯，最低应当能连续正常使用11 h。

（四）严禁矿灯使用人员拆开、敲打、撞击矿灯。人员出井后（地面领用矿灯人员，在下班后），必须立即将矿灯交还灯房。

（五）在每次换班2 h内，必须把没有还灯人员的名单报告矿调度室。

（六）矿灯应当使用免维护电池，并具有过流和短路保护功能。采用锂离子蓄电池的矿灯还应当具有防过充电、过放电功能。

（七）加装其他功能的矿灯，必须保证矿灯的正常使用要求。

第四百七十二条 矿灯房应当符合下列要求：

（一）用不燃性材料建筑。

（二）取暖用蒸汽或者热水管式设备，禁止采用明火取暖。

（三）有良好的通风装置，灯房和仓库内严禁烟火，并备有灭火器材。

（四）有与矿灯匹配的充电装置。

第四百七十三条 电气信号应当符合下列要求：

(一)矿井中的电气信号,除信号集中闭塞外应当能同时发声和发光。重要信号装置附近,应当标明信号的种类和用途。

(二)升降人员和主要井口绞车的信号装置的直接供电线路上,严禁分接其他负荷。

第四百七十四条 井下照明和信号的配电装置,应当具有短路、过负荷和漏电保护的照明信号综合保护功能。

第六节 井下电气设备保护接地

第四百七十五条 电压在 36 V 以上和由于绝缘损坏可能带有危险电压的电气设备的金属外壳、构架,铠装电缆的钢带(钢丝)、铅皮(屏蔽护套)等必须有保护接地。

第四百七十六条 任一组主接地极断开时,井下总接地网上任一保护接地点的接地电阻值,不得超过 2 Ω。每一移动式和手持式电气设备至局部接地极之间的保护接地用的电缆芯线和接地连接导线的电阻值,不得超过 1 Ω。

第四百七十七条 所有电气设备的保护接地装置(包括电缆的铠装、铅皮、接地芯线)和局部接地装置,应当与主接地极连接成 1 个总接地网。

主接地极应当在主、副水仓中各埋设 1 块。主接地极应当用耐腐蚀的钢板制成,其面积不得小于 0.75 m^2、厚度不得小于 5 mm。

在钻孔中敷设的电缆和地面直接分区供电的电缆,不能与井下主接地极连接时,应当单独形成分区总接地网,其接地电阻值不得超过 2 Ω。

第四百七十八条 下列地点应当装设局部接地极:

(一)采区变电所(包括移动变电站和移动变压器)。

(二)装有电气设备的硐室和单独装设的高压电气设备。

(三)低压配电点或者装有 3 台以上电气设备的地点。

(四)无低压配电点的采煤工作面的运输巷、回风巷、带式输送机巷以及由变电所单独供电的掘进工作面(至少分别设置 1 个局部接地极)。

(五)连接高压动力电缆的金属连接装置。

局部接地极可以设置于巷道水沟内或者其他就近的潮湿处。

设置在水沟中的局部接地极应当用面积不小于 0.6 m^2、厚度不小于 3 mm 的钢板或者具有同等有效面积的钢管制成,并平放于水沟深处。

设置在其他地点的局部接地极,可以用直径不小于 35 mm、长度不小于 1.5 m 的钢管制成,管上至少钻 20 个直径不小于 5 mm 的透孔,并全部垂直埋入底板;也可用直径不小于 22 mm、长度为 1 m 的 2 根钢管制成,每根管上钻 10 个直径不小于 5 mm 的透孔,2 根钢管相距不得小于 5 m,并联后垂直埋入底板,垂直埋深不得小于 0.75 m。

第四百七十九条 连接主接地极母线,应当采用截面不小于 50 mm^2 的铜线,或者截面不小于 100 mm^2 的耐腐蚀铁线,或者厚度不小于 4 mm、截面不小于 100 mm^2 的耐腐蚀扁钢。

电气设备的外壳与接地母线、辅助接地母线或者局部接地极的连接,电缆连接装置两头的铠装、铅皮的连接,应当采用截面不小于 25 mm^2 的铜线,或者截面不小于 50 mm^2 的耐腐蚀铁线,或者厚度不小于 4 mm、截面不小于 50 mm^2 的耐腐蚀扁钢。

第四百八十条 橡套电缆的接地芯线,除用作监测接地回路外,不得兼作他用。

第七节 电气设备、电缆的检查、维护和调整

第四百八十一条 电气设备的检查、维护和调整,必须由电气维修工进行。高压电气设备和线路的修理和调整工作,应当有工作票和施工措施。

高压停、送电的操作,可以根据书面申请或者其他联系方式,得到批准后,由专责电工执行。

采区电工,在特殊情况下,可对采区变电所内高压电气设备进行停、送电的操作,但不得打开电气设备进行修理。

第四百八十二条 井下防爆电气设备的运行、维护和修理,必须符合防爆性能的各项技术要求。防爆性能遭受破坏的电气设备,必须立即处理或者更换,严禁继续使用。

第四百八十三条 矿井应当按表17的要求对电气设备、电缆进行检查和调整。

检查和调整结果应当记入专用的记录簿内。检查和调整中发现的问题应当指派专人限期处理。

表17 电气设备、电缆的检查和调整

项　目	检查周期	备　注
使用中的防爆电气设备的防爆性能检查	每月1次	每日应当由分片负责电工检查1次外部
配电系统断电保护装置检查整定	每6个月1次	负荷变化时应当及时整定
高压电缆的泄漏和耐压试验	每年1次	
主要电气设备绝缘电阻的检查	至少6个月1次	
固定敷设电缆的绝缘和外部检查	每季1次	每周应当由专职电工检查1次外部和悬挂情况
移动式电气设备的橡套电缆绝缘检查	每月1次	每班由当班司机或者专职电工检查1次外皮有无破损
接地电网接地电阻值测定	每季1次	
新安装的电气设备绝缘电阻和接地电阻的测定		投入运行以前

第八节 井下电池电源

第四百八十四条 井下用电池(包括原电池和蓄电池)应当符合下列要求:
(一)串联或者并联的电池组保持厂家、型号、规格的一致性。
(二)电池或者电池组安装在独立的电池腔内。
(三)电池配置充放电安全保护装置。

第四百八十五条 使用蓄电池的设备充电应当符合下列要求:
(一)充电设备与蓄电池匹配。
(二)充电设备接口具有防反向充电保护措施。
(三)便携式设备在地面充电。

(四)机车等移动设备在专用充电硐室或者地面充电。

(五)监控、通信、避险等设备的备用电源可以就地充电,并有防过充等保护措施。

第四百八十六条 禁止在井下充电硐室以外地点对电池(组)进行更换和维修,本安设备中电池(组)和限流器件通过浇封或者密闭封装构成一个整体替换的组件除外。

第十一章 监控与通信

第一节 一般规定

第四百八十七条 所有矿井必须装备安全监控系统、人员位置监测系统、有线调度通信系统。

第四百八十八条 编制采区设计、采掘作业规程时,必须对安全监控、人员位置监测、有线调度通信设备的种类、数量和位置,信号、通信、电源线缆的敷设,安全监控系统的断电区域等做出明确规定,绘制安全监控布置图和断电控制图、人员位置监测系统图、井下通信系统图,并及时更新。

每3个月对安全监控、人员位置监测等数据进行备份,备份的数据介质保存时间应当不少于2年。图纸、技术资料的保存时间应当不少于2年。录音应当保存3个月以上。

第四百八十九条 矿用有线调度通信电缆必须专用。严禁安全监控系统与图像监视系统共用同一芯光纤。矿井安全监控系统主干线缆应当分设两条,从不同的井筒或者一个井筒保持一定间距的不同位置进入井下。

设备应当满足电磁兼容要求。系统必须具有防雷电保护,入井线缆的入井口处必须具有防雷措施。

系统必须连续运行。电网停电后,备用电源应当能保持系统连续工作时间不小于2 h。

监控网络应当通过网络安全设备与其他网络互通互联。

安全监控和人员位置监测系统主机及联网主机应当双机热备份,连续运行。当工作主机发生故障时,备份主机应当在5 min内自动投入工作。

当系统显示井下某一区域瓦斯超限并有可能波及其他区域时,矿井有关人员应当按瓦斯事故应急救援预案切断瓦斯可能波及区域的电源。

安全监控和人员位置监测系统显示和控制终端、有线调度通信系统调度台必须设置在矿调度室,全面反映监控信息。矿调度室必须24 h有监控人员值班。

第二节 安全监控

第四百九十条 安全监控设备必须具有故障闭锁功能。当与闭锁控制有关的设备未投入正常运行或者故障时,必须切断该监控设备所监控区域的全部非本质安全型电气设备的电源并闭锁;当与闭锁控制有关的设备工作正常并稳定运行后,自动解锁。

安全监控系统必须具备甲烷电闭锁和风电闭锁功能。当主机或者系统线缆发生故障时,必须保证实现甲烷电闭锁和风电闭锁的全部功能。系统必须具有断电、馈电状态监测和报警功能。

第四百九十一条 安全监控设备的供电电源必须取自被控开关的电源侧或者专用电源,严禁接在被控开关的负荷侧。

安装断电控制系统时,必须根据断电范围提供断电条件,并接通井下电源及控制线。

改接或者拆除与安全监控设备关联的电气设备、电源线和控制线时,必须与安全监控管理部门共同处理。检修与安全监控设备关联的电气设备,需要监控设备停止运行时,必须制定安全措施,并报矿总工程师审批。

第四百九十二条 安全监控设备必须定期调校、测试,每月至少1次。

采用载体催化元件的甲烷传感器必须使用校准气样和空气气样在设备设置地点调校,便携式甲烷检测报警仪在仪器维修室调校,每15天至少1次。甲烷电闭锁和风电闭锁功能每15天至少测试1次。可能造成局部通风机停电的,每半年测试1次。

安全监控设备发生故障时,必须及时处理,在故障处理期间必须采用人工监测等安全措施,并填写故障记录。

第四百九十三条 必须每天检查安全监控设备及线缆是否正常,使用便携式光学甲烷检测仪或者便携式甲烷检测报警仪与甲烷传感器进行对照,并将记录和检查结果报矿值班员;当两者读数差大于允许误差时,应当以读数较大者为依据,采取安全措施并在8 h内对2种设备调校完毕。

第四百九十四条 矿调度室值班人员应当监视监控信息,填写运行日志,打印安全监控日报表,并报矿总工程师和矿长审阅。系统发出报警、断电、馈电异常等信息时,应当采取措施,及时处理,并立即向值班矿领导汇报;处理过程和结果应当记录备案。

第四百九十五条 安全监控系统必须具备实时上传监控数据的功能。

第四百九十六条 便携式甲烷检测仪的调校、维护及收发必须由专职人员负责,不符合要求的严禁发放使用。

第四百九十七条 配制甲烷校准气样的装备和方法必须符合国家有关标准,选用纯度不低于99.9%的甲烷标准气体作原料气。配制好的甲烷校准气体不确定度应当小于5%。

第四百九十八条 甲烷传感器(便携仪)的设置地点,报警、断电、复电浓度和断电范围必须符合表18的要求。

表18 甲烷传感器(便携仪)的设置地点,报警、断电、复电浓度和断电范围

设置地点	报警浓度/%	断电浓度/%	复电浓度/%	断电范围
采煤工作面回风隅角	≥1.0	≥1.5	<1.0	工作面及其回风巷内全部非本质安全型电气设备
低瓦斯和高瓦斯矿井的采煤工作面	≥1.0	≥1.5	<1.0	工作面及其回风巷内全部非本质安全型电气设备
突出矿井的采煤工作面	≥1.0	≥1.5	<1.0	工作面及其进、回风巷内全部非本质安全型电气设备
采煤工作面回风巷	≥1.0	≥1.0	<1.0	工作面及其回风巷内全部非本质安全型电气设备

表 18（续）

设置地点	报警浓度/%	断电浓度/%	复电浓度/%	断电范围
突出矿井采煤工作面进风巷	≥0.5	≥0.5	<0.5	工作面及其进、回风巷内全部非本质安全型电气设备
采用串联通风的被串采煤工作面进风巷	≥0.5	≥0.5	<0.5	被串采煤工作面及其进、回风巷内全部非本质安全型电气设备
高瓦斯、突出矿井采煤工作面回风巷中部	≥1.0	≥1.0	<1.0	工作面及其回风巷内全部非本质安全型电气设备
采煤机	≥1.0	≥1.5	<1.0	采煤机电源
煤巷、半煤岩巷和有瓦斯涌出岩巷的掘进工作面	≥1.0	≥1.5	<1.0	掘进巷道内全部非本质安全型电气设备
煤巷、半煤岩巷和有瓦斯涌出岩巷的掘进工作面回风流中	≥1.0	≥1.0	<1.0	掘进巷道内全部非本质安全型电气设备
突出矿井的煤巷、半煤岩巷和有瓦斯涌出岩巷的掘进工作面的进风分风口处	≥0.5	≥0.5	<0.5	掘进巷道内全部非本质安全型电气设备
采用串联通风的被串掘进工作面局部通风机前	≥0.5	≥0.5	<0.5	被串掘进巷道内全部非本质安全型电气设备
采用串联通风的被串掘进工作面局部通风机前	≥0.5	≥1.5	<0.5	被串掘进工作面局部通风机
高瓦斯矿井双巷掘进工作面混合回风流处	≥1.0	≥1.0	<1.0	除全风压供风的进风巷外,双掘进巷道内全部非本质安全型电气设备
高瓦斯和突出矿井掘进巷道中部	≥1.0	≥1.0	<1.0	掘进巷道内全部非本质安全型电气设备
掘进机、连续采煤机、锚杆钻车、梭车	≥1.0	≥1.5	<1.0	掘进机、连续采煤机、锚杆钻车、梭车电源
采区回风巷	≥1.0	≥1.0	<1.0	采区回风巷内全部非本质安全型电气设备

表 18（续）

设置地点	报警浓度/%	断电浓度/%	复电浓度/%	断电范围
一翼回风巷及总回风巷	≥0.75	—	—	
使用架线电机车的主要运输巷道内装煤点处	≥0.5	≥0.5	<0.5	装煤点处上风流100 m内及其下风流的架空线电源和全部非本质安全型电气设备
矿用防爆型蓄电池电机车	≥0.5	≥0.5	<0.5	机车电源
矿用防爆型柴油机车、无轨胶轮车	≥0.5	≥0.5	<0.5	车辆动力
井下煤仓	≥1.5	≥1.5	<1.5	煤仓附近的各类运输设备及其他非本质安全型电气设备
封闭的带式输送机地面走廊内，带式输送机滚筒上方	≥1.5	≥1.5	<1.5	带式输送机地面走廊内全部非本质安全型电气设备
地面瓦斯抽采泵房内	≥0.5			
井下临时瓦斯抽采泵站下风侧栅栏外	≥1.0	≥1.0	<1.0	瓦斯抽采泵站电源

第四百九十九条 井下下列地点必须设置甲烷传感器：

（一）采煤工作面及其回风巷和回风隅角，高瓦斯和突出矿井采煤工作面回风巷长度大于1 000 m时回风巷中部。

（二）煤巷、半煤岩巷和有瓦斯涌出的岩巷掘进工作面及其回风流中，高瓦斯和突出矿井的掘进巷道长度大于1 000 m时掘进巷道中部。

（三）突出矿井采煤工作面进风巷。

（四）采用串联通风时，被串采煤工作面的进风巷；被串掘进工作面的局部通风机前。

（五）采区回风巷、一翼回风巷、总回风巷。

（六）使用架线电机车的主要运输巷道内装煤点处。

（七）煤仓上方、封闭的带式输送机地面走廊。

（八）地面瓦斯抽采泵房内。

（九）井下临时瓦斯抽采泵站下风侧栅栏外。

（十）瓦斯抽采泵输入、输出管路中。

第五百条 突出矿井在下列地点设置的传感器必须是全量程或者高低浓度甲烷传感器：

（一）采煤工作面进、回风巷。

（二）煤巷、半煤岩巷和有瓦斯涌出的岩巷掘进工作面回风流中。

(三)采区回风巷。
(四)总回风巷。

第五百零一条 井下下列设备必须设置甲烷断电仪或者便携式甲烷检测报警仪：
(一)采煤机、掘进机、掘锚一体机、连续采煤机。
(二)梭车、锚杆钻车。
(三)采用防爆蓄电池或者防爆柴油机为动力装置的运输设备。
(四)其他需要安装的移动设备。

第五百零二条 突出煤层采煤工作面进风巷、掘进工作面进风的分风口必须设置风向传感器。当发生风流逆转时，发出声光报警信号。

突出煤层采煤工作面回风巷和掘进巷道回风流中必须设置风速传感器。当风速低于或者超过本规程的规定值时，应当发出声光报警信号。

第五百零三条 每一个采区、一翼回风巷及总回风巷的测风站应当设置风速传感器，主要通风机的风硐应当设置压力传感器；瓦斯抽采泵站的抽采泵吸入管路中应当设置流量传感器、温度传感器和压力传感器，利用瓦斯时，还应当在输出管路中设置流量传感器、温度传感器和压力传感器。

使用防爆柴油动力装置的矿井及开采容易自燃、自燃煤层的矿井，应当设置一氧化碳传感器和温度传感器。

主要通风机、局部通风机应当设置设备开停传感器。

主要风门应当设置风门开关传感器，当两道风门同时打开时，发出声光报警信号。甲烷电闭锁和风电闭锁的被控开关的负荷侧必须设置馈电状态传感器。

第三节 人员位置监测

第五百零四条 下井人员必须携带标识卡。各个人员出入井口、重点区域出入口、限制区域等地点应当设置读卡分站。

第五百零五条 人员位置监测系统应当具备检测标识卡是否正常和唯一性的功能。

第五百零六条 矿调度室值班员应当监视人员位置等信息，填写运行日志。

第四节 通信与图像监视

第五百零七条 以下地点必须设有直通矿调度室的有线调度电话：矿井地面变电所、地面主要通风机房、主副井提升机房、压风机房、井下主要水泵房、井下中央变电所、井底车场、运输调度室、采区变电所、上下山绞车房、水泵房、带式输送机集中控制硐室等主要机电设备硐室、采煤工作面、掘进工作面、突出煤层采掘工作面附近、爆破时撤离人员集中地点、突出矿井井下爆破起爆点、采区和水平最高点、避难硐室、瓦斯抽采泵房、爆炸物品库等。

有线调度通信系统应当具有选呼、急呼、全呼、强插、强拆、监听、录音等功能。

有线调度通信系统的调度电话至调度交换机(含安全栅)必须采用矿用通信电缆直接连接，严禁利用大地作回路。严禁调度电话由井下就地供电，或者经有源中继器接调度交换机。调度电话至调度交换机的无中继器通信距离应当不小于10 km。

第五百零八条 矿井移动通信系统应当具有下列功能：
(一)选呼、组呼、全呼等。

(二)移动台与移动台、移动台与固定电话之间互联互通。
(三)短信收发。
(四)通信记录存储和查询。
(五)录音和查询。
　　第五百零九条　安装图像监视系统的矿井,应当在矿调度室设置集中显示装置,并具有存储和查询功能。

第四编　露　天　煤　矿

第一章　一　般　规　定

　　第五百一十条　多工种、多设备联合作业时,必须制定安全措施,并符合相关技术标准。
　　第五百一十一条　采用铁路运输的露天采场主要区段的上下平盘之间应当设人行通路或者梯子,并按有关规定在梯子两侧设置安全护栏。
　　第五百一十二条　在露天煤矿内行走的人员必须遵守下列规定:
　　(一)必须走人行通路或者梯子。
　　(二)因工作需要沿铁路线和矿山道路行走的人员,必须时刻注意前后方向来车。躲车时,必须躲到安全地点。
　　(三)横过铁路线或者矿山道路时,必须止步瞭望。
　　(四)跨越带式输送机时,必须沿着装有栏杆的栈桥通过。
　　(五)严禁在有塌落危险的坡顶、坡底行走或者逗留。
　　第五百一十三条　严禁非作业人员和车辆未经批准进入作业区。
　　第五百一十四条　采场内有危险的火区、老空区、滑坡区等地点,应当充填或者设置栅栏,并设置警示标志;地面、采场及排土场内临时设置变压器时应当设围栏,配电柜、箱、盘应当加锁,并设置明显的防触电标志;设备停放场、炸药厂、爆炸物品库、油库、加油站和物资仓库等易燃易爆场所,必须设置防爆、防火和危险警示标志;矿山道路必须设置限速、道口等路标,特殊路段设警示标志;汽车运输为左侧通行的,在过渡区段内必须设置醒目的换向标志。
　　严禁擅自移动和损坏各种安全标志。
　　在运输线路两侧堆放物料时,不得影响行车安全。
　　第五百一十五条　在下列区域不得建永久性建(构)筑物:
　　(一)距采场最终境界的安全距离以内。
　　(二)爆炸物品库爆炸危险区内。
　　(三)不稳定的排土场内。
　　(四)爆破、岩体变形、塌陷、滑坡危险区域内。
　　第五百一十六条　机械设备内必须备有完好的绝缘防护用品和工具,并定期进行电气绝缘性能试验,不合格的及时更换。
　　第五百一十七条　采掘、运输、排土等机械设备作业时,严禁检修和维护,严禁人员上下设备;在危及人身安全的作业范围内,严禁人员和设备停留或者通过。
　　移动设备应当在平盘安全区内走行或者停留,否则必须采取安全措施。

第五百一十八条 设备走行道路和作业场地坡度不得大于设备允许的最大坡度,转弯半径不得小于设备允许的最小转弯半径。

第五百一十九条 遇到特殊天气状况时,必须遵守下列规定:

(一)在大雾、雨雪等能见度低的情况下作业时,必须制定安全技术措施。

(二)暴雨期间,处在有水淹或者片帮危险区域的设备,必须撤离到安全地带。

(三)遇有6级及以上大风时禁止露天起重和高处作业。

(四)遇有8级及以上大风时禁止轮斗挖掘机、排土机和转载机作业。

第五百二十条 作业人员在2 m及以上的高处作业时,必须系安全带或者设置安全网。

第二章 钻孔爆破

第一节 一般规定

第五百二十一条 露天煤矿钻孔、爆破作业必须编制钻孔、爆破设计及安全技术措施,并经矿总工程师批准。钻孔、爆破作业必须按设计进行。爆破前应当绘制爆破警戒范围图,并实地标出警戒点的位置。

第五百二十二条 爆炸物品的购买、运输、贮存、使用和销毁,永久性爆炸物品库建筑结构及各种防护措施,库区的内、外部安全距离等必须符合《民用爆炸物品安全管理条例》等国家有关法规和标准的规定。

露天煤矿爆破作业,必须遵守《爆破安全规程》。

第二节 钻孔

第五百二十三条 钻孔设备进行钻孔作业和走行时,履带边缘与坡顶线的距离应当符合表19的要求。

表19 钻孔设备履带边缘与坡顶线的安全距离　　　　　　　　　　　　　　　　m

台阶高度	<4	4~10	10~15	≥15
安全距离	1~2	2~2.5	2.5~3.5	3.5~6

钻凿坡顶线第一排孔时,钻孔设备应当垂直于台阶坡顶线或者调角布置(夹角应当不小于45°);有顺层滑坡危险区的,必须压碴钻孔;钻凿坡底线第一排孔时,应当有专人监护。

第五百二十四条 钻孔设备在有采空区的工作面钻孔时,必须制定安全技术措施,并在专业人员指挥下进行。

第三节 爆破

第五百二十五条 爆炸物品的领用、保管和使用必须严格执行账、卡、物一致的管理制度。

严禁发放和使用变质失效以及过期的爆炸物品。

爆破后剩余的爆炸物品,必须当天退回爆炸物品库,严禁私自存放和销毁。

第五百二十六条 爆炸物品车到达爆破地点后,爆破区域负责人应当对爆炸物品进行检查验收,无误后双方签字。

在爆破区域内放置和使用爆炸物品的地点,20 m 以内严禁烟火,10 m 以内严禁非工作人员进入。

加工起爆药卷必须距放置炸药的地点 5 m 以外,加工好的起爆药卷必须放在距炮孔炸药 2 m 以外。

第五百二十七条 炮孔装药和充填必须遵守下列规定:

(一)装药前在爆破区边界设置明显标志,严禁与工作无关的人员和车辆进入爆破区。

(二)装药时,每个炮孔同时操作的人员不得超过 3 人;严禁向炮孔内投掷起爆具和受冲击易爆的炸药;严禁使用塑料、金属或者带金属包头的炮杆。

(三)炮孔卡堵或者雷管脚线、导爆管及导爆索损坏时应当及时处理;无法处理时必须插上标志,按拒爆处理。

(四)机械化装药时由专人现场指挥。

(五)预装药炮孔在当班进行充填。预装药期间严禁连接起爆网络。

(六)装药完成撤出人员后方可连接起爆网络。

第五百二十八条 爆破安全警戒必须遵守下列规定:

(一)必须有安全警戒负责人,并向爆破区周围派出警戒人员。

(二)爆破区域负责人与警戒人员之间实行"三联系制"。

(三)因爆破中断生产时,立即报告矿调度室,采取措施后方可解除警戒。

第五百二十九条 安全警戒距离应当符合下列要求:

(一)抛掷爆破(孔深小于 45 m):爆破区正向不得小于 1 000 m,其余方向不得小于 600 m。

(二)深孔松动爆破(孔深大于 5 m):距爆破区边缘,软岩不得小于 100 m、硬岩不得小于 200 m。

(三)浅孔爆破(孔深小于 5 m):无充填预裂爆破,不得小于 300 m。

(四)二次爆破:炮眼爆破不得小于 200 m。

第五百三十条 起爆前,必须将所有人员撤至安全地点。接触爆炸物品的人员必须穿戴抗静电保护用品。

第五百三十一条 设备、设施距松动爆破区外端的安全距离应当符合表 20 的要求。

表 20 设备、设施距松动爆破区外端的安全距离 m

设备名称	深孔爆破	浅孔及二次爆破	备注
挖掘机、钻孔机	30	40	司机室背向爆破区
风泵车	40	50	小于此距离应当采取保护措施
信号箱、电气柜、变压器、移动变电站	30	30	小于此距离应当采取保护措施
高压电缆	40	50	小于此距离应当拆除或者采取保护措施

机车、矿用卡车等机动设备处于警戒范围内且不能撤离时,应当采取就地保护措施。与电杆距离不得小于 5 m;在 5~10 m 时,必须采用减震爆破。

第五百三十二条 设备、设施距抛掷爆破区外端的安全距离:爆破区正向不得小于600 m;两侧有自由面方向及背向不得小于300 m;无自由面方向不得小于200 m。

第五百三十三条 爆破危险区的架空输电线、电缆和移动变电站等,在爆破时应当停电。恢复送电前,必须对这些线路进行检查,确认无损后方可送电。

第五百三十四条 爆破地震安全距离应当符合下列要求:

(一)各类建(构)筑物地面质点的安全振动速度不应超过下列数值:

1.重要工业厂房,0.4 cm/s;

2.土窑洞、土坯房、毛石房,1.0 cm/s;

3.一般砖房、非抗震的大型砌块建筑物,2~3 cm/s;

4.钢筋混凝土框架房屋,5 cm/s;

5.水工隧道,10 cm/s;

6.交通涵洞,15 cm/s;

7.围岩不稳定有良好支护的矿山巷道,10 cm/s;围岩中等稳定有良好支护的矿山巷道,15 cm/s;围岩稳定无支护的矿山巷道,20 cm/s。

(二)爆破地震安全距离应当按下式计算:

$$R = (k/v)^{1/a} \cdot Q^m$$

式中:

R ——爆破地震安全距离,m;

Q ——药量(齐发爆破取总量,延期爆破取最大一段药量),kg;

v ——安全质点振动速度,cm/s;

m ——药量指数,取 $m=1/3$;

k、a ——与爆破地点地形、地质条件有关的系数和衰减指数。

(三)在特殊建(构)筑物附近、爆破条件复杂和爆破震动对边坡稳定有影响的地区进行爆破时,必须进行爆破地震效应的监测或者试验。

第五百三十五条 爆破作业必须在白天进行,严禁在雷雨时进行;严禁裸露爆破。

第五百三十六条 在高温区、自然发火区进行爆破作业时,必须遵守下列规定:

(一)测试孔内温度。有明火的炮孔或者孔内温度在80 ℃以上的高温炮孔采取灭火、降温措施。

(二)高温孔经降温处理合格后方可装药起爆。

(三)高温孔应当采用热感度低的炸药,或者将炸药、雷管作隔热包装。

第五百三十七条 爆破后检查必须遵守下列规定:

(一)爆破后 5 min 内,严禁检查。

(二)发现拒爆,必须向爆破区负责人报告。

(三)发现残余爆炸物品必须收集上缴,集中销毁。

第五百三十八条 发生拒爆和熄爆时,应当分析原因,采取措施,并遵守下列规定:

(一)在危险区边界设警戒,严禁非作业人员进入警戒区。

(二)因地面网路连接错误或者地面网路断爆出现拒爆,可以再次连线起爆。

(三)严禁在原钻孔位钻孔,必须在距拒爆孔 10 倍孔径处重新钻与原孔同样的炮孔装药爆破。

(四)上述方法不能处理时,应当报告矿调度室,并指定专业人员研究处理。

第三章 采 装

第一节 一 般 规 定

第五百三十九条 露天采场最终边坡的台阶坡面角和边坡角,必须符合最终边坡设计要求。

第五百四十条 最小工作平盘宽度,必须保证采掘、运输设备的安全运行和供电通信线路、供排水系统、安全挡墙等的正常布置。

第二节 单斗挖掘机采装

第五百四十一条 单斗挖掘机行走和升降段应当符合下列要求:
(一)行走前检查行走机构及制动系统。
(二)根据不同的台阶高度、坡面角,使挖掘机的行走路线与坡底线和坡顶线保持一定的安全距离。
(三)挖掘机应当在平整、坚实的台阶上行走,当道路松软或者含水有沉陷危险时,必须采取安全措施。
(四)挖掘机升降段或者行走距离超过 300 m 时,必须设专人指挥;行走时,主动轴应当在后,悬臂对正行走中心,及时调整方向,严禁原地大角度扭车。
(五)挖掘机行走时,靠铁道线路侧的履带边缘距线路中心不得小于 3 m,过高压线和铁道等障碍物时,要有相应的安全措施。
(六)挖掘机升降段之前应当预先采取防止下滑的措施。爬坡时,不得超过挖掘机规定的最大允许坡度。

第五百四十二条 轮斗挖掘机作业和行走线路处在饱和水台阶上时,必须有疏排水措施,否则严禁作业和走行。

第五百四十三条 挖掘机采装的台阶高度应当符合下列要求:
(一)不需爆破的岩土台阶高度不得大于最大挖掘高度。
(二)需爆破的煤、岩台阶,爆破后爆堆高度不得大于最大挖掘高度的 1.1～1.2 倍,台阶顶部不得有悬浮大块。
(三)上装车台阶高度不得大于最大卸载高度与运输容器高度及卸载安全高度之和的差。

第五百四十四条 单斗挖掘机尾部与台阶坡面、运输设备之间的距离不得小于 1 m。停止作业时,上下设备梯子应当背离台阶。

第五百四十五条 单斗挖掘机向列车装载时,必须遵守下列规定:
(一)列车驶入工作面 100 m 内,驶出工作面 20 m 内,挖掘机必须停止作业。
(二)列车驶入工作面,待车停稳,经助手与司旗联系后,方可装车。
(三)物料最大块度不得超过 3 m^3。
(四)严禁勺斗压、碰自翻车车帮或者跨越机车和尾车顶部。严禁高吊勺斗装车。
(五)遇到大块物料掉落影响机车运行时,必须处理后方可作业。

第五百四十六条 单斗挖掘机向矿用卡车装载时,应当遵守下列规定:

（一）勺斗容积和物料块度与卡车载重相适应。

（二）单面装车作业时，只有在挖掘机司机发出进车信号，卡车开到装车位置停稳并发出装车信号后，方可装车。双面装车作业时，正面装车卡车可提前进入装车位置；反面装车应当由勺斗引导卡车进入装车位置。

（三）挖掘机不得跨电缆装车。

（四）装载第一勺斗时，不得装大块；卸料时尽量放低勺斗，其插销距车厢底板不得超过0.5 m。严禁高吊勺斗装车。

（五）装入卡车里的物料超出车厢外部、影响安全时，必须妥善处理后，才准发出车信号。

（六）装车时严禁勺斗从卡车驾驶室上方越过。

（七）装入车内的物料要均匀，严禁单侧偏装、超装。

第五百四十七条 单斗挖掘机向自移式破碎机装载时，应当遵守下列规定：

（一）卸载时，勺斗斗底板下缘距受料斗不得超过0.8 m。严禁高吊铲斗卸载。

（二）自移式破碎机突出部位距单斗挖掘机机尾回转范围距离不得小于1.0 m。

第五百四十八条 操作单斗挖掘机或者反铲时，必须遵守下列规定：

（一）严禁用勺斗载人、砸大块和起吊重物。

（二）勺斗回转时，必须离开采掘工作面，严禁跨越接触网。

（三）在回转或者挖掘过程中，严禁勺斗突然变换方向。

（四）遇坚硬岩体时，严禁强行挖掘。

（五）反铲上挖作业时，应当采取安全技术措施。下挖作业时，履带不得平行于采掘面。

（六）严禁装载铁器等异物和拒爆的火药、雷管等。

第五百四十九条 2台以上单斗挖掘机在同一台阶或者相邻上、下台阶作业时，必须遵守下列规定：

（一）公路运输时，两者间距不得小于最大挖掘半径的2.5倍，并制定安全措施。

（二）在同一铁道线路进行装车作业时，必须制定安全措施。

（三）在相邻的上、下台阶作业时，两者的相对位置影响上下台阶的设备、设施安全时，必须制定安全措施。

第五百五十条 挖掘机在挖掘过程中有下列情况之一时，必须停止作业，撤到安全地点，并报告调度室检查处理：

（一）发现台阶崩落或者有滑动迹象。

（二）工作面有伞檐或者大块物料。

（三）暴露出未爆炸药包或者雷管。

（四）遇塌陷危险的采空区或者自然发火区。

（五）遇有松软岩层，可能造成挖掘机下沉或者掘沟遇水被淹。

（六）发现不明地下管线或者其他不明障碍物。

第五百五十一条 单斗挖掘机雨天作业电缆发生故障时，应当及时向矿调度室报告。故障排除后，确认柱上开关无电时，方可送电。

第三节 破　　碎

第五百五十二条 破碎站设置应当遵守下列规定：

(一)避开沉降、塌陷、滑坡危险的不良地段。
(二)卸车平台应当便于卸载、调车。
(三)卸车平台应当设矿用卡车卸料的安全限位车挡及防止物料滚落的安全防护挡墙。
(四)卸车平台应当有良好的照明系统,并有卸料指示信号安全装置。
(五)移动式破碎站履带外缘距工作平盘坡底线和下台阶坡顶线距离必须符合设计。

第五百五十三条 破碎站作业应当遵守下列规定:
(一)处理和吊运大块物料时,非作业人员必须撤到安全地点。
(二)清理破碎机堵料时,必须采取防止系统突然启动的安全保护措施。

第五百五十四条 自移式破碎机必须设置卸料臂防撞检测、过负荷保护和各旋转部件防护装置。

第四节 轮斗挖掘机采装

第五百五十五条 轮斗挖掘机作业必须遵守下列规定:
(一)严禁斗轮工作装置带负荷启动。
(二)严禁挖掘卡堵和损坏输送带的异物。
(三)调整位置时,必须设地面指挥人员。

第五百五十六条 采用轮斗挖掘机—带式输送机—排土机连续开采工艺系统时,应当遵守下列规定:
(一)紧急停机开关必须在可能发生重大设备事故或者危及人身安全的紧急情况下方可使用。
(二)各单机间应当实行安全闭锁控制,单机发生故障时,必须立即停车,同时向集中控制室汇报。严禁擅自处理故障。

第五节 拉斗铲作业

第五百五十七条 拉斗铲行走必须遵守下列规定:
(一)行走和调整作业位置时,路面必须平整,不得有凸起的岩石。
(二)变坡点必须设缓坡段。
(三)当行走路面处于路堤时,距路边缘安全距离应当符合设计。
(四)地面必须设专人指挥、监护,同时做好呼唤应答。
(五)行走靴不同步时,必须重新确定行进路线或者处理路面。
(六)严禁使用行走靴移动电缆。

第五百五十八条 拉斗铲作业时,机组人员和配合作业的辅助设备进出拉斗铲作业范围必须做好呼唤应答。严禁铲斗拖地回转、在空中急停和在其他设备上方通过。

第四章 运 输

第一节 铁 路 运 输

第五百五十九条 铁路附近的建(构)筑物和设备接近限界,必须符合国家铁路技术管理规程。桥梁、隧道应当按规定设置人行道、避车台、避车洞、电缆沟及必要的检查和防火设施,立体交叉处的桥梁两侧设防护设施。运输线路上各种机车运行的限制坡度和曲线半径应当符合表21的要求。

表21 铁道线路的限制坡度和曲线半径

机车种类	限制坡度/‰	曲线半径/m			
		固定线	半固定线	装车线	排土线
蒸汽机车	≤25	≥200	≥150	≥150	向曲线内侧排弃≥300;向曲线外侧排弃≥200
电力机车	≤30	≥180（困难情况≥150)	≥120	≥110	
内燃机车	≤30	≥180（困难情况≥150)	≥120（困难情况≥110)		

第五百六十条 路基必须填筑坚实,并保持稳定和完好。

装车线路的中心线至坡底线或者爆堆边缘的距离不得小于3 m;上装车线应当根据台阶稳定情况确定,但不得小于3 m。排土线路中心至坡顶线的距离不得小于1.5 m,至受土坑坡顶线的距离不得小于1.4 m。线路终端外必须留有不小于30 m的安全距离。

第五百六十一条 铁道线路直线地段轨距为1 435 mm,曲线地段轨距按表22的要求加宽:

表22 铁道线路曲线地段轨距加宽值

曲线半径 R/m	轨距加宽值/mm
$R \geq 350$	0
$350 > R \geq 300$	5
$300 > R > 200$	15
$R \leq 200$	20

第五百六十二条 直线地段线路2股钢轨顶面应当保持同一水平。道岔应当铺设在直线地段,不得设在竖曲线地段。道岔应当保持完好。

曲线地段外轨的超高度的计算公式如下:
$$h = 7.6v^2/R$$

式中:

h——外轨的超高度,mm;

v——实际最高行车速度,km/h;

R——曲线半径,m。

双线地段外轨最大超高不得超过150 mm,单线不得超过125 mm。

第五百六十三条 铁路与公路交叉时,应当符合下列要求:

(一)根据通过的人流和车流量按规定设置平面或者立体交叉。

(二)平交道口有良好的瞭望条件,并按规定设置道口警标和司机鸣笛标、护栏和限界标志;按标准铺设道口,其宽度与公路路面相同;公路与铁路采用正交,不能正交时,其交角不得小于45°。

(三)道口按级别设置安全标志和设施。

(四)道口两侧平台长度不得小于10 m,衔接平台的道路坡度不得大于5%;否则制定安全措施。

(五)车站、曲线半径在200 m以下的线路段和通视条件不良的路堑不设道口。道岔部位严禁设道口。

重型设备通过道口,必须得到煤矿企业批准。

第二节 公 路 运 输

第五百六十四条 矿用卡车作业时,其制动、转向系统和安全装置必须完好。应当定期检验其可靠性,大型自卸车设示宽灯或者标志。

第五百六十五条 矿场道路应当符合下列要求:

(一)宽度符合通行、会车等安全要求。受采掘条件限制、达不到规定的宽度时,必须视道路距离设置相应数量的会车线。

(二)必须设置安全挡墙,高度为矿用卡车轮胎直径的2/5~3/5。

(三)长距离坡道运输系统,应当在适当位置设置缓坡道。

第五百六十六条 严禁矿用卡车在矿内各种道路上超速行驶;同类汽车正常行驶不得超车;特殊路况(修路、弯道、单行道等)下,任何车辆都不得超车;除正在维护道路的设备和应急救援车辆外,各种车辆应为矿用卡车让行。

冬季应当及时清除路面上的积雪或者结冰,并采取防滑措施;前、后车距不得小于50 m;行驶时不得急刹车、急转弯或者超车。

第五百六十七条 矿用卡车在运输道路上出现故障且无法行走时,必须开启全部制动和警示灯,并采取防止溜车的安全措施;同时必须在车体前后30 m外设置醒目的安全警示标志,并采取防护措施。

雾天或者烟尘影响视线时,必须开启雾灯或者大灯,前、后车距不得小于30 m;能见度不足30 m或者雨、雪天气危及行车安全时,必须停止作业。

第五百六十八条 矿用卡车不得在矿山道路拖挂其他车辆;必须拖挂时,应当采取安全措施,并设专人指挥监护。

第五百六十九条 矿用卡车在工作面装车必须遵守下列规定:

(一)待进入装车位置的卡车必须停在挖掘机最大回转半径范围之外;正在装车的卡车必须停在挖掘机尾部回转半径之外。

(二)正在装载的卡车必须制动,司机不得将身体的任何部位伸出驾驶室外。

(三)卡车必须在挖掘机发出信号后,方可进入或者驶出装车地点。

(四)卡车排队等待装车时,车与车之间必须保持一定的安全距离。

第三节 带式输送机运输

第五百七十条 采用带式输送机运输时,应当遵守下列规定:

(一)带式输送机运输物料的最大倾角,上行不得大于16°,严寒地区不得大于14°;下行不得大于12°。特种带式输送机不受此限。

(二)输送带安全系数取值参照本规程第三百七十四条。

(三)带式输送机的运输能力应当与前置设备能力相匹配。

第五百七十一条 带式输送机必须设置下列安全保护:

(一)拉绳开关和防跑偏、打滑、堵塞等。

(二)上运时应当设制动器和逆止器,下运时应当设软制动和防超速保护装置。

(三)机头、机尾、驱动滚筒和改向滚筒处应当设防护栏。

第五百七十二条 带式输送机设置应当遵守下列规定:

(一)避开采空区和工程地质不良地段,特殊情况下必须采取安全措施。

(二)带式输送机栈桥应当设人行通道,坡度大于5°的人行通道应当有防滑措施。

(三)跨越设备或者人行道时,必须设置防物料撒落的安全保护设施。

(四)除移置式带式输送机外,露天设置的带式输送机应当设防护设施。

(五)在转载点和机头处应当设置消防设施。

(六)带式输送机沿线应当设检修通道和防排水设施。

第五百七十三条 带式输送机启动时应当有声光报警装置,运行时严禁运送工具、材料、设备和人员。停机前后必须巡查托辊和输送带的运行情况,发现异常及时处理。检修时应当停机闭锁。

第五章 排 土

第五百七十四条 排土场位置的选择,应当保证排弃土岩时,不致因大块滚落、滑坡、塌方等威胁采场、工业场地、居民区、铁路、公路、农田和水域的安全。

排土场位置选定后,应当进行地质测绘和工程、水文地质勘探,以确定排土参数。

第五百七十五条 当出现滑坡征兆或者其他危险时,必须停止排土作业,采取安全措施。

第五百七十六条 铁路排土线路必须符合下列要求:

(一)路基面向场地内侧按段高形成反坡。

(二)排土线设置移动停车位置标志和停车标志。

第五百七十七条 列车在排土线路的卸车地段应当符合下列要求:

(一)列车进入排土线后,由排土人员指挥列车运行。机械排土线的列车运行速度不得超过20 km/h;人工排土线不得超过15 km/h;接近路端时,不得超过5 km/h。

(二)严禁运行中卸土。

(三)新移设线路,首次列车严禁牵引进入。

(四)翻车时2人操作,操作人员位于车厢内侧。

(五)采用机械化作业清扫自翻车,人工清扫必须制定安全措施。

(六)卸车完毕,在排土人员发出出车信号后,列车方可驶出排土线。

第五百七十八条 单斗挖掘机排土应当遵守下列规定:

(一)受土坑的坡面角不得大于70°,严禁超挖。

(二)挖掘机至站立台阶坡顶线的安全距离:

1.台阶高度10 m以下为6 m;

2.台阶高度 11～15 m 为 8 m;

3.台阶高度 16～20 m 为 11 m;

4.台阶高度超过 20m 时必须制定安全措施。

第五百七十九条 矿用卡车排土场及排弃作业应当遵守下列规定:

(一)排土场卸载区,必须有连续的安全挡墙,车型小于 240 t 时安全挡墙高度不得低于轮胎直径的 0.4 倍,车型大于 240 t 时安全挡墙高度不得低于轮胎直径的 0.35 倍。不同车型在同一地点排土时,必须按最大车型的要求修筑安全挡墙,特殊情况下必须制定安全措施。

(二)排土工作面向坡顶线方向应当保持 3‰～5‰ 的反坡。

(三)应当按规定顺序排弃土岩,在同一地段进行卸车和排土作业时,设备之间必须保持足够的安全距离。

(四)卸载物料时,矿用卡车应当垂直排土工作线;严禁高速倒车、冲撞安全挡墙。

第五百八十条 推土机、装载机排土必须遵守下列规定:

(一)司机必须随时观察排土台阶的稳定情况。

(二)严禁平行于坡顶线作业。

(三)与矿用卡车之间保持足够的安全距离。

(四)严禁以高速冲击的方式铲推物料。

第五百八十一条 排土机排土必须遵守下列规定:

(一)排土机必须在稳定的平盘上作业,外侧履带与台阶坡顶线之间必须保持一定的安全距离。

(二)工作场地和行走道路的坡度必须符合排土机的技术要求。

第五百八十二条 排土场卸载区应当有通信设施或者联络信号,夜间应当有照明。

第六章 边 坡

第五百八十三条 露天煤矿应当进行专门的边坡工程、地质勘探工程和稳定性分析评价。

应当定期巡视采场及排土场边坡,发现有滑坡征兆时,必须设明显标志牌。对设有运输道路、采运机械和重要设施的边坡,必须及时采取安全措施。

发生滑坡后,应当立即对滑坡区采取安全措施,并进行专门的勘查、评价与治理工程设计。

第五百八十四条 非工作帮形成一定范围的到界台阶后,应当定期进行边坡稳定分析和评价,对影响生产安全的不稳定边坡必须采取安全措施。

第五百八十五条 工作帮边坡在临近最终设计的边坡之前,必须对其进行稳定性分析和评价。当原设计的最终边坡达不到稳定的安全系数时,应当修改设计或者采取治理措施。

第五百八十六条 露天煤矿的长远和年度采矿工程设计,必须进行边坡稳定性验算。达不到边坡稳定要求时,应当修改采矿设计或者制定安全措施。

第五百八十七条 采场最终边坡管理应当遵守下列规定:

(一)采掘作业必须按设计进行,坡底线严禁超挖。

(二)临近到界台阶时,应当采用控制爆破。

(三)最终煤台阶必须采取防止煤风化、自然发火及沿煤层底板滑坡的措施。

第五百八十八条 排土场边坡管理必须遵守下列规定:

(一)定期对排土场边坡进行稳定性分析,必要时采取防治措施。

(二)内排土场建设前,查明基底形态、岩层的赋存状态及岩石物理力学性质,测定排弃物料的力学参数,进行排土场设计和边坡稳定计算,清除基底上不利于边坡稳定的松软土岩。

(三)内排土场最下部台阶的坡底与采掘台阶坡底之间必须留有足够的安全距离。

(四)排土场必须采取有效的防排水措施,防止或者减少水流入排土场。

第七章 防治水和防灭火

第一节 防治水

第五百八十九条 每年雨季前必须对防排水设施做全面检查,并制定当年的防排水措施。检修防排水设施、新建的重要防排水工程必须在雨季前完工。

第五百九十条 对低于当地历史最高洪水位的设施,必须按规定采取修筑堤坝、沟渠,疏通水沟等防洪措施。

第五百九十一条 地表及边坡上的防排水设施应当避开有滑坡危险的地段。排水沟应当经常检查、清淤,不应渗漏、倒灌或者漫流。当采场内有滑坡区时,应当在滑坡区周围采取截水措施;当水沟经过有变形、裂缝的边坡地段时,应当采取防渗措施。

排土场应当保持平整,不得有积水,周围应当修筑可靠的截泥、防洪和排水设施。

第五百九十二条 用露天采场深部做储水池排水时,必须采取安全措施,备用水泵的能力不得小于工作水泵能力的50%。

第五百九十三条 地层含水影响采矿工程正常进行时,应当进行疏干,疏干工程应当超前于采矿工程。

因疏干地层含水地面出现裂缝、塌陷时,应当圈定范围加以防护、设置警示标志,并采取安全措施;(半)地下疏干泵房应当设通风装置。

第五百九十四条 地下水影响较大和已进行疏干排水工程的边坡,应当进行地下水位、水压及涌水量的观测,分析地下水对边坡稳定的影响程度及疏干的效果,并制定地下水治理措施。

因地下水水位升高,可能造成排土场或者采场滑坡时,必须进行地下水疏干。

第二节 防灭火

第五百九十五条 必须制定地面和采场内的防灭火措施。所有建筑物、煤堆、排土场、仓库、油库、爆炸物品库、木料厂等处的防火措施和制度必须符合国家有关法律、法规和标准的规定。

露天煤矿内的采掘、运输、排土等主要设备,必须配备灭火器材,并定期检查和更换。

第五百九十六条 开采有自然发火倾向的煤层或者开采范围内存在火区时,必须制定防灭火措施。

第八章 电气

第一节 一般规定

第五百九十七条 露天煤矿的各种电气设备、电力和通信系统的设计、安装、验收、运行、检修、试验等工作,必须符合国家有关规定。

第五百九十八条 采场内的主排水泵站必须设置备用电源,当供电线路发生故障时,备用电源必须能担负最大排水负荷。

第五百九十九条 向采场内的移动式高压电动设备供电的变压器严禁中性点直接接地;当采用中性点经限流电阻接地方式供电时,且流经单相接地故障点的电流应当限制在200 A以内,必须装设两段式中性点零序电流保护。中性点直接接地的变压器还应当装设单相接地保护。

第六百条 执行电气检修作业,必须停电、验电、放电,挂接三相短路接地线,装设遮栏并悬挂标示牌。

第二节 变电所(站)和配电设备

第六百零一条 变电站(移动站)设置应当遵守下列规定:

(一)采场变电站应当使用不燃性材料修建,站内变电装置与墙的距离不得小于0.8 m,距顶部不得小于1 m。变电站的门应当向外开,门口悬挂警示牌。

(二)采场变电站、非全封闭式移动变电站,四周应当设有围墙或者栅栏。

(三)必须对变电站、移动变电站、开关箱、分支箱统一编号,门必须加锁,并设安全警示标志。变电站内的设备应当编号,并注明负荷名称,必须设有停、送电标志。

(四)移动变电站箱体应当有保护接地。

(五)无人值班的变电站、移动变电站至少每2周巡视一次。

(六)变电站室内必须配备合格的检测和绝缘用具。

第六百零二条 移动变电站进线户外主隔离开关必须上锁,馈出侧隔离开关与断路器之间必须有可靠的机械或者电气闭锁。

第三节 架空输电线和电缆

第六百零三条 采场内架空线路敷设应当遵守下列规定:

(一)固定供电线路和通信线路应当设置在稳定的边坡上。

(二)高压架空输电线截面不得小于35 mm^2,低压架空输电线截面不得小于25 mm^2。由架空线向移动式高压电气设备和移动变电站供电的分支线路应当采用橡套电缆。

(三)架设在同一电杆上的高低压输(配)电线路不得多于两回;对于直线杆,上下横担的距离不得小于800 mm;对于转角杆,上下横担的距离不得小于500 mm(10 kV线路及以下)。同一电杆上的高压线路,应当由同一电压等级的电源供电。垂直向采场供电的配电线路,同一杆上只能架设一回。

(四)架空线下严禁停放矿用设备,严禁堆置剥离物和煤炭等物料。

第六百零四条 在最大下垂度的情况下,架空线路到地面和接触网的垂直距离必须符合表23的要求。

第六百零五条 移动金属塔架和大型设备通过架空线以及在架空输配电线附近作业的机械设备,其最高(最远)点至电线的垂直(水平)距离,应当符合表24的要求。

第六百零六条 挖掘机作业不得影响和破坏电缆线、电杆或者其他支架基础的安全,不得损伤接地导体和接地线。

表 23　架空线与地面及设施的安全距离

电压等级/kV	<1 m	1～10 m	35 m
采场和排土场	6	6.5	7
人难以通行和地面运输必须通行的地点	5	5.5	6
台阶坡面	3	4.5	5
配电线和接触网的平面交叉点	2	2	3
铁路与配电线路的平面交叉点	7.5	7.5	7.5

表 24　设备距离架空线的安全距离

电压等级/kV	最小距离/m
≤6	0.7
10	1.0
35	2.5
66	3.0
110	3.5

第六百零七条　台阶上 6～10 kV 的架空输配电线最边上的导线,在没有偏差的情况下,至接触网最近边的水平距离不应小于 2.5 m,至铁路路肩的水平距离不应小于 2 m。

第六百零八条　电压小于 10 kV 的输配电线,允许采用移动电杆,移动电杆之间的距离不应大于 50 m,特殊情况应当根据计算确定。

第六百零九条　敷设橡套电缆应当符合下列要求:

(一)避开火区、水塘、水仓和可能出现滑坡的地段。

(二)跨台阶敷设电缆应当避开有伞檐、浮石、裂缝等的地段。

(三)新投入的高压电缆,使用前必须进行绝缘试验;修复后的高压电缆必须进行绝缘试验;运行高压电缆每年雷雨前应当进行预防性试验。

(四)电缆接头应当采用热缩或者冷补修复,其强度和导电性能不低于原要求。

(五)缠绕在卷筒(盘)上电缆载流量的计算符合相关要求,温升不超过要求。

(六)电缆穿越铁路、公路时,必须采取防护措施,严禁设备碾压电缆。

第四节　电气设备保护和接地

第六百一十条　高压配电线路应当装设过负荷、短路、漏电保护;低压配电线路应当装设短路和单相接地(漏电)保护;高压电动机应当装设短路、过负荷、漏电和欠压释放保护;低压电动机应当装设过流、短路保护;中性点接地的变压器必须装设接地保护;低压电力系统的变压器中性点直接接地时,必须装设接地保护。

第六百一十一条　变(配)电设施、油库、爆炸物品库、高大或者易受雷击的建筑,必须装设防雷电装置,每年雨季前检验 1 次。

第六百一十二条　电气保护检验应当遵守下列规定:

(一)电气保护装置使用前必须按规定进行检验,并做好记录。
(二)运行中每年至少对保护做 1 次检验,漏电保护 6 个月 1 次,负荷调整、线路变动应当及时检验。
(三)接地系统每月检查 1 次,每年至少检测 1 次,并做好记录。

第六百一十三条 采场必须选用户外型电气设备,所有高、低压电气设备裸露导电体必须有安全防护。

第六百一十四条 变电所(站)的各种继电保护装置每 2 年至少做 1 次试验。

第六百一十五条 变电所开关跳闸后,应当立即报告调度人员,经查询,可试送 1 次;若仍跳闸,不得强行送电,待查明原因,排除故障后,方可送电。

第六百一十六条 接地和接零应当符合下列要求:
(一)采场的架空线主接地极不得少于 2 组。主接地极应当设在电阻率低的地方,每组接地电阻值不得大于 4 Ω,在土壤电阻率大于 1 000 Ωmm^2/m 的地区,不得超过 30 Ω。移动设备与架空线接地极之间的电阻值不得大于 1 Ω。接地线和设备的金属外壳的接触电压不得大于 36 V。
(二)高压架空线的接地线应当使用截面大于 35 mm^2 的钢绞线。
(三)采用橡套电缆的专用接地芯线必须接地或者接零,严禁接地线作电源线。
(四)50 V 以上的交流电气设备的金属外壳、构架等必须接地。
(五)连接电气设备与接地母线应当使用截面不小于 50 mm^2 的耐腐蚀的铁线,严禁电气设备的接地线串联接地,严禁用金属管道或者电缆金属护套作为接地线。
(六)低压接地系统的架空线路的终端和支线的终端必须重复接地,交流线路零线的重复接地必须用独立的人工接地体,不得与地下金属管网相连接。

第五节 电气设备操作、维护和调整

第六百一十七条 严禁带电检修、移动电气设备。对设备进行带电调试、测试、试验时,必须采取安全措施。
移动带电电缆时,必须检查确认电缆没有破损,并穿戴好绝缘防护用品。
采用快速插接式的高压电缆头严禁带电插拔。

第六百一十八条 操作电气设备必须遵守下列规定:
(一)非专职和非值班人员,严禁操作电气设备。
(二)操作高压电气设备回路时,操作人员必须戴绝缘手套、穿电工绝缘靴或者站在绝缘台上。
(三)手持式电气设备的操作柄和工作中必须接触的部分,必须有合格的绝缘。
(四)操作人员身体任何部分与电气设备裸露带电部分的最小距离应当执行国家相关标准。

第六百一十九条 检修多用户使用的输配电线路时,应当制定安全措施。

第六百二十条 采场内(变电站、所及以下)配电线路的停送电作业应当遵守下列规定:
(一)计划停送电严格执行工作票、操作票制度。
(二)非计划停送电,应当经调度同意后执行,并双方做好停送电记录。
(三)事故停电,执行先停电,后履行停电手续,采取安全措施做好记录。

(四)严禁约时停送电。

第六百二十一条 高压变配电设备和线路的检修及停送电,必须严格执行停电申请和工作票制度。

停电线路维修作业必须遵守下列规定:

(一)必须由负责人统一指挥。

(二)必须有明显的断开点,该线路断开的电源开关把手,必须专人看管或者加锁,并悬挂警示牌。

(三)停电后必须验电,并挂好接地线。

(四)作业时必须有专人监护。

(五)确认所有作业完毕后,摘除接地线和警示牌,由负责人检查无误后通知调度恢复送电。

第六百二十二条 雷电或者雷雨时,严禁进行倒闸操作,严禁操作跌落开关。

第六节 爆炸物品库和炸药加工区安全配电

第六百二十三条 爆炸物品库房区和加工区的 10 kV 及以下的变电所,可采用户内式,但不应设在 A 级建筑物内。

变电所与 A 级建筑物的距离不得小于 50 m。

柱上变电亭与 A 级建筑物的距离不得小于 100 m,与 B 级和 D 级建筑物不得小于 50 m。

第六百二十四条 1~10 kV 的室外架空线路,严禁跨越危险场所的建筑物。其边线与建筑物的水平距离,应当遵守下列规定:

(一)与 A 级和 B 级建筑物的距离,不应小于电杆间距的 2/3 且不应小于 35 m;与生产炸药的 A 级建筑物的距离,不应小于 50 m。

(二)与 D 级建筑物的距离不应小于电杆高的 1.5 倍。

第六百二十五条 变(配)电所至有爆炸危险的工房(库房)的 380 V/220 V 级配电线路,必须采用金属铠装交联电缆,其额定电压不低于 500 V,中性线的额定电压与相线相同,并在地下敷设。

电缆埋地长度不应小于 15 m。电缆的入户端金属外皮或者装电缆的钢管应当接地。在电缆与架空线的连接处应当装设防雷电装置。防雷电装置与电缆金属外皮、钢管、绝缘铁脚应当并联一起接地,其接地电阻不应大于 10 Ω。

低压配电应当采用 TN-S 系统。

第六百二十六条 有爆炸危险场所中的金属设备、管道和其他导电物体,均应当接地,其防静电的接地电阻不得大于 100 Ω。该接地装置与电气设备的、防雷电的接地装置共用,此时接地电阻值取其中最小值。根据具体情况,还应当采用其他的防静电措施。

第七节 照明和通信

第六百二十七条 固定式照明灯具使用的电压不得超过 220 V,手灯或者移动式照明灯具的电压应当小于 36 V,在金属容器内作业用的照明灯具的电压不得超过 24 V。

在同一地点安装不同照明电压等级的电源插座时,应当有明显区别标志。

第六百二十八条 必须配置能够覆盖整个开采范围的无线对讲系统,有基站的必须配备不间断电源,同时配置其他的有线或者无线应急通信系统;调度室与附近急救中心、消防机构、上级生产指挥中心的通信联系必须装设有线电话。

第九章 设 备 检 修

第六百二十九条 检修前,应当选择坚实平坦的地面停放,因故障不能移动的设备应当采取防止溜车措施,轮式设备必须安放止轮器。

第六百三十条 检修作业必须遵守下列规定:

(一)检修时必须执行挂牌制度,在控制位置悬挂"正在检修,严禁启动"警示牌。

(二)检修时必须设专人协调指挥。多工种联合检修作业时,必须制定安全措施。

(三)在设备的隐蔽处及通风不畅的空间内检修时,必须制定安全措施,并设专人监护。

(四)检查和诊断运动、铰接、高温、有压、带电、弹性储能等危险部位时,必须采取安全措施,检修前必须切断相应的动力源,释放压力。

(五)在带式输送机上更换、维修输送带时,应当制定安全措施。

第六百三十一条 检修用电设备的高压进线和总隔离开关柜时,必须执行停送电制度。

检修设备高压线路时,必须切断相应的断路器和拉开隔离开关,并进行验电、放电、挂接短路接地线。

第六百三十二条 拆装高温(>40 ℃)或者低温(<-15 ℃)部件时,必须采取防护措施,严禁人体直接接触。

第六百三十三条 电焊、气焊、切割必须遵守下列规定:

(一)工作场地通风良好,无易燃、易爆物品。

(二)各类气瓶要距明火 10 m 以上,氧气瓶距乙炔瓶 5 m 以上。在重点防火、防爆区焊接作业时,办理用火审批单,并制定防火、防爆措施。

(三)在焊接或者切割盛放过易燃、易爆物品或者情况不明物品的容器时,应当制定安全措施。

(四)进入设备或者容器内部焊接、切割时,在确认无易燃、易爆气体或者物品,采取安全措施后,方可作业。

(五)各种气瓶连接处、胶管接头、减压器等,严禁沾染油脂。

(六)电焊机及电焊用具的绝缘必须合格,电焊机外壳接地。

第六百三十四条 吊装作业必须遵守下列规定:

(一)吊装作业区四周设置明显标志,夜间作业有足够的照明。

(二)严禁超载吊装和起吊重量不明的物体;严禁使用一根绳索挂 2 个吊点;严禁绳索与棱角直接接触。

(三)2 台及以上起重机起吊同一物体时,负载分配应当合理,单机载荷不得超过额定起重量的 80%。

第六百三十五条 高处作业必须遵守下列规定:

(一)使用登高工具和安全用具。

(二)使用梯子时,支承必须牢固,并有防滑措施,严禁垫高使用。

(三)采取可靠的防止人员坠落措施,有条件时应当设置防护网或者防护围栏。

(四)人员站立位置及扶手采取防滑措施。
(五)防止物体坠落,严禁抛掷工具和器材。
(六)在有坠落危险的下方严禁其他人员停留或者作业。

第六百三十六条 检修矿用卡车必须编制作业规程,并遵守下列规定:
(一)厢斗举升维修过程中,设定警戒区,严禁人员进入。
(二)厢斗举起后,采用刚性支撑或者安全索固定厢斗,严禁利用举升缸支撑作业。
(三)在车上进行焊接和切割作业时,要防止火花溅落到下方作业区或者油箱。必要时,应当采取防护措施。
(四)必须制定专门的检修轮胎安全技术措施。

第五编 职业病危害防治

第一章 职业病危害管理

第六百三十七条 煤矿企业必须建立健全职业卫生档案,定期报告职业病危害因素。

第六百三十八条 煤矿企业应当开展职业病危害因素日常监测,配备监测人员和设备。

煤矿企业应当每年进行一次作业场所职业病危害因素检测,每3年进行一次职业病危害现状评价。检测、评价结果存入煤矿企业职业卫生档案,定期向从业人员公布。

第六百三十九条 煤矿企业应当为接触职业病危害因素的从业人员提供符合要求的个体防护用品,并指导和督促其正确使用。

作业人员必须正确使用防尘或者防毒等个体防护用品。

第二章 粉 尘 防 治

第六百四十条 作业场所空气中粉尘(总粉尘、呼吸性粉尘)浓度应当符合表25的要求。不符合要求的,应当采取有效措施。

第六百四十一条 粉尘监测应当采用定点监测、个体监测方法。

第六百四十二条 煤矿必须对生产性粉尘进行监测,并遵守下列规定:

表25 作业场所空气中粉尘浓度要求

粉尘种类	游离 SiO_2 含量/%	时间加权平均容许浓度/ $(mg \cdot m^{-3})$	
		总尘	呼尘
煤尘	<10	4	2.5
矽尘	10~50	1	0.7
	50~80	0.7	0.3
	≥80	0.5	0.2
水泥尘	<10	4	1.5

注:时间加权平均容许浓度是以时间加权数规定的8 h工作日、40 h工作周的平均容许接触浓度。

(一)总粉尘浓度,井工煤矿每月测定2次;露天煤矿每月测定1次。粉尘分散度每6个月测定1次。

(二)呼吸性粉尘浓度每月测定1次。

(三)粉尘中游离SiO_2含量每6个月测定1次,在变更工作面时也必须测定1次。

(四)开采深度大于200 m的露天煤矿,在气压较低的季节应当适当增加测定次数。

第六百四十三条　粉尘监测采样点布置应当符合表26的要求。

表26　粉尘监测采样点布置

类别	生产工艺	测尘点布置
采煤工作面	司机操作采煤机、打眼、人工落煤及攉煤	工人作业地点
	多工序同时作业	回风巷距工作面10～15 m处
掘进工作面	司机操作掘进机、打眼、装岩(煤)、锚喷支护	工人作业地点
	多工序同时作业(爆破作业除外)	距掘进头10～15 m回风侧
其他场所	翻罐笼作业、巷道维修、转载点	工人作业地点
露天煤矿	穿孔机作业、挖掘机作业	下风侧3～5 m处
	司机操作穿孔机、司机操作挖掘机、汽车运输	操作室内
地面作业场所	地面煤仓、储煤场、输送机运输等处进行生产作业	作业人员活动范围内

第六百四十四条　矿井必须建立消防防尘供水系统,并遵守下列规定:

(一)应当在地面建永久性消防防尘储水池,储水池必须经常保持不少于200 m³的水量。备用水池贮水量不得小于储水池的一半。

(二)防尘用水水质悬浮物的含量不得超过30 mg/L,粒径不大于0.3 mm,水的pH值在6～9范围内,水的碳酸盐硬度不超过3 mmol/L。

(三)没有防尘供水管路的采掘工作面不得生产。主要运输巷、带式输送机斜井与平巷、上山与下山、采区运输巷与回风巷、采煤工作面运输巷与回风巷、掘进巷道、煤仓放煤口、溜煤眼放煤口、卸载点等地点必须敷设防尘供水管路,并安设支管和阀门。防尘用水应当过滤。水采矿井不受此限。

第六百四十五条　井工煤矿采煤工作面应当采取煤层注水防尘措施,有下列情况之一的除外:

(一)围岩有严重吸水膨胀性质,注水后易造成顶板垮塌或者底板变形;地质情况复杂、顶板破坏严重,注水后影响采煤安全的煤层。

(二)注水后会影响采煤安全或者造成劳动条件恶化的薄煤层。

(三)原有自然水分或者防灭火灌浆后水分大于4%的煤层。

(四)孔隙率小于4%的煤层。

(五)煤层松软、破碎,打钻孔时易塌孔、难成孔的煤层。

(六)采用下行垮落法开采近距离煤层群或者分层开采厚煤层,上层或者上分层的采空区采取灌水防尘措施时的下一层或者下一分层。

第六百四十六条 井工煤矿炮采工作面应当采用湿式钻眼、冲洗煤壁、水炮泥、出煤洒水等综合防尘措施。

第六百四十七条 采煤机必须安装内、外喷雾装置。割煤时必须喷雾降尘,内喷雾工作压力不得小于 2 MPa,外喷雾工作压力不得小于 4 MPa,喷雾流量应当与机型相匹配。无水或者喷雾装置不能正常使用时必须停机;液压支架和放顶煤工作面的放煤口,必须安装喷雾装置,降柱、移架或者放煤时同步喷雾。破碎机必须安装防尘罩和喷雾装置或者除尘器。

第六百四十八条 井工煤矿采煤工作面回风巷应当安设风流净化水幕。

第六百四十九条 井工煤矿掘进井巷和硐室时,必须采取湿式钻眼、冲洗井壁巷帮、水炮泥、爆破喷雾、装岩(煤)洒水和净化风流等综合防尘措施。

第六百五十条 井工煤矿掘进机作业时,应当采用内、外喷雾及通风除尘等综合措施。掘进机无水或者喷雾装置不能正常使用时,必须停机。

第六百五十一条 井工煤矿在煤、岩层中钻孔作业时,应当采取湿式降尘等措施。

在冻结法凿井和在遇水膨胀的岩层中不能采用湿式钻眼(孔)、突出煤层或者松软煤层中施工瓦斯抽采钻孔难以采取湿式钻孔作业时,可以采取干式钻孔(眼),并采取除尘器除尘等措施。

第六百五十二条 井下煤仓(溜煤眼)放煤口、输送机转载点和卸载点,以及地面筛分厂、破碎车间、带式输送机走廊、转载点等地点,必须安设喷雾装置或者除尘器,作业时进行喷雾降尘或者用除尘器除尘。

第六百五十三条 喷射混凝土时,应当采用潮喷或者湿喷工艺,并配备除尘装置对上料口、余气口除尘。距离喷浆作业点下风流 100 m 内,应当设置风流净化水幕。

第六百五十四条 露天煤矿的防尘工作应当符合下列要求:

(一)设置加水站(池)。
(二)穿孔作业采取捕尘或者除尘器除尘等措施。
(三)运输道路采取洒水等降尘措施。
(四)破碎站、转载点等采用喷雾降尘或者除尘器除尘。

第三章 热 害 防 治

第六百五十五条 当采掘工作面空气温度超过 26 ℃、机电设备硐室超过 30 ℃时,必须缩短超温地点工作人员的工作时间,并给予高温保健待遇。

当采掘工作面的空气温度超过 30 ℃、机电设备硐室超过 34 ℃时,必须停止作业。

新建、改扩建矿井设计时,必须进行矿井风温预测计算,超温地点必须有降温设施。

第六百五十六条 有热害的井工煤矿应当采取通风等非机械制冷降温措施。无法达到环境温度要求时,应当采用机械制冷降温措施。

第四章 噪 声 防 治

第六百五十七条 作业人员每天连续接触噪声时间达到或者超过 8 h 的,噪声声级限值为 85 dB(A)。每天接触噪声时间不足 8 h 的,可以根据实际接触噪声的时间,按照接触噪声时间减半、噪声声级限值增加 3 dB(A))的原则确定其声级限值。

第六百五十八条 每半年至少监测 1 次噪声。

井工煤矿噪声监测点应当布置在主要通风机、空气压缩机、局部通风机、采煤机、掘进机、风动凿岩机、破碎机、主水泵等设备使用地点。

露天煤矿噪声监测点应当布置在钻机、挖掘机、破碎机等设备使用地点。

第六百五十九条 应当优先选用低噪声设备,采取隔声、消声、吸声、减振、减少接触时间等措施降低噪声危害。

第五章 有害气体防治

第六百六十条 监测有害气体时应当选择有代表性的作业地点,其中包括空气中有害物质浓度最高、作业人员接触时间最长的地点。应当在正常生产状态下采样。

第六百六十一条 氧化氮、一氧化碳、氨、二氧化硫至少每 3 个月监测 1 次,硫化氢至少每月监测 1 次。

第六百六十二条 煤矿作业场所存在硫化氢、二氧化硫等有害气体时,应当加强通风降低有害气体的浓度。在采用通风措施无法达到作业环境标准时,应当采用集中抽取净化、化学吸收等措施降低硫化氢、二氧化硫等有害气体的浓度。

第六章 职业健康监护

第六百六十三条 煤矿企业必须按照国家有关规定,对从业人员上岗前、在岗期间和离岗时进行职业健康检查,建立职业健康档案,并将检查结果书面告知从业人员。

第六百六十四条 接触职业病危害从业人员的职业健康检查周期按下列规定执行:

(一)接触粉尘以煤尘为主的在岗人员,每 2 年 1 次。

(二)接触粉尘以矽尘为主的在岗人员,每年 1 次。

(三)经诊断的观察对象和尘肺患者,每年 1 次。

(四)接触噪声、高温、毒物、放射线的在岗人员,每年 1 次。

接触职业病危害作业的退休人员,按有关规定执行。

第六百六十五条 对检查出有职业禁忌证和职业相关健康损害的从业人员,必须调离接害岗位,妥善安置;对已确诊的职业病人,应当及时给予治疗、康复和定期检查,并做好职业病报告工作。

第六百六十六条 有下列病症之一的,不得从事接尘作业:

(一)活动性肺结核病及肺外结核病。

(二)严重的上呼吸道或者支气管疾病。

(三)显著影响肺功能的肺脏或者胸膜病变。

(四)心、血管器质性疾病。

(五)经医疗鉴定,不适于从事粉尘作业的其他疾病。

第六百六十七条 有下列病症之一的,不得从事井下工作:

(一)本规程第六百六十六条所列病症之一的。

(二)风湿病(反复活动)。

(三)严重的皮肤病。

(四)经医疗鉴定,不适于从事井下工作的其他疾病。

第六百六十八条 癫痫病和精神分裂症患者严禁从事煤矿生产工作。

第六百六十九条 患有高血压、心脏病、高度近视等病症以及其他不适应高空(2 m以上)作业者,不得从事高空作业。

第六百七十条 从业人员需要进行职业病诊断、鉴定的,煤矿企业应当如实提供职业病诊断、鉴定所需的从业人员职业史和职业病危害接触史、工作场所职业病危害因素检测结果等资料。

第六百七十一条 煤矿企业应当为从业人员建立职业健康监护档案,并按照规定的期限妥善保存。

从业人员离开煤矿企业时,有权索取本人职业健康监护档案复印件,煤矿企业必须如实、无偿提供,并在所提供的复印件上签章。

第六编 应 急 救 援

第一章 一 般 规 定

第六百七十二条 煤矿企业应当落实应急管理主体责任,建立健全事故预警、应急值守、信息报告、现场处置、应急投入、救援装备和物资储备、安全避险设施管理和使用等规章制度,主要负责人是应急管理和事故救援工作的第一责任人。

第六百七十三条 矿井必须根据险情或者事故情况下矿工避险的实际需要,建立井下紧急撤离和避险设施,并与监测监控、人员位置监测、通信联络等系统结合,构成井下安全避险系统。

安全避险系统应当随采掘工作面的变化及时调整和完善,每年由矿总工程师组织开展有效性评估。

第六百七十四条 煤矿企业必须编制应急救援预案并组织评审,由本单位主要负责人批准后实施;应急救援预案应当与所在地县级以上地方人民政府组织制定的生产安全事故应急救援预案相衔接。

应急救援预案的主要内容发生变化,或者在事故处置和应急演练中发现存在重大问题时,及时修订完善。

第六百七十五条 煤矿企业必须建立应急演练制度。应急演练计划、方案、记录和总结评估报告等资料保存期限不少于2年。

第六百七十六条 所有煤矿必须有矿山救护队为其服务。井工煤矿企业应当设立矿山救护队,不具备设立矿山救护队条件的煤矿企业,所属煤矿应当设立兼职救护队,并与就近的救护队签订救护协议;否则,不得生产。

矿山救护队到达服务煤矿的时间应当不超过30 min。

第六百七十七条 任何人不得调动矿山救护队、救援装备和救护车辆从事与应急救援无关的工作,不得挪用紧急避险设施内的设备和物品。

第六百七十八条 井工煤矿应当向矿山救护队提供采掘工程平面图、矿井通风系统图、井上下对照图、井下避灾路线图、灾害预防和处理计划,以及应急救援预案;露天煤矿应当向矿山救护队提供采剥、排土工程平面图和运输系统图、防排水系统图及排水设备布置图、井工老空区与露天矿平面对照图,以及应急救援预案。提供的上述图纸和资料应当真实、准确,且至少每季度为救护队更新一次。

第六百七十九条　煤矿作业人员必须熟悉应急救援预案和避灾路线,具有自救互救和安全避险知识。井下作业人员必须熟练掌握自救器和紧急避险设施的使用方法。

班组长应当具备兼职救护队员的知识和能力,能够在发生险情后第一时间组织作业人员自救互救和安全避险。

外来人员必须经过安全和应急基本知识培训,掌握自救器使用方法,并签字确认后方可入井。

第六百八十条　煤矿发生险情或者事故后,现场人员应当进行自救、互救,并报矿调度室;煤矿应当立即按照应急救援预案启动应急响应,组织涉险人员撤离险区,通知应急指挥人员、矿山救护队和医疗救护人员等到现场救援,并上报事故信息。

第六百八十一条　矿山救护队在接到事故报告电话、值班人员发出警报后,必须在1 min内出动救援。

第六百八十二条　发生事故的煤矿必须全力做好事故应急救援及相关工作,并报请当地政府和主管部门在通信、交通运输、医疗、电力、现场秩序维护等方面提供保障。

第二章　安　全　避　险

第六百八十三条　煤矿发生险情或者事故时,井下人员应当按应急救援预案和应急指令撤离险区,在撤离受阻的情况下紧急避险待救。

第六百八十四条　井下所有工作地点必须设置灾害事故避灾路线。避灾路线指示应当设置在不易受到碰撞的显著位置,在矿灯照明下清晰可见,并标注所在位置。

巷道交叉口必须设置避灾路线标识。巷道内设置标识的间隔距离:采区巷道不大于200 m,矿井主要巷道不大于300 m。

第六百八十五条　矿井应当设置井下应急广播系统,保证井下人员能够清晰听见应急指令。

第六百八十六条　入井人员必须随身携带额定防护时间不低于30 min的隔绝式自救器。

矿井应当根据需要在避灾路线上设置自救器补给站。补给站应当有清晰、醒目的标识。

第六百八十七条　采区避灾路线上应当设置压风管路,主管路直径不小于100 mm,采掘工作面管路直径不小于50 mm,压风管路上设置的供气阀门间隔不大于200 m。水文地质条件复杂和极复杂的矿井,应当在各水平、采区和上山巷道最高处敷设压风管路,并设置供气阀门。

采区避灾路线上应当敷设供水管路,在供气阀门附近安装供水阀门。

第六百八十八条　突出矿井,以及发生险情或者事故时井下人员依靠自救器或者1次自救器接力不能安全撤至地面的矿井,应当建设井下紧急避险设施。紧急避险设施的布局、类型、技术性能等具体设计,应当经矿总工程师审批。

紧急避险设施应当设置在避灾路线上,并有醒目标识。矿井避灾路线图中应当明确标注紧急避险设施的位置、规格和种类,井巷中应当有紧急避险设施方位指示。

第六百八十九条 突出矿井必须建设采区避难硐室,采区避难硐室必须接入矿井压风管路和供水管路,满足避险人员的避险需要,额定防护时间不低于 96 h。

突出煤层的掘进巷道长度及采煤工作面推进长度超过 500 m 时,应当在距离工作面 500 m 范围内建设临时避难硐室或者其他临时避险设施。临时避难硐室必须设置向外开启的密闭门,接入矿井压风管路,设置与矿调度室直通的电话,配备足量的饮用水及自救器。

第六百九十条 其他矿井应当建设采区避难硐室,或者在距离采掘工作面 1 000 m 范围内建设临时避难硐室或者其他临时避险设施。

第六百九十一条 突出与冲击地压煤层,应当在距采掘工作面 25～40 m 的巷道内、爆破地点、撤离人员与警戒人员所在位置、回风巷有人作业处等地点,至少设置 1 组压风自救装置;在长距离的掘进巷道中,应当根据实际情况增加压风自救装置的设置组数。每组压风自救装置应当可供 5～8 人使用,平均每人空气供给量不得少于 0.1 m³/min。

其他矿井掘进工作面应当敷设压风管路,并设置供气阀门。

第六百九十二条 煤矿必须对紧急避险设施进行维护和管理,每天巡检 1 次;建立技术档案及使用维护记录。

第三章 救援队伍

第六百九十三条 矿山救护队是处理矿山灾害事故的专业应急救援队伍。

矿山救护队必须实行标准化、军事化管理和 24 h 值班。

第六百九十四条 矿山救护大队应当由不少于 2 个中队组成,矿山救护中队应当由不少于 3 个救护小队组成,每个救护小队应当由不少于 9 人组成。

第六百九十五条 矿山救护队大、中队指挥员应当由熟悉矿山救援业务,具有相应煤矿专业知识,从事煤矿生产、安全、技术管理工作 5 年以上和矿山救援工作 3 年以上,并经过培训合格的人员担任。

第六百九十六条 矿山救护大队指挥员年龄不应超过 55 岁,救护中队指挥员不应超过 50 岁,救护队员不应超过 45 岁,其中 40 岁以下队员应当保持在 2/3 以上。指战员每年应当进行 1 次身体检查,对身体检查不合格或者超龄人员应当及时进行调整。

第六百九十七条 新招收的矿山救护队员,应当具有高中及以上文化程度,年龄在 30 周岁以下,从事井下工作 1 年以上。

新招收的矿山救护队员必须通过 3 个月的基础培训和 3 个月的编队实习,并经综合考评合格后,才能成为正式队员。

第六百九十八条 矿山救护队出动执行救援任务时,必须穿戴矿山救援防护服装,佩戴并按规定使用氧气呼吸器,携带相关装备、仪器和用品。

第四章 救援装备与设施

第六百九十九条 矿山救护队必须配备救援车辆及通信、灭火、侦察、气体分析、个体防护等救援装备,建有演习训练等设施。

第七百条 矿山救护队技术装备、救援车辆和设施必须由专人管理,定期检查、维护和保养,保持战备和完好状态。技术装备不得露天存放,救援车辆必须专车专用。

第七百零一条 煤矿企业应当根据矿井灾害特点,结合所在区域实际情况,储备必要的应急救援装备及物资,由主要负责人审批。重点加强潜水电泵及配套管线、救援钻机及其配套设备、快速掘进与支护设备、应急通信装备等的储备。

煤矿企业应当建立应急救援装备和物资台账,健全其储存、维护保养和应急调用等管理制度。

第七百零二条 救援装备、器材、物资、防护用品和安全检测仪器、仪表,必须符合国家标准或者行业标准,满足应急救援工作的特殊需要。

第五章 救援指挥

第七百零三条 煤矿发生灾害事故后,必须立即成立救援指挥部,矿长任总指挥。矿山救护队指挥员必须作为救援指挥部成员,参与制定救援方案等重大决策,具体负责指挥矿山救护队实施救援工作。

第七百零四条 多支矿山救护队联合参加救援时,应当由服务于发生事故煤矿的矿山救护队指挥员负责协调、指挥各矿山救护队实施救援,必要时也可以由救援指挥部另行指定。

第七百零五条 矿井发生灾害事故后,必须首先组织矿山救护队进行灾区侦察,探明灾区情况。救援指挥部应当根据灾害性质,事故发生地点、波及范围,灾区人员分布,可能存在的危险因素,以及救援的人力和物力,制定抢救方案和安全保障措施。

矿山救护队执行灾区侦察任务和实施救援时,必须至少有1名中队或者中队以上指挥员带队。

第七百零六条 在重特大事故或者复杂事故救援现场,应当设立地面基地和井下基地,安排矿山救护队指挥员、待机小队和急救员值班,设置通往救援指挥部和灾区的电话,配备必要的救护装备和器材。

地面基地应当设置在靠近井口的安全地点,配备气体分析化验设备等相关装备。

井下基地应当设置在靠近灾区的安全地点,设专人看守电话并做好记录,保持与救援指挥部、灾区工作救护小队的联络。指派专人检测风流、有害气体浓度及巷道支护等情况。

第七百零七条 矿山救护队在救援过程中遇到突发情况、危及救援人员生命安全时,带队指挥员有权作出撤出危险区域的决定,并及时报告井下基地及救援指挥部。

第六章 灾变处理

第七百零八条 处理灾变事故时,应当撤出灾区所有人员,准确统计井下人数,严格控制入井人数;提供救援需要的图纸和技术资料;组织人力、调配装备和物资参加抢险救援,做好后勤保障工作。

第七百零九条 进入灾区的救护小队,指战员不得少于6人,必须保持在彼此能看到或者听到信号的范围内行动,任何情况下严禁任何指战员单独行动。所有指战员进入前必须检查氧气呼吸器,氧气压力不得低于18 MPa;使用过程中氧气呼吸器的压力不得低于5 MPa。发现有指战员身体不适或者氧气呼吸器发生故障难以排除时,全小队必须立即撤出。

指战员在灾区工作1个呼吸器班后,应当至少休息8 h。

第七百一十条 灾区侦察应当遵守下列规定:

(一)侦察小队进入灾区前,应当考虑退路被堵后采取的措施,规定返回的时间,并用灾区电话与井下基地保持联络。小队应当按规定时间原路返回,如果不能按原路返回,应当经布置侦察任务的指挥员同意。

(二)进入灾区时,小队长在队列之前,副小队长在队列之后,返回时则反之。行进中经过巷道交叉口时应当设置明显的路标。视线不清时,指战员之间要用联络绳联结。在搜索遇险遇难人员时,小队队形应当与巷道中线斜交前进。

(三)指定人员分别检查通风、气体浓度、温度、顶板等情况,做好记录,并标记在图纸上。

(四)坚持有巷必察。远距离和复杂巷道,可组织几个小队分区段进行侦察。在所到巷道标注留名,并绘出侦察线路示意图。

(五)发现遇险人员应当全力抢救,并护送到新鲜风流处或者井下基地。在发现遇险、遇难人员的地点要检查气体,并做好标记。

(六)当侦察小队失去联系或者没按约定时间返回时,待机小队必须立即进入救援,并报告救援指挥部。

(七)侦察结束后,带队指挥员必须立即向布置侦察任务的指挥员汇报侦察结果。

第七百一十一条 矿山救护队在高温区进行救护工作时,救护指战员进入高温区的最长时间不得超过表27的规定。

表27 救护指战员进入高温区的最长时间

温度/℃	40	45	50	55	60
进入时间/min	25	20	15	10	5

第七百一十二条 处理矿井火灾事故,应当遵守下列规定:

(一)控制烟雾的蔓延,防止火灾扩大。

(二)防止引起瓦斯、煤尘爆炸。必须指定专人检查瓦斯和煤尘,观测灾区的气体和风流变化。当甲烷浓度达到2.0%以上并继续增加时,全部人员立即撤离至安全地点并向指挥部报告。

(三)处理上、下山火灾时,必须采取措施,防止因火风压造成风流逆转和巷道垮塌造成风流受阻。

(四)处理进风井井口、井筒、井底车场、主要进风巷和硐室火灾时,应当进行全矿井反风。反风前,必须将火源进风侧的人员撤出,并采取阻止火灾蔓延的措施。多台主要通风机联合通风的矿井反风时,要保证非事故区域的主要通风机先反风,事故区域的主要通风机后反风。采取风流短路措施时,必须将受影响区域内的人员全部撤出。

(五)处理掘进工作面火灾时,应当保持原有的通风状态,进行侦察后再采取措施。

(六)处理爆炸物品库火灾时,应当首先将雷管运出,然后将其他爆炸物品运出;因高温或者爆炸危险不能运出时,应当关闭防火门,退至安全地点。

(七)处理绞车房火灾时,应当将火源下方的矿车固定,防止烧断钢丝绳造成跑车伤人。

(八)处理蓄电池电机车库火灾时,应当切断电源,采取措施,防止氢气爆炸。

(九)灭火工作必须从火源进风侧进行。用水灭火时,水流应从火源外围喷射,逐步逼向火源的中心;必须有充足的风量和畅通的回风巷,防止水煤气爆炸。

第七百一十三条 封闭具有爆炸危险的火区时,应当遵守下列规定:
(一)先采取注入惰性气体等抑爆措施,然后在安全位置构筑进、回风密闭。
(二)封闭具有多条进、回风通道的火区,应当同时封闭各条通道;不能实现同时封闭的,应当先封闭次要进回风通道,后封闭主要进回风通道。
(三)加强火区封闭的施工组织管理。封闭过程中,密闭墙预留通风孔,封孔时进、回风巷同时封闭;封闭完成后,所有人员必须立即撤出。
(四)检查或者加固密闭墙等工作,应当在火区封闭完成24 h后实施。发现已封闭火区发生爆炸造成密闭墙破坏时,严禁调派救护队侦察或者恢复密闭墙;应当采取安全措施,实施远距离封闭。

第七百一十四条 处理瓦斯(煤尘)爆炸事故时,应当遵守下列规定:
(一)立即切断灾区电源。
(二)检查灾区内有害气体的浓度、温度及通风设施破坏情况,发现有再次爆炸危险时,必须立即撤离至安全地点。
(三)进入灾区行动要谨慎,防止碰撞产生火花,引起爆炸。
(四)经侦察确认或者分析认定人员已经遇难,并且没有火源时,必须先恢复灾区通风,再进行处理。

第七百一十五条 发生煤(岩)与瓦斯突出事故,不得停风和反风,防止风流紊乱扩大灾情。通风系统及设施被破坏时,应当设置风障、临时风门及安装局部通风机恢复通风。

恢复突出区通风时,应当以最短的路线将瓦斯引入回风巷。回风井口50 m范围内不得有火源,并设专人监视。

是否停电应当根据井下实际情况决定。

处理煤(岩)与二氧化碳突出事故时,还必须加大灾区风量,迅速抢救遇险人员。矿山救护队进入灾区时要戴好防护眼镜。

第七百一十六条 处理水灾事故时,应当遵守下列规定:
(一)迅速了解和分析水源、突水点、影响范围、事故前人员分布、矿井具有生存条件的地点及其进入的通道等情况。根据被堵人员所在地点的空间、氧气、瓦斯浓度以及救出被困人员所需的大致时间制定相应救灾方案。
(二)尽快恢复灾区通风,加强灾区气体检测,防止发生瓦斯爆炸和有害气体中毒、窒息事故。
(三)根据情况综合采取排水、堵水和向井下人员被困位置打钻等措施。
(四)排水后进行侦察抢险时,注意防止冒顶和二次突水事故的发生。

第七百一十七条 处理顶板事故时,应当遵守下列规定:
(一)迅速恢复冒顶区的通风。如不能恢复,应当利用压风管、水管或者打钻向被困人员供给新鲜空气、饮料和食物。
(二)指定专人检查甲烷浓度、观察顶板和周围支护情况,发现异常,立即撤出人员。
(三)加强巷道支护,防止发生二次冒顶、片帮,保证退路安全畅通。

第七百一十八条 处理冲击地压事故时,应当遵守下列规定:
(一)分析再次发生冲击地压灾害的可能性,确定合理的救援方案和路线。
(二)迅速恢复灾区的通风。恢复独头巷道通风时,应当按照排放瓦斯的要求进行。

（三）加强巷道支护，保证安全作业空间。巷道破坏严重、有冒顶危险时，必须采取防止二次冒顶的措施。

（四）设专人观察顶板及周围支护情况，检查通风、瓦斯、煤尘，防止发生次生事故。

第七百一十九条 处理露天矿边坡和排土场滑坡事故时，应当遵守下列规定：

（一）在事故现场设置警戒区域和警示牌，禁止人员进入警戒区域。

（二）救援人员和抢险设备必须从滑体两侧安全区域实施救援。

（三）应当对滑体进行观测，发现有威胁救援人员安全的情况时立即撤离。

附 则

第七百二十条 本规程自 2016 年 10 月 1 日起施行。

第七百二十一条 条款中出现的"必须""严禁""应当""可以"等说明如下：表示很严格，非这样做不可的，正面词一般用"必须"，反面词用"严禁"；表示严格，在正常情况下均应这样做的，正面词一般用"应当"，反面词一般用"不应或不得"；表示允许选择，在一定条件下可以这样做的，采用"可以"。

附录　主要名词解释

薄煤层　地下开采时厚度 1.3 m 以下的煤层；露天开采时厚度 3.5 m 以下的煤层。

中厚煤层　地下开采时厚度 1.3～3.5 m 的煤层；露天开采时厚度 3.5～10 m 的煤层。

厚煤层　地下开采时厚度 3.5 m 以上的煤层；露天开采时厚度 10 m 以上的煤层。

近水平煤层　地下开采时倾角 8°以下的煤层；露天开采时倾角 5°以下的煤层。

缓倾斜煤层　地下开采时倾角 8°～25°的煤层；露天开采时倾角 5°～10°的煤层。

倾斜煤层　地下开采时倾角 25°～45°的煤层；露天开采时倾角 10°～45°的煤层。

急倾斜煤层　地下或露天开采时倾角在 45°以上的煤层。

近距离煤层　煤层群层间距离较小，开采时相互有较大影响的煤层。

井巷　为进行采掘工作在煤层或岩层内所开凿的一切空硐。

水平　沿煤层走向某一标高布置运输大巷或总回风巷的水平面。

阶段　沿一定标高划分的一部分井田。

区段（分阶段、小阶段）　在阶段内沿倾斜方向划分的开采块段。

主要运输巷　运输大巷、运输石门和主要绞车道的总称。

运输大巷　（阶段大巷、水平大巷或主要平巷）为整个开采水平或阶段运输服务的水平巷道。开凿在岩层中的称岩石运输大巷；为几个煤层服务的称集中运输大巷。

石门　与煤层走向正交或斜交的岩石水平巷道。

主要绞车道（中央上、下山或集中上、下山）　不直接通到地面，为一个水平或几个采区服务并装有绞车的倾斜巷道。

上山　在运输大巷向上，沿煤岩层开凿，为 1 个采区服务的倾斜巷道。按用途和装备分为：输送机上山、轨道上山、通风上山和人行上山等。

下山　在运输大巷向下，沿煤岩层开凿，为 1 个采区服务的倾斜巷道。按用途和装备分为：输送机下山、轨道下山、通风下山和人行下山等。

采掘工作面 采煤工作面和掘进工作面的总称。
阶檐 台阶工作面中台阶的错距。
老空 采空区、老窑和已经报废的井巷的总称。
采空区 回采以后不再维护的空间。
锚喷支护 联合使用锚杆和喷混凝土或喷浆的支护。
喷体支护 喷射水泥砂浆和喷射混凝土作为井巷支护的总称。
水力采煤 利用水力或水力机械开采和水力或机械运输提升的机械化采煤技术。
冻结壁交圈 各相邻冻结孔的冻结圆柱逐步扩大,相互连接,开始形成封闭的冻结壁的现象。
止浆岩帽 井巷工作面预注浆时,暂留在含水层上方或前方能够承受最大注浆压力(压强)并防止向掘进工作面漏浆、跑浆的岩柱。
混凝土止浆垫 井筒工作面预注浆时,预先在含水层上方构筑的,能够承受最大注浆压力(压强)并防止向掘进工作面漏跑浆的混凝土构筑物。
冲击地压(岩爆) 井巷或工作面周围煤(岩)体,由于弹性变形能的瞬时释放而产生的突然、剧烈破坏的动力现象。常伴有煤岩体抛出、巨响及气浪等现象。
主要风巷 总进风巷、总回风巷、主要进风巷和主要回风巷的总称。
进风巷 进风风流所经过的巷道。为全矿井或矿井一翼进风用的叫总进风巷;为几个采区进风用的叫主要进风巷;为1个采区进风用的叫采区进风巷,为1个工作面进风用的叫工作面进风巷。
回风巷 回风风流所经过的巷道。为全矿井或矿井一翼回风用的叫总回风巷;为几个采区回风用的叫主要回风巷;为1个采区回风用的叫采区回风巷;为1个工作面回风用的叫工作面回风巷。
专用回风巷 在采区巷道中,专门用于回风,不得用于运料、安设电气设备的巷道。在煤(岩)与瓦斯(二氧化碳)突出区,专用回风巷内还不得行人。
采煤工作面的风流 采煤工作面工作空间中的风流。
掘进工作面的风流 掘进工作面到风筒出风口这一段巷道中的风流。
分区通风(并联通风) 井下各用风地点的回风直接进入采区回风巷或总回风巷的通风方式。
串联通风 井下用风地点的回风再次进入其他用风地点的通风方式。
扩散通风 利用空气中分子的自然扩散运动,对局部地点进行通风的方式。
独立风流 从主要进风巷分出的,经过爆炸材料库或充电硐室后再进入主要回风巷的风流。
全风压 通风系统中主要通风机出口侧和进口侧的总风压差。
火风压 井下发生火灾时,高温烟流流经有高差的井巷所产生的附加风压。
局部通风 利用局部通风机或主要通风机产生的风压对局部地点进行通风的方法。
循环风 局部通风机的回风,部分或全部再进入同一部局部通风机的进风风流中。
主要通风机 安装在地面的,向全矿井、一翼或1个分区供风的通风机。
辅助通风机 某分区通风阻力过大、主要通风机不能供给足够风量时,为了增加风量而在该分区使用的通风机。

局部通风机 向井下局部地点供风的通风机。

上行通风 风流沿采煤工作面由下向上流动的通风方式。

下行通风 风流沿采煤工作面由上向下流动的通风方式。

瓦斯 矿井中主要由煤层气构成的以甲烷为主的有害气体。有时单独指甲烷。

瓦斯(二氧化碳)浓度 瓦斯(二氧化碳)在空气中按体积计算占有的比率,以%表示。

瓦斯涌出 由受采动影响的煤层、岩层,以及由采落的煤、矸石向井下空间均匀地放出瓦斯的现象。

瓦斯(二氧化碳)喷出 从煤体或岩体裂隙、孔洞或炮眼中大量瓦斯(二氧化碳)异常涌出的现象。在 20 m 巷道范围内,涌出瓦斯量大于或等于 $1.0 \ m^3/min$,且持续时间在 8 h 以上时,该采掘区即定为瓦斯(二氧化碳)喷出危险区域。

煤尘爆炸危险煤层 经煤尘爆炸性试验鉴定证明其煤尘有爆炸性的煤层。

岩粉 专门生产的、用于防止爆炸及其传播的惰性粉末。

煤(岩)与瓦斯突出 在地应力和瓦斯的共同作用下,破碎的煤、岩和瓦斯由煤体或岩体内突然向采掘空间抛出的异常的动力现象。

保护层 为消除或削弱相邻煤层的突出或冲击地压危险而先开采的煤层或矿层。

石门揭煤 石门自底(顶)板岩柱穿过煤层进入顶(底)板的全部作业过程。

水淹区域 被水淹没的井巷和被水淹没的老空的总称。

矿井正常涌水量 矿井开采期间,单位时间内流入矿井的水量。

矿井最大涌水量 矿井开采期间,正常情况下矿井涌水量的高峰值。主要与人为条件和降雨量有关。

安全水头值 隔水层能承受含水层的最大水头压力值。

不燃性材料 受到火焰或高温作用时,不着火、不冒烟、也不被烧焦者,包括所有天然和人工的无机材料以及建筑中所用的金属材料。

永久性爆炸物品库 使用期限在 2 年以上的爆炸物品库。

瞬发电雷管 通电后瞬时爆炸的电雷管。

延期电雷管 通电后隔一定时间爆炸的电雷管;按延期间隔时间不同,分秒延期电雷管和毫秒延期电雷管。

最小抵抗线 从装药重心到自由面的最短距离。

正向起爆 起爆药包位于柱状装药的外端,靠近炮眼口,雷管底部朝向眼底的起爆方法。

反向起爆 起爆药包位于柱状装药的里端,靠近或在炮眼底,雷管底部朝向炮眼口的起爆方法。

裸露爆破 在岩体表面上直接贴敷炸药或再盖上泥土进行爆破的方法。

拒爆(瞎炮) 起爆后,爆炸材料未发生爆炸的现象。

熄爆(不完全爆炸) 爆轰波不能沿炸药继续传播而中止的现象。

机车 架线电机车、蒸汽机车、蓄电池电机车和内燃机车的总称。

电机车 架线电机车和蓄电池电机车的总称。

单轨吊车 在悬吊的单轨上运行,由驱动车或牵引车(钢丝绳牵引用)、制动车、承载车等组成的运输设备。

卡轨车 装有卡轨轮,在轨道上行驶的车辆。

齿轨机车 借助道床上的齿条与机车上的齿轮实现增加爬坡能力的矿用机车。

胶套轮机车 钢车轮踏面包敷特种材料以加大黏着系数提高爬坡能力的矿用机车。

提升装置 绞车、摩擦轮、天轮、导向轮、钢丝绳、罐道、提升容器和保险装置等的总称。

主要提升装置 含有提人绞车及滚筒直径 2 m 以上的提升物料的绞车的提升装置。

提升容器 升降人员和物料的容器,包括罐笼、箕斗、带乘人间的箕斗、吊桶等。

防坠器 钢丝绳或连接装置断裂时,防止提升容器坠落的保护装置。

挡车装置 阻车器和挡车栏等的总称。

挡车栏 安装在上、下山,防止矿车跑车事故的安全装置。

阻车器(挡车器) 装在轨道侧旁或罐笼、翻车机内使矿车停车、定位的装置。

跑车防护装置 在倾斜井巷内安设的能够将运行中断绳或脱钩的车辆阻止住的装置或设施。

最大内、外偏角 钢丝绳从天轮中心垂直面到滚筒的直线同钢丝绳在滚筒上最内、最外位置到天轮中心的直线所成的角度。

常用闸 绞车正常操作控制用的工作闸。

保险闸 在提升系统发生异常现象,需要紧急停车时,能按预先给定的程序施行紧急制动装置,也叫紧急闸或安全闸。

罐道 提升容器在立井井筒中上下运行时的导向装置。罐道可分为刚性罐道(木罐道、钢轨罐道、组合钢罐道)和柔性罐道(钢丝绳罐道)。

罐座(闸腿,罐托) 罐笼在井底、井口装卸车时的托罐装置。

摇台 罐笼装卸车时与井口、马头门处轨道联结用的活动平台。

矿用防爆特殊型电机车 电动机、控制器、灯具、电缆插销等为隔爆型,蓄电池采用特殊防爆措施的蓄电池电机车。

机车制动距离 司机开始扳动闸轮或电闸手把到列车完全停止的运行距离。机车制动距离包括空行程距离和实际制动距离。

架空乘人装置 在倾斜井巷中采用无极绳系统或架空轨道系统运送人员的一种乘人装置,包括行人辅助器、蹬座(猴车)和单轨吊车等各种型式的乘人装置。

移动式电气设备 在工作中必须不断移动位置,或安设时不需构筑专门基础并且经常变动其工作地点的电气设备。

手持式电气设备 在工作中必须用人手保持和移动设备本体或协同工作的电气设备。

固定式电气设备 除移动式和手持式以外的安设在专门基础上的电气设备。

带电搬迁 设备在带电状态下进行搬动(移动)安设位置的操作。

矿用一般型电气设备 专为煤矿井下条件生产的不防爆的一般型电气设备,这种设备与通用设备比较对介质温度、耐潮性能、外壳材质及强度、进线装置、接地端子都有适应煤矿具体条件的要求,而且能防止从外部直接触及带电部分及防止水滴垂直滴入,并对接线端子爬电距离和空气间隙有专门的规定。

矿用防爆电气设备 系指按 GB 3836.1—2000 标准生产的专供煤矿井下使用的防爆电气设备。

本规程中采用的矿用防爆型电气设备,除了符合 GB 3836.1—2000 的规定外,还必须符

合专用标准和其他有关标准的规定,其型式包括:

1.隔爆型电气设备 d 具有隔爆外壳的防爆电气设备,该外壳既能承受其内部爆炸性气体混合物引爆产生的爆炸压力,又能防止爆炸产物穿出隔爆间隙点燃外壳周围的爆炸性混合物。

2.增安型电气设备 e 在正常运行条件下不会产生电弧、火花或可能点燃爆炸性混合物的高温的设备结构上,采取措施提高安全程度,以避免在正常和认可的过载条件下出现这些现象的电气设备。

3.本质安全型电气设备 i 全部电路均为本质安全电路的电气设备。所谓本质安全电路,是指在规定的试验条件下,正常工作或规定的故障状态下产生的电火花和热效应均不能点燃规定的爆炸性混合物的电路。

4.正压型电气设备 p 具有正压外壳的电气设备。即外壳内充有保护性气体,并保持其压力(压强)高于周围爆炸性环境的压力(压强),以阻止外部爆炸性混合物进入的防爆电气设备。

5.充油型电气设备 o 全部或部分部件浸在油内,使设备不能点燃油面以上的或外壳外的爆炸性混合物的防爆电气设备。

6.充砂型电气设备 q 外壳内充填砂粒材料,使之在规定的条件下壳内产生的电弧、传播的火焰、外壳壁或砂粒材料表面的过热温度,均不能点燃周围爆炸性混合物的防爆电气设备。

7.浇封型电气设备 m 将电气设备或其部件浇封在浇封剂中,使它在正常运行和认可的过载或认可的故障下不能点燃周围的爆炸性混合物的防爆电气设备。

8.无火花型电气设备 n 在正常运行条件下,不会点燃周围爆炸性混合物,且一般不会发生有点燃作用的故障的电气设备。

9.气密型电气设备 h 具有气密外壳的电气设备。

10.特殊型电气设备 s 异于现有防爆型式,由主管部门制订暂行规定,经国家认可的检验机构检验证明,具有防爆性能的电气设备。该型防爆电气设备须报国家技术监督局备案。

检漏装置 当电力网路中漏电电流达到危险值时,能自动切断电源的装置。

欠电压释放保护装置 即低电压保护装置,当供电电压低至规定的极限值时,能自动切断电源的继电保护装置。

阻燃电缆 遇火点燃时,燃烧速度很慢,离开火源后即自行熄灭的电缆。

接地装置 各接地极和接地导线、接地引线的总称。

总接地网 用导体将所有应连接的接地装置连成的1个接地系统。

局部接地极 在集中或单个装有电气设备(包括连接动力铠装电缆的接线盒)的地点单独埋设的接地极。

接地电阻 接地电压与通过接地极流入大地电流值之比。

露天采场 具有完整的生产系统,进行露天开采的场所。

工作帮 由正在开采的台阶部分组成的边帮。

非工作帮 由已结束开采的台阶部分组成的边帮。

边帮角(边坡角) 边帮面与水平面的夹角。

剥离 在露天采场内采出剥离物的作业。

剥离物 露天采场内的表土、岩层和不可采矿体。

台阶 按剥离、采矿或排土作业的要求，以一定高度划分的阶梯。

平盘（平台） 台阶的水平部分。

台阶高度 台阶上、下平盘之间的垂直距离。

坡顶线 台阶上部平盘与坡面的交线。

坡底线 台阶下部平盘与坡面的交线。

安全平盘 为保持边帮稳定和阻拦落石而设的平盘。

折返坑线 运输设备运行中按"之"字形改变运行方向的坑线。

原岩 未受采掘影响的天然岩体。

边帮监测 对边帮岩体变形及相应现象进行观察和测定的工作。

排土线 排土场内供排卸剥离物的台阶线路。

采装 用挖掘设备铲挖土岩并装入运输设备的工艺环节。

上装 挖掘设备站立水平低于与其配合的运输设备站立水平进行的采装作业。

连续开采工艺 采装、移运和排卸作业均采用连续式设备形成连续物料流的开采工艺。

安全区 露天煤矿开采平盘上不受采装及运输威胁的范围。

安全标志 在安全区范围设置的醒目记号和装置。

挖掘机 用铲斗从工作面铲装剥离物或矿产品并将其运至排卸地点卸装的自行式采掘机械。

穿孔机 露天煤矿钻孔的设备。

轮斗挖掘机（轮斗铲） 靠装在臂架前端的斗轮转动，由斗轮周边的铲斗轮流挖取剥离物或矿产品的一种连续式多斗挖掘机。

推（排）土犁 在轨道上行驶，用侧开板把剥离物外推并平整路基的排土机械。

滑坡 边帮岩体沿滑动面滑动的现象。

台阶坡面角 台阶坡面与水平面的夹角。

边坡稳定分析 分析边坡岩体稳定程度的工作。

最终边坡 露天采场开采结束时的边坡。

滑体 滑坡产生的滑动岩体。

塌落 边帮局部岩体突然片落的现象。

外部排土场 建在露天采场以外的排土场。

内部排土场 建在露天采场以内的排土场。

排土场滑坡 排土场松散土岩体自身的或随基底的变形或滑动。

固定线路 长期固定不移动的运输线路。

接触网 沿电气化铁路架设的供电网路，由承力索、吊弦和接能导线等组成。

电力牵引 用电能作为铁路运输动力能源的牵引方式。

路堑 线路低于地面用挖土的方法修筑的路基。

粉尘 煤尘、岩尘和其他有毒有害粉尘的总称。

呼吸性粉尘 能被吸入人体肺泡区的浮尘。

爆破安全规程(GB 6722—2014)

前　　言

本标准的全部技术内容为强制性。

本标准按照 GB/T 1.1—2009 给出的规则起草。

本标准代替 GB 6722—2003《爆破安全规程》。

与 GB 6722—2003 相比，主要变化如下：
- ——调整了章节的编排结构，由原来的 7 章增加为 14 章；
- ——补充了必要的术语和定义(见第 3 章)；
- ——修改了爆破工程分级标准(见第 4 章)；
- ——补充和完善了爆破安全评估、施工监理的内容(见 5.3、5.4)；
- ——强调了起爆网路的设计和试爆的要求(见 6.4)；
- ——补充和完善了高温爆破的安全规定(见第 9 章)；
- ——补充了拆除爆破预处理的规定(见 11.3)；
- ——补充和完善了特种爆破的内容(见第 12 章)；
- ——完善了爆破对环境影响的安全控制标准(见第 13 章)；
- ——补充和完善了质点峰值振动速度和主振频率，强调了爆破振动监测应同时测定质点振动相互垂直的三个分量(见 13.2.2)；
- ——补充了水中冲击波对水生物影响的安全控制标准(见 13.5)；
- ——补充和完善了爆炸物品购买、运输、贮存和使用的规定(见第 14 章)；
- ——删除了被淘汰的爆破器材品种、爆破方法和爆破工艺。

本标准由国家安全生产监督管理总局提出。

本标准由全国安全生产标准化技术委员会非煤矿山安全分技术委员会(SAC/TC 288/SC 2)归口。

本标准起草单位：中国工程爆破协会、广东宏大爆破股份有限公司、浙江省高能爆破工程有限公司、北京矿冶研究总院、中国铁道科学研究院、长江水利委员会长江科学院、武汉爆破公司、大昌建设集团爆破公司、青岛海防工程局、河南迅达爆破有限公司、唐山金宇爆破工程有限公司、贵州新联爆破工程有限公司、中钢集团武汉安全环保研究院有限公司。

本标准主要起草人：汪旭光、郑炳旭、张正忠、谢先启、管志强、张英才、池恩安、于淑宝、吴金仓、张正宇、王中黔、于亚伦、周家汉、颜事龙、梅锦煜、汪浩、刘殿中、高荫桐、顾毅成、刘宏刚、吴新霞、张永哲、刘殿书、李晓杰、杨年华、李战军、查正清、宋锦泉、谢源、陈绍潘、薛培兴、高文学。

本标准所代替标准的历次版本发布情况为：
- ——GB 6722—1986、GB 6722—2003。

1 范围

本标准规定了爆破作业和爆破作业单位购买、运输、贮存、使用、加工、检验与销毁爆破器材的安全技术要求。

本标准适用于各种民用爆破作业和中国人民解放军、中国人民武装警察部队从事的非军事目的的工程爆破。

2 规范性引用文件

下列文件对于本文件的应用是必不可少的。凡是注日期的引用文件，仅注日期的版本适用于本文件。凡是不注日期的引用文件，其最新版本（包括所有的修改单）适用于本文件。

GB 18098　工业炸药爆炸后有毒气体含量的测定

GB 50089　民用爆破器材工程设计安全规范

GA 837　民用爆炸物品贮存库治安防范要求

GA 838　小型民用爆炸物品贮存库安全规范

GA/T 848　爆破作业单位民用爆炸物品贮存库安全评价导则

GA 990　爆破作业单位资质条件和管理要求

GA 991　爆破作业项目管理要求

3 术语和定义

下列术语和定义适用于本文件。

3.1

爆破作业　blasting

利用炸药的爆炸能量对介质做功，以达到预定工程目标的作业。

3.2

爆破作业单位　blasting unit

持有爆破作业单位许可证从事爆破作业的单位，分非营业性和营业性两类。非营业性爆破作业单位是指为本单位的合法生产活动需要，在限定区域内自行实施爆破作业的单位；营业性爆破作业单位是指具有独立法人资格，承接爆破作业项目设计施工、安全评估、安全监理的单位。

3.3

爆破工程技术人员　blasting engineering and technical personnel

指具有爆破专业知识和实践经验并通过考核，获得从事爆破工作资格证书的技术人员。

3.4

爆破作业人员　blasting personnel；personals engaged in blasting operations

指从事爆破作业的爆破工程技术人员、爆破员、安全员和保管员。

3.5

爆破有害效应　adverse effects of blasting

爆破时对爆区附近保护对象可能产生的有害影响。如爆破引起的振动、个别飞散物、空气冲击波、噪声、水中冲击波、动水压力、涌浪、粉尘、有害气体等。

3.6
爆破作业环境　blasting circumstances
泛指爆区及其周围影响爆破安全的自然条件、环境状况。

3.7
岩土爆破　rock blasting
利用炸药的爆炸能量对岩土介质做功,以达到预期工程目标的作业。

3.8
露天爆破　surface blasting
在地表进行的岩土爆破作业。

3.9
地下爆破　underground blasting
在地下(如地下矿山,地下硐室,隧道等)进行的岩土爆破作业。

3.10
浅孔爆破　short-hole blasting
炮孔直径小于或等于50 mm,炮孔深度不大于5 m的爆破作业。

3.11
深孔爆破　deep-hole blasting
炮孔直径大于50 mm,并且深度大于5 m的爆破作业。

3.12
复杂环境爆破　blasting in complicated surroundings
在爆区边缘100 m范围内有居民集中区、大型养殖场或重要设施的环境中,采取控制有害效应措施实施的爆破作业。

3.13
掘进爆破　development blasting；heading blast
井巷、隧道等掘进工程中的爆破作业。

3.14
硐室爆破　chamber blasting
采用集中或条形硐室装药药包,爆破开挖岩土的作业。

3.15
水下爆破　blasting in water；underwater blasting
在水中、水底介质中进行的爆破作业。

3.16
预裂爆破　presplitting blasting
沿开挖边界布置密集炮孔,采取不耦合装药或装填低威力炸药,在主爆区之前起爆,从而在爆区与保留区之间形成预裂缝,以减弱主爆孔爆破对保留岩体的破坏并形成平整轮廓面的爆破作业。

3.17
光面爆破　smooth blasting
沿开挖边界布置密集炮孔,采取不耦合装药或装填低威力炸药,在主爆区之后起爆,以形成平整的轮廓面的爆破作业。

3.18

延时爆破　delay blasting

采用延时雷管使各个药包按不同时间顺序起爆的爆破技术,分为毫秒延时爆破、秒延时爆破等。

3.19

拆除爆破　demolition blasting

采取控制有害效应的措施,按设计要求用爆破方法拆除建(构)筑物的作业。

3.20

特种爆破　special blasting

指采用特殊爆破手段、特种爆破器材、在特定环境下对某种介质进行的非军事爆破。特种爆破包含金属爆炸加工、爆炸冲击波的特殊应用、聚能爆破、石油开采中的燃烧爆破和高温凝结物爆破以及抢险救灾应急爆破等。

3.21

聚能爆破　cumulative blasting；blasting with cavity charge

采用聚能装药方法进行的爆破作业。

3.22

爆炸加工　explosion working

利用炸药爆炸的瞬态高温和高压,使物料高速变形、切断、相互复合(焊接)或物质结构相变的加工方法。包括爆炸成形、焊接、复合、合成金刚石、硬化与强化、烧结、消除焊件残余应力等。

3.23

地震勘探爆破　seismic blasting；seismic prospecting blasting

利用震源药包爆炸在地层中激起地震波,进行地质构造勘探的爆破作业。

3.24

煤矿许用炸药　permitted explosives in coalmine

经批准,允许在煤矿矿井中使用的炸药。

3.25

预装药　precharge

大量深孔爆破时,在全部炮孔钻完之前,预先在验收合格的炮孔中装药或炸药在孔内放置时间超过 24 h 的装药作业。

3.26

爆破器材　blasting materials and accessories；blasting supplies

工业炸药、起爆器材和器具的统称。

3.27

起爆方法　method of initiation

利用起爆器材激发工业炸药爆炸的方法。

3.28

起爆网路　firing circuit；initiating circuit

向多个起爆药包传递起爆信息和能量的系统,包括电雷管起爆网路、导爆管雷管起爆网路、导爆索起爆网路、混合起爆网路和数码电子雷管起爆网路等。

3.29

盲炮 misfire；unexploded charge

因各种原因未能按设计起爆，造成药包拒爆的全部装药或部分装药。

3.30

爆破振动 blast vibration

指爆破引起传播介质沿其平衡位置作直线或曲线往复运动的过程。

3.31

质点振动速度 particle vibration velocity

在地震波作用下，介质质点往复运动的速度。

3.32

振动频率 vibration frequency

质点每秒振动的次数。

3.33

主振频率 main vibration frequency

介质质点最大振幅所对应波的频率。

3.34

应急预案 emergency response plan

指事先制定的针对生产安全事故发生时进行紧急救援的组织、程序、措施、责任以及协调等方面的方案和计划。

4 爆破工程分级

4.1 爆破工程按工程类别、一次爆破总药量、爆破环境复杂程度和爆破物特征，分 A、B、C、D 四个级别，实行分级管理。工程分级列于表 1。

表 1 爆破工程分级

作业范围	分级计量标准	级别			
		A	B	C	D
岩土爆破[a]	一次爆破药量 Q/t	$100 \leqslant Q$	$10 \leqslant Q < 100$	$0.5 \leqslant Q < 10$	$Q < 0.5$
拆除爆破	高度 H^b/m	$50 \leqslant H$	$30 \leqslant H < 50$	$20 \leqslant H < 30$	$H < 20$
	一次爆破药量 Q^c/t	$0.5 \leqslant Q$	$0.2 \leqslant Q < 0.5$	$0.05 \leqslant Q < 0.2$	$Q < 0.05$
特种爆破[d]	单张复合板使用药量 Q/t	$0.4 \leqslant Q$	$0.2 \leqslant Q < 0.4$	$Q < 0.2$	

[a] 表中药量对应的级别指露天深孔爆破。其他岩土爆破相应级别对应的药量系数：地下爆破 0.5；复杂环境深孔爆破 0.25；露天硐室爆破 5.0；地下硐室爆破 2.0；水下钻孔爆破 0.1，水下炸礁及清淤、挤淤爆破 0.2。

[b] 表中高度对应的级别指楼房、厂房及水塔的拆除爆破；烟囱和冷却塔拆除爆破相应级别对应的高度系数为 2 和 1.5。

[c] 拆除爆破按一次爆破药量进行分级的工程类别包括：桥梁、支撑、基础、地坪、单体结构等；城镇浅孔爆破也按此标准分级；围堰拆除爆破相应级别对应的药量系数为 20。

[d] 第 12 章所列其他特种爆破都按 D 级进行分级管理。

4.2 B、C、D级一般岩土爆破工程,遇下列情况应相应提高一个工程级别:
——距爆区1 000 m范围内有国家一、二级文物或特别重要的建(构)筑物、设施;
——距爆区500 m范围内有国家三级文物、风景名胜区、重要的建(构)筑物、设施;
——距爆区300 m范围内有省级文物、医院、学校、居民楼、办公楼等重要保护对象。

4.3 B、C、D级拆除爆破及城镇浅孔爆破工程,遇下列情况应相应提高一个工程级别:
——距爆破拆除物或爆区5 m范围内有相邻建(构)筑物或需重点保护的地表、地下管线;
——爆破拆除物倒塌方向安全长度不够,需用折叠爆破时;
——爆破拆除物或爆区处于闹市区、风景名胜区时。

4.4 矿山内部且对外部环境无安全危害的爆破工程不实行分级管理。

5 爆破设计施工、安全评估与安全监理

5.1 一般规定

5.1.1 爆破设计施工、安全评估与安全监理应按GA 990和GA 991执行。

5.1.2 爆破设计施工、安全评估与安全监理应由具备相应资质和从业范围的爆破作业单位承担。

5.1.3 爆破设计施工、安全评估与安全监理负责人及主要人员应具备相应的资格和作业范围。

5.1.4 爆破作业单位不得对本单位的设计进行安全评估,不得监理本单位施工的爆破工程。

5.1.5 从事爆破设计施工、安全评估与安全监理的爆破作业单位,应当按照有关法律、法规和本标准的规定实施爆破设计施工、安全评估与安全监理,并承担相应的法律责任。

5.2 爆破设计施工

5.2.1 设计依据

5.2.1.1 进行爆破设计应遵守本标准的规定及有关行业规范、地方法规的规定,按设计委托书或合同书要求的深度和内容编写。

5.2.1.2 设计单位应按设计需要提出勘测任务书。勘测任务书内容应当包括:
——爆破对象的形态,包括爆区地形图,建(构)筑物的设计文件、图纸及现场实测、复核资料;
——爆破对象的结构与性质,包括爆区地质图,建(构)筑物配筋图;
——影响爆破效果的爆体缺陷,包括大型地质构造和建(构)筑物受损状况;
——爆破有害效应影响区域内保护物的分布图。

5.2.1.3 设计人员现场踏勘调查后形成的报告书,试验工程总结报告,当地类似工程的总结报告以及现场试验、检测报告,均应作为设计依据。

5.2.1.4 爆破工程施工过程中,发现地形测量结果和地质条件、拆除物结构尺寸、材质完好状态等与原设计依据不相符或环境条件有较大改变,应及时修改设计或采取补救措施。

5.2.1.5 凡安全评估未通过的设计文件,应按安全评估的要求重新作设计;安全评估要求修改或增加内容的,应按要求修改补充。

5.2.2 设计文件

5.2.2.1 爆破工程均应编制爆破技术设计文件。
5.2.2.2 矿山深孔爆破和其他重复性爆破设计,允许采用标准技术设计。
5.2.2.3 爆破实施后应根据爆破效果对爆破技术设计作出评估,构成完整的工程设计文件。
5.2.2.4 爆破技术设计、标准技术设计以及设计修改补充文件,均应签字齐全并编录存档。

5.2.3 技术设计内容

5.2.3.1 爆破技术设计分说明书和图纸两部分,应包括以下内容:
——工程概况,即爆破对象、爆破环境概述及相关图纸,爆破工程的质量、工期、安全要求;
——爆破技术方案,即方案比较、选定方案的钻爆参数及相关图纸;
——起爆网路设计及起爆网路图;
——安全设计及防护、警戒图。

5.2.3.2 合格的爆破设计应符合下列条件:
——设计单位的资质符合规定;
——承担设计和安全评估的主要爆破工程技术人员的资格及数量符合规定;
——设计文件通过安全评估或设计审查认为爆破设计在技术上可行、安全上可靠。

5.2.3.3 复杂环境爆破技术设计应制定应对复杂环境的方法、措施及应急预案。

5.2.4 施工组织设计

5.2.4.1 施工组织设计由施工单位编写,编写负责人所持爆破工程技术人员安全作业证的等级和作业范围应与施工工程相符合。

5.2.4.2 施工组织设计应依据爆破技术设计、招标文件、施工单位现场调查报告、业主委托书、招标答疑文件等进行编制。

5.2.4.3 爆破工程施工组织设计应包括的内容如下:
——施工组织机构及职责;
——施工准备工作及施工平面布置图;
——施工人、材、机的安排及安全、进度、质量保证措施;
——爆破器材管理、使用安全保障;
——文明施工、环境保护、预防事故的措施及应急预案。

5.2.4.4 设计施工由同一爆破作业单位承担的爆破工程,允许将施工组织设计与爆破技术设计合并。

5.3 安全评估

5.3.1 需经公安机关审批的爆破作业项目,提交申请前,均应进行安全评估。
5.3.2 爆破安全评估的依据:
——国家、地方及行业相关法规和设计标准;
——安全评估单位与委托单位签订的安全评估合同;
——设计文件及设计施工单位主要人员资格材料;
——安全评估人员现场踏勘收集的资料。

5.3.3 爆破安全评估的内容应包括:
——爆破作业单位的资质是否符合规定;

———爆破作业项目的等级是否符合规定；
———设计所依据的资料是否完整；
———设计方法、设计参数是否合理；
———起爆网路是否可靠；
———设计选择方案是否可行；
———存在的有害效应及可能影响的范围是否全面；
———保证工程环境安全的措施是否可行；
———制定的应急预案是否适当。

5.3.4 A、B级爆破工程的安全评估应至少有两名具有相应作业级别和作业范围的持证爆破工程技术人员参加；环境十分复杂的重大爆破工程应邀请专家咨询，并在专家组咨询意见的基础上，编写爆破安全评估报告。

5.3.5 爆破安全评估报告内容应该翔实，结论应当明确。

5.3.6 经安全评估通过的爆破设计，施工时不得任意更改。经安全评估否定的爆破技术设计文件，应重新编写，重新评估。施工中如发现实际情况与评估时提交的资料不符，需修改原设计文件时，对重大修改部分应重新上报评估。

5.4 安全监理

5.4.1 经公安机关审批的爆破作业项目，实施爆破作业时，应进行安全监理。

5.4.2 爆破安全监理的主要内容：
———爆破作业单位是否按照设计方案施工；
———爆破有害效应是否控制在设计范围内；
———审验爆破作业人员的资格，制止无资格人员从事爆破作业；
———监督民用爆炸物品领取、清退制度的落实情况；
———监督爆破作业单位遵守国家有关标准和规范的落实情况，发现违章指挥和违章作业，有权停止其爆破作业，并向委托单位和公安机关报告。

5.4.3 爆破安全监理单位应在详细了解安全技术规定、应急预案后认真编制监理规划和实施细则，并制定监理人员岗位职责。

5.4.4 爆破安全监理人员应在爆破器材领用、清退、爆破作业、爆后安全检查及盲炮处理的各环节上实行旁站监理，并作出监理记录。

5.4.5 每次爆破的技术设计均应经监理机构签认后，再组织实施。爆破工作的组织实施应与监理签认的爆破技术设计相一致。

5.4.6 发生下列情况之一时，监理机构应当签发爆破作业暂停令：
———爆破作业严重违规经制止无效时；
———施工中出现重大安全隐患，须停止爆破作业以消除隐患时。

5.4.7 爆破安全监理单位应定期向委托单位提交安全监理报告，工程结束时提交安全监理总结和相关监理资料。

6 爆破作业的基本规定

6.1 爆破作业环境

6.1.1 爆破前应对爆区周围的自然条件和环境状况进行调查，了解危及安全的不利环境因素,并采取必要的安全防范措施。

6.1.2 爆破作业场所有下列情形之一时,不应进行爆破作业:
—— 距工作面 20 m 以内的风流中瓦斯含量达到 1% 或有瓦斯突出征兆的;
—— 爆破会造成巷道涌水、堤坝漏水、河床严重阻塞、泉水变迁的;
—— 岩体有冒顶或边坡滑落危险的;
—— 硐室、炮孔温度异常的;
—— 地下爆破作业区的有害气体浓度超过表 15 规定的;
—— 爆破可能危及建(构)筑物、公共设施或人员的安全而无有效防护措施的;
—— 作业通道不安全或堵塞的;
—— 支护规格与支护说明书的规定不符或工作面支护损坏的;
—— 危险区边界未设警戒的;
—— 光线不足且无照明或照明不符合规定的;
—— 未按本标准的要求作好准备工作的。

6.1.3 露天和水下爆破装药前,应与当地气象、水文部门联系,及时掌握气象、水文资料,遇以下恶劣气候和水文情况时,应停止爆破作业,所有人员应立即撤到安全地点:
—— 热带风暴或台风即将来临时;
—— 雷电、暴雨雪来临时;
—— 大雾天或沙尘暴,能见度不超过 100 m 时;
—— 现场风力超过 8 级、浪高大于 1.0 m 时或水位暴涨暴落时。

6.1.4 应急抢险爆破可以不受本标准的限制,但应采取安全保障措施并经应急抢险领导人批准。

6.1.5 在有关法规不允许进行常规爆破作业的场合,但又必须进行爆破时,应先与有关部门协调一致,作好安全防护,制定应急预案。

6.1.6 采用电爆网路时,应对高压电、射频电等进行调查,对杂散电流进行测试;发现存在危险,应立即采取预防或排除措施。

6.1.7 浅孔爆破应采用湿式凿岩,深孔爆破凿岩机应配收尘设备;在残孔附近钻孔时应避免凿穿残留炮孔,在任何情况下均不许钻残孔。

6.2 爆破工程施工准备

6.2.1 施工组织

6.2.1.1 A、B 级爆破工程,都应成立爆破指挥部,全面指挥和统筹安排爆破工程的各项工作。

指挥部的设置及职能为:
—— 指挥部应设指挥长 1 人,副指挥长若干人;指挥长负责指挥部的全面工作并对副指挥长工作进行分工;
—— 指挥部应根据需要设置设计施工组、起爆组、物资供应组、安全保卫组、警戒组、安全监测组和后勤组等;
—— 指挥部和各职能组的每个成员,都应分工明确,职责清楚,各尽其责。

6.2.1.2 其他爆破应设指挥组或指挥人,指挥组应适应爆破类别、爆破工程等级、周围环境的复杂程度和爆破作业程序的要求,并严格按爆破设计与施工组织计划实施,确保工程安全。

6.2.2 施工公告

6.2.2.1 凡须经公安机关审批的爆破作业项目,爆破作业单位应于施工前3天发布公告,并在作业地点张贴,施工公告内容应包括:爆破作业项目名称、委托单位、设计施工单位、安全评估单位、安全监理单位、爆破作业时限等。

6.2.2.2 装药前1天应发布爆破公告并在现场张贴,内容包括:爆破地点、每次爆破时间、安全警戒范围、警戒标识、起爆信号等。

6.2.2.3 邻近交通要道的爆破需进行临时交通管制时,应预先申请并至少提前3天由公安交管部门发布爆破施工交通管制通知。

6.2.2.4 在邻近通航水域进行爆破施工时,应在3天前通知港航监督部门。

6.2.2.5 爆破可能危及供水、排水、供电、供气、通讯等线路以及运输交通隧道、输油管线等重要设施时,应事先准备好相应的应急措施、应向有关主管部门报告,做好协调工作并在爆破时通知有关单位到场。

6.2.2.6 在同一地区同时进行露天、地下、水下爆破作业或几个爆破作业单位平行作业时,应由建设单位组织协商后共同发布施工公告和爆破公告。

6.2.3 施工现场清理与准备

6.2.3.1 爆破工程施工前,应根据爆破设计文件要求和场地条件,对施工场地进行规划,并开展施工现场清理与准备工作。

施工场地规划内容应包括:
——爆破施工区段或爆破作业面划分及其程序编排;爆破与清运交叉循环作业时,应制定相关的安全措施;
——有碍爆破作业的障碍物或废旧建(构)筑物的拆除与处理方案;
——现场施工机械配置方案及其安全防护措施;
——进出场主通道及各作业面临时通道布置;
——夜间施工照明与施工用风、水、电供给系统敷设方案,施工器材、机械维修场地布置;
——施工用爆破器材现场临时保管、施工用药包现场制作与临时存放场所安排及其安全保卫措施;
——施工现场安全警戒岗哨、避炮防护设施与工地警卫值班设施布置;
——施工现场防洪与排水措施。

6.2.3.2 爆破工程施工之前,应制定施工安全与施工现场管理的各项规章制度。

6.2.4 通讯联络

6.2.4.1 爆破指挥部应与爆破施工现场、起爆站、主要警戒哨建立并保持通讯联络;不成立指挥部的爆破工程,在爆破组(人)、起爆站和警戒哨间应建立通讯联络,保持畅通。

6.2.4.2 通讯联络制度、联络方法应由指挥长或指挥组(人)决定。

6.2.5 装药前的施工验收

6.2.5.1 装药前应对炮孔、硐室、爆炸处理构件逐个进行测量验收,作好记录并保存。

6.2.5.2 凡须经公安机关审批的爆破作业项目施工验收,应有爆破设计人员参加。

6.2.5.3 对验收不合格的炮孔、硐室、构件,应按设计要求进行施工纠正,或报告爆破技术负责人进行设计修改。

6.3 爆破器材现场检测、加工和起爆方法

6.3.1 一般规定

6.3.1.1 爆破工程使用的炸药、雷管、导爆管、导爆索、电线、起爆器、量测仪表均应作现场检测，检测合格后方可使用。

6.3.1.2 进行爆破器材检测、加工和爆破作业的人员，应穿戴防静电的衣物。

6.3.1.3 在爆破工程中推广应用爆破新技术、新工艺、新器材、新仪表装备，应经有关部门或经授权的行业协会批准。

6.3.1.4 在潮湿或有水环境中应使用抗水爆破器材或对不抗水爆破器材进行防潮、防水处理。

6.3.2 爆破器材现场检测

6.3.2.1 在实施爆破作业前，爆破器材现场检测应包括：
——对所使用的爆破器材进行外观检查；
——对电雷管进行电阻值测定；
——对使用的仪表、电线、电源进行必要的性能检验。

6.3.2.2 爆破器材外观检查项目应包括：
——雷管管体不应变形、破损、锈蚀；
——导爆索表面要均匀且无折伤、压痕、变形、霉斑、油污；
——导爆管管内无断药，无异物或堵塞，无折伤、油污和穿孔，端头封口良好；
——粉状硝铵类炸药不应吸湿结块，乳化炸药和水胶炸药不应破乳或变质；
——电线无锈痕，绝缘层无划伤、开绽。

6.3.2.3 起爆电源及仪表的检验包括：
——起爆器的充电电压、外壳绝缘性能；
——采用交流电起爆时，应测定交流电压，并检查开关、电源及输电线路是否符合要求；
——各种连接线、区域线、主线的材质、规格、电阻值和绝缘性能；
——爆破专用电桥、欧姆表和导通器的输出电流及绝缘性能。

6.3.2.4 A、B级爆破工程检测及试验项目还应包括：
——炸药的殉爆距离；
——延时雷管的延时时间；
——起爆网路连接方式的传爆可靠性试验。

6.3.3 起爆器材加工

6.3.3.1 加工起爆药包和起爆药柱，应在指定的安全地点进行，加工数量不应超过当班爆破作业用量。

6.3.3.2 在水孔中使用的起爆药包，孔内不得有电线、导爆管和导爆索接头。

6.3.3.3 当采用孔（硐）内延时爆破时，应在起爆药包引出孔（硐）外的电线和导爆管上标明雷管段别和延时时间。

6.3.3.4 切割导爆索应使用锋利刀具，不得使用剪刀剪切。

6.3.4 起爆方法

6.3.4.1 电雷管应使用电力起爆器、动力电、照明电、发电机、蓄电池、干电池起爆。

6.3.4.2 电子雷管应使用配套的专用起爆器起爆。

6.3.4.3 导爆管雷管应使用专用起爆器、雷管或导爆索起爆。

6.3.4.4 导爆索应使用雷管正向起爆。

6.3.4.5 不应使用药包起爆导爆索和导爆管。

6.3.4.6 工业炸药应使用雷管或导爆索起爆,没有雷管感度的工业炸药应使用起爆药包或起爆器具起爆。

6.3.4.7 各种起爆方法均应远距离操作,起爆地点应不受空气冲击波、有害气体和个别飞散物危害。

6.3.4.8 在有瓦斯和粉尘爆炸危险的环境中爆破,应使用煤矿许用起爆器材起爆。

6.3.4.9 在杂散电流大于 30 mA 的工作面或高压线、射频电危险范围内(见表 11～表 14),不应采用普通电雷管起爆。

6.4 起爆网路

6.4.1 一般规定

6.4.1.1 多药包起爆应连接成电爆网路、导爆管网路、导爆索网路、混合网路或数码电子雷管网路起爆。

6.4.1.2 起爆网路连接工作应由工作面向起爆站依次进行。

6.4.1.3 雷雨天禁止任何露天起爆网路连接作业,正在实施的起爆网路连接作业应立即停止,人员迅速撤至安全地点。

6.4.1.4 各种起爆网路均应使用合格的器材。

6.4.1.5 起爆网路连接应严格按设计要求进行。

6.4.1.6 在可能对起爆网路造成损害的部位,应采取保护措施。

6.4.1.7 敷设起爆网路应由有经验的爆破员或爆破技术人员实施,并实行双人作业制。

6.4.2 电力起爆网路

6.4.2.1 同一起爆网路,应使用同厂、同批、同型号的电雷管;电雷管的电阻值差不得大于产品说明书的规定。

6.4.2.2 电爆网路的连接线不应使用裸露导线,不得利用照明线、铁轨、钢管、钢丝作爆破线路,电爆网路与电源开关之间应设置中间开关。

6.4.2.3 电爆网路的所有导线接头,均应按电工接线法连接,并确保其对外绝缘。在潮湿有水的地区,应避免导线接头接触地面或浸泡在水中。

6.4.2.4 起爆电源能量应能保证全部电雷管准爆;用变压器、发电机作起爆电源时,流经每个普通电雷管的电流应满足:一般爆破,交流电不小于 2.5 A,直流电不小于 2 A;硐室爆破,交流电不小于 4 A,直流电不小于 2.5 A。

6.4.2.5 用起爆器起爆电爆网路时,应按起爆器说明书的要求连接网路。

6.4.2.6 电爆网路的导通和电阻值检查,应使用专用导通器和爆破电桥,导通器和爆破电桥应每月检查一次,其工作电流应小于 30 mA。

6.4.3 导爆管起爆网路

6.4.3.1 导爆管网路应严格按设计要求进行连接,导爆管网路中不应有死结,炮孔内不应有接头,孔外相邻传爆雷管之间应留有足够的距离。

6.4.3.2 用雷管起爆导爆管网路时,应遵守下列规定:

——起爆导爆管的雷管与导爆管捆扎端端头的距离应不小于 15 cm;
——应有防止雷管聚能射流切断导爆管的措施和防止延时雷管的气孔烧坏导爆管的措施;
——导爆管应均匀地分布在雷管周围并用胶布等捆扎牢固。

6.4.3.3 使用导爆管连通器时,应夹紧或绑牢。

6.4.3.4 采用地表延时网路时,地表雷管与相邻导爆管之间应留有足够的安全距离,孔内应采用高段别雷管,确保地表未起爆雷管与已起爆药包之间的水平间距大于 20 m。

6.4.4 导爆索起爆网路

6.4.4.1 起爆导爆索的雷管与导爆索捆扎端端头的距离应不小于 15 cm,雷管的聚能穴应朝向导爆索的传爆方向。

6.4.4.2 导爆索起爆网路应采用搭接、水手结等方法连接;搭接时两根导爆索搭接长度不应小于 15 cm,中间不得夹有异物或炸药,捆扎应牢固,支线与主线传爆方向的夹角应小于 90°。

6.4.4.3 连接导爆索中间不应出现打结或打圈;交叉敷设时,应在两根交叉导爆索之间设置厚度不小于 10 cm 的木质垫块或土袋。

6.4.5 电子雷管起爆网路

6.4.5.1 电子雷管网路应使用专用起爆器起爆,专用起爆器使用前应进行全面检查。

6.4.5.2 装药前应使用专用仪器检测电子雷管,并进行注册和编号。

6.4.5.3 应按说明书要求连接子网路,雷管数量应小于子起爆器规定数量;子网路连接后应使用专用设备进行检测。

6.4.5.4 应按说明书要求,将全部子网路连接成主网路,并使用专用设备检测主网路。

6.4.6 混合起爆网路

6.4.6.1 大型起爆网路可以同时使用电雷管、导爆管雷管、电子雷管和导爆索连接成混合起爆网路。

6.4.6.2 混合网路中的地表导爆索与雷管、导爆管和电线之间应留有足够的安全距离。

6.4.6.3 用导爆索引爆导爆管时,应使用单股导爆索与导爆管垂直连接,或使用专用联结块连接。

6.4.7 起爆网路试验

6.4.7.1 硐室爆破和 A、B 级爆破工程,应进行起爆网路试验。

6.4.7.2 电起爆网路应进行实爆试验或等效模拟试验;起爆网路实爆试验应按设计网路连接起爆;等效模拟试验,至少应选一条支路按设计方案连接雷管,其他各支路可用等效电阻代替。

6.4.7.3 大型混合起爆网路、导爆管起爆网路和导爆索起爆网路试验,应至少选一组(地下爆破选一个分区)典型的起爆支路进行实爆;对重要爆破工程,应考虑在现场条件下进行网路实爆。

6.4.8 起爆网路检查

6.4.8.1 起爆网路检查,应由有经验的爆破员组成的检查组担任,检查组不得少于两人,大型或复杂起爆网路检查应由爆破工程技术人员组织实施。

6.4.8.2 电力起爆网路,应进行下述检查:

——电源开关是否接触良好,开关及导线的电流通过能力是否能满足设计要求;
——网路电阻是否稳定,与设计值是否相符;
——网路是否有接头接地或锈蚀,是否有短路或开路;
——采用起爆器起爆时,应检验其起爆能力。

6.4.8.3 导爆索或导爆管起爆网路应检查:
——有无漏接或中断、破损;
——有无打结或打圈,支路拐角是否符合规定;
——雷管捆扎是否符合要求;
——线路连接方式是否正确、雷管段数是否与设计相符;
——网路保护措施是否可靠。

6.4.8.4 电子雷管起爆网路应按设计复核电子雷管编号、延时量、子网路和主网路的检测结果。

6.4.8.5 混合起爆网路应按6.4.8.2～6.4.8.4的规定进行检查。

6.5 装药

6.5.1 一般规定

6.5.1.1 装药前应对作业场地、爆破器材堆放场地进行清理,装药人员应对准备装药的全部炮孔、药室进行检查。

6.5.1.2 从炸药运入现场开始,应划定装药警戒区,警戒区内禁止烟火,并不得携带火柴、打火机等火源进入警戒区域;采用普通电雷管起爆时,不得携带手机或其他移动式通讯设备进入警戒区。

6.5.1.3 炸药运入警戒区后,应迅速分发到各装药孔口或装药硐口,不应在警戒区临时集中堆放大量炸药,不得将起爆器材、起爆药包和炸药混合堆放。

6.5.1.4 搬运爆破器材应轻拿轻放,装药时不应冲撞起爆药包。

6.5.1.5 在铵油、重铵油炸药与导爆索直接接触的情况下,应采取隔油措施或采用耐油型导爆索。

6.5.1.6 在黄昏或夜间等能见度差的条件下,不宜进行露天及水下爆破的装药工作,如确需进行装药作业时,应有足够的照明设施保证作业安全。

6.5.1.7 炎热天气不应将爆破器材在强烈日光下暴晒。

6.5.1.8 爆破装药现场不得用明火照明。

6.5.1.9 爆破装药用电灯照明时,在装药警戒区20 m以外可装220 V的照明器材,在作业现场或硐室内应使用电压不高于36 V的照明器材。

6.5.1.10 从带有电雷管的起爆药包或起爆体进入装药警戒区开始,装药警戒区内应停电,应采用安全蓄电池灯、安全灯或绝缘手电筒照明。

6.5.1.11 各种爆破作业都应按设计药量装药并做好装药原始记录。记录应包括装药基本情况、出现的问题及其处理措施。

6.5.2 人工装药

6.5.2.1 人工搬运爆破器材时应遵守14.1.6.4的规定,起爆体、起爆药包应由爆破员携带、运送。

6.5.2.2 炮孔装药应使用木质或竹制炮棍。

6.5.2.3 不应往孔内投掷起爆药包和敏感度高的炸药,起爆药包装入后应采取有效措施,防止后续药卷直接冲击起爆药包。

6.5.2.4 装药发生卡塞时,若在雷管和起爆药包放入之前,可用非金属长杆处理。装入雷管或起爆药包后,不得用任何工具冲击、挤压。

6.5.2.5 在装药过程中,不得拔出或硬拉起爆药包中的导爆管、导爆索和电雷管引出线。

6.5.3 机械装药

6.5.3.1 现场混装多孔粒状铵油炸药装药车应符合以下规定:
— 料箱和输料螺旋应采用耐腐蚀的金属材料,车体应有良好的接地;
— 输药软管应使用专用半导体材料软管,钢丝与厢体的连接应牢固;
— 装药车整个系统的接地电阻值不应大于 $1\times10^5\ \Omega$;
— 输药螺旋与管道之间应有一定的间隙,不应与壳体相摩擦;
— 发动机排气管应安装消焰装置,排气管与油箱、轮胎应保持适当的距离;
— 应配备灭火装置和有效的防静电接地装置;
— 制备炸药的原材料时,装药车制药系统应能自动停车。

6.5.3.2 现场混装乳化炸药装药车应符合以下规定:
— 料箱和输料部分的材料应采用防腐材料;
— 输药软管应采用带钢丝棉织塑料或橡胶软管;
— 排气管应安装消焰装置,排气管与油箱、轮胎应保持适当的距离;
— 车上应设有灭火装置和有效的防静电接地装置;
— 清洗系统应能保证有效地清理管道中的余料和积污;
— 应具有出现原材料缺项、螺杆泵空转、螺杆泵超压等情况下自动停车等功能。

6.5.3.3 现场混装重铵油炸药装药车除符合6.5.3.2的规定以外,还应保证输药螺旋与管道之间应有足够的间隙并不应与壳体相摩擦。

6.5.3.4 小孔径炮孔爆破使用的装药器应符合下列规定:
— 装药器的罐体使用耐腐蚀的导电材料制作;
— 输药软管应采用专用半导体材料软管;
— 整个系统的接地电阻不大于 $1\times10^5\ \Omega$。

6.5.3.5 采用装药车、装药器装药时应遵守下列规定:
— 输药风压不超过额定风压的上限值;
— 装药车和装药器应保持良好接地;
— 拔管速度应均匀,并控制在 0.5 m/s 以内;
— 返用的炸药应过筛,不得有石块和其他杂物混入。

6.5.4 压气装药孔底起爆

6.5.4.1 压气装药孔底起爆应使用经安全性试验合格的起爆器材或采用孔底起爆具;孔底起爆具应在现场装入导爆管、雷管和炸药,导爆管应放在装置的槽内,并用胶布固定在装置尾端。炸药的感度和威力均不应小于 2# 粉状乳化炸药,装药密度应大于 0.95 g/cm³。

6.5.4.2 孔底起爆具应符合下列规定:
— 通过激波管试验,能承受 6×10^5 Pa 的空气冲击波入射超压;
— 在锤重 2 kg、落高 1.5 m 的卡斯特落锤试验中不损坏;

——对导爆管应有保护措施；

——能起爆孔底起爆具以外的炸药；

——每年至少检测一次。

6.5.4.3 压气装药安全性技术指标应符合下列规定：

——装药器符合 6.5.3.4 的规定；

——现场装药空气相对湿度不小于 80%；

——装药器的工作压力不大于 6×10^5 Pa；

——炮孔内静电电压不应超过 1 500 V，在炸药和输药管类型改变后应重新测定静电电压。

6.5.5 现场混装炸药车装药

6.5.5.1 使用现场混装炸药车装药应经安全验收合格。

6.5.5.2 混装炸药车驾驶员、操作工，应经过严格培训和考核持证上岗，应熟练掌握混装炸药车各部分的操作程序和使用、维护方法。

6.5.5.3 混装炸药车上料前应对计量控制系统进行检测标定，配料仓不应有其他杂物；上料时不应超过规定的物料量；上料后应检查输药软管是否畅通。

6.5.5.4 混装炸药车应配备消防器具，接地良好，进入现场应悬挂"危险"警示标识。

6.5.5.5 混装炸药车行驶速度不应超过 40 km/h，扬尘、起雾、暴风雨等能见度差时速度减半；在平坦道路上行驶时，两车距离不应小于 50 m；上山或下山时，两车距离不应小于 200 m。

6.5.5.6 装药前，应先将起爆药柱、雷管和导爆索按设计要求加工并按设计要求装入炮孔内。

6.5.5.7 混装炸药车行车时严禁压坏、刮坏、碰坏爆破器材。

6.5.5.8 装药前应对炸药密度进行检测，检测合格后方可进行装药。

6.5.5.9 混装炸药车装药前，应对前排炮孔的岩性及抵抗线变化进行逐孔校核，设计参数变化较大的，应及时调整设计后再进行装药。

6.5.5.10 采用输药软管方式输送混装炸药时，对干孔应将输药软管末端送至孔口填塞段以下 0.5 m～1 m 处；对水孔应将输药软管末端下至孔底，并根据装药速度缓缓提升输药软管。

6.5.5.11 装药过程中发现漏药的情况，应及时采取处理措施。

6.5.5.12 装药时应进行护孔，防止孔口岩屑、岩渣混入炸药中。

6.5.5.13 混装乳化炸药装药完毕 10 min 后，经检查合格后才可进行填塞，应测量填塞段长度是否符合爆破设计要求。

6.5.5.14 混装乳化炸药装药至最后一个炮孔时，应将软管中剩余炸药装入炮孔中，装药完毕将软管内残留炸药清理干净。

6.5.5.15 现场混制装填炸药时，炮孔内导爆索、导爆管雷管、起爆具等起爆器材的性能除应满足国家标准要求外，还应满足耐水、耐油、耐温、耐拉等现场作业要求；严禁电雷管直接入孔。

6.5.5.16 孔底起爆时，起爆药包应离开孔底一定距离。

6.5.6 预装药

6.5.6.1 进行预装药作业，应制定安全作业细则并经爆破技术负责人审批。

6.5.6.2 预装药爆区应设专人看管，并作醒目警示标识，无关人员和车辆不得进入预装药爆区。

6.5.6.3 雷雨天气露天爆破不得进行预装药作业。

6.5.6.4 高温、高硫区不得进行预装药作业。

6.5.6.5 预装药所使用的雷管、导爆管、导爆索、起爆药柱等起爆器材应具有防水防腐性能。

6.5.6.6 正在钻进的炮孔和预装药炮孔之间,应有 10 m 以上的安全隔离区。

6.5.6.7 预装药炮孔应在当班进行填塞,填塞后应注意观察炮孔内装药高度的变化。

6.5.6.8 如采用电力起爆网路,由炮孔引出的起爆导线应短路,如采用导爆管起爆网路,导爆管端口应可靠密封,预装药期间不得连接起爆网路。

6.6 填塞

6.6.1 硐室、深孔和浅孔爆破装药后都应进行填塞,禁止使用无填塞爆破。

6.6.2 填塞炮孔的炮泥中不得混有石块和易燃材料,水下炮孔可用碎石渣填塞。

6.6.3 用水袋填塞时,孔口应用不小于 0.15 m 的炮泥将炮孔填满堵严。

6.6.4 水平孔和上向孔填塞时,不得紧靠起爆药包或起爆药柱楔入木楔。

6.6.5 不得捣固直接接触起爆药包的填塞材料或用填塞材料冲击起爆药包。

6.6.6 分段装药间隔填塞的炮孔,应按设计要求的间隔填塞位置和长度进行填塞。

6.6.7 发现有填塞物卡孔应及时进行处理(可用非金属杆或高压风处理)。

6.6.8 填塞作业应避免夹扁、挤压和拉扯导爆管、导爆索,并应保护电雷管引出线。

6.6.9 深孔机械填塞应遵守下列规定:
——当填塞物潮湿、黏性较大或表面冻结时,应采取措施防止将大块装入孔内;
——填塞水孔时,应放慢填塞速度,让水排出孔外,避免产生悬料。

6.7 爆破警戒和信号

6.7.1 爆破警戒

6.7.1.1 装药警戒范围由爆破技术负责人确定;装药时应在警戒区边界设置明显标识并派出岗哨。

6.7.1.2 爆破警戒范围由设计确定;在危险区边界,应设有明显标识,并派出岗哨。

6.7.1.3 执行警戒任务的人员,应按指令到达指定地点并坚守工作岗位。

6.7.1.4 靠近水域的爆破安全警戒工作,除按上述要求封锁陆岸爆区警戒范围外,还应对水域进行警戒。水域警戒应配有指挥船和巡逻船,其警戒范围由设计确定。

6.7.2 信号

6.7.2.1 预警信号:该信号发出后爆破警戒范围内开始清场工作。

6.7.2.2 起爆信号:起爆信号应在确认人员全部撤离爆破警戒区,所有警戒人员到位,具备安全起爆条件时发出。起爆信号发出后现场指挥应再次确认达到安全起爆条件,然后下令起爆。

6.7.2.3 解除信号:安全等待时间过后,检查人员进入爆破警戒范围内检查、确认安全后,报请现场指挥同意,方可发出解除警戒信号。在此之前,岗哨不得撤离,不允许非检查人员进入爆破警戒范围。

6.7.2.4 各类信号均应使爆破警戒区域及附近人员能清楚地听到或看到。

6.8 爆后检查

6.8.1 爆后检查等待时间

6.8.1.1 露天浅孔、深孔、特种爆破,爆后应超过 5 min 方准许检查人员进入爆破作业地点;

如不能确认有无盲炮,应经 15 min 后才能进入爆区检查。

6.8.1.2 露天爆破经检查确认爆破点安全后,经当班爆破班长同意,方准许作业人员进入爆区。

6.8.1.3 地下工程爆破后,经通风除尘排烟确认井下空气合格、等待时间超过 15 min 后,方准许检查人员进入爆破作业地点。

6.8.1.4 拆除爆破,应等待倒塌建(构)筑物和保留建筑物稳定之后,方准许人员进入现场检查。

6.8.1.5 硐室爆破、水下深孔爆破及本标准未规定的其他爆破作业,爆后检查的等待时间由设计确定。

6.8.2 爆后检查内容

爆破后应检查的内容有:
—— 确认有无盲炮;
—— 露天爆破爆堆是否稳定,有无危坡、危石、危墙、危房及未炸倒建(构)筑物;
—— 地下爆破有无瓦斯及地下水突出、有无冒顶、危岩,支撑是否破坏,有害气体是否排除;
—— 在爆破警戒区内公用设施及重点保护建(构)筑物安全情况。

6.8.3 检查人员

6.8.3.1 A、B 级及复杂环境的爆破工程,爆后检查工作应由现场技术负责人、起爆组长和有经验的爆破员、安全员组成检查小组实施。

6.8.3.2 其他爆破工程的爆后检查工作由安全员、爆破员共同实施。

6.8.4 检查发现问题的处置

6.8.4.1 检查人员发现盲炮或怀疑盲炮,应向爆破负责人报告后组织进一步检查和处理;发现其他不安全因素应及时排查处理;在上述情况下,不得发出解除警戒信号,经现场指挥同意,可缩小警戒范围。

6.8.4.2 发现残余爆破器材应收集上缴,集中销毁。

6.8.4.3 发现爆破作业对周边建(构)筑物、公用设施造成安全威胁时,应及时组织抢险、治理,排除安全隐患。

6.8.4.4 对影响范围不大的险情,可以进行局部封锁处理,解除爆破警戒。

6.9 盲炮处理

6.9.1 一般规定

6.9.1.1 处理盲炮前应由爆破技术负责人定出警戒范围,并在该区域边界设置警戒,处理盲炮时无关人员不许进入警戒区。

6.9.1.2 应派有经验的爆破员处理盲炮,硐室爆破的盲炮处理应由爆破工程技术人员提出方案并经单位技术负责人批准。

6.9.1.3 电力起爆网路发生盲炮时,应立即切断电源,及时将盲炮电路短路。

6.9.1.4 导爆索和导爆管起爆网路发生盲炮时,应首先检查导爆索和导爆管是否有破损或断裂,发现有破损或断裂的可修复后重新起爆。

6.9.1.5 严禁强行拉出炮孔中的起爆药包和雷管。

6.9.1.6 盲炮处理后,应再次仔细检查爆堆,将残余的爆破器材收集起来统一销毁;在不能确认爆堆无残留的爆破器材之前,应采取预防措施并派专人监督爆堆挖运作业。

6.9.1.7　盲炮处理后应由处理者填写登记卡片或提交报告,说明产生盲炮的原因、处理的方法、效果和预防措施。

6.9.2　裸露爆破的盲炮处理

6.9.2.1　处理裸露爆破的盲炮,可安置新的起爆药包(或雷管)重新起爆或将未爆药包回收销毁。

6.9.2.2　发现未爆炸药受潮变质,则应将变质炸药取出销毁,重新敷药起爆。

6.9.3　浅孔爆破的盲炮处理

6.9.3.1　经检查确认起爆网路完好时,可重新起爆。

6.9.3.2　可钻平行孔装药爆破,平行孔距盲炮孔不应小于 0.3 m。

6.9.3.3　可用木、竹或其他不产生火花的材料制成的工具,轻轻地将炮孔内填塞物掏出,用药包诱爆。

6.9.3.4　可在安全地点外用远距离操纵的风水喷管吹出盲炮填塞物及炸药,但应采取措施回收雷管。

6.9.3.5　处理非抗水类炸药的盲炮,可将填塞物掏出,再向孔内注水,使其失效,但应回收雷管。

6.9.3.6　盲炮应在当班处理,当班不能处理或未处理完毕,应将盲炮情况(盲炮数目、炮孔方向、装药数量和起爆药包位置,处理方法和处理意见)在现场交接清楚,由下一班继续处理。

6.9.4　深孔爆破的盲炮处理

6.9.4.1　爆破网路未受破坏,且最小抵抗线无变化者,可重新连接起爆;最小抵抗线有变化者,应验算安全距离,并加大警戒范围后,再连接起爆。

6.9.4.2　可在距盲炮孔口不少于 10 倍炮孔直径处另打平行孔装药起爆。爆破参数由爆破工程技术人员确定并经爆破技术负责人批准。

6.9.4.3　所用炸药为非抗水炸药,且孔壁完好时,可取出部分填塞物向孔内灌水使之失效,然后做进一步处理,但应回收雷管。

6.9.5　硐室爆破的盲炮处理

6.9.5.1　如能找出起爆网路的电线、导爆索或导爆管,经检查正常仍能起爆者,应重新测量最小抵抗线,重划警戒范围,连接起爆。

6.9.5.2　可沿竖井或平硐清除填塞物并重新敷设网路连接起爆,或取出炸药和起爆体。

6.9.6　水下爆破的盲炮处理

6.9.6.1　因起爆网路绝缘不好或连接错误造成的盲炮,可重新连接起爆。

6.9.6.2　对填塞长度小于炸药殉爆距离或全部用水填塞的水下炮孔盲炮,可另装入起爆药包诱爆。

6.9.6.3　处理水下裸露药包盲炮,也可在盲炮附近投入裸露药包诱爆。

6.9.6.4　在清渣施工过程中发现未爆药包,应小心地将雷管与炸药分离,分别销毁。

6.9.7　其他盲炮处理

6.9.7.1　地震勘探爆破发生盲炮时应从炮孔或炸药安放点取出拒爆药包销毁;不能取出拒爆药包时,可装填新起爆药包进行诱爆。

6.9.7.2　凡本标准没有提到处理方法的盲炮,在处理之前应制定安全可靠的处理办法及操作细则,经爆破技术负责人批准后实施。

6.10 爆破有害效应监测

6.10.1 D级以上爆破工程以及可能引起纠纷的爆破工程,均应进行爆破有害效应监测。监测项目由设计和安全评估单位提出,监理单位监督实施。

6.10.2 监测项目涉及:爆破振动、空气或水中冲击波、动水压力、涌浪、爆破噪声、飞散物、有害气体、瓦斯以及可能引起次生灾害的危险源。

6.10.3 监测单位应经有关部门认证具有法定资质,所使用的测试系统应满足国家计量法规的要求。

6.10.4 爆破振动有害效应测试系统应在工程爆破行业测试标定中心定期标定,并将校核标定和测试信息、测试仪器设备标识信息输入中国爆破网信息管理系统,同时利用中国爆破网信息管理系统进行远程校核标定与数据处理。

6.10.5 D级以上或需要仲裁的爆破工程,爆破振动有害效应监测信息应纳入中国爆破网信息管理系统。

6.10.6 监测报告内容应包括:监测目的和方法、测点布置、测试系统的标定结果、实测波形图及其处理方法、各种实测数据、判定标准和判定结论。

6.10.7 重复爆破的监测项目,应在每次爆破后及时提交监测简报。

6.10.8 爆破有害效应监测单位,不应作为本单位承担爆破工程仲裁的监测方。

6.11 爆破总结

6.11.1 爆破作业单位应在一项爆破工程结束或告一段落时,进行爆破总结。

6.11.2 爆破总结应包括:
——设计方案和爆破参数的评述,提出改进设计的意见;
——施工概况、爆破效果及安全分析,论述施工中的不安全因素、隐患以及防范办法;
——安全评估及安全监理的作用;
——经验和教训,提出类似爆破工程设计与施工的建议。

6.11.3 爆破总结资料应整理归档。

7 露天爆破

7.1 一般规定

7.1.1 露天爆破作业时,应建立避炮掩体,避炮掩体应设在冲击波危险范围之外;掩体结构应坚固紧密,位置和方向应能防止飞石和有害气体的危害;通达避炮掩体的道路不应有任何障碍。

7.1.2 起爆站应设在避炮掩体内或设在警戒区外的安全地点。

7.1.3 露天爆破时,起爆前应将机械设备撤至安全地点或采用就地保护措施。

7.1.4 雷雨天气、多雷地区和附近有通讯机站等射频源时,进行露天爆破不应采用普通电雷管起爆网路。

7.1.5 松软岩土或砂矿床爆破后,应在爆区设置明显标识,发现空穴、陷坑时应进行安全检查,确认无危险后,方准许恢复作业。

7.1.6 在寒冷地区的冬季实施爆破,应采用抗冻爆破器材。

7.1.7 硐室爆破爆堆开挖作业遇到未松动地段时,应对药室中心线及标高进行标示,确认是否有硐室盲炮。

7.1.8 当怀疑有盲炮时,应设置明显标识并对爆后挖运作业进行监督和指挥,防止挖掘机盲目作业引发爆炸事故。

7.1.9 露天岩土爆破严禁采用裸露药包。

7.2 深孔爆破

7.2.1 验孔时,应将孔口周围0.5 m范围内的碎石、杂物清除干净,孔口岩壁不稳者,应进行维护。

7.2.2 深孔验收标准:孔深允许误差±0.2 m,间排距允许误差±0.2 m,偏斜度允许误差2%;发现不合格钻孔应及时处理,未达验收标准不得装药。

7.2.3 爆破工程技术人员在装药前应对第一排各钻孔的最小抵抗线进行测定,对形成反坡或有大裂隙的部位应考虑调整药量或间隔填塞。底盘抵抗线过大的部位,应进行处理,使其符合爆破要求。孔口抵抗线过小者,应适当加大填塞长度。

7.2.4 爆破员应按爆破技术设计的规定进行操作,不得自行增减药量或改变填塞长度;如确需调整,应征得现场爆破工程技术人员同意并做好变更记录。

7.2.5 台阶爆破初期应采取自上而下分层爆破形成台阶,如需进行双层或多层同时爆破,应有可靠的安全措施。

7.2.6 装药过程中发现炮孔可容纳药量与设计装药量不符时,应及时报告,由爆破工程技术人员检查校核处理。

7.2.7 装药过程中出现阻塞、卡孔等现象时,应停止装药并及时疏通。如已装入雷管或起爆药包,不得强行疏通,应保护好雷管或起爆药包,报告爆破工程技术人员采取补救措施。

7.2.8 装药结束后,应进行检查验收,验收合格后再进行填塞和联网作业。

7.2.9 高台阶抛掷爆破应与预裂爆破结合使用。

7.2.10 深孔爆破使用空气间隔器时,应确保空气间隔器与使用环境要求相匹配;使用前应进行空气间隔器充气速度测试和负荷试验;使用时不应损伤空气间隔器外防护层。

7.3 预裂爆破和光面爆破

7.3.1 采用预裂爆破或光面爆破技术时,验孔、装药等应在现场爆破工程技术人员指导监督下由熟练爆破员操作。

7.3.2 预裂孔、光面孔应按设计要求钻凿在一个布孔面上,钻孔偏斜误差不得超过1.5%。

7.3.3 布置在同一控制面上的预裂孔,应采用导爆索网路同时起爆,如同时起爆药量超过安全允许药量时,也可分段起爆。

7.3.4 预裂爆破、光面爆破应严格按设计的装药结构装药。若采用药串结构药包,在加工和装药过程中应防止药卷滑落;若设计要求药包装于钻孔轴线,应使用专门的定型产品或采取定位措施。

7.3.5 预裂爆破、光面爆破应按设计进行填塞。

7.3.6 预裂爆破孔应超前相邻主爆破孔或缓冲爆破孔起爆,时差应不小于75 ms。光面爆破孔应滞后相邻主爆破孔起爆。

7.4 复杂环境深孔爆破

7.4.1 复杂环境深孔爆破工程应设立指挥部,统筹安排设计施工及善后工作;设计前应对爆区周围人员、地面和地下建(构)筑物及各种设备、设施分布情况等进行详细的调查研究,爆破前还应进行复核。

7.4.2 爆破孔深一般应限制在20 m之内,并严格控制钻孔偏差。

7.4.3 应采用毫秒延时爆破,并严格控制可能发生的段数重叠;应按环境要求限制单段最大爆破药量,并采取必要的减振措施。

7.4.4 填塞长度应不小于底盘抵抗线与装药顶部抵抗线平均值的1.2倍。

7.4.5 起爆网路应由有经验的爆破员连接,并经爆破工程技术人员检查验收。

7.4.6 爆破有害效应的监测除按6.10有关规定执行外,对C级及以下级别的复杂环境深孔爆破工程,如认为可能引起民房及其他建(构)筑物、设施损伤,应作相应有害效应监测。

7.5 浅孔爆破

7.5.1 露天浅孔开挖应采用台阶法爆破。

7.5.2 在台阶形成之前进行爆破应加大填塞长度和警戒范围。

7.5.3 装填的炮孔数量,应以一次爆破为限。

7.5.4 采用浅孔爆破平整场地时,应尽量使爆破方向指向一个临空面,并避免指向重要建(构)筑物。

7.5.5 破碎大块时,单位炸药消耗量应控制在150 g/m³以内,应采用齐发爆破或短延时毫秒爆破。

7.6 保护层开挖爆破

7.6.1 建(构)筑物岩石基础邻近保护层开挖爆破时,应按要求控制单段爆破药量、一次爆破总装药量和起爆排数。

7.6.2 紧邻水平建基面的开挖,应优先采用预留保护层的开挖方法。紧邻水平建基面的岩体保护层厚度,应由设计或现场爆破试验确定,台阶爆破钻孔不应钻入预留的保护层内。

7.6.3 保护层的一次爆破法应根据施工条件在下列方法中选取,并经爆破技术负责人批准:

——水平预裂爆破与水平孔台阶爆破相结合的方法;

——水平预裂爆破与上部竖直浅孔台阶爆破相结合的方法;

——岩石较软或较坚硬,选用水平光面爆破与水平浅孔台阶爆破相结合的方法;

——孔底加柔性或复合垫层的台阶爆破法。

7.6.4 保护层开挖爆破方法,应经过试验验证后才能大规模实施,无论采用何种开挖爆破方式,钻孔均不应钻入建基面。

7.7 冻土爆破

7.7.1 冻土爆破应选择防水耐冻爆破器材。

7.7.2 冻土爆破施工前,应进行冻土温度测定,通过试爆确定爆破参数;当冻土温度发生变化时,应依据冻土物理力学性质的变化及时调整爆破参数。

7.7.3 采用现场加工聚能药包在冻土凿孔时,应制定安全操作细则并经爆破技术负责人批准。

7.8 硐室爆破

7.8.1 爆破作业单位应有不少于一次同等级别的硐室爆破设计施工实践,爆破技术负责人应有不少于一次同等级别的硐室爆破工程的主要设计人员或施工负责人的经历。

7.8.2 硐室爆破设计施工、安全评估和安全监理,除执行第4章、第5章、第6章的有关规定

外,还应重点考虑以下几个方面的安全问题:
- ——爆破对周围地质构造、边坡以及滚石等的影响;
- ——爆破对水文地质、溶洞、采空区的影响;
- ——爆破对周围建(构)筑物的影响;
- ——在狭窄沟谷进行硐室爆破时空气冲击波、气浪可能产生的安全问题;
- ——大量爆堆本身的稳定性;
- ——地下硐室爆破在地表可能形成的塌陷区;
- ——爆破产生的大量气体窜入地下采矿场和其他地下空间带来的安全问题;
- ——大量爆堆入水可能造成的环境破坏和安全问题。

7.8.3 在硐室开挖施工期间应成立工程指挥部,负责开挖工程组织、临时作业人员培训、考核和其他准备工作;爆破之前应按6.2.1的规定成立爆破指挥部。

7.8.4 硐室爆破导硐设计开挖断面不小于 1.5 m×1.8 m,小井不小于 1 m²,一般平硐坡度不小于1‰;掘进工程完成后,应由设计、施工、监理三方共同验收,主要验收标准为:
- ——硐内清洁无杂物,不残存爆破器材、爆渣和金属物;
- ——硐顶硐壁无浮石,支护地段稳固并做好地质编录工作;
- ——硐内无积水,渗漏的药室硐应设防水棚和排水沟;
- ——药室容积不小于设计要求,中心坐标误差不超过±30 cm;
- ——硐内杂散电流不大于 30 mA。

7.8.5 装药前应根据开挖工程验收结果及实测最小抵抗线大小,调整爆破设计并按硐口做出施工分解图,图中应标明:
- ——每个硐口内各药室的装药量、装药部位、起爆体编号雷管段别和安装位置;
- ——填塞段位置及填塞料数量;
- ——该硐内所需起爆器材、电线、线槽等的总量;
- ——辅助器材及工具。

7.8.6 硐室爆破起爆体由熟练的爆破员加工、存放、安装,且应满足下列要求:
- ——在专门场所加工、存放;
- ——质量不应超过 20 kg;
- ——外包装应用木箱,内衬作防水包装;
- ——应在包装箱上写明导硐号、药室号、雷管段别、电阻值;
- ——起爆箱内的雷管和导爆索结应固定在木箱内;
- ——起爆体运输、安装应由两名熟练的爆破员操作,并作安装记录;
- ——起爆体应存放在安全地点并有专人看守,不得存放在硐口、硐内。

7.8.7 装药应由爆破员在工作面操作或指挥,严格按设计分解图规定的数量(袋数)整齐紧密码放。

7.8.8 装药时可使用 36 V 以下的低压电源照明,照明灯应加保护网,照明线路应绝缘良好,电灯与炸药堆之间的水平距离不应小于 2 m;电雷管起爆体装入药室前,应切断一切电源并拆去除起爆网路外的一切金属导体,改为安全矿灯或绝缘手电筒照明。

7.8.9 每个药室装药完成后均应进行验收,核实装药和起爆网路连接无误后才允许进行填塞作业。填塞时应保护好硐内敷设的起爆网路。

7.8.10 硐室爆破填塞工作应由爆破员在工作面指挥,应使用编织袋装开挖石渣作填塞料,填塞应整齐、严密,不得有空顶,不得以任何方式减少填塞长度;硐内有水时应在硐底留排水沟并保持排水通畅;填塞过程应检查质量,填塞完成后应验收、记录。

7.8.11 硐室爆破应采用复式起爆网路并作网路试验;敷设起爆网路应由熟练爆破员实施、爆破技术人员督查,按从后爆到先爆、先里后外的顺序联网,联网应双人作业,一人操作,另一人监督、测量、记录,严格按设计要求敷设;电爆网路应设中间开关。

7.8.12 起爆站应配置良好的通讯设备,起爆站长负责站内工作,从联网工作开始,应安排专人看管起爆站。

7.8.13 爆后检查除应遵守6.8的规定外,还应在清挖爆破岩渣时派专人跟班巡查有无疑似盲炮,发现疑似盲炮的迹象,应立即停止清挖并设置警戒区,报告爆破技术负责人,进行排查处理。在排查处理期间禁止一切爆破作业。

7.8.14 重大硐室爆破工程应按设计要求安排现场小型试验爆破,并根据试验结果修改爆破设计。

7.8.15 硐室爆破结束后均应进行总结,总结报告除了应符合6.11的规定外,还应包括主要技术经济指标、社会效益和经济效益。

7.9 地震勘探爆破

7.9.1 实施地震勘探爆破的有关爆破人员应严格执行定岗、定责的规定,坚持规范上岗;爆破人员岗位或工作单位变动,要报上一级安全管理部门登记备案。

7.9.2 制作炸药包时,应设置半径大于15 m的警戒区,并远离炸药车15 m以上,远离无线电设备30 m以上;不应提前制作炸药包,炸药包不得在野外过夜。

7.9.3 往炮井中安放炸药包时,应由专人负责,炸药包下到井底并确认没有上浮后方可用细土、细砂埋井,不应用石块、砖块、冻土块、铁片等硬物埋井;严禁使用钻杆等机械往井下压炸药包。

7.9.4 起爆站应设在视野开阔与炮井通视条件良好的炮井上风方向的安全区内,如不能通视则应派人站在双方均能看到的安全位置,监视爆破点警戒区域内的安全情况并用旗语通知起爆站。起爆站距炮井的距离不应小于:
——砂土、黏土层,30 m;
——岩石、冻土层,60 m;
——井深小于5 m(或坑炮),100 m;
——特殊情况应按爆炸方式,使用药量由设计计算确定。

在起爆站周围30 m范围内,无关人员不应进入,站内不准堆放与爆破作业无关的物品。不应将两个(包含两个)以上炮井的炮线同时引到起爆站。

7.9.5 在水域进行地震勘探爆破施工时,应遵守第10章的有关规定。爆破作业船应有专人负责警戒,确保爆破点周围200 m内无任何船只和人员;爆破作业船与爆破点之间的距离不得小于100 m。

8 地下爆破

8.1 一般规定

8.1.1 地下爆破可能引起地面塌陷和山坡滚石时,应在通往塌陷区和滚石区的道路上设置警戒,树立醒目的警示标识,防止人员误入。

8.1.2 工作面的空顶距离超过设计或超过作业规程规定的数值时,不应爆破。

8.1.3 采用电力起爆时,爆破主线、区域线、连接线,不应与金属物接触,不应靠近电缆、电线、信号线、铁轨等。

8.1.4 距井下爆破器材库30 m以内的区域不应进行爆破作业。在离爆破器材库30 m～100 m区域内进行爆破时,人员不应停留在爆破器材库内。

8.1.5 地下爆破时,应明确划定警戒区,设立警戒人员和标识,并应采用适合井下的声响信号。发布的"预警信号""起爆信号""解除警报信号",应确保受影响人员均能辨识。

8.1.6 井下工作面所用炸药、雷管应分别存放在受控加锁的专用爆破器材箱内,爆破器材箱应放在顶板稳定、支架完整、无机械电气设备、无自燃易燃或其他危险物品的地点。每次起爆时均应将爆破器材箱放置于警戒线以外的安全地点。

8.1.7 地下爆破出现不良地质或渗水时,应及时采取相应的支护和防水措施;出现严重地压、岩爆、瓦斯突出、温度异常及炮孔喷水时,应立即停止爆破作业,制定安全方案和处理措施。

8.1.8 爆破后,应进行充分通风,检查处理边帮、顶板安全,做好支护,确认地下爆破作业场所空气质量合格、通风良好、环境安全后方可进行下一循环作业。

8.1.9 在城市、大海、河流、湖泊、水库、地下积水下方及复杂地质条件下实施地下爆破时,应作专项安全设计并应有切实可行的应急预案。

8.1.10 地下爆破应有良好照明,距爆破作业面100 m范围内照明电压不得超过36 V。

8.2 井巷掘进爆破

8.2.1 用爆破法贯通巷道,两工作面相距15 m时,只准从一个工作面向前掘进,并应在双方通向工作面的安全地点设置警戒,待双方作业人员全部撤至安全地点后,方可起爆。天井掘进到上部贯通处附近时,不宜采取从上向下的坐炮贯通法;如果最后一炮在下面钻孔爆破不安全,需在上面坐炮处理时,应采取可靠的安全措施。

8.2.2 间距小于20 m的两个平行巷道中的一个巷道工作面需进行爆破时,应通知相邻巷道工作面的作业人员撤到安全地点。

8.2.3 独头巷道掘进工作面爆破时,应保持工作面与新鲜风流巷道之间畅通;爆破后,作业人员进入工作面之前,应进行充分通风。

8.2.4 天井掘进采用大直径深孔分段装药爆破时,装药前应在通往天井底部出入通道的安全地点设置警戒,确认底部无人时,方准起爆。

8.2.5 竖井、盲竖井、斜井、盲斜井或天井的掘进爆破,起爆时井筒内不应有人;井筒内的施工提升悬吊设备,应提升到施工组织设计规定的爆破安全范围之外。

8.2.6 在井筒内运送起爆药包,应把起爆药包放在专用木箱或提包内;不应使用底卸式吊桶;不应同时运送起爆药包与炸药。

8.2.7 往井筒掘进工作面运送爆破器材时,应遵守14.1.6.1的规定,还应做到:除爆破员和信号工外,任何人不应留在井筒内;工作盘和稳绳盘上除押运爆破器材的爆破员外,不应有其他人员;装药时,不应在吊盘上从事其他作业。

8.2.8 井筒掘进使用电力起爆时,应使用绝缘良好的柔性电线或电缆作爆破导线;电爆网路的所有接头都应用绝缘胶布严密包裹并高出水面。

8.2.9 井筒掘进起爆时,应打开所有的井盖门;与爆破作业无关的人员应撤离井口。

8.2.10 用钻井法开凿竖井井筒时,破锅底和开马头门的爆破作业应制定安全技术措施,并报单位爆破技术负责人批准。

8.2.11 用冻结法施工竖井井筒,冻结段的爆破作业应制定安全技术措施,并报单位爆破技术负责人批准。

8.2.12 人工冻土爆破应采取下列措施确保冻结管安全:
—— 爆破前书面通知冻结站停止盐水循环;
—— 爆破后与冻结站人员一起下井检查,确认冻结管无损坏时,方可恢复盐水循环;
—— 在后续出渣和钻孔过程中,要认真观察井帮,发现有出水或出现黄色水迹,应立即通知冻结站,关闭有关冻结管并检查。

8.2.13 用反井法掘进时,爆破作业应遵循下列规定:
—— 反井应及时采用木垛盘支护;爆破前最后一道小垛盘距离工作面不应超过1.6 m;
—— 爆破前应将人行格和材料格盖严;爆破后,首先充分通风,待有害气体吹散,方可进入检查;检查人员不应少于两名;经检查确认安全,方可进行作业;
—— 用吊罐法施工时,爆破前应摘下吊罐,并放置在水平巷道的安全地点;爆破后,应指定专人检查提升钢丝绳和吊具有无损坏。

8.2.14 桩井爆破应遵守下列规定:
—— 桩井掘进爆破,应遵守井巷掘进爆破的有关规定;
—— 桩井爆破作业应有专人负责指挥;
—— 井深不足10 m时,井口应做重点覆盖防护;
—— 应控制爆破振动的影响,确保邻井井壁和桩体的安全;
—— 爆后应修整井壁并及时清渣。

8.3 地下大跨度硐群开挖爆破

8.3.1 深孔爆破的钻孔直径不应超过90 mm,台阶高度不应超过8 m。

8.3.2 大跨度硐室边墙、顶板及硐群交汇部位应进行预裂爆破或光面爆破。

8.3.3 当地下厂房需留岩锚梁时,岩锚梁岩壁保护层开挖应采用浅孔爆破法。

8.3.4 大跨度硐群开挖,应按设计的开挖顺序进行,爆破时应监控爆破振动对本硐室及相邻硐室的影响。

8.4 地下采场爆破

8.4.1 浅孔爆破采场应通风良好、支护可靠并应至少有两个人行安全出口;特殊情况下不具备两个安全出口时,应报单位爆破技术负责人批准。

8.4.2 深孔爆破采场爆破前应做好以下准备工作:
—— 建立通往爆区井巷的良好通行条件和装药现场的作业条件,必要时在适当位置建立防冲击波阻波墙;
—— 巷道中应设有通往爆破区和安全出口的明显路标,并设联通爆破作业区和地表爆破指挥部的通讯线路;
—— 现场划定爆破危险区,并在通往爆破危险区的所有井巷的入口处设置明显的警示标识;
—— 验收合格的深孔应用高压风吹干净,列出深孔编号,废孔应作出明显标识。

8.4.3 地下深孔爆破作业,应遵守7.2和7.3的有关规定,还应符合以下要求:
—— 装药开始后,爆区50 m范围内不应进行其他爆破;
—— 现场加工起爆药包应选择不受其他作业影响的安全地点;
—— 现场装药、填塞、联网、起爆,应由专职爆破员进行,遇有装药故障,应在爆破技术人员指导下进行处理;
—— 需要回收的装药操作台、人行梯子等物,应在起爆网路连接完成、并经现场爆破负责人检查无误后,由专人从工作面开始向起爆站方向依次回收。回收操作不得影响和损坏起爆网路。

8.4.4 地下开采二次爆破时,应遵守下列规定:
—— 起爆前应通知可能受影响的相邻采场和井巷中的作业人员撤到安全地点;
—— 人员不应进入溜井与漏斗内爆破大块矿石;
—— 人员不应进入采场放矿出现的悬拱或立槽下方危险区实施二次爆破;
—— 在与采场短溜井、溜眼相对或斜对的出矿漏斗处理卡斗或二次爆破时,应待溜井、溜眼下部的放矿作业人员撤到安全地点后方可进行,且爆破作业人员应有可靠的防坠措施;
—— 地下二次破碎地点附近,应设专用炸药箱和起爆器材箱,其存放量不应超过当班二次爆破使用量;
—— 在旋回、漏斗等设备、设施中的裸露药包爆破,应在停电、停机状态下进行,并应采取相应的安全措施。

8.5 溜井(含矿仓)堵塞处理

8.5.1 用爆破法处理溜井堵塞,不允许作业人员进入溜井,应采用竹、木等材料制作的长杆把炸药包送到堵头表面进行爆破振动处理。

8.5.2 当溜井堵塞、矿石粘壁,经多次爆振仍未塌落,准备采用特殊方法处理时,应制定和采取可靠安全措施,经爆破技术负责人批准后,在安全部门监护下作业。

8.5.3 用矿用火箭弹处理溜井堵塞时,应遵守下列规定:
—— 爆破员应经过火箭弹使用技术的专门培训;
—— 堵塞处不稳定(如掉石块)时,不得使用矿用火箭弹处理;
—— 用矿用火箭弹处理溜井堵塞时,相邻井巷、采场不应进行其他爆破作业;
—— 堵塞物一次未处理完,当班不应第二次用矿用火箭弹处理。

8.5.4 处理采场卡斗和悬顶爆破,应遵守下列规定:
—— 处理卡斗和悬顶人员,应经专门技术培训;
—— 处理卡斗和悬顶前,应保证作业人员进出通道畅通,观察人员应在照明充足和有人监护的条件下,确认卡斗、悬顶类型并做好记录;
—— 根据卡斗高度不同,应采用不同的处理方法(爆破振动法、直接爆破法和火箭弹法等);
—— 当有人进入漏斗作业时,应停止相邻采场的爆破和出矿,且应有专人监护和警戒;
—— 振动爆破每次用药量不超过2 kg,破碎爆破每次用药量不超过20 kg;
—— 巨型石块卡堵在漏斗上方无冒落危险采用浅孔爆破法处理时,应在漏斗内搭操作平台,支护四壁岩石;从支护到爆破完毕应连续作业;

——用爆破方法处理采场残柱及悬顶,应由爆破技术负责人组织制定处理方案并实施。

8.6 煤矿井下爆破(包括有瓦斯或煤尘爆炸危险的地下工程爆破)

8.6.1 井下爆破工作应由专职爆破员担任,在煤与瓦斯突出煤层中,专职爆破员应固定在同一工作面工作,并应遵守下列规定:

——爆破作业应执行装药前、爆破前和爆破后的"一炮三检"制度;

——专职爆破员应经专门培训,考试合格,持证上岗;

——专职爆破员应依照爆破作业说明书进行作业。

8.6.2 在有瓦斯和煤尘爆炸危险的工作面爆破作业,应具备下列条件:

——工作面有风量、风速、风质符合煤矿安全规程规定的新鲜风流;

——使用的爆破器材和工具,应经国家授权的检验机构检验合格,并取得煤矿矿用产品安全标识;

——掘进爆破前,应对作业面 20 m 以内的巷道进行洒水降尘;

——爆破作业面 20 m 以内,瓦斯浓度应低于 1%。

8.6.3 煤矿井下爆破作业,必须使用煤矿许用炸药和煤矿许用电雷管,不应使用导爆管或普通导爆索。煤矿和有瓦斯矿井选用许用炸药时,应遵守煤炭行业规定;同一工作面不应使用两种不同品种的炸药。

8.6.4 煤矿井下爆破使用电雷管时,应遵守下列规定:

——使用煤矿许用瞬发电雷管或煤矿许用毫秒延时电雷管;

——使用煤矿许用毫秒延时电雷管时,从起爆到最后一段的延时时间不应超过 130 ms。

8.6.5 煤矿井下应使用防爆型起爆器起爆;开凿或延深通达地面的井筒时,无瓦斯的井底工作面可使用其他电源起爆,但电压不应超过 380 V,并应有防爆型电力起爆接线盒。

8.6.6 推广使用新工艺、新设备、新器材等除应遵守 6.3.1.3 的规定外,煤矿井下使用新型爆破器材须经国家授权的检验机构检验合格,并取得煤矿矿用产品安全标识后,方可在煤矿井下试用。

8.6.7 装药前和爆破前有下列情况之一的,不应装药、爆破:

——采掘工作面的空顶距离不符合作业规程的规定、支架有损坏、伞檐超过规定;

——爆破地点附近 20 m 以内风流中瓦斯浓度达到 1%;

——炮孔内发现异状、温度骤高骤低、有显著瓦斯涌出、煤岩松散、穿透老采空区等情况;

——在爆破地点 20 m 以内,矿车、未清除的煤、矸或其他物体堵塞巷道断面 1/3 以上;

——采掘工作面风量不足。

8.6.8 炮孔填塞材料应用黏土或黏土与砂子的混合物,不应用煤粉、块状材料或其他可燃性材料。

炮孔填塞长度应符合下列要求:

——炮孔深度小于 0.6 m 时,不应装药、爆破;在特殊条件下,如挖底、刷帮、挑顶等确需炮孔深度小于 0.6 m 的浅孔爆破时,应封满炮泥,并应制定安全措施;

——炮孔深度为 0.6 m～1.0 m 时,封泥长度不应小于炮孔深度的 1/2;

——炮孔深度超过 1.0 m 时,封泥长度不应小于 0.5 m;

—— 炮孔深度超过 2.5 m 时,封泥长度不应小于 1.0 m;
—— 光面爆破时,周边光爆孔应用炮泥封实,且封泥长度不应小于 0.3 m;
—— 工作面有两个或两个以上自由面时,在煤层中最小抵抗线不应小于 0.5 m,在岩层中最小抵抗线不应小于 0.3 m;浅孔装药二次爆破时,最小抵抗线和封泥长度均不应小于 0.3 m;
—— 炮孔用水炮泥封堵时,水炮泥外剩余的炮孔部分应用黏土炮泥或不燃性的、可塑性松散材料制成的炮泥封实,其长度不应小于 0.3 m;
—— 无封泥、封泥不足或不实的炮孔不应爆破。

8.6.9 有煤(岩)和瓦斯突出危险的采掘工作面,废炮孔也应在爆破前用炮泥封实;大直径炮孔的填塞深度,应超过炮孔装药的长度。

8.6.10 在有瓦斯或煤尘爆炸危险的采掘工作面,应采用毫秒延时爆破;掘进工作面应全断面一次起爆;采煤工作面,可分组装药,但一组装药应一次起爆且不应在一个采煤工作面使用两台起爆器同时进行爆破。

8.6.11 在有瓦斯或煤尘爆炸危险的矿井中,放顶煤工作面不应用爆破挑顶煤。

8.6.12 爆破法处理卡在溜煤(矸)孔中的煤、矸时,应遵守下列规定:
—— 应采用取得煤矿矿用产品安全标识的用于溜煤(矸)孔的煤矿许用被筒炸药或不低于该安全等级的煤矿许用炸药;
—— 每次只准使用一个煤矿许用电雷管,最大装药量不应超过 450 g;
—— 爆破前应检查溜煤(矸)孔内堵塞部位上部和下部空间的瓦斯;
—— 爆破前应洒水。

8.6.13 采用振动爆破揭开有煤(岩)与瓦斯突出危险的煤层时,应按专门设计及规定进行,并应遵守以下规定:
—— 选用符合分级规定的爆破器材,采用铜脚线的煤矿许用毫秒电雷管且不应跳段使用;
—— 爆破母线应采用专用电缆,并尽可能减少接头,有条件的可采用遥控起爆器;
—— 爆破前应加强振动爆破地点附近的支护;
—— 振动爆破应一次全断面揭穿或揭开煤层;如果未能一次揭穿煤层,掘进剩余部分的第二次爆破作业仍应按振动爆破的安全要求进行。

8.6.14 振动爆破工作面,应具有独立、可靠、畅通的回风系统;爆破时回风系统内应切断电源,且不应有人员作业或通过。

8.6.15 振动爆破应由爆破技术负责人统一指挥,并有救护队员在指定地点值班,爆破 30 min 后,检查人员方可进入工作面检查。

8.6.16 石门揭煤采用远距离爆破时,应制定专项安全措施,内容应包括爆破地点、避灾路线、停电范围、撤人和警戒范围等。

8.6.17 煤巷掘进工作面爆破时,起爆地点应设在进风侧反向风门之外的全风压通风的新鲜风流中或避难硐室内,装药前回风系统必须停电撤人,爆破后不应小于 30 min 方允许进入工作面检查。

8.7 钾矿井下爆破

8.7.1 装药前应测定爆破作业面及其 20 m 以内的所有巷道和起爆站等重要部位空气中的

氢气和瓦斯浓度,确认无危险时,方准进行爆破准备工作。

8.7.2 起爆站应设在安全区的新鲜风流中。

8.7.3 装药前,应切断采区的动力电源和照明电源;起爆前,应检查起爆网路绝缘情况。

8.7.4 起爆网路的设计,应保证炮孔按逆风流方向依次顺序起爆。

8.7.5 爆后15 min,瓦斯检查员方准进入爆破作业面和电气设备附近检查瓦斯、氢气等浓度;确认无瓦斯爆炸危险,并检查确认动力电网、照明电网和电气设备无破损且绝缘良好,方可恢复送电;通风正常之后,方准人员进入工作面作业。

8.7.6 在有氢气和瓦斯爆炸危险的矿井爆破时,应使用符合钾矿爆破安全要求的爆破器材。

8.8 石油矿和地蜡矿井下爆破

8.8.1 应根据矿井空气中有毒气体、瓦斯和油蒸气等爆炸危险性气体的浓度,确定允许进行爆破作业的工作面,经单位爆破技术负责人批准后方可爆破。

8.8.2 在批准爆破作业的地点进行爆破,应遵守下列规定:
——确保爆破作业面有新鲜风流,可燃气体的浓度不超标;
——使用煤矿许用炸药;
——使用煤矿许用型雷管;
——不准使用裸露药包或不足1.0 m深的炮孔爆破;
——炮孔深度为1.0 m～1.5 m时,填塞长度不应小于孔深的1/2;炮孔深度超过1.5 m时,填塞长度不应小于孔深的1/3,且不小于0.75 m;不得采用无填塞爆破;
——有多个自由面时,每个方向的最小抵抗线不应小于0.5 m。

8.8.3 装药与起爆前,应测定工作面及其20 m以内的所有巷道和起爆站的瓦斯、油蒸气浓度。

8.8.4 应清除工作面及其20 m以内的各巷道底板上的石油,并覆盖砂子。

8.8.5 爆破作业现场应有专人监护。

8.8.6 每次爆破后,应有专人检查工作面及通风情况,经爆破技术负责人批准后,方准许人员进入工作面。

8.8.7 有轻石油和瓦斯强烈喷出的炮孔,不应装药爆破;只有少量滴状石油析出的炮孔,装药前应仔细清除油滴。

8.9 放射性矿井爆破

8.9.1 放射性矿井爆破与放射性物探应遵守下列规定:
——井下采掘作业面应根据物探编录进行爆破设计;
——凿炮孔前应对工作面进行γ取样,确定矿体厚度、品位,圈定矿体边界,打孔后应进行γ测孔,区分矿石和废石;
——根据物探测孔资料确定炮孔装药方案,实施分爆分采;
——爆破后应进行放射性测量,根据物探测量资料进行分装分运;
——采场作业面分爆分运之后,还需进行物探钻孔找边,只有在物探找边完毕后,才能实施上采钻孔的施工。

8.9.2 采用原地爆破浸出工艺的采场,在爆破筑堆前应结合采切工程进行生产探矿设计和施工,并根据生产探矿资料计算采场储量,作为深孔爆破施工设计和浸出效果评估的基础资料。

钻孔施工结束后及时验孔并同时进行物探测孔、编录和上图,为爆破装药设计提供资料,并按炮孔排面进行储量核算。

8.9.3 采场原地浸出爆破宜采用小补偿空间一次挤压爆破方式,挤压爆破空间补偿系数宜控制在15%～20%范围内。

8.9.4 原地爆破浸出采场的爆破作业应遵守下列规定:
——对于中等厚度以下矿体,采场采用上向平行凿岩,炮孔深度不应大于15 m;
——对于中等厚度以上矿体,可采用大于15 m 的深孔爆破,但应经过严格的论证;
——一次爆破取段长度控制在60 m以内;
——应保证爆破后80%以上的矿岩粒度小于150 mm;
——设计装药单耗比非原地爆破浸出采场的装药单耗增加20%～30%;
——爆破装药到起爆的时间不超过24 h。

8.9.5 放射性矿井爆破后的通风应符合下列规定:
——以稀释氡气及氡子体浓度作为计算爆破后通风量的依据;
——爆破后工作面通风时间不应少于30 min;
——井下深孔大爆破后应开启主风机,经通风吹散有害气体,达到设计要求的通风时间(不得少于48 h)后,安全检查人员佩带防护装置和检测仪器到各工作面检测有毒、有害气体的含量;
——只有氡气浓度小于2 700 Bq/m^3,方可允许作业人员进入工作面作业;
——原地爆破浸出采场的布液巷和集液巷应与矿井回风系统贯通,确保原地爆破浸出采场析出的氡引入回风系统。

8.9.6 放射性矿井的凿岩爆破作业人员应遵守下列规定:
——应佩带好防护用品(包括口罩、个人计量剂)才能进入工作面;
——每天只应上一班,每班作业时间不应超过6 h;
——作业结束后应洗澡,并经放射性剂量监测合格。

8.9.7 自然温度高于30 ℃的放射性矿井的工作面,应有完备的降温措施,保证工作面的温度低于30 ℃,同时适当控制持续作业时间。

8.9.8 水文地质条件复杂的大水铀矿床的采掘工作面应布置3个以上超前探水钻孔,钻孔深度不少于25 m。

8.10 隧道开挖爆破

8.10.1 隧道开挖方法应根据隧道周围环境、工程地质条件、开挖断面形式及尺寸、施工设备、工期等因素,选择全断面法、半断面法或分部爆破开挖法。

8.10.2 非长大隧道掘进时,起爆站应设在硐口侧面50 m以外;长大隧道在硐内的避车洞中设立起爆站时,起爆站距爆破位置应不小于300 m,并能防飞石、冲击波、噪声等对人员的伤害。

8.10.3 隧道爆破时,所有人员和机械应撤离到安全地点,警戒人员应从爆破工作面向外全面清场,待警戒人员到达起爆站后,确认隧道内无人方可进行起爆。

8.10.4 隧道贯通爆破应遵守8.2.1的有关规定;两条相邻平行隧道开挖爆破时,应遵守8.2.2的有关规定。

8.10.5　长大隧道掘进,应配备充足的通风设备加强通风,保证硐内空气质量符合标准。
8.10.6　用压气盾构法掘进隧道时,不应将爆破器材放在有压缩空气的区域内。
8.10.7　隧道掘进遇到煤夹层时,应进行瓦斯监测并调整人员避炮安全距离。

9　高温爆破

9.1　一般规定

9.1.1　高温爆破作业人员应经过专门培训,且形成固定搭配。
9.1.2　高温爆破温度低于80 ℃时,应选用耐高温爆破器材或隔热防护措施,温度超过80 ℃时,必须对爆破器材采取隔热防护措施。
9.1.3　装药前应测定工作面与孔内温度,掌握孔温变化规律;温度计应进行标定,确保测温准确。
9.1.4　高温爆破作业面附近的非爆破工作人员,应在装药前全部撤离。
9.1.5　装药时,应按从低温孔到高温孔的顺序装药;在既有高温孔又有常温孔的爆区,应先把常温孔装填好之后,再实施高温孔装药。
9.1.6　装药时,应根据孔温限定装药至起爆的时间,并做好人员应急撤离方案,在限定时间内所有人员撤离到安全地点。
9.1.7　装药时,应安排专人监督,发现炮孔逸出棕色浓烟等异常现象时,应迅速组织撤离。

9.2　高温岩石爆破

9.2.1　装药前应做好以下准备工作:
——降低炮孔温度;
——测温并掌握温度上升规律;
——爆破器材隔热防护。

9.2.2　降温应遵守以下规定:
——每次降温后,应重新测量孔深并监测升温过程,如果炮孔变浅或坍塌,应及时调整该炮孔及其周围炮孔的装药量;
——对回温较快的炮孔应采取进一步的降温措施,并注意观测温度变化;
——装药前爆破员要对炮孔的温度、孔深进行测量并做好记录。

9.2.3　装药前的测温应遵守以下规定:
——测温应两人同时进行,并在装药前将孔温在现场标注清楚;
——测温应使用两种不同类型的测温仪同时进行,并分别做好记录。

9.2.4　露天台阶高温爆破应采用垂直炮孔。
9.2.5　高温爆破时不得在高温炮孔内放置雷管,应采用孔内敷设导爆索、孔外使用电雷管和导爆管雷管的起爆方式;应将导爆索捆在起爆药包外,不得直接插入药包内。
9.2.6　应严格控制一次高温爆破的炮孔数目,确保在规定的时间内完成装药、填塞及起爆工作。
9.2.7　高温孔的装药应在炮孔的填塞材料全部备好,所有作业人员分工明确并全部到位,孔外起爆网路全部连接好后进行。
9.2.8　在装药过程中如发生堵孔,在规定时间内不能处理完毕,应立即放弃该孔装药,并注意观察。

9.3 高温高硫矿山爆破

9.3.1 高温高硫矿山爆破应遵守 9.2 的规定。

9.3.2 高温高硫矿(岩)的大规模爆破应选用稳定性高、不易自燃自爆的炸药;在矿岩与常用炸药接触有较强反应的区域进行爆破作业时,应使用防自燃自爆的安全炸药。

9.3.3 高温高硫矿(岩)的爆破,应尽量避免炸药与高温高硫矿石接触,应控制药包与炮孔壁的接触时间,必要时采取隔离措施。

9.3.4 在具有硫尘或硫化物粉尘爆炸危险的矿井进行爆破时,应遵守下列规定:
— 定期测量粉尘浓度;
— 不许采用裸露药包爆破和无填塞的炮孔爆破,炮孔填塞长度应大于炮孔全长的 1/3,并应大于 0.3 m;
— 装药前,工作面应洒水;浅孔爆破时,10 m 范围内均应洒水;深孔爆破时,30 m 范围内均应洒水;
— 爆破作业人员应随身携带自救器,使用防爆蓄电池灯照明。

9.3.5 在高温高硫矿井爆破时,应遵守下列规定:
— 应使用加工良好的耐高温防自爆药包,且药包不应有损坏、变形;
— 装药前应测定工作面与孔内温度,孔温不应高于药包安全使用温度;
— 爆前、爆后应加强通风,并采取喷雾洒水、清洗炮孔等降温措施;
— 用导爆索起爆时,应采用耐高温高强度塑料导爆索;
— 不应使用含硫化矿的矿岩粉作填塞物;
— 孔内温度为 60 ℃~80 ℃时,应控制装药至起爆的间隔时间不超过 1 h;
— 孔内温度为 80 ℃~120 ℃时,应用石棉织物或其他绝热材料严密包装炸药,采用防热处理的导爆索起爆,装药至起爆的间隔时间应通过模拟试验确定;
— 孔内温度超过 120 ℃时,应采用特种耐高温爆破器材。

9.3.6 在高硫矿井使用硝铵类炸药进行爆破,应事先测定硫化矿矿粉含硫量和铁离子浓度。当矿石含硫量超过 30%,矿粉硫酸铁和硫酸亚铁的铁离子浓度之和(三价铁和二价铁)超过 0.3%,作业面潮湿有水时,应遵守下列规定:
— 清除炮孔内矿粉;
— 炸药应包装完好,炸药不应直接接触孔壁;
— 不应使用硫矿渣填塞炮孔并严格控制装药至起爆的时间。

9.3.7 在同时具有高温、高硫和硫尘爆炸危险的矿井爆破时,应根据实地情况,制定操作细则并采取可靠的安全防护措施。

9.3.8 具有自燃自爆倾向的露天高温高硫矿山爆破应遵守以下规定:
— 爆前应实测炮孔温度,对高温炮孔应遵守 9.3.5、9.3.6、9.3.7 的有关规定;
— 应采用添加抑制剂的乳化炸药,或使用高强度塑料袋进行隔离;
— 实施大规模爆破前,应模拟装药条件(炮孔有水,相同环境、炸药、温度等)进行试验,取得可靠经验后,再实施爆破作业;
— 不许实施预装药爆破;
— 应在整个爆区装药完毕后集中填塞,并同时连接起爆网路。

9.4 热凝结物爆破

9.4.1 热凝结物破碎宜采用钻孔爆破,用专门加工的炮泥填塞。

9.4.2 炮孔底部温度超过 200 ℃时,应采用定型隔热药包向炮孔内装药;温度低于 200 ℃时,炮孔内药包应进行隔热处理,确保药包内温度不超过 80 ℃。

9.4.3 装药前,先对炮孔进行强制降温,然后测定隔热包装条件下的包装内部温度上升曲线,确认 5 min 后隔热包装内的温度。

9.4.4 如孔内装雷管应采用双发,爆破前应先做隔热包装试验,保证雷管在 5 min 内不发生自爆。

9.4.5 孔内装导爆索时,爆破前应做导爆索隔热试验,确保传爆可靠。

9.4.6 热凝结物爆破开始装药前应作好清场、警戒工作。

9.4.7 多个药包同时爆破且炮孔底部温度高于 80 ℃时,每人装药的孔数不得超过两个,装药时间内炸药温度不得超过 80 ℃。

9.4.8 采用新型隔热材料应经模拟试验,确认安全可靠;定型隔热药包的作业时间和装药孔数应根据产品说明书和模拟试验结果确定。

9.4.9 热凝结物爆破出现盲炮时,待其自爆后再解除警戒;如需人工处理盲炮,应大量洒水使凝结物温度降至 80 ℃以下再进行处理。

9.4.10 邻近有金属熔液出炉作业时,炉内不准进行爆破。

10 水下爆破

10.1 一般规定

10.1.1 进行水下爆破工程前,应征得有关部门许可,并由海事部门发布航行通告。

10.1.2 水下爆破实施前,爆破区域附近有建(构)筑物、养殖区、野生水生物需保护时,应针对爆破飞石、水中冲击波(动水压力)、爆破振动和涌浪等水下爆破有害效应制定有效的安全保护措施。

10.1.3 爆破作业船(平台)上的工作人员,作业时应穿好救生衣,无关人员不应登上爆破作业船(平台)。爆破施工时,爆破作业船(平台)及其辅助船舶应悬挂信号(灯号);水域危险边界上应设置警告标识、禁航信号。

10.1.4 进行水下爆破前,除按 6.2 的规定作相应准备工作外,还应准备救生设备,选择爆破作业船及其辅助船舶并报批爆破器材的水上运输和贮存方案,调查水域中有无遗留的爆炸物和水中带电情况。

10.1.5 爆破作业负责人应根据爆破区的地质、地形、潮汐、水深、流速、流态、风浪和周围环境等情况布置爆破作业。

10.1.6 水下爆破应使用防水或经防水处理的爆破器材并进行与实际使用条件相应的抗水、抗压试验;爆破器材可存放在专用贮存船内。

10.1.7 水下爆破采用导爆管起爆网路时,水下不应有导爆管接头和接点;采用导爆索起爆网路时,水下导爆索的接头或接点应做防水处理,同时应在主爆线上加系浮标,使其悬吊;采用电爆网路时,水下导线宜采用柔韧绝缘铜线并避免水中接头。

10.1.8 在流速较大的水域进行爆破作业时,应采用高强度导爆管雷管起爆网路,并对爆破网路采取有效的防护措施。

10.1.9 水下爆破施工中,爆区附近有重要建(构)筑物、水生物需保护时,一次爆破药量应由小逐渐加大,并对水中冲击波、涌浪、爆破振动等进行监测和观察。

10.2 水下裸露药包爆破

10.2.1 水下裸露药包爆破只宜在爆夯、挤淤及水下钻孔爆破难以实施时采用。

10.2.2 水下裸露爆破的药包,应在专用的加工房或加工船上制作,并适当配重;加工区和存放区应采取绝缘、隔热处理并留有足够的安全距离。

10.2.3 投药船应采用结构坚固、技术性能良好的船只,工作舱内和船壳外表不应有尖锐的突出物,作业舱内不应存放任何带电物品。

10.2.4 在急流区域投药时,投药船应由定位船或有固定端的绳缆牵引。定位船不应走锚移位。

10.2.5 投药船离开投放药包地点前,应检查船底、舵板、推进器、装药设备等是否挂有药包或缠有网路线。

10.2.6 已投入水底(水中)的裸露药包,不应拖曳和撞击,应采取防止漂移措施并设置浮标。

10.3 水下钻孔爆破

10.3.1 水下钻孔爆破宜一次钻孔至炮孔设计的底标高,爆破顺序按由深水至浅水、由下游至上游的方向进行。

10.3.2 钻孔船(平台)应稳固,定位应准确并经常校核;钻孔位置的偏差:内河应小于 20 cm,沿海应小于 40 cm。

10.3.3 装药前应将孔内的泥砂、石屑吹净;在现场加工起爆药包,加工完毕应立即装入孔内。

10.3.4 装药时应拉稳药包提绳,配合送药杆进行,不应强行冲击、挤压卡塞在孔内的药包;深水爆破采用金属杆作为送药杆时,应对接触药包端作绝缘处理。

10.3.5 水下深孔采取孔内分段装药时,段间应有间隔填塞;采用孔内延时爆破时填塞长度不得小于炸药殉爆距离。

10.3.6 水下钻孔爆破应采用小于 2.0 cm 的碎石或粗砂填塞,填塞长度应不少于 0.5 m。

10.3.7 水下钻孔爆破采用延时起爆网路时,延时雷管宜放入孔内;采用孔外延时起爆网路时,应采取措施对起爆网路进行保护。

10.3.8 钻机移位时应将钻杆和套管提离水面,不得刮(挂)断爆破网路;移船及涨潮、落潮时,应适当收放导线(导爆管);导线(导爆管)上附有漂浮物时,应及时清理。

10.3.9 水下钻孔爆破连续作业时,爆破器材可存放在主管部门认可的临时专用贮存舱房内。

10.3.10 水下钻孔爆破应确保孔内炸药、雷管在防水有效时间内正常起爆。

10.4 水下岩塞爆破

10.4.1 水下岩塞爆破的设计除应遵照 5.2 的有关规定外,还应包括以下内容:
— 岩塞口水下地形图及地质剖面图(1∶100~1∶200);
— 岩塞与聚渣坑的稳定性及其围岩渗漏性的分析;
— 对水文地质情况的分析;
— 采用硐室方案时,导硐及硐室开挖程序和相应爆破规模的规定;

——采用泄渣方案时,应对泄渣硐的损坏情况进行分析,并制定相应的应对措施;
——岩塞周边应采用预裂或光面爆破;
——水中冲击波、涌水对周围建(构)筑物影响的分析论证。

10.4.2 岩塞厚度小于10 m时,不应采用硐室爆破法。

10.4.3 岩塞体漏水量过大时,应作引水或止水处理。

10.4.4 装药工作开始之前,应将距岩塞工作面50 m范围内的所有电气设备全部撤离。

10.4.5 岩塞爆破应采用复式导爆管雷管起爆、电雷管起爆或数码电子雷管起爆网路;爆破器材应按设计要求进行防水试验,起爆网路应有可靠的保护措施。

10.5 破冰爆破

10.5.1 破冰爆破的爆破段(班)长,应由有破冰经验的爆破工程技术人员担任。

10.5.2 保护物周围的冰层,应先用人工或机械破碎;在特殊情况下,经爆破技术负责人批准和有关部门同意,才可使用小药包爆破破碎保护物周围的冰层。

10.5.3 用爆破法排除保护物附近的阻塞冰块、冰排时,一次爆破的炸药量应根据保护物、堤坝的坚固性和安全距离确定。采用火炮进行破冰排凌时,应严格控制弹丸破片对周边环境的有害影响。

10.5.4 从气垫船跨至冰层上作业的爆破人员,应穿好救生衣,携带杆子和木板,并系好安全带;待爆破人员撤至安全区域后,方可起爆。

10.6 爆炸挤淤与夯实

10.6.1 用裸露药包爆破时,应遵守10.2的规定。

10.6.2 爆炸挤淤筑堤置换厚度宜控制在4 m~25 m,布药施工中应遵守下列规定:
——每个药包内都应装有起爆体并捆扎牢固,传爆用的导爆索或导爆管应有保护措施;
——导爆索搭接长度不应少于0.3 m,不应用导爆索或导爆管拉扯重物;
——采用压入式装药机装药时,不应挤压或撞击药包、导爆管或导爆索;采用振冲式装药时,应先将套管振压就位后再投放药包,药包在套管内时不应开启振动装置;投放药包时,不应使药包在套管内自由坠落;
——泥下装药时,装药器应有可靠的脱钩装置,避免装药器在上拔过程中将药包带出;
——装药时,应对每个药包的装药深度、装药位置进行检查,对不符合要求的及时处理。

10.6.3 爆炸夯实分层夯实厚度不应大于12 m;当药包在水面下的深度大于8 m时,分层夯实厚度不应超过15 m。

10.6.4 爆炸夯实布药施工中应遵守下列规定:
——可采用水上布药船布药,低潮露出石面时也可采用人工陆上布药,可选用点、线或面的布药方式进行;
——应对药包捆扎配重物,避免移位;
——受风或水流影响时,应逆风或逆流布药;受风和水流同时影响时,应逆流布药;
——在水位变动区施工时,应保证起爆时水深符合爆破设计要求。

10.6.5 在饱和砂(土)地基附近进行爆破作业时,应遵照13.8.5的规定。

10.7 潜水爆破和水下结构物解体爆破

10.7.1 海上救助、沉船打捞、水下结构物解体、深水炸礁采用潜水爆破时,允许在作业船上设置供爆破器材贮存和加工的临时专用舱。

10.7.2 海上运输爆破器材,应使用符合航海等级的船舶,爆破器材应包装完好,不准分拆装卸。

10.7.3 潜水爆破应有良好的通讯设备,夜间进行潜水爆破应有良好的照明和通讯设备。

10.7.4 潜水爆破作业前,应对被爆物(如沉船等)进行调查和检测,如果被爆物内有易燃、易爆、有毒、放射性等危险物品时应采取有效的安全措施。

10.7.5 潜水爆破应在潜水员离开水面并将作业船移至安全地点后,方可起爆。

10.7.6 在潜水爆破作业时严禁进行与爆破无关的水下作业。

10.7.7 潜水爆破的炸药包,应由经过爆破培训的潜水员安放,潜水员的作业还应同时遵循相关的潜水安全操作规程。

10.7.8 同一爆破区的起爆导线,应并为一束,并用绳索加强,下端固定;潜水员出水时应避免潜水装备或管线等与起爆网路缠挂。

10.7.9 打捞爆破,爆后应进行水下探摸,确定无盲炮后方可开始打捞工作。

10.7.10 采用电力起爆网路进行潜水爆破时,应遵守下列规定:
——应用抗杂电和防水的金属壳电雷管;
——起爆主线应用双芯屏蔽电缆;
——安放药包时,不应使用水下照明灯;
——潜水员离开水面之前,不应校核起爆网路电阻和连接起爆主线。

10.7.11 钢结构拆除和沉船解体爆破应遵守下列规定:
——药条应紧贴钢结构拆除构件、船体;
——海况差时应采用复式起爆网路,海况恶劣时应禁止进行爆破作业;
——爆破点多、药量大时应采用毫秒延时爆破,但须采取措施,防止发生殉爆。

11 拆除爆破及城镇浅孔爆破

11.1 设计文件

11.1.1 拆除爆破及城镇浅孔爆破若无特别要求,宜将技术设计与施工组织设计合并编写。

11.1.2 拆除爆破及城镇浅孔爆破应按下列规定进行爆区周围设施、建(构)筑物的保护和安全防护设计:
——根据被保护建(构)筑物或设备允许的地面质点振动速度,限制最大一段起爆药量及一次爆破用药量,或采取减振措施;
——拆除高耸建(构)筑物时,应考虑塌落振动、后坐、残体滚动、落地飞溅和前冲等发生事故的可能性,并采取相应的防护措施,提出必要的监测方案;
——对爆破体表面进行有效覆盖;
——对保护物作重点覆盖或设置防护屏障;
——采取防尘、减尘措施。

11.1.3 对爆区周围道路的防护与交通管制,应遵守下列规定:
——使拆除物倒塌方向和爆破飞散物主要散落方向避开道路,并控制残体塌散影响范围;
——规定断绝交通、封锁道路或水域的地段和时间。

11.1.4 对爆区周围及地下水、电、气、通讯等公共设施进行调查和核实,并对其安全性做出论证,提出相应的安全技术措施。若爆破可能危及公共设施,应向有关部门提出关于申请暂时停水、电、气、通讯的报告,得到有关主管部门同意方可实施爆破。

11.1.5 水下及临水拆除爆破设计,应考虑水中冲击波和地震波在水饱和介质中传播的特性并加大安全允许距离。

11.2 施工准备

11.2.1 拆除爆破及城镇浅孔爆破应采用封闭式施工,围挡爆破作业地段,设置明显的警示标识,并设警戒;在邻近交通要道和人行通道的方位或地段,应设置防护屏障和信号标识。

11.2.2 爆破作业前,应清理现场,准备现场药包临时存放与制作场所。

11.2.3 拆除爆破及城镇浅孔爆破应在爆破设计人员参与下对炮孔逐个进行验收,复核最小抵抗线的大小,根据每个炮孔的实际状况调整装药量;对不合格的炮孔应提出处理意见;对截面较小的梁柱构件,钻孔宜采用中心线两侧交错布孔方法。

11.2.4 拆除爆破应进行试验爆破,试爆方案内容包括:
——了解结构及材质、核定爆破设计参数;
——进行结构整体稳定性分析,保证试爆不影响结构的稳定;
——监测方法和爆后处置措施。

11.2.5 试爆方案应经爆破技术负责人批准,并应在爆破设计人员的指导下进行试爆。存在下列情况,拆除爆破可以不进行试爆:
——试爆可能危及被拆建(构)筑物的稳定;
——周围环境不允许试爆。

11.3 预拆除

11.3.1 建(构)筑物拆除爆破的预拆除设计,应征求结构工程师的意见并保证建(构)筑物的整体稳定。

预拆除工作应在工程技术人员的指导下进行。

11.3.2 预拆除工作应在装药前完成,预拆除和装药作业不应同时进行。

11.4 装药、填塞、覆盖防护

11.4.1 拆除爆破及城镇浅孔爆破装药作业,应设置相应的装药警戒范围,严禁无关人员进入。

11.4.2 拆除爆破及城镇浅孔爆破的每个药包,应按爆破设计要求计量准确,并按药包重量、雷管段别、药包个数分类编组放置;应设专人负责登记、办理领取手续,并设专人监督检查装药作业。

11.4.3 不能在当天完成装药爆破时,应设临时存放点,严格划定警戒范围并进行昼夜警戒。

11.4.4 所有装药炮孔均应做好填塞,并防止炮泥发生干缩。

11.4.5 应按爆破设计进行防护和覆盖,起爆前由现场负责人检查验收,对不合格的防护和覆盖提出处理措施。防护材料应有一定的重量和抗冲击能力,应透气、易于悬挂并便于连接固定。

11.4.6 装药、填塞和覆盖防护时应保护好起爆线路。

11.5 起爆网路与起爆

11.5.1 拆除爆破及城镇浅孔爆破严禁采用裸露爆破及孔外导爆索起爆网路。

11.5.2 爆区附近有高压输电线和电讯发射台时,应采用导爆管雷管起爆网路。

11.5.3 防护及覆盖工作完成后,应重新检查起爆网路。

11.5.4 起爆前应派人检查现场,核实警戒区无人并核查起爆网路无误后报告现场指挥,由现场指挥下令将起爆装置接入起爆网路。

11.5.5 在有瓦斯(如下水道)、城市煤气管道和可燃粉尘的环境进行拆除爆破,应按8.6的有关规定制定安全操作细则。

11.6 爆后检查、盲炮处理

11.6.1 因设计失误或出现盲炮造成建(构)筑物未倒塌或倒塌不完全的,应由爆破技术负责人、结构工程师根据未倒塌建(构)筑物的稳定情况及时改变警戒范围,提出处置方案,未处理前不应解除警戒。

11.6.2 爆破作业人员应跟踪建(构)筑物解体、塌散体及岩渣清理作业的全过程,及时处理可能出现的盲炮并回收残留爆破器材。

11.7 楼房类建筑物爆破拆除

11.7.1 楼房类建筑物爆破拆除倒塌方式的选取,应遵守以下规定:
——根据建筑物的结构特点、环境条件等因素,综合确定倒塌方式;
——当倒塌场地条件受限制时,应采用原地坍塌、单向折叠或双向折叠、逐段塌落的倒塌方式;
——虽有足够的倒塌场地,但因周边环境要求需控制塌落振动时,应采取多切口的单向折叠或多向折叠倒塌方式。

11.7.2 建筑物拆除爆破后出现未倒塌或未完全倒塌的事故时,在确定建筑物处于稳定状态的情况下,由有经验的技术人员入内检查,并按下列方式处置:
——如果属于起爆网路问题,经爆破技术负责人批准后,可重新连接网路爆破;
——因设计原因造成未倒塌或未完全倒塌的,宜采用机械方法处理;
——如机械拆除存在严重安全问题,确需采用爆破方法施工的,需对未倒建筑物进行结构分析,重新制定爆破方案。

11.7.3 剪力墙、筒体结构的楼房可采取将墙体等效为柱子的承载方法进行预拆除,爆破时应采用高等级的防护措施。钢筋混凝土剪力墙应进行试爆调整爆破设计参数。

11.8 烟囱、冷却塔类构筑物爆破拆除

11.8.1 烟囱、冷却塔类构筑物爆破拆除,宜采用定向倒塌的爆破方案;因场地限制,倒塌长度不足时,可采用双向折叠或提高爆破切口位置的爆破方案。

11.8.2 采用定向倒塌爆破方案时,应对保留的支撑部分进行强度设计校核,且爆破切口最大断面所对应的圆心角应根据校核设计确定。

11.8.3 应由专业测量人员准确测定烟囱高度、垂直度以及倒塌中心线、定向窗的位置。要考虑风载荷、结构不对称(烟道、出灰口、爬梯、烟囱筒体内井字梁和灰斗)对倒塌方向的影响。

11.8.4 爆破拆除施工作业的预拆除、钻孔、起爆网路都应保持对于设计倒塌方向中心线的对称性。

11.8.5 爆破拆除烟囱、冷却塔类构筑物时,应考虑爆后筒体后坐及残体滚动、筒体塌落触地的飞溅、前冲,并采取相应的防护措施。

11.8.6 要做好防止烟囱、冷却塔塌落着地瞬间筒体两端冲出的强空气流,对爆区附近设备及设施造成破坏性影响。

11.8.7 烟囱、冷却塔类构筑物爆破拆除时,应清除地面积水、碎石;可将地面挖松,或开挖沟槽,并在地面堆起一定高度的土埂,组合成沟埂减振措施。

11.9 桥梁构筑物爆破拆除

11.9.1 应根据桥梁的结构类型、环境条件选择安全合理的爆破拆除总体方案。

11.9.2 桥梁爆破拆除设计方案应仔细分析桥梁结构体的整体受力关系,校核预拆除及试爆后桥梁的力学平衡状态。

11.9.3 若需采用水压爆破方法拆除箱式桥梁构件,应按11.12的相关规定执行,并根据桥梁承载能力校核最大注水量。

11.9.4 爆破拆除设计应将桥梁桩柱(桥墩)间节点处的钻爆方案作为重点,确保爆后连接部分解体充分。

11.9.5 应对桥梁爆破残渣落水产生的涌浪危害进行分析,并采取必要的防护措施。

11.9.6 施工期间应设立交通封闭管理区,桥上、桥下严禁通行。

11.10 基坑钢筋混凝土支撑爆破拆除

11.10.1 采用预埋管装药爆破方案时应编制埋管设计说明书,详细说明预埋管的位置、深度、材质和施工方法。预埋管的敷设应在爆破设计人员的指导下进行。

11.10.2 爆破前应对每个炮孔的孔位、深度和角度进行验收,对不合格的炮孔应采取加深、回填、重新钻孔等措施以确保炮孔符合设计要求。

11.10.3 当采用大规模或一次性爆破拆除基坑钢筋混凝土支撑时,应采用全封闭的防护棚,防护棚应严格按设计要求搭设并有严格的质量验收制度。

11.10.4 大面积支撑一次性爆破时,应充分论证起爆网路的可靠性。

11.11 围堰、堤坝和挡水岩坎爆破

11.11.1 围堰、堤坝和挡水岩坎的拆除爆破应遵守10.1的有关规定,设计文件除5.2.3、5.2.4规定的内容外还应包括以下内容:
——爆破区域与周围建(构)筑物的详细平面图;
——水下地形地质图及人工围堰的竣工图;
——爆破对周围被保护建(构)筑物和岩基影响的详细论证;
——爆破后需要过流的工程,应有确保过流的技术设计和措施。

11.11.2 混凝土围堰和堤坝工程需要爆破拆除时,宜在修建前作出爆破拆除设计,修建时预留出爆破拆除的装药空间。

11.11.3 应按周围设施安全要求严格控制单段最大药量,爆区两侧采用预裂或光面爆破,确保附近建(构)筑物的安全。

11.11.4 应采用复式或双复式起爆网路。

11.11.5 应根据工程要求进行爆破有害效应的监测,并长期保留测试资料。

11.12 水压爆破

11.12.1 水压爆破应避免泄水对周围环境造成危害。

11.12.2 拆除物盛水部位应按设计要求注水并校核注水后结构的安全。

11.12.3 装药时应将药包定位在设计位置,不得采用起爆电线或导爆管直接悬挂药包。

11.12.4 水压爆破使用的爆破器材与起爆网路连接应符合 10.1.6 和 10.1.7 的有关规定。

12 特种爆破

12.1 金属破碎爆破与爆炸加工

12.1.1 一般规定

12.1.1.1 金属破碎爆破和爆炸加工作业,应在专用爆炸场(坑)内进行。爆炸场(坑)或专用厂房的结构设计应保障使用安全并能长期使用。

12.1.1.2 爆炸加工场应建在空旷且有优越自然屏障条件的丘陵或山区;应远离居民点、高压线、强射频台、桥梁、铁道、公路、水坝、通信光缆等设施;最大装药爆炸时,在最近的工业及民用建筑物上的空气冲击波超压应不大于 2 kPa,在最近村庄和居民区的爆炸噪声应符合表 5 的规定。

12.1.1.3 爆炸加工场的安全范围按飞散物安全允许距离和爆破冲击波对人员的安全允许距离确定。

在安全范围边界处应设有围墙、篱笆或铁网,并只设一条进入作业场地的通道。

12.1.1.4 爆炸加工场应设有避炮掩体。避炮掩体应能够抵抗飞散物,掩体观察口应可视爆炸点全景,掩体入口方向应与爆炸点相背;掩体到爆炸点的距离按空气冲击波对人员的安全允许距离计算;掩体空间以能容纳 3 人为宜。

12.1.1.5 进行室内爆炸加工的厂房应有防振基础、防塌墙及轻型屋顶,地基周围应有减振沟。建筑物的高度和结构,减振沟的深度等,均应根据最大允许炸药量确定。

12.1.1.6 爆炸加工厂房应包括作业建筑物和辅助建筑物两部分。非操作人员禁止进入作业建筑物。

12.1.1.7 爆炸加工厂房应有良好的通风系统,还应设有安全联锁装置、加工作业所需要的给排水系统和真空系统。其测试线路与起爆线路要严格分开铺设。

12.1.1.8 炸药配置和药包制作应采用专用工具并在专用场所进行;炸药中不应混入砂子或金属屑等杂物。

12.1.1.9 爆炸压床操作时,雷管与炸药被送入爆炸腔内且关严后,才允许起爆。

12.1.1.10 火药锤应以黑火药或无烟药作能源;最大装药量应由设计确定,不得超药量进行操作。

12.1.1.11 在爆炸加工厂房、爆炸坑、地下室等密闭空间进行爆破后,应充分通风,待有害气体吹散、空气质量达标后,方可进行新的作业。

12.1.1.12 加工梯恩梯、硝化甘油等炸药的人员,应做好卫生防护工作。

12.1.1.13 未完全爆炸的残药应仔细回收,单独保存,集中销毁。

12.1.2 金属破碎爆破

12.1.2.1 采用多个药包同时破碎金属时,应使用瞬发雷管或导爆索起爆。

12.1.2.2 用火焰喷射法在金属内钻孔时,应待孔壁温度降到 40 ℃ 以下且孔内金属屑清除干净后,方准装药。

12.1.2.3 用裸露药包爆破破碎金属时,炸药应设置于工件上表面,不应将炸药设置在工件之下或工件空腔内;采用双向装药爆炸切割时,炸药应交错安放在工件两侧。

12.1.3 聚能切割爆破

12.1.3.1 对建(构)筑物进行聚能爆破拆除的爆破作业单位的爆破工程技术负责人员,应具有相应级别的特种爆破资质和拆除爆破资质。

12.1.3.2 裸露布放聚能切割器时,应对空气冲击波、爆炸飞溅物进行控制与防护,并防止高温飞溅物引起次生火灾。

12.1.3.3 聚能切割器的加工与组装应遵守下列规定:
——大量使用聚能切割器材爆破时,应采用定型的聚能切割器材或向生产厂家订制;少量使用时,可进行现场加工和组装简单的聚能切割器材,现场一次加工药量不大于40 kg;
——现场加工与组装聚能切割器材时,应选择安全地点设置专用的加工、组装工房;
——施工前应复验聚能切割器材的起爆、传爆性能和切割破碎指标。

12.1.3.4 采用火焰切割进行预处理时,应待火焰切割部位冷却到60 ℃以下,清理干净周边高温焊渣后,方可安装聚能切割器。

12.1.3.5 在有可燃可爆气体、粉尘场所,应测定气体和粉尘的成分与浓度,并采取措施使其浓度降到爆炸极限点以下,方可进行爆破作业。

12.1.3.6 安放药包前应清理干净聚能药包固定位置的铁锈、油污、水珠等,并在布药位置标明切割器长度、雷管段别、连接方法。

12.1.3.7 聚能切割器应采用端面起爆或棱上起爆,聚能药包的聚能穴朝向应对准待切割体并背离被保护体方向;在切割平板类材料时,聚能药包应固定在材料的外表面;环形切割器安放时应采取相应措施测定并固定好环形聚能切割器位置。

12.1.3.8 对临近的被保护体应进行覆盖防护或设置防护屏障;聚能切割高耸钢架构筑物时,应考虑钢架后坐及残体滚动、落地飞溅前冲可能引起的安全问题,并采取相应的防护措施。

12.1.3.9 聚能切割爆破应采用导爆管雷管或导爆索起爆网路;两个以上聚能切割器进行延时聚能切割时,应防止先爆区域碎片损坏后爆区域网路与爆破器材。

12.1.3.10 聚能爆破的安全允许距离由爆破设计确定,但不小于150 m。

12.1.3.11 爆后检查的等待时间按6.8.1的规定执行;聚能切割爆破高耸建筑物时,应等倒塌建筑物和保留建筑物稳定后,方可进入爆破现场检查。

12.1.3.12 水下聚能切割爆破应遵循第10章的有关安全规定。

12.1.3.13 水下聚能切割器应准确定位,并牢靠地固定在待切割体上。

12.1.3.14 当水下聚能切割药包周边有被保护物体时,应对聚能切割器外壳进行强化处理,减小外壳对四周的损坏范围。

12.1.4 爆炸复合

12.1.4.1 专业从事爆炸复合的企业应配备专业人员调配专用炸药并配备专业的生产设施。

12.1.4.2 凡进入爆炸复合作业现场的一切机动车辆必须安装机动车排气火花熄灭器。

12.1.4.3 爆炸复合作业场地应平整,应清除地面石渣及直径50 m范围内的杂草、灌木等可燃物,必要时在爆炸复合基板下面铺垫经过筛选的细沙土、矿岩粉等松软材料。

12.1.4.4 装药前,除装药车以外的所有车辆应撤离现场;装药应使用木制等不产生火花和静电的器具;剩余的爆炸物品,不得在现场存放。

12.1.4.5 爆炸复合炸药应选用操作安全、爆轰稳定的低爆速炸药。

12.1.4.6 爆炸复合应使用木框、油毡纸或硬纸板框敷设炸药,不应用金属框(如型铝框)敷设炸药。

12.1.4.7 内衬管爆炸复合时,应由熟练爆破员在衬管内腔装药,现场应有专业技术人员指导;设定安全允许距离时,应考虑金属管炸裂形成飞散物的影响。

12.1.4.8 管-管外爆炸复合时,装于外管外侧的装药外表面应用油毡纸、硬壳纸或薄壁塑料管进行包裹。

12.1.5 爆炸成型、爆炸压实、爆炸硬化与爆炸合成

12.1.5.1 爆炸成型、爆炸压实、爆炸硬化与爆炸合成等爆破作业应在专用的爆炸加工场内或专用的爆炸井、爆炸容器中进行,严禁超设计药量爆破;安全允许距离由设计确定。

12.1.5.2 露天爆炸硬化、爆炸压实与合成,爆破前应清除地面石渣及直径 30 m 范围内的杂草、灌木等可燃物;同时进行多个硬化、压实与合成爆破时,应采用瞬发雷管同时起爆,相互之间距离不小于 4.5 m。

12.1.5.3 爆炸成型以水为传压介质时,应执行 10.1 的有关规定;爆炸成型采用反射板时,应严格控制装药量,防止反射板碎片飞散。

12.1.5.4 在室内爆炸井中进行爆炸加工作业时,应检查确认井盖自锁后,方可连接起爆线,实施起爆;发生拒爆应立即打捞残药;爆炸井进行抽水清理时,应有爆破技术人员现场指导,收集的残药应集中销毁。

12.1.5.5 在爆炸容器内进行爆炸硬化、爆炸压实与合成时,炸药应固牢并严禁接触和接近容器壁;应在紧固容器门、检查所有连通容器的紧固件并确认完全紧固后,再连接启动真空、注水等电器设备。

12.1.5.6 在专用爆炸容器中进行爆炸硬化时,不应在设备上直接操作。

12.1.6 爆炸压接与爆炸消除应力

12.1.6.1 爆炸压接与爆炸消除应力均属于现场裸露爆破,应充分考虑爆炸空气冲击波安全和爆破噪声影响。

12.1.6.2 连接输电导线的爆炸压接作业,应采用导爆索或专用炸药,应采取措施防止雷管早爆、防止爆炸诱发输电线路短路事故。

12.1.6.3 在地面进行爆炸压接作业时,应先将药包下方的碎石、杂物、干草等清除干净;安全距离由设计确定,不应小于 30 m。

12.1.6.4 爆炸消除应力时,应切断爆炸受体与其他带电设备的连接,检查焊缝温度,确认周边无高温焊渣后,方可开始布药作业。

12.1.6.5 爆炸消除应力时,禁止使用金属、石块顶靠药条;使用竹木等顶靠药条时,要进行浸湿等简易防火处理;使用普通塑料制品顶靠药条时,要进行消除静电处理。

12.1.6.6 爆炸消除拐角焊缝应力时,应事先进行传爆试验。

12.1.6.7 完成装药撤离爆破现场时,应清理所有可能产生飞散物的攀登器具、工具、周边遗留的金属物和药条下方的石块。

12.2 油气井爆破

12.2.1 施工井场条件

12.2.1.1 施工人员到达井场后,施工负责人应将"施工设计书"或"施工通知单"的内容告知

作业队负责人与作业队,一起识别并纠正在作业过程中可能造成事故的井场条件。

12.2.1.2 在井场施工前应设置安全警戒线及醒目的安全警示标识,并应指定爆炸物品临时存放地点和装枪地点。

12.2.1.3 消除施工用电及通讯电磁波干扰的方法是:
——关掉阴极保护系统;
——停止所有用电作业;
——检查作业井架有无漏电,如有漏电应立即采取措施消除漏电;
——作业期间应关闭手机、对讲机等无线通讯工具。

12.2.2 施工准备

12.2.2.1 油气井爆破施工前,应确认施爆处的井深和井温,计算井压并根据井压和井温选择爆破器材的类型。

12.2.2.2 使用的电器仪表对地绝缘和仪表线路间绝缘电阻应大于 20×10^6 Ω。

12.2.2.3 作业人员穿戴好防静电工作服。

12.2.3 弹体装配

12.2.3.1 组装爆破器材时,应正确操作,不使部件受力,避免产生火花;已装弹的有枪身射孔器端部,应安装防护帽或其他防护装置;应保护好枪或带有暴露起爆部件的装置。组装作业应做到:
——在雷电、雨、雪、沙尘暴、六级以上大风等恶劣天气及有直升机或船只抵达现场时,不应进行组装作业;
——装卸射孔枪、切割器、压裂弹、雷管等爆炸器材时,装卸现场周围 10 m 以内严禁无关人员进入,操作人员应站在射孔器材两端,射孔器材丝扣上如有药粉,须轻擦干净后方能上扣;
——装配好的射孔器下井前不允许再用任何仪表测量;
——施工结束后,对现场进行清理,检查核对爆炸物品数量,剩余爆炸物应及时交库核销,严禁在其他地方存放。

12.2.3.2 有枪身和无枪身的射孔枪装配时,应遵守下列规定:
——安装有枪身的射孔枪时,应将装有射孔弹的弹架平稳送入射孔枪管内,均匀用力拉直导爆索;安装枪尾时,应用手托好并准确定位;
——安装无枪身射孔器时、雷管应捆系牢固,不应脱落、摩擦。

12.2.3.3 取芯器装药时,应将弹筒向上用钳子夹牢,并设有保护装置。放置衬垫时不应使用产生火花的工具,不应与烟火、电源接近。已装药的取芯器弹筒应向下放置,不准将其朝向工作人员。

12.2.3.4 在井场装药(弹)时,装药地点应离开井口、输油管线和电源,枪身两侧不准站人。

12.2.4 弹体输送及起爆

12.2.4.1 压裂弹、切割弹、射孔枪(弹)、取芯器搬到井口前,应切断井场电源;绞车、仪器车应接好地线;待压裂弹、射孔枪(弹)、取芯器进入井内 70 m 方可检查通断情况;井口联炮前应切断仪器电源,将缆芯接地放电,确认缆芯无电后,方可将缆芯与雷管导线接通。

12.2.4.2 严禁利用已装药的压裂弹、切割弹、射孔器、取芯器通井。

12.2.4.3 电缆输送射孔应遵守下列规定:

——用电雷管起爆时,应选用安全磁电雷管,并用专用起爆器起爆;爆破器材的耐温耐压性能应满足该施工井的要求;
——爆破器材升降中,点火开关必须断开;
——电缆在升降过程中应平稳,避免打结、扭缠;出现异常时,应立即停车处理;
——在套管内的有枪身射孔器,电缆的上提或下放速度不超过 8 000 m/h,过油管射孔器,下放电缆速度应均匀,其最大速度不超过 4 000 m/h,取芯器的上提速度不超过 4 000 m/h,下放速度不超过 6 000 m/h。

12.2.4.4 油管输送射孔应遵守下列规定:
——管柱下井前,需将每根管柱逐一用标准通管规通过,保证管柱畅通;
——下井管柱应平稳下放,下放速度控制在 30 根/h 以内;严禁溜钻、顿钻、急停;
——防止落物掉进管柱内,引起误爆。

12.2.4.5 在硫化氢、一氧化碳含量大于 1 g/m³ 的油气井中进行爆炸、射孔和取芯作业时,井口工作人员应佩戴防毒面具。

12.2.4.6 用导爆索爆炸松扣解卡时,井口周围不准站人;装配好的高温导爆索和高温管束的直径,不应超过导向套(扶正器)的直径;在含硫化氢、井温高于 130 ℃、液压高于 50 MPa 的井内,不应使用塑料导爆索。

12.2.4.7 不允许现场装配和使用自制的爆炸筒处理井下卡钻事故,应采用定型切割弹处理井下卡钻事故。

12.2.4.8 弹体到位后应采用投棒引爆或电缆引爆,引爆程序是现场指挥确认安全后发布引爆命令,爆破员引爆。

12.2.5 盲炮处理

12.2.5.1 处理电缆输送射孔的盲炮时应先检查线路,当发现线路不通时应关闭引爆开关,上提射孔器(速度小于 3 000 m/h)。射孔器提到距井口 70 m 时,关闭井场所有电源、移动电话、对讲机;剪断引爆线,提出井口后拆除引爆体;确定盲炮是引爆体造成还是枪身(弹体)漏水所致,再作出相应处理。

12.2.5.2 处理油管输送射孔撞击引爆的盲炮时,必须用投棒打捞器下井打捞投棒,不准采用追加投棒处理法;投棒捞出后,起出管柱,将射孔器起到距井口约两根管柱长度时,由现场技术人员指导处理;已损坏的爆破器材应回收。

12.2.5.3 处理定时的盲炮,应在井下放置 24 h,使定时器电源电量耗尽,再进行处理。

12.2.5.4 拒爆的压裂弹、射孔器、取芯器提出井口前,应切断仪器电源和引爆电源,提出井口后剪断导线,使其短路,并立即卸掉起爆装置或雷管,搬运到安全地点后再进行处理。

12.2.5.5 拒爆的电雷管应就地销毁或装入防爆箱交还弹药库;打开拒爆的取芯器的取芯室时,不得使用金属工具敲砸,应在现场附近安全地点先向药室内灌水,再用专用工具打开,用燃烧法销毁取芯器内的火药;射孔器、切割弹按规定拆掉点火装置,然后将拆卸的射孔弹和切割弹送回库房,分别存放,统一销毁。

12.2.6 油、气井爆炸灭火

12.2.6.1 地面装药地点应设在井口火源的上风侧,其距井口的水平距离不应小于 100 m,并设安全警戒。

12.2.6.2 安放炸药的木箱内、外,应用耐火材料包裹并用石棉绳紧密缠绕。石棉绳应浸水

(用于气井灭火)或浸泡沫灭火剂(用于油井灭火)。

12.2.6.3 全部高压灭火水龙头应配足水源,并聚集在药箱和火苗与喷气界面处;爆破前,全部高压水龙头应固定在设计的位置。

12.3 钻孔雷爆

12.3.1 实施钻孔雷爆前应勘查井场环境,测试杂散电流,了解含水层的位置及凿井施工偏差度,清洗井筒,清除残留岩心及障碍物。

12.3.2 钻孔雷爆应选用猛度与密度较大并有良好耐压及抗水性能的炸药,制成直径不超过井筒直径0.8倍、装药长度为含水层高度0.5倍的金属材料药筒进行装药。

12.3.3 爆破筒搬到井口前应切断周围一切电源;装药前应检查孔壁和水位,孔内缺水时应进行灌水,使水位高出药筒顶部2 m以上。

12.3.4 药筒应用标有定长标记的钢丝绳缓慢吊入井筒,确保药筒到达含水层位置并固定于孔中心。

12.3.5 钻孔雷爆应采用双雷管引爆,安装雷管后不准冲击、摩擦筒体;装药时应有专人负责保护起爆线。待药筒进入井内50 m后,方可检查电爆网路。

12.3.6 起爆站宜设置在钻孔上风侧,站内不应堆放与爆破无关的设备和用具。

13 安全允许距离与对环境影响的控制

13.1 一般规定

13.1.1 爆破地点与人员和其他保护对象之间的安全允许距离,应按各种爆破有害效应(地震波、冲击波、个别飞散物等)分别核定,并取最大值。

13.1.2 确定爆破安全允许距离时,应考虑爆破可能诱发的滑坡、滚石、雪崩、涌浪、爆堆滑移等次生灾害的影响,适当扩大安全允许距离或针对具体情况划定附加的危险区。

13.2 爆破振动安全允许距离

13.2.1 评估爆破对不同类型建(构)筑物、设施设备和其他保护对象的振动影响,应采用不同的安全判据和允许标准。

13.2.2 地面建筑物、电站(厂)中心控制室设备、隧道与巷道、岩石高边坡和新浇大体积混凝土的爆破振动判据,采用保护对象所在地基础质点峰值振动速度和主振频率。安全允许标准见表2。

表2 爆破振动安全允许标准

序号	保护对象类别	安全允许质点振动速度 v/(cm/s)		
		$f \leqslant 10$ Hz	10 Hz$< f \leqslant 50$ Hz	$f > 50$ Hz
1	土窑洞、土坯房、毛石房屋	0.15~0.45	0.45~0.9	0.9~1.5
2	一般民用建筑物	1.5~2.0	2.0~2.5	2.5~3.0
3	工业和商业建筑物	2.5~3.5	3.5~4.5	4.5~5.0
4	一般古建筑与古迹	0.1~0.2	0.2~0.3	0.3~0.5
5	运行中的水电站及发电厂中心控制室设备	0.5~0.6	0.6~0.7	0.7~0.9

表 2（续）

序号	保护对象类别	安全允许质点振动速度 $v/(\text{cm/s})$		
		$f \leqslant 10$ Hz	10 Hz $< f \leqslant 50$ Hz	$f > 50$ Hz
6	水工隧洞	7~8	8~10	10~15
7	交通隧道	10~12	12~15	15~20
8	矿山巷道	15~18	18~25	20~30
9	永久性岩石高边坡	5~9	8~12	10~15
10	新浇大体积混凝土(C20): 龄期:初凝~3 天 龄期:3 天~7 天 龄期:7 天~28 天	1.5~2.0 3.0~4.0 7.0~8.0	2.0~2.5 4.0~5.0 8.0~10.0	2.5~3.0 5.0~7.0 10.0~12.0

爆破振动监测应同时测定质点振动相互垂直的三个分量。
注1：表中质点振动速度为三个分量中的最大值，振动频率为主振频率。
注2：频率范围根据现场实测波形确定或按如下数据选取：硐室爆破 f 小于 20 Hz，露天深孔爆破 f 在 10 Hz~60 Hz 之间，露天浅孔爆破 f 在 40 Hz~100 Hz 之间；地下深孔爆破 f 在 30 Hz~100 Hz 之间，地下浅孔爆破 f 在 60 Hz~300 Hz 之间。

13.2.3 在按表 2 选定安全允许质点振速时，应认真分析以下影响因素：
——选取建筑物安全允许质点振速时，应综合考虑建筑物的重要性、建筑质量、新旧程度、自振频率、地基条件等；
——省级以上（含省级）重点保护古建筑与古迹的安全允许质点振速，应经专家论证后选取；
——选取隧道、巷道安全允许质点振速时，应综合考虑构筑物的重要性、围岩分类、支护状况、开挖跨度、埋深大小、爆源方向、周边环境等；
——永久性岩石高边坡，应综合考虑边坡的重要性、边坡的初始稳定性、支护状况、开挖高度等；
——非挡水新浇大体积混凝土的安全允许质点振速按表 2 给出的上限值选取。

13.2.4 爆破振动安全允许距离，按式（1）计算。

$$R = \left(\frac{K}{V}\right)^{\frac{1}{\alpha}} Q^{\frac{1}{3}} \quad \cdots\cdots\cdots\cdots\cdots\cdots (1)$$

式中：
R ——爆破振动安全允许距离，单位为米（m）；
Q ——炸药量，齐发爆破为总药量，延时爆破为最大单段药量，单位为千克（kg）；
V ——保护对象所在地安全允许质点振速，单位为厘米每秒（cm/s）；
K,α ——与爆破点至保护对象间的地形、地质条件有关的系数和衰减指数，应通过现场试验确定；在无试验数据的条件下，可参考表 3 选取。

表3 爆区不同岩性的 K、α 值

岩性	K	α
坚硬岩石	50～150	1.3～1.5
中硬岩石	150～250	1.5～1.8
软岩石	250～350	1.8～2.0

13.2.5 在复杂环境中多次进行爆破作业时，应从确保安全的单响药量开始，逐步增大到允许药量，并控制一次爆破规模。

13.2.6 核电站及受地震惯性力控制的精密仪器、仪表等特殊保护对象，应采用爆破振动加速度作为安全判据，安全允许质点加速度由相关管理单位确定。

13.2.7 高耸建（构）筑物拆除爆破的振动安全允许距离包括建（构）筑物塌落触地振动安全距离和爆破振动安全距离。

13.3 爆破空气冲击波安全允许距离

13.3.1 露天地表爆破当一次爆破炸药量不超过25 kg时，按式（2）确定空气冲击波对在掩体内避炮作业人员的安全允许距离。

$$R_k = 25\sqrt[3]{Q} \quad\quad\quad\quad\quad\quad (2)$$

式中：

R_k——空气冲击波对掩体内人员的最小允许距离，单位为米（m）;

Q ——一次爆破梯恩梯炸药当量，秒延时爆破为最大一段药量，毫秒延时爆破为总药量，单位为千克（kg）。

13.3.2 爆炸加工或特殊工程需要在地表进行大当量爆炸时，应核算不同保护对象所承受的空气冲击波超压值，并确定相应的安全允许距离。在平坦地形条件下爆破时，可按式（3）计算超压。

$$\Delta P = 14\frac{Q}{R^3} + 4.3\frac{Q^{\frac{2}{3}}}{R^2} + 1.1\frac{Q^{\frac{1}{3}}}{R} \quad\quad\quad (3)$$

式中：

ΔP——空气冲击波超压值，10^5 Pa;

Q ——一次爆破梯恩梯炸药当量，秒延时爆破为最大一段药量，毫秒延时爆破为总药量，单位为千克（kg）;

R ——爆源至保护对象的距离，单位为米（m）。

13.3.3 空气冲击波超压的安全允许标准：对不设防的非作业人员为 0.02×10^5 Pa，掩体中的作业人员为 0.1×10^5 Pa；建筑物的破坏程度与超压的关系列入表4。

13.3.4 地表裸露爆破空气冲击波安全允许距离，应根据保护对象、所用炸药品种、药量、地形和气象条件由设计确定。

13.3.5 露天及地下爆破作业，对人员和其他保护对象的空气冲击波安全允许距离由设计确定。

13.4 爆破作业噪声控制标准

13.4.1 爆破突发噪声判据，采用保护对象所在地最大声级。其控制标准见表5。

表4 建筑物的破坏程度与超压关系

破坏等级		1	2	3	4	5	6	7
破坏等级名称		基本无破坏	次轻度破坏	轻度破坏	中等破坏	次严重破坏	严重破坏	完全破坏
超压 $\Delta P/10^5$ Pa		<0.02	0.02～0.09	0.09～0.25	0.25～0.40	0.40～0.55	0.55～0.76	>0.76
建筑物破坏程度	玻璃	偶然破坏	少部分破碎呈大块,大部分呈小块	大部分破碎呈小块到粉碎	粉碎	—	—	—
	木门窗	无损坏	窗扇少量破坏	窗扇大量破坏,门扇、窗框破坏	窗扇掉落、内倒,窗框、门扇大量破坏	门、窗扇摧毁,窗框掉落	—	—
	砖外墙	无损坏	无损坏	出现小裂缝,宽度小于5 mm,稍有倾斜	出现较大裂缝,缝宽5 mm～50 mm,明显倾斜,砖垛出现小裂缝	出现大于50 mm的大裂缝,严重倾斜,砖垛出现较大裂缝	部分倒塌	大部分或全部倒塌
	木屋盖	无损坏	无损坏	木屋面板变形,偶见折裂	木屋面板、木檩条折裂,木屋架支座松动	木檩条折断,木屋架杆件偶见折断,支座错位	部分倒塌	全部倒塌
	瓦屋面	无损坏	少量移动	大量移动	大量移动到全部掀动	—	—	—
	钢筋混凝土屋盖房	无损坏	无损坏	无损坏	出现小于1 mm的小裂缝	出现1 mm～2 mm宽的裂缝,修复后可继续使用	出现大于2 mm的裂缝	承重砖墙全部倒塌,钢筋混凝土承重柱严重破坏
	顶棚	无损坏	抹灰少量掉落	抹灰大量掉落	木龙骨部分破坏,出现下垂缝	塌落	—	—

表 4（续）

破坏等级		1	2	3	4	5	6	7
建筑物破坏程度	内墙	无损坏	板条墙抹灰少量掉落	板条墙抹灰大量掉落	砖内墙出现小裂缝	砖内墙出现大裂缝	砖内墙出现严重裂缝至部分倒塌	砖内墙大部分倒塌
	钢筋混凝土柱	无损坏	无损坏	无损坏	无损坏	无损坏	有倾斜	有较大倾斜

表 5 爆破噪声控制标准

声环境功能区类别	对应区域	不同时段控制标准/dB(A)	
		昼间	夜间
0 类	康复疗养区、有重病号的医疗卫生区或生活区,进入冬眠期的动物养殖区	65	55
1 类	居民住宅、一般医疗卫生、文化教育、科研设计、行政办公为主要功能,需要保持安静的区域	90	70
2 类	以商业金融、集市贸易为主要功能,或者居住、商业、工业混杂,需要维护住宅安静的区域;噪声敏感动物集中养殖区,如养鸡场等	100	80
3 类	以工业生产、仓储物流为主要功能,需要防止工业噪声对周围环境产生严重影响的区域	110	85
4 类	人员警戒边界,非噪声敏感动物集中养殖区,如养猪场等	120	90
施工作业区	矿山、水利、交通、铁道、基建工程和爆炸加工的施工厂区内	125	110

13.4.2 在 0～2 类区域进行爆破时,应采取降噪措施并进行必要的爆破噪声监测。监测应采用爆破噪声测试专用的 A 计权声压计及记录仪;监测点宜布置在敏感建筑物附近和敏感建筑物室内。

13.5 水中冲击波及涌浪安全允许距离

13.5.1 水下裸露爆破,当覆盖水厚度小于 3 倍药包半径时,对水面以上人员或其他保护对象的空气冲击波安全允许距离的计算原则,与地表爆破相同。

13.5.2 在水深不大于 30 m 的水域内进行水下爆破,水中冲击波的安全允许距离,应遵守下列规定:

——对人员按表 6 确定;
——客船:1 500 m;
——施工船舶:按表 7 确定;

——非施工船舶:可参照表7和式(4),根据船舶状况由设计确定。

表6 对人员的水中冲击波安全允许距离

装药及人员状况		炸药量/kg		
		$Q \leq 50$	$50 < Q \leq 200$	$200 < Q \leq 1000$
水中裸露装药/m	游泳	900	1 400	2 000
	潜水	1 200	1 800	2 600
钻孔或药室装药/m	游泳	500	700	1 100
	潜水	600	900	1 400

表7 对施工船舶的水中冲击波安全允许距离

装药及船舶类别		炸药量/kg		
		$Q \leq 50$	$50 < Q \leq 200$	$200 < Q \leq 1000$
水中裸露装药/m	木船	200	300	500
	铁船	100	150	250
钻孔或药室装药/m	木船	100	150	250
	铁船	70	100	150

13.5.3 一次爆破药量大于1 000 kg时,对人员和施工船舶的水中冲击波安全允许距离可按式(4)计算。

$$R = K_0 \times \sqrt[3]{Q} \qquad\qquad\qquad (4)$$

式中:
R ——水中冲击波的最小安全允许距离,单位为米(m);
Q ——一次起爆的炸药量,单位为千克(kg);
K_0 ——系数,按表8选取。

表8 K_0 值

装药条件	保护人员		保护施工船舶	
	游泳	潜水	木船	铁船
裸露装药	250	320	50	25
钻孔或药室装药	130	160	25	15

13.5.4 在水深大于30 m的水域内进行水下爆破时,水中冲击波安全允许距离由设计确定。
13.5.5 在重要水工、港口设施附近及水产养殖场或其他复杂环境中进行水下爆破,应通过测试和邀请专家对水中冲击波和涌浪的影响作出评估,确定安全允许距离。
13.5.6 水中爆破或大量爆渣落入水中的爆破,应评估爆破涌浪影响,确保不产生超大坝、水库校核水位涌浪、不淹没岸边需保护物和不造成船舶碰撞受损。

13.5.7 水中冲击波对鱼类影响安全控制标准,参见表9。

表9 水中冲击波超压峰值对鱼类影响安全控制标准

安全控制标准级别/10^5 Pa	鱼类品种	自然状态/10^5 Pa	网箱养殖/10^5 Pa
高度敏感	石首科鱼类	0.10	0.05
中度敏感	石斑鱼、鲈鱼、梭鱼	0.30~0.35	0.20~0.25
低度敏感	冬穴鱼、野鲤鱼、鲟鱼、比目鱼	0.35~0.50	0.25~0.40

13.6 个别飞散物安全允许距离

13.6.1 一般工程爆破个别飞散物对人员的安全距离不应小于表10的规定;对设备或建(构)物的安全允许距离,应由设计确定。

13.6.2 抛掷爆破时,个别飞散物对人员、设备和建筑物的安全允许距离应由设计确定。

表10 爆破个别飞散物对人员的安全允许距离

爆破类型和方法		最小安全允许距离/m
露天岩土爆破	浅孔爆破法破大块	300
	浅孔台阶爆破	200(复杂地质条件下或未形成台阶工作面时不小于300)
	深孔台阶爆破	按设计,但不小于200
	硐室爆破	按设计,但不小于300
水下爆破	水深小于1.5 m	与露天岩土爆破相同
	水深大于1.5 m	由设计确定
破冰工程	爆破薄冰凌	50
	爆破覆冰	100
	爆破阻塞的流冰	200
	爆破厚度大于2 m的冰层或爆破阻塞流冰一次用药量超过300 kg	300
金属物爆破	在露天爆破场	1 500
	在装甲爆破坑中	150
	在厂区内的空场中	由设计确定
	爆破热凝结物和爆破压接	按设计,但不小于30
	爆炸加工	由设计确定
拆除爆破、城镇浅孔爆破及复杂环境深孔爆破		由设计确定
地震勘探爆破	浅井或地表爆破	按设计,但不小于100
	在深孔中爆破	按设计,但不小于30
沿山坡爆破时,下坡方向的个别飞散安全允许距离应增大50%。		

13.6.3 硐室爆破个别飞散物安全距离,可按式(5)计算:
$$R_f = 20K_f n^2 W \quad \cdots\cdots\cdots\cdots\cdots\cdots\cdots\cdots (5)$$
式中:
R_f——爆破飞石安全距离,单位为米(m);
K_f——安全系数,一般 K_f 取 1.0~1.5;
n ——爆破作用指数;
W ——最小抵抗线,单位为米(m)。
应逐个药包进行计算,选取最大值为个别飞散物安全距离。

13.7 外部电源与电爆网路的安全允许距离

13.7.1 电力起爆时,普通电雷管爆区与高压线间的安全允许距离,应按表11的规定;与广播电台或电视台发射机的安全允许距离,应按表12、表13和表14的规定。

表 11 爆区与高压线的安全允许距离

电压/kV		3~6	10	20~50	50	110	220	400
安全允许距离/m	普通电雷管	20	50	100	100	—	—	—
	抗杂电雷管	—	—	—	—	10	10	16

表 12 爆区与中长波电台(AM)的安全允许距离

发射功率/W	5~25	25~50	50~100	100~250	250~500	500~1 000
安全允许距离/m	30	45	67	100	136	198
发射功率/W	1 000~2 500	2 500~5 000	5 000~10 000	10 000~25 000	25 000~50 000	50 000~100 000
安全允许距离/m	305	455	670	1 060	1 520	2 130

表 13 爆区与调频(FM)发射机的安全允许距离

发射功率/W	1~10	10~30	30~60	60~250	250~600
安全允许距离/m	1.5	3.0	4.5	9.0	13.0

表 14 爆区与甚高频(VHF)、超高频(UHF)电视发射机的安全允许距离

发射功率/W	1~10	$10~10^2$	$10^2~10^3$	$10^3~10^4$	$10^4~10^5$	$10^5~10^6$	$10^6~5×10^6$
VHF 安全允许距离/m	1.5	6.0	18.0	60.0	182.0	609.0	—
UHF 安全允许距离/m	0.8	2.4	7.6	24.4	76.2	244.0	609.0

13.7.2 不得将手持式或其他移动式通讯设备带入普通电雷管爆区。

13.8 爆破对环境有害影响控制

13.8.1 有害气体

13.8.1.1 有害气体监测应遵守下列规定：
——在煤矿、钾矿、石油地蜡矿、铀矿和其他有爆炸性气体及有害气体的矿井中爆破时，应按有关规定对有害气体进行监测；
——在下水道、储油容器、报废盲巷、盲井中爆破时，作业人员进入之前应先对空气取样检验。

13.8.1.2 预防瓦斯爆炸应采取下列措施：
——爆破工作面的瓦斯超标时严禁进行爆破；
——在有瓦斯爆炸危险的矿井中，严格按规程进行布孔、装药、填塞、起爆，以防爆破引爆瓦斯；
——通风良好，防止瓦斯积累；
——封闭采空区，以防氧气进入和瓦斯逸出；
——采用防爆型电器设备，严格控制杂散电流。

13.8.1.3 地下爆破作业点有害气体的浓度，不应超过表15的标准。

表15 地下爆破作业点有害气体允许浓度

有害气体名称		CO	N_nO_m	SO_2	H_2S	NH_3	R_n
允许浓度	按体积/%	0.002 40	0.000 25	0.000 50	0.000 66	0.004 00	3 700 Bq/m^3
	按质量/(mg·m^{-3})	30	5	15	10	30	

13.8.1.4 有害气体监测应遵守下列规定：
——应按GB 18098规定的方法监测爆破后作业面和重点区域有害气体的浓度，且不应超过表15的规定值；
——露天硐室爆破后24 h内，应多次检查与爆区相邻的井、巷、涵洞内的有毒、有害气体浓度，防止人员误入中毒；
——地下爆破作业面有害气体浓度应每月测定一次；爆破炸药量增加或更换炸药品种时，应在爆破前后各测定一次爆破有害气体浓度。

13.8.1.5 预防有害气体中毒应采取下列措施：
——使用合格炸药；
——做好爆破器材防水处理，确保装药和填塞质量，避免半爆和爆燃；
——井下爆破前后加强通风，应设置对死角和盲区的通风设施；
——加强有毒气体监测，不盲目进入可能聚藏有害气体的死角；
——对封闭矿井应作监管，防止盗采和人员误入造成中毒事故。

13.8.2 防尘与预防粉尘爆炸

13.8.2.1 在确保爆破作业安全的条件下，城镇拆除爆破工程应采取以下减少粉尘污染的措施：
——适当预拆除非承重墙，清理构件上的积尘；
——建筑物内部洒水或采用泡沫吸尘措施；
——各层楼板设置水袋；

——起爆前后组织消防车或其他喷水装置喷水降尘。

13.8.2.2 在有煤尘、硫尘、硫化物粉尘的矿井中进行爆破作业,应遵守有关粉尘防爆的规定。

13.8.2.3 在面粉厂、亚麻厂等有粉尘爆炸危险的地点进行爆破时,应先通风除尘,离爆区10 m范围内的空间和表面应作喷水降尘处理。

13.8.3 噪声控制

13.8.3.1 城镇拆除及岩土爆破,应采取以下措施控制噪声:

——严禁使用导爆索起爆网路,在地表空间不应有裸露导爆索;
——严格控制单位炸药消耗量、单孔药量和一次起爆药量;
——实施毫秒延时爆破;
——保证填塞质量和长度;
——加强对爆破体的覆盖。

13.8.3.2 爆区周围有学校、医院、居民点时,应与各有关单位协商,实施定点、准时爆破。

13.8.4 水下爆破时对水生物的保护

13.8.4.1 水下爆破前应详细了解爆破影响范围内水生物及水产养殖的基本情况,并评估水中冲击波、涌浪及爆渣落水对水生物的影响。

13.8.4.2 水下爆破工程施工应尽量避开水生物的主要洄游、产卵季节,避开产卵区域或水生物幼苗生长区域;并应选用无污染或污染小的爆破器材。

13.8.4.3 可采取以下措施减少爆破有害效应对水生物的影响:

——优先采用水下钻孔爆破并保证孔口填塞长度与质量,避免采用水中裸露爆破;
——采用毫秒延时起爆技术并控制单段起爆药量;
——采用气泡帷幕等防护技术;
——减少爆破岩石向水域中的抛掷量。

13.8.4.4 受影响水域内有重点保护生物时,应与生物保护管理单位协商制定保护措施。

13.8.5 振动液化控制

13.8.5.1 在饱和砂(土)地基附近和尾矿库库区进行爆破作业时,应邀请专家评估爆破引起地基与尾矿坝振动液化的可能性和危害程度;提出预防土层受爆破振动压密、孔隙水压力骤升的措施;评估因土体"液化"对建筑物及其基础产生的危害。

13.8.5.2 实施爆破前,应查明可能产生液化土层的分布范围,并采取相应的处理措施,如增加土体相对密度,降低浸润线,加强排水,减小饱和程度;控制爆破规模,降低爆破振动强度,增大振动频率,缩短振动持续时间等。

14 爆破作业单位使用爆破器材的购买、运输、贮存等

14.1 爆破器材的购买和运输

14.1.1 一般规定

14.1.1.1 爆破器材应办理审批手续后持证购买,并按指定线路运输。

14.1.1.2 爆破器材运达目的地后,收货单位应指派专人领取,认真检查爆破器材的包装、数量和质量;如果包装破损、数量与质量不符,应立即报告有关部门,并在有关代表参加下编制报告书,分送有关部门。

14.1.1.3　运输爆破器材应使用专用车船。
14.1.1.4　装卸爆破器材,应遵守下列规定:
　　——认真检查运输工具的完好状况,清除运输工具内一切杂物;
　　——有专人在场监督;
　　——设置警卫,无关人员不允许在场;
　　——遇暴风雨或雷雨时,不应装卸爆破器材;
　　——装卸爆破器材的地点应远离人口稠密区并设明显标识:白天应悬挂红旗和警标,夜晚应有足够的照明并悬挂红灯;
　　——装卸爆破器材应轻拿轻放,码平、卡牢、捆紧,不得摩擦、撞击、抛掷、翻滚;
　　——分层装载爆破器材时,不应脚踩下层箱(袋)。
14.1.1.5　同车(船)运输两种以上的爆破器材时,应遵守14.2.1.4的规定。
14.1.1.6　当需要将雷管与炸药装载在同一车内运输时,应采用符合有关规定的专用的同载车运输。
14.1.1.7　待运雷管箱未装满雷管时,其空隙部分应用不产生静电的柔软材料塞满。
14.1.1.8　装运爆破器材的车(船),在行驶途中应遵守下列规定:
　　——押运人员应熟悉所运爆破器材性能;
　　——非押运人员不应乘坐;
　　——运输工具应符合有关安全规范的要求,并设警示标识;
　　——不准在人员聚集的地点、交叉路口、桥梁上(下)及火源附近停留;开车(船)前应检查码放和捆绑有无异常;
　　——运输特殊安全要求的爆破器材,应按照生产企业提供的安全要求进行;
　　——车(船)完成运输后应打扫干净,清出的药粉、药渣应运至指定地点,定期进行销毁。

14.1.2　公路运输

14.1.2.1　用汽车运输爆破器材,应遵守下列规定:
　　——出车前,车库主任(或队长)应认真检查车辆状况,并在出车单上注明"该车经检查合格,准许运输爆破器材";
　　——由熟悉爆破器材性能,具有安全驾驶经验的司机驾驶;
　　——在平坦道路上行驶时,前后两部汽车距离不应小于50 m,上山或下山不小于300 m;
　　——遇有雷雨时,车辆应停在远离建筑物的空旷地方;
　　——在雨天或冰雪路面上行驶时,应采取防滑安全措施;
　　——车上应配备消防器材,并按规定配挂明显的危险标识;
　　——在高速公路上运输爆破器材,应按国家有关规定执行。
14.1.2.2　公路运输爆破器材途中应避免停留住宿,禁止在居民点、行人稠密的闹市区、名胜古迹、风景游览区、重要建筑设施等附近停留。

14.1.3　铁路运输

除执行铁道部门有关规定外,铁路运输爆破器材还应遵守下列规定:
　　——装有爆破器材的车厢不应溜放;
　　——装有爆破器材的车辆,应专线停放,与其他线路隔开;通往该线路的转辙器应锁住,

车辆应锲牢,其前后 50 m 处应设"危险"警示标识;机车停放位置与最近的爆破器材库房的距离,不应小于 50 m;
——装有爆破器材的车厢与机车之间,炸药车厢与起爆器材车厢之间,应用一节以上未装有爆破器材的车厢隔开;
——车辆运行的速度,在矿区内不应超过 30 km/h、厂区内不超过 15 km/h、库区内不超过 10 km/h。

14.1.4 水路运输

14.1.4.1 水路运输爆破器材,应遵守下列规定:
——不应用筏类工具运输爆破器材;
——船上配备消防器材;
——船头和船尾设"危险"警示标识,夜间及雾天设警示灯;
——停泊地点距岸上建筑物不小于 250 m。

14.1.4.2 运输爆破器材的机动船,应符合下列条件:
——装爆破器材的船舱不应有电源;
——底板和舱壁应无缝隙,舱口应关严;
——与机舱相邻的船舱隔墙,应采取隔热措施;
——对邻近的蒸汽管路进行可靠的隔热。

14.1.5 航空运输

用飞机运输爆破器材,应严格遵守国际民航组织理事会和我国航空运输危险品的有关规定。

14.1.6 往爆破作业地点运输爆破器材

14.1.6.1 在竖井、斜井运输爆破器材,应遵守下列规定:
——事先通知卷扬司机和信号工;
——在上、下班或人员集中的时间内,不应运输爆破器材;
——除爆破人员和信号工外,其他人员不应与爆破器材同罐乘坐;
——运送硝化甘油类炸药或雷管时,罐笼内只准放 1 层爆破器材料箱,不得滑动;运送其他类炸药时,炸药箱堆放的高度不得超过罐笼高度的 2/3;
——用罐笼运输硝化甘油类炸药或雷管时,升降速度不应超过 2 m/s;用吊桶或斜坡卷扬设备运输爆破器材时,速度不应超过 1 m/s;运输电雷管时应采取绝缘措施;
——爆破器材不应在井口房或井底车场停留。

14.1.6.2 用矿用机车运输爆破器材时,应遵守下列规定:
——列车前后设"危险"警示标识;
——采用封闭型的专用车厢,车内应铺软垫,运行速度不超过 2 m/s;
——在装爆破器材的车厢与机车之间,以及装炸药的车厢与装起爆器材的车厢之间,应用空车厢隔开;
——运输电雷管时,应采取可靠的绝缘措施;
——用架线式电力机车运输爆破器材,在装卸时机车应断电。

14.1.6.3 在斜坡道上用汽车运输爆破器材时,应遵守下列规定:
——行驶速度不超过 10 km/h;

——不应在上、下班或人员集中时运输;
——车头、车尾应分别安装特制的蓄电池红灯作为危险标识。

14.1.6.4 用人工搬运爆破器材时,应遵守下列规定:
a) 在夜间或井下,应随身携带完好的矿用灯具;
b) 不应一人同时携带雷管和炸药;雷管和炸药应分别放在专用背包(木箱)内,不应放在衣袋里;
c) 领到爆破器材后,应直接送到爆破地点,不应乱丢乱放;
d) 不应提前班次领取爆破器材,不应携带爆破器材在人群聚集的地方停留;
e) 一人一次运送的爆破器材数量不超过:
——雷管,1 000 发;
——拆箱(袋)运搬炸药,20 kg;
——背运原包装炸药 1 箱(袋);
——挑运原包装炸药 2 箱(袋);
f) 用手推车运输爆破器材时,载重量不应超过 300 kg,运输过程中应防止碰撞并采取防滑、防摩擦产生火花等安全措施。

14.2 爆破器材的贮存

14.2.1 一般规定

14.2.1.1 爆破器材贮存库安全评价应按 GA/T 848 执行。

14.2.1.2 爆破器材应贮存在爆破器材库内,任何个人不得非法贮存爆破器材。

14.2.1.3 单库允许存放量及存放方式执行 GB 50089 的规定,总库的总容量不得超过以下规定:
——炸药为本单位半年用量;
——起爆器材为本单位年用量。

14.2.1.4 爆破器材单一品种专库存放。若受条件限制,同库存放不同品种的爆破器材则应符合下列规定:
——炸药类、射孔弹类和导爆索、导爆管可以同库混存;
——雷管类起爆器材应单独库房存放;
——黑火药应单独库房存放;
——硝酸铵不应和任何物品同库存放。
当不同品种的爆破器材同库存放时,单库允许的最大存药量应符合 GB 50089 的规定。

14.2.1.5 小型爆破器材库的最大贮存量应按 GA 838 执行。

14.2.2 可移动式爆破器材仓库

可移动爆破器材仓库的选址、外部距离、总平面布置按 GB 50089 和 GA 838 的相关规定执行,其结构应经国家有关主管部门鉴定验收。

14.2.3 地下矿山的井下爆破器材库与发放站

14.2.3.1 井下只准建分库,库容量不应超过:炸药 3 天的生产用量;起爆器材 10 天的生产用量。

14.2.3.2 井下爆破器材库的布置,应遵守下列规定:
——井下爆破器材库不应设在含水层或岩体破碎带内;

——井下爆破器材库应设有独立的回风道；
——井下爆破器材库距井筒、井底车场和主要巷道的距离：硐室式库不小于 100 m，壁槽式库不小于 60 m；
——井下爆破器材库距行人巷道的距离：硐室式库不小于 25 m，壁槽式库不小于 20 m；
——井下爆破器材库距地面或上下巷道的距离：硐室式库不小于 30 m，壁槽式库不小于 15 m；
——井下爆破器材库应设防爆门，防爆门在发生意外爆炸事故时应可自动关闭，且能限制大量爆炸气体外溢；
——井下爆破器材库除设专门贮存爆破器材的硐室和壁槽外，还应设联通硐室或壁槽的巷道和若干辅助硐室；
——贮存雷管和硝化甘油类炸药的硐室或壁槽，应设金属丝网门；
——贮存爆破器材的各硐室、壁槽的间距应大于殉爆安全距离。

14.2.3.3 井下爆破器材库和距库房 15 m 以内的联通巷道，需要支护时应用不燃材料支护；库内应备有足够数量的消防器材。

14.2.3.4 有瓦斯煤尘爆炸危险的井下爆破器材库附近，应设置岩粉棚，并应定期更换岩粉。

14.2.3.5 在多水平开采的矿井，爆破器材库距工作面超过 2.5 km 或井下不设爆破器材库时，允许在各水平设置发放站。

14.2.3.6 井下爆破器材发放站应符合下列规定：
——发放站存放的炸药不应超过 0.5 t，雷管不应超过 1 000 发；
——炸药与雷管应分开存放，并用砖或混凝土墙隔开，墙的厚度不小于 0.25 m。

14.2.3.7 井下爆破器材库区，不应设爆破器材检验与销毁场；爆破器材的爆炸性能检验与销毁，应在地面指定的地点进行。

14.2.3.8 不应在井下爆破器材库房对应的地表修筑永久性建筑物，也不应在距库房 30 m 范围内掘进巷道。

14.2.3.9 井下爆破器材库应安装专线电话并装备报警器。

14.2.3.10 井下爆破器材库的电气照明，应遵守下列规定：
——应采用防爆型或矿用密闭型电气设备，电线应采用铜芯铠装电缆；
——照明线路的电压不应大于 36 V；
——贮存爆破器材的硐室或壁槽，不安装灯具；
——电源开关或熔断器，应设在铁制的配电箱内，该箱应设在辅助硐室里；
——爆破器材库和发放站的移动式照明，应使用防爆型移动灯具和防爆手电筒。

14.3 爆破器材的治安防范、收发、检验、销毁与加工

14.3.1 贮存库的治安防范

爆破器材库区和贮存库的治安防范，应满足 GA 837 的要求。

14.3.2 爆破器材的收发

14.3.2.1 新购进的爆破器材，应逐个检查包装情况，并按规定作性能检测。

14.3.2.2 建立爆破器材收发账、领取和清退制度，定期核对账目，应做到账物相符。

14.3.2.3 变质、过期和性能不详的爆破器材，不应发放使用。

14.3.2.4 爆破器材应按出厂时间和有效期的先后顺序发放使用。

14.3.2.5 库房内不准许拆箱(袋)发放爆破器材,只准许整箱(袋)搬出后发放。

14.3.2.6 爆破器材的发放应在单独的发放间(发放硐室)里进行,不应在库房硐室或壁槽内发放。

14.3.2.7 退库的爆破器材应单独建账、单独存放。

14.3.3 爆破器材的检验

14.3.3.1 各类爆破器材的检验项目,应按照产品的技术条件和性能标准确定;检验方法应严格执行相应的国家标准或行业标准;在爆破器材性能试验场进行性能试验时,应遵守 GB 50089 的有关规定。

14.3.3.2 爆破器材的外观检验应由保管员负责定期抽样检查。

14.3.3.3 爆破器材的爆炸性能检验,由爆破工程技术人员负责。

14.3.3.4 对新入库的爆破器材,应抽样进行性能检验;有效期内的爆破器材,应定期进行主要性能检验。

14.3.4 爆破器材的销毁

14.3.4.1 经过检验,确认失效及不符合国家标准或技术条件要求的爆破器材,均应退回原发放单位销毁;包装过硝化甘油类炸药有渗油痕迹的药箱(袋、盒),应予销毁。

14.3.4.2 不应在阳光下暴晒待销毁的爆破器材。

14.3.4.3 销毁爆破器材,可采用爆炸法、焚烧法、溶解法、化学分解法。

14.3.4.4 用爆炸法或焚烧法销毁爆破器材时,应在销毁场进行,销毁场应符合 GB 50089 的规定。

14.3.4.5 用爆炸法销毁爆破器材应按销毁技术设计进行,技术设计由爆破器材库主任提出并经单位爆破技术负责人批准后报当地县级公安机关监督销毁。

14.3.4.6 燃烧不会引起爆炸的爆破器材,可组织用焚烧法销毁;焚烧前,应仔细检查,严防其中混有雷管或其他起爆器材。

14.3.4.7 不抗水的硝铵类炸药和黑火药可置于容器中用溶解法销毁;不得将爆破器材直接丢入河塘江湖及下水道。

14.3.4.8 采用化学分解法销毁爆破器材时,应使爆破器材达到完全分解,其溶液应经处理符合有关规定后,方可排放到下水道。

14.3.4.9 每次销毁爆破器材后,应对现场进行检查,发现残存爆破器材应收集起来,进行再次销毁。

14.3.5 炸药的再加工

14.3.5.1 炸药的再加工应由具备加工资质的单位进行。

14.3.5.2 再加工单位应制定严格的加工工艺流程和安全操作规程,并经爆破技术负责人审查批准。

参 考 文 献

[1] 民用爆炸物品安全管理条例(国务院令第 466 号)

[2] 汪旭光.爆破手册.北京:冶金工业出版社,2010.

[3] 汪旭光.爆破设计与施工.北京:冶金工业出版社,2011.

煤矿用化学氧自救器(GB 24502—2009)

前　言

本标准的第 5 章为强制性的,其余为推荐性的。
本标准的附录 A 为规范性附录。
本标准由中国煤炭工业协会提出并归口。
本标准由煤炭科学研究总院抚顺分院负责起草。
本标准主要起草人:聂雅玲、杨进、毛欣、车仁智、施申忠、曾海锋、马善清、赵婷婷。

1 范围

本标准规定了煤矿用化学氧自救器的分类、技术要求、试验方法、检验规则、标志、包装、运输和贮存。

本标准适用于以碱金属超氧化物为生氧剂的煤矿用化学氧自救器(以下简称自救器)。

2 规范性引用文件

下列文件中的条款通过本标准的引用而成为本标准的条款。凡是注日期的引用文件,其随后所有的修改单(不包括勘误的内容)或修订版均不适用于本标准,然而,鼓励根据本标准达成协议的各方研究是否可使用这些文件的最新版本。凡是不注日期的引用文件,其最新版本适用于本标准。

GB/T 10111　随机数的产生及其在产品质量抽样检验中的应用程序
MT 426　氯酸盐生氧起动器技术条件
MT 427　超氧化钾片状生氧剂技术条件

3 术语和定义

下列术语和定义适用于本标准

3.1

化学氧自救器　chemical oxygen self-rescuer

使人的呼吸器官与大气环境隔绝,利用化学生氧剂生成的氧,供人呼吸,能防护毒气和缺氧时逃生用的呼吸保护器。

3.2

额定防护时间　protective time

自救器能保证人体正常呼吸的时间。即检验自救器防护性能时,从试验开始到标准规定的时间。

3.3

防护性能　protective performance

自救器在额定防护时间内,保证人体正常呼吸的性能(如吸气温度、吸气成分、呼吸阻力等)。

3.4

呼吸系统 breathing system

自救器本体到呼吸器官,起呼吸保护作用的系统,包括口具、鼻夹、呼吸导管、化学生氧药罐组、贮气袋、呼吸阀、排气阀和起动装置。

3.5

自救器防护性能测试装置 testing system for the protective performance of self-rescuer

检验自救器防护性能所用的模拟人体呼吸生理过程的专用试验装置。

3.6

吸气温度 inhalation temperature

检验自救器防护性能时,在口具处规定的测点测得的吸气气流的温度。

3.7

吸气阻力 inhalation resistance

检验自救器防护性能时,试验装置的吸气口具与环境大气之间在吸气时的瞬时压力差。

3.8

呼气阻力 exhalation resistance

检验自救器防护性能时,试验装置的吸气口具与环境大气之间在呼气时的瞬时压力差。

3.9

呼气温度 exhalation temperature

检验自救器防护性能时,在口具处规定的测点所测的呼气进入自救器气流的温度。

3.10

呼气湿度 exhalation humidity

检验自救器防护性能时,呼气进入自救器的气流的湿度。

3.11

抽氧量 oxygen extracting volume

用自救器防护性能测试装置检验自救器防护性能时,按规定的气体流量要求,从吸气流中抽出的富氧气体的流量,相当于氧耗量。

3.12

二氧化碳进入量 carbon dioxide injecting volume

用自救器防护性能测试装置检验自救器防护性能时,按规定的气体流量要求,每分钟进入防护性能测试装置的二氧化碳流量。

3.13

初期生氧器 starter

用于自救器初期生氧的装置。

3.14

抗滚动冲击性 antiroll-and-antiimpact property

将自救器装到特制滚箱内,使其受到一定时间不规则的滚动和冲撞后,考察自救器的结构坚固性、生氧药罐阻尘性和各项防护性能指标的变化。

3.15

跌落试验　falling test

将有封印条保护的自救器从规定的高度,按上、正、侧不同的三个面,向水泥地面上自由跌落三次,考察其封印条是否开裂,外壳是否有明显损伤,初期生氧装置是否启动,防护性能是否合格。

4 分类

4.1 型式

按自救器的额定防护时间,分为五种型式,即 15 min 型、20 min 型、30 min 型、40 min 型、60 min 型。

4.2 型号

自救器的型号编制应符合下列规定:

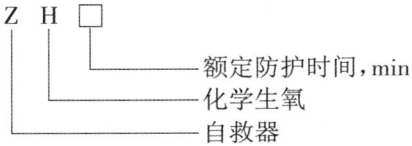

示例:ZH 15 表示额定防护时间为 15 min 型的化学氧自救器。

4.3 使用环境条件

不受使用环境中任何有毒有害气体和氧气浓度的限制;使用环境温度−5 ℃～50 ℃。

5 要求

5.1 制造要求

产品应符合本标准要求,并应按经规定程序批准的图样和技术文件制造。

5.2 防护性能要求

5.2.1 吸气中气体成分

在试验开始 2 min 内,吸气中氧气浓度应不小于 21%;其余防护时间内,吸气中氧气浓度应不小于 30%。

在额定防护时间内,吸气中二氧化碳平均浓度应不大于 1.5%,最高峰值应不大于 3.0%。

5.2.2 在额定防护时间内,贮气袋不得出现吸空现象。

5.2.3 初期生氧器性能

自救器应有初期生氧器,引发后 30 s 应不小于贮气袋体积的 1/3;60 s 应不小于贮气袋体积的约 2/3。

5.2.4 防护时间

自救器的额定防护时间应符合表 1 规定。

5.2.5 呼气阻力和吸气阻力

自救器在防护性能检验时,呼气阻力与吸气阻力之和应不大于 1 800 Pa,单个最大吸气或呼气阻力应不大于 1 200 Pa。

表 1

型　式	额定防护时间/min	
	30(L/min)	静坐(约 10 L/min)
15 min	15	60
20 min	20	80
30 min	30	120
40 min	40	160
60 min	60	240

5.2.6　吸气温度

在防护时间内吸气温度，15 min 型和 20 min 型自救器应不大于 65 ℃；30 min 型、40 min 型和 60 min 型自救器应不大于 60 ℃。

5.3　主要部件性能要求

5.3.1　吸气阀

对有吸气阀的自救器，吸气阀逆向漏气量，当负压至 1 000 Pa 时历经 30 s 以上（包括 30 s）回至 0 为合格；小于 30 s 为不合格。

5.3.2　排气阀

5.3.2.1　排气阀开启压力应在 150 Pa～350 Pa 范围内。

5.3.2.2　排气阀经逆向气密性试验，排气阀的逆向漏气量，当负压至 1 000 Pa 时历经 30 s 以上（包括 30 s）回至 0 为合格；小于 30 s 为不合格。

5.3.3　初期生氧器

5.3.3.1　初期生氧器生氧量：30 s 应不小于 2 L；60 s 应不小于 4 L；

5.3.3.2　火帽引发型、压电陶瓷引发型、压缩氧小气瓶引发型初期生氧器，击发后性能要求应符合 MT 426 的规定。

5.3.4　贮气袋

5.3.4.1　贮气袋有效容积不小于 5 L。

5.3.4.2　贮气袋气密性能，在 1 000 Pa 压力时，1 min 内水柱压力计下降值应不大于 50 Pa。

5.3.5　封印条或挂钩开启力

封印条或挂钩开启时，拉开力应在 50 N～120 N 范围内。

5.3.6　口具、鼻夹或鼻塞

5.3.6.1　口具结构应能保证密封，不应从口边漏气。

5.3.6.2　鼻夹或鼻塞应能保证密闭鼻孔，不易脱落。

5.3.7　自救器外壳气密性

自救器外壳经气密性试验，15 s 内水柱压力计下降值应不大于 80 Pa。

5.4　结构要求

5.4.1　结构应紧凑，外壳无任何尖角，应便于携带和悬挂。

5.4.2　结构应简单，能使受过专门训练的人，在 30 s 内完成佩戴操作。

5.4.3　自救器外表面不应有明显肉眼可见的划伤和磕痕。

5.4.4 自救器启闭装置工作性能应可靠。启闭扳手和封印条应有保护,不会被随意碰开,并能从外部状态判断出自救器是否被打开过。

5.4.5 拉绳式排气阀的拉绳应结实、可靠,在佩戴时要保证拉绳不被拉断;其他形式的排气阀阀片应该保证气密性。

5.4.6 腰带、脖带应符合以下要求:
  a) 便于快速、牢固佩戴,不易误操作;
  b) 长度可根据需要调节,有自锁功能。

5.4.7 呼吸系统气密性

经负压气密性试验,30 s 内水柱压力计下降值应不大于 100 Pa。

5.4.8 抗跌落性

经跌落试验,自救器外壳气密性应符合 5.3.7 要求。初期生氧器不应自发起动。

5.4.9 抗滚动冲击性

自救器经抗滚动冲击性试验后,初期生氧器不应自发起动,漏入与药罐相连接的部件内的药粉量应不超过 100 mg,防护性能应符合 5.2 各项规定。

5.4.10 对使用时自救器呼吸系统整体需要从外壳里取出的自救器,取出时的拉出力不应大于 100 N。

5.4.11 联接强度

呼吸导管、生氧罐组、贮气袋之间的联接强度,用管形弹簧测力计做轴向开裂、分离拉力试验,拉力不应小于 50 N。

5.4.12 对温度的耐受性

自救器按下列温度变化进行试验:
  a) 高温时干燥空气(70 ℃±3 ℃)72 h;
  b) RH95～100%(70 ℃±3 ℃)饱和水汽下 72 h;
  c) 低温时(-30 ℃±3 ℃)24 h。

自救器经上述温度变化试验后,将自救器与室温平衡,自救器应符合以下要求:仪器所用材料没有出现不良变化(严重变形、龟裂、防腐措施失效等),应保持气密,仍然具备其功能,符合 5.2 规定。

5.4.13 阻燃性能试验

对自救器呼吸系统所有零部件进行阻燃性能试验,要求不着火或离开测试火焰后 5 s 内自熄,自救器呼吸系统仍然保持气密。

5.4.14 初期生氧器

氧烛型初期生氧器,击发机构工作性能应可靠,并应保证在自救器规定的服务年限内,能可靠地引发起动器生氧,初期生氧器的焊缝和连接处,应保证不漏气。销针或卡片(压电陶瓷引发型)结构应防止松动滑脱,即使在自救器受到猛烈冲击时也不应滑脱。

酸瓶型初期生氧器,壳体和药罐连接处,佩戴使用时不应开焊和漏气,酸瓶在规定的服务年限内不应破裂和漏酸。当采用粘结胶固定酸瓶时,胶的强度和效果应保证在规定的服务年限内经受得住跌落试验和滚动冲击试验而不脱落。而且粘结胶在 180 ℃ 条件下不应分解释放出有毒物质和强刺激性气味。

压缩氧小气瓶型初期生氧器,应保证开关有效,避免失灵、漏气。

5.4.15 自救器有效期

自救器有效期为 3 年。

5.5 材料要求

5.5.1 金属材料要求

自救器的所有金属件应使用耐腐蚀材料制造,使用非耐腐蚀材料时应作耐腐蚀处理。其表面无裂纹、皱折、毛刺等缺陷。

自救器的外表零部件不可用铝、锰、钛或其合金材料制造。因所含这些金属组分在井下受到冲击摩擦时,可能使矿井中瓦斯等可燃气体混合物着火爆炸。

5.5.2 橡胶材料要求

5.5.2.1 橡胶材料的耐热性、耐老化性和耐化学性:

a) 与生氧药罐接触的橡胶材料,经 180 ℃±2 ℃恒温 2 h 后(见附录 A 中 A.1)应不发黏,并不应产生刺激性气体;

b) 呼气软管和吸气软管等,在其内有 200 mg 超氧化钾的富氧环境下,经折叠,在 70 ℃±2 ℃、24 h 老化试验,应不发黏,并仍适合佩戴使用(试验见附录 A 中 A.3);

c) 其他部位的橡胶材料,经 120 ℃±2 ℃恒温下 2 h 后,应不发黏(见附录 A 中 A.2)。

5.5.2.2 与人呼吸器官接触的橡胶材料,不应刺激皮肤,与口腔中口水接触时,不应溶出有毒物质,并应无异常气味。呼吸导管和初期生氧器导气管材料应采用强度好的硅橡胶。

5.5.2.3 制作贮气袋的橡胶布,在 180 ℃±2 ℃、恒温 1 h,不应产生有害气体和异味,并应具有阻燃性和不透气性。

5.5.3 塑料材料要求

5.5.3.1 制作外壳用的塑料应有足够的机械强度,表面电阻不应大于 10^9 Ω。

5.5.3.2 所有塑料部件应有满足使用要求的机械强度;在低温条件下应不脆不断裂,在高温条件下应不变形、不断裂(见附录 A 中 A.4 和 A.5)。

5.5.4 滤尘垫材料要求

滤尘垫的通气阻力和机械强度应能满足自救器使用的要求。滤尘垫不应分解产生刺激性气味和有害气体。滤尘垫在高温条件下与超氧化钾接触时应不燃烧(见附录 A 中 A.6)。

如果采用玻璃纤维垫来滤尘,玻璃纤维垫应采用无机不燃物粘结剂制成,若采用粘结剂为有机可燃物的应通过热处理分解成为不燃材料。热处理时应使其分解完全,按附录 A 中 A.6 进行试验,应不燃。

5.5.5 脖带、腰带和隔热垫等纤维材料要求

要采用阻燃材料,其阻燃性能应符合 5.4.13 规定。

5.5.6 生氧剂要求

应使用片状生氧剂,满足 MT 427 的要求。不应使用粒状生氧剂。

6 试验方法

6.1 防护性能试验方法

6.1.1 试验条件

6.1.1.1 试验所采用的各项参数如表 2。

表 2

类别	检验参数[a]					
	进气温度/℃	进气湿度/%	呼吸量/(L/min)	呼吸频率/min^{-1}	抽氧量/(L/min)	二氧化碳进入量/(L/min)
装置检	37±0.5	95 以上	30±0.3	20	1.52±0.05	1.35±0.02
静坐[b]	37±0.5	95 以上	10±0.3	10	0.4±0.05	0.4±0.02

[a] 表中规定的呼吸量、抽氧量、二氧化碳进入量的体积,均指大气压力为 101.3 kPa、温度为 37 ℃±0.5 ℃的值;
[b] 用等效人佩戴试验进行。

6.1.1.2 自救器防护性能测试装置管路系统的总容积应不超过 2 L(不包括人工呼吸机)。系统气密性在正压 2 000 Pa 下,稳定 30 s 后开始计时,观察 1 min 内压力计下降值不大于 100 Pa。

6.1.1.3 在不同实验室环境温度、气压下,对呼吸量应按照气态方程(1)进行换算,求出当时室温及气压下的呼吸量。按式(2)、式(3)求出当时环境下的抽氧量、二氧化碳进入量。

室温 T_2 下的呼吸量:
$$V_2 = V_1 \times \frac{p_0 - p_1}{p_0 - p_2} \times \frac{T_2}{T_1} \quad \cdots\cdots（1）$$

室温 T_2 下的抽氧量:
$$Y = 0.08 + 0.048 V_2 \quad \cdots\cdots（2）$$

室温 T_2 下的二氧化碳进入量:
$$V_{CO_2} = 4.5\% V_2 \quad \cdots\cdots（3）$$

式中:
p_0——实验室大气压,单位为帕(Pa);
p_1——口具出口温度 37 ℃时的水汽分压,单位为帕(Pa);
V_1——口具出口温度 37 ℃时的呼吸量,即 30 L;
T_1——273+37=310,单位为开尔文(K);
p_2——室温下的水汽分压,单位为帕(Pa);
T_2——室温即 273+室温 t,单位为开尔文(K);
V_2——室温下的呼吸量,单位为升每分(L/min)。

表 3 中列出了室温 23 ℃,101.3 kPa 状态下的各项参数,仅供参考。

表 3

功率/W	检验参数					
	进气温度/℃	进气湿度/%	呼吸量/(L/min)	呼吸频率/min^{-1}	抽氧量/(L/min)	二氧化碳进入量/(L/min)
74	37±0.5	95 以上	28±0.3	20±1	1.42±0.05	1.26+0.02

6.1.1.4 试验前应将自救器放在与实验室相同环境下 2 h 以上,再进行防护性能检验。

6.1.2 试验装置

试验装置见图 1a)如下:

a) 人工呼吸机:呼吸量范围 10 L/min～50 L/min,呼吸频率:10 min^{-1},15 min^{-1},20 min^{-1},25 min^{-1},30 min^{-1},呼吸比 1∶1;

b) 加温增湿器:加热温度在 35 ℃~45 ℃,增湿能力应达到相对湿度 95%以上,内部结构和尺寸见图 1b);

c) 冷却器:冷却器体积 500 mL~1 000 mL,内部结构见图 1c);

d) 联接器:结构见图 1d);

e) 加热元件:250 W~300 W;

f) 温度计:测量范围 0 ℃~100 ℃,准确度±0.2 ℃;

g) 浮子流量计:测量范围 0.01 m³/h~0.1 m³/h,准确度 2%;

h) 湿式气体流量计 2 台:测量范围 5 L/r,精度±1%,额定流量 0.5 m³/h;

i) 薄膜式气泵:流量 2 L/min~3 L/min;

j) 压力传感器:测量范围+2 000 Pa~-2 000 Pa,精度为±10 Pa;

k) 温度传感器:测量范围 0 ℃~100 ℃,精度±0.01 ℃;

l) 氧气分析仪:测量范围 0%~100%,准确度±1%;

m) 二氧化碳红外线分析仪:测量范围 0%~10%,准确度±0.2%;

n) 二氧化碳红外线分析仪:测量范围 0%~5%,准确度±0.2%;

o) 干燥塔 2 个:容量 0.25 L;

p) 秒表:量程 0 min~60 min,精度 0.01 s;

q) 容量为 80 L 的大气袋;

r) 计算机;

s) 打印机。

6.1.3 试验准备

6.1.3.1 试验装置按图 1 组装,从加温增湿器 12 出口,到阻力探头 18 之间要用棉纤维保温,保温的管路总长为 45 cm~55 cm。

6.1.3.2 分析钢瓶 1 中二氧化碳浓度,计算出二氧化碳实际进入量。

6.1.3.3 用标准气标定好二氧化碳红外分析仪和氧气分析仪。

6.1.3.4 按图 1 装备布置,对整个自救器性能测试装置进行气密性检查,应符合 6.1.1.2 要求。

6.1.3.5 标定呼吸量:把管路接头 32 断开,管口 B 用橡胶塞塞住,开始调节人工呼吸机呼吸量,开动人工呼吸机,把呼气通入大气袋,并计时,要使连续 2 min 的呼气通入大气袋,再匀速压入湿式气体流量计,用湿式气体流量计最终读数和初始读数之差计算出呼吸量。禁止呼气直接通入湿式气体流量计来标定呼吸量。

6.1.3.6 按表 3 中的参数选择人工呼吸机的呼吸频率、呼吸量。

6.1.3.7 检查加温增湿器内的水量。

6.1.3.8 开动人工呼吸机 6,并将加温增湿器 12 升温,当呼气温度传感器 24 呼气温度达到 37 ℃±0.5 ℃时,读取 12 加温增湿器的温度,使之恒定。

6.1.3.9 开启二氧化碳钢瓶 1,开动人工呼吸机 6、气泵 3、气泵 9、红外二氧化碳分析仪 11、计算机 21、打印机 22,调节高浓二氧化碳进入量,用红外二氧化碳分析仪 11 分析出混合气体中 CO_2 浓度达到 4.5%±0.2%时,停手呼吸机、采气泵和二氧化碳进气,并记下二氧化碳进气流量和耗氧量的刻度。将被测自救器按图 1 接在试验装置上,打开自救器初期生氧器,测定初期生氧性能,同时开启秒表计时,并观察初期生氧情况。然后记录湿式气体流量计 5 和 31 的初始值。再开启呼吸机、二氧化碳进气、采气泵和秒表等,试验正式开始。

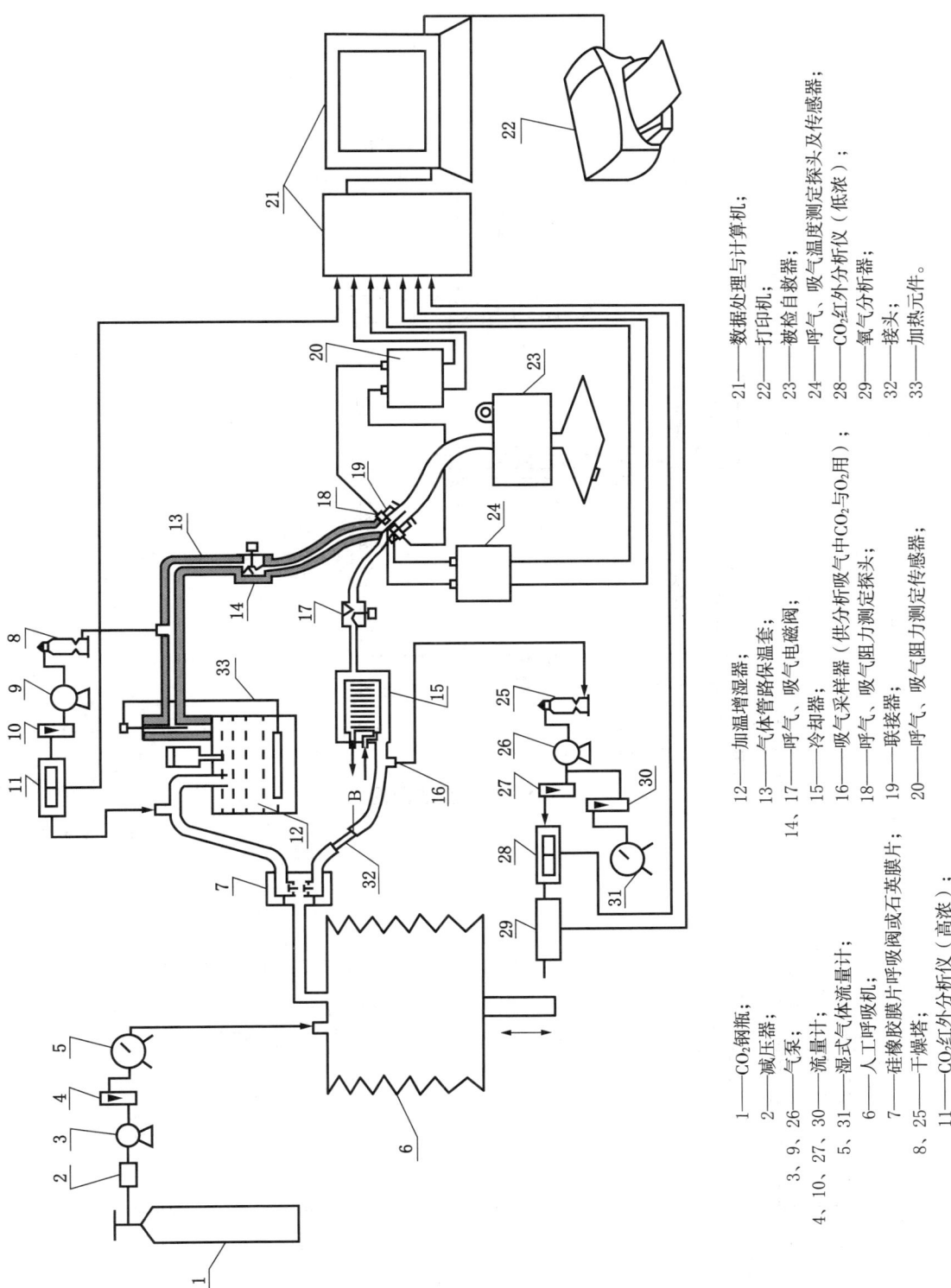

1——CO_2钢瓶;
2——减压器;
3、9、26——气泵;
4、10、27、30——流量计;
5、31——湿式气体流量计;
6——人工呼吸机;
7——硅橡胶膜片呼吸阀或石英膜片;
8、25——干燥塔;
11——CO_2红外分析仪（高浓）;
12——加温增湿器;
13——气体管路保温套;
14、17——呼气、吸气电磁阀;
15——冷却器;
16——吸气采样器（供分析吸气中CO_2与O_2用）;
18——呼气、吸气阻力测定探头;
19——联接器;
20——呼气、吸气阻力测定传感器;
21——数据处理与计算机;
22——打印机;
23——被检自救器;
24——呼气、吸气温度测定探头及传感器;
28——CO_2红外分析仪（低浓）;
29——氧气分析器;
32——接头;
33——加热元件。

图 1a) 防护性能测试装置示意图

单位为毫米

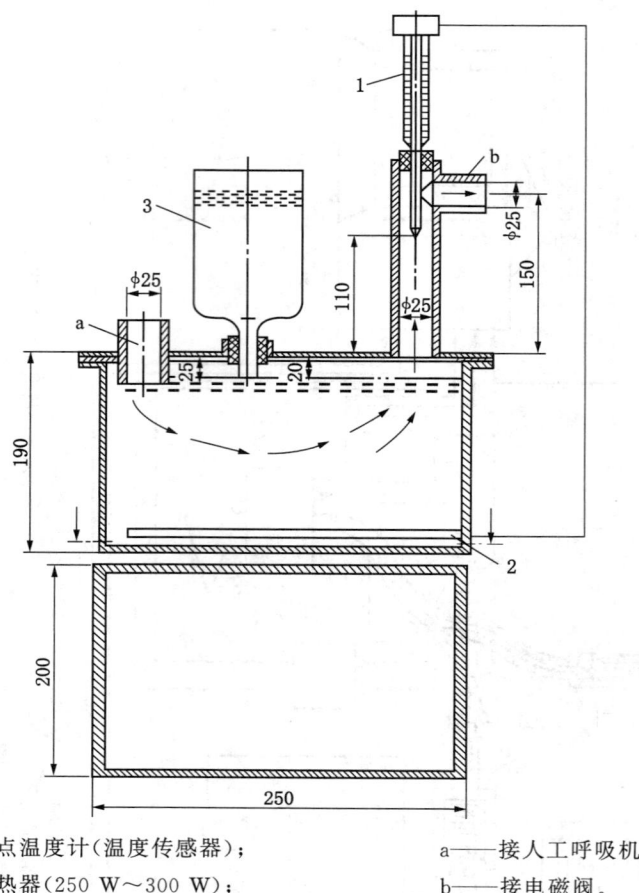

1——触点温度计(温度传感器);
2——加热器(250 W~300 W);
a——接人工呼吸机;
b——接电磁阀。

图 1b)　加温增湿器结构图

单位为毫米

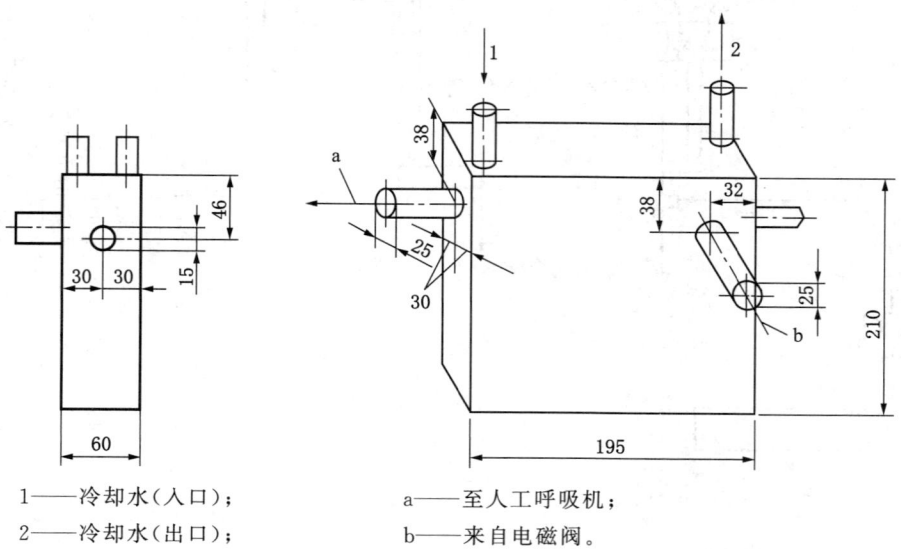

1——冷却水(入口);
2——冷却水(出口);
a——至人工呼吸机;
b——来自电磁阀。

图 1c)　冷却器结构图

单位为毫米

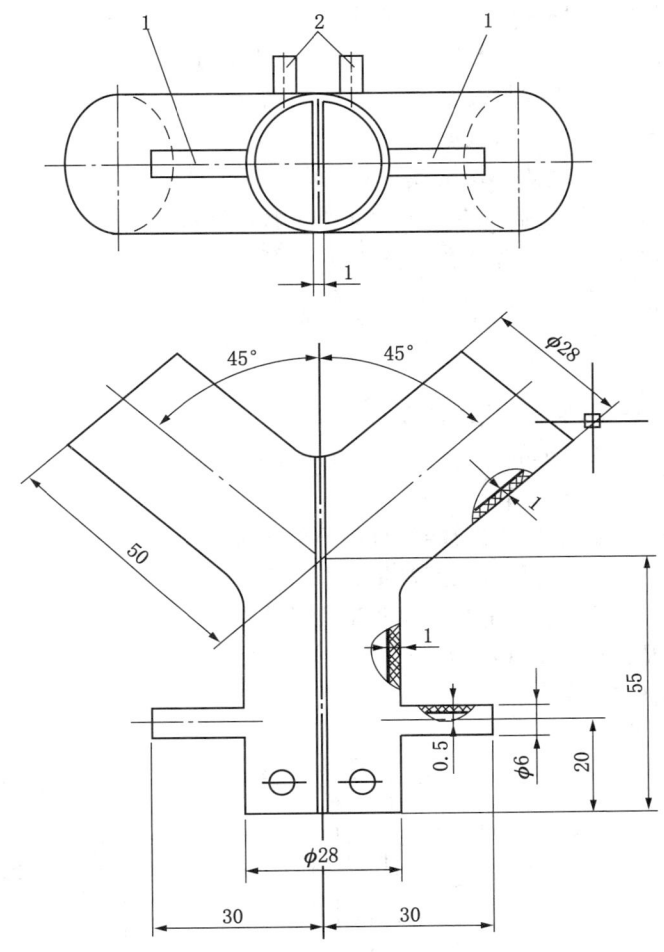

1——温度测量位置;
2——压力测量位置。

图 1d) 连接器结构图

6.1.4 起动性能试验

如图1所示,把自救器接好,拉初期生氧器,用秒表测出贮气袋鼓起时间,检查是否符合5.3.3.1规定。

6.1.5 吸气中氧气浓度、二氧化碳浓度、吸气温度、呼气阻力、吸气阻力和防护时间测定。

6.1.5.1 测试开始后要观察贮气袋鼓起与收缩情况,同时要注意控制薄膜式气泵流量和湿式气体流量计5、31的指示流量,使抽氧量符合表3的规定,进入分析仪器的流量应符合该仪器产品说明书的规定。同时要控制好二氧化碳进入量达到表3的规定。冷却器15的水套应充水,如发现呼气温度传感器24指示温度高于37 ℃±0.5 ℃时,应开动冷却器15通水冷却。

6.1.5.2 用电脑自动记录并显示吸气中氧气浓度、二氧化碳浓度、吸气温度、呼气阻力和吸气阻力。如中途发现吸气中二氧化碳浓度和氧气浓度不符合5.2.1的规定、呼气阻力和吸气阻力不符合5.2.5的规定、吸气温度不符合5.2.6的规定或贮气袋出现吸空现象时作为不合格项处理,应继续检验,直到标准要求的额定防护时间为止。并将吸气温度、呼吸阻力、吸气中二氧化碳浓度和氧气浓度用打印机打出来。同时记下湿式气量计5及31的终读数,用湿式气体流量计5的终了读数与初始读数之差,计算每分钟二氧化碳进入量,核对是否符合表3的规定。用同样方法核对抽氧量。

6.1.6 防护时间和吸气中气体平均二氧化碳浓度计算。

6.1.6.1 防护时间:从检验开始到终了的时间为自救器防护时间。

6.1.6.2 吸气中气体平均二氧化碳浓度按式(4)计算:

$$c_{av}=\frac{c_5+c_{10}+\cdots+c_e/2}{N} 或 \frac{c_2+c_4+\cdots+c_e/2}{N} \tag{4}$$

式中:

c_{av} ——平均二氧化碳浓度;

$c_5,c_{10},\cdots,c_e$ ——打印出的5 min,10 min,…,直至终了 e min时吸气中二氧化碳浓度数据;

$c_2,c_4,\cdots,c_e$ ——对15分钟自救器,打印出的2 min,4 min,…,直至终了 e min时吸气中二氧化碳浓度数据;

N ——记录吸气中二氧化碳浓度的次数。

6.2 吸气阀、排气阀逆向气密性试验方法

6.2.1 试验装置如图2所示。

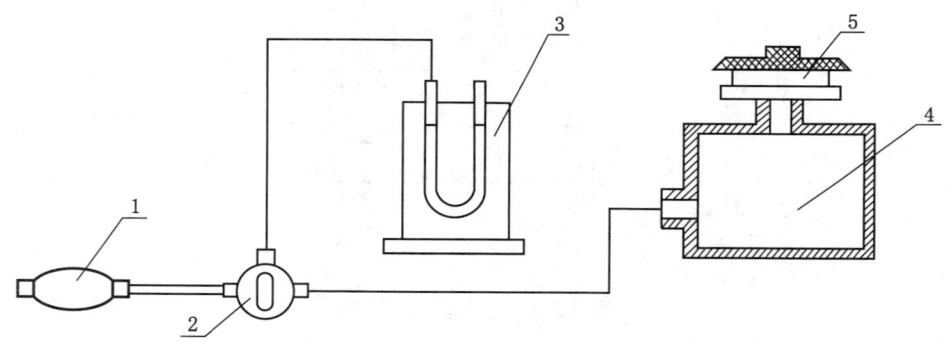

1——吸气球;
2——三通开关;
3——水柱压力计;
4——刚体容器;
5——受检阀。

图2 吸气阀、排气阀逆向气密性试验装置示意图

6.2.2 仪器设备

仪器设备如下:

a) 吸气球;

b) 水柱压力计:测量范围0 Pa~2 000 Pa;

c) 刚体容器:容积 500 mL。

6.2.3 试验步骤

将受检阀安装于刚体缓冲容器4上,连接处不应漏气。然后用手压吸气球1,使水柱压力计3负压至1 200 Pa,当稳定到负压1 000 Pa时开始计时,其结果应分别符合5.3.1、5.3.2.2的规定。

6.3 初期生氧器供氧量的测定方法

6.3.1 火帽引发型、压电陶瓷引发型、压缩氧小气瓶引发型初期生氧器供氧量按MT 426规定的方法测定。

6.3.2 酸瓶引发型初期生氧器供氧量的测定装置见图3所示。

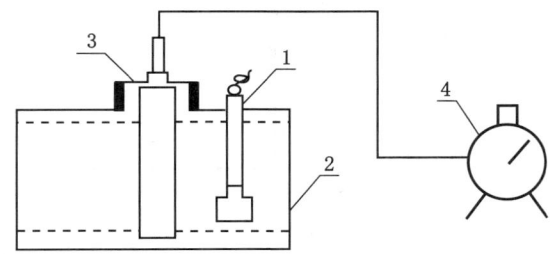

1——初期生氧器;
2——生氧药罐;
3——橡胶接头;
4——湿式气体流量计。

图3 酸瓶型引发型生氧量测定装置示意图

6.3.2.1 仪器设备

仪器设备如下:
a) 生氧药罐;
b) 橡胶接头;
c) 湿式气体流量计:测量范围 0 m^3/h～0.5 m^3/h,最小分度值 0.025 L;
d) 秒表。

6.3.2.2 测定步骤

首先拔出销针,同时按动秒表计时,每10 s记录一次湿式气体流量计的读数,直至不生氧为止。其供氧量应符合5.3.3.1的规定。

6.4 自救器外壳气密性试验的测定方法

6.4.1 气密检查仪

示意图见图4所示。

6.4.2 仪器设备

仪器设备如下:
a) 自救器气密性检查仪:最高工作压力为13.34 kPa～14 kPa,准确度10 Pa;
b) 秒表;
c) 水柱压力计:测量范围 0 kPa～14 kPa,准确度±9.8 Pa。

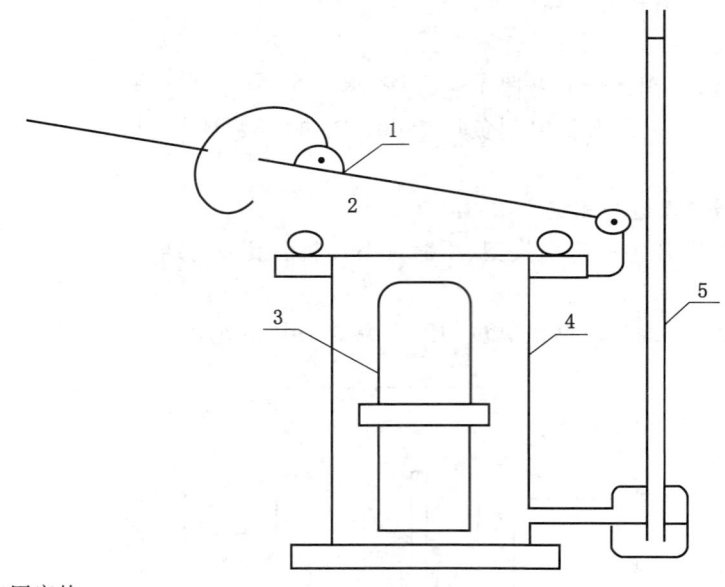

1——顶盖与固定钩;
2——空心橡胶密封环;
3——受检自救器;
4——腔体;
5——水柱压力计。

图 4 自救器气密检查仪示意图

6.4.3 试验步骤

应先用标准块标定气密检查仪的工作压力达到 13.34 kPa 以上,且不漏气,再将被检自救器放在检验仪的工作室内,扣上封压钩 1,使顶盖压缩空心的橡胶密封环 2。当水柱压力计 5 内的水柱压力上升到不低于 13.34 kPa 时,按动秒表,稳定 10 s 后读数,再过 15 s 再读数,观察最后 15 s 内的水柱压力下降值,要符合 5.3.7 的规定。

6.5 封印条或挂钩开启压力的测定方法

6.5.1 仪器要求

管形测力计:测量范围 0 N～200 N,最小分度值 5 N。

6.5.2 测定步骤

将靠近自救器开启扳手末端拴上一铁钩,再把管形测力计的钩子钩在铁钩上,与自救器的上盖成 80°～90°角,用力拉测力计,当扳手开启,封印条或挂钩拉开时,测力计指示的读数即为封印条或挂钩开启力。应符合 5.3.5 的规定。

6.6 自救器呼吸系统整体从外壳内取出的拉出力测定方法

6.6.1 仪器要求

管形测力计:测量范围 0 N～200 N,最小分度值 5 N。

6.6.2 测定步骤

把管形测力计钩住自救器呼吸系统的脖带或头带,拉管形测力计,将自救器呼吸系统从外壳内取出时,测力计指示的最大值即为拉出力。应符合 5.4.10 的规定。

6.7 排气阀开启压力的测定方法

6.7.1 试验装置如图 5 所示。

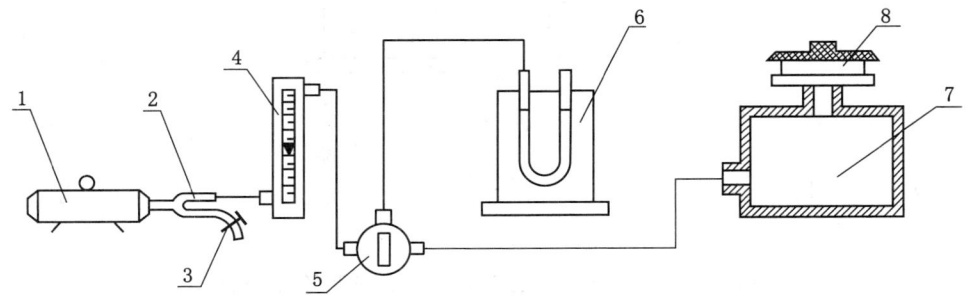

1——气泵;
2——三通;
3——流量调节阀;
4——转子流量计;
5——三通开关;
6——水柱压力计;
7——刚体容器;
8——受检排气阀。

图 5 排气阀开启压力测定装置示意图

6.7.2 仪器设备

仪器设备如下:
a) 气泵:流量不小于 3 L/min;
b) 转子流量计:测量范围 0.01 m³/h~0.1 m³/h;
c) 水柱压力计:测量范围 0 Pa~2 000 Pa;
d) 刚体缓冲容器:容积 500 mL。

6.7.3 试验步骤

开启三通开关 5,启动气泵 1,调节流量阀 3,使转子流量计 4 指示值为 1.5 L/min,将排气阀 8 安装于刚体容器 7 上,排气阀开始排气,此时水柱压力计 6 的值为排气阀开启压力。其结果应符合 5.3.2.1 的规定。

6.8 联接强度的试验方法

呼吸气导管、生氧罐组、贮气袋之间的联接,用管形测力计做轴向拉力试验,其结果应符合 5.4.11 的规定。

6.9 自救器呼吸系统气密性试验方法

6.9.1 试验装置

如图 6 所示。

6.9.2 试验步骤

试验时打开启闭开关 4,用抽气装置抽气,使自救器呼吸系统内的压力为 −800 Pa,观察 30 s 时水柱压力上升值。应符合 5.4.7 的要求。

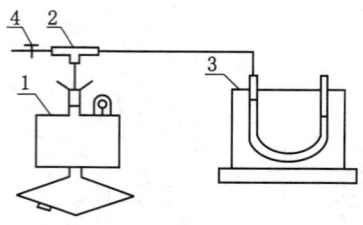

1——生氧剂药罐；
2——三通；
3——水柱压力计；
4——启闭开关。

图 6　自救器呼吸系统气密性试验装置示意图

6.10　抗跌落性试验方法

将自救器从 1.3 m 高处自由落下到水泥地面上，上（带封印条的面）、正（带铭牌的面）、侧（带个人名签的面）三个面各跌落一次，然后检查其外壳、铭牌和插片等是否有明显损坏，检查其气密性和初期生氧器是否自行起动。

6.11　抗滚动冲击性能试验方法

6.11.1　试验装置如图 7 所示。

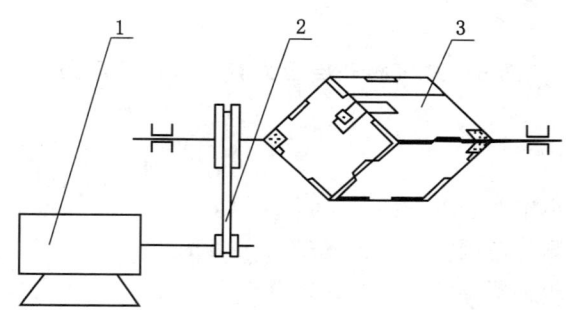

1——电机；
2——减速器；
3——试验箱。

图 7　自救器滚动冲击试验装置示意图

6.11.2　仪器设备

仪器设备如下：
　　a)　试验箱：用 18 mm±2 mm 厚松木板制成的内边为 300 mm 的正方形木箱体；以对角线为轴，转速为 60 r/min±2 r/min；
　　b)　减速器。

6.11.3　测定步骤

将自救器放入试验箱中，以 60 r/min±2 r/min 的转速连续滚动冲击 10 min，检查初期生氧器是否已起动、贮气袋和呼吸软管漏入药粉量，恢复原状后，再按 6.1 作防护性能试验，其结果应符合 5.2 防护性能要求。

6.12 阻燃性能试验方法

6.12.1 阻燃性能试验装置如图8所示。

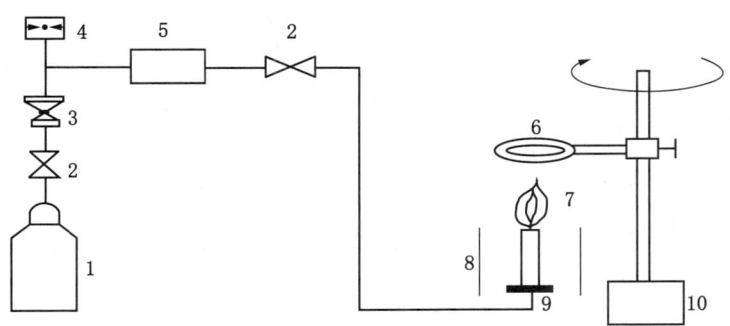

1——丙烷气瓶；
2——阀；
3——压力调节器；
4——压力表；
5——回火阻断器；
6——支架；
7——火焰；
8——挡板；
9——喷灯；
10——马达及速度调节器。

图 8 阻燃性能检验装置示意图

6.12.2 试验步骤

6.12.2.1 对支架6进行安装调整，使它高度固定在喷灯尖端之上20 mm处，然后开动马达将它旋转在一旁。

6.12.2.2 在已固定喷嘴上点燃火焰7，并在火焰距喷灯尖端之上20 mm处，用适合的测温仪器对火焰温度进行监测，并应用阀2调节丙烷气体流量，使火焰点温度稳定地控制在800 ℃±50 ℃。

6.12.2.3 将被检呼吸系统置于支架6上，并保证被检件的最低点与喷灯尖端之间距离为20 mm，也就是被检件的最低点应通过火焰800 ℃之处，然后开动马达10，速度达到60 r/min，使支架及被检件旋转一周，即被检件过火一次，其结果应符合5.4.13的要求。

7 检验规则

7.1 出厂检验

7.1.1 产品由制造厂质量检验部门检验，检验合格并发给合格证后方准出厂。

7.1.2 出厂检验项目见表4中规定。

表 4

序号	技术要求条款	出厂检验 逐台检验	出厂检验 抽样检验	型式检验	备注
1	5.2.1	—	√	√	关键项目
2	5.2.2	—	√	√	关键项目
3	5.2.3	—	√	√	关键项目
4	5.2.4	—	—	√	关键项目
5	5.2.5	—	√	√	关键项目
6	5.2.6	—	√	√	关键项目
7	5.3.1	√	—	—	
8	5.3.2.1	√	—	√	
9	5.3.2.2	√	—	—	
10	5.3.3.1	—	√	√	
11	5.3.3.2	—	—	√	
12	5.3.4.2	√	—	√	关键项目
13	5.3.5	—	√	√	关键项目
14	5.3.7	√	—	√	关键项目
15	5.4.3	√	—	—	
16	5.4.7	√	—	—	关键项目
17	5.4.8	—	√	√	关键项目
18	5.4.9	—	√	√	关键项目
19	5.4.10	—	√	√	
20	5.4.11	—	√	√	
21	5.4.12	√	—	√	
22	5.4.13	—	√	√	
23	8.2b	—	—	√	
注:"√"为检验项目;"—"为不检验项目。					

7.2 型式检验

7.2.1 有下列情况之一时,应进行型式检验:

a) 新产品或老产品转厂生产时;
b) 正式生产后,如材料、药剂、工艺、结构有较大改变可能影响产品性能时;
c) 正常生产时,每年至少进行一次;
d) 停产一年后,恢复生产时;
e) 出厂检验结果和上次型式检验结果有较大差异时;

f) 国家质量监督机构提出进行型式检验时。

7.2.2 型式检验项目为本标准表4中规定的检验项目。

7.3 组批与抽样

7.3.1 组批

检验批应由同型号且生产条件和生产时间基本相同的单位产品组成。

7.3.2 抽样

7.3.2.1 抽样方法,按 GB/T 10111 的规定进行。

7.3.2.2 抽样数量

抽样基数不少于200台(新研制产品抽样基数不少于100台),抽样数量不少于6台,在工厂检验的合格品中随机抽取。

7.3.2.3 试验样品分配

2台不做跌落和滚动试验,直接做防护性能试验;2台先按5.4.8和5.4.9的规定进行抗跌落性和抗滚动冲击性能试验后,再做防护性能试验;1台做完温度的耐受性试验后,先做静坐防护性能试验再做零部件性能测试、阻燃性能测试;1台直接做供氧性能试验。

对于自救器装氯酸盐生氧起动器的抽样和检验,按 MT 426 有关规定执行。

7.4 判定规则

出厂抽样检验和型式检验结果中,如有一项关键项目不合格,即判该批产品不合格;其他项目如有二台项不合格,则判该批产品为不合格;如有一台项不合格,则应加倍抽样,重做全部项目试验,如果仍有一台项不合格,则判定该批产品不合格。

8 标志、包装、运输、贮存

8.1 标志

8.1.1 自救器外壳的明显处应有永久性铭牌,铭牌文字清晰牢固,并具有以下标志:

　　a) 制造厂名称或代码;
　　b) 产品型号和名称;
　　c) 安全标志编号;
　　d) 制造日期和批号;
　　e) 防伪标记。

8.1.2 包装箱表面应有下列标志:

　　a) 制造厂名称;
　　b) 产品型号和名称;
　　c) 数量;
　　d) 尺寸、净重、毛重;
　　e) "严禁受潮""切勿倒置""小心轻放""远离火源"等文字或符号。

8.2 包装

包装应符合下列要求:

　　a) 产品包装应有防止在搬运过程中因碰撞而造成损伤的措施;
　　b) 产品包装后,应能经受加速度 30 m/s^2 冲击频率 $80 \text{ min}^{-1} \sim 120 \text{ min}^{-1}$,历时 2 h 的振动试验,包装不应损坏;

c) 包装箱内应有装箱单,产品合格证和产品使用说明书等文件。

8.3 运输

运输时不应和油类、腐蚀性化学药品混装。并要求有防日晒和防雨措施。

8.4 贮存

产品应贮存在通风良好库房内。温度在 0 ℃～40 ℃范围内,要远离热源,不准与易燃和腐蚀物品在同一库房内存放。

附 录 A
（规范性附录）
橡胶件、塑料件和滤尘垫试验方法

A.1 与药罐外壁接触的橡胶材料耐热性试验方法

将制成的零部件放入干燥箱内,在 180 ℃±2 ℃恒温 2 h 后,观察试样。

A.2 其他橡胶件耐热性试验方法

将制成的零部件(贮气袋胶布用 10 cm×50 cm 胶布条),放入干燥箱内,在 120 ℃±2 ℃恒温 2 h 后,观察试样。

A.3 橡胶件耐老化和耐化学性试验方法

对于呼吸软管、同药连接的呼气管,分别加入约 0.1 g 超氧化钾药粉,两端用口具塞塞住,把呼吸软管压扁三折后,用绳扎住(呼气管可对折、压扁扎住),在氧气浓度大于 30% 条件下(可把橡胶管放在用贮气袋胶布粘结的口袋中,再通氧气达到富氧条件),放入干燥箱内在 70 ℃±2 ℃、24 h 老化试验后,观察其试样。

A.4 塑料件耐高温试验方法

将制成的塑料部件,放入干燥箱内,在 60 ℃±2 ℃、恒温 16 h 后,观察试样。对塑料制作的热交换器,要用手按压,观察焊缝处是否开裂。

A.5 塑料件耐低温试验方法

将制成的塑料部件放入低温箱内,在－30 ℃±2 ℃、恒温 16 h 后,观察试样。

A.6 滤尘垫不燃试验方法

将滤尘垫放入有超氧化钾药粉的金属罐内,加热到 350 ℃±5 ℃,同时用玻璃棒搅拌 5 min,观察是否产生火花或燃烧。

矿山安全标志（GB 14161—2008）

前　言

本标准的全部技术内容为强制性。

本标准是对国家标准 GB 14161—1993 进行修订的标准。

本标准代替 GB 14161—1993《矿山安全标志》。

本标准与 GB 14161—1993 相比主要变化如下：

a) 修改标志图型、文字 11 处；

b) 增加新标志 22 个；

c) 取消原标志 4 个；

d) 取消原标准"核激发夜光材料"的使用条款（原标准 11.2）；

e) 在附录 A 中取消了原标准中的色品坐标、色品图、逆向反射系数表，代之以 GB 2893《安全色》中的相关表、图。

本标准附录 A 为资料性附录，附录 B 为规范性附录。

本标准由国家安全生产监督管理总局提出。

本标准由全国安全生产标准化技术委员会归口。

本标准起草单位：国家安全生产监督管理总局信息研究院、兖州煤业（集团）有限责任公司、山西焦煤（集团）有限责任公司、开滦矿业（集团）有限责任公司、四川省安全生产监督执法总队。

本标准主要起草人：黄盛初、王捷帆、陈昌、陈国瑞、倪兴华、王登刚、莫志中、杨树民、余致远。

本标准所代替标准的历次版本发布情况为：

——GB 14161—1993。

1　范围

本标准规定了矿山传递安全警示信息的主要标志。

本标准主要适用于各类矿山对安全标志的设置要求。

2　规范性引用文件

下列文件中的条款通过本标准的引用而成为本标准的条款。凡是注日期的引用文件，其随后所有的修改单（不包括勘误的内容）或修订版均不适用于本标准，然而，鼓励根据本标准达成协议的各方研究是否可使用这些文件的最新版本。凡是不注日期的引用文件，其最新版本适用于本标准。

GB 2894　安全标志及其使用导则

GB 5768　道路交通标志和标线

GB/T 10001（所有部分）　标志用公共信息图形符号

AQ 1017 煤矿井下安全标志

3 分类

3.1 矿山安全标志分为主标志和补充标志两类。
3.2 主标志
3.2.1 禁止标志：禁止或制止人们的某种行为的标志。
3.2.2 警告标志：警告人们注意可能发生危险的标志。
3.2.3 指令标志：指示人们必须遵守某种规定的标志。
3.2.4 路标、名牌、提示标志：提示人们目标方向、地点的标志。
3.3 补充标志
　　补充标志是主标志的文字说明或方向指示，它只能与主标志同时使用。

4 禁止标志

4.1 禁止标志的基本形状为带斜杠的圆环，如图1所示。
4.2 禁止标志的颜色，为白底，红圈、红斜杠，黑图形符号。

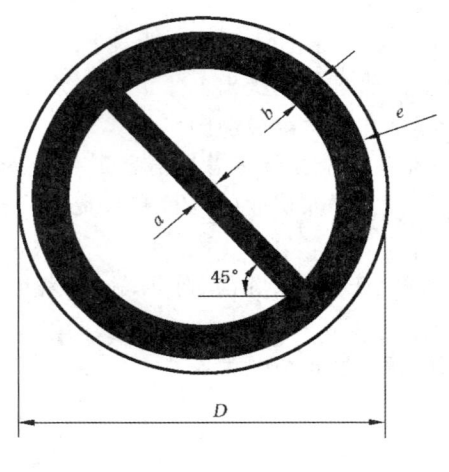

图 1

4.3 禁止标志的基本尺寸应根据最大观察距离（L）确定，按表1选取。

表 1 禁止标志尺寸与最大观察距离的关系　　　　　　　　　　　单位为毫米

标志尺寸	逆向反射标志		自发光标志	
	$L=10$ m	$L=15$ m	$L=10$ m	$L=15$ m
标志外径 D	250	375	250	320
红杠宽度 a	20	30	20	26
红环宽度 b	25	38	25	32
白边宽度 e	5	7	5	7

4.4 禁止标志的种类及设置地点。

禁止标志的种类、名称、设置地点及说明见表2。

表 2

编号	符 号	名 称	设置地点	说 明
2-1		禁带烟火	禁止烟火地点	
2-2		禁止酒后入井	有人出入的井口和矿坑	引用 AQ 1017
2-3		禁止明火	禁止明火作业地点	
2-4		禁止启动	不允许启动的机电设备	引用 GB 2894
2-5		禁止合闸	变电室、移动电源开关停电检修等	引用 AQ 1017
2-6		禁止扒乘矿车	运输大巷交叉口、乘车场、扒车事故多发地段	
2-7		禁止扒、登、跳人车	井下人车巷道,每隔 50 m 设一个	引用 AQ 1017

表2（续）

编号	符　号	名　称	设置地点	说　明
2-8		禁止车间乘人	斜井、平巷运人列车车站、串车提升斜井上下口	
2-9		禁止登钩	串车提升斜井上下口	引用 AQ 1017
2-10		禁止跨、乘输送带	链板、带式输送机、钢丝绳牵引运输不许跨越的地方,间隔30 m设置	引用 AQ 1017
2-11		禁止攀牵线缆	设在敷有电缆、信号线等巷道内,间隔100 m设置	
2-12		禁止人料同罐	设在开凿立井井口处	
2-13		禁止入内	井下封闭区、瓦斯区、盲巷、废弃巷道及禁止人员入内的地点	引用 AQ 1017
2-14		禁止通行	井下危险区、放炮警戒处、不兼作行人的绞车道、材料道及禁止行人的通道口等	引用 GB 2894

表 2（续）

编号	符 号	名 称	设置地点	说 明
2-15		禁止停车	井下禁止停放车辆的地段	引用 AQ 1017
2-16		禁止打手机	防爆场所禁止接打手机	
2-17		禁止驶入	线路终点和禁止机车驶入地段	引用 GB 5768
2-18		禁止穿化纤服装入井	人员出入的井口	引用 AQ 1017
2-19		禁止放明炮、糊炮	井下采掘爆破工作面及井下其他爆破地点	引用 AQ 1017
2-20		禁止井下睡觉	井下各工序岗位和作业区	引用 AQ 1017
2-21		禁止同时打开两道风门	井下巷道风门处	引用 AQ 1017
2-22		禁止井下随意拆卸、敲打、撞击矿灯	入井口、井下工作面	引用 AQ 1017

5 警告标志

5.1 警告标志的基本尺寸为等边三角形,顶角朝上,如图2所示。

5.2 警告标志的颜色为黄底,黑边,黑图形符号。

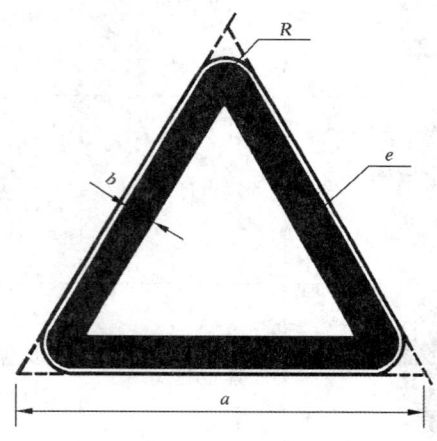

图 2

5.3 警告标志的基本尺寸应根据最大观察距离(L)确定,按表3选取。

表 3 警告标志尺寸与最大观察距离的关系

单位为毫米

标志尺寸	逆向反射标志		自发光标志	
	$L=10$ m	$L=15$ m	$L=10$ m	$L=15$ m
三角形边长 a	340	510	300	450
黑杠宽度 b	30	30	25	25
黑边圆角半径 R	17	26	15	23
黄边宽度 e	5	7	5	7

5.4 警告标志的种类及设置地点。

警告标志的种类、名称、设置地点见表4。

表 4

编号	符号	名称	设置地点	说明
4-1	⚠	注意安全	提醒人们注意安全的场所及设备安置的地方	引用 GB 2894

表 4（续）

编号	符号	名称	设置地点	说明
4-2		当心瓦斯	井下瓦斯集聚地段、盲巷口、瓦斯抽放地点、巷道冒高处	
4-3		当心冒顶	井下冒顶危险区、巷道维修地段	引用 GB 2894
4-4		当心火灾	仓库、爆炸材料库、油库、带式输送机、充电室和有发火预兆的地区	引用 GB 2894
4-5		当心水灾	有透水或水患地点	
4-6		当心煤（岩）与瓦斯突出	井下煤（岩）与预计有害气体突出地区	引用 AQ 1017
4-7		当心有害气体中毒	井下 CO、H_2S、NO_x 等有害气体危险地区、露天矿深部通风不良的火区	
4-8		当心爆炸	爆炸材料库、运送火药、雷管的容器和设备上	引用 GB 2894
4-9		当心触电	有触电危险部位	引用 GB 2894

表 4（续）

编号	符 号	名 称	设置地点	说 明
4-10		当心坠落	建井施工、井筒维修及井内高空作业处	引用 GB 2894
4-11		当心坠入溜井	井下溜煤（矸）眼、溜矿井、溜矿仓	
4-12		当心片帮、滑坡	有片帮、滑坡危险地段	
4-13		当心列车通过	行人巷道与运输巷道交叉处	
4-14		当心交叉道口	巷道交叉口处	
4-15		当心弯道	弯道处	
4-16		当心巷道变窄	井下巷道前方变窄的地段	
4-17		当心发生冲击地压	井下有冲击地压的作业区域	引用 AQ 1017

表 4（续）

编号	符 号	名 称	设置地点	说 明
4-18		当心绊倒	井下地面有障碍物，绊倒易造成伤害的地方	
4-19		当心滑跌	井下巷道有易造成伤害的滑跌地点	

6 指令标志

6.1 指令标志基本形状为圆形，如图 3 所示。

6.2 指令标志的颜色为蓝底、白图形符号。

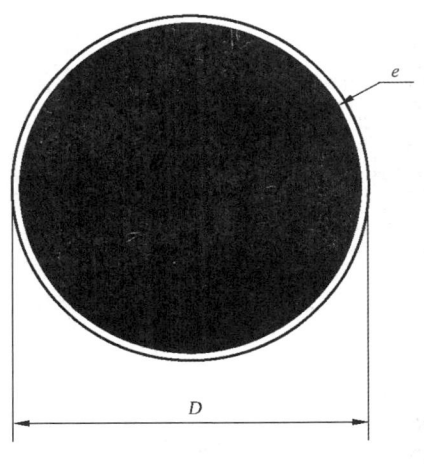

图 3

6.3 指令标志的基本尺寸应根据最大观察距离(L)确定，按表 5 选取。

表 5 指令标志尺寸与最大观察距离的关系

单位为毫米

标志尺寸	逆向反射标志		自发光标志	
	$L=10$ m	$L=15$ m	$L=10$ m	$L=15$ m
圆形直径 D	250	375	250	320
白边宽度 e	5	7	5	7

6.4 指令标志的种类及设置地点。

指令标志的种类、名称、设置地点见表6。

表6

编号	符 号	名 称	设置地点	说 明
6-1		必须戴矿工帽	人员出入的井口、更衣房、矿灯房及井下人员休息候车等醒目地方	
6-2		必须携带矿灯	入井口处、更衣房、矿灯房等醒目地方	
6-3		必须随身携带自救器	入井口处、更衣室、领自救器房等醒目地方	
6-4		必须穿带绝缘保护用品	设在高压电器设备室内	
6-5		必须系安全带	建井施工处、高空作业、井筒检修地点	引用 GB 2894
6-6		必须戴防尘口罩	打眼施工、炮烟区、喷浆等产尘作业地段	引用 GB 2894
6-7		必须桥上通过	设有人行桥的地方	
6-8		走人行道	设在人行道两端	

表 6（续）

编号	符 号	名 称	设置地点	说 明
6-9		鸣笛	机车通过巷道交叉处、道岔口和弯道前 20 m~30 m 鸣笛处	引用 GB 5768
6-10		必须加锁	剧毒品、爆炸物、危险品库房等地点	引用 GB 2894
6-11		必须持证上岗	井口、配电室、炸药库等必须出示上岗证的地点	引用 AQ1017
6-12		注意通风	需要供风的工作场所	

7 路标、名牌、提示标志

7.1 路标、名牌、提示标志的基本形状为长方形，如图 4 所示。

7.2 路标、名牌、提示标志的颜色为绿底、白图案，白字亦可用黑字。

图 4

7.3 路标、名牌、提示标志的基本尺寸应根据最大观察距离（L）确定，按表 7 选取路标牌的尺寸根据实际需要可按比例放大。

表7 提示标志尺寸与最大观察距离的关系　　　　　　　　　　单位为毫米

标志尺寸	逆向反射标志		自发光标志	
	$L=10$ m	$L=15$ m	$L=10$ m	$L=15$ m
短边长度 b	220	320	200	300
长边长度 l	330	480	300	450
白边宽度 e	5	7	5	7

7.4 路标、名牌、提示标志的种类及设置地点。

路标、名牌、提示标志的种类、名称、设置地点见表8。

表8

编号	符号	名称	设置地点	说明
8-1		安全出口	设在矿井采区安全出口路线上(间隔100 m)和改变方向处	引用 GB/T 10001
8-2		电话	通往电话的通道上	
8-3		躲避硐	井下通往躲避硐室的通道及躲避硐室入口处	引用 GB 2894
8-4		急救站	通往急救站通道上	引用 GB/T 10001
8-5		可动火区	经有关部门划定的可使用明火的地点	引用 GB 2894
8-6		爆破警戒线	爆破警戒线处	

表8（续）

编号	符号	名称	设置地点	说明
8-7	××危险区 ←	危险区	井下火灾、瓦斯、水患等危险区附近	
8-8	沉陷区 ←	沉陷区	地表沉陷滑落区	
8-9	前方慢行 ←	前方慢行	风门、交叉道口、弯道、车场、翻罐等须减速慢行地点	
8-10	进风巷道 ←	进风巷道	进风巷道	
8-11	回风巷道 ←	回风巷道	回风巷道	
8-12	运输巷道 ←	运输巷道	井下运输巷道	引用 AQ 1017
8-13	正在检修 不准送电	指示牌	根据需要自行书写自行设置	示例
8-14	← ××水平 → ××石门 ×石门 ××石门	路标	自行设置	

表 8（续）

编号	符 号	名 称	设置地点	说 明
8-15	避火灾、瓦斯(煤尘)爆炸路线 ←	避火灾、瓦斯爆炸路线	井下躲避火灾、瓦斯、煤尘爆炸的通道上	引用 AQ 1017
8-16	避水灾路线 ←	避水灾路线	井下躲避水灾的通道上	引用 AQ 1017
8-17	避有毒有害气体路线 ←	避有毒有害气体路线	井下躲避有毒有害气体路线的通道上	引用 AQ 1017
8-18	永久密闭 编号： 材料： 时间：	永久密闭	井下废巷、盲巷入口处	引用 AQ 1017
8-19	测风牌	测风牌	井下掘进、采煤工作面等处	引用 AQ 1017
8-20	一炮三检牌	炮检牌	井下采、掘工作面等要求设置的地点	引用 AQ 1017
8-21	瓦斯巡检牌	瓦斯巡检牌	井下采、掘工作面等要求设置的地点	引用 AQ 1017

8 补充标志

8.1 文字补充标志的规定

8.1.1 文字补充标志是将主标志的名称用黑体字横写在矩形的底板上。文字补充标志必须与主标志联用,单独使用没有任何安全含义。

8.1.2 文字补充标志基本形式是矩形边框,放在主标志下方,也可放在左方或右方,见图5、图6所示。

8.1.3 文字补充标志的底色应与联用的主标志底色相统一,其文字的颜色,除警告标志用黑色外,其他标志均为白色。

8.1.4 文字补充标志为矩形,长边等于圆的直径或三角形边长,宽等于长边的五分之一。如与方向补充标志联用,其尺寸宽为标志的二分之一,长为标志的三分之一。

8.2 方向补充标志的规定

8.2.1 方向补充标志图形符号是箭头,它应指示被联用主标志所表示意义的方向,必须与主标志联用,单独使用没有任何安全含义。

8.2.2 方向补充标志如系指示左向(包括左上、左下)则放在主标志的左侧,如系指示右向(包括右上、右下)则放在主标志的右侧,如图6所示。

8.2.3 方向补充标志的底色和箭头颜色应与联用主标志的颜色相统一。

8.2.4 方向补充标志的尺寸,宽为标志的二分之一,长为标志的三分之一。

图 5

图 6

9 颜色

本标准使用的安全色及其安全含义应符合GB 2893的规定。各种材料的色度坐标和亮度因数应符合表A.1的规定,逆向反射材料的反射系数应符合表A.2的规定。见附录A。

10 矿山安全标志牌的制作与检验

10.1 矿山安全标志牌应按本标准规定制作。制作图示例见附录B。应采用逆向反光材料和自发光材料制作安全标志图形。一般选用金属或其他阻燃材料为底板。有触电危险场所的标志牌,应使用绝缘材料制作。

10.2 矿山安全标志牌必须经国家技术监督部门认可的安全产品质量检验单位检查合格后方可使用。

11 矿山安全标志牌的设置与管理

11.1 矿山安全标志牌位置应设在与安全有关的明显的地方,并保证人们有足够的时间注意它所表示的内容。

11.2 矿山安全标志牌应定期清洗,每季至少检查一次。如有变形、损坏、变色、图形符号脱落、亮度老化等现象应及时修理或更换。

附 录 A
（资料性附录）
颜 色 范 围

A.1 色度坐标与色品区域图。

表 A.1 普通材料、发光材料、逆反射材料和组合材料的色度坐标和亮度因数

颜色		许用颜色范围的角点色度坐标（标准照明体 D_{65}，2°视场）				亮度因数 β				
		1	2	3	4	普通材料	发光材料	逆反射材料		组合材料
								类型1	类型2	
红	x	0.735	0.681	0.579	0.655	≥0.07	≥0.03	≥0.05	≥0.03	≥0.25
	y	0.265	0.239	0.341	0.345					
蓝	x	0.049	0.172	0.210	0.137	≥0.05	≥0.05	≥0.01	≥0.01	≥0.03
	y	0.125	0.198	0.160	0.038					
黄	x	0.545	0.494	0.444	0.481	≥0.45	≥0.80	≥0.27	≥0.16	≥0.70
	y	0.454	0.426	0.476	0.518					
绿	x	0.201	0.285	0.170	0.026	≥0.12	≥0.40	≥0.04	≥0.03	≥0.35
	y	0.776	0.441	0.364	0.399					
白	x	0.350	0.305	0.295	0.340	≥0.75	≥1.0	≥0.35	≥0.27	—
	y	0.360	0.315	0.325	0.370					
黑	x	0.385	0.300	0.260	0.345	≥0.03	—	—	—	—
	y	0.355	0.270	0.310	0.395					

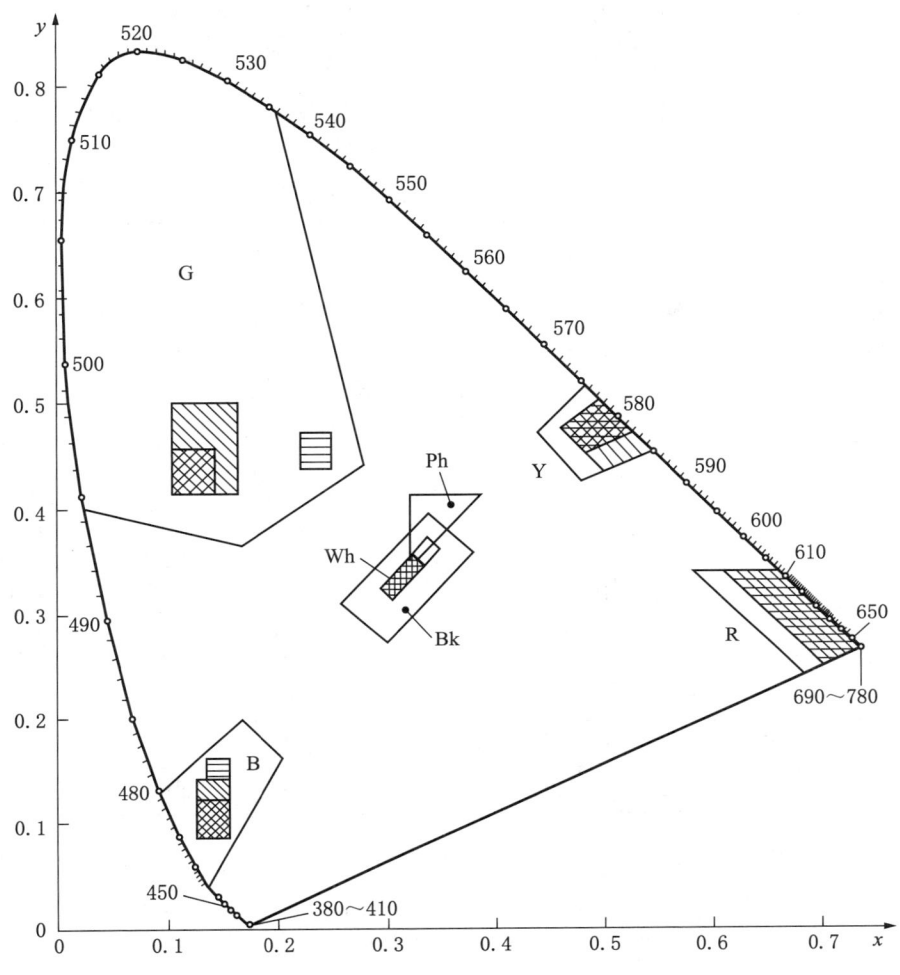

图例：

R 红色　　　　Wh 白色
Y 黄色　　　　Bk 黑色
G 绿色　　　　Ph 浅黄的白色磷光
B 蓝色

☐ 与表2一致的安全色范围

▤ 与表3一致的安全色范围，普通材料

▨ 与表3一致的安全色范围，逆反射材料类型1

▩ 与表3一致的安全色范围，逆反射材料类型2

图 A.1　安全色和对比色的色品区域

A.2 逆向反射系数(在平面反光材料的表面上):该系数是在观察方向上,一种材料的反光强度(I)对垂直入射光照度(E_1)和该反射面积(A)乘积之比。用符号R'表示。

$$R' = \frac{I}{E_1 \times A} \quad \cdots\cdots\cdots\cdots\cdots\cdots\cdots\cdots\cdots (\text{A.1})$$

表 A.2 最小逆反射系数 R'

观察角	入射角	最小逆反射系数 (单位:cd·lx^{-1}·m^{-2},光源:标准照明体 A)									
		类型1					类型2				
		白	黄	红	绿	蓝	白	黄	红	绿	蓝
12′	5°	70	50	14.5	9	4	250	170	45	45	20
	30°	30	22	6	3.5	1.7	150	10	25	25	11
	40°	10	7	2	1.5	0.5	110	70	16	16	8
20′	5°	50	35	10	7	2	180	122	25	21	14
	30°	24	16	4	3	1	100	67	14	11	7
	40°	9	6	1.8	1.2	0.4	95	64	13	11	7
2′	5°	5	3	0.8	0.6	0.2	5	3	0.8	0.6	0.2
	30°	2.5	1.5	0.4	0.3	0.1	2.5	1.5	0.4	0.3	0.1
	40°	1.5	1.0	0.3	0.2	0.06	1.5	1.0	0.3	0.2	0.06

附 录 B
(规范性附录)
矿山安全标志牌制作图示例

图 B.1

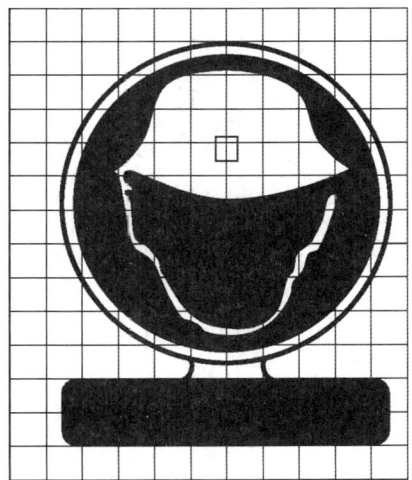

图 B.2

图 B.3

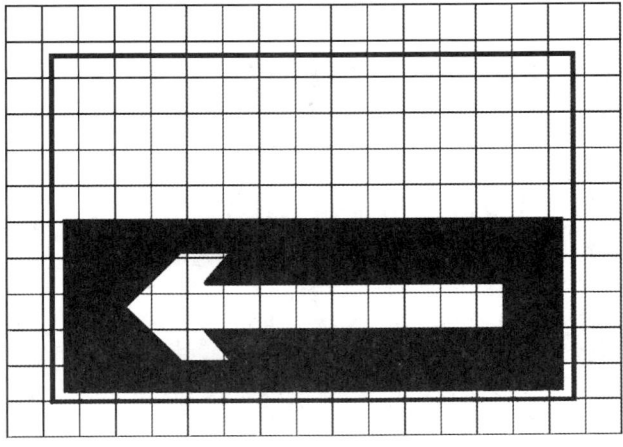

图 B.4

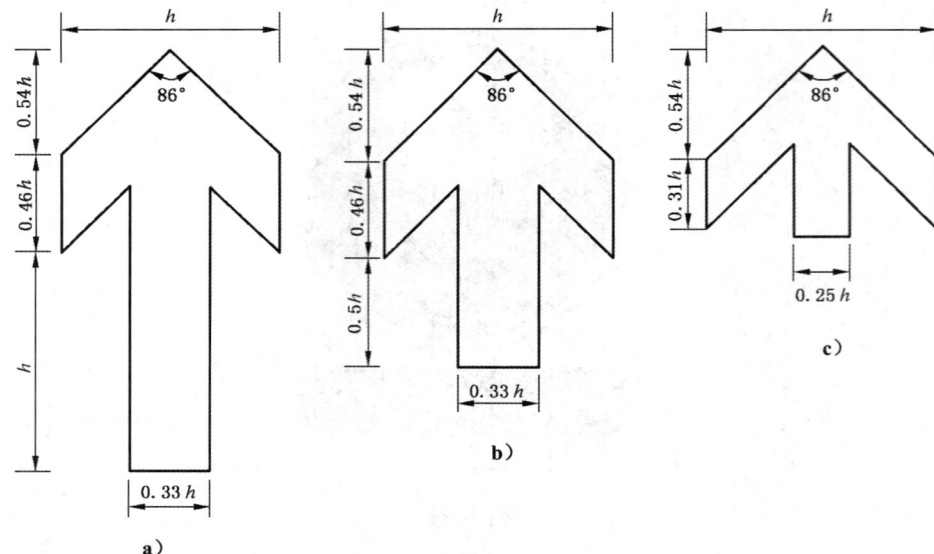

图 B.5

煤矿安全监控系统及检测仪器使用管理规范(AQ 1029—2019)

前　　言

本标准的全部技术内容为强制性条款。

本标准按照 GB/T 1.1—2009 给出的规则起草。

本标准代替 AQ 1029—2007《煤矿安全监控系统及检测仪器使用管理规范》。与 AQ 1029—2007 相比主要技术变化如下:
——增加了风向传感器、粉尘传感器、线缆、光学甲烷检测仪、甲烷断电仪的术语和定义(见 3.20、3.21、3.23、3.25、3.26);
——增加了支持多网、多系统融合,伪数据标注及异常数据分析,瓦斯涌出、火灾等的预测预警,瓦斯超限、断电等需立即撤人的紧急情况下,可自动与应急广播、通信、人员位置监测等系统应急联动的功能(见 4.6、4.9、4.10);
——增加了煤矿安全监控系统主干线缆应当分设两条(见 5.2);
——删除了有专用排瓦斯巷的采煤工作面甲烷传感器的设置(见 2007 年版的 6.3.3);
——增加了掘锚一体机、连续采煤机、梭车、锚杆钻车、钻机应设置机载式甲烷断电仪或便携式甲烷检测报警仪(见 6.3.4);
——删除了设在回风流中的机电硐室进风侧必须设置甲烷传感器(见 2007 年版的 6.6);
——增加了风向传感器的设置(见 7.4);
——增加了压风机应设置温度传感器(见 7.7.4);
——增加了煤矿粉尘传感器的设置(见 7.8);
——删除了"煤矿安全监控系统的分站、传感器等装置在井下连续运行 6 个月～12 个月,必须升井检修"的规定(见 2007 年版的 8.3.7);
——删除了 2007 年版的附录 A。

本标准的附录 A 为规范性附录。

请注意本文件的某些内容可能涉及专利,本文件的发布机构不承担识别这些专利的责任。

本标准由中华人民共和国应急管理部提出。

本标准由全国安全生产标准化技术委员会煤矿安全分技术委员会(SAC/TC 288/SC 1)归口。

本标准起草单位:中国矿业大学(北京)、江苏三恒科技股份有限公司、中国煤炭科工集团常州研究院有限公司、兖矿集团有限公司、山西煤炭运销集团信息工程有限公司。

本标准主要起草人:孙继平、张元刚、胡穗延、钱晓红、赵旭宏、刘毅、田子建、陶德保。

本标准所代替标准的历次版本发布情况为:
——AQ 1029—2007。

1 范围

本标准规定了煤矿安全监控系统及检测仪器的装备、设计和安装、传感器设置、使用与维护、系统及联网信息处理、管理制度与技术资料等要求。

本标准适用于全国井工煤矿,包括生产、新建和改、扩建矿井。

2 规范性引用文件

下列文件对于本文件的应用是必不可少的。凡是注日期的引用文件,仅注日期的版本适用于本文件。凡是不注日期的引用文件,其最新版本(包括所有的修改单)适用于本文件。

AQ 6201 煤矿安全监控系统通用技术要求

MT/T 423 空气中甲烷校准气体技术条件

3 术语和定义

下列术语和定义适用于本文件。

3.1

煤矿安全监控系统 coal mine safety monitoring system

具有模拟量、开关量、累计量采集、传输、存储、处理、显示、打印、声光报警、控制等功能,用于监测甲烷浓度、一氧化碳浓度、风速、风压、温度、烟雾、馈电状态、风门状态、风筒状态、局部通风机开停、主要通风机开停等,并实现甲烷超限声光报警、断电和甲烷风电闭锁控制等,由主机、传输接口、分站、传感器、断电控制器、声光报警器、电源箱、避雷器等设备组成的系统。

3.2

传感器 transducer

将被测物理量转换为电信号输出的装置。

3.3

甲烷传感器 methane transducer

连续监测矿井环境气体中及抽放管道内甲烷浓度的装置,一般具有显示及声光报警功能。

3.4

风速传感器 air velocity transducer

连续监测矿井通风井巷中风速大小的装置。

3.5

风压传感器 wind pressure transducer

连续监测矿井通风机、风门、密闭巷道、通风巷道等地点通风压力的装置。

3.6

一氧化碳传感器 carbon monoxide transducer

连续监测矿井中一氧化碳浓度的装置。

3.7

温度传感器 temperature transducer

连续监测矿井环境温度高低的装置。

3.8

烟雾传感器　smoke transducer

连续监测矿井中带式输送机输送带等着火时产生的烟雾浓度的装置。

3.9

设备开停传感器　on off status sensor for electromechanical equipment

连续监测矿井中机电设备"开"或"停"工作状态的装置。

3.10

风筒传感器　air pipe transducer

连续监测局部通风机风筒"有风"或"无风"状态的装置。

3.11

风门开关传感器　open/close sensor for air door

连续监测矿井中风门"开"或"关"状态的装置。

3.12

馈电传感器　feed transducer

连续监测矿井中馈电开关或电磁起动器负荷侧有无电压的装置。

3.13

执行器(含声光报警器及断电控制器)　actuator

将控制信号转换为被控物理量的装置。

3.14

声光报警器　acousto-optic alarm

能发出声光报警的装置。

3.15

断电控制器　switching off controller

控制馈电开关或电磁起动器等的装置。

3.16

分站　substation

煤矿安全监控系统中用于接收来自传感器的信号,并按预先约定的复用方式远距离传送给传输接口,同时,接收来自传输接口多路复用信号的装置。分站还具有线性校正、超限判别、逻辑运算等简单的数据处理、对传感器输入的信号和传输接口传输来的信号进行处理的能力,控制执行器工作。

3.17

主机　host

一般选用工控微型计算机或普通微型计算机、双机或多机备份。主机主要用来接收监测信号、校正、报警判别、数据统计、磁盘存储、显示、声光报警、人机对话、输出控制、控制打印输出、与管理网络连接等。

3.18

馈电异常　abnormal feed

被控设备的馈电状态与系统发出的断电命令或复电命令不一致。

3.19

瓦斯矿井　gassy colliery

只要有一个煤(岩)层发现瓦斯,该矿井即为瓦斯矿井。瓦斯矿井依照矿井瓦斯等级进行管理,分为低瓦斯矿井、高瓦斯矿井和煤与瓦斯突出矿井。

3.20

风向传感器　transducer of the direction of wind

连续监测风向的装置。

3.21

粉尘传感器　transducer of dust

连续监测煤尘和矿尘的装置。

3.22

便携式甲烷检测报警仪　portable methane detection alarming device

具有甲烷浓度数字显示、超限报警的携带式仪器,包括具有无线传输功能的携带式甲烷检测报警仪。

3.23

线缆　signal cable

用于传输监控等信号的电缆或光缆。

3.24

甲烷检测报警矿灯　digital methane detect and alarm head lamp

具有甲烷浓度数字显示、超限报警功能的携带式照明灯具,包括具有无线传输功能的携带式照明灯具。

3.25

光学甲烷检测仪　optical methane detector

采用光学原理检测甲烷浓度的便携式仪器。

3.26

甲烷断电仪　methane breaker

井下甲烷浓度超限时,能自动切断被控设备电源的装置。

4　一般要求

4.1　矿井应装备煤矿安全监控系统。

4.2　煤矿安全监控系统应24 h连续运行。

4.3　煤矿安全监控系统及设备应符合 AQ 6201 的规定。传感器稳定性应不小于15 d。采掘工作面气体类传感器防护等级不低于 IP65,其余不低于 IP54。突出矿井在采煤工作面进、回风巷,煤巷、半煤岩巷和有瓦斯涌出的岩巷掘进工作面回风流中,采区回风巷、总回风巷设置的甲烷传感器必须是全量程或者高低浓度甲烷传感器,宜采用激光原理甲烷传感器。

4.4　煤矿安全监控系统传感器的数据或状态应传输到地面主机。

4.5　煤矿应按矿用产品安全标志证书规定的型号、安全标志编号选择监控系统的传感器、断电控制器等关联设备。

4.6　煤矿安全监控系统应支持多网、多系统融合,实现井下有线和无线传输网络的有机融合。煤矿安全监控系统应与上一级管理部门联网。

4.7 矿长、矿技术负责人、爆破工、采掘区队长、通风区队长、工程技术人员、班长、流动电钳工、安全监测工下井时,应携带便携式甲烷检测报警仪或甲烷检测报警矿灯。瓦斯检查工下井时应携带便携式甲烷检测报警仪和光学甲烷检测仪。

4.8 煤矿采掘工、打眼工、在回风流工作的工人下井时宜携带甲烷检测报警矿灯。

4.9 煤矿安全监控系统应具有伪数据标注及异常数据分析,瓦斯涌出、火灾等的预测预警,多系统融合条件下的综合数据分析,可与煤矿安全监控系统检查分析工具对接数据等大数据分析与应用功能。

4.10 煤矿安全监控系统应具有在瓦斯超限、断电等需立即撤人的紧急情况下,可自动与应急广播、通信、人员位置监测等系统应急联动的功能。

5 设计和安装

5.1 煤矿编制采区设计、采掘作业规程和安全技术措施时,应对安全监控设备的种类、数量和位置,信号线缆和电源电缆的敷设,断电区域等作出明确规定,并绘制布置图和断电控制图。煤矿安全监控系统设备布置图应以矿井通风系统图为底图,断电控制图应以矿井供电系统图为底图。

5.2 煤矿安全监控系统主干线缆应当分设两条,从不同的井筒或者一个井筒保持一定间距的不同位置进入井下。安全监控系统不得与图像监视系统共用同一芯光纤。系统应具有防雷电保护,入井线缆的入井口处和中心站电源输入端应具有防雷措施。

5.3 井下分站应设置在便于人员观察、调试、检验及支护良好、无滴水、无杂物的进风巷道或硐室中,安设时应垫支架,或吊挂在巷道中,使其距巷道底板不小于 300 mm。

5.4 隔爆兼本质安全型防爆电源设置在采区变电所,不得设置在断电范围内:
  a) 低瓦斯和高瓦斯矿井的采煤工作面和回风巷内;
  b) 煤与瓦斯突出煤层的采煤工作面、进风巷和回风巷;
  c) 掘进工作面内;
  d) 采用串联通风的被串采煤工作面、进风巷和回风巷;
  e) 采用串联通风的被串掘进巷道内。

5.5 安全监控设备的供电电源不得接在被控开关的负荷侧。

5.6 安装断电控制时,应根据断电范围要求,提供断电条件,并接通井下电源及控制线。断电控制器与被控开关之间应正确接线,具体方法由煤矿主要技术负责人审定。

5.7 与安全监控设备关联的电气设备、电源线和控制线在改线或拆除时,应与安全监控管理部门共同处理。检修与安全监控设备关联的电气设备,需要监控设备停止运行时,应经矿主要负责人或主要技术负责人同意,并制定安全措施后方可进行。

5.8 模拟量传感器应设置在能正确反映被测物理量的位置。开关量传感器应设置在能正确反映被监测状态的位置。声光报警器应设置在经常有人工作便于观察的地点。

6 甲烷传感器的设置

6.1 通用要求

6.1.1 甲烷传感器应垂直悬挂,距顶板(顶梁、屋顶)不得大于 300 mm,距巷道侧壁(墙壁)

不得小于 200 mm,并应安装维护方便,不影响行人和行车。

6.1.2 甲烷传感器的报警浓度、断电浓度、复电浓度和断电范围应符合表1的规定。

表 1 甲烷传感器的报警浓度、断电浓度、复电浓度和断电范围

甲烷传感器设置地点	甲烷传感器编号	报警浓度 %CH$_4$	断电浓度 %CH$_4$	复电浓度 %CH$_4$	断电范围
采煤工作面回风隅角	T$_0$	≥1.0	≥1.5	<1.0	工作面及其回风巷内全部非本质安全型电气设备
低瓦斯和高瓦斯矿井的采煤工作面	T$_1$	≥1.0	≥1.5	<1.0	工作面及其回风巷内全部非本质安全型电气设备
煤与瓦斯突出矿井的采煤工作面	T$_1$	≥1.0	≥1.5	<1.0	工作面及其进、回风巷内全部非本质安全型电气设备
采煤工作面回风巷	T$_2$	≥1.0	≥1.0	<1.0	工作面及其回风巷内全部非本质安全型电气设备
煤与瓦斯突出矿井采煤工作面进风巷	T$_3$、T$_4$	≥0.5	≥0.5	<0.5	工作面及其进、回风巷内全部非本质安全型电气设备
采用串联通风的被串采煤工作面进风巷	T$_4$	≥0.5	≥0.5	<0.5	被串采煤工作面及其进、回风巷内全部非本质安全型电气设备
采用两条以上巷道回风的采煤工作面第二条、第三条回风巷	T$_5$	≥1.0	≥1.5	<1.0	工作面及其回风巷内全部非本质安全型电气设备
	T$_6$	≥1.0	≥1.0	<1.0	
高瓦斯、煤与瓦斯突出矿井采煤工作面回风巷中部		≥1.0	≥1.0	<1.0	工作面及其回风巷内全部非本质安全型电气设备
采煤机		≥1.0	≥1.5	<1.0	采煤机及工作面刮板输送机电源
煤巷、半煤岩巷和有瓦斯涌出岩巷的掘进工作面	T$_1$	≥1.0	≥1.5	<1.0	掘进巷道内全部非本质安全型电气设备
煤巷、半煤岩巷和有瓦斯涌出岩巷的掘进工作面回风流中	T$_2$	≥1.0	≥1.0	<1.0	掘进巷道内全部非本质安全型电气设备

表 1（续）

甲烷传感器设置地点	甲烷传感器编号	报警浓度 %CH$_4$	断电浓度 %CH$_4$	复电浓度 %CH$_4$	断电范围
煤与瓦斯突出矿井的煤巷、半煤岩巷和有瓦斯涌出岩巷的掘进工作面的进风分风口处	T$_4$	≥0.5	≥0.5	<0.5	掘进巷道内全部非本质安全型电气设备
采用串联通风的被串掘进工作面局部通风机前	T$_3$	≥0.5	≥0.5	<0.5	被串掘进巷道内全部非本质安全型电气设备
		≥0.5	≥1.5	<0.5	包括局部通风机在内的被串掘进巷道内全部非本质安全型电气设备
高瓦斯矿井双巷掘进工作面混合回风流处	T$_3$	≥1.0	≥1.0	<1.0	除全风压供风的进风巷外，双巷掘进巷道内全部非本质安全型电气设备
高瓦斯和煤与瓦斯突出矿井掘进巷道中部		≥1.0	≥1.0	<1.0	掘进巷道内全部非本质安全型电气设备
掘进机、连续采煤机、锚杆钻车、梭车		≥1.0	≥1.5	<1.0	掘进机、连续采煤机、锚杆钻车、梭车电源
采区回风巷		≥1.0	≥1.0	<1.0	采区回风巷内全部非本质安全型电气设备
一翼回风巷及总回风巷		≥0.75	—	—	
使用架线电机车的主要运输巷道内装煤点处		≥0.5	≥0.5	<0.5	装煤点处上风流100 m内及其下风流的架空线电源和全部非本质安全型电气设备
高瓦斯矿井进风的主要运输巷道内使用架线电机车时，瓦斯涌出巷道的下风流处		≥0.5	≥0.5	<0.5	瓦斯涌出巷道上风流100 m内及其下风流的架空线电源和全部非本质安全型电气设备
矿用防爆型蓄电池电机车内		≥0.5	≥0.5	<0.5	机车电源
矿用防爆型柴油机车、无轨胶轮车		≥0.5	≥0.5	<0.5	车辆动力
兼作回风井的装有带式输送机的井筒		≥0.5	≥0.7	<0.7	井筒内全部非本质安全型电气设备

表 1（续）

甲烷传感器设置地点	甲烷传感器编号	报警浓度 %CH₄	断电浓度 %CH₄	复电浓度 %CH₄	断电范围
采区回风巷内临时施工的电气设备上风侧		≥ 1.0	≥ 1.0	< 1.0	采区回风巷内全部非本质安全型电气设备
一翼回风巷及总回风巷道内临时施工的电气设备上风侧		≥ 0.75	≥ 1.0	< 1.0	一翼回风巷及总回风巷道内全部非本质安全型电气设备
井下煤仓上方、地面选煤厂煤仓上方		≥ 1.5	≥ 1.5	< 1.5	煤仓附近的各类运输设备及其他非本质安全型电气设备电源
封闭的地面选煤厂车间内		≥ 1.5	≥ 1.5	< 1.5	选煤厂车间内全部非本质安全型电气设备
封闭的带式输送机地面走廊内，带式输送机滚筒上方		≥ 1.5	≥ 1.5	< 1.5	带式输送机地面走廊内全部非本质安全型电气设备
地面瓦斯抽采泵房内		≥ 0.5	—	—	—
井下临时瓦斯抽采泵站下风侧栅栏外		≥ 0.5	≥ 1.0	< 0.5	瓦斯抽采泵站电源

6.2 采煤工作面甲烷传感器的设置

6.2.1 长壁采煤工作面甲烷传感器应按图 1 设置。U 形通风方式在回风隅角设置甲烷传感器 T_0（距切顶线≤ 1 m），工作面设置甲烷传感器 T_1，工作面回风巷设置甲烷传感器 T_2；煤与瓦斯突出矿井在进风巷设置甲烷传感器 T_3 和 T_4；采用串联通风时，被串工作面的进风巷设置甲烷传感器 T_4，如图 1 中分图 a)所示。Z 形、Y 形、H 形和 W 形通风方式的采煤工作面甲烷传感器的设置参照上述规定执行，如图 1 中分图 b)至分图 e)所示。

6.2.2 采用两条巷道回风的采煤工作面甲烷传感器应按图 2 设置。甲烷传感器 T_0、T_1 和 T_2 的设置同图 1 中分图 a)；在第二条回风巷设置甲烷传感器 T_5、T_6。采用三条巷道回风的采煤工作面，第三条回风巷甲烷传感器的设置与第二条回风巷甲烷传感器 T_5、T_6 的设置相同。

6.2.3 高瓦斯和煤与瓦斯突出矿井采煤工作面的回风巷长度大于 1 000 m 时，应在回风巷中部增设甲烷传感器。

6.2.4 采煤机应设置机载式甲烷断电仪或便携式甲烷检测报警仪。

6.2.5 非长壁式采煤工作面甲烷传感器的设置参照上述规定执行，即在回风隅角设置甲烷传感器 T_0，在工作面及其回风巷各设置一个甲烷传感器。

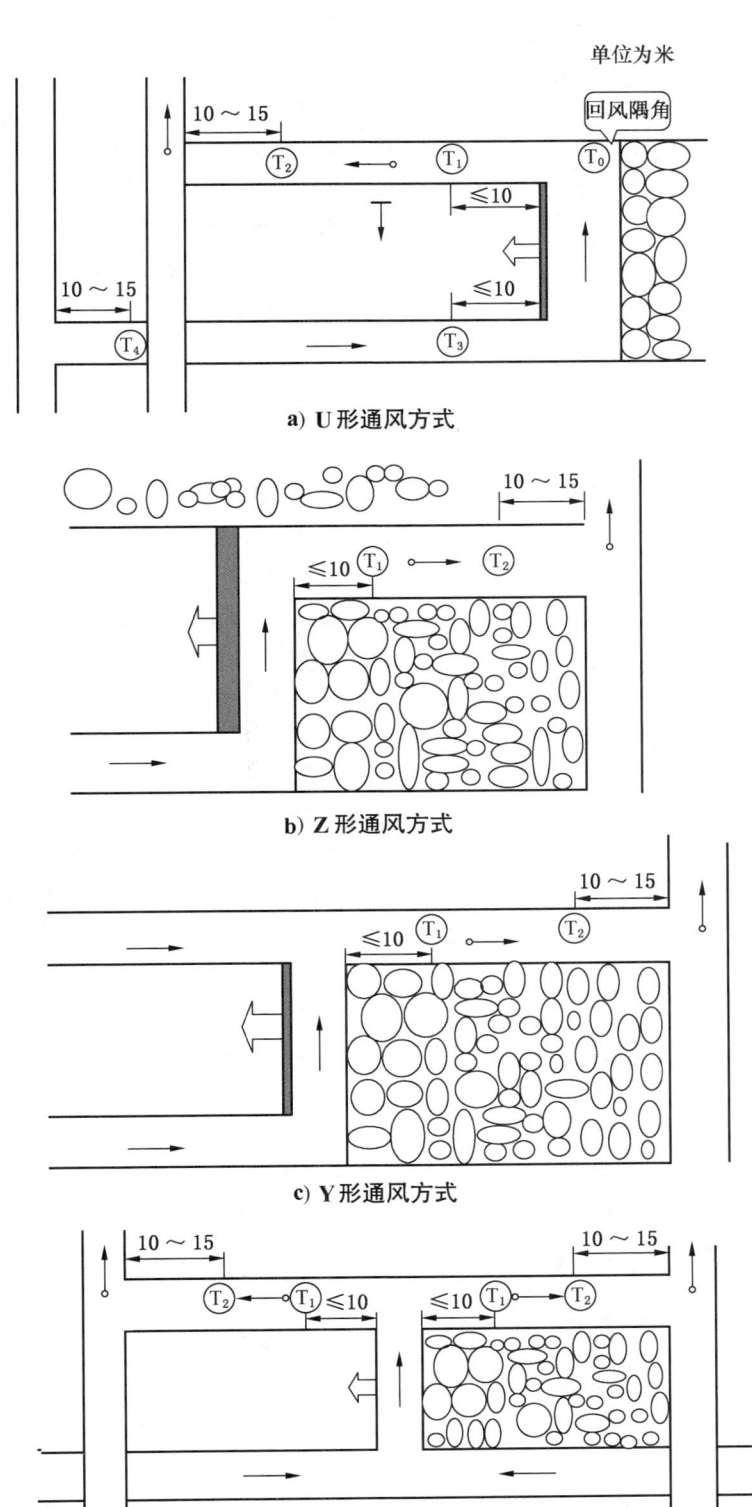

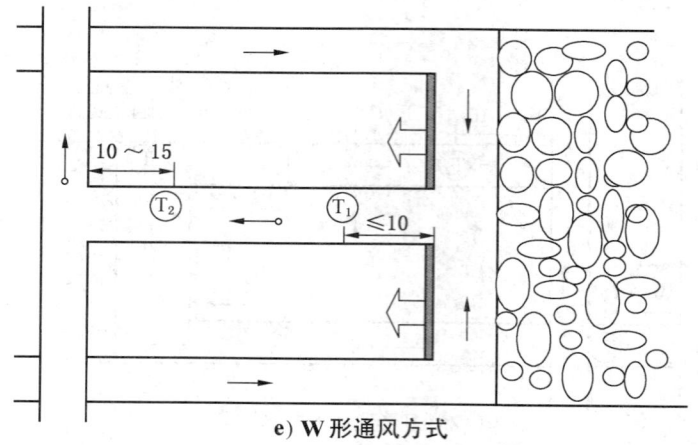

e) W形通风方式

图 1 采煤工作面甲烷传感器的设置

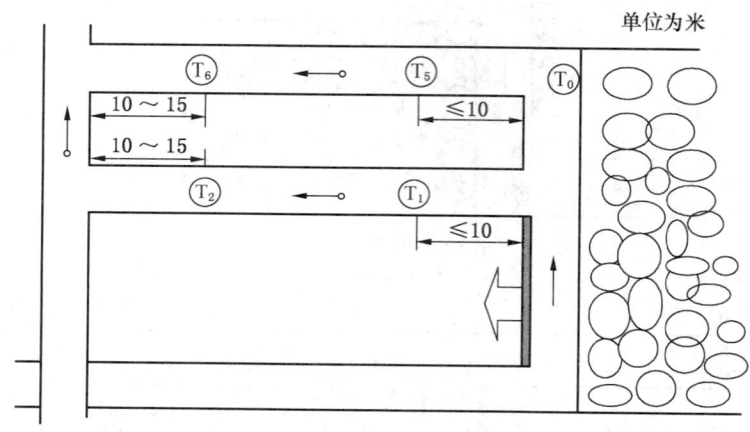

图 2 采用两条巷道回风的采煤工作面甲烷传感器的设置

6.3 掘进工作面甲烷传感器的设置

6.3.1 煤巷、半煤岩巷和有瓦斯涌出岩巷的掘进工作面甲烷传感器应按图3设置,并实现甲烷风电闭锁。在工作面混合风流处设置甲烷传感器 T_1,在工作面回风流中设置甲烷传感器 T_2;采用串联通风的掘进工作面,应在被串工作面局部通风机前设置掘进工作面进风流甲烷传感器 T_3;煤与瓦斯突出矿井掘进工作面的进风分风口处设置甲烷传感器 T_4。

6.3.2 高瓦斯和煤与瓦斯突出矿井双巷掘进工作面甲烷传感器应按图4设置。甲烷传感器 T_1 和 T_2 的设置同图3;在工作面混合回风流处设置甲烷传感器 T_3。

6.3.3 高瓦斯和煤与瓦斯突出矿井的掘进工作面长度大于 1 000 m 时,应在掘进巷道中部增设甲烷传感器。

6.3.4 掘进机、掘锚一体机、连续采煤机、梭车、锚杆钻车、钻机应设置机载式甲烷断电仪或便携式甲烷检测报警仪。

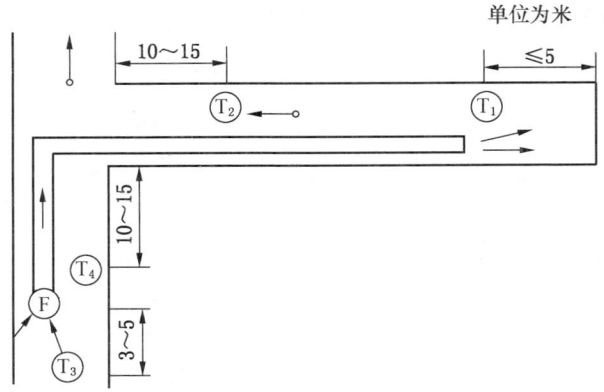

图 3 掘进工作面甲烷传感器的设置

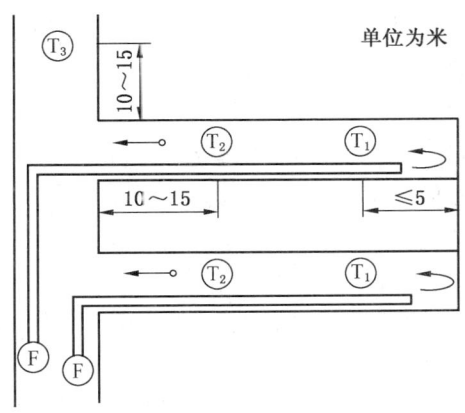

图 4 双巷掘进工作面甲烷传感器的设置

6.4 其他地点甲烷传感器的设置

6.4.1 采区回风巷、一翼回风巷、总回风巷测风站应设置甲烷传感器。

6.4.2 使用架线电机车的主要运输巷道内,装煤点处应设置甲烷传感器,如图 5 所示。

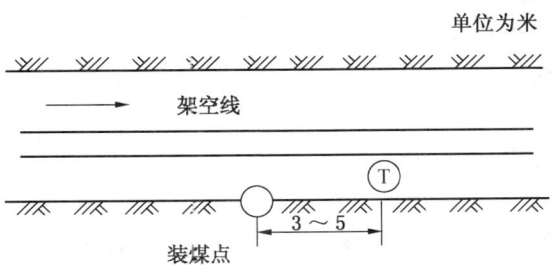

图 5 装煤点甲烷传感器的设置

6.4.3 高瓦斯矿井进风的主要运输巷道使用架线电机车时,在瓦斯涌出巷道的下风流中必须设置甲烷传感器,如图6所示。

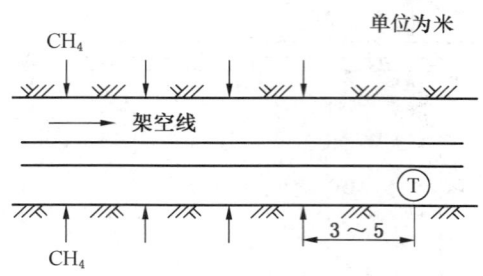

图6 瓦斯涌出巷道的下风流中甲烷传感器的设置

6.4.4 矿用防爆型蓄电池电机车应设置车载式甲烷断电仪或便携式甲烷检测报警仪;矿用防爆型柴油机车和胶轮车应设置便携式甲烷检测报警仪。

6.4.5 兼作回风井的装有带式输送机的井筒内必须设置甲烷传感器。

6.4.6 采区回风巷、一翼回风巷及总回风巷道内临时施工的电气设备上风侧 10 m～15 m 处应设置甲烷传感器。

6.4.7 井下煤仓、地面选煤厂煤仓上方应设置甲烷传感器。

6.4.8 封闭的地面选煤厂车间内上方应设置甲烷传感器。

6.4.9 封闭的带式输送机地面走廊上方应设置甲烷传感器。

6.4.10 瓦斯抽采泵站应设置甲烷传感器:
    a) 地面瓦斯抽采泵房内应设置甲烷传感器。
    b) 井下临时瓦斯抽采泵站下风侧栅栏外应设置甲烷传感器。
    c) 抽采泵输入管路中应设置甲烷传感器;利用瓦斯时,应在输出管路中设置甲烷传感器;不利用瓦斯、采用干式抽采瓦斯设备时,输出管路中也应设置甲烷传感器。

7 其他传感器的设置

7.1 一氧化碳传感器的设置

7.1.1 一氧化碳传感器应垂直悬挂,距顶板(顶梁)不得大于 300 mm,距巷壁不得小于 200 mm,并应安装维护方便,不影响行人和行车。

7.1.2 开采容易自燃、自燃煤层的采煤工作面应至少设置一个一氧化碳传感器,地点可设置在回风隅角(距切顶线 0～1 m)、工作面或工作面回风巷,报警浓度为 $\geqslant 0.0024\% CO$,如图7所示。

7.1.3 带式输送机滚筒下风侧 10 m～15 m 处宜设置一氧化碳传感器,报警浓度 $\geqslant 0.0024\% CO$。

7.1.4 自然发火观测点、封闭火区防火墙栅栏外应设置一氧化碳传感器,报警浓度 $\geqslant 0.0024\% CO$。

7.1.5 开采容易自燃、自燃煤层的矿井,采区回风巷、一翼回风巷、总回风巷应设置一氧化碳传感器,报警浓度 $\geqslant 0.0024\% CO$。

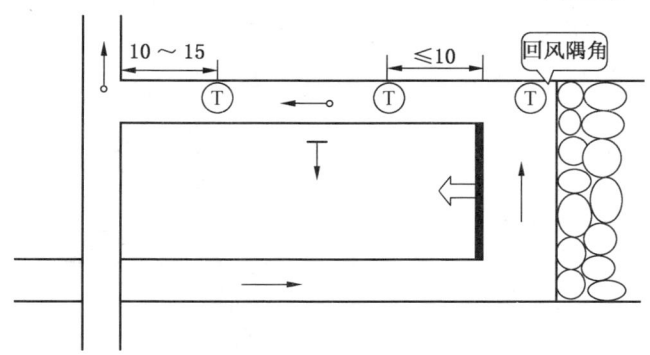

图 7 采煤工作面一氧化碳传感器的设置

7.2 风速传感器的设置

采区回风巷、一翼回风巷、总回风巷的测风站应设置风速传感器。突出煤层采煤工作面回风巷和掘进巷道回风流中应设置风速传感器。风速传感器应设置在巷道前后 10 m 内无分支风流、无拐弯、无障碍、断面无变化、能准确计算风量的地点。当风速低于或超过《煤矿安全规程》的规定值时,应发出声光报警信号。

7.3 风压传感器的设置

主要通风机的风硐内应设置风压传感器。

7.4 风向传感器的设置

突出煤层采煤工作面进风巷、掘进工作面进风的分风口应设置风向传感器。当发生风流逆转时,发出声光报警信号。

7.5 瓦斯抽放管路中其他传感器的设置

瓦斯抽放泵站的抽放泵输入管路中宜设置流量传感器、温度传感器和压力传感器;利用瓦斯时,应在输出管路中设置流量传感器、温度传感器和压力传感器。防回火安全装置上宜设置压差传感器。

7.6 烟雾传感器的设置

带式输送机滚筒下风侧 10 m～15 m 处应设置烟雾传感器。

7.7 温度传感器的设置

7.7.1 温度传感器应垂直悬挂,距顶板(顶梁)不得大于 300 mm,距巷壁不得小于 200 mm,并应安装维护方便,不影响行人和行车。

7.7.2 开采容易自燃、自燃煤层及地温高的矿井采煤工作面应在工作面或回风巷设置温度传感器,如图 8 所示。温度传感器的报警值为 30 ℃。

7.7.3 机电硐室内应设置温度传感器,报警值为 34 ℃。

7.7.4 压风机应设置温度传感器,温度超限时,声光报警,并切断压风机电源。

7.8 粉尘传感器的设置

采煤机、掘进机、转载点、破碎处、装煤口等产尘地点宜设置粉尘传感器。

7.9 设备开停传感器的设置

主要通风机、局部通风机应设置设备开停传感器。

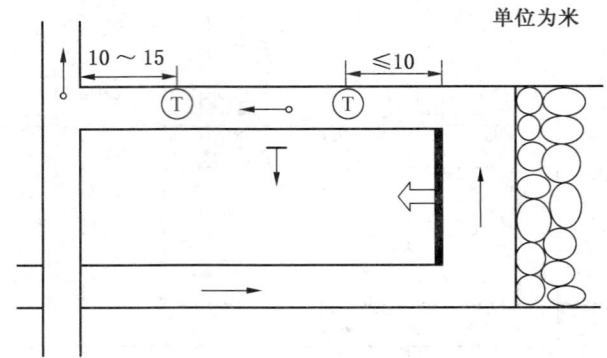

图 8 采煤工作面温度传感器的设置

7.10 风门开关传感器的设置

矿井和采区主要进回风巷道中的主要风门应设置风门开关传感器。当两道风门同时打开时,发出声光报警信号。

7.11 风筒传感器的设置

掘进工作面局部通风机的风筒末端应设置风筒传感器。

7.12 馈电传感器的设置

被控开关的负荷侧应设置馈电传感器或接点。

8 使用与维护

8.1 检修机构

8.1.1 煤矿应建立安全监控设备检修室,负责本矿安全监控设备的安装、调校、维护和简单维修工作。未建立检修室的小型煤矿应将安全监控仪器送到检修中心进行调校和维修。

8.1.2 国有重点煤矿的矿务局(公司)、产煤县(市)应建立安全监控设备检修中心,负责安全监控设备的调校、维修、报废鉴定等工作,有条件的可配制甲烷校准气体,并对煤矿进行技术指导。

8.1.3 安全监控设备检修室宜配备甲烷传感器和测定器校验装置、稳压电源、示波器、频率计、信号发生器、万用表、流量计、声级计、甲烷校准气体、标准气体等仪器装备;安全监控设备检修中心除应配备上述仪器装备外,具备条件的宜配备甲烷校准气体配气装置、气相色谱仪或红外线分析仪等。

8.2 校准气体

8.2.1 配制甲烷校准气样的装备和方法应符合 MT/T 423 的规定,选用纯度不低于 99.9% 的甲烷标准气体作原料气。配制好的甲烷校准气体应以标准气体为标准,用气相色谱仪或红外线分析仪分析定值,其不确定度应小于 5%。

8.2.2 甲烷校准气体配气装置应放在通风良好,符合国家有关防火、防爆、压力容器安全规定的独立建筑内。配气气瓶应分室存放,室内应使用隔爆型的照明灯具及电气设备。

8.2.3 高压气瓶的使用管理应符合国家有关气瓶安全管理的规定。

8.3 调校

8.3.1 安全监控设备应按产品使用说明书的要求定期调校、测试,每月至少 1 次。

8.3.2 安全监控设备使用前和大修后,应按产品使用说明书的要求测试、调校合格,并在地面试运行 24 h~48 h 方能下井。

8.3.3 甲烷传感器应使用校准气样和空气气样在设备设置地点调校,便携式甲烷检测报警仪和甲烷检测报警矿灯等在仪器维修室调校。采用载体催化原理的甲烷传感器、便携式甲烷检测报警仪和甲烷检测报警矿灯等,每 15 d 至少调校 1 次。采用激光原理的甲烷传感器等,每 6 个月至少调校 1 次。调校时,应先在新鲜空气中或使用空气样调校零点,使仪器显示值为零,再通入浓度为 $1\%\sim2\%CH_4$ 的甲烷校准气体,调整仪器的显示值与校准气体浓度一致,气样流量应符合产品使用说明书的要求。低浓度载体催化式甲烷传感器调校方法见附录 A。

8.3.4 除甲烷以外的其他气体监控设备应采用空气样和标准气样按产品说明书进行调校。风速传感器选用经过标定的风速计调校。温度传感器选用经过标定的温度计调校。其他传感器和便携式检测仪器应按使用说明书要求定期调校。

8.3.5 安全监控设备的调校包括零点、显示值、报警点、断电点、复电点、控制逻辑等。

8.3.6 甲烷电闭锁和风电闭锁功能每 15 d 至少测试 1 次;可能造成局部通风机停电的,每半年测试 1 次。

8.4 维护

8.4.1 井下安全监测工应 24 h 值班,每天检查煤矿安全监控系统及线缆的运行情况。使用便携式甲烷检测报警仪或便携式光学甲烷检测仪与甲烷传感器进行对照,并将记录和检查结果报地面中心站值班员。当两者读数误差大于允许误差时,先以读数较大者为依据,采取安全措施,并应在 8 h 内将两种仪器调准。

8.4.2 下井管理人员发现便携式甲烷检测报警仪或便携式光学甲烷检测仪与甲烷传感器读数误差大于允许误差时,应立即通知安全监控部门进行处理。

8.4.3 安装在采煤机、掘进机和电机车上的机(车)载断电仪,由司机负责监护,并应经常检查清扫,每天使用便携式甲烷检测报警仪与甲烷传感器进行对照,当两者读数误差大于允许误差时,先以读数最大者为依据,采取安全措施,并立即通知安全监测工,在 8 h 内将两种仪器调准。

8.4.4 炮掘工作面和炮采工作面设置的甲烷传感器在爆破前应移动到安全位置,爆破后应及时恢复设置到正确位置。对需要经常移动的传感器、声光报警器、断电控制器及线缆等,由采掘班组长负责按规定移动,不得擅自停用。

8.4.5 井下使用的分站、传感器、声光报警器、断电控制器及线缆等由所在区域的区队长、班组长负责使用和管理。

8.4.6 传感器经过调校检测误差仍超过规定值时,应立即更换;安全监控设备发生故障时,应及时处理,在更换和故障处理期间应采用人工监测等安全措施,并填写故障记录。

8.4.7 采用载体催化原理的低浓度甲烷传感器经大于 $4\%CH_4$ 的甲烷冲击后,应及时进行调校或更换。

8.4.8 电网停电后,备用电源不能保证设备连续工作 2 h 时,应及时更换。使用中的传感器应经常擦拭,清除外表积尘,保持清洁。采掘工作面的传感器应每天除尘;传感器应保持干燥,避免洒水淋湿;维护、移动传感器应避免摔打碰撞。

8.5 便携式检测仪器

8.5.1 便携式甲烷检测报警仪和甲烷报警矿灯等检测仪器应设专职人员负责充电、收发及维护。每班要清理隔爆罩上的煤尘,下井前应检查便携式甲烷检测报警仪和甲烷检测报警矿灯的零点和电压值,不符合要求的不得发放使用。

8.5.2 使用便携式甲烷检测报警仪和甲烷报警矿灯等检测仪器时要严格按照产品说明书进行操作,不得擅自调校和拆开仪器。

8.6 备件

矿井应配备传感器、分站等安全监控设备备件,备用数量不少于应配备数量的20%。

8.7 报废

安全监控设备符合下列情况之一者,应当报废:
a) 设备老化、技术落后或超过规定使用年限的;
b) 通过修理,虽能恢复性能和技术指标,但一次修理费用超过原价80%以上的;
c) 失爆不能修复的;
d) 遭受意外灾害,损坏严重,无法修复的;
e) 不符合国家规定及行业标准规定应淘汰的。

9 煤矿安全监控系统及联网信息处理

9.1 地面中心站的装备

9.1.1 煤矿安全监控系统的主机及系统联网主机应双机热备份,24 h不间断运行。当工作主机发生故障时,备份主机应在60 s内投入工作。不得采用虚拟机替代主机。

9.1.2 中心站应双回路供电并配备不小于4 h在线式不间断电源。

9.1.3 中心站设备应有可靠的接地装置和防雷装置。

9.1.4 联网主机应装备网络安全设备。

9.1.5 中心站应使用录音电话。

9.1.6 煤矿安全监控系统显示和控制终端应设置在矿调度室内。

9.2 煤矿安全监控系统信息的处理

9.2.1 地面中心站值班应设置在矿调度室内,实行24 h值班制度。值班人员应认真监视监视器所显示的各种信息,详细记录系统各部分的运行状态,接收上一级管理部门下达的指令并及时进行处理,填写运行日志,打印安全监控日报表,报矿主要负责人和主要技术负责人审阅。

9.2.2 系统发出报警、断电、馈电异常信息时,中心站值班人员应立即通知矿井调度部门,查明原因,并按规定程序及时报上一级管理部门。处理结果应记录备案。

9.2.3 调度值班人员接到报警、断电、馈电异常信息后,应按规定指挥现场人员停止工作,断电时撤出人员,并向矿值班领导汇报。处理过程应记录备案。

9.2.4 当系统显示井下某一区域甲烷超限并有可能波及其他区域时,应按瓦斯事故应急预案手动遥控切断瓦斯可能波及区域的电源。

9.3 联网信息的处理

9.3.1 煤矿安全监控系统联网实行分级管理。煤矿应向上一级安全监控网络中心上传实时监控数据。网络中心对煤矿安全监控系统的运行进行监督和指导。

9.3.2 网络中心应 24 h 有人值班。值班人员应认真监视监控数据,核对煤矿上传的隐患处理情况,填写运行日志,打印报警信息日报表,报值班领导审阅。发现异常情况要详细查询,按规定进行处理。

9.3.3 网络中心值班人员发现煤矿甲烷超限报警、断电、馈电状态异常情况等应立即通知煤矿核查情况,按应急预案进行处理。

9.3.4 煤矿安全监控系统中心站值班人员接到网络中心发出的报警处理指令后,要立即处理落实,并将处理结果向网络中心反馈。

9.3.5 网络中心值班人员发现煤矿安全监控系统通信中断或出现无记录情况,应查明原因,并根据具体情况下达处理意见,处理情况记录备案,上报值班领导。

9.3.6 网络中心每月应对甲烷超限情况进行汇总分析。

10 管理制度与技术资料

10.1 管理制度

10.1.1 煤矿应建立安全监控管理机构。安全监控管理机构由煤矿主要技术负责人领导,并应配备足够的人员。

10.1.2 煤矿应制定瓦斯事故应急预案、安全监控人员岗位责任制、操作规程、值班制度等规章制度。

10.1.3 安全监控工及检修、值班人员应经培训合格,持证上岗。

10.1.4 煤矿安全监控系统和网络中心应每 3 个月对数据进行备份,备份的数据介质保存时间应不少于 2 年。

10.1.5 图纸、技术资料的保存时间应不少于 2 年。

10.2 账卡及报表

10.2.1 煤矿应建立以下账卡及报表:

  a) 安全监控设备台账;

  b) 安全监控设备故障登记表;

  c) 检修记录;

  d) 巡检记录;

  e) 传感器调校记录;

  f) 中心站运行日志;

  g) 安全监控日报;

  h) 报警断电记录月报;

  i) 甲烷超限断电闭锁和甲烷风电闭锁功能测试记录;

  j) 安全监控设备使用情况月报等。

10.2.2 安全监控日报应包括以下内容:

  a) 表头;

  b) 打印日期和时间;

  c) 传感器设置地点及编号;

  d) 所测物理量名称;

  e) 平均值;

f) 最大值及时刻；

g) 报警次数；

h) 累计报警时间；

i) 断电次数；

j) 累计断电时间；

k) 馈电异常次数及时刻；

l) 馈电异常累计时间等。

10.2.3 报警断电记录月报应包括以下内容：

a) 表头；

b) 打印日期和时间；

c) 传感器设置地点及编号；

d) 所测物理量名称；

e) 报警次数、对应时间、解除时间、累计时间；

f) 断电次数、对应时间、解除时间、累计时间；

g) 馈电异常次数、对应时间、解除时间、累计时间；

h) 每次报警的最大值、对应时刻及平均值；

i) 每次断电累计时间、断电时刻及复电时刻，平均值，最大值及时刻；

j) 每次采取措施时间及采取措施内容等。

10.2.4 甲烷超限断电闭锁和甲烷风电闭锁功能测试记录应包括以下内容：

a) 表头；

b) 打印日期和时间；

c) 传感器设置地点及编号；

d) 断电测试起止时间；

e) 断电测试相关设备名称及编号；

f) 校准气体浓度；

g) 断电测试结果等。

10.3 布置图和断电控制图

煤矿应绘制煤矿安全监控布置图和断电控制图，并根据采掘工作的变化情况及时修改。布置图应标明传感器、声光报警器、断电控制器、分站、电源、中心站等设备的位置、接线、断电范围、报警值、断电值、复电值、传输线缆、供电电缆等；断电控制图应标明甲烷传感器、馈电传感器和分站的位置，断电范围，被控开关的名称和编号，被控开关的断电接点和编号。

附 录 A

（规范性附录）

低浓度载体催化式甲烷传感器调校方法

A.1 在用甲烷传感器调校方法

A.1.1 在用低浓度载体催化式甲烷传感器每隔 15 d 至少调校 1 次。

A.1.2 调校器材包括：1%～2%CH_4校准气体、配套的减压阀、气体流量计和橡胶软管、空气样。

A.1.3 调试程序如下：

a) 空气样用橡胶软管连接传感器气室；调节流量控制阀把流量调节到传感器说明书规定值；调校零点，范围控制在 $0\sim0.03\%CH_4$ 之内。

b) 校准气瓶流量计出口用橡胶软管连接传感器气室；打开气瓶阀门，先用小流量向传感器缓慢通入 $1\%\sim2\%CH_4$ 校准气体，在显示值缓慢上升的过程中，观察报警值和断电值；然后调节流量控制阀把流量调节到传感器说明书规定的流量，使其测量值稳定显示，持续时间大于 90 s；使显示值与校准气浓度值一致；若超差应更换传感器，预热后重新测试。

c) 在通气的过程中，观察报警值、断电值是否符合要求，注意声光报警和实际断电情况；当显示值小于 $1.0\%CH_4$ 时，测试复电功能。

d) 测试结束后关闭气瓶阀门。

A.1.4 填写调校记录，测试人员签字。

A.2 新甲烷传感器使用前调校方法

A.2.1 新甲烷传感器使用前应调校。

A.2.2 调校仪器及器材包括：载体催化式甲烷测定器检定装置、秒表、温度计、校准气（0.5%、1.5%、2.0%、$3.5\%CH_4$）、直流稳压电源、万用表、声级计、频率计、系统分站等。

A.2.3 调试程序如下：

a) 检查甲烷传感器外观是否完整，清理表面及气室积尘。

b) 甲烷传感器与分站连接，通电预热 10 min。

c) 在新鲜空气中调仪器零点，零值范围控制在 $0\sim0.03\%CH_4$ 之内。

d) 按说明书要求的气体流量，向气室通入 $2.0\%CH_4$ 校准气，调校甲烷传感器精度，使其显示值与校准气浓度值一致，反复调校，直至准确；在基本误差测定过程中不得再次调校。

e) 基本误差测定：按校准时的流量依次向气室通入 0.5%、1.5%、$3.5\%CH_4$ 校准气，持续时间分别大于 90 s，使测量值稳定显示，记录传感器的显示值或输出信号值（换算为甲烷浓度值）。重复测定 4 次，取其后 3 次的算术平均值与标准气样的差值，即基本误差。

f) 在每次通气的过程中同时要观察测量报警点、断电点、复电点和声光报警情况。以上内容也可以单独测量。

g) 声光报警测试：报警时报警灯应闪亮，声级计距蜂鸣器 1 m 处，对正声源，测量声级强度。

h) 测量响应时间：用秒表测量通入 $2.0\%CH_4$ 校准气，显示值从 0 升至最大显示值 90% 时的起止时间。

i) 测试过程中记录分站的传输数据，误差值不大于 $0.01\%CH_4$。

A.2.4 填写调校记录，测试人员签字。

煤矿安全监控系统通用技术要求(AQ 6201—2019)

前　　言

本标准的全部技术内容为强制性条款。

本标准按照 GB/T 1.1—2009 给出的规则起草。

本标准代替 AQ 6201—2006《煤矿安全监控系统通用技术要求》。与 AQ 6201—2006 相比主要技术变化如下：

——删除了甲烷断电仪、风电闭锁装置、甲烷风电闭锁装置的术语和定义(见 2006 年版的 2.17、2.18、2.19)；

——增加了风向传感器、线缆、异地控制、工作方式、甲烷浓度升高的术语和定义(见 3.45、3.46、3.47、3.48、3.49)；

——增加了按传输介质分类(见 4.2.5)；

——增加了多网、多系统融合的系统设计要求(见 5.4.4)；

——增加了掘进工作面煤与瓦斯突出报警和断电闭锁功能(见 5.5.2.3)；

——增加了采煤工作面煤与瓦斯突出报警和断电闭锁功能(见 5.5.2.4)；

——增加了与应急广播、通信、人员定位等系统应急联动功能(见 5.5.2.7)；

——增加了数据加密存储功能(见 5.5.4.2)；

——增加了数据应用分析功能(见 5.5.17)；

——增加了分级报警功能(见 5.6.12.3)；

——增加了逻辑报警功能(见 5.6.12.4)；

——增加了无线传感器蓄电池连续工作时间(见 5.7.16)；

——修改了传输功能(见 5.8)；

——修改了抗干扰性能评价等级(见 5.11)；

——删除了可靠性(见 2006 年版的 4.12)；

——删除了矿用一般型性能(见 2006 年版的 4.14)。

请注意本文件的某些内容可能涉及专利，本文件的发布机构不承担识别这些专利的责任。

本标准由中华人民共和国应急管理部提出。

本标准由全国安全生产标准化技术委员会煤矿安全分技术委员会(SAC/TC 288/SC 1)归口。

本标准起草单位:中国矿业大学(北京)、江苏三恒科技股份有限公司、中国煤炭科工集团常州研究院有限公司、中煤科工集团重庆研究院有限公司、北斗天地股份有限公司。

本标准主要起草人:孙继平、刘坤、蒋玉华、钱晓红、梁宏、樊荣、伍云霞、刘晓阳。

本标准所代替标准的历次版本发布情况为:

——AQ 6201—2006。

1 范围

本标准规定了煤矿安全监控系统的产品分类和技术要求。

本标准适用于煤矿使用的煤矿安全监控系统(以下简称系统)。

2 规范性引用文件

下列文件对于本文件的应用是必不可少的。凡是注日期的引用文件,仅注日期的版本适用于本文件。凡是不注日期的引用文件,其最新版本(包括所有的修改单)适用于本文件。

GB 3836 爆炸性环境(所有部分)
GB/T 17626.2 电磁兼容 试验和测量技术 静电放电抗扰度试验
GB/T 17626.3 电磁兼容 试验和测量技术 射频电磁场辐射抗扰度试验
GB/T 17626.4 电磁兼容 试验和测量技术 电快速瞬变脉冲群抗扰度试验
GB/T 17626.5 电磁兼容 试验和测量技术 浪涌(冲击)抗扰度试验
MT/T 286 煤矿通信、自动化产品型号编制方法和管理办法
MT/T 899 煤矿用信息传输装置
MT/T 1116 煤矿安全生产监控系统联网技术要求
MT/T 1130 矿用现场总线
MT/T 1131 矿用以太网

3 术语和定义

下列术语和定义适用于本文件。

3.1

煤矿安全监控系统 supervision system of coal mine safety

具有模拟量、开关量、累计量采集、传输、存储、处理、显示、打印、声光报警、控制等功能。用来监测甲烷浓度、一氧化碳浓度、二氧化碳浓度、氧气浓度、风速、风压、温度、烟雾、馈电状态、风门状态、风窗状态、风筒状态、局部通风机开停、主要通风机开停等,并实现甲烷超限声光报警、断电和甲烷风电闭锁控制等。

3.2

传感器 transducer

将被测物理量转换为电信号输出的装置。

3.3

甲烷传感器 methane transducer

连续监测矿井环境气体中甲烷浓度的装置,一般具有显示及声光报警功能。

3.4

风速传感器 air velocity transducer

连续监测矿井通风井巷中风速大小的装置。

3.5

风压传感器 wind pressure transducer

连续监测矿井通风机、密闭巷道、通风巷道等地通风压力的装置。

3.6

一氧化碳传感器 carbon monoxide transducer

连续监测矿井中一氧化碳浓度的装置。

3.7

温度传感器 temperature transducer

连续监测矿井环境温度的装置。

3.8

二氧化碳传感器 carbon dioxide transducer

连续监测矿井环境气体中二氧化碳浓度的装置。

3.9

氧气传感器 oxygen transducer

连续监测矿井环境气体中氧气浓度的装置。

3.10

烟雾传感器 smoke transducer

连续监测矿井中带式输送机输送带等着火时产生的烟雾浓度的装置。

3.11

风筒开关传感器 air pipe switch transducer

连续监测局部通风机风筒"有风"或"无风"状态的装置。

3.12

风门开关传感器 air door switch transducer

连续监测矿井中风门"开"或"关"状态的装置。

3.13

馈电传感器 feed transducer

连续监测矿井中馈电开关或电磁起动器负荷侧有无电压的装置。

3.14

执行器(含声光报警器及断电控制器) actuator

将控制信号转换为被控物理量的装置。

3.15

声光报警器 acousto-optic alarm

能发出声光报警的装置。

3.16

断电控制器 switching off controller

控制电磁起动器和馈电开关等的装置。

3.17

分站 substation

接收来自传感器的信号,并按预先约定的复用方式远距离传送给传输接口,同时,接收来自传输接口多路复用信号。分站还具有线性校正、超限判别、逻辑运算等简单的数据处理能力、对传感器输入的信号和传输接口传输来的信号进行处理的能力,控制执行器工作。

3.18

电源箱　power supply chassis

将交流电网电源转换为系统所需的本质安全型直流电源,并具有维持电网停电后正常供电不小于 4 h 的蓄电池。

3.19

传输接口　transmission interface

接收分站远距离发送的信号,并送主机处理;接收主机信号,并送相应分站。传输接口还具有控制分站的发送与接收、多路复用信号的调制与解调、系统自检等功能。

3.20

主机　host

一般选用工控微型计算机或服务器,双机备份。主机主要用来接收监测信号、校正、报警判别、数据统计、存储、显示、声光报警、人机对话、输出控制、控制打印输出、与管理网络连接等。

3.21

故障闭锁功能　fault interlocking function

当与闭锁控制有关的设备未投入正常运行或故障时,应切断该监控设备所控制区域的全部非本质安全型电气设备的电源并闭锁。

3.22

馈电异常　abnormal feed

被控设备的馈电状态与系统发出的断电命令/复电命令不一致。

3.23

模拟量输入传输处理误差　analog input transmission error

传感器输出值(显示值)与主机显示值之间的误差。

3.24

模拟量输出传输处理误差　analog output transmission error

主机输入值与执行器输入值之间的误差。

3.25

最大巡检周期　cycle of maximum loop check

系统在满容量条件下,传感器输出变化到主机显示所需要的最大时间。

3.26

监测值　monitoring value

系统实时监测到的模拟量数值。

3.27

平均值　average value

对单位时间内多次监测值取平均值。其时间间隔一般为 5 min(或 10 min)、1 h、8 h、24 h、10 d、30 d(1 个月)、3 个月、6 个月和 12 个月。若单位时间内对模拟量 x 采样次数为 N、每次监测值为 $x_i(i=1,2,3,\cdots,N)$,则模拟量 x 的平均值应满足下列关系:

$$\overline{X}=\frac{x_1+x_2+\cdots+x_N}{N} \quad \cdots\cdots\cdots\cdots\cdots\cdots(1)$$

3.28

　　最大值　maximum value

　　对单位时间内多次监测值取最大值。

3.29

　　最小值　minimum value

　　对单位时间内多次监测值取最小值。

3.30

　　实时显示　real-time display

　　在任何显示方式下，将报警、断电、馈电异常等重要信息实时自动显示。

3.31

　　调用显示　selection display

　　根据需要选择所关心的模拟量（或开关量）显示。

3.32

　　报警显示　alarm display

　　当模拟量大于或等于报警浓度（或开关量为报警状态）时，自动将超限时刻及当前数值（或状态）等在屏幕上列表显示。

3.33

　　报警记录查询显示　inquiry display of alarm recording

　　根据需要将某一时间内报警模拟量（或开关量）的报警时刻和解除报警时刻、累计报警次数、累计报警时间、报警期间最大值和每次报警期间最大值等记录调出显示。

3.34

　　断电显示　switching off display

　　当模拟量大于或等于断电浓度（或开关量为断电状态）时，自动将当前模拟量数值（或开关状态）、断电命令及时刻、断电区域、馈电状态等在屏幕上列表显示。

3.35

　　断电记录查询显示　inquiry display of switching off recording

　　根据需要将某一时间内断电和复电命令及时刻、断电区域、馈电状态及时刻、累计断电次数、累计断电时间、断电期间最大值和每次断电期间最大值等调出显示。

3.36

　　统计值记录查询显示　inquiry display of statistical data recording

　　根据需要将某一段时间内模拟量的平均值、最大值等调出，并列表显示。

3.37

　　馈电异常显示　abnormal feed display

　　当断电命令与馈电状态不一致时，自动显示地点、名称、断电或复电命令时刻、断电区域、馈电异常时刻等。

3.38

　　馈电异常查询显示　inquiry display of abnormal feed

　　某一段时间内的断电命令与馈电状态不符记录次数、累计时间、每次起止时间等调出并显示。

3.39

状态变动显示　state alteration display

将当前状态变化的开关量(由"开"变"停"或由"停"变"开")的状态变动时刻和状态变动状况(由"开"变"停"或由"停"变"开")等显示。

3.40

状态变动记录查询显示　inquiry display of state alteration recording

根据需要将某一段时间内开关量状态变动次数、变动时刻和变动状态等调出,并列表显示。

3.41

曲线显示　curve display

将模拟量监测值和统计值随时间变化的状况用带坐标和门限值的曲线等直观地显示出来。

3.42

状态图显示　state diagram display

将开关量状态随时间变化状况用带时间坐标的直线表示。

3.43

柱状图显示　cylindrical diagram display

将开关量单位时间内的开机效率(单位时间内开机时间)用直方图直观显示。

3.44

模拟图显示　mimic diagram display

在具有说明巷道、设备布置等背景图上,将实时监测到的开关量状态,用相应的图样在相应的位置模拟显示,同时将实时监测到的模拟量数值在相应位置显示。

3.45

风向传感器　transducer of the direction of wind

连续监测风向的装置。

3.46

线缆　signal cable

用于传输监控等信号的电缆或光缆。

3.47

异地控制　off-site control

触发控制条件的传感器与被控设备不属同一分站。

3.48

工作方式　operation mode

分站等传输节点对传输信道的占用方式。主从工作方式是指由一个传输节点控制系统中其他所有传输节点收发信息。多主是指由两个及两个以上传输节点控制系统中其他所有传输节点收发信息。无主是指系统中所有传输节点收发信息不受其他节点控制。

3.49

甲烷浓度迅速升高　methane concentration rise rapidly

$\Delta CH_4/\Delta t$ 达到或超过设定值。

4 产品型号、分类

4.1 型号
产品型号应符合 MT/T 286 的规定。

4.2 分类
4.2.1 按复用方式分类
a) 时分制系统；
b) 频分制系统；
c) 码分制系统；
d) 复合复用方式(同时采用频分制、时分制、码分制中两种或两种以上)系统。

4.2.2 按网络结构分类
a) 树形；
b) 环形；
c) 星形；
d) 总线形；
e) 复合形(同时采用星形、环形、树形、总线形中两种或两种以上)。

4.2.3 按调制方式分类
a) 基带；
b) 调幅；
c) 调频；
d) 调相；
e) 其他。

4.2.4 按工作方式分类
a) 主从；
b) 多主；
c) 无主。

4.2.5 按传输介质分类
a) 电缆；
b) 光缆；
c) 无线；
d) 复合型(电缆、光缆、无线中两种或两种以上)。

5 技术要求

5.1 一般要求
系统应符合本标准的规定,系统中的设备应符合有关标准的规定,并按照经规定程序批准的图样及文件制造和成套。

5.2 环境条件
5.2.1 系统中用于机房、调度室的设备,应能在下列条件下正常工作：
a) 环境温度:15 ℃~30 ℃；

b) 相对湿度:40%～70%;
c) 温度变化率:小于 10 ℃/h,且不得结露;
d) 大气压力:80 kPa～106 kPa;
e) GB/T 2887 规定的尘埃、照明、噪声、电磁场干扰和接地条件。

5.2.2 除有关标准另有规定外,系统中用于煤矿井下的设备应在下列条件下正常工作:
a) 环境温度:0 ℃～40 ℃;
b) 平均相对湿度:不大于 95%(+25 ℃);
c) 大气压力:80 kPa～106 kPa;
d) 有爆炸性气体混合物,但无显著振动和冲击、无破坏绝缘的腐蚀性气体。

5.3 供电电源

5.3.1 地面设备交流电源
a) 额定电压:380 V/220 V,允许偏差±10%;
b) 谐波:不大于 5%;
c) 频率:50 Hz,允许偏差±5%。

5.3.2 井下设备交流电源
a) 额定电压:127 V/380 V/660 V/1 140 V(去掉了 36 V 档),允许偏差:
——专用于井底车场、主运输巷:$^{+10}_{-20}$%;
——其他井下产品:$^{+10}_{-25}$%。
b) 谐波:10%。
c) 频率:50 Hz,允许偏差±5%。

5.4 系统设计要求

5.4.1 系统组成
系统一般由主机、传输接口、网络交换机、分站、传感器、执行器(含断电控制器、声光报警器)、电源箱、线缆、接线盒、避雷器和其他必要设备组成。

5.4.2 硬件
5.4.2.1 中心站硬件一般包括传输接口、主机、打印机、不间断电源、投影仪或电视墙、网络交换机、服务器和配套设备等。中心站均应采用当时主流技术的通用产品,并满足可靠性、可维护性、开放性和可扩展性等要求。

5.4.2.2 传感器的稳定性应不小于 15 d,采掘工作面气体类传感器防护等级不低于 IP65,其余不低于 IP54。

5.4.2.3 由外部本安电源供电的设备一般应能在 9 V～24 V 范围内正常工作。

5.4.3 软件
操作系统、数据库、编程语言等应为可靠性高、开放性好、易操作、易维护、安全、成熟的主流产品。软件应有详细的汉字说明和汉字操作指南。

5.4.4 多网、多系统融合
系统应有机融合井下有线和无线传输网络;宜与 GIS 技术有机融合;宜与人员位置监测、应急广播、移动通信、供电监控、视频监视、运输监控、工作面监控等系统有机融合。

5.5 基本功能

5.5.1 数据采集

5.5.1.1 系统应具有甲烷浓度、风速、风压、一氧化碳浓度、温度、粉尘等模拟量采集、显示及报警功能。

5.5.1.2 系统应具有馈电状态、风机开停、风筒状态、风门开关、风向、烟雾等开关量采集、显示及报警功能。

5.5.1.3 系统应具有瓦斯抽采(放)量监测、显示功能。

5.5.2 控制

5.5.2.1 系统应由现场设备完成甲烷浓度超限声光报警和断电/复电控制功能：

  a) 甲烷浓度达到或超过报警浓度时,声光报警。

  b) 甲烷浓度达到或超过断电浓度时,切断被控设备电源并闭锁;甲烷浓度低于复电浓度时,自动解锁。

  c) 与闭锁控制有关的设备(含甲烷传感器、分站、电源、断电控制器等)未投入正常运行或故障时,切断该设备所监控区域的全部非本质安全型电气设备的电源并闭锁;当与闭锁控制有关的设备工作正常并稳定运行后,自动解锁。

5.5.2.2 系统应由现场设备完成甲烷风电闭锁功能：

  a) 掘进工作面甲烷浓度达到或超过 1.0% 时,声光报警;掘进工作面甲烷浓度达到或超过 1.5% 时,切断掘进巷道内全部非本质安全型电气设备的电源并闭锁;当掘进工作面甲烷浓度低于 1.0% 时,自动解锁。

  b) 掘进工作面回风流中的甲烷浓度达到或超过 1.0% 时,声光报警、切断掘进巷道内全部非本质安全型电气设备的电源并闭锁;当掘进工作面回风流中的甲烷浓度低于 1.0% 时,自动解锁。

  c) 被串掘进工作面入风流中甲烷浓度达到或超过 0.5% 时,声光报警、切断被串掘进巷道内全部非本质安全型电气设备的电源并闭锁;当被串掘进工作面入风流中甲烷浓度低于 0.5% 时,自动解锁。

  d) 局部通风机停止运转或风筒风量低于规定值时,声光报警、切断供风区域的全部非本质安全型电气设备的电源并闭锁;当局部通风机且风筒恢复正常工作时,自动解锁。

  e) 局部通风机停止运转,掘进工作面或回风流中甲烷浓度大于 3.0% 时,对局部通风机进行闭锁使之不能启动,只有通过密码操作软件或使用专用工具方可人工解锁;当掘进工作面或回风流中甲烷浓度低于 1.5% 时,自动解锁。

  f) 与闭锁控制有关的设备(含分站、甲烷传感器、设备开停传感器、电源、断电控制器等)故障或断电时,声光报警、切断该设备所监控区域的全部非本质安全型电气设备的电源并闭锁;与闭锁控制有关的设备接通电源 1 min 内,继续闭锁该设备所监控区域的全部非本质安全型电气设备的电源;当与闭锁控制有关的设备工作正常并稳定运行后,自动解锁。不得对局部通风机进行故障闭锁控制。

5.5.2.3 系统应具有掘进工作面煤与瓦斯突出报警和断电闭锁功能：

掘进工作面甲烷传感器故障或监测到的甲烷浓度迅速升高或达到报警值($1.0\%CH_4$),掘进巷道回风流甲烷传感器监测到的甲烷浓度迅速升高或达到报警值($1.0\%CH_4$),掘进巷道回风流风速传感器监测到的风速不低于正常值,发出煤与瓦斯突出报警和断电闭锁信号,切断相关区域全部非本质安全型电气设备电源(掘进工作面甲烷浓度迅速升高且风速不低于正常值)。

  a) 掘进工作面甲烷传感器故障或监测到的甲烷浓度迅速升高或达到报警值(1.0%CH_4),掘进巷道回风流甲烷传感器故障或监测到的甲烷浓度迅速升高或达到报警值(1.0%CH_4),掘进工作面分风口风向传感器监测到风流逆转,发出煤与瓦斯突出报警和断电闭锁信号,切断相关区域全部非本质安全型电气设备电源(掘进工作面甲烷浓度迅速升高且风流逆转);

  b) 掘进工作面甲烷传感器故障或监测到的甲烷浓度迅速升高或达到报警值(1.0%CH_4),掘进巷道回风流甲烷传感器故障或监测到的甲烷浓度迅速升高或达到报警值(1.0%CH_4),掘进工作面进风分风口甲烷传感器监测到的甲烷浓度迅速升高或达到报警值(0.5%CH_4),发出煤与瓦斯突出报警和断电闭锁信号,切断相关区域全部非本质安全型电气设备电源(掘进工作面甲烷浓度迅速升高且回风、进风甲烷浓度均迅速升高)。

5.5.2.4 系统应具有采煤工作面煤与瓦斯突出报警和断电闭锁功能:

  采煤工作面甲烷传感器故障或监测到的甲烷浓度迅速升高或达到报警值(1.0%CH_4),回风隅角甲烷传感器故障或监测到的甲烷浓度迅速升高或达到报警值(1.0%CH_4),回风巷甲烷传感器监测到的甲烷浓度迅速升高或达到报警值(1.0%CH_4),回风巷风速传感器监测到的风速不低于正常值,发出煤与瓦斯突出报警和断电闭锁信号,切断相关区域全部非本质安全型电气设备电源(采煤工作面甲烷浓度迅速升高且风速不低于正常值)。

  a) 采煤工作面甲烷传感器故障或监测到的甲烷浓度迅速升高或达到报警值(1.0%CH_4),回风隅角甲烷传感器故障或监测到的甲烷浓度迅速升高或达到报警值(1.0%CH_4),回风巷甲烷传感器故障或监测到的甲烷浓度迅速升高或达到报警值(1.0%CH_4),进风巷(靠近工作面)甲烷传感器故障或监测到的甲烷浓度迅速升高或达到报警值(0.5%CH_4),进风巷风向传感器监测到风流逆转,发出煤与瓦斯突出报警和断电闭锁信号,切断相关区域全部非本质安全型电气设备电源(采煤工作面甲烷浓度迅速升高且风流逆转);

  b) 采煤工作面甲烷传感器故障或监测到的甲烷浓度迅速升高或达到报警值(1.0%CH_4),回风隅角甲烷传感器故障或监测到的甲烷浓度迅速升高或达到报警值(1.0%CH_4),回风巷甲烷传感器故障或监测到的甲烷浓度迅速升高或达到报警值(1.0%CH_4),进风巷(靠近工作面)甲烷传感器故障或监测到的甲烷浓度迅速升高或达到报警值(0.5%CH_4),进风巷(靠近分风口)甲烷传感器监测到的甲烷浓度迅速升高或达到报警值(0.5%CH_4),发出煤与瓦斯突出报警和断电闭锁信号,切断相关区域全部非本质安全型电气设备电源(采煤工作面甲烷浓度迅速升高且回风、进风甲烷浓度迅速升高)。

5.5.2.5 系统应具有地面中心站手动遥控断电/复电功能,并具有操作权限管理和操作记录功能。

5.5.2.6 系统应具有异地断电/复电功能。

5.5.2.7 系统应具有与应急广播、通信、人员位置监测等系统应急联动功能。

5.5.3 调节

系统宜具有自动、手动、就地、远程和异地调节功能。

5.5.4 存储和查询

5.5.4.1 系统应具有以地点和名称为索引的存储和查询功能：

  a) 甲烷浓度、风速、负压、一氧化碳浓度等重要测点模拟量的实时监测值；
  b) 模拟量统计值(最大值、平均值、最小值)；
  c) 报警及解除报警时刻及状态；
  d) 断电/复电时刻及状态；
  e) 馈电异常报警时刻及状态；
  f) 局部通风机、风筒、主要通风机、风门、风向等状态及变化时刻；
  g) 瓦斯抽采(放)量等累计量值；
  h) 设备故障/恢复正常工作时刻及状态等。

5.5.4.2 采掘工作面瓦斯超限报警、断电、馈电异常，局部通风机停风等数据应进行加密存储，宜采用 RSA 加密算法对数据进行加密。

5.5.5 显示

5.5.5.1 系统应具有列表显示功能：

  a) 模拟量及相关显示内容包括：①地点；②名称；③单位；④报警门限；⑤断电门限；⑥复电门限；⑦监测值；⑧最大值；⑨最小值；⑩平均值；⑪断电/复电命令；⑫馈电状态；⑬超限报警；⑭馈电异常报警；⑮传感器工作状态等。
  b) 开关量显示内容包括：①地点；②名称；③开/停时刻；④状态；⑤工作时间；⑥开停次数；⑦传感器工作状态；⑧报警及解除报警状态及时刻等。
  c) 累计量显示内容包括：①地点；②名称；③单位；④累计量值等。

5.5.5.2 系统应能在同一时间坐标上，同时显示模拟量曲线和开关状态图等。

5.5.5.3 系统应具有模拟量实时曲线和历史曲线显示功能。在同一坐标上用不同颜色显示最大值、平均值、最小值等曲线。

5.5.5.4 系统应具有开关量状态图及柱状图显示功能。

5.5.5.5 系统应具有模拟动画显示功能。显示内容包括：①通风系统模拟图；②相应设备开停状态；③相应模拟量数值等。应具有漫游、总图加局部放大、分页显示等方式。

5.5.5.6 系统应具有系统设备布置图显示功能。显示内容包括：①传感器；②分站；③电源箱；④断电控制器；⑤传输接口和线缆等设备的设备名称；⑥相对位置和运行状态等。若系统庞大一屏容纳不下，可漫游、分页或总图加局部放大。

5.5.6 打印

系统应具有报表、曲线、柱状图、状态图、模拟图、初始化参数等召唤打印功能(定时打印功能可选)。报表包括：①模拟量日(班)报表；②模拟量报警日(班)报表；③模拟量断电日(班)报表；④模拟量馈电异常日(班)报表；⑤开关量报警及断电日(班)报表；⑥开关量馈电异常日(班)报表；⑦开关量状态变动日(班)报表；⑧监控设备故障日(班)报表；⑨模拟量统计值历史记录查询报表等。

5.5.7 人机对话

系统应具有人机对话功能，以便于系统生成、参数修改、功能调用、控制命令输入等。

5.5.8 自诊断

系统应具有自诊断功能。当系统中传感器、分站、传输接口、电源、断电控制器等设备发生故障时,报警并记录故障时间和故障设备,以供查询及打印。自诊断包括:①传感器、控制器的设置及定义;②模拟量传感器维护、定期未标校提醒;③模拟量传感器、控制器、电源箱等设备及通信网络的工作状态;④双机热备、数据库存储、软件模块通信等。

5.5.9 双机切换

系统应具有双机切换功能。系统主机应双机热备份。当工作主机发生故障时,备份主机自动投入工作(2006年版为手动切换)。

5.5.10 备用电源

系统应具有备用电源。当电网停电后,保证对甲烷浓度、风速、风压、一氧化碳浓度、主要通风机、局部通风机开停、风向、风筒状态等主要监控量继续监控。

5.5.11 数据备份

系统应具有数据备份功能。

5.5.12 模拟报警和断电

系统应具有通过现场传感器模拟测试报警和断电功能。

5.5.13 防雷

系统应具有防雷功能。分别在传输接口、入井口、电源等处采取防雷措施。

5.5.14 联网

系统应具有网络通信功能。

5.5.15 软件自监视和容错

系统应具有软件自监视和容错功能。

5.5.16 实时多任务

系统应具有实时多任务功能,能实时传输、处理、存储和显示信息,并根据要求实时控制,能周期地循环运行而不中断。

5.5.17 数据应用分析

系统应具有伪数据标注、异常数据分析、瓦斯涌出、火灾预测预警等大数据应用分析功能,可与煤矿安全监控系统检查分析工具对接数据。

5.6 软件功能

5.6.1 操作管理

软件应具有操作权限管理功能,对参数设置、控制等应使用密码操作,并具有操作记录。

5.6.2 主菜单

在各种显示模式下都应有主菜单显示,主菜单包括:参数设置、页面编辑、控制、列表显示、曲线显示、状态图及柱状图显示、模拟图显示、打印、查询、帮助、其他等。

在主菜单下应设置以下子菜单:
a) 参数设置:系统参数、模拟量、开关量、累计量、其他;
b) 页面编辑:列表、曲线、模拟图、其他;
c) 控制:控制逻辑、操作、其他;
d) 列表显示:报警(模拟量、开关量)、断电控制(模拟量、开关量)、馈电异常(模拟量、开关量)、调用(模拟量、开关量)、设备故障、其他;

e) 曲线显示:报警、断电控制、馈电异常、调用、其他;
f) 状态图与柱状图显示:状态图、柱状图、其他;
g) 模拟图显示:通风系统、瓦斯抽采(放)、系统自检、其他;
h) 打印:编辑、报警(模拟量、开关量)、断电控制(模拟量、开关量)、馈电异常(模拟量、开关量)、调用(模拟量、开关量)、设备故障、其他;
i) 查询:报警(模拟量、开关量)、断电控制(模拟量、开关量)、馈电异常(模拟量、开关量)、调用(模拟量、开关量)、设备故障、其他;
j) 帮助:参数设置、页面编辑、控制、列表显示、曲线显示、状态图与柱状图显示、模拟图显示、打印、查询、其他。

5.6.3 分类查询

软件应具有报警、断电、馈电异常、调用等分类查询功能。
a) 报警查询:根据输入的查询时间,将查询期间内的全部报警的模拟量和开关量显示或打印;
b) 断电查询:根据输入的查询时间,将查询期间内的全部断电的模拟量和开关量列表显示或打印;
c) 馈电异常查询:根据输入的查询时间,将查询期间内的全部馈电异常的开关量和模拟量显示或打印;
d) 调用查询:根据输入的被查询量和查询时间,将查询期间内被查询量显示或打印。

5.6.4 快捷方式

在任何显示模式下,均可直接进入所选监控量的列表显示、曲线显示或状态图及柱状图显示、模拟图显示、打印、参数设置、页面编辑、查询等方式。

5.6.5 中文显示与打印

软件应具有汉字显示、汉字打印和汉字提示功能。

5.6.6 更改存储内容

软件应具有防止修改实时数据和历史数据等存储内容(参数设置及页面编辑除外)功能。

5.6.7 模拟量数据表格显示

5.6.7.1 显示内容

模拟量数据表格显示包括如下内容:①传感器设置地点;②传感器所测物理量;③单位(可缺省);④报警门限(除用于监察外,可缺省);⑤断电门限(除用于监察外,可缺省);⑥复电门限(除用于监察外,可缺省);⑦断电范围(除用于监察外,可缺省);⑧监测值;⑨平均值;⑩最大值;⑪最小值;⑫报警/解除报警状态及时刻;⑬断电/复电命令及时刻;⑭馈电状态及时刻;⑮实时时钟等。

5.6.7.2 实时显示

模拟量报警、模拟量断电、馈电异常应实时显示。

5.6.7.3 调用显示

根据所选择的模拟量显示其相应内容:①地点;②名称;③单位(可缺省)、④报警门限(可缺省);⑤断电门限(可缺省);⑥复电门限(可缺省);⑦监测值;⑧最近一次统计的最大值;⑨平均值;⑩最后一次报警或解除报警时刻;⑪最后一次断电或复电时刻等。

5.6.7.4 报警显示

当模拟量大于或等于报警门限时,自动显示超限时刻等,显示内容包括:①地点;②名称;③单位(可缺省);④报警门限(可缺省);⑤断电门限(可缺省);⑥复电门限(可缺省);⑦监测值;⑧最近一次统计的最大值(可缺省);⑨平均值(可缺省);⑩报警时刻;⑪最后一次断电/复电时刻;⑫断电区域(可缺省);⑬馈电状态、时刻及措施(报警后所采取的安全措施,其中所采用的安全措施为人工录入,采用措施时间自动生成,以下同)等。

5.6.7.5 断电显示

当模拟量大于或等于断电门限时,自动显示断电命令及时刻等,显示内容包括:①地点;②名称;③单位(可缺省);④报警门限(可缺省);⑤断电门限(可缺省);⑥复电门限(可缺省);⑦监测值;⑧报警及时刻;⑨断电及时刻;⑩断电区域(可缺省);⑪馈电状态及时刻、安全措施等。

5.6.7.6 馈电异常显示

当模拟量断电命令与馈电状态不一致时,自动显示馈电异常时刻等,显示内容包括:①地点;②名称;③单位(可缺省);④报警门限(可缺省);⑤断电门限(可缺省);⑥复电门限(可缺省);⑦监测值;⑧报警及时刻;⑨断电及时刻;⑩断电区域(可缺省);⑪馈电状态及时刻;⑫安全措施等。

5.6.7.7 报警记录查询显示

根据所选择的查询时间,显示查询时间内的累计报警次数等,显示内容包括:①地点;②名称;③单位(可缺省);④报警浓度(可缺省);⑤累计报警次数;⑥累计报警时间;⑦报警期间最大值及时刻;⑧每次报警期间最大值及时刻;⑨每次报警时间;⑩每次报警起止时刻;⑪每次报警措施;⑫查询起止时刻等。

5.6.7.8 断电记录查询显示

根据所选择的查询时间,显示查询时间内的累计断电次数等,显示内容包括:①地点;②名称;③单位(可缺省);④断电门限(可缺省);⑤复电门限(可缺省);⑥累计断电次数;⑦累计断电时间;⑧查询期间最大值及时刻;⑨每次断电最大值及时刻;⑩每次断电时间;⑪每次断电命令及起止时刻;⑫断电区域(可缺省);⑬馈电状态及时刻;⑭安全措施;⑮查询起止时刻等。

5.6.7.9 馈电异常记录查询显示

根据所选择的查询时间,显示查询时间内累计馈电异常次数等,显示内容包括:①地点;②名称;③断电区域(可缺省);④馈电异常累计时间;⑤累计次数;⑥每次馈电异常时间;⑦起止时刻;⑧措施;⑨查询起止时刻等。

5.6.7.10 统计值记录查询显示

根据所选择的模拟量及查询时间,显示查询时间内模拟量的平均值、最大值等,显示内容包括:①地点;②名称;③单位(可缺省);④报警门限(可缺省);⑤断电门限(可缺省);⑥复电门限(可缺省);⑦查询期间最大值及时刻;⑧平均值;⑨每次统计起止时刻;⑩最大值;⑪平均值;⑫最小值等。

5.6.8 开关量状态表格显示

5.6.8.1 显示内容

开关量状态表格显示包括以下内容:①所监测设备地点;②所监测设备名称;③报警状

态(除用于监察外,可缺省);④断电状态(除用于监察外,可缺省);⑤断电范围(除用于监察外,可缺省);⑥当前状态;⑦状态变动时刻;⑧报警/解除报警时刻;⑨断电/复电时刻;⑩馈电状态及时刻等。

5.6.8.2 调用显示

根据所选择的开关量显示其相关内容:①地点;②名称;③报警及断电状态(可缺省);④设备状态及时刻;⑤报警/断电及时刻;⑥断电区域(可缺省);⑦馈电状态及时刻;⑧措施及时刻等。

5.6.8.3 报警与断电显示

当开关量为报警/断电状态时,自动显示报警与断电时刻和状态等,显示内容包括:①地点;②名称;③报警/断电状态(可缺省);④设备状态及时刻;⑤断电/报警及时刻;⑥断电区域(可缺省);⑦馈电状态及时刻;⑧措施及时刻等。

5.6.8.4 馈电异常显示

当开关量断电命令与馈电状态不符时,自动显示馈电异常状态及时刻等,显示内容包括:①地点;②名称;③报警/断电状态(可缺省);④设备状态及时刻;⑤断电/报警及时刻;⑥断电区域(可缺省);⑦馈电状态及时刻;⑧措施及时刻等。

5.6.8.5 状态变动显示

当开关量状态发生变化时,显示当前状态变化的开关量的状态变动时刻和状态变动状况等,一般保持 5 min 或 10 min。显示内容包括:①地点;②名称;③报警及断电状态(可缺省);④设备状态及时刻;⑤断电/报警及时刻;⑥断电区域(可缺省);⑦馈电状态及时刻等。

5.6.8.6 报警及断电记录查询显示

根据所选择的查询时间,显示查询时间内开关量累计报警次数等,显示内容包括:①地点;②名称;③报警/断电状态(可缺省);④累计报警及断电次数;⑤累计报警及断电时间;⑥每次报警及断电时间;⑦起止时刻;⑧措施及采取措施时刻;⑨查询起止时刻等。

5.6.8.7 馈电异常查询显示

根据所选择的查询时间,显示查询时间内的开关量断电命令与馈电状态不符次数等,显示内容包括:①地点;②名称;③断电区域(可缺省);④馈电异常累计时间;⑤累次次数;⑥每次时间;⑦起止时刻;⑧措施及采取措施时刻等。

5.6.8.8 状态变动记录查询显示

根据所选择的查询时间,显示查询时间内开关量状态变动次数等,显示内容包括:①地点;②名称;③报警及断电状态(可缺省);④累计报警/断电时间;⑤累计动作次数;⑥每次动作状态及时刻等。

5.6.9 模拟量曲线显示

将模拟量监测值和统计值随时间变化的状况用带坐标和门限值的曲线直观地显示出来,并可无极放大或弹出放大窗。坐标的竖轴为监测值和统计值,横轴为时间。用平行于横轴的黄色虚线给出报警浓度,用平行于横轴的红色虚线给出断电浓度,用平行于横轴的蓝色虚线给出复电浓度。实时监测值、最大值、平均值、最小值等用不同颜色表示。在屏幕上方标明传感器设置地点、所测物理量名称、起始/终止日期和时间、断电门限(可缺省)、复电门限(可缺省)、报警门限(可缺省)、断电范围(可缺省)、监测值、最大值、平均值、最小值等曲线的颜色等。为便于读值,应设置游标,游标所到之处应标出对应点的时刻、监测值、最大值、平均值、最小值、断电起止时刻及累计时间、报警起止时刻及累计时间、馈电异常起止时刻及累计时间、措施及采取措施时刻等。并随着游标的移动,标出起始/终止日期和时间变化。

5.6.10 开关量状态图与柱状图显示

5.6.10.1 开关量状态图显示

将开关量状态随时间变化的状态用直线显示。在屏幕上方标明传感器的设置地点、所测物理量名称、起始/终止日期和时间、报警状态(可缺省)。为便于读值,应设置游标,游标所到之处应标出对应区间的起止时刻、报警及断电状态、馈电状态、措施等。

5.6.10.2 开关量柱状图显示

将开关量单位时间内的开机效率(单位时间内开机时间)用直方图直观显示。坐标竖轴为开机效率,横轴为时间。在屏幕上方标明传感器设置地点、所测物理量名称、起始/终止日期和时间、报警状态(可缺省)。为便于读值,应设置游标,游标所到之处应标出对应区间的开机效率、开机时间、开停次数等。

5.6.11 模拟图显示

5.6.11.1 在具有说明巷道、设备布置等背景图上,将实时监测到的开关量状态,用相应的图样在相应的位置模拟显示;将实时监测到的模拟量数值在相应位置显示。同时用红色等标注报警、断电及馈电异常。点击设备模拟图或模拟量显示值,可以弹出相关信息的选择菜单,供进一步查询。对于较复杂的系统,模拟图可以分为总图及局部详图,并具有漫游、弹出详图等功能。采用GIS技术的模拟图显示还具有地理位置显示等功能。

5.6.11.2 通风系统模拟图显示包括如下内容:
   a) 能够说明通风系统网络及设备配置的模拟图;
   b) 根据实时监测到的开关量状态,实时显示通风网络风流、设备工况(如主要通风机、局部通风机、风门、风窗等);
   c) 在相应位置实时数字显示甲烷浓度、风速(或风量)、风压、一氧化碳浓度、温度等。

5.6.11.3 瓦斯抽采(放)系统模拟图显示包括如下内容:
   a) 能够说明瓦斯抽采(放)系统管路和设备配置的模拟图等;
   b) 根据实时监测到的开关量状态,实时显示相关设备工况(如抽放泵、阀门等);
   c) 在相关位置实时数字显示甲烷浓度、温度、风压、流量等。

5.6.11.4 监控系统自检模拟图包括如下内容:
   a) 能够说明监控系统设备(传输接口、分站、传感器等)布置和线缆敷设的模拟图形等;
   b) 根据系统自检情况,将具有故障的设备用不同颜色显示(如正常时为蓝色,故障时为红色)等。

5.6.12 报警

5.6.12.1 声音报警

当模拟量监测值超限(需要报警或断电)、馈电异常(断电命令与馈电状态不符)或开关量状态为报警状态时,报警喇叭或蜂鸣器应发出声响或语音提示,点击后关闭。

5.6.12.2 光报警

在表格显示方式中,当模拟量监测值超限(需要报警或断电),馈电异常(断电命令与馈电状态不符)或开关量状态为报警状态时,有关该模拟量或开关量的文字、数值和图符等用红色显示,或用红色显示加闪烁。

在模拟量模拟曲线显示和图形显示方式中,当模拟量监测值超限(需要报警或断电)、馈电异常(断电命令与馈电状态不符)或开关量状态为报警状态时,相应的曲线和图样应变为红色,数值变为红色,或红色显示加闪烁。

5.6.12.3 分级报警

系统应具有分级报警功能,根据瓦斯浓度大小及变化率、瓦斯超限持续时间、瓦斯超限范围等,设置不同的报警级别,实施分级响应。分级报警根据实际情况进行设置。

5.6.12.4 逻辑报警

系统应具有逻辑报警功能,根据巷道布置及瓦斯涌出等的内在逻辑关系,实施逻辑报警。逻辑关系根据实际情况进行设置。

5.6.13 存储记录

5.6.13.1 统计值记录

定时将模拟量平均值、最大值、最小值等记录在存储介质上。

5.6.13.2 模拟量报警记录

当模拟量报警、解除报警、填写备注时,自动将相关内容及时刻记录在存储介质上。

5.6.13.3 模拟量断电记录

当模拟量断电、复电、填写备注时,自动将相关内容及时刻记录在存储介质上。

5.6.13.4 模拟量馈电异常记录

当馈电状态由正常变为异常或由异常变为正常、填写备注时,自动将相关内容及时刻记录在存储介质上。

5.6.13.5 开关量状态变动记录

当开关量状态发生变动时,计算机自动将该开关量的状态变动状况和变动时刻记录在存储介质上。

5.6.13.6 开关量报警及断电记录

当开关量由非报警及断电状态变为报警及断电状态,或由报警及断电状态变为非报警及断电状态,或填写备注时,自动将相关内容及时刻记录在存储介质上。

5.6.13.7 开关量馈电异常记录

当馈电异常变为正常、正常变为异常、填写备注时,自动将相关内容及时刻记录在存储介质上。

5.6.13.8 监控设备故障记录

当监控设备(分站、传感器等)故障、恢复正常、填写措施时,自动将相关内容及时刻记录在存储介质上。

5.6.14 打印

5.6.14.1 模拟量日(班)报表

模拟量日(班)报表包括如下内容:①表头;②打印日期和时间;③传感器设置地点;④所测物理量名称;⑤单位(可缺省);⑥报警门限(可缺省);⑦断电门限(可缺省);⑧复电门限(可缺省);⑨平均值(本日或本班平均值);⑩最大值及时刻(本日或本班最大值);⑪报警次数(本日或本班累计报警次数);⑫累计报警时间(本日或本班累计报警时间);⑬断电次数(本日或本班累计断电次数);⑭累计断电时间(本日或本班累计断电时间);⑮馈电异常次数

(本日或本班断电命令与馈电状态不符累计次数);⑯馈电异常累计时间(本日或本班断电命令与断电状态不符累计时间)等。

5.6.14.2 模拟量报警日(班)报表

模拟量报警日(班)报表包括如下内容:①表头;②打印日期和时间;③传感器设置地点;④所测物理量名称;⑤单位(可缺省);⑥报警门限(可缺省);⑦报警次数(本日或本班累计报警次数);⑧累计报警时间(本日或本班累计报警时间);⑨最大值及时刻(本日或本班报警期间最大值);⑩平均值(本日或本班报警期间平均值);⑪每次报警时刻及解除报警时刻;⑫每次报警时间;⑬每次报警期间平均值和最大值及时刻等;⑭每次措施及采取措施时刻。

5.6.14.3 模拟量断电日(班)报表

模拟量断电日(班)报表包括如下内容:①表头;②打印日期和时间;③传感器设置地点;④所测物理量名称;⑤单位(可缺省);⑥断电门限(可缺省);⑦复电门限(可缺省);⑧断电范围(可缺省);⑨断电次数(本日或本班累计断电次数);⑩累计断电时间(本日或本班累计断电时间);⑪最大值及时刻(本日或本班断电期间最大值);⑫平均值(本日或本班断电期间平均值);⑬每次断电累计时间、断电时刻及复电时刻;⑭每次断电期间平均值和最大值及时刻;⑮断电区域;⑯馈电状态及其时刻、累计时间;⑰措施及采取措施时刻。

5.6.14.4 模拟量馈电异常日(班)报表

模拟量馈电异常日(班)报表包括下列内容:①表头;②打印日期和时间;③地点;④名称;⑤断电区域(可缺省);⑥累计次数(本日或本班模拟量断电命令与馈电状态不符累计次数);⑦累计时间(本日或本班模拟量断电命令与馈电状态不符累计时间);⑧每次馈电状态累计时间及起止时刻;⑨措施及采取措施时刻等。

5.6.14.5 开关量报警及断电日(班)报表

开关量报警及断电日(班)报表包括如下内容:①表头;②打印日期和时间;③所监测设备地点;④所监测设备名称;⑤报警及断电(可缺省);⑥累计时间(本日或本班累计报警及断电时间);⑦累计次数(本日或本班累计报警及断电次数);⑧每次累计时间及起止时刻等;⑨断电区域(可缺省);⑩馈电状态及起止时刻、累计时间;⑪措施及采取措施时刻。

5.6.14.6 开关量馈电异常日(班)报表

开关量馈电异常日(班)报表包括如下内容:①表头;②打印日期和时间;③被监测设备地点与名称;④断电区域(可缺省);⑤累计时间(本日或本班馈电异常累计时间);⑥累计次数(本日或本班馈电异常累计次数);⑦每次馈电状态;⑧每次累计时间及起止时刻;⑨措施及采取措施时刻等。

5.6.14.7 开关量状态变动日(班)报表

开关量状态变动日(班)报表包括如下内容:①表头;②打印日期和时间;③所监测设备地点;④所监测设备名称;⑤累计运行时间(本日或本班累计运行时间);⑥累计变动次数(本日或本班累计变动次数);⑦状态变动状况及时刻等。

5.6.14.8 监控设备故障日(班)报表

监控设备故障日(班)报表包括如下内容:①表头;②打印日期和时间;③故障设备(传感器或分站)设置地点、编号、名称、所测物理量;④累计时间(本日或本班累计故障时间);⑤累计次数(本日或本班累计故障次数);⑥每次累计时间及起止时刻;⑦措施及时刻;⑧在有传输电缆故障监测的系统中,还应包括电缆故障位置内容等。

5.6.14.9 模拟量统计值历史记录查询报表

统计值记录查询报表包括如下内容：①表头；②查询起始日期、时间和终止日期、时间；③取平均值、最大值、最小值的时间间隔及每一时间间隔的起止时刻；④传感器设置地点；⑤所测物理量名称；⑥单位（可缺省）；⑦报警门限（可缺省）；⑧断电门限（可缺省）；⑨复电门限（可缺省）；⑩平均值和最大值及时刻（查询期间内平均值和最大值）；⑪每段时间内平均值和最大值等。

5.7 主要技术指标

5.7.1 模拟量输入传输处理误差

模拟量输入传输处理误差应不大于0.5%。

5.7.2 模拟量输出传输处理误差

模拟量输出传输处理误差应不大于0.5%。

5.7.3 累计量输入传输处理误差

累计量输入传输处理误差应不大于0.5%。

5.7.4 最大巡检周期

系统最大巡检周期应不大于20 s，并应满足监控要求。

5.7.5 控制执行时间

地面远程控制执行时间应不大于系统最大巡检周期。异地控制时间应不大于2倍的系统最大巡检周期。就地控制执行时间应不大于2 s。

5.7.6 调节执行时间

调节执行时间应不大于系统最大巡检周期。

5.7.7 存储时间

甲烷浓度、温度、风速、负压、一氧化碳浓度等重要测点的实时监测值存盘记录应保存3个月以上。模拟量统计值、报警/解除报警时刻及状态、断电/复电时刻及状态、馈电异常报警时刻及状态、局部通风机、风筒、主要通风机、风向、风门等状态及变化时刻、瓦斯抽采（放）量等累计量值、设备故障/恢复正常工作时刻及状态等记录应保存2年以上。当系统发生故障时，丢失上述信息的时间长度应不大于60 s。

5.7.8 画面响应时间

调出整幅画面85%的响应时间应不大于2 s，其余画面应不大于5 s。

5.7.9 误码率

误码率应不大于10^{-9}。

5.7.10 最大传输距离

传感器及执行器至分站之间的传输距离应不小于2 km，大于2 km时按整数递增。分站至传输接口最大传输距离应不小于10 km。无主系统的分站至分站之间最大传输距离应不小于10 km。无线传感器最大无线传输距离应不小于100 m。

5.7.11 最大监控容量

系统允许接入的分站数量宜在8、16、32、64、128、256中选取，其中被中继器等设备分隔成多段的系统，每段允许接入的分站数量宜在8、16、32、64、128中选取。分站所能接入传感器、执行器的数量宜在2、4、8、16、32、64、128中选取。

5.7.12 双机切换时间

从工作主机故障到备用主机投入正常工作时间应不大于 60 s。

5.7.13 备用电源工作时间

在电网停电后,备用电源应能保证系统连续监控时间不小于 4 h。

5.7.14 统计值时间

模拟量统计值应是 5 min 的统计值。

5.7.15 本安供电距离

向传感器及执行器远程本安供电距离应不小于 2 km,大于 2 km 时按整数递增。

5.7.16 无线传感器蓄电池连续工作时间

无线传感器蓄电池连续工作时间应不小于 24 h。

5.8 传输性能

系统的信息传输性能应符合 MT/T 899、MT/T 1116、MT/T 1130、MT/T 1131 等有关要求。系统主干网应采用工业以太网。分站至主干网之间宜采用工业以太网,也可采用 RS485、CAN、LonWorks、PROFIBUS。模拟量传感器至分站的有线传输宜采用工业以太网、RS485、CAN;无线传输宜采用 WaveMesh、ZigBee、Wi-Fi、RFID。

5.9 电源波动适应能力

供电电压在产品标准规定的允许电压波动范围内,系统的电气性能应符合各自企业产品标准的规定。

5.10 工作稳定性

系统应进行工作稳定性试验,通电试验时间不小于 7 d,其性能应符合各自企业产品标准的规定。

5.11 抗干扰性能

5.11.1 设于地面的设备应能通过 GB/T 17626.2 规定的严酷等级为 3 级的静电放电抗扰度试验,评价等级为 A。

5.11.2 系统应能通过 GB/T 17626.3 规定的严酷等级为 2 级的射频电磁场辐射抗扰度试验,评价等级为 A。

5.11.3 系统应能通过 GB/T 17626.4 规定的严酷等级为 2 级的电快速瞬变脉冲群抗扰度试验,评价等级为 A。

5.11.4 系统交流电源端口应能通过 GB/T 17626.5 规定的严酷等级为 3 级的浪涌(冲击)抗扰度试验,评价等级为 B。系统直流电源端口和信号端口应能通过 GB/T 17626.5 规定的严酷等级为 2 级的浪涌(冲击)抗扰度试验,评价等级为 B。

5.12 防爆性能

防爆型设备应符合 GB 3836 的规定。

煤矿建设项目安全审核基本要求(AQ 1049—2018)

前　　言

本标准的全部技术内容为强制性。

本标准按照 GB/T 1.1—2009 给出的规则起草。

本标准代替《煤矿建设项目安全核准基本要求》AQ 1049—2008,与 AQ 1049—2008 相比,除编辑性修改外主要技术变化如下:
——修改了标准名称为"煤矿建设项目安全审核基本要求";
——修改了标准适用范围,由"重大煤矿建设项目"扩大到"煤矿建设项目"(见1范围);
——删除了规范性引用文件的版本限制,增加了部分引用标准(见2规范性引用文件);
——删除了"安全核准"的定义,增加了"安全审核"的定义(见3术语和定义);
——修改了"安全核准基本内容"为"安全审核资料要求",并删除了对井田地质勘查报告和安全预评价报告的审查要求(见2008版的4.1和4.3);
——修改了"安全核准基本要求"为"安全审核基本内容"(见5安全审核基本内容);
——增加了矿井瓦斯等级确定方法(见5.1.1);
——增加了对新建突出矿井进行突出危险性评估的要求(见5.1.2);
——增加了应按煤与瓦斯突出矿井设计的两种情况(见5.1.3,2008版的5.5.2、5.5.3和5.5.4);
——增加了对新建突出矿井先抽后建的要求(见5.1.4);
——增加了矿井水文地质类型的确定方法(见5.2.1);
——增加了对煤、岩冲击倾向性测定的要求(见5.5);
——删除了对可行研究报告编制单位的资质要求(见2008版的4.2.1);
——增加了对煤矿设计能力的下限要求(见5.7);
——增加了禁采区域(煤层)(见5.8);
——增加了与其他矿产矿权或基础设施位置重叠的情况应签订安全开采协议的要求(见5.9.2);
——增加了关于非控股股东方负责建设煤矿的有关要求(见5.10.2)。

本标准由国家煤矿安全监察局科技装备司提出。

本标准由全国安全生产标准化技术委员会煤矿安全分技术委员会(SAC/TC 288/SC 1)归口。

本标准起草单位:国家煤矿安全监察局安全监察司、原国家安全生产监督管理总局研究中心。

本标准主要起草人:颜爱华、王国栋、王世杰、李泽荃、卢鉴章、倪斌、吴国强、沈明、张川、王结义、张达贤、于正义。

本标准所代替标准的历次版本发布情况为:
——AQ 1049—2008

1 范围

本标准规定了煤矿建设项目安全审核内容和要求。

本标准适用于煤矿建设项目。

2 规范性引用文件

下列文件对于本文件的应用是必不可少的。凡是注日期的引用文件,仅所注日期的版本适用于本文件。凡是不注日期的引用文件,其最新版本(包括所有的修改单)适用于本文件。

GB 50197　煤炭工业露天矿设计规范

GB 50215　煤炭工业矿井设计规范

AQ 1018　矿井瓦斯涌出量预测方法

煤矿防治水细则

3 术语和定义

以下术语和定义适用于本文件。

安全审核　safety audit

审查煤矿建设项目可行性研究报告和建设单位业绩报告等资料,确定煤矿建设项目是否具备开发建设的安全条件,建设单位是否具备安全管理经验及业绩。

4 安全审核资料要求

安全审核资料包括:

a)　煤矿建设项目可行性研究报告;

b)　建设单位业绩报告。

5 安全审核基本内容

5.1 煤层瓦斯

5.1.1 煤矿瓦斯等级

应依据地质报告、相邻煤矿、煤矿生产条件等资料,按 AQ 1018 选取瓦斯含量最大的煤层预测采掘工作面和矿井瓦斯涌出量,并确定煤矿瓦斯等级。

5.1.2 煤层突出危险性评估

新建矿井应当对矿井内采掘工程可能揭露的所有平均厚度在 0.3 m 以上的煤层进行突出危险性评估,评估结论适应于全矿井井田范围。

5.1.3 突出矿井设计

有下列情况之一的应按煤与瓦斯突出矿井设计:

a)　地质报告预测井田内煤层存在突出危险可能性的;

b)　突出危险性评估报告认为有突出危险性的;

c)　经有资质的机构认定井田内存在突出危险性煤层的;

d)　煤层部分突出危险性单项临界指标值参数超标且相邻矿井为突出矿井的;

e) 煤层瓦斯测算压力达到或者超过 0.74 MPa 的。
5.1.4 瓦斯抽采
　　新建煤与瓦斯突出矿井应进行地面钻井预抽,应提交预抽方案,做到先抽后建。
5.2 井田水文地质
5.2.1 煤矿水文地质类型
　　应预算初期开采阶段煤矿地下正常涌水量和最大涌水量,按照《煤矿防治水细则》类比确定煤矿水文地质类型。
5.2.2 涌水量变化预测
　　应预测煤矿地下涌水量的变化趋势和开采过程中发生突水的可能性及地段。
5.2.3 改扩建煤矿
　　改扩建煤矿应提供煤矿生产地质报告及水文地质类型划分报告。
5.3 煤层自燃倾向性
　　应确定每个可采煤层的自燃倾向性。
5.4 煤尘爆炸危险性
　　应确定每个可采煤层的煤尘爆炸性。
5.5 煤、岩冲击倾向性
　　应确定每个可采煤层及其顶底板岩层的冲击倾向性。
5.6 露天煤矿
　　露天矿应进行边坡稳定性评价,确定露天边坡类型,评述露天边坡各岩层岩性、水理性质及物理力学性质,确定是否需要进行专门的工程地质勘探及岩土物理力学试验作为下步设计依据。
5.7 设计生产能力
5.7.1 设计依据
　　煤矿设计生产能力应符合 GB 50197、GB 50215 相关规定。设计井田范围不得超出矿产资源行政主管部门批准的矿权设置范围。
5.7.2 生产能力要求
　　a) 新建煤与瓦斯突出煤矿,设计生产能力应在 $90×10^4$ t/a 及以上,但不得高于 $50×10^4$ t/a。
　　b) 新建高瓦斯煤矿设计生产能力应在 $30×10^4$ t/a 及以上且不得高于 $800×10^4$ t/a。
　　c) 新建低瓦斯煤矿设计生产能力应在 $30×10^4$ t/a 及以上且不得高于 $1\,500×10^4$ t/a。
　　d) 扩建煤矿项目扩建后的生产能力,按新建煤矿要求执行。
　　e) 设计生产能力同时应符合国家产业政策规定。
5.8 禁止开采区域(煤层)
5.8.1 开采深度
　　新建大中型煤矿开采深度(第一水平)超过 1 000 m(突出矿井超过 800 m),新建、改扩建煤矿项目最大采深超过 1 200 m(小型矿井超过 600 m)。
5.8.2 瓦斯压力
　　煤层瓦斯测算压力达到 3 MPa 及以上(通过地面钻井预抽能降至 3 MPa 以下的除外)。

5.8.3 冲击地压
经评估论证,冲击地压危险等级为强。
5.8.4 急倾斜煤层
有煤与瓦斯突出危险的急倾斜煤层(改建矿井除外),地表水、强含水层和老空水淹区域下的急倾斜煤层。
5.9 老窑及其他矿山
5.9.1 查明内容
应查明井田内和邻近区域现有矿井、老窑的分布与开采情况,基本确定各类采空区范围及其积水情况。
5.9.2 矿权重叠
井田范围内不得有正在开采的其他煤矿和非煤矿山。存在与油气、煤层气等矿权重叠的,或地面存在不能搬迁的基础设施的,双方应签订安全开采协议。
5.10 建设单位
5.10.1 业绩报告
建设单位业绩报告应包括企业基本情况,开办煤矿历史、灾害类型、生产能力及近3年发生事故情况等内容,并对报告的真实性负责。
5.10.2 资格要求
开发建设灾害严重(属高瓦斯、煤与瓦斯突出、冲击地压、容易自然发火或水文地质条件复杂和极复杂等情况之一)的煤矿,应由具有相应灾害类型煤矿安全管理经验和业绩的煤炭企业建设。股份制企业由非控股股东负责建设的,应明确该股东对安全生产、安全投入和安全管理等拥有决策权及相应安全责任。
5.10.3 安全生产业绩要求
建设单位直属(包括控股)的生产煤矿、施工队伍发生过一次死亡3人及以上煤与瓦斯突出事故的,一年内不得申请煤与瓦斯突出煤矿建设项目;发生过一次死亡10人及以上责任事故的,该单位一年内不能申报煤矿建设项目;发生过一次死亡30人及以上责任事故的,三年内不能申报煤矿建设项目。

中央或省级煤炭集团公司,其下属相当于原矿务局一级的法人单位所属生产煤矿或施工企业发生过一次死亡3人及以上煤与瓦斯突出事故的,一年内不得申请煤与瓦斯突出煤矿建设项目;发生过一次死亡10人及以上责任事故的,该法人单位一年内不能申报煤矿建设项目;发生过一次死亡30人及以上责任事故的,三年内不能申报煤矿建设项目。

煤矿建设项目安全设施设计审查和竣工验收规范(AQ 1055—2018)

前 言

本标准的全部技术内容为强制性。

本标准按照 GB/T 1.1—2009 给出的规则起草。

本标准代替 AQ 1055—2008《煤矿建设项目安全设施设计审查和竣工验收规范》,与 AQ 1055—2008 相比,除编辑性修改外主要技术变化如下:

——修改了原"3.11 矿山救援、保健和安全培训"为"4.11 应急救援、安全避险、职业卫生和安全管理";

——增加了"4.11.1 应急救援""4.11.2 安全避险""4.11.3 职业卫生""4.11.4 安全管理";

——修改合并原"4.11 矿山救护保健和个体防护"及"4.12 安全管理"为"5.11 应急救援、安全避险、职业卫生和安全管理";

——增加了"5.11.1 应急救援""5.11.2 安全避险""5.11.3 职业卫生""5.11.4 安全管理";

——修改了原"5.11 其他"为"6.11 应急救援、职业卫生和安全管理";

——增加了"6.11.1 应急救援""6.11.2 职业卫生""6.11.3 安全管理";

——修改了原"6.11 其他"为"7.11 应急救援、职业卫生和安全管理";

——增加了"7.11.1 应急救援""7.11.2 职业卫生""7.11.3 安全管理";

——增加了"目次""引言"和"2.规范性引用文件"。

本标准由国家煤矿安全监察局科技装备司提出。

本标准由全国安全生产标准化技术委员会煤矿安全分技术委员会(SAC/TC 288/SC 1)归口。

本标准起草单位:中国煤炭工业安全科学技术学会、中国煤炭工业发展研究中心、原国家安全生产监督管理总局信息研究院。

本标准主要起草人:申宝宏、杨国栋、高富基、周德昶、洪益清、何建平、孙继平、肖文儒、解连江、于新胜、邓星利、檀新忠、李德文、贺明新、夏仕柏、朱泽虎、张步勤、田子建、赵恩彪、张平、郭昭华、刘爱兰、王恺。

本标准所代替标准的历代版本发布情况为:

——AQ 1055—2008

引 言

《煤矿建设项目安全设施设计审查和竣工验收规范》(简称《规范》)修订是一项事关煤矿安全生产基础建设的重要工作。《规范》颁发已有十年之久,编制的主要依据《煤矿安全规程》等法规标准,随着煤矿新工艺、新技术、新装备、新材料的推广应用及总结煤矿事故的经验教训,已对一些安全设施标准做出了调整,如不及时对《规范》进行修订调整,会产生一些条文和现行法规、规程、标准相抵触或不完善等问题,影响煤矿安全设施科学、合理建设,甚至造成煤矿投入生产前就存在事故隐患,因此,必须对《规范》进行全面修订。

本次《规范》修订分析、总结、吸收了近年来煤矿安全生产建设、职业卫生、应急救援、安全管理等技术成果和实践经验,完善了与《煤矿安全规程》(2016)等相关标准规范的衔接,细化了煤矿安全设施设计审查与竣工验收的具体要求,将全面提升煤矿建设项目安全设施设计审查和竣工验收工作的标准化和科学化水平,保障煤矿安全生产。

1 范围

本标准规定了煤矿建设项目安全设施设计审查和安全设施竣工验收工作的条件、内容和要求。

本标准适用于新建、改建、扩建煤矿建设项目。

2 规范性引用文件

下列文件对于本文件的应用是必不可少的。凡是注日期的引用文件,仅所注日期的版本适用于本文件。凡是不注日期的引用文件,其最新版本(包括所有的修改单)适用于本文件。

GBJ 22—1987 厂矿道路设计规范
GBJ 12 工业企业标准轨距铁路设计规范
GB 50215—2015 煤炭工业矿井设计规范
GB/T 50518 矿井通风安全装备标准
MT/T 757 煤矿自然发火束管监测系统通用技术条件
MT 390—1995 矿井压风自救装置技术条件
AQ 1027—2006 煤矿瓦斯抽放规范
NB/T 51044—2015 煤矿在用瓦斯抽采系统主要技术指标检测检验规范
《煤矿安全规程》(2016)
安监总煤装〔2017〕66号国家安全监管总局、国家煤矿安监局、国家能源局、国家铁路局关于印发《建筑物、水体、铁路及主要井巷煤柱留设与压煤开采规范》的通知

3 术语和定义

GB/T 15663煤矿科技术语及《煤矿安全规程》(2016)中界定的术语和定义适用于本文件。

4 井工矿安全设施设计审查

4.1 设计必备条件

4.1.1 安全设施设计应由具有相应资质的设计单位编制。
4.1.2 已取得项目主管部门项目核准(审批)的批复文件。
4.1.3 已取得经国土资源部门评审备案的井田勘探地质报告。

4.2 矿井开拓与开采

4.2.1 矿井开拓

4.2.1.1 设计生产能力

4.2.1.1.1 新建煤与瓦斯突出矿井设计生产能力不得低于 90×10^4 t/a,且不得高于 500×10^4 t/a。

4.2.1.1.2 新建高瓦斯矿井设计生产能力不得低于 30×10^4 t/a,且不得高于 800×10^4 t/a。

4.2.1.1.3 新建低瓦斯矿井设计生产能力不得低于 30×10^4 t/a,且不得高于 $1\,500\times10^4$ t/a。

4.2.1.1.4 改扩建矿井,其建成后的设计生产能力不得超过同类新建矿井的设计生产能力。

4.2.1.2 井田范围及开采深度

4.2.1.2.1 设计井田范围应符合国土资源部门批准的井田范围。

4.2.1.2.2 新建大中型矿井开采深度(第一水平)不应超过 1 000 m,其中新建煤与瓦斯突出矿井第一生产水平开采深度不得超过 800 m;改扩建大中型矿井开采深度不应超过 1 200 m;小型矿井开采深度不应超过 600 m。

4.2.1.2.3 矿井同时生产的水平原则上不得超过 1 个(水平交替期间除外)。

4.2.1.3 井筒

4.2.1.3.1 回风井不得兼作提升和行人通道,紧急情况下可作为安全出口。

4.2.1.3.2 井筒保护煤柱的留设应符合《煤矿安全规程》(2016)和 GB 50215—2015 的规定。

4.2.1.3.3 进风井口与其他井口间距不得小于 30 m。

4.2.1.3.4 每个生产矿井应至少有 2 个能行人的通达地面的安全出口,各个出口之间的距离不得小于 30 m。采用中央式通风的矿井,设计中应规定井田边界附近的安全出口。

4.2.1.3.5 采用无轨胶轮车运输的井筒及巷道应在弯道处设缓冲装置。

4.2.1.3.6 立井井筒与各水平车场的连接处,应设专用的人行道,人员不得通过提升间。

4.2.1.3.7 立井井筒穿过预测涌水量大于 10 m³/h 的含水岩层或破碎带时,应采用地面或工作面预注浆等方法进行堵水或加固。

4.2.1.4 井底车场、硐室及主要巷道

4.2.1.4.1 井底车场巷道及硐室应布置在比较稳定坚硬的岩(煤)层中,并应避开断层、陷落柱、强含水层和松散破碎岩(煤)层以及膨胀性岩层,不得布置在有突出危险的煤(岩)层以及有冲击地压危险的煤层中。

4.2.1.4.2 开拓巷道和永久硐室不得布置在有突出危险或有严重冲击地压的煤层中。

4.2.1.4.3 采用倾斜分层或水平分层采煤法开采时,采区上(下)山应布置在岩层中或不易自燃的煤层中;布置在容易自燃和自燃煤层中时,应采用锚喷或砌碹支护。

4.2.1.4.4 开采容易自燃和自燃单一厚煤层或煤层群的矿井,集中运输大巷和总回风巷应布置在岩层中或不易自燃的煤层中;布置在容易自燃和自燃的煤层中时,应采用锚喷或砌碹支护。

4.2.1.4.5 每个水平到上一个水平和各个采(盘)区都应至少有 2 个便于行人的安全出口,并与通达地面的安全出口相连。

通达地面的安全出口和 2 个水平之间的安全出口,倾角不大于 45°时,应设置人行道,并根据倾角大小和实际需要设置扶手、台阶或者梯道。倾角大于 45°时,应设置梯道间或者梯子间,斜井梯道间应分段错开设置,每段斜长不得大于 10 m;立井梯子间中的梯子角度不得大于 80°,相邻 2 个平台的垂直距离不得大于 8 m。

4.2.1.4.6 主要绞车道不得兼作人行道。提升量不大、保证行车时不行人的,不受此限。

4.2.1.4.7 井下爆炸物品库设置应符合《煤矿安全规程》(2016)第三百三十一条、第三百三十二条、第三百三十三条和第三百三十四条的规定。

4.2.1.4.8 井下爆炸物品发放硐室设置应符合《煤矿安全规程》(2016)第三百三十五条的规定。

4.2.1.4.9 永久性井下中央变电所和井底车场内的其他机电设备硐室设置应符合《煤矿安全规程》(2016)第四百五十六条的规定。

4.2.1.4.10 变电硐室长度超过6 m时,应在硐室的两端各设1个出口。

4.2.1.4.11 巷道净断面应符合《煤矿安全规程》(2016)第九十条的规定。

4.2.1.4.12 运输巷的一侧,从巷道道碴面起1.6 m的高度内,应留有宽0.8 m(综合机械化采煤及无轨胶轮车运输的矿井为1 m)以上的人行道,管道吊挂高度不得低于1.8 m。

在人车停车地点的巷道上下人侧,从巷道道碴面起1.6 m的高度内,应留有宽1 m以上的人行道,管道吊挂高度不得低于1.8 m。

4.2.1.4.13 在双向运输巷中,两车最突出部分之间的距离应符合以下要求:

a) 采用轨道运输的巷道:对开时不得小于0.2 m,采区装载点不得小于0.7 m,矿车摘挂钩地点不得小于1 m。

b) 采用单轨吊车运输的巷道:对开时不得小于0.8 m。

c) 采用无轨胶轮车运输的巷道:单车道应根据运距、运量、运速及运输车辆特性在巷道的合适位置设置机车绕行道或错车硐室,并应设置方向标识。双车道行驶时,来往车辆各行其道,会车安全间距不得小于0.5 m。

4.2.1.4.14 石门、大巷及上下山等主要井巷应按规定留设保护煤柱。

4.2.2 矿井开采

4.2.2.1 矿井同时生产的采煤工作面个数不得超过2个,其中煤与瓦斯突出、冲击地压、水文条件极复杂,以及$60×10^4$ t/a以下高瓦斯矿井,矿井采煤工作面个数不得超过1个(开采保护层的工作面以及各煤层厚度变化较大的煤层群开采或煤质相差较大需进行配采的工作面除外,但最多不能超过2个)。

一个采(盘)区内同一煤层的一翼最多只能布置1个采煤工作面和2个煤(半煤岩)巷掘进工作面同时作业。一个采(盘)区内同一煤层双翼开采或多煤层开采的,该采(盘)区最多只能布置2个采煤工作面和4个煤(半煤岩)巷掘进工作面同时作业。

4.2.2.2 高瓦斯、煤与瓦斯突出、有容易自燃或自燃煤层的矿井,不得采用前进式采煤方法。

4.2.2.3 采煤工作面应保持至少2个畅通的安全出口,一个通到进风巷道,另一个通到回风巷道。

采煤工作面所有安全出口与巷道连接处超前压力影响范围内应加强支护,且加强支护的巷道长度不得小于20 m;综合机械化采煤工作面,此范围内的巷道高度不得低于1.8 m,其他采煤工作面,此范围内的巷道高度不得低于1.6 m。

采煤工作面不得任意使用木支柱支护(极薄煤层除外)和金属摩擦支柱支护。

4.2.2.4 开采容易自燃和自燃的急倾斜煤层用垮落法管理顶板时,在主石门和采区运输石门上方,应留有煤柱。不得采掘留在主石门上方的煤柱。

4.2.2.5 煤与瓦斯突出矿井的采掘工作应符合《煤矿安全规程》(2016)第一百九十六条的规定。

4.2.2.6 采用综合机械化采煤时应符合《煤矿安全规程》(2016)第一百一十四条的规定。
4.2.2.7 采用放顶煤开采时应符合《煤矿安全规程》(2016)第一百一十五条的规定。
4.2.2.8 采用水力采煤时应符合《煤矿安全规程》(2016)第一百一十三条的规定。
4.2.2.9 使用滚筒式采煤机采煤时应符合《煤矿安全规程》(2016)第一百一十七条的规定。
4.2.2.10 使用刨煤机采煤时应符合《煤矿安全规程》(2016)第一百一十八条的规定。

4.2.3 顶板管理

4.2.3.1 应对开采煤层顶板进行分级分类。
4.2.3.2 选择采煤方法时,应根据顶板类型选择液压支架。
4.2.3.3 采煤工作面应进行矿压观测,配备必要的矿压观测仪器和设备。
4.2.3.4 采煤工作面为坚硬顶板时,应采用必要的顶板控制措施,保证顶板及时垮落。
4.2.3.5 采煤工作面为易冒落松软顶板时,应制定控制冒顶的措施。
4.2.3.6 采煤工作面过断层、破碎带和陷落柱等地质构造带时,应制定专门的顶板管理措施。
4.2.3.7 新建矿井应当在可行性研究阶段,根据井田地质动力条件和地质勘查单位提供的基础资料进行冲击危险性评估。
4.2.3.8 矿井防治冲击地压工作应符合《煤矿安全规程》(2016)第二百二十八条的规定。
4.2.3.9 新建矿井有冲击地压危险的,应编制防冲设计。防冲设计应当包括开拓方式、保护层的选择、采区巷道布置、工作面开采顺序、采煤方法、生产能力、支护形式、冲击危险性预测方法、冲击地压监测预警方法、防冲措施及效果检验方法、安全防护措施等内容。
4.2.3.10 冲击地压矿井巷道布置与采掘作业应符合《煤矿安全规程》(2016)第二百三十一条的规定。
4.2.3.11 应建立区域与局部相结合的冲击地压危险性监测制度。
4.2.3.12 冲击地压矿井区域与局部防冲措施应符合《煤矿安全规程》(2016)第二百三十七条、第二百三十八条和第二百三十九条的规定。
4.2.3.13 冲击地压安全防护措施应按《煤矿安全规程》(2016)第五章第四节的要求。

4.3 矿井通风

4.3.1 通风方式

新建高瓦斯矿井、煤与瓦斯突出矿井、煤层容易自燃矿井及有热害的矿井应采用分区式通风或者对角式通风;初期采用中央并列式通风的只能布置一个采区生产。

4.3.2 矿井通风系统

4.3.2.1 多风机通风时,在满足风量按需分配的原则下,各主通风机的工作风压应接近。当通风机的风压相差较大时,应减少共用风路的风压,使其不超过任何一个通风机风压的30%。进、出风井井口标高差在150 m以上或进、出风井井口标高相同但井深在400 m以上时,应计算矿井自然风压。
4.3.2.2 矿井通风的设计负(正)压,不应超过2 940 Pa。在矿井设计的后期或风量超过20 000 m³/min时,不宜超过3 920 Pa。
4.3.2.3 主要通风机使用寿命期内,应明确划分矿井通风容易时期和困难时期所服务的空间和时间范围。
4.3.2.4 井巷中的风流速度应满足表1要求。

表 1 井巷中的允许风流速度　　　　　　　　单位为 m/s

井巷名称	允许风速	
	最低	最高
无提升设备的风井和风硐		15
专为升降物料的井筒		12
风桥		10
升降人员和物料的井筒		8
主要进、回风巷		8
架线电机车巷道	1.0	8
运输机巷,采区进、回风巷	0.25	6
采煤工作面、掘进中的煤巷和半煤岩巷	0.25	4
掘进中的岩巷	0.15	4
其他通风人行巷道	0.15	

4.3.2.5　设有梯子间的井筒或修理中的井筒,风速不得超过 8 m/s;梯子间四周经封闭后,井筒中的最高允许风速可按表 1 规定执行。

4.3.2.6　矿井通风系统图应标明风流方向、风量和通风设施的安装地点。多煤层同时开采的矿井,应绘制分层通风系统图。矿井应绘制通风系统立体示意图和矿井通风网络图。

4.3.3　水平及采区通风

4.3.3.1　生产水平和采(盘)区应实行分区通风。

4.3.3.2　矿井开拓新水平和准备新采(盘)区的回风,应引入总回风巷或主要回风巷中。在有瓦斯喷出或有突出危险的矿井中,开拓新水平和准备新采(盘)区时,应先在无瓦斯喷出或无突出危险的煤(岩)层中掘进巷道并构成通风系统。

4.3.3.3　高瓦斯、煤与瓦斯突出矿井的每个采(盘)区和开采容易自燃煤层的采(盘)区,应设置至少 1 条专用回风巷;低瓦斯矿井开采煤层群和分层开采采用联合布置的采(盘)区,应设置 1 条专用回风巷。

4.3.3.4　采(盘)区进、回风巷应贯穿整个采(盘)区,不得一段为进风巷、一段为回风巷。

4.3.3.5　采、掘工作面应实行独立通风。2 个采煤工作面不得串联通风。开采有瓦斯喷出、有突出危险的煤层或者在距离突出煤层垂距小于 10 m 的区域掘进施工时,任何 2 个掘进工作面之间不得串联通风。

4.3.3.6　有煤与瓦斯突出危险的采煤工作面不得采用下行通风。

4.3.3.7　采掘工作面的进风和回风不得经过采空区或冒顶区。

4.3.4　局部通风

4.3.4.1　掘进巷道应采用矿井全风压通风或局部通风机通风。煤巷、半煤岩巷和有瓦斯涌出的岩巷掘进通风要配备双风机、双电源,并能自动切换。

4.3.4.2　煤巷、半煤岩巷和有瓦斯涌出的岩巷的掘进通风方式应采用压入式,不得采用抽出式(压气、水力引射器不受此限)。

4.3.5 主要硐室通风

4.3.5.1 井下爆炸物品库应有独立的通风系统,回风风流应直接引入矿井的总回风巷或主要回风巷中。应保证爆炸物品库每小时能有其总容积4倍的风量。

4.3.5.2 井下充电室应有独立的通风系统,回风风流应引入回风巷。井下充电室,在同一时间内,5 t及其以下的电机车充电电池的数量不超过3组、5 t以上的电机车充电电池的数量不超过1组时,可不采用独立的风流通风,但应在新鲜风流中。

4.3.5.3 井下机电设备硐室应设在进风风流中,采区变电所及实现采区变电所功能的中央变电所应有独立的通风系统。

4.3.6 井下通风设施及构筑物布置

4.3.6.1 进、回风井之间和主要进、回风巷之间的每个联络巷中,应砌筑永久性风墙;需要使用的联络巷中,应安设2道联锁的正向风门和2道反向风门。

4.3.6.2 不应在倾斜运输巷中设置风门;开采突出煤层时,工作面回风侧不得设置调节风量的设施。

4.3.7 矿井风量及等积孔

4.3.7.1 各地点的实际需要风量,应使该地点风流中的瓦斯、二氧化碳、氢气和其他有害气体的浓度、风速、温度、每人供风量符合《煤矿安全规程》(2016)的有关规定,要分别计算矿井通风容易和困难时期的风量。

4.3.7.2 使用煤矿用防爆型柴油动力装置机车运输的矿井,行驶车辆巷道的供风量应符合《煤矿安全规程》(2016)的有关规定

4.3.8 通风设备

4.3.8.1 主要通风机选型,应符合下列要求:
  a) 风机能力应留有一定的余量,轴流式通风机在最大设计负压和风量时,轮叶运转角度应比允许范围小5°,离心式风机的选型设计转速不宜大于允许最高转速的90%;
  b) 轴流式通风机应校验电动机正常启动容量,还应校验反风时的容量。

4.3.8.2 矿井应采用机械通风,主要通风机的安装和使用应符合下列要求:
  a) 主要通风机应安装在地面;装有通风机的井口应封闭严密,其外部漏风率在无提升设备时不得超过5%,有提升设备时不得超过15%;
  b) 应安装2套同等能力的主要通风机装置,其中1套作备用,备用通风机应能在10 min内开动;
  c) 不得采用局部通风机或风机群作为主要通风机使用;
  d) 装有主要通风机的出风井口应安装防爆门;
  e) 矿井反风设施和反风量应符合有关规定。

4.3.8.3 主要通风机房不得兼作他用。

4.3.9 井口以下空气温度

进风井口以下的空气温度(干球温度,下同)应在2 ℃以上。

4.4 瓦斯防治

4.4.1 设计要求

新建矿井应参照地质报告提供的瓦斯等级进行设计,并按矿井各可采煤层中最大瓦斯

含量预测采煤、掘进工作面绝对瓦斯涌出量和矿井相对、绝对瓦斯涌出量,确定矿井瓦斯等级。有下列情形之一,应按要求设计:

  a) 井田地质勘查报告(含补充地质资料)既没有按规定提供瓦斯煤样技术数据,也没有提供资质部门对井田范围内采掘工程可能揭露的所有平均厚度在0.3 m及以上的煤层进行突出危险性评估、并确定矿井瓦斯等级资料的,视同不具备矿井安全设施设计条件;

  b) 井田地质勘查报告中部分煤与瓦斯突出参数超标,且相邻有煤与瓦斯突出矿井,按煤与瓦斯突出矿井设计;

  c) 经论证,认为井田内煤层有突出可能的,按煤与瓦斯突出矿井设计。

4.4.2 瓦斯等有害气体浓度

4.4.2.1 矿井总回风巷或一翼回风巷瓦斯或二氧化碳浓度不得超过0.75%。

4.4.2.2 采区回风巷、采掘工作面回风巷风流中瓦斯浓度不得超过1.0%,二氧化碳浓度不得超过1.5%。

4.4.2.3 矿井设计应有防止瓦斯积聚的措施。

4.4.2.4 在有油气爆炸危险的矿井中,应使用能检测油气成分的仪器检查各个地点的油气浓度,并定期采样化验油气成分和浓度。

4.4.3 煤(岩)与瓦斯(二氧化碳)突出防治

4.4.3.1 有突出危险煤层的新建矿井设计,应编制防突专项设计。

4.4.3.2 煤与瓦斯突出矿井的防突设计应坚持区域综合防突措施先行、局部综合防突措施补充的原则。

  区域综合防突措施包括区域突出危险性预测、区域防突措施、区域防突措施效果检验和区域验证等内容;局部综合防突措施包括工作面突出危险性预测、工作面防突措施、工作面防突措施效果检验和安全防护措施等内容。

4.4.3.3 有突出危险煤层的新建矿井应先抽后建。矿井建设开工前,应当对首采区突出煤层进行地面钻井预抽瓦斯,且预抽率应当达到30%以上。应落实以地面钻井预抽、保护层开采、岩巷穿层钻孔预抽为主的区域治理措施。不得采用顺层钻孔预抽煤巷条带煤层瓦斯作为区域防突措施。

  其中,选择保护层应遵循的原则:优先选择无突出危险的煤层;优先选择上保护层,选择下保护层时不得破坏被保护层的开采条件;当煤层群中有几个煤层都可作为保护层时,择优开采保护效果最好的煤层;当煤层群中所有煤层都有突出危险时,择优开采突出危险程度较小的煤层。

4.4.3.4 防突仪器及装备应满足防突需要。主要包括:可解吸瓦斯含量测定仪、瓦斯压力测定仪、瓦斯放散初速度测定仪、突出危险预报仪、瓦斯成分测定仪以及钻机等。

4.4.4 瓦斯抽采

4.4.4.1 煤与瓦斯突出的矿井,以及相对瓦斯涌出量大于10 m^3/t、绝对瓦斯涌出量大于40 m^3/min、任一掘进工作面绝对瓦斯涌出量大于3 m^3/min和任一采煤工作面绝对瓦斯涌出量大于5 m^3/min的矿井,应建立地面永久抽采瓦斯系统。

4.4.4.2 设计应基本确定瓦斯抽采系统抽采泵型号、抽采方法、抽采管路、瓦斯抽采量、抽采浓度、抽采负压等。

4.4.4.3 瓦斯抽采应采用地面永久抽采瓦斯系统以及井下临时抽采瓦斯系统的,应确定管路铺设方案、泵站设置。

抽采瓦斯泵及其附属设备,至少应有1套备用,备用泵能力不得小于运行泵中最大一台单泵的能力。

4.4.4.4 抽采瓦斯站场地布置,应遵守下列规定:
 a) 场地选择:宜设在回风井工业场地内,站房距井口和主要建筑物、居住区不得小于50 m;
 b) 平面布置:地面泵房和泵房周围20 m范围内,不得堆积易燃物和有明火;
 c) 抽采控制范围和应达到的指标,应符合有关规定。

4.5 粉尘防治

4.5.1 煤尘爆炸性

应根据地质勘探报告明确矿井各可采煤层的煤尘爆炸性。

4.5.2 粉尘监测

4.5.2.1 粉尘监测应采用定点监测和个体监测两种方法。

4.5.2.2 煤矿应对生产性粉尘进行监测,并应遵守下列规定:
 a) 总粉尘浓度,井工煤矿每月测定2次;露天煤矿每月测定1次。粉尘分散度每6个月测定1次;
 b) 呼吸性粉尘浓度,每月测定1次;
 c) 粉尘中游离SiO_2含量,每6个月测定1次,在变更工作面时也应测定1次。

4.5.2.3 粉尘监测采样点布置要求见表2。

4.5.2.4 煤矿应当使用粉尘采样器、直读式粉尘浓度测定仪等仪器设备进行粉尘浓度的测定。采煤工作面回风巷、掘进工作面回风侧应当设置粉尘浓度传感器,并接入安全监测监控系统。

表 2 粉尘监测采样点布置要求

类别	生产工艺	测尘点布置
采煤工作面	司机操作采煤机、打眼、人工落煤及攉煤	工人作业地点
	多工序同时作业	回风巷距工作面10 m~15 m处
掘进工作面	司机操作掘进机、打眼、装岩(煤)、锚喷支护	工人作业地点
	多工序同时作业(爆破作业除外)	距掘进头10 m~15 m回风侧
其他场所	翻罐笼作业、巷道维修、转载点	工人作业地点
地面作业场所	地面煤仓、储煤场、输送机运输等处进行生产作业	作业人员活动范围内

4.5.3 防降尘措施

4.5.3.1 煤层及其围岩具备相应条件时,应采取注水防尘措施。

4.5.3.2 采煤机作业时,应使用内、外喷雾装置。液压支架应安装自动喷雾降尘装置,实现降柱、移架同步喷雾。破碎机应安装防尘罩,并加装喷雾装置或者除尘器。放顶煤采煤工作面的放煤口,应安装高压喷雾装置或者采取压气喷雾降尘。

4.5.3.3 矿井应建立防尘供水系统,并遵守下列规定:
   a) 应在地面建永久性消防防尘储水池,储水池应经常保持不少于200 m³ 的水量,且储水量不得小于井下连续 2 h 的用水量。备用水池贮水量不得小于储水池的一半;
   b) 防尘用水水质悬浮物含量不得超过 30 mg/L,粒径不大于 0.3 mm,水的pH值应当在 6~9 范围内,水的碳酸盐硬度不超过 3 mmol/L;
   c) 主要运输巷、带式输送机斜井与平巷、上山与下山、采区运输巷与回风巷、采煤工作面运输巷与回风巷、掘进巷道、煤仓放煤口、溜煤眼放煤口、卸载点等地点都应敷设防尘供水管路,并安设支管和阀门。防尘用水均应过滤。

4.5.3.4 采煤工作面回风巷、掘进工作面回风侧应当分别安设至少 2 道自动控制风流净化水幕;炮采炮掘工作面应采用湿式钻眼、冲洗煤(岩)壁、水炮泥、爆破喷雾,出煤(装岩)洒水等综合防尘措施。

4.5.3.5 掘进机作业时,应采用内、外喷雾及通风除尘等综合措施。掘进机无水或喷雾装置不能正常使用时,应停机。

4.5.3.6 喷射混凝土时应采用潮喷或湿喷工艺,并配备除尘装置,对上料口、余气口除尘。距离喷浆作业点下风流 100 m 内,应设置风流净化水幕。

4.5.3.7 井下煤仓(溜煤眼)放煤口、输送机转载点和卸载点,应安设喷雾装置或除尘器。

4.5.3.8 煤矿企业应为接触职业病危害因素的从业人员提供符合要求的个体防护用品,并指导和督促其正确使用。
作业人员应佩戴和正确使用防尘口罩或防毒等个体防护用品。

4.5.3.9 在煤、岩层中钻孔作业时,应采取湿式降尘等措施。
在冻结法凿井和在遇水膨胀的岩层中不能采用湿式钻眼(孔)、突出煤层或松软煤层中施工瓦斯抽采钻孔难以采取湿式钻孔作业时,可采取干式钻孔(眼),但应采取除尘器除尘等降尘措施。

4.5.4 防爆、隔爆措施

4.5.4.1 应提出清除巷道中浮煤、沉积煤尘或定期撒布岩粉及定期对主要大巷刷浆等措施。

4.5.4.2 应提出预防火源和火花的措施,如对放炮火焰、电气火花、自然发火、切割摩擦火花、静电等预防措施。

4.5.4.3 开采有煤尘爆炸危险煤层的矿井,应有预防和隔绝煤尘爆炸的措施。矿井的两翼、相邻的采区、相邻的煤层、相邻的采煤工作面间,煤层掘进巷道同与其相连的巷道间,煤仓同与其相通的巷道间,采用独立通风并有煤尘爆炸危险的其他地点同与其相连通的巷道间,应用水棚或岩粉棚隔开。

4.5.4.4 高瓦斯矿井、煤与瓦斯突出矿井和有煤尘爆炸危险的矿井,煤巷和半煤岩巷掘进工作面应安设隔爆设施。

4.6 防灭火

4.6.1 设计要求

4.6.1.1 矿井应具有各可采煤层的自燃倾向性鉴定报告。

4.6.1.2 开采容易自燃和自燃煤层时,应制定防治采空区(特别是工作面始采线、终采线、上下煤柱线和三角点)、巷道高冒区、煤柱破坏区自然发火的技术措施。

4.6.1.3 开采容易自燃,采用分层开采或采用放顶煤开采自燃煤层的矿井,应设计以灌浆为主的两种及以上综合防灭火系统。

4.6.1.4 开采容易自燃和自燃煤层时,应开展自然发火监测工作,建立自然发火监测系统,确定煤层自然发火标志气体及临界值,健全自然发火预测预报及管理制度。

4.6.2 防灭火系统

4.6.2.1 采用灌浆防灭火时,应遵守下列规定:
   a) 应明确灌浆材料种类、主要灌浆参数、制浆方法、灌浆方式、灌浆方法、灌浆地点、灌浆时间及灌浆管理等内容,并附有灌浆工艺系统图;
   b) 采(盘)区设计应明确规定巷道布置方式、隔离煤柱尺寸、灌浆系统、疏水系统、预筑防火墙的位置以及采掘顺序;
   c) 应有灌浆前疏水和灌浆后防止溃浆、透水的措施。

4.6.2.2 采用氮气防灭火时,应遵守下列规定:
   a) 矿井氮气防灭火设计应明确氮气制备设备种类、氮气防灭火系统形式、注氮工艺和方法、注氮主要技术参数、注氮安全措施和管理等内容,并附有注氮工艺系统图;
   b) 采用氮气防灭火时其他设计要求按《煤矿安全规程》(2016)第二百七十一条(一)、(二)、(三)、(四)、(五)的规定。

4.6.2.3 采用阻化剂防灭火时,应遵守下列规定:
   a) 应对阻化剂的种类和数量、喷洒压注工艺系统、喷洒压注设备、阻化效果等主要参数做出明确规定;
   b) 采用阻化剂防灭火时其他设计要求按《煤矿安全规程》(2016)第二百六十八条(一)、(三)的规定。

4.6.2.4 采用凝胶防灭火时,应遵守下列规定:
   a) 选用的凝胶和促凝剂材料,不得污染井下空气和危害人体健康;
   b) 编制的设计中应明确规定凝胶的配方、促凝时间、压注量和压注设备等参数。

4.6.3 自然发火束管监测系统

建立的自然发火束管监测系统应符合 MT/T 757 的规定。

4.6.4 井下机电设备硐室防火措施

永久性井下中央变电所和井底车场内的其他机电设备硐室的防灭火设计要求,符合《煤矿安全规程》(2016)第四百五十六条的规定。

4.6.5 消防洒水

矿井应设地面消防水池和井下消防管路系统的防灭火设计要求,符合《煤矿安全规程》(2016)第二百四十九条的规定。

4.6.6 井下防火构筑物

开采容易自燃和自燃的煤层时,在采(盘)区开采设计中,应预先选定构筑防火门的位置。

4.6.7 防灭火器材

井下爆炸物品库、机电设备硐室、检修硐室、材料库、井底车场、使用带式输送机或液力偶合器的巷道以及采掘工作面附近的巷道中,应备有灭火器材,其数量、规格和存放地点,应在设计中确定。

4.6.8 消防材料库

4.6.8.1 井上、下均须设置消防材料库。

4.6.8.2 井上消防材料库应设在井口附近,但不得设在井口房内。

4.6.8.3 井下消防材料库应设在每一个生产水平的井底车场或主要运输大巷中,并应装备消防车。消防材料库储存材料、工具的品种和数量应符合《矿井通风安全装备标准》等有关规定。

4.6.9 防止地面明火引发井下火灾的措施

防止地面明火引发井下火灾的设计要求,符合《煤矿安全规程》(2016)第二百四十七条的规定。

4.7 防治水

4.7.1 矿井水文地质条件

4.7.1.1 查明矿井水文地质条件,掌握地下水的运动变化规律;查清受采掘工程直接和间接影响的含水层含(富)水性、厚度、水位变化及与开采煤层间的岩柱厚度等。当矿井水文地质条件尚未查清时,应当进行水文地质补充勘探工作。确定矿井水文地质类型。

4.7.1.2 初步确定矿井水害类型与威胁程度、有无突水淹井的危险、预计矿井的正常涌水量和最大涌水量。

4.7.2 防治水机构

水文地质条件复杂、极复杂的煤矿,应当设立专门的防治水机构,配备满足工作需要的防治水专业技术人员。

4.7.3 矿井防治水措施

4.7.3.1 矿井开拓、开采应采取的水害防治措施

4.7.3.1.1 煤层顶、底板有强岩溶承压含水层时,主要运输巷、轨道巷、回风巷和硐室应布置在不受水害威胁的层位中,并以石门分区隔离开采;有突水危险的回采工作面应有专门的疏水巷。

4.7.3.1.2 煤层顶板存在富水性中等及以上含水层或者其他水体威胁时,应据垮落带、导水裂隙带发育高度,进行专项设计,确定防隔水煤(岩)柱尺寸。当导水裂隙带范围内的含水层或者老空积水等水体影响采掘安全时,在掘进、回采前,应当对含水层采取超前疏放措施;进行专门水文地质勘探和试验,并编制疏放方案,选定疏放方式和方法,综合评价疏放开采条件和技术经济合理性。

4.7.3.1.3 开采底板有承压含水层的煤层,隔水层能够承受的水头值应当大于实际水头值;当承压含水层与开采煤层之间的隔水层能够承受的水头值小于实际水头值时,应当有采取疏水降压、注浆加固底板改造含水层或者充填开采等措施的专项设计,将水压疏降到安全临界水压以内。

4.7.3.1.4 应给出需要疏水降压的主要含水层及疏水降压的地点、方法和疏降水头值等。

4.7.3.1.5 疏水降压设计应给出设备的选择依据或技术参数,确定疏水降压设备台数及型号和管路选型、趟数,并制定疏水降压的安全技术措施。

4.7.3.1.6 井巷确需揭穿含水层或者地质构造带等可能突水地段前,应编制探放水设计,并制定相应的防治水措施。

4.7.3.2 防水煤(岩)柱留设

4.7.3.2.1 应明确指出需要留设防水煤(岩)柱的地表水体,并按有关规程、标准要求留设防水煤(岩)柱。

4.7.3.2.2 在冲积层和煤层露头下部布置采掘工作面时,应根据露头附近的水文地质条件和开采技术条件,按照有关规程、标准要求留设防水、防砂或防塌煤(岩)柱。

4.7.3.2.3 含水、导水及与强含水层相接触的断层、陷落柱等构造应按规定留设防隔水煤(岩)柱。

4.7.3.2.4 相邻矿井的分界处,应留防隔水煤(岩)柱;矿井以断层分界的,应在断层两侧留有防隔水煤(岩)柱。

4.7.3.3 井下探放水措施

4.7.3.3.1 煤矿企业应当建立健全各项防治水制度,配备满足工作需要的防治水专业技术人员,配齐专用探放水设备,建立专门的探放水作业队伍,储备必要的水害抢险救灾设备和物资。

4.7.3.3.2 根据矿井的水文地质条件和矿井开拓、采掘实际情况等,制定井下探放水基本原则,并据不同水害类型制定有针对性的探放水措施。

4.7.3.3.3 应给出探放水设备的选择依据或技术参数,给出并说明井下探放水设备种类及数量。

4.7.3.3.4 应制定相应的避灾路线和避灾措施。

4.7.3.4 岩溶水的防治

具有岩溶突水威胁的矿井要特别注意加强矿井水文地质工作,编制隔水层或相对隔水层等厚线图(包括水文地质实际资料),建立健全井上、下水文动态长期观测网,应采用物、化、钻探等综合勘探方法查明主要突水危险区。要根据水害威胁程度制定相应的防治岩溶水技术措施或技术方案。

4.7.3.5 小窑、老空积水区、水淹区防水

4.7.3.5.1 水淹区域应当在采掘工程平面图和矿井充水性图上标出积水线、探水线和警戒线的位置。

4.7.3.5.2 受水淹区积水威胁的区域,应在排除积水、消除威胁后方可进行采掘作业;如果无法排除积水,开采倾斜、缓倾斜煤层的,应按照《建筑物、水体、铁路及主要井巷煤柱留设与压煤开采规范》中有关水体下开采的规定,编制专项开采设计。

不得开采地表水体、强含水层、采空区水淹区域下且水患威胁未消除的急倾斜煤层。

4.7.3.6 封闭不良钻孔防治水措施

对封闭不良或质量可疑、有突水可能的钻孔,应设计有扫封孔措施,否则应留设防水煤柱或提出其他防治措施。

4.7.3.7 地表水防治

4.7.3.7.1 煤矿应当查清井田及周边地面水系和有关水利工程的汇水、疏水、渗漏情况;了解当地水库、水电站大坝、江河大堤、河道、河道中障碍物等情况;掌握当地历年降水量和最高洪水位资料,建立疏水、防水和排水系统,并建立灾害性天气预警和预防机制。

4.7.3.7.2 矿井井口和工业场地内建筑物的地面标高应高于当地历年最高洪水位;在山区还应避开可能发生泥石流、滑坡等地质灾害危险的地段。

矿井井口及工业场地内主要建筑物的地面标高低于当地历年最高洪水位的,应当修筑堤坝、沟渠或者采取其他可靠防御洪水的措施。不能采取可靠安全措施的,应当封闭填实该井口。

4.7.3.7.3 当矿井井口附近或者开采塌陷波及区域的地表有水体或者积水时,应采取安全防范措施

4.7.3.7.4 主要防洪标准及防洪坝墙设计频率应符合表3的规定。

表 3 防洪设计标准

企业规模及工程性质	设计频率	校核频率
大、中型矿井井口	1/100	1/300
大、中型矿井工业场地	1/100	

4.7.4 井下防治水安全设施

4.7.4.1 排水设施

4.7.4.1.1 主要水仓布置及容量

矿井水仓一般应布置在稳定、坚固的岩层中,在煤层稳定、坚固条件下,经技术论证可行的,可以将矿井水仓布置在煤层中。

正常涌水量在1 000 m³/h以下时,矿井主要水仓的有效容量应能容纳8 h的正常涌水量;正常涌水量大于1 000 m³/h的矿井,主要水仓有效容量可按规定的公式计算确定。

采区水仓的有效容量应能容纳4 h的采区正常涌水量。

矿井最大涌水量和正常涌水量相差特大的矿井,对排水能力、水仓等容量应编制专门设计。

4.7.4.1.2 主要水泵型号、规格、台数、运行工况及计算轴功率

应给出主要水泵的型号、规格、台数、运行工况及计算轴功率等,应有工作、备用和检修的水泵。工作水泵的能力,应能在20 h内排出矿井24 h的正常涌水量(包括充填水及其他用水)。备用水泵的能力,应不小于工作水泵能力的70%。工作和备用水泵的总能力,应能在20 h内排出矿井24 h的最大涌水量。检修水泵的能力应不小于工作水泵能力的25%。

水文地质条件复杂、极复杂的矿井,可以在主泵房内预留安装一定数量水泵的位置。

确定水泵扬程时,应计入排水管淤积所增加的阻力,并应验算水泵在初期运行时工况点的电动机容量。

配电设备应同工作、备用以及检修水泵相适应,能够保证工作水泵和备用水泵同时运转。

4.7.4.1.3 排水管路趟数、型号、规格

应有工作和备用的水管。工作水管的能力应能配合工作水泵在20 h内排出矿井24 h的正常涌水量。工作和备用水管的总能力,应能配合工作和备用水泵在20 h内排出矿井24 h的最大涌水量。

4.7.4.1.4 主要水泵房和通道布置

主要水泵房至少有2个出口,一个出口用斜巷通到井筒,并应高出泵房底板7 m以上;另一个出口通到井底车场,并设置易于关闭的能防水、防火的密闭门。泵房和水仓的连接通

道,应设置可靠的控制闸门。

主要水泵房地面标高,应分别比其出口与井底车场或大巷连接处的底板标高高出0.5 m。

主排水泵房应靠近敷设排水管路的井筒。与井底车场巷道连接的通道中应设栅栏门和易于关闭的密闭门,主变电所与主排水泵房之间应设置防火门。

4.7.4.2 防水闸门及硐室设施

水文地质条件复杂、极复杂或者有突水淹井危险的矿井,应当在井底车场周围设置防水闸门或在正常排水系统基础上另外安设由地面直接供电控制,且排水能力不小于最大涌水量的潜水泵。在其他有突水危险的采掘区域,应在其附近设置防水闸门;不具备设置防水闸门条件的,应制定防突(透)水措施。

4.8 电气

4.8.1 矿井电源及电力线路

4.8.1.1 矿井应有两回路电源线路(即来自两个不同变电站或来自不同电源进线的同一变电站的两段母线)。当任一回路发生故障停止供电时,另一回路应担负矿井全部用电负荷。

正常情况下,矿井电源应采用分列运行方式。若一回路运行,另一回路应带电备用。带电备用电源的主变压器可热备用;若冷备用,备用电源应能及时投入,保证主要通风机在10 min 内启动和运行。

矿井的两回路电源线路上都不得分接任何负荷。

矿井电源线路上不得装设负荷定量器等各种限电断电装置。

4.8.1.2 矿井电源架空线路在通过沉陷区时,两回路间应有足够的安全距离,并采取必要的安全措施;电源架空线路不得跨越易燃、易爆物的仓储区域;在多雷区和至主通风机房、地面瓦斯抽采泵站的架空线路应有全线避雷设施。

10 kV 及其以下的矿井架空电源线路不得共杆架设。

4.8.2 地面供配电

4.8.2.1 矿井地面主变电所的位置,其周围环境应无明显污秽、避开火灾及爆炸设施、有较好的终端塔位及进出线走廊,避开断层、滑坡、采空区、溶洞地带;在山区时应不受山体塌滑、危石滚落、边坡开挖和山洪的影响,站区的挡土墙、边坡顶部应设有铺砌的截水沟或泄洪沟;在湿陷性黄土地区时站区的填方厚度不应过大;站区场地标高应高于频率为2%的洪水位或历史最高内涝水位,或采取措施使主要设备底座和主要建筑物的室内地坪不低于上述高水位。

矿井地面主变电所的主变压器不应少于2台,当1台停止运行时,其余变压器的容量应保证主变压器的一级和二级负荷用电。

4.8.2.2 矿井6 000 V 及以上高压电网,应采取措施限制单相接地电容电流,新建矿井不超过10 A,改扩建矿井不超过20 A。

地面变电所的高压馈电线上,应具备选择性的单相接地保护。

4.8.2.3 主要通风机、提升人员的立井提升机、地面抽采瓦斯泵、地面安全监控中心等主要设备房,应各有两回路直接由变(配)电所馈出的供电线路;受条件限制时,其中的一回路可引自上述设备房的配电装置。

向煤与瓦斯突出矿井自救系统供风的压风机、井下移动瓦斯抽采泵应各有两回路直接由变(配)电所馈出的供电线路。

上述供电线路应来自各自的变压器或母线段,线路上不应分接任何负荷。

上述设备的控制回路和辅助设备,应有与主要设备同等可靠的备用电源。

4.8.2.4 当主要通风机为高压同步电动机驱动时,励磁装置的低压电源应引自高压供电的同一母线段。

4.8.2.5 向采区供电的同一电源线路上,串接的采区变电所数量不得超过3个。

直接向井下供电的馈电线路上,不得装设自动重合闸。

4.8.2.6 正常排水系统配电设备的能力应与工作、备用和检修水泵的能力相匹配,能够保证全部水泵同时运转。

抗灾潜水电泵应由地面直接供电控制。

4.8.2.7 地面瓦斯抽采泵房内的电气设备、照明、其他电气和检测仪表,应采用矿用防爆型。

4.8.3 地面防雷、防雷电波侵入井下及应急照明

4.8.3.1 矿井地面的主变电所、主通风机房、瓦斯抽采泵站、提升机房和井塔/井架等主要工业建筑物,应根据当地年平均雷暴日数、建筑物预计雷击次数、井塔/井架高度等,采取防直击雷和防雷电波侵入的措施,设置避雷针、避雷带等防雷装置,需符合现行国家标准的有关要求。瓦斯抽采泵站放空管管口应按第一类防雷建筑物采取防雷措施。

4.8.3.2 为防止雷电侵入井下,应遵守下列规定:

a) 经由地面架空线路引入井下的供电线路和电机车架线,应在入井处装设防雷电装置;

b) 由地面直接入井的轨道、金属架构及露天架空引入(出)井的管路,应在井口附近对金属体设置不少于2处的良好的集中接地。直接入井、大巷至采(盘)区的轨道均应至少有2处绝缘。

4.8.3.3 地面的主通风机房、瓦斯抽采站、提升机房、井塔大厅、主斜井带式输送机房、副井井口房、压缩空气机站、主变电所、抗灾潜水电泵地面配电控制室、矿调度室和监控室、矿山救护站值班室等应设有应急照明设施。

4.8.4 井下电缆

4.8.4.1 应选用经检验合格并取得煤矿矿用产品安全标志的煤矿用阻燃电缆。

4.8.4.2 井下电缆的选用应遵守《煤矿安全规程》(2016)第四百六十三条的规定。

4.8.4.3 在总回风巷、专用回风巷及机械提升的进风倾斜井巷(不包括输送机上、下山)中不应敷设电力电缆。确需在机械提升的进风倾斜井巷(不包括输送机上、下山)中敷设电力电缆时,应有可靠的保护措施。

4.8.5 井下电气设备

4.8.5.1 井下电气设备的选用应符合《煤矿安全规程》(2016)第四百四十一条的规定。

4.8.5.2 凡纳入煤矿矿用产品安全标志管理目录的电器产品,应具有煤矿矿用产品安全标志。

4.8.6 井下变电所

4.8.6.1 对井下各水平中央变电所和采(盘)区变(配)电所的供电线路,不得少于两回路。当任一回路停止供电时,其余回路应承担全部用电负荷。向局部通风机供电的井下变(配)电所应采用分列运行方式。

4.8.6.2 井下各水平中央变电所和具有低压一级负荷的变(配)电所的动力变压器不得少于2台。当其中1台停止运行时,其余变压器应能保证一、二级负荷用电。

4.8.6.3 井下不得使用油浸式电气设备。煤与瓦斯突出矿井不得使用煤电钻。40 kW及以上的电动机,应采用真空电磁启动器控制。

4.8.7 井下电气设备保护

4.8.7.1 井下变电所的高压馈电线上,应具备选择性的单相接地保护;向移动变电站和电动机供电的高压馈电线上,应具有选择性的动作于跳闸的单相接地保护。

4.8.7.2 井下高压电动机、动力变压器的高压控制设备,应具有短路、过负荷、接地和欠压释放保护。井下由采区变电所、移动变电站或配电点引出的馈电线上,应具有短路、过负荷和漏电保护。低压电动机的控制设备,应具备短路、过负荷、单相断线、漏电闭锁保护及远程控制功能。

4.8.7.3 井下配电网路(变电器馈出线路、电动机等)的保护,应符合《煤矿安全规程》(2016)第四百五十二条的规定。

4.8.7.4 井下低压馈电线上,应装设检漏保护装置或有选择性的漏电保护装置。煤电钻应使用设有检漏、漏电闭锁、短路、过负荷、断相远距离控制功能的综合保护装置。

4.8.7.5 井下照明和信号的配电装置,应当具有短路、过负荷和漏电保护的照明信号综合保护功能。

4.8.8 采掘设备用电电压规定

采掘工作面用电设备电压超过3 300 V时,应制定专门的安全措施。

4.8.9 局部通风机的供配电及风电、瓦斯电闭锁

局部通风机的供配电及风电、瓦斯电闭锁,应符合《煤矿安全规程》(2016)第一百六十四条(三)、(四)、(七)款的规定。

4.8.10 电气信号

电气信号应符合如下要求:
a) 矿井电气信号,除信号集中闭塞外应能同时发声和发光;
b) 提升设备应设置提升信号装置,并符合现行国家标准;
c) 升降人员和主要井口提升机的信号装置的直接供电线路上,不得分接其他负荷。

4.9 提升运输和空气压缩机

4.9.1 提升装置

4.9.1.1 提升装置的天轮、卷筒、摩擦轮、导向轮和导向滚等的最小直径与钢丝绳直径之比值,应符合《煤矿安全规程》(2016)第四百一十七条的要求。

4.9.1.2 各种提升装置的滚筒上缠绕的钢丝绳层数,应符合《煤矿安全规程》(2016)第四百一十八条(一)、(二)、(五)的要求。

4.9.1.3 各种用途的钢丝绳悬挂时的安全系数,应符合《煤矿安全规程》(2016)第四百零八条的要求。

4.9.1.4 矿井提升系统的加(减)速度和提升速度,应符合《煤矿安全规程》(2016)第四百二十二条的要求。

4.9.1.5 提升装置应装设安全保护,并符合《煤矿安全规程》(2016)第四百二十三条的要求。

4.9.1.6 提升机应装设可靠的提升容器位置指示器、减速声光示警装置,应设置机械制动和

电气制动装置。

4.9.1.7　各类提升机的制动装置发生作用时,提升系统的安全制动减速度,应符合《煤矿安全规程》(2016)第四百二十七条的要求。

摩擦式提升机经安全制动防滑校验,当一级制动装置不能满足防滑要求时,应采用二级制动装置或恒减速制动装置。

4.9.1.8　立井提升装置的过卷和过放距离,应符合《煤矿安全规程》(2016)第四百零七条的要求。

4.9.1.9　提升设施,应遵守下列规定:
　　a)　主井箕斗提升应采用定重装载;
　　b)　升降人员或升降人员和物料的单绳提升罐笼,应装设可靠的防坠器;
　　c)　提升矿车的罐笼内应装有阻车器。升降无轨胶轮车时,应设置专用定车或锁车装置。

4.9.1.10　立井和斜井使用的各类连接装置的安全系数,应符合《煤矿安全规程》(2016)第四百一十六条(一)款的要求。

4.9.1.11　倾斜井巷绞车提升,应遵守以下规定:
　　a)　井巷上端的过卷距离根据巷道倾角、设计载荷、最大提升速度和实际制动力等参量计算确定,并有1.5倍的备用系数;
　　b)　串车提升的各车场应设信号硐室及躲避硐;
　　c)　串车提升的倾斜井巷内应安设能够将运行中断绳、脱钩的车辆阻止住的跑车防护装置,并在各车场安设阻车器、挡车栏。上述挡车装置应经常关闭,放车时方准打开;
　　d)　倾斜巷道中轨道提升系统与架空乘人装置同巷布置时,应设置电气闭锁,两种设备不得同时运行,并应确保斜巷串车提升的跑车防护装置与架空乘人装置不相互干涉;
　　e)　一次串车提升的终端载荷不得大于矿车连接器允许强度。

4.9.1.12　每一提升装置应装设符合《煤矿安全规程》(2016)第四百零三条要求的信号装置。

4.9.2　带式输送机运输

4.9.2.1　采用滚筒驱动带式输送机运输时,应遵守《煤矿安全规程》(2016)第三百七十四条的规定,还需符合下列要求:
　　a)　所设制动装置的制动力矩不得小于带式输送机所需制动力矩的1.5倍;
　　b)　在一台输送机上采用多台机械逆止器时,如不能保证均匀分担载荷,则每台逆止器都应满足整台输送机所需的逆止力矩。

4.9.2.2　矿井不得使用钢丝绳牵引带式输送机。

4.9.3　轨道机车运输

4.9.3.1　轨道机车的选用,应遵守《煤矿安全规程》(2016)第三百七十六条(一)、(二)、(三)款的规定。

4.9.3.2　采用矿用防爆型柴油机车时,应配备灭火器。

4.9.3.3　采用蓄电池电机车时,应遵守《煤矿安全规程》(2016)第三百七十九条的规定。

4.9.3.4　轨道机车运输信号控制系统的设置,应遵守《煤矿安全规程》(2016)第三百七十七条(一)款的规定。

4.9.4 人员运输及架空乘人装置

4.9.4.1 矿井不得采用普通轨斜井人车运输。

4.9.4.2 长度超过 1.5 km 的主要运输平巷或者高超过 50 m 的人员上下的主要倾斜井巷，应当采用机械方式运送人员。运送人员的车辆应为专用车辆，严禁使用非乘人装置运送人员。

4.9.4.3 采用架空乘人装置运送人员时，应遵守《煤矿安全规程》(2016)第三百八十三条的规定。

4.9.5 无轨胶轮车运输

采用防爆柴油机无轨胶轮车运输时，应遵守下列规定：

a) 应随车配备灭火器及阻车装置；不得在井下加油或检修；
b) 应设置随车通信系统或车辆位置监测系统；
c) 井底车场和运输大巷，同一水平无轨胶轮车工作台数为 5 台及以上时，应设置无轨运输车辆信号监控系统。同一巷道有对向行驶的无轨胶轮车，且巷道宽度不能满足错车需求时，应设置具有联锁闭塞功能的运输信号局部控制系统。

4.9.6 井下其他辅助运输设备

使用的单轨吊车、卡轨车、齿轨车、胶套轮车、无极绳连续牵引车，应符合《煤矿安全规程》(2016)第三百九十条(一)、(二)、(七)款，及第三百九十一条(一)、(二)、(四)款的规定。

4.9.7 空气压缩机

4.9.7.1 在地面集中设置空气压缩机站，全部机组的供气能力应满足在灾变期间能够向所有采掘作业地点提供压缩空气的要求。严禁使用滑片式空气压缩机。

对深部多水平开采或供气距离过远的矿井，空气压缩机安装在地面难以保证对井下作业点有效供气时，可在其供风水平以上 2 个水平的进风井井底车场或距用气地点较近的安全可靠的位置安装。

在井下设置空气压缩设备时，应遵守《煤矿安全规程》(2016)第四百三十一条的相关规定。

4.9.7.2 空气压缩机站设备应符合《煤矿安全规程》(2016)第四百三十二条(一)、(三)款的要求。

4.9.7.3 空气压缩机站的储气罐应符合《煤矿安全规程》(2016)第四百三十三条的要求。

4.9.7.4 空气压缩设备的保护，应遵守《煤矿安全规程》(2016)第四百三十四条的规定。

4.10 安全监控与通信

4.10.1 所有矿井应装备安全监控系统、人员位置检测系统、有线调度通信系统、井下应急广播系统，并符合《煤矿安全规程》(2016)有关规定。

4.10.2 矿井安全监控系统主干线缆应分设两条，从不同的井筒或一个井筒保持一定间距的不同位置进入井下。安全监控系统不得与图像监视系统共用同一芯光纤。

系统应具有防雷电保护，入井线缆的入井口处应具有防雷措施。

安全监控主机及联网主机应双机热备份，连续运行。

安全监控系统显示和控制终端应设置在矿调度室，全面反映监控信息。

4.10.3 安全监控设备的供电电源应取自被控开关的电源侧或专用电源，不得接在被控开关的负荷侧。

4.10.4 煤矿应向上一级调度室上传实时监控数据。

4.10.5 井下以下地点应设置甲烷传感器，煤与瓦斯突出矿井采煤工作面及其进回风巷和掘进巷道内设置的甲烷传感器应为全量程或高低浓度甲烷传感器：

a) 采煤工作面及其回风巷和回风隅角，高瓦斯和煤与瓦斯突出矿井采煤工作面回风巷长度大于1 000 m时回风巷中部；
b) 煤巷、半煤岩巷和有瓦斯涌出的岩巷掘进工作面及其回风流中，高瓦斯和煤与瓦斯突出矿井的掘进巷道长度大于1 000 m时掘进巷道中部；
c) 煤与瓦斯突出矿井采煤工作面进风巷和掘进工作面分风口处；
d) 采用串联通风时，被串采煤工作面的进风巷；被串掘进工作面的局部通风机前；
e) 采区回风巷、一翼回风巷、总回风巷；
f) 地面瓦斯抽采泵房内，井下临时瓦斯抽采泵站下风侧栅栏外；
g) 煤仓上方、地面封闭的带式输送机地面走廊；
h) 使用架线电机车的主要运输巷道内装煤点处；
i) 瓦斯抽采泵输入、输出管路中。

4.10.6 井下以下设备应设置甲烷断电仪或便携式甲烷检测报警仪：

a) 采煤机、掘进机、掘锚一体机、连续采煤机；
b) 梭车、锚杆钻车；
c) 采用防爆蓄电池或防爆柴油机为动力装置的运输设备；
d) 其他需要安装的移动设备。

4.10.7 突出煤层采煤工作面进风巷、掘进工作面进风的分风口应设置风向传感器。突出煤层采煤工作面回风巷和掘进巷道回风流中应设置风速传感器。

4.10.8 每一个采区、一翼回风巷及总回风巷的测风站应设置风速传感器，主要通风机的风硐应设置压力传感器。主要通风机、局部通风机应设置设备开停传感器，局部通风机的风筒末端应设置风筒传感器。主要风门应设置风门开关传感器。甲烷电闭锁和风电闭锁的被控开关的负荷侧应设置馈电状态传感器。

4.10.9 瓦斯抽采泵站的抽采泵吸入管路中应设置瓦斯浓度传感器、流量传感器、温度传感器和压力传感器及相应参数的显示仪表或自动监测系统。利用瓦斯时，还应在输出管路中设置流量传感器、温度传感器和压力传感器。

4.10.10 使用防爆柴油动力装置的矿井及开采容易自燃、自燃煤层的矿井，应设置一氧化碳传感器和温度传感器。

4.10.11 各个人员出入井口、重点区域出入口、限制区域等地点应设置读卡分站，并能满足监测携卡人员出入井、出入重点区域、出入限制区域的要求；巷道分支处应设置分站，并能满足监测携卡人员出入方向的要求。

煤矿紧急避险设施入口和出口应分别设置人员定位系统分站，对出、入紧急避险设施的人员进行实时监测。

矿井调度室应设人员定位系统地面中心站。配备的主机及系统联网主机应双机备份。

4.10.12 矿井通信应遵守下列规定：

a) 煤矿应安装有线调度电话系统、井下应急广播系统和无线通信系统。井下无线通信系统应与调度电话互联互通；

b) 地面的主变电所、主要通风机房、主副井提升机房、压风机房、瓦斯抽采泵站、爆炸物品库,井下的主要水泵房、中央变电所、井底车场、运输调度室、采(盘)区变电所、上下山绞车房、采(盘)区水泵房、带式输送机集中控制硐室、紧急避难设施、瓦斯抽采泵站、爆炸物品库等主要硐室及采煤工作面、掘进工作面、突出煤层采掘工作面附近,爆破时撤离人员集中地点、煤与瓦斯突出矿井井下爆破起爆点、采区和水平最高点等应设有直通矿调度室的有线调度电话；

c) 下列地点应设直通电话：采掘工作面及与其有直接联系的环节之间；防火灌浆站与灌浆地点之间；罐笼提升的井底—井口—提升机房之间及箕斗提升的装载点—卸载点—提升机房之间；升降人员的斜井或斜巷的车场与提升机房之间；

d) 矿山救护队、消防站,应设有与矿井调度室直通的有线调度电话,并应配有地面无线对讲系统；

e) 矿井主变电所至上一级变电所,应设置专用的电力通信设施。

4.10.13 安装图像监视系统的矿井,应在矿调度室设置集中显示装置。

4.11 应急救援、安全避险、职业卫生和安全管理

4.11.1 应急救援

4.11.1.1 煤矿企业应建立应急救援机构,健全规章制度,编制应急预案。储备应急救援物资、装备,建立应急救援装备和物资台账。重点加强潜水电泵及配套管线、救援钻机及其配套设备、快速掘进与支护设备、应急通信装备等的储备。

4.11.1.2 井工煤矿企业应设立矿山救护队,不具备设立矿山救护队条件的煤矿企业,所属煤矿应设立兼职救护队,并与就近的救护队签订救护协议。大型煤矿、灾害严重的中型煤矿、最近矿山救护队至矿井的行车时间超过 30 min 的中、小型煤矿,应建立矿山救护队。

4.11.1.3 应明确井下发生灾害时的避灾路线并绘制避灾路线图。

4.11.1.4 矿井应设置井下应急广播系统,保证井下人员能够清晰听见应急指令。

4.11.1.5 井下应根据需要在避灾路线上设置自救器补给站。

4.11.1.6 矿山救护队应配备救援车辆及通信、灭火、侦察、气体分析、个体防护等救援装备,建有演习训练等设施。

4.11.1.7 救援装备、器材、物资、防护用品和安全检测仪器、仪表,应符合国家标准或行业标准。

4.11.1.8 救护队指战员应经过救护理论及技术、技能培训,并经考核取得合格证。

4.11.1.9 煤矿企业应对井下人员进行安全避险和应急救援培训。

4.11.2 安全避险

4.11.2.1 所有井工煤矿应建设包括安全监控、人员位置监测、紧急避险、压风自救、供水施救和通信联络系统在内的"六大系统",各系统之间有机联系,形成井下整体安全避险系统。

4.11.2.2 矿井安全监控系统应符合下列规定：

a) 应按 4.10.1～4.10.4 的要求设置矿井安全监控系统；

b) 应按 4.10.5～4.10.10 的要求设置井下、地面主要通风机房和瓦斯抽采泵站的安全监控系统分站、传感器；

c) 紧急避险设施内外应设置分站、传感器等,对避险设施内过渡室内的氧气、一氧化

碳,生存室内的氧气、甲烷、二氧化碳、一氧化碳、温度、湿度和避险设施外的氧气、甲烷、二氧化碳、一氧化碳进行检测并实时监测。向监控分站供电的电源容量,应满足额定防护时间不低于96 h的要求;

d) 应有井下安全监控布置图和断电控制图。

4.11.2.3 人员位置监测系统应符合下列规定:

a) 应按4.10.1的要求设置井下人员位置监测系统;
b) 应按4.10.11的要求安设下井人员位置监测系统的地面、井下分站和地面中心站;
c) 井下人员位置监测系统的配套设备应符合相关标准规定;
d) 应有井下人员位置监测系统图。

4.11.2.4 紧急避险系统应符合下列规定:

a) 所有井工煤矿应为入井人员配备额定防护时间不低于30 min的隔离式自救器;
b) 所有煤与瓦斯突出矿井都应建设井下紧急避险设施。其他矿井在发生险情或者事故时井下人员依靠自救器或者1次自救器接力不能安全撤至地面的,应建设井下紧急避险设施。煤与瓦斯突出矿井应建设采区避难硐室,并按照永久避难硐室的标准建设。永久避难硐室应具备应急逃生出口或采用2个安全出口,有条件的矿井,逃生出口或安全出入口应分别布置在2条不同的巷道中,如在1条巷道中,其间距应不小于20 m;
c) 突出煤层的掘进巷道长度及采煤工作面推进长度超过500 m时,应在距离工作面500 m范围内建设临时避难硐室或者其他临时避险设施。其他矿井应建设采区避难硐室,或者在距离采掘工作面1 000 m范围内建设避难硐室或者其他临时避险设施;
d) 紧急避险设施的数量、容量、位置应满足服务区域所有人员紧急避险需要,包括生产人员、管理人员及可能出现的其他临时人员,并按规定留有一定的备用系数;
e) 紧急避险设施应具备安全防护、氧气供给保障、有害气体去除、环境监测、通信、照明、动力供应、人员生存保障等基本功能,在无任何外界支持的条件下额定防护时间不低于96 h;
f) 紧急避险设施的设置应与矿井避灾路线相结合,设置在避灾路线上,并有醒目标识。矿井井下有关巷道和场所应按规定设置矿井安全标识,应明确井下发生各种灾害时的不同避灾路线,并绘制相应避灾路线图。紧急避险设施应在矿井避灾路线图中应明确标注紧急避险设施的位置、规格和种类,井巷中应有紧急避险设施方位指示;
g) 制定应急预案;
h) 紧急避险系统应与监测监控、人员定位、压风自救、供水施救、通信联络等系统相互连接。

4.11.2.5 压风自救系统应符合下列规定:

a) 采区避灾路线上应设置压风管路。管路规格应按供气量、供气距离、阻力损失等计算确定,但主管路直径不小于100 mm,采掘工作面管路直径不小于50 mm。压风管路上应设置的供气阀门,阀门间隔不大于200 m。水文地质条件复杂和极复杂的矿井,应在各水平、采区和上山巷道最高处敷设压风管路,并设置供气阀门;

b) 突出与冲击地压煤层,应在距采掘工作面 25 m～40 m 的巷道内、爆破地点、撤离人员与警戒人员所在位置、回风巷有人作业处等地点,至少设置 1 组压风自救装置;在长距离的掘进巷道中,应根据实际情况增加压风自救装置的设置组数。每组压风自救装置应可供 5～8 人使用,平均每人空气供给量不得少于 0.1 m³/min。其他矿井掘进工作面应敷设压风管路,并设置供气阀门;

c) 接入紧急避难设施的压风管路,应设置供气阀门,接入的压风管路应设减压、消音、过滤装置和控制阀,压风出口压力在(0.1～0.3)MPa 之间,供气量不低于 0.3 m³/min·人,连续噪声不大于 70 dB(A);

d) 井下压风管路应敷设牢固平直,避难硐室应优先选择专用管路供氧(风)等方式。采用井下压风管路作为避难硐室专用管路供风的,应当对专用管路采取必要的防护措施,防止灾变时被破坏。接入紧急避险设施前的 20 m 压风管路要采取有效的保护措施;

e) 应有井下压风管路系统图。

4.11.2.6 供水施救系统应符合下列规定:

a) 采区避灾路线上应敷设供水管路。压风自救装置处和供压气阀门附近应安装供水阀门;

b) 供水水源应引自地面消防水池或专用水池。有井下水源的,井下水源应与地面供水管网形成系统;

c) 矿井供水管路应接入紧急避险设施,并设置供水阀,水量和水压应满足额定数量人员避险时的需要。接入紧急避险设施前的 20 m 供水管路要采取有效的保护措施;

d) 应有井下供水管路系统图。

4.11.2.7 通信联络系统应符合下列规定:

a) 应按 4.10.12a)的要求设置煤矿通信联络系统;

b) 应按 4.10.12 a)～e)的要求安设地面、井下有线调度电话;

c) 距掘进工作面 10 m～50 m 范围内,应安设电话;距采煤工作面两端 10 m～20 m 范围内,应分别安设电话;采掘工作面的巷道长度大于 1 000 m 时,在巷道中部应安设电话;

d) 井下电话机应使用本质安全型;

e) 井下通信联络系统的配套设备应符合相关标准规定;

f) 应有井下通信系统图。

4.11.3 职业卫生

4.11.3.1 总体要求

4.11.3.1.1 煤矿企业应建立健全职业卫生档案。采取有效措施控制粉尘、噪声、高温和有毒有害物质等因素的危害。

4.11.3.1.2 煤矿企业应开展职业病危害因素日常监测,配备监测人员和设备。

4.11.3.1.3 煤矿企业应为接触职业病危害因素的从业人员提供符合要求的个体防护用品。

4.11.3.1.4 煤矿应当在醒目位置设置公告栏,公布有关职业病危害防治的规章制度、操作规程和作业场所职业病危害因素检测结果;对产生严重职业病危害的作业岗位,应当在醒目位置设置警示标识和警示说明。

4.11.3.2 粉尘防治

粉尘防治见 4.5.2 和 4.5.3。

4.11.3.3 热害防治

4.11.3.3.1 应进行矿井风温预测计算,超温地点应有降温设计。采取通风等非机械制冷降温措施无法达到环境温度要求时,应采用机械制冷降温措施。

4.11.3.3.2 当采掘工作面空气温度超过 26 ℃、机电设备硐室超过 30 ℃时,应缩短超温地点工作人员的工作时间,并给予高温保健待遇。

当采掘工作面的空气温度超过 30 ℃、机电设备硐室超过 34 ℃时,应停止作业。

4.11.3.4 噪声防治

4.11.3.4.1 优先选用低噪声设备,应针对不同的噪声源和地点明确采取的隔声、消声、吸声、减振、减少接触时间等具体措施以降低噪声危害。

4.11.3.4.2 噪声每半年至少监测 1 次。噪声监测点应布置在主要通风机、空气压缩机、局部通风机、采煤机、掘进机、风动凿岩机、破碎机、主水泵等设备使用的地点。

4.11.3.4.3 作业人员每天连续接触噪声时间达到或者超过 8 h 的,噪声声级限值为 85 dB(A)。每天接触噪声时间不足 8 h 的,可根据实际接触噪声的时间,按照接触噪声时间减半、噪声声级限值增加 3 dB(A)的原则确定其声级限值。

4.11.3.5 有害气体防治

4.11.3.5.1 煤矿应当对氧化氮(转换成二氧化氮)、一氧化碳、二氧化硫至少每 3 个月监测 1 次,硫化氢至少每月监测 1 次。

4.11.3.5.2 煤矿作业场所存在硫化氢、二氧化硫等有害气体时,应加强通风降低有害气体的浓度。在采用通风措施无法达到作业环境标准时,应采用集中抽取净化、化学吸收等措施降低硫化氢、二氧化硫的浓度。

4.11.4 安全管理

4.11.4.1 矿井安全定员应满足安全生产需要。煤矿安全定员应包括安全管理人员、井下安全人员和地面安全人员。配齐安全副矿长,配足通风、地质、测量、瓦斯检测、安全监测、防尘、爆破、主通风机操作等工种人员,高瓦斯和煤与瓦斯突出矿井应配有瓦斯抽采人员,煤与瓦斯突出矿井还应配有防突人员,煤层容易自燃矿井应配有防灭火、灌浆、注氮人员,水害严重的矿井应配有防治水人员,其他安全定员应满足安全生产需要。

4.11.4.2 矿井每个采区同时作业的人员每小班不得超过 100 人。

4.11.4.3 矿井安全培训应符合国家相关规定,有固定场所、设备和师资力量。

5 井工矿安全设施竣工验收

5.1 竣工验收必备条件

5.1.1 矿井安全设施及条件竣工验收前,应完成建设项目的全部安全工程、设施、装备,生产系统和防灾系统健全,经过联合试运转,具备安全生产条件,并取得采矿许可证。

5.1.2 煤矿企业应对从业人员进行安全教育和培训。培训不合格的,不得上岗作业。主要负责人和安全生产管理人员应具备煤矿安全生产知识和管理能力,并经考核合格,取得相应合格证书。特种作业人员应按国家有关规定培训合格,取得资格证书。

5.1.3 单位工程经工程质量认证机构认证,并取得质量合格的认证书。

5.1.4 矿井投产验收前应对已揭露的煤层进行瓦斯等级、煤尘爆炸性和自燃倾向性做出鉴定;按煤与瓦斯突出矿井设计的应有已揭露开采煤层及其他可能对采掘活动造成威胁的煤层的突出危险性鉴定或者认定报告;对可能有冲击地压危险的矿井,应有已揭露可采煤层(或者其顶底板)的冲击倾向性鉴定报告。

5.1.5 矿井提升机及提升绞车、提升钢丝绳、提升容器及连接装置、主要带式输送机、架空乘人装置、主通风机、空气压缩机、主排水泵等大型固定设备经有资质的部门检测检验,并出具检验合格报告。

5.1.6 委托有资质的安全评价机构做出安全验收评价报告。

5.1.7 应提交建井地质报告。

5.2 开拓与开采

5.2.1 矿井开拓

5.2.1.1 设计生产能力

设计生产能力应符合批准的安全设施设计要求。

5.2.1.2 井田范围及开采深度

井田范围及开采深度应符合批准的安全设施设计要求。

5.2.1.3 井筒

5.2.1.3.1 井筒的数目、功能及布置形式、保护煤柱留设应符合批准的安全设施设计要求。

5.2.1.3.2 矿井的安全出口应符合批准的安全设施设计要求。

5.2.1.4 井底车场、硐室及主要巷道

5.2.1.4.1 大巷布置层位、井底车场及硐室、保护煤柱留设等应符合批准的安全设施设计要求。

5.2.1.4.2 井下每一个水平到上一个水平、各个采(盘)区的安全出口应符合批准的安全设施设计要求。

5.2.1.4.3 井底车场、主要运输巷、主要回风巷断面应符合批准的安全设施设计要求。

5.2.1.4.4 井下爆炸物品库设置应符合批准的安全设施设计要求。

5.2.1.4.5 井下爆炸物品库的最大贮存量,不得超过矿井3天的炸药需要量和10天的电雷管需要量。

每个硐室贮存的炸药量不得超过2 t,电雷管不得超过10天的需要量;每个壁槽贮存的炸药量不得超过400 kg,电雷管不得超过2天的需要量。

库房的发放爆炸物品硐室允许存放当班待发的炸药,但其最大存放量不得超过3箱。

5.2.1.4.6 爆炸物品发放硐室设置应符合批准的安全设施设计要求。

发放硐室爆炸物品的贮存量不得超过1天的供应量,其中炸药量不得超过400 kg。

5.2.1.4.7 井下爆炸物品库应采用矿用防爆型(矿用增安型除外)照明设备,照明线应使用阻燃电缆,电压不得超过127 V。不得在贮存爆炸物品的硐室或壁槽内安设照明设备。不设固定式照明设备的爆炸物品库,可使用带绝缘套的矿灯。

5.2.2 矿井开采

5.2.2.1 采区巷道布置、采区接替、首采工作面位置、工作面参数、采煤工艺、采区煤仓及溜煤眼的设置等应符合批准的安全设施设计要求。

5.2.2.2 采煤工作面的安全出口应符合批准的安全设施设计要求。

5.2.2.3 开拓、准备、回采煤量符合以下要求：大中型矿井开拓煤量可采期应大于3年，准备煤量可采期应大于1年，回采煤量可采期应大于4个月；小型矿井开拓煤量可采期应大于2年，准备煤量可采期应大于8个月，回采煤量可采期应大于3个月。

5.2.2.4 煤仓、溜煤（矸）眼应有防止人员、物料坠入和煤、矸堵塞的设施。煤仓、溜煤（矸）眼不得兼做流水道。

5.2.2.5 采、掘工作面应编制作业规程，并按规定履行了报批和贯彻程序。工作面应按批准的作业规程要求及时支护，不得空顶作业。采掘过程中不得任意扩大和缩小设计规定的煤柱。

5.2.2.6 同一采煤工作面中，不得使用不同类型和不同性能的支柱（支架）。单体液压支柱入井使用前应逐根进行压力实验。使用单体液压支柱和液压支架支护的采煤工作面其乳化液泵站的出口压力值应达到作业规程的规定值，乳化液管路无漏液。

5.2.2.7 工作面煤层倾角大于15°时应采取防倒、防滑措施；工作面转载机安有破碎机时，应有安全防护装置；综采面巷道高度不得低于1.8 m，其他采煤工作面，巷道高度不得低于1.6 m。

5.2.3 顶板管理

顶板管理应符合批准的安全设施设计要求。

5.3 矿井通风

5.3.1 矿井通风系统

5.3.1.1 矿井通风系统应符合批准的安全设施设计要求，竣工验收前应对矿井进行1次矿井通风阻力测定，验收时应提交矿井通风阻力测定报告。

5.3.1.2 矿井井下空气成分、有害气体浓度、温度应符合规定要求，应建立测风制度，每10天进行1次全面测风，并有测风记录。

5.3.1.3 井下各用风地点的风量和风速应符合安全设施设计和《煤矿安全规程》（2016）规定。

5.3.1.4 生产水平和采（盘）区应实行分区通风。准备采（盘）区应在采（盘）区构成通风系统后，方可开掘其他巷道；采用倾斜长壁布置的，大巷应至少超前2个区段，并构成通风系统后，方可开掘其他巷道。采煤工作面应在采（盘）区构成完整的通风、排水系统后，方可回采。

5.3.1.5 高瓦斯、煤与瓦斯突出矿井的每个采（盘）区和开采容易自燃煤层的采（盘）区，应设置至少1条专用回风巷；低瓦斯矿井开采煤层群和分层开采采用联合布置的采（盘）区，应设置1条专用回风巷。

5.3.1.6 采（盘）区进、回风巷应贯穿整个采（盘）区，不得一段为进风巷、一段为回风巷。

5.3.1.7 采煤工作面应采用矿井全风压通风，不得采用局部通风机稀释瓦斯。

5.3.1.8 采、掘工作面应实行独立通风。不得2个采煤工作面串联通风。开采有瓦斯喷出、有突出危险的煤层或者在距离突出煤层垂距小于10 m的区域掘进施工时，任何2个工作面之间不得串联通风。

5.3.1.9 有煤（岩）与瓦斯（二氧化碳）突出危险的采煤工作面不得采用下行通风。

5.3.1.10 采掘工作面的进风和回风不得经过采空区或冒顶区。

5.3.1.11 井下爆炸物品库、井下充电室、采区变电所及实现采区变电所功能的中央变电所应有独立的通风系统。井下机电设备硐室应设在进风风流中。

5.3.2 主要通风机

5.3.2.1 主要通风机和附属设施应按设计安装建成,投入使用前应进行1次通风机性能测定,并提交性能测定报告。

5.3.2.2 主要通风机应装有反风设施,并能在10 min内改变巷道中的风流方向。矿井竣工验收时应提交矿井反风实验报告,其反风风量不应小于正常供风量的40%。

5.3.2.3 主要通风机房不得兼做他用。主要通风机房内应安装水柱计(压力表)、电流表、电压表、轴承温度计等仪表,有直通矿调度室的电话,有反风操作系统图、司机岗位责任制和操作规程。主要通风机的运转应由专职司机负责,司机应每小时将通风机运转情况记入运转记录簿内;发现异常,立即报告。实现主要通风机集中监控、图像监视的主要通风机房可不设专职司机,但应实行巡检制度。

5.3.3 局部通风

5.3.3.1 掘进巷道应采用矿井全风压通风或局部通风机通风。煤巷、半煤岩巷和有瓦斯涌出的岩巷掘进通风要配备双风机、双电源,并能自动切换。

5.3.3.2 煤巷、半煤岩巷和有瓦斯涌出的岩巷的掘进通风方式应采用压入式,不得采用抽出式(压气、水力引射器不受此限)。

5.3.4 井下通风设施及构筑物布置

5.3.4.1 控制风流的风门、风桥、风墙、风窗等设施应可靠。需要使用的联络巷中,应安设2道联锁的正向风门和2道反向风门。开采突出煤层时,工作面回风侧不得设置调节风量的设施。

5.3.4.2 在主要风巷中要建立测风站,测风站应设在平直的巷道中,前后10 m不得有障碍物或拐弯。

5.4 瓦斯防治

5.4.1 瓦斯管理

矿井应建立瓦斯、二氧化碳和其他有害气体检查制度,其人员配备、测点设置、检查次数等要求应符合下列规定:

a) 矿长、矿总工程师、爆破工、采掘区队长、通风区队长、工程技术人员、班长、流动电钳工等下井时,应携带便携式甲烷检测报警仪。瓦斯检查工应携带便携式光学甲烷检测仪和便携式甲烷检测报警仪。安全监测工应携带便携式甲烷检测报警仪;

b) 所有采掘工作面、硐室、使用中的机电设备的设置地点、有人员作业的地点,都应纳入检查范围;

c) 采掘工作面的瓦斯浓度检查次数,低瓦斯矿井每班至少2次,高瓦斯矿井每班至少3次,突出煤层的采掘工作面,有瓦斯喷出危险的采掘工作面和瓦斯涌出较大、变化异常的采掘工作面,应有专人经常检查;

d) 对于未进行作业的采掘工作面,可能涌出或积聚瓦斯、二氧化碳的硐室和巷道,应每班至少检查1次瓦斯或二氧化碳浓度;

e) 瓦斯检查人员应执行瓦斯巡回检查制度和请示报告制度,并填写瓦斯检查班报;

f) 有自然发火危险的矿井,应定期检查一氧化碳浓度、气体温度等的变化情况;

g) 每天至少检查1次井下停风地点栅栏外风流中的甲烷浓度,每周至少检查1次挡风墙外的甲烷浓度；

h) 通风瓦斯日报应送矿长、矿总工程师审阅，一矿多井的矿应同时送井长、井技术负责人审阅。

5.4.2 煤（岩）与瓦斯（二氧化碳）突出防治

5.4.2.1 煤与瓦斯突出矿井应符合批准的安全设施设计要求，确定合理的采掘部署，使煤层的开采顺序、巷道布置、采煤方法、采掘接替等有利于区域防突措施的实施。

5.4.2.2 煤与瓦斯突出矿井编制生产发展规划和年度生产计划时，应同时编制有相应的区域防突措施规划和年度实施计划，将保护层开采、区域预抽煤层瓦斯等工程与矿井采掘部署、工程接替等统一安排，使矿井的开拓区、抽采区、保护层开采区和被保护层有效保护区按比例协调配置，确保采掘作业在区域防突措施有效区内进行。

5.4.2.3 突出煤层采掘工作面应编制专项防突设计。矿井防突措施的技术参数应通过实际效果考察确定。

5.4.2.4 开采保护层应符合下列规定：

a) 有效保护范围的划定及有关参数应实际考察确定。如果被保护层的最大膨胀变形量大于千分之三，则检验和考察结果可适用于其他区域的同一保护层和被保护层；否则，应当对每个预计的被保护区域进行区域措施效果检验；

b) 正在开采的保护层采煤工作面，应超前于被保护层的掘进工作面，其超前距离不得小于保护层与被保护层之间法向距离的 3 倍，并不得小于 100 m；

c) 保护层开采厚度等于或小于 0.5 m、上保护层与突出煤层间距大于 50 m 或下保护层与突出煤层间距大于 80 m 时，应对保护层的保护效果进行检验。

5.4.2.5 预抽煤层瓦斯应符合下列要求：

a) 预抽煤层瓦斯钻孔应当控制：倾斜、急倾斜煤层巷道上帮轮廓线外至少 20 m，下帮至少 10 m；其他为巷道两侧轮廓线外至少各 15 m，钻孔控制范围均为沿煤层层面方向；

b) 穿层钻孔预抽煤巷条带煤层瓦斯区域防突措施的钻孔应当控制整条煤层巷道及其两侧一定范围内的煤层；

c) 顺层钻孔预抽煤巷条带煤层瓦斯时，应控制的煤巷条带前方长度不小于 60 m 和煤层两侧一定范围；

d) 厚煤层分层开采时，预抽钻孔应控制开采分层及其上部法向距离至少 20 m、下部 10 m 范围内的煤层；

e) 预抽瓦斯钻孔能够按设计参数控制整个预抽区域。

5.4.2.6 煤与瓦斯突出矿井应及时编制矿井瓦斯地质图。

5.4.2.7 煤与瓦斯突出矿井的入井人员应携带隔离式自救器，数量应符合批准的安全设施设计要求和实际需求。

5.4.2.8 煤与瓦斯突出矿井应有防治煤与瓦斯突出专门机构或队伍。煤与瓦斯突出危险预测预报和防突效果检验仪器满足防突需要。

5.4.2.9 安全防护措施应符合下列要求：

a) 避灾硐室应安设隔离门，室内净高不得低于 2 m，并设调度电话；

b) 压风自救系统安设位置：距采掘工作面 25 m～40 m 处、放炮地点、回风道有人作

业处等;长距离掘进巷道,每隔50 m设置一组;

c) 反向风门安设位置:掘进工作面进风侧。门框厚度:不小于100 mm;风门厚度:不小于50 mm;两道风门间距:不小于4 m。反向风门距工作面的距离和反向风门的组数应满足突出强度的要求。

5.4.3 瓦斯抽采

5.4.3.1 瓦斯抽采系统应符合批准的安全设施设计要求。煤层瓦斯抽采方法、抽采工艺、抽采参数应符合专项瓦斯抽采设计和煤矿瓦斯抽采基本指标的要求,并制定安全措施。

5.4.3.2 管路敷设及附属装置应符合下列规定:

a) 抽采管路与电缆分挂在巷道两侧并且要吊高或垫高,若吊挂应吊挂平直,距地高度不小于0.3 m,运输巷道内抽放管路与矿车最外缘的间隙应大于0.7 m,地面瓦斯管路不得从地下穿过房屋或其他建筑物;

b) 附属装置应包括瓦斯计量装置、放水器、除渣装置、测压装置、控制阀门;

c) 管路防护应采取防腐、防冻、防漏气、防砸、电气防爆、防静电、防带电、防挤压等措施;

d) 立井、斜井管路应采取在罐道梁上固定、设防滑卡等防滑措施。

5.4.3.3 封孔质量应符合下列要求:

a) 本煤层瓦斯抽采钻孔封孔工艺:采用充填材料进行压风封孔,封孔长度10 m~12 m;

b) 邻近层瓦斯抽采钻孔封孔工艺:采用封孔器或水泥砂浆封孔,封孔长度8 m~10 m。

5.4.3.4 瓦斯抽采系统的抽采计量测点布置、计量器具应符合AQ 1027—2006、NB/T 51044—2015和《矿井瓦斯抽放设计手册》的有关规定。

5.4.3.5 瓦斯抽采工程竣工资料(图)除应有与设计对应的内容外,还应包括各工程开竣工时间以及工程施工过程中的异常现象(如喷孔、顶钻、卡钻等)等内容。

5.5 粉尘防治

5.5.1 防尘供水系统应符合批准的安全设施设计要求,系统运转正常,永久性防尘水池容量、贮水量、备用水池容量、防尘管路应符合设计要求,防尘用水水质应符合设计规定;矿井应制定综合防尘措施、预防和隔绝煤尘爆炸措施及管理制度,并组织实施。

矿井应提供防尘用水的水质检测报告、粉尘中游离SiO_2含量的检测报告、粉尘分散度检测报告、煤层注水可注性测试报告以及各尘源点的粉尘浓度(包括总粉尘浓度、呼吸性粉尘浓度)监(检)测记录。

5.5.2 煤层注水措施与效果应符合批准的安全设施设计要求。煤层注水过程中应当对注水流量、注水量及压力等参数进行监测和控制。

5.5.3 正常生产过程中各作业场所粉尘浓度控制在国家有关规定允许范围内;煤尘隔爆设施的安装地点、数量、水量或岩粉量以及安装质量应符合设计要求。

5.5.4 采煤机作业时,应使用内、外喷雾装置。内喷雾压力不得低于2 MPa,外喷雾压力不得低于4 MPa。内喷雾装置不能正常使用时,应加装外喷雾装置,喷雾压力不得低于8 MPa,否则采煤机应停机。液压支架应安装自动喷雾降尘装置,实现降柱、移架同步喷雾。放顶煤采煤工作面的放煤口,应安装高压喷雾装置(喷雾压力不低于8 MPa)或者采取压气喷雾降尘。破碎机应安装防尘罩,并加装喷雾装置或者除尘器。

5.5.5 掘进机作业时,应当使用内、外喷雾装置和控尘装置、除尘器等构成的综合防尘措施。掘进机内喷雾压力不得低于 2 MPa,外喷雾压力不得低于 4 MPa。内喷雾装置不能正常使用时,应加装外喷雾装置,喷雾压力不得低于 8 MPa。

5.5.6 采煤工作面回风巷应安设风流净化水幕。煤仓放煤口、溜煤眼放煤口、输送机转载点和卸载点等地点,都应安设喷雾装置或除尘器。

5.5.7 炮采炮掘工作面、喷射混凝土作业及在煤、岩层中钻孔作业时应分别符合设计要求。

5.5.8 矿井应建立测尘制度,配备必需的仪器设备和专业测尘人员。粉尘监测人员应经培训合格,粉尘传感器布置应符合有关规定,监测仪器应按规定进行维修、校准,测尘点位置、数量、粉尘监测周期应符合相关规定。

5.6 防灭火

5.6.1 矿井须提供各可采煤层的自燃倾向性鉴定报告。

5.6.2 开采容易自燃和自燃煤层的矿井,应编制矿井防灭火设计。

5.6.3 矿井建成的综合防灭火系统应符合4.6.1.3的规定。

5.6.4 矿井应建立防灭火管理和火情监测分析预报制度。开采容易自燃和自燃的煤层时,应明确选定自然发火观测站或观测点的位置并按设计建立监测系统、确定煤层自然发火的标志气体和建立自然发火预测预报制度。所有检测分析结果应记录在专用的防火记录簿内,并定期检查、分析整理。

5.6.5 矿井建成的注浆、注氮、阻化剂、凝胶防灭火系统,应符合4.6.2的规定,系统运转正常。

5.6.6 矿井建成的自然发火束管监测系统符合4.6.3的规定,系统功能齐全,运转正常。

5.6.7 井下机电设备硐室防火设施符合4.6.4的规定。

5.6.8 消防洒水设施符合4.6.5的规定。

5.6.9 采煤工作面防火门墙设置符合设计要求,并储备足够数量的封闭防火门的材料。

5.6.10 井下防灭火器材的设置符合4.6.7的规定。

5.6.11 井上下消防材料库符合4.6.8条的规定。

5.6.12 采取的防止地面明火引发井下火灾的措施符合4.6.9的规定。

5.7 防治水

5.7.1 矿井防治水

5.7.1.1 煤矿应查明矿区和矿井水文地质条件,当矿井水文地质条件尚未查清时,应当进行水文地质补充勘探工作;地质勘探报告应经相关部门评审备案。

5.7.1.2 矿井应当对主要含水层进行长期水位、水质动态观测,设置矿井和各出水点涌水量观测点,建立涌水量观测成果等防治水基础台账,并开展水位动态预测分析工作。

5.7.1.3 矿井应当编制下列防治水图件,并至少每半年修订1次:
   a) 矿井充水性图;
   b) 矿井涌水量与相关因素动态曲线图;
   c) 矿井综合水文地质图;
   d) 矿井综合水文地质柱状图;
   e) 矿井水文地质剖面图。

5.7.1.4 煤矿企业应当建立健全各项防治水制度,配备满足工作需要的防治水专业技术人员,配齐专用探放水设备,建立专门的探放水作业队伍。

水文地质条件复杂、极复杂的煤矿,应当设立专门的防治水机构。

5.7.1.5 当煤层底板以下赋存高水压、岩溶裂隙含水层(组)时,应编制隔水层或相对隔水层等厚线图,对有突水可能的区域进行预测,并按设计落实防治水技术措施。

5.7.1.6 防水安全煤(岩)柱留设应符合安全设施设计规定。

5.7.1.7 主要排水设施应做全负荷运转试验。

5.7.1.8 疏水降压措施及封闭不良钻孔防治水措施符合批准的安全设施设计要求。

5.7.2 地表水防治

5.7.2.1 煤矿每年雨季前应对防治水工作进行全面检查。受雨季降水威胁的矿井,应当制定雨季防治水措施,建立雨季巡视制度并组织抢险队伍,储备足够的防洪抢险物资。

5.7.2.2 矿井井口和工业场地内建筑物的地面标高应高于当地历年最高洪水位;在山区还应避开可能发生泥石流、滑坡等地质灾害危险的地段。

矿井井口及工业场地内主要建筑物的地面标高低于当地历年最高洪水位的,应当修筑堤坝、沟渠或者采取其他防御洪水的措施。不能采取安全措施的,应当封闭填实该井口。

5.7.2.3 使用中的钻孔,应当安装孔口盖。报废的钻孔应当及时封孔,并将封孔资料和实施负责人的情况记录在案,存档备查。

5.7.3 井下防治水设施

5.7.3.1 水文地质条件复杂、极复杂或有突水淹井危险的矿井,应当在井底车场周围设置防水闸门或在正常排水系统基础上另外安设由地面直接供电控制,且排水能力不小于最大涌水量的潜水泵。在其他有突水危险的采掘区域,应当在其附近设置防水闸门;不具备建筑防水闸门的隔离条件的,可以不建筑防水闸门,但应制定防突(透)水措施。

5.7.3.2 防水闸门应当符合下列要求:

a) 防水闸门应采用定型设计;

b) 防水闸门的施工及其质量,应符合设计。闸门和闸门硐室不得漏水;

c) 防水闸门硐室前、后两端,应当分别砌筑不小于5 m的混凝土护碹,碹后用混凝土填实,不得空帮、空顶。防水闸门硐室和护碹应采用高标号水泥进行注浆加固,注浆压力应当符合设计;

d) 防水闸门来水一侧15 m~25 m处,应当加设1道挡物箅子门。防水闸门与箅子门之间,不得停放车辆或者堆放杂物。来水时先关箅子门,后关防水闸门。如果采用双向防水闸门,应当在两侧各设1道箅子门;

e) 通过防水闸门的轨道、电机车架空线、带式输送机等应灵活易拆;通过防水闸门墙体的各种管路和安设在闸门外侧的闸阀的耐压能力,都应与防水闸门设计压力相一致;电缆、管道通过防水闸门墙体时,应用堵头和阀门封堵严密,不得漏水;

f) 防水闸门应安设观测水压的装置,并有放水管和放水闸阀;

g) 防水闸门竣工后,应按设计要求进行验收;对新掘进巷道内建筑的防水闸门,应进行注水耐压试验,防水闸门内巷道的长度不得大于15 m,试验的压力不得低于设计水压,其稳压时间应当在24 h以上,试压时应当有专门安全措施;

h) 防水闸门应灵活可靠,并每年进行2次关闭试验,其中1次应当在雨季前进行。

关闭闸门所用的工具和零配件应专人保管,专地点存放,不得挪用丢失。

防水闸门按批准的设计组织施工后,验收合格,验收报告书完整规范。

5.7.3.3 设计采用潜水电泵的,潜水电泵系统的设备选型、泵窝形式、安装方式等应符合安全设施设计规定。

5.7.3.4 井下主要水仓设施要按批准的设计组织施工,经验收合格且验收报告书完整规范。

5.8 电气

5.8.1 矿井供电电源及电力线路、地面主变电所应按批准的安全设施设计建成。

5.8.2 地面主变电所主变压器运行方式应符合规定,电气设备不应超过额定值运行;电缆所经路径应采取防止电缆火灾发生和蔓延的阻燃、隔离措施;矿井应备有符合《煤矿安全规程》(2016)第四百四十七条要求的井上、下供配电系统图、井下电气设备布置示意图和供电线路平面敷设示意图。

5.8.3 井下配电变压器中性点不得直接接地。不得由地面中性点直接接地的变压器或发电机直接向井下供电。

5.8.4 矿井地面提升人员的立井提升机房、主通风机房、瓦斯抽采站、地面安全监控中心电气应符合4.8.2.3的规定。

5.8.5 地面防雷、防雷电波侵入井下及应急照明应符合4.8.3的规定。

5.8.6 井下电缆应当符合下列要求:
  a) 井下电缆的选用应符合4.8.4的规定;
  b) 井下电缆敷设应符合《煤矿安全规程》(2016)第四百六十四条、第四百六十五条、第四百六十六条的规定。

5.8.7 井下电气设备和保护应当符合下列要求:
  a) 防爆电气设备到矿验收时,应检查产品合格证、煤矿矿用产品安全标志,并核查与安全标志审核的一致性;入井前,应进行防爆检查,签发合格证后,方准入井;
  b) 井下电气设备的防爆等级、电气保护应符合4.8.5、4.8.7的规定;
  c) 井下机电设备硐室,应符合《煤矿安全规程》(2016)第四百五十六条的要求;
  d) 容易碰到的、裸露的带电体及机械外露的转动和传动部分必须加装护罩或者遮栏等防护设施。

5.8.8 井下电气设备保护接地应当符合下列要求:
  a) 电气设备及电缆的保护接地,应符合《煤矿安全规程》(2016)第四百七十五条的规定;
  b) 井下总接地网的接地电阻值和接地连接导线的电阻值,应符合《煤矿安全规程》(2016)第四百七十六条的规定;
  c) 井下接地网的设置,应符合《煤矿安全规程》(2016)第四百七十七条的规定;
  d) 局部接地极的设置,应符合《煤矿安全规程》(2016)第四百七十八条的规定。

5.8.9 井下照明和信号应当符合下列要求:
  a) 井下照明的设置,应符合《煤矿安全规程》(2016)第四百六十九条的规定;
  b) 矿灯及矿灯房应符合《煤矿安全规程》(2016)第四百七十一条(一)、(二)、(六)、(七)款,第四百七十二条的规定;
  c) 电气信号应符合4.8.10的规定。

5.8.10 使用蓄电池的设备充电,应遵守《煤矿安全规程》(2016)第四百八十五条的要求。

5.9 提升运输与空气压缩机

5.9.1 矿井提升运输设施应按批准的安全设施设计建成。

5.9.2 立井井筒设施应当符合下列要求:
  a) 立井井口的防坠落,应符合《煤矿安全规程》(2016)第一百三十二条的规定;
  b) 提升速度大于3 m/s的提升系统,应设防撞梁和托罐装置;
  c) 提升容器的罐耳在安装时与罐道之间所留的间隙,应符合《煤矿安全规程》(2016)第三百九十六条(一)款的要求;
  d) 立井提升容器间及提升容器与井壁、罐道梁、井梁之间的最小间隙,应符合《煤矿安全规程》(2016)第三百九十七条的要求。

5.9.3 主要提升装置应经有资质的机构检测检验合格,并且具有《煤矿安全规程》(2016)第四百三十条规定的各项资料。

5.9.4 钢丝绳、连接装置、防坠器应经规定相关试验或测试合格。

5.9.5 罐笼和箕斗的最大提升载荷和最大提升载荷差,应在井口公布,不得超载和超最大载荷差运行。

5.9.6 提升机安全制动性能应当符合下列要求:
  a) 提升机的机械制动装置产生的制动力矩,应符合《煤矿安全规程》(2016)第四百二十六条(三)款的要求;
  b) 提升机机械制动装置的类型和功能,应符合《煤矿安全规程》(2016)第四百二十五条的要求。

5.9.7 罐笼提升作业,应符合《煤矿安全规程》(2016)第三百九十三条(三)款和第三百九十四条(七)款的要求。

5.9.8 提升钢丝绳及连接装置应当符合下列要求:
  a) 各种用途的钢丝绳悬挂时的安全系数,应符合《煤矿安全规程》(2016)第四百零八条的要求;
  b) 钢丝绳应经有资质的机构检测检验合格,并具有检验报告;
  c) 立井和斜井使用的连接装置,应符合《煤矿安全规程》(2016)第四百一十六条(一)、(五)、(六)款的要求。

5.9.9 提升信号与联锁应当符合下列要求:
  a) 提升信号装置的设置,应符合《煤矿安全规程》(2016)第四百零三条的要求;
  b) 井底车场的信号发送,应符合《煤矿安全规程》(2016)第四百零四条的要求;
  c) 多层罐笼升降人员或物料时,井上、下信号工发送信号时,应遵守《煤矿安全规程》(2016)第四百零五条的规定;
  d) 立井罐笼提升井口、井底和各水平的安全门与罐笼位置、摇台或锁罐装置、阻车器之间的联锁,应符合《煤矿安全规程》(2016)第三百九十五条的要求。

5.9.10 带式输送机系统应按批准的安全设施设计要求建成,并遵守《煤矿安全规程》(2016)第三百七十四条(七)、(八)、(九)款的规定。

5.9.11 机车与信号设施应当符合下列要求:
  a) 轨道机车系统应按批准的安全设施设计要求建成,并符合《煤矿安全规程》(2016)

第三百七十七条(二)、(三)、(四)、(九)、(十一)款的要求;
b) 轨道线路应符合《煤矿安全规程》(2016)第三百八十条(一)、(二)、(三)款的要求;
c) 采用架线式电机车运输时,架空线应符合《煤矿安全规程》(2016)第三百八十一条(一)、(二)款的要求;
d) 采用平巷人车运送人员时,应遵守《煤矿安全规程》(2016)第三百八十五条(三)、(四)、(五)款的规定。

5.9.12 架空乘人装置系统应按批准的安全设施设计要求建成,并经国家授权的机构检测检验合格。还应符合《煤矿安全规程》(2016)第三百八十三条(五)、(八)款的规定。

5.9.13 无轨胶轮车运输,还应符合《煤矿安全规程》(2016)第三百九十二条(五)、(七)、(八)、(九)、(十)款的规定。

5.9.14 柴油机和蓄电池单轨吊车、齿轨车和胶套轮车的牵引机车或头车上,应设置车灯和喇叭,列车的尾部应设置红灯。

5.9.15 压风系统应当符合下列要求:
a) 空气压缩机设备应按批准的安全设施设计要求建成,并经国家授权的机构检测检验合格;
b) 已建立符合4.11.2.4要求的压风自救系统;
c) 压风管路的材质须满足供气强度、阻燃、抗静电要求。压风管路和阀门型号符合设计要求,连接紧密、不漏风。在管路安装的较低点,应安设油(气)水分离器;
d) 压风自救装置应符合 MT 390—1995 的要求,应具有减压、节流、消噪声、过滤和开关等功能,并取得煤矿矿用产品安全标志。
e) 压风自救装置应安装在宽敞、支护良好、无杂物堆积的人行道侧,人行道宽度应保持在 0.5 m 以上。零部件的连接应牢固、可靠,不得存在无风、漏风或自救袋破损现象。
f) 在使用压风自救装置时,应感到舒适、无刺痛和压迫感,工作时的噪声应小于85 dB(A)。
g) 每组压风自救装置应可供5~8人使用,且压风自救装置的数量应能满足服务区域人员的需要。

5.10 安全监控与通信

5.10.1 安全监控系统符合批准的安全设施设计要求。

5.10.2 系统应连续运行。电网停电后,备用电源应能保持系统连续工作时间不小于 2 h。

5.10.3 安全监控设备应具有故障闭锁功能。当与闭锁控制有关的设备未投入正常运行或故障时,应切断该监控设备所监控区域的全部非本质安全型电气设备的电源并闭锁;当与闭锁控制有关的设备工作正常并稳定运行后,自动解锁。

安全监控系统应具备甲烷电闭锁和风电闭锁功能。当主机或系统线缆发生故障时,应保证实现甲烷电闭锁和风电闭锁的全部功能。系统应具有断电、馈电状态监测和报警功能。

5.10.4 甲烷传感器(断电仪)的设置地点,报警、断电、复电浓度和断电范围应符合表4的规定。

5.10.5 配制甲烷校准气样的装备和方法应符合国家有关标准的规定,选用纯度不低于99.9%的甲烷标准气体做原料气。配制好的甲烷校准气体不确定度应小于5%。

表 4 甲烷传感器(断电仪)的设置地点,报警、断电、复电浓度和断电范围

设置地点	报警浓度 %	断电浓度 %	复电浓度 %	断电范围
采煤工作面回风隅角	≥1.0	≥1.5	<1.0	工作面及其回风巷内全部非本质安全型电气设备
低瓦斯和高瓦斯矿井的采煤工作面	≥1.0	≥1.5	<1.0	工作面及其回风巷内全部非本质安全型电气设备
煤与瓦斯突出矿井的采煤工作面	≥1.0	≥1.5	<1.0	工作面及其进、回风巷内全部非本质安全型电气设备
采煤工作面回风巷	≥1.0	≥1.0	<1.0	工作面及其回风巷内全部非本质安全型电气设备
煤与瓦斯突出矿井采煤工作面进风巷	≥0.5	≥0.5	<0.5	工作面及其进、回风巷内全部非本质安全型电气设备
采用串联通风的被串采煤工作面进风巷	≥0.5	≥0.5	<0.5	被串采煤工作面及其进、回风巷内全部非本质安全型电气设备
高瓦斯、煤与瓦斯突出矿井采煤工作面回风巷中部	≥1.0	≥1.0	<1.0	工作面及其回风巷内全部非本质安全型电气设备
采煤机	≥1.0	≥1.5	<1.0	采煤机电源
煤巷、半煤岩巷和有瓦斯涌出岩巷的掘进工作面	≥1.0	≥1.5	<1.0	掘进巷道内全部非本质安全型电气设备
煤巷、半煤岩巷和有瓦斯涌出岩巷的掘进工作面回风流中	≥1.0	≥1.0	<1.0	掘进巷道内全部非本质安全型电气设备
煤与瓦斯突出矿井的煤巷、半煤岩巷和有瓦斯涌出岩巷的掘进工作面的进风分风口处	≥0.5	≥0.5	<0.5	掘进巷道内全部非本质安全型电气设备
采用串联通风的被串掘进工作面局部通风机前	≥0.5	≥0.5	<0.5	被串掘进巷道内全部非本质安全型电气设备
	≥0.5	≥1.5	<0.5	被串掘进工作面局部通风机
高瓦斯矿井双巷掘进工作面混合回风流处	≥1.0	≥1.0	<1.0	除全风压供风的进风巷外,双掘进巷道内全部非本质安全型电气设备
高瓦斯和煤与瓦斯突出矿井掘进巷道中部	≥1.0	≥1.0	<1.0	掘进巷道内全部非本质安全型电气设备

表 4（续）

设置地点	报警浓度 %	断电浓度 %	复电浓度 %	断电范围
掘进机、连续采煤机、锚杆钻车、梭车	≥1.0	≥1.5	<1.0	掘进机、连续采煤机、锚杆钻车、梭车电源
采区回风巷	≥1.0	≥1.0	<1.0	采区回风巷内全部非本质安全型电气设备
一翼回风巷及总回风巷	≥0.75	—	—	
使用架线电机车的主要运输巷道内装煤点处	≥0.5	≥0.5	<0.5	装煤点处上风流 100 m 内及其下风流的架空线电源和全部非本质安全型电气设备
矿用防爆型蓄电池电机车	≥0.5	≥0.5	<0.5	机车电源
矿用防爆型柴油机车、无轨胶轮车	≥0.5	≥0.5	<0.5	车辆动力
井下煤仓	≥1.5	≥1.5	<1.5	煤仓运煤的各类运设备及其他非本质安全型电气设备
封闭的带式输送机地面走廊内，带式输送机滚筒上方	≥1.5	≥1.5	<1.5	带式输送机地面走廊内全部非本质安全型电气设备
地面瓦斯抽采泵房内	≥0.5			
井下临时瓦斯抽采泵站下风侧栅栏外	≥1.0	≥1.0	<1.0	瓦斯抽采泵站电源

5.10.6 人员位置监测系统应具备检测标识卡是否正常和唯一性的功能。应遵守下列要求：

    a) 下井人员应携带标识卡；

    b) 矿调度室值班员应监视人员位置等信息，填写运行日志。

5.10.7 有线调度通信系统应具有选呼、急呼、全呼、强插、强拆、录音等功能。

有线调度通信系统的调度电话至调度交换机（含安全栅）应采用矿用通信电缆直接连接，不得利用大地作回路。调度电话不得由井下就地供电，或经有源中继器接调度交换机。调度电话至调度交换机的无中继器通信距离应不小于 10 km。

距掘进工作面 30 m～50 m 范围内应安设电话，距采煤工作面两端 10 m～20 m 范围内应分别安设电话，采掘工作面的巷道长度大于 1 000 m 时应在巷道中部安设电话。

5.10.8 井下移动通信系统应具有以下功能：

    a) 选呼、组呼、全呼等调度功能；

    b) 移动台与移动台、移动台与固定电话之间互联互通功能；

    c) 短信收发功能；

    d) 通信记录存储和查询功能；

e) 录音和查询功能。

井下基站、基站电源应设置在便于观察、调试、检验和围岩稳定、支护良好、无淋水、无杂物的地点。

5.10.9 图像监视系统应具有存储和查询功能。

5.11 应急救援、安全避险、职业卫生和安全管理

5.11.1 应急救援

5.11.1.1 煤矿企业应急救援机构,规章制度,应急预案,储备应急救援物资、装备,建立应急救援装备和物资台账符合批准的安全设施设计要求。

5.11.1.2 矿山救护队或兼职矿山救护队已按批准的安全设施设计要求设置建成。建立兼职救护队的煤矿企业已与就近的救护队签订救护协议。

5.11.1.3 井下应急广播系统符合批准的安全设施设计要求。

5.11.1.4 矿井避灾路线图中应明确标注紧急避险设施的位置、规格和种类,井巷中应有紧急避险设施方位指示。符合批准的安全设施设计要求。

5.11.1.5 井下自救器补给站应有清晰、醒目的标识。

5.11.1.6 煤矿企业为紧急避险设施建立了技术档案,并有维护记录。

5.11.1.7 矿山救护队装备及演习训练设施符合安全设施设计要求。

5.11.1.8 救援装备、器材、物资、防护用品和安全检测仪器、仪表的配备应符合安全设施设计要求。

5.11.1.9 矿山救护队已经省级矿山应急救援机构质量标准化考核通过评级,救护队指战员已经救护理论及技术、技能培训,并经考核取得合格证。

5.11.1.10 井下人员已经安全避险和应急救援培训,熟悉应急预案和避灾路线,能熟练掌握自救器和紧急避险设施的使用方法。

5.11.2 安全避险

5.11.2.1 煤矿企业井下紧急撤离和避险设施设置符合批准的安全设施设计要求。井下紧急撤离和避险的设备、设施的安全标志证、检测检验报告齐全,各系统功能完备并运行稳定。

紧急避险设施内应有简明、易懂的使用说明,指导避险矿工正确使用。

5.11.2.2 紧急避险系统应遵守以下规定:

    a) 永久避难硐室应按规定进行功能测试,提交测试报告。应进行硐室安全避险模拟综合防护性能试验;

    b) 紧急避险设施内应设一体式矿灯、矿用防爆荧光灯和应急照明。接入紧急避险设施前的 20 m 的线缆要采取有效的保护措施;

    c) 紧急避险设施内配备在紧急情况下满足基本生存条件的动力供应设施,如矿用隔爆型变配电装置、备用电池箱,矿用隔爆兼本安直流稳压/充电电源等。接入紧急避险设施前的 20 m 的动力电缆要采取有效的保护措施。

5.11.2.3 安全监控系统设置应符合批准的安全设施设计要求。

紧急避险设施应配备独立的内外环境参数监测分站、传感器或监测仪器等,对避险设施内过渡室内的氧气、一氧化碳,生存室内的氧气、甲烷、二氧化碳、一氧化碳、温度、湿度,和避险设施外的氧气、甲烷、二氧化碳、一氧化碳进行检测并实时监测。如紧急避险设施采用液态二氧化碳气瓶制冷方式,还应在二氧化碳气瓶室内加装二氧化碳监测。接入紧急避险设

施前20 m的线缆要采取有效的保护措施。

5.11.2.4 人员位置监测系统应符合批准的安全设施设计要求。紧急避险设施入口和出口应分别设置人员置监测位系统分站,对出、入紧急避险设施的人员进行实时监测。接入紧急避险设施前20 m的线缆要采取有效的保护措施。

5.11.2.5 通信联络系统应符合批准的安全设施设计要求。紧急避险设施内应设直通矿调度室的有线调度电话,无线通信基站(含基站电源)。接入紧急避险设施前的20 m的线缆要采取有效的保护措施。

5.11.2.6 压风自救系统应符合批准的安全设施设计要求。

紧急避险设施应接入压风管路,并设置供气阀门。接入后的压风应设减压、消音、过滤装置和控制阀,出口压力0.1 MPa～0.3 MPa,供风量≥0.3 m³/min·人,连续噪声≤70 dB(A)。接入紧急避险设施前20 m的压风管跻应采取有效的保护措施(如在底板埋设或采用高压软管等)。

紧急避险设施可采用专用压风管路供气,或采用压缩氧、自生氧供气方式。紧急避险设施采用专用压风管路供氧(风)方式时,在满足人员避险需求的前提下,可简化或不再配置避难硐室高压氧气瓶、有毒有害气体去除和温湿度调节装置。但专用管路应由地面直至避险设施,须全程对专用管路采取必要的防护措施,防止灾变时被破坏。

5.11.2.7 供水施救系统应符合批准的安全设施设计要求。

紧急避险设施应接入供水施救管路,并设置供水阀门,水量和水压应满足额定数量人员避险时的需要。接入紧急避险设施前20 m的供水管路要采取有效的保护措施。

5.11.3 职业卫生

5.11.3.1 职业病危害防治管理,应遵守以下规定:
a) 煤矿应建立职业病危害防治领导机构,设置或指定管理机构,配备专职职业卫生管理人员;
b) 煤矿应建立健全职业病危害防治制度;
c) 煤矿应当配备专职或者兼职的职业病危害因素监测人员,监测仪器设备数量应满足表5的要求;
d) 煤矿应当在醒目位置设置公告栏,公布有关职业病危害防治的规章制度、操作规程和作业场所职业病危害因素检测结果;对产生严重职业病危害的作业岗位,应当在醒目位置设置警示标识和警示说明;
e) 煤矿主要负责人、职业卫生管理人员应接受职业病危害培训。煤矿应对劳动者进行上岗前、在岗期间的定期职业病危害防治知识培训;
f) 煤矿应建立健全职业卫生档案和劳动者健康监护档案。

表5 测尘仪器配备表

设备名称	数量	备注
粉尘采样器或直读式粉尘浓度测量仪	2台	
粉尘浓度传感器	每个采面工作面回风巷、掘进工作面回风侧各1台	
噪声测定仪	2台	

5.11.3.2 粉尘防治应符合 5.5 的规定。
5.11.3.3 热害防治应符合批准的安全设施设计要求。
5.11.3.4 噪声防治应符合批准的安全设施设计要求。
5.11.3.5 有毒有害物质防治应符合批准的安全设施设计要求。

5.11.4 安全管理
5.11.4.1 矿井应建立安全管理机构,健全管理制度。
5.11.4.2 安全培训机构设置、场所与设施符合批准的安全设施设计要求。
5.11.4.3 按批准的劳动定员组织生产,安全定员符合批准的安全设施设计要求。

6 露天矿安全设施设计审查

6.1 设计必备条件
应符合 4.1 的规定。

6.2 采剥工程

6.2.1 台阶
6.2.1.1 间断开采工艺挖掘机或装载机采掘台阶高度,应符合以下要求:
  a) 不需爆破的岩土台阶高度不得大于最大挖掘高度;
  b) 需爆破的煤、岩台阶,爆破后台阶高度不得大于最大挖掘高度的 1.2 倍;
  c) 上装车台阶高度不应大于采装设备最大卸载高度与运输设备高度加卸载安全高度之和的差。卸载安全高度可按 0.5 m 确定。

6.2.1.2 轮斗挖掘机采掘台阶宜采用组合台阶。组合台阶中的主台阶高度不得超过轮斗挖掘机挖掘高度,各台阶高度按转载机允许高度的 0.9 倍确定。

6.2.1.3 拉斗铲倒堆台阶高度应根据倒堆物料岩性、拉斗铲线性参数、工作位置、工作面及排土场相关参数等条件经计算和方案比较确定。

6.2.2 钻孔爆破
6.2.2.1 应选择具有捕尘或除尘等防尘措施的钻机。

6.2.2.2 爆炸源与人员和其他保护对象之间的安全允许距离,应按爆破各种有害效应(地震波、冲击波、个别飞散物等)分别核定,并取最大值。松动爆破安全允许距离计算应符合《煤矿安全规程》(2016)第五百三十一条的规定。

6.2.2.3 爆破设计应确定总起爆药量和一次最大起爆药量。

6.2.2.4 当采掘场有老空区时,应查明老空区分布范围,绘制井上、下对照图,并制定安全技术措施。

6.2.2.5 深孔爆破炸药品种,应根据岩体强度、钻孔中地下水等因素选择。水孔应选用防水炸药或采取其他防水措施。

6.2.3 煤岩采装
6.2.3.1 间断开采工艺开采参数和开采方法,在设计时采装设备的尾部至台阶坡面不应小于 1 m,运输设备之间的安全距离不应小于 1 m。

6.2.3.2 最小工作平盘宽度,应保证采掘、运输设备的安全运行和供电通信线路、供排水系统、安全挡墙等的正常布置。

6.2.3.3 单斗挖掘机的工作线长度,应符合下列规定:

a） 采用铁路运输时,不应小于1 000 m;
　　b） 采用公路运输时,不应小于300 m。

6.2.3.4 连续开采工艺的采掘带宽度,应按内侧回转角75°～85°,外侧回转角40°～45°确定。

6.2.3.5 拉斗铲工作线长度应根据推进强度、设备作业安全距离、运煤通道设置以及钻孔、爆破、采掘作业区长度等确定,一般不应小于800 m。

6.2.3.6 拉斗铲采掘带宽度应根据岩性、台阶高度、拉斗铲线性参数并结合煤层厚度确定。

6.2.4 破碎站

6.2.4.1 固定式破碎站应采用钢筋混凝土结构或钢结构,半移动式破碎站应采用钢结构。

6.2.4.2 卸车平台应设矿用卡车卸料安全限位车挡及防止物料滚落安全防护挡墙。

6.2.4.3 破碎站应设受料仓,受料仓的有效容积不宜小于移动供料设备一次供料量的1.5倍,多台同时卸料时,宜为一次总供料量的1.2～1.4倍。

6.2.4.4 受料仓卸载处应设有降尘设施或除尘设备。

6.2.4.5 破碎站卡车作业区应有良好照明系统,卸载站应安装卸料指示信号安全装置。

6.2.4.6 移动式破碎站履带外缘距工作平盘坡底线和下台阶坡顶线距离应设计确定。

6.3 矿山运输

6.3.1 公路运输时,矿山道路应符合以下要求:
　　a） 载重68 t以上的矿用卡车双车道路面宽度应包括养路设备作业宽度,可按3～4倍车体宽度设计;
　　b） 运输道路在路堤和半路堑路段应设置安全挡墙,填方路堤路段,路面两侧各设一条安全挡墙,半路堑路段在路面外侧设一条安全挡墙,安全挡墙高度为矿用卡车轮胎直径的2/5～3/5倍;
　　c） 运输道路最大纵坡坡度最大值为,生产干线8%,生产支线9%,重车下坡地段,相应减少1%;
　　d） 载重68 t以上的大型矿用卡车运输道路平面圆曲线半径,生产干线不宜低于40 m,生产支线不宜低于25 m;
　　e） 长距离坡道运输系统,应在适当位置设置缓坡道;
　　f） 矿山内部运输范围内的上部建筑界限,应按自卸卡车厢斗最大举升高度加0.5 m～0.8 m的安全间距确定。

6.3.2 采用铁路运输时,铁路线路技术标准,应符合下列规定:
　　a） 采用电力机车牵引时,区间线路的限制坡度不宜超过30‰;
　　b） 区间线路的平面曲线半径,不应小于表6的规定。

表6 区间线路的平面曲线半径　　　　　　　　　　　　　　　　　　　　单位为m

固定线		半固定线		移动线	
空车	重车	空车	重车	空车	重车
250	200	200	180	150	300

6.3.3 铁路附近的建(构)筑物和设备接近限界,应符合《铁路技术管理规程》(普速铁路部

分,2014 版)的规定。

桥梁、隧道应按规定设置人行道、避车台、避车洞、电缆沟及必要的检查和防火设施,立体交叉处的桥梁两侧应设防护设施。

6.3.4 铁路与道路平面交叉时,应符合下列规定:
  a) 铁路与道路交叉,宜为正交,斜交时,交叉角不得小于45°。
  b) 平交道口应设置防护设施,并符合下列要求:
    1) 设置栅栏;
    2) 设置看守房和带有信号的栏木;
    3) 在道口钢轨两侧的道路上,应设限界架,其净高为4.5 m。

6.3.5 场区道路设计,应符合下列规定:
  a) 场区道路应避开不良地质地段和地下活动、采空区域;
  b) 路面宽度符合 GBJ 22 的规定;
  c) 道路的平坡或下坡长直线段的尽头处,不得采用最小曲线半径。当受地形条件限制,采用最小曲线半径时,应设置限速标志,并在弯道外侧设置安全防护堤;
  d) 道路纵坡连续大于5%时,应在表7规定的长度内设置缓和段。缓和段的坡度不应大于3%,长度不应小于50 m。当受地形条件限制时,通往设施的次要道路可适当缩短,但不应小于30 m。

表7 道路纵坡限制长度

纵坡 %	限制长度 m
5～6	800
>6～7	500
>7～8	300
>8～9	200
>9～10	150
>10～11	100

6.3.6 道路与带式输送机交叉时,应布置为立体交叉。
6.3.7 带式输送机布置应符合下列规定:
  a) 根据地形条件、工艺布置应尽量减少输送机转载点数量;
  b) 长距离输送机沿线应设维修通道和排水沟;
  c) 当长距离输送机无横向通道时,应设人行栈桥。人行栈桥的间距不宜大于150 m;
  d) 栈桥或地道垂直于斜面的净高度应不小于2.2 m,当为拱形结构时,其拱脚高度不应小于1.8 m;
  e) 栈桥或地道人行道宽度不得小于0.7 m,两条并列的带式输送机中间人行道宽度

不应小于 1.0 m,检修道宽度不应小于 0.5 m;
- f) 人行道和检修道的坡度大于 5°时,应设防滑条;大于 8°时,应设踏步;
- g) 输送机栈桥跨越铁路或道路时,栈桥下的净空尺寸应符合 GBJ 12 和 GBJ 22 的规定;
- h) 输送机栈桥跨越设备或人行道时,应设防物料撒落保护栈桥设施;
- i) 输送机地道应设置通风、除尘、防火设施,地道两个相邻出口距离,不大于 150 m;
- j) 设备检修操作平台上部的净高度,不小于 1.9 m。

6.3.8 输送带安全系数,应根据输送带类型、工作条件、接头方式、输送机启制动性能等因素确定,并应符合下列规定:
- a) 织物芯输送带取 8~9;尼龙、聚酯织物芯输送带取 10~12;
- b) 钢丝绳芯输送带取 7~9;
- c) 采取可控软启制动措施时取 5~7;
- d) 工作环境温度低于 -25 ℃时,应选耐寒输送带。

6.3.9 带式输送机应设有防止跑偏、打滑、撕裂、过载和断带等保护装置,线路上应设有开车声光信号、紧急停车装置以及电气联锁保护等。

各装、卸料点,应设有与输送机联锁的空仓、满仓、堵料等保护装置,并设有声光信号。

6.3.10 发生逆转的上运带式输送机,应装设制动装置或逆止装置;发生逆转的上运大型带式输送机,应同时装设制动装置和逆止装置。

6.3.11 下运带式输送机应装设制动装置,并设有防止超速和断电的安全保护装置。

6.3.12 带式输送机输送物料的最大倾角应符合下列规定:
- a) 向上不应大于 16°,向下不应大于 12°;
- b) 寒冷地区工作条件较差时,向上不应大于 14°,向下不应大于 12°;
- c) 输送机系统应采取粉尘防治措施,输送干燥粉状等易起尘物料时,应在输送机卸料处设置密封罩,并设吸尘或除尘装置。

6.4 排土工程

6.4.1 排土场位置选择,应符合下列要求:
- a) 排土场位置的选择,应保证排弃土岩时,不致因大块滚落、滑坡、塌方等威胁采场、工业场地、居民区、铁路、公路、农田和水域的安全;
- b) 外排土场至重要建筑物的安全距离,应大于排土场总高度的 1.5 倍;
- c) 排土场最终边坡角,应符合排土场稳定边坡角的要求。

6.4.2 排土场位置选定后,应进行地质测绘和工程、水文地质勘探,以确定排土参数。

6.4.3 排土场周围应修筑可靠的截泥、防洪和排水设施。

6.4.4 内排土场最下一个台阶坡底与采掘台阶坡底之间应留有足够的安全距离。

6.4.5 矿用卡车排土场应符合以下要求:
- a) 排土场卸载区,应有连续的安全挡墙,车型小于 240 t 时安全挡墙高度不得低于轮胎直径的 0.4 倍,车型大于 240 t 时安全挡墙高度不得低于轮胎直径的 0.35 倍。不同车型在同一地点排土时,应按最大车型的要求修筑安全挡墙;
- b) 排土工作面向坡顶线方向应有 3%~5% 的反坡。

6.4.6 铁路排土线路应符合以下要求:

a) 路基面向场地内侧按段高形成反坡；
b) 排土线设置移动停车位置标志和停车标志。

6.4.7 排土机排土时，宜采用上排台阶和下排台阶的组合台阶排弃方式，并应符合下列要求：
  a) 上排台阶高度应根据排料臂长度、倾角、排弃物料抛出水平距离、排土机中心线至排土台阶坡底线安全距离以及排土台阶坡面角等确定；
  b) 下排台阶高度应根据排料臂水平投影长度、排土机中心线至排土台阶坡顶线安全距离以及排土台阶坡面角等确定；
  c) 上排台阶宽度应根据排土机中心线与卸料臂间夹角、排土台阶坡面角等确定；
  d) 下排台阶宽度应根据排土机卸料半径和排土机中心线至排土台阶坡顶线安全距离等确定，同时应考虑基底因素；
  e) 最小工作平盘宽度，应根据排土宽度、排土机至下排台阶坡顶线安全距离，排土机至带式输送机中心线距离和带式输送机中心线至上排台阶坡底线的安全距离等因素确定；
  f) 排土机排土线长度宜为 1 000 m 以上。

6.5 边坡稳定工程

6.5.1 边坡设计前应进行专门的边坡工程地质勘探岩土物理力学试验，并进行稳定性分析评价。

6.5.2 边坡设计应确定最终边坡角及其与稳定系数 K 之间的曲线。必要时，应根据岩层的岩性、赋存条件、地质构造、边坡外形轮廓，对不同深度、不同部位边坡进行稳定性验算。

6.5.3 最终边坡角的确定，应符合下列规定：
  a) 采用极限平衡法计算；
  b) 对具有水压的边坡应计算水压对边坡稳定性的影响，并进行水压监测和敏感性分析；
  c) 对弱层强度随不同含水率有明显变化的边坡，应进行强度随含水率变化的边坡稳定性敏感性分析。

6.5.4 采掘场安全平盘的宽度不应小于 3 m，且应每隔 2~3 个安全平盘设一清扫平盘。

6.5.5 最终煤台阶应采取防止煤风化、自然发火及沿煤层底板滑坡措施。

6.6 防治水

6.6.1 采掘场排水设计，应符合下列规定：
  a) 采掘场排水计算的暴雨频率：大型露天煤矿不低于 2%；中型露天煤矿不低于 5%；
  b) 用露天采场深部做储水池排水时，应采取安全措施，备用水泵的能力不得小于工作水泵能力的 50%。

6.6.2 地面防排水设计，应符合下列规定：
  a) 防洪标准应根据露天煤矿的规模、服务年限等因素确定，并应符合表 8 的规定；
  b) 当水深小于 2 m 时，排水沟的安全高度不应小于 0.3 m；当水深大于 2 m 时，安全高度不应小于 0.5 m。

表 8 防洪标准　　　　　　　　　　　　　　　　　　　　　　　　　　单位为年

露天煤矿规模	重现期			
	小河改道及堤坝		排水沟	
			Ⅰ类	Ⅱ类
	设计	校核	设计	设计
大型	50～100	100～300	50～100	20～50
中型	20～50	50～100	20～50	20

注： Ⅰ类排水沟系指洪水泛滥时危及采掘场安全的排水沟；
　　　Ⅱ类排水沟系指洪水泛滥时不危及采掘场安全的排水沟。

6.6.3　地下水控制设计,应符合下列规定：
a) 地下水对采掘、运输、排土、边坡及煤层底板稳定有严重影响时,应采取疏干或堵截等控制措施；
b) 当采用疏干方式降低地下水位时,应采取超前降低水位的措施,并确定超前时间和水位的降低深度；
c) 地下水控制,应包括观测地下水控制效果和区域地下水动态变化的观测孔网；
d) 永久性降水孔排应靠近被保护区,位于开采境界外的降水孔至采掘场地表境界线的距离不宜小于 20 m；
e) 当采用巷道法时,巷道应设置稳定的岩层或煤层内。当在松散含水层底板设置巷道时,巷道底部嵌入隔水岩层深度宜为 0.5 m～1.0 m。巷道的纵坡不宜小于 2‰。

6.6.4　地下水的控制方法应符合下列规定：
a) 对渗透系数大于 2 m/d 的含水层,采用垂直降水孔法；
b) 对边坡的地下水降压,采用水平放水孔法；
c) 水文地质条件简单,含水层产状较稳定,埋深较浅的松散含水层,采用明渠和暗沟法；
d) 对以补给量为主,且补给来源丰富,底部有稳定的隔水层,边界条件清楚,深度为 20 m～50 m 的松散含水层,采用地下隔水墙法；
e) 水文地质条件复杂,水力联系不大的多含水层,或含水层厚度、水压及透水性变化较大,埋藏较深的,且不适用降水孔法的含水层,采用巷道法。

6.6.5　地下水控制设备及设施,应符合下列规定：
a) 降水孔排水泵的排水能力,应按一昼夜运转 24h 计算。降水孔的数量应为排水量计算的降水孔数量的 1.2 倍。降水孔排水泵的备用及检修台数,应为工作台数的 40%～50%；当工作台数小于 10 台时,不应小于工作台数的 50%；
b) 巷道排水泵的数量、水仓的容积等,应符合 GB 50215—2015 的规定；
c) 排水管道及材料,应按不同品种及规格留有备用量,预应力钢筋混凝土管和石棉水泥管为 10%～15%。铸铁管为 7%～12%,钢管和连接用胶管为 5%～10%；
d) (半)地下疏干泵房,应采用机械通风,并根据当地气候条件采取保温措施。

6.6.6 工业场地各功能分区的地面排水系统,应统一规划并应符合下列规定:
    a) 场区地面宜采用管道或明沟加盖板为主的排水系统。对场地位于岩石挖方地段、暴雨集中、流水夹带泥沙及场内边缘的排水地段,宜采用明沟排水系统。排水明沟应进行铺砌,沟底纵坡坡度不宜小于3‰;
    b) 场区内排水管沟的布置应与道路相结合,使雨水以较短的流径排入场外的河沟或雨水管道。

6.6.7 对低于当地历史最高洪水位工业场地的设施,应按规定采取修筑堤坝、沟渠,疏通水沟等防洪措施。

6.7 防灭火

6.7.1 开采易自燃的煤层,应采取如下防灭火措施:
    a) 已暴露煤层的采煤期,应小于煤层自然发火期;
    b) 应有可靠消防灭火水源,优先采用矿坑积水或疏干水;
    c) 对到界的端帮煤台阶,应采取浇水、掩埋或其他工程措施;
    d) 对废弃的煤矸石应与露天剥离物混排。

6.7.2 储煤场应根据储存的煤种采取相应的防灭火措施。

6.7.3 矿内的采掘、运输、排土等主要设备,应配备灭火器材。

6.8 电气

6.8.1 供电系统和变电所

6.8.1.1 采场内的主排水泵站应设置备用电源,当供电线路发生故障时,备用电源应能担负最大排水负荷。

6.8.1.2 采掘场和排土场的低压配电电压不得超过1 kV,不带漏电保护的手持式电气设备的额定电压不高于220 V,带漏电保护的手持式电气设备电压不得超过380 V。

6.8.1.3 地面变电站位置的选择,应符合 GB 50215—2015(地面电力)的规定,并应符合下列要求:
    a) 距采场最终境界200 m以外;
    b) 应设在爆炸物品库爆炸危险区以外;
    c) 不应设在不稳定的排土场内;
    d) 不应设在塌陷区;
    e) 变电站周围应设有围墙或栅栏。

6.8.1.4 移动变电站箱体应有保护接地。

6.8.1.5 开关柜箱体应有保护接地。

6.8.2 供配电线路和电力牵引

6.8.2.1 采掘场内固定供电线路和通信线路应设置在稳定的边坡上。采掘场架空线应有与移动变电站地线监测系统配套的接地线和监控线。

6.8.2.2 采掘场的高压架空输电线截面不得小于35 mm²,低压架空输电线截面不得小于25 mm²。由架空线向移动式高压电气设备和移动变电站供电的分支线路应采用橡套电缆。

6.8.2.3 架设在同一电杆上的高低压输(配)电线路不得多于两回;上下横担的距离直线杆不得小于800 mm,转角杆不得小于500 mm(10 kV 线路及以下);同一电杆上的高压线路,应由同一电压等级的电源供电;垂直向采场供电的配电线路,同一杆上只能架设一回。

6.8.2.4 1 kV 以上的架空电源线不得与接触网电杆同杆架设。380 V 动力线、照明线及铁路信号外线和接触网电杆同杆架设时,应使用绝缘导线,其吊挂高度距钢轨顶面距离,正接触网不得大于 3 m,旁接触网不得大于 1.5 m。照明灯具应装在电杆与接触网相反一侧。

6.8.2.5 由变(配)电所供电的馈电线及回流线,10 kV 及以下架空电源线距接触网最顶点不得小于 2 m;10 kV 以上架空电源线距接触网最顶点不得小于 3 m。

6.8.3 防雷与电气设备继电保护、接地

6.8.3.1 变(配)电设施、油库、爆炸物品库、高大或易受雷击的建筑,应装设防雷电装置。

6.8.3.2 采掘场和排土场架空电力线路,应在电源入口处、分支处、移动设备的接电点及正常分断的开关两侧装设避雷器。

6.8.3.3 固定变电站或移动变电站向移动电气设备供电的输配电线路的电压高于 1 kV 时,应装设短路和过负荷保护装置。交流电压大于 110 V 的线路,应安装漏电保护装置。短路和单相接地(漏电)保护应采取二级保护。

6.8.3.4 高压电动机、电力变压器的高压侧,应有短路、过负荷和欠电压释放保护。低压电气设备过电流继电器的整定和熔断器熔体的选择,应符合国家标准。

6.8.3.5 与接触网直接连接的电动机和整流装置,应有过负荷、过流、过压、短路等保护装置。

6.8.3.6 向移动式高压电力设备供电的变压器应采用中性点不直接接地方式,且中性线不得引出;当采用中性点经限流电阻接地方式供电时,应将变压器接地和移动设备外壳用架空地线或电缆接地线连接起来。向固定设备供电的变压器,一般采用中性点直接接地方式,固定设备外壳应直接重复接地。

6.8.3.7 变压器中性点不直接接地时,高压、低压电气设备应设接地保护,并应在变压器低压侧装设能自动断开电源的漏电保护装置。变压器中性点直接接地的低压电力网,宜采用保护线与中性线分开系统(TN-S)或保护线与中性线部分分开系统(TN-C-S)。

6.8.3.8 36 V 以上的交流电气设备和内绝缘损坏可能带有触电危险的电气设备的金属外壳、构架等,应设保护接地。

6.8.3.9 采场内电气设备的接地装置应符合下列要求:
  a) 高压架空线的接地线应使用截面大于 35 mm^2 的钢绞线,并应设在架空线横担下 0.5 m 处;
  b) 移动变电站和用电设备应采用橡套电缆的专用接地芯线接地或接零,并应配备相应的地线监测系统。

6.8.3.10 低压接零系统的架空线路的终端和支线的终端应重复接地,交流线路零线的重复接地应用人工接地体,不得与地下金属管网有联系。

6.8.4 通信与信号

6.8.4.1 变电所(站)、整流站、绞车房等重要场所,以及大中型采掘运输设备应配备能满足安全生产需要的通信设备。

6.8.4.2 生产调度室与急救、消防部门应设调度电话及外线电话。

6.8.4.3 铁路接轨站、编组站、剥离站、选煤站以及其他固定车站,均应采用电气集中联锁或计算机联锁。

6.8.4.4 区间内正线上的道岔,应与闭塞设备联锁。

6.8.4.5 复线区段的自动闭塞或半自动闭塞,应按单向运行设计。
6.8.4.6 铁路信号设备应设置测试(自动或手动)和故障自动报警设备。
6.8.5 爆炸物品库和炸药加工区配电
6.8.5.1 爆炸物品库和加工区的 10 kV 及以下的变电所,采用户内式时,不应设在 A 级建筑物内。变电所与 A 级建筑物的距离不得小于 50 m;柱上变电亭与 A 级建筑物的距离不得小于 100 m,与 B 级和 D 级建筑物不得小于 50 m。
6.8.5.2 1～10 kV 的室外架空线路,不得跨越危险场所的建筑物。其边线与建筑物的水平距离,应符合下列要求:
　　a) 与 A 级和 B 级建筑物的距离,不应小于电杆间距的 2/3,且不应小于 35 m;与生产炸药的 A 级建筑物的距离,不应小于 50 m;
　　b) 与 D 级建筑物的距离,不应小于电杆高的 1.5 倍。
6.8.5.3 由变(配)电所至有爆炸危险的工房(库房)的 380/220 V 级配电线路,应采用金属铠装电缆,并在地下敷设。电缆埋地长度不应小于 15 m。电缆的入户端金属外皮或装电缆的钢管应接到防雷电接地装置上。在电缆与架空线的连接处应装设防雷电装置。防雷电装置、电缆金属外皮或钢管和绝缘铁脚应连在一起并接地,其冲击接地电阻不应大于 10 Ω。
6.8.5.4 低压配电应采用 TN-S 系统。

6.9 爆破物品
6.9.1 危险品生产区内,D 级建筑物的外部距离应符合下列规定:
　　a) 硝酸铵仓库的外部距离,不小于 200 m;
　　b) 除硝酸铵仓库外的 D 级建筑物,其外部距离不小于 50 m。
6.9.2 危险品总仓库区与其周围村庄、公路、铁路、城镇和本厂生活区等的外部距离,危险品总仓库区 D 级仓库的外部距离,不应小于 100 m。但硝酸铵仓库的外部距离,不应小于 200 m。
6.9.3 建有爆破物品制造厂的矿区总库,所有库房贮存各种炸药的总容量不得超过该厂 1 个月生产量,雷管的总容量不得超过该厂 3 个月生产量。没有爆炸物品制造厂的矿区总库,所有库房贮存各种炸药的总容量不得超过由该库所供应的露天矿 2 个月的计划需要量,雷管的总容量不得超过 6 个月的计划需要量。单个库房的最大容量:炸药不得超过 200 t,雷管不得超过 500 万发。

地面分库所有库房贮存爆炸物品的总容量:炸药不得超过 75 t,雷管不得超过 25 万发。单个库房的炸药最大容量不得超过 25 t。地面分库贮存各种爆炸物品的数量,还不得超过由该库所供应的煤矿 3 个月的计划需要量。
6.9.4 危险品生产区 D 级建筑物与其邻近建筑物的最小允许距离,应分别符合下列规定要求:
　　a) D 级建筑物与邻近建筑物的最小允许距离,不应小于 25 m。硝酸铵仓库与任何建筑物的最小允许距离,不应小于 50 m;
　　b) D 级建筑物与公用建筑物、构筑物的最小允许距离,应符合下列规定:
　　　　1) 与锅炉房、厂部办公室、食堂、汽车库、消防车库、有明火或散发火星的建筑物及场地等的距离,不应小于 50 m;
　　　　2) 与 35 kV 总降压变电所、总配电所、钢筋混凝土结构的水塔、地下或半地下高

水位水池的距离,不应小于 50 m;

3) 与车间办公室、车间食堂(无明火)、辅助生产部分建筑物的距离,不应小于 35 m。

6.9.5 危险品总仓库区内,D 级仓库之间的最小允许距离不应小于 20 m,硝酸铵仓库之间的最小允许距离不应小于 50 m。D 级仓库与 A 级仓库邻近时,其与 A 级仓库相对面的一侧应设置防护屏障,其最小允许距离除应符合 D 级仓库要求外,还应计算 A 级仓库的要求,取其最大值。D 级仓库与 10 kV 及以下变电所的最小允许距离,不应小于 60 m。

6.9.6 危险品生产区运输危险品的主干道中心线与各类建筑物的距离,应符合下列规定:
a) 距 A 级建筑物不宜小于 20 m;
b) 距 B 级、D 级建筑物不宜小于 15 m;
c) 距有明火或散发火星地点不宜小于 35 m。

6.9.7 危险品生产区及危险品总仓库区内运输危险品的主干道,纵坡坡度不宜大于 6%,以运输硝酸铵为主的道路纵坡坡度不宜大于 8%。用手推车运输危险品的道路纵坡坡度不宜大于 2%。

6.10 总平面布置

6.10.1 工业场地应避开污染源和滑坡、崩塌、岩溶、泥石流、采空区及开采后工程地质条件变坏等不良工程地质地段。

6.10.2 选煤厂、变电所(站)、机电维修设施及其他重要建(构)筑物的位置应符合下列规定:
a) 至采掘场地表境界的安全距离,应符合下列规定:
   1) 当开采深度小于 200 m 时,安全距离不宜小于最大开采深度;
   2) 当开采深度大于 200 m 时,安全距离不宜小于 200 m。
b) 至排土场的安全距离,宜大于排土场总高度的 1.5 倍。

6.10.3 变配电所(站)应便于输电线路布置和靠近用电负荷中心,并宜布置在不受粉尘污染的地点。

6.10.4 自然地形坡度大于 4%,或受洪水危害的高填方场区,其竖向布置形式宜采用半坡式、台阶式和混合式布置。工业场地内的台阶高度不宜低于 2 m。当需要时为 6 m~9 m,并应采取防坠措施。

6.10.5 工业场地场区道路网应符合线路短捷、人流和物流分开,与场区竖向设计相协调,符合运输和消防要求。

6.11 应急救援、职业卫生和安全管理

6.11.1 应急救援

6.11.1.1 应建立应急救援机构,健全规章制度,编制应急预案。

6.11.1.2 应建立专职救护队或与就近的矿山救护队签订救护协议。

6.11.1.3 应有创伤急救系统为其服务。创伤急救系统应配备救护车辆,急救器材、急救装备和药品等。

6.11.2 职业卫生

6.11.2.1 职业卫生应遵守下列总体要求:
a) 应建立健全职业卫生档案。采取有效措施控制粉尘、噪声和有毒有害物质等因素的危害;

b) 应开展职业病危害因素日常监测,配备监测人员和设备;
　　c) 应为接触职业病危害因素的从业人员提供符合要求的个体防护用品;
　　d) 应当在醒目位置设置公告栏,公布有关职业病危害防治的规章制度、操作规程和作业场所职业病危害因素检测结果;对产生严重职业病危害的作业岗位,应当在醒目位置设置警示标识和警示说明。

6.11.2.2 应建立完善的防尘供水系统,并遵守下列规定:
　　a) 设置有专门稳定可靠供水水源的加水站(池);
　　b) 钻孔作业应采取捕尘或除尘器除尘等防尘措施;
　　c) 矿内运输道路应洒水降尘;
　　d) 破碎站、转载点、输送机等应采用喷雾降尘或除尘器除尘。

6.11.2.3 应优先选用低噪声设备,针对不同的噪声源和地点明确采取的隔声、消声、吸声、减振、减少接触时间等具体措施,以降低噪声危害。

6.11.2.4 露天煤矿噪声监测点应布置在钻机、挖掘机、破碎机等设备使用地点。噪声每半年至少监测 1 次。

6.11.2.5 露天煤矿作业人员每天连续接触噪声时间达到或者超过 8 h 的,噪声声级限值为 85 dB(A)。每天接触噪声时间不足 8 h 的,可根据实际接触噪声的时间,按照接触噪声时间减半、噪声声级限值增加 3 dB(A)的原则确定其声级限值。

6.11.3 安全管理

　　矿井应建立安全管理机构,健全管理制度。应有安全教育培训场所,煤矿安全定员应满足安全生产需要。

7 露天矿安全设施竣工验收

7.1 竣工验收必备条件

7.1.1 煤矿安全设施竣工验收前,应完成建设项目的全部安全工程、设施、装备,生产系统健全,经过联合试运转的检测调试,具备安全生产条件。

7.1.2 应取得采矿许可证,矿长应具备安全专业知识,具有领导安全生产和处理煤矿事故的能力。主要负责人和安全生产管理人员应具备煤矿安全生产知识和管理能力,并经考核合格。特种作业人员应按国家有关规定培训合格,取得资格证书。应对所有从业人员进行安全教育和培训。

7.1.3 单位工程经工程质量监督部门验收,并取得质量合格的认证书。

7.1.4 各项安全管理制度健全。

7.1.5 委托有资质的安全评价机构完成安全验收评价。

7.1.6 所有设备需有产品合格证,防爆设备还应有煤矿矿用产品安全标志。

7.1.7 应提交建矿地质报告。

7.2 采剥工程

7.2.1 台阶

7.2.1.1 间断开采工艺单斗挖掘机或装载机采掘的台阶高度符合批准的安全设施设计要求。

7.2.1.2 轮斗挖掘机的采掘台阶高度符合批准的安全设施设计要求。

7.2.1.3 拉斗铲的采掘台阶高度符合批准的安全设施设计要求。

7.2.2 钻孔爆破

7.2.2.1 钻机应具备捕尘或除尘等防尘功能。

7.2.2.2 爆破源至人员及其他保护对象之间的安全距离、总起爆药量或一次最大起爆药符合批准的安全设施设计要求。

7.2.2.3 水孔爆破应采用防水炸药或采取防水措施。

7.2.2.4 采掘场有老空区时,应查明老空区分布范围,绘制井上、下对照图,制定安全技术措施并遵照执行。

7.2.3 煤岩采装

7.2.3.1 最小工作平盘宽度符合批准的安全设施设计要求。

7.2.3.2 单斗挖掘机、拉斗铲的工作线长度符合批准的安全设施设计要求。轮斗挖掘机、拉斗铲的采掘带宽度、工作面和行走道路坡度符合批准的安全设施设计要求。

7.2.4 破碎站

7.2.4.1 符合批准的安全设施设计要求。

7.2.4.2 卸车平台设卡车卸料的安全限位车挡、安全防护挡墙、卸料指示信号装置。

7.2.4.3 移动式破碎站履带外缘距工作平盘坡底线和下台阶坡顶线距离符合批准的安全设施设计要求。

7.3 矿山运输

7.3.1 用于公路运输的矿山道路技术参数、采用电力机车牵引的铁路运输区间线路的限制坡度、工作面铁路线路的布置符合批准的安全设施设计要求。

7.3.2 地面铁路符合下列规定:
  a) 铁路车站信号机外制动距离内超过 6‰ 的下坡道车站,在正线或到发线的接车方向的末端设置安全线,安全线的有效长度一般不小于 50 m;
  b) 铁路专用线在区间或站内与正线、到发线牵出线接轨时,设安全线。

7.3.3 列车运行,符合下列条件:
  a) 列车在限制坡度的下坡道上紧急制动距离为 400 m;
  b) 铁路列车的最高行车速度不大于表 9 的规定。

表 9 铁路列车的最高行车速度   单位为 km/h

线路类别		最高行车速度	
		空车	重车
固定线		50	40
半固定线		40	30
移动线	采掘线	20	
	排土线	15	

7.3.4 地面铁路应符合下列规定:
  a) 铁路中心线至建筑物或设备的距离,符合国家有关标准规定;
  b) 铁路车站信号机外制动距离内超过 6‰ 的下坡道车站,在正线或到发线的接车方向的末端设置安全线。安全线的有效长度一般不小于 50 m；

c) 铁路专用线在区间或站内与正线、到发线牵出线接轨时，设安全线。

7.3.5 铁路与道路平面交叉时符合批准的安全设施设计要求。

7.3.6 应设置由地面通往各开采工作面的联络道。

7.3.7 带式输送机布置符合批准的安全设施设计要求。

7.3.8 上运带式输送机、下运输送机装设的安全装置符合批准的安全设施设计要求。

7.3.9 输送机系统的粉尘防治措施及防尘、除尘装置符合设计要求。

7.4 排土工程

7.4.1 当排土场地面顺向坡度大于 10% 或基底有弱层滑动时，采取防治滑坡的措施。

7.4.2 非倒堆开采工艺的内排土场，最下部台阶有采掘运输设备作业时，最下一个排土台阶的坡底线与最下部采煤台阶坡底线的安全距离，应不小于 50 m。

7.4.3 铁路排土线符合下列要求：

a) 排土台阶高度符合批准的安全设施设计要求；

b) 路基面应向内侧按段高反坡；

c) 排土线应设置移动停车位置标志和停车标志。

7.4.4 单斗挖掘机排土时，符合下列规定：

a) 受土坑的坡面角不得大于 70°；

b) 站立台阶坡顶线安全距离符合表 10 规定。

表 10 挖掘机站立台阶坡顶线安全距离　　　　　　　　　　　　　　　　　　　单位为 m

台阶高度	10 以下	11～15	16～20	20 以上
安全距离	6	8	11	制定安全措施

7.4.5 矿用卡车排土场符合下列要求：

a) 排土台阶高度符合批准的安全设施设计要求；

b) 排土场卸载区，有连续的安全挡墙，高度符合批准的安全设施设计要求；

c) 排土工作面向坡顶线方向有 3%～5% 的反坡。

7.4.6 排土机排土宜采用由上排台阶和下排台构成的组合台阶排弃方式符合批准的安全设施设计要求。

7.5 边坡稳定工程

7.5.1 建立岩移永久观测线或采用其他边坡监测技术。

7.5.2 在到界边坡上，建立永久观测线，并进行稳定性分析评价。

7.5.3 在地下水对边坡稳定性影响较大的地段或进行疏干排水的边坡地段，设置地下水位、水压观测孔。

7.5.4 边坡工程地质条件复杂煤矿配备专职边坡工作人员。

7.5.5 采掘场边坡及安全平盘符合批准的安全设施设计要求。

7.5.6 排土场边坡符合批准的安全设施设计要求。

7.5.7 最终煤台阶采取防止煤风化、自然发火及沿煤层底板滑坡措施。

7.6 防治水

7.6.1 采场排水系统符合批准的安全设施设计要求。

7.6.2 地面防排水设施应符合以下规定:
  a) 对低于当地洪水位的建筑,按设计修筑堤坝、沟渠等防洪措施;
  b) 排水沟的安全高度符合批准的安全设施设计要求;
  c) 在采掘场、排土场范围内,对自然纵坡较大的冲沟修筑临时拦水坝。
7.6.3 地下水疏干符合设计,(半)地下疏干泵房设置通风设施。

7.7 防灭火

7.7.1 开采易自然发火的煤层,按设计建立防灭火系统,并采取相应防范措施。
7.7.2 制定采场内的防火措施。
采掘、运输、排土等主要设备备有灭火器材或自动灭火装置。

7.8 电气

7.8.1 供配电系统符合批准的安全设施设计要求。
7.8.2 采场内的主排水泵站设置备用电源,当供电线路发生故障时,备用电源能担负最大排水负荷。
7.8.3 电力牵引时,接触线距铁路轨面的垂直距离符合下列要求:
  a) 正接触线为 5 750 mm,不大于 6 000 mm,不小于 5 400 mm,终点保持 6 200 mm~6 500 mm;
  b) 旁接触线为 4 300 mm,不大于 4 500 mm,不小于 4 100 mm,终点保持 4 300 mm~4 700 mm;
  c) 原有正接触线高度为 5 400 mm±200 mm 的可继续使用。
7.8.4 供配电系统和电力牵引,以及防雷与电气设备继电保护、接地符合批准的安全设施设计要求。
7.8.5 通信与信号符合批准的安全设施设计要求。
7.8.6 爆炸物品库和炸药加工区配电符合批准的安全设施设计要求。

7.9 爆炸物品加工和储运

7.9.1 危险品生产区内的危险性建筑物和 D 级建筑物,与其周围村庄、公路、铁路、城镇和本厂生活区等的外部距离符合批准的安全设施设计要求。
7.9.2 防护屏障的形式,符合批准的安全设施设计要求或国家标准。
7.9.3 矿区所有库房贮存爆炸物品的容量和数量符合批准的安全设施设计要求。

7.10 总平面布置

变电所(站)、机电维修车间及其他重要建(构)筑物的位置符合批准的安全设施设计要求。

7.11 应急救援、职业卫生和安全管理

7.11.1 应急救援

7.11.1.1 应建立应急救援机构,制定规章制度,编制应急预案。
7.11.1.2 应建立矿山救护队或与就近的矿山救护队签订救护协议。
7.11.1.3 应有创伤急救系统为其服务。创伤急救系统应配备救护车辆、急救器材、急救装备和药品等。

7.11.2 职业卫生

7.11.2.1 职业病危害防治管理应符合下列要求:

a) 应建立职业病危害防治领导机构,设置或指定管理机构,配备专职职业卫生管理人员;
b) 应建立健全职业病危害防治制度;
c) 应当配备专职或者兼职的职业病危害因素监测人员,装备相应的监测仪器设备(粉尘监测仪器不少于4台,噪声测定仪不少于2台);
d) 符合5.11.2.1.4的规定;
e) 应当在醒目位置设置公告栏,公布有关职业病危害防治的规章制度、操作规程和作业场所职业病危害因素检测结果;对产生严重职业病危害的作业岗位,应当在醒目位置设置警示标识和警示说明;
f) 主要负责人、职业卫生管理人员应接受职业病危害培训。应对劳动者进行上岗前、在岗期间的定期职业病危害防治知识培训;
g) 应建立健全职业卫生档案和劳动者健康监护档案。

7.11.2.2 粉尘防治应符合批准的安全设施设计要求。

7.11.2.3 噪声防治应符合批准的安全设施设计要求。

7.11.2.4 有毒有害物质防治应符合批准的安全设施设计要求。

7.11.3 安全管理

7.11.3.1 矿井应建立安全管理机构,健全管理制度。应有安全教育培训场所和专兼职教师。安全定员应符合设计要求,满足安全生产需要。

7.11.3.2 爆破工、老空管理人员、边坡监测人员和大型设备操作人员应当培训合格方可上岗作业。

参 考 文 献

[1] 中华人民共和国安全生产法
[2] 中华人民共和国煤炭法
[3] 中华人民共和国矿山安全法
[4] 中华人民共和国职业病防治法
[5] 中华人民共和国消防法
[6] 中华人民共和国劳动合同法
[7] 煤矿安全监察条例
[8] 中华人民共和国矿产资源法实施条例
[9] 地质灾害防治条例

煤矿建设项目安全预评价实施细则（AQ 1095—2014）

前　言

本标准 1、2、3 章和附录 A 为推荐性条款，其余为强制性条款。
本标准按照 GB/T 1.1—2009 给出的规则起草。
本标准由国家安全生产监督管理总局提出。
本标准由全国安全生产标准化技术委员会煤矿安全分技术委员会（SAC/TC 288/SC 1）归口。
本标准起草单位：中国煤炭工业劳动保护科学技术学会、内蒙古安邦安全科技有限公司、山西正诚矿山安全科技研究所。
本标准主要起草人：窦永山、邱宝杓、杨大明、马志禹、宋超英、严涛、袁双喜。

1　范围

本标准规定了煤矿建设项目安全预评价工作的管理规则、工作程序与内容、评价报告编制等的基本要求。

本标准适用于煤矿建设项目，包括新建、改建、扩建等煤矿建设项目安全预评价的相关工作。

2　规范性引用文件

下列文件对于本文件的应用是必不可少的。凡是注日期的引用文件，仅注日期的版本适用于本文件。凡是不注日期的引用文件，其最新版本（包括所有的修改单）适用于本文件。

AQ 8001—2007　安全评价通则

3　术语和定义

下列术语和定义适用于本文件。

3.1

煤矿建设项目安全预评价　colliery construction project safety assessment prior to start

在煤矿建设项目可行性研究阶段，根据建设项目可行性研究报告的内容及相关基础资料，定性、定量分析和预测建设项目可能存在的主要危险、有害因素及其危险程度，评价项目建设方案与安全生产法律法规、规章、标准、规范的符合性，提出科学、合理、可行的安全对策措施及建议，作出安全评价结论的活动。

4　工作规则

4.1　资质与资格要求

4.1.1　煤矿建设项目安全预评价工作应由具有国家规定资质的安全评价中介机构承担。
4.1.2　国务院及其投资主管部门审批（核准、备案）的煤矿建设项目和建设单位跨省（自治区、直辖市)的煤矿建设项目,其安全预评价工作应由具有甲级资质的安全评价中介机构承担。其他煤矿建设项目的安全预评价工作由具有甲级资质或建设项目所在省(区、市)乙级资质的安全评价中介机构承担。

4.2 委托与责任

4.2.1 建设单位应自主选择具备相应资质的安全评价中介机构承担煤矿建设项目安全预评价业务。

4.2.2 建设单位应与承担煤矿建设项目安全预评价工作的中介机构签订书面委托合同,明确各自的责任、权利和义务。

4.2.3 建设单位应为安全评价中介机构有效实施煤矿建设项目安全预评价创造必要的工作条件,提供煤矿建设项目安全预评价必需的基础资料,并对提供资料的真实性负责。

4.2.4 承担煤矿建设项目安全预评价的中介机构应客观公正、实事求是、独立地开展安全预评价工作,并对所作出的安全预评价结果独立承担法律责任。

4.2.5 任何部门和个人不得干预安全评价中介机构的正常业务,不得指定建设单位接受特定安全评价中介机构开展煤矿建设项目安全预评价工作。

4.2.6 安全评价机构与被评价的煤矿建设项目建设单位有利害关系的应当回避。

4.2.7 安全预评价报告是煤矿建设项目核准、安全专篇审查等必备的基础材料。承担煤矿建设项目安全预评价工作的中介机构,应当按照规定的标准和程序实施安全预评价,提出安全预评价报告,作出科学、公正、客观的安全预评价结论。

5 安全预评价工作程序与工作内容

5.1 前期准备

5.1.1 明确煤矿建设项目安全预评价对象和评价范围,组建评价工作组。

5.1.2 收集国内相关法律法规、标准、规章、规范及有关规定。

5.1.3 收集并分析安全预评价对象及相关基础资料。安全预评价应收集的参考资料目录见附录A。

5.2 现场调查

5.2.1 对煤矿建设项目的自然地理、周边环境、地质条件、资源条件、邻近煤矿及小窑、改扩建煤矿的现状等情况进行实地调查。

5.2.2 对安全预评价报告引用的类比工程进行实地调查。

5.3 危险、有害因素辨识与分析

5.3.1 依据建设项目勘探地质报告和可行性研究报告等资料和现场调查情况,辨识该建设项目和生产过程中可能存在的各种危险、有害因素,分析其危险程度。应以瓦斯、煤尘、水、火、顶板、地热、地压、地表环境等自然灾害类危险因素和本建设项目特殊的有害因素为辨识重点。

5.3.2 分析危险、有害因素可能导致灾害事故的类型、可能的激发条件和作用规律、主要存在场所。

5.3.3 结合类比工程、邻近煤矿、改扩建煤矿积累的实际资料和典型事故案例作进一步分析。

5.3.4 在综合分析的基础上,确定危险、有害因素的危险度排序。

5.4 类比工程评价分析

5.4.1 根据建设项目的实际,分析类比工程选择的依据,确定选择的类比工程。

5.4.2 收集类比工程相关数据资料,分析数据资料的可靠性、充分性、适用性。

5.4.3 进行类比工程与建设项目主要危险、有害因素的对比分析,包括危险有害因素的种类、危害程度、存在场所。

5.4.4 进行类比工程安全生产对建设项目的借鉴分析,重点是主要危险、有害因素的控制防范、安全参数确定、开拓开采部署、开采方法选择、安全系统建立等方面。

5.5 划分评价单元

5.5.1 根据安全预评价的需要,合理划分安全评价单元。评价单元应相对独立,具有明显的特征界限。

5.5.2 井工煤矿建设项目安全预评价单元划分见附录B,露天煤矿建设项目安全预评价单元划分见附录C。

5.6 选择评价方法

根据评价的目的、要求和评价对象的特点,选择科学、合理、适用的定性、定量评价方法,以便开展针对性的安全评价。

5.7 定性、定量评价

5.7.1 根据勘探地质报告等基础资料和可行性研究报告提出的设计方案,分单元进行定性、定量评价,确定评价单元中危险、有害因素导致事故发生的危险度。

5.7.2 评价矿井瓦斯地质、煤的自燃倾向性、煤尘爆炸危险性、水文地质条件、顶底板岩石力学性质、地质构造、地压、热害、老窑和采空区分布等与安全生产有关主要数据资料的充分性和可靠程度,分析下一步地质工作的必要性和主要工作方向。

5.7.3 评价生产系统(单元)的安全可靠性,安全系统(设施)的必要性和充分性,安全技术措施的可行性、充分性及可能效果,分析存在的不足或缺陷。

5.7.4 根据改扩建项目现状和设计方案,评价保证改扩建期间安全生产的技术和管理措施。

5.7.5 根据项目建设单位的工作业绩,评价建设单位安全管理工作能力。

5.8 安全对策措施建议

5.8.1 对可行性研究报告中存在不符合勘探地质报告及安全生产法律法规和技术标准的地方应明确指出,并进行说明和纠正;对存在缺陷和不适合建设项目实际的设计方案、生产系统工艺、安全系统、设施设备、安全技术措施等提出改进措施。

5.8.2 根据定性、定量评价,对设计中应注意的重大安全问题和建设项目设计选择安全设施提出要求和说明。

5.8.3 对可能导致重大事故发生或容易导致事故发生的危险、有害因素,提出进一步的安全技术与管理措施。

5.8.4 对因地质资料、安全数据缺少或可信度低带来的相关问题,提出下一步地质工作或专项研究的意见。

5.9 评价结论

5.9.1 明确主要危险、有害因素排序,指出应重点防范的重大灾害事故和重要的安全建议。

5.9.2 评价结论应概括评价结果,给出建设项目在评价条件下与国家有关法律法规、标准、规章、规范符合与否的结论；给出建设项目危险、有害因素引发各类事故的可能性及其严重程度的预测性结论；明确建设项目投产后能否安全运行的结论。

6 安全预评价报告

6.1 评价报告文字应简洁、准确,附必要的图表或照片。
6.2 评价报告应准确、清晰描述评价对象、目的、依据、方法和过程,获得的评价结果,提出的安全对策措施及建议等。
6.3 评价报告应附实施安全预评价中介机构的资质、评价人员名单、报告完成时间等相关情况及附件。
6.4 煤矿建设项目安全预评价报告的主要内容见附录 D。

7 安全预评价报告格式和载体

7.1 格式内容包括封面(附录 E)、安全评价机构资质证书副本复印件、著录项(附录 F)、前言、目录、正文、附件、附录。
7.2 安全评价报告一般采用纸质载体。为适应信息处理需要,安全评价报告可辅助采用电子载体形式。

附 录 A
（资料性附录）
安全预评价参考资料目录

A.1 建设项目综合性资料

A.1.1 建设单位概况,包括隶属关系。
A.1.2 建设项目基本情况,包括所在地区、气候条件、周边环境及其交通情况图,建设规模、矿区开发情况等。

A.2 建设项目设立依据

A.2.1 建设项目勘探地质报告书及评审意见书和备案证明、矿产资源储量备案证明。
A.2.2 建设项目可行性研究报告、评审资料。
A.2.3 高瓦斯和煤与瓦斯突出矿井瓦斯抽采方案(包括设计图纸)。
A.2.4 与建设项目设立依据有关的其他基础资料及文件。

A.3 改建、扩建煤矿现状资料

A.3.1 煤矿开拓方式、开采水平、生产系统及辅助系统说明,灾害事故防范控制的基本措施和效果资料,安全管理及安全生产情况说明。
A.3.2 相关图纸资料。井工煤矿:矿井地质和水文地质图,井上、下对照图,巷道布置图,采掘工程平面图,通风系统图,井下运输系统图,安全监控、人员定位装备布置图,排水、防尘、供水、防火注浆、压风、充填、抽放瓦斯等管路系统图,井下通信系统图,井上、下配电系统图,井下电气设备布置图,井下紧急避灾系统及避灾路线图等。露天煤矿:矿井地质和水文地质图,总体布置图,运输系统平面图,采场平面图及纵剖面、横剖面图,供电系统图,供水系统图等。

A.3.3 煤矿已采区域分布、状况及影响范围资料。

A.4 危险、有害因素分析所需资料

A.4.1 地质构造资料。
A.4.2 煤层赋存资料。
A.4.3 工程地质及对开采不利的岩石力学条件。
A.4.4 水文地质及水文资料。
A.4.5 煤层瓦斯赋存资料。
A.4.6 改建、扩建矿井瓦斯等级鉴定资料。
A.4.7 煤与瓦斯突出可能性预测资料。
A.4.8 煤的自燃倾向性、煤尘爆炸性资料。
A.4.9 冲击地压资料。
A.4.10 热害资料。
A.4.11 有毒有害物质组分、放射性物质含量、辐射类型及强度等。
A.4.12 地震资料。
A.4.13 气象条件。
A.4.14 附属生产单位或附属设施危险、有害因素资料。
A.4.15 井田四邻情况和采空区及废弃巷道情况。
A.4.16 煤层开采的其他特殊危险、有害因素的说明。

A.5 安全专项投资情况

A.5.1 投资的安全专项情况。
A.5.2 安全专项投资额。
A.5.3 安全专项投资实施情况。

A.6 安全评价所需的其他资料和数据

A.6.1 本矿区灾害防治主要经验。
A.6.2 类比工程相关资料。
A.6.3 有关煤矿安全生产相关法律法规及标准。

附 录 B
（规范性附录）
井工煤矿建设项目安全预评价单元划分

B.1 开采单元。
B.2 通风单元。
B.3 瓦斯防治单元。
B.4 粉尘防治与供水单元。

B.5 防灭火单元。
B.6 防治水单元。
B.7 防热害单元。
B.8 安全监控、人员定位与通信单元。
B.9 爆破器材储存、运输和使用单元。
B.10 运输、提升单元。
B.11 压风及其输送单元。
B.12 电气单元。
B.13 紧急避险与应急救援单元。
B.14 安全管理单元。
B.15 职业危害管理与健康监护单元。

附 录 C
（规范性附录）
露天煤矿建设项目安全预评价单元划分

C.1 采剥单元（含台阶、穿孔爆破、煤岩采装、破碎站）。
C.2 运输单元。
C.3 排土单元。
C.4 边坡稳定单元。
C.5 防灭火单元。
C.6 防治水单元。
C.7 粉尘防治单元。
C.8 爆破器材储存、运输和使用单元。
C.9 电气单元。
C.10 总平面布置单元。
C.11 应急救援单元。
C.12 安全管理单元。
C.13 职业危害管理与健康监护单元。

附 录 D
（规范性附录）
煤矿建设项目安全预评价报告的主要内容

D.1 概述

D.1.1 安全评价对象及范围。
D.1.2 安全评价目的。
D.1.3 安全评价依据。
D.1.4 安全评价过程。
D.1.5 煤矿建设项目概况。

D.2 危险、有害因素识别与分析

D.2.1 危险、有害因素识别的方法和过程。
D.2.2 危险、有害因素的辨识。
D.2.3 危险、有害因素可能导致灾害事故类型、可能的激发条件和作用规律、主要存在场所和危险程度分析。
D.2.4 危险、有害因素的危险度排序。

D.3 类比工程评价分析

D.3.1 类比工程的选择依据。
D.3.2 类比工程数据资料来源。
D.3.3 类比工程与建设项目主要危险有害因素的对比分析。
D.3.4 类比工程安全生产对建设项目的借鉴分析。

D.4 定性、定量评价

D.4.1 评价单元的划分。
D.4.2 评价方法的选择。
D.4.3 对评价单元 A 的定性、定量安全评价。
D.4.4 对评价单元 B 的定性、定量安全评价。
D.4.5 对其他评价单元的定性、定量安全评价。

D.5 安全措施及建议

D.5.1 设计选择安全设施的要求及其说明,设计中应注意的重大安全问题。
D.5.2 地质工作建议。
D.5.3 安全技术措施及建议。
D.5.4 安全管理措施及建议。
D.5.5 其他相关措施及建议。

D.6 安全评价结论

D.6.1 明确主要危险、有害因素排序,指出应重点防范的重大灾害事故和重要的安全建议。
D.6.2 评价结论,包括建设项目在评价条件下与国家有关法律法规、标准、规章、规范符合与否的结论,建设项目危险、有害因素引发各类事故的可能性及其严重程度的预测性结论,明确建设项目投产后能否安全运行的结论。

D.7 附录

D.7.1 委托书。
D.7.2 井田境界划定文件、采矿许可证(改建、扩建项目)等证照。
D.7.3 勘探地质报告评审意见书和备案证明、矿产资源储量备案证明。
D.7.4 可行性研究报告评审资料。

D.7.5 其他专项研究资料和有关部门批准建设项目的文件。
D.7.6 开拓方式布置图、采掘工程平面图等图纸。

附 录 E
（规范性附录）
煤矿建设项目安全预评价报告书封面格式

E.1 封面布局上部

第一行：建设项目所在地区、委托单位名称（二号宋体加粗，可换行）；第二行：评价项目名称（二号宋体加粗）；第三行：安全预评价报告（一号黑体字加粗）。

E.2 封面布局下部

第一行：安全评价机构名称（二号宋体字加粗）；第二行：安全评价机构资质证书编号（三号宋体加粗）；第三行：评价报告完成日期（三号宋体加粗）。

封面样张见 AQ 8001—2007 图 D.1。

附 录 F
（规范性附录）
著 录 项 格 式

安全评价机构法定代表人、技术负责人、评价项目负责人、评价人员等著录项一般分两张布置。第一张分上下两部分，上部分为项目名称、评价单位项目编号、建设项目规模，下部分署明安全评价机构的法定代表人（以安全评价机构营业执照为准）、技术负责人、项目负责人、报告编制完成的日期及安全评价机构（以安全评价资质证书为准）公章用章区。第二张为评价人员（以安全评价人员资格证为准并署明注册号）、各类技术专家（应为安全评价机构专家库内人员）以及其他有关人员名单，评价人员和技术专家均要手写签名。

煤矿建设项目安全验收评价实施细则
（AQ 1096—2014）

前　　言

本标准的 4、5、6、7 章和附录 C、D、E、F、G 为强制性条款，其余为推荐性条款。

本标准按照 GB/T 1.1—2009 给出的规则起草。

本标准由国家安全生产监督管理总局提出。

本标准由全国安全生产标准化技术委员会煤矿安全分技术委员会（SAC/TC 288/SC 1）归口。

本标准起草单位：中国煤炭工业劳动保护科学技术学会、内蒙古安邦安全科技有限公司、山西正诚矿山安全科技研究所。

本标准主要起草人：窦永山、邱宝夼、杨大明、马志禹、宋超英、严涛、袁双喜。

1　范围

本标准规定了煤矿建设项目安全验收评价工作的管理、程序、方法、内容、评价报告编制等的基本要求。

本标准适用于煤矿建设项目，包括新建、改建、扩建等煤矿建设项目安全验收评价的相关工作。

2　规范性引用文件

下列文件对于本文件的应用是必不可少的。凡是注日期的引用文件，仅注日期的版本适用于本文件。凡是不注日期的引用文件，其最新版本（包括所有的修改单）适用于本文件。

AQ 8001—2007　安全评价通则
AQ 8003—2007　安全验收评价导则

3　术语和定义

下列术语和定义适用于本文件。

3.1

煤矿建设项目安全验收评价　colliery construction project safety assessment upon completion

煤矿建设项目联合试运转正常后正式投产前，通过对安全设施、设备、装置与主体工程同时设计、施工、投产使用情况和管理状况的检查，评价安全设施、设备、装置与设计及相关法律法规、标准规范等的符合性；针对项目建成投产后存在的事故风险等情况，辨识与分析存在的危险、有害因素及其危险度，提出科学、合理、可行的安全对策措施及建议，作出安全验收评价结论的活动。

4 工作规则

4.1 资质与资格要求

4.1.1 煤矿建设项目在项目联合试运转正常后应进行安全验收评价。煤矿建设项目安全验收评价工作，应由具有国家规定资质的安全评价中介机构承担。

4.1.2 国务院及其投资主管部门审批（核准、备案）的煤矿建设项目和建设单位跨省（自治区、直辖市）的煤矿建设项目，其安全验收评价工作应由具有甲级资质的安全评价中介机构承担；其他煤矿建设项目的安全验收评价工作由具有甲级资质或建设项目所在省（自治区、直辖市）乙级资质的安全评价中介机构承担。

4.2 委托与责任

4.2.1 建设单位应自主选择具备相应资质的安全评价中介机构承担煤矿建设项目安全验收评价工作。

4.2.2 建设单位应与承担煤矿建设项目安全验收评价工作的中介机构签订书面委托合同，明确各自的责任、权利和义务。

4.2.3 建设单位应为安全评价中介机构有效实施煤矿建设项目安全验收评价创造必要的工作条件，提供验收评价必需的基础资料，并对提供资料的真实性负责。

4.2.4 承担煤矿建设项目安全验收评价的中介机构应客观公正、实事求是、独立地开展安全验收评价工作，并对当时条件下所作出的安全验收评价结果独立承担法律责任。

4.2.5 任何部门和个人不得干预安全评价中介机构的正常工作，不得指定建设单位接受特定安全评价中介机构开展安全验收评价工作。

4.2.6 安全评价机构与被评价的建设项目单位有利害关系的应当回避。

4.2.7 承担煤矿建设项目安全验收评价工作的中介机构，应当按照规定的标准和程序实施建设项目的安全验收评价，作出科学、公正、客观的安全验收评价结论，提出安全验收评价报告。

5 安全验收评价工作程序与工作内容

5.1 前期准备

5.1.1 明确煤矿建设项目安全验收评价对象、范围和内容，组建评价组。

5.1.2 收集国内相关法律法规、标准、规章、规范及有关规定。

5.1.3 制订安全验收评价工作方案，编制工作表格。

5.2 收集资料与现场安全调查

5.2.1 收集并检查煤矿建设项目基础资料，包括立项批准文件、采矿许可证；勘探地质报告及其评审意见书和矿产资源储量备案证明；水文地质补充勘探报告；矿井建井地质报告；初步设计和安全专篇设计资料（包括图纸、补充或修改设计）及其批复文件；安全预评价报告；工程监理报告；单项工程质量认证书；各项安全设施、设备、装置检测检验报告；安全生产规章制度、责任制和各岗位工种操作规程；安全管理机构设置及任命批准文件；各级各类从业人员安全培训和考核情况；联合试运转批准文件；联合试运转报告等。井工煤矿建设项目安全验收评价参考资料目录见附录 A，露天煤矿建设项目安全验收评价参考资料目录见附录 B。

5.2.2 根据建设项目的特点，依据建设项目初步设计和安全专篇，按照相关安全生产法律法规、标准规范的要求，对建设项目的各生产系统和辅助系统及其工艺、场所和安全设施、设备、装置等进行实地安全检查。对煤矿安全管理机制和安全生产各项规章制度、安全措施的落实情况进行调查。

5.2.3 现场安全调查应明确以下基本问题：

  a) 对地质构造、水文地质、工程地质、瓦斯地质、井田内及其周边采空区和废弃矿井资料及其他安全参数是否准确掌握，能否满足安全生产的需要；

  b) 生产系统和辅助系统、开采程序、方法及其工艺等是否符合设计要求，满足安全生产相关法律法规、规范标准的要求，运转是否满足安全生产要求；

  c) 通风、瓦斯抽放、综合防突、防灭火、防尘、防治水、供电、运输提升、安全监控、生产指挥调度、职业危害防护、应急救援等系统是否合理、完善，是否符合初步设计和安全专篇设计要求，运转是否可靠；

  d) 可能造成重大灾害事故的危险、有害因素是否得到了有效控制，对井田内及其周边采空区、废弃巷道(或边坡)是否都进行了有效管理，是否存在事故隐患；

  e) 安全管理制度，安全管理机构及其人员配置是否符合有关规定要求和实际需要，安全投入、安全培训、安全事故与隐患的管理、应急预案等是否符合要求。

5.3 危险、有害因素辨识与分析

5.3.1 依据建设项目勘探地质报告、水文地质补充勘探报告、矿井建井地质报告、预评价报告、项目建设和联合试运转期间积累的安全资料和数据及其他专项研究成果，辨识建设项目建成投产后可能存在的危险、有害因素，分析其危险程度。

5.3.2 分析危险、有害因素可能导致灾害事故的类型、可能的激发条件和作用规律、主要存在场所。

5.3.3 结合相关实际资料和典型事故案例作进一步分析。

5.3.4 在综合分析的基础上，确定危险有害因素的危险度排序。

5.4 划分评价单元

5.4.1 根据安全验收评价的需要，合理划分安全评价单元。评价单元应相对独立，具有明显的特征界限。

5.4.2 井工煤矿建设项目安全验收评价单元划分见附录C，露天煤矿建设项目安全验收评价单元划分见附录D。

5.5 选择评价方法

5.5.1 根据评价的目的、要求和评价对象的特点，选择科学、合理、适用的定性、定量评价方法，以便开展针对性的安全验收评价为基本原则。

5.5.2 煤矿安全验收评价宜采用安全检查表法进行定性评价为主，生产系统复杂、自然灾害严重的煤矿建设项目，可辅以适用的评价方法进行定性、定量分析评价。

5.6 安全设施评价

5.6.1 根据建设项目设计、施工和联合试运转相关情况，分析、说明安全设施是否符合设计的要求；设计的安全设施、设备是否完成施工并投入使用。

5.6.2 根据安全设施、设备的实际运转情况和取得的效果，分析安全设施对于煤矿安全生产的保障效果，评价安全设施确保安全生产的可行性、可靠性。

5.7 安全生产合法性评价

5.7.1 根据建设项目提供的相关证照、批准文件，评价项目建设的合法性。

5.7.2 根据项目建设和联合试运转期间对相关安全条件和参数的勘测、鉴定或专项研究情况,评价建设项目安全条件与参数确定的合法性。

5.7.3 根据建设项目立项、设计、施工、监理、单项工程验收与质量认证、联合试运转审批等相关情况,评价项目设计建设的合法性。

5.7.4 根据各项安全设施、设备的检测检验报告、矿井通风阻力测定报告、反风演习报告等,评价安全设施、设备等的检测检验合法性。

5.7.5 根据建设项目安全管理机构、制度、作业规程和各级各类从业人员安全培训及考核、持证上岗情况,评价其安全生产管理与从业人员的合法性。

5.7.6 根据综合情况,对建设项目安全生产体系的合法性进行整体评价。

5.8 定性、定量评价

5.8.1 根据初步设计、安全专篇、有关法律法规、标准规范、项目建设和联合试运转基本情况,分单元进行定性、定量安全评价。

5.8.2 评价各生产和辅助系统(单元)是否符合初步设计,运转是否安全可靠;对有关内容的较大修改是否履行了规定的程序,一般修改是否有利于提高安全保障程度。

5.8.3 评价安全设施与安全专篇、有关规程、标准、规范的符合性和完善性,分析存在的不足或缺陷。

5.8.4 根据设计和联合试运转中对危险有害因素的控制情况,评价安全技术措施的符合性、有效性、充分性,分析采取进一步安全技术措施的必要性和可能性。

5.8.5 评价安全管理机制与机构,安全生产制度体系,安全检查,安全教育培训与特殊工种操作人员持证上岗,安全事故与隐患的管理,事故应急预案与应急救援管理,安全信息管理等是否满足安全生产法律法规和规章的要求,是否适应建设项目的特点和安全生产的需要,安全管理体系运转是否可靠、高效。

5.9 安全对策措施建议

5.9.1 根据建设项目联合试运转情况、现场安全检查和评价的结果,对不符合设计要求、不满足安全生产法律法规和标准规范规定的生产系统、工艺、场所、设施和设备等提出改进意见。

5.9.2 对不符合有关规定要求或不适合本建设项目特点的安全管理制度、机构设置与人员配置,存在的管理漏洞和不安全的管理行为,提出改进意见。

5.9.3 对控制防范存在不足或缺陷、可能导致重大事故发生的危险有害因素,提出针对性的安全技术措施及建议。

5.10 评价结论

5.10.1 评价结论应概括评价结果,给出建设项目在评价条件下与初步设计、安全专篇及国家有关法律法规、标准规范符合与否的结论;给出建设项目危险、有害因素引发各类事故的可能性及其严重程度的预测性结论。

5.10.2 明确危险有害因素排序,指出在项目建成投产后应重点防范的重大灾害事故和重要的安全对策措施。

5.10.3 给出建设项目是否具备安全验收条件的明确意见。对暂达不到安全验收要求的建设项目,提出具体理由和整改措施建议。

6 安全验收评价报告

6.1 评价报告文字应简洁、准确,附必要的反映煤矿建设情况等有关图表或照片。

6.2 评价报告应准确、清晰描述评价对象、目的、依据、方法和过程,获得的评价结果,提出的安全对策措施及建议,给出的评价结论等,并简要描述建设项目建设期间的生产事故和联合试运转期间的生产及管理状况。

6.3 评价报告应附实施安全验收评价中介机构的资质、评价人员名单、报告完成时间等相关情况及附件。

6.4 煤矿建设项目安全验收评价报告的主要内容见附录 E。

7 安全验收评价报告格式和载体

7.1 格式内容包括封面(附录 F)、安全评价机构安全评价资质证书副本复印件、著录项(附录 G)、前言、目录、正文、附件、附录。

7.2 安全评价报告一般采用纸质载体。为适应信息处理需要,安全评价报告可辅助采用电子载体形式。

附 录 A
（资料性附录）
井工煤矿建设项目安全验收评价参考资料目录

A.1 煤矿概况

A.1.1 企业基本情况,包括隶属关系、职工人数、所在地区及其交通情况、周边环境及矿区开发情况、项目建设规模等。

A.1.2 企业生产活动合法证明材料,包括采矿许可证、企业主要负责人资格证和安全资格证,改扩建项目原有的煤炭生产许可证、煤矿安全生产许可证、企业法人营业执照。

A.2 煤矿设计依据

A.2.1 立项批准文件。
A.2.2 设计依据的地质勘探报告及其评审意见和备案证明。
A.2.3 设计依据的其他有关矿山安全基础资料和专项研究成果。
A.2.4 安全预评价报告。

A.3 煤矿矿井设计文件

A.3.1 矿井初步设计及批复文件。
A.3.2 矿井安全专篇设计及批复文件。
A.3.3 矿井瓦斯抽采初步设计文件。

A.4 项目建设情况

A.4.1 施工单位资质。
A.4.2 单项工程、单位工程验收资料,评级情况,工程质量认证资料。
A.4.3 瓦斯抽放、防火灌浆、安全监控系统等重要安全系统验收资料。
A.4.4 联合试运转批准文件。

A.4.5 联合试运转报告。

A.4.6 反映矿井实际情况的图纸,包括矿井地质和水文地质图,井上、下对照图,巷道布置图,采掘工程平面图,通风系统图,井下运输系统图,安全监控、人员定位装备布置图,排水、防尘、供水、防火注浆、压风、充填、抽放瓦斯等管路系统图,井下通信系统图,井上、下配电系统图,井下电气设备布置图;井下紧急避险系统与避灾路线图。

A.5 生产系统及辅助系统说明

A.5.1 矿井实际生产能力、开拓方式、开采水平。

A.5.2 采区(盘区)、采掘工作面生产及安全情况。

A.5.3 辅助系统生产及安全情况。

A.5.4 安全设施、设备、装置运行情况。

A.6 危险、有害因素分析所需资料

A.6.1 建井地质报告。

A.6.2 地质构造资料。

A.6.3 煤层赋存资料。

A.6.4 工程地质及岩石力学条件。

A.6.5 水文地质及水文资料。

A.6.6 煤层瓦斯赋存资料。

A.6.7 矿井瓦斯等级鉴定资料、煤层突出危险性鉴定资料。

A.6.8 煤层的自燃倾向性、煤尘爆炸性鉴定资料。

A.6.9 冲击地压资料。

A.6.10 矿井热害资料。

A.6.11 有毒有害物质组分、放射性物质含量、辐射类型及强度等。

A.6.12 地震资料。

A.6.13 气象条件。

A.6.14 井田四邻情况和采空区及废弃巷道情况。

A.6.15 生产过程有害因素资料(主要生产环节或者生产工艺的危害因素分析)。

A.6.16 附属生产单位或附属设施危险、有害因素资料。

A.6.17 煤层开采的其他特殊危险、有害因素的说明。

A.7 安全技术与安全管理措施资料

A.7.1 煤层开采可能冒落区地面范围资料。

A.7.2 矿井、水平、采区的安全出口布置、开采顺序、开采方法和工艺,采空区处理方法和预防冒顶、片帮的措施。

A.7.3 采区设计、采掘工作面作业规程。

A.7.4 保障矿井通风系统安全可靠的措施。

A.7.5 预防冲击地压(岩爆)的安全措施。

A.7.6 防治瓦斯、煤尘爆炸的安全措施。

A.7.7 防治煤与瓦斯突出的安全措施。
A.7.8 防治煤层自然发火的安全措施。
A.7.9 防治矿井外因火灾的安全措施。
A.7.10 防治地面洪水的安全措施。
A.7.11 防治井下突水、涌水的安全措施。
A.7.12 提升、运输及机械设备防护装置及安全运行保障措施。
A.7.13 供电系统及电气设备运行安全保障措施。
A.7.14 爆破器材储存、运输安全措施，爆破安全措施。
A.7.15 矿井气候调节措施。
A.7.16 防噪声、有害振动安全措施。
A.7.17 煤矿安全监控设备、仪器仪表资料。
A.7.18 煤矿井下人员定位系统资料。
A.7.19 煤矿井下通风系统资料。
A.7.20 煤矿矿用产品安全标志及其使用情况资料。
A.7.21 安全生产责任制。
A.7.22 安全生产管理规章制度。
A.7.23 各工种、岗位操作规程。
A.7.24 安全事故与隐患处理记录。
A.7.25 矿井年度灾害预防和处理计划，重大事故应急救援预案。
A.7.26 其他安全管理和安全技术措施。

A.8 安全机构设置及人员配置

A.8.1 安全管理、"一通三防"、防治水管理等机构的设置及人员配置情况。
A.8.2 职业卫生、矿山救护（应急救援）和创伤急救组织（井口保健站、井下急救站）及人员配置。
A.8.3 主要负责人及安全生产管理人员任命情况。
A.8.4 从业人员安全教育、培训和考核情况。
A.8.5 主要负责人安全任职资格证书。
A.8.6 安全生产管理人员安全资格证书。
A.8.7 特殊工种培训、考核记录及其操作资格证书。
A.8.8 岗位工种及其设计定员。

A.9 安全检验、检测和测定的数据资料

A.9.1 特种设备检验合格证。
A.9.2 主要通风机系统检测检验报告。
A.9.3 主提升机（绞车）系统检测检验报告及提升钢丝绳检验报告。
A.9.4 主排水系统检测检验报告。
A.9.5 地面主要空气压缩机检测检验报告。
A.9.6 主提升带式输送机检测检验报告。

A.9.7 矿井通风阻力测定报告。
A.9.8 矿井反风演习报告。
A.9.9 矿井通风测定数据。
A.9.10 矿井瓦斯测定数据。
A.9.11 矿井涌水量记录。
A.9.12 煤的自然发火倾向性监测报告。
A.9.13 矿井自然发火区记录及自燃情况的数据。
A.9.14 职工健康监护的数据。
A.9.15 生产性粉尘监测数据。
A.9.16 矿井通风安全监控仪器、仪表和安全监测传感器的计量检定资料。
A.9.17 矿井主要供（配）电设备和井下接地网检测试验资料。
A.9.18 架线式电机车牵引网络杂散电流测试资料。
A.9.19 其他安全检验、检测和测定的数据资料。

A.10 其他资料和数据

安全评价所需的其他资料和数据。

附 录 B
（资料性附录）
露天煤矿建设项目安全验收评价参考资料目录

B.1 煤矿概况

B.1.1 企业基本情况，包括隶属关系、职工人数、所在地区及其交通情况等。
B.1.2 企业生产活动合法证明材料，包括企业法人营业执照、采矿许可证、企业主要负责人资格证和安全资格证。

B.2 煤矿设计依据

B.2.1 立项批准文件。
B.2.2 设计依据的地质勘探报告书及其评审意见和备案证明。
B.2.3 设计依据的其他有关矿山安全的基础资料。
B.2.4 安全预评价报告。

B.3 煤矿设计文件

B.3.1 初步设计及批复文件。
B.3.2 安全专篇设计及批复文件。

B.4 项目建设情况

B.4.1 施工单位资质。
B.4.2 单项工程、单位工程验收资料，评级情况，工程质量认证资料。

B.4.3 采剥、运输、排土、边坡稳定、防治水、防灭火、电气、爆破器材、总平面布置及其他重要系统验收资料。

B.4.4 联合试运转批准文件。

B.4.5 联合试运转报告。

B.4.6 反映实际情况的图纸,包括地形地质图,工程地质平面图、断面图和综合水文地质平面图,采剥工程平面图、断面图,排土工程平面图,运输系统图,输配电系统图,安全监测装备布置图,通信系统图,防排水系统及排水设备布置图,边坡监测系统平面图、断面图,井工老空区、废弃巷道与露天采场平面对照图等。

B.5 生产系统及辅助系统说明

B.5.1 煤矿实际生产能力、开采规模和范围、开采工艺、开拓方式等情况。

B.5.2 采掘台阶、穿孔爆破、煤岩采装、破碎站、运输、排土、边坡稳定、防治水、防灭火及电气等安全情况的说明。

B.5.3 生产辅助系统安全情况的说明。

B.6 危险、有害因素分析所需资料

B.6.1 建矿地质报告。

B.6.2 地质构造资料。

B.6.3 工程地质及对开采不利的岩石力学条件。

B.6.4 水文地质及水文资料。

B.6.5 内因火灾倾向性资料。

B.6.6 有毒有害物质组分和放射性物质含量、辐射类型及强度。

B.6.7 地震资料。

B.6.8 气象条件资料。

B.6.9 生产过程危害因素分析(主要生产环节或者生产工艺的危害因素分析)。

B.6.10 附属生产单位或附属设施危害因素分析。

B.6.11 矿体四邻情况和废弃采场情况及其危害因素。

B.6.12 矿体开采的特殊危害因素的说明。

B.7 安全技术与安全管理措施资料

B.7.1 矿体开采可能滑坡区地面范围资料。

B.7.2 采场、采区、上下平盘的安全通道布置、开采顺序、采矿方法。

B.7.3 边坡稳定及防治滑坡的措施。

B.7.4 防治煤、岩尘危害的措施。

B.7.5 防治自然发火的安全措施。

B.7.6 防治采场火灾的安全措施。

B.7.7 防治地面洪水的安全措施。

B.7.8 防治采场突水、涌水的安全措施。

B.7.9 运输及机械设备防护装置及安全运行保障措施。

B.7.10 供电系统安全保障措施。

B.7.11 爆破安全措施,爆破器材加工、储存安全措施。

B.7.12 防噪声、有害振动的安全措施。

B.7.13 矿山安全监测设备资料。

B.7.14 安全标志及其使用情况资料。

B.7.15 安全生产责任制。

B.7.16 安全生产管理规章制度。

B.7.17 安全作业规程。

B.7.18 事故事件处理记录。

B.7.19 矿山灾害事故处理计划,重大事故应急预案。

B.7.20 其他安全管理和安全技术措施。

B.8 安全机构设置及人员配置

B.8.1 安全管理、灾害监测机构及人员配置。

B.8.2 工业卫生、救护和医疗急救组织及人员配置。

B.8.3 安全教育、培训情况。

B.8.4 特殊工种培训、考核记录及其上岗证。

B.8.5 工种及其设计定员。

B.9 安全检验、检测和测定的数据资料

B.9.1 特种设备检验合格证。

B.9.2 边坡稳定情况测定数据。

B.9.3 采场空气、防尘测定数据。

B.9.4 采场瓦斯测定数据。

B.9.5 采场涌水量记录。

B.9.6 采场自然发火区记录及其自燃情况的数据。

B.9.7 职工健康监护的数据。

B.9.8 其他安全检验、检测和测定的数据资料。

B.10 其他资料和数据

安全评价所需的其他资料和数据。

附 录 C
（规范性附录）
井工煤矿建设项目安全验收评价单元划分

C.1 开采单元。

C.2 通风单元。

C.3 瓦斯防治单元。

C.4 粉尘防治与供水单元。

C.5 防灭火单元。

C.6 防治水单元。

C.7 防热害单元。

C.8 安全监控、人员定位与通信单元。

C.9 爆破器材储存、运输和使用单元。

C.10 运输、提升单元。

C.11 压风及其输送单元。

C.12 电气单元。

C.13 紧急避险与应急救援单元。

C.14 安全管理单元。

C.15 职业危害管理与健康监护单元。

附 录 D
（规范性附录）
露天煤矿建设项目安全验收评价单元划分

D.1 采剥单元（含台阶、穿孔爆破、煤岩采装、破碎站）。

D.2 运输单元。

D.3 排土单元。

D.4 边坡稳定单元。

D.5 防灭火单元。

D.6 防治水单元。

D.7 粉尘防治单元。

D.8 爆破器材储存、运输和使用单元。

D.9 电气单元。

D.10 总平面布置单元。

D.11 应急救援单元。

D.12 安全管理单元。

D.13 职业危害管理与健康监护单元。

附 录 E
（规范性附录）
煤矿建设项目安全验收评价报告的主要内容

E.1 概述

E.1.1 安全评价对象及范围。

E.1.2 安全评价目的。

E.1.3 安全评价依据。

E.1.4 项目建设情况。

E.1.5 建设项目概况、生产系统和辅助系统。

E.1.6 煤矿联合试运转情况。

E.1.7 煤矿建设和联合试运转期间安全生产情况。

E.2 危险、有害因素识别与分析

E.2.1 危险、有害因素识别的方法和过程。

E.2.2 危险、有害因素的辨识。

E.2.3 危险、有害因素的危险程度分析。

E.2.4 危险、有害因素可能导致灾害事故类型、可能的激发条件和作用规律、主要存在场所分析。

E.2.5 危险、有害因素的危险度排序。

E.3 安全设施评价

E.3.1 安全设施施工情况说明与分析。

E.3.2 安全设施确保安全生产充分性、有效性分析。

E.4 安全生产合法性评价

E.4.1 项目建设的合法性评价。

E.4.2 项目设计建设的合法性评价。

E.4.3 安全设施、设备等的检测检验合法性评价。

E.4.4 安全生产管理与从业人员的合法性评价。

E.4.5 安全生产体系合法性的综合评价。

E.5 评价单元定性、定量分析评价

E.5.1 评价单元的划分。

E.5.2 评价方法的选择。

E.5.3 对评价单元 A 的定性、定量评价过程及结果。

E.5.4 对评价单元 B 的定性、定量评价过程及结果。

E.5.5 对其他评价单元的定性、定量评价过程及结果。

E.6 安全措施及建议

E.6.1 安全改进措施及建议。

E.6.2 安全管理措施及建议。

E.6.3 安全技术措施及建议。

E.6.4 其他相关措施及建议。

E.7 安全评价结论

E.7.1 概括评价结果，包括建设项目在评价条件下与初步设计、安全专篇及国家有关法律法规、标准规范符合与否的结论，建设项目危险、有害因素引发各类事故的可能性及其严重程度的预测性结论。

E.7.2 明确危险有害因素排序,指出在项目建成投产后应重点防范的重大灾害事故和重要的安全对策措施。

E.7.3 对建设项目是否具备安全验收条件提出明确意见。对暂达不到安全验收要求的建设项目,提出具体理由和整改措施建议。

E.8 附录(视具体情况可独立成册)

E.8.1 委托书。

E.8.2 建设项目立项审批文件,采矿许可证以及改扩建项目原有的安全生产许可证、煤炭生产许可证和营业执照,矿长资格证、矿长安全资格证。

E.8.3 勘探地质报告评审意见书及备案证明、矿产资源储量备案证明。

E.8.4 安全专篇批复文件。

E.8.5 联合试运转批准文件。

E.8.6 主要设备、设施检测检验报告,矿井通风阻力测定报告,反风演习报告,生产性粉尘监测报告。

E.8.7 开采煤层的自燃倾向性、煤尘爆炸性鉴定资料,瓦斯等级鉴定批复文件,突出矿井的煤与瓦斯突出鉴定报告。

E.8.8 矿山救护协议、供电合同或协议。

E.8.9 安全管理制度和各工种操作规程目录。

E.8.10 安全管理人员及特种作业人员名单。

E.8.11 在用的列入执行安全标志管理的煤矿矿用产品目录内的矿用产品汇总表。

E.8.12 反映实际情况的图纸。井工煤矿图纸包括采掘工程平面图,通风系统图,井上、下配电系统图等。露天煤矿图纸包括采剥工程平面图、断面图,排土工程平面图,边坡监测系统平面图、断面图等。

附 录 F
(规范性附录)
煤矿建设项目安全验收评价报告书封面格式

F.1 封面布局上部

第一行:建设项目所在地区、委托单位名称(二号宋体加粗,可换行);第二行:评价项目名称(二号宋体加粗);第三行:安全验收评价报告(一号黑体字加粗)。

F.2 封面布局下部

第一行:安全评价机构名称(二号宋体字加粗);第二行:安全评价机构资质证书编号(三号宋体加粗);第三行:评价报告完成日期(三号宋体加粗)。

封面样张见 AQ 8001—2007 图 D.1。

附 录 G
（规范性附录）
著 录 项 格 式

　　安全评价机构法定代表人、技术负责人、评价项目负责人、评价人员等著录项一般分两张布置。第一张分上下两部分，上部分为项目名称、评价单位项目编号、建设项目规模，下部分署明安全评价机构的法定代表人（以安全评价机构营业执照为准）、技术负责人、项目负责人、报告编制完成的日期及安全评价机构（以安全评价资质证书为准）公章用印区。第二张为评价人员（以安全评价人员资格证为准并署明注册号）、各类技术专家（应为安全评价机构专家库内人员）以及其他有关人员名单，评价人员和技术专家均要手写签名。

井工煤矿安全设施设计编制导则(AQ 1097—2014)

前　　言

本标准的所有技术内容均为强制性条款。

本标准按照 GB/T 1.1—2009 给出的规则起草。

本标准由国家安全生产监督管理总局提出。

本标准由全国安全生产标准化技术委员会煤矿安全分技术委员会(SAC/TC 288/SC 1)归口。

本标准起草单位:煤炭工业规划设计研究院。

本标准主要起草人:刘勤江、黄忠、于新胜、何建平、王岩、李瑞峰、田利、刘芳彬、胡伯、宋曦。

1 范围

本标准规定了井工煤矿安全设施设计编制的主要内容及相关要求。

本标准适用于新建、改建及扩建井工煤矿建设项目。

2 规范性引用文件

下列文件对于本文件的应用是必不可少的。凡是注日期的引用文件,仅注日期的版本适用于本文件。凡是不注日期的引用文件,其最新版本(包括所有的修改单)适用于本文件。

GB/T 15663　煤矿科技术语

GB 50215—2005　煤炭工业矿井设计规范

GB 50399—2006　煤炭工业小型矿井设计规范

AQ 1055—2008　煤矿建设项目安全设施设计审查和竣工验收规范

煤矿安全规程

3 术语和定义

GB/T 15663 及《煤矿安全规程》(2011 年版)界定的以及下列术语和定义适用于本文件。

3.1

井工煤矿安全设施设计　guidelines for the safety facilities designing of underground coal mine

在矿井初步设计的基础上,对矿井安全条件的论证和安全设施的设计,包括安全设施设计说明书和附图两部分。

4 基本规定

4.1 井工煤矿安全设施设计应在以下资料基础上编制:

a) 国土资源部门评审备案的相应级别的井田勘查地质报告；
b) 省级及以上政府有关主管部门项目核准(审批)的批复文件；
c) 国土资源部门划定井田范围批复文件或颁发的采矿许可证；
d) 安全预评价报告。

4.2 安全设施设计编制应符合《煤矿安全规程》、GB 50215—2005、GB 50399—2006 及 AQ 1055—2008 等要求。

4.3 安全设施设计与初步设计应由同一设计单位编制，并在初步设计的基础上进行。

5 编制内容

5.1 概况

5.1.1 矿区开发

矿区总体规划，现有生产、在建矿井的分布和规模，小窑分布；属于非新建项目的，应介绍其建设、安全生产情况。

5.1.2 编制依据

国家有关安全法律法规、规范和标准；资源条件、开采技术条件、外部建设条件；建设单位提出的合理要求和目标、提供的主要技术资料与审批文件；设计编制的主要原则和指导思想等。

5.1.3 建设单位基本情况

项目建设单位性质、隶属关系、主营业务、煤炭建设与生产业绩、近年安全生产状况。

5.1.4 初步设计概况

5.1.4.1 地理概况

矿区、矿井所在地理位置、交通情况、地形地貌、地面水系、气象与地震、环境状况等情况。
插图：交通位置图。

5.1.4.2 主要自然灾害

井田所在区域洪水、泥石流、滑坡、岩崩、不良工程地质、灾害性天气等方面。

5.1.4.3 工程建设性质

新建、改建、扩建。

5.1.4.4 开拓与开采

井田境界、资源/储量、设计能力及服务年限，井田开拓方式、采区布置、采煤工艺及主要设备，建设工期等。
插图：开拓方式平面图、剖面图。

5.1.4.5 主要设备

提升、排水、通风、压缩空气、瓦斯抽采系统的主要设备型号和主要技术参数，井下煤炭运输、辅助运输方式及设备。

5.1.4.6 地面运输

地面铁路、公路及其他运输方式。

5.1.4.7 供电及通信

供电电源、电压、电力负荷、送变电方式、地面供配电、井下供配电、安全监控与计算机管理，通信及铁路信号等。

5.1.4.8 地面设施
地面生产系统,辅助生产系统,工业场地及周边用于生产生活的重要建筑物与构筑物,给水排水及供热通风等系统。

插图:工业场地总平面布置图。

5.1.4.9 技术经济指标
劳动定员汇总表、主要技术经济指标。

5.2 矿井开拓与开采
5.2.1 煤层赋存及开采条件
5.2.1.1 地层及构造
地层、含煤地层及含煤性,煤系地层走向、倾向、倾角及变化规律,断层、褶曲、陷落柱、剥蚀带的发育情况及分布规律,岩浆侵入情况及对煤层、煤层顶底板的影响;构造复杂程度。

附表:主要断层特征表。

5.2.1.2 煤层及煤质
煤层赋存情况(包括可采煤层层数、厚度、层间距、结构等),煤层顶底板岩性特征、物理力学性质、结构及变化规律,煤层露头(含隐覆露头)及风化带情况;煤质及煤类。

附表:可采煤层特征表、煤质特征表。

5.2.2 矿井主要灾害因素及安全条件
矿井水文地质条件、涌水量、水患类型,煤层瓦斯赋存情况及分布规律,煤层瓦斯含量和压力,矿井瓦斯等级,矿井煤(岩)与瓦斯(二氧化碳)突出危险性,其他有毒有害气体赋存情况,煤尘爆炸指数及爆炸危险性,煤的自燃倾向性和自然发火期,煤层顶底板工程地质特征,冲击地压危险性,地温情况,邻近矿井瓦斯、煤尘、煤的自燃、煤与瓦斯突出、煤层顶底板条件和地温等实测结果或鉴定资料。

提出对地质报告的评价,提出对安全预评价结论的评价。

5.2.3 矿井开拓系统
5.2.3.1 井筒
井筒的设置及装备、功能,井筒和工业场地工程地质条件、防洪设计标准,进、回风井口的安全性。

附表:井筒特征表。

5.2.3.2 采区及煤层开采顺序
采区(或盘区,下同)划分、采区及煤层开采顺序、采区接替关系,划分依据及其合理性分析;煤层下行开采的顺序确定;煤层上行开采的分析论证。

5.2.3.3 主要巷道
主要巷道布置层位、安全间隙、支护方式、安全风速、其他安全措施等。

插图:井筒、开拓、采区主要巷道断面图。

5.2.3.4 投产采区
投产采区个数、位置,投产采区应具备的条件;采区投产时开拓大巷位置与长度。

5.2.4 采煤方法及采区巷道布置
5.2.4.1 采煤方法的合理性分析
根据地质条件、开采和资源条件,分析采煤方法的安全性。

5.2.4.2 采掘设备的安全性
支护设备的支护强度、防倒、防滑措施,倾斜和急倾斜煤层开采时防煤矸滚动伤人措施等。

5.2.4.3 采区巷道布置
采区上、下山,采煤工作面运输巷道等巷道布置方式;

对有冲击地压、煤层自燃和煤与瓦斯突出等条件下巷道层位的选择与分析;

高瓦斯矿井、有煤(岩)与瓦斯(二氧化碳)突出危险矿井采区和开采容易自燃煤层的采区以及瓦斯矿井开采煤层群和分层开采采用联合布置的采区,其专用回风巷的设置情况;

采区巷道加强支护的要求等。

5.2.5 顶底板控制及冲击地压
5.2.5.1 顶底板灾害防治及装备
影响矿山压力显现基本因素分析:煤层顶板岩性、顶底板类别、物理力学性质对可能产生顶板事故的影响分析,构造、煤层倾角、开采深度、采高、控顶距对矿山压力显现的影响。

一般顶板冒落灾害的防治措施及装备:回采工作面顶板控制方式的选择,回采工作面支架的选择论证,采区运输巷道和回风巷道支护的选择论证;沿空掘(留)巷的安全措施;掘进工作面、硐室、交岔点等支护方式选择的论证。

矿山压力观测设备:综采工作面、高档普采工作面、其他采煤工作面及掘进工作面矿山压力观测设备。

坚硬顶板垮落灾害的防治措施:顶板岩石特性、物理力学性质、顶板岩层厚度、邻近矿井顶板冒落情况等。

预防措施及装备:顶板高压注水、强制放顶等措施分析,岩石钻机、高压注水泵、矿山压力观测设备(如微震仪、地音仪、超声波地层应力仪等)。

底板灾害的防治。

5.2.5.2 冲击地压
矿区或邻近矿井或本矿冲击地压发生的历史资料,影响本矿冲击地压发生的因素分析(地质因素、开拓开采因素),冲击地压预测(冲击地压预测方法、预测仪器仪表和设备选型),冲击地压防治措施(设计原则、防治措施等)。

插图:上、下煤层对照图,冲击地压的预测和防治工程图(必要时附)。

5.2.6 井下主要硐室
井下架线式电机车修理间及变流室、井下蓄电池式电机车修理间及充电变流室、井下防爆柴油机车修理间及加油(水)站、井下换装硐室、井下消防材料库、中央变电所、水泵房、防水闸门硐室、井下急救站、避灾硐室、井下降温系统硐室等的规格、要求(装备)、服务范围、层位位置选择、支护形式、通风方式等。

5.2.7 井上、下爆炸材料库
位置、库房型式、支护、通风,距主要井巷(建构筑物)距离,爆炸材料库采取的安全防范措施。

5.2.8 保护煤柱
矿井、采区及主要巷道保护煤柱留设依据及计算。

5.2.9 安全出口
矿井、采区、工作面安全出口设置及保证措施。

5.2.10 地质类仪器、仪表及设备配置
矿山压力与地质测量类仪器、仪表及设备配置。

5.3 瓦斯灾害防治

5.3.1 瓦斯灾害因素分析

5.3.1.1 瓦斯赋存状况
瓦斯成分、瓦斯参数(瓦斯风化带、瓦斯压力、各煤层瓦斯含量及梯度等)、煤层透气性系数、煤(岩)与瓦斯(二氧化碳)突出危险性、其他有毒有害气体情况。

5.3.1.2 瓦斯涌出量预测及变化规律分析
根据不同水平的瓦斯参数预测矿井不同水平或开采区域的瓦斯涌出量、矿井瓦斯等级,从不同区域、不同埋深分析研究矿井瓦斯涌出的变化规律等。

5.3.1.3 瓦斯灾害治理措施选择
研究确定矿井移交生产时降低矿井瓦斯浓度的可能途径,对风排、抽排比例关系进行定性、定量分析;首采及备用工作面瓦斯治理措施。

5.3.2 防爆措施

5.3.2.1 防止瓦斯积存的措施
健全稳定、合理、可靠的通风系统,保证工作面有充足的风量和合理的风速,确定瓦斯异常区装备、管理标准。

5.3.2.2 控制和消除引爆火源
防止爆破引燃瓦斯措施,防止自燃措施,电气防爆措施,防止撞击产生火花措施,防止产生引燃(爆)火源(明火)的措施。

5.3.2.3 地面储、装、运等生产系统中的防爆措施
按照《煤矿安全规程》等要求制定相应的防爆措施。

5.3.3 隔爆措施
按照 5.5.6 措施执行。

5.3.4 瓦斯抽采

5.3.4.1 矿井瓦斯储量
瓦斯储量、可抽量及瓦斯涌出量计算。

5.3.4.2 抽采系统和方法
瓦斯抽采系统的选择及合理性分析,论证分析采用地面钻孔抽采、地面集中抽采、井下临时抽采的可行性和合理性。

瓦斯抽采(预抽)的预抽量、预抽时间、预抽效果分析。

地面钻孔抽采系统:完孔方法、抽采参数(孔距、孔径、抽采负压等)、系统设备。

地面集中抽采或井下临时抽采系统:本煤层瓦斯抽采方法,邻近层抽采方法,采空区抽采方法,抽采巷道的选择和布置,钻场布置和钻孔参数。

5.3.4.3 抽采管路及其设备
抽采系统的主、干、支管管径、材质、连接方式,主管路的趟数;抽采管路的布设和敷设方式,安全间距;管路的附属设施及其布设原则;井下管路的阻燃性和防砸、防静电、防腐、防漏

气、防下滑措施,地面管路的防冻和防雷电、静电措施。

瓦斯储存、利用方式及所需正压,抽采设备选型及工况点(应考虑抽采设备实际工况与标准工况的换算),设备富余能力(大于或等于15%)校验,设备工作及备用台数。

瓦斯抽采站的辅助设施(起重、冷却、采暖、通风、测量及计量)、安全设施(防爆器、防回火装置、放空管、避雷、灭火器具),安装布置方式,防火间距,机房安全出口;抽采设备及设施选型合理性和运行安全、可靠性分析。

插图:抽采管路系统图。

5.3.4.4 安全保障措施

抽采系统及抽采泵站安全措施:抽采站场、钻孔施工防治瓦斯措施,管路及抽采瓦斯站防火灾、防洪涝、防冻措施,抽采瓦斯浓度规定,安全管理措施。

监测监控子系统的组成、功能及设置。

5.3.5 防突措施(有突出危险的矿井)

5.3.5.1 煤与瓦斯突出的危险性分析

煤层赋存、顶底板等情况,煤层瓦斯特征(瓦斯含量、瓦斯成分、瓦斯放散初速度 Δp、瓦斯压力 p),煤层的物理力学性质,矿井或邻近矿井煤与瓦斯突出情况,各煤层瓦斯突出危险性鉴定结果。

5.3.5.2 开拓、开采防突措施

从开拓方式和开采顺序、采煤方法和巷道布置、采区巷道和顶板控制、通风等方面论述。

5.3.5.3 区域防突措施

开采保护层:保护层的确定,保护层有效作用范围的圈定。开采保护层的几个技术问题——主要巷道布置,井巷揭突出煤层地点的选择,保护层的有效保护范围及有关参数确定,保护层的回采工作面与被保护层的掘进工作面超前距离的确定,防止应力集中的影响,留煤柱时采取的措施,井巷揭煤前通风系统和通风设施及采区上山布置方式;其他应注意的问题。

预抽煤层瓦斯:煤层瓦斯预抽,掘进工作面预抽,回采工作面预抽。

5.3.5.4 局部防突措施

石门和井巷揭煤的防突措施,掘进工作面防突措施,回采工作面防突措施。

5.3.5.5 安全防护措施

井巷揭穿突出煤层和在突出煤层中进行采掘作业时的安全防护措施,避难硐室或救生舱设置,个人防护措施等。

5.3.5.6 防突仪器、设备配置

瓦斯突出参数测定仪器、钻机等。

5.3.6 瓦斯检测仪器、设备配置

矿井瓦斯及其他气体检测仪器、设备配置。

5.4 矿井通风

5.4.1 通风系统

矿井通风方式和通风方法。

矿井初、后期进回风井数目及位置、功能、服务的范围及时间,改扩建矿井增加和弃用的井筒情况。

5.4.2 矿井风量、风压及等积孔

矿井不同时期的需风量计算及风量分配、风压、等积孔计算及通风难易程度评价,应考虑自然风压及海拔高度的影响。

附表:初、后期风压计算表。

5.4.3 掘进通风

掘进通风方法、通风设备、防止产生循环风的安全措施。

5.4.4 硐室通风

井下独立通风硐室的通风系统及安全措施。

5.4.5 井下通风设施及构筑物

井下各种风门、挡风墙、风帘和风桥、调节风门、测风站的设置及技术要求。

5.4.6 矿井主通风机及矿井反风

矿井通风设备选型及正常、反风工况点(应考虑自然风压影响及海拔高度对特性曲线的修正),通风设备的余量(在最大设计风量、负压时轴流式的叶片富余角度和离心式的富余转速)及电机功率(包括反风功率)校验;工况调节方式,辅助设施,安装布置方式,机房安全出口,风门防冻措施,性能测试方式;反风方式、反风系统及设施;多风机联合运转时的性能匹配及工况点稳定性分析;通风设备及设施选型合理性和运行安全、可靠性分析。

多风井实施反风的技术措施和方法。

插图:通风容易、困难时期风机工作和反风特性曲线图。

5.4.7 矿井通风检测类仪器、设备配置

按照《煤矿安全规程》和煤炭行业有关规定配置检测类仪器设备。

5.4.8 井筒防冻

井筒防冻方式、计算参数、设备选型及相应的安全措施。

5.4.9 降温措施及设备选型(有地热危害的矿井)

5.4.9.1 矿井致热因素

热害种类、热害程度及致热因素分析。

5.4.9.2 矿井地热、热水分布状况及岩石热物理性质

可采煤层上、下主要层段岩石热物理性质及参数,热水型矿井的热水形成、运移、水温及水量等主要参数,地热型矿井的原始岩温、干湿球温度等主要参数。

5.4.9.3 矿井热源散热量计算

地温情况及热害对职工的影响,风温预测计算及采取的降温措施。

5.4.9.4 降温措施及设备选型

开拓、采掘布置措施,通风系统及通风管理措施,地热及热水型矿井封堵、疏干措施,人工制冷、降温等措施,降温设备选型,采用各种措施的经济技术比较,降温措施及预期效果。

5.5 粉尘灾害防治

5.5.1 粉尘危害及防尘措施

5.5.1.1 粉尘种类和危害程度分析

粉尘的种类、游离二氧化硅含量、煤尘的爆炸性、粉(煤)尘的危害性等。

5.5.1.2 防尘措施的确定

各采掘工作面、装载点、卸载点、运输、仓储等产生粉尘的尘源地点,采用的降尘、除尘、

捕尘以及对沉淀在巷道中的煤尘所采取的综合防尘措施。
5.5.2 煤层注水
5.5.2.1 煤层注水设计依据
煤层的物理特性、煤层顶底板的物理特性、煤层的结构特征等,煤层注水的必要性。
5.5.2.2 注水工艺、参数及设备
注水方式的选择、注水参数及水质的确定,注水系统的选择、注水设备和仪表的选择。
5.5.3 井下消防、洒水(给水)系统
井下消防洒水系统:水源及水处理、水量、水压、水质、给水系统(系统选择、水池、蓄水仓、加压、减压、管网)、用水点装置(灭火装置、给水栓、喷雾装置)、管道、加压泵站、自动控制。

供水施救系统管路、阀门等设施。
5.5.4 粉尘监测及个体防护设备
5.5.4.1 粉尘检测
主要检测方法及频率,检测仪表。
5.5.4.2 个体防护设备
个体防护设备的选择及配置。
5.5.5 防爆措施(有煤尘爆炸危险矿井)
防尘降尘措施,电气设备及保护措施,撒布岩粉、防止火源引起煤尘爆炸的措施等。
5.5.6 隔爆措施(有煤尘爆炸危险或高瓦斯矿井)
5.5.6.1 隔爆水棚(水槽、水袋)(设置时)
水棚的结构、选型、计算与布置以及水棚给水系统。

插图:隔爆水棚布置图。
5.5.6.2 隔爆岩粉棚(设置时)
粉棚的结构、布置、计算,对岩粉的要求与岩粉原料。

插图:隔爆岩粉棚布置图。
5.5.7 矿井地面生产系统防尘
地面生产系统防尘,排矸系统防尘,喷雾洒水除尘措施及装备。
5.5.8 矿井粉尘检测类仪器、设备配置
按照煤矿粉尘防治有关规定配置检测类仪器、设备。
5.5.9 矿井其他有毒、有害、放射性物质等灾害的防治
矿井其他有毒、有害、放射性物质等灾害按照《煤矿安全规程》要求进行防治。
5.6 防灭火
5.6.1 煤层自燃倾向性及防灭火措施
5.6.1.1 煤层自燃倾向性
煤层自燃倾向性参数及矿井的火灾特点,邻近矿井煤层自然发火的特点和规律、自然发火期。
5.6.1.2 煤的自燃分析预测
根据煤的自燃倾向性鉴定结果、化学成分及变质程度等,从开拓方式、采煤方法、通风方式等方面分析。

5.6.1.3 煤层自燃预防措施

根据矿井煤层自然发火的特点,选择适宜的开拓开采和通风方式,确定先进适用的防灭火方法、设备;根据周边邻近矿井火区情况,制定隔离措施等。

5.6.2 防灭火方法
5.6.2.1 灌浆防灭火

设计依据及主要技术资料,灌浆系统的选择,灌浆方法的选择,灌浆参数的计算及选择,灌浆材料的选择,泥浆制备、注浆管道和泥浆泵的选择。

插图:灌浆工艺系统图。

5.6.2.2 氮气防灭火(设置时)

设计依据及主要技术要求、注氮工艺系统及设备、注氮参数。

插图:注氮工艺系统图。

5.6.2.3 阻化剂防灭火(设置时)

设计依据、阻化剂的选择、喷洒压注工艺系统、参数计算、喷洒压注设备。

5.6.2.4 凝胶防灭火(设置时)

主料、基料及促凝剂的选择,参数计算,压注、喷洒设备的选择等。

5.6.2.5 均压防灭火

均压防灭火措施。

5.6.3 井下外因火灾防治
5.6.3.1 电气事故引发的火灾防治措施

井下机电设备硐室的防火措施,井下电气设备的防火措施,井下电缆、井下电气设备的各种保护。

5.6.3.2 带式输送机着火的防治措施

井下阻燃输送带选择、巷道照明、传动滚筒防滑保护、烟雾保护、温度保护和堆煤保护装置,自动洒水装置和防输送带跑偏装置,机头、机尾硐室自动灭火系统,火灾报警装置以及监测监控装置。

5.6.3.3 其他火灾的防治措施

防止地面明火引发井下火灾的措施,防止地面雷电波及井下、防止井下爆破引发火灾的措施,空压机的防火与防爆措施,防止机械摩擦、撞击等引燃可燃物的措施等。

5.6.4 防火构筑物

井下防火门硐室、防火墙、采区和工作面密闭等,井上、下消防材料库。

5.7 矿井防治水
5.7.1 矿井水文地质

井田水文地质条件及矿井水文地质类型;地表水体的分布情况,新生界松散含(隔)水层和基岩含(隔)水层的含、隔水性能及分布特点,构造的含水、导水和隔水性能;采空区、邻近矿井和小(古)窑的积水情况,封闭不良的钻孔情况;主要含水层或积水区与可采煤层之间的关系;矿井的正常涌水量和最大涌水量;可能发生突水的地点和突水量预计。

5.7.2 矿井防治水措施
5.7.2.1 矿井开拓开采所采取的安全保证措施

矿井开拓工程位置及层位选择、采掘工程所采取的防治水措施。

5.7.2.2 防隔水煤(岩)柱留设
防隔水煤(岩)柱的种类、留设原则、计算方法和结果,确定浅部回采工作面的回采上限。

5.7.2.3 区域、局部探放水措施及设备
探放水原则、探放水方法的确定、探放水设备的选择、探放水时的安全措施。

5.7.2.4 疏水降压
根据矿井水文地质条件,确定疏水降压的地点、方法和降低水头值,并作相应的疏水工程设计和疏水降压设备选择。

5.7.2.5 防水闸门(强排系统)
分析设置防水闸门的必要性,防水闸门规格,防水闸门硐室位置及设计计算结果,施工及管理要求。

强排系统设计:排水泵选型、设置数量,排水管路选型及安装等。

5.7.2.6 井下排水
矿井不同时期井下正常、最大涌水量、突水量(必要时说明);排高及时间界限,地面所需附加扬程,排水方式;排水设备选型及管路淤积前、后的工况点(应考虑海拔高度对参数进行修正,以及并联运行);排水泵的工作、备用、检修台数,预留预设情况,排水能力校验,电动机功率和吸上真空高度校验,泵与管路的运行组合,水泵的充水方式和启动、调节方式;排水管路管径、材质、连接方式和壁厚校验,阀门,管路趟数及敷设井巷和方式;水质pH<5时的防酸措施,管路的防腐,排水系统防水力冲击措施,管路预留位置;泵房附属设施引水、起重、运输、配水井/阀及硐室,大功率泵房的通风散热和降噪措施;配水井、联轴器的安全防护;排水设备及设施选型合理性和运行安全、稳定性分析。

水泵房位置及通道,水仓布置及容量。

下山巷道布置方式的排水方式、设备及排水能力。

插图:水泵特性曲线图、排水系统图。

5.7.2.7 地表水防治
防洪设计标准,地表水防治措施和地表水防治工程与装备。

5.7.2.8 小窑、古窑水防治
小窑及古窑的分布范围与积水情况,小窑及古窑对矿井开拓开采的影响,实现积水区域安全开采的防治水技术途径和安全技术措施。

5.8 电气安全
5.8.1 矿井电源及送电线路
5.8.1.1 矿井供电电源及可靠性分析
电网现状及规划、供电电源(包括电源协议或供电承诺)、施工电源、过渡期的供电、电源运行方式、备用电源自动投入装置等。

5.8.1.2 供电线路可靠性及保证措施
可能产生的事故分析,如断线、倒杆、外力破坏、雷击、覆冰、污闪等;保证措施,如线路设计气象条件、导地线截面及安全校验、允许温度、杆型、路径、交叉跨越、绝缘配合(污秽等级、海拔高度、泄漏比距)、地形地貌特征及防雷、接地、融冰等。

5.8.2 矿井地面主变电所
5.8.2.1 主变电所负荷
主变电所最终或分期、分级(一、二级)的电力负荷计算值(有功、无功、视在),吨煤电耗;

电力负荷分析(含无功冲击和谐波)。

5.8.2.2 主变压器选择

数量、型号规格、运行方式、负荷率、供电保障系数、调压方式等。

5.8.2.3 电气主接线及主要电气设备

安全设计时,要考虑各电压等级的电气主接线、无功补偿方式、主要电气设备选择、站用电及操作电源、继电保护(主保护和后备保护)及控制和远动、短路校验。

5.8.2.4 接地方式和接地网设置

主变电所各级电压中性点的接地方式及设备,变电所防雷保护方式,单相接地电容电流及补偿,接地装置设计的技术原则和接地电阻要求。

5.8.2.5 防止矿井突然停电的措施

电源线路和上级变电站停电等。

5.8.2.6 地面主变电所事故及防治措施

可能发生的事故分析:工程地质条件,洪涝灾害、内外过电压、短路、变电所火灾、误操作、保护不完善、变电所设备事故、小动物引起的短路、系统设置不合理等。主变电所事故防治措施:地面变电所选址的安全因素分析、过电压保护(大气过电压、操作过电压、系统谐振过电压)及各种防护设施与设备。防污秽措施、变电所和构筑物的防火措施和防火间距、主变压器防火和防爆措施、事故油池设置,开关、继电保护装置及电容器的防火措施,火灾报警和消防,高压电网限制单相接地电容电流的措施,谐波电流限制措施。电缆沟、管道沟等防小动物进入措施等。

5.8.3 地面供电系统

5.8.3.1 供电安全性分析

负荷分级及各分级负荷的供电方式、供电安全性分析。

5.8.3.2 地面供配电系统概况

变配电所分布和供电范围、线缆选择与敷设,短路计算及校验。

5.8.3.3 主通风机房

电源及线路,电力负荷,启动方式,电气设备及保护功能,仪表、通信及控制。

5.8.3.4 瓦斯抽采站

电源及线路,电力负荷,启动方式、电气设备及保护功能,电气防爆及安全技术措施,抽采站防雷击、静电、火灾的安全措施,仪表、通信及控制。

5.8.4 地面建(构)筑物防雷及防雷电波侵入井下

5.8.4.1 建(构)筑物的防雷

一、二、三类防雷建筑名称,及主要防雷措施。

5.8.4.2 防地面雷电波及井下的措施

进入井下的地面架空线路、电机车架线、管路在入井处的避雷措施等。

5.8.5 井下供电系统

5.8.5.1 井下电力负荷和电压等级

井下供电系统概况、电压等级、供电方式、运行方式,最终或分期、分级(一级)的电力负荷计算值(有功、无功、视在),一级电力负荷类型及供电方式。

5.8.5.2 井下电缆

井下电缆选择:类型、绝缘水平、铠装、截面及校验(载流量、温升、经济电流密度、动热稳定性、压降)、阻燃性能、煤矿矿用产品安全标志等。

电缆敷设路径及方式:敷设路径、敷设位置、安全措施、敷设方式、电缆的连接等。

5.8.5.3 井下电气设备及变电所

电气设备防爆等级:井下各使用地点电气设备(包括电动机、变配电设备、用电设备、电机车、照明灯具、通信及自动化装置和仪表、传感器等)防爆等级的选择,无油真空化情况,所选电气设备具备"煤矿矿用产品安全标志"情况。

采区 3.3 kV 供电的专门安全措施。

电气设备的继电保护:不同回路、设备所具备的各种保护、闭锁、控制功能,开关设备分断能力、动热稳定性及保护装置可靠系数校验,主要电气设备的实时监测监控。

井下变电所:各主要变电所、配电点、移动变电站的设置位置和主接线方式,配电变压器数量及保证率,变压器中性点接地方式,供电安全性分析,灭火器具设置。

防治水强排系统(矿井需要设置的):电源及线路、电力负荷、控制启动方式等。

局部通风机的供电方式及风电、瓦斯闭锁。

5.8.6 井下电气设备保护接地

保护接地的设置范围:总接地网、分区接地网、主接地极、局部接地极的设置,材质、截面及连接,接地电阻。

5.8.7 照明及电气信号

5.8.7.1 井下固定照明

井下固定照明地点(包括爆炸材料库)和供电方式,照明器具和电缆的选择及安装敷设方式,照明变压器的保护。

5.8.7.2 应急照明

地面、井下应急照明的设置地点及应急照明装置。

5.8.7.3 电气信号

采用的电气信号类型及设置地点。

5.8.8 井下电气事故原因分析及其防范技术措施

5.8.8.1 可能产生的事故分析

异常停电和带电、电气火花、着火、短路、过负荷、断相、单相接地电容电流、电缆动热稳定性、触电、静电、失爆等。

5.8.8.2 防治措施

电气设备实现无油化、各种电气保护及其可靠性、电缆截面及阻燃和安装、不带电作业、日常运行维护检查、电机车架空线高度及分段开关、接地、遮栏等。

5.8.9 矿井通信

5.8.9.1 行政通信

矿井行政通信交换机的选型、容量的配置,与公网连接的中继方式及中继线容量的配置,程控交换机房的电源、接地、消防。

5.8.9.2 调度通信

生产调度通信交换机的选型、容量配置,中继方式及中继线容量配置,井筒通信电缆的选型及敷设、复接方式,固定通信主要设置地点,直通电话等。

电力调度通信、地面无线移动通信、应急救护通信系统、井下移动通信、铁路装车站调度通信等的配置。

5.9 提升、运输、空气压缩设备

5.9.1 提升设备

5.9.1.1 提升装置

提升容器型号和主要参数,串车组成,最大、最重件参数和对侧配重要求,最大载重量及最大载重量差,装卸载方式,提升高度或井巷参数。

提升设备、主(尾)钢丝绳及悬挂装置的型号、主要技术参数,提升设备的运行数量,相关参数校验;提升机房照明及防护隔离和消防设施;设备选型的合理性及运行安全性分析;提升机电源及线路、电气主接线、传动方式及设备、谐波抑制和无功补偿。

插图:提升系统平、剖面图。

5.9.1.2 运行参数

提升系统主要运行参数及其校验,如最大提升速度、最大加减速度、加减速度变化率、爬行速度、进出四角罐道速度、休止时间、过卷和过放距离、年提升能力及富余系数等。

插图:提升速度图。

5.9.1.3 提升机安全制动

制动装置及其主要功能,制动方式(一级、二级、恒减速),制动力矩与最大静荷重转矩的倍数,双滚筒缠绕式提升机调节滚筒位置时制动力矩倍数,立井和斜井提升绞车上提、下放时安全制动减速度,摩擦式提升机紧急制动滑动极限等。

5.9.1.4 提升机机电保护装置及电气保护

防过卷过放、防过速、限速、深度指示器失效、闸间隙、松绳、尾绳、满仓、减速功能保护,缠绕式提升的定车装置;电气保护,如过负荷、短路及欠压、错向闭锁、测速回路断电、直流及交流同步主电机失磁、制动回路及润滑回路故障、电气制动电流消失、操纵手柄"0"位;提升信号联锁;调绳离合器动作保护等;控制系统、电路、电源的可靠性。

5.9.1.5 提升设备连接装置安全系数校验

立井及斜井提升各类连接装置的安全系数校验。

5.9.1.6 立井井筒设施

大、重型设备、车辆进出罐笼过程(尤其是深井,绳端载荷变化后钢丝绳发生较大的弹性变形)及运行中的安全措施,长材料运送方式及其安全措施,箕斗提升的防过装载措施;井口防坠落措施,阻车器、挡车器、楔形罐道、防撞梁和托罐装置、缓冲装置、防坠器、摇台、稳罐装置的设置,立井提升容器罐耳与罐道的间隙,提升容器与井筒装备的最小间隙等。

5.9.1.7 斜井跑车防护装置及车场信号装置

斜巷轨道型号,串车提升的连接装置和保险装置,井巷内托绳轮和立滚的设置及间距;跑车防护装置选型及主要性能和技术参数,安装位置及间距;与提升绞车联动的车场声光报警装置功能和安设位置,斜巷躲避硐室。

5.9.1.8 采区辅助绞车运输事故及防治措施

硐室设计、巷道规格、线路布置、声光信号、挡车栏、挡车器等。

5.9.1.9　井底及采区煤仓事故的防治措施

煤仓型式及容量、仓口筛箅、煤位信号、煤仓防堵及瓦斯检测和通风等。

5.9.2　带式输送机设备

5.9.2.1　带式输送机

设备型号、主要技术参数(如倾角、长度、带宽、带强及阻燃、滚筒直径、驱动单元形式及功率配比、调速或软启动及软制动装置、拉紧方式、防逆转和制动装置、输送带张力及防滑验算、输送带安全系数、驱动电动机功率及过载能力等)及其校验。

插图:原煤运输系统示意图、带式输送机系统示意图。

5.9.2.2　运行参数

带式输送机运输系统主要运行参数(如带速、输送量、与井下煤流系统及煤仓容量的协调性、工作制度等)及其校验,选型的合理、安全性分析。

5.9.2.3　带式输送机供电及电气传动

电源及线路、电气主接线、电气传动方式及设备、谐波抑制和无功补偿。

5.9.2.4　带式输送机的电气保护

驱动滚筒打滑、堆煤、防跑偏、温度、烟雾、输送带张力下降、防撕裂、电动机过载、电机超温、下运输送机超速和失电保护等;自动洒水装置,紧急停车装置,制动及防逆转装置,漏斗堵塞连锁,启动、停车的预报及警告信号;井下带式输送机火灾监测系统;根据具体情况(大倾角、高带强的钢丝绳芯输送带)设置断带保护装置或接头在线检测装置;主运输系统(如主斜井带式输送机)输送量监控设施。

5.9.3　机车运输

5.9.3.1　机车运输设备

平硐、大巷、采区的运输机车(矿用架线及蓄电池电机车、防爆柴油机车)、牵引整流/充电设备和牵引网及矿车、人车等的型号、类型、数量、主要技术参数。

5.9.3.2　运行参数

机车运输系统主要运行参数(如运输长度、线路坡度、车场形式、速度、列车组成、牵引电动机过热能力、列车制动距离、充放电设备选择等)及其校验,选型的合理、安全性分析。

5.9.3.3　机车运输事故分析

机车及其他运输车辆运行中碰撞追尾、超速、伤人、触电、起火、打滑、运行火花等事故。

5.9.3.4　防范机车运输事故的主要技术措施

大巷及井底车场内的"信、集、闭"系统,轨道及架空线的标准,轨道绝缘及杂散电流,架空线的分段开关或自动停送电开关,巷道安全间隙,躲避硐室等。

5.9.4　井下其他辅助运输设备

5.9.4.1　架空乘人装置

巷道倾角及长度、设备型号及主要技术参数、蹬座间距、运行速度、钢丝绳安全系数、制动器、上下人地点安全措施、紧停及信号装置、安全间距等。

5.9.4.2　单轨吊车、卡轨车、齿轨车和胶套轮车

车辆型号、数量、运行区域、主要技术参数,轨道、信号和通信装置。

5.9.4.3　无轨胶轮车

车辆型号、数量、运行区域、主要技术参数,信号、照明和通信、安全保护装置,灭火器、瓦

斯检测报警仪的配备,排气中 CO、NO_2 等有害气体浓度。

巷道中行驶速度确定:物料小于或等于 40 km/h、人员小于或等于 25 km/h。

巷道宽度和必要的车辆、人员躲避硐室及提示标志,巷道弯道或视线受阻区段的限速、鸣笛标志,自动交通信号装置等要求。

定期维护、保养和检修及地面加油方式。

5.9.5 空气压缩设备

5.9.5.1 压气设备及管路系统

供气方式,空气压缩设备型号、数量、主要技术参数、设置地点,管路系统、规格、长度、敷设位置;压风自救系统需风量校验,管路设施。

5.9.5.2 压气设备事故分析

管路积碳、储气罐爆炸、管路振动、机械及电气事故、噪声等。

5.9.5.3 防范压气设备事故的主要技术措施

符合规定的润滑油,空压机设压力表和安全阀、断油保护或信号装置、断水保护或断水信号装置、温度保护装置、吸气过滤装置。

机房的安全出口,联轴器、皮带传动部分的安全防护。

储气罐的位置、超温保护装置、安全阀和放水阀、出口管路释压阀、与供气总管间的切断阀。管路防静电措施。

活塞式机组与储气罐间的止回阀、放空管、消声器。

管路系统的合理性、连接固定方式,管道、管件、阀门的选择及材质要求。

5.10 矿井监控系统

5.10.1 矿井安全监测监控系统

5.10.1.1 安全监测监控系统配备

根据矿井安全生产条件,选定具有煤矿矿用产品安全标志的安全监控系统,并按规定配置相应设备。

5.10.1.2 中心站设置

供电、通信、安全防护,主机和终端设置等。

5.10.1.3 分站及传输电缆设置

传输电缆敷设,分站及隔爆电源的设置地点、安装方式,断电范围。

5.10.1.4 甲烷传感器的设置

甲烷传感器的安设位置,报警、断电、复电值及断电范围。

5.10.1.5 其他传感器的设置

风速、一氧化碳、风压、温度、烟雾、设备开停、风筒、风门、馈电等传感器的安设位置,报警、复电值。

5.10.1.6 分站、传感器的备用

备用数量大于或等于20%,设备台账表中应注明设置地点,传感器的类别、使用量、备用量。

5.10.2 其他安全、生产监控系统

井下人员位置监测系统以及根据矿井实际需要,选定具有煤矿矿用产品安全标志的矿井提升、运输、供电、主要通风机、排水、矿山压力、火灾束管、原煤产量等监控系统,并按规定

配置相应设备。

5.10.3 使用和维护

用于各监控系统日常检修维护的人员机构、场所设施设置情况,有关系统及其传感器、仪器仪表的定期调校和功能测试方式方法。

5.11 矿井救护、应急救援与保健

5.11.1 矿井安全标识设置

主要或有危险因素场所、地点和有关设施、设备设置的安全警示标志。

5.11.2 井下紧急避险系统

紧急避险设施(包括永久避难硐室、临时避难硐室、可移动式救生舱)位置、形式及配备。

安全监测监控、人员定位、压风自救、供水施救、通信联络等系统的设置情况及对避险设施发挥作用的保障。

发生火灾(或瓦斯、煤尘爆炸)时通风系统调整:根据发生火灾(或瓦斯、煤尘爆炸)的区域、程度、范围提出合理的调整灾变时的局部通风系统和局部反风系统及构筑物的控制措施。

火灾(或瓦斯、煤尘爆炸)避灾路线、水灾避灾路线:避灾路线原则,提出矿井移交生产时矿井发生火灾、水灾时的最佳避灾路线和可行的避灾路线。

5.11.3 矿山救护

单独设立救护队的必要性、可行性,为本矿服务的矿山救护队情况;建设施工期间矿山救护;矿井事故的抢险指挥责任和措施。

5.11.4 矿山保健

井口保健站、井下急救站的设置等。

5.11.5 个体劳动保护

自救器、矿灯、防尘口罩、安全帽等。

5.12 安全管理机构与安全定员、培训

5.12.1 安全管理机构的设置与人员配备。

5.12.2 安全培训机构设置、场所与设施。

5.12.3 安全定员,包括矿井通风、有害气体、粉尘检测人员,防尘、防爆、隔爆工程设施操作、维护专职人员,安全装备和仪器仪表专职保管、维护、收发人员,安全监控系统巡视、维护人员,井上、下消防材料库(硐室)管理专职人员,瓦斯抽采、防灭火、防突、防治水人员,防冲人员,降温设备维修人员,井下急救站专职医护人员等。

5.12.4 附表:矿井安全定员表。

5.13 待解决的主要问题及建议

施工图阶段和施工中应注意和解决的问题。

矿井生产过程中需注意和解决的问题和建议。

对于改扩建矿井,改扩建期间的安全措施和新老系统转换的说明。

对需要进行专项安全设计的说明。

附 录 A
（规范性附录）
安全设施设计文件格式

A.1 封面格式

（隶属关系及建设单位名称）

××矿井

安 全 设 施 设 计

（编制单位名称）

年　月

A.2 扉页格式

（隶属关系及建设单位名称）

××矿井

安 全 设 施 设 计

工 程 编 号：A×××
工 程 规 模：

院长（总经理）：
总 工 程 师：
项目总设计师：

（编制单位名称）[加盖设计证书章]

年　　月

A.3 人员名单

A.3.1 审定人员名单

专　　业	姓　　名	职务或职称	签　　章

A.3.2 审核人员名单

专　　业	姓　　名	职务或职称	签　　章

A.3.3 参加设计人员名单

专　　业	姓　　名	职务或职称	签　　章

附 录 B
（资料性附录）
矿井安全设施设计说明书编写提纲

B.1 概况

B.1.1 矿区开发

B.1.2 编制依据

B.1.3 建设单位基本情况

B.1.4 初步设计概况

B.2 矿井开拓与开采

B.2.1 煤层赋存及开采条件

B.2.2 矿井主要灾害因素及安全条件

B.2.3 矿井开拓系统

B.2.4 采煤方法及采区巷道布置

B.2.5 顶底板控制及冲击地压

B.2.6 井下主要硐室

B.2.7 井上、下爆炸材料库

B.2.8 保护煤柱

B.2.9 安全出口

B.2.10 地质类仪器、仪表及设备配置

B.3 瓦斯灾害防治

B.3.1 瓦斯灾害因素分析

B.3.2 防爆措施

B.3.3 隔爆措施

B.3.4 瓦斯抽采

B.3.5 防突措施

B.3.6 瓦斯检测仪器、设备配置

B.4 矿井通风

B.4.1 通风系统

B.4.2 矿井风量、风压及等积孔

B.4.3 掘进通风

B.4.4 硐室通风

B.4.5 井下通风设施及构筑物

B.4.6 矿井主通风机及矿井反风

B.4.7　矿井通风检测类仪器、设备配置

B.4.8　井筒防冻

B.4.9　降温措施及设备选型（有地热危害的矿井）

B.5　粉尘灾害防治

B.5.1　粉尘危害及防尘措施

B.5.2　煤层注水

B.5.3　井下消防、洒水（给水）系统

B.5.4　粉尘监测及个体防护设备

B.5.5　防爆措施（有煤尘爆炸危险矿井）

B.5.6　隔爆措施（有煤尘爆炸危险或高瓦斯矿井）

B.5.7　矿井地面生产系统防尘

B.5.8　矿井粉尘检测类仪器、设备配置

B.5.9　矿井其他有毒、有害、放射性物质等灾害的防治

B.6　防灭火

B.6.1　煤层自燃倾向性及防灭火措施

B.6.2　防灭火方法

B.6.3　井下外因火灾防治

B.6.4　防火构筑物

B.7　矿井防治水

B.7.1　矿井水文地质

B.7.2　矿井防治水措施

B.8　电气安全

B.8.1　矿井电源及送电线路

B.8.2　矿井主变电所

B.8.3　地面供电系统

B.8.4　地面建（构）筑物防雷及防雷电波侵入井下

B.8.5　井下供电系统

B.8.6　井下电气设备保护接地

B.8.7　照明及电气信号

B.8.8　井下电气事故原因分析及其防范技术措施

B.8.9　矿井通信

B.9　提升、运输、空气压缩设备

B.9.1　提升设备

B.9.2　带式输送机设备

B.9.3　机车运输

B.9.4　井下其他辅助运输设备

B.9.5　空气压缩设备

B.10　矿井监控系统

B.10.1　矿井安全监测监控系统

B.10.2　其他安全、生产监控系统

B.10.3　使用和维护

B.11　矿井救护、应急救援与保健

B.11.1　矿井安全标识设置

B.11.2　井下紧急避险系统

B.11.3　矿山救护

B.11.4　矿山保健

B.11.5　个体劳动保护

B.12　安全管理机构与安全定员、培训

B.12.1　安全管理机构的设置与人员配备

B.12.2　安全培训机构设置、场所与设施

B.12.3　安全定员

B.13　待解决的主要问题及建议

B.14　附件：设计委托书和有关审批、核准、协议等文件

B.14.1　设计任务委托书及其技术要求

B.14.2　设计基本依据及鉴定、批复文件资料

B.14.3　主管部门对上阶段设计的批复文件及有关决议和要求

B.14.4　与有关单位签订的合同、协议书或有关设计重大原则问题和会议纪要等

附　录　C
（资料性附录）

附　图　目　录

附图目录内容见下表：

序号	图纸名称	比例	备注
1	井上、下对照图(含地形)	1：2000 或 1：5000(10000)	
2	开拓方式平面图、剖面图	1：2000 或 1：5000(10000)	
3	采区巷道布置及机械配备平面图	1：2000 或 1：5000	

(续)

序号	图 纸 名 称	比 例	备 注
4	采区巷道布置及机械配备剖面图	1:2000 或 1:5000	
5	矿井通风系统(立体)示意图和通风系统网络图	示意	
6	矿井反风时期的通风系统图	示意	
7	井下运输系统示意图	示意	
8	井下主要管网(消防与防尘洒水、供水施救、防火灌浆、瓦斯抽采、压风自救等)系统图	1:2000 或 1:5000	可分别附图
9	井下隔爆水棚及岩粉撒布布置平面图	1:2000 或 1:5000	
10	矿井地面主变电所主接线系统图和平面布置图	示意	
11	地面、井下供配电系统图	示意	
12	矿井地面、井下通信系统图	示意	
13	矿井安全监控系统图、井下人员定位系统图	示意	
14	矿井安全监控系统传感器布置图	1:2000 或 1:5000	
15	井下避灾路线图	1:2000 或 1:5000	

露天煤矿安全设施设计编制导则(AQ 1098—2014)

前言

本标准按照 GB/T 1.1—2009 给出的规则起草。

本标准由国家安全生产监督管理总局提出。

本标准由全国安全生产标准化技术委员会煤矿安全分技术委员会(SAC/TC 288/SC 1)归口。

本标准起草单位:煤炭工业规划设计研究院。

本标准主要起草人:刘勤江、黄忠、李汇致、王岩、李瑞峰、严民杰、马培忠、顾小林、高仁义、谢小京。

1 范围

本标准规定了露天煤矿安全设施设计编制的主要内容及相关要求。

本标准适用于新建、改建及扩建露天煤矿建设项目。

2 规范性引用文件

下列文件对于本文件的应用是必不可少的。凡是注日期的引用文件,仅注日期的版本适用于本文件。凡是不注日期的引用文件,其最新版本(包括所有的修改单)适用于本文件。

GB/T 15663　煤矿科技术语

GB 50197—2005　煤炭工业露天矿设计规范

GB 50215—2005　煤炭工业矿井设计规范

GB 50399—2006　煤炭工业小型矿井设计规范

AQ 1055—2008　煤矿建设项目安全设施设计审查和竣工验收规范

煤矿安全规程

3 术语和定义

GB/T 15663 及《煤矿安全规程》(2011 年版)界定的以及下列术语和定义适用于本文件。

3.1

露天煤矿安全设施设计　guidelines for the safety facilities designing of open pit coal mine

在露天煤矿初步设计的基础上,对煤矿安全条件的论证和安全设施的设计,但不涉及地面消防、油库工程安全、地面建筑设施安全等问题,包括露天煤矿安全设施设计说明书和附图两部分。

4 基本规定

4.1 露天煤矿安全设施设计应在以下资料基础上编制:

a) 国土资源部门评审备案的露天矿田勘探地质报告;
b) 省级及以上政府有关主管部门项目核准(审批)的批复文件;
c) 国土资源部门划定矿田范围批复文件或颁发的采矿许可证;
d) 安全预评价报告。

4.2 露天煤矿安全设施设计编制应符合《煤矿安全规程》、GB 50215—2005、GB 50399—2006 及 AQ 1055—2008 等要求。

4.3 露天煤矿安全设施设计应在初步设计的基础上进行编制,编制单位必须具有相应设计资质。

5 编制内容

5.1 概况

5.1.1 矿区开发

矿区总体规划,现有生产、在建煤矿的分布和规模,小窑分布;属于非新建项目的,应介绍其建设、安全生产情况。

5.1.2 编制依据

国家有关安全法律法规、规范和标准;资源条件、开采技术条件、外部建设条件;建设单位提出的合理要求和目标,提供的主要技术资料与审批文件;设计编制的主要原则和指导思想等。

5.1.3 建设单位基本情况

项目建设单位性质、隶属关系、主营业务、煤炭建设与生产业绩、近年安全生产状况。

5.1.4 初步设计概况

5.1.4.1 地理概况

矿区、矿田所在地理位置、交通情况、地形地貌、地面水系、气象与地震、环境状况等情况。

插图:交通位置图。

5.1.4.2 外部建设条件

外部运输条件、电源、水源、其他建设条件。

5.1.4.3 主要自然灾害

矿田所在区域洪水、泥石流、滑坡、岩崩、不良工程地质、灾害性天气等方面。

5.1.4.4 工程建设性质

新建、改建、扩建。

5.1.4.5 安全条件

a) 地层及构造:地层、含煤地层及含煤性,煤系地层走向、倾向、倾角及变化规律,断层、褶曲、陷落柱、剥蚀带的发育情况及分布规律,构造复杂程度;

附表:主要断层特征表。

b) 煤层及煤质:煤层赋存条件(包括可采煤层层数、厚度、层间距、结构等)、煤层顶底板岩性,煤层露头(含隐覆露头)及风化带情况,煤质及煤类;

附表:可采煤层特征表、煤质特征表。

c) 煤层瓦斯、煤的自燃倾向性、煤尘爆炸危险性,水文地质及工程地质条件等;

d) 矿田附近重要建、构筑物及其他重要设施,区内其他露天煤矿或井工煤矿(包括老窑与生产矿)与本露天煤矿的关系。

5.1.4.6 矿田资源/储量及设计生产能力
矿田境界、开采境界,资源/储量、设计生产能力、服务年限。

5.1.4.7 采掘、运输、排土(简述各生产环节)
边坡稳定设计,采区划分与开采顺序,开采工艺及采、剥、装设备,运输系统及运输设备和设施,排土场、排土方式与排土设备,穿孔爆破方法及穿孔爆破设备,地下水控制与防排水,输煤生产系统(破碎、储煤与装车外运系统),铁路专用线(露天矿内部运输特别是与道路或带式输送机有交叉时)。

5.1.4.8 辅助与附属设施(简述各设施)
机电设备维修设施(机修车间、车库、组装场等),专业仓库(材料库、油库、爆破器材库等),供配电(供电电源、变电所、输配电线路等),给排水与采暖通风[配(净)水厂、加水站、污水处理厂、锅炉房、消防及防冻与通风],行政福利设施的能力、特征、用途、服务范围等,露天煤矿总平面布置。

5.1.5 技术经济指标
劳动定员汇总表、主要技术经济指标。

5.2 采剥工程安全技术措施
5.2.1 开采境界
5.2.1.1 露天煤矿境界相邻侧边坡深度 2 倍距离以内的生产井工矿或其他露天煤矿与本矿的关系及影响分析,必要时采取的安全措施。

插图:相邻矿(井)关系图。

5.2.1.2 采掘场境界内及相邻侧边坡深度 2 倍距离以内的老窑采空区分布范围,其对露天矿生产安全分析,相应事故防范措施。

插图:老窑采空区和旧巷分布图。

5.2.2 台阶高度
5.2.2.1 间断开采工艺单斗挖掘机和装载机采掘的台阶高度的确定,区分下述各种情况:
 a) 表土和不需爆破的软岩台阶高度;
 b) 需要爆破的台阶,其爆堆高度;
 c) 采用多排孔爆破或爆破后岩块较大时,其爆堆高度;
 d) 上装车台阶高度。

5.2.2.2 轮斗挖掘机采掘台阶一般采用组合台阶,确定的主台阶高度和各分台阶高度(有推土机辅助降段时予以说明)。

5.2.2.3 拉斗铲倒堆台阶高度的确定(主要分析其对下部的采煤工艺环节的安全性)。

5.2.3 穿孔爆破
5.2.3.1 钻机类型的选择,应具有除尘设施或除尘功能。

5.2.3.2 爆破源至人员及其他保护对象之间的安全距离的确定。

5.2.3.3 总起爆药量和一次最大起爆药量的确定。

5.2.4 采装
5.2.4.1 间断开采工艺开采参数和开采方法中,采装设备的尾部至台阶坡面之间的安全距离及运输设备之间的安全距离的确定。

5.2.4.2 间断开采工艺最小工作平盘宽度的确定。

5.2.4.3 单斗挖掘机的工作线长度,依不同工艺确定:
a) 采用铁路运输时工作线长度;
b) 采用卡车运输时工作线长度;
c) 采用单斗—自移式破碎机半连续工艺时工作线长度。

5.2.4.4 拉斗铲倒堆工艺设备间安全作业最小距离的确定。

5.2.4.5 轮斗挖掘机的采掘带宽度的确定。

5.2.5 破碎站

5.2.5.1 破碎站形式、位置选择。

5.2.5.2 破碎站安全设施的设置。

5.3 矿山运输安全技术措施

5.3.1 矿山道路运输

5.3.1.1 行驶载重68 t以上的大型卡车双车道路面宽度的确定。

5.3.1.2 矿山道路在填方路堤路段、半路堑路段的安全防护措施。

5.3.1.3 露天煤矿内部运输道路最大纵坡坡度的选取。

5.3.1.4 设计载重68 t以上的大型卡车的运输道路平面圆曲线半径的确定。

5.3.1.5 露天煤矿内部运输范围内的上部建筑界限的确定。

5.3.2 铁路运输(有铁路运输时)

5.3.2.1 铁路线路

采用电力机车牵引时,区间线路限制坡度的确定,区间线路的平面曲线半径的确定。

5.3.2.2 工作面铁路线路的布置

平装车采掘线路的中心线至台阶坡底线或爆堆边缘距离的确定,上装车采掘线路的中心线至台阶坡顶线的距离的确定,排土线路中心线至排土台阶坡顶线距离的确定。

5.3.2.3 铁路与道路平面交叉

铁路与道路交叉,交叉型式与交叉角的选取。

5.3.2.4 平交道口采取的防护措施

设置栅栏;设置看守房和带有信号的栏木;在道口钢轨两侧的道路上设限界架,采取的净高值。

5.3.3 场区道路

5.3.3.1 位置选择。

5.3.3.2 路面宽度的确定。

5.3.3.3 道路的平坡或下坡长直线段的尽头处曲线半径的选取,受条件限制必须采用最小曲线半径时采取的安全防护措施。

5.3.3.4 道路纵坡连续大于5%时,缓和段的坡度和长度的选取。当受地形条件限制时,通往设施的次要道路缓和坡段的最小长度。

5.3.4 带式输送机运输系统

5.3.4.1 型号及数量的确定。

5.3.4.2 长距离输送机沿线维修通道和非水沟的设置。

5.3.4.3 长距离输送机无横向通道时,人行栈桥的设置。
5.3.4.4 栈桥或地道垂直于斜面净高度的确定,为拱形结构时,其拱脚高度的确定。
5.3.4.5 栈桥或地道人行道宽度的确定,两条并列的带式输送机中间人行道宽度的确定,检修道宽度的确定。
5.3.4.6 人行道和检修道的坡度大于5°时及大于8°时的安全防护措施。
5.3.4.7 输送机栈桥跨越铁路或道路时,栈桥下的净空尺寸的确定。
5.3.4.8 输送机栈桥跨越设备或人行道时的安全防护措施。
5.3.4.9 输送机地道的安全防护措施(设置通风、除尘、防火设施),地道两个相邻出口距离的确定。
5.3.4.10 设备检修操作平台上部的净高度的确定。

5.3.5 输送带安全系数的选取
根据不同型式输送带确定的安全系数。

5.3.6 带式输送机运行的安全与保护措施
5.3.6.1 设备运行和人身安全保护装置的设置。
5.3.6.2 对可能发生逆转的上运带式输送机与下运带式输送机的安全保护装置。

5.3.7 带式输送机最大倾角的确定
5.3.7.1 上运输送机,当在水平段或缓倾斜段给料时其最大倾角的确定。
5.3.7.2 寒冷地区露天设置的输送机,当工作条件较差时,上运输送机倾角及下运输送机倾角的确定。

5.3.8 输送机系统的粉尘防治措施
输送机系统的粉尘防治措施按照《煤矿安全规程》要求。

5.4 排土工程安全技术措施

5.4.1 排土场选择
5.4.1.1 外排土场位置的工程地质、水文地质和基底稳定性方面的安全可靠程度。
5.4.1.2 外排土场至重要建(构)筑物的安全距离的确定。
5.4.1.3 外排土场或沿帮排土场与采掘场的安全距离的确定。
5.4.1.4 内排土场与剥采工作帮的安全距离的确定。
5.4.1.5 排土场最终边坡角的确定。

5.4.2 排土场安全防护措施
5.4.2.1 卡车运输排土工作面安全防护措施。
5.4.2.2 铁路运输排土工作面安全防护措施。
5.4.2.3 带式输送机运输与排土机排土工作面安全防护措施。
5.4.2.4 排土场周围修筑可靠的截泥、防洪和排水设施。

5.5 边坡稳定工程安全技术措施

5.5.1 工程地质条件对边坡稳定性的影响分析及对策措施
工程地质条件复杂程度,边坡工程地质勘探、岩土物理力学试验和稳定性分析评价。
对不利工程地质条件下的边坡采取的措施。

5.5.2 采掘场边坡设计影响因素分析与措施
根据采掘场所在位置、构成边坡的不同岩层及产状、边坡外形轮廓、构造、地下水位赋存状态,分析确定采掘场达到最终边坡角时的边坡稳定系数。

边坡轮廓较复杂时,应进一步进行详细计算校核边坡稳定性。

5.5.3 最终边坡角的确定

最终边坡角应符合下列规定:

a) 采用极限平衡法进行计算;

b) 对具有水压的边坡应计算水压对边坡稳定性的影响,必要时需进行水压变化的敏感度分析;

c) 对弱层强度随不同含水率有明显变化的边坡,需进行强度随含水率变化的边坡稳定性敏感度分析;

d) 必要时考虑动载荷、爆破等因素对边坡稳定的影响。

5.5.4 采掘场安全平盘的设置

按煤矿安全规程和有关规范要求设置。

5.6 防治水

5.6.1 采掘场排水

5.6.1.1 采掘场排水计算的暴雨频率的确定。

5.6.1.2 暴雨径流量形成的储水排出期限的确定。

5.6.1.3 排水设施、设备的选型。

5.6.2 地面防排水

5.6.2.1 防洪标准的确定。

5.6.2.2 当水深小于 2 m 或大于 2 m 时,排水沟及防洪堤安全高度值的确定。

5.6.2.3 防洪设施的选择。

5.6.3 地下水控制

5.6.3.1 地下水控制设计

地下水控制设计包括:

a) 地下水控制方法和措施;

b) 观测网的选择确定;

c) 采用疏干法降低地下水位时,设计采取的超前降低水位的时间、深度选择,永久降水孔排位置的确定;

d) 采用巷道法时,巷道位置的设置及巷道纵坡的确定。

5.6.3.2 地下水控制设备及设施

降水孔排水泵排水能力的计算及降水孔数量的确定;降水孔排水泵的备用及检修台数的确定。巷道法排水泵的数量、水仓的容积等的确定。排水管道及材料,设计按不同品种及规格留有备用量。地下式(半地下式)疏干泵房室内存在有害气体隐患时,设计采取的通风措施;根据当地气候条件确定疏干泵房是否采取保温措施。

5.6.4 工业场地排水系统

5.6.4.1 设计统一规划工业场地各功能分区的地面排水系统。

5.6.4.2 场区排水系统的布置,各排水地段的水量状况,土岩状况,排水沟、道的选择及沟底纵坡坡度的确定。

5.6.4.3 场区内排水管沟的布置与道路设施相结合及雨水排出的路径。

5.6.4.4 工业场地受洪水或内涝威胁时,排涝工程设施及边界外截水沟的设置。

5.7 防灭火

5.7.1 开采易自燃煤层的防灭火措施

5.7.1.1 根据自然发火期校验确定暴露煤层的采煤期。

5.7.1.2 消防灭火水源的确定。

5.7.1.3 对到界的边帮煤台阶,采用掩埋方式的掩埋厚度的确定。

5.7.2 储存易自燃煤的防灭火措施

露天或室内储煤场及仓式储煤,当储存褐煤等易自燃煤种时,采取的预防自燃措施及消除煤自燃的消防措施。露天储煤场和储存易自燃煤种的室内储煤场,煤堆四周移动灭火设备和消防通道的设置。

5.7.3 消防管路系统及主要防灭火器材配备

消防管路系统的设置(加压泵、供水管路等),矿内的采掘、运输、排土等主要场所灭火器材配备。

5.8 电气安全技术措施

5.8.1 供电系统

5.8.1.1 区域电网概况。

5.8.1.2 露天煤矿供电电源的确定。

5.8.2 变电所

5.8.2.1 露天煤矿设置变电所的数量、容量、电压等级以及选址。

5.8.2.2 露天煤矿变电所的电源回路数、导线规格。

5.8.3 供配电线路

5.8.3.1 各级供配电架空线路对地及跨越建(构)筑物的安全距离。

5.8.3.2 采掘场、排土场供配电系统电压等级的确定。

5.8.3.3 采掘场、排土场供配电线路(包括架空和电缆)的回路设置、线路路径、导线规格。线路共杆架设时的安全距离。

5.8.3.4 采掘场排水等重要用电设施的电源及回路数。

5.8.4 电力牵引

5.8.4.1 馈电线、回流线、接触网架设及安全距离。

5.8.4.2 动力线、照明线等与接触网架设及安全距离。

5.8.4.3 爆炸危险场所严禁用做回流导体的轨道与场外可用做回流导体的轨道间所采取的措施。

5.8.5 电气设备继电保护及动热稳定效验

5.8.5.1 露天煤矿总变电所的继电保护措施。

5.8.5.2 露天煤矿总变电所各母线段的短路电流计算。

5.8.5.3 设备选择及动热稳定效验。

5.8.5.4 采掘场、排土场移动变配电设备的继电保护措施。

5.8.5.5 采掘场、排土场内低压供电电压等级及保护装置的设置及原则。

5.8.5.6 高压电动机的继电保护措施。

5.8.6 防雷与接地

5.8.6.1 一般建(构)筑物的防直击雷、防雷电波侵入措施。

5.8.6.2 送电线路的防雷措施。

5.8.6.3 变电所等重要设施的防雷、防静电措施。

5.8.6.4 露天煤矿高、中压电网的接地形式。

5.8.6.5 露天煤矿低压电网的工作接地、保护接地措施。

5.8.6.6 露天煤矿采掘场、排土场内各种移动供电设备的工作接地、保护接地措施。

5.8.7 通信与信号

5.8.7.1 通信

5.8.7.1.1 露天煤矿通信系统概况。

5.8.7.1.2 露天煤矿各种通信系统的防雷及防静电保护措施。

5.8.7.1.3 露天煤矿变电所、急救、消防等重要场所通信系统的设置。

5.8.7.1.4 露天煤矿各种移动生产设备通信系统的设置。

5.8.7.2 信号

5.8.7.2.1 铁路信号设备的主要功能及故障安全原则的描述。

5.8.7.2.2 铁路各种固定车站、区间内涉及的各种道岔及线路的行车安全原则。

5.8.7.2.3 其他涉及行车安全、维修安全的措施。

5.8.8 爆破器材库和炸药加工区供配电

5.8.8.1 爆破器材库和炸药加工区设置变电所(亭)的数量、电压等级以及选址。

5.8.8.2 为爆破器材库和炸药加工区变电所(亭)提供电源的线路路径选择。

5.8.8.3 爆破器材库、各种炸药加工工房和有爆炸危险的气体或粉尘环境配电系统的型式、电气线路的敷设方式和电气设备的选择。

5.8.8.4 爆破器材库和各种炸药加工工房防直击雷、防雷电感应、防静电和防雷电波侵入措施。

5.9 爆破材料设施安全技术措施

5.9.1 爆破器材库

5.9.1.1 工程概况

库区地形地貌、水文、气象、工程地质概况、交通运输条件,水源、电源、通信等。

5.9.1.2 爆破器材库

包括起爆器材和炸药库储存品种、危险等级、储存量、库房面积及储存周期(可列表说明)。

5.9.1.3 设计依据及设计原则

上级有关部门批复文件,设计采用的有关规程规范及标准。

改扩建工程应说明所利用的现有设施,如有特殊要求的应予以说明。

5.9.1.4 库区布置

库区布置与周边环境的影响(居民点、公路、铁路、高压输电线路、城镇的规划边缘及企业围墙等)及外部安全距离的确定。

库区总平面布置及内部安全距离的确定(可列表说明)。

5.9.1.5 库区安全防范措施

危险性建(构)筑物防护屏障的设置,工程地质及抗震设防,危险性建筑物的结构,安全防护和安全警戒。

5.9.1.6 爆破器材的储存和运输

爆破器材的储存,单个库房储存的药量及时间,不同品种的危险品同库存放时的各品种允许最大存量。危险品运输方式、车辆配备、道路坡度及其安全设置等。

5.9.2 混装炸药车地面制备站

5.9.2.1 工程概况

厂址(厂址位置以及水源、电源、通信等动力来源)、建设规模及产品品种。

地面制备站形式(固定式或移动式)、用途及设置方式(是否附建有起爆器材和炸药暂存库),地面制备站服务范围、生产特点。

5.9.2.2 设计依据

上级有关部门批复的文件。

设计所采用的有关规范和标准。

5.9.2.3 厂区布置

厂区内、外部安全距离的确定。

场内、外运输。

5.9.2.4 安全防护

工程地质及抗震设防。

危险性建筑物的结构。

工艺及设备的安全防范措施。

5.10 总平面布置安全技术措施

5.10.1 总平面布置

总平面布置及与安全有关的各设施布置。

5.10.2 工业场地位置

不良环境、工程地质条件(污染源和滑坡、崩塌、岩溶、泥石流、采空区及开采后工程地质条件变坏等)对工业场地位置的影响分析和采取的安全技术措施。

5.10.3 重要建(构)筑物及设施位置

选煤厂、变电所(站)、机电维修设施等重要建(构)筑物的位置确定。

5.10.4 工业场地竖向布置

自然地形坡度大于4%,或受洪水危害的高填方场区,其竖向布置形式的确定。

工业场地内的台阶高度的确定及采取的安全防坠措施。

5.10.5 工业场地场区道路网的布置

工业场地场区道路网的布置应符合线路短捷、人流和物流分开,与场区竖向设计相协调,符合运输和消防要求,在此要求上应确定布置形式、位置。

5.11 其他安全技术措施

5.11.1 创伤急救系统设施、设备配备及定员

创设急救系统及相应医务人员、救护车辆、急救器材装备及药品,矿井事故的抢险指挥责任和措施。

5.11.2 安全教育培训场所的设置及安全定员

培训场所、师资的确定,安全人员的配备。

5.12 待解决的主要问题及建议

待解决的主要问题及建议包括:

a) 矿田地质勘探、安全条件资料评价及存在问题。
b) 矿田的勘查程度,地质报告的审批情况等,是否符合《煤、泥炭地质勘查规范》(行业标准)的各项要求,是否存在着未查明的安全条件等。
c) 论述设计依据中有关安全方面的资料的可靠性,能否满足安全设计要求等。
d) 灾害防治和设备选型需要说明的问题。
e) 施工图阶段和施工中以及本阶段应注意和解决的问题。
f) 对于改扩建项目,改扩建期间的安全措施和新老系统转换的说明。
g) 对其他有关安全设施有关问题的说明。

附 录 A
(规范性附录)
露天煤矿安全设施设计文件格式

A.1 封面格式

```
(隶属关系及建设单位名称)


××露天煤矿

安 全 设 施 设 计




(编制单位名称)
年    月
```

A.2 扉页格式

（隶属关系及建设单位名称）

××露天煤矿

安全设施设计

工 程 编 号：A×××
工 程 规 模：

院长（总经理）：
总 工 程 师：
项目总设计师：

（编制单位名称）[加盖设计证书章]

年　　月

A.3 人员名单

A.3.1 审定人员名单

专　业	姓　名	职务或职称	签　章

A.3.2 审核人员名单

专　业	姓　名	职务或职称	签　章

A.3.3 参加设计人员名单

专　业	姓　名	职务或职称	签　章

附 录 B
（规范性附录）
露天煤矿安全设施设计说明书编写提纲

B.1 概况

B.1.1 矿区开发

B.1.2 编制依据

B.1.3 建设单位基本情况

B.1.4 初步设计概况

B.1.5 技术经济指标

B.2 采剥工程安全技术措施

B.2.1 开采境界

B.2.2 台阶高度

B.2.3 穿孔爆破

B.2.4 采装

B.2.5 破碎站

B.3 矿山运输安全技术措施

B.3.1 运输方式选择

B.3.2 矿山道路运输

B.3.3 铁路运输（有铁路运输时）

B.3.4 场区道路

B.3.5 带式输送机运输系统

B.3.6 输送带安全系数的选取

B.3.7 带式输送机运行的安全与保护措施

B.3.8 带式输送机最大倾角的确定

B.3.9 输送机系统的粉尘防治措施

B.4 排土工程安全技术措施

B.4.1 排土场选择

B.4.2 排土场安全防护措施

B.5 边坡稳定工程安全技术措施

B.5.1 工程地质条件对边坡稳定性的影响分析及对策措施

B.5.2 采掘场边坡设计影响因素分析与措施

B.5.3 最终边坡角的确定

B.5.4 采掘场安全平盘的确定

B.6 防治水

B.6.1 采掘场排水
B.6.2 地面防排水
B.6.3 地下水控制
B.6.4 工业场地排水系统

B.7 防灭火

B.7.1 开采易自燃煤层的防灭火措施
B.7.2 储存易自燃煤的防灭火措施
B.7.3 消防管路系统及主要设备防灭火器材配备

B.8 电气安全技术措施

B.8.1 供电系统
B.8.2 变电所
B.8.3 供配电线路
B.8.4 电力牵引
B.8.5 电气设备继电保护及动热稳定效验
B.8.6 防雷与接地
B.8.7 通信与信号
B.8.8 爆破器材库和炸药加工区供配电

B.9 爆破材料设施安全技术措施

B.9.1 爆破器材库
B.9.2 混装炸药车地面制备站

B.10 总平面布置安全技术措施

B.10.1 总平面布置
B.10.2 工业场地位置
B.10.3 重要建(构)筑物及设施位置
B.10.4 工业场地竖向布置
B.10.5 工业场地场区道路网的布置

B.11 其他安全技术措施

B.11.1 创伤急救系统设施、设备配备及定员
B.11.2 安全教育培训场所的设置及安全定员

B.12 待解决的主要问题及建议

B.13 附件：设计委托书和有关审批、核准、协议等文件

B.13.1 设计任务委托书及其技术要求
B.13.2 设计基本依据及鉴定、批复文件资料
B.13.3 主管部门对上阶段设计的批复文件及有关决议和要求
B.13.4 与有关单位签订的合同、协议书或有关设计重大原则问题和会议纪要等

附 录 C
（资料性附录）
附 图 目 录

C.1 露天煤矿总布置平面图〔兼做安全设施布置平面图（标明消防设施位置、排水沟、消防水池或加水站、防洪堤、专业仓库等）当总布置平面图由于比例等原因,不足以反映安全设施时,可分别出图〕。

C.2 相邻矿（井）关系图（含老窑采空区和旧巷分布图）。

煤矿建设安全规范(AQ 1083—2011)

前言

本标准在认真总结分析《煤矿建设安全规定(试行)》(原煤炭工业部1997年发布)实施情况基础上,依据《中华人民共和国安全生产法》《中华人民共和国建筑法》《煤矿安全规程》等有关法律法规和标准,规定了煤矿建设施工中应具备和满足的各项安全条件及要求。

本标准为全文强制性标准。

本标准由国家安全生产监督管理总局提出。

本标准由全国安全生产标准化技术委员会煤矿安全分技术委员会(TC288/SC1)归口。

本标准起草单位:中煤能源集团第一建设公司、第五建设公司、平朔煤业有限公司。

本标准主要起草人:孟凡良、刘敏、刘爱兰、孙银河、解志勇、耿孝辉、吕志江、陈士强、黄家贫。

1 范围

本标准规范了煤矿建设期间安全生产设施的设置和安全环境的要求,以及参与建设活动的各责任主体(包括煤矿建设、设计、施工和监理等单位)的安全资格与安全行为。

本标准适用于全国各类煤矿建设活动,包括新建、改建、扩建煤矿。

2 规范性引用文件

下列文件对于本文件的应用是必不可少的。凡是注日期的引用文件,仅注日期的版本适用于本文件。凡是不注日期的引用文件,其最新版本(包括所有的修改单)适用于本文件。

GB 6722—2003　爆破安全规程
GB 6067—1985　起重机械安全规程
GB 5976—1986　钢丝绳夹
GB 3811—1983　起重机设计规范
AQ 1029—2007　煤矿安全监控系统及检测仪器使用管理规范
AQ 1028—2006　煤矿井工矿开采通风技术条件
AQ 1027—2006　煤矿瓦斯抽放规范
AQ 1026—2006　煤矿瓦斯抽采基本指标
AQ 1025—2006　矿井瓦斯等级鉴定规范
煤矿安全规程
防治煤与瓦斯突出规定
煤矿防治水规定

3 术语和定义

下列术语和定义适用于本标准。

3.1

凿井井架　sinking headframe

用于悬挂凿井提升容器和井筒内各种凿井设备和设施的工程结构物。

3.2

稳车　winch（凿井绞车　sinking winder）

开凿立井时悬吊井内设备、设施的绞车。

3.3

天轮平台　sheave wheel platform

为悬吊凿井设备、设施、提升人员和物料在井架上部或暗立井封口盘以上由天轮梁、天轮及附属设施等组成的平台。

3.4

翻矸台　strike board

为了将凿井产生的矸石（渣石）、废弃物排出井外，在井架上设置的专用工作平台。

3.5

封口盘　shaft cover

立井、暗立井施工期间，在井上口安装的便于人员工作和防止坠物的封盖（一般为钢结构或钢木结构）。

3.6

井盖门　shaft door

在封口盘提升吊桶通过口上安装的能够开闭的盖门。

3.7

固定盘　shaft collar

在封口盘以下 5 m～6 m 处为延接风筒、管路、电缆等安装作业的工作平台。

3.8

保护盘　protective platform

专指在延深立井时，为保护延深作业人员安全，在延深的暗立井天轮平台上方安装的保护平台。

3.9

吊盘　stage

用于立井施工作业及保护作业人员安全，悬吊在井筒内可升降的工作平台。

3.10

辅助盘　auxiliary platform

悬吊在吊盘下方的单层或多层作业平台，一般用于短时间或临时作业。

3.11

临时锁口　temporary collar

立井井筒建设初期，为留出永久设施的位置，安装凿井封口盘，而砌筑的一段临时井壁。

3.12

壁间注浆　grouting between linings

井筒采用双层井壁支护时，为预防或封堵井壁漏水，在两层井壁之间的空隙注入封水材料。

3.13

壁后注浆　grouting behind lining

在井壁外侧和围岩裂隙中注入封水材料。

3.14

喇叭口　bell-mouth opening

安装在吊盘上,便于吊桶顺利通过起导向作用的设施。

3.15

滑架　sliding guide

装于吊桶上方,对吊桶起导向和保护作用的设施。

3.16

建井风机　construction ventilator

矿井建设期间安装在地面或井下提供通风动力(正压或负压),为全矿井、一翼、1个分区或1个井筒供风的临时主要通风机。

3.17

临时改绞　temporary winding modification

将吊桶提升改为临时罐笼提升。

3.18

一期工程　phase-1 project

从施工井筒(平硐)开始到井底车场施工前的全部井下工程。

3.19

二期工程　phase-2 project

从施工井底车场开始,到进入采(盘)区车场施工前的工程,包括井底车场、石门、主要运输大巷、回风大巷、中央变电所、水泵房、水仓、井底煤仓、炸药库等。

3.20

三期工程　phase-3 project

从施工采(盘)区车场开始到整个采(盘)区布置的工程,包括采(盘)区车场、采区上下山(盘区大巷)、采(盘)区变电所、采煤工作面、上下顺槽、切眼、运煤通道等。

4　基础管理

4.1　煤矿建设项目开工前必须取得国家有关部门或地方政府规定的所有证照和批准文件。

4.2　煤矿施工单位必须取得国家颁发的建筑业企业资质和安全生产许可证,并严格按资质等级许可的范围承建相应规模的煤矿建设项目,严禁超资质等级施工。

煤矿建设项目招标时应合理划分工程标段,一个建设项目单项工程(或同类专业工程),原则上发包给1家有相应资质的施工单位,大型及以上项目单项工程(或同类专业工程)施工单位不得超过2家。

高瓦斯及煤(岩)与瓦斯(二氧化碳)突出矿井、水文地质条件复杂及以上的矿井、立井井深大于600 m、斜井长度大于1 000 m或垂深大于200 m的项目,施工单位必具有相应的煤矿施工业绩,同时具有国家一级及以上施工资质。

4.3 煤矿建设、施工单位必须建立健全安全生产责任制度、安全目标管理制度、安全投入保障制度、安全教育与培训制度、事故隐患排查与整改制度、安全监督检查制度、安全技术审批制度、安全会议等制度。

4.4 煤矿建设、施工单位必须设置安全生产管理机构,配备满足安全生产需要的专职安全生产管理人员和装备。

4.5 煤矿施工项目部必须配备满足需要的矿建、机电、通风、地测等工程技术人员和特种作业人员。

4.6 煤矿建设单位必须对建设项目实行全面安全管理,为施工单位提供必要的安全施工条件,不得随意压减工程造价影响施工安全投入,不得强令施工单位改变正常施工工艺,不得强令施工单位抢进度、冒险施工。

4.7 设计单位必须取得国家颁发的、与工程项目规模相适应的设计资质。

4.8 煤矿建设项目监理单位必须取得国家颁发的、与工程项目规模相适应的监理资质。现场监理人员必须取得监理资格证书,人员配备能够满足工程监理需要。

煤矿建设项目由2家施工单位共同施工的,由建设单位负责组织制定和督促落实有关安全技术措施,并签订安全生产管理协议,指定专职安全生产管理人员进行安全检查与协调。

4.9 煤矿施工单位各级主要负责人和安全生产管理人员必须具备相应的安全生产知识和管理能力,经由具备相应资质的培训机构培训并考核合格,取得安全资格证书。

4.10 煤矿建设项目的安全设施必须和主体工程同时设计、同时施工、同时投入生产和使用。

4.11 单项工程施工组织设计由项目总承包单位负责组织编制,并根据年度施工进展情况进行调整。没有实行总承包的由建设单位负责组织编制。施工组织设计需经设计、监理、施工等相关单位会审后组织实施,原设计变更的应作相应调整变更。

4.12 单位工程施工组织设计、作业规程、安全技术措施,由施工单位(工程处或项目部)组织编制,报上一级主管单位审批,批准后报送建设单位和监理单位;无上级主管单位的施工单位,报送建设单位批准实施。

4.13 施工单位必须严格按批准的设计、施工组织设计组织施工。当施工过程中发现设计存在重大缺陷,或者地质条件变化较大时,应立即停止施工并向建设单位报告。建设单位应及时组织相关各方制定应急安全防范措施,组织修改设计并按规定重新报批。

4.14 工程施工前,施工项目技术负责人必须组织作业人员学习贯彻施工组织设计和作业规程。施工中必须严格按照施工组织设计和作业规程作业。

4.15 煤矿建设安全工作必须实行群众监督,发挥职工群众安全监督作用。职工有权制止违章作业,拒绝违章指挥;当工作地点出现险情时,有权立即停止作业,撤到安全地点;当险情没有得到处理、不能保证人身安全时,有权拒绝作业。

4.16 煤矿施工单位特种作业人员,必须按照国家有关法律法规的规定接受专门的安全培训,经考核合格,取得特种作业操作资格证书后,方可上岗作业。

4.17 煤矿施工单位必须对职工进行安全培训,经考核合格后方可上岗作业。新招收的井下作业人员必须进行不少于72学时的安全教育培训,考试合格后,必须在有安全工作经验的职工带领下工作满4个月后经考核合格,方可独立工作。露天煤矿建设工人必须进行不少于 40 学时的安全教育培训,经考核合格,方可上岗作业。调整工作岗位或离岗一年以后重新上岗的,应当重新接受安全培训。

不具备安全培训条件的煤矿施工单位,应当委托具有相应资质的安全培训机构,对员工进行安全培训。

4.18 煤矿施工单位必须建立员工安全培训档案,记录培训及考核情况。

4.19 煤矿建设单位在编制工程概算时,应保证工程建设期间的安全投入。施工单位应按国家规定提取使用安全费用。

4.20 煤矿井下施工使用的涉及安全生产的产品,必须取得煤矿矿用产品安全标志。未取得煤矿矿用产品安全标志的,不得使用。

4.21 煤矿施工单位必须建立各种设备、设施检查维修制度,定期进行检查维修,并做好记录。严禁使用国家明令淘汰的施工设备。大型施工设备改造,必须在具备资质的机构进行性能检测和鉴定后方可使用。

4.22 煤矿施工应积极推广使用新技术、新工艺、新设备、新材料,严禁使用国家明令淘汰的施工工艺。试验涉及安全生产的新技术、新工艺、新设备、新材料前,必须经过论证、安全性能检验和鉴定,并制定安全措施。

4.23 煤矿施工单位必须建立干部值班和下井带班制度,保证井下 24 h 有领导干部轮流带班,并建立下井带班登记档案。

4.24 入井人员必须戴安全帽、随身携带自救器和矿灯,严禁携带烟草和点火物品,严禁穿化纤衣服,入井前严禁喝酒。必须建立入井检身制度和出入井人员清点制度。

4.25 矿井施工二、三期工程时,每班同时进行掘进作业人员不得超过100人。

4.26 井工煤矿建设必须及时填绘反映实际情况的下列图纸:
  a) 地质和水文地质图;
  b) 井上、下对照图;
  c) 巷道布置图;
  d) 采掘工程平面图;
  e) 通风系统图;
  f) 安全监测装备布置图及断电控制图;
  g) 井下运输系统图;
  h) 排水、防尘、压风、抽放瓦斯等管路系统图;
  i) 井下通信系统图;
  j) 井上、下配电系统图和井下电气设备布置图;
  k) 井下避灾路线图。

4.27 露天煤矿建设必须及时填绘反映实际情况的下列图纸:
  a) 地形地质图;
  b) 工程地质平面图、断面图,综合水文地质平面图;
  c) 采剥工程平面图、断面图;
  d) 排土工程平面图;
  e) 运输系统图;
  f) 输配电系统图;

g) 通信系统图;
  h) 防排水系统及排水设备布置图;
  i) 边坡监测系统平面图、断面图;
  j) 井工老空与露天矿平面对照图。

4.28 煤矿建设项目必须有矿山救护队为其服务。

4.29 煤矿建设单位、施工单位应根据工程进展情况组织编制应急预案,成立应急救援领导小组,指定兼职应急救援人员,配备必要的救援器材、设备,并进行经常性维护、保养,保证正常运转。

应急救援领导小组应根据具体情况及时修订应急预案,每年必须至少组织 1 次矿井救灾演习。

4.30 煤矿建设项目发生生产安全事故后,施工单位必须立即报告上级主管单位和项目建设单位,由项目建设单位按国家规定向有关部门报告。

5 地质测量

5.1 一般规定

5.1.1 矿井开工前,建设单位必须根据工程项目发包范围向施工单位提供符合国家有关规定的下列地质、测量成果、成图资料:
  a) 井田勘探地质报告;
  b) 井筒检查孔资料(斜井:沿与斜井纵向中心线平行线布置的检查孔不少于 3 个);
  c) 矿井供水水源勘探报告;
  d) 井田首采(盘)区三维地震补充勘探成果资料;
  e) 井田范围内的国家(或矿区)基本控制测量成果资料;
  f) 近井点和井筒十字基桩点成果资料;
  g) 工业广场及居住区界址点标定成果资料;
  h) 井田范围的 1/5 000 地形图;
  i) 矿区范围的 1/10 000、1/50 000 地形图;
  j) 钻井法施工的井筒有效断面和有效断面中心点坐标等成果资料;
  k) 井田新建矿井范围内老空区及正在开发的小煤窑的有关地质、测量成果成图资料。

5.1.2 当地质、水文地质、工程地质、瓦斯地质、勘探资料与实际情况出入较大时,建设单位必须及时安排相应的补充地质勘探工作。

5.1.3 矿井施工期间,施工单位必须建立下列主要基础资料:
  a) 井筒地质预计及实测的井筒地质柱状或剖面图,构造复杂部位或层段可增做展开图;
  b) 各类井巷工程实测的地质素描剖面图,局部构造复杂部位和层段可增做展开图;
  c) 施工范围的涌水量台账;
  d) 井下水动态观测成果资料;
  e) 掘进工程实测平面图;
  f) 井巷工程的实测导线、水准成果资料;

g) 各类工程的施工测量成果资料;

h) 反映井筒有关参数的成果、成图资料(主要包括井筒断面、井壁、罐道竖直程度、提升几何关系等);

i) 工业广场及居住区实测平面图(包括地下管线的实际敷设);

j) 首采(盘)区的井上下对照图。

5.1.4 露天开采矿山必须建立矿坑边帮及排弃场稳定监测系统,并定期进行监测预报。

5.1.5 井工开采沉陷区域,应建立必要的监测系统,并定期进行监测预报。

5.2 地质

5.2.1 单项工程、单位工程开工前,施工单位必须根据建设单位提供的地质资料,编制承包工程范围内的地质预测报告,说明施工过程中可能遇到地质灾害因素及采取的预防措施。

5.2.2 在施工期间,施工单位应根据工程进度情况,适时编制单位工程地质预报,必须做到一工程一预报。

5.2.3 当井巷工程施工至接近有预报的地质灾害区域时,施工单位的地测部门必须提前发出地质、水文地质通知单,并制定预防地质灾害因素的专项措施。

5.2.4 建设单位应根据施工单位提供的地质变化情况,及时组织、制定和实施相应的安全技术措施。

5.3 测量

5.3.1 测量工作必须严格遵照《煤矿测量规程》规定,坚持独立复测、复算的双复制度,严禁仅1人兼作观测、记录、计算作业,确保按设计要求正确标定和及时准确实测各类工程的几何关系,认真编绘各类工程的成图、成果资料。

5.3.2 两个施工单位的井巷贯通测量工作,应由建设单位组织实施。

5.3.3 井巷工程施工测量工作必须符合如下要求:

a) 在接近贯通前(综合机械化掘进巷道相距50 m前、其他巷道相距20 m前),测量工作人员必须及时、准确地掌握两条掘进巷道工作面之间的贯通安全距离,采用书面方式提前通知施工人员;

b) 必须及时将已施工的井巷工程填绘在相应的采掘工程平面图上;

c) 临时停止施工的盲巷,在封闭前,测量工作人员应及时进行实测,并填绘在采掘工程平面图上;

d) 测量标定工作,必须坚持业务联系书工作制度;

e) 对未按测量通知单要求施工的井巷工程,测量工作人员有权阻止施工人员继续施工并及时上报。

6 井工部分

6.1 矿建工程

6.1.1 一般规定

6.1.1.1 开凿平硐、斜井和立井时,自井口到坚硬岩层之间的井巷必须砌碹,并向坚硬岩层内至少延深5 m。

井口布置在山坡下时,井口顶、侧必须构筑防护墙和防洪水沟。防护墙必须进行稳定性计算,并能将水引入排水系统。

6.1.1.2 在表土中开凿立井,其临时锁口标高低于永久锁口设计时,应满足防洪、防滑坡、防沉降等要求。

6.1.1.3 掘进井巷和硐室时,必须采取湿式钻眼、冲洗井壁巷帮、水炮泥、爆破喷雾、装岩(煤)洒水和净化风流等综合防尘措施。

　　立井凿井期间冻结段和在遇水膨胀的岩层中掘进不宜采用湿式钻眼时,可采用干式钻眼,但必须采取捕尘措施,并使用个体防尘保护用品。

6.1.1.4 井巷交岔点,必须设置路标,标明所在地点,指明通往安全出口的方向。井下工作人员必须熟悉通往安全出口的路线。

6.1.1.5 因施工需要而开凿的井下临时巷道,其净断面必须满足行人、运输、通风和安全设施及设备安装、检修、施工的需要,并符合下列要求:

　　a) 运输设备最突出部分与巷道支护间距离不得小于 0.5 m,另一侧在自轨面起 1.6 m 高度内必须留有宽 0.8 m 以上的人行道;

　　b) 信号室、躲避硐室宽度不得小于 1.2 m,深度不得小于 1.0 m,高度不得小于 1.8 m,硐室内严禁堆放物料;

　　c) 在人车停车地点的上下人侧,从巷道底板起 1.6 m 高度内,必须有宽 1.0 m 以上的人行道;

　　d) 泵房、变电所以及绞车、电机车、充电等硐室必须按有关规定确定净断面;

　　e) 双轨运输巷(包括弯曲巷道),应使两列对开车辆最突出部分之间的距离不得小于 0.2 m。在矿车摘挂钩地点,两列车辆之间最突出部分之间距离不得小于 1 m,运输巷的一侧,从巷道底板起 1.6 m 的高度内,必须留有宽 0.8 m 以上的人行道。

6.1.1.6 冬季或用冻结法开凿立井时,必须有防冻、清除冰凌的措施。

6.1.1.7 立井井筒内必须设有在提升设备发生故障时专供人员出井的安全设施,其中设计有永久梯子间的,该设施必须保留至永久梯子间安装到位并投入使用,永久梯子间未投入使用的,不得施工三期工程。安全设施可按工作面到吊盘、吊盘到地面分段设置。

6.1.2 立井普通法开凿和支护

6.1.2.1 表土段施工必须制定防片帮的专项安全措施;基岩爆破作业时必须制定防止爆破损坏井口及井内设施的专项安全措施。

6.1.2.2 立井的永久或临时支护到井筒工作面的距离及防止片帮的措施必须根据岩性、水文地质条件和施工工艺在作业规程中明确规定。

6.1.2.3 立井井筒穿过表土层、砂层、松软岩层或煤层时,必须制定专项措施。措施中必须明确规定一次开挖的深度、临时支护的形式。施工时应确保临时支护安全可靠,并及时进行永久支护。在建立永久支护前,每班应派专人观测地面沉降和临时支护及井帮变化情况;发现危险预兆时,必须立即停止工作,撤出人员,进行处理。

6.1.2.4 立井井筒采用井壁注浆堵水时,必须编制施工措施并遵守下列规定:

　　a) 井壁必须有承受最大注浆压力的强度。

　　b) 钻孔可能发生涌砂时,应采取套管法或其他安全措施。采用套管法注浆时,安装套管的钻孔深度应小于井壁厚度 200 mm,套管安装牢固后在套管外端安装抗压能力大于注浆终压 1.5 倍的孔口球阀,必须对套管的固结强度进行耐压试验,只有达到注浆终压力后,方可在套管内打透井壁并注浆封堵。井筒采用双层井壁支护进行壁间注浆时,注浆孔应穿过内壁进入外壁 100 mm。当井壁破裂必须采用破壁注浆时,必须制定专项措施。

c) 注浆管、套管必须固结在井壁中,并装有抗压能力大于注浆终压的球形阀门。
d) 在罐笼顶上进行钻孔注浆作业时,必须安设牢固的工作台和注浆管路安全阀,作业人员必须佩带保险带,并在井口设专职值班人员。
e) 井上、下都必须有可靠的通信设施,升降注浆作业吊盘或工作台时,必须得到值班人员的允许。
f) 井筒内进行钻孔注浆作业时,井底不得有人。注浆过程中必须观察井壁,发现问题必须停止作业,及时处理。
g) 钻孔时应经常检查孔内涌水量和含砂量。涌水量较大或涌水中含砂时,必须停止钻进,及时注浆;钻孔中无水时,必须及时严密封孔。
h) 注浆管露出井壁的管端与提升容器之间的间隙,必须符合本规范 6.8.2.8 的容器与井壁之间的规定。

6.1.2.5 在施工组织设计中,必须有吊盘、保护盘以及凿岩、抓岩、出矸等设备的设置、运行、维修的安全措施。

6.1.2.6 吊盘增加负荷时,必须对吊盘悬吊钢丝绳强度重新进行验算,并符合本规范 6.8.3.3 规定。

6.1.2.7 严禁用吊桶、抓岩机等井筒内悬吊设备撞击模板进行脱模;拆除井筒内的设施时,不得用稳车、绞车强拉硬拽。

6.1.2.8 工作人员在下列情况下必须佩带保险带:
a) 乘吊桶或随吊盘升降时;
b) 在井架上或井筒内的悬吊设备上作业时;
c) 拆除保险盘或掘凿保护岩柱时;
d) 在井圈、模板及井内临时作业平台上作业时;
e) 在倒矸台上围栏外作业时。

保险带定期按有关规定试验。保险带必须拴在牢固的构件上。每次使用前必须检查,发现损坏时,立即更换。

6.1.2.9 立井翻矸台翻矸时,井口所有盖门不得开启;双钩提升在井口上下人员时,另一个井盖门也不得开启。

6.1.2.10 严禁在井盖门上接卸矸石,在封口盘、固定盘上接装混凝土时,必须制定专项安全措施。

6.1.2.11 吊盘升降后,必须找平找正并稳固,并及时通知绞车司机吊盘位置,空罐试运行后方可正常提升。

6.1.2.12 延深立井井筒时,必须用坚固的保护盘或留保护岩柱与上部生产水平隔开。只有在井筒装备完毕、井筒与井底车场连接处的开凿和支护完成,制定安全措施后,方可拆除保护盘或掘凿保护岩柱。

6.1.2.13 采用反向凿井法掘凿暗立井、溜眼及倾角大于 60°的煤仓时,应优先采用反井钻机施工,当采用反井钻机施工不合理时,可采用人工反井法施工,并应遵守下列规定:
a) 用木垛盘支护时,必须及时支护。爆破前最末一道木垛盘与工作面的距离不得超过 1.6 m。木垛盘的基墩必须牢固可靠。行人、运料眼与溜矸眼之间,必须用木板隔开。在人行眼内必须有木梯和护头板,护头板的间距最大不得超过 3 m,护头板上的矸石必须及时清理。爆破前,必须将人行眼和运料眼盖严。爆破后,首先通风,吹散炮烟,之后方可进入检查,检查人员不得少于 2 人。经过检查,确认通风、信号正常,人行间、隔板、护头板、顶板、井帮等无危险情况后,方可进行作业。

b) 采用吊罐法施工时,绳孔偏斜率不得超过 0.5%,绞车房与出矸水平之间,必须装设 2 套信号装置,其中 1 套必须设在吊罐内。爆破前必须摘下吊罐,放置在巷道内安全地点,将提升钢丝绳提到安全位置。爆破后必须指定专人检查提升钢丝绳和吊具,如有损坏,修复后方可使用。吊罐内有人作业时,严禁在吊罐下方进行工作或通行。

c) 采用反井钻机施工时,在扩孔期间,严禁人员在孔的下方停留、通行或观察。扩孔完毕,必须在孔的外围设置栅栏,防止人员进入。

d) 正向扩井时,必须有防止人员坠落的安全措施。爆破前必须拆除爆破孔底以下 0.3 m 范围内的木垛盘。

溜矸眼内的矸石必须经常放出,防止卡眼,但不得影响通风。严禁站在溜矸眼的矸石上作业。

6.1.3 立井特殊法开凿和支护

6.1.3.1 采用钻井法施工必须遵守下列规定:

a) 钻井的设计与施工最终位置必须通过风化带,并向不透水的完整基岩至少延深 5 m。

b) 钻井期间,采用封口平台时,必须将井口封盖严密;采用井口梁时,必须有可靠的防坠措施。

c) 钻井过程中,护壁泥浆的各项参数必须定时测定,发现问题立即调整。井筒内的泥浆面,必须保持高于地下静止水位。

d) 井筒允许偏斜度及测点的间距必须在施工组织设计中明确规定。钻井时必须测定井筒的偏斜度。偏斜超过规定时,必须及时纠正。钻井完毕后,必须绘制井筒的纵横剖面图,井筒中心线和有效断面必须符合设计要求。

e) 预制井壁的质量,必须逐节检查验收。井壁连接部位必须有可靠的防蚀、防水措施,合格后方可下沉井壁。

f) 井壁下沉完成后,必须检查井壁偏斜度,标定实际的井筒中心坐标和井筒中心十字线,只有符合要求后方可进行壁后充填,壁后充填必须密实。充填材料必须经过试验,满足强度和凝固时间的要求,并保证能够置换出泥浆。开凿沉井井壁的底部或开掘马头门之前,必须检查破壁处及其上方至少 30 m 范围内壁后的充填质量,发现不合格时,必须采取可靠的补救措施。

g) 开凿钻井井壁的底部和开掘马头门采用爆破作业时,必须制定安全措施。

6.1.3.2 采用冻结法施工应遵守下列规定:

a) 冻结深度必须根据井筒检查孔提供的表土层厚度,风化带厚度,完整基岩深度及隔水性能,基岩含水层埋深、层厚,预计井筒掘进时涌水量以及井壁结构等资料确定,并应进入不透水完整岩层不小于 10 m。冻结段最深的掘砌位置必须浅于冻结深度 5 m～8 m。

b) 钻进冻结孔、测温孔、水文观测孔时,必须测定钻孔的方向和偏斜度,测斜的最大间隔不得超过 30 m,并绘制冻结孔实际偏斜平面位置图,相邻两孔的任意位置的间距和偏斜度超过规定时,必须及时纠正。因钻孔偏斜影响冻结效果时,必须补孔。

c) 井筒地质检查钻孔不得打在冻结的井筒内。水文观察孔必须设在井内,偏斜不得超出井筒净径,深度以不进入风化岩层为宜。

d) 当冻结孔穿过井下巷道时,下冻结管前应制定冻结孔壁与冻结管之间充填的安全技术措施;在巷道掘进进入冻结管区域前,除制定穿越冻结管的安全技术措施外,还应制定破除冻结壁后和解冻后的防水措施。

e) 冻结管应采用无缝钢管,其材质为低碳钢时宜采用内衬箍对焊,且管箍、底锥材质应与冻结管一致,焊条材质应与管材相匹配;冻结管下放深度不得小于设计冻结深度 0.5 m,每个冻结孔下放的每一节冻结管应有长度和管径记录、编号,严禁冻结管内有任何杂物,冻结管下入冻结孔后应进行试漏检验,发现渗漏现象必须及时处理。

f) 开始冻结后,必须经常观察水文观测孔的水位变化。只有在水文孔冒水 7 d、水量正常,确认冻结壁已交圈后,且根据冻结温度场的观测资料分析,确认井筒掘至各层位时冻结壁的强度和厚度能满足设计要求后,方可开挖。冻结和开凿过程中,要经常检查盐水温度和流量、井帮温度和位移,以及井帮和工作面渗漏盐水等情况。检查应有详细记录,发现异常,必须及时处理。锁口施工时,在静水位低于锁口底板 1 m 时,可以提前开挖。但必须保护好水文观测管。

g) 在冻结的表土层开凿井筒时,可以采用爆破作业,但必须制定安全技术措施。

h) 掘进施工过程中,必须有防止冻结壁变形、片帮、掉石、断管等安全措施。

i) 生根壁座应落在含水较少的完整坚硬的基岩中。

j) 冻结深度小于 300 m 时,永久井壁施工全部完成后,方可停止冻结。冻结深度大于 300 m 时,停止冻结的时间由冻结单位、建设单位和监理单位根据冻结温度场观测资料分析冻结壁发展的实际情况共同研究确定。

k) 应尽可能避免在冻结段内设置梁窝,如必须设置应制定防止漏水的措施。

l) 不论冻结管能否回收,对全孔必须及时用水泥砂浆或混凝土充填,充填容积不得小于计算容积的 95％。

m) 冻结站必须用不燃性材料建筑,并应有通风装置。应经常测定站内空气中的氨气含量,其浓度不得超过 0.004％。站内严禁烟火,并必须备有急救和消防器材。氨瓶和氨罐必须经过试验,合格后方准使用;在运输、使用和存放期间,应制定安全措施。

n) 冷冻站拆除前,必须回收氨和盐水,严禁随意排放污染环境。

6.1.3.3 井筒穿过含水岩层或破碎带,采用地面或工作面预注浆法进行堵水或加固时,应遵守下列规定:

a) 注浆施工前,必须编制注浆工程设计。

b) 注浆段长度必须大于注浆的含水岩层的厚度,并深入不透水岩层或硬岩层 5 m～

10 m。井底的设计位置在注浆的含水岩层内时,注浆深度必须大于实际井深 10 m。

c) 地面预注浆的钻孔,除定向钻孔外,每钻进 40 m 必须测斜 1 次,钻孔偏斜率不得超过 0.5%。
d) 注浆前,必须进行注浆泵和输浆管路系统的耐压试验。试验压力必须达到最大注浆压力的 1.5 倍,试验时间不得小于 15 min,无异常情况后,方可使用。
e) 注浆过程中,注浆压力突然上升时,必须停止注浆泵运转,卸压后方可处理。
f) 每次注浆后,应至少停歇 30 min,方可提拔止浆塞,以防高压浆顶出钻杆。
g) 冬季注浆施工时,注浆站和地面输浆管路,必须采取防冻措施。
h) 井筒工作面预注浆前,在注浆的含水岩层上方,必须按设计要求预留止浆岩帽或设置混凝土止浆垫。含水岩层厚度大,需采用分段注浆和掘砌时,对每一注浆段,必须按设计要求预留止浆岩帽或设置混凝土止浆垫。岩帽厚度和混凝土止浆垫的结构形式、厚度应根据最大注浆压力、岩石性质和工作条件确定。混凝土止浆垫由井壁支承时,应对井壁强度进行验算,不能满足需要时,应加固或提前加大支护强度。
i) 孔口管必须按设计参数埋设牢固,并安设高压阀门,必要时安设防喷装置。注浆前,必须对止浆垫和孔口管进行耐压试验,试验压力必须大于注浆压力 1 MPa。
j) 钻注浆孔时,钻机必须安设牢固,并使用能够防止钻具被水顶出的钻头。
k) 井内应设排水设施,及时排除井底积水。当钻进注浆孔时,如井筒涌水量接近额定排水能力,必须停止钻进,提出钻具,关闭高压阀门,及时注浆。
l) 注浆站设在地面时,井上、下必须有可靠的通信联系。
m) 制浆和注浆的工作人员,应佩戴防护眼镜和口罩,制浆站内应采取防尘措施。
n) 注浆结束后,必须检验注浆效果,达到设计要求后,方可开凿井筒。

6.1.4 平巷与斜井(巷)的掘进和支护

6.1.4.1 掘进工作面严禁空顶作业。靠近掘进工作面 10 m 内的支护,在爆破前必须加固。爆破崩倒、崩坏的支架必须先行修复,之后方可进入工作面作业。修复支架时必须先检查顶、帮,并由外向里逐架进行。

在松软的煤、岩层或流砂性地层中及地质破碎带掘进平斜巷时,必须采取前探支护或其他措施。

在坚硬和稳定的煤、岩层中,确定巷道不设支护时,必须制定安全措施。

6.1.4.2 施工时,掘进工作面煤、矸和其他堆积物不得超过巷道断面的 1/3。

6.1.4.3 支架间应设牢固的撑木或拉杆。可缩性金属支架应用金属支拉杆,并用机械或力矩扳手拧紧卡缆。支架与顶帮之间的空隙必须塞紧、背实。巷道砌碹时,碹体与顶帮之间必须用不燃物充满填实;巷道冒顶空顶部分,可用支护材料接顶,但在碹拱上部必须充填不燃物垫层,其厚度不得小于 0.5 m。

6.1.4.4 掘进巷道在揭露老空前,必须制定探查老空的安全措施,包括接近老空时必须预留的煤(岩)柱厚度和探明水、火、瓦斯等内容。必须根据探明的情况采取措施,进行处理。

在揭露老空时,必须将人员撤至安全地点。只有经过检查,证明老空内的水、瓦斯和其他有害气体等无危险后,方可恢复工作。

6.1.4.5 开凿或延深斜井、下山时,必须在斜井、下山的上口设置防止跑车装置,在掘进工作面的上方设置坚固的跑车防护装置。跑车防护装置与掘进工作面的距离必须在施工组织设计或作业规程中规定。斜长较大时,还应在适当位置设置防跑车装置。提升容器与提升绳之间还应设置保险绳。

斜井(巷)施工期间兼作行人道时,必须每隔40 m设置躲避硐。设有躲避硐的一侧必须有畅通的人行道,上下人员必须走人行道。必须设红灯和语音提示装置。行车时红灯亮并有语音提示,行人立即进入躲避硐;红灯熄灭后,方可行走。

6.1.4.6 斜巷采用多级提升和上山掘进提升时,绞车上方必须有坚固的遮挡。

6.1.4.7 斜巷施工时,若绞车基础布置在煤层或软岩中,必须制定专项措施。

6.1.4.8 在煤(岩)层中掘进的作业规程中,必须有预防瓦斯、煤尘、透水、冒顶、堵人等灾害的安全措施。

6.1.4.9 严格执行敲帮问顶制度。作业前,班组长必须对工作面安全情况进行全面检查,确认无危险后,方准人员进入工作面。

斜井由表土进入基岩,采用钻爆法施工时,必须有专项安全技术措施。

6.1.4.10 使用掘进机掘进应遵守下列规定:
a) 掘进机必须装有只准以专用工具开、闭的电气控制回路开关,专用工具必须由专职司机保管。司机离开操作台时,必须断开掘进机上的电源开关。
b) 在掘进机非操作侧,必须装有能紧急停止运转的按钮。
c) 掘进机必须装有前照明灯和尾灯。
d) 开动掘进机前,必须发出警报。只有在铲板前方和截割臂附近无人时,方可开动掘进机。
e) 掘进机作业时,应使用内、外喷雾装置,内喷雾装置的使用水压不小于3 MPa,外喷雾装置的使用水压不小于1.5 MPa;如果内喷雾装置的使用水压小于3 MPa或无内喷雾装置,则必须使用外喷雾装置和除尘器。
f) 掘进机停止工作和检修以及交班时,必须将掘进机切割头落地,并断开掘进机上的电源开关和磁力起动器的隔离开关。
g) 检修掘进机时,严禁人员在截割臂和转载桥下方停留或作业。

6.1.4.11 使用耙装机必须遵守下列规定:
a) 耙装机作业时必须有充足照明。
b) 耙装机绞车的刹车装置必须完整、可靠。
c) 必须装有封闭式金属挡绳栏和防耙斗出槽的护栏;在拐弯巷道装岩(煤)时,必须使用可靠的双向辅助导向轮,清理好机道,并有专人指挥和信号联系。
d) 固定钢丝绳滑轮的锚桩及其孔深与牢固程度,必须根据岩性条件在作业规程中作出明确规定。
e) 在装岩(煤)前,必须将机身和尾轮固定牢靠。严禁在耙斗运行范围内进行其他工作和行人。在倾斜井巷移动耙装机时,下方不得有人。倾斜井巷倾角大于20°时,在司机上方必须打护身柱或设挡板,并在耙装机上增设固定装置。倾斜井巷使用耙装机时,必须有防止机身下滑的措施。
f) 耙装机作业时,其与掘进工作面的最大和最小允许距离必须在作业规程中明确规定。
g) 使用耙装机时,严禁手扶或碰撞运行中的钢丝绳。在倾斜巷道移动耙装机时,必须制定专项措施。

6.1.4.12 高瓦斯区域、煤与瓦斯突出危险区域的煤巷掘进工作面,严禁使用钢丝绳牵引的耙装机。

6.1.4.13 使用液压凿岩台车时应遵守下列规定:
   a) 液压凿岩台车必须配有专用电气控制开关,并配专用工具开、闭,专用工具必须由专职司机保管。司机离开操作台时,必须断开液压凿岩台车专用电控开关;液压凿岩台车必须装有前照明灯和尾灯,通电后必须能正常照明。
   b) 液压凿岩台车启动前必须检查各操作手柄位置,确认无误后,方可通电,并设专人警戒,确保液压凿岩台车四周无人。
   c) 液压凿岩台车行走前必须将钻臂收拢并尽可能降低重心,抬起前支腿至水平位置,并设专人负责拖拉动力电缆。
   d) 液压凿岩台车行走过程中必须有3人负责监视,台车前方两侧各1人,台车尾部1人,用哨音联络。行走过程中,台车车体两侧严禁站人。
   e) 液压凿岩台车停止工作或检修时,必须将钻臂和支腿落地,并断开专用电控开关。
   f) 液压凿岩台车检修时必须断开专用电控开关,并悬挂警戒牌;需要在钻臂下检修机器时,必须垫枕木支撑钻臂。

6.1.4.14 掘进工作面的移动式机器,每班工作结束后和司机离开机器时,必须立即切断电源,并打开离合器。

6.1.4.15 掘进工作面各种移动式掘进机械的橡套电缆,必须严加保护,避免水淋、撞击、挤压和炮崩。每班必须进行检查,发现损伤,及时处理。

6.1.5 防止坠落

6.1.5.1 立井井口必须用栅栏或金属网围住,进出口设置栅栏门。井筒与各水平的连接处必须有栅栏。栅栏门只准在通过人员或车辆时打开。

立井井筒与各水平车场的连接处,必须设有专用的人行道,严禁人员通过提升间。如果在立井井筒一侧设人行道,人行道上方必须设防护设施。

罐笼提升立井的井口和井底、井筒与各水平的连接处,进车侧应设置复式阻车器,出车侧设置单式阻车器。禁止用电机车顶车通过罐笼。

6.1.5.2 下放电缆时,应制定防下滑措施。

6.1.5.3 倾角在25°以上的小眼、人行道、上山和下山的上口,必须设有防止人员和物料坠落的设施。

6.1.5.4 煤仓、溜煤(矸)眼必须有防止人员、物料坠入和煤、矸堵塞的设施。检查煤仓、溜煤(矸)眼和处理堵塞时,必须制定安全措施,严禁人员从下方进入。

严禁煤仓、溜煤(矸)眼兼作流水道。煤仓与溜煤(矸)眼内有淋水时,必须采取封堵或疏干措施;没有得到妥善处理不得使用。

6.2 通风和瓦斯、粉尘防治

6.2.1 通风

6.2.1.1 煤矿施工单位应设立通风管理机构,配备足够的通风、瓦斯技术管理人员。通风管理机构由施工单位技术负责人直接领导,负责本单位的"一通三防"技术管理工作。

施工矿井一期工程时,项目部必须配备专职通风瓦斯管理人员和通风、瓦斯检查人员;

施工矿井二、三期工程时,项目部必须设立通风瓦斯管理机构并配备相应的专业技术人员,由项目部技术负责人直接领导,负责矿井的通风、防治瓦斯、煤尘、防灭火以及安全监控工作。

有煤(岩)与瓦斯(二氧化碳)突出危险的矿井,必须建立专职防突机构;瓦斯抽放矿井必须建立专职瓦斯抽放队伍,并配备足够的专业人员。

6.2.1.2 井下空气成分必须符合下列要求:
   a) 掘进工作面的进风流中,氧气浓度不低于20%,二氧化碳浓度不超过0.5%;
   b) 有害气体的浓度不超过表1规定。

表 1 矿井有害气体最高允许浓度

名 称	最高允许浓度 %
一氧化碳(CO)	0.002 4
氧化氮[换算成二氧化氮(NO_2)]	0.000 25
二氧化硫(SO_2)	0.000 5
硫化氢(H_2S)	0.000 66
氨(NH_3)	0.004

注1:瓦斯、二氧化碳和氢气的允许浓度按本规范的有关规定执行。
注2:矿井中所有气体的浓度均按体积的百分比计算。

6.2.1.3 井巷中的风流速度应符合表2要求。

表 2 井巷中的允许风流风速

井巷名称	允许风速 m/s 最低	允许风速 m/s 最高
无提升设备的风井和风硐		15
专为升降物料的井筒		12
风桥		10
升降人员和物料的井筒		8
主要进、回风巷		8
架线电机车巷道	1.0	8
运输机巷	0.25	6
掘进中的煤巷和半煤岩巷	0.25	4
掘进中的岩巷	0.15	4
其他通风人行巷道	0.15	

注1:设有梯子间的井筒或修理中井筒,风速不得超过8 m/s;梯子间四周经封闭后,井筒中的最高允许风速可按表2规定执行。
注2:无瓦斯涌出的架线电机车巷道中的最低风速可低于表2的规定值,但不得低于0.5 m/s。

6.2.1.4 进风井口以下的空气温度(干球温度,下同)应在2℃以上,否则必须采取井筒防结冰措施,已经结冰的,要采取除冰措施。

建设项目设计时,必须进行风温预测计算,超温地点必须有制冷降温设计,配齐降温设施。

掘进工作面空气温度不得超过26℃,机电设备硐室的空气温度不得超过30℃;当空气温度超过时,必须缩短超温地点工作人员的工作时间,并给予高温保健待遇。

掘进工作面空气温度超过30℃、机电设备硐室的空气温度超过34℃时,必须停止作业,采取措施,进行处理。

6.2.1.5 矿井施工所需风量应按下列要求计算:
  a) 立井人工开挖时所需风量可按每人每分钟不少于4 m³的标准计算。
  b) 立井爆破作业所需风量必须保证井筒的平均风速不小于0.15 m/s,确保有效排除炮烟。同时立井爆破作业所需风量必须使该地点风流中瓦斯、二氧化碳和其他有害气体的浓度及温度,符合本规范的有关规定。

  立井爆破作业所需风量,通常按排炮烟方法计算:

$$Q = 7.8[KA(S \cdot L)^2]^{1/3}/T$$

  式中:
  Q——工作面配风量,m³/min;
  K——淋水系数,按表3(0.15～0.8)取值;
  A——一次起爆炸药量,kg;
  S——巷道净断面,m²;
  T——排炮烟时间,min(一般取40 min～60 min);
  L——掘进井筒(巷道)通风长度,m。

  c) 其他施工地点的实际需要风量,必须使该地点风流中的瓦斯、二氧化碳、氢气和其他有害气体的浓度,风速以及温度,每人供风量符合本规范的有关规定。
  d) 矿井施工总风量应按下列要求分别计算,并取其中的最大值:
    1) 按井下同时工作的最多人数计算,每人每分钟供风量不得少于4 m³;
    2) 按掘进巷道、硐室及其他地点实际需要风量的总和进行计算。

表3 淋水系数 K 取值表

涌 水 特 征	淋水系数 K
涌水量小于1 m³/h的各种深度的干燥井筒或深度小于200 m的含水井筒	0.8
井深大于200 m,且涌水量为1 m³/h～6 m³/h的含水井筒	0.6
井深大于200 m,且涌水量为6 m³/h～15 m³/h的含水井筒	0.3
井深大于200 m,且涌水量大于15 m³/h的含水井筒	0.15

6.2.1.6 必须建立测风制度,对掘进工作面和其他用风地点,应根据实际需要随时测风。井筒施工进入基岩段后,每10 d进行1次全面测风,每次测风结果应记录并写在测风地点的记录牌上。

应根据井下有害气体变化、施工实际、测风结果采取措施,及时进行风量调节。

6.2.1.7 立井施工必须有专用回风出口,确保风流畅通。

矿井二、三期工程必须建立合理可靠的通风系统,改变全矿井通风系统时,必须编制通风设计及安全措施。

两个及以上施工单位共用一个系统时,应由建设单位统一通风管理。

6.2.1.8 主、副井掘至井底水平时,应尽快在它们之间掘一条联络巷道,以便尽早构成通风系统;主井与副井贯通后,直至主、副井与风井贯通前,应利用贯通巷道及时构成通风系统。每完成一次贯通,应及时调整通风系统,局部通风机及时移到合理位置。

6.2.1.9 贯通巷道必须遵守下列规定:

a) 掘进巷道贯通前,综合机械化掘进巷道在相距50 m前、其他巷道在相距20 m前,必须停止一个工作面作业,做好调整通风系统的准备工作。

b) 贯通时,必须由专人在现场统一指挥,必须有可靠的联系方式。停掘的工作面必须保持正常通风,设置栅栏及警标,经常检查风筒的完好状况和工作面及其回风流中的瓦斯浓度,瓦斯超限时,必须立即处理。掘进的工作面每次爆破前,必须派专人和瓦斯检查员共同到停掘的工作面检查工作面及其回风流中的瓦斯浓度,瓦斯浓度超限时,必须先停止在掘进工作面的工作,然后处理瓦斯,只有在两个工作面及其回风流中的瓦斯浓度都在1.0%以下时,掘进的工作面方可爆破。每次爆破前,两个工作面入口都必须有专人警戒。

c) 贯通后,必须停止附近区域的一切工作,立即调整通风系统,风流稳定正常后,方可恢复工作。

d) 两个施工单位施工的巷道贯通时,由建设单位制定通风系统调整方案,并统一管理。间距小于20 m的平行巷道的联络巷贯通,必须遵守本节贯通规定的各项条款。

6.2.1.10 掘进工作面应实行独立通风。相邻的2个掘进工作面布置独立通风有困难时,在制定措施后,可采用串联通风,但串联通风的次数不得超过1次。同时,必须在进入被串联工作面的进风流中装设甲烷传感器,且瓦斯和二氧化碳浓度都不得超过0.5%,其他有害气体应符合本规范6.2.1.2规定。

在有瓦斯喷出或有煤(岩)与瓦斯(二氧化碳)突出危险的煤层中掘进巷道时,严禁任何两个工作面之间串联通风。

6.2.1.11 矿井二、三期工程必须绘制通风系统图,标明风流方向、风量、通风设施、安全监测监控设备、防尘设施的安设地点,当系统发生变化时,必须及时补充完善通风系统图。

6.2.1.12 矿井必须采用机械通风,并遵守下列规定:

a) 使用建井风机时,应安装2台同等能力的通风机,其中1台备用,备用通风机必须能在10 min内启动,使用主要通风机的,通风机必须安装在地面。

b) 立井施工在安装吊盘后必须实行机械通风。井筒施工及主、副(风)井贯通前,建井风机应安装在地面,离地高度不得小于1 m,距离井口不得小于20 m,且不得放在井架上。

c) 建井风机或主要通风机应避开永久通风机房及风道的位置,不影响施工期间的运输和提升。井下排除的污风要避开当地常年主要风向,以免造成井口空气污染;

建井风机必须与各局部通风机实现风电闭锁,当建井风机停止运转时,局部通风机必须停止运转,以免产生循环风。

    d) 主、副(风)井贯通后,应尽快改装通风设备,安装建井风机或地面主要通风机,实现全风压通风。

    e) 低瓦斯矿井施工二期工程,建井风机可根据实际情况安装在井下,但必须制定安全措施,实现全风压通风,确保通风安全。

    f) 高瓦斯、煤(岩)与瓦斯(二氧化碳)突出矿井不得将建井风机安装在井下,且在进入二期工程前,必须形成地面风机供风的全风压通风系统。

    g) 矿井进入三期工程前,地面主要通风机必须投入使用并保持正常运行,实现全风压通风。

6.2.1.13 立井施工期间风筒要悬吊竖直,固定牢靠,井筒内吊挂的风筒接头连接牢固。

6.2.1.14 因检修、停电或其他原因停止建井风机运转时,必须制定停风措施。

建设单位应与供电部门签订协议,变电所或电厂在停电以前,必须将预计停电时间通知项目部调度室。

建井风机停止运转时,受停风影响的地点,必须立即停止工作、切断电源,工作人员先撤到进风巷道中,由值班负责人迅速决定全矿井是否停止施工、工作人员是否全部撤出。

建井风机停止运转期间,必须打开有关风门,利用自然风压通风。

6.2.1.15 施工组织设计和作业规程中必须有通风设计,进行风量计算,明确通风方式、风机选型、风筒直径及通风机安装位置;建井二期工程的通风设计由项目技术负责人组织编制,报工程处总工程师审批;建井三期工程的通风设计由工程处总工程师组织编制,报集团公司总工程师审批。

6.2.1.16 掘进巷道必须采用矿井全风压通风或局部通风机通风。

煤巷、半煤岩巷和有瓦斯涌出的岩巷的掘进通风方式应采用压入式,如采用混合式,必须制定安全措施;不得采用抽出式(压气、水力引射器不受此限)。

瓦斯喷出区域和煤(岩)与瓦斯(二氧化碳)突出煤层的掘进通风方式必须采用压入式。

6.2.1.17 使用局部通风机通风的掘进工作面,不得停风;因检修、停电、故障等原因停风时,必须将人员全部撤至新鲜风流中,并切断电源。

井下局部通风机恢复通风前,必须由专职瓦斯检查员检查瓦斯。只有在局部通风机及其开关附近 10 m 以内风流中的瓦斯浓度都不超过 0.5% 时,方可由指定人员开启局部通风机。

6.2.2 瓦斯防治

6.2.2.1 矿井在设计前,设计单位应根据地质勘探部门提供的煤层瓦斯含量等资料预测的瓦斯涌出量和邻近生产矿井的瓦斯涌出量资料,预测矿井瓦斯等级,作为计算风量和设计的依据。矿井瓦斯涌出量预测方法按 AQ 1018—2006 执行。

6.2.2.2 建设单位应提供各煤层的瓦斯含量资料,第一次揭露煤层前必须组织测定煤层原始瓦斯含量和压力,并根据揭穿各煤层的实际情况,重新验证煤层的突出危险性。

6.2.2.3 建设项目每年必须根据实际测定的瓦斯涌出量和瓦斯涌出形式鉴定矿井瓦斯等级,同时进行矿井二氧化碳涌出量的测定工作,作为核定和调整风量的依据。

单条掘进巷道的绝对瓦斯涌出量大于 3 m³/min 时,矿井应按高瓦斯区域管理;在掘进过程中发生过煤(岩)与瓦斯(二氧化碳)突出矿井应定为煤(岩)与瓦斯(二氧化碳)突出矿井。

如果鉴定结果与矿井设计不符时,应提出修改矿井瓦斯等级的专门报告,报有关部门审定。建设单位应根据新的矿井瓦斯等级批复意见委托原设计单位修改矿井设计和安全专篇设计,并报原审查机构批准。

6.2.2.4 新建矿井必须进行瓦斯涌出量预测。瓦斯涌出量预测由具有国家规定资质的专业机构和建设单位共同完成,预测结果经专家审定后以报告形式提供给建设单位、施工单位和有关部门。

6.2.2.5 根据地质报告提供的瓦斯资源或参照邻近矿井参数而达到 6.2.2.15 条件时,必须将瓦斯抽放工程纳入矿井设计中,但设计所依据的瓦斯参数必须经具有相关资质的专业机构进行可行性论证。

6.2.2.6 新建矿井瓦斯抽放工程设计应以批准的精查地质报告为依据,并参照邻近或条件类似生产矿井的瓦斯资料;改(扩)建矿井应以本矿地质、瓦斯资料为依据。

6.2.2.7 二、三期工程总回风流中瓦斯或二氧化碳浓度超过 0.75% 时,必须立即查明原因,进行处理。

6.2.2.8 掘进工作面回风巷风流中瓦斯浓度超过 1.0% 或二氧化碳浓度超过 1.5% 时,必须停止工作,撤出人员,采取措施,进行处理。

6.2.2.9 掘进工作面及其他作业地点风流中瓦斯浓度达到 1.0% 时,严禁用电钻打眼;爆破地点附近 20 m 以内风流中瓦斯浓度达到 1.0% 时,严禁爆破。

掘进工作面及其他作业地点风流中、电动机或其开关安设地点附近 20 m 以内风流中的瓦斯浓度达到 1.5% 时,必须停止工作,切断电源,撤出人员,进行处理。

掘进工作面及其他巷道内,体积大于 0.5 m³ 的空间内积聚的瓦斯浓度达到 2.0% 时,附近 20 m 内必须停止工作,撤出人员,切断电源,进行处理。

因瓦斯浓度超过规定被切断电源的电气设备,必须在瓦斯浓度降到 1.0% 以下时,方可通电开动。

6.2.2.10 掘进工作面风流中二氧化碳浓度达到 1.5% 时,必须停止工作,撤出人员,查明原因,制定措施,进行处理。

6.2.2.11 必须从施工管理上采取措施,防止瓦斯积聚;当发生瓦斯积聚时,必须及时处理。

必须有因停电和检修建井风机停止运转或通风系统遭到破坏以后恢复通风、排除瓦斯和送电的安全措施。恢复正常通风后,所有受到停风影响的地点,都必须经过通风、瓦斯检查人员检查,证实无危险后,方可恢复工作。所有安装电动机及其开关的地点附近 20 m 的巷道内,都必须检查瓦斯,只有瓦斯浓度符合本规范规定时,方可开启。

临时停工的地点,不得停风;否则必须切断电源,设置栅栏,悬挂警戒牌,禁止人员进入,并向调度室报告。停工区内瓦斯或二氧化碳浓度达到 3.0% 或其他有害气体浓度超过本规范 6.2.1.2 规定不能立即处理时,必须在 24 h 内封闭完毕,切断通往密闭墙内的铁轨和管线,并在密闭墙前设置栅栏,悬挂警戒牌。

恢复已封闭的停工区或掘进工作接近这些地点时,必须事先排除其中积聚的瓦斯。排放瓦斯工作必须制定安全措施。

严禁在停风或瓦斯超限的区域内作业。

立井施工需要停风作业时必须制定专项安全措施。

6.2.2.12 井下局部通风机因故停止运转,在恢复通风前,必须首先检查瓦斯,只有停风区中最高瓦斯浓度不超过1.0%和最高二氧化碳浓度不超过1.5%,且符合本规范6.2.1.17开启局部通风机的条件时,方可人工开启局部通风机,恢复正常通风。

停风区中瓦斯浓度超过1.0%或二氧化碳浓度超过1.5%,最高瓦斯浓度和二氧化碳浓度均不超过3.0%时,必须采取安全措施,控制风流排放瓦斯,严禁一风吹。

停风区中瓦斯浓度或二氧化碳浓度超过3.0%时,必须制订安全排瓦斯措施,并报上一级主管单位技术负责人审批后实施,由两家施工单位同时施工的必须报建设单位审批,并由建设单位组织实施。

在排放瓦斯过程中,排出的瓦斯与全风压风流混合处的瓦斯和二氧化碳浓度都不得超过1.5%,且回风系统内必须停电撤人,其他地点的停电撤人范围、警戒地点和警戒人员都应在措施中明确规定。只有恢复通风的巷道风流中瓦斯浓度不超过1.0%和二氧化碳浓度不超过1.5%时,方可人工恢复局部通风机供风巷道内电气设备的供电和回风系统内的供电。

井筒施工进入基岩段后,建井风机的停、送风必须执行上述有关规定。排放瓦斯时,井口周围20 m范围内严禁明火,电气设备必须切断电源。

6.2.2.13 掘进工作面第一次接近各煤层时,必须按有关地质资料预计煤层的位置,在距煤层垂距10 m以外开始打探煤钻孔,探明煤层赋存状况,钻孔超前工作面的距离不得小于5 m,并有专职瓦斯检查工经常检查瓦斯。岩石井巷掘进遇到煤线或接近地质构造带时,必须有专职瓦斯检查工经常检查瓦斯,发现瓦斯大量增加或其他异状时,必须停止掘进,撤出人员,进行处理。

6.2.2.14 在地质构造复杂区域施工时,为避免误穿煤层,发生煤与瓦斯突出和水害事故,应布置超前探钻,探明前方煤层和水患情况。

6.2.2.15 有下列情况之一的矿井,建设单位必须建立抽放瓦斯系统:

a) 1个掘进工作面瓦斯涌出量大于3 m^3/min,用通风方法解决瓦斯问题不合理的。

b) 矿井绝对瓦斯涌出量达到以下条件的:
——大于或等于40 m^3/min;
——设计为1.0 Mt~1.5 Mt的矿井,大于30 m^3/min;
——设计为0.6 Mt~1.0 Mt的矿井,大于25 m^3/min;
——设计为0.4 Mt~0.6 Mt的矿井,大于20 m^3/min;
——设计为或小于0.4 Mt的矿井,大于15 m^3/min。

c) 在有煤与瓦斯突出危险煤层中施工的。

煤与瓦斯突出矿井必须在揭露突出煤层前形成瓦斯抽放系统,高瓦斯矿井必须在进入三期工程前形成瓦斯抽放系统。

6.2.2.16 矿井瓦斯抽放系统必须监测抽放管道中的瓦斯浓度、流量、负压、温度和一氧化碳等参数,同时监测抽放泵站内瓦斯泄漏等。当出现瓦斯抽放浓度过低、一氧化碳超限、泵站内有瓦斯泄漏等情况时,应能报警并使抽放泵主电源断电。

6.2.2.17 必须建立瓦斯、二氧化碳和其他有害气体检查制度,并遵守下列规定:

a) 项目负责人、技术负责人、爆破工、掘进队长、通风队长、工程技术人员、班长、流动电钳工下井时,必须携带便携式甲烷检测仪。瓦斯检查工必须携带便携式甲烷检测报警仪和光学甲烷检测仪。安全监测工必须携带便携式甲烷检测报警仪或光学甲烷检测仪。

b) 进入基岩段后,所有掘进工作面、硐室、使用中的机电设备的设置地点、有人作业的地点都应纳入检查范围。

c) 掘进工作面的瓦斯浓度检查次数如下:
　1) 低瓦斯矿井中每班至少检查2次;
　2) 高瓦斯矿井中每班至少检查3次;
　3) 有煤(岩)与瓦斯(二氧化碳)突出危险的掘进工作面,有瓦斯喷出危险的掘进工作面和瓦斯涌出较大、变化异常的掘进工作面,必须有专人经常检查,并安设甲烷风电闭锁装置。

d) 掘进工作面二氧化碳浓度应每班至少检查2次;有煤(岩)与二氧化碳突出危险的掘进工作面,二氧化碳涌出量较大、变化异常的掘进工作面,必须有专人经常检查二氧化碳浓度。本班未进行工作的掘进工作面,瓦斯和二氧化碳应每班至少检查1次;可能涌出或积聚瓦斯或二氧化碳的硐室和巷道的瓦斯或二氧化碳应每班至少检查1次。

e) 瓦斯检查人员必须执行瓦斯巡回检查制度和请示报告制度,并认真填写瓦斯检查班报。每次检查结果必须记入瓦斯检查班报、手册和检查地点的记录牌上,并通知现场工作人员。瓦斯浓度超过本规范有关条文规定或变化异常时,瓦斯检查人员有权责令现场人员停止工作,并撤到安全地点。

f) 在有自然发火危险的矿井,必须定期检查一氧化碳浓度、气体温度等的变化情况。

g) 井下停风地点栅栏外风流中的瓦斯浓度每天至少检查1次,挡风墙外的瓦斯浓度每周至少检查1次。

h) 通风值班人员必须审阅瓦斯报表,掌握瓦斯变化情况,发现问题,及时处理,并向调度室汇报。建设项目实行总承包的,通风瓦斯日报必须送施工项目负责人、技术负责人审阅,并报建设单位备案;建设项目实行单项工程分包的,通风瓦斯日报必须送建设单位项目负责人、技术负责人审阅。对重大的通风、瓦斯问题,应制定措施,进行处理。

6.2.3　粉尘防治

6.2.3.1　建设项目的地质精查报告中,必须有各煤层的煤尘爆炸性鉴定资料。揭露煤层时,建设单位应委托国家授权单位进行煤尘爆炸性鉴定工作,鉴定结果必须报煤矿安全监察机构备案并提供给施工单位,施工单位应根据鉴定结果采取相应的安全措施。

6.2.3.2　必须建立防尘供水系统。没有防尘供水管路的掘进工作面不得施工。主要运输巷、带式输送机斜井与平巷、掘进巷道、卸载点等地点都必须敷设防尘供水管路,并安设支管和阀门。

6.2.3.3　对产生煤(岩)尘的地点必须采取综合防尘措施:
a) 掘进工作面及特殊凿井法施工的防尘措施必须符合本规范6.1.1.3的规定。
b) 掘进机作业的防尘必须符合本规范6.1.4.10 e)的规定。
c) 在煤、岩层中钻孔,应采取湿式钻孔。煤(岩)与瓦斯(二氧化碳)突出煤层或软煤层中瓦斯抽放钻孔难以采取湿式钻孔时,可采取干式钻孔,但必须采取捕尘、降尘措施,工作人员必须佩戴防尘保护用品。

d) 在有煤尘爆炸危险煤层中掘进时,必须有预防和隔绝煤尘爆炸的措施。煤层掘进巷道同与其相连的巷道间,采用独立通风并有煤尘爆炸危险的地点同与其相连通的巷道间,必须用水棚或岩粉棚隔开。必须及时清除巷道中的浮煤,清扫或冲洗沉积煤尘,定期撒布岩粉。

6.2.3.4 施工单位应制定综合防尘措施、预防和隔绝煤尘爆炸措施及管理制度,并组织实施。每周至少检查1次煤尘隔爆设施的安装地点、数量、水量或岩粉量及安装质量是否符合要求。

6.3 通风安全监控

6.3.1 一般规定

6.3.1.1 井筒施工进入基岩段后,必须装备甲烷风电闭锁装置。

所有矿井进入二期工程后必须安装矿井安全监控系统。矿井安全监控系统的安装、使用和维护必须符合本规范和相关规定的要求。

6.3.1.2 安全监控系统必须24 h连续运转。

6.3.1.3 安全监控系统传感器的数据或状态应传输到地面主机。

6.3.1.4 矿井二期工程的施工组织设计、作业规程和安全措施,必须对安全监控设备的种类、数量和位置,信号电缆和电源电缆的敷设,断电区域等做出明确规定,并绘制布置图和断电控制图。

6.3.1.5 安全监控设备布置图和断电控制图应标明传感器、声光报警器、断电器、分站、电源、中心站等设备的位置、接线、断电范围、传输电缆等,并根据实际布置及时修改。

6.3.1.6 地面中心站应设置在调度室内,实行24 h值班制度。中心站必须实时监控全部掘进工作面瓦斯浓度变化及被控设备的通电状态。中心站主机应不少于2台,其中1台备用。中心站设备应有可靠的接地装置和防雷装置。

6.3.1.7 安全监控日报表必须报建设、施工项目负责人和技术负责人审阅。

6.3.2 安装、使用和维护

6.3.2.1 安全监控系统使用前和大修后,必须按产品使用说明书的要求测试、调校合格,并在地面试运行24 h~48 h方能下井。

6.3.2.2 安全监控设备之间必须使用专用阻燃电缆连接,严禁与调度电话电缆或动力电缆等共用。

6.3.2.3 井下分站,应设置在便于人员观察、调试、检验及支护良好、无滴水、无杂物的进风巷道或硐室中,安设时应垫支架,使其距巷道底板不小于300 mm。

6.3.2.4 隔爆兼本质安全型等防爆电源严禁设置在下列区域:

a) 断电范围内;

b) 掘进工作面内;

c) 采用串联通风的被串掘进巷道内。

6.3.2.5 安全监控设备的供电电源必须取自被控开关的电源侧,严禁接在被控开关的负荷侧。

6.3.2.6 安装断电控制系统时,必须根据断电范围要求,提供断电条件,并接通井下电源及控制线。断电控制器与被控开关之间必须正确接线,具体方法由项目部技术负责人审定。

6.3.2.7 拆除或改变与安全监控设备关联的电气设备的电源线及控制线、检修与安全监控设备关联的电气设备、需要安全监控设备停止运行时,须报告项目部和矿调度室,并制定安全措施后方可进行。

6.3.2.8 模拟量传感器应设置在能正确反映被测物理量的位置。开关量传感器应设置在能正确反映被监测状态的位置。声光报警器应设置在经常有人工作便于观察的地点。

6.3.2.9 安全监控设备必须定期进行调试、校正,每月至少1次。甲烷传感器、便携式甲烷检测报警仪等采用载体催化元件的甲烷检测设备,每10 d必须使用校准气样和空气样调校1次。每10 d必须对甲烷超限断电闭锁和甲烷风电闭锁功能进行测试。

6.3.2.10 传感器经过调校检测误差仍超过规定值时,必须立即更换;安全监控设备发生故障时,必须及时处理,在更换和故障处理期间必须采用人工监测等安全措施,并填写故障记录。

6.3.2.11 低浓度甲烷传感器经大于$4\%CH_4$的甲烷冲击后,应及时调校或更换。

6.3.2.12 配制甲烷校准气样的装备和方法必须符合MT 423—1995的规定,选用纯度不低于99.9%的甲烷标准气体作原料气。配置好的甲烷校准气体应以标准气体为标准,用气相色谱议或红外线分析仪分析定值,其不确定度应小于5%。

6.3.2.13 监控系统的分站、传感器等装置在井下连续运行6个月~12个月,必须升井检查。

6.3.2.14 必须每天检查安全监控设备及电缆是否正常,使用便携式甲烷检测报警仪或便携式光学甲烷检测仪与甲烷传感器进行对照,并将记录和检查结果报地面中心站值班员;当两者读数误差大于允许误差时,先以读数较大者为依据,采取安全措施,并必须在8 h内将2种仪器调准。

6.3.2.15 与安全测控仪器关联的电气设备,电源线和控制线在拆除或改线时,必须与安全监控管理部门共同处理。检修与安全监控设备关联的电气设备,需要监控设备停止运行时,须经项目部主要负责人或主要技术负责人同意,并制定安全措施后方可进行。

6.3.3 甲烷传感器和其他传感器的设置

6.3.3.1 甲烷传感器应垂直悬挂在巷道上方风流稳定的位置,距顶板(顶梁)不得大于300 mm,距巷道侧壁不得小于200 mm,并应安装维护方便,不影响行人和行车。

6.3.3.2 甲烷传感器的设置地点、报警浓度、断电浓度、复电浓度及断电范围必须符合表4规定。

表4 甲烷传感器的设置地点、报警浓度、断电浓度、复电浓度及断电范围

甲烷传感器设置地点	甲烷传感器编号	报警浓度 %CH_4	断电浓度 %CH_4	复电浓度 %CH_4	断电范围
煤巷、半煤岩巷和有瓦斯涌出岩巷的掘进工作面	T_1	≥1.0	≥1.5	<1.0	掘进巷道内全部非本质安全型电气设备
煤巷、半煤岩巷和有瓦斯涌出岩巷的掘进工作面回风流中	T_2	≥1.0	≥1.0	<1.0	掘进巷道内全部非本质安全型电气设备

表 4（续）

甲烷传感器设置地点	甲烷传感器编号	报警浓度 %CH$_4$	断电浓度 %CH$_4$	复电浓度 %CH$_4$	断电范围
采用串联通风的被串掘进工作面局部通风机前	T$_3$	≥0.5	≥0.5	<0.5	被串掘进巷道内全部非本质安全型电气设备
		≥0.5	≥1.5	<0.5	包括局部通风机在内的被串掘进巷道内全部非本质安全型电气设备
高瓦斯矿井双巷掘进工作面混合回风流处	T$_3$	≥1.5	≥1.5	<1.0	包括局部通风机在内的双巷掘进巷道内全部非本质安全电源
高瓦斯和煤与瓦斯突出矿井掘进巷道中部		≥1.0	≥1.0	<1.0	掘进巷道内全部非本质安全型电气设备
掘进机		≥1.0	≥1.5	<1.0	掘进机电源
掘进机设置的便携式甲烷检测报警仪		≥1.0			
采（盘）区回风巷		≥1.0	≥1.0	<1.0	采（盘）区回风巷内全部非本质安全型电气设备
一翼回风巷及总回风巷		≥0.7	—	—	
回风流中的机电硐室的进风侧		≥0.5	≥0.5	<0.5	机电硐室内全部非本质安全型电气设备
使用架线电机车的主要运输巷道内装煤点处		≥0.5	≥0.5	<0.5	装煤点处上风流100 m内及其下风流的架空线电源和全部非本质安全型电气设备
高瓦斯矿井进风的主要运输巷道内使用架线电机车时，瓦斯涌出巷道的下风流处		≥0.5	≥0.5	<0.5	瓦斯涌出巷道上风流100 m内及其下风流的架空线电源和全部非本质安全型电气设备
矿用防爆特殊型蓄电池电机车内		≥0.5	≥0.5	<0.5	机车电源

表 4（续）

甲烷传感器设置地点	甲烷传感器编号	报警浓度 %CH₄	断电浓度 %CH₄	复电浓度 %CH₄	断电范围
矿用防爆特殊型蓄电池电机车内设置的便携式甲烷检测报警仪		≥0.5			
矿用防爆特殊型柴油机车内设置的便携式甲烷检测报警仪		≥0.5			
兼做回风井的装有带式输送机的井筒		≥0.5	≥0.7	<0.7	井筒内全部非本质安全型电气设备
采（盘）区回风巷、一翼回风巷及总回风巷道内施工电气设备上风侧		≥1.0	≥1.0	<1.0	采（盘）区回风巷、一翼回风巷及总回风巷道内全部非本质安全型电气设备
地面瓦斯抽放泵站室内		≥0.5	—	—	—
井下临时抽放泵站下风侧栅栏外		≥0.5	≥1.0	<0.5	抽放瓦斯泵电源
瓦斯抽放泵输入管路中		≤25	—	—	—
利用瓦斯时,瓦斯抽放泵站输出管路中		≤30	—	—	—
不利用瓦斯,采用干式抽放瓦斯设备的瓦斯抽放泵站输出管路中		≤25	—	—	—

6.3.3.3 装备安全监控系统的矿井,建井风机、局部通风机应设置设备开停传感器;主要风门应设置风门开关传感器;测风站应设置风速传感器;被控设备开关的负荷侧应设置馈电状态传感器;在容易自燃和自燃煤层中施工时,应安设一氧化碳传感器和温度传感器。

传感器的具体设置位置按 AQ 1029—2007 规定执行。

6.4 煤（岩）与瓦斯（二氧化碳）突出防治

煤矿建设期间的煤（岩）与瓦斯（二氧化碳）突出防治工作,按照《煤矿安全规程》和《防治煤与瓦斯突出规定》执行。

6.5 防灭火

6.5.1 建设单位应结合生产、生活供水,建立消防管路系统,保证足够的消防用水。消防管路系统可以与防尘供水系统共用。

6.5.2 井下严禁使用灯泡取暖和使用电炉。

6.5.3 井下和井口房内不得从事电焊、气焊和喷灯焊接等工作。如果必须在井下硐室、巷道和井口房内进行电焊、气焊和和喷灯焊接等工作时,每次必须制定安全措施。项目由一家施工单位总承包的,由施工单位负责人审批,由两家及以上施工单位承包的,由建设单位负责人审批,并遵守下列规定:

  a) 指定专人在场检查和监督。

  b) 电焊、气焊和喷灯焊接等工作地点的前后两端各 10 m 的井巷范围内,应是不燃性材料支护,并有专人负责喷水。上述工作地点应至少备有 2 个灭火器。

  c) 在井口房、井筒和倾斜巷道内进行电焊、气焊和喷灯焊接等工作时,必须在工作地点的下方用不燃性材料设施接受火星。

  d) 电焊、气焊和喷灯焊接等工作地点的风流中,瓦斯浓度不得超过 0.5%,只有在检查证明作业地点附近 20 m 范围内巷道顶部和支护背板后无瓦斯积存时,方可进行作业。

  e) 电焊、气焊和喷灯焊接等工作完毕后,工作地点应再次用水喷洒,并应有专人在工作地点检查 1 h,发现异状,立即处理。

  f) 在有煤(岩)与瓦斯(二氧化碳)突出危险的矿井中进行电焊、气焊和喷灯焊接时,必须停止突出危险区内的一切工作。

  煤层中未采用砌碹或喷浆封闭的硐室和巷道中,不得进行电焊、气焊和喷灯焊接等工作。

  高瓦斯、煤(岩)与瓦斯(二氧化碳)突出矿井严禁在回风流中进行电焊、气焊和和喷灯焊接等工作。

6.5.4 地面要害车间、井上下爆炸材料库、机电设备硐室、检修硐室、材料库、井底车场、使用带式输送机或液力耦合器的巷道、掘进工作面附近的巷道中,以及井下机动车和掘进设备应备有足够的灭火器材,其数量、规格和存放地点,应在应急预案中确定,并定期检查和更换。

  工作人员必须熟悉灭火器材的使用方法,并熟悉本职工作区域内灭火器材的存放地点。

6.5.5 每季度应对矿井消防管路及消防器材的设置情况进行一次检查,发现问题,及时解决。

6.5.6 揭露新煤层时,建设单位必须对煤层的自燃倾向性进行鉴定。

6.5.7 在容易自燃和自燃的煤层中施工时,必须建立自然发火预测预报制度。

6.5.8 在容易自燃和自燃的煤层中施工时,对出现的冒顶区必须及时进行防火处理,并定期检查。

6.5.9 任何人发现井下火灾时,应视火灾性质、灾区通风和瓦斯情况,立即采取一切可能的方法直接灭火,控制火势,并迅速报告调度室。调度室在接到井下火灾报告后,应立即按应急预案通知有关人员组织抢救灾区人员和实施灭火工作。

  值班调度和现场区、队、班组长应按应急预案规定,将所有可能受火灾威胁地区中的人员撤离,并组织人员灭火。电气设备着火时,应首先切断其电源;在切断电源前,只准使用不导电的灭火器材进行灭火。

  抢救人员和灭火过程中,必须指定专人检查瓦斯、一氧化碳、煤尘、其他有害气体和风向、风量的变化,还必须采取防止瓦斯、煤尘爆炸和人员中毒的安全措施。

6.6 防治水

6.6.1 煤矿建设期间防治水工作,按照《煤矿防治水规定》执行,同时应遵守下列规定:

6.6.2 建设单位应将查明矿区和矿井的水文地质条件(包括相邻煤矿和废弃老窑的详细情况)的相关资料及时提供给施工单位,施工单位应根据建设单位提供的资料,编制防治水计划,并组织实施。

建设单位和施工单位每年雨季前必须对防治水工作进行全面检查。

6.6.3 雨季受水威胁的矿井,应制定雨季防治水措施;建立雨季巡视制度并组织抢险队伍,储备足够的防洪抢险物资。当暴雨威胁矿井安全时,必须立即停工撤出井下全部人员,只有在确认暴雨洪水隐患彻底消除后方可恢复施工。

6.6.4 建设单位必须查清矿区及其附近地面水流系统的汇水、渗漏情况,疏水能力和有关水利工程情况,掌握当地历年降水量和最高洪水位资料,建立疏水、防水和排水系统。

6.6.5 井筒临时锁口标高和工业场地临时建筑物地面标高必须高于当地历年最高洪水位,若低于最高洪水位时,必须采取防洪措施;在山区还必须避开可能发生泥石流、滑坡的地段。

6.6.6 建设项目必须做好水害分析预报和充水条件分析,坚持预测预报、有疑必探、先探后掘、先治后采的防治水原则,采取防、堵、疏、排、截的综合治理措施。

水文地质条件复杂时,施工项目部应配备相应的水文地质专业人员或建立防治水机构。

6.6.7 在斜、立井井筒施工过程中,永久排水设施未形成之前,对穿过的主要含水层(段),必须采取探、堵水的施工措施。

6.6.8 立井基岩段施工应遵循快速、打干井的原则,并遵守下列规定:
 a) 单层涌水量小于 10 m^3/h 的含水层段,应强行穿过;
 b) 单层涌水量大于 10 m^3/h,且含水层层数多,层段又较集中的地段,应进行地面预注浆;
 c) 单层涌水量大于 10 m^3/h,但含水层层数少,或层段分散的地段,应进行工作面预注浆或短探、短注、短掘;
 d) 对于采取何种探水注浆堵水的施工方案,还应结合特殊施工的深度(冻结、钻井深度)及其他因素综合考虑。

6.6.9 立井井筒采取工作面探水注浆,工作面的静水压力大于 1 MPa 时,孔口管应安装防喷装置。

6.6.10 探水注浆方案确定之后,必须编制探水注浆工程设计。

6.6.11 当井筒深度较大时如果设置转水站,转水站平台外沿应设高度不低于 1.2 m 的安全护栏,受力钢梁要进行承载强度验算同时还必须设置通讯和信号装置。

6.6.12 井筒开凿到底后,临时水仓和排水硐室未形成前,可以利用井底水窝作临时水仓,在井底附近安装具有一定排水能力的临时过渡排水泵和供电设备,确保安全。

6.6.13 井筒或开拓新水平的暗斜井、暗立井到底后,或独立施工的区域,应尽快施工临时水仓和临时排水硐室,安装临时供电和排水泵。应根据该区域涌水量确定排水能力和临时水仓容积,当预计涌水量小于 50 m^3/h 时,临时水仓容积应大于 4 h 正常涌水量;当预计涌水量大于 50 m^3/h 时,临时水仓容积应大于 8 h 正常涌水量。临时排水硐室必须采用混凝土砌筑或锚喷支护,不得有淋水,底板标高应比大巷轨面高 300 mm,断面应满足设备布置需要。

排水能力的配备应满足使用、备用和检修的要求,工作和备用的排水能力不小于正常涌水量的 2 倍。

井巷施工各阶段的临时排水系统,应在矿井施工组织设计中确定。矿井必须优先建立永久排水系统,在永久排水系统形成前,不得施工三期工程。

6.6.14 在井巷工程施工期间,遇到下列情况之一者,必须坚持有疑必探的原则,并于排除水患因素之后,再行施工:
  a) 井巷工程要穿过主要导水断层破碎带;
  b) 井巷工程临近岩溶富水地段;
  c) 井巷工程要穿过煤系地层主要含水层段;
  d) 井巷工程要穿过或者接近富水的陷落柱;
  e) 井巷工程接近老空区或被淹没的井巷工程区段;
  f) 井巷工程贯通的掘进工作面有积水。

6.6.15 井巷揭穿含水层、地质构造带前,必须编制探放水和注浆堵水设计。

井巷揭露的主要出水点或地段,必须进行水温、水量、水质等地下水动态和松散含水层涌水含砂量综合观测和分析,防止滞后突水。

6.6.16 抽排水恢复被淹没的井巷工程工作,建设、施工单位必须共同编制专项安全技术措施,其内容应包括地面水源和水文观测孔的观测。

6.6.17 井巷工程施工的工作面或者其他地段发现有透水征兆(如水温异常、涌水量增大、水色发浑、压力增大、出现雾气等异常现象)时,必须立即停止作业、向矿总调度室报告、撤出受水害威胁区域内的所有人员到安全地点,分析查找原因,采取有效措施,消除水患。

6.7 爆破管理

6.7.1 实行工程总承包的,由总承包单位建立地面临时爆炸材料库,并负责管理;没有实行工程总承包的,由建设单位建立地面临时爆炸材料库并负责统一管理,或者由建设单位指定一家施工单位负责管理。

地面临时性爆炸材料库选址、库容、安全距离、照明、防火措施及附属设施等,必须符合国家有关规定。

6.7.2 必须建立爆炸材料运输、储存、发放、领退、使用、销毁等管理制度。

6.7.3 必须对爆炸材料押运员、放炮员、库管员等涉爆人员进行严格培训,取得相应资格证书,持证上岗。

6.7.4 井下爆破作业,除井筒冻结段外必须使用煤矿许用炸药和煤矿许用电雷管。

6.7.5 井筒冻结段爆破作业应采用与冻结温度相适应的防冻炸药。

6.7.6 井上、下接触爆炸材料的人员,必须穿棉布或抗静电衣服。

6.7.7 井下爆破工作必须由专职爆破工担任。在煤与瓦斯(二氧化碳)突出煤层中,专职爆破工的工作必须固定在一个工作面,并配备便携式瓦斯报警仪或报警矿灯。

爆破作业必须执行"一炮三检制""三人联锁放炮制"。

6.7.8 爆破作业必须编制爆破作业说明书,爆破工必须依照说明书进行爆破作业。

6.7.9 不得使用过期或严重变质的爆炸材料,不能使用的爆炸材料必须交回爆炸材料库。

6.7.10 装药前和爆破前有下列情况之一的,严禁装药、爆破:
  a) 掘进工作面的控顶距离不符合作业规程的规定,或者支架有损坏;
  b) 爆破地点附近20 m以内风流中瓦斯浓度达到1.0%;
  c) 在爆破地点20 m以内,矿车,未清除的煤、矸或其他物体堵塞巷道断面1/3以上;

    d) 炮眼内发现异状、温度骤高骤低、有显著瓦斯涌出、煤岩松散、透老空等情况;
    e) 掘进工作面风量不足。

6.7.11 爆破前,必须加强对设备和电缆等的保护或将其移出工作面,班组长必须亲自布置专人在警戒线和可能进入爆破地点的所有通路上担任警戒工作,警戒人员必须在安全地点警戒,警戒线处应设置警戒牌、栏杆或拉绳。

6.7.12 爆破工必须最后离开爆破地点,并必须在安全地点起爆。

6.7.13 起爆地点到爆破地点的距离及爆破后的通风时间必须在作业规程中明确规定。

6.7.14 爆破后,待工作面的炮烟被吹散,爆破工、瓦斯检查工和班组长必须首先巡视爆破地点,检查通风、瓦斯、煤尘、顶板、支架、拒爆、残爆等情况。如有危险情况,必须立即处理。

6.8 运输和提升

6.8.1 平巷和倾斜巷运输

6.8.1.1 在瓦斯矿井中使用机车运输,宜使用蓄电池电机车或防爆型柴油机车,并遵守下列规定:
    a) 低瓦斯矿井运输:井底车场和主要运输大巷可采用矿用一般型蓄电池电机车;煤巷和采(盘)区巷道应使用矿用防爆特殊型蓄电池机车或矿用防爆柴油机车。
    b) 高瓦斯矿井运输:应使用矿用防爆特殊型蓄电池机车或矿用防爆柴油机车。
    c) 煤(岩)与瓦斯(二氧化碳)突出矿井和瓦斯喷出区域中,如果使用机车运输,必须使用矿用防爆特殊型蓄电池电机车或矿用防爆柴油机车。

6.8.1.2 机车司机必须按信号指令行车,在开车前必须发出开车信号。机车运行中,严禁将头或身体探出车外。司机离开座位时,必须切断电动机电源,将控制手把取下保管好,扳紧车闸,但不得关闭车灯。

6.8.1.3 必须定期检修机车和矿车,并经常检查,发现隐患,及时处理。机车的闸、灯、警铃(喇叭)、连接装置和撒砂装置,任何一项不正常或防爆部分失去防爆性能时,都不得使用该机车。

6.8.1.4 采用矿用防爆型柴油动力装置,应遵守下列规定:
    a) 排气口的排气温度不得超过70 ℃,其表面温度不得超过150 ℃。
    b) 排出的各种有害气体被巷道风流稀释后,必须符合6.2.1.2的规定。
    c) 各部件不得用铝合金制造,使用的非金属材料应具有阻燃和抗静电性能。油箱及管路必须用不燃性材料制造。油箱的最大容量不超过8 h的用油量。
    d) 燃油的闪点应高于70 ℃。
    e) 必须配置适宜的灭火器。

6.8.1.5 采用机车运输,应遵守下列规定:
    a) 列车或单独机车都必须前有照明后有红灯。
    b) 正常运行时,机车必须在列车前端。
    c) 同一区段轨道上,不得行驶非机动车辆。如果需要行驶时,必须经井下调度部门同意,并制定专项安全措施。
    d) 列车通过的风门,必须设有当列车通过时能够发出在风门两侧都能接收到声光信号的装置。
    e) 巷道内应装设路标和警标。机车行近巷道口、硐室口、弯道、道岔、坡度较大或噪声大等地段,以及前面有车辆或视线有障碍时,都必须减速,并发出警示信号。
  f) 必须有用矿灯发送紧急停车信号的规定。非危险的情况下,任何人不得使用紧急停车信号。
  g) 2车或2车在同一轨道同一方向行驶时,必须保持不少于100 m的距离。
  h) 列车投入使用时必须测定制动距离,之后每年至少测定一次。运送物料时不得超过40 m;运送人员时不得超过20 m。
  i) 在弯道或司机视线受阻的区段,应设置列车警示信号。

6.8.1.6 对运行7 t及其以上机车或3 t及其以上矿车的轨道,应采用不低于30 kg/m钢轨。

6.8.1.7 临时轨道的铺设应符合下列要求:
  a) 扣件必须齐全、牢固并与轨型相符。轨道接头的间隙不得大于10 mm,高低和左右错差都不得大于3 mm。
  b) 直线段2条钢轨顶面的高低差,以及曲线段外轨按设计加高后和内轨顶面的高低差,都不得大于5 mm。
  c) 直线段或加宽后的曲线段轨距上偏差为+5 mm,下偏差为−2 mm。
  d) 在曲线段内应设置轨距拉杆。
  e) 斜井(巷)运送人员轨道的铺设,轨道接头间隙不得大于5 mm,高低和左右错差都不得大于2 mm。

6.8.1.8 严禁使用固定车厢式矿车、翻转车厢式矿车、底卸式矿车、材料车和平板车等运送人员。

6.8.1.9 用人车运送人员时,应遵守下列规定:
  a) 每班发车前,应检查各车的连接装置、轮轴和车闸等。
  b) 严禁同时运送有爆炸性的、易燃性的或腐蚀性的物品,或附挂物料车。
  c) 列车行驶速度不得超过4 m/s。
  d) 人员上、下车地点应有照明,架空线必须安设分段开关或自动停送电开关,人员上、下车时必须切断该区段架空线电源。
  e) 双轨巷道乘车场必须设信号区间闭锁,人员上、下车时,严禁其他车辆进入乘车场。

6.8.1.10 乘车人员必须遵守下列规定:
  a) 听从司机及乘务人员的指挥,开车前必须关上车门或挂上防护链。
  b) 人体及所携带的工具和零件严禁露出车外。
  c) 列车行驶中和尚未停稳时,严禁上、下车和在车内站立。
  d) 严禁在机车上或任何2车厢之间搭乘。
  e) 严禁超员乘坐。
  f) 车辆掉道时,必须立即向司机发出停车信号。
  g) 严禁扒车、跳车和坐矿车。

6.8.1.11 井下蓄电池充电室内必须采用矿用防爆型电气设备。测定电压时,可使用普通型电压表,但必须在揭开电池盖10 min以后进行。

在井下检修矿用防爆型蓄电池电机车,必须制定专项措施。

6.8.1.12 人力推车时,必须遵守下列规定:
   a) 1次只准推1辆车。严禁在矿车两侧推车。同向推车的间距,在轨道坡度小于或等于5‰时,不得小于10 m;坡度大于5‰时,不得小于30 m。
   b) 推车时必须时刻注意前方。在开始推车、停车、掉道、发现前方有人或有障碍物,从坡度较大的地方向下推车以及接近道岔、弯道、巷道口、风门、硐室出口时,推车人必须及时发出警号。
   c) 严禁放飞车。巷道坡度大于7‰时,严禁人力推车。

6.8.1.13 各种车辆的两端必须装置碰头,每端突出的长度不得小于100 mm。

6.8.1.14 不得在能自动滑行的坡道上停放车辆。确需停放时,必须用可靠的制动器将车辆稳住。

6.8.1.15 人员上下的主要倾斜井巷,垂深超过50 m时,应采用机械运送人员。

6.8.1.16 倾斜井巷运送人员的人车必须有顶盖,车辆上必须装有可靠的防坠器。当断绳时,防坠器能自动发生作用,也能人工操纵。

6.8.1.17 倾斜井巷运送人员的人车必须有跟车人,跟车人必须坐在设有手动防坠器把手或制动器把手的位置上。
   每班运送人员前,必须检查人车的连接装置、保险链和防坠器,并必须先放1次空车。

6.8.1.18 斜井人车必须设置使跟车人在运行途中任何地点都能向司机发送紧急停车信号的装置。
   多水平运输时,从各水平发出的信号必须有区别。人员上、下地点应悬挂信号牌。任一区段行车时,各水平必须有信号显示。

6.8.1.19 倾斜井巷内使用串车提升时必须遵守下列规定:
   a) 斜井井口处必须安设安全挡车门。
   b) 在倾斜井巷内安设能够将运行中断绳、脱钩的车辆阻止住的跑车防护装置。
   c) 在各车场安设能够防止带绳车辆误入非运行车场或区段的阻车器。
   d) 在上部平车场入口安设能够控制车辆进入摘挂钩地点的阻车器。
   e) 在上部平车场接近变坡点处,安设能够阻止未连挂的车辆滑入斜巷的阻车器。
   f) 在变坡点下方略大于1列车长度的地点,设置能够防止未连挂的车辆继续往下跑车的挡车栏。
   g) 在各车场安设甩车时能发出警号的信号装置。
   上述挡车装置必须经常关闭,放车时方准打开。兼作行驶人车的倾斜井巷,在提升人员时,倾斜井巷中的挡车装置和跑车防护装置必须是常开状态,并可靠地锁住,但斜井施工期间,下部挡车装置必须处于关闭状态。

6.8.1.20 倾斜井巷使用绞车提升时必须遵守下列规定:
   a) 轨道的铺设质量符合本规范6.8.1.7的规定,并采取轨道防滑措施。
   b) 托绳轮(辊)按设计要求设置,并保持转动灵活。
   c) 倾斜井巷上端有足够的过卷距离。过卷距离根据巷道倾角、设计载荷、最大提升速度和实际制动力等参数计算确定,并有1.5倍的备用系数。
   d) 串车提升的各车场设有信号硐室及躲避硐;运人斜井各车场设有信号和候车硐室,候车硐室具有足够的空间。斜井施工期间可不受此限。

6.8.1.21 斜井提升时,严禁蹬钩、行人。

运送物料时,开车前把钩工必须检查牵引车数、各车的连接和装载情况。牵引车数超过规定,连接不良或装载物料超重、超高、超宽或偏载严重有翻车危险时,严禁发出开车信号。

6.8.1.22 采用滚筒驱动带式输送机运输时,应遵守下列规定:
   a) 必须使用阻燃输送带。带式输送机托辊的非金属材料零部件和包胶滚筒的胶料,其阻燃性和抗静电性必须符合有关规定。
   b) 巷道内装载点、转载点、机头、机尾及过桥等处应有充分照明。
   c) 必须装设驱动滚筒防滑保护、堆煤保护和防跑偏装置。
   d) 应装设温度保护、烟雾保护和自动洒水装置。
   e) 在主要运输巷道内安设的带式输送机还必须装设:
      1) 输送带张紧力下降保护装置和防撕裂保护装置;
      2) 在机头和机尾防止人员与驱动滚筒和导向滚筒相接触的防护栏。
   f) 倾斜井巷中使用的带式输送机,上运时,必须同时装设防逆转装置和制动装置;下运时,必须装设制动装置。
   g) 液力耦合器严禁使用可燃性传动介质(调速型液力耦合器不受此限)。
   h) 带式输送机巷道中行人跨越带式输送机处应设过桥。
   i) 带式输送机应加设软启动装置,下运带式输送机应加设软制动装置。

6.8.2 立井提升

6.8.2.1 立井中升降人员,应使用吊桶、罐笼或带乘人间的箕斗。在井筒内作业或其他原因,需要使用普通箕斗或救急罐升降人员时,必须制订安全措施。

立井施工期间,采用吊桶升降人员时,必须遵守下列规定:
   a) 应采用不旋转提升钢丝绳。
   b) 吊桶必须沿钢丝绳罐道升降。在凿井初期尚未装设罐道时,吊桶升降距离不得超过40 m;凿井时吊盘下面不装罐道的部分也不得超过40 m;悬挂吊盘的钢丝绳可以兼作罐道使用,但必须制定安全措施。
   c) 必须佩带保险带。
   d) 吊桶上方必须装保护伞。
   e) 吊桶边缘上不得坐人。
   f) 装有物料的吊桶不得乘人。
   g) 严禁用自动翻转式、底卸式吊桶升降人员。
   h) 提升到地面时,人员必须在井盖门关闭,吊桶停稳后从井口平台进出。
   i) 吊桶内每人占有的有效面积应不小于0.2 m^2。每次能容纳的人数应明确规定,严禁超员。

6.8.2.2 专为升降人员和升降人员与物料的罐笼(包括有乘人间的箕斗),必须符合下列要求:
   a) 乘人层顶部应设置可以打开的铁盖或铁门,两侧装设扶手。
   b) 罐底必须满铺钢板,如果需要设孔时,必须设置牢固可靠的门;两侧用钢板挡严,并不得有孔。
   c) 进出口必须装设罐门或罐帘,高度不得小于1.2 m。罐门或罐帘下部边缘至罐底的距离不得超过250 mm,罐帘横杆的间距不得大于200 mm。罐门不得向外开,门轴必须防脱。

d) 提升矿车的罐笼内必须装有阻车器。

e) 单层罐笼和多层罐笼的最上层净高（带弹簧的主拉杆除外）不得小于1.9 m,其他各层净高不得小于1.8 m。带弹簧的主拉杆必须设保护套筒。

f) 罐笼内每人占有的有效面积应不小于0.18 m²。罐笼每层内1次能容纳的人数应明确规定,严禁超员。

6.8.2.3 提升装置的最大载重量和最大载重差,应在井口公布,严禁超载和超最大载重差运行。

6.8.2.4 升降人员或升降人员和物料的单绳提升罐笼、带乘人间的箕斗,必须装设可靠的防坠器。

6.8.2.5 立井使用罐笼提升时,井口、井底和中间运输巷的安全门必须与罐位和提升信号联锁;罐笼到位并发出停车信号后安全门才能打开;安全门未关闭,只能发出调平和换层信号,但发不出开车信号;安全门关闭后才能发出开车信号;发出开车信号后,安全门打不开。井口、井底和中间运输巷都应设置摇台,并与罐笼停止位置、阻车器和提升信号系统联锁;罐笼未到位,放不下摇台,打不开阻车器;摇台未抬起,阻车器未关闭,发不出开车信号。立井井口和井底使用罐座时,必须对罐座设置闭锁装置,罐座未打开,发不出开车信号。升降人员时,严禁使用罐座。

6.8.2.6 提升容器的罐耳在安装时与罐道之间所留的间隙：使用滑动罐耳的刚性罐道每侧不得超过5 mm;钢丝绳罐道的罐耳滑套直径与钢丝绳直径之差不得大于5 mm;采用滚轮罐耳的组合钢罐道的辅助滑动罐耳,每侧间隙应保持10 mm～15 mm。

6.8.2.7 罐道和罐耳的磨损达到下列程度时,必须更换：

a) 钢轨罐道轨头任一侧磨损量超过8 mm,或轨腰磨损量超过原有厚度的25%;罐耳的任一侧磨损量超过8 mm,或在同一侧罐耳和罐道的总磨损量超过10 mm,或者罐耳与罐道的总间隙超过20 mm。

b) 组合钢罐道任一侧的磨损量超过原有厚度的50%。

c) 钢丝绳罐道与滑套的总间隙超过15 mm。

6.8.2.8 立井提升容器间及提升容器与井壁、罐道梁、井梁之间的最小间隙,必须符合表5规定。

提升容器在安装或检修后,第1次开车前必须检查各个间隙,不符合规定时,不得开车。

表5 立井提升容器间及提升容器与井壁、罐道梁、井梁间的最小间隙值

单位为毫米

罐道和井梁布置		容器与容器之间	容器与井壁之间	容器与罐道梁之间	容器与井梁之间	吊桶与罐道绳之间
罐道布置在容器一侧[a]		200	150	40	150	
罐道布置在容器两侧[b]	钢罐道		200	50	200	
			150	40	150	
罐道布置在容器正面	钢罐道	200	200	50	200	
		200	150	40	150	

表 5（续） 单位为毫米

罐道和井梁布置	容器与容器之间	容器与井壁之间	容器与罐道梁之间	容器与井梁之间	吊桶与罐道绳之间
钢丝绳罐道[c]		罐笼 350 吊桶 450		350	100

[a] 罐耳与罐道卡子之间为 20。
[b] 有卸载滑轮的容器，滑轮与罐道梁间隙增加 25。
[c] 井筒深度小于 300 m 时，2 个提升容器的导向装置最突出部分之间的间隙不得小于 300 mm；300 m～900 m 时，上述间隙不得小于 500 mm；900 m 以上时，上述间隙不得小于 $0.2+H/3000$ m（H—提升高度，m）。当提升容器之间的间隙小于上述规定时，必须设防撞梁（防撞绳刚性系数不得小于 1 000 N/m），但容器之间最小间隙不得小于上述规定最小间隙的 70%。

6.8.2.9 每个提升容器（平衡锤）设有 4 根罐道绳时，每根罐道绳的最小刚性系数不得小于 500 N/m，各罐道绳张紧力之差不得小于平均张紧力的 5%，内侧张紧力大，外侧张紧力小。

1 个提升容器（平衡锤）只有 2 根罐道绳时，每根罐道绳的刚性系数不得小于 1 000 N/m，2 根罐道绳的张紧力应相等。单绳提升的 2 根主提升钢丝绳必须采用同一捻向或不旋转钢丝绳。

吊桶提升时每根罐道绳的最小刚性系数不得小于 500 N/m，2 根罐道绳的张紧力应相等。

6.8.2.10 检修人员站在罐笼或箕斗顶上工作时，必须遵守下列规定：
  a) 罐笼或箕斗顶上，必须装设保险伞和栏杆；
  b) 必须佩带保险带；
  c) 提升容器的速度，一般为 0.3 m/s～0.5 m/s，最大不得超过 2 m/s；
  d) 检修用信号必须安全可靠。

6.8.2.11 提升装置及其相关的各部分，包括提升容器、连接装置、防坠器、罐耳、罐道、阻车器、罐座、摇台、安全门、装卸设备（翻矸装置、抓岩机）、天轮梁、天轮和钢丝绳，以及提升绞车各部分，包括滚筒、传动装置、制动装置、深度指示器、防过卷装置、限速装置、调绳装置、电动机和控制设备以及保护和闭锁装置等，每天必须由专职人员检查 1 次，每月必须组织有关专业人员检查 1 次。发现问题，必须立即处理，检查、检测试验和处理结果都必须留有记录。

稳车各部分，包括滚筒、传动装置、差动装置、制动装置、锁绳装置、钢丝绳垫板、钢丝绳导向装置、电动机和控制设备及保护和闭锁装置等，每天必须由专职人员检查 1 次，每月必须组织有关专业人员检查 1 次。发现问题，必须立即处理，检查、检测试验和处理结果都必须留有记录。

6.8.2.12 井口、翻矸台、井底等作业地点必须有把钩工。

人员上下井时，必须遵守乘罐制度，听从把钩工指挥。开车信号发出后严禁进出吊桶或罐笼。

严禁在吊桶或同一层罐笼内人员和物料混合提升。

6.8.2.13 立井施工期间，每套吊桶提升装置必须设有从掘进工作面到吊盘、吊盘至井口、转水站至井口、井口至绞车房的独立信号装置，井口信号装置必须与绞车的控制回路相闭锁，只有在井口信号工发出信号后,绞车才能启动。吊盘和转水站至井口、井口至绞车房必须安装直通电话。

井口、井底信号工应在吊桶提起适当高度后,先发暂停信号,进行稳罐;待吊桶稳定,清理罐底附着物后,才能发出下降或提升信号。信号工必须目接、目送吊桶安全通过责任段。

6.8.2.14 每套罐笼(带乘人间的箕斗)提升装置,必须设有从井底至井口和从井口至绞车房的信号装置。井口信号装置必须与绞车的控制回路相闭锁,只有在井口信号工发出信号后,绞车才能启动。井底车场与井口之间,井口与绞车司机台之间必须装设直通电话,电话电缆与信号电缆应分开敷设。

1 套提升装置服务几个水平使用时,从各水平发出的信号必须有区别。

6.8.2.15 信号必须由信号工发送,紧急情况下不受此限。井内作业人员必须熟悉并会发送信号。

严禁不经过井口信号工直接从井内向绞车房发送信号。

6.8.2.16 用罐笼提升时,在提升速度大于 3 m/s 的提升系统内,必须设防撞和托罐装置。防撞装置必须能够挡住过卷后上升的容器或平衡锤;托罐装置必须能够将撞击防撞装置后再下落的容器或配重托住,并保证其下落的距离不超过 0.5 m。

6.8.2.17 立井提升装置的过卷和过放应符合下列规定:
a) 罐笼和箕斗提升,过卷高度和过放距离不得小于表 6 所列数值;
b) 吊桶提升,其过卷高度不得小于按表 6 确定数值的 1/2;
c) 在过卷高度或过放距离内,应安设性能可靠的缓冲装置。缓冲装置应能将全速过卷(过放)的容器或平衡锤平稳地停住;并保证不再反向下滑(或反弹)。吊桶提升不受此限;
d) 临时改绞时,井底水窝的深度必须满足过放距离的要求。过放距离内不得积水和堆积杂物。

表 6 立井提升装置的过卷高度和过放距离

提升速度[a] m/s	≤3	4	6	8	≥10
过卷高度、过放距离 m	4.0	4.75	6.5	8.25	10.0
[a] 提升速度为表 6 中所列速度的中间值时,用插值法计算。					

6.8.3 钢丝绳和连接装置

6.8.3.1 使用和保管提升钢丝绳时,必须遵守下列规定:
a) 新绳到货后,应由检验单位进行验收检验。合格后应妥善保管备用,防止损坏或锈蚀;
b) 对每卷钢丝绳必须保存有包括出厂厂家合格证、验收证书等完整的原始资料;
c) 保管超过 1 年的钢丝绳,在悬挂前必须再进行 1 次检验,合格后方可使用;
d) 直径为 18 mm 及其以下的专为提升物料用的钢丝绳(立井提升用绳除外),有厂家合格证书,外观检查无锈蚀和损伤,可以不进行本条 a)、c)项所要求的检验。

6.8.3.2 提升钢丝绳的检验应使用符合条件的设备和方法进行,检验周期应符合下列要求:

a) 升降人员或升降人员和物料用的钢丝绳,自悬挂起每隔 6 个月检验 1 次;悬挂吊盘的钢丝绳,每隔 12 个月检验 1 次。
b) 升降物料用的钢丝绳,自悬挂起 12 个月时进行第一次检验,以后每隔 6 个月检验 1 次。

摩擦轮式绞车用的钢丝绳、平衡钢丝绳以及直径为 18 mm 及其以下的专为升降物料用的钢丝绳(立井提升用绳除外),不受此限。

6.8.3.3 各种用途的钢丝绳悬挂时的安全系数必须符合表 7 的规定。

表 7 钢丝绳安全系数最低值

用途分类			安全系数[a]的最低值
单绳缠绕式提升装置	专为升降人员		9
	升降人员和物料	升降人员时	9
		混合提升时[b]	9
		升降物料时	7.5
	专为升降物料		6.5
摩擦轮式提升装置	专为升降人员		$9.2-0.0005H$[c]
	升降人员和物料	升降人员时	$9.2-0.0005H$
		混合提升时	$9.2-0.0005H$
		升降物料时	$8.2-0.0005H$
	专为升降物料		$7.2-0.0005H$
倾斜钢丝绳牵引带式输送机	运人		$6.5-0.001L$[d] 但不得小于 6
	运物		$5-0.001L$ 但不得小于 4
倾斜无极绳绞车	运人		$6.5-0.001L$ 但不得小于 6
	运物		$5-0.001L$ 但不得小于 3.5
架空乘人装置			6
悬挂安全梯使用的钢丝绳			6
罐道绳、防撞绳、起重用的钢丝绳			6
悬挂吊盘、水泵、排水管、模板、抓岩机等用的钢丝绳			6
悬挂风筒、风管、供水管、注浆管、输料管、电缆用的钢丝绳			5
拉紧装置用的钢丝绳			5
防坠器的制动绳和缓冲绳(按动载荷计算)			3
[a] 钢丝绳的安全系数,等于实测的合格钢丝拉断力的总和与其所承受的最大静拉力(包括绳端载荷和钢丝绳自重所引起的静拉力)之比; [b] 混合提升指多层罐笼同一次在不同层内提升人员和物料; [c] H 为钢丝绳悬挂长度,单位为米(m); [d] L 为由驱动轮到尾部绳轮的长度,单位为米(m)。			

6.8.3.4 提升装置使用中的钢丝绳做定期检验时,安全系数有下列情况之一的,必须更换:
  a) 专为升降人员用的小于7。
  b) 升降人员和物料用的钢丝绳:升降人员时小于7;升降物料时小于6。
  c) 专为升降物料用的和悬挂吊盘用的小于5。

6.8.3.5 新钢丝绳悬挂前的检验(包括验收检验)和在用绳的定期检验,必须按下列规定执行:
  a) 新绳悬挂前的检验。必须对每根钢丝做拉断、弯曲和扭转3种试验,并以公称直径为准对试验结果进行计算和判定。
    1) 不合格钢丝的断面积与钢丝总断面积之比达到6%,不得用作升降人员;达到10%,不得用作升降物料。
    2) 以合格钢丝拉断力总和为准算出的安全系数,如低于本规范6.8.3.3的规定时,该钢丝绳不得用于原设计的用途。
  b) 在用绳的定期检验。可只做每根钢丝的拉断和弯曲2种试验。试验结果,仍以公称直径为准进行计算和判定:
    1) 不合格钢丝的断面积与钢丝总断面积之比达到25%时,该钢丝绳必须更换。
    2) 以合格钢丝拉断力总和为准算出的安全系数,如低于本规范6.8.3.4的规定时,该钢丝绳必须更换。
  c) 新绳和在用绳的韧性指标必须符合表8的规定。

表8 不同钢丝绳的韧性指标

钢丝绳用途	钢丝绳种类	钢丝绳韧性指标下限	
		新 绳	在 用 绳
升降人员或升降人员和物料	光面绳	MT 716中光面钢丝韧性指标	新绳韧性指标的90%
	镀锌绳	MT 716中AB)类镀锌钢丝韧性指标	新绳韧性指标的85%
	面接触绳	GB/T 16269—1996中钢丝韧性指标	新绳韧性指标的90%
升降物料	光面绳	MT 716中光面钢丝韧性指标	新绳韧性指标的80%
	镀锌绳	MT 716中A类镀锌钢丝韧性指标	新绳韧性指标的80%
	面接触绳	GB/T 16269—1996中钢丝韧性指标	新绳韧性指标的80%
罐道绳	密封绳	特	普

6.8.3.6 提升钢丝绳、罐道绳必须每天检查1次,防坠器制动绳(包括缓冲绳)、架空乘人装置钢丝绳和井筒悬吊钢丝绳必须至少每周检查1次。对易损坏和断丝或锈蚀较多的一段应停车详细检查。断丝的突出部分应在检查时剪下,并将检查结果记入钢丝绳检查记录簿。

6.8.3.7 各种股捻钢丝绳在1个捻距内断丝断面积与钢丝总断面积之比,达到下列数值时,必须更换:
  a) 升降人员或升降人员和物料用的钢丝绳为5%;
  b) 专为升降物料用的钢丝绳、平衡钢丝绳、防坠器的制动钢丝绳(包括缓冲绳)为10%;

c) 罐道钢丝绳为15%；
  d) 架空乘人装置、专为无极绳运输用的钢丝绳为25%。

6.8.3.8 以钢丝绳标称直径为准计算的直径减小量达到下列数值时，必须更换：
  a) 提升钢丝绳或制动钢丝绳为10%；
  b) 罐道钢丝绳为15%。

6.8.3.9 钢丝绳在运行中遭受到卡罐、突然停车等猛烈拉力时，必须立即停车检查，发现下列情况之一者，必须将受力段剁掉或更换全绳：
  a) 钢丝绳产生严重扭曲或变形；
  b) 断丝超过本规范6.8.3.7的规定；
  c) 直径减小量超过本规范6.8.3.8的规定；
  d) 遭受猛烈拉力的一段的长度伸长0.5%以上。

  在钢丝绳使用期间，断丝数突然增加或伸长突然加快，必须立即更换。

6.8.3.10 钢丝绳的钢丝有变黑、锈皮、点蚀麻坑等损伤时，不得用作升降人员。
  钢丝绳锈蚀严重，或点蚀麻坑形成沟纹，或外层钢丝松动时，不论断丝数多少或绳径是否变化，必须立即更换。

6.8.3.11 使用有接头的钢丝绳时，必须遵守下列规定：
  a) 有接头的钢丝绳，只可在下列设备中使用：
    1) 平巷运输设备；
    2) 30°以下倾斜井巷中专为升降物料的绞车；
    3) 斜巷无极绳绞车；
    4) 斜巷架空乘人装置。
  b) 在倾斜井巷中使用的钢丝绳，其插接长度不得小于钢丝绳直径的1 000倍。

6.8.3.12 凿井期间，提升装置应根据在用钢丝绳的状况、凿井工期和井筒条件对钢丝绳的腐蚀程度等因素，确定是否需要备有检验合格的钢丝绳。对使用中的钢丝绳，应根据井巷条件及锈蚀情况进行涂油。

6.8.3.13 立井施工期间，提升钢丝绳与吊桶的连接，应采用矿山专用钩头装置。钢丝绳与钩头装置之间采用合金浇注或板卡连接时，严格按照钩头装置厂家的技术要求进行。钩头装置必须有保险装置，卸力装置应处于灵活状态。钩头装置每年应进行一次无损探伤试验。
  立井提升罐笼（或箕斗）与提升钢丝绳的连接，应采用楔形连接装置。每次更换钢丝绳时，必须对连接装置的主要受力部件进行探伤检验，合格后方可继续使用。楔形连接装置的累计使用期限单绳提升不得超过10 a。
  倾斜井巷运输时，矿车之间的连接、矿车与钢丝绳之间的连接，必须使用不能自行脱落的连接装置，并加装保险绳。
  倾斜井巷运输用的钢丝绳连接装置，在每次换钢丝绳时，必须用2倍于其最大静荷重的拉力进行试验。
  倾斜井巷运输用的矿车连接装置，必须至少每年进行1次2倍于其最大静荷重的拉力试验。

6.8.3.14 新安装或大修后的防坠器，必须进行脱钩试验，合格后方可使用。对使用中的立井罐笼防坠器，应每6个月进行1次不脱钩试验，每年进行1次脱钩试验。对使用中的斜井人车防坠器,应每班进行1次手动落闸试验、每月进行1次静止松绳落闸试验、每年进行1次重载全速脱钩试验。防坠器的各个连接和传动部分,必须处于灵活状态。

6.8.3.15 立井和斜井使用的连接装置的性能指标和投用前的试验,必须符合下列要求:
  a) 各类连接装置主要受力部件以破断强度为准的安全系数必须符合下列规定:
    1) 专为升降人员或升降人员和物料的提升容器的连接装置,不小于13;
    2) 专为升降物料的提升容器的连接装置,不小于10;
    3) 斜井人车的连接装置,不小于13;
    4) 矿车的车梁、碰头和连接插销,不小于6;
    5) 无极绳的连接装置,不小于8;
    6) 吊桶的连接装置,不小于13;
    7) 立井施工用吊盘、安全梯、水泵、抓岩机的悬挂装置,不小于10;
    8) 立井施工用风管、水管、风筒、注浆管的悬挂装置,不小于8;
    9) 倾斜井巷中使用的单轨吊车、卡轨车和齿轨车的连接装置,运人时不小于13,运物时不小于10。
  b) 各种环链及吊桶提梁等的安全系数,必须以曲梁理论计算的应力为准,并同时符合以下2项要求:
    1) 按材料屈服强度计算的安全系数,不小于2.5;
    2) 以模拟使用状态拉断力计算的安全系数,不小于13。
  c) 各种连接装置主要受力件的冲击功必须符合下列规定:
    1) 常温(15 ℃)下大于或等于100 J;
    2) 低温(−30 ℃)下大于或等于70 J。
  d) 各种保险链以及矿车的连接环、链和插销等,必须执行下列规定:
    1) 批量生产的,必须做抽样拉断试验,不符合要求时不得使用;
    2) 初次使用前和使用后每隔2 a,必须逐个以2倍于其最大静荷重的拉力进行试验,发现裂纹或永久伸长量超过0.2%时,不得使用。

6.8.3.16 施工立井和倾斜井巷时,升降人员和物料的提升装置的连接装置,不得作其他用途。

6.8.4 提升装置

6.8.4.1 除移动式的或辅助性的绞车外,提升装置的天轮、滚筒、摩擦轮、导向轮和导向滚等的最小直径与钢丝绳直径之比值,应符合下列要求:
  a) 落地式及有导向轮的塔式摩擦提升装置的摩擦轮及导向轮(包括天轮),井上不得小于90,井下不得小于80;无导向轮的塔式摩擦提升装置的摩擦轮,井上不得小于80,井下不得小于70。
  b) 井上永久提升装置的滚筒和围抱角大于90°的天轮,不得小于80;围抱角小于90°的天轮,不得小于60。
  c) 井下永久提升装置及建井期间提升装置的滚筒、井下架空乘人装置的主导轮和尾导轮、围抱角大于90°的天轮,不得小于60;围抱角小于90°的天轮不得小于40。
  d) 矸石山提升装置的滚筒和导向轮,不得小于50。
  e) 悬挂水泵、吊盘、管子用的稳车滚筒和天轮,倾斜井巷提升绞车的游动天轮,矸石山绞车的压绳轮以及无极绳运输的导向滚等,不得小于20。

6.8.4.2 立井的天轮、主动摩擦轮、导向轮的直径或滚筒上绕绳部分的最小直径与钢丝绳中最粗钢丝的直径之比值,必须符合下列要求:
    a) 井上永久提升装置,不小于1 200;
    b) 井下永久提升装置和建井期间提升装置,不小于900;
    c) 悬挂水泵、吊盘等用的稳车,不小于300。

6.8.4.3 天轮到滚筒上的钢丝绳的最大内、外偏角都不得超过1°30′。单层缠绕时,内偏角应保证不咬绳。

6.8.4.4 各种提升装置的滚筒上缠绕的钢丝绳层数严禁超过下列规定:
    a) 立井中升降人员或升降人员和物料的,1层;专为升降物料的,2层。
    b) 倾斜井巷中升降人员或升降人员和物料的,2层;升降物料的,3层。
    c) 建井期间升降人员和物料的,2层。
    d) 现有在用的绞车,如果在滚筒上装设过渡绳楔,滚筒强度满足要求且滚筒边缘高度符合本规范6.8.4.5规定,可按本条a)、b)、c)所规定的层数增加1层。

移动式的或辅助性的专为升降物料的(包括矸石山和向天桥上提升等)以及凿井期间专为升降物料的,准许多层缠绕。

6.8.4.5 滚筒上缠绕2层或2层以上钢丝绳时,必须符合下列要求:
    a) 滚筒边缘高出最外1层钢丝绳的高度,至少为钢丝绳直径的2.5倍;
    b) 滚筒上必须设有带绳槽的衬垫;
    c) 钢丝绳由下层转到上层的临界段(相当于绳圈1/4长的部分)必须经常检查,并应在每季度将钢丝绳移动1/4绳圈的位置。

对现有不带绳槽衬垫的在用绞车,只要在滚筒板上刻有绳槽或用1层钢丝绳作底绳,可继续使用。

6.8.4.6 钢丝绳绳头固定在滚筒上时,应符合下列要求:
    a) 必须有特备的容绳或卡绳装置,严禁系在滚筒轴上;
    b) 绳孔不得有锐利的边缘,钢丝绳的弯曲不得形成锐角;
    c) 滚筒上应经常缠留3圈绳,用以减轻固定处的张力,还必须留有作定期检验用的补充绳。

6.8.4.7 通过天轮的钢丝绳必须低于天轮的边缘,其高差:提升用天轮不得小于钢丝绳直径的1.5倍;悬吊用天轮不得小于钢丝绳直径的1倍。天轮的各段衬垫磨损达到1根钢丝绳直径的深度时,或沿侧面磨损达到钢丝绳直径的1/2时,必须更换。

6.8.4.8 立井中升降人员的提升容器的加速度和减速度,都不得超过0.75 m/s²。

用罐笼升降人员时最大速度,不得超过用下列公式所求得的数值,且最大不得超过12 m/s。

$$v = 0.5\sqrt{H}$$

式中:
    v ——最大提升速度,单位为米每秒(m/s);
    H ——提升高度,单位为米(m)。

立井中用吊桶升降人员时的最大速度:在使用钢丝绳罐道时,不得超过上述公式求得数值的 1/2；无罐道时，不得超过 1 m/s。

6.8.4.9 立井升降物料时，提升容器的最大速度，不得超过用下列公式所求得的数值：

$$v=0.6\sqrt{H}$$

式中：

v——最大提升速度，单位为米每秒（m/s）；

H——提升高度，单位为米（m）。

立井中用吊桶升降物料时的最大速度：在使用钢丝绳罐道时，不得超过用上述公式求得数值的 2/3；无罐道时，不得超过 2 m/s。

6.8.4.10 斜井提升容器的最大速度和最大加、减速度应符合下列要求：

a) 升降人员时的速度，不得超过 5 m/s，并不得超过人车设计的最大允许速度。升降人员时的加速度和减速度，不得超过 0.5 m/s²；

b) 用矿车升降物料时，速度不得超过 5 m/s；

c) 用箕斗升降物料时，速度不得超过 7 m/s；当铺设固定道床并采用大于或等于 38 kg/m 钢轨时，速度不得超过 9 m/s。

6.8.4.11 提升装置必须装设下列保护装置，并符合下列要求：

a) 防止过卷装置：当提升容器超过正常终端停止位置（或出车平台）0.5 m 时，必须能自动断电，并能使保险闸发生制动作用。

b) 防止过速装置：当提升速度超过最大速度 15% 时，必须能自动断电，并能使保险闸发生作用。

c) 过负荷和欠电压保护装置。

d) 限速装置：提升速度超过 3 m/s 的提升绞车必须装设限速装置，以保证提升容器（或平衡锤）到达终端位置时的速度不超过 2 m/s。如果限速装置为凸轮板，其在 1 个提升行程内的旋转角度应不小于 270°。

e) 深度指示器失效保护装置：当指示器失效时，能自动断电并使保险闸发生作用。

f) 闸间隙保护装置：当闸间隙超过规定值时，能自动报警。

g) 松绳保护装置：缠绕式提升绞车必须设置松绳保护装置并接入安全回路和报警回路，在钢丝绳松弛时能自动断电并报警。吊桶提升时，可不受此限。

h) 减速功能保护装置：当提升容器（或平衡锤）到达设计减速位置时，能示警并开始减速。

防止过卷装置、防止过速装置、限速装置和减速功能保护装置应设置为相互独立的双线型式。

立井、斜井缠绕式提升绞车应加设定车装置。

6.8.4.12 提升绞车必须装设深度指示器、开始减速时能自动示警的警铃与不离开座位即能操纵的常用闸和保险闸，保险闸必须能自动发生制动作用。

常用闸和保险闸共同使用 1 套闸瓦制动时，操纵和控制机构必须分开。双滚筒提升绞车的 2 套闸瓦的传动装置必须分开。

对具有 2 套闸瓦只有 1 套传动装置的双滚筒绞车，应改为每个滚筒各自有其控制机构的弹簧闸。

提升绞车除设有机械制动闸外，还应设有电气制动装置。

严禁司机离开工作岗位、擅自调整制动闸。

6.8.4.13 保险闸必须采用配重式或弹簧式的制动装置,除可由司机操纵外,还必须能自动抱闸,并同时自动切断提升装置电源。

常用闸必须采用可调节的机械制动装置。

对现用的使用手动式常用闸的绞车,如设有可靠的保险闸时,可继续使用。

用于辅助物料运输的滚筒直径在 0.8 m 及其以下的绞车或提升重量在 8 t 以下的稳车,可用手动闸。

6.8.4.14 保险闸或保险闸第一级由保护回路断电时起至闸瓦接触到闸轮上的空动时间:压缩空气驱动闸瓦式制动闸不得超过 0.5 s,储能液压驱动闸瓦式制动闸不得超过 0.6 s,盘式制动闸不得超过 0.3 s。对斜井提升,为保证上提紧急制动不发生松绳而必须延时制动时,上提空动时间不受此限。盘式制动闸的闸瓦与制动盘之间的间隙应不大于 2 mm。保险闸施闸时,杠杆和闸瓦不得发生显著的弹性摆动。

6.8.4.15 提升绞车的常用闸和保险闸制动时,所产生的力矩与实际提升最大静荷重旋转力矩之比 K 值不得小于 3。对质量模数较小的绞车,上提重载保险闸的制动减速度超过本规范 6.8.4.16 所规定的限值时,可将保险闸的 K 值适当降低,但不得小于 2。立井施工期间,升降物料用的绞车 K 值不得小于 2。

在调整双滚筒绞车滚筒旋转的相对位置时,必须锁住游动滚筒,其提升容器应放在井口。制动装置在各滚筒闸轮上所发生的力矩,不得小于该滚筒所悬重量(钢丝绳重量与提升容器重量之和)形成的旋转力矩的 1.2 倍。

计算制动力矩时,闸轮和闸瓦摩擦系数应根据实测确定,一般采用 0.30～0.35;常用闸和保险闸的力矩应分别计算。

6.8.4.16 立井和倾斜井巷中使用的提升绞车的保险闸发生作用时,全部机械的减速度必须符合表 9 的要求。严禁用常用闸进行紧急制动。

6.8.4.17 主要提升装置必须配有正、副司机,在交接班升降人员的时间内,必须正司机操作,副司机监护。每班升降人员前,应先开 1 次空车,检查绞车动作情况;但连续运转时,不受此限。

发生故障,必须立即向调度室报告。

表 9 全部机械的减速度规定值

倾 角		<15°	15°≤θ≤30°	>30°
减速度规定值 m/s²	上提重载	≤Ac[a]	≤Ac	≤5
	下放重载	≥0.75	≥0.3Ac	≥1.5

[a] $Ac = g(\sin\theta + f\cos\theta)$

式中:

Ac ——自然减速度,单位为米每平方米(m/s²);

g ——重力加速度,单位为米每平方米(m/s²);

θ ——井巷倾角,单位为度(°);

f ——绳端载荷的运行阻力系数,一般取 0.010～0.015。

6.8.4.18 新安装的主要提升装置,必须经检查、测试、验收合格后方可投入使用。投入运行后的设备,必须每 3 年进行 1 次检测,认定合格后方可继续使用。

检查验收和测试内容,应包括下列项目:
a) 本规范 6.8.4.11 所规定的各保险装置;
b) 天轮的垂直和水平程度、有无轮缘变形和轮辐弯曲现象;
c) 电气、机械传动装置和控制系统的情况;
d) 各种调整和自动记录装置以及深度指示器的动作状况和精密程度;
e) 检查常用闸和保险闸的各部间隙及连接、固定情况,并验算其制动力矩;
f) 测试保险闸空动时间和制动减速度;
g) 测试盘形闸的贴闸压力;
h) 井架的变形、损坏、锈蚀和震动情况;
i) 井筒罐道绳的张紧情况,或刚性罐道垂直度及固定情况。

检查和测试结果必须写成报告书,针对发现的缺陷,必须提出改进措施,并限期解决。

6.8.4.19 主要提升装置必须具备下列资料,并妥善保管:
a) 绞车说明书;
b) 绞车总装配图;
c) 制动装置结构图、制动系统图和润滑系统图;
d) 电气系统图;
e) 提升装置(绞车、钢丝绳、天轮、提升容器、防坠器和罐道等)的检查记录簿;
f) 钢丝绳的检验和更换记录簿;
g) 安全保护装置试验记录簿;
h) 事故记录簿;
i) 岗位责任制和设备完好标准;
j) 司机交接班记录簿;
k) 操作规程。

制动系统图、电气系统图、润滑系统图、提升装置的技术特征和岗位责任制等必须悬挂在绞车房内。

6.9 凿井主要设备

6.9.1 凿井井架

6.9.1.1 凿井井架的选择应符合下列要求:
a) 能够安全承担施工中的全部荷载;
b) 保证足够的过卷高度;
c) 满足施工材料、设备的运输及天轮平台、翻矸台布置的需要。

利用永久井架凿井时,永久井架设计时应兼顾凿井的需要,满足上述要求,使用前应验算。

6.9.1.2 凿井井架,每次移设后都应除锈并涂防腐剂。

6.9.1.3 凿井井架的选用,应对悬吊荷重进行验算。

6.9.1.4 凿井井架安装竣工后必须测量井架十字中心线实际位置。实际位置与设计位置偏差不得超过±5 mm。

6.9.1.5 当提升钢丝绳仰角大于 35°时,必须对天轮轴的强度进行验算,如果天轮轴受力超过规定,必须重新选择或采取其他措施。

6.9.1.6 提升天轮、悬吊天轮强度必须大于实际选用的钢丝绳钢丝破断力总和。

6.9.1.7 设计时应对天轮平台的副梁及有关连接部分进行强度验算。受力超过规定时要采取措施。

6.9.1.8 斜井井架应使提升钢丝绳的牵引方向与斜井轨道平行。

6.9.1.9 斜井井架的过卷开关向下至第一个道岔的距离应大于 1.5 倍允许列车的长度。

6.9.1.10 斜井天轮处的钢丝绳距轨道面高度应大于提升容器与钢丝绳连接处距轨道面高度 200 mm。

6.9.1.11 翻矸平台的高度除满足溜矸槽倾角 36°～45°外,直接采用矿车或汽车排矸时,溜矸槽下缘与排矸矿车或汽车通过部分的距离应大于 500 mm。

6.9.1.12 翻矸平台除吊桶、管路、电缆等通过的孔口外,铺板必须用不易燃材料,提升孔四周设安全栏杆,提升孔和滑架的安全间隙应不小于 100 mm。

6.9.2 井筒施工用盘

6.9.2.1 立井施工必须设封口盘、吊盘,可根据需要设置固定盘。井口工作范围应用栅栏围住,人员进出地点安装栅栏门;封口盘和井盖门必须坚固严密,井盖门的两端必须安装栅栏;封口盘、固定盘与井壁之间必须封严,盘面孔洞必须安设盖门或防护围栏。采用可燃性材料做封口盘时,必须进行阻燃处理。

6.9.2.2 固定盘盘面除管线通过孔外,其余应用不燃或阻燃材料铺严。吊桶通过的提升孔周围应设围栏。

6.9.2.3 立井施工作业吊盘必须使用两层或多层吊盘,并采用稳车悬吊。利用吊盘悬吊单层辅助盘时,必须制定专项措施。

6.9.2.4 双层(或多层)吊盘应根据施工中承受的载荷分别对各层盘的钢梁和立柱及连接部分进行强度验算,保证有足够的强度,从上层盘的悬吊点到最下层盘加装保险绳。

6.9.2.5 吊盘突出部分与永久井壁间隙不大于 100 mm;吊盘应安设安全可靠的稳盘装置,用以固定吊盘。

6.9.2.6 吊盘上应设置吊桶通过的喇叭口,吊桶外缘与通过口最小距离不得小于 150 mm。

6.9.3 吊桶、钩头

6.9.3.1 选用的吊桶和钩头装置,必须具有"产品合格证"。

6.9.3.2 吊桶上方必须安设带保护伞的滑架。滑架应灵活可靠,与提升孔的安全距离不得小于 100 mm。

6.9.3.3 吊桶连接装置每年进行一次探伤;钩头装置、吊桶提梁、罐耳及销轴出厂前、发生断绳事故后、长期不用在使用前,各主件必须进行探伤,合格后方可使用。

6.9.3.4 钩头装置、滑架每天检查 1 次,并保留记录。检查项目:钩头、联板、销、轴、缓冲装置、U 形环、弹簧、保护伞、滑轮、滑套完整无损,螺栓、背帽、垫圈、开口销齐全紧固、不变形、无裂纹。

6.9.3.5 钩头、U 形环、销轴三者配合应符合下列规定:
   a) 销孔磨损间隙不大于 0.7 mm。
   b) 回转轴丝扣完整无损,回转轴外径与压力轴承内径配合,间隙不大于 0.07 mm。固定压力轴承应每2周打开检查1次并加油,检查加油应有记录。

6.9.3.6 滑架的滑套(滑轮)应齐全,滑动(转动)灵活,钢丝绳罐道与滑套的总间隙超过15 mm时必须更换滑套。

6.9.3.7 钩头挂钩后,把钩工应检查确认钩头闭锁可靠后方可提升。钩头提起后目测检查,发现问题立即停钩进行处理。

6.9.3.8 吊桶应每周检查1次,各部铆钉、加强圈、开口销、卸载环等应完整、齐全、紧固;桶体无严重变形,提梁不得有裂纹;销轴与孔的最大磨损间隙:直径30 mm以下不大于0.7 mm,直径30 mm以上不大于1 mm。

6.9.4 稳车

6.9.4.1 稳车安装应符合规范和设计要求,并做好原始记录。稳车使用前应组织人员进行检查验收,验收合格后方可使用。

6.9.4.2 稳车应挂牌编号,标明用途,使用中按规定定期检查。

6.9.4.3 悬挂吊盘、水泵和其他设备的稳车,必须装设可靠的制动装置和防逆转装置,并设有电气闭锁。稳车还必须设短路和过载保护装置。

6.9.4.4 联轴器传动销、缓冲胶圈应齐全完好。

6.9.4.5 制动系统应完好可靠,使用前必须检验安全闸、工作闸的可靠性。安全闸敞闸时,闸与闸轮间隙小于2 mm,抱闸时的接触面积大于80%;工作闸敞闸时,闸与闸轮间隙小于2 mm,抱闸时的接触面积大于75%。

6.9.4.6 钢丝绳绳根压板应齐全、紧固,排绳整齐,层间垫板规范。

6.9.4.7 电机、电控设备应有防雨设施。

6.9.4.8 使用集中控制的稳车群,开车前和开车时必须有专人巡视检查。

6.9.5 水泵和井筒管线悬吊

6.9.5.1 井筒施工所安装的水泵,排水能力应不小于预计涌水量的1.5倍,并配有同等能力的备用泵。水患严重的矿井,应留有安装备用排水系统的位置。

6.9.5.2 泵的额定扬程应比排水需要扬程大50 m以上。

6.9.5.3 多级排水时,中间转水站水仓必须能容纳下一级4 h的最大排水量。水仓应定期清理淤泥杂物,以保证容水量。

6.9.5.4 吊泵安装和使用应符合下列要求:
a) 吊泵与井壁的间隙应不小于300 mm;
b) 两台吊泵外缘的间隙应不小于500 mm;
c) 工作面的吊泵悬挂方式必须保证吊泵随时能够升降;
d) 工作面吊泵司机旁必须安设直通井口信号房的信号器。

6.9.5.5 井筒施工使用卧泵排水时,吊盘必须有足够的空间和承载能力,以满足水泵、水箱等排水设施的安装需要。

6.9.5.6 应设置与排水能力相匹配的排水管路和供电系统。

6.9.5.7 悬吊的管、线与永久井壁的距离不小于300 mm(固定于井壁的管、线按设计施工)。

6.9.5.8 悬吊的管线最突出部分与提升容器最突出部分的距离:井深在400 m之内时不小于500 mm;井深在400 m~500 m时不小于600 mm;井深超过500 m时不小于800 mm。

6.9.5.9 悬吊的各种管、线应符合下列要求：
- a) 悬吊的管、线及其卡子的最突出部分与其通过的各盘、台孔的距离不小于100 mm；
- b) 悬吊的照明、动力电缆与通信、爆破电缆之间的距离应大于300 mm；
- c) 悬吊的爆破、信号电缆与压风管的距离应大于1 000 mm；
- d) 爆破电缆必须单独悬吊；
- e) 管、线每周应检查1次，钢丝绳悬吊管、线起落后应进行检查。

6.9.6 伞钻和抓岩机

6.9.6.1 使用伞钻应符合下列要求：
- a) 下井和升井的摘挂钩工作应由专人负责，并检查各臂收拢及绑扎情况。
- b) 通过施工盘口时有专人监视。
- c) 支撑臂的位置不得影响吊桶、吊泵等升降。
- d) 支撑臂支撑井壁必须上仰10°，支撑完成后方可放松伞钻悬吊钢丝绳，但不得摘钩。在松动支撑臂之前严禁再扳动调高器手柄。
- e) 提升伞钻的钢丝绳套安全系数不得低于8，每次使用前必须检查。

6.9.6.2 抓岩机在下井前应把所有的连接件连接牢固，检查抓岩机使用钢丝绳的索具、卸扣，合格后方可使用。下井用的钢丝绳套安全系数不得小于8，2根钢丝绳套应等长。抓岩机下井前应做试吊试验并由专人挂钩，确认无误后方可下放。抓岩机在安装4个U形卡时设专人检查。

6.9.6.3 抓岩机在使用过程中每班专人检查1次，主要包括U形卡螺栓、各构件的连接装置和提升抓斗用的钢丝绳，发现问题立即处理。提升抓斗用的钢丝绳按说明书选用，并定期更换。在检查中发现钢丝绳断丝或磨损超限，应立即更换并做好记录。

6.9.6.4 每次抓研完毕，抓斗必须进行清理，收缩锁牢抓齿；必须将抓斗锁于抓岩机机身上，锁抓斗的索具每班必须检查。

6.9.7 侧卸式装岩机

6.9.7.1 侧卸式装岩机必须配有专用电控开关，并配专用工具开、闭，专用工具必须由专职司机保管。司机离开操作台时，必须断开装岩机专用电控开关。装岩机必须装有前照明灯和尾灯，通电后必须能正常照明。

6.9.7.2 侧卸式装岩机启动前必须检查各操作手柄，确认无误后方可通电。起动电机前，必须有专人警戒，确保装岩机四周无人、无障碍。

6.9.7.3 侧卸式装岩机用铲斗起重严禁超载；行走时，机体四周严禁站人。

6.9.7.4 侧卸式装岩机停止工作时，必须将铲斗落地平放，主令开关手柄闭锁在中间位置并切断专用控制开关电源。

6.9.7.5 侧卸式装岩机检修时必须断开专用电控开关，并悬挂警戒牌；需要在铲斗下检修机器时，必须插好斗臂上的安全销，并在铲斗下加垫枕木。

6.10 电气

6.10.1 一般规定

6.10.1.1 煤矿建设项目应有两回路电源线路。当任一回路停止供电时，另一回路应能担负起全部负荷。暂不能实现双回路供电，采用单回路供电时，必须有备用电源，备用电源的容量必须满足通风和撤出人员的需要。

两回路电源线路上都不得分接任何负荷。

正常情况下,两回路电源应采用分列运行方式,一回路运行时另一回路必须带电备用,以保证供电的连续性。

高瓦斯、煤(岩)与瓦斯(二氧化碳)突出及水患严重的矿井进入二期工程、其他矿井进入三期工程必须形成双回路供电。

10 kV 及其以下的架空电源线路不得共杆架设。

电源线路上严禁装设负荷定量器。

6.10.1.2 严禁井下配电变压器中性点直接接地。

严禁由地面中性点直接接地的变压器(或发电机)直接向井下供电。

6.10.1.3 选用的井下电气设备,必须符合表 10 的要求。

普通型携带式电气测量仪表,必须在瓦斯浓度 1.0% 以下的地点使用,并实时监测使用环境的瓦斯浓度。

表 10 井下电气设备选用规定

类 别	使 用 场 所			
	煤(岩)与瓦斯(二氧化碳)突出矿井和瓦斯喷出区域	瓦 斯 矿 井		
		进风巷道		回风巷道
		低瓦斯矿井	高瓦斯[a] 矿井	
高低压电机和电气设备	矿用防爆型[b] (矿用增安型除外)	矿用一般型	矿用防爆型	矿用防爆型 (矿用增安型除外)
照明灯具	矿用防爆型[c] (矿用增安型除外)	矿用一般型	矿用防爆型	矿用防爆型 (矿用增安型除外)
通信、自动化装置和仪表、仪器	矿用防爆型 (矿用增安型除外)	矿用一般型	矿用防爆型	矿用防爆型 (矿用增安型除外)
[a] 使用架线电机车运输的巷道中及沿该巷道的机电设备硐室内可以采用矿用一般型电气设备(包括照明灯具、通信、自动化装备和仪表、仪器); [b] 煤(岩)与瓦斯(二氧化碳)突出矿井的井底车场的主泵房内,可使用矿用增安型电动机; [c] 允许使用经安全检测鉴定,并取得煤矿矿用产品安全标志的矿灯。				

6.10.1.4 井下不得带电检修、搬迁电气设备和电缆、电线。检修或搬迁前,必须切断电源,检查瓦斯,在其巷道风流中瓦斯浓度低于 1.0% 时,再用与电源电压相适应的验电笔检验;检验无电后,方可进行导体对地放电。控制设备内部安有放电装置的,不受此限。所有开关的闭锁装置必须能可靠地防止擅自送电,防止擅自开盖操作,开关把手在切断电源时必须闭锁,并悬挂"有人工作,不准送电"字样的警示牌,只有执行这项工作的人员才有权取下此牌送电。

6.10.1.5 操作井下电气设备应遵守下列规定:

    a) 非专职人员或非值班电气人员不得擅自操作电气设备;

    b) 操作高压电气设备主回路时,操作人员必须戴绝缘手套,并穿电工绝缘靴或站在

　　　　　绝缘台上；
　　c) 手持式电气设备的操作手柄和工作中必须接触的部分必须有良好绝缘。
6.10.1.6　容易碰到的、裸露的带电体及机械外露的转动和传动部分必须加装护罩或遮栏等防护设施。
6.10.1.7　井下各级配电电压和各种电气设备的额定电压等级,应符合下列要求：
　　a) 高压,不超过 10 000 V；
　　b) 低压,不超过 1 140 V；
　　c) 照明、信号、电话和手持式电气设备的供电额定电压,不超过 127 V；
　　d) 远距离控制线路的额定电压,不超过 36 V。
6.10.1.8　井下低压配电系统同时存在 2 种或 2 种以上电压时,低压电气设备上应明显地标出其电压额定值。
6.10.1.9　必须备有井上、下配电系统图,井下电气设备布置示意图和电力、电话、信号、电机车等线路平面敷设示意图,并随着情况变化定期填绘。图中应注明：
　　a) 电动机、变压器、配电设备、信号装置、通信装置等装设地点；
　　b) 每一设备的型号、容量、电压、电流种类及其他技术性能；
　　c) 馈出线的短路、过负荷保护的整定值,熔断器熔体的额定电流值以及被保护干线和支线最远点两相短路电流值；
　　d) 线路电缆的用途、型号、电压、截面和长度；
　　e) 保护接地装置的安设地点。
6.10.1.10　电气设备不应超过额定值运行。
　　井下防爆电气设备变更额定值使用和进行技术改造时,必须经国家授权的矿用产品质量监督检验部门检验合格后,方可投入运行。
6.10.1.11　防爆电气设备入井前,应检查其"产品合格证""煤矿矿用产品安全标志"及安全性能；检查合格并签发合格后,方准入井。

6.10.2　**电气设备和保护**

6.10.2.1　井下电力网的短路电流不得超过其控制用的断路器在井下使用的开断能力,并应校验电缆的热稳定性。
6.10.2.2　硐室外严禁使用油浸式低压电气设备。
　　40 kW 及以上的电动机,必须采用真空电磁起动器控制。
6.10.2.3　井下高压电动机、动力变压器的高压控制设备,应具有短路、过负荷、接地和欠压释放保护。井下由变电所、移动变电站或配电点引出的馈电线上,应装设短路、过负荷和漏电保护装置。低压电动机的控制设备,应具备短路、过负荷、单相断线、漏电闭锁保护装置。
6.10.2.4　井下配电网路(变压器馈出线路、电动机等)均应装设过流、短路保护装置；必须用该配电网路的最大三相短路电流校验开关设备的分断能力和动、热稳定性以及电缆的热稳定性。必须正确选择熔断器的熔体。
　　必须用最小两相短路电流校验保护装置的可靠动作系数。保护装置必须保证配电网路中最大容量的电气设备或同时工作成组的电气设备能够起动。
6.10.2.5　高压电网,必须采取措施限制单相接地电容电流不超过 20 A。
　　地面变电所和井下变电所的高压馈电线上,必须装设有选择性的单相接地保护装置；供移动变电站的高压馈电线上,必须装设有选择性的动作于跳闸的单相接地保护装置。

井下低压馈电线上,必须装设检漏保护装置或有选择性的漏电保护装置,保证自动切断漏电的馈电线路。

每天必须对低压检漏装置的运行情况进行1次跳闸试验。

煤电钻必须使用设有检漏、漏电闭锁、短路、过负荷、断相、远距离起动和停止煤电钻功能的综合保护装置。每班使用前,必须对煤电钻综合保护装置进行1次跳闸试验。

6.10.2.6 直接向井下供电的高压馈电线上,严禁装设自动重合闸。手动合闸时,必须事先同井下联系。井下低压馈电线上有可靠的漏电、短路检测闭锁装置时,可采用瞬间1次自动复电系统。

6.10.2.7 井上、下必须装设防雷电装置,并遵守下列规定:
a) 经由地面架空线路引入井下的供电线路和电机车架线,必须在入井处装设防雷电装置;
b) 由地面直接入井的轨道及露天架空引入(出)的管路,必须在井口附近将金属体进行不少于2处的良好的集中接地;
c) 通信线路必须在入井处装设熔断器和防雷电装置。

6.10.3 井下临时机电设备硐室

6.10.3.1 井下机电设备硐室应用不燃性材料支护,硐室内必须配备足够数量的扑灭电气火灾的灭火器材。

井下变电所和主要排水泵房的地面标高,应分别比其出口与井底车场或大巷连接处的底板标高高出 0.5 m。

6.10.3.2 掘进工作面配电点的位置和空间必须能满足设备检修和巷道运输、矿车通过及其他设备安装的要求,并用不燃性材料支护。

6.10.3.3 硐室内各种设备与墙壁之间应留出 0.5 m 以上的通道,各种设备相互之间,应留出 0.8 m 以上的通道。对不需从两侧或后面进行检修的设备,可不留通道。

6.10.3.4 硐室入口处必须悬挂"非工作人员禁止入内"字样的警示牌。硐室内必须悬挂与实际相符的供电系统图。硐室内有高压电气设备时,入口处和硐室内必须在明显地点悬挂"高压危险"字样的警示牌。

硐室内的设备,必须分别编号,标明用途,并有停送电的标志。

6.10.4 井下电缆

6.10.4.1 在机械提升的进风的倾斜井巷(不包括输送机上、下山)和立井井筒中敷设电缆时,必须有可靠的安全措施。

溜放煤、矸、材料的溜道中严禁敷设电缆。

6.10.4.2 井下电缆的选用应遵守下列规定:
a) 电缆应带有供保护接地用的足够截面的导体。
b) 严禁采用铝包电缆。
c) 必须选用取得煤矿矿用产品安全标志的阻燃电缆。
d) 电缆主线芯的截面应满足供电线路负荷的要求。
e) 对固定敷设的高压电缆:
1) 在立井井筒或倾角为 45°及其以上的井巷内,应采用聚氯乙烯绝缘粗钢丝铠

    装聚氯乙烯护套电力电缆、交联聚乙烯绝缘粗钢丝铠装聚氯乙烯护套电力电缆;
    2) 在水平巷道或倾角在45°以下的井巷内,应采用聚氯乙烯绝缘钢带或细钢丝铠装聚氯乙烯护套电力电缆、交联聚乙烯钢带或细钢丝铠装聚氯乙烯护套电力电缆。
  f) 固定敷设的低压电缆,应采用MVV铠装或非铠装电缆或对应电压等级的移动橡套软电缆。
  g) 非固定敷设的高低压电缆,必须采用符合MT 818标准的橡套软电缆。移动式和手持式电气设备应使用专用橡套电缆。
  h) 照明、通信、信号和控制用的电缆,应采用铠装或非铠装通信电缆、橡套电缆或MVV型塑力缆。
  i) 低压电缆不应采用铝芯。

6.10.4.3 敷设电缆(与手持式或移动式设备连接的电缆除外)应遵守下列规定:
  a) 水平巷道或倾角在30°以下的井巷中,电缆应用吊钩悬挂;在立井井筒或倾角在30°及其以上的井巷中敷设电缆,应用夹子、卡箍或其他夹持装置,夹持装置应能承受电缆重量,并不得损伤电缆。电缆敷设必须制定安全措施。
  b) 水平巷道或倾斜井巷中悬挂的电缆应有适当的弛度,并能在意外受力时自由坠落。其悬挂高度应保证电缆在矿车掉道时不受撞击,在电缆坠落时不落在轨道或输送机上。
  c) 电缆悬挂点间距,在水平巷道或倾斜井巷内不得超过3 m,在立井井筒内随钢丝绳下放不得超过6 m;随管路下放不得超过单节管路的长度,单节管路长度超过10 m时应在中间绑扎。
  d) 沿钻孔敷设的电缆必须绑紧在钢丝绳上,钻孔必须加装套管。

6.10.4.4 电缆上严禁悬挂任何物件。平斜巷电缆不应悬挂在风管或水管上,不得遭受淋水,电缆与压风管、供水管在巷道同一侧敷设时,必须敷设在管子上方,并保持0.3 m以上的距离。在有瓦斯抽放管路的巷道内,电缆(包括通信、信号电缆)必须与瓦斯抽放管路分挂在巷道两侧;立井电缆可随悬吊管路钢丝绳下放。盘圈或盘"8"字形的电缆不得带电,但给掘进机组、立井施工、井筒安装供电的电缆不受此限。

井筒和巷道内的通信和信号电缆应与电力电缆分挂在井巷的两侧,如果受条件所限:在井筒内,应敷设在距电力电缆0.3 m以外的地方;在巷道内,应敷设在电力电缆上方0.1 m以上的地方。

高、低压电力电缆敷设在巷道同一侧时,高、低压电缆之间的距离应大于0.1 m。高压电缆之间、低压电缆之间的距离不得小于50 mm。

井下巷道内的电缆,沿线每隔一定距离、拐弯或分支点以及连接不同直径电缆的接线盒两端、穿墙电缆墙的两边都应设置注有编号、用途、电压和截面的标志牌。

6.10.4.5 立井井筒中所用的电缆中间不得有接头,因井筒太深需设接头时,应将接头设在中间水平巷道内。

运行中因故需要增设接头而又无中间水平巷道可利用时,可在井筒中设置接线盒,接线盒应放置在托架上,不应使接头承力。

6.10.4.6 电缆穿过墙壁部分应用套管保护,并严密封堵管口。

6.10.4.7 电缆的连接应符合下列要求:

a) 电缆与电气设备的连接,必须用与电气设备性能相符的接线盒。电缆线芯必须使用齿形压线板(卡爪)或线鼻子与电气设备进行连接。

b) 不同型电缆之间严禁直接连接,必须经过符合要求的接线盒、连接器或母线盒进行连接。

c) 同型电缆之间直接连接时必须遵守下列规定:

　　1) 橡套电缆的修补连接(包括绝缘、护套已损坏的橡套电缆的修补)必须采用阻燃材料进行硫化热补或与热补有同等效能的冷补。在地面热补或冷补后的橡套电缆,必须经浸水耐压试验,合格后方可下井使用。在井下冷补的电缆必须定期试验。

　　2) 塑料电缆连接处的机械强度以及电气、防潮密封、老化等性能,应符合该型矿用电缆的技术标准。

6.10.5 照明、通信和信号

6.10.5.1 井下下列地点必须有足够的照明:

a) 井底车场及其附近;

b) 机电设备硐室、调度室、机车库、爆炸材料库、候车室、信号站、瓦斯抽放泵站等;

c) 使用机车的主要运输巷道、兼作人行道的集中带式输送机巷道、升降人员的绞车道以及升降物料和人行交替使用的绞车道,其照明灯的间距不得大于30 m;

d) 主要进风巷的交岔点;

e) 从地面到井下的专用人行道。

地面的通风机房、绞车房、压风机房、变电所、矿调度室等必须设有应急照明设施。

6.10.5.2 严禁用电机车架空线作照明电源。

6.10.5.3 立井井筒施工期间,井筒内单独作业人员必须携带矿灯。井底工作面必须有充足照明,并至少备有4盏矿灯。夜间施工翻矸台工作人员必须携带矿灯。

6.10.5.4 矿灯的管理和使用应遵守下列规定:

a) 完好的矿灯总数,至少应比经常用灯的总人数多10%。

b) 矿灯应集中统一管理。每盏矿灯必须编号,经常使用矿灯的人员必须专人专灯。

c) 矿灯应保持完好,出现电池漏液、亮度不够、单一光源、电线破损、灯锁失效、灯头密封不严、灯头圈松动、玻璃砭裂等情况时,严禁发放。发出的矿灯,最低应能连续正常使用11 h。

d) 使用矿灯人员严禁拆开、敲打、撞击矿灯。人员出井后(地面领用矿灯人员,在下班后),必须立即将矿灯交还灯房。

e) 在每次换班2 h内,灯房人员必须把没有还灯人员的名单报告调度室。

f) 矿灯必须装有可靠的短路保护装置。高瓦斯矿井应装有短路保护器。

6.10.5.5 地面绞车房、井底车场、井下调度室、上、下山绞车房、水泵房、带式输送机控制硐室等主要机电设备硐室和掘进工作面,必须安装电话。

　　井下电话线路严禁利用大地作回路。

6.10.5.6 电气信号应符合下列要求:

a) 矿井中的电气信号应能同时发声和发光。重要信号装置附近,应标明信号的种类和用途。
b) 升降人员和主要提升绞车的信号装置的直接供电线路上,严禁分接其他负荷。

6.10.5.7 井下照明和信号装置,应采用具有短路、过载和漏电保护的照明信号综合保护装置配电。

6.10.5.8 井下防爆型的通信、信号和控制等装置,应优先采用本质安全型。

6.10.5.9 提升机房、信号房、井口、翻矸平台等要害场所应安装视频监控系统,其图像记录保留时间不低于 7 d。

6.10.6 井下电气设备保护接地

6.10.6.1 电压在 36 V 以上和由于绝缘损坏可能带有危险电压的电气设备的金属外壳、构架,铠装电缆的钢带(或钢丝)、铅皮或屏蔽护套等必须有保护接地。

6.10.6.2 接地网上任一保护接地点的接地电阻值不得超过 2 Ω。每一移动式和手持式电气设备至局部接地极之间的保护接地用的电缆芯线和接地连接导线的电阻值,不得超过 1 Ω。

6.10.6.3 所有电气设备的保护接地装置(包括电缆的铠装、铅皮、接地芯线)和局部接地装置,应与主接地极连接成 1 个总接地网。

主接地极应在主、副水仓或临时水窝中各埋设 1 块。主接地极应用耐腐蚀的钢板制成,其面积不得小于 0.75 m^2、厚度不得小于 5 mm。

在钻孔中敷设的电缆不能与主接地极连接时,应单独形成一分区接地网,其接地电阻值不得超过 2 Ω。

6.10.6.4 下列地点应装设局部接地极:
a) 移动变电站和移动变压器;
b) 装有电气设备的硐室和单独装设的高压电气设备;
c) 低压配电点或装有 3 台以上电气设备的地点;
d) 由变电所单独供电的掘进工作面,至少应分别设置 1 个局部接地极;
e) 连接高压动力电缆的金属连接装置。

局部接地极可设置于巷道水沟内或其他就近的潮湿处。设置在水沟中的局部接地极应用面积不小于 0.6 m^2、厚度不小于 3 mm 的钢板或具有同等有效面积的钢管制成,并应平放于水沟深处。设置在其他地点的局部接地极,可用直径不小于 35 mm、长度不小于 1.5 m 的钢管制成,管上应至少钻 20 个直径不小于 5 mm 的透孔,并垂直全部埋入底板;也可用直径不小于 22 mm、长度为 1 m 的 2 根钢管制成,每根管上应钻 10 个直径不小于 5 mm 的透孔,2 根钢管相距不得小于 5 m,并联后埋入底板,垂直埋深不得小于 0.75 m。

6.10.6.5 连接主接地极的接地母线,应采用截面不小于 50 mm^2 的铜线,或截面不小于 100 mm^2 的镀锌铁线,或厚度不小于 4 mm、截面不小于 100 mm^2 的扁钢。

电气设备的外壳与接地母线或局部接地极的连接,电缆连接装置两头的铠装、铅皮的连接,应采用截面不小于 25 mm^2 的铜线,或截面不小于 50 mm^2 的镀锌铁线,或厚度不小于 4 mm、截面不小于 50 mm^2 的扁钢。

6.10.6.6 橡套电缆的接地芯线,除用作监测接地回路外,不得兼作他用。

6.10.7 井下电气设备、电缆的检查、维护和调整

6.10.7.1 电气设备的检查、维护和调整,必须由电气维修工进行。高压电气设备的修理和调整工作,应有工作票和施工措施。

高压停、送电的操作,可根据书面申请或其他可靠的联系方式,得到批准后,由专责电工执行。

6.10.7.2 井下防爆电气设备的运行、维护和修理,必须符合防爆性能的各项技术要求。防爆性能遭受破坏的电气设备,必须立即处理或更换,严禁继续使用。

6.10.7.3 电气设备和电缆应按表11的规定进行检查、调整。检查和调整结果应记入专用的记录簿内。检查和调整中发现的问题,应指派专人限期处理。

6.10.7.4 电气设备使用的绝缘油的物理、化学性能检测和电气耐压试验,每年应进行1次。

不符合标准的绝缘油必须及时处理或更换。油浸电气设备的绝缘油量应定期检查,并保持规定油量。

更换和试验矿用设备绝缘油应有记录。

表11 电气设备和电缆的检查、调整规定

检查、调整项目	检查周期
使用中的防爆电气设备的防爆性能检查[a]	每月1次
配电系统继电保护装置检查整定高压电缆的泄漏和耐压试验[b]	每6个月1次每年1次
主要电气设备绝缘电阻的检查	每6个月不少于1次
固定敷设电缆的绝缘和外部检查[c]	每季1次
移动式电气设备的橡套电缆绝缘检查[d]	每月1次
接地电网接地电阻值测定	每季1次
新安装的电气设备绝缘电阻和接地电阻的测定[e]	
[a] 每日应由分片负责电工检查1次外部; [b] 负荷变化时应及时整定; [c] 每周应由专责电工检查1次外部和悬挂情况; [d] 每班由当班司机或专责电工检查1次外皮有无破损; [e] 投入运行以前。	

6.11 安装工程

6.11.1 一般规定

6.11.1.1 地面、井下各种提升、运输、通风、压风、排水、供电和起重运输等设备、金属井架及各种钢结构设施的安装,各类管线的敷设(架设),以及井筒装备施工,可参照有关部门的规范执行;遇有与本规范相抵触的,应按本规范执行。

6.11.1.2 对从事焊接、防腐、登高及井下作业等工作人员必须按有关规定定期进行体检,严禁身体条件不符合工种要求的人员从事上述作业。

6.11.1.3 进入井巷、高处、起重等有物体坠落危险场所的人员必须戴安全帽。在井筒、高处、悬崖、陡坡和桥侧等场所施工的人员必须系安全带。上下平行交叉作业,应有防护措施,

出入口应搭防护棚。

6.11.1.4 建设单位必须提供施工现场地面、地下设施的种类、用途、位置、走向等相关资料，并根据施工需要制订合理可行的保护、搬迁措施。

6.11.1.5 施工现场应做到：

 a) 行人及运输通道畅通。

 b) 在现场内有井口、悬崖、陡坡、深坑、酸洗池、施工预留孔洞以及室外带电设备等，必须有防护设施并挂警示标志。

 c) 材料、构件、设备的堆放要整齐稳定，不得超高。废料应及时清理，保持现场整洁；临时存放的游动天轮、大型扇风机等，要设置隔离栅栏或将转动部分固定。

 d) 施工现场必须设有保证施工安全要求的夜间照明。

 e) 与施工无关的人员严禁进入现场。

6.11.1.6 施工现场必须制订消防管理制度、配备符合消防要求的消防设施，并保持完好状态。

6.11.1.7 在施工现场使用、存放易燃易爆的器材，以及在电气焊、化学除锈、防腐等作业过程中产生有害气体时，必须采取安全措施。

6.11.1.8 施工现场中的脚手板、斜道板、跳板和交通运输通道等应及时清理，遇雨水、冰雪应采取防滑措施。

6.11.2 井下安装工程

6.11.2.1 施工期间，井下运输、通风、瓦斯、电气防爆及地质灾害预防的管理执行本规范有关规定。

6.11.2.2 井下动用电、气焊，必须严格执行本规范井下防灭火的有关规定。

6.11.2.3 井下施工现场或运输现场（通道），必须有足够的照明。

6.11.2.4 井下高压管路试验或带载检查时，严禁人员面对检查口。

6.11.3 立井井筒装备

6.11.3.1 在高瓦斯矿井和煤与瓦斯突出矿井中，已揭煤的尚未贯通的井筒和处于回风的井筒，严禁进行井筒装备施工。

6.11.3.2 天轮平台、封口盘改装及吊盘挂设必须编制专项措施。井口应封严，管线通过口应设置折页盖板，侧面应预留满足通风要求的通风口，通风口要设防护网。

6.11.3.3 吊盘钢丝绳应选择左右捻向并成对布置，或选用不旋转钢丝绳，否则要编制防止吊盘旋转的专项措施。

6.11.3.4 吊盘提升孔应设喇叭口或盖门，吊盘缺口处应设折页或栏杆。

6.11.3.5 严禁吊盘和提升容器同时运行。吊盘每次提升或下落，必须及时将吊盘实际位置标在绞车深度指示器上。

6.11.3.6 在井筒中下放托管梁、操车设备等外形尺寸较大的物件时，应有防旋转措施，并慢速升降。

6.11.3.7 升降物料所用索具及卡具应每钩检查，发现问题及时更换。

6.11.3.8 吊盘升降后，先固定吊盘，再作业。

6.11.3.9 井筒中作业应有牢靠的立足处，并视具体情况，配置防护栏网、临时平台等安全设施。所用的索具、脚手板、吊篮、平台等承载能力均应验算，符合安全要求方可使用，施工中严禁超载。

6.11.3.10 吊盘上放置的设备、材料箱等必须固定牢靠。小型材料、工具应入箱,工具使用时应拴绳,严禁抛掷工具。吊盘上、下层平行作业时必须制定措施,防止坠物伤人。

6.11.3.11 井筒中使用的所有电气设备,均应有防水措施。

6.11.4 电气焊

6.11.4.1 焊工必须持证上岗,并配备电焊帽、电焊手套等安全防护用品。

6.11.4.2 井架、井口、井筒及井下电焊作业时,必须严格遵守本规范6.5.3规定,且焊机地线必须直接连工作件,焊完及时停电。在有淋水的场所施焊时,必须制定防漏电的安全技术措施。

6.11.4.3 焊接设备应保持完好。手持式电动打磨工具必须有漏电保护。

6.11.4.4 在箱形井架组装过程中,凡在箱体内进行除锈、防腐及施焊操作时,必须有良好的通风措施。宜采用抽吸式通风,操作人员应在进风侧工作,1人操作1人监护,防止有害气体中毒。

6.11.4.5 登高施焊(气割)时,焊(割)件应固定牢靠,地面派专人配合输送焊把线(气带),扑灭落地火花。

6.11.4.6 各种气瓶在存放和使用时,与明火距离不得小于10 m,并避免在阳光下曝晒。搬动时应加盖安全帽并不得碰撞。氧气瓶距乙炔瓶不得小于5 m,在井筒安装中必须采取隔离措施。

6.11.4.7 施焊和气割作业完毕,应断开电源和气源,清理现场,灭掉遗留火种。

6.11.5 搬运及起重吊装作业

6.11.5.1 多人同时进行搬运、起重等工作时,必须由1人统一指挥。

6.11.5.2 施工中需机械搬运时,应提前对设备、吊具、索具认真检查,符合相关规定后方可搬运。

6.11.5.3 起吊大型物件应设溜绳,防止碰撞。被吊物件离开地面后,吊运范围内严禁站人。

6.11.5.4 起吊用的主要卷扬机应1人操作,1人监护。

6.11.5.5 起吊用的主要卷扬机与支撑面的安装定位应平整牢固,卷筒与导向滑车中心线应对正。卷筒中心线与导向滑车轴心线的距离不应小于卷筒长的20倍。钢丝绳应从卷筒下方卷入。卷扬机工作前应检查钢丝绳、制动器、棘爪等,确认可靠方可起吊。

6.11.5.6 地锚吨位、方位、仰角及结构型式必须符合设计,埋设过程应有质检员监督,使用前进行预拉。用作地锚的钢丝绳埋设前必须涂油。

6.11.5.7 地锚应设标志牌,标明规格、用途等情况。旧地锚使用前,必须掌握其实际埋设情况(吨位、方位、仰角、埋设日期等),经试拉合格后方可使用。

6.11.5.8 焊接链、吊钩、卡环及连接件,磨损量达10%或发生永久性变形和裂纹时必须更换。

6.11.5.9 起重用钢丝绳的设计选择应符合《钢丝绳》(GB/T 8918—1996)的规定;检验和报废执行《起重机械用钢丝绳检验和报废使用规范》(GB 5972—1986)。

6.11.5.10 钢丝绳卡的规格、数量和间距必须符合要求,并遵守以下规定:

  a) 绳卡的夹座应扣在钢丝绳的工作段上,U型螺栓扣在钢丝绳的尾段上,不得正反交叉;

b) 绳卡的使用数量符合表12。间距等于钢丝绳直径的6~7倍；
c) 绳卡初次受力后,要再次紧固；
d) 绳卡卡紧的依据:以绳子压扁1/4~1/3为准；
e) 绳卡连接的强度不得小于钢丝绳破断拉力的85%。

表 12 钢丝绳连接时绳卡的数量

钢丝绳直径 mm	7~18	19~27	28~37	38~45
绳卡数量	3	4	5	6

6.11.5.11 起吊带有棱角的物件,必须消除棱角对绑结绳的影响。

6.11.5.12 起重钢丝绳及索具的安全系数应满足以下规定:
a) 缆风绳不得小于3.5；
b) 手动起重用钢丝绳不得小于4.5,机动起重用钢丝绳不得小于5.5；
c) 吊挂和捆绑用钢丝绳不得小于6；
d) 牵引绳不得小于4；
e) 起吊用钢丝绳扣不得小于13。使用插接的钢丝绳扣,其插接长度不得小于钢丝绳直径的15倍,最短不得小于300 mm,连接强度不得小于钢丝绳破断力的75%。

6.11.5.13 卸扣的使用注意事项:
a) 使用的卸扣必须有合格证；
b) 禁止超载使用；
c) 不得横向受拉；
d) 螺纹式必须上满扣,销子式必须上保险销。

6.11.5.14 滑车及滑车组不得超载使用,钢丝绳运动速度不得超过表13的数值。

表 13 钢丝绳在滑车中的运动速度

额定起重量 t	0.32~16	16~80	80~200	200~320
钢丝绳的运动速度 m/min	30	25	20	16

6.11.5.15 滑车使用前必须检查轮槽、轮轴、拉板、吊钩等部位,确认无裂纹、损伤,各部件转动灵活、润滑良好、螺钉无松动现象后方可使用。

6.11.5.16 滑车存在下列情况时严禁使用:
a) 滑轮槽面磨损深度超过钢丝绳直径的1/4；
b) 滑轮裂纹或轮槽壁磨损达10%；
c) 轮轴中段直径磨损超过轴径的2%；
d) 滑轮轴套磨损超过壁厚的1/10；
e) 组成滑轮组的吊钩与吊环的危险断面的实际高度小于基本尺寸的95%。

6.11.5.17 使用的钢丝绳直径必须与滑轮相匹配,滑轮直径(槽底径)与钢丝绳直径的比值不得小于20倍。

6.11.5.18　钢丝绳与滑轮偏角不得超过5°。

6.11.5.19　滑车吊钩应设有防止脱钩的闭锁装置。严禁用焊接补强的方法来修补滑轮缺陷。

6.11.5.20　若使用多门滑车中的几门滑车时，滑车的起重量应降低，降低的数量按门数比例确定，其受力中心线必须与滑车中心线重合。

6.11.5.21　起吊大型物件时，起吊前必须进行试吊，并有明显标志。

6.11.5.22　使用三角架起吊时，杆距相等，杆脚固定可靠，不得斜吊。

6.11.5.23　工作中严禁用手直接校正已被重物张紧的钢丝绳、链条等；吊运中如绳索松动、吊运工具发生异常，应立即停止吊运，及时处理。

6.11.5.24　起重机行驶的道路及吊装时支腿所处的地面必须平整坚实，对有积水、淤泥、软土或地下有空穴等隐患的，必须采取措施处理。

6.11.5.25　用钢丝绳起吊时，两绳夹角最大不超过120°；如吊件有油污，应将捆绑处油污擦净。

6.11.5.26　在任何情况下，严禁用人身重量来平衡吊运物件。

6.11.5.27　吊运成批零星物件，必须使用专用吊篮、吊斗等器具。

6.11.5.28　扒杆选型必须经过验算，满足强度及稳定性的要求。扒杆基础必须按设计载荷进行承压能力验算，夯实垫牢，并用方木或钢板垫平，确保起吊时扒杆底座受力均匀。

6.11.5.29　扒杆的连接螺栓必须达到设计强度，并用专用工具拧紧。竖立前应检查一遍各段的连接情况。

6.11.5.30　新扒杆组装时，中心线偏差不得大于总支撑长度的千分之一；多次使用过的扒杆，在重新组装时，每5 m长度内中心线偏差和局部塑性变形均不应大于40 mm，在扒杆全长内，中心线偏差不应大于总支撑长度的1/500。

6.11.5.31　扒杆的连接板、头部锁绳处及底部球头（铰链）等，应每年对变形、腐蚀、铆、焊或螺栓连接进行一次检查。在每次使用前也应进行检查。

6.11.5.32　扒杆起立时，两侧应有缆风绳控制偏摆，并始终带预张力。缆风绳与地面夹角应为30°～60°，禁止将缆风绳固定在树木、电杆上。扒杆竖立后必须装设避雷装置。

6.11.5.33　绊腿的吨位、受力方向、张紧装置必须满足设计要求，连接索具的安全系数满足本规范6.11.5.12的规定。

6.11.5.34　铰链规格必须满足设计要求，销轴使用前必须做探伤检查。固定铰链的预埋铁件必须按设计要求进行加工制作和预埋。铰链安装应严格控制标高和方位，必须有专业人员复核后方准焊接。

6.11.5.35　使用吊耳，必须进行设计计算，满足强度条件。受侧向拉力的吊耳应有抗侧弯结构。吊耳的加工安装必须按设计进行。

6.11.5.36　如遇恶劣气候（大雾、大雨、大雪及五级以上大风等）时，不得起吊。

6.11.5.37　大型设备必须试起吊。将吊装物吊离地面0.2 m左右，停车对主提升稳车、主牵引地锚、扒杆底座、铰链、吊耳、滑轮组的受力情况进行一次全面检查，确认无问题后方可正式起吊。

6.11.5.38　吊装作业时，起吊范围必须设警戒线，严禁非施工人员进入现场。

6.11.5.39 吊装作业时,吊具、辅具、钢丝绳、缆风绳及吊装物与输电线的最小距离不得小于表 14 规定的数值。

表 14 吊具、辅具、钢丝绳、缆风绳及吊装物与输电线的最小距离

输电线路电压 kV	<1	1~35	≥60
最小距离 m	1.5	3	$0.01(V-50)+3$

注:式中 V 为输电线路电压。

6.11.5.40 井架、杆塔类设施起立后,应按设计要求及时安装避雷装置。

6.11.5.41 吊装期间,总电源应有专人负责,上班开锁,下班断电落锁。每天上班前必须对各稳车巡视 1 遍,确保设备开关全部处于停止状态下方可送电。

6.11.6 高处作业

6.11.6.1 高处作业人员必须穿紧口工作服和系带软底鞋。高处作业地点应有符合要求的防护设施。

6.11.6.2 同一空间,严禁同时在同一垂直方向多层作业。凡因工序原因必须同时在同一垂直线上工作时,必须采取可靠防范措施,上层作业不得威胁下层人员安全,否则不准作业。

6.11.6.3 遇有恶劣气候(大雾、大雪、暴雨和六级以上大风等),严禁高处作业。确需在雨、雪天作业时,必须采取可靠的防滑、防寒和防冻等措施。

6.11.6.4 高处作业所用的材料应放置平稳,小型工器具装入专用的工具袋内,易脱手的工具拴工具绳,不用时放在可靠的地方。登高人员上下时,手中不得拿物,严禁上下抛掷工具物品。

6.11.6.5 在易燃、易爆、有毒气体的厂房上部及塔罐顶部施工时,应有专人监护。

6.11.6.6 高处作业人员必须注意作业地点周围情况,遇架空线时,应采取安全隔离措施。

7 露天部分

7.1 一般规定

7.1.1 建设单位必须审查施工单位资质等相关资料,经确认后,方可向施工单位提供准确的相关资料、图纸。

7.1.2 施工单位的临时工程必须选择在安全地段。

7.1.3 施工作业场所主要地区应设人行通道或梯子,梯子应设置安全护栏;横跨铁路或矿山运输道路,必须设置警示标志。

7.1.4 未经许可,严禁无关人员及车辆进入作业区。

7.1.5 施工作业的危险区域必须采取防护措施并设警示标志;电器设施应加设围栏并加锁;矿山道路必须设置限速、道口等标志,特殊路段设警示标志;汽车运输为左侧通行的矿山,在过渡区段内必须设置醒目的换向标志。

7.1.6 雷电、暴雨、大雾等天气,能见度低的情况下作业时,应采取拉大车距、打开车灯等安全措施。能见度低于 30 m 或夜间无良好照明的设备严禁作业。

人员在高处作业时,所用的各类梯子或平台应牢固、平稳。应佩带经检验合格的安全带或设置安全网;在室外进行高处作业时,遇有六级以上大风,必须停止作业。

7.1.7 采掘、运输、排土等设备作业时(轮斗系统作业除外),严禁人员上下设备;在危及人身安全的作业范围内,严禁人员停留或通过。

7.1.8 设备的供电电缆必须绝缘良好,电缆横过运输道路时,必须采取防护措施。

7.1.9 所有坑内、地面排水管路横过运输道路时,应采用加套管等防护措施。

7.1.10 施工组织设计必须有安全篇章,对存在有较大的安全危险有害因素应详细说明,并制定防范措施。

7.2 采剥

7.2.1 台阶

7.2.1.1 挖掘机采装的台阶高度应符合下列规定:
 a) 不需爆破的土岩台阶高度不得大于挖掘机的最大挖掘高度;
 b) 爆破后的爆堆高度不得大于挖掘机的最大挖掘高度的1.1~1.2倍,台阶顶部不得有悬浮的大块;
 c) 上装车台阶高度不得大于挖掘机最大卸载高度与运输容器高度及卸载安全高度之和的差。

7.2.1.2 采场最终边坡的台阶坡面角和边坡角,必须符合最终边坡设计要求。

7.2.1.3 最小工作平盘宽度,必须保证采掘、运输设备的安全运行和供电线路、排水沟等正常布置。

7.2.2 穿孔

7.2.2.1 穿孔作业必须按设计的穿孔参数要求进行,误差必须保证在允许范围之内。

7.2.2.2 干式穿孔机必须有良好的除尘设施,否则严禁作业。

7.2.2.3 穿孔机在采空区、自然发火区等危险地段作业时,必须制定专项安全措施。

7.2.2.4 穿孔机在有装药的炮孔和瞎炮孔边补孔时,新钻孔与原装药孔的距离不得小于10倍的炮孔直径,并保证两孔平行;严禁在不明真相的旧孔上穿孔。

7.2.2.5 穿孔机在台阶边缘进行穿孔作业和行走之前,应查明台阶边缘的伞檐情况,作业和行走时,履带边缘与坡顶线的距离如表15所示。

表 15 穿孔机作业和走行安全距离   单位为米

台阶高度	<4	4~10	>10
安全距离	1~2	2~2.5	2.5~3.5

穿边行孔时,穿孔机应垂直于台阶坡顶线(最小夹角不小于45°);在有顺层滑落的危险区,必须压碴穿孔。

7.2.2.6 穿孔机在高压线下作业、通过时,应依据高压线的电压等级、空气湿度、风力等情况,确定并保证安全距离,穿孔机在坡道或长距离行走(超过300 m)时,必须先落好钻架。

7.2.3 爆破

7.2.3.1 爆炸材料的购买、运输、储存、使用和销毁,爆炸材料库建筑结构及各种防护设施和安全保卫措施,库区的内外部安全距离等,必须符合国家有关法规和标准的规定。

7.2.3.2 爆破作业使用的器材必须符合国家或行业标准,并遵守《爆破安全规程》的规定。

7.2.3.3 运输爆炸材料必须使用专用车辆,专用车辆必须经有关部门审批,并保持完好状态,同时设专职司机和押运员。

7.2.3.4 在运输爆炸材料过程中,严禁中途停车,如果遇特殊情况必须停车时,必须采取保护措施;装运量不得超过汽车额定载重量的80%,并用帆布盖好、绑牢;严禁炸药和雷管同车装运。

7.2.3.5 从事装卸、运输爆炸材料人员严禁携带火柴、打火机等燃火物品,其着装应符合安全要求。采用铵油炸药混装车和乳化炸药车时,必须对装料、混药、装车运输和装药作业制定安全措施。

7.2.3.6 爆炸材料的领取、运输和使用必须严格执行账、卡、物一致的管理制度,爆破负责人对爆炸材料验收后方可与押运人员双方签字认可。

7.2.3.7 爆破后剩余的爆炸材料,必须立即退回爆炸材料库,严禁销毁和存放,并严格履行退库手续。

7.2.3.8 在爆破区域内放置和使用爆炸材料过程中,20 m 以内严禁烟火,10 m 以内严禁非爆破工作人员进入。任何机动设备不得进入已装过炸药的爆破区域,遇特殊情况,必须由爆破人员指挥,在确保安全的条件下,方可进入。

7.2.3.9 装药时,每个炮孔同时操作人员不应超过3人,应清除炮孔边缘的石块等杂物;严禁向炮孔内投掷起爆具和受冲击易爆的炸药;严禁使用塑料、金属或带金属包头的炮杆。

7.2.3.10 炮孔充填时,不得使用块状岩土。如果充填物发生堵塞时,要进行处理,否则不得联网起爆。

7.2.3.11 爆破安全警戒必须遵守下列规定:
   a) 爆破负责人确定警戒范围,并向爆破影响范围边缘的所有通道派出警戒人员。
   b) 凡在爆破影响范围内的人员、设备必须按爆破负责人的指令,在规定的时间内撤离到安全地区,并由爆破负责人确认。
   c) 警戒人员、爆破工(起爆人员)、调度室必须与爆破负责人保证信息畅通。在爆破负责人确认可以起爆时,先通告调度室,由调度室向矿区有关单位或部门发出爆破警告,并确认可以爆破的条件下,由调度室再通告爆破负责人可以爆破,爆破负责人方可下达起爆令。
   d) 爆破警戒的解除令由爆破负责人下达,并同时通告调度室。

7.2.3.12 爆破安全警戒距离必须符合下列要求:
   a) 深孔松动爆破(孔深大于5 m)距爆破区边缘:软岩不得小于100 m;硬岩不得小于200 m。
   b) 浅孔爆破(孔深小于5 m),无充填预裂爆破,不得小于300 m。
   c) 二次爆破,炮眼法不得小于200 m;裸露爆破药量不超过20 kg 时,不得小于200 m;药量超过20 kg 时,不得小于400 m。
   d) 扩孔爆破,不得小于100 m。
   e) 轰水,不得小于50 m。

7.2.3.13 各种机电设备距爆区边缘的安全距离:深孔爆破不得小于 40 m;浅孔或二次爆破不得小于 50 m。

机动设备应撤到警戒范围之外,因故不能撤离时,必须采取安全措施。

爆区边缘与电杆距离不得小于 5 m,在 5 m~10 m 时应停电,并采取减震措施。

7.2.3.14 爆破地震安全距离应符合下列要求:
  a) 各类建(构)筑物地面质点的安全震动速度不应超过下列数值:
    1) 重要工业厂房,4 mm/s;
    2) 土窑洞、土坯房、毛石房,10 mm/s;
    3) 一般砖房、非抗震的大型砌块建筑物,20 mm/s~30 mm/s;
    4) 钢筋混凝土框架房屋,50 mm/s;
    5) 水工隧道,100 mm/s;
    6) 交通涵洞,150 mm/s;
    7) 矿山巷道,100 mm/s~200 mm/s。
  b) 爆破地震安全距离应按下式计算:

$$R = (k/v)^{1/a} \cdot Q^m$$

式中:
  R ——爆破地震安全距离,单位为米(m);
  Q ——药量(齐发爆破取总量,延期爆破取最大一段药量),单位为千克(kg);
  v ——安全质点振动速度,单位为厘米每秒(cm/s);
  m ——药量指数,取 $m=1/3$;
  k、a ——与爆破地点地形、地质条件有关的系数和衰减指数。

遇有特殊情况时,必须进行爆破地震效应的监测和试验,以确定被保护物的安全性。

7.2.3.15 一般不得使用裸露爆破,特殊情况下,必须裸露爆破时,应按下式确定安全装药量:

$$Q = (R_k/25)^3$$

式中:
  Q ——安全装药量(延期爆破时,Q 为一次起爆的药量),单位为千克(kg);
  R_k ——被保护建筑物、设备距爆破地点的距离,单位为米(m)。

7.2.3.16 实施硐室爆破、抛掷大爆破、老空区爆破等特殊爆破时,必须编制设计,制定安全措施。

7.2.3.17 在自然发火区进行爆破作业时,装药前必须测试孔内温度,孔内有明火或温度在 80 ℃以上必须采取灭火和降温措施。

高温孔处理合格后,应迅速装药起爆。高温孔应采用热感度低的炸药或将炸药、雷管做隔热包装。

7.2.3.18 爆破时应使用电雷管起爆,当使用火雷管起爆时,必须采取安全措施,保证起爆人员的安全。

7.2.3.19 应根据爆破所采用的炸药、起爆方式等,制定处理发生拒爆和熄爆的安全措施。

7.2.4 采装

7.2.4.1 单斗挖掘机向汽车装载时必须遵守下列规定:

- a) 勺斗容积和物料块度应与汽车载重相适应,严禁装载大于勺斗容积的物料。
- b) 单面装车时,必须由挖掘机司机发出进车信号,汽车开到装车位置,发出装车信号后,方可装车;双面装车作业时,正面装车汽车可提前进入装车位置;反面装车应由勺斗引导汽车进入装车位置。
- c) 挖掘机勺斗不得跨越电缆装车,严禁勺斗从汽车驾驶室上方越过。
- d) 挖掘提升后,如勺斗边缘有悬浮的大块时,严禁回转装车,应放下大块,重新挖掘。
- e) 装第一勺时,不得装较大的物料;卸料时应尽量放低勺斗,勺斗底部距车厢地板不得超过 0.5 m。
- f) 严禁装偏车和超载装车,车厢顶部不得装大块物料。

7.2.4.2 单斗挖掘机在作业过程中遇下列情况时,必须停止作业,退到安全地点,报告有关部门检查处理:
- a) 发现台阶崩落或有滑动迹象;
- b) 工作面有伞檐或大块物料;
- c) 暴露出未爆炸的炸药、导爆材料;
- d) 遇有冒落危险的老空区或火区;
- e) 遇有松软岩、土层或涌水;
- f) 发现不明地下埋藏物。

7.2.4.3 单斗挖掘机的操作必须遵守下列规定:
- a) 运转中严禁维护和注油,不得有人员停留在操作室之外;无关人员不得进入作业半径内。
- b) 回转时,勺斗必须离开工作面;严禁跨越任何设备、设施;严禁勺斗突然改变方向。
- c) 调整挖掘机位置时,扭转角度应在 15°～20°的增量进行,严禁倒退时扭转。
- d) 遇坚硬岩体时,严禁强行挖掘;严禁在地表不平的地方和不符合机器性能的纵横坡面上作业。
- e) 挖掘机作业时,必须对工作面进行全面检查,严禁将金属物等和拒爆的爆炸材料装入车内。
- f) 正常作业时,天轮距高压线应依据不同的电压等级,保持足够的安全距离,遇雨雪天气时,严禁在高压线下方作业。
- g) 当室外气温超过挖掘机允许作业值时,应停止作业。

7.2.4.4 2 台以上挖掘机在同一台阶或相邻上下台阶作业时,必须遵守下列规定:
- a) 汽车运输时,2 台挖掘机的间距不得小于最大挖掘半径的 2.5 倍,并制定安全措施。
- b) 2 台挖掘机在相邻的上下台阶作业时,两者的相对位置影响上下台阶的设备、设施安全时,必须制定安全措施。

7.2.4.5 依据台阶高度和运输设备型号,必须制定台阶坡面、运输设备与挖掘机尾部之间的最小安全距离。

7.2.4.6 挖掘机行走和升降段应遵守下列规定:
- a) 严禁碾压任何电缆,包括已覆土掩埋的电缆。
- b) 行走前应检查行走机构及制动系统。

c) 应依据台阶高度、坡面角及土岩的稳定性等因素,使挖掘机的行走路线与坡顶线和坡底线保持一定的安全距离。当道路松软、含水或通过老窑区有沉陷危险时,必须采取安全措施。

d) 挖掘机行走超过 300 m 时必须设专人指挥,行走时主动轴应在后面,并与行走线路两侧的设施保持安全距离。

e) 上下坡时,应预先采取移动式的防滑措施,坡道的坡度不得超过挖掘机规定的最大允许值;如果因故障停在坡道上时,必须立即采取固定式的防滑措施。

7.2.4.7 雨天作业时,应注意水淹和片帮,并确保供电线路不被水淹,如遇停电,必须由供电人员处理,严禁未查明原因就送电。

7.2.4.8 轮斗挖掘机作业和行走的线路必须坚实稳固平整。在有老窑区地段作业和走行之前要进行处理,否则不得进入。

7.2.4.9 轮斗挖掘机作业时必须遵守下列规定:
a) 开机作业前必须对安全装置进行检查。
b) 启动或行走前,必须按规定发出音响信号。
c) 严禁斗轮工作装置带负荷启动。
d) 应根据工作面物料的变化和采掘工艺要求及时调整切削厚度和回转速度,遇有硬岩夹层时应另行处理,严禁超负荷作业。
e) 轮斗臂下方严禁人员通过或停留,卸料臂、转载机下方严禁人员和设备停留。

7.2.4.10 采用轮斗挖掘机—带式输送机—排土机连续开采工艺系统时,应遵守下列规定:
a) 各单机人员接班后,经检查可以开机时,应立即向集中控制室发出可以开机信号;如有异常现象,应向集中控制室报告,待故障解除后,再向集中控制室发出可以开机信号。
b) 连续工作的电机,不应频繁启动,紧急停机开关必须在会发生重大设备事故或危及人身安全时才能使用。
c) 各单机间应实行安全闭锁控制,单机发生故障时,必须立即停车,同时向集中控制室汇报,严禁擅自处理故障。

7.2.4.11 2 台以上转载机与轮斗挖掘机联合作业时,必须制定安全措施。

7.3 运输

7.3.1 汽车运输

7.3.1.1 汽车在作业时,其制动、转向系统和安全装置必须完好,夜间作业时,各种灯必须齐全完好,大型车应开示宽灯。

7.3.1.2 矿内道路应依据具体情况(弯道、坡度、限速路段、危险地段等)设置警示、警告标志。

7.3.1.3 矿内道路必须设置护堤,其高度为矿用汽车轮胎直径的 2/5～3/5,底部宽度不得小于 3 m。

生产干线不大于 8%;生产支线不大于 9%;联络线不大于 10%;重车下坡地段,按上述规定相应减少 1%。避免连续坡道长度超过 800 m,如果连续坡道长度超过 800 m,必须在下坡一侧设置制动失灵的"避险车道"。

7.3.1.4 依据设备性能设定道路最小曲线半径,并保证驾驶视距不小于 50 m。

7.3.1.5 道路排水应遵守下列规定：
   a) 凡出入沟路堑、主干道两侧应设排水沟；半路堑的干道、平盘干道的一侧应设排水沟；干道平坡段其水沟自流水坡度不小于3‰；深路堑应设天沟截水。
   b) 工作面道路、联络道路、坡道区段一侧应设排水沟，低洼处应设横过道路的涵管，其截面不得小于排水沟的1.2倍。

7.3.1.6 严禁汽车超速行驶，同类汽车不得超越。矿内各种车辆（作业的道路工程机械设备除外）必须为采矿汽车让行。道路工程机械设备必须装配警示灯。

7.3.1.7 使用大型卡车的矿山，小型车辆必须装配警示灯、旗杆，杆的高度必须超过卡车的驾驶室平台，小型车辆严禁停在卡车的盲区。

7.3.1.8 冬季应及时清除路面上的积雪和结冰，并采取防滑措施，前后车距不得小于50 m，行驶时不得急刹车、急转弯或超车。

7.3.1.9 矿用汽车不得拖挂其他车辆，否则，必须采取安全措施，并由专人指挥监护。

7.3.1.10 停放的汽车在启动前或倒车时必须检查车附近的情况，防止视线盲区内有人员或障碍物；正在启动的汽车视线盲区内严禁人员和设备进入。

7.3.1.11 禁止溜车发动车辆，下坡行驶中严禁空挡滑行；在正常情况下不准在坡道上停车，如遇特殊情况或汽车故障只能将车停在坡道上时，必须采取安全措施。

7.3.1.12 在运输道路上，夜间因故障停放的任何设备，前后必须设置安全警示标志，并采取防护措施。

7.3.1.13 矿内运输应配备足够的洒水车，防止路面扬尘，冬天宜采用雾状和间断式的喷洒，或采取其他防止路面结冰的措施。

7.3.1.14 汽车在工作面装车时必须遵守下列规定：
   a) 等待进入装车位置的汽车，必须停在挖掘机最大回转半径之外，装车时必须停在挖掘机尾部回转半径之外。如装车位置有洒落岩土，应清除后方可进入。
   b) 汽车排队等待装车时，车与车之间必须保持足够的安全距离，并不得倒车，如需倒车，必须有专人指挥。
   c) 正在装载的汽车必须给上制动，司机不得将身体的任何部位伸出驾驶室之外，严禁其他人员上下车和检查维修。
   d) 汽车在进入挖掘机单面装车方式或双面装车方式的反面装车位置时，必须在挖掘机发出驶入信号后，方可进入，装车完毕后，必须在挖掘机发出使出信号后，方可离开。

7.3.1.15 自卸汽车卸载时，不得冲撞安全挡墙或挡车设施。

7.3.1.16 自卸卡车厢斗必须落回原位方可驶出，排卸场地出口应设置保护架空设施的限高防护拉线，且防护拉线的强度不宜过大，拉线上应装有明显物或警报装置。

7.3.2 带式输送机运输

7.3.2.1 采用带式输送机运输应遵守下列规定：
   a) 带式输送机运输物料的最大倾角，上行不得大于16°，严寒地区不得大于14°；下行不得大于12°特种带式输送机除外；
   b) 钢丝绳芯输送带的静安全系数，不得小于表16中的数值；
   c) 带式输送机的运输能力应与前置设备能力相匹配。

表 16 钢丝绳芯输送带的静安全系数值

工作条件	接头型式	
	采用一级或二级接头型式的输送机	采用三级接头型式的输送机
有利	7.0	7.4
一般	8.0	8.4
不利	9.5	10.0

7.3.2.2 布设固定带式输送机应遵守下列规定：
  a) 应避开工程地质不良地段、老空区，必要时采取安全措施。
  b) 应在适当地点设置行人栈桥。
  c) 当输送机跨越建筑或道路时，下部净空间应符合现行国家标准的有关规定。当输送机跨越设备和人行道时应设置防物料撒落的防护装置。
  d) 应设防护罩或防雨棚，必要时设通廊。倾斜带式输送机人行走廊地面应防滑，并设置扶手栏杆。
  e) 封闭式带式输送机必须设置通风、除尘及防火设施，暗道应按一定距离设置通向地面的安全通道。
  f) 在转载点和机头处应设置消防设施。

7.3.2.3 带式输送机应设置下列安全保护装置：
  a) 应设置防止输送带跑偏、驱动滚筒打滑、纵向撕裂和溜槽堵塞等保护装置；上行带式输送机应设置防止输送带逆转的安全保护装置，下行带式输送机应设置防止超速的安全保护装置。
  b) 在带式输送机沿线应设紧急联锁停车装置。
  c) 在驱动、传动和自动拉紧装置的旋转部件周围，应设防护装置。
  d) 各装料点和卸料点，应设固定保护装置、电气保护和信号灯。

7.3.2.4 带式输送机运行时，必须遵守下列规定：
  a) 严禁用输送采剥物料的带式输送机运送工具、材料、设备、人员和规定物料以外的其他物料。
  b) 输送带与滚筒打滑时，严禁在输送带与滚筒间楔木板和缠绕杂物，严禁用脚蹬踩、用手推拉或压杠子等办法处理。
  c) 采用绞车拉紧的带式输送机必须配备可靠的测力计。
  d) 物料的最大块度应不大于 350 mm。
  e) 堆料宽度应比胶带宽度至少小 200 mm。
  f) 应及时停车清除输送带、传动轮和改向轮上的杂物，严禁在运行的输送带下清理杂物。严禁人员攀越输送带。

7.3.2.5 维修带式输送机必须遵守下列规定：
  a) 维修时必须停机上锁，并有专人监护。
  b) 在地下或暗道内用电焊、气焊或喷灯焊检修带式输送机时，必须制定安全措施。

7.3.2.6 清扫滚筒和托辊时，带式输送机必须停机上锁，并有专人监护。清扫工作完毕后解锁送电,并通知有关人员。

7.4 排土

7.4.1 当排土场地面顺向坡度大于10%或基底有弱层滑动时,应采取防止滑坡的措施。高台阶、多台阶排土场应在最下层排弃中硬以上岩石,必要时应清理基底。

7.4.2 排土场最终坡底线与建(构)筑物或设施的距离,应根据排土场地基的稳定性及相邻建(构)筑物或设施的性质综合确定。

7.4.3 排土场周围应修筑可靠的截泥、防洪和排水设施。当排土场范围内有出水点时,必须在排土之前用盲沟等方法将水疏出。排土场应保持平整,不应有积水。排土场最终边坡,在边坡验算稳定的前提下,应按水土保持和土地复垦工程的需要进行修正。

7.4.4 排土机排土必须遵守下列规定:
   a) 排土机必须在稳定的平盘上作业,外侧履带与台阶坡顶线之间必须保持一定的安全距离。
   b) 工作场地和行走道路的坡度必须符合排土机的技术要求。
   c) 排土机长距离走行时,受料臂、排料臂应与走行方向成一直线,并将其吊起、固定;配重小车在前靠近回转中心一端,到位后用销子固定;严禁上坡转弯。
   d) 上排台阶高度应根据排料臂长度、倾角、排弃物料抛出水平距离,排土机中心线至排土台阶坡底线安全距离以及排土台阶坡面角等确定。
   e) 下排台阶高度应根据排料臂水平投影长度,排土机中心线至排土台阶坡顶线安全距离及排土台阶坡面角等确定。对软岩应对下排台阶进行稳定性验算。
   f) 上排台阶排土带宽度应根据排土机中心线与卸料臂间夹角,排土台阶坡面角等确定。
   g) 下排台阶排土带宽度应根据排土机卸载半径和排土机中心线至下排台阶坡顶线安全距离等确定。

7.4.5 排土场卸载区应有通信设施或联络信号,夜间应有照明。

7.4.6 汽车运输排土场及排弃作业应遵守下列规定:
   a) 排土场卸载区,应有连续的安全墙,其高度不得低于轮胎直径的2/5,特殊情况下必须制定安全措施。
   b) 排土工作面向坡顶线方向应有3‰~5‰的反坡。
   c) 应按规定顺序排弃土岩,在同一地段进行卸车和推土作业时,设备之间必须保持足够的安全距离。
   d) 卸土时,汽车应垂直排土工作线;严禁高速倒车、冲撞安全墙。
   e) 推土时,严禁推土机沿平行坡顶线方向推土。

7.4.7 当出现滑坡征兆或其他危险时,必须停止排土作业,制定安全措施。

7.5 滑坡防治

7.5.1 建设单位应做好工程、水文地质勘查、测绘工作和边坡稳定性评价并制定边坡稳定措施。

建设单位应建立岩移永久性观测线(网),定期观测。

7.5.2 非工作帮及排土场形成一定范围的到界台阶后,应定期进行边坡稳定分析和评价,对影响生产安全的不稳定边坡必须采取安全措施。

7.5.3 非工作帮及排土边坡在临近最终设计的边坡之前,必须对其进行稳定性分析和评价。当原设计的最终边坡达不到稳定的安全系数时,应修改设计或采取治理措施。

7.5.4 建设单位的年度基建计划,必须进行边坡稳定性验算,达不到边坡稳定要求时,应修改基建计划并制定安全措施。

7.5.5 边坡稳定系数 K 可按表17选用。

表 17 边坡稳定系数 K

边 坡 类 型	服务年限 a	稳定系数 K
边坡上有特别重要建筑物或边坡滑落会造成生命财产重大损失者	>20	>1.5
采掘场最终边坡	>20	1.3～1.5
非工作帮边坡	<10 10～20 >20	1.1～1.2 1.2～1.3 1.3～1.5
工作帮边坡	临时	1.0～1.2
外排土场边坡	>20	1.2～1.5
内排土场边坡	<10 ≥10	1.2 1.3

7.5.6 当采场附近有河流经过时,应就河流对边坡的影响进行详细的技术分析。

7.5.7 采场最终边坡的管理应遵守下列规定:
a) 采掘作业必须按设计进行,坡底线不得超挖;
b) 临近到界台阶时,应采用控制爆破,不得超钻并采取减震措施,严禁采用硐室爆破;
c) 含有露头煤的到界台阶,应采取防止露头煤风化、自燃及沿煤层底板滑坡的措施。

7.5.8 随着排土场边坡的形成和发展,必须定期进行边坡稳定分析,如有不稳定因素应修改排土参数或采取防治措施。

7.5.9 应定期巡视采场及排土场边坡,发现有滑坡征兆时,必须设明显标志牌。对设有运输道路、采运机械和重要设施的边坡,必须及时采取安全措施。

7.6 防治水

7.6.1 每年雨季前必须对防排水设施做全面检查,制定当年的防排水计划和措施。

7.6.2 对低于当地洪水位的建筑,必须按规定采取修筑堤坝、沟渠,疏通水沟等防洪措施。

7.6.3 地表及边坡上的防排水设施,应避开有滑坡危险的地段。排水沟应经常检查、清淤,不应渗漏、倒灌或漫流。当采场内有滑坡区时,应在滑坡区周围设截水沟。当水沟经过有变形、裂缝的边坡地段时,应采取防渗措施。

7.6.4 地层含水影响基建工程正常进行时,应提前进行疏干。

7.6.5 地下水影响较大和已进行疏干排水工程的边坡,应进行地下水位、水压及涌水量的观测,分析地下水对边坡稳定的影响程度及疏干的效果,制定地下水治理措施。

7.7 电气

7.7.1 一般规定

7.7.1.1 各种电气设备、电力和通信系统的设计、安装、验收、运行、检修、试验和安全防护等工作,必须符合国家标准。

7.7.1.2 有淹没危险的主排水泵站的电源线路必须设两回路,当一回路停电时,另一回路的供电能力应能承担最大排水负荷。

7.7.1.3 采场和排土场的低压配电电压不得超过1 kV,手持式电气设备的电压应采用220 V,带漏电保护的手持式电气设备电压不得超过380 V。

7.7.1.4 供电系统应安装漏电保护装置(专供电力机车变流设备用的变压器除外)。向移动式高压电力设备供电的变压器应采用中性点不直接接地方式,且中性线不得引出;当采用中性点经限流电阻接地方式供电时,必须将变压器接地和移动设备外壳用架空地线或电缆接地线连接起来。向固定设备供电的变压器,一般采用中性点直接接地方式,固定设备外壳必须直接重复接地。

7.7.1.5 在带电导线、电气设备及油开关附近,不得有引起电气火灾的热源。

7.7.2 变电所(站)和配电设备

7.7.2.1 地面变电所的位置选择,应符合有关标准和设计规范,并符合下列要求:
  a) 距采场最终境界200 m以外;
  b) 应设在爆炸材料库爆炸危险区以外,距离间隔应符合有关规范要求;
  c) 不应设在不稳定的排土场内;
  d) 不应设在塌陷区;
  e) 变电所与高噪声源的距离,应满足主控制室背景噪声不大于60 dB(A)的要求;
  f) 变电所附近灰尘、煤粉的污染应限制在有关标准范围内;
  g) 变电所道路应畅通,变电所周围必须设有围墙,其高度不低于1.8 m,并在周围悬挂安全警示牌。

7.7.2.2 设人值班的固定变电所(站)必须悬挂一、二次架空线和电缆的配电系统图以及有关操作、维护等规程。

7.7.2.3 采场变电亭应用不燃性材料修建,亭内变电装置与墙的距离不得小于0.8 m,距顶部不得小于1 m。变电亭的门应向外开,门口悬挂"非工作人员禁止入内"字样的警示牌。

全封闭式移动变电站,箱体应有可靠的保护接地。

无人值班的变电亭(移动变电站)的门应加锁。亭(站)内设备应编号,并注明用途;应有停、送电标志和送电开关的锁紧装置。

采场变电亭、非全封闭式移动变电站,四周应有围墙或栅栏,其设置应符合国家标准《严酷条件下户外场所电气设施》要求。

7.7.2.4 高压开关柜的配出端必须悬挂受电设备的标志牌或供电电路名称。移动变电站、开关柜各柜门及高压接线箱在使用时均需加挂安全锁,否则不得使用。

7.7.2.5 移动变电站配电装置的操作按钮(可远控)和手柄应设在带门锁的箱体内。隔离开关与主开关之间应有可靠的机械或电气闭锁。对高压配变电设备单人巡视时,不得进入护栏或高压室内。对坑内移动变电站、开关柜一人操作时,另一人监护,不得在带电的情况下进入高压室进行任何工作。对上述设备高压部分进行故障处理时,严禁单独作业;电杆和高处严禁单人作业,必须有人在地面做安全监护。

7.7.2.6 在低压配电盘、配电箱和低压电源干线上作业时,应停电进行作业,并在开关处悬挂停电作业牌并加锁。工作结束后恢复送电时必须由作业者合闸。如确需带电作业,必须采取有效的防触电措施,并派熟悉该工作的电工监护其作业。

7.7.3 照明、通信和信号

7.7.3.1 固定式照明灯具使用的电压不得超过220 V,手灯或移动式照明灯具的电压不得超过48 V,在金属容器内作业用的照明灯具的电压不得超过24 V。

在同一地点安装不同照明电压等级的电源插座时,应有明显区别标志。

7.7.3.2 各作业场所的照度应符合表18要求。

表18 各作业场所照度表

地 点	照度 Lx	照明平面
挖掘机、列车和自卸汽车等的装卸点及转载点	3 5	地表水平面 垂直面
带式输送机流水线	5	地表水平面、带式输送机表面
带式输送机滚筒维护区	10	水平面
带式输送机手选矸石地点	30	带式输送机表面从选矸人员起到输送带运行相反方向1.5 m的距离内
钻机作业地点	5 3	在整个钻机高度内的垂直平面上 地表水平面
采场及排土场道路	0.2	地表水平面
上下台阶梯子	3	梯子垂直面
站场、主要人行道和行车道	0.5	地表水平面
其他移动机械	5	地表水平面
人行固定线路	1	水平面
汽车道路	0.5~3	汽车运行水平面

7.7.3.3 变电所(站)、整流站、绞车房等重要场所,以及大中型采掘运输设备应配备通信设备。通信设备应不受高压线、雷雨放电和杂散电流的影响。

7.7.4 电气设备操作、维护和调整

7.7.4.1 不得带电检修、搬迁电气设备和电缆。特殊情况带电作业时,必须制定安全措施。

7.7.4.2 电工在工作前,必须熟悉工作的供配电系统和运行状态,否则不得作业。

7.7.4.3 电工须穿防砸绝缘鞋,戴安全帽。

7.7.4.4 绝缘手套及绝缘鞋要进行编号,发放前应进行耐压试验,此后应每6个月进行1次,并记录结果。高压试电笔、绝缘杆、绝缘台每6个月检查1次。

7.7.4.5 在危及人身、设备安全的情况下,电工可直接停电或接受当班调度的指令进行停电

作业。

7.7.4.6 电工送电前,必须依据有关停送电规程进行作业。

7.7.4.7 在架空输(配)电线下附近行驶或作业的设备,其提升(伸出)部分最高(最远)点至电线的垂直(水平)距离,6 kV 线路不得小于 0.7 m,35 kV 线路不得小于 2.5 m(海拔超过 1 000 m,高度每增加 100 m,上述安全距离增加 1%)。

7.7.4.8 电气设备的安全锁必须经过批准专门发放,不得用于其他用途。

7.7.4.9 为确保应锁的设备已被锁闭,在加锁之后必须就地试验所停的电路上的"启动/停止"按钮,确认锁闭后方可工作。

7.7.4.10 操作电气设备必须遵守下列规定:

    a) 非专职和非值班的电气人员,严禁擅自操作电气设备。

    b) 操作高压电气设备回路时,操作人员必须戴绝缘手套,穿电工绝缘靴或站在绝缘台上。

    c) 在高压设施上进行工作时,应有足够的安全空间,带电部分只能在工作人员的一侧。操作人员身体任何部分与电气设备裸露带电部分的最小距离应符合表 19 的要求;否则,必须设置安全隔栏、护架等。

    d) 手持式电气设备的操作柄和工作中必须接触的部分,必须有良好的绝缘,其外壳必须可靠接地(直流充电手持式工具除外)。

表 19 操作人员与电气设备裸露带电部分最小距离

电压等级 kV	最小距离 m
10 及以下	0.70
35	0.90
60~110	1.50
220	2.50

7.7.4.11 检修多用户使用的输配电线路时,应制定安全措施。

7.7.4.12 操作人员及其携带的工具、材料与带电体的最小距离,应符合表 20 的要求。

表 20 操作人员及其携带的工具、材料与带电体的最小距离

电压等级 kV	最小距离 m
≤6	0.7
10	1.0
35	2.5
60	3.0
110	3.5
220	4.5

7.7.4.13 高压变配电设备和线路的检修及停送电,必须严格执行停电申请和工作票制度。停电线路维修作业必须遵守下列规定:
a) 必须由负责人统一指挥。
b) 必须有明显的断开点,该线路断开的电源开关把手,必须专人看管或加锁,并悬挂"有人作业,严禁合闸"警示牌。
c) 停电后必须验电、放电,并挂好接地线。
d) 作业时必须有专人监护。
e) 确认所有作业完毕后,摘除接地线和警示牌,由负责人检查无误后通知调度恢复送电。

7.7.4.14 高处作业传递物件严禁上下抛扔,必须使用绳索系住传递。上电杆作业人员必须系好安全带,上下时手中不得持有物件。

7.7.4.15 拖拽带电的高压橡套电缆时,必须使用绝缘工具或戴绝缘手套。

7.7.4.16 进行高压试验时,必须遵守高压测试操作程序。测试时,测试物周围须加围栏或有专人警戒。

7.7.4.17 在电气设备上检修结束送电前,应遵守下列规定:
a) 将全体人员撤出高压区,并清点人数;
b) 撤除全部接地线及停电作业牌;
c) 按程序联系送电。

7.7.4.18 更换熔断器时应切断电源。在打雷或下雨时更换熔断器,必须采取安全措施。

7.7.4.19 超过 5.5 kW 的电动机,不得使用闸刀开关直接操作。跌落熔断器可分断与闭合空载架空线路、空载变压器和小负荷电流,隔离开关只允许在无负荷时分合电路。

7.7.4.20 验电时应使用经过试验、并且在有效期内的验电器。验电前应确认验电器指示正确。

7.8 设备检修

7.8.1 严禁在设备运转中进行检修。检修时,必须切断供电电源、水源、汽源、风源、油源等,并悬挂"正在检修,禁止启动"警示牌。

高处作业人员必须系挂好安全带。

电气检修操作必须两名以上人员进行。

7.8.2 设备检修人员,在维修、保养、调整或试运操作前,必须阅读并熟悉所修设备的使用操作说明书、维修手册、工厂手册和有关补充资料,应清楚该设备的相关安全技术要求,了解运行情况。

7.8.3 多人、多工种同时作业或交叉作业时,必须制定安全防护措施,并由专人指挥。

7.8.4 凡检修设备高压管路系统(液压、气压、其他工作质压力)时,维修人员应将系统内的压力释放,严格按照设备手册的安全事项指南与步骤进行拆卸和安装。

7.8.5 用完的空桶(润滑油、冷却剂、清洗剂、化学用剂、溶剂)应送到指定的回收地点,严禁将废油倒入污水处理系统或河流等不允许的地方。

8 职业危害

8.1 煤矿建设和施工单位必须加强职业危害的防治和管理,建立、健全职业病防治责任制,配备专职或兼职的职业卫生专业人员,做好作业场所的职业卫生和劳动保护工作。采取有效措施控制尘、毒危害,保证作业场所符合国家职业卫生标准。

8.2 施工单位与员工订立劳动合同时,应将工作过程中可能产生的职业病危害及其后果、职业病防护措施和待遇等如实告知员工,并在劳动合同中写明,不得隐瞒或欺骗。施工单位对员工进行岗前安全培训时必须同时进行职业卫生培训。

8.3 施工单位必须按国家有关法律、法规的规定,对新招入员工进行职业健康检查,并建立健康监护档案;定期对接触粉尘、毒物及有害物理因素等的作业人员进行职业健康检查。

8.4 粉尘、毒物及有害物理因素超过国家职业卫生标准的作业场所,除采取防治措施外,作业人员必须佩戴防尘或防毒等个体劳动防护用品。

煤矿低浓度瓦斯管道输送安全保障系统设计规范(AQ 1076—2009)

前言

本标准全部内容为强制性的。

本标准由中华人民共和国国家发展和改革委员会、国家安全生产监督管理总局提出。

本标准由全国安全生产标准化技术委员会煤矿安全分技术委员会归口。

本标准起草单位:煤炭科学研究总院重庆研究院、淮南矿业(集团)有限责任公司、淮北矿业(集团)有限责任公司、胜利油田胜利动力机械集团有限公司。

本标准主要起草人:胡千庭、文光才、张延松、龙伍见、杜子健、袁亮、李伟、王志春。

1 范围

本标准规定了煤矿低浓度瓦斯管道输送安全保障系统设计时的基本规定、安全设施的安装要求等内容。

本标准适用于煤矿低浓度瓦斯管道输送的安全保障系统设计。

2 规范性引用文件

下列文件中的条款通过本标准的引用而成为本标准的条款。凡是注日期的引用文件,其随后所有的修改单(不包括勘误的内容)或修订版均不适用于本标准,然而,鼓励根据本标准达成协议的各方研究是否可使用这些文件的最新版本。凡是不注日期的引用文件,其最新版本适用于本标准。

GB 50016 建筑设计防火规范
GB 50028 城镇燃气设计规范
GB 50057 建筑物防雷设计规范
GB 50160 石油化工企业设计防火规范
GB 50471 煤矿瓦斯抽采工程设计规范
AQ 1071 煤矿用非金属瓦斯输送管材安全技术要求
MT 209 煤矿通信、检测、控制用电工电子产品通用技术要求
CJJ 33 城镇燃气输配工程施工及验收规范

3 术语和定义

下列术语和定义适用于本标准。

3.1

煤矿低浓度瓦斯 low concentration gas of coal mine

甲烷体积浓度大于或等于3%且小于30%的煤矿瓦斯。

3.2
水封阻火泄爆装置 water sealing of fire barriering & explosion venting devices

采用水封消焰阻火、泄爆部件泄除爆炸压力,将管道内瓦斯爆炸控制在一定范围内的安全保障装置。

3.3
自动喷粉抑爆装置 automatic spurting powder explosion suppression devices

通过对瓦斯管道燃烧或爆炸信息的探测,自动喷出干粉灭火剂将燃烧或爆炸传播过程中的火焰扑灭,抑制燃烧或爆炸火焰传播的装置。

3.4
自动阻爆装置 automatic preventing explosion devices

通过对瓦斯管道燃烧或爆炸火焰、压力等信息的探测,自动控制阻爆阀门动作,阻断燃烧爆炸火焰传播的装置。

3.5
脱水器 dehydration device

在细水雾与低浓度瓦斯混合物的输送末端将游离水分离出来的一种设备。

4 基本规定

4.1 煤矿低浓度瓦斯管道输送安全保障系统设计时应遵循"阻火泄爆、抑爆阻爆、多级防护、确保安全"的基本原则。

4.2 在煤矿低浓度瓦斯管道输送系统中靠近可能的火源点(发电机组、地面排空管口、自燃和易自燃煤层采空区抽瓦斯管入口等)附近管道上,应安设安全保障设施,确保管道输送安全。

4.3 发电用瓦斯管道输送系统中宜安设防逆流装置,防止抽采泵突然停泵而出现回流。

4.4 低浓度瓦斯管道输送系统不得设置缓冲罐。

4.5 加压设备应选择湿式压缩机。

4.6 抽采设备应选择湿式抽采泵。

4.7 正压输送时,输送压力不宜超过 20 kPa。

4.8 脱水器内应无机械运动零部件和电气部件。

4.9 在管道输送系统中应设置安全监测控制设施。安全监测控制设施除应符合 MT 209 的有关规定外,还应具有以下功能:

    a) 瓦斯管道输送安全保障设施的状态参数监测、显示及报警;

    b) 在发生瓦斯燃烧或爆炸时,监测控制设施应能控制安全保障设备快速启动,将瓦斯燃烧或爆炸控制在一定范围内。

4.10 安设在瓦斯输送管道上的所有安全设施应符合各自产品的通用技术条件。

4.11 安全保障设施安设段管道及附件应能承受正压 2.5 MPa 的压力,其他管道及附件应能承受正压 1.0 MPa、负压 0.097 MPa 的压力。安全保障设施安设段管道宜选用金属管道,当选用非金属管道时,其管材还应符合 AQ 1071 的有关规定。

5 安全设施

5.1 内燃机瓦斯发电用管道输送

5.1.1 瓦斯发电用低浓度瓦斯管道输送安全保障设施应安设阻火泄爆、抑爆、阻爆三种不同原理的阻火防爆装置。阻火泄爆装置应选择水封阻火泄爆装置,抑爆装置可选择自动喷粉抑爆装置、细水雾输送抑爆装置和气水两相流输送抑爆装置中的一种,阻爆装置应选择自动阻爆装置。

5.1.2 安全保障设施安设段为火焰传感器至自动阻爆装置之间的管道,安全保障设施的安装顺序为:第一级阻火泄爆装置,第二级抑爆装置,第三级阻爆装置,其安装位置如图1所示。

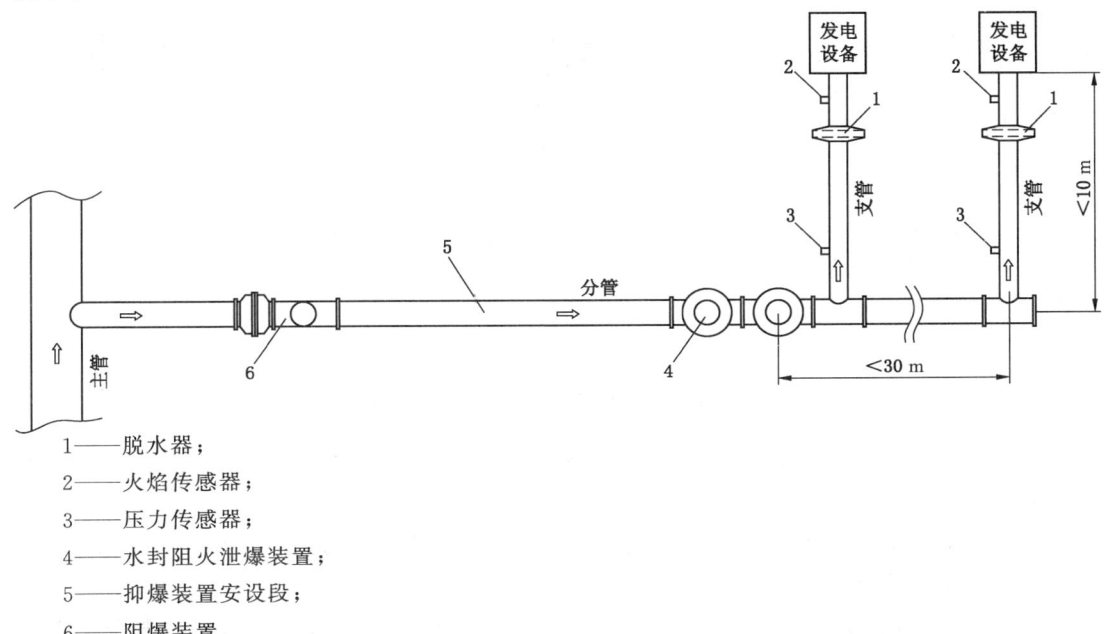

1——脱水器;
2——火焰传感器;
3——压力传感器;
4——水封阻火泄爆装置;
5——抑爆装置安设段;
6——阻爆装置。

图 1 瓦斯发电利用系统安全设施安装示意图

5.1.3 监控用火焰、压力传感器安装在支管上脱水器的两侧。火焰传感器位于脱水器与发电机组之间,距离脱水器 2 m~3 m;压力传感器位于脱水器与分管之间,距离脱水器 1 m~2 m。

5.1.4 水封式阻火泄爆装置的安设位置距最远端支管的距离(沿管道轴向)应小于 30 m。

5.1.5 水封式阻火泄爆装置应能自动控制水位,确保其有效阻火的水封高度。

5.1.6 抑爆装置选用自动喷粉抑爆装置时,其安设位置距离最近的火焰传感器的距离(沿管道轴向)为 40 m~50 m;选用细水雾输送抑爆装置或气水两相流输送抑爆装置时,其安装始端距水封阻火泄爆装置的距离不大于 3 m。

5.1.7 自动阻爆装置距抑爆装置末端的距离不大于 10 m。

5.1.8 安全保障设施任一装置的运行参数不能满足安全要求时,应能实现自动报警,并在 3 min 内关停发电机组,同时打开瓦斯排空管。

5.1.9 安全保障设施安设段管道公称内径不大于 500 mm。

5.2 地面瓦斯排空

5.2.1 抽出的低浓度瓦斯不利用时,其地面排空管路应安设阻火泄爆、抑爆两种不同原理的阻火防爆装置。阻火泄爆装置宜采用水封式阻火泄爆装置,抑爆装置宜采用自动喷粉抑爆装置,其安设位置如图2所示。

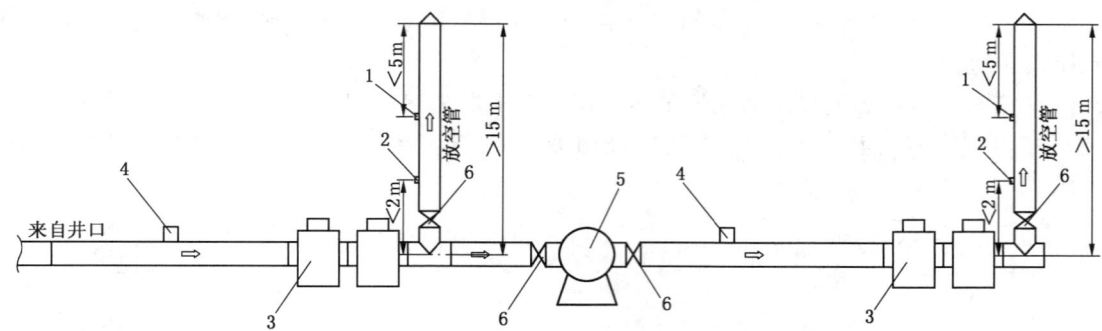

1——火焰传感器;
2——压力传感器;
3——水封阻火泄爆装置;
4——自动喷粉抑爆装置;
5——真空泵;
6——截止阀。

图 2 地面瓦斯排空系统安全设施安装示意图

5.2.2 自动喷粉抑爆装置监控用火焰传感器安装在排空管上,距排空管出气口的距离(沿管道轴向)应小于 5 m。

5.2.3 自动喷粉抑爆装置的安设位置距火焰传感器的距离(沿管道轴向)为 30 m~60 m。

5.3 采空区抽采用低浓度瓦斯管道输送

5.3.1 易自燃、自燃煤层的井下采空区低浓度瓦斯抽采,应在靠近抽采地点的管道上安设抑爆装置。抑爆装置宜采用自动喷粉抑爆装置。

5.3.2 自动喷粉抑爆装置的安设地点距最近的抽采瓦斯管口的距离(沿管道轴向)应小于 100 m。

5.3.3 自动喷粉抑爆装置应至少安设一组,每组抑爆装置需安设两个喷粉罐,两个喷粉罐之间的距离为 50 m。

5.3.4 抑爆装置的火焰传感器应安设在自动喷粉抑爆装置与抽采管进气口之间,距离抑爆装置的距离(沿管道轴向)应大于 50 m。

6 其他

6.1 瓦斯抽采站、输气站建筑和排空管应按照 GB 50057 的要求,设置防雷设施,分别装设避雷带或避雷针装置。通往井下的抽采管路应按照 GB 50471 的要求,采取防雷和隔离措施。

6.2 地面瓦斯输送管道应采用埋地敷设,特殊情况需采用架空敷设时,在管道进、出建筑物 100 m 范围内,应每隔 25 m 接地一次,其接地电阻不应大于 20 Ω。

6.3 地面低浓度瓦斯输送管道与地面或地下建筑物、构筑物或其他管线应保持一定的安全距离,见表1。

表1 安全距离表

名称	厂房(地基)	动力电缆	水管、水沟	热水管	铁路	电线杆
距离/m	>5	>1	>1.5	>2	>4	>2

6.4 瓦斯抽采泵房、输气站加压机房和低浓度瓦斯管道输送系统中所选用的电气设备、仪表均应满足矿用防爆要求。非防爆设备和仪表应集中安设到专门的仪表间(或配电间),并采取相应的隔离措施和消防措施。

6.5 安装泄爆器和水封式阻火泄爆装置的地点应安装泄爆引导管,泄爆引导管口必须朝向无火源的安全方向,必要时需采取防止二次爆炸、火灾的措施。

6.6 在安装有泄爆器和水封式阻火泄爆装置地点应设置警示牌和必要的安全防护设施,禁止无关人员靠近。

6.7 在瓦斯发电和地面瓦斯排空地点,应按GB 50016的有关规定设置必要的消防设施。

6.8 在北方寒冷地区,对地面瓦斯输送管道及附属安全设施应采取保暖措施。

6.9 井下瓦斯抽采管道布置设计应符合GB 50471的有关规定。

6.10 地面瓦斯输送管道布置设计应符合GB 50028的有关规定。

6.11 低浓度瓦斯输送管道施工及验收应按CJJ 33的有关规定执行。

瓦斯管道输送自动喷粉抑爆装置通用技术条件(AQ 1079—2009)

前　言

本标准第 5 章、第 6 章、第 7.1 条为强制性的,其余为推荐性的。

本标准由中华人民共和国国家发展和改革委员会、国家安全生产监督管理总局提出。

本标准由全国安全生产标准化技术委员会煤矿安全分技术委员会归口。

本标准起草单位:煤炭科学研究总院重庆研究院、国家安全生产重庆矿用设备检测检验中心。

本标准主要起草人:张延松、蔡周全、薛少谦、樊小涛、司荣军、李润之、孔令刚。

本标准为首次发布。

1　范围

本标准规定了瓦斯管道输送自动喷粉抑爆装置的一般要求、技术要求、试验方法、检验规则、标志、包装、运输和贮存。

本标准适用于瓦斯管道输送自动喷粉抑爆装置的设计、制造和检验。

2　规范性引用文件

下列文件中的条款通过本标准的引用而成为本标准的条款。凡是注日期的引用文件,其随后所有的修改单(不包括勘误的内容)或修订版均不适用于本标准,然而,鼓励根据本标准达成协议的各方研究是否可使用这些文件的最新版本。凡是不注日期的引用文件,其最新版本适用于本标准。

GB/T 191—2000　包装储运图示标志

GB/T 2423.1—2001　电工电子产品环境试验　第 2 部分:试验方法　试验 A:低温

GB/T 2423.2—2001　电工电子产品环境试验　第 2 部分:试验方法　试验 B:高温

GB/T 2423.4—1993　电工电子产品基本环境试验规程　试验 Db:交变湿热试验方法

GB/T 2423.5—1995　电工电子产品环境试验　第 2 部分:试验方法　试验 Ea 和导则:冲击

GB/T 2423.8—1995　电工电子产品环境试验　第 2 部分:试验方法　试验 Ed:自由跌落

GB/T 2423.10—1995　电工电子产品环境试验　第 2 部分:试验方法　试验 Fc:振动(正弦)

GB 3836.1—2000　爆炸性气体环境用电气设备　第 1 部分:通用要求

GB 3836.4—2000　爆炸性气体环境用电气设备　第 4 部分:本质安全型"i"

GB 4208—2008　外壳防护等级(IP 代码)

GB/T 10111—1988　利用随机数骰子进行随机抽样的方法

GB/T 13384—1992　机电产品包装通用技术条件
MT 209—1990　煤矿通信、检测、控制用电工电子产品通用技术要求

3　术语和定义

下列术语和定义适用于本标准。

3.1

自动喷粉抑爆装置　automatic spurting powder explosion suppression devices

通过对燃烧或爆炸信息的探测,自动喷出干粉灭火剂将燃烧或爆炸传播过程中的火焰扑灭,抑制燃烧或爆炸火焰传播的装置。主要由火焰传感器、控制器和抑爆器组成。

3.2

火焰传感器　flame sensor

能感受规定的火焰信息并按照一定的规律转换成可用信号的器件。

3.3

控制器　control device

处理燃烧、爆炸信息,触发抑爆器的器件。

3.4

抑爆器　suppressor

贮存和快速喷撒干粉灭火剂的器件。

3.5

火焰传感器响应时间　flame sensor response time

由触发源作用于传感器到传感器输出可用信号的时间间隔。

3.6

控制器响应时间　control device response time

由传感器输出可用信号到控制器输出控制信号之间的时间间隔。

3.7

喷撒滞后时间　spurt delay time

抑爆器接受到控制信号到喷出干粉灭火剂的时间间隔。

3.8

喷撒效率　spurt efficiency

抑爆器喷撒出的干粉灭火剂质量与原贮存干粉灭火剂质量百分之比。

3.9

喷撒完成时间　spurt completion time

抑爆器从喷出干粉灭火剂到喷出干粉灭火剂最大质量的时间。

4　一般要求

4.1　制造要求

按规定程序批准的设计图纸和技术文件制造。

4.2　工作环境

a)　温度:$-20\ ℃\sim +50\ ℃$;

b) 相对湿度:≤98%;
c) 大气压力:80 kPa~106 kPa。

4.3 外观要求

外观应符合下列条件:
a) 表面整洁,标牌字迹清晰,外观结构不应有明显脱落和裂痕;
b) 火焰传感器窗口透光良好,不应有油污和擦痕;
c) 按键灵活可靠,接插件及螺栓安装连接牢固;
d) 装置各组件之间的连接电缆应绑扎整齐,必要时应另加保护套。

4.4 器件之间连接

控制器与传感器和抑爆器之间的连接应为屏蔽矿用通信电缆。

4.5 防爆型式

本质安全型。

5 技术要求

5.1 火焰传感器

5.1.1 响应时间应不大于 5 ms。

5.1.2 对火焰触发条件应符合表 1 的要求。

表 1 触发条件

触发条件	触发状况
四周密封环境(无火焰)	不触发
1 烛光火焰(5 m 处)	触发

5.2 控制器

响应时间应不大于 15 ms。

5.3 抑爆器

应符合下列技术要求:
a) 喷撒滞后时间应不大于 15 ms;
b) 喷撒效率应不小于 80%;
c) 喷撒完成时间应不大于 150 ms。

5.4 自动喷粉抑爆装置工作正常性能

应有电源指示、电源欠压显示、抑爆器通断检测显示功能。

5.5 自动喷粉抑爆装置工作稳定性能

在正常工作状态(即装置各部件连接后,通电,火焰传感器处于等待接收模拟信号状态,控制器处于等待接收传感器信号、分析并触发抑爆器状态)工作 15 d 后,应符合 5.1、5.2、5.4 及 5.6.6 的规定。

5.6 自动喷粉抑爆装置防爆性能

5.6.1 防护性能应符合 GB 4208—2008 中 IP54 的规定。

5.6.2 外壳和内部器件的最高表面温度应不大于 150 ℃。

5.6.3 火花点燃试验应符合 GB 3836.4—2000 中 10.1～10.4 的规定。

5.6.4 本安结构应符合 GB 3836.4—2000 中第 6 章的要求,与本质安全性能有关的元件应符合 GB 3836.4—2000 中 7.1 的规定。

5.6.5 爬电距离、电气间隙和间距应符合 GB 3836.4—2000 中表 4 的规定。

5.6.6 绝缘电阻与耐压:绝缘电阻试验后应符合 MT 209—1990 中 11.1 条表 7 的规定,正常时应不小于 50 MΩ,交变湿热试验后应不小于 1.5 MΩ;耐压试验后应符合 GB 3836.4—2000 中 6.4.12 的规定。

5.7 自动喷粉抑爆装置交变湿热、工作温度、贮存温度

经交变湿热、工作温度、贮存温度试验后,应符合 5.1,5.2 和 5.6.6 的规定。

5.8 自动喷粉抑爆装置冲击、振动、跌落、运输

经冲击、振动、运输试验后,应符合 5.1 和 5.2 的规定。

5.9 自动喷粉抑爆装置抑爆性能

5.9.1 自动喷粉抑爆装置干粉有效性应为一年。

5.9.2 自动喷粉抑爆装置抑爆性能试验,应在自动喷粉抑爆装置抑爆器后 6 m 之外无爆炸火焰。

6 试验方法

6.1 试验条件

除环境试验或有关标准中另有规定外,试验应在下列环境条件中进行:
a) 温度:15 ℃～35 ℃;
b) 相对湿度:45%～95%;
c) 大气压力:80 kPa～106 kPa。

6.2 火焰传感器技术要求试验

6.2.1 火焰传感器响应时间测试

火焰传感器处于正常工作状态,宜采用高速摄影装置测试触发源输出的时间和火焰传感器输出的时间。

6.2.2 火焰传感器触发条件测试

火焰传感器处于正常工作状态,宜放置于四周密封环境(无火焰),用数字万用表测试传感器输出;宜使用 1 烛光火焰位于正对火焰传感器窗口 5 m 处,用数字万用表测试传感器输出。

6.3 控制器响应时间测试

控制器处于正常工作状态,宜采用高速采集装置测试火焰传感器输出的时间和控制器输出的时间。

6.4 抑爆器喷撒滞后时间、持续时间和喷撒效率测试

6.4.1 试验步骤

试验步骤宜符合下列要求:
a) 称量干粉灭火剂,将装有干粉灭火剂的抑爆器安装于试验管道出口;
b) 抑爆器处于正常工作状态,在抑爆器旁边用点火药头作为抑爆器动作时间参照点,用可调直流电源作模拟信号,同时触发参照点火药头和抑爆器,用高速摄影装

置摄录参照点火药头触发和抑爆器喷撒过程(不小于500幅/s拍摄);
c) 称量抑爆器中剩余的干粉灭火剂。

6.4.2 结果处理

结果处理宜符合下列要求:

a) 喷撒滞后时间应由下式计算:

$$t_1 = n_1 \Delta t \quad \cdots\cdots\cdots\cdots\cdots\cdots(1)$$

式中:

t_1——抑爆器喷撒滞后时间,单位为秒(s);

n_1——参照点火药头点火到抑爆器灭火剂喷出喷嘴的图像数,单位为幅(幅);

Δt——摄录图像的时间间隔,单位为秒(s)。

b) 喷撒效率应由下式计算:

$$\eta = \frac{m_0 - m_1}{m_0} \times 100\% \quad \cdots\cdots\cdots\cdots\cdots(2)$$

式中:

η ——抑爆器喷撒效率,%;

m_0——抑爆器充装灭火剂质量,单位为千克(kg);

m_1——抑爆器剩余灭火剂质量,单位为千克(kg)。

c) 喷撒完成时间应由下式计算:

$$t_2 = n_2 \Delta t \quad \cdots\cdots\cdots\cdots\cdots\cdots(3)$$

式中:

t_2——喷撒完成时间,单位为秒(s);

n_2——干粉灭火剂从抑爆器喷嘴喷出到喷撒出最大质量干粉灭火剂完成的图像数,单位为幅(幅)。

6.5 自动喷粉抑爆装置工作正常性能试验

通电后,应检查是否有电源指示、电源欠压显示、抑爆器通断检测显示功能。

6.6 自动喷粉抑爆装置工作稳定性能试验

应符合下列要求:

a) 装置置于正常工作状态,先不连接抑爆器,使用模拟信号[火焰传感器处于四周密封环境(无火焰)],用数字万用表测试传感控制器件的输出;
b) 然后接上抑爆器,再用上述信号触发,观察抑爆器是否被启动;
c) 用模拟信号[火焰传感器处于1烛光火焰(5 m处)重复a)和b)]试验;
d) 装置置于正常工作状态,工作15 d后,重复a)、b)和c)试验,重复6.5、6.7.6和6.7.7的试验。

6.7 自动喷粉抑爆装置防爆性能试验

6.7.1 防护性能试验应按GB 4208—2008中IP54的规定进行。

6.7.2 最高表面温度试验应按GB 3836.4—2000中10.5的规定进行。

6.7.3 火花点燃试验应按GB 3836.4—2000中10.1~10.4的规定进行。

6.7.4 本安参数测定应用计量合格的万用表进行测量。

6.7.5 应用计量合格的量具测量爬电距离、电气间隙和间距。

6.7.6 绝缘电阻试验应按 MT 209—1990 中 11.1 的规定进行。

6.7.7 耐压试验应按 GB 3836.4—2000 中 10.6 的规定进行。

6.8 自动喷粉抑爆装置交变湿热、工作温度、贮存温度试验

6.8.1 交变湿热

应按 GB/T 2423.4—1993 中试验 Db 方法进行。温度(40±2)℃,相对湿度(95±3)% 条件下,持续时间 12 d。控制器和火焰传感器非包装,不通电,不进行中间测试。试验后,在 6.1 规定的条件下保持 2 h,应按 6.2,6.3,6.5,6.7.6 及 6.7.7 规定的方法测试其性能。

6.8.2 工作温度

6.8.2.1 低温工作

应按 GB/T 2423.1—2001 中试验 Ab 的方法进行。严酷等级:温度(-25±3)℃,周期 2 h。试验后,应按 6.2,6.3,6.5,6.7.6 及 6.7.7 规定的方法测试其性能。

6.8.2.2 高温工作

应按 GB/T 2423.2—2001 中试验 Bb 的方法进行。严酷等级:温度(55±2)℃,周期 2 h。试验后,应按 6.2,6.3,6.5,6.7.6 及 6.7.7 规定的方法测试其性能。

6.8.3 贮存温度

6.8.3.1 低温贮存试验

应按 GB/T 2423.1—2001 中试验 Ab 方法进行。在温度为(-40±3)℃条件下,持续时间为 16 h。控制器和火焰传感器非包装,不通电,不进行中间测试。试验后,应在 6.1 规定的条件下保持 2 h,按 6.2,6.3,6.5,6.7.6 及 6.7.7 规定的方法测试其性能。

6.8.3.2 高温贮存试验

应按 GB/T 2423.2—2001 中试验 Bb 方法进行。在温度为(60±2)℃条件下,持续时间为 16 h。控制器和火焰传感器非包装,不通电,不进行中间测试。试验后,应在 6.1 规定的条件下保持 2 h,按 6.2,6.3,6.5,6.7.6 及 6.7.7 规定的方法测试其性能。

6.9 冲击、振动、跌落、运输试验

6.9.1 冲击

应按 GB/T 2423.5—1995 中试验 Ea 方法进行。峰值加速度 500 m/s^2(50 g),脉冲持续时间(6±1)ms,脉冲波形为正弦波,冲击次数三个面各三次,共九次。试验后,应在 6.1 规定的条件下,按 6.2,6.3 及 6.5 规定的方法测试其性能。

6.9.2 振动

应按 GB/T 2423.10—1995 中试验 Fc 方法进行。频率范围 10 Hz~150 Hz,加速度 50 m/s^2(5 g),每条直线上扫频循环十次。试验时为非包装、非工作状态。试验后,应在 6.1 规定的条件下,按 6.2,6.3 及 6.5 规定的方法测试其性能。

6.9.3 跌落

应按 GB/T 2423.8—1995 中试验 Ed 方法进行。试验台面为松木板,跌落高度 0.5 m,跌落三次。试验后,应在 6.1 规定的条件下,按 6.2,6.3 及 6.5 规定的方法测试其性能。

6.9.4 运输

应按 MT 209—1990 中 4.5.2 规定的方法进行。严酷等级为频率 4 Hz,加速度 30 m/s^2,试验时间 2 h。试验后,外观检查传感器紧固件及电缆插座不应松动、脱落。试验后,应在 6.1 规定的条件下,按 6.2,6.3 及 6.5 规定的方法测试其性能。

6.10 自动喷粉抑爆装置抑爆性能试验

6.10.1 试验条件

试验条件宜符合下列要求：
a) 干粉灭火剂用量：$8\ kg/m^2 \sim 20\ kg/m^2$（ABC 粉剂）；
b) 爆炸试验管道：设计压力不小于 2 MPa，管道长度不小于 60 m；
c) 爆炸气体：全管道充体积百分比浓度$(8.0 \sim 10)\%$ CH_4 与空气混合物；
d) 抑爆器后部每隔 3 m 安装一个火焰传感器，共安装三个；
e) 点火源：三只 8 号工业电雷管用引火药头。

6.10.2 试验步骤

试验步骤宜符合下列要求：
a) 在管道末端，用厚度为 0.12 mm～0.14 mm 聚氯乙烯塑料薄膜封闭管道，构成甲烷爆炸性封闭气体，点火源安装在距管道初始端 4.5 m 处；
b) 传感器安装在距点火源 5 m，抑爆器安装在距点火源 25 m，点爆 CH_4 与空气混合物，用火焰传感器测试爆炸火焰到达位置，试验进行六次（抑爆性能试验示意图如图 1 所示）。

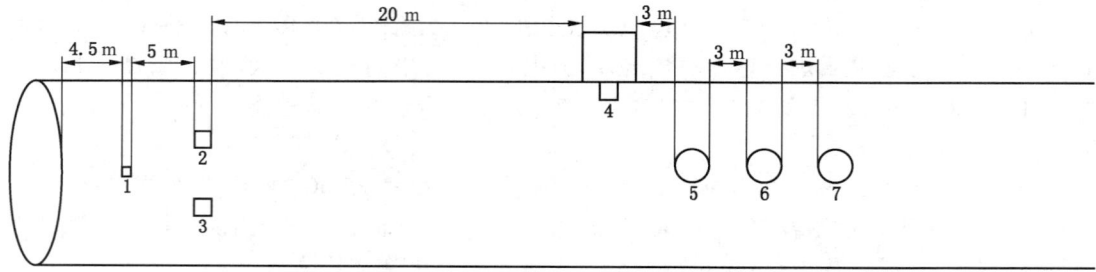

1——点火源；
2、3——自动喷粉抑爆装置传感器；
4——抑爆器；
5、6、7——测试用火焰传感器。

图 1 抑爆性能试验示意图

7 检验规则

7.1 检验分类

自动喷粉抑爆装置检验应分为出厂检验和型式检验，检验项目见表 2。

表 2 检验项目

序 号	检验项目	技术要求	试验方法	出厂检验	型式检验
1	火焰传感器响应时间	5.1.1	6.2.1	○a	○
2	火焰传感器对火焰触发条件	5.1.2	6.2.2	○	○
3	控制器响应时间	5.2	6.3	○	○

表2（续）

序 号	检验项目	技术要求	试验方法	出厂检验	型式检验
4	抑爆器技术要求	5.3	6.4	—[b]	○
5	工作正常性能	5.4	6.5	○	○
6	工作稳定性能	5.5	6.6	○	○
7	防护性能	5.6.1	6.7.1	—	○
8	最高表面温度	5.6.2	6.7.2	—	○
9	火花点燃试验	5.6.3	6.7.3	—	○
10	本安结构参数测定	5.6.4	6.7.4	○	○
11	爬电距离、电气间隙和间距	5.6.5	6.7.5	○	○
12	绝缘电阻	5.6.6	6.7.6	△[c]	○
13	耐压	5.6.6	6.7.7	△	○
14	交变湿热	5.7	6.8.1	—	○
15	工作温度	5.7	6.8.2	—	○
16	贮存温度	5.7	6.8.3	—	○
17	冲击	5.8	6.9.1	—	○
18	振动	5.8	6.9.2	—	○
19	跌落	5.8	6.9.3	—	○
20	运输	5.8	6.9.4	—	○
21	性能	5.9.2	6.10	—	○

[a] 表示必须检验项目；
[b] 表示不检验项目；
[c] 表示只作常态。

7.2 出厂检验

批量生产的自动喷粉抑爆装置应由企业质量检验部门进行出厂检验，检验合格并签发合格证后方可出厂。

7.3 型式检验

7.3.1 应由国家授权的质量监督机构按表2规定的检验项目进行检验，并取得相应合格证件。

7.3.2 型式检验应从一批合格产品中，按GB/T 10111—1988随机抽取一套，按表2的规定进行检验。

7.3.3 检验要求

型式检验项目为本标准的全部项目，有下列情况之一者，应进行型式检验：

a) 新产品应作型式检验；
b) 结构、材料及工艺有较大改变时；

c) 正常生产时每三年检验一次;
d) 停产六个月恢复生产时;
e) 国家相关监督机构提出要求时。

7.4 判定规则

a) 逐台检验的项目中,有一项不合格,则该台产品应判为不合格;
b) 型式检验时,表 2 中一项不合格,应判该批不合格。

8 标志、包装、运输和贮存

8.1 自动喷粉抑爆装置的外壳明显处有"Ex"标志和煤安标志"MA"。

8.2 铭牌

自动喷粉抑爆装置的铭牌和标志应分别固定在对应的部件上,包括下列内容:

a) 自动喷粉抑爆装置和主要部件的名称和型号;
b) 防爆标志 ExibI;
c) 防爆合格证号;
d) 安全标志编号;
e) 主要技术指标;
f) 制造厂名;
g) 出厂日期及产品编号。

8.3 包装

8.3.1 包装

应按 GB/T 13384—1992 的规定执行。

8.3.2 包装图示

包装图示应按 GB/T 191—2000 的规定执行。

8.3.3 随机文件

包装箱内应有下列文件:

a) 装箱单;
b) 产品合格证等准用证件;
c) 产品说明书(按 GB 9969.1—1998 的要求编写)。

8.4 运输

储运条件应为 $-40\ ℃\sim +60\ ℃$,运输方式不限,但应防止剧烈撞击,并注意防雨防潮。

8.5 贮存

存放产品的库房应通风良好,并防止产品与腐蚀性物质接触。

煤矿主要负责人安全生产培训大纲及考核标准(AQ 1069—2008)

前 言

本标准为强制性标准。

本标准由国家煤矿安全监察局提出。

本标准由全国安全生产标准化技术委员会煤矿安全标准化分技术委员会归口。

本标准起草单位:中国矿业大学(北京)、河南煤矿安全监察局、河北煤矿安全监察局。

本标准起草人:周心权、张振普、李谨、瓮立平。

本标准为首次发布。

1 范围

本标准规定了申请取得煤矿主要负责人安全资格的基本条件、培训大纲和考核要求。

本标准适用于申请取得煤矿主要负责人安全资格的培训和考核。

2 规范性引用文件

下列文件中的条款通过本标准的引用而成为本标准的条款。凡是注日期的引用文件,其随后所有的修改单(不包括勘误的内容)或修订版均不适用于本标准。凡是不注日期的引用文件,其最新版本适用于本标准。

煤矿安全规程

3 术语和定义

下列术语和定义适用于本标准。

3.1

煤矿主要负责人 superintendent in coal mine

对煤矿生产经营和安全负全面责任、有生产经营决策权的人员。包括煤矿企业法定代表人、董事长、总经理、局长、各类煤矿矿长等。

4 申请取得煤矿主要负责人安全资格的基本条件

4.1 国有重点煤矿(公司)的矿长(经理)

4.1.1 应具有煤矿安全生产相关专业大专(含大专)以上学历、从事煤矿安全生产相关工作3年以上的经历。

4.1.2 应具有安全生产技术、管理岗位2年以上的工作经历。

4.2 国有重点煤矿(公司)以外的煤矿(公司)矿长(经理)

4.2.1 应具有煤矿安全生产相关专业中专(含中专)以上学历、从事煤矿安全生产相关工作3年以上的经历。

4.2.2 应具有安全生产技术、管理岗位 2 年以上的工作经历。

5 培训大纲

5.1 培训要求

5.1.1 安全培训应按照本标准的规定对煤矿主要负责人进行培训和再培训。

5.1.2 培训应按露天煤矿和地下煤矿分别进行。

5.1.3 通过培训,煤矿主要负责人应熟悉国家有关安全生产的法律法规、规章、规程、标准和技术规范,掌握煤矿安全管理、安全生产技术理论以及煤矿重大事故防范、抢险救灾的专业知识;了解煤炭工业环境保护与职业危害防治知识;具备较强的煤矿安全生产规划、组织、管理能力和重大事故应急救援的组织、指挥能力,能依靠科技进步改善煤矿的安全生产条件,符合本标准的考核要求。

5.2 培训内容

5.2.1 煤矿安全生产形势及法律法规

主要包括以下内容:
  a) 我国安全生产形势、煤矿安全生产形势及煤矿安全生产的特点;
  b) 国外主要产煤国家煤矿安全生产状况及经验;
  c) 我国安全生产方针、政策;
  d) 我国煤矿安全生产法律法规、规章、规程、标准和技术规范等;
  e) 煤矿开采准入制度。

5.2.2 煤矿安全生产管理

主要包括以下内容:
  a) 煤矿安全生产管理的目的、任务、原理和方法;
  b) 煤矿安全生产主要管理制度及主要负责人的安全生产职责;
  c) 煤矿从业人员的安全生产责任、权利与义务;
  d) 煤矿安全评估与安全评价;
  e) 煤矿伤亡事故和职业病的管理、统计和上报;
  f) 现代安全管理理论和技术,包括安全目标管理、危险源辨识和安全评价方法、职业健康安全管理体系、安全质量标准化、煤矿本质安全管理体系、安全与心理特征、安全计划和决策、安全文化和安全信息管理、矿用产品安全标志管理等。

5.2.3 煤矿地质与安全

主要包括以下内容:
  a) 煤系地层、地质构造、水文地质、地质环境、地质灾害等对煤矿安全生产的影响;
  b) 煤矿开采对煤矿地质工程作业的要求。

5.2.4 露天煤矿开采安全

主要包括以下内容:
  a) 露天煤矿开采的基本安全生产条件;
  b) 露天煤矿采场、台阶、边坡的安全管理要点;
  c) 露天煤矿开采方式与剥采工艺的安全管理要点,包括穿孔、采装、运输、排卸及辅助作业的安全管理要点;

d) 露天煤矿边坡的破坏类型、破坏机理及其安全管理要点；
e) 露天煤矿防尘毒、防排水与防灭火的安全管理要点；
f) 排土场的选择、布置、堆置的安全管理要点；
g) 露天开采对生态环境的影响及其安全管理要点；
h) 露天煤矿常见事故的致因及预防措施；
i) 典型事故案例分析。

5.2.5 地下煤矿开采安全

主要包括以下内容：
a) 地下煤矿开采的基本安全生产条件与矿井开拓方式；
b) 井巷工程施工、支护技术的安全管理要点；
c) 常用采煤方法及其回采工艺的安全管理要点；
d) 矿井冲击地压防治的安全管理要点；
e) 煤矿顶板事故防治的安全管理要点；
f) 矿井水害防治的安全管理要点；
g) 矿井热害防治的安全管理要点；
h) 地下煤矿顶板、水害、热害等事故的致因及防治措施；
i) 典型事故案例分析。

5.2.6 地下煤矿"一通三防"安全管理

主要包括以下内容：
a) 瓦斯抽采原则及管理要求；
b) 矿井通风系统的安全管理要点；
c) 矿井瓦斯煤尘爆炸、煤(岩)与瓦斯突出机理及其安全管理要点；
d) 矿井内、外因火灾防治的安全管理要点；
e) 矿井粉尘防治的安全管理要点；
f) 地下煤矿"一通三防"常见事故的致因及防治措施；
g) 典型事故案例分析。

5.2.7 煤矿爆破安全

主要包括以下内容：
a) 煤矿许用炸药、常用起爆器材、起爆方法的安全管理要点；
b) 爆破作业的安全管理要点，包括钻眼(孔)及炮眼布置、装药、警戒、起爆、爆后检查、残盲炮处理等的安全管理要点；
c) 爆破有害效应及爆破安全范围的圈定方法；
d) 爆炸材料的储存、运输、使用、销毁的安全管理要点；
e) 煤矿常见爆破事故的致因及预防措施；
f) 典型事故案例分析。

5.2.8 煤矿机电运输提升安全

主要包括以下内容：
a) 矿用产品安全标志及其识别；
b) 供电系统双回路分列运行、双风机双电源、"三专两闭锁"（专用变压器、专用开关、

专用线路,风电闭锁、甲烷电闭锁)的安全管理要点;
c) 电气设备、机电硐室、井下电网保护、矿用电缆使用的安全管理要点;
d) 矿井提升系统、矿井运输系统安全防护设施的安全管理要点;
e) 矿井安全监控系统的功能及安全管理要点;
f) 煤矿常见机电、运输、提升事故的致因及防治措施;
g) 典型事故案例分析。

5.2.9 煤矿事故应急管理

主要包括以下内容:
a) 煤矿事故应急救援的体系与实施程序;
b) 重大危险源的辨识、评价与监控;
c) 煤矿重大事故应急预案的编制与实施;
d) 煤矿灾害预防和处理计划的编制与实施;
e) 煤矿事故抢险救灾,包括瓦斯与煤尘爆炸、矿井火灾、矿井水害、顶板冒落、煤与瓦斯突出、露天煤矿滑坡等事故的抢险救灾决策要点;
f) 现场急救基本知识;
g) 典型事故案例分析。

5.2.10 煤矿职业卫生

主要包括以下内容:
a) 我国煤矿职业卫生管理体系;
b) 煤矿职业危害防治的安全管理要点;
c) 煤矿职业卫生健康监护基本要求。

5.2.11 煤矿安全生产管理能力

主要包括以下内容:
a) 贯彻执行国家安全生产方针政策、法律法规、标准、规范的方法和要求;
b) 组织煤矿安全生产的程序和要点;
c) 组织制定并实施煤矿安全生产管理规章制度、按照安全规程要求组织制定安全生产作业规程和生产操作规程的程序和要点;
d) 组织制定煤矿安全检查和隐患整改的程序和要点;
e) 制定煤矿重大事故应急预案的程序和要点;
f) 组织、指挥煤矿事故抢险救灾工作的程序、方法和要求;
h) 煤矿伤亡事故调查处理的程序、方法和要求;
i) 煤矿安全生产技术措施经费的管理及使用要求。

5.3 再培训内容

主要包括以下内容:
a) 有关安全生产方面的新的法律、法规、国家标准、行业标准、规程和规范;
b) 有关煤矿生产的新技术、新工艺、新设备和新材料及其安全技术要求;
c) 煤矿安全生产管理经验;
d) 典型事故案例分析。

5.4 培训学时安排

5.4.1 煤矿主要负责人的培训时间,露天煤矿应不少于 48 学时,地下煤矿宜不少于 72 学时。具体培训学时宜符合表 1 的规定。培训学时可视地下煤矿的类型、安全生产实际情况以及培训对象的不同酌情调整,但应不少于 48 学时。

5.4.2 再培训时间,露天煤矿应不少于 16 学时,地下煤矿应不少于 24 学时。具体培训学时应符合表 1 的规定。

表 1 煤矿主要负责人培训学时安排表

培训内容		学时	
		地下煤矿	露天煤矿
培训	煤矿安全生产法律法规	8	6
	煤矿安全生产管理	8	6
	煤矿地质与安全	4	2
	露天煤矿开采安全 地下煤矿开采安全和"一通三防"安全管理	16	8
	煤矿爆破安全	4	4
	煤矿机电运输提升安全	8	4
	煤矿事故应急管理	6	4
	煤矿职业卫生	2	2
	煤矿安全生产管理能力	12	8
	复习	2	2
	考试	2	2
	合计	72	48
再培训	有关安全生产方面的新的法律、法规、国家标准、行业标准、规程和规范; 有关煤矿生产的新技术、新工艺、新设备和新材料及其安全技术要求; 煤矿安全生产管理经验; 典型事故案例分析。	20	12
	复习	2	2
	考试	2	2
	合计	24	16

6 考核要求

6.1 考核办法

6.1.1 考核的分类和范围

6.1.1.1 煤矿主要负责人考核按露天煤矿和地下煤矿两类分别进行。考核分为安全生产技术理论知识和安全生产管理能力考核两部分。

6.1.1.2 煤矿主要负责人的考核范围应符合本标准的规定。

6.1.2 考核方式

6.1.2.1 安全生产技术理论知识的考核方式可为笔试、计算机考试。满分为 100 分。考试时间为 90~120 min。60 分及以上为合格。

6.1.2.2 安全生产管理能力考核可通过实际处理现场问题的能力考核以及撰写论文、面试答辩等方法进行。考核成绩评定为优、良、合格、不合格。

6.1.2.3 安全生产技术理论知识、安全生产管理能力两部分考核均合格者为考核合格。考核不合格者允许补考一次。

6.1.3 考核内容的层次和比重

6.1.3.1 安全生产技术理论知识考核内容分为了解、熟悉和掌握三个层次,按 20％、30％、50％的比重进行考核。

6.1.3.2 安全生产管理能力考核内容分为熟悉和掌握两个层次,按 30％、70％的比重进行考核。

6.2 考核要点

6.2.1 煤矿安全生产形势及法律法规

主要包括以下内容:

a) 了解我国安全生产形势,煤矿安全生产形势及煤矿安全生产的特点;
b) 了解国外主要产煤国家煤矿安全生产状况及经验;
c) 了解我国安全生产方针、政策和有关安全生产的法律法规、规章、规范和国家标准等;
d) 掌握煤矿开采准入制度及煤矿建设管理的规定。

6.2.2 煤矿安全生产管理

主要包括以下内容:

a) 熟悉煤矿安全生产管理的目的、任务、原理和方法;
b) 掌握煤矿安全生产主要管理制度及主要负责人的安全生产职责;
c) 掌握煤矿从业人员的安全生产责任、权利与义务;
d) 了解煤矿安全评估与安全评价;
e) 熟悉煤矿伤亡事故和职业病的管理、统计和上报;
f) 掌握现代安全管理理论和技术,包括安全目标管理、危险源辨识和安全评价方法、职业健康安全管理体系、安全质量标准化、煤矿本质安全管理体系、安全与心理特征、安全计划和决策、安全文化和安全信息管理、矿用产品安全标志管理等。

6.2.3 煤矿地质与安全

主要包括以下内容:

a) 熟悉煤系地层、地质构造、水文地质、地质环境、地质灾害等对煤矿安全生产的影响;
b) 熟悉煤矿开采对煤矿地质工程作业的要求。

6.2.4 露天煤矿开采安全

主要包括以下内容:

a) 熟悉露天煤矿开采的基本安全生产条件;

b) 掌握露天煤矿采场、台阶、边坡的安全管理要点；
c) 掌握露天煤矿开采方式与剥采工艺的安全管理要点，包括穿孔、采装、运输、排卸及辅助作业的安全管理要点；
d) 掌握露天煤矿边坡的破坏类型、破坏机理及其安全管理要点；
e) 熟悉露天煤矿防尘毒、防排水与防灭火的安全管理要点；
f) 熟悉排土场的选择、布置、堆置的安全管理要点；
g) 了解露天开采对生态环境的影响及其安全管理要点；
h) 掌握露天煤矿常见事故的致因及预防措施。

6.2.5 地下煤矿开采安全

主要包括以下内容：
a) 熟悉地下煤矿开采的基本安全生产条件与矿井开拓方式；
b) 掌握井巷工程施工、支护技术的安全管理要点；
c) 掌握常用采煤方法及其回采工艺的安全管理要点；
d) 掌握矿井冲击地压防治的安全管理要点；
e) 掌握煤矿顶板事故防治的安全管理要点；
f) 掌握矿井水害防治的安全管理要点；
g) 掌握矿井热害防治的安全管理要点；
h) 掌握地下煤矿顶板、水害、热害等事故的致因及防治措施。

6.2.6 地下煤矿"一通三防"安全管理

主要包括以下内容：
a) 掌握瓦斯抽采原则及管理要求；
b) 掌握矿井通风系统的安全管理要点；
c) 掌握矿井瓦斯煤尘爆炸、煤（岩）与瓦斯突出机理及其安全管理要点；
d) 掌握矿井内、外因火灾防治的安全管理要点；
e) 掌握矿井粉尘防治的安全管理要点；
f) 掌握地下煤矿"一通三防"常见事故的致因及防治措施。

6.2.7 煤矿爆破安全

主要包括以下内容：
a) 了解煤矿许用炸药、常用起爆器材、起爆方法的安全管理要点；
b) 掌握爆破作业的安全管理要点，包括钻眼（孔）及炮眼布置、装药、警戒、起爆、爆后检查、残盲炮处理等的安全管理要点；
c) 熟悉爆破有害效应及爆破安全范围的圈定方法；
d) 熟悉爆炸材料的储存、运输、使用、销毁的安全管理要点；
e) 掌握煤矿常见爆破事故的致因及预防措施。

6.2.8 煤矿机电运输提升安全

主要包括以下内容：
a) 了解矿用产品安全标志及其识别；
b) 掌握煤矿供电安全管理要点，掌握供电系统双回路分列运行、双风机双电源、"三专两闭锁"的安全管理要点；

c) 熟悉矿用电气设备、机电硐室、井下电网保护、矿用电缆使用的安全管理要点；
d) 熟悉矿井提升系统、矿井运输系统安全防护设施的安全管理要点；
e) 熟悉矿井安全监控系统的功能及安全管理要点；
f) 熟悉煤矿常见机电、运输、提升事故的致因及预防措施。

6.2.9 煤矿事故应急管理
主要包括以下内容：
a) 熟悉煤矿事故应急救援的体系与实施程序；
b) 熟悉重大危险源的辨识、评价与监控方法；
c) 掌握煤矿重大事故应急预案的编制与实施；
d) 熟悉煤矿灾害预防和处理计划的编制与实施；
e) 掌握煤矿事故抢险救灾决策要点，包括瓦斯与煤尘爆炸、矿井火灾、矿井水害、顶板冒落、煤与瓦斯突出、露天煤矿滑坡等事故的抢险救灾决策要点；
f) 了解现场急救基本知识。

6.2.10 煤矿职业卫生
主要包括以下内容：
a) 了解我国煤矿职业卫生管理体系；
b) 了解煤矿职业危害防治的安全管理要点；
c) 熟悉煤矿职业卫生健康监护基本要求。

6.2.11 煤矿安全生产管理能力
主要包括以下内容：
a) 熟悉贯彻执行国家安全生产方针政策、法律法规、标准、规范的方法和要求；
b) 熟悉组织煤矿安全生产的程序和要点；
c) 熟悉组织制定并实施煤矿安全生产管理规章制度、按照安全规程要求组织制定安全生产作业规程和生产操作规程的程序和要点；
d) 熟悉组织制定煤矿安全检查和隐患整改的程序和要点；
e) 熟悉制定煤矿重大事故应急预案的程序和要点；
f) 掌握组织、指挥煤矿事故抢险救灾工作的程序、方法和要求；
g) 掌握煤矿伤亡事故调查处理的程序、方法和要求；
h) 熟悉煤矿安全生产技术措施经费的管理及使用要求。

6.3 再培训考核要点
主要包括以下内容：
a) 掌握有关安全生产方面的新的法律、法规、国家标准、行业标准、规程和规范及其运用中的经验；
b) 了解有关煤矿生产的新技术、新工艺、新设备和新材料及其安全技术要求；
c) 了解煤矿安全生产管理经验；
d) 了解煤矿各种典型灾害事故发生的原因，掌握避免同类事故发生的对策和防范措施。

煤矿安全生产管理人员安全生产培训大纲及考核标准（AQ 1070—2008）

前言

本标准为强制性标准。

本标准由国家煤矿安全监察局提出。

本标准由全国安全生产标准化技术委员会煤矿安全标准化分技术委员会归口。

本标准起草单位：中国矿业大学（北京）、河南煤矿安全监察局、河北煤矿安全监察局。

本标准起草人：周心权、张振普、李谨、瓮立平。

本标准为首次发布。

1 范围

本标准规定了申请取得煤矿安全生产管理人员安全资格的基本条件、培训大纲和考核要求。

本标准适用于申请取得煤矿安全生产管理人员安全资格的培训和考核。

2 规范性引用文件

下列文件中的条款通过本标准的引用而成为本标准的条款。凡是注日期的引用文件，其随后所有的修改单（不包括勘误的内容）或修订版均不适用于本标准。凡是不注日期的引用文件，其最新版本适用于本标准。

煤矿安全规程

3 术语和定义

下列术语和定义适用于本标准。

3.1

煤矿安全生产管理人员 safety manager in coal mine

从事煤矿安全生产管理工作的人员。具体分为 A、B 两类。

A 类包括：煤矿企业分管安全生产的负责人、安全生产管理机构负责人及其管理人员；

B 类包括：各类煤矿采煤、掘进、机电、运输、通风、地测、调度等安全生产区（科、队、井）等负责人。

4 申请取得煤矿安全生产管理人员安全资格基本条件

4.1 申请取得国有重点煤矿安全生产管理人员安全资格基本条件

4.1.1 分管生产、机电、安全的副矿长（副经理），总工程师，副总工程师，应具有煤矿安全生产相关专业大专（含大专）以上学历，从事煤矿安全生产相关工作 3 年以上经历。

4.1.2 煤矿安全生产管理机构负责人、科区级安全生产管理人员应具有煤矿安全生产相关专业中专(含中专)以上学历和从事煤矿安全生产相关工作 2 年以上的经历。

4.2 申请取得国有重点煤矿以外的煤矿安全生产管理人员安全资格基本条件

4.2.1 分管安全、生产、机电的副矿长(副经理),总工程师(技术负责人),副总工程师,应具有煤矿安全生产相关专业中专(含中专)以上学历、从事煤矿安全生产相关工作 3 年以上的经历。

4.2.2 煤矿安全生产管理机构负责人应具有高中(含高中)以上文化程度和从事煤矿安全生产相关工作 2 年以上的经历。

5 培训大纲

5.1 培训要求

5.1.1 应按照本标准的规定对煤矿安全生产管理人员进行培训和再培训。

5.1.2 培训应按露天煤矿和地下煤矿分别进行。

5.1.3 通过培训,煤矿安全生产管理人员应熟悉国家有关煤矿安全生产的法律法规;掌握煤矿安全管理、安全生产技术理论、安全检查方法以及煤矿重大事故防范、抢险救灾的专业知识;了解煤矿职业危害防治知识;具备较强的煤矿安全生产具体组织、检查和落实能力,以及现场隐患排查和各类事故的处理能力,符合本标准考核要求。

5.2 培训内容

5.2.1 煤矿安全生产形势及法律法规

主要包括以下内容:

 a) 煤矿安全生产的特殊性、安全生产形势及对策;
 b) 国外主要产煤国家煤矿安全生产状况及经验;
 c) 我国安全生产方针、政策;
 d) 我国煤矿安全生产法律法规、规章、规程、标准及技术规范等。

5.2.2 煤矿安全生产管理

主要包括以下内容:

 a) 煤矿安全生产管理的目的、内容和方法;
 b) 煤矿安全生产责任体系、煤矿安全生产管理人员的安全生产职责、权利和义务;
 c) 煤矿安全生产主要管理制度,包括安全生产责任制度,安全目标管理制度,安全技术措施审批制度,安全办公会议制度,安全检查和重大隐患整改制度,安全教育培训制度,安全投入保障制度,管理人员下井及带班制度,劳动防护用品发放和使用制度,其他相关安全管理制度等;
 d) 煤矿安全评估与安全评价;
 e) 煤矿伤亡事故和职业病的管理、统计和上报;
 f) 现代安全管理理论和技术,包括安全目标管理、危险源辨识和安全评价方法、职业健康安全管理体系、安全质量标准化、煤矿本质安全管理体系、安全计划和决策、安全与心理特征、安全文化和安全信息管理、矿用产品安全标志管理等。

5.2.3 煤矿地质与安全

主要包括以下内容:

 a) 煤系地质的物理力学性质及其对煤矿安全生产的影响;

b) 煤矿地质构造、水文地质及其对煤矿安全生产的影响。

5.2.4 露天煤矿开采安全

a) 露天煤矿开采的基本安全生产条件；
b) 露天煤矿采场、台阶、边坡的安全管理要求及检查要点；
c) 露天煤矿开采方式与剥采工艺的安全管理要求及检查要点，包括穿孔、采装、运输、排卸及辅助作业的安全管理要求及检查要点；
d) 露天煤矿边坡的破坏类型、破坏机理及其安全管理要求；
e) 排土场的选择、布置、堆置的安全管理要求；
f) 露天煤矿防尘毒、防排水和防灭火的安全管理要求及检查要点；
g) 露天煤矿常见事故的致因及预防措施；
h) 典型事故案例分析。

5.2.5 地下煤矿开采安全

主要包括以下内容：
a) 地下煤矿开采的基本安全生产条件与矿井开拓方式；
b) 井巷工程施工、支护及维护的安全管理要求及检查要点；
c) 常用采煤方法及其回采工艺的安全管理要求及检查要点；
d) 矿井冲击地压防治的安全管理要求及检查要点；
e) 煤矿顶板事故防治的安全管理要求及检查要点；
f) 矿井水害防治的安全管理要求及检查要点；
g) 矿井热害防治的安全管理要求及检查要点；
h) 地下煤矿顶板、水害、热害等事故的致因及预防措施；
i) 典型事故案例分析。

5.2.6 地下煤矿"一通三防"安全管理

主要包括以下内容：
a) 瓦斯抽采原则及管理要求；
b) 矿井通风系统的安全管理要求及检查要点；
c) 矿井瓦斯、煤尘爆炸防治的安全管理要求及检查要点；
d) 煤（岩）与瓦斯突出防治的安全管理要求及检查要点；
e) 矿井内、外因火灾防治的安全管理要求及检查要点；
f) 矿井粉尘防治的安全管理要求及检查要点；
g) 地下煤矿"一通三防"常见事故的致因及防治措施；
h) 典型事故案例分析。

5.2.7 煤矿爆破安全

主要包括以下内容：
a) 煤矿许用炸药、常用起爆器材、起爆方法的安全管理要求及检查要点；
b) 爆破作业的安全管理要求及检查要点，包括钻眼（孔）及炮眼布置、装药、警戒、起爆、爆后检查、残盲炮处理等的安全管理要求及检查要点；
c) 爆破有害效应及爆破安全范围的圈定方法；
d) 爆炸材料的储存、运输、使用、销毁的安全管理要求及检查要点；

e) 煤矿常见爆破事故的致因及预防措施；
f) 典型事故案例分析。

5.2.8 煤矿机电运输提升安全

主要包括以下内容：

a) 矿用产品安全标志及其识别；
b) 供电系统双回路分列运行、双风机双电源、"三专两闭锁"（专用变压器、专用开关、专用线路，风电闭锁、甲烷电闭锁）的安全管理要求及检查要点；
c) 电气设备、机电硐室、井下电网保护、矿用电缆使用的安全管理要求及检查要点；
d) 煤矿机械安全管理要求及检查要点，包括矿井提升设备、矿井运输设备及运输安全防护设施的运行安全管理要求及检查要点；
e) 矿井安全监控系统的安全管理要求及检查要点；
f) 煤矿常见机电、运输、提升事故的致因及防治措施；
g) 典型事故案例分析。

5.2.9 煤矿事故应急管理

主要包括以下内容：

a) 我国煤矿事故应急救援体系；
b) 煤矿救护队的任务、组织和作用；
c) 重大危险源的辨识、评价与监控；
d) 煤矿重大事故应急救援预案的编制；
e) 煤矿灾害预防和处理计划的编制与实施；
f) 煤矿重大事故抢险救灾决策要点；
g) 现场急救基本知识；
h) 典型事故案例分析。

5.2.10 煤矿职业卫生

主要包括以下内容：

a) 煤矿职业危害防治的安全管理要求；
b) 煤矿职业卫生健康监护基本要求。

5.2.11 煤矿安全生产管理能力

主要包括以下内容：

a) 组织煤矿安全生产的程序、方法和要求；
b) 煤矿有关新、改、扩建工程安全设施设计会审、竣工验收工作的程序、方法和要求；
c) 煤矿生产计划会审的内容、方法和要求；
d) 各类煤矿事故抢险救灾要点；
e) 制定与实施安全管理规章制度、按照安全规程要求组织制定安全生产作业规程和操作规程的方法和要求；
f) 组织落实煤矿安全检查和事故隐患整改的内容、方法和要求；
g) 组织煤矿各类人员进行安全教育和安全生产培训工作的要求；
h) 编制煤矿事故应急预案的方法和要求；
i) 煤矿事故抢险救灾工作的程序；

j) 煤矿伤亡事故调查处理的程序、方法和要求；
k) 煤矿安全生产技术措施经费的使用要求。

5.3 再培训内容

主要包括以下内容：
a) 有关安全生产方面的新的法律、法规、国家标准、行业标准、规程和规范；
b) 有关煤矿生产的新技术、新工艺、新设备和新材料及其安全技术要求；
c) 煤矿安全生产管理经验；
d) 典型事故案例分析。

5.4 学时安排

5.4.1 煤矿安全生产管理人员的培训时间，地下煤矿宜不少于90学时，露天煤矿宜不少于52学时。具体培训学时宜符合表1的规定。培训学时可视地下煤矿的类型、安全生产实际情况以及培训对象的不同等酌情调整，但应不少于48学时。

5.4.2 再培训时间，地下煤矿应不少于24学时，露天煤矿应不少于16学时。具体培训学时应符合表1的规定。

表 1 煤矿安全生产管理人员培训学时安排表

	培训内容	学时	
		地下煤矿	露天煤矿
培训	煤矿安全生产法律法规	8	6
	煤矿安全生产管理	8	6
	煤矿地质与安全	6	2
	露天煤矿开采安全 地下煤矿开采安全和"一通三防"安全管理	20	10
	煤矿爆破安全	6	4
	煤矿机电运输提升安全	10	6
	煤矿事故应急管理	10	4
	煤矿职业卫生	4	2
	煤矿安全生产管理能力	14	8
	复习	2	2
	考试	2	2
	合计	90	52
再培训	有关安全生产方面的新的法律、法规、国家标准、行业标准、规程和规范； 有关煤矿生产的新技术、新工艺、新设备和新材料及其安全技术要求； 煤矿安全生产管理经验； 典型事故案例分析。	20	12
	复习	2	2
	考试	2	2
	合计	24	16

6 考核要求

6.1 考核办法

6.1.1 考核的分类和范围

6.1.1.1 煤矿安全生产管理人员考核按露天煤矿和地下煤矿两类分别进行。考核分为安全生产技术理论知识和安全生产管理能力考核两部分。

6.1.1.2 煤矿安全生产管理人员的考核范围应符合本标准的规定。

6.1.1.3 煤矿安全生产管理人员的考核分为 A、B 两类。

A 类包括：煤矿企业分管安全生产的负责人、安全生产管理机构负责人及其管理人员；

B 类包括：各类煤矿采煤、掘进、机电、运输、通风、地测、调度等安全生产区（科、队、井）等负责人。其考核可按专业各有侧重。

6.1.2 考核方式

6.1.2.1 安全生产技术理论知识的考核方式可为笔试、计算机考试。满分为 100 分。考试时间为 90~120 min。60 分及以上为合格。

6.1.2.2 安全生产管理能力考核可通过实际处理现场问题的能力考核以及撰写论文、面试答辩等方法进行。考核成绩评定为优、良、合格、不合格。

6.1.2.3 安全生产技术理论知识、安全生产管理能力两部分考核均合格者为考核合格。考核不合格者允许补考一次。

6.1.3 考核内容的层次和比重

6.1.3.1 安全生产技术理论知识考核内容分为了解、熟悉和掌握三个层次，按 20%、30%、50% 的比重进行考核。

6.1.3.2 安全生产管理能力考核内容分为熟悉和掌握两个层次，按 30%、70% 的比重进行考核。

6.2 考核要点

6.2.1 煤矿安全生产形势及法律法规

主要包括以下内容：

a) 了解煤矿安全生产的特殊性、安全生产形势及对策；
b) 了解国外主要产煤国家煤矿安全生产状况及经验；
c) 掌握我国安全生产方针、政策；
d) 熟悉我国煤矿安全生产法律法规、规章、规范和国家标准。

6.2.2 煤矿安全生产管理

主要包括以下内容：

a) 了解煤矿安全生产管理的目的、内容和方法；
b) 熟悉煤矿安全生产责任体系和煤矿安全生产管理人员的安全生产职责；
c) 掌握煤矿安全生产主要管理制度，包括安全生产责任制度，安全目标管理制度，安全技术措施审批制度，安全办公会议制度，安全检查和重大隐患整改制度，安全教育培训制度，安全投入保障制度，管理人员下井及带班制度，劳动防护用品发放和使用制度，其他相关安全管理制度等；
d) 熟悉煤矿安全评估与安全评价；

e) 熟悉煤矿伤亡事故和职业病的管理、统计和上报；
f) 熟悉现代安全管理理论和技术，包括安全目标管理、危险源辨识和安全评价方法、职业健康安全管理体系、安全质量标准化、煤矿本质安全管理体系、安全计划和决策、安全与心理特征、安全文化和安全信息管理、矿用产品安全标志管理等。

6.2.3 煤矿地质与安全

主要包括以下内容：

a) 了解煤系地层的物理力学性质及其对煤矿安全生产的影响；
b) 了解煤矿地质构造、水文地质及其对煤矿安全生产的影响。

6.2.4 露天煤矿开采安全

主要包括以下内容：

a) 熟悉露天煤矿开采的基本安全生产条件；
b) 掌握露天煤矿采场、台阶、边坡的安全管理要求及检查要点；
c) 掌握露天煤矿开采方式与剥采工艺的安全管理要求及检查要点，包括穿孔、采装、运输、排卸及辅助作业的安全管理要求及检查要点；
d) 掌握露天煤矿边坡的破坏类型、破坏机理及其安全管理要求；了解排土场的选择、布置、堆置的安全管理要求；
e) 掌握露天煤矿防尘毒、防排水和防灭火的安全管理要求及检查要点；
f) 掌握露天煤矿常见事故的致因及预防措施。

6.2.5 地下煤矿开采安全

主要包括以下内容：

a) 熟悉地下煤矿开采的基本安全生产条件与矿井开拓方式；
b) 掌握井巷工程施工、支护及维护的安全管理要求及检查要点；
c) 掌握常用采煤方法及其回采工艺的安全管理要求及检查要点；
d) 掌握矿井冲击地压防治的安全管理要求及检查要点；
e) 掌握煤矿顶板事故防治的安全管理要求及检查要点；
f) 掌握矿井水害防治的安全管理要求及检查要点；
g) 掌握矿井热害防治的安全管理要求及检查要点；
h) 掌握地下煤矿顶板、水害、热害等事故的致因及预防措施。

6.2.6 地下煤矿"一通三防"安全管理

主要包括以下内容：

a) 掌握瓦斯抽采原则及管理要求；
b) 掌握矿井通风系统的安全管理要求及检查要点；
c) 掌握矿井瓦斯（煤尘）爆炸防治的安全管理要求及检查要点；
d) 掌握煤（岩）与瓦斯突出防治的安全管理要求及检查要点；
e) 掌握矿井内、外因火灾防治的安全管理要求及检查要点；
f) 掌握矿井粉尘防治的安全管理要求及检查要点；
g) 掌握地下煤矿"一通三防"常见事故的致因及预防措施。

6.2.7 煤矿爆破安全

主要包括以下内容：

a) 了解常用煤矿许用炸药、常用起爆器材、起爆方法的安全管理要求及检查要点;
b) 掌握爆破作业的安全管理要求及检查要点,包括钻眼(孔)及炮眼布置、装药、警戒、起爆、爆后检查、残盲炮处理等的安全管理要求及检查要点;
c) 熟悉爆破有害效应及爆破安全范围的圈定方法;
d) 了解爆炸材料的储存、运输、使用、销毁的安全管理要求及检查要点;
e) 掌握煤矿常见爆破事故的致因及预防措施。

6.2.8 煤矿机电运输提升安全

主要包括以下内容:
a) 熟悉矿用产品安全标志及其识别;
b) 了解供电系统双回路分列运行、双风机双电源、"三专两闭锁"(专用变压器、专用开关、专用线路,风电闭锁、甲烷电闭锁)的安全管理要求及检查要点;
c) 掌握电气设备、机电硐室、井下电网保护、矿用电缆使用的安全管理要求及检查要点;
d) 掌握煤矿机械安全管理要求,包括矿井提升设备、矿井运输设备及运输安全防护设施的运行安全管理要求及检查要点;
e) 掌握矿井安全生产监控系统的安全管理要求及检查要点;
f) 掌握煤矿常见机电、运输、提升事故的致因及防治措施。

6.2.9 煤矿事故应急管理

主要包括以下内容:
a) 熟悉我国煤矿事故应急救援体系;
b) 了解煤矿救护队的任务、组织和作用;
c) 熟悉重大危险源的辨识、评价与监控的方法和要求;
d) 熟悉煤矿重大事故应急救援预案编制的方法、内容和要求;
e) 掌握煤矿灾害预防和处理计划编制与实施的方法、内容和要求;
f) 掌握煤矿重大事故抢险救灾决策要点;
g) 熟悉现场急救基本知识。

6.2.10 煤矿职业卫生

主要包括以下内容:
a) 熟悉煤矿职业危害防治的安全管理要求;
b) 了解煤矿职业卫生健康监护基本要求。

6.2.11 煤矿安全生产管理能力

主要包括以下内容:
a) 掌握组织煤矿安全生产的程序、方法和要求;
b) 熟悉煤矿有关新、改、扩建工程安全设施设计会审、竣工验收工作的程序、方法和要求;
c) 掌握煤矿生产计划会审的内容、方法和要求;
d) 熟悉各类煤矿事故抢险救灾要点;
e) 熟悉制定与实施安全管理规章制度、按照安全规程要求组织制定安全生产作业规程和操作规程的方法和要求;

f) 掌握组织落实煤矿安全检查和事故隐患整改的内容、方法和要求；
g) 熟悉组织煤矿各类人员进行安全教育和安全生产培训工作的要求；
h) 熟悉编制煤矿事故应急预案的方法和要求；
i) 熟悉煤矿事故抢险救灾工作的程序；
j) 掌握煤矿伤亡事故调查处理的程序、方法和要求；
k) 熟悉煤矿安全生产技术措施经费的使用要求。

6.3 再培训考核要点

主要包括以下内容：
a) 掌握有关安全生产方面的新的法律、法规、国家标准、行业标准、规程和规范；
b) 了解有关煤矿生产的新技术、新工艺、新设备和新材料及其安全技术要求；
c) 了解煤矿安全生产管理经验；
d) 熟悉煤矿各种典型灾害事故发生的原因，掌握避免同类事故发生的对策和防范措施。

煤矿职业安全卫生个体防护用品配备标准（AQ 1051—2008）

前　言

本标准与 GB 11651—1989《劳动防护用品选用规则》个体防护用品选用原则与要求的规定相符合，并具体规定了煤矿职业安全卫生个体防护用品的配备范围与使用期限。

本标准为强制性标准。

本标准的附录 A 为资料性附录。

本标准由国家煤矿安全监察局提出。

本标准由全国安全生产标准化技术委员会煤矿安全生产标准化分技术委员会归口。

本标准主要起草单位：国家煤矿安全监察局，国家安全生产监督管理总局职业安全卫生研究所。

本标准主要起草人：商登莹、刘维庸、常进军、赵葆青、马骏、关砚生、郭秀琴、张岩松、刘卫东、牛俊起、张建伟、金城。

1　范围

本标准规定了煤矿职业安全卫生个体防护用品的种类、配备范围及使用期限。

本标准适用于在煤矿井下、井上、煤炭洗选和露天煤矿作业职工职业安全卫生个体防护用品的配备。

2　规范性引用文件

下列文件中的条款，通过本标准的引用而成为本标准的条款。凡是注日期的引用文件，其随后所有的修改单（不包括勘误的内容）或修订版均不适用于本标准，凡是不注日期的引用文件，其最新版本适用于本标准。

　　GB 12011—2000　电绝缘鞋通用技术条件

　　GB 12019—1989　耐酸碱胶靴

　　GB 17622—1998　带电作业用绝缘手套通用技术条件

　　GB 2811—1989　安全帽

　　GB/T 18843—2002　浸塑手套

　　GB/T 3609.1—1994　焊接眼面防护具

　　HG 3081—1999　胶面防砸安全靴

　　LD 29—1992　防尘口罩

　　LD 34.2—1992　耐酸（碱）手套

　　LD 34.3—1992　焊工手套

　　MT/T 843—1999　矿工普通工作服

3 术语和定义

下列术语和定义适用于本标准。

3.1
个体防护用品　personal protective equipment

劳动者在劳动中为防御物理、化学、生物等外界因素伤害人体而穿戴和配备的各种物品的总称。

3.2
安全帽　safety helmet

防御冲击、刺穿、挤压等伤害头部的帽子。

3.3
工作帽　working cap

能防头部脏污和擦伤、长发被绞碾等普通伤害的各类帽子。

3.4
自吸过滤式防尘口罩　self-inhalation filter type dust respirator

靠佩戴者呼吸克服部件阻力,用于防尘的净气式呼吸护具。

3.5
冲击眼面护具　goggles and visor for impacts protection

防御铁屑、灰砂、碎石等物冲击伤害的眼面护品。

3.6
焊接眼面护具　goggles and visor for welder

防御焊接产生的紫外线、红外线、强可见光、金属火花和烟尘等伤害的眼面护品。

3.7
听力防护用品　hearing protectors

保护听觉、使人避免噪声过度刺激的护品。

3.8
耳塞　ear plug

是插入外耳道内或置于外耳道口处的防噪声护品。

3.9
耳罩　ear-muff

用头环戴在头上,由压紧耳廓或围住耳廓的壳体封住耳道,降低噪声刺激的护品。

3.10
防护手套　safety gloves

防御劳动中物理、化学和生物等外界因素伤害劳动者手部的护品。

3.11
一般工作手套　working gloves

防御普通伤害(刺、割、绞碾、钩挂、摩擦等)和脏污的手套。

3.12
防振手套　vibration isolation gloves

具有衰减振动性能的防护手套。

3.13
绝缘手套　electric insulation gloves
能使人手部与带电物体绝缘的手套。

3.14
耐酸碱手套　acid alkali resistant gloves
具有耐酸碱性能的手套。

3.15
焊工手套　welder's gloves
防御焊接作业的火花、熔融金属、高温金属、高温辐射伤害的手套。

3.16
防护鞋(靴)　protective shoes(boots)
防御劳动中物理、化学和生物等外界因素伤害劳动者的脚及小腿的护品。

3.17
耐酸碱鞋(靴)　acid and alkali resistant shoes(boots)
具有耐酸碱性能,适合脚部接触酸碱等腐蚀液体的作业人员穿用的鞋(靴)。

3.18
防水胶靴　waterproof rubber boots
具有防水、防滑和耐磨性能,适合工矿企业职工穿用的胶靴。
同义词:(工矿胶靴)。

3.19
防砸鞋(靴)　antisquashy shoes(boots)
能防御冲击挤压损伤脚骨的防护鞋。有皮安全鞋和胶面防砸鞋等品种。

3.20
电绝缘鞋(靴)　dielectric shoes(boots)
能使人的脚部与带电物体绝缘,防止电击的防护鞋。

3.21
护腿　strap for log
防御腿部遭受打击的用品。

4　一般规定

4.1　矿灯

4.1.1　配备范围
煤矿井下所有作业工种。

4.1.2　使用期限
在产品有效使用期内使用。

4.2　矿灯带

4.2.1　配备范围
煤矿井下所有作业工种。

4.2.2 使用期限

12个月至18个月。

4.2.2.1 使用期限不超过12个月的工种

采煤工,综采工(机采工),掘进工(砌工),爆破工,锚喷工,充填工,巷道维修工,电机车司机和跟车工,绞车司机,皮带、链板司机,运搬、运料工,钉道工,机电维修工,机电安装工,采掘机电维修工,瓦斯检查员(测气工),接风筒工,通风密闭工,采样工,安全检查员,管子工,井下钻探工,井下送水、饭、清洁工,验收员,管柱工,井筒维修工。

4.2.2.2 使用期限不超过18个月的工种

水泵司机,配电工,充电工,测量员,井下测尘工,井下保健员,井下炸药发放工,井底信号工,井下其他辅助工,采掘区队长,采、掘、基建、通、运、修区工程技术人员,其他下井技术人员,其他下井管理干部。

4.3 自救器

4.3.1 配备范围

煤矿井下所有工种。选用与矿井灾害匹配的自救器类型。

4.3.2 使用期限

在产品有效保存期限内依照自救器标准的规定。

4.4 擦拭及洗涤护肤用品

4.4.1 毛巾

4.4.1.1 配备范围

煤矿、洗选煤厂所有作业工种。

4.4.1.2 使用期限

1个月至3个月。

4.4.1.2.1 使用期限不超过1个月的工种

煤矿井下采煤工,综采工(机采工),掘进工(砌工),锚喷工,充填工。

4.4.1.2.2 使用期限不超过2个月的工种

煤矿井下:爆破工,巷道维修工,电机车司机和跟车工,绞车司机,皮带、链板司机,运搬、运料工,钉道工,机电维修工,机电安装工,采掘机电维修工,水泵司机,配电工,充电工,瓦斯检查员(测气工),接风筒工,通风密闭工,采样工,安全检查员,测量员,管子工,井下测尘工,井下保健员,井下钻探工,井下炸药发放工,井下送水、饭、清洁工,井底信号工,验收员,管柱工,井筒维修工,井下其他辅助工,采掘区队长,采、掘、基建、通、运、修区工程技术人员。

露天煤矿:露天穿孔工,矿用重型汽车司机,挖掘机司机,工程机械司机,穿孔机司机,破碎站司机,破碎站维修工。

4.4.1.2.3 使用期限不超过3个月的工种

煤矿井下:其他下井技术人员,其他下井管理干部。

煤矿井上所有工种。

露天煤矿:电铲车司机、助手,电力、电讯外线电工,坑下电话移设维修工,铁道工,坑下信号维修工,扳道员,道口看守员,钻探工,推土、平道机司机,电镐扫道工,平道机助手,坑下放炮工,排土扫车工,摇道机司机,露天架、换线工,坑下检修工,起重工,坑下管工,电机车司机,大型设备维修钳工,大型设备维修电工,挖掘机维修钳工,挖掘机维修电工,水泵维修工,管工,钻机维修工,煤场付煤工,检车工,行车值班员,调车、连接员,机电维修钳工,巡道工,现场货运员,站务员,司磅工,煤场管理员,货运员,煤质采样监装工,煤油化验、计量员,胶带运行工,电力通讯信号工。

洗选煤厂所有工种。

4.4.2 肥皂

4.4.2.1 配备范围

煤矿、洗选煤厂所有作业工种。

4.4.2.2 使用期限

一周至1个月发放一条。

4.4.2.2.1 每个月发放4条肥皂的工种

煤矿井下采煤工,综采工(机采工),掘进工(砌工),爆破工,锚喷工,充填工。

4.4.2.2.2 每个月发放3条肥皂的工种

煤矿井下巷道维修工,电机车司机和跟车工,绞车司机,皮带、链板司机,运搬、运料工,钉道工,机电维修工,机电安装工,采掘机电维修工,水泵司机,配电工,充电工,瓦斯检查员(测气工),接风筒,通风密闭工,采样工,安全检查员,测量员,管子工,井下测尘工,井下保健员,井下钻探工,井下炸药发放工,井下送水、饭、清洁工,井底信号工,验收员,管柱工,井筒维修工,井下其他辅助工。

4.4.2.2.3 每个月发放2条肥皂的工种

煤矿井下:采掘区队长,采、掘、基建、通、运、修区工程技术人员,其他下井技术人员,其他下井管理干部。

煤矿井上:井上运搬工,机电维修工(矿车),矸石山翻车工,轨道工,充电工,火药管理工,注浆工,皮带机选矸工,井上机电安装工。

露天煤矿:电铲车司机、助手,电力、电讯外线电工,坑下电话移设维修工,铁道工,坑下信号维修工,扳道员,道口看守员,钻探工,矿用重型汽车司机,挖掘机司机,工程机械司机,穿孔机司机,破碎站司机,破碎站维修工。

洗选煤厂:浓缩机司机,煤泥泵工,皮带司机,挖煤泥工,破碎机司机,闸门工,洗煤机工,浮选机司机,脱水机司机,斗子提升机司机,浮沉试验工,推煤司机,鼓风机司机,拣选工。

4.4.2.2.4 每个月发放1条肥皂的工种

煤矿井上:井上信号工,井上绞车司机,井上电机车司机,压风司机,抽风机司机,毛煤验收工,井口电梯司机,煤质化验员,坑木收发工。

露天煤矿:露天穿孔工,推土、平道机司机,电镐扫道工,平道机助手,坑下放炮工,排土扫车工,摇道机司机,露天架、换线工,坑下检修工,起重工,坑下管工,电机车司机,大型设备维修钳工,大型设备维修电工,挖掘机维修钳工,挖掘机维修电工,水泵维修工,管工,钻机维修工,煤场付煤工,检车工,行车值班员,调车、连接员,机电维修钳工,巡道工,现场货运员,站务员,司磅工,煤场管理员,货运员,煤质采样监装工,煤油化验,计量员,胶带运行工,电力通讯信号工。

洗选煤厂:真空泵工,滚轴筛工,洗选车间技术管理人员。

4.4.3 香皂(或浴液)

4.4.3.1 配备范围

煤矿、洗选煤厂所有作业工种。企业可根据实际情况选择香皂或浴液其中一种配备。

4.4.3.2 使用期限

1个月至3个月发放一块香皂或浴液500 ml。

4.4.3.2.1 每个月发放1块香皂或浴液500 ml的工种

煤矿井下采煤工,综采工(机采工),掘进工(砌工),爆破工,锚喷工,充填工。

4.4.3.2.2 每2个月发放1块香皂或浴液500 ml的工种

煤矿井下:巷道维修工,电机车司机和跟车工,绞车司机,皮带、链板司机,运搬、运料工,钉道工,机电维修工,机电安装工,采掘机电维修工,水泵司机,配电工,充电工,瓦斯检查员(测气工),接风筒工,通风密闭工,采样工,安全检查员,测量员,管子工,井下测尘工,井下保健员,井下钻探工,井下炸药发放工,井下送水、饭、清洁工,井底信号工,验收员,管柱工,井筒维修工,井下其他辅助工,采掘区队长,采、掘、基建、通、运、修区工程技术人员,其他下井技术人员,其他下井管理干部。

煤矿井上:井上运搬工,机电维修工(矿车),矸石山翻车工,轨道工,充电工,火药管理工,注浆工,皮带机选矸工,井上机电安装工。

露天煤矿:电铲车司机、助手,电力、电讯外线电工,坑下电话移设维修工,铁道工,坑下信号维修工,扳道员,道口看守员,钻探工,矿用重型汽车司机,挖掘机司机,工程机械司机,穿孔机司机,破碎站司机,破碎站维修工。

洗选煤厂:浓缩机司机,真空泵工,煤泥泵工,皮带司机,挖煤泥工,滚轴筛工,破碎机司机,闸门工,洗煤机工,浮选机司机,脱水机司机,斗子提升机司机,浮沉试验工,推煤司机,鼓风机司机,拣选工。

4.4.3.2.3 每3个月发放1块香皂或浴液500 ml的工种

煤矿井上:井上信号工,井上绞车司机,井上电机车司机,压风司机,抽风机司机,毛煤验收工,井口电梯司机,煤质化验员,坑木收发工。

露天煤矿:露天穿孔工,推土、平道机司机,电镐扫道工,平道机助手,坑下放炮工,排土扫车工,摇道机司机,露天架、换线工,坑下检修工,起重工,坑下管工,电机车司机,大型设备维修钳工,大型设备维修电工,挖掘机维修钳工,挖掘机维修电工,水泵维修工,管工,钻机维修工,煤场付煤工,检车工,行车值班员,调车、连接员,机电维修钳工,巡道工,现场货运员,站务员,司磅工,煤场管理员,货运员,煤质采样监装工,煤油化验、计量员,胶带运行工,电力通讯信号工。

洗选煤厂:洗选车间技术管理人员。

4.4.4 洗发液

4.4.4.1 配备范围

煤矿、洗选煤厂所有作业工种。

4.4.4.2 使用期限

1个月至3个月发放500 ml。

4.4.4.2.1 每个月发放500 ml洗发液的工种

煤矿井下采煤工,综采工(机采工),掘进工(砌工),爆破工,锚喷工,充填工。

4.4.4.2.2　每 2 个月发放 500 ml 洗发液的工种

煤矿井下：巷道维修工,电机车司机和跟车工,绞车司机,皮带、链板司机,运搬、运料工,钉道工,机电维修工,机电安装工,采掘机电维修工,水泵司机,配电工,充电工,瓦斯检查员(测气工),接风筒工,通风密闭工,采样工,安全检查员,测量员,管子工,井下测尘工,井下保健员,井下钻探工,井下炸药发放工,井下送水、饭、清洁工,井底信号工,验收员,管柱工,井筒维修工,井下其他辅助工,采掘区队长,采、掘、基建、通、运、修区工程技术人员,其他下井技术人员,其他下井管理干部。

煤矿井上：井上运搬工,机电维修工(矿车),矸石山翻车工,轨道工,充电工,火药管理工,注浆工,皮带机选矸工,井上机电安装工。

露天煤矿：电铲车司机、助手,电力、电讯外线电工,坑下电话移设维修工,铁道工,坑下信号维修工,扳道员,道口看守员,钻探工,矿用重型汽车司机,挖掘机司机,工程机械司机,穿孔机司机,破碎站司机,破碎站维修工。

洗选煤厂：浓缩机司机,真空泵工,煤泥泵工,皮带司机,挖煤泥工,滚轴筛工,破碎机司机,闸门工,洗煤机工,浮选机司机,脱水机司机,斗子提升机司机,浮沉试验工,推煤司机,鼓风机司机,拣选工。

4.4.4.2.3　每 3 个月发放 500 ml 洗发液的工种

煤矿井上：井上信号工,井上绞车司机,井上电机车司机,压风司机,抽风机司机,毛煤验收工,井口电梯司机,煤质化验员,坑木收发工。

露天煤矿：露天穿孔工,推土、平道机司机,电镐扫道工,平道机助手,坑下放炮工,排土扫车工,摇道机司机,露天架、换线工,坑下检修工,起重工,坑下管工,电机车司机,大型设备维修钳工,大型设备维修电工,挖掘机维修钳工,挖掘机维修电工,水泵维修工,管工,钻机维修工,煤场付煤工,检车工,行车值班员,调车、连接员,机电维修钳工,巡道工,现场货运员,站务员,司磅工,煤场管理员,货运员,煤质采样监装工,煤油化验,计量员,胶带运行工,电力通讯信号工。

洗选煤厂：洗选车间技术管理人员。

5　头部护具类

5.1　橡胶安全帽、玻璃钢安全帽

5.1.1　配备范围

煤矿井下所有工种。配备取得煤矿安全标志的产品,产品技术要求应符合 GB 2811—1989 的规定。

5.1.2　使用期限

30 个月至 36 个月。

5.1.2.1　使用期限不超过 30 个月的工种

采煤工,综采工(机采工),掘进工(砌工),爆破工,锚喷工,充填工,巷道维修工,电机车司机和跟车工。

5.1.2.2　使用期限不超过 36 个月的工种

绞车司机,皮带、链板司机,运搬、运料工,钉道工,机电维修工,机电安装工,采掘机电维修工,水泵司机,配电工,充电工,瓦斯检查员(测气工),接风筒工,通风密闭工,采样工,安全

检查员,测量员,管子工,井下测尘工,井下保健员,井下钻探工,井下炸药发放工,井下送水、饭、清洁工,井底信号工,验收员,管柱工,井筒维修工,井下其他辅助工,跟班生产采、掘区(队)长,采、掘、基建、通、运、修区工程技术人员,其他下井技术人员及其他下井管理干部。

5.2 塑料安全帽
5.2.1 配备范围
配备取得煤矿安全标志的产品,产品技术要求应符合 GB 2811—1989 的规定。

煤矿井上:井上信号工,注浆工。

露天煤矿:露天穿孔工,电镐扫道工,坑下放炮工,矿用重型汽车司机,挖掘机司机,工程机械司机,穿孔机司机,大型设备维修钳工,大型设备维修电工,挖掘机维修钳工,挖掘机维修电工,水泵维修工,管工,钻机维修工,煤场付煤工,检车工,破碎站司机,破碎站维修工,胶带运行工及电力通讯信号工。

5.2.2 使用期限
24 个月。

5.3 工作帽、女工帽
5.3.1 配备范围
煤矿井上、露天煤矿及洗选煤厂部分工种。

5.3.2 使用期限
12 个月至 18 个月。

5.3.2.1 使用期限不超过 12 个月的工种
煤矿井上:井上绞车司机、井上运搬工,井上电机车司机,压风司机,机电维修工(矿车),矸石山翻车工,轨道工,充电工,火药管理工,皮带机选矸工。

洗选煤厂:浓缩机司机,真空泵工,煤泥泵工,皮带司机,挖煤泥工,滚轴筛工,破碎机司机,闸门工,洗煤机工,浮选机司机,脱水机司机,斗子提升机司机,浮沉试验工,推煤司机,鼓风机司机及拣选工。

5.3.2.2 使用期限不超过 18 个月的工种
煤矿井上:抽风机司机,毛煤验收工,井口电梯司机,煤质化验员,坑木收发工,井上机电安装工。

露天煤矿:电铲车司机,助手,推土、平道机司机,平道机助手,排土扫车工,摇道机司机,露天架、换线工,电力、电讯外线电工,坑下电话移设维修工,铁道工,坑下检修工,坑下信号维修工,起重工,坑下管工,电机车司机,扳道员,道口看守员,钻探工,行车值班员,调车,连接员,机电维修钳工,巡道工,现场货运员,站务员,司磅工,煤场管理员,货运员,煤质采样监装工,煤油化验、计量员。

洗选煤厂:洗选车间技术管理人员。

6 呼吸护具类

6.1 防尘口罩
6.1.1 配备范围
煤矿井下接触粉尘所有工种,煤矿井上、洗选煤厂及露天煤矿部分工种,产品技术要求应符合LD 29—1992的规定。
6.1.2 使用期限
1个月至3个月。
6.1.2.1 使用期限不超过1个月的工种
煤矿井下:采煤工,综采工(机采工),掘进工(砌工),锚喷工及充填工。
6.1.2.2 使用期限不超过2个月的工种
煤矿井下:爆破工,巷道维修工,皮带、链板司机,瓦斯检查员(测气工)及井下测尘工。

煤矿井上:充电工,注浆工及皮带机选矸工。

洗选煤厂:浮沉试验工。
6.1.2.3 使用期限不超过3个月的工种
煤矿井下:钉道工,运搬工,采掘机电维修工,通风密闭工,井下送水、饭、清洁工,验收员,管柱工,采掘区队长,采、掘、基建、通、运、修区工程技术人员。

煤矿井上:火药管理工及井口电梯司机。

露天煤矿:电铲车司机、助手,露天穿孔工,推土、平道机司机,电镐扫道工,平道机助手,坑下放炮工,排土扫车工,摇道机司机,露天架、换线工,电力、电讯外线电工,坑下电话移设维修工,坑下检修工,坑下信号维修工,起重工,坑下管工,钻探工,矿用重型汽车司机,挖掘机司机,工程机械司机,穿孔机司机,煤场付煤工,检车工,煤质采样监装工,煤油化验、计量员,破碎站司机,破碎站维修工,胶带运行工。

洗选煤厂:破碎机司机及洗煤机工。

7 眼(面)护具类

7.1 防冲击眼护具
7.1.1 种类
防冲击眼镜、眼罩和面罩。
7.1.2 配备范围
煤矿、洗选煤厂部分工种选配。
7.1.3 使用期限
6个月至24个月。
7.1.3.1 使用期限不超过6个月的工种
煤矿井下:采煤工,综采工(机采工),掘进工(砌工),爆破工及锚喷工。
7.1.3.2 使用期限不超过12个月的工种
煤矿井下:充填工及巷道维修工。
7.1.3.3 使用期限不超过24个月的工种
煤矿井上:注浆工,皮带机选矸工及毛煤验收工。

露天煤矿:推土、平道机司机,电镐扫道工,坑下放炮工,排土扫车工,坑下电话移设维修工,铁道工,起重工,坑下管工,电机车司机,扳道员,道口看守员,钻探工,矿用重型汽车司机,挖掘机司机,工程机械司机,穿孔机司机,调车、连接员,机电维修钳工,现场货运员,站务员,司磅工,煤场管理员,货运员,煤油化验、计量员,破碎站司机,电力通讯信号工。

洗选煤厂:浮沉试验工及推煤司机。

7.2 焊接眼面防护具
7.2.1 种类
焊接护目镜、焊接面罩。产品技术要求应符合 GB/T 3609.1—1994 的规定。
7.2.2 配备范围
井工煤矿：电焊工。

露天煤矿：大型设备维修钳工，挖掘机维修钳工，水泵维修工，管工，机电维修钳工，钻机维修工，破碎站维修工，电焊工。
7.2.3 使用期限
24 个月。

7.3 化学护目镜
7.3.1 配备范围
充电工，井下炸药发放工及火药管理工。
7.3.2 使用期限
24 个月。

7.4 紫外护目镜
7.4.1 配备范围
露天煤矿：电铲车司机、助手，露天穿孔工，平道机助手，摇道机司机，露天架、换线工，电力、电讯外线电工，坑下检修工，坑下信号维修工，煤场付煤工，检车工，巡道工，煤质采样监装工及胶带运行工。

海拔 3 000 m 以上的煤矿须配备防雪镜，不分工种。
7.4.2 使用期限
24 个月。

8 上肢防护类

8.1 布手套
8.1.1 配备范围
煤矿、洗选煤厂部分工种。
8.1.2 使用期限
1 周至 2 个月。

8.1.2.1 每个月配备 4 副布手套的工种
煤矿井下采煤工(薄煤层)，掘进工(砌工)，巷道维修工，通风密闭工。

8.1.2.2 每个月配备 3 副布手套的工种
煤矿井下：采煤工(中、厚煤层)，综采工(机采工)。

煤矿井上：井上运搬工。

8.1.2.3 每个月配备 2 副布手套的工种
煤矿井下：爆破工，锚喷工，充填工，运搬、运料工，钉道工，机电维修工，机电安装工，采掘机电维修工，井下保健员，跟班生产采、掘区(队)长。

露天煤矿：露天架、换线工，铁道工，坑下检修工，坑下管工，钻探工，大型设备维修钳工，大型设备维修电工，挖掘机维修钳工，挖掘机维修电工，水泵维修工，管工，钻机维修工，破碎站维修工。

8.1.2.4 每个月配备1副布手套的工种
煤矿井下：电机车司机和跟车工，绞车司机，皮带、链板司机，接风筒工，采样工，管子工，井下测尘工，井下钻探工，井底信号工，验收员，管柱工，井筒维修工，采掘区队长，采、掘、基建、通、运、修区工程技术人员。

煤矿井上：矸石山翻车工，轨道工，皮带机选矸工。

露天煤矿：电铲车司机、助手，露天穿孔工，电镐扫道工，坑下放炮工，排土扫车工，摇道机司机，起重工，电机车司机。

8.1.2.5 每2个月配备1副布手套的工种
煤矿井下：水泵司机，配电工，充电工，瓦斯检查员（测气工），井下送水、饭、清洁工，井下其他辅助工，其他下井技术人员，其他下井管理干部。

煤矿井上：注浆工。

露天煤矿：破碎站司机。

洗选煤厂：皮带司机，挖煤泥工，滚轴筛工，破碎机司机，闸门工。

8.2 线手套
8.2.1 配备范围
煤矿、洗选煤厂部分工种。

8.2.2 使用期限
半个月至2个月。

8.2.2.1 每个月配备2副线手套的工种
煤矿井上：井上机电安装工。

露天煤矿：推土、平道机司机，平道机助手，电力、电讯外线电工，坑下电话移设维修工，坑下信号维修工，调车、连接员，机电维修钳工。

8.2.2.2 每个月配备1副线手套的工种
煤矿井下：测量员，井下炸药发放工。

煤矿井上：井上绞车司机，机电维修工（矿车），充电工，坑木收发工。

露天煤矿：扳道员，道口看守员，矿用重型汽车司机，挖掘机司机，工程机械司机，穿孔机司机，矿场付煤工，检车工，巡道工，胶带运行工，电力通讯信号工。

洗选煤厂：浓缩机司机，真空泵工，煤泥泵工，洗煤机工，浮选机司机，脱水机司机，斗子提升机司机，浮沉试验工，推煤司机，鼓风机司机，拣选工，洗选车间技术管理人员。

8.2.2.3 每2个月配备1副线手套的工种
煤矿井下：安全检查员。

煤矿井上：井上信号工，井上电机车司机，压风司机，火药管理工，抽风机司机，毛煤验收工，井口电梯司机，煤质化验员。

露天煤矿：行车值班员，现场货运员，站务员，司磅工，煤场管理员，货运员，煤质采样监装工，煤油化验、计量员。

8.3 浸胶手套
8.3.1 配备范围
煤矿井下：采煤工，综采工（机采工），掘进工（砌工），充填工，巷道维修工，运搬、运料工，钉道工,井下钻探工。

煤矿井上:井上运搬工。

露天煤矿:露天穿孔工,露天架、换线工,钻探工。

8.3.2 使用期限

3个月。

8.4 浸塑手套

8.4.1 配备范围

洗选煤厂浮沉试验工。产品技术要求应符合GB/T 18843—2002的规定。

8.4.2 使用期限

3个月。

8.5 防振手套

8.5.1 配备范围

煤矿井下:采煤工,掘进工(砌工),井下钻探工。

煤矿井上:压风司机,皮带机选矸工,抽风机司机。

露天煤矿:露天穿孔工,摇道机司机,钻探工。

8.5.2 使用期限

3个月。

8.6 耐酸(碱)手套

8.6.1 配备范围

充电工。产品技术要求应符合LD 34.2—1992的规定。

8.6.2 使用期限

3个月。

8.7 绝缘手套

8.7.1 配备范围

井工煤矿:机电维修工,采掘机电维修工,配电工。

露天煤矿:露天架、换线工,电力、电讯外线电工,坑下信号维修工,挖掘机司机,露天煤矿大型设备维修电工,挖掘机维修电工,水泵维修工,管工,钻机维修工,破碎站维修工、电力通讯信号工。

洗选煤厂:真空泵工,煤泥泵工,皮带司机,破碎机司机。

产品技术要求应符合GB 17622—1998的规定。

8.7.2 使用期限

3个月。

8.8 电焊手套

8.8.1 配备范围

煤矿井上:机电维修工。

露天煤矿:大型设备维修钳工,挖掘机维修钳工,水泵维修工,管工,钻机维修工,机电维修钳工,破碎站维修工。

产品技术要求应符合LD 34.3—1992的规定。

8.8.2 使用期限
3个月。

8.9 护肘
8.9.1 配备范围
煤矿井下薄煤层采煤工(煤层在0.8 m以下工作面作业人员使用)。
8.9.2 使用期限
3个月。

9 下肢防护类

9.1 胶面防砸安全靴
9.1.1 配备范围
煤矿井下部分工种。产品技术要求应符合HG 3081—1999的规定。
9.1.2 使用期限
6个月至12个月。
9.1.2.1 使用期限不超过6个月的工种
采煤工,综采工(机采工),掘进工(砌工),爆破工,锚喷工,充填工,巷道维修工,运搬,运料工,采掘机电维修工,瓦斯检查员(测气工),管子工,井下钻探工。
9.1.2.2 使用期限不超过12个月的工种
电机车司机和跟车工,钉道工,运搬工,机电维修工,机电安装工,安全检查员,验收员,管柱工,井筒维修工,井下其他辅助工。

9.2 工矿靴
9.2.1 配备范围
煤矿、洗选煤厂部分工种。
9.2.2 使用期限
6个月至12个月。
9.2.2.1 使用期限不超过6个月的工种
煤矿井下:绞车司机,皮带、链板司机,水泵司机,接风筒工,通风密闭工,采样工,测量员,井下测尘工,井下送水、饭、清洁工。

露天煤矿:露天穿孔工,电镐扫道工,平道机助手,坑下放炮工,排土扫车工,钻探工,矿用重型汽车司机,工程机械司机,穿孔机司机,破碎站司机。
9.2.2.2 使用期限不超过12个月的工种
煤矿井下:井下保健员,井下炸药发放工,井底信号工,采掘区队长,采、掘、基建、通、运、修区工程技术人员,其他下井技术人员,其他下井管理干部。

煤矿井上:井上信号工,井上运搬工,机电维修工(矿车),矸石山翻车工,轨道工,注浆工,井上机电安装工。

露天煤矿:坑下电话移设维修工,铁道工,坑下检修工,坑下管工,扳道员,道口看守员,大型设备维修钳工,挖掘机维修钳工,煤场付煤工,检车工,行车值班员,调车、连接员,机电维修钳工,巡道工,现场货运员,站员,司磅工,煤场管理员,货运员,煤质采样监装工,煤油化验、计量员,胶带运行工。

洗选煤厂：浓缩机司机，真空泵工，煤泥泵工，皮带司机，挖煤泥工，滚轴筛工，闸门工，洗煤机工，浮选机司机，脱水机司机，斗子提升机司机。

9.3 防护胶鞋
9.3.1 配备范围
煤矿井上：绞车司机，井上电机车司机，压风司机，火药管理工，皮带机选矸工，抽风机司机，毛煤验收工，井口电梯司机，煤质化验员，坑木收发工。

露天煤矿：电铲车司机、助手、推土、平道机司机，摇道机司机，起重工，电机车司机。

洗选煤厂：破碎机司机，浮沉试验工，推煤司机，鼓风机司机，拣选工，洗选车间技术管理人员。

9.3.2 使用期限
6个月。

9.4 耐酸碱胶靴
9.4.1 配备范围
充电工。产品技术要求应符合 GB 12019—1989 的规定。

9.4.2 使用期限
12个月。

9.5 绝缘胶靴
9.5.1 配备范围
煤矿、洗选煤厂部分工种。产品技术要求应符合 GB 12011—2000 的规定。

9.5.2 使用期限
6个月至12个月。

9.5.2.1 使用期限不超过6个月的工种
井工煤矿：机电维修工，采掘机电维修工，配电工。

露天煤矿：架、换线工，电力、电讯外线电工，坑下信号维修工，挖掘机司机。

9.5.2.2 使用期限不超过12个月的工种
露天煤矿大型设备维修电工，挖掘机维修电工，水泵维修工，管工，钻机维修工，破碎站维修工，电力通讯信号工。

9.6 布袜
9.6.1 配备范围
煤矿井下所有作业工种。

9.6.2 使用期限
1个月至2个月。

9.6.2.1 使用期限不超过1个月的工种
采煤工，综采工（机采工），掘进工（砌工），爆破工，锚喷工，充填工，巷道维修工，电机车司机和跟车工，绞车司机，皮带、链板司机，运搬，运料工，钉道工，机电维修工，机电安装工，采掘机电维修工，瓦斯检查员（测气工），接风筒工，通风密闭工，采样工，安全检查员，管子工，井下测尘工，井下钻探工，井下送水、饭、清洁工，验收员，管柱工。

9.6.2.2 使用期限不超过2个月的工种
水泵司机，配电工，充电工，测量员，井下保健员，井下炸药发放工，井底信号工，井筒维修工,井下其他辅助工,采掘区队长,采、掘、基建、通、运、修区工程技术人员,其他下井技术人员,其他下井管理干部。

9.7 护腿

9.7.1 配备范围

主要供上山掘进和倾角在25°以上场所及倾角在30°以上的自滑运煤工作面作业人员和其他小腿容易受伤害的作业人员使用。

煤矿井下:采煤工,综采工(机采工),掘进工(砌工),爆破工,锚喷工,充填工,巷道维修工,运搬、运料工,钉道工。

煤矿井上:井上运搬工,坑木收发工。

9.7.2 使用期限

24个月。

9.8 护膝或膝盖垫

9.8.1 配备范围

煤矿井下薄煤层采煤工。

9.8.2 使用期限

3个月。

10 听力防护类

10.1 耳塞、耳罩

10.1.1 配备范围

煤矿井下:采煤工,综采工(机采工),掘进工(砌工),爆破工,电机车司机和跟车工,井下钻探工。

煤矿井上:电机车司机,压风司机,抽风机司机,选矸工。

听力防护类用品主要用于噪声A声级在85 dB以上的作业环境中的人员使用,当带耳塞(罩)影响安全时,禁止发放耳塞(罩)。

10.1.2 使用期限

备用。

11 防护服装类

11.1 矿工普通工作服

11.1.1 配备范围

煤矿、洗选煤厂所有作业工种。煤矿井下薄煤层采煤工使用耐磨工作服,产品技术要求应符合MT/T 843—1999的规定。

11.1.2 使用期限

6个月至18个月。

11.1.2.1 使用期限不超过6个月的工种

煤矿井下采煤工,综采工(机采工),掘进工(砌工),爆破工,锚喷工,充填工,巷道维修工,运搬、运料工,采掘机电维修工,通风密闭工,井下钻探工。

11.1.2.2 使用期限不超过 12 个月的工种

煤矿井下：电机车司机和跟车工，绞车司机，皮带、链板司机，钉道工，运搬工，机电维修工，机电安装工，水泵司机，配电工，充电工，瓦斯检查员(测气工)，接风筒工，采样工，安全检查员，测量员，管子工，井下测尘工，井下炸药发放工，井下送水、饭、清洁工，井底信号工，验收员，管柱工，井筒维修工，井下其他辅助工，采掘区队长，采、掘、基建、通、运、修区工程技术人员，其他下井技术人员，其他下井管理干部。

煤矿井上：井上运搬工，机电维修工(矿车)，矸石山翻车工，轨道工，注浆工，皮带机选矸工，井上机电安装工。

露天煤矿：电铲车司机、助手，露天穿孔工，坑下放炮工，排土扫车工，铁道工，坑下检修工，坑下管工，钻探工，矿用重型汽车司机，挖掘机司机，大型设备维修钳工，大型设备维修电工，挖掘机维修钳工，挖掘机维修电工，破碎站司机，推土、平道机司机，电镐扫道工，平道机助手，露天架、换线工，电力、电讯外线电工，坑下信号维修工，起重工，电机车司机，工程机械司机，穿孔机司机，水泵维修工，管工，钻机维修工，机电维修钳工，破碎站维修工，胶带运行工，电力通讯信号工。

洗选煤厂：浓缩机司机，真空泵工，煤泥泵工，皮带司机，挖煤泥工，滚轴筛工，破碎机司机，闸门工，洗煤机工，浮选机司机，脱水机司机，斗子提升机司机，浮沉试验工，推煤司机，鼓风机司机，拣选工。

11.1.2.3 使用期限不超过 18 个月的工种

煤矿井下：保健员。

煤矿井上：井上信号工，井上绞车司机，井上电机车司机，压风司机，充电工，火药管理工，抽风机司机，毛煤验收工，井口电梯司机，坑木收发工。

煤矿井上煤质化验员发白大衣。

露天煤矿：摇道机司机，坑下电话移设维修工，扳道员，道口看守员，煤场付煤工，检车工，行车值班员，调车、连接员，巡道工，现场货运员，站务员，司磅工，煤场管理员，货运员，煤质采样监装工，煤油化验、计量员。

洗选煤厂洗选车间技术管理人员。

11.2 反光背心(或在工作服上加装反光条)

11.2.1 配备范围

煤矿井下作业所有工种。企业可根据实际情况选择反光背心或在工作服上加装反光条其中一种配备。

11.2.2 使用期限

12 个月至 24 个月。

11.2.2.1 使用期限不超过 12 个月的工种

采煤工，综采工(机采工)，掘进工(砌工)，爆破工，锚喷工及充填工。

11.2.2.2 使用期限不超过 24 个月的工种

巷道维修工，电机车司机和跟车工，绞车司机，皮带、链板司机，运搬、运料工，钉道工，机电维修工，机电安装工，采掘机电维修工，水泵司机，配电工，充电工，瓦斯检查员(测气工)，接风筒工，通风密闭工，采样工，安全检查员，测量员，管子工，井下测尘工，井下保健员，井下钻探工，井下炸药发放工，井下送水、饭、清洁工，井底信号工，验收员，管柱工，井筒维修工，井下其他辅助工,采掘区队长,采、掘、基建、通、运、修区工程技术人员,其他下井技术人员,其他下井管理干部。

11.3 劳动防护雨衣

11.3.1 配备范围
煤矿、洗选煤厂部分工种。

11.3.2 使用期限
12 个月至 24 个月。

11.3.2.1 使用期限不超过 12 个月的工种
煤矿井下掘进工(砌工),爆破工,锚喷工,管子工及井筒维修工。

11.3.2.2 使用期限不超过 24 个月的工种
煤矿井下:测量员,井下钻探工,井下保健员,井下送水、饭、清洁工及井底信号工。

煤矿井上:井上运搬工,井上电机车司机,机电维修工(矿车),矸石山翻车工,轨道工,注浆工,坑木收发工,井上机电安装工。

露天煤矿:电铲车司机、助手,露天穿孔工,推土、平道机司机,电镐扫道工,平道机助手,排土扫车工,摇道机司机,露天架、换线工,电力、电讯外线电工,坑下电话移设维修工,铁道工,坑下检修工,坑下信号维修工,起重工,坑下管工,电机车司机,扳道员,道口看守员,钻探工,矿用重型汽车司机,挖掘机司机,工程机械司机,穿孔机司机,大型设备维修钳工,大型设备维修电工,挖掘机维修钳工,挖掘机维修电工,水泵维修工,管工,钻机维修工,煤场付煤工,检车工,行车值班员,调车、连接员,机电维修钳工,巡道工,现场货运员,站务员,煤场管理员、货运员,煤质采样监装工,破碎站司机,破碎站维修工,胶带运行工,电力通讯信号工。

洗选煤厂:推煤司机。

11.4 耐酸碱围裙

11.4.1 配备范围
充电工。

11.4.2 使用期限
24 个月。

11.5 棉上衣

11.5.1 配备范围
煤矿井下所有作业工种。

11.5.2 使用期限
24 个月至 36 个月。

11.5.2.1 使用期限不超过 24 个月的工种
采煤工,综采工(机采工),掘进工(砌工),爆破工,锚喷工,充填工,巷道维修工,绞车司机,皮带、链板司机,运搬、运料工,钉道工,机电维修工,机电安装工,采掘机电维修工,瓦斯检查员(测气工),接风筒工,通风密闭工,采样工,安全检查员,测量员,管子工,井下测尘工,井下保健员,井下钻探工,井下炸药发放工,井下送水、饭、清洁工,井底信号工,井筒维修工,井下其他辅助工。

11.5.2.2 使用期限不超过 36 个月的工种
电机车司机和跟车工,水泵司机,配电工,充电工,验收员,管柱工,采掘区队长,采、掘、基建、通、运、修区工程技术人员,其他下井技术人员,其他下井管理干部。

11.6 绒衣裤

11.6.1 配备范围
煤矿井下所有工种。

11.6.2 使用期限
12 个月。

11.7 秋衣裤

11.7.1 配备范围
煤矿井下所有工种。

11.7.2 使用期限
6 个月至 9 个月。

11.7.2.1 使用期限不超过 6 个月的工种
采煤工,综采工(机采工),掘进工(砌工),爆破工,锚喷工,充填工,巷道维修工,机电维修工,机电安装工,采掘机电维修工,瓦斯检查员(测气工),接风筒工,通风密闭工,井下钻探工,井下送水、饭、清洁工,井底信号工,井筒维修工。

11.7.2.2 使用期限不超过 9 个月的工种
电机车司机和跟车工,绞车司机,皮带、链板司机,运搬、运料工,钉道工,水泵司机,配电工,充电工,采样工,安全检查员,测量员,管子工,井下测尘工,井下保健员,井下炸药发放工,验收员,管柱工,井下其他辅助工,采掘区队长,采、掘、基建、通、运、修区工程技术人员,其他下井技术人员,其他下井管理干部。

11.8 皮上衣

11.8.1 配备范围
煤矿井下电机车司机和跟车工,绞车司机,皮带、链板司机。

11.8.2 使用期限
36 个月。

11.9 皮裤

11.9.1 配备范围
煤矿井下电机车司机和跟车工,绞车司机。矿井根据作业场作实际温度、风速等条件配备,作业场所最低温度低于 20 ℃(含)的矿井配备。

11.9.2 使用期限
36 个月。

11.10 护腰

11.10.1 配备范围
煤矿井下采煤工,综采工(机采工),掘进工(砌工),爆破工及充填工。

11.10.2 使用期限
24 个月。

11.11 棉背心

11.11.1 配备范围
煤矿井下所有作业工种。

11.11.2 使用期限
24 个月至 36 个月。

11.11.2.1 使用期限不超过 24 个月的工种
采煤工,综采工(机采工),掘进工(砌工),爆破工,锚喷工,充填工,巷道维修工,绞车司机,皮带、链板司机,运搬、运料工,钉道工,机电维修工,机电安装工,采掘机电维修工,瓦斯检查员(测气工),接风筒工,通风密闭工,采样工,安全检查员,测量员,管子工,井下测尘工,井下保健员,井下钻探工,井下炸药发放工,井下送水、饭、清洁工,井底信号工,井筒维修工,井下其他辅助工。

11.11.2.2 使用期限不超过 36 个月的工种
电机车司机和跟车工,水泵司机,配电工,充电工,验收员,管柱工,采掘区队长,采、掘、基建、通、运、修区工程技术人员,其他下井技术人员,其他下井管理干部。

12 防寒用品类

12.1 种类
棉衣、棉裤、棉大衣、棉帽、棉胶鞋、棉手套、皮大衣、皮帽、皮手套及棉皮鞋。

12.2 配备范围
煤矿井下各工种根据作业地点温度配备相应的防寒用品。

冬季经常从事室外及露天作业的工种,冬季没有取暖条件的其他工种参照执行。

5 ℃～-5 ℃持续时间超过 1 个月以上配发棉短大衣。

-6 ℃～-15 ℃持续时间超过 1 个月以上配发棉衣、棉裤、棉手套、棉帽、棉胶鞋。

-16 ℃～-25 ℃持续时间超过 1 个月以上配发棉大衣、棉衣、棉裤、棉帽或皮帽、棉胶鞋、棉手套或皮手套。

-25 ℃以下持续时间超过 1 个月以上配发皮大衣、棉衣、棉裤、皮帽、皮手套及棉皮鞋。

12.3 使用期限
棉衣、棉裤、棉大衣、棉帽、棉胶鞋、棉手套、皮大衣、皮帽、皮手套及棉皮鞋均为 36 个月。

13 其他

13.1 对未列入本标准的工种,参照本标准相近工种的配备标准执行。

13.2 煤矿职业安全卫生个体防护用品的产品质量应符合国家质量标准。

13.3 煤矿职业安全卫生个体防护用品的管理应符合安全生产监督管理的有关规定。

附 录 A
（资料性附录）

煤矿职业安全卫生个体防护用品配备标准一览表

表 A.1 井下部分

单位：月

工种序号	工种	矿灯(个)	矿灯带(条)	自救器(个)	毛巾(条)	肥皂(条)	香皂(块)	浴液洗发液(500500 ml)	安全帽(顶)	防尘口罩(个)	防冲击眼镜(副)	化学护目镜(副)	布手套(副)	线手套(副)	浸胶手套(副)	防振手套(副)	耐酸碱手套(副)	绝缘手套(副)	护肘(副)	防砸胶靴(双)	工矿靴(双)	耐酸碱胶靴(双)	绝缘胶靴(双)	布袜(双)	护腿(副)	护膝(副)	听力防护用品(副)	矿工服(套)	反光背心(件)	防护雨衣(件)	耐酸碱围裙(件)	棉上衣(件)	绒衣裤(套)	秋衣裤(套)	皮上衣(件)	皮裤(条)	护腰(副)	备注
1	采煤工(薄煤层)	备	24	备	1	1/4	1	1	30	1	6		1/4		3				3					1	24	3	备	9	18			24	24	6			24	
2	采煤工(中、厚煤层)	备	24	备	1	1/4	1	1	30	1	6		1/3		3					12				1	24		备	9	18			24	24	6			24	
3	综采工(机采工)	备	24	备	1	1/4	1	1	30	1	6		1/3		3					12				1	24		备	9	18			24	24	6			24	
4	掘进工(砌工)	备	24	备	1	1/4	1	1	30	1	6		1/4		3					12				1	24			9	18	12		24	24	6			24	
5	爆破工	备	24	备	1	1/4	1	1	30	2	6		1/2							12				1	24			9	18	12		24	24	6				
6	锚喷工	备	24	备	1	1/4	1	1	30	1	6		1/2		3					12				1	24		备	9	18	12		24	24	6			24	
7	充填工	备	24	备	1	1/4	1	1	30	1	12		1/4							12				1	24			9	18			24	24	6				
8	巷道维修工	备	24	备	2	1/3	2	2	30	2	12				3					12				1	24			12	24			24	24	6			24	

表 A.1（续）

品名和使用期限 单位：月

工种序号	工种	矿灯(个)	矿灯带(条)	自救器(个)	毛巾(条)	肥皂(条)	香皂(块)	浴液(500ml)	洗发液(500ml)	安全帽(顶)	防尘口罩(个)	防冲击眼镜(副)	化学护目镜(副)	布手套(副)	线手套(副)	浸胶手套(副)	防振手套(副)	耐酸碱手套(副)	绝缘手套(副)	护肘(副)	防砸胶靴(双)	工矿靴(双)	耐酸碱胶靴(双)	绝缘胶靴(双)	布林袜(双)	护腿(副)	护膝(副)	听力防护用品(副)	矿工服(套)	反光背心(件)	防护雨衣(件)	耐酸碱围裙(件)	棉上衣(件)	绒衣裤(套)	秋衣裤(套)	皮上衣(件)	皮裤(条)	护腰(副)	备注
9	电机车司机和车工	备	24	备	2	1/3	2	2	500	30				1							18				1				18	24			36	24	9	9	36	36	
10	绞车司机	备	24	备	2	1/3	2	2	500	36				1											1				18	24			24	24	9	9	36		
11	皮带、链板司机	备	24	备	2	1/3	2	2	500	36	2			1								12			1				18	24			24	24	9	9	36		
12	运搬、运料工	备	24	备	2	1/3	2	2	500	36				1/2		3					12				1	24			12	24			24	24	9				
13	钉道工，运搬工	备	24	备	2	1/3	2	2	500	36	3			1/2		3					18				1	24			18	24			24	24	9				
14	机电维修工	备	24	备	2	1/3	2	2	500	36				1/2					3		18			12	1				18	24			24	24	9				
15	机电安装工	备	24	备	2	1/3	2	2	500	36	3			1/2					3		18			12	1				18	24			24	24	6				
16	采掘机电维修工	备	24	备	2	1/3	2	2	500	36				1/2					3		12			12	1				12	24			24	24	6				
17	水泵司机	备	36	备	2	1/3	2	2	500	36				2								12			2				18	24			36	24	6				
18	配电工	备	48	备	2	1/3	2	2	500	36			24	2					3			12		12	2				18	24			36	24	9				
19	充电工	备	48	备	2	1/3	2	2	500	36								3				12	18		2				18	24		24	36	24	9				

1670

表 A.1（续）

单位：月

工种序号	工种	矿灯	矿灯带	自救器	毛巾	肥皂	香皂	浴液	洗发液	安全帽	防尘口罩	防冲击眼镜	化学护目镜	布手套	线手套	浸胶手套	防振手套	耐酸碱手套	绝缘手套	护肘	防砸胶靴	工矿靴	耐酸碱胶靴	绝缘胶靴	布袜	护腿	护膝	听力防护用品	矿工服	反光背心	防护雨衣	耐酸碱围裙	棉上衣	线衣裤	秋衣裤	皮上衣	皮裤	护腰	备注
		个	条	个	条	条	块	500ml	500ml	顶	个	副	副	副	副	副	副	副	副	副	双	双	双	双	双	副	副	副	套	件	件	件	件	套	套	件	条	副	
20	瓦斯检查员（测气工）	备	24	备	2	1/3	2	2	2	36	2			2															18	24			24	24	6				
21	接风筒工	备	24	备	2	1/3	2	2	2	36				1							12				1				18	24			24	24	6				
22	通风密闭工	备	24	备	2	1/3	2	2	2	36	3			14								12			1				12	24			24	24	6				
23	采样工	备	24	备	2	1/3	2	2	2	36				1								12			1				18	24			24	24	9				
24	安全检查员	备	24	备	2	1/3	2	2	2	36					2						18				1				18	24			24	24	9				
25	测量员	备	48	备	2	1/3	2	2	2	36					1							12			2				18	24			24	24	9				
26	管子工	备	24	备	2	1/3	2	2	2	36	2			1							12				1				18	24			24	24	9				
27	井下测尘工	备	48	备	2	1/3	2	2	2	36				1	2							12			1				18	24			24	24	9				
28	井下保健员	备	48	备	2	1/3	2	2	2	36						3						18			2				24	24			24	24	9				
29	井下钻探工	备	24	备	2	1/3	2	2	2	36				1		3					12				1			备	12	24			24	24	6				
30	井下炸药发放工	备	48	备	2	1/3	2	2	2	36			24	1	1							18			2				18	24			24	24	9				

表 A.1（续）

单位：月

工种序号	工种	矿灯(个)	矿灯带(条)	自救器(个)	毛巾(条)	肥皂(条)	香皂(块)	浴液(500ml)	洗发液(500ml)	安全帽(顶)	防尘口罩(个)	防冲击眼镜(副)	化学护目镜(副)	布手套(副)	线手套(副)	浸胶手套(副)	防振手套(副)	耐酸碱手套(副)	绝缘手套(副)	护肘(副)	防砸胶靴(双)	工矿靴(双)	耐酸碱胶靴(双)	绝缘胶靴(双)	布袜(双)	护膝(副)	听力防护用品(副)	矿工服(套)	反光背心(件)	防护雨衣(件)	耐酸碱围裙(件)	棉上衣(件)	绒衣裤(套)	秋衣裤(套)	皮上衣(件)	皮裤(条)	护腰(副)	备注
31	井下送水、饭、清洁工		24	备	2	1/3	2	2	2	36	3			2								12			1			18	24	24		24	24	6				
32	井底信号工		48	备	2	1/3	2	2	2	36				1								18			2			18	24	24		24	24	6				
33	验收员、管柱工		24	备	2	1/3	2	2	2	36	3			1							18				1			18	24			36	24	9				
34	井筒维修工		24	备	2	1/3	2	2	2	36				1							18				2			18	24	12		24	24	6				
35	井下其他辅助工		48	备	2	1/3	2	2	2	36				2							18				2			18	24			24	24					享受同种工人待遇
36	跟班生产采、掘区队（队）长 采掘区工程技术人员 基建、修区工程技术人员		48	备	2	1/2	2	2	2	36	3			1								18			2			18	24			36	24	9				
37	其他下井技术人员		48	备	3	1/2	2	2	2	36				2								18			2			18	24			36	24	9				
38	其他下井管理干部		48	备	3	1/2	2	2	2	36				2								18			2			18	24			36	24	9				

表 A.2 井上部分

单位：月

工种序号	工种	毛巾(条)	肥皂(条)	浴液(500ml)	香皂(块)	洗发液(500ml)	安全帽(顶)	工作帽(顶)	防尘口罩(个)	防冲击眼镜(副)	焊接护目镜(副)	化学护目镜(副)	布手套(副)	线手套(副)	浸胶手套(副)	防振手套(副)	耐酸碱手套(副)	电焊手套(副)	工矿靴(双)	护腿(副)	防护胶鞋(双)	耐酸碱胶靴(双)	绝缘胶靴(双)	听力防护用品(副)	矿工服(套)	防护雨衣(件)	耐酸碱围裙(件)	备注
1	井上信号工	3	1	3	3	3	24							2					18						24			
2	井上绞车司机	3	1	3	3	3		12						1											24			
3	井上运搬工	3	1/2	2	2	2		12							3				18	24	12				18	24		
4	井上电机车司机	3	1	3	3	3		12						2											24	24		
5	压风司机	3	1	3	3	3		12						2							12				24			
6	机电维修工(矿车)	3	1/2	2	2	2		12			24		1					3	18					备	18	24		
7	矸石山翻车工	3	1/2	2	2	2		12	2			24	1				3		18					备	18	24		
8	轨道工	3	1/2	2	2	2		12	3					2					18						24			
9	充电工	3	1/2	2	2	2		12	2	24		24				3						18			24		24	
10	火药管理工	3	1/2	2	2	2		12	2	24						3	3								24			
11	注浆工	3	1/2	2	2	2	24	12					2				3		18		12				18			
12	皮带机选矸工	3	1/2	2	2	2		12	2	24											12				18			
13	抽风机司机	3	1	3	3	3		18						2							12			备	24			
14	毛煤验收工	3	1	3	3	3		18		24				2							12				24			

表 A.2（续）

单位：月

工种序号	工种	毛巾(条)	肥皂(条)	浴液(500ml)	香皂(块)	洗发液(500ml)	安全帽(顶)	工作帽(顶)	防尘口罩(个)	防冲击眼镜(副)	焊接护目镜(副)	化学护目镜(副)	布手套(副)	线手套(副)	浸胶手套(副)	防振手套(副)	耐酸碱手套(副)	电焊手套(副)	工矿靴(双)	护腿(副)	防护胶鞋(双)	耐酸碱胶靴(双)	绝缘胶靴(双)	听力防护用品(副)	矿工服(套)	防护雨衣(件)	耐酸碱围裙(件)	备注
15	井口电梯司机	3	1	3	3	3		18	3					2							12							
16	煤质化验员	3	1	3	3	3		18						2							18				24			白大衣 24 个月
17	坑木收发工	3	1	3	3	3		18						1						24	12				24	24		
18	井上机电安装工	3	1/2	2	2	2		18						1/2					18						18	24		

表 A.3 露天部分

单位：月

工种序号	工种	毛巾(条)	肥皂(条)	浴液(500ml)	香皂(块)	洗发液(500ml)	安全帽(顶)	工作帽(顶)	防尘口罩(个)	防冲击眼镜(副)	焊接护目镜(副)	紫外护目镜(副)	布手套(副)	线手套(副)	浸胶手套(副)	防振手套(副)	绝缘手套(副)	电焊手套(副)	工矿靴(双)	防护胶鞋(双)	绝缘胶靴(副)	矿工服(套)	防护雨衣(件)	备注
1	电铲车司机、助手	2	1/2	2	2	2		18	3			24	1							12		12	24	
2	露天穿孔工	3	1	3	3	3	24		3			24	1			3			12			12	24	
3	推土、平道机司机	3	1	3	3	3		18	3	24					3	3				12		18	24	

表 A.3（续）

单位:月

工种序号	工种	毛巾 条	肥皂 条	香皂 块	浴液 500ml	洗发液 500ml	安全帽 顶	工作帽 顶	防尘口罩 个	防冲击眼镜 副	焊接护目镜 副	紫外护目镜 副	布手套 副	线手套 副	浸胶手套 副	防振手套 副	绝缘手套 副	电焊手套 副	工矿靴 双	防护胶鞋 双	绝缘胶靴 副	矿工服 套	防护雨衣 件	备注
4	电镐扫道工	3	1	3	3	3	24		3	24			1						12			18	24	
5	平道机助手	3	1	3	3	3		18	3			24		$\frac{1}{2}$					12			18	24	
6	坑下放炮工	3	1	3	3	3	24		3	24			1						12			12	24	
7	排土扫车工	3	1	3	3	3		18	3	24			1						12			12	24	
8	摇道机司机	3	1	3	3	3		18	3			24	$\frac{1}{2}$			3				12		24	24	
9	露天架、换线工	3	1	3	3	3		18	3			24		$\frac{1}{2}$	3		3				12	18	24	
10	电力、电讯外线电工	2	$\frac{1}{2}$	2	2	2		18	3			24			3		3				12	18	24	
11	坑下电话移设维修工	2	$\frac{1}{2}$	2	2	2		18	3	24				$\frac{1}{2}$					18			24	24	
12	铁道工	2	$\frac{1}{2}$	2	2	2		18	3	24		24	$\frac{1}{2}$	$\frac{1}{2}$					18			12	24	
13	坑下检修工	3	1	3	3	3		18	3			24	$\frac{1}{2}$				3		18			12	24	
14	坑下信号维修工	2	$\frac{1}{2}$	2	2	2		18	3			24	$\frac{1}{2}$								12	18	24	
15	起重工	3	1	3	3	3		18	3	24			1							18		18	24	
16	坑下管工	3	1	3	3	3		18	3	24			$\frac{1}{2}$						18			12	24	
17	电机车司机	3	1	3	3	3		18	3	24			1							18		18	24	

表 A.3（续）

单位：月

工种序号	工种	毛巾(条)	肥皂(条)	香皂(块)	浴液(500 ml)	洗发液(500 ml)	安全帽(顶)	工作帽(顶)	防尘口罩(个)	防冲击眼镜(副)	焊接护目镜(副)	紫外护目镜(副)	布手套(副)	线手套(副)	浸胶手套(副)	防振手套(副)	绝缘手套(副)	电焊手套(副)	工矿靴(双)	防护胶鞋(双)	绝缘胶靴(副)	矿工服(套)	防护雨衣(件)	备注
18	扳道员,道口看守员	2	1/2	2	2	2		18		24									18			24	24	
19	钻探工	2	1/2	2	2	2		18	3	24			1/2		3	3			12			12	24	
20	矿用重型汽车司机	2	1/2	2	2	2	24		3	24				1	3				12			12	24	
21	挖掘机司机	2	1/2	2	2	2	24		3	24				1							12	12	24	
22	工程机械司机	2	1/2	2	2	2	24		3	24				1					12			18	24	
23	穿孔机司机	2	1/2	2	2	2	24		3	24				1					12			18	24	
24	大型设备维修钳工	3	1	3	3	3	24		3		24		1/2					3	18			12	24	
25	大型设备维修电工	3	1	3	3	3	24		3			24	1/2				3				18	12	24	
26	挖掘机维修钳工	3	1	3	3	3	24		3		24		1/2					3	18			12	24	
26	挖掘机维修电工	3	1	3	3	3	24		3			24	1/2				3	3			18	12	24	
28	水泵维修工,管工,钻机维修工	3	1	3	3	3	24		3			24		1			3	3			18	18	24	
29	煤场副煤工	3	1	3	3	3	24					24		1					18			24	24	
30	检车工	3	1	3	3	3	24					24		1					18			24	24	
31	行车值班员	3	1	3	3	3		18	3					2					18			24	24	

表 A.3（续）

单位：月

工种序号	工种	毛巾 条	肥皂 条	香皂 块	浴液 500ml	洗发液 500ml	安全帽 顶	工作帽 顶	防尘口罩 个	防冲击眼镜 副	焊接护目镜 副	紫外护目镜 副	布手套 副	线手套 副	浸胶手套 副	防振手套 副	绝缘手套 副	电焊手套 副	工矿靴 双	防护胶鞋 双	绝缘胶靴 副	矿工服 套	防护雨衣 件	备注
32	调车,连接员	3	1	3	3	3		18	3	24				$\frac{1}{2}$					18			24	24	
33	机电维修钳工	3	1	3	3	3		18	3	24				$\frac{1}{2}$				3	18			18	24	
34	巡道工	3	1	3	3	3		18	3					1					18			24	24	
35	现场货运员,站务员	3	1	3	3	3		18	3	24		24		2					18			24	24	
36	司磅工	3	1	3	3	3		18	3	24				2					18			24	24	
37	煤场管理员,货运员	3	1	3	3	3		18	3	24				2					18			24	24	
38	煤质采样监装工	3	1	3	3	3		18	3	24		24		2					18			24	24	
39	煤油化验,计量员	3	1	3	3	3		18	3	24				2					18			24		
40	破碎站司机	2	$\frac{1}{2}$	2	2	2	24		3	24				2					12			12	24	
41	破碎站维修工	2	$\frac{1}{2}$	2	2	2	24		3			24		$\frac{1}{2}$			3				18	18	24	
42	胶带运行工	3	1	3	3	3	24		3			24		1					18			18	24	
43	电力通讯信号工	3	1	3	3	3	24		3	24				1			3				18	18	24	

1677

表 A.4 煤炭洗选部分

单位：月

工种序号	工种	毛巾 条	肥皂 条	香皂 块	浴液 500ml	洗发液 500ml	工作帽 顶	防尘口罩 个	防冲击眼镜 副	布手套 副	线手套 副	浸塑手套 副	绝缘手套 副	工矿靴 双	防护胶鞋 双	矿工服 套	防护雨衣 件	备注
1	浓缩机司机	3	1/2	2	2	2	12				1			18		18		
2	真空泵工	3	1	2	2	2	12				1		3	18		18		
3	煤泥泵工	3	1/2	2	2	2	12				1		3	18		18		
4	皮带司机	3	1/2	2	2	2	12			2			3	18		18		
5	挖煤泥工	3	1/2	2	2	2	12			2				18		18		
6	滚轴筛工	3	1	2	2	2	12			2				18		18		
7	破碎机司机	3	1/2	2	2	2	12	3		2			3	18	12	18		
8	闸门工	3	1/2	2	2	2	12	3						18		18		
9	洗煤机工	3	1/2	2	2	2	12				1			18		18		
10	浮选机司机	3	1/2	2	2	2	12				1			18		18		

表 A.4（续）

单位：月

工种序号	工 种	毛巾 条	肥皂 条	香皂 块	浴液 500ml	洗发液 500ml	工作帽 顶	防尘口罩 个	防冲击眼镜 副	布手套 副	线手套 副	浸塑手套 副	绝缘手套 副	工矿靴 双	防护胶鞋 双	防护矿工服 套	防护雨衣 件	备注
11	脱水机司机	3	$\frac{1}{2}$	2	2	2	12				1			18		18		
12	斗子提升机司机	3	$\frac{1}{2}$	2	2	2	12				1			18		18		
13	浮沉试验工	3	$\frac{1}{2}$	2	2	2	12	2	24			3			12	18		
14	推煤司机	3	$\frac{1}{2}$	2	2	2	12		24		1				12	18		
15	鼓风机司机	3	$\frac{1}{2}$	2	2	2	12								12	18		
16	拣选工	3	$\frac{1}{2}$	2	2	2	12				1				12	18	24	
17	洗选车间技术管理人员	3	1	3	3	3	18								12	24		

隔绝式压缩氧气自救器(AQ 1054—2008)

前 言

本标准为强制性标准。
本标准附录 A 为规范性附录。
本标准由国家安全生产监督管理总局、国家煤矿安全监察局提出。
本标准由全国安全生产标准化技术委员会煤矿安全分技术委员会归口。
本标准由煤炭科学研究总院抚顺分院、安标国家矿用产品安全标志中心、山西虹安科技有限公司负责起草。
本标准主要起草人:余进、张新民、李新文、孟金锁、马善清、李振新、陈福明、戴峻、朱世安、朱龙辉、张志强、马云龙、董瑾、马龙等。
本标准首次发布。

1 范围

本标准规定了隔绝式压缩氧气自救器的产品型式、分类、技术要求、试验方法、检验规则、标志、包装、运输和贮存等。

本标准适用于矿山井下、石油化工、隧道工程等涉及作业人员危险场所个人逃生使用隔绝式压缩氧气自救器(以下简称自救器)的设计、生产制造和检验。

2 规范性引用文件

下列文件中的条款通过本标准的引用而成为本标准的条款。凡是注日期的引用文件,其随后所有的修改单(不包括勘误的内容)或修订版均不适用于本标准,然而,鼓励根据本标准达成协议的各方研究是否可使用这些文件的最新版本。凡是不注日期的引用文件,其最新版本适用于本标准。

GB 191 包装储运图示标志
GB/T 528 硫化橡胶或热塑性橡胶拉伸应力应变性能的测定
GB/T 531 橡胶袖珍硬度计压入硬度试验方法
GB/T 1226 一般压力表
GB/T 2423.17 电工电子产品基本环境试验规程 试验 Ka:盐雾试验方法
GB 2890 过滤式防毒面具通用技术条件
GB/T 3512 硫化橡胶或热塑性橡胶 热空气加速老化和耐热试验
GB/T 3836.1—2000 爆炸性环境用防爆电气设备 第一部分:通用要求
GB 5099 钢质无缝气瓶
GB 8982 医用氧气
GB/T 10111 利用随机数骰子进行随机抽样的方法
GB/T 15256 硫化橡胶低温脆性的测定(多试样法)

HG/T 2198 硫化橡胶物理试验方法的一般要求
MT 113 煤矿井下用聚合物制品阻燃抗静电性通用试验方法和判定规则
MT 454 压缩氧呼吸器和压缩氧自救器用二氧化碳吸收剂—氢氧化钙技术条件
气瓶安全监察规程 国家质量技术监督局 2000 年颁发

3 术语和定义

3.1
额定防护时间 nominal protection time

在规定作功功率条件下,自救器符合防护性能要求的公称使用时间。

3.2
防护时间 protection time

在规定作功功率条件下,自救器符合防护性能要求的实际使用时间。

3.3
高压系统 high pressure system

包括氧气瓶、氧气瓶开关、减压器、手动补给阀和压力指示计等高压部分及其连接件所形成的高压气路。

3.4
呼吸系统 breathing system

包括口具(面罩)、鼻夹、呼吸导管、气囊、排气阀和供氧装置等及其连接件与佩戴者呼吸器官所形成的起呼吸保护作用的系统。

3.5
定量供氧 oxygen delivery by constant flow

高压氧气经减压器减压后,通过节流孔以规定的流量连接向呼吸系统供氧。

3.6
手动补给供氧 oxygen delivery by manual switch

用手按动,使手动补给阀直接向呼吸系统供氧。

3.7
自动补给供氧 oxygen delivery by demand valve

呼吸系统内压力下降到规定压力值时,自动补给阀自动开启向呼吸系统供氧。

4 产品型式、型号和分类

4.1 产品型式
以高压容器压缩充填氧气作为氧气源的循环充气的隔绝式自救器。

4.2 产品型号
型号标记说明:

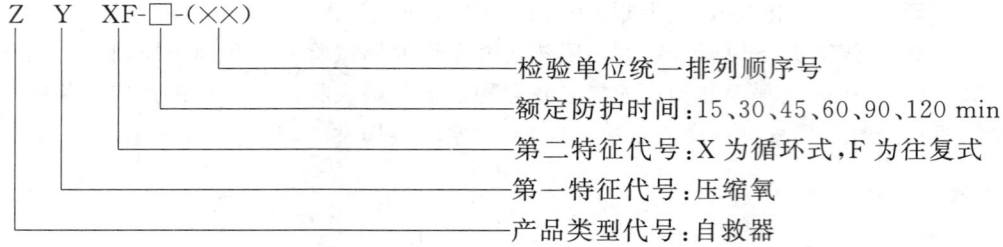

4.3 产品分类

4.3.1 按供氧方式分为：

——定量供氧、手动补给供氧型；

——定量供氧、自动补给供氧型；

——定量供氧、手动和自动补给供氧兼用型。

呼吸方式分为内循环式和往复式两种。

4.3.2 按额定防护时间分为 6 种，其基本参数见表 1。

表 1

型号及规格	作功功率/W	额定防护时间/min	O_2 瓶额定压力/MPa	O_2 储量/L	整体质量/kg
ZY(XF)15	55	15	20	≥40	≤2.5
ZY(XF)30		30		≥56	≤3.0
ZY(XF)45		45		≥80	≤3.5
ZY(XF)60		60		≥140	
ZY(XF)90		90		≥180	≤4.5
ZY(XF)120		120		≥240	≤5.5

5 技术要求

5.1 一般要求

5.1.1 产品应符合本标准中规定技术指标要求的同时，并按照相关规定程序审核批准的设计图纸和技术文件进行生产制造。

5.1.2 产品在下列环境中使用时应能可靠地起到保护作用，同时在下列条件应正常使用。

其气体及含量条件为：$CO(0\sim10)\%$；$SO_2(0\sim2)\%$；$H_2S(0\sim1)\%$；$NO_2(0\sim1)\%$；$CO_2(0\sim100)\%$；$CH_4(0\sim100)\%$；$N_2(0\sim100)\%$；浮尘在 $10\ g/m^3$ 以下。

——大气压力：$(70\sim125)kPa$；

——相对湿度：$(0\sim98)\%(25\ ℃)$；

——温度：$(-10\sim+40)℃$。

5.2 产品外观质量

产品外观应有明显的安全标志准用证编号，上壳内部应设置防伪条码（编码信息量：企业和产品名称型号，生产日期和批次，出厂检验员等），外壳不得有明显肉眼可见的划伤和磕痕。

5.3 防护性能

5.3.1 吸气中 O_2 浓度,在额定防护时间内,在开始 1 min 内,O_2 浓度短时允许不低于 19%,3 min 后,O_2 浓度不低于 21%,额定时间内吸气中 O_2 浓度应不低于 25%。

5.3.2 吸气中 CO_2 浓度,在额定防护时间内吸气中 CO_2 浓度应不大于 2.0%。

5.3.3 吸气中应无刺激性气味、无有毒有害气体,其粉尘量不应使佩戴者呼吸受到影响。

5.3.4 吸气温度,额定防护时间内在 20 ℃±3 ℃ 的环境温度下,吸气温度应不大于 50 ℃。

5.3.5 通气阻力,防护性能试验后,清净罐的通气阻力应不大于 200 Pa。

5.4 气密性

5.4.1 高压气密性,高压系统经气密性试验,系统内的接合点应不漏气。

5.4.2 正、负压气密性,呼吸系统经正压和负压气密性试验测定,其压力变化值应不大于 50 Pa。

5.5 供氧性能

5.5.1 定量供氧量,当氧气瓶压力为(20~3)MPa 时,定量供氧量应不小于 1.2 L/min。

5.5.2 自动补给供氧量,当氧气瓶压力为(20~5)MPa 时,供氧量应不小于 60 L/min。

5.5.3 手动补给供氧量,当氧气瓶压力为(20~5)MPa 时,供氧量应不小于 60 L/min。

5.6 封口带的开启力

应为 40~120 N。

5.7 耐温性能

产品经高温、低温试验,所有零部件应不变形、不开裂、无发黏和变硬等不良状态,并应符合本标准 5.4 和 5.5 要求。

5.8 耐跌落性能

耐跌落冲击,产品经跌落试验,外壳和清净罐等应不变形,不开裂,并应符合本标准 5.4 要求。

5.9 滚动冲击性能

耐滚动冲击,产品经滚动冲击试验,应符合本标准 5.4、5.5 要求。

5.10 零部件要求

5.10.1 自救器外罐要有足够强度,便于携带,便于清洗;封口带锁紧装置不能被意外的挂开;所有零件应保持清洁,口具应消毒,与 O_2 接触的零件应无油。

5.10.2 口具应便于咬紧,舒适,闭嘴时应严密。鼻夹弹簧夹紧力适中与鼻夹垫配合应可靠密封鼻孔,无异常痛苦或不能因激动、汗液而脱落。头带、脖带、腰带应结实,能方便地调节长度并可锁紧。

5.10.3 有面罩的自救器,面罩应符合 GB 2890 的规定。

5.10.4 呼吸软管经气密试验应不漏气;软管应有弹性,产生变形时,呼吸应畅通。

5.10.5 气囊

   a) 气囊容积为 4 L 以上;
   b) 经 50 ℃±1 ℃ 热水浸泡试验后,应不开裂;
   c) 经气密性试验应不漏气。

5.10.6 清净罐

   a) 经气密性试验应不漏气;
   b) 其结构应便于换药和清洗,并能防止药剂松动和偏斜。

5.10.7 氧气瓶和气瓶阀门

a) 氧气瓶应符合 GB 5099 的有关规定;
b) 阀门应开启、关闭灵活、不漏气,开启力为(40～150)N。

5.10.8 压力指示器

5.10.8.1 应符合 GB/T 1226 有关规定。

5.10.8.2 安装位置应便于观察,指示的压力应为氧气瓶内的压力值,表盘应用鲜明颜色划分为停止使用区域;工作压力区域和充填压力区域直观容易分辨区域。

5.10.8.3 区域内应有压力刻度且清晰可见,其刻度值分辨率为 1‰。

5.10.9 自动补给阀开启压力,应为(－100～－400)Pa。

5.10.10 呼气阀、吸气阀

5.10.10.1 呼气阀、吸气阀的逆向漏气量应不大于 0.5 L/min。

5.10.10.2 呼气阀、吸气阀的通气阻力应不大于 50 Pa,其结构应保证呼吸器阀片动作可靠。

5.10.11 排气阀

5.10.11.1 排气阀的逆向气密性,在 980 Pa 压力下,保持 1 min,压力下降值应不大于 50 Pa。

5.10.11.2 排气阀的排气压力为(150～300)Pa。

5.10.12 安全阀的开启压力应不大于 1 MPa。

5.11 材料要求

5.11.1 金属材料

自救器的金属件应采用耐腐蚀的材料或经耐腐蚀处理的材料。材质应符合 GB 3836.1—2000 的规定。

5.11.2 橡胶材料

5.11.2.1 口具、面罩、呼吸软管、气囊等橡胶材料经耐寒性和耐老化试验,应不黏、不沾、不裂、不变形,在常温下贮存使用 3 年以上。

5.11.2.2 与皮肤接触的橡胶材料应对人体无害;与呼吸道相通的橡胶材料应无毒、无异味。

5.11.3 塑料材料

5.11.3.1 所有塑料材料在常温下贮存使用 3 年,应不变形、无裂痕、沾结现象。

5.11.3.2 自救器外壳、清净罐和连接件等为塑料时,应有足够强度。

5.11.3.3 自救器塑料外壳应采取防静电措施,其表面绝缘电阻值应小于 1×10^9 Ω,材质应符合 GB 3836.1—2000 的规定。

5.11.3.4 自救器塑料外壳应采取阻燃措施,阻燃性能应符合 MT 113 的规定。

5.12 CO_2 吸收剂应符合 MT 454 的规定。

5.13 O_2 应符合 GB 8982 的规定,氧气浓度应≥99.5%。

5.14 自救器使用有效期为 3 年。

6 试验方法

6.1 防护性能试验

6.1.1 仪器仪表及设备

防护性能试验所用仿人呼吸装置如图 1 所示,除呼吸机外,装置气路总容积应不大于 2 L,从水分饱和器出口到三通这段管路应采取保温措施。所用仪器、设备见表 2。

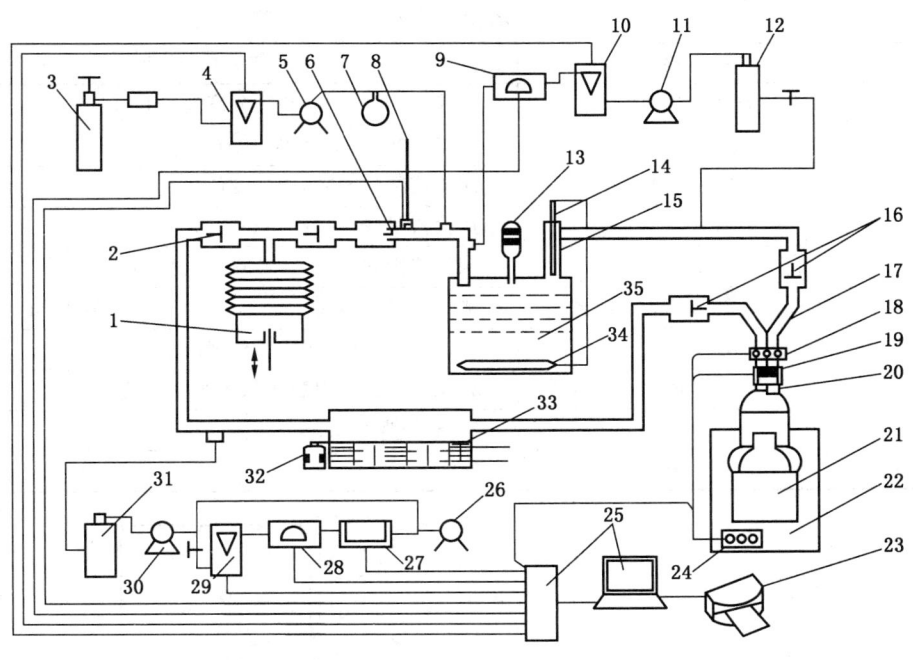

1——仿人工呼吸机;
2,16——单向逆止阀;
3——CO_2钢瓶;
4,10,29——转子流量计;
5,26——湿式气体流量计;
6——硅橡胶膜片呼气阀;
7——缓冲气袋;
8,14——温度测试仪;
9,28——红外线CO_2分析仪;
11,30——采气泵;
12,31——干燥塔;
13,32——补水器;
15,19——温度指示控制仪;
17,20——三通接头;
18,24——压力表或压力变送器;
21——受检自救器;
22——恒温箱;
23——打印机;
25——采集器与计算机;
27——热磁O_2分析仪;
33——热交换器;
34——加热器;
35——鼓泡式加温增湿器。

图 1 综合防护性能试验装置

表 2

序号	仪器设备名称	规格要求和说明
1	呼吸机	呼吸量(10～40)L/min,呼吸频率(10～30)r/min,呼吸比1:1
2	CO_2钢瓶	压力15 MPa,容积(30～50)L
3	转子流量计	测量范围(0.024～0.24)m^3/h,准确度2.5级
4	湿式气体流量计	额定流量0.5 m^3/h,容积5 L,准确度2.5级
5	缓冲气袋	橡胶布制造,容积(2～3)L
6	鼓泡吸湿式水分饱和器	用有机玻璃按图2制作
7	呼气阀、吸气阀	用呼吸器吸气阀代替

表 2（续）

序号	仪器设备名称	规格要求和说明
8	温度变送器	测量范围(0～100)℃,分度值 0.1 ℃
9	电加热器	功率(500～1 000)W,电压 220 V
10	红外线 CO_2 分析仪	测量范围(0～5)％,分度值 0.2％
11	薄膜式气泵	最大流量(0～4)L/min
12	温度计	测量范围(0～50,100)℃,分度值分别为 0.5 ℃、0.1 ℃
13	水柱压力计或压力传感器	测量范围(-1.96～+1.96)kPa,分度值 1 Pa
14	热磁式 O_2 分析仪	测量范围(0～100)％,分度值 2％
15	干燥塔	容积 250 mL,内装块状无水氯化钙
16	秒表	24 h,分辨率 0.1 s
17	大气袋	10 L

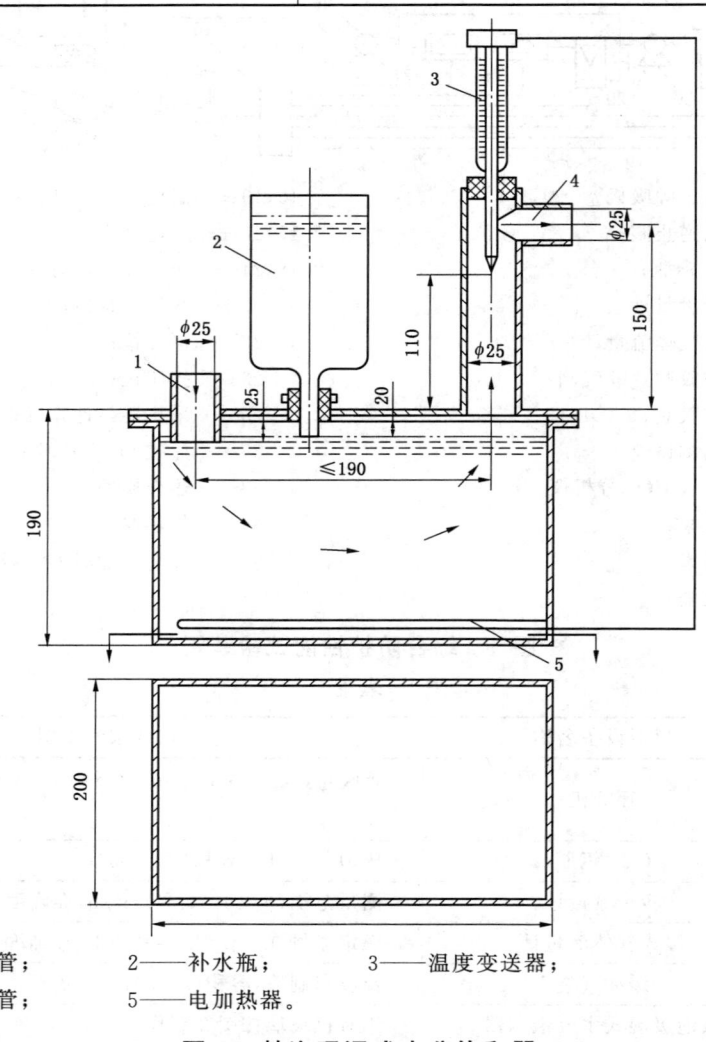

1——接进气管； 2——补水瓶； 3——温度变送器；
4——接出气管； 5——电加热器。

图 2 鼓泡吸湿式水分饱和器

6.1.2 试验条件

试验所采用的各项参数如表3所示。

表3

功率/ W	试验参数[a]					
	进气温度/ ℃	进气湿度/ %	呼吸量[b]/ (L·min^{-1})	呼吸频率/ min^{-1}	抽气量/ (L·min^{-1})	CO_2进入量/ (L·min^{-1})
55	37±0.5	95以上	22±0.3	20±1	1.15±0.05	0.9±0.02

注：a) 表中的呼吸量、抽气量、CO_2进入量的体积，均指101.3 kPa,20 ℃的量值；本标准中出现的气体量均指此压力和温度下量值。
　　b) 呼吸量为呼吸机每分钟呼出气体量和CO_2进入量之和。

允许使用等效的人佩戴试验进行，平地行走速度可按下式计算：

$$V = \frac{320}{G+G_1} \quad \cdots\cdots\cdots\cdots\cdots\cdots(1)$$

式中：

V ——人行走速度，km/h；

G ——佩戴人体重，kg；

G_1 ——自救器重量，kg；

320＝16×20 kg·km/h；

16 ——人劳动作功换算成物理功的换算系数。

6.1.3 试验步骤

6.1.3.1 准备工作

a) 按图1连接好仿人呼吸装置。

b) 通电预热红外线CO_2分析仪28和热磁式O_2分析仪27，标定CO_2分析仪和O_2分析仪。

c) 在吸气回路金属管B处断开，堵住接三通管管口，开动呼吸机1按中等作功功率调节、标定呼吸量（为表2呼吸量与CO_2经换算后实际应进入量的差值），呼吸次数，呼气出口温度达到(37±0.5)℃，相对湿度不低于95%。打开CO_2钢瓶3的阀门，通入经换算后实际应进入的CO_2量，检查呼气中CO_2浓度是否达到(4.0±0.1)%。开动采样气泵11，调节抽气量达到(1.15±0.05)L/min。恢复金属管B断开处。

d) 检查气路气密性。在图1接口具处接水柱压力计，气路内建立1 960 Pa压力，保持1 min压力下降值应不大于98 Pa。

6.1.3.2 操作步骤

a) 将受检自救器21与图1仿人呼吸装置连接好，记录湿式气体流量计5和22的初读数。

b) 开动呼吸机1，同时打开CO_2钢瓶3的阀门，开动薄膜式气泵11，打开受检自救器21的O_2瓶阀门，并记录O_2压力，按秒表计时，开始试验。

c) 检验自始至终注意观察并保持 O_2 进气量和抽气量,每隔 5 min 记录一次吸气温度、CO_2 浓度、呼气阻力和吸气阻力(作为检验试验后阻力的参考)及干、湿球温度计的温度(可采用计算机系统自动计算数据)。

d) 如吸气温度、CO_2 浓度、O_2 浓度中任一项参数出现不符合本标准规定值或到达额定防护时间时应立即停止试验。同时关闭 CO_2 钢瓶 3 的阀门、呼吸机 1、采样气泵 11 和加热器 34,记录受检自救器 21 的 O_2 表压力值,并关闭 O_2 瓶阀门,记录湿式气体流量计 5、26 终读数和检验时间。

e) 立即按 6.2 测定清净罐试验后阻力。

f) 检查 CO_2 进入量和抽气量是否符合本标准规定值。

6.1.4 试验结果

——防护时间;

——吸气温度最高值;

——CO_2 浓度最高值;

——O_2 浓度最低值。

6.2 通气阻力的测定

6.2.1 测定装置和仪器设备

a) 测定装置如图 3 所示;

b) 转子流量计:测量范围(0.4~4)m^3/h,准确度 2.5 级;

c) 水柱压力计:测量范围(0~1.0)kPa,分度值 10 Pa。

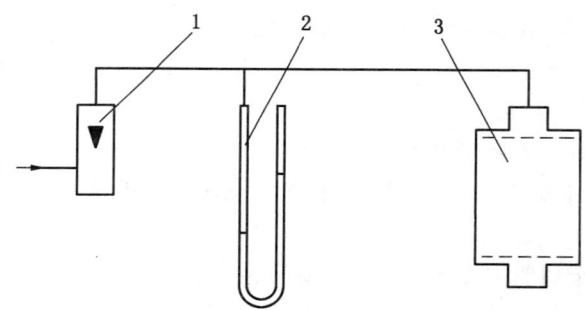

1——转子流量计;
2——水柱压力计;
3——清净罐。

图 3 清净罐通气阻力测定装置

6.2.2 测定步骤

将经防护性能试验合格的清净罐取出按图 3 接好,向清净罐通以 30 L/min 的稳定气流,观察水柱压力计压力值,通过下式计算通气阻力。

$$R = R_1 - R_0 \quad\quad\quad\quad\quad\quad\quad\quad\quad (2)$$

式中:

R ——清净罐的通气阻力,Pa;

R_1——水柱压力计指示压力值,Pa;

R_0——装置不接清净罐时的压力值,Pa。

6.3 气密性试验
6.3.1 高压系统气密性
向高压系统内施加(18~20)MPa压力,在接头处涂肥皂液,检查是否漏气。
6.3.2 呼吸系统气密性
6.3.2.1 仪器设备
自救器气密性试验所用仪器设备如表4所示。

表 4

装置名称	仪表名称		测量范围	准确度
自救器检查仪	水柱压力计		(−980~+1 176)Pa	分度值9.8 Pa
	转子流量计	A	(0.016~0.16)m³/h	2.5级
		B	(0.6~6.0)m³/h	
自救器检验台	标准压力表	A	(0~25)Pa	0.4级
		B	(0~1.6)MPa	
	转子流量计	A	(0.016~0.16)m³/h	2.5级
		B	(0.6~6.0)m³/h	

6.3.2.2 负压气密性测定
在呼吸系统内建立784 Pa的负压,关闭气源开关,保持1 min记录压力上升值。
6.3.2.3 正压气密性测定
封闭排气阀,在呼吸系统内建立980 Pa正压,保持1 min记录压力下降值。

6.4 供氧量的测定
6.4.1 仪器仪表及设备与表4相同。
6.4.2 定量供氧量测定方法
在高压系统内压力为(20~18)MPa和(5~3)MPa时,用表4自救器检查仪(或O_2呼吸器校验台)上的转子流量计A,分别测出其定量供氧量。
6.4.3 自动补给供氧量的测定
在高压系统内压力为(20~18)MPa和(5~3)MPa时,启动自动补给阀,用表4自救器检查仪(或O_2呼吸器校验台)上的转子流量计B,分别测出其自动补给供氧量。
6.4.4 手动补给供氧量的测定
在高压系统内压力为(20~18)MPa和(5~3)MPa时,启动手动补给阀,用表4自救器检查仪(或O_2呼吸器校验台)上的转子流量计B,分别测出其手动补给供氧量。

6.5 封口带开启拉力的测定
6.5.1 仪器
测力计:测量范围(0~150)N,分度值5 N。
6.5.2 封口带开启拉力的测定
在自救器开启扳手端5 mm处拴上一铁钩,用管形测力计的挂钩钩住铁钩,与自救器的上盖成80°～90°夹角拉开封口带,读出封口带开启时拉力值。

6.6 耐温性试验
6.6.1 仪器设备
高低温试验箱:温度控制范围为(-40～+100)℃,分度值为2℃。
6.6.2 耐温性试验方法
将自救器整机放在-20℃试验箱内16 h,取出立即放在60℃的试验箱内16 h,冷却至室温(20±2)℃,检查各部件是否变硬、发黏、变形和开裂,再按本标准6.3和6.4试验。

6.7 跌落试验
将自救器从1.0 m高处自由跌落到混凝土地面上,下、正、侧三个面各跌落一次,检查自救器外壳和清净罐等是否开裂和变形,再按标准6.3试验。

6.8 滚动试验
6.8.1 仪器设备
滚动试验箱:用厚(18～20)mm松木板内尺寸为300 mm×300 mm×300 mm方木箱,以对角线为轴,转速为60 r/min。
6.8.2 将单台自救器整机放入本箱内,经过10 min的滚动试验后,按本标准6.3和6.4试验。

6.9 呼吸软管气密性试验
在呼吸软管内建立1.5 kPa正压,放入水中检查是否漏气。

6.10 气囊热水浸泡和气密性试验
    a) 将气囊进气口和出气口堵住,在(65±5)℃热水浸泡6 h取出擦干,观察粘接处是否开胶;
    b) 在气囊内建立起980 Pa正压,浸入水中检查是否漏气。

6.11 清净罐气密性试验
在罐内建立起980 Pa正压,浸入水中检查是否漏气。

6.12 氧气瓶和气瓶阀门试验
6.12.1 氧气瓶试验方法,按GB 5099和国家质量技术监督局2000年颁发的《气瓶安全监察规程》规定的方法进行。
6.12.2 气瓶阀门开启力测定
用管形测力计挂钩钩住距阀门扳手(手轮)端10 mm处拴的铁丝,与阀门扳手(手轮)成切线方向拉动,读出打开阀门时测力计指示值。

6.13 压力指示器试验
按GB/T 1226规定的方法进行。

6.14 自动补给阀开启压力测定
把自救器置于水平位置,打开氧气瓶,从口具以(8～12)L/min流量从呼吸系统抽气,观察自动补给阀开启供氧时水柱压力计指示的压力值。

6.15 呼气阀、吸气阀逆向漏气量的测定
6.15.1 仪器设备
    a) 测定装置如图4所示;
    b) 转子流量计:测量范围(0.016～0.16)m³/h,准确度2.5级;

c) 水柱瓶:水柱压力值980 Pa,分度值9.8 Pa;
d) 湿式气体流量计:额定流量0.5 m³/h,容量5 L,准确度2.5级。

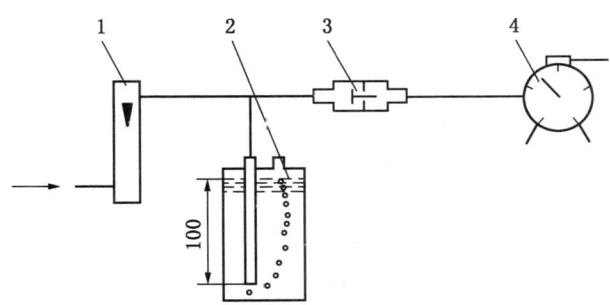

1——转子流量计;
2——水柱瓶;
3——吸气阀(呼气阀);
4——湿式气体流量计。

图 4　呼气阀、吸气阀逆向漏气测定装置示意图

6.15.2　测定方法

将呼气阀(或吸气阀)逆向接到装置的气路上,通入流量为(1.2±0.1)L/min稳定气流,使通气压力保持(980±10)Pa,测定1 min漏入湿式气体流量计的气体量。

6.16　呼气阀、吸气阀通气阻力的测定

6.16.1　仪器设备

a) 测定装置如图5所示;
b) 转子流量计:测量范围(0.4~4)m³/h,准确度2.5级;
c) 水柱压力计:测量范围(0~100)Pa,分度值5 Pa。

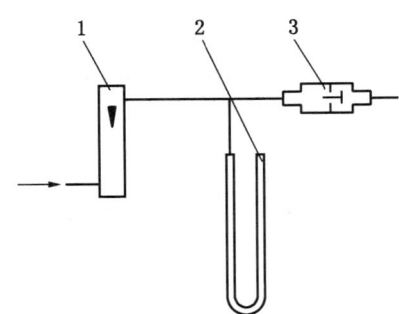

1——转子流量计;
2——水柱压力计;
3——受检呼气阀(吸气阀)。

图 5　呼气阀、吸气阀通气阻力测定装置示意图

6.16.2　测定方法

向呼气阀(或吸气阀)通入流量为30 L/min稳定气流,记录水柱压力计的指示值,减去装置自身阻力,即为通气阻力。

6.17 排气阀逆向气密性的测定

6.17.1 仪器设备

    a) 测定装置如图6所示;

    b) 水柱压力计:测量范围(0~1 200)Pa,分度值10 Pa;

    c) 检验箱:为刚体,容积为(2.5±0.2)L。

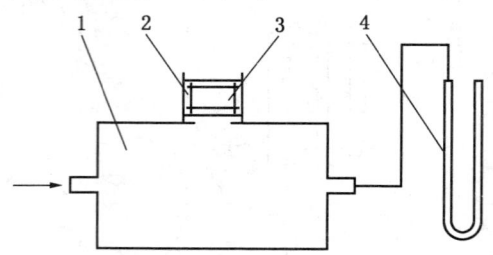

1——检验箱;
2——密封接头;
3——受检排气阀;
4——水柱压力计。

图6 排气阀逆向气密性测定装置示意图

6.17.2 测定方法

将排气阀逆向接在密封接头上,使检验箱保持980 Pa压力,关闭气源,记录1 min内水柱压力计压力下降值。

6.18 排气阀排气压力的测定

6.18.1 仪器设备

    a) 测定装置如图7所示;

    b) 水柱压力计:测量范围(0~1 200)Pa,分度值9.8 Pa;

    c) 转子流量计:测量范围(0.016~0.16)L/min,准确度2.5级。

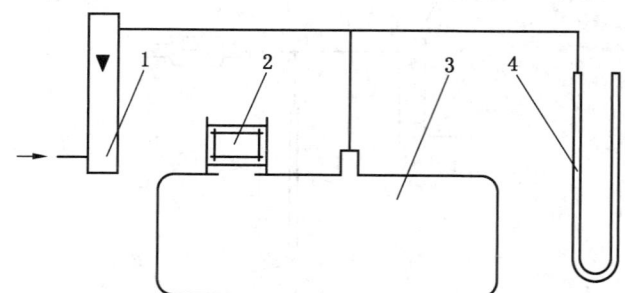

1——转子流量计;
2——受检排气阀;
3——气囊;
4——水柱压力计。

图7 排气阀排气压力测定装置示意图

6.18.2 测定方法

向接有排气阀的气囊内通入流量为 1.5 L/min 稳定气流,观察排气阀排气时水柱压力计压力指示值。

6.19 安全阀开启压力的测定

向安全阀内通气,逐渐提高通气压力,用(0～1.6)MPa 压力表测定安全阀开启时压力值。

6.20 面罩按 GB 2890 规定的方法进行。

6.21 金属材料耐腐蚀试验

按 GB/T 2423.17 规定的方法进行,持续时间为 48 h。

6.22 橡胶材料试验

6.22.1 试样的制备、试验条件、试验数据的处理按 HG/T 2198 的规定。

6.22.2 扯断强度,伸长率,扯断永久变形等试验按 GB/T 528 规定的方法进行。

6.22.3 硬度试验按 GB/T 531 规定的方法进行。

6.22.4 耐寒性试验按 GB/T 15256 规定的方法进行,低温槽介质温度为－35 ℃。

6.22.5 耐老化试验按 GB/T 3512 规定的方法进行,老化试验温度为 100 ℃,老化时间为 24 h,老化系数选用抗张积表示的老化系数 K_1。

6.23 塑料材料试验

6.23.1 塑料外壳表面绝缘电阻值测定按 GB/T 1410 的规定的方法进行。

6.23.2 塑料外壳阻燃性测定按 MT 113 中第 4 条规定的方法进行。

6.24 CO_2 吸收性能测定按 MT 454 规定的方法进行。

6.25 O_2 质量可以使用非扩散和抽气方式按 GB 8982 规定的方法进行测试。

7 检验规则

7.1 出厂检验

7.1.1 产品经制造厂质量检验部门逐台检验,检验合格后签发合格证方准出厂。

7.1.2 出厂检验项目见表 5。

7.2 型式检验

7.2.1 有下列情况之一时,应进行型式检验。

——新产品研制和老产品转厂生产试制定型鉴定;
——正式生产后,如结构、材料、工艺有较大改变,可能影响产品质量时;
——正式生产时每 2 年进行一次;
——产品停产 1 年再次恢复生产时;
——出厂检验结果与上次型式检验有较大差异时;
——国家授权相关机构提出型式检验要求时。

7.2.2 型式检验项目见表 5。

7.2.3 抽样,从出厂检验合格品中按 GB/T 10111 方法抽样,抽样基数不少于 50 台,抽样量不少于 4 台。

7.2.4 试验样品分配,2 台按 6.1 试验,不做跌落和滚动试验直接做防护时间性能试验;1 台按 6.7 做跌落试验;1 台按 6.8 做滚动试验,然后再进行防护时间性能试验。

表 5

序号	检验项目	技术要求	试验方法	出厂检验 逐台检验	出厂检验 抽样检验	型式检验	备注
1	额定防护时间	4.3.2	6.1	—	√	√	☆
2	吸气中 O_2 浓度	5.3.1	6.1	—	√	√	☆
3	吸气中 CO_2 浓度	5.3.2	6.1	—	√	√	☆
4	吸气温度	5.3.4	6.1	—	√	√	☆
5	通气阻力	5.3.5	6.2	√	√	√	☆
6	高压气密性	5.4.1	6.3.1	√	√	√	☆
7	正、负压气密性	5.4.2	6.3.2	√	√	√	☆
8	定量供氧量	5.5.1	6.4.2	√	√	√	☆
9	自动补给供氧量	5.5.2	6.4.3	√	√	√	☆
10	手动补给供氧量	5.5.3	6.4.4	√	√	√	☆
11	封口带的开启力	5.6	6.5	√	√	—	△
12	耐温性能	5.7	6.6	—	—	√	△
13	耐跌落冲击	5.8	6.7	—	—	√	☆
14	耐滚动冲击	5.9	6.8	—	—	√	☆
15	呼吸软管的性能	5.10.4	6.9	√	—	—	△
16	气囊的气密性试验	5.10.5c)	6.10	√	—	—	△
17	清净罐的气密性试验	5.10.6a)	6.11	√	—	—	△
18	O_2 瓶和气瓶阀门开启力	5.10.7b)	6.12	√	—	—	△
19	自动补给阀开启压力	5.10.9	6.14	√	√	—	△
20	呼、吸气阀的逆向漏气量	5.10.10.1	6.15	√	—	—	△
21	呼、吸气阀的通气阻力	5.10.10.2	6.16	√	√	—	△
22	排气阀逆向气密性	5.10.11.1	6.17	√	—	—	△
23	排气阀压力	5.10.11.2	6.18	√	—	—	△
24	安全阀的开启压力	5.10.12	6.19	√	√	—	△
25	塑料材料	5.11.3	6.22.1	—	—	√	△
26	CO_2 吸收剂	5.12	6.23	—	√	—	△
27	O_2 质量	5.13	6.24	—	√	√	△

注:"—"不检项目;"√"检验项目;"☆"主要项目;"△"一般项目。

7.3 判定规则

如主要项目有1台、项不合格或一般项目有1台二项以下不合格,加倍抽样复检,但仍有项目不合格,则判该批产品不合格,否则合格。

一般项目,如呼吸软管、塑料材料、CO_2吸收剂等出现不合格,判该部件不合格,更换部件后经检验合格,判为合格品。

8 标志、包装、运输和贮存

8.1 标志

每台自救器应在外壳明显处,牢固地安设产品铭牌,上壳内部应设置防伪条码(防止假冒贴牌生产)铭牌就应包括以下项目:
- 产品型号和名称;
- 技术参数;
- 产品出厂编号;
- 安全标志编号;
- 制造日期(年、月);
- 制造厂名称。

8.2 包装

8.2.1 自救器装箱时,O_2瓶应充填(19~21)MPa氧气,充填氢氧化钙。

8.2.2 包装箱可用木箱或瓦楞纸板制作,应有足够强度;箱内应有防潮、防振措施;产品在箱内安放要牢固,避免碰撞损伤。

8.2.3 产品装箱打包后,固定在冲击试验台上,应能经受加速度为 30 m/s^2,冲击频率为(80~120)min^{-1},历时 2 h 的冲击试验,包装不应损坏。

8.2.4 包装箱内应有下列文件和附件
- 装箱单;
- 产品合格证和 O_2 瓶合格证;
- 安全标志证书复印件;
- 使用说明书;
- 专用工具和备件。

8.2.5 包装箱外壁应有明显的文字和图示标志,应包括:
- 制造厂名称;
- 产品型号、名称和数量;
- 外形尺寸、净重和毛重;
- 出厂日期(年、月);
- 包装箱外"严禁受潮""切勿倒置""小心轻放""远离火源"和"安全标志编号"等图示标志应符合 GB 191 的规定。

8.3 运输

不能与油类、腐蚀性化学药品混装,应有防日晒、雨淋措施。

8.4 贮存

自救器应贮存在通风良好的库房内,距热源不少于 1 m,库内温度(+5~+40)℃,不能与油类、腐蚀性药剂、气体、蒸汽等混放。

附 录 A
（规范性附录）
试 验 安 全 规 则

A.1 结构要求

A.1.1 自救器以高压 O_2 瓶充填压缩 O_2 为气源，使用时 O_2 瓶内的 O_2，不依赖外界环境气体，其结构应简单、紧凑、结实，其外形不得有妨碍使用的向外凸出部分和尖角。

A.1.2 自救器外壳应有足够强度，应保证佩带时舒适，应松紧适度，开起灵活，能防止意外挂开。

A.1.3 呼吸系统和排气阀的结构，应保证性能可靠。

A.1.4 佩戴者应能方便地开启 O_2 瓶阀；方便地观察压力指示。

A.1.5 与 O_2 瓶接触的零部件应清洗除油；口具系统必须清洗消毒。

A.2 材料要求

A.2.1 自救器选用的材料，应有足够的机械强度，耐老化，耐腐蚀，且不燃或阻燃材料制成。

A.2.2 自救器外壳等部件的表面电阻（除橡胶件外）应小于 1×10^9 Ω，试验按 GB 3836.1—2000 中 25 规定的方法进行。试块的尺寸要求（3 块），尺寸上符合图 A.1 规定的长方形试块上测量。试块上两个平行的电极表面涂上导电漆，用蒸馏水清洗，再用异丙醇或溶剂清洗，然后进行干燥测试。

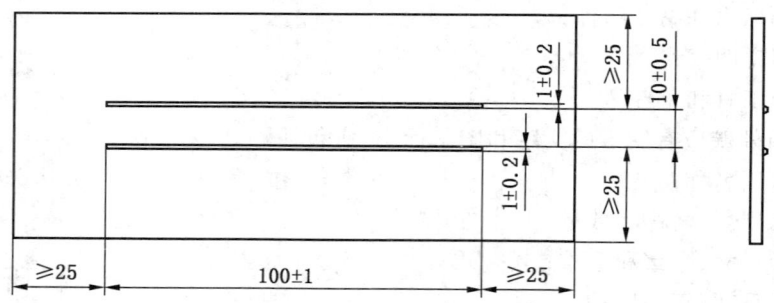

图 A.1 表面电阻测量试块

A.2.3 自救器外部件选材，不允许用镁、钛、铝或含有这些金属成分的合金制造。

A.2.4 与佩戴者皮肤接触的部分，应选用对皮肤无刺激材料，与呼吸器管相通部分材料应不危害佩戴者健康。

A.3 检验测试要求

A.3.1 额定防护时间性能检验装置，必须置于试验室通风橱内，或在实验室安装换气扇。

A.3.2 测试采用的 CO_2 和 O_2 钢瓶供气。钢瓶应与试验室隔离，同时加防护屏和安全标志牌。
A.3.3 试验中工作人员应严格遵守安全技术规则。
A.3.4 试验人员应按操作规程经常检查试验设备的气密性。
A.3.5 试验时从试验箱排出的废气,应进行净化处理。

矿山救护规程(AQ 1008—2007)

前　言

本标准是以《中华人民共和国安全生产法》《中华人民共和国矿山安全法》《煤矿安全规程》《金属非金属矿山安全规程》等国家有关安全生产的法律、法规、规程和标准为依据制定的。标准的总体结构和内容是根据矿山企业安全生产与建设事故的应急救援实际需要,就其涉及的相关工作和方面进行了规范与规定。

本标准以《煤矿救护规程》为基础修订。

本标准为强制性标准。

本标准由国家安全生产监督管理总局提出。

本标准由全国安全生产标准化技术委员会煤矿安全分技术委员会归口。

本标准起草单位:国家安全生产监督管理总局矿山救援指挥中心、武汉安全与环保研究院。

本标准主要起草人:王志坚、孟斌成、邱雁、田得雨、肖文儒、张安琦、李文俊、彭兴文、侯建明、王立兵、张军义、张延寿。

1　范围

本标准规定了矿山救护工作涉及的矿山应急救援组织、矿山救护队军事化管理、矿山救护队装备与设施、矿山救护队培训与训练、矿山事故应急救援一般规定、矿山事故救援等各项内容。

本标准适用于中华人民共和国境内矿山企业,矿山救护队伍及管理部门,不适用于石油和天然气、液态矿等。

2　规范性引用文件

下列文件中的条款通过本标准的引用而成为本标准的条款。凡是标注日期的引用文件,其随后所有的修改本(不包括勘误的内容)或修订版均不适用于本标准。然而,鼓励根据本标准达成协议的各方研究是否可使用这些文件的最新版本。凡是不标注日期的引用文件,其最新版本适用于本标准。

GB/T 15663.8—1995　煤矿科技术语

GB 16423—2006　金属、非金属矿山安全规程

《煤炭科技名词》　全国自然科学名词审定委员会　1996

《煤矿安全规程》　2006年版

3　术语和定义

GB/T 15663.8—1995《煤炭科技名词》确立的术语和定义以及下列术语和定义适用于本标准。

3.1

矿山救护队指挥员　commander of mine rescue team

矿山救护队担任副小队长以上职务人员、技术人员的统称。

3.2

地面基地　surface rescue base

在处理矿山事故时,为及时供应救援装备和器材、提供气体组分分析和矿山医疗急救而设在矿山地面的后勤支持系统。

3.3

井下基地　underground rescue base

选择在井下靠近灾区、通风良好、运输方便、不易受灾害事故直接影响的安全地点,用于井下救灾指挥、通信联络、存放救灾物资、待机小队停留和急救医务人员值班等需要而设立的工作场所。

3.4

反风演习　ventilation reversal exercise

生产矿山用以检查矿井反风设施是否处于灵活、可靠,保证在处理矿山灾害事故需要反风时迅速实现矿井反风的一项安全技术性演练。

3.5

火风压　fire-heating air pressure

井下发生火灾时,高温烟流流经有高差的井巷所产生的附加风压。

3.6

风流逆转　inversion of air flow

由于煤与瓦斯突出或爆炸冲击波及火风压的作用,改变了矿井通风网络中局部或全部正常风流方向的现象。

3.7

直接灭火　direct extinguishing

用水、砂子、灭火器等器材灭火或直接挖除火源的方法。

3.8

高泡灭火　high expansion foam extinguishing

利用高倍数泡沫灭火机产生的空气泡沫混合体进行灭火的方法。

3.9

干粉灭火　dry-chemical fire extinguishing

通过内装高压气瓶为动力,将干粉灭火剂发射到着火地点,以扑灭矿山初期明火和油类、电气设备等火灾的方法。

3.10

惰性气体灭火　fire extinguishing by inert gas

使用低氧、不燃烧、不助燃的混合气体,扑灭井下火灾的方法。

3.11

隔绝灭火　extinguishing with air-sealed wall

在通往火区的所有巷道内构筑风墙,截断空气的供给,使火灾逐渐自行熄灭。

3.12

 临时风墙　temporary bulkhead

 用木板、帆布、砖等轻便材料建造的简易风墙。

3.13

 抗爆墙　antiknock wall

 一种特殊加强结构,能承受一定爆炸压力和冲击波的构筑物。

3.14

 风障　air brattice

 在矿井巷道或工作面内,利用帆布等软体材料构筑的阻挡或引导风流的临时设施。

3.15

 防火门　fire-proof door

 井下防止火灾蔓延和控制风流的安全设施。

3.16

 综合灭火　complex extinguishing

 采取风墙封闭、均压、向封闭的火区灌注泥浆或注入惰性气体等两种以上配合使用的灭火方法。

3.17

 水幕　water curtain

 在巷道中安设的多组喷嘴,通过高压水流喷出的水雾所形成的覆盖全断面的屏障。

3.18

 非常仓库　emergency storage

 井下贮存救灾材料和设备的硐室。

3.19

 风流短路　air flow short out

 打开入、排风联络巷道的风门或挡风墙,使进风巷道的风流直接进入回风巷。

3.20

 区域反风　regional reversing of airflow

 在矿井主要通风机正常运转的情况下,利用通风设施,使井下局部区域实现风流反向的方法。

3.21

 锁风　locking air

 在启封井下火区时,为阻止向火区进风,首先在需要启封的风墙外面增设临时风墙控制风流,或需要缩小火区范围时,随推进先增加临时风墙,再拆除外面的风墙,始终至少保持有一道控制风流的临时风墙的一种控风方法。

3.22

 风门　air door

 在需要通过人员和车辆的巷道中设置的隔断风流的门。

3.23

 煤(岩)与瓦斯突出　coal(rock) and gas outburst

 简称"突出"。在地应力和瓦斯的共同作用下,破碎的煤、岩和瓦斯由煤体或岩体内突然向采掘空间抛出的异常的动力现象。

3.24

　　老空水　abandoned goaf water

　　废弃的井巷和采空区内积存的水源。

3.25

　　防水墙　water proof dam

　　在井下受水害威胁的巷道内，为防止地下水突然涌入其他巷道而设置的截流墙。

3.26

　　中暑　get sun-stroke

　　由于在炎热潮湿的环境下工作或运动，人体内热量不能及时散发而引起的机体体温调节障碍。

3.27

　　休克　shock

　　由于伤情严重或大出血，致使伤员血压下降，循环衰竭、脏器功能衰竭的现象。

3.28

　　包扎　bind up

　　为防止受伤人员感染、出血，减轻疼痛和对骨折进行临时固定的一项急救技术。

3.29

　　人工呼吸　artificial respiration

　　借助人工的方法，在自然呼吸停止、不规则或不充分时，强迫空气进出肺部，帮助伤员恢复呼吸功能的一项急救技术。

3.30

　　呼吸器班　respirator team

　　以 4 h 氧气呼吸器的有效使用时间进行计算，1 个呼吸器班为 3～4 h。

3.31

　　避难硐室　refuge chamber

　　当灾害发生，人员无法撤出灾区时，为防止有毒、有害气体的侵袭而设置的避难场所。

3.32

　　氧气呼吸器　respirator

　　是一种自带氧源的隔绝式再生氧闭路循环的个人特种呼吸保护装置。

3.33

　　氧气呼吸器校验仪　calibrator of respirator

　　用以准确检验氧气呼吸器的各项技术指标是否符合规定标准的专用仪器。

3.34

　　氧气充填泵　oxygen pump

　　将氧气从氧气瓶抽出并充入小容积氧气瓶内的升压泵。

3.35

　　自动苏生器　automatic resuscitator

　　对中毒或窒息的伤员自动进行人工呼吸或输氧的急救器具。

3.36

高倍数泡沫灭火器 extinguisher with high expansion of foam

由发泡泵、局部通风机、发泡网、高倍数发泡液等组成的灭火装置。

3.37

惰气发生装置 inert gas generator

能够产生大量惰气,用于扑灭封闭的火区或有限空间内的火灾,以及抑制瓦斯爆炸的灭火装备。

3.38

灾区 disaster Area

事故的发生点及波及的范围。

3.39

佩带氧气呼吸器 carry a respirator

救护人员背负氧气呼吸器,但未戴面罩或口具、鼻夹,未打开氧气瓶吸氧。

3.40

佩用氧气呼吸器 carry and use a respirator

救护人员背负氧气呼吸器,戴上面罩或口具、鼻夹,打开氧气瓶吸氧。

3.41

矿山救护队 mine rescue team

处理矿山灾害事故的职业性、技术性并实行军事化管理的专业队伍。

3.42

兼职矿山救护队 part-time rescue brigade team

由符合矿山救护队员身体条件,能够佩用氧气呼吸器的矿山骨干工人、工程技术人员和管理人员兼职组成,协助专业矿山救护队处理矿山事故的组织。

4 总则

4.1 为保证安全、快速、有效地实施矿山企业生产与建设事故应急救援,保护矿山职工和救护人员的生命安全,减少国家资源和财产损失,根据国家有关法律、法规制定本标准。

4.2 矿山救护队是处理矿山灾害事故的专业队伍,实行军事化管理。矿山救护队指战员是矿山一线特种作业人员。

4.3 矿山救护队必须经过资质认证,取得资质证书后,方可从事矿山救护工作。

4.4 矿山企业(包括生产和建设矿山的企业)(以下同)均应设立矿山救护队,地方政府或矿山企业,应根据本区域矿山灾害、矿山生产规模、企业分布等情况,合理划分救护服务区域,组建矿山救护大队或矿山救护中队。生产经营规模较小、不具备单独设立矿山救护队条件的矿山企业应设立兼职救护队,并与就近的取得三级以上资质的矿山救护队签订有偿服务救护协议,签订救护协议的救护队服务半径不得超过 100 km;矿井比较集中的矿区经各省(区)煤炭行业管理部门规划、批准,可以联合建立矿山救护大(中)队。矿山救护队驻地至服务矿井的距离,以行车时间不超过 30 min 为限。年生产规模 60×10^4 t(含)以上的高瓦斯矿井和距离救护队服务半径超过 100 km 的矿井必须设置独立的矿山救护队。

4.5 矿山救护队必须贯彻执行国家安全生产方针以及"加强战备、严格训练、主动预防、积极抢救"的工作指导原则,坚持矿山救护队质量标准化建设,切实做好矿山灾害事故的应急救援和预防性安全检查工作。

4.6 矿山救护资金实行国家、地方、矿山企业共同保障体制,矿山救护队社会化服务实行有偿服务。

4.7 各级政府有关部门、矿山企业在编制生产建设和安全技术等发展规划时,必须将矿山救护发展规划列为其内容的组成部分。

4.8 矿山救护队必须备有所服务矿山的应急预案或灾害预防处理计划、矿井主要系统图纸等有关资料。矿山救护队应根据服务矿山的灾害类型及有关资料,制订预防处理方案,并进行训练演习。

4.9 矿山救护队所在企(事)业单位和上级有关部门,应对在矿山抢险救灾中作出重大贡献的救护指战员给予奖励;对在抢救遇险人员生命、国家和集体财产中因工牺牲的救护指战员,应为其申报"革命烈士"称号。

5 矿山应急救援组织

5.1 矿山救护队伍

5.1.1 救护大队

a) 救护大队由 2 个以上中队组成。

b) 救护大队负责本区域内矿山重大灾变事故的处理与调度、指挥,对直属中队直接领导,并对区域内其他矿山救护队、兼职矿山救护队进行业务指导或领导,应具备本区域矿山救护指挥、培训、演习训练中心的功能。

c) 救护大队设大队长 1 人,副大队长 2 人,总工程师 1 人(分别为正、副矿处级),副总工程师 1 人,工程技术人员数人;应设立相应的管理及办事机构(如办公、战训、培训、后勤等),并配备必要的管理人员和医务人员。矿山救护大队指挥员的任免,应报省级矿山救援指挥机构备案。

5.1.2 救护中队

a) 救护中队由 3 个以上的小队组成,是独立作战的基层单位。

b) 救护中队设中队长 1 人,副中队长 2 人(分别为正、副区科级),工程技术人员 1 人。直属中队设中队长 1 人,副中队长 2~3 人,工程技术人员至少 1 人。救护中队应配备必要的管理人员及汽车司机、机电维修、氧气充填等人员。

5.1.3 救护小队

救护小队由 9 人以上组成,是执行作战任务的最小战斗集体。救护小队设正、副小队长各 1 人。

5.1.4 兼职矿山救护队

a) 兼职矿山救护队应根据矿山的生产规模、自然条件、灾害情况确定编制,原则上应由 2 个以上小队组成,每个小队由 9 人以上组成。

b) 兼职矿山救护队应设专职队长及仪器装备管理人员。兼职矿山救护队直属矿长领导,业务上受矿总工程师(或技术负责人)和矿山救护大队指导。

c) 兼职矿山救护队员由符合矿山救护队员条件,能够佩用氧气呼吸器的矿山生产、通风、机电、运输、安全等部门的骨干工人、工程技术人员和干部兼职组成。

5.1.5 救护指战员条件

a) 大队指挥员应由熟悉矿山救护业务及其相关知识，热爱矿山救护事业，能够佩用氧气呼吸器，从事矿山井下工作不少于 5 年，并经国家级矿山救护培训机构培训取得资格证的人员担任。

b) 大队长应具有大专以上文化程度，大队总工程师应具有大专以上学历并中级以上职称。

c) 中队指挥员应由熟悉矿山救护业务及其相关知识，热爱矿山救护事业，能够佩用氧气呼吸器，从事矿山救护工作不少于 3 年，并经培训取得资格证的人员担任。

d) 中队长应具有中专以上文化程度，中队技术员应具有中专以上学历并初级以上职称。

e) 新招收的矿山救护队员应具有高中（中技）以上文化程度，年龄在 25 周岁以下，身体符合矿山救护队员标准，从事井下工作在 1 年以上，并经过培训、考核、试用，取得合格证后，方可从事矿山救护工作。

f) 救护队实行队员服役合同制。正式入队前，必须由矿山救护队、输送队员单位和队员本人三方签订服役合同，合同期为 3~5 年。队员服役合同期满，本人表现较好、身体条件等符合要求的可再续签合同，延长服役年限。

g) 凡有下列疾病之一者，严禁从事矿山救护工作：
　　1) 有传染性疾病者；
　　2) 色盲、近视（1.0 以下）及耳聋者；
　　3) 脉搏不正常，呼吸系统、心血管系统有疾病者；
　　4) 强度神经衰弱，高血压、低血压、眩晕症者；
　　5) 尿内有异常成分者；
　　6) 经医生检查确认或经实际考核身体不适应救护工作者；
　　7) 脸形特殊不适合佩用面罩者。

救护队指战员每年应进行 1 次身体检查，对身体不合格人员，必须立即调整。企业应根据其自身状况安置工作。

救护队员年龄不应超过 40 岁，中队指挥员年龄不应超过 45 岁，大队指挥员年龄不应超过 55 岁。但根据救护工作需要，允许保留少数（指挥员和队员分别不超过 1/3 的）身体健康、能够下井从事救护工作、有技术专长及经验丰富的超龄人员，超龄年度不大于 5 岁。

超龄人员每半年应进行 1 次身体检查，符合条件方可留用。

5.2 矿山救护队任务与职责

5.2.1 救护队任务

a) 抢救矿山遇险遇难人员。

b) 处理矿山灾害事故。

c) 参加排放瓦斯、震动性爆破、启封火区、反风演习和其他需要佩用氧气呼吸器作业的安全技术性工作。

d) 参加审查矿山应急预案或灾害预防处理计划，做好矿山安全生产预防性检查，参与矿山安全检查和消除事故隐患的工作。

e) 负责兼职矿山救护队的培训和业务指导工作。

f) 协助矿山企业搞好职工的自救、互救和现场急救知识的普及教育。

5.2.2 兼职救护队任务

a) 引导和救助遇险人员脱离灾区,协助专职矿山救护队积极抢救遇险遇难人员。
b) 做好矿山安全生产预防性检查,控制和处理矿山初期事故。
c) 参加需要佩用氧气呼吸器作业的安全技术工作。
d) 协助矿山救护队完成矿山事故救援工作。
e) 协助做好矿山职工自救与互救知识的宣传教育工作。

5.2.3 救护队指战员职责

5.2.3.1 救护队指战员的一般职责

a) 热爱矿山救护工作,全心全意为矿山安全生产服务。
b) 加强体质锻炼和业务技术学习,适应矿山救护工作素质需要。
c) 自觉遵守有关安全生产法律、法规、标准和规定。
d) 爱护救护仪器装备,做好仪器装备的维修保养,使其保持完好。
e) 按规定参加战备值班工作,坚守岗位,随时做好出动准备。
f) 服从命令,听从指挥,积极主动地完成各项工作任务。

5.2.3.2 大队长职责

a) 对救护大队的救援准备与行动,技术培训与训练,日常管理等工作全面负责。
b) 组织制订大队长远规划,年度、季度和月度计划,并组织实施,定期进行检查、总结、评比等。
c) 负责组织全大队的矿山救护业务活动。
d) 事故救援时的具体职责是:
   1) 及时带队出发到事故矿井;
   2) 在事故现场负责矿山救护队具体工作的组织,必要时亲自带领救护队下井进行矿山救援工作;
   3) 参加抢救指挥部的工作,参与事故救援方案的制订和随灾情变化进行方案的重新修订,并组织制订矿山救护队的行动计划和安全技术措施;
   4) 掌握矿山救护工作进度,合理组织和调动战斗力量,保证救护任务的完成;
   5) 根据灾情变化与指挥部总指挥研究变更事故救援方案。

5.2.3.3 副大队长职责

a) 协助大队长工作,主管救援准备及行动、技术训练和后勤工作。当大队长不在时,履行大队长职责;
b) 事故救援时的具体职责是:
   1) 根据需要带领救护队伍进入灾区抢险救灾,确定和建立井下救灾基地,准备救护器材,建立通信联系;
   2) 经常了解井下事故救援的进展,及时向救援指挥部报告井下救护工作进展情况;
   3) 当大队长不在或工作需要时,代替大队长领导矿山救护工作。

5.2.3.4 大队总工程师职责

a) 在大队长领导下,对大队的技术工作全面负责。

- b) 组织编制大队训练计划,负责指战员的技术教育。
- c) 参与审查各服务矿井的矿井灾害预防和处理计划或应急预案。
- d) 组织科研、技术革新、技术咨询及新技术、新装备的推广应用等项工作。
- e) 负责事故救援和其他技术工作总结的审定工作。
- f) 事故救援时的具体职责是:
    1) 参与救援指挥部事故救援方案的制订;
    2) 与大队长一起制订矿山救护队的行动计划和安全技术措施,协助大队长指挥矿山救护工作;
    3) 采取科学手段和可行的技术措施,加快事故救援的进程;
    4) 必要时根据抢救指挥部的命令,担任矿山救护工作的领导。

5.2.3.5 中队长职责

- a) 负责本中队的全面领导工作。
- b) 根据大队的工作计划,结合本中队情况制订实施计划,开展各项工作,并负责总结评比。
- c) 事故救援时的具体职责是:
    1) 接到出动命令后,立即带领救护队奔赴事故矿井,担负中队作战工作的领导责任;
    2) 到达事故矿井后,组织各小队做好下井准备,同时了解事故情况,向抢救指挥部领取救护任务,制订中队行动计划并向各小队下达救援任务;
    3) 在救援指挥部尚未成立、无人负责的特殊情况下,可根据矿山灾害事故应急预案或事故现场具体情况,立即开展先期救护工作;
    4) 向小队布置任务时,应讲明完成任务的方法、时间,应补充的装备、工具和救护时的注意事项和安全措施等;
    5) 在救护工作过程中,始终与工作小队保持经常联系,掌握工作进程,向工作小队及时供应装备和物资;
    6) 必要时亲自带领救护队下井完成任务;需要时,及时召请其他救护队协同救援。

5.2.3.6 副中队长职责

- a) 协助中队长工作,主管救援准备、技术训练和后勤管理。当中队长不在时,履行中队长职责。
- b) 事故救援时的具体职责是:
    1) 在事故救援时,直接在井下领导一个或几个小队从事救护工作;
    2) 及时向救援指挥部报告所掌握的事故救援和现场情况。

5.2.3.7 中队技术人员职责

- a) 在中队长领导下,全面负责中队的技术工作。
- b) 事故救援时的具体职责是:
    1) 协助中队长做好事故救援的技术工作;
    2) 协助中队长制订中队救护工作的行动计划和安全措施;
    3) 记录事故救援经过及为完成任务而采取的一切措施;

4) 了解事故的处理情况并提出修改补充建议;
   5) 当正、副中队长不在时,担负起中队工作的指挥责任。

5.2.3.8 **小队长职责**
   a) 负责小队的全面工作,带领小队完成上级交给的任务。
   b) 领导并组织小队的学习和训练,做好日常管理和救援准备工作。
   c) 事故救援时的具体职责是:
      1) 小队长是小队的直接领导,负责指挥本小队的一切救援行动,带领全队完成救援任务;
      2) 接受上级布置的任务,了解事故类别、矿井概括、事故简要经过、井下人员分布、已经采取的救灾措施等;
      3) 向队员布置救护任务,说明灾情类型、与其他队的分工、任务要点、行动路线、联系方式、安全措施、注意事项等;
      4) 必须保持与上级指挥员或救援指挥部经常联系;
      5) 带领队员做好救灾前检查和下井准备工作;
      6) 进入灾区前,确定在灾区作业时间和撤离时氧气呼吸器最低氧气压力;
      7) 在井下工作时,必须注意队员的疲劳程度,指导正确使用救护装备,检查队员和本人氧气呼吸器的氧气消耗;
      8) 出现有人自我感觉不良、氧气呼吸器发生故障或受到伤害时,应带领全小队人员立即撤出灾区;
      9) 带领小队撤出灾区后,经过检查气体情况符合安全规定,确定摘掉氧气呼吸器面罩(或口具)的地点;
      10) 从灾区撤出后,应立即向指挥员(指挥部)报告灾区状况和小队任务完成情况。

5.2.3.9 **副小队长职责**
   协助小队长工作。当小队长不在时,履行小队长职责并指定临时副小队长。

5.2.3.10 **队员职责**
   a) 遵守纪律、听从指挥,积极主动地完成领导分配的各项任务。
   b) 保养好技术装备,使之达到战斗准备标准要求。
   c) 积极参加学习和技术、体质训练,不断提高思想、技术、业务、身体素质。
   d) 事故救援时的具体职责:
      1) 在事故救援时,应迅速、准确地完成指挥员的命令,并与之保持经常的联系;
      2) 了解本队的救援任务,熟练运用自己的技术装备;
      3) 积极救助遇险人员和消灭事故;
      4) 在行进或作业时,时刻注意周围的情况,发现异常现象立即报告小队长;
      5) 注意自己仪器的工作情况和氧气呼吸器的氧气压力,发生故障及时报告小队长;
      6) 在工作中帮助同志,在任何情况下都不准单独离开小队;
      7) 撤出矿井后,应迅速整理好氧气呼吸器及个人分管的装备。

6 矿山救护队军事化管理

6.1 工作规范管理

6.1.1 救护队各项工作应按《矿山救护队质量标准化考核规范》的要求定期进行检查、验收评比。矿山救护中队应每季度组织一次达标自检,矿山救护大队应每半年组织一次达标检查,省级矿山救援指挥机构应每年组织一次检查验收,国家矿山救援指挥机构适时组织抽查。

6.1.2 救护队应建立健全以下制度:岗位责任制度,值班工作制度,待机工作制度,交接班制度,技术装备检查维护保养制度,学习和训练制度,考勤制度,战后总结讲评制度,预防性检查制度,内务卫生管理制度,材料装备库房管理制度,车辆管理使用制度,计划、财务管理制度,会议制度,评比检查制度,奖惩制度等各项规章制度。

6.1.3 救护队应建立以下牌板:"队伍组织机构牌板""服务矿井交通示意图""主要技术装备管理牌板""值班工作安排牌板""事故接警电话记录牌板""救护队伍营区管理分布示意图""竞赛评比检查牌板"等牌板。

6.1.4 救护队应建立和完善以下记录和报表:救护工作日志、大中型装备维护保养记录、小队装备维护保养记录、个人装备维护保养记录、体质训练记录、一般技术训练记录、仪器设备操作训练记录、急救训练记录、理论学习记录、军训记录、预防性检查记录、事故救援记录、战后总结评比记录、安全技术工作记录、竞赛评比记录、各种会议记录、好人好事记录、违章违纪记录、考勤记录、请销假记录、交接班记录、事故电话记录等记录簿。

6.1.5 救护队必须建立昼夜值班制度。战备值班以小队为单位,按照轮流值班表担任值班队、待机队、工作队,值班小队负责电话值班。中队以上指挥员及汽车司机须轮流上岗值班,有事故时和小队一起出动。

6.1.6 值班和待机小队的技术装备,必须装在值班、待机汽车上,保持战斗准备状态。听到事故警报,必须保证在规定时间内出动。

6.1.7 值班室应装备以下设备和图板:
    a) 普通电话机。
    b) 专用录音电话机。
    c) 事故电话记录。
    d) 事故记录牌板。
    e) 矿井位置、交通显示图。
    f) 计时钟。
    g) 事故紧急出动报警装置。

6.1.8 救护队应做到年有计划、季有安排、月有工作与学习日程表。计划内容包括:队伍建设,教育与训练,技术装备管理,矿井预防性安全检查,内务管理,战备管理,劳动工资及财务,设备维修等。

6.1.9 救护大队(含独立中队)应按规定上报下列报告:
    a) 年度计划、年度工作总结、人员和装备情况报表。
    b) 每次救援后,应填写救援登记卡(见表1)及写出救援报告,在救援工作结束15天内上报省级矿山救援指挥机构。跨省(自治区、直辖市)区域救援,应立即报告省级矿山救援指挥机构,省级矿山救援指挥机构应将情况报告国家矿山救援指挥机构。

c) 救护队发生自身伤亡后,应在 12 h 内报省级矿山救援指挥机构;省级矿山救援指挥机构接报后,应在 12 h 内报国家矿山救援指挥机构,15 天内上报自身伤亡教训总结材料及其有关图纸(见表 2)。

d) 科研成果在通过技术鉴定后报出。

上述报告同时上报主管部门。

表 1 救援登记卡

填报单位: 报出时间:

事故单位名称						
事故发生地点		遇险人员		名	事故性质	
来电时间	月 日 时 分	遇难人员		名	招请人姓名	
出动时间	月 日 时 分	出动人数		名	抢救总指挥	
返回队部时间	月 日 时 分	出动总时间		小时	救护队负责人	
事故现场情况及处理经过						
主要经验与教训						
事故现场示意图	另附事故现场示意图					
佩用呼吸器时间		小时	运出尸体	具	救出受伤人员	人
未佩用呼吸器时间		小时	恢复巷道	米	挽回经济损失	万元
其他工作内容						
填表人姓名						

注 1:每次事故救援返队后 15 天内填写此卡一式四份,分别上报省级矿山救援指挥机构和国家矿山救援指挥机构;存档二份。

注 2:此卡应打印填报,人工填写,字迹清楚。

表 2 矿山救护人员伤亡事故报告表

填报单位：   报出时间：

事故发生时间	事故发生地点	伤亡(人)	重伤(人)	队　别	伤亡主要原因
伤亡人员名单					
姓名	年龄	队龄	职务	备注	

单位负责人：   填表人：

6.1.10 救护队应利用信息电子网络建立技术、人员档案，加强对技术资料和各种重要记录的管理。技术档案内容包括：
  a) 矿山救护队指战员登记卡(见表3)。
  b) 各项工作、会议记录，收集整理的与救护有关的技术资料及经验材料。
  c) 矿区交通图、矿山救护队到达各矿(井)的距离和行车时间表、矿山事故应急预案(灾害预防和处理计划)、通风系统图等服务矿井的资料。
  d) 历年救护工作总结，技术状况和评比情况，事故救援报告等。
  e) 上级的有关指示、通知、文件及有关规定。
  f) 大型装备、设备的性能(说明书及有关技术资料)及维护、使用情况等。

6.1.11 救护队进行预防性检查工作时，应做到：
  a) 了解矿井巷道及采掘工作面、采空区的分布和管理情况。
  b) 了解矿井通风、排水、运输、供电、压风、消防、监测等系统的基本情况。
  c) 检查矿井有害气体情况。
  d) 了解矿井各硐室分布情况和防火设施。
  e) 了解矿井瓦斯、水害、自然发火、顶板、煤与瓦斯突出等方面的重大事故隐患，以及矿井火区的分布与管理情况。
  f) 检查了解矿井应急预案或灾害预防和处理计划执行情况。
  g) 熟悉井下非常仓库的地点及材料、设备的储备情况。

6.1.12 在预防性检查工作中，救护人员发现危及安全生产的重大事故隐患，应通知作业人员立即停止作业并撤出现场人员，同时报告有关主管部门；对查出的重大事故隐患和问题应提出排除建议，并填写三联单，交给企业有关负责人和上级主管部门。

6.2 技术装备管理

6.2.1 救护队个人、小队、中队及大队应定期检查、准确掌握在用、库存救护装备状况及数量，并认真填写登记，保持完好状态。

6.2.2 根据技术装备的使用情况，做出装备的报废、更新、备品备件的补充计划，并及时补充。

表3 矿山救护队指战员登记卡

单位：　　　　　　　　　　　　　　　　　　　　　　　　　编号：

姓　名		性别		民族		出　生		年　月　日		照片
政治面貌		文化程度			籍贯					
毕业院校及专业		职称			职务					
参工时间		年　月	入队时间		年　月		入队前工种			
身　高		血　型				身份证号码				
培训时间		培训地点				证书编号				
个人工作简历										
参加事故救援经历										

复　训　情　况					体　检　情　况				
年度	结论	年度	结论		年度	结论	年度	结论	
通 信 地 址					联 系 电 话				

6.2.3 库房须设专人管理，保持库房清净卫生，设备存放整齐，严格审批领用制度，做到账、物、卡"三相符"。

6.2.4 小队和个人救护装备应达到"全、亮、准、尖、利、稳"的标准：

全:小队和个人装备应齐全。
亮:装备带金属的部分要亮。
准:仪器经检查达到技术标准。
尖:带尖的工具要尖锐。
利:带刃的工具要锋利。
稳:装把柄的工具要牢靠、稳固。

6.2.5 救护队的各种仪器仪表,须按国家计量标准要求定期校正,使之达到规定标准。小队和个人装备使用后,必须立即进行清洗、消毒、去垢除锈、更换药品、补充备品备件,并检查其是否达到技术标准要求,保持完好状态。

6.2.6 必须保证使用的氧气瓶、氧气和二氧化碳吸收剂的质量,具体要求:
   a) 氧气符合医用氧气的标准。
   b) 库存二氧化碳吸收剂每季度化验一次,对于二氧化碳吸收剂的吸收率低于30%,二氧化碳含量大于4%,水分不能保持在15%~21%之间的不准使用。
   c) 用过的二氧化碳吸收剂,无论其使用时间长短,严禁重复使用。
   d) 氧气呼吸器内的二氧化碳吸收剂3个月及以上没有使用的,须更换新的二氧化碳吸收剂,否则氧气呼吸器不准使用。
   e) 使用的氧气瓶,须按国家压力容器规定标准,每3年进行除锈清洗、水压试验;达不到标准的氧气瓶不准使用。

6.2.7 新装备使用前必须组织培训,使用人员考试合格后方可上岗操作使用。

6.2.8 救护装备不得露天存放。大型设备,如高倍数泡沫灭火机、惰性气体发生装置、水泵等,应每季检查、保养一次,使其保持完好状态。

6.2.9 任何人不得随意调动矿山救护队、救护装备和救护车辆从事与矿山救护无关的工作。

6.3 内务管理

6.3.1 救护队应根据营区条件,有计划地绿化和美化环境,创造舒适、整洁的环境。

6.3.2 内务卫生要求:
   a) 集体宿舍墙壁悬挂物体一条线,床上卧具叠放整齐一条线,保持窗明壁净。
   b) 个人应做到:常洗澡、常理发、常换衣服。
   c) 人员患病应早报告、早治疗。

6.4 后勤管理

6.4.1 氧气充填泵必须由专人操作,充填工必须遵守有关操作规程。并做到:
   a) 氧气充填泵在20 MPa压力检查时,应不漏油、不漏气、不漏水、无杂音。
   b) 容积为40 L的氧气瓶不得少于5个,其压力应在10 MPa以上。空瓶和实瓶应分别存放,并标明充填日期。
   c) 氧气瓶应做到轻拿轻放,距暖气片和高温点的距离在2 m以上。
   d) 新购进或经水压试验后的氧气瓶在充填前须稀释2~3次后,方可进行充氧。
   e) 充填泵房应安装防爆灯具,并严禁烟火,严禁存放易燃、易爆物品。
   f) 泵房必须保持通风良好、卫生清洁。

6.4.2 救护大队应设立化验室,配备能化验 O_2、CO_2、CH_4、CO、SO_2、H_2S、C_2H_4、C_2H_2 及

N_2 等成分的设备。并做到：
   a) 化验员按操作规程规定准确操作,并认真填写化验单,经本人签字,负责人审核后送报样单位,存根保存期不低于2年。
   b) 化验室内温度应保持在15 ℃～23 ℃之间,不允许明火取暖和阳光曝晒。
   c) 应保持化验设备完好和化验室整洁,备有足够数量的备品。

6.4.3 救护队应自备矿灯,并按有关规定管理。

6.5 劳动保障

6.5.1 矿山救护属特殊工种,并从事高危环境工作。救护指战员应享受与井下采掘工同等待遇,并实行救护岗位津贴。

6.5.2 救护队指战员凡佩用氧气呼吸器工作,应享受特殊津贴。在高温或浓烟恶劣环境佩用氧气呼吸器工作津贴提高一倍。

6.5.3 救护队着装按企业专职消防人员标准配备,劳动保护用品应按井下一线职工标准发放。

6.5.4 救护队指战员除执行企业职工保险政策外,应享受人身意外伤害保险。

6.6 队容、风纪、礼节

6.6.1 救护指战员应严格遵守队容、风纪、礼节的规定。

6.6.2 严格按企业专职消防人员标准着装,不得擅自更改着装标准和样式。着装时应遵守下列规定：
   a) 按规定佩戴帽徽、领章、臂章。
   b) 着装必须衣帽配套,扣好领扣、衣服扣、裤扣,不得挽袖、卷裤腿,穿拖鞋。
   c) 便服和队服不得混穿。

6.6.3 救护指战员应将队列训练作为日常训练科目。

6.7 救护队标志

救护队的队旗、队徽、队歌应按规定制作、管理和使用。

7 矿山救护队装备与设施

7.1 救护队应配备以下装备和器材：
   a) 个人防护装备。
   b) 处理各类矿山灾害事故的专用装备与器材。
   c) 气体检测分析仪器,温度、风量检测仪表。
   d) 通信器材及信息采集与处理设备。
   e) 医疗急救器材。
   f) 交通运输工具。
   g) 训练器材等。

7.2 救护队使用的装备、器材、防护用品和安全检测仪器,必须符合国家标准、行业标准和矿山安全有关规定。纳入矿用产品安全标志管理目录的产品,应取得矿用产品安全标志,严禁使用国家明令禁止和淘汰的产品。

7.3 救护队应根据技术和装备水平的提高不断更新装备,并及时对其进行维护和保养,以确保矿山救护设备和器材始终处于良好状态。各级矿山救护队、兼职矿山救护队及救护队指战员的基本装备配备标准,见表4、表5、表6、表7和表8。

7.4 救护队值班车上基本配备装备和进入灾区侦察时所携带的基本配备装备,必须符合表9、表10的规定。矿山救护小队进入灾区抢救时必须携带的技术装备,由矿山救护大队或中队根据本区情况、事故性质作出规定。

表 4 矿山救护大队(独立中队)基本装备配备标准

类别	装备名称	要求及说明	单位	大队数量	独立中队数量
车辆	指挥车	附有应急警报装置	辆	2	1
	气体化验车	安装气体分析仪器,配有打印机和电源	辆	1	1
	装备车	4~5 t卡车	辆	2	1
通信器材	移动电话	指挥员1部/人	部		
	视频指挥系统	双向可视、可通话	套	1	
	录音电话	值班室配备	部	2	1
	对讲机	便携式	部	6	4
灭火装备	惰气(惰泡)灭火装备	或二氧化碳发生器(1 000 m³/h)	套	1	
	高倍数泡沫灭火机	400型	套	1	
	快速密闭	喷涂、充气、轻型组合均可	套	5	5
	高扬程水泵		台	2	1
	高压脉冲灭火装置	12 L储水瓶2支;35 L储水瓶1支	套	1	1
检测仪器	气体分析化验设备		套	1	1
	热成像仪	矿用本质安全或防爆型	台	1	1
	便携式爆炸三角形测定仪		台	1	1
	演习巷道设施与系统	具备灾区环境与条件	套	1	1
	多功能体育训练器械	含跑步机、臂力器、综合训练器等	套	1	1
	多媒体电教设备		套	1	1
	破拆工具		套	1	1
信息处理设备	传真机		台	1	1
	复印机		台	1	1
	台式计算机	指挥员1台/人	台		
	笔记本电脑	配无线网卡	台	2	1
	数码摄像机	防爆	台	1	1
	数码照相机	防爆	台	1	1
	防爆射灯	防爆	台	2	1

表4（续）

类别	装备名称	要求及说明	单位	大队数量	独立中队数量
材料	氢氧化钙		t	0.5	
	泡沫药剂		t	0.5	
	煤油	已配备惰性气体灭火装置的	t	1	

表5 矿山救护中队基本装备配备标准

类别	装备名称	要求及说明	单位	数量
运输通信	矿山救护车	每小队1辆	辆	
	移动电话	指挥员1部/人	部	
	灾区电话		套	2
	程控电话		部	1
	引路线		m	1 000
个人防护	4 h氧气呼吸器		台	6
	2 h氧气呼吸器		台	6
	便携式自动苏生机		台	2
	自救器	压缩氧	台	30
	隔热服		套	12
灭火装备	高倍数泡沫灭火机		套	1
	干粉灭火器	8 kg	个	20
	风障	≥4 m×4 m	块	2
	水枪	开花、直流各2个	支	4
	水龙带	直径63.5或50.8 mm	m	400
	高压脉冲灭火装置	12 L储水瓶2支,35储水瓶1支	套	1
检测仪器	呼吸器校验仪		台	2
	氧气便携仪	数字显示,带报警功能	台	2
	红外线测温仪		台	2
	红外线测距仪		台	1
	多种气体检测仪	CH_4、CO、O_2等3种以上气体	台	1
	瓦斯检定器	10%、100%各2台	台	4
	一氧化碳检定器		台	2
	风表	机械中、低速各1台;电子2台	台	4
	秒表		块	4
	干湿温度计		支	2
	温度计	0~100 ℃	支	10

表 5（续）

类别	装备名称	要求及说明	单位	数量
装备工具	液压起重器	或起重气垫	套	1
	液压剪		把	1
	防爆工具	锤、斧、镐、锹、钎等	套	2
	氧气充填泵		台	2
	氧气瓶	40 L	个	8
		4 h 呼吸器备用 1 个/台	个	
		2 h 呼吸器，备用	个	10
	救生索	长 30 m，抗拉强度 3 000 kg	条	1
	担架	含 2 副负压多功能担架	副	4
	保温毯	棉织	条	3
	快速接管工具		套	2
	手表	副小队长以上指挥员 1 块/人	块	
	绝缘手套		副	3
	电工工具		套	1
	绘图工具		套	1
	工业冰箱		台	1
	瓦工工具		套	1
	灾区指路器	或冷光管	支	10
设施	演习巷道		套	1
	体能训练器械		套	1
药剂	泡沫药剂		t	1
	氢氧化钙		t	0.5

表 6 矿山救护小队基本装备配备标准

类别	名称	要求及说明	单位	数量
通信器材	灾区电话		套	1
	引路线		m	1 000
个人防护	矿灯	备用	盏	2
	氧气呼吸器	2 h、4 h 氧气呼吸器各 1 台	台	2
	自动苏生器		台	1
	紧急呼救器	声音≥80 dB	个	3

表6（续）

类别	名称	要求及说明	单位	数量
灭火装备	灭火器		台	2
	风障		块	1
	帆布水桶		个	2
检测仪器	呼吸器校验仪		台	2
	光学瓦斯检定器	10%、100%各1台	台	2
	一氧化碳检定器	检定管不少于30支	台	1
	氧气检定器	便携式数字显示，带报警功能	台	1
	多功能气体检测仪	检测 CH_4、CO、O_2 等	台	1
	矿用电子风表		套	1
	红外线测温仪		支	1
装备工具	氧气瓶	2 h、4 h氧气瓶备用	个	4
	灾区指路器	冷光管或灾区强光灯	个	10
	担架		副	1
	采气样工具	包括球胆4个	套	2
	保温毯		条	1
	液压起重器	或起重气垫	套	1
	刀锯		把	2
	铜顶斧		把	2
	两用锹		把	1
	小镐		把	1
	矿工斧		把	2
	起钉器		把	2
	瓦工工具		套	1
	电工工具		套	1
	皮尺	10 m	个	1
	卷尺	2 m	个	1
	钉子包	内装钉子各1 kg	个	2
	信号喇叭	一套至少2个	套	1
	绝缘手套		副	2
	救生索	长30 m,抗拉强度3 000 kg	条	1
	探险棍		个	1
	充气夹板		副	1

表6（续）

类别	名　称	要求及说明	单位	数量
装备工具	急救箱		个	1
	记录本		本	2
	圆珠笔		支	2
	备件袋		个	1
其他	个人基本配备装备	不包括企业消防服装，见表8	套/人	1

注1：急救箱内装止血带、夹板、酒精、碘酒、绷带、胶布、药棉、消炎药、手术刀、镊子、剪刀，以及止痛药、中暑药和止泻药等。

注2：备件袋内装保明片、防雾液、各种垫圈每件10个，以及其他氧气呼吸器易损件等。

表7　兼职矿山救护队基本装备配备标准

类别	装备名称	要求及说明	单位	数量
通信器材	灾区电话		套	1
	引路线		m	1 000
个人防护	氧气呼吸器	4 h氧气呼吸器1台/人	台	
		2 h氧气呼吸器	台	2
	压缩氧自救器		台	20
	自动苏生器		台	2
灭火装备	干粉灭火器		只	20
	风障		块	2
检测仪器	呼吸器校验仪		台	2
	一氧化碳检定器		台	2
	瓦斯检定器	10%、100%各1台	台	2
	氧气检定器		台	1
	温度计		支	2
装备工具	采气样工具	包括球胆4个	套	1
	防爆工具	锤、钎、锹、镐等	套	1
	两用锹		把	2
	氧气充填泵		台	1
	氧气瓶	40 L	个	5
		4 h	个	20
		2 h	个	5
	救生索	长30 m,抗拉强度3 000 kg	条	1
	担架	含1副负压担架	副	2

表7（续）

类别	装备名称	要求及说明	单位	数量
装备工具	保温毯	棉织	条	2
	绝缘手套		双	1
	铜钉斧		把	2
	矿工斧		把	2
	刀锯		把	2
	起钉器		把	2
	手表	指挥员1块/人	块	
	电工工具		套	1
药剂	氢氧化钙		t	0.5

表8 矿山救护队指战员（含兼职矿山救护队指战员）个人基本装备配备标准

类别	装备名称	要求及说明	单位	数量
个人防护	氧气呼吸器	4 h	台	1
	自救器	压缩氧	台	1
	战斗服	带反光标志	套	1
	胶靴		双	1
	毛巾		条	1
	安全帽		顶	1
	矿灯	双光源、便携	盏	1
检测仪器	温度计		支	1
装备工具	手套	布手套、线手套各1副	副	2
	灯带		条	2
	背包	装战斗服	个	1
	联络绳	长2 m	根	1
	氧气呼吸器工具		套	1
	粉笔		支	2

表9 矿山救护队值班车上基本装备配备标准

类别	装备名称	要求及说明	单位	数量
个人防护	压缩氧自救器		台	10

表 9（续）

类别	装备名称	要求及说明	单位	数量
装备工具	负压担架		副	1
	负压夹板		副	1
	4 h 呼吸器氧气瓶		个	10
	防爆工具		套	1
检测仪器	机械风表	中、低速各 1 台	台	2
药剂	氢氧化钙		kg	30
其他	小队基本配备装备	见表 6	套/小队	1

注 1：急救箱内装止血带、夹板、碘酒、绷带、胶布、药棉、消炎药、手术刀、镊子、剪刀，以及止痛药和止泻药等。

注 2：备件袋内装呼吸器易损件。

表 10 矿山救护小队进入灾区侦察时所携带的基本装备配备标准

类别	装备名称	要求及说明	单位	数量
通信器材	灾区电话	与井下基地联系	台	1
	引路线		m	500
个人防护	2 h 氧气呼吸器		台	1
	自动苏生器	放在井下基地	台	1
检测仪器	瓦斯检定器	10%、100% 各 1 台	台	2
	一氧化碳检定器	含各种气体检测管	台	1
	温度计	0~100 ℃	支	1
	采气样工具	包括球胆 4 个	套	1
	氧气检定器	便携式数字显示，带报警功能	台	1
装备工具	担架		副	1
	保温毯	可放在井下基地	条	1
	4 h 呼吸器氧气瓶		个	2
	刀锯		把	1
	铜钉斧		把	1
	两用锹		把	1
	探险棍		个	1
	灾区指路器	或冷光管	个	10
	皮尺	10 m	个	1

表 10（续）

类别	装备名称	要求及说明	单位	数量
装备工具	急救箱		个	1
	记录本		本	2
	圆珠笔		支	2
	电工工具		套	1
其他	个人基本配备装备	见表 8	套/人	1

注：必要时，应携带热成像仪、红外线测温仪和红外线测距仪进入灾区侦察。

7.5 救护队应有下列设施：电话接警值班室、夜间值班休息室、办公室、学习室、会议室、娱乐室、装备室、修理室、氧气充填室、化验室、战备器材库、汽车库、演习训练设施、体能训练设施、运动场地、单身宿舍、浴室、食堂、仓库等。

7.6 兼职矿山救护队应有下列建筑设施：电话接警值班室、夜间值班休息室、办公室、学习室、装备室、修理室、氧气充填室、战备器材库等。

8 矿山救护队培训与训练

8.1 救护队培训

8.1.1 企业有关负责人和救援管理人员应经过救护知识的专业培训。矿山救护队及兼职矿山救护队指战员，必须经过救护理论及技术、技能培训，并经考核取得合格证后，方可从事矿山救护工作。

承担矿山救护培训的机构，应取得相应的资质。

8.1.2 救护人员实行分级培训

a) 国家级矿山应急救援培训机构，承担矿山救护中队长以上指挥员（包括工程技术人员）、大队战训科的管理人员和矿山企业救护管理人员的培训、复训工作。

b) 省级矿山应急救援培训机构，承担本辖区内矿山救护中队副职、正副小队长的培训、复训工作。

c) 救护大队培训机构，承担本区域内矿山救护队员（含兼职矿山救护队员）的培训、复训工作。

8.1.3 培训时间

a) 中队以上指挥员（包括工程技术人员）岗位资格培训时间不少于 30 天(144 学时)；每两年至少复训一次，时间不少于 14 天(60 学时)。

b) 中队副职、正副小队长岗位资格培训时间不少于 45 天(180 学时)；每两年至少复训一次，时间不少于 14 天(60 学时)。

c) 救护队新队员岗位资格培训时间不少于 90 天(372 学时)，再进行 90 天的编队实习；每年至少复训一次，学习时间不少于 14 天(60 学时)。

d) 兼职矿山救护队员岗位资格培训时间不少于 45 天(180 学时)；每年至少复训一次，时间不少于 14 天(60 学时)。

8.1.4 培训内容和要求

8.1.4.1 岗位资格培训

a) 中队以上的指挥员(包括工程技术人员)培训内容:矿山救护相关安全法律、法规和技术标准,矿井灾害发生机理、规律及防治技术与方法,矿山自救互救及创伤急救技术,矿山救护队的管理。通过培训,达到以下要求:
  1) 掌握与矿山救护工作有关的管理知识、专业理论知识、救护业务基本知识及新技术、新装备的应用知识;
  2) 了解国内外有关矿山救护工作的先进技术和管理经验;
  3) 具备较熟练地制订矿山灾变事故救援方案、救护队行动计划的能力。

b) 中队副职、正副小队长培训内容:矿山救护相关安全法律、法规和技术标准,矿山救护个人防护装备、矿山救护检测仪器的使用与管理、矿山救护技战术、矿井通风技术理论、矿山事故的预防与处理、自救互救与现场急救等。通过培训,达到以下要求:
  1) 掌握与矿山救护工作有关的管理知识、专业理论知识、救护业务基本知识及新技术、新装备的应用知识;
  2) 具备根据事故救援方案带队独立作战的能力。

c) 救护队新队员培训内容:矿山救护相关安全法律、法规和技术标准,矿井生产技术、矿井通风与灾害防治、爆破安全技术,机电运输安全技术,矿山救护技战术理论,矿井灾变事故的处理,矿山救护技术操作,矿山救护装备与仪器的使用和管理,自救互救与现场急救等。通过培训,达到以下要求:
  1) 了解矿山救护队的发展史,矿山救护队的组织、任务、性质和工作特点,队员及各类人员的职责等;
  2) 熟练掌握矿山井下开拓系统图、井上井下对照图、通风系统图、配电系统图和井下电气设备布置图等基本图纸的知识;
  3) 掌握救护仪器、装备的操作技能;
  4) 了解灾变处理的基本知识;
  5) 掌握一般技术的操作方法;
  6) 掌握现场急救的基本常识。

d) 兼职矿山救护队员参照矿山救护队员培训内容和要求执行。

8.1.4.2 岗位复训内容

a) 中队以上的指挥员(包括工程技术人员)复训内容:有关矿山应急救护的新法律、法规、标准;有关矿山应急救护的新技术、新材料、新工艺、新装备及其安全技术要求,国内外矿山应急救护管理经验,典型矿山应急救护事故案例分析。

b) 中队副职、正副小队长复训内容:有关矿山应急救护的新法律、法规、标准;有关矿山应急救护的新技术、新材料、新工艺、新装备及其安全技术要求,国内外矿山应急救护管理经验分析,典型矿山应急救护事故案例研讨。

c) 救护队员复训内容:有关矿山应急救护的新法律、法规、标准;有关矿山应急救护的新技术、新材料、新工艺、新装备及其安全技术要求,预防和处理各类矿山事故的新方法,典型矿山应急救护事故案例讨论。

d) 兼职矿山救护队员参照矿山救护队员复训内容执行。

8.2 救护队训练

8.2.1 日常训练

a) 军事化队列训练。
b) 体能训练和高温浓烟训练。
c) 防护设备、检测设备、通信及破拆工具等操作训练。
d) 建风障、木板风墙和砖风墙,架木棚,安装局部通风机,高倍数泡沫灭火机灭火,惰性气体灭火装置安装使用等一般技术训练。
e) 人工呼吸、心肺复苏、止血、包扎、固定、搬运等医疗急救训练。
f) 新技术、新材料、新工艺、新装备的训练。

8.2.2 模拟实战演习

a) 演习训练,必须结合实战需要,制订演习训练计划;每次演习训练佩用呼吸器时间不少于3 h。
b) 大队每年召集各中队进行一次综合性演习,内容包括:闻警出动、下井准备、战前检查、灾区侦察、气体检查、搬运遇险人员、现场急救、顶板支护、直接灭火、建造风墙、安装局部通风机、铺设管道、高倍数泡沫灭火机灭火、惰性气体灭火装置安装使用、高温浓烟训练等。
c) 中队除参加大队组织的综合性演习外,每月至少进行一次佩用呼吸器的单项演习训练,并每季度至少进行一次高温浓烟演习训练。
d) 兼职救护队每季度至少进行一次佩用呼吸器的单项演习训练。

8.2.3 建立救护技术竞赛制度。救护队及各级矿山救援指挥机构应定期组织矿山救护技术竞赛。

9 矿山事故应急救援一般规定

9.1 矿山救护程序

9.1.1 事故报告

矿山发生灾害事故后,现场人员必须立即汇报,在安全条件下积极组织抢救,否则应立即撤离至安全地点或妥善避难。企业负责人接到事故报告后,应立即启动应急救援预案,组织抢救。

9.1.2 救护队出动

9.1.2.1 救护队接到事故报告后,应在问清和记录事故地点、时间、类别、遇险人数、通知人姓名(联系人电话)及单位后,立即发出警报,并向值班指挥员报告。

9.1.2.2 救护队接警后必须在1 min内出动,不需乘车出动时,不得超过2 min;按照事故性质携带所需救护装备迅速赶赴事故现场。当矿山发生火灾、瓦斯或矿尘爆炸,煤与瓦斯突出等事故时,待机小队应随同值班小队出动。

9.1.2.3 救护队出动后,应向主管单位及上一级救护管理部门报告出动情况。在途中得知矿山事故已经得到处理,出动救护队仍应到达事故矿井了解实际情况。

9.1.2.4 在救援指挥部未成立之前,先期到达的救护队应根据事故现场具体情况和矿山灾害事故应急救援预案,开展先期救护工作。

9.1.2.5 救护队到达事故矿井后,救护人员应立即做好战前检查,按事故类别整理好所需装备,做好救护准备;根据抢救指挥部命令组织灾区侦察、制订救护方案、实施救护。

9.1.2.6 救护队指挥员了解事故情况、接受任务后应立即向小队下达任务,并说明事故情况、完成任务要点、措施及安全注意事项。

9.1.3 返回驻地

9.1.3.1 参加事故救援的救护队只有在取得救援指挥部同意后,方可返回驻地。

9.1.3.2 返回驻地后,救护队指战员应立即对所有救护装备、器材进行认真检查和维护,恢复到值班战备状态。

9.2 矿山救护指挥

9.2.1 发生重、特大灾害事故后,必须立即成立现场救援指挥部并设立地面基地。救护队指挥员为指挥部成员。

9.2.2 在事故救援时,救护队长对救护队的行动具体负责、全面指挥。事故单位必须向救援指挥部提供全面真实的技术资料和事故状况,矿山救护队必须向救援指挥部提供全面真实的探查和事故救援情况。

9.2.3 如果有多支救护队联合作战时,应成立矿山救护联合作战部,由事故所在区域的救护队指挥员担任指挥,协调各救护队救援行动。如果所在区域的救护队指挥员不能胜任指挥工作,则由救援指挥部另行委任。

9.2.4 到达事故现场后,救护队指挥员必须详细了解:
   a) 事故发生的时间,事故类别、范围,遇险人员数量及分布,已经采取的措施。
   b) 事故区域的生产、通风系统,有毒、有害气体,矿尘,温度,巷道支护及断面,机械设备及消防设施等。
   c) 已经到达的和可以动用的救护小队数量及装备情况。

9.2.5 救护队指挥员应根据指挥部的命令和事故的情况,迅速制订救援行动计划和安全措施,同时调动必要的人力、设备和材料。

9.2.6 救护队指挥员下达任务时,必须说明事故情况、行动路线、行动计划和安全措施。在救护中应尽量避免使用混合小队。

9.2.7 遇有高温、塌冒、爆炸、水淹等危险的灾区,在需要救人的情况下,经请示救援指挥部同意后,指挥员才有权决定小队进入,但必须采取安全措施,保证小队在灾区的安全。

9.2.8 救护指挥员应轮流值班和下井了解情况,并及时与井下救护队、地面基地、井下基地及后勤保障部门联系。

9.2.9 救护队应派专人收集有关矿山的原始技术资料、图纸,做好事故救护的各项记录,包括:
   a) 灾区发生事故的前后情况。
   b) 事故救援方案、计划、措施、图纸。
   c) 出动小队人数,到达事故矿山时间,指挥员及领取任务情况。
   d) 小队进入灾区时间、返回时间及执行任务情况。
   e) 事故救援工作的进度、参战队次、设备材料消耗及气体分析和检测结果。
   f) 指挥员交接班情况。

9.2.10 在事故抢救结束后,必须形成全面、准确、翔实的事故救援报告,报救援指挥部及上级应急救援管理部门。

9.3 矿山救护保障

9.3.1 基地保障
在事故救援时,事故单位应为救护队提供必要的场所、物质等后勤保障。

9.3.1.1 地面基地
根据事故的范围、类别及参战救护队的数量设置地面基地,并应有:
a) 救护队所需的救护装备、器材、通信设备等。
b) 气体化验员、医护人员、通信员、仪器修理员、汽车司机等。
c) 食物、饮料和临时工作与休息场所。

9.3.1.2 井下基地
a) 井下基地应设在靠近灾区的安全地点,并应有:
   1) 直通指挥部和灾区的通信设备;
   2) 必要的救护装备和器材;
   3) 值班医生和急救医疗药品、器材;
   4) 有害气体监测仪器;
   5) 食物和饮料。
b) 井下基地指挥负责人由指挥部指派。井下基地电话应安排专人值守,做好记录,并经常同救援指挥部、地面基地和在灾区工作的救护小队保持联系。
c) 井下救灾过程中,基地指挥负责人应设专人检测基地及其附近区域有害气体的浓度并注意其他情况的变化。灾情突然发生变化时,井下基地指挥负责人应采取应急措施,并及时向指挥部报告。
d) 若改变井下基地位置,必须取得救援指挥部的同意,并通知在灾区工作的救护小队。

9.3.2 通信工作

9.3.2.1 救护通信方式包括:
a) 派遣通信员。
b) 显示讯号与音响信号。
c) 程控电话和灾区电话。
d) 移动手机、对讲机。

9.3.2.2 在事故救援时,必须保证通信畅通:
a) 抢救指挥部与地面基地、井下基地。
b) 井下基地与灾区救护小队。
c) 队员之间。

9.3.2.3 通信联络的一般规定:
a) 在灾区内使用的音响信号:
   一声——停止工作或停止前进;
   二声——离开危险区;
   三声——前进或工作;
   四声——返回;
   连续不断的声音——请求援助或集合。

b) 在竖井和倾斜巷道用绞车上下时使用的信号：
   一声——停止；
   二声——上升；
   三声——下降；
   四声——慢上；
   五声——慢下。
c) 灾区中报告氧气压力的手势：
   伸出拳头表示 10 MPa，伸出五指表示 5 MPa，伸出一指表示 1 MPa，报告时手势要放在灯头前表示。

9.3.3 气体分析

a) 对灾区气体定时、定点取样，及时分析气样，并提供分析结果。
b) 绘制有关测点气体和温度变化曲线图。
c) 整理总结整个事故救援中的气体分析资料。
d) 必要时可携带仪器到井下基地直接进行化验分析。

9.3.4 医疗站

事故救护时，应建立医疗站，任务是：
a) 派出医疗人员在井下基地值班。
b) 对从灾区撤出的遇险人员进行急救。
c) 检查和治疗救护人员的伤病。
d) 做好卫生防疫工作。
e) 及时向指挥部汇报伤员救助情况。

9.4 灾区行动的基本要求

9.4.1 进入灾区侦察或作业的小队人员不得少于 6 人。进入灾区前，应检查氧气呼吸器是否完好，并应按规定佩用。小队必须携带备用全面罩氧气呼吸器 1 台和不低于 18 MPa 压力的备用氧气瓶 2 个，以及氧气呼吸器工具和装有配件的备件袋。

9.4.2 如果不能确认井筒和井底车场有无有毒、有害气体，应在地面将氧气呼吸器佩用好。在任何情况下，禁止不佩带氧气呼吸器的救护队下井。

9.4.3 救护小队在新鲜风流地点待机或休息时，只有经小队长同意才能将呼吸器从肩上脱下；脱下的呼吸器应放在附近的安全地点，离小队待机或休息地点不应超过 5 m，确保一旦发生灾变能及时佩用。基地以里至灾区范围内不得脱下呼吸器。

9.4.4 在窒息或有毒有害气体威胁的灾区侦察和工作时，应做到：
a) 随时检测有毒有害气体和氧气含量，观察风流变化，佩用或不佩用氧气呼吸器的地点由现场指挥员确定。
b) 小队长应至少间隔 20 min 检查一次队员的氧气压力、身体状况，并根据氧气压力最低的 1 名队员来确定整个小队的返回时间。如果小队乘电机车进入灾区，其返回安全地点所需时间应按步行所需时间计算。
c) 小队长应使队员保持在彼此能看到或听到信号的范围以内。如果灾区工作地点离新鲜风流处很近，并且在这一地点不能以整个小队进行工作时，小队长可派不少于 2 名队员进入灾区工作，并保持直接联系。

d) 在窒息区域内,任何情况下都严禁指战员单独行动。佩用负压氧气呼吸器时,严禁通过口具或摘掉口具讲话。

9.4.5 佩用氧气呼吸器的人员工作1个呼吸器班后,应至少休息6 h。但在后续救护队未到达而急需抢救人员的情况下,指挥员应根据队员体质情况,在补充氧气、更换药品和降温器并校验呼吸器合格后,方可派救护队员重新投入救护工作。

9.4.6 在窒息或有毒、有害气体威胁的灾区抢救遇险人员时应做到:
　　a) 在引导及搬运遇险人员时,应给遇险人员佩用全面罩氧气呼吸器或隔绝式自救器。
　　b) 对受伤、窒息或中毒的人员应进行简单急救处理,然后迅速送至安全地点,交现场医疗救护人员处置,并尽快送医院治疗。
　　c) 搬运伤员时应尽量避免振动;注意防止伤员精神失常时打掉队员的面罩、口具或鼻夹,而造成中毒。
　　d) 在抢救长时间被困在井下的遇险人员时,应有医生配合;对长期困在井下的人员,应避免灯光照射其眼睛,搬运出井口时应用毛巾盖住其眼睛。
　　e) 在灾区内遇险人员不能一次全部抬运时,应给遇险者佩用全面罩氧气呼吸器或隔绝式自救器;当有多名遇险人员待救时,矿山救护队应根据"先活后死、先重后轻、先易后难"的原则进行抢救。

9.4.7 救护队有义务协助事故调查,在满足救援的情况下应保护好现场,在搬运遇难人员和受伤矿工时,将矿灯等随身所带物品一并运送。

9.4.8 救护队返回到井下基地时,必须至少保留5 MPa气压的氧气余量。在倾角小于15°的巷道行进时,将1/2允许消耗的氧气量用于前进途中,1/2用于返回途中;在倾角大于或等于15°的巷道中行进时,将2/3允许消耗的氧气量用于上行途中,1/3用于下行途中。

9.4.9 救护队撤出灾区时,应将携带的救护装备带出灾区。

9.4.10 救护侦察时,应探明事故类别、范围、遇险、遇难人员数量和位置,以及通风、瓦斯、粉尘、有毒有害气体、温度等情况。中队或以上指挥员应亲自组织和参加侦察工作。

9.4.11 指挥员布置侦察任务时应该做到:
　　a) 讲明事故的各种情况。
　　b) 提出侦察时所需要的器材。
　　c) 说明执行侦察任务时的具体计划和注意事项。
　　d) 给侦察小队以足够的准备工作时间。
　　e) 检查队员对侦察任务的理解程度。

9.4.12 带队侦察的指挥员应该做到:
　　a) 明确侦察任务。任务不清或感到人力、物力、时间不足时,应提出自己的意见。
　　b) 认真研究行进路线及特征,在图纸上标明小队行进的方向、标志、时间,并向队员讲清楚。
　　c) 组织战前检查。了解指战员的氧气呼吸器氧气压力,做到仪器100%的完好。
　　d) 贯彻事故救援的行动计划和安全措施,带领小队完成侦察工作。

9.4.13 侦察时必须做到:
　　a) 井下应设待机小队,并用灾区电话与侦察小队保持联系;只有在抢救人员的情况下,才可不设待机小队。

b) 进入灾区侦察,必须携带救生索等必要的装备。在行进时应注意暗井、溜煤眼、淤泥和巷道支护等情况,视线不清时可用探险棍探查前进,队员之间要用联络绳联结。
c) 侦察小队进入灾区时,应规定返回时间,并用灾区电话与基地保持联络。如没有按时返回或通信中断,待机小队应立即进入救护。
d) 在进入灾区前,应考虑到如果退路被堵时所采取的措施。
e) 侦察行进中,在巷道交叉口应设明显的标记,防止返回时走错路线;对井下巷道情况不清楚时,小队应按原路返回。
f) 在进入灾区时,小队长在队列之前,副小队长在队列之后,返回时与此相反。在搜索遇险、遇难人员时,小队队形应与巷道中线斜交式前进。
g) 侦察人员应有明确分工,分别检查通风、气体浓度、温度、顶板等情况,并做好记录,把侦察结果标记在图纸上。
h) 在远距离或复杂巷道中侦察时,可组织几个小队分区段进行侦察。
i) 侦察工作应仔细认真,做到灾害波及范围内有巷必查,走过的巷道要签字留名做好标记,并绘出侦察路线示意图。

9.4.14 侦察时应首先把侦察小队派往遇险人员最多的地点。

9.4.15 侦察过程中,在灾区内发现遇险人员应立即救助,并将他们护送到新鲜风流巷道或井下基地,然后继续完成侦察任务。发现遇难人员应逐一编号,并在发现遇难、遇险人员巷道的相应位置做好标记;同时,检查各种气体浓度,记录遇难、遇险人员的特征,并在图上标明位置。

9.4.16 在侦察过程中,如有队员出现身体不适或氧气呼吸器发生故障难以排除时,全小队应立即撤到安全地点,并报告救援指挥部。

9.4.17 在侦察或救护行进中因冒顶受阻,应视扒开通道的时间决定是否另选通路;如果是唯一通道,应采取安全措施,立即进行处理。

9.4.18 侦察结束后,小队长应立即向布置侦察任务的指挥员汇报侦察结果。

10 矿山事故救援

10.1 煤矿事故救援

10.1.1 矿井火灾事故救援

10.1.1.1 一般要求

10.1.1.1.1 处理矿井火灾应了解以下情况:
a) 发火时间、火源位置、火势大小、波及范围、遇险人员分布情况。
b) 灾区瓦斯情况、通风系统状态、风流方向、煤尘爆炸性。
c) 巷道围岩、支护状况。
d) 灾区供电状况。
e) 灾区供水管路、消防器材供应的实际状况及数量。
f) 矿井的火灾预防处理计划及其实施状况。

10.1.1.1.2 处理井下火灾应遵循的原则:
a) 控制烟雾的蔓延,防止火灾扩大。
b) 防止引起瓦斯或煤尘爆炸,防止因火风压引起风流逆转。

c) 有利于人员撤退和保护救护人员安全。
d) 创造有利的灭火条件。

10.1.1.1.3 指挥员应根据火区的实际情况选择灭火方法。在条件具备时,应采用直接灭火的方法。采用直接灭火法时,须随时注意风量、风流方向及气体浓度的变化,并及时采取控风措施,尽量避免风流逆转、逆退,保护直接灭火人员的安全。

10.1.1.1.4 在下列情况下,采用隔绝方法或综合方法灭火:
a) 缺乏灭火器材或人员时。
b) 火源点不明确、火区范围大、难以接近火源时。
c) 用直接灭火的方法无效或直接灭火法对人员有危险时。
d) 采用直接灭火不经济时。

10.1.1.1.5 井下发生火灾时,根据灾情可实施局部或全矿井反风或风流短路措施。反风前,应将原进风侧的人员撤出,并注意瓦斯变化;采取风流短路措施时,必须将受影响区域内的人员全部撤离。

10.1.1.1.6 灭火中,只有在不使瓦斯快速积聚到爆炸危险浓度,且能使人员迅速撤出危险区时,才能采用停止通风或减少风量的方法。

10.1.1.1.7 用水灭火时,必须具备下列条件:
a) 火源明确。
b) 水源、人力、物力充足。
c) 有畅通的回风道。
d) 瓦斯浓度不超过2%。

10.1.1.1.8 用水或注浆的方法灭火时,应将回风侧人员撤出,同时在进风侧有防止溃水的措施。严禁靠近火源地点作业。用水快速淹没火区时,密闭附近不得有人。

10.1.1.1.9 灭火应从进风侧进行。为控制火势可采取设置水幕、拆除木支架(不致引起冒顶时)、拆掉一定区段巷道中的木背板等措施阻止火势蔓延。

10.1.1.1.10 用水灭火时,水流不得对准火焰中心,随着燃烧物温度的降低,逐步逼向火源中心。灭火时应有足够的风量,使水蒸气直接排入回风道。

10.1.1.1.11 扑灭电气火灾,必须首先切断电源。电源无法切断时,严禁使用非绝缘灭火器材灭火。

10.1.1.1.12 进风的下山巷道着火时,应采取防止火风压造成风流紊乱和风流逆转的措施。如有发生风流逆转的危险时,可将下行通风改为上行通风,从下山下端向上灭火;在不可能从下山下端接近火源时,应尽可能利用平行下山和联络巷接近火源灭火。改变通风系统和通风方式时,必须有利于控制火风压。在风量发生变化、特别是流向变化时,或在水源供水或灭火材料供应中断时,救护队员应立即撤退。

10.1.1.1.13 扑灭瓦斯燃烧引起的火灾时,不得使用震动性的灭火手段,防止扩大事故。

10.1.1.1.14 处理火灾事故过程中,应保持通风系统的稳定,指定专人检查瓦斯和煤尘,观测灾区气体和风流变化。当瓦斯浓度超过2%,并继续上升时,必须立即将全体人员撤到安全地点,采取措施排除爆炸危险。

10.1.1.1.15 检查灾区气体时,应注意全断面检查瓦斯、氧气浓度,并注意氧气浓度低等因素会导致 CH_4、CO 气体浓度检测出现误差。在检测气体时,应同时采集灾区气样。对采集的气样应及时化验分析,校对检测误差。

10.1.1.1.16 巷道烟雾弥漫能见度小于 1 m 时,严禁救护队进入侦察或作业,需采取措施,提高能见度后方可进入。

10.1.1.1.17 采用隔绝法灭火时,必须遵守下列规定:
a) 在保证安全的情况下,应尽量缩小封闭范围。
b) 隔绝火区时,首先建造临时风墙,经观察和气体分析表明灾区趋于稳定后,方可建造永久风墙。
c) 在封闭火区瓦斯浓度迅速增加时,为保证施工人员安全,应进行远距离的封闭火区。
d) 在封闭有瓦斯、煤尘爆炸危险的火区时,根据实际情况,可先设置抗爆墙(见表11)。在抗爆墙的掩护下,建立永久风墙。砂袋抗爆墙应采用麻袋或棉布袋,不得用塑料编织袋装砂。

表 11 各类抗爆墙的最小厚度

井巷断面/ m²	水砂充填厚度/ m	石膏墙		砂袋墙	
		厚度/ m	石膏粉/ t	厚度/ m	砂袋数量/ 袋
5.0	≤5	2.2	11	5	1 500
7.5	5~8	2.5	19	6	2 600
10.5	8~10	3	30	7	4 200
14	10~15	3.5 以上	42	8	6 400

10.1.1.1.18 隔绝火区封闭风墙的 3 种方法:
a) 首先封闭进风巷中的风墙。
b) 进风巷和回风巷中的风墙同时封闭。
c) 首先封闭回风侧风墙。

10.1.1.1.19 封闭火区风墙时应做到:
a) 多条巷道需要进行封闭时,应先封闭支巷,后封闭主巷。
b) 火区主要进风巷和回风巷中的风墙应开有通风孔,其他一些风墙可以不开通风孔。
c) 选择进风巷和回风巷的风墙同时封闭时,必须在建造这两个风墙时预留通风孔。封堵通风孔时必须统一指挥,密切配合,以最快的速度同时封堵。在建造砂袋抗爆墙时,也应遵守这一规定。

10.1.1.1.20 建造火区风墙时应做到:
a) 进风巷道和回风巷道中的风墙应同时建造。
b) 风墙的位置应选择在围岩稳定、无破碎带、无裂隙、巷道断面小的地点,距巷道交叉口不小于 10 m。
c) 拆掉压缩空气管路、电缆、水管及轨道。
d) 在风墙中应留设注惰性气体、灌浆(水)和采集气样测量温度用的管孔,并装上有阀门的放水管。

e) 保证风墙的建筑质量。
f) 设专人随时检测瓦斯变化。

10.1.1.1.21 在建造有瓦斯爆炸危险的火区风墙时,应做到:
a) 采取控风手段,尽量保持风量不变。
b) 注入惰性气体。
c) 检测进风、回风侧瓦斯浓度、氧气浓度、温度等。
d) 在完成密闭工作后,迅速撤至安全地点。

10.1.1.1.22 火区封闭后,必须遵守下列原则:
a) 人员应立即撤出危险区。进入检查或加固密闭墙,应在 24 h 之后进行。
b) 封闭后,应采取均压灭火措施,减少火区漏风。
c) 如果火区内 O_2、CO 含量及温度没有下降趋势,应查找原因,采取补救措施。

10.1.1.1.23 火区风墙被爆炸破坏时,严禁立即派救护队探险或恢复风墙。如果必须恢复破坏的风墙或在附近构筑新风墙前,必须做到:
a) 采取惰化措施抑制火区爆炸。
b) 检查瓦斯,只有在火区内可燃气体浓度已无爆炸危险时,方可进行火区封闭作业;否则,应在距火区较远的安全地点建造风墙。

10.1.1.2 高温下的救护工作

10.1.1.2.1 井下巷道内温度超过 30 ℃时,即为高温,应限制佩用氧气呼吸器的连续作业时间。巷道内温度超过 40 ℃时,禁止佩用氧气呼吸器工作,但在抢救遇险人员或作业地点靠近新鲜风流时例外;否则,必须采取降温措施。

10.1.1.2.2 为保证在高温区工作的安全,应采取降温措施,改善工作环境。

10.1.1.2.3 在高温作业巷道内空气升温梯度达到 0.5~1 ℃/min 时,小队应返回基地,并及时报告井下基地指挥员。

10.1.1.2.4 在高温区工作的指挥员必须做到:
a) 向出发的小队布置任务,并提出安全措施。
b) 在进入高温巷道时,要随时进行温度测定。测定结果和时间应做好记录,有可能时写在巷道帮上。如果巷道内温度超过 40 ℃,小队应退出高温区,并将情况报告救护指挥部。
c) 救人时,救护人员进入高温灾区的最长时间不得超过表 12 中的规定。

表 12 救护人员进入高温灾区的最长时间值

巷道中温度/℃	40	45	50	55	60
进入时间/min	25	20	15	10	5

d) 与井下基地保持不断的联系,报告温度变化、工作完成情况及队员的身体状况。
e) 发现指战员身体有异常现象时,必须率领小队返回基地,并通知待机小队。
f) 返回时,不得快速行走,并应采取一些改善其感觉的安全措施,如手动补给供氧,用水冷却头、面部等。

g) 在高温条件下,佩用氧气呼吸器工作后,休息的时间应比正常温度条件下工作后的休息时间增加1倍。

h) 在高温条件下佩用氧气呼吸器工作后,不应喝冷水。井下基地应备有含0.75%食盐的温开水和其他饮料。

10.1.1.3 扑灭不同地点火灾的方法

10.1.1.3.1 进风井口建筑物发生火灾时,应采取防止火灾气体及火焰侵入井下的措施:

a) 立即反风或关闭井口防火门;如不能反风,应根据矿井实际情况决定是否停止主要通风机。

b) 迅速灭火。

10.1.1.3.2 正在开凿井筒的井口建筑物发生火灾时,如果通往遇险人员的通道被火切断,可利用原有的铁风筒及各类适合供风的管路设施向遇险人员送风;同时,采取措施将火扑灭,以便尽快靠近遇险人员进行抢救。扑灭井口建筑物火灾时,事故矿井应召请消防队参加。

10.1.1.3.3 回风井筒发生火灾时,风流方向不应改变。为了防止火势增大,应适当减少风量。

10.1.1.3.4 竖井井筒发生火灾时,不管风流方向如何,应用喷水器自上而下的喷洒。只有在确保救护人员生命安全时,才允许派遣救护队进入井筒灭火。灭火时,应由上往下进行。

10.1.1.3.5 扑灭井底车场的火灾时,应坚持的原则:

a) 当进风井井底车场和毗连硐室发生火灾时,应进行反风(反风前,撤离进风侧人员)、停止主要通风机运转或风流短路,不使火灾气体侵入工作区。

b) 回风井井底发生火灾时,应保持正常风向,可适当减少风量。

c) 救护队要用最大的人力、物力直接灭火和阻止火灾蔓延。

d) 为防止混凝土支架和砌碹巷道上面木垛燃烧,可在碹上打眼或破碹,安设水幕。

e) 如果火灾的扩展危及关键地点(如井筒、火药库、变电所、水泵房等),则主要的人力、物力应用于保护这些地点。

10.1.1.3.6 扑灭井下硐室中的火灾时,应坚持的原则:

a) 着火硐室位于矿井总进风道时,应反风或风流短路。

b) 着火硐室位于矿井一翼或采区总进风流所经两巷道的连接处时,应在可能的情况下,采取短路通风,条件具备时也可采用区域反风。

c) 爆炸材料库着火时,有条件时应首先将雷管、导爆索运出,然后将其他爆炸材料运出;否则,关闭防火门,救护队撤往安全地点。

d) 绞车房着火时,应将相连的矿车固定,防止烧断钢丝绳,造成跑车伤人。

e) 蓄电池机车库着火时,为防止氢气爆炸,应切断电源,停止充电,加强通风并及时把蓄电池运出硐室。

f) 硐室发生火灾,且硐室无防火门时,应采取挂风障控制入风,积极灭火。

10.1.1.3.7 火灾发生在采区或采煤工作面进风巷,为抢救人员,有条件时可进行区域反风;为控制火势减少风量时,应防止灾区缺氧和瓦斯积聚。

10.1.1.3.8 火灾发生在倾斜上行风流巷道时,应保持正常风流方向,可适当减少风量。

10.1.1.3.9 火源在倾斜巷道中时,应利用联络巷等通道接近火源进行灭火。不能接近火源时,可利用矿车、箕斗将喷水器送到巷道中灭火,或发射高倍数泡沫、惰气进行远距离灭火。需要从下方向上灭火时,应采取措施防止落石和燃烧物掉落伤人。

10.1.1.3.10 位于矿井或一翼总进风道中的平巷、石门和其他水平巷道发生火灾时,应采取有效措施控风;如采取短路通风措施时,应防止烟流逆转。

10.1.1.3.11 采煤工作面发生火灾时,应做到:
   a) 从进风侧利用各种手段进行灭火。
   b) 在进风侧灭火难以取得效果时,可采取区域反风,从回风侧灭火,但进风侧要设置水幕,并将人员撤出。
   c) 采煤工作面回风巷着火时,应防止采空区瓦斯涌出和积聚造成危害。
   d) 急倾斜煤层采煤工作面着火时,不准在火源上方灭火,防止水蒸气伤人;也不准在火源下方灭火,防止火区塌落物伤人;而要从侧面利用保护台板和保护盖接近火源灭火。
   e) 用上述方法灭火无效时,应采取隔绝方法和综合方法灭火。

10.1.1.3.12 处理采空区或巷道冒落带火灾时,必须保持通风系统的稳定可靠,检查与之相连的通道,防止瓦斯涌入火区。

10.1.1.3.13 独头巷道发生火灾时,应在维持局部通风机正常通风的情况下,积极灭火。矿山救护队到达现场后,应保持独头巷道的通风原状,即风机停止运转的不要开启,风机开启的不要停止,进行侦察后再采取措施。

10.1.1.3.14 矿山救护队到达井下,已经知道发火巷道有爆炸危险,在不需要救人的情况下,指挥员不得派小队进入着火地点冒险灭火或探险;已经通风的独头巷道如果瓦斯浓度仍然迅速增长,也不得入内灭火,而应在远离火区的安全地点建筑风墙,具体位置由救护指挥部确定。

10.1.1.3.15 在扑灭独头巷道火灾时,矿山救护队必须遵守下列规定:
   a) 平巷独头巷道掘进头发生火灾,瓦斯浓度不超过2%时,应在通风的情况下采用直接灭火。灭火后,必须仔细清查阴燃火点,防止复燃引起爆炸。
   b) 火灾发生在平巷独头煤巷的中段时,灭火中必须注意火源以里的瓦斯情况,设专人随时检测,严禁将已积聚的瓦斯经过火点排出。如果情况不清,应远距离封闭。
   c) 火灾发生在上山独头煤巷的掘进头时,在瓦斯浓度不超过2%的情况下,有条件时应直接灭火,灭火中应加强通风;如瓦斯超过2%仍在继续上升,应立即把人员撤到安全地点,远距离进行封闭。若火灾发生在上山独头巷的中段时,不得直接灭火,应在安全地点进行封闭。
   d) 上山独头煤巷火灾不管发生在什么地点,如果局部通风机已经停止运转,在无需救人时,严禁进入灭火或侦察,应立即撤出附近人员,远距离进行封闭。
   e) 火灾发生在下山独头煤巷掘进头时,在通风的情况下,瓦斯的浓度不超过2%,可直接进行灭火。若火灾发生在巷道中段时,不得直接灭火,应远距离封闭。

10.1.1.3.16 救护队处理不同地点火灾时,小队执行紧急任务的安排原则:
   a) 进风井井口建筑物发生火灾时,应派一个小队去处理火灾,另一个小队去井下救人和扑灭井底车场可能发生的火灾。
   b) 井筒和井底车场发生火灾时,应派一个小队灭火,派另一个小队去火灾威胁区域救人。

 c) 当火灾发生在矿井进风侧的硐室、石门、平巷、下山或上山，火烟可能威胁到其他地点时，应派一个小队灭火，派另一个小队到最危险的地点救人。

 d) 当火灾发生在采区巷道、硐室、工作面中，应派一个小队从最短的路线进入回风侧救人，另一个小队从进风侧灭火、救人。

 e) 当火灾发生在回风井井口建筑物、回风井筒、回风井底车场，以及其毗连的巷道中时，应派一个小队灭火，派另一个小队救人。

10.1.1.3.17 处理矸石山火灾事故时，应做到：

 a) 查明自燃的范围、温度、气体成分等参数。

 b) 处理火源时，可采用注黄泥浆、飞灰、凝胶、泡沫等措施。

 c) 直接灭火时，应防止水煤气爆炸，避开矸石山垮塌面和开挖暴露面。

 d) 在清理矸石山爆炸产生的高温抛落物时，应戴手套、防护面罩、眼镜，穿隔热服，使用工具清除，并设专人观察矸石山变化情况。

10.1.2 瓦斯、煤尘爆炸事故救援

10.1.2.1 处理瓦斯、煤尘爆炸事故时，救护队的主要任务是：

 a) 灾区侦察。

 b) 抢救遇险人员。

 c) 抢救人员时清理灾区堵塞物。

 d) 扑灭因爆炸产生的火灾。

 e) 恢复通风。

10.1.2.2 爆炸产生火灾，应同时进行灭火和救人，并应采取防止再次发生爆炸的措施。

10.1.2.3 井筒、井底车场或石门发生爆炸时，在侦察确定没有火源，无爆炸危险的情况下，应派一个小队救人，另一个小队恢复通风。如果通风设施损坏不能恢复，应全部去救人。

10.1.2.4 爆炸事故发生在采煤工作面时，派一个小队沿回风侧、另一个小队沿进风侧进入救人，在此期间必须维持通风系统原状。

10.1.2.5 井筒、井底车场或石门发生爆炸时，为了排除爆炸产生的有毒、有害气体，抢救人员，应在查清确无火源的基础上，尽快恢复通风。如果有害气体严重威胁回风流方向的人员，为了紧急救人，在进风方向的人员已安全撤退的情况下，可采取区域反风。之后，矿山救护队应进入原回风侧引导人员撤离灾区。

10.1.2.6 处理爆炸事故，小队进入灾区必须遵守下列规定：

 a) 进入前，切断灾区电源，并派专人看守。

 b) 保持灾区通风现状，检查灾区内各种有害气体的浓度、温度及通风设施的破坏情况。

 c) 穿过支架破坏的巷道时，应架好临时支架。

 d) 通过支架松动的地点时，队员应保持一定距离按顺序通过，不得推拉支架。

 e) 进入灾区行动应防止碰撞、摩擦等产生火花。

 f) 在灾区巷道较长、有害气体浓度大、支架损坏严重的情况下，如无火源、人员已经牺牲时，必须在恢复通风、维护支架后方可进入，确保救护人员的安全。

10.1.3 煤与瓦斯突出事故救援

10.1.3.1 发生煤与瓦斯突出事故时,救护队的主要任务是抢救人员和对充满有害气体的巷道进行通风。

10.1.3.2 救护队进入灾区侦察时,应查清遇险、遇难人员数量及分布情况,通风系统和通风设施破坏情况,突出的位置,突出物堆积状态,巷道堵塞情况,瓦斯浓度和波及范围,发现火源立即扑灭。

10.1.3.3 采掘工作面发生煤与瓦斯突出事故后,一个小队从回风侧、另一个小队从进风侧进入事故地点救人。

10.1.3.4 侦察中发现遇险人员应及时抢救,为其配用隔绝式自救器或全面罩氧气呼吸器,使其脱离灾区,或组织进入避灾硐室等待救护。对于被突出煤矸阻困在里面的人员,应及时打开压风管路,利用压风系统呼吸,并组织力量清除阻塞物。如需在突出煤层中掘进绕道救人时,必须采取防突措施。

10.1.3.5 发生突出事故时,应立即对灾区采取停电、撤人措施。在逐级排出瓦斯后,方可恢复送电。

10.1.3.6 灾区排放瓦斯时,必须撤出回风侧的人员,以最短路线将瓦斯引入回风道,排风井口 50 m 范围内不得有火源,并设专人监视。

10.1.3.7 发生突出事故时,不得停风和反风,防止风流紊乱和扩大灾情。如果通风系统和通风设施被破坏,应设置临时风障、风门及安装局部通风机,逐级恢复通风。

10.1.3.8 因突出造成风流逆转时,应在进风侧设置风障,并及时清理回风侧的堵塞物,使风流尽快恢复正常。

10.1.3.9 瓦斯突出引起火灾时,应采用综合灭火或惰气灭火。如果瓦斯突出引起回风井口瓦斯燃烧,应采取控制风量的措施。

10.1.3.10 在处理突出事故时,必须做到:

    a) 进入灾区前,确保矿灯完好;进入灾区内,不准随意启闭电气开关和扭动矿灯开关或灯盖。

    b) 在突出区应设专人定时定点检查瓦斯浓度,并及时向指挥部报告。

    c) 设立安全岗哨,非救护队人员不得进入灾区;救护人员必须配用氧气呼吸器,不得单独行动。

    d) 当发现有异常情况时,应立即撤出全部人员。

10.1.3.11 处理岩石与二氧化碳突出事故时,除执行煤与瓦斯突出的各项规定外,还应对灾区加大风量,迅速抢救遇险人员。佩用负压氧气呼吸器进入灾区时,应戴好防烟眼镜。

10.1.4 水灾事故救援

10.1.4.1 矿山发生水灾事故时,救护队的任务是抢救受淹和被困人员,恢复井巷通风。

10.1.4.2 救护队到达事故矿井后,应了解灾区情况、水源、事故前人员分布、矿井有生存条件的地点及进入该地点的通道等,并分析计算被堵人员所在空间体积,O_2、CO_2、CH_4 浓度,计算出遇险人员最短生存时间。根据水害受灾面积、水量和涌水速度,提出及时增大排水设备能力、抢救被困人员的有关建议。

10.1.4.3 救护队在侦察中,应探查遇险人员位置,涌水通道、水量、水的流动线路,巷道及水泵设施受淹程度,巷道冲坏和堵塞情况,有害气体(CH_4、CO_2、H_2S 等)浓度及在巷道中的分布和通风状况等。

10.1.4.4 采掘工作面发生水灾时,救护队应首先进入下部水平救人,再进入上部水平救人。

10.1.4.5 救助时,被困灾区的人员,其所在地点高于透水后水位时,可利用打钻、掘小巷等方法供给新鲜空气、饮料及食物,建立通信联系;如果其所在地点低于透水后水位时,则禁止打钻,防止泄压扩大灾情。

10.1.4.6 矿井涌水量超过排水能力,全矿和水平有被淹危险时,在下部水平人员救出后,可向下部水平或采空区放水;如果下部水平人员尚未撤出,主要排水设备受到被淹威胁时,可用装有黏土、砂子的麻袋构筑临时防水墙,堵住泵房口和通往下部水平的巷道。

10.1.4.7 救护队在处理水淹事故时,必须注意下列问题:
   a) 水灾威胁水泵安全,在人员撤往安全地点后,救护小队的主要任务是保护泵房不致被淹。
   b) 小队逆水流方向前往上部没有出口的巷道时,应与在基地监视水情的待机小队保持联系;当巷道有很快被淹危险时,立即返回基地。
   c) 排水过程中保持通风,加强对有毒、有害气体的检测。
   d) 排水后进行侦察、抢救人员时,注意观察巷道情况,防止冒顶和底板塌陷。
   e) 救护队员通过局部积水巷道时,应采用探险棍探测前进。

10.1.4.8 处理上山巷道水灾时,应注意下列事项:
   a) 检查并加固巷道支护,防止二次透水、积水和淤泥的冲击。
   b) 透水点下方要有能存水及存沉积物的有效空间,否则人员要撤到安全地点。
   c) 保证人员在作业中的通信联系和退路安全畅通。
   d) 指定专人检测 CH_4、CO、H_2S 等有毒、有害气体和氧气浓度。

10.1.5 顶板事故救援

10.1.5.1 发生冒顶事故后,救护队应配合现场人员一起救助遇险人员。如果通风系统遭到破坏,应迅速恢复通风。当瓦斯和其他有害气体威胁到抢救人员的安全时,救护队应抢救人员和恢复通风。

10.1.5.2 在处理冒顶事故前,救护队应向冒顶区域的有关人员了解事故发生原因、冒顶区域顶板特性、事故前人员分布位置,检查瓦斯浓度等,并实地查看周围支架和顶板情况,在危及救护人员安全时,首先应加固附近支架,保证退路安全畅通。

10.1.5.3 抢救被埋、被堵人员时,用呼喊、敲击等方法,或采用探测仪器判断遇险人员位置,与遇险人员联系,可采用掘小巷、绕道或使用临时支护通过冒落区接近遇险者;一时无法接近时,应设法利用钻孔、压风管路等提供新鲜空气、饮料和食物。

10.1.5.4 处理冒顶事故时,应指定专人检查瓦斯和观察顶板情况,发现异常,应立即撤出人员。

10.1.5.5 清理大块矸石等压人冒落物时,可使用千斤顶、液压起重器具、液压剪、起重气垫等工具进行处理。

10.1.6 淤泥、黏土和流砂溃决事故救援

10.1.6.1 处理淤泥、黏土和流砂溃决事故时,救护队的主要任务是救助遇险人员,加强有毒、有害气体检查,恢复通风。

10.1.6.2 溃出的淤泥、黏土和流砂如果困堵了人员,应用呼喊、敲击等方法与他们取得联

系,并及时采取措施输送空气、饮料和食物。在进行清除工作的同时,寻找最近距离掘小巷接近他们。

10.1.6.3 当泥砂有流入下部水平的危险时,应将下部水平人员撤到安全处。

10.1.6.4 开采急倾斜煤层,黏土和淤泥或流砂流入下部水平巷道时,救护工作只能从上部水平巷道进行,严禁从下部接近充满泥砂的巷道。

10.1.6.5 当矿山救护小队在没有通往上部水平安全出口的巷道中逆泥浆流动方向行进时,基地应设待机小队,并与进入小队保持不断联系,以便随时通知进入小队返回或进入帮助。

10.1.6.6 在淤泥已停止流动,寻找和救助人员时,应在铺于淤泥上的木板上行进。

10.1.6.7 因受条件限制,需从斜巷下部清理淤泥、黏土、流砂或煤渣时,必须设置牢固的阻挡设施,并制订专门措施,由矿长亲自组织抢救,设有专人观察,防止泥砂积水突然冲下;并应设置有安全退路的躲避硐室。出现险情时,人员立即进入躲避硐室暂避。在淤泥下方没有阻挡的安全设施时,严禁进行清除工作。

10.2 非煤矿山事故救援

10.2.1 火灾事故救援

10.2.1.1 灭火方法的选择

10.2.1.1.1 按灭火原理,常用的灭火方法有:
a) 冷却法:使用各种水流、惰性气体、泡沫灭火。
b) 覆盖法:用泡沫、沙子、泥土等覆盖灭火。
c) 抑制法:用干粉、强水流、卤代烷等灭火。
d) 窒息法:用高倍泡沫、快速气囊封堵巷道,设风墙阻绝火源。
e) 其他方法:反风控制火势蔓延和火烟流向,撤除可燃烧物品,防止火势扩大。

10.2.1.1.2 在选择灭火方法时,指挥员应该考虑火灾的特点,发生地点、范围,以及灭火的人力、物力。一般情况下,应该尽量采用直接灭火法。

10.2.1.1.3 在下列情况下,应采用隔绝方法或综合方法灭火:
a) 缺乏灭火器材或人员时。
b) 难以接近火源时。
c) 用直接灭火法无效或用直接灭火法对灭火人员有危险时。

采用隔绝窒息法灭火时,应待火焰已经熄灭和温度降低后,再打开风墙用直接法灭火。

10.2.1.2 灭火方法的具体要求

10.2.1.2.1 用水或卤代烷、泡沫或注浆的方法灭火时,应将回风侧人员撤出。

10.2.1.2.2 用水灭火时,必须具备下列条件:
a) 火源明确。
b) 水源、人力、物力充足。
c) 有畅通的回风巷。
d) 瓦斯浓度不超过2%。

10.2.1.2.3 采用隔绝法灭火时,必须遵守下列规定:
a) 在保证安全的情况下,应尽量缩小封闭范围。
b) 隔绝火区时,首先建造临时风墙,然后建造永久风墙。在有爆炸危险时,应先设置抗爆墙,在抗爆墙的掩护下,建造永久风墙。

10.2.1.3 处理井下火灾应遵循的原则
参照 10.1.1 执行,并应考虑非煤矿山特点采取措施。

10.2.2 水害事故救援
参照 10.1.4 执行,并应考虑非煤矿山特点采取措施。

10.2.2.1 地面水处理
分析地面水系与灾区水源的关系,积极处理可能导致灾情扩大的地面水系,采取疏干、截流等办法,防止地面水流向灾区。

10.2.3 冒顶、边坡及尾矿库事故救援

10.2.3.1 发生冒顶片帮事故后,救护队应配合现场人员一起救助遇险人员。如果通风系统遭到破坏,应迅速恢复通风。当有毒、有害气体威胁到抢救人员的安全时,救护队应积极抢救遇险人员和恢复通风。

10.2.3.2 在处理冒顶片帮事故前,救护队应向在附近地区工作的人员了解事故发生原因,冒顶、片帮地区地压特征,事故前人员分布位置,有毒、有害气体浓度等情况,并实地查看周围巷道支护情况,必要时加固有关巷道,保证退路畅通。

10.2.3.3 抢救人员时,用喊话、敲击等方法判断遇险人员位置,与遇险人员保持联系,要求他们配合救护工作。对于被埋、被堵的人员,应在支护好顶板的情况下,用掘小巷、绕道通过冒落区或使用矿山救护轻便支架穿越冒落区接近遇险者;一时无法接近时,应设法利用风管提供新鲜空气、饮料和食品。

10.2.3.4 在处理冒顶片帮事故过程中,应指定专人监测地压活动情况,监测有害、有毒气体浓度变化情况,发现异常,应立即撤出救护人员。

10.2.3.5 清理堵塞物时,使用工具要避免伤害遇险人员;遇有大块矿石、木柱、金属网、铁梁、铁柱等物压住遇险人员时,可使用千斤顶、液压起重器、液压剪、多功能钳、金属切割机等工具进行处理。

10.2.3.6 露天矿边坡坍塌或排土场滑坡事故救援处理时。救护队应快速进入灾区,侦察灾区情况,救助遇险人员;对可能坍塌的边坡进行支护,并要加强现场观察,保证救护人员安全;配合事故救护工程人员挖掘被埋遇险人员,在挖掘过程中应避免伤害被困人员。

10.2.3.7 尾矿库事故救护时,应通过查阅资料和现场调查了解以下情况:
  a) 尾矿库事故前实际坝高、库容、尾矿物质组成、坝体结构、坝外坡坡比。
  b) 尾矿库溃坝发生时间、溃坝规模、破坏特征。
  c) 溃坝后库内水体情况、坝坡稳定性情况。
  d) 遇险人员数量、可能的被困位置。
  e) 下游人员分布现状及村庄、重要设施、交通干线等。

10.2.3.8 尾矿库事故救护时,救护队员应戴安全帽、穿救生服装、系安全联络绳,首先抢救被困人员,将被困人员转移到安全地点救护。

10.2.3.9 对坍塌、溃堤的尾矿坝进行加固处理,用抛填块石、打木桩、砂袋堵塞等方法堵塞决堤口。在挖掘抢救被掩埋人员过程中,要采用合理的挖掘方法,加强观察,不得伤害被埋困人员。

10.2.3.10 如果不能保证救护人员安全,应首先对尾矿库堤坝进行加固和水砂分流,保证救护人员和被困人员安全。

10.2.3.11 尾矿泥沙仍处于持续流动状态,对下游村庄、重要工矿企业、交通干线形成威胁时,应采取拦截、疏导、改变尾矿砂流向等办法,避免事故损失的扩大。

10.2.3.12 在夜间实施尾矿坝事故救护时,救护现场充足的照明条件应得到保证。

10.2.4 爆破事故救援

10.2.4.1 炮烟中毒事故

a) 处理爆破炮烟中毒事故时,救护队的主要任务是救助遇险人员,加强通风,监测有毒、有害气体。

b) 对独头巷道、独头采区或采空区发生的炮烟中毒事故,在救护过程中,应在分析并确认没有气体爆炸危险情况下,采用局部通风的方式,稀释该区域的炮烟浓度。

c) 救护小队进入炮烟事故区域,应不间断地与救护基地保持通信联系。如果救护小队有1人出现体力不支或者呼吸器氧气压力不足的情况,全小队应立即撤出事故区域,返回基地。

10.2.4.2 炸药库意外爆炸事故

a) 首先侦察爆炸现场的有毒、有害气体浓度,温度,巷道及硐室坍塌情况,爆炸前人员情况,以及爆炸事故发生后人员伤亡情况。救护指挥部制订救护计划,恢复矿井通风系统进行排烟通风。

b) 救护小队佩用防护面具或全面罩呼吸器进入事故现场救助遇险人员,撤出尚未爆炸的爆破器材,控制并迅速扑灭因爆炸产生的火灾。

10.3 安全技术性工作

10.3.1 救护队佩用氧气呼吸器在井下从事的各项非事故性工作,均属安全技术工作。矿山救护队在实施安全技术工作时,应和矿山有关部门共同研究实施措施,并制订行动方案。

10.3.2 救护队排放瓦斯工作,应按下列规定进行:

a) 对排放瓦斯措施,应逐项检查,符合规定后方可排放。

b) 对已确定的措施和方案,应向参与救护人员进行贯彻落实。

c) 排放前,应撤出回风侧人员,切断回风流电源,并派专人看守;如果回风侧有火区时,应进行认真检查,并予以严密的封闭。

d) 进入瓦斯巷道的救护队员,必须佩用氧气呼吸器;在排放瓦斯过程中,应有专人检查瓦斯,排出的瓦斯与全风压风流混合处的瓦斯浓度不得超过1.5%,并要采用增阻或减阻的方法进行控制,逐段排放,严禁一风吹。

e) 排放结束后,救护队应与现场通风、安监部门一起进行检查,待通风正常后,方可撤出工作地点。

10.3.3 救护队启封火区,必须按下列规定进行:

a) 贯彻火区启封措施,逐项检查落实,制订救护队行动安全措施。

b) 启封前,应检查火区的温度、各种气体浓度及密闭前巷道支护等情况;切断回风流电源,撤出回风侧人员;在通往回风道交叉口处设栅栏、警示标志;做好重新封闭的准备工作。

c) 启封时,必须在佩用氧气呼吸器后采取锁风措施,逐段检查各种气体和温度,逐段恢复通风。有复燃征兆时,必须立即重新封闭火区;火区进风端密闭启封时,应注意防止二氧化碳等有害气体溃出。

d) 启封后3天内,每班必须由救护队检查通风状况,测定水温、空气温度和空气成分,并取气样进行分析,只有确认火区完全熄灭时,方可结束启封工作。

10.3.4 救护队参加实施震动爆破措施时,应按下列规定进行:
a) 按照批准的措施,检查准备工作落实情况。
b) 佩带氧气呼吸器,携带灭火器和其他必要的装备在指定地点待机。
c) 爆破30 min后,救护队佩用氧气呼吸器进入工作面检查,发现爆破引起火灾应立即灭火。
d) 在瓦斯全部排放完毕后,救护队应与通风、安监等部门共同检查,通风正常后,方可离开工作地点。

10.3.5 救护队参加反风演习,必须按下列规定进行:
a) 按照批准的反风演习计划措施,逐项检查准备工作落实情况。
b) 贯彻反风计划措施,并制订出救护队行动计划和安全措施。
c) 反风前,救护队应佩带氧气呼吸器和携带必要的技术装备在井下指定地点值班,同时测定矿井风量和检查瓦斯浓度。
d) 反风10 min后,经测定风量达到正常风量的40%,瓦斯浓度不超过规定时,应及时报告指挥部。
e) 恢复正常通风后,救护队应将测定的风量、检测的瓦斯浓度报告指挥部,待通风正常后方可离开工作地点。

10.4 医疗急救

10.4.1 救护队必须配备急救器材和训练器材,并应符合表13、表14的规定。

表13 救护中队急救器材基本配备清单

器材名称	单位	数量	备注
模拟人	套	1	
抗休克服	套	3	
背夹板	副	4	
充气夹板	套	3	
颈托	副	5	
聚酯夹板	副	10	
止血带	个	20	
三角巾	块	20	
绷带	m	50	
剪子	个	5	
手术刀	个	5	
镊子	个	10	
口式呼吸面具	个	5	

表 13（续）

器材名称	单位	数量	备注
医用手套	副	20	
开口器	个	6	
夹舌器	个	6	
伤病卡	张	100	
相关药剂		若干	碘酒、消炎药、止泻药、止痛药
环甲膜穿刺针	个	5	
医疗急救箱	个	1	

表 14 小队急救药品基本配备清单

器材名称	单位	数量	备注
颈托	副	2	
聚酯夹板	副	2	
三角巾	块	10	
绷带	m	5	
消炎药水	瓶	2	
药棉	卷	2	
剪子	个	1	
衬垫	卷	5	
冷敷药品	份	2	
口式呼吸面具	个	2	
医用手套	副	2	
夹舌器	个	1	
开口器	个	1	
镊子	个	2	
手术刀	个	2	
止血带	个	5	
伤病卡	个	20	
无菌敷料	份	10	或无菌纱布

10.4.2 矿山救护队指战员必须熟练掌握现场急救常识及处理技术，主要内容有：伤员的伤情检查和诊断，常用医疗急救器材的使用方法及人工呼吸，以及胸外心脏按压、止血、包扎、骨折固定、伤员搬运等。

10.4.3 救护队应将急救常识和现场急救处理技术的培训纳入每年度的复训中,并进行考核。
10.4.4 救护队在医疗救护人员没有到达现场之前,应采取适当的急救措施:
   a) 检查现场是否安全。观察周围环境,确保抢救人员和伤员的安全。不要轻易移动伤员。
   b) 人体隔离防护。在接触伤员以前,要使用合适的个人防护用具。
   c) 分析受伤机理。了解伤员受伤的原因以及体检的阳性特征。
   d) 确定受伤人数。依据受害者的伤病情况,按轻、中、重、死亡分类,分别以"红、黄、蓝、黑"的伤病卡作出标志,置于伤病员的左胸部或其他明显部位,便于医疗救护人员辨认并及时采取相应的急救措施。
   e) 固定脊椎。怀疑脊椎受伤,应先固定头部。
   f) 技术处理。根据伤情的特点,采取相关的处理技术。
   g) 伤员搬运。不同的伤势,应采用不同的搬运方法。
10.4.5 救护队应以最快的速度,把伤员移交给到达现场的医疗救护人员。医疗救护人员对伤员再进行必要的技术处理后,需提供医疗文书一式二份,一份向抢救指挥部提交,一份向接纳伤员的医疗机构提交。搬运危重伤员时必须由医疗救护人员护送。
10.4.6 有害气体中毒伤员的抢救措施:
   a) 当感到有刺激性气体,有臭鸡蛋气味或有毒气体中毒症状产生时,除应立即向调度室汇报外,所有人员应立即戴好防护装置迅速将中毒人员抬离现场,撤到通风良好而又比较安全的地方,并就地立即进行抢救。
   b) 对中、重度中毒的人员应立即给予吸氧、保暖,严重窒息者,应在给予吸氧的同时进行人工呼吸。
   c) 有因喉头水肿致呼吸道阻塞而窒息者,医疗救护人员应速用环甲膜穿刺术,以确保呼吸道畅通。
   d) 若呼吸和心跳停止时,应立即进行心肺复苏。
   e) 昏迷伤员可予针灸,针刺人中、内关、合谷等穴位,以促其苏醒。
   f) 快速转送至医院进行综合救治。
10.4.7 溺水伤员的抢救措施:
   a) 立即将溺水者救至安全、通风、保暖的地点,首先清除口鼻内的异物,确保呼吸道的通畅。将救起的伤员俯卧于救护者屈曲的膝上,救护者一腿跪下,一腿向前屈膝,使溺水者头向下倒悬,以利于迅速排出肺内和胃内的水,同时用手按压背部做人工呼吸。
   b) 如上述抢救效果欠佳,应立即改为俯卧式或口对口人工呼吸法,至少要连续做20 min 不间断;然后再解开衣服检查心音,抢救工作不要间断,直至出现自主呼吸才可停止。
   c) 心跳停止时,应立即采取心肺复苏术。
   d) 呼吸恢复后,可在四肢进行向心按摩,促使血液循环的恢复;神志清醒后,可给热开水喝。
   e) 经过抢救后,应立即转运至医院进行综合治疗。
10.4.8 触电伤员的抢救措施:

a) 立即切断电源,或以绝缘物将电源移开,使伤员迅速脱离电源,防止救护者触电。
b) 将伤员迅速移至通风安全处,解开衣扣、裤带,检查有无呼吸、心跳。若呼吸、心跳停止时,应立即进行心脏按压和口对口人工呼吸术以及输氧等抢救措施。
c) 抢救同时可针刺或指掐人中、合谷、内关、十宣等穴,以促其苏醒。
d) 轻型伤员可给予保暖,对烧伤、出血及骨折等症,应给予及时的包扎、止血及骨折固定。
e) 病情稳定后,迅速转运出井至医院进行综合治疗。

10.4.9 烧伤伤员的抢救措施:
a) 首先应使伤员迅速脱离灼热物体及现场,尽快设法以就地翻滚、按压、泼水等方法扑灭伤员身上的火,力求尽量缩短烧伤时间。
b) 立即用冷水直接反复泼浇伤面,若有可能可用冷水浸泡 5 min～10 min,彻底清除皮肤上的余热,以减轻伤势和疼痛,少起水疱,降低伤面深度。
c) 脱衣困难时,应快速将衣领、袖口、裤腿提起,反复用冷水浇泼,待冷却后再脱去伤员的衣服,用被单或毯子包裹覆盖伤面和全身。
d) 衣服和皮肉贴住时,切勿强行拉扯,可先用剪子剪开粘连周围的衣服,再进行包扎。水泡不应弄破,焦痂不应扯掉。烧伤创口不应涂任何药物,只需用敷料覆盖包扎即可。
e) 检查有无并发症,如有呼吸道烧伤、面部五官烧伤,CO 中毒、窒息、骨折、脑震荡、休克等并发症,要及时予以抢救处理。
f) 转运要快速,少颠簸,途中应有医护人员照顾,随时注意预防窒息和休克的发生。

10.4.10 休克伤员的抢救措施:
a) 将伤员迅速撤至安全、通风、保暖的地方,松解伤员衣服,让伤员平卧或两头均抬高 30°左右,以增加血流的回心量,改善脑部血流量。
b) 清除伤员呼吸道内的异物,确保呼吸道的畅通。
c) 迅速找出休克病因,尽力予以袪除,出血者立即止血,骨折者迅速固定,剧痛者予以止痛剂,呼吸心跳停止者应立即进行心脏按压及口对口人工呼吸。
d) 保持伤员温暖,有可能时可让伤员喝点热开水,但腹部内脏损伤疑有内出血者不能喝水。也可针刺或用手掐人中、合谷、内关、十宣等急救穴位,以促其苏醒。
e) 针对休克的不同的病理生理反应及主要病症积极进行抢救,尽量制止原发病的继续恶化。出血性休克应尽快止血、输液、输氧等。不可过早使用升压药物,以免加重出血。
f) 经抢救,休克症状消失,伤员清醒、血压、脉律相对稳定时才可运送。运送途中应继续输液、输氧,并时刻注意伤员的呼吸、脉搏、血压的变化。昏迷伤员运送时面部应偏向一侧,以防呕吐物阻塞呼吸道。

10.4.11 昏迷伤员的抢救措施:
a) 立即将伤员撤至安全、通风、保暖的地方,使其平卧,或两头抬高 30°,以增加血流的回心量,改善脑部血流量。解松衣扣,清除呼吸道内的异物,可给热水喝。呕吐时头应偏向一侧,以免呕吐物吸入气管和肺内。
b) 可针刺或指掐人中、内关、合谷、十宣等穴位,以促其苏醒。

c) 迅速转送至医院进行救治。
10.4.12 常用的止血方法：
   a) 加压包扎止血法。适用范围：小静脉出血、毛细血管出血，头部、躯干、四肢以及身体各处的伤口均可使用。
   b) 指压止血法。适用范围：头面部、四肢部位出血。
   c) 止血带止血法。用加压包扎法止血不能奏效的四肢大血管出血，应及时采用止血带止血，并要标记止血带止血部位和时间，每 60～90 min 放松一次。适用范围：受伤肢体有大而深的伤口，血液流动速度快；多处受伤，出血量大；受伤同时伴有开放性骨折；肢体完全离断或部分离断；受伤部位可见喷血。

10.4.13 常用的包扎方法。
10.4.13.1 三角巾包扎法。
   a) 头部包扎法：底边齐眉，沿耳上方拉向脑后，将顶角从头顶拉向脑后，两底角压住顶角，再绕至前额部打结。
   b) 单眼包扎法：将三角巾折成四横指宽的布条，斜盖在伤员眼上。三角巾长度的 1/3 向上，2/3 向下。下部的一端从耳下绕到脑后，再从另一只耳上绕到前额，压住眼上的一端，然后将上部的一端向外翻转，向脑后拉紧，与另一端相遇打结。
   c) 下腹部置碗包扎法：在伤口上放置一只小碗（或代用品），三角巾顶角向下从会阴部拉向腰后，底边横放在腹部，两底角在腰后与顶角打结。
   d) 胸部包扎法：底边放在伤侧胸部，顶角拉过肩到背后，与左右底角在背后打结。
   e) 手足部包扎法：将手（足）掌心向下放在三角巾中央，手（足）指（趾）朝向三角巾的顶角，底边横向腕（踝）部把顶角折回，两底角分别围绕手（足）掌左右交叉压住顶角之后，在腕（踝）部打结。最后顶角折回固定好。
   f) 膝（肘）关节包扎法：根据伤口的情况，把三角巾折成适当宽度，使之成为带状，然后把它的中段斜放在膝（肘）部的伤处，两端向膝（肘）后交叉，再绕到膝（肘）前外侧打结固定。

10.4.13.2 绷带包扎法。
   a) 环形包扎法：多用于圆柱形部位短部位的包扎。
   b) 螺旋包扎法：用于肢体周径近似均等部位较长距离的包扎。
   c) 螺旋反折包扎法：用于肢体周径悬殊部位的较长距离的包扎。
   d) "8"字形包扎法：主要用于关节部位的包扎。

10.4.14 常用的骨折固定方法。
10.4.14.1 前臂固定法：选用长度与前臂相当的，宽 6 cm 的小夹板两块，用绷带包好后夹住前臂，用绷带固定四道或缠绕固定，然后用三角巾或绷带将前臂悬吊在胸前。
10.4.14.2 肱骨骨折固定法：用两块长度与上臂适宜，宽 6 cm 的小夹板，缠绕上绷带之后，放在上臂内外两侧固定好，然后把前臂屈曲固定在胸前。
10.4.14.3 大腿骨折固定法。
   a) 夹板固定法：用长度从腋下到踝部宽 12 cm 及长度从腹股沟到足底宽 8 cm 的木板各一块，缠绕绷带后，在踝、膝、髋部加垫，放在伤肢内外两侧，再用双股绷带或三角巾分 5～7 处固定好。

  b) 利用健肢固定法:将伤肢与健肢伸直并拢,在两侧踝关节、小腿中段、膝关节、大腿上段和髋关节处用双股绷带或布条等将两下肢分 5 段扎紧固定。

10.4.14.4 小腿骨折固定法。

  a) 利用健肢固定法:固定方式同大腿骨折相似。两下肢并拢,分别在踝、膝、大腿中段以三角巾或绷带固定。

  b) 夹板固定法:用长 80 cm,宽约 2 cm 的小夹板 2 块固定,方法与大腿骨折固定相似。

10.4.14.5 脊柱骨折固定法:对有脊柱骨折的伤员,多用"T"形夹板固定。用长约 75 cm 和长 60 cm,宽 8 cm,厚约 2 cm 的夹板各一块,绑成"T"字形,固定于双肩与脊柱上。

10.4.15 常用的搬运方法。

  a) 平托法:将担架放在病人的一侧,搬运者 3~4 人蹲在病人的另一侧,两手分别托住头部、肩背部、髋臀部、双下肢,然后动作一致地将伤员托起,平放在担架上,并用 2 条绷带将伤员固定在担架上。此方法适用于脊柱骨折、颅脑损伤等重伤员。

  b) 翻滚法:搬运者双手伸入伤员的头部、前胸部、腹部、髋部、膝关节部,然后动作一致地将伤员翻滚在担架上,伤员应仰卧。此方法适用于脊柱骨折,颅脑损伤等重伤员。

  c) 颈椎骨折搬运法:一人专门牵引头部,不使头部左右转动,用平托法搬运到担架上,再用专制的小沙袋 2 只或就地取材用毛巾、衣服折叠成小枕头,塞在伤员的颈部两侧,以防止搬运时头部左右摆动造成脊髓损伤。

  d) 骨盆骨折搬运法:用 2 块三角巾对叠四层,在骨盆部做环行包扎固定后,再用平托法搬运到担架上。

  e) 胸部损伤搬运法:胸部损伤的伤员,均有呼吸困难的症状,搬运时应让伤员上半身靠起,呈端坐位,这样能减轻呼吸困难的症状。在平托搬运时,托头部的人应将伤员的上半身托高搬到担架上,使伤员上半身靠起。

煤矿井下作业人员管理系统通用技术条件
（AQ 6210—2007）

前　言

为规范煤矿井下作业人员管理系统，保证煤矿井下作业人员管理系统安全可靠，促进煤矿安全生产，根据国家有关法律法规和标准的要求，制定本标准。

本标准为强制性标准。

本标准的附录 A 为规范性附录。

本标准由国家安全生产监督管理总局提出。

本标准由全国安全生产标准化技术委员会煤矿安全分技术委员会归口。

本标准起草单位：中国矿业大学（北京）、煤炭科学研究总院常州自动化研究所、平顶山煤业（集团）有限责任公司。

本标准起草人：孙继平、彭霞、卫修君、于励民、田子建。

1　范围

本标准规定了煤矿井下作业人员管理系统的术语和定义、产品分类、技术要求、试验方法和检验规则。

本标准适用于煤矿使用的煤矿井下作业人员管理系统（以下简称系统）及其产品。

2　规范性引用文件

下列文件中的条款通过本标准的引用而成为本标准的条款。凡是注日期的引用文件，其随后所有的修改单（不包括勘误的内容）或修订版均不适用于本标准，然而，鼓励根据本标准达成协议的各方研究是否可使用这些文件的最新版本。凡是不注日期的引用文件，其最新版本适用于本标准。

GB/T 2887　电子计算机场地通用规范

GB 3836.1　爆炸性气体环境用电气设备　第 1 部分：通用要求（eqv IEC 60079-0）

GB 3836.2　爆炸性气体环境用电气设备　第 2 部分：隔爆型"d"（eqv IEC 60079-1）

GB 3836.3　爆炸性气体环境用电气设备　第 3 部分：增安型"e"（eqv IEC 60079-7）

GB 3836.4　爆炸性气体环境用电气设备　第 4 部分：本质安全型"i"（eqv IEC 60079-4）

GB/T 10111　利用随机数骰子进行随机抽样的方法

AQ 6201　煤矿安全监控系统通用技术要求

MT 209　煤矿通信、检测、控制用电工电子产品通用技术要求

MT/T 286　煤矿通信、自动化产品型号编制方法和管理办法

MT/T 772—1998　煤矿监控系统主要性能测试方法

MT/T 899　煤矿用信息传输装置

MT/T 1004　煤矿安全生产监控系统通用技术条件

MT/T 1005　矿用分站
MT/T 1007　矿用信息传输接口
MT/T 1008　煤矿安全生产监控系统软件通用技术要求

3 术语和定义

下列术语和定义适用于本标准。

3.1

煤矿井下作业人员管理系统　management system for the underground personnel in a coal mine

监测井下人员位置,具有携卡人员出/入井时刻、重点区域出/入时刻、限制区域出/入时刻、工作时间、井下和重点区域人员数量、井下人员活动路线等监测、显示、打印、储存、查询、报警、管理等功能。

3.2

识别卡　identification card

由下井人员携带,保存有约定格式的电子数据,当进入位置监测分站的识别范围时,将用于人员识别的数据发送给分站。

3.3

位置监测分站　location monitoring substation

通过无线方式读取识别卡内用于人员识别的信息,并发送至地面传输接口。

3.4

传输接口　transmission interface

接收分站发送的信号,并送主机处理;接收主机信号,并送相应分站;控制分站的发送与接收,多路复用信号的调制与解调,并具有系统自检等功能。

3.5

主机　host

主要用来接收监测信号、报警判别、数据统计及处理、磁盘存储、显示、声光报警、人机对话、控制打印输出、与管理网络连接等。

3.6

并发识别数量　concurrent identification number

携卡人员以最大位移速度同时通过识别区时,系统能正确识别的最大数量。

3.7

漏读率　misreading rate

携卡人员以最大位移速度和最大并发数量通过识别区时,系统漏读和误读的最大数量与通过识别区的识别卡总数的比值。

3.8

工作异常人员　the absentees

未在规定时间到达指定地点的人员。

3.9

识别区域　identifiable area

系统能正确识别识别卡的无线覆盖区域。

3.10
重点区域　key area

采区、采煤工作面、掘进工作面等重要区域。

3.11
限制区域　forbidden area

盲巷、采空区等不允许人员进入的区域。

3.12
最大位移速度　maximum velocity

识别卡能被系统正确识别所允许的最大移动速度。

4　产品分类

4.1　型号

产品型号应符合 MT/T 286 的规定。

4.2　分类

4.2.1 按工作原理分类：
   a) 场强式；
   b) 射频标签式；
   c) 其他。

4.2.2 按信号传输方向分类：
   a) 单向；
   b) 半双工；
   c) 全双工。

4.2.3 按识别卡结构分类：
   a) 帽卡；
   b) 胸卡；
   c) 腰卡；
   d) 其他。

4.2.4 按系统结构分类：
   a) 独立式；
   b) 与煤矿安全监控系统一体；
   c) 与煤矿井下移动通信系统一体；
   d) 其他。

4.2.5 按识别卡供电方式分类：
   a) 无源；
   b) 有源。

4.2.6 按识别卡的工作频率分类：
   a) 特高频(300 MHz～3 GHz)；
   b) 超高频(3 GHz～30 GHz)；
   c) 其他。

4.2.7 按功能分类：
   a) 非连续监测式；
   b) 连续监测式；
   c) 其他。

5 技术要求

5.1 一般要求

5.1.1 系统及其软件、识别卡、分站、传输接口应符合本标准的规定，符合 MT 209、MT/T 1004、MT/T 1005、MT/T 1007、MT/T 1008、AQ 6201 等标准的有关规定，系统中的其他设备应符合国家及行业有关标准的规定，并按照经规定程序批准的图样及文件制造和成套。

5.1.2 中心站及入井电缆的入井口处应具有防雷措施。

5.1.3 帽卡式识别卡应通过国家有关部门的检测，并出具对人身健康无害的报告。

5.2 环境条件

5.2.1 系统中用于机房、调度室的设备，应能在下列条件下正常工作：
   a) 环境温度：15～30 ℃；
   b) 相对湿度：40%～70%；
   c) 温度变化率：小于 10 ℃/h，且不得结露；
   d) 大气压力：80～106 kPa；
   e) GB/T 2887 规定的尘埃、照明、噪声、电磁场干扰和接地条件。

5.2.2 除有关标准另有规定外，系统中用于煤矿井下的设备应在下列条件下正常工作：
   a) 环境温度：0～40 ℃；
   b) 平均相对湿度：不大于 95%（+25 ℃）；
   c) 大气压力：80～106 kPa；
   d) 有爆炸性气体混合物，但无显著振动和冲击、无破坏绝缘的腐蚀性气体。

5.3 供电电源

5.3.1 地面设备交流电源：
   a) 额定电压：380 V/220 V，允许偏差－10%～＋10%；
   b) 谐波：不大于 5%；
   c) 频率：50 Hz，允许偏差±5%。

5.3.2 井下设备交流电源：
   a) 额定电压：127 V/380 V/660 V/1 140V，允许偏差：
      1) 专用于井底车场、主运输巷：－20%～＋10%；
      2) 其他井下产品：－25%～＋10%。
   b) 谐波：不大于 10%；
   c) 频率：50 Hz，允许偏差±5%。

5.4 系统组成

系统一般由主机、传输接口、分站、识别卡、电源箱、电缆、接线盒、避雷器和其他必要设备组成。

5.5 主要功能

5.5.1 监测

5.5.1.1 系统应具有携卡人员出/入井时刻、出/入重点区域时刻、出/入限制区域时刻等监测功能。

5.5.1.2 系统应具有识别携卡人员出/入巷道分支方向等功能。

5.5.1.3 系统应能对乘坐电机车等各种运输工具的携卡人员进行准确识别。

5.5.1.4 系统应能识别多个同时进入识别区域的识别卡。

5.5.1.5 系统应具有识别卡工作是否正常和每位下井人员携带1张卡唯一性检测功能。

5.5.2 管理

5.5.2.1 系统应具有携卡人员下井总数及人员、出/入井时刻、下井工作时间等显示、打印、查询等功能,并具有超时人员总数及人员、超员人员总数及人员报警、显示、打印、查询等功能。

5.5.2.2 系统应具有携卡人员出/入重点区域总数及人员、出/入重点区域时刻、工作时间等显示、打印、查询等功能,并具有超时人员总数及人员、超员人员总数及人员报警、显示、打印、查询等功能。

5.5.2.3 系统应具有携卡人员出/入限制区域总数及人员、出/入限制区域时刻、滞留时间等显示、打印、查询、报警等功能。

5.5.2.4 系统应具有特种作业人员等下井、进入重点区域总数及人员、出/入时刻、工作时间显示、打印、查询等功能,具有工作异常人员总数及人员、出/入时刻及工作时间等显示、打印、查询、报警等功能。

5.5.2.5 系统应具有携卡人员下井活动路线显示、打印、查询、异常报警等功能。

5.5.2.6 系统应具有携卡人员卡号、姓名、身份证号、出生年月、职务或工种、所在区队班组、主要工作地点、每月下井次数、下井时间、每天下井情况等显示、打印、查询等功能。

5.5.2.7 系统应具有按部门、地域、时间、分站、人员等分类查询、显示、打印等功能。

5.5.3 存储和查询

5.5.3.1 系统应具有存储功能,存储内容包括:
    a) 出/入井时刻;
    b) 出/入重点区域时刻;
    c) 出/入限制区域时刻;
    d) 进入分站识别区域时刻;
    e) 出/入巷道分支时刻及方向;
    f) 超员总数、起止时刻及人员;
    g) 超时人员总数、起止时刻及人员;
    h) 工作异常人员总数、起止时刻及人员;
    i) 卡号、姓名、身份证号、出生年月、职务或工种、所在区队班组、主要工作地点等。

5.5.3.2 系统应具有查询功能。查询类别如下:
    a) 按人员查询;
    b) 按时间查询;
    c) 按地域查询;

d) 按识别区查询；

e) 按超时报警查询；

f) 按超员报警查询；

g) 按限制区域报警查询；

h) 按工作异常报警查询；

i) 按人员分类查询；

j) 按部门查询；

k) 按工种查询等。

5.5.3.3 系统应具有防止修改实时数据和历史数据等存储内容（参数设置及页面编辑除外）功能。

5.5.3.4 系统应具有数据备份功能。

5.5.3.5 分站应具有数据存储功能。当系统通信中断时，分站存储识别卡卡号和时刻；系统通信正常时，上传至中心站。

5.5.4 显示

5.5.4.1 系统应具有汉字显示和提示功能。

5.5.4.2 系统应具有列表显示功能。显示内容包括：下井人员总数及人员、重点区域人员总数及人员、超时报警人员总数及人员、超员报警人员总数及人员、限制区域报警人员总数及人员、特种作业人员工作异常报警总数及人员等。

5.5.4.3 系统应具有模拟动画显示功能。显示内容包括：巷道布置模拟图、人员位置及姓名、超时报警、超员报警、进入限制区域报警、特种作业人员工作异常报警等。应具有漫游、总图加局部放大、分页显示等方式。

5.5.4.4 系统应具有系统设备布置图显示功能。显示内容包括：分站、电源箱、传输接口和电缆等设备的设备名称、相对位置和运行状态等。若系统庞大一屏容纳不了，可漫游、分页或总图加局部放大。

5.5.5 打印

系统应具有汉字报表、初始化参数召唤打印功能（定时打印功能可选）。打印内容包括：下井人员总数及人员、重点区域人员总数及人员、超时报警人员总数及人员、超员报警人员总数及人员、限制区域报警人员总数及人员、特种作业人员工作异常报警总数及人员、领导干部每月下井总数及时间统计等。

5.5.6 人机对话

5.5.6.1 系统应具有人机对话功能，以便于系统生成、参数修改、功能调用、图形编辑等。

5.5.6.2 系统应具有操作权限管理功能，对参数设置等必须使用密码操作，并具有操作记录。

5.5.6.3 在任何显示模式下，均可直接进入所选的列表显示、模拟图显示、打印、参数设置、页面编辑、查询等方式。

5.5.7 自诊断

系统应具有自诊断功能。当系统中分站、传输接口等设备发生故障时，报警并记录故障时间和故障设备，以供查询及打印。

5.5.8 双机切换
系统主机应具有双机切换功能。
5.5.9 备用电源
系统应具有备用电源。
5.5.10 网络通信
系统应具有网络接口,将有关信息上传至各级主管部门。
5.5.11 其他
5.5.11.1 系统应具有软件自监视功能。
5.5.11.2 系统应具有软件容错功能。
5.5.11.3 系统应具有实时多任务功能,对参数传输、处理、存储和显示等能周期地循环运行而不中断。

5.6 主要技术指标
5.6.1 最大位移速度
最大位移速度不得小于 5 m/s。
5.6.2 并发识别数量
并发识别数量不得小于 80。
5.6.3 漏读率
漏读率不得大于 10^{-4}。
5.6.4 最大传输距离
最大传输距离应满足下列要求:
a) 识别卡与分站之间的无线传输距离不小于 10 m;
b) 分站至传输接口之间最大传输距离应不小于 10 km;分站至传输接口之间可串入可靠的中继器(或类似产品),但所串的中继器(或类似产品)最多不超过 2 台。

5.6.5 最大监控容量
最大监控容量应满足下列要求:
a) 系统允许接入的分站数量宜在 8、16、32、64、128 中选取;被中继器等设备分隔成多段的系统,每段允许接入的分站数量宜在 8、16、32、64、128 中选取。
b) 识别卡数量应不小于 8 000 个。

5.6.6 最大巡检周期
系统最大巡检周期应不大于 30 s。
5.6.7 误码率
误码率应不大于 10^{-8}。
5.6.8 存储时间
存储时间应满足下列要求:
a) 携卡人员出/入井时刻、出/入重点区域时刻、出/入限制区域时刻、进入识别区域时刻、出/入巷道分支时刻及方向、超员、超时、工作异常、卡号、姓名、身份证号、年龄、职务或工种、所在区队班组、主要工作地点等记录应保存 3 个月以上。当主机发生故障时,丢失上述信息的时间长度应不大于 5 min;

b) 分站存储数据时间应不小于 2 h。

5.6.9 画面响应时间
调出整幅画面85%的响应时间应不大于 2 s,其余画面应不大于 5 s。

5.6.10 双机切换时间
从工作主机故障到备用主机投入正常工作时间应不大于 5 min。

5.6.11 识别卡电池寿命
不可更换电池的识别卡的电池寿命应不小于 2 年。可更换电池的识别卡的电池寿命应不小于 6 个月。

5.6.12 识别卡电池工作时间
采用可充电电池的识别卡,每次充电应能保证识别卡连续工作时间不小于 7 d。

5.6.13 备用电源工作时间
在电网停电后,备用电源应能保证系统连续监控时间不小于 2 h。

5.6.14 远程本安供电距离
远程本安供电距离应不小于 2 km。

5.7 传输性能
系统的信息传输性能应符合 MT/T 899 的有关要求。

5.8 电源波动适应能力
供电电压在产品标准规定的允许电压波动范围内,系统的位置监测、并发识别、最大传输距离、最大监控容量、最大巡检周期应能满足要求。

5.9 工作稳定性
系统应进行工作稳定性试验,通电试验时间不小于 7 d,系统的位置监测、并发识别、最大传输距离、最大监控容量、最大巡检周期应能满足要求。

5.10 防爆性能
防爆型设备应符合 GB 3836.1～GB 3836.4 的规定。

6 试验方法

6.1 环境条件
按 MT/T 772—1998 中 3.1 的有关规定进行。

6.2 电源条件
按 MT/T 772—1998 中 3.2 的有关规定进行。

6.3 测试仪器和设备
6.3.1 测试仪器和设备的准确度应保证所测性能对准确度的要求,其自身准确度应不大于被测参数 1/3 倍的允许误差。
6.3.2 测试仪器和设备的性能应符合所测性能的特点。
6.3.3 测试仪器和设备应按照计量法的相关规定进行计量,并检定或校准合格。
6.3.4 测试仪器和设备的配置应不影响测量结果。
6.3.5 主要测试仪器和设备的特性要求应满足附录 A 的规定。

6.4 受试系统的要求
6.4.1 现场检验时,按实际配置的系统进行检验。

6.4.2 出厂检验和型式检验时,系统测试至少应具备下列设备:
   a) 中心站设备一套,一般包括传输接口1台、主机(含显示器)2台、打印机、网络设备等,可根据具体情况适当增加设备;
   b) 构成识别区所必需的设备;
   c) 分站:出厂检验时,为订货的全部分站;型式检验时应不少于3台;若具备分站电源,应包括在其中;若有多种型式的分站或具有分站功能的设备,每种至少1台;
   d) 每种本安电源最大组合负载的各种设备;
   e) 最大并发数量的识别卡,其地址编码在识别卡最大数量范围内任意选择;
   f) 构成系统的其他必要设备。

6.4.3 受试系统中的设备应是出厂检验和型式检验合格的产品。

6.5 受试系统的连接

6.5.1 受试系统使用规定的传输介质按以下要求连接:
   a) 树形系统按图1连接设备,N为参与试验的分站数(实际分站数加模拟分站数);
   b) 总线形系统按图2连接设备,N为参与试验的分站数(实际分站数加模拟分站数);
   c) 环形系统按图3连接设备;
   d) 星形系统按图4连接设备。

图中,仿真线L_1模拟系统最大传输距离的传输线。仿真线L_2模拟二分之一倍的L_1。

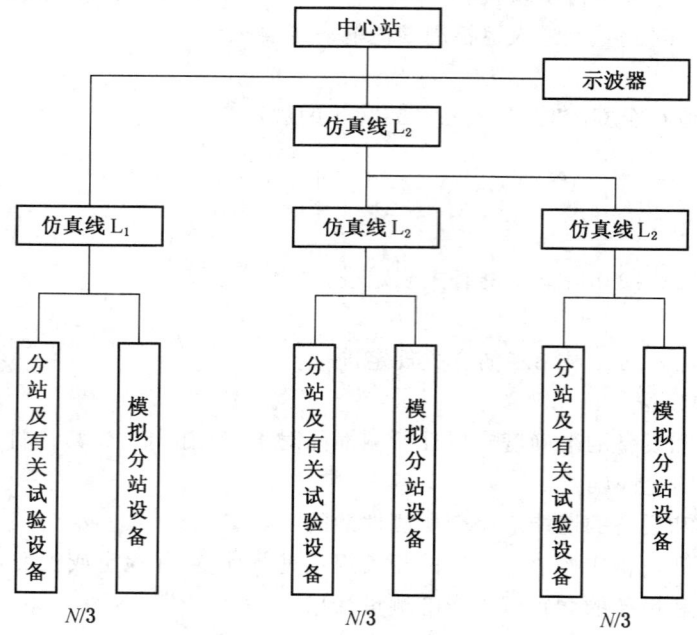

图 1

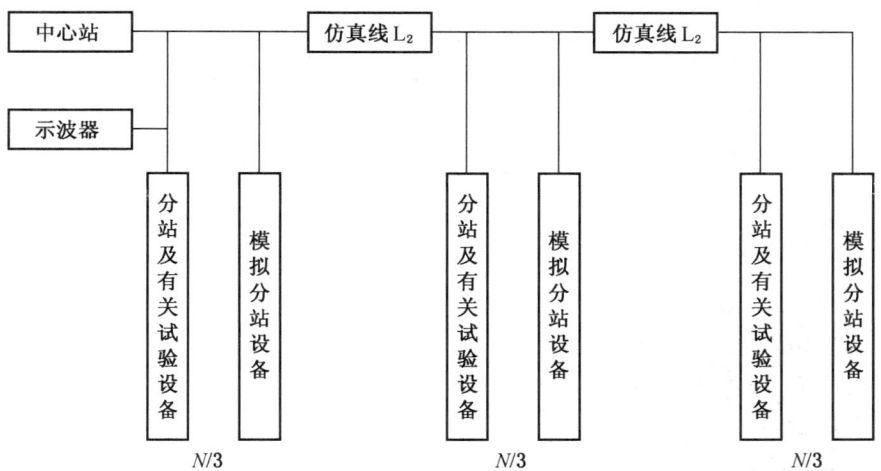

图 2

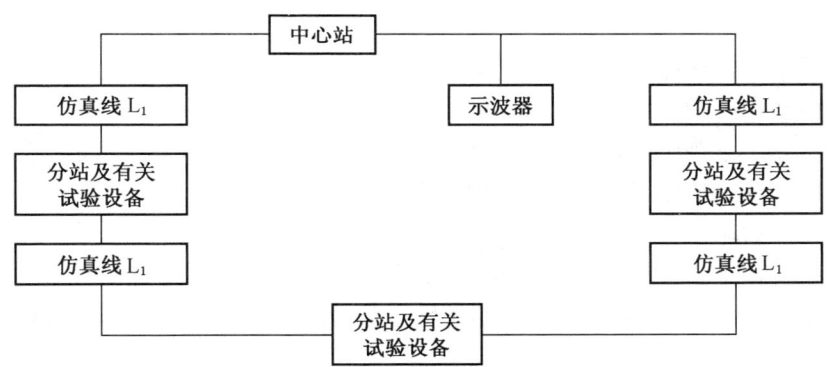

图 3

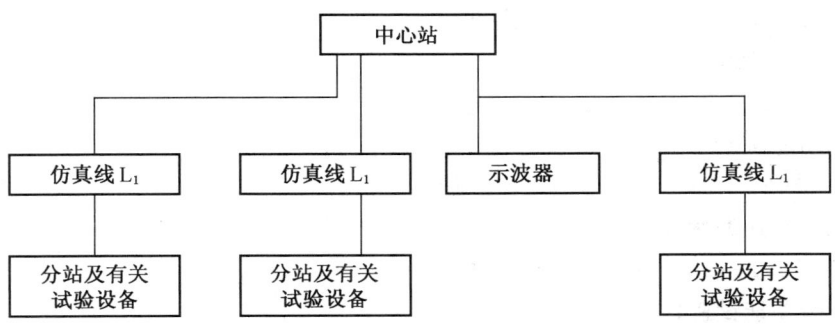

图 4

6.5.2 中心站设备的连接见图 5。

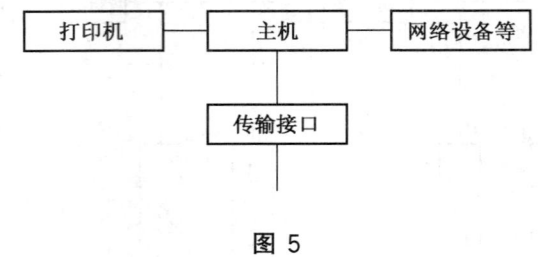

图 5

6.6 系统运行检查

按 MT/T 772—1998 中第 7 章的有关规定进行。

6.7 主要功能试验

6.7.1 试验系统的连接

试验系统按 6.5 的要求进行连接。

6.7.2 监测功能试验

6.7.2.1 最大并发数量的识别卡进出分站识别区,系统及分站应能正确识别卡号及进入时刻。

6.7.2.2 最大并发数量的识别卡分别从前、后、左、右不同方向进出识别区,系统应能正确识别卡号、进出方向及时刻。

6.7.2.3 在 6.7.2.2 试验的基础上,各 1/4 最大并发数量的识别卡同时从前、后、左、右不同方向进出识别区,系统应能正确识别卡号、进出方向及时刻。

6.7.3 管理功能试验

6.7.3.1 识别卡通过分站,系统应能正确识别、显示、打印、存储和查询等。

6.7.3.2 设置超员报警、超时报警、限制区域报警,系统应能报警、显示、打印、存储和查询等。

6.7.3.3 设置活动路线,系统应能报警、显示、打印、存储和查询。

6.7.3.4 按部门、地域、时间、分站、人员查询,系统应能正确响应。

6.7.4 存储和查询功能试验

按 MT/T 772—1998 中 8.7 的规定进行。

6.7.5 显示功能试验

按 MT/T 772—1998 中 8.8 的规定进行。

6.7.6 打印功能试验

按 MT/T 772—1998 中 8.8 的规定进行。

6.7.7 人机对话功能试验

按 MT/T 772—1998 中 8.9 的规定进行。

6.7.8 自诊断功能试验

按 MT/T 772—1998 中 8.10 的规定进行。

6.7.9 双机切换功能试验

按 MT/T 772—1998 中 8.13 的规定进行。

6.7.10 备用电源试验

按 MT/T 772—1998 中 8.15 的规定进行。

6.7.11 网络通信功能试验

将系统接入网络,应能通过网络监测、报警、查询等。

6.7.12 系统软件自监视功能试验

按 MT/T 772—1998 中 8.11 的规定进行。

6.7.13 软件容错功能试验

按 MT/T 772—1998 中 8.12 的规定进行。

6.7.14 实时多任务功能试验

按 MT/T 772—1998 中 8.14 的规定进行。

6.8 主要技术指标测试

6.8.1 最大位移速度测试

最大并发数量的识别卡同时通过分站识别区,测量其正确识别的最大位移速度。

6.8.2 最大并发识别数量测试

以最大位移速度通过分站识别区,测量在正确识别的情况下,识别卡同时通过分站识别区的最大数量。

6.8.3 漏读率测试

最大并发数 M 的识别卡以最大位移速度通过分站识别区,共通过不低于 $10^4/M$ 次共 L 个识别卡,将每次漏读或误读的个数相加得 N,漏读率为 N/L。

上述试验次数可以在 1、3、5 中选择。

6.8.4 系统传输距离测试

传输距离按下列方法测试:
a) 分站至传输接口距离测试:按 MT/T 772—1998 中 9.4 的有关规定进行;
b) 识别卡与分站之间无线传输距离测试:识别卡从识别区外接近分站,直到分站正确识别识别卡时停止,测量识别卡距分站的距离,即为识别卡与分站间的无线传输距离。

6.8.5 巡检周期测试

在组成测试系统的 3 个独立识别区域,同时通过 1/3 最大并发数的识别卡,并开始计时,直到主机显示全部相关信息停止计时,所测时间即是巡检周期。

6.8.6 系统误码率测试

按 MT/T 772—1998 中 9.11 的有关规定进行。

6.8.7 存储时间测试

存储时间按下列方法测试:
a) 丢失有关信息的时间长度测试:按 MT/T 772—1998 中 8.7 的有关规定进行;
b) 分站存储数据时间测试按下列要求进行:系统正常运行情况下,断开分站与传输接口的传输电缆,每半小时以一半最大并发数的识别卡通过分站识别区,共 4 次,然后恢复分站与传输接口的传输电缆,分站应能将 4 次通过分站识别区的识别卡号和时间准确上传至中心站。

6.8.8 画面响应时间测试

按 MT/T 772—1998 中 9.9 的有关规定进行。

6.8.9 双机切换时间测试

按 MT/T 772—1998 中 8.13 的有关规定进行。

6.8.10 识别卡电池寿命测试

通过公式(1)计算识别卡电池寿命 T：

$$T = C \times (T_1 + T_2 + T_3)/(T_1 \times I_1 + T_2 \times I_2 + T_3 \times I_3) \quad \cdots\cdots\cdots\cdots\cdots\cdots (1)$$

式中：

C ——电池容量；
T_1 ——识别卡接收时间；
I_1 ——识别卡接收状态工作电流；
T_2 ——识别卡发送时间；
I_2 ——识别卡发送状态工作电流；
T_3 ——识别卡待机时间；
I_3 ——识别卡待机状态工作电流。

6.8.11 识别卡电池工作时间测试

使可充电电池处于充满状态的识别卡处于正常工作状态，并开始计时；直到可充电电池低于最小放电电压或不能保证识别卡正常工作时，停止计时。识别卡电池工作时间为上述时间的 80%。

6.8.12 备用电池工作时间测试

使备用电池处于充满状态的备用电源（或电源），接模拟额定负载，切断交流电源，开始工作并计时；直到备用电源（或电源）停止工作，停止计时。备用电池工作时间为上述时间的 80%。

6.8.13 远程本安供电距离测试

远程本安供电电源通过 2 km 仿真线与最大负载组合相连，系统应能正常工作。

6.9 传输性能试验

按 MT/T 899 的有关规定进行。

6.10 电源波动适应能力试验

按 MT/T 772—1998 第 11 章的有关规定进行。

6.11 工作稳定性试验

按 MT/T 772—1998 第 10 章的有关规定进行，试验中的测量时间间隔不得大于 24 h。

6.12 防爆性能试验

按 GB 3836.1～GB 3836.4 的有关规定进行。

7 检验规则

7.1 检验分类

检验一般分出厂检验与型式检验两类。

7.2 出厂检验

7.2.1 每套系统均需进行出厂检验,合格产品应给予合格证。

7.2.2 出厂检验一般由制造厂质检部门负责进行,必要时用户可提出参加。

7.2.3 检验项目应符合表1中出厂检验项目的规定。

表 1

检验项目	质量特征类别	试验要求	试验方法	出厂检验	型式检验
主要功能	A	5.5	6.7	○	○
主要技术指标	A	5.6	6.8	—	○
传输性能	B	5.7	6.9	—	○
电源波动适应能力	B	5.8	6.10	—	○
工作稳定性	B	5.9	6.11	○	○
防爆性能	A	5.10	6.12	—	○
注:○表示需要进行检验的项目。					

7.2.4 出厂检验的各项性能和指标应符合本标准和相关标准的规定,否则按不合格处理。

7.3 型式检验

7.3.1 有下列情况之一时,应进行型式检验:
a) 新产品或老产品转厂定型时;
b) 正式生产后,系统中设备或系统组成有较大变化,可能影响系统性能时;
c) 正常生产时每3年一次;
d) 停产1年恢复生产时;
e) 出厂检验结果与上次型式检验结果有较大差异时;
f) 国家有关机构提出进行型式检验时。

7.3.2 检验项目应符合表1中的型式检验项目的规定。

7.3.3 按照GB 10111规定的方法,在出厂检验合格的产品中抽取受试系统的各组成设备。样品数量应满足试验要求。

7.3.4 型式检验的各项性能和指标应符合本标准和相关标准的规定;对A类项目,有一项不合格则判该批不合格;对B类项目,有一项不合格应加倍抽样检验,若仍不合格则判该批为不合格。

附 录 A
（规范性附录）
测试仪器和设备的特性要求

A.1 误码率测试仪

应能发出规定范围的测试信号,能检测并显示误码率和累计误码数。测试位数应符合所测系统的要求。

A.2 示波器

示波器的 3 dB 带宽不得低于被测速率的 10 倍,且能自动或利用游标测量脉冲频率和周期。

A.3 仿真线 L_1 和 L_2

模拟传输接口至分站传输距离的仿真线 L_1 和 L_2 应符合以下要求:

a) 应能分别模拟传输接口至分站的最大传输距离及其二分之一;
b) 用平衡均匀电路,每公里网络应符合图 A.1 规定,其中 R 为每公里环路电阻的 $1/4$,L 为每公里环路电感量的 $1/4$,C 为每公里分布电容量;
c) 每一段模拟网络的长度应不大于 1 km,且不大于所传输信号最短波长的 1/100;
d) 仿真线 L_1 可根据试验需要由两个 L_2 组成或合在一起。

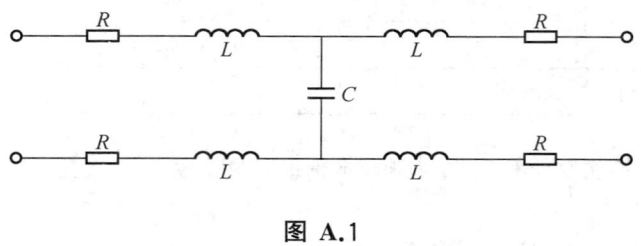

图 A.1

A.4 分站模拟负载

分站模拟负载的电气特性应与实际分站一致,每一分站模拟负载只能等效一台分站。系统试验中所带试验分站的数量与分站模拟负载的数量之和应等于系统所带分站的最大容量。

A.5 秒表或毫秒计

量程应覆盖所测最大时间范围,特性应符合相应系统的测试要求。

矿用产品安全标志标识（AQ 1043—2007）

前　　言

为规范矿用产品安全标志标识的制作、使用与管理，制定本标准。

本标准全文为强制性标准。

本标准由国家安全生产监督管理总局提出。

本标准由全国安全生产标准化技术委员会煤矿安全技术委员会归口。

本标准起草单位：安标国家矿用产品安全标志中心（矿用产品安全标志办公室）。

本标准起草人：袁庆国、孟金锁、杨大明、王春平、胡继红、戎明彦、陈杰、王磊、毛云萍。

1 范围

本标准规定了矿用产品安全标志标识的分类、型式、尺寸、材质、颜色、使用及管理等要求。

本标准适用于纳入安全标志管理并已取得安全标志的矿用产品。

2 术语和定义

下列术语和定义适用于本标准。

2.1

矿用产品　Mining Products

矿山使用的设备、材料、仪器仪表的总称。

2.2

矿用产品安全标志标识　Mining Products Safety Label

矿用产品安全标志的图形和数字代码。

3 一般要求

3.1 矿用产品安全标志管理制度是对涉及作业场所安全和作业人员健康的矿用产品所采取的强制性的管理制度，凡纳入安全标志管理的矿用产品，只有取得矿用产品安全标志后方可生产、销售和使用。

3.2 矿用产品安全标志是确认矿用产品符合国家标准、行业标准，准许生产单位生产和销售，使用单位采购和使用的凭证。

3.3 矿用产品安全标志由矿用产品安全标志证书和矿用产品安全标志标识两部分组成。

3.4 矿用产品安全标志标识（以下简称"标识"）是表明矿用产品符合国家标准、行业标准和矿山安全生产有关规定的专用标识。

凡生产纳入安全标志管理的矿用产品，只有取得矿用产品安全标志后，方可使用标识。

3.5 取得矿用产品安全标志的产品，只有加施标识后生产单位方可销售，使用单位方可采购和使用。

4 标识类型

标识分煤矿矿用产品安全标志标识和金属非金属矿山矿用产品安全标志标识,有标准型和非标准型两种型式。

4.1 煤矿矿用产品安全标志标识

标准型标识为六边形边框内加汉语拼音缩写"MA",意为"煤安",边框线表示全国煤矿范围适用,数字代码为安全标志编号,如图1所示。

图 1 煤矿矿用产品安全标志标识图形

4.2 金属非金属矿山矿用产品安全标志标识

标准型标识为六边形边框内加汉语拼音缩写"KA",意为"矿安",边框线表示全国金属非金属矿山范围适用,数字代码为安全标志编号,如图2所示。

图 2 金属非金属矿山矿用产品安全标志标识图形

5 标识图形和参数

5.1 标准型标识

5.1.1 标准型标识图形及参数如图3、图4所示。

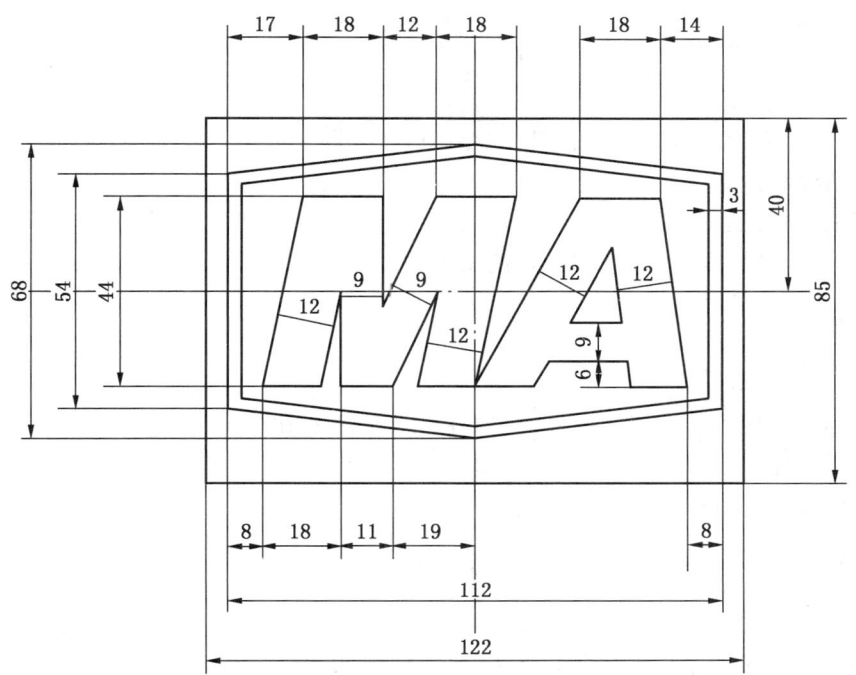

图 3 煤矿矿用产品安全标志标识图形及参数

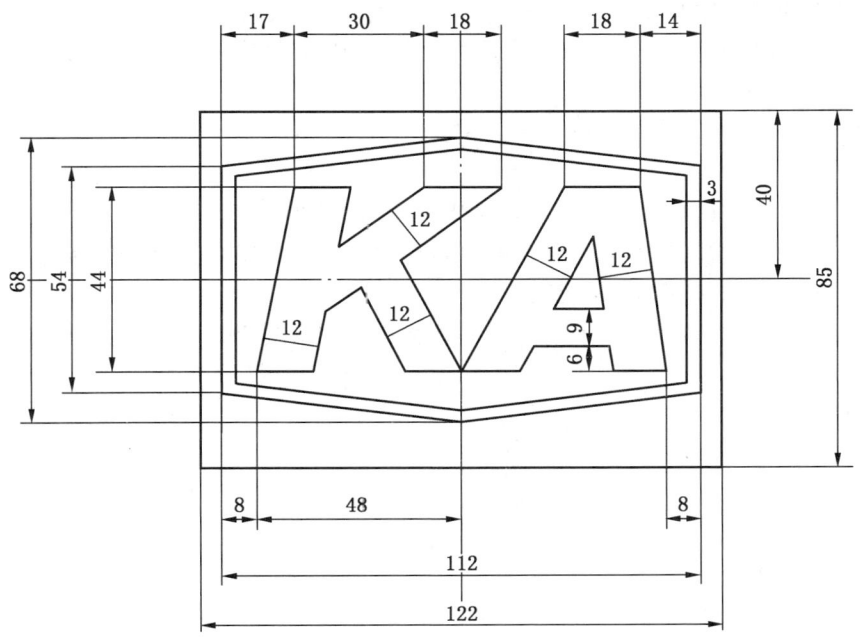

图 4 金属非金属矿山矿用产品安全标志标识图形及参数

5.1.2 标准型标识分五种规格,各规格尺寸与图 3 或图 4 中标注尺寸的比值见表 1。

表 1 标准型标识规格尺寸

规格	1	2	3	4	5
比例	1.00	0.80	0.60	0.40	0.20

5.1.3 数字代码(安全标志编号)标注在六边形边框下方,标识中央处。

5.1.4 标准型标识为黄色底版,边框及"MA""KA"为黑色。

5.2 非标准型标识

不便于使用标准型标识时,可采用印刷、模压、烙印等方式在产品上加施非标准型标识,其数字代码位置、图形尺寸、颜色和是否使用六边形边框可视具体情况而定。

6 标识其他要求

6.1 标识材质

标准型标识应使用矿山安全允许的材料制作,一般采用黄铜或不锈钢材料。

6.2 标识表面质量

标识应清晰,无毛刺。

7 标识的使用

7.1 标识应加施在产品外体明显位置,选用的规格应与产品外形尺寸相适应。

7.2 电缆、输送带、管材、风筒(布)等产品,加施标识的间距不大于 10 m,并保证在产品最小使用单元内具有不少于一处的标识。

7.3 在产品本体上不能加施标识的,其标识应加施在产品最小包装上。

7.4 取得安全标志的矿用产品,应在出厂前加施标识;按批次取得安全标志的进口矿用产品,应在产品交付使用前加施标识。

8 标识的管理

8.1 标识由国家授权的矿用产品安全标志审核发放机构统一管理。

8.2 非标准标识,由取得安全标志的生产单位向国家授权的矿用产品安全标志审核发放机构提出申请,经确认备案后方可使用。

8.3 凡纳入安全标志管理的矿用产品,没有取得矿用产品安全标志,不得使用标识。

煤与瓦斯突出矿井鉴定规范(AQ 1024—2006)

前　　言

本标准依据国家安全生产监督管理局、国家煤矿安全监察局 2004 年颁布的《煤矿安全规程》、煤炭工业部 1995 年颁发的《防治煤与瓦斯突出细则》和国家煤矿安全监察局 2005 年下发的《关于加强煤与瓦斯突出矿井鉴定工作的通知》文件,对原煤炭行业标准 MT 637—1996 进行的修订。

本标准代替 MT 637—1996《煤与瓦斯突出矿井鉴定规范》。

本标准与 MT 637—1996 相比主要变化如下:

a) 对范围进行了扩展(本标准 1);
b) 增加了"规范性引用文件"(本标准 2);
c) 修改了"煤与瓦斯突出矿井"的定义(本标准 3.3;MT 637—1996 的 2.3);
d) 将"鉴定报告的审批程序"(MT 637—1996 的 8)完善为"鉴定与审批程序"(本标准 4);
e) 将判据与判定规则(MT 637—1996 的 3、4、5)合并到鉴定方法一章中(本标准 5);
f) 增加了用抛出煤的吨煤瓦斯涌出量判定突出的指标、计算方法和判断规则(本标准 5.1.2 和 5.2.2);增加了用突出预兆判定煤层突出危险性的指标(本标准 5.1.3),细化了原有指标的采用、测定方法和测点要求(本标准 5.1 3、附录 A 和附录 B;MT 637—1996 的 4);增加了判定非突出煤层的范围界定(本标准 5.2.3);
g) 增加了对突出矿井鉴定报告的格式要求(本标准 7.2);
h) 按照 GB/T 1.1—2000(标准化工作导则　第一部分:标准的结构和编写规则)的要求,对 MT 637—1996 的部分内容编写格式进行了规范(本标准 5、6、7、8;MT 637—1996 的 3、6、7、9);
i) 对附录 C 的部分术语和错别字进行了修改,将"突出"改为"瓦斯动力现象"(附录 C);
j) 增加了附录 A 和附录 B。

本标准的附录 A、附录 B、附录 C、附录 D 为规范性附录。

本标准由国家煤矿安全监察局提出。

本标准由全国安全生产标准化技术委员会煤矿安全分技术委员会归口。

本标准起草单位:煤炭科学研究总院重庆分院。

本标准主要起草人:胡千庭、赵旭生、邹银辉、李秋林、康建宁、张庆华、雷红艳。

1　范围

本标准规定了煤与瓦斯突出矿井和突出煤层的鉴定方法、审批程序和鉴定报告内容等。

本标准适用于井工开采煤矿进行煤与瓦斯突出矿井鉴定和突出煤层鉴定,也适用于岩石与二氧化碳(瓦斯)突出矿井的鉴定。

2 规范性引用文件

下列文件中的条款通过本标准的引用而成为本标准的条款。凡是注日期的引用文件,其随后所有的修改单(不包括勘误的内容或修订版均不适用于本标准,然而,鼓励根据本标准达成协议的各方研究是否可使用这些文件的最新版本。凡是不注日期的引用文件,其最新版本适用于本标准。

MT/T 638　煤矿井下煤层瓦斯压力的直接测定方法

MT/T 49　煤的坚固性系数测定方法

3 定义

本标准采用下列定义。

3.1

煤与瓦斯突出　coal and gas outburst

在地应力和瓦斯的共同作用下,破碎的煤、岩和瓦斯由煤体或岩体内突然向采掘空间抛出的异常的动力现象。

3.2

煤与瓦斯突出煤层　coal and gas outburst seam

在采掘过程中发生过煤与瓦斯突出的煤层。

3.3

煤与瓦斯突出矿井　coal and gas outburst mine

在采掘过程中发生过煤与瓦斯突出的矿井。

4 鉴定和审批程序

4.1 鉴定申请

矿井(以自然井为单位)或煤层初次发生瓦斯动力现象后,煤矿企业应及时向当地煤炭行业主管部门和煤矿安全监察机构报告,保留发生瓦斯动力现象后的现场,并实时监测瓦斯动力现象影响区域的瓦斯浓度、风量及其变化情况等。同时,必须委托具有煤与瓦斯突出危险性鉴定资质的鉴定机构鉴定,如实提供鉴定所需的具有法律效力的相关资料,确保提交资料的真实、可靠和完整;并及时准备鉴定所需的相关设备和材料等,密切配合鉴定机构开展鉴定工作。

4.2 技术鉴定

鉴定机构接受鉴定委托后,应指派不少于2名具有现场经验和中级职称以上的技术人员作为鉴定人,严格按照国家和行业相关技术标准,在进行现场勘查、分析和核实有关资料,必要时进行有关参数测定的基础上,提出技术鉴定报告,鉴定结论应当明确。

4.3 审批及备案

在鉴定机构提交鉴定报告后,煤矿企业应及时向省(自治区、直辖市)煤炭行业主管部门提出审批申请,经审批后将批复结果抄报省级及地方煤矿安全监察机构备案。

煤矿企业应将批准后的文件抄送原鉴定单位存档,鉴定机构每年应将突出矿井鉴定报告或汇总表报送全国煤与瓦斯突出档案室存档。

5 鉴定方法

5.1 煤与瓦斯突出矿井（或煤层）的判定依据

5.1.1 煤与瓦斯突出的基本特征

煤与瓦斯突出可分为煤与瓦斯突然喷出（简称突出）、煤的压出伴随瓦斯涌出（简称压出）和煤的倾出伴随瓦斯涌出（简称倾出）3种类型，其基本特征如下：

a) 突出的基本特征：
   1) 突出的煤向外抛出的距离较远，具有分选现象；
   2) 抛出的煤堆积角小于自然安息角；
   3) 抛出的煤破碎程度较高，含有大量碎煤和一定数量手捻无粒感的煤粉；
   4) 有明显的动力效应，如破坏支架，推倒矿车，损坏或移动安装在巷道内的设施等；
   5) 有大量的瓦斯涌出，瓦斯涌出量远远超过突出煤的瓦斯含量，有时会使风流逆转；
   6) 突出孔洞呈口小腔大的梨形、舌形、倒瓶形、分岔形以及其他形状。

b) 压出的基本特征：
   1) 压出有两种形式，即煤的整体位移和煤有一定距离的抛出，但位移和抛出的距离都较小；
   2) 压出后，在煤层与顶板之间的裂隙中常留有细煤粉，整体位移的煤体上有大量的裂隙；
   3) 压出的煤呈块状，无分选现象；
   4) 巷道瓦斯涌出量增大；
   5) 压出可能无孔洞或呈口大腔小的楔形、半圆形孔洞。

c) 倾出的基本特征：
   1) 倾出的煤就地按自然安息角堆积、无分选现象；
   2) 倾出的孔洞多为口大腔小，孔洞轴线沿煤层倾斜或铅锤（厚煤层）方向发展；
   3) 无明显动力效应；
   4) 倾出常发生在煤质松软的急倾斜煤层中；
   5) 巷道瓦斯涌出量明显增加。

5.1.2 抛出煤炭的吨煤瓦斯涌出量

5.1.2.1 抛出煤炭的吨煤瓦斯涌出量可作为判断煤与瓦斯突出的辅助指标。瓦斯动力现象抛出煤炭的吨煤瓦斯涌出量为瓦斯动力现象涌出的瓦斯量除以抛出的煤炭量，单位为 m^3/t。

5.1.2.2 抛出的煤量指堆积于原采、掘工作面空间内的煤量，单位为 t。煤量的计算根据实际情况可采用下列方法之一：

a) 实际清理出的煤量；
b) 按照煤炭的堆积体积计算，抛出煤炭的粒度差别较大时，可分段按照不同堆积密度计算，堆积煤炭的密度取值范围为 $0.8\ t/m^3 \sim 1.0\ t/m^3$。

5.1.2.3 瓦斯涌出量为发生瓦斯动力现象后回风巷中的瓦斯从升高开始，截至恢复到瓦斯动力现象发生前状态的增量。对瓦斯涌出量长时间不能恢复到瓦斯动力现象发生前的瓦斯涌出状态的,计算截止时间为瓦斯涌出量降到 1.0 m³/min 时或到瓦斯涌出量降到稳定状态时。

瓦斯涌出量可根据工作面、采区、矿井一翼或总回风流中的瓦斯浓度和风量的测定值计算,并应尽量选用靠近突出工作面,而且瓦斯浓度测值没有超过测量仪器(或传感器)量程的测点资料,当发生瓦斯逆流或局部通风系统遭到破坏时,应选用采区、矿井一翼或总回风流中的测点资料计算。瓦斯涌出量可根据瓦斯浓度和风量的测值变化规律,采用曲线拟合后再积分的方法计算,或者采用分段取平均值的方法计算。如果突出后未测定回风流真实风量,当风流中瓦斯浓度大于 10% 时,应按照瓦斯浓度和正常风量进行风量校正。

5.1.3 煤层突出危险性的指标

判定煤层是否具有突出危险性的指标可用煤的破坏类型、瓦斯放散初速度指标(Δp)、煤的坚固性系数(f)和煤层瓦斯压力(p)。以上指标的测定点分布应能有效代表待鉴定采掘范围的煤层,测点应按照不同的地质单元分别进行布置,每个地质单元内在煤层走向和倾向方向分别布置 3 个以上测点。各指标值取鉴定煤层各测点的最高煤层破坏类型、煤的最小坚固性系数、最大瓦斯放散初速度指标和最大瓦斯压力值。煤的坚固性系数(f)测定按 MT/T 49 执行,煤层瓦斯压力(p)按 MT/T 638 执行,煤的破坏类型按附录 A 确定,瓦斯放散初速度指标(Δp)按附录 B 测定。

在生产过程中出现的喷孔或其他典型突出预兆,也应作为判定煤层具有突出危险性的指标。

5.2 煤与瓦斯突出矿井(或煤层)的判定规则

5.2.1 根据矿井实际发生的瓦斯动力现象判定

确定矿井是否为突出矿井,主要以实际发生的瓦斯动力现象为依据。矿井在采掘过程中只要发生过一次符合 5.1.1 中煤与瓦斯突出基本特征的瓦斯动力现象,发生瓦斯动力现象的煤层定为突出煤层,该矿井即定为突出矿井。

5.2.2 根据抛出煤炭的吨煤瓦斯涌出量判定

当瓦斯动力现象的煤与瓦斯突出基本特征不明显,尚不能确定为或排除煤与瓦斯突出现象时,应计算瓦斯动力现象发生过程中抛出煤的吨煤瓦斯涌出量,抛出煤的吨煤瓦斯涌出量大于(或等于)30 m³/t 或为本区域煤层瓦斯含量的 2 倍以上的瓦斯动力现象,应定为煤与瓦斯突出,该煤层定为突出煤层,该矿井即定为突出矿井。

5.2.3 根据煤层突出危险性指标判定

对按照上述规则还不能判定性质的瓦斯动力现象,应根据测定的煤层突出危险性指标或典型突出预兆,进行综合分析,作出最后鉴定结论。煤层突出危险性指标临界值应根据实测资料确定,如无实测资料时,可参考表 1 所列数据划分。只有全部指标达到或超过临界值时,方可将发生动力现象的煤层定为突出煤层,矿井定为突出矿井。当生产中出现过喷孔或其他典型突出预兆时,也应将发生动力现象的煤层定为突出煤层,矿井定为突出矿井。

当煤层突出危险性指标达不到上述条件时,可将测点代表范围内的煤层暂时不定为突出煤层,当该矿井开采新水平、新采区、或垂深增加达到 50 m 或采掘范围扩大至新的区域时,再重新委托煤与瓦斯突出危险性鉴定。

表 1　判定煤层突出危险性单项指标的临界值

突出煤层危险性	煤的破坏类型	瓦斯放散初速度 Δp	煤的坚固性系数 f	煤层瓦斯压力 p/MPa
突出危险	Ⅲ、Ⅳ、Ⅴ	≥10	≤0.5	≥0.74

6　委托鉴定报告的内容

凡初次发生瓦斯动力现象的矿井,应由煤矿企业及时向鉴定机构提出书面的委托鉴定报告,委托鉴定报告包括以下资料:

a) 矿井概况；
　　1) 矿井地质概况:所属煤田、成煤时代、地质构造、煤层赋存、邻近矿井概况等；
　　2) 矿井生产概况:开拓方式、采煤方法、顶板管理方法、生产水平和开拓水平的标高及垂深；
　　3) 矿井通风瓦斯概况:通风方式、风量、瓦斯涌出量、瓦斯压力、瓦斯含量、瓦斯抽放方法及抽放量等。

b) 发生瓦斯动力现象地点的情况：
　　1) 发生瓦斯动力现象采区的地质资料:断层和褶曲的分布、煤层厚度及倾角的变化；
　　2) 该地点的巷道名称、类别、标高及距地表的垂深；
　　3) 发生动力现象地点与邻近层开采的相对位置；
　　4) 该采区的煤层瓦斯压力、瓦斯含量、煤的坚固性系数和破坏类型。

c) 瓦斯动力现象发生前后的实况描述和瓦斯动力现象的主要特征：
　　1) 发生瓦斯动力现象前的作业情况、通风瓦斯情况、人员情况、出现的各种异常现象等；
　　2) 发生瓦斯动力现象时的情况,包括时间、人员分布、声响、瓦斯涌出情况、人员撤离和抢救等；
　　3) 发生瓦斯动力现象后的现场勘查情况和瓦斯动力现象的主要特征。

上述内容应详细描述,并按附录 C 内容填写矿井瓦斯动力现象卡片。

7　鉴定报告的内容及要求

7.1　鉴定报告内容

鉴定机构应根据申请鉴定矿井提交的有关资料分析、核实、研究,必要时进行现场考察和实验室测定后,提出对矿井突出危险性质的鉴定报告。

鉴定报告的主要内容：
a) 矿井基本情况；
b) 经审核后的动力现象发生情况；
c) 确定瓦斯动力现象所属类型的依据；
d) 作出是否属于突出矿井的结论；

e) 应采取的措施及管理建议。

7.2 鉴定报告的格式要求

鉴定报告的格式应符合以下要求：

a) 应采用 A4 纸张,报告内容字体一般采用宋体字,字号为小四号,封面的报告名称应采用二号黑体字；
b) 封面内容应包括:鉴定报告编号、鉴定报告名称、鉴定单位和鉴定日期；
c) 封一页上应包括鉴定报告编号、名称、鉴定单位法人代表和审批领导人姓名及其职称、鉴定人姓名及职称、鉴定单位和鉴定日期,并必须加盖鉴定机构公章或突出矿井鉴定专用章。

8 改定突出矿井性质的程序及报告内容

8.1 改定突出矿井性质的申报及审批程序

原定的突出矿井或突出煤层,在生产建设过程中未采取任何防突措施,连续 5 年以上再未发生过突出,应由煤炭企业组织有关部门和国家煤矿安全主管部门授权鉴定机构共同进行分析研究,特别要对以往所发生的瓦斯动力现象作进一步核实和定性分析,参照突出危险区域预测资料进行验证,特别要在对新区的瓦斯地质和突出危险指标有可靠的预测资料,并充分考虑开采活动的影响和瓦斯排放的情况下,确定为无突出危险后,由煤炭企业提出委托改定突出矿井性质的报告。经原突出矿井鉴定单位确认和原审批单位批准后,方可改定突出矿井性质,并报国家煤炭安全监察局备案。

8.2 改定突出矿井性质的报告内容

改定突出矿井性质的报告应包括以下内容：

a) 矿井概况：
  1) 矿井地质概况:所属煤田、成煤时代、地质构造、煤层赋存情况等；
  2) 矿井生产概况:开拓方式、采煤方法、顶板管理方法、生产水平和开拓水平的标高及垂深；
  3) 突出煤层和非突出煤层的开采情况；
  4) 通风方式、风量、瓦斯涌出量、瓦斯抽放方法及抽放量等。
b) 瓦斯基本参数：
  1) 煤层瓦斯风化带深度；
  2) 分水平、分区的煤层瓦斯压力、瓦斯含量、瓦斯放散初速度、煤的坚固性系数、煤层透气性系数等。
c) 以前发生的动力现象,记录卡片和定性分析意见；
d) 煤层突出危险性指标的验证资料；
e) 改定煤层及矿井突出性质的依据和结论。

9 岩石与二氧化碳(瓦斯)、煤与二氧化碳突出矿井的鉴定方法

岩石与二氧化碳(瓦斯)、煤与二氧化碳突出矿井的鉴定方法参照附录 D 执行。

附 录 A
（规范性附录）
煤的破坏类型分类表

表 A.1 煤的破坏类型分类表

破坏类型	光泽	构造与构造特征	节理性质	节理面性质	断口性质	手试强度
Ⅰ类（非破坏煤）	亮与半亮	层状构造，块状构造，条带清晰明显	一组或二三组节理，节理系统发达，有次序	有充填物（方解石），次生面少，节理、劈理面平整	参差阶状，贝状，波浪状	坚硬，用手难以掰开
Ⅱ类（破坏煤）	亮与半亮	1.尚未失去层状，较有次序 2.条带明显，有时扭曲，有错动 3.不规则块状，多棱角 4.有挤压特征	次生节理面多，且不规则，与原生节理呈网状节理	节理面有擦纹、滑皮。节理平整，易掰开	参差多角	用手极易剥成小块，中等硬度
Ⅲ类（强烈破坏煤）	半亮与半暗	1.弯曲量透镜体构造 2.小片状构造 3.细小碎块，层理紊乱无次序	节理不清，系统不发达，次生节理密度大	有大量擦痕	参差及粒状	用手捻之可成粉末、粹粒
Ⅳ类（粉碎煤）	暗淡	粒状或小颗粒胶结而成，形似天然煤团	无节理，成粘块状		粒状	用手捻之可成粉末
Ⅴ类（全粉煤）	暗淡	1.土状构造，似土质煤 2.如断层泥状			土状	易捻成粉末，疏松

附 录 B
（规范性附录）
瓦斯放散初速度指标（Δp）的测定方法

B.1 仪器设备及用具

测定瓦斯放散初速度指标（Δp）需要采用以下仪器、设备和用具：
a) 瓦斯放散初速度指标测定仪；
b) 真空泵；
c) 甲烷瓶（浓度大于95%）；

d) 分样筛(孔径 0.2 mm、0.25 mm 各一个);
  e) 天平(最大称量 200 g,感量 0.1 g);
  f) 小锤;
  g) 漏斗。

B.2 采样与制样

B.2.1 采样

在煤层新暴露面上采取煤样 250 g,地面打钻取样时取新鲜煤芯 250 g。煤样要附有标签,注明采样地点、层位、采样时间等。

B.2.2 制样

将所采煤样进行粉碎,筛分出粒度为 0.2 mm～0.25 mm 的煤样。每一煤样取 2 个试样,每个试样重 3.5 g。

B.3 测定步骤

B.3.1 把 2 个试样用漏斗分别装入瓦斯放散初速度测定仪的 2 个试样瓶中。

B.3.2 启动真空泵对试样脱气 1.5 h。

B.3.3 脱气 1.5 h 后关闭真空泵,将甲烷瓶与试样瓶连接,充气(充气压力 0.1 MPa)使煤样吸附瓦斯 1.5 h。

B.3.4 关闭试样瓶和甲烷瓶阀门,使试样瓶与甲烷瓶隔离。

B.3.5 开动真空泵对仪器管道死空间进行脱气,使 U 型管汞真空计两端汞面相平。

B.3.6 停止真空泵,关闭仪器死空间通往真空泵的阀门,打开试样瓶的阀门,使煤样瓶与仪器被抽空的死空间相连接并同时启动秒表计时,10 s 时关闭阀门,读出汞柱计两端汞柱差 p_1(mm),45 s 时再打开阀门,60 s 时关闭阀门,再一次读出汞柱计两端差 p_2(mm)。

B.4 瓦斯放散初速度指标的计算

瓦斯放散初速度指标按下式计算:

$$\Delta p = p_2 - p_1$$

同一煤样的两个试样测出 Δp 值之差不应大于 1,否则需要重新进行测定。

附 录 C
（规范性附录）
矿井瓦斯动力现象记录卡片

表 C.1 矿井瓦斯动力现象记录卡片

编号：_____　　_____省_____县_____公司_____矿_____井

发生时间		年 月 日 时	标高		瓦斯动力现象的主要特征	孔洞形状,轴线与水平面之夹角			
地点			距地面垂深						
煤层特征	名称		巷道类型			抛出煤量及岩石量 t		煤炭	岩石
	厚度 m		瓦斯动力现象发生地点煤层剖面图（注比例尺）			煤抛出距离及堆积坡度			
	倾角 (°)					抛出煤之粒度及分选情况			
	煤质					瓦斯动力现象发生地点附近围岩及煤层破碎情况			
顶底板岩性	顶板								
	底板					动力效应（支架、巷道及设备破坏情况）			
邻近层开采情况	上部					发生前瓦斯压力及发生后的瓦斯涌出情况			
	下部					其他			
地质构造叙述（断层、褶曲、厚度与倾角变化）					形成的孔洞及抛出煤的堆积情况（注比例尺）				
支护形式									
控顶距离 m			棚间距离 m						
通风方式			有效风量 m³/min						
正常瓦斯浓度 %			绝对瓦斯量 m³/min						
动力现象发生前作业及使用工具									
动力现象发生前所采取之措施（附图）					现场见证人（姓名、职务）				

表 C.1（续）

预兆		伤亡情况					
		瓦斯动力现象类型及分析意见					
动力现象发生前及发生过程的描述		防突负责人		通风区（队）长		矿总工程师		矿长	
		填表人		填表日期	年 月 日		

附 录 D
（规范性附录）
岩石与二氧化碳(瓦斯)、煤与二氧化碳突出矿井的鉴定方法

D.1 在地应力和二氧化碳(瓦斯)压力的共同作用下,破碎的岩石和二氧化碳(瓦斯)突然喷出到采掘空间的现象称为岩石和二氧化碳(瓦斯)突出;同样,破碎的煤和二氧化碳突然喷出到采掘空间的现象称为煤与二氧化碳突出。

D.2 岩石与二氧化碳(瓦斯)及煤与二氧化碳突出矿井的鉴定方法可参照上述煤与瓦斯突出的鉴定方法执行,但鉴定突出矿井的依据只能是根据动力现象本身的实际情况。

D.3 岩石与二氧化碳(瓦斯)突出的基本特征：

D.3.1 在砂岩中进行爆破时,在炸药直接作用范围外,发生破碎的岩石被抛出的现象。

D.3.2 有突出危险的砂岩岩层松软,呈片状、碎屑状,其岩芯呈凹凸片状,并具有较大的孔隙率和二氧化碳(瓦斯)含量。

D.3.3 突出的砂岩中,含有大量的砂粒和粉尘。

D.3.4 巷道二氧化碳(瓦斯)涌出量增大,并有明显的动力效应。

D.3.5 在岩体中形成孔洞。

矿井瓦斯等级鉴定规范(AQ 1025—2006)

前　言

本标准依据国家安全生产监督管理局、国家煤矿安全监察局 2004 年颁布的《煤矿安全规程》而制定。

本标准的附录 A 为资料性附录。

本标准由国家煤矿安全监察局提出。

本标准由全国安全生产标准技术委员会煤矿安全分技术委员会归口。

本标准起草单位：煤炭科学研究总院重庆分院。

本标准主要起草人：赵旭生、康建宁、李秋林、邹银辉、张庆华、雷红艳。

1　范围

本标准规定了矿井瓦斯等级鉴定的一般要求、鉴定方法和鉴定报告内容。

本标准适用于煤矿井工开采的瓦斯矿井进行矿井瓦斯等级的鉴定。

2　规范性引用文件

下列文件中的条款通过本标准的引用而成为本标准的条款。凡是注日期的引用文件，其随后所有的修改单(不包括勘误的内容)或修订版均不适用于本标准，然而，鼓励根据本标准达成协议的各方研究是否可使用这些文件的最新版本。凡是不注日期的引用文件，其最新版本适用于本标准。

AQ 1024　煤与瓦斯突出矿井鉴定规范

AQ 1018　矿井瓦斯涌出量预测方法

3　定义

本标准采用下列定义。

3.1

矿井瓦斯等级　Classification of gaseous mine

根据矿井的瓦斯涌出量和涌出形式所划分的矿井等级。

3.2

正常生产条件　Condition of normal production

测定区域(矿井、煤层、翼、水平或采区)的实际产量(包括回采和掘进煤产量)达到该区域设计产量(或正常产量)的 60% 以上的条件。

3.3

瓦斯喷出　Gas blowout

从煤体或岩体裂隙、孔洞、钻孔或炮眼中大量涌出瓦斯(二氧化碳)的异常涌出现象。在 20 m 巷道范围内，涌出瓦斯(二氧化碳)量大于或等于 $1.0\ m^3/min$ 且持续 8 h 以上时的区域定为瓦斯(二氧化碳)喷出危险区域。

4 鉴定的一般要求

4.1 矿井瓦斯等级鉴定以自然井为单位。

4.2 生产矿井和正在建设的矿井应当每年进行矿井瓦斯等级鉴定。确因矿井长期停产等特殊原因没能进行等级鉴定的矿井,应经省(自治区、直辖市)级负责煤炭行业管理的部门批准后,按上年度瓦斯等级确定。

4.3 矿井在设计前,设计单位根据地质勘探部门提供的煤层瓦斯含量等资料预测的瓦斯涌出量和邻近生产矿井的瓦斯涌出量资料,预测矿井瓦斯等级,作为计算风量和设计的依据。矿井瓦斯涌出量预测方法按 AQ 1018 执行。生产矿井和正在建设的矿井根据实际测定的瓦斯涌出量和瓦斯涌出形式鉴定矿井瓦斯等级,同时还必须进行矿井二氧化碳涌出量的测定工作,作为核定和调整风量的依据。

4.4 由煤炭企业组织鉴定或委托有资质的中介机构进行鉴定。鉴定数据必须准确可靠,如实反映情况,鉴定单位对鉴定结果负责。

4.5 每年的矿井瓦斯等级鉴定工作结束后一月内,将鉴定报告报省(自治区、直辖市)级负责煤炭行业管理的部门审批,并报省级煤矿安全监察机构备案。

5 鉴定方法

5.1 鉴定时间和基本条件

5.1.1 矿井瓦斯等级的鉴定工作应在正常生产条件下进行。

5.1.2 根据当地气候条件,选择矿井绝对瓦斯涌出量最大的月份进行鉴定。在鉴定月的上、中、下旬中各取一天(间隔 10 天),每天分三个班(或四个班)进行测定工作。

5.1.3 测定前必须编制矿井瓦斯等级鉴定计划,做好组织分工、进行人员培训。

5.1.4 测定前对采用的所有仪器、仪表进行检查,确保仪器仪表在其计量检定证的有效期内使用。

5.2 测定内容、测点选择和要求

5.2.1 测定内容主要为风量、风流中瓦斯和二氧化碳浓度,同时应测定和统计瓦斯抽放量和月产煤量。如果进风流中含有瓦斯或二氧化碳时,还应在进风流中测风量、瓦斯(或二氧化碳)浓度。进、回风流的瓦斯(或二氧化碳)涌出量之差,就是鉴定地区的风排瓦斯(或二氧化碳)量。抽放瓦斯的矿井,测定风排瓦斯量的同时,在相应的地区还要测瓦斯抽放量。瓦斯涌出量应包括抽出的瓦斯量和风排瓦斯量。

5.2.2 确定矿井瓦斯等级时,按每一自然矿井、煤层、翼、水平和各采区分别计算相对瓦斯涌出量和绝对瓦斯涌出量。所以测点应布置在每一通风系统的主要通风机的风硐、各水平、各煤层和各采区的进、回风道测风站内。如无测风站,可选取断面规整并无杂物堆积的一段平直巷道做测点。

5.2.3 每一测定班的测定时间应选在生产正常时刻,并尽可能在同一时刻进行测定工作。

5.3 测定数据的整理和记录

5.3.1 测定基础数据的整理和记录

每一测点所测定的瓦斯和二氧化碳的基础数据,可参照附录 A 中的表 A.1 格式填写,

采用四班制的矿井表 A.1 格式应按四班制绘制,进风流有瓦斯时应增加进风巷的测点数据。绝对瓦斯涌出总量按式(1)计算。

$$q_{绝} = q_{排} + q_{抽} \quad \cdots\cdots\cdots\cdots\cdots\cdots(1)$$

式中:

$q_{绝}$——绝对瓦斯(或二氧化碳)涌出总量,m³/min;

$q_{抽}$——抽放瓦斯(或二氧化碳)纯量,m³/min;

$q_{排}$——三班(或四班)平均风排瓦斯(或二氧化碳)量,m³/min。按式(2)计算。

$$q_{排} = \frac{1}{n}\sum_{i=1}^{n} q_{排i} = \frac{1}{100 \times n}\sum_{i=1}^{n}(Q_{回i} \cdot C_{回i} - Q_{进i} \cdot C_{进i})$$

$$\cdots\cdots\cdots\cdots\cdots\cdots(2)$$

式中:

n ——班制,矿井采用三班制时 $n=3$,矿井采用四班制时 $n=4$;

i ——测定班序号,采用三班制的矿井 $i=1,2,3$;采用四班制的矿井 $i=1,2,3,4$;

$q_{排i}$——第 i 班的风排瓦斯(或二氧化碳)量,m³/min;

$Q_{回i}$——第 i 班回风巷风流中的风量,m³/min;

$C_{回i}$——第 i 班回风巷风流中的瓦斯(或二氧化碳)浓度,%;

$Q_{进i}$——第 i 班进风巷风流中的风量,m³/min;

$C_{进i}$——第 i 班进风巷风流中的瓦斯(或二氧化碳)浓度,%。

5.3.2 测定结果汇总与记录

整理完测定基础数据后,应汇总、整理出矿井测定结果报告表,并参照附录 A 中的表 A.2 格式填写,按矿井、翼、水平、煤层和采区分行填写。

矿井绝对瓦斯涌出量应包括各通风系统风排瓦斯量和各抽放系统的瓦斯抽放量,绝对瓦斯涌出量取鉴定月的上、中、下三旬进行测定的三天中最大一天的绝对瓦斯涌出量。

在鉴定月的上、中、下三旬进行测定的三天中,以最大一天的绝对瓦斯涌出量来计算平均每产煤 1 t 的瓦斯涌出量(相对瓦斯涌出量)。相对瓦斯涌出量($q_{相}$)按下式计算:

$$q_{相} = 1440 \times q_{max}/D$$

式中:

$q_{相}$ ——相对瓦斯(或二氧化碳)涌出量,m³/t;

q_{max}——最大一天的绝对瓦斯涌出量,m³/min;

D ——月平均日产煤量,t/d。

6 矿井瓦斯等级的鉴定

6.1 矿井瓦斯等级鉴定的指标

鉴定矿井瓦斯等级的指标为矿井相对瓦斯涌出量、矿井绝对瓦斯涌出量和瓦斯涌出形式。

6.2 矿井瓦斯等级划分

按照矿井瓦斯涌出量和瓦斯涌出形式,将瓦斯矿井分为三级,级别及其划分标准如下:

——低瓦斯矿井:矿井相对瓦斯涌出量小于或等于 10 m^3/t 且矿井绝对瓦斯涌出量小于(或等于)40 m^3/min;

——高瓦斯矿井:矿井相对瓦斯涌出量大于 10 m^3/t,或矿井绝对瓦斯涌出量大于 40 m^3/min;

——煤(岩)与瓦斯(二氧化碳)突出矿井:矿井发生过煤(岩)与瓦斯(二氧化碳)突出现象。

6.3 低瓦斯矿井的高瓦斯区鉴定

在低瓦斯矿井中,相对瓦斯涌出量大于 10 $m^3/t \cdot d$ 或有瓦斯(二氧化碳)喷出危险的区域(采区)定为高瓦斯(二氧化碳)区。

6.4 煤(岩)与瓦斯(二氧化碳)突出矿井的鉴定

煤(岩)与瓦斯(二氧化碳)突出矿井的鉴定按 AQ 1024 执行。

7 鉴定报告的内容

矿井瓦斯等级鉴定报告应采用统一的表格格式,各省可根据实际情况对鉴定报告提出统一要求或统一制作,但鉴定报告应包括以下主要内容:

——矿井基本情况(格式参见附录 B 表 B.1);

——矿井瓦斯和二氧化碳测定基础数据表(格式见附录 A 表 A.1);

——矿井瓦斯和二氧化碳测定报告表(格式见附录 A 表 A.2);

——矿井通风系统图(绘制矿井通风系统图,并标注测定地点);

——瓦斯来源分析;

——矿井煤尘爆炸性鉴定情况(情况说明,附鉴定报告);

——煤层自然发火倾向性鉴定(情况说明,附鉴定报告)、煤层最短自然发火期及内、外因火灾发生情况;

——矿井煤(岩)与瓦斯(二氧化碳)突出情况,瓦斯(二氧化碳)喷出情况;

——鉴定月份生产状况及鉴定结果简要分析或说明;

——鉴定单位和鉴定人员。

8 正在建设矿井的鉴定

正在建设的矿井每年也应进行矿井瓦斯等级的鉴定工作。在没有采区投产的情况下,当单条掘进巷道的绝对瓦斯涌出量大于 3m^3/min 时,矿井应定为高瓦斯矿井;在有采区投产的情况下,当采区相对瓦斯涌出量大于 10 m^3/t 时,矿井也应定为高瓦斯矿井;在采掘中发生过煤(岩)与瓦斯(二氧化碳)突出的矿井应定为煤(岩)与瓦斯(二氧化碳)突出矿井。如果鉴定结果与矿井设计不符时,应提出修改矿井瓦斯等级的专门报告,报原设计单位同意。

附 录 A
（资料性附录）
数据测定记录和报告表

表 A.1 瓦斯和二氧化碳涌出量测定基础数据表

_____矿_____井　　　　_____年____月

测点名称	气体名称	旬别	日期	第一班			第二班			第三班			三班平均风量 m³/min	抽放瓦斯量 m³/min	涌出总量 m³/min	月工作日	月产煤量 t	说明
				风量 m³/min	浓度 %	涌出量 m³/min	风量 m³/min	浓度 %	涌出量 m³/min	风量 m³/min	浓度 %	涌出量 m³/min						
	瓦斯	上																
		中																
		下																
	二氧化碳	上																
		中																
		下																

表 A.2 矿井瓦斯等级鉴定和二氧化碳测定结果报告表

_____矿_____井　　　　_____年____月

矿井、煤层、翼、水平、采区名称	气体名称	三旬中最大一天的涌出量 m³/min			月实际工作日数 d	月产煤量 t	月平均日产煤量 t/d	相对涌出量 m³/t	矿井瓦斯等级	上年度瓦斯等级	上年度矿井瓦斯涌出量		说明
		风排量	抽放量	总量							绝对量 m³/min	相对量 m³/t	
	瓦斯												
	二氧化碳												

附 录 B
（资料性附录）
矿井基本情况表

表 B.1 矿井基本情况表

矿井名称		隶属关系	
详细地址		法人代表	
矿井职工数		下井职工数	
井田面积　　　km^2		可采储量　　　Mt	
矿井现状	□生产　　□基建	投产日期	
设计生产能力　　Mt/a		核定生产能力　　Mt/a	
上年度原煤产量　　Mt		本年度计划产量　　Mt	
可采煤层数		现开采煤层名称	
煤层开采顺序		地质构造复杂程度	
煤层倾角　　　（°）		主采煤层厚度　　　m	
开拓方式		井筒数	
水平数		现开采水平	
采区数		现开采采区名称	
采煤工作面数		煤巷掘进工作面数	
采煤方法		采煤工艺	
顶板管理方法		掘进方式	
通风方式、方法		主要通风机　型号、台数	
		电机功率　kW	
矿井总进风量　m^3/min		矿井总回风量　m^3/min	
矿井等积孔　　　m^2		突出煤层名称	
地面抽放泵型号及台数		抽放泵型电机功率　kW	
井下移动泵站型号及台数		移动泵站电机功率　kW	
抽放管路直径及长度		瓦斯抽放方法	
瓦斯抽放泵站负压　kPa		瓦斯抽放浓度　　　%	
上年度抽放量　　Mm^3		抽放瓦斯利用率　　%	
安全监控系统型号		生产厂家	
监控系统安装时间		联网情况	
甲烷传感器安装数		瓦斯检查报警仪有效台数	
瓦检员数量	应配人数	自救器数量	应配台数
	实配人数		实配台数
其他需说明的情况			

煤矿瓦斯抽采基本指标(AQ 1026—2006)

前　言

本标准全部内容为强制性条文。

本标准由国家煤矿安全监察局提出。

本标准由全国安全生产标准化技术委员会煤矿安全分技术委员会归口。

本标准起草单位：煤炭科学研究总院重庆分院、中国矿业大学、煤炭科学研究总院抚顺分院、阳泉矿业(集团)有限责任公司、淮南矿业(集团)有限责任公司、芙蓉(集团)实业有限责任公司。

本标准主要起草人：胡千庭、文光才、俞启香、王魁军、李宝玉、周德昶、高正强、龙伍见。

1　范围

本标准规定了煤矿瓦斯抽采应达到的指标及其测算方法。

本标准适用于井工煤矿。

2　规范性引用文件

下列文件中的条款通过本标准的引用而成为本标准的条款。凡是注日期的引用文件，其随后所有的修改单(不包括勘误的内容)或修订版均不适用于本标准，然而，鼓励根据本标准达成协议的各方研究是否可使用这些文件的最新版本。凡是不注日期的引用文件，其最新版本适用于本标准。

MT/T 638　煤矿井下煤层瓦斯压力的直接测定法

MT/T 77　煤层气测定方法(解吸法)

AQ 1025　矿井瓦斯等级鉴定规范

3　必须进行瓦斯抽采的矿井

有下列情况之一的矿井，必须建立地面永久抽采瓦斯系统或井下临时抽采瓦斯系统：

a) 一个采煤工作面的瓦斯涌出量大于 5 m^3/min 或一个掘进工作面瓦斯涌出量大于 3 m^3/min，用通风方法解决瓦斯问题不合理时；

b) 矿井绝对涌出量达到以下条件的：
   —— 大于或等于 40 m^3/min；
   —— 年产量 1.0～1.5 Mt 的矿井，大于 30 m^3/min；
   —— 年产量 0.6～1.0 Mt 的矿井，大于 25 m^3/min；
   —— 年产量 0.4～0.6 Mt 的矿井，大于 20 m^3/min；
   —— 年产量等于或小于 0.4 Mt，大于 15 m^3/min。

c) 开采有煤与瓦斯突出危险煤层。

4 瓦斯抽采应达到的指标

4.1 突出煤层工作面采掘作业前必须将控制范围内煤层的瓦斯含量降到煤层始突深度的瓦斯含量以下或将瓦斯压力降到煤层始突深度的煤层瓦斯压力以下。若没能考察出煤层始突深度的煤层瓦斯含量或压力,则必须将煤层瓦斯含量降到 8 m^3/t 以下,或将煤层瓦斯压力降到 0.74 MPa(表压)以下。控制范围如下:

    a) 石门(井筒)揭煤工作面控制范围应根据煤层的实际突出危险程度确定,但必须控制到巷道轮廓线外 8 m 以上(煤层倾角＞8°时,底部或下帮 5 m)。钻孔必须穿透煤层的顶(底)板 0.5 m 以上。若不能穿透煤层全厚,必须控制到工作面前方 15 m 以上。

    b) 煤巷掘进工作面控制范围为:巷道轮廓线外 8 m 以上(煤层倾角＞8°时,底部或下帮 5 m)及工作面前方 10 m 以上。

    c) 采煤工作面控制范围为:工作面前方 20 m 以上。

4.2 瓦斯涌出量主要来自邻近层或围岩的采煤工作面瓦斯抽采率应满足表1规定,瓦斯涌出量主要来自开采层的采煤工作面前方 20 m 以上范围内煤的可解吸瓦斯量应满足表2规定。

表 1 采煤工作面瓦斯抽采率应达到的指标

工作面绝对瓦斯涌出量 Q m^3/min	工作面抽采率 %	备注
5≤Q＜10	≥20	
10≤Q＜20	≥30	
20≤Q＜40	≥40	
40≤Q＜70	≥50	
70≤Q＜100	≥60	
100≤Q	≥70	

表 2 采煤工作面回采前煤的可解吸瓦斯量应达到的指标

工作面日产量 t	可解吸瓦斯量 W_j	备注
≤1 000	≤8	
1 001～2 500	≤7	
2 501～4 000	≤6	
4 001～6 000	≤5.5	
6 001～8 000	≤5	
8 001～10 000	≤4.5	
＞10 000	≤4	

4.3 采掘工作面风速不得超过 4 m/s,回风流中瓦斯浓度不得超过 1%。
4.4 矿井瓦斯抽采率应满足表3规定。

表 3 矿井瓦斯抽采率应达到的指标

矿井绝对瓦斯涌出量 Q m³/min	矿井抽采率 %	备注
$Q<20$	≥25	
$20 \leqslant Q<40$	≥35	
$40 \leqslant Q<80$	≥40	
$80 \leqslant Q<160$	≥45	
$160 \leqslant Q<300$	≥50	
$300 \leqslant Q<500$	≥55	
$500 \leqslant Q$	≥60	

5 指标的测定及计算方法

5.1 煤层瓦斯压力的测定及计算方法

煤层瓦斯压力可采用以下方法之一测定或计算。

a) 按 MT/T 638 规定测定瓦斯压力;
b) 按 MT/T 77 规定测定瓦斯含量,按式(1)计算瓦斯压力。

$$W = \frac{abP}{1+bP} \times \frac{100 - A_d - M_{ad}}{100} \times \frac{1}{1+0.31 M_{ad}} + \frac{10\pi P}{\gamma} \quad \cdots \cdots \cdots (1)$$

式中:
W ——煤层瓦斯含量,m³/t;
a,b ——吸附常数;
P ——煤层绝对瓦斯压力,MPa;
A_d ——煤的灰分,%;
M_{ad} ——煤的水分,%;
π ——煤的孔隙率,m³/m³;
γ ——煤的容重(假比重),t/m³。

5.2 煤层瓦斯含量的测定及计算方法

煤层瓦斯含量可采用以下方法之一测定或计算。

a) 按 MT/T 77 规定测定瓦斯含量;
b) 按 MT/T 638 规定测定瓦斯压力,按式(1)计算瓦斯含量。

5.3 绝对瓦斯涌出量的测定及计算方法

按 AQ 1025(矿井瓦斯等级鉴定规范)执行。

5.4 可解吸瓦斯量的确定

按 5.2 测算抽采后的煤层瓦斯含量,按式(2)计算煤的可解吸瓦斯量。

$$W_j = W - W_c \quad\quad\quad\quad\quad\quad (2)$$

式中：

W_j——煤的可解吸瓦斯量，m^3/t；

W_c——煤在标准大气压力下的残存瓦斯含量，按式(3)计算。

$$W_c = \frac{0.1ab}{1+0.1b} \times \frac{100-A_d-M_{ad}}{100} \times \frac{1}{1+0.31M_{ad}} + \frac{\pi}{\gamma} \quad\quad\quad\quad\quad\quad (3)$$

5.5 矿井瓦斯抽采率的测定及计算方法

在瓦斯抽采站的抽采主管上安装瓦斯计量装置，测定矿井每天的瓦斯抽采量。矿井瓦斯抽采量包括井田范围内地面钻井抽采、井下抽采(含移动抽采)的瓦斯量。每月底按式(4)计算矿井月平均瓦斯抽采率(η_k)。

$$\eta_k = \frac{Q_{kc}}{Q_{kc}+Q_{kf}} \quad\quad\quad\quad\quad\quad (4)$$

式中：

η_k ——矿井月平均瓦斯抽采率，%；

Q_{kc}——矿井月平均瓦斯抽采量，m^3/min；

Q_{kf}——矿井月平均风排瓦斯量，m^3/min。

5.6 工作面瓦斯抽采率的测定及计算方法

工作面回采期间，在工作面瓦斯抽采干管上安装瓦斯计量装置，每周测定工作面瓦斯抽采量(含移动抽采)。每月底按式(5)计算工作面月平均瓦斯抽采率(η_m)。

$$\eta_m = \frac{Q_{mc}}{Q_{mc}+Q_{mf}} \quad\quad\quad\quad\quad\quad (5)$$

式中：

η_m ——工作面月平均瓦斯抽采率，%；

Q_{mc}——回采期间，工作面月平均瓦斯抽采量，m^3/min；

Q_{mf}——工作面月平均风排瓦斯量，m^3/min。

6 其他

6.1 矿井必须综合抽采瓦斯，并且提前3～5年制定抽采瓦斯规划，每年年底前编制下年度的抽采瓦斯计划，以确保抽采瓦斯工作面的正常衔接，做到"抽、掘、采"平衡。

6.2 低瓦斯矿井新水平、新采区应测定煤层原始瓦斯含量和压力，高瓦斯、煤与瓦斯突出矿井每个采区垂深每增加50 m应测定煤层原始瓦斯含量和压力。

煤矿瓦斯抽放规范(AQ 1027—2006)

前　　言

为切实贯彻落实先抽后采的方针,加强瓦斯抽放技术管理,保证瓦斯抽放工程的安全,提高瓦斯抽放效果,防止瓦斯事故,保护环境,制定本标准。

本标准以国家安全生产监督管理局、国家煤矿安全监察局2004年颁布的《煤矿安全规程》、煤炭工业部1997年制定的《矿井瓦斯抽放管理规范》《矿井抽放瓦斯工程设计规范》(MT 5018—96)为依据,在充分考虑煤矿瓦斯抽放工艺技术特点和目前我国煤矿瓦斯抽放现状及发展趋势的基础上编制而成。

本标准代替MT/T 692—1997《煤矿瓦斯抽放技术规范》。

本标准与《煤矿瓦斯抽放技术规范》(MT/T 692—1997)相比内容上有了较大增加:
——增加了矿井瓦斯抽放工程设计的内容;
——增加了移动泵站瓦斯抽放系统;
——增加了瓦斯抽放方法;
——增加了瓦斯抽放管理;
——增加了瓦斯利用;
——增加了瓦斯抽放系统的报废;
——对一些词句进行了修改。

本标准的附录A、附录B、附录C、附录D、附录E为规范性附录。

本标准由国家安全生产监督管理总局提出。

本标准由全国安全生产标准化技术委员会煤矿安全分技术委员会归口。

本标准负责起草单位:中国煤炭工业劳动保护科学技术学会。

本标准参加起草单位:煤炭科学研究总院抚顺分院。

本标准主要起草人:窦永山、王魁军、邱宝构、张兴华、高坤、曹垚林、富向。

1　范围

本标准规定了建立矿井瓦斯抽放系统的条件及工程设计要求、瓦斯抽放方法、瓦斯抽放管理及职责、瓦斯利用、瓦斯抽放系统的报废程序,以及瓦斯抽放基础参数的测算方法、各类瓦斯抽放方法的抽放率、瓦斯抽放监控系统监测参数的指标要求和瓦斯抽放工程设计有关计算方法。

本标准适用于全国煤矿企业、管理部门及有关事业单位。

2　规范性引用文件

下列文件中的条款通过本标准的引用而成为本标准的条款。凡是注日期的引用文件,其随后所有的修改单(不包括勘误的内容)或修订版均不适用于本标准,然而,鼓励根据本标准达成协议的各方研究是否可使用这些文件的最新版本。凡是不注日期的引用文件,其最新版本适用于本标准。

  MT 5018—96 矿井抽放瓦斯工程设计规范
  《煤矿安全规程》(2004 年版)
  《煤矿瓦斯抽放管理规范》(1997 年版)
  GB 50187—1993 工业企业总平面设计规范
  GB 50215—2005 煤炭工业矿井设计规范

3 术语和定义

下列术语和定义适用于本标准。

3.1
瓦斯抽放 gas drainage

采用专用设备和管路把煤层、岩层和采空区中的瓦斯抽出或排出的措施。

3.2
未卸压抽放瓦斯 gas drainage without pressure relief

抽放未受采动影响和未经人为松动卸压煤(岩)层的瓦斯,亦称为预抽。

3.3
卸压抽放瓦斯 gas drainage with pressure relief

抽放受采动影响和经人为松动卸压煤(岩)层的瓦斯。

3.4
本煤层抽放瓦斯 gas drainage from extracting seam

抽放开采煤层的瓦斯。

3.5
邻近层抽放瓦斯 gas drainage from adjacent seam

抽放受开采层采动影响的上、下邻近煤层(可采煤层、不可采煤层、煤线、岩层)的瓦斯。

3.6
采空区抽放瓦斯 gas drainage from gob

抽放现采工作面采空区和老采空区的瓦斯。前者称现采空区(半封闭式)抽放,后者称老采空区(全封闭式)抽放。

3.7
围岩瓦斯抽放 gas drainage from surrounding rock

抽放开采层围岩内的瓦斯。

3.8
地面瓦斯抽放 gas drainage on surface

在地面向井下煤(岩)层打钻孔抽放瓦斯。

3.9
综合抽放瓦斯 combined gas drainage

在一个矿井或工作面同时采用 2 种或 2 种以上方法进行抽放瓦斯。

3.10
强化抽放 forced gas drainage

针对一些透气性低、采用常规的预抽方式难以奏效的煤层而采取的特殊抽放方式。

3.11

预抽　gas drainage from virgin coal seam

在煤层未受采动以前进行的瓦斯抽放。

3.12

瓦斯储量　gas reserves

煤田开采过程中,能够向开采空间排放瓦斯的煤层和岩层中赋存瓦斯的总量。

3.13

矿井瓦斯抽放量(纯瓦斯抽放量)　gas drainage volume

矿井抽出瓦斯气体中的甲烷含量。

3.14

矿井可抽瓦斯量　drainable gas quantity

瓦斯储量中在当前技术水平下能被抽出来的最大瓦斯量。

3.15

煤层透气性系数　gas permeability coefficient of coal seam

表征煤层对瓦斯流动的阻力,反映瓦斯沿煤层流动难易程度的系数。

3.16

钻孔瓦斯流量衰减系数　damping factor of gas flow-rate per hole

表示钻孔瓦斯流量随时间延长呈衰减变化的系数。

3.17

瓦斯抽放率　gas drainage effeciency

矿井、采区或工作面等的抽放瓦斯量占其抽排瓦斯总量的百分比。

3.18

边采边抽　gas drainage while extraction

抽放回采工作面前方卸压煤体的瓦斯或厚煤层开采时抽放未采分层卸压煤体的瓦斯。

3.19

边掘边抽　gas drainage while drivage

掘进巷道的同时,抽放巷道周围卸压煤体内瓦斯。

3.20

穿层钻孔　crossing hole

在岩石巷道或煤层巷道内向相邻煤层施工的钻孔。

3.21

顺层钻孔　hole drilled along seam

在煤层巷道内,沿煤层布置的钻孔。

3.22

斜交钻孔　inclined cross hole

与工作面呈一定夹角布置的顺层钻孔。

3.23

平行钻孔　parallel holes

与工作面平行布置的顺层钻孔。

3.24

　　交叉钻孔　cross holes

　　平行钻孔与斜交钻孔交替布置的钻孔。

3.25

　　高位钻孔　highly-located hole

　　在风巷向煤层顶板施工的抽放钻孔(进入裂隙带)。

3.26

　　高抽巷　highly-located drainage roadway

　　在开采层顶部处于采动影响形成的裂隙带内挖掘的专用抽放巷道。

3.27

　　水力压裂　hydraulic crackin

　　在钻孔内以水作为动力,在无自由面的情况下使煤体裂隙畅通的一种措施。

3.28

　　水力割缝　hydraulic cutting

　　在钻孔内运用高压水射流对钻孔两侧的煤体进行切割,形成一定深度的扁平缝槽的一种措施。

3.29

　　深孔预裂爆破　deep-hole pre-splitting blasting

　　在钻孔内利用炸药爆破作为动力,使煤体裂隙增大,提高煤层透气性的一种措施。

3.30

　　封孔器　hole packer

　　瓦斯抽放和煤层注水钻孔孔口的密封装置。

3.31

　　放水器　drainage device

　　用于储存和放出抽放管路中积水的专用装置。

3.32

　　防回火装置　flame arrestor

　　在抽放瓦斯管路中,阻止火焰蔓延的安全装置。

3.33

　　水封防爆箱　explosive-proof box

　　在抽放瓦斯管路中,用以隔爆的一种水箱式安全装置。

4　建立抽放瓦斯系统

4.1　凡符合下列情况之一的矿井,必须建立地面永久瓦斯抽放系统或井下移动泵站瓦斯抽放系统。

4.1.1　一个采煤工作面绝对瓦斯涌出量大于 5 m^3/min 或一个掘进工作面绝对瓦斯涌出量大于 3 m^3/min,用通风方法解决瓦斯问题不合理的。

4.1.2　矿井绝对瓦斯涌出量达到以下条件的:

　　——大于或等于 40 m^3/min;

——年产量 1.0 Mt～1.5 Mt 的矿井,大于 30 m³/min;
——年产量 0.6 Mt～1.0 Mt 的矿井,大于 25 m³/min;
——年产量 0.4 Mt～0.6 Mt 的矿井,大于 20 m³/min;
——年产量等于或小于 0.4 Mt 的矿井,大于 15 m³/min。

4.1.3 开采具有煤与瓦斯突出危险煤层。

4.2 凡符合 4.1 条件,并同时具备下列两个条件的矿井,应建立地面永久瓦斯抽放系统:
——瓦斯抽放系统的抽放量可稳定在 2 m³/min 以上;
——瓦斯资源可靠、储量丰富,预计瓦斯抽放服务年限在五年以上。

4.3 新建瓦斯抽放系统的矿井,必须经具有相关资质的专业机构进行可行性论证,由企业技术负责人组织瓦斯抽放工程设计。

4.4 新建或改扩建矿井,根据地质报告提供的瓦斯资源或参照邻近矿井参数而达到第 4.1 条条件时,必须将瓦斯抽放工程纳入矿井设计中,但设计所依据的瓦斯参数必须经具有相关资质的专业机构进行可行性论证。

5 地面永久瓦斯抽放系统

5.1 地面永久瓦斯抽放系统工程设计内容

——矿井概况:煤层赋存条件、矿井煤炭储量、生产能力、巷道布置、采煤方法及通风状况;
——瓦斯基础数据:瓦斯等级鉴定、矿井瓦斯涌出量、煤层瓦斯压力、含量、矿井瓦斯储量及可抽量、煤层透气性系数与钻孔瓦斯流量及其衰减系数;
——抽放方法:钻孔(巷道)布置与抽放工艺参数;
——抽放设备:抽放泵、管路系统、监测及安全装置;
——泵站建筑:泵房、供电系统、电控设备、供水系统及软化水装置、采暖、避雷系统;
——瓦斯利用:利用方式和利用量、资金概算;
——技术经济指标:投资概算及工期;
——设计文件:设计说明书、设备与器材清册、资金概算、相关图纸。

5.2 瓦斯抽放系统工程设计的一般规定

5.2.1 瓦斯抽放工程设计应体现安全第一、技术经济合理原则,因地制宜地采用新技术、新工艺、新设备、新材料。

5.2.2 新建矿井瓦斯抽放工程设计应以批准的精查地质报告为依据,并参照邻近或条件类似生产矿井的瓦斯资料;改(扩)建及生产矿井应以本矿地质、瓦斯资料为依据。

5.2.3 瓦斯抽放工程设计应与矿井开采设计同步进行,合理安排掘进、抽放、回采三者间的超前与接替关系,保证有足够的工程施工及抽放时间。

5.2.4 瓦斯抽放站的建设方式,应经技术经济比较确定。一般情况下,宜采用集中建站方式。当有下列情况之一时,可采用分散建站方式:
——分区开拓或分期建设的大型矿井,集中建站技术经济不合理;
——矿井瓦斯抽放量较大且瓦斯利用点分散;
——一套瓦斯抽放系统难以满足要求。

5.2.5 分期建设、分期投产的矿井,瓦斯抽放工程可一次设计、分期建设、分期投抽。

5.2.6 瓦斯抽放工程设计应进行矿井瓦斯资源的评价。

5.3 矿井瓦斯储量、可抽瓦斯量、瓦斯抽放率、年抽放量及抽放年限

5.3.1 矿井瓦斯储量应为矿井可采煤层的瓦斯储量、受采动影响后能够向开采空间排放的不可采煤层及围岩瓦斯储量之和。

5.3.2 矿井可抽瓦斯量是指矿井瓦斯储量中在当前技术水平下能被抽出来的最大瓦斯量。

5.3.3 设计瓦斯抽放率,可根据煤层瓦斯抽放方法、瓦斯涌出来源等因素综合确定;也可参照邻近生产矿井或条件类似矿井的数值选取。抽放率指标应符合第8.6.3条的有关规定。

5.3.4 矿井设计年瓦斯抽放量或矿井设计年瓦斯抽放规模按设计的日瓦斯抽放量乘以矿井设计年工作日数计算。

5.3.5 矿井或水平的抽放年限应与其抽放瓦斯区域的开采年限相适应。

5.4 抽放管路系统

5.4.1 抽放管路系统应根据井下巷道的布置、抽放地点的分布、瓦斯利用的要求以及矿井的发展规划等因素确定,避免或减少主干管路系统的频繁改动,确保管道运输、安装和维护方便,并应符合下列要求:

——抽放管路通过的巷道曲线段少、距离短,管路安装应平直,转弯时角度不应大于50°;

——抽放管路系统宜沿回风巷道或矿车不经常通过的巷道布置;若设于主要运输巷内,在人行道侧其架设高度不应小于1.8 m,并固定在巷道壁上,与巷道壁的距离应满足检修要求;瓦斯抽放管件的外缘距巷道壁不宜小于0.1 m;

——当抽放设备或管路发生故障时,管路内的瓦斯不得流入采掘工作面及机电硐室内;

——管径要统一,变径时必须设过渡节。

5.4.2 瓦斯抽放管路的管径应按最大流量分段计算,并与抽放设备能力相适应,抽放管路按经济流速为5 m/s~15 m/s和最大通过流量来计算管径,抽放系统管材的备用量可取10%。

5.4.3 当采用专用钻孔敷设抽放管路时,专用钻孔直径应比管道外形尺寸大100 mm;当沿竖井敷设抽放管路时,应将管道固定在罐道梁上或专用管架上。

5.4.4 抽放管路总阻力包括摩擦阻力和局部阻力;摩擦阻力可用低负压瓦斯管路阻力公式计算;局部阻力可用估算法计算,一般取摩擦阻力的10%~20%。

5.4.5 地面管路布置:

——尽可能避免布置在车辆通行频繁的主干道旁。

——不得将抽放管路和动力电缆、照明电缆及通讯电缆等敷设在同一条地沟内。

——主干管应与城市及矿区的发展规划和建筑布置相结合。

——抽放管道与地上、下建(构)筑物及设施的间距,应符合《工业企业总平面设计规范》的有关规定。

——瓦斯管道不得从地下穿过房屋或其他建(构)筑物,一般情况下也不得穿过其他管网,当必须穿过其他管网时,应按有关规定采取措施。

5.4.6 抽放管路附属装置及设施:

——主管、分管、支管及其与钻场连接处应装设瓦斯计量装置;

——抽放钻场、管路拐弯、低洼、温度突变处及沿管路适当距离(间距一般为200 m~300 m,最大不超过500 m)应设置放水器;

——在抽放管路的适当部位应设置除渣装置和测压装置;

——抽放管路分岔处应设置控制阀门,阀门规格应与安装地点的管径相匹配;
——地面主管上的阀门应设置在地表下用不燃性材料砌成的不透水观察井内,其间距为 500 m～1000 m。

5.4.7 当条件适当时,可选用新材料的瓦斯抽放管,但井下抽放管路禁止采用玻璃钢管。

5.4.8 在倾斜巷道中,管路应设防滑卡,其间距可根据巷道坡度确定,对 28°以下的斜巷,间距一般取 15 m～20 m。

5.4.9 抽放管路应有良好的气密性及采取防腐蚀、防砸坏、防带电及防冻等措施。

5.4.10 通往井下的抽放管路应采取防雷措施。

5.5 抽放设备及抽放站

5.5.1 矿井瓦斯抽放设备的能力,应满足矿井瓦斯抽放期间或在瓦斯抽放设备服务年限内所达到的开采范围的最大抽放量和最大抽放阻力的要求,且应有不小于 15% 的富裕能力。矿井抽放系统的总阻力,必须按管网最大阻力计算,瓦斯抽放系统应不出现正压状态。

5.5.2 在一个抽放站内,瓦斯抽放泵及附属设备只有一套工作时,应备用一套;两套或两套以上工作时,应至少备用一套。

5.5.3 抽放站位置:
——设在不受洪涝威胁且工程地质条件可靠地带,应避开滑坡、溶洞、断层破碎带及塌陷区等;
——宜设在回风井工业场地内,站房距井口和主要建筑物及居住区不得小于 50 m;
——站房及站房周围 20 m 范围内禁止有明火;
——站房应建在靠近公路和有水源的地方;
——站房应考虑进出管敷设方便,有利瓦斯输送,并尽可能留有扩能的余地。

5.5.4 抽放站建筑:
——站房建筑必须采用不燃性材料,耐火等级为二级;
——站房周围必须设置栅栏或围墙。

5.5.5 站房附近管道应设置放水器及防爆、防回火、防回水装置,设置放空管及压力、流量、浓度测量装置,并应设置采样孔、阀门等附属装置。放空管设置在泵的进、出口,管径应大于或等于泵的进、出口直径,放空管的管口要高出泵房房顶 3 m 以上。

5.5.6 泵房内电气设备、照明和其他电气、检测仪表均应采用矿用防爆型。

5.5.7 抽放站应有双回供电线路。

5.5.8 抽放站应有防雷电、防火灾、防洪涝、防冻等设施。

5.5.9 干式瓦斯抽放泵吸气侧管路系统必须装设防回火、防回气、防爆炸的安全装置。

5.5.10 站房必须有直通矿调度室的电话。

5.5.11 抽放泵运转时,必须对泵水流量、水温度、泵轴温度等进行监测、监控。

5.5.12 抽放站应有供水系统。站房设备冷却水一般采用闭路循环。给水管路及水池容积均应考虑消防水量。污水应设置地沟排放。

5.5.13 抽放站采暖与通风应符合现行的《煤炭工业矿井设计规范》的有关规定。

5.5.14 废水、噪声和对空排放瓦斯不得超过工业卫生规定指标,抽放站场地应搞好绿化。

5.6 瓦斯抽放参数的监测、监控

5.6.1 地面永久瓦斯抽放系统必须建立瓦斯抽放参数监控系统。

5.6.2 矿井瓦斯抽放系统必须监测抽放管道中的瓦斯浓度、流量、负压、温度和一氧化碳等参数,同时监测抽放泵站内瓦斯泄漏等。当出现瓦斯抽放浓度过低、一氧化碳超限、泵站内有瓦斯泄漏等情况时,应能报警并使抽放泵主电源断电。

5.6.3 抽放站内应配置专用检测瓦斯抽放参数的仪器仪表。

6 井下移动泵站瓦斯抽放系统

6.1 根据 4.1、4.2 规定,不具备建立地面永久瓦斯抽放系统条件的,对高瓦斯区应建立井下移动泵站瓦斯抽放系统。

6.2 建立井下移动泵站瓦斯抽放系统时,由企业技术负责人负责组织编制设计和安全技术措施。井下移动泵站瓦斯抽放工程设计可按地面永久瓦斯抽放工程设计的相关内容进行。

6.3 井下移动瓦斯抽放泵站应安装在瓦斯抽放地点附近的新鲜风流中。抽出的瓦斯必须引排到地面、总回风道或分区回风道;已建永久抽放系统的矿井,移动泵站抽出的瓦斯可直接送至矿井抽放系统的管道内,但必须使矿井抽放系统的瓦斯浓度符合《煤矿安全规程》第一百四十八条规定。

6.4 移动泵站抽出的瓦斯排至回风道时,在抽放管路出口处必须采取安全措施,包括设置栅栏、悬挂警戒牌。栅栏设置的位置,上风侧为管路出口外推 5 m,上下风侧栅栏间距不小于 35 m。两栅栏间禁止人员通行和任何作业。移动抽放泵站排到巷道内的瓦斯,其浓度必须在 30 m 以内被混合到《煤矿安全规程》允许的限度以内。栅栏处必须设警戒牌和瓦斯监测装置,巷道内瓦斯浓度超限报警时,应断电、停止瓦斯抽放、进行处理。监测传感器的位置设在栅栏外 1 m 以内。两栅栏间禁止人员通行和任何作业。

6.5 井下移动瓦斯抽放泵站必须实行"三专"供电,即专用变压器、专用开关、专用线路。

7 瓦斯抽放方法

7.1 一般规定

7.1.1 建立瓦斯抽放系统的矿井必须实施先抽后采或边采边抽。

7.1.2 按矿井瓦斯来源实施开采煤层瓦斯抽放、邻近层瓦斯抽放、采空区瓦斯抽放和围岩瓦斯抽放。

7.1.3 多瓦斯来源的矿井,应采用综合瓦斯抽放方法。

7.2 瓦斯抽放方法选择

7.2.1 开采层瓦斯抽放方法:

未卸压煤层进行预抽,煤层瓦斯抽放的难易程度可划分为三类,见表1。

表 1 煤层瓦斯抽放难易程度表

类 别	钻孔流量衰减系数 d^{-1}	煤层透气性系数 $m^2/MPa^2 \cdot d$
容易抽放	<0.003	>10
可以抽放	0.003~0.05	10~0.1
较难抽放	>0.05	<0.1

- ——煤层透气性较好、容易抽放的煤层,宜采用本层预抽方法,可采用顺层或穿层布孔方式。
- ——煤层透气性较差、采用分层开采的厚煤层,可利用先采分层的卸压作用抽放未采分层的瓦斯。
- ——单一低透气性高瓦斯煤层,可选用加密钻孔、交叉钻孔、水力割缝、水力压裂、松动爆破、深孔控制预裂爆破等方法强化抽放。煤与瓦斯突出危险严重煤层,应选择穿层网格布孔方式。
- ——煤巷掘进瓦斯涌出量较大的煤层,可采用边掘边抽或先抽后掘的抽放方法。

7.2.2 邻近层瓦斯抽放方法:
- ——通常采用从开采层回风巷(或回风副巷)向邻近层打垂直或斜交穿层钻孔抽放瓦斯的方法。
- ——当邻近层瓦斯涌出量大时,可采用顶(底)板瓦斯巷道(高抽巷)抽放。
- ——当邻近层或围岩瓦斯涌出量较大时,可在工作面回风侧沿开采层顶板布置迎面水平长钻孔(高位钻孔)抽放上邻近层瓦斯。

7.2.3 采空区瓦斯抽放方法:
- ——老采空区应选用全封闭式抽放方法。
- ——现采空区可根据煤层赋存条件和巷道布置情况,采用顶(底)板钻孔法,有煤柱及无煤柱垂直及斜交钻孔法,插(埋)管法等抽放方法,并应采取措施,提高瓦斯抽放浓度。
- ——开采容易自燃或自燃煤层的采空区,必须经常检测抽放管路中CO浓度和气体温度等有关参数的变化。发现有自然发火征兆时,必须采取防止煤自燃的措施。

7.2.4 埋藏浅、瓦斯含量高的厚煤层或煤层群,有条件时,可采用地面钻孔预抽开采层瓦斯、抽放卸压邻近层瓦斯或抽放采空区瓦斯的方法。

7.2.5 对矿井瓦斯涌出来源多、分布范围广、煤层赋存条件复杂的矿井,应采用多种抽放方法相结合的综合抽放方法。

7.2.6 煤与瓦斯突出矿井开采保护层时,必须同时抽放被保护煤层的瓦斯。

7.3 专用瓦斯抽放巷道的要求
- ——专用瓦斯抽放巷道的位置、数量应能达到良好的抽放效果。
- ——必须提前掘好巷道,保证有足够的抽放时间,有较大的抽放范围。
- ——专用于敷设抽放管路、布置钻场、钻孔的瓦斯抽放巷道采用矿井全压通风时,巷道风速不得低于0.5 m/s。

7.4 钻场钻孔布置
- ——钻场的布置应免受采动影响,避开地质构造带,便于维护,利于封孔,保证抽放效果。
- ——尽量利用现有的开拓、准备和回采巷道布置钻场。
- ——对开采层未卸压抽放,除按钻孔抽放半径确定合理的孔间距外,应尽量增大钻孔的见煤长度。
- ——邻近层卸压抽放,应将钻孔打在采煤工作面顶板冒落后所形成的裂隙带内,并避开冒落带。

——强化抽放布孔方式除考虑应取得好的抽放效果外,还应考虑措施施工方便。
——边采边抽钻孔的方向应与开采推进方向相迎,避免采动首先破坏孔口或钻场。
——钻孔方向应尽可能正交或斜交煤层层理。
——穿层钻孔终孔位置,应在穿过煤层顶(底)板 0.5 m 处。

7.5 封孔

7.5.1 封孔方法的选择应根据抽放方法及孔口所处煤(岩)层位、岩性、构造等因素综合确定,因地制宜地选用新方法、新工艺。

7.5.2 岩壁钻孔,宜采用封孔器封孔。封孔器械应满足密封性能好、操作便捷、封孔速度快的要求。

7.5.3 煤壁钻孔,宜采用充填材料进行压风封孔。封孔材料可选用膨胀水泥、聚氨酯等新型材料。在钻孔所处围岩条件较好的情况下,亦可选用水泥砂浆或其他封孔材料。

7.5.4 封孔长度:
——孔口段围岩条件好、构造简单、孔口负压中等时,封孔长度可取 2 m~3 m;
——孔口段围岩裂隙较发育或孔口负压高时,封孔长度可取 4 m~6 m;
——在煤壁开孔的钻孔,封孔长度可取 5 m~8 m;
——采用除聚氨酯外的其他材料封孔时,封孔段长度与封孔深度相等;
——采用聚氨酯封孔时,封孔参数见表 2。

表 2 聚氨酯封孔参数

单位为 m

封孔材料	钻孔条件	封孔段长度	封孔深度
聚氨酯	孔口段较完整	0.8	3~5
	孔口段较破碎	1.0	4~6

7.5.5 钻孔封孔质量检查标准:
——预抽瓦斯钻孔抽放过程中孔口瓦斯浓度不应小于 40%;
——邻近层瓦斯抽放钻孔抽放过程中孔口瓦斯浓度不应小于 30%;
——当钻孔封孔质量达不到上述标准时,应加大封孔段长度。

7.5.6 当采用地面钻孔瓦斯抽放时,抽放结束后应全孔封实。

8 瓦斯抽放管理

8.1 矿井瓦斯抽放工作由企业技术负责人负全面技术责任,应定期检查、平衡瓦斯抽放工作;负责组织编制、审批、实施、检查瓦斯抽放工作长远规划、年度计划和安全技术措施,保证瓦斯抽放工作的正常衔接,做到"掘、抽、采"平衡。企业行政正、副职负责落实和检查所分管范围内的有关瓦斯抽放工作;企业各职能部门负责人对本职范围内的瓦斯抽放工作负责。瓦斯抽放所需要的费用、材料和设备等,必须列入企业财务、供应计划和生产计划。煤炭企业必须配备专业技术人员,负责瓦斯抽放日常管理,总结分析瓦斯抽放效果,研究和改进抽放技术,组织新技术推广等。

8.2 瓦斯抽放矿井必须建立专门的瓦斯抽放队伍,负责打钻、管路安装回收等工程的施工和瓦斯抽放参数测定等工作。

8.3 瓦斯抽放矿井必须建立健全岗位责任制、钻孔钻场检查管理制度、抽放工程质量验收制度。

8.4 瓦斯抽放矿井必须有下列图纸和技术资料：

    a） 图纸：
        1） 瓦斯抽放系统图；
        2） 泵站平面与管网（包括阀门、安全装备、检测仪表、放水器等）布置图；
        3） 抽放钻场及钻孔布置图；
        4） 泵站供电系统图。

    b） 记录：
        1） 抽放工程和钻孔施工记录；
        2） 抽放参数测定记录；
        3） 泵房值班记录。

    c） 报表：
        1） 抽放工程年、季、月报表；
        2） 抽放量年、季、月、旬报表。

    d） 台账：
        1） 抽放设备管理台账；
        2） 抽放工程管理台账；
        3） 瓦斯抽放系统和抽放参数、抽放量管理台账。

    e） 报告：
        1） 矿井和采区抽放工程设计文件及竣工报告；
        2） 瓦斯抽放总结与分析报告。

8.5 加强瓦斯抽放参数（抽放量、瓦斯浓度、负压、正压、大气压、温度等）的监测，发现问题时，及时处理。抽放量的计算用大气压为 101.325 kPa、温度为 20℃时标准状态下的数值。

8.6 抽放瓦斯管理

8.6.1 "多打孔、严封闭、综合抽"是加强瓦斯抽放工作的方向。瓦斯抽放矿井应增加瓦斯抽放钻孔量，提高瓦斯管路敷设质量、严密封孔及对多瓦斯源矿井（工作面）采用综合抽放方法，以提高抽放效果。

8.6.2 永久抽放系统的年瓦斯抽放量应不小于 100 万 m^3，移动泵站不小于 10 万 m^3。

8.6.3 瓦斯抽出率：

    ——预抽煤层瓦斯的矿井：矿井抽出率应不小于 20%，回采工作面抽出率应不小于 25%；

    ——邻近层卸压瓦斯抽放的矿井：矿井抽出率应不小于 35%，回采工作面抽出率应不小于 45%；

    ——采用综合抽放方法的矿井：矿井抽出率应不小于 30%；

    ——煤与瓦斯突出矿井，预抽煤层瓦斯后，突出煤层的瓦斯含量应小于该煤层始突深度的原始煤层瓦斯含量或将煤层瓦斯压力降到 0.74 MPa 以下。

8.6.4 预抽煤层瓦斯的钻孔量：

    ——当采用顺层孔抽放时，钻孔量见表 3；

——当采用穿层钻孔抽放时,钻孔见煤点的间距可参照下列数据:容易抽放煤层 15 m～20 m;可以抽放煤层 10 m～15 m;较难抽放煤层 8 m～10 m。

表 3 吨煤钻孔量表　　　　　　　　　　　　　单位为 m/t

煤层类别	薄煤层	中厚煤层	厚煤层
容易抽放	0.05	0.03	0.01
可以抽放	0.05～0.1	0.03～0.05	0.01～0.03
较难抽放	>0.1	>0.05	>0.03

8.7 严格瓦斯抽放工程施工质量,所有瓦斯抽放工程都须按质量标准进行验收,不符合设计标准的应重新施工直到合格为止。

8.8 瓦斯抽放管路必须进行防腐处理,外部涂红色以示区别。

8.9 瓦斯抽放量的计量器具必须采用符合国家标准的计量器具。

9 瓦斯利用

9.1 瓦斯抽放的矿井应加强瓦斯利用工作,变害为利,保护环境并以用促抽,以抽保用。年瓦斯抽放量在 100 万 m^3 及以上的矿井,必须开展瓦斯利用工作。矿井瓦斯利用须经相关资质的专业机构进行可行性论证。

9.2 进行瓦斯抽放论证和设计时,要同时对瓦斯利用进行论证和设计。

9.3 瓦斯利用设计内容包括:确定瓦斯利用量和利用方式、储气装置及容积、输送气方法、输气管路系统、安全及检测装置、利用工艺,绘制瓦斯利用工程系统布置图,编制设备材料清册、土建工程计划、资金概算、劳动组织及管理制度、安全技术措施、经济分析等。

10 地面永久瓦斯抽放系统的报废

10.1 矿井永久瓦斯抽放系统报废申请报告,由煤矿企业技术负责人组织编制,经具有相关资质的专门机构论证。

10.2 矿井永久瓦斯抽放系统报废申请报告内容:
——矿井概况:煤层赋存条件、矿井保有储量、生产能力、巷道布置、采煤方法及通风状况。
——瓦斯基础资料:历年瓦斯抽放数据、瓦斯等级鉴定数据、主要煤层瓦斯含量等值线图、瓦斯涌出量等值线图、矿井瓦斯现有储量等。

附 录 A
（规范性附录）
瓦斯抽放基础参数测算

A.1 瓦斯压力测定

应在岩石巷道向煤层打钻孔、封孔及安装压力表直接测定煤层瓦斯压力:
——测定地点要选在无断层、裂隙等地质构造处,瓦斯赋存状况要具有代表性;

——测压巷道距煤层的岩柱距离不应小于 10 m;

——测压孔的孔径以 75 mm 为宜,要贯穿整个煤层(厚煤层应钻入煤层 3 m 以上),完钻后应及时封孔,封孔要严密,测压管接头不得漏气。

A.2 瓦斯含量测定与计算

煤层瓦斯含量是指每吨煤或每立方米煤体中含有的瓦斯量,单位为 m^3/t 或 m^3/m^3。

常用的煤层瓦斯含量测算法是:取煤样送实验室做煤的吸附性能实验,求出吸附常量 a、b 值,并在井下相应地点测定煤层的瓦斯压力,以下列公式计算瓦斯含量:

$$X = \frac{abP}{1+bP} \times \frac{100 - A_{ad} - M_{ad}}{100} \times \frac{1}{1 + 0.31 M_{ad}} + \frac{10KP}{\gamma} \quad \cdots\cdots(1)$$

式中:

X ——煤层瓦斯含量,m^3/t;

a ——吸附常数,试验温度下的极限吸附量,m^3/t;

b ——吸附常数,MPa^{-1};

P ——煤层绝对瓦斯压力,MPa;

A_{ad} ——煤的灰分,%;

M_{ad} ——煤的水分,%;

K ——煤的孔隙体积,m^3/m^3;

γ ——煤的视密度,t/m^3。

A.3 矿井瓦斯储量计算

瓦斯储量系指煤田开发过程中,能够向开采空间排放瓦斯的煤岩层赋存的瓦斯总量。其计算公式为:

$$W_k = W_1 + W_2 + W_3 \quad \cdots\cdots(2)$$

式中:

W_k ——矿井瓦斯储量,Mm^3;

W_1 ——可采煤层的瓦斯储量总和,Mm^3,

$$W_1 = \sum_{i=1}^{n} A_{1i} \times X_{1i} \quad \cdots\cdots(3)$$

A_{1i} ——矿井每一个可采煤层的煤炭储量,Mt;

n ——矿井可采煤层数;

X_{1i} ——每一个可采煤层的瓦斯含量,m^3/t;

W_2 ——可采煤层采动影响范围内的不可采邻近煤层的瓦斯储量总和,Mm^3,

$$W_2 = \sum_{j=1}^{n} A_{2i} \times X_{2i} \quad \cdots\cdots(4)$$

A_{2i} ——可采煤层采动影响范围内每一个不可采煤层的煤炭储量,Mt。采动影响范围:上邻近层取 50 m～60 m,下邻近层取 20 m～30 m;

X_{2i} ——可采煤层采动影响范围内每一个不可采煤层的瓦斯含量,m^3/t;

n ——矿井可采煤层采动影响范围内的不可采煤层数；
W_3 ——围岩瓦斯储量，Mm^3；当围岩瓦斯很小时，$W_3=0$；若含瓦斯量多时，可实测或按下式计算，

$$W_3 = K(W_1 + W_2) \quad\cdots\cdots\cdots\cdots\cdots\cdots(5)$$

K ——围岩瓦斯储量系数，一般取 $K=0.05\sim0.20$。

A.4 矿井设计年瓦斯抽放量或矿井设计年瓦斯抽放规模计算

按设计的日瓦斯抽放量乘以矿井设计年工作日数计算。其计算式为：

$$Q_a = Q_d \times N \quad\cdots\cdots\cdots\cdots\cdots\cdots(6)$$

式中：
Q_a ——矿井设计年瓦斯抽放量，Mm^3/a；
Q_d ——矿井设计日瓦斯抽放量（应根据矿井的采掘部署、矿井（采区、采掘、工作面）瓦斯涌出量预测、通风能力、选用的瓦斯抽放方法及其抽放率等来确定），Mm^3/d；
N ——矿井设计年工作日数，d。

A.5 可抽瓦斯量概算

可抽瓦斯量是指瓦斯储量中在当前技术水平能被抽出来的最大瓦斯量。其概算法是：

$$可抽瓦斯量 = 瓦斯储量 \times 抽放率 \quad\cdots\cdots\cdots\cdots\cdots\cdots(7)$$

A.6 抽放率计算

矿井（或采区）抽放率：

$$\eta_k = \frac{100Q_{kc}}{Q_{kc}+Q_{kf}} \quad\cdots\cdots\cdots\cdots\cdots\cdots(8)$$

式中：
η_k ——矿井月平均瓦斯抽放率，%；
Q_{kc} ——矿井月平均瓦斯抽放量，m^3/min；
Q_{kf} ——矿井月平均风排瓦斯量，m^3/min。

工作面瓦斯抽放率：

$$\eta_m = \frac{100Q_{mc}}{Q_{mc}+Q_{mf}} \quad\cdots\cdots\cdots\cdots\cdots\cdots(9)$$

式中：
η_m ——工作面月平均瓦斯抽放率，%；
Q_{mc} ——回采期间，工作面月平均瓦斯抽放量，m^3/min；
Q_{mf} ——工作面月平均风排瓦斯量，m^3/min。

A.7 抽放量（标量）换算

$$Q_{标} = Q_{测} \frac{P_1 T_{标}}{p_{标} T_1} \quad\cdots\cdots\cdots\cdots\cdots\cdots(10)$$

式中：

$Q_标$——标准状态下的瓦斯抽放量,m³/min;
$Q_测$——测得的抽放瓦斯量,m³/min;
P_1——测定时管道内气体绝对压力,MPa;
T_1——测定时管道内气体绝对温度,K,

$$T_1 = t + 273 \quad \quad \quad \quad \quad (11)$$

t ——测定时管道内气体摄氏温度,℃;
$p_标$——标准绝对压力,101.325 kPa;
$T_标$——标准绝对温度,(20+273)K。

A.8 钻孔瓦斯流量衰减系数

钻孔瓦斯流量随着时间延续呈衰减变化关系的系数,可作为评估开采层预抽瓦斯难易程度的一个指标。

测算方法:选择具有代表性的地区打钻孔,先测其初始瓦斯流量 q_0,经过时间 t 后,再测其瓦斯流量 q_t,然后以下式计算之:

$$q_t = q_0 \cdot e^{-at} \quad \quad \quad \quad \quad (12)$$

式中:
a ——钻孔瓦斯流量衰减系数,d⁻¹;
q_0 ——钻孔初始瓦斯流量,m³/min;
q_t ——经 t 时间后的钻孔瓦斯流量,m³/min;
t ——时间,d。

A.9 瓦斯来源分析

矿井瓦斯来源是确定抽放方法的主要依据,因此,应尽量详细地做好下述测定工作:
——必须测定出掘进、采煤与采空区的瓦斯涌出量分别占全矿井瓦斯涌出量的比例;
——必须准确地判断出采区工作面的瓦斯主要是来自本煤层还是邻近层。一般把回采工作面基本顶初次冒落前的平均瓦斯涌出量认为是本煤层的瓦斯涌出量,而将基本顶初次冒落后的平均瓦斯涌出增加量认为是邻近层的瓦斯涌出量。

附 录 B
（规范性附录）
瓦斯抽放方法类别及抽放率

瓦斯抽放方法类别及抽放率见表 B.1。

表 B.1 瓦斯抽放方法分类表

分类			方法简述	适用条件	工作面抽放率 %
开采层瓦斯抽放	未卸压抽放	岩巷揭煤与煤巷掘进抽放	1) 由岩巷向煤层打穿层钻孔抽放	高瓦斯煤层或有突出危险煤层	10～30
			2) 由巷道工作面打超前钻孔抽放		10～30
		采区（工作面）大面积抽放	1) 由开采层工作面运输巷、回风巷、煤门上下向顺层钻孔抽放或打交叉钻孔抽放	有预抽时间的高瓦斯煤层	10～30
			2) 由岩巷、石门、邻近层打穿层钻孔抽放，突出煤层瓦斯预抽可采用网格布孔		10～20
			3) 地面钻孔抽放		10
			4) 密闭开采层巷道抽放		10
	采动卸压抽放	边掘边抽	由巷道两侧或沿巷道向掘进巷道周围打钻孔抽放	瓦斯涌出量大的掘进巷道	20～30
		边采边抽	1) 由运输巷、回风巷向工作面前方卸压区打钻孔抽放	煤层透气性较小，预抽时间不充分的煤层	10～20
			2) 由岩巷、煤门向开采层上部或下部未采的分层打穿层孔或顺层孔抽放		10～20
	人为卸压抽放	水力割缝 松动爆破 水力压裂 控制爆破	1) 由工作面运输巷打顺层钻孔用水力割煤	多使用于低透气性煤层预抽	20～30
			2) 由工作面运输巷或回风巷打顺层钻孔进行松动爆破		20～30
			3) 由岩巷或地面打钻孔进行水力压裂		>30
			4) 由工作面运输巷或回风巷打顺层钻孔，控制孔不装药，爆破孔装药进行爆破		>30
邻近煤层瓦斯抽放		上下邻层	1) 由工作面运输巷、回风巷或岩巷向邻近层打钻孔抽放	瓦斯来源于邻近层的工作面	30～60
			2) 由工作面运输巷、回风巷打斜交迎面钻孔抽放		30～60
			3) 由煤门打顺层钻孔抽放		30～60
			4) 在邻近层掘进专用瓦斯巷道抽放		30～60
			5) 地面钻孔抽放		30～45

表 B.1（续）

分类	方法简述		适用条件	工作面抽放率 %
采空区瓦斯抽放	全封闭式抽放	密闭采空区插管抽放	瓦斯涌出量大的老采空区	15
	半封闭式抽放	1）由现采空区后方设密闭墙插管抽放	采空区瓦斯涌出量大的回采工作面	30
		2）由采空区附近巷道向采空区上方打钻孔抽放		30
围岩瓦斯抽放	围岩裂隙与溶洞	1）由巷道向裂隙带或溶洞打钻孔抽放	有围岩瓦斯涌出或瓦斯喷出危险地区	
		2）密闭巷道抽放		

附 录 C
（规范性附录）
瓦斯抽放参数监控系统

C.1 用途

连续监测抽放管路中的浓度、压差、温度、负压、正压等参数，连续监测瓦斯泵房内泄漏瓦斯浓度、抽放泵和电机的轴温等参数。可编制瓦斯抽放报表，由微机完成测量显示、打印等功能。当任一参数超限时，可发出声光报警信号，并按给定的程序停止或启动。

C.2 技术参数

瓦斯抽放监控系统参数指标见表 C.1（供参考）。

表 C.1 瓦斯抽放监控系统监测参数指标

监测参数名称	精度	测试范围	备注
抽放量（通过压差换算）	±2%	抽放泵能力内的全范围	抽放管路参数
瓦斯浓度	（0～50%）±3% （50%～80%）±5% （80%～90%）±10%	0%～100%	
管道内负压	±1%	（0～0.1）MPa	
管道内正压	±1%	（0～0.1）MPa	
负压管道内温度	±1%	（0～100）℃	
正压管道内温度	±1%	（0～100）℃	

表 C.1（续）

监测参数名称	精度	测试范围	备注
泵房内泄漏瓦斯浓度（环境瓦斯浓度）	±1%	0%～5%	抽放泵参数
泵水流量	±2%	全范围	
泵水温度	±1%	(0～100)℃	
泵轴温度	±1%	(0～100)℃	

附 录 D
（规范性附录）
瓦斯抽放工程设计

D.1 瓦斯抽放管径选择

选择瓦斯抽放管径，可按下式计算：

$$D = 0.1457\sqrt{\frac{Q}{V}} \quad \quad (13)$$

式中：
D——瓦斯管内径，m；
Q——管内瓦斯流量，m³/min；
V——瓦斯在管路中的平均流速，m/s，一般取 $V=10$ m/s～15 m/s。

D.2 管路摩擦阻力计算

计算直管摩擦阻力，可按下式计算：

$$H_z = \frac{9.8L\gamma Q^2}{k_0 D^5} \quad \quad (14)$$

式中：
H_z——阻力损失，Pa；
L——管路长度，m；
Q——瓦斯流量，m³/h；
D——管道内径，cm；
k_0——与管径有关的系数，见表 D.1；
γ——混合瓦斯对空气的相对密度，见表 D.2。

表 D.1 不同管径的系数 K_0 值

通称管径 mm	15	20	25	32	40	50
K_0 值	0.46	0.47	0.48	0.49	0.50	0.52

表 D.1（续）

通称管径 mm	70	80	100	125	150	150 以上
K_0 值	0.55	0.57	0.62	0.67	0.70	0.71

表 D.2 在 0 ℃ 及 10^5 Pa 气压时的 γ 值

瓦斯浓度 %	0	1	2	3	4	5	6	7	8	9
0	1	0.996	0.991	0.987	0.982	0.978	0.973	0.969	0.964	0.960
10	0.955	0.951	0.947	0.942	0.938	0.933	0.929	0.924	0.920	0.915
20	0.911	0.906	0.902	0.898	0.893	0.889	0.884	0.880	0.875	0.871
30	0.866	0.862	0.857	0.853	0.848	0.844	0.840	0.835	0.831	0.826
40	0.822	0.817	0.813	0.808	0.804	0.799	0.795	0.791	0.786	0.782
50	0.777	0.773	0.768	0.764	0.759	0.755	0.750	0.746	0.742	0.737
60	0.733	0.728	0.724	0.719	0.715	0.710	0.706	0.701	0.697	0.693
70	0.688	0.684	0.679	0.675	0.670	0.666	0.661	0.657	0.652	0.648
80	0.644	0.639	0.635	0.630	0.626	0.621	0.617	0.612	0.608	0.603
90	0.599	0.595	0.590	0.586	0.581	0.577	0.572	0.568	0.563	0.559
100	0.554	—	—	—	—	—	—	—	—	—

局部阻力可用估算法计算，一般取摩擦阻力的 10%～20%。管路系统长，网络复杂或主管管径较小者，可按上限取值，反之则按下限取值。

D.3 瓦斯抽放泵容量的计算

D.3.1 瓦斯泵流量计算

$$Q = \frac{100 Q_z \cdot K}{X \cdot \eta} \quad \cdots\cdots\cdots\cdots (15)$$

式中：

Q ——瓦斯泵的额定流量，m³/min；

Q_z ——矿井瓦斯最大抽放总量（纯量），m³/min；

X ——瓦斯泵入口处的瓦斯浓度，%；

η ——瓦斯泵的机械效率，一般取 $\eta = 0.8$；

K ——瓦斯抽放的综合系数（备用系数），取 $K = 1.2$。

D.3.2 瓦斯泵压力计算

$$\begin{aligned} H &= (H_入 + H_出) \cdot K \\ &= [(h_{入摩} + h_{入局} + h_{钻负}) + (h_{出摩} + h_{出局} + h_{出正})] \cdot K \\ &= (h_摩 + h_局 + h_{钻负} + h_{出正}) \cdot K \end{aligned} \quad \cdots\cdots\cdots (16)$$

式中：

H ——瓦斯泵的压力，Pa；

$H_入$ ——井下负压段管路全部阻力损失,Pa;
$H_出$ ——井上正压段管路全部阻力损失,Pa;
K ——备用系数,取 $K=1.2$;
$h_{入摩}$ ——井下负压段管路摩擦阻力损失,Pa;
$h_{入局}$ ——井下负压段管路局部阻力损失,Pa;
$h_{钻负}$ ——井下抽放钻场或钻孔孔口必须造成的负压,Pa;根据经验,对于非卸压煤层可取 $h_{钻负} \geqslant 13$ kPa;对于卸压煤层可取 $h_{钻负} \geqslant 6.7$ kPa;对于采空区瓦斯抽放,孔口负压不可太高,以免引起采空区煤的自燃;
$h_{出摩}$ ——井上正压段管路摩擦阻力损失,Pa;
$h_{出局}$ ——井上正压段管路局部阻力损失,Pa;
$h_{出正}$ ——用户在瓦斯出口所需的正压,Pa;
$h_摩$ ——井上、下管路最大总摩擦阻力损失,Pa;
$h_局$ ——井上、下管路最大总局部阻力损失,Pa。

D.3.3 根据 D.3.1、D.3.2 计算出来的流量和压力值,选择所需要的瓦斯泵。

附 录 E
(规范性附录)
主 要 单 位 换 算

主要单位换算:

1 毫米汞柱(mmHg)=133.322 Pa;

1 毫米水柱(mmH_2O)=9.80665 Pa;

1 千克力每平方厘米(kgf/cm^2)=9.80665×10^4 Pa;

1 标准大气压(atm)=1.03125×10^5 Pa。

透气性系数:1 $m^2/MPa^2 \cdot d \approx 0.025$ mD(毫达西)

煤矿井工开采通风技术条件(AQ 1028—2006)

前言

本标准依照国家有关煤矿安全生产法律法规、《煤矿安全规程》等规定编制而成。

本标准主要对煤矿井工开采矿井通风技术条件作出了规定。

本标准由国家安全生产监督管理总局提出。

本标准由全国安全生产标准化技术委员会煤矿安全分技术委员会归口。

本标准负责起草单位:中国煤炭工业劳动保护科学技术学会。

本标准参加起草单位:开滦(集团)有限责任公司。

本标准主要起草人:窦永山、殷作如、邱宝杓、常文杰、张瑞玺、周凤增、郭达、高伟、陈成桥、武建国。

1 范围

本标准规定了采用井工方式开采的煤矿的基本通风技术条件。

本标准适用于全国井工开采的煤矿,包括新建和改、扩建矿井。

2 规范性引用文件

下列文件中包含的部分条款通过本标准引用而成为本标准条文。本标准出版时,所示版本均为有效。所有标准都会被修订,使用本标准的各方应探讨使用下列标准最新版本的可能性。

《煤矿安全规程》(2004年版)

GB 50215—2005 煤炭工业矿井设计规范

3 术语和定义

3.1
矿井通风 mine ventilation

向矿井连续输送新鲜空气,供给人员呼吸,稀释并排出有害气体和浮尘,改善井下气候条件的作业。

3.2
矿井通风系统 mine ventilation system

矿井通风方式、主要通风机的工作方法、矿井通风网络和通风设施的总称。

3.3
矿井通风方式 layout of ventilation shafts

指矿井进风井和出风井的布置方式。

3.4
矿井通风方法 main fan operating mode

指矿井主要通风机的工作方法。

3.5

矿井通风网络　mine ventilation network

通风系统中表示风道(分支)连接形式和风流方向的结构系统,习惯称风网。

3.6

中央并列式通风　centralized appose ventilation

进风井和出风井并列位于井田走向中央的通风方式。

3.7

中央分列式通风(又称中央边界式通风)　centralized borderline ventilation

进风井位于井田走向的中央,出风井位于井田沿边界走向中部的通风方式。

3.8

对角式通风　diagonal ventilation

进风井位于井田中央,出风井位于两翼,或出风井位于井田中央,进风井位于两翼的通风方式。

3.9

混合式通风　compound ventilation

井田中央和两翼边界均有进、出风井的通风方式。

3.10

主要通风机　main fan

安装在地面的,向全矿井、一翼或一个分区供风的通风机。

3.11

局部通风机　auxiliary fan

向井下局部地点供风的通风机。

3.12

辅助通风机　booster fan

某分区通风阻力过大,主要通风机不能供给足够风量时,为了增加风量而在该分区使用的通风机。

3.13

通风机工况点　fan operating point

通风机个体特性曲线与矿井风阻特性曲线在同一坐标图上的交点。

3.14

矿井空气　mine air

来自地面的新鲜空气和井下产生的有害气体及浮尘的混合体。

3.15

矿井气候条件　climatic condition in mine

矿井空气温度、湿度、大气压力和风速等反映的综合状态。

3.16

风量　air quantity

单位时间内流过井巷或风筒的风流体积。

3.17

矿井有效风量　effective air quantity

送到采掘工作面、硐室和其他用风地点的风量之总称。

3.18

矿井有效风量率　ventilation efficiency

矿井有效风量占矿井总进风量的百分数。

3.19

需风量　air requirement

矿井生产过程中,为供人员呼吸,稀释和排出有害气体、浮尘,创造良好气候条件所需要的风量。

3.20

机械通风　mechanical ventilation

利用通风机产生的风压对矿井和井巷进行通风的方法。

3.21

自然通风　natural ventilation

利用自然风压对矿井或井巷进行通风的方法。

3.22

局部通风　local ventilation

利用局部通风机或主要通风机产生的风压对局部地点进行通风的方法。

3.23

全风压通风　total pressure ventilation

利用矿井主要通风机产生的风压和通风设施向采、掘工作面和硐室等用风地点供风的通风方法。

3.24

扩散通风　diffusion ventilation

利用空气中分子的自然扩散运动,对局部地点进行通风的方式。

3.25

通风机附属装置　accessory equipment of fan

用以引导风流、降低矿井通风点阻力,提高主要通风机的有效静压、保护主要通风机免受爆炸冲击波的破坏,实现灾变时期矿井反风的主要通风机的配套装置。

3.26

分区通风　separate ventilation

井下各用风地点的回风直接进入采区回风巷或总回风巷的通风方式。

3.27

串联通风　series ventilation

井下用风地点的回风再次进入其他用风地点的通风方式。

3.28

压入式通风　forced ventilation

通风机向井下或风筒内压入空气的通风方法。

3.29

抽出式通风　exhaust ventilation

通风机从井下或局部用地点抽出污浊空气的通风方法。

3.30

上行通风　ascensional ventilation

风流沿采煤工作面由下向上流动的通风方式。

3.31

下行通风　descensional ventilation

风流沿采煤工作面由上向下流动的通风方式。

3.32

反风风门　reversing door

与正常风门开启方向相反的风门。

3.33

矿井通风阻力　head loss of mine ventilation

矿井风流流动过程中,在风流内部黏滞力和惯性力、井巷壁面的外部阻滞、障碍物的扰动作用下,部分机械能不可逆地转换为热能而引起的机械能损失。

3.34

等积孔　equivalent orifice

衡量矿井或风巷通风难易程度的假想薄壁孔口面积值。

3.35

通风设施　ventilation equipment and installation

为保证进入矿井的风量能按生产的需要定向、定量地流向用风地点而在通风网络中设置用以引导、隔断和控制风流的设施,又称通风构筑物。

3.36

风量调节　air quantity regulation

为了满足采掘工作面和硐室所需风量,对矿井总风量或局部风量进行的调节工作。

3.37

矿井反风　reversal ventilation in mines

为防止灾害扩大和抢救人员的需要而采取的迅速倒转风流方向的措施。

3.38

矿井通风测量　measurement of mine ventilation

测定矿井通风参数的工作。

3.39

矿井风量测量　measurement of mine airquantity

检测矿井井巷中风流流量的工作。

3.40

矿井通风阻力测定　measurement of mine head loss

测量矿井井巷中风流的摩擦阻力和局部阻力的工作。

3.41

通风机性能测定　measurement of fan's characteristics

测定通风机的风压、功率、效率与风量之间关系的工作。常以通风机性能曲线即通风机产生的风压 H、消耗的功率 N 和效率 η 分别与风量 Q 之间的关系曲线来表征。

3.42

矿井漏风　air leakage of mine

从与矿井生产无关的通道中漏失的风量。

3.43

矿井通风图　mine ventilation diagram

表示矿井通风系统和通风状态的图形。它包括通风系统图、通风系统立体示意图、通风网络图、通风压力分布图、通风压能图等。

3.44

矿井通风设计　the design of mine ventilation

在进行矿井开拓、开采设计的同时,依据矿井的自然条件及生产技术条件,确定矿井通风系统、供风量、通风阻力和矿井主要通风设备的工作。

3.45

主要风巷　the main air-way

总进风巷、总回风巷、主要进风巷和主要回风巷的总称。

3.46

进风巷　intake

进风风流所经过的巷道。为全矿井或矿井一翼进风用的叫总进风巷;为几个采区进风用的叫主要进风巷;为1个采区进风用的叫采区进风巷;为1个工作面进风用的叫工作面进风巷。

3.47

回风巷　return

回风风流所经过的巷道。为全矿井或矿井一翼回风用的叫总回风巷;为几个采区回风用的叫主要回风巷;为1个采区回风用的叫采区回风巷;为1个工作面回风用的叫工作面回风巷。

3.48

专用回风巷　specialized return

在采区巷道中,专门用于回风,不得用于运料、安设电气设备的巷道。在煤(岩)与瓦斯(二氧化碳)突出区,专用回风巷内还不得行人。

3.49

采煤工作面的风流　airflow in face

采煤工作面工作空间中的风流。

3.50

掘进工作面的风流　airflow in head

掘进工作面到风筒出风口这一段巷道中的风流。

3.51

独立风流 independent airflow

从主要进风巷分出的,经过爆炸材料库或充电硐室后再进入主要回风巷的风流。

3.52

全风压 total pressure

通风系统中主要通风机出口侧和进口侧的总风压差。

3.53

火风压 fire induced draft

井下发生火灾时,高温烟流流经有高差的井巷所产生的附加风压。

3.54

循环风 recirculation ventilation

局部通风机的回风,部分或全部再进入同一部局部通风机的进风风流中。

4 矿井空气

4.1 矿井空气成分

4.1.1 采掘工作面的进风流中,氧气浓度不低于20%,二氧化碳浓度不超过0.5%。

4.1.2 矿井总回风巷或一翼回风巷中瓦斯或二氧化碳浓度不应超过0.75%,超过时,必须立即查明原因,进行处理。

4.1.3 井下一些有害气体的浓度不得超过表1规定。

表 1 矿井有害气体最高允许浓度

名 称	最高允许浓度 %
一氧化碳(CO)	0.002 4
氧化氮(换算成为二氧化氮 NO_2)	0.000 25
二氧化硫(SO_2)	0.000 5
硫化氢(H_2S)	0.000 66
氨(NH_3)	0.004

注:矿井中所有气体的浓度均按体积的百分比计算。

4.2 矿井气候条件

4.2.1 进风井口以下的空气温度(干球温度,下同)必须在2℃以上。

4.2.2 生产矿井采掘工作面空气温度不得超过26℃,机电设备硐室的空气温度不得超过30℃;当空气温度超过时,必须缩短超温地点工作人员的工作时间,并给予高温保健待遇。

4.2.3 采掘工作面的空气温度超过30℃、机电设备硐室的空气温度超过34℃时,必须停止作业。

4.2.4 矿井井巷中的风速应符合表2规定。

表 2 井巷中的允许风流速度

井 巷 名 称	允许风速 m/s	
	最低	最高
无提升设备的风井和风硐		15
专为升降物料的井筒		12
风桥		10
升降人员和物料的井筒		8
主要进、回风巷		8
架线电机车巷道	1.0	8
运输机巷,采区进、回风巷	0.25	6
采煤工作面、掘进中的煤巷和半煤岩巷	0.25	4
掘进中的岩巷	0.15	4
其他通风行人巷道	0.15	

注1:设有梯子间的井筒或修理中的井筒,风速不得超过 8 m/s;梯子间四周经封闭后,井筒中的最高允许风速可按表中有关规定执行。
注2:无瓦斯涌出的架线电机车巷道中的最低风速可低于 1.0 m/s,但不得低于 0.5 m/s。
注3:综合机械化采煤工作面,在采取煤层注水和采煤机喷雾降尘等措施后,其最大风速可高于 4 m/s 的规定值,但不得超过 5 m/s。
注4:专用排瓦斯巷道的风速不得低于 0.5 m/s,抽放瓦斯巷道的风速不应低于 0.5 m/s。

4.2.5 井下作业场所空气中粉尘浓度应符合表3要求。

表 3 作业场所空气中粉尘浓度标准

粉尘中游离 SiO_2 含量 %	最高允许浓度 mg/m^3	
	总粉尘	呼吸性粉尘
<10	10	3.5
10~50	2	1
50~80	2	0.5
≥80	2	0.3

5 矿井通风

5.1 矿井通风系统

5.1.1 矿井必须有完整独立的通风系统。两个及以上独立生产的矿井不允许有共用的主要通风机、进、回风井和通风巷道。

5.1.2 矿井的通风系统必须根据矿井瓦斯涌出量、矿井设计生产能力、煤层赋存条件、表土层厚度、井田面积、地温、煤层自燃倾向性等条件,通过优化或技术经济比较后确定。

5.1.3 每个生产矿井必须至少有2个能行人的通达地面的安全出口,各个出口间的距离不得小于30 m。采用中央式通风系统的新建和改扩建矿井,设计中应规定井田边界附近的安全出口。当井田一翼走向较长、矿井发生灾害不能保证人员安全撤出时,必须掘出井田边界附近的安全出口。

5.1.4 矿井进风井口应按全年风向频率,必须布置在粉尘、有害气体和高温气体不能侵入的地方。已布置在粉尘、有害气体和高温气体能侵入的地点的,应制定完善的防治措施。

5.1.5 木料场、矸石山、炉灰场距进风井的距离不得小于80 m,不得将矸石山或炉灰场设在进风井的主导风向上风侧。抽放瓦斯的泵房距进风井口和主要建筑物不得小于50 m。进风井口应装设防火铁门,防火铁门必须严密并易于关闭,打开时不妨碍提升、运输和人员通行,并应定期维修;如果不设防火铁门,必须有防止烟火进入矿井的安全措施。

5.1.6 矿井进风井和出风井的位置应位于当地历年来最高洪水位以上。

5.1.7 箕斗提升井或装有带式输送机的井筒兼作风井使用时,必须遵守下列规定:
   a) 箕斗提升井兼作回风井时,井上下装、卸载装置和井塔(架)必须有完善的封闭措施,其漏风率不得超过15%,并应有可靠的防尘措施;装有带式输送机的井筒兼作回风井时,井筒中的风速不得超过6 m/s,且必须装设安全监测系统。
   b) 箕斗提升井或装有带式输送机的井筒兼作进风井时,箕斗提升井筒中的风速不得超过6 m/s、装有带式输送机的井筒中的风速不得超过4 m/s,并应有可靠的防尘措施,井筒中必须装设自动报警灭火装置和敷设消防管路。

5.1.8 所有矿井必须采用机械通风,矿井主要通风机必须安装在地面。

5.1.9 矿井通风系统阻力应满足表4要求。

表4 矿井通风阻力要求

矿井通风系统风量 m³/min	系统的通风阻力 Pa
<3 000	<1 500
3 000～5 000	<2 000
5 000～10 000	<2 500
10 000～20 000	<2 940
>20 000	<3 920

5.1.10 矿井通风系统必须能够将足够的新鲜空气有效地送到井下工作场所,保证安全生产和良好的劳动条件;井下通风巷道必须风流稳定可靠,井下环境符合规定;发生事故时,风流易于控制,人员便于撤出。

5.1.11 新建、改扩建矿井设计时,必须进行矿井风温预测计算,超温地点必须有制冷降温设计,配齐降温设施。

5.1.12 新建矿井投产前必须进行1次矿井通风阻力测定,以后每3年至少进行1次。矿井转入新水平生产或改变一翼通风系统后,必须重新进行矿井通风阻力测定。矿井通风阻力测定方法见附录A。

5.1.13 进、回风井之间和主要进、回风巷之间的每个联络巷中,必须砌筑永久性风墙;需要使用的联络巷,必须安设2道联锁的正向风门和2道反向风门。

5.1.14 矿井开拓新水平和准备新采区的回风,必须引入总回风巷或主要回风巷中。在未构成通风系统前,可将此种回风引入生产水平的进风中;但在有瓦斯喷出或有煤(岩)与瓦斯(二氧化碳)突出危险的矿井中,开拓新水平和准备新采区时,必须先在无瓦斯喷出或无煤(岩)与瓦斯(二氧化碳)突出危险的煤(岩)层中掘进巷道并构成通风系统,为构成通风系统的掘进巷道的回风,可以引入生产水平的进风中。上述的2种回风流中的瓦斯和二氧化碳浓度都不得超过0.5%,其他有害气体浓度必须符合本标准4.1.3条规定,并制定安全措施,报企业技术负责人审批。

5.1.15 矿井总回风巷或一翼回风巷风流中瓦斯浓度超过0.75%时,必须立即查明原因,进行处理。

5.1.16 装备矿井安全监控系统的矿井,每一个采区、一翼回风巷及总回风巷的测风站应设置风速传感器。

5.1.17 对开采容易自燃和自燃的单一厚煤层或煤层群的矿井,集中运输大巷和总回风巷应布置在岩层内或不易自燃的煤层内;如果布置在容易自燃和自燃的煤层内,必须砌碹或锚喷,碹后的空隙和冒落处必须用不燃性材料充填密实,或用无腐蚀性、无毒性的材料进行处理。

5.1.18 采用均压技术防灭火时,改变矿井通风方式、主要通风机工况以及井下通风系统时,对均压地点的均压状况必须及时进行调整,保证均压状态的稳定。

5.1.19 煤系底部有强岩溶承压含水层时,主要运输巷和主要回风巷必须布置在不受水威胁的层位中,并以石门分区隔离开采。

5.1.20 矿井开拓或准备采区时,在设计中必须根据该处全风压供风量和瓦斯涌出量编制通风设计。掘进巷道的通风方式、局部通风机和风筒的安装和使用等应在作业规程中明确规定。

5.2 矿井通风方式和通风方法

5.2.1 矿井通风方式主要有中央式(包括中央并列式、中央分列式又叫中央边界式)、对角式(包括两翼对角式、分区对角式)、分区式和混合式等。

5.2.2 矿井通风方法主要有抽出式、压入式。

5.2.3 有煤与瓦斯突出危险的矿井、高瓦斯矿井、煤层易自燃的矿井及有热害的矿井,应采用对角式或分区式通风;当井田面积较大时,初期可采用中央式通风,逐步过渡为对角式或分区式通风。

5.2.4 矿井通风方法应采用抽出式;当地形复杂、露头发育、老窑多,采用多风井通风有利时,可采用压入式通风;由于管理复杂,矿井一般不宜采用压抽混合式,只是在矿井地表裂隙多、深井、高阻力矿井中采用。

5.3 矿井通风系统图和通风网络图

5.3.1 矿井必须按季绘制通风系统图,图中必须标明风流方向、风量和通风设施的安装地点。通风系统图必须按月补充修改。

5.3.2 多煤层开采的矿井必须绘制分煤层通风系统图。

5.3.3 矿井应绘制通风系统立体示意图和矿井通风网络图。

5.4 矿井建井期间通风

5.4.1 建井期间,必须安装使用机械通风设备;至少应安装 1 台主要通风机和 2 台配套的电动机装置,其中 1 台电动机作备用。

5.4.2 建井期间的局部通风,应根据现场实际,合理选择压入式、抽出式或混合式通风。

5.4.3 在井筒掘进通风时,布置在地面的通风机距离井口不得小于 15 m,风机应避开永久通风机房及风道的位置,不影响施工期间的运输和提升;井下排出的污风要避开当地常年主要风向,以免造成井口空气污染。

5.4.4 竖井掘进过程中风筒要悬吊平直,固定牢靠,井筒内吊挂的风筒接头连接牢固。

5.4.5 主、副井贯通后,应尽快改装通风设备,安装地面主要通风机或临时主要通风机。高瓦斯或瓦斯突出矿井的临时主要通风机不能设在井下。

5.4.6 主、副井掘至井底车场水平时,应尽快在它们之间掘一条联络风巷,以便尽早构成通风系统;主井与副井贯通后,直至主、副井与风井贯通前,应利用贯通后的双巷及时构成通风系统。每完成一次贯通,应及时调整通风系统,局部通风机及时移到合理位置。

5.5 矿井漏风

5.5.1 矿井漏风按形式不同分为外部漏风(指从装有主要通风机的井口及其附属装置处漏失的风流);内部漏风(指未经采掘工作面、硐室和其他用风地点,直接漏入回风的无效风流)。

5.5.2 矿井漏风率(指矿井总漏风量占通风机风量的百分率)分为外部漏风率和内部漏风率。

5.5.3 矿井外部漏风率应满足以下规定:
   a) 对于抽出式主要通风机,无提升任务的出风井不得超过 5%,有提升任务的出风井不得超过 15%;
   b) 对于压入式主要通风机,无提升任务的进风井不得超过 10%,有提升任务的进风井不得超过 15%。

5.5.4 矿井应采取措施提高矿井有效风量。

5.6 矿井风量计算、分配与调节

5.6.1 矿井需要的风量应按下列要求分别计算,并选取其中的最大值:
   a) 按井下同时工作的最多人数计算,每人每分钟供给风量不得少于 4 m^3。
   b) 按采煤、掘进、硐室及其他地点实际需要风量的总和进行计算。各地点的实际需要风量,必须使该地点的风流中的瓦斯、二氧化碳、氢气和其他有害气体的浓度、风速以及温度、每人供风量符合本标准的有关规定。

5.6.2 煤矿企业应根据自身具体条件制定风量计算方法,至少每 5 年修订 1 次。煤矿矿井风量计算方法参照本标准附录 C。

5.6.3 矿井每年安排采掘作业计划时必须核定矿井通风能力,必须按实际供风量核定矿井产量,严禁超通风能力生产。煤矿生产能力核定标准见附录 C。

5.6.4 矿井必须建立测风制度,每 10 天进行 1 次全面测风,每次测风结果应记录并写在测风地点的记录牌上。

5.6.5 矿井应根据井下有害气体变化、生产实际、测风结果采取措施,及时进行风量调节。

5.6.6 当使用增加风阻的调节法进行局部风量调节时,调节设施应避免设置在通过风量较大的主要风路中;尽量设在非运输巷道中;还要考虑防火需要。

5.6.7 应根据矿井风量、风压的变化情况调整主要通风机的工况点,进行矿井总风量调节。
5.6.8 当矿井多台主要通风机联合运转时,公共风路的阻力不大于能力较小主要通风机的30%;当能力较大主要通风机进行风量调节后,必须对其他主要通风机作出相应的调整。
5.6.9 多风机通风系统,在满足风量按需分配的前提下,各主要通风机的工作风压应接近。当通风机之间的风压相差较大时,应减小共用风路的风压,使其不超过任何一个通风机风压的30%。

6 采区通风

6.1 采区通风系统

6.1.1 矿井生产水平和采区必须实行分区通风。

6.1.2 任何准备采区,必须在采区构成通风系统后,方可开掘其他巷道。采煤工作面必须在采区构成完整的通风、排水系统后,方可回采。

6.1.3 高瓦斯矿井、有煤(岩)与瓦斯(二氧化碳)突出危险的矿井的每个采区和开采容易自燃煤层的采区,必须设置至少1条专用回风巷;低瓦斯矿井开采煤层群联合布置的采区和分层开采采用联合布置的采区,必须设置1条专用回风巷。采区专用回风巷内不得运输物料、安设电气设备;在煤(岩)与瓦斯(二氧化碳)突出区域,专用回风巷内不得行人。

6.1.4 采区进、回风巷必须贯穿整个采区,严禁一段为进风巷、一段为回风巷。

6.1.5 采、掘工作面应实行独立通风;同一采区内,同一煤层上下相连的2个同一风路中的采煤工作面、采煤工作面与其相连接的掘进工作面、相邻的2个掘进工作面,布置独立通风有困难时,在制定措施后,可采用串联通风,但串联通风的次数不得超过1次。

6.1.6 采区内为构成新区段通风系统的掘进巷道或采煤工作面遇地质构造而重新掘进的巷道,布置独立通风确有困难时,其回风可以串入采煤工作面,但必须制定安全措施,且串联通风的次数不得超过1次;构成独立通风系统后,必须立即改为独立通风。

6.1.7 对于6.1.5条、6.1.6条两种情况规定的串联通风,必须在进入被串联工作面的风流中装设安全监测系统,且瓦斯和二氧化碳浓度都不得超过0.5%,其他有害气体浓度都应符合本标准规定。

6.1.8 开采有瓦斯喷出或有煤(岩)与瓦斯(二氧化碳)突出危险的煤层时,严禁任何2个工作面之间串联通风。

6.1.9 采掘工作面的进风和回风不得经过采空区或冒顶区。水采工作面由采空区回风时,工作面必须有足够的新鲜风流,工作面及其回风巷的风流中的瓦斯和二氧化碳浓度必须符合本标准有关规定。

6.1.10 无煤柱开采沿空送巷和沿空留巷时,应采取防止从巷道的两帮和顶部向采空区漏风的措施。矿井在同一煤层、同一翼、同一采区相邻正在开采的采煤工作面沿空送巷时,采掘工作面严禁同时作业。

6.1.11 突出矿井中布置采掘工作面应遵循下列原则:
    a) 主要巷道应布置在岩层或非突出煤层中。应尽可能减少突出煤层中的掘进工作量。开采保护层的采区,应充分利用保护层的保护范围。
    b) 应尽可能减少石门揭穿突出煤层的次数,揭穿突出煤层地点应避开地质构造带。如果条件许可,应尽量将石门布置在被保护区内,或先掘出揭煤地点的煤层巷道,然后再与石门贯通。石门与突出煤层中已掘进巷道贯通时,被贯通巷道应超过石门贯通位置 5 m 以上、并保持正常通风。

c) 在同一突出煤层的同一区段的集中应力影响范围内,不得布置 2 个工作面相向回采或掘进。突出煤层的掘进工作面,应避开本煤层或邻近煤层采煤工作面的应力集中范围。

6.1.12 防突安全防护措施中,采取震动爆破的工作面,必须具有独立、可靠、畅通的回风系统,爆破时回风系统内必须切断电源,严禁人员作业和通过。在其进风侧的巷道中,必须设置 2 道坚固的反向风门。与回风系统相连的风门、密闭、风桥等通风设施必须坚固可靠,防止突出后的瓦斯涌入其他区域。

6.1.13 采区回风巷、采掘工作面回风巷风流中瓦斯浓度超过 1.0% 或二氧化碳浓度超过 1.5% 时,必须停止工作,撤出人员,采取措施,进行处理。

6.1.14 对回采工作面和其他用风地点,应根据实际需要随时测风,每次测风结果应记录并写在测风地点的记录牌上。

6.2 回采工作面通风

6.2.1 回采工作面通风方式由采区瓦斯、粉尘、气温以及自然发火倾向等因素决定。根据采煤工作面进、回风道的数量与位置,将回采工作面通风方式分为 U 形、W 形、Y 形、Z 形及 U+L 形等。

6.2.2 U 形通风方式指采煤工作面与进、回风道构成的形如英文字母"U"的通风方式,包括后退式和前进式两种。U 形后退式通风漏风小,上角易瓦斯积聚,适用于瓦斯涌出量不大的煤层;U 形前进式通风漏风大,不适用于自然发火煤层。

6.2.3 W 形通风方式指采煤工作面上、下端的平巷进风(或回风),中间平巷回风(或进风)的布置方式。W 形通风采准巷道的开掘和维护量少;风阻小,漏风量少,易于防火;中间及上下平巷可布置钻孔,利于煤层注水和抽放瓦斯。适用于高瓦斯、易自燃的煤层。

6.2.4 Y 形通风方式指在采煤工作面上、下端各设一条进风道,另在采空区一侧设回风道的通风方式。Y 形通风上角不易积聚瓦斯,且其上下两端处于进风流中、可布置抽放钻孔;采空区漏风多,易引起采空区煤炭自燃。适用于瓦斯涌出量大、发火不严重的煤层。

6.2.5 Z 形通风方式指采煤工作面、进、回风道构成的形如英文字母"Z"的通风方式,其中一条进风道(或回风道)的一侧为采空区,分为前进式和后退式。前进式上角易积聚瓦斯,不适用于瓦斯涌出大的工作面;后退式当采空区的瓦斯涌出量很大时,其回风巷中会出现瓦斯超限现象。Z 形通风采空区内漏风大,易引起煤炭自燃,不适用于发火严重的工作面。

6.2.6 U+L 形通风方式即 U 形通风+尾巷的通风方式,俗称尾巷通风方式。风流通过上隅角经联络横巷进入上部回风巷,上角不易瓦斯积聚,但是大部分瓦斯涌向尾巷,易发生瓦斯事故,因此尾巷不得兼作其他用途,不得敷设电缆、金属管道,并须设栅栏、安装安全监测系统。适用于瓦斯涌出量大的工作面。

6.2.7 有煤(岩)与瓦斯(二氧化碳)突出危险的采煤工作面不得采用下行通风。

6.2.8 装有矿井安全监控系统的机械化采煤工作面、水采和煤层厚度小于 0.8 m 的保护层的采煤工作面,经抽放瓦斯(抽放率 25% 以上)和增加风量已达到最高允许风速后,其回风巷风流中瓦斯浓度仍不能降低到 1.0% 以下时,回风巷风流中瓦斯最高允许浓度为 1.5%,但应符合下列要求:

a) 工作面的风流控制必须可靠。
b) 必须保持通风巷的设计断面。
c) 必须配有专职瓦斯检查工。

6.2.9 回采工作面及其他作业地点风流中瓦斯浓度达到1.0%时,必须停止用电钻钻眼;爆破地点附近20 m以内风流中瓦斯浓度达到1.0%时,严禁爆破。

6.2.10 回采工作面及其他作业地点风流中、电动机或其开关安设地点附近20 m以内风流中的瓦斯浓度达到1.5%时,必须停止工作,切断电源,撤出人员,进行处理。

6.2.11 回采工作面及其他巷道内,体积大于0.5 m³的空间内积聚的瓦斯浓度达到2.0%时,附近20 m内必须停止工作,撤出人员,切断电源,进行处理。

6.2.12 回采工作面风流中二氧化碳浓度达到1.5%时,必须停止工作,撤出人员,查明原因,制定措施,进行处理。

6.2.13 采煤工作面绝对瓦斯涌出量大于或等于20 m³/min、进回风巷道净断面8 m²以上,经抽放瓦斯(抽放率25%以上)和增大风量已达到本标准规定最高允许风速后,其回风巷风流中瓦斯浓度仍不符合本标准规定时,由企业主要负责人审批后,可采用专用排瓦斯巷,但该巷回风流中的瓦斯浓度不得超过2.5%,并遵守下列规定:

a) 工作面风流控制必须可靠。
b) 专用排瓦斯巷内不得进行生产作业和设置电气设备;进行巷道维修工作时,瓦斯浓度必须低于1.5%。
c) 专用排瓦斯巷内风速不得低于0.5 m/s。
d) 专用排瓦斯巷内必须用不燃性材料支护,并应有防止产生静电、摩擦和撞击火花的安全措施。
e) 专用排瓦斯巷必须贯穿整个工作面推进长度且不得留有盲巷。
f) 专用排瓦斯巷内必须安设甲烷传感器,甲烷传感器应悬挂在距专用排瓦斯巷回风口15 m处,当甲烷浓度达到2.5%时,能发出报警信号并切断工作面电源,工作面必须停止工作,进行处理。
g) 煤层的自燃倾向性为不易自燃。

6.2.14 开采容易自燃和自燃的煤层(薄煤层除外)时,采煤工作面必须采用后退式开采。

6.2.15 矿井在同一煤层、同翼、同一采区相邻正在开采的采煤工作面沿空送巷时,采掘工作面严禁同时作业。

6.2.16 水采工作面由采空区回风时,工作面必须有足够的新鲜风流,工作面及其回风巷的风流中的瓦斯和二氧化碳浓度必须符合本标准6.2.9～6.2.12规定。

6.2.17 采空区必须及时封闭。必须随采煤工作面推进逐个封闭与采空区连通的巷道。采区开采结束后45天内,必须在所有与已采区相连通的巷道中设置防火墙,全部封闭采区。

7 掘进通风

7.1 掘进巷道必须采用矿井全风压通风或局部通风机通风。

7.2 掘进通风分为压入式、抽出式、混合式3种。掘进巷道中瓦斯涌出量、掘进距离、巷道断面积是选择掘进通风方式的依据。

7.3 压入式通风指用局部通风设备向掘进工作面输送空气的通风方式。压入式通风安全性好、风流有效射程远、工作面通风效果好,可使用普通柔性风筒,但作业环境差,适用于有瓦斯涌出的巷道。

7.4 抽出式通风指通过局部通风设备从掘进工作面抽出污浊空气的通风方式。抽出式通风巷道作业环境好,但安全性较差,需用刚性风筒或带金属骨架的可伸缩柔性风筒。

7.5 混合式通风指装备的2套局部通风设备一套作压入式通风、另一套作抽出式通风的联合通风方式。混合式通风巷道作业环境好,通风效果好,但使用设备多、管理复杂。适用于长距离、大断面的掘进巷道。

7.6 煤巷、半煤岩巷和有瓦斯涌出的岩巷的掘进通风方式应采用压入式,不得采用抽出式(压气、水力引射器不受此限);如果采用混合式,必须制定安全措施。

7.7 瓦斯喷出区域和煤(岩)与瓦斯(二氧化碳)突出煤层的掘进通风方式必须采用压入式。

7.8 煤矿井下使用的局部通风机必须性能良好,运转超过6个月应上井检修。

7.9 局部通风机设备要齐全,吸风口有风罩和整流器,高压部位(包括电缆接线盒)有衬垫,通风机必须吊挂或垫高,离地面高度大于0.3 m;11 kW及以上功率的局部通风机要装有消音器(低噪声局部通风机、除尘风机除外)。

7.10 局部通风机必须由指定人员负责管理,保证正常运转。

7.11 压入式局部通风机和启动装置,必须安装在进风巷道中,距掘进巷道回风口不得小于10 m;全风压供给该处的风量必须大于局部通风机的吸入风量,局部通风机安装地点到回风口间的巷道中的最低风速不能低于0.15 m/s。

7.12 矿井使用局部通风机通风时,压入式风筒的出风口或抽出式风筒的吸风口与掘进工作面的距离,应在风流的有效射程或有效吸程范围内,并在作业规程中明确规定。

7.13 使用混合式通风时,短抽或短压风筒与主导风筒的重叠段长度应大于10 m,风筒重叠段的掘进巷道中的风速和瓦斯浓度,应满足本标准有关规定。

7.14 低瓦斯矿井掘进工作面的局部通风机,可采用装有选择性漏电保护装置的供电线路供电,或与采煤工作面分开供电。

7.15 瓦斯喷出区域、高瓦斯矿井、煤(岩)与瓦斯(二氧化碳)突出矿井中,掘进工作面的局部通风机应采用三专(专用变压器、专用开关、专用线路)供电;也可采用装有选择性漏电保护装置的供电线路供电,但每天应有专人检查1次,保证局部通风机可靠运转。

7.16 严禁使用3台以上(含3台)的局部通风机同时向一个掘进工作面供风。不得使用1台局部通风机同时向2个作业的掘进工作面供风。

7.17 使用局部通风机供风的地点必须实行风电闭锁,保证停风后切断停风区内全部非本质安全型电气设备的电源。使用2台局部通风机供风的,2台局部通风机都必须同时实现风电闭锁。

7.18 使用混合式通风时,安设在掘进巷道中的局部通风机(或湿式除尘通风机)必须与掘进巷道中的主导局部通风机联动闭锁。当主导通风机停止运转时,掘进巷道中的局部通风机能自动停止运转;主导局部通风机未启动时,掘进巷道中的局部通风机不能启动。

7.19 当使用混合式通风时,位于掘进巷道中的局部通风机的吸风口必须安装瓦斯自动断电装置,保证吸入风流的瓦斯浓度不超过1.0%,超过时自动切断局部通风机的电源。

7.20 用局部通风机通风的掘进工作面,不得停风;因检修、停电等原因停风时,必须撤出人员,切断电源。恢复通风前,必须检查瓦斯。只有在局部通风机及其开关附近10 m以内风流中的瓦斯浓度都不超过0.5%时,方可人工开启局部通风机。

7.21 局部通风机因故停止运转,在恢复通风前,必须首先检查瓦斯,只有停风区中最高瓦斯浓度不超过1.0%和最高二氧化碳浓度不超过1.5%,且符合6.20条规定条件时,方可人工启动局部通风机,恢复正常通风。

7.22 巷道贯通必须遵守下列规定:

综合机械化掘进巷道在相距50 m前,其他巷道在相距20 m前,必须停止一个工作面作业,做好调整通风系统的准备工作。

掘进巷道贯通时,必须由专人在现场统一指挥,停掘的工作面必须保持正常通风,设置栅栏及警标,经常检查风筒的完好状况和工作面及其回风流中瓦斯浓度,瓦斯浓度超限时,必须立即处理。掘进的工作面每次爆破前,必须派专人和瓦斯检查工共同到停掘的工作面检查工作面及其回风流中的瓦斯浓度,瓦斯浓度超限时,必须先停止在掘工作面的工作,然后处理瓦斯,只有在2个工作面及其回风流中的瓦斯浓度都在1.0%以下时,掘进的工作面方可爆破。每次爆破前,2个工作面入口必须有专人警戒。

掘进巷道贯通后,必须停止采区内的一切工作,立即调整通风系统,风流稳定后,方可恢复工作。

7.23 在突出矿井的突出危险区,掘进工作面进风侧必须设置至少2道牢固可靠的反向风门。反向风门距工作面的距离,应根据掘进工作面的通风系统和预计的突出强度确定。

7.24 掘进工作面及其他作业地点风流中瓦斯浓度达到1.0%时,必须停止用电钻钻眼;爆破地点附近20 m以内风流中瓦斯浓度达到1.0%时,严禁爆破。

7.25 掘进工作面及其他作业地点风流中、电动机或其开关安设地点附近20 m以内风流中的瓦斯浓度达到1.5%时,必须停止工作,切断电源,撤出人员,进行处理。

7.26 掘进工作面及其他巷道内,体积大于0.5 m³的空间内积聚的瓦斯浓度达到2.0%时,附近20 m内必须停止工作,撤出人员,切断电源,进行处理。

7.27 掘进工作面风流中二氧化碳浓度达到1.5%时,必须停止工作,撤出人员,查明原因,制定措施,进行处理。

8 硐室通风

8.1 井下各类硐室风速、温度必须满足本标准4.2相关条文规定。

8.2 井下爆炸材料库必须有独立的通风系统,回风风流必须直接引入矿井的总回风巷或主要回风巷中。新建矿井采用对角式通风系统时,投产初期可利用采区岩石上山或用不燃性材料支护和不燃性背板背严的煤层上山作爆炸材料库的回风巷。

8.3 爆炸材料库每小时风量不得小于其总容积的4倍。

8.4 井下机电设备硐室应设在进风风流中。如果硐室深度不超过6 m、入口宽度不小于1.5 m而无瓦斯涌出,可采用扩散通风。

8.5 井下个别机电设备硐室,可设在回风流中,但此回风流中的瓦斯浓度不得超过0.5%,并必须安装安全监测系统。

8.6 采区变电所必须有独立的通风系统。

8.7 处在回风流中的机电设备硐室的进风侧必须安装安全监测系统。

8.8 井下充电室必须有独立的通风系统,回风风流引入回风巷。

8.9 井下充电室,在同一时间内,5t 及其以下的电机车充电电池的数量不超过 3 组,5t 以上的电机车充电电池的数量不超过 1 组时,可不采用独立的通风系统,但必须在新鲜风流中。

8.10 井下充电室风流中以及局部积聚处的氢气浓度,不得超过 0.5%。

9 通风设备及通风设施

9.1 矿井主通风机

9.1.1 新建矿井选择通风设备,应符合下列规定:
  a) 应满足首采水平各个时期的工况变化,并使通风设备长期高效率运行。当工况变化较大时,应根据矿井分期时间及节能情况,分期选择电动机。
  b) 风机能力应留有 10% 的余量。
  c) 轴流式通风机应校验电动机正常启动容量,还应校验反风时的容量。

9.1.2 矿井必须采用机械通风;主要通风机必须安装在地面;装有通风机的井口必须封闭严密,其外部漏风率在无提升设备时不得超过 5%,有提升设备时不得超过 15%。

9.1.3 必须保证主要通风机连续运转。主要通风机应有两回路直接由变(配)电所馈出的供电线路;主要通风机的控制回路和辅助设备,必须有与主要通风机同等可靠的备用电源。

9.1.4 必须安装 2 套同等能力的主要通风机装置,其中 1 套作备用,备用通风机必须能在 10 min 内开动。

9.1.5 生产矿井严禁采用局部通风机或风机群作为主要通风机使用。

9.1.6 矿井应建立主要通风机定期检修制度,至少每月检查 1 次主要通风机。

9.1.7 改变通风机转数或叶片角度时,必须经矿技术负责人批准。

9.1.8 新安装的主要通风机投入使用前,必须进行 1 次通风机性能测试和试运转工作,以后每 5 年至少进行 1 次性能测定。煤矿用主要通风机现场性能参数测定方法参照附录 B 进行。

9.1.9 矿井通风机房应按同类型矿井井口防洪标准采取防洪措施。

9.1.10 通风机房周围 20 m 以内不得布置有烟火作业的建筑物及设施,并应考虑噪声及排出的乏风对周围的影响,与提升机房、变电所、矿办公楼的距离不宜小于 30 m;与进风井口、压缩空气站的距离应符合下列规定:
  a) 低瓦斯矿井不应小于 30 m;
  b) 高瓦斯矿井不应小于 50 m。

9.1.11 通风机房附近 20 m 内,不得有烟火或用火取暖。通风机房位于工业广场以外时,除开采有瓦斯喷出区域的矿井和煤(岩)与瓦斯突出矿井外,可用隔焰式火炉或防爆式电热器取暖。

9.1.12 严禁主要通风机房兼作他用。主要通风机房内必须安装水柱计、电流表、电压表、轴承温度计等仪表,还必须有直通矿调度室的电话,并有反风操作系统图、司机岗位责任制和操作规程。

9.1.13 主要通风机的运转应由专职司机负责,司机应每小时将通风机运转情况计入运转记录簿内;发现异常,立即报告。

9.1.14 每个主要通风机房内,主要通风机的噪音不得超过 90 dB(A);通风机房内噪音不应超过 85 dB(A),值班室应隔音。通风装置对附近的住宅区、办公室的噪声值不得超过 55 dB(A),

当达不到要求时,通风装置必须采取消除噪声措施。

9.1.15 因检修、停电或其他原因停止主要通风机运转时,必须制定停风措施。

9.1.16 主要通风机停止运转时,受停风影响的地点,必须立即停止工作、切断电源,撤出人员。

9.1.17 主要通风机停止运转期间,对由1台主要通风机担负全矿通风的矿井,必须打开井口防爆门和有关封门,利用自然风压通风;对由多台主要通风机联合通风的矿井,必须正确控制风流,防止风流紊乱。

9.1.18 矿井主要通风机应有监测系统,以监测主要通风机及电机的运转情况。

9.2 矿井主要通风机附属装置

9.2.1 装有主要通风机的通风井口应安装防爆门,防爆门每6个月检查维修1次。

9.2.2 矿井主要通风机与出风井连接的风硐,风速最大不得超过15 m/s;风硐转弯部分要呈圆弧形,内墙光滑,拐弯平缓,并保持无堆积物;风硐及其闸门等装置,结构要严密不漏风;风硐和主要通风机相连的一段巷道的长度应不小于10~12倍的风机动轮直径。

9.2.3 扩散器应用混凝土砌筑或金属板焊接,扩散器的设计、构筑原则是阻力小、出口速压低。

9.2.4 暖风道和压入式通风的风硐必须用不燃性材料砌筑,并应至少设2道防火门。

9.3 矿井辅助通风机

9.3.1 矿井通风系统中,如果某一分区风路的风阻过大,主要通风机不能供给其足够风量时,可在井下安设辅助通风机。

9.3.2 在井下安设辅助通风机,必须经过计算选定辅助通风机的性能和型号。

9.3.3 安设辅助通风机的巷道或硐室,必须有绕道,并在绕道内设置两道风门,辅助通风机正常运转时,必须关闭两道绕道风门,防止风流循环;辅助通风机临时因故停止运转时,必须迅速打开绕道风门,保证矿井全风压通风。

9.3.4 辅助通风机吸入端风流中的瓦斯浓度不得超过0.5%,并安排专人经常检查。辅助通风机必须有专用线路供电,在供电线路上不应分接任何负荷。

9.3.5 辅助通风机需要检修停止运转时,必须制定安全技术措施;辅助通风机所负担的区域,必须停止工作,撤出人员,切断电源。

9.3.6 当矿井主要通风机需要反风时,辅助通风机必须停止运转,并打开绕道风门。

9.3.7 辅助通风机房,必须符合下列要求:
   a) 供给新鲜风流。
   b) 有能行人的直达主要进风巷道的进风道。
   c) 设有通达矿井调度室的专用电话。
   d) 配备专用司机,负责辅助通风机的运转和绕道风门的控制,并备有辅助通风机运行记录簿。

9.3.8 在新建、改扩建矿井设计中,不得在井下安设辅助通风机。

9.3.9 严禁在煤(岩)与瓦斯(二氧化碳)突出矿井中安设辅助通风机。

9.4 矿井通风设施

9.4.1 矿井中控制风流的风门、风桥、风墙、风窗等通风设施必须可靠、位置合理。

9.4.2 在井筒之间、矿井(一翼、采区)进回风巷之间、石门、采区上下山车场,各区段车场等需长期隔断风流但人员、物料需要通过的地点应设置永久风门。每处至少安装两道连锁的正向风门和两道反向风门,风门能自动关闭;任意两道风门之间距离不小于4 m,需要有运输工具通过时,两道风门之间距离同时不得小于运输工具长度。

9.4.3 不应在倾斜巷道中设置风门;如果必须设置风门,应安设自动风门或设专人管理,并有防止矿车或风门碰撞人员以及矿车破坏风门的安全措施。

9.4.4 凡报废的采区通向运输大巷和总回风巷的所有联络巷,所有结束回采的工作面、平巷间的联络巷、岩石集中巷连通煤层的巷道都应设置永久性密闭。

9.4.5 开采突出煤层时,工作面回风侧不应设置风窗。

9.4.6 井下巷道需临时封闭的地点应构筑临时密闭。

9.4.7 凡是进风、回风风流平面交叉的地点均应设置风桥。风桥应用不燃性材料建筑,桥面平整不漏风,风桥不应设风门。

9.4.8 矿井的总进风巷、总回风巷、矿井一翼的总进风巷、总回风巷应设置永久测风站,采掘工作面及其他用风地点应设置临时测风站。

10 矿井反风

10.1 生产矿井主要通风机必须装有反风装置,并满足以下要求:
    a) 结构简单,坚固可靠。
    b) 所有操作开关集中安设,动作灵活可靠,便于值班司机一人独立操作。
    c) 能在10 min内改变巷道中的风流方向。
    d) 当风流方向改变后,主要通风机的供给风量不应小于正常供风量的40%。
    e) 反风风门(闸板)的起重量大于1 t时,应采用电动、手摇两用风门绞车,并集中操作。

10.2 矿井必须明确反风方法。

10.3 每季度应至少检查1次反风设施,检查项目包括主要通风机和启动电气设备、进风井口房、反风道、所有地面闸门和风门、电控设备绞车和钢丝绳、防爆门、反风设备的防冻设施以及进、回风井之间和主要进、回风道之间的正、反向风门等。每一矿井每年应进行1次反风演习,矿井通风系统有重大变化时,应进行一次反风演习。

10.4 对多台主要通风机通风的矿井,应分别作多台主要通风机同时反风和单台主要通风机各自反风的演习,以分别观测其反风效果。

10.5 反风演习持续时间不应少于从矿井最远地点撤到地面所需的时间。

10.6 反风演习前,必须制定反风演习计划,报企业技术负责人审批。

10.7 反风演习持续时间内,在反风后出风井口附近20 m范围内以及反风后出风井口相连通的井口房等建筑物内,都必须切断电源,禁止一切火源存在,并禁止交通。

10.8 反风演习过程中,必须及时对有关观测项目进行观测记录。

附 录 A
（资料性附录）
矿井通风阻力测定方法

A.1 仪器准备

矿井通风阻力测定应准备下列仪器,并在检验有效期内。

a) 普通型空盒气压计：
   测量范围 80 kPa～107 kPa（相当于 600 mmHg～800 mmHg），最小分度值 50 Pa。
b) 倾斜压差计或矿用通风参数仪：
   测量范围 0 kPa～3000 Pa，最小分度值 10 Pa。
c) 精密气压计：
   测量范围 83.6 kPa～114 kPa，最小分度值 25 Pa。
d) 通风干湿温度计：
   测量范围 −25℃～+50℃，最小分度值 0.2℃。
e) 皮托管：
   校正系数 0.998～1.004。
f) 低速风速表：
   测量范围 0.2 m/s～5 m/s，启动风速≤0.2 m/s。
g) 中速风速表：
   测量范围 0.4 m/s～10 m/s，启动风速≤0.4 m/s。
h) 高速风速表：
   叶轮式，测量范围 0.8 m/s～25 m/s，启动风速≤0.5 m/s。
   杯式，测量范围 1.0 m/s～30 m/s，启动风速≤0.8 m/s。
i) 秒表：
   最小分度值 1 s。
j) 钢卷尺：
   2 m 钢卷尺，测量范围 0 m～2 m，最小分度值 1.0 mm。
   30 m 钢卷尺，测量范围 0 m～30 m，最小分度值 1.0 mm。
k) 橡胶管（或塑胶管）：
   内径 4 mm～5 mm。
l) 橡胶管接头：
   内径 3 mm～4 mm，外径 5 mm～6 mm，长度 50 mm～80 mm。

A.2 测定步骤

A.2.1 测定路线选择

在通风系统图上选择测定的主要路线和次要路线。同时，要考虑一个工作班内将该路线测完；当测定路线较长时，可分段、分组测定。

A.2.2 测点选择

首先在通风系统图上按选定测定路线布置测点，并按顺序编号。然后再按井下实际情况确定测点位置，并作标记。

选择测点时应满足下列要求：
a) 测点应在分风点或合风点前（或后）处选定。选在前方不得小于巷道宽度的 3 倍；选在后方不得小于巷道宽度的 8 倍；
b) 需要在巷道转弯处、断面变化大的地方选点时，选在前方不得小于巷道宽度的 3 倍；选在后方不得小于巷道宽度的 8 倍；

c) 测点前、后 3 m 内巷道应支护良好,巷道内无堆积物;

d) 两测点间的压差应不小于 20 Pa。

A.2.3 压差计法
A.2.3.1 风压测量

从测点 1 开始,在测点 1、2 两处各设置一个皮托管,一般在测点 2 的下风侧 6 m～8 m 处安设压差计。

皮托管应设置在风流稳定的地点,正对风流。压差计应靠近巷道壁安设平稳,调零或记下初读数。橡胶管要防止折叠和被水、污物等堵塞,待橡胶管内的空气温度等于巷道内的空气温度后,将两个橡胶管安在压差计上,待压差计液面稳定后读数,及时进行记录。

测点 1、2 测完后,压差计可以不动,进行测点 2、3 间的测量。依次按测点的顺序进行测量,直至全路线测完为止。

测量顺序也可逆风流方向进行。

A.2.3.2 风速测量

用风速表测量风速,需测量三次,取其平均风速值。

A.2.3.3 大气物理参数测量

用空盒气压计测量大气压力;用通风干湿温度计测量空气的干球温度和湿球温度。

A.2.3.4 巷道断面积和周长参数测量

按测点的巷道断面形状,用钢卷尺进行测量。

A.2.3.5 测点间距测量

用钢卷尺测量两测点的距离。

A.2.4 气压计法
A.2.4.1 风压测量

逐点测量法:在井口或井底车场调好两台精密气压计(Ⅰ、Ⅱ),并记录初读数。仪器Ⅰ留在原地监视大气压力变化,每隔 10 min～15 min 记录一次读数,仪器Ⅱ按测点顺序分别测出各测点风流的绝对静压。

双测点同时测定法:在测点 1 处,调好两台精密气压计(Ⅰ、Ⅱ),并记录初读数。然后仪器Ⅰ留在原处不动,仪器Ⅱ放置在测点 2,在约定时间内两台仪器同时读数。再把仪器Ⅰ移到测点 2,同时读数,仪器Ⅰ不动,将仪器Ⅱ移到测点 3,再在约定时间内两台仪器同时读数。如此前进直至测完。

A.2.4.2 风速测量同 A.2.3.2

A.2.4.3 大气物理参数测量同 A.2.3.3

A.2.4.4 巷道断面积和周长参数测量同 A.2.3.4

A.2.4.5 测点间距测量同 A.2.3.5

A.2.4.6 测点标高测量

由矿地测部门给出各点标高。

A.3 测定结果计算

A.3.1 空气密度计算

空气密度按下式计算:

$$\rho = 3.484 \times 10^{-3} \frac{P_0 - 0.3779\psi P_{sh}}{273.15 + t}$$

式中：
- ρ ——空气密度，kg/m³；
- P_0 ——测点的大气压力，Pa；
- ψ ——空气相对湿度，%；
- P_{sh}——测点温度为 t ℃时，空气的绝对饱和水蒸气压力，Pa；
- t ——空气温度，℃。

A.3.2 巷道断面积和周长计算

按巷道断面形状，计算其断面积和周长。

A.3.3 平均风速计算

每测点取三次实际风速值的算术平均值。

A.3.4 风量计算

风量按下式计算：

$$q_v = Sv$$

式中：
- q_v——测点风量，m/s；
- S ——测风处巷道断面积，m；
- v ——测风断面的平均风速，m/s。

A.3.5 动压计算

动压按下式计算：

$$h_d = \frac{\rho v^2}{2}$$

式中：
- h_d——测点的动压，Pa。

A.3.6 通风阻力计算

A.3.6.1 两测点间通风阻力

压差计法按下式计算：

$$h_{xij} = h_{ij} + h_{di} - h_{dj}$$

式中：
- h_{xij}——两测点间的通风阻力，Pa；
- h_{ij} ——两测点间的压差值，Pa；
- h_{di} ——测点 i 的动压值，Pa；
- h_{dj} ——测点 j 的动压值，Pa。

气压计法：

a) 逐点测定法。按下式计算：

$$h_{rij} = k'(h_j' - h_i') - k''(h_i'' - h_j'') + (Z_i - Z_j)\rho_{ij}g + (h_{dj} - h_{dj})$$

式中：
- k'、k'' ——气压计（Ⅰ、Ⅱ）的校正系数；

h_i'、h_j'——气压计在 i、j 的读数,Pa;

h_i''、h_j''——测 h_j'、h_i' 时,气压计(Ⅱ)的读数,Pa;

Z_i、Z_j ——测点 i、j 的标高,m;

ρ_{ij} ——测点 i、j 空气密度的平均值,kg/m³;

g ——重力加速度,m/s²。

b) 双测点同时测定法。按下式计算:

$$h_{rij} = k'(h_j' - h_i') - k''(h_i'' - h_j'') + (Z_i - Z_j)\rho_{ij}g + (h_{dj} - h_{dj})$$

式中:

h_i''、h_j''——气压计(Ⅱ)在测点 i、j 的读数,Pa。

A.3.7 测量路线的总阻力计算

测量路线的总阻力按下式计算:

$$h_{tr} = \sum h_{rij}$$

式中:

h_{tr}——测量路线的总阻力,Pa;

h_{rij}——在测量路线上的各段阻力之和,Pa。

A.3.8 巷道风阻

A.3.8.1 两点间阻力计算

两点间风阻按下式计算:

$$R_{ij} = \frac{h_{rij}}{q_{vij}^2}$$

式中:

R_{ij}——测点 i、j 间的风阻,N·s²/m⁸;

q_{vij}——测点 i、j 风量的算术平均值,s³/m。

A.3.8.2 两点间的标准风阻计算

两点间的标准风阻按下式计算:

$$R_{sij} = 1.2 \frac{R_{ij}}{\rho_{ij}}$$

式中:

R_{sij}——标准空气密度下的测点 n、$n+1$ 间的标准风阻,N·s²/m⁸。

A.3.8.3 巷道百米标准风阻计算

巷道百米标准风阻按下式计算:

$$R_{100} = 100 \frac{R_{sij}}{L_{ij}}$$

式中:

R_{100}——巷道百米标准风阻,N·s²/m⁸;

L_{ij} ——测点 i、j 间的距离,m。

A.4 测定结果处理

对选定的测定路线作通风阻力测定时,还需同时作必要的补充测定,以便对通风网络的风量平衡和阻力平衡校核。同时,按风量不同中相对静压测值与自然风压值校验全矿阻力测定值的误差、判定可靠性。

测定结果计算后,应编制矿井通风阻力测定报告,报告内容主要包括:测定时间、测定目的和要求、当时矿井的通风和生产情况、测定路线选择、人员组织、使用仪器、测量方法、测定结果、矿井通风阻力分布、绘制阻力分布曲线及分析和改善矿井通风状况的建议等。

附 录 B
（资料性附录）
煤矿用主要通风机现场性能参数测定方法

B.1 一般规定

B.1.1 一般条件

a) 测定前应检查通风机、电动机各零部件是否齐全,装配是否紧固,运行是否正常。
b) 通风机进风口或出风口至风量、风压测定断面之间的风道应无明显漏风。
c) 引风道、风硐内应无杂物堆积和积水。
d) 保障测定人员安全及防止机器受损坏所采取的措施,应对通风机的空气动力性能无任何影响。

B.1.2 风量和风压调节

B.1.2.1 轴流式通风机

a) 抽出式通风。风量调节闸门应设在距通风机入口大于 5 倍叶轮直径的巷道内。
b) 压入式通风。风量调节闸门应设在距通风机出口大于 10 倍叶轮直径的巷道内。
c) 风量调节闸门。应安装牢固,其强度应能承受大于通风机最大风压 1.5 倍的压力。

B.1.2.2 离心式风机

一般可利用通风机自身设置的闸门进行风量调节。若闸门损坏或调节不方便,可参照轴流式风机的规定设置风量调节风门。

每调节一次风量、风压为通风机的一个工况点,通风机的特性曲线应包含有 7 个以上工况点。

a) 轴流式通风机应采用开路启动,逐渐增阻调节。
b) 离心式通风机应采用闭路启动,逐渐降阻调节。
c) 特殊情况可不受此限。

B.1.3 运行参数调节

安装在煤矿的通风机,有下列情况之一者应进行运行参数测定:

a) 连续运转 3 年。
b) 新安装。
c) 技术改造前、后。
d) 更换了叶片、电动机、改变了动叶、导叶角度。

B.1.4 检测

通风机应由相应资质的检测机构进行测量。

B.1.5 测量仪器

见表 B.1。

表 B.1 测量仪器

序号	仪器名称	测量范围	准确度	数量	用途
1	气压计	800 hPa~1 060 hPa	±200 Pa	1	测大气压力
2	温度计	0℃~50℃	0.1℃	2	测温度
3	干湿温度计	−25℃~+50℃	0.2℃	2	测干、湿温度
4	皮托管		系数 0.998~1.004	≥25	测动压、全压
5	全压管		系数 0.998~1.004	≥25	测全压
6	附壁静压片或静压管		系数 0.998~1.004	≥8	测全压
7	风速传感器、风速表	0.5 m/s~20 m/s	±(0.1~0.2)m/s	≥25	测风速
8	压差计	0~6000 Pa	±10 Pa	≥5	测静压、全压
9	压差计	0~2000 Pa	±1.0 Pa	≥5	测动压
10	电流传感器		0.2 级	2	电气参数测定
11	电压互感器		0.2 级	2	电气参数测定
12	功率因数测量仪表		0.5 级	2	电气参数测定
13	功率测量仪表		0.5 级	2	电气参数测定
14	电压测量仪表		0.5 级	2	电气参数测定
15	电流测量仪表		0.5 级	2	电气参数测定
16	转速表		±1 r/min	2	测风机、电机转数
17	声差计		1 型	2	测噪声
18	点温计	0℃~100℃	0.1℃	1	电机升温

注：在进行通风机运行参数测定时，可根据具体测定方法选用表中的测量仪表。在高原地区测量大气压时，应选用相适应的空壳气压计。

B.2 参数测定

B.2.1 空气密度的测定

在距风压测点 20 m 内的巷道中，用气压计测量绝对静压，用干、湿温度计测量干、湿温度。每调

节工况 1 次测量 3 次，取其算术平均值按下式计算空气密度：

$$\rho = 3.484 \times 10^{-3} \frac{p_0 - 0.337\psi p_{sh}}{273 + t}$$

式中：

ρ ——空气密度，kg/m³；

p_0 ——大气压力，Pa；

ψ ——空气相对湿度,%;
p_{sh} ——温度为 t ℃时空气的绝对饱和水蒸气压力,Pa;
t ——空气的温度,℃。

B.2.2 风量测定

B.2.2.1 选择测定断面的条件

按 GB/T 10178 中 6.2 条选择风量测定断面,应选两个以上测风断面,断面之间应无漏风。现场条件不能满足要求时可按下列的要求选择:

a) 轴流式通风机可选在集风器入口。
b) 离心式通风机可选在通风机入风口附近。

B.2.2.2 风速测点的布置

a) 圆形巷道断面:按 GB/T 10173 中 6.4.3.1 条的要求布置。
b) 矩形巷道断面:按 GB/T 10173 中 6.4.3.3 条的要求布置。
c) 扩散器环形断面:按 GB/T 10178 中 6.4.3.2 条的要求布置。
d) 其他形状的巷道断面:
   1) 面积测定在同一断面上划分成若干个矩形、三角形、半圆形等小块,计算总面积。
   2) 测点布置用全压管测风量,将全压测点布置在每个小面积块的重心上。静压测点,根据巷道断面的近似形状布置在巷道壁上。

B.2.2.3 静压测点的布置

a) 环形空间,测点布置在水平、垂直的两条直径与硐壁和芯筒外缘的交点。
b) 圆形断面,测点布置在水平、垂直的两条直径与硐壁的交点。
c) 矩形断面,测点布置在高、宽中线与硐壁的交点处。

B.2.2.4 测定方法

a) 皮托管测定法:皮托管布置在流速均匀的测定断面安装支撑架和皮托管,皮托管的测头应超前支撑架 100 mm,其全压孔应迎风正对风流,偏角不大于 5°;动压测量时,用干净、畅通,不漏气的软管,将皮托管的"＋""－"接头与压差计的"＋""－"接头对应连接,测量动压。
b) 全压管、附壁静压片测定法:全压管的安装按 C.3.2 条的规定。在流速不均匀的测定断面或扩散器环形空间、集风器入口安设全压管。全压管测头应超前支撑架 100 mm,全压孔迎风正对气流,允许偏角不大于 15°。附壁静压片紧贴壁面安设。全压、静压测定时用干净、畅通、不漏气的软管,将全压管、附壁静压片的接头分别与压差计连接。
c) 风速传感器、风速计测定法:按 C.3.2 的要求,安设支撑架和风速传感器。仪表测头应超前支撑架 200 mm～250 mm,测量各测定风速。

B.2.2.5 风速计算

B.2.2.5.1 皮托管测定法

$$v_i = \sqrt{\frac{2p_{di}}{\rho}}$$

式中:

v_i ——测风断面第 i 测点风速,m/s;
ρ ——空气密度,kg/m³;
p_{di} ——第 i 测点测得的动压,Pa。

B.2.2.5.2 全压管、附壁静压片测定法

$$p_{di} = \xi_{ti} p_{ti} - p_{si}$$

$$p_{si} = \frac{L_{ib}}{L_{ab}}(\xi_a p_{sa} - \xi_b p_{sb}) + \xi_b p_{sb}$$

式中：
p_{ti} ——第 i 测点测得的全压,Pa;
ξ_{ti} ——第 i 测点全压管系数;
p_{si} ——第 i 测点测算的静压,Pa;
L_{ib} ——i 点到静压测点 b 的距离,m;
L_{ab} ——a、b 两静压点的距离,m;
p_{sa}、p_{sb} ——a、b 静压测点测得的静压,Pa;
ξ_a、ξ_b ——a、b 静压测点附壁静压片的系数。

B.2.2.5.3 风速传感器、遥测风速计测定法

直接测得各测点的风速。

B.2.2.6 风量计算

$$q_{vi} = \sum_{i=1}^{n} v_i A_i$$

式中：
q_{vi} ——通过通风机的风量,m³/min;
n ——测点数;
v_i ——第 i 测点测得的风速,m/s;
A_i ——测风断面第 i 块的面积,m²。

B.2.2.7 测定误差

在同一工况用同一方法在两个(或多个)断面上所测定的风量,其算术平均值与最大值或最小值的
相对差值应不大于 2.5%,若大于 2.5% 应重新测试或重新审定测试方案。

B.2.3 风压测定

B.2.3.1 选择测定断面的条件

轴流式通风机：
a) 抽出式通风,测风断面应选定在集风器入口。
b) 压入式通风,测定断面应选择在扩散器出口。
c) 抽压式通风,测风断面应选定在集风器入口和扩散器出口。

离心式风机：
a) 单吸风口离心式通风机,测压断面应选定在控制闸门后尽可能靠近通风机入口。
b) 双吸风口离心式通风机,测压断面应选定在风道分支处。
c) 也可根据轴流式通风机相应原则选定。

现场可根据生产的实际情况,可在其他适宜的位置选定测压断面,测定结果仅供生产使用。

B.2.3.2 风压测点的布置

与风速测点选择原则相同。

B.2.3.3 风压计算

B.2.3.3.1 通风机静压计算

a) 皮托管测定法。

抽出式通风：

$$p_a = \left| \frac{\sum_{i=1}^{n} \xi_i p_{ti}}{n_i} \right|$$

式中：

p_a——通风机静压；

p_{ti}——第 i 测点测得全压,Pa；

ξ_i——第 i 测点皮托管系数；

n_i——测点数。

b) 全压管测定法。

抽出式通风按上式计算。

B.2.3.3.2 通风机全压计算

a) 抽出式通风：

$$p_t = p_a + p_{d2}$$

$$p_{d2} = \frac{1}{2} \rho_2 \left(\frac{q_{v2}}{A_2} \right)^2$$

b) 压入式通风：

$$p_t = \frac{\sum_{i=1}^{n} p_{ti}}{n_i}$$

c) 抽压式通风：

$$p_t = \left| \frac{\sum_{j=1}^{n} p_{tj}}{n_2} \right| + \left| \frac{\sum_{i=1}^{n_1} p_{ti}}{n_1} \right|$$

式中：

p_t——通风机全压,Pa；

p_{d2}——通风机扩散器出口测算的速压,Pa；

ρ_2——通风机扩散器出口空气密度,kg/m³；

q_{v2}——通风机扩散器出口通过风量,m³/s；

A_2——通风机扩散器出口断面积,m²；

p_{ti}——通风机入口第 i 测点全压,Pa；

p_{tj}——通风机扩散器出口第 j 测点全压,Pa；

n_2 ——扩散器出口测点数；

n_1 ——通风机入口测点数。

B.2.4 转速测定

B.2.4.1 电动机转速测定

用转速表测算电动机转速，每调 1 个工况点测 3 次，取其算术平均值。

B.2.4.2 通风机转速测定

测定方法同电动机测量，通风机与电动机直接转动，只测电动机转数；通风机与电动机以其他方式传动，应分别测通风机、电动机的转数。

B.2.4.3 传动效率

传动效率按表 B.2 选取。

表 B.2 传动效率

类型	传动形式	效率
联轴器	浮动联轴器	0.98
	齿轮联轴器	0.99
	弹性联轴器	0.99
	万向联轴器($α≤3°$)	0.97
	万向联轴器($α>3°$)	0.95
	梅花接轴	0.97
	液力联轴器(在设计点)	0.93
带式传动	平带无压紧轮的开式传动	0.98
	平带有压紧轮的开式传动	0.97
	平带交叉传动	0.90
	三角带传动	0.96

B.2.4.4 通风机功率、效率测定

B.2.4.4.1 电动机输入功率、效率的测定

按国标 GB/T 10178 中功率测定方法进行。

B.2.4.4.2 通风机轴功率计算

$$P_a = \eta_{ti}\eta_m p_e$$

式中：

P_a ——通风机轴功率，kW；

η_{ti} ——机械传动效率；

η_m ——电动机效率；

p_e ——电动机输入功率，kW。

B.2.5 通风机输出功率计算

B.2.5.1 通风机全压功率

$$P_t = \frac{p_t q_{vi}}{1000}$$

式中：

P_t——通风机全压功率，kW；

p_t——通风机全压，Pa；

q_{vi}——通过通风机风量，m³/s。

B.2.5.2 通风机静压功率

$$P_s = \frac{p_s q_{vl}}{1000}$$

式中：

P_s——通风机静压功率，kW；

p_s——通风机静压，Pa；

q_{vl}——通过通风机风量，m³/s。

B.2.6 通风机效率计算

B.2.6.1 通风机全压效率计算

$$\eta_t = \frac{P_t}{P_a} \times 100$$

式中：

η_t　　——通风机全压效率，%；

P_t、P_a——通风机全压功率、轴功率，kW。

B.2.6.2 通风机静压效率

$$\eta_s = \frac{P_s}{P_A} \times 100$$

式中：

η_s　　——通风机静压效率，%；

P_s、P_a——通风机静压功率、轴功率，kW。

B.2.6.3 测定数据的换算

将测定数据换算成标准空气状况和通风机额定转速条件下的数据。

B.2.6.3.1 换算系数计算

a) 空气密度换算系数：

$$k_\rho = \frac{1.2}{\rho_{1i}}$$

式中：

k_ρ——密度换算系数；

ρ_{1i}——某一工况点实测空气密度，kg/m³。

b) 通风机转速换算系数：

$$k_n = \frac{N_0}{N_i}$$

式中：

k_n——转速换算系数；

N_0——通风机额定转速,r/min;
N_i——某一工况点实测转速,r/min。

B.2.6.3.2 通风机风量换算

$$q_{vj} = k_n \times q_v$$

式中:

q_{vj}——换算后的通风机风量,m³/s。

B.2.6.3.3 通风机风压换算:

a) 全压换算:

$$p_{tf} = k_p \cdot k_n^2 \cdot p_t$$

b) 静压换算:

$$p_{sf} = k_p \cdot k_n^2 \cdot p_s$$

式中:

p_{tf}——换算后的通风机全压,Pa;
p_{sf}——换算后的通风机静压,Pa。

B.2.6.3.4 通风机功率换算

a) 轴功率换算:

$$p_{af} = k_p \cdot k_n^3 \cdot p_a$$

b) 输出全压功率换算:

$$p_{tf} = k_p \cdot k_n^3 \cdot p_t$$

c) 输出静压功率换算:

$$p_{sf} = k_p \cdot k_n^3 \cdot p_s$$

式中:

p_{af}——换算后的通风机轴功率,kW;
p_{tf}——换算后的通风机全压功率,kW;
p_{sf}——换算后的通风机静压功率,kW。

B.2.6.3.5 通风机效率换算

a) 全压效率:

$$\eta_{tf} = \frac{p_{tf}}{p_{af}} \times 100\%$$

b) 静压效率:

$$\eta_{st} = \frac{p_{st}}{p_{af}} \times 100\%$$

c) 通风机机组效率:

$$\eta_{fm} = \frac{p_{tf}}{p_e} \times 100\%$$

B.2.7 通风机工序能耗计算

B.2.7.1 单台通风机工序能耗计算

$$E_t = \frac{nW}{t \sum_{j=1}^{n} q_{vfj} p_{tfj}} \times 10^6$$

式中：
E_t——单台通风机工序能耗，kW·h/(Mm³·Pa)；
n ——单台通风机测定次数；
W ——单台通风机消耗电量（可按电动机输入功率计算），kW·h；
t ——统计时间，这里取 3600 s；
q_{vfj}——第 j 次测算的通风机风量，m³/s；
p_{tfj}——第 j 次测算的通风机全压，m³/s。

B.2.7.2 多台通风机工序能耗计算

$$E_{mf}=\frac{\sum_{i=1}^{n}E_{fi}}{n}$$

式中：
E_{fi}——第 i 台通风机工序能耗，kW·h/(Mm³·Pa)；
n ——运行的通风机台数。

B.2.8 噪声测定

参照 GB/T 2888 第 1.9 条规定标准长度，即当主要通风机叶轮直径小于或等于 1 m 时，取标准长度为 1 m，当叶轮直径大于 1 m 时，取标准长度等于叶轮直径。按 C.3.2.1 条在主要通风机扩散器出口 45°的水平方向上，测量风机噪声。

B.2.9 反风量测量

通风机及其系统处于反风运行状态，参照正常通风状态下的规定进行测定。

B.3 测定结果的处理

测定完成后，应及时编写测试报告。

附 录 C
（资料性附录）
煤矿生产能力核定标准

C.1 总则

C.1.1 为科学核定煤矿生产能力，依据有关法律、法规和技术政策，制定本标准。

C.1.2 核定煤矿生产能力，必须具备以下条件：
a) 依法取得采矿许可证、安全生产许可证、煤炭生产许可证和营业执照；
b) 有健全的生产、技术、安全管理机构及必备的专业技术人员；
c) 有完善的生产、技术、安全管理制度；
d) 各生产系统及安全监控系统运转正常。

C.1.3 核定煤矿生产能力以万 t/a 为计量单位，年工作日采取 330 d。

C.1.4 核定煤矿生产能力应当逐项核定各生产系统（环节）的能力，取其中最低能力为煤矿综合生产能力。同时核查采区回采率、煤炭资源可采储量和服务年限。

井工矿主要核定主井提升系统、副井提升系统、排水系统、供电系统、井下运输系统、采掘工作面、通风系统和地面生产系统的能力。矿井压风、灭尘、通讯系统和地面运输能力、高瓦斯矿井瓦斯抽排能力等作为参考依据,应当满足核定生产能力的需要。

露天矿主要核定穿爆、采装、运输、排土等环节的能力。除尘、防排水、供电、地面生产系统的能力作为参考依据,应当满足核定生产能力的需要。

C.1.5 核定煤矿生产能力档次划分标准为:
    a) 30 万 t/a 以下煤矿以 1 万 t 为档次(即 1、2 万 t/a……);
    b) 30 万 t/a 至 90 万 t/a 煤矿以 3 万 t 为档次(即 33、36 万 t/a……);
    c) 90 万 t/a 至 600 万 t/a 煤矿以 5 万 t 为档次(即 95、100 万 t/a……);
    d) 600 万 t/a 以上的煤矿以 10 万 t 为档次(即 610、620 万 t/a……)。
生产能力核定结果不在标准档次的,按就近下靠的原则确定。

C.1.6 煤矿通风系统能力必须按实际供风量核定,井下各用风地点所需风量要符合规程规范要求。经省级煤炭行业管理部门批准的矿井年度通风能力,可作为核定生产能力的依据。

C.1.7 核定煤矿生产能力所用参数,必须采集已公布或上报的生产技术指标、现场实测和合法检测机构的测试数据,经统计、分析、整理、修正,并进行现场验证而确定。

C.2 资源储量及服务年限核查

C.2.1 煤矿资源储量核查内容及标准:
    a) 有依法认定的资源储量文件;
    b) 有上年度核实或检测的资源储量数据;
    c) 采区回采率达到规定标准;
    d) 安全煤柱的留设符合有关规定;
    e) "三个煤量"符合要求;
    f) 上行开采及特殊开采的批准文件;
    g) 厚薄煤层、难易开采煤层、不同煤种煤质煤层合理配采情况;
    h) 按规定批准的资源储量的增减情况(注销、报损、地质及水文地质损失和转入、转出等);
    i) 有无超层越界开采行为。

C.2.2 提高煤矿核定生产能力必须有资源保障,核定生产能力后的服务年限应不低于煤矿设计规范对各类型矿井(露天)服务年限的规定。达不到上述规定的,不得提高核定生产能力。

C.3 提升系统生产能力核定

C.3.1 核定主、副井提升系统能力必备条件:
    a) 提升系统设备、设施配套完整,符合有关规程规范要求,经具备资质的检测检验机构测试合格;
    b) 提升系统保护装置完善、运转正常;
    c) 提升系统技术档案齐全,各种运行、维护、检查、事故记录完备。每日强制性检查和维护时间应达到 2 h~4 h。

C.3.2 主井提升系统核定生产能力的主要内容:
    a) 主井提升能力是指从主井底到达地面的提升系统的能力;
    b) 主井提升能力按年工作日 330 d、每日提升时间 16 h 计算。若采用定量装载并实现数控自动化运行、滚筒直径2 m以上的提升机,或采用带式输送机提升且设有井底中央煤仓时,每日提升时间可按18 h计算。

C.3.3 主井提升系统能力核定公式及标准:
a) 主井采用箕斗、矿车提升时,提升能力核定按下式计算:

$$A = 3\,600 \frac{b \cdot t \cdot P_M \cdot k}{10^4 k_1 \cdot k_2 \cdot T}(万\ t/a)$$

式中:
A ——主井提升能力,万 t/a;
b ——年工作日,330 d;
t ——日提升时间,16 h 或 18 h,按第十一条规定选取;
P_M——每次提升煤炭量,t/次;
k ——装满系数。立井提升取1.0;当为斜井串车或箕斗提升时,倾角20°及以下取0.95,20°~25°取0.9,25°以上取0.8;
k_1 ——提升不均匀系数。井下有缓冲仓时取1.1,无缓冲仓时取1.2;
k_2 ——提升设备能力富余系数,取1.1~1.2;
T ——提升一次循环时间,s/次。

b) 主井采用带式输送机提升时,提升能力核定按下式计算:
   1) 钢绳芯胶带(或普通胶带)输送机。

$$A = 330 \frac{k \cdot B^2 \cdot v \cdot \gamma \cdot C \cdot t}{10^4 k_1}(万\ t/a)$$

式中:
A——年运输量,万 t/a;
k——输送机负载断面系数,按表C.1取值;
B——输送机带宽,m;
v——输送机带速,m/s;
C——输送机倾角系数,按表C.2取值,当输送机倾角在25°~28°时,按20°~25°外推计算取值;
k_1——运输不均匀系数,取1.2;
γ——松散煤堆容积重,t/m³,取0.85~0.9;
t——日提升时间,16 h 或 18 h,按第十一条规定选取;当乘人时,应扣除运送人员时间。

表 C.1 输送机负载断面系数

	物料煤动堆积角 θ		25°	30°	35°
k	带宽 mm	650	355	390	420
		800~1 000	400	435	470
		1 200~1 400	420	455	500
		1 600~1 800		470	520
		2 000~2 200		480	535

表 C.2　输送机倾角系数

输送机倾角	0°～8°	8°～16°	16°～20°	20°～25°
C	1～0.97	0.97～0.88	0.88～0.81	0.81～0.72

2) 钢丝绳牵引输送机。

$$A = 330 \frac{(k' + k'')B^2 \cdot v \cdot \gamma \cdot C \cdot t}{10^4 k_1}(万\ t/a)$$

式中：

$k' + k''$——输送机负载断面系数，按表 C.3 取值。

表 C.3　输送机负载断面系数

物料煤动堆积角 θ	25°	30°
$k' + k''$	180+125	220+130

其他字母含义及单位同钢绳芯胶带（或普通胶带）输送机。

3) 按实测的输送机状况计算公式。

$$A = 3\ 600 \times 330 \frac{w \cdot v \cdot t}{10^7 k_1}(万\ t/a)$$

式中：

w——单位输送机长度上的负载量，kg/m。该参数实测时，应根据在用输送机实际情况，同时观察电流变化情况和电动机、减速器等的运行情况，找出其变化规律后，确定准确的计算参数。

其他字母含义及单位同钢绳芯胶带（或普通胶带）输送机。

C.3.4 副井提升系统能力核定的主要内容：

a) 副井提升系统能力是指从副井底到达地面的提升系统的能力；

b) 副井提升能力按年工作日 330 d、三班作业、班最大提升时间 5 h 计算。

C.3.5 副井提升系统能力核定公式及标准：

副井提升能力核定按下式计算：

$$A = 330 \times 3 \frac{5 \times 3600 - T_R - D \cdot T_Q}{10^4 \left(\frac{R}{P_G}T_G + \frac{M}{P_C}T_C\right)}(万\ t/a)$$

式中：

A ——副井提升能力，万 t/a；

R ——出矸率（矸石与产量的重量比），%；

P_G——每次提矸石重量，t/次；

T_G——提矸一次循环时间，s/次；

M ——吨煤用材料比重，%；

P_C——每次提升材料重量，t/次；

T_C——每次提升材料循环时间，s/次；

D ——下其他材料次数,每班按 5 次～10 次计(指下炸药、设备、长材等);

T_Q ——下其他材料每次循环时间,s/次;

T_R ——每班人员上下井总时间,s/班。

计算人员上下井所需时间应符合以下规定:

a) 工人每班下井时间,取实测最大值。

b) 升降工人时间为工人下井时间的 1.5 倍;有综采工作面的矿井为 1.6 倍～1.8 倍(全部为综采的取大值);升降其他人员时间为升降工人时间的 20%。

C.3.6 混合井提升系统能力核定的主要内容:

a) 混合井提升能力是指从承担矿井主副提升任务的混合井底到达地面的提升系统的能力。

b) 混合井提升能力按年工作日 330 d、三班作业、班最大提升时间 6 h 计算。

C.3.7 混合井提升系统能力核定公式及标准:

混合井提升能力核定按下式计算:

$$A = 330 \times 3 \frac{6 \times 3600 - T_R - D \cdot T_Q}{10^4 \left(\frac{k_1}{P_M} T_M + \frac{k_1 R}{P_G} T_G + \frac{M}{P_C} T_C \right)} (万 t/a)$$

式中:

A ——混合井提升能力,万 t/a;

R ——出矸率(矸石与产量的重量比),%;

P_G ——每次提矸石重量,t/次;

T_M ——提煤一次循环时间,s/次;

P_M ——每次提煤重量,t/次;

T_G ——提矸一次循环时间,s/次;

M ——吨煤用材料比重,%;

P_C ——每次提升材料重量,t/次;

T_C ——每次提升材料循环时间,s/次;

D ——下其他材料次数,每班按 5 次～10 次计(指下炸药、设备、长材等);

T_Q ——下其他材料每次循环时间,s/次;

T_R ——每班上下人总时间,s/班,有关规定同副井提升能力核定;

k_1 ——提煤和提矸不均匀系数,取 1.25。

C.4 井下排水系统生产能力核定

C.4.1 核定井下排水系统能力必备条件:

a) 排水系统完善,设备、设施完好,运转正常,经具备资质的检测检验机构测试合格;

b) 有依法批准的地质报告提供的正常涌水量和最大涌水量,以及生产期间的实际涌水量数据。有突水淹井危险的矿井应有经技术论证预测的突水量,并有防治水害的有效措施;

c) 管理维护制度健全,各种运行、维护、检查、事故记录完备,有每年一次的全部工作水泵和备用水泵联合排水试验报告。

C.4.2 排水系统能力核定的主要内容和标准：
   a) 矿井有多级排水系统的,应对各级排水系统能力分别核定,然后根据矿井排水系统构成和各级涌水情况,综合分析确定矿井排水能力;
   b) 从依法批准的矿井地质报告提供的涌水量和生产期间的实际涌水量数据中,取最大值作为矿井排水系统能力的计算依据;
   c) 核定矿井排水系统能力时,水泵和排水管的能力应按规定在20 h内排出矿井24 h的正常涌水量和最大涌水量;
   d) 矿井水仓容量必须满足《煤矿安全规程》规定,主水仓容量必须符合以下计算要求：
      1) 正常涌水量在1 000 m³/h以下时：
      $$V \geqslant 8Q_s (m^3)$$
      2) 正常涌水量大于1 000 m³/h时：
      $$V \geqslant 2(Q_s + 3\ 000)(m^3)$$
      且应符合 $V \geqslant 4Q_s (m^3)$
      式中：
      V ——主要水仓的有效容量,m³;
      Q_s ——矿井每小时正常涌水量,m³/h。
   e) 矿井排水系统能力核定按下式计算：
      1) 矿井正常涌水量排水能力。
      $$A_n = 330 \frac{20 B_n}{10^4 P_n} (万\ t/a)$$
      2) 矿井最大涌水量排水能力。
      $$A_m = 330 \frac{20 B_m}{10^4 P_m} (万\ t/a)$$
      式中：
      A_n ——排正常涌水时的能力,万 t/a;
      B_n ——工作水泵小时排水能力,m³/h;
      P_n ——上一年度平均日产吨煤所需排出的正常涌水量,m³/t;
      A_m ——排最大涌水时的能力,万 t/a;
      B_m ——工作水泵加备用水泵的小时排水能力,m³/h;
      P_m ——上一年度平均日产吨煤所需排出的最大涌水量,m³/t。
   以上两种计算结果取其小值为矿井排水系统能力。

C.5 供电系统生产能力核定

C.5.1 核定供电系统能力必备条件：
   a) 供电系统合理,设备、设施及保护装置完善,技术性能符合规定要求,运行正常;
   b) 供电系统技术档案齐全,各种运行、维护、检查、事故记录完备,管理维护制度健全;
   c) 年产6万t及以上的矿井应有两回路独立的、不得分接任何负荷的电源线路;

d) 年产6万t以下的矿井采用独立的、未分接任何负荷的单回路电源供电时,应有满足通风、排水、提升等矿井设备可靠运转的备用电源。

C.5.2 供电系统能力核定的主要内容和标准:

a) 正常情况下,两回路电源线应采用分列运行的方式。当采用一回路运行时,另一回路必须带电备用。能力核定计算为工作线路和工作变压器的折算能力,备用线路、备用变压器、备用发电机组不计入供电容量。

b) 电源线路的供电能力,需符合允许载流量的要求,并应满足线路压降不超过5%的规定。

c) 电源线路能力核定按下式计算:

$$A = 330 \times 16 \frac{P}{10^4 w}(万 t/a)$$

式中:

A——电源线路的折算能力,万 t/a;

P——线路合理、允许的供电容量,kW。按线路允许的载流量计算,但线路电压降不得超过5%;

w——矿井吨煤综合电耗,kWh/t,采用上年度的实际吨煤综合电耗。

d) 主变压器能力核定按下式计算:

$$A = 330 \times 16 \frac{S \cdot \psi}{10^4 w}(万 t/a)$$

式中:

A——变压器的折算能力,万 t/a;

S——工作变压器容量,kVA;

ψ——为全矿井的功率因数,取0.9;

w——矿井吨煤综合电耗,kWh/t,同电源线路能力核定计算式采用数。

e) 井筒电缆可不折算矿井生产能力,但需保证当任何一回路发生故障或停止供电时,其余回路仍能担负井下全部负荷用电,安全载流量及电压降均符合要求。

C.6 井下运输系统生产能力核定

C.6.1 核定井下运输系统能力必备条件:

a) 井下运输系统完善,保护齐全,运转正常;

b) 倾斜井巷内按规定装备有完善、有效的防跑车及跑车防护装置;

c) 各种行车、调度信号设施齐全,安全标志齐全、醒目,车场、巷道内照明符合规定。

d) 井下采用无轨胶轮车运输的,所用设备必须为防爆型。

C.6.2 井下运输系统能力核定的主要内容和标准:

a) 井下运输系统能力主要包括工作面巷道、上(下)山、集中巷、暗斜井、大巷的运输能力;

b) 核定井下运输系统能力时,若实测数据大于设备额定能力,以设备额定能力为准;若实测数据小于设备额定能力,以实测数据为准;

c) 井下运输系统中最小的环节(或设备)能力为井下运输系统的核定能力;

d) 井下运输系统有多个独立的系统时,其核定能力为各独立系统最小环节能力之和;
e) 当采用带式输送机运输时,核定能力按主井提升带式输送机计算公式计算,其中 k_1 不均匀系数取 1.1,大巷为平巷运输时,倾角系数 C 取 1.0;
f) 当采用电机车运输时,大巷运输及井底车场通过能力按下式计算:

$$A = 60 \times 16 \times 330 \frac{N \cdot G}{10^4 k_1 (1+R) \cdot T} (万\ t/a)$$

式中:
N——每列车矿车数,辆/列;
G——每辆车载煤量,t/辆;
R——通过大巷运输矸石、材料、设备、人员等占原煤运量比重,%;
k_1——不均匀系数,取 1.15;
T——大巷中相邻两列车间隔时间,min/列。按下式计算:

$$T = \frac{\frac{2L}{v} + t_1 + t_2}{n} (min/列)$$

式中:
L——大巷运输距离,m;
v——列车平均运行速度,m/min;
t_1——装车调车时间(含中途停车时间),min;
t_2——卸载调车时间,min;
n——运煤列车的列数,列。
井下轨道运输仅承担辅助运输时,不核定其能力。

g) 当采用无轨胶轮车作为井下主要运输时,其能力核定按下式计算。

$$A = 330 \times 60 \frac{n \cdot t \cdot G}{10^4 T \cdot k_1} (万\ t/a)$$

式中:
A——运输能力,万 t/a;
t——每天工作时间,取 16 h;
G——胶轮车载重量,t/台;
k_1——运输不均衡系数,取 1.2;
n——胶轮车平均日工作台数,台;
T——运输一次循环时间,min/次。

$$T = \frac{2L}{v} + t_1 + t_2$$

式中:
L——加权平均运输距离,m;
v——胶轮车平均运行速度,m/min;
t_1——装车调车时间(含中途停车时间),min;
t_2——装载调车时间,min。

用该公式计算出结果后,须按下式验算井底车场和大巷通过能力,然后取其小者为矿井运输能力:

$$A' = 60 \times 16 \times 330 \frac{k_X G}{10^4 k_1 (1+R) \cdot T'} (万\ t/a)$$

式中:
A'——井底车场和大巷通过能力,万 t/a;
G——胶轮车载重量,t/次;
k_X——运输线路系数,单线时为 0.5,完全形成环线时为 1;
R——运输矸石占原煤比重,%;
k_1——不均匀系数,取 1.2;
T'——大巷中相邻两车间隔时间,min,取 0.5。

h) 当采用无轨胶轮车作为辅助运输时,其能力核定按下式计算:

$$A = 330 \times 3 k_X \frac{5 \times 3\,600 - t_R - D \times t_Q}{10^4 \left(\frac{R}{P_G} \cdot t_G + \frac{M}{P_C} \cdot t_C \right)} (万\ t/a)$$

式中:
A——辅助运输核定能力,万 t/a;
M——吨煤用材料比重,%;
P_C——每次运材料重量,t/次;
t_C——运材料车间隔时间,s;
D——每班运其他材料次数,次/班,按 5 次~10 次计(指运炸药、设备、长材料等);
t_Q——运其他材料车间隔时间,s;
t_R——每班人员进出井车辆间和与其他车辆间隔时间总和,s;
R——矸石占原煤产量的比重,%;
P_G——每次运矸石重量,t/次;
t_G——运矸石车间隔时间,s;
k_X——运输线路系数,单线时为 0.5,完全形成环线时为 1,平硐以下形成环线时为 0.8。

公式基础:
1) 进出井运人车辆间和与其他车辆间隔时间按 60 s 计算;
2) 每车乘人数量,加长车不超过 18 人,双排座车不超过 16 人;
3) 运送其他人员车辆间隔时间为 30 s;
4) 材料车相互间隔时间按 30 s 计算。

i) 所有使用内燃无轨胶轮车运输的矿井必须按车辆尾气排放量和巷道中废气浓度核算合理的车辆使用数,以确定矿井的最大运输能力。

j) 暗斜井运输能力按第十二条、第十四条、第十六条有关公式计算。

C.7 采掘工作面生产能力核定

C.7.1 核定采掘工作面能力必备条件:

a) 同一采区内同一煤层不得布置3个及以上回采工作面和5个及以上掘进工作面同时作业;
b) 严格按定编定员标准组织生产;
c) 条件允许的煤矿应采用长壁式开采;使用连续采煤机的可以采用房柱式或短壁式采煤法;开采三角煤、残留煤柱或进行复采时,必须有按规定批准的作业规程和安全技术措施;
d) 有煤或瓦斯突出的矿井、高瓦斯矿井、低瓦斯矿井高瓦斯区开采的工作面,不得采用前进式采煤方法。采煤工作面必须保持至少两个畅通的安全出口,一个通到回风巷,另一个通到进风巷。开采三角煤、残留煤柱不能保持两个安全出口时,必须有按规定批准的作业规程和安全技术措施;
e) 采区生产必须形成完整的通风、排水、供电、运输等系统,严禁非正规下山开采;
f) 必须保证回采工作面的正常接续,均衡稳定生产,"三个煤量"符合国家有关规定。大中型矿井开拓煤量可采期应达到3年~5年以上,准备煤量可采期应达到1年以上,回采煤量可采期应达到4个月~6个月以上。小型矿井开拓煤量可采期应达到2年~3年以上,准备煤量可采期应达到8个月~10个月以上,回采煤量可采期应达到3个月~5个月以上。

C.7.2 采掘工作面生产能力核定的主要内容和标准:
a) 核查矿井各可采煤层厚度、间距、倾角、生产能力、期末可采储量和煤层结构,以及矿井开拓方式、采煤方法,核查现生产水平、采区和采煤队个数、准备采区及掘进队个数等情况;
b) 核查分析现生产采区和准备采区地质构造、煤层赋存情况、煤层顶底板情况、采区巷道布置、采区设计生产能力、采煤工作面和掘进工作面数量和位置等情况;
c) 采煤工作面能力根据前3年回采工作面的实际情况,按不同煤层厚度(厚、中、薄煤层)、不同采煤工艺(综采、综放、高档普采、普采、炮采、水采),按下式计算回采工作面前3年的平均生产能力:

$$A_C = 10^{-4} L \cdot T \cdot P \cdot N (万 t/a)$$

式中:
A_C——采煤工作面平均生产能力,万 t/a;
L ——采煤工作面平均长度,m;
T ——采煤工作面平均年推进度,m;
P ——平均煤层生产能力,t/m²;
N ——采煤工作面平均个数,个。

d) 掘进工作面年掘进煤量根据前3年掘进工作面的实际资料,计算掘进煤占回采煤量的比例和年掘进煤量:

$$C = \frac{G_J}{G_C}$$

式中:
C ——掘进煤占回采煤量的比例;
G_J——前3年掘进煤量总和,万 t;

G_C——前 3 年回采煤量总和,万 t。
掘进煤量为:
$$A_J = A_C \cdot C (万\ t/a)$$

e) 根据前 3 年的采煤工作面平均生产能力和掘进煤量计算前 3 年矿井年平均采掘生产能力 A:
$$A = A_C + A_J = (1+C)A_C (万\ t/a)$$
前 3 年矿井年平均采掘生产能力可作为矿井采掘工作面核定生产能力。

C.7.3 特殊情况下采掘工作面生产能力的核定:

由于地质构造、煤层赋存条件发生变化,或技术改造移交时间短,或采煤工艺变化(如由分层开采变为一次采全高),或采煤机械化程度变化(如由炮采变为机采),或市场销售制约等因素,前 3 年采掘工作面生产情况不能准确反映目前实际时,可根据采煤工作面循环作业图表、近期矿井生产和今后 3 年采掘接替安排等情况,分别计算采煤工作面生产能力和掘进煤量,确定采掘工作面生产能力。采用此方法,必须提供相关证明材料。

a) 采煤工作面能力计算公式为:
$$A_C = 10^{-4} l \cdot h \cdot r \cdot b \cdot n \cdot N \cdot c \cdot a (万\ t/a)$$

式中:
A_C——采煤工作面年生产能力,万 t/a;
l ——采煤工作面平均长度,m;
h ——采煤工作面煤层平均采高,m;放顶煤开采时为采放总厚度;
r ——原煤视密度,t/m³;
b ——采煤工作面平均日推进度,m/d;须提供证明依据;
n ——年工作日数,d,取 330 d;
N ——正规循环作业系数,%;应根据采煤设备技术性能、生产组织和职工素质等因素确定,一般取 0.8;
c ——采煤工作面回采率,%;按矿井设计规范选取;
a ——采煤工作面平均个数,个。

b) 掘进煤量按照掘进巷道分类长度、断面计算。
$$A_J = 10^{-4} r \sum_{i=1}^{n} S_i L_i (万\ t/a)$$

式中:
A_J——掘进煤量,万 t/a;
r ——原煤视密度,t/m³;
S_i——i 巷道纯煤面积,m²;
L_i——i 巷道年总进尺,m。

c) 矿井采掘工作面生产能力为:
$$A = A_C + A_J (万\ t/a)$$

C.7.4 核定采掘工作面能力时,应根据矿井开拓和准备情况,按照采区设计和工作面布置,采用表格形式按采掘队和年份排出采煤工作面后 3 年的接续表,并按不同图例(或不同颜色)绘制出后 3 年采掘工程计划(规划)图。如不能满足工作面正常接续要求,应适当降低采掘工作面核定能力。

C.8 通风系统生产能力核定

C.8.1 核定通风系统能力必备条件:
a) 必须有完整独立的通风、防尘、防灭火及安全监控系统,通风系统合理,通风设施齐全可靠;
b) 必须采用机械通风,运转风机和备用风机必须具备同等能力,矿井通风机经具备资质的检测检验机构测试合格;
c) 安全检测仪器、仪表齐全可靠;
d) 局部通风机的安装和使用符合规定;
e) 采掘工作面的串联通风符合规定;
f) 矿井瓦斯管理必须符合有关规程规定。

C.8.2 通风系统能力核定的主要内容:
a) 核查采煤工作面、掘进工作面及井下独立用风地点的基本状况;
b) 核查矿井通风机的运转状况;
c) 实行瓦斯抽排的矿井,必须核查矿井瓦斯抽排系统的稳定运行情况;
d) 矿井有两个以上通风系统时,应按照每一个通风系统分别进行通风能力核定,矿井的通风系统能力为每一通风系统能力之和。矿井必须按照每一通风系统能力合理组织生产。

C.8.3 矿井需风量核定办法:
a) 生产矿井需要风量按各采煤、掘进工作面、硐室及其他巷道等用风地点分别进行计算,包括按规定配备的备用工作面需要风量,现有通风系统必须保证各用风地点稳定可靠供风。

$$Q_{矿} \geqslant \left(\sum Q_{采} + \sum Q_{掘} + \sum Q_{硐} + \sum Q_{备} + \sum Q_{胶轮车} + \sum Q_{其他} \right) \cdot K (m^3/min)$$

式中:
$\sum Q_{采}$ ——采煤工作面实际需要风量的总和,m^3/min;
$\sum Q_{掘}$ ——掘进工作面实际需要风量的总和,m^3/min;
$\sum Q_{硐}$ ——硐室实际需要风量的总和,m^3/min;
$\sum Q_{备}$ ——备用工作面实际需要风量的总和,m^3/min;
$\sum Q_{胶轮车}$ ——井下采用胶轮车运输的矿井,尾气排放稀释需要的风量,m^3/min;
$\sum Q_{其他}$ ——矿井除了采、掘、硐室地点以外的其他巷道需风量的总和,m^3/min;
K ——矿井通风需风系数(抽出式取 1.15~1.20,压入式取 1.25~1.30)。

b) 采煤工作面需要风量
每个回采工作面实际需要风量,应按瓦斯、二氧化碳涌出量和爆破后的有害气体产生量以及工作面气温、风速和人数等规定分别进行计算,然后取其中最大值。

1) 低瓦斯矿井的采煤工作面按气象条件或瓦斯涌出量（用瓦斯涌出量计算，采用高瓦斯计算公式）确定需要风量，其计算公式为：

$$Q_{采} = Q_{基本} \cdot K_{采高} \cdot K_{采面长} \cdot K_{温} (m^3/min)$$

式中：

$Q_{采}$ ——采煤工作面需要风量，m^3/min；

$Q_{基本}$ ——不同采煤方式工作面所需的基本风量，m^3/min；

$Q_{基本}$ = 60×工作面控顶距×工作面实际采高×70%×适宜风速（不小于1.0 m/s）；

$K_{采高}$ ——回采工作面采高调整系数（见表C.4）；

$K_{采面长}$ ——回采工作面长度调整系数（见表C.5）；

$K_{温}$ ——回采工作面温度与对应风速调整系数（见表C.6）。

表 C.4 $K_{采高}$ ——回采工作面采高调整系数

采高 m	<2.0	2.0～2.5	2.5～5.0 及放顶煤面
系数 $K_{采高}$	1.0	1.1	1.5

表 C.5 $K_{采面长}$ ——回采工作面长度调整系数

回采工作面长度 m	80～150	150～200	>200
系数 $K_{采面长}$	1.0	1.0～1.3	1.3～1.5

表 C.6 $K_{温}$ ——回采工作面温度与对应风速调整系数

回采工作面空气温度 ℃	采煤工作面风速 m/s	系数 $K_{温}$
<20	1.0	1.00
20～23	1.0～1.5	1.00～1.10
23～26	1.5～1.8	1.10～1.25
26～28	1.8～2.5	1.25～1.40
28～30	2.5～3.0	1.40～1.60

2) 高瓦斯矿井按照瓦斯（或二氧化碳）涌出量计算。

根据《煤矿安全规程》规定，按回采工作面回风流中瓦斯（或二氧化碳）的浓度不超过1%的要求计算：

$$Q_{采} = 100 \cdot q_{采} \cdot K_{CH_4} (m^3/min)$$

式中：

$Q_{采}$ ——回采工作面实际需要风量，m^3/min；

$q_{采}$ ——回采工作面回风巷风流中瓦斯（或二氧化碳）的平均绝对涌出量，m^3/min；

K_{CH_4}——采面瓦斯涌出不均衡通风系数(正常生产时连续观测 1 个月,日最大绝对瓦斯涌出量和月平均日瓦斯绝对涌出量的比值)。

3) 工作面布置有专用排瓦斯巷的回采工作面风量计算:

$$Q_{采} = Q_{采回} + Q_{采尾}(m^3/min)$$

其中:$Q_{采回} = 100 \cdot q_{采} \cdot K_{CH_4}(m^3/min)$

$$Q_{采尾} = \frac{q_{CH_4尾}}{2.5\%} \cdot K_{CH_4}(m^3/min)$$

式中:

$q_{CH_4尾}$——采煤工作面尾巷的风排瓦斯量,m^3/min。

4) 按工作面温度选择适宜的风速进行计算(见表 C.6):

$$Q_{采} = 60V_{采} \cdot S_{采}(m^3/min)$$

式中:

$V_{采}$——采煤工作面风速,m/s;

$S_{采}$——采煤工作面的平均断面积,m^2。

5) 按回采工作面同时作业人数和炸药量计算需要风量:

每人供风≮4 m^3/min:

$$Q_{采} \geq 4\ N(m^3/min)$$

每千克炸药供风≮25 m^3/min(硝酸铵炸药):

$$Q_{采} \geq 25\ A(m^3/min)$$

式中:

N——工作面最多人数,人;

A——一次爆破炸药最大用量,kg。

6) 按风速进行验算:

$$60 \times 0.25\ S < Q_{采} < 60 \times 4S(m^3/min)$$

式中:

S——工作面平均断面积,m^2。

7) 备用工作面亦应满足瓦斯、二氧化碳、气温等规定计算的风量,且最少不得低于采煤工作面实际需要风量的 50%。

$$Q_{备} \geq \frac{1}{2}Q_{采}$$

c) 掘进工作面需要风量

每个掘进工作面实际需要风量,应按瓦斯、二氧化碳涌出量和爆破后的有害气体产生量以及工作面气温、风速、人数以及局部通风机的实际吸风量等规定分别进行计算,然后取其中最大值。

1) 按照瓦斯(或二氧化碳)涌出量计算:

$$Q_{掘} = 100q_{掘} \cdot K_{掘通}(m^3/min)$$

式中:

$Q_{掘}$——单个掘进工作面需要风量,m^3/min;

$q_{掘}$——掘进工作面回风流中瓦斯(或二氧化碳)的绝对涌出量,m^3/min;

$K_{掘通}$——瓦斯涌出不均衡通风系数(正常生产条件下,连续观测 1 个月,日最大绝对瓦斯涌出量与月平均日瓦斯绝对涌出量的比值)。

按二氧化碳的涌出量计算需要风量,可参照瓦斯涌出量计算方法进行。

2) 按局部通风机实际吸风量计算需要风量:

岩巷掘进： $Q_{掘} = Q_{扇} \cdot I_i + 60 \times 0.15 S (m^3/min)$

煤巷掘进： $Q_{掘} = Q_{扇} \cdot I_i + 60 \times 0.25 S (m^3/min)$

式中:

$Q_{扇}$——局部通风机实际吸风量,m^3/min。安设局部通风机的巷道中的风量,除了满足局部通风机的吸风量外,还应保证局部通风机吸入口至掘进工作面回风流之间的风速岩巷不小于0.15 m/s、煤巷和半煤巷不小于 0.25 m/s,以防止局部通风机吸入循环风和这段距离内风流停滞,造成瓦斯积聚;

I_i——掘进工作面同时通风的局部通风机台数。

3) 按掘进工作面同时作业人数和炸药量计算需要风量:

每人供风≮4 m^3/min:

$$Q_{掘} > 4N (m^3/min)$$

每千克炸药供风≮25 m^3/min(硝酸铵炸药):

$$Q_{掘} > 24 A (m^3/min)$$

式中:

N——掘进工作面最多人数,人;

A——一次爆破炸药最大用量,kg。

4) 按风速进行验算:

岩巷掘进最低风量 $Q_{岩掘} > 60 \times 0.15 S_{掘} (m^3/min)$

煤巷掘进最低风量 $Q_{煤掘} > 60 \times 0.25 S_{掘} (m^3/min)$

岩煤巷道最高风量 $Q_{掘} < 60 \times 4.0 S_{掘} (m^3/min)$

式中:

$S_{掘}$——掘进工作面的断面积,m^2。

d) 井下硐室需要风量,应按矿井各个独立通风硐室实际需要风量的总和来计算:

$$\Sigma Q_{硐} = Q_{硐1} + Q_{硐2} + Q_{硐3} + \cdots + Q_{硐n}$$

式中:

$\Sigma Q_{硐}$ ——所有独立通风硐室风量总和,m^3/min;

$Q_{硐1}$、$Q_{硐2}$、$Q_{硐3}$、$\cdots$、$Q_{硐n}$——不同独立供风硐室风量,m^3/min。

矿井井下不同硐室配风原则:

井下爆炸材料库配风必须保证每小时 4 次换气量

$$Q_{库} = 4V/60 = 0.07V (m^3/min)$$

式中:

$Q_{库}$——井下爆炸材料库需要风量,m^3/min;

V ——井下爆炸材料库的体积,m^3。

井下充电室应按其回风流中氢气浓度小于 0.5% 计算风量。

机电硐室需要风量应根据不同硐室内设备的降温要求进行配风。

选取硐室风量,须保证机电硐室温度不超过 30℃,其他硐室温度不超过 26℃。

e) 其他井巷实际需要风量,应按矿井各个其他巷道用风量的总和计算:

$$\Sigma Q_{其他} = Q_{其1} + Q_{其2} + Q_{其3} + \cdots + Q_{其n} (m^3/min)$$

式中:

$Q_{其1}$、$Q_{其2}$、$Q_{其3}$、$\cdots$、$Q_{其n}$——各其他井巷风量,m^3/min。

按瓦斯涌出量计算:

$$Q_{其i} = 100 q_{CH_4} \cdot K_{其通} (m^3/min)$$

式中:

$Q_{其i}$——第 i 个其他井巷实际用风量,m^3/min;

q_{CH_4}——第 i 个其他井巷最大瓦斯绝对涌出量,m^3/min;

$K_{其通}$——瓦斯涌出不均衡系数,取 1.2~1.3;

100——其他井巷中风流瓦斯浓度不超过 1%所换算的常数。

按其风速验算:

$$Q_{其i} > 60 \times 0.15 S_{其i} (m^3/min)$$

架线电机车巷中的风速验算:

$$Q_{其他架线机车} > 60 \times 1.0 S_{其i} (m^3/min)$$

式中:

$S_{其i}$——第 i 个其他井巷断面,m^2。

C.8.4 矿井通风能力核定采用总体核算法或由里向外核算法计算。

a) 方法一:总体核算法(产量在 30 万 t/a 以下矿井可使用)。

1) 公式一(较适用于低瓦斯矿井):

$$A = 330 \times 10^{-4} \frac{Q_{进}}{q \cdot K} (万\ t/a)$$

式中:

$Q_{进}$——矿井总进风量,m^3/min;矿井实际进风量必须满足矿井的总需要风量,按核定时矿井总进风量计算;

q——平均日产吨煤需要的风量,m^3/t,

$$q = \frac{Q'}{A'} (m^3/t)$$

Q'——矿井上年度实际需要风量 m^3/min,矿井实际需要风量为矿井采煤工作面、掘进工作面、硐室和其他用风巷道需要风量之和;

A'——矿井上年度平均日产煤量,t;

K——矿井通风能力系数。取 1.30~1.50,取值范围不得低于此取值范围,并结合当地煤炭企业实际情况恰当选取,确保瓦斯不超限。当矿井等积孔<1 m^2 时,取 1.50;1 m^2<等积孔<2 m^2 时,取 1.40;等积孔>2 m^2 时,取 1.30。

参数选取和计算时,首先应对上年度矿井供风量的安全、合理、经济性进行认真分析与评价,对上年度生产安排的合理性进行必要的分析与评价,对串联

和瓦斯超限等因素掩盖的吨煤供风量不足要加以修正,并应考虑近 3 年矿井生产情况和通风系统的变化,取其合理值;

2) 公式二(较适用于高瓦斯、突出矿井和有冲击地压的矿井):

$$A = \frac{330Q_{进}}{0.0926 \times 10^4 q_{相} \sum k}(万\ t/a)$$

式中:
$Q_{进}$ ——矿井总进风量,m³/min;
0.0926——总回风巷按瓦斯浓度不超 0.75% 核算为单位分钟的常数;
$q_{相}$ ——矿井瓦斯相对涌出量,m³/t;在通风能力核定时,当矿井有瓦斯抽放时,$q_{相}$ 应扣除矿井永久抽放系统所抽的瓦斯量。$q_{相}$ 取值不小于 10,小于 10 时按 10 计算。扣减瓦斯抽放量时应符合以下要求:

——与正常生产的采掘工作面风排瓦斯量无关的抽放量不得扣减(如封闭已开采完的采区进行瓦斯抽放作为瓦斯利用补充源等)。
——未计入矿井瓦斯等级鉴定计算范围的瓦斯抽放量不得扣除。
——扣除部分的瓦斯抽放量取当年平均值。
——如本年已完成矿井瓦斯等级鉴定的,取本年矿井瓦斯等级鉴定结果;本年未完成矿井瓦斯等级鉴定的,取上年矿井瓦斯等级鉴定结果。

$\sum k$ ——综合系数(见表 C.7):

$$\sum k = k_{产} \cdot k_{瓦} \cdot k_{备} \cdot k_{漏}$$

表 C.7 $\sum k$ 取值表

k 值	概念	取值范围	备注
$k_{产}$	矿井产量不均衡系数	$\dfrac{产量最高月平均日产量}{年平均日产量}$	
$k_{瓦}$	矿井瓦斯涌出不均衡系数	高瓦斯矿井不小于 1.2,突出矿井、冲击地压矿井不小于 1.3	
$k_{备}$	备用工作面用风系数	$k_{备} = 1.0 + n_{备} \times 0.05$	$n_{备}$——备用回采工作面个数
$k_{漏}$	矿井内部漏风系数	$\dfrac{矿井总进风量年平均值}{矿井有效风量年平均值}$	

b) 方法二:由里向外核算法(产量在 30 万 t/a 以上矿井可使用)。
根据第二十九条计算的矿井总需风量与矿井各用风地点的需风量(包括按规定配备的备用工作面)计算出采掘工作面个数(按合理采掘比 m_1、m_2),取当年度每个采掘工作面的产量,计算矿井通风能力。

$$A = \sum_{i=1}^{m_1} A_{采i} + \sum_{j=1}^{m_2} A_{掘j}(万\ t/a)$$

式中:
$A_{采i}$——第 i 个回采工作面正常生产条件下的年产量,万 t/a;

$A_{掘j}$——第 j 个掘进工作面正常掘进条件下的年进尺换算成煤的产量,万 t/a;
m_1——回采工作面的数量,个;
m_2——掘进工作面的数量,个。

m_1、m_2 应符合合理采掘比。

C.8.5 矿井通风能力验证。矿井通风能力要从矿井主要通风机性能、通风网络、用风地点的有效风量和矿井稀释瓦斯的能力进行验证。

C.9 地面生产系统生产能力核定

C.9.1 核定地面生产系统能力必备条件:地面生产系统完善,运转正常。

C.9.2 地面生产系统能力核定的主要内容和标准:

a) 地面生产系统能力主要是地面筛分、地面输送机、外运装车(含铁路运输及汽车运输)、储(贮)煤场等各生产环节的能力。

b) 地面生产系统能力应根据实际生产设施核定,并依系统中各环节设备的最小能力为地面生产系统核定能力。

c) 地面生产系统中的储煤能力应达到 3 天～7 天的矿井产量。储煤能力包括储煤场和贮煤装车仓总能力。

d) 地面生产系统煤仓(场)至装车外运各环节的处理能力富余系数为 1.2。

e) 汽车外运能力按下式计算。

$$A = 330 \times 10^{-4} A_1 \cdot k_1 \cdot T (万\ t/a)$$

式中:
A——年装车外运量,万 t/a;
k_1——运输不均匀系数,煤矿自有汽车队取 0.9,外委汽车队取 0.8;
T——每日装车作业时间,h/d;
A_1——小时装车能力,按下式计算。

$$A_1 = 60 \frac{G \cdot n}{t_1 + t_2} (t/h)$$

式中:
G——每辆汽车平均载重,t;
n——可同时作业装车车位数;
t_1——每辆车调车作业时间,min;
t_2——每辆车平均装车时间,min。

f) 铁路外运能力计算公式。

$$A = 330 \frac{N \cdot G}{10^4 k_1} (万\ t/a)$$

式中:
A——铁路年外运能力,万 t/a;
N——每天列车数,列/d;
G——平均每列车净载量,t/列;
k_1——运输不均匀系数,取 1.1～1.2。

C.10 露天煤矿生产能力核定

C.10.1 核定露天煤矿生产能力必备条件：
a) 各生产环节运转正常；
b) 采剥关系正常，两个煤量及工作面(线)长度符合要求；
c) 采场、排土场边坡保持稳定；
d) 安全保护及监测系统完善，运行正常；
e) 洒水除尘设备完好，矿坑内粉尘含量符合国家规定标准。

C.10.2 露天煤矿生产能力应首先核定剥采能力，根据剥采能力计算原煤生产能力。

有多种生产工艺的分工艺核定生产能力，然后汇总露天煤矿生产能力。

C.10.3 核定剥采能力取环节能力的最小值，即：

$$P_t = \min\{P_d + V_u, P_l, P_h, P_s\}$$

式中：
P_t——剥采能力，万 m³/a；
P_d——穿爆环节能力，万 m³/a；
V_u——不需要爆破的松散物料年计划挖掘量，万 m³/a；
P_l——采装环节能力，万 m³/a；
P_h——运输环节能力，万 m³/a；
P_s——排土环节能力，万 m³/a。

C.10.4 露天煤矿的环节能力计算主要以环节中各设备(系统)的年正常作业小时和小时效率来计算。年正常作业小时和小时效率一般取上年度设备(系统)的年实际作业小时和实际小时效率统计值。如核定当年的设备(系统)计划作业时间与上年度实际统计值有较大差异时，应说明原因。

对于更新、新增设备，采用设计参数进行计算。

计算环节能力时，除了自有设备外，还应包括外包队伍的设备和能力。

C.10.5 穿孔爆破环节能力按下式计算：

$$P_d = \sum_{i=1}^{n} P_{dai}$$

式中：
i ——1,…,n；
n ——设备台数，台；
P_{dai}——单台穿孔设备年能力，万 m³/a。按下式计算：

$$P_{dai} = 10^{-4} H_y \cdot M_h \cdot C_b \cdot R_d$$

式中：
H_y——年正常作业小时数，h；
M_h——小时效率，m/h；
C_b——爆破出岩率，m³/m；
R_d——钻孔利用率，%。

C.10.6 采装环节能力按下式计算：

$$P_l = \sum_{i=1}^{n} P_{lai}$$

式中：
i ——$1,\cdots,n$；
n ——设备台数，台；
P_{lai}——单台采装设备年能力，万 m^3/a。按下式计算：

$$P_{lai} = 10^{-4} V_h \cdot H_y$$

式中：
V_h ——设备正常作业平均小时能力，m^3/h；
H_y ——年正常作业小时数，h。

C.10.7 运输环节能力按下式计算：

$$P_h = \sum_{i=1}^{n} P_{hai}$$

式中：
i ——$1,\cdots,n$；
n ——设备台数，台；
P_{hai}——单台（套）运输设备年能力，万 m^3/a。按下式计算。

$$P_{ha} = 10^{-4} V_h \cdot H_y$$

式中：
V_h ——设备正常作业平均小时能力，m^3/h；
H_y ——年正常作业小时数，h。

在半连续或连续工艺中，还应核定破碎站的能力，计算方法相同。

C.10.8 排土环节能力按下式计算：

$$p_s = \sum_{i=1}^{n} P_{sai}$$

式中：
i ——$1,\cdots,n$；
n ——设备台数，台；
P_{sai}——单台（套）排土设备年能力，即年可服务的排弃量，不是实际推送量，万 m^3/a。按下式计算。

$$P_{sa} = 10^{-4} V_h \cdot H_y$$

式中：
V_h ——设备正常作业平均小时能力，m^3/h；
H_y ——年正常作业小时，h。

C.10.9 露天煤矿原煤生产能力按下式计算：

$$P_C = \frac{P_t}{\left(\dfrac{1}{\rho} + R\right) r}$$

式中：
P_C——核定的年原煤生产能力，万 t/a；

P_t ——剥采能力,万 m^3/a;
R ——核定当年、前一年、后一年3年均衡剥采比,m^3/t;
ρ ——原煤视密度,t/m^3;
r ——毛煤系数,$r>1$。

C.11 选煤厂生产能力核定

C.11.1 选煤厂核定生产能力档次划分标准与煤矿核定生产能力档次划分标准相同。
凡核定生产能力不在标准档次的,按就近下靠的原则确定能力档次。

C.11.2 选煤厂核定生产能力必备条件:
    a) 应有健全的生产、技术、安全管理机构及满足生产需要的专业技术人员;
    b) 选煤厂机电设备完好,生产系统、设施运转正常,各种保护装置齐全,符合《选煤厂安全规程》;
    c) 必须实现煤泥水闭路循环;
    d) 坚持正常的检修制度,达到规定的检修时间。

C.11.3 选煤厂核定生产能力的主要内容:
    a) 选煤厂生产能力主要核定以下系统环节能力,取其最小环节能力为选煤厂的核定生产能力:
        1) 原煤、产品煤运输(主要输送设备)系统能力;
        2) 除杂、筛分、破碎系统能力;
        3) 选煤环节(跳汰、重介、浮选、其他选煤方法)能力;
        4) 排矸环节(动筛跳汰、重介斜轮、选择性破碎机、风力干选等)能力;
        5) 原煤、产品煤储存(储煤场、贮煤仓)与装车外运系统能力;
        6) 煤泥处理回收系统能力。
    b) 选煤厂各环节设备处理能力的不均衡系数按以下规定选取:
        1) 矿井型选煤厂原煤受煤至原煤仓(场)设备处理能力应与矿井最大提升(煤)能力一致;
        2) 群矿选煤厂由车辆运输来煤时,受煤坑至原煤仓(场)设备处理能力的不均衡系数取1.30~1.50;
        3) 在原煤仓后设备处理能力的不均衡系数,在额定小时能力的基础上,煤流系统取1.15,煤泥水系统取1.25。
    c) 核定选煤厂系统环节能力时,若设备实测能力大于设备额定能力,以设备额定能力为准;若设备实测能力小于设备额定能力,以设备实测能力为准。
    d) 选煤厂系统环节能力以实际生产设施进行核定。

C.12 附则

C.12.1 本标准由国务院煤炭行业管理部门负责解释。
C.12.2 本标准自发布之日起施行。此前有关规定与本标准不一致的,以本标准为准。

选煤厂安全规程(AQ 1010—2005)

前　言

本标准是以《中华人民共和国煤炭法》《中华人民共和国安全生产法》《中华人民共和国环境保护法》《中华人民共和国大气污染防治法》《煤矿安全规程》等国家有关安全生产的法律、法规、规程和标准为依据制定的。标准的总体结构以选煤厂的主要生产环节为基础，规定了各生产环节在安全生产上应遵循的规定。本标准的附录为资料性附录。

本标准对选煤厂安全生产问题作出了规定。

本标准由国家安全生产监督管理总局提出并归口。

本标准起草单位：中国煤炭工业协会选煤分会。

本标准主要起草人：单忠健、张殿增、岳胜云、蒋志伟。

本标准为首次制定。

引　言

选煤厂是煤炭行业对生产原煤进行筛分和洗选以提高煤炭产品质量的加工厂。选煤厂一系列加工生产环节中，大量机电设备的操作和管理都涉及人身安全，为保证选煤厂能实现安全生产，必须坚持"安全第一、预防为主"的方针，制定出适应选煤厂生产安全的客观规律，体现选煤行业科技进步、保护环境和现代化进程的标准。

目前，煤炭行业执行的《选煤厂安全规程》是1991年3月由中国统配煤矿总公司制定并颁发的。为适应10多年来选煤行业发生的巨大变化，本标准对原《选煤厂安全规程》进行了修订。

1　范围

本标准规定了选煤厂（包括筛选厂）在生产、操作和管理上涉及安全生产应遵守的各项规定。

本标准适用于各类筛选厂、选煤厂，也适用水煤浆厂。

2　规范性引用文件

下列文件中的条款通过本标准的引用而成为本标准的条款。凡是注明日期的引用文件，其随后所有的修改本（不包括勘误的内容）或修订版不适用于本标准。然而，鼓励根据本标准达成协议的各方研究是否可使用这些文件的最新版本。凡是不注明日期的引用文件，其最新版本适用于本标准。

中华人民共和国煤炭法

中华人民共和国安全生产法

中华人民共和国矿山安全法

中华人民共和国环境保护法

中华人民共和国大气污染防治法
煤矿安全规程

3 术语和定义

下列术语和定义也适用于本标准。

3.1
事故隐患　accident potential
可导致事故发生的物的危险状态、人的不安全行为及管理上的缺陷。

3.2
违章指挥　command against rules
强迫职工违反国家法律、法规、规章制度或操作规程进行作业的行为。

3.3
违章操作　operation against rules
职工不遵守规章制度，冒险进行操作的行为。

3.4
职业病　occupational diseases
职工因受职业性有害因素的影响而引起的，由国家以法规形式规定并经国家指定的医疗机构确诊的疾病。

3.5
防护措施　protection measures
为避免职工在作业时身体的某部位误入危险区域或接触有害物质而采取的隔离、屏蔽、安全距离、个人防护等措施或手段。

3.6
危害因素　hazard
可能造成人员伤害、职业病、财产损失、作业环境破坏的因素。

3.7
动筛跳汰机　ROMJIG
支撑被处理物料床层的跳汰筛板在水中可作上下运动的跳汰机。

3.8
数控风阀　numerical control air valve
又称电控气动风阀。用电子数控装置和电磁阀控制跳汰机进气和排气的风阀，其频率和特性曲线可以任意调整。

3.9
浮选柱　columned pneumatic flotation machine
无搅拌叶轮、空气由柱形机体底部经充气器进入与煤浆混合，形成矿化泡沫的浮选设备。

3.10
絮凝剂　flocculant
加入具有分散固体的液体中，使细颗粒聚集形成絮团的药剂。它适用于各种污水净化处理。

3.11

深锥浓缩机　deep cone thickener

机体高度大于直径,上部为圆筒,下部为锥角较小的倒圆锥形澄清、浓缩设备。

3.12

洗水闭路循环　closed water circuit

煤泥水经过充分浓缩、澄清后,煤泥在厂内回收,澄清水全部循环使用的煤泥水流程。

3.13

尾矿场　slurry pond

又称尾煤场。是处理尾煤水的构筑物。

3.14

加压过滤机　pressure filter

将过滤机装入特制的密闭压力容器内,充入压缩空气在过滤介质两侧产生压差而进行过滤的设备。

3.15

水煤浆　coal water mixture CWM

由一定粒度组成的煤、水、少量添加剂混合制备而成的一种流体燃料。一般加水30%～35%、添加剂1%左右。

3.16

捞坑　dredging sump

又称斗子捞坑。构成洗水循环系统之一的水池,沉淀在其中的煤泥或末煤用脱水斗式提升机连续地排出,水池的周边或旁侧有溢流堰,可流出澄清水。

3.17

覆土造田　land reclamation

在矸石层或塌陷区上覆盖土壤造田的过程。选煤厂排放的矸石充填塌陷坑或排到沟、洼处,再覆盖好土,达到种植的目的。

3.18

数控无线调车系统　numerical control system dispatching car

由机车司机、调车员和调度室调度员三者采用对讲机指挥调车作业。代替长期沿用的灯、旗信号调车作业。

3.19

警冲标　warning board

警惕移动车辆碰撞停放在站线上车辆的标志。

3.20

调车绞车　dispatching winch

选煤厂用于受煤坑和装车仓下调度车辆。

3.21

欠电压释放保护装置　low voltage protection

低电压保护装置,当供电电压低至规定的极限值时,能自动切断电源的继电保护装置。

3.22

粉尘 dust

粒度细到足以在空气中悬浮的固体物料颗粒。

4 总则

4.1 为规范选煤厂的安全生产,保障职工安全和健康,防止和减少事故,根据《煤炭法》《安全生产法》《矿山安全法》《环境保护法》,制定本规程。

4.2 从事选煤生产和选煤厂建设活动,必须遵守本规程。

4.3 选煤厂必须遵守国家有关安全生产的法律、法规、规章、规程,以及国家标准、行业标准和技术规范,具备法定的安全生产条件,实现安全生产。

4.4 选煤厂必须建立、健全各级领导安全生产责任制、职能机构安全生产责任制、岗位人员安全生产责任制,以及安全生产奖惩制度和安全生产办公会议制度等各项规章制度。

选煤厂厂长是本厂安全生产的第一责任者。总工程师(或技术负责人)对本厂安全工作负技术责任。各职能部门负责人对本职范围内的安全工作负责。车间主任、班组长对所管辖范围内的安全工作直接负责。

矿务局(集团公司)局长(经理)、矿长必须监督选煤厂安全生产工作,落实安全投入,并对选煤厂的安全生产承担相关责任。

4.5 选煤厂必须设置安全生产管理机构,配备适应工作需要的安全生产人员和装备。

4.6 选煤厂必须实行安全目标管理,层层分解指标。安全生产内容必须纳入经济承包责任中,并定期检查考核。

4.7 选煤厂必须经常组织安全检查,对于检查中发现的问题,应当立即处理;不能处理的,应当及时报告本单位有关负责人;有关负责人应当组织职能机构制定安全措施,限期整改。

4.8 选煤厂在编制生产建设长远发展规划和年度生产建设计划的同时,必须编制安全技术发展规划和安全技术措施计划。安全技术措施所需费用必须列入企业财务、供应计划,不得挪作他用。

4.9 新建、改建、扩建工程项目的设计必须符合本规程的规定。不符合安全生产和劳动保护要求的设计,不得批准;不符合设计要求的工程,不得验收投产。

4.10 选煤厂必须编制年度防洪、防火、防雷、防爆、防冻等灾害预防和处理计划,并组织实施。

4.11 工会依法组织职工参加本单位安全生产工作的民主管理和民主监督,维护职工在安全生产方面的合法权益。

4.12 选煤厂发生事故后,矿长(矿井型选煤厂)和选煤厂厂长必须立即采取措施组织抢救,并按有关规定及时、如实上报。

5 工业厂区和作业场所

5.1 工业厂区

5.1.1 厂区车行道、人行道和救护线路应当平坦畅通,夜间应当有足够的照明。在道路和轨道交叉处,必须有明显和统一的交通标志、信号装置或者落杆。

5.1.2 生产所需的坑、井、壕、池必须设置固定盖板或围栏。在危险处必须设警示牌。夜间必须设置警告红灯。

5.1.3 建筑物必须坚固安全。厂房结构应当无倾斜、裂纹、风化、下塌现象。

5.2 作业场所

5.2.1 升降口、大小孔洞、楼梯、平台、走桥必须加设栏杆（高度105 cm）。进出口处，栏杆应当拆卸方便，使用后可以及时恢复。严禁从高处向下乱扔物品。

厂房内井、孔、沟的盖板必须与地面齐平。确因安装检修需要在楼板打孔时，必须经有关技术部门审查批准后方可施工。施工结束后，应当恢复原状。

5.2.2 电缆及管道不得设在经常有人通行的地板上。厂房内悬挂的溜槽、管道及电缆的高度不得低于2 m。

5.2.3 厂房内的主要通道宽度不得小于1.5 m，次要通道不得小于0.7 m。凡跨越机器的部位，应当设置过桥或走台。行走路面应当防滑。

5.2.4 作业场所的光线应当充足，采光部位不得遮蔽。通道、走廊和作业场所的照明必须符合操作要求。

5.2.5 冰冻期间，室外管道应当包扎。自卸车应当添加防冻剂。冰冻作业场所应当铺垫防滑材料。高层建筑的冰溜应当清除或在人行过道处设置遮掩防护。

5.2.6 各种设备的传动部分必须安设可靠的防护装置。网状防护装置的网孔不得大于50 mm×50 mm。各种传动输送带选型必须符合技术要求，安装松紧适度。

5.2.7 设备在运转中发生故障，必须停机处理。检修设备或进入机内清理杂物时，必须严格执行停电挂牌制度，并设专人监护。

5.2.8 清扫作业场所时，不得用水冲洗电气设备、电缆、照明、信号线路以及设备传动部件。不得用水淋浇轴瓦降温。

5.2.9 严禁任何人跨越运行的设备、输送带、钢丝绳和链条。行人横过铁路应当走安全道或安全桥。确因工作需要穿越铁路时，必须做到"一停、二看、三通过"。严禁爬车、钻车或从两车之间通过。

5.2.10 操作人员必须按规定穿戴劳动保护用品。长发应当盘入帽内。禁止穿裙子、穿短裤、戴围巾、穿高跟鞋、穿拖鞋和赤脚在现场作业。

在设备检修、吊装或进入设备底部和机内清理杂物以及在其他低矮狭窄工作场所作业时，必须戴安全帽。

5.3 防火、防水、防爆和防雷

5.3.1 厂区、生产厂房及仓库必须配备必要的消防器材和设施。干燥、浮选、干选、原煤准备车间及各类煤仓、油脂库、氧气库、汽车库、机车库、配电室、集控室等重点防火区，必须配备相应数量的消防栓、水龙带、灭火器、砂箱及其他消防器材、设备和设施。消防器材和设备必须有专人管理，并定期检查和更换。

各单位应当根据需要设立群众义务消防队或者义务消防员。

5.3.2 储存易燃、易爆物品的仓库，必须符合安全和防爆、防火要求。禁止在作业场所储存易燃、易爆物品。少量润滑油及日常用的油脂、油枪必须存放在专用的隔离房间。

5.3.3 重点防火区，禁止明火及吸烟。确因维修或其他工作需要进行电、气焊接时，必须经防火部门批准，并采取必要的防范措施后，方可施工。

5.3.4 煤仓和原煤准备、干选、干燥车间等煤尘比较集中的地点，必须遵守下列规定：

a) 定期清理地面和设备,防止煤尘堆积。
b) 电气设备必须防爆或采取防爆措施。
c) 不得明火作业(特殊情况,必须办理有关手续)和吸烟。
d) 空气中煤尘含量不得超过 10 mg/m³。

5.3.5 瓦斯量大的煤仓(原煤仓、精煤仓和缓冲仓)及与其相通的房间和走廊,必须遵守下列规定:
a) 建立三班巡回检查制度,制定检查图表。
b) 煤仓设置高出房顶的瓦斯排放口。
c) 使用符合防爆要求的机电设备和照明。
d) 煤仓内瓦斯浓度达到 1.5% 时,附近 20 m 范围内的电气设备立即停止运转。
e) 房间和走廊内瓦斯浓度达到 0.5% 时,立即切断全部非本质安全型电源(含照明电源)。

5.3.6 严禁任何人将易燃、易爆物带入车间或混入煤料。一旦发现煤中混有雷管和炸药,必须立即谨慎取出,并送交有关部门处理。

5.3.7 地下泵房、地下走廊和地下建筑必须设置集水池,装设相应的排水泵。排水泵的排水能力必须超过雨季最大涌水量的 20%。

5.3.8 地下煤仓及其他建筑物周围应当开挖排水沟渠,并保持通畅。

5.3.9 选煤厂的高层建筑及其他需要防止雷击的建筑和设施,必须安设避雷装置。避雷装置必须定期检查和测定。

5.3.10 浮选药剂库的罐体、闸阀、地下管路,应当经常检查。

6 卸煤和贮煤

6.1 卸煤

6.1.1 受煤坑上必须盖有坚固的箅子,其眼孔不得大于 300 mm×300 mm。卸煤时,箅子不准拿掉。在受煤坑的工作地点,必须设置声、光信号。

6.1.2 煤车卸煤时,不准由不熟悉操作方法的人开闭车门;开闭车门前,必须通知煤车上及煤车下的有关人员。

6.1.3 卸煤工下煤车必须从车厢的脚蹬上下车,不准从车上跳下。禁止卸煤人员和卸煤机在同一车内同时作业。

6.1.4 发现车内有大块矸石、铁器、坑木时,卸煤工应当配合卸煤司机共同处理,不准将其卸入仓内。在处理大块矸石等物件以及把工具抛向轨道两旁时,作业前必须向车下人员发出警告,待车下无人后方可作业。

6.1.5 卸煤机工作时,人不准站在受煤坑上。卸煤机司机作业时,不得将头或身体探出操纵室外。操纵室门必须安装闭锁保护装置。

6.1.6 卸煤机绞龙检修时,必须将其绑牢或放倒在地。需要放下绞龙时,必须预先与站调度室联系,经同意后方可操作。

6.1.7 使用翻车机卸煤时,应当遵守下列规定:
a) 煤车车型符合翻车机的要求。
b) 翻车机在运行中,不准无关人员靠近作业区;放空车时,给绞车司机发出信号。

  c) 清扫车底时,先切断电源,并采取可靠的安全措施。
  d) 不准调车人员乘车辆进入翻车机房。
6.1.8 使用绞车牵引卸煤时,应当遵守下列规定:
  a) 绞车牵引煤车启动时,首先拉风,并按规定车数牵引。
  b) 卸煤机运转时,卸车工及其他人员离开危险区。
  c) 卸完车后,及时清道。

6.2 贮煤

6.2.1 煤仓的检查孔必须加盖板,入料口必须设置坚固的箅格防护,箅格网眼不应大于 200 mm×200 mm。非特殊情况,不准拿掉箅格防护。

6.2.2 原煤粒度细、易起拱的煤仓,应当配备风力或机械破拱和清仓设施。

6.2.3 人工清仓时,必须遵守下列规定:
  a) 制定可靠的安全措施并经安全部门批准,组织清仓人员学习并经本人签字。
  b) 煤仓内瓦斯浓度不得超过 1.5%。
  c) 进仓清理人员身体状况良好。患有高血压、聋哑病、心脏病、癫痫病、深度近视等疾病和其他不适宜清仓的人员,不得进仓清理或从事仓上监护工作。
  d) 进仓清理人员穿戴安全鞋帽,使用安全带。安全带的绳子固定在仓外可靠的固定物上,并由监护人员拿住安全带的绳子。
  e) 进仓清理设专人监护,监护人一般不得少于 2 人;仓内有良好的照明和可靠的安全措施。
  f) 监护人员站立的位置能看见工作人员的动作,听清仓内人员的喊话。每 30 min 进仓清理人员与仓外监护人员通讯联系一次。
  g) 如仓壁有 60°~70°的陡坡积煤,进仓前先将陡坡积煤清除。
  h) 清理煤仓时,仓上输送机及仓下给煤机停止作业并断电。清仓过程中需要卸煤时,仓内清仓人员撤离作业地点或站在安全地点,待仓内散煤卸净、仓下给煤机停止作业后,方可继续清仓。禁止爆破清仓或破拱。
  i) 清仓人员轮流分班工作;清仓完毕,清仓负责人清点人员和工具,一切无误后,关闭仓口。

6.2.4 落煤应当遵守下列规定:
  a) 落煤前,仔细观察落煤点是否有人员或车辆,确认无人及车辆后方可落煤。
  b) 落煤时,禁止人员或车辆在落煤点附近逗留和行走。
  c) 不落煤时,关闭落煤点的仓口或溜槽口。

6.2.5 在贮煤场进行贮煤、推运时,不得形成高差较大的煤壁。落煤时,不得在落煤点推运。确因工作需要在落煤点推运时,应当停止落煤或将落煤点改在其他地点。

6.2.6 贮煤场的贮煤量较多时,煤堆上必须有一条推土机能进出煤场的安全通道,路面坡度低于 25°,宽度在 5 m 以上。

6.3 给煤

6.3.1 煤仓堵塞时,工作人员应当使用专用的工具捅煤。捅煤时,应当站在平台上进行;不准站在栏杆、电机或设备上操作。不准在仓口捅煤。不准用身体顶着工具或放在胸前用手推着工具。

6.3.2 给煤机在运行中被物料卡住堵塞时,不得用手直接清除。

6.3.3 给煤机各转动部位的销子、螺钉必须牢固。使用叶轮给煤机时,发现钢丝绳缠绕在主轴上或大块矸石、铁器、木材卡住轮子,必须紧急停车处理。

7 筛分、破碎和磨碎

7.1 筛分

7.1.1 筛分机(包括脱水筛)应当空载启动。不准筛分机超负荷运行。筛分机的传动装置必须安装防护罩。

7.1.2 筛分机运行中,工作人员不得跳到筛板上打楔子、紧筛板螺钉和擦激振器。清理筛孔及处理事故,必须停车。

7.2 破碎

7.2.1 破碎机必须在密闭状态下工作。破碎机的旋转部件必须设防护罩。不准运转中打开破碎机箱盖。不准操作人员站在破碎机上。

7.2.2 破碎机保险销不得用其他金属销代替。液联易熔塞,不得随意更换或不用。

7.2.3 大块煤破碎前,必须使用除铁器和进行手选,严防金属和木材等不能破碎的物件进入破碎机内。

7.2.4 清理破碎机中的杂物或者进行检修,必须停电并至少有 2 人在场,1 人清理、1 人监护。

7.3 磨碎

7.3.1 磨碎机的滚筒两侧必须设置安全防护栏。磨碎机运转时,操作人员不得在传动装置和滚筒下面进行作业,不得从入料端向机体内加钢球。

7.3.2 球磨机入料必须除杂。

7.3.3 清理磨碎机时,必须严格执行停电挂牌制度,并设专人监护。

8 煤炭分选

8.1 手选

8.1.1 手选输送带的两侧必须加设防护板。手选作业点应当至少有 2 人工作,互相监护。手选工不得蹲在或者坐在带式输送机两侧的护板上作业。

8.1.2 带式输送机的带速不得超过 0.3 m/s,倾角不得大于 12°。输送带宽度超过 0.8 m 时,应当在两侧分别设手选台。

带式输送机必须安装紧急停车按钮。

8.1.3 严禁在手选输送带上行走、跨越或坐卧。操作人员不得在原煤分级筛筛口下 1.2 m 范围内和下料溜槽口处站立或工作。

8.1.4 下矸石仓作业,必须制订安全措施并经批准后,方可进行。

8.1.5 工作人员发现雷管、炸药、金属、木料、特大块矸石等物品,应当及时谨慎选出,必要时可以停机处理。选出的雷管、炸药,不得私自保管、转移或销毁。

8.2 跳汰选煤

8.2.1 在跳汰机运转中,工作人员不得用手在风阀排气口试探风量或者直接用手润滑滑体。

8.2.2 采用气动风阀的跳汰机,其高压风压不得高于 0.6 MPa,风阀系统不得在油雾器缺油情况下运行。

8.2.3 检修风箱内部需要使用电焊时,必须将其内部油污清理干净并保持通风良好。

8.2.4 检修和处理跳汰机机体下部梯形溜槽和法兰处漏水时,必须搭设脚手架。操作人员必须系好安全带。

8.2.5 风动排料系统的风压超过 1.5 MPa 时,安全阀应当能自动放风。

8.2.6 清理跳汰机体时,必须先将床层筛板清理干净。进入机体清理人员必须系好安全带,并设专人监护。

8.2.7 隔膜跳汰机在运转中,不得任意调整冲程。调整冲程时,应当在设备启动按钮上挂停电牌,并至少有 2 人在场,1 人监护、1 人调整冲程。操作人员不得用手拉传动三角胶带。

8.2.8 进入动筛跳汰机作业,必须执行停电挂牌制度。

8.3 重介选煤

8.3.1 重介质分选机与给料、产品脱介、介质系统必须实行闭锁运行。

8.3.2 禁止超过规定的铁器或大块矸石进入斜轮分选机。禁止用木棒压着排矸轮传动带强制运行。

8.3.3 使用旋流器分选,应当严格控制入料粒度。禁止金属物件和杂物进入旋流器。

8.3.4 检查、清理磁选机、分选槽或提升轮时,必须执行停电挂牌制度,设专人监护,并制定有效的安全措施。

8.3.5 严禁磁粉进入电机内部。磁介质粉堆放地点与电动机之间应当保持一定距离;若距离难以保证,应当选用防护等级为 IP44 以上的电机。

8.3.6 介质桶上面必须设置箅子,箅子的孔径不得大于 10 mm。操作人员清理箅子上的杂物时,必须系好安全带。

8.4 浮游选煤

8.4.1 清理浮选机、浮选柱、搅拌桶及矿浆准备器时,应当将煤泥放空,并在操作柜上挂停电牌。操作人员进入机内工作,必须系安全带,并设专人监护。

8.4.2 浮选机的加药点必须布置在安全位置,并采取防滑、防火措施。不得使用有害工人健康的浮选药剂。

8.4.3 启动浮选机、浮选柱、搅拌桶前,工作人员必须逐台巡视,查看机体内是否有其他检修人员,转动部位是否有障碍物,待确认无误后方可启动。

8.5 干法选煤

8.5.1 干选设备必须在密闭状态下进行作业。分选过程中,禁止打开箱盖。扬尘点必须密闭并配有除尘设施。作业场所粉尘浓度应当符合规定要求。

8.5.2 清理干选机床面(筛孔堵塞)、旋风集尘器和通风管路时,必须执行停电挂牌制度。清理人员必须戴安全帽。

8.5.3 严禁工作人员携带各种火种进厂和在厂内吸烟。在厂内进行电焊作业,必须停止生产。

8.6 摇床选煤

8.6.1 激振箱上电动机电源线应当配有耐磨、安全可靠的绝缘套管。

8.6.2 设备发生故障,应当立即停车处理。禁止操作人员站在床面或激振箱上处理故障。

9 脱水与干燥

9.1 离心脱水机

9.1.1 离心脱水机不得超负荷运行。入料中不得混有软、硬杂物及大颗粒物料。

9.1.2 离心脱水机的油泵电机、振动电机和回转电机之间必须实现闭锁。

9.1.3 设备运行中,工作人员不得爬到离心机上作业。

9.1.4 沉降式离心机的固定螺栓必须紧固,严防隔振弹簧断裂变形。

9.1.5 沉降式离心机必须装设安全保护装置及传感器。

9.1.6 沉降式离心机的主断阀、入料阀、冲洗阀的开度指标应当准确。

9.2 过滤机

9.2.1 过滤机及缓冲漏斗的操作和巡视平台周围必须设置保护栏杆。缝补或更换滤布时,必须搭设安全架。

9.2.2 在加压过滤机的压力容器壁上,禁止撞击、焊接和开孔。

9.2.3 加压过滤机加压仓和反吹风包,必须根据有关压力容器的规定制定年度检验计划,并报当地安全监察机构及检验单位,经检验单位检验合格并取得使用许可证后,方可使用。

9.2.4 加压过滤机加压仓和反吹风包入口门,必须设置机械、电气闭锁装置。需停机进入加压过滤机加压仓和反吹风包内检修,必须保证其内外空气压力相等。

9.3 压滤机

9.3.1 箱式压滤机(简称压滤机)正常工作时,操作人员不得将脚、手、头伸入压滤机滤板间或从拉开的滤板缝间观察下面的带式输送机或中部槽。禁止将工具放在拉钩架上及滤板的把手上。清除滤饼时,操作人员不得用手扒滤布与煤泥。

9.3.2 禁止操作人员戴手套操纵压滤机开关。机架、机顶、大梁上有人时,不准按动开关。更换滤布、清理滤板中心入料孔中煤泥,必须将传动拉钩拉平。

9.3.3 压滤机液压部分必须安装电接点压力表。

9.3.4 禁止杂物进入带式压滤机,一旦发现,必须立即停机处理。严禁操作人员在带式压滤机网带上行走。

9.3.5 与带式压滤机配套的絮凝剂添加系统应当采取防滑措施。入料停止时,应当将网带及设备周围冲洗干净。

9.4 火力干燥

9.4.1 干燥车间启动前,必须进行全面系统的试验检查。干燥机停止运转前,必须将滚筒中存煤全部排出。

9.4.2 操作人员应当经常检查干燥机给料箱内的返煤情况。排灰时,室内必须有良好的通风,排灰室和除尘器中的一氧化碳含量不得超过 0.00015 g/m^3。清炉排灰时,应当先将炉灰用水熄灭后再排出,禁止带火运出。当多管集尘器中煤粉燃烧时,必须立即停止引风机,打开检查孔将火熄灭。防爆阀每班要检查一次,发现失灵立即更换。

9.4.3 干燥机各点的温度、压力不准超过表1的规定。

9.4.4 干燥机的控制系统必须配备同时能发出声光信号的警报仪表。各种仪表应当定期校验,保证完好。

9.4.5 干燥车间必须设置有效的除尘系统。产生煤尘的设备和转载点必须密闭。设备运行时,车间内粉尘浓度不得超过 10 mg/m³。

表 1　火力干燥机各点温度与压力的最大允许值

项目 干燥机型号	炉膛		干燥机入口		干燥机出口		引风机	
	温度/ ℃	压力/ mmH₂O	温度/ ℃	压力/ mmH₂O	温度/ ℃	压力/ mmH₂O	温度/ ℃	压力/ mmH₂O
管式	850	−5	800	−100	150	−190	120	−300
液筒式	1 200	−2	800	−15	200	−50	120	−150
洒落式	800	−5	500	−15	150	−100	120	−200
沸腾式	1 200	385～450	495	−25～25	73	−255～ −150	73	130～170

注：1 mmH₂O=9.806 65 Pa。

9.4.6　与干燥机直接连接的除尘器或排料除尘器,必须采用耐火材料结构。

9.4.7　干式除尘器必须设置爆炸泄压孔。多管除尘器防爆泄压孔覆盖的镀锌板厚度不得超过 0.5 mm。

9.4.8　干燥车间的建筑必须设有直接通到室外的爆炸泄压孔。泄压孔应当能够迅速展开、击穿或破碎。

9.4.9　干燥机正常运转后方可供热炉风进行作业。

9.4.10　干燥车间需使用电、气焊时,必须制定可靠的安全措施,经车间主任、主管厂长批准后,并在安监人员现场监督下方可进行。

9.4.11　干燥机司炉工进行操作时,必须戴防护眼镜,并配备其他耐高温防护用品。禁止司炉工穿戴化纤类服装进行作业。

9.4.12　需进入干燥机内从事检查或检修,必须先停炉降温,并将机内存煤排净和除尘通风后,方可进行。

10　澄清、浓缩和水煤浆

10.1　分级设施

10.1.1　选煤厂水池、角锥池、捞坑的检查孔,应当安装脚蹬或固定铁梯。

10.1.2　工作人员进入池内检查、清理,必须遵守下列规定:

  a)　配备低压行灯照明,检查脚蹬或铁梯是否牢固。

  b)　工作人员不得少于 2 人,1 人里面检查、1 人外面监护。监护人员站在能看到或听到检查人员工作的地方,并由专职人员担任。

  人员必须使用安全带站在梯子上工作。安全带的一端固定在外面牢固的

工作地点负责人清点人员和工具,待确认无误后,方可盖盖板灌水。

池和捞坑应当根据不同的需要设置盖板、栏杆和走桥。走桥上的花格板

工作人员站在无栏杆的池边缘从事清理泡沫、杂物等工作。

10.2 浓缩设施

10.2.1 浓缩设施(浓缩机、深锥、沉淀塔)的走道必须安装栏杆。地板应当采用花纹钢板或花格板,并安装牢固。

10.2.2 禁止在浓缩设施走桥上存放工具等杂物。

10.2.3 使用周边传动的浓缩机,其周边轨道必须保持平整、光滑、无障碍物。禁止任何人在轨道上坐立或进行作业。

10.2.4 浓缩机、深锥、沉淀塔等主体设施,必须建设牢固。深锥阀门处的操作平台及栏杆应当牢固并防滑。

10.2.5 浓缩设施的絮凝剂添加处及其周围必须设有护栏。地面要铺设防滑材料。

10.2.6 工作人员应当严格监控浓缩机底部沉淀物的厚度。

10.3 室外沉淀池和尾矿场

10.3.1 室外沉淀池的周边必须建筑堤坝或配置栏杆,并设有明显的警示牌。禁止非工作人员入内。

10.3.2 沉淀池滑线沟盖板应当采用花纹钢板。

10.3.3 池内管道堵塞清理时,工作人员必须携带安全带、梯子等工具;同时,上面应当有专人监护。

10.3.4 禁止任何人在尾矿场内游泳。

10.4 水煤浆

10.4.1 严禁选煤厂使用有害人体健康的水煤浆添加药剂。

10.4.2 水煤浆搅拌机上应当设置算格,算格符合有关要求。清理搅拌机时,必须将水煤浆放空,并至少要有 2 人工作,1 人监护,1 人清理。

10.4.3 水煤浆在室外温度 0 ℃ 以下运输时,必须采取防冻措施。

11 厂内外运输

11.1 胶带输送机

11.1.1 带式输送机的机头、机尾必须设置安全防护罩或栏杆。在机下过人的地方,必须设置安全保护板。如果输送机长度超过 30 m,必须设置人行过桥。

11.1.2 带式输送机长度超过 50 m 时,各重要工作地点,必须设置中间"紧急停机"按钮或拉线开关。

"紧急停机"按钮或拉线开关的设置位置,一般应在走廊人行道一侧。3 条带式输送机共有的输送带走廊,中间的带式输送机在走廊两侧均应设置"紧急停机"按钮或拉线开关。

11.1.3 倾斜带式输送机必须设置防偏、止逆和过载、防滑停机保护装置。

11.1.4 带式输送机必须设置清扫器。输送机运转过程中,禁止清理或更换托辊,禁止清理机架和滚筒上的存煤,禁止站在机架上铲煤、扫水、触摸输送带。机架较高的带式输送机,必须设置防护遮板。清理托辊、机头、机尾滚筒时,必须执行停电挂牌制度。

11.1.5 禁止任何人在带式输送机输送带上站、行、坐、卧、横跨。禁止使用带式输送机搬运工具或其他物件。

11.1.6 禁止向滚筒撒煤、砂子、垫草袋等杂物。禁止带式输送机超负荷强行启动。禁止在运行中使用刮滚筒积煤的方法进行调偏。

11.1.7 移动式带式输送机走轮应当安装保护罩。禁止操作人员站在移动式带式输送机前进方向的轨道上进行操作。

11.1.8 使用电热胶接输送带时,必须配备必要的消防器材。

11.1.9 大倾角带式输送机运转时,禁止正面站人。温度低于零下19 ℃时,禁止大倾角带式输送机运行。

11.2 刮板输送机

11.2.1 刮板输送机应当根据工作需要设置人行过桥。刮板输送机的机头、机尾必须设置防护罩或栏杆。严禁任何人横跨未加盖板的刮板输送机。

11.2.2 刮板输送机运行中,发现链条拉斜、跳链或槽箱内卡有杂物,必须停机处理,并由司机在按钮上挂"停车牌"。禁止在运行中清扫刮板输送机。

11.2.3 刮板输送机必须配备过载保护装置。禁止刮板输送机超负荷启动。

11.3 斗式提升机

11.3.1 斗式提升机穿越楼板的孔洞,必须加设防护栏杆或盖板。当检查勺斗物料及斗子运转情况时,操作人员应当站在斗箱侧面。

11.3.2 斗子压住或卡住时,必须立即停车处理。处理时,斗子正面不得站人。

11.3.3 当斗子压住需放水处理时,应当使用事故放水门放水。禁止操作人员打开机尾大盖。

11.3.4 在斗式提升机运转中,禁止操作人员进行检查、维修和清扫。

11.3.5 斗式提升机检修,必须切断电源。进入机壳作业,上下之间必须有完善的信号联系,并设专人负责安全监督工作。检修完毕,检修工作负责人必须清点工作人员及工具,待确实证明内部无人及工具时,才可试车或灌水。

11.3.6 斗式提升机的逆止装置必须安全可靠。

11.4 架空索道

11.4.1 架空索道的牵引速度必须符合表2的规定。

表 2 架空索道最大允许速度

导线滑轮直径/ m	最大允许速度/ (m·s^{-1})	水平转向轮组曲率半径 R/ m	最大允许速度/ (m·s^{-1})
5	1.6	20	1.6
		30	1.8
		40	2.0
6	1.8	>40	2.5

11.4.2 承载索进站角度要以5%~15%的坡度自上方进站;仰角出站角度,单线索道不得大于15°,双线索道不得大于18°;俯角出站角度,单线索道不得大于25°,双线索道不得大于15°。

11.4.3 承载索必须使用密封式钢丝绳。

11.4.4 站内货车的界限尺寸,应当符合下列规定:
    a) 距卸载仓篦格筛的高度应大于输送物料的最大粒度。篦格筛的边,不小于0.08 m。
    b) 人行道,不小于0.6 m。

c) 距柱子的突出部分,不小于 0.2 m。

11.5 机动车运输

11.5.1 机动车的照明灯、倒车灯、刹车灯和转向灯必须齐全、完好。严禁无照和酒后开车。

11.5.2 机动车辆在厂区内正常行驶时,速度不得超过 15 km/h;在结冰、积雪、积水情况和能见度在 30 m 以内恶劣天气时,不得超过 10 km/h;进出厂房、仓库大门、上下地中衡,危险地段、生产现场和倒车时,不得超过 5 km/h。

11.5.3 机动车辆通过道口,应当遵守下列规定:
    a) 一停、二看、三通过。
    b) 确需在道口停车作业时,作业负责人事前向运输部门提出申请,待办好所有手续后才能进行。
    c) 当机车、车辆占用一部分无人看守道口时,机动车不得通过。

11.5.4 机动车辆运送手选矸石,应当先将车箱对正矸石仓溜槽,再启动溜槽升降绞车,将矸石放入车箱内。工作人员不得站在汽车上由溜槽口捅矸石。

11.5.5 吊装孔装卸货物时,机动车车斗应当对正吊装孔。装货物时,驾驶员应当离开驾驶室,站在安全地带。不准操作人员从高处向车内抛掷货物。

11.5.6 机动车装运原煤和各种产品,必须遵守下列规定:
    a) 多辆汽车同时装卸,沿纵向前后车辆的间距不得小于 2 m,沿横向两车辆栏板的间距不小于 1.5 m。
    b) 车身后栏板与建筑物的间距不小于 0.5 m。
    c) 靠近火车直接倒装时,汽车与铁路车辆的间距不小于 0.5 m。

11.5.7 机动车装载大型、超长、超高、超宽、超重设备时,必须遵守下列规定:
    a) 装载的重量不得超过行车执照上核定的限度。如果确须超过时,需经有关部门批准。
    b) 装载货物由有经验的起重工指挥,并捆扎牢固。
    c) 指派专人押车,有专人指挥,并慢速行驶。
    d) 卸车时驾驶员不得离开现场。

11.5.8 汽车卸货,应当选择平坦填实场地。向坑内卸货时,应当与坑边缘保持安全距离。在危险地段卸车时,应当有专人指挥。

11.5.9 使用吊车装卸货物时,应当先检查箱体的底脚是否牢固完好,经试吊确认稳妥后方能起吊。

11.5.10 严禁机动车辆客货混装。机动车辆行驶中,禁止任何人站在车脚踏板或车帮上。禁止机动车辆停放在坡度较大的地段。

11.5.11 检修机动车辆底部,除使用千斤顶支撑外,还必须使用木桩垫实。

11.5.12 严禁烟火接近机动车辆。机动车辆加油时,必须停止发动机。
    机动车上必须配备有灭火装置。禁止使用明火取暖、照明和烤烘油水分离器、贮气罐和集流器放油塞等油水冻结部位(应用热水进行熔化)。严禁排气管及电机附近堆放易燃物品。

11.5.13 装载机(铲车)作业时,应当遵守下列规定:
    a) 尽量避免装载货物爬坡。如特殊情况需爬坡时,载重量不可超过额定量的 70%。

b) 不得在倾角超过 10°的路面上行驶。
c) 不得作为远距离运载工具。不得在厂外公路上运输物件。
d) 上下坡时,不得换挡变速行驶。下坡时,柴油发动机不得熄火挂空挡行驶。
e) 行驶时,除驾驶室外,其他任何地方不得载人。
f) 任何人员不得进入装载机作业范围。配合机械作业的人员,在铲斗停止作业落地后,方可进入作业地点。

11.5.14 推土机作业,应当遵守下列规定:
a) 雨季施工,作业完毕,停放在较高的坚实平坦地面上,并使推刀着地。
b) 夜间作业,机上及工作地点的照明充足。
c) 行驶中,驾驶员不得与地面人员传递物件。
d) 在陡坡上不得横向行驶,纵向行驶不得拐死弯。
e) 悬崖边缘推土时,推刀不准推到边缘。

11.5.15 叉车作业,应当遵守下列规定:
a) 搬运物货,负荷不得超过规定值,不得使用单个叉尖挑物。
b) 在大于 1/10 的坡道上,上坡向前行驶,下坡倒退行驶。
c) 不得从事装卸作业。上下坡,不得转向。
d) 车上不得载人。操作人员不得站在货叉上或者货叉下或者叉下行走。
e) 操作人员不得在司机座位以外的位置上操纵车辆。
f) 叉车起升高度大于 3 m 时,注意上方货物是否掉下,并采取防护措施。

11.6 铁路运输

11.6.1 选煤厂铁路运输,必须按照铁道部制定的《铁路技术管理规程》的有关要求,结合本厂具体情况,制定站场的安全管理细则和各工种的安全管理制度。

11.6.2 厂内的建筑物、设备和绿化不得妨碍行车视线,不得侵入铁路线路安全限界;已经侵入安全限界的,必须拆除。对于拆除确有困难的永久性建筑物,在未解决前应当制定有效的安全措施,并在侵限处设置侵限昼夜警示标志。

11.6.3 当检修跨越铁路、路基和桥梁敷设的电线、管道,或在厂房内铁路线上进行有碍行车安全的设备时,检修施工单位的负责人,事前必须向运输部门值班调度员提出书面申请,经运输值班调度签字同意后方可施工。在施工线路两端各 50 m 处,应当设立防护信号,并设专人监护。器具、材料的堆放应当在轨道外侧,距枕木头 1.5 m 以外。施工检修完毕后,施工单位负责人应当书面通知值班调度员,并拆除防护信号。

当检修、施工有碍行车安全时,运输值班调度员应当到现场进行检查,并立即对该线路采取封锁措施。确认开通前,值班调度员应当取得检修施工负责人书面通知单后,到现场再次进行检查,确认安全后。方可开通线路恢复使用。

11.6.4 铁路机车车辆进入厂区,厂内机车车辆出入铁路专用线作业,必须执行闭塞制度。

11.6.5 道口值班人员应当坚守岗位,加强瞭望,及时起落栏杆。禁止闲人在道口房逗留闲谈。

11.6.6 扳道员应当遵守"一看、二扳、三确认、四显示"四程序制度,做好人工联锁。

11.6.7 机车运行中乘务人员必须遵守下列规定:

a) 按规定速度行驶。
b) 执行"彻底瞭望,确认信号,高声呼唤,手比眼看"16字呼唤应答制度,按规定鸣笛。严禁臆断行车。
c) 当遇有信号中断、显示不明或危及行车人身安全时,立即停车。
d) 当蒸汽机车在指定地点清炉和开放汽缸排水阀、放水阀时,注意瞭望,防止烫人和冲击建筑物等。禁止机车通过桥梁、山洞、道口和道岔时向外抛掷炉碴、煤炭等物。
e) 内燃机车在进入电力牵引区段以前,司机还须检查机车,确保机车任何部分不得超过机车车辆限界。
f) 机车运行中非工作人员不得蹬乘。
g) 机车停留,设有防溜措施,并有专人看护。

11.6.8 调车人员上下车,必须遵守下列规定:
a) 遇地面不平、照明不好或有积水、结冰、障碍物时,不准上下车。
b) 遇脚蹬不在内侧或脚蹬不良和无手把的车辆时,不准上下车。
c) 不得迎面上车和反面下车。
d) 上车时速不得超过5 km,下车时速不得超过10 km。

11.6.9 大风、扬沙和沙尘暴天气,司机必须减速慢行,不得进行调车作业。

11.6.10 调车人员移动车辆时,不得从事下列活动:
a) 摘、接风管和提钩(溜放摘钩除外)。
b) 在平车、低边车辆两端、棚车顶上站立行走。
c) 调整钩位,或使用脚蹬钩。
d) 两人同攀一个梯子或机车前进方向的脚踏板上站3人。
e) 在连接器上、端板支架上站、蹲、坐。
f) 手扒篷布、绳索、车门、链条和脚蹬在侧架上。

11.6.11 调车人员作业时,必须遵守下列规定:
a) 使用手制动时,戴好安全带。
b) 不准走道心、枕木。不准坐在车底下乘凉避雨。不准在钢轨上或枕木上坐卧。
c) 推进车辆运行时,负责前方进路的确认,不得途中下车。没有显示开车信号,不准挂车。没有司机回示,应立即显示停车信号。
d) 同一条线路两端不得同时作业。两台机车不得同时接近一个进路道岔。
e) 按调车作业计划工作。计划不清时,不准进行调车作业;变更计划时,及时向各有关人员传达清楚,并要求复诵核对。
f) 执行"要道还道"制度,确保进路正确。
g) 不得站在道心或妨碍邻线机车行走的地方显示信号和联系工作。
h) 在平车、煤车上瞭望或引导时,站立位置距车边缘距离不得少于1 m;在车辆两端站立时,距车端距离不少于3 m;线路上方有电力机车高压电源时,不得站在煤车上。
i) 值乘小运转或推送车辆时,动车前先试拉手动闸,在前面的车辆上指派连接员确认进路或值乘。

11.6.12 机车取送车辆或对货位,在进入装知地点前必须停车,由连接员通知装卸人员停止作业。然后,由检查人员对装卸地点进行检查。经检查,确认已清好道,关好车门,车辆装载符合要求,装卸机械停止作业,装卸人员、取样人员离开不安全地点后,调车人员方可进行调车作业。

11.6.13 使用无线调车系统进行调车作业,司乘及调车人员必须执行有关规定。严禁无关人员使用无线调车设备或带出作业现场。

11.6.14 装载易燃、易爆物品的车辆,必须停放在固定使用的线路上,并采取相应的安全措施。机车调运易燃、易爆车辆时,禁止易燃、易爆车辆与机车直接接触。严禁机车进入易燃、易爆物品仓库内。

11.6.15 在电力机车动力线下面的车皮上进行采样或从事其他作业,操作人员必须戴安全帽。严禁任何人攀越电力机车或用长的导电物体接触机车。

11.7 装车

11.7.1 装车前,工作人员应当检查车门和拉风,并清扫车底。

11.7.2 装车时,绞车钩头挂好后,禁止工作人员站在绳鼻子上和绞车机尾。严禁工作人员在大绳内侧行走或站立。绞车应当按规定车数牵引,不准超挂。

11.7.3 使用调度绞车或无极绳挂钩(俗称铁牛)牵引、推进重车时,不得使用快速挡。

11.7.4 运转中,发现影响人员及设备安全等异常情况,必须按紧急停车按钮。

11.7.5 机车挂重车时,调度绞车或无极绳挂钩(俗称铁牛)应当与车辆脱离。

11.7.6 无极绳挂钩(俗称铁牛)运行中,不得进行清扫和维护。严禁工作人员在铁牛前进方向的轨道上站立或行走。

11.7.7 调车绞车、重锤和导向轮的四周必须加设围栏。

11.7.8 人工捅煤时,操作人员不得将头伸进溜槽内。风力清仓时,操作人员不得站在给煤机下面。检修设备或工作需要时,风力清仓应当停止。

11.7.9 平车人员站立的位置距车边缘的距离不得少于 1 m。禁止工作人员在车帮上行走。禁止在平车时拉车。装车时,平车人员不得站在轨道衡上或在轨道下进行检修。

11.7.10 禁止机车在轨道衡上启动、停留、紧急制动。机车通过轨道衡时,应当限速行驶。

12 矸石处理

12.1 选煤厂矸石的堆存必须符合国家环境保护法的有关规定。采用矸石充填采空区进行覆土造田,应当将矸石推平、压实,不得形成空洞。覆土层厚度应当大于 500 mm。

12.2 排矸系统的轨道、钢丝绳、绞车、驱动装置、矿车、连接装置、保险装置和其他装置,必须有专人检查维修,并详细记录。

12.3 矸石山排矸系统的轨道应当符合下列要求:

　　a) 轨道接头的间隙不得大于 5 mm,高低和左右错位不得大于 2 mm。

　　b) 两条轨道顶面高低差不得大于 5 mm(曲线段外轨的加高,不在此限,其加高按曲率半径要求确定)。

　　c) 轨道偏差:直线段或曲线段加宽后,最宽不得超过 5 mm,最窄不得超过 2 mm。

d) 轨枕应用道碴填实,道中应经常清理,保持无杂物、无浮矸。

12.4 保险绳、保险挡、阻车器等安全设施必须班班检查。

12.5 矸石山轨道行车时,严禁蹬钩、行人。开车前,挂钩工必须检查牵引车数和各车连接情况。发现牵引车数超过规定或者连接不良时,不得发出开车信号。

12.6 上下矸石山应当使用音响信号联系开停车。禁止使用手势、喊话方式联系工作。

12.7 人力推车时,必须目注前方。同方向推车时,两车的距离不得小于 10 m。严禁放飞车。

12.8 道岔、弯道和坡度较大的地方,必须有警示牌。在能自动滑动的坡度上停放车辆时,必须使用可靠的制动器或木楔刹住。矸石山向下卸车时,一定要观看山下面是否有人。

12.9 矸石山的轨道必须安装牢固;发现有裂纹,立即处理。

12.10 高硫的矸石山必须采取降温灭火措施(例如注石灰浆或水等)。矸石山自燃区域必须设置醒目的警戒线和警示牌。

12.11 矸石山的防洪沟和排水沟必须畅通。严禁在矸石山防洪沟上跨沟建筑。

12.12 矸石山位于河流附近,必须构建堤坝。

13 辅助设备

13.1 溜槽和管道

13.1.1 溜槽必须焊接在刚性支架或吊架上。溜槽的所有连接螺栓必须牢固、齐全。

13.1.2 溜槽必须针对不同物料,采取防尘、防噪音、防漏水、防止物料跳出等措施。输煤溜槽应当留有捅煤孔。捅煤时,操作人员应当站在平台上操作。

13.1.3 管道连接应当遵守下列规定:
  a) 管径 80 mm 以下,壁厚 3.5 mm 以下,介质压力在 10 MPa 以下,采用螺纹连接或气焊。
  b) 管径大于 80 mm,壁厚大于 3.5 mm,介质压力大于 10 MPa,采用电焊或法兰盘连接。
  c) 管径小于 200 mm,使用法兰盘连接的最大间距为 8 m;管径大于 200 mm,使用法兰盘连接的最大间距为 9~12 m。

13.1.4 管道安装应当遵守下列规定:
  a) 一般安装在钢筋混凝土柱预埋钢板或支架上。
  b) 沿墙安装的支架支梁,埋入墙的深度不得小于 240 mm;在砌体未达到实际强度时,不得安装管件。
  c) 大直径的横管不得采用钩钉支架。
  d) 立管穿过楼板,每层设置管座。

13.1.5 管道不得穿过变电所、配电室和集中控制室。与电缆交错时,管道应当敷设在电缆的下方。

13.1.6 搬运较长的管子时,应当采取防止伤人、毁物或触及带电部分的安全措施。存放管子应当平放。

13.1.7 检修地下管道,事前必须对输送易燃的介质、检查井内的气体进行分析。发现气体浓度超过允许值(内部可燃物含量必须小于 0.5%,含氧量不低于 19%),要立即停止工作,采取排风措施,经重新检查合格后,方可操作。

13.2 泵类

13.2.1 水泵运行必须遵守下列规定：
a) 不得在无水情况下运行。
b) 不得在闸阀闭死情况下长期运行。
c) 运行中，吸水管淹没深度不得小于 0.5 m。
d) 按泵标方向旋转。

13.2.2 操作千伏级高压水泵开关时，工作人员必须戴绝缘手套和穿电工绝缘鞋，并站在绝缘踏板上。

13.2.3 真空泵及其管路应当符合以下规定：
a) 分配头与泵壁接合处不得漏水、跑气。
b) 进入泵壳内的水压不低于 0.65 MPa。
c) 气水分离封闭水箱及各种管路不得堵塞或漏水、漏气。
d) 泵内各进水孔不得堵塞，气水温度不得太高。

13.3 风机

13.3.1 空气压缩机必须有压力表和安全阀。安全阀和压力调节器必须灵敏可靠。安全阀调整压力的范围不得超过额定压力的 10%。安全阀应当配有断油、断水保护装置和声光信号装置。

13.3.2 单缸空气压缩机的排气温度不得超过 190 ℃，双缸空气压缩机的排气温度不得超过 160 ℃。排气温度应当设有保护装置，在超温时能自动切断电源。压缩机油的闪点不得低于 215 ℃。严禁采用其他油脂作压缩机油。

13.3.3 风包上应当安装有动作可靠的安全阀、放水阀，并开设检查孔。风包内的油垢必须定期清除。风包内的温度不应超过 120 ℃，并安装超温保护装置。新安装或检修后的风包，应当使用 1.5 倍的工作压力做水压试验。风包的出口管道应安装释压阀。释压阀的口径不得小于出风管的直径。

13.3.4 双段式鼓风机应当符合下列规定：
a) 运转时，叶轮不得串动。轴瓦上安装温度计，其温度不得超过 60 ℃。
b) 运转时，油压保持在 0.6～2.5 MPa 范围内。油压低于 0.6 MPa 或高于 2.5 MPa 时，及时调节安全阀。
c) 装设自动停车或自动报警信号。
d) 油质应过滤清洁，油量应高出油箱指示线 55 mm。

13.3.5 罗茨鼓风机的齿轮箱轴颈应当密封严密。安全阀应当按 0.3 MPa 压力调整。禁止润滑油脂进入机壳。

13.3.6 鼓风机应当符合下列规定：
a) 叶轮片安装在叶轮侧板上，不得有裂纹和开焊。
b) 叶轮安装平衡，与机壳的间隙应在 6～15 mm 范围内。
c) 更换叶轮后，必须做动平衡试验。
d) 运转中，不得有串轴和振动现象。

13.3.7 风机的滤风器应当定期清理。清洗滤风圈，必须使用含 0.5% 氢氧化钠热水溶液，不得使用汽油、煤油。

13.4 龙门吊车及桥式抓斗机

13.4.1 钢结构与传动轴应当符合下列规定：
   a) 发现钢结构有断裂变形情况，及时更换和加固。
   b) 上下行人用的梯子与平台连接牢固。梯子踏板和行走平台使用花格板。

13.4.2 抓斗、滚筒及绳轮应当符合下列规定：
   a) 抓斗不得变形、开焊。滚筒上不得有裂纹。绳槽磨损不得超过 2 mm。
   b) 绳轮及导向轮转动灵活，不得卡住不转。
   c) 固定钢丝绳的夹子、卡子不得松脱。使用的夹子数不得少于 3 个。钢丝绳不得扭转工作。禁止使用提斗带动车辆或抓斗斜线提升。
   d) 钢丝绳的磨损、断丝不得超过允许规定值。

13.4.3 制动闸及安全装置应当符合下列规定：
   a) 闸皮磨损厚度不得超过 1/3。闸皮与制动轮的间隙在转动时保持 0.5～0.7 mm 之间，停止时接触紧密。
   b) 大、小车轨道设置限位开关和阻车器。终端开关的控制角铁不得损坏。发现大、小阻车器上的木块腐烂或损坏，及时更换。小阻车器内的弹簧不得有裂纹和损坏。
   c) 大车上的钢轨夹持器及丝杆灵活可靠。
   d) 起吊时，上部钩头终端控制器灵活可靠。

13.4.4 主电源开关必须加锁并设专人负责。闭合主电源前或者工作中突然断电后，所有控制器手柄应当处于零位，当吊车上及周围无人后，再闭合主电源。不得利用极限位置的限位装置停车。

13.4.5 超过 5 级大风或雨雪天气，桥式、龙门吊车必须停止工作，并停放在指定的地方，锁紧风钳。小车应当返回规定位置，放下抓斗，抓满煤泥。

13.4.6 严禁任何人在起吊设备下停留或作业。

13.5 电梯

13.5.1 电引绳在绳槽内不得打滑、振动。电引绳最小根数大于或等于 4，安全系数大于或等于 12。

13.5.2 电梯电引机必须安装电磁常闭式制动器、限速器和安全钳。限速器及安全钳必须灵敏可靠，保证当电梯电引机速度达到额定速度的 115% 时，及时准确动作。

13.5.3 电梯出现下列情况之一时，必须停梯检查：
   a) 电梯升降时井门开着。
   b) 电梯未停在规定位置。
   c) 信号铃不响或电梯间灯不亮。
   d) 电梯运行中有异常声响。

13.5.4 禁止非专职人员开动电梯。严禁电梯超载运行。

13.6 堆取料机

13.6.1 堆取料机电缆缠绕不正常时，必须停机处理。

13.6.2 在风速大于 20 m/s 以及大雾、雷雨、暴风雪等恶劣天气时，堆取料机必须停止作业，并采取稳车措施。

13.6.3 开动可逆输送带时,必须发出信号。

13.6.4 堆煤高度不得超过 6 m。

14 技术检查

14.1 采样

14.1.1 在厂房内采样,必须遵守下列规定:

a) 在流速较高的水流或煤流中进行人工采取煤样时,所用工具和样品的总质量不得超过 10 kg。采样前,操作人员观察周围情况,并采取必要的安全措施。采样时,操作人员站稳,并紧握工具。

b) 采样机灵活可靠,操作人员站在采样机活动半径以外。

c) 操作人员上下台阶搬运煤样时,每人每次不许超过 25 kg。

d) 在偏僻、困难或危险的采样点(如沉淀塔等)采样时,操作人员不得单独作业。

14.1.2 在货车上采样,必须遵守下列规定:

a) 货车未停稳时,不得上车采样。

b) 操作人员 2 人,1 人采样、1 人监护。采样时,操作人员站在车内煤堆上,不得在车帮上行走或跳车。采完样后,确认车下无人时,操作人员方可丢下采样工具下车。操作人员不得随身带煤样和采样工具下车。

c) 操作人员从一货车向另一货车传递煤样及工具时,每次质量不得超过 20 kg。

d) 操作人员核对车号,在货车停稳并确认相邻股道无机车运行时才能进行。

14.1.3 在井下采样,必须遵守下列规定:

a) 遵守井下工作的有关安全规程。

b) 建立下井考勤制度,发现换班后 2 h 有人尚未上井,及时报告有关领导和矿调度室,查明原因。

c) 采样时,注意工作地点的安全情况,严格执行敲帮问顶制度,认真检查采样地点的顶板、煤壁、支架等情况。在急倾斜煤层中采样时,严密注意底板情况,确认安全后,方可开始工作。遇到打棚栏和无风的巷道或爆破时,不准进行采样工作。

d) 在采掘工作面采样时,禁止操作人员单独作业。采取生产检查煤样时,注意车辆的来往,防止车辆伤人。采取煤层煤样时,如果必须拆棚栏,则在采样后立即将棚栏插严背实,防止劈帮冒顶。

e) 在大巷中采样时,采样工具不得与架线接触。在大巷中缩制煤样,应与车道保持一定距离。

f) 在运输大巷中使用车辆运送煤样,须在取得井运区调度员允许后,方可运送。推车时,严密注意后方情况,接近道岔、巷道及风口时,向前方发出警号。发现后方有机动车辆,及时与其联系并发出警号。同一方向推车时,两车距离不小于 15 m。禁止放飞车。

14.2 制样

14.2.1 制样必须遵守下列规定:

a) 破碎煤样前,清拣煤样中的铁块、木屑等杂物。

b) 破碎煤样时,发现杂物进入破碎机,立即停机检查清理,并设专人监视电器开关。发现煤样下料不好,使用小木棒垂直捅煤样。严禁用手和铁棒捅煤样。
c) 破碎机工作时,不得触摸传动装置及破碎部件。
d) 使用多钵干式粉碎机时,盖好防护罩。禁止开罩运行。

14.3 浮沉和筛分试验

14.3.1 浮沉试验必须遵守下列规定:
a) 配制氯化锌密度液和进行浮沉时,操作人员穿戴好防护用品,使用橡胶手套、围裙和防护眼镜。氯化锌溶液接触皮肤后,操作人员立即用水冲洗干净;发现情况严重,立即进行治疗。
b) 熬制回收氯化锌溶液时,采用强行抽风,使蒸发的热气尽快排到室外,或直接在室外进行作业。
c) 使用四氯化碳和其他有机药剂浮沉煤样时,只能在通风良好的地方或通风柜中进行;使用完毕后,立即放入密闭的容器内,并存入毒品专柜。
d) 氯化锌和其他有机药剂设有专人负责保管。
e) 干燥煤样时,严密注意烘干房内温度,严防自燃。

14.3.2 筛分试验使用的移动式设备必须平稳放置。使用移动式设备时,筛板必须压紧,更换筛板必须停机。

14.4 化验

14.4.1 化验应当遵守下列规定:
a) 支领、配制剧毒药品,有领导审批手续,并有两人同时在场;领用剧毒物品后,设有专人负责;使用完后,剩余部分立即交回。
b) 蒸馏易燃物品(如乙醚、汽油、苯、二甲苯等),根据其燃点大小在沙浴或水浴上进行。禁止在电炉上直接加热蒸馏。
c) 蒸发易燃物和进行产生有毒气体试验时,工作场地不得有明火。
d) 试验过程中,操作人员严密掌握试验过程的变化情况。操作人员不得随意离开岗位。
e) 混合或稀释硫酸时,将硫酸注入水中,并缓慢进行。不得将水注入硫酸中。
f) 随时擦净撒落在试验台或地上的化学药品。发现汞撒在试验台或地面时,使用吸管吸起并撒上硫磺粉或其他除汞剂。

14.4.2 使用压缩气体贮气瓶,必须遵守下列规定:
a) 使用的贮气瓶要垂直固定在专用架上,严禁平放。
b) 严禁不经减压而直接使用压缩气体。往氧弹充氧时,一定要慢开。发热量测定中使用的氧弹定期进行耐压($\geqslant 20$ MPa)试验,并且充氧后保持气密。如果氧弹充氧到 3.3 MPa 以上,不得进行下一步燃烧试验,此时应释放氧气,使其压力下降到 3.0 MPa 以下。
c) 使用氧气瓶时,氧气瓶与工作场所要有一定距离。禁止在钢瓶的附件或气门上粘附油脂。禁止使用可燃性(如硬橡胶)衬垫。氧气瓶远离易燃物品和热源。
d) 贮气瓶内气体不能使用干净,要保留一定的压力,压力一般不低于 0.5 MPa。

14.4.3 使用马弗炉、干燥箱、电炉等电气设备时,操作人员应当站在绝缘垫上。

15 机械设备检修及安装

15.1 一般规定

15.1.1 设备安装检修人员应当严格遵守各工种的安全操作规程。维修较大的项目,必须制定安全技术措施。安装检修工作由项目负责人统一指挥并设安全负责人。安装检修工作前,必须检查所用工具和起吊设备的可靠性。严禁超负荷、带病违章作业。

15.1.2 设备检修必须执行停电挂牌制度(不准用电话联系)。检修人员进入机器内部,必须设专人在外监护,必要时还应将断电装置加锁,由进入设备内部的工作人员带好钥匙。

15.1.3 检查、检修设备内部,应当使用符合标准的行灯或手电筒。严禁使用明火照明。

15.1.4 设备检修完毕后,检修人员应当清点工具和清理工作现场,不得将杂物或工具遗留在设备内,经检查确认一切合格后,方可通知有关部门送电试车。

15.1.5 因检修需要移动、拆除栏杆、安全罩、井盖、盖板、花格板等安全设施时,如果工作人员离开作业地点,必须在上述作业地点的周围设置临时护栏、护网,并设置醒目的警示标志。一切工作结束后,应当立即恢复原样。

15.1.6 检修高压、高温设备、容器和管道,应当首先采取泄压降温措施。

15.1.7 更换运转设备的传动带、传动链,必须执行停电挂牌制度。

15.1.8 检修工作中,拆下的零部件不得丢失。检修机械零部件的接合面时,应当将吊起部分垫稳,手不得伸入其间。检查容易倾倒的部件时,必须支撑牢固。

使用扳手时,扳手与接触部分不得粘有油脂。不得将扳手加套筒使用。不得将扳手当作锤使用。

15.2 电焊、气焊和气割

15.2.1 焊接车间必须配备齐消防器材。严禁在瓦斯含量超过 0.5% 或煤尘浓度大于 10 mg/m³ 的场所进行焊接作业。

15.2.2 作业现场必须通风良好,无易燃、易爆物品。各类气瓶与明火的距离必须在 10 m 以上。氧气瓶与乙炔瓶的距离必须在 5 m 以上。禁止作业现场吸烟。

15.2.3 严禁在有压力液体或压力气体的容器、管道、带电设备以及正在运转的机械上进行焊接、气割。

15.2.4 对存放过易燃易爆、有毒物品和情况不明的容器进行焊接时,应当采取彻底清洗或置换惰性气体等防爆措施,并经检查合格后才能操作。

15.2.5 因工作需要进入设备内部或容器内部工作时,焊工要穿干燥工作服和绝缘鞋,并设专人监护。禁止行灯变压器带入设备内和容器内。禁止照明电压超过 12 V。禁止将漏乙炔气的焊炬、割炬携带到设备内和容器内,以防混合气体遇明火爆炸。

15.2.6 氧气瓶必须装置防震圈、安全帽、减压器。减压器上应当设有安全阀。使用的乙炔瓶必须直立放置,不能斜放,更不能卧放。

15.2.7 气瓶连接处、胶管接头、回火防止器和减压器不得沾染油脂。

15.2.8 禁止气瓶在露天曝晒。在冬季,气瓶、回火防止器、减压器被冻住后,只许用热水或蒸汽解冻,严禁火烤。

15.2.9 一旦氧气瓶、乙炔瓶压力表损坏或失灵,必须立即停止作业并更换。

15.2.10 电焊设备及工具,必须绝缘良好。焊机外壳必须接地,必须双线作业。

15.2.11 遇4级以上大风和雨雪天气,禁止从事户外露天作业。在潮湿的地方作业,应当穿绝缘鞋并站在绝缘垫上。

15.2.12 工作完毕或暂停时,施焊作业人员必须切断电源、气源,详细检查现场,确认无起火危险后,方可离开作业现场。

15.3 起重工作

15.3.1 进行起重工作前,应当认真检查工作场地以及所用的工具。起重大型设备,必须制定起装方案和相应的安全措施。

15.3.2 起重作业时,必须由专人负责指挥。起重工应当熟悉各种手势、信号和旗语。禁止在高压线下进行起重作业。

15.3.3 起重物体时不得斜吊。禁止吊固定或掩埋不明物件。禁止超负荷吊装以及超负荷使用各类起重工具。

15.3.4 禁止任何人在起重物下面通过或停留。禁止任何人站在起重物上。禁止人与物一起吊运。起重现场应当设警戒线。

15.3.5 禁止将有电缆通过或有滑线电缆的钢梁、水泥梁作为起重支承点。在钢梁、设备及楼板上禁止焊接吊环和打吊装孔,如果确实需要,必须经有关部门同意并计算后,方可进行。吊环焊接必须牢固可靠。

15.3.6 厂房内的吊装孔,每层之间必须有可靠的信号联系装置和安全装置。各吊装孔必须有牢固盖板和栏杆;临时吊装孔、眼,必须设置临时栏杆、盖板和醒目标志。

15.3.7 严禁在运行管道、带电运转机械设备,以及不坚固的建筑物或其他物体上固定滑轮、葫芦、卷扬机等作为起重物的承力点。

15.3.8 起重工具必须经常检查,定期检修维护。电动葫芦、手动葫芦、千斤顶等检修后,必须做超载20%的试验,经试验合格后,方可继续使用。

15.3.9 起重设备的起重吨位必须明确、清楚,信号装置、安全自动装置、卷扬机限位装置、行程限位装置、缓冲装置、自动联锁装置等必须灵活可靠。

15.3.10 起重设备必须有专人负责维修保养,定期检查,并建立档案。禁止任意拆卸、更换零部件;确须更换,应经主管部门同意。

15.3.11 吊钩、吊环禁止补焊。有下列情况之一的,应当更换:
  a) 表面有裂纹、破口的。
  b) 开口度比原尺寸增加15%的。
  c) 扭转变形超过10°的。
  d) 危险断面或吊钩颈部产生塑性变形的。
  e) 挂绳处断面磨损超过原高度10%的。

15.3.12 汽车式起重机应当严格按照《轮胎式起重机安全使用规定和安全操作规程》操作。

15.3.13 自动起重机应当符合《起重机安全管理规程》的技术要求。

15.3.14 钢丝绳有下列情况之一的,必须报废:
  a) 钢丝绳被烧坏或断一股的。

b) 钢丝绳表面被腐蚀或磨损达到钢丝绳直径40％以上的。
c) 受过死角擦扭,部分受压变形的。
d) 钢丝绳在一个捻距内的断丝根数达到表3所列数值的。

表3 不同结构钢丝绳允许断丝根数值　　　　　　　　　　　　　　　　　　　根

安全系数＼钢丝绳结构	6×19＋1 互捻制的	6×37＋1 互捻制的	6×67＋1 互捻制的	18×19＋1 互捻制的
6以下	12	22	36	36
6以上	14～16	26～30	38～40	38～40

15.4 高空作业

15.4.1 凡作业地点离地面(楼板)2 m以上,即为高空作业。高空作业,必须执行高空作业规程。

15.4.2 患有高血压、心脏病、癫痫病、手脚残疾、深度近视者,不得从事高空作业。

15.4.3 高空作业必须穿软底鞋、戴安全帽和安全带,不准穿拖鞋、硬底鞋和塑料鞋。安全带应当高挂低用,并拴在结实、牢固的构件上。安全带不得拴在尖锐棱角的构件上。

15.4.4 在厂房内进行高空作业,应当注意电缆、电线、各种机械设备、管道、支架等周围环境。发现有危害工作人员安全的,必须立即处理或停止工作。

15.4.5 使用梯子登高时,梯子中间不得缺层,并牢固地支靠在墙柱上。梯脚应当有防滑措施。梯子靠放斜度应当在30°～40°之间。使用人字梯,必须挂牢挂钩。

15.4.6 高空作业时,不得把工具、器材放在工作点边缘。传递物件应当使用吊绳。严禁上下抛掷工具、器材。

15.4.7 学徒工在没有专职师傅的带领下,不得单独高空作业。

15.4.8 遇6级以上大风和大雨天气,不得从事露天高空作业。确因抢修需要,必须采取有效的安全措施。

15.4.9 登高作业时,手把软线必须扎紧在固定地方,不得缠绕在身上或搭在背上工作。氧气瓶和乙炔瓶与高空焊接点的水平距离要保持10 m以上。

15.5 设备安装

15.5.1 设备安装必须编制安全技术措施,并报请有关部门和领导审批同意。施工前,应当向施工人员详细讲解、交底。施工时,现场应当设专人监督检查。

15.5.2 机座就位时,不得用手直接清理垫铁或杂物。移动部件、调整垫铁、盘动转动机件时,应当采取安全措施。

15.5.3 清洗机件应当使用无铅汽油或煤油。清洗点严禁烟火。废油、破布、棉纱要集中放在有盖的桶内,由专人负责清除。

15.5.4 施工用的组合支架、平台、组件及其临时加固、就位的方法,必须编制专门设计并经审批同意。

15.5.5 在管道支架和对口连接未完成前,不得割去或拆卸加固件。

15.6 砂轮机

15.6.1 砂轮机(包括砂轮切割机)必须设置防护罩。

对于圆周磨削的砂轮机,防护罩的角度不得大于65°,防护罩与砂轮半径方向的间隙不得大于20~30 mm,侧面间隙不得大于10~15 mm。

15.6.2 夹持砂轮的法兰盘直径不得小于砂轮直径的1/3。砂轮与兰盘之间应当垫放弹性纸垫圈或石棉垫圈。

15.6.3 在砂轮机上磨削时,操作者必须戴眼镜,并站在砂轮的侧面。不准戴手套拿工件,不准撞击。

16 电气安全

16.1 一般规定

16.1.1 选煤厂各种电气设备、电力和通信系统的设计、安装、验收、运行、检修、试验和安全维护等工作,必须符合国家标准。

严禁非电气工作人员安装、检修各种电气设备。

16.1.2 电气工作人员必须执行工作票和倒闸操作票制度。部分停电检修及带电作业较为复杂的倒闸操作、双电源倒闸操作和非电气工作人员(如油漆工、起重工、临时工等)在电气场所工作,必须执行专人监护制。

16.1.3 供电系统必须安装漏电保护装置,固定设备外壳必须直接重复接地。

16.1.4 变(配)电所及各高压工作场所,必须配备绝缘和登高作业安全用具、携带式电压和电流指示器、高压验电器、临时接地线等器具。登高作业安全用具必须定期进行试验,试验标准见表4。

表 4 登高作业安全用具的试验标准

名 称	安全带		安全绳	升降板	脚扣	竹(木)梯
	大胶带	小胶带				
试验静拉力/kg	225	150	225	225	100	荷重180
试验周期	半年1次					
外表检查周期	每月1次					
试验时间/min	5					

16.1.5 电气线路必须经常巡视、检查。出现大风、扬沙天气,应当采取有效措施,杜绝重大电气事故。

16.1.6 严禁往电气设备、电缆沟、电缆线路上乱丢油棉纱、木材及其他易燃、易爆物品。在带电导线、电器设备、电缆沟附近,不得有引起火灾的热源。发现电气设备起火,应当迅速切断电源,使用四氯化碳干粉灭火器、砂子扑救。严禁使用水和泡沫灭火器灭火。

16.2 变(配)电所

16.2.1 变电所周围必须设有围墙,并悬挂安全警示牌。围墙高度不得低于1.8 m。配电室(点)入口处应当悬挂"非工作人员禁止入内""高压危险"的警示牌。变电所必须悬挂一次、二次架空线和电缆的配电系统以及有关操作维护等规程、规则。

16.2.2 变(配)电所值班人员必须熟悉所属电器设备。无论高压设备是否带电,值班人员不得单独移开或越过遮拦进行工作。无人值班的变(配)电所必须加锁,钥匙放在固定地点。电工应当定期巡视无人值班的变(配)电所。

16.2.3 变(配)电所值班人员必须经考试取得合格证后,方能从事本职工作。值班人员因故间断电气工作连续3个月以上的,必须重新参加考试取得合格后,方能继续上岗。

16.2.4 变(配)电所进行倒闸操作,必须办理操作票手续,并1人操作、1人监护。雷雨时,严禁进行倒闸操作和更换保险丝。值班人员装卸高压熔断电器,应当停电、验电和放电,并穿绝缘胶鞋、戴绝缘手套。用手拉、合刀闸开关,脸部不准正对开关。发现有危及人身或设备安全的紧急情况,应当立即自行断开电源,事后向领导报告。

16.2.5 操作人员不得带电检修、搬迁、移动电缆和电气设备。检修或搬迁前,必须切断电源且闭锁。进行验电、放电、装设接地线,必须悬挂"有人工作,严禁合闸"字样的警示牌。工作完成后,只有执行此项工作的人员,才有权取下此牌并送电。

16.2.6 配电室(点)的入口处或门口,必须悬挂"非工作人员禁止入内""高压危险"字样的警示牌。

16.2.7 装设接地线,必须验明设备确实无电后方可按操作规程进行。

16.2.8 配备双电源及自备电源的企业,禁止向电网倒送电源和由低压倒送高压。当电网检修时,必须将可能倒送电源的刀闸或空气开关拉开后上锁,并悬挂"有人工作,禁止合闸"字样的警示牌。

16.3 架空线路和电缆线路

16.3.1 高压输配电线路最边上的导线到建筑物或构筑物最近部分的水平距离,在有最大风偏的情况下:线路电压小于或等于 10 kV 时,水平距离大于或等于 2 m;线路电压大于 10 kV 但小于 110 kV 时,水平距离大于或等于 4 m。

16.3.2 操作人员1人巡视电缆线路及杆上变压器时,不得登杆上变压器台;2人巡视时,允许1人高空作业、1人监护,但巡视人与带电导线保持以下安全距离,6 kV 以下 0.7 m,10～35 kV 之间为 1 m。

16.3.3 禁止架空线下堆放其他物品。在最大下垂度的情况下,架空线最下部到地面的垂直安全距离见表5。

表 5 架空线最下部到地面的垂直安全距离　　　　　　　　　　　　　　　　　　m

线路通过地区	电压等级/kV	
	1	1～10
地面	3	4.5
道路交叉点地面	5	5.5
铁路交叉点	7.5	7.5

16.3.4 检修线路、开关、刀闸、跌落保险时,必须将连接设备的两侧线路全部停电,并验电接地后,方能进行工作。

16.3.5 在带电线路上工作,必须遵守下列规定:
  a) 在低压带电线路上工作时,设专人监护,并使用绝缘柄工具。禁止使用金属尺、刀子、锉刀等金属工具。
  b) 高、低压同杆架设,在低压带电线路上工作时,采取防止误碰带电高压设备的措施。
  c) 在高压带电线路上工作时,天气良好情况下,由有带电作业实践经验的人员带领,按经过主管领导批准的带电作业操作工艺方案和安全措施进行。

16.4 车间电气

16.4.1 检修车间内高低压电气设备和线路时,应当将断开的开关和刀闸操作柄锁住,设专人看护,并悬挂"有人工作,禁止合闸"字样的警示牌。

16.4.2 在停电后的高压电动机回路上和其启动装置上进行检修时,必须办理停电工作票手续。

16.4.3 移动式电气设备的电源及负荷电缆,应当挂在安全可靠的支架或墙上。通过地面的电缆,应当采取防护措施。

16.5 电气试验与测定

16.5.1 电气设备(包括输电导线、电缆等)应当定期进行试验与测定。试验及测定前,必须按技术规程拟定工作计划,准备好试验用的仪表、仪器。

16.5.2 电气设备试验必须在绝缘垫或干燥的绝缘物上进行,工作人员不得少于 2 人。进行高压试验,工作人员必须穿绝缘靴和戴绝缘手套。

16.5.3 使用钳形电流表测高压电流,必须采取安全措施,并由 2 名熟练电工进行。测量架空高压线电流,不得使用钳形电流表。

16.5.4 电气试验与测定用具的检查和试验标准见表 6。

表 6 电气安全用具的检查和试验标准

名　　称		工作电压/kV	试验标准						试验周期
			耐压/kV		耐压时间/min		泄漏电源/mA		
			出厂	使用	出厂	使用	出厂	使用	
绝缘杆和绝缘夹钳		35 及以下	线电压的 3 倍但不得低于 40		5				1~2 年
绝缘手套		各种电压	12	8	1		12	9	半年
绝缘靴		各种电压	20	15	2	1	10	7.5	半年
绝缘鞋		1 及以下	5	3.5	1		2		半年
绝缘毡和绝缘垫		1 及以下	5		以 2~3 cm/s 的速度拉过		5		2 年
		1 及以下	15				15		
绝缘站台		各种电压	40		2				3 年
高压验电器	本体	35 及以下	25		1				半年
	手把	10 及以下	40		5				半年
		10 及以上	105		5				半年

16.6 电气设备保护和接地

16.6.1 变电所(站)向外输配电线路,必须安装短路、接地和过负荷保护装置,与接触网直接连接的电动机和整流装置。必须安装过负荷、过流、短路、过电压等保护装置。

16.6.2 电力变压器必须安装相间短路、在中性点直接接地侧的接地短路、绕组的匝间短路、外部相间短路引起的过电流、中性点直接接地、电力网中外部接地引起的过电流及中性点过电压、过负荷等保护。高压电动机必须安装短路、过负荷、接地和欠压释放及漏电保护。低压电气设备要有过电流、过负荷和短路保护。

16.6.3 发现变电所(站)、配电室开关跳闸,应当立即报告调度人员。待查明原因,排除故障,并通过安全电器试验合格后,方可送电。

16.6.4 选煤厂中央变电所(站)电源总进线端必须装设阀型避雷器。变电所的每组母线应当装设避雷器。变电所内所有避雷器要以最短的接地线与配电装置的主接地网连接,并在其附近装设集中接地装置。多雷地区低压设备的防雷保护必须按有关规定安装。

16.6.5 在电气设备系统中,下列设备必须接地:
  a) 电机、变压器及其他电器的金属底座和外壳。
  b) 电气设备的传动装置。
  c) 室内外配电装置的金属或钢筋混凝土构架以及靠近带电部分的金属遮拦和金属门。
  d) 配电、控制、保护用盘(台、箱)的框架。
  e) 交、直流电力电缆的接线盒、终端盒的金属外壳和电缆的金属护层,穿线的钢管。
  f) 电缆支架。
  g) 装有避雷线的电力线杆塔。
  h) 装有配电线杆上的电力设备。

16.6.6 运行中的接地装置必须定期进行安全检查,并做好记录。

16.6.7 电气设备的接地部分必须使用单独的接地线与接地装置相连接。严禁将多台电气设备的接地线串联接地。接地线的连接应牢固可靠。严禁用金属管道以及电缆铅护套作为接地极。

16.6.8 重新安装或移动后的电气设备,在运行前必须测量其接地电阻。

16.7 照明、通信和信号

16.7.1 固定式照明灯具使用的电压不得超过220 V。手灯或移动式照明灯具的电压应小于36 V。在特别潮湿的地方及金属容器内作业用的照明灯具的电压不得超过12 V。
  在同一地点安装不同照明电压等级的电源插座时,应有明显区别标志。

16.7.2 易燃、易爆工作区域,必须使用防爆灯具照明。照明线路必须符合防爆要求。

16.7.3 选煤厂照明设计、安装应当符合国家标准(表7)。

表7 选煤厂各作业场所照明度

地点	照度/lx	照明平面
主厂房各层	3	地表水平面
操作室、配电室	3	地表水平面

表 7（续）

地　点	照度/lx	照明平面
带式输送机走廊及各转载点	5	地表水平面、带式输送机表面
上下台阶梯子	3	梯子垂直面
储煤仓下及火车装车点	3	垂直面
主要人行道和行车道	0.5	地表水平面
储煤厂及汽车道路	0.5～3	地表水平面及汽车运行水平面
铁道线路	0.5	线路上部结构水平面
胶带输送机滚筒维护区	10	水平面
地表水平面手选矸石地点	30	带式输送机表面从选矸人员起到输送带运行相反方向 1.5 m 距离内

16.7.4　选煤厂必须配备独立的调度指挥系统。调度室、集控室、变电所、配电室、电梯桥箱内等重要岗位必须配备通讯设备。调度通讯系统应当具备强插功能。

16.7.5　严禁在信号装置的供电线路上接其他负荷。

16.7.6　噪声较大的作业点,应当装设闪光或报警电话。

16.8　电气设备操作和维护

16.8.1　电气设备操作和维护,必须遵守下列规定：

a) 非专职和非值班电气人员,严禁擅自操作电气设备；不得用潮湿手指接触电器按钮。

b) 操作高压电气设备回路时,操作人员必须戴绝缘手套,穿电工绝缘靴,站在绝缘台上,使用绝缘棒或拉杆操作把手进行作业。停电时,将工作部分进行放电,封好地线。操作低压电器设备主回路时,操作人员戴绝缘手套和穿绝缘鞋。

c) 操作人员身体任何部分与电气设备裸露带电部分的最小距离必须符合表 8 的要求；否则,必须设置安全隔栏、护架等。

表 8　操作人员与电气设备裸露带电部分最小距离

电压等级/kV	最小距离/m
10 及以下	0.7
35	0.90
60～110	1.50
220	2.50

d) 手持式电气设备的操作柄和工作中必须接触的部分,必须有良好的绝缘,其外壳有可靠接地(直流充电手持式工具除外)。

e) 制定检修多用户使用的输配电线路的安全措施。

f) 操作人员及其携带的工具、材料与带电体的最小距离,应符合表 9 的要求。

表 9 操作人员及其携带的工具、材料与带电体的最小距离

电压等级/kV	最小距离/m
≤6	0.7
10	1.0
35	2.5
60	3.0
110	3.5
220	4.5

16.8.2 高压变配电设备和线路的检修及停送电,必须严格执行停电申请和工作票制度,并遵守下列规定:
  a) 必须由负责人统一指挥。
  b) 必须有明显的断开点,该点线路断开的电源开关把手,必须专人看管或加锁,并悬挂"有人作业,严禁合闸"字样的警示牌。
  c) 停电后必须验电,并挂好接地线。
  d) 作业时必须有专人监护。
  e) 确认所有作业完毕后,摘除接地线和警示牌,由负责人检查无误和专职操作人员再次确认无误后,通知调度室恢复送电。

16.8.3 移动金属塔架和大型设备通过架空线时,金属塔架和大型设备必须与架空线保持足够的安全距离;特殊情况下必须采取安全措施。

16.8.4 电气设备和线路的安全保护装置,使用前必须进行校准。

16.8.5 在架空输配电线下或附近区域行驶或作业的机械设备,其提升(伸出)部分最高(最远)点至电线的垂直(水平)距离,不得小于表 9 的规定值。

16.8.6 在 1 650 V 及以下的接触网带电作业时,必须制定安全措施,并遵守下列规定:
  a) 接触网的正、负线使用木杆架设。
  b) 操作人员经过专门训练,持证上岗。
  c) 使用专用的作业车或专用的具有绝缘的梯子。
  d) 雨、雪、雾天等恶劣天气,严禁作业。
  e) 安全负责人在地面监护。

17 自动监控和计算机信息管理

17.1 一般规定

17.1.1 选煤厂用于监测、控制的自动化仪表及自动控制系统的监测装置,必须稳定、可靠、准确、灵活。

17.1.2 选煤厂必须建立完善的自动化仪表及自动控制系统规章制度。

17.1.3 禁止非专业人员对自动化仪表及自动控制系统进行安装、维修、保养、标定和校准。

17.1.4 自动化仪表及自动控制系统所使用的电源必须是交流净化稳压电源。

17.1.5 从事自动监控的维修人员不得穿化纤服装上岗作业,操作前应当先进行人身放电。

17.2 集控室

17.2.1 集控室必须安设良好的减振、密封、通风、隔音性能、安全通道和符合电气消防的消防设施。集控室必须配备完善的通讯设备和事故照明灯。

17.2.2 操作人员必须经专业培训,考试合格后,方可上岗作业。

17.2.3 严禁切断各种设备的报警信号和信号指示灯,确保各种信号显示正常。

17.2.4 正常启动前,操作人员必须发出启车信号,时间不得少于 2 min。

17.3 计算机集中控制

17.3.1 选煤厂计算机集中控制系统必须满足工艺流程需求和符合设备操作、开停的安全操作规程。

17.3.2 计算机集中控制系统的主机应当双机热备,互为备用。集中控制系统发生故障时,不得强行就地开车。

17.3.3 集中控制系统的控制程序需要修改时,必须对新、旧程序分别做好备份。
程序修改必须建立密码制度。

17.3.4 计算机集中控制系统应当安装实时监控防病毒软件,并定期升级。上位机文件应当定期维护。重要数据应当做好备份。

17.3.5 计算机集中控制系统应当设置单独的接地装置,不得和电网的接地系统共用。

17.3.6 计算机集中控制系统主机的供电电源必须是交流净化稳压电源。

17.4 计算机信息管理

17.4.1 计算机信息系统必须根据《中华人民共和国计算机信息系统安全保护条例》《中华人民共和国计算机信息网络国际联网管理暂行规定》等有关法规,制定相应的使用、维护和安全运行管理规定。

17.4.2 设备安全管理,应当遵守下列规定:
  a) 计算机信息管理系统的服务器机房、计算机控制室建立人员出入管理登记制度。
  b) 重要计算机房按有关标准配置防火、防水、防静电、防盗、防电磁辐射等安全设施。
  c) 计算机设备接地可靠。接地电阻小于相应设备的技术要求,并安装防雷电设施。
  d) 不能停机的计算机采用双回路供电和大功率 UPS 电源等设施,并配置必要的备份机。
  e) 计算机有关的电源接口、通信接口等设备进行经常检查维护。
  f) 计算机机房保持清洁,温度、湿度符合设备技术参数要求。

17.4.3 信息安全管理,应当遵守下列规定:
  a) 计算机信息管理系统的服务器机、录入终端等重要系统建立密码制度。密码修改有详细记录。
  b) 各级人员的权限、职责明确。
  c) 重要数据建立数据备份制度,并做到及时、准确保存。
  d) 外单位人员维修贮存重要数据的设备时,本单位有人在场监督。
  e) 制定预防计算机病毒的相关措施,严防计算机病毒及其他有害数据破坏计算机的正常工作。

f) 计算机工作人员调离时,按规定移交全部技术资料和有关数据。设有口令和密码的,及时进行更换。涉及重要业务的技术人员调离时,确认对业务不会造成危害后方可调离。

17.4.4 网络通信安全管理,必须遵守下列规定:

a) 对联网的计算机及其网络设备和通讯设备,各单位要建立、健全安全使用保护管理制度。

b) 存有重要数据的工控计算机,不得擅自与国际互联网联结。

c) 设有专人进行管理接入国际互联网的计算机,禁止利用国际联网危害国家安全、泄露国家秘密,禁止侵犯国家的、社会的、集体的利益和公民的合法权益,禁止从事违法犯罪活动。

d) 发现利用计算机违法、犯罪案件,立即向公安机关计算机管理监察部门报案,并保护好现场。

18 工业卫生

18.1 一般规定

18.1.1 地下煤仓工人作业点的空气温度不得超过 28 ℃。室内工作地点的温度高于 35 ℃时,应当采取降温或其他防护措施。室内工作场所低于 5 ℃时,应当设置取暖设备。

18.1.2 工人作业地点空气中有害物质的浓度,必须按照国家规定的方法定期测定,并建立档案。测定次数符合下列规定:

a) 粉尘作业地点,每月测定 1 次。

b) 其他有毒物质作业地点,每季测定 1 次。

c) 水质检验、理化检验,夏季每月测定 1 次,其他季节每季测定 1 次;细菌检验,夏季每旬测定 1 次,其他季节每月测定 1 次。

18.2 职工健康管理

18.2.1 在有毒性岗位作业的职工必须按要求佩戴防毒器具。对职工身体有害的工作室必须设通风橱或通风机。

18.2.2 接触粉尘和有害物质的作业人员,必须进行定期健康检查,并建立个人健康档案。检查应当符合下列要求:

a) 接触粉尘的作业人员,当粉尘中含游离二氧化硅 10% 以上时,每 2 年至少检查 1 次;在 10% 以下时,每 3 年至少检查 1 次。对可疑尘肺每年检查 1 次,每次检查都要照胸部 X 线片。

b) 接触其他有害物质的作业人员,其检查期限按卫生部有关规定执行。

18.2.3 作业人员经企业劳动鉴定委员会鉴定,患有下列病症的,应当调离粉尘作业岗位:

a) 各种活动性肺结核及活动性肺外结核的。

b) 严重的上呼吸道或支气管疾病,如萎缩性鼻炎、鼻腔肿瘤、支气管喘息及支气管扩张的。

c) 显著影响肺功能的肺脏或胸膜病变,如肺硬化、肺气肿、严重的胸膜肥厚与粘连的。

d) 经医疗单位鉴定不适合于粉尘作业的其他病症的。

18.2.4 职业病患者必须定期进行复查和鉴定。硅肺患者每年复查 1 次;煤硅肺和其他尘肺患者每 2 年复查 1 次;其他职业病由医师根据病情确定复查鉴定期限。

18.2.5 从事射频作业的值机和操作人员,应当定期进行身体健康检查,以便及时作出评价和采取防护措施,保护作业人员健康。

18.2.6 选煤厂必须按照国家规定发给职工个人劳动防护用品。

18.3 防粉尘、防噪声、防废气、防污水污染

18.3.1 在选煤厂火力干燥、原煤准备、干法选煤等工人作业车间的空气中,粉尘浓度必须符合表 10 的要求。

表 10 粉尘含量最大允许浓度

序号	粉 尘 种 类	最大允许浓度/(mg·m^{-3})
1	含 10% 以上游离二氧化硅的粉尘	2
2	含 10% 以下游离二氧化硅的煤尘及其他粉尘	10

18.3.2 火力干燥、原煤准备车间等粉尘作业点,必须安装除尘设备。

18.3.3 除尘系统与工艺设备无联锁装置时,除尘系统应在工艺设备启动之前启动,在工艺设备停止 5 min 之后关闭。除尘管道、易积存煤尘的设备和地面必须定期清扫。

18.3.4 除尘器吸风口、风管连接处、清扫孔、密闭罩等地点应当定期检查。严防漏风损坏。

18.3.5 选煤厂应当根据《工业企业噪声检测规范》的规定,定期对各噪声较强的工作地点进行测试。当工作地点噪声超过标准时,应当根据不同声源,采取吸音、隔音、消音、隔振、阻尼或个人防护等不同措施,降低噪声危害。

18.3.6 选煤厂生产车间和作业场所必须执行工业噪声标准(表 11)。

表 11 工业噪声标准

每个工作日接触噪声时间/h	允许噪声/dB(A)	
	新建企业	现有企业
8	85	90
4	88	93
2	91	96
1	94	99
最高不得超过 115		

18.3.7 选煤厂锅炉、取暖煤炉应当加强工业废气污染物的治理,根据环保要求定期测定排放烟尘中二氧化硫、一氧化碳和氮氧化物的浓度。

18.3.8 高硫煤矸石山自燃区附近应当定期测定二氧化硫浓度。超过环保标准的区域划定为危险区。危险区不准任何人进入，并采取措施降低二氧化硫浓度。

18.3.9 新建选煤厂的煤泥水处理工程应当与主体工程同时设计、同时施工、同时投入使用。

进行扩建和技术改造的选煤厂，应当把煤泥水处理作为改扩建和技术改造的重要内容，搞好设计和施工。

18.3.10 选煤厂所排工业污水，必须定期进行悬浮物、石油类、挥发性酚、硫化物等有害成分的检查。选煤厂污水排放必须符合国家规定。

18.3.11 选硫铁矿用水中pH值低于6时，应当采取措施（例如加入适量石灰水等），使其pH值控制在6～9范围内。

18.4 防放射源伤害

18.4.1 选煤厂安装、使用、维护、维修放射性同位素检测仪表，必须遵守国务院《放射性同位素及放射性装置防护条例》和卫生部等三单位发布的《放射性同位素工作卫生防护管理办法》的规定。

18.4.2 现场安装放射性同位素检测仪表后，放射性防护监督部门要定期测量现场周围的放射性剂量。测出剂量超过规定标准，必须根据不同放射源采取相应屏蔽措施。安装有放射源检测仪表的地方，必须设放射源警示牌。

18.4.3 在放射性同位素检测仪表周围工作时，其长期工作地点必须距离放射源1 m以上。

18.4.4 选煤厂必须采用带自动开关的放射性同位素仪表。仪表不工作时，要关闭放射源。

18.4.5 更换或倒装放射源时，操作人员必须采用长柄钳子。γ源要采用多层金属铅板防护屏，β源要采用有机玻璃板防护屏与工作人员身体隔离。

换源工作时间较长时，应当采用轮流操作的办法。

放射源强度超过有关规定时，更换必须由提供放射源的单位或专职部门进行。

18.4.6 放射源必须指定专人专库保管。放射源不用时，必须加锁。

18.4.7 距放射性探头2 m以内不许进行电焊。如果必须电焊，应当暂时将放射源关闭。

18.5 工业救护

18.5.1 选煤厂应当制定事故应急救援预案，建立应急救援组织，配备必要的救护器材。卫生所应当配备齐全各种急救器材和药品。

18.5.2 选煤厂应当对职工进行人工呼吸、心脏起搏、伤口包扎等基本紧急救护技巧和能力的培训。

18.5.3 工作现场发生危险时，现场领导、班长应当立即组织职工从安全出口撤离危险区，并通知生产调度和有关领导组织抢救。

18.6 职工安全培训

18.6.1 选煤厂直接从事生产建设的职工，必须进行强制的安全培训。未经安全培训合格的职工，不得上岗作业。实习和参观人员在进车间前，必须学习有关的安全注意事项。

18.6.2 安全培训的对象和时间，可参照下列要求执行：

　　a) 厂长、副厂长、总工程师、工程师、技术员、行政职能科室科长等，接受培训时间不少于一个星期。

　　b) 车间主任、副主任、工段长、班组长、安全专职人员等，接受培训时间不少于半个月。
- c) 电工、起重工、汽车司机、火车司机、司炉工、锅炉工、受压容器操作工、火力干燥工、电焊工、高空作业及接触剧毒、易燃、易爆等的特殊工种工人,接受培训时间不少于1个月。
- d) 选煤司机、维修钳工等,接受培训时间不少于半个月。
- e) 新进厂的工人(包括合同工、代培人员),接受培训时间不少于1个月,并由有经验的工人带领实习4个月,考核合格后,方可独立工作。
- f) 调换工种的工人,都必须重新培训。
- g) 全厂职工每年都必须进行安全知识更新教育,接受教育时间每年每人不少于4天。

18.6.3 选煤厂厂长对本厂安全培训工作负责。安全卫生管理部门负责安全培训的实施。未按本规定进行安全培训的,由安全生产监督管理部门按有关规定实施处罚。

附　录
计量单位及数学符号说明

mm,m,km	毫米,米,千米
mm^2,m^2	毫米^2,米^2
L,m^3	升,米^3
mg,g,kg,t,Mt	毫克,克,千克,吨,百万吨
ms,s,min,h	毫秒,秒,分,小时
m^3/min,m^3/h	米^3/分,米^3/小时
m/s,km/h,m/s^2	米/秒,公里/小时,米/秒^2
kg/m,mg/m^3	千克/米,毫克/米^3
N,kN	牛[顿],千牛
m^3/t	米^3/吨
Pa,MPa	帕[斯卡],兆帕
℃	摄氏度
(°)	度(平面角)
A,V,kV,Ω,μΩ	安[培],伏[特],千伏,欧[姆],微欧[姆]
W,kW,J	瓦[特],千瓦,焦[耳]
dB(A)	分贝(A级)
>,≥,<,≤	大于,大于或等于,小于,小于或等于
%,‰。	百分号,千分号

煤矿井下安全标志(AQ 1017—2005)

前　言

　　本标准是依据国家有关法律法规,针对煤矿井下安全生产特点制定的。制定本标准的目的是为了迅速引起煤矿井下作业人员对现场不安全因素的警觉并采取相应的措施,预防事故的发生。

　　本标准对煤矿井下安全警示作出了规定。

　　本标准由国家安全生产监督管理总局提出并归口。

　　本标准起草单位:煤炭信息研究院、兖州煤业(集团)有限公司、山西焦煤(集团)有限责任公司、开滦矿业(集团)有限责任公司、煤炭科学研究总院抚顺分院、煤炭科学研究总院重庆分院。

　　本标准主要起草人:黄盛初、王捷帆、陈昌、陈国瑞、倪兴华、王登刚、莫志中、杨树民、张延寿、黄声树、岳超平。

1　范围

　　本标准规定了煤矿井下传递安全警示信息的安全标志。

　　本标准适用于各类井工开采的煤矿。

2　规范性引用文件

　　下列文件中的条款通过本标准的引用而成为本标准的条款。凡是注日期的引用文件,其随后所有的修改单(不包括勘误的内容)或修订版均不适用于本标准,然而,鼓励根据本标准达成协议的各方研究是否可使用这些文件的最新版本。凡是不注日期的引用文件,其最新版本适用于本标准。

　　GB 2894　　安全标志

　　GB 5768　　道路交通标志和标线

　　GB 6527.2　　安全色使用导则

　　GB/T 8416　　视觉信号表面色

　　GB/T 10001　　标志用公共信息图形符号

　　GB 14161　　矿山安全标志

　　GB 16179　　安全标志使用导则

3　术语和定义

　　煤矿井下安全标志分为主标志和文字补充标志两类。

　　下列术语和定义适用于本标准。

3.1　主标志

3.1.1　禁止标志:禁止或制止人们的某种行为的标志。

3.1.2 警告标志:警告人们注意可能发生危险的标志。
3.1.3 指令标志:指示人们必须遵守某种规定的标志。
3.1.4 路标、名牌、提示标志:告诉人们目标方向、地点的标志。
3.2 文字补充标志
文字补充标志是主标志的文字说明或方向指示,它只能与主标志同时使用。

4 禁止标志

4.1 禁止标志的基本形状为带斜杠的圆环,如图1所示。

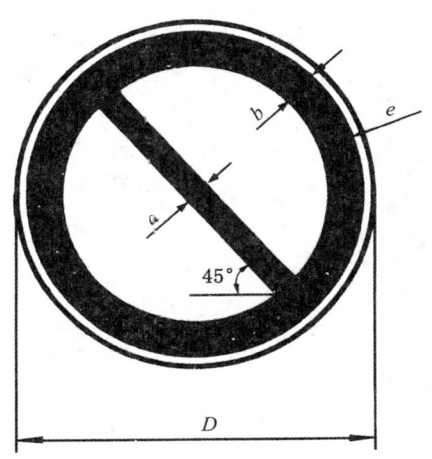

图 1 禁止标志的基本形状

4.2 禁止标志的颜色,为白底、红圈、红斜杠、黑图形符号。
4.3 禁止标志的基本尺寸应根据最大观察距离确定,按表1选取。

表 1 禁止标志尺寸与最大观察距离的关系

种 类	逆向反射标志	
最大观察距离/m	10	15
标志外径 D/mm	250	375
红杠宽度 a/mm	20	30
红环宽度 b/mm	25	38
白边宽度 e/mm	5	7

4.4 禁止标志的种类及设置地点。
禁止标志的种类、名称、设置地点及说明见表2。

表 2 禁止标志的种类、名称及设置地点

编号	符号	名称	设置地点	说明
2-1		禁带烟火	煤矿井口及井下	引用 GB 14161
2-2		禁止酒后入井	人员出入的井口	
2-3		禁止明火作业	禁止明火作业地点	引用 GB 2894
2-4		禁止启动	不允许启动的机电设备	引用 GB 2894
2-5		禁止送电	变电室、移动电源开关停电检修等	引用 GB 2894

表 2（续）

编号	符 号	名 称	设置地点	说 明
2-6		禁止扒乘矿车	井下运输大巷交叉口、乘车场、扒车事故多发地段	引用 GB 14161
2-7		禁止扒、登、跳人车	井下巷道，每隔 50 m 设一个	
2-8		禁止登钩	串车提升斜井上下口	
2-9		禁止跨、乘输送带	链板、带式输送机、钢丝绳牵引运输不许跨越的地方，间隔 30 m 设置	
2-10		禁止井下攀牵线缆	井下敷有电缆、信号线等巷道内	引用 GB 14161

表 2（续）

编号	符 号	名 称	设置地点	说 明
2-11		禁止入内	井下封闭区、瓦斯区、盲巷、废弃巷道及禁止人员入内的地点	
2-12		禁止停车	井下禁止停放车辆的地段	
2-13		禁止驶入	线路终点和禁止机车驶入地段	引用 TGB 5768
2-14		禁止通行	井下危险区、爆破警戒处、不兼作行人的绞车道、材料道及禁止行人的通道口等	引用 GB 2894
2-15		禁止穿化纤服装入井	人员出入的井口	

表 2（续）

编号	符 号	名 称	设置地点	说 明
2-16		禁止放明炮、糊炮	井下采掘爆破工作面	
2-17		禁止井下睡觉	井下各工序岗位和作业区	
2-18		禁止同时打开两道风门	井下巷道风门处	
2-19		禁止井下随意拆卸矿灯	入井口、井下工作面	

5 警告标志

5.1 警告标志的基本形状为等边三角形，顶角朝上，如图 2 所示。
5.2 警告标志的颜色为黄底、黑边、黑图形符号。
5.3 警告标志的基本尺寸应根据最大观察距离确定，按表 3 选取。

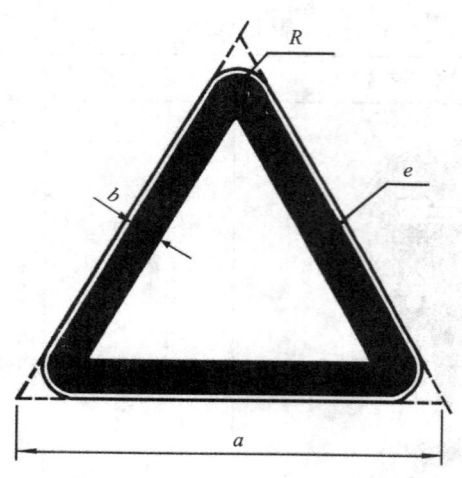

图 2 警告标志的基本形状

表 3 警告标志尺寸与最大观察距离的关系

种 类	逆向反射标志	
最大观察距离/m	10	15
三角形边长 a/mm	340	510
黑边宽度 b/mm	30	30
黑边圆角半径 R/mm	17	26
黄边宽度 e/mm	5	7

5.4 警告标志的种类及设置地点。

警告标志的种类、名称、设置地点见表4。

表 4 警告标志的种类、名称及设置地点

编号	符 号	名 称	设置地点	说 明
4-1		注意安全	提醒人们注意安全的场所及设置安置的地方	引用 GB 2894
4-2		当心瓦斯	井下瓦斯集聚地段、盲巷口、瓦斯抽放地点、巷道冒高处	引用 GB 2894

表 4（续）

编号	符 号	名 称	设置地点	说 明
4-3		当心冒顶	井下冒顶危险区、巷道维修地段	引用 GB 2894
4-4		当心火灾	井下仓库、爆炸材料库、油库、带式输送机、充电室和有发火预兆的地点	引用 GB 2894
4-5		当心水灾	井下有透水或水患地点	引用 GB 14161
4-6		当心煤（岩）与瓦斯突出	井下煤（岩）与瓦斯突出危险作业区	
4-7		当心有害气体中毒	井下 CH_4、CO、H_2S、NO_x 等有害气体危险地点	引用 GB 14161
4-8		当心爆炸	爆炸材料库、运送炸药、雷管的容器和设备上	引用 GB 2894

表 4（续）

编号	符 号	名 称	设置地点	说 明
4-9		当心触电	有触电危险部位	引用 GB 2894
4-10		当心坠落	建井施工、井筒维修及井内高空作业处	引用 GB 2894
4-11		当心坠入溜井	井下溜煤眼、溜矿井、溜矿仓	引用 GB 14161
4-12		当心发生冲击地压	井下有冲击地压的作业区域	
4-13		当心片帮滑坡	井下有片帮、滑坡危险地段	引用 GB 14161
4-14		当心矿车行驶	井下行人巷道与运输巷道交叉处、井下兼行人的倾斜运输巷道内	引用 CB 14161

表 4（续）

编号	符 号	名 称	设置地点	说 明
4-15		当心绊倒	井下地面有障碍物,绊倒易造成伤害的地方	引用 GB 16179
4-16		当心滑跌	井下巷道有易造成伤害的滑跌地点	引用 GB 16179
4-17		当心交叉道口	井下巷道交叉口处	引用 GB 14161
4-18		当心弯道	井下巷道拐弯处	引用 GB 14161
4-19		当心道路变窄（左、右、正向）	井下巷道前方变窄的地段	引用 CB 5768

6 指令标志

6.1 指令标志基本形状为圆形,如图 3 所示。
6.2 指令标志的颜色为蓝底、白图形符号。
6.3 指令标志的基本尺寸应根据最大观察距离确定,按表 5 选取。

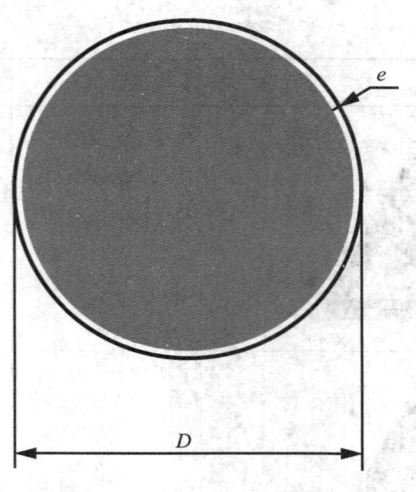

图 3　指令标志基本形状

表 5　指令标志尺寸与最大观察距离的关系

种　类	逆向反射标志	
最大观察距离/m	10	15
圆形直径 D/mm	250	375
白边宽度 e/mm	5	7

6.4　指令标志的种类及设置地点。

指令标志的种类、名称、设置地点见表6。

表 6　指令标志的种类、名称及设置地点

编号	符　号	名　称	设置地点	说　明
6-1		必须戴安全帽	人员出入井口、更衣房、矿灯房等醒目地方	引用 GB 14161
6-2		必须携带自救器	入井口处、更衣室、领自救器房等醒目地方	引用 GB 14161

表6（续）

编号	符号	名称	设置地点	说明
6-3		必须携带矿灯	入井口处、更衣房、矿灯房等醒目地方	引用 GB 14161
6-4		必须穿带绝缘保护用品	井下变配电所（硐室）	引用 GB 14161
6-5		必须系安全带	建井施工处、井筒检修地点	引用 GB 2894
6-6		必须戴防尘口罩	井下打眼施工、炮烟区	引用 GB 2894
6-7		必须桥上通过	井下设有人行桥的地方	引用 GB 14161

表 6（续）

编号	符 号	名 称	设置地点	说 明
6-8		必须走人行道	井下人行道两端	引用 GB 14161
6-9		鸣笛	井下机车通过巷道交叉处、道岔口和弯道前 20～30 m 鸣笛处	引用 GB 5768
6-10		必须加锁	剧毒品、危险品库房等地点	引用 GB 16179
6-11		必须持证上岗	井口、配电室、炸药库等必须出示上岗证的地点	

7 路标、名牌、提示标志

7.1 路标、名牌、提示标志的基本形状为长方形，如图 4 所示。

7.2 路标、名牌、提示标志的颜色为绿底（红底或黄底）、白图案（黑图案），白字或黑字。

7.3 路标、名牌、提示标志的基本尺寸应根据最大观察距离确定，按表 7 选取路标牌的尺寸根据实际需要可按比例放大。

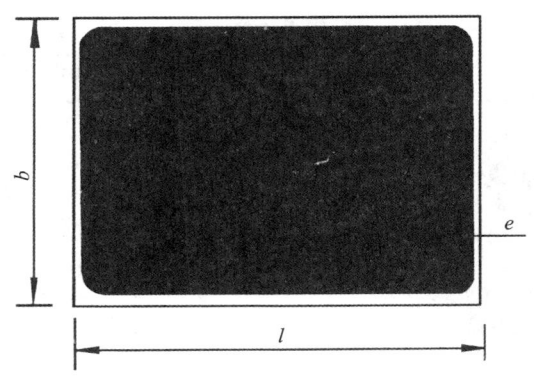

图 4　路标、名牌、提示标志的基本形状

表 7　提示标志尺寸与最大观察距离的关系

种　类	逆向反射标志	
最大观察距离/m	10	15
短边长度 b/mm	220	320
长边宽度 l/mm	330	480
白边宽度 e/mm	5	7

7.4　路标、名牌、提示标志的种类及设置地点。

路标、名牌、提示标志的种类、名称、设置地点见表8。

表 8　路标、名牌、提示标志的种类、名称及设置地点

编号	符　号	名　称	设置地点	说　明
8-1		紧急出口（左、右向）	设在井下采区安全出口路线上（间隔100 m）和改变方向处	引用 GB 2894
8-2		电话	井下通往电话的通道上	引用 GB 3818

表8（续）

编号	符　号	名　称	设置地点	说　明
8-3		躲避硐	井下通往躲避硐室的通道及躲避硐室入口处	引用 GB 2894
8-4		急救站	井下通往急救站通道上	引用 GB/T 10001
8-5		爆破警戒线	井下爆破警戒线处	引用 GB 14161
8-6		危险区	井下火灾、瓦斯、水患等危险区附近	引用 GB 14161
8-7		沉陷区	井下地表沉陷滑落区	引用 GB 14161

表 8（续）

编号	符 号	名 称	设置地点	说 明
8-8	前方慢行 ←	前方慢行	井下风门、交叉道口、弯道、车场、翻罐等须减速慢行地点	引用 GB 14161
8-9	进风巷道 ←	进风巷道	井下进风巷道	
8-10	回风巷道 ←	回风巷道	井下回风巷道	引用 GB 14161
8-11	运输巷道 ←	运输巷道	井下运输巷道	
8-12	正在检修 不准送电	指示牌	根据需要自行设置	

表 8（续）

编号	符 号	名 称	设置地点	说 明
8-13	←　××水平　→ ××石门　××石门　××石门	路标	自行设置	引用 GB 14161
8-14	避火灾、瓦斯爆炸路线　←	避火灾、瓦斯爆炸路线	井下躲避火灾、瓦斯、煤尘爆炸的通道上	
8-15	避水灾路线　←	避水灾路线	井下躲避水灾的通道上	
8-16	避有毒有害气体路线　←	避有毒有害气体路线	井下躲避有毒有害气体路线的通道上	
8-17	永久密闭 编号： 材料： 时间：	永久密闭	井下废巷、盲巷入口处	

表 8（续）

编号	符号	名称	设置地点	说明
8-18	测风牌（断面/CH₄、风速/CO₂、风量/温度、地点/湿度、时间/测风员）	测风牌	井下掘进、采煤工作面等处	
8-19	炮检牌（浓度/时间：装药前、放炮前、放炮后；CH₄、CO₂、地点/班次、时间/瓦检员）	炮检牌	井下采、掘工作面等要求设置的地点	
8-20	瓦斯巡检牌（浓度/次数：一次、二次、三次；CH₄、CO₂、地点、时间）	瓦斯巡检牌	井下采、掘工作面等要求设置的地点	

8 补充标志

8.1 文字补充标志的规定

8.1.1 文字补充标志是将主标志的名称用黑体字横写在矩形的底板上。文字补充标志必须与主标志联用，单独使用没有任何安全含义。

8.1.2 文字补充标志基本形式是矩形边框，放在主标志下方，也可放在左方或右方，如图 5、图 6 所示。

8.1.3 文字补充标志的底色应与联用的主标志底色相统一，其文字的颜色，除警告标志用黑色外，其他标志均为白色。

8.1.4 文字补充标志为矩形，长边等于圆的直径或三角形边长，宽等于长边的五分之一。如与方向补充标志联用，其尺寸宽为标志的二分之一，长为标志的三分之一。

8.2 方向补充标志的规定

8.2.1 方向补充标志图形符号是箭头，它应指示被联用主标志所表示意义的方向，必须与主标志联用，单独使用没有任何安全含义。

图 5 文字补充标志的位置　　　　　图 6 文字补充标志的位置
　　（在主标志下方）　　　　　　　　　（在主标志左方）

8.2.2 方向补充标志如系指示左向(包括左上、左下)则放在主标志的左侧,如系指示右向(包括右上、右下)则放在主标志的右侧,如图 6 所示。
8.2.3 方向补充标志的底色和箭头颜色应与联用主标志的颜色相统一。
8.2.4 方向补充标志的尺寸,宽为标志的二分之一,长为标志的三分之一。

9 颜色

本标准使用的安全色及其安全含义应符合 GB 6527.2 的规定。颜色范围和光反射比应符合 GB 8416 的规定,逆向反射材料的反射系数应符合表 A.3、表 A.4 的规定,见附录 A(规范性附录)。

10 煤矿井下安全标志牌的制作与检验

10.1 煤矿井下安全标志牌应按本标准规定制作。制作图示例见附录 B(资料性附录)。应采用逆向反光材料。一般选用金属或塑料为底板。有触电危险场所的标志牌,应使用绝缘材料制作。
10.2 煤矿安全标志牌必须经具有国家规定资质的生产企业生产并经具有资质的检测检验机构检查合格后方可使用。
10.3 本标准所涉及的产品用于煤矿井下,材质必须具有防腐、阻燃、抗老化的性能。
10.4 本标准所涉及的颜色,必须符合 GB 6527.2 所规定色差范围,为使安全色卡达到最佳的分辨率和一律的色度,以便使人们能准确、迅速地辨认,更好地提高人们对不安全因素的警惕,使色觉正常和异常者均能认清,应选择最佳色度范围,确定安全基准色。

11 煤矿井下安全标志牌的设置与管理

11.1 煤矿井下安全标志牌位置应设在与安全有关的明显的地方,并保证人们有足够的时间注意它所表示的内容。
11.2 煤矿井下安全标志牌应定期清洗,每季至少检查一次。如有变形、损坏、变色、图形符号脱落、亮度老化等现象应及时修理或更换。
11.3 煤矿井下安全标志牌由煤炭生产企业设置和维护。

附 录 A
（规范性附录）
颜 色 范 围

A.1 色品坐标与色品图

色品坐标见表 A.1。色品图如图 A.1 所示。

表 A.1 色品坐标

颜 色		色 品 坐 标							
		1		2		3		4	
		x	y	x	y	x	y	x	y
逆向反射物色	红	0.690	0.310	0.658	0.342	0.597	0.313	0.595	0.315
	黄	0.531	0.468	0.464	0.534	0.427	0.483	0.477	0.433
	绿	0.007	0.702	0.026	0.399	0.177	0.362	0.248	0.409
	蓝	0.078	0.170	0.137	0.038	0.210	0.247	0150	0.220
	白	0.350	0.360	0.300	0.310	0.290	0.320	0.340	0.370

A.2 光反射比

安全标志逆向反射物各种颜色的光反射比范围应符合表 A.2 的规定。

表 A.2 光反射比

颜 色	逆向反射物的光反射比/％
红	＞5
黄	＞27
绿	＞4
蓝	＞1
白	＞35
黑	

A.3 逆向反射系数

逆向反射系数（在平面反光材料的表面上）：该系数是在观察方向上，一种材料的反光强度（I）对垂直入射光照度（E_1）和该反射面积（A）乘积之比。用符号 R' 表示。

$$R' = \frac{I}{E_1 \times A} \quad \cdots\cdots\cdots\cdots\cdots\cdots\cdots\cdots\cdots\cdots (A.1)$$

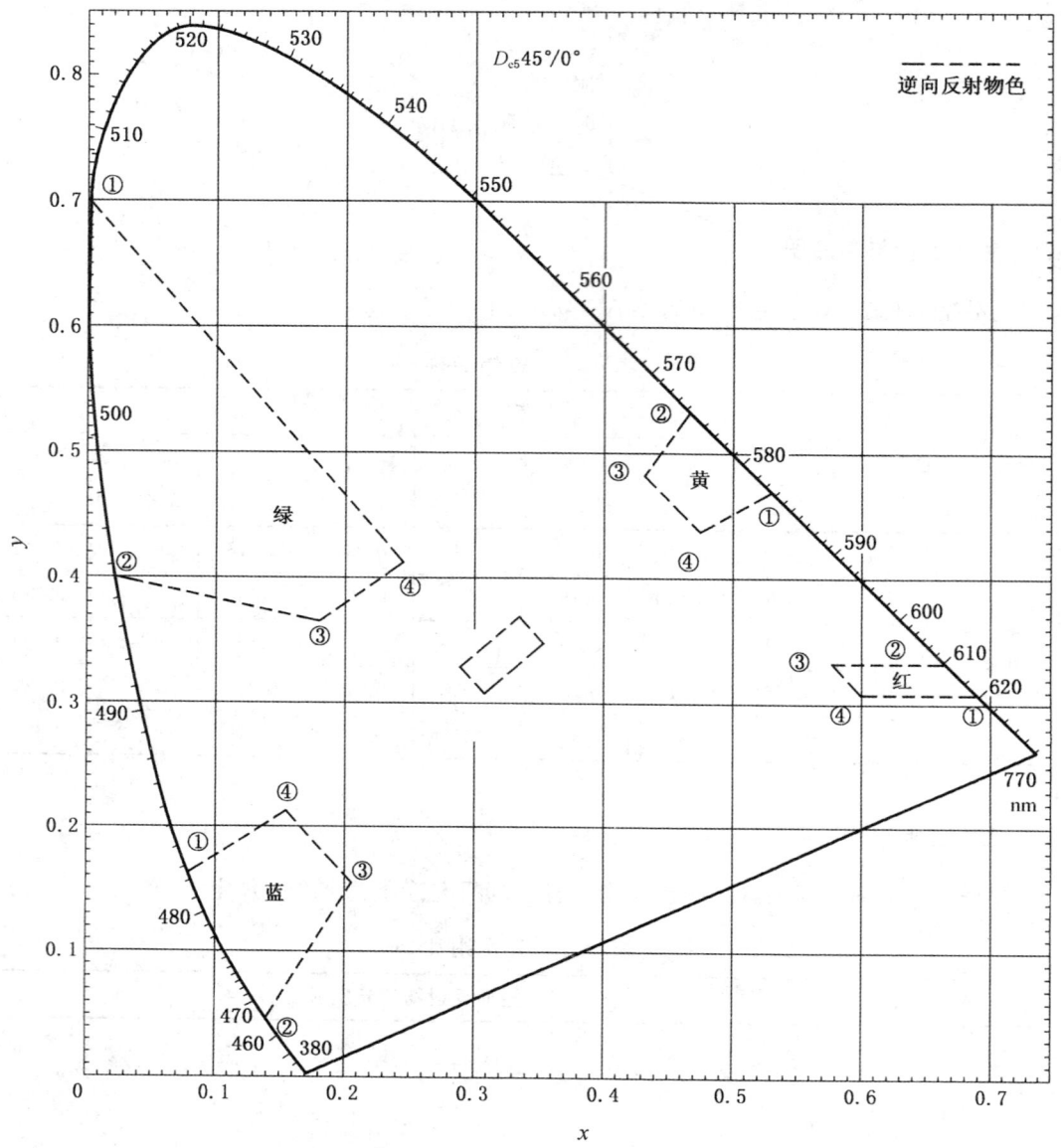

图 A.1 色品图

逆向反射系数值是逆向反射材料的重要光学特性,其逆向反射系数最低值应符合表 A.3(一级品)、表 A.4(二级品)的规定。

表 A.3 逆向反射系数最低值(一级品)

观察角	入射角	白	黄	红	绿	蓝
12′	5°	250	170	35	20	20
	30°	200	120	30	15	15
	40°	110	70	15	6	8

表 A.3（续）

观察角	入射角	白	黄	红	绿	蓝
20′	5°	180	122	25	21	14
	30°	100	67	14	11	7
	40°	95	64	13	11	7
2°	5°	5	3	0.8	0.6	0.2
	30°	2.5	1.5	0.4	0.3	0.1
	40°	1.5	1.0	0.3	0.2	0.06

表 A.4 逆向反射系数最低值（二级品）

观察角	入射角	白	黄	红	绿	蓝
12′	5°	70	50	12	5.0	4.0
	30°	50	35	10	3.0	3.0
	40°	15	8.0	3.0	1.0	1.0
20′	5°	50	35	10	7.0	2.0
	30°	24	16	4.0	3.0	1.0
	40°	9.0	6.0	1.8	1.2	0.4
2°	5°	5.0	3.0	0.8	0.6	0.2
	30°	2.5	1.5	0.4	0.3	0.1
	40°	1.5	1.0	0.3	0.2	0.06

附 录 B
（资料性附录）
煤矿安全标志牌制作图示例

B.1 煤矿安全标志牌制作图示例如图 B.1～图 B.5 所示。

图 B.1 标志牌制作图示例 1

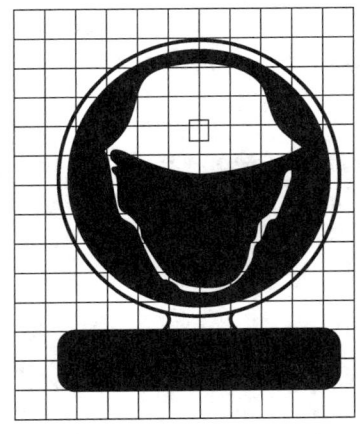

图 B.2 标志牌制作图示例 2

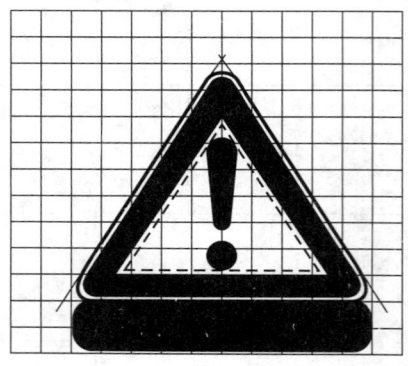
图 B.3　标志牌制作图示例 3

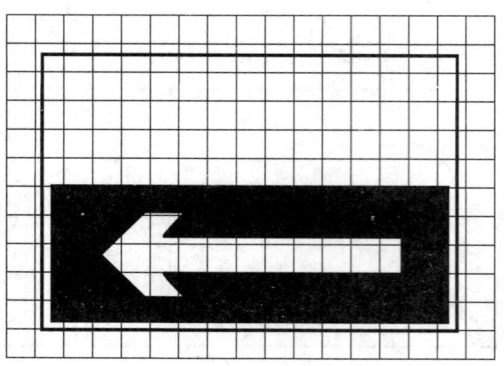
图 B.4　标志牌制作图示例 4

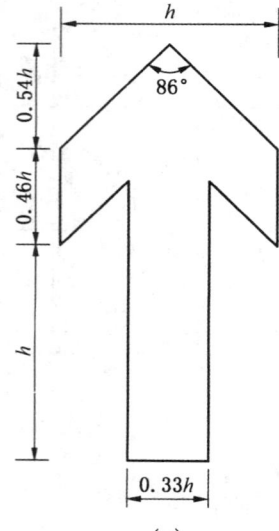
(a)

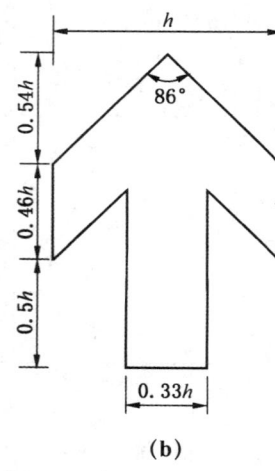
(b)

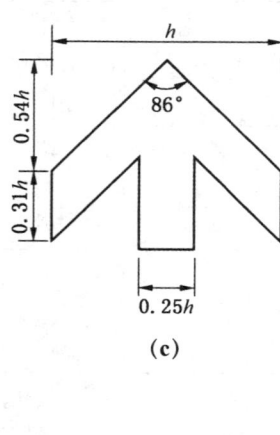
(c)

图 B.5　标志牌制作图示例 5

矿井救灾通信系统通用技术条件(MT/T 1129—2011)

前言

本标准按照 GB/T 1.1—2009 给出的规则起草。

本标准由中国煤炭工业协会提出。

本标准由煤炭行业煤矿专用设备标准化技术委员会归口。

本标准起草单位：中国矿业大学(北京)、中煤科工集团常州自动化研究院、平顶山煤业(集团)有限责任公司。

本标准起草人：孙继平、彭霞、田子建、伍云霞、刘晓阳、孙哲星、于励民。

1 范围

本标准规定了矿井救灾通信系统的术语和定义、产品分类、技术要求、试验方法和检验规则。

本标准适用于矿井救灾通信系统(以下简称系统)及其产品。

2 规范性引用文件

下列文件对于本文件的应用是必不可少的。凡是注日期的引用文件，仅注日期的版本适用于本文件。凡是不注日期的引用文件，其最新版本(包括所有的修改单)适用于本文件。

GB/T 2887　电子计算机场地通用规范

GB 3836.1　爆炸性气体环境用电气设备　第1部分：通用要求

GB 3836.2　爆炸性气体环境用电气设备　第2部分：隔爆型"d"

GB 3836.3　爆炸性气体环境用电气设备　第3部分：增安型"e"

GB 3836.4　爆炸性气体环境用电气设备　第4部分：本质安全型"i"

GB/T 5080.1—1986　设备可靠性试验　总要求

GB/T 5080.7　设备可靠性试验　恒定失效率假设下的失效率与平均无故障时间的验证试验方案

GB/T 10111　随机数的产生及其在产品质量抽样检验中的应用程序

GB 15842　移动通信设备安全要求和试验方法

GB/T 15844.1　移动通信调频无线电话机通用技术条件

GB/T 15874　集群移动通信系统设备通用规范

GB/T 16532　通信设备清晰度 DRT 法评价用语音材料库

GB/T 17626.3—2006　电磁兼容　试验和测量技术　射频电磁场辐射抗扰度试验

GB/T 17626.4—2008　电磁兼容　试验和测量技术　电快速瞬变脉冲群抗扰度试验

GB/T 17626.5—2008　电磁兼容　试验和测量技术　浪涌(冲击)抗扰度试验

AQ 1008　矿山救护规程

MT/T 286　煤矿通信、自动化产品型号编制方法和管理办法

MT/T 772—1998 煤矿监控系统主要性能测试方法
MT/T 899 煤矿用信息传输装置
MT/T 1078 矿用本质安全输出直流电源

3 术语和定义

下列术语和定义适用于本文件。

3.1
矿井救灾通信系统 communication system for disaster rescue
用于煤矿井下事故救援通信的系统。

3.2
地面基地通信终端 communication terminal at surface rescue base
在处理矿山事故时,设在矿山地面的救灾通信指挥设备。

4 产品分类

4.1 型号
产品型号应符合 MT/T 286 的规定。

4.2 分类

4.2.1 按传输技术分类:
a) 无线;
b) 有线;
c) 有线、无线混合。

4.2.2 按信息分类:
a) 语音;
b) 语音和图像;
c) 语音和数据;
d) 语音、图像和数据等。

5 技术要求

5.1 一般要求
系统及有关设备应符合本标准和 GB 15842、GB/T 15844.1、GB/T 15874、AQ 1008、MT/T 899、MT/T 1078 的相关规定,系统中的其他设备应符合国家及行业有关标准的规定,并按照经规定程序批准的图样及文件制造和成套。

5.2 环境条件

5.2.1 系统中用于机房、调度室的设备,应能在下列条件下正常工作:
a) 环境温度:15 ℃~30 ℃;
b) 相对湿度:40%~70%;
c) 温度变化率:小于 10 ℃/h,且不得结露;
d) 大气压力:80 kPa~106 kPa;
e) GB/T 2887 规定的尘埃、照明、噪声、电磁场干扰和接地条件。

5.2.2 除有关标准另有规定外,系统中用于煤矿井下的设备应在下列条件下正常工作:
a) 环境温度:0 ℃~40 ℃;
b) 平均相对湿度:不大于95%(25 ℃);
c) 大气压力:80 kPa~106 kPa;
d) 有爆炸性气体混合物,但无显著振动和冲击、无破坏绝缘的腐蚀性气体。

5.3 地面设备交流电源

地面设备交流电源应符合下列要求:
a) 额定电压:380 V/220 V,允许偏差−10%~+10%;
b) 谐波:不大于5%;
c) 频率:50 Hz,允许偏差±5%。

5.4 系统组成

系统一般由移动台、基站(含话机)、基站电源(可与基站一体化)、地面基地通信终端、电缆、光缆(可缺省)、接线盒、中继器(可缺省)、避雷器、软件和其他必要设备组成。

5.5 主要功能

5.5.1 基站应具有与移动台通话、与地面基地通信终端通话功能,语音通信宜采用双工制。

5.5.2 移动台之间应具有通话功能,语音通信宜采用双工制。

5.5.3 移动台应具有与地面基地通信终端通话功能,语音通信宜采用双工制。

5.5.4 地面基地通信终端、基站和移动台应具有发起急呼的功能。

5.5.5 地面基地通信终端、基站和移动台应具有发起全呼的功能。

5.5.6 基站应能脱网独立工作,基站与其无线覆盖范围内的移动台、移动台之间应具有通话功能。

5.5.7 移动台宜具有脱网工作功能,在没有基站无线覆盖的条件下,移动台之间可直接通话。

5.5.8 系统宜具有图像监视功能。

5.5.9 系统宜具有甲烷、一氧化碳、氧气、温度等监测功能。

5.5.10 系统宜具有组呼功能。

5.5.11 系统宜具有图像、声音和数据存储功能。

5.5.12 系统宜具有网络通信功能。

5.6 主要技术指标

5.6.1 传输距离

地面基地通信终端、基站、移动台之间的传输距离应符合下列要求:
a) 基站至地面基地通信终端之间的传输距离应不小于10 km;
b) 移动台到基站之间的传输距离应不小于300 m,宜不小于500 m;
c) 移动台到移动台之间的传输距离应不小于300 m,宜不小于500 m。

5.6.2 容量

系统可配置的移动台的数量应不小于18台。

5.6.3 话音音质

地面基地通信终端、基站、移动台的话音音质均应不低于3级。

5.6.4 发射功率

当基站与移动台之间采用无线通信时,基站和移动台无线发射功率由相关标准规定,移动台发射功率不宜大于 5 W。

5.6.5 接收灵敏度

当基站与移动台之间采用无线通信时,基站和移动台无线接收灵敏度由相关标准规定。

5.6.6 工作频率

当基站与移动台之间采用无线通信时,基站和移动台无线发射频率由相关标准规定。

5.6.7 移动台蓄电池连续工作时间

蓄电池使移动台连续工作时间应不小于 11 h,其中通话时间应不小于 2 h(收、发用时相等时)。

5.6.8 地面基地通信终端及基站蓄电池连续工作时间

地面基地通信终端及基站在蓄电池供电的情况下,连续工作时间应不小于 11 h。

5.7 工作稳定性

系统应进行工作稳定性试验,通电试验时间应不小于 7 d,其主要功能和主要技术指标应不低于本标准的要求。

5.8 抗干扰性能

5.8.1 系统应能通过 GB/T 17626.3—2006 规定的、试验等级不低于 1 级的射频电磁场辐射抗扰度试验,系统应能正常工作。

5.8.2 系统应能通过 GB/T 17626.4—2008 规定的、试验等级不低于 1 级的电快速瞬变脉冲群抗扰度试验,系统应能正常工作。

5.8.3 系统应能通过 GB/T 17626.5—2008 规定的、试验等级不低于 1 级的浪涌(冲击)抗扰度试验,系统应能正常工作。

5.9 可靠性

系统平均无故障工作时间(MTBF)应不小于 800 h。

5.10 防爆性能

用于煤矿井下的设备应为防爆型电气设备,其输入输出信号应是本质安全型。移动台应为本质安全型防爆电气设备。基站宜为本质安全型防爆电气设备。防爆型设备应符合 GB 3836.1~3836.4 的规定。

6 试验方法

6.1 环境条件

除环境试验或有关标准中另有规定外,试验应在下列环境条件中进行:
a) 环境温度:15 ℃~35 ℃;
b) 相对湿度:45%~75%;
c) 大气压力:86 kPa~106 kPa。

6.2 电源条件

除非有关标准另有规定,测试用电源应符合以下要求:
a) 交流供电电源:
 1) 电压:误差应不大于 2%;

2) 频率:50 Hz,其误差应不大于1%;
3) 谐波失真系数:应不大于5%。
b) 直流供电电源:
1) 电压:误差应不大于2%;
2) 周期与随机偏移:$\Delta U^{1)}/U_0^{2)}$应不大于0.1%。

6.3 试验仪器和设备

6.3.1 试验仪器和设备的准确度应能符合所测性能对准确度的要求,其自身准确度应不大于被测参数1/3倍的允许误差。

6.3.2 试验仪器和设备的性能应符合所测性能的特点。

6.3.3 试验仪器和设备应按照计量法的相关规定进行计量,并检定或校准合格。

6.3.4 试验仪器和设备的配置应不影响测量结果。

6.3.5 主要试验仪器和设备的特性要求应符合附录A的规定。

6.4 受试系统的要求

6.4.1 现场检验时,按实际配置的系统进行检验。

6.4.2 出厂检验和型式检验时,系统测试至少应具备下列设备:
a) 地面基地通信终端1台,可根据具体情况适当增加设备;
b) 基站1台,可根据具体情况适当增加设备,若具备基站电源,应包括在其中;
c) 移动台:出厂检验时,应为订货的全部移动台;型式检验时应不少于可同时通话移动台的数量;
d) 构成系统的其他必要设备。

6.4.3 受试系统中的设备应是出厂检验和型式检验合格的产品。

6.5 受试系统的连接

受试系统使用规定的传输介质、按最大传输距离、依据相关标准规定进行连接,地面基地通信终端到基站之间的电缆可使用仿真线。

6.6 主要功能试验

6.6.1 基站与地面基地通信终端和移动台通话功能试验:
a) 使基站呼叫地面基地通信终端,检查主被叫双方是否可以正常通话;
b) 使基站呼叫距基站不大于其最大传输距离的任一移动台,检查主被叫双方是否可以正常通话;
c) 使地面基地通信终端呼叫基站,检查主被叫双方是否可以正常通话;
d) 使任一距基站不大于其最大传输距离的移动台呼叫基站,检查主被叫双方是否可以正常通话。

6.6.2 使任一距基站不大于最大传输距离的移动台呼叫另一距基站不大于最大传输距离的移动台,检查主被叫双方是否可以正常通话。

6.6.3 移动台与地面基地通信终端通话功能试验:
a) 使任一距基站不大于最大传输距离的移动台呼叫地面基地通信终端,检查主被叫

---

1) ΔU 为周期与随机偏移的峰到峰值。
2) U_0 为直流供电电压的额定值。

双方是否可以正常通话；

b) 使地面基地通信终端呼叫距基站不大于最大传输距离的任一移动台,检查主被叫双方是否可以正常通话。

6.6.4 分别使地面基地通信终端、基站和距基站不大于最大传输距离的任一移动台首发急呼,检查主被叫双方是否可以正常通话。

6.6.5 全呼功能试验：

a) 使地面基地通信终端发起全呼,检查基站和所有距基站不大于最大传输距离的移动台是否收到地面基地通信终端的话音；

b) 使基站发起全呼,检查地面基地通信终端和所有距基站不大于最大传输距离的移动台是否收到基站的话音；

c) 使任一距基站不大于最大传输距离的移动台发起全呼,检查地面基地通信终端、基站和其他所有距基站不大于最大传输距离的移动台是否收到主呼移动台的话音。

6.6.6 断开地面基地通信终端与基站的通信电缆,检查基站和距基站不大于最大传输距离的移动台是否能够进行呼叫和通话,检查距基站不大于最大传输距离的移动台之间是否能够进行呼叫和通话。

6.6.7 使基站停止工作,检查相距不大于最大传输距离的移动台之间是否能够进行呼叫和通话。

6.6.8 调用系统视频监视功能,检查是否可以通过系统看到被监视地点图像。

6.6.9 调用系统气体浓度和环境温度监测功能,检查是否可以进行气体浓度和环境温度监测。

6.6.10 调用系统组呼功能,检查所有被呼用户是否能够收到主呼的话音。

6.6.11 调用存储查询功能,检查图像、声音和数据存储情况。

6.6.12 将地面基地通信终端接入网络,检查是否可以通过网络与基站或移动台进行呼叫和通话等。

6.7 主要技术指标测试

6.7.1 最大传输距离测试

6.7.1.1 基站至地面基地通信终端最大传输距离测试：按6.5的要求连接设备,检查系统是否能正常工作。

6.7.1.2 移动台与基站间的最大传输距离测试：设备正常工作时,使一移动台在距离基站300 m或500 m处呼叫基站,检查基站是否能正确识别呼叫的移动台,并能正常通话。

6.7.1.3 移动台与移动台之间的最大传输距离测试：设备正常工作时,使一移动台呼叫与其相距300 m或500 m处的另一移动台,检查是否能完成接续,并能正常通话。

6.7.2 系统容量测试

在规定的编码内,对不小于18台的移动台进行注册设置,将这些移动台置于距离基站300 m或500 m的范围,逐一检查基站是否可以与这些移动台进行通话。

6.7.3 语音音质测试

在最大传输距离上进行语音音质测试。语音音质测试采用主观评测的方法,送话方播放GB/T 16532规定的话音材料,2/3以上评测组成员认为语音音质达到表1规定的3级

(含 3 级)以上,则判定符合 5.6.3 的要求。

表 1 语音音质主观评测表

级别	评价	效 果
5	优	不察觉失真
4	良	刚察觉失真,但不讨厌
3	中	察觉失真,稍微讨厌
2	差	讨厌,但不令人反感
1	劣	极其讨厌,令人反感

6.7.4 发射功率测试

按有关标准进行。

6.7.5 接收灵敏度测试

按有关标准进行。

6.7.6 工作频率测试

按有关标准进行。

6.7.7 移动台电池连续工作时间测试

使可充电电池处于充满状态的移动台处于正常工作状态,并开始计时,先通话 2 h(收、发等时)再待机,直到可充电电池低于最小放电电压或不能保证移动台正常工作时,停止计时。移动台电池工作时间为上述时间的 80%。

6.7.8 基站电池工作时间测试

使基站接入处于充满状态的电池开始工作并计时,直到基站电量不足导致系统工作异常,停止计时。基站电池工作时间为上述时间的 80%。

6.8 工作稳定性试验

按 MT/T 772—1998 第 10 章中的有关规定进行,试验中的测量时间间隔应不大于 24 h。

6.9 抗干扰性能试验

按 GB/T 17626.3—2006、GB/T 17626.4—2008 和 GB/T 17626.5—2008 的规定进行,功能正常或功能暂时丧失,但能自动恢复。

6.10 可靠性试验

按 GB/T 5080.7 的有关规定进行。若无其他标准另行规定,采用定时截尾试验方案。失效判定应符合 GB/T 5080.1—1986 中 9.2 的有关规定。

6.11 防爆性能试验

按 GB 3836.1~3836.4 的有关规定进行。

7 检验规则

7.1 检验分类

检验一般分出厂检验与型式检验两类。

7.2 出厂检验

7.2.1 每套系统均需进行出厂检验,合格产品应给予合格证。

7.2.2 出厂检验一般由制造厂质检部门负责进行,必要时用户可提出参加。

7.2.3 检验项目应符合表 2 中出厂检验项目的规定。

表 2 检验项目

检验项目	质量特征类别	技术要求	试验方法	出厂检验	型式检验
主要功能	A	5.5	6.6	○	○
主要技术指标	A	5.6	6.7	○	○
工作稳定性	B	5.7	6.8	○	○
抗干扰性能	B	5.8	6.9	—	○
可靠性	B	5.9	6.10	—	△
防爆性能	A	5.10	6.11	—	○

注:"○"表示需要进行检验的项目;"△"表示根据具体情况选择确定的项目。

7.2.4 出厂检验的各项性能和指标应符合本标准和相关标准的规定,否则按不合格处理。

7.3 型式检验

7.3.1 在下列情况之一时,应进行型式检验:

  a) 新产品或老产品转厂定型时;

  b) 正式生产后,系统中设备或系统组成有较大变化,可能影响系统性能时;

  c) 正常生产时每 3 年 1 次;

  d) 停产 1 年恢复生产时;

  e) 出厂检验结果与上次型式检验结果有较大差异时;

  f) 国家有关部门提出进行型式检验时。

7.3.2 检验项目应符合表 2 中的型式检验项目的规定。

7.3.3 按照 GB/T 10111 规定的方法,在出厂检验合格的产品中抽取受试系统的各组成设备。样品数量应符合试验要求。

7.3.4 型式检验的各项性能和指标应符合本标准和相关标准的规定;对 A 类项目,有 1 项不合格则判该批不合格;对 B 类项目,有 1 项不合格应加倍抽样检验,若仍不合格则判该批为不合格。

附 录 A
(规范性附录)
试验仪器和设备的特性要求

A.1 仿真线

地面基地通信终端至基站传输距离的仿真线应符合以下要求:

  a) 应能分别模拟地面基地通信终端至基站的最大传输距离;

b) 用平衡均匀电路,每公里网络应符合图 A.1 规定,其中 R 为每公里环路电阻的 1/4,L 为每公里环路电感量的 1/4,C 为每公里分布电容量;
c) 每一段模拟网络的仿真线长度应不大于 1 km,且不大于所传输信号最短波长的 1/100。

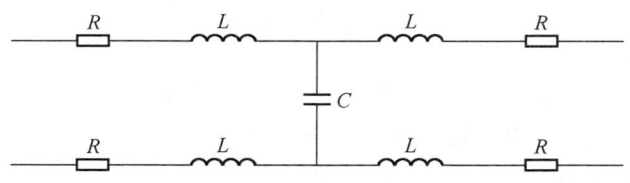

图 A.1　仿真线

煤矿用自动苏生器(MT/T 949—2005)

前 言

本标准部分参考了俄罗斯等国的有关标准,并结合我国具体国情而制定的。
本标准由中国煤炭工业协会科技发展部提出。
本标准由煤炭工业煤矿安全标准化技术委员会归口。
本标准由国家煤矿防爆安全产品质量监督检验中心负责起草。
本标准主要起草人:马善清、余进、李振新、唐述明、石祖龙、马云龙、刘艺平、周业海等。
本标准由国家煤矿防爆安全产品质量监督检验中心负责解释。
本标准为强制性标准。
本标准首次发布。

1 范围

本标准规定了煤矿自动苏生器的型号、产品分类、技术要求、试验方法、检验规则、标志、包装、运输和贮存。
本标准适用于煤矿用自动苏生器(以下简称苏生器)。

2 规范性引用文件

下列文件中的条款通过本标准的引用而成为本标准的条款。凡是注日期的引用文件,其随后所有的修改单(不包括勘误的内容)或修订版均不适用于本标准,然而,鼓励根据本标准达成协议的各方研究是否可使用这些文件的最新版本。凡是不注日期的引用文件,其最新版本适用于本标准。

　　GB 191—2000　包装储运图示标志
　　GB/T 1266—2000　一般压力表
　　GB 3836.1—2000　爆炸性环境用防爆电气设备　通用要求
　　GB 3836.4—2000　爆炸性环境用防爆电气设备　本质安全型电路和电器设备"i"
　　GB 5099—1994　钢质无缝气瓶
　　GB 8982—1998　医用氧气
　　GB/T 10111—1988　利用随机数骰子随机抽样的方法
　　GB 13004—1999　钢质无缝气瓶定期检验与评定
　　YY 0076—1992　金属制件的镀层分类技术条件

3 术语和定义

下列术语和定义适用于本标准。

3.1
苏生器　automatic resuscitator

帮助处于昏迷状态、呼吸衰竭、麻痹或呼吸暂停的伤病员进行呼吸,改善呼吸机能促其苏醒的仪器。

3.2
自动肺　automatic lung

在一定的气体压力作用下,能够实现自动呼气和吸气的气动逻辑元件,相当于人肺的呼吸气功能。

3.3
充气压力　inflation pressure

自动肺充气(相当于人吸气)时系统内的压力。

3.4
抽气压力　pumping pressure

自动肺抽气(相当于人呼气)时系统内的压力。

3.5
自动换气量调整范围　the adjustment range of automatic ventilation volume

指单位时间内(每分钟)自动肺呼气或吸气的最大量和最少量。

3.6
自主呼吸　autonomy breathing

指被苏生者恢复知觉后处在生命状态中的正常呼吸。

3.7
被动呼吸　passive breathing

又称外力自动呼吸,即通过体外仪器(自动肺)的机械动作的带动作用使人体肺叶维持呼吸动作而进行的呼吸。

3.8
吸痰引射压力　pressure of attract and shoot phlegm liquid

自动苏生器在一定的气体流量作用下在专用吸气导管中可形成一定的负压值即抽吸压力,能将被苏生者喉管中的痰液吸出来,此抽吸压力值即为吸痰引射压力。

3.9
高压系统　high pressure system

在自动苏生器中与高压氧气直接相接触的所有零部件(如减压器、气瓶、压力表等)所组成的系统。

3.10
低压系统　low pressure system

在自动苏生器中低压气体(氧气和空气)所通过的各零部件组成的系统。

3.11
安全阀(或泄压孔)的开启压力　cracking pressure of relief valve

当减压器腔室内的压力超过额定限值时,安全阀(或泄压孔)可自动开启单向阀门向系统外释放泄压,以保证系统内的安全。此额定限压值即为安全阀(或泄压孔)的开启力。

4　型式、分类、型号、基本参数和使用条件

4.1　型式

以耐高压容器(包括合金瓶或碳纤维复合瓶)充填压缩氧气作氧源,被救人员直接呼吸氧气。主要由氧气瓶、减压器、自动肺、自主呼吸阀、面罩、压舌器、气囊、输气管路、箱体支架等部件组成。

4.2 分类
按压缩氧气的方式使用防护时间,可分为 30、50、90 型三种类型。

4.3 型号

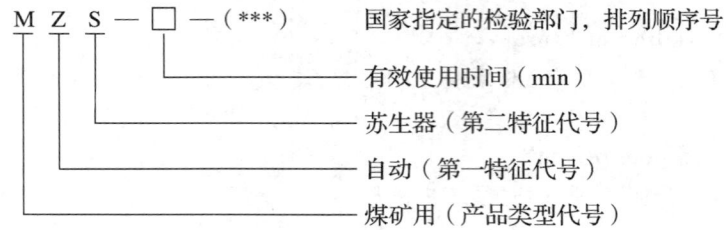

4.4 基本参数
基本参数见表1。

表 1

型号	气瓶额定压力 MPa	气瓶容积 L	整机质量 kg	气瓶储气量 L
30 min 型	20	1	≤6.5	200
50 min 型	20	2	≤10.5	400
90 min 型	20	4	≤11.5	800

4.5 使用条件
4.5.1 用于矿山、医疗等行业救灾抢险人员携带临时救护时使用。

4.5.2 应满足下列环境大气条件:
    a) 使用温度:0～+60 ℃;
    b) 相对湿度:≤98%RH;
    c) 大气压力:68～115 kPa。

5 技术要求

5.1 苏生器产品应符合标准的要求,并按规定程序批准的图样和技术文件制造。

5.2 外观检查:
产品表面的喷漆电镀保护层与基体结合应牢固,色泽应均匀一致,无针孔、斑点、条纹、脱皮、起泡、流痕等;外壳无损伤,铆接要完整。防伪标志清晰可见。

5.3 气密性:

5.3.1 高压系统气密性:
当气瓶压力为 18～20 MPa 时关闭气瓶开关阀后,其压力表的指示值在 1 min 内的压力下降值应≤0.5 MPa。

5.3.2 低压系统气密性:
低压系统经正压气密测定,其压力变化值应≤50 Pa。

5.4 主要零部件：
5.4.1 钢制气瓶应符合 GB 5099—1994 的有关规定。
5.4.2 压力表应符合 GB/T 1266—2000 的有关规定。
5.4.3 配气系统安全阀开启压力应在 0.7～0.8 MPa 范围内。
5.4.4 外接气源逆止阀顺向开启压力应≤2 MPa。
5.4.5 减压器：
5.4.5.1 当气源的输入压力为 20 MPa 时,高压阀门的关闭压力(指膛室关闭压力)应≤0.35 MPa。
5.4.5.2 减压器输出流量变化范围,当气瓶压力由 20 MPa 减小到 2 MPa 时,减压器输出流量变化范围应在 6.6～5.4 L/min 之间。
5.4.5.3 减压器输出口的最大压力值应≥0.5 MPa。
5.4.6 自动肺：
5.4.6.1 自动肺充气压力：
  当氧气输入量为 6 L/min 时,自动肺充气压力应为 1.77～2.45 kPa。
5.4.6.2 自动肺抽气压力：
  当氧气输入量为 6 L/min 时,自动肺抽气压力应为 −1.47～−1.96 kPa。
5.4.6.3 自动肺充气安全阀开启压力：
  把自动肺置于固定位置,充气安全阀通入 15 L/min 稳定气流时,其开启压力应在 2.70～3.20 kPa 范围内。
5.4.6.4 自动肺抽气安全阀开启力：
  抽气安全阀通入 15L/min 稳定气流时,其开启压力应在 −2.20～−2.70 kPa 范围内。
5.4.6.5 吸痰引射压力：
  当氧气输入量为 6L/min 稳定气流时,自动肺的引射量应≥9 L/min,输出总量(即各支路输出量之和)应≥15 L/min,吸痰瓶内的吸痰引射压力应≤−59 kPa。
5.4.6.6 自动肺换气量：
  当氧气输入量为 6 L/min 时,自动肺的换气量应不低于 15 L/min,当调整减乐器供气量时,自动肺换气量调整下限≤12 L/min,上限≥25 L/min。
5.5 自主呼吸阀：
5.5.1 当通入 30 L/min 稳定气流时,空气补助阀阻力应≤30 Pa。
5.5.2 当通入 30 L/min 稳定气流时,自主呼吸阀的呼气和吸气阻力应≤70 Pa。
5.5.3 自主呼吸阀供氧量可调上限值应≥15 L。
5.6 额定使用时间：
  当氧气瓶贮气为 20 MPa,自动肺氧气输入量为 6 L/min,换气量不低于 15 L/min 时,30 min 型应≥30 min,50 min 型应≥50 min,90 min 型应≥90min。
5.7 苏生器所用的塑料件、橡胶件、金属件等都应光洁、无毛刺、无明显划伤裂痕。用于口腔的专用工具(如舌钳、导管、开口器等)必须无毒无味,符合质量安全和卫生要求。
5.8 医用氧气应符合 GB 8982—1998 的规定。
5.9 压力表或数显示式压力变送器,应具备有效期内的检定证书,使用电子产品器件产品应做防爆试验,应符合 GB 3836.1 和 GB 3836.4 中有关防爆安全的要求。

6 试验方法

6.1 苏生器性能试验

6.1.1 试验所用的仪器设备及参数如表2。

表 2

序号	仪器设备名称	参数说明
1	秒表	量程0~1 h;精度±0.1 s
2	压力表或压力变送器	量程为0~1.6 MPa,精度2.5级
3	压力表或压力变送器	量程为0~25 MPa,精度4级
4	水柱计	量程为0~2000 Pa,精度±10 Pa
5	流量计或流量变送器	量程为0.16~1.6 M^3/h,精度2.5级
6	真空压力表或压力变送器	量程为-0.1~0 MPa,精度2.5级
7	苏生器校验仪	充气压力应为1.77~2.45 kPa,抽气压力应为-1.47~-1.96 kPa
8	水肺装置	量程为-2.9~3.4 kPa
9	氧气瓶	压力0~20 MPa
10	校验气囊	容积1 L
备注		

6.2 气密性测试

6.2.1 高压系统气密:

关闭低压系统旋钮,打开氧气瓶开关,压力表示值应不低于18 MPa,然后关闭氧气瓶开关,记录1 min压力表(或压力传感器)示值的变化量。

6.2.2 低压系统气密性:

关闭低压系统的出气口,开启进气口开关后,用皂沫检查低压系统各零部件接头是否冒泡;或者关闭低压系统的进气口,从出口处接双连球和水柱压力计,用双连球向系统内打气加压至800 Pa时,停止打气并将充气管路用弹簧夹夹紧,开启秒表计时,观察1 min内水柱压力计下降的数值。

6.3 高压阀门的关闭压力测定

关闭压力测定装置如图1所示。

按图1所示的连接方式,先放松减压器调节帽(无流量输出为止),然后打开气源开关和低压表开关,记录低压表的示值。

6.4 减压器流量试验

6.4.1 减压器输出流量变化范围测定:

如图1所示,在气瓶压力为20 MPa时,打开流量计开关,慢慢调节减压器,使输出流量示值在6.6 L/min以内,接着半关闭气源开关,打开放气开关进行分流,当高压表示值稳定在2.0 MPa时,流量计示值应在5.4 L/min以上,然后关闭气源开关使流量回零,再重新打开气源开关对流量差复检。

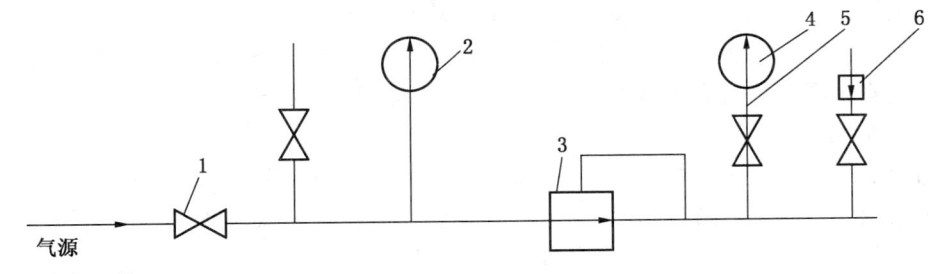

1——放气开关；
2——高压表；
3——减压器；
4——低压表；
5——ϕ0.5 mm 定量孔；
6——流量计

图 1

6.4.2 减压器出口压力可调上限测定：

做完流量变化范围测定项目之后，关闭放气开关和流量计开关，按顺时针方向调整减压器，使输出流量到最大值，如果低压表示值能达到 0.5 MPa 以上，则减压器出口压力符合要求，或者直接向减压器内输入 20 MPa 的高压气流，关闭输出气路，记录接在减压气腔室出口处所接压力表的压力值。

6.5 自动肺试验

6.5.1 自动肺充气压力和抽气压力：

利用专用校验装置"水肺装置"进行测定。如图 2 所示，先把"水肺"注入清水使液面到达零位，并使各接头处保持气密，再将自动肺接在"水肺装置"接口上，接通自动肺气源，使自动肺进行正常的充气、抽气工作，则水肺装置的玻璃管标尺指示的液面运动状态上、下限位置数值，就是自动肺的充气压力和抽气压力值，目测读取即可。

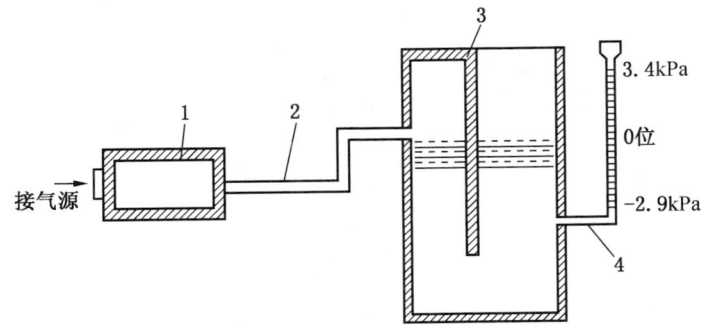

1——自动肺；
2——连接管；
3——水肺装置；
4——带标尺的玻璃管

图 2

6.5.2　自动肺充气、抽气安全阀开启压力测定：

水肺装置工作状态示意图如图 2 所示,把自动肺安装在固定的接口上并保持接口的气密性,然后向自动肺中通入 15 L/min 的稳定气流,在水柱计(带标尺的玻璃管)上分别读取自动肺充气安全阀和抽气安全阀刚刚开启时的压力值和水柱达到的最大值。

6.5.3　自动肺换气量测定：

自动肺换气量检验装置如图 3 所示,将校验气囊接在自动肺上,调整减压器,使给气量达到最小,自动肺刚刚能保持启动。测定每分钟动作次数等于或小于 12 次,再调整减压器使给气量达到最大,测定每分钟动作次数大于或等于 25 次。

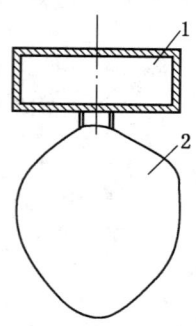

1——自动肺；
2——校验气囊

图 3

6.6　自主呼吸阀试验

6.6.1　空气补助阀阻力测定：

自主呼吸阀试验装置如图 4 所示。

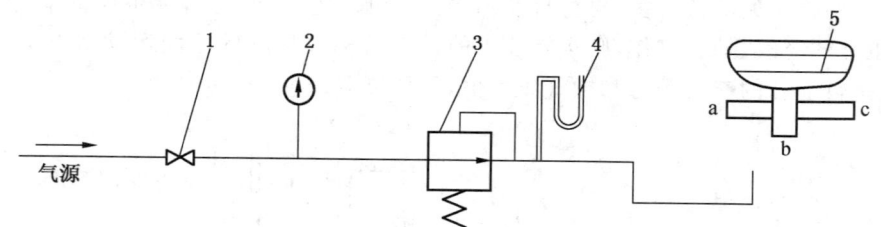

1——开关；
2——高压表；
3——减压器；
4——水柱计；
5——自主呼吸阀

图 4

方法是：打开气瓶开关,调整减压器,使输出流量为 30 L/min,将测量连接件接插在自主呼吸阀 a 端,并使阀处于直立状态,记录水柱计指示值。

6.6.2　自主呼吸阀的呼、吸气阻力测定：

如图 4 连接，将测量连接件分别接插在自主呼吸阀的 b 和 c 端，记录水柱计的指示值。

6.6.3 自主呼吸阀供气量可调上限值测定：

自主呼吸阀供气量测定装置示意图如图 5 所示。

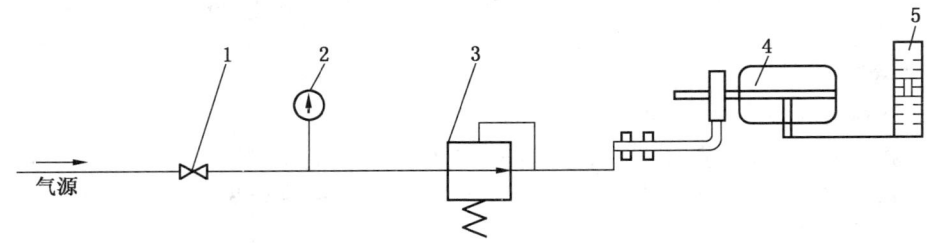

1——开关；
2——高压表；
3——减压器；
4——自主呼吸阀；
5——流量计

图 5

将自主呼吸阀的空气混合比调到 80%，再将排气阀孔和储气囊接口用胶套和胶塞封堵严密，打开气瓶开关，调整减压器到最大流量位置，记录流量计指示值。

6.7 吸痰引射压力测定

吸痰引射压力试验装置如图 6 所示。

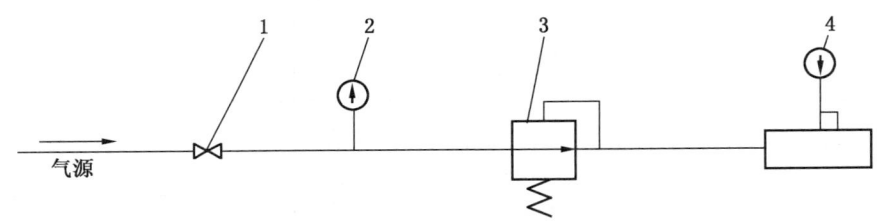

1——开关；
2——高压表；
3——减压器；
4——引射器

图 6

6.8 额定使用时间

当气源压力为 20 MPa 时，调整减压器流量使自动肺换气量保持在 15 L/min，记录使用时间。

6.9 材料检验

自动苏生器中所用的橡胶材料、塑料材料、尼龙材料，以及专用工具等应无毒无刺激性气味而且须要有其生产厂质检部门出具的质量合格证或材质保证书。

7 检验规则

7.1 出厂检验

产品应由生产制造厂质量检验部门检验合格并签发合格证后,方准出厂或提交验收。出厂检验项目见表3。

7.2 型式检验

当有下列情况之一时,应进行型式检验:
- a) 新产品鉴定、定型试验或老产品转厂生产时;
- b) 正常生产后如结构、材料、工艺有较大改变,可能影响产品性能时;
- c) 正常生产时,每年应进行1次;
- d) 停产1年后再次恢复生产时;
- e) 出厂检验结果与上次型式检验有较大差异时;
- f) 国家质量监督机构提出要求时。

型式检验项目见表3。

表3

序号	检验项目条款	检验项目	出厂检验	型式检验
1	5.2	外观检查	√	○
2	5.3.1	高压系统气密性	√	○
3	5.3.2	低压系统气密性	√	○
4	5.4.1	氧气瓶	—	—
5	5.4.2	压力表	—	—
6	5.4.3	配气系统安全阀开启压力	√	○
7	5.4.4	外接气源逆止阀顺向开启压力	√	○
8	5.4.5.1	高压阀门关闭压力(膛室压力)	√	○
9	5.4.5.2	减压器输出流量变化范围	√	○
10	5.4.5.3	减压器输出最大压力	√	○
11	5.4.6.1	自动肺充气压力	√	○
12	5.4.6.2	自动肺抽气压力	√	○
13	5.4.6.3	自动肺充气安全阀开启力	√	○
14	5.4.6.4	自动肺抽气安全阀开启力	√	○
15	5.4.6.5	吸痰引射压力	√	○
16	5.4.6.6	自动肺换气量	√	○
17	5.5	自主呼吸阀	√	○
18	5.6	额定使用时间	—	○
注:√为检验项目;—为不检验项目;○为型式检验项目。				

7.2.1 抽样规则

从出厂检验合格的产品中按 GB 10111—1988 标准抽样,抽样基数按 30% 计算,抽样台数至少 3 台。

7.2.2 判定规则

样品检验结果,如其中 1 台、项不合格,应加倍复检,仍有 1 台、项不合格时,则判该抽样产品不合格;1 台、项以上不合格时,则判该抽样产品不合格;否则为合格。

8 标志、包装、运输和贮存

8.1 标志

在苏生器外壳明显处,牢固装设产品铭牌,应包括下列内容:

a) 产品型号和名称、商标;
b) 产品出厂编号;
c) 合格证号;
d) 安全标志(MA)证和编号;
e) 制造日期(年月);
f) 制造厂名、代号或永久性标志。

8.2 包装及运输

8.2.1 产品装箱时,氧气瓶应充填 2~5 MPa 氧气。

8.2.2 包装箱可用木板、轻金属薄板、皮革、塑料或瓦楞纸制作,应有足够强度,产品装箱应牢固,并有防潮减震措施。

8.2.3 包装箱内应有下列文件附件:

a) 装箱单;
b) 产品合格证和氧气瓶合格证,以及压力表合格证;
c) 产品使用说明书;
d) 专用工具。

8.2.4 包装箱外壁应符合 GB 191—2000 标准文件的文字和图示标志,内容至少应包括:

a) 制造厂名称、厂址;
b) 产品型号和名称及数量;
c) 外形尺寸和毛重;
d) 出厂日期(年月)。

8.2.5 产品可以用汽车、火车、轮船、飞机、运输,不能重压,不应与具有腐蚀性的化学物质和油类物质混装,应避免机械碰撞。

8.3 贮存

产品应贮存在温度为 0~40 ℃,并远离热源、无腐蚀性物质且通风良好、干燥的库房内。

附 录 A
（资料性附录）
煤矿用自动苏生器的结构和材料要求

A.1 结构要求

A.1.1 苏生器的结构应简单、紧凑、结实。

A.1.2 苏生器的外形不得有妨碍使用的向外凸出部分和尖角。

A.1.3 与氧气接触的零部件应清洗除油；使用后必须清洗消毒。

A.2 材料要求

A.2.1 苏生器选用的材料，应有足够的机械强度，耐老化，耐腐蚀，且无毒无味，对伤病员的皮肤和呼吸系统无刺激。

A.2.2 呼吸器外部构件的表面电阻（除橡胶件外）应小于 1×10^9 Ω，试验按 GB 3836.1—2000 中 7.3 规定的方法进行。

A.2.3 与佩戴者皮肤接触的部分，应选用对皮肤无刺激材料，与呼吸器管相通部分材料应不危害佩戴者健康。

隔绝式正压氧气呼吸器(MT/T 867—2000)

前 言

本标准部分参考了欧共体标准 EN 145—1996《呼吸保护器——自含氧闭路呼吸器,压缩氧或压缩氧、氮型——要求、试验、标志》,美国联邦法规和 MT 453—1995《隔绝式氧气呼吸器》,结合我国产品实际情况制定。

本标准的附录 A 是标准的附录。

本标准由国家煤矿工业局规划发展司(国家煤矿安全监察局安全技术装备保障司)提出。

本标准由煤炭工业煤矿安全标准化技术委员会归口。

本标准由煤炭科学研究总院抚顺分院起草。

本标准主要起草人:李传洪、张振华、车仁智、王旭华。

本标准由国家煤炭工业局规划发展司(国家煤矿安全监察局安全技术装备保障司)负责解释。

1 范围

本标准规定了隔绝式正压氧气环吸器的型式、基本参效、技术要求、试验方法、检验规则、标志、包装、运输和贮存。

本标准适用于隔绝式正压氧气呼吸器(以下简称呼吸器)。

2 引用标准

下列标准所包含的条文,通过在本标准中引用而构成为本标准的条文。本标准出版时,所示版本均为有效。所有标准都会被修订,使用本标准的各方应探讨使用下列标准最新版本的可能性。

GB 191—1990 包装储运图示标志

GB 1226—1988 一般压力表

GB 2890—1995 过滤式防毒面具

GB 3836.1—1983 爆炸性环境用防爆电气设备 通用要求

GB 3836.4—1983 爆炸性环境用药爆电气设备 本质安全型电路和电气设备"i"

GB 5099—1985 钢质无建气瓶

GB 6388—1986 运输包装收发货标志

GB 8982—1986 医用氧气

GB 10111—1988 利用随机数骰子进行随机抽样的方法

MT 453—1995 隔绝式压缩氧气呼吸器

MT 451—1995 压缩氧呼吸器和压缩氧自极器用二氧化碳吸收剂——氢氧化钙技术条件

3 定义

本标准采用下列定义。

3.1
正压氧气呼吸器 compressed oxygen breathing apparatus

低压系统(含面罩)内的气压大于外界大气压的氧气呼吸器。

3.2
余压报警 warning for the remainder pressure inside cylinder

气瓶气压降长到规定值时,报警器的报警。

3.3
提示报警 notice warning

打开气瓶时,报警器的报警;使用者忘记打开气瓶或瓶内无氧气进行呼吸时,报警器的报警。

4 产品型式和基本参数

4.1 型式

以耐高压容器充填压缩氧气为氧源,纸压储气部分有气囊式和呼吸仓式两种。

4.2 基本参数

呼吸器的基本参数应符合表1的规定。

表 1

频定防护时间 min	氧气瓶额定工作压力 MPa	呼吸量 L/min	呼吸频率 min^{-1}	定量供氧量 L/min	氧气储备量 L	成品质量 kg
60	20 或 30	30	20	1.4	≥110	≤17
120					≥220	
180					≥330	
240					≥440	

注:本标准中的呼吸量、耗氧量、供氧量等气体体积均指20 ℃、标准气压时量值。

5 技术要求

5.1 产品应符合本标准要求,并按经规定程序批准的图样和技术文件制造。

5.2 适用环境条件

产品在下列环境中使用应能可靠地保护呼吸器官。

——大气压力:70~125 kPa;

——相对湿度:0~100%;

——温度:-10~40 ℃。

5.3 气密性

5.3.1 高压系统气密性：
高压系统经气蓄性试验应不漏气。
5.3.2 低压系统气密性：
低压系统在排气阀关闭状态下，经正压气密性试验，其压力下降值应不大于30 Pa。
5.4 防护性能
5.4.1 吸气中氧气浓度应不小于21%。
5.4.2 吸气中二氧化碳浓度：
5.4.2.1 当呼吸量为30 L/min时，应不大于1.0%。
5.4.2.2 当呼吸量为50 L/min时，应不大于1.5%。
5.4.3 吸气温度：
当试验环境温度为(26±2)℃时，吸气温度应不大于35 ℃。
当试验环境温度为(40±2)℃时，吸气温度应不大于42 ℃。
5.4.4 呼气阻力和吸气阻力：
呼吸器用仿人呼吸装置试验时呼气阻力和吸气阻力应符合表2规定。

表 2

呼吸量 L/min	呼吸频率 min^{-1}	试验时间 min	呼气阻力 Pa	吸气阻力 Pa
30	20	60	≤600	0～600
		120		
		180		
		240		
50	25	60	≤700	—

5.5 佩戴性能
呼吸器的佩戴试验是防护性能试验的补充，是考察呼吸器结构设计合理性，零部件可靠性、佩戴的适用性、舒适性和揭示性能试验不能测定的缺点的重要手段。
5.6 供氧性能
5.6.1 定量供氧量：
气瓶压力为20～2 MPa时应不小于1.4 L/min。
5.6.2 自动补给供氧量：
气瓶压力为20～5 MPa时应不小于80 L/min。
5.6.3 手动补给供氧量：
气瓶压力为20～5 MPa时应不小于80 L/min。
5.6.4 自动补给阀开启压力：
当自动补给阀自动开启时，低压系统中的气囊或呼吸仓内压力应在10～245 Pa范围内。
5.7 耐温性能
不接清净罐的正压氧气呼吸器，经高温、低温试验后，检查各零部件应无变硬、变形、开裂和发黏，并应符合本标准5.3、5.4和5.6要求。

5.8 耐冲击性能

不加包装的呼吸器整机,经连续冲击试验后,应符合本标准 5.3、5.4 和 5.6 的要求。

5.9 产品外观质量

产品表面的涂漆、电镀保护层与基体结合应牢固,色泽应均匀一致,无针孔、斑点、条放、脱皮、起泡、皱皮、流痕和磕碰擦伤等。

5.10 主要零部件

5.10.1 钢质气瓶应符合 GB 5099 有关规定,其他材质气瓶应符合有关标准规定。

5.10.2 减压器:

5.10.2.1 气瓶压力为 20~3 MPa 时,通过减压器出口输出流量应大于 100 L/min。

5.10.2.2 安全阀的开启压力应为减压器正常输出压力的 1.2~2.5 倍,输出流量应不小于 100 L/min。

5.10.3 压力指示器、压力表和报警装置:

5.10.3.1 压力指示器或压力表:

a) 电子压力指示器的压力指示应达到表 3 要求;
b) 机械压力表应符合 GB 1226 的规定。

表 3   MPa

标准压力	压力指示器指示压力
20	19~21
10	9~11
4	3.5~4

5.10.3.2 防爆要求:

采用电子报警装置时,装置应符合 GB 3836.1 和 GB 3836.4 的有关要求。

5.10.3.3 报警声响:

a) 打开氧气瓶或关闭瓶阀进行呼吸时,应发出使用者应能清楚听到的提示报警声响;
b) 氧气瓶压力降到 4~6 MPa 时,应发出余压报警声响。

声响声级强度应不低于 70 dB(A),报警时间 30~60 s。

5.10.4 排气阀:

排气阀开启压力为 400~700 Pa。

5.10.5 呼气阀和吸气阀:

5.10.5.1 呼气阀和吸气阀的逆向漏气量应不大于 0.5 L/min。

5.10.5.2 呼气阀和吸气阀的通气阻力(不包括加载弹簧)应不大于 30 Pa。

5.10.6 面罩应符合 GB 2890 的规定;镜片至少保证在额定防护时间内应不上雾。

5.10.7 气囊或呼吸仓:

气囊或呼吸仓经热水浸泡试验后,应不开裂;气密性检验时应不漏气;气囊的有效容积应不小于 5.1。

5.10.8 清净罐经气密性检验时应不漏气。
5.10.9 冷却器：
5.10.9.1 冷却器经气密性检验时应不漏气。
5.10.9.2 通气阻力应不大于 10 Pa。
5.10.10 呼吸导管：
5.10.10.1 呼吸导管应柔韧气密，其长度应保证头部能自由活动，佩戴中导管受下颚或手轻压，或弯曲时，应保证气路畅通。
5.10.10.2 呼吸导管的永久性变形，应不大于长度的 10%。
5.10.11 氧气应符合 GB 8982 的要求。
5.10.12 二氧化碳吸收剂应符合 MT 454—1995 的要求。

6 试验方法

6.1 气密性测定方法

6.1.1 高压系统气密：

在呼吸器高压系统内建立 20～18 MPa，在高压系统和减压器腔室及各接头处涂皂液，检查是否漏气。

6.1.2 低压系统气密：

6.1.2.1 低压系统气密性试验所用仪器设备见表 4。

表 4

设备名称	仪表名称	测量范围	准确度
呼吸器检查仪	水柱压力计	－980～1176 Pa	不低于2.5级
	转子流量计 A	0.016～0.16 m³/h	
	转子流量计 B	0.6～6 m³/h	
氧气呼吸器检验台	标准压力表 A	0～25 MPa	
	标准压力表 B	0～1.6 MPa	
	转子流量计 A	0.016～0.16 m³/h	
	转子流量计 B	0.6～6 m³/h	

6.1.2.2 测量方法：

在低压系统密封接上水柱压力计，关闭排气阀，从面罩接口处向低压系统内通气，在系统内建立 800 Pa 的正压，保持 1 min，记录压力下降值。

6.2 防护性能测定方法

6.2.1 仪器设备：

防护性能试验所用仿人呼吸装置如图 1 所示，所用仪器设备见表 5。

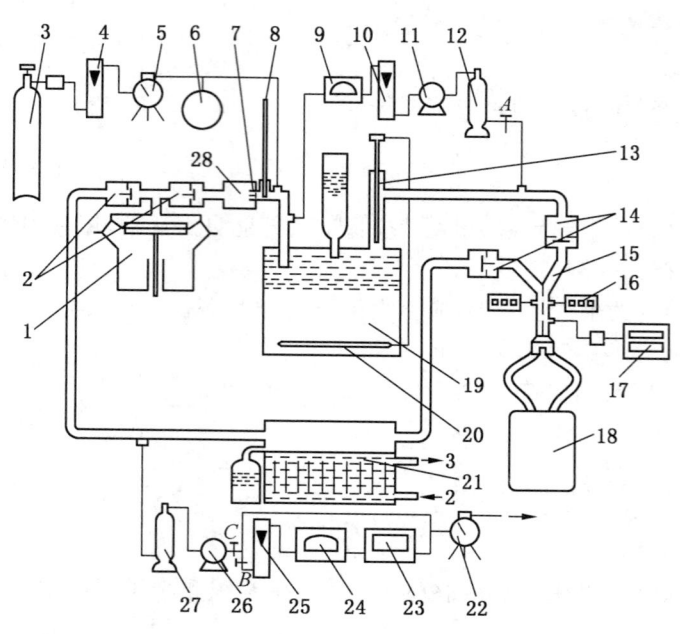

1——呼吸机；
2、14——单向逆止阀；
3——二氧化碳气瓶；
4、10、25——转子流量计；
5、22——湿式气量计；
6——缓冲气袋；
7——呼气阀；
8——温度计；
9、24——红外线二氧化碳分析仪；
11、26——薄膜气泵；
12、27——干燥塔；
13——接点温度计及温控装置；
15——三通管；
16——热电偶数显温度计；
17——差压变送器及显示仪表；
18——正压氧气呼吸器；
19——水分饱和器；
20——加热器；
21——热交换器；
23——热磁式氧气分析仪；
A、B、C——流量调节夹

图 1 仿人呼吸装置示意图

表 5

序号	仪器设备名称	规格要求
1	呼吸机	呼吸量 10～75 L/min，呼吸频率 10～30 次/min 正弦波形，呼吸比 1∶1
2	单向逆止阀	管径 $\phi 20$，可用电磁阀或呼吸器吸气阀
3	二氧化碳气瓶	压力 15 MPa，容积 30～50 L
4	转子流量计	测量范围 0.024～0.24 m³/h，准确度 2.5 级
5	湿式气量计	额定流量 0.5 m³/h，容积 5 L，准确度 2.5 级
6	缓冲气袋	橡胶布制造，容积 2～3 L

表 5（续）

序号	仪器设备名称	规格要求
7	呼气阀	用呼吸器的吸气阀代用
8	温度计	温度范围 0～50 ℃，最小分度值 0.1 ℃
9	红外线二氧化碳分析仪	测量范围 0～10%，准确度 0.1%
10	薄膜气泵	最大流量 6 L/min 以上
11	干燥塔	容积 250 mL，内装块状无水氯化钙
12	接点温度计及温控装置	测量范围 0～100 ℃，最小分度值 0.1 ℃
13	三通管	按图 2 制作
14	热电偶数显温度计	镍铬丝，直径 0.1～0.5 mm，范围 0～100 ℃，最小分度值 0.5 ℃
15	差压变送器及显示仪表	测量范围 −2000～+2000 Pa，准确度 20 Pa；
16	水分饱和器	用有机玻璃按图 3 制作
17	加热器	功率 300～500 W，电压 220 V
18	热交换器	按图 4 制作
19	热磁式氧气分析仪	测量范围 0～100%，准确度 2.5%
20	人头模型及连接管	按图 5 制作
21	恒温箱	内部尺寸：1.3 m×1 m×1 m，内有电加热、温控仪和风扇等，控温范围 20～45 ℃ 可调

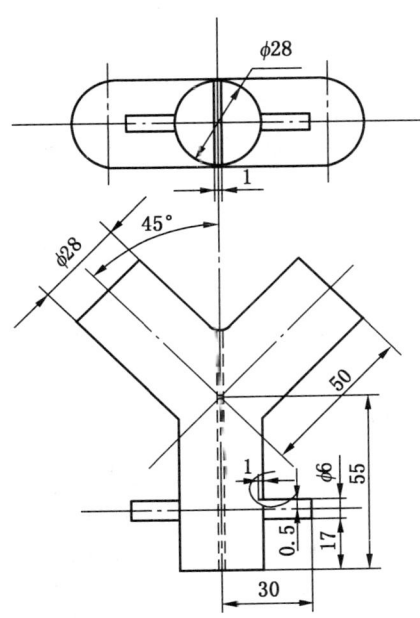

图 2 连接用三通

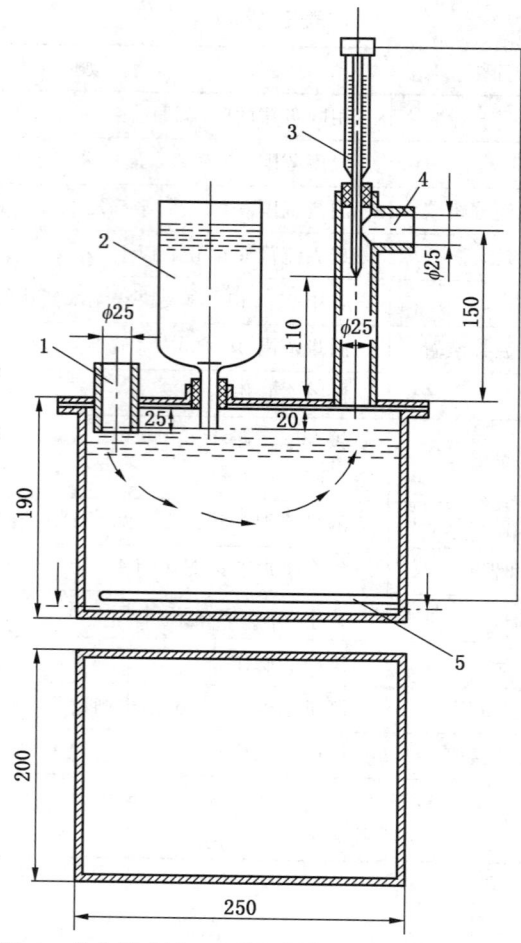

1—接进气管;2—补水瓶;3—接点温度计;4—接出气管;5—电加热棒

图 3　鼓泡吸湿式水分饱和器

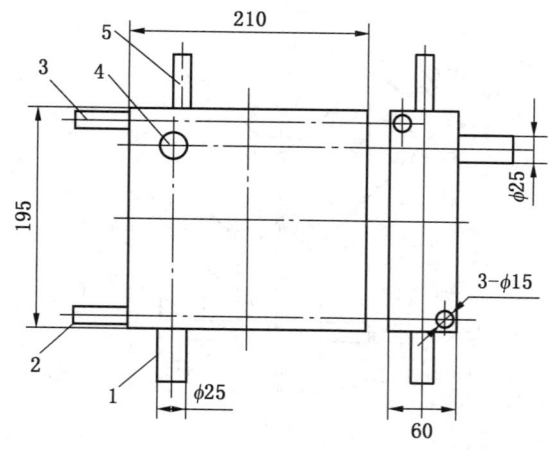

1—至呼吸机;2—冷却水入口;3—冷却水出口;4—来自单向逆止阀进气管;5—溢水口

图 4　热交换器

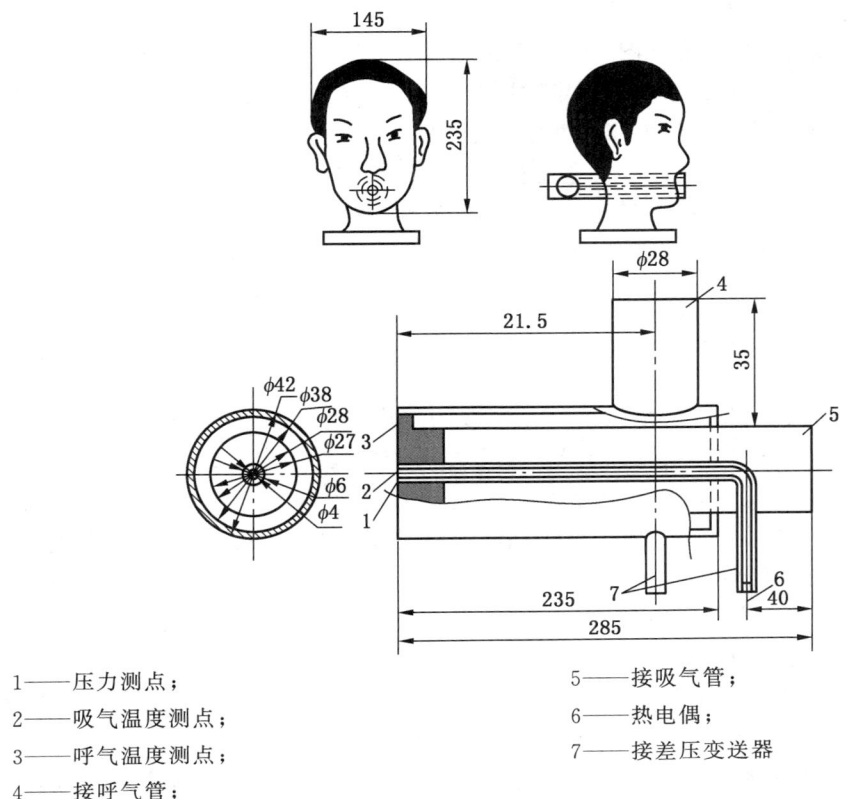

1——压力测点;
2——吸气温度测点;
3——呼气温度测点;
4——接呼气管;
5——接吸气管;
6——热电偶;
7——接差压变送器

图 5 连接全面罩用人头模型及连接管

6.2.2 测定条件:

防护性能测定要求的呼吸参数和操作程序见表6。

表 6

额定防护时间 min	恒温箱温度 ℃	劳动强度	测定起止时间 min	呼吸参数			
				呼吸量 L/min	呼吸频率 min^{-1}	二氧化碳进入量 L/min	抽氧量 L/min
60	26±2	中等	0~60	28	20	1.12	1.28
120			0~120				
180			0~180				
240			0~240				
	40±2	重型	0~60	50	25	2.0	2.2

6.2.3 测定步骤:

6.2.3.1 测定准备工作:

a) 按图1组装仿人呼吸装置,除呼吸机外,呼吸装置的呼吸气路容积应不超过 2 000 ml,从水分饱和器出口和连接呼吸器三通管这段管路应包上保温材料保温;

b) 标定气体分析仪器和其他的测量仪器;
c) 首先标定呼吸次数,再把图 1 吸气回路与三通管连接的导管断开,堵住三通管的吸气管口,开动呼吸机,按表 6 标定呼吸量 V(V=表 6 呼吸量－二氧化碳进入量),调节呼吸温度为(37±0.5)℃,相对湿度达到 95% 以上,按表 6 规定通入二氧化碳量,检查呼气中二氧化碳浓度是否符合要求;
d) 恢复断开处的气路,检查气路系统正压气密性(气路建立 1960 Pa 正压,测定 1 min 内压力下降值应不大于 100 Pa);
e) 将呼吸器分别按表 6 要求放入(26±2)℃或(40±2)℃的恒温箱内,保持 1 h 以上方能进行防护性能试验。

6.2.3.2 操作步骤:
呼吸器放置在按表 6 要求的恒温箱内,按 6.2 的方法进行防护性能试验。
a) 将受检呼吸器接到仿人呼吸装置上,记录湿式流量计的初读数;
b) 开动呼吸机 1,同时通入二氧化碳,开启呼吸器气瓶阀门,记录氧气压力,开动薄膜气泵,并计时开始检验。重型劳动强度试验要按表 6 改变呼吸参数进行试验;
c) 检验中应随时注意观察和调节二氧化碳进入量、抽氧量。每隔 10 min 记录一次吸气温度、氧气浓度、二氧化碳浓度、呼气阻力和吸气阻力及氧气瓶压力。冷却水通入量,应保持水分饱和器入口气温在 20~25 ℃之间;
d) 当检验时间达到额定防护时间或吸气中二氧化碳浓度、氧气浓度、吸气温度、呼气或吸气阻力中任何一项参数超过标准规定及氧气瓶压力降到余压时应停止试验,关闭仪器设备和水源、电源。记录湿式流量计终读数,复核二氧化碳进入量和抽氧量。记录氧气瓶压力,关闭气瓶。

6.2.4 测定结果:
——防护时间;
——吸气中最低氧气浓度;
——吸气中最高二氧化碳浓度;
——吸气的最高温度;
——最大呼气、吸气阻力(扣除系统阻力)。

6.3 供氧性能
呼吸器的定量供氧量、自动补给供氧量和手动补给供氧量的测定按 MT 453—195 的 6.3 读行,自动补给阀开启压力的测定按 MT 453—1995 的 6.4 进行。

6.4 耐温性能
按 GB 2123 规定的方法进行。按高低温试验方法。

6.4.1 试验方法:
将无氧气瓶的呼吸器放入(-20±2)℃的试验箱内 16 h,取出并在室温下存放 2 h;再放入(60±3)℃的试验箱内 16 h,取出冷却至室温,检查各部件是否变形、开裂、发黏、变脆、变硬,按本标准 6.1、6.2 和 6.4 方法测定气密性、防护性能和供氧性能。

6.5 耐冲击试验
将包装的呼吸器固定在冲击试验机上,以加速度 30 m/s²、旋转频率 80~120 r/min 连续试验 2 h 后,按本标准 6.1、6.2 和 6.4 方法测定气密性、防护性能和供氧性能。

6.6 佩戴试验

按 MT 453—1995 的 6.8 规定的方法进行。

6.7 用目测方法检查呼吸器的外观质量。

6.8 主要零部件试验方法

6.8.1 气瓶按 GB 5099 规定的方法进行。其他材质氧气瓶应按有关标准规定的方法进行。

6.8.2 减压器：

在减压器腔室内输入 20~3 MPa 压力时，用表 4 的流量计 B 测定输出流量。

逐渐提高安全阀内压力，用表 4 的压力表 B 测定其开启压力。

6.8.3 压力指示器或压力表及报警装置试验方法：

6.8.3.1 机械式压力表按 GB 1226 规定的方法进行。

6.8.3.2 电子报警装置的防爆试验按 GB 3836.1 和 GB 3836.4 中规定的方法进行。

6.8.3.3 声响报警声级强度的测定：

a) 打开气瓶时，是否发出提示报警声响；当气瓶压力降到 4~6 MPa 时是否发出余压报警声响；关闭气瓶从呼吸器低压系统内向外抽气时应发出报警声响；或者是关闭气瓶进行呼吸时应发出报警声响。

b) 用声级计和秒表，在距呼吸器讯响器正前方 1 m 处测定报警声响强度和报警时间。

6.8.4 排气阀的开启压力的测定：

按 MT 453—1995 的 6.5.1 规定的方法进行。

6.8.5 呼气阀、吸气阀的逆向漏气量的测定：

按 MT 453—1995 的 6.10.4 规定的方法进行。

6.8.6 面罩性能按 GB 2890 规定的方法进行；镜片上雾在做 6.7 试验时检查。

6.8.7 气囊或呼吸仓热水浸泡、气密性试验按 MT 453—1995 的 6.10.8.1 规定的方法进行，气囊有效容积测定按 MT 453—1995 的 6.10.8.2 规定的方法进行。

6.8.8 清净罐和冷却器的气密性按 MT 453—1995 的 6.10.7.1 规定的方法进行。

6.8.9 呼吸导管的气密性和神长变形率按 MT 453—1995 的 6.10.9 规定的方法进行。

6.8.10 氧气质量按 GB 8982 规定的方法进行。

6.8.11 二氧化碳吸收剂——氢氧化钙性能按 MT 454 规定的方法进行。

7 检验规则

7.1 出厂检验

7.1.1 产品经制造厂质量检推部门逐台检验合格后，签发合格证方准出厂。

7.1.2 出厂检验项目见表 7。

表 7

序号	技术要求条款	出厂检验	型式检验	备注
1	5.3.1	√	☆	
2	5.3.3	√	☆	

表 7（续）

序号	技术要求条款	出厂检验	型式检验	备注
3	5.4.1	—	☆	
4	5.4.2.1	—	☆	
5	5.4.2.2	—	☆	
6	5.4.3	—	☆	
7	5.4.4	—	☆	
8	5.5	—	•☆	
9	5.6.1	√	△	
10	5.6.2	√	△	
11	5.6.3	√	△	
12	5.6.4	√	△	
13	5.7	—	•△	
14	5.8	—	•△	
15	5.9	√	○	
16	5.10.1	—	•☆	
17	5.10.2.1	√	•☆	
18	5.10.2.2	√	☆	
19	5.10.3.1	—	△	
20	5.10.3.2	—	•☆	
21	5.10.3.3	√	○	
22	5.10.4	√	☆	
23	5.10.5.1	√	•☆	
24	5.10.5.2	√	•☆	
25	5.10.6	—	•☆	
26	5.10.7	—	•☆	
27	5.10.8	√	○	
28	5.10.9.1	√	○	
29	5.10.9.2	—	○	
30	5.10.10.1	—	•△	
31	5.10.10.2	—	•△	
32	5.10.11	—	○	
33	5.10.12	—	○	

注：1.出厂检验：√——检验项目或抽检项目；———不检项目或有合格证。
2.型式检验：☆——关键项目；△——主要项目；○——一般项目；
•——新产品、老产品改进、转厂生产工厂应做项目。

7.2 型式检验

7.2.1 有下列情况之一时,应进行型式检验:
   a) 新产品定型,鉴定时或老产品转厂生产试制;
   b) 产品正式生产后,如结构、材料、工艺有较大改变,可能影响产品质量时;
   c) 正常生产满 3 年或生产台数达到 1000 台时;
   d) 产品停产 2 年再次恢复生产时;
   e) 出厂检验结果与上次型式检验结果有较大差异时;
   f) 国家质量监督部门和国家煤矿安全监察部门提出要求时。

7.2.2 型式检验项目见表 7。

7.2.3 从出厂检验合格产品中按 GB 10111 方法抽样,抽样基数不少于 30 台,抽样量至少 3 台。

7.3 判定规则

7.3.1 样品抽检结果中,关键项目有一台项不合格则判该批产品不合格;主要项目中有一台项不合格可再抽样 2 台复检,复检出现一台项不合格则判该批产品为不合格,复检合格判为合格品;有 2 台项不合格不能复检,判该批产品为不合格。与呼吸器本体可能分离的部件,如清净罐、冷却器、呼吸导管等一般项目出现不合格项,则判该部件不合格,经更换零部件后检验合格,则判该批产品为合格品。

8 标志、包装、运输和贮存

8.1 标志

应在呼吸器外壳明显处,牢固装设永久性产品铭牌。铭牌应包括下列内容:
   a) 产品型号和名称;
   b) 产品出厂编号;
   c) 合格证号;
   d) 安全标志标识(MA)和编号;
   e) 防爆检验合格证编号和防爆型式标志;
   f) 制造日期(年、月);
   g) 制造厂名称。

8.2 包装

8.2.1 呼吸器装箱时,氧气瓶应充填 0.5~5 MPa 氧气。

8.2.2 包装箱可用木板或瓦楞纸板制作,应有足够强度。产品装箱应安设牢固,并有防潮减震措施。

8.2.3 包装箱内应附有下列文件和附件:
   a) 装箱单;
   b) 产品合格证和氧气瓶合格证;
   c) 产品使用说明书;
   d) 专用工具和必要备件。

8.2.4 包装箱外壁应有符合 GB 6388 的文字和图示标志,内容至少应包括:
   a) 制造厂名称;

b) 产品型号、名称和数量；
c) 外形尺寸和毛重；
d) 出厂日期（年、月）；
e) 包装储运标志应符合 GB 191 的规定。

8.3 产品可以用汽车、火车、轮船、飞机运输，不能重压，不应与具有腐蚀性化学物质和油类等混装。

8.4 呼吸器应贮存在通风良好的库房内，距热源不得少于 1 m，室内温度 5～30 ℃，不得有腐蚀性气体和蒸汽，与油类等可燃物应隔离。

附 录 A
隔绝式正压氧气呼吸器的结构和材料要求

A1 结构要求

A1.1 呼吸器的结构应简单、紧凑、结实。

A1.2 呼吸器的外形不得有妨碍使用的向外凸出部分和尖角。

A1.3 呼吸器从佩戴者身上取下，面罩未取下时，佩戴者仍可继续呼吸。

A1.4 呼吸器外壳应有足够强度，背壳（下壳）应符合人体背部外形，保证背负时舒适；用于固定上、下壳的扣合应松紧适度、开扣灵活，能防止意外挂开。

A1.5 呼吸阀，吸气阀和排气阀的结构、应保证性能可靠。

A1.6 佩戴者应能方便地开启氧气瓶阀；方便地观察压力指示。

A1.7 背带、腰带应能方便地调节长度并能锁紧；肩垫应选用耐磨柔软的阻燃材料。

A1.8 呼吸器所用化学药品、佩戴时的唾液或冷凝水不应影响呼吸器的功能，或对佩戴者造成危害。

A1.9 与氧气接触的零部件应清洗除油；低压系统必须清洗消毒。

A2 材料要求

A2.1 呼吸器选用的材料，应有足够的机械强度，耐老化，耐腐蚀，且不燃或阻燃，壳外零部件其氧指数不小于 28％。

A2.2 呼吸器外部构件的表面电阻（除橡胶件外）应小于 $1×10^9$ Ω，试验按 GB 3836.1—1983 中 25 规定的方法进行。

A2.3 呼吸器外部构件的选材，不允许用镁、钛、铝或含有这些金属成分的合金制造。

A2.4 与佩戴者皮肤接触的部分，应选用对皮肤无刺激材料，与呼吸器官相通部分材料应不危害佩戴者健康。

矿井压风自救装置技术条件（MT 390—1995）

1 主题内容与适用范围

本标准规定了矿井压风自救装置的技术要求、试验方法、检验规则、标志、包装和贮存。

本标准适用于由压风管道供风的压风自救装置（以下简称装置）。

2 引用标准

GB/T 2626　自吸过滤式防尘口罩通用技术

GB 5898　凿岩机械与风动工具噪声测量法　工程法

GB 10111　利用随机数骰子进行随机抽样的方法

MT 113　煤矿井下用非金属（聚合物）制品安全性能检验规范

3 技术要求

3.1 产品应符合本标准的要求，并按照经规定程序批准的图样和技术文件制造。

3.2 自制件经检验合格、外协件、外购件具有合格证或经检验合格方可用于装配。

3.3 装置的防护袋、送气管的材料应符合 MT 113 的规定。

3.4 装置配有口罩时，口罩用材料应符合 GB 2626 的规定。

3.5 装置零、部件的连接应牢固、可靠。

3.6 装置的外表面应光滑、无毛刺，表面涂、镀层应均匀、牢固。

3.7 装置应具有减压、节流、消噪声、过滤和开关等功能。

3.8 装置的操作应简单、快捷、可靠。

3.9 避灾人员在使用装置时，应感到舒适、无刺痛和压迫感。

3.10 装置适用的压风管道供气压力为 0.3～0.7 MPa，在 0.3 MPa 压力时，每个装置的排气量应在 100～150 L/min 范围内。

3.11 装置工作时的噪声应小于 85 dB(A)。

4 试验方法

4.1 一般规定

4.1.1 试验用压力表、气体流量计的准确度不低于 2.5%，声级计为 II 型。仪表应由法定检验部门检验合格并在有效期内使用。

4.1.2 试验时，气源压力不小于 0.75 MPa，稳定、可调。

4.1.3 试验系统如下图所示：

4.1.4 气体压力和流量的测量次数应不少于 3 次，以其算术平均值作为被测量值。

4.2 外观质量检查

用感观法按本标准 3.5、3.6、3.7、3.8 条的规定检验。

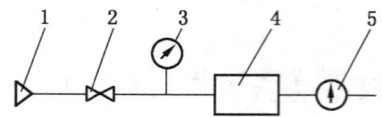

1——气源;
2——开关;
3——压力表;
4——被测装置;
5——气体流量计

试验系统示意图

4.3 舒适感检查

在试验系统上,当供气压力为 0.7 MPa 时,距出气口 250 mm 处,用手心迎气流检查是否有刺痛和压迫感。

4.4 供气压力和排气量测定

4.4.1 调整试验系统开关、观察供气压力。

4.4.2 调整装置的阀杆位置,使供气压力分别为 0.3、0.5、0.7 MPa,测量排气量。

4.5 噪声测定

当试验系统供气压力为 0.7 MPa 时,在装置的减压部件轴线的水平面内,距其 1 m 远的 3 个方位和减压部件上方 1 m 远处,按 GB 5898 的规定测量噪声。

5 检验规则

5.1 出厂检验

5.1.1 产品应由制造厂质量检验部门检验,检验合格并签发合格证后方可出厂。

5.1.2 产品应按本标准的 3.5、3.6、3.7、3.8、3.9 条的规定逐台进行检验。

5.2 型式检验

5.2.1 按本标准的 3.3、3.5、3.6、3.7、3.8、3.9、3.10、3.11 条的规定进行。

5.2.2 产品有下列情况之一时,应进行型式检验:

 a) 新产品或老产品转产生产的试制定型鉴定;
 b) 正常生产时每年进行 1 次;
 c) 正式生产后,因材料和工艺有较大改变可能影响产品性能时;
 d) 停产超过 1 年,再恢复生产时;
 e) 出厂检验结果与上次型式检验结果,有较大差异时;
 f) 国家质量监督机构提出检验的要求时。

5.2.3 抽样方法和判定规则

5.2.3.1 从出厂检验合格品中,按 GB 10111 随机抽取试样(抽样应不小于 90 台)进行型式检验,但试样数不得低于 3 台。

5.2.3.2 当本标准 3.3、3.7、3.10、3.11 条的规定中有一项不合格时,则应加倍抽样,对上述项目检验进行复试再不合格时,则判该批产品为不合格。

5.2.3.3 当本标准的 3.5、3.6、3.8、3.9 条的规定有两项不合格时,则应加倍抽样,对上述项目复试,再有不合格时,则判该批产品为不合格。

6 标志、包装和贮存

6.1 标志

每套装置应在明显位置固定铭牌,铭牌字迹清晰、耐久,并应包括:

a) 制造厂名称;
b) 出厂日期和出厂批号;
c) 产品名称、型号和安全标志;
d) 主要参数。

6.2 包装

6.2.1 每套装置用塑料袋包装。

6.2.2 装置与其他附件应分别装入包装箱。

6.2.3 包装箱应满足下列要求:

a) 有防止箱内产品碰撞的衬垫物;
b) 坚固、牢靠。

6.2.4 每套装置应有下列文件,并封存在塑料袋中。

a) 产品合格证;
b) 使用说明书;
c) 装箱单。

6.2.5 包装箱醒目处应注明下列文字、标记,并应清晰、耐久。

a) 制造厂名称和地址(发站);
b) 产品名称和型号;
c) 出厂日期;
d) 包装箱尺寸和毛重;
e) "轻放""防潮""防雨"等标记;
f) 收货单位名称和地址(到站)。

6.3 贮存

产品应存放在干燥、通风良好的仓库内。

附加说明:

本标准由煤炭工业部煤矿安全标准化技术委员会提出。

本标准由煤炭工业部煤矿安全标准化技术委员会瓦斯防治及设备分技术委员会归口。

本标准由煤炭科学研究总院重庆分院负责起草和解释。

本标准主要起草人范瑞珍、付肇平、曹道鑫。

五、非煤矿山安全

金属非金属矿山重大生产安全事故隐患判定标准(试行)

(2017年9月1日国家安全监管总局安监总管一〔2017〕98号印发)

一、金属非金属地下矿山重大生产安全事故隐患

(一)安全出口不符合国家标准、行业标准或设计要求。

(二)使用国家明令禁止使用的设备、材料和工艺。

(三)相邻矿山的井巷相互贯通。

(四)没有及时填绘图,现状图与实际严重不符。

(五)露天转地下开采,地表与井下形成贯通,未按照设计要求采取相应措施。

(六)地表水系穿过矿区,未按照设计要求采取防治水措施。

(七)排水系统与设计要求不符,导致排水能力降低。

(八)井口标高在当地历史最高洪水位1米以下,未采取相应防护措施。

(九)水文地质类型为中等及复杂的矿井没有设立专门防治水机构、配备探放水作业队伍或配齐专用探放水设备。

(十)水文地质类型复杂的矿山关键巷道防水门设置与设计要求不符。

(十一)有自燃发火危险的矿山,未按照国家标准、行业标准或设计采取防火措施。

(十二)在突水威胁区域或可疑区域进行采掘作业,未进行探放水。

(十三)受地表水倒灌威胁的矿井在强降雨天气或其来水上游发生洪水期间,不实施停产撤人。

(十四)相邻矿山开采错动线重叠,未按照设计要求采取相应措施。

(十五)开采错动线以内存在居民村庄,或存在重要设备设施时未按照设计要求采取相应措施。

(十六)擅自开采各种保安矿柱或其形式及参数劣于设计值。

(十七)未按照设计要求对生产形成的采空区进行处理。

(十八)具有严重地压条件,未采取预防地压灾害措施。

(十九)巷道或者采场顶板未按照设计要求采取支护措施。

(二十)矿井未按照设计要求建立机械通风系统,或风速、风量、风质不符合国家标准或行业标准的要求。

(二十一)未配齐具有矿用产品安全标志的便携式气体检测报警仪和自救器。

(二十二)提升系统的防坠器、阻车器等安全保护装置或信号闭锁措施失效;未定期试验或检测检验。

(二十三)一级负荷没有采用双回路或双电源供电,或单一电源不能满足全部一级负荷需要。

(二十四)地面向井下供电的变压器或井下使用的普通变压器采用中性接地。

二、金属非金属露天矿山重大生产安全事故隐患

(一)地下转露天开采,未探明采空区或未对采空区实施专项安全技术措施。

(二)使用国家明令禁止使用的设备、材料和工艺。

(三)未采用自上而下、分台阶或分层的方式进行开采。

(四)工作帮坡角大于设计工作帮坡角,或台阶(分层)高度超过设计高度。

(五)擅自开采或破坏设计规定保留的矿柱、岩柱和挂帮矿体。

(六)未按国家标准或行业标准对采场边坡、排土场稳定性进行评估。

(七)高度200米及以上的边坡或排土场未进行在线监测。

(八)边坡存在滑移现象。

(九)上山道路坡度大于设计坡度10%以上。

(十)封闭圈深度30米及以上的凹陷露天矿山,未按照设计要求建设防洪、排洪设施。

(十一)雷雨天气实施爆破作业。

(十二)危险级排土场。

三、尾矿库重大生产安全事故隐患

(一)库区和尾矿坝上存在未按批准的设计方案进行开采、挖掘、爆破等活动。

(二)坝体出现贯穿性横向裂缝,且出现较大范围管涌、流土变形,坝体出现深层滑动迹象。

(三)坝外坡坡比陡于设计坡比。

(四)坝体超过设计坝高,或超设计库容储存尾矿。

(五)尾矿堆积坝上升速率大于设计堆积上升速率。

(六)未按法规、国家标准或行业标准对坝体稳定性进行评估。

(七)浸润线埋深小于控制浸润线埋深。

(八)安全超高和干滩长度小于设计规定。

(九)排洪系统构筑物严重堵塞或坍塌,导致排水能力急剧下降。

(十)设计以外的尾矿、废料或者废水进库。

(十一)多种矿石性质不同的尾砂混合排放时,未按设计要求进行排放。

(十二)冬季未按照设计要求采用冰下放矿作业。

金属非金属矿山安全规程(GB 16423—2006)

前 言

本标准除 4.11、5.1.8、5.2.2.3、5.2.7.2、5.3.1.4、5.3.1.6、5.3.2.3、5.3.2.10、5.3.3.1、5.3.6.9、5.4.2.6、5.5.1、5.5.2、5.5.6、5.6.1.5、5.6.1.7、5.6.1.14、5.7.2、5.8.4.3、5.8.5.3、5.9.5.4、5.8.6.2、5.8.6.3、5.8.6.4、5.8.6.6、5.8.6.7、5.8.6.8、5.8.6.9、5.8.6.10、5.8.6.11、5.8.6.12、5.8.6.13、5.8.6.14、6.1.1.7、6.1.4.1、6.2.2.3、6.2.2.4、6.3.5.3、6.5.1.6、6.5.2.9、6.5.3.4、6.5.5.5、6.5.5.9、6.6.3.13、6.7.2.1 **外,其余规范性技术要素均为强制性的**。

本标准代替 GB 16423—1996《金属非金属露天矿山安全规程》、GB 16424—1996《金属非金属地下矿山安全规程》。

本标准与 GB 16423—1996 和 GB 16424—1996 相比,主要作了如下改变:
——增加了小型露天采石场、盐类矿山、基本洪水频率、设计防洪频率、防跑车装置、陡帮开采、陡坡铁路、矿井有效风量、提升钢丝绳的安全系数等术语和定义;
——增加了作业人员在井下滞留时间的规定(见 4.5);
——增加了矿用产品安全标志的规定(见 4.7);
——增加了陡坡铁路运输(见 5.3.1.15);
——增加了分期开采和陡帮开采的有关内容(见 5.2.7.1、5.2.7.2);
——增加了挖掘船开采的有关内容(见 5.4.2.1、5.4.2.2、5.4.2.3、5.4.2.4、5.4.2.12、5.4.2.13、5.4.2.14);
——增加了饰面石材开采(见 5.5);
——增加了盐类矿山开采(见 5.6);
——增加了排土场的有关规定(见 5.7);
——增加了井下溶浸采矿的规定(见 6.2.2.12、6.2.2.13);
——增加了对作业场所噪声的规定(见 7.1.9);
——增加了健康监护(见 7.2)。

本标准由国家安全生产监督管理总局提出并归口。

本标准负责起草单位:中钢集团武汉安全环保研究院、中钢集团马鞍山矿山研究院、中国有色工程设计研究总院。

本标准参加起草单位:中国安全生产科学研究院、中冶集团鞍山冶金设计研究总院、四川和邦投资集团有限公司。

本标准主要起草人:李晓飞、项宏海、彭怀生、张兴凯、刘育明、章林、王红汉、汪斌、安建英、谢良、田有连、徐京苑、岑元刚、孟建国、李明泽、杜尚杰。

本标准所代替标准的历次版本发布情况为:
——GB 16423—1996;
——GB 16424—1996。

1 范围

本标准规定了金属非金属矿山设计、建设和开采过程中的安全技术要求,以及职业危害的管理与监测、作业人员的健康监护要求。

本标准适用于金属非金属矿山的设计、建设和开采。

本标准不适用于煤矿、煤系硫铁矿及其他与煤共生的矿藏的开采。

本标准也不适用于石油、天然气、矿泉水等液态或气态矿藏的开采。

2 规范性引用文件

下列文件中的条款通过本标准的引用而成为本标准的条款。凡是注明日期的引用文件,其随后所有的修改单(不包括勘误的内容)或修订版均不适用于本标准,然而,鼓励根据本标准达成协议的各方研究是否可使用这些文件的最新版本。凡是不注日期的引用文件,其最新版本适用于本标准。

GB 4053.1 固定式钢直梯安全技术条件
GB 4053.2 固定式钢斜梯安全技术条件
GB 4053.3 固定式工业防护栏杆安全技术条件
GB 4053.4 固定式工业钢平台
GB 5013.1 额定电压 450/750 V 及以下橡皮绝缘电缆 第1部分:一般要求
GB 5013.2 额定电压 450/750 V 及以下橡皮绝缘电缆 第2部分:试验方法
GB/T 5748 作业场所空气中粉尘测定方法
GB 5749 生活饮用水卫生标准
GB/T 5972 起重机械用钢丝绳检验和报废实用规范
GB/T 6067 起重机械安全规程
GB 6722 爆破安全规程
GB 7231 工业管道的基本识别色、识别符号和安全标识
GB/T 8918 钢丝绳
GB/T 11651 劳动防护用品选用规则
GB 12141 货运架空索道安全规范
GB 14161 矿山安全标志
GB 16541 竖井罐笼提升信号系统安全技术要求
GB 16542 罐笼安全技术要求
GB 18599 一般工业固体废物贮存、处置场污染控制标准
GB 50034 工业企业照明设计标准
GB 50061 66 kV 及以下架空电力线路设计规范
GB 50070 矿山电力设计规范
GB 50086 锚杆喷射混凝土支护技术规范
GBJ 16 建筑设计防火规范
GBJ 213 矿山井巷工程施工及验收规范
GBZ 1 工业企业设计卫生标准

GBZ 2　工作场所有害因素职业接触限值
DL 408　电业安全工作规程
JB 8516　矿井提升机和矿用提升绞车安全要求

3　术语和定义

下列术语和定义适用于本标准。

3.1
金属非金属露天矿山　metal and nonmetal opencast mines

在地表开挖区通过剥离围岩、表土或砾石,采出供建筑业、工业或加工业用的金属或非金属矿物的采矿场及其附属设施。

3.2
金属非金属地下矿山　metal and nonmetal underground mines

以平硐、斜井、斜坡道、竖井等作为出入口,深入地表以下,采出供建筑业、工业或加工业用的金属或非金属矿物的采矿场及其附属设施。

3.3
小型露天采石场　small quarry

年采剥总量不超过 500 kt、最大开采高度不超过 50 m 的山坡型采石场。

3.4
盐类矿山　salt mines

指岩盐、芒硝、天然碱、钾盐矿山。

3.5
基本洪水频率　probability of flood

在某个期限内,可能遭遇超越概率(%)的洪水频率。

3.6
设计防洪频率　design probability of flood prevention

在基本洪水频率基础上确定的,作为工程设防依据的洪水频率。

3.7
防跑车装置　bull

斜井提升时,为防止坠车事故,安设在矿车上的叉形止车装置和抓钩,或装在线路上的阻车器和挡车栏。

3.8
排土场　dump

集中排放矿山剥离和掘进过程中产生的腐殖表土、风化岩土、坚硬岩石及其混合物和贫矿等的场所。

3.9
陡帮开采　opencast of steep slope

加陡露天矿剥岩工作帮坡角(18°以上)所采用的采场要素、工艺方法、技术措施和采剥程序的总称。

3.10

陡坡铁路　railway on steep slope bench

露天矿山采场内线路折算后坡度大于或等于40%的铁路。

3.11

矿井有效风量　effective air quantity

送到采掘工作面、硐室和其他用风地点的风量总和。

3.12

提升钢丝绳的安全系数　safety coefficient of hoisting steel rope

钢丝绳的全部钢丝破断拉力总和与其所承受的载荷之比。

3.13

钢丝绳静防滑安全系数　static antislip safety coefficient of steel rope

按照尤拉公式计算的提升装置上钢丝绳打滑时的钢丝绳静张力差与提升装置钢丝绳实际最大静张力差的比值。

3.14

钢丝绳动防滑安全系数　dynamic antislip safety coefficient of steel rope

提升系统加速或减速运行过程中,按照尤拉公式计算的提升装置上钢丝绳打滑时的钢丝绳张力差与提升装置钢丝绳实际最大动张力差的比值。

4　总则

4.1　矿山企业应遵守国家有关安全生产的法律、法规、规章、规程、标准和技术规范。

矿山企业应建立健全各级领导安全生产责任制、职能机构安全生产责任制和岗位人员安全生产责任制。

矿山企业应建立健全安全活动日制度、安全目标管理制度、安全奖惩制度、安全技术审批制度、危险源监控和安全隐患排查制度、安全检查制度、安全教育培训制度、安全办公会议制度等,严格执行值班制和交接班制。

4.2　矿山企业应设置安全生产管理机构或配备专版安全生产管理人员。

专职安全生产管理人员,应由不低于中等专业学校毕业(或具有同等学力)、具有必要的安全生产专业知识和安全生产工作经验、从事矿山专业工作五年以上并能适应现场工作环境的人员担任。

4.3　矿山企业应认真执行安全检查制度。企业安全生产管理人员应根据本单位的生产经营特点,对安全生产状况进行经常性检查;对检查中发现的事故隐患,应立即处理;不能立即处理的,应及时报告本单位有关负责人。检查及处理的情况应记录在案。

4.4　矿山企业应对职工进行安全生产教育和培训,保证其具备必要的安全生产知识,熟悉有关的安全生产规章制度和安全操作规程,掌握本岗位的安全操作技能。未经安全生产教育和培训合格的,不应上岗作业。

矿长应具备安全专业知识,具有领导安全生产和处理矿山事故的能力,并经依法培训合格,取得安全任职资格证书。

所有生产作业人员,每年至少接受20 h的在职安全教育。

新进地下矿山的作业人员,应接受不少于72 h的安全教育,经考试合格后,由老工人带领工作至少 4 个月，熟悉本工种操作技术并经考核合格，方可独立工作。

新进露天矿山的作业人员，应接受不少于 40 h 的安全教育，经考试合格，方可上岗作业。

调换工种的人员，应进行新岗位安全操作的培训。

采用新工艺、新技术、新设备、新材料时，应对有关人员进行专门培训。

参加劳动、参观、实习人员，入矿前应进行安全教育，并有专人带领。

特种作业人员，应按照国家有关规定，经专门的安全作业培训，取得特种作业操作资格证书，方可上岗作业。

作业人员的安全教育培训情况和考核结果，应记录存档。

4.5 除下列情况外，连续 24 h 内，任何作业人员均不应在井下滞留或被强制滞留 8 h 以上（包括上、下井时间）：

——因事故或突发事件导致滞留时间延长；

——作业人员为负责人、水泵工、信号工或紧急维修人员。

4.6 矿山企业的要害岗位、重要设备和设施及危险区域，应根据其可能出现的事故模式，设置相应的、符合 GB 14161 要求的安全警示标志。未经主管部门许可，不应任意拆除或移动安全警示标志。

设备的裸露转动部分，应设防护罩或栅栏。

4.7 危险性较大的矿用产品，应根据国家有关规定取得矿用产品安全标志。

矿山企业应对安全设备、设施和器材进行经常性维护、保养，并定期检测，保证正常运转。维护、保养、检测应作好记录，并由有关人员签字。

上述设备、设施和器材，不应毁坏或挪作他用，未经许可不应任意拆除。

试验涉及安全生产的新技术、新工艺、新设备、新材料，应经过论证、安全性能检验和鉴定，并制定可靠的安全措施。

4.8 矿山企业应对重大危险源登记建档，进行定期检测、评估、监控，制定应急预案，并根据实际情况对预案及时进行修改。

矿山企业应使每个职工熟悉应急预案，并且每年至少组织 1 次矿山救灾演习。

4.9 矿山企业的新建、改建、扩建工程，应经过安全条件论证及安全、职业危害评价。新建、改建、扩建工程的安全设施，应与主体工程同时设计、同时施工、同时投入生产和使用。安全设施投资，应纳入工程概算。

发生特别重大生产安全事故，或出现严重影响安全生产的情况，或停产 6 个月以上恢复生产的地下矿山，应进行安全条件论证和安全评价。

4.10 新建矿山企业的办公区、工业场地、生活区等地面建筑，应选在危崖、塌陷、洪水、泥石流、崩落区、尘毒、污风影响范围和爆破危险区之外。

4.11 矿山企业的地面工业建(构)筑物，应符合 GBJ 16 的规定。

凡有人通过或工作的地点，建筑物均应设置安全进出口，并保持畅通。

需离地面 2 m 以上操作设备或阀门时，应设置固定式平台。采用钢平台时，应符合 GB 4053.4 的规定。有跌落危险的平台、通道、走梯、走台等，均应设置护栏或扶手，并有足够的照明。栏杆的设置应遵守 GB 4053.3 的规定，钢直梯和钢斜梯设置应遵守 GB 4053.1、4053.2 的规定。通道、斜梯的宽度不宜小于 0.8 m，直梯宽度不宜小于 0.6 m。常用的斜梯，倾角应小于45°;不常用的斜梯,倾角应小于60°。天桥、通道、斜梯踏板和平台,应采取防滑措施,或用防滑钢板、格栅板制作。

4.12 在距坠落高度基准面2 m以上(含2 m)的高处作业时,应佩戴安全带或设置安全网、护栏等防护设施。

高处作业时,不应抛掷物件,不应上下垂直方向双层作业。

遇有六级以上强风时,不应在露天进行起重和高处作业。

4.13 作业场所有坠入危险的钻孔、井巷、溶洞、陷坑、泥浆池和水仓等,均应加盖或设栅栏,并设置明显的标志和照明。行人和车辆通行的沟、坑、池的盖板,应固定可靠,并满足承载要求。

4.14 矿山企业应根据《中华人民共和国消防法》及其配套法规的要求,配备消防设备和设施,并与当地消防部门建立联系。

通往厂房、库区和可燃材料堆场的消防通道,宽度应不小于3.5 m,尽头式消防通道,应根据所选消防车型设置回车场或回车道。

4.15 露天矿山,应保存下列图纸,并根据实际情况的变化及时更新:
——地形地质图;
——采剥工程年末图;
——防排水系统及排水设备布置图。

4.16 地下矿山,应保存下列图纸,并根据实际情况的变化及时更新:
——矿区地形地质和水文地质图;
——井上、井下对照图;
——中段平面图;
——通风系统图;
——提升运输系统图;
——风、水管网系统图;
——充填系统图;
——井下通讯系统图;
——井上、井下配电系统图和井下电气设备布置图;
——井下避灾路线图。

图中应正确标记:
——已掘进巷道和计划(年度)掘进巷道的位置、名称、规格、数量;
——采空区(包括已充填采空区)、废弃井巷和计划(年度)开采的采场(矿块)的位置、数量;
——矿石运输线路;
——主要安全、通风、防尘、防火、防水、排水等设备和设施的位置;
——风流方向,人员安全撤离的路线和安全出口;
——采空区及废弃井巷的处理进度、方式、数量及地表塌陷区的位置。

4.17 矿山企业应按照GB/T 11651和《劳动防护用品配备标准(试行)》的规定,为作业人员配备符合国家标准或行业标准要求的劳动防护用品。进入矿山作业场所的人员,应按规定佩戴防护用品。

4.18 任何人不应酒后进入矿山作业场所；受酒精或麻醉剂影响的人员不应从事露天或井下作业。不应将酒类饮料和麻醉剂带入作业场所(医疗用麻醉剂除外)。

作业前应认真检查作业地点的安全情况，发现严重危及人身安全的征兆时，应迅速撤出危险区，同时设置警戒和照明标志，禁止人员和车辆通行，并报告矿有关部门及时处理，处理结果应记录存档。

地下矿山企业应建立、健全每个作业人员和其他下井人员出入矿井的登记和检查制度。入井人员应携带照明灯具。

4.19 矿山企业及其主管部门，在编制年度生产建设计划和长远发展规划的同时，应编制安全卫生工程技术措施计划和规划，并按国家规定提取和使用安全技术措施专项费用。该费用应全部用于改善矿山安全生产条件，不应挪作他用。

4.20 矿山企业应建立由专职或兼职人员组成的事故应急救援组织，配备必要的应急救援器材和设备。生产规模较小不必建立事故应急救援组织的，应指定兼职的应急救援人员，并与邻近的事故应急救援组织签订救援协议。

4.21 矿山企业发生重大生产安全事故时，企业的主要负责人应立即组织抢救，采取有效措施迅速处理，并及时分析原因，认真总结经验教训，提出防止同类事故发生的措施。

事故发生后，应按国家有关规定及时、如实报告。

5 露天部分

5.1 基本规定

5.1.1 小型露天采石场，除遵守原国家安全生产监督管理局令第 19 号《小型露天采石场安全生产暂行规定》外，还应遵守本标准的有关规定。

5.1.2 露天开采应遵循自上而下的开采顺序，分台阶开采，并坚持"采剥并举，剥离先行"的原则。

5.1.3 设计规定保留的矿(岩)柱、挂帮矿体，在规定的期限内，未经技术论证不应开采或破坏。

5.1.4 采剥和排土作业，不应对深部开采或邻近矿山造成水害和其他潜在安全隐患。

露天矿山，尤其是深凹露天矿山，应设置专用的防洪、排洪设施。

5.1.5 靠近矿山铁路修筑建构筑物，跨越矿山铁路、横穿路基或桥涵架设电线和管道等，以及临时在矿山铁路附近施工，均应事先征得矿山运输和安全部门同意，并制定施工安全措施，经批准方可实施。

5.1.6 在矿山铁路或道路两侧堆放物品时，应堆放稳固，且堆放物的边缘与铁路建筑接近限界的距离，应不小于 0.75 m；与道路路面边缘的距离，应不小于 1 m(若道路有侧沟，距侧沟外侧，应不小于 0.5 m)。

5.1.7 任何人不应擅自移动和毁坏矿山的测量基点；需要移动或报废时，应经矿山地质测量部门同意，并经主管矿长批准。

5.1.8 露天矿符合下列条件之一的，宜配备专用载人车辆接送作业人员上下班：
——从上下班人员集中的地方至露天矿(或车间)主要作业场所，路程超过 3 000 m；
——凹陷露天矿的垂直深度超过 100 m；
——山坡露天矿的垂直高差大于 150 m。

采用提升设备运送人员时，应遵守本标准第 6 章的有关规定。

5.1.9 露天矿边界应设可靠的围栏或醒目的警示标志,防止无关人员误入。露天矿边界上 2 m 范围内,可能危及人员安全的树木及其他植物、不稳固材料和岩石等,应予清除。露天矿边界上覆盖的松散岩土层厚度超过 2 m 时,其倾角应小于自然安息角。

5.1.10 因遇大雾、炮烟、尘雾和照明不良而影响能见度,或因暴风雨、雪或有雷击危险不能坚持正常生产时,应立即停止作业;威胁人身安全时,人员应转移到安全地点。

5.1.11 设备的走台、梯子、地板以及人员通行和操作的场所,应保持整洁和通行安全。

不应在设备的顶棚存放杂物,并应及时清除上面的石块。

5.1.12 露天采场应有人行通道,并应有安全标志和照明。

上、下台阶之间,可设带扶手的梯子、台阶(踏步)或路堑作人行通道。梯子下部临近铁路时,应在建筑接近限界处设置安全护栏。上、下台阶间的人行通道接近铁路时,其边缘应离铁路建筑接近限界 0.5 m 以上;接近道路时,应设在道路路肩以外。

5.1.13 采掘、运输、排土或其他设备,其主开关送电、停电或启动设备时,应由操作人员呼唤应答,确认无误方可进行操作。

5.1.14 使用采掘、运输、排土和其他机械设备,应遵守下列规定:
——设备运转时,不应对其转动部分进行检修、注油和清扫;
——设备移动时,不应上下人员;在可能危及人员安全的地点,不应有人停留或通行;
——终止作业时,应切断动力电源,关闭水、气阀门。

5.1.15 检修设备,应在关闭启动装置、切断动力电源和设备完全停止运转的情况下进行,并应对紧靠设备的运动部件和带电器件设置护栏。在切断电源处,电源开关应加锁或设专人监护,并应悬挂"有人作业,不准送电"的警示牌。

5.1.16 露天采掘设备的供电电缆,应保持绝缘良好,应不与金属管(线)和导电材料接触,横过道路、铁路时,应采取防护措施。

5.1.17 电力驱动的钻机、挖掘机和机车内,应备有完好的绝缘手套、绝缘靴、绝缘工具和器材等。停电、送电和移动电缆时,应按规定使用绝缘防护用品和工具。

5.1.18 采掘、运输等设备从架空电力线路下方通过时,其顶端与架空电力线路的距离,应符合下列规定:
——3 kV 以下,应不小于 1.5 m;
——3 kV~10 kV,应不小于 2.0 m;
——高于 10 kV,应不小于 3.0 m。

5.1.19 露天开采应优先采用湿式作业。产尘点和产尘设备,应采取综合防尘技术措施。

5.1.20 深凹露天矿的采掘设备与矿用自卸汽车的司机驾驶室,应配备空气调节装置,不应开窗作业。

5.1.21 露天爆破作业应遵守 GB 6722 的规定。爆破作业现场应设置坚固的人员避炮设施,其设置地点、结构及拆移时间,应在采掘计划中规定,并经主管矿长批准。

5.1.22 爆破前,应将钻机、挖掘机等移动设备开到安全地点,并切断电源。

5.2 露天开采

5.2.1 台阶构成的安全要求

5.2.1.1 生产台阶高度应符合表 1 的规定。

开采结束,并段后的台阶高度超过表 1 的规定时,应经过技术论证,在保证安全的前提下,由设计确定。

表 1 生产台阶高度的确定

矿岩性质	采掘作业方式		台阶高度/m
松软的岩土	机械铲装	不爆破	不大于机械的最大挖掘高度
坚硬稳固的矿岩		爆破	不大于机械的最大挖掘高度的1.5倍
砂状的矿岩	人工开采		不大于1.8
松软的矿岩			不大于3.0
坚硬稳固的矿岩			不大于6.0

5.2.1.2 挖掘机或装载机铲装时,爆堆高度应不大于机械最大挖掘高度的1.5倍。
5.2.1.3 非工作台阶最终坡面角和最小工作平台宽度,应在设计中规定。
    采矿和运输设备、运输线路、供电和通讯线路,应设置在工作平台的稳定范围内。
    爆堆边缘到准轨铁路中心线的距离,应不小于2.5 m;到窄轨铁路中心线的距离,应不小于2.0 m;到汽车道路边缘的距离,应不小于1 m。

5.2.2 穿孔作业

5.2.2.1 钻机稳车时,应与台阶坡顶线保持足够的安全距离。千斤顶中心至台阶坡顶线的最小距离:台车为1 m,牙轮钻、潜孔钻、钢绳冲击钻机为2.5 m,松软岩体为3.5 m。千斤顶下不应垫块石,并确保台阶坡面的稳定。钻机作业时,其平台上不应有人,非操作人员不应在其周围停留。钻机与下部台阶接近坡底线的电铲不应同时作业。钻机长时间停机,应切断机上电源。
    穿凿第一排孔时,钻机的中轴线与台阶坡顶线的夹角应不小于45°。
5.2.2.2 钻机靠近台阶边缘行走时,应检查行走路线是否安全;台车外侧突出部分至台阶坡顶线的最小距离为2 m,牙轮钻、潜孔钻和钢绳冲击式钻机外侧突出部分至台阶坡顶线的最小距离为3 m。
5.2.2.3 钻机移动时,机下应有人引导和监护。钻机不宜在坡度超过15°的坡面上行走;如果坡度超过15°,应放下钻架,由专人指挥,并采取防倾覆措施。行走时,司机应先鸣笛,履带前后不应有人;不应90°急转弯或在松软地面行走;通过高、低压线路时,应保持足够安全距离。钻机不应长时间在斜坡道上停留;没有充分的照明,夜间不应远距离行走。起落钻架时,非操作人员不应在危险范围内停留。
5.2.2.4 移动电缆和停、切、送电源时,应严格穿戴好高压绝缘手套和绝缘鞋,使用符合安全要求的电缆钩;跨越公路的电缆,应埋设在地下。钻机发生接地故障时,应立即停机,同时任何人均不应上、下钻机。打雷、暴雨、大雪或大风天气,不应上钻架顶作业。不应双层作业。高空作业时,应系好安全带。
5.2.2.5 挖掘台阶爆堆的最后一个采掘带时,相对于挖掘机作业范围内的爆堆台阶面上、相当于第一排孔位地带,不应有钻机作业或停留。

5.2.3 铲装作业

5.2.3.1 挖掘机汽笛或警报器应完好。进行各种操作时,均应发出警告信号。夜间作业时,车下及前后的所有信号、照明灯应完好。

5.2.3.2 挖掘机作业时,发现悬浮岩块或崩塌征兆、盲炮等情况,应立即停止作业,并将设备开到安全地带。

5.2.3.3 挖掘机作业时,悬臂和铲斗下面及工作面附近,不应有人停留。

5.2.3.4 运输设备不应装载过满或装载不均,也不应将巨大岩块装入车的一端,以免引起翻车事故。

5.2.3.5 装车时铲斗不应压碰汽车车帮,铲斗卸矿高度应不超过 0.5 m,以免震伤司机,砸坏车辆。

5.2.3.6 不应用挖掘机铲斗处理粘厢车辆。

5.2.3.7 两台以上的挖掘机在同一平台上作业时,挖掘机的间距:汽车运输时,应不小于其最大挖掘半径的 3 倍,且应不小于 50 m;机车运输时,应不小于二列列车的长度。

5.2.3.8 上、下台阶同时作业的挖掘机,应沿台阶走向错开一定的距离;在上部台阶边缘安全带进行辅助作业的挖掘机,应超前下部台阶正常作业的挖掘机最大挖掘半径 3 倍的距离,且不小于 50 m。

5.2.3.9 挖掘机工作时,其平衡装置外形的垂直投影到台阶坡底的水平距离,应不小于 1 m。

操作室所处的位置,应使操作人员危险性最小。

5.2.3.10 挖掘机应在作业平台的稳定范围内行走。挖掘机上下坡时,驱动轴应始终处于下坡方向;铲斗应空载,并下放与地面保持适当距离;悬臂轴线应与行进方向一致。

5.2.3.11 挖掘机通过电缆、风水管、铁路道口时,应采取保护电缆、风水管及铁路道口的措施;在松软或泥泞的道路上行走,应采取防止沉陷的措施;上下坡时应采取防滑措施。

5.2.3.12 挖掘机、前装机铲装作业时,铲斗不应从车辆驾驶室上方通过。装车时,汽车司机不应停留在司机室踏板上或有落石危险的地方。

5.2.3.13 挖掘机运转时,不应调整悬臂架的位置。

5.2.4 推土机作业

5.2.4.1 推土机在倾斜工作面上作业时,允许的最大作业坡度,应小于其技术性能所能达到的坡度。

5.2.4.2 推土机作业时,刮板不应超出平台边缘。推土机距离平台边缘小于 5 m 时,应低速运行。推土机不应后退开向平台边缘。

5.2.4.3 推土机牵引车辆或其他设备时,应遵守下列规定:
——被牵引的车辆或设备,有制动系统,并有人操纵;
——推土机的行走速度,不超过 5 km/h。
——下坡牵引车辆或设备时,不用缆绳牵引;
——有专人指挥。

5.2.4.4 推土机发动时,机体下面和近旁不应有人作业或逗留。推土机行走时,人员不应站在推土机上或刮板架上。发动机运转且刮板抬起时,司机不应离开驾驶室。

5.2.4.5 推土机的检修、润滑和调整,应在平整的地面上进行。检查刮板时,应将其放稳在垫板上,并关闭发动机。

任何人均不应在提起的刮板上停留或进行检查。

5.2.5 采场塌陷和边坡滑落的预防

5.2.5.1 开采境界内和最终边坡邻近地段的废弃巷道、采空区和溶洞,应及时标在矿山平面图上,并随着采掘作业的进行,及时设置明显的警示标志。

5.2.5.2 开采境界内的废弃巷道、采空区和溶洞,应至少超前一个台阶进行处理。处理前应编制施工方案,并报主管矿长审批。

5.2.5.3 对采场工作帮应每季度检查 1 次,高陡边帮应每月检查 1 次,不稳定区段在暴雨过后应及时检查,发现异常应立即处理。

5.2.5.4 邻近最终边坡作业,应遵守下列规定:
—— 应采用控制爆破减震;
—— 应按设计确定的宽度预留安全平台、清扫平台、运输平台;
—— 应保持台阶的安全坡面角,不应超挖坡底;
—— 局部边坡发生坍塌时,应及时报告矿有关主管部门,并采取有效的处理措施;
—— 每个台阶采掘结束,均应及时清理平台上的疏松岩土和坡面上的浮石,并组织矿有关部门验收。

5.2.5.5 对运输和行人的非工作帮,应定期进行安全稳定性检查(雨季应加强),发现坍塌或滑落征兆,应立即停止采剥作业,撤出人员和设备,查明原因,及时采取安全措施,并报告矿有关主管部门。

5.2.5.6 遇有下列情况之一时,应事先采取有效的安全措施进行处理:
—— 岩层内倾于采场,且设计边坡角大于岩层倾角;
—— 有多组节理、裂隙空间组合结构面内倾采场;
—— 有较大软弱结构面切割边坡、构成不稳定的潜在滑坡体的边坡。

5.2.5.7 露天采场各作业水平上、下台阶之间的超前距离,应在设计中明确规定。不应从下部不分台阶掏采。采剥工作面不应形成伞檐、空洞等。

5.2.5.8 边坡浮石清除完毕之前,其下方不应生产;人员和设备不应在边坡底部停留。

5.2.5.9 在境界外邻近地区堆卸废石时,应遵守设计规定,保证边坡的稳固,防止滚石、滑塌的危害。并且废石场不应成为作用于边坡的附加荷载。

5.2.5.10 边坡监测系统设计,应根据最终边坡的稳定类型、分区特点确定各区监测级别。对边坡应进行定点定期观测,包括坡体表面和内部位移观测、地下水位动态观测、爆破震动观测等。技术管理部门应及时整理边坡观测资料,据以指导采场安全生产。对存在不稳定因素的最终边坡应长期监测,发现问题及时处理。

5.2.5.11 大、中型矿山或边坡潜在危害性大的矿山,除应建立健全边坡管理和检查制度,对边坡重点部位和有潜在滑坡危险的地段采取有效的防治措施外,还应每 5 年由有资质的中介机构进行一次检测和稳定性分析。

5.2.6 联合开采

5.2.6.1 在地下开采的岩体移动范围内(包括 10 m～20 m 保护带),除非采取有效的技术措施,否则不应同时进行露天开采。

5.2.6.2 露天与地下同时开采时,应遵守下列原则:
—— 受地下开采影响地段的露天边坡角,应根据影响程度适当减小;
—— 露天与地下各采区间的回采顺序,应在设计中予以规定,以免联合开采时相互影响。

5.2.6.3 露天与井下爆破相互影响时,不应同时爆破,且爆破前应通知对方撤出危险区内的人员。

规模较大的爆破作业,应制定有效的安全措施,报主管矿长批准。

5.2.6.4 地下开采改为露天开采时,应将全部地下巷道、采空区和矿柱的位置,绘制在矿山平、剖面对照图上。地下巷道和采空区的处理方法,应在设计中确定。地下开采的塌陷区范围内,不应布置重要矿山工程。

5.2.6.5 露天开采转地下开采时,对地下开采的上部边界,应根据所选用的采矿方法,在设计中确定境界安全顶柱的规格或岩石垫层的厚度。设计排水方案时,应考虑原露天坑的截排水能力。选择采矿方法时,应考虑边坡稳定性和产生泥石流对地下开采的影响。

5.2.7 分期开采和陡帮开采

5.2.7.1 分期开采应遵守下列规定:
—— 安全平台宽度应不小于 15 m;
—— 采用陡帮扩帮作业时,每隔 60～90 m 高度,应布置一个宽度不小于 20 m 的接滚石平台。

5.2.7.2 陡帮开采应遵守下列规定:
—— 陡帮开采工艺的作业台阶,不应采用平行台阶的排间起爆方式,宜采用横向起爆方式;
—— 爆区最后一排炮孔,孔位应成直线,并控制炮孔装药量,以利于为下一循环形成规整的临时非工作台阶;
—— 在爆区边缘部位形成台阶坡面处进行铲装时,应严格按计划线铲装,以保证下一循环形成规整的临时非工作台阶;
—— 爆破作业后,在陡帮开采作业区的坑线上和临时非工作台阶的运输通道上,应及时处理爆渣中的危险石块,汽车不应在未经处理的线路上运行;
—— 上部采剥区段在第一采掘带作业时,下部临时帮上运输线不应有运输设备通过;
—— 临时非工作台阶作运输通道时,其上部临时非工作平台的宽度应大于该台阶爆破的旁冲距离;
—— 临时非工作台阶不作运输通道时,其宽度应能截住上一台阶爆破的滚石;
—— 组合台阶作业区之间或组合台阶与采场下部作业区之间,应在空间上错开,两个相邻的组合台阶不应同时进行爆破;作业区超过 300 m 时,应按设计规定执行。

5.3 运输

5.3.1 铁路运输

5.3.1.1 矿山铁路,应按规定设置避让线和安全线;在适当地点设置制动检查所,对列车进行检查试验;设置甩挂、停放制动失灵的车辆所需的站线和设备。

5.3.1.2 设在曲线上的牵出线,应有保证调车安全的良好瞭望条件。从T接线和调车牵出线的铁路中心线至有作业的一侧路基面边缘的距离,应不小于 3.5 m,窄轨铁路的路肩宽度应不小于 1 m。

5.3.1.3 下列地段应设双侧护轮轨:
—— 全长大于 10 m 或桥高大于 6 m 的桥梁(包括立交桥)和路堤道口铺砌的范围内;
—— 线路中心到跨线桥墩台的距离小于 3 m 的桥下线。

固定线和半固定线采用表2所列的最小曲线半径时,应在曲线内侧设单侧护轮轨。

表 2　最小曲线半径

线路名称	准轨铁路			窄轨铁路		
	机车、车辆类型			固定轴距/m		
	一类	二类	三类	<1.4	1.4~2.0	2.1~3.0
				铁路轨距/mm		
				600	762,900	762,900
最小曲线半径/m	120	120	150	30	60	80

注：准轨铁路电机车、车辆类型分类：一类为机车固定轴距≤2.6 m、全轴距<11 m,矿车固定轴距≤1.8 m、全轴距<11 m；二类为机车固定轴距≤2.6 m、全轴距<16 m,矿车固定轴距≤1.8 m、全轴距<11 m；三类为机车固定轴距1.2×2、全轴距<13 m。改建矿山利用旧有机车固定轴距大于 2.6 m,小于 3 m 时,可参照二类的标准。

5.3.1.4　人流和车流的密度较大的铁路与道路的交叉口,应立体交叉。平交道口应设在瞭望条件良好、满足规定的机车与汽车司机通视距离的线路上,站内不宜设平交道口。瞭望条件较差或人（车）流密度较大的平交道口,应设自动道口信号装置或设专人看守。

5.3.1.5　电气化铁路,应在道口处铁路两侧设置限界架；在大桥及跨线桥跨越铁路电网的相应部位,应设安全栅网；跨线桥两侧,应设防止矿车落石的防护网。

5.3.1.6　繁忙道口、有人看守的较大的桥隧建构筑物和可能危及行车安全的塌方、落石地点,宜安设遮断信号机,其位置距防护地点不小于 50 m。在有暴风雨、雾、雪等不良气候条件的地区,或当遮断信号机显示距离不足 400 m 时,还应在主体信号机前方 300 m（窄轨铁路 150 m）处,设预告信号机或复示信号机。

5.3.1.7　装（卸）车线一般应设在平道或坡度不大于 2.5‰（窄轨不大于3‰）的坡道上；对有滚动轴承的车辆,坡度应不大于 1.5‰。

特殊情况下,机车不摘钩作业时,其装卸线坡度：准轨,应不大于 10‰；窄轨,应不大于 15‰。

铁路线尽头应设安全车挡与警示标志。

5.3.1.8　列车运行速度,由矿山具体确定,但应保证能在准轨铁路 300 m、窄轨铁路 150 m 的制动距离内停车。

5.3.1.9　同一调车线路,不应两端同时进行调车。采取溜放方式调车时,应有相应的安全制动措施。在运行区间内不准甩车。在站线坡度大于 2.5‰（滚动轴承车辆大于 1.5‰,窄轨大于 3‰）的坡道上进行甩车作业时,应采取防溜措施。

5.3.1.10　列车通过电气化铁路、高压输电网路或跨线桥时,人员不应攀登机车、煤水车或装载敞车的顶部。电机车升起受电弓后,人员不应登上车顶或进入侧走台工作。

5.3.1.11　铁路吊车作业时,应根据设备性能和线路坡度的需要,采取止轮或机车（列车）连挂等安全措施。

5.3.1.12　窄轨人力推车时,应遵守以下规定：

——线路坡度 5‰以下时,前后两车的间距应不小于 10 m；坡度大于 5‰时,间距应不

— 小于30 m;坡度大于10‰时,不应人力推车;
— 在能够自溜的线路上运行时,行车速度应不超过3 m/s,并应有可靠的制动装置或制动措施。矿车进入弯道、道岔、站场和尽头时,应减速缓行;
— 车辆上不应有人搭乘;
— 双轨道上同向或逆向行驶的矿车间距,应不小于0.7 m。推车工不应在两车道中间行走。

5.3.1.13 窄轨自溜运输,车辆的滑行速度应不超过3m/s。滑行速度1.5 m/s以下时,车辆间距应不小于20 m,滑行速度超过1.5 m/s时,车辆间距应不小于30 m。

自溜运输,沿线应按需要设减速器或阻车器等安全装置。

5.3.1.14 发生故障的线路,应在故障区域两端设停车信号,独头线路发生故障时,应在进车端设停车信号;故障排除和停车信号撤除之前,列车不应在故障线路区域运行。

5.3.1.15 陡坡铁路运输应遵守以下规定:
— 线路坡度范围不应超过50‰;列车运行速度应不低于15 km/h,不高于40 km/h;线路建设等级应为固定式、半固定式;
— 线路平面的圆曲线半径应不小于250 m;直线与圆曲线间应采用三次抛物线型缓和曲线连接;缓和曲线的长度应不小于30 m,超高顺坡率应不大于3‰;圆曲线或夹直线最小长度应不小于30 m(小于列车长度时设置护轮轨);竖曲线半径应不小于3 000 m;
— 最大坡度应按式(1)和式(2)进行坡度折减:

当曲线长度大于或等于列车长度时,

$$\Delta i_r = 600/R \quad\quad\quad\quad\quad\quad\quad\quad (1)$$

当曲线长度小于列车长度时,

$$\Delta i_r = 10.5 \sum \alpha / L \quad\quad\quad\quad\quad\quad\quad\quad (2)$$

式中:
Δi_r ——曲线阻力所引起的坡度减缓值(‰);
R ——曲线半径,单位为米(m);
L ——坡段长度,单位为米(m);
$\sum \alpha$ ——坡段长度内平面曲线偏角总和(°)。

纵断面坡段长度应不小于200 m;
— 轨道类型应为次重型以上(轨型重量不小于50 kg/m);混凝土轨枕、弹条扣件铺设参数应为1 760根/km以上;道碴厚度应不小于350 mm;
— 线路应采用25 m标准长度钢轨,钢轨接头采用对接;轨距1 435 mm,当曲线半径为300 m≤R<350 m时,曲线轨距应加宽5 mm;当曲线半径为250 m≤R<300 m时,曲线轨距应加宽15 mm;道床边坡坡度应不大于1:1.75;
— 每25 m应铺设2组防爬桩,应双向安装8对防爬器,应安装14对轨撑;
— 150 t电机车牵引60 t重矿车数量应不超过8辆;224 t电机车牵引60 t重矿车数量应不超过12辆。

5.3.2 道路运输

5.3.2.1 深凹露天矿运输矿(岩)石的汽车,应采取尾气净化措施。

5.3.2.2 不应用自卸汽车运载易燃、易爆物品；驾驶室外平台、脚踏板及车斗不应载人。不应在运行中升降车斗。

5.3.2.3 双车道的路面宽度，应保证会车安全。陡长坡道的尽端弯道，不宜采用最小平曲线半径。弯道处的会车视距若不能满足要求，则应分设车道。急弯、陡坡、危险地段应有警示标志。

5.3.2.4 雾天或烟尘弥漫影响能见度时，应开亮车前黄灯与标志灯，并靠右侧减速行驶，前后车间距应不小于 30 m。视距不足 20 m 时，应靠右暂停行驶，并不应熄灭车前、车后的警示灯。

5.3.2.5 冰雪或多雨季节道路较滑时，应有防滑措施并减速行驶；前后车距应不小于 40 m；拖挂其他车辆时，应采取有效的安全措施，并有专人指挥。

5.3.2.6 山坡填方的弯道、坡度较大的填方地段以及高堤路基路段，外侧应设置护栏、挡车墙等。

5.3.2.7 正常作业条件下，同类车不应超车，前后车距离应保持适当。生产干线、坡道上不应无故停车。

5.3.2.8 自卸汽车进入工作面装车，应停在挖掘机尾部回转范围 0.5 m 以外，防止挖掘机回转撞坏车辆。汽车在靠近边坡或危险路面行驶时，应谨慎通过，防止崩塌事故发生。

5.3.2.9 对主要运输道路及联络道的长大坡道，应根据运行安全需要，设置汽车避让道。

5.3.2.10 道路与铁路交叉的道口，宜采用正交形式，如受地形限制应斜交时，其交角应不小于 45°。

道口应设置警示牌。

车辆通过道口之前，驾驶员应减速瞭望，确认安全方可通过。

5.3.2.11 装车时，不应检查、维护车辆；驾驶员不应离开驾驶室，不应将头和手臂伸出驾驶室外。

5.3.2.12 卸矿平台（包括溜井口、栈桥卸矿口等处）应有足够的调车宽度。卸矿地点应设置牢固可靠的挡车设施，并设专人指挥。挡车设施的高度应不小于该卸矿点各种运输车辆最大轮胎直径的 2/5。

5.3.2.13 拆卸车轮和轮胎充气之前，应先检查车轮压条和钢圈完好情况，如有缺损，应先放气后拆卸。在举升的车斗下检修时，应采取可靠的安全措施。

5.3.2.14 不应采用溜车方式发动车辆，下坡行驶不应空挡滑行。在坡道上停车时，司机不应离开；应使用停车制动，并采取安全措施。

5.3.2.15 露天矿场汽车加油站，应设置在安全地点。不应在有明火或其他不安全因素的地点加油。

5.3.2.16 夜间装卸车地点，应有良好照明。

5.3.3 溜槽、平硐溜井运输

5.3.3.1 应合理选择溜槽的结构和位置。从安全和放矿条件考虑，溜槽坡度以 45°～60° 为宜，应不超过 65°。溜槽底部接矿平台周围应有明显警示标志，溜矿时人员不应靠近，以防滚石伤人。

5.3.3.2 确定溜井位置，应依据可靠的工程地质资料。溜井应布置在矿岩坚硬、稳定、整体性好、地下水不大的地点。溜井穿过局部不稳固地层，应采取加固措施。

5.3.3.3 放矿系统的操作室,应设有安全通道。安全通道应高出运输平硐,并应避开放矿口。

5.3.3.4 平硐溜井应采取有效的除尘措施。

5.3.3.5 溜井的卸矿口应设挡墙,并设明显标志、良好照明和安全护栏,以防人员和卸矿车辆坠入。机动车辆卸矿时,应有专人指挥。

5.3.3.6 运输平硐内应留有宽度不小于 1 m(无轨运输时,不小于 1.2 m)的人行道。进入平硐的人员,应在人行道上行走。

平硐内应有良好的照明设施和联络信号。

5.3.3.7 容易造成堵塞的杂物,超规定的大块物件、废旧钢材、木材、钢丝绳及含水量较大的黏性物料,不应卸入溜井。溜井不应放空,应保持经常性放矿制度。

5.3.3.8 在溜井口周围进行爆破,应有专门设计。

5.3.3.9 溜井上、下口作业时,无关人员不应在附近逗留。操作人员不应在溜井口对面或矿车上撬矿。

溜井发生堵塞、塌落、跑矿等事故时,应待其稳定后再查明事故的地点和原因,并制定处理措施;事故处理人员不应从下部进入溜井。

5.3.3.10 应加强平硐溜井系统的生产技术管理,编制管理细则,定期进行维护检修。检修计划应报主管矿长批准。

5.3.3.11 雨季应加强水文地质观测,减少溜井储矿量;溜井积水时,不应卸入粉矿,并应采取安全措施,妥善处理积水,方可放矿。

5.3.4 带式输送机运输

5.3.4.1 带式输送机两侧应设人行道,经常行人侧的人行道宽度应不小于 1.0 m;另一侧应不小于 0.6 m。人行道的坡度大于 7°时,应设踏步。

5.3.4.2 非大倾角带式输送机运送物料的最大坡度,向上应不大于 15°,向下应不大于 12°。

5.3.4.3 带式输送机的运行,应遵守下列规定:
——任何人员均不应乘坐非乘人带式输送机;
——不应运送规定物料以外的其他物料及设备和过长的材料;
——物料的最大块度应不大于 350 mm;
——堆料宽度,应比胶带宽度至少小 200 mm;
——应及时停车清除输送带、传动轮和改向轮上的杂物,不应在运行的输送带下清矿;
——必需跨越输送机的地点,应设置有栏杆的跨线桥;
——机头、减速器及其他旋转部分,应设防护罩;
——输送机运转时,不应注油、检查和修理。

5.3.4.4 带式输送机的胶带安全系数,按静载荷计算应不小于 8,按启动和制动时的动载荷计算应不小于 3;钢绳芯带式输送机的静载荷安全系数应不小于 5。

5.3.4.5 钢绳芯带式输送机的卷筒直径,应不小于钢丝绳直径的 150 倍,不小于钢丝直径的 1 000 倍,且最小直径不应小于 400 mm。

5.3.4.6 各装、卸料点,应设有与输送机联锁的空仓、满仓等保护装置,并设有声光信号。

5.3.4.7 带式输送机应设有防止胶带跑偏、撕裂、断带的装置,并有可靠的制动、胶带和卷筒清扫以及过速保护、过载保护、防大块冲击等装置;线路上应有信号、电气联锁和紧急停车装置;上行的输送机,应设防逆转装置。

5.3.4.8 更换挡板、刮泥板、托辊时应停车,切断电源,并有专人监护。

5.3.4.9 胶带启动不了或打滑时,不应用脚蹬踩、手推拉或压杠子等办法处理。

5.3.5 架空索道运输

5.3.5.1 架空索道运输,应遵守 GB 12141 的规定。

5.3.5.2 索道线路经过厂区、居民区、铁路、道路时,应有安全防护措施。

5.3.5.3 索道线路与电力、通讯架空线路交叉时,应采取保护措施。

5.3.5.4 遇有八级或八级以上大风时,应停止索道运转和线路上的一切作业。

5.3.5.5 离地高度小于 2.5 m 的牵引索和站内设备的运转部分,应设安全罩或防护网。高出地面 0.6 m 以上的站房,应在站口设置安全栅栏。

5.3.5.6 驱动机应同时设置工作制动和紧急制动两套装置,其中任一套装置出现故障,均应停止运行。

5.3.5.7 索道各站都应设有专用的电话和音响信号装置,其中任一种出现故障,均应停止运行。

5.3.6 斜坡卷扬运输

5.3.6.1 斜坡轨道与上部车场和中间车场的连接处,应设置灵敏可靠的阻车器。

5.3.6.2 斜坡轨道应有防止跑车装置等安全设施。

5.3.6.3 斜坡卷扬运输速度,不应超过下列规定:
—— 升降人员或用矿车运输物料的最高速度:斜坡道长度不大于 300 m 时,3.5 m/s;斜坡道长度大于 300 m 时,5 m/s;在甩车道上运行,1.5 m/s;
—— 用箕斗运输物料和矿石的最高速度:斜坡道长度不大于 300 m 时,5 m/s;斜坡道长度大于 300 m 时,7 m/s;
—— 运输人员的加速度或减速度,0.5 m/s^2。

5.3.6.4 斜坡卷扬运输的机电控制系统,应有限速保护装置、主传动电动机的短路及断电保护装置、过卷保护装置、过速保护装置、过负荷及无电压保护装置、卷扬机操纵手柄与安全制动之间的联锁装置、卷扬机与信号系统之间的闭锁装置等。

5.3.6.5 卷扬机紧急制动和工作制动时,所产生的力矩和实际运输最大静荷重旋转力矩之比 K,均应不小于 3。质量模数较小的绞车,保险闸的 K 值可适当降低,但应不小于 2。

调整双卷筒绞车卷筒旋转的相对位置时,制动装置在各卷筒闸轮上所产生的力矩,不应小于该卷筒悬挂重量(钢丝绳重量与运输容器重量之和)所形成的旋转力矩的 1.2 倍。

计算制动力矩时,闸轮和闸瓦摩擦系数应根据实测确定,一般采用 0.30~0.35,常用闸和保险闸的力矩应分别计算。

5.3.6.6 应沿斜坡道设人行踏步。

斜坡轨道两侧应设堑沟或安全挡墙。

5.3.6.7 斜坡轨道道床的坡度较大时,应有防止钢轨及轨梁整体下滑的措施;钢轨敷设应平整、轨距均匀。

斜坡轨道中间应设地辊托住钢丝绳,并保持润滑良好。

5.3.6.8 矿仓上部应设缓冲台阶、挡矿板、防冲击链等防砸设施。

矿仓闸门口下部应设置接矿坑或刮板运输机,以收集和清理撒矿。

5.3.6.9 卷筒直径与钢丝绳直径之比,应不小于 80。卷筒直径与钢丝直径之比,应不小于 1 200。

专门运输物料的钢丝绳,安全系数应不小于 6.5;运送人员的,应不小于 9。

钢丝绳在卷筒上多层缠绕时,卷筒两端凸缘应高出外层绳圈 2.5 倍钢丝绳直径的高度。

钢丝绳弦长不宜超过 60 m;超过 60 m 时,应在绳弦中部设置支撑导轮。

5.3.6.10 卷扬司机、卷扬信号工、矿仓卸矿工之间,应装设声光信号联络装置。联系信号应清楚;信号中断或不清,应停止操作,并查明原因。

5.3.6.11 在斜坡轨道上,或在箕斗(矿车)、料仓里工作,应有安全措施。

5.3.6.12 调整卷扬钢丝绳,应空载、断电进行,并用工作制动。

拉紧钢丝绳或更换操作水平时,运行速度不应超过 0.5 m/s。

5.3.6.13 对钢丝绳及其相关部件,应定期进行检查与试验;发现下列情况之一均应更换:
——专门运输物料的钢丝绳,在一个捻距内断丝数目达到钢丝总数的 10%;
——因紧急制动而被猛烈拉伸时,在拉伸区段有损坏或长度增加 0.5% 以上;
——磨损达 30%;
——有断股或直径缩小达 10%。

多层缠绕的钢丝绳,由下层转到上层的临界段应加强检查,并且每季度应将临界段串动 1/4 绳圈的位置。

运输物料的钢丝绳,自悬挂之日起,隔 1 年做第一次试验,以后每隔 6 个月试验 1 次。

箕斗卷扬钢丝绳的连接套拔出 5 mm 以上,或出现其他异常现象时,应重新浇注连接。

5.4 水力开采和挖掘船开采

5.4.1 水力开采

5.4.1.1 水枪喷嘴至工作台阶坡底线的最小距离,应符合下列规定:
——逆向冲采松散的砂质黏土岩,不小于台阶高度的 0.8 倍;冲采黏土质的致密岩土,不小于台阶高度的 1.2 倍。
——远距离操纵的近冲水枪,距台阶坡底线的最小距离,应在设计中确定。

5.4.1.2 冲采致密岩土并进行底部掏槽时,台阶高度应不超过 10 m,超过 10 m 时,应分段逆向冲采。复用尾矿时,其开采台阶高度应不超过 5 m。

采用水力掘沟、明槽运矿时,其堑沟宽度应不小于台阶高度的 1.5 倍。

5.4.1.3 开采洗选排弃的尾矿中的泥油层,或倾角 30°以上且底板较平滑的山坡砂矿,不应逆向冲采。冲采溶洞中的沉积砂矿时,应及时处理溶洞边缘上的浮石。台阶坡面上有大块浮石时,不应正面冲采。

5.4.1.4 水枪正在作业的冲采工作面,人员不应进入边坡顶部和底部的边缘。水枪停止作业时,应经过检查确认安全,方可进入冲采工作面,但不应进入坡底线附近。水枪开动时,任何人员均不应在冲采范围内进行其他工作。

水枪突然停水,在关闭水源开关以前,任何人员均不应进入冲采工作面。

5.4.1.5 一个台阶同时有两台水枪作业时,对向冲采时相互距离应不小于水枪有效射程的 2.5 倍;并列冲采相互距离应不小于水枪有效射程的 1.5 倍。

上、下两个台阶同时开采时,上部台阶作业面应超前下部台阶作业面 30 m 以上。

5.4.1.6 矿浆池上部的砂泵,应设稳固的操作平台和带扶手的梯子。平台宽度应不小于 0.7 m。

上面有行人的运矿沟槽,沟槽上应设盖板或金属网。深度超过 2 m 的沟槽,应设明显标志,并禁止人员靠近。

5.4.1.7　敷设有管道或渡槽的栈桥,应设宽度不小于 0.5 m 的人行通道、栏杆和梯子。

5.4.1.8　供配电线路,应符合下列要求:
——固定输电线路,不应设在采掘作业区内,其与作业水枪间的距离,应不小于水枪射程的 2 倍;
——采场内的移动电缆,不应从水枪射程范围内通过,并应保证绝缘良好;
——电气线路应有良好的防雷设施。

5.4.1.9　泥浆管道至裸露输电线和通讯线路的距离,应不小于电杆高度的 1.5 倍。

5.4.2　挖掘船开采

5.4.2.1　非标准采、选船的设计和制造,应由有相应资质的单位承担。

5.4.2.2　采、选船基坑开挖的水深,应大于船的吃水深度加 0.8 m 以上;采、选船的吃水深度超过设计规定的吃水深度时,应及时查找原因,排除安全隐患;采区实际水深低于船的吃水深度时,应停止作业;开采工作面水上边坡高度大于 3 m,边坡角大于矿岩自然安息角时,应用水枪及时处理边坡。

5.4.2.3　采、选船上机械设备的转动部位,应安装可拆卸的护栏;甲板、桥板、梯子及高于甲板 2 m 以上的操作平台外侧,应安装扶手;浮箱式采、选船的浮箱,应设平时密封紧锁的渗水观察孔。

5.4.2.4　采、选船的牵引绳应定期检查,其安全系数低于设计要求时,应及时更换。

5.4.2.5　挖掘作业期间,在挖掘船的首绳和边绳的岸上设置区内,不应进行其他作业。

5.4.2.6　挖掘船的安全水位和最小采幅,应在设计中规定。挖掘船工作时,干舷高应不小于 0.2 m;挖掘船过河时,河面标高与采池水面标高之差,应不大于 0.5 m;挖掘船过河段低于安全水位时,应筑坝提高水位,不宜采用超挖底板开拓法过河。

5.4.2.7　地表建(构)筑物到采池边的距离,应不小于 30 m;设备到采池边的距离,应不小于 5 m;人员到采池边的距离,应不小于 2 m。

5.4.2.8　挖掘船作业时,在其回转半径范围内,不应有人员和船只停留或经过。

5.4.2.9　在大风、大雾及洪水期间,行船和调船应有可靠的安全措施。

5.4.2.10　动力电缆应保持绝缘良好;敷设在地表部分,应有警示标志;横穿道路时,应采取防护措施;水上部分应敷设在浮箱或木排上。

5.4.2.11　挖掘船上应设置水位警报、照明、信号、通讯和救护设备。

5.4.2.12　采场的主要进出口,应设置醒目的警示标志。距离采场边缘 30 m,应设安全防护线,其内不应堆放任何杂物。进入采场的作业人员,应穿戴救生器材。

5.4.2.13　挖掘船船体离采场边缘,应有不小于 20 m 的安全距离。船体四周应用缆绳固定,防止飘浮摇摆,碰撞采场边面产生滑坡事故。

5.4.2.14　采场边坡高度不应大于 10 m,边坡角水上部分应控制在 40°以下,水下部分应控制在 30°以下。应定期对边坡进行安全检查,发现有潜在滑坡危险地段,应自上而下放缓边坡。

5.4.2.15　过采区应按设计要求进行回填及治理,防止滑坡、塌方和泥石流等灾害发生。

5.5 饰面石材开采

5.5.1 石材矿山开采荒料,不宜使用硐室等各种大型爆破、烈性炸药爆破。必须使用烈性炸药爆破的,应在设计中进行专门论证。

5.5.2 台阶参数应符合下列规定:
——台阶、分台阶高度,根据所选定的开拓系统确定,采用直进式道路开拓时,台阶高度不大于 20 m,分台阶高度不大于 6 m;采用桅杆式等起重设备作业时,台阶高度由设计确定;
——台阶、分台阶坡面角,应根据矿层产状和节理裂隙倾角确定,工作台阶坡面角应小于 80°,台阶最终坡面角应小于 70°,分台阶坡面角应不超过 90°或与节理裂隙倾角一致;
——采场最终边坡角应满足安全生产的要求,宜小于 60°或由设计确定;
——最小工作平台宽度,应满足荒料分离、分切、整形、吊装运输、清渣等工艺设备和安全的要求,机械化开采时最小工作平台宽度由设计确定、但应不小于 30 m;分台阶工作平台宽度,应大于分台阶高度;安全和清扫平台宽度,由设计确定。

5.5.3 石材开采的剥离、开沟等浅眼爆破和其他常规爆破,应按爆破作业的有关规定执行,控制爆破的安全距离应满足 GB 6722 的要求。

5.5.4 挖掘机、起重机作业,应遵守下列规定:
——挖掘机的停留、挖掘作业等,严格执行挖掘机的安全操作规程;
——采场进行牵引、吊装作业时,与作业无关的人员不应进入作业区;
——6 级以上大风和大雪、大雨天气,应停止吊装作业;
——汽车起重机、履带起重机的停放、作业场地,应根据作业要求和环境条件,选择稳固、便于操作的地方;
——吊装荒料时,开车前应鸣笛;吊运中接近人员时,应发出断续笛声,吊臂下不应有人;吊装荒料不应从载重汽车驾驶室上方和人员头顶上面越过,不应碰撞车体,荒料不应冲砸车箱底板和车帮;
——被吊荒料离开作业面之前不应回转;起吊大块荒料回转时,不应改变动臂倾角,不应换挡;
——吊装荒料的重量应与起重机的起重能力相适应,不应超载起吊,重量不清的荒料或与岩体未完全分离的块石不应起吊;起吊不应斜拉、拖拽;
——起重机司机交接班时,应对制动器、吊钩、钢丝绳和限位开关等进行检查,并做好日常保养、润滑等工作;发现性能不正常,应在操作之前排除;
——汽车起重机、履带起重机行走时,其吊臂应置于行走位置,通过高、低压输电线路时,最高点与电线距离应不小于 2 m;
——开始起吊荒料时,如发现电流表超过额定数值,应立即停止起吊,放下荒料,查明原因,排除故障后,方可重新开始作业;
——桅杆吊基础的位置,应符合开采工艺要求,选择在坚实稳固的地段;设备基础,应根据安装地点的工程地质资料、设备吊装能力的要求,由设计确定。桅杆吊应安装可靠的防雷和接地保护装置;
——吊装用钢丝绳应符合 GB/T 6067 的规定,并按 GB/T 5972 的要求进行检验和报

——制动器的零部件有裂纹、制动带摩擦片厚度磨损达到厚度的50%、弹簧出现塑性变形、小轴或轴孔直径磨损达到原直径的5%时,均应报废;
——制动轮的制动摩擦面,不应有妨碍制动性能的缺陷或沾染油污;制动轮出现裂纹、轮缘厚度磨损达到原厚度的40%时,应报废;
——提升、变幅、回转机构的限位开关中的接触开关,使用时应定期检查,超过使用寿命应及时更换;
——吊钩不应与吊臂上端的滑轮相碰,应保留2 m以上的安全距离;
——吊钩的最低极限位置,应保证提升卷筒上最少绕有6~7圈的提升钢丝绳。

5.5.5 锯石机作业应遵守下列规定:
——钢索锯石机应按照设备总装图和设计要求,安全可靠地固定在设备基础上;安装完毕,应检查单机和各部分的相互匹配情况,确认安全可靠,方可进行联动试车;
——钢索锯石机锯切大理石,应先开空车试运转,待钢丝绳运行速度稳定后方可推进锯割;锯割中应定期检查钢丝绳是否有裂纹及磨损情况,如有断绳迹象应及时更换;锯石机在运转中不应随意停机;停机时应先停止加沙,只加水,以冲洗锯缝中的砂浆,再将锯割钢丝绳退出100 mm以上,使钢丝绳脱离锯缝底部,然后停机;
——锯割钢丝绳的锯槽磨平时,应立即按规定更换新绳;
——钢索锯石机进行锯割作业时,锯割绳两侧10 m范围内,不应有人进入;
——链臂式锯石机的安装,应严格按设备说明书的要求清理和平整工作面,调整校对好主机和切割刀的行走导轨,安全可靠地紧固机械;按规定加注液压油、润滑油,并定期检查,及时更换;
——锯割过程中应始终保持供水量,一旦发生卡链,应适当减慢推进和锯割速度,清除卡链的小石块,不应拆卸链条;当链条被卡住不能动作或有异常响声时,应切断电源停机,查明原因,清除故障,必要时将机器倒转后退20 mm~30 mm再起动;
——锯割作业应做好记录,及时更换磨损的部件。

5.5.6 火焰切割机作业应遵守下列规定:
——操作工应进行技术培训,应有3人~5人协同,轮换作业,正常切割时1人操作,1人观察全机动态,1人负责空压机和氧气管理;
——点火调试、切割时,应严格执行火焰切割操作规程,操作人员应戴好防噪声耳罩、防护眼镜和防尘口罩;喷燃器前方不应站人;遇风时,应尽量避免迎风点火;
——切割前应清理干净火焰切割部位的石碴、风化浮石等;操作杆与被切割岩面应成70°~75°夹角;开始时火焰方向朝外,正常切割时火苗方向朝内;喷嘴口离切割面的距离应适当,并以适当速度来回移动;
——切割中应避免形成凹坑,出现凹坑应尽快处理,以免旋回石碴飞出烧伤或打伤操作工;
——火焰切割机连续工作时间不宜超过4 h。

5.5.7 慢动卷扬机作业应遵守下列规定:
——设备安装定位后,应按要求注油、清除机内杂物,检查电路是否符合安全要求;确认无误后,进行空载试运转,30 min内无异常噪音、振动、发热,各操作手柄灵活、正

常时,方可进行绕绳等作业;
— 每班作业前应检查润滑部位是否缺油,机内有无杂物,各连接部位有无松动,钢绳是否有严重磨损或断股,电气线路是否符合安全要求;工作中发现异常,应立即断电停车处理;设备停止作业应切断电源;
— 露天作业,传动系统应有防雨设施;慢动卷扬机的钢丝绳应安装导向装置,卷扬机进行牵引、拖拽时,人员不应跨越钢丝绳,钢丝绳两边 10 m 范围内不应有人员来往和进行其他作业;
— 设备应定期检查、维护,发现有超出允许范围的磨损件,应立即修复或更换。

5.5.8 使用手持式凿岩机作业时,操作工不应用身体推压凿岩机。在凿岩工作面,不应一人同时操作多台凿岩机作业。

5.6 盐类矿山开采

5.6.1 盐湖开采

5.6.1.1 盐湖作业区,应符合下列规定:
— 在溶洞、气眼和淤泥较厚的地点,应设立明显标志;
— 采坑深度超过 1 m 时,距采坑边缘 1.5 m 范围内,不应站人或停放设备;
— 盐层松软的再生盐产区,车辆驶入之前,应查明盐层的承载能力。

5.6.1.2 在盐湖内进行手工开采作业,应遵守下列规定:
— 夏季应采取防暑措施;
— 两人同时在同一盐槽内作业,其间距应保持在 2 m 以上;
— 作业人员应穿戴工作服、胶靴、墨镜和凉帽。

5.6.1.3 采盐船应符合下列规定:
— 采盐船的长宽比、型宽与型深比,应符合有关船舶设计规范的规定;
— 采盐船的初稳心高度,应在 1.5 m～3.0 m 范围内;
— 采盐船的液压传动系统,应保证各系统均可自动调节超压泄荷,实现恒扭矩无级变速,油泵在零流量时起动,保证主机安全运行;
— 非自发电的采盐船动力电缆,应选用符合 GB 5013.1、GB 5013.2 规定的 YC、YCW 型电缆;
— 采盐船所选用的电器设备、元件,应具有防潮性能;
— 采盐船甲板,应采取防滑措施。

5.6.1.4 采盐船绞车应符合 JB 8515 的有关规定;钢丝绳应符合 GB/T 8918 的有关规定;采坑两边的缆机桩,应具有足够的抗拉强度。

5.6.1.5 采盐船采掘作业,应遵守下列规定:
— 采盐船动力电缆的铺设应规范,并留有较长余量,防止过紧拉断或被采盐船、运盐船碰挂损伤;
— 采坑的水深,应不小于采盐船设计吃水深度的1.3倍;
— 绞吸式采盐船,绞刀应至少没入水中 3/4;
— 采掘原盐层,应自上而下分层进行,防止采掘量超限引起链斗出轨、断链或绞刀卡死;
— 采掘工作中横移缆绳应松紧适宜;横移绞车的转速应根据采掘量及盐层的松软程

度确定,防止缆绳过紧造成断绳;
- ——链斗运转时,应注意观察桥身振动等异常现象,发现问题立即停机处理;
- ——破碎机出现堵塞或破碎板松动,应停止上料,并切断链斗和破碎机电源后,进行处理;
- ——每2h检查一次台车油缸和定位桩油缸,发现台车行程与指示器不符,应立即停机调整;
- ——采盐船移位时,应停止链斗、破碎机或绞刀等设备的运转,并提起主、副桩;
- ——梭式输送机横移时,机上和机头伸出方向不应有人;输送机伸向运盐船船舱前,应发出警号;
- ——采盐船与运盐船的移动,应协调一致,并通过鸣笛等加强联系,避免撞船。

5.6.1.6 疏松盐层爆破,应执行 GB 6722 的有关规定。

5.6.1.7 采用铁路和道路运输卤盐,应执行本标准 5.3.1 和 5.3.2 的有关规定。

5.6.1.8 采用管道输送卤盐,应遵守下列规定:
- ——输盐管路每隔 100 m~200 m,应设一事故处理用的三通管;
- ——输盐管路,应每年旋转一定角度;
- ——管路支座基础,应定期检查和维护;
- ——水泵加盘根或维修时,应断开电源。

5.6.1.9 采用运盐船运输卤盐,应遵守下列规定:
- ——运盐船运输的航道和码头,应根据盐湖开采的总体布置,综合考虑供水、供电、维修、盐湖补水条件等,进行合理规划;
- ——航道宽度应为运盐船宽度的 5 倍~6 倍;
- ——航道水深应不小于 1.5 m;
- ——应及时清理和打捞航道中的漂浮物;
- ——码头船坞的设置,应考虑运盐船的卸盐方式;
- ——港池应具有船舶调头、会船安全作业的最小水域;
- ——码头应具有良好的照明设施,并配备适当数量的探照灯,保证码头周围的湖面有足够的照度;
- ——运盐船应达到船舶技术状况分类的一类船;
- ——运盐船每年应按规定由有资质的检测检验机构检验一次;
- ——运盐船应配备足够数量的灭火器材及救生器具;
- ——运盐船使用的电气设备,应有良好的防水、防潮、耐腐蚀和绝缘性能;
- ——运盐船不应超载运行;应以安全航速行驶;安全航速的确定,应考虑能见度、通航密度、船舶操纵性能等;
- ——相向行驶的运盐船,会船时的最小距离应不小于 5 m;
- ——运盐船进入采区,应减速行驶;
- ——运盐船空载航行时,应进行漏水检查,以免发生沉船事故;
- ——运盐船行至离港湾 200 m 时,应加强瞭望,减速行驶,并用声光信号与码头指挥人员取得联系;未经指挥人员同意,不应进港;
- ——运盐船卸盐时,绞车钢丝绳和驱动齿轮旁,或卸料输送机机架上、下方,不应有人;

——运盐船卸盐完毕,方可提起盐门(或收回输送机),不应带料提起盐门(或收回输送机)。

5.6.1.10 采用带式(或刮板)输送机运输卤盐,应遵守本标准5.3.4的有关规定。

5.6.1.11 推土机作业时,应选择适宜的铲、推线路。清理作业现场时,应保证车辆无下陷、倾覆等危险。

5.6.1.12 推土机清除高于机体并埋于地下的物体时,应有安全防护措施。

5.6.1.13 推土机作业时,人员不应上下。夜间作业时,现场应有良好的照明。

5.6.1.14 矿堆和尾盐矿堆,应分层堆排,分层高度不大于30 m,坡面角不超过60°,分层排放不宜超过2个分层,并留有20 m宽的安全平台。

5.6.1.15 任何人均不应在矿堆和尾盐矿堆上或下方停留。

5.6.2 钻井水溶开采

5.6.2.1 钻机选型应综合考虑矿层埋藏深度、钻井方式、井身结构等因素,以保证钻井施工安全。

5.6.2.2 井架及其基础,应符合下列规定:
——各主要部件不应有裂纹和严重锈蚀、变形、弯曲;
——螺栓、螺帽及弹簧垫圈应齐全;
——基础应满足施工安全要求,其平面误差应不大于3 mm;
——底座四角高差应不大于3 mm;
——绷绳数量、直径、方向,应按所选井架出厂规定考虑,用正反螺栓绷紧,与地面呈45°;绷绳坑大小和深度,应根据井架负荷及土质差异计算确定。

5.6.2.3 装、卸井架时,应有专人统一指挥。遇大风(6级以上)、暴雨(雪)、大雾及无充足照明的夜间,不应进行井架装、卸作业。

5.6.2.4 电气设施应符合下列规定:
——供配电设施距井口应不小于30 m;
——线路不应有裸线及漏电现象;
——供电线路应合理布置,生产用电与生活用电分开;
——架空电力线与井架绷绳应至少相距3 m,并不应在绷绳上空交叉穿过;
——架线高度应保证汽车和特种车辆安全通行;
——井架应采用电压不高于36 V的低压防爆灯照明。

5.6.2.5 指重表应符合下列规定:
——单独装在专用仪表箱中,不应与井架接触;
——与传感器处于同一水平,并尽量与司钻视线相平;
——指重表、灵敏表和自动记录仪,仪器误差应在允许范围内,三者的读数应一致,若有偏差应及时调整。

5.6.2.6 绞车卷筒、转盘面水平误差应小于1.5 mm;链轮中心偏差应小于2 mm;皮带轮中心偏差应小于3 mm;井口、转盘、天车,三者中心偏差应不超过10 mm。

5.6.2.7 穿钻机游动系统所用钢丝绳,应符合下列规定:
——安装前消除应力,防止大钩扭劲;
——直径应与钻机型号相匹配;

——长度应保证大钩放至转盘面时,卷筒上仍留有一层零 2 圈以上的钢丝绳;
——死绳端应在死轮上缠绕 2~3 圈,并用相应尺寸的专用绳卡卡牢,两绳卡之间距离应不小于钢丝绳直径的 6 倍;
——特殊绳头卡固,可视实际情况调整距离。
——按 GB/T 5972 的要求进行检验和报废。

5.6.2.8 中深井每作业 2 井次、深井每作业 1 井次,应对钻机提升系统(天车轴、游车轴、大钩、钩销、水龙头提环及其销等)至少进行一次探伤。

5.6.2.9 防碰天车、水龙带保险绳、吊钳尾绳、钢绳固定绳卡等,均应按规定装设,并经检查合格。

5.6.2.10 采用柴油机作钻井动力时,应安装消声器。

5.6.2.11 钻井、修井作业,应遵守下列规定:
——人员上井架作业时,应系安全带;
——所带工具、棍类物件应装好绑牢;
——处理卡钻时,不应使用吊钳进行倒扣;用转盘强行倒扣时,应把方补心连接螺栓上紧,再用绳索固定在方钻杆上;吊卡不应挂在吊环上;应绑好耳环,插好大钩锁销;
——防碰天车装置应定期检查,经常处于灵活状态;起下钻时,操作人员应注意游动滑车上升情况,并与井架工保持联系;
——检查钻机、传动部分、柴油机设备时,应停车或有专人监护离合器开关;
——上提解卡时,上提力应在井架提升系统允许负荷和所使用钻具允许屈服极限范围内;已磨损的钻具,应降低级别使用;上提钻具之前,应对井架、绷绳及提升系统进行全面检查;
——强行转动钻具时,不应超过钻杆允许扭转圈数,并控制倒转速度,防止钻具扭断或倒开;倒扣时,井口工具应绑牢,除司钻及指挥人员外,无关人员应撤离操作平台;
——有毒有害气体超标时,应配备相应的防护器具(防毒面具、排风扇等),并有专人监护;
——有易燃气体的作业场所,不应吸烟,动火作业应办理动火作业证;
——井口应安装防喷装置,并采取相应防喷措施。

5.6.2.12 水溶开采,应遵守下列规定:
——井口装置中的管汇,应采用厚壁无缝钢管,不应采用直缝管或螺旋管;
——管道阀门的耐压等级,应满足开采压力要求;
——井口装置中的各组件安装完毕,应进行耐压试验,试验压力不低于设计最大工作压力的 1.25 倍,试验合格方可投入使用;
——作业场所应有排水和防止液体渗漏的设施,地面应防滑;
——在有毒有害气体聚集的地点(井口、卤池、取样阀等)作业时,应采取防毒措施,并有专人监护。

5.6.2.13 采输卤作业,应遵守下列规定:
——采卤工艺管汇、输卤管道的耐压等级,应满足使用压力要求,安装完毕应进行耐压试验,试验压力不低于设计最大工作压力的 1.25 倍,试验合格方可投入使用;
——采卤工艺管汇应按输送介质的不同,涂以不同的颜色,并注明介质名称和输送方向；管汇的识别色,应符合 GB 7231 的规定；
——严格按工艺、设备的技术和安全操作规程进行操作；
——正常生产时,应定时观测记录卤井、机电设备运行的电流、电压、电机温度、压力和流量、卤水浓度和温度等参数；特殊情况应加密观测记录次数；异常情况应及时向生产调度报告；紧急情况应立即采取相应措施并汇报；
——单井生产正、反循环和多井连通生产注、出水井的倒换等工艺技术的改变,应经技术负责人批准；
——夜间进行操作井口装置、检修管道和阀门等野外作业,应有充足的照明,且不应单人作业；
——井口装置、泵、工艺管汇、输卤管线等采输卤设备、设施,应及时进行维护和检修。

5.6.2.14 生产采区的建设,应根据建构筑物、交通、水体等的保护等级,留设相应的安全距离。钻井水溶开采的最小安全开采深度,应根据矿区地质、矿床条件和开采工艺确定。井组之间应按设计要求预留保安矿柱。

5.6.2.15 井盐矿山应设立地表水和地下水水质监测系统,每半年至少对矿区范围的水质(主要是含盐量)进行一次检测。

5.6.2.16 对岩层破碎、采空区很高、采深不大等易发生地表沉陷和位移的矿区,应进行地表沉陷和位移监测。在地表可能或已有沉降、位移的区域,应有明显的安全标志和应急预案。

5.6.2.17 不用的地质勘探井和生产报废井,应作彻底封井处理。

5.7 排土场

5.7.1 矿山排土场应由有资质的中介机构进行设计。

5.7.2 排土场(包括水力排土场)位置的选择,应遵守以下原则：
——保证排弃土岩时不致因滚石、滑坡、塌方等威胁采矿场、工业场地(厂区)、居民点、铁路、道路、输电网线和通讯干线、耕种区、水域、隧道涵洞、旅游景区、固定标志及永久性建筑等的安全；其安全距离在设计中规定；
——依据的工程地质资料可靠；不宜设在工程地质或水文地质条件不良的地带；若因地基不良而影响安全,应采取有效措施；
——依山而建的排土场,坡度大于 1∶5 且山坡有植被或第四系软弱层时,最终境界100 m 内的植被或第四系软弱层应全部清除,将地基削成阶梯状；
——避免排土场成为矿山泥石流重大危险源,必要时,采取有效控制措施；
——排土场位置要符合相应的环保要求；排土场场址不应设在居民区或工业建筑主导风向的上风侧和生活水源的上游,含有污染物的废石要按照 GB 18599 要求进行堆放、处置。

5.7.3 排土场位置选定后,应进行专门的地质勘探工作。

5.7.4 排土场设计,应进行排土场土岩流失量估算,设计拦挡设施。

5.7.5 内部排土场不应影响矿山正常开采和边坡稳定,排土场坡脚与开采作业点之间应有一定的安全距离。必要时应设置滚石或泥石流拦挡设施。

5.7.6 排土场排土工艺、排土顺序、排土场的阶段高度、总堆置高度、安全平台宽度、总边坡角、废石滚落可能的最大距离,及相邻阶段同时作业的超前堆置距离等参数,均应在设计中明确规定。

5.7.7 排土场进行排弃作业时,应圈定危险范围,并设立警戒标志,无关人员不应进入危险范围内。

任何人均不应在排土场作业区或排土场危险区内从事捡矿石、捡石材和其他活动。

未经设计或技术论证,任何单位不应在排土场内回采低品位矿石和石材。

5.7.8 排土场最终境界 20 m 内,应排弃大块岩石。

5.7.9 高台阶排土场,应有专人负责观测和管理;发现危险征兆,应采取有效措施,及时处理。

5.7.10 在矿山建设过程中,修建道路和工业场地的废石,应选择适当地点集中排放,不应排弃在道路边和工业场地边,以避免形成泥石流。

5.7.11 铁路移动线路的卸车地段,应遵守下列规定:
——路基面向排土场内侧形成反坡;
——线路一般为直线,困难条件下,其最小曲线半径不小于表3的规定,并根据翻卸作业的安全要求设置外轨超高;
——线路尽头前的一个列车长度内,有不小于 2.5‰～5‰ 的上升坡度;
——卸车线钢轨轨顶外侧至台阶坡顶线的距离,应不小于表4的规定;
——牵引网路符合 GB 50070 的规定;网路始端,设电源开关,以便于先停电后移动网路;
——在独头卸载线端部,设置车挡;车挡有完好的栏挡指示和红色夜光示警牌;独头线的起点和终点,设置铁路障碍指示器。

表 3 线路平曲线半径规定

卸车方向	准轨铁路	窄 轨 铁 路		
		机车车辆固定轴距≤2.0 m		机车车辆固定轨距 2.0 m～3.0 m,轨距 762 mm,900 mm
		轨距 600 mm	轨距 762 mm,900 mm	
向曲线外侧/m	150	30	60	80
向曲线内侧/m	250	50	80	100

表 4 轨顶外侧至台阶坡顶线的距离　　　　　　　　单位为毫米

准轨/(路基稳固)	窄 轨		
	轨距(900)	轨距(762)	轨距(600)
750	450	430	370

5.7.12 道路运输的卸排作业,应遵守下列规定:
——汽车排土作业时,有专人指挥;非作业人员不应进入排土作业区,进入作业区内的工作人员、车辆、工程机械,应服从指挥人员的指挥;
——排土场平台平整;排土线整体均衡推进,坡顶线呈直线形或弧形,排土工作面向坡顶线方向有 2%～5% 的反坡;

——排土卸载平台边缘,有固定的挡车设施,其高度不小于轮胎直径的1/2,车挡顶宽和底宽分别不小于轮胎直径的1/4和3/4;设置移动车挡设施的,对不同类型移动车挡制定相应的安全作业要求,并按要求作业。

——按规定顺序排弃土岩;在同一地段进行卸车和推土作业时,设备之间保持足够的安全距离;

——卸土时,汽车垂直于排土工作线;汽车倒车速度小于5 km/h,不应高速倒车,以免冲撞安全车挡;

——在排土场边缘,推土机不应沿平行坡顶线方向推土;

——排土安全车挡或反坡不符合规定、坡顶线内侧30 m范围内有大面积裂缝(缝宽0.1 m～0.25 m)或不正常下沉(0.1 m～0.2 m)时,汽车不应进入该危险区作业,应查明原因及时处理,方可恢复排土作业;

——排土场作业区内烟雾、粉尘、照明等因素导致驾驶员视距小于30 m,或遇暴雨、大雪、大风等恶劣天气时,停止排土作业;

——汽车进入排土场内应限速行驶,距排土工作面50 m～200 m时速度低于16 km/h,50 m范围内低于8 km/h;排土作业区设置一定数量的限速牌等安全标志牌。

——排土作业区照明系统完好,照明角度符合要求,夜间无照明不应排土;灯塔与排土车挡距离 d 按式(3)计算:

$$d \geqslant d_1 + 10 \quad\quad\quad\quad\quad (3)$$

式中:

d ——灯塔与排土车挡距离,单位为米(m);

d_1 ——车辆视觉盲区距离,单位为米(m)。

——排土作业区配备质量合格、适合相应载重汽车突发事故救援使用的钢丝绳(多于4根)、大卸扣(多于4个)等应急工具;

——排土作业区,应配备指挥工作间和通讯工具。

5.7.13 列车在卸车线上运行和卸载时,应遵守下列规定:

——列车进入排土线后,由排土人员指挥列车运行;

——机械排土线的列车运行速度,准轨不超过10 km/h;窄轨不超过8 km/h;接近路端时不超过5 km/h;

——运行中不应卸载(曲轨侧卸式和底卸式除外);

——卸车顺序从尾部向机车方向依次进行;必要时,机车以推送方式进入;

——列车推送时,有调车员在前引导指挥;

——列车在新移设的线路上首次运行时,不应牵引进入;

——翻车时由两人操作,且操作人员不应位于卸载侧;

——清扫自卸车宜采用机械化作业;人工清扫时应有安全措施;

——卸车完毕,排土人员发出出车信号后,列车方可驶出排土线。

5.7.14 采用排土机排土,应在设计中进行不均匀沉降计算,并提出反坡坡度。排土机排土时,排土机距眉线应留安全距离,安全距离应在设计中明确规定。

5.7.15 排土犁推排作业,应遵守下列规定:

——推排作业线上、排土犁犁板和支出机构上,不应站人;

——排土犁推排岩土的行走速度,不超过 5 km/h。

5.7.16 单斗挖掘机排土时,受土坑的坡面角不应大于60°,不应超挖卸车线路基。

5.7.17 人工排土时,人员不应站在车架上卸载或在卸载侧处理粘车。

5.7.18 排土机卸排作业,应遵守下列规定:
——排土机在稳定的平盘上作业,外侧履带与台阶坡顶线之间保持一定的安全距离;
——工作场地和行走道路的坡度,应符合排土机的技术要求;
——排土机长距离行走时,受料臂、排料臂应与行走方向成一直线,并将其吊起、固定;配重小车靠近回转中心的前端,到位后用销子固定;上坡不应转弯。

5.7.19 排土场防洪,应遵守下列规定:
——山坡排土场周围,修筑可靠的截洪和排水设施拦截山坡汇水;
——排土场内平台设置2‰~5‰的反坡,并在排土场平台上修筑排水沟,以拦截平台表面及坡面汇水;
——当排土场范围内有出水点时,应在排土之前采取措施将水疏出;排土场底层排弃大块岩石,以便形成渗流通道;
——汛期前,疏浚排土场内外截洪沟,详细检查排洪系统的安全情况,备足抗洪抢险所需物资,落实应急救援措施;
——汛期及时了解和掌握水情和气象预报情况,并对排土场,下游泥石流拦挡坝,通讯、供电及照明线路进行巡视,发现问题应及时修复;
——洪水过后,对坝体和排洪构筑物进行全面认真的检查与清理。

5.7.20 排土场防震,应遵守下列规定:
——处于地震烈度高于6度地区的排土场,应制定相应的防震和抗震的应急预案;
——排土场泥石流拦挡坝,按现行抗震标准进行校核,低于现行标准时,进行加固处理;
——地震后,对排土场及下游泥石流拦挡坝进行巡查和检测,及时修复和加固破坏部分,确保排土场及其设施的运行安全。

5.7.21 排土场关闭,应遵守下列规定:
——矿山企业在排土场服务年限结束时,整理排土场资料、编制排土场关闭报告;
——排土场资料包括:排土场设计资料、排土场最终平面图、排土场工程地质与水文地质资料、排土场安全稳定性评价资料及排土场复垦规划资料等;
——排土场关闭报告包括:结束时的排土场平面图、结束时的排土场安全稳定性评价报告、结束时的排土场周围状况及排土场复垦规划等;
——排土场关闭前,由中介服务机构进行安全稳定性评价;不符合安全条件的,评价单位应提出治理措施;企业应按措施要求进行治理,并报省级以上安全生产监督管理部门审查;
——排土场关闭后,安全管理工作由原企业负责;破产企业关闭后的排土场,由当地政府落实负责管理的单位或企业;
——关闭后的排土场重新启用或改作他用时,应经过可行性设计论证,并报安全生产监督管理部门审查批准。

5.7.22 排土场复垦,应遵守下列规定:
——制定切实可行的复垦规划,达到最终境界的台阶先行复垦;

——复垦规划包括场地的整平、表土的采集与铺垫、覆土厚度、适宜生长植物的选择等;
——关闭后的排土场未完全复垦或未复垦的,矿山企业应留有足够的复垦资金。

5.7.23 矿山企业应建立排土场监测系统,定期进行排土场监测。排土场发生滑坡时,应加强监测工作。

发生泥石流的矿山,应建立泥石流观测站和专门的气象站。泥石流沟谷应定期进行剖面测量,统计泥沙淤积量,为排土场泥石流防治提供资料。

5.7.24 排土参数检查,应遵守下列规定:
——测量排土场台阶高度、排土线长度;
——测量排土场的反坡坡度,每 100 m 不少于 2 条剖面;
——测量道路运输排土场安全车挡的底宽、顶宽和高度;
——测量铁路运输排土场线路坡度和曲率半径;
——测量排土机排土外侧履带与台阶坡顶线之间的距离,测量误差不大于 10 mm;
——排土场出现不均匀沉降、裂缝时,应查明沉降量和裂缝的长度、宽度、走向等,并判断危害程度;
——排土场地面出现隆起、裂缝时,应查明范围和隆起高度等,判断危害程度。

5.7.25 排土场安全度分为危险级、病级和正常级三级。

有下列现象之一的为危险级:
——在坡度大于 1∶5 的地基上顺坡排土,或在软地基上排土,未采取安全措施,经常发生滑坡的;
——易发生泥石流的山坡排土场,下游有采矿场、工业场地(厂区)、居民点、铁路、道路、输电网线和通讯干线、耕种区、水域、隧道涵洞、旅游景区、固定标志及永久性建筑等设施,未采取切实有效的防治措施的;
——排土场存在重大危险源(如道路运输排土场未建安全车挡,铁路运输排土场铁路线顺坡和曲率半径小于规程最小值等),极易发生车毁人亡事故的;
——山坡汇水面积大而未修筑排水沟或排水沟被严重堵塞的;
——经验算,用余推力法计算的安全系数小于 1.0 的。

有下列现象之一的为病级:
——排土场地基条件不好,对排土场的安全影响不大的;
——易发生泥石流的山坡排土场,下游有山地、沙漠或农田,未采取切实有效的防治措施的;
——未按排土场作业管理要求的参数或规定进行施工的;
——经验算,用余推力法计算的安全系数大于 1.00 而小于设计规范规定值的。

同时满足下列条件的为正常级:
——排土场基础较好或不良地基经过有效处理的;
——排土场各项参数符合设计要求和排土场作业管理要求,用余推力法计算的安全系数大于 1.15,生产正常的;
——排水沟及泥石流拦挡设施符合设计要求的。

5.7.26 危险级排土场,应停产整治,并采取以下措施:

——处理不良地基或调整排土参数；
——采取措施防止泥石流发生,建立泥石流拦挡设施；
——处理排土场重大危险源；
——疏通、加固或修复排水沟。

5.7.27 病级排土场,应采取以下措施限期消除隐患：
——采取措施控制不良地基的影响；
——将各排土参数修复到排土场作业管理要求的参数或规定的范围内。

5.7.28 排土场应由有资质条件的中介机构,每5年进行一次检测和稳定性分析。

5.8 电气安全

5.8.1 一般规定

5.8.1.1 矿山电力装置,应符合 GB 50070 和 DL 408 的要求。

5.8.1.2 电气工作人员,应按规定考核合格方准上岗,上岗应穿戴和使用防护用品、用具进行操作。维修电气设备和线路,应由电气工作人员进行。

5.8.1.3 电气工作人员,应熟练掌握触电急救方法。

5.8.1.4 在输电线路上带电作业,应采取可靠的安全措施,并经主管矿长批准。

5.8.1.5 电气设备可能被人触及的裸露带电部分,应设置保护罩或遮栏及警示标志。

5.8.1.6 供电设备和线路的停电和送电,应严格执行工作票制度。

5.8.1.7 在电源线路上断电作业时,该线路的电源开关把手,应加锁或设专人看护,并悬挂"有人作业,不准送电"的警示牌。

5.8.1.8 两个以上单位共同使用和检修输电网路时,应共同制定安全措施,指定专人负责,统一指挥。

5.8.1.9 在带电的导线、设备、变压器、油开关附近,不应有任何易燃易爆物品。

5.8.1.10 在带电设备周围,不应使用钢卷尺和带金属丝的线尺。

5.8.1.11 熔断器、熔丝、熔片、热继电器等保险装置,使用前应进行核对,不应任意更换或代用。

5.8.1.12 采场的每台设备,应设有专用的受电开关；停电或送电应有工作牌。

5.8.1.13 矿山电气设备、线路,应设有可靠的防雷、接地装置,并定期进行全面检查和监测,不合格的应及时更换或修复。

5.8.2 线路

5.8.2.1 移动式电气设备,应使用矿用橡套电缆。

5.8.2.2 绝缘损坏的橡套电缆,应经修理、试验合格,方准使用。在长度 150 m 范围内,橡套电缆接头应不超过 10 个,否则应予以报废。

5.8.2.3 在停电线路上工作时,应先采取验电和挂接地线等安全措施。工作完毕,应及时将地线拆除后再通电。

5.8.2.4 在同杆共架的多回路线中,只有部分线路停电检修时,操作人员及其所携带的工具、材料与带电体之间的安全距离：10 kV 及以下,不应小于 1.0 m；35(20～44)kV,不应小于 2.5 m。

5.8.2.5 从变电所至采场边界以及采场内爆破安全地带的供电线路,应使用固定线路。

5.8.2.6 露天开采的矿山企业,架空线路的设计、敷设应符合 GB 50061 的规定。

5.8.3 变电所

5.8.3.1 变电所应有独立的防雷系统和防火、防潮及防止小动物窜入带电部位的措施。

5.8.3.2 变电所的门应向外开,窗户应有金属网栅,四周应有围墙或栅栏,并应有通往变电所的道路。

5.8.3.3 倒闸应该一人操作、一人监护,发现异常情况,应向值班调度报告,查明情况再进行操作。

5.8.3.4 线路跳闸后,不应强行送电,应立即报告调度,并与用户联系,查明原因,排除故障后,方可送电。

5.8.3.5 联系和办理停送电时,应执行使用录音电话和工作票制度。

5.8.3.6 停电作业时,应进行验电、挂接地线、加锁和挂警示牌,并将工作牌交给作业人员。

5.8.3.7 送电时,工作票应经矿山调度签字,并用录音电话与调度联系。作业人员交还工作牌后,方可送电。

5.8.4 照明

5.8.4.1 夜间工作时,所有作业点及危险点,均应有足够的照明。

5.8.4.2 夜间工作的采矿场和排土场,在下列地点应设照明装置:
——凿岩机、移动式或固定式空气压缩机和水泵的工作地点;
——运输机道、斜坡卷扬机道、人行梯和人行道;
——汽车运输的装卸车处、人工装卸车地点的排土场卸车线;
——调车站、会让站。

5.8.4.3 挖掘机和穿孔机工作地点的照明,宜利用设备附设的灯具。

5.8.4.4 露天矿照明使用电压,应为 220 V。

行灯或移动式电灯的电压,应不高于 36 V。

在金属容器和潮湿地点作业,安全电压应不超过 12 V。

5.8.3.5 12 V、36 V、120 V 和 220 V 的插座,应有区别标志。

5.8.4.6 380/220 V 的照明网络,熔断器或开关应安装在火线上,不应装在中性线上。

5.8.4.7 露天矿的照度标准,应符合 GB 50034 的规定。

5.8.5 保护接地

5.8.5.1 电气设备和装置的金属框架或外壳、电缆和金属包皮、互感器的二次绕组,应按有关规定进行保护接地。

5.8.5.2 接地线应采用并联方式,不应将各电气设备的接地线串联接地。

5.8.5.3 接地电阻应每年测定一次,测定工作宜在该地区地下水位最低,最干燥的季节进行。

5.8.5.4 1 kV 以下的中性线接地电网,应采用接零系统。架空线的终端,宜重复接地,无分支的线路,每隔 1~2 km 接地一次。

5.8.5.5 直流线路零线的重复接地,应用人工接地体,不应与地下管网有金属联系。

5.8.6 露天矿供配电安全

5.8.6.1 露天矿采矿场和排土场的高压电力网配电电压,应采取 6 kV 或 10 kV。当有大型采矿设备或采用连续开采工艺并经技术经济比较合理时,可采用其他等级的电压。

5.8.6.2 当采用连续开采工艺时,移动式胶带输送机的配电,宜采用移动式变电站或可移动的户外组合式配电装置。

5.8.6.3 连续开采工艺和非连续开采工艺的配电线路,宜分别架设。

5.8.6.4 采矿场的供电线路不宜少于两回路。两班生产的采矿场或小型采矿场可采用一回路。排土场的供电线路可采用一回路。

两回路供电的线路,每回路的供电能力不应小于全部负荷的70%。当采用三回路供电线路时,每回路的供电能力不应小于全部负荷的50%。

5.8.6.5 有淹没危险的采矿场,主排水泵的供电线路应不少于两回路。当任一回路停电时,其余线路的供电能力应能承担最大排水负荷。

5.8.6.6 采矿场的供电线路,宜采用沿采矿场边缘架设的环形或半环形的固定式、干线式或放射式供电线路。排土场可采用干线式供电线路。

固定式供电线路与采矿场最终边界线之间的距离,宜大于10 m;当采矿场宽度较大且开采时间较长,供电线路架设在最终边界线以外不合理时,可架设在最终边界线以内。

5.8.6.7 采矿场内的高压电力设备和移动式变电站,宜采用横跨线或纵架线(统称分支线)供电。分支线应为移动式或半固定式线路,移动式线路应采用轻型电杆架设。横跨线的间距宜采用250 m～300 m。

5.8.6.8 在采矿场和排土场的架空供电线路上设置开关设备时,应符合下列规定:
——在环形或半环形线路的出口和需联络处,应设置分段开关,且宜采用隔离开关;
——在分支线与环形线、半环形线或其他地面固定干线连接处,应设置开关,且宜采用户外高压真空断路器或其他断路器;
——高压电力设备或移动式变电站与分支线连接处,宜设置带短路保护的开关设备;
——移动式高压电力设备的供电线路,应设置具有单相接地保护的开关设备。

5.8.6.9 采矿场内的架空线路宜采用钢芯铝绞线,其截面积应不小于35 mm^2。排土场的架空线路宜采用铝绞线。由分支线向移动式设备供电,应采用矿用橡套软电缆。移动式电力设备的拖曳电缆长度,应符合表5的规定。

表5 露天采矿场移动式电力设备拖曳电缆长度 单位为米

设备名称	架线方式	
	横跨线	纵架线
挖掘机	200～250	150～200
移动变电站	100	50
低压设备	150	150

注:连续开采工艺的移动式电力设备拖曳电缆长度和有专用收、放电缆装置的移动式电力设备拖曳电缆长度,均不包括在表内。

5.8.6.10 固定式架空照明线路宜采用铝绞线;移动式架空照明线路宜采用绝缘导线;移动式非架空照明线路应采用橡套软电缆。

5.8.6.11 向低压移动设备供电的变压器,其中性点宜采用非直接接地方式;向固定设备供电的变压器,应采用中性点直接接地方式。

5.8.6.12 与变压器中性点非直接接地电力网相连的高、低压电气设备,应设保护接地,并应在变压器低压侧各回路设置能自动断开电源的漏电保护装置。变压器中性点直接接地的低压电力网,宜采用保护线与中性线分开系统(TN-S)或保护线与中性线部分分开系统(TN-C-S)。

5.8.6.13 采矿场和排土场低压电力网的配电电压,宜采用 380 V 或 380 V/220 V。手持式电气设备的电压,应不高于 220 V。

5.8.6.14 主接地极的设置,应符合下列规定:
—— 采矿场的主接地极应不少于 2 组;排土场主接地极可设 1 组;
—— 主接地极宜设在供电线路附近,或其他土壤电阻率低的地方;
—— 有 2 组及以上主接地极时,当任一组主接地极断开后,在架空接地线上任一点所测得的对地电阻值应不大于 4 Ω,移动式设备与架空接地线之间的接地电阻值,应不大于 1 Ω。

5.8.6.15 高土壤电阻率的矿山,可采用长效化学接地电阻降阻剂,使接地电阻值符合有关规定。

5.8.6.16 接地线和设备金属外壳的接触电压,应不高于 50 V。

5.8.6.17 户外高压电力设备在 2.6 m 以下的裸露带电部分,应设置围栏。

5.8.6.18 采矿场的架空供电线路,下列地点应装设防雷装置:
—— 采矿场配电线路与分支线的连接处;
—— 多雷地区的矿山、高压电力设备与分支线的连接处;
—— 排土场高压电力设备与架空线的连接处。

5.8.6.19 接地装置应符合下列规定:
—— 架空接地线应采用截面积不小于 35 mm² 的钢绞线或钢芯铝绞线,并应架设在配电线路最下层导线的下方,与导线任一点的垂直距离应不小于 0.5 m。
—— 移动式电力设备,应采用矿用橡套软电缆的专用接地芯线接地或接零。

5.8.6.20 电力牵引供电,应遵守 GB 50070 之规定。

5.9 防排水和防灭火

5.9.1 防排水

5.9.1.1 露天矿山应设置防、排水机构。大、中型露天矿应设专职水文地质人员,建立水文地质资料档案。每年应制定防排水措施,并定期检查措施执行情况。

5.9.1.2 露天采场的总出入沟口、平硐口、排水井口和工业场地,均应采取妥善的防洪措施。

5.9.1.3 矿山应按设计要求建立排水系统。上方应设截水沟;有滑坡可能的矿山,应加强防排水措施;应防止地表、地下水渗漏到采场。

5.9.1.4 露天矿应按设计要求设置排水泵站。
遇超过设计防洪频率的洪水时,允许最低一个台阶临时淹没,淹没前应撤出一切人员和重要设备。

5.9.1.5 矿床疏干过程中出现陷坑、裂缝以及可能出现的地表陷落范围,应及时圈定、设立标志,并采取必要的安全措施。

5.9.1.6 各排水设备,应保持良好的工作状态。

5.9.1.7 矿山所有排水设施及其机电设备的保护装置,未经主管部门批准,不应任意拆除。

5.9.1.8 邻近采场境界外堆卸废石,应避免排土场蓄水软化边坡岩体。

5.9.1.9 应采取措施防止地表水渗入边坡岩体的软弱结构面或直接冲刷边坡。边坡岩体存在含水层并影响边坡稳定时,应采取疏干降水措施。

5.9.1.10 露天开采转为地下开采的防、排水设计,应考虑地下最大涌水量和因集中降雨引起的短历时最大径流量。

5.9.1.11 有条件的排土场,底部应排放易透水的大块岩石,控制排土场正常渗流。

水力排土场应有足够的调、蓄洪能力,并设置防汛设施,备足防汛器材;较大容量的水力排土场,应设值班室,配置通讯设施和必要的水位观测、坝体沉降与位移观测、坝体浸润线观测等设施,并有专人负责,按要求整理。

5.9.2 防火和灭火

5.9.2.1 矿山的建(构)筑物和重要设备,应按 GBJ 16 和国家发布的其他有关防火规定,以及当地消防部门的要求,建立消防隔离设施,设置消防设备和器材。消防通道上不应堆放杂物。

5.9.2.2 重要采掘设备,应配备灭火器材。设备加注燃油时,不应吸烟或采用明火照明。不应在采掘设备上存放汽油和其他易燃易爆材料,不应用汽油擦洗设备。

易燃易爆器材,不应放在电缆接头、轨道接头或接地极附近。

废弃的油、棉纱、布头、纸和油毡等易燃品,应妥善管理。

5.9.2.3 应结合生活供水管设计地面消防水管系统,水池容积和管道规格应考虑两者的需要。

5.9.2.4 矿山企业应规定专门的火灾信号,并应做到发生火灾时,能通知作业地点的所有人员及时撤离危险区。安装在人员集中地点的信号,应声光兼备。

任何人员发现火灾,应立即报告调度室组织灭火,并迅速采取一切可能的方法直接扑灭初期火灾。

5.9.2.5 木材场、防护用品仓库、炸药库、氢和乙炔瓶库、石油液化气站和油库等场所,应建立防火制度,采取防火措施,备足消防器材。

6 地下部分

6.1 矿山井巷

6.1.1 一般规定

6.1.1.1 矿山井巷工程施工及验收,应遵守 GBJ 213 的规定。

6.1.1.2 井巷工程的施工组织设计,基建期应由施工单位编制,生产期则由矿山企业自行编制。

施工前,应组织施工人员学习施工组织设计。施工中,应按照施工组织设计的规定作业,保证工程的规格质量。

6.1.1.3 每个矿井至少应有两个独立的直达地面的安全出口,安全出口的间距应不小于 30 m。

大型矿井,矿床地质条件复杂,走向长度一翼超过 1 000 m 的,应在矿体端部的下盘增设安全出口。

每个生产水平(中段),均应至少有两个便于行人的安全出口,并应同通往地面的安全出口相通。

井巷的分道口应有路标,注明其所在地点及通往地面出口的方向。所有井下作业人员,均应熟悉安全出口。

6.1.1.4 装有两部在动力上互不依赖的罐笼设备、且提升机均为双回路供电的竖井,可作为安全出口而不必设梯子间。其他竖井作为安全出口时,应有装备完好的梯子间。

6.1.1.5 井下存在跑矿危险的作业点,应设置确保人员安全撤离的通道。

6.1.1.6 竖井梯子间的设置,应符合下列规定:
——梯子的倾角,不大于80°;
——上下相邻两个梯子平台的垂直距离,不大于8 m;
——上下相邻平台的梯子孔错开布置,平台梯子孔的长和宽,分别不小于0.7 m 和0.6 m;
——梯子上端高出平台1 m,下端距井壁不小于0.6 m;
——梯子宽度不小于0.4 m,梯蹬间距不大于0.3 m;
——梯子间与提升间应完全隔开。

6.1.1.7 行人的运输斜井应设人行道。人行道应符合下列要求:
——有效宽度,不小于1.0 m;
——有效净高,不小于1.9 m;
——斜井坡度为10°~15°时,设人行踏步;15°~35°时,设踏步及扶手;大于35°时,设梯子;
——有轨运输的斜井,车道与人行道之间宜设坚固的隔离设施;未设隔离设施的,提升时不应有人员通行。

6.1.1.8 行人的水平运输巷道应设人行道,其有效净高应不小于1.9 m,有效宽度应符合下列规定:
——人力运输的巷道,不小于0.7 m;
——机车运输的巷道,不小于0.8 m;
——调车场及人员乘车场,两侧均不小于1.0 m;
——井底车场矿车摘挂钩处,应设两条人行道,每条净宽不小于1.0 m;
——带式输送机运输的巷道,不小于1.0 m。

6.1.1.9 无轨运输的斜坡道,应设人行道或躲避硐室。行人的无轨运输水平巷道,应设人行道。

人行道的有效净高应不小于1.9 m,有效宽度不小于1.2 m。

躲避硐室的间距,在曲线段不超过15 m,在直线段不超过30 m。躲避硐室的高度不小于1.9 m,深度和宽度均不小于1.0 m。躲避硐室应有明显的标志,并保持干净、无障碍物。

6.1.1.10 在水平巷道和斜井中,有轨运输设备之间以及运输设备与支护之间的间隙,应不小于0.3 m;带式输送机与其他设备突出部分之间的间隙,应不小于0.4 m;无轨运输设备与支护之间的间隙,应不小于0.6 m。

6.1.2 竖井掘进

6.1.2.1 表土层掘进,应遵守下列规定:
——井内设梯子,不应使用简易提升设施升降人员;
——在含水表土层施工时,应及时架设、加固井圈,加固密集背板并采取降低水位措施,防止井壁砂土流失导致空帮；

——在流砂、淤泥、砂砾等不稳固的含水层中施工时,有专门的安全技术措施。

6.1.2.2 竖井施工时,应采取防止物件下坠的措施。井口应设置临时封口盘,封口盘上设井盖门。井盖门两端应安装栅栏。封口盘和井盖门的结构应坚固严密。卸渣设施应严密,不允许向井下漏渣、漏水。井内作业人员携带的工具、材料,应拴绑牢固或置于工具袋内。不应向(或在)井筒内投掷物料或工具。

6.1.2.3 竖井施工应采用双层吊盘作业。升降吊盘之前,应严格检查绞车、悬吊钢丝绳及信号装置,同时撤出吊盘下的所有作业人员。移动吊盘,应有专人指挥,移动完毕应加以固定,将吊盘与井壁之间的空隙盖严,并经检查确认可靠,方准作业。

6.1.2.4 下列情况,作业人员应佩戴安全带,安全带的一端应正确拴在牢固的构件上：

——拆除保护岩柱或保护台；

——在井筒内或井架上安装、维修或拆除设备；

——在井筒内处理悬吊设备、管、缆,或在吊盘上进行作业；

——乘坐吊桶；

——爆破后到井圈上清理浮石；

——井筒施工时的吊泵作业；

——在暂告结束的中段井口进行支护、锁口作业。

6.1.2.5 用吊桶提升,应遵守下列规定：

——关闭井盖门之前,不应装卸吊桶或往钩头上系扎工具或材料；

——吊桶上方应设坚固的保护伞；

——井盖门应有自动启闭装置,以便吊桶通过时能及时打开和关闭；

——井架上应有防止吊桶过卷的装置,悬挂吊桶的钢丝绳应设稳绳装置；

——吊桶内的岩渣,应低于桶口边缘 0.1 m,装入桶内的长物件应牢固绑在吊桶梁上；

——吊桶上的关键部件,每班应检查一次；

——吊桶运行通道的井筒周围,不应有未固定的悬吊物件；

——吊桶应沿导向钢丝绳升降；竖井开凿初期无导向绳时,或吊盘下面无导向绳部分,其升降距离不应超过 40 m；

——乘坐吊桶人数应不超过规定人数,乘桶人员应面向桶外,不应坐在或站在吊桶边缘；装有物料的吊桶,不应乘人；

——不应用自动翻转式或底开式吊桶升降人员(抢救伤员时例外)；

——吊桶提升人员到井口时,待出车平台的井盖门关闭、吊桶停稳后,人员方可进出吊桶；

——井口、吊盘和井底工作面之间,应设置良好的联系信号。

6.1.2.6 用抓岩机出渣,应遵守下列规定：

——作业前详细检查抓岩机各部件和悬吊的钢丝绳；

——爆破后,工作面应经过通风、洒水、处理浮石、清扫井圈和处理盲炮,方可进行抓岩作业；

——不得抓取超过抓岩机能力的大块岩石；

——抓岩机卸岩时,吊桶附近不得有人；

——不得用手从抓岩机叶片下取岩块;
——升降抓岩机,应有专人指挥;
——抓岩机临时停用时,应用绞车提升到安全高度,井底有人作业时,不应单用气缸上举抓岩机。

6.1.2.7 竖井施工时,应设悬挂式金属安全梯。安全梯的电动绞车能力应不小于5 t,并应设有手动绞车,以备断电时提升井下人员。若采用具备电动和手动两种性能的安全绞车悬吊安全梯,则不必设手动绞车。

6.1.2.8 井筒内每个作业地点,均应设有独立的声、光信号系统和通讯装置通达井口。掘进与砌壁平行作业时,从吊盘和掘进工作面发出的信号,应有明显区别,并指定专人负责。应设井口信号工,整个信号系统,应由井口信号工与卷扬机房和井筒工作面联系。

6.1.2.9 井筒延深时,应用坚固的保护盘或在井底水窝下留保安岩柱,将井筒的延深部分与上部作业中段隔开。采出岩柱或撤出保护盘,应进行专门的施工设计,并经主管矿长批准方可施工。

6.1.3 斜井、平巷掘进

6.1.3.1 斜井、平巷地表部分开口的施工,应严格按照设计进行,及时进行支护和砌筑挡墙。

6.1.3.2 用装岩机、耙斗装岩机、铲运机、装运机或人工出碴之前,应检查和处理工作面顶、帮的浮石。在斜井中移动耙斗装岩机时,下方不应有人。

6.1.3.3 斜井施工,应遵守下列规定:
——井口应设与卷扬机联动的阻车器;
——井颈及掘进工作面上方应分别设保险杠,并有专人(信号工)看管,工作面上方的保险杠应随工作面的推进而经常移动;
——斜井内人行道一侧,每隔30 m~50 m设一躲避硐;
——井下设电话和声光兼备的提升信号。

6.1.3.4 斜坡道及平巷采用无轨设备施工时,应遵守下列规定:
——施工中应遵守6.1.1.9、6.2.3.2、6.4.1和6.4.4的规定;
——使用无轨移动设备施工,应遵守6.3.1.17的规定;
——井下无轨移动设备作业,应保证刹车系统、灯光系统、警报系统齐全有效。

6.1.4 天井、溜井掘进

6.1.4.1 采用普通法掘进天井、溜井,应遵守下列规定:
——架设的工作台,应牢固可靠;
——及时设置安全可靠的支护棚,并使其至工作面的距离不大于6 m;
——掘进高度超过7 m时,应有装备完好的梯子间和溜渣间等设施,梯子间和溜渣间用隔板隔开;上部有护棚的梯子可视作梯子间;
——天井、溜井应尽快与其上部平巷贯通,贯通前宜不开或少开其他工程;需要增开其他工程时,应加强局部通风措施;
——天井掘进到距上部巷道约7 m时,测量人员应给出贯通位置,并在上部巷道设置警戒标志和围栏;
——溜渣间应保留不少于一茬炮爆下的矿岩量,不应放空。

6.1.4.2 用吊罐法掘进天井,应遵守下列规定:

——上罐前,检查吊罐各部件的连接装置、保护盖板、钢丝绳、风水管接头,以及声光信号系统和通讯设施等是否完善、牢固,如有损坏或故障,经处理后方准作业;

——吊罐提升用的钢丝绳的安全系数不小于13,任何一个捻距内的断丝数不超过钢丝总数的5%,磨损不超过原直径的10%;

——吊罐应装设由罐内人员控制的升、降、停的信号操纵装置;

——信号通讯、电源控制线路,不应和吊罐钢丝绳共设在一个吊罐孔内;

——升降吊罐时,应认真处理卡帮和浮石;作业人员应系好安全带,并站在保护盖板内,头部不应接触罐盖和罐壁;升降完毕,立即切断吊罐稳车电源,绑紧制动装置;

——不应从吊罐上往下投掷工具或材料;

——天井中心孔偏斜率应不大于0.5%;

——吊罐绞车应锁在短轨上,并与巷道钢轨断开;

——检修吊罐应在安全地点进行;

——天井与上部巷道贯通时,应加强上部巷道的通风和警戒。

6.1.4.3 用爬罐法掘进天井,应遵守下列规定:

——爬罐运行时,人员应站在罐内,遇卡帮或浮石,应停罐处理;

——爬罐行至导轨顶端时,应使保护伞接近工作面,工作台接近导轨顶端;

——正常情况下,不应利用自重下降;

——运送导轨应用装配销固定;安装导轨时,应站在保护伞下将浮石处理干净,再将导轨固定牢靠;

——及时擦净制动闸上的油污;

——其他安全事项,应遵守6.1.4.2的有关规定。

6.1.5 井巷支护

6.1.5.1 在不稳固的岩层中掘进井巷,应进行支护。在松软或流砂岩层中掘进,永久性支护至掘进工作面之间,应架设临时支护或特殊支护。

6.1.5.2 需要支护的井巷,支护方法、支护与工作面间的距离,应在施工设计中规定;中途停止掘进时,支护应及时跟至工作面。

6.1.5.3 架设木支架时,应遵守下列规定:

——不应使用腐朽、蛀孔、软杂木和劈裂的坑木。永久支护坑木,应进行防腐处理;

——支架架设后,应在接榫附近用木楔将梁、柱与顶、帮之间楔紧。顶、两帮的空隙应塞紧,梁、柱接榫处应用扒钉固定;

——斜井支架应有下撑和拉杆;坡度大于30°的斜井,永久性棚架之间应架设撑柱;

——柱窝应打在稳定的岩石上;

——爆破前,靠近工作面的支架,应加固;

——发现棚腿歪斜、压裂、顶梁折断或坑木腐烂等,应及时更换、修复。

6.1.5.4 井巷砌碹支模,应遵守下列规定:

——砌碹前拆除原有支架时,应及时清理顶、帮浮石,并采取临时护顶措施;砌碹后应将顶、帮空隙填实;

——木碹胎间距超过1 m、金属碹胎间距超过2 m,应进行中间加固;

——跨度大于4 m的巷道架设碹胎,金属碹胎各节点应用螺栓连结,木碹胎的各节点应牢固可靠；
— 碹胎的强度，应具有不小于 3 倍支撑重量的安全系数；
— 碹胎的下弦，不应支撑工作台。

6.1.5.5 竖井砌碹工作，应遵守下列规定：
— 竖井的永久性支护与掘进工作面之间，应安设临时井圈，井圈及背板应用楔子塞紧；永久性支护架及临时井圈与掘进工作面的距离，应在施工组织设计中规定；
— 用普通凿井法穿过表土层、松软岩层或流砂层时，临时井圈应紧靠工作面，并应加固；圈后背板要严密，并及时砌碹；砌碹前，每班要有专人检查地表和井圈后的表土、岩层、流砂的移动及流失情况，发现险兆，应立即停止作业，撤出人员，进行处理；
— 竖井的砌碹，应保持碹壁平整、接口严密；岩帮与碹壁之间的空隙，应用碎石填满，并用砂浆灌实；碹外有涌水时应用导管引出，砌碹完毕，应进行封水。

6.1.5.6 喷锚支护工作，应遵守下列规定：
— 锚杆、喷射混凝土支护的设计和施工，应遵守 GB 50086 的规定；
— 采用锚杆、喷浆或喷射混凝土支护，应有专门设计；喷锚工作面与掘进工作面的距离，锚杆形式、角度，喷体厚度、强度等，应在设计中规定；
— 砂浆锚杆的眼孔应清洗干净，灌满灌实；
— 锚杆应做拉力试验，喷体应做厚度和强度检查；在井下进行锚固力试验，应有安全措施；
— 锚杆的托板应紧贴巷壁，并用螺母拧紧；
— 处理喷射管路堵塞时，应将喷枪口朝下，不应朝向人员；
— 在松软破碎的岩层中进行喷锚作业、应打超前锚杆，进行预先护顶；在动压巷道，应采用喷锚与金属网联合支护方式；在有淋水的井巷中喷锚，应预先做好防水工作；
— 喷锚作业，应佩戴个体防护用品和配备良好的照明。

6.1.5.7 胶结充填体中的二次掘进，应待胶结充填体达到规定的养护期和强度后方准进行，同时应架设可靠的支护。

6.1.6 井巷维护和报废

6.1.6.1 对所有支护的井巷，均应进行定期检查。井下安全出口和升降人员的井筒，每月至少检查一次；地压较大的井巷和人员活动频繁的采矿巷道，应每班进行检查。检查发现的问题，应及时处理，并作好记录。

6.1.6.2 维修主要提升井筒、运输大巷和大型硐室，应有经主管矿长批准的安全技术措施。

6.1.6.3 维修斜井和平巷，应遵守下列规定：
— 平巷修理或扩大断面，应首先加固工作地点附近的支架，然后拆除工作地点的支架，并做好临时支护工作的准备；
— 每次拆除的支架数应根据具体情况确定，密集支架的拆除，一次应不超过两架；
— 撤换松软地点的支架，或维修巷道交叉处、严重冒顶片帮区，应在支架之间加拉杆支撑或架设临时支架；
— 清理浮石时，应在安全地点操纵工具；
— 维修斜井时，应停止车辆运行，并设警戒和明显标志；

——撤换独头巷道支架时,里边不应有人。

6.1.6.4 维修竖井,应编制施工组织设计,并遵守下列规定:

——应在坚固的平台上作业,平台上应有保护设施和联络信号,工作平台与中段平巷之间应有可靠的通讯联络方式;

——作业人员应系好安全带;

——作业前,应将各中段马头门及井框上的浮石清理干净;

——各中段的马头门应设专人看管。

6.1.6.5 报废的井巷和硐室的入口,应及时封闭。封闭之前,入口处应设有明显标志,禁止人员入内。报废的竖井、斜井和平巷,地面入口周围还应设有高度不低于1.5 m的栅栏,并标明原来井巷的名称。

6.1.6.6 废竖井和倾角30°以上的废斜井,其支护材料不应回收,如必须回收,应有经主管矿长批准的安全技术措施。倾角30°以下的废斜井或废平巷的支护材料回收,应由里向外进行。

6.1.6.7 修复废旧井巷,应首先了解井巷本身的稳定情况及周围构筑物、井巷、采空区等的分布情况,废旧井巷内的空气成分,确认安全方可施工。

6.1.6.8 修复被水淹没的井巷时,对陆续露出的部分,应及时检查支护,并采取措施防止有害气体和积水突然涌出。

6.1.7 防坠

6.1.7.1 竖井与各中段的连接处,应有足够的照明和设置高度不小于1.5 m的栅栏或金属网,并应设置阻车器,进出口设栅栏门。栅栏门只准在通过人员或车辆时打开。井筒与水平大巷连接处,应设绕道,人员不得通过提升间。

6.1.7.2 天井、溜井、地井和漏斗口,应设有标志、照明、护栏或格筛、盖板。

6.1.7.3 在竖井、天井、溜井和漏斗口上方作业,以及在相对于坠落基准面2 m及以上的其他地点作业,作业人员应系安全带,或者在作业点下方设防坠保护平台或安全网。作业时,应设专人监护。

6.2 地下开采

6.2.1 一般规定

6.2.1.1 地下采矿,应按设计要求进行。

6.2.1.2 每个采区(盘区、矿块),均应有两个便于行人的安全出口,并经上、下巷道与通往地面的安全出口相通。安全出口应稳固,并根据需要设置梯子。

6.2.1.3 矿柱回采和采空区处理方案,应在回采设计中同时提出;中段矿房回采结束,应及时回采矿柱,矿柱回采速度应与矿房回采速度相适应;矿柱回采应采取后退式回采方式,并应制定专门的安全措施。

6.2.1.4 应严格保持矿柱(含顶柱、底柱和间柱等)的尺寸、形状和直立度,应有专人检查和管理,以保证其在整个利用期间的稳定性。

6.2.1.5 溜矿井不应放空。不合格的大块矿石、废旧钢材、木材和钢丝绳等杂物,不应放入井内,以防堵塞。溜井口不准有水流入。

人员不应直接站在溜井、漏斗的矿石上或进入溜井与漏斗内处理堵塞。采用特殊方法处理堵塞,应经主管矿长批准。

6.2.1.6 采场放矿作业出现悬拱或立槽时,人员不应进入悬拱、立槽下方危险区进行处理。

6.2.1.7 围岩松软不稳固的回采工作面、采准和切割巷道,应采取支护措施;因爆破或其他原因而受破坏的支护,应及时修复,确认安全后方准作业。

回采作业,应事先处理顶板和两帮的浮石,确认安全方准进行。不应在同一采场同时凿岩和处理浮石。作业中发现冒顶预兆,应停止作业进行处理;发现大面积冒顶危险征兆,应立即通知作业人员撤离现场,并及时上报。在井下处理浮石时,应停止其他妨碍处理浮石的作业。

井下潜在或已发生危及作业人员健康或安全的危险状态,而当班作业结束前来不及消除时,应由当班负责人作好书面记录,内容包括危险状况和所采取处理措施。下一班负责人在本班作业人员开始位于危险区的作业前,应确认上一班的记载内容,并对可能受其影响的作业人员提醒危险状况、已采取的处理措施、为消除危险状态应做的工作。

6.2.1.8 应建立顶板分级管理制度。对顶板不稳固的采场,应有监控手段和处理措施。

6.2.1.9 工程地质复杂、有严重地压活动的矿山,应遵守下列规定:
——设立专门机构或专职人员负责地压管理,及时进行现场监测,做好预测、预报工作;
——发现大面积地压活动预兆,应立即停止作业,将人员撤至安全地点;
——地表塌陷区应设明显标志和栅栏,通往塌陷区的井巷应封闭,人员不应进入塌陷区和采空区。

6.2.1.10 采用留矿法、空场法采矿的矿山,应采取充填、隔离或强制崩落围岩的措施,及时处理采空区;较小、较薄和孤立的采空区,是否需要及时处理,由主管矿长决定。

6.2.1.11 矿井停电时,应立即采取应急措施,井下不应爆破,内燃设备应停止作业。

6.2.1.12 井下爆破,应遵守 GB 6722 的规定。

6.2.2 采矿方法

6.2.2.1 采用全面采矿法、房柱采矿法采矿,回采过程中应认真检查顶板,处理浮石,并根据顶板稳定情况,留出合适的矿柱。

6.2.2.2 采用横撑支柱法采矿,横撑支护材料应有足够的强度,一端应紧紧插入底板柱窝;搭好平台方准进行凿岩;人员不应在横撑上行走;采幅宽度应不超过 3 m。

6.2.2.3 采用分段法采矿,应遵守下列规定:
——除作为回采、运输、充填和通风的巷道外,不得在采场顶柱内开掘其他巷道;
——上下中段的矿房和矿柱宜相对应,规格也宜相同;

6.2.2.4 采用浅孔留矿法采矿,应遵守下列规定:
——开采第一分层之前,应将下部漏斗和喇叭口扩完,并充满矿石;
——每个漏斗应均匀放矿,发现悬空应停止其上部作业,并经妥善处理,方准继续作业;
——放矿人员和采场内的人员应密切联系,在放矿影响范围内不应上下同时作业;
——每一回采分层的放矿量,应控制在保证凿岩工作面安全操作所需高度,作业高度不宜超过 2 m。

6.2.2.5 采用壁式崩落法回采,应遵守下列规定:
——悬顶、控顶、放顶距离和放顶的安全措施,应在设计中规定;
——放顶前应进行全面检查,以确保出口畅通、照明良好和设备安全;
——放顶时,人员不应在放顶区附近的巷道中停留;

—— 在密集支柱中，每隔 3 m～5 m 应有一个宽度不小于 0.8 m 的安全出口，密集支柱受压过大时，应及时采取加固措施；
—— 放顶若未达到预期效果，应作出周密设计，方可进行二次放顶；
—— 放顶后，应及时封闭落顶区，禁止人员入内；
—— 多层矿体分层回采时，应待上层顶板岩石崩落并稳定后，才准回采下部矿层；
—— 相邻两个中段同时回采时，上中段回采工作面应比下中段工作面超前一个工作面斜长的距离，且应不小于 20 m；
—— 撤柱后不能自行冒落的顶板，应在密集支柱外 0.5 m 处，向放顶区重新凿岩爆破，强制崩落；
—— 机械撤柱及人工撤柱，应自下而上、由远而近进行；矿体倾角小于 10°的，撤柱顺序不限。

6.2.2.6 采用有底柱分段崩落法和阶段崩落法回采，应遵守下列规定：
—— 采场电耙道应有独立的进、回风道；电耙的耙运方向，应与风流方向相反；
—— 电耙道间的联络道，应设在入风侧，并在电耙绞车的侧翼或后方；
—— 电耙道放矿溜井口旁，应有宽度不小于 0.8 m 的人行道；
—— 未经修复的电耙道，不准出矿；
—— 采用挤压爆破时，应对补偿空间和放矿量进行控制，以免造成悬拱；
—— 拉底空间应形成厚度不小于 3 m～4 m 的松散垫层；
—— 采场顶部应有厚度不小于崩落层高度的覆盖岩层，若采场顶板不能自行冒落，应及时强制崩落，或用充填料予以充填。

6.2.2.7 采用无底柱分段崩落法回采，应遵守下列规定：
—— 回采工作面的上方，应有大于分段高度的覆盖岩层，以保证回采工作的安全；若上盘不能自行冒落或冒落的岩石量达不到所规定的厚度，应及时进行强制放顶，使覆盖岩层厚度达到分段高度的二倍左右；
—— 上下两个分段同时回采时，上分段应超前于下分段，超前距离应使上分段位于下分段回采工作面的错动范围之外，且应不小于 20 m；
—— 分段联络道应有足够的新鲜风流；
—— 各分段回采完毕，应及时封闭本分段的溜井口。

6.2.2.8 采用分层崩落法回采，应遵守下列规定：
—— 每个分层进路宽度应不超过 3 m，分层高度应不超过 3.5 m；
—— 上下分层同时回采时，应保持上分层（在水平方向上）超前相邻下分层 15 m 以上；
—— 崩落假顶时，人员不应在相邻的进路内停留；
—— 假顶降落受阻时，不应继续开采分层；顶板降落产生空硐时，不应在相邻进路或下部分层巷道内作业；
—— 崩落顶板时，不得用砍伐法撤出支柱；开采第一分层时，不得撤出支柱；
—— 顶板不能及时自然崩落的缓倾斜矿体，应进行强制放顶；
—— 凿岩、装药、出矿等作业，应在支护区域内进行；
—— 采区采完后，应在天井口铺设加强假顶；
—— 采矿应从矿块一侧向天井方向进行，以免形成通风不良的独头工作面；当采掘接近

天井时,分层沿脉(穿脉)应在分层内与另一天井相通;
——清理工作面,应从出口开始向崩落区进行。

6.2.2.9 采用自然崩落法回采,应遵守下列规定:
——应编制放矿计划,严格进行控制放矿;应使崩落面与崩落下的松散物料面之间的空间高度适当,防止产生空气冲击波伤害人员和破坏设施;
——雨季出矿应采取相应的安全措施,防止暴雨产生泥石流伤人;
——尽量少用裸露药包进行二次破碎。

6.2.2.10 采用充填法回采,应遵守下列规定:
——采场应有良好的照明;顺路行人井、溜矿井、泄水井(水砂充填用)和通风井,均应保持畅通;
——采用上向分层充填法采矿,应预先进行充填井及其联络道施工,然后进行底部结构及拉底巷道施工,以便创造良好的通风条件;当采用脉内布置溜矿井和顺路行人井时,不应整个分层一次爆破落矿;
——每一分层回采完毕后应及时充填,上向充填法最后一个分层回采完毕后应严密接顶;下向充填法每一分层均应接顶密实;
——在非管道输送充填料的充填井下方,人员不得停留和通行;充填时,各工序之间应有通讯联络;
——顺路行人井、放矿井,应有可靠的防止充填料泄漏的背垫材料,以防堵塞及形成悬空;采场下部巷道及水沟堆积的充填料,应及时清理;
——充填料应无毒无害;
——采用下向胶结充填法采矿,采场两帮底角的矿石应清理干净;
——用组合式钢筒作顺路天井(行人、滤水、放矿)时,钢筒组装作业前应在井口悬挂安全网;
——采用人工间柱上向分层充填法采矿,相邻采场应超前一定距离;
——矿柱回采应与矿房回采同时设计。

6.2.2.11 回采矿柱,应遵守下列规定:
——回采顶柱和间柱,应预先检查运输巷道的稳定情况,必要时应采取加固措施;
——采用胶结充填采矿法时,应待胶结充填体达到要求强度,方可进行矿柱回采;
——回采未充填的相邻两个矿房的间柱时,不得在矿柱内开凿巷道;
——所有顶柱和间柱的回采准备工作,应在矿房回采结束前做好(嗣后胶结充填采空区除外);
——除装药和爆破工作人员外,无关人员不得进入未充填的矿房顶柱内的巷道和矿柱回采区;
——大量崩落矿柱时,在爆破冲击波和地震波影响半径范围内的巷道、设备及设施,均应采取安全措施;未达到预期崩落效果的,应进行补充崩落设计。

6.2.2.12 地下原地浸出采矿,应保持抽液量与注液量基本平衡,加强对监测井的观测,防止酸性溶液渗到溶浸区以外,污染地下水。污染严重的,应停止其溶浸作业,并做好后续的处理工作。

6.2.2.13 地下原地爆破浸出,应遵守下列规定:

——布液系统应防止跑、冒、滴、漏,避免酸液伤人;
——采场拉底空间形成后,应在底部铺设不小于0.5 m厚的混凝土隔层,并向集液巷形成一定的斜坡,混凝土隔层上应铺一层防水防酸隔离层;
——井下浸出液收集及输送应密闭,宜采用管道输送;
——采场矿堆溶浸结束并滤干后,应及时进行清水洗堆和中和处理,直至流出液pH值达到7~8;
——浸出结束,应严密封堵通往采场的通道。

6.2.3 采矿机械

6.2.3.1 采用电耙绞车出矿,应遵守下列规定:
——应有良好照明;
——绞车前部应有防断绳回甩的防护设施
——电耙运行时,耙道内或尾部不应有人;
——绞车开动前,司机应发出信号;
——电耙运行时,人员不应跨越钢丝绳;
——电耙停止运行时,应使钢丝绳处于松弛状态。

6.2.3.2 采用无轨装运设备,应遵守下列规定:
——出矿巷道中运行的车辆遇到人员,应停车让人通过;
——运输巷道的底板应平整、无大块,巷道的坡度应小于设备的爬坡能力,弯道的曲线半径应符合设备的要求;
——不应用铲斗或站在铲斗内处理浮石,不得用铲斗破大块;
——人员不应从升举的铲斗下方通过或停留;
——溜矿井应设安全车挡;
——车箱装载不应过满,作业人员操作位置上方应设防护网或板;
——每台设备应配备灭火装置。

6.3 运输和提升

6.3.1 水平巷道运输

6.3.1.1 采用电机车运输的矿井,由井底车场或平硐口到作业地点所经平巷长度超过1 500 m时,应设专用人车运送人员。

专用人车应有金属顶棚,从顶棚到车厢和车架应作好电气连接,确保通过钢轨接地。

6.3.1.2 专用人车运送人员,应遵守下列规定:
——每班发车前,应有专人检查车辆结构、连接装置、轮轴和车闸,确认合格方可运送人员;
——人员上下车的地点,应有良好的照明和发车电铃;如有两个以上的开往地点,应设列车去向灯光指示牌;架线式电机车的滑触线应设分段开关,人员上下车时,应切断电源;
——调车场应设区间闭锁装置;人员上下车时,其他车辆不应进入乘车线;
——列车行驶速度应不超过3 m/s;
——不应同时运送爆炸性、易燃性和腐蚀性物品或附挂处理事故以外的材料车。

6.3.1.3 乘车人员应严格遵守下列规定:

——服从司机指挥；
——携带的工具和零件，不应露出车外；
——列车行驶时和停稳前，不应上下车或将头部和身体探出车外；
——不应超员乘车，列车行驶时应挂好安全门链；
——不应扒车、跳车和坐在车辆连接处或机车头部平台上；
——不应搭乘除人车、抢救伤员和处理事故的车辆以外的其他车辆。

6.3.1.4 列车运输时，矿车应采用不能自行脱钩的连接装置。不能自动摘挂钩的车辆，其两端的碰头或缓冲器的伸出长度，应不小于 100 mm。

停放在能自动滑行的坡道上的车辆，应用制动装置或木楔可靠地稳住。

6.3.1.5 人力推车，应遵守下列规定：
——推车人员应携带矿灯；
——在照明不良的区段，不应人力推车；
——每人只允许推一辆车；
——同方向行驶的车辆，轨道坡度不大于5‰的，车辆间距不小于 10 m，坡度大于5‰的，不小于 30 m；坡度大于10‰的，不应采用人力推车；
——在能够自动滑行的线路上运行，应有可靠的制动装置；行车速度应不超过 3 m/s；推车人员不应骑跨车辆滑行或放飞车；
——矿车通过道岔、巷道口、风门、弯道和坡度较大的区段，以及出现两车相遇、前面有人或障碍物、脱轨、停车等情况时，推车人应及时发出警号。

6.3.1.6 在运输巷道内，人员应沿人行道行走。双轨巷道有列车错车时，人员不应在两轨道之间停留。在调车场内，人员不应横跨列车。

6.3.1.7 永久性轨道应及时敷设。永久性轨道路基应铺以碎石或砾石道碴，轨枕下面的道碴厚度应不小于 90 mm，轨枕埋入道碴的深度应不小于轨枕厚度的2/3。

6.3.1.8 轨道的曲线半径，应符合下列规定：
——行驶速度 1.5 m/s 以下时，不小于车辆最大轴距的 7 倍；
——行驶速度大于 1.5 m/s 时，不小于车辆最大轴距的 10 倍；
——轨道转弯角度大于 90°时，不小于车辆最大轴距的 10 倍；
——对于带转向架的大型车辆（如梭车、底卸式矿车等），应不小于车辆技术文件的要求。

6.3.1.9 曲线段轨道加宽和外轨超高，应符合运输技术条件的要求。直线段轨道的轨距误差应不超过+5 mm 和-2 mm，平面误差应不大于 5 mm，钢轨接头间隙宜不大于 5 mm。

6.3.1.10 维修线路时，应在工作地点前后不少于 80 m 处设置临时信号，维修结束应予撤除。

6.3.1.11 使用电机车运输，应遵守下列规定：
——有爆炸性气体的回风巷道，不应使用架线式电机车；
——高硫和有自燃发火危险的矿井，应使用防爆型蓄电池电机车；
——每班应检查电机车的闸、灯、警铃、连接器和过电流保护装置，任何一项不正常，均不应使用；
——电机车司机不应擅离工作岗位；司机离开机车时，应切断电动机电源，拉下控制器把手,取下车钥匙,扳紧车闸将机车刹住。

6.3.1.12 电机车运行,应遵守下列规定:
—— 司机不应将头或身体探出车外;
—— 列车制动距离:运送人员应不超过20 m,运送物料应不超过40 m;14 t以上的大型机车(或双机)牵引运输,应根据运输条件予以确定,但应不超过80 m;
—— 采用电机车运输的主要运输道上,非机动车辆应经调度人员同意方可行驶;
—— 单机牵引列车正常行车时,机车应在列车的前端牵引(调车或处理事故时不在此限);
—— 双机牵引列车允许1台机车在前端牵引,1台机车在后端推动;
—— 列车通过风门、巷道口、弯道、道岔和坡度较大的区段,以及前方有车辆或视线有障碍时,应减速并发出警告信号;
—— 在列车运行前方,任何人发现有碍列车行进的情况时,应以矿灯、声响或其他方式向司机发出紧急停车信号;司机发现运行前方有异常情况或信号时,应立即停车检查,排除故障;
—— 电机车停稳之前,不应摘挂钩;
—— 不应无连接装置顶车和长距离顶车倒退行驶;若需短距离倒行,应减速慢行,且有专人在倒行前方观察监护。

6.3.1.13 架线式电机车运输的滑触线悬挂高度(由轨面算起),应符合下列规定:
—— 主要运输巷道:线路电压低于500 V时,不低于1.8 m;线路电压高于500 V时,不低于2.0 m;
—— 井下调车场、架线式电机车道与人行道交叉点:线路电压低于500 V时,不低于2.0 m;线路电压高于500 V时,不低于2.2 m;
—— 井底车场(至运送人员车站),不低于2.2 m。

6.3.1.14 电机车运输的滑触线架设,应符合下列规定:
—— 滑触线悬挂点的间距,在直线段内应不超过5 m;在曲线段内应不超过3 m;
—— 滑触线线夹两侧的横拉线,应用瓷瓶绝缘;线夹与瓷瓶的距离不超过0.2 m;线夹与巷道顶板或支架横梁间的距离,不小于0.2 m;
—— 滑触线与管线外缘的距离不小于0.2 m;
—— 滑触线与金属管线交叉处,应用绝缘物隔开。

6.3.1.15 电机车运输的滑触线应设分段开关,分段距离应不超过500 m。每一条支线也应设分段开关。上下班时间,距井筒50 m以内的滑触线应切断电源。

架线式电机车运输工作中断时间超过一个班时,非工作地区内的电机车线路电源应切断。修整电机车线路,应先切断电源,并将线路接地,接地点应设在工作地段的可见部位。

6.3.1.16 使用带式输送机,应遵守下列规定:
—— 带式输送机运输物料的最大坡度,向上(块矿)应不大于15°,向下应不大于12°;带式输送机最高点与顶板的距离,应不小于0.6 m;物料的最大外形尺寸应不大于350 mm;
—— 人员不得搭乘非载人带式输送机;
—— 不应用带式输送机运送过长的材料和设备;

——输送带的最小宽度,应不小于物料最大尺寸的2倍加200 mm;
——带式输送机胶带的安全系数,按静荷载计算应不小于8,按启动和制动时的动荷载计算应不小于3;钢绳芯带式输送机的静荷载安全系数应不小于5~8;
——钢绳芯带式输送机的滚筒直径,应不小于钢绳芯直径的150倍,不小于钢丝直径的1 000倍,且最小直径应不小于400 mm;
——装料点和卸料点,应设空仓、满仓等保护装置,并有声光信号及与输送机联锁;
——带式输送机应设有防胶带撕裂、断带、跑偏等保护装置,并有可靠的制动、胶带清扫以及防止过速、过载、打滑、大块冲击等保护装置;线路上应有信号、电气联锁和停车装置;上行的带式输送机,应设防逆转装置;
——在倾斜巷道中采用带式输送机运输,输送机的一侧应平行敷设一条检修道,需要利用检修道作辅助提升时,带式输送机最突出部分与提升容器的间距应不小于300 mm,且辅助提升速度不应超过1.5 m/s。

6.3.1.17 井下使用无轨运输设备,应遵守下列规定:
——内燃设备,应使用低污染的柴油发动机,每台设备应有废气净化装置,净化后的废气中有害物质的浓度应符合GBZ 1、GBZ 2的有关规定;
——运输设备应定期进行维护保养;
——采用汽车运输时,汽车顶部至巷道顶板的距离应不小于0.6 m;
——斜坡道长度每隔300~400 m,应设坡度不大于3%、长度不小于20 m并能满足错车要求的缓坡段;主要斜坡道应有良好的混凝土、沥青或级配均匀的碎石路面;
——不应熄火下滑;
——在斜坡上停车时,应采取可靠的挡车措施;
——每台设备应配备灭火装置。

6.3.2 斜井运输

6.3.2.1 供人员上、下的斜井,垂直深度超过50 m的,应设专用人车运送人员。斜井用矿车组提升时,不应人货混合串车提升。

6.3.2.2 专用人车应有顶棚,并装有可靠的断绳保险器。列车每节车厢的断绳保险器应相互连结,并能在断绳时起作用。断绳保险器应既能自动,也能手动。

运送人员的列车,应有随车安全员。随车安全员应坐在装有断绳保险器操纵杆的第一节车内。

运送人员的专用列车的各节车厢之间,除连接装置外,还应附挂保险链。连接装置和保险链,应经常检查,定期更换。

6.3.2.3 采用专用人车运送人员的斜井,应装设符合下列规定的声、光信号装置:
——每节车箱均能在行车途中向提升司机发出紧急停车信号;
——多水平运送时,各水平发出的信号应有区别,以便提升司机辨认;
——所有收发信号的地点,均应悬挂明显的信号牌。

6.3.2.4 斜井运输,应有专人负责管理。

乘车人员应听从随车安全员指挥,按指定地点上下车,上车后应关好车门,挂好车链。

斜井运输时,不应蹬钩;人员不应在运输道上行走。

6.3.2.5 倾角大于10°的斜井,应设置轨道防滑装置,轨枕下面的道碴厚度应不小于

50 mm。

6.3.2.6 提升矿车的斜井,应设常闭式防跑车装置,并经常保持完好。

斜井上部和中间车场,应设阻车器或挡车栏。阻车器或挡车栏在车辆通过时打开,车辆通过后关闭。斜井下部车场应设躲避硐室。

6.3.2.7 斜井运输的最高速度,不应超过下列规定:
—— 运输人员或用矿车运输物料,斜井长度不大于 300 m 时,3.5 m/s;斜井长度大于 300 m 时,5 m/s;
—— 用箕斗运输物料,斜井长度不大于 300 m 时,5 m/s;斜井长度大于 300 m 时,7 m/s;
—— 斜井运输人员的加速度或减速度,应不超过 0.5 m/s²。

6.3.3 竖井提升

6.3.3.1 垂直深度超过 50 m 的竖井用作人员出入口时,应采用罐笼或电梯升降人员。

6.3.3.2 用于升降人员和物料的罐笼,应符合 GB 16542 的规定。

6.3.3.3 建井期间临时升降人员的罐笼,若无防坠器,应制定切实可行的安全措施,并报主管矿长批准。

6.3.3.4 同一层罐笼不应同时升降人员和物料。升降爆破器材时,负责运输的爆破作业人员应通知中段(水平)信号工和提升机司机,并跟罐监护。

6.3.3.5 无隔离设施的混合井,在升降人员的时间内,箕斗提升系统应中止运行。

6.3.3.6 罐笼的最大载重量和最大载人数量,应在井口公布,不应超载运行。

6.3.3.7 竖井提升应符合下列规定:
—— 提升容器和平衡锤,应沿罐道运行。
—— 提升容器的罐道,应采用木罐道、型钢罐道或钢丝绳罐道。
—— 竖井内用带平衡锤的单罐笼升降人员或物料时,平衡垂的质量应符合设计要求,平衡锤和罐笼用的钢丝绳规格应相同,并应做同样的检查和试验。

6.3.3.8 提升容器的导向槽(器)与罐道之间的间隙,应符合下列规定:
—— 木罐道,每侧应不超过 10 mm;
—— 钢丝绳罐道,导向器内径应比罐道绳直径大 2 mm~5 mm;
—— 型钢罐道不采用滚轮罐耳时,滑动导向槽每侧间隙不应超过 5 mm;
—— 型钢罐道采用滚轮罐耳时,滑动导向槽每侧间隙应保持 10 mm~15 mm。

6.3.3.9 导向槽(器)和罐道,其间磨损达到下列程度,均应予以更换:
—— 木罐道的一侧磨损超过 15 mm;
—— 导向槽的一侧磨损超过 8 mm;
—— 钢罐道和容器导向槽同一侧总磨损量达到 10 mm;
—— 钢丝绳罐道表面钢丝在一个捻距内断丝超过 15%;封闭钢丝绳的表面钢丝磨损超过 50%;导向器磨损超过 8 mm;
—— 型钢罐道任一侧壁厚磨损超过原厚度的 50%。

6.3.3.10 竖井内提升容器之间、提升容器与井壁或罐道梁之间的最小间隙,应符合表 6 规定。

罐道钢丝绳的直径应不小于 28 mm;防撞钢丝绳的直径应不小于 40 mm。

表6 竖井内提升容器之间以及提升容器最突出部分和井壁、罐道梁、井梁之间的最小间隙

单位为毫米

罐道和井梁布置		容器与容器之间	容器与井壁之间	容器与罐道梁之间	容器与井梁之间	备 注
罐道布置在容器一侧		200	150	40	150	罐道与导向槽之间为20
罐道布置在容器两侧	木罐道	—	200	50	200	有卸载滑轮的容器,滑轮和灌道梁间隙增加25
	钢罐道	—	150	40	150	
罐道布置在容器正门	木罐道	200	200	50	200	
	钢罐道	200	150	40	150	
钢丝绳灌道		450	350	—	350	设防撞绳时,容器之间最小间隙为200

凿井时,两个提升容器的钢丝绳罐道之间的间隙,应不小于 $250+H/3$（H 为以米为单位的井筒深度的数值）mm,且应不小于 300 mm。

6.3.3.11 钢丝绳罐道,应优先选用密封式钢丝绳。每根罐道绳的最小刚性系数应不小于 500 N/m。各罐道绳张紧力应相差5%～10%,内侧张紧力大,外侧张紧力小。

井底应设罐道钢丝绳的定位装置。拉紧重锤的最低位置到井底水窝最高水面的距离,应不小于1.5 m。应有清理井底粉矿及泥浆的专用斜井、联络道或其他形式的清理设施。

采用多绳摩擦提升机时,粉矿仓应设在尾绳之下,粉矿仓顶面距离尾绳最低位置应不小于 5 m。穿过粉矿仓底的罐道钢丝绳,应用隔离套筒予以保护。

从井底车场轨面至井底固定托罐梁面的垂高应不小于过卷高度,在此范围内不应有积水。

6.3.3.12 罐道钢丝绳应有 20 m～30 m 备用长度;罐道的固定装置和拉紧装置应定期检查,及时串动和转动罐道钢丝绳。

6.3.3.13 天轮到提升机卷筒的钢丝绳最大偏角,应不超过 $1°30'$。

天轮轮槽剖面的中心线,应与轮轴中心线垂直。不应有轮缘变形、轮辐弯曲和活动等现象。

6.3.3.14 采用扭转钢丝绳作多绳摩擦提升机的首绳时,应按左右捻相间的顺序悬挂,悬挂前,钢丝绳应除油。腐蚀性严重的矿井,钢丝绳除油后应涂增摩脂。

若用扭转钢丝绳作尾绳,提升容器底部应设尾绳旋转装置,挂绳前,尾绳应破劲。

井筒内最低装矿点的下面,应设尾绳隔离装置。

6.3.3.15 运转中的多绳摩擦提升机,应每周检查一次首绳的张力,若各绳张力反弹波时间差超过10%,应进行调绳。

对主导轮和导向轮的摩擦衬垫,应视其磨损情况及时车削绳槽。绳槽直径差应不大于 0.8 mm。衬垫磨损达 2/3,应及时更换。

6.3.3.16 采用钢丝绳罐道的罐笼提升系统,中间各中段应设稳罐装置。

6.3.3.17 采用钢丝绳罐道的单绳提升系统,两根主提升钢丝绳应采用不旋转钢丝绳。

6.3.3.18 不应用普通箕斗升降人员。遇特殊情况需要使用普通箕斗或急救罐升降人员时,应采取经主管矿长批准的安全措施。

6.3.3.19 人员站在空提升容器的顶盖上检修、检查井筒时,应有下列安全防护措施:
——应在保护伞下作业;
——应佩戴安全带,安全带应牢固地绑在提升钢丝绳上;
——检查井筒时,升降速度应不超过 0.3 m/s;
——容器上应设专用信号联系装置;
——井口及各中段马头门,应设专人警戒,不应下坠任何物品。

6.3.3.20 竖井罐笼提升系统的各中段马头门,应根据需要使用摇台。除井口和井底允许设置托台外,特殊情况下也允许在中段马头门设置自动托台。摇台、托台应与提升机闭锁。

6.3.3.21 竖井提升系统应设过卷保护装置,过卷高度应符合下列规定:
——提升速度低于 3 m/s 时,不小于 4 m;
——提升速度为 3 m/s～6 m/s 时,不小于 6 m;
——提升速度高于 6 m/s、低于或等于 10 m/s 时,不小于最高提升速度下运行 1 s 的提升高度;
——提升速度高于 10 m/s 时,不小于 10 m;
——凿井期间用吊桶提升时,不小于 4 m。

6.3.3.22 提升井架(塔)内应设置过卷挡梁和楔形罐道。楔形罐道的楔形部分的斜度为 1%,其长度(包括较宽部分的直线段)应不小于过卷高度的 2/3,楔形罐道顶部需设封头挡梁。

多绳摩擦提升时,井底楔形罐道的安装位置,应使下行容器比上提容器提前接触楔形罐道,提前距离应不小于 1 m。

单绳缠绕式提升时,井底应设简易缓冲式防过卷装置,有条件的可设楔形罐道。

6.3.3.23 提升系统的各部分,包括提升容器、连接装置、防坠器、罐耳、罐道、阻车器、罐座、摇台(或托台)、装卸矿设施、天轮和钢丝绳,以及提升机的各部分,包括卷筒、制动装置、深度指示器、防过卷装置、限速器、调绳装置、传动装置、电动机和控制设备以及各种保护装置和闭锁装置等,每天应由专职人员检查 1 次,每月应由矿机电部门组织有关人员检查 1 次;发现问题应立即处理,并将检查结果和处理情况记录存档。

6.3.3.24 钢筋混凝土井架、钢井架和多绳提升机井塔,每年应检查 1 次;木质井架,每半年应检查 1 次。检查结果应写成书面报告,发现问题应及时解决。

6.3.3.25 井口和井下各中段马头门车场,均应设信号装置。各中段发出的信号应有区别。
乘罐人员应在距井筒 5 m 以外候罐,应严格遵守乘罐制度,听从信号工指挥。
提升机司机应弄清信号用途,方可开车。

6.3.3.26 罐笼提升系统,应设有能从各中段发给井口总信号工转达提升机司机的信号装置。井口信号与提升机的启动,应有闭锁关系,并应在井口与提升机司机之间设辅助信号装置及电话或话筒。

箕斗提升系统,应设有能从各装矿点发给提升机司机的信号装置及电话或话筒。装矿点信号与提升机的启动,应有闭锁关系。

竖井提升信号系统,应设有下列信号:
——工作执行信号;
——提升中段(或装矿点)指示信号;
——提升种类信号;
——检修信号;
——事故信号;
——无联系电话时,应设联系询问信号。
竖井罐笼提升信号系统,应符合 GB 16541 的规定。

6.3.3.27 事故紧急停车和用箕斗提升矿石或废石,井下各中段可直接向提升机司机发出信号。用罐笼提升矿石或废石,应经井口总信号工同意,井下各中段方可直接向提升机司机发出信号。

6.3.3.28 所有升降人员的井口及提升机室,均应悬挂下列布告牌:
——每班上下井时间表;
——信号标志;
——每层罐笼允许乘罐的人数;
——其他有关升降人员的注意事项。

6.3.3.29 清理竖井井底水窝时,上部中段应设保护设施,以免物体坠落伤人。

6.3.4 钢丝绳和连接装置

6.3.4.1 除用于倾角 30°以下的斜井提升物料的钢丝绳外,其他提升钢丝绳和平衡钢丝绳,使用前均应进行检验。经过检验的钢丝绳,贮存期应不超过 6 个月。

6.3.4.2 提升钢丝绳的检验,应使用符合条件的设备和方法进行,检验周期应符合下列要求:
——升降人员或升降人员和物料用的钢丝绳,自悬挂时起,每隔 6 个月检验 1 次;有腐蚀气体的矿山,每隔 3 个月检验一次;
——升降物料用的钢丝绳,自悬挂时起,第一次检验的间隔时间为 1 年,以后每隔 6 个月检验 1 次;
——悬挂吊盘用的钢丝绳,自悬挂时起,每隔 1 年检验 1 次。

6.3.4.3 提升钢丝绳,悬挂时的安全系数应符合下列规定:
单绳缠绕式提升钢丝绳:
——专作升降人员用的,不小于 9;
——升降人员和物料用的,升降人员时不小于 9,升降物料时不小于 7.5;
——专作升降物料用的,不小于 6.5。
多绳摩擦提升钢丝绳:
——升降人员用的,不小于 8;
——升降人员和物料用的,升降人员时不小于 8,升降物料时不小于 7.5;
——升降物料用的,不小于 7;
——作罐道或防撞绳用的,不小于 6。

6.3.4.4 使用中的钢丝绳,定期检验时安全系数为下列数值的,应更换:
——专作升降人员用的,小于 7;

——升降人员和物料用的,升降人员时小于7,升降物料时小于6;

——专作升降物料和悬挂吊盘用的,小于5。

6.3.4.5 新钢丝绳悬挂前,应对每根钢丝做拉断、弯曲和扭转3种试验,并以公称直径为准对试验结果进行计算和判定:不合格钢丝的断面积与钢丝总断面积之比达到6%,不应用于升降人员;达到10%,不应用于升降物料;以合格钢丝拉断力总和为准算出的安全系数,如小于本标准6.3.4.3的规定时,不应使用该钢丝绳。

使用中的钢丝绳,可只做每根钢丝的拉断和弯曲2种试验。试验结果,仍以公称直径为准进行计算和判定:不合格钢丝的断面积与钢丝总断面积之比达到25%时,应更换;以合格钢丝拉断力总和为准算出的安全系数,如小于本标准6.3.4.4的规定时,应更换。

6.3.4.6 对提升钢丝绳,除每日进行检查外,应每周进行一次详细检查,每月进行一次全面检查;人工检查时的速度应不高于0.3 m/s,采用仪器检查时的速度应符合仪器的要求。对平衡绳(尾绳)和罐道绳,每月进行一次详细检查。所有检查结果,均应记录存档。

钢丝绳一个捻距内的断丝断面积与钢丝总断面积之比,达到下列数值时,应更换:

——提升钢丝绳,5%;

——平衡钢丝绳、防坠器的制动钢丝绳(包括缓冲绳),10%;

——罐道钢丝绳,15%;

——倾角30°以下的斜井提升钢丝绳,10%。

以钢丝绳标称直径为准计算的直径减小量达到下列数值时,应更换:

——提升钢丝绳或制动钢丝绳,10%;

——罐道钢丝绳,15%;

使用密封钢丝绳外层钢丝厚度磨损量达到50%时,应更换。

6.3.4.7 钢丝绳在运行中遭受到卡罐或突然停车等猛烈拉力时,应立即停止运转,进行检查,发现下列情况之一者,应将受力段切除或更换全绳:

——钢丝绳产生严重扭曲或变形;

——断丝或直径减小量超过本标准6.3.4.5的规定;

——受到猛烈拉力的一段的长度伸长0.5%以上。

在钢丝绳使用期间,断丝数突然增加或伸长突然加快,应立即更换。

6.3.4.8 钢丝绳的钢丝有变黑、锈皮、点蚀麻坑等损伤时,不应用于升降人员。

钢丝绳锈蚀严重,或点蚀麻坑形成沟纹,或外层钢丝松动时,不论断丝数多少或绳径是否变化,应立即更换。

6.3.4.9 多绳摩擦提升机的首绳,使用中有1根不合格的,应全部更换。

6.3.4.10 平衡钢丝绳(尾绳)的长度,应满足罐笼或箕斗过卷的需要。使用圆形平衡钢丝绳时,应有避免平衡钢丝绳扭结的装置。平衡钢丝绳(尾绳)最低处,不应被水淹或渣埋。

6.3.4.11 单绳提升,钢丝绳与提升容器之间用桃形环连接时,钢丝绳由桃形环上平直的一侧穿入,用不少于5个绳卡(其间距为200~300 mm)与首绳卡紧,然后再卡一视察圈(使用带模块楔紧装置的桃形环除外)。

提升容器应用带拉杆的耳环和保险链(或其他类型的连接装置)分别连接在桃形环上。安装好的保险链,不准有打结现象。

多绳提升的钢丝绳用专用桃形绳夹时,回绳头应用2个以上绳卡与首绳卡紧。

6.3.4.12 新安装或大修后的防坠器、断绳保险器,应进行脱钩试验,合格后方可使用。

在用竖井罐笼的防坠器,每半年应进行一次清洗和不脱钩试验,每年进行一次脱钩试验。

在用斜井人车的断绳保险器,每日进行一次手动落闸试验,每月进行一次静止松绳落闸试验,每年进行一次重载全速脱钩试验。

防坠器或断绳保险器的各个连接和传动部件,应经常处于灵活状态。

6.3.4.13 连接装置的安全系数,应符合下列规定:
——升降人员或升降人员和物料的连接装置和其他有关部分,不小于13;
——升降物料的连接装置和其他有关部分,不小于10;
——无极绳运输的连接装置,不小于8;
——矿车的连接钩、环和连接杆,不小于6。

计算保险链的安全系数时,假定每条链子都平均地承受容器自重及其荷载,并应考虑链子的倾斜角度。

6.3.4.14 井口悬挂吊盘应平稳牢固,吊盘周边至少应均匀布置4个悬挂点。井筒深度超过100 m时,悬挂吊盘用的钢丝绳不应兼作导向绳使用。

6.3.4.15 凿井用的钢丝绳和连接装置的安全系数,应符合下列规定:
——悬挂吊盘、水泵、排水管用的钢丝绳,不小于6;
——悬挂风筒、压缩空气管、混凝土浇筑管、电缆及拉紧装置用的钢丝绳,不小于5;
——悬挂吊盘、安全梯、水泵、抓岩机的连接装置(钩、环、链、螺栓等),不小于10;
——悬挂风管、水管、风筒、注浆管的连接装置,不小于8;
——吊桶提梁和连接装置的安全系数不小于13。

6.3.5 提升装置

6.3.5.1 提升装置的天轮、卷筒、主导轮和导向轮的最小直径与钢丝绳直径之比,应符合下列规定:
——摩擦轮式提升装置的主导轮,有导向轮时不小于100,无导向轮时不小于80;
——落地安装的摩擦轮式提升装置的主导轮和天轮不小于100;
——地表单绳提升装置的卷筒和天轮,不小于80;
——井下单绳提升装置和凿井的单绳提升装置的卷筒和天轮,不小于60;
——排土场的提升或运输装置的卷筒和导向轮,不小于50;
——悬挂吊盘、吊泵、管道用绞车的卷筒和天轮,凿井时运料用绞车的卷筒,不小于20;
——其他移动式辅助性绞车视情况而定。

6.3.5.2 提升装置的卷筒、天轮、主导轮、导向轮的最小直径与钢丝绳中最粗钢丝的最大直径之比,应符合下列规定:
——地表提升装置,不小于1 200;
——井下或凿井用的提升装置,不小于900;
——凿井期间升降物料的绞车或悬挂水泵、吊盘用的提升装置,不小于300。

6.3.5.3 各种提升装置的卷筒缠绕钢丝绳的层数,应符合下列规定:
——竖井中升降人员或升降人员和物料的,宜缠绕单层;专用于升降物料的,可缠绕2层;

——斜井中升降人员或升降人员和物料的,可缠绕 2 层;升降物料的,可缠绕 3 层;
——盲井(包括盲竖井、盲斜井)中专用于升降物料的或地面运输用的,可缠绕 3 层;
——开凿竖井或斜井期间升降人员和物料的,可缠绕两层;深度或斜长超过 400 m 的,可缠绕 3 层;
——移动式或辅助性专为提升物料用的,以及凿井期间专为升降物料用的,可多层缠绕。

6.3.5.4 缠绕两层或多层钢丝绳的卷筒,应符合下列规定:
——卷筒边缘应高出最外一层钢丝绳,其高差不小于钢丝绳直径的 2.5 倍;
——卷筒上应装设带螺旋槽的衬垫,卷筒两端应设有过渡块;
——经常检查钢丝绳由下层转至上层的临界段部分(相当于 1/4 绳圈长),并统计其断丝数。每季度应将钢丝绳临界段串动 1/4 绳圈的位置。

6.3.5.5 双筒提升机调绳,应在无负荷情况下进行。

6.3.5.6 在卷筒内紧固钢丝绳,应遵守下列规定:
——卷筒内应设固定钢丝绳的装置,不应将钢丝绳固定在卷筒轴上;
——卷筒上的绳眼,不许有锋利的边缘和毛刺,折弯处不应形成锐角,以防止钢丝绳变形;
——卷筒上保留的钢丝绳,应不少于 3 圈,以减轻钢丝绳与卷筒连接处的张力。
用作定期试验用的补充绳,可保留在卷筒之内或缠绕在卷筒上。

6.3.5.7 天轮的轮缘应高于绳槽内的钢丝绳,高出部分应大于钢丝绳直径的 1.5 倍。带衬垫的天轮,衬垫应紧密固定。衬垫磨损深度相当于钢丝绳直径,或沿侧面磨损达到钢丝绳直径的一半时,应立即更换。

6.3.5.8 竖井用罐笼升降人员时,加速度和减速度应不超过 0.75 m/s²;最高速度应不超过式(4)计算值,且最大应不超过 12 m/s。

$$v = 0.5\sqrt{H} \quad \cdots\cdots\cdots\cdots\cdots\cdots\cdots (4)$$

式中:
v ——最高速度,单位为米每秒(m/s);
H ——提升高度,单位为米(m)。

竖井升降物料时,提升容器的最高速度,应不超过式(5)计算值。

$$v = 0.6\sqrt{H} \quad \cdots\cdots\cdots\cdots\cdots\cdots\cdots (5)$$

式中:
v ——最高速度,单位为米每秒(m/s);
H ——提升高度,单位为米(m)。

6.3.5.9 吊桶升降人员的最高速度:有导向绳时,应不超过罐笼提升最高速度的 1/3;无导向绳时,应不超过 1 m/s。
吊桶升降物料的最高速度:有导向绳时,应不超过罐笼提升最高速度的 2/3;无导向绳时,应不超过 2 m/s。

6.3.5.10 提升装置的机电控制系统,应有下列符合要求的保护与电气闭锁装置:
——限速保护装置:罐笼提升系统最高速度超过 4 m/s 和箕斗提升系统最高速度超过 6 m/s 时,控制提升容器接近预定停车点时的速度应不超过 2 m/s;

——主传动电动机的短路及断电保护装置;保证安全制动及时动作;
——过卷保护装置:安装在井架和深度指示器上;当提升容器或平衡锤超过正常卸载(罐笼为进出车)位置0.5 m时,使提升设备自动停止运转,同时实现安全制动;此外,还应设置不能再向过卷方向接通电动机电源的联锁装置;
——过速保护装置:当提升速度超过规定速度的15%时,使提升机自动停止运转,实现安全制动;
——过负荷及无电压保护装置:当提升机过负荷或供电中断时,使提升机自动停止运转;
——提升机操纵手柄与安全制动之间的联锁装置:操纵手柄不在"0"位、制动手柄不在抱闸位置时,不能接通安全制动电磁铁电源而解除安全制动;
——闸瓦磨损保护装置:闸瓦磨损超过允许值或制动弹簧(或重锤机构)行程超限时,应有信号显示及安全制动;
——使用电气制动的,当制动电流消失时,应实现安全制动;
——圆盘式深度指示器自整角机的定子绕组断电时,应实现安全制动;
——圆盘闸制动系统,制动油压过高、或制动油泵电动机断电、或制动闸变形异常时,应实现安全制动;
——润滑系统油压过高、过低或制动油温过高时,应使下一次提升不能进行;
——当提升容器到达两端减速点时,应使提升机自动减速或发出减速信号;
——采用直流电动机传动时,主传动电动机应装设失励磁保护;
——测速回路应有断电保护;
——提升机与信号系统之间的闭锁装置:司机未接到工作执行信号不能开车;应同时设有解除这项闭锁的装置;该装置未经许可,司机不应擅自动用。

6.3.5.11 提升系统除应装设6.3.5.10所述基本保护和联锁装置外,还应设置下列保护和联锁装置:

——高压换向器(或全部电气设备)的隔墙(或围栅)门与油断路器之间的联锁;
——安全制动时不能接通电动机电源、工作闸抱紧时电动机不能加速的联锁;
——直流控制电源的失压保护;
——高压换向器的电弧闭锁;
——控制屏加速接触器主触头的失灵闭锁;
——提升机卷筒直径在3 m以上的,应设松绳保护;
——采用能耗制动时,高压换向器与直流接触器间,应有电弧闭锁;
——直流主电动机回路的接地保护;
——在制动状态下,主电动机的过电流保护;
——主电动机的通风机故障、或主电动机温升超过额定值的联锁;
——可控硅整流装置通风机故障的联锁;
——尾绳工作不正常的联锁;
——装卸载机构运行不到位或平台控制不正常的联锁;
——装矿设施不正常及超载过限的联锁;
——深度指示器调零装置失灵、摩擦式提升机位置同步未完成的联锁;

——摇台或托台工作状态的联锁；

——井口及各中段安全门未关闭的联锁。

6.3.5.12 提升机控制系统，除应满足正常提升要求外，还应满足下列运行工作状态的要求：

——低速检查井筒及钢丝绳，运行速度应不超过 0.3 m/s；

——调换工作中段；

——低速下放大型设备或长材料，运行速度应不超过 0.5 m/s。

6.3.5.13 提升设备应有能独立操纵的工作制动和安全制动的两套制动系统，其操纵系统应设在司机操纵台。

安全制动装置，除可由司机操纵外，还应能自动制动。制动时，应能使提升机的电动机自动断电。

提升速度不超过 4 m/s、卷筒直径小于 2 m 的提升设备，如工作闸带有重锤，允许司机用体力操作。其他情况下，应使用机械传动的、可调整的工作闸。

提升能力在 10 t 以下的凿井用绞车，可采用手动安全闸。

6.3.5.14 提升设备应有定车装置，以便调整卷筒位置和检修制动装置。

6.3.5.15 在井筒内用以升降水泵或其他设备的手摇绞车，应装有制动闸、防止逆转装置和双重转速装置。

6.3.5.16 安全制动装置的空动时间（自安全保护回路断电时起至闸瓦刚接触闸轮或闸盘的时间）：压缩空气驱动闸瓦式制动闸，应不超过 0.5 s；储能液压驱动闸瓦式制动闸，应不超过 0.6 s；盘式制动闸，应不超过 0.3 s。对于斜井提升，为了保证上提紧急制动不发生松绳而应延时制动时，空动时间可适当延长。

安全制动时，杠杆和闸瓦不应发生显著的弹性摆动。

6.3.5.17 竖井和倾角大于 30°的斜井的提升设备，安全制动时的减速度应满足：满载下放时应不小于 1.5 m/s²，满载提升时应不大于 5 m/s²。

倾角 30°以下的井巷，安全制动时的减速度应满足：满载下放时的制动减速度应不小于 0.75 m/s²，满载提升时的制动减速度应不大于按式（6）计算的自然减速度 A_0（m/s²）。

$$A_0 = g(\sin\theta + f\cos\theta) \quad\quad\quad\quad\quad\quad\quad\quad (6)$$

式中：

g——重力加速度，单位为米每二次方秒（m/s²）；

θ——井巷倾角，(°)；

f——绳端荷载的运动阻力系数，一般取 0.010～0.015。

摩擦轮式提升装置，常用闸或保险闸发生作用时，全部机械的减速度不得超过钢丝绳的滑动极限。

满载下放时，应检查减速度的最低极限；满载提升时，应检查减速度的最高极限。

6.3.5.18 提升机紧急制动和工作制动时所产生的力矩，与实际提升最大静荷载产生的旋转力矩之比 K，应不小于 3。质量模数较小的绞车，上提重载安全制动的减速度超过 6.3.5.17 所规定的限值时，可将安全制动装置的 K 值适当降低，但应不小于 2。

凿井时期，升降物料用的提升机，K 值应不小于 2。

调整双卷筒绞车卷筒旋转的相对位置时，应在无负荷情况下进行。制动装置在各卷筒闸轮上所产生的力矩,应不小于该卷筒所悬质量(钢丝绳质量与提升容器质量之和)形成的旋转力矩的1.2倍。

计算制动力矩时,闸轮和闸瓦摩擦系数应根据实测确定,一般采用0.30～0.35;常用闸和保险闸的力矩,应分别计算。

6.3.5.19 盘式制动器的闸瓦与制动盘的接触面积,应大于制动盘面积的60%;应经常检查调整闸瓦与制动盘的间隙,保持在1 mm左右,且应不大于2 mm。

液压离合器的油缸不应漏油。盘式制动器的闸盘上不应有油污,每班至少检查1次,发现油污应及时停车处理。

6.3.5.20 多绳摩擦提升系统,两提升容器的中心距小于主导轮直径时,应装设导向轮;主导轮上钢丝绳围包角应不大于200°。

6.3.5.21 多绳摩擦提升系统,静防滑安全系数应大于1.75;动防滑安全系数,应大于1.25;重载侧和空载侧的静张力比,应小于1.5。

6.3.5.22 多绳摩擦提升机采用弹簧支承的减速器时,各支承弹簧应受力均匀;弹簧的疲劳和永久变形每年应至少检查1次,其中有1根不合格,均应按性能要求予以更换。

6.3.5.23 提升设备应装设下列仪表:
——提升速度4 m/s以上的提升机,应装设速度指示器或自动速度记录仪;
——电压表和电流表;
——指示制动系统的气压表或油压表以及润滑油压表。

6.3.5.24 在交接班、人员上下井时间内,非计算机控制的提升机,应由正司机开车,副司机在场监护。每班升降人员之前,应先开一次空车,检查提升机的运转情况,并将检查结果记录存档。连续运转时,可不受此限。

发生故障时,司机应立即向矿机电部门和调度报告,并应记录停车时间、故障原因、修复时间和所采取的措施。

6.3.5.25 主要提升装置,应由有资质的检测检验机构按规定的检测周期进行检测。检测项目如下:
——6.3.5.10、6.3.5.11所规定的各种安全保护装置;
——天轮的垂直度和水平度,有无轮缘变形和轮辐弯曲现象;
——电气传动装置和控制系统的情况;
——各种保护、调整和自动记录装置(仪表),以及深度指示器等的动作状况和准确、精密程度;
——工作制动和安全制动的工作性能,并验算其制动力矩,测定安全制动的速度;
——井塔或井架的结构、腐蚀和震动;
——防坠器、防过卷装置、罐道、装卸矿设施等。

对检测发现的问题,矿山企业应提出整改措施,限期整改。

6.3.5.26 提升装置,应备有下列技术资料:
——提升机说明书;
——提升机总装配图和备件图;
——制动装置的结构图和制动系统图;
——电气控制原理系统图;

——提升系统图；
——设备运转记录；
——检验和更换钢丝绳的记录；
——大、中、小修记录；
——岗位责任制和操作规程；
——司机班中检查和交接班记录；
——主要装置(包括钢丝绳、防坠器、天轮、提升容器、罐道等)的检查记录。

制动系统图、电气控制原理图、提升机的技术特征、提升系统图、岗位责任制和操作规程等，应悬挂在提升机室内。

6.4 通风防尘

6.4.1 井下空气

6.4.1.1 井下采掘工作面进风流中的空气成分(按体积计算)，氧气应不低于20%，二氧化碳应不高于0.5%。

6.4.1.2 入风井巷和采掘工作面的风源含尘量，应不超过 0.5 mg/m^3。

6.4.1.3 井下作业地点的空气中，有害物质的接触限值应不超过 GBZ 2 的规定。

6.4.1.4 含铀、钍等放射性元素的矿山，井下空气中氡及其子体的浓度应符合相关国家标准规定。

6.4.1.5 矿井所需风量，按下列要求分别计算，并取其中最大值：
——按井下同时工作的最多人数计算，供风量应不少于每人 4 m^3/min；
——按排尘风速计算，硐室型采场最低风速应不小于 0.15 m/s，巷道型采场和掘进巷道应不小于 0.25 m/s；电耙道和二次破碎巷道应不小于 0.5 m/s；箕斗硐室、破碎硐室等作业地点，可根据具体条件，在保证作业地点空气中有害物质的接触限值符合 GBZ 2 规定的前提下，分别采用计算风量的排尘风速；
——有柴油设备运行的矿井，按同时作业机台数每千瓦每分钟供风量 4 m^3 计算。

6.4.1.6 采掘作业地点的气象条件应符合表 7 的规定，否则，应采取降温或其他防护措施。

表 7 采掘作业地点气象条件规定

干球温度/℃	相对湿度/%	风速/(m/s)	备注
≤28	不规定	0.5～1.0	上限
≤26	不规定	0.3～0.5	至适
≤18	不规定	≤0.3	增加工作服保暖量

6.4.1.7 进风井巷冬季的空气温度，应高于2℃；低于2℃时，应有暖风设施。不应采用明火直接加热进入矿井的空气。

在严寒地区，主要井口(所有提升井和作为安全出口的风井)应有保温措施，防止井口及井筒结冰。如有结冰，应及时处理，处理结冰时应通知井口和井下各中段马头门附近的人员撤离，并做好安全警戒。

有放射性的矿山，不应利用老窿(巷)预热和降温。

6.4.1.8 井巷断面平均最高风速应不超过表 8 的规定。

表 8 井巷断面平均最高风速规定

井巷名称	最高风速/(m/s)
专用风井,专用总进、回风道	15
专用物料提升井	12
风桥	10
提升人员和物料的井筒,中段的主要进、回风道,修理中的井筒,主要斜坡道	8
运输巷道,采区进风道	6
采场	4

6.4.2 通风系统

6.4.2.1 矿井应建立机械通风系统。对于自然风压较大的矿井,当风量、风速和作业场所空气质量能够达到 6.4.1 的规定时,允许暂时用自然通风替代机械通风。

应根据生产变化,及时调整矿井通风系统,并绘制全矿通风系统图。通风系统图应标明风流的方向和风量、与通风系统分离的区域、所有风机和通风构筑物的位置等。

井下采用硐室爆破时,应专门编制通风设计和安全措施,并经主管矿长批准执行。

6.4.2.2 矿井通风系统的有效风量率,应不低于 60%。

6.4.2.3 采场形成通风系统之前,不应进行回采作业。

矿井主要进风风流,不得通过采空区和塌陷区,需要通过时,应砌筑严密的通风假巷引流。

主要进风巷和回风巷,应经常维护,保持清洁和风流畅通,不应堆放材料和设备。

6.4.2.4 进入矿井的空气,不应受到有害物质的污染。放射性矿山出风井与入风井的间距,应大于 300 m。从矿井排出的污风,不应对矿区环境造成危害。

6.4.2.5 箕斗井不应兼作进风井。混合井作进风井时,应采取有效的净化措施,以保证风源质量。

主要回风井巷,不应用作人行道。

6.4.2.6 各采掘工作面之间,不应采用不符合 6.4.1 要求的风流进行串联通风。

井下破碎硐室、主溜井等处的污风,应引入回风道。

井下炸药库,应有独立的回风道。充电硐室空气中氢气的含量,应不超过 0.5%(按体积计算)。

井下所有机电硐室,都应供给新鲜风流。

6.4.2.7 采场、二次破碎巷道和电耙巷道,应利用贯穿风流通风或机械通风。电耙司机应位于风流的上风侧。

6.4.2.8 采空区应及时密闭。采场开采结束后,应封闭所有与采空区相通的影响正常通风的巷道。

6.4.2.9 通风构筑物(风门、风桥、风窗、挡风墙等)应由专人负责检查、维修,保持完好严密状态。主要运输巷道应设两道风门,其间距应大于一列车的长度。手动风门应与风流方向成 80°～85°的夹角,并逆风开启。

6.4.2.10 风桥的构造和使用,应符合下列规定:

——风量超过20 m³/s时,应设绕道式风桥;风量为10 m³/s～20 m³/s时,可用砖、石、混凝土砌筑;风量小于10 m³/s时,可用铁风筒;
——木制风桥只准临时使用;
——风桥与巷道的连接处应做成弧形。

6.4.3 主扇

6.4.3.1 正常生产情况下,主扇应连续运转。当井下无污染作业时,主扇可适当减少风量运转;当井下完全无人作业时,允许暂时停止机械通风。当主扇发生故障或需要停机检查时,应立即向调度室和主管矿长报告,并通知所有井下作业人员。

6.4.3.2 每台主扇应具有相同型号和规格的备用电动机,并有能迅速调换电动机的设施。

6.4.3.3 主扇应有使矿井风流在10 min内反向的措施。当利用轴流式风机反转反风时,其反风量应达到正常运转时风量的60%以上。

每年至少进行1次反风试验,并测定主要风路反风后的风量。

采用多级机站通风系统的矿山,主通风系统的每1台通风机都应满足反风要求,以保证整个系统可以反风。

主扇或通风系统反风,应按照事故应急预案执行。

6.4.3.4 主扇风机房,应设有测量风压、风量、电流、电压和轴承温度等的仪表。每班都应对扇风机运转情况进行检查,并填写运转记录。有自动监控及测试的主扇,每2周应进行1次自控系统的检查。

6.4.4 局部通风

6.4.4.1 掘进工作面和通风不良的采场,应安装局部通风设备。局扇应有完善的保护装置。

6.4.4.2 局部通风的风筒口与工作面的距离:压入式通风应不超过10 m;抽出式通风应不超过5 m;混合式通风,压入风筒的出口应不超过10 m,抽出风筒的入口应滞后压入风筒的出口5 m以上。

6.4.4.3 人员进入独头工作面之前,应开动局部通风设备通风,确保空气质量满足作业要求。独头工作面有人作业时,局扇应连续运转。

6.4.4.4 停止作业并已撤除通风设备而又无贯穿风流通风的采场、独头上山或较长的独头巷道,应设栅栏和警示标志,防止人员进入。若需要重新进入,应进行通风和分析空气成分,确认安全方准进入。

6.4.4.5 风筒应吊挂平直、牢固,接头严密,避免车碰和炮崩,并应经常维护,以减少漏风,降低阻力。

6.4.5 防尘措施

6.4.5.1 凿岩应采取湿式作业。缺水地区或湿式作业有困难的地点,应采取干式捕尘或其他有效防尘措施。

6.4.5.2 湿式凿岩时,凿岩机的最小供水量,应满足凿岩除尘的要求。

6.4.5.3 爆破后和装卸矿(岩)时,应进行喷雾洒水。凿岩、出渣前,应清洗工作面10 m内的卷壁。进风道、人行道及运输巷道的岩壁,应每季至少清洗1次。

6.4.5.4 防尘用水,应采用集中供水方式,水质应符合卫生标准要求,水中固体悬浮物应不大于150 mg/L,pH值应为6.5～6.5。贮水池容量,应不小于一个班的耗水量。

6.4.5.5 接尘作业人员应佩戴防尘口罩。防尘口罩的阻尘率应达到Ⅰ级标准要求(即对粒径不大于 5 μm 的粉尘,阻尘率大于 99%)。

6.5 电气设施

6.5.1 供电

6.5.1.1 矿山企业各种电气设备或电力系统的设计、安装、验收,应遵守 GB 50070 的规定。

6.5.1.2 井下各级配电标称电压,应遵守下列规定:
—— 高压网络的配电电压,应不超过 10 kV;
—— 低压网络的配电电压,应不超过 1 140 V;
—— 照明电压,运输巷道、井底车场应不超过 220 V;采掘工作面、出矿巷道、天井和天井至回采工作面之间,应不超过 36 V;行灯电压应不超过 36 V;
—— 手持式电气设备电压,应不超过 127 V;
—— 电机车牵引网络电压,采用交流电源时应不超过 380 V;采用直流电源时,应不超过 550 V。

6.5.1.3 由地面到井下中央变电所或主排水泵房的电源电缆,至少应敷设两条独立线路,并应引自地面主变电所的不同母线段。其中任何一条线路停止供电时,其余线路的供电能力应能担负全部负荷。无淹没危险的小型矿山,可不受此限。

6.5.1.4 井下电气设备不应接零。井下应采用矿用变压器,若用普通变压器,其中性点不应直接接地,变压器二次侧的中性点不应引出载流中性线(N 线)。地面中性点直接接地的变压器或发电机,不应用于向井下供电。

架线式电机车整流装置的专用变压器,视其作业要求而定。

6.5.1.5 向井下供电的断路器和井下中央变配电所各回路断路器,不应装设自动重合闸装置。

6.5.1.6 引至采掘工作面的电源线,应装设具有明显断开点的隔离电器。从采掘工作面的人工工作点至装设隔离电器处,同一水平上的距离不宜大于 50 m。

6.5.1.7 有自燃发火倾向及可燃物多、火灾危险较大的地下矿山,不应采用在发生接地故障后仍带电继续运行的工作方式,而应迅速切断故障回路。

6.5.1.8 矿山企业应备有地面、井下供(配)电系统图,井下变电所、电气设备布置图,电力、电话、信号、电机车等线路平面图。

有关供(配)电系统、电气设备的变动,应由矿山企业电气工程技术人员在图中作出相应的改变。

6.5.2 电气线路

6.5.2.1 水平巷道或倾角 45°以下的巷道,应使用钢带铠装电缆。竖井或倾角大于 45°的巷道,应使用钢丝铠装电缆。

移动式电力线路,应采用井下矿用橡套电缆。

井下信号和控制用线路,应使用铠装电缆。井下固定敷设的照明电缆,如有机械损伤可能,应采用钢带铠装电缆。

6.5.2.2 敷设在硐室或木支护巷道中的电缆,应选用塑料护套钢带(或钢丝)铠装电缆。

6.5.2.3 敷设在竖井内的电缆,应和竖井深度相一致,中间不准有接头。如竖井太深,应将电缆接头部分设置在中段水平巷道内。

6.5.2.4 在钻孔中敷设电缆,应将电缆紧固在钢丝绳上。钻孔不稳固时,应敷设保护套管。

6.5.2.5 必须在水平巷道的个别地段沿地面敷设电缆时,应用铁质或非可燃性材料覆盖。不应用木材覆盖电缆沟,不应在排水沟中敷设电缆。

6.5.2.6 敷设井下电缆,应符合下列规定:
——在水平巷道或倾角45°以下的巷道内,电缆悬挂高度和位置,应使电缆在矿车脱轨时不致受到撞击、在电缆坠落时不致落在轨道或运输机上,电力电缆悬挂点的间距应不大于3 m,控制与信号电缆及小断面电力电缆间距应为1.0 m~1.5 m、与巷道周边最小净距应不小于50 mm;
——不应将电缆悬挂在风、水管上,电缆上不应悬挂任何物件。电缆与风、水管平行敷设时,电缆应敷设在管子的上方,其净距应不小于300 mm;
——在竖井或倾角大于45°的巷道内,电缆悬挂点的间距:在倾斜巷道内,电力电缆应不超过3 m,控制与信号电缆及小截面电力电缆应不超过1.5 m;在竖井内应不超过6 m;敷设电缆的夹子、卡箍或其他夹持装置,应能承受电缆重量,且应不损坏电缆的外皮;
——橡套电缆应有专供接地用的芯线,接地芯线不应兼作其他用途;
——高、低压电力电缆之间的净距应不小于100 mm;高压电缆之间、低压电缆之间的净距应不小于50 mm,并应不小于电缆外径。

6.5.2.7 电缆通过防火墙、防水墙或硐室部分,每条应分别用金属管或混凝土管保护。管孔应根据实际需要予以密闭。

6.5.2.8 巷道内的电缆每隔一定距离和在分路点上,应悬挂注明编号、用途、电压、型号、规格、起止地点等的标志牌。

6.5.2.9 高温矿床或有自燃发火危险的采区,宜选用矿用阻燃电缆。

6.5.3 电气及保护

6.5.3.1 井下电力网的短路电流,应不超过井下装设的矿用高压断路器的额定开断电流。非矿用高压油断路器用于井下时,其使用的开断电流值应不超过其额定开断电流值的一半。

6.5.3.2 从井下中央变电所或采区配电所引出的低压馈出线,应装设带有过电流保护的断路器。

6.5.3.3 经由地面架空线引入井下的供电电缆,在架空线与电缆连接处、井下变电所一次配电母线侧及与一次母线相接且电缆线路较长的旋转电机的机旁机柜内部,均应装设避雷装置。

6.5.3.4 井下变(配)电所,高压馈出线应装设单相接地保护装置,低压馈出线应装设漏电保护装置。有爆炸危险的矿井,保护装置应能实现有选择性地切断故障线路并能实现漏电检测和动作于信号;无爆炸危险的矿井,保护装置宜有选择性地切断故障线路或能实现漏电检测并动作于信号。

漏电保护装置应灵敏可靠,值班人员每天应对其运行情况进行一次检查,不应任意取消。

6.5.4 变(配)电所硐室

6.5.4.1 井下永久性中央变(配)电所硐室,应砌碹。采区变电所硐室,应用非可燃性材料支护。硐室的顶板和墙壁应无渗水,电缆沟应无积水。

中央变(配)电所的地面标高,应比其入口处巷道底板标高高出 0.5 m;与水泵房毗邻时,应高于水泵房地面 0.3 m。采区变电所应比其入口处的巷道底板标高高出 0.5 m。其他机电硐室的地面标高应高出其入口处的巷道底板标高 0.2 m 以上。

硐室的地平面应向巷道等标高较低的方向倾斜,其坡度可为 2‰～3‰。

6.5.4.2 长度超过 6 m 的变配电硐室,应在两端各设一个出口;当硐室长度大于 30 m 时,应在中间增设一个出口;各出口均应装有向外开的铁栅栏门。有淹没、火灾、爆炸危险的矿井,机电硐室都应设置防火门或防水门。

6.5.4.3 硐室内各电气设备之间应留有宽度不小于 0.8 m 的通道,设备与墙壁之间的距离应不小于 0.5 m。

6.5.4.4 变配电硐室装有带油的设备而无集油坑的,应在硐室出口防火门处设置斜坡混凝土挡,其高度应高出硐室地面 0.1 m。

6.5.4.5 硐室内各种电气设备的控制装置,应注明编号和用途,并有停送电标志。硐室入口应悬挂"非工作人员禁止入内"的标志牌,高压电气设备应悬挂"高压危险"的标志牌,并应有照明。

没有安排专人值班的硐室,应关门加锁。

6.5.5 照明、通讯和信号

6.5.5.1 井下所有作业地点、安全通道和通往作业地点的人行道,都应有照明。

6.5.5.2 采掘工作面可采用移动式电气照明。有爆炸危险的井巷和采掘工作面,应采用携带式蓄电池矿灯。炸药库照明应按国家现行有关标准、规范执行。

6.5.5.3 从采区变电所到照明用变压器的 380 V/220 V 供电线路,应为专用线,不应与动力线共用。照明电源应从采区变电所的变压器低压出线侧的断路器之前引出。

6.5.5.4 地表调度室至井下各中段采区、马头门、装卸矿点、井下车场、主要机电硐室、井下变电所、主要泵房和主扇风机房等,应设有可靠的通讯系统。

矿井井筒通讯电缆线路一般分设两条通讯电缆,从不同的井筒进入井下配线设备,其中任何一条通讯电缆发生故障,另一条通讯电缆的容量应能担负井下各通讯终端的通讯能力。

井下无线通讯系统,应覆盖有人员流动的竖井、斜井、运输巷道、生产巷道和主要开采工作面。

井下通讯终端设备,应具有防水、防腐、防尘功能。

6.5.5.5 井下装卸矿点、提升人员的井口及各中段马头门等处,宜设电视监控系统。

6.5.5.6 大、中型矿山的井底车场和主要运输水平,应根据井下铁路的运输特点、运输繁忙程度和运输需要,设计铁路信号。

6.5.5.7 在井底车场内和主要运输水平同时作业机车多于 3 台的情况下,井下铁路信号系统可采用电气集中设备或采用微机监控系统。

6.5.5.8 井下铁路信号电源为二级负荷,应有一路专用电源和一路备用电源。交流电源的引入,应采用变压器隔离、对地绝缘系统。

6.5.5.9 井下铁路信号电缆,宜采用裸钢带铠装铜芯信号电缆。

6.5.6 保护接地

6.5.6.1 井下所有电气设备的金属外壳及电缆的配件、金属外皮等,均应接地。巷道中接近电缆线路的金属构筑物等也应接地。

6.5.6.2 下列地点,应设置局部接地极:
—— 装有固定电气设备的硐室和单独的高压配电装置;
—— 采区变电所和工作面配电点;
—— 铠装电缆每隔 100 m 左右应接地一次,接线盒的金属外壳也应接地。

6.5.6.3 矿井电气设备保护接地系统应形成接地网:
—— 所有需要接地的设备和局部接地极,均应与接地干线连接;接地干线应与主接地极连接;
—— 移动式和携带式电气设备,应采用橡套电缆的接地芯线接地,并与接地干线连接;
—— 所有应接地的设备,应有单独的接地连接线,不应将其接地连接线串联连接;
—— 所有电缆的金属外皮,均应有可靠的电气连接和接地。无电缆金属外皮可利用时,应另敷设接地干线和接地极。

6.5.6.4 各中段的接地干线,均应与主接地极相连。敷设在钻孔中的电缆,如不能与井下接地干线连接,应将主接地极设在地面。钻孔金属套管可用作接地极。

6.5.6.5 主接地极应设在井下水仓或积水坑中,且应不少于两组。
局部接地极可设于积水坑、排水沟或其他适当地点。

6.5.6.6 接地极应符合下列要求:
—— 主接地极设置在水仓或水坑内时,应采用面积不小于 0.75 m^2、厚度不小于 5 mm 的钢板;
—— 局部接地极设置在排水沟中时,应采用面积不小于 0.6 m^2、厚度不小于 3.5 mm 的钢板,或具有同样面积而厚度不小于 3.5 mm 的钢管,并应平放于水沟深处;
—— 局部接地极设置在其他地点时,应采用直径不小于 35 mm、长度不小于 1.5 m、壁厚不小于 3.5 mm 的钢管,钢管上至少应有 20 个直径不小于 5 mm 的孔,并竖直埋入地下。

6.5.6.7 接地干线应采用截面积不小于 100 mm^2、厚度不小于 4 mm 的扁钢,或直径不小于 12 mm 的圆钢。

电气设备的外壳与接地干线的连接线(采用电缆芯线接地的除外)、电缆接线盒两头的电缆金属连接线,应采用截面积不小于 48 mm^2、厚度不小于 4 mm 的扁钢或直径不小于 8 mm 的圆钢。

6.5.6.8 接地装置所用的钢材,应镀锌或镀锡。接地装置的连接线应采取防腐措施。

6.5.6.9 当任一主接地极断开时,在其余主接地极连成的接地网上任一点测得的总接地电阻,不应大于 2 Ω。

每台移动式或手持式电气设备与接地网之间的保护接地线,其电阻值应不大于 1 Ω。
高压系统的单相接地电流大于 20 A 时,接地装置的最大接触电压应不大于 40 V。
接地线及其连接部位,应设在便于检查和试验的地方。

6.5.7 检查和维修

6.5.7.1 电气设备的检查、维修和调整等,应建立表 9 所列的主要检查制度。检查中发现的问题应及时处理,并应及时将检查结果记录存档。

表 9 电气设备主要检查制度

检 查 项 目	检查时间
井下自动保护装置检查	每季1次
主要电气设备绝缘电阻测定	每季1次
井下全部接地网和总接地网电阻测定	每季1次
高压电缆耐压试验、橡套电缆检查	每季1次
新安装和长期没运行的电气设备,合闸前应测量绝缘和接地电阻	投入运行前

6.5.7.2 变压器等电气设备使用的绝缘油,应每年进行一次理化性能及耐压试验;操作频繁的电气设备使用的绝缘油,应每半年进行1次耐压试验。理化性能试验或耐压试验不合格的,应更换。

补充到电气设备中的绝缘油,应与原用油的性质相同,并事先经过耐压试验。

应定期检查油浸泡电气设备的绝缘油量,并保持规定的油量。

6.5.7.3 矿井电气工作人员,应遵守下列规定:
—— 对重要线路和重要工作场所的停电和送电,以及对700 V以上的电气设备的检修,应持有主管电气工程技术人员签发的工作票,方准进行作业;
—— 不应带电检修或搬动任何带电设备(包括电缆和电线);检修或搬动时,应先切断电源,并将导体完全放电和接地;
—— 停电检修时,所有已切断的开关把手均应加锁,应验电、放电和将线路接地,并且悬挂"有人作业,禁止送电"的警示牌。只有执行这项工作的人员,才有权取下警示牌并送电;
—— 不应单人作业。

6.5.7.4 供给移动式机械(装岩机、电钻)电源的橡套电缆,靠近机械的部分可沿地面敷设,但其长度应不大于45 m,中间不应有接头,电缆应安放适当,以免被运转机械损坏。

6.5.7.5 移动式机械工作结束后,司机离开机械时,应切断机械的工作电源。

6.5.7.6 橡套电缆的接头,其芯线应焊接或熔焊,接头的外层胶应用硫化热补法进行补接;或采用矿山专用插接件连接。

6.6 防排水

6.6.1 一般规定

6.6.1.1 存在水害的矿山企业,建设前应进行专门的勘察和防治水设计。勘察和设计应由具有相应资质的单位完成。防治水设计应为矿山总体设计的一部分,与矿山总体设计同时进行。

6.6.1.2 水害严重的矿山企业,应成立防治水专门机构,在基建、生产过程中持续开展有关防治水方面的调查、监测和预测预报工作。

6.6.2 地面防水

6.6.2.1 应查清矿区及其附近地表水流系统和汇水面积、河流沟渠汇水情况、疏水能力、积水区和水利工程的现状和规划情况,以及当地日最大降雨量、历年最高洪水位,并结合矿区特点建立和健全防水、排水系统。

6.6.2.2 每年雨季前,应由主管矿长组织一次防水检查,并编制防水计划。其工程应在雨季前竣工。

6.6.2.3 矿井(竖井、斜井、平硐等)井口的标高,应高于当地历史最高洪水位 1 m 以上。工业场地的地面标高,应高于当地历史最高洪水位。特殊情况下达不到要求的,应以历史最高洪水位为防护标准修筑防洪堤,井口应筑人工岛,使井口高于最高洪水位 1 m 以上。

6.6.2.4 井下疏干放水有可能导致地表塌陷时,应事前将塌陷区的居民迁走、公路和河流改道,才能进行疏放水。

6.6.2.5 矿区及其附近的积水或雨水有可能侵入井下时,应根据具体情况,采取下列措施:
—— 容易积水的地点,应修筑泄水沟;泄水沟应避开矿层露头、裂缝和透水岩层;不能修筑沟渠时,可用泥土填平压实;范围太大无法填平时,可安装水泵排水;
—— 矿区受河流、洪水威胁时,应修筑防水堤坝;河流穿过矿区的,应采用留保安矿柱或充填法采矿的方法保护河床不塌陷,或将河流改道至开采影响范围以外;
—— 漏水的沟渠和河流,应及时防水、堵水或改道;
—— 排到地面的井下水及地表集中排水,应引出矿区;
—— 雨季应设专人检查矿区防洪情况;
—— 地面塌陷、裂缝区的周围,应设截水沟或挡水围堤;
—— 不应往塌陷区引水;
—— 有用的钻孔,应妥善封盖。报废的竖井、斜井、探矿井、钻孔和平硐等,应封闭,并在周围挖掘排水沟,防止地表水进入地下采区;
—— 影响矿区安全的落水洞、岩溶漏斗、溶洞等,均应严密封闭。

6.6.2.6 废石、矿石和其他堆积物,应避开山洪方向,以免淤塞沟渠和河道。

6.6.3 井下防水

6.6.3.1 矿山企业应调查核实矿区范围内的小矿井、老井、老采空区,现有生产井中的积水区、含水层、岩溶带、地质构造等详细情况,并填绘矿区水文地质图。

应查明矿坑水的来源,掌握矿区水的运动规律,摸清矿井水与地下水、地表水和大气降雨的水力关系,判断矿井突然涌水的可能性。

6.6.3.2 对积水的旧井巷、老采区、流砂层、各类地表水体、沼泽、强含水层、强岩溶带等不安全地带,应留设防水矿(岩)柱。防水矿(岩)柱的尺寸由设计确定,在设计规定的保留期内不应开采或破坏。在上述区域附近开采时,应事先制定预防突然涌水的安全措施。

6.6.3.3 一般矿山的主要泵房,进口应装设防水门。

水文地质条件复杂的矿山,应在关键巷道内设置防水门,防止泵房、中央变电所和竖井等井下关键设施被淹。防水门的位置、设防水头高度等应在矿山设计中总体考虑。

同一矿区的水文条件复杂程度明显不同的,在通往强含水带、积水区和有大量突然涌水可能区域的巷道,以及专用的截水、放水巷道,也应设置防水门。

防水门应设置在岩石稳固的地点,由专人管理,定期维修,确保其经常处于良好的工作状态。

6.6.3.4 对接近水体的地带或可能与水体有联系的地段,应坚持"有疑必探,先探后掘"的原则,编制探水设计。探水孔的位置、方向、数目、孔径、每次钻进的深度和超前距离,应根据水头高低、岩石结构与硬度等条件在设计中规定。

6.6.3.5 探水前应做好下列准备工作：
——检查钻孔附近坑道的稳定性；
——清理巷道、准备水沟或其他水路；
——在工作地点或附近安装电话；
——巷道及其出口,应有良好照明和畅通的人行道；巷道的一测悬挂绳子(或利用管道)作扶手；
——对断面大、岩石不稳、水头高的巷道进行探水,应有经主管矿长批准的安全措施计划。

6.6.3.6 钻凿探水孔时,若发现岩石变软,或沿钻杆向外流水超过正常凿岩供水量等现象,应停止凿岩。此时,不应移动钻杆,除派人监视水情外,应立即报告主管矿长采取安全措施。在可能出现大水的地层中探水时,探水孔应设孔口管及闸阀,以便控制水量。

6.6.3.7 相邻的井巷或采区,如果其中之一有涌水危险,则应在井巷或采区间留出隔离安全矿柱,矿柱尺寸由设计确定。

6.6.3.8 掘进工作面或其他地点发现透水预兆,如出现工作面"出汗"、顶板淋水加大、空气变冷、产生雾气、挂红、水叫、底板涌水或其他异常现象时,应立即停止工作,并报告主管矿长,采取措施。如果情况紧急,应立即发出警报,撤出所有可能受水威胁地点的人员。

6.6.3.9 探水、放水工作,应由有经验的人员根据专门设计进行；放水量应按照排水能力和水仓容积进行控制。放水钻孔应安装孔口管和闸阀,紧急情况下可关闭。

6.6.3.10 对老采空区、硫化矿床氧化带的溶洞、与深大断裂有关的含水构造进行探水,以及被淹井巷排水和放水作业时,为预防被水封住的、或水中溶解的有害气体逸出造成危害,应事先采取通风安全措施,并使用防爆照明灯具。发现有害气体、易燃气体泄出,应及时采取处置措施。

6.6.3.11 受地下水威胁的矿山企业,应考虑矿床疏干问题。直接揭露含水体的放水疏干工程,施工前应先建好水仓、水泵房等排水设施。地下水位降到安全水位之前,不应开始采矿。

6.6.3.12 裸露型岩溶充水矿区、地面塌陷发育的矿区,应做好气象观测,做好降雨、洪水预报；封堵可能影响生产安全的、井下揭露的主要岩溶进水通道,应对已采区构建挡水墙隔离；雨季应加密地下水的动态观测,并进行矿井涌水峰值的预报。

6.6.3.13 井筒掘进时,预测裸露段涌水量大于 20 m³/h,宜采用预注浆堵水。巷道穿越强含水层或高压含水断裂破碎带之前,宜先进行工作面预注浆,进行堵水与加固后再掘进。

6.6.4 井下排水设施

6.6.4.1 井下主要排水设备,至少应由同类型的 3 台泵组成。工作水泵应能在 20 h 内排出一昼夜的正常涌水量；除检修外,其他水泵应能在 20 h 内排出一昼夜的最大涌水量。井筒内应装设两条相同的排水管,其中一条工作,一条备用。

6.6.4.2 井底主要泵房的出口应不少于两个,其中一个通往井底车场,其出口应装设防水门；另一个用斜巷与井筒连通,斜巷上口应高出泵房地面标高 7 m 以上。泵房地面标高,应高出其入口处巷道底板标高 0.5 m(潜没式泵房除外)。

6.6.4.3 水仓应由两个独立的巷道系统组成。涌水量较大的矿井,每个水仓的容积,应能容纳 2 h～4 h 的井下正常涌水量。一般矿井主要水仓总容积,应能容纳 6 h～8 h 的正常涌水量。

水仓进水口应有箅子。采用水砂充填和水力采矿的矿井,水进入水仓之前,应先经过沉淀池。水沟、沉淀池和水仓中的淤泥,应定期清理。

6.7 防火和灭火

6.7.1 一般规定

6.7.1.1 地面防火,应遵守 5.9.2 的规定。

6.7.1.2 应结合湿式作业供水管道,设计井下消防水管系统。

6.7.1.3 井下消防供水水池容积应不小于 200 m^3。管道规格应考虑生产用水和消防用水的需要。用木材支护的竖井、斜井及其井架和井口房、主要运输巷道、井底车场硐室,应设置消防水管。生产供水管兼作消防水管时,应每隔 50 m～100 m 设支管和供水接头。

6.7.1.4 木材场、有自燃发火危险的排土堆、炉渣场,应布置在距离进风口常年最小频率风向上风侧 80 m 以外。

6.7.1.5 主要进风巷道、进风井筒及其井架和井口建筑物,主要扇风机房和压入式辅助扇风机房,风硐及暖风道,井下电机室、机修室、变压器室、变电所、电机车库、炸药库和油库等,均应用非可燃性材料建筑,室内应有醒目的防火标志和防火注意事项,并配备相应的灭火器材。

6.7.1.6 井下各种油类,应单独存放于安全地点。装油的铁桶应有严密的封盖。应采用输油泵或唧管输油,尽量减少漏油。储存动力油的硐室应有独立回风道,其储油量不应超过 3 昼夜的需用量。

6.7.1.7 井下柴油设备或油压设备,出现漏油应及时处理。

6.7.1.8 不得用火炉或明火直接加热井下空气,或用明火烘烤井口冻结的管道。
井下不得使用电炉和灯泡防潮、烘烤和亲暖。

6.7.1.9 井下输电线路和直接回馈线路通过木制井框、井架和易燃材料的部位,应采取有效的防止漏电或短路的措施。

6.7.1.10 在井下进行动火作业,应制定经主管矿长批准的防火措施。在井筒内进行焊接时,应派专人监护,焊接完毕应严格检查清理。在木结构井筒内焊接时,应在作业部位的下方设置收集火星、焊渣的设施,并派专人喷水淋湿和及时扑灭火星。

6.7.1.11 矿井发生火灾时,主扇是否继续运转或反风,应根据矿井火灾应急预案和当时的具体情况,由主管矿长决定。

6.7.2 防自燃发火

6.7.2.1 有自燃发火危险的矿井,至少应每月对井下空气成分、温度、湿度和水的 pH 值测定 1 次,以掌握内因火灾的特点和发火规律。

有自燃发火危险的大中型矿山企业,宜装备现代化的坑内环境监测系统,实行连续自动监测与报警。

有沼气渗出的矿山企业,应加强沼气的监测,下井人员应携带自救器。

6.7.2.2 开采有自燃发火危险的矿床,应采取以下防火措施:

——主要运输巷道和总回风道,应布置在无自然发火危险的围岩中,并采取预防性灌浆或者其他有效地防止自燃发火的措施;

——正确选择采矿方法,合理划分矿块,并采用后退式回采顺序。根据采取防火措施后矿床最短的发火期,确定采区开采期限。充填法采矿时,应采用惰性充填材料。采用其他采矿方法时,应确保在矿岩发火之前完成回采与放矿工作,以免矿岩自燃;

——采用黄泥灌浆灭火时,钻孔网度、泥浆浓度和灌浆系数(指浆中固体体积占采空区体积的百分比),应在设计中规定;

——尽可能提高矿石回收率,坑内不留或少留碎块矿石,工作面不应留存坑木等易燃物;

——及时充填需要充填的采空区;

——严密封闭采空区的所有透气部位;

——防止上部中段的水泄漏到采矿场,并防止水管在采场漏水。

6.7.3 井下灭火

6.7.3.1 发现井下起火,应立即采取一切可能的方法直接扑灭,并迅速报告矿调度室;区、队、班、组长,应按照矿井火灾应急预案,首先将人员撤离危险地区,并组织人员,利用现场的一切工具和器材及时灭火。

火源无法扑灭时,应封闭火区。

6.7.3.2 电气设备着火时,应首先切断电源。在电源切断之前,只准用不导电的灭火器材灭火。

6.7.3.3 主管矿长接到火灾报告后,应立即组织有关人员,查明火源及发火地点的情况,根据矿井火灾应急预案,拟定具体的灭火和抢救行动计划。同时,应有防止风流自然反向和有害气体蔓延的措施。

6.7.3.4 需要封闭的发火地点,可先采取临时封闭措施,然后再砌筑永久性防火墙。进行封闭工作之前,应由佩戴隔绝式呼吸器的救护队员检查回风流的成分和温度。在有害气体中封闭火区,应由救护队员佩戴隔绝式呼吸器进行。在新鲜风流中封闭火区,应准备隔绝式呼吸器。如发现有爆炸危险,应暂停工作,撤出人员,并采取措施,加以清除。

6.7.3.5 防火墙应符合下列规定:

——严密坚实;

——在墙的上、中、下部,各安装一根直径 30 mm~100 mm 的铁管,以便取样、测温、放水和充填,铁管露头要用带螺纹的塞子封闭;

——设人行孔,封闭工作结束,应立即封闭人行孔。

6.7.4 火区管理

6.7.4.1 对已封闭的火区,应建立火区检查记录档案,绘制火区位置关系图。这些资料应永久保存。

6.7.4.2 永久性防火墙应编号,并标记在火区位置关系图和通风系统图上。矿山企业应定期或不定期测定火区内的空气成分、温度、湿度和水的 pH 值,检测、分析结果应记录存档。若发现封闭不严或有其他缺陷以及火区内有异常变化,应及时处理和报告。

6.7.4.3 封闭火区的启封和恢复开采,应根据测定结果确认封闭火区内的火已熄灭,并制定安全措施,报主管矿长批准,方可进行。

火区面积不大时,可采用一次性启封,先打开回风侧,无异常现象再打开进风侧;火区面积较大时,应设多道调节门,分段启封,逐步推进。

6.7.4.4 启封火区的风流,应直接引入回风流,回风流经过的巷道中的人员应事先撤出。恢复火区通风时,应监测回风流中有害气体的浓度,发现有复燃征兆,应立即停止通风,重新封闭。

6.7.4.5 火区启封后3天内,应由矿山救护队每班进行检查测定气体成分、温度、湿度和水的pH值,证明一切情况良好,方可转入生产。

6.7.4.6 在活动性火区附近(下部和同一中段)进行回采时,应留防火矿柱,其设计和安全措施,应经主管矿长批准。

7 职业危害防治

7.1 管理和监测

7.1.1 矿山企业应加强职业危害的防治与管理,做好作业场所的职业卫生和劳动保护工作,采取有效措施控制职业危害,保证作业场所符合国家职业卫生标准。

7.1.2 矿山企业应配备足够数量的测尘仪器、气体测定分析仪器、水质测定分析仪器和其他有关职业健康方面的仪器等,并应按国家规定进行校准。

7.1.3 矿山企业应经常检查防尘设施,发现问题及时处理,保证防尘设施正常运转。

7.1.4 矿山企业应对作业地点的气象条件(温度、湿度和风速等),每月至少测定1次。

7.1.5 矿山企业应按国家规定对生产性粉尘进行监测,并遵守下列规定:
——总粉尘:定期测定作业场所的空气含尘浓度,凿岩工作面应每月测定1次,并逐月进行统计分析、上报和向职工公布;
——呼吸性粉尘:采、掘(剥)工作面接尘人员每3个月测定两次;每个采样工种分两个班次连续采样,1个班次内至少采集2个有效样品,先后采集的有效样品不应少于4个;定点呼吸性粉尘监测每月测定1次;

作业地点粉尘中游离二氧化硅的含量,应每年至少测定1次,每次测定的有效样品数应不少于3个。

开采深度大于200 m的露天矿山企业,在气压较低的季节应适当增加测定次数。

7.1.6 防尘用水中的固体悬浮物及pH值,应每年测定2次(采用生活用水防尘可不作测定)。

7.1.7 矿井空气中有害气体的浓度,应每月测定1次。井下空气成分的取样分析,应每半年进行1次。进行硐室爆破和更换炸药时,应在爆破前、后进行空气成分测定。

7.1.8 空气中含放射性元素的作业地点,粉尘浓度应每月至少测定3次;氡及其子体的浓度,应每周测定1次,浓度变化较大时,每周测定3次。

7.1.9 工作场所操作人员每天连续接触噪声的时间,应随噪声声级的不同而异,并应符合表10的规定。但最高限值不应超过115 dB(A)。接触碰撞和冲击等的脉冲噪声,应不超过表11的规定。

表 10 允许噪声暴露

日接触噪声时间/h	卫生限值/[dB(A)]
8	85
4	88
2	91

表 10（续）

日接触噪声时间/h	卫生限值/[dB(A)]
1	94
1/2	97
1/4	100
1/8	103

表 11 工作地点脉冲噪声声级的卫生限值

工作日接触脉冲次数	峰值/dB
100	140
1 000	130
10 000	120

应积极采取防止噪声的措施，消除噪声危害。达不到噪声标准的作业场所，作业人员应佩戴防护用具。

7.1.10 矿区生活用水的水源选择、水源卫生防护及水质标准，应符合 GB 5749、GBZ 1 和 GBZ 2 的规定。

矿山企业应每月进行 1 次水质检验，水质不合格的不应供给饮用。

7.1.11 井下污水的排放，不应污染矿区周围水源和危害农作物。

含放射性及其他有害物质的工业废水，应经净化处理达到排放标准，方准排放。

7.1.12 井下（不含放射性矿山）就餐室，应设于空气新鲜的进风巷道内，且经常保持清洁卫生。保健食品的装运器具应加盖、经常消毒，并由专人运送。

7.1.13 有放射性的矿山，不应在井下饮水和就餐。不应在有沼气和放射性的矿山井下吸烟。

7.1.14 每一中段，应在顶板稳固、通风良好的地点设置井下厕所，并经常清扫和消毒。

7.1.15 每个矿井应有浴室、更衣室，并能满足人数最多班的全体人员在 1 h 内洗完澡的要求。更衣室应有衣柜、衣架和通风除尘设备，室内气温应不低于 20 ℃。

有放射性的矿山不应在浴室设浴池，只能设淋浴设施。污染的衣物，应与非污染的衣物分开存放，不得将污染衣物带回居住区。

7.1.16 露天矿破碎场、排土场等粉尘和有毒有害气体污染源，应位于工业场地和居民区的最小频率风向的上风侧。

7.1.17 坑口、露天采场应设保健站或医务室，并备有电话、急救药品和担架。

7.1.18 深凹露天矿，应有通风措施。

7.1.19 矿山企业应根据气候特点，采取防暑降温措施或防冻避寒措施。

7.1.20 露天矿汽车运输的道路，应采取防尘措施。

7.1.21 地面和井下（有放射性的矿山除外）作业地点附近，应设饮水站，及时供给职工符合卫生标准的饮用水。在边远地点作业的人员，应发给随身携带的水壶。每个矿山应设专人供应饮用水。饮水容器应有保温装置，并加盖上锁。

7.1.22　矿山企业应按国家规定,对生产性毒物、物理性职业危害因素等进行定期监测,并遵守下列规定:
　　——铅、苯、汞及其他有毒物质,每3个月测定1次;
　　——噪声、放射线及其他物理因素每年至少测定1次;
　　监测结果应建档,并按规定上报有关主管部门。

7.2　健康监护

7.2.1　矿山企业应按国家有关法律、法规的规定,对新入矿工人应进行职业健康检查(如胸透、听力测定、血液化验等指标),并建立健康档案;对接尘工人的职业健康检查应拍照胸大片;不适合从事矿山、井下作业者不应录用。

7.2.2　对接触粉尘及其他有毒有害物质的作业人员,应定期进行健康检查。
　　应按照卫生部规定的职业病范围和诊断标准,定期对职工进行职业病鉴定和复查,并建立职工健康档案。体检鉴定患有职业病或职业禁忌证,并确诊不适合原工种的,应及时调离。

7.2.3　下列病症患者,不应从事接尘作业:
　　——各种活动性肺结核或活动性肺外结核;
　　——上呼吸道或支气管疾病严重,如萎缩性鼻炎、鼻腔肿瘤、气管喘息及支气管扩张;
　　——显著影响肺功能的肺脏或胸膜病变,如肺硬化、肺气肿、严重胸膜肥厚与粘连;
　　——心、血管器质性疾病,如动脉硬化症、Ⅱ、Ⅲ期高血压症及其他器质性心脏病;
　　——曾有接尘史,并已产生影响的;
　　——经医疗鉴定,不适于接尘的其他疾病。

7.2.4　下列病症患者,不应从事井下作业:
　　——7.2.3所列病症;
　　——听力已下降,严重耳聋;
　　——风湿病(反复活动);
　　——癫痫症;
　　——精神分裂症;
　　——经医疗鉴定,不适合从事井下作业的其他疾病。

7.2.5　血液常规检查不正常者,不应从事有放射性的矿山井下作业。

7.2.6　对职工的健康检查,应每2年进行1次,并建立职工健康档案。对检查出的职业病患者,应按国家规定及时给予治疗、疗养和调离有害作业岗位。

金属非金属矿山提升系统日常检查和定期检测检验管理规范(AQ 2068—2019)

前　　言

本标准的全部技术内容为强制性条款。

本标准按照 GB/T 1.1—2009 给出的规则起草。

本标准由中华人民共和国应急管理部提出。

本标准由全国安全生产标准化技术委员会非煤矿山安全分技术委员会(SAC/TC 288/SC 2)归口。

本标准起草单位:山东公信安全科技有限公司、中国安全生产科学研究院、洛阳正方圆重矿机械检验技术有限责任公司、鲁中矿业有限公司、山东金岭矿业股份有限公司、招金矿业股份有限公司。

本标准主要起草人:张振安、李双会、李旗、荀明利、宋宪旺、毕波、王永起、郝宁波、姜建军。

1　范围

本标准规定了金属非金属矿山在用提升系统的基本要求、日常检查、定期检测检验和结果处理。

本标准适用于金属非金属矿山企业对在用提升系统的日常检查和定期检测检验管理。

2　规范性引用文件

下列文件对于本文件的应用是必不可少的。凡是注日期的引用文件,仅注日期的版本适用于本文件。凡是不注日期的引用文件,其最新版本(包括所有的修改单)适用于本文件。

GB/T 7679.3—2005　矿山机械术语　第3部分:提升设备

3　术语和定义

GB/T 7679.3—2005 界定的以及下列术语和定义适用于本文件。为了便于使用,以下重复列出了 GB/T 7679.3—2005 中的某些术语和定义。

3.1

提升系统　hoisting system

用于提升矿(岩)石、升降生产物资及人员的提升机或提升绞车及配套设施的总称。

3.2

提升绞车　hoisting winder

在矿井中提升和下放人员及物料的矿用绞车。

3.3

矿用绞车　mine winder

卷筒直径 2 m 以下（不包括 2 m），通过卷筒旋转带动与钢丝绳相连的提升容器或辅具在矿井、巷道或采场中提升、下放人员和物料以及进行作业的机电设备。

3.4

主要提升　main hoist

指矿井或盘区的集中提升。

3.5

日常检查　routine inspection

在生产活动中，为保证提升系统安全运行，由指定的专职人员依据规定和程序对提升系统进行日常观察、测量及试验的活动。

3.6

定期检测检验　regular testing-inspecting

依法取得资质的机构按规定的周期对提升系统进行检查、测量，并出具有证明作用的数据和结果的活动。

4 基本要求

4.1 人员

4.1.1 矿山企业应配备专业技术和管理人员，负责提升系统的安全运行管理工作。

4.1.2 矿山企业应配备专业人员负责提升系统的检修、维护和日常检查工作。

4.1.3 矿山企业应配备专职人员负责提升系统的运行操作。

4.1.4 特种作业人员应经培训并考核合格，持证上岗。

4.2 制度

4.2.1 矿山企业应建立健全提升系统日常检查和定期检测检验制度。

4.2.2 日常检查制度应包括巡回检查、日检、周检、月检的内容。

5 日常检查

5.1 交接班时或操作前检查

5.1.1 提升机（提升绞车）操作人员在交接班时应确认提升机（提升绞车）处于正常状态。

5.1.2 提升机（提升绞车）操作人员在升降人员之前应确认提升机（提升绞车）处于正常状态。

5.1.3 把钩人员在每次提升前应核实提升载荷，提升设备不应超载运行。对超大超重等特殊的提升，应根据实际情况制定安全技术措施。

5.1.4 人工发送信号的提升系统，信号工在交接班时应对提升信号装置进行检查试验，提升信号装置应符合以下要求：

   a) 竖井罐笼提升系统，信号应能从各中段发给井口总信号工、井口总信号工转发给提升机司机，井口信号与提升机（提升绞车）的启动应有闭锁；井口、井底和中间运输巷的安全门、摇台或托台应与提升信号闭锁。

   b) 竖井箕斗提升系统，信号应能从各装矿点发给提升机司机，装矿点信号与提升机（提升绞车）的启动应有闭锁关系。

   c) 斜井提升系统，应有从井底到井口、井口到机房的声光信号，井口信号装置应同提升机(提升绞车)的控制回路相闭锁,只有井口信号工发出信号后,提升机(提升绞车)才能正常运行。使用斜井人车升降人员时,斜井人车的跟车人在运行途中任何地点都能向司机发送紧急停车的信号。

5.1.5 自动化提升系统每班在自动化提升运行前应由专职人员确认提升系统的各部分处于正常状态。

5.2 运行中巡回检查

5.2.1 操作和维修人员应按日常检查制度规定进行巡回检查。

5.2.2 巡回检查中发现下列情况时,应及时停车处理:
 a) 制动盘两侧或制动轮上有降低摩擦系数的介质(如油、水等)、油污;
 b) 液压离合器的油缸、制动器的油缸及其液压管路漏油;
 c) 其他异常。

5.3 安全保险装置检查

5.3.1 提升系统的以下保险装置应每天进行检查,并符合规定要求。
 a) 过卷保护装置:当提升容器超过正常终端停止位置或出车平台 0.5 m 时,应能自动断电,同时实施安全制动。不能再向过卷方向接通电动机电源的联锁装置应灵敏可靠。
 b) 过速保护装置:当提升速度超过规定速度的 15% 时,应能自动断电,同时实施安全制动。
 c) 限速保护装置:罐笼提升系统最高速度超过 4 m/s 和箕斗提升系统最高速度超过 6 m/s 时,限速装置应能保证提升容器接近预定停车点时的速度不超过 2 m/s。
 d) 闸间隙保护装置:当闸间隙超过规定值时能自动报警或自动断电。
 e) 松绳保护装置:卷筒直径在 3 m 以上的缠绕式提升机,装设的松绳保护装置,用于竖井提升时,在钢丝绳松弛时应能自动断电并报警;用于斜井提升时,在钢丝绳松弛时应能自动报警。
 f) 减速功能保护装置:当提升容器或平衡锤到达设计减速位置时,应能自动减速或发出减速信号。
 g) 深度指示器失效保护装置:当深度指示器失效时,应能自动断电并实施安全制动。
 h) 过负荷及无电压保护装置:当提升机过负荷时,应能自动断电,同时实施安全制动;当提升机供电中断时,应能实施安全制动,复电时不应自启动。
 i) 保护装置双线型式:过卷保护装置、过速保护装置、限速保护装置和减速功能保护装置应为相互独立的双线型式。
 j) 紧急停车功能:紧急停车功能应灵敏可靠。
 k) 调绳离合器的防脱开保护装置:双卷筒缠绕式提升机(提升绞车)在正常运行状态,调绳离合器向脱开方向位移时,应能自动断电,同时实施安全制动。

5.3.2 在用斜井人车的断绳保险器,应每天进行一次手动落闸试验,每月进行一次静止松绳落闸试验。

5.4 钢丝绳检查

5.4.1 应由专职人员对提升钢丝绳每天进行一次检查,每周进行一次详细检查,每月进行一次全面检查;对平衡绳(尾绳)和罐道绳每月进行一次详细检查,并符合以下要求:

a) 人工检查时的速度应不高于 0.3 m/s,采用仪器检查时的速度应符合仪器的要求。
b) 钢丝绳一个捻距内的断丝断面积与钢丝总断面积之比,应小于下列数值:
   1) 提升钢丝绳,5%;
   2) 平衡钢丝绳、防坠器的制动钢丝绳(包括缓冲绳),10%;
   3) 罐道钢丝绳,15%;
   4) 倾角30°以下的斜井提升钢丝绳,10%。
c) 以钢丝绳标称直径为准计算的直径减小量应小于下列数值:
   1) 提升钢丝绳或制动钢丝绳,10%;
   2) 罐道钢丝绳,15%。
d) 密封钢丝绳外层钢丝厚度磨损量应小于50%。
e) 升降人员的钢丝绳的钢丝不应有变黑、锈皮、点蚀麻坑等损伤。
f) 钢丝绳不应锈蚀严重,或点蚀麻坑形成沟纹,或外层钢丝松动。
g) 平衡钢丝绳(尾绳)最低处,不应被水淹或渣埋。

5.4.2 钢丝绳在运行中遭受到卡罐或突然停车等猛烈拉力时,应立即停止运转,进行检查、测量,发现下列情况之一者,应将受力段切除或更换全绳:
a) 钢丝绳产生严重扭曲或变形;
b) 断丝或直径减小量超过 5.4.1 的规定;
c) 受到猛烈拉力的一段的长度伸长 0.5% 以上。

在钢丝绳使用期间,断丝数突然增加或伸长突然加快,应立即更换。

5.4.3 运转中的多绳摩擦提升机,应每周检测一次首绳的张力,若任意一根提升钢丝绳的张力与平均张力之差超过±10%,应进行调绳。

5.4.4 缠绕式提升机(提升绞车)钢丝绳在卷筒上的固定情况应每周检查一次。

5.5 制动系统检查

5.5.1 制动闸松闸时闸瓦与制动轮或制动盘的间隙应每天进行检测,间隙应不大于 2 mm。

5.5.2 二级制动液压系统的一级油压值及作用时间应每月进行一次模拟安全制动试验,油压值应符合规定要求,作用时间与前期试验无明显差别。

5.5.3 制动油残压应每天进行检查,残压值应符合规定。

5.5.4 制动油压力监测保护装置或报警装置应每天进行检查,动作应灵敏可靠。

5.6 提升系统检查

5.6.1 每天应由专职人员对提升容器、连接装置、防坠器、罐耳、罐道、阻车器、罐座、摇台(或托台)、装卸矿设施、天轮(导向轮),以及提升机(提升绞车)的各部分,包括卷筒、制动装置、深度指示器、防过卷装置、限速器、调绳装置、传动装置、电动机和控制设备等检查一次。

5.6.2 每月应由矿山企业机电部门组织有关人员对提升系统全面检查一次。

6 定期检测检验

6.1 矿山企业应按表1规定的检测检验周期制定检测检验计划,委托有相应资质的检测检验机构进行定期检测检验。定期检测检验合格的提升系统应在提升机(提升绞车)房或硐室内明显位置张贴或悬挂检测检验机构签发的定期检测检验合格证。

表 1 定期检测检验周期

序号	名　称	定期检测检验周期
1	升降人员的提升机(提升绞车)	1年
2	升降人员和物料的提升机(提升绞车)	1年
3	升降物料的提升机(提升绞车)	3年
4	斜井人车	1年
5	竖井防坠器	1年
6	悬挂前的钢丝绳	悬挂前6个月内
7	升降人员的缠绕式提升钢丝绳	自悬挂时起,6个月;有腐蚀介质的矿山,3个月
8	升降人员和物料的缠绕式提升钢丝绳	自悬挂时起,6个月;有腐蚀介质的矿山,3个月
9	升降物料的缠绕式提升钢丝绳	自悬挂时起,第一次1年,以后6个月
10	悬挂吊盘用的钢丝绳	自悬挂时起,1年
11	天轮轴(探伤)	2年
12	提升机(提升绞车)的主轴(探伤)	2年
13	钢丝绳与提升容器的连接装置(探伤)	2年
14	窄轨矿车连接插销、连接链	新购置使用前进行检验

6.2 有下列情况之一时,也应委托有资质的检测检验机构进行检测检验:
  a) 新安装、大修后投入使用前;
  b) 停止运行时间超过1年,重新投入使用前;
  c) 经过重大自然灾害可能使相关结构件强度、刚度、稳定性或其他重要性能受到影响的设备使用前。

6.3 矿山企业委托检测检验机构进行检测检验时应与检测检验机构签订技术服务合同,明确检测检验对象、范围、依据的标准(规范),以及双方权利、义务和责任等。

6.4 矿山企业应为定期检测检验提供相应的时间并予以配合。

7 日常检查和定期检测检验结果处理

7.1 日常检查应有记录并将记录存档,记录保存期为1年。

7.2 在日常检查和定期检测检验中发现的安全隐患,矿山企业应按规定及时落实整改,整改过程中应当采取相应的安全防范措施,防止事故发生。

7.3 定期检测检验结论不合格的提升系统应停止使用。

金属非金属地下矿山无轨运人车辆安全技术要求(AQ 2070—2019)

前 言

本标准的全部技术内容为强制性条款。

本标准按照 GB/T 1.1—2009 给出的规则起草。

本标准由中华人民共和国应急管理部提出。

本标准由全国安全生产标准化技术委员会非煤矿山安全分技术委员会(SAC/TC 288/SC 2)归口。

本标准起草单位:国家安全生产长沙矿山机电检测检验中心、长沙矿山研究院有限责任公司、北京安期生技术有限公司、青岛中鸿重型机械有限公司、招远华丰机械设备有限公司、汶上弘德工程机械有限公司、泰安市固安特工程机械有限公司、江苏凯途液压传动机械科技有限公司、金属矿山安全技术国家重点实验室。

本标准主要起草人:贺建国、翟守忠、何定源、齐吉富、刘志刚、刘立民、赵兴国、叶强、付鹏飞、陈淼、李广、李富伟、曹凤金、李宇、史志远、王四现、张杰、梁龙、曹胜、贺雪琼。

1 范围

本标准规定了金属非金属地下矿山无轨运人车辆的安全技术要求、检验方法和检验规则。

本标准适用于在金属非金属地下矿山斜坡道和(或)巷道中行驶的无防爆要求、柴油机驱动的无轨运人车辆。采用其他动力驱动的无轨运人车辆可参照使用。

2 规范性引用文件

下列文件对于本文件的应用是必不可少的。凡是注日期的引用文件,仅注日期的版本适用于本文件。凡是不注日期的引用文件,其最新版本(包括所有的修改单)适用于本文件。

GB 7258 机动车运行安全技术条件

GB 16423 金属非金属矿山安全规程

GB/T 17771 土方机械 落物保护结构 试验室试验和性能要求

GB/T 17772 土方机械 保护结构的实验室鉴定 挠曲极限量的规定

GB/T 17922 土方机械 滚翻保护结构 实验室试验和性能要求

GB 20891 非道路移动机械用柴油机排气污染物排放限值及测量方法(中国第三、四阶段)

GB/T 20969.1 特殊环境条件 高原机械 第1部分:高原对内燃动力机械的要求

GB 34655 客车灭火装备配置要求

AQ 1043 矿用产品安全标志标识

3 术语和定义

下列术语和定义适用于本文件。

3.1
无轨运人车辆 underground tyred personnel transportation vehicle

专门运送生产作业人员、在地下矿山斜坡道和(或)巷道中行驶的自行轮胎式车辆。

3.2
最小转弯半径 minimum turning radius

无轨运人车辆处于最大转角状态行驶时,旋转中心至车体外侧最远点之间的距离。

3.3
爬坡能力 gradeability

额定载荷条件下,无轨运人车辆能驶上的坡道角度。

3.4
行车制动系统 service braking system

供驾驶人使行驶中的无轨运人车辆减速或停止,且具有可调节作用的所有零部件的总称。

3.5
驻车制动系统 parking braking system

使停止的无轨运人车辆保持静止的所有零部件的总称。

3.6
应急制动系统 secondary braking system

在行车制动系统失效的情况下,供驾驶人使行驶中的无轨运人车辆停止的所有零部件的总称。

3.7
挠曲极限量(DLV) deflection-limiting volume

一位穿普通衣服、戴安全帽的成年男性坐姿尺寸的近似值,其尺寸符合 GB/T 17772 的规定。

4 安全技术要求

4.1 基本要求

4.1.1 无轨运人车辆应能适应矿山井下的特殊环境,外延、外露部件应考虑受矿山井下岩石的撞击,开口的结构和位置应避免岩石的散落造成堵塞及损坏。

4.1.2 无轨运人车辆应符合以下要求:
- ——采用符合 GB 20891 规定的柴油机,并能提供相应证明文件;
- ——柴油机的海拔适应类型符合 GB/T 20969.1 的规定;
- ——发动机舱内的所有燃油、润滑油、液压油管路远离柴油机的热表面,或在管路与柴油机的热表面之间安装隔热板或护罩,但隔热板或护罩的设置不影响发动机舱内的空气流动;
- ——排气系统的气流布置充分考虑乘坐人员的舒适和健康;

——连接电气设备的线缆具有阻燃性能。

4.1.3 无轨运人车辆应采取必要的防撞措施。

4.1.4 无轨运人车辆采用外购底盘时,不应更改原底盘的结构,且其布置方式和最大允许总质量、轴距、轴荷等主要参数不应超出原底盘的规定范围。

4.1.5 无轨运人车辆不应使用翻新轮胎。

4.1.6 无轨运人车辆设计乘人数应小于或等于25人(含驾驶人)。

4.1.7 无轨运人车辆的管理和使用应符合 GB 16423 的规定。

4.1.8 无轨运人车辆使用年限达到10年或累计行驶里程达到400 000 km 时,应予以报废。

4.1.9 无轨运人车辆应根据国家有关规定取得矿用产品安全标志,安全标志标识应施加在产品明显位置,并符合 AQ 1043 的规定。

4.2 整机性能

4.2.1 基本参数

无轨运人车辆的基本尺寸(长度、宽度、高度、轴距、轮距)、最小转弯半径、最大牵引力、整机质量应符合制造单位的设计要求,并在产品说明书中明示。

4.2.2 最小离地间隙

无轨运人车辆在额定载荷下的最小离地间隙应大于或等于240 mm。

4.2.3 车架摆动角

采用铰接式车架的无轨运人车辆,其车架摆动角应大于或等于±7°。

4.2.4 行驶速度

无轨运人车辆行驶速度应符合下列要求:

——各挡行驶速度应符合制造单位的设计要求;

——最高行驶速度不应大于25 km/h;

——若设计最高行驶速度大于25 km/h,则应具有限速功能或配备限速装置,限速装置应具有防护措施,以防止非授权调整。

4.2.5 爬坡能力

无轨运人车辆的最大爬坡能力应大于或等于25%。

4.3 制动系统

4.3.1 基本要求

4.3.1.1 无轨运人车辆应配备行车制动系统、驻车制动系统和应急制动系统,且行车制动系统和应急制动系统至少有一个为失效安全型。

4.3.1.2 行车制动系统应采用全封闭多盘湿式制动器。若采用全封闭多盘湿式弹簧制动器,制动液压回路可采取单回路,该种情况下可不另外配置驻车制动器和应急制动器,但应配置应急松闸装置;若采用全封闭多盘湿式液压制动器,制动液压回路应采取双回路或多回路,该种情况下若驻车制动系统可以满足应急制动系统的性能要求,可不另外配置应急制动器。

4.3.1.3 设计乘人数大于10人(含驾驶人)时,行车制动系统宜采用全封闭多盘湿式弹簧制动器。

4.3.1.4 驻车制动系统和应急制动系统的操纵机构应设置为制动后不能自动解除的工作方式,除非对其进行解除操纵。

4.3.1.5 驾驶人在驾驶座上应能操纵所有制动系统。当驾驶人单手操纵方向盘时,应能操纵行车制动系统和应急制动系统。

4.3.1.6 无轨运人车辆在运行过程中,所有制动系统不应有自行制动现象,但为保证无轨运人车辆安全运行而设置的安全保护除外。

4.3.2 行车制动系统

4.3.2.1 行车制动时,无轨运人车辆的所有车轮均应被制动。

4.3.2.2 行车制动系统应能使额定载荷条件下的无轨运人车辆在大于或等于25%的坡道上保持静止状态。

4.3.2.3 额定载荷条件下,行车制动系统的制动距离应小于或等于式(1)确定的制动距离限值。

$$S = \frac{vt}{3.6} + \frac{v^2}{26bg} \quad \cdots\cdots\cdots\cdots\cdots\cdots\cdots\cdots (1)$$

式中:
S ——制动距离限值,单位为米(m);
v ——制动初速度,单位为千米每小时(km/h);
t ——制动反应时间,行车制动器,$t=0.35$ s,应急制动器,$t=1$ s。
g ——标准重力加速度,取 9.81 m/s²;
b ——制动器效率,用百分数表示,行车制动器效率为无轨运人车辆设计的最大爬坡能力(用百分数表示)与8%之和,应急制动器效率为无轨运人车辆设计的最大爬坡能力(用百分数表示)与4%之和。

4.3.2.4 在额定载荷条件下,无轨运人车辆行驶过程中仅使用行车制动系统连续进行5次制动试验,第5次制动时的制动距离应小于或等于4.3.2.3所测得制动距离的1.25倍。

4.3.2.5 行车制动系统在4.3.2.3的制动过程中,无轨运人车辆的任何部位(不计入车宽的部位除外)不应超出式(2)确定的直线试验通道边缘线。

$$L = W + 0.5 \quad \cdots\cdots\cdots\cdots\cdots\cdots\cdots\cdots (2)$$

式中:
L ——试验通道宽度,单位为米(m);
W ——无轨运人车辆宽度,单位为米(m)。

4.3.3 驻车制动系统

4.3.3.1 驻车制动系统应采用机械制动,不应采用液压或气压制动。

4.3.3.2 驻车制动系统应能使额定载荷条件下的无轨运人车辆在大于或等于25%的坡道上保持静止状态。

4.3.3.3 驻车制动操纵机构的形状或颜色应与其他操纵机构有明显区别。

4.3.4 应急制动系统

4.3.4.1 额定载荷条件下,应急制动系统的制动距离应小于或等于式(1)确定的制动距离限值。

4.3.4.2 按4.3.4.1试验后,应急制动系统的外露传动部件不应有明显损伤。

4.4 操纵系统

4.4.1 无轨运人车辆应设置采用转向助力装置的方向盘,转向时其转向助力功能不应出现时有时无的现象,且转向助力装置失效时仍应具有用方向盘控制无轨运人车辆的能力。

4.4.2 无轨运人车辆应设置转向限位装置。转向系统在任何操作位置上,不应与其他部件有相互干扰现象。

4.4.3 在换挡装置上应有驾驶人在驾驶座位上即可识别的挡位位置标志,若换挡装置上难以布置,则应布置在换挡装置附近易见部位或仪表板上。

4.4.4 操纵手柄与相邻零部件之间的最小净宽距应符合表1的规定。脚踏板与相邻零部件之间的最小净宽距应符合表2的规定。

表 1 操作手柄与相邻零部件之间的最小净宽距

操纵手柄操纵力 N	最小净宽距 mm
≤50	≥25
>50	≥50

表 2 脚踏板与相邻零部件之间的最小净宽距

单位为毫米

踏板位置	最小净宽距
踏板前方	≥50
踏板两侧	≥50

4.4.5 操纵装置的操纵力应符合表3的规定。

表 3 操纵装置的操纵力

单位为牛

操纵装置名称	操纵力
踏板	制动踏板:≤350 其他踏板:≤450
方向盘	≤50
上拉制动手柄	≤400
其他操纵手柄	杆(前/后):≤230 杆(侧向):≤100

4.5 传动系统

4.5.1 无轨运人车辆的传动轴、驱动桥等传动件应运转平稳,无振抖、卡滞、过热和异常响声等现象,水路、油路系统不应有渗漏现象。采用铰接式车架的无轨运人车辆,铰接处应转动灵活,无卡滞现象。

4.5.2 无轨运人车辆的离合器应结合平稳,分离彻底,工作时不应有异常响声、抖动或打滑等现象。

4.5.3 无轨运人车辆换挡时不应有乱挡和自行跳挡现象,运行中应无异常响声,换挡杆及其传动杆件不应与其他部件干涉。采用自动变速器时,仅当处于驻车挡或空挡时方可启动柴油机。

4.6 出口

4.6.1 无轨运人车辆的乘人车厢应至少设置 2 个紧急情况下供人员撤离的出口(可为乘客门、应急门或应急窗),出口应设置在车厢的不同侧面。驾驶室与乘人车厢隔离,且无通道的无轨运人车辆,驾驶室除驾驶人侧的正常出口外,还应至少在另一侧设置紧急情况下供人员撤离的出口。

4.6.2 乘客门宽度应大于或等于 650 mm。在轮罩凸处、车门的驱动机构处或风窗立柱的倾角处等部位不应小于 400 mm。

4.6.3 应急门应满足以下要求:
——应急门的净宽应大于或等于 550 mm;若自门洞最低处向上 400 mm 以内有轮罩凸出,则在轮罩凸出处应急门净宽应大于或等于 300 mm。
——应急门应设置锁止机构,关闭时应能锁止,且无轨运人车辆行驶情况下应急门不会因振动、颠簸、冲撞而自行开启。
——当无轨运人车辆静止时,应能不用工具即可从车厢内外打开应急门,并设有车门开启声响报警装置。

4.6.4 应急窗的面积应大于或等于 0.4 m²,且能内接一个 450 mm×700 mm 的矩形。

4.7 驾驶室

4.7.1 驾驶室顶部落物保护性能应符合 GB/T 17771 中验收基准Ⅱ的性能要求。

4.7.2 驾驶室的结构强度应符合以下要求:
——承受水平施加在驾驶室顶部、垂直驾驶室纵轴线的侧向加载力 F_1,F_1 的计算式见式(3),达到规定的加载力时,变形后驾驶室的任何零件均不进入 DLV。

$$F_1 = 6m_1 \quad \cdots\cdots\cdots\cdots\cdots\cdots\cdots(3)$$

式中:
F_1——侧向加载力,单位为牛(N);
m_1——驾驶室车体部分最大设计质量,单位为千克(kg)。

——承受垂直向下、施加在驾驶室纵轴线的垂直加载力 F_2,F_2 的计算式见式(4),达到规定的加载力时,变形后驾驶室的任何零件均不进入 DLV。

$$F_2 = 19.6m_1 \quad \cdots\cdots\cdots\cdots\cdots\cdots\cdots(4)$$

式中:
F_2——垂直加载力,单位为牛(N)。

4.7.3 驾驶人可能触及的部件、构件都不应有可能使人致伤的尖锐凸起物(如尖角、锐边等)。

4.7.4 驾驶室地板应采取防滑措施。

4.7.5 全封闭驾驶室应配备空气调节装置。

4.7.6 驾驶人座椅的前后位置应可调整。

4.7.7 驾驶室应设置内部照明装置,且在柴油机熄火后,该装置仍能正常工作。

4.7.8 各显示仪表应设在驾驶人易于观察的位置,各控制部件应设在驾驶室内。操纵部分的仪表、指示标牌应完整、正确。

4.7.9 驾驶人在座位上应能观察到乘客门内外附近的人员情况,若不能直接观察到,则应设置其他形式的辅助装置。

4.7.10 在驾驶室内的显著位置应设置警示牌,警示内容主要包括:行车时的警告事项、紧急情况下应采取的相应措施及必要的操作提示等。

4.8 乘人车厢

4.8.1 乘人车厢顶部落物保护性能应符合 GB/T 17771 中验收基准Ⅱ的性能要求。

4.8.2 乘人车厢的结构强度应符合以下要求:

——承受水平施加在车厢顶部、垂直车厢纵轴线的侧向加载力 F_3,F_3 的计算式见式(5),达到规定的加载力时,变形后车厢的任何零件均不进入 DLV。

$$F_3 = 6m_2 \quad\quad\quad\quad\quad (5)$$

式中:

F_3——侧向加载力,单位为牛(N);

m_2——乘人车厢车体部分最大设计质量,单位为千克(kg)。

——承受垂直向下、施加在车厢顶部纵轴线的垂直加载力 F_4,F_4 的计算式见式(6),达到规定的加载力时,变形后车厢的任何零件均不进入 DLV。

$$F_4 = 19.6m_2 \quad\quad\quad\quad\quad (6)$$

式中:

F_4——垂直加载力,单位为牛(N)。

4.8.3 无轨运人车辆应为每位乘坐人员配备带靠背的乘人座椅。每个座椅的人均占座宽度应大于或等于 400 mm。除前排座椅外的其他座椅,同向布置的座椅,座椅靠背的前表面与前排座椅靠背后表面之间的距离应不小于 600 mm;相向布置的座椅,两相对座椅靠背的前表面之间的最小距离应不小于 1 300 mm。乘人车厢的前排座椅前向布置时,与前方隔板的距离应不小于 600 mm。

4.8.4 无轨运人车辆应设置座位扶手,扶手弯曲处应过渡圆滑,不应有急剧转弯。扶手的抓握部位与车身相邻部件或侧围的间隙应大于或等于 35 mm。

4.8.5 若乘人车厢设置有过道,过道宽度应大于或等于 300 mm。过道地板应采取防滑措施。

4.8.6 当无轨运人车辆静止时,乘客门应易于从车厢内开启。紧急情况时,乘客门还应能从车厢外开启。

4.8.7 驾驶室与乘人车厢隔离且无法直接联系的无轨运人车辆,应设置驾驶室和乘人车厢之间的通信联络设备。

4.8.8 若乘人车厢内不能进行自然通风,应设置强制通风装置。

4.9 噪声

无轨运人车辆驾驶人耳旁噪声应符合 GB 7258 的要求。当采取措施仍无法满足要求时,应在产品说明书中明示需配备个人防护用品的相关内容。

4.10 照明及信号装置

4.10.1 无轨运人车辆应设置前照灯、后位灯、示廓灯、转向信号灯、制动灯、倒车灯。所有灯光的开关应开关灵活,开关的位置应保证驾驶人不离开座位就能操纵。仪表板上应设置仪表灯。无轨运人车辆应设置危险警告信号灯,其操纵装置不应受灯光总开关的控制。

4.10.2 无轨运人车辆的前、后转向信号灯、危险警告信号灯及制动灯在白天应易于观察其工作状态。

4.10.3 对称设置、功能相同的灯具的光色和亮度不应有明显差异。

4.10.4 无轨运人车辆的前照灯应有远、近光变换功能,当远光变为近光时,所有远光应能同时熄灭。同一无轨运人车辆左侧及右侧的远、近光灯不应交叉开亮。

4.10.5 无轨运人车辆的前照灯在其前方20 m处的照度应大于或等于4 lx。

4.11 报警装置

4.11.1 无轨运人车辆应设置具有连续发声功能的音响报警信号装置,以警告在作业区的人员与车辆。音响报警信号装置的报警声压级与发动机空载转速时的声压级之差,应大于或等于10 dB(A)。

4.11.2 应急制动系统或驻车制动系统发生作用时,应通过报警信号灯警示驾驶人。

4.11.3 使用油池冷却的制动器,应有油温监测装置。当油温达到或超过规定值时,应通过报警信号灯警示驾驶人。

4.11.4 行车制动系统采用存储的能量制动时,应设置自动报警装置。当储能器压力值低至设计值时,该装置能自动发出持续的可视或声讯报警信号。

4.12 尾气排放

无轨运人车辆应有尾气净化装置。净化后尾气中有害物质的浓度应符合表4的规定,自由加速试验时测得的排气光吸收系数应符合表5的规定。

表 4 有害物质允许浓度

有害物质名称	浓度极限
CO	$\leqslant 1\ 500 \times 10^{-6}$
NO	$\leqslant 900 \times 10^{-6}$

表 5 自由加速试验时排气光吸收系数

柴油机形式	排气光吸收系数
自然吸气式	$\leqslant 2.5/m$
涡轮增压式	$\leqslant 3.0/m$

4.13 消防装置

4.13.1 无轨运人车辆应配置ABC干粉灭火器或自动灭火系统等消防装置。

4.13.2 配置灭火器时,应符合以下要求:

——运输状态下无轨运人车辆长度小于或等于6 m时,灭火器数量应不少于1具;灭火器配置规格应大于或等于2 kg。

——运输状态下无轨运人车辆长度大于6 m但小于或等于8 m时,灭火器数量应不少于2具;单具灭火器配置规格应大于或等于2 kg。

——运输状态下无轨运人车辆长度大于8 m时,灭火器数量应不少于2具;单具灭火器配置规格应大于或等于4 kg。

——灭火器及其支架不应突入乘人车厢内部通道,且不应影响应急出口的通过性。

——灭火器应取用方便,应不借助任何工具即可完成取用动作。

4.13.3 自动灭火系统采用超细干粉灭火装置时,应符合 GB 34655 中 M3 类客车的要求。

4.14 安全保护装置

4.14.1 无轨运人车辆的所有乘人座椅均应设置安全带。

4.14.2 无轨运人车辆左右侧应至少各设置一面后视镜或设置后视影像装置。

4.14.3 无轨运人车辆应急窗的玻璃应使用厚度小于或等于 5 mm 的钢化玻璃或每层厚度不超过 5 mm 的中空钢化玻璃,且应在人员可及范围内设置安全锤或采取其他能保证顺利逃生的安全措施。

4.14.4 无轨运人车辆驾驶室如配备有前挡风玻璃,应采用安全玻璃,并应装备刮水器。刮水器应能正常工作,刮水器关闭时,刮片应能自动返回至初始位置。

4.14.5 液压系统应安装压力安全阀,如该阀可调,则应具有防松和防止对其进行非授权调整的措施。

4.14.6 驾驶室内外露的液压软管应加护罩隔离,护罩应坚固,以保护驾驶人免受软管突然爆裂而产生的伤害。

4.14.7 无轨运人车辆应设置除钥匙开关外的电源总开关。

4.14.8 电气系统应采用保险丝或断路器等保护装置。

4.14.9 对于铰接式无轨运人车辆,应配置前后车架的锁紧装置。

4.14.10 无轨运人车辆应设置牵引和被牵引的连接装置。连接装置应设置防止在行驶中因振动和撞击而使连接脱开的安全装置。

4.15 安全警示标志

4.15.1 无轨运人车辆的前后车架铰接处和可能对操作人员构成危险的部位,应设置预防人身事故的醒目安全标志。

4.15.2 无轨运人车辆的后部及侧面应设置车身反光标识,后部的车身反光标识应能体现无轨运人车辆后部的高度和宽度,侧面的车身反光标识长度应大于或等于车长的 50%。

4.15.3 应在乘客门上或附近显著位置标注乘人数,乘人车厢的每个应急出口应在其附近设有"应急出口"字样,字体高度应大于或等于 40 mm。

5 检验方法

5.1 整机性能检验

5.1.1 基本尺寸

用长度量具测量无轨运人车辆在空载状态下的长度、宽度、高度、轴距和轮距。

5.1.2 最小转弯半径

在无轨运人车辆轮廓最外侧加装喷印装置,启动无轨运人车辆,当偏转至最大转向角度时,保持方向盘不动,无轨运人车辆慢速行驶,待行驶稳定后,用喷印装置对地喷印,行驶一圈后,驶出喷印轨迹,用长度量具测量地面喷印轨迹的转弯直径,左、右转向各测量 3 次,分别计算左、右转向的转弯半径,以最大值为最终结果。

5.1.3 最大牵引力

无轨运人车辆与固定桩基或负荷车之间用连接装置串联拉力测量仪器。在额定载荷条件下,启动无轨运人车辆,逐渐加大油门至车轮打滑或变矩器失速时读取测量仪器最大示值,该值为无轨运人车辆的最大牵引力。按行驶的正、反方向各测量3次,取其算术平均值。也可采用其他等效方法检验。

试验时,在每个乘人座椅上固定放置85 kg的重物,驾驶人在座位上进行操作,模拟额定载荷。

5.1.4 整机质量

用地磅或测力装置测量空载状态下无轨运人车辆的整机质量。

试验时,无轨运人车辆空车,按规定注满冷却液、燃油和液压油,附带必要的随机工具、备件和其他附件,轮胎压力达到产品说明书的规定值。

5.1.5 最小离地间隙

在额定载荷条件下无轨运人车辆熄火停放在水平干硬路面上,用长度量具测量车身最低点与水平平面间的距离。

5.1.6 车架摆动角

将铰接式车架向两个方向分别摆动到极限位置,用角度测量仪器测量,测量3次,取其算术平均值。

5.1.7 行驶速度

将速度测量仪器固定于无轨运人车辆适当位置,测量在额定载荷条件下无轨运人车辆各挡位的行驶速度,各挡位均测量3次,取其算术平均值作为其测量结果。测量速度时也可采用其他等效方法检验。

5.1.8 爬坡能力

在额定载荷条件下,无轨运人车辆在坡道角度不小于设计允许的最大坡道上,进行起步、行走和停车试验,检查无轨运人车辆是否能平稳起步、正常行走和稳定停车。检验分为前进爬坡及倒车爬坡,各测量3次,检验应选择无雨、风速小于或等于3 m/s时进行。

5.2 制动系统检验

5.2.1 制动距离试验应在额定载荷条件下进行。将测量仪器固定于无轨运人车辆适当位置,无轨运人车辆以最高挡在水平干硬路面直线行驶,当行驶速度达到设计规定最大速度的80%~100%时,仅采用行车制动系统(或应急制动系统)实施制动,测量其制动距离。也可采用其他等效方法检验。

5.2.2 连续制动试验应在额定载荷条件下进行。无轨运人车辆以最高行驶速度在水平干硬路面直线行驶,行驶过程中仅使用行车制动系统连续进行5次制动试验。前4次试验时,无轨运人车辆轮胎不抱死,但以尽可能接近最大减速度的方式进行制动,每次制动试验后,应立即以最大加速度迅速达到最高试验速度,第5次制动时应以紧急制动的方式进行,测量第5次制动时的制动距离。

5.2.3 制动稳定性试验应在额定载荷条件下进行。以制动前无轨运人车辆纵向中心线为基准,等距确定试验通道的左右边缘线。无轨运人车辆以最高行驶速度在水平干硬路面的直线试验通道行驶,仅采用行车制动系统进行紧急制动,制动后无轨运人车辆的任何部位(不计入车宽的部位除外)不应超出试验通道的边缘线。

5.2.4 坡道制动试验应在额定载荷条件下进行。无轨运人车辆在坡度为25%的干硬坡道上,仅采用行车制动系统或驻车制动系统分别进行制动停车,连续考核2 min,观察无轨运人车辆能否持续保持静止状态。正、反方向各试验1次。也可采用其他等效方法检验。

5.2.5 失效安全型制动系统的有效性采取现场模拟方法进行验证试验。
5.2.6 其余项目目测检查。

5.3 操纵系统检验

5.3.1 用长度量具测量操纵手柄与相邻零部件之间的最小净宽距,脚踏板和相邻零部件之间的最小净宽距。

5.3.2 操纵手柄及制动手柄的操纵力采用测力计测量。踏板装置的操纵力采用汽车踏板力测量仪器或其他等效方法检验。方向盘的操纵力采用方向盘转向力测量仪器或其他等效方法检验。

5.3.3 其余项目验证检查。

5.4 传动系统检验

5.4.1 额定载荷条件下,无轨运人车辆前进和后退交叉运行30 min后,检查各水路、油路系统是否有渗漏现象。运行过程中操纵无轨运人车辆的离合换挡机构,检查有无异响、抖动及乱挡和自行跳挡现象,并观察传动轴、驱动桥等传动件运行情况。

5.4.2 采用铰接式车架的无轨运人车辆,方向盘分别向左、右转至极限位置,检查铰接处有无卡滞现象。

5.4.3 采用自动变速器的无轨运人车辆,验证是否处于驻车挡或空挡时方可启动柴油机。

5.5 出口的检验

5.5.1 检查无轨运人车辆出口设置的符合性,用长度量具测量乘客门宽度、应急门宽度和应急窗的尺寸。

5.5.2 使用350 mm×600 mm、圆角半径为175 mm的检规检查应急窗的通过情况,检规的通过方向应与人员从无轨运人车辆撤出的方向一致,其正面应与运动方向保持垂直。

5.5.3 验证锁止机构的有效性,并在5.4.1的试验中观察应急门的锁止情况。

5.6 驾驶室检验

5.6.1 顶部落物保护性能试验在常温下按GB/T 17771的规定进行。

5.6.2 驾驶室的结构强度试验在常温下按GB/T 17922的规定进行。

5.6.3 其余项目目测检查。

5.7 乘人车厢检验

5.7.1 顶部落物保护性能试验在常温下按GB/T 17771的规定进行。

5.7.2 乘人车厢的结构强度试验在常温下按GB/T 17922的规定进行。当车厢长度过长不便于施加均布静载荷时,可以根据实际情况进行分段,即选取一段具有结构代表性的车厢进行试验,试验时施加的垂直加载力、侧向加载力按均布载荷计算,试验力为对应分段长度的均布载荷。分段应为垂直于车厢纵向中心面的两个平面之间形成的封闭环,一个分段通常包括车厢每侧的部分车窗(或车门)立柱、侧围部件、部分车顶结构、部分地板和地板下结构。分段的选择应具有结构代表性。

5.7.3 座椅宽度、过道宽度、扶手的抓握部位与车身相邻部件或侧围的间隙采用长度量具测量。

5.7.4 在通过座椅中心线的垂直平面与坐垫上表面最高点所处水平面交线上,采用长度量具测量座椅靠背的前面与前排座椅靠背后面、两相对座椅靠背的前表面之间或前排座椅与前方隔板之间的距离,测量时座椅应处于以下状态:

——在座椅的坐垫和背面均未被压陷；

——位置可调的座椅，座椅置于滑轨中间位置；

——靠背角度可调的座椅，靠背角度置于制造厂规定的正常使用位置；

——其他可调整量置于制造厂规定的正常使用位置。

5.7.5 其余项目目测检查。

5.8 噪声检验

5.8.1 无轨运人车辆空载处于静止状态，变速器置于空挡，柴油机处于额定转速状态（当柴油机正常工作状态下无法达到额定转速时，则采用可达到的最大转速进行测量，并记录测量转速），门窗紧闭。

5.8.2 传声器置于垂直坐标为座椅的表面与靠背表面的交线以上 0.70 m±0.05 m 处。水平横坐标为座椅中心面向驾驶人右侧 0.20 m±0.02 m 处。传声器以最大灵敏度方向水平指向行驶方向，声级计置于"A"计权、"快"挡。

5.8.3 测量时，被测无轨运人车辆噪声的声压级与背景噪声的声压级之差应不小于 10 dB(A)。

5.9 照明及信号装置检验

5.9.1 无轨运人车辆的前照灯照度检验应在无光源干扰的环境下进行。将无轨运人车辆停放在无光源的试验场地，将测试背景牌置于距无轨运人车辆前照灯正前方 20 m 处，测试背景牌的中心距地面高度为 1 m，测试背景牌面积为 0.5 m×0.5 m，均布 9 个测试点。开启无轨运人车辆的前照灯，用照度计分别测量 9 个测试点的照度值，检验结果取算术平均值。

5.9.2 无轨运人车辆的前、后转向信号灯、危险警告信号灯及制动灯在白天进行检验。无轨运人车辆置于无遮挡的试验场地，分别开启各信号灯，在距其 100 m 处观察到其工作状况是否明显。

5.9.3 其余项目逐项验证检查。

5.10 报警装置检验

5.10.1 无轨运人车辆静止置于空旷的试验场地，在距其正前方 7 m、离地高度为 1.2 m±0.05 m 处，声级计置于"A"计权、"快"挡，分别测量柴油机处于最大空载转速时的 A 计权声压级和柴油机处于最大空载转速、同时开启音响报警信号装置时的 A 计权声压级。

5.10.2 其余项目逐项验证检查。

5.11 尾气排放检验

采用汽车排气分析仪和不透光烟度计在以下工况条件下进行检验：

——无轨运人车辆不运行（挡位置于空挡），柴油机以最低空载稳定转速（怠速）运转；

——无轨运人车辆不运行（挡位置于空挡），柴油机以最高空载转速运转。

5.12 消防装置检验

目测检查。

5.13 安全保护装置检验

5.13.1 核查安全带、玻璃的合格证或其他证明材料。

5.13.2 其余项目目测检查。

5.14 安全警示标志检验

5.14.1 用长度量具测量车身反光标识的长度和标注字体的高度。

5.14.2 其余项目目测检查。

6 检验规则

6.1 无轨运人车辆的检验分型式检验、出厂检验和定期检验。型式检验由安全生产检测检验机构进行;出厂检验由无轨运人车辆的制造厂家进行;定期检验由用户或安全生产检测检验机构进行,定期检验的周期为1年。

6.2 型式检验项目见表6,型式检验项目中有1项或1项以上不合格,则判定受检样品型式检验不合格。

6.3 出厂检验项目见表6,出厂检验项目中有1项或1项以上不合格,允许进行调整,调整后重新进行检验,如仍不合格,则判定被检验产品为不合格。

6.4 定期检验项目见表6,定期检验项目中有1项或1项以上不合格,允许进行调整,调整后重新进行检验,如仍不合格,则判定被检验产品为不合格。

表 6 无轨运人车辆检验项目

序号	检验项目		技术要求	检验方法	检验类型		
					型式检验	出厂检验	定期检验
1	整机性能	基本尺寸	4.2.1	5.1.1	√	√	—
		最小转弯半径	4.2.1	5.1.2	√	√	√
		最大牵引力	4.2.1	5.1.3	√	—	—
		整机质量	4.2.1	5.1.4	√	—	—
		最小离地间隙	4.2.2	5.1.5	√	√	—
		车架摆动角	4.2.3	5.1.6	√	√	—
		行驶速度	4.2.4	5.1.7	√	√	√
		爬坡能力	4.2.5	5.1.8	√	—	—
2	制动系统		4.3	5.2	√	√	√
3	操纵系统		4.4.1、4.4.2、4.4.3、4.4.4	5.3.1、5.3.3	√	√	√
			4.4.5	5.3.2	√	—	—
4	传动系统		4.5	5.4	√	√	√
5	出口		4.6	5.5	√	—	√
6	驾驶室		4.7.1	5.6.1	√	—	—
			4.7.2	5.6.2	√	—	—
			4.7.3、4.7.4、4.7.5、4.7.6、4.7.7、4.7.8、4.7.9、4.7.10	5.6.3	√	—	√

表 6（续）

序号	检验项目	技术要求	检验方法	检验类型		
				型式检验	出厂检验	定期检验
7	乘人车厢	4.8.1	5.7.1	√	—	√
		4.8.2	5.7.2	√	—	√
		4.8.3、4.8.4、4.8.5、4.8.6、4.8.7、4.8.8	5.7.3、5.7.4、5.7.5	√	√	√
8	噪声	4.9	5.8	√	√	√
9	照明及信号装置	4.10	5.9	√	√	√
10	报警装置	4.11	5.10	√	√	√
11	尾气排放	4.12	5.11	√	—	√
12	消防装置	4.13	5.12	√	√	√
13	安全保护装置	4.14	5.13	√	√	√
14	安全警示标志	4.15	5.14	√	√	√
注："√"表示必检项目；"—"表示不进行检验项目。						

金属非金属矿山在用设备设施安全检测检验目录(AQ/T 2075—2019)

前 言

本标准按照 GB/T 1.1—2009 给出的规则起草。

本标准由中华人民共和国应急管理部提出。

本标准由全国安全生产标准化技术委员会非煤矿山安全分技术委员会(SAC/TC 288/SC 2)归口。

本标准起草单位:山东公信安全科技有限公司、中国安全生产科学研究院、河北省安全生产监督管理局安全科学技术中心、辽宁省安全科学研究院、山东金岭矿业股份有限公司、招金矿业股份有限公司、鲁中矿业有限公司、广东省安全生产技术中心、洛阳正方圆重矿机械检验技术有限责任公司。

本标准主要起草人:张振安、李双会、荀明利、李旗、张艳会、李建龙、姜群山、郝宁波、董鑫、王永起、范银华、寇红杰。

本标准为首次发布。

1 范围

本标准规定了金属非金属矿山应进行检测检验的在用设备设施、检测检验依据及检测检验周期。

本标准适用于金属非金属矿山在用设备设施检测检验管理。

2 规范性引用文件

下列文件对于本文件的应用是必不可少的。凡是注日期的引用文件,仅注日期的版本适用于本文件。凡是不注日期的引用文件,其最新版本(包括所有的修改单)适用于本文件。

GB/T 6402 钢锻件超声检测方法

GB/T 6519 变形铝、镁合金产品超声波检验方法

GB/T 7679.3—2005 矿山机械术语 第 3 部分:提升设备

GB/T 15822.1 无损检测 磁粉检测 第 1 部分:总则

GB 16423 金属非金属矿山安全规程

GB/T 19666 阻燃和耐火电线电缆通则

GB 50150 电气装置安装工程 电气设备交接试验标准

AQ 2013.3 金属非金属地下矿山通风技术规范 通风系统检测

AQ 2013.5 金属非金属地下矿山通风技术规范 通风系统鉴定指标

AQ 2019 金属非金属矿山竖井提升系统防坠器安全性能检测检验规范

AQ 2020 金属非金属矿山在用缠绕式提升机安全检测检验规范

AQ 2021 金属非金属矿山在用摩擦式提升机安全检测检验规范

AQ 2022　金属非金属矿山在用提升绞车安全检测检验规范
AQ 2026　金属非金属矿山提升钢丝绳检验规范
AQ 2027　金属非金属露天矿山在用矿用自卸汽车安全检验规范
AQ 2028　矿山在用斜井人车安全性能检验规范
AQ 2029　金属非金属地下矿山主排水系统安全检验规范
AQ 2031　金属非金属地下矿山监测监控系统建设规范
AQ/T 2053　金属非金属地下矿山监测监控系统　通用技术要求
AQ 2054　金属非金属矿山在用主通风机系统安全检验规范
AQ 2055　金属非金属矿山在用空气压缩机安全检验规范　第1部分：固定式空气压缩机
AQ 2056　金属非金属矿山在用空气压缩机安全检验规范　第2部分：移动式空气压缩机
AQ 2057　金属非金属矿山在用货运架空索道安全检验规范
AQ 2058—2016　金属非金属矿山在用矿用电梯安全检验规范
DL/T 474.5　现场绝缘试验实施导则　避雷器试验
DL/T 475　接地装置特性参数测量导则
DL/T 596　电力设备预防性试验规程
JB/T 1581　汽轮机、汽轮发电机转子和主轴锻件超声检测方法
JB/T 9218　无损检测　渗透检测方法
MT/T 684　矿用提升容器重要承载件无损探伤方法与验收规范

3　术语和定义

GB/T 7679.3—2005 和 AQ 2058—2016 界定的术语和定义适用于本文件。为了便于使用，以下重复列出了 GB/T 7679.3—2005 和 AQ 2058—2016 中的某些术语和定义。

3.1

矿用绞车　mine winder

卷筒直径 2 m 以下（不包括 2 m），通过卷筒旋转带动与钢丝绳相连的提升容器或辅具在矿井、巷道或采场中提升、下放人员和物料以及进行作业的机电设备。

［GB/T 7679.3—2005，术语和定义 2.1.1.2］

3.2

矿井提升机　mine hoist

卷筒直径 2 m 及 2 m 以上，通过卷筒旋转带动与钢丝绳相连的提升容器在矿井中提升和下放人员及物料的机电设备。

［GB/T 7679.3—2005，术语和定义 2.1.1.1］

3.3

矿用电梯　mine elevator

安装在矿山竖井中，在地面至地下各开采水平、地面至竖井井塔机房、地下各开采水平之间运行的电力驱动的曳引式升降装置。

［AQ 2058—2016，术语和定义 3.1］

4 检测检验目录

4.1 金属非金属露天矿山应进行检测检验的在用设备设施安全检测检验目录见表1。
4.2 金属非金属地下矿山应进行检测检验的在用设备设施安全检测检验目录见表2。

表 1 金属非金属露天矿山在用设备设施安全检测检验目录

序号	设备设施名称	检测检验依据	检测检验周期
1	固定式空气压缩机	AQ 2055 金属非金属矿山在用空气压缩机安全检验规范 第1部分:固定式空气压缩机	1年
2	移动式空气压缩机	AQ 2056 金属非金属矿山在用空气压缩机安全检验规范 第2部分:移动式空气压缩机	1年
3	矿用自卸汽车	AQ 2027 金属非金属露天矿山在用矿用自卸汽车安全检验规范	1年
4	货运架空索道	AQ 2057 金属非金属矿山在用货运架空索道安全检验规范	2年
5	矿井提升机	AQ 2020 金属非金属矿山在用缠绕式提升机安全检测检验规范	(1)升降人员1年; (2)其他3年
6	矿井提升绞车	AQ 2022 金属非金属矿山在用提升绞车安全检测检验规范	(1)升降人员1年; (2)其他3年
7	提升钢丝绳	AQ 2026 金属非金属矿山提升钢丝绳检验规范	(1)悬挂前6个月内; (2)升降人员或升降人员和物料的,自悬挂时起,6个月;有腐蚀介质的矿山,3个月; (3)升降物料的,自悬挂时起,第一次1年,以后6个月; (4)悬挂吊盘用的,自悬挂时起,1年
8	金属氧化物避雷器	DL/T 474.5 现场绝缘试验实施导则 第5部分:避雷器试验	新安装投入运行前
		DL/T 596 电力设备预防性试验规程	每年雨季前
9	电力变压器	GB 50150 电气装置安装工程 电气设备交接试验标准	新安装投入运行前
		DL/T 596 电力设备预防性试验规程	每年雨季前

表 1（续）

序号	设备设施名称	检测检验依据	检测检验周期
10	高压开关设备	AQ/T 2073—2019 金属非金属矿山在用高压开关设备电气安全检测检验规范	每年雨季前
11	高压电力电缆	GB 50150 电气装置安装工程 电气设备交接试验标准	新安装投入运行前
		DL/T 596 电力设备预防性试验规程	每年雨季前
12	电力绝缘安全工器具	AQ/T 2072—2019 金属非金属矿山在用电力绝缘安全工器具电气试验规范	（1）绝缘手套、绝缘鞋，6个月；（2）其他 1 年
13	接地装置	GB 16423 金属非金属矿山安全规程 DL/T 475 接地装置特性参数测量导则	每年雨季前

注：金属氧化物避雷器、电力变压器、高压电力电缆的检验依据在金属非金属矿山行业标准发布之前使用。

表 2 金属非金属地下矿山在用设备设施安全检测检验目录

序号	设备设施名称	检测检验依据	检测检验周期
1	固定式空气压缩机	AQ 2055 金属非金属矿山在用空气压缩机安全检验规范 第 1 部分：固定式空气压缩机	1 年
2	移动式空气压缩机	AQ 2056 金属非金属矿山在用空气压缩机安全检验规范 第 2 部分：移动式空气压缩机	1 年
3	斜井人车	AQ 2028 矿山在用斜井人车安全性能检验规范	1 年
4	摩擦式矿井提升机	AQ 2021 金属非金属矿山在用摩擦式提升机安全检测检验规范	（1）升降人员 1 年；（2）其他 3 年
5	缠绕式矿井提升机	AQ 2020 金属非金属矿山在用缠绕式提升机安全检测检验规范	（1）升降人员 1 年；（2）其他 3 年
6	矿井提升绞车	AQ 2022 金属非金属矿山在用提升绞车安全检测检验规范	（1）升降人员 1 年；（2）其他 3 年
7	矿用电梯	AQ 2058 金属非金属矿山在用矿用电梯安全检验规范	1 年

表 2（续）

序号	设备设施名称	检测检验依据	检测检验周期
8	提升钢丝绳	AQ 2026 金属非金属矿山提升钢丝绳检验规范	(1)悬挂前 6 个月内；(2)升降人员或升降人员和物料的，自悬挂时起，6 个月；有腐蚀介质的矿山，3 个月；(3)升降物料的，自悬挂时起，第一次 1 年，以后 6 个月；(4)悬挂吊盘用的，自悬挂时起，1 年
9	竖井防坠器	AQ 2019 金属非金属矿山竖井提升系统防坠器安全性能检测检验规范	1 年
10	主通风机	AQ 2054 金属非金属矿山在用主通风机系统安全检验规范	1 年
11	通风系统	AQ 2013.3 金属非金属地下矿山通风技术规范 通风系统检测 AQ 2013.5 金属非金属地下矿山通风技术规范 通风系统鉴定指标	(1)1 年；(2)调整矿井通风系统时
12	主排水泵、排水系统	AQ 2029 金属非金属地下矿山主排水系统安全检验规范	每年雨季前
13	接地装置	GB 16423 金属非金属矿山安全规程 DL/T 475 接地装置特性参数测量导则	每年雨季前
14	金属氧化物避雷器	DL/T 474.5 现场绝缘试验实施导则 第 5 部分：避雷器试验	新安装投入运行前
		DL/T 596 电力设备预防性试验规程	每年雨季前
15	电力变压器	GB 50150 电气装置安装工程 电气设备交接试验标准	新安装投入运行前
		DL/T 596 电力设备预防性试验规程	每年雨季前
16	高压开关设备	AQ/T 2073—2019 金属非金属矿山在用高压开关设备电气安全检测检验规范	每年雨季前
17	高压电力电缆	GB 50150 电气装置安装工程 电气设备交接试验标准	新安装投入运行前
		DL/T 596 电力设备预防性试验规程	每年雨季前

表2（续）

序号	设备设施名称	检测检验依据	检测检验周期
18	矿用电缆阻燃性	GB/T 19666　阻燃和耐火电线电缆通则	新购置使用前
19	电力绝缘安全工器具	AQ/T 2072—2019　金属非金属矿山在用电力绝缘安全工器具电气试验规范	（1）绝缘手套、绝缘鞋,6个月; （2）其他1年
20	矿用提升容器重要承载件	GB/T 6402　钢锻件超声检测方法 MT/T 684　矿用提升容器重要承载件无损探伤方法与验收规范	2年
21	矿用人车连接装置	GB/T 6402　钢锻件超声检测方法 MT/T 684　矿用提升容器重要承载件无损探伤方法与验收规范	2年
22	天轮轴、导向轮轴	GB/T 6402　钢锻件超声检测方法 MT/T 684　矿用提升容器重要承载件无损探伤方法与验收规范 JB/T 1581　汽轮机、汽轮发电机转子和主轴锻件超声检测方法	2年
23	通风机叶片	GB/T 6519　变形铝、镁合金产品超声波检验方法 GB/T 15822.1　无损检测磁粉检测 第1部分:总则 JB/T 9218　无损检测 渗透检测	2年
24	矿用自卸汽车	AQ 2027　金属非金属露天矿山在用矿用自卸汽车安全检验规范	1年
25	监控监测系统（包括传感器）	AQ/T 2053　金属非金属地下矿山监测监控系统通用技术要求 AQ 2031　金属非金属地下矿山监测监控系统建设规范	1年
26	地下矿山架空乘人装置	待制定检测检验标准后执行	1年
27	局部通风机	待制定检测检验标准后执行	1年
28	地下矿山无轨运人车	AQ 2070—2019　金属非金属地下矿山无轨运人车辆安全技术要求	1年
29	地下运矿车	AQ 2065　地下运矿车安全检验规范	1年
注1：金属氧化物避雷器、电力变压器、高压电力电缆的检测检验依据在金属非金属矿山行业标准发布之前使用。 注2：通风系统、监控监测系统（包括传感器）的检测检验依据在金属非金属矿山在用检测检验标准发布之前使用。			

金属非金属地下矿山防治水安全技术规范(AQ 2061—2018)

前 言

本标准除 5.1.5、5.1.6、5.1.7、5.1.10、5.1.11、5.2.5、5.3.2、5.3.6、5.3.3、5.3.6、5.3.7、6.1.2.1、6.1.2.2、6.1.3.2、6.1.3.3、6.2.1.7、6.2.2.2、6.2.2.3、6.2.2.4、6.2.2.7、6.2.3.1、6.2.3.5、6.2.3.7、6.2.3.8、6.2.3.9、6.2.3.10、6.2.3.11、6.2.3.12、6.2.3.13、6.2.4.1、6.2.4.2、6.2.4.3、6.2.4.4、6.2.4.5、6.2.7.2、6.2.7.3、6.2.7.4、6.2.7.6、6.2.7.7、6.2.8.4、6.3.4、6.3.5、6.4.1、6.4.3、7.4、7.9、8.4、9.1.7、9.2.1、9.2.2、9.2.3、9.3.1、9.4.4、9.4.5、9.4.6、9.5、10.1.1、10.1.3、10.1.4、10.2.1、10.2.2 **条文及附录 A、附录 B 外,其余均为强制性的。**

本标准按照 GB/T 1.1—2009 给出的规则起草。

本标准由国家安全生产监督管理总局监管一司提出。

本标准由全国安全生产标准化技术委员会非煤矿山安全分技术委员会(SAC/TC 288/SC 2)归口。

本标准起草单位:长沙矿山研究院有限责任公司、金属矿山安全技术国家重点实验室、中国恩菲工程技术有限公司、东北大学、华北理工大学、深圳市中金岭南有色金属股份有限公司凡口铅锌矿。

本标准主要起草人:容玲聪、徐必根、姚曙、甘德清、杨天鸿、朱承敏、高超、徐京苑、欧阳仕元、马亚杰、张湘生。

1 范围

本标准规定了金属非金属地下矿山各阶段防治水工作的内容、方法、步骤、技术要求以及矿山水害评估和报告编写要求。

本标准适用于国内各类金属非金属地下矿山的水文地质勘探、规划设计、建设、开采和闭坑各阶段及有关单位的防治水工作。

本标准不适用于煤系共伴生金属非金属地下矿产的矿山和石油、天然气、矿泉水等液态或气态矿藏的矿山。

2 规范性引用文件

下列文件对于本文件的应用是必不可少的。凡是注日期的引用文件,仅所注日期的版本适用于本文件。凡是不注日期的引用文件,其最新版本(包括所有的修改单)适用于本文件。

GB 14623—2006 金属非金属矿山安全规程
GB/T 29639—2013 生产经营单位生产安全事故应急预案编制导则
GB 50771—2012 有色金属采矿设计规范
GB 51060—2014 有色金属矿山水文地质勘探规范

AQ/T 9007—2011　生产安全事故应急演练指南
ZD/T 0285—2015　矿山帷幕注浆规范

3 术语和定义

下列术语和定义适用于本文件。

3.1
矿山　mines
金属非金属地下矿山的简称。

3.2
金属非金属地下矿山　metal and nonmetal underground mines
以平硐、斜井、斜坡道、竖井等作为出入口，深入地表以下，采出金属或非金属矿物的采矿场及其附属设施的矿山。

3.3
采空区　mined-out area
矿产开采后留下的空间。

3.4
老采空区　old workings
遗留的采空区和已经报废巷道的总称。

3.5
水患　potential water hazard
矿山存在发生水灾的隐患。

3.6
水害（灾）　water accident
影响矿井正常生产活动，对矿井安全生产构成威胁以及使矿山局部或全部被淹没的突水或透水事故。

3.7
正常涌水量　normal water inflow to mine workings
矿床开采期间，矿坑涌水量的平均值。

3.8
最大涌水量　maximum water inflow to mine workings
矿床开采期间，矿坑涌水量的高峰值。

3.9
大水矿山　mines with heavy water inflow
正常涌水量超过 10 000 m^3/d 的矿山。

3.10
防隔水矿（岩）柱　waterproof ore(rock)pillar
确保近水体或强含水层下或其附近安全采矿而留设的矿体开采上(下)限至水体底(顶)界之间的矿岩层。

3.11

崩落层　caving layer

采空区上方岩层失去支撑,产生裂缝和断裂并向采空区垮落的岩层。

3.12

带压开采　mining under safe water pressure of aquifer

在有承压水压力的含水层上、中、下进行的采矿。

3.13

井下近矿体帷幕　underground curtain adjacent to an ore body

在井下对矿体围岩注浆,在矿体外围形成的一定厚度的防渗体。

3.14

水文地质模型　conceptual hydrogeological model

把含水层实际的边界类型、内部结构、渗透性质、水力特征和补给、径流、排泄等条件概化为便于进行数学与物理模拟的模式。

3.15

地下水数学模型　mathematical model of groundwater

以水文地质模型为基础建立的,能逼近实际地下水系统结构、水流运动特征和各种渗透要素的一组数学关系式。

3.16

充填水　filling water

充填体析(泌)出的水和清洁充填管路的洗管水。

4　一般要求

4.1　矿山建设项目设计之前,应委托相应资质单位对矿区进行工程地质、水文地质勘探,探明矿区水文地质条件,划分水文地质类型。

4.2　矿山防治水应坚持"预测预报,有疑必探,先探后掘,先治后采"的原则,采取"防、堵、疏、排、截、避"综合治理措施。

4.3　水文地质条件中等矿山应成立相应防治水机构,配置防治水专业技术人员,配备防治水及抢险救灾设备,建立探放水队伍。

水文地质条件复杂矿山应设立专门防治水机构,配置专职防治水专业技术人员,建立专业探放水队伍,配备相应的防排水设施、配齐专用探水装备和防治水抢险救灾设备。

4.4　矿山在未调查核实矿区内及周边的小矿井、老空区、现有生产矿坑的积水区、含水层、岩溶带、导水构造及周边区域水文地质条件前,严禁进行采矿活动,应先采取物探、钻探、水文试验等手段查清水文地质条件。发现有透(突)水征兆时,应立即停止受水害威胁区域的作业,并立即采取相应紧急处置措施,撤出所有可能受水威胁区域的人员,分析查找可能透水原因,采取有效安全措施,防止发生透水事故。

4.5　矿山应加强井下作业人员防治水知识的培训,提高井下作业人员对地下水风险的辨识能力,提高预见、防护、处理水患的技能和综合素质。

4.6　矿山应定期进行安全隐患排查,尤其是雨季前,制定隐患处理措施,及时处理安全隐患。

5 矿区水文地质勘探、补勘及矿山应具备的基础资料

5.1 矿区水文地质调查与勘探

5.1.1 矿区水文地质类型划分为简单、中等、复杂三种类型。具体分类方法应按 GB 51060—2014 中 3.1.3 条的规定执行。

5.1.2 水文地质条件发生变化的生产及改扩建矿山,应重新核实水文地质类型,委托相应资质机构研究矿区水文地质条件,编制相应的勘探或专项研究报告。矿区水文地质勘探或专项研究报告应包括下列主要内容:

  a) 矿区所在位置、范围及四邻关系,自然地理等情况;
  b) 矿区含水层分布规律和特征,补、迳、排条件;
  c) 矿区隔水层分布规律特征;
  d) 矿坑充水因素分析,矿坑及周边老空区分布及积水状况;
  e) 矿坑涌水量构成及其变化规律分析;
  f) 大气降雨对矿坑涌水量的关系及变化规律;
  g) 矿区地表水体分布、汇水面积、地表水体与地下水的联系程度及联系通道;
  h) 地表采矿冒落沉陷、岩溶塌陷分布、特征及对矿坑涌水的影响分析;
  i) 矿坑开采受水害影响程度和防治水工作难易程度;
  j) 矿坑涌水量预测;
  k) 水文地质实测平剖面图;
  l) 水文地质类型划分及防治水工作建议。

5.1.3 水文地质调查与勘探具体要求按 GB 51060—2014 的规定执行。但除留作观测孔外,其他所有钻孔都应全孔段水泥封孔密实。在地质勘探报告中应提交封孔孔径、孔深及水泥用量。对穿越含水地段的钻孔封孔应采取压水试验进行质量检查,应有 5%~10% 的取芯质量检查。

5.1.4 矿山发生重大透(突)水事故后,透(突)水稳定流量 300 m^3/h 以上的,应在 1 年内重新确定矿区水文地质类型。

5.1.5 矿坑涌水量计算主要方法有:水文地质比拟法、数理统计法、水文分析法、水均衡法、解析法、数值模拟法等。矿井涌水量计算宜根据矿区水文地质条件,选择两种以上计算方法对比后确定。水文地质边界条件复杂、涌水量较大的矿区,宜选择矿区地下水位降深较大、影响半径扩展较广的抽、放水试验资料,并应用经验公式法进行计算。

5.1.6 生产期间的矿坑涌水量计算宜采用水均衡法、数值模拟法。在进行矿坑涌水量计算时,应充分考虑矿床不同开采方式、不同排水方式以及同一地下水系统中其他矿坑和相邻矿区排水量的影响。改建、扩建矿山宜采用水文地质比拟法。

5.1.7 有条件的矿山,推荐建立整个地下水系统的水文地质模型和相应的数学模型。

5.1.8 错动区正常降雨径流渗入量和暴雨径流系数按 GB 50771—2012 中 5.1.2 和 5.1.7 的规定执行。

5.1.9 应计算最低开拓阶段及以上排水阶段的涌水量。涌水量计算应包括正常涌水量和最大涌水量。矿体采动后导水裂隙带波及地面时,还应计算错动区降雨径流渗入量。

5.1.10 需预先疏干的矿床,应计算疏干中段及以上的疏干工程量(包括疏干孔数、疏干孔

位、疏干时间,疏干孔深、疏干水量)。可采用三维数值模拟法。

5.1.11 露天转井下开采的矿山,计算井下涌水量时,应充分考虑露天坑汇水面积内的降雨量、进入露天坑的地表水等入渗转化为井下涌水量的因素。错动区的降雨径流渗入量和露天坑的暴雨径流量计算,设计暴雨频率标准取值应按下列规定选取:

  a) 大型矿山可取 5%;
  b) 中型矿山可取 10%;
  c) 小型矿山可取 20%;
  d) 塌陷特别严重、雨量大的地区,应适当提高暴雨频率标准取值。

5.2 矿山应具有的水文地质基础资料

5.2.1 新建矿山基建期间基建单位应收集、整理、分析下列水文地质资料,基建完成后将全部移交给生产单位:

  a) 水文地质观测台账和成果;
  b) 突水点台账、记录和有关防治水的技术总结,以及注浆堵水记录和有关资料;
  c) 井筒及巷道水文地质编录及实测剖面;
  d) 矿区水文地质总结报告。

5.2.2 生产矿山应建立、保存以下防治水基础资料档案,并根据生产建设情况及时补充修改:

  a) 矿坑涌水量和排水量成果;
  b) 降雨量资料;
  c) 地表水文观测成果;
  d) 钻孔水位、井下水压、水量及井泉动态观测成果;
  e) 抽(放)水试验成果;
  f) 矿坑突水、突泥点编录资料;
  g) 矿区地质钻孔综合成果;
  h) 井下水文地质钻孔(含探放水孔)成果;
  i) 水质分析成果;
  j) 水源水质分析观测资料;
  k) 水源井(孔)资料;
  l) 钻孔封孔资料;
  m) 矿区周边矿山、采空区及老空区调查资料;
  n) 采矿沉陷、岩溶塌陷、裂缝观测资料;
  o) 水闸门(墙)建设及观测资料;
  p) 地表位移、沉降、泥石流观测资料;
  q) 其他专门防治水项目的资料。

5.2.3 矿山防治水应绘制下列水文地质基础图件,并及时修改完善:(图件及内容要求参见附录A)

  a) 中段水文地质平面图;
  b) 矿坑涌水量与各种相关因素动态曲线图;
  c) 不同时期地下水等水位线图(大水矿山,平水期和丰水期至少各1张);

d) 矿区和区域综合水文地质平面图;
   e) 钻孔综合水文地质柱状图;
   f) 各勘探线水文地质剖面图;
   g) 地面塌陷分布图;
   h) 地表位移、沉降发展趋势图;
   i) 排水系统及排水系统能力图;
   j) 防治水工程实施图。

5.2.4 矿山闭坑应提供闭坑报告,闭坑报告中应包含以下水文地质内容:
   a) 闭坑前矿井各中段采掘空间分布图;
   b) 生产期间历年实测矿坑涌水量,水质及闭坑时期地下水位等资料;
   c) 分析评价可能存在的充水水源、通道及积水量;
   d) 闭坑对邻近生产矿坑安全的影响和应采取的防治水措施。

5.2.5 水文地质条件复杂的矿山应建立水文地质信息、实时自动监测管理系统,实现矿区水文地质文字资料、数据采集、图件绘制、计算评价和矿山水害防治、预测预报一体化。

5.3 水文地质补充调查与勘探

5.3.1 当矿区现有水文地质资料不能满足生产建设需要时,应针对存在的问题进行专项水文地质补充调查。水文地质补充调查范围应覆盖一个相对独立补给、径流、排泄条件的水文地质单元。

5.3.2 水文地质补充调查宜采用钻探、物探、化探等传统方法,有条件的鼓励采用遥感、全球卫星定位、地理信息系统及适合本矿区地层物性的物探方法。

5.3.3 水文地质补充调查应包括以下内容:
   a) 资料收集。收集降水量、蒸发量、气温、气压、相对湿度、风向、风速及其历年月均值和百年之内的极值,以及调查区内以往勘查研究成果、动态观测资料、勘探钻孔、供水井钻探及抽水试验资料。
   b) 地貌地质情况。调查由开采或地下水活动诱发的地面塌陷、崩塌、滑坡、人工湖等地貌变化、岩溶发育矿区的各种岩溶地貌形态;基本查明第四系松散覆盖层和基岩露头的时代、岩性、厚度、富水性及地下水的补排方式等,并划分含水层或相对隔水层;查明地质构造的形态、产状、性质、规模、有无泉水出露,以及破碎带的范围、充填物、胶结程度、导水性等情况;分析研究其对矿床开采的影响。
   c) 地表水体情况。调查矿区河流、水渠、湖泊、积水区、山塘和水库等地表水体的历年汇水面积、水位、流量、积水量、最大洪水淹没范围、含泥砂量、水质和地表水体与下伏含水层的水力关系等;对可能渗漏补给地下水的地段要进行详细调查,并进行渗漏量监测。
   d) 井泉情况。调查井泉的位置、标高、深度、出水层位、涌水量、水位、水质、水温、有无气体溢出、流出类型及其补给水源,并素描泉水出露的地形地质平面图和剖面图。
   e) 废弃矿井情况。调查废弃矿井的位置及开采、充水、排水的资料及废弃矿井停采原因等情况;察看地形,圈出采空区,并估算积水量;对没有资料的老采空区应采用高精度物探方法探明其位置、规模及充水情况。

f) 生产矿井情况。调查矿区内生产矿井的充水因素、充水方式、突水层位、突水点的位置与突水量、矿坑涌水量的动态变化与开采水平、开采面积、地面塌陷错动区的关系、以往发生水害的观测研究资料和防治水措施及效果。

g) 岩溶情况。岩溶塌陷非常严重的矿区，应采用高精度岩溶探测方法，查明矿区岩溶发育情况和主要进水通道位置、规模，为制定防治水方案提供依据；有疏干岩溶塌陷的矿山应详细调查开采或地下水活动诱发的岩溶塌陷发展的形态、规模、分布范围、对地下水运动有明显影响的补给和排泄通道，必要时进行连通试验和暗河、岩溶塌陷的测绘工作，并分析岩溶发育规律和地下水径流方向，圈定补给区，测定补给区内的渗漏情况，估算地下水径流量。

h) 周边矿井情况。调查周边矿井的位置、范围、开采层位、充水情况、地质构造、采矿方法、采出矿量、隔离矿柱以及与相邻矿坑的空间关系，并收集系统完整的采掘工程平面图及有关资料。

5.3.4 凡属下列情况之一者，应进行水文地质补充勘探：
a) 矿区主要勘探目的层未开展过水文地质勘探工作；
b) 矿区原勘探工程量不足，水文地质条件未查清；
c) 经采掘揭露，水文地质条件比原勘探报告复杂；
d) 矿区水文地质条件因长期开采已发生较大变化，原勘探报告不能满足安全生产要求；
e) 矿坑开拓延深、开采新矿体，或扩大矿区范围设计需要；
f) 巷道顶板处于特殊地质条件部位或深部矿层下伏强含水层；矿体底板带压及需要做专门防治水工程等特殊要求的；
g) 井巷工程施工穿越强富水性含水层时。

5.3.5 地面水文地质补充勘探按 GB 51060—2014 中 3.4 的规定执行。

5.3.6 遇下列情况之一者，应进行井下水文地质补充勘探：
a) 地面水文地质勘探难以查清问题时，宜开展井下放水试验或连通(示踪)试验等；
b) 矿体顶、底板有含水(流)砂层或岩溶含水层时，需进行疏水开采试验；
c) 受地表水体和地形限制或受开采塌陷影响，地面无施工条件；
d) 孔深或地下水位埋深过大，地面无法进行水文地质试验；
e) 深部矿床水文地质条件复杂，矿体位于侵蚀基准面以下，主要含水层富水性好，补给条件较好，水压高；构造破碎带发育，导水性强且沟通强含水层。

5.3.7 井下水文地质补充勘探主要采用下列手段方法：
a) 井下物探、钻探、监测、测试、坑道放水试验等手段；
b) 井下与地面相结合的综合勘探方法。

5.3.8 井下水文地质补充勘探按 GB 51060—2014 中 6.1 至 6.6 的规定执行。

6 水害预防

6.1 地面防治水

6.1.1 地表水防治

6.1.1.1 矿山应查清矿区及其附近地表水系的汇水、渗漏情况、排泄能力和有关水利工程等情况,掌握当地历年降水量和矿山布置永久建构筑物及井筒位置处的最高洪水位资料,及建立的疏水、防水和排水系统情况。

6.1.1.2 矿山应主动与气象、水利、防汛等部门联系,建立灾害性天气预警和预防机制。及时掌握可能危及矿山安全生产的暴雨洪水灾害和灾害性天气的预报预警信息,主动采取措施。并与周边相邻矿井沟通信息,当矿坑出现异常情况时,立即向周边相邻矿井预警。

6.1.1.3 矿山应对本矿区范围内及周边废弃老井、地面塌陷坑、岩溶裂缝、采动裂隙巡视检查,并建立与可能影响矿井(坑)安全生产的水库、湖泊、河流、涵闸、堤防工程主管部门通报机制,接到暴雨灾害预警信息和警报后,要实施24 h不间断巡查。每次降雨降大到暴雨前后,矿区应派专业人员及时观测矿坑涌水量变化。

6.1.1.4 雨季前矿山应全面检查防范暴雨洪水引发事故灾难措施的落实情况,对排查出的隐患,要落实责任,限定在汛期前完成整改。防治水工程要有专门设计和施工方案,竣工后矿山应组织验收。

6.1.1.5 矿区各井口的标高,应高于当地或矿井所在地形历史最高洪水位1 m以上。工业场地的地面标高,应高于当地历史最高洪水位。达不到要求的,应以历史最高洪水位为防护标准修筑防洪堤,井口应筑人工岛,使井口高于最高洪水位1 m以上。

6.1.1.6 井口附近或塌陷区内外的地表水体可能溃入井下时,应采取措施并遵守下列规定:
  a) 矿区范围汇水面积较大的,应在采矿错动范围外修筑截洪沟,将降雨径流截出矿区,避免渗入井下;
  b) 严禁开采防隔水矿(岩)柱;
  c) 地表容易积水的地点应修筑沟渠,排泄积水。修筑沟渠时,应避开强含水层露头、裂隙和导水岩层。不能修筑沟渠排水时,应填平压实;范围太大无法填平时,应用水泵或建排洪站排水;
  d) 矿山受到河流、山洪威胁时,应修筑堤坝和泄洪渠;
  e) 排到地面的矿坑水,应妥善处理,避免再渗入井下;
  f) 漏水的沟渠和河床,应及时堵漏或局部改道;
  g) 地面裂缝和塌陷应填塞,填塞前及填塞过程中应有防止人员陷入塌陷坑内的安全措施。具备条件时,清除塌陷体后用块石或混凝土封堵岩溶通道,再用黏土回填塌陷区;
  h) 位于频繁发生塌陷区的河道,具备改道条件时,应改道。无法改道时,应采用物探探查、钻探验证的方法对河床下岩溶发育情况进行勘察,并采取有效措施治理河床;
  i) 有滑坡危险的地段,应加密观测,可能威胁矿山安全时,应采取防止滑坡措施;
  j) 影响矿区安全的落水洞、岩溶漏斗、溶洞等,均应采取填充或注浆等措施严密封闭。

6.1.1.7 废石、矿石和其他堆积物等杂物严禁堆放在山洪、河流可能冲刷到的地段。

6.1.1.8 报废的竖井应充填密实或浇注1个大于井筒断面的坚实钢筋混凝土盖板,且覆盖2倍于井口直径的不透水黏土,并应设栅栏和标志。井口封闭盖应达到防止地表水灌入的要求:
  a) 报废的斜井应充填密实或在井口以下斜长20 m处砌筑砖、石或混凝土墙,再填至

  b) 报废的平硐,应从硐口向里用泥土填实至少 20 m,再砌墙宽 600 mm~800 mm 厚的混凝土封墙,封墙底部应留设直径不小于 150 mm 的泄水孔。有地面水影响的报废井口应设置排水沟;

  c) 封填报废的立井、斜井和平硐时,应做好隐蔽工程记录,并填图归档;

  d) 如报废已封闭的立井、斜井和平硐在矿山下一步采矿过程中,受采动影响,应重新封闭严实,保证在矿山生产期间安全。

6.1.1.9 使用中的钻孔应安装孔口保护装置,报废的钻孔应及时封孔。观测孔、注浆孔、电缆孔、与井下或含水层相通的钻孔,其孔口管应高出当地最高洪水位或具备防止地表水倒灌(下泄)装置。

6.1.2 疏干塌陷防治

6.1.2.1 疏干排水时有地表沉降、塌陷的矿山应进行塌陷和沉降观测,分析塌陷和沉降的发展趋势、预测塌陷和沉降范围及灾害程度。裸露型岩溶、地面塌陷发育的矿区,应做好气象观测,降雨、洪水预报;封堵可能影响生产安全的井下揭露的主要岩溶进水通道;对已采区可构建挡水墙隔离;雨季应加密地下水的动态观测,并进行矿井涌水峰值的预报。

  危及居民安全的应采取加固措施或搬迁。

6.1.2.2 应采取有效的物探方法查明塌陷区的岩溶裂隙、过水通道的分布情况及发展规律。推荐采用地面五极纵轴电(激电)测深和高密度电法(浅部),探测网度推荐采用 50 m×20 m,异常密集区加密。塌陷区有河道时,应沿河道延伸方向布置探测剖面,剖面总数不少于 3 条。

  应布置适量的钻孔验证物探成果,每条剖面至少布置 1 个。

6.1.2.3 矿山应建立矿区塌陷发生、发展趋势台账,包括塌陷个数、塌陷面积、裂缝位置、规模、时间、降雨量、矿坑排水量。

6.1.2.4 露天转井下矿山应加强地面泥石流的监测和预防,采用地表地质测绘、钻探、山地工程、物探、试验和测试等方法对可能存在地面泥石流的矿山进行长期动态监测和预测预报,并应制定应急和治理措施。

6.1.2.5 疏干岩溶塌陷、滑坡、泥石流等地质灾害的评价、设计应由相关资质的单位完成。

6.1.3 矿区截流帷幕

6.1.3.1 矿区岩溶发育,矿坑疏排水引起地面岩溶塌陷,并对人民生命财产造成较大损失,且矿区具有以下水文地质条件时,应采用矿区帷幕截流防治水方案:

  a) 在采矿冒落带 20 m 以外有相对狭窄且集中的地下水进水通道;

  b) 有可靠的隔水边界(两端);

  c) 有可靠的隔水底板;

  d) 包围式帷幕有可靠隔水底板就可。

6.1.3.2 确定矿区截流帷幕幕址应遵循下列程序和要求:

  a) 采用矿区帷幕注浆方案前,宜在拟建帷幕线区域进行帷幕线勘察,利用物探、钻探、水文地质试验等方法查清岩溶裂隙、过水通道的分布位置和规模,确定矿区截流帷幕线位置,并对矿区帷幕截流方案进行可行性研究;

  b) 开展矿区帷幕注浆试验,确定帷幕参数、注浆材料、制浆和注浆工艺、注浆过程控

制、效果检测方法并预计帷幕效果;

c) 推荐采用数值模拟技术,从技术、经济、资源开发、堵水效果、环境等各方面对帷幕线幕址和方案综合比较,确定最终的幕址和深度。

6.1.3.3 帷幕线岩溶探测方法及野外工作装置要求:

a) 帷幕施工前,应采用合适的物探方法查明帷幕线岩溶等过水通道,帷幕注浆结束后,应采用同样的物探方法对注浆效果进行检测;

b) 帷幕线岩溶探测(或效果检测)方法,宜采用地面五极纵轴、三极、四极电(激电)测深。推荐采用五极纵轴激电(电)测深;

c) 推荐探测点距:4 m~10 m。

6.1.3.4 矿区截流帷幕的其他技术及要求按 DZ/T 0285—2015 执行。

6.2 井下防治水

6.2.1 留设防隔水矿(岩)柱

6.2.1.1 相邻矿区的分界处,应留足防隔水矿(岩)柱。以断层分界的矿井(坑),应在断层两侧留足防隔水矿(岩)柱,矿柱尺寸由设计确定。

6.2.1.2 不采取疏干措施的受水害威胁的矿山,下列情况应留设防隔水矿(岩)柱,并应事先制定防突水的安全措施:

a) 在地表水体(江、河、湖、海、沼泽等)、含水冲积层下和水淹区临近地带;

b) 与强含水层存在水力联系的断层、裂隙带或与强导水断层接触的矿体;

c) 有大量积水的旧井巷和采空区;

d) 导水、充水的岩溶溶洞、暗河、流砂层;

e) 受保护的观测孔、注浆孔和电缆孔等。

6.2.1.3 各类防隔水矿(岩)柱的尺寸,应根据矿区(坑)的地质构造、水文地质条件、矿体赋存条件、围岩物理力学性质、开采方法及岩层移动规律等因素,参照公式(1)确定,在设计规定的保留期内不应开采或破坏。

$$L = 0.5MK\sqrt{\frac{3P}{K_P}} \geqslant 20 \text{ m} \quad \cdots\cdots\cdots\cdots\cdots\cdots\cdots (1)$$

式中:

L ——留设的隔水矿(岩)柱宽度,单位为米(m);

M ——矿体厚度或采高(取大值),单位为米(m);

K ——安全系数(一般取 2~5);

P ——岩层承受的静水压力,单位为兆帕(MPa);

K_P ——矿(岩)体的抗拉强度,单位为兆帕(MPa)。

6.2.1.4 各类防隔水矿(岩)柱应符合设计要求,不得随意变动,水患消除前,严禁在各类防隔水矿(岩)柱中进行采掘活动。

6.2.1.5 开采水淹区下的防隔水矿(岩)柱时,应彻底疏放上部积水,严禁顶水作业。

6.2.1.6 带水压开采的矿山,应分中段或分采区实行隔离开采。分区之间应留设防隔水矿(岩)柱并在关键部位建立防水闸门。

6.2.1.7 软弱围岩层状矿体,防水矿(岩)柱的留设方法和宽度可参考《建筑物、水体、铁路及主要井巷煤柱留设与压煤开采规程》中附录六的公式计算。

6.2.2 防水闸门、防水闸门硐室与防水闸墙

6.2.2.1 水文地质条件复杂的矿山,应在井底车场周围、中央泵站的巷道两端或有突水危险的地段设置防水闸门硐室、建筑防水闸门。

6.2.2.2 有突水危险的采掘区域,宜在其附近设置防水闸门。不具备建筑防水闸门条件时,可不建防水闸门,但应制定严格的其他防治水措施。

6.2.2.3 露天转井下开采的矿山,宜根据水文地质条件及露天坑渗漏情况在井下露天坑底附近中段的适当位置建筑防水闸门。

6.2.2.4 防水闸门硐室和防水闸门技术要求:

a) 防水闸门硐室应选在围岩稳定,岩层完整致密的单轨直线巷道内。门体采用定型设计,对非定型设计的产品需由相应资质的单位设计;

b) 防水闸门硐室由相应资质的单位设计和施工,防水闸门竣工后,业主按照设计要求验收合格后才能投入使用;

c) 防水闸门硐室结构设计宜按照《采矿工程设计手册》选用;

d) 防水闸门硐室前、后两端,应分别砌筑不小于 5 m 长的混凝土护硐,硐后用混凝土填实,不得空帮、空顶。防水闸门硐室和护硐应用高标号水泥进行注浆加固,注浆压力须大于闸墙设计承压力;

e) 酸性地下水则应采用防酸水泥。还应在来水方向的一侧,做 20 mm~30 mm 厚的防水砂浆抹面层;

f) 防水闸门断面应满足 GB 14623—2006 的规定,其尺寸应能通过外形最大设备;

g) 防水闸门来水一侧 15 m~25 m 处,应加设 1 道挡物箅子门。防水闸门与箅子门之间应畅通无阻。来水时先关箅子门,后关防水闸门。如采用双向防水闸门,应在两侧各设 1 道箅子门;

h) 通过防水闸门的轨道、电机车架空线等应灵活易拆;通过防水闸门墙体的各种管路和闸门外侧的闸阀的耐压能力应与防水闸门设计压力一致;通过防水闸门墙体的电缆、管道,应用堵头和阀门封堵严密,不得漏水;

i) 设有防水闸门控制系统的电源控制硐室应高于巷道 0.5 m 以上;

j) 防水闸门应安设观测水压的装置并有放水管和放水闸阀;

k) 新掘进巷道内建筑的防水闸门,应进行注水耐压试验,防水闸门内试验段巷道的长度不宜大于 15 m,试验的压力不得低于设计水压,稳压时间应在 24 h 以上,试压时应有专门安全措施。不合格处应进行注浆加固后再行验收;

l) 防水闸门开启前,应对井下排水、供电系统进行 1 次全面检查。排水能力应与防水闸门硐室放水管的放水量相适应。水沟应畅通无阻;

m) 防水闸门开启时,预埋在硐室混凝土内的排水管和通过硐室两端巷道的排水沟有效过水断面应满足通过硐室的最大涌水量。

6.2.2.5 防水闸门应灵活可靠,应积极推广远程控制系统,并保证每年进行 2 次关闭试验,1 次应在雨季前。关闭闸门所用的工具和零配件应专人保管,专门地点存放,不得挪用丢失。

6.2.2.6 防水闸墙应由相应资质的单位设计和施工,防水闸墙竣工后,业主按照设计要求进行验收,验收合格后才能投入使用。

6.2.2.7 防水闸墙的设计与施工应遵循下列原则:

a) 设计前应全面弄清闸墙预计承压力、闸墙所在断面支护形式、原掘进方法、混凝土标号、闸墙围岩性质、硬度及各种物理力学参数;

b) 闸墙的形式:水压大,可选择楔形;水压特大,可构筑多级楔形;

c) 水闸墙应布置在致密坚硬及无裂隙的岩石中;

d) 水闸墙周边应掏槽嵌入到岩石中并预理注浆管,闸墙体完工后,再进行注浆,充填缝隙,使之与围岩构成一体。注浆压力应大于闸墙设计承压力;

e) 永久水闸墙应留设泄水管路阀门,酸性水质巷道的阀门管路应进行防腐处理,长期封水的水闸墙管路阀门宜使用不锈钢材料;

f) 永久水闸墙厚度应按照公式(2)确定,再选用公式按剪应力对闸墙厚度进行验算。

$$B=\frac{KPS_2}{(2.57b+2h_2)\times\tau} \qquad\qquad(2)$$

式中:

B ——防水墙体厚度,单位为米(m);

K ——混凝土结构抗剪设计安全系数;

P ——静水压力,单位为兆帕(MPa);

S_2 ——背水面巷道净面积,单位为平方米(m^2);

b ——背水面巷道净宽度,单位为米(m);

h_2 ——背水面巷道直墙高度,单位为米(m);

τ ——混凝土的抗剪强度(如果围岩抗剪强度低则用围岩值)。

6.2.2.8 报废的盲井和斜井下口的密闭水闸墙应留泄水孔,每月定期观测水压,雨季加密。

6.2.3 疏干开采、带压开采和控制疏放

6.2.3.1 矿体顶、底板有富含水层,且疏干不造成严重地质环境问题时,可进行疏干开采。直接揭露含水体的放水疏干工程,施工前应先建好水仓、水泵房等排水设施。地下水位降到安全水位前不应采矿(参见附录B)。

6.2.3.2 被松散富含水层所覆盖的浅埋缓倾斜矿体,需要疏干开采时,应进行专门水文地质勘探或补充勘探,查明水文地质条件,并根据勘探成果确定疏干地段、制定疏干方案。

6.2.3.3 矿体上部有流砂层或较大半充填溶洞,疏干开采前应着重解决如下问题:

a) 查明流砂层的埋藏分布条件,研究其相变及成因类型,查明溶洞的分布;

b) 查明流砂层的富水性、水理性质,预计涌水量和预测可疏干性,建立动态观测网,观测疏干速度和疏干半径;

c) 在疏干开采试验中,应观测研究爆破影响带高度、水砂分离方法,钻孔超前探放水安全距离等;

d) 预测溃水、溃砂引起的地面塌陷及处理方法。

6.2.3.4 矿体顶板受开采破坏后,若崩落影响范围内存在强含水层(体),回采前应对含水层采取超前疏干措施。进行专门水文地质勘探和试验,并编制疏干方案,选定疏干方式和方法,综合评价疏干开采条件和技术经济合理性。

6.2.3.5 矿井疏干开采过程中,应进行定性、定量分析,对顶板水害分区评价和预测。有条件的矿山可应用数值模拟技术,进行各中段疏干孔位置、数量、深度、疏干水量和地下水流场变化的模拟和预测。

6.2.3.6 承压含水层与开采矿体之间的隔水层能承受的水头值大于实际水头值时,开采后隔水层不易被破坏,矿体底板突水的可能性小,可进行"带水压开采",但应制定安全措施。

6.2.3.7 当承压含水层与开采矿体之间的隔水层厚度,能承受的水头值小于实际水头值时,开采前应遵守下列规定:
  a) 采取疏水降压的方法,把承压含水层的水头值降到隔水层允许的安全水位以下,并制订安全措施;
  b) 矿坑(井)排水应与矿区供水、生态环境相结合,推广应用矿坑(井)排水、供水、生态环保三位一体优化结合的管理模式和方法;
  c) 承压含水层的集中补给边界已基本查清,可预先进行矿区堵截水措施,截断水源,然后疏水降压开采;
  d) 承压含水层的补给水源充沛,不具备疏水降压和矿区截流帷幕注浆条件时,可酌情采用局部注浆加固顶、底板隔水层和井下近矿体帷幕的方法,但应编制专门的设计,在有充分防范措施的条件下进行试采。

6.2.3.8 控制疏放应按疏放勘探、试验疏放和生产疏放 3 个程序进行;宜采用地表疏放、井下疏放和联合疏放 3 种方式。

6.2.3.9 控制疏放应遵守下列规定:
  a) 被疏干含水层的渗透性好,含水丰富;潜水含水层的渗透系数大于 3 m/d,承压含水层渗透系数大于 0.5 m/d 等大水矿山,宜采用地表疏干;
  b) 矿体直接顶(底)板为含水层,宜采用巷道(采准巷道)疏放;
  c) 矿体上部为砂岩裂隙含水层,宜采用钻孔疏放;
  d) 水文地质条件复杂的矿床,单一疏放方式不能满足生产需要时,宜采用联合疏放;
  e) 疏放应与矿山建井、开采阶段相适应;
  f) 疏干排水能力应超过充水含水层的天然补给量;
  g) 疏干工程应靠近防护地段,并尽可能从含水层底板地形低洼处开始;
  h) 疏干钻孔数应多方案试算,孔间干扰应达到最大值,水位降低能满足安全采掘要求;
  i) 疏干工作不能停顿,应根据生产需要有步骤地进行;
  j) 水平含水层宜采用环状疏干系统,倾斜含水层宜采用线状疏干系统。

6.2.3.10 地表疏排孔布置:
  a) 根据水文地质条件进行合理的设计;
  b) 以生产中段和生产采区为中心,宜呈环形孔排和直线形孔排布置;
  c) 均质含水层宜等距布孔,非均质含水层不宜等距布孔;
  d) 疏干孔(井)应打在富水性强的地方;
  e) 打大直径孔(井)前,应先施工小口径试验孔;
  f) 位置应在采矿崩落边界之外。

6.2.3.11 井下疏干工程可根据矿山的实际选用以下 6 种方式:
  a) 疏干石门;
  b) 疏干竖井;
  c) 疏干井巷:疏干石门、疏干盲井、疏干小井以及拦截大突水点、岩溶管道或其他地下水流疏泄巷道等；
- d) 水平疏干巷道；
- e) 井下疏干孔：井下疏干平孔、斜孔和垂孔，用于分散疏干或局部疏干；
- f) 直通式井下疏干孔。

6.2.3.12 顶板水疏放降压钻孔布置应遵循以下原则：
- a) 应布置在裂隙发育和标高较低的地段；
- b) 孔间距与顶板基本周期来压的距离相同；
- c) 钻孔深度应打穿爆破影响带；
- d) 钻孔的方位宜斜向揭露含水层；
- e) 钻孔孔径不宜过大；
- f) 钻孔数量视水量而定。

6.2.3.13 顶板疏放降压钻孔的施工应遵循以下原则：
- a) 使用反压装置；
- b) 埋设孔口管、安装放水装置，控制疏放水量；
- c) 具备条件的，宜地面施工井下疏放降压钻孔。

6.2.3.14 采用放水闸门或专门放水硐室进行疏水降压开采试验的主要要求：
- a) 应委托相关资质单位进行专门的施工设计；
- b) 预计最大涌水量；
- c) 应建立能保证排出最大涌水量的排水系统；
- d) 应选择适当位置建筑防水闸门；
- e) 做好钻孔超前探水和放水降压工作；
- f) 做好井下和地表水位、水压、涌水量的观测工作。

6.2.4 矿井（坑）注浆堵水

6.2.4.1 井筒预注浆：
- a) 预计井筒穿过含水层或破碎带且预测涌水量大于施工允许水量时，宜选用地面预注浆或井筒外围地面帷幕注浆堵水方案；
- b) 制定注浆方案前，应根据含水层情况施工1个至3个井筒勘探孔，获取含水层的埋深、厚度、岩性、简易水文观测、抽（压）水试验、水质分析等资料并预测井筒涌水量。勘探孔施工过程中，破碎孔段未取得水文参数之前，严禁使用水泥等固壁材料；
- c) 注浆终止深度应超过最下部含水层的埋深10 m～20 m或超过井筒底部10 m；
- d) 井壁裂隙较发育，淋水较大，水量小于20 m^3/h，大于6 m^3/h，应进行壁后注浆；
- e) 井筒工作面涌水量超过20 m^3/h，应进行工作面注浆。止浆垫（岩帽）厚度应计算确定；
- f) 工作面注浆钻孔一般沿井筒周边布置，钻孔数量、孔径、倾角和方位根据地下水压、井筒岩石及裂隙发育情况确定。应设计中心检查孔或其他检查孔检查注浆效果。

6.2.4.2 巷道工作面注浆堵水：
- a) 不采取疏干开采的矿区，巷道过导水破碎带时，应进行预注浆堵水，尤其是深部过

导水破碎带时,应采用高压注浆;
b) 巷道工作面预注浆前须施工止浆墙或预留止浆岩帽,其厚度应通过计算确定;
c) 钻孔数量、孔径、倾角应根据含水层性质、导水构造产状以及检查孔结果确定;
d) 钻孔偏斜率不大于1‰,注浆孔应清水钻进,孔口管埋深不小于2 m～5 m,注浆终压不小于静水压力的2.5倍;
e) 注浆结束标准:注浆分序进行,注浆压力均匀持续上升达到设计终压,同时单位吸浆量小于10 L/min,稳压20 min～30 min;
f) 掘进前一定要超前探水:探水孔的位置、方向、数目、孔径、每次钻进的深度和超前距离,应根据水头高低、岩石结构与硬度等条件在设计中明确规定(一般钻孔数不少于3个,钻孔向外围偏斜5°～10°。对于长距离作业面,偏斜角加大,以控制巷道截面的探水范围),保证侧帮有效防护厚度;
g) 巷道施工过程中遇意外涌水,涌水量小于20 m³/h且围岩稳定时可强行通过,待永久支护完成后进行壁后注浆封堵,大于20 m³/h需停止掘进,进行工作面预注浆。

6.2.4.3 注浆封堵突水点要求:
a) 圈定突水点位置,分析突水点附近的地质构造,查明降压漏斗形态,分析突水前后水文观测孔和井、泉的动态变化,必要时进行连通(示踪)试验;
b) 探明突水补给水源充沛程度或补给含水层的富水性、突水通道性质、数量、大小等;
c) 注浆前,应做连通和压(注)水试验;注浆前后应做好矿井(坑)排水对比分析;
d) 编制注浆堵水方案。

6.2.4.4 井下巷道穿过与河流、湖泊、溶洞、含水层等存在水力联系的导水断层、裂隙(带)、岩溶溶洞构造,超前探水发现前方有水时,应超前预注浆封堵加固,必要时预先构筑防水闸门或采取其他防治水措施。穿过含水层段的井巷,应按防水的要求进行壁后注浆处理。

6.2.4.5 回采工作面内有导水断层、裂隙或岩溶溶洞时,应按设计规定留设防隔水矿(岩)柱或采用注浆方法封堵导水通道。对注浆的工作面可先进行物探,查明水文地质条件,注浆后,再用物探与钻探验证注浆效果。

6.2.4.6 工作面回采后,对废弃关闭的局部疏水降压钻孔,如可能对后续开采产生不利影响,应进行注浆封闭,并在有关图纸上标注。

6.2.4.7 废弃矿井闭坑淹没前,如影响附近矿山,应绘制矿山现状的竣工图,根据需要采用物探、化探和钻探等方法,探测矿坑边界防隔矿(岩)柱破坏状况及可能的透水地段,采用注浆堵水工程隔断废弃矿井与相邻生产矿井(坑)的水力联系,避免发生水害事故。

6.2.5 井下近矿体帷幕

6.2.5.1 采用井下近矿体帷幕应满足下列条件:
a) 矿体的直接顶、底板为含水层,巷道掘进或工作面回采时,含水层水直接涌入矿坑并给矿坑安全生产带来影响和灾害;
b) 矿体相对集中;
c) 采用充填法采矿。

6.2.5.2 近矿体帷幕常采用的工程及要求:

a) 穿脉水平探水注浆钻孔的网度应达到如下目的：
   1) 确定各个水平分段矿体、矿岩的地质边界；
   2) 基本查清顶、底板含水层的岩溶、裂隙、构造发育情况、产状、规模、赋导水性等；
   3) 查明矿体及顶、底板含水层工程地质特征，特别是接触带的稳固性；
   4) 利用井下各涌水钻孔和出水点，进行井下水文地质试验（如群孔放水试验），基本查明含水层岩溶裂隙发育分布规律，导水裂隙的水力联系程度和可能存在的富水区，初步圈定注浆过程中浆液运移分布范围；
   5) 穿脉水平孔注浆，基本封堵顶底板含水层岩溶导水裂隙及主径流通道。
b) 横向加密注浆工程：
   1) 在矿体围岩构筑由纵横交错注浆钻孔控制的立体结构体系；
   2) 在近矿体穿脉水平探水钻孔注浆的基础上，根据矿体分布规律，顶、底板水文地质特征，注浆的效果及安全性，在近矿体围岩中布置其他方向的加密注浆孔（一般采用横向钻孔），最终形成没有明显薄弱环节的注浆盖层。

6.2.5.3 近矿体帷幕参数要求：
a) 帷幕厚度、孔距应根据采矿方法、流体力学、岩体和注浆体强度，经计算确定；
b) 孔深以确保帷幕的垂直厚度为准；
c) 钻孔偏斜角：不大于1‰；
d) 帷幕渗透系数：不大于0.06 m/d。

6.2.5.4 探水注浆联络巷道的布置：
a) 在无巷道经过的地段，应在相对安全的岩层内布置与穿脉方向垂直的探水注浆联络巷道，巷道距离含水层不小于10 m；
b) 巷道和硐室掘进前应进行钻孔超前探水注浆，并预留一定厚度的"岩帽"作为止浆垫。"岩帽"厚度根据岩石的性质、强度、水压大小参考式(3)确定：

$$B=\frac{P_0 D}{4\tau} \quad\quad\quad\quad\quad (3)$$

式中：
B ——岩帽厚度，单位为米(m)；
P_0 ——最大注浆压力，单位为兆帕(MPa)；
D ——止浆"岩帽"外接圆直径，单位为米(m)；
τ ——矿岩允许抗剪强度，单位为兆帕(MPa)。

c) 联络巷道施工到矿体外围含水层边界附近时，应进行超前探水注浆；
d) 联络巷道施工时，应在断面进行浅孔探水并注浆；
e) 施工探水巷道应采用控制爆破技术。

6.2.5.5 钻注硐室设计在联络巷道内，钻注硐室间距为10 m～12 m，硐室尺寸根据施工设备确定。

6.2.5.6 穿脉水平探水注浆钻孔布置：
a) 在采准巷道硐室中，应布置与穿脉方向一致的水平钻孔进行探水注浆；
b) 根据帷幕厚度、钻孔倾角确定探水钻孔控制深度，一定区域（100 m²～900 m²）内

所有钻孔(孔口安装高压阀门)终孔后,应进行群孔压水试验;

　　c) 注浆过程中,应先注水力联系较孤立的钻孔,再对水力联系较好的多孔(选择2个~3个)进行群孔注浆;

　　d) 检查孔布置:检查孔数量为注浆钻孔数量的10%~15%。

6.2.5.7 平行矿体走向的加密注浆钻孔,常利用井下开拓系统、联络巷道和钻注硐室。

6.2.5.8 近矿体帷幕注浆工艺参数按《矿山帷幕注浆技术规范》中5.6.3的规定执行,但浆液类型宜采用单液水泥浆和双液水泥浆。

6.2.5.9 注浆资料整理内容及要求按《矿山帷幕注浆技术规范》中9.1至9.2的规定执行。

6.2.5.10 井下近矿体帷幕施工应制定如下应急安全技术措施:

　　a) 突水预报;

　　b) 增大排水能力;

　　c) 防水闸门;

　　d) 采空区顶板堵漏;

　　e) 坚持"有疑必探"的原则。

6.2.5.11 井下近矿体帷幕的设计与施工应由具有专业技术实力和施工经验的单位承担。

6.2.6 井下泥石流防治

6.2.6.1 连续大雨时,崩落法开采的矿山应加密地表塌陷坑、井下黄泥点的调查、统计及分析,并及时处理。

6.2.6.2 加强塌陷区的综合治理,减少塌陷区的汇水量:

　　a) 塌陷范围外修建排水沟,拦截部分汇水;

　　b) 塌坑安置排水泵,强降雨期间将汇入地表塌坑内的水抽出;

　　c) 严禁在塌陷区及周边非法采矿、选矿、碎石加工、耕植;

　　d) 严禁向塌坑排灌尾砂及工业用水。

6.2.6.3 提前对含水层进行疏水降压,施工过程中加强顶板控制,发现淋水加大,条件恶化应停止作业。

6.2.6.4 存在井下泥石流危害的矿山,应坚持超前探水措施。

6.2.7 酸性水的防治方法

6.2.7.1 酸性水的矿井,应查明酸性水的来源、水量、形成酸性水的主要因素,并定期取样进行水质分析,向有关单位提供资料及处理意见。

6.2.7.2 酸性水主要来自浅部矿层时,宜先采深部,再采浅部。

6.2.7.3 酸性水主要来自老采区时,应留设隔水矿(岩)柱。

6.2.7.4 酸性水主要来自大气降水和地表水的渗入时,应留足浅部隔水(岩)柱。

6.2.7.5 不同水源混合形成酸性水时,应按酸性水设计排水系统。

6.2.7.6 拦截酸性水,避免迂回循环,防止灌入深部水平。

6.2.7.7 可用生石灰等中和酸性水。

6.2.8 充填水防治

6.2.8.1 大体积嗣后胶结充填水防治应采取如下脱水措施:

　　a) 提高充填体浓度;

　　b) 一个采场悬挂1根至2根波纹脱水花管(脱水管)将充填水引至巷道,花管一般采

用 $f110\ mm$ 塑料波纹管,孔径一般为 10 mm,孔距 8 m～10 m,外包土工布和麻布,钢丝扎紧,再用卡套将脱水管与钢绞线卡稳。

6.2.8.2 非胶结充填水防治:非胶结充填常用于1步骤胶结充填,2步骤非胶结充填。一般采取挡墙顶以上 3 m 至挡墙底面(一般总高不超过 8 m)胶结充填,2步骤采取悬挂波纹花脱水管的措施,防止采场大面积积水及挡墙垮塌。

6.2.8.3 充填挡墙的要求:
   a) 挡墙的设计与施工满足大体积充填的要求;
   b) 每次充填高度不超过 1.3 m～1.5 m;
   c) 第二次充填应在第一次充填体凝固后进行。

6.2.8.4 充填水防治措施
   a) 膏体充填充填体不离析、不分层、泌出水量少,有条件的矿山宜采用膏体充填;
   b) 提高充填料浆浓度,降低充填体析出水量;
   c) 清洁充填管路的洗管水不宜充填采场,宜用三通排入巷道水沟;
   d) 采场充填前须按设计要求构筑充填挡墙和架设好采场脱水、泄水设施;
   e) 按设计要求进行采场充填,保证充填脱水时间后养护期,避免大量的充填水聚集。

6.3 水体下采矿

6.3.1 在河流、湖泊、水库和海域等水体下采矿,应留足防隔水矿(岩)柱:
   a) 松散含水层下开采时,应按照水体采动等级留设不同类型的防隔水矿(岩)柱(防水、防砂或防塌矿岩柱);
   b) 基岩含水层(体)或含水断裂带下开采时,应对开采前后覆岩的渗透性及含水层之间的水力联系进行分析评价,确定采用留设防隔水矿(岩)柱或者采用疏干方法保证安全开采。

6.3.2 水体下采矿,应由相应资质机构编制可行性方案和开采设计,回采过程中要严格按照设计要求控制开采范围、开采高度和防隔水矿(岩)柱尺寸。

6.3.3 开采过程中,发现地质条件变化,需要缩小安全矿(岩)柱尺寸,提高开采上限时,应进行可行性研究,重新履行相关手续经审查批准后,方可进行试采。

6.3.4 设计水体下开采的防隔水矿(岩)柱尺寸时,覆岩崩落层、保护层尺寸可参考《建筑物、水体、铁路及主要井巷煤柱留设与压煤开采规程》中公式计算,或者根据类似地质条件下的经验数据结合基于工程地质模型的力学分析、数值模拟等多种方法综合确定,同时还应结合覆岩原始导水情况和开采爆破影响带进行叠加分析综合确定。涉及水体下开采的矿区应开展覆岩崩落层和范围的实测工作,逐步积累经验,指导矿区水体下开采工作。

留设安全矿(岩)柱开采的,应结合上覆土层、风化带的临界水力坡度,进行抗渗透破坏评价,确保不发生溃水和溃砂事故。

6.3.5 临近水体下的采掘工作应遵循以下原则:
   a) 采矿方法应有效控制采高和开采范围。工作面范围内存在高角度断层时,应采取措施,防止断层导水或沿断层带冒顶破坏;
   b) 水体下开采缓倾斜及倾斜多层矿体时,宜采用分层充填法,并尽量减少第一、第二中段的采厚,相邻中段同一位置的回采间歇时间应不小于 4 个月至 6 个月,岩性坚硬顶板间歇时间应适当延长。相邻两个中段同时回采时,上中段回采工作面应

比下中段工作面超前一个工作面斜长的距离,且应不小于 20 m,留设防砂和防塌矿(岩)柱;

  c) 水体下开采急倾斜矿体,应采用充填法采矿;

  d) 当地表水体或松散强含水层下无隔水层时,开采浅部矿体及含水层中等富水性以上的厚大矿体,应采用保护顶板的采矿方法。易于疏降的中等富水性以上松散层底部含水层,可采用疏降含水层水位或疏干等方法。

6.3.6 采掘时应加强水情和水体底界面变形的监测。试采结束后,应给矿山提交试采总结报告,研究规律,指导水体下采矿。

6.4 露天转井下水害防治

6.4.1 露天转地下开采,境界安全顶柱的留设应符合下列规定:

  a) 采用空场法回采时,露天坑底应留设境界安全顶柱,安全顶柱的厚度应通过岩石力学计算确定,但不应小于 10 m;

  b) 采用井下近矿体帷幕防治水方案的矿山,安全顶柱的厚度应大于帷幕有效厚度;

  c) 采用充填法回采时,可在露天坑底铺设钢筋混凝土假底作为地下开采的假顶。当采用进路式回采且进路宽度不大于 4 m 时,钢筋混凝土假顶厚度不应小于 1 m;当采用空场嗣后充填采矿法时,钢筋混凝土假顶厚度应按采场跨度参数通过岩石力学计算确定。

6.4.2 排水方案设计时,应分析研究原露天坑的截排水能力及其对坑内排水的影响。

6.4.3 露天坑底及边帮应做防渗防崩塌处理,宜首先采用注浆法加固防渗露天坑底及边帮,注浆孔深度不少于 10 m,宜采用改性黏土浆。注浆加固防渗后再铺设 1.0 m 钢筋混凝土,再水泥砂浆抹平。

6.4.4 露天坑的截排水系统宜继续保留运行,不宜将露天坑内水放入井下矿坑排出。

6.5 防治水工程设计与施工

6.5.1 矿山防治水工程设计纳入初步设计中。水文地质条件简单——中等类型的防治水工程设计与采矿工程设计一并审核,水文地质条件复杂类型的防治水工程设计应先进行水文审核,再与采矿设计一并审核。

6.5.2 矿山防治水工程设计应与采矿工程设计紧密结合,充分考虑开拓方案、采矿方法。

6.5.3 采用堵疏结合防治水方法的,应在完成堵水工程后再实施疏干放水工程。需要进行坑内放水试验的,放水巷应布置在隔水层中,放水试验结束后应使地下水位回复原状再施工堵水工程。

7 排水系统

7.1 井下排水设施按 GB 16423—2006 第 6.6.4 执行。

7.2 排水用的水泵、水管、闸阀、配电设备和输电线路,应经常检查和维护。每年雨季前应全面检修 1 次,并对全部水泵进行 1 次联合排水试验,发现问题及时处理。

7.3 应及时清理水仓、沉淀池和水沟中的淤泥。每年雨季前应清理 1 次,含泥量大的矿井,应设机械排泥设施。

7.4 积极推广井下泵房无人值守和远程监控集控系统,应加强排水系统检测与维修,保持水仓容量不小于 50% 安全水位和排水系统运转正常。受水威胁严重矿井(坑)应实现井下泵房无人值守和地面远程监控。推广使用地面操控的潜水泵自动排水系统。

7.5 采用平巷排水的矿坑,平巷的总过水能力应不小于历年最大渗入矿井水量或估算的矿坑最大涌水量的1.2倍。水沟或排水巷标高应低于主运输巷,否则,应有可靠的技术措施(如防水门等)确保主运输巷的安全。

7.6 水文地质条件复杂矿区建设新井时,应在井筒底留设潜水泵窝,老矿井也应改建增设。井筒开凿到底后,井底附近应设置具有一定能力的临时排水设施。

7.7 永久排水系统形成前的在建矿坑,各施工区应设置足够排水能力的临时排水系统。

7.8 新中段的采矿作业,应在新中段永久防、排水系统建成后进行。

7.9 静储量很大,动储量较小,且只有地下水影响的矿山,基建和建设初期的排水系统能力宜加大到预测正常排水系统的2.5倍。

8 井下探放水

8.1 采掘工作面遇下列情况之一时,应进行探放水,探水前应确定探水线并标绘在图上:
  a) 接近水淹或者可能积水的井巷、采空区或者相近的矿山;
  b) 接近含水层、导水断层、暗河、溶洞和导水陷落柱;
  c) 打开防隔水岩(矿)柱进行放水前;
  d) 接近可能与河流、湖泊、水库、水池、水井等相通的断层带;
  e) 接近有出水可能的老钻孔;
  f) 接近水文地质条件复杂的区域;
  g) 采掘破坏影响范围内有承压含水层或含水构造、矿床与含水层间的防隔水矿(岩)柱厚度不清楚可能发生突水;
  h) 接近其他可能突水地区。

8.2 探放水工程应先设计,设计应包括如下内容:
  a) 探放水的采掘工作面及周围的水文地质条件、水害类型、水量及水压预计;
  b) 探放水巷道的开拓方向、施工次序、规格和支护方式;
  c) 探放水钻孔组数、个数、方向、角度、深度、孔径、施工技术要求和采用的超前距、帮距及探水线确定;
  d) 探放钻孔孔口安全装置及耐压要求等;
  e) 探放水施工与掘进工作的安全规定;
  f) 受水威胁地区信号联系和避灾路线;
  g) 通风措施;
  h) 防排水设施,如水闸门、水闸墙、水仓、水泵、管路、水沟等排水系统及能力的安排;
  i) 水情及避灾联系汇报制度和灾害处理措施;
  j) 探放水硐室设计、探放水孔布置的平面图、剖面图等。

8.3 探水线确定方法:
  a) 老采空区的探水线:一般沿采空区积水线或采空区边界平行外推60 m～150 m;
  b) 含水层、断层的探水线按(1)式计算。

8.4 探放老采空区水应遵循以下原则:
  a) 不在河沟及重要建筑物下面的老空区,宜排放老空区水;

b) 与地表水水力联系密切或雨季接受降水大量补给的老空区水或老空区涌水量很大、水质酸性等,宜先隔离后探放;

c) 水量大、水压高的老空区水,应先从顶、底板岩层打穿层放水孔,降水压后再探放水;

d) 老空区被强含水层或水源所淹没,宜先堵住出水点再探放水;

e) 应分析查明老空区水体的空间位置、积水量和水压,监视放水全过程,核对放水量,直到老空区水放完为止。

8.5 探水前,应编制探水设计,确定探水警戒线,并采取防止有害气体危害的安全措施。探水孔的布置、位置、方向、数目、孔径、每次钻进的深度和超前距离,应根据水头高低、矿(岩)层厚度和硬度等确定。并严格按设计进行探放水。

8.6 探放水钻孔的布设要求:

a) 探放老采空区水、岩溶溶洞水和钻孔水等,探水钻孔应成组布设,并在工作面内呈扇形。
   1) 钻孔终孔位置水平距不超过 3 m。
   2) 终孔垂距不超过 1.5 m。
   3) 探水钻孔的最小超前距或帮距按表 1 执行。
   4) 平巷的探放水孔,应呈半扇面形布置在巷道正前。
   5) 斜坡道探放水孔,呈扇面形布置在巷道的前方。

b) 探放断裂构造水、探水钻孔应沿掘进方向的前方及危险更大的方向布置;探水孔数量以能够控制工作面前方的中心和上下左右为准,不少于 3 个。

c) 探放水孔开孔后,应埋设孔口管,孔口管的长度应根据岩石强度,静水压力,以及孔口管与水泥浆结石之间的黏结力等综合计算确定,钻进前应安装孔口安全装置,采用反压和有防喷装置的方法钻进。外接高压闸阀和高压防喷装置,并应进行耐压检测,压力达到巷道可能要承受的最大地下水压且无泄漏后方可继续钻进。

d) 探水钻孔深度应根据掘进长度、水头高低、岩体结构与硬度等条件确定,超前于巷道掘进距离见表 1。

8.7 探水钻机安装要求:

a) 加强钻孔附近的巷道支护和加固,并在工作面迎头打好坚固的立柱和拦板;

b) 如安钻地点与积水区间距小于探水规定的超前距,或有突水征兆时,应采取加固措施或用止浆墙封闭后探放水;

c) 清理巷道,挖好排水沟。探水钻孔位于巷道低洼处时,应配备与探放水量相适应的排水设备;

d) 主要探水孔位置,应由测量人员现场标定。探放水工作的负责人应亲临现场检查;

e) 在预计水压大于 0.1 MPa 的地点探水时,应预先固结套管,套管深度在设计中规定。并安装闸阀、开掘安全躲避硐室,制定撤人的避灾路线等安全措施,并使每个作业人员熟知;

f) 钻孔内水压大于 1.5 MPa 时,应采用反压和有防喷装置的方法钻进,并制定防止

孔口管或岩壁突然鼓出的措施;

g) 探水钻孔除兼作堵水、水文勘探或疏水用钻孔外,终孔孔径一般不得大于75 mm。

8.8 探水钻孔超前距离和止水套管长度要求:

a) 探放老空区积水的超前钻距,应根据水压、矿(岩)层厚度和强度及安全措施等情况确定,软弱岩矿不得小于30 m,坚硬岩石不得小于20 m,止水套管长度不得小于5 m;

b) 探放含水层、断层和岩溶溶洞等含水体时,按参考表1确定。

表 1 岩层中探水钻孔超前钻距和止水套管长度

水压 MPa	钻孔超前钻距 m	止水套管长度 m
<1.0	>10	>5
1.0~2.0	>15	>10
2.0~3.0	>20	>15
>3.0	>25	>20

8.9 钻进时发现矿岩松软破碎、片帮、来压或钻孔中水压、水量突然增大和顶钻等异常时,应立即停钻,记录其孔深并固定好钻杆,但不得拔出钻杆。应立即汇报,派人监测水情。如发现情况危急,应立即撤出所有受水威胁区域的人员,并采取措施进行处理。

8.10 钻孔见水后,应尽量控制泄水水量,若流量太大,使得继续钻进难以进行,或者可能超出矿井排水能力时,应关闭孔口闸阀,终止钻进。

8.11 放水前,应估计积水量,根据矿坑排水系统能力控制放水流量,防止淹井;放水时,应设专人监测并记录水量、水压。若水量突变,应及时处理并立即报告。

8.12 探放水安全措施:

a) 探水的巷道中间不得有低洼积水段;

b) 探水巷应在探水钻孔有效控制范围内掘进,探水孔的超前距、帮距及孔间距应符合设计要求。每次探水后、掘进前,应在起点处设置标志,并建立挂牌制度;

c) 巷道支护应牢固,顶、帮背实,无高吊棚脚,斜巷有撑杆,使巷道有较强的抗水流冲击能力;

d) 探放水地点应安设电话和报警装置;

e) 应向受水威胁地区的施工人员贯彻、交代报警信号及避灾路线;

f) 探水巷道应加强出水征兆的观察,一旦发现异常应立即停止工作,及时处理。情况紧急时应立即发出警报,撤出所有受水威胁地区的人员;

g) 钻孔接近老空区,预计可能有有害气体涌出时,应有矿山救护队员和安全员在现场值班,检查空气成分。有害气体超过有关条文规定时,应立即停止打钻,切断电源,撤出人员,并报告主管部门,采取措施,进行处理;

h) 放水工作应尽量避免在雨季进行;

i) 探放水人员应按照批准的设计施工,未经审批单位允许,不得擅自改变设计。

8.13 探放水应急处理措施:

a) 钻杆接口断开无法退出时,应及时关闭探水钻机,退出钻杆,更换新钻头接口,继续钻进,与断开的钻杆进行套钻,如未能套钻,应重新进行开孔钻探;
b) 探水过程中,如开、关按钮控制器失灵,应切断电源,更换控制按钮;
c) 钻探过程中无法转进时,应检查钻杆是否脱节,检查工作面回水颜色及钻探情况,退出钻杆检查钻头等。待查明原因后,方可继续进行探放水;
d) 探水过程中,水开始变大时,应立即汇报矿相关技术和管理部门,分析后方可进行重新探放或停止探放;
e) 探水中电机烧坏时,及时更换电机;
f) 推进杆折断时,及时退出钻杆、关闭电源,进行检查、更换;
g) 发现钻探松软或有异常响声时,应立即停止钻进,汇报调度室或井下值班矿领导、矿分管领导,待研究决定后,重新进行钻探或停止钻探。

9 水害治理

9.1 应急预案及实施要求

9.1.1 矿山应根据矿坑的主要水害类型和可能发生的水害事故进行分级管控,按照GB/T 29639—2013编制水害专项应急预案和现场处置方案,并对应急预案和现场处置方案进行人员培训,每年应按照AQ/T 9007—2011对应急预案进行1次救灾演练并修订完善。

9.1.2 矿山安全管理人员和调度室人员应熟悉水害应急预案和现场处置方案。

9.1.3 矿山应设置安全出口,规定避水灾路线,设置贴有反光膜的清晰路标,并应让全体职工熟悉,一旦突水,能够安全撤离,避免意外伤亡事故。

9.1.4 现场发现水情的人员,应立即向矿调度室或井下值班领导报告有关突水地点及水情,并通知周围有关人员撤离到安全位置或升井。

9.1.5 矿调度室接到水情报告后,应立即启动本矿井(坑)水害应急预案,根据来水方向、地点、水量等因素,确定人员安全撤离的路径,通知井下受水患影响地点的人员,马上撤离到安全位置或升井。同时向值班负责人和主要领导汇报,并将水患情况通报周边所有矿山。

9.1.6 有突水征兆时,应立即作好关闭防水闸门的准备,确认人员全部撤离后,方可关闭防水闸门。

9.1.7 发生事故后,宜采用如下现场紧急处理、抢险应急技术措施:
a) 构筑临时水闸墙;
b) 紧急投入强排水设备(如竖、斜井卧泵、潜水泵群)等措施;
c) 临时水闸墙的主体材料宜选择袋装水泥码砌垛;
d) 水闸墙应留泄水管路;
e) 袋装水泥闸墙码砌一定高度(0.5 m~1.0 m)后,应将闸墙中部的水泥袋划破。

9.1.8 矿山应根据水患的影响程度及时调整井下通风系统,避免风流紊乱、有害气体超限。对老采空区、硫化矿床氧化带的溶洞、深大断裂有关的含水构造进行探水,以及被淹井巷排水和放水作业时,应事先采取通风安全措施,并使用防爆照明灯具、便携式多功能气体检测仪。发现有害气体,应及时采取处置措施。

9.1.9 矿山应将防范暴雨洪水引发矿山事故灾难作为一项重要内容纳入应急救援预案和现场处置方案。落实防范暴雨洪水所需的物资、设备和资金、时间及责任人。

9.1.10 矿山应主动联系各级抢险救灾机构,掌握抢救技术装备情况,一旦发生水害事故,立即制定抢救方案,争取社会救援,实施事故抢救。

9.2 塌陷裂缝治理

9.2.1 矿山生产过程中地面发生塌陷时,应根据已发塌陷的分布及活跃程度,设计有效的塌陷防治方法对塌陷进行治理。常用的治理技术有：
   a) 分析地面塌陷成因;
   b) 地面塌陷预防;
   c) 塌陷回填法;
   d) 一般注浆法;
   e) 孔内造浆及注浆法;
   f) 旋喷桩帷幕法;
   g) 埋管注浆法;
   h) 隐伏土洞探测及治理。

9.2.2 塌陷位于河床时,可在漏水地段铺设不透水的人工河床。

9.2.3 矿区地面出现的塌陷裂缝,应及时填塞。可沿缝挖沟,深度可设计 0.4 m～0.8 m,裂缝边缘两侧各宽 0.5 m,缝内填入石块和片石,上部用灰土填塞夯实。

塌陷回填抢险时,一般采用如下应急措施,在底部架废钢管、废钢轨、废钢丝绳,再连续投入柴把、草束、砂包、片石,当泄水量明显减小后,再填塞大量石块,最后在上部用水泥浆砌片石,灰土夯实。

9.3 应急响应安全技术措施

9.3.1 井下重大水灾发生时灾区人员的自救安全撤离措施：
   a) 工作面一旦发生重大水灾,如有可能,在场人员首先应在跟班队长或班组长的指挥下,尽可能就地取材,采取加固工作面等措施,堵住出水点,防止事故范围扩大;并立即向单位调度室或井下值班领导汇报水灾地点,初步判断涌水量和水灾发生时间等情况;
   b) 若水势过猛,无法抢救,凡受水灾威胁区域人员都应在本班班长带领下撤出危险区域,撤离时应有组织地避开压力水头,沿着规定的避灾路线迅速撤退;同时迅速通知可能受水害威胁区域的人员停止工作,切断电源,快速撤离。

9.3.2 救援措施：
   a) 矿山调度室接到事故汇报后,应及时通知救护队前往救护;
   b) 救护队员到达现场后,应先向事故附近区域工作的人员了解事故发生原因、事故前人员分布位置,并实地查看巷道状况,保证退路安全畅通;
   c) 如果通风系统遭到破坏,应积极恢复事故发生地点的正常通风;如果暂时不能恢复,可利用水管、压风管路等向被水堵截区域的人员输送新鲜空气。当有害气体威胁到抢救人员安全时,救护队应独立担负抢救人员和恢复通风的工作;
   d) 抢救人员时,要用灯光、呼喊、敲击等方法,判断遇险人员位置,与遇险人员保持联系,鼓励他们配合工作。必要时,可开掘通向遇险人员所在区域的专用巷道;
   e) 恢复被水淹巷道时,应始终坚持由外向里、由高到低的原则,并由专人检查顶板情况,发现异常,立即撤出人员,加强巷道支护。

9.4 排水恢复被淹井巷

9.4.1 恢复被淹井巷前,应提供包含下列内容的突水淹井调查报告:

a) 突水点位置、时间、淹井过程、突水形式、水源分析、淹没速度、涌水量变化等;
b) 估算突水淹没范围,积水量;
c) 预计排水中的涌水量,查清淹没前井巷各区段的涌水量,推算突水点的最大涌水量和稳定涌水量,预计恢复中各中段的涌水量,并设计恢复过程中排水量曲线;
d) 提供有关水文地质点(孔、井、泉)的动态资料和曲线,水文地质平面图、剖面图和水化学资料等;
e) 突水后矿山采取的临时防治水措施。

9.4.2 矿井(坑)恢复时,应做好以下工作:

a) 专人跟班定时测定并记录涌水量和水位;
b) 观察记录恢复后井巷的冒顶、片帮和淋水等情况;
c) 观察记录突水点的具体位置、涌水量和水温等并作突水点素描、拍照;
d) 定时观测地面观测孔、井、泉等水文地质点并观察地面有无塌陷、裂缝现象等。

9.4.3 排除井筒的积水及恢复被淹井巷前,应制定有害气体突然涌出的安全措施。排水过程中,应有矿山救护队检查水面上的空气成分,发现有害气体,应及时处理。

9.4.4 矿井(坑)突水时强排水技术,排水前应根据突水地点、突水量、井巷工程地质条件、采空区及淹没区域不同标高的预测最大涌水量以及未淹没泵房的设备能力等基础资料制定强排水方案。

a) 突水中段的排水泵房未被淹没前宜采用如下强排水措施:
1) 测定涌水量和预测最大涌水量;
2) 启动全部排水设备强行排水;
3) 当突水量较大且核实能力不足,有条件时可关闭井底车场水闸门限制放水;
4) 有条件时可向低标高井巷部分放水。
b) 突水中段泵房被淹,水位仍上涨的强排水措施:
1) 关闭未淹井巷涌水钻孔,对部分涌水采取闸墙封堵或建临时排水站减缓水位上涨;
2) 迅速建立竖井潜水泵、临时斜井卧式离心泵强排水基地制止水位上涨。强排水基地应尽可能接近淹没水位,又需保证不被继续上涨的水位淹没。

9.4.5 当突水量小于矿坑排水能力,但突水量有可能增大时,为保护泵房和井筒安全,可采取建立临时和永久水闸墙的控水技术措施。

9.4.6 突水时的注浆堵水应遵循下列原则:

a) 应掌握矿坑工程地质水文地质条件,明确堵水位置、分析钻探和注浆难度,做到条件分析充分,设计考虑周全;
b) 第一批钻孔应针对出水点附近设计及施工,终孔位置应充分考虑浆液的扩散和流失;
c) 前期注浆以增加出水口阻力为目标,后期再增大压力达到堵水目的;
d) 注浆孔孔径不宜过小;
e) 堵水方案是一个动态变化过程,注浆场地、钻孔布设应随着突水水源通道及水文

地质条件的深入而调整;
- f) 注浆堵水要进行多方案对比、好中选优,综合运用;
- g) 钻探设备选型可靠,材料保证充分;
- h) 一般采用分段下行注浆,不采取孔口混合注浆;
- i) 设计中应明确规定施工过程中需配合的地质及水文地质工作;
- j) 前期的突水通道及水源探测应列入设计内容;
- k) 施工组织设计中应明确施工中的细节问题;
- l) 应采用比较成熟的先进技术和工艺。

9.4.7 矿井恢复后,应全面整理淹没和恢复两个过程的图纸和资料,确定突水原因,提出避免发生重复事故的措施,总结排水恢复中水文地质工作的经验和教训。

9.4.8 通过强排水过程,重新认识矿区水文地质条件。

9.5 泥石流治理

泥石流治理包括:
- a) 掘进巷道施工中泥石流涌出后,应采取钻探等技术手段探明冒落空间范围,计算冒落高度。选择打钻注浆方案时,钻孔尽可能从多个地点施工,能互相交叉,采取立体、多层次、全方位注浆、充填,以达到最佳注浆效果;
- b) 打钻注浆前应采取砌筑密闭墙及少量注浆等办法对打钻注浆等施工硐室进行加固;
- c) 打钻注浆前应首先选择好避灾路线,提前进行防灾演习,一旦出现意外,保证所有作业人员均能安全撤离。

10 水文地质观测

10.1 地面水文地质观测

10.1.1 生产期间矿山的地面水文地质观测包含以下内容:
- a) 降雨量观测。地下水补给受大气降水或地表水影响较大的矿区(井),应建立雨量观测站,进行降雨量观测;
- b) 地表水观测。应至少每月观测1次地表水,雨季或暴雨后应增加观测密度,观测矿区河流、水渠、湖泊、积水区、山塘和水库等地表水体的水位、流量、积水量、最大洪水淹没范围、含泥砂量、水质等;对可能渗漏补给地下水的地段应进行渗漏量监测;
- c) 地下水动态观测。应建立矿区地下水动态观测网,进行地下水动态观测,利用现有钻孔、井、泉、出水点等观测地下水动态。观测点应覆盖矿坑生产建设对地下水有影响的含水层,布置在矿坑充水的地下水强径流带、构造破碎带和与地表水有水力联系的岩土层以及矿坑开采过程中水文地质条件可能发生变化、井下主要突水点附近或有突水威胁的地段、疏干边界或隔水边界处。观测项目包括地下水位、水温、水质和流量,多层含水层应分层观测。

10.1.2 观测点应统一编号,并测定坐标,标绘在综合水文地质图上。观测点应设置固定观测标志,安装孔口保护装置。

10.1.3 采掘过程中应坚持地面水文地质观测。掌握地下水动态规律前,7天至10天观测1

次;掌握地下水动态规律后,每月观测 1 次至 3 次;雨季或遇有异常情况时,应增加观测次数。水质监测每年不少于 2 次,丰、枯水期各 1 次。

观测时,注意连续性和精度。每次应有 2 次读数,水位观测差值不得大于 2 cm,流量观测差值不得大于 1‰,水温观测差值不得大于 0.5 ℃。取值采用算术平均值。测量工具使用前应当进行校验。宜采用智能自动监测仪进行观测、记录和传输数据。

10.1.4 地面裂缝、沉降观测:
  a) 开采引起地面裂缝、沉降的矿山应进行地面裂缝、沉降观测;
  b) 基准点和观测点设置要求:
    1) 基准点应设在沉降区域以外;
    2) 观测点应设置在能表示出沉降特征的地点、可采用浅埋标志;
    3) 观测点本身应牢固稳定,确保点位安全,能长期保存;
    4) 要保证在点上能垂直置尺和良好的通视条件;
    5) 观测点应在平面图标记。
  c) 观测方法及精度要求:
    1) 地面裂缝监测,可采用简易的红漆标记、钢卷尺、钢直尺和游标卡尺观测,观测精度为毫米;
    2) 房屋变形开裂监测,可采用简易的贴纸条标记、钢卷尺、钢直尺和游标卡尺观测,观测精度为毫米;
    3) 地面沉降监测可采用二等水准测量的方法,其线路闭合差应小于 $\pm 0.6\sqrt{n}$ mm。水平位移采用轴线法观测,轴线法难以施测时采用小角度法观测水平位移,误差小于 2.0 mm;
    4) 观测精度要求:沉降观测中误差小于 0.5 mm,水准测量闭合小于 $\pm 0.8\sqrt{n}$ mm,位移观测中误差小于 5.0 mm。
  d) 观测频率要求:
    1) 地面塌陷、裂缝监测,监测频次为 3 次/月;异常时应加密观测;
    2) 沉降监测:监测频次一般为 3 次/月。雨天应加密观测。
  e) 沉降观测应提交下列图表:
    1) 工程平面位置图及基准点分布图;
    2) 沉降观测点位分布图;
    3) 沉降观测成果表。

10.2 井下水文地质观测

10.2.1 矿山应对新掘的井筒、巷道及时进行水文地质编录,绘制井筒、巷道的实测水文地质剖面图或展开图。
  a) 井巷编录应详细描述含水层产状、厚度、岩性、构造、裂隙或岩溶的发育与充填情况,以及涌(渗)点的位置标高、出水形式、涌水量和水温等,并取水样进行水质分析。
  b) 裂隙编录应测定产状、长度、宽度、数量、形状、尖灭情况、充填程度及充填物等,观察记录地下水活动的痕迹,绘制裂隙玫瑰图,选择有代表性地段按式(4)测定计算岩石的裂隙率;

$$K_T = \frac{\sum ab}{F} \times 100 \quad \cdots\cdots\cdots\cdots\cdots\cdots\cdots(4)$$

式中：
K_T——裂隙率，单位为百分数（%）；
a ——裂隙长度，单位为米（m）；
b ——裂隙宽度，单位为米（m）；
F ——测定面积，单位为平方米（m²），较密集裂隙可取 1 m²～2 m²，稀疏裂隙可取 4 m²～10 m²。

c) 岩溶编录应观测记录其形态、发育、分布状况、有无充填物和充填物成分及充水状况等，并应编制卡片，附平面图、剖面图、素描图或照片。

d) 断裂构造编录时，应分析判断断层的性质，测定其断距、产状、破碎带宽度，并观测记录断裂带充填物成分、胶结程度、出水及导水情况等。

e) 出水点编录应详细观测记录出水的时间、地点、确切位置、出水层位、岩性、厚度、出水形式、围岩破坏情况等，并测定初始和稳定涌水量、水温、水质和含泥砂量等。同时应观测其附近出水点、观测孔涌水量和水位的变化，并分析突水原因。主要突水点可作为动态观测点进行系统观测，并要编制卡片，附平面图、素描图或照片。

f) 应观测工作面"出汗"、顶板淋水加大、空气变冷、发生雾气、挂红、水叫、底板涌水、变形或其他异常现象，工作人员处于安全状态时，应详细记录底鼓、片帮、支柱折断、围岩膨胀、巷道断面缩小、异味、水色。有突水征兆时，工作人员应及时撤出到安全地带。

10.2.2 矿坑涌水量观测及水质监测应符合下列规定：

a) 应分矿体、分中段设站观测。断裂破碎带、岩溶溶洞出水较大的应单独设站观测。涌水量每月观测 1 次至 3 次。水质监测每年不少于 3 次，丰、平、枯水期各 1 次。涌水量出现异常、井下发生突水或受降水影响较大的矿坑，雨季观测频率应增加观测次数；

b) 井下新揭露的涌水量未稳定的中小出水点，应每天至少观测 1 次。较大突水点涌水量未稳定期，应 1 h～2 h 观测 1 次，有条件时，应加大观测频率及进行水质分析。涌水量稳定后，可按井下正常观测频率观测；

c) 采掘工作面上方影响范围内有地表水体、富水含水层或穿过与富水含水层相连通的构造断裂带或接近老空区积水区时，应每天观测，掌握涌水量变化。含水层富水性的等级标准按照附录 C；

d) 在含水层内及附近围岩中开掘竖、斜井，应垂向每延深 10 m 或涌水量突然增加时观测 1 次涌水量；

e) 观测矿坑涌水量应注重连续性和精度，宜采用容积法、堰测法、流速仪法或其他先进的方法确保精度。测量工具和仪表应定期校验。

10.2.3 井下进行含水层疏水降压时，流量、水压稳定前，应每小时观测 1 次至 2 次；流量、水压基本稳定后，按正常观测要求进行，每日观测 1 次。

疏放老空区水应每日观测 1 次。

附 录 A
（资料性附录）
矿区水文地质主要图件及内容要求

A.1 各中段水文地质平面图

中段水文地质平面图是综合记录井下中段实测水文地质资料的图纸，是分析矿坑地下水分布规律，开展水害预测、制定防治水措施的主要依据之一，也是矿坑水害防治的必备图纸，一般采用采掘工程平面图作底图进行编制，比例尺为1/2 000～1/5 000，主要内容有：

a) 各种类型的出（突）水点要统一编号，并注明出水日期、涌水量、水位（水压）、水温及涌水特征；
b) 废弃井巷、采空区、老硐等的积水范围和积水量；
c) 井下水闸门、水闸墙、放水孔、防隔水矿（岩）柱、泵房、水仓、水泵台数及能力；
d) 井下排水路线；
e) 井下涌水量观测站（点）的位置及水量；
f) 矿体、含水层及隔水层、断裂构造、岩溶现象等地质和水文地质界线；
g) "其他"。

中段水文地质平面图应随采掘工程的进展及时补充填绘。

A.2 矿坑涌水量与各种相关因素历时曲线图

矿坑涌水量与各种相关因素历时曲线是综合反映矿坑地下水变化规律，预测矿坑涌水趋势的图纸，各矿应根据具体情况，选择不同的相关因素绘制以下几种关系曲线图：

a) 矿坑涌水量与降水量、地下水位曲线图；
b) 矿坑涌水量与单位走向开拓长度、单位采空面积关系曲线图；
c) 矿坑涌水量随时间变化曲线图；
d) 矿坑涌水量随开采深度变化曲线图。

A.3 矿区综合水文地质平面图

矿区综合水文地质平面图是反映矿区水文地质条件的图纸之一。也是进行矿区防治水工作的主要参考依据。综合水文地质平面图一般在矿区地形地质图的基础上编制，比例尺为1/2 000～1/10 000。主要内容有：

a) 基岩含水层露头（包括疏干岩溶塌陷）及冲积层底部含水层（流砂、砂砾、砂卵石层等）的平面分布状况；
b) 地表水体，水文观测站，井、泉、落水洞分布位置、塌陷分布及范围；
c) 水文地质钻孔及其抽水试验成果；
d) 基岩等高线；
e) 设计的或开采矿床井下巷道、矿坑回采范围及井下突水点资料；
f) 主要含水层等水位（压）线及其代表的时间；

g) 老窑、小矿山位置及开采范围和涌水情况;
h) 有疏干塌陷的岩溶矿山应对塌陷活跃程度进行分区;
i) 有条件时,划分水文地质单元,进行水文地质分区。

A.4 矿井综合水文地质柱状图

矿井综合水文地质柱状图是反映含水层、隔水层及矿体之间的组合关系和含水层层数、厚度及富水性的图纸。一般采用相应比例尺随同矿区综合水文地质平面图一道编制。主要内容有:

a) 含水层时代名称、厚度、岩性、岩溶和裂隙发育情况;
b) 各含水层水文地质试验参数;
c) 含水层的水质类型;
d) 矿井出水点位置、出水量;
e) 隔水层时代名称、厚度、岩性情况。

A.5 水文地质剖面图

水文地质剖面图主要是反映含水层、隔水层、褶曲、断裂构造、岩溶发育情况等和矿体之间的空间关系。主要内容有:

a) 含水层岩性、厚度、埋藏深度、岩溶裂隙发育深度;
b) 水文地质孔、观测孔及其试验参数和观测资料;
c) 地表水体及其水位;
d) 矿体及主要井巷位置。

水文地质剖面图一般以走向、倾向有代表性的勘探线地质剖面为基础。

A.6 矿区含水层等水位线图

等水位线图主要反映地下水的流场特征。水文地质复杂型的矿区,对主要含水层(组)应坚持定期绘制。比例尺为 1/2000~1/10000。主要内容有:

a) 含水层、矿体露头线,主要断层线;
b) 水文地质孔、观测孔、井、泉的地面标高,井、泉孔口标高和地下水位(压)标高;
c) 河、渠、塘、水库、塌陷积水区等地表水体观测站的位置、地面标高和同期水面标高;
d) 矿区各井口位置、开拓范围和公路、铁路交通干线;
e) 地下水等水位线,表示地下水流向;
f) 可采矿体底板下隔水层等厚线(当受开采影响的主含水层在可采矿体底板下时);
g) 井下开拓、开采工程分布范围,涌水、突水点位置及涌水量。

A.7 区域水文地质平面图

区域水文地质图一般在 1/10 000~1/100 000 区域地质图的基础上经过区域水文地质调查之后编制。成图的同时,应写出编图说明书。主要内容有:

a) 地表水系、分水岭界线、地貌单元划分;

b) 主要含水层露头,松散层等厚线;
c) 地下水天然出露点及人工揭露点;
d) 岩溶形态及构造破碎带;
e) 水文地质钻孔及其抽水试验成果;
f) 地下水等水位线,地下水流向;
g) 划分地下水补给、径流、排泄区;
h) 划分不同水文地质单元,进行水文地质分区;
i) 附相应比例尺的区域综合水文地质柱状图、区域水文地质剖面图。

A.8 矿区岩溶分布图

岩溶特别发育的矿区,应根据调查和勘探的实际资料编制矿区岩溶图,为研究岩溶的发育分布规律和矿区岩溶水防治提供参考依据。

岩溶图的形式可根据具体情况编制岩溶分布平面图、岩溶实测剖面图或展开图等:

a) 岩溶分布平面图可在矿区综合水文地质图的基础上填绘岩溶地貌、汇水封闭洼地、落水洞、地下暗河的进出水口、天窗、地下水的天然出露点及人工出露点、岩溶塌陷活跃分区、地表水和地下水的分水岭等;
b) 岩溶实测剖面图或展开图,根据对溶洞或暗河的实际测绘资料编制。

附 录 B
（规范性附录）
安全水压的计算

B.1 掘进巷道底板隔水层

计算见式(B.1):

$$H = 2K_p \frac{t^2}{L^2} + \gamma t \quad \cdots\cdots\cdots\cdots (B.1)$$

式中:
H ——底板隔水层能够承受的安全水压,单位为兆帕(MPa);
K_p ——底板隔水层的平均抗张强度,单位为兆帕(MPa);
t ——隔水层厚度,单位为米(m);
L ——巷道宽度,单位为米(m);
γ ——底板隔水层的平均容重,单位为兆牛每立方米(MN/m³)。

B.2 回采工作面

计算见式(B.2):

$$P = T_s \times M \quad \cdots\cdots\cdots\cdots (B.2)$$

式中:
P ——安全水压,单位为兆帕(MPa);
T_s ——突水系数,单位为兆帕每米(MPa/m);

M ——底板隔水层厚度,单位为米(m)。

注：T_s 值应根据岩性和构造情况确定,一般情况下,在具有构造破坏的地段按 0.06 MPa/m 计算,隔水层完整无断裂构造破坏地段按 0.1 MPa/m 计算。

B.3 突水系数

计算见式(B.3)：

$$T_s = \frac{P}{M} \quad\quad\quad\quad\quad\quad\quad\quad (B.3)$$

式中：

T_s ——突水系数,单位为兆帕每米(MPa/m);
P ——底板隔水层承受的水头压力,单位为兆帕(MPa);
M ——安全水压,单位为米(m)。

附 录 C
（规范性附录）
含水层富水性的等级标准

C.1 按钻孔单位涌水量(q)富水性[注]划分

以下四级：
a) 弱富水性:$q < 0.1$ L/s·m;
b) 中等富水性:0.1 L/s·m $< q \leqslant 1.0$ L/s·m;
c) 强富水性:1.0 L/s·m $< q \leqslant 5.0$ L/s·m;
d) 极强富水性:$q > 5.0$ L/s·m。

C.2 按天然泉水流量含水层富水性划分

以下四级：
a) 弱富水性:$Q < 1.0$ L/s;
b) 中等富水性:1.0 L/s $< Q \leqslant 10.0$ L/s;
c) 强富水性:10.0 L/s $< Q \leqslant 50.0$ L/s;
d) 极强富水性:$Q > 50.0$ L/s。

注：评价含水层的富水性,钻孔单位涌水量以口径 91 mm、抽水水位降深 10 m 为准,若口径、水位降深与上述不符时,应进行换算再比较富水性。

金属非金属矿山在用主通风机系统安全检验规范(AQ 2054—2016)

前言

本标准的第4章、第6章、第7章为强制性的,其余为推荐性的。

本标准由国家安全生产监督管理总局监管一司提出。

本标准由全国安全生产标准化技术委员会非煤矿山安全分技术委员会(SAC/TC 288/SC 2)归口。

本标准起草单位:国家安全生产长沙矿山机电检测检验中心、中国安全生产科学研究院、金属矿山安全技术国家重点实验室、长沙矿山研究院有限责任公司。

本标准主要起草人:贺建国、翟守忠、李双会、王四现、季光洲、邓宇、姚耀、张立博、王正、曹凤金、何万平、王西涛、曾怀灵。

1 范围

本标准规定了金属非金属矿山在用主通风机系统安全检验的检验项目、技术要求、检验方法、判定规则和检验周期。

本标准适用于金属非金属矿山在用主通风机系统现场安全检验,不适用于煤矿、煤系硫铁矿及其他与煤共生的金属非金属地下矿山在用主通风机系统。

2 规范性引用文件

下列文件对于本文件的应用是必不可少的。凡是注日期的引用文件,仅注日期的版本适用于本文件。凡是不注日期的引用文件,其最新版本(包括所有的修改单)适用于本文件。

JB/T 8689—2014 通风机振动检测及其限值

3 术语和定义

下列术语和定义适用于本文件。

3.1

主通风机 main ventilator

安装在地面或井下,向全矿井、一翼或1个分区供风的通风机。

3.2

主通风机系统 main ventilator system

向井下各作业地点供给新鲜空气,排出污浊空气的通风网路、主通风机和通风控制设备设施的总称。

4 检验项目及技术要求

4.1 矿用产品安全标志

新安装的主通风机(以下简称通风机)应具有矿用产品安全标志。

4.2 零部件和紧固件
通风机和配套电动机各零部件应齐全,通风机各连接部位的紧固件应牢固。

4.3 刹车装置
装有刹车装置的通风机,其刹车装置应灵活可靠。

4.4 润滑系统
装有润滑系统的通风机,其润滑系统应工作正常。

4.5 结构
通风机外壳和内部结构不应有异常变形或损伤。

4.6 电动机运行功率
通风机的电动机运行功率不应超过其额定功率。

4.7 接地电阻
通风机的电动机接地电阻应不大于 4 Ω。

4.8 绝缘电阻
通风机的电动机绝缘电阻,额定电压为 380 V 时,应不小于 0.5 MΩ;额定电压为 660 V 时,应不小于 1 MΩ;额定电压为 6 000 V 时,应不小于 6 MΩ。

4.9 叶片径向间隙值
通风机叶片与机壳(或保护圈)的单侧间隙值应不小于 2.5 mm。对于对旋式风机或因现场安装条件所限无法测量时,该项目可不予考核。

4.10 安全保护及设施
主通风机系统应具备以下安全保护及相关设施:
a) 使矿井风流反向的反风性能或反风设施,当利用轴流式风机反转反风时,应有明确标识;
b) 过流保护。

4.11 监测用仪器仪表
主通风机系统应设有监测风压、风量(或风速)、电流、电压的仪器仪表,通风机为矿井离心式通风机时,还应设有监测轴承温度的仪器仪表。

4.12 振动
主通风机的振动速度方均根值(V_{rms})应符合以下规定:
a) 刚性支承:$V_{rms} \leqslant 4.6$ mm/s;
b) 挠性支承:$V_{rms} \leqslant 7.1$ mm/s。

4.13 备用电动机
每台通风机应具有相同型号和规格的备用电动机,并有能迅速调换电动机的设施。

4.14 噪声
通风机附近作业场所的噪声不应超过 85 dB(A)。大于 85 dB(A)时,需配备个人防护用品;大于或等于 90 dB(A)时,还应采取降低作业场所噪声的措施。

4.15 轴承温度
通风机为矿井离心式通风机时:
a) 采用滚动轴承时,在轴承表面测得的轴承温度不应高于环境温度 40 ℃;

b) 采用滑动轴承时,滑动轴承进油口油温最高为 43 ℃,经过轴承和轴承箱后的油温温升不应超过 28 ℃,且轴承出口油温不应超过 71 ℃。

4.16 效率
通风机在运行工况下的效率,按全压计算不应低于 70%,按静压计算不应低于 60%。

5 检验方法

5.1 检验设备
检验用仪器设备应满足表 1 的要求。

表 1 检验用仪器设备

序号	仪器名称	准确度	用途
1	气压计	±200 Pa	测大气压力
2	温度计	±1.0 ℃	测温度
3	干湿温度计	±1.0 ℃	测干、湿温度
4	皮托管	系数 0.998～1.004	测动压、全压
5	风速测量仪器	±0.4 m/s	测风速
6	压差计	2.5 级	测风压
7	电流传感器	0.5 级	测电气参数
8	电压传感器	0.5 级	测电气参数
9	温湿度测量仪器	温度:±1.0 ℃ 湿度:±5%RH	测环境温度、湿度
10	声级计	2 级	测噪声
11	温度测量仪器	±1 ℃	测轴承温度
12	功率测试仪器	1.5 级	测电参数
13	测振仪	±5%	测振动
14	兆欧表	±5%	测绝缘电阻
注:在进行通风机运行参数测定时,可根据具体测量方法选用表 1 中的仪器仪表。若现场检测条件限制时,可使用现场已有的互感器。			

5.2 矿用产品安全标志
对于新安装的通风机,现场核查其是否具有矿用产品安全标志。

5.3 零部件和紧固件
现场用目测法核查通风机和配套电动机各零部件是否齐全,通风机各连接部位的紧固件是否牢固。

5.4 刹车装置
对于装有刹车装置的通风机,现场用目测法核查其刹车装置是否灵活可靠。

5.5 润滑系统
对于装有润滑系统的通风机,现场用目测法核查其润滑系统是否工作正常。

5.6 结构
现场用目测法核查通风机外壳和内部结构是否存在异常变形、损伤或其他缺陷。

5.7 电动机运行功率
运行工况条件下,在电动机运行平稳时,测量电动机的输入功率 P。当电动机为高压电机时,可在电压互感器低压侧进行检验。

当检验现场不具备检验条件时,可采取读电度表等方法获得电动机的输入功率。

5.8 接地电阻
用接地电阻测量仪测量电动机外壳对地之间的电阻。因现场条件所限时,轴流式风机可测量通风机外壳对地之间的电阻。

5.9 绝缘电阻
电动机绝缘电阻用兆欧表进行检验,额定电压为 1 000 V 以下的电动机使用 1 000 V 兆欧表检验;额定电压为 1 000 V 以上的电动机使用 2 500 V 兆欧表检验。

5.10 叶片径向间隙值
通风机叶片与机壳(或保护圈)的单侧间隙值用分度值不大于 0.05 mm 的量具测量,在圆周上尽可能均匀布置的测点不少于 4 个。

5.11 安全保护及设施
现场核查和验证主通风机系统安全保护及设施是否齐全、有效,应符合 4.10 的要求。

5.12 监测用仪器仪表
现场核查和验证主通风机系统监测用仪器仪表是否齐全、有效,应符合 4.11 的要求。

5.13 振动
采用测振仪测量主通风机的振动速度方均根值(V_{rms}),测量部位应符合 JB/T 8689—2014 中 3.2 的规定,检验结果应符合 4.12 的要求。

5.14 备用电动机
现场核查每台通风机的备用电动机情况,应符合 4.13 的要求。

5.15 噪声
对现场通风机进行噪声测量时,测量运行工况条件下离被检通风机最近的值班房等作业场所的噪声,每个作业场所随机选取 3 个测点进行测量,测量结果取算术平均值。

5.16 轴承温度
检验时,根据现场实际情况,用温度测量仪器进行检验。

5.17 效率

5.17.1 空气密度测定
在距风压测点 20 m 内的巷道中,用气压计测量绝对静压,用干、湿温度计测量干、湿温度。测量 3 次,取其算术平均值,按式(1)计算空气密度:

$$\rho = 3.484 \times 10^{-3} \frac{p_0 - 0.3779 \Phi p_{sat}}{273 + t} \qquad (1)$$

式中:
ρ ——空气密度(kg/m^3);

p_0 ——大气压力(Pa);
Φ ——空气的相对湿度(%);
p_{sat} ——温度为 t ℃时空气的绝对饱和水蒸气压力(Pa);
t ——空气的温度(℃)。

5.17.2 风量测定
5.17.2.1 风速测定
测风断面应选择无明显涡流、流线接近于平行的位置。在风硐内、通风机出口或通风机扩散器出风口横截面上,用等面积环原理在截面上布置测点,即在通过横截面中心点的水平线或垂直线上被各等面积环所截一线段的中心点布置测点。也可在风硐内或在通风机扩散塔出口截面处划分成若干等面积方块,用点测法测定。用风速传感器、风速表或其他仪器测量各测点风速。

5.17.2.2 风量计算
将各测点测得的风速求其算术平均值再乘以测风断面的截面积即得通风机风量。

5.17.3 风压测定
通风机风压的测定,可根据现场条件,采用皮托管、压差计等进行测定。在通风机入风口和通风机(或扩散器)出风口截面处布置测点,将皮托管固定在两断面的中心处,皮托管管嘴正对风流,用压差计测定。将入风口和出风口测点皮托管"＋"端分别用胶皮管连接到压差计的两端口,压差计上的读数即为通风机全压。

5.17.4 机械传动效率
机械传动效率可按表 2 选取。

表 2 机械传动效率

类别	传动型式	效率 η_{tr}
联轴器	浮动联轴器	0.98
	齿轮联轴器	0.99
	弹性联轴器	0.99
	万向联轴器($\alpha \leq 3°$)	0.97
	万向联轴器($\alpha > 3°$)	0.95
	梅花接轴	0.97
	液力联轴器(在设计点)	0.93
带式传动	平带无压紧轮的开式传动	0.98
	平带有压紧轮的开式传动	0.97
	平带交叉传动	0.90
	三角带传动	0.96

5.17.5 通风机轴功率计算

$$P_a = \eta_{tr} \eta_m P_e \quad \cdots\cdots\cdots\cdots\cdots\cdots\cdots\cdots\cdots(2)$$

式中:
P_a ——通风机轴功率(kW);

η_{tr} ——机械传动效率(kW);
η_m ——电动机效率(kW);
P_e ——电动机输入功率(kW)。

5.17.6 通风机输出功率计算
5.17.6.1 通风机全压功率

$$P_t = \frac{P_t q_{vi}}{1\,000} \quad \cdots\cdots(3)$$

式中:
P_t ——通风机全压功率(kW);
P_t ——通风机全压(Pa);
q_{vi} ——通过通风机的风量(m³/s)。

5.17.6.2 通风机静压功率

$$P_s = \frac{P_s q_{vi}}{1\,000} \quad \cdots\cdots(4)$$

式中:
P_s ——通风机静压功率(kW);
P_s ——通风机静压(Pa);
q_{vi} ——通过通风机的风量(m³/s)。

5.17.7 通风机效率计算
5.17.7.1 通风机全压效率

$$\eta_t = \frac{P_t}{P_a} \times 100 \quad \cdots\cdots(5)$$

式中:
η_t ——通风机全压效率(%);
P_t ——通风机全压功率(kW);
P_a ——通风机轴功率(kW)。

5.17.7.2 通风机静压效率

$$\eta_s = \frac{P_s}{P_a} \times 100 \quad \cdots\cdots(6)$$

式中:
η_s ——通风机静压效率(%);
P_s ——通风机静压功率(kW);
P_a ——通风机轴功率(kW)。

6 判定规则

6.1 检验和判定机构
应由具备国家规定资质条件的检测检验机构进行检验和判定。

6.2 综合判定原则
6.2.1 通风机检验项目分为 A 类项目(关键项)、B 类项目(重要项)和 C 类项目(一般项)3

种类型,具体划分见表3。

表 3　通风机检验项目及分类

序号	检验项目	技术要求(条款号)	项目类型	检验方法(条款号)
1	矿用产品安全标志	4.1	B	5.2
2	零部件和紧固件	4.2	C	5.2
3	刹车装置	4.3	C	5.2
4	润滑系统	4.4	C	5.2
5	结构	4.5	C	5.2
6	电动机运行功率	4.6	A	5.3
7	接地电阻	4.7	B	5.4
8	绝缘电阻	4.8	B	5.5
9	叶片径向间隙值	4.9	C	5.6
10	安全保护及设施	4.10	A	5.7
11	监测用仪器仪表	4.11	C	5.8
12	振动	4.12	A	5.9
13	备用电动机	4.13	B	5.10
14	噪声	4.14	C	5.11
15	轴承温度	4.15	B	5.12
16	效率	4.16	C	5.13

6.2.2　出现以下情况之一时,检验结论综合判定为不合格:
  a)　A类项目中,出现1项或1项以上不合格;
  b)　B类项目中,出现3项或3项以上不合格;
  c)　C类项目中,出现5项或5项以上不合格;
  d)　B类项目和C类项目的不合格项数之和为5项或5项以上。

7　检验周期

7.1　使用中的主通风机系统的定期检验周期为1年。

7.2　出现下列情况之一时,应按本标准要求进行检验:
  a)　新购置安装的通风机投入使用前;
  b)　在用的通风机大修后投入使用前。

金属非金属地下矿山监测监控系统建设规范(AQ 2031—2011)

前 言

本标准为强制性标准。

本标准用于规范金属非金属地下矿山监测监控系统的安装、维护和管理。

本标准由国家安全生产监督管理总局提出。

本标准由全国安全生产标准化技术委员会非煤矿山安全分技术委员会(TC 288/SC 2)归口。

本标准起草单位:中国安全生产科学研究院、中煤科工集团重庆研究院、中钢矿业开发有限公司、国家安全生产监督管理总局通信信息中心。

本标准主要起草人:何学秋、王云海、谢旭阳、张延松、秦文贵、连民杰、李晓飞、王艺华、梅国栋、李春民、李坤、王东武、牟声远、朱丕凯。

本标准为首次发布。

1 范围

本标准规定了金属非金属地下矿山监测监控系统的安装、维护和管理要求。

本标准不适用于与煤共生、伴生的金属非金属地下矿山。

2 规范性引用文件

下列文件对于本文件的应用是必不可少的。凡是注日期的引用文件,仅注日期的版本适用于本文件。凡是不注日期的引用文件,其最新版本(包括所有的修改单)适用于本文件。

GB 16423—2006　金属非金属矿山安全规程
GB 50026—2007　工程测量规范
GB 50198—1994　民用闭路监视电视系统工程技术规范
GB 50395—2007　视频安防监控系统工程设计规范
AQ 2013.1　金属非金属地下矿山通风技术规范　通风系统
AQ 2013.3　金属非金属地下矿山通风技术规范　通风系统检测
EJ 378—1989　铀矿山空气中氡及氡子体测定方法

3 术语和定义

3.1

监测监控系统　monitoring and supervision system

由主机、传输接口、传输线缆、分站、传感器等设备及管理软件组成的系统,具有信息采集、传输、存储、处理、显示、打印和声光报警功能,用于监测金属非金属地下矿山有毒有害气体浓度,以及风速、风压、温度、烟雾、通风机开停状态、地压等。

3.2

　　主机　host

　　用于接收监测信号,并具有校正、报警判别、数据统计、磁盘存储、显示、声光报警、人机对话、输出控制、控制打印输出等功能的计算机装置。

3.3

　　分站　substation

　　监测监控系统中用于接收来自传感器的信号,并按预先约定的复用方式远距离传送给传输接口,同时接收来自传输接口多路复用信号的装置。

3.4

　　传感器　transducer

　　将被测物理量转换为电信号输出的装置。

3.5

　　有毒有害气体传感器　deleterious harmful gas transducer

　　连续监测地下矿山环境气体中一氧化碳、二氧化氮、硫化氢、二氧化硫等有毒有害气体浓度的装置。

3.6

　　开停传感器　on off status transducer

　　连续监测地下矿山中机电设备"开"或"停"工作状态的装置。

3.7

　　监测监控设备　mine monitoring equipment

　　矿山井下用于监测监控的传感器、分站及线缆等的总称。

3.8

　　便携式气体检测报警仪　portable deleterious gas alarm detector

　　具备气体浓度显示及超限报警功效的便携式仪器。

4　建设原则

4.1　金属非金属地下矿山应依据 GB 16423—2006 的要求和矿山实际建设完善监测监控系统。

4.2　监测监控系统应进行设计,并按设计要求进行建设。鼓励将监测监控系统与人员定位系统、通信联络系统进行总体设计、建设。

4.3　监测监控系统应能实现以下管理功能:

　　——实时显示各个监测点的监测数据,并可用图表等形式显示历史监测数据;

　　——设置预警参数,并能实现声光预警;

　　——视频监控应支持按摄像机编号、时间、事件等信息对监控图像进行备份、查询和回放。

4.4　监测监控中心设备应有可靠的防雷和接地保护装置。

4.5　主机应安装在地面,并双机备份,且应在矿山生产调度室设置显示终端。

4.6　井下分站应安装在便于人员观察、调试、检验,且围岩稳固、支护良好、无滴水、无杂物的进风巷道或硐室中,安装时应垫支架或吊挂在巷道中,使其距巷道底板不小于 0.3 m。

4.7 应配备分站、传感器等监测监控设备备件,备用数量应能满足日常监测监控需要。

4.8 主机和分站的备用电源应能保证连续工作 2 h 以上。

4.9 传感器的数据或状态应传输到主机。

4.10 电缆和光缆敷设应符合 GB 16423—2006 中 6.5.2 的相关规定。

4.11 监测监控系统应具有矿用产品安全标志。

4.12 监测监控系统安装完毕和大修后,应按产品使用说明书的要求进行测试、调校,经验收合格后方能使用。

5 有毒有害气体监(检)测

5.1 地下矿山应配置足够的便携式气体检测报警仪。便携式气体检测报警仪应能测量一氧化碳、氧气、二氧化氮浓度,并具有报警参数设置和声光报警功能。

5.2 人员进入独头掘进工作面和通风不良的采场之前,应开动局部通风设备通风,确保空气质量满足作业要求;人员进入采掘工作面时,应携带便携式气体检测报警仪从进风侧进入,一旦报警应立即撤离。

5.3 鼓励有条件的矿山企业采用传感器对炮烟中的一氧化碳或二氧化氮进行在线监测,一氧化碳或二氧化氮传感器的设置应符合以下要求:
—— 每个生产中段和分段的进、回风巷靠近采场位置应设置一氧化碳或二氧化氮传感器;
—— 压入式通风的独头掘进巷道,应在距离回风出口 5 m~10 m 回风流中设置一氧化碳或二氧化氮传感器;抽出式和混合式通风的独头掘进巷道,应在风筒出风口后 10 m~15 m 处设置一氧化碳或二氧化氮传感器;
—— 带式输送机滚筒下风侧 10 m~15 m 处应设置一氧化碳和烟雾传感器;
—— 传感器应垂直悬挂,距巷壁应不小于 0.2 m。一氧化碳传感器和烟雾传感器距顶板应不大于 0.3 m,二氧化氮传感器距底板应不高于 1.6 m。

5.4 一氧化碳报警浓度不应高于 24 ppm,二氧化氮报警浓度不应高于 2.5 ppm。

5.5 开采高含硫矿床的地下矿山,还应在每个生产中段和分段的进、回风巷靠近采场位置设置硫化氢和二氧化硫传感器。

5.6 开采有自然发火危险矿床的地下矿山,还应定期采用便携式温度检测仪进行检测。

5.7 硫化氢和二氧化硫传感器的安装位置距底板应不高于 1.6 m,温度和烟雾传感器距顶板应不大于 0.3 m。

5.8 硫化氢报警浓度不应高于 6.6 ppm,二氧化硫报警浓度不应高于 5.3 ppm。

5.9 开采含铀(钍)等放射性元素的地下矿山,应监测井下空气中氡(钍射气)及其子体浓度,氡及其子体的监测应符合 EJ 378—1989 的规定。

6 通风系统监测

6.1 井下总回风巷、各个生产中段和分段的回风巷应设置风速传感器。

6.2 主要通风机应设置风压传感器,传感器的设置应符合 AQ 2013.3 中主要通风机风压的测点布置要求。

6.3 风速传感器应设置在能准确计算风量的地点。

6.4 风速传感器报警值应根据 AQ 2013.1 确定。
6.5 主要通风机、辅助通风机、局部通风机应安装开停传感器。

7 视频监控

7.1 提升人员的井口信号房、提升机房，以及井口、马头门（调车场）等人员进出场所，应设视频监控。
7.2 紧急避险设施及井下爆破器材库、油库、中央变电所等主要硐室，应设视频监控。安装在井下爆破器材库和油库的视频设备应具备防爆功能。
7.3 井口提升机房应设有视频监控显示终端，用于显示井口信号房、井口、马头门（调车场）等场所的视频监控图像。
7.4 视频监控的功能与性能设计、设备选型与设置、传输方式、供电等应符合 GB 50395—2007 的规定。
7.5 视频监控图像质量的性能指标应符合 GB 50198—1994 的规定。

8 地压监测

8.1 对于在需要保护的建筑物、构筑物、铁路、水体下面开采的地下矿山，应进行地压或变形监测，并应对地表沉降进行监测。
8.2 存在大面积采空区、工程地质复杂、有严重地压活动的地下矿山，应进行地压监测。
8.3 变形监测的等级和精度要求应满足 GB 50026—2007 有关要求。

9 维护与管理

9.1 应制定监测监控系统运行维护管理制度及监测监控人员岗位责任制、操作规程、值班制度等规章制度。
9.2 应指定人员负责监测监控系统的日常检查与维护工作。
9.3 监测监控设备应定期进行调校，传感器经过调校检测误差仍超过规定值时，应立即更换。
9.4 系统发出报警信息时，监测监控中心值班人员应按规定程序及时处置，处置结果应记录备案。
9.5 应建立以下台账及报表：
——监测监控设备台账；
——监测监控设备故障登记表；
——监测监控检修记录表；
——监测监控巡检记录表；
——传感器调校记录表；
——报警记录月报表。
9.6 报警记录月报表应包括打印日期和时间、传感器设置地点、所测物理量名称、报警次数、对应时间、解除时间、累计时间、每次报警的最大值、对应时刻及平均值、每次采取措施时间及采取措施内容等。
9.7 应绘制监测监控系统布置图，并根据实际情况的变化及时更新。布置图应标明传感器、分站等设备的位置,以及信号线缆和供电电缆走向等。

9.8 每3个月应对监测监控数据进行备份,备份的数据保存时间应不少于2年,视频监控的图像资料保存时间应不少于1个月。

9.9 相关图纸、技术资料应归档保存。

金属非金属地下矿山人员定位系统建设规范(AQ 2032—2011)

前　言

本标准为强制性标准。

本标准用于规范金属非金属地下矿山人员定位系统的安装、维护和管理。

本标准由国家安全生产监督管理总局提出。

本标准由全国安全生产标准化技术委员会非煤矿山安全分技术委员会(TC 288/SC 2)归口。

本标准起草单位：中国安全生产科学研究院、国家安全生产监督管理总局通信信息中心、北京佳尔信息技术有限公司、厦门矿通科技有限公司、中煤科工集团重庆研究院。

本标准主要起草人：何学秋、王云海、谢旭阳、韩富有、马国礼、杨福秋、李雪平、李春民、梅国栋、李坤、张延松、朱丕凯、牟声远。

本标准为首次发布。

1　范围

本标准规定了金属非金属地下矿山人员定位系统的安装、维护和管理要求。

本标准不适用于与煤共生、伴生的金属非金属地下矿山。

2　规范性引用文件

下列文件对于本文件的应用是必不可少的。凡是注日期的引用文件，仅注日期的版本适用于本文件。凡是不注日期的引用文件，其最新版本(包括所有的修改单)适用于本文件。

GB 16423—2006　金属非金属矿山安全规程

3　术语和定义

3.1

人员定位系统　personnel regional positioning system

由主机、传输接口、分站(读卡器)、识别卡、传输线缆等设备及管理软件组成的系统，具有对携卡人员出/入井时刻、重点区域出/入时刻、工作时间、井下和重点区域人员数量、井下人员活动路线等信息进行监测、显示、打印、储存、查询、报警、管理等功能。

3.2

主机　host

具有监测信号接收、数据显示查询及统计、人机对话、磁盘存储、声光报警、控制打印输出、与管理网络连接等功能的计算机装置。

3.3

传输接口　transmission interface

接收分站发送的信号,并送主机处理;接收主机信号、并送相应分站;控制分站的发送与接收,多路复用信号的调制与解调,并具有系统自检等功能。

3.4

分站(读卡器)　base station(card reader)

通过无线方式读取识别卡内用于人员识别的信息,并发送至传输接口的装置。

3.5

识别卡　identification card

由下井人员随身携带、保存有约定格式电子数据的卡片。

3.6

工作异常人员　the absentees

未在规定时间到达指定地点的人员。

3.7

识别区域　identifiable area

系统能正确识别携卡人员所携带识别卡的无线覆盖区域。

3.8

重点区域　key area

各生产中段和分段进出巷道及主要分叉巷道、井下爆破器材库、紧急避险设施等区域。

3.9

最大位移识别速度　maximum identifiable moving velocity

系统能正确识别识别卡时,携卡人员具有的最大位移速度。

3.10

漏读率　misreading rate

携卡人员以最大位移速度和最大并发数量通过识别区时,系统漏读和误读的最大量与通过识别区的识别卡总数的比值。

3.11

并发识别数量　concurrent identification number

多个携卡人员以最大位移速度同时通过识别区时,系统能正确识别的最大数量。

3.12

巡检周期　polling period

主机依次对所有分站(读卡器)进行一次信息巡查所需时间。

4 建设要求

4.1 井下最多同时作业人数不少于30人的金属非金属地下矿山应建立完善人员定位系统;井下最多同时作业人数少于30人的金属非金属地下矿山应建立完善人员出入井信息管理制度,准确掌握井下各个区域作业人员的数量。

4.2 人员定位系统应进行设计,并按照设计要求进行建设。鼓励将人员定位系统与监测监控系统、通信联络系统进行总体设计、建设。

4.3 人员定位系统应具有以下监测功能:

——监测携卡人员出/入井时刻、出/入重点区域时刻等;

——识别多个人员同时进入识别区域。

4.4 人员定位系统应具有以下管理功能：
——携卡人员个人基本信息,主要包括卡号、姓名、身份证号、出生年月、职务或工种、所在部门或区队班组；
——携卡人员出入井总数、个人下井工作时间及出入井时刻信息；
——重点区域携卡人员基本信息及分布；
——携卡工作异常人员基本信息及分布,并报警；
——携卡人员下井活动路线信息；
——携卡人员统计信息,主要包括工作地点、月下井次数、时间等；
——按部门、区域、时间、分站(读卡器)、人员等分类信息查询功能；
——各种信息存储、显示、统计、声光报警、打印等功能。

4.5 人员定位系统应满足以下主要技术指标：
——最大位移识别速度不小于 5 m/s；
——并发识别数量不小于 80；
——漏读率不大于 10^{-4}；
——巡检周期不大于 30 s；
——识别卡与分站(读卡器)之间的无线传输距离不小于 10 m。

4.6 人员定位系统主机应安装在地面,并双机备份,且应在矿山生产调度室设置显示终端。
4.7 人员出入井口和重点区域进出口等地点应安装分站(读卡器)。
4.8 分站(读卡器)应安装在便于读卡、观察、调试、检验,且围岩稳固、支护良好、无淋水、无杂物、不容易受到损害的位置。
4.9 主机及分站(读卡器)的备用电源应能保证连续工作 2 h 以上。
4.10 识别卡应专人专卡,并配备不少于经常下井人员总数 10% 的备用卡。
4.11 每个下井人员应携带识别卡,工作时不得与识别卡分离。
4.12 应配备检测识别卡工作是否正常的装置,工作不正常的识别卡严禁使用。
4.13 电缆和光缆敷设应符合 GB 16423—2006 中 6.5.2 的相关规定。
4.14 人员定位系统应取得矿用产品安全标志。
4.15 人员定位系统安装完毕,经验收合格后方可投入使用。

5 维护与管理

5.1 应指定人员负责人员定位系统的日常检查与维护工作。
5.2 识别卡发放及信息变更应由专人负责管理。
5.3 应定期对人员定位系统进行巡视和检查,发现故障及时处理。在故障期间,若影响到对井下人员情况的监控,应采用人工监测,并做好记录。
5.4 应建立以下账卡及报表：
——设备、仪表台账；
——设备故障登记表；
——检修记录；
——巡检记录。

5.5 应绘制人员定位系统布置图,并根据实际情况的变化及时更新。布置图应标明分站(读卡器)等设备的位置、信号线缆和供电电缆走向等。

5.6 应每 3 个月对人员定位系统信息资料、数据进行备份,备份数据应保存 6 个月以上。

5.7 相关图纸、技术资料应归档保存。

金属非金属地下矿山紧急避险系统建设规范(AQ 2033—2011)

前言

本标准为强制性标准。

本标准用于规范金属非金属地下矿山紧急避险系统的建设、维护和管理。

本标准由国家安全生产监督管理总局提出。

本标准由全国安全生产标准化技术委员会非煤矿山安全分技术委员会(TC 288/CS 2)归口。

本标准起草单位:中煤科工集团重庆研究院、中国安全生产科学研究院、福建马坑矿业股份有限公司、龙岩龙安安全科技有限公司。

本标准主要起草人:张延松、秦文贵、牟声远、何学秋、梅国栋、姜益丰、汪金洋、朱丕凯、王者鹏、王东武、谢旭阳、李坤、杨志强。

本标准为首次发布。

1 范围

本标准规定了金属非金属地下矿山紧急避险系统的建设、维护和管理要求。

本标准不适用于与煤共生、伴生的金属非金属地下矿山。

2 规范性引用文件

下列文件对于本文件的应用是必不可少的。凡是注日期的引用文件,仅注日期的版本适用于本文件。凡是不注日期的引用文件,其最新版本(包括所有的修改单)适用于本文件。

GB 14161—2008 矿山安全标志

GB 16423 金属非金属矿山安全规程

3 术语和定义

3.1

紧急避险系统 emergency refuge system

在矿山井下发生灾变时,为避灾人员安全避险提供生命保障的由避灾路线、紧急避险设施、设备和措施组成的有机整体。

3.2

紧急避险设施 emergency refuge facility

在矿山井下发生灾变时,为避灾人员安全避险提供生命保障的密闭空间,具有安全防护、氧气供给、有毒有害气体处理、通讯、照明等基本功能,主要包括避灾硐室和救生舱。

3.3

自救器 self-rescuer

由入井人员随身携带、防止有毒有害气体中毒或缺氧窒息的一种呼吸保护器具。

4 建设要求

4.1 金属非金属地下矿山应建设完善紧急避险系统,并随井下生产系统的变化及时调整。紧急避险系统建设的内容包括:为入井人员提供自救器、建设紧急避险设施、合理设置避灾路线、科学制定应急预案等。

4.2 紧急避险应遵循"撤离优先,避险就近"的原则。

4.3 紧急避险系统应进行设计,并按照设计要求进行建设。

4.4 应为入井人员配备额定防护时间不少于 30 min 的自救器,并按入井总人数的 10% 配备备用自救器。

4.5 所有入井人员必须随身携带自救器。

4.6 在自救器额定防护时间内不能到达安全地点或及时升井时,避灾人员应就近撤到紧急避险设施内。

4.7 紧急避险设施的额定防护时间应不低于 96 h。

4.8 紧急避险系统的配套设备应符合相关标准的规定,救生舱及其他纳入安全标志管理的设备应取得矿用产品安全标志。

4.9 紧急避险系统建设完成,经验收合格后方可投入使用。

5 紧急避险系统设置

5.1 每个矿井至少要有两个独立的直达地面的安全出口,安全出口间距不小于 30 m;每个生产中段必须有至少两个便于行人的安全出口,并和通往地面的安全出口相通;每个采区必须有两个便于行人的安全出口,并经上、下巷道与通往地面的安全出口相通。安全出口设置的其他要求应符合 GB 16423 的要求。

5.2 应编制事故应急预案,制定各种灾害的避灾路线,绘制井下避灾线路图,并按照 GB 14161—2008 的规定,做好井下避灾路线的标识。井巷的所有分道口要有醒目的路标,注明其所在地点及通往地面出口的方向,并定期检查维护避灾路线,保持其通畅。

5.3 紧急避险设施的设置应遵守以下要求:
——水文地质条件中等及复杂或有透水风险的地下矿山,应至少在最低生产中段设置紧急避险设施;
——生产中段在地面最低安全出口以下垂直距离超过 300 m 的矿山,应在最低生产中段设置紧急避险设施;
——距中段安全出口实际距离超过 2 000 m 的生产中段,应设置紧急避险设施;
——应优先选择避灾硐室。

5.4 紧急避险设施的设置应满足本中段最多同时作业人员避灾需要,单个避灾硐室的额定人数不大于 100 人。

5.5 紧急避险设施应设置在围岩稳固、支护良好、靠近人员相对集中的地方,高于巷道底板 0.5 m 以上,前后 20 m 范围内应采用非可燃性材料支护。

5.6 紧急避险设施外应有清晰、醒目的标识牌,标识牌中应明确标注避灾硐室或救生舱的位置和规格。

5.7 在井下通往紧急避险设施的入口处,应设有"紧急避险设施"的反光显示标志。

5.8 矿山井下压风自救系统、供水施救系统、通信联络系统、供电系统的管道、线缆以及监测监控系统的视频监控设备应接入避灾硐室内。各种管线在接入避灾硐室时应采取密封等防护措施。

6 避灾硐室技术要求

6.1 避灾硐室净高应不低于 2 m,长度、深度根据同时避灾最多人数以及避灾硐室内配置的各种装备来确定,每人应有不低于 $1.0 m^2$ 的有效使用面积。

6.2 避灾硐室进出口应有两道隔离门,隔离门应向外开启;避灾硐室的设防水头高度应在矿山设计中总体考虑。

6.3 避灾硐室内应具备对有毒有害气体的处理能力,室内环境参数应满足人员生存要求。

6.4 避灾硐室内的配备应包括：
——不少于额定人数的自救器;
——CO、CO_2、O_2、温度、湿度和大气压的检测报警装置;
——额定使用时间不少于 96 h 的备用电源;
——额定人数生存不低于 96 h 所需要的食品和饮用水;
——逃生用矿灯,数量不少于额定人数;
——空气净化及制氧或供氧装置;
——急救箱、工具箱、人体排泄物收集处理装置等设施设备。

6.5 避灾硐室内应有使用操作说明。

7 救生舱技术要求

7.1 救生舱应具备过渡舱结构,过渡舱的净容积应不小于 $1.2 m^3$,内设压缩空气幕、压气喷淋装置及单向排气阀。生存舱提供的有效生存空间应不小于每人 $0.8 m^3$,应设观察窗和不少于 2 个单向排气阀。

7.2 救生舱应具有足够的强度和气密性,并有生存参数检测报警装置。

7.3 救生舱应选用抗高温老化、无腐蚀性的环保材料。救生舱外体颜色在井下照明条件下应醒目,宜采用黄色或红色。

7.4 救生舱应配备在额定防护时间内额定人数生存所需要的氧气、食品、饮用水、急救箱、人体排泄物收集处理装置等,并具备空气净化功能,其环境参数应满足人员生存要求。

8 维护与管理

8.1 应指定人员负责紧急避险系统的日常检查与维护。

8.2 应定期对紧急避险系统进行巡视和检查,发现问题及时处理。

8.3 避灾硐室和救生舱配备的食品和急救药品,应保证在保存期或有效期内。

8.4 应对入井人员进行紧急避险设施使用和紧急情况下逃生避灾的培训,确保每位入井人员均能正确使用紧急避险设施和选择正确的避灾线路逃生。

8.5 图纸、技术资料应归档保存。

金属非金属地下矿山压风自救系统建设规范（AQ 2034—2011）

前　言

本标准为强制性标准。

本标准用于规范金属非金属地下矿山压风自救系统的安装、维护和管理。

本标准由国家安全生产监督管理总局提出。

本标准由全国安全生产标准化技术委员会非煤矿山安全分技术委员会（TC 288/SC 2）归口。

本标准起草单位：中煤科工集团重庆研究院、中国有色工程设计研究总院、马鞍山矿山研究院、中国安全生产科学研究院。

本标准主要起草人：张延松、秦文贵、朱丕凯、祁保明、周玉新、王云海、谢旭阳、牟声远、王者鹏、王东武、梅国栋、李坤。

本标准为首次发布。

1　范围

本标准规定了金属非金属地下矿山压风自救系统的安装、维护和管理要求。

2　规范性引用文件

下列文件对于本文件的应用是必不可少的。凡是注日期的引用文件，仅注日期的版本适用于本文件。凡是不注日期的引用文件，其最新版本（包括所有的修改单）适用于本文件。

GB 16423　金属非金属矿山安全规程

3　术语和定义

3.1

压风自救系统　compressed-air self-help system

在矿山发生灾变时，为井下提供新鲜风流的系统，包括空气压缩机、送气管路、三通及阀门、油水分离器、压风自救装置等。

3.2

压风自救装置　compressed-air self-help equipment

安装在压风管道上，通过防护袋或面罩向使用人员提供新鲜空气的装置，具有减压、节流、消噪声、过滤、开关等功能。

3.3

油水分离器　oil mist separator

分离压缩空气中油滴和水分的装置。

4 建设要求

4.1 金属非金属地下矿山应根据安全避险的实际需要,建设完善压风自救系统。压风自救系统可以与生产压风系统共用。

4.2 压风自救系统应进行设计,并按照设计要求进行建设。

4.3 压风自救系统的空气压缩机应安装在地面,并能在 10 min 内启动。空气压缩机安装在地面难以保证对井下作业地点有效供风时,可以安装在风源质量不受生产作业区域影响且围岩稳固、支护良好的井下地点。

4.4 压风管道应采用钢质材料或其他具有同等强度的阻燃材料。

4.5 压风管道敷设应牢固平直,并延伸到井下采掘作业场所、紧急避险设施、爆破时撤离人员集中地点等主要地点。

4.6 各主要生产中段和分段进风巷道的压风管道上每隔 200 m～300 m 应安设一组三通及阀门。

4.7 独头掘进巷道距掘进工作面不大于 100 m 处的压风管道上应安设一组三通及阀门,向外每隔 200 m～300 m 应安设一组三通及阀门。有毒有害气体涌出的独头掘进巷道距掘进工作面不大于 100 m 处的压风管道上应安设压风自救装置。

4.8 爆破时撤离人员集中地点的压风管道上应安设一组三通及阀门。

4.9 压风管道应接入紧急避险设施内,并设置供气阀门,接入的矿井压风管路应设减压、消音、过滤装置和控制阀,压风出口压力应为 0.1 MPa～0.3 MPa,供风量每人不低于 0.3 m³/min,连续噪声不大于 70 dB(A)。

4.10 压风自救装置、三通及阀门安装地点应宽敞、稳固,安装位置应便于避灾人员使用;阀门应开关灵活。

4.11 主压风管道中应安装油水分离器。

4.12 压风自救系统的配套设备应符合相关标准的规定,纳入安全标志管理的应取得矿用产品安全标志。

4.13 压风自救系统安装完毕,经验收合格后方可投入使用。

5 维护与管理

5.1 应指定人员负责压风自救系统的日常检查与维护工作。

5.2 应绘制压风自救系统布置图,并根据井下实际情况的变化及时更新。布置图应标明压风自救装置、三通及阀门的位置,以及压风管道的走向等。

5.3 应定期对压风自救系统进行巡视和检查,发现故障及时处理。

5.4 应配备足够的备件,确保压风自救系统正常使用。

5.5 应根据各类事故灾害特点,将压风自救系统的使用纳入相应事故应急预案中,并对入井人员进行压风自救系统使用的培训,确保每位入井人员都能正确使用。

5.6 相关图纸、技术资料应归档保存。

金属非金属地下矿山供水施救系统建设规范（AQ 2035—2011）

前　言

本标准为强制性标准。

本标准用于规范金属非金属地下矿山供水施救系统的安装、维护和管理。

本标准由国家安全生产监督管理总局提出。

本标准由全国安全生产标准化技术委员会非煤矿山安全分技术委员会（TC 288/SC 2）归口。

本标准起草单位：中煤科工集团重庆研究院、长沙矿山研究院、北京矿冶研究总院、中国安全生产科学研究院。

本标准主要起草人：秦文贵、张延松、王东武、唐绍辉、杨小聪、杨志强、何学秋、谢旭阳、朱丕凯、牟声远、王者鹏、梅国栋、李坤。

本标准为首次发布。

1　范围

本标准规定了金属非金属地下矿山供水施救系统的安装、维护和管理要求。

2　规范性引用文件

下列文件对于本文件的应用是必不可少的。凡是注日期的引用文件，仅注日期的版本适用于本文件。凡是不注日期的引用文件，其最新版本（包括所有的修改单）适用于本文件。

GB 16423　金属非金属矿山安全规程

3　术语和定义

3.1

供水施救系统　water rescue system

在矿山发生灾变时，为井下提供生活饮用水的系统，包括水源、过滤装置、供水管路、三通及阀门等。

3.2

生产供水系统　supplying-water system for produce

在矿山正常生产时，为井下作业地点提供生产用水的系统，包括水源、供水管路、三通及阀门等。

3.3

生活饮用水　drinking water

供人生活的饮水和生活用水。

3.4

静压供水 hydrostatic pressure supplying-water

利用水源位置与井下用水点间的自然压差向井下用水点供水。

3.5

动压供水 pump supplying-water

利用水泵向井下用水点供水。

4 建设要求

4.1 金属非金属地下矿山应根据安全避险的实际需要,建设完善供水施救系统。

4.2 供水施救系统应进行设计,并按照设计要求进行建设。

4.3 供水施救系统应优先采用静压供水;当不具备条件时,采用动压供水。

4.4 供水施救系统可以与生产供水系统共用,施救时水源应满足生活饮用水水质卫生要求。

4.5 供水管道应采用钢质材料或其他具有同等强度的阻燃材料。

4.6 供水管道敷设应牢固平直,并延伸到井下采掘作业场所、紧急避险设施、爆破时撤离人员集中地点等主要地点。

4.7 各主要生产中段和分段进风巷道的供水管道上每隔 200 m～300 m 应安设一组三通及阀门。

4.8 独头掘进巷道距掘进工作面不大于 100 m 处的供水管道上应安设一组三通及阀门,向外每隔 200 m～300 m 应安设一组三通及阀门。

4.9 爆破时撤离人员集中地点的供水管道上应安设一组三通及阀门。

4.10 供水管道应接入紧急避险设施内,并安设阀门及过滤装置,水量和水压应满足额定数量人员避灾时的需要。

4.11 三通及阀门安装地点应宽敞、稳固,安装位置应便于避灾人员使用;阀门应开关灵活。

4.12 供水施救系统的配套设备应符合相关标准的规定,纳入安全标志管理的应取得矿用产品安全标志。

4.13 供水施救系统安装完毕,经验收合格后方可投入使用。

5 维护与管理

5.1 应指定人员负责供水施救系统的日常检查与维护工作。

5.2 应绘制供水施救系统布置图,并根据井下实际情况的变化及时更新。布置图应标明三通及阀门的位置,以及供水管道的走向等。

5.3 应定期对供水施救系统进行巡视和检查,发现故障及时处理。

5.4 应配备足够的备件,确保供水施救系统正常使用。

5.5 应根据各类事故灾害特点,将供水施救系统的使用纳入相应事故应急预案中,并对入井人员进行供水施救系统使用的培训,确保每位入井人员都能正确使用。

5.6 相关图纸、技术资料应归档保存。

金属非金属地下矿山通信联络系统建设规范(AQ 2036—2011)

前 言

本标准为强制性标准。

本标准用于规范金属非金属地下矿山通信联络系统的安装、维护和管理。

本标准由国家安全生产监督管理总局提出。

本标准由全国安全生产标准化技术委员会非煤矿山安全分技术委员会(TC 288/SC 2)归口。

本标准起草单位:中煤科工集团重庆研究院、国家安全生产监督管理总局通信信息中心、中国安全生产科学研究院、厦门矿通科技有限公司。

本标准主要起草人:张延松、秦文贵、王者鹏、韩富有、马国礼、王云海、李雪平、牟声远、朱丕凯、王东武、梅国栋、李坤。

本标准为首次发布。

1 范围

本标准规定了金属非金属地下矿山通信联络系统的安装、维护和管理等要求。

本标准不适用于与煤共生、伴生的金属非金属地下矿山。

2 规范性引用文件

下列文件对于本文件的应用是必不可少的。凡是注日期的引用文件,仅注日期的版本适用于本文件。凡是不注日期的引用文件,其最新版本(包括所有的修改单)适用于本文件。

GB 14161—2008 矿山安全标志

GB 16423—2006 金属非金属矿山安全规程

3 术语和定义

3.1

通信联络系统 communication system

在生产、调度、管理、救援等各环节中,通过发送和接收通信信号实现通信及联络的系统,包括有线通信联络系统和无线通信联络系统。

3.2

有线通信联络系统 wire communication system

通过线缆进行信息交互的通信联络系统。

3.3

无线通信联络系统 wireless communication system

通过自由空间进行信息交互的通信联络系统。

4 建设要求

4.1 金属非金属地下矿山应根据安全避险的实际需要,建设完善有线通信联络系统;宜建设无线通信联络系统,作为有线通信联络系统的补充。

4.2 通信联络系统应进行设计,并按设计要求进行建设。鼓励将通信联络系统与监测监控系统、人员定位系统进行总体设计、建设。

4.3 有线通信联络系统应具有以下功能:
——终端设备与控制中心之间的双向语音且无阻塞通信功能;
——由控制中心发起的组呼、全呼、选呼、强拆、强插、紧呼及监听功能;
——由终端设备向控制中心发起的紧急呼叫功能;
——能够显示发起通信的终端设备的位置;
——能够储存备份通信历史记录并可进行查询;
——自动或手动启动的录音功能;
——终端设备之间通信联络的功能。

4.4 安装通信联络终端设备的地点应包括:井底车场、马头门、井下运输调度室、主要机电硐室、井下变电所、井下各中段采区、主要泵房、主要通风机房、井下紧急避险设施、爆破时撤离人员集中地点、提升机房、井下爆破器材库、装卸矿点等。

4.5 通信线缆应分设两条,从不同的井筒进入井下配线设备,其中任何一条通信线缆发生故障时,另外一条线缆的容量应能担负井下各通信终端的通信能力。

4.6 通信线缆的敷设应符合 GB 16423—2006 中 6.5.2 的相关规定。

4.7 严禁利用大地作为井下通信线路的回路。

4.8 终端设备应设置在便于使用且围岩稳固、支护良好、无淋水的位置。

4.9 通信联络系统的配套设备应符合相关标准规定,纳入安全标志管理的应取得矿用产品安全标志。

4.10 应按 GB 14161—2008 的要求,对通信联络系统的设备设施作好标识、标志。

4.11 通信联络系统建设完毕,经验收合格后方可投入使用。

5 维护与管理

5.1 应指定人员负责通信联络系统的日常检查和维护工作。

5.2 应绘制通信联络系统布置图,并根据井下实际情况的变化及时更新。布置图应标明终端设备的位置、通信线缆走向等。

5.3 系统维护人员经培训合格后方可上岗。

5.4 应定期对通信联络系统进行巡视和检查,发现故障及时处理。

5.5 系统控制中心应有人值班,值班人员应认真填写设备运行和使用记录。

5.6 控制中心备用电源应能保证设备连续工作 2 h 以上。

5.7 应建立以下账卡及报表:
——设备、仪器台账;
——设备故障登记、检修表;

——巡检记录；
　　——报警、求救信息报表。
5.8　相关图纸、技术资料应归档保存。

金属非金属矿山提升钢丝绳检验规范
（AQ 2026—2010）

前　　言

本标准为强制性标准。
本标准由国家安全生产监督管理总局提出。
本标准由全国安全生产标准化技术委员会非煤矿山安全分技术委员会归口。
本标准负责起草单位：国家安全生产长沙矿山机电检测检验中心。
本标准主要起草人：贺建国、翟守忠、罗红原、陈蓓、袁乐安、肖杨、杨丽华、李春娟、周振华、季光洲、王四现、罗振兴、龚文。
本标准为首次发布。

1　范围

本规范规定了金属非金属矿山提升系统中提升和平衡用钢丝绳验收检验、悬挂前检验和在用钢丝绳定期检验的技术要求、检验方法、判定规则和检验周期。

本规范适用于金属非金属矿山提升用途的圆股钢丝绳、异型股钢丝绳、面接触钢丝绳及平衡用扁钢丝绳。

本规范不适用于密封钢丝绳、起重设备吊装用钢丝绳及架空索道用钢丝绳。

2　规范性引用文件

下列文件对于本文件的应用是必不可少的。凡是注日期的引用文件，仅注日期的版本适用于本文件。凡是不注日期的引用文件，其最新版本（包括所有的修改单）适用于本文件。

GB/T 228　金属材料　室温拉伸试验方法
GB/T 238　金属材料　线材　反复弯曲试验方法
GB/T 239　金属线材扭转试验方法
GB/T 8358　钢丝绳破断拉伸试验方法
GB 8710　数值修约规则
GB 16423　金属非金属矿山安全规程

3　新钢丝绳验收和悬挂前检验要求

3.1　提升和平衡用钢丝绳应取得矿用产品安全标志。

3.2　提升用钢丝绳应为重要用途钢丝绳。

3.3　外观结构、钢丝绳直径（或平衡用扁钢丝绳的公称尺寸）、外观状况（包括制造质量、编织质量、挤伤或擦伤等缺陷情况）应符合所执行的国家标准或行业标准要求。

3.4　提升用钢丝绳和平衡用扁钢丝绳到货后应按所执行的国家标准或行业标准及购货合同特殊规定，至少对不松散（平衡用扁钢丝绳除外）、拆股钢丝的直径、拆股钢丝的表面状态、拆股钢丝抗拉强度、钢丝绳最小破断拉力(或最小钢丝破断拉力总和)、拆股钢丝的反复弯曲及扭转项目进行检验；

3.5 贮存期超过6个月的提升用钢丝绳,在悬挂前必须再次按新钢丝绳验收的要求进行检验,合格后方可使用。

3.6 不合格钢丝的断面积与钢丝总断面积之比达到6%,不应用于升降人员;达到10%,不应用于升降物料。

3.7 各种用途的提升用钢丝绳悬挂时的安全系数必须符合GB 16423的相关规定。

4 在用提升用钢丝绳定期检验要求

4.1 在用提升用钢丝绳定期检验周期

4.1.1 升降人员或升降人员和物料用的钢丝绳,自悬挂时起,每隔6个月检验一次;有腐蚀气体的矿山,每隔3个月检验一次;

4.1.2 升降物料用的钢丝绳,自悬挂时起,第一次检验的间隔时间为1年,以后每隔6个月检验一次。

4.1.3 悬挂吊盘用的钢丝绳,自悬挂时起,每隔1年检验一次。

4.1.4 平衡用钢丝绳和摩擦式提升机的提升用钢丝绳不受此限制。

4.2 基本要求

4.2.1 应能提供所检钢丝绳的产品质量保证资料或产品质量证明资料及矿用产品安全标志相关证明。

4.2.2 应为重要用途钢丝绳。

4.2.3 钢丝绳不应出现严重锈蚀、点蚀麻坑形成沟纹、外层钢丝松动或断股现象,钢丝绳试样直径与公称直径相比缩小不应超过10%。

4.3 技术要求

4.3.1 拆股钢丝的反复弯曲试验

4.3.1.1 拆股钢丝的反复弯曲次数应满足表1的要求。

表 1 拆股钢丝的反复弯曲指标

钢丝绳用途	钢丝绳种类	拆股钢丝的反复弯曲指标下限
升降人员或升降人员和物料	光面绳	国家标准或行业标准规定的新钢丝绳最小弯曲次数指标的90%
	镀锌绳	国家标准或行业标准规定的新钢丝绳最小弯曲次数指标的85%
	面接触绳	国家标准或行业标准规定的新钢丝绳最小弯曲次数指标的90%
升降物料	光面绳	国家标准或行业标准规定的新钢丝绳最小弯曲次数指标的80%
	镀锌绳	国家标准或行业标准规定的新钢丝绳最小弯曲次数指标的80%
	面接触绳	国家标准或行业标准规定的新钢丝绳最小弯曲次数指标的80%

4.3.1.2 以上百分数计算的结果应按GB 8710修约为整数。

4.3.2 拆股钢丝的破断拉力检验

以同一公称直径的钢丝为一组,钢丝的破断拉力应不小于该组钢丝平均破断拉力的 90%。

4.3.3 不合格钢丝断面积

定期检验的不合格钢丝断面积与钢丝总断面积(三角股芯的低碳钢丝,填充丝和补棱丝不计在内)之比应小于 25%。

4.3.4 安全系数

4.3.4.1 矿井在用提升用钢丝绳定期检验时,其安全系数必须符合下列规定:
——专作升降人员用的,不小于 7;
——升降人员和物料用的,升降人员时不小于 7,升降物料时不小于 6;
——专作升降物料和悬挂吊盘、水泵、排水管等用的,不小于 5;
——用吊罐法掘进天井时,吊罐提升用的钢丝绳的安全系数不小于 13。

4.3.4.2 其他用途的在用提升用钢丝绳应符合 GB 16423 的相关规定。

5 检验方法

5.1 试样

5.1.1 新钢丝绳送样检验、悬挂前检验和使用中的钢丝绳定期检验时,应由使用单位截取试样,送检。

5.1.2 钢丝绳使用单位提供的试样长度:新钢丝绳应不少于 1.5 m(进行钢丝绳整绳破断力检验时,还应根据检验方法的要求提供足够长度的试样),在用钢丝绳应不少于 1.2 m。

5.1.3 新钢丝绳验收检验或悬挂前检验的钢丝绳试样应在外观检查合格的端部截取。

5.1.4 在用钢丝绳定期检验试样的取样要求:单绳缠绕立井提升时,应在提升容器端绳卡上部截取。斜井提升时应在提升容器端将易产生塑性变形、断丝和过度疲劳等缺陷的部位切除后截取。

5.2 钢丝绳直径(或平衡用扁钢丝绳的公称尺寸)检验

5.2.1 钢丝绳直径应使用宽钳口游标卡尺测量,其钳口的宽度应足以跨越两个相邻的股。

5.2.2 对于送检的钢丝绳试样,测量应在相距至少 0.4 m 的直线部位的两截面上进行,在每一截面的互相垂直方向测取两个数值,四个测量结果的平均值作为钢丝绳的实测直径,实测结果应符合本规范 4.2.3 的要求。对于验收检验的钢丝绳应按所执行的国家标准或行业标准规定的测量方法进行检验。

5.3 不松散检查

将钢丝绳一端解开相对称的两个股,约两个捻距长,当这两个股重新恢复到原位后,不应自行再散开(多层股、4 股扇形股及编结使用的钢丝绳除外),但允许直径略有增大。

5.4 拆股钢丝的制样方法

5.4.1 试样数量

5.4.1.1 新钢丝绳检验的钢丝试样数量

新钢丝绳验收检验和悬挂前检验的钢丝试样数量,按钢丝绳生产时所执行的国家标准或行业标准规定确定。

5.4.1.2 在用钢丝绳检验的钢丝试样数量

在用提升用钢丝绳定期检验的钢丝试样数量为全部钢丝。

5.4.2 试样截取

制样时,不应加热切割,不应使试样表面受到任何损伤。

5.4.3 拆股钢丝

5.4.3.1 制样时,截取一段足够长度的试样,将其全部拆散,同一公称直径的钢丝为一组,进行钢丝的破断拉力和反复弯曲试验。

5.4.3.2 圆股中的填充钢丝和中心丝、异型股中的股芯丝、钢丝绳的钢芯,只参加钢丝破断拉力总和的试验和考核。三角股芯中的低碳钢丝、填充丝和补棱丝不包括在试样范围内。

5.4.3.3 拆股时如发现断丝,已断的钢丝不再做破断拉力和反复弯曲试验,应判定为不合格钢丝,并在检验记录中注明。

5.4.4 矫直

拆股钢丝矫直时,应避免损伤试样表面,可在木质、橡皮、硬质塑料、尼龙、铜材或铅锭等材质制成的器具上,用上述材料制成的工具人工矫直,也可采用调直机矫直,禁止使用铁制器具矫直。

5.5 钢丝的表面状态

新钢丝绳拆股钢丝的表面状态采用目测方式检验,应符合所检钢丝绳执行的国家标准或行业标准的规定。

5.6 拆股钢丝的实测直径

用分辨率不低于 0.01 mm 的千分尺,尽量在未受损伤处的同一横截面互相垂直的方向上进行测量;至少分别在 3 个不同部位测量,测量值的算术平均值作为拆股钢丝的实测直径。

5.7 钢丝绳力学性能的考核方法

5.7.1 新钢丝绳

5.7.1.1 钢丝绳破断力按生产时所执行的国家标准或行业标准的规定进行考核。

5.7.1.2 反复弯曲和扭转次数依据钢丝的公称直径和公称抗拉强度,按生产时所执行的国家标准或行业标准确定。

5.7.1.3 在用户无法提供钢丝公称抗拉强度的情况下,按本规范5.7.2.2的方法确定。

5.7.2 在用钢丝绳

5.7.2.1 在用钢丝绳拆股钢丝的破断拉力指标和反复弯曲次数,仍以公称直径和公称抗拉强度为准进行计算和判定。

5.7.2.2 在用户无法提供钢丝公称抗拉强度的情况下,可以同一公称直径钢丝的平均破断拉力所对应的平均抗拉强度下靠所执行的产品标准中的公称抗拉强度级,或参照生产单位的相关资料确定钢丝的抗拉强度级,作为该直径钢丝的公称抗拉强度。

5.7.2.3 计算钢丝的平均抗拉强度时,拆股过程中发现的断丝不参与计算。

5.7.2.4 当用户无法提供钢丝的公称直径时,可用实测直径进行计算和考核。测量时,应尽量在没有磨损和锈蚀的部位上按本规范5.6条规定的方法测量,并参照有关产品标准、生产单位的相关资料确定钢丝的公称直径。

5.8 钢丝破断拉力检验

钢丝的破断拉力检验按 GB/T 228 规定的方法进行,钳口之间的距离应不小于 100 mm。

5.9 钢丝绳破断拉力

5.9.1 新钢丝绳的破断拉力检验应优先采用整绳破断拉力的方法检验和考核,也可采用钢丝破断拉力总和的方式进行检验和考核。在用钢丝绳采用检验钢丝破断拉力总和的方式检验和考核。

5.9.2 钢丝绳整绳破断拉力检验方法按 GB/T 8358 的规定进行。

5.9.3 计算钢丝破断拉力总和时,圆股中的填充钢丝和中心丝、异型股中的股芯丝、钢丝绳的钢芯,应参与钢丝破断拉力总和的检验和考核,三角股芯中的低碳钢丝、填充丝和补棱丝不参与检验和考核。

5.10 反复弯曲试验

拆股钢丝的反复弯曲试验按 GB/T 238 规定的方法进行。

5.11 扭转试验

扭转试验应符合 GB/T 239 的规定。

6 检验判定规则

6.1 检验和判定机构

应由取得安全生产检测检验资质的机构检验和判定。

6.2 新钢丝绳检验判定规则

6.2.1 新钢丝绳验收检验时,应按本规范 3.1、3.2、3.3、3.4 的规定的项目进行检验;

6.2.2 新钢丝绳送样检验或悬挂前检验时,应按本规范 3.3、3.4 规定的项目进行检验;

6.2.3 本规范 3.3、3.4 规定的检验项目按所检钢丝绳执行的标准规定进行;

6.2.4 所检项目中,有一项或一项以上不合格时,则钢丝绳的检验结论判定为:不合格。

6.3 在用钢丝绳定期检验判定规则

6.3.1 不合格钢丝的判定方法:

a) 反复弯曲次数不符合 4.3.1 规定的钢丝判定为不合格钢丝;
b) 破断拉力不符合 4.3.2 规定的钢丝判定为不合格钢丝;
c) 试样内的断丝判定为不合格钢丝;
d) 一根钢丝同时有多项不合格时,只按 1 根计算。

6.3.2 不合格钢丝的断面积超过 4.3.3 规定时,则钢丝绳的检验结论判定为:不合格。

6.3.3 安全系数不符合 4.3.4 规定时,则钢丝绳的检验结论判定为:不合格。

注:送检单位未提供被检钢丝绳所承受的静张力等现场使用的技术参数时,可由使用单位自己核算安全系数,检验机构不再对安全系数进行计算,也不纳入综合判定,但应提醒使用单位对安全系数进行核算。

金属非金属地下矿山主排水系统安全检验规范（AQ 2029—2010）

前　言

本标准为强制性标准。

本标准由国家安全生产监督管理总局提出。

本标准由全国安全生产标准化技术委员会非煤矿山安全分技术委员会归口。

本标准负责起草单位：国家安全生产长沙矿山机电检测检验中心。

本标准主要起草人：翟守忠、贺建国、袁乐安、季光洲、王四现、罗振兴、朱小龙、邓宇、李富伟、龚文。

本标准为首次发布。

1 范围

本规范规定了金属非金属地下矿山在用排水泵及主排水系统安全性能检验的项目、技术要求、检验方法、判定规则和检验周期。

本规范适用于金属非金属地下矿山在用排水泵和主排水系统的现场安全检验，也可作为安全生产监管部门安全监督管理的依据。

2 规范性引用文件

下列文件对于本文件的应用是必不可少的。凡是注日期的引用文件，仅注日期的版本适用于本文件。凡是不注日期的引用文件，其最新版本（包括所有的修改单）适用于本文件。

GB/T 3216　回转动力泵　水力性能验收试验　1级和2级

GB/T 3785　声级计的电、声性能及测试方法

GB/T 13007—1991　离心泵　效率

JB/T 8097—1999　泵的振动测量与评价方法

JB/T 8098—1999　泵的噪声测量与评价方法

3 基本要求

3.1 新安装的排水泵应具有金属非金属矿山矿用产品安全标志。

3.2 每台排水泵的吸水口应安装监测用的真空表，排水口应安装监测用的压力表。

3.3 井下主要排水设备，至少应由同类型的3台水泵组成，作为工作泵、备用泵和检修泵。

3.4 井下主要排水设施，至少应装设两条相同的排水管，作为工作排水管路和备用排水管路。

4 排水泵技术要求

4.1 机房

4.1.1 机房温度
机房(或硐室)的温度不应超过30 ℃。

4.1.2 照明设施
机房(或硐室)作业场所照明设施完备,排水泵操作位置光照度不小于15 lx。

4.1.3 值班位置噪声
水泵司机值班位置噪声应不大于85 dB(A)。

4.2 接地电阻
电控设备、电动机外壳应可靠接地,接地电阻不大于2.0 Ω。

4.3 排水泵启动时间
单台水泵的启动时间应不大于5分钟。

4.4 振动
按照JB/T 8097—1999中第4章规定的方法进行评价。
在运行工况下,排水泵的振动级别分为A、B、C、D 4级,D级为不合格。

4.5 排水泵噪声
在运行工况下,排水泵噪声不应超过90 dB(A),并且无异常响声。

4.6 排水泵的转速
在运行工况下,排水泵的实际转速与额定值间的偏差应不超过±5%。

4.7 电动机输入电流
在运行工况下,电动机输入电流不应超过电动机的额定电流。

4.8 排水能力

4.8.1
在运行工况下,工作泵的排水能力,应能满足在20小时内排出矿井24小时的正常涌水量。

4.8.2
工作水管的排水能力应能配合工作泵在20小时内排出矿井24小时的正常涌水量。

4.9 扬程
排水泵在运行工况下的扬程应不小于实际排水高度。

4.10 运行工况点效率
排水泵的运行工况点效率应不小于运行工况点规定效率的80%。

4.11 吨水百米电耗
排水系统的吨水百米电耗应不高于0.50 kW·h/(t·hm),即 $W_{t \cdot 100} \leqslant 0.50$ kW·h/(t·hm)。

4.12 排水泵性能曲线
需要时,在使用现场的实际转速下,调节水泵的工况点,检验排水泵性能,并绘制排水泵性能曲线图。

4.13 运行状况
在检验过程中,各部件和系统不应有影响正常运行或启动的异常现象发生。

5 主排水系统技术要求

5.1 工作泵、备用泵的联合排水能力

工作泵和备用泵的联合排水能力,应能在 20 小时内排出矿井 24 小时的最大涌水量。

5.2 管路排水能力

工作水管和备用水管的联合排水能力,应能配合工作泵和备用泵在 20 小时内排出矿井 24 小时的最大涌水量。

5.3 供配电能力

供配电设备应与工作泵、备用泵和检修泵相适应,应能保证同时开动工作泵和备用泵。

6 检验方法

6.1 检验设备

检验所用仪器设备的精确度等级或精确度应满足表 1 的要求。

表 1 检验仪器的精确度要求

技术参数(或仪器)	精确度等级或精确度	说　明
压力	1.6	使用压力表时,应根据压力选择压力表量程,指示的压力值应处于 1/3～2/3 满量程
真空压力	1.6	
流量	2.5 级	
功率	1.5%	
电流	1.5%	
电压	0.5%	
接地电阻	5%	
互感器	1 级	
转速	±1 r/min	
振动	±10%	
噪声	GB/T 3785 规定的 2 型	
时间	±1.0 s/d	
几何尺寸	2 级或±4 mm	
温度	±1 ℃或 1.5%	
厚度	1%	
照度	10%	

6.2 各工况检验要求

检验时,为了达到预期的准确度要求,每调整一个运行工况,应待各参数达到稳定时,再记录检验数据,并应同时测量流量、压力、转速、电动机输入功率和电动机输入电流等参数。

各工况参数的波动不大于表 2 的规定时,可认为该工况达到稳定。

表 2 最大允许波动幅度

参数	流量	压力	功率	转速
最大允许波动幅度%	±6			±2

6.3 各参数记录要求

应在运行稳定的条件下,成组记录检验参数。至少测量 3 次,取其平均值作为该参数的检验结果。

6.4 机房

6.4.1 对作业环境的温度进行检验。

6.4.2 检查照明设施是否完整,能否达到作业场所的需要,用照度计测量操作位置的光照度。

6.4.3 测量水泵司机值班室或值班位置处的最大噪声值。

6.5 接地电阻

按照接地电阻测量仪器规定的测量方法,测量排水泵电控设备的外壳对地、电动机外壳对地之间的电阻。

6.6 排水泵的启动时间

用时间测量仪器,测量从灌引水开始,直到排水泵正常运转时的时间。

6.7 振动

6.7.1 按照 JB/T 8097—1999 第 2.4 条的规定选取振动测点位置,并测取各主要测点运行工况下的振动值;

6.7.2 每个测点应在水平、垂直、轴向进行检验,每个方向至少测量 3 次,取平均值作为该方向的振动值,将三个方向中最大振动值作为最终检验结果。

6.8 排水泵噪声

按 JB/T 8098—1999 第 9 章的方法选取测点位置,在运行工况下测量,每个测点测量 3 次,取其平均值作为该点的噪声值,按 JB/T 8098—1999 第 8 章的计算方法获得检验结果。

6.9 排水泵的转速 n

检验排水泵的转速时,应在运行稳定的工况下进行。

6.10 电参数的测量

6.10.1 电动机输入电流

电动机的输入电流应在运行工况下,平稳运行时测量。

电动机的额定电流按明示的额定电流取值,当不能得到明示的额定电流值时,可根据矿山企业提供的数据,或参照产品系列标准或手册等相关技术资料确定。

6.10.2 电动机输入功率 P_{gr}

应在电动机运行平稳时,测量电动机的输入功率。当电动机为高压电机时,可在电压互感器低压侧进行检验。

当检验现场不具备检验条件时,可采取读电度表等方法获得电机输入功率。

6.10.3 电动机运行效率 η_d

异步电动机运行效率,按式(1)测算。

$$\eta_d \approx \frac{(n_{st}-n)n}{(n_{50t}-n_e)n_e} \cdot \left(\frac{n_{50t}}{n_{st}}\right)^2 \cdot \left(\frac{U}{U_e}\right)^2 \cdot \left(\frac{P_e}{P_{gr}}\right) \times 100\% \quad \cdots\cdots\cdots\cdots\cdots\cdots\cdots\cdots\cdots\cdots (1)$$

式中：

η_d ——实际运行时的电动机效率，%；

n ——电动机正常运行时的实际转速，r/min；

n_{st} ——实际电源频率下的同步转速，r/min；

n_{50t} ——电源频率为50 Hz时的同步转速，r/min；

n_e ——额定转速，r/min；

U ——检验时，电动机的实际供电电压，V；

U_e ——电动机的额定工作电压，V；

P_e ——电动机的额定功率，kW；

P_{gr} ——电动机的输入功率，kW。

式(1)中，电动机的额定功率按明示的额定功率取值，当不能得到明示的额定功率值时，可根据矿山企业提供的数据，或参照电机输出功率相关标准、产品系列标准或手册等相关技术资料确定。

6.11 排水泵的排水能力

6.11.1 在运行工况下，测量排水泵的流量，观察排水管路是否有异常现象。

6.11.2 按照矿山地质资料明示的、或设计资料明示的、或企业提供的正常涌水量、最大涌水量计算24小时的正常涌水量和最大涌水量。

6.12 排水泵的扬程

检验排水泵的扬程时，按图1布置安装检验仪器。排水泵的出、入口压力测量点，应采取有效稳压措施，以稳定读数和保护仪表免受压力冲击。

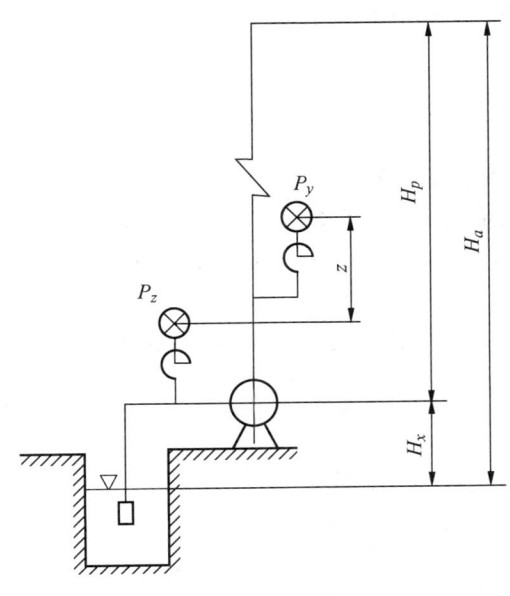

图 1 水泵扬程测试布置图

检验前,应测量出口压力和入口压力测量位置之间的表位差 z,按式(2)计算排水泵的扬程:

$$H = \frac{(p_z + p_y) \times 10^6}{\rho g} + z + \frac{8}{\pi^2 g}\left(\frac{1}{d_p^4} - \frac{1}{d_x^4}\right)\left(\frac{Q}{3600}\right)^2 \quad \cdots\cdots(2)$$

式中:
H ——排水泵的扬程,m;
p_z ——入口真空压力值,MPa;
p_y ——出口压力值,MPa;
ρ ——矿井水密度,kg/m³,矿山企业无法提供矿井水密度时,矿井水密度可近似取 1050 kg/m³;
g ——自由落体加速度,m/s²;
z ——出口压力和入口压力测量位置之间的表位差,m;
d_p ——排水管内径,m;
d_x ——吸水管内径,m;
Q ——排水流量,m³/h。

6.13 排水泵实际排水高度 H_a

6.13.1 排水泵排水高度 H_p

按照矿山地质资料明示的、或设计资料明示的、或企业提供的水泵排水高度取值,也可以根据实际测量结果获得。

6.13.2 排水泵吸水高度 H_x

H_x 为由水仓液面至排水泵轴的中心平面之间的高度。

6.13.3 排水泵实际排水高度 H_a

水泵实际排水高度为排水高度和吸水高度之和,如式(3)所示:

$$H_a = H_p + H_x \quad \cdots\cdots(3)$$

式(3)中各参数的单位均为:m。

6.14 排水泵的效率

6.14.1 排水泵运行工况点规定效率

排水泵运行工况点规定效率按排水泵生产单位明示的效率曲线选取,当不能得到明示的效率曲线时,可根据 GB/T 13007—1991 确定运行工况点规定效率。

6.14.2 排水泵的效率

排水泵的效率 η_b 为排水泵的输出功率 P_u 与轴功率 P_a 的百分比,如式(4)所示:

$$\eta_b = \frac{P_u}{P_a} \times 100\% \quad \cdots\cdots(4)$$

式中:
η_b ——排水泵的效率,%;
P_u ——排水泵的输出功率,kW;
P_a ——轴功率(输入功率),kW。

6.14.3 排水泵的轴功率 P_a

排水泵轴功率的计算公式如式(5)所示:

$$P_a = P_{gr} \times \eta_d \times \eta_c \quad\quad\cdots\cdots\cdots\cdots(5)$$

式中：
P_a——排水泵的轴功率，kW；
P_{gr}——电动机输入功率，kW；
η_d——电动机运行效率，%；
η_c——传动效率，%。

6.14.4 传动效率 η_c

根据电动机与排水泵的连接方式按表3确定传动效率。

表3 不同连接方式的传动效率

连接方式	直连式	联轴器	皮带传动	
			三角皮带	平带
η_c	1	0.98	0.96	0.90

6.14.5 排水泵输出功率 P_u

排水泵的输出功率按式（6）计算：

$$P_u = \frac{\rho g Q H}{1\,000 \times 3\,600} \quad\quad\cdots\cdots\cdots\cdots(6)$$

式中：
P_u——排水泵的输出功率，kW；
ρ——矿井水密度，kg/m³；
g——自由落体加速度，m/s²；
Q——排水流量，m³/h；
H——排水泵的扬程，m。

6.15 吨水百米电耗

6.15.1 管路效率 η_g

排水系统的管路效率为实际排水高度与扬程的百分比，按式（7）计算：

$$\eta_g = \frac{H_a}{H} \times 100\% \quad\quad\cdots\cdots\cdots\cdots(7)$$

式中：
H_a——排水泵实际排水高度，m；
H——排水泵的扬程，m。

6.15.2 排水系统效率 η_x

排水系统效率按式（8）计算：

$$\eta_x = \eta_d \cdot \eta_c \cdot \eta_b \cdot \eta_g \quad\quad\cdots\cdots\cdots\cdots(8)$$

式中：
η_x——排水系统效率，%；
η_d——电动机运行效率，%；
η_c——传动效率，%；

η_b——排水泵的效率,%;

η_g——管路效率,%。

6.15.3 吨水百米电耗 $W_{t·100}$

吨水百米电耗可按照式(9)计算。

$$W_{t·100}=\frac{1}{3.67\eta_x} \quad\quad\cdots\cdots\cdots\cdots\cdots\cdots(9)$$

式中:

$W_{t·100}$——排水系统的吨水百米电耗,kW·h/(t·hm);

η_x　——排水系统效率,%。

6.16 排水泵性能曲线

6.16.1 流量调节方式

试验应从电动机输入电流最小的工况开始调节流量,逐渐调整到最大流量点或最小流量点。调整过程中,应监测电动机输入电流。

6.16.2 试验工况点

试验工况点的数量不少于5个,尽可能均匀分布在整个性能曲线上。

6.16.3 试验结果按额定转速的换算

按 GB/T 3216 规定的换算方法换算。

6.16.4 性能曲线图

绘制的性能曲线应当是换算到额定转速时的性能曲线。

曲线图以横坐标轴表示流量 Q,纵坐标轴分别表示扬程 H、轴功率 P_a 和效率 η。

参照 GB/T 3216 中"泵性能曲线图",根据测定与计算得出的数据绘制曲线,曲线应平滑。

6.17 工作泵和备用泵的联合排水能力

在工作泵和备用泵联合运转状态下,测量联合排水流量。

6.18 管路排水能力

在工作泵和备用泵联合运转状态下,观察排水管路是否有异常现象。

6.19 供配电能力

在启动工作泵和备用泵及其联合运转状态下,观察水泵房供配电设备是否有异常现象。

7 判定规则

7.1 检验和判定机构

应由取得安全生产检测检验资质的机构检验和判定。

7.2 综合判定原则

7.2.1 排水泵判定原则

7.2.1.1 排水泵检验项目分为:A类项目(关键项)、B类项目(重要项)和C类项目(一般项)3种类型,具体划分见表4。

7.2.1.2 A类项目中,有一项不合格时,则检验结论判定为:不合格。

7.2.1.3 B类项目中,有三项不合格时,则检验结论判定为:不合格。

7.2.1.4 C类项目中,有五项不合格时,则检验结论判定为:不合格。

表 4 排水泵检验项目分类

序号	检验项目	技术要求(条款号)	项目类型	检验方法
1	机房温度	4.1.1	C	6.4.1
2	照明设施	4.1.2	B	6.4.2
3	值班位置噪声	4.1.3	C	6.4.3
4	接地电阻	4.2	C	6.5
5	排水泵启动时间	4.3	B	6.6
6	振动	4.4	A	6.7
7	排水泵噪声	4.5	B	6.8
8	转速	4.6	B	6.9
9	电动机输入电流	4.7	A	6.10
10	排水泵的排水能力	4.8.1	A	6.11
11	排水管路排水能力	4.8.2	A	6.11
12	排水泵的扬程	4.9	A	6.12
13	运行工况点效率	4.10	C	6.14
14	吨水百米电耗	4.11	C	6.15
15	排水泵性能曲线	4.12	—	6.16
16	运行状况	4.13	A	目测

7.2.1.5 B类项目和C类项目的不合格项数之和大于或等于五项时,则检验结论判定为:不合格。

7.2.2 排水系统判定原则

7.2.2.1 同一排水系统中,构成排水系统的排水泵的不合格台数占总台数的2/3以上(含2/3)时,检验结论判定为:不合格。

7.2.2.2 排水系统检验项目5.1、5.2、5.3中,有一项或一项以上不合格时,则检验结论判定为:不合格。

8 检验周期

8.1 使用中的排水系统和排水泵的定期检验周期为一年。

8.2 有下列情况之一时,应按本规范要求进行检验:
    a) 新购置安装的排水泵或排水系统投入使用前;
    b) 在用的排水泵或排水系统大修后投入使用前。

金属非金属地下矿山通风技术规范 通风系统（AQ 2013.1—2008）

前　言

本标准依据《中华人民共和国安全生产法》《中华人民共和国矿山安全法》和有关法律、行政法规及参照有关行业技术标准、规范、规定制定。用于规范金属非金属地下矿山通风系统设计、研究、安全评价及建设和开采过程中对井下通风系统的技术要求，保障人民生命财产安全。

本标准为强制性标准。

本标准由国家安全生产监督管理总局提出。

本标准由全国安全生产标准化技术委员会非煤矿安全分技术委员会归口。

本标准负责起草单位：中钢集团马鞍山矿山研究院。

本标准参加起草单位：中国安全生产科学研究院。

本标准主要起草人：项宏海、陈宜华、张兴凯、程厉生、吴冷峻、王云海、贾安民。

1　范围

本标准规定了金属非金属地下矿山（含伴生氡及其子体矿山）在安全评价、设计、建设和开采过程中对井下通风系统的技术要求。

本标准适用于金属非金属地下矿山（含伴生氡及其子体矿山）的安全评价、设计、建设和开采。亦适用于深凹露天矿采用地下井巷开拓的部分。

本标准不适用于放射性矿、煤矿、煤系硫铁矿及其他与煤共生矿藏的开采。

本标准也不适用于石油、天然气、矿泉水等液态或气态矿藏的开采。

2　规范性引用文件

下列文件中的条款通过本标准的引用成为本标准的条款。凡是注明日期的引用文件，其随后所有的修改单（不包括勘误内容）或修订版均不适用于本标准。然而，鼓励根据本标准达成协议的各方研究是否可使用这些文件的最新版本。凡是不注明日期的引用文件，其最新版本适用于本标准。

　　GB 16423　金属非金属矿山安全规程

　　GB 4792　放射卫生防护基本标准

　　GBZ 2　工业场所有害因素职业接触限值

　　GB 87　工业企业噪声控制设计规范

　　GB 50215　煤炭工业矿井设计规范

　　YSJ 019　有色金属矿山采矿设计规范

3　术语和定义

下列术语和定义适用于本标准。

3.1

　　金属非金属地下矿山　metal and nonmetal underground mines

　　以平硐、斜井、斜坡道、竖井等作为出入口,深入地表以下,采出供建筑业、工业或加工业用的金属或非金属矿物的采矿场及其附属设施。

3.2

　　矿井通风系统　mine ventilation system

　　向井下各作业地点供给新鲜空气,排出污浊空气的通风网路、通风设备和通风控制设施的总称。

3.3

　　通风控制设施　ventilation control facilities

　　控制井下风流的构筑物和设施,如风门、风桥、风窗、挡风墙和空气幕等。

3.4

　　多级机站通风系统　ventilation system for multistage fan station

　　在矿井主通风风路的进风段、需风段和回风段内各设置若干级风机站,接力地将地表新鲜空气经进风井巷有效地送至需风区段或需风点,并将作业产生的污浊空气经回风井巷排出地表所构成的通风系统。

3.5

　　矿井需风量　requiral air-quantity of mine

　　井下各作业场所需风量之和。

3.6

　　矿井总风量　total air-quantity of mine

　　矿井通风系统的总进风量或总回风量值之大者。

3.7

　　矿井有效风量　effective air-quantity of mine

　　送到井下各作业场所的新鲜风量之和。

3.8

　　矿井有效风量率　effective air-quantity rate of mine

　　矿井有效风量与一级主风机站(进风机站或回风机站)风机总风量值最大者之比的百分数。

3.9

　　机站巷　entry of fan station

　　在其内设置风机站的巷道。在该巷道全长内没有其他井巷与其相交(串联井巷除外)。

3.10

　　机站风量　air-quantity of fan station

　　由风机产生的在机站巷内通过的风量。它等于风机风量除以机站的漏风系数,漏风是由于机站建筑(密闭墙和检查门)的气密性在风机前后造成的局部循环风。

3.11

　　机站风压　air-pressure of fan station

由风机产生的克服机站前后井巷通风阻力损失的风压。它等于风机全压减去机站的局部阻力损失,后者主要包括风机入口的突然缩小和出口的突然扩大两者阻力损失之和。

3.12

机械通风　mechanical ventilation

系利用通风设备对矿山井巷进行的通风。

3.13

无风墙风机　fan without wall

依靠出口动压在巷道内引射风流而不带风墙的风机。

3.14

空气幕　air curtain

由风机、变形连接管和供风器组成的设施。它可调节或截断巷道内的风流。

4 井下空气质量

4.1 井下所有作业场所进风流中的空气成分(按体积计算),氧气应不低于20%,二氧化碳应不高于0.5%。

4.2 井下作业地点的空气中,有毒有害物质的接触限值应不超过GBZ 2的规定。

4.3 进风井巷、采掘工作面和井下其他产尘点的风源含尘量应不超过 $0.5\ mg/m^3$。

4.4 伴生有放射性元素的矿山,井下空气中氡及其子体的浓度应符合 GB 4792 的规定。

4.5 采掘作业地点的气象条件应符合表1的规定,否则应采取降温或其他防护措施。

表 1　采掘作业地点气象条件规定

干球温度/℃	风速/(m·s^{-1})	备　注
≤28	0.5~1.0	上限
≤26	0.3~0.5	至适
≤18	≤0.3	增加工作服保暖量

4.6 当采暖室外计算温度等于或低于-4 ℃地区的进风竖井、等于或低于-5 ℃地区的进风斜井、等于或低于-6 ℃地区的进风平硐,当有淋帮水、排水沟或排水管时,应设置空气加热设备,并应满足进入井巷的冷、热空气混合后的空气温度高于2 ℃。

在严寒地区,主要井口(所有提升井和作为安全出口的风井)应有保温措施,防止井口及井筒结冰。如有结冰,应及时处理,处理时应通知井口和井下各中段马头门附近的人员撤离,并做好安全警戒。

4.7 符合本标准4.1、4.2和4.3条规定的,允许利用上部废旧井巷和采空区对进入井下的空气进行预热和降温。

本条不适用于伴生有放射性元素的矿山。

4.8 井巷断面平均最高风速不应超过表2的规定。

表 2 井巷断面平均最高风速规定

井 巷 名 称	最高风速/(m·s^{-1})
专用风井,专用总进、回风道	15
专用物料提升井	12
风桥	10
提升物料和人员的井筒,中段主要进、回风道,修理中的井筒,主要斜坡道	8
运输巷道,采区进、回风道	6
采场	4

5 矿井需风量计算

5.1 按井下同时工作的最多人数计算,供给新鲜风量不得少于 4 m³/min·人。

5.2 井下作业场所需风量,按下列要求分别计算,并取其中最大值。

5.2.1 按排尘风速计算,硐室型采场最低风速不得小于 0.15 m/s;巷道型采场和掘进巷道不得小于 0.25 m/s;装运机作业的工作面不得小于 0.4 m/s;电耙道和二次破碎巷道不得小于 0.5 m/s;箕斗硐室、破碎硐室等作业地点,可根据具体条件,在保证作业场所空气中有害物质的接触限值符合 GBZ 2 规定的前提下,分别采用计算风量的排尘风速。

5.2.2 按同时爆破使用的最多炸药量计算,每公斤炸药供给的新鲜风量不得少于 25 m³/min(或按不同类型采掘工作面参照有关计算公式进行需风量计算)。

5.2.3 有柴油设备运行的作业场所,可按同时作业台数每千瓦供风量 4 m³/min 计算。

5.2.4 对高温矿床按降温风速计算,采掘工作面风速可取 0.5 m/s～1.0 m/s。

5.3 矿井总风量等于矿井需风量乘以矿井风量备用系数 K_b。后者是考虑到漏风、风量不能完全按需分配和调整不及时等因素。K_b 值为 1.20～1.45,可根据矿井开采范围的大小、所用的采矿方法、设计通风系统中风机的布局等具体条件进行选取。

6 矿井通风系统

6.1 一般规定

6.1.1 矿井应建立机械通风系统。对于自然风压较大的矿井,当风量、风速和作业场所空气质量能够达到本标准第四部分规定时,允许暂时用自然通风替代机械通风。

6.1.2 基建时期应采取有效的通风措施,确保井下作业场所获得足够的新鲜风量。在矿井通风系统形成前不得正式投产。

6.1.3 进入矿井的空气不得受有毒、有害物质的污染。从矿井排出的污风与主要通风机噪声不得对矿区环境造成危害。

6.1.4 矿井通风系统的有效风量率不得低于 60%。

6.2 主通风井巷

6.2.1 箕斗井不得兼作进风井。混合井作进风井时,应采取有效净化措施,以保证风源质量。

6.2.2 矿井主要进风风流,不得通过采空区和塌陷区,需要通过时,应砌筑严密的通风假巷。

6.2.3 主要进风井巷和回风井巷应经常维护，保持清洁和风流畅通，禁止堆放材料和设备。主要回风井巷不得用作运输和通行人员的通道。

6.2.4 主要专用进、回风井巷和中段进、回风天井宜按通风经济断面设计。最佳风速可取 6 m/s～8 m/s，一般不应超过 10 m/s。

6.3 井下需风点

6.3.1 采场形成通风系统之前，不应进行回采作业。

6.3.2 采场、二次破碎巷道和电耙巷道应利用贯穿风流通风或机械通风。电耙司机应位于风流的上风侧。

6.3.3 各采掘工作面之间，不应采用不符合本标准第 4 部分要求的风流进行串联通风。

6.3.4 井下所有机电硐室都应供给新鲜空气。

6.3.4.1 井下破碎硐室、主溜井等处的污风应引入回风道。不能引入回风道的应采取净化措施。

6.3.4.2 井下炸药库应有独立的回风道。充电硐室空气中氢气的含量应不超过 0.5%（按体积计算）。

6.3.5 采空区应及时密闭。采场开采结束后，应封闭所有与采空区相通的影响正常通风的巷道。

6.4 通风控制设施

6.4.1 通风构筑物（风门、风桥、风窗和挡风墙等）的建筑应牢固、密闭性好，应由专人负责检查维护、保持严密完好状态。

6.4.2 风门

6.4.2.1 需设风门的主要运输巷道，应设两道风门，其间距应大于一列车的最大长度。而无轨运输巷道，两风门的间距应大于运行设备最大长度的 1.5～2 倍。

6.4.2.2 风门安装应严密，主要风门的墙垛应采用砖、石或混凝土砌筑。

6.4.2.3 手动风门应顺风流方向有 80°～85°的倾角，风门可由自重关闭；其开启方向应顶风流；在通风压差大的地段，风门上可设置易开启的小窗。

6.4.3 风桥

6.4.3.1 当新风巷与污风巷交叉时应建筑风桥。

6.4.3.2 风量超过 20 m³/s 时，应开凿绕道式风桥；风量为 10 m³/s～20 m³/s 时，可用砖、石、混凝土砌筑；风量小于 10 m³/s 时，可用铁风筒。

6.4.3.3 木制风桥只准临时使用。

6.4.3.4 各种风桥与巷道的连接处要做成弧形。

6.4.4 空气幕（风幕）

6.4.4.1 井下运输巷道需要调节风量或截断风流时，可在巷道内安设空气幕。

6.4.4.2 空气幕应选择在巷道较平直且断面规整处安装。空气幕的供风器可固定在巷道横截面的顶部或一侧，供风器出风口应迎向巷道风流方向，使空气幕射流轴线与巷道轴线形成一所需的夹角。

6.4.4.3 空气幕形成的有效压力，取决于供风器出口风速、空气幕射流轴线与巷道轴线的夹角和巷道断面与供风器出口断面的比值。可根据调节风量所需的阻力来设计和选取。

6.5 主要通风机

6.5.1 主要通风机选择

6.5.1.1 选取主要通风机的风量应等于矿井总风量乘以主要通风机风硐装置的漏风系数；主要通风机的风压应等于矿井最大阻力损失加上主要通风机风硐装置的阻力损失与风机出口动压损失，还应考虑自然风压的影响。

6.5.1.2 主要通风机装置的漏风系数应取 1.1～1.15，而其阻力损失应取 150 Pa～200 Pa，若装有消声器，其阻力应另外计算。

6.5.1.3 选取的轴流风机的工况点，应位于风机特性曲线最高点的右方，其最大风压不应超过最高点风压的 90%；工况点的效率，按全压计算不应低于 70%，按静压计算不应低于 60%。

6.5.1.4 风机应能在较大风量、风压范围内高效工作，尽量满足矿山不同开采时期的风量和风压要求。

6.5.1.5 电动机的功率，应满足风机运转期间所需的最大功率。轴流式风机的电动机功率备用系数应取 1.1～1.2，并须校核电动机的启动能力；离心式风机应取 1.2～1.3。

6.5.1.6 排送高硫或有腐蚀性气体的风机，应选择耐腐蚀风机或采取防腐蚀措施。

6.5.1.7 高原地区风机特性曲线应按高原大气条件进行换算。

6.5.1.8 型号规格不同的主要通风机应每台备用一台相同型号规格的电动机，并应设有能迅速调换电动机的装置。对有多台型号规格相同主要通风机工作的矿山，备用电动机数量可增长 1 台。

6.5.2 在同一井巷，应选择单台风机工作。必要时，可采用双机并联运转，但应选用同规格型号的风机，并联运转应作稳定性校核。

6.5.3 正常生产情况下，主要通风机应连续运转。当井下无污染作业时，主要通风机可适当减少风量运转；当井下完全无人作业时，允许暂时停止机械通风。

6.5.4 主要通风机应有使矿井风流在 10 min 内反向的措施。当利用轴流式风机反转反风时，其反风量应达到正常运转时风量的 60% 以上。

6.5.5 主要通风机风机房，应设有测量风压、风量、电流、电压和轴承温度等的仪表，每班都应对通风机运转情况进行检查，并填写运转记录。有自动监控及测试的主要通风机，每两周应进行一次自控系统的检查。

6.5.6 通风系统中主要机站的风机宜采用交流电动机驱动、变频调速控制。

6.5.7 当主要通风机设在井下时，应确保井下风机值班室供给新鲜风流，并应有防止爆破危害及火灾烟气侵入的设施，且能实现反风。

6.5.8 矿井通风系统中，如有局部区段由于主要通风机提供不了足够风量，可在该区段内安设辅助通风机加强通风。辅助通风机提供的风量应满足该区段的需风量，但其风压不能造成局部循环风流。辅助通风机应有完善的保护装置。

6.6 多级机站通风系统

6.6.1 在矿井主风路的进风段、需风段和回风段内分别至少设置一级风机站，即多级机站通风系统应由三级或三级以上的风机站组成。

6.6.2 多级机站通风系统的每级机站由一个或若干个并联机站组成，每级机站通过的风量之和应不少于矿井总风量的 70%。

6.6.3 每个机站可安装一台或若干台风机并联构成,但风机并联台数一般不宜超过 4 台。

6.6.4 进风段机站

6.6.4.1 在有专用进风井的矿井,可在中段专用进风水平或运输水平的进风井联络巷内设置一级总进风机站。该机站风机的风量与风压应根据两种不同要求进行选取:

 (a) 要求提升井进少量新鲜空气,则进风机站风机风量应等于矿井总风量与提升井进风量之差(即进风井风量)再乘以机站漏风系数;风机风压应略小于专用进风井巷的通风阻力和机站局部阻力(即风机前后风流的突然缩小和突然扩大的阻力损失)之和,使运输水平进风处和提升井井底车场处于负压区,提升井可进风。而风机风压与专用进风井巷(含机站)通风阻力之差值,决定了提升井的进风量。

 (b) 要求提升井出少许风量(如北方地区冬季防止提升井结冰),则进风机站风机风量应等于矿井总风量与提升井出风量之和再乘以机站漏风系数;风机风压应稍大于专用进风井巷和机站的通风阻力,使运输水平进风处与提升井井底车场处于正压区,提升井可出风。而风机风压和专用进风井巷(含机站)通风阻力之差值,决定了提升井的出风量。

6.6.4.2 无论有否专用进风井的矿山,可在运输水平各采区进风天井的联络巷内设置机站,这些并联机站组成了一级进风机站。机站风机风量的选取应满足所处进风天井提供给上部作业采区的需风量;风机风压的选取应保证该进风天井在上部供风水平的出风口处风压低于机站巷入风口处风压,否则将通过上下其他通道(设备井、电梯井和斜坡道等)形成局部污风循环。

6.6.5 需风段机站

6.6.5.1 在需风段的进、回风侧巷道内,可按需要设置由若干个并联机站组成的 1~2 级机站。

6.6.5.2 在进风侧设置的机站,考虑到不能在需风段形成高于运输水平的风压以及回采作业爆破冲击波的破坏,一般应采用无风墙风机进行引风。该风机的选取只需其引风量能满足该需风巷要求的风量即可。

6.6.5.3 在回风侧设置的机站,由于污风直接送入回风井巷,该机站采用无风墙风机或有风墙风机均可。

6.6.5.4 无风墙风机因靠近采场作业区,风机的噪声根据目前的技术应控制在 90 dB 以下,可选取低转速、大风量的风机。同时,风机的安装应采取相宜措施以避免采场爆破冲击波的破坏。

6.6.6 回风段机站

6.6.6.1 回风段可按需要在各回采中段的回风巷和总回风巷内分别设置一级由若干个并联机站组成的中段回风机站和总回风机站。

6.6.6.2 中段回风机站的风量应满足中段回风量的要求,机站风压一般只需克服该中段回风井巷至总回风井巷的通风阻力。

6.6.6.3 总回风机站可设置在总回风井巷口或井下总回风巷内,全矿只有一个总回风机站时,该机站风量应不小于该矿井总回风量;而总回风机站风压应不小于通过该回风井巷的矿井最大通风阻力风路的井巷总阻力减去该风路前几级机站风压之和,再加上总回风机站的局部阻力。

6.6.7 有 N 条专用进风井巷和 M 条回风井巷的矿井,则应设置 N 个一级总进风机站和 M 个一级总回风机站。

一条专用进风井如要供给几个中段同时作业的风量,则应在每个中段水平进风井联络巷内分别设置进风机站,它们并联组成一级总进风机站。

6.6.8 所有风机站的风机出口均应安装合适的扩散器,以减少风机出口风流的突然扩大损失。

机站的密闭墙一侧应安设有气密性良好的检查门,门开启的方向应与风机出风口方向一致。

6.6.9 多级机站通风系统的风机宜选用中、低压轴流风机,每台风机均要求其反转时的反风量应达到正常运转风量的 60% 以上。

6.6.10 多级机站通风系统宜建立对所有机站风机的计算机远程集中控制系统。通过主控计算机对每台风机进行远程集中启停控制,对风机运行状态及参数进行监测。

6.6.11 在设计多级机站通风系统时,矿井通风系统网络图中,除了通风的井巷和需风点外,还应包含运输矿岩、设备、材料和人员的井巷(如设备井、措施井、电梯井和斜坡道等)。

金属非金属地下矿山通风技术规范
局部通风（AQ 2013.2—2008）

前　言

本标准依据《中华人民共和国安全生产法》《中华人民共和国矿山安全法》和有关法律、行政法规及参照有关行业技术标准、规范、规定制定。用于规范金属非金属地下矿山局部通风设计、研究、安全评价及建设和开采过程中对局部通风的技术要求，保障人民生命财产安全。

本标准为强制性标准。

本标准由国家安全生产监督管理总局提出。

本标准由全国安全生产标准化技术委员会非煤矿安全分技术委员会归口。

本标准负责起草单位：中钢集团马鞍山矿山研究院。

本标准参加起草单位：中国安全生产科学研究院。

本标准主要起草人：项宏海、陈宜华、张兴凯、程厉生、吴冷峻、王云海、贾安民。

1　范围

本标准规定了金属非金属地下矿山（含伴生氡及其子体矿山）在安全评价、设计、建设和开采过程中对井下局部通风的技术要求。

本标准适用于金属非金属地下矿山（含伴生氡及其子体矿山）的安全评价、设计、建设和开采。亦适用于深凹露天矿采用地下井巷开拓的部分。

本标准不适用于放射性矿、煤矿、煤系硫铁矿及其他与煤共生矿藏的开采。

本标准也不适用于石油、天然气、矿泉水等液态或气态矿藏的开采。

2　规范性引用文件

下列文件中的条款通过本标准的引用成为本标准的条款。凡是注明日期的引用文件，其随后所有的修改单（不包括勘误内容）或修订版均不适用于本标准。然而，鼓励根据本标准达成协议的各方研究是否可使用这些文件的最新版本。凡是不注明日期的引用文件，其最新版本适用于本标准。

　　GB 16423　金属非金属矿山安全规程
　　GB 4792　放射卫生防护基本标准
　　GB 87　工业企业噪声控制设计规范
　　GB 50215　煤炭工业矿井设计规范
　　YSJ 019　有色金属矿山采矿设计规范

3　术语和定义

下列术语和定义适用于本标准。

3.1
金属非金属地下矿山 metal and nonmetal underground mines

以平硐、斜井、斜坡道、竖井等作为出入口,深入地表以下,采出供建筑业、工业或加工业用的金属或非金属矿物的采矿场及其附属设施。

3.2
矿井局部通风 mine local ventilation

利用局部通风机或主要通风机产生的风压对井下独头巷道进行通风的方法。

3.3
压入式局部通风 forced local ventilation

主风流上风侧的新鲜空气用局部通风机和风筒送入独头巷道工作面,并将作业产生的污浊空气经独头巷道排出至主风流下风侧的通风方式。

3.4
抽出式局部通风 drawout local ventilation

主风流上风侧的新鲜空气经独头巷道进入掘进工作面,而产生的污浊空气用局部通风机和风筒排出至主风流下风侧或直接排至回风井巷的通风方式。

3.5
混合式局部通风 mixing local ventilation

主风流上风侧的新鲜空气用局部通风机和风筒送入独头巷道掘进工作面,而产生的污浊空气经另一套局部通风机和风筒排出至主风流下风侧或直接排至回风井巷的通风方式。

4 局部通风

4.1 独头采掘工作面和通风不良的采场,应安装局部通风设备,局部通风机应有完善的保护装置。

如果独头工作面距进风巷不超过 7 m 时,宜采用自然扩散。

4.2 掘进长距离独头巷道,当一台局部通风机提供的风量不足时宜采用局部通风机串联通风。

4.3 局部通风的风筒口与工作面的距离:压入式通风应不超过 10 m;抽出式通风应不超过 5 m;混合式通风,抽出式风筒的入口应滞后压入式风筒的出口 5 m 以上,且压入式风筒出口吹出的风量应小于抽出式风筒入口吸入的风量。

4.4 压入式通风进风口应设在新鲜风流处,并防止产生循环风;抽出式通风出风口应设在主风流下风侧处,如下风侧风流会污染其他作业点,则应将抽出的污风用风筒直接引入最近的回风井巷内。

4.5 局部通风风筒应吊挂平直、牢固,接头严密,避免车碰和炮崩,并应经常维护,以减少漏风,降低阻力。

4.6 采用支柱法掘进天井时,风筒口应伸出保护台,并加保护罩,采用吊罐法掘进天井时,宜扩大中心孔加强通风(孔径 300 mm 以上),或使风筒随吊罐上下移动。

4.7 人员进入独头工作面之前,应开动局部通风设备,待空气质量满足作业要求后,人员方可进入。独头工作面有人作业时,局扇应连续运转。

4.8 局部通风机应指定人员管理、维护,保证正常运转。

4.9 停止作业并已撤除通风设备而又无贯穿风流通风的采场和独头巷道,应设置栅栏和警示标志,防止人员进入。若需要进入,应进行通风和分析空气成分,确认安全方可进入。

金属非金属地下矿山通风技术规范
通风系统检测（AQ 2013.3—2008）

前　　言

本标准依据《中华人民共和国安全生产法》《中华人民共和国矿山安全法》和有关法律、行政法规及参照有关行业技术标准、规范、规定制定。用于规范金属非金属地下矿山通风系统参数检测，指导通风系统设计、研究、安全评价及建设和开采过程中对通风技术要求，保障人民生命财产安全。

本标准为强制性标准。

本标准由国家安全生产监督管理总局提出。

本标准由全国安全生产标准化技术委员会非煤矿安全分技术委员会归口。

本标准负责起草单位：中钢集团马鞍山矿山研究院。

本标准参加起草单位：中国安全生产科学研究院。

本标准主要起草人：项宏海、陈宜华、张兴凯、程厉生、吴冷峻、王云海、贾安民。

1　范围

本标准规定了金属非金属地下矿山（含伴生氡及其子体矿山）在安全评价、设计、建设和开采过程中对井下通风系统的检测技术要求。

本标准适用于金属非金属地下矿山（含伴生氡及其子体矿山）的安全评价、设计、建设和开采。亦适用于深凹露天矿采用地下井巷开拓的部分。

本标准不适用于放射性矿、煤矿、煤系硫铁矿及其他与煤共生矿藏的开采。

本标准也不适用于石油、天然气、矿泉水等液态或气态矿藏的开采。

2　规范性引用文件

下列文件中的条款通过本标准的引用成为本标准的条款。凡是注明日期的引用文件，其随后所有的修改单（不包括勘误内容）或修订版均不适用于本标准。然而，鼓励根据本标准达成协议的各方研究是否可使用这些文件的最新版本。凡是不注明日期的引用文件，其最新版本适用于本标准。

　　GB 16423　金属非金属矿山安全规程
　　GB 5748　作业场所空气中粉尘测定方法
　　GB 87　工业企业噪声控制设计规范
　　GBZ 2　工业场所有害因素职业接触限值
　　GBZ 159　工作场所空气中有害物质监测的采样规范
　　GBZ 160　工作场所空气有毒物质测定技术

3　术语和定义

下列术语和定义适用于本标准。

3.1

金属非金属地下矿山　metal and nonmetal underground mines

以平硐、斜井、斜坡道、竖井等作为出入口,深入地表以下,采出供建筑业、工业或加工业用的金属或非金属矿物的采矿场及其附属设施。

3.2

矿井通风系统　mine ventilation system

向井下各作业地点供给新鲜空气,排出污浊空气的通风网路、通风设备和通风控制设施的总称。

3.3

多级机站通风系统　ventilation system for multistage fan station

在矿井主通风风路的进风段、需风段和回风段内各设置若干级风机站,接力地将地表新鲜空气经进风井巷有效地送至需风区段或需风点,并将作业产生的污浊空气经回风井巷排出地表所构成的通风系统。

3.4

矿井需风量　requiral air-quantity of mine

井下各作业场所需风量之和。

3.5

矿井总风量　total air-quantity of mine

矿井通风系统的总进风量或总回风量值之最大者。

3.6

矿井有效风量　effective air-quantity of mine

送到井下各作业场所的新鲜风量之和。

3.7

矿井有效风量率　effective air-quantity rate of mine

矿井有效风量与一级主风机站(进风机站或回风机站)风机总风量值最大者之比的百分数。

3.8

机站巷　entry of fan station

在其内设置风机站的巷道。在该巷道全长内没有其他井巷与其相交(串联井巷除外)。

3.9

机站风量　air-quantity of fan station

由风机产生的在机站巷内通过的风量。它等于风机风量除以机站的漏风系数,漏风是由于机站建筑(密闭墙和检查门)的气密性在风机前后造成的局部循环风。

3.10

机站风压　air-pressure of fan station

由风机产生的克服机站前后井巷通风阻力损失的风压。它等于风机全压减去机站的局部阻力损失,后者主要包括风机入口的突然缩小和出口的突然扩大两者阻力损失之和。

3.11

矿井总阻力　total mine resistance

风流从矿井入风井巷进风经井下作业采区到回风井巷出风口全线路的通风阻力损失之和(含该线路中的各机站局部阻力)。如有若干条线路则取其值最大者。

3.12
机站局部阻力 local resistance of fan station

机站巷中风机前后风流的突然缩小和突然扩大的阻力损失之和。

4 矿井通风系统检测

4.1 检测内容

4.1.1 检测矿井通风系统风量分配情况,包括矿井总进风量、总回风量、各中段进、回风量,井下需风点风量和主要漏风点风量。

4.1.2 检测矿井通风系统风压分布情况,包括主要进风井巷和主要回风井巷的阻力损失,机站风压和一条从入风井巷进风口到回风井巷的出风口的主要通风路线的风压变化及矿井总阻力。

4.1.3 检测通风机工况,包括风机风量,风压和电机实耗功率。

4.2 通风系统风量测定

4.2.1 通风系统的测风点应布置在进风井在各中段的联巷,中段进风天井的入风联巷,中段回风天井的回风联巷,采区或分段水平的进、回风联巷,采掘工作面的进、回风巷,中段回风巷和总回风巷,机站巷,井下炸药库、破碎系统和其他硐室的进、回风巷以及需要测风的地点。

井下的主要进、回风巷测点宜建立永久性测风站。无测风站的测点,应选在巷道断面规整、支护良好、前后 10 m 巷道内无障碍物和拐弯的地点。所有测风点应有明显标记并编号。

4.2.2 测点巷道横截面的测量可用下述方法:测点巷道在腰线全长上取若干等距离点,从对应的底板点测量它们到上顶部的垂高,由此将巷道的横断面划分成若干个梯形,计算出它们的梯形面积并叠加,即可获得该测点的巷道断面积。

测距仪器可用皮尺或新型数字式激光测距仪。

4.2.3 测量风速的仪表有热球风速仪,翼式风表、杯式风表和新型数字式热电风速仪。

根据测量风速的大小,选择合适的风表。低、中风速(0.5 m/s～5.0 m/s)可用翼式风表,高风速(>5 m/s)可用杯式风表。而热球风速仪和数字式热电风速仪可用于测量低、中、高风速。

4.2.4 在巷道内测风有两种方法:

(a) 走线法。测风员手持风表从测点巷道横截面一侧开始,由上而下垂直匀速移动,至接近巷道底板时平移一小段距离再由下而上垂直移动,至靠近顶部时按大致相同距离平移,再由上而下移动,如此循环操作,移动至横截面的另一侧。此法适用翼式风表。

(b) 点测法。将测点横截面划分为若干等份,横截面积小于 8 m²、8～15 m² 和大于 15 m² 的分别划分为 6、9 和 12 等份。用测风仪表测定每个等份中心点的风速,此法适用热电风速仪和杯式风表。

4.2.5 测风时测风员应侧向风流站立,手持测风仪表将手臂向风流垂直方向伸直,仪表感触风速的探头部件应正对风流方向。

4.2.6 根据测得的表速在仪表校正曲线上查得真实风速。用点测法时,需将若干点测得的风速求其算术平均值。

在每个测风断面应至少测风 3 次,取其平均值,如果 3 次测得的结果大于中误差 3 倍时,则应重测。

测风时要同时测定空气温度、相对湿度和气压并及时记录下来。

4.2.7 将测得的风速乘以测点的巷道断面积即可得该处的实测巷道风量。但由于测风员所占的面积对测点处巷道风速有所影响,因此计算风量的巷道过风面积应将巷道断面积减去测风员侧身面积($0.3 \text{ m}^2 \sim 0.4 \text{ m}^2$)。

4.2.8 测风时风表不应距人体及巷道顶、帮、底部太近,一般应保持 200 mm 以上的距离。

各类测风仪表应配有长度 0.5 m～0.8 m 的非导电表把。

4.3 通风系统风压测定

4.3.1 通风系统风压测定首先要选择一条有代表性的从入风井巷口到出风井巷口的主通风线路。在该条线路上应布置的测点有:进风井巷口、专用进风井巷的出风口(与运输巷的交叉点)、中段进风天井联络巷的入风口、该进风天井至上部需风水平(或采区)的出风口、该需风水平(或采区)的回风井巷的入口、中段回风井巷进入总回风井巷的出风口和主回风井巷口(或主要通风机风硐)。该条测压线路上如有风机站,则在机站的前后亦要布置测点。此外,还包括井下所有机站以及需要测定风压的测点。

4.3.2 测量风压的仪表有测量绝对压力的空盒气压计和精密气压计(亦称数字式气压计),有测量相对压力或压差的 U 形水柱计,单管倾斜气压计和补偿微压计。

精密气压计也可用来测量压差,用精密气压计测定时,要同时测定空气密度。

4.3.3 通风系统风压检测方法

4.3.3.1 进行通风系统风压测定时,自始至终在进风井口地表要安置一台空盒气压计,定时监测大气压力变化,记录下时间和气压值。

4.3.3.2 按选定的通风线路顺序测量各测点的绝对压力和相对压力,同时应测定测点的空气温度和相对湿度以及该测点的平均风速。

4.3.3.3 测定巷道两点间压差(即该段井巷的阻力损失)时可用单管倾斜压差计(或 U 形倾斜压差计)或精密气压计。它们的使用方法如下:

(a) 用单管倾斜压差计时,应配备皮托管和胶皮管。皮托管应固定在两测点的巷道内,皮托管的管嘴要正对风流方向。

测定时,将前、后两测点皮托管"一"端用胶皮管分别连接到压差计的"+""一"端,稳定后读出刻度数。该读数乘以仪器的倾斜校正系数 K 值即为两测点间的压差。

(b) 使用精密气压计测压时,在前一点先打开仪器电源开关,调节"气压差"显示零值。再将仪器移到下一个测点,仪器的显示值即为两测点间的相对静压差,正值说明第二点高于第一点,负值则相反。

由于气压变化使气压差示值来回跳动时,读数应取示值跳动范围内的平均值。

测定机站风压时,测点应选在机站前后 10 m 左右的平直巷道内,用上述方法测量机站前后两测点的全压差即为机站风压。

4.3.3.4 两测点间通风阻力按下式进行校正：

$$h'_{1\text{-}2} = Kh_{1\text{-}2} + \frac{V_1^2}{2}\rho_1 - \frac{V_2^2}{2}\rho_2 \quad\cdots\cdots\cdots\cdots\cdots\cdots\cdots（1）$$

式中：
$h'_{1\text{-}2}$ ——测点 1、2 间的通风阻力值，Pa；
K ——压差计校正系数；
$h_{1\text{-}2}$ ——测点 1、2 间实测的静压差值，Pa；
V_1、V_2 ——测点 1、2 处的平均风速，m/s；
ρ_1、ρ_2 ——测点 1、2 处的空气密度，kg/m³。

4.3.3.5 按既定的通风线路，顺序测得前后两点的通风阻力，将线路全长各段井巷的通风阻力相加，即可求得该条线路的矿井总阻力。

4.4 风机主要参数检测

4.4.1 风机风量的测定，应在风机出口或扩散器出风口横截面处，用等面积环原理在截面上布置测点，即在通过横截面中心点的水平线或垂直线上被各等面积环所截一段线的中心点。可用杯式风表或热电风速仪测定。将各点测得的风速求其算术平均值再乘以出风口截面积即得风机风量。

主要通风机风量测定，可在风硐内测定亦可在风机扩散器出口截面上用上述同样方法，或在主要通风机扩散塔出口截面处划分成若干等面积方块，用点测法测定。

4.4.2 风机风压的测定，应在风机入风口和风机（或扩散器）出风口截面处布置测点，将皮托管固定在两断面的中心处，管嘴正对风流，用 U 形水柱计测定。将入风口和出风口测点皮托管"＋"端分别用胶皮管连接到水柱计的两端口，水柱计上的读数即为风机全压。

主要通风机风压测定：(a) 压入式时测定风硐中的全压，即为主要通风机全压；(b) 抽出式时测定风硐中的全压和风机或扩散器出口动压，前者的绝对值和后者相加即为风机全压。

4.4.3 风机输入功率测定，可采用功率表法或电流、电压表及功率因素表法进行测定。

4.5 对新型测试仪表，按照产品说明书操作，布点按上述条款。

金属非金属地下矿山通风技术规范
通风管理(AQ 2013.4—2008)

前 言

本标准依据《中华人民共和国安全生产法》《中华人民共和国矿山安全法》和有关法律、行政法规及参照有关行业技术标准、规范、规定制定。用于规范金属非金属地下矿山通风设计、研究、安全评价及建设和开采过程中的通风管理,保障人民生命财产安全。

本标准为强制性标准。

本标准由国家安全生产监督管理总局提出。

本标准由全国安全生产标准化技术委员会非煤矿安全分技术委员会归口。

本标准负责起草单位:中钢集团马鞍山矿山研究院。

本标准参加起草单位:中国安全生产科学研究院。

本标准主要起草人:项宏海、陈宜华、张兴凯、程厉生、吴冷峻、王云海、贾安民。

1 范围

本标准规定了金属非金属地下矿山(含伴生氡及其子体矿山)在安全评价、设计、建设和开采过程中对井下通风的管理要求。

本标准适用于金属非金属地下矿山(含伴生氡及其子体矿山)的安全评价、设计、建设和开采。亦适用于深凹露天矿采用地下井巷开拓的部分。

本标准不适用于放射性矿、煤矿、煤系硫铁矿及其他与煤共生矿藏的开采。

本标准也不适用于石油、天然气、矿泉水等液态或气态矿藏的开采。

2 规范性引用文件

下列文件中的条款通过本标准的引用成为本标准的条款。凡是注明日期的引用文件,其随后所有的修改单(不包括勘误内容)或修订版均不适用于本标准。然而,鼓励根据本标准达成协议的各方研究是否可使用这些文件的最新版本。凡是不注明日期的引用文件,其最新版本适用于本标准。

GB 16423 金属非金属矿山安全规程

GB 5748 作业场所空气中粉尘测定方法

GB 4792 放射卫生防护基本标准

GB 87 工业企业噪声控制设计规范

GBZ 2 工业场所有害因素职业接触限值

GBZ 159 工作场所空气中有害物质监测的采样规范

GBZ 160 工作场所空气有毒物质测定技术

GB 50215 煤炭工业矿井设计规范

YSJ 019 有色金属矿山采矿设计规范

3 术语和定义

下列术语和定义适用于本标准。

3.1

金属非金属地下矿山 metal and nonmetal underground mines

以平硐、斜井、斜坡道、竖井等作为出入口,深入地表以下,采出供建筑业、工业或加工业用的金属或非金属矿物的采矿场及其附属设施。

3.2

矿井通风系统 mine ventilation system

向井下各作业地点供给新鲜空气、排出污浊空气的通风网路、通风设备和通风控制设施的总称。

3.3

通风控制设施 ventilation control facilities

控制井下风流的构筑物和设施,如风门、风桥、风窗、挡风墙和空气幕等。

3.4

多级机站通风系统 ventilation system for multistage fan station

在矿井主通风风路的进风段、需风段和回风段内各设置若干级风机站,接力地将地表新鲜空气经进风井巷有效地送至需风区段或需风点,并将作业产生的污浊空气经回风井巷排出地表所构成的通风系统。

3.5

矿井需风量 requiral air-quantity of mine

井下各作业场所需风量之和。

3.6

矿井总风量 total air-quantity of mine

矿井通风系统要求提供的风量。

3.7

矿井有效风量 effective air-quantity of mine

送到井下各作业场所的新鲜风量之和。

3.8

矿井有效风量率 effective air-quantity rate of mine

矿井有效风量与一级主风机站(进风机站或回风机站)风机总风量值最大者之比的百分数。

3.9

机站巷 entry of fan station

在其内设置风机站的巷道。在该巷道全长内没有其他井巷与其相交(串联井巷除外)。

3.10

机站风量 air-quantity of fan station

由风机产生的在机站巷内通过的风量。它等于风机风量除以机站的漏风系数,漏风是由于机站建筑(密闭墙和检查门)的气密性在风机前后造成的局部循环风。

3.11

机站风压 air-pressure of fan station

由风机产生的克服机站前后井巷通风阻力损失的风压。它等于风机全压减去机站的局部阻力损失,后者主要包括风机入口的突然缩小和出口的突然扩大两者阻力损失之和。

3.12

机械通风 mechanical ventilation

系利用通风设备对矿山井巷进行的通风。

3.13

无风墙风机 fan without wall

依靠出口动压在巷道内引射风流而不带风墙的风机。

3.14

空气幕 air curtain

由风机、变形连接管和供风器组成的设施。它可调节或截断巷道内的风流。

4 矿井通风管理

4.1 矿井通风管理要求

4.1.1 金属非金属地下矿山应遵守国家有关安全生产的法律、法规、规章、规程,以及国家标准、行业标准和技术规范,具备法定的通风安全生产条件,实现安全生产。

4.1.2 金属非金属地下矿山应建立、健全各级领导通风安全生产责任制、职能机构通风安全生产责任制、岗位人员通风安全生产责任制,以及通风安全生产奖惩制度和安全生产办公会议制度等各项规章制度。

经理(矿长)是本矿安全生产的第一责任者,总工程师(或技术负责人)对本单位安全生产负技术责任,各职能部门负责人对本职范围内的通风安全负责。车间主任对所管辖范围内的通风安全工作直接负责。

矿务局(集团公司)局长(经理)应监督金属非金属地下矿山通风安全工作,落实通风安全投入,并对矿山安全生产承担相关责任。

4.1.3 金属非金属地下矿山应实行通风安全目标管理,层层分解指标。通风安全应纳入安全生产经济承包责任制中,并定期检查考核。

4.1.4 金属非金属地下矿山应经常组织通风安全检查,对检查中发现的问题,应及时处理,不能处理的,应及时报告本单位有关负责人;有关负责人应组织职能机构制定安全措施,限期整改。

4.1.5 金属非金属地下矿山在编制安全生产长远发展规划和年度安全生产计划时,应包含通风技术措施内容。

4.1.6 新建、改建、扩建工程项目的设计应符合本标准的规定。对不符合本标准要求的设计,不得批准;不符合设计要求的工程,不得验收投产。

4.1.7 金属非金属地下矿山应制定通风安全事故预防和措施、通风事故应急预案,并组织实施。

4.1.8 工会依法组织职工参加本单位通风安全生产工作的民主管理和民主监督,维护职工在安全生产中的合法权益。

4.1.9 金属非金属地下矿山发生通风安全事故后,经理(矿长)应立即采取措施,启动救援应急预案,组织抢救,并按有关规定及时、如实上报。

4.2 矿井通风管理机构及职责

4.2.1 矿山企业应设立通风安全管理部门,按要求配备适应工作需要的专职通风技术人员和测风、测尘人员,并定期进行培训;还应购置一定数量的测风、测尘仪表和气体测定分析仪器,负责全矿日常的通风安全管理以及通风检测工作。有粉尘危害的企业,还应负责防尘和粉尘的测定工作。

4.2.2 各矿应由负责通风工作的技术人员根据生产变化和发展及时调整通风系统,调节风量,并绘制和修改全矿通风系统图。通风系统图应包括全矿通风井巷和需风点,以及其他运输矿岩、设备、材料、人员的井巷,图上应标出风流方向、风量以及风机站和通风构筑物的位置等。

4.2.3 当井下进行硐室爆破时,应专门编制通风设计和安全措施,由主管矿长或总工程师批准执行。

4.2.4 矿井通风系统要求每年至少进行一次反风试验。试验前应制订详细方案,特别是多级机站通风系统,对可能发生灾害地点需要进行反风的风路列出需要反风、停风和正常运转的机站位置,方案应报主管矿长或总工程师审批。

反风方案应事先在计算机上模拟,再进行现场试验。在进行井下反风模拟试验前,应撤出试验区域的作业人员。反风开始时,要等风流稳定后测定试验区域各主要风路的反风量和空气成分,判断控制灾害的效果。并据此制订"井下发生灾害事故时通风系统反风应急预案"。当井下发生灾害事故需通风系统反风时,应按反风应急预案执行。

4.2.5 矿山企业应制定井下停风措施。当主要通风机因故障、检修、停电或其他原因需要停风时,应立即向调度室和主管矿长报告,并实施相应停风措施。

主要通风机在停风期间,应打开有关风门,以便充分利用自然通风。

4.2.6 通风和粉尘的检测

4.2.6.1 矿井通风系统(矿井总风量、矿井有效风量、矿井有效风量率、机站风量、机站风压等)应每年测定一次,遇到矿井生产或通风系统重大改变时亦应进行测定。

4.2.6.2 矿井总进风量、总回风量和主要通风巷的风量,应半年测定一次。作业地点的气象条件(温度、湿度和风速等)每季度至少测定一次。

4.2.6.3 对主要通风机运转情况每班应进行检查,对多级机站风机运转情况每周应进行巡查,并填写运转纪录。有自动监控及测试的主要通风机或多级机站计算机远程集中控制系统,每两周应进行一次自控系统的检查。

4.2.6.4 定期测定井下各产尘点的空气含尘浓度,凿岩工作面应每月测定两次,其他产尘点每月测定一次,并逐月进行统计分析、上报和向职工公布。

粉尘中游离二氧化硅的含量应每年测定一次。有条件的矿山,应根据生产情况的变化,不定期测定粉尘的分散度。

4.2.6.5 矿井空气中有害气体的浓度,每季应测定一次。井下空气成分的取样分析,应每年进行一次。进行硐室爆破和更换炸药时,应在爆破前后进行空气成分测定。

4.2.6.6 空气中含放射性元素的作业地点,粉尘浓度应每月至少测定三次,氡及其子体浓度应每周测定一次,浓度变化较大时,每周测定三次。

4.2.7 应经常检查局部通风、通风构筑物和防尘设施,发现问题及时处理。

金属非金属地下矿山通风技术规范
通风系统鉴定指标(AQ 2013.5—2008)

前 言

本标准依据《中华人民共和国安全生产法》《中华人民共和国矿山安全法》和有关法律、行政法规及参照有关行业技术标准、规范、规定制定。用于规范金属非金属地下矿山通风系统效果评定及通风管理,保障人民生命财产安全。

本标准为强制性标准。

本标准由国家安全生产监督管理总局提出。

本标准由全国安全生产标准化技术委员会非煤矿安全分技术委员会归口。

本标准负责起草单位:中钢集团马鞍山矿山研究院。

本标准参加起草单位:中国安全生产科学研究院。

本标准主要起草人:项宏海、陈宜华、张兴凯、程厉生、吴冷峻、王云海、贾安民。

1 范围

本标准规定了金属非金属地下矿山(含伴生氡及其子体矿山)在安全评价、设计、建设和开采过程中对井下通风系统的测评和鉴定标准。

本标准适用于金属非金属地下矿山(含伴生氡及其子体矿山)的安全评价、设计、建设和开采。亦适用于深凹露天矿采用地下井巷开拓的部分。

本标准不适用于放射性矿、煤矿、煤系硫铁矿及其他与煤共生矿藏的开采。

本标准也不适用于石油、天然气、矿泉水等液态或气态矿藏的开采。

2 规范性引用文件

下列文件中的条款通过本标准的引用成为本标准的条款。凡是注明日期的引用文件,其随后所有的修改单(不包括勘误内容)或修订版均不适用于本标准。然而,鼓励根据本标准达成协议的各方研究是否可使用这些文件的最新版本。凡是不注明日期的引用文件,其最新版本适用于本标准。

  GB 16423 金属非金属矿山安全规程

  GB 5748 作业场所空气中粉尘测定方法

  GB 4792 放射卫生防护基本标准

  GB 87 工业企业噪声控制设计规范

  GBZ 2 工业场所有害因素职业接触限值

  GBZ 159 工作场所空气中有害物质监测的采样规范

  GBZ 160 工作场所空气有毒物质测定技术

  GB 50215 煤炭工业矿井设计规范

  YSJ 019 有色金属矿山采矿设计规范

3 术语和定义

下列术语和定义适用于本标准。

3.1
金属非金属地下矿山 metal and nonmetal underground mines

以平硐、斜井、斜坡道、竖井等作为出入口,深入地表以下,采出供建筑业、工业或加工业用的金属或非金属矿物的采矿场及其附属设施。

3.2
矿井通风系统 mine ventilation system

向井下各作业地点供给新鲜空气,排出污浊空气的通风网路、通风设备和通风控制设施的总称。

3.3
多级机站通风系统 ventilation system for multistage fan station

在矿井主通风风路的进风段、需风段和回风段内各设置若干级风机站,接力地将地表新鲜空气经进风井巷有效地送至需风区段或需风点,并将作业产生的污浊空气经回风井巷排出地表所构成的通风系统。

3.4
矿井需风量 requiral air-quantity of mine

井下各作业场所需风量之和。

3.5
矿井总风量 total air-quantity of mine

矿井通风系统要求提供的风量。

3.6
矿井有效风量 effective air-quantity of mine

送到井下各作业场所的新鲜风量之和。

3.7
矿井有效风量率 effective air-quantity rate of mine

矿井有效风量与一级主风机站(进风机站或回风机站)风机总风量值最大者之比的百分数。

3.8
机站风量 air-quantity of fan station

由风机产生的在机站巷内通过的风量。它等于风机风量除以机站的漏风系数,漏风是由于机站建筑(密闭墙和检查门)的气密性在风机前后造成的局部循环风。

4 矿井通风系统鉴定指标

4.1 基本指标

以下六项指标作为鉴定矿井通风系统的基本指标,用以评价矿井通风系统的基本状况。

4.1.1 风量(风速)合格率 η_q

风量(风速)合格率为实测风量(风速)符合《金属非金属地下矿山通风技术规范 通风

系统》第5.2条标准的需风点数与需风点总数的百分比。它反映需风点的风量或风速是否满足需要,以及风量的分配是否合理。$\eta_q \geqslant 65\%$为合格标准。

$$\eta_q = \frac{n}{z} \times 100\% \quad \cdots\cdots\cdots\cdots\cdots\cdots(1)$$

式中:
n——风量或风速符合本标准第5.2条的需风点数;
z——同时工作的需风点数,即在通风设计中进行风量计算及分配的各需风地点。

4.1.2 风质合格率 η_z

风质合格率为风源质量符合《金属非金属地下矿山通风技术规范 通风系统》4.1和4.3条标准的需风点数与需风点总数的百分比。它反映风源的质量及其污染情况。$\eta_z \geqslant 90\%$为合格标准。

$$\eta_z = \frac{m}{z} \times 100\% \quad \cdots\cdots\cdots\cdots\cdots\cdots(2)$$

式中:
m——风源质量符合《金属非金属地下矿山通风技术规范 通风系统》4.1和4.3条要求的需风点数。

4.1.3 作业环境空气质量合格率 η_k

作业环境空气质量合格率为作业环境空气质量(粉尘、CO、NO_x等)符合《金属非金属地下矿山通风技术规范 通风系统》4.2、4.4和4.5条标准的需风点数与需风点总数的百分比。它反映井下作业环境的空气质量状况及通风效果。$\eta_k \geqslant 60\%$为合格标准。

$$\eta_k = \frac{e}{z} \times 100\% \quad \cdots\cdots\cdots\cdots\cdots\cdots(3)$$

式中:
e——作业环境空气质量符合《金属非金属地下矿山通风技术规范 通风系统》4.2、4.4和4.5条要求的需风点数。

4.1.4 有效风量率 η_u

有效风量率为矿井通风系统中的有效风量与主要通风机风量的百分比。它反映主要通风机风量的利用程度。$\eta_u \geqslant 60\%$为合格标准。

$$\eta_u = \frac{\sum Q_u}{\sum Q_f} \times 100\% \quad \cdots\cdots\cdots\cdots\cdots\cdots(4)$$

式中:
$\sum Q_u$——各需风点实测的有效风量之和,m^3/s;
$\sum Q_f$——主要通风机的实测风量,多台主要通风机并联,为其风量之和;压抽混合式通风时,取其风量值大者;多级机站通风时,取第一级进风机站或末级回风机站风机风量总和值之大者。

4.1.5 风机效率 η_f

风机效率,在主要通风机通风系统中为主要通风机的输出功率与输入功率的百分比,它反映主要通风机的工况、性能及其与矿井通风网络的匹配状况。当多台主要通风机并联时,取其风机效率的算术平均值。在多级机站通风系统中,风机效率为所有风机效率的算术平均值。$\eta_f \geq 70\%$(全压)为合格标准。

$$\eta_f = \frac{H_f \cdot Q_f}{1\,000 \cdot N \cdot \eta_d \cdot \eta_c} \times 100\% \quad\quad\quad\quad\quad\quad (5)$$

式中:
H_f——风机全压,Pa;
Q_f——风机风量,m³/s;
N ——风机电机输入功率,kW;
η_d ——风机电机效率,%,应实测,如无条件实测,可参考表3或产品说明书取值;
η_c ——传动效率,直联传动 $\eta_c = 1.0$,胶带传动 $\eta_c = 0.95$。

表 3 电机效率

电机额定功率/kW	<50	50~100	>100
电机效率/%	85	88	89

4.1.6 风量供需比 β

风量供需比为实测的主要通风机风量或一级机站风机总风量最大值与设计的矿井需风量的比值,它反映风量的供需关系。

$$\beta = \frac{\sum Q_f}{\sum Q_c} \quad\quad\quad\quad\quad\quad (6)$$

式中:
$\sum Q_c$ ——设计的矿井需风量,m³/s。

如果 $\sum Q_f$ 与设计选取的风机风量相同,则 β 等于风量备用系数 K_b 和风机装置漏风系数 K_f 的乘积。风量供需比的合格标准为 $1.32 \leq \beta \leq 1.67$。$K_b$ 值为 1.20~1.45,可根据矿井开采范围的大小,所用的采矿方法,设计通风系统中风机的布局等具体条件进行选取。K_f 值为 1.10~1.15。

4.2 综合指标

通风系统综合指标 C,是以上六项指标的综合反映,用以直观衡量通风系统实施后的综合技术经济效果。

$$C = \sqrt[6]{\eta_q \cdot \eta_z \cdot \eta_k \cdot \eta_u \cdot \eta_f \cdot \beta'} \times 100\% \quad\quad\quad\quad\quad\quad (7)$$

式中:
β' ——风量供需指数,%。

当 $1.32 \leq \beta \leq 1.67$ 时,取 $\beta' = 100\%$,为合格指标;

$\beta > 1.67$ 时,取 $\beta' = \frac{1.67}{\beta} \times 100\%$;

$\beta < 1.32$ 时,取 $\beta' = \frac{\beta}{1.32} \times 100\%$。

以上 6 项指标的合格值代入式(8),可求得综合指标的合格标准,$C \geqslant 72\%$。

4.3 辅助指标

以下三项作为鉴定矿井通风系统的辅助指标,主要用以衡量矿井通风系统的经济及能耗情况。它们受制于矿体赋存条件和所用采矿方法等因素的影响较大,所以只能用作对比参考。

4.3.1 单位有效风量所需功率 W_u

单位有效风量所需功率为每立方米有效风量通过单位长度的主风路的能耗,它反映获得单位有效风量的能耗状况。

$$W_u = \frac{\sum W_f}{\sum Q_u \cdot L} \quad (\text{kW/m}^3/\text{hm}) \quad \cdots\cdots (8)$$

式中:

$\sum W_f$ ——矿井通风系统全部风机实耗功率之和,按实测的电机输入功率计算,kW;

L ——以百米为单位长度的主风流线路的总长度,hm。

4.3.2 单位采掘矿石量的通风费用 J

单位采掘矿石量的通风费用,为矿井通风总费用与年采掘矿石量之比。

$$J = \frac{\sum F}{10\,000A} \quad (\text{元}/\text{t}) \quad \cdots\cdots (9)$$

式中:

$\sum F$ ——每年用于矿井通风的总费用,包括电费、设备折旧费、工程摊提费、材料消耗费、维修费及工资等,元/a;

A ——该通风系统内的年采掘矿石量,10^4 t/a。

4.3.3 年产万吨耗风量 q

年产万吨耗风量,为主要通风机风量或一级机站风机总风量最大值与年采掘矿石量的比值。用以直观地衡量万吨产量所需的风量。

$$q = \frac{\sum Q_f}{A} \quad (\text{m}^3/\text{s}/10^4 \text{ t/a}) \cdots\cdots (10)$$

金属非金属矿山竖井提升系统防坠器安全性能检测检验规范(AQ 2019—2008)

前 言

本标准是对 LD 87.5—1996《矿山提升系统安全技术检验规范 第五部分:防坠器的检验》的修订,在金属非金属矿山进行竖井提升系统防坠器检验时,替代 LD 87.5—1996。

修订时,在结构上对原标准进行了调整,将技术要求统一调整到了第5章,将检验方法全部调整到第6章,将原标准的"对检验结果的评价"改为"检验和判定规则(第7章)",增加了对检验机构的要求,增加了"检验周期(第8章)"。

修订时,按照 GB/T 7679.3—2005 的分类方法,以罐道形式分类,并统一为:木罐道防坠器、钢罐道防坠器和制动绳防坠器。

将原标准中的罐笼,修改为提升容器。

本标准为强制性标准。

本标准由国家安全生产监督管理总局提出。

本标准由全国安全生产标准化技术委员会非煤矿山安全分技术委员会归口。

本标准负责起草单位:国家安全生产长沙矿山机电检测检验中心。

本标准主要起草人:翟守忠、贺建国、李俊、邓宇、季光洲、罗振兴。

本标准所代替标准的历次版本发布情况:

LD 87.5—1996《矿山提升系统安全技术检验规范 第五部分:防坠器的检验》。

1 范围

本标准规定了金属非金属矿山竖井单绳提升系统中防坠器的安全性能检测检验项目、技术要求、检验和判定规则、检验周期。

本标准适用于金属非金属矿山竖井提升系统使用的木罐道防坠器、钢罐道防坠器和制动绳防坠器(下文简称防坠器)的现场检测检验。

2 规范性引用文件

下列文件中的条款通过本标准的引用而成为本标准的条款。凡是注日期的引用文件,其随后所有的修改单(不包括勘误的内容)或修订版均不适用于本标准,然而,鼓励根据本标准达成协议的各方研究是否可使用这些文件的最新版本。凡是不注日期的引用文件,其最新版本适用于本标准。

GB 16423 金属非金属矿山安全规程

3 术语和定义

3.1
防坠器 parachute

本标准所涉及的防坠器特指竖井单绳提升系统中,提升钢丝绳或连接装置断裂时,能使提升容器平稳的支撑在罐道或制动绳上的保护装置。

3.2

提升容器 hoisting container

矿井提升用罐笼、箕斗、吊桶和吊罐等可乘人容器的总称。

4 检验基本条件

4.1 检验的防坠器应为专业生产单位生产的合格产品；

4.2 检验的防坠器应为按 GB 16423 的相关规定进行日常维护和处于运行状态，或大修后，或新安装，并且经调试拟投入使用的防坠器；

4.3 螺纹连接件和锁紧件应齐全，牢固。制动钢丝绳和缓冲钢丝绳的磨损量不应超过规定的要求；驱动弹簧完好。

5 检验项目及技术要求

5.1 试验前检查要求

5.1.1 新安装的防坠器应具有金属非金属矿山矿用产品安全标志；

5.1.2 对于制动绳防坠器，使用企业应确保缓冲器、制动绳张紧装置、连接器完整，其螺纹连接件和锁紧件应齐全、紧固，并有防松措施；缓冲器末端缓冲绳的余留长度应为制动距离的 2 倍以上，缓冲绳的端部，必须用合金浇成锥体形，且合金浇注处的钢丝无抽出现象；制动绳应处于张紧状态，且无妨碍制动绳运动的障碍；

5.1.3 防坠器的各个连接和抓捕机构不应存在永久变形，不应存在偏斜相咬现象，抓捕器的运动零件间不应落入杂物；

5.1.4 防坠器的各个连接和传动部件，应动作灵活，轴销齐全；对于抓捕机构为非滚动型滑楔的制动绳防坠器，连杆行程与连杆最大行程之比应小于 3/4；对于抓捕机构为滚动型滑楔的制动绳防坠器，滚动楔子外露长度应为(220±5)mm；制动绳防坠器导向套的磨损应在极限范围之内。

5.2 静负荷试验技术要求

5.2.1 静负荷试验时，被检验防坠器应能稳定地制动住提升容器；

5.2.2 静负荷试验时，对于木罐道防坠器和钢罐道防坠器，抓捕器下滑距离应小于 200 mm；对于制动绳防坠器，抓捕器下滑距离应小于 40 mm；

5.2.3 对于制动绳防坠器，静负荷试验时，缓冲绳在缓冲器中不得有拉动现象。

5.3 脱钩试验技术要求

5.3.1 脱钩试验时，被检验的防坠器应能稳定地制动住提升容器；

5.3.2 两组抓捕机构制动时的动作时间差，用提升容器通过的距离来表示，不得超过 0.50 m；

5.3.3 防坠器动作空行程时间不应大于 0.25 s；

5.3.4 对于木罐道防坠器和钢罐道防坠器，防坠器下滑距离不应超过 400 mm，提升容器相对于井架的下落高度应小于 600 mm；对于制动绳防坠器，防坠器相对于制动钢丝绳下滑距离不应超过 150 mm，提升容器相对于井架的下落高度应小于 400 mm；

5.3.5 对于制动绳防坠器，实际最大载重试验时，缓冲绳必须由缓冲器中拉出，缓冲钢丝绳拉出的长度不应大于 400 mm；

5.3.6 防坠器制动过程中的负加速度应符合以下要求：
   a) 在最小终端载荷（空载）时，最大允许负加速度不大于 50.0 m/s²，制动过程持续时间不应超过 0.25 s；
   b) 在最大终端载荷（实际最大载重）时，制动绳防坠器的负加速度不应小于 10.0 m/s²，当最大终端载荷同最小终端载荷的比值大于 3.0 或提升容器装有尾绳时，制动绳防坠器的负加速度不应小于 5.0 m/s²；木罐道防坠器和钢罐道防坠器的负加速度不应小于 5.0 m/s²。

6 试验方法

6.1 检查要求检验方法

6.1.1 对于新安装使用的防坠器，使用单位应提供制造企业生产该防坠器的金属非金属矿山矿用产品安全标志有效证明；

6.1.2 检验前，防坠器使用单位应对井架、缓冲绳、连接器、罐道、制动绳、悬挂装置、传动机构、抓捕机构、驱动弹簧及制动绳张紧装置等进行详细检查；更换磨损超过极限的零部件（包括制动钢丝绳和缓冲钢丝绳）；

6.1.3 检查制动绳防坠器的缓冲器、制动绳张紧装置、连接器及相关部件，应满足 5.1.2 和 5.1.3 的要求；

6.1.4 将提升容器停放在井口封盖物上，放松提升钢丝绳，防坠器的各个连接和传动部件应符合 5.1.4 的要求，重复三次。

6.2 静负荷试验方法

6.2.1 应在按 6.1 条款检验合格后方能进行静负荷试验；

6.2.2 将提升容器停放在井口封盖物上（井口封盖物强度应足以支撑提升容器突然下坠），放松提升钢丝绳，使防坠器动作，采取有效措施，将防坠器处于动作状态下的提升容器提起，上提高度约为 0.6～0.7 m，然后轻轻下放，当提升容器停稳后，检查防坠器是否能稳定的制动住提升容器，测量防坠器和罐笼下滑的距离；共上提三次，每次提升高度应大于前一次，以避免在同一位置抓捕罐道（或制动绳），检验结果应符合 5.2.1 和 5.2.2 条款的要求；

6.2.3 对于制动绳防坠器，检查缓冲绳在缓冲器中的状况，应符合 5.2.3 条款的要求，否则应对缓冲器进行调整，并重新按 6.2.2 条款进行试验；

6.2.4 静负荷试验后，应检查防坠器的零、部件是否损坏或产生永久变形，否则应对相应的零部件进行更换，并重新进行试验。

6.3 脱钩试验方法

6.3.1 脱钩试验应在静负荷试验合格后进行。提升容器空载和实际最大载重条件下各进行一次脱钩试验，先进行空载条件下的脱钩试验，当空载条件下脱钩试验合格后，方可进行实际最大载重条件下的脱钩试验。空载脱钩试验后，应对井架、缓冲绳、罐道、制动绳、悬挂装置、传动机构、抓捕机构、驱动弹簧、连接装置及制动绳张紧装置等进行检查和恢复；

6.3.2 试验时，井口封盖物的强度应足以支撑提升容器突然下坠。在连接装置与主拉杆之间连上脱钩器，将提升容器提升至井口封盖物上方约 1.5 m 处，待提升容器稳定后，下放提升容器，打开脱钩器，测量各数据；

6.3.3 测量抓捕点之间垂直方向的距离参数,其最大值应符合5.3.2条款的要求,检验仪器应使用分辨率不低于1 mm、精确度不大于±1 mm的长度测量器具;

6.3.4 防坠器空行程时间用分辨率不低于0.01 s的专用检验设备检验,也可通过测量空行程距离计算得出,检验结果应符合5.3.3条款的要求;测量空行程距离的检验仪器应使用分辨率不低于1 mm、精确度不大于±1 mm的长度测量器具;

6.3.5 检验防坠器的下滑距离及提升容器相对井架的下落高度,其检验结果应符合5.3.4条款的要求;测量制动绳防坠器的缓冲绳由缓冲器中拉出的长度,检验结果应符合5.3.5条款的要求;检验仪器应使用分辨率不低于1 mm、精确度不大于±1 mm的长度测量器具;

6.3.6 防坠器制动过程中的负加速度用分辨率不低于0.1 m/s^2、精确度不低于2.0%的专用检验设备检验,也可通过进行零速脱钩试验,测量提升容器对木(钢)罐道或制动钢丝绳的相对降落高度、缓冲距离等,计算得出防坠器制动过程中的负加速度和制动持续时间,检验结果应符合5.3.6条款的要求;

6.3.7 脱钩试验后,应检查防坠器的零、部件是否损坏或产生永久变形,并恢复至正常运行状态。

7 检验和判定规则

7.1 应由安全生产监督管理部门认定的安全生产检测检验机构检验和判定;

7.2 按本标准5.2和5.3条款规定的检验项目进行检验,检验项目全部合格时,检验结论判定为:合格。

8 检验周期

8.1 安装使用的防坠器的定期检验周期为一年;

8.2 有下列情况之一时,应按本标准要求进行检验:
   a) 新安装、大修后投入使用前;
   b) 闲置时间超过一年,重新投入使用前;
   c) 经过重大自然灾害可能使井架或罐道结构件强度、刚度、稳定性受到损坏的提升机系统使用前。

金属非金属矿山在用缠绕式提升机安全检测检验规范(AQ 2020—2008)

前言

本标准是对 LD 87.1—1996《矿山提升系统安全技术检验规范 第一部分:缠绕式提升机的检验》的修订,替代 LD 87.1—1996。

本标准为强制性标准。

本标准由国家安全生产监督管理总局提出。

本标准由全国安全生产标准化技术委员会非煤矿山安全分技术委员会归口。

本标准负责起草单位:国家安全生产长沙矿山机电检测检验中心。

本标准主要起草人:翟守忠、贺建国、何万平、季光洲、袁乐安、邓宇。

1 范围

本规范规定了金属非金属矿山在用缠绕式提升机安全检测检验的项目、技术要求、判定规则和检验周期。

本规范适用于金属非金属矿山卷筒直径≥2.0 m 的在用缠绕式提升机现场检测检验。

2 规范性引用文件

下列文件中的条款通过本标准的引用而成为本标准的条款。凡是注日期的引用文件,其随后所有的修改单(不包括勘误的内容)或修订版均不适用于本标准,然而,鼓励根据本标准达成协议的各方研究是否可使用这些文件的最新版本。凡是不注日期的引用文件,其最新版本适用于本标准。

GB/T 13325—1991 机器和设备辐射的噪声 操作者位置噪声测量的基本准则(工程级)

GB 16423—2006 金属非金属矿山安全规程

3 检验基本要求

3.1 受检的金属非金属矿山在用缠绕式提升机应能正常运行。

3.2 用于井下有防爆要求的提升机,应符合 GB 16423—2006 中的有关规定。

3.3 检验应由安全生产监督管理部门认定的安全生产检测检验机构进行。

4 检验项目及技术要求

4.1 机房或硐室

4.1.1 机房或硐室应有照明装置,照明应用白光,司机操作位置处的照度不应低于 100 lx,且应有应急照明设施。

4.1.2 操作位置处的噪声声压级不应超过 85 dB(A),达不到噪声标准时,作业人员应佩戴防护用具。

4.1.3 提升机(不含室外安装的天轮)应安装在无爆炸介质、环境温度为5℃～40℃的机房内或环境温度为5℃～28℃的硐室内,周围应留有足够的操作和维护空间。

4.1.4 影响安全的外露旋转构件(如联轴节、开式齿轮等),应装设固定的防护装置。

4.1.5 竖井用罐笼升降人员或物料的,每层罐笼允许乘罐的人数和最大载重量应在井口公布。

4.1.6 机房或硐室不应存放易燃、易爆和有毒物品,应配备灭火器,灭火器应在有效期限内,取灭火器不应需要任何工具。设备应有防护栅栏、警示牌。

4.1.7 机房或硐室内应悬挂岗位责任制和操作规程,应悬挂(或存放)提升机的技术特征、制动系统图、电气控制原理图等。

4.2 提升装置

4.2.1 目测检查提升机的主轴和卷筒,不应有严重降低机械性能和使用性能的缺陷。

4.2.2 提升机卷筒上缠绕钢丝绳的层数,应符合以下要求:
   a) 竖井中升降人员或升降人员和物料的,应缠绕单层;专用于升降物料的,缠绕层数不应大于2层;
   b) 斜井中升降人员或升降人员和物料的,缠绕层数不应大于2层;专用于升降物料的,缠绕层数不应大于3层;
   c) 盲井(包括盲竖井、盲斜井)中专用于升降物料的或地面运输用的,缠绕层数不应大于3层;
   d) 开凿竖井或斜井期间升降人员或物料的,缠绕层数不应大于2层;深度或斜长超过400 m的,缠绕层数不应大于3层;
   e) 移动式或辅助性专为提升物料用的,以及凿井期间专为升降物料用的,可多层缠绕。

4.2.3 卷筒上缠绕2层或2层以上钢丝绳时,应符合以下要求:
   a) 卷筒边缘应高出最外一层钢丝绳,其高差不应小于钢丝绳直径的2.5倍;
   b) 卷筒上应装设带绳槽的衬垫,对未装带绳槽衬垫的卷筒,应在卷筒板上刻有绳槽或用一层绳作底绳。

4.2.4 提升机的卷筒、天轮的最小直径与钢丝绳直径之比,应符合以下要求:
   a) 井上提升机的卷筒和天轮,不应小于80;
   b) 井下提升机和凿井用提升机的卷筒和天轮,不应小于60;
   c) 排土场用提升机的卷筒和导向轮,不应小于50;
   d) 悬挂吊盘、吊泵、管道用提升机的卷筒和天轮,凿井时运料用提升机的卷筒,不应小于20。

4.2.5 提升机的天轮、卷筒上绕绳部分的最小直径与钢丝绳中最粗钢丝的直径之比,应符合下列要求:
   a) 井上提升机,不应小于1 200;
   b) 井下或凿井用的提升机,不应小于900;
   c) 凿井期间升降物料的提升机或悬挂水泵、吊盘用的提升机,不应小于300。

4.2.6 钢丝绳绳头在卷筒上的固定,应符合下列要求:

a) 应有特备的容绳或卡绳装置,钢丝绳绳头不应系在卷筒轴上;
b) 绳孔不应有锐利的边缘,钢丝绳的弯曲不应形成锐角;
c) 卷筒上保留的钢丝绳不应少于3圈,用以减轻钢丝绳与卷筒连接处的张力。此外,还应留有作定期检验用的补充绳。

4.2.7 天轮的轮缘应高于绳槽内的钢丝绳,高出部分应大于钢丝绳直径的1.5倍。带衬垫的天轮,衬垫应紧密固定,衬垫磨损深度应小于钢丝绳直径,或沿侧面磨损应小于钢丝绳直径的1/2。

4.2.8 提升机实际运行的最大速度及最大加速度、减速度应符合以下要求:
a) 竖井中用罐笼升降人员时,最大加速度、减速度均不应超过 0.75 m/s²,最大速度 v 不应超过式(1)所求得的数值,且最大不应大于 12 m/s。

$$v = 0.5\sqrt{H} \quad \cdots\cdots\cdots\cdots\cdots\cdots(1)$$

式中:
v ——最大提升速度,单位为米每秒(m/s);
H ——提升高度,单位为米(m)。

b) 竖井中用罐笼或箕斗升降物料时,最大速度 v 不应超过式(2)所求得的数值。

$$v = 0.6\sqrt{H} \quad \cdots\cdots\cdots\cdots\cdots\cdots(2)$$

式中:
v ——最大提升速度,单位为米每秒(m/s);
H ——提升高度,单位为米(m)。

c) 竖井中用吊桶、吊盘、箕斗升降人员时的最大速度,有导向绳时,不应超过式(1)所求得的数值的1/3;无导向绳时,不应超过 1 m/s。
d) 竖井中用吊桶、吊盘升降物料时的最大速度:有导向绳时,不应超过式(2)所求得的数值的2/3;无导向绳时,不应超过 2 m/s。
e) 斜井中用矿车运输物料时的最大速度,斜井长度不大于 300 m 时,不应超过 3.5 m/s;斜井长度大于 300 m 时,不应超过 5 m/s。
f) 斜井中用箕斗运输物料时的最大速度,斜井长度不大于 300 m 时,不应超过 5 m/s;斜井长度大于 300 m 时,不应超过 7 m/s。
g) 斜井中运输人员时的最大速度,斜井长度不大于 300 m 时,不应超过 3.5 m/s;斜井长度大于 300 m 时,不应超过 5 m/s,且均不应超过人车设计的最大允许速度。斜井中运输人员时的最大加速度和减速度,均不应超过 0.5 m/s²。

4.2.9 提升机不应超载运行,钢丝绳最大静张力和最大静张力差的实际测算值均不应大于提升机的设计值。

4.2.10 提升机应有定车装置。

4.2.11 提升机应装有深度指示器,深度指示器应能准确地指示出提升容器在井筒中的位置,指示应清晰,能发出减速、停车和过卷信号。

4.2.12 竖井中用于升降人员或升降人员和物料的单绳提升罐笼、吊桶、吊盘、箕斗等乘人容器应装设防坠器。

4.3 提升机制动系统

4.3.1 提升机应装有能独立操纵的工作制动和安全制动两套制动系统,其操纵系统应设在司机操纵台。工作制动和安全制动共用1套闸瓦制动时,操纵和控制机构应分开。

工作制动应使用机械传动的、可调整的工作闸。

安全制动除可由司机操纵外,还应能自动制动。制动时,应能使提升机的电动机自动断电。安全制动开关应灵敏可靠。提升能力在10 t以下的凿井用提升机,可采用手动安全闸。

双卷筒提升机两套闸瓦的传动装置应分开,且正常提升时能同步动作。调绳时活动卷筒应处于安全制动状态,固定卷筒的制动器应能正常操作。

4.3.2 提升机在制动状态时所产生的制动力矩与实际提升最大静荷重旋转力矩之比K值,不应小于3。凿井时期升降物料用的提升机,K值不应小于2。

对于双卷筒提升机,在调整双卷筒旋转相对位置时,每一卷筒制动装置在制动盘或制动轮上所产生的力矩,不应小于该卷筒所悬质量(钢丝绳质量与提升容器质量之和)形成的旋转力矩的1.2倍。

4.3.3 提升机安全制动时的制动减速度应符合表1的规定。

表 1 安全制动减速度规定值 （m·s^{-2}）

运行状态 \ 倾角	$\theta \leqslant 30°$	$>30°$（包括竖井）
上提重载	$\leqslant A_c$	$\leqslant 5$
下放重载	$\geqslant 0.75$	$\geqslant 1.5$

注：$A_c = g(\sin\theta + f \cdot \cos\theta)$
式中：
A_c——自然减速度,m/s^2;
g——重力加速度,m/s^2;
θ——井巷倾角,(°);
f——绳端载荷的运行阻力系数,一般取0.010~0.015。

4.3.4 制动闸瓦与制动轮或制动盘的接触面积应符合以下要求:
  a) 块式制动器不应小于80%;
  b) 盘形制动器不应小于60%。

4.3.5 制动闸松闸时,闸瓦与制动轮或制动盘间的间隙应符合以下要求:
  a) 平移式块式制动器不应大于2 mm,且上下相等;
  b) 角移式块式制动器不应大于2.5 mm;
  c) 盘形制动器不应大于2 mm。

4.3.6 安全制动装置的空动时间(自安全保护回路断电时起至闸瓦刚接触闸轮或闸盘的时间)应符合下列要求:
  a) 压缩空气驱动的闸瓦式制动器,不应超过0.5 s;
  b) 储能液压驱动的闸瓦式制动器,不应超过0.6 s;
  c) 盘形制动器,不应超过0.3 s。

对于斜井提升,为了保证上提紧急制动不发生松绳而应延时制动时,空动时间不受本规定的限制。

4.3.7 制动轮的径向跳动不应超过 1.5 mm,制动盘的端面跳动不应超过 1.0 mm。

4.3.8 制动轮或制动盘表面不应有沟深大于 1.5 mm,总宽度超过有效闸面宽度 10% 的沟纹。

4.3.9 制动盘两侧或制动轮上不应有降低摩擦系数的介质(如油、水等)。

4.3.10 采用块式制动器的提升机,块式制动器的传动杆应灵活可靠,制动横拉杆和拉杆不应有裂纹。

4.4 液压系统

4.4.1 液压站应装设过压和超温保护装置,油温温升不得超过 34 ℃,最高油温不得超过 70 ℃。

4.4.2 液压站的残压应符合下列要求:
 a) 设计压力小于或等于 6.3 MPa 时,残压不应大于 0.5 MPa;
 b) 设计压力大于 6.3 MPa 时,残压不应大于 1.0 MPa。

4.4.3 液压站的调压性能,对应同一控制电流(或电压)时的制动与松闸油压值之差应符合下列要求:
 a) 设计压力小于或等于 6.3 MPa 时,制动与松闸油压值之差不应大于 0.3 MPa;
 b) 设计压力大于 6.3 MPa 时,制动与松闸油压值之差不应大于 0.6 MPa。

4.4.4 块式制动器液压系统,在停机 15 min 后蓄压器活塞下降距离不应超过 100 mm;块式制动器压风制动系统,在停机 15 min 后压力下降不应超过额定值的 10%。

4.5 提升机应装设的保险装置及要求

4.5.1 过卷保护装置:当提升容器超过正常终端停止位置或出车平台 0.5 m 时,应能自动断电,同时实施安全制动。此外,还应设置不能再向过卷方向接通电动机电源的联锁装置。

4.5.2 过速保护装置:当提升速度超过规定速度的 15% 时,应能自动断电,同时实施安全制动。

4.5.3 限速保护装置:罐笼提升系统最高速度超过 4 m/s 和箕斗提升系统最高速度超过 6 m/s 时,应装设限速装置,以保证提升容器接近预定停车点时的速度不超过 2 m/s。如果限速装置为凸轮板,其在一个提升行程内的旋转角度不应小于 270°。

4.5.4 闸间隙保护装置:当闸间隙超过规定值时能自动报警或自动断电。

4.5.5 松绳保护装置:提升机卷筒直径在 3 m 以上的,应设松绳保护装置。用于竖井提升时,在钢丝绳松弛时应能自动断电并报警;用于斜井提升时,在钢丝绳松弛时应能自动报警。

4.5.6 减速功能保护装置:当提升容器或平衡锤到达设计减速位置时,应能自动减速或发出减速信号。

4.5.7 深度指示器失效保护装置:当深度指示器失效时,应能自动断电并实施安全制动。

4.5.8 过负荷及无电压保护装置:当提升机过负荷时,应能自动断电,同时实施安全制动;当提升机供电中断时,应能实施安全制动。

4.5.9 过卷保护装置、过速保护装置、限速保护装置和减速功能保护装置应设置为相互独立的双线形式。

4.6 信号装置

4.6.1 竖井罐笼提升系统,应设有能从各中段发给井口总信号工、井口总信号工转发给提升机司机的信号装置,井口信号与提升机的启动应有闭锁关系;使用罐笼提升时,井口、井底和中间运输巷的安全门、摇台或托台应与提升信号闭锁；

竖井箕斗提升系统,应设有能从各装矿点发给提升机司机的信号装置,装矿点信号与提升机的启动应有闭锁关系；

斜井提升系统,应设有从井底到井口、井口到机房的声、光信号装置,井口信号装置应同提升机的控制回路相闭锁,只有井口信号工发出信号后,提升机才能正常运行。使用斜井人车升降人员时,斜井人车应设置跟车人在运行途中任何地点都能向司机发送紧急停车信号的装置。

4.6.2 升降人员和主要井口提升机的信号装置的直接供电线路上,不应分接其他负荷。

4.6.3 信号回路闭锁情况:应有过卷与开车方向闭锁,制动手柄零位、主令开关中间位置与安全回路闭锁,润滑油泵与信号回路闭锁。

4.7 电气系统

4.7.1 提升机电动机的绝缘电阻应符合下列要求：
  a) 地面 380 V 时,不应小于 0.5 MΩ；
  b) 井下 660 V 时,不应小于 2 MΩ；380 V 时,不应小于 1 MΩ；127 V 时,不应小于 0.5 MΩ；
  c) 其他电压等级时应符合相关标准的要求。

4.7.2 电动机、电控设备外壳应可靠接地,其接地电阻应符合下列要求：
  a) 地面不应大于 4 Ω；
  b) 井下不应大于 2 Ω。

4.8 钢丝绳和连接装置

4.8.1 提升用钢丝绳必须采用取得矿用产品安全标志的重要用途钢丝绳。

4.8.2 竖井用提升机,钢丝绳与提升容器的连接,应采用桃形环连接装置或楔形连接装置。

5 检验结果的判定

5.1 条款 4.2.2、4.2.6、4.2.7、4.2.11、4.2.12、4.3.1、4.3.2、4.3.3、4.5.1、4.5.2、4.5.3、4.5.4、4.5.5、4.5.6、4.5.7 为 A 类项目,有一项不合格则检验结论判为不合格。

5.2 条款 4.2.1、4.2.3、4.2.4、4.2.5、4.2.8、4.2.9、4.3.4、4.3.6、4.3.7、4.5.8、4.6.1、4.6.2、4.6.3、4.8.2 为 B 类项目,有四项不合格则检验结论判为不合格。

5.3 条款 4.1.1、4.1.2、4.1.3、4.1.4、4.1.5、4.1.6、4.1.7、4.2.10、4.3.5、4.3.8、4.3.9、4.3.10、4.4.1、4.4.2、4.4.3、4.4.4、4.5.9、4.7.1、4.7.2、4.8.1 为 C 类项目,有七项不合格则检验结论判为不合格。

5.4 B 类项目和 C 类项目的不合格项数之和大于或等于八项时,则检验结论判为不合格。

6 检验方法及仪器

6.1 司机操作位置处的照度用照度计进行测定。

6.2 操作位置处的噪声按 GB/T 13325—1991 的规定进行测定。

6.3 提升速度及减速度、加速度的测定:在使用现场用测速发电机或其他测速装置,将提升机正常运行过程中的速度信号转换成电压(流)信号或脉冲信号,送入专用的测量仪器或数据采集记录系统,获得实际提升速度图,经分析处理后得到。

6.4 闸瓦同制动轮或制动盘间的间隙用塞尺或其他测量仪器进行测定。

6.5 制动轮的径向跳动或制动盘的端面跳动用百分表或其他测量仪器进行测定。

6.6 制动闸瓦同制动轮或制动盘接触面积用钢直尺或其他测量仪器进行测定。

6.7 安全制动装置的空动时间的测定:锁住卷筒后松闸,在闸瓦接触面上贴厚度不超过 0.02 mm 的金属箔片并接出引线,另一引线与闸盘相连接。两引线接入电秒表或数据采集记录系统,同时将安全回路中引出的紧停信号接入测试系统,实施安全制动获取数据。

6.8 制动力矩在使用现场采用精度等级不低于 2 级的测力计或拉力传感器系统进行测定。

6.9 液压站的残压和调压性能的测定:液压站的残压用精度等级不低于 1.5 级的油压传感器进行测定,液压站的调压性能用精度等级不低于 1.5 级的油压传感器和精度等级不低于 1.5 级的电流传感器进行测定。

6.10 温度:用精度不低于±1.5%的测温仪器进行测定。

6.11 绝缘电阻:用精度不低于±5%的绝缘电阻测试仪进行测定。电动机的额定电压为 127 V、380 V 时,测试电压为 500 V;电动机的额定电压为 660 V 时,测试电压为 1 000 V;电动机的额定电压大于 3 000 V 时,测试电压为 2 500 V。

6.12 接地电阻:用精度不低于±5%的接地电阻测试仪进行测定。

7 检验周期

7.1 常规检验:用于载人的提升机每年一次,其他三年至少一次。

7.2 有下列情况之一时进行,并可代替常规检验:

    a) 新安装、大修及改造(主轴装置、制动系统、电控系统)的提升机交付使用前;

    b) 闲置时间超过一年的提升机系统使用前;

    c) 经过重大自然灾害可能使结构件强度、刚度、稳定性受到损坏的提升机使用前。

金属非金属矿山在用摩擦式提升机
安全检测检验规范(AQ 2021—2008)

前　言

本标准是对 LD 87.2—1996《矿山提升系统安全技术检验规范　第二部分:摩擦轮式提升设备的检验》的修订,替代 LD 87.2—1996。

本标准为强制性标准。

本标准由国家安全生产监督管理总局提出。

本标准由全国安全生产标准化技术委员会非煤矿山安全分技术委员会归口。

本标准负责起草单位:国家安全生产长沙矿山机电检测检验中心。

本标准主要起草人:贺建国、翟守忠、袁乐安、雷小军、李春娟、龚文。

1　范围

本标准规定了金属非金属矿山在用摩擦式提升机安全检测检验的项目、技术要求、判定规则和检验周期。

本标准适用于金属非金属矿山在用摩擦式提升机现场检测检验。

2　规范性引用文件

下列文件中的条款通过本标准的引用而成为本标准的条款。凡是注日期的引用文件,其随后所有的修改单(不包括勘误的内容)或修订版均不适用于本标准,然而,鼓励根据本标准达成协议的各方研究是否可使用这些文件的最新版本。凡是不注日期的引用文件,其最新版本适用于本标准。

GB/T 13325—1991　机器和设备辐射的噪声　操作者位置噪声测量的基本准则(工程级)

GB 16423—2006　金属非金属矿山安全规程

3　检验基本要求

3.1　受检的金属非金属矿山在用摩擦式提升机应能正常运行。

3.2　用于井下有防爆要求的提升机,应符合 GB 16423—2006 中的有关规定。

3.3　检验应由安全生产监督管理部门认定的安全生产检测检验机构进行。

4　检验项目及技术要求

4.1　机房或硐室

4.1.1　机房或硐室应有照明装置,照明应用白光,司机操作位置处的照度不应低于 100 lx,且应有应急照明设施。

4.1.2　操作位置处的噪声声压级不应超过 85 dB(A),达不到噪声标准时,作业人员应佩戴防护用具。

4.1.3 提升机(不含室外安装的天轮)应安装在无爆炸介质、环境温度为 5 ℃～40 ℃的机房内或环境温度为 5 ℃～28 ℃的硐室内,周围应留有足够的操作和维护空间。

4.1.4 影响安全的外露旋转构件(如联轴节、开式齿轮等),应装设固定的防护装置。

4.1.5 竖井用罐笼升降人员或物料的,每层罐笼允许乘罐的人数和最大载重量应在井口公布。

4.1.6 机房或硐室不应存放易燃、易爆和有毒物品,应配备灭火器,灭火器应在有效期限内,取灭火器不应需要任何工具。设备应有防护栅栏、警示牌。

4.1.7 机房或硐室内应悬挂岗位责任制和操作规程,应悬挂(或存放)提升机的技术特征、制动系统图、电气控制原理图等。

4.2 提升装置

4.2.1 目测检查提升机的主轴和摩擦轮,不应有严重降低机械性能和使用性能的缺陷。

4.2.2 提升机的摩擦轮、天轮、导向轮的最小直径与钢丝绳直径之比应符合以下规定:
  a) 落地式及有导向轮的塔式摩擦式提升机的摩擦轮、天轮、导向轮,井上不应小于 90,井下不应小于 80;
  b) 无导向轮的塔式摩擦式提升机的摩擦轮,井上不应小于 80,井下不应小于 70。

4.2.3 提升机的摩擦轮、天轮、导向轮的最小直径与钢丝绳中最粗钢丝直径之比应符合以下规定:
  a) 井上用提升机,不应小于 1 200;
  b) 井下用提升机,不应小于 900。

4.2.4 提升机实际运行的最大速度及最大加速度、减速度应符合以下规定:
  a) 竖井中用罐笼升降人员时,最大加速度、减速度均不应超过 0.75 m/s²,最大速度 v 不应超过式(1)所求得的数值,且最大不应大于 12 m/s。

$$v = 0.5\sqrt{H} \qquad\cdots\cdots\cdots\cdots\cdots(1)$$

式中:
v ——最大提升速度,单位为米每秒(m/s);
H ——提升高度,单位为米(m)。

  b) 竖井中升降物料时,最大速度 v 不应超过式(2)所求得的数值。

$$v = 0.6\sqrt{H} \qquad\cdots\cdots\cdots\cdots\cdots(2)$$

式中:
v ——最大提升速度,单位为米每秒(m/s);
H ——提升高度,单位为米(m)。

4.2.5 提升机应装有深度指示器,深度指示器系统应能准确地指示出提升容器在井筒中的位置,指示应清晰,能发出减速、停车和过卷信号。

4.3 提升机制动系统

4.3.1 提升机应装有能独立操纵的工作制动和安全制动两套制动系统,其操纵系统应设在司机操纵台。工作制动和安全制动共用 1 套闸瓦制动时,操纵和控制机构应分开。

工作制动应使用机械传动的、可调整的工作闸,对提升速度不超过 4 m/s、卷筒直径小于 2 m 的提升机,如工作闸带有重锤,允许司机用体力操作。

安全制动除可由司机操纵外,还应能自动制动。制动时,应能使提升机的电动机自动断电。安全制动开关应灵敏可靠。

4.3.2 提升机在制动状态时所产生的制动力矩与实际提升最大静荷重旋转力矩之比不应小于3。

4.3.3 提升机安全制动时的制动减速度,上提重载时,不应大于 5 m/s²,下放重载时,不应小于1.5 m/s²,且在不同负载和各种运行方式下,实施安全制动时钢丝绳不应出现滑动。不允许用工作制动器实施安全制动。

4.3.4 制动闸瓦与制动轮或制动盘的接触面积应符合以下要求:
   a) 块式制动器不应小于80%;
   b) 盘形制动器不应小于60%。

4.3.5 制动闸松闸时,闸瓦与制动轮或制动盘间的间隙应符合以下要求:
   a) 平移式块式制动器不应大于 2 mm,且上下相等;
   b) 角移式块式制动器不应大于 2.5 mm;
   c) 盘形制动器不应大于 2 mm。

4.3.6 安全制动装置的空动时间(自安全保护回路断电时起至闸瓦刚接触闸轮或闸盘的时间)应符合下列要求:
   a) 压缩空气驱动的闸瓦式制动器,不应超过 0.5 s;
   b) 储能液压驱动的闸瓦式制动器,不应超过 0.6 s;
   c) 盘形制动器,不应超过 0.3 s。

4.3.7 制动轮的径向跳动不应超过 1.5 mm,制动盘的端面跳动不应超过 1.0 mm。

4.3.8 制动轮或制动盘表面不应有沟深大于 1.5 mm,总宽度超过有效闸面宽度 10%的沟纹。

4.3.9 制动盘两侧或制动轮上不应有降低摩擦系数的介质(如油、水等)。

4.3.10 采用块式制动器的提升机,块式制动器的传动杆应灵活可靠,制动横拉杆和拉杆不应有裂纹。

4.4 液压系统

4.4.1 液压站应装设过压和超温保护装置,油温温升不得超过 34 ℃,最高油温不得超过 70 ℃。

4.4.2 液压站的残压应符合下列要求:
   a) 设计压力小于或等于 6.3 MPa 时,残压不应大于 0.5 MPa;
   b) 设计压力大于 6.3 MPa 时,残压不应大于 1.0 MPa。

4.4.3 液压站的调压性能,对应同一控制电流(或电压)时的制动与松闸油压值之差应符合下列要求:
   a) 设计压力小于或等于 6.3 MPa 时,制动与松闸油压值之差不应大于 0.3 MPa;
   b) 设计压力大于 6.3 MPa 时,制动与松闸油压值之差不应大于 0.6 MPa。

4.4.4 块式制动器液压系统,在停机 15 min 后蓄压器活塞下降距离不应超过 100 mm;块式制动器压风制动系统,在停机 15 min 后压力下降不应超过额定值的 10%。

4.5 提升机应装设的保护装置及要求

4.5.1 过卷保护装置:当提升容器超过正常终端停止位置或出车平台 0.5 m 时,应能自动断电,同时实施安全制动。此外,还应设置不能再向过卷方向接通电动机电源的联锁装置。

4.5.2 过速保护装置:当提升速度超过规定速度的15%时,应能自动断电,同时实施安全制动。

4.5.3 限速保护装置:罐笼提升系统最高速度超过 4 m/s 和箕斗提升系统最高速度超过 6 m/s 时,应装设限速装置,以保证提升容器接近预定停车点时的速度不超过 2 m/s。如果限速装置为凸轮板,其在一个提升行程内的旋转角度不应小于 270°。

4.5.4 闸间隙保护装置:当闸间隙超过规定值时能自动报警或自动断电。

4.5.5 减速功能保护装置:当提升容器或平衡锤到达设计减速位置时,应能自动减速或发出减速信号。

4.5.6 深度指示器失效保护装置:当深度指示器失效时,应能自动断电并实施安全制动。

4.5.7 过负荷及无电压保护装置:当提升机过负荷时,应能自动断电,同时实施安全制动;当提升机供电中断时,应能实施安全制动。

4.5.8 过卷保护装置、过速保护装置、限速保护装置和减速功能保护装置应设置为相互独立的双线形式。

4.6 信号装置

4.6.1 竖井罐笼提升系统,应设有能从各中段发给井口总信号工、井口总信号工转发给提升机司机的信号装置,井口信号与提升机的启动应有闭锁关系;使用罐笼提升时,井口、井底和中间运输巷的安全门、摇台或托台应与提升信号闭锁;

竖井箕斗提升系统,应设有能从各装矿点发给提升机司机的信号装置,装矿点信号与提升机的启动应有闭锁关系。

4.6.2 升降人员和主要井口提升机的信号装置的直接供电线路上,不应分接其他负荷。

4.6.3 信号回路闭锁情况:应有过卷与开车方向闭锁,制动手柄零位、主令开关中间位置与安全回路闭锁,润滑油泵与信号回路闭锁。

4.7 电气系统

4.7.1 提升机电动机的绝缘电阻应符合下列要求:
   a) 地面 380 V 时,不应小于 0.5 MΩ;
   b) 井下 660 V 时,不应小于 2 MΩ;380 V 时,不应小于 1 MΩ;127 V 时,不应小于 0.5 MΩ;
   c) 其他电压等级时应符合相关标准的要求。

4.7.2 电动机、电控设备外壳应可靠接地,其接地电阻应符合下列要求:
   a) 地面不应大于 4 Ω;
   b) 井下不应大于 2 Ω。

4.8 钢丝绳和连接装置

4.8.1 提升用钢丝绳必须采用取得矿用产品安全标志的重要用途钢丝绳。

4.8.2 竖井用提升机,钢丝绳与提升容器的连接,应采用专用桃形绳夹或楔形连接装置。采用专用桃形绳夹时,回头绳应用两个以上绳卡与主绳卡紧。

5 判定规则

5.1 条款 4.2.5、4.3.1、4.3.2、4.3.3、4.5.1、4.5.2、4.5.3、4.5.4、4.5.5、4.5.6 为 A 类项目,

有一项不合格则检验结论判为不合格。

5.2 条款 4.2.1、4.2.2、4.2.3、4.2.4、4.3.4、4.3.5、4.3.6、4.3.7、4.5.7、4.6.1、4.6.2、4.6.3、4.8.2 为 B 类项目,有四项不合格则检验结论判为不合格。

5.3 条款 4.1.1、4.1.2、4.1.3、4.1.4、4.1.5、4.1.6、4.1.7、4.3.8、4.3.9、4.3.10、4.4.1、4.4.2、4.4.3、4.4.4、4.5.8、4.7.1、4.7.2、4.8.1 为 C 类项目,有七项不合格则检验结论判为不合格。

5.4 B 类项目和 C 类项目的不合格项数之和大于或等于八项时,则检验结论判为不合格。

6 检验方法及仪器

6.1 司机操作位置处的照度用照度计进行测定。

6.2 操作位置处的噪声按 GB/T 13325—1991 的规定进行测定。

6.3 提升速度及减速度、加速度的测定:在使用现场用测速发电机或其他测速装置,将提升机正常运行过程中的速度信号转换成电压(流)信号或脉冲信号,送入专用的测量仪器或数据采集记录系统,获得实际提升速度图,经分析处理后得到。

6.4 闸瓦同制动轮或制动盘间的间隙用塞尺或其他测量仪器进行测定。

6.5 制动轮的径向跳动或制动盘的端面跳动用百分表或其他测量仪器进行测定。

6.6 制动闸瓦同制动轮或制动盘接触面积用钢直尺或其他测量仪器进行测定。

6.7 安全制动装置的空动时间的测定:锁住摩擦轮后松闸,在闸瓦接触面上贴厚度不超过 0.02 mm 的金属箔片并接出引线,另一引线与闸盘相连接。两引线接入电秒表或数据采集记录系统,同时将安全回路中引出的紧停信号接入测试系统,实施安全制动获取数据。

6.8 制动力矩在使用现场采用精度等级不低于 2 级的测力计或拉力传感器系统进行测定。

6.9 液压站的残压和调压性能的测定:液压站的残压用精度等级不低于 1.5 级的油压传感器进行测定,液压站的调压性能用精度等级不低于 1.5 级的油压传感器和精度等级不低于 1.5 级的电流传感器进行测定。

6.10 温度:用精度不低于 ±1.5% 的测温仪器进行测定。

6.11 绝缘电阻:用精度不低于 ±5% 的绝缘电阻测试仪进行测定。电动机的额定电压为 127 V、380 V 时,测试电压为 500 V;电动机的额定电压为 660 V 时,测试电压为 1 000 V;电动机的额定电压大于 3 000 V 时,测试电压为 2 500 V。

6.12 接地电阻:用精度不低于 ±5% 的接地电阻测试仪进行测定。

7 检验周期

7.1 常规检验:用于载人的提升机每年一次,其他三年至少一次。

7.2 有下列情况之一时进行,并可代替常规检验:
   a) 新安装、大修及改造(主轴装置、制动系统、电控系统)的提升机交付使用前;
   b) 闲置时间超过一年的提升机系统使用前;
   c) 经过重大自然灾害可能使结构件强度、刚度、稳定性受到损坏的提升机使用前。

金属非金属矿山在用提升绞车安全检测检验规范(AQ 2022—2008)

前　　言

本标准为强制性标准。

本标准由国家安全生产监督管理总局提出。

本标准由全国安全生产标准化技术委员会非煤矿山安全分技术委员会归口。

本标准负责起草单位:国家安全生产长沙矿山机电检测检验中心。

本标准主要起草人:贺建国、翟守忠、李春娟、王四现、何万平、周懿。

本标准为首次发布。

1　范围

本标准规定了金属非金属矿山在用提升绞车安全检测检验的项目、技术要求、判定规则和检验周期。

本标准适用于金属非金属矿山在用提升绞车现场检测检验。

本标准中的提升绞车,是指在矿井中提升或下放人员或物料、卷筒直径 2 m 以下(不包括 2 m)的矿用绞车。

2　规范性引用文件

下列文件中的条款通过本标准的引用而成为本标准的条款。凡是注日期的引用文件,其随后所有的修改单(不包括勘误的内容)或修订版均不适用于本标准,然而,鼓励根据本标准达成协议的各方研究是否可使用这些文件的最新版本。凡是不注日期的引用文件,其最新版本适用于本标准。

GB/T 13325—1991　机器和设备辐射的噪声　操作者位置噪声测量的基本准则(工程级)

GB 16423—2006　金属非金属矿山安全规程

3　检验基本要求

3.1　受检的金属非金属矿山在用提升绞车应能正常运行。

3.2　用于井下有防爆要求的提升绞车,应符合 GB 16423—2006 中的有关规定。

3.3　检验应由安全生产监督管理部门认定的安全生产检测检验机构进行。

3.4　带式制动矿用提升绞车及卷筒直径 1.2 m 以下(不包括 1.2 m)的矿用提升绞车严禁用于升降人员。

4　检验项目及技术要求

4.1　机房或硐室

4.1.1　机房或硐室应有照明装置,照明应用白光,司机操作位置处的照度不应低于 100 lx,

且应有应急照明设施。

4.1.2 操作位置处的噪声声压级不应超过 85 dB(A),达不到噪声标准时,作业人员应佩戴防护用具。

4.1.3 提升绞车(不含室外安装的天轮)应安装在无爆炸介质、环境温度为 5 ℃~40 ℃ 的机房内或环境温度为 5 ℃~28 ℃ 的硐室内,周围应留有足够的操作和维护空间。

4.1.4 影响安全的外露旋转构件(如联轴节、开式齿轮等),应装设固定的防护装置。

4.1.5 竖井用罐笼升降人员或物料的,每层罐笼允许乘罐的人数和最大载重量应在井口公布。

4.1.6 机房或硐室不应存放易燃、易爆和有毒物品,应配备灭火器,灭火器应在有效期限内,取灭火器不应需要任何工具。

4.1.7 机房或硐室内应悬挂岗位责任制和操作规程。

4.2 提升装置

4.2.1 目测检查提升绞车的主轴和卷筒,不应有严重降低机械性能和使用性能的缺陷。

4.2.2 提升绞车卷筒上缠绕钢丝绳的层数,应符合以下要求:
  a) 竖井中升降人员或升降人员和物料的,应缠绕单层;专用于升降物料的,缠绕层数不应大于 2 层;
  b) 斜井中升降人员或升降人员和物料的,缠绕层数不应大于 2 层;专用于升降物料的,缠绕层数不应大于 3 层;
  c) 盲井(包括盲竖井、盲斜井)中专用于升降物料的或地面运输用的,缠绕层数不应大于 3 层;
  d) 开凿竖井或斜井期间升降人员和物料的,缠绕层数不应大于 2 层;深度或斜长超过 400 m 的,缠绕层数不应大于 3 层;
  e) 移动式或辅助性专为提升物料用的,以及凿井期间专为升降物料用的,可多层缠绕。

4.2.3 卷筒上缠绕 2 层或 2 层以上钢丝绳时,应符合以下要求:
  a) 卷筒边缘应高出最外一层钢丝绳,其高差不应小于钢丝绳直径的 2.5 倍;
  b) 卷筒上应装设带绳槽的衬垫,对未装带绳槽衬垫的卷筒,应在卷筒板上刻有绳槽或用一层绳作底绳。

4.2.4 钢丝绳绳头在卷筒上的固定,应符合下列要求:
  a) 应有特备的容绳或卡绳装置,钢丝绳绳头不应系在卷筒轴上;
  b) 绳孔不应有锐利的边缘,钢丝绳的弯曲不应形成锐角;
  c) 卷筒上保留的钢丝绳不应少于 3 圈,用以减轻钢丝绳与卷筒连接处的张力。此外,还应留有作定期检验用的补充绳。

4.2.5 天轮的轮缘应高于绳槽内的钢丝绳,高出部分应大于钢丝绳直径的 1.5 倍。带衬垫的天轮,衬垫应紧密固定,衬垫磨损深度应小于钢丝绳直径,或沿侧面磨损应小于钢丝绳直径的 1/2。

4.2.6 提升绞车实际运行的最大速度及最大加速度、减速度应符合以下要求:
  a) 竖井中用罐笼升降人员时,最大加速度、减速度均不应超过 0.75 m/s²,最大速度 v 不应超过式(1)所求得的数值,且最大不应大于 12 m/s。

$$v = 0.5\sqrt{H} \quad\cdots\cdots\cdots\cdots\cdots\cdots\cdots(1)$$

式中：

v——最大提升速度，单位为米每秒(m/s)；

H——提升高度，单位为米(m)。

b) 竖井中用罐笼或箕斗升降物料时，最大速度 v 不应超过式(2)所求得的数值。

$$v = 0.6\sqrt{H} \quad\cdots\cdots\cdots\cdots\cdots\cdots\cdots(2)$$

式中：

v——最大提升速度，单位为米每秒(m/s)；

H——提升高度，单位为米(m)。

c) 竖井中用吊桶、吊盘、箕斗升降人员时的最大速度，有导向绳时，不应超过式(1)所求得的数值的1/3；无导向绳时，不应超过 1 m/s。

d) 竖井中用吊桶、吊盘升降物料时的最大速度：有导向绳时，不应超过式(2)所求得的数值的2/3；无导向绳时，不应超过 2 m/s。

e) 斜井中用矿车运输物料时的最大速度，斜井长度不大于 300 m 时，不应超过 3.5 m/s；斜井长度大于 300 m 时，不应超过 5 m/s。

f) 斜井中用箕斗运输物料时的最大速度，斜井长度不大于 300 m 时，不应超过 5 m/s；斜井长度大于 300 m 时，不应超过 7 m/s。

g) 斜井中运输人员时的最大速度，斜井长度不大于 300 m 时，不应超过 3.5 m/s；斜井长度大于 300 m 时，不应超过 5 m/s，且均不应超过人车设计的最大允许速度。斜井中运输人员时的最大加速度和减速度，均不应超过 0.5 m/s²。

4.2.7 提升绞车不应超载运行，钢丝绳最大静张力和最大静张力差的实际测算值均不应大于提升绞车的设计值。

4.2.8 提升绞车应有定车装置。

4.2.9 提升绞车应装有深度指示器，深度指示器应能准确地指示出提升容器在井筒中的位置，指示应清晰，开始减速时能自动示警。

4.2.10 竖井中用于升降人员或升降人员和物料的单绳提升罐笼、吊桶、吊盘、箕斗等乘人容器应装设防坠器。

4.3 提升绞车制动系统

4.3.1 提升绞车应装有能独立操纵的工作制动和安全制动两套制动系统，其操纵系统应设在司机操纵台。工作制动和安全制动共用1套闸瓦制动时，操纵和控制机构应分开。

工作制动应使用机械传动的、可调整的工作闸。对现用的使用手动式工作制动闸的绞车，如装有可靠的安全制动闸时，可继续使用。

安全制动除可由司机操纵外，还应能自动制动。制动时，应能使提升绞车的电动机自动断电。安全制动开关应灵敏可靠。提升能力在 10 t 以下的凿井用绞车，可采用手动安全闸。

双卷筒提升绞车两套闸瓦的传动装置应分开，且正常提升时能同步动作。调绳时活动卷筒应处于安全制动状态，固定卷筒的制动器应能正常操作。

4.3.2 提升绞车在制动状态时所产生的制动力矩与实际提升最大静荷重旋转力矩之比 K 值，不应小于3。凿井时期升降物料用的提升绞车，K 值应不小于2。

对于双卷筒提升绞车，在调整双卷筒旋转相对位置时，每一卷筒制动装置在制动盘或制动轮上所产生的力矩,不应小于该卷筒所悬质量(钢丝绳质量与提升容器质量之和)形成的旋转力矩的1.2倍。

4.3.3 提升绞车安全制动时的制动减速度应符合表1的规定。

表 1 安全制动减速度规定值　　　　　　　　　　　　　　　　　　　　($m \cdot s^{-2}$)

运行状态 \ 倾角	$\theta \leqslant 30°$	$>30°$(包括竖井)
上提重载	$\leqslant A_c$	$\leqslant 5$
下放重载	$\geqslant 0.75$	$\geqslant 1.5$

注:$A_c = g(\sin\theta + f \cdot \cos\theta)$
式中:
A_c——自然减速度,m/s^2;
g——重力加速度,m/s^2;
θ——井巷倾角,(°);
f——绳端载荷的运行阻力系数,一般取 0.010~0.015。

4.3.4 制动闸瓦与制动轮或制动盘的接触面积应符合以下要求:
  a) 块式制动器不应小于80%;
  b) 盘形制动器不应小于60%。

4.3.5 制动闸松闸时,闸瓦与制动轮或制动盘间的间隙应符合以下要求:
  a) 平移式块式制动器不应大于2 mm,且上下相等;
  b) 角移式块式制动器不应大于2.5 mm;
  c) 盘形制动器不应大于2 mm;
  d) 带式制动器不应大于3 mm。

4.3.6 安全制动装置的空动时间(自安全保护回路断电时起至闸瓦刚接触闸轮或闸盘的时间)应符合下列要求:
  a) 压缩空气驱动的闸瓦式制动器,不应超过0.5 s;
  b) 储能液压驱动的闸瓦式制动器,不应超过0.6 s;
  c) 盘形制动器,不应超过0.3 s。
对于斜井提升,为了保证上提紧急制动不发生松绳而应延时制动时,空动时间不受本规定的限制。

4.3.7 制动轮的径向跳动不应超过1.5 mm,制动盘的端面跳动不应超过1.0 mm。

4.3.8 制动轮或制动盘表面不应有沟深大于1.5 mm,总宽度超过有效闸面宽度10%的沟纹。

4.3.9 制动盘两侧或制动轮上不应有降低摩擦系数的介质(如油、水等)。

4.3.10 采用块式制动器的提升绞车,块式制动器的传动杆应灵活可靠,制动横拉杆和拉杆不应有裂纹。块式制动器操纵手柄应使用方便、灵活、安全可靠,操纵手柄的操纵力不应大于50 N;采用带式制动器的提升绞车,操纵手柄的操纵力不应大于150 N。

4.4 液压系统

4.4.1 液压站应装设过压和超温保护装置,油温温升不得超过34 ℃,最高油温不得超过70 ℃。

4.4.2 液压站的残压应符合下列要求：
   a) 设计压力小于或等于 6.3 MPa 时，残压不应大于 0.5 MPa；
   b) 设计压力大于 6.3 MPa 时，残压不应大于 1.0 MPa。

4.4.3 液压站的调压性能应满足对应同一控制电流（或电压）时的制动与松闸油压值之差应符合下列要求：
   a) 设计压力小于或等于 6.3 MPa 时，制动与松闸油压值之差不应大于 0.3 MPa；
   b) 设计压力大于 6.3 MPa 时，制动与松闸油压值之差不应大于 0.6 MPa。

4.4.4 块式制动器液压系统，在停机 15 min 后蓄压器活塞下降距离不应超过 100 mm；块式制动器压风制动系统，在停机 15 min 后压力下降不应超过额定值的 10%。

4.5 提升绞车应装设的保险装置及要求

4.5.1 过卷保护装置：当提升容器超过正常终端停止位置或出车平台 0.5 m 时，应能自动断电，同时实施安全制动。

4.5.2 过负荷及无电压保护装置：当提升绞车过负荷时，应能自动断电，同时实施安全制动；当提升绞车供电中断时，应能实施安全制动。

4.5.3 深度指示器失效保护装置：当深度指示器失效时，应能自动断电并实施安全制动。

4.6 信号装置

4.6.1 竖井罐笼提升系统，应设有能从各中段发给井口总信号工、井口总信号工转发给提升绞车司机的信号装置，井口信号与提升绞车的启动应有闭锁关系；使用罐笼提升时，井口、井底和中间运输巷的安全门、摇台或托台应与提升信号闭锁；

竖井箕斗提升系统，应设有能从各装矿点发给提升绞车司机的信号装置，装矿点信号与提升绞车的启动应有闭锁关系；

斜井提升系统，应设有从井底到井口、井口到机房的声、光信号装置。使用斜井人车升降人员时，斜井人车应设置跟车人在运行途中任何地点都能向司机发送紧急停车信号的装置。

4.6.2 升降人员和主要井口提升绞车的信号装置的直接供电线路上，不应分接其他负荷。

4.7 电气系统

4.7.1 提升绞车电动机的绝缘电阻应符合下列要求：
   a) 地面 380 V 时，不应小于 0.5 MΩ；
   b) 井下 660 V 时，不应小于 2 MΩ；380 V 时，不应小于 1 MΩ；127 V 时，不应小于 0.5 MΩ；
   c) 其他电压等级时应符合相关标准的要求。

4.7.2 电动机、电控设备外壳应可靠接地，其接地电阻应符合下列要求：
   a) 地面不应大于 4 Ω；
   b) 井下不应大于 2 Ω。

4.8 钢丝绳和连接装置

4.8.1 提升用钢丝绳必须采用取得矿用产品安全标志的重要用途钢丝绳。

4.8.2 竖井用提升绞车，钢丝绳与提升容器的连接，应采用桃形环连接装置或楔形连接装置。

5 检验结果的判定

5.1 条款 4.2.9、4.2.10、4.3.1、4.3.2、4.5.1、4.5.2、4.5.3 为 A 类项目，有一项不合格则检验

结论判为不合格。

5.2 条款 4.2.1、4.2.2、4.2.3、4.2.4、4.2.5、4.2.6、4.2.7、4.3.3、4.3.6、4.3.7、4.3.10、4.6.1、4.6.2、4.8.2 为 B 类项目,有四项不合格则检验结论判为不合格。

5.3 条款 4.1.1、4.1.2、4.1.3、4.1.4、4.1.5、4.1.6、4.1.7、4.2.8、4.3.4、4.3.5、4.3.8、4.3.9、4.4.1、4.4.2、4.4.3、4.4.4、4.7.1、4.7.2、4.8.1 为 C 类项目,有七项不合格则检验结论判为不合格。

5.4 B 类项目和 C 类项目的不合格项数之和大于或等于八项时,则检验结论判为不合格。

6 检验方法及仪器

6.1 司机操作位置处的照度用照度计进行测定。

6.2 操作位置处的噪声按 GB/T 13325—1991 的规定进行测定。

6.3 提升速度及减速度、加速度的测定:在使用现场用测速发电机或其他测速装置,将提升绞车正常运行过程中的速度信号转换成电压(流)信号或脉冲信号,送入专用的测量仪器或数据采集记录系统,获得实际提升速度图,经分析处理后得到。

6.4 闸瓦同制动轮或制动盘间的间隙用塞尺或其他测量仪器进行测定。

6.5 制动轮的径向跳动或制动盘的端面跳动用百分表或其他测量仪器进行测定。

6.6 制动闸瓦同制动轮或制动盘接触面积用钢直尺或其他测量仪器进行测定。

6.7 安全制动装置的空动时间的测定:锁住卷筒后松闸,在闸瓦接触面上贴厚度不超过 0.02 mm 的金属箔片并接出引线,另一引线与闸盘相连接。两引线接入电秒表或数据采集记录系统,同时将安全回路中引出的紧停信号接入测试系统,实施安全制动获取数据。

6.8 制动力矩在使用现场采用精度等级不低于 2 级的测力计或拉力传感器系统进行测定。

6.9 液压站的残压和调压性能的测定:液压站的残压用精度等级不低于 1.5 级的油压传感器进行测定,液压站的调压性能用精度等级不低于 1.5 级的油压传感器和精度等级不低于 1.5 级的电流传感器进行测定。

6.10 操纵手柄的操纵力采用拉力计或其他测量仪器进行测定。

6.11 温度:用精度不低于±1.5%的测温仪器进行测定。

6.12 绝缘电阻:用精度不低于±5%的绝缘电阻测试仪进行测定。电动机的额定电压为 127 V、380 V 时,测试电压为 500 V;电动机的额定电压为 660 V 时,测试电压为 1 000 V;电动机的额定电压大于 3 000 V 时,测试电压为 2 500 V。

6.13 接地电阻:用精度不低于±5%的接地电阻测试仪进行测定。

7 检验周期

7.1 常规检验:用于载人的提升绞车每年一次,其他三年至少一次。

7.2 有下列情况之一时进行,并可代替常规检验:
    a) 新安装、大修及改造(主轴装置、制动系统、电控系统)的提升绞车交付使用前;
    b) 闲置时间超过一年的提升绞车使用前;
    c) 经过重大自然灾害可能使结构件强度、刚度、稳定性受到损坏的提升绞车使用前。

金属非金属矿山主要负责人安全生产培训大纲(AQ 2008—2006)

前　　言

本标准是依据国家有关安全生产法律法规对安全生产培训的规定,在充分考虑我国金属非金属矿山安全生产培训以及人员素质现状的基础上编制而成。

制定本标准的目的是为了规范金属非金属矿山主要负责人的安全生产培训工作,提高金属非金属矿山主要负责人的安全生产管理能力,促进矿山安全生产。

本标准由国家安全生产监督管理总局提出。

本标准由全国安全生产标准化技术委员会归口。

本标准起草单位:中钢集团武汉安全环保研究院。

本标准主要起草人:王红汉、周焕明、张兴前、袁源、李永红、高泉。

1 范围

本标准规定了金属非金属矿山主要负责人安全生产培训的要求,培训以及再培训的内容和学时安排。

本标准适用于从事金属非金属矿开采的企业主要负责人的安全生产培训。

从事金属非金属矿地质勘探、采掘施工、尾矿库运营管理的企业,以及开采河砂、砖瓦黏土、水气矿产的企业主要负责人的安全生产培训可参照本标准执行。

本标准不适用于开采煤系硫铁矿以及与煤共生、伴生矿床的矿山主要负责人的安全生产培训。

2 术语和定义

下列术语和定义适用于本标准。

2.1

金属非金属矿山 metal-nonmetal mine

开采金属矿石、放射性矿石以及作为化工原料、建筑材料、辅助原料、耐火材料及其他非金属矿物(煤炭除外)的矿山。

2.2

金属非金属矿山主要负责人 chief principal in metal-nonmetal mine

从事金属非金属矿开采的企业董事长、总经理、矿务局局长和矿长(含实际控制人)。

2.3

小型露天采石场 small quarry

年采剥总量不超过50万t,最大开采高度不超过50 m 的山坡型露天采石作业单位。

3 培训要求

3.1 金属非金属矿山主要负责人必须按照本标准的要求接受安全生产培训,具备与所从事的生产经营活动相适应的安全生产知识和安全生产管理能力。

3.2 金属非金属矿山主要负责人的安全生产培训应按照小型露天采石场、露天矿山、地下矿山三类分别进行。

3.3 培训应当按照有关安全生产培训的规定组织进行。

3.4 培训应坚持理论与实际相结合，采用多种有效的培训方式，加强案例教学，适当安排现场教学；注重对主要负责人职业道德、安全法律意识、安全技术理论和安全生产管理能力的综合培养。

对小型露天采石场的主要负责人应加强基础知识和基本理论的培训。

4 培训内容

4.1 安全生产法律法规与安全生产管理

4.1.1 安全生产形势
——我国安全生产形势，矿山安全生产形势以及矿山安全生产的特点；
——国内外有关矿山安全生产状况及经验。

4.1.2 安全生产法律法规
——我国安全生产方针；
——安全生产法律法规体系及安全生产基本法律制度；
——采矿业准入制度：采矿许可，安全生产许可，主要负责人安全资格许可，新、改、扩建工程（项目）职业安全卫生"三同时"审查。

4.1.3 安全生产管理
——矿山安全管理的意义、任务及基本内容；
——我国安全生产监管体制；
——安全管理机构的设置及人员配置要求；
——安全生产责任体系、主要负责人安全生产职责；
——矿山主要安全生产管理制度；
——现代安全管理技术知识理论。对于露天矿山和地下矿山，培训内容还包括：安全目标管理、危险因素辨识与安全评价、职业健康安全管理体系、安全文化、安全生产标准化；对于小型露天采石场，培训内容还包括安全目标管理、安全生产标准化。

4.2 矿山开采安全技术

4.2.1 矿山地质与安全
——矿岩的物理力学性质及其对矿山安全生产的影响；
——地质构造、水文地质及其对矿山安全生产的影响；
——矿山地质环境与地质灾害；
——矿山开采对矿山地质工程工作的要求。

对于小型露天采石场，培训内容还包括矿山地质的基本概念，包括：矿物、岩石、矿床、褶皱、裂隙、断层。

4.2.2 露天开采安全
——露天开采的基本安全生产条件；
——露天开采的基本概念，露天采场及台阶的构成及安全技术要求；

——露天开采开拓方式,各种开拓方式的特点及适用条件;
——露天开采工艺特点及一般安全要求,穿孔、铲装、运输作业安全管理要求;
——露天矿山防尘防毒、防排水与防灭火管理要求;
——边坡管理要求,边坡破坏的类型、破坏机理,影响边坡稳定的因素以及边坡稳定性监测、加固技术;
——露天矿山常见事故的原因及预防措施。

对于小型露天采石场,培训内容还包括:露天矿山制图及识图知识。

对于其他露天矿山,培训内容还包括:露天开采境界及剥采比对露天矿山安全生产的影响,露天开采境界及剥采比的确定方法。

4.2.3 地下开采安全
——地下矿山开采的基本安全生产条件;
——矿井开采顺序,开拓方式及其适用条件;
——井巷施工、支护与维护安全要求;
——常用采矿方法分类及其适用条件,回采和顶板控制安全管理要求;
——矿山地压管理,顶板灾害致因及防治;
——提升与运输安全管理要求;
——矿井通风防尘安全管理要求;
——矿井防排水与防灭火管理要求;
——地下矿山常见事故的原因及预防措施。

4.2.4 矿山爆破安全
——矿用炸药、常用起爆器材的性能、检验方法及安全要求;
——起爆方法及其安全措施;
——露天或地下爆破方法,爆破参数的确定,炮孔的布置方式;
——爆破作业安全管理要求,处理爆破事故的方法;
——爆破有害效应的控制措施;
——爆破器材储存、运输、使用、销毁的安全管理规定;
——常见爆破事故的原因及其预防措施。

4.2.5 矿山机电安全
——矿山电气安全措施以及电气事故的原因及预防措施;
——矿山机械安全管理和矿山机械常见事故的原因及预防措施。

4.2.6 排土(废石)场与尾矿库安全
——排土场安全管理:排土(废石)场场址的选择,生产运行的安全要求,排土场常见事故的原因及预防措施;
——尾矿库安全:尾矿库库址选择,尾矿库运行、防洪安全管理要求,尾矿库常见事故的原因及预防措施。

对于小型露天采石场,可不培训尾矿库安全知识。

4.3 矿山职业卫生与矿山事故应急管理
4.3.1 矿山职业卫生
——我国职业卫生管理体系;

——矿山职业危害的种类、来源、危害及其允许标准；
——矿山职业危害管理、监测及其预防；
——矿山职工卫生监护的基本要求。

4.3.2 矿山事故应急管理
——我国矿山事故应急体系；
——矿山救护队的任务、组织和作用；
——矿山事故应急准备、应急预案的内容,矿山事故预警、应急响应、应急保障、应急评审和改进要求；
——矿山事故紧急处置要点；
——矿山常用应急救援装备。

4.4 安全生产管理能力与事故案例分析
4.4.1 安全生产管理能力
——贯彻执行国家安全生产方针、政策和法律、法规、标准、规范的程序和要点；
——组织矿山安全生产的程序、方法和内容；
——组织制定并实施安全生产管理规章制度和安全生产操作规程的程序和要点；
——组织安全检查和隐患整改的基本程序和要点；
——安全生产技术措施经费的管理及使用要点；
——制定、实施事故应急预案的程序和要求；
——组织、指挥矿山事故抢险救灾工作的方法和要求；
——伤亡事故调查处理的程序和方法。

4.4.2 典型事故案例分析与讨论。

5 再培训要求与内容

5.1 再培训要求
凡已取得安全生产资格证的主要负责人,若继续从事原岗位的工作,在资格证书有效期内,每年应进行一次再培训。再培训的内容按本标准5.2的要求进行。

5.2 再培训内容
——有关安全生产方面的新的法律、法规、国家标准、行业标准、规程和规范；
——有关采矿业的新技术、新工艺、新设备和新材料及其安全技术要求；
——国内外矿山安全生产管理先进经验；
——矿山典型事故案例。

6 学时安排

6.1 矿山主要负责人的培训时间,露天矿山和小型露天采石场不少于48学时(每天按6学时计,下同);地下矿山不少于54学时,具体培训学时应符合表1的规定。现场教学应根据实际情况安排,不得少于3个学时。

6.2 安全生产管理能力部分的内容可与安全生产管理部分合并讲授,事故案例分析与讨论可穿插到其他各部分。

6.3 小型露天采石场、露天矿山、地下矿山的再培训时间不少于16学时。

表1 金属非金属矿山主要负责人培训课时安排

项 目		培 训 内 容	学 时		
			小型露天采石场	露天矿山	地下矿山
培训	第一单元	安全生产形势	2	2	2
		矿山安全生产法律法规	3	3	3
		安全生产管理	4	4	4
		小计	9	9	9
	第二单元	矿山地质安全	3	3	3
		露天或地下开采安全（小型露天采石场含排土场）	12	9	12
		矿山爆破安全	6	6	6
		矿山机电安全	3	3	3
		排土场与尾矿库安全		3	3
		小计	24	24	27
	第三单元	矿山职业卫生	3	3	6
		矿山事故应急管理	3	3	3
		小计	6	6	9
	第四单元	安全生产管理能力与典型事故案例分析	6	6	6
	复习		1	1	1
	考试		2	2	2
	合计		48	48	54
再培训	有关安全生产的新的法律、法规、国家标准、行业标准、规程和规范 有关采矿业新技术、新工艺、新设备及其安全技术要求 矿山安全生产管理先进经验 矿山典型事故案例分析与讨论		12	12	12
	复习		2	2	2
	考试		2	2	2

金属非金属矿山主要负责人安全生产考核标准(AQ 2009—2006)

前 言

本标准是依据国家有关安全生产法律法规对安全生产培训考核的规定,在充分考虑我国金属非金属矿山安全生产培训以及人员素质现状的基础上编制而成。

制定本标准的目的是为了规范金属非金属矿山主要负责人安全生产考核工作,提高金属非金属矿山主要负责人安全生产管理能力,促进矿山安全生产。

本标准由国家安全生产监督管理总局提出。

本标准由全国安全生产标准化技术委员会归口。

本标准起草单位:中钢集团武汉安全环保研究院。

本标准主要起草人:王红汉、向维、吴国珉、周焕明、张兴前、袁源、李永红、高泉。

1 范围

本标准规定了金属非金属矿山主要负责人安全生产考核办法、内容,以及再培训考核的要求和内容。

本标准适用于从事金属非金属矿开采的企业主要负责人的安全生产资格考核。

从事金属非金属矿地质勘探、采掘施工、尾矿库运营管理的企业,以及开采河砂、砖瓦黏土、水气矿产的企业主要负责人的安全生产资格考核可参照本标准执行。

本标准不适用于开采煤系硫铁矿以及与煤共生、伴生矿床的矿山企业的主要负责人的安全生产资格考核。

2 术语和定义

下列术语和定义适用于本标准。

2.1
金属非金属矿山 metal-nonmetal mine

开采金属矿石、放射性矿石以及作为化工原料、建筑材料、辅助原料、耐火材料及其他非金属矿物(煤炭除外)的矿山。

2.2
金属非金属矿山主要负责人 chief principal in metal-nonmetal mine

从事金属、非金属矿开采的企业董事长、总经理、矿务局局长和矿长(含实际控制人)。

2.3
小型露天采石场 small quarry

年采剥总量不超过50万t,最大开采高度不超过50 m的山坡型露天采石作业单位。

3 考核办法

3.1 金属非金属矿山主要负责人的安全生产考核应按小型露天采石场、露天矿山和地下矿山三类分别考核。

3.2 考核内容分为安全生产法律法规与安全生产管理知识、安全生产技术和安全生产管理能力三部分。

安全生产法律法规与安全生产管理知识考核的内容应符合本标准4.1规定的范围,安全生产技术考核的内容应符合本标准4.2、4.3规定的范围,安全生产管理能力考核的内容应符合本标准4.4规定的范围。

考核采用笔试考试,满分为100分,其中安全生产法律法规与安全生产管理知识占总分的30%,安全生产技术占50%,安全生产管理能力占20%,考试题应有事故案例分析。小型露天采石场应注重安全生产基础知识的考核。考试时间为120 min,60分以上为合格。

考试不及格者,允许补考一次;补考仍不及格者需重新培训考核。

3.3 考核要点的深度分为了解、熟悉和掌握三个层次,三个层次由低到高,高层次的要求包含低层次的内容。

了解:能正确理解本标准所列知识的含义、内容并能够应用。

熟悉:对本标准所列知识有较深的认识,能够分析、解释并应用相关知识解决问题。

掌握:对本标准所列知识有全面、深刻的认识,能够综合分析、解决较为复杂的相关问题。

4 考核要点

4.1 矿山安全生产法律法规与安全生产管理
4.1.1 安全生产形势考核要点
——了解我国安全生产形势;
——了解我国金属非金属矿山事故的特点。

4.1.2 矿山安全生产法律法规考核要点
——熟悉我国安全生产方针;
——了解矿山安全生产法律法规体系和安全生产基本法律制度;
——掌握国家有关采矿业准入制度;
——熟悉有关矿山建设项目职业安全卫生"三同时"的要求;
——熟悉从业人员安全生产的权利与义务。

4.1.3 安全生产管理考核要点
——了解矿山安全管理工作的意义、任务和基本内容;
——了解我国安全生产监管体制,矿山安全监管人员的权力;
——熟悉安全管理机构的设置和人员配备要求;
——掌握安全技术措施经费的提取和管理;
——掌握矿山主要安全管理制度以及主要负责人的安全生产职责;

对于露天矿山和地下矿山,考核要点还包括:了解现代安全管理方法,包括安全目标管理、危险辨识与安全评价、职业健康安全管理体系、安全文化、安全生产标准化。

对于小型露天采石场,考核内容还包括:安全目标管理、安全生产标准化。

4.2 矿山开采安全技术
4.2.1 矿山地质安全考核要点

——熟悉地质构造、水文地质、地质环境和矿岩物理力学性质对矿山安全生产的影响；
——了解矿山开采对矿山地质工程以及矿图的要求。

对于小型露天采石场,考核要点还包括：了解矿山地质的基本概念,包括矿物、岩石、矿床、褶皱、裂隙、断裂。

4.2.2 露天开采安全考核要点

——熟悉露天开采的基本安全生产条件；
——掌握露天采场及台阶的构成及安全技术要求；
——熟悉露天矿山开采顺序、开拓方式及其特点；
——掌握露天矿山开采工艺特点及其安全管理要求；
——了解边坡破坏的类型、破坏机理、影响边坡稳定的因素以及滑坡防治技术；
——掌握边坡日常安全管理要求；
——了解露天矿山防排水与防灭火要求；
——掌握露天矿山常见事故的原因及预防措施。

对于小型露天采石场,考核要点还包括：掌握地质地形图、采场工程平面布置图和采场剖面图等的制图识图的方法和要点。

对于其他露天矿山,考核要点还包括：
——了解露天开采境界及剥采比对露天矿山安全生产的影响；
——熟悉合理的开采境界和采剥比的确定方法。

4.2.3 地下开采安全考核要点

——熟悉地下矿山开采的基本安全生产条件；
——熟悉地下矿山开采顺序、开拓方式及其适用条件；
——掌握井巷施工、支护与维护的安全管理要求；
——熟悉常用的采矿方法及其适用条件,掌握回采和顶板控制安全管理要求；
——了解矿山地压形成机理,熟悉地压管理要求,掌握采空区处理方法；
——熟悉地下矿山的提升、运输的安全管理要求；
——熟悉矿井安全生产对通风防尘的安全管理要求；
——了解矿井安全生产对防排水、防灭火的安全管理要求；
——掌握地下矿山常见事故的原因及预防措施,包括冒顶片帮、透水、中毒窒息、溜井堵塞、火灾、坠井和地表塌陷等事故。

4.2.4 矿山爆破安全考核要点

——了解矿用炸药和常用起爆器材的性能、检验方法及安全要求；
——熟悉常用起爆方法的安全要求；
——掌握露天或地下矿山爆破方法和爆破参数的确定及炮眼的布置；
——掌握矿山爆破作业的安全管理要求,拒爆处理方法；
——掌握爆破有害效应的控制措施；
——了解爆破器材使用、储存、运输和销毁的安全管理要求；
——熟悉矿山常见爆破事故的原因及预防措施,以及次生、衍生事故的预防措施。

4.2.5 矿山机电安全考核要点

——了解矿山供电、电气安全技术以及电气作业安全措施；

——了解触电、漏电、电气火灾等事故的原因及预防措施；
——了解矿山机械的安全管理要求；
——了解矿山机械常见事故的原因及预防措施。

4.2.6 排土（废石）场与尾矿库安全考核要点
——了解排土场（废石场）选址的要求，熟悉排土场安全管理要求，以及排土场常见事故的原因及预防措施；
——熟悉尾矿库安全管理要求，包括尾矿库选址要求，尾矿库等别、安全度确定方法，尾矿库防洪、生产运行、闭库的安全管理要求；
——熟悉尾矿库常见事故的原因及预防措施。

对于小型露天采石场，可不考核尾矿库安全知识。

4.3 矿山职业卫生和事故应急管理
4.3.1 矿山职业卫生考核要点
——了解我国职业卫生管理体制；
——熟悉矿山职业危害因素的种类、来源、危害及允许标准；
——熟悉矿山职业危害的管理、监测及防治要求；
——了解矿山职工卫生监护的基本要求。

4.3.2 矿山事故应急管理考核要点
——了解国家矿山事故应急救援体系；
——了解矿山救护队的任务、组织和作用；
——熟悉矿山事故应急准备、应急预案的内容，掌握矿山事故预警、应急响应程序和要求；了解应急保障、应急评审和改进要求；
——掌握矿山事故紧急处置要点，包括坠罐、冒顶片帮、透水、矿井火灾、爆炸、中毒窒息、边坡坍塌、尾矿库溃坝、矿山地质灾害等事故的紧急处置要点；
——了解矿山常用应急救援装备要求。

4.4 安全生产管理能力与事故案例分析
4.4.1 安全生产管理能力考核要点
——熟悉贯彻执行国家安全生产方针、政策和安全生产法律、法规、标准、规范的程序和要点；
——掌握组织矿山安全生产管理的方法、程序和内容；
——熟悉组织制定并实施安全管理规章制度和技术操作规程的程序和要点；
——掌握组织安全检查和事故隐患整改的程序和要点；
——熟悉安全生产技术措施经费的管理及使用要点；
——熟悉组织编制矿山事故应急预案的程序和实施要求；
——掌握制定事故应急预案的程序和要求；
——掌握组织、指挥矿山事故抢险救灾工作的方法和要求；
——熟悉伤亡事故调查的程序和要求。

4.4.2 事故案例分析
——熟悉分析伤亡事故发生的原因及防止同类事故的预防措施。

5 再培训考核要求与内容

5.1 再培训考核要求

对已取得安全生产资格证的主要负责人,在证书有效期内,每年再培训完毕都应进行考核,考核内容按本标准 5.2 的要求进行,并将考核结果在安全生产资格证书上做好记载。

5.2 再培训考核要点

——熟悉有关安全生产方面的新的法律、法规、国家标准、行业标准、规程和规范;

——了解有关矿山生产的新技术、新工艺、新产品和新材料及其安全技术要求;

——了解矿山安全生产管理先进经验;

——熟悉矿山各类典型事故发生的原因,避免同类事故发生的对策和防范措施。

金属非金属矿山安全生产管理人员安全生产培训大纲(AQ 2010—2006)

前　言

本标准是依据国家有关安全生产法律法规对安全生产培训的规定,在充分考虑我国金属非金属矿山安全生产培训以及人员素质现状的基础上编制而成。

制定本标准的目的是为了规范金属非金属矿山安全生产管理人员安全生产培训工作,提高金属非金属矿山安全生产管理人员安全生产管理能力,促进矿山安全生产。

本标准由国家安全生产监督管理总局提出。

本标准由全国安全生产标准化技术委员会归口。

本标准起草单位:中钢集团武汉安全环保研究院。

本标准主要起草人:王红汉、吴国珉、周焕明、袁源、李永红、高泉。

1　范围

本标准规定了金属非金属矿山企业的安全生产管理人员安全生产培训的要求,培训以及再培训的内容和学时安排。

本标准适用于从事金属非金属矿开采的企业安全生产管理人员的安全生产培训。

从事金属非金属矿地质勘探、采掘施工、尾矿库运营管理的企业,以及开采河砂、砖瓦黏土、水气矿产的企业安全生产管理人员的安全生产培训可参照本标准执行。

本标准不适用于开采煤系硫铁矿以及与煤共生,伴生的矿床的矿山的安全生产管理人员的安全生产培训。

2　术语和定义

下列术语和定义适用于本标准。

2.1

金属非金属矿山　metal-nonmetal mine

开采金属矿石、放射性矿石以及作为化工原料、建筑材料、辅助原料、耐火材料及其他非金属矿物(煤炭除外)的矿山。

2.2

金属非金属矿山安全生产管理人员　safety manager in metal-nonmetal mine

金属非金属矿山企业中分管安全生产的负责人、安全生产管理机构负责人及其管理人员,以及未设安全生产管理机构的矿山企业的专职安全生产管理人员。

2.3

小型露天采石场　small quarry

年采剥总量在 50 万 t 以下,最大开采高度不超过 50 m 的山坡型露天采石作业单位。

3 培训要求

3.1 金属非金属矿山安全生产管理人员必须按照本标准的要求接受安全生产培训,具备与所从事的生产经营活动相适应的安全生产知识和安全生产管理能力。

3.2 金属非金属矿山安全生产管理人员的安全生产培训应按照小型露天采石场、露天矿山、地下矿山三类分别进行。

3.3 培训应当按照有关安全生产培训的规定组织进行。

3.4 培训工作应坚持理论与实际相结合,采用多种有效的培训方式,加强案例教学,适当安排现场教学;注重对安全生产管理人员职业道德、安全法律意识、安全技术理论和安全生产管理能力的综合培养。

4 培训内容

4.1 矿山安全生产法律法规与安全生产管理

4.1.1 安全生产形势
——我国安全生产形势、矿山安全生产形势以及矿山安全生产的特点;
——国内外有关矿山安全生产状况及经验。

4.1.2 矿山安全生产法律法规
——我国安全生产方针;
——安全生产法律法规体系及基本安全生产法律制度。

4.1.3 安全生产管理
——安全生产管理的意义、任务与基本内容;
——我国安全生产监管体制;
——安全生产法律法规规定的安全生产管理制度,包括安全生产责任制和安全生产责任体系,安全检查制度,安全教育培训制度,职业安全卫生措施计划制度,重大危险源监控和重大隐患整改制度,伤亡事故管理制度,职业危害预防制度,安全生产许可制度,职业安全卫生"三同时"管理制度,安全生产风险抵押金制度,安全评价制度,工伤保险制度,劳动防护用品发放和使用制度,设备安全管理制度,安全生产档案管理制度,安全生产奖惩制度;
——现代安全管理理论与技术。对于露天矿山和地下矿山。培训内容应包括:安全目标管理、危险因素辨识和安全评价方法、职业健康安全管理体系、安全文化、安全生产标准化等;对于小型露天采石场,培训内容应包括:安全目标管理和安全生产标准化,以及危险因素辨识与安全评价、职业健康安全管理体系、安全文化等的基本概念。

4.2 矿山开采安全技术

4.2.1 矿山地质安全
——矿床地质构造、工程地质与水文地质、矿岩的物理力学性质、矿山地质环境对矿山安全生产的影响。

4.2.2 露天开采安全
——露天开采的基本安全生产条件;

——露天矿山台阶、边坡安全技术要求及检查要点;
——露天开采方式与采剥工艺安全要求,包括穿孔、采装、运输、排卸及辅助作业的安全管理要求与检查要点;
——露天矿山边坡管理,边坡破坏的类型、预兆、影响边坡稳定性的因素及防治措施,安全管理及检查要点;
——露天矿山对防尘、防排水和防灭火的安全管理要求及检查要点;
——露天矿山常见事故的种类、原因及预防措施。

4.2.3 地下开采安全
——地下开采的基本安全生产条件;
——井巷工程掘进施工、支护及维护安全要求及检查要点;
——常用采矿方法及其回采工艺的安全要求及检查要点;
——矿山地压管理,顶帮灾害防治的安全检查要点,采空区处理安全要求;
——运输与提升安全管理要求及检查要点;
——矿井通风安全管理要求与检查要点;
——矿井防排水与防灭火安全管理要求与检查要点;
——地下矿山常见事故的种类、原因及预防措施。

4.2.4 矿山爆破安全
——矿山炸药、常用爆破器材及起爆方法的安全管理要求与安全检查要点;
——露天矿山和地下矿山爆破作业安全管理要求及安全检查要点,包括钻孔、装药、警戒、起爆、爆后检查、残爆、拒爆处理等的安全要求;
——爆破有害效应及爆破安全范围的圈定;
——爆破器材储存、运输、使用、销毁的安全要求及检查要点;
——矿山常见爆破事故的类别、原因及预防措施。

4.2.5 矿山机电安全
——矿山电气安全措施以及电气事故的原因及预防措施;
——矿山机械安全管理和矿山机械常见事故的原因及预防措施。

4.2.6 排土(废石)场与尾矿库安全管理
——排土(废石)场作业安全管理要求及检查要点,排土场泥石流、滑坡、滚石等事故的原因及预防措施;
——尾矿库安全管理要求及检查要点,包括尾矿库等别、安全度的确定方法,尾矿库生产运行管理、防排洪、闭库的安全要求,尾矿库常见病害及防治措施。

对于小型露天采石场,可不培训尾矿库安全知识。

4.3 矿山职业卫生与矿山事故应急管理

4.3.1 矿山职业卫生
——我国现行职业卫生管理体制;
——矿山职业危害的种类、来源、危害及其允许标准;
——矿山职业危害管理、监测及其预防;
——矿山职工卫生监护的基本要求。

4.3.2 矿山事故应急管理

——我国矿山事故应急救援体系；
——矿山救护队的任务、组织和作用；
——矿山事故应急准备、应急计划的内容，以及事故预警、应急响应程序、应急保障、应急评审和改进要求；
——矿山事故紧急处置要点，包括坠罐、冒顶片帮、透水、矿井火灾、爆炸、中毒窒息、边坡坍塌、尾矿库溃坝、地质灾害等事故的紧急处置要点；
——现场急救技术，包括创伤、触电、中毒窒息、溺水、烧伤急救和伤员的运送等技术；
——矿山常用应急救援装备。

4.4 安全生产管理技能及事故案例分析

4.4.1 安全生产管理能力

——贯彻执行国家安全生产方针、政策和安全生产法律、法规、标准、规范的程序和要求；
——建立安全管理网络，制定与实施安全管理规章制度和安全技术操作规程的程序和要求；
——组织审定安全操作规程的程序和要求；
——组织安全检查和隐患整改的程序、依据、内容和方法；
——掌握开展安全教育培训的程序和要求，包括：制定安全教育培训计划、各类人员培训、考核的要求；
——有关新、改、扩建工程的安全设施设计审查、竣工验收工作的程序和要求；
——职业安全卫生措施计划的报告、统计、审批、实施、验收要求，安全生产技术措施经费的使用要求；
——安全生产责任制、安全生产目标的考核方法；
——编制矿山事故应急预案的要求，参与矿山事故抢险救灾工作的程序；
——掌握伤亡事故调查处理的基本程序，伤亡事故统计、报告与调查处理。

4.4.2 典型事故案例分析与讨论。

5 再培训要求与内容

5.1 再培训要求

凡已取得安全生产资格证的安全生产管理人员，若继续从事原岗位的工作，在资格证书有效期内，每年应进行一次再培训。再培训的内容按本标准5.2的要求进行。

5.2 再培训内容

——有关安全生产方面的新的法律、法规、国家标准、行业标准、规程和规范；
——有关采矿业的新技术、新工艺、新设备和新材料及其安全技术要求；
——矿山安全生产管理先进经验；
——矿山典型事故案例分析与讨论。

6 学时安排

6.1 矿山安全生产管理人员的培训时间，小型露天采石场和露天矿山不少于48学时（一天按6学时计，下同）；地下矿山不少于54学时，具体培训学时应符合表1的规定。现场教学应根据实际情况安排,不得少于 3 个学时。

6.2 安全生产管理能力部分的内容可与安全生产管理部分合并讲授,事故案例分析与讨论可穿插到其他各部分。

6.3 小型露天采石场、露天矿山、地下矿山的再培训时间不少于 16 学时。

表 1 金属非金属矿山安全生产管理人员培训课时安排

项 目		培 训 内 容	学 时		
			小型露天采石场	露天矿山	地下矿山
培训	第一单元	安全生产形势	2	2	2
		矿山安全生产法律法规	4	4	4
		安全生产管理	6	6	6
		小计	12	12	12
	第二单元	矿山地质安全	3	3	3
		露天或地下开采安全(小型露天采石场含排土场)	9	8	11
		矿山爆破安全	6	4	4
		矿山机电安全	3	3	3
		排土场与尾矿库安全	0	3	3
		小计	21	21	24
	第三单元	矿山职业卫生	3	3	6
		矿山事故应急管理	3	3	3
		小计	6	6	9
	第四单元	安全生产管理能力与事故案例分析	6	6	6
	复习		1	1	1
	考试		2	2	2
	合计		48	48	54
再培训	有关安全生产方面的新的法律、法规、国家标准、行业标准规范和规程 有关采矿业新技术、新工艺、新设备及其安全技术要求 矿山安全生产管理先进经验 矿山典型事故案例分析与讨论		12	12	12
	复习		2	2	2
	考试		2	2	2

金属非金属矿山安全生产管理人员安全生产考核标准(AQ 2011—2006)

前　　言

本标准是依据国家有关法律法规对安全生产培训的规定,在充分考虑我国金属非金属矿山安全生产培训以及人员素质现状的基础上编制而成。

制定本标准的目的是为了规范金属非金属矿山安全生产管理人员安全生产考核工作,提高金属非金属矿山安全生产管理人员的安全生产管理能力素质,促进矿山安全生产。

本标准由国家安全生产监督管理总局提出。

本标准由全国安全生产标准化技术委员会非煤矿山安全分技术委员会归口。

本标准起草单位:中钢集团武汉安全环保研究院。

本标准主要起草人:王红汉、向维、吴国珉、周焕明、张兴前、袁源、李永红、高泉。

1　范围

本标准规定了金属非金属矿山安全生产管理人员的安全生产考核办法、内容,以及再培训考核的要求与内容。

本标准适用于从事金属非金属矿开采的企业的安全生产管理人员的安全生产资格考核。

从事金属非金属矿地质勘探、采掘施工、尾矿库运营管理的企业,以及开采河砂、砖瓦黏土、水气矿产的企业的安全生产管理人员的安全生产资格考核可参照本标准执行。

本标准不适用于开采煤系硫铁矿以及与煤共生、伴生的矿床的矿山企业安全生产管理人员的安全生产资格考核。

2　术语和定义

下列术语和定义适用于本标准。

2.1
金属非金属矿山　metal-nonmetal mine

开采金属矿石、放射性矿石以及作为化工原料、建筑材料、辅助原料、耐火材料及其他非金属矿物(煤炭除外)的矿山。

2.2
金属非金属矿山安全生产管理人员　safety manager in metal-nonmetal mine

金属非金属矿山企业内分管安全生产的负责人、安全生产管理机构负责人及其管理人员,以及未设安全生产管理机构的矿山企业的专职安全生产管理人员等。

2.3
小型露天采石场　small quarry

年采剥总量不超过 50 万 t,最大开采高度不超过 50 m 的山坡型露天采石作业单位。

3 考核办法

3.1 金属非金属矿山安全生产管理人员应接受专门的安全生产培训,经安全生产监督管理部门对其安全生产知识和安全生产管理能力考核合格,取得安全生产资格证书后,方可任职。

3.2 金属非金属矿山安全生产管理人员的安全生产考核应按小型露天采石场、露天矿山和地下矿山三类分别考核。

3.3 考核内容分为安全生产法律法规与安全生产管理知识、安全生产技术和安全生产管理能力三部分。

安全生产法律法规与安全生产管理知识考核的内容应符合本标准 4.1 规定的范围,安全生产技术考核的内容应符合本标准 4.2、4.3 规定的范围,安全生产管理能力考核的内容应符合本标准 4.4 规定的范围。

考核采用笔试考试,满分为 100 分,其中安全生产法律法规与安全生产管理知识占总分的 30%,安全生产技术占 50%,安全生产管理能力占 20%。考试题应有事故案例分析。小型露天采石场应注重安全生产基础知识的考核。考试时间为 120 min,60 分以上为及格。

考试不及格者,允许补考一次;补考仍不及格者需重新培训考核。

3.4 考核要点的深度分为了解、熟悉和掌握三个层次,三个层次由低到高,高层次的要求包含低层次的要求。

了解:能正确理解本标准所列知识的含义、内容并能够应用。

熟悉:对本标准所列知识有较深的认识,能够分析、解释并应用相关知识解决问题。

掌握:对本标准所列知识有全面、深刻的认识,能够综合分析、解决较为复杂的相关问题。

4 考核要点

4.1 矿山安全生产法律法规与安全生产管理

4.1.1 安全生产形势考核要点:
——了解我国金属非金属矿山事故的特点。

4.1.2 矿山安全生产法律法规考核要点:
——熟悉我国安全生产方针;
——了解我国安全生产法律法规体系和安全生产基本法律制度;
——熟悉《安全生产法》《矿山安全法》《金属非金属矿山安全规程》和《爆破安全规程》等;
——熟悉从业人员的安全生产的权利与义务。

4.1.3 安全生产管理考核要点:
——了解矿山安全管理工作的意义、任务和基本内容;
——了解国家安全生产监管体制;
——掌握下列安全管理制度:安全生产责任制和安全生产责任体系,以及安全生产管理人员的安全生产职责,安全检查制度,安全教育培训制度,职业安全卫生措施计划制度,重大危险源监控和重大隐患整改制度,安全生产事故管理制度;

——熟悉下列安全管理制度：安全生产许可证制度，职业安全卫生"三同时"管理制度，安全评价制度，安全生产风险抵押金制度，工伤保险制度，职业危害预防制度，劳动防护用品发放和使用制度，设备安全管理制度，安全生产档案管理制度，安全生产奖惩制度。

对露天矿山和地下矿山，考核要点还包括：熟悉现代安全管理理论和技术，即安全目标管理、危险辨识与安全评价、职业健康安全管理体系、安全文化、安全生产标准化等。

对小型露天采石场，考核要点还包括：了解安全目标管理和安全生产标准化，了解危险辨识与安全评价、职业健康安全管理体系、安全文化等的基本概念。

4.2 矿山开采安全技术

4.2.1 矿山地质安全考核要点：
——了解矿山地质条件和矿岩物理力学性质对矿山安全生产的影响。

4.2.2 露天开采安全考核要点：
——熟悉露天开采的基本安全生产条件；
——熟悉露天矿山台阶及边坡的构成安全技术要求；
——了解露天开采方式及采剥工艺安全要求，包括穿孔、采装、运输、排卸以及辅助作业的安全管理要求及检查要点；
——了解边坡破坏的类型、影响边坡稳定性的因素以及滑坡防治技术，掌握边坡日常安全管理要求；
——了解露天矿山防尘、防排水、防灭火的安全管理要求及检查要点；
——掌握露天矿山常见事故的类别、原因及预防措施。

4.2.3 地下开采安全考核要点：
——熟悉地下开采的基本安全生产条件；
——掌握常用的井巷工程施工、支护、维护的安全管理要求及检查要点；
——熟悉常用的采矿方法及回采工艺的安全管理要求及检查要点；
——了解矿山地压形成机理，采空区处理方法，掌握矿山地压管理及检查要点；
——掌握地下矿山的提升、运输的安全检查重点；
——了解矿井通风方式、通风系统和通风构筑物，掌握矿井通风的安全管理要求及通风设施、局部通风的安全检查重点；
——熟悉矿井防排水及内、外因火灾防治安全要求及检查要点；
——掌握地下矿山常见事故的类别、原因及预防措施。

4.2.4 矿山爆破安全考核要点：
——了解矿用炸药、常用起爆器材、起爆方法的安全要求；
——掌握露天矿山或地下矿山爆破作业的安全管理要求及检查要点；
——熟悉爆破有害效应及爆破安全范围的圈定方法；
——了解爆破器材使用、储存、运输和销毁的安全管理要求；
——掌握矿山常见爆破事故的类别、原因及预防措施，以及次生、衍生事故的预防措施。

4.2.5 矿山机电安全考核要点：
——了解矿山电气安全技术和电气作业安全措施；
——熟悉触电、漏电、电气火灾等事故的原因及预防措施；

——了解矿山机械的安全管理要求；
——熟悉矿山常用机械的常见事故的原因及预防措施。

4.2.6 排土（废石）场与尾矿库安全考核要点：
——了解排土（废石）场生产运行安全管理要求；
——熟悉排土（废石）场安全检查要求以及常见事故的类别、原因及预防措施；
——了解尾矿库安全管理要求，包括尾矿库的等别、安全度的确定方法、防洪、运行、闭库的安全管理要求；
——熟悉尾矿库安全检查要点以及常见病害及其防治措施；

对小型露天采石场，可不考核尾矿库安全知识。

4.3 矿山职业卫生与矿山事故应急管理

4.3.1 矿山职业卫生考核要点：
——了解我国现行职业卫生管理体制；
——掌握矿山职业危害因素的种类、危害、允许标准及防治措施；
——熟悉矿山职业危害的管理、监测及防治要求；
——了解矿山职工卫生监护的基本要求。

4.3.2 矿山事故应急管理考核要点：
——了解我国矿山事故应急体系；
——了解矿山救护队的任务、组织和作用；
——熟悉矿山事故应急准备、应急计划的内容，以及事故预警、应急响应程序、应急保障、应急评审和改进要求；
——掌握矿山事故紧急处置要点，包括坠罐、冒顶片帮、透水、矿井火灾、爆炸、中毒窒息、边坡坍塌、尾矿库溃坝、地质灾害等事故的紧急处置要点；
——熟悉现场急救技术，包括创伤、触电、中毒窒息、溺水、烧伤急救和伤员的运送等技术；
——了解矿山常用应急救援装备的技术性能及使用、维修方法。

4.4 安全生产管理能力与事故案例分析

4.4.1 安全生产管理能力考核要点：
——熟悉贯彻执行国家安全生产方针、政策和安全生产法律、法规、标准、规范的程序和要求；
——熟悉制定安全管理规章制度和安全生产管理网络的程序和方法，以及实施运行的要求；
——熟悉组织审定安全操作规程的程序和要求；
——掌握组织矿山安全检查以及隐患整改工作的程序、依据和要点；
——掌握开展安全教育培训的程序和要求，包括：制定安全教育培训计划、各类人员培训、考核的要求；
——熟悉参与有关新、改、扩建工程的安全设施设计审查、竣工验收工作的程序和要求；
——掌握职业安全卫生措施计划的报告、统计、审批、实施、验收要求，以及合理安排、使用安全生产技术措施经费的要求；
——熟悉安全生产考核的程序、方法和依据；

——熟悉编制矿山事故应急预案的要求,参与矿山事故抢险救灾工作的程序;
——掌握伤亡事故调查处理的基本程序,伤亡事故统计、报告与调查处理。

4.4.2 事故案例分析考核要点:
——掌握分析伤亡事故发生的原因及提出防止同类事故的预防措施。

5 再培训考核要求与内容

5.1 再培训考核要求
对已取得安全生产资格证的安全生产管理人员,在证书有效期内,每年再培训完毕都应进行考核,考核内容按本标准 5.2 的要求进行,并将考核结果在安全生产资格证书上做好记载。

5.2 再培训考核要点
——熟悉有关安全生产方面的新的法律、法规、国家标准、行业标准、规程和规范;
——熟悉有关矿山生产新技术、新工艺、新产品和新材料及其安全技术要求;
——了解矿山安全生产管理先进经验;
——掌握矿山各类典型事故发生的原因,避免同类事故发生的对策和防范措施。

金属非金属矿山排土场安全生产规则
（AQ 2005—2005）

前　　言

本规则的制定根据金属非金属矿山排土场松散体介质的特点，依据国家安全生产法律、法规，并参考国家有关安全生产、职业健康等文件的技术内容，规定了金属非金属矿山排土场安全管理和安全技术要求。

本规则由国家安全生产监督管理局提出并归口。

本规则起草单位马鞍山矿山研究院。

本规则主要起草人：项宏海、黄礼富、徐志宏、汪斌、江龙剑、常前发、袁先乐。

1 范围

本规则规定了金属非金属矿山排土场的设计、生产作业管理和关闭等环节的安全要求及安全防护、评价与管理、监督与检查要求，以防止排土场事故的发生。

本规则适用于金属非金属矿山的排土场或废石场。水力输送排土场的设计、生产作业、管理和关闭按尾矿库有关规定执行。

2 规范性引用文件

下列文件中的条款通过本标准的引用而成为本标准的条款，其最新版本适用于本标准。

GB 16423　金属非金属露天矿山安全规程
GB 18599　一般工业固体废物贮存、处置场污染控制标准
GB 14161　矿山安全标志
GB 50070　矿山电力设计规范

3 定义

3.1 本规则所述排土场又称废石场，是指矿山剥离和掘进排弃物集中排放的场所。

3.2 排弃物一般包括腐殖表土、风化岩土、坚硬岩石以及混合岩土，有时也包括可能回收的表外矿、贫矿等。

4 排土场安全管理

4.1 企业主要负责人是排土场安全生产第一责任人。企业应有专门机构和专职人员负责排土场的安全管理工作，保证排土场安全生产所需经费。

4.2 建立健全适合本单位排土场实际情况的规章制度，包括：排土场安全目标管理制度；排土场安全生产责任制度；排土场安全生产检查制度；排土场安全隐患治理制度；排土场抢险及险情报告制度；排土场安全技术措施实施计划；排土场安全技术规程；排土场安全事故调查、分析、报告、处理制度；排土场安全培训、教育制度；排土场安全评价制度等。

4.3 企业应严格执行建设项目安全设施"三同时"的有关规定,对排土场按照设计文件的要求和有关技术规范施工,并报批验收。

4.4 设计变更应经原设计单位同意,或经有资质的单位进行技术论证,并报安全生产监督管理部门审查,任何单位和个人不应随意变更排土场设计或研究机构经技术论证后推荐的排土段高等参数。

4.5 排土场滚石区应设置醒目的符合 GB 14161 标准的安全警示标志。

4.6 严禁个人在排土场作业区或排土场危险区内从事捡矿石、捡石材和其他活动。未经设计或技术论证,任何单位不应在排土场内回采低品位矿石和石材。

4.7 排土场最终境界 20 m 内应排弃大块岩石。

5 排土场的设计

5.1 矿山排土场应由有资质的中介机构进行设计。

5.2 排土场位置的选择应遵守以下原则:
—— 排土场位置的选择,应保证排弃土岩时不致因滚石、滑坡、塌方等威胁采矿场、工业场地(厂区)、居民点、铁路、道路、输电网线和通讯干线、耕种区、水域、隧道涵洞、旅游景区、固定标志及永久性建筑等的设施安全。
—— 排土场场址不宜设在工程地质或水文地质条件不良的地带。如因地基不良而影响安全时,应采取有效措施。
—— 依山而建的排土场,坡度大于 1:5 且山坡有植被或第四系软弱层时,最终境界 100 m 内的植被或第四系软弱层应全部清除,将地基削成阶梯状。
—— 排土场选址时应避免成为矿山泥石流重大危险源,无法避开时应采取切实有效的措施。
—— 排土场位置要符合相应的环保要求。排土场场址不应设在居民区或工业建筑主导风向的上风向区和生活水源的上游,含有污染物的废石要按照 GB 18599 要求进行堆放、处置。

5.3 排土场位置选定后,应进行专门的地质勘探工作。

5.4 排土场排土工艺、排土顺序、排土场的阶段高度、总堆置高度、安全平台宽度、总边坡角、废石滚落时可能的最大距离以及相邻阶段同时作业的超前堆置距离等参数,均应在设计中明确规定。

5.5 排土场设计时应进行排土场土岩流失量估算,设计拦挡设施。

5.6 内部排土场不应影响矿山正常开采和边坡稳定。排土场坡脚与矿体开采点和其他构筑物之间应有一定的安全距离,必要时应建设滚石或泥石流拦挡设施。

5.7 在矿山建设过程中,修建公路和工业场地的废石应选择地点集中排放,不能就近排弃在公路边和工业场地边,以避免形成泥石流。

5.8 对腐殖表土、风化岩土应单独设计、集中堆放。

6 排土场的作业管理

6.1 道路运输

—— 汽车排土作业时,应有专人指挥,指挥人员应经过培训,并经考核合格后上岗工作。

——非作业人员不应进入排土作业区,凡进入作业区的工作人员、车辆、工程机械应服从指挥人员的指挥。
——排土场平台应平整,排土线应整体均衡推进,坡顶线应呈直线形或弧形,排土工作面向坡顶线方向应有2‰～5‰的反坡。
——排土卸载平台边缘要设置安全车挡,其高度不小于轮胎直径的1/2,车挡顶宽和底宽应不小于轮胎直径的1/4和4/3;设置移动车挡设施的,要对不同类型移动车挡制定安全作业要求,并按要求作业。
——应按规定顺序排弃土岩。在同一地段进行卸车和推土作业时,设备之间应保持足够的安全距离。
——卸土时,汽车应垂直于排土工作线;汽车倒车速度应小于5 km/h,严禁高速倒车,冲撞安全车挡。
——推土时,在排土场边缘严禁推土机沿平行坡顶线方向推土。
——排土安全车挡或反坡不符合规定、坡顶线内侧30 m范围内有大面积裂缝(缝宽0.1 m～0.25 m)或不正常下沉(0.1 m～0.2 m)时,禁止汽车进入该危险区作业,安全管理人员应查明原因及时处理后,方可恢复排土作业。
——排土场作业区内烟雾、粉尘、照明等因素使驾驶员视距小于30 m或遇暴雨、大雪、大风等恶劣天气时,应停止排土作业。
——汽车进入排土场内应限速行驶。距排土工作面50 m～200 m时限速16 km/h,50 m范围内限速8 km/h;排土作业区应设置一定数量的限速牌等安全标志牌。
——排土作业区照明系统应完好,照明角度应符合要求,夜间无照明禁止排土。灯塔与排土车挡距离 d 应按以下公式计算:

$$d \geqslant 车辆视觉盲区距离 + 10 \text{ m}$$

——排土作业区应配备质量合格、适应相应车载量汽车突发事故救援使用的钢丝绳(>4根)、大卸扣(>4个)等应急工具。
——排土作业区应配备指挥工作间和通讯工具。

6.2 铁路运输

6.2.1 铁路移动线路卸车地段,应遵守下列规定:
——路基面应向排土场内侧形成反坡。
——线路一般为直线,困难条件下,其平曲线半径不小于表1的规定,并根据翻卸作业的安全要求设置外轨超高。

表 1 平曲线半径 单位为米

卸车方向	准轨铁路	窄 轨 铁 路		
		机车车辆固定轴距≤2.0 m		机车车辆固定轴距2.0～3.0 m,
		轨距600 mm	轨距762 mm,900 mm	轨距762 mm,900 mm
向曲线外侧	150	30	60	80
向曲线内侧	200	50	80	100

——线路尽头的一个列车长度内应有2.5‰～5‰的上升坡度。

——卸车线钢轨轨顶外侧至台阶坡顶线的距离,应不小于表2的规定。

表2 轨顶外侧至台阶坡顶线的距离

单位为米

准轨		窄轨		
路基稳固	路基不稳	轨距900 mm	轨距762 mm	轨距600 mm
0.62	0.92	0.45	0.43	0.37

——牵引网路应符合GB 50070规范。网路始端,应设电源开关,做到先停电后移动网路。

——在独头卸载线端部,应设置车挡。车挡应有完好的栏挡指示和红色夜光示警牌。独头线的起点和终点,应设置铁路障碍指示器。

6.2.2 列车在卸车线上运行和卸载时,应遵守下列规定:

——列车进入排土线后,由排土人员指挥列车运行。机械排土线的列车运行速度准轨不应超过10 km/h;窄轨不应超过8 km/h;接近路端时,不应超过5 km/h。

——严禁运行中卸土(曲轨侧卸式和底卸式除外)。

——卸车顺序应从尾部向机车方向依次进行。必要时,机车应以推送方式进入。

——列车推送时,应有调车员在前引导指挥。

——新移设的线路,首次列车严禁牵引进入。

——翻车时应2人操作,操作人员应位于车箱内侧。

——清扫自翻车宜采用机械化作业。人工清扫时应有安全措施。

——卸车完毕,应在排土人员发出出车信号后,列车方可驶出排土线。

6.2.3 排土犁排土时,应遵守下列规定:

——推排作业线上、排土犁犁板和支出机构上,严禁有人。

——排土犁推排岩土的行走速度,不应超过5 km/h。

6.2.4 单斗挖掘机排土时,受土坑的坡面角不应大于60°,严禁超挖。

6.3 胶带运输

——排土机应在稳定的平盘上作业,外侧履带与台阶坡顶线之间应保持一定的安全距离。

——工作场地和行走道路的坡度应符合排土机的技术要求。

——排土机长距离行走时,受料臂、排料臂应与行走方向成一直线,并将其吊起、固定;配重小车在靠近回转中心的前端,到位后用销子固定;严禁上坡转弯。

7 排土场排洪与防震

7.1 山坡排土场周围应修筑可靠的截洪和排水设施拦截山坡汇水。

7.2 排土场内平台应设置2‰～5‰的反坡,并在排土场平台上修筑排水沟拦截平台表面及坡面汇水。

7.3 当排土场范围内有出水点时,应在排土之前采取措施将水疏出。排土场底层应排弃大块岩石,以便形成渗流通道。

7.4 汛期前应采取下列措施做好防汛工作:

——明确防汛安全生产责任制,制定应急救援预案。
——疏通排土场内外截洪沟;详细检查排洪系统的安全情况。
——备足抗洪抢险所需物资,落实应急救援措施。
——及时了解和掌握汛期水情和气象预报情况,确保排土场和下游泥石流拦挡坝道路、通讯、供电及照明线路可靠和畅通。

7.5 汛期应对排土场和下游泥石流拦挡坝进行巡视,发现问题应及时修复,防止连续暴雨后发生泥石流和垮坝事故。

7.6 洪水过后应对坝体和排洪构筑物进行全面认真的检查与清理。发现问题应及时修复。

7.7 处于地震烈度高于6度地区的排土场,应制订相应的防震和抗震的应急预案,内容包括:
——抢险组织与职责。
——排土场防震和抗震措施。
——防震和抗震的物资保障。
——排土场下游居民的防震应急避险预案。
——震前值班及巡查制度等。

7.8 排土场泥石流拦挡坝应按现行抗震标准进行校核,低于现行标准时,应进行加固处理。

7.9 地震后,应对排土场及排土场下游的堆石坝进行巡查和检测,及时修复和加固破坏的部分,确保排土场及其设施的运行安全。

8 排土场关闭与复垦

8.1 排土场关闭

8.1.1 矿山企业在排土场结束时,应整理排土场资料、编制排土场关闭报告。
——排土场资料应包括:排土场设计资料、排土场最终平面图、排土场工程地质、水文地质资料、排土场安全稳定性评价资料及排土场复垦规划资料等。
——排土场关闭报告应包括:结束时的排土场平面图、结束时的排土场安全稳定性评价报告、结束时的排土场周围状况及排土场复垦规划等。

8.1.2 排土场最终境界应由中介技术服务机构进行安全稳定性评价。不符合安全条件的,评价单位应提出治理措施,企业应按措施要求进行治理,并须报省级以上安全生产监督管理部门审查。

8.1.3 关闭后的排土场安全管理工作由原企业负责。破产企业关闭后的排土场,由当地政府落实负责管理的单位或企业。关闭后的排土场重新启用或改作他用时,应经过可行性设计论证,并报安全生产监督管理部门审查批准。

8.2 排土场复垦

8.2.1 矿山企业在排土场生产作业过程中,应制定切实可行的复垦规划,达到最终境界的台阶先行复垦。

8.2.2 排土场复垦规划应包括场地的整备、表土的采集与铺垫、覆土厚度、适宜生长植物的选择等。

8.2.3 关闭后的排土场未完全复垦或未复垦的,矿山企业应留有足够的复垦资金。

9 排土场监测、检查及记录

9.1 排土场监测

——矿山应建立排土场监测系统,定期进行排土场监测。排土场发生滑坡时,应加强监测工作。
——发生泥石流的矿山应建立泥石流观测站和专门的气象站。泥石流沟谷应定期进行剖面测量,统计泥沙淤积量,为排土场泥石流防治提供资料。

9.2 排土场安全检查

排土场安全检查内容包括:规章制度、设计、作业管理、防洪与防震等方面。

9.2.1 排土场规章制度与设计检查

——检查排土场规章制度制定和执行情况。
——检查排土场设计及变更情况。

9.2.2 排土场作业管理检查

排土场作业管理检查的内容包括:排土参数、变形、裂缝、底鼓、滑坡等。

9.2.2.1 排土参数检查:

——测量各类型排土场段高、排土线长度,测量精度按生产测量精度要求。实测的排土参数应不超过设计的参数,特殊地段应检查是否有相应的措施。
——测量各类型排土场的反坡坡度,每100 m不少于2条剖面,测量精度按生产测量精度要求。实测的反坡坡度应在各类型排土场范围内。
——测量汽车排土场安全车挡的底宽、顶宽和高度。实测的安全车挡的参数应符合不同型号汽车的安全车挡要求。
——测量铁路排土场线路坡度和曲率半径,测量精度按生产测量精度要求;挖掘机排土测量挖掘机至站立台阶坡顶线的距离,测量误差不大于10 mm;各参数应满足本规则6.2的要求。
——测量排土机排土外侧履带与台阶坡顶线之间的距离,测量误差不大于10 mm;安全距离应大于设计要求。
——检查排土场变形、裂缝情况。排土场出现不均匀沉降、裂缝时,应查明沉降量,裂缝的长度、宽度、走向等,并判断危害程度。
——检查排土场地基是否隆起。排土场地面出现隆起、裂缝时,应查明范围和隆起高度等,判断危害程度。

9.2.2.2 检查排土场滑坡。排土场发生滑坡时,应检查滑坡位置、范围、形态和滑坡的动态趋势以及成因。

9.2.2.3 检查排土场坡脚外围滚石安全距离范围内是否有建构筑物和道路,是否有耕种地等,是否在该范围内从事非生产活动。

9.2.2.4 检查排土场周边环境是否存在危及排土场安全运行的因素。

9.2.3 排土场排水构筑物与防洪安全检查

——排水构筑物安全检查主要内容:构筑物有无变形、移位、损毁、淤堵,排水能力是否满足要求等。
——截洪沟断面检查内容:截洪沟断面尺寸,沿线山坡滑坡、塌方,护砌变形、破损、断裂和磨蚀,沟内物淤堵等。
——排土场下游设有泥石流拦挡设施的,检查拦挡坝是否完好,拦挡坝的断面尺寸及淤积库容。

9.2.4 排土场安全设施检查
安全设施检查的主要内容包括:钢丝绳、大卸扣的配备数量和质量;照明设施能否满足要求;安全警示标志牌、灭火器、通讯工具等配置及完好情况。

9.3 企业应建立下列排土场管理档案
——建设文件及有关原始资料。
——组织机构和规章制度建设。
——排土场观测资料和实测数据。
——事故隐患的整改情况。

10 排土场安全度分类与评价

10.1 排土场安全度分为危险级、病级和正常级三级。

10.1.1 排土场有下列现象之一的为危险级:
——在山坡地基上顺坡排土或在软地基上排土,未采取安全措施,经常发生滑坡的;
——易发生泥石流的山坡排土场,下游有采矿场、工业场地(厂区)、居民点、铁路、道路、输电网线和通讯干线、耕种区、水域、隧道涵洞、旅游景区、固定标志及永久性建筑等设施,未采取切实有效的防治措施的;
——排土场存在重大危险源(如汽车排土场未建安全车挡,铁路排土场铁路线顺坡和曲率半径小于规程最小值等),极易发生车毁人亡事故的;
——山坡汇水面积大而未修筑排水沟或排水沟被严重堵塞的;
——经验算,用余推力法计算的安全系数小于1.0的。

10.1.2 排土场有下列现象之一的为病级:
——排土场地基条件不好,对排土场的安全影响不大的;
——易发生泥石流的山坡排土场,下游有山地、沙漠或农田,未采取切实有效的防治措施的;
——未按排土场作业管理要求的参数或规定进行施工的;
——经验算,用余推力法计算的安全系数大于1.00小于设计规范规定值的;

10.1.3 同时满足下列条件的为正常级:
——排土场基础较好或不良地基经过有效处理的;
——排土场各项参数符合设计要求和排土场作业管理要求,用余推力法计算的安全系数大于1.15,生产正常的;
——排水沟及泥石流拦挡设施符合设计要求的。

10.2 非正常级排土场的处理:

10.2.1 对于危险级排土场,企业应停产整治,并采取以下措施:
——处理不良地基或调整排土参数;
——采取措施防止泥石流发生,建立泥石流拦挡设施;
——处理排土场重大危险源;
——疏通、加固或修复排水沟。

10.2.2 对于"病级"排土场,企业应采取以下措施限期消除隐患:

——采取措施控制不良地基的影响；
——将各排土参数修复到排土场作业管理要求的参数或规定的范围内。

10.3 企业对非正常级排土场的检查周期：
——"危险级"排土场每周不少于1次；
——"病级"排土场每月不少于1次。

在汛期,应根据实际情况对排土场增加检查次数。检查中如发现重大隐患,应立即采取措施进行整改,并向省级以上安全生产监督管理部门报告。

10.4 企业应把排土场安全评价工作纳入矿山安全评价工作中,由有资质的中介技术服务机构每3年对排土场进行一次安全评价。排土场的安全评价报告应报省级安全生产监督管理部门备案。

11 附则

11.1 本规则由国家安全生产监督管理局负责解释。
11.2 本《规则》自公布之日起实施。

尾矿库安全技术规程（AQ 2006—2005）

前　　言

为规范尾矿库建设、运行、闭库及再利用，保障人民生命财产安全，依据《中华人民共和国安全生产法》《中华人民共和国矿山安全法》和有关法律、行政法规及有关行业技术标准、规范、规定，制定本规程。

本规程的附录 A、附录 B 是资料性附录。

本规程由国家安全生产监督管理总局提出并归口。

本规程起草单位：中国有色工程设计研究总院、秦皇岛冶金设计研究总院。

本规程主要起草人：田文旗、曲忠德、伍绍辉、杨春福、时炜、王树。

1　范围

本规程规定了尾矿库在建设、生产运行、安全检查、安全度、闭库、再利用、安全评价等方面的安全要求。

本规程适用于中华人民共和国境内金属非金属矿物选矿厂尾矿库、氧化铝厂赤泥库。其他湿式堆存工业废渣库、电厂灰渣库和干式处理的尾矿库可参照执行。

2　规范性引用文件

下列文件中的条款通过本规程的引用而成为本规程的条款。引用文件最新版本，以及其后的修订版均适用于本规程。

选矿厂尾矿设施设计规范

尾矿设施施工及验收规程

岩土工程勘察规范

碾压式土石坝设计规范

碾压式土石坝施工规范

水工建筑物抗震设计规范

构筑物抗震设计规范

3　术语和定义

下列术语和定义适用于本规程。

3.1

尾矿库　tailings pond

筑坝拦截谷口或围地构成的、用以贮存金属非金属矿山进行矿石选别后排出尾矿或其他工业废渣的场所。

3.2
全库容 whole storage capacity

尾矿坝某标高顶面、下游坡面及库底面所围空间的容积,包括有效库容、死水库容、蓄水库容、调洪库容和安全库容 5 部分。

3.3
有效库容 effective storage capacity

某坝顶标高时,初期坝内坡面、堆积坝外坡面以里(对下游式尾矿筑坝则为坝内坡面以里),沉积滩面以下,库底以上的空间,即容纳尾矿的库容。

3.4
调洪库容 flood regulation storage capacity

某坝顶标高时,沉积滩面、正常水位以上的库底、正常水位三者以上,最高洪水位以下的空间。

3.5
总库容 total storage capacity

设计最终堆积标高时的全库容。

3.6
尾矿坝 tailings dam

挡尾矿和水的尾矿库外围构筑物,常泛指尾矿库初期坝和堆积坝的总体。

3.7
初期坝 starter dam

基建中用作支撑后期尾矿堆存体的坝。

3.8
堆积坝 embankment

生产过程中在初期坝坝顶以上用尾矿充填堆筑而成的坝。

3.9
上游式(尾矿筑坝法) upstream embankment method

在初期坝上游方向充填堆积尾矿的筑坝方式。

3.10
中线式(尾矿筑坝法) centerline embankment method

在初期坝轴线处用旋流分级粗尾砂冲积尾矿的筑坝方式。

3.11
下游式(尾矿筑坝法) downstream embankment method

在初期坝下游方向用旋流分级粗尾砂冲积尾矿的筑坝方式。

3.12
沉积滩 deposited beach

水力冲积尾矿形成的沉积体表层,常指露出水面部分。

3.13
滩顶 beach crest

沉积滩面与堆积坝外坡的交线,为沉积滩的最高点。

3.14
滩长 beach width

由滩顶至库内水边线的水平距离。

3.15
最小干滩长度 minimum beach width

设计洪水位时的干滩长度。

3.16
安全超高 free height

尾矿坝沉积滩顶至设计洪水位的高差。

3.17
最小安全超高 minimum free height

规定的安全超高最小允许值。

3.18
坝高 dam height

对初期坝和中线式、下游式筑坝为坝顶与坝轴线处坝底的高差；对上游式筑坝则为堆积坝坝顶与初期坝坝轴线处坝底的高差。

3.19
总坝高 total dam height

与总库容相对应的最终堆积标高时的坝高。

3.20
堆坝高度或堆积高度 embankment height or accumulation height

尾矿堆积坝坝顶与初期坝坝顶的高差。

3.21
尾矿库挡水坝 water dam of tailings pond

长期或较长期挡水的尾矿坝，包括不用尾矿堆坝的主坝及尾矿库侧、后部的副坝。

3.22
尾矿库安全设施 safety establishment installation of tailings pond

直接影响尾矿库安全的设施，包括初期坝、堆积坝、副坝、排渗设施、尾矿库排水设施、尾矿库观测设施及其他影响尾矿库安全的设施。

3.23
尾矿工 tailings worker

指从事尾矿库放矿、筑坝、排洪和排渗设施操作的专职作业人员。

4 尾矿库等别及构筑物级别

4.1 尾矿库各使用期的设计等别应根据该期的全库容和坝高分别按表1确定。当两者的等差为一等时，以高者为准；当等差大于一等时，按高者降低一等。尾矿库失事将使下游重要城镇、工矿企业或铁路干线遭受严重灾害者，其设计等别可提高一等。

表 1　尾矿库等别

等　　别	全库容 V/万 m³	坝高 H/m
一	二等库具备提高等别条件者	
二	$V \geqslant 10\ 000$	$H \geqslant 100$
三	$1\ 000 \leqslant V < 10\ 000$	$60 \leqslant H < 100$
四	$100 \leqslant V < 1\ 000$	$30 \leqslant H < 60$
五	$V < 100$	$H < 30$

4.2　尾矿库构筑物的级别根据尾矿库等别及其重要性按表 2 确定。

表 2　尾矿库构筑物的级别

等　　别	构筑物的级别		
	主要构筑物	次要构筑物	临时构筑物
一	1	3	4
二	2	3	4
三	3	5	5
四	4	5	5
五	5	5	5

注：主要构筑物指尾矿坝、库内排水构筑物等失事后难以修复的构筑物；次要构筑物指失事后不致造成下游灾害或对尾矿库安全影响不大并易于修复的构筑物；临时构筑物指尾矿库施工期临时使用的构筑物。

5　尾矿库建设

5.1　尾矿库勘察

5.1.1　尾矿库工程地质与水文地质勘察应符合有关国家及行业标准要求，查明影响尾矿库及各构筑物安全性的不利因素，并提出工程措施建议，为设计提供可靠依据。

5.1.2　在用的上游法尾矿堆积坝的勘察应执行《岩土工程勘察规范》。

5.2　尾矿库设计

5.2.1　尾矿库库址选择应遵守下列原则：
    a)　不宜位于工矿企业、大型水源地、水产基地和大型居民区上游；
    b)　不应位于全国和省重点保护名胜古迹的上游；
    c)　应避开地质构造复杂、不良地质现象严重区域；
    d)　不宜位于有开采价值的矿床上面；
    e)　汇水面积小，有足够的库容和初、终期库长。

5.2.2　尾矿库设计应对不良地质条件采取可靠的治理措施。

5.2.3　对停采的露天采矿场改作尾矿库的，应对安全性进行专项论证；对露天采矿场下部有采矿活动的,不宜作为尾矿库。确须用时,应由有资质的单位进行专项论证,并提出安全技术措施,在保证地下采矿安全时,方可使用。

5.2.4 尾矿库设计文件应明确下列安全运行控制参数:

a) 尾矿库设计最终堆积高程、最终坝体高度、总库容;
b) 尾矿坝堆积坡比;
c) 尾矿坝不同堆积标高时,库内控制的正常水位、调洪高度、安全超高及最小干滩长度等;
d) 尾矿坝浸润线控制。

5.2.5 尾矿库初步设计应编制安全专篇,主要内容为:

a) 尾矿库区存在的安全隐患及对策;
b) 尾矿库初期坝和堆积坝的稳定性分析;
c) 尾矿库动态监测和通讯设备配置的可靠性分析;
d) 尾矿库的安全管理要求。

5.3 尾矿坝设计

5.3.1 尾矿坝宜以滤水坝为初期坝,利用尾矿筑坝。当遇有下列条件之一时,可以采用当地土石料或废石建坝。

a) 尾矿颗粒很细、黏粒含量大,不能筑坝;
b) 由尾矿库后部放矿合理;
c) 尾矿库与废石场结合考虑,用废石筑坝合理。

5.3.2 初期坝高度的确定除满足初期堆存尾矿、澄清尾矿水、尾矿库回水和冬季放矿要求外,还应满足初期调蓄洪水要求。

5.3.3 坝基处理应满足渗流控制和静力、动力稳定要求。遇下列情况时,应进行专门研究处理:

a) 透水性较大的厚层砂砾石地基;
b) 易液化土、软黏土和湿陷性黄土地基;
c) 岩溶发育地基;
d) 采空区地基。

5.3.4 尾矿筑坝的方式,对于抗震设防烈度为7度及7度以下地区宜采用上游式筑坝,抗震设防烈度为8~9度地区宜采用下游式或中线式筑坝。

5.3.5 上游式筑坝,中、粗尾矿可采用直接冲填筑坝法,尾矿颗粒较细时宜采用分级冲填筑坝法。

5.3.6 下游式或中线式尾矿筑坝分级后用于筑坝的尾矿,其粗颗粒($d \geqslant 0.074$ mm)含量不宜少于70%,否则应进行筑坝试验。筑坝上升速度应满足库内沉积滩面上升速度和防洪的要求。

5.3.7 下游式或中线式尾矿坝应设上游初期坝和下游滤水坝趾,二者之间的坝基应设置排渗设施。

5.3.8 尾矿库挡水坝应按水库坝的要求设计。

5.3.9 上游式尾矿坝沉积滩顶至设计洪水位的高差不得小于表3的最小安全超高值,同时,滩顶至设计洪水位边线距离不得小于表3的最小滩长值。

表 3　上游式尾矿坝的最小安全超高与最小滩长

坝的级别	1	2	3	4	5
最小安全超高/m	1.5	1.0	0.7	0.5	0.4
最小滩长/m	150	100	70	50	40

5.3.10　下游式和中线式尾矿坝坝顶外缘至设计洪水位水边线的距离不宜小于表 4 的最小滩长值。

当坝体采取防渗斜(心)墙时,坝顶至设计洪水位的高差亦不得小于表 3 的最小安全超高值。

表 4　下游式及中线式尾矿坝的最小滩长

坝的级别	1	2	3	4	5
最小滩长/m	100	70	50	35	25

5.3.11　尾矿库挡水坝在设计洪水位时安全超高不得小于表 3 的最小安全超高值、最大风壅水面高度和最大风浪爬高三者之和。最大风壅水面高度和最大风浪爬高可按《碾压式土石坝设计规范》推荐的方法计算。

5.3.12　地震区尾矿坝应符合下列规定：

上游式尾矿坝沉积滩顶至正常高水位的高差不得小于表 3 最小安全超高值与地震壅浪高度之和,滩顶至正常高水位水边线的距离不得小于表 3 的最小滩长值与地震壅浪高度对应滩长之和。

下游式与中线式尾矿坝坝顶外边缘至正常高水位水边线的距离不宜小于表 4 的最小滩长值与地震壅浪高度对应滩长之和。

尾矿库挡水坝坝顶至正常高水位的高差不得小于表 3 最小安全超高值与地震壅浪高度之和。

地震壅浪高度可根据抗震设防烈度和水深确定,可采用 0.5～1.5 m。

对于全部采用当地土石料或废石堆筑的尾矿坝,其安全超高按尾矿库挡水坝要求确定。

5.3.13　尾矿坝设计应进行渗流计算,以确定坝体浸润线、逸出坡降和渗流量。浸润线出逸的尾矿堆积坝坝坡,应设排渗设施,1、2 级尾矿坝还应进行渗流稳定研究。

5.3.14　上游式尾矿坝的渗流计算应考虑尾矿筑坝放矿水的影响。1、2 级山谷型尾矿坝的渗流应按三维计算或由模拟试验确定；3 级以下尾矿坝的渗流计算可按附录 A 进行。

5.3.15　上游式尾矿堆积坝的初期透水堆石坝坝高与总坝高之比值不宜小于 1/8。

5.3.16　尾矿初期坝与堆积坝坝坡的抗滑稳定性应根据坝体材料及坝基岩土的物理力学性质,考虑各种荷载组合,经计算确定。计算方法宜采用瑞典圆弧法；当坝基或坝体内存在软弱土层时,可采用改良圆弧法；考虑地震荷载时,应按《水工建筑物抗震设计规范》的有关规定进行计算。

抗震设防烈度为 6 度及 6 度以下地区的 5 级尾矿坝,当坝外坡比小于 1∶4 时,除原尾矿属尾黏土和尾粉质黏土以及软弱坝基外,可不作稳定计算。

5.3.17 尾矿坝稳定性计算的荷载分下列 5 类,可根据不同情况按表 5 进行组合:
一类为筑坝期正常高水位的渗透压力;
二类为坝体自重;
三类为坝体及坝基中孔隙压力;
四类为最高洪水位有可能形成的稳定渗透压力;
五类为地震惯性力。

表 5 荷载的组合

荷载组合		荷载类别				
		一	二	三	四	五
正常运行	总应力法		有	有		
	有效应力法	有	有	有		
洪水运行	总应力法		有		有	
	有效应力法		有	有	有	
特殊运行	总应力法		有		有	有
	有效应力法		有	有	有	有

5.3.18 按瑞典圆弧法计算坝坡抗滑稳定的安全系数不应小于表 6 规定的数值。

表 6 坝坡抗滑稳定最小安全系数

运用情况	坝的级别			
	1	2	3	4、5
正常运行	1.30	1.25	1.20	1.15
洪水运行	1.20	1.15	1.10	1.05
特殊运行	1.10	1.05	1.05	1.00

5.3.19 当采用简化毕肖普法与瑞典圆弧法计算结果相比较时,可参照《碾压式土石坝设计规范》有关规定选用两种方法各自的最小安全系数。

5.3.20 尾矿坝坝体材料及坝基土的抗剪强度指标类别,应视强度计算方法与土类的不同按表 7 选取。

5.3.21 上游式尾矿坝的计算断面应考虑到尾矿沉积规律,根据颗粒粗细程度概化分区。各区尾矿的物理力学指标可参考类似尾矿坝或按附录 B 确定,必要时通过试验研究确定。

对在用尾矿坝进行稳定计算时应根据该坝勘察报告确定概化分区及相应的物理力学指标。

5.3.22 上游式尾矿坝堆积至 1/2～2/3 最终设计坝高时,应对坝体进行一次全面的勘察,并进行稳定性专项评价,以验证现状及设计最终坝体的稳定性,确定相应技术措施。

5.3.23 透水堆石坝上游坡坡比不宜陡于 1∶1.6;土坝上游坡坡比可略陡于或等于下游坡。初期坝下游坡比在初定时可按表 8 确定。

表 7 尾矿及土的抗剪强度指标

强度计算方法	土的类别	强度指标类别(取得的方法)		试验仪器	试验起始状态
		试验方法	强度指标		
总应力法	无黏性土	固结不排水剪	C_u, Φ_u	三轴仪	一、坝体材料 1.含水量及密度与原状一样 2.浸润线以下及水下要预先饱和 3.试验应力与坝体实际应力相一致 二、坝基用原状土
	少黏性土	固结快剪		直剪仪	
		固结不排水剪		三轴仪	
	黏性土	固结快剪		直剪仪	
		固结不排水剪		三轴仪	
有效应力法	无黏性土	慢剪	C', Φ'	直剪仪	
		固结排水剪		三轴仪	
	黏性土	慢剪		直剪仪	
		固结不排水剪、测孔压		三轴仪	

注1:少黏性土指黏粒含量小于15%的尾矿。
注2:软弱尾黏土类黏性土采用固结快剪指标时,应根据其固结程度确定;当采用十字板抗剪强度指标时,应考虑土体固结后强度的增长。

表 8 初期坝下游坡坡比

坝高/m	土坝下游坡坡比	透水堆石坝下游坡坡比	
		岩 基	非岩基(软基除外)
5~10	1:1.75~1:2.0	1:1.5~1:1.75	1:1.75~1:2.0
10~20	1:2.0~1:2.5		
20~30	1:2.5~1:3.0		

5.3.24 尾矿堆积坝下游坡与两岸山坡结合处应设置截水沟。

5.3.25 上游式尾矿坝的堆积坝下游坡面上宜用土石覆盖或用其他方式植被绿化,并可结合排渗设施每隔6~10 m高差设置排水沟。

5.3.26 4级以上尾矿坝应设置坝体位移和坝体浸润线观测设施。必要时还宜设置孔隙水压力、渗透水量及其浑浊度的观测设施。

5.4 排洪设计

5.4.1 尾矿库必须设置排洪设施,并满足防洪要求。尾矿库的排洪方式,应根据地形、地质条件、洪水总量、调洪能力、回水方式、操作条件与使用年限等因素,经过技术比较确定。尾矿库宜采用排水井(斜槽)—排水管(隧洞)排洪系统。有条件时也可采用溢洪道或截洪沟等排洪设施。

5.4.2 尾矿库的防洪标准应根据各使用期库的等别,综合考虑库容、坝高、使用年限及对下游可能造成的危害等因素,按表9确定。

表 9 尾矿库防洪标准

尾矿库等别		一	二	三	四	五
洪水重现期/年	初期		100～200	50～100	30～50	20～30
	中、后期	1 000～2 000	500～1 000	200～500	100～200	50～100 |有
注：初期指尾矿库启用后的头 3～5 年。						

5.4.3 储存铀矿等有放射性和有害尾矿，失事后可能对下游环境造成极其严重危害的尾矿库，其防洪标准应予以提高，必要时其后期防洪可按可能最大洪水进行设计。

5.4.4 尾矿库洪水计算应符合下列要求：
a) 应根据当地水文图册或有关部门建议的适用于特小汇水面积的计算公式计算。当采用全国通用的公式时，应当用当地的水文参数。有条件时应结合现场洪水调查予以验证。
b) 库内水面面积不超过流域面积的 10%，则可按全面积陆面汇流计算。否则，水面和陆面面积的汇流应分别计算。

5.4.5 设计洪水的降雨历时应采用 24 小时计算，经论证也可采用短历时计算。

5.4.6 当 24 小时洪水总量小于调洪库容时，洪水排出时间不宜超过 72 小时。

5.4.7 尾矿库排水构筑物的型式与尺寸应根据水力计算及调洪计算确定。对一、二等尾矿库及特别复杂的排水构筑物，还应通过水工模型试验验证。

5.4.8 尾矿库排洪构筑物宜控制常年洪水（多年平均值）不产生无压与有压流交替的工作状态。无法避免时，应加设通气管。当设计为有压流时，排水管接缝处止水应满足工作水压的要求。

排水管或隧洞中最大流速应不大于管（洞）壁材料的容许流速。

5.4.9 排水构筑物的基础应避免设置在工程地质条件不良或需要填方的地段。无法避开时，应进行地基处理设计。

5.4.10 排水构筑物的设计应按《水工混凝土结构设计规范》和《水工隧洞设计规范》进行。

5.4.11 设计排水系统时，应考虑终止使用时在井座或支洞末端进行封堵的措施。

5.4.12 在排水构筑物上或尾矿库内适当地点，应设置清晰醒目的水位标尺。

5.5 **尾矿库安全设施施工及验收**

5.5.1 尾矿库初期坝、副坝、排洪设施、观测设施等安全设施的施工及验收可参照《尾矿设施施工及验收规程》和其他有关规程进行。

5.5.2 隐蔽工程必须经分段验收合格后，方可进行下一阶段施工。

6 尾矿库生产运行

6.1 **安全生产管理职责**

6.1.1 建立健全尾矿设施安全管理制度；对从事尾矿库作业的尾矿工进行专门的作业培训，并监督其取得特种作业人员操作资格证书和持证上岗情况。

6.1.2 编制年、季作业计划和详细运行图表，统筹安排和实施尾矿输送、分级、筑坝和排洪的管理工作。

6.1.3 严格按照本规程、《尾矿库安全监督管理规定》和设计文件的要求,做好尾矿库放矿筑坝、回水排水、防汛、抗震等安全生产管理。

6.1.4 做好日常巡检和定期观测,并进行及时、全面的记录。发现安全隐患时,应及时处理并向企业主管领导报告。

6.2 应急救援预案

6.2.1 企业应编制应急救援预案,并组织演练。

6.2.2 应急救援预案种类:
  a) 尾矿坝垮坝;
  b) 洪水漫顶;
  c) 水位超警戒线;
  d) 排洪设施损毁、排洪系统堵塞;
  e) 坝坡深层滑动;
  f) 防震抗震;
  g) 其他。

6.2.3 应急救援预案内容:
  a) 应急机构的组成和职责;
  b) 应急通讯保障;
  c) 抢险救援的人员、资金、物资准备;
  d) 应急行动;
  e) 其他。

6.3 尾矿排放与筑坝

6.3.1 尾矿排放与筑坝,包括岸坡清理、尾矿排放、坝体堆筑、坝面维护和质量检测等环节,必须严格按设计要求和作业计划及本规程精心施工,并作好记录。

6.3.2 尾矿坝滩顶高程必须满足生产、防汛、冬季冰下放矿和回水要求。尾矿坝堆积坡比不得陡于设计规定。

6.3.3 每期子坝堆筑前必须进行岸坡处理,将树木、树根、草皮、废石、坟墓及其他有害构筑物全部清除。若遇有泉眼、水井、地道或洞穴等,应作妥善处理。清除杂物不得就地堆积,应运到库外。

  岸坡清理应作隐蔽工程记录,经主管技术人员检查合格后方可充填筑坝。

6.3.4 上游式筑坝法,应于坝前均匀放矿,维持坝体均匀上升,不得任意在库后或一侧岸坡放矿。应做到:
  a) 粗粒尾矿沉积于坝前,细粒尾矿排至库内,在沉积滩范围内不允许有大面积矿泥沉积;
  b) 坝顶及沉积滩面应均匀平整,沉积滩长度及滩顶最低高程必须满足防洪设计要求;
  c) 矿浆排放不得冲刷初期坝和子坝,严禁矿浆沿子坝内坡趾流动冲刷坝体;
  d) 放矿时应由专人管理,不得离岗。

6.3.5 坝体较长时应采用分段交替作业,使坝体均匀上升,应避免滩面出现侧坡、扇形坡或细粒尾矿大量集中沉积于某端或某侧。

6.3.6 放矿口的间距、位置、同时开放的数量、放矿时间以及水力旋流器使用台数、移动周期与距离,应按设计要求和作业计划进行操作。

6.3.7 为保护初期坝上游坡及反滤层免受尾矿浆冲刷,应采用多管小流量的放矿方式,以利尽快形成滩面,并采用导流槽或软管将矿浆引至远离坝顶处排放。

6.3.8 冰冻期、事故期或由某种原因确需长期集中放矿时,不得出现影响后续堆积坝体稳定的不利因素。

6.3.9 岩溶发育地区的尾矿库,可采用周边放矿,形成防渗垫层,减少渗漏和落水洞事故。

6.3.10 尾矿坝下游坡面上不得有积水坑。

6.3.11 坝外坡面维护工作应按设计要求进行,或视具体情况选用以下维护措施:
   a) 坡面修筑人字沟或网状排水沟;
   b) 坡面植草或灌木类植物;
   c) 采用碎石、废石或山坡土覆盖坝坡。

6.3.12 每期子坝堆筑完毕,应进行质量检查,检查记录需经主管技术人员签字后存档备查。主要检查内容:
   a) 子坝长度、剖面尺寸、轴线位置及内外坡比;
   b) 新筑子坝的坝顶及内坡趾滩面高程、库内水位;
   c) 尾矿筑坝质量。

6.3.13 坝体出现冲沟、裂缝、塌坑和滑坡等现象时,应及时妥善处理。

6.4 尾矿库水位控制与防汛

6.4.1 当尾矿库防洪标准低于本规程规定时,应采取措施,提高尾矿库防洪能力,满足现行标准要求。

6.4.2 控制尾矿库内水位应遵循的原则:
   a) 在满足回水水质和水量要求前提下,尽量降低库内水位;
   b) 在汛期必须满足设计对库内水位控制的要求;
   c) 当尾矿库实际情况与设计不符时,应在汛前进行调洪演算,保证在最高洪水位时滩长与超高都满足设计要求;
   d) 当回水与尾矿库安全对滩长和超高的要求有矛盾时,必须保证尾矿库安全;
   e) 水边线应与坝轴线基本保持平行。

6.4.3 汛期前应对排洪设施进行检查、维修和疏浚,确保排洪设施畅通。根据确定的排洪底坎高程,将排洪底坎以上1.5倍调洪高度内的挡板全部打开,清除排洪口前水面漂浮物;库内设清晰醒目的水位观测标尺,标明正常运行水位和警戒水位。

6.4.4 排出库内蓄水或大幅度降低库内水位时,应注意控制流量,非紧急情况不宜骤降。

6.4.5 岩溶或裂隙发育地区的尾矿库,应控制库内水深,防止落水洞漏水事故。

6.4.6 非紧急情况,未经技术论证,不得用常规子坝挡水。

6.4.7 洪水过后应对坝体和排洪构筑物进行全面认真的检查与清理,发现问题及时修复,同时,采取措施降低库水位,防止连续降雨后发生垮坝事故。

6.4.8 尾矿库排水构筑物停用后,必须严格按设计要求及时封堵,并确保施工质量。严禁在排水井井筒顶部封堵。

6.5 渗流控制

6.5.1 尾矿库运行期间应加强观测,注意坝体浸润线埋深及其出逸点的变化情况和分布状态,严格按设计要求控制。

6.5.2 在尾矿库运行过程中,如坝体浸润线超过控制线,应经安全技术论证增设或更新排渗设施。

6.5.3 上游式尾矿堆积坝可采取下列措施控制渗流:
    a) 尾矿筑坝地基设置排渗褥垫、水平排渗管(沟)及排渗井等;
    b) 尾矿堆积体内设置水平排渗管(沟)或垂直排渗井、辐射式排渗井等;
    c) 与山坡接触的尾矿堆积坡脚处设置贴坡排渗或排渗管(沟)等;
    d) 适当降低库内水位,增大沉积滩长;
    e) 坝前均匀放矿。

6.5.4 当坝面或坝肩出现集中渗流、流土、管涌、大面积沼泽化、渗水量增大或渗水变浑等异常现象时,可采取下列措施处理:
    a) 在渗漏水部位铺设土工布或天然反滤料,其上再以堆石料压坡;
    b) 增设排渗设施,降低浸润线。

6.6 尾矿库防震与抗震

6.6.1 尾矿库原设计抗震标准低于现行标准时,应进行安全技术论证。需提高尾矿坝抗震稳定性时可采取以下措施:
    a) 在下游坡坡脚增设土石料压坡;
    b) 对堆积坡进行削坡、放缓坝坡;
    c) 对坝体进行加密处理;
    d) 降低库内水位或增设排渗设施,降低坝体浸润线。

6.6.2 震前应注意库区岸坡的稳定性,防止滑坡破坏尾矿设施。

6.6.3 上游建有尾矿库、排土场或水库等工程设施的尾矿库,应了解上游所建工程的稳定情况,必要时应采取防范措施避免造成更大损失。

6.6.4 震后应进行检查,对被破坏的设施及时修复。

6.7 库区及周边条件规定

6.7.1 尾矿库下游不宜建设居民、生产等设施。

6.7.2 严禁在尾矿坝上和库区周围进行乱采、滥挖和非法爆破等。

7 尾矿库安全检查

7.1 防洪安全检查

7.1.1 检查尾矿库设计的防洪标准是否符合本规程规定。当设计的防洪标准高于或等于本规程规定时,可按原设计的洪水参数进行检查;当设计的防洪标准低于本规程规定时,应重新进行洪水计算及调洪演算。

7.1.2 尾矿库水位检测,其测量误差应小于 20 mm。

7.1.3 尾矿库滩顶高程的检测,应沿坝(滩)顶方向布置测点进行实测,其测量误差应小于 20 mm。

    当滩顶一端高一端低时,应在低标高段选较低处检测 1～3 个点;当滩顶高低相同时,应选较低处不少于 3 个点；其他情况，每 100 m 坝长选较低处检测 1～2 个点，但总数不少于 3 个点。

各测点中最低点作为尾矿库滩顶标高。

7.1.4 尾矿库干滩长度的测定，视坝长及水边线弯曲情况，选干滩长度较短处布置 1～3 个断面。测量断面应垂直于坝轴线布置，在几个测量结果中，选最小者作为该尾矿库的沉积滩干滩长度。

7.1.5 检查尾矿库沉积滩干滩的平均坡度时，应视沉积干滩的平整情况，每 100 m 坝长布置不少于 1～3 个断面。测量断面应垂直于坝轴线布置，测点应尽量在各变坡点处进行布置，且测点间距不大于 10～20 m(干滩长者取大值)，测点高程测量误差应小于 5 mm。尾矿库沉积干滩平均坡度，应按各测量断面的尾矿沉积干滩加权平均坡度平均计算。

7.1.6 根据尾矿库实际的地形、水位和尾矿沉积滩面，对尾矿库防洪能力进行复核，确定尾矿坝安全超高和最小干滩长度是否满足设计要求。

7.1.7 排洪构筑物安全检查主要内容：构筑物有无变形、位移、损毁、淤堵，排水能力是否满足要求等。

7.1.8 排水井检查内容：井的内径、窗口尺寸及位置，井壁剥蚀、脱落、渗漏、最大裂缝开展宽度，井身倾斜度和变位，井、管联结部位，进水口水面漂浮物，停用井封盖方法等。

7.1.9 排水斜槽检查内容：断面尺寸、槽身变形、损坏或坍塌，盖板放置、断裂，最大裂缝开展宽度，盖板之间以及盖板与槽壁之间的防漏充填物，漏砂，斜槽内淤堵等。

7.1.10 排水涵管检查内容：断面尺寸，变形、破损、断裂和磨蚀，最大裂缝开展宽度，管间止水及充填物，涵管内淤堵等。

7.1.11 对于无法入内检查的小断面排水管和排水斜槽可根据施工记录和过水畅通情况判定。

7.1.12 排水隧洞检查内容：断面尺寸，洞内塌方，衬砌变形、破损、断裂、剥落和磨蚀，最大裂缝开展宽度，伸缩缝、止水及充填物，洞内淤堵及排水孔工况等。

7.1.13 溢洪道、截洪沟检查内容：断面尺寸，沿线山坡滑坡、塌方，护砌变形、破损、断裂和磨蚀，沟内淤堵等。对溢洪道还应检查溢流坎顶高程、消力池及消力坎等。

7.2 尾矿坝安全检查

7.2.1 尾矿坝安全检查内容：坝的轮廓尺寸、变形、裂缝、滑坡和渗漏、坝面保护等。尾矿坝的位移监测可采用视准线法和前方交汇法；尾矿坝的位移监测每年不少于 4 次，位移异常变化时应增加监测次数；尾矿坝的水位监测包括库水位监测和浸润线监测；水位监测每月不少于 1 次，暴雨期间和水位异常波动时应增加监测次数。

7.2.2 检测坝的外坡坡比。每 100 m 坝长不少于 2 处，应选在最大坝高断面和坝坡较陡断面。水平距离和标高的测量误差不大于 10 mm。尾矿坝实际坡陡于设计坡比时，应进行稳定性复核，若稳定性不足，则应采取措施。

7.2.3 检查坝体位移。要求坝的位移量变化应均衡，无突变现象，且应逐年减小。当位移量变化出现突变或有增大趋势时，应查明原因，妥善处理。

7.2.4 检查坝体有无纵、横向裂缝。坝体出现裂缝时，应查明裂缝的长度、宽度、深度、走向、形态和成因，判定危害程度，妥善处理。

7.2.5 检查坝体滑坡。坝体出现滑坡时，应查明滑坡位置、范围和形态以及滑坡的动态趋势。

7.2.6 检查坝体浸润线的位置。应查明坝面浸润线出逸点位置、范围和形态。

7.2.7 检查坝体排渗设施。应查明排渗设施是否完好、排渗效果及排水水质。

7.2.8 检查坝体渗漏。应查明有无渗漏出逸点，出逸点的位置、形态、流量及含沙量等。

7.2.9 检查坝面保护设施。检查坝肩截水沟和坝坡排水沟断面尺寸，沿线山坡稳定性，护砌变形、破损、断裂和磨蚀，沟内淤堵等；检查坝坡土石覆盖保护层实施情况。

7.3 尾矿库库区安全检查

7.3.1 尾矿库库区安全检查主要内容：周边山体稳定性，违章建筑、违章施工和违章采选作业等情况。

7.3.2 检查周边山体滑坡、塌方和泥石流等情况时，应详细观察周边山体有无异常和急变，并根据工程地质勘察报告，分析周边山体发生滑坡可能性。

7.3.3 检查库区范围内危及尾矿库安全的主要内容：违章爆破、采石和建筑，违章进行尾矿回采、取水，外来尾矿、废石、废水和废弃物排入，放牧和开垦等。

8 尾矿库安全度

8.1 尾矿库安全度分类

尾矿库安全度主要根据尾矿库防洪能力和尾矿坝坝体稳定性确定，分为危库、险库、病库、正常库四级。

8.2 危库

危库指安全没有保障，随时可能发生垮坝事故的尾矿库。危库必须停止生产并采取应急措施。

尾矿库有下列工况之一的为危库：
a) 尾矿库调洪库容严重不足，在设计洪水位时，安全超高和最小干滩长度都不满足设计要求，将可能出现洪水漫顶；
b) 排洪系统严重堵塞或坍塌，不能排水或排水能力急剧降低；
c) 排水井显著倾斜，有倒塌的迹象；
d) 坝体出现贯穿性横向裂缝，且出现较大范围管涌、流土变形，坝体出现深层滑动迹象；
e) 经验算，坝体抗滑稳定最小安全系数小于表 6 规定值的 0.95；
f) 其他严重危及尾矿库安全运行的情况。

8.3 险库

险库指安全设施存在严重隐患，若不及时处理将会导致垮坝事故的尾矿库。险库必须立即停产，排除险情。

尾矿库有下列工况之一的为险库：
a) 尾矿库调洪库容不足，在设计洪水位时安全超高和最小干滩长度均不能满足设计要求；
b) 排洪系统部分堵塞或坍塌，排水能力有所降低，达不到设计要求；
c) 排水井有所倾斜；
d) 坝体出现浅层滑动迹象；

e) 经验算,坝体抗滑稳定最小安全系数小于表6规定值的0.98;
f) 坝体出现大面积纵向裂缝,且出现较大范围渗透水高位出逸,出现大面积沼泽化;
g) 其他危及尾矿库安全运行的情况。

8.4 病库

病库指安全设施不完全符合设计规定,但符合基本安全生产条件的尾矿库。病库应限期整改。

尾矿库有下列工况之一的为病库:
a) 尾矿库调洪库容不足,在设计洪水位时不能同时满足设计规定的安全超高和最小干滩长度的要求;
b) 排洪设施出现不影响安全使用的裂缝、腐蚀或磨损;
c) 经验算,坝体抗滑稳定最小安全系数满足表6规定值,但部分高程上堆积边坡过陡,可能出现局部失稳;
d) 浸润线位置局部较高,有渗透水出逸,坝面局部出现沼泽化;
e) 坝面局部出现纵向或横向裂缝;
f) 坝面未按设计设置排水沟,冲蚀严重,形成较多或较大的冲沟
g) 坝端无截水沟,山坡雨水冲刷坝肩;
h) 堆积坝外坡未按设计覆土、植被;
i) 其他不影响尾矿库基本安全生产条件的非正常情况。

8.5 正常库

尾矿库同时满足下列工况的为正常库:
a) 尾矿库在设计洪水位时能同时满足设计规定的安全超高和最小干滩长度的要求;
b) 排水系统各构筑物符合设计要求,工况正常;
c) 尾矿坝的轮廓尺寸符合设计要求,稳定安全系数满足设计要求;
d) 坝体渗流控制满足要求,运行工况正常。

9 尾矿库闭库

9.1 闭库设计

9.1.1 对停用的尾矿库应按正常库标准和闭库安全评价,进行闭库整治设计确保尾矿库防洪能力和尾矿坝稳定性满足本规程要求,维持尾矿库闭库后长期安全稳定。

9.1.2 尾矿坝整治内容为:
a) 对坝体稳定性不足的,应采取削坡、压坡、降低浸润线等措施,使坝体稳定性满足本规程要求;
b) 完善坝面排水沟和土石覆盖或植被绿化、坝肩截水沟、观测设施等。

9.1.3 排洪系统整治内容为:
c) 根据防洪标准复核尾矿库防洪能力,当防洪能力不足时,应采取扩大调洪库容或增加排洪能力等措施;必要时,可增设永久溢洪道;
d) 当原排洪设施结构强度不能满足要求或受损严重时,应进行加固处理;必要时,可新建永久性排洪设施,同时将原排洪设施进行封堵。

9.2 施工及验收

闭库工程施工及验收可参照《尾矿设施施工及验收规程》和其他有关规程。

9.3 尾矿库闭库后的维护

9.3.1 闭库后的尾矿库,必须做好坝体及排洪设施的维护。未经论证和批准,不得储水。严禁在尾矿坝和库内进行乱采、滥挖、违章建筑和违章作业。

9.3.2 闭库后的尾矿库,未经设计论证和批准,不得重新启用或改作他用。

10 尾矿再利用及尾矿库闭库后再利用

10.1 在用尾矿库进行回采再利用或经批准闭库的尾矿库重新启用或改作他用时,必须按照本规程第 5 章尾矿库建设的规定进行技术论证、工程设计、安全评价。

10.2 在尾矿库再利用生产运行过程中必须按本规程第 6 章尾矿库生产运行的规定确保尾矿库安全。

10.3 对在用尾矿库或对闭库尾矿库进行回采再利用的,必须严格按照批准的设计规划在库内进行回采、排沙和排水,对于继续使用原尾矿坝和排洪设施的,不得影响尾矿坝和原排洪设施的安全。

10.4 尾矿库再利用生产完成后,应按本规程第 9 章尾矿库闭库的规定,进行闭库。

11 尾矿库安全评价

11.1 尾矿库安全评价属专项安全评价,包括建设期间的安全预评价和安全验收评价、生产运行期间及闭库前的安全现状评价。

11.2 尾矿库安全评价前期应进行现场考察,察看地形地貌、不良地质现象、人文地理、周边环境等。安全验收评价还应查看工程施工情况;安全现状评价还应查看尾矿坝运行情况、排洪设施完好程度等。

11.3 企业应根据各项评价的目的和要求分别向评价单位提供以下资料:
  a) 尾矿库现状地形图及上、下游有关资料;
  b) 水文气象资料;
  c) 尾矿库(坝)工程地质勘察报告(含堆积坝物理力学指标);
  d) 尾矿库安全设施设计资料;
  e) 尾矿库安全设施施工资料;
  f) 尾矿库运行管理(含安全管理、事故及其处理情况)资料;
  g) 其他有关资料。

11.4 安全预评价报告的重点内容包括:
  a) 库址的合理性,尾矿库与周围环境的相互影响;
  b) 尾矿坝坝型选择的合理性;
  c) 排洪系统布置的合理性及排洪能力的可靠性;
  d) 尾矿库监测系统的完整性及可靠性;
  e) 危险因素辨识及对策。

11.5 安全预评价报告的结论应包括:
  a) 对尾矿库设计方案的安全性作出明确结论;

b) 提出尾矿库安全措施建议。
11.6 安全验收评价报告的重点内容包括：
a) 查看安全预评价在初步设计中的落实；
b) 是否有完备的经监理和业主确认的隐蔽工程记录；
c) 各单项工程施工参数与质量是否满足国家和行业规范、规程及设计要求。
11.7 安全验收评价报告的结论应包括：
a) 对工程是否满足安全要求作出明确结论；
b) 提出安全生产措施的补充建议。
11.8 安全现状评价报告的重点内容包括：
a) 尾矿库自然状况的说明及评价，包括尾矿库的地理位置、周边人文环境、库形、汇水面积、库底与周边山脊的高程、工程地质概况等；
b) 尾矿坝设计及现状的说明与评价，包括初期坝的结构类型、尺寸、尾矿堆坝方法、堆积标高、库容、堆积坝的外坡坡比、坝体变形及渗流、采取的工程措施等；
c) 根据勘察资料（或经验数据）对尾矿坝稳定性进行定量分析，说明采用的计算方法、计算条件，并给出计算分析评价结果；
d) 尾矿库防洪设施设计及现状的说明与评价，包括尾矿库的等别、防洪标准、暴雨洪水总量、洪峰流量、排洪系统的型式、排洪设施结构尺寸及完好情况等；
e) 复核尾矿库防洪能力及排洪设施的可靠性能否满足设计要求；
f) 当尾矿库防洪能力及排洪设施的可靠性或尾矿坝稳定性不能满足设计要求时，应进行必要计算，提出可行的对策；
g) 管理系统的完善程度及评价。
11.9 安全现状评价报告的结论应包括：
a) 尾矿坝稳定性是否满足设计要求；
b) 尾矿库防洪能力是否满足设计要求；
c) 尾矿库安全度；
d) 尾矿库与周边环境的相互影响；
e) 安全对策。
11.10 安全评价报告应有附件和附图。附件包括任务委托书或评价委托合同、岩土勘察物理力学指标表和与安全评价有关的文件。附图包括尾矿库平面图、尾矿坝横剖面图、带有最危险滑弧位置的尾矿坝稳定计算简图及建议的尾矿库整治方案图等。

12 尾矿库工程档案

12.1 尾矿库工程档案包括工程建设档案、生产运行档案和闭库及闭库后再利用档案。
12.2 尾矿库工程建设档案包括地形测量、工程地质及水文地质勘察、设计、施工及竣工验收、监理、安全预评价及验收安全评价、审批等文件、图纸、资料。
12.3 尾矿库生产运行档案包括年度计划、生产记录（入库尾矿量、堆坝高程、库内水位）、坝体位移及浸润线观测记录、安全隐患检查记录及处理、事故及处理、安全现状评价等。
12.4 尾矿库闭库及闭库后再利用档案包括安全评价、闭库设计、施工及验收、闭库后再利用、审批文件等。

附 录 A
（资料性附录）
上游式尾矿坝的渗流计算简法

将计算条件下的滩长换算为化引滩长,从而得到高于计算库水位的化引库水位。
化引滩长可按下式计算：
放矿水覆盖绝大部分滩面时

$$L_h = 3.3 L^{0.48} \quad \text{（附1.1）}$$

放矿水覆盖部分滩面时

$$L_h = 2.26 L^{0.645} \quad \text{（附1.2）}$$

式中：
L_h——化引滩长,m；
L ——计算滩长,m。

按化引库水位和化引滩长,用二相均质渗流计算方法确定浸润线,取其下游坝坡范围内的线段作为坝下游坡部分的浸润线。

从下游坡浸润线上端点至计算库水位水边线用对数曲线连接成光滑曲线,即为沉积滩部分的浸润线。

附 录 B
（资料性附录）
坝体尾矿的平均物理力学指标

项 目	尾中砂	尾细砂	尾粉砂	尾粉土	尾粉质黏土	尾黏土
平均粒径 d_p/mm	0.35	0.2	0.075	0.05	0.035	0.02
有效粒径 d_{10}/mm	0.10	0.07	0.02	0.010	0.003	0.002
不均匀系数 d_{60}/d_{10}	3	3	4	6	10	5
天然密度 ρ/(g·cm^{-3})	1.8	1.85	1.9	2	1.95	1.8
孔隙比 e/%	0.8	0.9	0.9	0.95	1.0	1.4
内摩擦角 Φ/(°)	34	33	30	28	16	8
凝聚力 C/kPa	7.84	7.84	9.8	9.8	10.78	13.72
压缩系数 a_{1-2}/kPa^{-1}	1.7×10^{-4}	1.7×10^{-4}	1.6×10^{-4}	2.1×10^{-4}	4.1×10^{-4}	9.2×10^{-4}
渗透系数 K/(cm·s^{-1})	1.5×10^{-3}	1.3×10^{-3}	3.75×10^{-4}	1.25×10^{-4}	3×10^{-6}	2×10^{-7}

注1：表中指标均系从坝体取样试验所得的平均值；
注2：C、Φ 值为直剪（固结快剪）强度指标。

六、粉尘防爆和涂装安全

粉尘防爆安全规程（GB 15577—2018）

前 言

本标准的全部技术内容为强制性。

本标准按照 GB/T 1.1—2009 给出的规则起草。

本标准代替 GB 15577—2007《粉尘防爆安全规程》，与 GB 15577—2007 相比，主要技术变化如下：

——增加了"爆炸性粉尘环境""清理""除尘系统"三个术语和定义（见 3.2,3.9 和 3.10）；
——修改了"降低初始爆炸引起的破坏"和"二次爆炸的预防"，合并为"粉尘爆炸的控制"（见第 7 章，2007 年版的第 7 章、第 8 章）；
——删除了"通风除尘"（见 2007 年版的 6.6）；
——增加了"除尘系统"（见第 8 章）；
——删除了"清洁"（见 2007 年版的 8.3）；
——增加了"粉尘控制与清理"（见第 9 章）；
——增加了"检修"（见第 10 章）；
——修改了"个体防护和救援"，变更为"个体防护"（见第 11 章，2007 年版的第 9 章）。

本标准由中华人民共和国应急管理部提出并归口。

本标准起草单位：中钢集团武汉安全环保研究院有限公司、东北大学、广东金方圆安全技术检测有限公司、国家防爆设备质量监督检验中心（广东）。

本标准主要起草人：王志、李刚、钟圣俊、孟宪卫、王新华、乐有邦、吴晓煜、张倩倩。

本标准所替代标准的历次版本发布情况：
——GB 15577—1996、GB 15577—2007。

1 范围

本标准规定了粉尘防爆安全总则、粉尘爆炸危险场所的建（构）筑物的结构与布局、防止粉尘云与粉尘层着火、粉尘爆炸的控制、除尘系统、粉尘控制与清理、设备设施检修和个体防护。

本标准适用于粉尘爆炸危险场所的工程及工艺设计、生产加工、存储、设备运行与维护。

本标准不适用于煤矿井下、烟花爆竹、火炸药和强氧化剂的粉尘场所。

2 规范性引用文件

下列文件对于本文件的应用是必不可少的。凡是注日期的引用文件，仅注日期的版本适用于本文件。凡是不注日期的引用文件,其最新版本(包括所有的修改单)适用于本文件。

  GB/T 3836.15 爆炸性环境 第15部分:电气装置的设计、选型和安装
  GB/T 11651 个体防护装备选用规范
  GB 12158 防止静电事故通用导则
  GB 12476.1 可燃性粉尘环境用电气设备 第1部分:通用要求
  GB/T 15605 粉尘爆炸泄压指南
  GB/T 16758 排风罩的分类及技术条件
  GB/T 17919 粉尘爆炸危险场所用收尘器防爆导则
  GB/T 18154 监控式抑爆装置技术要求
  GB/T 24626 耐爆炸设备
  GB/T 25445 抑制爆炸系统
  GB 50016 建筑设计防火规范
  GB 50057 建筑物防雷设计规范
  GB 50058 爆炸危险环境电力装置设计规范

3 术语和定义

下列术语和定义适用于本文件。

3.1

  可燃性粉尘 combustible dust

  在大气条件下能与气态氧化剂(主要是空气)发生剧烈氧化反应的粉尘、纤维或飞絮。

3.2

  爆炸性粉尘环境 explosive dust atmosphere

  在大气条件下,可燃性粉尘与气态氧化剂(主要是空气)形成的混合物被点燃后,能够保持燃烧自行传播的环境。

3.3

  粉尘爆炸危险场所 area subject to dust explosion hazards

  存在可燃性粉尘和气态氧化剂(主要是空气)的场所。

3.4

  惰化 inerting

  向有粉尘爆炸危险的场所充入惰性物质,使粉尘\空气混合物失去爆炸性的技术。

3.5

  抑爆 explosion suppression

  爆炸初始阶段,通过物理化学作用扑灭火焰,使未爆炸的粉尘不再参与爆炸的控爆技术。

3.6

  隔爆 explosion isolation

  爆炸发生后,通过物理化学作用扑灭火焰,阻止爆炸传播,将爆炸阻隔在一定范围内的技术。

3.7

泄爆　venting of dust explosion

围包体内发生爆炸时,在爆炸压力达到围包体的极限强度之前,使爆炸产生的高温、高压燃烧产物和未燃物通过围包体上预先设置的薄弱部位向无危险方向泄出,使围包体不致被破坏的控爆技术。

3.8

二次爆炸　subsequent explosion

发生粉尘爆炸时,初始爆炸的冲击波将未发生爆炸的沉积粉尘再次扬起,形成粉尘云,并被引燃而发生的连续爆炸。

3.9

清理　cleaning

采用不会引起扬尘的方式清除作业场所及设备设施沉积粉尘的作业。

3.10

除尘系统　dust collection system

由吸尘罩、风管、除尘器、风机及控制装置组成的用于捕集气固两相流中固体颗粒物的系统。

4　总则

4.1　企业应辨识所存在的粉尘爆炸危险场所,确定可燃性粉尘爆炸危险性以及粉尘爆炸危险场所的数量、位置、危险区域等,分析存在的粉尘爆炸危险因素,评估粉尘爆炸风险,并制定能消除或有效控制粉尘爆炸风险的措施。

4.2　企业应建立粉尘防爆相关安全管理制度(包括除尘系统管理等)和岗位安全操作规程,安全操作规程应包含防范粉尘爆炸的安全作业和应急处置措施等内容。

4.3　企业应根据本标准并结合自身工艺、设备、粉尘爆炸特性、爆炸防护措施及安全管理制度等制定粉尘防爆安全检查表,并定期开展粉尘防爆安全检查。企业应每季度至少检查一次,车间(或工段)应每月至少检查一次。

4.4　企业应开展粉尘防爆安全教育及培训,普及粉尘防爆安全知识和有关法规、标准,使员工了解本企业粉尘爆炸危险场所的危险程度和防爆措施;企业主要负责人、安全管理人员和粉尘爆炸危险岗位的作业人员及设备设施检维修人员应进行专项粉尘防爆安全技术培训,并经考试合格,方准上岗。

4.5　企业应编制粉尘爆炸事故应急预案,并定期开展应急演练。

4.6　通风除尘、粉尘爆炸预防及控制等安全设备设施应确保持续有效,未经企业安全管理部门或安全负责人批准,不应更换或停止使用。

4.7　粉尘爆炸危险场所的出入口、生产区域及重点危险设备设施等部位,应设置显著的安全警示标识标志。

4.8　粉尘爆炸危险区域应根据爆炸性粉尘环境出现的频繁程度和持续时间划分为20区、21区和22区,分区应符合下列规定:

——20区应为爆炸性粉尘环境持续地或长期地或频繁地出现的区域;

——21区应为在正常运行时,爆炸性粉尘环境可能偶尔出现或故障状态下出现的区域；

——22区应为在正常运行时,爆炸性粉尘环境一般不可能出现的区域,即使出现,持续时间也是短暂的。

5 建(构)筑物的结构与布局

5.1 存在粉尘爆炸危险的工艺设备或存在粉尘爆炸危险场所的建(构)筑物,不应设置在公共场所和居民区内,其防火间距应符合 GB 50016 的相关规定。

存在粉尘爆炸危险场所的建筑物宜为框架结构的单层建筑,其屋顶宜用轻型结构。如为多层建应采用框架结构。

5.2 存在粉尘爆炸危险场所的建筑物应设置符合 GB 50016 等要求的泄爆面积。

5.3 对涉及粉尘爆炸危险的工程及工艺设计,当有专门的国家标准时,应符合标准规定;存在粉尘爆炸危险的工艺设备宜设置在露天场所;如厂房内有粉尘爆炸危险的工艺设备,宜设置在建筑物内较高的位置,并靠近外墙。

5.4 梁、支架、墙及设备等应具有便于清洁的表面结构。

5.5 粉尘爆炸危险场所(区域)应设有符合 GB 50016 相关规定的安全出口,其中至少有一个直通室外的安全出口。

5.6 粉尘爆炸危险场所应设有安全疏散通道,疏散通道的位置和宽度应符合 GB 50016 的相关规定;安全疏散通道应保持畅通,疏散路线应设置应急照明和明显的疏散指示标志。

5.7 粉尘爆炸危险场所应严格控制区域内作业人员数量,不得设有休息室、会议室等人员密集场所,与其他厂房、员工宿舍等应不小于 GB 50016 规定的防火安全距离。

6 防止粉尘云与粉尘层着火

6.1 防止粉料自燃

6.1.1 具有自燃性的热粉料,贮存前应冷却到正常贮存温度。

6.1.2 在通常贮存条件下,大量贮存具有自燃性的散装粉料时,应对粉料温度进行连续监测;当发现温度升高或气体析出时,应采取使粉料冷却的措施。

6.1.3 对遇湿自燃的金属粉尘,其收集、堆放与贮存时应采取防水防潮措施。

6.2 防止明火与热表面引燃

6.2.1 粉尘爆炸危险场所不应存在明火。当需要进行动火作业时,应遵守下列规定：

——由安全生产管理负责人批准并取得动火审批作业证；

——动火作业前,应清除动火作业场所 10 m 范围内的可燃粉尘并配备充足的灭火器材；

——动火作业区段内涉粉作业设备应停止运行；

——动火作业的区段应与其他区段有效分开或隔断；

——动火作业后应全面检查设备内外部,确保无热熔焊渣遗留,防止粉尘阴燃；

——动火作业期间和作业完成后的冷却期间,不应有粉尘进入明火作业场所。

6.2.2 与粉尘宜接接触的设备或装置(如电机外壳、传动轴、加热源等),其表面最高允许温度应低于相应粉尘的最低着火温度；

6.2.3 粉尘爆炸危险场所设备和装置的传动机构应符合下列规定：

——工艺设备的轴承应密封防尘并定期维护;有过热可能时,应设置轴承温度连续监测装置;

——使用皮带传动时应设置打滑监测装置;当发生皮带打滑时,应自动停机或发出声光报警信号;

——金属粉末干磨设备应设置温度监测装置,当金属粉末温度超过规定值时应自动停机。

6.3 防止电弧和电火花

6.3.1 粉尘爆炸危险场所建(构)筑物应按 GB 50057 中有关规定采取相应防雷措施。

6.3.2 当存在静电引燃危险时,除应符合 GB 12158 相关要求外,还应遵守下列规定:

——所有金属设备、装置外壳、金属管道、支架、构件、部件等,应采用防静电直接接地措施;不便或工艺不准许直接接地的,可通过导静电材料或制品间接接地;

——直接用于盛装起电粉料的器具、输送粉料的管道(带)等,应采用金属或防静电材料制成;

——金属管道连接处(如法兰),应进行防静电跨接;

——操作人员应采取防静电措施。

6.3.3 粉尘爆炸危险场所用电气设备应符合 GB 12476.1、GB/T 3836.15 的相关规定;应防止由电气设备或线路产生的过热及火花,防止可燃性粉尘进入产生电火花或高温部件的外壳内。

6.3.4 粉尘爆炸危险场所电气设计、安装应按 GB 50058 的有关规定执行。

6.4 防止摩擦、碰撞火花

6.4.1 粉尘爆炸危险场所设备和装置应采取防止发生摩擦、碰撞的措施。

6.4.2 在工艺流程的进料处,应设置能除去混入料中杂物的磁铁、气动分离器或筛子等防止杂物进入的设备或设施。

6.4.3 应采取有效措施防止铝、镁、钛、锆等金属粉末或含有这些金属的粉末与锈钢摩擦产生火花。

6.4.4 使用旋转磨轮和旋转切盘进行研磨和切割,应采用与动火作业相同的安全措施。

6.4.5 粉尘输送管道中存在火花等点火源时,如与木质板材加工用砂光机连接的除尘风管、纺织梳棉(麻)设备除尘风管等,应设置火花探测与消除火花的装置。

6.5 惰化

6.5.1 在生产或处理易燃粉末的工艺设备中,采取防止点燃措施后仍不能保证安全时,宜采用惰化技术。

6.5.2 对采用惰化防爆的工艺设备应进行氧浓度监测。

6.6 灭火

6.6.1 灭火应符合消防相关规定要求。应根据粉尘的物理化学性质,正确选用灭火剂。

6.6.2 不应采用引起粉尘飞扬的灭火措施和方法。

6.6.3 对于金属粉尘和与水接触可能产生爆炸性气体的粉尘,不应采用水基灭火器和水灭火。

7 粉尘爆炸的控制

7.1 一般要求

7.1.1 粉尘爆炸危险场所工艺设备的连接,如不能保证动火作业安全,其连接应设计为能将各设备方便的分离和移动。

7.1.2 在紧急情况下,应能及时切断所有动力系统的电源。

7.1.3 存在粉尘爆炸危险的工艺设备,应采用泄爆、抑爆和隔爆、抗爆中的一种或多种控爆方式,但不能单独采取隔爆。

7.2 抗爆

7.2.1 生产和处理能导致爆炸的粉料时,若无抑爆装置,也无泄压措施,则所有的工艺设备应采用抗爆设计,且能够承受内部爆炸产生的超压而不破裂。

7.2.2 各工艺设备之间的连接部分(如管道、法兰等),应与设备本身有相同的强度;高强度设备与低强度设备之间的连接部分,应安装隔爆装置。

7.2.3 耐爆炸压力和耐爆炸压力冲击设备应符合 GB/T 24626 的相关要求。

7.3 泄爆

7.3.1 工艺设备的强度不足以承受其实际工况下内部粉尘爆炸产生的超压时,应设置泄爆口,泄爆口应朝向安全的方向,泄爆口的尺寸应符合 GB/T 15605 的要求。

7.3.2 对安装在室内的粉尘爆炸危险工艺设备应通过泄压导管向室外安全方向泄爆,泄压导管应尽量短而直,泄压导管的截面积应不小于泄压口面积,其强度应不低于被保护设备容器的强度。

7.3.3 不能通过泄压导管向室外泄爆的室内容器设备,应安装无焰泄爆装置。

7.3.4 具有内联管道的工艺设备,设计指标应能承受至少 0.1 MPa 的内部超压。

7.4 抑爆

7.4.1 存在粉尘爆炸危险的工艺设备,宜采用抑爆装置进行保护。

7.4.2 如采用监控式抑爆装置,应符合 GB/T 18154 的要求。

7.4.3 抑爆系统设计和应用应符合 GB/T 25445 的要求。

7.5 隔爆

7.5.1 通过管道相互连通的存在粉尘爆炸危险的设备设施,管道上宜设置隔爆装置。

7.5.2 存在粉尘爆炸危险的多层建构筑物楼梯之间,应设置隔爆门,隔爆门关闭方向应与爆炸传播方向一致。

8 除尘系统

8.1 一般要求

8.1.1 不同类别的可燃性粉尘不应合用同一除尘系统。

8.1.2 粉尘爆炸危险场所除尘系统不应与带有可燃气体、高温气体或其他工业气体的风管及设备连通。

8.1.3 应按工艺分片(分区域)设置相对独立的除尘系统。

8.1.4 不同防火分区的除尘系统不应连通。

8.1.5 除尘系统的导电部件应进行等电位连接,并可靠接地,接地电阻应小于 100 Ω;管道连接法兰应采用跨接线。

8.1.6 除尘系统的启动应先于生产加工系统启动,生产加工系统停机时除尘系统应至少延时停机 10 min,应在停机后将箱体和灰斗内的粉尘全部清除和卸出。

8.1.7 铝镁等金属粉尘禁止采用正压吹送的除尘系统;其他可燃性粉尘除尘系统采用正压

吹送时,应采取可靠的防范点燃源的措施。

8.1.8 铝镁等金属制品加工过程产生可燃性金属粉尘场所宜采用湿法除尘。

8.2 吸尘罩

8.2.1 所有产尘点均应装设吸尘罩并保证有足够的入口风量以满足作业岗位粉尘捕集要求。

8.2.2 吸尘罩设计应符合 GB/T 16758 等相关规定。

8.3 风管

8.3.1 风管应明铺,不应布置在地下、半地下建筑物(室)中。

8.3.2 风管应采用钢质材料制造,禁止采用干式巷道式构筑物作为除尘风道;风管的设计强度应不小于除尘器的设计强度。

8.3.3 风管中不应有粉尘沉积。

8.3.4 水平风管每间隔 6 m 处宜设置清灰口或设置高压惰性气体吹刷喷头;风管非清理状态时清灰口应封闭,其设计强度应大于风管的设计强度。

8.4 除尘器

8.4.1 除尘器的安装、使用及维护应符合 GB/T 17919 的相关规定。

8.4.2 禁止采用干式静电除尘器和重力沉降室除尘。

8.4.3 除尘器宜布置在厂房建筑物外部。如干式除尘器安装在厂房内,应安装在厂房内的建筑物外墙处的单独房间内,房间的间隔墙应采用耐火极限不低于 3 h 的防火隔墙,房间的建筑物外墙处应开有泄爆口,泄爆面积应符合 GB 50016 的要求。

8.4.4 袋式除尘器进、出风口应设置风压差监测报警装置,并记录压差数据;在风压差偏离设定值时监测装置应发出声光报警信号。

8.4.5 袋式除尘器不应采用机械振打方式,滤袋应采用阻燃及防静电的滤料制作,滤袋抗静电特性应符合 GB/T 17919 的要求。

8.4.6 干式除尘器应设置锁气卸灰装置,及时清卸灰仓内的积灰。

8.4.7 干式除尘器灰斗内壁应光滑。

8.4.8 干式除尘器应符合 7.1.3 规定。如采用泄爆装置,泄爆口应朝向安全区域,泄爆面积和泄爆装置参数应符合 GB/T 15605 的要求;泄爆方向无法满足安全要求的,应采用无焰泄爆装置。

8.4.9 对安装在室外的干式除尘器,其进风管上宜设置隔爆阀,其安装应能阻隔爆炸向室内传播。

8.4.10 湿式除尘系统水量、流速应能满足去除进入除尘器粉尘的要求,并设置液位、流速的连续监测报警装置;应及时清除沉淀的泥浆,并保证水槽(箱)及水质过滤池(箱)无论除尘器处于开启或者停止状态,都要有良好的通风。

8.4.11 湿式除尘系统应采取防冻措施。

9 粉尘控制与清理

9.1 企业对粉尘爆炸危险场所应制定包括清扫范围、清扫方式、清扫周期等内容的粉尘清理制度。

9.2 生产、加工、储运可燃性粉尘的工艺设备应有防止粉尘泄漏的措施,工艺设备的接头、检查口、挡板、泄爆口盖等均应封闭严密。

9.3 不能完全防止粉尘泄漏的特殊地点(如粉料进出工艺设备处),应采取有效的除尘措施。

9.4 所有可能沉积粉尘的区域(包括粉料贮存间)及设备设施的所有部位应进行及时全面规范清扫。

9.5 应根据粉尘特性采用不产生扬尘的清扫方法,不应使用压缩空气进行吹扫,宜采用负压吸尘方式清洁。

9.5 遇湿自燃的金属粉尘,不应采用洒水增湿方式清扫,清扫收集的粉尘应按规定处理。

10 检修

10.1 粉尘爆炸危险场所应制定设备设施检修安全作业制度和应急处置措施。检修作业应进行审批。

10.2 应定期对粉尘爆炸危险场所中的设备传动装置(齿轮、滑轮、胶带运输机托辊、轴承等)、润滑系统以及除尘系统、电气设备等进行检修维护。

10.3 抑爆、泄爆、隔爆及火花探测器等安全装置应定期进行检验检查和维护。

10.4 检修前,应停止所有设备运转,清洁检修现场地面和设备表面沉积的粉尘。检修部位与非检修部位应保持隔离,检修区域内所有的泄爆口处应无任何障碍物。

10.5 检修作业应采用防止产生火花的防爆工具,禁止使用铁质检修作业工具。

10.6 检修过程如涉及动火作业,应符合 6.2.1 规定,并应设专人监护,配置足够的消防器材。

10.7 应按照设备检修维护规程和程序作业,粉尘爆炸危险场所禁止交叉作业。

10.8 不应任意变更或拆除防爆设施,如有变更,应重新进行检测核算,直至符合相关规定要求。

11 个体防护

11.1 粉尘爆炸危险场所作业人员应按 GB/T 11651 的有关规定,使用个体劳动防护用品。

11.2 在工艺流程中使用惰性气体或可能释放出有毒气体的场所,应配备可保证作业人员安全的呼吸保护装置。

11.3 粉尘爆炸危险场所作业人员不应穿化纤类易产生静电的工作服。

粉尘防爆术语（GB/T 15604—2008）

前　言

本标准修订并代替 GB/T 15604—1995《粉尘防爆术语》。
本标准与 GB/T 15604—1995 相比主要变化如下：
——新增"可爆粉尘""冲击波"的定义，删除了"粉尘燃烧""粘结粉尘法""最高允许氧含量""连续喷雾法"的定义。
——基本概念一节中的"粉尘""粉尘爆炸""粉尘爆轰""粉尘爆燃""粉尘着火""点燃源""火焰传播速度""粉尘层燃烧速度""爆炸压力""二次爆炸"等术语的定义进行了修改和完善。
——爆炸特征一节中的"粉尘爆炸特性参数""粉尘云最大爆炸压力""粉尘爆炸最低氧含量"术语的定义进行了修改和完善。
——粉尘爆炸预防一节中的"防爆""惰化"术语的定义进行了修改和完善。
——粉尘爆炸控制一节中的"抑爆""泄爆""泄压面积""释放压力""阻火器""阻爆器""阻爆阀门""抑爆器"等术语的定义进行了修改和完善，并进行了顺序的调整。
——标准中其他名词定义中的一些语句问题进行了修改。
——删除了引用标准一章。

本标准由国家安全生产监督管理总局提出。
本标准由全国安全生产标准化技术委员会粉尘防爆分技术委员会归口。
本标准起草单位：煤炭科学研究总院重庆研究院。
本标准主要起草人：张延松、费国云、樊小涛、刘新强。
原标准于 1996 年 1 月首次发布。
本标准所代替标准的历次版本发布情况为：
——GB/T 15604—1995。

1　范围

本标准规定了粉尘防爆的专业术语。
本标准适用于粉尘防爆标准的制定、技术文件的编制、专业手册及教材书刊编写和翻译。
本标准不适用于炸药粉尘和烟花爆竹。

2　基本概念

2.1

粉尘　dust
细微的固体颗粒。

2.2
可燃粉尘　combustible dust
可与助燃气体发生氧化反应而燃烧的粉尘。

2.3
可爆粉尘　explosible dust
可与助燃气体发生剧烈氧化反应而燃烧的粉尘。

2.4
粉尘云　dust cloud
悬浮在助燃气体中的高浓度可燃粉尘与助燃气体的混合物。

2.5
粉尘层　dust layer
沉(堆)积在地面或物体表面上的可燃性粉尘群。

2.6
可燃性杂混物　combustible hybrid
可燃粉尘、可燃气体或可燃液体蒸气同助燃气体混合而成的多相流体。

2.7
粉尘比电阻　specific resistance of a dust
截面积为 100 mm²，长为 100 mm 的粉尘层在规定试验条件下测得电阻，并经计算求得的比电阻值。

2.8
导电粉尘　conductive dust
比电阻不大于 10^3 Ω·m 的粉尘。

2.9
非导电粉尘　non-conductive dust
比电阻大于 10^3 Ω·m 的粉尘。

2.10
粉尘比表面积　specific surface area of a dust
单位质量的粉尘颗粒表面积的总和。

2.11
粉尘爆炸　dust explosion
火焰在粉尘云中传播，引起压力、温度明显跃升的现象。

2.12
粉尘爆轰　dust detonation
火焰速度超过原始粉尘云中音速的粉尘爆炸现象。

2.13
粉尘爆燃　dust deflagration
火焰速度低于原始粉尘云中音速的粉尘爆炸现象。

2.14
粉尘着火　dust ignition
局部粉尘云或粉尘层受热时，使粉尘云或粉尘层内部温度极不稳定地上升而发生突变

（即形成火焰）的现象。

2.15

粉尘层自然发火　spontaneous ignition of a dust layer
粉尘层自燃　spontaneous combustion of a dust layer
粉尘自身的缓慢氧化放出的热量在粉尘层内部积聚、温度升高并使粉尘着火的现象。

2.16

点燃源　ignition source
点火源　ignition source
能使局部粉尘云的温度发生突变形成火焰的高温热源。

2.17

爆炸产物　explosion products
粉尘云发生爆炸后，生成的气态、液态、固态物质。

2.18

火焰阵面　flame front
燃烧产物与未燃烧的粉尘云之间的分界面。

2.19

火焰传播速度　flame propagation velocity
火焰速度　flame velocity
火焰阵面单位时间的位移。

2.20

粉尘层燃烧速度　burning velocity of dust layer
在给定条件下，给定的粉尘层长度与自其端部着火至粉尘层燃烧尽所需时间的比值。

2.21

冲击波　blast wave
爆炸过程中形成的使介质状态参数突跃的压力波。

2.22

爆风　explosion wind
粉尘云发生爆炸时，伴随冲击波阵面的混合物质点的运动。

2.23

爆炸温度　explosion temperature
爆炸火焰温度　explosion flame temperature
在定容绝热条件下，粉尘云发生爆炸形成稳定化合物所放出的全部热量使爆炸产物升温达到的最高温度。

2.24

爆炸压力　explosion pressure
在定容绝热条件下，爆炸产物膨胀作用于外界的单位面积上的力。

2.25

二次爆炸　subsequent explosion
发生粉尘爆炸时，初始爆炸的冲击波将未发生爆炸区域内的沉积粉尘扬起，形成粉尘云,并被传播来的火焰引燃发生的爆炸。

2.26

粉尘最小击穿场强 minimum breakdown field strength of a dust layer

给定厚度的粉尘层被击穿时,加在粉尘层上的电场强度的最小值。

2.27

粉尘层的临界比电阻 critical specific resistance of a dust layer

非导电粉尘层被最小电场强度击穿时的比电阻。

3 爆炸特性

3.1

粉尘爆炸特性参数 parameters of dust explosibility

表示粉尘爆炸危险特性的各种参数。

3.2

爆炸危险性分级 classification of dust explosion hazards

根据粉尘爆炸特性参数值,将不同种类粉尘按相对爆炸危险性的大小分成若干等级。

3.3

粉尘云爆炸极限浓度 limiting explosible concentration of a dust

粉尘云在给定能量点火源作用下,能发生自持燃烧的最低浓度或最高浓度。亦称为粉尘爆炸的下限浓度或上限浓度。

3.4

最易着火浓度 optimum explosible concentration of a dust

用最小点火能量能点燃粉尘云的粉尘浓度。

3.5

粉尘云最低着火温度 minimum ignition temperature of a dust cloud

粉尘云受热时,使粉尘云温度发生突变(点燃)的最低加热温度(环境温度)。

3.6

粉尘层最低着火温度 minimum ignition temperature of a dust layer

粉尘层受热时,使粉尘层的温度发生突变(点燃)的最低加热温度(环境温度)。

3.7

着火感应期 induction time of ignition

粉尘云与点火源接触至粉尘云温度发生突变(形成火焰)的间隔时间。

3.8

粉尘最小点火能量 minimum ignition energy of a dust cloud

粉尘云处于最容易着火浓度条件下,使粉尘云着火的点火源能量的最小值。

3.9

粉尘最大爆炸压力 maximum explosion pressure of a dust cloud

p_{max}

在规定容积和点火能量下,不同浓度粉尘云对应的爆炸压力峰值的最大值。

3.10
粉尘最大爆炸压力上升速率 maximum rate of pressure rise of a dust explosion

$\left(\dfrac{\mathrm{d}p}{\mathrm{d}t}\right)_{\max}$

粉尘爆炸产生最大爆炸压力时的压力(p)－时间(t)上升曲线的斜率的最大值。

3.11
粉尘爆炸指数 explosion index of a dust cloud

$K_{\max}$

在密闭容器内,粉尘爆炸试验中最大爆炸压力上升速率与容器容积的立方根的乘积为一常数,这个常数称为粉尘的爆炸指数。即:

$$K_{\max} = (\mathrm{d}p/\mathrm{d}t)_{\max} V^{1/3}$$

式中:

V——容器的容积,单位为升(L)。

3.12
粉尘爆炸最低氧含量 minimum oxygen content concentration for dust explosion

可使粉尘云爆炸的混合物中氧含量的最小体积浓度。

3.13
粉尘爆炸危险场所 area subject to dust explosion hazards

存在可燃粉尘、助燃气体和点燃源的场所。

4 粉尘爆炸预防

4.1
防爆 explosion prevention

消除、惰化可燃粉尘,避免形成粉尘云及一切可能出现的着火源,预防发生粉尘爆炸的技术。

4.2
惰化 inerting

向有粉尘爆炸危险的场所,充入惰性气体或惰性粉尘,使可燃粉尘失去爆炸性的方法。

4.3
保护作用时间 effective protection time

对需要周期性实施的防爆措施而言,从措施实施起到其失去防爆作用的间隔时间。

5 粉尘爆炸控制

5.1
爆炸控制 explosion mitigation

采用措施限制爆炸传播,使爆炸事故不致于扩大的技术。

5.2
抑爆 explosion suppression

爆炸初始阶段,通过物理化学作用扑灭火焰,抑制爆炸发展的技术。

5.3

自动抑爆   automatic suppression of explosion

依靠对爆炸信息的超前探测,强制性地把消焰剂喷撒到火焰阵面上及前方,将火焰扑灭,达到抑制爆炸形成及传播的技术。

5.4

抑爆器   suppressor

装有抑爆消焰剂,且在有压气体作用下能将消焰剂迅速喷出的装置。有压气体可以是贮存的,也可以通过化学反应即时获得。

5.5

隔爆   explosion isolation

爆炸发生后,通过物理化学作用扑灭火焰,阻止爆炸传播的技术。

5.6

被动式隔爆   passive isolation of explosion

依赖粉尘爆炸冲击波的动力抛撒消焰剂,形成抑制带,扑灭滞后于冲击波到达的火焰,隔绝爆炸传播的技术。

5.7

消焰剂   extinguishing agent for explosion suppression;suppressant

抑爆剂   powder of explosion suppression

与爆炸火焰接触时,在短暂时间内能够起吸热、隔热、降低氧含量或消除活性基团,终止燃烧链等物理化学作用,使爆炸不能继续进行的物质。

5.8

泄爆   venting of dust explosions

存在于围包体内的粉尘云发生爆炸时,在爆炸压力尚未达到围包体的极限强度之前,爆炸产物通过泄压膜泄除,使围包体不致被破坏的控爆技术。

5.9

泄压比   ratio of vent area to vessel volume

泄爆面积与围包体容积的比值。

5.10

泄压面积   vent area

能够有效泄除围包体内爆炸压力的泄压口的面积。

5.11

泄压膜   pressure venting membrane

爆破膜   blasting membrane

安装在泄压口上的在释放压力下能够迅速破碎的膜片。

5.12

泄压活门   pressure venting valve;pressure venting flap

安装在围包体上的在释放压力下能够自动快速开启的阀门。

5.13

释放压力   releasing pressure;venting pressure

预先设定的、能使泄压膜片破碎或泄压活门开启的压力。

5.14

阻爆　explosion arrestment

在含有可燃粉尘的通道中,设置能够阻止火焰通过和阻波、消波的设备,将爆炸阻断在一定范围内的技术。

5.15

阻火器　flame arrester

装在可燃粉尘输送管路中的可阻止粉尘燃烧火焰通过的器具。

5.16

阻爆器　explosion barrier;explosion arrester

装在可燃粉尘输送管路中的可以阻断粉尘爆炸冲击波和火焰的器具。

5.17

阻爆阀门　rapid-action valve for explosion isolation

装在可燃粉尘输送管路中的,正常情况下处于常开、爆炸时自动关闭的,使爆炸区与未爆炸区分开的阀门。

涂装作业安全规程 安全管理通则
（GB 7691—2003）

前 言

本标准全文强制。

本标准是对 GB 7691—1987《涂装作业安全规程 劳动安全和劳动卫生管理》的首次修订。本次修订，是根据我国已批准的国际劳工组织的"1990 年化学品公约"进行的。其中涂料及有关化学品部分等效采用了该条约，同时还保留了 GB 7691—1987 中经实践证明适合我国国情又不妨碍国际通用的一些内容。另外，根据"劳动法"等有关法规，对部分条文做了必要的修改。

重要技术改变说明：

1 编写调整。主要根据 GB/T 1.1—1993 和涂装技术要素，在标准编写上做了大的调整。
2 更改标准名称。为适应"劳动安全"名词术语的变更，标准名称做了相应更改。
3 扩大标准覆盖范围。将原规定可参照执行本标准的塑料制品、皮革、漆布、印铁喷涂有机溶剂（不包括黏合剂）的作业，改为执行本标准。
4 强化限制淘汰措施。进一步限制严重危害涂装作业人员安全健康的涂料及有关化学品与涂装工艺。
5 加强涂料及有关化学品安全管理。修订涂料及有关化学品安全标签和安全技术说明书，增补对其运输、储存、销售（包括进出口）、技术交流与展览的安全规定，根据我国国情增加了检查混入有机溶剂中苯含量的要求。
6 补充了涂装工艺与设备安全要求。增补了进出口涂装工艺技术（技术软件）、技术交流与展览，来料加工，涂装加工产品出厂的安全要求。进一步明确具有重要防护功能的涂装设备器械（下称特种涂装设备）实行安全认证和进口审查，深化设备维护操作内容。
7 深化涂装作业场所安全要求。增补了租赁或使用标准厂房从事涂装作业要求，特别提出不应使用有机溶剂清洗地面的要求。
8 进一步明确雇主安全责任。按照国际劳工组织的雇主安全责任国际通用规定，对雇主安全责任做了必要增删。
9 按现行卫生标准规定，将干喷砂作业的含游离二氧化硅含量由 70% 改为 80%。
10 为便于理解与贯彻标准，增加了标准的附录及提示的附录。

本标准是"涂装作业安全规程"标准体系中的通用标准，与标准体系中的其他标准相协调配套。

本标准生效之日前业已存在的涂装作业，应按本标准的技术要求，逐步改造。

本标准自实施之日起，代替 GB 7691—1987。

本标准附录 A 是标准的附录，附录 B、附录 C 是提示的附录。

本标准由全国涂装作业安全标准化技术委员会提出并归口。

本标准负责起草单位:甘肃省劳动科学研究所、中国兵器工业第五设计研究院。

本标准参加起草单位:江苏省劳动保护科学技术研究所、承德三杰涂装环保工程公司、无锡市南兴涂装输送设备厂。

本标准主要起草人:周建平、韩蕴生、金雪芳、张勤、祁昌贤、黄兴南、孙新研。

1 范围

本标准规定了涂装(涂覆、涂布,下同)作业使用的涂料及有关化学品、涂装工艺、涂装设备器械、作业场所和涂装施工的安全管理基本原则。

本标准适用于使用涂料及有关化学品(包括有机溶剂)在金属或非金属表面的涂装作业,包括露天涂装作业,建筑物、构筑物内外涂饰作业,塑料制品、纺织品、皮革制品、漆布等非金属的涂覆、涂布、印染、上光等有机溶剂作业。也适用于涂料及有关化学品、涂装工艺、涂装设备器械、涂装厂房(涂装作业场所)的科研、设计、生产、制造、运输、施工安装、经营(包括经营活动的技术交流、商品展览)与管理。

其他有机溶剂作业亦可参照执行本标准。

2 引用标准

下列标准所包含的条文,通过在本标准中引用而构成为本标准的条文。本标准出版时,所示版本均为有效。所有标准都会被修改,使用本标准的各方应探讨使用下列标准最新版本的可能性。

GB/T 4064—1983　电气设备安全设计导则
GB 5083—1999　生产设备安全卫生设计总则
GB 5817—1986　生产性粉尘作业危害程度分级
GB 6514—1995　涂装作业安全规程　涂漆工艺安全及其通风净化
GB 7692—1999　涂装作业安全规程　涂漆前处理工艺安全及其通风净化
GB/T 11651—1989　劳动防护用品选用规则
GB/T 12331—1990　有毒作业分级
GB 12942—1991　涂装作业安全规程　有限空间作业安全技术要求
GB/T 13491—1992　涂料产品包装通则
GB/T 13641—1992　劳动护肤剂通用技术条件
GB 13690—1992　常用危险化学品的分类及标志
GB/T 13861—1992　生产过程危险和有害因素分类与代码
GB/T 14441—1993　涂装作业安全规程　术语
GB 15258—1999　化学品安全标签编写规定
GB 15630—1995　消防安全标志设置要求
GB 16179—1996　安全标志使用导则
GB 16483—2000　化学品安全技术说明书　编写规定
GBJ 140—1990　建筑灭火器配置设计规范
CB 3381—1991　船舶涂装作业安全规程

特种作业人员安全技术考核管理规则劳动部,1985

3 定义

本标准采用下列定义。

3.1
含苯涂料 benzene-containing coating

苯含量超过 $1\%(V/V)$ 的涂料(见 GB/T 14441—1993 的 4.3)。

3.2
含铅涂料 lead-containing coating

固体分(不挥发物)中铅含量超过 $0.5\%(m/m)$(铅化合物以金属铅计)的涂料(见 GB/T 14441—1993 的 4.4)。

3.3
含苯溶剂 benzene-containing solvent

苯含量超过 $1\%(V/V)$ 的有机溶剂。

3.4
含苯稀释剂 benzene-containing thinner

苯含量超过 $1\%(V/V)$ 的稀释剂。

3.5
溶剂型涂料 solvent based coating

完全以有机物为溶剂的涂料(见 GB/T 14441—1993 的 4.2)。

3.6
有机溶剂化学品 organic solvent chemicals

有机溶剂的化合物及其混合物。

3.7
涂料及有关化学品 coating and relevant chemicals

涂装施工使用的涂料与配合涂料施工使用的稀释剂、脱漆剂、金属清洗液等化学品。

3.8
涂装作业场所整体安全 whole safety for painting location

涂装作业场所的各种生产设施和作业环境符合相应的安全卫生规定,且相互协调配套,形成统一的总体安全(见 GB/T 14441—1993 的 2.4)。

3.9
有限空间 confined spaces

仅有 1～2 个人孔,进出口受到限制的密闭、狭窄、通风不良的分隔间,或深度大于 1.2 m 的封闭或敞口的只允许单人进出的通风不良空间。

同义词:密闭空间(见 GB/T 14441—1993 的 2.5)。

4 限制淘汰的涂料及有关化学品与涂装工艺

4.1 限制与淘汰的涂料及有关化学品

4.1.1 严禁使用含铅白的涂料。

4.1.2 禁止使用以下涂料及有关化学品。

4.1.2.1 禁用涂料及有关化学品：
a) 含苯涂料（包括重质苯、石油苯、溶剂苯和纯苯）；
b) 含苯稀释剂（包括重质苯、石油苯、溶剂苯和纯苯）；
c) 含苯溶剂（包括脱漆剂、金属清洗液等）（包括重质苯、石油苯、溶剂苯和纯苯）；
d) 含汞、砷、铅、镉、镍的车间底漆。

4.1.2.2 因涂装有特殊工艺要求不得不选用时，应遵守下列规定：
a) 向当地安全主管部门申请报告并得到批准，报告内容应包括安全评价和防护措施；
b) 对作业场所空气中有毒物质进行跟踪检测，每月至少检测一次；
c) 及时评价工人接触有害化学品的情况，进行健康监护。

4.1.3 限制使用以下涂料和有关化学品。

4.1.3.1 限用涂料和有关化学品：
a) 含红丹涂料；
b) 含二氯乙烷清洗液；
c) 含铬酸盐的车间底漆或前处理液。

4.1.3.2 如必需选用时，应遵守下列规定：
a) 向当地安全主管部门报告备案，报告内容应包括防护措施；
b) 对作业场所空气中有毒物质进行跟踪检测，每季度至少检测一次；
c) 及时评价工人接触有害化学品的情况，进行健康监护。

4.2 限制淘汰的涂装工艺

4.2.1 严禁用苯（包括重质苯、石油苯、溶剂苯和纯苯）脱漆或清洗。

4.2.2 禁止使用以下涂装工艺：
a) 游离二氧化硅含量80%以上的石英砂干喷砂除锈（下称干喷砂除锈）；
b) 火焰法除旧漆；
c) 大面积使用汽油、甲苯、二甲苯除油、除旧漆；
d) 喷涂含红丹涂料。

涂装有特殊工艺要求不得不选用时，应遵守下列规定：
a) 严禁在4.2.4的特定环境选用；
b) 按4.1.2.2的规定进行报告备案、跟踪检测、健康监护。

4.2.3 限制使用二氯乙烷除油清洗。

如必需选用时，应遵守下列规定：
a) 严禁在4.2.4的特定环境使用；
b) 按4.1.3.2的规定进行报告备案、跟踪检测、健康监护。

4.2.4 特定环境严禁选用的涂装工艺：
a) 敞开式或有限空间内干喷砂除锈；
b) 可燃结构厂房、易燃易爆场所、有限空间、居民住宅区、公共集聚场所采用火焰法除旧漆；
c) 无有效通风作业场所使用甲苯、二甲苯、汽油大面积除油或除旧漆，喷涂含苯涂料

（包括含苯稀释剂）和含苯有机溶剂,二氯乙烷除油清洗。

5 涂料及有关化学品

5.1 研制新型涂料及有关化学品应遵守下列规定：
    a) 同时分析研究使用时可能产生的有毒有害因素以及采取的防护措施建议；
    b) 同时鉴定安全技术性能,提出安全技术评价,做出是否符合国家安全标准的鉴定结论；
    c) 转让科研成果,同时提供安全技术资料及防护措施建议。

5.2 生产涂料及有关化学品应遵守下列规定：
    a) 从涂料配方和工艺操作方面,尽量减少有机溶剂用量、有害游离单体和重金属含量；
    b) 生产中使用甲苯、二甲苯有机溶剂时,应对其混入的苯（包括重质苯、石油苯、溶剂苯和纯苯）进行检验,其混入苯的数量不得超过涂料及有关化学品的1%(V/V)；
    c) 按 GB 13690 进行危险性鉴定和标识,并按有关规定进行危险化学品登记注册；
    d) 按 GB 15258 编写"化学品安全标签"（以下称安全标签）,并按规定挂贴；
    e) 按 GB 16483 编写"化学品安全技术说明书"（以下称安全技术说明书）；
    f) 涂料产品包装符合 GB/T 13491 规定。

5.2.1 安全技术说明书应有以下内容：
    a) 含苯涂料、含铅涂料、含苯稀释剂、含苯溶剂、含二氯乙烷金属清洗液以及禁止与限制用作车间底漆的含汞、砷、铅、镉、锑和铬酸盐涂料,在"安全技术说明书"中应做重要提示,特别强调是禁止或限制使用的涂料及有关化学品；
    b) 主要成分包括主要成膜物质、主要有机溶剂、基本颜料、有害的填料和固化剂,涂层热加工或打磨作业时可能产生有害烟雾、粉尘等有害物质；
    c) 比重、闪点与有关的爆炸下限；
    d) 有害游离单体物质和影响安全、卫生、环境保护的其他有害物质；
    e) 固化时间和挥发性；
    f) 贮存条件；
    g) 简要安全卫生防护事项。

5.3 经营涂料及有关化学品应遵守下列规定：
    a) 化学品应有标识；
    b) 危险化学品应有安全标签和安全技术说明书；
    c) 禁止销售不符合标准的产品；
    d) 严禁经营本标准中严禁使用的涂料及有关化学品；
    e) 销售本标准中禁止或限制使用的涂料及有关化学品,要认真检查安全技术说明书的重要提示,如遗漏应补做重要提示,并应向每个客户提供安全技术说明书；
    f) 进口涂料及有关化学品应有符合本标准的中文安全技术说明书,加贴中文安全标签；本标准中禁止与限制使用的涂料及有关化学品,应在安全技术说明书中做重要提示；应按"1990年化学品建议书"规定,向外方索取其所在国或多国企业在其他国家遵守的使用化学品的标准和程序的资料,并向客户充分介绍；

g) 出口本标准中禁止与限制使用的涂料及有关化学品,应向外方说明禁止或限制使用的事项及原因,安全技术说明书中应有重要提示。

5.4 主办涂料及有关化学品技术交流与展览时,应遵守下列规定:
　　a) 同时介绍安全技术性能和安全技术评价,交流本标准中限制使用的涂料及有关化学品应做重要提示;
　　b) 涂料及有关化学品的包装样品应有标识,危险化学品应有安全标签,产品介绍应有安全技术说明书及"1990年化学品建议书"规定的资料;
　　c) 展出本标准中限制使用的涂料及有关化学品时,展出位置应有明显的重要提示。

5.5 托运涂料及有关化学品应包装完整,挂贴安全标签,并按运输单位要求提供安全技术说明书。

5.6 运输涂料及有关化学品,除应遵守有关运输安全规定外,交货时如发现包装破损、容器变形或泄漏、安全标签脱落或破损,应查明原因,采取措施,并重新补贴安全标签。

5.7 使用涂料及有关化学品的单位,应遵守下列规定:
　　a) 购进时应检查安全技术说明书,核对包装上的安全标签,安全标签脱落或损坏,应经检查确认后补贴;
　　b) 需要进行分装时,分装后的容器应加贴安全标签;
　　c) 空容器未净化处理前,不得出售、转让或废弃;
　　d) 不再需要使用的涂料及有关化学品要及时清理,并按环境保护部门规定妥善处置。
　　e) 安全卫生资料应向职工公开。

5.8 使用涂料及有关化学品的职工,有下列权利和义务:
　　a) 有权获得安全标签、安全技术说明书和涂装作业可能导致危及安全与危害健康的资料,并有权获得安全技术培训。
　　b) 遵守安全生产规章制度,及时报告可能造成危害和无法处理的情况。

6 涂装设备器械

6.1 研制涂装设备器械应遵守下列规定:
　　a) 设备器械应具备基本安全功能,符合 GB/T 4064、GB 5083 的通用安全要求和涂装安全国家标准的专业安全要求;
　　b) 进行产品鉴定时,应同时进行产品安全评价;
　　c) 转让科研成果,应同时提供安全技术资料及操作维护安全注意事项的建议。

6.2 涂装设备器械的安全评价应包括以下内容:
　　a) 可能产生的火灾爆炸和人身伤害因素与程度;
　　b) 可能产生的职业危害因素与程度;
　　c) 基本安全功能的完整与可靠程度;
　　d) 自动联锁控制和信号、报警装置种类与可靠程度;
　　e) 操作维护安全注意事项。

6.3 设计涂装设备应遵守下列规定:
　　a) 设计单位具备法人资格;

b) 设计单位具有必需的相关专业技术人员,并经过涂装安全技术培训取得安全资格认可;
   c) 设备设计应符合 GB/T 4064、GB 5083 的通用安全要求和涂装安全国家标准的专业安全要求;
   d) 自用设备自行设计,应委托具有安全资格的设计单位和人员进行审核认可。

6.4 制造涂装设备器械应遵守下列规定:
   a) 制造单位具备法人资格;
   b) 制造单位具有必需的厂房、场地和设备;
   c) 制造单位具有必需的专业技术人员和专业技术工人;
   d) 设备制造具有运行可靠的质量保证体系。

6.5 涂装作业中使用的容易发生火灾爆炸、伤亡事故和职业危害,特别是对他人和周围设施的安全有重大危害,具有较大危险性的涂装设备器械(下称特种涂装设备),应具备重要的安全防护功能。

6.5.1 特种涂装设备制造,实行生产许可证制度。

6.5.2 特种涂装设备实行国家认可的检验机构的强制检验制度。

6.5.3 特种涂装设备应有安全检验合格证书、安全标记。

6.5.4 自行制造特种涂装设备,应申请国家认可的检验机构检验,取得安全检验合格证书。

6.5.5 技术改造后的特种涂装设备,应申请国家认可的检验机构重新检验,取得安全检验合格证书。

6.6 经营涂装设备应遵守以下规定。

6.6.1 涂装设备器械应具有以下技术资料:
   a) 完整的产品铭牌(名称、型号、主要参数、制造厂名称与地址、制造时间);
   b) 使用说明书(包括安全说明)。

6.6.2 特种涂装设备应具有以下技术资料:
   a) 6.6.1a)规定的产品铭牌(还应包括生产许可证编号);
   b) 安全认证标记;
   c) 安全检验合格证书;
   d) 使用说明书(包括安全说明)。

6.6.3 特种涂装设备进口应遵守下列规定:
   a) 外商在我国销售特种涂装设备,应向国家认可的机构申报 6.6.2a)、b)、d)规定的技术资料和制造厂所在国、多国企业在其他国家的安全认证和遵守的有关安全标准和程序的资料,经审查合格取得安全审查合格证书;
   b) 销售特种涂装设备器械,应向客户提供 6.6.2 规定的技术资料、制造厂所在国或多国企业在其他国家的安全认证、应遵守的有关安全标准和程序的资料以及安全审查合格证书;
   c) 企业直接在国外订购的特种涂装设备,应向国家认可的安全检验机构申报设备制造厂所在国、多国企业在其他国家的安全认证和遵守的安全标准和程序的资料,经审查或检验合格取得安全审查或检验合格证书。

6.6.4 特种涂装设备出口应遵守 6.6.2 规定,并向外方提供遵照执行的有关安全标准和程序的资料。

6.7 主办涂装设备器械技术交流和展览应遵守下列规定：
   a) 同时介绍安全技术性能和安全技术评价；
   b) 提供特种涂装设备制造厂所在国、多国企业在其他国家的安全认证和遵守的安全标准和程序的资料。

6.8 安装调试涂装设备应遵守下列规定：
   a) 应按相关《设备安装工程施工及验收规范》和涂装安全国家标准进行安装调试；
   b) 应按本章规定检查所有技术资料并存入设备档案，如有遗漏应及时向有关方索取补齐。

6.9 涂装设备中符合《压力容器安全技术监察规程》的压力容器（压力罐式供料装置、油水分离器等），其设计、制造、安装、使用和维护应遵守该规程的规定。

6.10 涂装设备配套的防爆电气设备，按原国家技术监督局、原劳动部等11个部门颁发的《关于对实施安全认证的电工产品进行强制性监督管理的通知》进行强制监督管理。涂装作业场所使用的防爆电气设备，应具有以下产品标记：
   a) 国家安全认证标志；
   b) 国家检验单位签发的"防爆合格证"标记；
   c) 产品铭牌（包括防爆类型、级别、组别），铭牌内容不全的由使用单位向销售单位索取补充资料。

6.11 涂装设备配套的燃油燃气装置应遵守有关的安全规定。

7 涂装工艺

7.1 研究涂装新工艺应遵守5.1规定。

7.2 设计涂装工艺应遵守下列规定：
   a) 设计单位应具备工业勘测设计资格；
   b) 设计（包括工艺、非标准设备及相关的暖通、电气、环保等）专业技术人员，应经涂装安全技术培训取得安全资格认可。

7.3 具有法人资格的非工业勘测设计等其他单位从事涂装工艺设计，应经国家安全主管部门委托的机构审查，并取得安全认可资格。

7.4 引进涂装工艺技术应遵守下列规定：
   a) 禁止引进限制与淘汰的涂装工艺技术；
   b) 同时引进相关的所在国有关安全标准及程序的资料。

7.5 出口涂装工艺技术应遵守下列规定：
   a) 同时提供我国涂装安全标准和相关国家标准与程序的资料；
   b) 外方需要我国规定限制使用的涂装工艺技术时，应向外方做重要提示，并提供限制使用的事项及原因等技术资料。

7.6 主办涂装工艺技术交流和展览时，应遵守下列规定：
   a) 不得交流或展出严禁、禁止使用的涂装工艺；
   b) 交流或展出限制使用的涂装工艺，应做重要提示；
   c) 同时提供安全评价等安全技术资料。

7.7 编制涂装工艺文件应遵守以下规定。
7.7.1 产品涂装工艺标准中应有以下内容：
　　a) 工艺过程的主要有害、危险因素；
　　b) 防护措施。
7.7.2 企业生产的产品有涂装要求时，应编制涂装工艺文件，制定相应的防护措施，并应有以下内容：
　　a) 工艺过程的有害、危险因素，有毒有害物质名称、数量和最高容许浓度；
　　b) 防护措施；
　　c) 故障情况下的应急措施；
　　d) 安全技术操作要求；
　　e) 不得不选用禁止或限制使用的涂装工艺论证资料。
7.7.3 审查涂装工艺文件应有以下审查结论：
　　a) 防护措施是否能够满足涂装工艺安全要求；
　　b) 涂装工艺是否符合国家安全标准；
　　c) 不得不选用禁止或限制使用的涂装工艺必要性。
7.8 企业改变涂装工艺时，应同时修改涂装工艺文件(包括安全技术内容)。以下情况，应按 7.7.2、7.7.3 重新编制和审查有关安全技术内容：
　　a) 改变部分涂装工艺；
　　b) 改用另外类型涂料及有关化学品；
　　c) 改造部分涂装设备，同时还应遵守第 6 章规定。
7.9 来料加工进行涂装作业时，应按 7.7 编制涂装工艺文件，并制定相应的防护措施。
7.9.1 来料加工方应提供以下技术资料：
　　a) 加工的原材料或半成品材质；
　　b) 提供涂料及有关化学品的安全标签和安全技术说明书；
　　c) 指定涂装工艺时，同时提供有关的安全技术资料；
　　d) 外商所在国或多国企业在其他国家加工产品时，遵守的有关原材料、涂料及有关化学品、涂装工艺的有关安全标准和程序的资料。
7.9.2 承接来料加工方应检查 7.9.1 提供的技术资料完整性和可靠性，并遵守下列规定：
　　a) 不得采用严禁使用的涂装工艺；
　　b) 不得不采用禁止或限制使用的涂装工艺时，应制定有效防护措施，并报当地安全主管部门审查批准，方准进行加工。
7.10 涂装加工的产品出厂时，应完成全部涂装工艺程序，涂层必须实干。

8 基本建设和技术改造

8.1 新建、扩建、改建涂装工程建设项目时，应遵守原劳动部颁发的《关于生产性建设工程项目职业安全卫生监察的暂行规定》。
8.1.1 设计单位应按规定编写《劳动安全卫生专篇》，《劳动安全卫生专篇》应对涂装作业场所整体安全做出评估，并应有以下资料：
　　a) 涂装作业场所火灾危险区域划分平面图，爆炸性气体环境、粉尘环境危险区域划分平面、立面图；
  b) 选用限制使用的涂料及有关化学品、涂装工艺的特殊工艺原因。

8.1.2 涂装工程建设项目进行安全技术审查，应遵守下列规定。

8.1.2.1 审查前应具有以下技术文件：
  a) 《劳动安全卫生专篇》；
  b) 建筑平面图；
  c) 区域图；
  d) 厂区总平面布置图；
  e) 工艺布置图与设备明细表。

8.1.2.2 审查时应对以下项目重点审查：
  a) 涂装工程建设项目设计单位与设计人员安全资格；
  b) 技术文件的完整准确性；
  c) 涂装工艺路线布置的合理性，选用涂料及有关化学品、涂装工艺、涂装设备器械是否有违犯国家法规和标准的问题；
  d) 涂装作业场所整体安全可靠程度。

8.1.3 涂装工程建设项目竣工验收，应遵守原劳动部颁发的《建筑项目（工程）职业安全卫生设施和技术措施验收办法》，并应有以下技术文件：
  a) 涂装工程建设项目设计单位与设计人员、涂装设备设计与制造单位安全资格证明文件；
  b) 涂料及有关化学品安全技术资料，特种涂装设备安全检验合格证书，防爆电气设备的安全认证、防爆合格证书等技术文件；
  c) 通风系统参数测定值，防爆电气设备防爆参数测定值，接地电阻测定值，极度危险区域易燃易爆气体、粉尘浓度测定值，涂装作业场所有害因素测定值；
  d) 自动联锁控制和信号、报警装置整定值；
  e) 采用新型涂料及有关化学品或涂装工艺的安全技术鉴定资料。

8.1.4 重大涂装工程建设项目应有劳动安全卫生预评价报告。

8.2 技术改造涂装工程建设项目，应遵守8.1规定。

8.2.1 技术改造应遵守下列原则：
  a) 提高生产能力和技术水平，应同时提高安全技术水平；
  b) 改造厂房、工艺、设备等，应同时改造安全防护措施。

8.2.2 技术改造方案（或设计方案）有下列之一情况，设计单位在《劳动安全卫生专篇》中应有专门说明。
  a) 工艺过程增加新的或加剧原有的危险、有害因素和程度；
  b) 降低涂装作业场所整体安全水平。

8.2.3 小型涂装技术改造项目（规模较小，内容简单，下称小型项目）技术改造方案（设计方案），应包括以下内容：
  a) 同时提高安全技术水平采取的工艺等主要技术措施；
  b) 同时进行技术改造的安全防护措施；
  c) 对整体安全影响的分析说明。

8.3 引进涂装工程建设项目,应遵守 8.1 规定。
8.3.1 引进项目应符合下列规定:
  a) 不得引进限制使用的涂装工艺技术和设备;
  b) 安全技术水平不得低于涂装安全国家标准规定。
8.3.2 引进项目可行性研究报告应有以下内容:
  a) 安全技术水平评估;
  b) 引进项目所在国或多国企业在其他国家遵守的安全法规、标准的安全技术水平评估;
  c) 与我国现行安全卫生标准对比分析结论。
8.3.3 引进项目竣工验收,应有以下技术文件资料:
  a) 进口涂料及有关化学品的安全技术资料,包括其出口国或多国企业在其他国家遵守的有关安全标准和程序的资料;
  b) 进口涂装设备器械的安全技术资料,包括其出口国或多国企业在其他国家遵守的有关安全标准和程序的资料;国家认可机构审查合格发给的安全审查合格证书或安全检验机构的安全检验合格证书;
  c) 引进的涂装工艺安全技术资料,包括引进国有关安全标准和程序的资料。

9 涂装施工

9.1 特大工件、设备需要临时在厂房原地进行涂装作业时,应遵守下列规定:
  a) 按 GB 6514、GB 7692 规定,划出临时涂装作业场所;
  b) 按 GB 6514 规定,划出涂漆区、火灾危险区、电气防爆区,并严格进行管理;
  c) 审定涂装作业场所有机溶剂最高容许浓度,采取必需的局部排风措施;
  d) 按 GB 16179、GB 15630 规定,设置安全标志;
  e) 按 GBJ 140 配置必要的消防器具;
  f) 制定动火条件。火灾危险区进行热加工作业,应经过批准;
  g) 及时清理废物、废料、漆垢及现场杂物。

9.2 桥梁、大型构件或储罐、船舶、机车车辆、建筑物或构筑物、道路护栏等外部涂装露天作业时,应遵守下列规定:
  a) 参照 GB 6514、GB 7692 规定,制定专门的防护措施;
  b) 参照 GB 6514、GB 7692 规定,划出临时涂装作业场所;
  c) 按 GB 16179、GB 15630 规定,设置安全标志;
  d) 参照 GBJ 140 配置必要的消防器具;
  e) 建立施工现场安全统一指挥制度;
  f) 涂漆、有机溶剂除油期间,严禁热加工作业;
  g) 积聚有机溶剂蒸气的低凹、死角区域,应设置局部排风装置。

9.2.1 船舶涂装作业应遵守 CB 3381 规定。
9.2.2 机车车辆涂装作业可参照执行 CB 3381 规定。
9.3 立体交叉涂装施工作业除了应遵守 9.2 规定外,还应遵守下列规定:
  a) 划定的临时涂装作业场所应当包括立体涂装施工作业的上方和下方形成的空间

b) 涂漆作业结束,及时清理施工现场,撤出涂装设备器械和涂料及有关化学品,清除沾污涂料及有机溶剂废弃物,方准进行下道施工作业。

9.4　建筑物室内涂装作业应遵守下列规定:
　　a) 施工单位选用的涂料及有关化学品应符合保护居民健康的规定,并应向客户提供有关安全卫生资料;
　　b) 涂覆作业及涂层干燥固化期间,禁止可能产生明火的作业;
　　c) 涂覆作业及涂层干燥固化期间,应全面通风换气;
　　d) 严禁使用非防爆灯具烘烤涂层;
　　e) 操作人员应正确使用劳动防护用品。

9.5　防腐工程应遵守以下规定。

9.5.1　上部敞口护围结构防腐工程应遵守下列规定:
　　a) 涂覆作业和涂层干燥固化期间,采用局部机械通风,将可燃气体浓度控制在爆炸下限10%以下;
　　b) 间隔时间重新施工,应先进行机械通风,确认可燃气体浓度在爆炸下限10%以下时,方准继续施工;
　　c) 涂覆作业和涂层干燥固化期间,禁止可能产生明火的作业;
　　d) 涂装作业场所有害气体浓度达不到卫生标准时,企业应给操作人员免费提供适用合格的防护用具。

9.5.2　地下室、半地下室防腐工程应遵守第10章的规定。

9.6　严禁使用有机溶剂清洗地面和墙壁。

10　有限空间涂装作业

有限空间涂装作业管理,除应遵守本标准的规定外,还应遵守GB 12942规定。

11　涂装设备安装施工

11.1　涂装设备安装单位应按原劳动部《关于对建筑企业实行安全资格认证的通知》取得安全资格。

11.2　涂装设备联动负荷试车时,应参照GB 6514、GB 7692制定安全措施。

11.3　涂装厂房续建涂装工程应采取必要的隔离设施,并制定专门防护措施。

12　明火作业

12.1　涂装作业场所进行热加工作业应办理动火批准手续。

12.2　涂装作业场所进行热加工作业应遵守下列规定:
　　a) 清理作业现场易燃易爆物;
　　b) 检查消除作业现场及其附近地坑、地沟等低凹地区残存的易燃易爆气体;
　　c) 动火使用的氧气瓶、乙炔瓶、电焊机等放置在安全距离以外;
　　d) 使用防爆型电气设备;
　　e) 使用不产生火花的工具或机具;

f) 参照 GBJ 140 配置必需的消防器材;
g) 实现现场安全监护。

13 设备检查维护与检修

13.1 涂装设备器械运行维护检修应遵守以下规定。

13.1.1 涂装设备器械应建档管理,认真记录,定时检查,专人维护,计划检修。

13.1.2 涂装设备操作人员应按设备技术与维护要求,做好日常运行维护检查工作。日常运行维护检查包括以下主要内容:

a) 通风系统运行是否正常;
b) 设备外部是否有外力损伤或变形;
c) 设备表面温度是否超过规定最高温度;
d) 设备、管路连接是否松动;
e) 自动联锁控制和信号、报警装置是否完整;
f) 防爆电气设备及防爆照明灯具是否完整与运行正常;
g) 清除漆垢、粉尘及现场杂物。

13.1.3 涂装设备专职维护人员除检查维护 13.1.2 项目外,还应包括以下主要项目:

a) 全面检查通风系统;
b) 全面检查防爆电气设备;
c) 检查检测接地可靠性;
d) 检查电气线路完好状况;
e) 检查自动联锁控制和信号、报警装置运行状况;
f) 检查设备运行记录中的问题,及时处理或及时上报。

13.1.4 企业应根据作业环境、设备状态、生产负荷、机械磨损等实际情况,明确规定检查、检修周期及其项目。

13.2 防爆电气设备运行维护检修应遵守以下规定。

13.2.1 防爆电气设备实行日常运行维护检查、专业维护检查、安全技术检查制度,企业应明确规定检查周期、项目及其要求。

13.2.2 防爆电气设备运行维护应遵守下列规定:

a) 按制造厂规定的技术条件运行;
b) 设备保护、闭锁、监视、指示等装置不得任意拆除;
c) 爆炸危险场所维护检查设备,严禁解除保护、联锁和信号装置;
d) 严禁带电对接电线;
e) 新设备安装前宜解体检查,符合规定后方可投入运行。

13.2.3 防爆电气设备检修应遵守下列规定:

a) 禁止在爆炸危险场所带电检修设备和线路(本安型线路除外);
b) 防爆电气设备检修应按现行国家技术规定进行,检修时不得对外壳结构、主要零部件使用的材质和尺寸进行修改更换;必需修改更换时,应保证设备原有安全性能,并取得检验单位同意;
c) 防爆电气设备大、中修后,检修人员应填写检修记录,并须经防爆检验专业人员进行检验,签发合格证后方可交付使用。

13.2.4 防爆电气设备实行小修、中修、大修制度,企业应明确规定检修周期、项目及其检验标准。

13.3 通风净化设备运行维护检修应遵守以下规定。

13.3.1 通风净化设备应指定专人维护,计划检修,建档管理。

13.3.2 通风净化设备实行日常运行维护检查、专业维护检查、安全技术检查制度,企业应明确规定检查周期、项目及其要求。

13.3.3 通风净化(包括喷漆室、喷粉室)设备应进行日常运行维护检查,每班应清理一次沉积漆垢、积留粉尘。发现以下情况,应及时上报、及时处理。

  a) 通风设备外形、叶轮变形;
  b) 通风设备连接件松动。

13.3.4 爆炸危险场所检查维护通风净化设备,严禁解除联锁和信号装置。

13.3.5 涂装作业时,禁止拆卸维护通风净化设备。

13.3.6 通风净化设备实行小修、中修、大修制度,企业应明确规定检修周期、项目和检验要求。

14 安全标志

14.1 涂装作业场所(包括临时设置的涂装作业场所)应按 GB 16179、GB 15630 规定设置安全标志。

14.2 以下情况应设禁止标志:

  a) 涂装作业场所入口、临时设置的涂装作业场所周边、露天涂装作业防火区内:选用"禁止烟火"标志;
  b) 涂装作业场所动火时,选用"禁放易燃品"标志;
  c) 可能产生静电(如静电喷漆、静电喷粉、使用有机溶剂作业等)会导致火灾爆炸危险场所:选用"禁止穿化纤服"标志;
  d) 可能产生火灾爆炸危险的使用有机溶剂等作业场所:选用"禁止穿带钉鞋"标志。

14.3 以下情况应设"警告标志":

  a) 涂装作业场所:选用"注意安全"标志;
  b) 涂料及有机溶剂化学品储存区域:选用"当心火灾"标志;
  c) 可能产生触电危险的电器设备:选用"当心触电"标志;
  d) 使用酸碱作业场所:选用"当心腐蚀"标志。

14.4 以下情况应设"指令标志":

  a) 涂装作业场所:选用"必须穿防护服"标志;
  b) 粉尘作业场所:选用"必须戴防尘口罩"标志;
  c) 有限空间作业场所:选用"必须戴防毒口罩"标志;
  d) 酸碱作业场所:选用"必须戴防护手套""必须穿防护靴"标志。

14.5 手动火灾报警按钮和固定灭火系统的手动启动器等装置附近,选用"消防手动启动器"标志。

14.6 安全标志的规格与设置位置、高度、观察角度等应符合 GB 16179、GB 15630 的规定。

15 安全规章制度

15.1 企业应根据涂装安全国家标准、设计部门编制的《劳动安全卫生专篇》,结合实际制定、修改和检查、监督涂装安全规章制度的贯彻执行。

15.2 涂装安全规章制度应包括以下主要内容:
   a) 岗位责任;
   b) 工艺安全管理;
   c) 设备操作维护;
   d) 安全技术操作;
   e) 防火防爆管理;
   f) 有害因素检测管理;
   g) 涂装作业场所管理;
   h) 个人卫生与防护管理;
   i) 外来人员出入管理。

16 安全技术教育培训

16.1 涂装工程设计、设备设计人员应经安全技术专门培训,取得安全资格认可。专门培训应包括以下内容:
   a) 涂料及有关化学品火灾爆炸危险特性;
   b) 涂料及有关化学品对人体(包括妇女婴儿,生殖系统)急慢性健康影响;
   c) 涂装安全标准;
   d) 国家关于基本建设"三同时"、化学品管理、涂装安全管理法规。

16.2 涂装生产管理、工艺技术人员应经安全技术专门培训,取得安全合格证书,持证上岗。专门培训应包括以下内容:
   a) 涂装工艺过程危险有害因素,作业环境质量指标,有害因素对人体健康影响;
   b) 涂料及有关化学品危险特性和对人体健康影响;
   c) 安全防护措施,改善作业环境的途径和措施;
   d) 国家关于安全生产管理法规。

16.3 涂装作业人员按原劳动部颁发的《特种作业人员安全技术培训考核管理规定》,应进行安全技术培训;其培训、考核和发证、复审、工作变迁执行《特种作业人员安全技术考核管理规则》规定。涂装作业人员应持证上岗。

16.3.1 涂装作业操作人员安全技术培训应包括以下内容:
   a) 涂装作业安全技术规程;
   b) 工艺过程危险有害因素,安全防护措施,故障情况下应急措施;
   c) 接触的有害因素对人体健康影响,个人防护知识,中毒急救措施;
   d) 使用的涂料及有关化学品危险特性,防止火灾措施,灭火器材使用方法;
   e) 劳动防护用品、安全用具性能及使用方法。

16.3.2 涂装作业电气设备专职维护人员,除按特种作业人员安全技术培训考核大纲培训外,还应补充以下专门培训内容:

a) 涂装作业火灾爆炸危险特性；
b) 涂装作业电气防爆规定。

16.3.3 涂装作业通风净化设备专职维护人员,除按 16.3.1 培训外,还应补充以下专门培训内容:
a) 通风系统测定与调整；
b) 净化系统测定与调整。

16.4 企业进行安全技术教育时,应向职工提供以下资料:
a) 使用的化学品特性和有害成分；
b) 化学品标识和标签包含的资料；
c) 危险化学品安全技术说明书；
d) 职工接触有害化学品检测记录等应当公开的资料。

16.5 未经专业安全技术培训并取得安全资格的人员,不得从事涂装工程、涂装设备设计或涂装作业管理、操作、维护和检修工作。

16.6 以下情况应进行安全技术再培训:
a) 颁布新的或修订涂装安全国家标准；
b) 进行涂装技术改造；
c) 改变涂装工艺；
d) 增加新的涂装设备。

16.7 对外来参观人员应进行安全须知教育。

17 定期检验检测

17.1 企业在用特种涂装设备(包括配套的通风净化设备)时,各地安全检测机构应实行定期检测、检验制度,检验周期最长不得超过 3 年,检验项目应根据涂装安全标准确定,但应包括以下内容:
a) 通风净化系统参数；
b) 防爆电气设备防爆结构参数；
c) 接地电阻；
d) 自动联锁控制和信号、报警装置整定值。

17.2 涂装作业场所应按 GB/T 12331、GB 5817 规定,每年进行一次有毒作业、粉尘危害分级检测,并应遵守下列规定:
a) 新建、扩建、改建和技术改造、引进涂装工程项目,试生产时应进行有毒作业、粉尘危害分级检测,凡有Ⅲ、Ⅳ级危害的,不允许正式投产；
b) 每年分级定期检测出的Ⅲ、Ⅳ级危害,应制定专门治理措施,Ⅳ级危害应在 1 年内消除,Ⅲ级危害应在 2 年内消除。

17.3 企业应建立定期检测制度,并遵守下列规定。

17.3.1 按附录 A(标准的附录)定期检测涂装作业有毒、有害因素。

17.3.2 按下列规定进行安全检测:
a) 有限空间作业,应测氧;有限空间作业使用有机溶剂化学品,应按有关规定测爆；
b) 发生急性中毒事故时,应及时对可能造成中毒的毒物进行分析和检测。

17.3.3 以下情况应进行有毒有害因素检测和通风系统效能测定：
    a) 新建、扩建、改建和技术改造、引进涂装工程项目竣工验收；
    b) 采用新的涂料及有关化学品或涂装工艺；
    c) 调整通风系统。

17.4 检测资料应记入检测档案，每年应至少进行一次全面分析，评价工人接触有毒有害因素的情况，进行健康监护，研究改进措施。检测记录至少保存10年期限，并应提供有关部门检查和工人及工会组织使用。

18 健康管理

18.1 新参加涂装作业人员应进行就业前健康检查。查出职业禁忌者，不准安排从事涂装作业。

18.2 涂装作业人员应按下列规定进行职业性健康检查。发现职业病患者，应按卫生部等4个部门颁发的《职业病范围和职业病患者处理办法的规定》及时上报：
    a) 从事粉尘作业人员，每3～5年进行一次；
    b) 从事有机溶剂化学品作业人员，每年进行一次；
    c) 从事酸碱作业人员，每2年进行一次；
    d) 从事噪声作业人员，噪声强度在85 dB(A)以上者，每2年进行一次。

18.3 职业病患者应按下列规定进行复查：
    a) 尘肺患者，一般每年复查一次。诊断0＋号者，每年复查一次；
    b) 职业中毒患者，每年复查一次。

18.4 解除涂装作业人员劳动合同时，应进行职业性健康检查。发现职业病患者，不得解除劳动合同。

19 劳动防护用品

19.1 企业应向涂装作业人员免费提供劳动防护用品，并遵守下列规定：
    a) 劳动防护用品应符合国家标准；
    b) 特种劳动防护用品应是经国家或省级劳动防护用品（产品）质量监督检验机构检验合格产品。

19.2 企业应根据安全生产和防止职业危害的需要，作业人员接触的能量（物质）的主要危险特性或特殊劳动条件的作业类别，按 GB/T 11651 发给涂装作业人员适宜的劳动防护用品。并应遵守下列规定：
    a) 有机溶剂作业场所应提供防静电服和防静电鞋；
    b) 酸碱作业场所应提供防酸（碱）服和耐酸（碱）鞋；
    c) 有限空间涂装作业场所提供供应空气的呼吸保护器。

19.3 涂装作业使用的劳动防护用品应由企业集中保管与洗涤。

19.4 企业应定期或不定期检查涂装作业劳动防护用品，使用或保管贮存期内遭到损坏或超过有效使用期，经检验未达到原规定的有效防护功能最低指标，应按照 GB/T 11651 规定的程序判废。判废后的劳动防护用品禁止继续发放或使用。

19.5 涂装作业使用的劳动防护用品禁止穿出厂外。

19.6 禁止用含苯有机溶剂洗手。企业宜向涂装作业人员免费供给专用清洗剂。

19.7 企业宜按 GB/T 13641 规定,选用不同类型的皮肤保护剂,免费供给涂装作业人员使用。

20 生产辅助设施

20.1 涂装作业场所应设置更衣室,便服与防护服可以同室但须分柜分别存放。

20.2 涂装酸碱作业场所应设置事故应急冲洗供水设施,并保证作业时间不间断供水。

20.3 涂装作业场所应设置淋浴室和盥洗室。

21 妇女与未成年人特殊保护

21.1 对从事涂装作业的妇女,企业应遵守国务院发布的《女职工劳动保护规定》、原劳动部颁发的《女职工禁忌劳动范围的规定》,实行特殊保护。

21.2 分配妇女(不包括生产管理人员、工艺技术人员)从事涂装作业时,应遵守下列规定:
 a) 禁止妇女从事有限空间涂装作业;
 b) 禁止妇女从事禁止或限制使用的涂料及有关化学品、涂装工艺的涂装作业;
 c) 禁止已婚待孕妇女从事有毒危害分级中Ⅲ、Ⅳ级涂装作业;
 d) 禁止怀孕妇女和乳母从事有毒物质浓度超过国家卫生标准的涂装作业。

21.3 禁止未成年人从事涂装作业。

22 承包与租赁

22.1 企业发包涂装作业应遵守以下规定。

22.1.1 发包方提供涂装工艺、涂料及有关化学品,并应遵守下列规定:
 a) 不得提供严禁或禁止使用的涂装工艺、涂料及有关化学品;
 b) 应向承包方提供涂装工艺、涂料及有关化学品的安全技术资料。

22.1.2 发包方指定涂装工艺、涂料及有关化学品时,应执行第 4 章规定。

22.1.3 承包方提供劳务,参加发包方涂装作业,发包方应将劳务人员纳入企业安全管理范围。

22.1.4 承包方使用发包方厂房、涂装设备,发包方应遵守下列规定:
 a) 执行 22.1.1 规定;
 b) 对承包方进行安全技术指导和检测;
 c) 对承包方涂装作业场所进行安全监督检查。

22.2 租赁房屋从事涂装作业应遵守以下规定。

22.2.1 不准出租 GB 6514 禁止设置涂装作业的建筑物。

22.2.2 承租方从事涂装作业应遵守下列规定。
 a) 租赁的房屋应符合 GB 6514、GB 7692 关于涂装作业场所规定;
 b) 按新建项目申请消防、安全、卫生等主管部门审查批准;
 c) 对房屋进行改造时,应征得房屋产权人同意,并遵守 b)的规定。

22.3 租赁或租借标准厂房从事涂装作业应遵守 22.2 的规定。

附 录 A
（标准的附录）
劳动卫生检测基本要求

A1 根据涂装工艺选定检测的有害物质，应包括以下项目：
  a) 苯、甲苯、二甲苯；
  b) 涂料及有关化学品的主要成分或所使用的主要有机溶剂；
  c) 铅(烟、尘)、铬(尘)；
  d) 氧化锌(烟雾)；
  e) 甲苯二异氰酸酯；
  f) 粉尘；
  g) 其他严重危害作业人员的有害物质(如：有机锡化合物)。

A2 定期检测的时间应遵守下列规定：
  a) 有毒物质中的铅、苯达到国家卫生标准的，每6～12个月测定一次；未达到的，每3～6个月测定一次。其他有毒物质，每年至少测定一次；
  b) 粉尘每年至少测定一次；
  c) 噪声、局部振动每年至少测定一次；
  d) 高温作业按各地规定执行。

A3 检测时机的选择应遵守下列规定：
  a) 连续性均衡生产的，可选择作业任何时间；
  b) 非均衡生产的，应选作业饱和时间。

A4 检测方法按国家标准执行。尚未颁布国家标准的，按卫生部颁发的《卫生防疫工作规范》执行。

附 录 B
（提示的附录）
涂装作业场所劳动防护用品

按GB/T 11651并结合涂装作业实际，表B1列出了涂装作业场所常用的劳动防护用品。

表 B1 涂装作业场所劳动防护用品

序号	品种	用途	使用范围	防护用品国家标准、行业标准
1	防静电服	防止积聚静电	喷漆作业	GB 12014 防静电工作服
2	防静电鞋	防止积聚静电	喷漆作业	GB/T 4385 防静电鞋、导电鞋 技术条件

表 B1（续）

序号	品种	用途	使用范围	防护用品国家标准、行业标准
3	防毒口罩	防止吸入一般性毒气	涂漆作业	GB 2890 过滤式防毒面具通用技术条件
4	清洗剂	利于清除漆垢	涂漆作业	
5	皮肤保护剂	防止皮肤刺激、吸收毒物与有害化学品伤害	涂漆作业	GB/T 13641 劳动护肤剂通用技术条件
6	防酸（碱）服	防中、轻度酸碱伤害	化学除锈作业	防酸工作服
7	耐酸（碱）鞋	防中、轻度地面酸碱伤害	化学除锈作业	耐酸碱皮鞋
8	耐酸（碱）手套	防中、轻度酸碱伤害	化学除锈作业	LD 34.2 耐酸（碱）手套
9	有机玻璃面罩	防酸碱液灼伤面部	配制酸碱液作业	GB/T 14866 眼面护具通用技术条件
10	披肩帽	防粉尘污秽	喷砂、二次除锈作业	
11	防护眼罩	防酸碱液灼伤、金属或粉尘伤害眼睛	配制酸碱液作业、二次除锈作业	GB/T 14866 眼面护具通用技术条件
12	滤膜防尘口罩	防止吸入一般性、中浓度粉尘	喷砂等作业	GB 2626 自吸过滤式防尘口罩通用技术条件
13	防尘口罩	防止吸入一般性、低浓度粉尘	除锈、打磨、喷砂作业	LD 29 防尘口罩
14	供给空气的呼吸保护器	防止吸入较高浓度粉尘	喷砂作业、有限空间涂装作业	GB 6220 长管面具
15	安全帽	防止物体打击头部	立体交叉作业	GB 2811 安全帽
16	护耳器	防噪声伤害	二次除锈、喷砂作业	护耳器—耳塞 护耳器—耳罩
17	安全带	防止坠落伤害	2 m 以上高处作业	GB 6095 安全带
18	救生衣（圈）	防止落水淹溺，便于抢救	水上作业	
19	水上作业服	防止落水淹溺，便于抢救	水上作业	

表 B1（续）

序号	品种	用途	使用范围	防护用品国家标准、行业标准
20	防滑鞋	防止滑倒伤害	水上作业、高处作业	GB 12623 防护鞋通用技术条件
21	棉布工作服	（防静电）	喷漆作业、有机溶剂除油作业	GB/T 13661 一般防护服
22	一般工作服		涂装作业	GB/T 13661 一般防护服
23	护发帽	防污秽	涂装作业	
24	防护手套	防污秽	涂装作业	GB 12624 劳动防护手套通用技术条件
25	防寒服	防冻伤	北方地区冬季露天涂装施工作业	GB/T 13459 劳动防护服 防寒保暖要求

注：

1 喷漆作业发放防静电服有困难的，允许用棉布工作服代替。

2 穿着防静电鞋时，不应同时穿绝缘的毛料厚袜及绝缘的鞋垫。穿用过程中，一般不超过 200 h 应进行一次电阻测试。

3 选用防毒口罩时，根据涂装作业场所的毒物种类、浓度，可参照 GB 2890《过滤式防毒面具通用技术条件》、GB/T 6223《自吸过滤式防微粒口罩》选用，过滤式防毒面具不能用于有限空间涂装作业。

4 根据涂装作业场所酸污染程度，选用透气型、不透气型等不同类型的防酸工作服。

5 根据化学除锈作业场所酸碱污染程度和作业环境，参照相关标准选用不同类型的耐酸（碱）鞋，前述耐酸（碱）鞋不适用于浓酸、浓碱作业场所。

6 根据配制酸碱数量及作业条件，防化学液飞溅，可选用防护面罩，亦可选用防化学液眼镜。

7 按粉尘浓度选用不同类别的防尘口罩，粉尘中含有毒物质时应选用防毒口罩。

8 按粉尘浓度、毒物浓度选用供给空气的呼吸器，高浓度时防护效果下降，不可选用《自给式空气呼吸器》(GB 16556)。

9 声级大于 90 dB 以上的强噪声作业环境，可考虑按频率与作业条件选用不同种类、不同类型的护耳器。

10 根据水上作业条件及防护需要，可选用不同类型的水上作业服、救生衣、救生圈。

11 化纤工作服不适用于喷漆作业、有机溶剂除油作业、接触酸碱的作业。涂装作业场所推荐使用防毒物渗透工作服和手套。

附 录 C
（提示的附录）
涂装作业危险有害因素

根据我国历年来涂装作业伤亡事故、火灾爆炸事故、职业中毒与职业病的实际情况，参考国外资料，除加工工业通常的危险和有害因素外，编制了以下涂装作业过程专业的危险有害因素。

C1 危险因素
C1.1 火灾

火灾发生必须具备氧气、可燃物质、着火源三个条件。

C1.1.1 可燃物质
a) 有机溶剂在存放、清洗、稀释、加热、涂覆、流平、干燥固化及排风挥发、蒸发的易燃易爆物质；
b) 污染有机溶剂涂料的废布、纱头、棉球、防护服等；
c) 沉积漆垢、漆尘的涂装设备内部表面、排风设施的内部空间、建筑物内墙与顶棚表面、作业现场地面。

C1.1.2 着火源
a) 明火（火焰、火星、灼热）：涂装作业场所内部或外部带入的烟火，焊接火花，烘干设备过热表面，灯具破裂时的明火，加热的钢板，照明灯具的灼热表面，设备、工件、管道、散热器、电器等过高温度的表面；
b) 摩擦冲击：工件、钢铁工具、容器相互碰撞，带钉鞋或鞋底夹有外露金属件与地坪撞击等；
c) 电器火花：电路开启与切断、断路、过载、行灯破裂，线路电位差引起的熔融金属，保险丝熔断，外露灼热丝等；
d) 静电放电：静电喷漆枪与工件间距离过近，使用、储存、输送有机溶剂的设备、容器、管道静电积累或容器、管道破裂，倾倒有机溶剂等；
e) 雷电；
f) 化学能：自燃（如亚麻籽油、漆垢、沾染涂料的纤维堆积蓄热），物质混合剧烈放热反应（如聚酯漆与引发剂），加热涂料时添加有机溶剂，铝粉受潮产生氢气放热自燃；
g) 日光聚集。

C1.1.3 增加燃烧危险性因素
a) 有限空间富氧状态；
b) 火灾时继续通风；
c) 盛装涂料的压力容器、管道破裂与容器倾覆后液体流淌和扩散；
d) 比空气重的有机溶剂蒸气积聚的低凹地方（如地沟、地坑等）；
e) 气温高。

C1.2 爆炸

有限空间及通风不良处所,易燃气体及粉尘积聚达到爆炸极限,遇到着火源瞬间燃烧爆炸。

C1.3　电泳、静电喷涂和电热干燥设备所致触电。

C1.4　有限空间缺氧窒息。

C1.5　酸、碱溅落灼伤、烫伤。

C2　有害因素

C2.1　生产性粉尘

通过呼吸道进入人体,可造成尘肺等呼吸道疾病等。

  a)　矽尘:喷砂作业;

  b)　氧化铁尘:喷丸、抛丸及机械、手工干式打磨、磨光等作业;

  c)　有机粉尘:喷涂粉末涂料及打腻子、磨光、除旧漆等作业。

C2.2　生产性有毒粉尘和气溶胶

通过呼吸道、消化道及皮肤侵入人体。有的可刺激黏膜(上呼吸道),有的引起过敏反应或皮炎,有的造成急、慢性中毒,有的可以或可能致癌、致畸、致突变,有的可危害男性生殖功能等。

  a)　有机溶剂:涂漆及有机溶剂除油等作业,不适当地用有机溶剂清洗皮肤或服装;

  b)　漆雾:喷漆作业;

  c)　有毒物质(铅、铬等)粉尘、烟雾:喷涂、打磨、热加工等作业;

  d)　酸、碱蒸气:化学除锈作业。

C2.3　有害物理性因素

  a)　噪声、振动:通风机、喷丸机、抛丸机、空压机和电机等设备运转,喷砂、机械打磨等作业;

  b)　高温、辐射热:烘干作业;

  c)　有害辐射线、微波:光固化、红外线干燥、静电喷涂等作业,涂料中的放射性物质。

C3　作业过程危险和有害因素信息处理,其危险和有害因素分类与代码应遵守 GB/T 13861 规定。

铝镁制品机械加工粉尘防爆安全技术规范(AQ 4272—2016)

前 言

本标准除 1、2、3 章及 5.1、5.2、6.2a)、9.2.4c)、9.4.2、9.5.1.1、9.5.1.6、9.5.1.7、9.7.3a)、10.4c)外的全部技术内容为强制性。

本标准按照 GB/T 1.1—2009 给出的规则起草。

本标准由国家安全生产监督管理总局监管四司提出。

本标准由全国安全生产标准化技术委员会粉尘防爆分技术委员会(SAC/TC 288/SC 5)归口。

本标准起草单位:广东金方圆安全技术检测有限公司、广东省安全生产协会、海南省安全生产协会、格力电器(中山)小家电制造有限公司、广州汽车集团零部件有限公司。

本标准主要起草人:孟宪卫、冯桂深、孟婷婷、周耀、邱德诚、汤彩成、林伟佳、王艳红、冯刚、杨戈。

1 范围

本标准规定了铝镁制品机械加工过程的粉尘防爆措施,以及防火安全、设备及设施安全、作业安全、粉尘清理和安全管理的要求。

本标准适用于铝镁制品机械加工的车间、场所及设备和设施。

本标准不适用于铝镁粉生产及加工的企业。

2 规范性引用文件

下列文件对于本文件的应用是必不可少的。凡是注日期的引用文件,仅注日期的版本适用于本文件。凡是不注日期的引用文件,其最新版本(包括所有的修改单)适用于本文件。

GB 12158 防止静电事故通用导则

GB 12476.1 可燃性粉尘环境用电气设备 第 1 部分:通用要求

GB 12476.2 可燃性粉尘环境用电气设备 第 2 部分:选型和安装

GB 13495.1 消防安全标志 第 1 部分:标志

GB 13955 剩余电流动作保护装置安装和运行

GB 15577 粉尘防爆安全规程

GB/T 15605 粉尘爆炸泄压指南

GB/T 16758 排风罩的分类及技术条件

GB/T 17919 粉尘爆炸危险场所用收尘器防爆导则

GB 50016 建筑设计防火规范

GB 50019 工业建筑供暖通风与空气调节设计规范

GB 50057 建筑物防雷设计规范

GB 50058　爆炸危险环境电力装置设计规范
GB 50140　建筑灭火器配置设计规范
GB 50168　电气装置安装工程　电缆线路施工及验收规范
GB 50169　电气装置安装工程　接地装置施工及验收规范

3 术语和定义

下列术语和定义适用于本文件。

3.1
铝镁制品　aluminum and magnesium products
用铝、铝合金或镁合金材料加工而成的产品。

3.2
铝镁制品机械加工　mechanical processing of aluminum and magnesium products
采用机械设备或带有动力的工具进行磨削、打磨、抛光、抛丸喷砂等工艺方法，加工铝镁制品的生产方式。

3.3
铝镁粉尘　aluminum and magnesium dusts
在大气中（或气态氧化剂中）依其自身重量可沉淀下来，但也可持续悬浮在空气中一段时间的铝或铝合金、镁合金微小颗粒，包括含有铝或铝合金、镁合金微小颗粒的纤维和飞絮。

3.4
除尘系统　dedusting system
由吸尘罩或吸尘柜、风管、风机、除尘器及控制装置组成的用于捕集气固两相流中固体颗粒物的设备。

3.5
粉尘云　dust cloud
悬浮在助燃气体中的高浓度可燃粉尘与助燃气体的混合物。

3.6
粉尘层　dust layer
沉（堆）积在地面或物体表面上的可燃粉尘群。

3.7
防爆装置　explosion-proof devices
采用预防和控制粉尘爆炸技术，避免形成粉尘云或可能出现的着火源，以及使铝镁粉尘失去燃烧、爆炸作用的装置，如泄爆、惰化、隔爆及抑爆装置等。

4 一般要求

4.1 铝镁制品机械加工企业应进行粉尘爆炸危险识别及危险评估，排查生产安全事故隐患，依照 GB 15577 以及本标准要求采取粉尘防爆安全措施。

4.2 粉尘爆炸环境危险区域厂房建筑的防火设计应符合 GB 50016 的要求，厂房建筑物防爆泄压设计应符合 GB/T 15605 的要求。

4.3 厂区建筑物防雷设计应符合 GB 50057 的要求。

4.4 铝镁制品机械加工产生的粉尘未经除尘系统处理不得向外排放。

4.5 粉尘爆炸环境危险区域通风、采暖和空气调节系统应符合 GB 50019 的要求,送、排风系统防火安全应符合 GB 50016 的要求,集中通风、采暖和空调管线在管线进入粉尘爆炸环境危险区域之前应设置防火阀,空调系统的制冷(热)装置不得设置在粉尘爆炸环境危险区域。

4.6 粉尘爆炸环境危险区域不得采用产生明火、高温和释放可燃气体等存在产生粉尘爆炸危险的生产作业方式及工艺,不得设置和使用存在产生爆炸危险的空气压缩机、压力容器、气瓶、加热及蒸汽系统等设备和装置。

4.7 粉尘爆炸环境危险区域因特殊需要临时安排动火作业,应停止进行包括铝镁制品机械加工在内的生产作业、设备维护检修作业和现场清扫作业,动火作业应获得危险作业审批许可并按照 GB 15577 的要求采取防火安全措施。

4.8 粉尘爆炸环境危险区域应设置安全警示标志牌。

5 粉尘爆炸环境危险区域

5.1 粉尘释放源的分级

根据铝镁制品机械加工粉尘释放源释放粉尘的频繁程度和持续时间长短,粉尘释放源按下列规定分级:

a) 连续级释放源:粉尘释放源持续存在,或预计长期性或频繁地短期性出现粉尘释放,释放的粉尘或粉尘层环境的粉尘释放源;

b) 一级释放源:在正常运行时,预计可能周期性或偶尔间断性出现粉尘释放源,释放的粉尘形成粉尘云或粉尘层环境的粉尘释放源;

c) 二级释放源:在正常运行时,预计粉尘释放源不可能出现形成粉尘云或粉尘层环境的粉尘释放,如果存在形成粉尘云或粉尘层环境的粉尘释放源,粉尘释放源也仅是不经常地并且是短暂地出现。

5.2 导致粉尘爆炸的条件

铝镁制品机械加工过程粉尘释放如果形成粉尘环境,同时存在下列条件将导致产生爆炸:

a) 存在铝镁粉尘或铝镁粉尘与空气形成爆炸性粉尘混合物,其浓度在爆炸极限以内;

b) 存在点燃铝镁粉尘或铝镁粉尘与空气形成爆炸性粉尘混合物的火花、电弧、高温、静电放电或能量辐射,或者存在助燃气体,或者存在铝镁粉尘与铁锈、水或其他化学物质接触发生放热反应产生自燃。

5.3 粉尘爆炸环境危险区域的划分

5.3.1 应按粉尘的量、粉尘云爆炸极限和通风条件确定粉尘爆炸环境危险区域的分区。

5.3.2 根据粉尘爆炸环境出现的频繁程度和持续时间划分为 20 区、21 区、22 区,危险分区应按照下列规定:

a) 20 区:铝镁粉尘云在空气中形成的爆炸性环境持续地或长期地或频繁地出现的区域;

b) 21 区:在正常运行时,铝镁粉尘云在空气中形成的爆炸性环境可能偶尔出现的

    区域；
  c) 22区：在正常运行时，铝镁粉尘云在空气中形成的爆炸性环境一般不可能出现，即使出现，持续时间也是短暂的区域。

5.3.3 在正常运行时，铝镁制品机械加工粉尘释放源释放的粉尘在空气中不可能出现形成粉尘云的爆炸性环境，且同时符合下列规定时，可划为非爆炸危险区域：
  a) 铝镁制品机械加工区域应与其他加工方式的车间或作业区隔离设置。若与其他加工方式的车间或作业区同处在厂房建筑内，则应设立非燃烧体的实体结构隔离墙，将铝镁制品机械加工区域与其他加工方式的车间或作业区完全隔离；
  b) 铝镁制品机械加工除尘系统的设计、制造、安装、验收、使用及维护应符合本标准第9章的要求；
  c) 铝镁制品机械加工区域的通风、采暖和空气调节系统应独立设置，厂房内应保持负压，且不采用循环空气。

5.4 粉尘爆炸环境危险区域范围的确定

5.4.1 粉尘爆炸环境危险区域20区的范围

存在铝镁制品机械加工连续级释放源，与其相关联的相对封闭环境的区域，应确定为20区。示例如下但不仅限于此：
  a) 风管及除尘器的内部；
  b) 在相对封闭环境持续进行铝镁制品机械磨削、打磨、抛光加工的区域；
  c) 抛丸喷砂设备内部的抛丸喷砂加工区。

5.4.2 粉尘爆炸环境危险区域21区的范围

存在铝镁制品机械加工一级释放源，与其相关联的周围距离2 m（垂直向下延至地面或楼板水平面）的区域，应确定为21区。示例如下但不仅限于此：
  a) 持续进行铝镁制品机械磨削、打磨、抛光加工的作业区域；
  b) 除尘器的清灰口及清灰作业区域；
  c) 如果粉尘的扩散受到实体结构（墙壁等）的限制，它们的表面可作为该区域的边界。

5.4.3 粉尘爆炸环境危险区域22区的范围

存在铝镁制品机械加工二级释放源，与其相关联的周围距离3 m，或超出21区距离3 m（垂直向下延至地面或楼板水平面）的区域，应确定为22区。示例如下但不仅限于此：
  a) 风管的清灰口及清灰作业区域；
  b) 抛丸喷砂设备的清灰口及清灰作业区域；
  c) 持续进行铝镁制品机械磨削、打磨、抛光加工设备的清灰口及清灰作业区域；
  d) 采用手持动力工具进行铝镁制品打磨、抛光作业的作业区域；
  e) 如果粉尘的扩散受到实体结构（墙壁等）的限制，它们的表面可作为该区域的边界。

6 建（构）筑物的布局与结构

6.1 厂房内存在铝镁制品机械加工粉尘爆炸环境危险区域，厂房建筑物应独立设置，与学校、医院、商业等重要公共建筑之间的防火间距不小于50 m，与民用建筑之间的防火间距不

小于 25 m。如果铝镁制品机械加工粉尘爆炸危险区域设置在联合厂房内,应符合下列要求:
 a) 布置在联合厂房的外侧;
 b) 粉尘爆炸危险区域设置耐火极限不低于 3.00 h 的实体结构隔墙,与其他加工方式的作业区隔离。

6.2 存在粉尘爆炸环境危险区域的厂房建筑符合下列要求:
 a) 厂房建筑宜采用单层设计;
 b) 单层建筑的屋顶应采用轻型结构,多层建筑物应采用框架结构,楼层之间隔板的强度能承受粉尘爆炸产生的冲击;
 c) 厂房建筑物的墙体应设有泄压口,或其他开口作为泄压口,泄爆面积计算应符合 GB/T 15605 的要求。

6.3 存在粉尘爆炸环境危险区域的厂房,应按照 GB 50016 耐火等级乙类厂房的要求设置安全通道和安全出口,厂房的门(包括厂房内车间的门)应向疏散逃生方向开启,安全通道应畅通,不得堆放包括易燃易爆物品在内的任何物品。

6.4 存在粉尘爆炸环境危险区域的厂房内,不得设置办公室、休息室、会议室、仓库和危险化学品仓库。

6.5 厂房地面应无积水、污垢、油污,且应有防滑措施。

7 防火及消防设施

7.1 厂区应按照 GB 50016 的要求设置消防通道。

7.2 生产车间应按照 GB 50140 的要求设置消防设施及灭火器材,粉尘爆炸环境危险区域应采用用于熄灭铝镁制品机械加工粉尘燃烧火焰的灭火器材(D 类或冷金属)、覆盖剂进行灭火。

7.3 灭火器材应放置于明显、容易取得的地方。

7.4 应定期对消防设施及灭火器材进行检查、维护。

7.5 应按照 GB 13495.1 的要求设置消防安全标志。

8 电气防爆安全

8.1 铝镁制品机械加工作业场所电气线路和电气装置应符合 GB 50168、GB 50169、GB 13955 的要求。

8.2 设置在粉尘环境爆炸危险区域电气设备、控制装置、监测报警装置的选型和安装应符合 GB 12476.1、GB 12476.2 的要求。

8.3 设置在粉尘环境爆炸危险区域的电气设备、控制装置、监测报警装置的电气连接应符合 GB 50058 的要求。

8.4 除尘系统、金属设备,以及金属管道、支架、构件、部件等防静电措施应符合 GB 12158 的要求,电气设备的保护接地应符合 GB 50058 的要求,除尘系统的风管不得作为电气设备的接地导体。

8.5 电气设备、控制装置、监测报警装置的新装、更换和定期维护后,应进行绝缘电阻检测。

8.6 电气线路、电气设备、控制装置、监测报警装置应无积尘。

9 除尘系统防爆安全

9.1 总则一般规定

9.1.1 应识别、评估铝镁制品机械加工存在的粉尘爆炸危险,除尘器的选用应符合以下要求:
   a) 选用干式除尘器进行除尘时,采用袋式外滤除尘和(或)旋风除尘工艺;
   b) 选用湿式除尘器进行除尘时,采用水洗或水幕除尘工艺;
   c) 不得采用电除尘器;
   d) 不得采用正压吹送粉尘至干式巷道式构筑物作为除尘风道或类似结构构筑物的除尘工艺。不得采用以沉降室为主的重力沉降除尘方式。

9.1.2 干式除尘系统应按照粉尘爆炸特性采取预防和控制粉尘爆炸的措施,选用降低爆炸危险的以下一种或多种防爆装置:
   a) 泄爆装置:在爆炸压力尚未达到除尘器和风管的抗爆强度之前,采用泄爆装置排出爆炸产物,使除尘器及风管不致被破坏;
   b) 惰化装置:向除尘器充入惰性气体或粉体,使粉尘失去爆炸性;
   c) 隔爆装置:在风管上设置隔爆装置,将火焰及爆炸波阻断在一定的范围内;
   d) 抑爆装置:在风管和(或)除尘器上设置抑爆装置,爆炸发生瞬间,向风管和(或)除尘器内充入用于扑灭火焰的物理、化学灭火介质,抑制爆炸发展或传播。

9.1.3 除尘器箱体符合以下要求:
   a) 箱体采用钢质金属材料制造,若采用其他材料则选用阻燃材料且采取防静电措施,不得选用铝质金属材料;
   b) 箱体的设计强度能够承受采取防爆措施后产生的最大爆炸压力,设置在建筑物内的箱体采用钢质金属材料及焊接结构;
   c) 方形箱体的箱板之间的夹角作圆弧化处理;
   d) 箱体内部表面光滑,钢质金属材料箱体应采用防锈措施,不得使用铝涂料。

9.1.4 干式除尘器运行工况应是连续卸灰、连续输灰。

9.1.5 除尘器应在负压状态下工作。

9.1.6 铝镁粉尘不得与铁质粉尘,以及其他种类的可燃性粉尘合用同一除尘系统,除尘系统不得与带有可燃气体、烟尘、高温气体等工业气体的风管及设备连通。

9.1.7 除尘系统的风管及除尘器不得有火花进入,对存在火花经由吸尘罩或吸尘柜吸入风管危险,应采用阻隔火花进入风管及除尘器的措施。

9.1.8 除尘系统应设置符合下列要求的控制装置:
   a) 启动与停机。除尘系统应先于铝镁制品机械加工设备的启动,铝镁制品机械加工设备停机时除尘系统应至少延时 10 min 停机。
   b) 保护联锁。除尘系统应设置保护联锁装置,当监测装置报警发出声光报警信号时,以及隔爆、抑爆装置启动时,保护联锁装置应同时启动控制保护。

9.1.9 除尘系统的监测报警装置应装设在易于观察的位置。

9.1.10 除尘系统应按照 GB 2894 的要求设置安全标志,风管应按照 GB 7231 的要求设置安全标识、识别色,或识别符号。

9.2 干式除尘器

9.2.1 应按照 9.1.2 的要求选用防爆装置。

9.2.2 铝镁制品机械加工选用干式除尘工艺时，若铝镁制品机械加工产生大量的粉尘，可在除尘系统中设置经旋风除尘器进行初级除尘，再经袋式外滤除尘器二次除尘的工艺。

9.2.3 除尘器与进、出风管及卸灰装置的连接宜采用焊接，如采用法兰连接，应按照防静电措施要求进行导电跨接。

9.2.4 袋式外滤除尘器要求如下：
- a) 除尘器滤袋应采用阻燃及防静电的滤料制作，滤袋抗静电特性应符合 GB/T 17919 的要求，与滤袋相连接的金属材质构件（如滤袋框架、花板、短管等）应按照 GB 12158 的要求采取防静电措施；
- b) 除尘器应设置进、出风口风压差监测报警装置，除尘器安装或滤袋更换在不超过 8 h 的使用期内应记录除尘器的进、出口风压的监测数值，当进、出口风压力变化大于允许值的 20% 时，监测装置报警应发出声光报警信号；
- c) 除尘器的进风口宜设置温度监测报警装置，当温度大于 70 ℃ 时，温度监测报警装置应发出声光报警信号；
- d) 除尘器灰斗内壁应光滑，矩形灰斗壁面之间的夹角做圆弧化处理，灰斗落料壁面与水平面的夹角大于 65°。

9.2.5 袋式外滤除尘器按下列要求设置清灰装置：
- a) 除尘的滤袋采用脉冲喷吹清灰方式；
- b) 清灰参数（气流、气压、清灰周期、清灰时间间隔等）应按滤袋积尘残留厚度不大于 1 mm 设定；
- c) 设置清灰压力监测报警装置，当清灰压力低于设定值时应发出声光报警信号；
- d) 除尘器清灰装置的清灰气源应采用经净化后的脱水、脱油的气体，宜采用氮气、二氧化碳气体或其他惰性气体作为清灰气源。

9.2.6 除尘器按下列要求设置锁气卸灰装置：
- a) 除尘器灰斗下部应设锁气卸灰装置，卸灰工作周期的设计应使灰斗内无粉尘堆积；
- b) 设置锁气卸灰装置运行异常及故障停机的监测报警装置，出现运行异常及故障停机状况时应发出声光报警信号。

9.2.7 除尘器的输灰装置及收尘容器（桶）符合下列要求：
- a) 输灰装置的输灰能力应大于除尘器灰斗卸灰量；
- b) 设置输灰装置运行异常及故障停机的监测报警装置，出现运行异常及故障停机状况时应发出声光报警信号；
- c) 输灰装置宜采用气力输灰，不宜采用刮板输灰机与螺旋输灰机；
- d) 气力输灰安全要求：
  —— 设计气力输灰管道的风量及风速应按管道内不出现粉尘堵塞及管道温度不大于 70 ℃ 计算；
  —— 设置风压监测报警装置，当风压低于设计值时应发出声光报警信号；
  —— 在水平输灰管每间隔 6 m 处，以及风管弯管夹角大于 45°的部位，应设置清灰

口,风管非清理状态时清灰口应封闭,其设计强度大于风管的设计强度;
——在风管弯管夹角大于 45°的部位,应设置监视粉尘在管道内流动的观察窗,其设计强度大于风管的设计强度;
——管道长度大于 10 m 应按照 9.1.2 的要求设置防爆装置。
e) 输灰装置卸出的粉尘应采用压实方式收集粉尘。
f) 若除尘器每班的卸灰量小于 25 kg,可采用容器(桶)收集除尘器锁气卸灰装置卸出的粉尘,收集粉尘的容器(桶)应采用经防锈蚀表面处理的非铝质金属材料或防静电材料制成。

9.3 湿式除尘器

9.3.1 除尘器与进、出风管的连接宜采用焊接,如采用法兰连接,应按照防静电措施要求进行导电跨接。

9.3.2 湿式除尘设计用水量、水压应能满足去除进入除尘器粉尘的要求。应设置水量、水压的连续监测报警装置,当水量、水压低于设定值时应发出声光报警信号。

9.3.3 湿式除尘循环用水储水池(箱)、水质过滤池(箱)及水质过滤装置不得密闭,应有通风气流。

9.3.4 湿式除尘循环用水应进行粉尘、油污及杂质过滤,除尘器及循环用水管道内应无积尘。

9.3.5 湿式除尘循环用水储水池(箱)的盛水量应满足湿式除尘设计用水量,水质应清洁,池(箱)内不得存在沉积泥浆。

9.3.6 除尘器循环用水储水池(箱)、水质过滤池(箱)及水质过滤装置内不得结冰。

9.3.7 设置在室外地面上的循环用水储水池及水质过滤池的周围应设置防护围栏。

9.3.8 每班清理水质过滤池(箱)的泥浆,应将泥浆及废水及时进行无害化处理。

9.4 吸尘罩或吸尘柜

9.4.1 铝镁制品机械磨削、打磨、抛光作业工位应按照 GB/T 16758 的要求设置吸尘罩或吸尘柜,采用下吸或侧吸方式收尘,吸尘口设计风速大于 1 m/s,吸尘罩或吸尘柜应无积尘。

9.4.2 对存在经由吸尘罩或吸尘柜吸入火花危险的风管,宜在风管上安装火花探测报警装置和火花熄灭装置。

9.4.3 吸尘罩或吸尘柜采用钢质金属材料制造,若采用其他材料则选用阻燃材料且采取防静电措施,不得选用铝质金属材料。

9.5 风管

9.5.1 连接除尘器进风管的主风管

9.5.1.1 宜按照 9.1.2 的要求选用防爆装置。

9.5.1.2 风管应采用钢质金属材料制造,若采用其他材料则应选用阻燃材料且采取防静电措施,不得选用铝质金属材料。连接除尘器的进风管应采用圆形横截面风管,铝镁制品机械加工采用湿式除尘工艺,作业工位吸尘罩或吸尘柜直接连接湿式除尘器的进风管长度小于 3 m 可采用矩形或方形横截面风管。

9.5.1.3 风管的设计强度符合下列要求:
a) 布置在厂房建筑物外部的风管,其设计强度不小于除尘器的设计强度;按照 9.8.4 的要求设置了泄爆装置的进入厂房建筑物内部的风管,其设计强度大于风管的设

计风压;

b) 与布置在厂房建筑物内部的除尘器连接的风管,其设计强度不小于除尘器的设计强度;

c) 风管连接段采用金属构件紧固,并采用与风管横截面积相等的过渡连接,风管连接段的设计强度大于风管的设计强度。

9.5.1.4 风管的设计风速按照风管内的粉尘浓度不大于爆炸下限的25%计算,且不小于23 m/s,并应满足风管内不出现粉尘堵塞、风管内壁不出现厚度大于1 mm积尘的要求。

9.5.1.5 风管内表面应光滑,钢质金属材料的风管应采取防锈措施,风管内表面不得使用铝涂料。

9.5.1.6 在水平风管每间隔6 m处,以及风管弯管夹角大于45°的部位,宜设置清灰口,风管非清理状态时清灰口应封闭,其设计强度大于风管的设计强度。

9.5.1.7 在风管弯管夹角大于45°的部位,宜设置监视粉尘在管道内流动的观察窗,其设计强度大于风管的设计强度。

9.5.2 连接除尘器进风主风管的支风管

9.5.2.1 风管应采用非铝质金属材料制造,若采用其他材料则应选用阻燃材料且采取防静电措施。铝镁制品机械加工采用湿式除尘工艺,作业工位吸尘罩或吸尘柜连接湿式除尘器进风主风管的支风管长度小于3 m可采用软管连接。

9.5.2.2 风管的设计风速应满足风管内不出现粉尘堵塞、管内壁不出现厚度大于1 mm积尘的要求。

9.6 风机

9.6.1 除尘系统的风机叶片应采用导电、运行时不产生火花的材料制造。

9.6.2 风机及叶片应安装紧固、运转正常,不产生碰撞、摩擦和异常杂音。

9.7 防爆装置

9.7.1 泄爆装置

除尘系统的泄爆面积计算,以及泄爆装置的设计、选型和安装应符合GB/T 15605的要求。

9.7.2 惰化装置

惰化装置的选用符合下列要求:

a) 按照粉尘爆炸特性确定充入除尘器的惰性气体或粉体介质的种类;

b) 采用惰性气体作为充入介质时,设置除尘器箱体内氧含量连续监测报警装置,当氧浓度高于设定值时应发出声光报警信号,与除尘系统的控制装置保护联锁;

c) 采用惰性粉体作为充入介质时,充入粉体的流量及喷吹压力按照除尘器箱体内的粉尘浓度不大于爆炸下限的50%计算;

d) 向除尘器充入惰性气体或粉体介质的惰化装置带有运行异常及故障停机的监控功能,出现运行异常及故障停机状况时发出声光报警信号,与除尘系统的控制装置保护联锁。

9.7.3 隔爆装置

隔爆装置的选用符合下列要求:

a) 隔爆装置宜设置在厂房建筑物的外部;

b) 按照粉尘爆炸特性、除尘器和风管的抗爆强度选用隔爆装置,并确定隔爆装置在主风管上的安装部位。

9.7.4 抑爆装置

抑爆装置的选用符合下列要求:

a) 按照粉尘爆炸特性、除尘器及风管的抗爆强度选用抑爆装置,并确定抑爆装置在风管和(或)除尘器的装设部位;

b) 抑爆装置启动与除尘系统的控制装置保护联锁。

9.8 除尘器及风管的布置与安全措施

9.8.1 除 9.8.2 情况外,干式除尘器应布置在厂房建筑物外部。

9.8.2 干式除尘器如布置在厂房建筑物内,除尘器应符合 9.2 的要求,同时符合下列要求:

a) 除尘器每班的收尘量不大于 2 kg;

b) 除尘器单台布置在靠近外墙处设置的单独房间内,房间的间隔墙采用耐火极限不低于 3.00 h 的实体隔墙,房间的外墙开有向外部泄爆的泄爆窗或用于泄爆的其他开口,泄爆面积符合 GB/T 15605 的要求。

9.8.3 除尘器的布置应远离明火区域,其间距不小于 25 m。

9.8.4 布置在厂房建筑物外部干式除尘器的进风管符合下列要求:

a) 除尘器进风管不直通建筑物内部,进风管设置在与进入建筑物内部的外墙保持 90°夹角的除尘器侧面或顶部,或设置在与建筑物的外墙面夹角呈 180°的除尘器的正面位置;

b) 在除尘器进风管弯管处设置泄爆装置,泄爆口不朝向厂房建筑物内部。

9.8.5 除尘器及内部的零部件应安装牢固,不产生碰撞、摩擦。

9.8.6 布置在厂房建筑物外部的风管、除尘器应采取防水雾、雨水渗入的措施,潮湿度较高地区应采取防结露措施。

10 机械加工设备安全

10.1 在粉尘爆炸环境危险区域进行机械加工,应采用不产生连续火花及明火的加工工艺及设备。若机械加工产生火花,应采用阻隔火花进入除尘系统的措施。

10.2 机械设备的加工危险区应设置防护罩和(或)防护装置,阻隔粉尘飘散、抛丸喷砂高压溅射、磨削砂轮碎裂溅射等产生的危险。

10.3 机械加工所产生的粉尘不直接排空释放,机械加工应在吸尘罩或吸尘风柜内进行操作。

10.4 采用水湿或水浸加工工艺的设备符合下列要求:

a) 水湿或水浸加工区、水质过滤装置、循环用水储水池(箱)及水质过滤池(箱)不得密闭,应有通风气流;

b) 设计用水量、水压应按照水湿或水浸加工区、水质过滤装置、循环用水储水池(箱)及水质过滤池(箱)内的氢气浓度不大于爆炸下限的 25% 计算;

c) 应识别及评估铝镁粉尘与铁锈、水或其他化学物质接触或受潮发生放热反应产生自燃的危险,宜在水池(箱)设置温度监测报警装置和(或)宜在产生氢气的危险区设置氢气浓度监测报警装置,当出现异常状况时应发出声光报警信号;

d) 循环用水管道内应无积尘,水质过滤装置、循环用水储水池(箱)及水质过滤池(箱)内不得存在沉积泥浆。

11 作业安全

11.1 作业人员应经培训考核合格,方准上岗。

11.2 粉尘爆炸环境危险区域作业的人员应穿着防静电工装、防尘口罩。

11.3 应检查确认电气设备及工具的电气连接导线绝缘层完好,电气设备可靠接地,防爆电气设备无异常。

11.4 作业前应检查确认作业岗位、吸尘罩或吸尘柜无积尘,除尘设备的灰斗、收尘容器(桶)已清灰。

11.5 作业前 10 min 应开启除尘系统。

11.6 应进行除尘系统安全检查确认,应包括但不限于以下方面:
   a) 风机运转正常、无异常杂音;
   b) 袋式外滤除尘器的进、出风口风压差无异常,滤袋无破损、无松脱,清灰装置工作正常;
   c) 湿式除尘器循环用水水质清洁、水量、流量正常,水质过滤池(箱)不出现粉尘浆泥和粉尘干湿状况。

11.7 作业时应遵守安全操作规程,不得使用产生碰撞火花的作业工具,作业工位区域的粉尘应及时清理。

11.8 作业过程应注意观察风管、除尘器和收尘容器(桶)发生的异常温升,若发现异常应立即查明原因并作出处置。

11.9 除尘系统异常停机,或在除尘系统停机期间,或作业区域空气中粉尘浓度超标时,应停止作业。

11.10 作业过程在作业区不得进行动火作业及检维修作业。如需动火作业及检维修作业应在完全停止铝镁制品机械加工作业的状况下进行,动火作业应按照 4.7 的要求采取防火安全措施。

12 粉尘清理

12.1 作业场所及设备、设施不得出现厚度大于 0.8 mm 的积尘层,应及时进行粉尘清理,清理周期及部位应包括但不限于下列要求:
   a) 至少每班清理的部位:
      ——作业工位及使用的工具;
      ——吸尘罩或吸尘柜;
      ——干式除尘器卸灰收集粉尘的容器(桶);
      ——湿式除尘器及水湿或水浸加工设备的水质过滤池(箱)、水质过滤装置及滤网;
      ——粉尘压实收集装置。
   b) 至少每周清理的部位:
      ——干式除尘器的滤袋、灰斗、锁气卸灰装置、输灰装置、粉尘收集仓或筒仓;

——除尘系统电气线路、电气设备、监测报警装置和控制装置；
——袋式除尘器的灰斗；
——湿式除尘器及水湿或水浸加工设备的循环用水储水池(箱)；
——作业区的机械加工设备。

c) 至少每月清理的部位：
——除尘系统的主风管、支风管、风机和防爆装置；
——干式除尘器的箱体内部,清灰装置；
——湿式除尘器箱体内部、滤网、滤球、喷水嘴和供水装置；
——作业区电气线路、配电柜(箱)、电气开关、电气插座、电机和照明灯；
——作业区建筑物墙面、门窗、地面及沟槽。

12.2 清理作业时,采用不产生扬尘的清扫方式和不产生火花的清扫工具。

12.3 清扫、收集的粉尘应防止与铁锈、水或其他化学物质接触或受潮发生放热反应产生自燃,应装入经防锈蚀表面处理的非铝质金属材料或防静电材料制成的容器(桶)内,且存放在指定的安全区域,收集的粉尘应作无害化处置。

13 安全管理

13.1 应确保除尘系统,以及粉尘爆炸环境危险区域的电气线路、电气设备、监测报警装置和控制装置符合防爆安全要求,至少每半年进行一次维护检修。维护检修作业前,应清除作业区、机械加工设备、除尘系统内部及周边区域的粉尘,动火作业应按照4.7的要求采取防火安全措施。

13.2 袋式外滤除尘器维护检修时,应针对滤袋清灰、残留粉尘的状况更新、更换滤袋。

13.3 应确保除尘系统配有的监测报警装置、控制装置和防爆装置,干式除尘器的清灰装置、锁气卸灰报警装置,以及至少每半年进行一次校验。

13.4 应建立除尘系统、监测报警装置、控制装置和防爆装置,以及粉尘爆炸环境危险区域的电气线路、电气设备的维护检修和检测、校验档案。

13.5 应进行铝镁制品机械加工生产过程生产安全事故隐患排查,并建立事故隐患排查治理档案,消除生产安全事故隐患。

粉尘爆炸危险场所用除尘系统安全技术规范（AQ 4273—2016）

前　言

本标准除 1、2、3 章及 5.1.4c）、5.1.7c）、6.3、7.1.1、7.1.6、7.1.7、9.3a）外的全部技术内容为强制性。

本标准按照 GB/T 1.1—2009 给出的规则起草。

本标准由国家安全生产监督管理总局监管四司提出。

本标准由全国安全生产标准化技术委员会粉尘防爆分技术委员会（SAC/TC 288/SC 5）归口。

本标准起草单位：广东金方圆安全技术检测有限公司、中钢集团武汉安全环保研究院、东北大学安全工程研究中心、广州市赣丰机械设备有限公司、广州同胜环保科技有限公司。

本标准主要起草人：孟宪卫、徐国平、李刚、赵丹力、孟婷婷、周金彪、张卫、冯刚、冯桂深、罗醒悦、肖功赠。

1　范围

本标准规定了粉尘爆炸危险场所用除尘系统的防爆措施、维护检修及检测校验的要求。

本标准适用于粉尘爆炸危险场所用除尘系统的设计、制造、安装、验收、使用及维护。

本标准不适用于化工、采矿、隧道、烟花爆竹及民用爆破器材生产场所用的除尘系统。

2　规范性引用文件

下列文件对于本标准的应用是必不可少的。凡是注日期的引用文件，仅注日期的版本适用于本文件。凡是不注日期的引用文件，其最新版本（包括所有的修改单）适用于本文件。

GB 2894　安全标志及其使用导则

GB 7231　工业管道的基本识别色、识别符号和安全标识

GB 12158　防止静电事故通用导则

GB 12476.1　可燃性粉尘环境用电气设备　第 1 部分：通用要求

GB 12476.2　可燃性粉尘环境用电气设备　第 2 部分：选型和安装

GB 15577　粉尘防爆安全规程

GB/T 15605　粉尘爆炸泄压指南

GB/T 16758　排风罩的分类及技术条件

GB/T 17919　粉尘爆炸危险场所用收尘器防爆导则

GB 50019　采暖通风与空气调节设计规范

GB 50057　建筑物防雷设计规范

GB 50058　爆炸危险环境电力装置设计规范

AQ 7005　木工机械安全使用要求

3 术语和定义

下列术语和定义适用于本文件。

3.1
粉尘 dust

在大气中依其自身重量可沉淀下来,但也可持续悬浮在空气中一段时间的固体微小颗粒。

3.2
可燃性粉尘 combustible dust

在空气中能燃烧或无焰燃烧并在大气压和正常温度下能与空气形成爆炸性混合物的粉尘。

3.3
粉尘爆炸危险场所 dust explosion hazardous area

存在可燃性粉尘、助燃气体和点燃源的场所。

3.4
除尘系统 dedusting system

由吸尘罩或吸尘柜、风管、风机、除尘器及控制装置组成的用于捕集气固两相流中固体颗粒物的装置。

3.5
防爆装置 explosion-proof devices

采用预防和控制粉尘爆炸技术,避免形成粉尘云或可能出现的着火源,以及使可燃性粉尘失去燃烧、爆炸作用的装置,如泄爆、惰化、隔爆及抑爆装置等。

4 总则

4.1 应识别、评估生产加工系统存在的粉尘爆炸危险,除尘器的选用应符合以下要求:
   a) 选用干式除尘器进行除尘时,采用袋式外滤除尘和(或)旋风除尘工艺。
   b) 铝镁制品机械加工粉尘,以及适宜选用湿式除尘器进行除尘的粉尘,选用湿式除尘器进行除尘时,采用水洗或水幕除尘工艺。
   c) 不应采用电除尘器。
   d) 除尘系统不应采用以沉降室为主的重力沉降除尘方式;不应采用干式巷道式构筑物作为除尘风道。
   e) 木质家具机械加工采用单机滤袋吸尘器时,应符合 AQ 7005 的要求。

4.2 干式除尘系统应按照可燃性粉尘爆炸特性采取预防和控制粉尘爆炸的措施,选用降低爆炸危险的以下一种或多种防爆装置:
   a) 泄爆装置:在爆炸压力尚未达到除尘器和风管的抗爆强度之前,采用泄爆装置排出爆炸产物,使除尘器及风管不致被破坏;
   b) 惰化装置:向除尘器充入惰性气体或粉体,使可燃性粉尘失去爆炸性;
   c) 隔爆装置:在风管上设置隔爆装置,将火焰及爆炸波阻断在一定的范围内;
   d) 抑爆装置:在风管和(或)除尘器上设置抑爆装置,爆炸发生瞬间,向风管和(或)除尘器内充入用于扑灭火焰的物理、化学灭火介质,抑制爆炸发展或传播。

存在有毒性、腐蚀性粉尘,以及燃料粉尘的除尘器及风管不应采用泄爆装置进行泄压,应选用向除尘器及风管充入用于扑灭火焰的灭火气体或粉体介质的抑爆装置。

4.3 除尘器箱体符合以下要求:
  a) 箱体采用钢质金属材料,若采用其他材料则选用阻燃材料且采取防静电措施,不应选用铝质金属材料。
  b) 箱体的设计强度能够承受采取防爆措施后产生的最大爆炸压力,设置在建筑物内的箱体采用钢质金属材料及焊接结构。
  c) 方形箱体的箱板之间的夹角作圆弧化处理。
  d) 箱体内部表面光滑,钢制金属材料箱体应采用防锈措施,不应使用铝涂料。

4.4 干式除尘器运行工况应是连续卸灰、连续输灰。不宜采用沉降室进行粉尘处理。

4.5 铝镁粉尘和木制品粉尘爆炸危险场所除尘器应在负压状态下工作;其他粉尘爆炸危险场所除尘系统若采用正压吹送粉尘,则应采取可靠的防范点燃源的措施。

4.6 铝镁粉尘不应与铁质粉尘,以及其他种类的可燃性粉尘合用同一除尘系统,除尘系统不应与带有可燃气体、高温气体、烟尘等工业气体的风管及设备连通。

4.7 除尘系统的风管及除尘器不应有火花进入,对存在火花经由吸尘罩或吸尘柜吸入风管危险的生产加工系统,应采用阻隔火花进入风管及除尘器的措施。

4.8 除尘系统应设置符合下列要求的控制装置:
  a) 启动与停机。除尘系统应先于生产加工系统启动,生产加工系统停机时除尘系统应至少延时 10 min 停机。
  b) 保护联锁。除尘系统应设置保护联锁装置,当监测装置发出声光报警信号,以及隔爆、抑爆装置启动时,保护联锁装置应同时启动控制保护。

4.9 除尘系统的监测报警装置应装设在易于观察的位置。

4.10 除尘系统应按照 GB 2894 的要求设置安全标志,风管应按照 GB 7231 的要求设置安全标识、识别色或识别符号。

5 除尘器

5.1 干式除尘器

5.1.1 应按照 4.2 的要求选用防爆装置。

5.1.2 生产加工系统选用干式除尘工艺时,若生产加工系统产生大量的粉尘,可在除尘系统中设置经旋风除尘器进行初级除尘,再经袋式外滤除尘器二次除尘的工艺。

5.1.3 除尘器与进、出风管及卸灰装置的连接宜采用焊接,如采用法兰连接,应按照防静电措施要求进行导电跨接。

5.1.4 袋式外滤除尘器要求如下:
  a) 除尘器滤袋应采用阻燃及防静电的滤料制作,滤袋抗静电特性应符合 GB/T 17919 的要求,与滤袋相连接的金属材质构件(如滤袋框架、花板、短管等)应按照 GB 12158 的要求采取防静电措施。
  b) 除尘器应设置进、出风口风压差监测报警装置,除尘器安装或滤袋更换在不超过 8 h 的使用期内应记录除尘器的进、出口风压的监测数值,当进、出口风压力变化大于允许值的 20% 时,监测装置应发出声光报警信号。

　　c） 除尘器的进风口宜设置隔爆阀及温度监测报警装置,当温度大于 70 ℃时,隔爆阀应关闭,温度监测装置应发出声光报警信号。

　　d） 除尘器灰斗内壁应光滑,矩形灰斗壁面之间的夹角做圆弧化处理,灰斗落料壁面与水平面的夹角大于 65°。

5.1.5　除尘器按下列要求选择和设置清灰装置:

　　a） 用于纤维或飞絮除尘的滤网应采用负压吸尘清灰方式。

　　b） 袋式外滤除尘器的滤袋采用脉冲喷吹清灰方式。

　　c） 袋式外滤除尘器的清灰参数(气流、气压、清灰周期、清灰时间间隔等)应按滤袋积尘残留厚度不大于 1 mm 设定。

　　d） 袋式外滤除尘器设置清灰压力监测报警装置,当清灰压力低于设定值时应发出声光报警信号。

　　e） 袋式外滤除尘器清灰装置的清灰气源应采用经净化后的除水、脱油的气体,对于导电性粉尘宜采用氮气、二氧化碳气体或其他惰性气体作为清灰气源。

5.1.6　除尘器按下列要求设置锁气卸灰装置:

　　a） 除尘器灰斗下部应设锁气卸灰装置,卸灰工作周期的设计应使灰斗内无粉尘堆积。

　　b） 设置卸灰装置运行异常及故障停机的监控装置,出现运行异常及故障停机状况时应发出声光报警信号。

5.1.7　除尘器按下列要求设置输灰装置:

　　a） 输灰装置的输灰能力应大于除尘器灰斗卸灰量。

　　b） 设置输灰装置运行异常及故障停机的监控装置,出现运行异常及故障停机状况时应发出声光报警信号。

　　c） 输灰装置宜采用气力输灰,不宜采用刮板输灰机与螺旋输灰机。

　　d） 气力输灰安全要求:

　　　　——设计气力输灰管道的风量及风速应按管道内不出现粉尘堵塞及管道温度不大于 70 ℃计算。

　　　　——设置风压监测报警装置,当风压低于设计值时应发出声光报警信号。

　　　　——在水平输灰管每间隔 6 m 处,以及风管弯管夹角大于 45°的部位,应设置清灰口,风管非清理状态时清灰口应封闭,其设计强度大于风管的设计强度。

　　　　——在风管弯管夹角大于 45°的部位,应设置监视粉尘在管道内流动的观察窗,其设计强度大于风管的设计强度。

　　　　——管道长度大于 10 m 应按照 4.2 的要求设置防爆装置。

　　e） 刮板输灰安全要求:

　　　　——采用封闭输灰方式,输灰运行时不应向刮板输灰机的外部释放粉尘。

　　　　——设计刮板输灰机的运行速度应按刮板输灰机内不出现粉尘堵塞计算。

　　　　——设置刮板输灰机运行速度监控报警装置,当运行速度偏离设定值时应发出声光报警信号。

　　　　——刮板应采用阻燃及防静电材质。

——在刮板输灰机的每间隔 6 m 处应设置清灰及检、维修的工作口,工作口在非清灰及检、维修时应封闭。
——设置监视刮板输灰机运行状态的观察窗。
——刮板输灰机输灰长度大于 10 m 应按照 4.2 的要求设置防爆装置。

f) 螺旋输灰安全要求:
——采用封闭输灰方式,输灰运行时不应向螺旋输灰机的外部释放粉尘。
——设计螺旋输灰机的运行速度应按螺旋输灰机内不出现粉尘堵塞计算。
——设置螺旋输灰机运行速度监测报警装置,当运行速度偏离设定值时应发出声光报警信号。
——螺旋转轴的叶片应采用阻燃及防静电材质。
——在螺旋输灰机输灰的每间隔 6 m 处应设置清灰及检、维修的工作口,工作口在非清灰及检、维修时应封闭。
——设置监视螺旋输灰机运行状态的观察窗。
——螺旋输灰机输灰长度大于 10 m 应按照 4.2 的要求设置防爆装置。

g) 输灰装置卸出的粉尘采用粉尘仓或筒仓收集安全要求:
——采用控制粉尘飘浮沉降措施及排气装置;
——应按照 4.2 的要求设置防爆装置。
——设置料位计、监视观察窗。

h) 若除尘器每班的卸灰量小于 25 kg,可采用容器(桶)收集除尘器卸灰装置卸出的粉尘。收集遇湿发生自燃的金属粉尘容器(桶)应采用经防锈蚀表面处理的非铝质金属材料或防静电材料制成。

5.2 湿式除尘器

5.2.1 除尘器与进、出风管的连接宜采用焊接,如采用法兰连接,应按照防静电措施要求进行导电跨接。

5.2.2 湿式除尘设计用水量、水压应能满足去除进入除尘器粉尘的要求。应设置水量、水压监测报警装置,当水量、水压低于设定值时应发出声、光报警信号。

5.2.3 湿式除尘循环用水储水池(箱)、水质过滤池(箱)及水质过滤装置不应密闭,应有通风气流。

5.2.4 湿式除尘循环用水应进行粉尘、油污及杂质过滤,除尘器及循环用水管道内应无积尘。

5.2.5 湿式除尘循环用水储水池(箱)的盛水量应满足湿式除尘设计用水量,水质应清洁,池(箱)内不应存在沉积泥浆。

5.2.6 除尘器循环用水储水池(箱)、水质过滤池(箱)及水质过滤装置内不应结冰。

5.2.7 设置在室外地面上的循环用水储水池及水质过滤池(箱)的周围应设置防护围栏。

5.2.8 每班清理水质过滤池(箱)的泥浆,应将泥浆及废水及时进行无害化处理。

6 吸尘罩及吸尘柜

6.1 生产加工系统产生粉尘释放的作业工位应设置吸尘罩或吸尘柜。

6.2 吸尘罩或吸尘柜应按照 GB/T 16758 的要求设计,吸尘口设计风速应符合 GB 50019

的要求,吸尘罩或吸尘柜应无积尘。

6.3 对存在经由吸尘罩或吸尘柜吸入火花危险的风管,宜在风管上安装火花探测报警装置和火花熄灭装置。

6.4 吸尘罩或吸尘柜采用钢质金属材料制造,若采用其他材料则选用阻燃材料且采取防静电措施,不应选用铝质金属材料。

7 风管

7.1 连接除尘器进风管的主风管

7.1.1 宜按照 4.2 的要求选用防爆装置。

7.1.2 风管应采用钢质金属材料制造,若采用其他材料则应选用阻燃材料且采取防静电措施,不应选用铝质金属材料。连接除尘器的进风管应采用圆形横截面风管,铝镁制品机械加工采用湿式除尘工艺,作业工位吸尘罩或吸尘柜连接湿式除尘器的进风管长度小于 3 m 可采用矩形或方形横截面风管。

7.1.3 风管的设计强度符合下列要求:
  a) 布置在厂房建筑物外部的风管,其设计强度不小于除尘器的设计强度;按照 11.4 的要求设置了泄爆装置的进入厂房建筑物内部的风管,其设计强度大于风管的设计风压,且不小于与连接的生产加工系统风管的设计强度。
  b) 与布置在厂房建筑物内部的除尘器连接的风管,其设计强度不小于除尘器的设计强度。
  c) 风管连接段采用金属构件紧固,并采用与风管横截面积相等的过渡连接,风管连接段的设计强度大于风管的设计强度。

7.1.4 风管的风量及风速应满足风管内不出现粉尘堵塞、风管内壁不出现厚度大于 1 mm 积尘的要求。风管风速按下列要求设计:
  a) 铝镁制品抛光、打磨加工的除尘器进风管,其设计风速按照风管内的粉尘浓度不大于爆炸下限的 25% 计算,且不小于 23 m/s。
  b) 木材加工系统的除尘器进风管,其设计风速按照风管内的粉尘浓度不大于爆炸下限的 50% 计算,且不小于 20 m/s。
  c) 其他种类加工系统的除尘器进风管,其设计风速按照风管内的粉尘浓度不大于爆炸下限的 50% 计算。

7.1.5 风管内表面应光滑,钢制金属材料的风管应采取防锈措施,风管内表面不应使用铝涂料。

7.1.6 在水平风管每间隔 6 m 处,以及风管弯管夹角大于 45° 的部位,宜设置清灰口,风管非清理状态时清灰口应封闭,其设计强度大于风管的设计强度。

7.1.7 在风管弯管夹角大于 45° 的部位,宜设置监视粉尘在管道内流动的观察窗,其设计强度大于风管的设计强度。

7.2 连接除尘器进风主风管的支风管

7.2.1 风管应采用非铝质金属材料制造,若采用其他材料则应选用阻燃材料且采取防静电措施。作业工位吸尘罩或吸尘柜连接除尘器进风主风管的支风管长度小于 3 m 可采用软管连接。

7.2.2 连接与氧气混合产生爆炸危险的金属粉料、燃料粉料或爆炸特性相同的粉料的加工系统风管设计强度不小于与连接的生产加工系统风管的设计强度,与生产加工系统管道连接段应采用金属构件紧固,并采用与支风管横截面积相等的过渡连接,连接段的设计强度不小于生产加工系统风管的设计强度。

7.2.3 风管的设计风速应满足风管内不出现粉尘堵塞、风管内壁不出现厚度大于 1 mm 积尘的要求。

8 风机

8.1 除尘系统的风机叶片应采用导电、运行时不产生火花的材料制造。

8.2 风机及叶片应安装紧固、运转正常,不产生碰撞、摩擦和异常杂音。

9 防爆装置

9.1 泄爆装置

除尘系统的泄爆面积计算,以及泄爆装置的设计、选型和安装应符合 GB/T 15605 的要求。

9.2 惰化装置

惰化装置的选用符合下列要求:
a) 按照粉尘爆炸特性确定充入除尘器的惰性气体或粉体介质的种类。
b) 采用惰性气体作为充入介质时,设置除尘器箱体内氧含量连续监测装置报警,当氧浓度高于设定值时发出声光报警信号,与除尘系统的控制装置保护联锁。
c) 采用惰性粉体作为充入介质时,充入粉体的流量及喷吹压力按照除尘器箱体内的粉尘浓度不大于爆炸下限的50%计算。存在与氧气混合产生爆炸危险的铝粉、镁粉、煤粉等或爆炸特性相同的粉料生产加工系统连接的除尘器,不应采用粉体作为抑爆介质充入除尘器。
d) 向除尘器充入惰性气体或粉体介质的防爆装置带有运行异常及故障停机的监控功能,出现运行异常及故障停机状况时发出声光报警信号,与除尘系统的控制装置保护联锁。

9.3 隔爆装置

隔爆装置的选用符合下列要求:
a) 隔爆装置宜设置在厂房建筑物的外部。
b) 按照粉尘爆炸特性、除尘器和风管的抗爆强度选用隔爆装置,并确定隔爆装置在主风管上的安装部位。
c) 隔爆装置启动应与除尘系统的控制装置保护联锁。

9.4 抑爆装置

抑爆装置的选用符合下列要求:
a) 按照粉尘爆炸特性、除尘器及风管的抗爆强度选用抑爆装置,并确定抑爆装置在风管和(或)除尘器的装设部位。
b) 抑爆装置启动应与除尘系统的控制装置保护联锁。

10 电气安全及防静电措施

10.1 设置在粉尘环境爆炸危险区域电气设备、监测装置报警和控制装置的选型及安装应符合 GB 12476.1、GB 12476.2 的要求。

10.2 设置在粉尘环境爆炸危险区域的电气线路、电气设备、监测装置报警和控制装置的电气连接应符合 GB 50058 的要求。

10.3 除尘系统防静电措施应符合 GB 12158 的要求,电气设备、监测装置报警和控制装置的保护接地应符合 GB 50058 的要求,除尘系统的风管不应作为电气设备的接地导体。

10.4 电气线路、电气设备、监测装置报警和控制装置应无积尘。

11 除尘器及风管的布置与安全措施

11.1 除 11.2 情况外,干式除尘器应布置在厂房建筑物外部。

11.2 连接与空气混合产生爆炸危险的金属粉料、农产品粉料、纺织纤维、粉末静电喷涂、燃料粉料或爆炸特性相同的粉料等的生产加工系统,以及吸除铝镁制品机械加工粉尘的干式除尘器如布置在厂房建筑物内,除尘器应符合 5.1 的要求,同时符合下列要求:

a) 厂房建筑物采用框架结构,厂房建筑物外墙的泄爆面积应符合 GB/T 15605 的要求。

b) 连接农产品粉料、粉末静电喷涂生产加工系统的除尘器符合下列要求:
——设置符合 5.1.7 a)、b)、d)要求的气力输灰装置。
——若除尘器每班的卸灰量小于 5 kg,可采用容器(桶)收集除尘器锁气卸灰装置卸出的粉尘,并每班清理。

c) 连接纺织纤维加工系统的除尘器符合下列要求:
——单台布置在厂房内的建筑物外墙处的单独房间内,房间的间隔墙采用耐火极限不低于 3.00 h 的实体隔墙,房间的外墙开有向外部泄爆的泄爆口或用于泄爆的其他开口,泄爆面积符合 GB/T 15605 的要求。
——除尘系统风管安装自动阻火阀、除尘器进风管安装火花探测报警装置和火花熄灭装置。
——设置符合 5.1.7 a)、b)、d)的要求气力输灰装置,并采用压实方式收集粉尘。

d) 连接烟草加工系统的除尘器符合下列要求:
——设置泄爆装置。
——除尘器进风管安装隔爆阀、火花探测报警装置和火花熄灭装置。
——设置符合 5.1.7 a)、b)、d)的要求气力输灰装置,并采用压实方式收集粉尘。

e) 连接与氧气混合产生爆炸危险的金属粉料、燃料粉料或爆炸特性相同的粉料的加工系统的除尘器符合下列要求:
——按照 9.2a)、b)、d)的要求设置惰化装置。
——除尘器进风管安装隔爆阀。
——设置符合 5.1.7 a)、b)、d)的要求气力输灰装置。

f) 吸除铝镁制品机械加工粉尘的除尘器符合下列要求:
——除尘器每班的收尘量不大于 2 kg。

——除尘器单台布置在靠近外墙处设置的单独房间内,房间的间隔墙采用耐火极限不低于3.00 h的实体隔墙,房间的外墙开有向外部泄爆的泄爆窗或用于泄爆的其他开口,泄爆面积符合GB/T 15605的要求。

11.3 除尘器的布置应远离明火区域,其间距不小于25 m。

11.4 布置在厂房建筑物外部干式除尘器的进风管符合下列要求:
   a) 除尘器进风管不直通建筑物内部,进风管设置在与进入建筑物内部的外墙保持90°夹角的除尘器侧面或顶部,或设置在与建筑物的外墙面夹角呈180°的除尘器的正面位置。
   b) 在除尘器进风管弯管处设置泄爆装置,泄爆口不朝向厂房建筑物内部。

11.5 除尘器及内部的零部件安装牢固,不产生碰撞、摩擦。

11.6 布置在厂房建筑物外部的风管、除尘器应采取防水雾、雨水渗入的措施,潮湿度较高地区采取防结露措施。

11.7 布置在厂房建筑物外部的除尘器应符合GB 50057规定的防雷安全要求。

12 粉尘清理

12.1 应清理除尘系统残留的粉尘及泥浆,清理周期及部位应包括但不限于下列要求:
   a) 至少每班清理的部位:
      ——吸尘罩或吸尘柜;
      ——干式除尘器卸灰收集粉尘的容器(桶);
      ——湿式除尘器的水质过滤池(箱)、水质过滤装置及除尘器箱体外部的滤网;
      ——纤维或飞絮除尘器的滤网、滤尘室;
      ——粉尘压实收集装置;
      ——木质粉尘单机滤袋吸尘器的滤袋及吸尘风机。
   b) 至少每周清理的部位:
      ——干式除尘器的滤袋、灰斗、锁气卸灰装置、输灰装置、粉尘收集仓或筒仓;
      ——电气线路、电气设备、监测报警装置和控制装置;
      ——湿式除尘器的循环用水储水池(箱)。
   c) 至少每月清理的部位:
      ——主风管和支风管;
      ——风机;
      ——防爆装置;
      ——干式除尘器的箱体内部、清灰装置。

12.2 清理作业时,采用不产生扬尘的清扫方式和不产生火花的清扫工具。

12.3 清理收集的粉尘及泥浆应作无害处理。

13 维护检修及检测、校验

13.1 应确保除尘系统符合防爆安全要求,除尘系统至少每半年进行一次维护检修。除尘系统维护检修作业前,应清除作业区、除尘系统内部及周边区域的粉尘,明火作业应按照GB 15577的规定采取防火安全措施。

13.2 袋式除尘器维护检修时,应针对滤袋清灰、残留粉尘的状况更新、更换滤袋。

13.3 应确保除尘系统配有的监测报警装置、控制装置和防爆装置,干式除尘器的清灰、锁气卸灰和输灰装置,湿式除尘器的水洗、水幕供水装置,以及除尘系统设置在粉尘爆炸环境危险区域的电气线路和电气设备等处于正常和安全运行的工作状态,在除尘系统安装、改造时进行验收检测,在使用期内每两年进行一次定期检测,监测报警装置至少每半年进行一次校验。

13.4 应建立除尘系统维护检修和检测、校验档案。

塑料生产系统粉尘防爆规范(AQ 4232—2013)

前　言

本标准除第 1、2、3 章及第 5.2.5、5.4.4、6.4.1、8.1.3 条外，均为强制性条款。

本标准按照 GB/T 1.1—2009 给出的规则起草。

本标准由国家安全生产监督管理总局提出。

本标准由全国安全生产标准化技术委员会粉尘防爆分技术委员会(SAC/TC 288/SC 5)归口。

本标准起草单位：南京理工大学。

本标准主要起草人：周本谋。

1　范围

本标准规定了塑料生产系统粉尘防爆的技术要求。

本标准适用于：以烯烃类气体为原料，主要工艺过程为经聚合反应得到塑料粉末料、经造粒得到塑料颗粒料粉体的生产系统；以塑料、合成聚合物粉末或颗粒料为原料，通过熔融与注塑等工艺生产与加工塑料用品的生产系统，包括废旧塑料回收处理与加工生产系统。

本标准不适用于塑料粉末喷涂工艺过程。

2　规范性引用文件

下列文件对于本文件的应用是必不可少的。凡是注日期的引用文件，仅注日期的版本适用于本文件。凡是不注日期的引用文件，其最新版本(包括所有的修改单)适用于本文件。

GB 12158　防止静电事故通用导则

GB 12476.3　可燃性粉尘环境用电气设备　第 3 部分：存在或可能存在可燃性粉尘的场所分类

GB 15577　粉尘防爆安全规程

GB 17440　粮食加工、储运系统粉尘防爆安全规程

GB/T 15604　粉尘防爆术语

GB/T 15605　粉尘爆炸泄压指南

GB/T 17919　粉尘爆炸危险场所用收尘器防爆导则

GB 50016　建筑设计防火规范

GB 50057　建筑物防雷设计规范

GB 50058　爆炸和火灾危险环境电力装置设计规范

AQ 3009　危险场所电气防爆安全规范

AQ/T 9006　企业安全生产标准化基本规范

3　术语和定义

GB 12476.3、GB 15577 及 GB/T 15604 界定的以及下列术语和定义适用于本文件。为

了便于使用,某些术语重复列出。

3.1

塑料　plastic

以合成树脂为主要成分适当加入填料、增塑剂及其他助剂(如着色剂、防老剂、阻燃剂等),在一定温度与压力下,可塑制成一定形状并在常温下能保持既定形状的材料及其制品。不加任何助剂的塑料称为单组分塑料,如聚四氟乙烯塑料等。

合成树脂是塑料最基本的、最重要的成分,例如聚乙烯、聚丙烯、聚氯乙烯、聚苯乙烯、聚酰胺、聚碳酸酯、酚醛树脂、聚氨酯与环氧树脂等。

3.2

塑料生产系统　plastic processing system

包括塑料原料(指树脂或半成品)的生产、塑料制品的生产(也称塑料成型或塑料加工),以及废旧塑料回收处理与加工系统。

3.3

塑料粉尘　plastic dust

在大气中依靠自身重量可沉淀下来,但也可持续悬浮在空气中一段时间的塑料或合成树脂固体微小颗粒,且具有一定的可燃危险性。大多数塑料粉尘为不导电粉尘。

3.4

塑料粉体料仓　plastic powder silo

贮存塑料粉末、颗粒的设备或容器。

3.5

气力输送系统　pneumatic conveying system

利用空气流或其他气体,通过封闭的管道系统输送物料颗粒并能将气物分离的系统。包括给料装置、气物分离机、封闭的管道系统、动力驱动装置等。

3.6

粉尘释放源　source of dust release

能向大气环境中释放可燃性粉尘的部位。

[GB 17440—2008,定义 3.4]

3.7

塑料粉尘防爆　protection and prevention for plastic dust explosion

预防塑料粉尘燃烧、爆炸或在使粉尘燃烧、爆炸发生时损失减少的技术、措施与方法等。

4 塑料粉尘爆炸性环境危险区域划分

4.1 根据爆炸性粉尘混合物出现的频繁程度和持续时间或出现可燃粉尘层的程度,按照GB 12476.3 将塑料粉尘爆炸性危险场所按下列规定划分为 3 个区域:

a) 20 区:在正常运行过程中,塑料粉尘连续出现或经常出现,其数量足以形成可燃性粉尘与空气混合物,或可能形成无法控制和极厚的粉尘层的场所及容器内部。

b) 21 区:在正常运行过程中,可能出现的塑料粉尘数量足以形成可燃性粉尘与空气混合物,但未划入 20 区的场所。

c) 22 区:在异常条件下,塑料粉尘云偶尔出现并且只是短时间存在,或出现塑料粉尘的堆积并可能存在粉尘层,且在空气中产生塑料粉尘混合物而未划分为21区的场所。如果不能保证排除塑料粉尘堆积或粉尘层,则应划分为21区。

4.2 塑料粉尘爆炸性危险区域应按塑料粉尘释放源位置,释放粉尘的数量及可能性,以及爆炸条件和通风除尘等实际因素确定。

5 一般要求

5.1 通则

5.1.1 在生产过程中产生塑料粉尘企业的新建与改、扩建工程的设计、施工、生产与设备维护管理,应符合本标准的规定。

5.1.2 工艺设计应遵循整体设防的原则,应严格遵守防止粉尘爆炸的技术要求。设计文件中应就建筑结构、工艺选择、设备选型和布置、粉尘控制、电气以及管理等方面,提出明确的防止粉尘爆炸的具体措施和方法,并明确说明设计中对塑料粉尘爆炸性危险区域的划分。

5.1.3 在20区和21区使用高强度光源、激光、辐射与超声波设备时,应采取相应的防爆措施。

5.2 防爆结构

5.2.1 具有塑料粉尘爆炸危险的场所的建(构)筑物与设施、设备应采取相应的防爆结构,其设计应符合GB 15577中建(构)筑物的结构与布局、GB/T 15605中有关粉尘爆炸泄爆要求,以及GB 50057与GB 50016中有关建筑物的防雷与防火防爆的要求。

5.2.2 塑料料仓与其他建筑物之间及塑料料仓之间的防火间距,应符合GB 50016的规定。含有20区、21区、22区建(构)筑物的四周应设有宽度不小于3 m的消防通道。

5.2.3 对不易于清理的建(构)筑物以及设备(设施)表面及边棱,应采用倾角不小于60°的倾斜面设计,以防止粉尘沉积。除尘装置的设计、安装、使用、维护保养及安全防护措施,均应符合GB/T 17919的要求。

5.2.4 20区、21区建(构)筑物应设置必要的泄爆口,设备或料仓内的物料最高料位不应超过泄爆口的下边缘。泄爆口的位置应确保周围不会受到泄爆火焰和气体危害,并应采取泄爆后的二次爆炸防护措施,泄爆过程不应危及人员或使与安全有关的设备操作受到限制。属于20区、21区、22区的建(构)筑物与固定式设备(设施)采用泄爆方式防爆时,泄爆装置的设置应符合GB/T 15605的要求,且主体建筑应有足够的防爆能力,在爆炸压力被安全释放之前不应倒塌爆裂。

5.2.5 在塑料粉尘爆炸性环境宜在适当位置设置防火防爆隔墙,以保证作业安全和便于划分爆炸性粉尘环境危险区域。控制室、配电室宜单独设置,且不宜设置在塑料粉尘爆炸性危险场所的上方。

5.3 电气安全

5.3.1 用于塑料粉尘爆炸性危险场所的电气设备、仪器仪表及便携式仪器,应符合AQ 3009的相关规定。存在塑料粉尘的场所用电力装置应符合GB 50058的相关规定。

5.3.2 塑料生产系统应按爆炸性粉尘环境对电气工程的要求进行设计。电气设计应与工艺、土建设计紧密结合,达到安全适用、维修方便、经济合理和技术先进的要求。电气设计应严格遵守防止粉尘爆炸的技术要求,遵循整体设防的原则。

5.3.3 塑料生产系统应按照安全、可靠、先进和适用的原则设计自动控制系统。自动控制系统应符合工艺作业要求,具备保障安全生产的电气连锁功能。

5.3.4 塑料粉尘爆炸性危险场所的电气设备,按粉尘层厚度分为 A 型、B 型两类:A 型,粉尘层厚度至 5 mm;B 型,粉尘层厚度至 12.5 mm。

5.3.5 在有塑料粉尘混合物的场所,电气设备的最高表面温度(T_{max})不应超过粉尘与空气混合物最小点燃温度(T_{EL})的 2/3。在有塑料粉尘堆积的场所,按外壳极限温度(T_{max})的规定分为 T_A 型、T_B 型两类。电气设备最高表面温度不能超过下述规定:T_A 型,$T_{max} = T_{5\ mm} - 75\ K$;$T_B$ 型,$T_{max} = T_{12.5\ mm} - 25\ K$($T_{5\ mm}$、$T_{12.5\ mm}$ 分别为 5 mm 厚粉尘层和 12.5 mm 厚粉尘层的点燃温度)。

5.3.6 安装在塑料粉尘爆炸性危险环境的电气设备,应按表 1 规定选型。

表 1 塑料粉尘爆炸性危险环境的电气设备防护等级选用规定

电气设备		防爆类型	20 区	21 区	22 区
防爆标志	A 型	导电型	DIP A20 T_A	DIP A20 T_A	DIP A21 T_A
		非导电型		DIP A21 T_A	DIP A22 T_A 或 DIP A21 T_A
	B 型	导电型	DIP B20 T_B	DIP B20 T_B	DIP B21 T_B
		非导电型		DIP B21 T_B	DIP B22 T_B 或 DIP B21 T_B

5.4 防雷与防静电

5.4.1 存在塑料粉尘生产系统的防雷与防静电保护应符合 GB 15577、GB 50057 和 GB 12158 的规定。

5.4.2 允许利用建(构)筑物的结构钢筋构成防雷系统,防雷系统采用暗装笼式。接地极、引下线、接闪器间由下至上应有可靠和符合规范的连接,以构成一个良好的电气通路。

5.4.3 允许电气工程的工作接地、保护接地、防雷感应接地和防静电接地系统共接,其接地电阻为其中的最小值。在 20 区、21 区、22 区内,可能产生静电危险的设备和管道应有防静电接地措施,并应单独与接地体或接地干线相连,不得相互串联后再接地。

5.4.4 塑料粉体作业过程中,宜通过选择导体的接地方式、限制粉体容器的容积大小,来控制可能发生的静电放电火花能量,以防止静电放电火花成为危险的点火源。应根据生产现场可能出现的可燃物爆炸危险性的敏感性参数(如最小点火能量等),采取措施以避免产生高能量的火花放电、传播型刷形放电、刷形放电、电晕放电、人体放电和料堆表面放电等危险的静电放电方式。

6 塑料与合成树脂生产系统

6.1 聚合反应与粉末

6.1.1 应严格控制聚合反应过程的各项工艺指标,注意原料精制、催化剂配制等关键操作流程,保持聚合装置反应的平稳性。

6.1.2 清理聚合釜时,应制订具体的操作方案。应采用盲板将聚合釜与系统隔开,用氮气置换聚合釜内残留的可燃气体后再用空气置换。应避免塑料粉末的下泄撞击,并应对清理的物料作喷水处理。若有沉积物堵塞需要清理时,应使用不产生火花的工具作业,且不应带压处理物料。

6.2 造粒与干燥

6.2.1 保持造粒系统运行的稳定性。出现不规则料或碎屑时应及时调整和处理,并防止碎屑带入风送系统,出现气力刀具断裂时应及时停车。

6.2.2 应严格控制低压闪蒸系统、干燥系统、脱气仓等粉体及熔体挥发分处理与加工设备的工艺条件,并定期取样检测挥发分。干燥器等设备应密封可靠,排空管道内应无塑料粉尘堆积与附着。

6.2.3 在开车、切换牌号或造粒不正常而产生不合格料时,应按正常工艺操作进行脱气处理。

6.2.4 切胶作业应在氮气保护和软水存在的条件下进行,当氮气和软水供应中断时应立即停止切胶作业。

6.3 管道输送

6.3.1 当采用氮气保护输送粉体时,应确保粉体氮气风送系统的气密性,应严格控制系统的氧含量不得高于10%(体积百分比),并设置氮气保护自动补给控制装置。

6.3.2 应保证粒料风送系统(或净化风送系统)运行的可靠性。在造粒后的 8 h~10 h 内,应确保风送系统和料仓内可燃气体含量小于或等于 0.5%(质量百分比)。

6.4 储存与料仓

6.4.1 塑料生产系统的粉体料仓宜设置抽吸微细粉尘的专用设备。

6.4.2 设置塑料粉体料仓进风管及其他金属支撑构件时,应避免出现金属突出物。

6.4.3 不应在粉料处理系统和料仓内出现孤立导体,应定期检查可能出现孤立导体的设备或部件,如排风过滤器的紧固件、管道或软连接管的紧固件、振动筛的软连接、临时接料的推车或器具等。料仓内一旦发现有金属异物,应尽快取出。

6.4.4 不应采用边进料边出料的工艺操作流程,应严格执行进料、掺和、出料的操作程序。

6.4.5 进料与掺和工序应连续进行,应避免料仓内积聚过多的挥发性气体。

6.4.6 脱气合格后的粉料应及时包装,不应在料仓内长时间存放。

6.4.7 粒料仓的粘壁料厚度不应大于 2 mm,并应定期检查和清理粒料仓内粘壁料和块状料。

6.5 下料包装与运输

6.5.1 下料过程应控制物料的流速,并避免物料对包装器具的冲击。

6.5.2 应及时清理下料包装与运输作业场所及其过程中散落的粉尘,采取措施防止塑料粉尘飞扬。

7 塑料制品加工系统

7.1 加工系统工艺设计

7.1.1 设计塑料制品生产设备与设施时,应防止形成各种沉积与附着塑料聚合物粉尘(如由静电力引起)的表面(如立墙、设备的水平平面等)。

7.1.2 造粒机与处理硬质泡沫塑料及筛分粗粒或细粒物料粉体装置的距离应大于 3 m,并应避免在造粒机附近形成高浓度的塑料聚合物粉尘。

7.2 塑料加工与储运

7.2.1 加工用树脂与塑料粉体原料的储运工序应符合 6.4 与 6.5 的要求。

7.2.2 塑料加工系统应消除各种点火源。所有设备与构件应可靠接地,防止产生静电火花。生产场所不应有明火。分选与造粒机前应安装磁分离装置,防止金属碎片进入装置产生撞击火花。

7.2.3 应对切割刀具和设备进行定期维护与及时维修,加工过程中应避免塑料泡沫材料的碎裂,并应避免形成塑料聚合物粉尘。

7.2.4 具有挥发性的塑料粉体原材料[如聚苯乙烯(EPS)珠]通常包含可燃气体(如戊烷),其存储、运输加工及加工后成品存放的相关区域应通风良好,并应依据风险分析结果单独设置灭火系统。

8 废旧塑料回收系统

8.1 回收装置工艺设计

8.1.1 废旧塑料回收装置应采用减少各种可能沉积与附着塑料聚合物粉尘的设计结构。

8.1.2 应采用减少在相关场所形成爆炸性聚合物粉尘的方法,设计废旧塑料回收再生前期处理工艺过程(收集、分离、干燥和粉碎等)。

8.1.3 宜按照粉尘防爆设计要求,在相关工艺场所布置除尘与清尘装置。

8.2 废旧塑料回收生产

8.2.1 废旧塑料自动分拣、剪切、粉碎与研磨等装置应安装磁分离装置。

8.2.2 应对压缩式粉碎机工作面采取冷却措施。

8.2.3 应采取措施减少冲击式粉碎机、研磨式粉碎机与剪切式粉碎机内部细微粉尘的积聚。

8.2.4 应采取措施避免在配料和造粒工序形成爆炸性聚合物粉尘。使用配料的组分挥发易燃时,其存储、运输加工及加工后成品存放的相关区域应通风良好,并应依据风险分析结果单独设置灭火系统。

8.2.5 经废旧塑料回收工艺得到的塑料粉体,其储运过程应符合6.4与6.5的要求。

9 管理及培训

9.1 塑料生产企业应按照AQ/T 9006的要求,建立健全各级安全生产责任制和安全规章制度及岗位安全操作规程。

9.2 应按GB 15577的要求制定防爆实施细则并进行定期检查。

9.3 应按有关消防规定建立企业防火制度和动火制度,应定期进行防火检查。

9.4 存在易燃易爆塑料粉尘的厂房及设备,应建立定期清扫制度并制定详细的清扫规程。

9.5 应制定事故应急救援预案。在应急预案中应有粉尘防爆专篇,并定期组织演练与总结。

9.6 除进行一般安全培训外,还应对相关人员进行有关塑料粉尘防爆的专业培训,员工培训应有记录并存档。当工作条件改变时(如设备、工艺、防爆设施变更或材料储存、传送方式变更等),应对培训计划和程序进行检查更新。

9.7 出入存在可燃塑料粉尘场所的车辆应安装阻火器。

粮食立筒仓粉尘防爆安全规范(AQ 4229—2013)

前 言

本标准除第1、2、3章及第5.6、5.7、5.8、5.9、6.5条,均为强制性条款。

本标准按照GB/T 1.1—2009给出的规则起草。

本标准由国家安全生产监督管理总局提出。

本标准由全国安全生产标准化技术委员会粉尘防爆分技术委员会(SAC/TC 288/SC 5)归口。

本标准起草单位:国家粮食储备局郑州科学研究设计院、上海粮油仓储有限公司、江门振达机电工程成套有限公司、广东江门南方输送机械工程有限公司、无锡威勒机电工程成套有限公司。

本标准主要起草人:李堑、杨松山、刘锦瑜、闫汉书、顾伟、李孔成、黄银平、黄霞云、徐刚、齐志高、赵庆和。

1 范围

本标准规定了粮食立筒仓粉尘防爆的基本要求。

本标准适用于粮食立筒仓的新建、扩建、改建工程的设计、施工、生产、维修和管理全过程。

2 规范性引用文件

下列文件对于本文件的应用是必不可少的。凡是注日期的引用文件,仅所注日期的版本适用于本文件。凡是不注日期的引用文件,其最新版本(包括所有的修改单)适用于本文件。

GB/T 15577　粉尘防爆安全规程

GB/T 15605　粉尘爆炸泄压指南

GB 17440　粮食加工、储运系统粉尘防爆安全规程

GB/T 18154　监控式抑爆装置技术要求

GB 50057　建筑物防雷设计规范

AQ/T 9006　企业安全生产标准化基本规范

3 术语和定义

下列术语和定义适用于本文件。

3.1

粮食　grain

人类食用谷类、豆类和薯类的总称。主要指小麦、玉米、稻谷、大豆、油料等农作物及其在制品、半成品和成品。

3.2

筒仓 silo

平面为圆形、方形、矩形、多角形及其他几何外形的储存散粮的直立容器。

3.3

粮食立筒仓 grain silos

粮食筒仓及配套工作塔、连廊、输粮地沟等及附属设施的总称。

3.4

粮食粉尘 grain dust

在大气中依靠自身重量可沉淀下来,但也可持续悬浮在空气中一段时间的粮食固体微小颗粒,是一种不导电的可燃性粉尘。

3.5

粮食粉尘防爆 the protection for grain dust explosion

预防粮食粉尘燃烧、爆炸并使粉尘燃烧、爆炸发生时损失减少的技术。

3.6

动火作业 hot work

在粉尘爆炸危险场所进行切割、焊接、磨削及其他可能产生火焰、火花和热表面的临时性作业。

4 粮食立筒仓粉尘爆炸性危险场所的划分和范围

4.1 粮食立筒仓粉尘爆炸危险场所的划分

粮食立筒仓粉尘爆炸危险场所应按 GB 17440 的要求,划分为 20 区、21 区和 22 区。

4.2 粮食立筒仓粉尘爆炸危险场所的范围

粮食立筒仓粉尘爆炸危险场所的分区见表1。

表 1 粮食立筒仓粉尘爆炸危险场所的分区[a]

粉尘环境		20 区	21 区	22 区	非危险区域
打包作业区(间)			√		
清理间			√		
筒仓内部[b]		√			
料仓内部		√			
灰间		√			
封闭式设备内部		√			
工作塔(包括计量塔/提升塔等)	设备层		√		
	溜管层(无接合面/法兰连接,无检修孔/无设备时)				√
	溜管层(设有检修孔/闸阀门设备时)			√	
	仓上层、仓下层		√		

表 1（续）

粉尘环境		20区	21区	22区	非危险区域
输送廊道	地上封闭式廊道		√		
	地下输粮廊道		√		
	敞开式廊道的转向点、连接点附近（距粉尘释放源1 m内）		√		
	敞开式廊道的设备连接点、转向点（如张紧或驱动）1 m以外4 m以内区域			√	
卸粮坑（料斗）	内部	√			
	外部,有除尘系统时			√	
	外部,无除尘系统时		√		
	除尘风机排风口			√	
楼梯间、电梯前室	有墙[c]、弹簧门与20区、21区、22区隔离				√
	敞开				√
控制室（包括电梯机房）	有墙[c]、弹簧门与20区、21区、22区隔离				√
	独立建筑				√
[a] 本表采用以厂房建筑为单位,划定粮食粉尘爆炸性危险区域。					
[b] 浅圆仓参照立筒仓执行。					
[c] 墙指无洞孔的砖、轻质材料墙体等。					

5 一般规定

5.1 粮食立筒仓设计阶段应根据工艺、物料特性、场所结构和布局,对粉尘爆炸危险场所的范围和等级进行界定和划分。

5.2 在工艺、物料、设备、场所结构和布局发生变化时,应重新对粉尘爆炸危险场所的范围和等级进行评估、界定和划分。

5.3 在整个作业过程存续期内,应保存分区的划分和说明文件,并定期对过程的危险性和分区进行动态评估。

5.4 如果在检修期间需要拆卸设备或装置,在重新组装时,应采取措施确保其整体防爆型式不受损坏。

5.5 建（构）筑物、设备支架、设备外壳和结构件应尽量减少水平表面,减少粉尘积聚,并易于清扫。

5.6 粮食立筒仓中可应用泄爆、抑爆、隔爆、抗爆结构、稀释粉尘浓度等防爆措施。

5.7 在罐、仓、筒仓、设备等包围体上安装泄压装置时,其应符合 GB/T 15605 的要求。

5.8 在罐、仓、筒仓、设备等包围体上安装抑爆装置时,其应符合 GB/T 18154 的要求。

5.9 粮食立筒仓的安全生产管理应符合 AQ/T 9006 的要求。

6 建筑与结构

6.1 建(构)筑物除应遵守国家或行业相关标准外,还应符合本标准规定。

6.2 用于分隔不同爆炸危险场所的隔墙等应与屋顶、地板、墙等连接,且接缝处应密封防尘。用于分隔的隔离物应防止在爆燃压力安全释放到外界前失效。

6.3 不同粉尘爆炸危险场所之间有通道或连通时,应设置常闭的、具有相同耐火等级的防火门。

6.4 仓壁、墙、地面应光滑平整,不易积尘并易于清扫,不能清扫的地方应密封防尘。

6.5 工作塔、仓上层及仓下层的窗户宜采用轻质玻璃。

7 工艺设备

7.1 输送设备的轴承应安装在设备外壳的外部,避开料流出口,并且便于轴承监测和修理。

7.2 位于设备内部或料流内部的轴承(如螺旋输送机支撑轴承等)应是密封型的,且转速应低于150 r/min。

7.3 检修门和人孔应便于观察、清洁和维护,且便于扑灭设备内部火灾。

7.4 检修门和人孔的设计、制造应防止粉尘泄漏。

7.5 不宜使用皮带传动;当使用皮带传动时,应安装发生打滑时能自动停机的保护装置。

7.6 斗式提升机等输送设备应按照GB 17440配备安全保护装置。

7.7 设备的泄爆口应直接指向限定区域,不应指向人行通道或人员作业区。

7.8 设备的运动部件应正确安装和维护,避免碰撞及摩擦。

7.9 设备外露热表面的表面温度应低于所在区域内粮食粉尘层最低点燃温度的80%。

7.10 存在爆炸危险的设备和场所应采取防止爆燃通过导管在设备间传播的隔离措施。

8 电气

8.1 电气设备的选择应符合GB 17440的要求。在危险场所的分类发生改变或电气设备位置发生变化时,其防爆型式、设备类别和温度组别应与改变后的条件相适应。

8.2 电气设备应尽量远离粉尘释放源。

8.3 多电动机驱动的输送设备,其电动机控制回路间应有连锁;当任一台电动机故障时,应停机或采取其他措施避免过载。

8.4 电气设备在停机维护时,对裸露导线应按下列之一或多个措施处理:
   a) 正确连接到适当外壳内部的端子上。
   b) 与所有的供电电源断开,并使其绝缘。
   c) 与所有供电电源断开并接地。

8.5 电气设备永久停用时,与之有关的所有供电电源的导线均应断开、拆除或正确连接到适当外壳内部的端子上。

8.6 软电缆、挠性管及其终端连接应定期进行检查,出现损坏或缺损时应及时更换。

8.7 移动式电气设备的防爆型式、防护等级、适宜场所及温度组别应符合所处环境的标准。

8.8 如果电气设备的自动断电可能导致的事故造成的危险比引燃危险更大时,应使用报警装置代替自动断电装置,且报警装置的报警应很明显。

8.9 普通粉尘防爆电动机(非调速电动机)采用变频调速时,应有对电动机外壳表面温度直接控制或有效限制的措施,保护装置动作应能使电动机断电。
8.10 灯具应距离设备或建筑的水平表面、金属罐、料斗、溜管等 50 cm 以上。
8.11 粮食立筒仓的防静电保护应符合 GB 15577 的要求。
8.12 粮食立筒仓的防雷与接地设计应符合 GB 50057 的要求。

9 粉尘控制

9.1 粮食立筒仓应设置完善的除尘系统、通风系统和积尘清扫系统。
9.2 除尘系统的设置应符合 GB 17440 的要求。
9.3 水平及倾斜的风网管道应设有清理口。
9.4 粮仓排气孔尺寸和位置应保证在满仓或空仓的条件下均可进行换气。排气孔应防止堵塞,并避免造成粉尘堆积。
9.5 含有粉尘的空气不应直接排入室内。
9.6 地板清理物在采取分离金属的措施前,不应直接回收到任何输送设备中。

10 作业安全管理

10.1 设备维护和操作方式应采用防止粉尘外逸的方式。
10.2 应建立周期性清扫制度,清除墙、地面、横梁、天花板吊顶上方,设备、管道的水平表面、支腿、管箍等以及其他隐蔽表面上的粉尘。
10.3 清扫粉尘时应以产生粉尘云最少的方式进行。
10.4 只有当所有设备停机且所有的潜在点火源都被可靠控制时,才允许使用压缩空气进行清扫作业,且压缩空气的压力应低于 103 kPa。
10.5 动火作业应按 GB 17440 要求进行。
10.6 在 20、21 区内,使用火药射钉枪时应按动火作业要求进行。

粮食平房仓粉尘防爆安全规范(AQ 4230—2013)

前 言

本标准除第 1、2、3 章及 4.5、4.6 条和附录 A,均为强制性条款。

本标准按照 GB/T 1.1—2009 给出的规则起草。

本标准由国家安全生产监督管理总局提出。

本标准由全国安全生产标准化技术委员会粉尘防爆分技术委员会(SAC/TC 288/SC 5)归口。

本标准起草单位:国家粮食储备局郑州科学研究设计院、上海粮油仓储有限公司、江门振达机电工程成套有限公司、广东江门南方输送机械工程有限公司。

本标准主要起草人:闫汉书、李堃、杨松山、刘锦瑜、顾伟、李孔成、黄银平、黄霞云、齐志高、周乃如。

1 范围

本标准规定了粮食平房仓粉尘防爆安全的基本要求。

本标准适用于储存原粮、成品粮的粮食平房仓的新建、扩建、维修、改建工程的设计、施工、生产和管理全过程。

2 规范性引用文件

下列文件对于本文件的应用是必不可少的。凡是注日期的引用文件,仅注日期的版本适用于本文件。凡是不注日期的引用文件,其最新版本(包括所有的修改单)适用于本文件。

GB 15577 粉尘防爆安全规程
GB 17440 粮食加工、储运系统粉尘防爆安全规程
GB 50016 建筑设计防火规范

3 术语和定义

下列术语和定义适用于本文件。

3.1
粮食 grain

人类食用谷类、豆类和薯类的总称。主要指小麦、玉米、稻谷、大豆、油料等农作物及其在制品、半成品和成品。

3.2
粮食平房仓 grain storehouse

用于储存粮食且满足储粮功能要求的单层房式建筑物。

3.3
高大平房仓 high flat storehouse

跨度在 21 m 及以上、堆粮高度在 6 m 及以上的平房仓。

3.4
粉尘释放源　source of dust release
能向大气环境中释放可燃性粉尘的部位。

3.5
可燃性粉尘　combustible dust
与空气混合后能燃烧或闷燃、常温常压下与空气形成爆炸性混合物的粉尘。

3.6
爆炸性粉尘环境　explosive dust atmosphere
在大气环境条件下,粉尘或纤维状的可燃性物质与空气混合的混合物点燃后,燃烧传至全部未燃混合物的环境。

3.7
粮食粉尘　grain dust
在大气中依靠自身重量可沉淀下来,但也可持续悬浮在空气中一段时间的粮食固体微小颗粒,是一种不导电的可燃性粉尘。

3.8
粮食粉尘防爆　the protection for grain dust explosion
预防粮食粉尘燃烧、爆炸并使粉尘燃烧、爆炸发生时损失减少的技术。

3.9
动火作业　hot work
在粉尘爆炸危险场所进行切割、焊接、磨削及其他可能产生火焰、火花和热表面的临时性作业。

4 一般规定

4.1 粮食平房仓的工程设计应遵循整体设防的原则,严格遵守防止粉尘爆炸的技术要求。

4.2 在粮食平房仓设计时,应根据物料性质、生产工艺、建筑结构和布局,按照本标准的规定对粉尘爆炸危险场所的范围和等级进行界定和划分。

4.3 设计文件应明确说明粮食粉尘爆炸危险场的划分,并应就建筑结构、工艺、设备选型和布置、粉尘控制、电气以及管理等方面,提出明确的防止粉尘爆炸的具体措施和方法。

4.4 如果在检修期间需要拆卸装置或设备,在重新组装时,应采取措施确保其整体防爆型式不受损坏。

4.5 建(构)筑物、设备支架、设备外壳和结构件应考虑尽量减少水平表面,减少粉尘积聚,并易于清扫。

4.6 应及时清扫附着在地面、墙体、设备等表面上的粉尘。

4.7 粮食平房仓在生产作业过程中应禁止明火。

5 粮食平房仓粉尘爆炸危险场所的划分和范围

5.1 粮食粉尘爆炸危险场所的划分

5.1.1 根据爆炸性粉尘混合物出现的频繁程度和持续时间,粮食粉尘爆炸危险场所按下列规定分区：
    a) 20区：在正常操作过程中，粮食粉尘连续出现或经常出现，其数量足以形成可燃性粉尘与空气混合物和/或可能形成无法控制的和极厚的粉尘层的场所。
    b) 21区：在正常操作条件下，可能出现数量足以形成可燃性粉尘与空气混合物的粮食粉尘，但未划为20区的场所。
    c) 22区：未划分为21区的场所，粮食粉尘云偶尔出现并且只是短时间存在，或在异常条件下出现粮食粉尘的堆积或可能存在粉尘层，并且在空气中产生粮食粉尘混合物。如果不能保证排除粮食粉尘堆积或粉尘层，则应划分为21区。

5.1.2 粮食粉尘爆炸危险场所的划分，应按粮食粉尘释放源位置、释放粉尘的数量及可能性、爆炸条件和通风除尘等条件确定。

5.1.3 采用无洞孔的墙体和防火弹簧门与20区、21区、22区隔开的区域，可划为非危险区域。

5.2 粮食平房仓粉尘爆炸危险场所的范围

粮食平房仓粉尘爆炸危险场所的分区见表1。

表1 粮食平房仓粉尘爆炸危险场所的分区[a]

粉尘环境		20区	21区	22区	非危险区域
打包作业区			√		
散装粮食平房仓	高大粮食平房仓[b]（移动式设备，产量大于100 t/h[c]）		√		
	中转用平房仓（固定式设备）		√		
包装粮食平房仓	原粮，颗粒状成品粮				√
	粉状成品粮			√	
仓门、窗外3 m范围内（仓内为20/21区）				√	
敞开式输送廊道			√（距粉尘释放源1 m内）	√（距21区3 m内）	
地下输粮廊道			√		
地上封闭式输粮廊道			√		
封闭式设备内部		√			
[a] 本表采用以仓房建筑为单位，划定粮食粉尘爆炸性危险区域。 [b] 在清理积聚的粉尘后，空仓及储存期间的仓为非危险区域，允许使用防尘型设备进行有关作业。 [c] 产量不大于100 t/h，如果采取有效的粉尘控制措施使作业场所粉尘浓度低于爆炸下限的25%，可以视为22区或非危险区域。					

6 电气及其装备

6.1 电气设备宜远离粉尘释放源。

6.2 在粉尘爆炸危险场所使用的设备应按 GB 17440 选择合适的防爆型式。
6.3 仓内使用的机械设备应配置过载保护装置。
6.4 动力和照明配电箱宜安装于仓外,并具有短路和过载保护。
6.5 采用粮食熏蒸工艺的仓房,仓内使用的固定式电气设备及导线连接均应有防粮食熏蒸气体腐蚀的措施。
6.6 仓内导线敷设应采用铜芯绝缘导线穿钢管敷设,导线截面面积不应小于 1.5 mm²。
6.7 电气管线不应在仓内地坪下敷设,也不应敷设在可燃性建筑材料的上方或下方。
6.8 移动式机械设备的供电电缆应采用 YC、YCW 型等橡套电缆,20 区、21 区和 22 区应采用粉尘防爆型插座连接,非危险场所采用防尘型电缆连接装置。
6.9 与粮食粉尘直接接触的电气设备或装置、灯具,其表面最高允许温度见表2,并不超过该区域可能出现粮食粉尘的引燃温度。

表 2 电气设备表面最高允许温度　　　　　　　　　　　单位为摄氏度

温度组别	无过负荷的设备	有认可的过负荷设备
T_2	215	190
T_3	160	145

6.10 粮食平房仓电气设备的工作接地、保护接地、输送设备防静电接地及防雷接地等接地装置宜连接在一起,共用接地装置的接地电阻应满足其中最小值。
6.11 粮食平房仓防静电保护应符合 GB 15577 的要求。设备及装置的正常非带电的金属外壳、有可能产生静电积聚的材料,应采用防静电接地。

7 建筑结构及工艺设备

7.1 建筑结构

7.1.1 粮食平房仓的间距和消防通道设置应符合 GB 50016 的要求。
7.1.2 用于分隔不同爆炸危险场所的隔墙等应与屋顶、地板、墙等连接,且接缝处应密封防尘。
7.1.3 粮食平房仓的门、窗、轻质屋盖(质量不超过 60 kg/m²)可以作为泄爆面积计算。
7.1.4 门窗应采用向外开启式,且应密闭。
7.1.5 门、窗、通风口及其他穿墙管线应采取可靠的密闭措施。
7.1.6 粮食平房仓的地面应平整、光滑,便于积尘清扫。
7.1.7 输送粮食的地道、地下室的两端应有通向地面的出口。

7.2 机械设备

7.2.1 粮食平房仓使用的机械设备,应在进、出料口等处采取减少粉尘外逸的措施。
7.2.2 输送设备的输送带应具有可靠张紧装置,并装有防输送带打滑装置或打滑时停机的装置。
7.2.3 设备的运转部件间应正确安装和维护,运转灵活,不应有刮、碰、卡、擦等现象。
7.2.4 设备的轴承和滑道应避开粮流,并防止粉尘积聚。

7.3 工艺设计

工艺设计中应采取消除或减少粮食粉尘的产生及积聚的措施。

8 粉尘控制

8.1 粮食平房仓应设置完善的除尘系统、通风系统和积尘清扫系统。

8.2 除尘系统的设置应符合 GB 17440 的要求。

8.3 水平及倾斜的风网管道应设有清理口。

8.4 粮仓排气孔尺寸和位置应保证在满仓或空仓的条件下均可进行换气。排气孔应防止堵塞,并避免造成粉尘堆积。

8.5 含有粉尘的空气不应直接排入室内。

8.6 地板清理物在采取分离金属的措施前,不应直接回收到任何输送设备中。

9 安全作业要求

9.1 动火作业

9.1.1 粮食平房仓内进行动火作业前,应经有关部门负责人批准。

8.1.2 在动火作业前及作业过程中,确保没有爆炸性粮食粉尘和爆炸性粉尘进入作业现场的可能性,才可以安排动火作业。

9.1.3 动火作业应按 GB 17440 要求进行。

9.2 摩擦、碰撞火花控制

9.2.1 在有粮食粉尘的粮食平房仓内作业时,应防止金属物质之间的碰撞发生,以避免金属物质之间碰撞产生火花。

9.2.2 当使用皮带传动时,应安装发生打滑时能自动停机的保护装置。

9.2.3 设备的运动部件应避免碰撞及摩擦。

9.2.4 地面清理物应清理金属物质后,才可以放入输送设备。

附 录 A
(资料性附录)
粮食平房仓主要机械设备运行状况监控装置设置要求

表 A.1 粮食平房仓主要机械设备运行状况监控装置设置要求

设备名称	监控装置				
	速度监控	断链监控	输送带防偏监控	电动机过载、短路监控[a]	防堵监控
斗式提升机	√		√	√	√
扒谷机	√		√	√	
清仓机				√	
吸粮机				√	√
带式输送机			√	√	
[a] 电动机过载、短路等电气控制是必不可少的,由设计另定。					

木材加工系统粉尘防爆安全规范(AQ 4228—2012)

前 言

本标准除第1、2、3章及6.2.5.4条、6.3.5条外,均为强制性条款。

本标准按照GB/T 1.1—2009给出的规则起草。

本标准由国家安全生产监督管理总局提出。

本标准由全国安全生产标准化技术委员会粉尘防爆分技术委员会(SAC/TC 288/SC 5)归口。

本标准起草单位:吉林省安全科学技术研究院、广东省岭南综合勘察设计院、中钢集团武汉安全环保研究院。

本标准主要起草人:张春慧、郑凡颖、周玉申、谷庆红、孙宝铁、刘凌燕。

1 范围

本标准规定了工业生产中木材及木制品、人造板、木粉的加工处理系统中产生的木质及其他纤维质材料的粉尘的防爆安全要求。

本标准适用于木材加工厂、人造板厂、家具厂、木粉厂以及其他行业中的木工车间。

本标准不适用于以木粉为原料加工制作火药及烟花爆竹类产品的场所。

2 规范性引用文件

下列文件对于本文件的应用是必不可少的。凡是注日期的引用文件,仅注日期的版本适用于本文件。凡是不注日期的引用文件,其最新版本(包括所有的修改单)适用于本文件。

GB 12476.3 可燃性粉尘环境用电气设备 第3部分:存在或可能存在可燃性粉尘的场所分类

GB 15577 粉尘防爆安全规程

GB/T 15604 粉尘防爆术语

GB/T 15605 粉尘爆炸泄压指南

GB 15606 木工(材)车间安全生产通则

GB/T 16845 除尘器 术语

GB/T 17919 粉尘爆炸危险场所用收尘器防爆导则

GB 50016 建筑设计防火规范

GB 50057 建筑物防雷设计规范

GB 50058 爆炸和火灾危险环境电力装置设计规范

AQ 3009 危险场所电气防爆安全规范

AQ/T 9006 企业安全生产标准化基本规范

SY/T 0524 导热油加热炉系统规范

3 术语和定义

GB/T 15604 及 GB/T 16845 中界定的以及下列术语和定义适用于本文件。为了便于使用,以下重复列出了 GB/T 16845 中的某些术语。

3.1
木材加工系统 wood processing systems

在工业生产中对木材及木制品、人造板、木粉进行加工处理的相关工艺及设备、设施的统称。

3.2
木材 wood

来自树木的纤维质材料及其他纤维质材料,包括但不限于:麦秸、亚麻、甘蔗渣、椰子壳、玉米秸秆、麻、稻壳、纸张和其他作为添加物来代替木材或添加于木材中的纤维。

3.3
易爆燃木粉尘 deflagrable wood dust

平均粒径小于等于 420 μm,其含水率小于 25% 的木粉尘颗粒。

3.4
最低爆炸浓度 minimum explosible concentration(MEC)

悬浮在空气中的可燃粉尘能引起爆燃的最低浓度。以每单位体积内粉尘质量计量。

3.5
含水率 moisture content

木材样品经烘干可去除的最大水分质量与其初始质量的百分比。

3.6
异物 foreign material

夹杂在木质材料中的金属(如钉子、金属碎片等)或塑料(如塑料钉及碎片等)等杂物。

3.7
气力输送系统 pneumatic conveying system

利用空气流或其他气体,通过封闭的管道系统输送物料颗粒并能将气物分离的系统。包括给料装置、气物分离机、封闭的管道系统、动力驱动装置等。

3.8
处理气体流量 flow rate of the treated gas

在单位时间内,进入除尘器的含尘气体流量,可以是体积流量或质量流量。

[GB/T 16845—2008,基本术语 2.1.8]

4 木粉尘爆炸性环境危险区域划分

4.1 存在木粉尘的粉尘层、沉淀和堆积的场所应被视为可能形成爆炸性危险环境。

4.2 根据可燃性木粉尘出现的频率和持续时间,按照 GB 12476.3 将木粉尘爆炸危险环境划分为三个区域:

  a) 20 区:空气中可燃性木粉尘云持续地、长期地或频繁地短时存在的区域或场所。
  b) 21 区:正常生产过程中,可燃性木粉尘云可能偶然地存在的区域或场所。

c) 22区:在异常条件下,可燃性木粉尘云偶尔出现并且只是短时间存在的区域或场所。

5 一般要求

5.1 在爆炸危险环境中的建筑物应采取防爆结构设计,其设计应符合 GB 15577 中建(构)筑物的结构与布局以及 GB 50016 中有关厂房(仓库)的防爆要求。

5.2 厂区及车间内的设施、设备的平面布置应符合 GB 15606 的要求。

5.3 建筑结构中的泄压设计以及生产设备、设施中的泄压装置的设计应符合 GB/T 15605 的要求。

5.4 用于隔离粉尘爆炸危险所设立的内部防爆墙,其强度应高于最大泄爆压力的强度。

5.5 有管道穿过的防火墙应做防尘密封。

5.6 防爆墙上设置的洞口应由与墙体相等强度的门作为保护。这类门不应作为安全出口使用,应设置"非安全出口"标志并始终关闭。

5.7 对不易于清理的建、构筑物表面及边棱,应采用不小于60°倾角的倾斜面设计。

5.8 无法进入清扫的空间应密封,以防止积尘。

5.9 凡存在木粉尘的场所,均应设置除尘装置。除尘装置的设计、安装、使用、维护及安全防护措施,除本标准另有规定外,均应符合 GB/T 17919 的要求。

5.10 与木材直接接触或可能接触的热处理设备,其外表面最高允许温度不应超过 260 ℃。

5.11 对难以定期维护和清理的加热设备及蒸汽管线,应采取隔热措施使其表面温度低于 100 ℃。

5.12 用于 20 区、21 区、22 区的电气设备、仪器仪表及便携式仪器,应符合 AQ 3009 的相关规定。

5.13 存在可燃木粉尘的场所用电力装置应符合 GB 50058 的相关规定。

5.14 存在可燃木粉尘的建(构)筑物的防雷设计应符合 GB 50057 的要求。

5.15 存在可燃木粉尘的加工系统的防静电保护应符合 GB 15577 的要求。

5.16 存在可燃木粉尘的场所的消防设计应符合 GB 50016 的要求。

6 生产设备、设施

6.1 通则

6.1.1 所有木材加工设备,包括但不限于破碎设备、铺装机、砂光机、气力输送设备、除尘设备等的入口端,均应设置防止异物进入的装置。

6.1.2 对木材加工中的切削、成型、刨光及打磨等操作的进给速率控制应符合 GB 15606 中 7.4 的要求。

6.1.3 对刀具及磨具的维护应符合 GB 15606 中第七章中的相关的要求。

6.2 气力输送及除尘系统

6.2.1 一般要求

6.2.1.1 除尘系统的管道设计风速应不低于 20 m/s。

6.2.1.2 气力输送系统不应与易产生火花的机电设备(如砂轮机等),或可产生易燃气体的机械设备(如喷涂装置等)相连接。与板材砂光机相连接时,板材砂光机应安装火花探测和自动报警装置。

6.2.1.3 在气流达到平衡的气力输送系统中,当输送能力无冗余时,不应再接入支管、改变气流管道或调整节气流阀门。

6.2.1.4 在整个生产过程中,除尘系统应先于生产设备运行,当最后一台生产设备关闭后,除尘系统应至少再运转 2 min。

6.2.2 管道系统

6.2.2.1 管道及各输入接口应采用金属构件,其强度应能承受所输送物料发生爆燃未泄放时的最大压力。但与机器连接端的管道允许采用软连接,其长度应尽可能短。

6.2.2.2 管道系统不应使用绝缘管(如 PVC 管)。

6.2.2.3 系统中用于调整平衡气流所安装的气流调节阀、方向调节阀等阀门应牢固固定。

6.2.2.4 管道应采用圆形横截面。但在连接其他设备处或因外部障碍需要非圆形截面时,接口应采用与管道横截面面积相等的过渡连接。

6.2.2.5 输送过程中存在易爆燃木粉尘的管道,其设计、建造和安装,应符合下列要求之一:
 a) 采用抑爆系统加以保护的管道,其设计强度应高于衰减后的爆燃压力最大值。
 b) 对于设置在室内且配备带有长度不超过 6 m 泄压管的泄压口或同时配备有火焰熄灭装置的管道,其设计强度应高于衰减后的爆燃压力最大值,同时泄压管应延伸至建筑物外部的安全区域。
 c) 存在爆燃危险的管道输送系统应安装截止阀或化学抑爆装置进行隔离。
 d) 设置在室外且配备有泄压口的管道系统,其设计强度应高于衰减后的爆燃压力最大值。

6.2.3 机壳和机罩

6.2.3.1 所有产生可燃木粉尘的设备均应安装防尘罩或防尘外壳。

6.2.3.2 机壳、机罩的设计和安装应有利于机器所产生的木粉尘或颗粒降落、射入或吸入。

6.2.3.3 未安装自动喷水灭火装置的场所中,设备的机壳和机罩应采用不燃结构。

6.2.4 风机

6.2.4.1 爆炸危险环境中应使用防爆型风机。

6.2.4.2 在爆炸危险环境中使用风机作为管道的物料输送风机时,风机壳体的设计强度应符合 6.2.2.1 中管道的强度要求。

6.2.5 除尘器

6.2.5.1 粉尘爆炸危险环境中使用的除尘器的材质,应为焊接钢或其他非燃烧材料,其强度应足以承受收集物发生爆炸无泄放时产生的最大爆燃压力。

6.2.5.2 除尘器的配套设施除滤袋和泄爆膜外均应选用不燃材料。

6.2.5.3 除尘系统的内部钢表面不应使用铝涂料。

6.2.5.4 对爆炸危险环境使用的除尘器宜采用抑爆系统进行保护。

6.2.5.5 除尘器应设置泄爆口。

6.2.5.6 除尘器位置应符合下列要求:
 a) 除尘器应设置在室外,且不应设置于建筑物屋顶。
 b) 当仅有火灾危害且按本标准进行防护时,可布置在室内。
 c) 当配备抑爆系统时,可布置在室内。

d) 当配有泄爆口,其泄爆管延伸至建筑物外安全区域,且除尘器的强度符合 6.2.5.1 规定时,可布置在室内。

e) 当设置了带有火焰熄灭装置的泄爆口,且除尘器的强度符合 6.2.5.1 规定时,可布置在室内。

f) 非封闭式除尘器在满足下列要求时,可以设置在室内:
   1) 除尘器只用于收集木材加工机械产生的粉尘(粉尘中不包括金属粉末等)。
   2) 不用于具有机械进料功能的砂磨机、研磨刨床。
   3) 除尘器单机处理空气能力不应大于 8640 m^3/hr。
   4) 风机电机是完全封闭的,且具有风冷性能。
   5) 按除尘器有效运转的需求,应每天或者在更短时间内清除收集到的粉尘。
   6) 除尘器的设置距任意出口的距离至少为 6 m,距日常操作中有人员出现的任何地方也至少为 6 m。
   7) 同一房间内布置多个除尘器时,相互间的最小距离应为 6 m。

6.2.5.7 除符合下列要求的情形以外,气物分离器或除尘器中的空气不应回排到建筑物内:

a) 处理能力小于等于 8640 m^3/hr 的除尘系统,且从材料的入口端至除尘器的管路已配备了与火花熄灭系统相连接的火花探测装置。

b) 处理能力大于 8640 m^3/hr 的除尘系统,从材料的入口端至除尘器的管路已配备了火花探测系统,或者在除尘器的排尘一侧,对除尘器内部检测火花的进入及发生情况,且运送循环空气到建筑物的排气管道已配备了火花探测器驱动的、手动复位的高速截止阀时。

c) 来自设置在室外且处理能力小于等于 8640 m^3/hr 的旋风式初级除尘器的空气,允许由管道直接进入建筑物内没有安全防护设施的非封闭式除尘器中。

6.3 机械输送系统

6.3.1 所有设备在安装及运行中均应按设备使用说明书要求进行校准、润滑。

6.3.2 设备的轴承应采用防尘球轴承或滚动轴承。

6.3.3 设备的轴承和轴衬均应做防尘密封。

6.3.4 穿透设备外壳的转动轴应密封。

6.3.5 粉尘爆炸危险环境中难以接近的区域内设备的轴承宜安装轴温报警器。

6.3.6 不作为泄爆口使用的设备出口及可移动设备的盖板,应配合紧密、严格封闭、可靠固定且防尘,其强度应能承受所输送物料发生爆燃时的最大压力。

6.3.7 具有爆燃危险的封闭式输送系统应符合 6.2.2.1 中管道的强度要求。

6.3.8 具有火灾及爆燃危险的输送系统应采用高速截止阀等机械类隔离方式或火花探测系统与化学抑爆系统联动的方式与其上、下游系统进行隔离。

6.4 热油加热系统及加热设备

6.4.1 热油加热系统的设计、安装及防护应符合 SY/T 0524 的规定。

6.4.2 热油加热系统不应使用铜、铸铁或塑料管道。

6.4.3 油溢出时应及时清理。

6.4.4 应防止木粉尘和纤维粉尘在加热设备热表面上积聚。

6.4.5 在加热设备附近有浮尘或积尘的场所,加热设备的助燃空气应由建筑物外面直接用导管导入。

6.4.6 易燃燃料管线应设置紧急截止阀。截止阀的位置应在火灾发生时便于人员接近并将其关闭。

6.4.7 以回收木粉尘为燃料的加热设备应设置防回火装置。

6.5 粉碎设备

6.5.1 粉碎设备应设置在室外。

6.5.2 当设置于一个独立建筑物内或当建筑物与毗邻的隔间采用了 GB 50016 中的防爆设计时，允许设置于室内。

6.5.3 粉碎设备的外壳应采用焊接钢或其他非燃烧材料制造，其强度应足够承受所加工的材料可能产生的最大爆炸压力。

6.5.4 由非燃烧材料制造，且设置有泄压导管延伸至室外的泄爆口或安装有火焰熄灭装置的粉碎设备外壳，其设计强度应高于泄放后的最大爆燃压力。

6.6 人造板机械

6.6.1 应使板类成型机封闭空间内的粉尘云最小化。

6.6.2 轴承、辊和轴衬应符合 6.3 的要求。

6.6.3 铺装机应设置火花探测及自动灭火装置。

6.6.4 压机周围应设置废气强制排放系统。

6.7 干燥系统

6.7.1 在干燥系统中应设置自动火花探测及自动灭火系统，安装在烘干设备和下游材料处理设备之间。

6.7.2 对加工刨花板或其他可能产生高浓度细尘的材料的干燥炉，如采用了非直排方式，则应对旋风除尘器或风箱设置泄爆装置。

6.7.3 干燥管道应采用水平方向布置，应尽可能减少弯头数量。

6.7.4 干燥介质的含氧量应控制在 17% 以下。

6.7.5 干燥系统与纤维分离系统和成型系统之间应进行隔离。

6.7.6 干燥旋风分离器顶部应设置泄爆装置。

6.7.7 室外干燥旋风分离器及铺装机顶部的旋风分离器，若高出附近建筑物的屋面时，应按 GB 50057 的要求设置防雷系统。

7 储存设施

7.1 粉尘储仓或料仓应设置于建筑物外面，具有独立的支撑结构，且靠近防火通道。储存设施不应设在建筑物屋顶。

7.2 工艺过程中的干纤维仓和木粉仓应设置泄爆门。

7.3 具有爆燃危险的粉尘储仓或料仓应配备可以将爆燃泄放到安全区域的泄爆口。

7.4 储仓的结构应尽量减少水平边棱。

7.5 储仓应设置通风，且应避免扬尘。

7.6 除尘器排放粉尘至储仓或料仓时，应采取防止扬尘及粉尘外逸的排放方式，且应设置阻风门。

7.7 具有潜在自燃危险的木材或木材替代物颗粒应储存于室外或独立的建筑内。如储存在室内,除符合上述规定外,还应采用"先进先出"原则设计。

7.8 储存木粉尘及木材替代物颗粒的储仓应采取防止粉尘自燃的措施。

8 防爆设施的检查及维护

8.1 防爆设施应定期检查、维护,检查项目应包括但不限于:
 a) 除尘系统部件。
 b) 电传感器,开关装置,电机等。
 c) 火花探测及自动灭火系统部件,当喷水器被沉积物堵塞或腐蚀时,应进行更换。
 d) 润滑系统。
 e) 旋转式机械(如剥皮机、刨片机、研磨机、精磨机、烘干机及滚式压机)。
 f) 产尘设备内部和周围电气装置的缺陷(如电弧、闪电、电线损坏),电弧开关。
 g) 传送带及轴承的完好情况,损坏的导线以及偏心的部件(齿轮、滑轮、防护装置以及整流罩等)。

8.2 对防爆设施的检查和维护应在停机状态下进行。

8.3 不应任意更改或拆除防爆设施,如有变动,应重新进行检测,保证各项性能符合防爆要求。

8.4 应确保所有的泄爆口处无任何障碍物。

9 清理

9.1 应对粉尘及其他残留物进行定期清理,清理的内容包括但不限于:
 a) 各种管道和现场的积尘和粘挂的纤维。
 b) 干燥器内部、干燥器上面的天花板区域及屋顶排风扇开口周围。
 c) 干燥器或通风系统内部、周边或设备上凝集的油类或树脂的残渣、粉尘、松香及石蜡。
 d) 除尘系统中的风机、电机、护罩及传动机构。

9.2 对于粉尘沉积的区域应及时清扫,任何时候粉尘沉积厚度均不应超过 3.2 mm。

9.3 不能重新利用的含木粉尘的可燃废料应放置于有盖的金属容器中,每天移至安全地点。

9.4 应按实际情况选择适当的清扫方式,清扫时应符合以下要求:
 a) 进行粉尘清扫时,所有消防设备均应处于正常工作状态。
 b) 在存在能够点燃粉尘云或粉尘层的热表面或者易产生火花设备有明火或火花的情况下,不应采用压缩空气吹扫。
 c) 采用蒸汽或压缩空气吹扫或强力清扫时,压力不应大于 103 kPa,且清扫时应将电力或其他点火源关闭或移出该区域。
 d) 积尘区域使用的电动清扫机、真空清洁设备以及其他动力清洁设施均应采用防爆型。
 e) 应将金属从清理过程中收集到的木屑或可燃废料中分离出来。

10 管理及培训

10.1 木材加工企业应按照 AQ/T 9006 的要求,建立健全各级安全生产责任制和安全规章制度及岗位安全操作规程。

10.2 应按 GB 15577 的要求制定防爆实施细则并进行定期检查。

10.3 应按有关消防规定建立企业防火制度和动火制度。应定期进行防火检查。

10.4 存在易爆燃木粉尘的厂房及设备,应建立定期清扫制度并制定详细清扫规程。

10.5 应制定事故应急预案。在应急预案中,应有粉尘防爆专篇,并定期组织演练、总结并保留记录。

10.6 除进行一般安全培训外,还应对相关人员进行有关木粉尘防爆的专业培训。

10.7 当工作条件改变时(如设备、工艺、防爆设施变更或材料储存、传送方式变更等),应对培训计划和程序进行检查更新。

10.8 员工培训应有记录并存档。

10.9 应对防爆设施的设计、施工、验收等相关文件存档。

10.10 对防爆设施的故障、检修、维护、变更应进行记录并存档。记录应包括:故障记录、检查程序(例如安装、检查、测试、培训、维护)、组织机构、执行结果和工作日期。所有需要保留的记录都应保留到其效用结束。

10.11 有可燃粉尘或粉尘云存在的区域不应使用气动工具。必须使用气动工具时,应关闭该区域内的所有产尘设备并清理所有的设备、地面及墙壁的积尘。

10.12 存在较大危险因素的区域及有关设施、设备上应设置明显的安全警示标志。

10.13 出入存在可燃木粉尘场所的车辆应安装阻火器。

涂装工程安全评价导则(AQ 5206—2011)

前　　言

本标准第 5 章条款为强制性。

为提高涂装工程的本质安全程度和安全管理水平,减少与控制涂装工程建设项目和涂装工程生产中的危险、有害因素,规范涂装工程安全评价行为,制定本标准。

本标准附录 A 为规范性附录,附录 B～D 为资料性附录。

本标准由国家安全生产监督管理总局提出。

本标准由全国安全生产标准化技术委员会涂装作业分技术委员会(SAC/TC 288/SC 6)归口。

本标准起草单位为:江苏省安全生产科学研究院,浙江明泉工业涂装有限公司,江苏长虹涂装机械有限公司、大连华立国阳科技发展有限公司。

本标准主要起草人:刘小勇、朱坚平、茅立安、仇洪根、赵天喜、邬克。

本标准为首次制定。

1　范围

本标准规定了涂装工程建设项目安全预评价、安全验收评价和涂装工程安全现状评价的程序、内容、报告格式等基本要求。

本标准适用于新建、改建、扩建的涂装工程建设项目以及投入生产经营中的涂装工程的安全评价。对于大型建设工程中涂装部分的安全专篇,可参照本标准。

2　规范性引用文件

下列文件的条款通过本标准的引用而成为本标准的条款。凡是注日期的引用文件,其随后所有的修改单(不包括勘误的内容)或修订版均不适用于本标准,然而,鼓励根据本标准达成协议的各方研究是否可使用这些文件的最新版本。凡是不注日期的引用文件,其最新版本适用于本标准。

GB/T 14441　涂装作业安全规程　术语

AQ 5201　涂装工程安全设施验收规范

AQ 8001　安全评价通则

AQ 8002　安全预评价导则

AQ 8003　安全验收评价导则

AQ 5208　涂装职业健康安全通用要求

安全现状评价导则(安监管规划字〔2004〕36 号)

3　术语和定义

GB/T 14441、AQ 8001、AQ 8002、AQ 8003 确立的及以下术语和定义适用于本标准。

3.1

涂装工程　painting engineering

为实现涂料在金属或非金属表面的涂覆而使用各种生产设施进行作业所涉及的工程系统。

3.2

涂装工程建设项目　construction projects of painting engineering

新建、改建、扩建的涂装工程项目。

4 安全评价程序

安全评价程序一般包括：前期准备；现场安全调查；辨识与分析危险、有害因素；划分评价单元；定性、定量评价；提出安全对策措施建议；作出安全评价结论；编制安全评价报告等。涂装工程安全评价的通用程序框图见附录A。

5 安全评价内容

5.1 通用要求

5.1.1 安全评价应符合AQ 8001的相关要求。

5.1.2 概述工程项目的内容、规模、选址等有关情况，说明所使用的原辅材料情况及其工艺流程和特点等。

5.1.3 辨识生产系统、公辅工程、原辅材料、设备设施、储存运输以及安全管理等环节中的危险、有害因素，通过评价分析确定其危险度。

5.1.4 提出科学、合理、可行的安全对策措施建议。

5.1.5 涂装工程建设项目安全预评价、涂装工程建设项目安全验收评价、涂装工程安全现状评价应分别依据5.2、5.3、5.4所述环节进行重点评价。

5.1.6 安全预评价、安全验收评价、安全现状评价所需的主要资料清单分别见附录B、附录C、附录D。

5.2 安全预评价内容

5.2.1 预评价应符合AQ 8002的相关要求。

5.2.2 评价应重点分析涂装工艺流程和工艺特点，说明所使用的各种涂料及溶剂名称、主要成分、全年消耗量、仓库最大储存量、涂装作业场所最大储存量等情况。

5.2.3 评价生产和辅助系统设计及建设、场所、设备设施等方面是否满足安全生产法律法规和技术标准的要求。

5.2.4 评价应重点辨识分析涂装工程建设项目的火灾、爆炸、中毒等危险有害因素，如危险区域的划分、功能分区等。

5.3 安全验收评价内容

5.3.1 验收评价应符合AQ 8003的相关要求。

5.3.2 分析可行性研究报告、安全预评价报告、初步设计安全设施专篇等中安全生产条件的实施情况和相关对策措施的落实情况。

5.3.3 评价安全设施是否满足AQ 5201的验收规定，并分析试生产过程中发现的问题。

5.3.4 评价安全管理模式的针对性和可行性，明确安全管理相关制度的建立及执行情况是否满足安全生产的要求。

5.4 安全现状评价内容

5.4.1 现状评价应符合《安全现状评价导则》(安监管规划字[2004]36号)的相关要求。

5.4.2 根据现场检查情况,分析总体布局、涂装设备、防火防爆、电气安全、防雷防静电等方面与有关法律、法规、标准、规程的符合性及其具体实施情况。

5.4.3 分析消防配置、安全标识、安全连锁装置等的设计及实施情况,分析关键涂装设备及重点涂装场所的送排风系统等情况。

5.4.4 评价涂装职业健康安全是否符合 AQ 5208 的要求。

5.4.5 评价安全管理相关制度的建立及执行情况是否满足安全生产的要求。

6 安全评价报告格式

安全评价报告的格式应符合 AQ 8001 规定的要求。

附 录 A
（规范性附录）
安全评价的通用程序框图

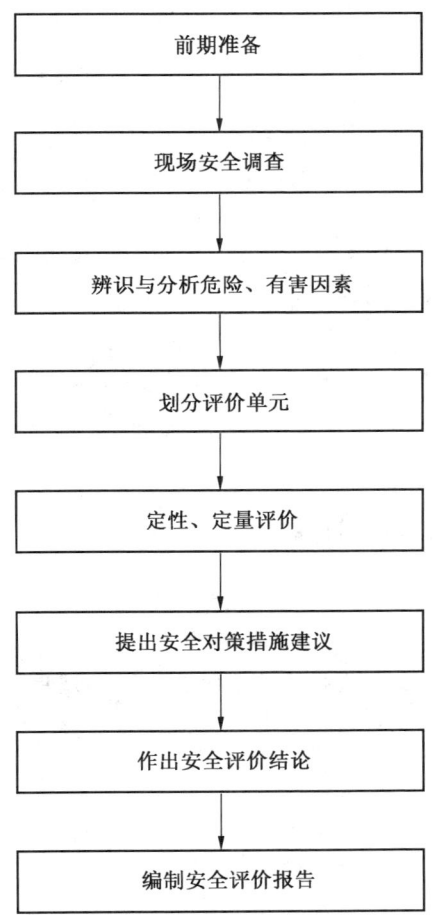

附 录 B
（资料性附录）
安全预评价所需主要资料清单

B.1 综合性资料：
    a) 概况；
    b) 总平面布置图、建筑平面图；
    c) 选址情况、周边环境等；
    d) 公用工程系统情况，尤其是消防系统；
    e) 工艺流程；
    f) 人员分布。

B.2 设立依据：
    a) 项目申请书、项目建议书、立项批准文件；
    b) 设计单位资质情况；
    c) 地质、水文资料；
    d) 相关技术资料。

B.3 工艺及设备、材料：
    a) 工艺流程描述与说明，工艺路线布置情况；
    b) 设备明细表，关键涂装设备情况说明；
    c) 选用涂料及有关化学品的安全技术资料；
    d) 涂装设施、防爆电气设备等的安全技术文件；
    e) 采用新型涂料及有关化学品或涂装工艺的安全技术鉴定资料。

B.4 安全管理机构设置及人员配置。

B.5 安全投入。

B.6 相关安全生产法律、法规及标准。

B.7 相关类比资料：
    a) 类比工程资料；
    b) 相关事故案例。

B.8 安全预评价所需的其他资料和数据。

附 录 C
（资料性附录）
安全验收评价所需主要资料清单

C.1 概况：
    a) 基本情况；
    b) 生产营活动合法证明材料，包括：企业法人证明、营业执照、规划批准文件等；
    c) 涂料及有关化学品的安全技术资料。

C.2 设计依据：

a) 立项批准文件、可行性研究报告；
b) 初步设计批准文件；
c) 安全预评价报告。

C.3 设计文件：
a) 工艺、功能设计文件；
b) 生产系统和公辅工程设计文件；
c) 各类设计图纸。

C.4 平面布置：
a) 总平面布置图、竣工图；
b) 涂装作业场所建筑平面图、危险分区图；
c) 涂装工艺布置图。

C.5 安全设备设施：
a) 涂装设备情况；
b) 防火防爆设备设施情况，消防设施验收的批准文件；
c) 电气设备、防雷防静电设施等情况。

C.6 安全控制及控制效果资料：
a) 安全检测的数据资料；
b) 职业危害控制措施及效果，职业危害检测检验报告等；
c) 试运行总结报告。

C.7 安全管理：
a) 安全机构设置及人员配置；
b) 安全技术资料；
c) 安全管理措施资料；
d) 安全专项投资及其使用情况。

C.8 安全验收评价所需的其他资料和数据。

附　录　D
（资料性附录）
安全现状评价所需主要资料清单

D.1 综合性资料：
a) 基本情况；
b) 周边环境。

D.2 工艺：
a) 工艺过程描述与说明；
b) 工艺规程、操作规程及其工艺流程图，工艺操作步骤或单元操作过程，包括从原料的贮存、加料的准备至产品产出及贮存的整个过程操作说明。

D.3 物料：
a) 主要物料及其用量；
b) 涂料及有关化学品安全技术资料；

c) 选用涂料及有关化学品是否有违犯国家法规和标准的问题；
　　d) 原材料、中间体、产品、副产品和废物的安全、卫生及环保数据；
　　e) 采用新型涂料及有关化学品或涂装工艺的安全技术鉴定资料。
D.4 设备相关资料：
　　a) 设备平立面布置图；
　　b) 设备明细表；
　　c) 关键涂装设备的技术资料及使用情况；
　　d) 防火防爆、电气设备等的使用情况。
D.5 公用工程系统：
　　a) 公用设施情况说明；
　　b) 消防布置图和消防设施配备，以及设计应急能力说明；
　　c) 系统可靠性设计、通风可靠性设计、安全系统设计资料；
　　d) 通信系统资料。
D.6 相关的检测和检验报告：
　　a) 设备设施安全检测报告，包括防火防爆设备、电气设备、防雷防静电设备等；
　　b) 当地消防部门消防设施验收的批准文件；
　　c) 职业危害控制效果报告。
D.7 安全管理与职业危害控制：
　　a) 安全管理情况资料，组织机构和人员、制度等；
　　b) 安全技术及管理措施；
　　c) 应急管理，救援预案、应急物质、演练情况等；
　　d) 职业危害控制，职业危害因素检测管理、涂装作业场所管理、职业卫生与个体防护等。
D.8 安全现状评价所需的其他资料和数据。

涂装作业危险有害因素分类（AQ/T 5209—2011）

前　言

本标准是在分析了各类涂装作业伤亡事故、火灾爆炸事故、职业中毒与职业病案例的基础上，参照了 GB/T 13861—1992《生产过程危险和有害因素分类与代码》的危险和有害因素分类方法及《涂装作业安全规程》系列标准，针对涂装作业的特点而制定的。

本标准由国家安全生产监督管理总局提出。

本标准由全国安全生产标准化技术委员会涂装作业分技术委员会（SAC/TC 288/SC 6）归口。

本标准起草单位：江苏省安全生产科学研究院、江苏长虹涂装机械有限公司、遂昌神牛涂料有限公司、浙江博星化工涂料有限公司。

本标准主要起草人：柏萍、沈立、仇洪根、李胜、王君瑞。

本标准为首次制定。

1　范围

本标准规定了涂装作业过程中各种主要危险、有害因素的分类。

本标准适用于涂装作业在规划、设计和组织生产时，对危险、有害因素的预测和预防，也适用于伤亡事故的统计分析和应用计算机管理，及涂装职业健康安全信息的处理和交换。

2　规范性引用文件

下列文件对于本文件的应用是必不可少的。凡是注日期的引用文件，仅注日期的版本适用于本文件。凡是不注日期的引用文件，其最新版本（包括所有的修改单）适用于本文件。

GB 2894　安全标志及其使用导则

GB/T 4200　高温作业分级

GB/T 14441　涂装作业安全规程　术语

GB 15630　消防安全标志设置要求

GB 50140　建筑灭火器配置设计规范

3　术语和定义

GB/T 14441、GB/T 4200 确立的以及下列术语和定义适用于本标准。

3.1

危险因素　dangerous factors

在涂装作业过程中，能对人造成伤亡或对物造成突发性损坏的因素。

3.2

有害因素　hazardous factors

在涂装作业过程中，能影响人的身心健康，导致疾病或对物造成慢性损坏的因素。

通常情况下,危险因素、有害因素并不加以区分而统称为危险、有害因素。

4 危险有害、因素分类

4.1 物理性危险、有害因素

4.1.1 设备、设施缺陷

涂装作业中设备、设施缺陷是指:设备、设施的刚度不够,强度不够,稳定性差,密封不良,应力集中,外形缺陷,外露运动件,操纵器缺陷,制动器缺陷,控制器缺陷等。例如:

a) 工艺、电气、储能、动力、传动、通风等设备设计不当,制造粗劣;
b) 火灾爆炸危险区域防爆电气设备及防爆照明灯具不合格或功能失效;
c) 自动联锁控制系统和信号、报警装置不合格;
d) 涂装作业场所的消防器具不合格,或未按 GB 50140 配置。

4.1.2 防护措施缺陷

涂装作业场所,由于未采取防护措施或防范措施失效而造成的缺陷,包括无防护、防护装置缺陷、防护不当、支撑不当、防护距离不够等。例如:涂装作业涉及的桥梁、大型构件或储罐、船舶、机车车辆、建(构)筑物、行车等,其主体构造、平台、护栏等未设防护或在安全防护方面的缺陷。

4.1.3 电危害

4.1.3.1 触电

由于电气设备绝缘不良,接地错误或误操作等原因造成电伤害事故或其他危害。主要分为电击和电伤两种情况。

4.1.3.2 电气火花

涂装作业现场的易燃易爆环境下,因电位差引起的电火花所产生的危害。例如:涂装作业现场电路开启与切断、短路、过载,以及由于行灯破裂、保险丝熔断、带电设备、器具的外露部位电位差过大等原因引起的火花。

4.1.3.3 静电放电

静电喷枪与工件间距离过近,使用、储存、输送有机溶剂的设备、容器、管道静电积累或容器、管道破裂导致物料流速过快,以及倾倒有机溶剂未采取防静电措施等原因引起的放电。

4.1.3.4 雷击

涂装工程没有避雷措施,或由于防雷接地不符合要求而造成的雷电灾害。

4.1.4 噪声

涂装作业过程中产生的机械性、电磁性、流体动力性等影响操作人员身心健康的声频。

4.1.5 振动

涂装作业过程中产生的机械性、电磁性、流体动力性等对人体身心健康和设备造成危害的振动。

4.1.6 电磁辐射

紫外线固化、电子束固化、光固化、红外线干燥、静电喷涂等涂装作业现场所存在的辐射危害。

4.1.7 明火(火焰、火星、灼热)

涂装作业场所内部或外部带入的烟火,焊接火花,烘干设备过热表面,灯具破裂时的明火,加热的钢板,照明灯具的灼热表面,设备、工件、管道、散热器、电器等过高温度的表面。

4.1.8 生产性粉尘

涂装作业场所生产性粉尘是指在涂装生产过程中形成的,并能长时间飘浮在空气中的固体微粒。例如:

a) 无机粉尘。喷丸、喷砂、抛丸及机械、手工干式打磨、磨光等作业粉尘。
b) 有机粉尘。喷涂粉末涂料及打腻子、磨光、除旧漆等作业粉尘。

4.1.9 作业环境

4.1.9.1 通风不良

涂装作业场所的有限空间及通风不良处所,积聚有机溶剂蒸气的低凹、死角区域,其易燃气体及粉尘积聚达到爆炸极限,存在遇着火源瞬间燃烧爆炸的危害。

4.1.9.2 缺氧作业

在常压条件下进行有限空间涂装或其他作业,作业场所氧气浓度低于19%,即为缺氧作业。

4.1.9.3 场地构造

涂装作业场所中,存在密度比空气大的有机溶剂蒸气积聚的低凹场地结构(如地沟、地坑等),以及防火间距不符合安全要求的构造等。

4.1.9.4 高温、辐射热

在涂装作业过程中,属高温作业的工作,可能存在高温、辐射热,如涂层的烘干、固化作业等。

4.1.9.5 高处作业

室外建筑涂装、大型构造或构筑物的高处涂装作业、船旁悬吊涂装等。

4.1.9.6 照明

涂装工艺过程中的工作区照度不足,照度不均等危险、有害因素。

4.1.10 标志缺陷

涂装作业过程中,由标志原因引起的缺陷有:无标志、标志不清晰、标志不规范、标志选用不当、标志位置缺陷等,以及涂装作业场所(包括临时设置的涂装作业场所)未按 GB 15630、GB 2894 规定设置安全标志。

4.1.11 摩擦冲击

涂装作业过程中,钢(铁)制工具、工件、容器相互碰撞,带钉鞋或夹有外露金属件与地坪撞击等。

4.1.12 灼烫

涂装作业过程中的灼烫,指火焰烧伤、高温物体烫伤、化学灼伤(酸、碱、盐、有机物引起的体内外灼伤)、物理灼伤(光、放射性物质引起的体内外灼伤)。

4.1.13 机械伤害

涂装作业中的机械伤害是指机械设备运动(静止)部件、工具、加工件直接与人体接触引起的夹击、碰撞、剪切、卷入、绞、碾、割、刺等伤害,不包括车辆、起重机械引起的机械伤害。

4.2 化学性危险、有害因素

4.2.1 易燃易爆物质

涂装作业场所内容易被引燃、引爆的物质。例如：
a) 有机溶剂及涂料在存放、清洗、稀释、加热、涂覆、流平、干燥固化及通风等过程中挥发出来的易燃易爆物质；
b) 涂装作业过程被有机溶剂及涂料污染的废布、纱头、棉球、防护服等；
c) 涂装设备内部表面、通风设施的内部空间、建筑物内墙与顶棚表面、作业现场地面等沉积的漆垢，低凹或死角区域积聚的漆雾。

4.2.2 有毒物质

4.2.2.1 有毒性粉尘和气溶胶

通过呼吸道、消化道及皮肤侵入人体，可刺激黏膜（上呼吸道），引起过敏反应或皮炎，造成急、慢性中毒或可能致癌、致畸、致突变等危害的毒性物质。例如：
a) 漆雾。喷漆作业所产生的，未被捕集而弥散于周围空气中的含漆细微颗粒。
b) 有毒物质粉尘、烟雾。喷涂、打磨、热加工等作业产生的有毒物质（有机和无机粉尘、铅、铬等）。

4.2.2.2 有毒液体、气体

涂装作业场所的有毒液体、气体主要指苯、甲苯、二甲苯及其衍生物和异构体等。

4.2.3 有害物质

4.2.3.1 腐蚀性物质

以化学的方式伤害人身及材料的物质，如涂漆前处理作业中的强酸、强碱、除油、除锈处理液和脱漆处理液等。

4.2.3.2 其他有害物质

所有通过呼吸道、消化道及皮肤侵入人体，对健康产生危害的其他物质。

4.3 生物性危险、有害因素

涂装作业环境中危害作业人群健康的致病微生物、寄生虫、动植物昆虫等及其所产生的生物活性物质。生物性危险、有害物质通常出现在地下室、坑道等阴暗潮湿的涂装作业场所。

4.4 心理、生理性危险、有害因素

4.4.1 负荷超限

涂装作业过程中作业者的超负荷危害，包括体力负荷超限、听力负荷超限、视力负荷超限、其他负荷超限。

4.4.2 健康状况异常

4.4.2.1 涂装作业人员连续长时间作业。
4.4.2.2 涂装作业人员酒后或吸食有毒物质后作业。

4.4.3 从事禁忌作业

4.4.3.1 涂装作业人员从事禁止或限制使用的涂料及有关化学品、涂装工艺的作业。
4.4.3.2 妇女（不包括生产管理人员、工艺技术人员）从事禁忌的涂装作业：
a) 妇女从事有限空间的危险性涂装作业；
b) 已婚待孕妇女从事有毒危害分级中属于Ⅰ、Ⅱ级的涂装作业；

c） 怀孕妇女和乳母从事作业的场所有毒物质浓度超过国家规定的职业卫生限定值。

4.4.3.3 未成年人从事涂装作业。

4.4.3.4 职业禁忌者从事涂装作业。

4.4.4 心理异常

涂装作业人员在工作时存在心理负担过重的不安全状态。如脑力过度紧张、意外刺激或过分激动等。

4.5 行为性危险、有害因素

4.5.1 违章指挥

涂装作业及其生产设备检、维修过程中的违章指挥或指挥错误。

4.5.2 违章操作

涂装作业及其生产设备检、维修过程中的违章操作或错误操作。

4.5.3 防护不当

涂装作业人员的防护用品未使用或选用不当。

4.5.4 监护失误

涂装生产及生产设施检、维修过程中,危险作业场所作业没有监护或监护不当。

4.5.5 安全管理失察

涂装生产及生产设施检、维修过程中安全管理不当。

4.6 其他危险、有害因素

其他危险、有害因素。

建筑涂装安全通则(AQ 5210—2011)

前言

本标准除第1,2,3章外,其他所有条款均为强制性。

本标准的内容引用了《涂装作业安全规程》系列标准及其他相关标准,同时参考了法律法规中有关健康与安全的内容。

本标准依据GB/T 1.1—2009《标准化工作导则　第1部分:标准的结构和编写》给出的规则起草。

本标准附录A为规范性附录。

本标准附录B为资料性附录。

本标准由国家安全生产监督管理总局提出。

本标准由全国安全生产标准化技术委员会涂装作业分技术委员会(SAC/TC 288/SC 6)归口。

本标准起草单位:江苏省安全生产科学研究院、浙江富德漆业有限公司、浙江志强涂料有限公司、浙江永固为华涂料有限公司、浙江佳隆防腐工程有限公司。

本标准主要起草人:韩雪莲、李忠慧、祝海珍、杨子江、汪丽莉、曹鑫、孙明义、毛立法、卢志强、金辉、王家德。

本标准为首次制定。

1 范围

本标准规定了建筑涂装作业安全的基本要求,包括建筑涂装施工要求、作业场所(部位)安全条件、涂料及化学品、危害告知、健康监护、培训、应急措施等。对建筑涂装从业人员职业健康安全基本技能及建筑涂装作业危害辨识等作了具体规定。

本标准适用于新建、扩建及既有建筑内外墙面、梁柱、顶面、地面及建筑物内的家具、门窗、饰物及其他配套件的涂料施工,也适用于防水涂层及防腐涂层作业。装饰装修的其他分部工程可参照执行。

2 规范性引用文件

下列文件对于本文件的应用是必不可少的。凡是注日期的引用文件,仅注日期的版本适用于本文件。凡是不注日期的引用文件,其最新版本(包括所有的修改单)适用于本文件。

　　GB 2894　　安全标志及其使用导则

　　GB 6514　　涂装作业安全规程　涂漆工艺安全及其通风净化

　　GB 7691　　涂装作业安全规程　安全管理通则

　　GB 8958　　缺氧危险作业安全规程

　　GB 12942　　涂装作业安全规程　有限空间作业安全技术要求

　　GB 13690　　化学品分类和危险性公示　通则

GB/T 14441　涂装作业安全规程　术语
GB 15603　常用化学危险品贮存通则
GB/T 16483—2008　化学品安全技术说明书　内容和项目顺序
GB 18581　室内装饰装修材料　溶剂型木器涂料中有害物质限量
GB 18582　室内装饰装修材料　内墙涂料中有害物质限量
GB 18584　室内装饰装修材料　木家具中有害物质限量
GB/T 22374　地坪涂装材料
GB 24408　建筑用外墙涂料中有害物质限量
GB 50016　建筑设计防火规范
GB 50140　建筑灭火器配置设计规范
GB 50325　民用建筑工程室内环境污染控制规范
AQ 5205—2008　油漆与粉刷作业安全规范
AQ/T 9002　生产经营单位安全生产事故应急预案编制导则
JC 1066　建筑防水涂料中有害物质限量
JGJ 46　施工现场临时用电安全技术规范
JGJ 80　建筑施工高处作业安全技术规范
JGJ 184　建筑施工作业劳动保护用品配备及使用标准

3　术语与定义

GB 12942、GB/T 14441、GB/T 16483—2008、AQ 5205—2008 中规定的及下列术语和定义适用于本文件。

3.1
建筑涂装　building surface coating application
将涂料涂敷于建筑物的内外墙面、梁柱、顶面、地面及建筑物内的家具、门窗、饰物、公用管线及其他配套件表面，形成具有防护、装饰或特定功能涂层的过程。

3.2
化学品安全技术说明书　safety data sheet for chemical products,SDS
化学品供应商向下游用户或其他公共服务机构传递化学品(物质或混合物)基本危害信息(包括运输、操作处置、储存和应急行动信息)的一种载体。它提供了化学品在安全、健康和环境保护等方面的信息，推荐了防护措施和紧急情况下的应对措施。
[GB/T 16483—2008　引言]

3.3
建筑涂装危害　hazard
建筑涂装作业过程中,可能造成人员伤害或疾病、财产损失、作业环境破坏或这些情况组合的根源或状态,综合表示危险和有害。

4　基本规定

4.1　建筑涂装施工应具备安全施工作业条件并取得施工许可证。
4.2　企业应要求从事建筑涂装的作业人员严格执行规章制度和安全操作规程,并对建筑涂装的作业人员进行安全培训。

4.3 企业应建立危害告知制度,如实告知建筑涂装从业人员作业场所和工作岗位存在的各种危害、防范措施及事故应急措施。危害告知应符合8的要求。

4.4 建筑涂装施工项目在编制施工组织设计时,应包含安全技术措施,并在施工前进行安全技术交底。安全技术交底的内容:
   a) 工程概况及涂装作业特点;
   b) 建筑涂装作业过程中的各种危害;
   c) 针对上述危害的具体防范措施;
   d) 安全注意事项;
   e) 安全操作规程;
   f) 事故应急措施(应符合11的要求)。

4.5 建筑涂装施工企业应按JGJ 184的规定为涂料施工人员配备个体防护用品。

4.6 建筑涂装作业人员上岗前应通过职业健康安全技能考核,并获得职业资格证书。建筑涂装作业人员职业健康安全技能基本要求见附录A。

4.7 建筑涂装工程所用材料、工艺、施工机具应符合下列要求:
   a) 涂装材料质量符合GB 50325的要求,不应使用GB 7691中明确规定限制淘汰的涂料及有关化学品与涂料施工工艺;
   b) 建筑涂装工程应使用符合安全要求的施工机具,电气产品应采用通过国家强制性认证的产品。
   c) 应优先采用国家推荐的安全、健康、环保型新材料、新工艺;
   d) 公共场所和有限空间的涂装宜选用水性涂料;
   e) 涂料中有害物质限量应符合GB 18581、GB 18582、GB 18584、GB/T 22374、GB 24408、JC 1066的要求。

4.8 建筑涂装工程规划设计阶段,应考虑涂装作业人员安全健康并辨识使用维护阶段的危害因素,采取相应措施。不用或少用危险化学品涂料产品及危害性设备和工艺。

5 施工要求

5.1 施工准备

施工前应做好以下准备:
   a) 涂料配置地点通风良好。
   b) 保持溶剂型涂料容器可靠接地。
   c) 涂料配置人员应配戴个体防护装备。
   d) 不应使用有机溶剂清洁皮肤。
   e) 高度2 m及以上的涂装作业,应按规定搭设脚手架。施工前应对脚手架及附设的架板、栏杆和立网等进行检查。
   f) 高空外墙涂装还应符合AQ 5205—2008中7.1.2的要求。
   g) 施工现场临时用电应符合JGJ 46的规定。
   h) 涂料施工前应集中工人进行安全培训,并进行书面安全技术措施交底。
   i) 施工场所电器设备和电缆按防爆等级选用和安装。

5.2 涂装施工

5.2.1 涂装施工应遵守下列规定：
- a) 现场涂料存量不超过当班用量；
- b) 溶剂型涂料贮存按 7.5 执行；
- c) 施工现场应确保无明火，并有"严禁烟火"的安全标志；
- d) 施工现场剩余涂料、包装物、棉纱等废弃物应按环保要求分类和归纳；
- e) 确保施工不会产生扬尘污染，对打磨粉尘应用湿布擦拭；
- f) 涂刷溶剂型涂料或进行防水涂料施工时，操作工人应配戴合适的个体防护装备；
- g) 不应在民用建筑工程室内用有机溶剂清洗施工用具；
- h) 涂料使用后，应及时封闭存放，废料应及时清出室内；
- i) 在通风不良处施工应采取临时局部通风措施。

5.2.2 喷涂作业还应遵守下列规定：
- a) 喷涂作业人员应位于作业操作的上风位；
- b) 不应把喷枪指向他人；
- c) 当使用压缩空气喷涂时，保持正确的气—液比例，尽量减少多余的气体。

5.2.3 涂装用刷涂、辊涂、滚压、喷涂机具及登高用具、相关机械设备、电气设备的使用按 AQ 5205—2008 中 6 的要求执行。

6 作业场所（部位）安全条件

6.1 室外建筑涂装作业应遵守以下规定：
- a) 按 GB 2894 的规定设置安全标志；
- b) 使用溶剂型涂料的大面积建筑涂装作业参照 GB 6514 的规定划定临时涂装作业场所，制定专门的防护措施；
- c) 施工现场按 GB 50140 的要求配置必要的消防设备；
- d) 溶剂型涂料施工现场不应使用明火；
- e) 易积聚有机溶剂蒸气的低凹死角区域应设置局部排风装置；
- f) 高处涂装作业应执行 JGJ 80 的规定。

6.2 室内涂装作业应遵守以下规定：
- a) 保持良好的通风，确保室内有机溶剂不会达到爆炸极限浓度；
- b) 各工种交叉作业的防护应符合 JGJ 80 的要求；
- c) 门窗涂装作业时，作业人员的重心应位于室内，且不应在窗台上站立，必要时应系好安全带。

6.3 涂层防水工程应遵守以下规定：
- a) 涂料应符合 4.7 的要求；
- b) 涂料配制现场应有安全及防火措施；
- c) 涂料配制及施工时，应配戴符合规定的手套、口罩、鞋帽和穿防护服，皮肤不宜外露。
- d) 溶剂型涂料的施工宜采用刷涂；
- e) 施工现场保持良好通风，在地下室、基础、池壁、管道、容器内等处进行涂料防水作业,应采取间歇作业,并遵守 GB 12942 规定。

6.4 钢结构涂装工程应遵守以下规定:
   a) 涂装施工人员应持证上岗;
   b) 防腐涂装工程前,钢结构工程应先检查验收,并符合设计要求;
   c) 遇大风、下雨、严寒等天气不应进行露天涂装作业;
   d) 配制硫酸溶液时,应将硫酸注入水中,严禁将水注入酸中;配制硫酸乙酯时,应将硫酸慢慢注入酒精中,并充分搅拌,温度不超过 60 ℃;
   e) 保持涂装作业场所良好通风,当通风不良时应安装通风设备。

6.5 有限空间和缺氧危险作业场所涂装作业按 GB 12942 和 GB 8958 规定执行。进入地下有限空间或储罐(槽)容器有限空间进行溶剂型涂料施工还应符合下列要求:
   a) 硫化氢最高容许浓度不超过 10 mg/m^3,一氧化碳短时间接触浓度不超过 30 mg/m^3;
   b) 易燃液体和可燃气体的浓度不超过其爆炸下限的 25%;
   c) 不应有其他能导致人员伤亡的危害存在。

7 涂料及化学品

7.1 建筑涂装施工单位应向作业人员发放有关化学品安全技术说明书及其他安全与健康资料,并对作业人员进行安全培训。

7.2 涂料施工人员应遵守安全生产规章制度,及时报告可能造成危害和无法处理的情况。

7.3 购买危险化学品涂料产品,应遵守下列规定:
   a) 向销售商或生产商索取化学品安全技术说明书,核对包装上的安全标签,安全标签脱落或损坏,应经检查确认后补贴;
   b) 需要进行分装时,分装后的容器应加贴安全标签。

7.4 危险化学品涂料产品的运输,除应遵守有关运输安全规定外,交货时如发现包装破损、容器变形或泄漏,应查明原因,采取措施。安全标签脱落或破损者应重新补贴安全标签。

7.5 涂料及化学品贮存应符合 GB 15603 的要求及下列要求:
   a) 溶剂型涂料应设专用的库房。库房内及附近不应使用明火,并设置"严禁烟火"的安全标志。
   b) 库房建筑应符合 GB 50016 的规定。
   c) 未用完的涂料应密封保存,如发现有泄漏或溢出,应立即除去泄漏或溢出物,并使用完好的包装容器重新进行密封。

7.6 废弃的涂料及化学品,应妥善处置,不应出售、转让未经洁净处理的危险化学品涂料产品的包装(容器)。

7.7 化学品安全标签应符合 GB 13690 的规定。

8 危害告知

8.1 建筑涂装施工单位在施工前应首先识别各作业点可能存在的安全和健康危害因素,识别方法参见附录 B。

8.2 建筑涂装施工单位应向涂料施工人员提供并确保其了解施工过程中职业健康安全

资料。

8.3 应采用安全标签、安全标志、化学品安全技术说明书(SDS)、安全操作规程、安全培训及其他方式进行危害告知。

8.3.1 施工现场出入口、溶剂涂料施工及防水涂料施工场所、库房、有限空间作业和缺氧危险作业入口、高处作业现场、其他可能危及人员安全或健康的危险地点或部位,应按 GB 2894 设置安全标志。

8.3.2 购买涂料化学品时应向供应商或生产企业索取化学品安全技术说明书。

8.3.3 安全操作规程的内容包括:
    a) 作业前的准备内容;
    b) 安全施工方法和注意事项;
    c) 个体防护装备穿戴要求;
    d) 作业中的规范行为和不宜行为;
    e) 作业过程中的有关危害数据;
    f) 应急措施;
    g) 其他。

9 健康监护

9.1 涂装作业人员上岗前应进行健康检查,对有职业禁忌者不应安排从事涂装作业。

9.2 高处作业、接触噪声等作业人员上岗前及在岗期间应规定期限进行健康检查。

9.3 对接触粉尘、有机溶剂、涂料的作业人员,除了上岗前、在岗期间进行健康检查,离岗时也应进行健康检查。

9.4 妇女不应从事有限空间涂装作业及 GB 7691 所限制使用的涂料及有关化学品、涂装工艺的涂装作业。

10 培训

10.1 施工单位应在上岗前核查建筑涂装作业所有相关人员,只有已经接受安全培训并考核合格者才能进行建筑涂装作业。

10.2 安全培训内容应包括:
    a) 各项安全措施及其作用;
    b) 使用、处理、贮存、装运、清理和丢弃有毒有害物应遵守的规章或程序;
    c) 如何进行建筑涂装的安全作业;
    d) 发现故障及事故后的应急和报告要求;
    e) 个人防护装备的选择、使用及保养;
    f) 消防设施及应急装备的选择、使用。

11 应急措施

11.1 施工单位应针对建筑涂装作业可能发生的事故编制相应的应急预案并进行演练。应急预案应符合 AQ/T 9002 的要求。

11.2 下列工程的涂装作业应制订专项应急预案或针对性的应急措施:

a) 高处作业;
b) 有限空间和缺氧作业;
c) 防水涂层作业;
d) 防腐涂层作业;
e) 现场临时用电。

11.3 当发生事故时,应按预案中应急响应程序,采取积极有效的应急措施,减少人员伤亡和财产损失。

11.4 应以书面形式列出各项应急措施,并在工作地点的显眼处张贴。

11.5 所有应急装备应作适当保养及定期检查,并将应急救援装备的摆放位置告知施工人员。

附 录 A
（规范性附录）
建筑涂装作业人员职业健康安全技能基本要求

建筑涂装作业人员职业健康安全技能基本要求见表 A.1。

表 A.1 建筑涂装作业人员职业健康安全技能基本要求表

种类	技能要求	知识要求
作业安全	能实施涂装前的安全措施; 能注意通风及使用换气设备; 能注意用完涂料包装（容器）及用具的处理	认识涂料及溶剂的易燃易爆、毒性及储存安全基本知识; 人员急救的基本知识
防护器具	能正确使用及保养防护器具	认识一般防护器具的基本知识
消防器材	能正确使用消防器材	认识一般消防器材的基本知识
法令规章	能正确遵守各项安全卫生规定	了解安全卫生基本法令规章

附 录 B
（资料性附录）
建筑涂装危害辨识

B.1 辨识方法

B.1.1 危害识别范围应覆盖建筑涂装作业过程中所有活动,包括常规和非常规(如特殊季节的施工和临时性作业)活动、所有进入施工现场人员的活动,以及所有涂装材料、机具、设施可能产生的危害并应包括施工环境对作业活动产生的影响。

B.1.2 针对涂装工艺过程、主要使用设备和涂装工艺过程使用的原料、辅料和中间品,可采用直接经验法(对照安全标准、安全规程、安全检查表、过去发生的事故、工作经验以及专家意见等)或系统安全分析法(如事件树分析法、事故树分析法等)进行危害辨识。

B.2 辨识过程

B.2.1 辨识方法

B.2.1.1 按作业活动分类辨识

B.2.1.1.1 将作业场所(部位)或设施分类,例如室外涂装、室内涂装、有限空间涂装、危险品库房、使用脚手架、施工临时用电设施等;

B.2.1.1.2 根据工艺要求将不同作业场所(部位)或设施的作业活动分解为若干个步骤,例如木料表面涂清漆可分解为施工准备、基层处理、刮腻子、底涂、中涂、面涂等。

B.2.1.2 按危害类别辨识

B.2.1.2.1 建筑涂装作业事故包括以下类型:
 a) 高处坠落;
 b) 物体打击;
 c) 机械伤害;
 d) 触电;
 e) 火灾或爆炸;
 f) 中毒和窒息。

B.2.1.2.2 建筑涂装作业的职业危害包括以下类型:
 a) 吸入、经皮肤吸收或吞食有毒物质,包括烟雾、气体和粉尘;
 b) 眼睛和皮肤损伤;
 a) 噪声;
 b) 缺乏个人卫生。

B.2.1.2.3 其他危害,例如:
 a) 涂料泄漏;
 b) 废弃物。

B.2.2
辨识与每项作业活动或危害类型有关的所有危害,并考虑谁会受到伤害以及如何受到伤害。建筑涂装作业常见危害因素见表 B.1。

表 B.1 建筑涂装作业常见危害因素

作业活动	危 害 因 素	危害类别	危害后果
室内涂料作业	溶剂型涂料施工时未戴防护面具	中毒	人员伤亡
	室内刷油漆通风不畅	中毒	人员伤亡
	高温下长时间作业	职业危害	人员伤亡
	打磨腻子未戴防护口罩	粉尘危害	其他伤害
	溶剂型涂料泄漏	中毒、火灾	人员伤亡
	作业场所吸烟或有明火	火灾、爆炸	人员伤亡
	用溶剂清洗地板、工具	火灾、爆炸	人员伤亡 财产损失
	用溶剂洗手或清洁皮肤	职业危害	其他伤害
	多工种交叉作业	物体打击	人员伤亡

表 B.1（续）

作业活动	危害因素	危害类别	危害后果
室外涂料作业	升降设备故障或安装不牢	高处坠落	人员伤亡
	施工人员没有系安全带		
	作业场所吸烟或有明火、火花	火灾、爆炸	人员伤亡 财产损失
	作业高度2 m及以上时，未使用安全防护设施	高处坠落	人员伤亡
	安全防护设施不合格，或未使用个体防护装备	物体打击	
	室外交叉作业	火灾、爆炸	人员伤亡
	溶剂涂料涂装现场未配备灭火设备		人员伤亡
防水、防腐涂料作业	涂料配置或施涂地点通风不良	中毒	人员伤亡
	作业人员没有防护措施		
有限空间涂装作业	有毒有害气体浓度超过限值	中毒或窒息 火灾、爆炸	人员伤亡
	未正确穿戴防护服和防护面具		
	监护不当		
	未使用或未正确使用安全电压	触电或电击	人员伤亡
	吸烟或有明火、火花	火灾、爆炸	人员伤亡 财产损失
	缺氧	窒息	人员伤亡
	通风不良	窒息	人员伤亡
溶剂涂料贮存	库房不合格或周围有明火	火灾、爆炸	人员伤亡
	未设置消防设施或警示标志		
	未设专人保管或保管不善造成涂料泄漏		
	作业时未穿戴防护服和防护面具	中毒	人员伤亡
其他涂装作业	喷涂大型金属件接地不良	火灾、爆炸	人员伤亡
	喷涂设备、电器设备接地不良		
	潮湿环境使用电动工具	触电或电击	人员伤亡
	机具使用不当，或机具有缺陷	机械伤害	人员伤亡
	配制酸碱液，投料顺序错误或防护不当	灼伤	其他伤害
施工环境影响	光线或照明不足	视觉误导	其他伤害
	临时用电设备不符合规范要求	触电或电击	人员伤亡
	在高压线附近施工时安全距离不够	触电	人员伤亡
	周围环境噪声、粉尘、烟雾干扰	职业危害	其他伤害
	恶劣天气影响	大风、高温	其他伤害

B.3 危害评估

B.3.1 对辨识出的危害进行定性或定量分析和评估。
B.3.2 根据国家相关要求和企业自身条件确定不可接受风险。
B.3.3 对不可接受风险应采取控制措施。

涂料生产企业安全生产标准化实施指南
（AQ 3040—2010）

前 言

本标准第 4 章、第 5 章为强制性条款。

本标准编制依据 GB/T 1.1。

本标准依据 AQ 3013—2008、AQ/T 9006—2010 制订,共同用于指导涂料生产企业开展安全生产标准化工作。

本标准由国家安全生产监督管理总局提出。

本标准由全国安全生产标准化技术委员会化学品安全分技术委员会（TC 288/SC 3）归口。

本标准起草单位：国家安全生产监督管理总局化学品登记中心、中国石油化工股份有限公司青岛安全工程研究院。

本标准参加起草单位：广东省涂料行业协会、国家涂料产品质量监督检验中心（广东）、广东华润涂料有限公司、广州珠江化工集团有限公司、中华制漆（深圳）有限公司、广东嘉宝莉化工有限公司、东莞大宝化工制品有限公司。

本标准主要起草人：张海峰、曹永友、曲福年、何炳福、林雪南、张卓杰、方永年、周耀、董国胜、田敏。

本标准为首次发布。

1 范围

本标准规定了属于危险化学品行业的涂料生产企业（以下简称企业）开展安全生产标准化的过程和要求。

本标准适用于中华人民共和国境内,原料、中间产品或产品属于危险化学品的涂料生产企业,其生产过程包括配料、分散、研磨、调漆、检验、包装、储运等,以及相关的树脂合成或油脂热炼等操作工艺和作业过程。

2 规范性引用文件

下列文件对于本文件的应用是必不可少的。凡是注日期的引用文件,仅注日期的版本适用于本文件。凡是不注日期的引用文件,其最新版本（包括所有的修改单）适用于本文件。

GB 4053.1　固定式钢直梯安全技术条件

GB 4053.2　固定式钢斜梯安全技术条件

GB 4053.3　固定式工业防护栏安全技术条件

GB 4053.4　固定式工业钢平台

GB 11651　劳动防护用品选用规则

GB 15603　常用化学危险品储存通则

GB 17914　易燃易爆性商品储藏养护技术条件
GB 17916　毒害性商品储藏养护技术条件
GB 18218　危险化学品重大危险源辨识
GB 50016　建筑设计防火规范
GB 50057　建筑物防雷设计规范
GB 50058　爆炸和火灾危险环境电力装置设计规范
GB 50140　建筑灭火器配置设计规范
GB 50351　储罐区防火堤设计规范
GBZ 2.1　工作场所有害因素职业接触限值　第1部分：化学有害因素
GBZ 2.2　工作场所有害因素职业接触限值　第2部分：物理因素
GBZ 158　工作场所职业病危害警示标识
GB/T 8196　机械安全防护装置固定式和活动式防护装置设计与制造一般要求
AQ 3013—2008　危险化学品从业单位安全标准化通用规范
AQ/T 9006—2010　企业安全生产标准化基本规范

3 术语和定义

AQ 3013—2008确立的以及下列术语和定义适用于本标准。

3.1
涂料　coating

涂于物体表面能形成具有保护、装饰或特殊功能，如绝缘、防腐、标志等，并能形成固态涂膜的液体或固体材料之总称。

注1：本标准特指属危险化学品的涂料。
注2：在具体的涂料品种名称中可用"漆"或"涂料"表示，如防火漆或防火涂料。

3.2
溶剂型涂料　solvent base coatings

主要稀释成分，即非成膜物质为有机溶剂的涂料。

3.3
稀释剂　thinner

单组分或多组分的挥发性液体，加入涂料中以降低其黏度。

4 一般要求

企业应按照AQ 3013—2008第4章要求开展安全标准化工作。

5 核心要求

5.1 方针目标

5.1.1 企业应坚持"安全第一，预防为主，综合治理"的安全生产方针。主要负责人应依据国家法律法规，结合企业实际，组织制定文件化的安全生产方针和目标。安全生产方针和目标应满足：

　　a）形成文件，并得到所有从业人员的贯彻和实施；

b) 符合或严于相关法律法规的要求；
c) 与企业的职业安全健康风险相适应；
d) 目标予以量化；
e) 公众易于获得。

5.1.2 企业应制定总体和年度安全生产目标,可结合但不局限于下列内容：
a) 零死亡；
b) 千人重伤率；
c) 千人负伤率；
d) 事故起数降低率；
e) 隐患治理完成率；
f) 有毒有害场所检测合格率；
g) 其他。

5.1.3 企业应签订各级组织的安全目标责任书,确定年度安全工作目标,并予以考核。各级组织应制定年度安全工作计划,以保证年度安全目标的有效完成。

5.2 组织机构和职责

5.2.1 组织机构

5.2.1.1 企业应建立安全生产委员会(以下简称安委会)或安全生产领导小组,设置安全生产管理部门,配备专职安全生产管理人员：
a) 从业人员在50人以下的,应配备专职安全生产管理人员1名；
b) 从业人员在50人以上不足300人的,应配备不少于2名的专职安全生产管理人员；
c) 从业人员在300人以上不足1 000人的,应配备不少于3名的专职安全生产管理人员；
d) 从业人员超过1 000人的,应按不低于企业总人数5‰配备专职安全生产管理人员。

5.2.1.2 企业应按《注册安全工程师管理规定》第六条规定,配备注册安全工程师。

5.2.1.3 企业应建立、健全从安委会或安全生产领导小组到基层班组的安全生产管理网络。

5.2.2 职责

5.2.2.1 企业应制定安委会或安全生产领导小组和管理部门的安全职责。

5.2.2.2 企业应制定主要负责人、各级管理人员和从业人员的安全职责。

5.2.2.3 企业应建立安全责任考核机制,对各级管理部门、管理人员及从业人员安全职责的履行情况和安全生产责任制的实现情况进行定期考核,予以奖惩。

5.2.3 负责人

5.2.3.1 企业的主要负责人应按照 AQ 3013—2008 第5.1.1条规定,做好本职工作。

5.2.3.2 企业主要负责人应作出明确的、公开的、文件化的安全承诺,内容包括：
a) 遵守安全生产法律、法规和标准及其他要求；
b) 贯彻安全生产方针,实现安全生产目标；
c) 坚持预防为主,开展风险管理,抓好隐患治理；
d) 提供必要资源,保障安全生产；

e) 持续改进安全绩效；

f) 对从业人员、相关方的承诺。

5.2.3.3 主要负责人的安全承诺内容应通过合适的方式、渠道向所有从业人员和相关方宣传或告知。

5.2.3.4 企业主要负责人每季度应至少组织并主持一次安全生产委员会或安全生产领导小组会议，审查总结本季度安全工作进展情况，研究、决策下一季度安全生产的重大问题，制订相应实施方案，并保存会议记录。

5.3 安全生产投入与工伤保险

5.3.1 安全生产投入

5.3.1.1 企业应依据国家、当地政府的有关安全生产费用提取规定，自行提取安全生产费用，专项用于安全生产。

5.3.1.2 企业应按照规定的安全生产费用使用范围，合理使用安全生产费用，建立安全生产费用台账。

5.3.2 工伤保险

企业应依法参加工伤社会保险，为从业人员缴纳工伤保险费。

5.4 法律法规与安全管理制度

5.4.1 法律法规、标准规范

5.4.1.1 企业应建立识别和获取适用的安全生产法律法规、标准规范及其他要求的制度，明确责任部门，确定获取的渠道、方式和时机，及时识别和获取，定期更新。

5.4.1.2 企业应将适用的安全生产法律、法规、标准及其他要求及时对从业人员进行宣传和培训，提高从业人员的守法意识，规范安全生产行为。

5.4.1.3 企业应将适用的安全生产法律法规、标准规范及其他要求及时传达给相关方。

5.4.1.4 企业应遵守安全生产法律法规、标准规范，并将相关要求及时转化为本单位的规章制度，贯彻到各项工作中。

5.4.2 规章制度

5.4.2.1 企业应按照 AQ 3013—2008 第 5.3.3.1 条要求，制订相关的安全生产规章制度，并结合实际情况制订下列内容的管理制度：

a) 门卫管理；

b) 厂区道路交通、车辆管理；

c) 废弃物管理；

d) 其他。

5.4.2.2 企业应将安全生产规章制度发放到有关的工作岗位。

5.4.3 操作规程

5.4.3.1 企业应根据涂料生产工艺、技术、设备特点和原材料、半成品、成品、辅助材料的危险性设立生产操作岗位，编制岗位操作规程。应编制但不局限于下列岗位的操作规程：

a) 漂油、脱酸、脱色岗位；

b) 树脂，如醇酸、聚酯、丙烯酸、聚氨酯、环氧酯、氨基等合成岗位；

c) 基料，如油脂基料、天然树脂基料、酚醛树脂基料、沥青基料等热炼岗位；

d) 固体树脂，如硝化棉、改性松香树脂、环氧树脂、丙烯酸树脂、乙烯树脂、氯化橡胶

等溶解岗位；
- e) 树脂、基料压滤,如使用板框式压滤机、油水分离机、高速离心机、袋式过滤机、纸芯过滤机、过滤塔筛等设备的岗位；
- f) 研磨,包括使用搅拌机、高速分散机、砂磨机、三辊机、球磨机等分散设备的岗位；
- g) 色漆、清漆配料岗位；
- h) 调漆、调色岗位；
- i) 辅助材料配制岗位；
- j) 包装岗位；
- k) 仓储岗位。

5.4.3.2 企业还应编制但不局限于下列通用设备的操作规程：
- a) 输送系统,包括气动式隔膜泵、齿轮泵、真空泵、转子泵、离心泵、空气压缩机等；
- b) 起重设备,包括电梯、电动葫芦、吊车、升降机、液压升降平台等；
- c) 加热系统,包括有机热载体炉、锅炉、电热棒加热、电感应加热等。

5.4.3.3 操作规程至少应包括下列内容：
- a) 正常开、停车操作程序；
- b) 各种操作参数、指标的控制；
- c) 安全注意事项和异常处理方法；
- d) 事故应急处理措施；
- e) 紧急停车操作程序；
- f) 接触化学品的危险性；
- g) 个体安全防护措施。

5.4.3.4 企业应在新工艺、新技术、新装置、新产品投产或投用前,组织编制新的操作规程。

5.4.4 评估

企业应每年至少一次对适用的安全生产法律、法规、标准及其他要求的执行情况进行符合性评价,消除违规现象和行为,并编制符合性评价报告,评价报告内容应包括：
- a) 获取的安全生产法律、法规和标准及其他要求的适宜性和充分性；
- b) 企业是否存在违法现象和行为；
- c) 对不符合安全生产法律、法规和标准及其他要求的现象和行为的整改情况；
- d) 其他。

5.4.5 修订

企业应按照 AQ 3013—2008 第 5.3.5 条要求执行。

5.4.6 文件和档案管理

5.4.6.1 企业应严格执行文件和档案管理制度,确保安全规章制度和操作规程编制、使用、评审、修订的效力。

5.4.6.2 企业应建立主要安全生产过程、事件、活动、检查的安全记录档案,并加强对安全记录的有效管理。

5.5 教育培训

5.5.1 教育培训

企业应按照 AQ 3013—2008 第 5.4 条规定执行。

5.5.2 安全文化建设
5.5.2.1 企业应通过安全文化建设,促进安全生产工作。
5.5.2.2 企业应采取多种形式的安全文化活动,引导全体从业人员的安全态度和安全行为,逐步形成为全体员工所认同、共同遵守、带有本单位特点的安全价值观,实现法律和政府监管要求之上的安全自我约束,保障企业安全生产水平持续提高。

5.6 生产设备设施
5.6.1 生产设备设施建设
5.6.1.1 企业应按照 AQ 3013—2008 第 5.5.1 条规定执行。
5.6.1.2 企业应选择具有相应化工设计资质和施工、监理资质的单位进行设计、施工和监理。
5.6.1.3 企业根据生产工艺的需要,可采用多层厂房结构。
5.6.1.4 企业应按照国家有关规定配备建设项目的安全设施。
5.6.1.5 冬天使用采暖设施的企业应按照 GB 50016 规定执行。
5.6.1.6 企业应编制建设项目试生产(使用)方案,并按规定向安全生产监督管理部门备案。

5.6.2 设备设施运行管理
5.6.2.1 企业应对生产设备设施进行规范化管理,保证其安全运行。
5.6.2.2 企业应按照 AQ 3013—2008 第 5.5.6 条规定执行。

5.6.3 新设备设施验收及旧设备拆除、报废
5.6.3.1 企业应执行生产设备设施到货验收和报废管理制度,应使用质量合格、设计符合要求的生产设备设施。
5.6.3.2 企业应严格执行生产设施拆除和报废管理制度。拆除作业前,拆除作业负责人应与需拆除设施的主管部门和使用单位共同到现场进行对接,作业人员进行危险、有害因素识别,制定拆除计划或方案,办理拆除设施交接手续。
5.6.3.3 企业凡需拆除的容器、设备和管道,应先清洗干净,分析、验收合格后方可进行拆除作业。
5.6.3.4 企业欲报废的容器、设备和管道内仍存有危险化学品的,应清洗干净,分析、验收合格后,方可报废处置。

5.6.4 安全设施
5.6.4.1 企业应按照 AQ 3013—2008 第 5.5.2.1 条、第 5.5.2.2 条规定,配置安全设施,建立安全设施管理台账。
5.6.4.2 企业应确保安全设施配备符合国家有关规定和标准,做到:
   a) 检测报警设施:
      1) 散发可燃气体、可燃蒸气的场所应设可燃气体检测报警仪;散发硫化氢、氰化氢、氯气、一氧化碳、丙烯腈、环氧乙烷、氯乙烯等有毒区域应设置有毒气体检测报警仪:
         (1) 可燃气体检测报警仪的有效覆盖水平平面半径,室内宜为 7.5 m;室外宜为 15 m。可燃气体检测报警仪的探头宜在可燃气体、可燃蒸气释放源处安装;
         (2) 检测比空气重的可燃气体或有毒气体的检测报警仪,其安装高度应距

地坪0.3 m～0.6m；

(3) 检测比空气轻的可燃气体或有毒气体检测报警仪,其安装高度宜高出释放源0.5 m～2 m。

2) 下列设备设施：

(1) 输送泵宜配置压力表；

(2) 密闭式砂磨机应配置压力、温度安全联锁装置；

(3) 溶剂储罐应配置压力表、呼吸阀、液位计。玻璃管液位计应加护套保护措施,易燃易爆液体不宜使用玻璃管液位计,储罐液位计指示宜为电子液位显示并设置液位高低限报警,报警信号送至控制室；

(4) 蒸汽锅炉应配置压力表、温度计及水位计；

(5) 树脂反应釜的超温报警装置、测量调控装置及有关附属仪器,如压力表、温度计、水位计等应完整、齐全、有效；

(6) 属特种设备的树脂反应釜(工作压力不小于 0.1 MPa 表压；负压或真空下工作；工作温度不小于标准沸点等),其安全附件、安全保护装置、测量调控装置及有关附属仪器应定期校验、检修、记录；

(7) 有机热载体炉应配置液位计、温度计、安全阀、膨胀器、自动调节保护装置；

(8) 单体聚合釜应设置防爆膜及溢沫槽。

b) 设备安全防护设施：

1) 防护栏、安全梯、平台的设置应符合 GB 4053.1、GB 4053.2、GB 4053.3、GB 4053.4的规定；

2) 各种外露的机械转动设备和皮带传动部位,应设置便于观察的安全防护装置,防护罩应符合 GB/T 8196 要求；

3) 分散机、搅拌机的转盘或转叶使用时,应置于移动分散缸内的中央位置,分散缸应设置固定装置。

c) 防爆设施：

1) 易燃易爆场所应按 GB 50058 规定配置防爆型电气设备；

2) 甲乙类厂房、仓库内的起重设备和电梯应为液压升降平台或防爆型电梯和防爆型电动启动设备；

3) 甲乙类厂房、仓库应采用防爆工具；

4) 散发比空气重的可燃气体、可燃蒸气的甲类厂房以及有粉尘、纤维爆炸危险的乙类厂房,应按照 GB 50016 第 3.6.6 条规定采用不产生火花的地面；

5) 在有火灾爆炸危险性的场所应采用防爆型电子台秤,即防爆型称重显示控制器；

6) 砂磨机、分散机、包装机、树脂反应釜、树脂过滤装置等应安装静电接地装置；

7) 电线、电缆应采用穿钢管敷设或防火电缆槽盒铺设。

d) 作业场所防护设施：

1) 企业应按照 GB 50057 规定设置防雷设施；

2) 重点防火防爆作业区的入口处,应设置人体静电消除装置。

e) 控制事故设施：
    1) 泄压和止逆设施：
        (1) 树脂、固化剂反应釜应设置用于泄压的阀门、防爆膜（片）、溢位槽、放空管等设施；
        (2) 有爆炸危险的甲、乙类厂房和仓库应按照 GB 50016 第 3.6 条规定设置泄压设施；
        (3) 工艺上需要排空的设备，如树脂反应釜、容器、物料储罐（槽）等均应安装排空管，并定期检查其有效性。易燃、易爆液体的储罐（槽）的排空管应设有阻火器，并加装伞盖。
    2) 紧急处理设施：
        (1) 配备紧急备用电源；
        (2) 树脂反应釜应配置通入氮气封闭液面设施；
        (3) 密闭砂磨机应设定限温、限压的紧急停车、仪表联锁设施。
f) 减少与消除事故影响设施：
    1) 防止火灾蔓延设施：
        (1) 当必须在间墙、楼梯间开门时，应按照 GB 50016 的规定采用防火门；防火墙上不应开设门、窗、洞口，当必须开设时，应设置固定的或自动关闭的甲级防火门窗；
        (2) 在甲乙类车间、仓库防火分区的间墙、楼梯间按照 GB 50016 第 7.4 条和 7.5 条规定设置防火门；
        (3) 甲乙丙类液体的储罐或储罐组，其四周应按照 GB 50016、GB 50351 的规定设置防火堤；
        (4) 甲、乙、丙类液体仓库应设置防止液体流散的设施，如墁坡；
        (5) 甲、乙类厂房内部或顶层（即天台）不应设置溶剂储罐及储罐区。如工艺需要设置高位储槽时，其储量不应超过一昼夜的用量，但应采取有效的防护措施；
        (6) 进入生产厂区、罐区及爆炸性气体环境或危险化学品作业区范围的机动车辆应在排气管出口处，佩戴防火罩；
        (7) 甲、乙、丙类液体储罐区防火堤出口处的含油污水排水管应设置安全水封设施，雨水排水管应设置阀门等封闭、隔离装置。
    2) 灭火设施：
        (1) 应按照 GB 50140、GB 50016 规定设置火灾自动报警系统、自动灭火系统、室内外消防栓、给水管道、灭火器材、消防水泵房及消防水池等消防给水和灭火设施；
        (2) 在易燃液体储罐区、甲类可燃液体桶装堆场、溶解硝化棉的厂房应设置喷淋装置；
        (3) 建筑面积超过 60 m² 或储存量超过 2 t 的硝化棉仓库应设置喷淋灭火系统；
        (4) 树脂反应釜、热炼锅应采用热载体加热，不应采用明火直接釜底加热工艺;有机热载体炉安全阀、压力表、液面计及自动控制和自动保护装置应符合《有机热载体炉安全技术监察规程》的要求。
  3) 紧急个体处置设施:企业应根据规定配置洗眼器、喷淋器、逃生器、逃生索、应急照明等设施。
  4) 应急救援设施:企业应根据实际情况配置应急救援设施:包括堵漏、工程抢险装备和现场受伤人员的急救箱、担架等医疗抢救装备。
  5) 逃生避难设施:企业应按照 GB 50016 第 3.7 条、第 3.8 条规定设置逃生和避难的安全通道(梯)和安全出口。

5.6.4.3 企业应按照 AQ 3013—2008 第 5.5.2.3 条、第 5.5.2.4 条、第 5.5.2.5 条规定执行。

5.6.5 特种设备

5.6.5.1 企业应按照 AQ 3013—2008 第 5.5.3 条规定执行。企业涉及的特种设备主要包括:
  a) 压力容器,含储存沸点低于 45 ℃甲类液体的容器、压力管道;
  b) 锅炉、有机热载体炉;
  c) 起重机械,包括电梯、吊车、垂直升降机、电动葫芦等;
  d) 企业内机动车辆。

5.6.6 关键装置及重点部位

企业应按照 AQ 3013—2008 第 5.5.5 条规定,对关键装置及重点部位实行管理,关键装置及重点部位包括但不局限于下列内容:
  a) 关键装置:
    1) 树脂合成装置;
    2) 固化剂合成装置;
    3) 有机热载体炉;
    4) 蒸汽锅炉;
    5) 研磨机,主要为三辊机、砂磨机;
    6) 高速分散机或搅拌机;
    7) 稀释剂配制釜。
  b) 重点部位:
    1) 溶剂储罐区;
    2) 硝化棉仓库;
    3) TDI 仓库;
    4) 甲、乙类物品仓库;
    5) 硝化棉溶解、稀释剂包装工序;
    6) 树脂溶解锅;
    7) 发电机房和变电站;
    8) 其他。

5.7 作业安全

5.7.1 生产现场管理和生产过程控制

5.7.1.1 企业应加强生产现场安全管理和生产过程的控制。
5.7.1.2 企业应根据生产场所的火灾爆炸危险性划定禁火区,按照 AQ 3013—2008 第 5.6.1

条规定,对危险性作业实施作业许可证管理,未办理作业许可证,不得进行相关作业活动。

5.7.1.3　各种作业许可证存根应至少保存一年。

5.7.1.4　企业危险化学品运输车辆应到当地交通管理部门申办取得危险货物道路运输证。

5.7.1.5　企业进行爆破、吊装等危险作业时,应当安排专人进行现场安全管理,确保安全规程的遵守和安全措施的落实。

5.7.2　工艺安全

5.7.2.1　企业操作人员应掌握工艺安全信息,主要包括:

a) 化学品危险性信息:
   1) 物理特性;
   2) 反应活性;
   3) 腐蚀性;
   4) 热和化学稳定性;
   5) 毒性;
   6) 职业接触限值;
   7) 自救和救援措施。

b) 工艺信息:
   1) 工艺流程图;
   2) 化学反应机理;
   3) 最大储存量;
   4) 工艺参数,如压力、温度、流量安全上下限值。

c) 设备信息:
   1) 设备和管道图纸;
   2) 设备材质;
   3) 设备安装与调试;
   4) 电气设备类别;
   5) 调节阀系统设计;
   6) 安全系统,如报警器、联锁等。

5.7.2.2　应按照 AQ 3013—2008 第 5.5.4.2 条、第 5.5.4.3 条、第 5.5.4.4 条规定执行。

5.7.2.3　企业生产装置停车应满足下列要求:

a) 编制停车方案。正常停车必须按停车方案中规定的步骤进行。用于紧急处理的自动停车联锁装置,不应用于正常停车;

b) 系统降压、降温必须按要求的幅度、速率先高压后低压的顺序进行。凡需保压、保温的设备容器等,停车后要按时记录压力、温度的变化;

c) 大型传动设备的停车,必须先停主机、后停辅机;

d) 设备、容器卸压时,应按规定排放和散发易燃、易爆、易中毒等危险化学品,防止造成事故;

e) 冬季停车后,要采取防冻保温措施。

5.7.2.4　紧急情况处理应遵守下列要求:

a) 发生紧急情况,应妥善处理,同时向有关方面报告;

b) 工艺及机电设备等发生异常情况时,应迅速采取措施,并通知有关岗位协调处理;
c) 发生停电、停水、停气(汽)时,必须采取措施,防止系统超温、超压、跑料及机电设备的损坏;
d) 发生爆炸、着火、大量泄漏等事故时,应迅速启动应急预案。

5.7.2.5 企业生产装置泄压系统或排空系统排放的危险化学品应引至安全地点并得到妥善处理。

5.7.2.6 企业操作人员应严格执行操作规程,工艺参数控制不超出安全限值。对工艺参数运行出现的偏离情况及时分析,保证工艺参数偏差得到纠正。

5.7.2.7 有机热载体炉新加的导热油不得马上加热运转,宜慢慢升温,将导热油中的水分逐渐蒸发出去后才能正式运转传热。

5.7.2.8 砂磨机、三辊机、分散机、搅拌机,除短时间调试、洗机外不得空转。

5.7.2.9 分散机运转时,禁止用油刀和铁棒接触搅拌轴。分散机由低速转向高速时不宜一步到位,操作人员不得离开。

5.7.3 作业行为管理

5.7.3.1 企业应按照 AQ 3013—2008 第 5.6.3 条执行。

5.7.3.2 凡是在转动部位旁边操作时,操作人员应戴工作帽,不得穿戴各类手套。

5.7.3.3 企业应严格执行危险化学品储存规定,做到:
a) 涂料用硝化棉应按照 GB 15603 附录 B 规定,专库储存于阴凉、干燥、通风良好的库房内,严禁与氧化剂、碱类等性质不同的物品混存;
b) 铝粉应按照 GB 17914 第 3.3.2.4 条规定单独储存;
c) 甲醇、乙醇、丙酮等应按照 GB 17914 第 3.3.2.3 条规定专库储存;
d) 有机过氧化物与还原剂应按照 GB 17914 第 3.3.2.7 条规定分别储存;
e) 过氧化苯甲酰(含稳定剂)、过氧化甲乙酮的储存环境应符合 GB 17914 第 3.5.1 条规定。

5.7.3.4 剧毒化学品,如 TDI,应按照 GB 17916 第 3.2.4 条的规定专库储存或存放在间隔的单间内,实行双人收发、双人保管制度。企业应将储存剧毒化学品的数量、地点以及管理人员的情况,报当地公安部门和安全生产监督管理部门备案。

5.7.4 警示标志

5.7.4.1 企业应按照 AQ 3013—2008 第 5.6.2 条规定,在有可能产生各类危险的醒目位置设置安全标志;在产生职业危害作业场所的醒目位置设置职业危害警示标识、告知牌;至少在生产区的入口,甲、乙类厂房、仓库、储罐区等危险物品存在区域设置安全标志、职业危害警示标识。

5.7.4.2 企业应每半年至少检查一次安全标志、职业危害警示标识,确保无破损、变形、严重褪色等,保存检查记录。

5.7.5 相关方管理

5.7.5.1 企业应严格执行承包商管理制度,对承包商资格预审、选择、开工前准备、作业过程监督、表现评价、续用等过程进行管理,与选用的承包商签订安全协议书。

5.7.5.2 企业应严格执行供应商管理制度,对供应商资格预审、提供的产品、技术服务、选用和续用等过程进行管理。

5.7.5.3 企业应建立合格相关方的名录和档案,根据服务作业行为定期识别服务行为风险,并采取行之有效的控制措施。

5.7.5.4 不得将项目委托给不具备相应资质或条件的相关方。

5.7.6 变更

5.7.6.1 企业应严格执行变更管理制度,履行下列变更程序:
 a) 变更申请:按要求填写变更申请表,由专人进行管理;
 b) 变更审批:变更申请表应逐级上报主管部门,并按管理权限报主管领导审批;
 c) 变更实施:变更批准后,由主管部门负责实施。不经过审查和批准,任何临时性的变更都不得超过原批准范围和期限;
 d) 变更验收:变更实施结束后,变更主管部门应对变更的实施情况进行验收,形成报告,并及时将变更结果通知相关部门和有关人员。

5.7.6.2 企业应对变更过程产生的风险进行分析和控制。

5.7.7 风险管理

5.7.7.1 范围和评价方法:
 a) 企业应按照 AQ 3013—2008 第 5.2.1.1 条规定,成立风险评价小组,评价小组成员应包括生产、技术、设备、电气、仪表、安全、工程等部门的人员,且应具备下列条件:
  1) 熟识安全生产的法律、法规和标准及其他要求;
  2) 具备涂料专业知识和经验;
  3) 熟悉风险评价方法;
  4) 其他。
 b) 企业应按照 AQ 3013—2008 第 5.2.1.2 条、第 5.2.1.3 条、第 5.2.1.4 条规定确定评价范围、评价方法和准则。

5.7.7.2 风险评价:企业应按照 AQ 3013—2008 第 5.2.2 条要求进行风险评价,应重点但不局限于对以下生产工艺过程、场所、设备设施等进行评价:
 a) 树脂、基料、固化剂的生产工艺过程,包括合成或热炼、稀释、压滤、检验、上槽(入库);
 b) 成漆生产工艺过程,包括配料混合、分散研磨、调漆(色)、检验、过滤、包装、入库;
 c) 硝化棉、固体树脂溶解工艺过程;
 d) 稀释剂、辅助材料的配制工艺过程;
 e) 树脂储罐区、溶剂储罐区的物料储存、物料进出(或装卸)过程;
 f) 硝化棉、TDI 及其他甲、乙类危险化学品的储运过程;
 g) 有机热载体炉、蒸汽锅炉、电热棒加热、电感应加热等系统;
 h) 停水、停电、停蒸汽;
 i) 停仪表风气源;
 j) 工艺参数偏差;
 k) 其他。

5.7.7.3 风险控制:
 a) 企业应按照 AQ 3013—2008 第 5.2.3 条规定,对风险进行控制;
 b) 企业应形成重大风险清单,制定相应控制措施,并对控制措施的实施效果进行监督、检查和评价,保存记录。

5.7.7.4 风险信息更新：
a) 企业应适时组织风险评价工作，识别与生产经营活动有关的危险、有害因素和隐患。
b) 企业应定期评审或检查风险评价结果和风险控制效果。
c) 企业应在下列情形发生时及时进行风险评价：
  1) 新的或变更的法律法规或其他要求；
  2) 操作条件变化或工艺改变；
  3) 技术改造项目；
  4) 有对事件、事故或其他信息的新认识；
  5) 组织机构发生大的调整。

5.8 隐患排查和治理
5.8.1 隐患排查
5.8.1.1 企业应定期组织事故隐患排查工作，对隐患进行分析评估，确定隐患等级，登记建档，及时采取有效的治理措施。
5.8.1.2 隐患排查前应制定排查方案，明确排查的目的、范围，选择合适的排查方法。排查方案应依据：
a) 有关安全生产法律、法规要求；
b) 设计规范、管理标准、技术标准；
c) 企业的安全生产目标；
d) 其他。

5.8.2 排查范围与方法
5.8.2.1 企业隐患排查的范围应包括所有与生产经营相关的场所、环境、人员、设备设施和活动。
5.8.2.2 企业应根据安全生产的需要和特点，采用综合检查、专业检查、季节性检查、节假日检查、日常检查等方式进行隐患排查。各种安全检查均应按相应的安全检查表逐项检查，建立安全检查台账，并与责任制挂钩。
5.8.2.3 企业安全检查形式和内容应满足：
a) 综合性检查应由相应级别的负责人负责组织，以落实岗位安全责任制为重点，各专业共同参与的全面安全检查。厂级综合性安全检查每季度不少于1次，车间级综合性安全检查每月不少于1次；
b) 专业检查分别由各专业部门的负责人组织本系统人员进行，主要是对锅炉、压力容器、危险物品、电气装置、机械设备、构建筑物、安全装置、防火防爆、防尘防毒、监测仪器等进行专业检查。专业检查每半年不少于1次；
c) 季节性检查由各业务部门的负责人组织本系统相关人员进行，是根据当地各季节特点对防火防爆、防雨防汛、防雷电、防暑降温、防风及防冻保暖工作等进行预防性季节检查。
d) 日常检查分岗位操作人员巡回检查和管理人员日常检查。岗位操作人员应认真履行岗位安全生产责任制，进行交接班检查和班中巡回检查，各级管理人员应在各自的业务范围内进行日常检查；
e) 节假日检查主要是对节假日前安全、保卫、消防、生产物资准备、备用设备、应急预案等方面进行的检查。

5.8.2.4 企业应按照 AQ 3013—2008 第 5.10.1 条规定,做好安全检查管理。编制下列但不局限于下列检查形式的安全检查表:
　　a) 综合性安全检查表:
　　　　1) 厂级综合性安全检查表;
　　　　2) 车间级综合性安全检查表。
　　b) 专业性安全检查表:
　　　　1) 工艺管理安全检查表;
　　　　2) 设备管理安全检查表;
　　　　3) 变配电系统管理安全检查表;
　　　　4) 仪表管理安全检查表;
　　　　5) 储存罐区、仓库管理安全检查表;
　　　　6) 消防管理安全检查表;
　　　　7) 职业卫生管理安全检查表;
　　　　8) 现场检维修作业管理安全检查表;
　　　　9) 安全设施管理安全检查表等。
　　c) 季节性安全检查表(根据各地情况自定)。
　　d) 日常安全检查表:
　　　　1) 岗位操作人员日常安全检查表;
　　　　2) 工艺、设备、安全、电气、仪表等专业技术管理人员的日常安全检查表。
　　f) 节假日安全检查表。

5.8.3 隐患治理

5.8.3.1 企业应对隐患项目下达隐患治理通知,限期治理,做到定治理措施、定负责人、定资金来源、定治理期限。企业应建立隐患治理台账。

5.8.3.2 企业应对确定的重大隐患项目建立档案,档案内容应包括:
　　a) 评价报告与技术结论;
　　b) 评审意见;
　　c) 隐患治理方案,包括资金概预算情况等;
　　d) 治理时间表和责任人;
　　e) 竣工验收报告。

5.8.3.3 企业无力解决的重大事故隐患,除采取有效防范措施外,应书面向企业直接主管部门和当地政府报告。

5.8.3.4 企业对不具备整改条件的重大事故隐患,必须采取防范措施,并纳入计划,限期解决或停产。

5.8.4 预测预警

企业应根据生产经营状况及隐患排查治理情况,运用定量的安全生产预测预警技术,建立体现企业安全生产状况及发展趋势的预警指数系统。

5.9 重大危险源监控

5.9.1 辨识

5.9.1.1 企业应依据有关规定对本单位的危险设施进行重大危险源辨识。

5.9.1.2 企业应按照 GB 18218 标准对硝化纤维素、甲醇、乙醇、丙酮、松节油、乙酸正丁酯、过氧化甲乙酮、过氧化(二)异丁酰、苯、甲基苯、TDI 等危险化学品进行重大危险源辨识。

5.9.2 登记建档与备案

5.9.2.1 企业应当对确认的重大危险源及时登记建档,建立重大危险源管理档案。重大危险源管理档案内容主要包括:
- a) 物质名称、类别、性质和数量;
- b) 所在位置;
- c) 检测报告;
- d) 管理制度;
- e) 管理人员;
- f) 应急救援预案与演练方案、演练记录;
- g) 监控检查记录;
- h) 评估报告;
- i) 其他。

5.9.2.2 企业应将重大危险源及相关安全措施、应急措施报送当地县级以上人民政府安全生产监督管理部门和有关部门备案。

5.9.3 监控与管理

5.9.3.1 企业应按照有关规定对重大危险源设置安全监控报警系统。

5.9.3.2 企业应依据国家有关规定对重大危险源定期进行安全评估。

5.9.3.3 企业应对重大危险源的设备、设施定期检查、检验,并做好记录。

5.9.3.4 企业应制定重大危险源应急救援预案,配备必要的救援器材、装备,每年至少进行 1 次重大危险源应急救援预案演练。

5.9.3.5 企业重大危险源的防护距离应满足国家标准或规定,不符合国家标准或规定的,应采取切实可行的防范措施,并在规定期限内进行整改。

5.10 职业健康

5.10.1 职业健康管理

5.10.1.1 企业应按照 AQ 3013—2008 第 5.8.2 条规定执行。

5.10.1.2 企业应制定切实可行的职业危害防治计划和实施方案。要明确责任人、责任部门、目标、方法、资金、时间表等,并对防治计划和实施方案进行定期检查,确保职业危害的防治与控制效果。

5.10.1.3 企业作业场所职业危害因素的各项指标应符合 GBZ 2.1 和 GBZ 2.2 规定,作业场所空气中下列物质的浓度不得超过下列时间加权平均容许浓度指标:
- a) 苯(皮)6 mg/m³;
- b) 甲苯(皮)50 mg/m³;
- c) 二甲苯 50 mg/m³;
- d) 丙酮 300 mg/m³;
- e) 环己酮(皮)50 mg/m³;
- f) 甲醇(皮)25 mg/m³;
- g) 丁醇 100 mg/m³;

- h) 甲苯-2,4-二异氰酸酯(TDI)0.1 mg/m³;
- i) 过氧化苯甲酰 5 mg/m³;
- j) 煤焦油沥青挥发物 0.2 mg/m³;
- k) 石油沥青烟(按苯溶物计)5 mg/m³;
- l) 丙烯酸(皮)6 mg/m³;
- m) 甲基丙烯酸 70 mg/m³;
- n) 丙烯酸甲酯(皮)20 mg/m³;
- o) 丙烯酸正丁酯 25 mg/m³;
- p) 铬酸盐 0.05 mg/m³。

5.10.1.4 企业应对作业场所职业危害因素检测结果超出职业接触限值的,制定整改措施,限期整改。

5.10.1.5 企业应根据从业人员所接触的职业危害因素类别、有关管理规定确定检查项目和检查周期,进行职业健康检查;从业人员职业健康检查结果存入从业人员健康监护档案。

5.10.2 职业危害告知和警示

5.10.2.1 企业与从业人员订立劳动合同时,应将工作过程中可能产生的职业危害及其后果和防护措施如实告知从业人员,并在劳动合同中写明。

5.10.2.2 企业应以适当、有效的方式对从业人员及相关方进行宣传,使其了解生产过程中危险化学品的危险特性、活性危害、禁配物等,以及采取的预防及应急处理措施。

5.10.2.3 企业应在可能产生严重职业危害作业岗位的醒目位置,按照 GBZ 158 设置职业危害警示标识,同时设置告知牌,告知产生职业危害的种类、后果、预防及应急救治措施、作业场所职业危害因素检测结果等。

5.10.3 职业危害申报

企业应按照 AQ 3013—2008 第 5.8.1 条规定执行。企业的职业危害因素主要包括:
- a) B 苯类;
- b) 异氰酸酯类;
- c) 醇类、酮类、醇醚类、石油溶剂类;
- d) 涂料用硝化纤维素;
- e) 重金属,如铅、镉、铬、汞、铬盐等;
- f) 沥青、焦油;
- g) 噪声;
- h) 其他。

5.10.4 劳动防护用品

5.10.4.1 企业应按照 AQ 3013—2008 第 5.8.3 条规定执行。

5.10.4.2 企业应根据 GB 11651 及有关规定和实际情况,为从业人员配备劳动防护用品和装备,包括工作服、工作鞋、安全帽、护目镜、手套、安全带、披肩、鞋罩、围裙、袖套、防尘口罩等,必要时配备防毒口罩、防毒面具等。

5.10.5 危险化学品安全

5.10.5.1 危险化学品档案

企业应按照 AQ 3013—2008 第 5.7.1 条规定执行。

5.10.5.2 化学品分类
企业应按照国家有关规定对其产品、所有中间产品进行分类,并将分类结果汇入危险化学品档案。

5.10.5.3 化学品安全技术说明书和安全标签
企业应按照 AQ 3013—2008 第 5.7.3 条规定执行。

5.10.5.4 化学事故应急咨询服务电话
生产企业应设立 24 小时应急咨询服务固定电话,有专业人员值班并负责相关应急咨询。没有条件设立应急咨询服务电话的,应委托危险化学品专业应急机构作为应急咨询服务代理。

5.10.5.5 危险化学品登记
企业应按照有关规定对危险化学品进行登记。

5.11 应急救援

5.11.1 应急机构和队伍
5.11.1.1 企业应按规定建立安全生产应急机构或指定专人负责安全生产应急管理工作。
5.11.1.2 企业应建立应急指挥系统,实行分级管理,即厂级、车间级管理。
5.11.1.3 企业应建立应急救援队伍。
5.11.1.4 企业应明确各级应急指挥系统和救援队伍的职责。

5.11.2 应急预案
5.11.2.1 企业应按照 AQ 3013—2008 第 5.9.6.1 条规定,编制综合应急救援预案;针对可能发生的具体事故类别,制定相应的专项应急预案和现场处置方案。应重点考虑因素有:着火、爆炸、泄漏、中毒、烧伤、灼伤、降温、冷却、排料、停进料、停汽、停电等。
5.11.2.2 企业应将应急救援预案报当地安全生产监督管理部门和有关部门备案,并通报当地应急协作单位,建立应急联动机制。
5.11.2.3 企业应对应急救援预案进行定期评审、修订。

5.11.3 应急设施、装备、物资
5.11.3.1 企业应按国家相关规定配备应急设施、装备,储备足够的应急物资,并保持完好,严禁挪用。
5.11.3.2 企业应配备常用的医疗急救器材和急救药品。
5.11.3.3 在有毒有害作业场所配备救援器材柜,放置必要的防护救护器材,进行经常性的维护保养并记录,保证其处于正常状态。

5.11.4 应急演练
5.11.4.1 企业应组织从业人员进行应急救援预案的培训,定期演练,评价演练效果,评价应急救援预案的充分性和有效性,并形成记录。
5.11.4.2 企业每年至少组织 1 次应急救援预案演练,车间每半年至少进行 1 次现场处置方案演练。

5.11.5 事故救援
5.11.5.1 企业发生生产安全事故后,应迅速启动应急救援预案,企业负责人直接指挥,积极组织抢救,妥善处理,以防止事故的蔓延扩大,减少人员伤亡和财产损失。安全、技术、设备、动力、生产、消防、保卫等部门应协助做好现场抢救和警戒工作,保护事故现场。

5.11.5.2 企业发生有害物大量外泄事故或火灾爆炸事故应设警戒线。
5.11.5.3 企业抢救人员应佩戴好相应的防护器具,对伤亡人员及时进行抢救处理。

5.12 事故报告、调查和处理

5.12.1 事故报告

5.12.1.1 企业应明确事故报告程序,发生生产安全事故后,事故现场有关人员除立即采取应急措施外,应按规定和程序报告本单位负责人及有关部门。情况紧急时,事故现场有关人员可以直接向事故发生地县级以上人民政府安全生产监督管理部门和负有安全生产监督管理职责的有关部门报告。

5.12.1.2 企业负责人接到事故报告后,应当于1小时内向事故发生地县级以上人民政府安全生产监督管理部门和负有安全生产监督管理职责的有关部门报告。

5.12.1.3 企业在事故报告后出现新情况时,应按有关规定及时补报。

5.12.2 事故调查和处理

5.12.2.1 企业发生生产安全事故后,应积极配合各级人民政府组织的事故调查,负责人和有关人员在事故调查期间不得擅离职守,应当随时接受事故调查组的询问,如实提供有关情况。

5.12.2.2 未造成人员伤亡的一般事故,县级人民政府委托企业负责组织调查的,企业应按规定成立事故调查组组织调查,按时提交事故调查报告。

5.12.2.3 企业应落实事故整改和预防措施,防止事故再次发生。整改和预防措施应包括：
   a) 工程技术措施；
   b) 培训教育措施；
   c) 管理措施。

5.12.2.4 企业应建立事故档案和事故管理台账。

5.13 绩效评定和持续改进

5.13.1 安全检查

5.13.1.1 企业应严格执行安全检查管理制度,定期或不定期进行安全检查,保证安全生产标准化有效实施。

5.13.1.2 企业应对安全检查所查出的问题进行原因分析,制定整改措施,落实整改时间、责任人,并对整改情况进行验证,保存相应记录。

5.13.2 绩效评定

企业应每年至少1次对本单位安全生产标准化的实施情况进行自评,验证安全生产标准化的符合性、适宜性和有效性,检查安全生产目标、指标的完成情况。评定工作应形成正式文件,并将结果向所有部门、所属单位和从业人员通报,作为年度考核的重要依据。

5.13.3 持续改进

企业应根据安全生产标准化的自评结果和安全生产预警指数系统所反映的趋势,对安全生产目标、指标、规章制度、操作规程等进行修改完善,提出进一步完善安全生产标准化的计划和措施,不断提高安全绩效。

电镀生产装置安全技术条件(AQ 5203—2008)

前　　言

本标准对电镀生产装置技术设计方面的基本安全要求进行了规定。

本标准由国家安全生产监督管理总局提出。

本标准由全国安全标准化技术委员会涂装作业分技术委员会归口。

本标准为强制性标准。

本标准负责起草单位:南京四方表面技术有限公司。

本标准参加起草单位:江苏省安全生产科学研究院、江苏省机械工业联合会表面工程分会、义乌市化安化工有限公司、上海爱铝美克斯工程设备有限公司、浙江明泉工业涂装有限公司。

本标准主要起草人:林源、袁华、胡义铭、杨定峰、冉飞、徐超英。

本标准委托全国安全标准化技术委员会涂装作业分技术委员会解释。

本标准为首次发布。

1　范围

本标准规定了电镀生产装置的设计、制造、安装中安全技术的基本要求。

本标准适用于电镀设备的设计、制造、安装和维护。电镀生产企业的设备改造也可参照执行。

2　规范性引用文件

下列文件中的条款通过本标准的引用而成为本标准的条款。凡是注日期的引用文件,其随后所有的修改单(不包括勘误的内容)或修订版均不适用于本标准,然而,鼓励根据本标准达成协议的各方研究是否可使用这些文件的最新版本。凡是不注日期的引用文件,其最新版本适用于本标准。

GB 3766　液压系统通用技术条件

GB 4053.1　固定式钢直梯安全技术条件

GB 4053.2　固定式钢斜梯安全技术条件

GB 4053.3　固定式工业防护栏安全技术条件

GB 4053.4　固定式工业钢平台

GB 5083　生产设备安全和设计总则

GB 7231　工业管道的基本识别色、识别符合和安全标识

GB 7932　气动系统通用技术条件

GB 50034　建筑照明设计标准

GB/T 5226.1　机械安全　工业机械电气设备　第1部分:通用技术条件

GB/T 8196　机械安全　防护装置　固定式和活动式防护装置　设计与制造一般要求

GB/T 15706.1 机械安全 基本概念与设计通则 第1部分:基本术语、方法学
GB/T 15706.2 机械安全 基本概念与设计通则 第1部分:技术原则与规范
GB/T 16754 机械安全 急停 设计原则
JB 5317 环链电动葫芦
JB 6028 工程机械 安全标志和危险图示 通则
ZBJ 80013 钢丝绳电动葫芦
HJ/T 314 清洁生产标准
JB/T 1504 电镀用整流设备标准

3 术语和定义

GB/T 3138—1995确立的以及下列术语和定义适用于本标准。

3.1
电镀生产装置 electroplating equipment
完成工件表面电镀工序所使用的设备及辅助装置的总称。

3.2
镀槽 plating tank
用于存放各工序的处理溶液或清洗水的各种专用槽体的总称。

3.3
导电装置 conductive device
由工件(阴极)、阳极、槽液、整流器、汇流铜排共同组成的一个通电回路的总称。

3.4
导电杆 conductive rods
置于镀槽上方,用于支撑阳极、阴极并有导电功能的部件。

3.5
行车 carrier
在镀槽上方用来传送电镀工件的运输装置。

3.6
安全栓 safety pin
在机器进行人工操作或者维修时,放在工件提升装置与固定板之间,防止工件意外移动的一种圆柱。

4 一般要求

4.1 电镀生产装置及零部件的设计应符合GB 5083和GB/T 15706.1、GB/T 15706.2、HJ/T 314的规定。

4.2 装置工作时,如果存在有被加工料、碎块(物品破裂)或液体从设备中飞出或溅出而发生危险的情况,应设置透明的防护罩、隔板等防护措施,其强度应能承受可以预料的负荷。

4.3 装置工作时,如存在高压水喷射、火焰等而发生危险的情况,则应采取相应的防护措施。

4.4 装置的气动系统应符合GB 7932中有关安全的要求。

4.4 装置的液压系统应符合 GB 3766 中有关安全的要求。

4.5 装置的电气设备应符合 GB/T 5226.1 中有关安全的要求。

4.6 装置的管道设计应符合 GB 7231 中有关安全的要求。

4.7 装置的工作区应根据需要设置局部照明装置,该照明装置应符合 GB/T 5226.1 有关安全的技术要求,且应符合 GB 50034 中的照度要求。

5 镀槽

5.1 镀槽应不渗漏并具有一定的刚度、强度及耐热性。

5.2 镀槽及衬里的材料应根据镀槽内盛装溶液的化学成分、浓度、温度选择合适的材料,保证槽体材质不被槽液腐蚀和不因温度影响而变形。

5.3 钢槽底面应离地面不小于 100 mm,以防设备腐蚀。

5.4 带衬里的钢槽应设置检漏装置,防止衬里由于老化等原因损坏后引起槽液腐蚀槽体。

5.5 处理大工件的槽体,槽体底部应设置防砸底板,防止工件跌落而损坏镀槽底板,引起槽液泄漏。

5.6 镀槽底部的放液部位应根据槽液的性质选择合适的阀门,防止槽液泄漏。

5.7 自动电镀生产线应具有槽液快速循环和溢流的措施,避免镀槽液面因聚集大量氢气泡而发生氢气爆炸的现象。

6 镀槽导电与电源装置

6.1 整流器的外壳应安全接地。

6.2 导电装置的直流电源应符合 JB/T 1504 的规定。

6.3 直流输出的额定电压宜不小于镀槽最高工作电压的 1.1 倍,若生产工艺需要,整流器的电压冗余应满足镀槽冲击负荷的要求。直流额定电流值应不小于计算电流值(电流密度与每槽最大施镀面积的乘积)。需要冲击电流时,整流器应根据冲击电流值及电源设备短时允许过载能力来确定。

6.4 导电杆应能通过电镀所需的电流和承受的重量,便于擦洗铜排。导电杆承受的最大允许电流密度值为 2 A/mm^2。

6.5 汇流铜排的敷设宜采用竖放,每隔 3 m~6 m 及转弯处应设有支持夹板,需要时可增设中间夹板。

6.6 汇流铜排接头处应搪锡,接触面积不少于铜排截面积的 10 倍。表面应涂防腐漆,并定期维护。母线铜排正极涂漆为红色,负极涂漆为蓝色,涂漆不应渗入铜排接头内。

6.7 导电座与槽体之间、槽体与地面之间都应采取绝缘措施。

6.8 整流器应布置在通风干燥处,其相互间距不小于 600 mm,以保证整流器必需的冷却空间和维修空间。

7 槽液加热系统

7.1 槽内加热管、槽外换热系统应根据镀槽内盛装的溶液的化学成分、浓度、温度选择合适的材料,保证加热管不被槽液腐蚀。

7.2 电加热管的加热区上限位置应低于槽液最低液面 50 mm。

7.3 所有电加热的槽体均应布置液位计,在加热过程中液面降低至所示液面时,电加热应自动停止,液面低于液位计所示液面时,应无法启动电加热。

7.4 电加热管应安全接地,不允许与金属槽体、工件、极杆和极板接触。

7.5 蒸汽管入口总管上应装有总控制阀及压力表。并根据工艺需要,在蒸汽管道上安装减压阀,并在管路末端最低处设置疏水器。

7.6 蒸汽加热管在安装前需用压力不小于工作压力的压缩空气进行气密性检测。

7.7 蒸汽管道采用架空方式敷设时,其高度宜不少于 2.5 m,以不妨碍通行为原则,并尽量减少对采光的影响。

7.8 电镀生产设备中的酸性和有毒性加热槽以及其他有可能使凝结水污染的耗热设备凝结水,不应回收至锅炉房。

7.9 热力管道不应穿过风管、风道。热力管道,应敷设在上水管道、冷冻水和回水管道的上部。

7.10 热力管道与电气设备之间的最小安装净尺寸为 0.2 m。

7.11 管道布置时应考虑热膨胀问题,应尽量采用自然补偿(如自然转弯处等)。如已有的弯曲不能满足热补偿,应设置补偿器。

7.12 固定安装的阀门应设置固定支架,不应依靠阀门的连接管道支撑。

7.13 热力管道外层应包裹保温材料,并涂红色标记。

8 槽液搅拌系统

8.1 槽液搅拌应根据槽液的组成,合理选用空气搅拌、机械搅拌及其他方式搅拌。

8.2 槽液搅拌用的喷气管应根据镀槽内盛装的溶液的化学成分、浓度、温度选择合适的材料,以保证喷气管不腐蚀、不变形。

8.3 槽液搅拌用喷气管的布置应是易拆卸型的,以便定期更换或冲洗。

8.4 槽液搅拌用喷气管应设置防虹吸措施,以防槽液虹吸外漏。

8.5 槽液搅拌管应分别装有可调节气量大小的气阀开关。

9 槽液过滤系统

9.1 过滤机应根据过滤镀液的理化特性(酸性、碱性、强氧化性等),有针对性地选择滤室、过滤介质和过滤管道等的材料。

9.2 过滤机的布置要考虑下列要求:
   a) 应布置在排水畅通的地方,以便排放冲洗地面溶液的冲洗水。
   b) 布置应避开易受腐蚀性液体侵蚀的地方。
   c) 在过滤机的周边应有足够的空间,以便于更换滤芯和维修过滤机。

9.3 过滤机的入口端连接管道上应安装进气阀,其位置要高于槽内液面。当工作结束时,应随即打开进气阀,使空气进入管路内,以免出现泵及槽外配管接头漏液故障时因虹吸作用而损失镀液。过滤机用软管连接时,软管要用管箍卡紧,用硬管连接时,应布置管路支撑,防止管路长期悬空产生变形,使弯头和管路接头处泄漏溶液。

9.4 过滤机的进出口端均要设置管道法兰或软管接头,并配置阀门,以便过滤机损坏时拆开修理。

10 通风装置

10.1 通风装置的设置应根据有害物的特性和散发规律,工艺设备的结构及其操作特点,合理地确定排风罩的型式和安装方式,在不影响生产操作的情况下尽可能设置密闭排风罩,保证在排风口处具有 7 m/s~10 m/s 的风速。

10.1.1 生产过程中的排风系统设置应遵循的原则如下:
  a) 砂轮机、磨光机与布轮抛光机的排风不能合并。
  b) 各类槽子与喷砂机的排风不能合并。
  c) 严禁氰化物槽与酸槽的排风合并,而氰化物槽与碱槽的排风可以合并。
  d) 铬酸槽、硝酸槽的排风应各自单独设置。
  e) 有机溶剂除油槽不能与其他槽体的排风合并,应设置单独的排风系统并考虑防火防爆措施。

10.1.2 对散发有害物质较多的生产过程和设备,在工艺设计上应尽量采用机械化、自动化生产,加强密闭,减少污染。

10.2 当设置槽边排风罩时,应符合下列要求:
  a) 槽宽小于 500 mm 时采用单侧排风,槽宽等于 500 mm~800 mm 时宜采用双侧排风,槽宽大于 800 mm,小于 1 200 mm 时应双侧排风。
  b) 槽宽大于 1 200 mm 时采用吹吸式排风罩。
  c) 圆槽直径等于 500 mm~1 000 mm 时采用环形排风罩。
  d) 槽边排风罩应设置在槽的长边一侧,沿槽边的排风速度应分布均匀。

10.3 排风罩距液面的高度,不应低于 150 mm,在条件允许的情况下,槽面上可设置密闭式活动盖板。在槽面无法覆盖时,则可在液面上加盖覆盖料(如塑料棒、球等)、抑制剂等,以减少液面有害物质的挥发。

10.4 设有进风装置的电镀生产线,进风口与排风口的水平距离不应小于 20 m,当水平距离小于 20 m 时,进风口应比排风口至少低 6 m。

10.5 排风口应设置缓冲装置,气体不可直接排出,风管顶部应有帽盖,且排风口应高于屋面 5 m。

10.6 工艺槽有害气体的排风管应采用防腐材料制作,弱碱槽和热水槽的排风系统的户外管段也可采用镀锌薄钢板。

10.7 排风总管应有不小于 0.005 的排水坡度,并在风管的最低点和通风机的底部采取排水措施,如果排出的液体有毒,应排入相应的废水池,并进一步加以处理。

10.8 氰化槽和有机溶剂槽的排风系统,其风管的正压段不应穿过其他房间。

10.9 通风机与风管连接时,要使空气在进出风机时尽可能均匀一致,不要有方向或速度的突然变化。

11 排水系统

11.1 排水明沟位置在槽前时,应设栅格盖板。

11.2 地坑及明沟应考虑防腐蚀的措施,一般用防滑、防腐蚀材料贴面。有热水排出的地方,还应考虑温度对面层黏合材料的影响。

11.3 排水管道应根据排放液体的化学性质和温度选择合适的材质,应满足不腐蚀和不变形的要求。

11.4 管道接头应严防渗漏,以免影响土建基础和污染地下水。

11.5 不同性质的废水应分开排入废水池,含有氰化物的废水管道和处理装置应单独设置。

12 行车

12.1 电镀生产线的行车设计应保证其在正常工作条件下的稳定性、强度及规定的提升重量,并应符合 GB 5083 的规定。

12.2 起重吊钩应设有防止起吊工件脱钩的钩口闭锁装置。

12.3 行车运行过程中应设置提醒作用明显的声光报警装置。

12.4 行车在升降、行走的行程末端应设置极限保护装置。

12.5 行车在吊钩上升行程的最上端位置应设置安全栓,以便设备维修时使用。

12.6 电镀生产设备使用多台行车时,应设置防止相互碰撞的安全防护设施。

12.7 行车控制系统应有防重杆功能,以防止镀槽内有工件时行车还继续向槽内放工件而引起事故。

12.8 行车上人体易接触部位应设置有防护功能的安全连锁开关。工人操作发生人体接触时,行车应紧急停止。

12.9 电动生产设备采用钢丝绳电动葫芦或环链电动葫芦作行车使用时,相关设备应符合 ZBJ 80013 或 JB 5317 的规定。

12.10 行车的警示色为黄色。

13 工作平台、通道和梯子、栏杆

13.1 工作平台和梯子、栏杆的设计应符合 GB 4053.1、GB 4053.2、GB 4053、GB 4053.4 的规定。

13.2 单人通道净宽应不小于 600 mm,当通道经常有人或多人交叉通过时,宽度应增加至 1 200 mm,若通道还作为疏散路线,最小宽度应不小于 1 200 mm。

13.3 平台和通道上方的最小净空高度应不小于 2 100 mm。

13.4 电镀生产线通道或工作平台高度不小于 500 mm 时,应设置防护栏杆和工作平台挡板,栏杆和挡板高度应不小于 110 mm。

14 传动系统与电气安全

14.1 对外露的运动、旋转零部件,应设置防护罩,防护罩的设置应符合 GB/T 8196 的规定。

14.2 设备上的螺钉、螺母和销钉等紧固件,因其松动、脱落会导致零部件移位、跌落而造成事故时,应采取可靠的防松措施。

14.3 采用气动、液压的夹持、夹紧机构,其结构应保证在气、液失压或中断后仍能有可靠的夹持或夹紧功能。

14.4 对于较笨重的零部件,必须考虑拆卸的安全性,如设置起吊孔或起吊螺栓等。

14.5 设备要求单向旋转的零部件应有明显的转向指示。

14.6 电镀生产装置所有电气设备应符合 GB/T 5226.1 和 GB 16754 的有关规定。

14.7 设备紧急停止机构

    a) 除紧急停止机构不能减小风险的机器外,运动设备上应设置紧急停止机构(按钮、手柄等)。

    b) 紧急停止机构应设置在使操作者易于接近且无操作危险的地方。

    c) 由多人协同操作的机器,每个操作点都应设置紧急停止机构。

    d) 除中断其工作可能引起事故的夹紧装置、制动装置或其他装置外,紧急停止机构必须保证在任何操作程序下都能停止机器的工作。

    e) 紧急停止机构被重调以前,任何启动机器的操作应是无效的。

15 安全标志与指示

15.1 装置的各种安全与警告指示应在装置的相应部位上作出明显标志。

15.2 电镀生产装置操作面板指示应有反映机器安全运行、工作状态、故障等有关信息。

15.3 电镀生产装置及其电气系统存在事故风险的地方应有警告性标志。警告性标志应符合 JB 6028 的规定。

涂装工程安全设施验收规范（AQ 5201—2007）

前　　言

本标准依据《中华人民共和国安全生产法》《中华人民共和国清洁生产促进法》等法律制定。

本标准主要内容引用了国家系列标准《涂装作业安全规程》，是各级安全生产监督管理部门执行建设项目（工程）安全"三同时"规定、验收涂装类建设项目（工程）时主要的规范性技术文件之一。

本标准是行业强制性技术标准。

本标准由国家安全生产监督管理总局提出。

本标准由全国安全生产标准化技术委员会涂装作业分技术委员会归口。

本标准起草单位：江苏省安全生产科学研究院。

本标准参加起草的单位：浙江明泉工业涂装有限公司。

本标准主要起草人：沈立、胡义铭、朱坚平、陈云、吴思明、沈一平。

本标准为首次发布。

1 范围

本标准规定了新建、改建、扩建涂装工程（包括涂装设备、器械）和作业场所安全设施验收的基本原则。

本标准适用于使用涂料及有关化学品（包括有机溶剂）在金属或非金属表面进行涂装的涂装工程，包括塑料制品、纺织品、皮革制品、木制品等非金属的涂装工程安全设施验收。

涂装工艺、涂装作业场所、涂装设备器械的设计、生产、制造和安装等的安全技术审查；露天涂装作业，建筑物、构筑物内外涂饰等涉及涂装工程安全的技术审查亦可参照本标准。

2 规范性引用文件

下列文件的条款通过本标准的引用而成为本标准的条款。凡是注日期的引用文件，其随后所有的修改单（不包括勘误的内容）或修订版均不适用于本标准，然而，鼓励根据本标准达成协议的各方研究是否可使用这些文件的最新版本。凡是不注日期的引用文件，其最新版本适用于本标准。

GB 935　高温作业允许持续接触热时间限值

GB 4064　电气设备安全设计导则

GB 5083　生产设备安全卫生设计总则

GB 6514—1995　涂装作业安全规程　涂漆工艺安全及其通风净化

GB 7691—2003　涂装作业安全规程　安全管理通则

GB 7692—1999　涂装作业安全规程　涂漆前处理工艺安全及其通风净化

GB 12942—2006　涂装作业安全规程　有限空间作业安全技术要求

GB/T 14441—1993　涂装作业安全规程　术语
GB 14443　涂装作业安全规程　涂层烘干室安全技术规定
GB 14444—2006　涂装作业安全规程　喷漆室安全技术规定
GB 14773　涂装作业安全规程　静电喷枪及其辅助装置安全技术条件
GB 15607—1995　涂装作业安全规程　粉末静电喷涂工艺安全
GB 16297　大气污染物综合排放标准
GB 20101—2006　涂装作业安全规程　有机废气净化装置安全技术规定
GB 50016　建筑设计防火规范
GB 50057　建筑物防雷设计规范
GB 50058—1992　爆炸和火灾危险环境电力装置设计规范
GBZ 1—2002　工业企业设计卫生标准
GBZ 2—2002　工作场所有害因素职业接触限值

3 术语和定义

标准 GB/T 14441 中确立的术语和定义以及下列术语和定义均适用于本标准。

3.1
涂装　painting
使涂料牢固附着在金属或非金属物体表面的工艺过程。

3.2
涂装工程　painting engineering
为实现涂料在金属或非金属表面的涂覆而使用各种生产设施进行作业所涉及的工程系统。

4 一般性规定

4.1 新建、改建、扩建涂装工程的安全设施应按设计要求与主体工程同时建成。
4.2 涂装工程的设计、制造、安装、检验资质应符合国家法定要求。
4.3 涂装工程不应使用 GB 7691 所明确淘汰的涂装工艺和禁止使用的涂料(包括有关危险化学品),其生产应符合《中华人民共和国安全生产法》《中华人民共和国清洁生产促进法》规定的基本要求。
4.4 对于 GB 7691 限制使用的涂装工艺和涂料(包括有关危险化学品),应该配备有效的安全设施,并制定具体的防护措施。同时提供选用说明并作专项安全评估。
4.5 涂装作业场所应划分火灾危险、爆炸性环境危险(包括气体、粉尘)区域图。
4.6 涂装作业场所应进行防雷、防静电检测检验。
4.7 进入涂装作业场所的各种承压管线应进行严格的压力试验,并提供检测检验。
4.8 涂装工程安全设施验收审查应提供以下技术文件:
   a) 厂区总平面布置图和工程设计《安全卫生专篇》;
   b) 涂装作业场所建筑平面图和涂装工艺布置图;
   c) 当地消防部门消防设施验收的批准文件;
   d) 工艺文件和通风净化效果报告;

e) 涂料及有关化学品的安全技术资料；
f) 试运行总结报告和检测检验报告；
g) 涂装作业安全操作规程；
h) 事故应急处置预案。

5 总体布局

5.1 涂装作业场所一般不应设立在教育、住宅等公共场所附近。

5.2 涂装生产场所应布置在厂区常年最小频率风向的上风侧，与厂前区、人流密集处、洁净度要求高的厂房之间，应按 GB 50016 的规定，留出足够的安全距离。

5.3 涂装生产场所的厂房布置应符合工艺流程和安全卫生要求，兼顾工序衔接顺畅、物料传输便捷、操作维修方便。

5.4 涂装作业场所原则上宜按独立厂房设置，如果设置在联合厂房内，则应布置在联合厂房的外侧。如果设置在多层厂房内，则应布置在多层厂房的最上层。

5.5 涂装作业场所与相邻建筑物的防火间距，应符合 GB 50016 的有关规定。

5.6 涂装车间厂房四周应按 GB 50016 的规定设消防通道。长度和宽度均超过 160 m 的超大厂房，若消防设施的 150 m 有效范围无法保证厂房面积全部覆盖，应设置厂房内消防车道。且门洞净高、净宽不应小于 4 m，车道净宽不应小于 3.5 m。

5.7 涂装车间厂房应有两个以上的出入口，且保持畅通。超大厂房内的涂装操作工位与出入口安全门的紧急撤离距离一般不超过 25 m。

5.8 当涂装作业采用封闭喷漆工艺并使封闭喷漆空间内保持负压，同时设置可燃气体浓度报警系统或自动抑爆系统(包括合格泄爆装置)，且喷漆工段防火分区占涂装车间面积不到 20% 时，厂房可按生产的火灾危险性分类中的丁、戊类生产厂房确定防火要求(喷漆工段防火分区的灭火设备配置除外)。

5.9 危险化学品、油漆库房布置应远离火源，并符合国家现行消防规定。一般应布置在厂区常年最小频率风向的上风侧及边缘区域。

5.10 生产电源的配电中心与化学前处理、喷漆工段之间，应有合适的安全防护距离。

5.11 涂装前处理、喷漆、涂料配制等腐蚀、有毒、易燃、易爆可能性大的工序，应与其他生产工序隔开布置。调漆(含有机溶剂)间应独立、封闭设置，与火灾、爆炸危险区(1区)的安全距离应大于 6 m。

5.12 涂装作业场所采用有机溶剂清洗除油时，与相邻生产部门的封隔墙材料应符合 GBJ 16 规定的耐火极限时间要求。

5.13 涂装作业的厂房内应预留原料、废料、成品存放场地。

5.14 涂装车间的门窗应向外开，车间内的主要通道宽度应不小于 1.2 m，且保持畅通。

5.15 涂装前处理和涂漆、喷粉作业场所应在利用自然通风的同时，设置有组织的局部排风，必要时采取全面强制通风，以防止涂装作业过程中的有害物质产生职业危害，保障作业人员的安全与健康。

5.16 涂装车间通风系统进风口位置应设置在排风口的上风侧，其高度低于排风口，距室外地坪应不低于 2 m；当进风口与排风口设置在同一高度时，则前者应设置在上风侧，两者的水平间距不小于 20 m。

5.17 涂装车间内应易于清扫且不得积水,作业场所的地面应平整防滑、不起火花,并配置冲洗地面的设施。经常有酸碱液流散或积聚的地面,宜采用耐腐蚀材料敷设,并设计地坪坡度,坡向厂区废水处理系统。

6 涂装设备安全

6.1 涂装设备设计应符合 GB 4064、GB 5083 的通用安全要求和涂装作业安全规程的专业安全要求。

6.2 涂装设备器械应具有以下技术资料:
    a) 使用说明书(包括安全说明);
    b) 完整的产品铭牌(名称、型号、主要参数、制造厂名与地址、制造时间)。

6.3 涂装前处理设备

涂装前处理工段涉及喷抛丸、动力工具打磨及高压水清理等方法的机械前处理,脱脂、酸洗、中和、表调、磷化、钝化、清洗等化学前处理,以及有机溶剂处理,工件的除旧漆工序等。涂装前处理工段所涉及的工艺设备均应符合 GB 7692 的要求。

6.4 喷漆(粉)室及喷涂设备
    a) 除特大型工件外,无论何种涂料的喷涂过程都应在喷漆(粉)室中进行。喷漆(粉)室通风应为有组织气流,其通风量必须同时满足防爆安全与工业卫生的要求。具体参数应符合 GB 14444 和 GB 15607 的要求。
    b) 各种喷漆器具和进入喷漆(粉)室的喷涂设备、辅助装置,都应符合爆炸性气体环境危险区域中使用的安全技术条件。
    c) 静电喷漆区和静电喷粉区使用的手持式或自动式静电喷枪及其辅助装置的安全技术条件应符合 GB 14773 的要求。

6.5 烘干、固化设备

涂装工程建设项目中的涂层干燥、固化用烘干室等设备的安全技术条件,应符合 GB 14443 的要求。

6.6 废气处理设施

涂装作业通风排气装置排出的气体有害物浓度超过 GB 16297 中规定的大气污染物排放限制时,应采取净化处理措施;废气处理设施安全要求应符合 GB 20101 的规定。

7 防火、防爆

7.1 涂装工程火灾危险性区域按 GB 6514 和 GB 50016 分类;与涂漆区相邻场所的爆炸性气体环境危险区域按 GB 6514 分为 1 区、2 区、非爆炸危险区域;喷粉区按 GB 15607 相对应的爆炸性粉尘环境区域分为 11 区、22 区、非爆炸危险区域。

7.2 存在危险量的可燃蒸汽、漆雾、粉尘和可燃残存物的涂漆区或前处理区,应划为高度危险区域(1 区、11 区),该区域一般不布置电气设备,如确需布置,应按照电气整体防爆要求严格控制。

7.3 高度危险区域(1 区、11 区)应设置安全报警装置并与自动灭火装置连锁。

7.4 容易产生燃烧、爆炸的 2 区、22 区,亦为火灾、爆炸危险区域,应划为中等危险区域,严格控制易燃物存量和可能产生明火的危险源。

7.5 轻度危险区域。为涂装作业专门设置的厂房或划定的有产生燃烧可能的空间,应划为轻度危险区域,但是必须禁止一切明火,防止外来火种进入。

7.6 涂装工程设计应符合相关的耐火等级和厂房防爆、安全疏散的要求。建筑结构、构件及材料应根据防火、防爆要求选用;疏散门最小宽度不宜小于 0.8 m,且应向疏散方向开启;疏散走道的净宽不宜小于 1.4 m。疏散设施应备有应急照明和安全疏散标志。

7.7 涂装作业场所应正确分区布置工艺路线,从有利安全、卫生、消防、节能、环保等设计要素出发,采取必要的隔断、隔离设施,并注意防火间距和防火分割。

7.8 涂装作业场所的集中空调布置管线在进入火灾危险区前应设置防火阀。

7.9 喷漆室不应交替用于喷漆、烘干。特殊情况下使用喷漆、烘干两用设备,且必须符合 GB 14443 和 GB 14444 的特定条件。

7.10 流平区、滴漆区应设计局部强制排风和收集滴漆的装置。

7.11 有限空间内的涂装作业条件应符合 GB 12942 的要求。

8 电气安全

8.1 涂装作业场内的电气安全,必须符合整体防爆的要求,即电机、电器、照明、线路、开关、接头等都必须符合防爆安全要求,严禁乱接临时电线。

8.2 爆炸危险等级为 1 区的涂装作业场所内,电动机、变压器按顺序选用隔爆、正压、增安型。2 区可选用无火花型电动机和充油型变压器。

8.3 有防爆要求场所的开关、空气断路器、二次启动用空气控制器以及配电盘宜采用隔爆型;操作用小开关宜采用正压(充油)型;操作盘和控制盘宜采用正压型;接线盒应采用隔爆型。

8.4 有防爆要求场所的照明灯具,固定式白炽灯和固定式荧光灯以及指示灯应采用隔爆型或增安型。信号报警装置应采用正压型或增安型,半导体整流器则应采用正压型。

8.5 有防爆要求场所的控制电线宜用铜芯铠装,截面在 1.5 mm² 以上,接线盒则应采用隔爆型或增安型。

8.6 确定为 1~2 区爆炸危险等级的涂装作业区的各种电气设备的金属外壳均应可靠接地。除照明装置外的其他电气设备均应采用专用接地线,任何接地线不得利用输送易燃物质的管道。接地干线宜在不同方向至少两次与接地体相连。

8.7 接地线与接地体的连接应采用焊接,接地体宜垂直敷设,并且应深入地面不小于 2 m,水平敷设时,埋设深度不小于 0.6 m,并应与建筑物相距 1.5 m 以上。

8.8 正常情况下,连续或经常存在爆炸混合物的场所和喷漆室内部不宜设置电气设备,但由于测量、维修或控制要求不得不设置电气设备,因此电气设备应按 GB 50058 规定的防爆要求进行安装。

8.9 电泳涂装设备的安全接地电阻不大于 $1\times10\ \Omega$。

8.10 在涂装作业的爆炸危险场所内,接地设计技术规程不作规定的以下部分应接地。
  a) 不良导电地面处,380 V 及以下电气设备的正常不带电的金属外壳;
  b) 干燥环境下,110 V 及以下的正常不带电的电气设备金属外壳;
  c) 安装在已接地的金属结构上的电气设备。

9 防雷、防静电

9.1 高大厂房应有防直击雷的设施,精密电气设备、控制系统应有防感应雷的设施,其检测指标应达到 GB 50057 的规定。

9.2 在火灾、爆炸危险区域内禁止设置或进入电磁波辐射性设备、设施、工具,以及易发生静电放电的物体。

9.3 涂装作业场所内的工艺管线、排风管道及易燃易爆物料储存设备等必须作可靠的防静电接地。

9.4 以防静电为目的而设置接地的接地电阻值,应稳定在 1×10^6 Ω 以下。

9.5 防静电的接地与其他用途的接地共用时,其接地电阻可按各种用途的接地电阻最低值确定。在爆炸危险场所内,防静电接地与防雷接地分开有困难时,接地阻值应按防雷接地电阻值选取。爆炸危险场所内电气设备的工作接地和保护接地电阻阻值不得大于 1×10 Ω。

10 职业危害控制要求

10.1 高温危害控制

涂装作业场所的化学前处理和烘干工序,应控制作业环境温度。控制标准按 GB 935 的要求执行。

10.2 粉尘危害控制

主要粉尘危害场所的机械除锈工序粉尘可能包括 SiO_2;涂膜打磨、粉末喷涂工序产生无机和有机粉尘。粉尘危害控制标准分别按 GB 7692 和 GB 15607 的有关要求执行。

10.3 噪声危害控制

作为涂装作业场所主要噪声源的空气压缩机和各类风机,应采用消声、减振、隔声、阻尼等措施,降低噪声危害。车间噪声达标值为 85 dB(A);最高容许值为 93 dB(A)。作业现场人员容许接触噪声时间按 GBZ 1 的要求执行。

10.4 毒性危害控制

涂装作业场所空气中有害物质的最高允许浓度应遵循 GB 6514 和 GB 7692 的规定。常见的有害物质的最高允许浓度按 GBZ 2 的要求执行。

11 其他验收事项

11.1 涂装作业场所的机械伤害、高处坠落等危险因素的防护措施应进行现场检查。

11.2 涂装工程项目选用涂料、化学品、涂装工艺、涂装设备器械的法规、标准符合性审查。

11.3 涂装工程通风系统参数,防爆电气设备防爆参数,接地电阻值,危险区域易燃易爆气体、粉尘浓度,涂装作业场所有害因素的测定值审查。

11.4 涂装作业场所自动联锁控制和信号、报警装置整定值安全审查。

11.5 涂装作业场所安全标识、安全标记审查。

11.6 采用新型涂料及有关化学品或涂装工艺的安全技术鉴定资料的文件审查。

七、个体防护装备

防护服装 阻燃服(GB 8965.1—2020)

前　言

本标准按照 GB/T 1.1—2009 给出的规则起草。

本标准代替 GB 8965.1—2009《防护服装　阻燃防护　第1部分:阻燃服》。本标准与 GB 8965.1—2009 相比,主要技术变化如下:
——补充并更新了规范性引用文件;
——补充并修改了部分术语和定义;
——删除了 C 级阻燃服及其要求;
——增加了针织类面料和服装的技术要求;
——删除了面料弯曲长度要求,增加了可分解致癌芳香胺染料限量、异味要求;
——增加了里料理化性能要求;
——依据 GB/T 5455—2014,规定了面料阻燃性测试方法;
——修改了针距的技术要求与指标,增加了一般部位接缝强力要求和接缝阻燃性的测试方法和要求;
——修改了裤后裆缝和肩缝强力的指标要求,增加袖窿缝和其他部分接缝强力要求;
——增加了假人轰燃试验测试服装整体热防护能力;
——删除了 GB 8965.1—2009 中附录 A 热防护性能试验方法,GB 8965.1—2009 中附录 B 热稳定性试验方法修改为本标准中附录 A;
——修改了热稳定性和热防护性能检测样品数量;
——修改了检验规则;
——对标志标识内容进行了补充和修改。

本标准由中华人民共和国应急管理部提出并归口。

本标准所代替标准的历次版本发布情况为:
——GB 8965—1988、GB 8965—1998;
——GB 8965.1—2009。

1 范围

本标准规定了阻燃服的分级、要求、试验方法、检验规则、标识、包装及储存。

本标准适用于在有明火、散发火花,或在有易燃物质并有轰燃风险的场所使用的阻燃服。

2 规范性引用文件

下列文件对于本文件的应用是必不可少的。凡是注日期的引用文件，仅注日期的版本适用于本文件。凡是不注日期的引用文件，其最新版本（包括所有的修改单）适用于本文件。

GB/T 250 纺织品 色牢度试验 评定变色用灰色样卡
GB/T 2912.1 纺织品 甲醛的测定 第1部分：游离和水解的甲醛（水萃取法）
GB/T 3291.3 纺织 纺织材料性能和试验术语 第3部分：通用
GB/T 3916—2013 纺织品 卷装纱 单根纱线断裂强力和断裂伸长率的测定（CRE法）
GB/T 3917.3 纺织品 织物撕破性能 第3部分：梯形试样撕破强力的测定
GB/T 3920 纺织品 色牢度试验 耐摩擦色牢度
GB/T 3921 纺织品 色牢度试验 耐皂洗色牢度
GB/T 3922 纺织品 色牢度试验 耐汗渍色牢度
GB/T 3923.1 纺织品 织物拉伸性能 第1部分：断裂强力和断裂伸长率的测定（条样法）
GB/T 4802.1 纺织品 织物起毛起球性能的测定 第1部分：圆轨迹法
GB/T 4802.3 纺织品 织物起毛起球性能的测定 第3部分：起球箱法
GB/T 5296.4 消费品使用说明 第4部分：纺织品和服装
GB/T 5453 纺织品 织物透气性的测定
GB/T 5455—2014 纺织品 燃烧性能 垂直方向损毁长度、阴燃和续燃时间的测定
GB/T 7573 纺织品 水萃取液pH值的测定
GB/T 7742.1 纺织品 织物胀破性能 第1部分：胀破强力和胀破扩张度的测定 液压法
GB/T 8628 纺织品 测定尺寸变化的试验中织物试样和服装的准备、标记及测量
GB/T 8629—2017 纺织品 试验用家庭洗涤和干燥程序
GB/T 8630 纺织品 洗涤和干燥后尺寸变化的测定
GB/T 12704.1 纺织品 织物透湿性试验方法 第1部分：吸湿法
GB/T 12903 个体防护装备术语
GB/T 13640 劳动防护服号型
GB/T 17592 纺织品 禁用偶氮染料的测定
GB 18401—2010 国家纺织产品基本安全技术规范
GB/T 20097 防护服 一般要求
GB 20653 防护服装 职业用高可视性警示服
GB/T 21294 服装理化性能的检验方法
GB/T 23344 纺织品 4-氨基偶氮苯的测定
GB/T 38302—2019 防护服装 热防护性能测试方法
FZ/T 70007 针织上衣腋下接缝强力试验方法
FZ/T 81007 单、夹服装
ISO 13506-1 防热和防火防护服 第1部分：完整服装的试验方法 用装备仪器的假

人对转移能量的测量(Protective clothing against heat and flame—Part 1:Test method for complete garments—Measurement of transferred energy using an instrumented manikin)

ISO 13506-2　防热和防火防护服　第2部分:皮肤烧伤预测　计算要求和测试用例(Protective clothing against heat and flame—Part 2:Skin burn injury prediction—Calculation requirements and test cases)

3　术语和定义

GB/T 12903和GB/T 3291.3界定的以及下列术语和定义适用于本文件。

3.1

阻燃服　flame retarant protective clothing

在接触火焰及炽热物体后,在一定时间内能阻止本身被点燃、有焰燃烧和无焰燃烧的防护服。

3.2

续燃时间　afterflame time

在规定的试验条件下,移开点火源后材料持续有焰燃烧的时间。

注1:以秒表示。

注2:改写GB/T 3291.3—1997,定义2.145。

3.3

阴燃时间　afterglow time

在规定的试验条件下,当有焰燃烧终止后,或本为无焰燃烧者,移开点火源后,材料持续无焰燃烧的时间。

注1:单位为秒(s)。

注2:本标准中阴燃指发生在损毁区的边缘并伴随损毁区蔓延的无焰燃烧现象。在损毁区内部,部分区域会由于前期所吸收热量的持续释放而产生红热现象,该红热现象的持续时间不计入阴燃时间。

注3:改写GB/T 3291.3—1997,定义2.146。

3.4

损毁长度　damaged length

在规定的试验条件下,在规定方向上材料损毁部分的最大长度。

注1:单位为毫米(mm)。

注2:改写GB/T 3291.3—1997,定义2.157。

3.5

热防护性能值　thermal protective performance;TPP

在测试热防护材料过程中,通过测得的该材料在累计时间上的传热反应曲线与Stoll曲线的交点来确定的累积能量。

注1:单位为千瓦秒每平方米($kW \cdot s/m^2$)。

注2:改写GB/T 38302—2019,定义3.1。

3.6

本质阻燃织物　inherent flame retardant fabric

不经过任何阻燃后处理,仅通过构成织物的阻燃纤维材料或阻燃纤维材料的组合,即具备相应等级阻燃性能的阻燃织物。

3.7

后处理阻燃织物　after treatment flame retardant fabric

通过对不具备阻燃性能或阻燃性能不足的纤维、纱线、织物进行化学处理而具备阻燃性的织物。

3.8

面料　outer shell/layer

服装最外层所用材料。

3.9

里料　lining

服装最内层用于全部或部分覆盖服装内表面的材料。

4　分级

根据服装防护能力，阻燃服分为A、B两个级别。

5　要求

5.1　材料

5.1.1　面料

5.1.1.1　阻燃性

A级和B级阻燃服所用材料的阻燃性能，在洗涤前和经过6.2规定的洗涤程序洗涤后，都应符合表1的要求。

表1　面料阻燃性能项目和指标

测试项目	防护等级	指　标
热防护性能值(TPP) kW·s/m²	A级	皮肤直接测试：≥126
	B级	皮肤与服装间有空隙：≥250
续燃时间 s	A级	≤2
	B级	≤2
阴燃时间 s	A级	≤2
	B级	≤4
损毁长度 mm	A级	≤50
	B级	≤100
熔融、滴落		无

5.1.1.2　理化性能

阻燃服所用面料的理化性能应符合表2的要求。夏装的整体，春秋装和冬装的服装领口、袖口、裤管所用材料的理化性能应满足直接接触皮肤面料的要求。对包含衬里的服装使用的面料、覆膜和涂层织物，无透气率和透湿率要求。未标注"机织物"或"针织物"的技术要求,对所有类型面料均适用。

表 2 面料理化性能要求

项　目		指　标
断裂强力(机织物)/N (洗前,洗后)	单位面积质量≤200g/m²	≥300
	单位面积质量＞200g/m²	≥450
撕破强力(机织物)/N	单位面积质量≤200g/m²	≥25
	单位面积质量＞200g/m²	≥35
胀破强力(针织物)/kPa		≥200
透湿率/[g/(m²·24 h)]		≥5 000
起球/级		≥3
透气率/(mm/s)		≥50
水洗尺寸变化率(机织物)/%		−3.0～+3.0
松弛尺寸变化率(针织物)/%		−5.0～+5.0
热稳定性/%		≤10
色牢度(机织物)/级	耐皂洗(变色/沾色)	≥3-4/3-4
	耐摩擦(干摩)	≥3-4
	耐汗渍(变色/沾色)	≥3-4/3-4
色牢度(针织物)/级	耐皂洗(变色/沾色)	≥3-4/3-4
	耐摩擦(干摩)	≥3
	耐汗渍(变色/沾色)	≥3/3-4
甲醛含量/(mg/kg)	直接接触皮肤	≤75
	非直接接触皮肤	≤300
pH 值		4.0～8.5
可分解致癌芳香胺染料		不得检出
异味		无

5.1.2 里料

如阻燃服使用里料,里料的阻燃性能在洗涤前和经过6.2规定的洗涤程序洗涤后,应符合表3的要求。

表 3 里料理化性能要求

项　目		技术要求
阻燃性能	续燃时间/s	≤2
	阴燃时间/s	≤4
	损毁长度/mm	不得烧通
	熔融、滴落	无

表 3（续）

项　目	技术要求
热稳定性/%	≤10
甲醛含量/(mg/kg)	≤75
pH 值	4.0～8.5
可分解致癌芳香胺染料	不得检出
异味	无

5.1.3　缝纫线
5.1.3.1　强力
按 6.18 规定试验时，缝纫线的断裂强力不小于 10 N。
5.1.3.2　阻燃性
按 6.19 规定试验时，无熔融和烧焦现象。

5.1.4　附件、辅料与衬布
5.1.4.1　扣、钩、拉链应便于连接和解脱，扣、钩、拉链的材质不应使用易熔、易燃、易变形的材料，若必须使用时其表面需加阻燃衣料掩襟。按 6.19 规定的方法进行测试，纽扣、拉链、钩不得出现燃烧、熔融或变形情况，并能解开。

5.1.4.2　金属部件不应与身体直接接触。如使用橡筋类材料，包覆材料应阻燃。

5.1.4.3　阻燃服如使用反光带和荧光材料等配料，配料的阻燃性能应与服装面料一致，反光带的逆反射系数应符合 GB 20653 对反光材料的反光性能要求。使用荧光材料的，荧光材料的颜色性能应符合 GB 20653 对基底材料或组合性能材料的颜色性能要求。

5.1.4.4　服装可敷热熔粘合衬，用于领子、裣面、袖头、下摆卡夫、裤腰、袋盖等部位。敷料部位不应渗胶，按 GB/T 8629—2017 中 4 N 方法水洗 20 次后，不应有起泡、脱层现象。

5.2　款式
款式应简洁、实用、美观，宜在如下款式中选用：
上、下装分离式，衣裤（帽）连体式等。

5.3　结构
5.3.1　测试人员穿着与其尺寸相符的服装进行如下动作时，服装应始终包覆躯干和四肢，不得出现腰部、腹部、前臂、手腕、小腿以及其他被服装包覆部位露出的情况。
  a) 身体直立，双臂侧平举至两臂高举过头；
  b) 身体直立，双臂前伸，继续上举至高举过头，然后弯腰至手指触地；
  c) 双臂前伸，蹲下，起立；
  d) 弓箭步行走。

5.3.2　明衣袋应带袋盖，上衣长度应盖住裤子上端 20 cm 以上，袖口、脚口、领子应收口，袋盖长度应大于袋口长度 2 cm。裤子两侧口袋不得用斜插袋，避免明省、活褶向上倒。

5.3.3　在作业中不易引起钩、挂、绞、碾。

5.3.4　在适宜处可留有透气孔隙，以便排汗散湿调节体温。但通风孔隙不得影响服装强度，孔隙结构不得使外界异物进入服装内部。

5.4 号型及规格

防护服的号型应符合 GB/T 13640 的规定,超出 GB/T 13640 范围按档差自行设置。成品尺寸测量位置及主要部位允许公差符合 FZ/T 81007 的规定。

5.5 缝制

5.5.1 接缝强力

按 6.20 规定的方法测试,机织类面料制成的服装,肩缝、袖窿缝、裤后裆缝接缝强力应不小于 225 N,裤内侧缝接缝强力应不小于 100 N,针织类服装的裤后裆缝和腋下接缝强力应不小于 74 N。

5.5.2 缝制工艺

5.5.2.1 各部位缝合平服,线路顺直、整齐、牢固,针迹均匀,起止针处及袋口应回针缉牢,各部位缝头不小于 0.8 cm。

5.5.2.2 左右对称,部件定位准确,对称部位基本一致。

5.5.2.3 绱袖圆顺,位置适宜。

5.5.2.4 领子平服,不反翘,领子部位明线不能有接线。

5.5.2.5 眼位不偏斜,锁眼针迹美观、整齐、平服。

5.5.2.6 钉扣牢固,不得钉在单层布上(装饰扣除外)。四合扣牢固,吻合适度,无变形或过紧现象。扣与扣眼及四合扣上下要对位。

5.5.2.7 绱门襟拉链平服,左右高低一致。

5.5.2.8 各部位 30 cm 内不得有两处跳线和连续跳线,链式线迹不允许跳线。

5.5.2.9 面里平服,不反翘,无明显抽皱。

5.6 外观

5.6.1 整洁美观、熨烫平展、定型充分、整叠规整,无烫黄和水渍,无破损、斑点、污物及其他影响服装性能的缺陷。

5.6.2 同色面料服装每套(件、条)各部位表面颜色互差不低于 4 级,非表面部位颜色不低于 3-4 级,色差评定级别应按照 GB/T 250 规定进行。

5.6.3 疵点、污渍对产品美观和牢固无影响,判定应在室内标准光照明,照度不低于 600 lx 条件下距产品 1.5 m 处观察,不允许断经断纬及破损。

5.7 成品水洗后的尺寸变化率

按 6.21 规定的方法测试,机织物面料制成的服装成品水洗后的尺寸变化率按表 4 规定。

表 4 水洗尺寸变化率

部位	尺寸变化率/%	备注
领大	≥-1.0	只考核立领
胸围	≥-2.0	—
衣长	≥-2.5	—
腰围	≥-1.0	—
裤长	≥-2.5	—

5.8 成品轰燃条件下的阻燃性能

按 6.22 规定的方法对洗涤前和洗涤后的样品分别进行测试,穿着 A 级服装的假人二级烧伤和三级烧伤面积之和不得大于总面积的 25%,穿着 B 级服装的假人,二级烧伤和三级烧伤面积之和不得大于总面积的 50%。

6 试验方法

6.1 面料的热防护性能值按 GB/T 38302—2019 的规定测试,样品数量为 3 块,面料和里料的续燃时间、阴燃时间、损毁长度和熔融、滴落的试验方法按 GB/T 5455—2014 中条件 A 规定的方法测试。样品测试前应洗涤,洗涤依据 6.2 的要求进行。如样品提供方说明服装中包含非阻燃的功能层,按 6.19 规定的方法测试,功能层不应有熔融、滴落现象。

6.2 如无特殊说明,本标准中阻燃服或面料的洗涤应使用 GB/T 8629—2017 中规定的 A2 型自动洗衣机,使用正常搅拌方式洗涤 12.5 h,漂洗 8 h,并悬挂干燥。漂洗过程中应换水两次,每次换水前脱水 2 min。洗涤所用洗衣粉应为中性,pH 值为 7.0~7.5。或使用 A2 型自动洗衣机并使用中性洗涤剂按 GB/T 8629—2017 中 4 N 方式洗涤 50 次,并悬挂干燥。如服装注明为一次性使用服装,则测试前可不经过洗涤预处理。

6.3 面料的断裂强力按 GB/T 3923.1 测试。

6.4 面料的撕破强力按 GB/T 3917.3 测试。

6.5 面料的胀破强力按 GB/T 7742.1 规定的方法测试,测试面积为 7.3 cm²。

6.6 面料的透湿率试验按 GB/T 12704.1 方法规定测试。

6.7 机织物类面料的起球试验按 GB/T 4802.1 的规定进行,针织物类面料的起球试验按 GB/T 4802.3 的规定进行。

6.8 面料的透气率按 GB/T 5453 的规定测试。

6.9 面料尺寸变化率和松弛尺寸变化率按 GB/T 8628 和 GB/T 8630 规定进行,采用 GB/T 8629—2017 中的 4 N 程序洗涤,机织物采用悬挂晾干的方式干燥,针织物采用平铺晾干方式干燥。如果使用说明上为轻柔洗涤或手洗,则采用 4G 或 4H 程序洗涤,洗涤次数为 1 次。

6.10 面料和里料的热稳定性测试方法按附录 A 进行。A 级在 (260±5)℃ 条件下、B 级在 (180±2)℃ 条件下进行测试。

6.11 耐皂洗色牢度的试验按 GB/T 3921 的规定测试。

6.12 耐摩擦色牢度的试验按 GB/T 3920 规定测试。

6.13 耐汗渍色牢度的试验按 GB/T 3922 规定测试。

6.14 甲醛含量的测试方法按 GB/T 2912.1 规定测试。

6.15 pH 值的测试方法按 GB/T 7573 规定测试。

6.16 可分解致癌芳香胺染料按 GB/T 17592 和 GB/T 23344 测试。

6.17 异味按 GB 18401—2010 中 6.7 的规定测试。

6.18 缝纫线强力按 GB/T 3916—2013 中方法 A 或方法 B 的规定测试。

6.19 烘箱加热至 (260±10)℃,稳定后,将待测样品放入烘箱 5 min 后取出。如测试样品为缝纫线,取 100 m 阻燃线经缠绕后放入烘箱。钩、扣、拉链样品按使用状态系好后取样品及其附着的织物和防护用的掩襟(如果有)放入烘箱中。

6.20 成品接缝强力测试,机织类服装按 GB/T 21294 规定的方法进行,针织物材料制成的服装接缝强力按 FZ/T 70007 规定的方法测试,测试位置为裤后裆缝和腋下接缝,每个部位各取一个试样。

6.21 成品水洗后的尺寸变化率按 GB/T 8628 和 GB/T 8630 规定进行,采用 GB/T 8629—2017 中的 4N 程序洗涤,机织物采用悬挂晾干的方式干燥,针织物采用平铺晾干方式干燥。

6.22 成品轰燃条件下阻燃性能按 ISO 13506-1 规定的方法进行测试,测试系统结构见 ISO 13506-1 中的要求,假人身上应穿着紧身的全棉圆领衫再穿着适合号型的测试服装进行测试,圆领衫所用面料单位面积质量应为 140 g/m²~170 g/m²。测试用热通量为 $84×(1±5\%)$ kW/m²,暴露时间为 $(3.0±0.1)$ s。烧伤面积的分析和计算按 ISO 13506-2 规定的方法进行。

注1:对单套服装,如无特殊说明,测试烧伤面积过程中不包含手部和足部所测数据。
注2:模拟假人身高为 $(1810±60)$ mm,胸围为 $(995±105)$ mm,腰围为 $(870±25)$ mm。

7 检验规则

7.1 质量缺陷划分

质量缺陷划分见表 5。

表 5 阻燃服产品质量缺陷划分依据

项 目		缺陷类别
面料	阻燃性	A
	断裂强力	A
	撕破强力	A
	胀破强力	A
	透湿率	B
	起球	B
	透气率	C
	水洗尺寸变化率	B
	松弛尺寸变化率	B
	热稳定性	A
	色牢度	B
	甲醛含量	A
	pH 值	A
	可分解致癌芳香胺染料	A
	异味	B

表 5（续）

项　目		缺陷类别
里料	阻燃性能	A
	热稳定性	B
	甲醛含量	A
	pH 值	A
	可分解致癌芳香胺染料	A
	异味	B
缝纫线	强力	A
	阻燃性	A
附件、辅料与衬布		A
款式		A
结构		A
号型及规格		A
缝制		A
外观		C
成品水洗后的尺寸变化率		B
成品轰燃条件下的阻燃性能		A
标识		A
包装		B
注：型式检验时，甲醛含量、pH 值、可分解致癌芳香胺染料、异味仅测试服装成品。		

7.2 各项质量缺陷根据表 5 累积计算，单个产品合格条件：A 类缺陷数＝0、B 类缺陷数＝0、C 类缺陷数≤2，或 A 类缺陷数＝0、B 类缺陷数≤1、C 类缺陷数≤1。

8 标识、包装及储存

8.1 标识

8.1.1 每套防护服上应有永久性标识，包括合格证、使用说明和图形符号。

8.1.2 合格证中的内容应包含产品名称、产品类别、材料组分、材料为本质阻燃织物或后处理阻燃织物说明、防护级别、洗涤方法、生产日期、批次、有效期、制造厂名、厂址等，一次性服装应注明"不可洗涤"。

8.1.3 产品应附有使用说明，产品使用说明应符合 GB/T 5296.4 的要求，并包含如下内容：
  a) 产品洗涤方法、最大洗涤次数和保质期要求。
  b) 如服装包含多种部件或服装由几件衣服构成，各部件和各层服装应有明确标识并确保服装内外层顺序正确。
  c) 注明在接触化学品或可燃液体后，使用人员应立即离开工作场所，并小心脱去工作服,尽量避免化学品或液体与皮肤接触。
    d) 应注明在某些情况下,还需要其他的个体防护装备。
    e) 应说明由于服装本身性能限制,可能在使用过程中遇到的其他风险。
    f) GB/T 20097 中规定的其他生产厂商的信息。
    g) 不同等级阻燃服的使用环境。

8.1.4 阻燃服应有图形符号,依据 GB/T 20097,应采用图 1 形式并在图形符号下方标注本标准编号和阻燃服级别。

阻燃服级别:

图 1 阻燃服图形符号标志

8.2 包装

产品包装容器应规整牢固、无破损,内外包装应设防潮层,组合尺寸配套,产品数量准确,整叠规整,码放整齐,箱内应放入承制方包装检验单,包装检验单应包括产品名称、号型、批次、承制方名称、数量、检验员、检验日期,箱外注明产品名称、数量、质量、体积、生产日期、承制方名称和有效期限。

8.3 储存

产品不得与有腐蚀性物品放在一起,存放处应干燥通风,避免阳光直晒,包装件距墙面及地面 20 cm 以上,防止鼠咬、虫蛀、霉变。

附 录 A
(规范性附录)
热稳定性试验方法

A.1 试样

试样尺寸 100 mm×100 mm,如果阻燃服具有多层,则作为一个整体测试。样品数量为 6 块,其中 3 块为未洗涤样品,3 块为按照本标准规定洗涤后样品。如样品不可洗涤,则样品数量为 3 块。

A.2 测试装置

A.2.1 干燥箱

温度范围:20 ℃~300 ℃;
温度波动度:±2.0 ℃;

有足够的容积使试验样品单独放置。

A.2.2　测量直尺

采用总长不超过 1 m 的毫米刻度尺。

A.3　试验准备

在一个标准大气压,温度(20±2)℃和相对湿度(65±5)%的条件下将样品保持 24 h。

A.4　试验步骤

干燥箱加热至所需温度:A 级(260±5)℃,B 级(180±2)℃,迅速将悬挂样品放入干燥箱内,样品不应与干燥箱壁接触,关上干燥箱门起记录时间,5 min 后打开干燥箱门,取出试样。试样应在 2 min 以内,在常温环境下测量完长、宽方向的尺寸,按式(A.1)计算最大尺寸变化率,以 3 块试样的平均值为检验结果。

$$P=|(D_1-D_2)/D_1|\times100\% \quad\cdots\cdots\cdots\cdots\cdots\cdots\cdots\cdots\quad(A.1)$$

式中:
P ——尺寸变化率;
D_1 ——加热前尺寸,单位为厘米(cm);
D_2 ——加热后尺寸,单位为厘米(cm)。

参　考　文　献

[1] EN ISO 11612:2015　Protective clothing—Clothing to protect against heat and flame—Minimum performance requirements

[2] NFPA2112:2018　Standard on flame-resistant clothing for protection of industrial person-nel against short-duration thermal exposures from fire

防护服装　防静电服(GB 12014—2019)

前　言

本标准按照 GB/T 1.1—2009 给出的规则起草。

本标准代替了 GB 12014—2009《防静电服》和 GB/T 23464—2009《防护服装　防静电毛针织服》。本标准以 GB 12014—2009 为主，整合了 GB/T 23464—2009 的部分内容，与 GB 12014—2009 相比，除编辑性修改外主要技术变化如下：

——引入 GB/T 23464—2009《防护服装　防静电毛针织服》主要内容；

——增加了面料撕破强力、可分解致癌芳香胺染料、异味的要求；

——取消了防静电服分级；

——明确了防静电服带电电荷量和点对点电阻的测试细节和要求；

——对防静电服的使用说明进行了修改补充。

本标准由中华人民共和国应急管理部提出并归口。

本标准起草单位：北京市劳动保护科学研究所、日照市太阳鸟贸易有限公司、保定三源纺织科技有限公司、陕西元丰纺织技术研究有限公司。

本标准主要起草人：杨文芬、刘基、罗穆夏、周丽、樊争科、房树基。

本标准代替了 GB 12014—2009 和 GB/T 23464—2009。

GB 12014—2009 的历次版本发布情况为：

——GB 12014—1989。

1　范围

本标准规定了防静电服的技术要求、测试方法、检验规则、标识等。

本标准适用于可能因静电引发电击、火灾及爆炸危险的场所穿用的防静电服。

本标准不适用于无纺布类防静电服和抗电源电压用防静电服。

2　规范性引用文件

下列文件对于本文件的应用是必不可少的。凡是注日期的引用文件，仅注日期的版本适用于本文件。凡是不注日期的引用文件，其最新版本(包括所有的修改单)适用于本文件。

GB/T 1335.1　服装号型　男子

GB/T 1335.2　服装号型　女子

GB/T 2912.1　纺织品　甲醛的测定　第1部分：游离和水解的甲醛(水萃取法)

GB/T 3917.3　纺织品　织物撕破性能　第3部分：梯形试样撕破强力的测定

GB/T 3920　纺织品　色牢度试验　耐摩擦色牢度

GB/T 3921—2008　纺织品　色牢度试验　耐皂洗色牢度

GB/T 3922　纺织品　色牢度试验　耐汗渍色牢度

GB/T 3923.1　纺织品　织物拉伸性能　第1部分：断裂强力和断裂伸长率的测定(条

样法)

 GB/T 4802.3　纺织品　织物起毛起球性能的测定　第3部分:起球箱法
 GB/T 5453　纺织品　织物透气性的测定
 GB/T 7568.5　纺织品　色牢度试验　聚丙烯腈标准贴衬织物规格
 GB/T 7573　纺织品　水萃取液 pH 值的测定
 GB/T 7742.1　纺织品　织物胀破性能　第1部分:胀破强力和胀破扩张度的测定　液压法
 GB/T 8427　纺织品　色牢度试验　耐人造光色牢度:氙弧
 GB/T 8628　纺织品　测定尺寸变化的试验中织物试样和服装的准备、标记及测量
 GB/T 8629　纺织品　试验用家庭洗涤和干燥程序
 GB/T 8630　纺织品　洗涤和干燥后尺寸变化的测定
 GB/T 17592　纺织品　禁用偶氮染料的测定
 GB 18401　国家纺织产品基本安全技术规范
 GB/T 20097—2006　防护服　一般要求
 GB/T 23344　纺织品　4-氨基偶氮苯的测定
 FZ/T 70007　针织上衣腋下接缝强力试验方法
 FZ/T 80012—2012　洁净室服装　点对点电阻检测方法

3　术语和定义

下列术语和定义适用于本文件。

3.1
防静电服　static protective clothing

以防静电织物为面料,按规定的款式和结构制成的以减少服装上静电积聚为目的的工作服。

3.2
防静电织物　static protective fabric

在纺织时,采用混入导电纤维纺成的纱或嵌入导电长丝织造形成的织物,也可以是经过处理的静电耗散材料构成的织物。

3.3
静电耗散材料　electrostatic dissipative material

表面电阻率大于或等于 1×10^5 Ω/□,但小于 1×10^{11} Ω/□的材料。

3.4
导电纤维　conductive fibre

全部或部分使用导电材料或静电耗散材料制成的纤维。

3.5
表面电阻率　surface resistivity

平行于通过材料表面上电流方向的电位梯度与表面单位宽度上的电流之比,即单位面积正方形材料两对边之间的直流电阻。

注：单位：Ω/□。

3.6
点对点电阻 point-to-point resistance
在给定的时间内，施加在两个电极间的直流电压与流过这两电极间的直流电流之比。
注：单位：Ω。

3.7
针织物 knitted fabrics
至少一组纱线系统形成线圈，且彼此相互串套而形成的一类织物的总称。
[GB/T 5708—2001，定义2.1]

3.8
机织物 woven fabric
通常是由相互垂直的一组经纱和一组纬纱，在织机上按一定规律交织而成的织物。
[GB/T 8683—2009，定义2.1]

3.9
肩带 shoulder strap
毛衣肩部的带状结构或带状部分。

3.10
接地点 groundable point
服装上用于将服装与地或接地线通过适当方式连接的点。
注：可采用形式包括紧贴穿着者皮肤的袖口，或服装上专门用于接地的钉扣等形式的连接点。

4 技术要求

4.1 面料

4.1.1 外观质量

按5.1规定的方法测试，面料应无破损、斑点、污物或其他影响面料性能的缺陷。

4.1.2 机织物面料理化性能

机织物面料的理化性能应符合表1的要求，包含衬里的服装，衬里甲醛含量、pH值、可分解致癌芳香胺染料应符合表1的要求。

表 1 机织物面料理化性能技术要求

测试项目		技术要求	测试方法
甲醛含量 /(mg/kg)		≤75	5.2
pH值		4.0～8.5	5.3
可分解致癌芳香胺染料		禁用	5.4
异味		无	5.5
尺寸变化率 /%		−2.5～+2.5（经、纬向）	5.6
透气率[a] /(mm/s)	涂层面料	≥10	5.7
	非涂层面料	≥50	

表1（续）

测试项目		技术要求	测试方法
耐洗色牢度/级	变色	≥3-4	5.8
	沾色	≥3-4	
耐干摩擦色牢度/级（沾色）		≥3-4	5.9
耐光色牢度/级		≥3-4	5.10
耐汗渍色牢度/级	变色	≥3	5.11
	沾色	≥3-4	
断裂强力/N		≥400	5.12
撕破强力/N		≥15	5.13
点对点电阻/Ω		$1\times10^5 \sim 1\times10^{11}$	附录A

[a] 含内胆的服装和洁净服不做此项。

4.1.3 针织物材料的理化性能

针织物面料理化性能应符合表2要求，包含衬里的服装，衬里甲醛含量、pH值、可分解致癌芳香胺染料应符合表2的要求。

表2 针织物面料理化性能技术要求

测试项目		技术要求	测试方法
甲醛含量/(mg/kg)		≤75	5.2
pH值		4.0～8.5	5.3
可分解致癌芳香胺染料		禁用	5.4
异味		无	5.5
松弛尺寸变化率/%	宽度伸长	≤5	5.6
	宽度收缩	≤8	
	长度收缩	≤10	
耐洗色牢度/级	变色	≥3	5.8
	沾色	≥3-4	
耐干摩擦色牢度/级（沾色）		≥3	5.9
耐光色牢度/级		≥3	5.10
耐汗渍色牢度/级	变色	≥3	5.11
	沾色	≥3-4	
胀破强力/kPa		≥200	5.14
起球/级		≥3	5.15

4.2 服装

4.2.1 服装面料
成品服装面料应符合4.1的技术要求。

4.2.2 结构及款式
服装结构应便于穿脱并适应作业时的肢体活动。如果服装本身为多层结构,应能保证穿着时最外层材料始终包覆内层服装。按5.16规定的方法测试,测试人员穿着适合尺寸的服装进行活动时,服装均能有效覆盖需要防护的部位。

4.2.3 号型及规格
防静电服男装号型规格按照GB/T 1335.1的要求选定,防静电服女装的号型规格按照GB/T 1335.2的要求选定。

4.2.4 对称部位尺寸互差和领圈拉开尺寸
针织类服装对称部位尺寸互差和领圈拉开尺寸应符合表3的要求。

表3 对称部位尺寸互差和领圈拉开尺寸

项目		技术要求
袖长互差	长袖	≤1.0 cm
	短袖	≤0.5 cm
左右肩宽互差	有肩带	≤0.5 cm
	无肩带	≤1.0 cm
袖笼长短互差	上衣	≤0.5 cm
	背心	≤1.0 cm
口袋高低位置互差		≤0.5 cm
裤腿长短互差	长裤	≤1.0 cm
裤腿肥互差	长裤	≤0.5 cm
裤口肥互差	长裤	≤0.5 cm
领圈拉开尺寸		≥30 cm

4.2.5 缝制
服装各部位缝制线路顺直、整齐、平服牢固。上下松紧适宜,无跳针、断线、起落针处应有回针。缝线针距12针/3 cm~16针/3 cm,按5.17规定的方法测试,机织物服装接缝强力不得小于100 N,针织物服装的裤后裆缝和腋下接缝强力不得小于75 N。

4.2.6 附件
服装上一般不得使用金属材质的附件,若必须使用时,其表面应加掩襟,金属附件不得直接外露。

4.2.7 尺寸变化率
机织物类防静电服按5.6规定的方法测试后,水洗后的尺寸变化率应符合表4的规定。

表 4 尺寸变化率要求

测试项目	尺寸变化率/%
领大	≥-1.5
胸围	≥-2.5
衣长	≥-3.5
腰围	≥-2.0
裤长	≥-3.5

4.2.8 服装防静电性能

4.2.8.1 使用条纹或网格状导电纤维或导电长丝实现防静电性能的,导电材料的间距不应大于 10 mm。

4.2.8.2 按附录 B 规定的方法测试,带电电荷量不应大于 0.60 μC/套。

4.2.8.3 作为接地措施使用的,或具有接地功能的防静电服,按附录 C 规定的方法洗涤和调湿后,服装点对点电阻依据 FZ/T 80012—2012 中 7.2 规定的方法进行测试,应为 $1.0 \times 10^5 \ \Omega \sim 1.0 \times 10^{11} \ \Omega$。具有接地点的防静电服,按 5.18 规定的方法测试,服装各测试点与接地点之间的电阻应为 $1.0 \times 10^5 \ \Omega \sim 1.0 \times 10^9 \ \Omega$。

注:部分环境中为保证安全,需要将人体带电量降低至 0.05 μC 以下,或将人体静电电压降低至 500 V 以下。由于防静电服难以通过电晕放电的方式将人体产生的电荷及时耗散至安全限值以下,且防静电服包覆的内层服装由于摩擦所产生的静电电场也有可能对周围设备造成危害,故上述行业可根据防护要求选择使用符合 4.2.8.3 要求的防静电服。作为接地通路,电荷由服装和人体经由腕带、接地线等途径传输至地。

5 测试方法

5.1 将面料或服装平铺在台面上,在良好光照条件下,距产品 1.5 m 处观察,不允许有断经、断纬、破损和污渍。

5.2 从面料和服装衬里的不同部位分别选取样品,按 GB/T 2912.1 规定的方法测试甲醛含量。

5.3 从面料和服装衬里的不同部位分别选取样品,按 GB/T 7573 规定的方法测试 pH 值。

5.4 从面料和服装衬里的不同部位分别选取样品,可分解致癌芳香胺染料按 GB/T 17592 和 GB/T 23344 规定的方法测试。一般先按 GB/T 17592 检验,当检出苯胺和/或 1,4-苯二胺时,再按 GB/T 23344 检测。可分解致癌芳香胺染料清单见 GB 18401,限量值≤20 mg/kg。

5.5 异味的检测按 GB 18401 中规定的方法测试。

5.6 面料尺寸变化率和松弛尺寸变化率按 GB/T 8628 和 GB/T 8630 规定进行,采用 GB/T 8629 中的 4N 程序洗涤,机织物采用悬挂晾干的方式干燥,针织物采用平铺晾干方式干燥。

5.7 从面料或服装的不同部位分别选取 10 个样品,按 GB/T 5453 规定的方法测试透气率。

5.8 面料耐洗色牢度的试验按 GB/T 3921—2008 中表 2 规定的 A(1)方法测试。

5.9 面料耐摩擦色牢度按 GB/T 3920 规定的方法测试。

5.10 面料耐光色牢度按 GB/T 8427 规定的方法测试。

5.11 面料耐汗渍色牢度按 GB/T 3922 规定的方法测试。

5.12 面料断裂强力按 GB/T 3923.1 规定的方法测试。

5.13 面料的撕破强力试验按 GB/T 3917.3 规定的方法测试。

5.14 面料的胀破强力按 GB/T 7742.1 规定的方法测试。

5.15 面料的起球按 GB/T 4802.3 规定的方法测试。

5.16 测试人员穿着适合尺寸的服装进行如下动作：

    a) 直立抬膝至大腿与地面平行；

    b) 双臂高举至垂直于地面；

    c) 弯腰体前屈至触摸地面；

    d) 下蹲至最低。

5.17 成品服装接缝强力依据服装所用面料的不同采用不同的测试方法。机织物材料制成的服装按 GB/T 3923.1 规定的方法测试，从衣裤接缝薄弱部位裁取五个接缝在中心的试样，接缝的方向与受力方向成 90°角，如接缝采用单线应将接缝端线打结，以防滑脱；针织物材料制成的服装按 FZ/T 70007 规定的方法测试，测试腋下和裤后裆位置。

5.18 具有接地点的防静电服，服装各测试点与接地点之间的电阻测试按附录 A 进行。

6 检验规则

6.1 出厂检验

生产企业应按照生产批次对防静电服逐批进行出厂检验。服装各测试项目、测试样本大小、不合格分类、判定数组见表5、表6。

表 5 机织物类服装出厂检验

测试项目	批量范围	单项测试样本大小	不合格分类	单项判定数组	
				合格判定数	不合格判定数
附件 点对点电阻 服装防静电性能 尺寸变化率 断裂强力 撕破强力 标识	≤100	2	A	0	1
	101~1 000	3			
	≥1 001	5			
外观质量 结构及款式 缝制	≤100	2	B	1	2
	101~1 000	3			
	≥1 001	5			
注：尺寸变化率只测试服装。					

表6 针织物类服装出厂检验

测试项目	批量范围	单项测试样本大小	不合格分类	单项判定数组	
				合格判定数	不合格判定数
附件 服装防静电性能 松弛尺寸变化率 胀破强力 标识	≤100	2	A	0	1
	101~1 000	3			
	≥1 001	5			
外观质量 结构及款式 缝制	≤100	2	B	1	2
	101~1 000	3			
	≥1 001	5			

6.2 型式检验

有下列情况之一时需要进行型式检验：
——新产品鉴定或老产品转厂生产的试制定型鉴定；
——当面料、工艺、结构设计发生变化时；
——停产超过一年后恢复生产时；
——周期检查，每年一次；
——出厂检验结果与上次型式检验结果有较大差异时；
——国家有关主管部门或用户提出型式检验要求时。

型式检验项目应包含第4章、第7章全部要求。型式检验样本由提出检验的单位或第三方从企业出厂检验合格的产品中随机抽取，样品数量以满足全部测试项目要求为原则。各项目不合格分类、判定数组见表7。

表7 防静电服型式检验项目

检验项目	不合格分类	单项判定数组	
		合格判定数	不合格判定数
外观质量	B	0	1
甲醛含量	A	0	1
pH值	A	0	1
可分解致癌芳香胺染料	A	0	1
异味	A	0	1
尺寸变化率[a]/松弛尺寸变化率[b]	A	0	1
透气率[a]	B	1	2
耐洗色牢度	B	1	2
耐干摩擦色牢度	B	1	2

表 7（续）

检验项目	不合格分类	单项判定数组	
		合格判定数	不合格判定数
耐光色牢度	B	1	2
耐汗渍色牢度	B	1	2
断裂强力[a]	A	0	1
撕破强力[a]	A	0	1
胀破强力[b]	A	0	1
起球[b]	B	1	2
点对点电阻[a]	A	0	1
结构及款式	B	1	2
号型及规格	B	1	2
对称部位尺寸互差和领圈拉开尺寸[b]	B	1	2
缝制	B	1	2
附件	A	0	1
尺寸变化率[a]	B	1	2
服装防静电性能	A	0	1
标识	A	0	1
[a] 仅机织物类样品做此项。			
[b] 仅针织物类样品做此项。			

7 标识

7.1 永久标识

7.1.1 每套服装上应有防静电图形符号标识，标识样式见 GB/T 20097—2006 附录 B。

7.1.2 每套（件、条）服装上应有耐久性标签，标签内容包含产品名称、商标（如有）、号型规格、生产厂名称、洗涤方法、织物类型（机织物/针织物）。

7.1.3 每套产品应附有合格证，内容包括：材料组分、生产厂名称、厂址、联系电话、生产日期、标准号。

7.1.4 每套产品应附有产品使用说明及有关国家标准或行业标准规定应具备的标记或标志。

7.2 制造商提供的信息

制造商提供的信息应包括但不限于以下内容：
a) 静电服的正确穿着和使用方式。
b) 禁止在火灾爆炸危险场所穿、脱防静电服。
c) 富氧环境可能会导致易燃易爆气体的最小点火能降低，因此该环境中穿着的防静电服应在经过专业人员评估后方可使用。
d) 服装的正确穿着、洗涤、存储等信息。
e) 服装的防静电性能可能受到使用过程中如洗涤、沾污、磨损等因素的影响而降低。
f) 禁止在火灾爆炸危险场所穿用的防静电服上附加或佩戴任何外露金属物件。
g) 外层服装应完全遮盖住内层非防静电的服装。
h) 防静电服应与适当的防护装备配套使用,保证人员良好接地,人员的对地电阻不应大于 100 MΩ。
i) 其他需要说明的内容。

8 包装和存储

产品包装应按客户的要求达到整齐、牢固、无破损、产品数量准确、内外包装应设防潮层。箱内应放入生产厂包装检验单,包装检验单应包括产品名称、号型、批号、数量、检验员、检验日期,箱外注明产品名称、数量、生产日期、生产厂名称、厂址。

附 录 A
(规范性附录)
点对点电阻测试方法

A.1 原理

将被测样品放置在绝缘平板上,上放电极装置,在电极装置间施加直流电压测量样品的点对点电阻。

A.2 设备

A.2.1 测试电极

测试电极为两个直径(65 ± 5) mm 的金属圆柱体;电极材料为不锈钢或铜;电极接触端的材料为导电橡胶,其硬度 60 ± 10(邵氏 A 级),厚度(6 ± 1) mm,体积电阻小于 500 Ω;电极单重(2.5 ± 0.25) kg。

A.2.2 高阻计

高阻计的测量范围:10^5 Ω~10^{13} Ω;
测量精度:$\leqslant 10^{12}$ Ω 时,应为 $\pm5\%$;$>10^{12}$ Ω 时,应为 $\pm20\%$。

A.2.3 绝缘台面

台面表面电阻、体积电阻分别大于 1×10^{14} Ω,其几何周边尺寸均大于被测材料 10 cm。

A.2.4 绝缘垫板

垫板台面表面电阻、体积电阻分别大于 1×10^{14} Ω。

A.3 洗涤与调湿

A.3.1 洗涤

机织物服装按附录 C 规定的洗涤方法进行洗涤,针织物服装按附录 D 规定的方法进行洗涤。

A.3.2 调湿

经洗涤后的样品,在(60 ± 10)℃温度下干燥 1 h 后,在测试环境条件下,放置 6 h。

A.4 试样

测试样品为经过 A.3 洗涤和调湿后的样品,可以为面料,也可以为服装。

A.5 测试条件

测试环境条件为温度(20±5)℃,相对湿度为(35±5)%。

注:大部分防静电材料与环境湿度有明显的依赖关系。一般来说环境湿度越高,材料的防静电性能越好。如防静电服使用环境的湿度要求明显低于本标准(相对湿度≤25%),宜在要求的环境中测试,并在报告中注明环境温湿度条件。

A.6 测试程序

A.6.1 清洗

用沾有清洗剂(如丙二醇或乙醇)的纸巾将电极的下表面和绝缘台面的上表面擦拭干净,并在空气中晾干。

注:丙二醇或乙醇是易燃和有毒的,使用注意避免溅到皮肤、眼睛和衣服上以及吸入其蒸气。

A.6.2 面料点对点电阻测试

A.6.2.1 测试过程

将测试样品正面向上或实际使用面向上放置在绝缘台面上,避免样品褶皱或层叠。将测试电极组放在试样上,电极中心点间间距为 30 cm。测试过程应保证电极组沿导电丝的方向放置,如样品表面无明显导电丝,测试方向应为经向。

在两测试电极间施加直流电压(100±5)V,待示数稳定后读取数值,测试时间最低为 15 s。如果电阻小于 10^5 Ω,应降低电压至 10 V 测试。重复上述测试过程,在同一试样上再选取四组测试点测试。面料样品取点应避免测试同一组导电丝。如样品为分体服,应分别从上装和裤子各选取五组测试点测试。

A.6.2.2 测试结果处理

取五次测量值的几何平均值为最终结果,保留两位有效数字。分体服样品上衣和裤子应分别计算其几何平均值。

A.6.3 具有接地点的防静电服点对点电阻测试

A.6.3.1 测试过程

将测试样品尽可能地平铺在绝缘台面上,按图 A.1 的方式连接电路,将绝缘垫板放置于袖口内,将柱状测试电极放置在试样袖口上。如样品为裤子则将柱状电极放置于裤脚相对应位置。将高阻计的另一极以适当的形式连接在服装接地点上,确保二者良好接触。在两测试电极间施加直流电压 10 V,待示数稳定后读取数值,测试时间最低为 15 s。如果电阻大于 10^5 Ω,应升高电压至(100±5)V 测试。重复上述测试过程,测试 FZ/T 80012—2012 的图 2 中所有被测点与接地点之间的电阻。如服装本身设计使袖口或其他部位为接地点,则测试服装其他测试点与该袖口间的电阻。

A.6.3.2 测试结果处理

记录所有测试点与接地点的电阻值,保留两位有效数字。

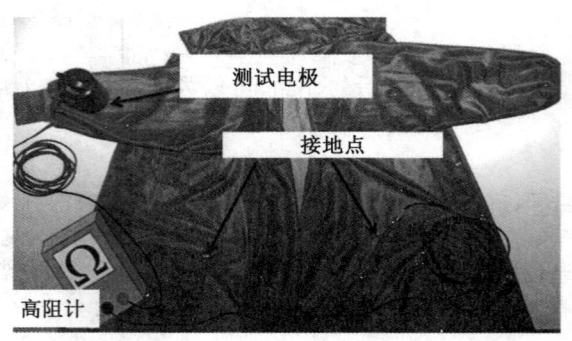

图 A.1 具有接地点的防静电服点对点电阻测试示意图

附 录 B
（规范性附录）
带电电荷量测试方法

B.1 原理

将经过滚筒摩擦机摩擦后的试样，投入法拉第筒内，以测量试样的带电量。

B.2 试样

防静电服一套（应包含上衣和裤子，如服装为连体服，则使用一件连体服测试）。

B.3 装置

B.3.1 摩擦装置

回转式滚筒摩擦机，其技术要求应符合表 B.1 规定。聚丙烯腈标准布应符合 GB/T 7568.5 要求。如有起毛等外观变化的现象，应予更换。

表 B.1 回转式滚筒摩擦机技术要求

项目	规格	项目	规格
滚筒内径	(65±5)cm	滚筒内衬材质	聚丙烯腈标准布
滚筒深度	(45±5)cm	滚筒叶片数	2 片以上
滚筒转数	46 r/min 以上	风量	2 m³/min 以上
滚筒口径	30 cm 以上		

B.3.2 带电量测试装置

B.3.2.1 带电量测量装置由法拉第筒和静电电量测试仪组成。按图 B.1 所示连接。

B.3.2.2 法拉第筒：内、外两只金属制圆筒，$h_内$ 等于 $2d_内$、$h_外$ 等于 $2d_外$、$d_内$ 大于或等于 40 cm、$d_外$ 等于 $d_内+10$ cm。

B.3.2.3 静电电量测试仪：测量范围：2 nC～2 μC，精度：±1 %。

B.3.2.4 绝缘支架:绝缘电阻在 10^{12} Ω 以上的聚四氟乙烯。

B.3.2.5 聚乙烯胶带:绝缘电阻在 10^{12} Ω 以上。

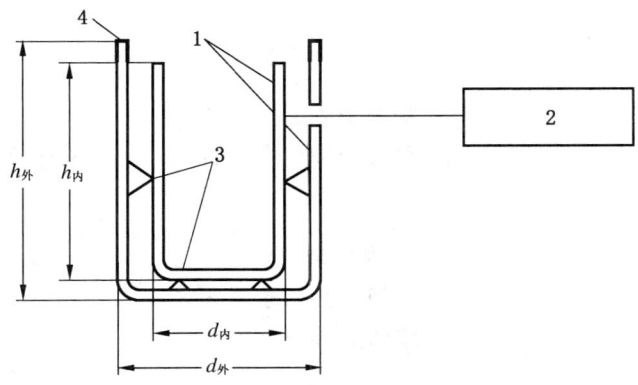

说明:
1——法拉第筒;
2——静电电量测试仪;
3——绝缘支架;
4——聚乙烯胶带。

图 B.1 带电量测试电路

B.4 洗涤与调湿

B.4.1 说明

试样在测试前应经洗涤处理与调湿。

B.4.2 洗涤处理

机织物服装按附录 C 规定的洗涤方法进行洗涤,针织物服装按附录 D 规定的方法进行洗涤。

B.4.3 调湿

经洗涤后的样品,在(60±10)℃温度下干燥 1 h 后,在测试环境条件下,放置 6 h。

B.5 测试条件

测试环境要求同附录 A。

B.6 测试程序

B.6.1 将试样放入滚筒摩擦机中运转 15 min。

B.6.2 将试样直接从滚筒摩擦机中自动导入(或戴绝缘手套绝缘电阻在 10^{12} Ω 以上,直接取出,立即投入)法拉第筒内,此时应注意试样距离人体、金属等物体 300 mm 以上。仲裁检验应使用自动导入的方式。

B.6.3 读取静电电量测试仪读数,单位为微库仑(μC)。

B.6.4 按 B.6.1～B.6.3 规定程序,重复测试 5 次。每次测试与测试之间,相隔 10 min,在每次测试前,应对试样和滚筒内衬标准布进行消电处理。

B.7 测试结果

取 5 次测试的算术平均值为最终测量值,结果修约至 0.01 μC/套。带衬里的工作服将衬里翻转朝外,重复上述测试步骤,并将结果记入报告中。防寒服应拆除内胆后测试挂面及衬里。

附 录 C
（规范性附录）
机织物服装洗涤方法

C.1 设备

C.1.1 洗衣机:符合 GB/T 8629 中规定的 A2 型洗衣机。
C.1.2 普通温度计。
C.1.3 精度为 0.1 g 的天平。

C.2 洗涤剂

pH 为 7～7.5 的中性洗涤剂。

C.3 洗涤条件

洗涤条件应符合表 C.1 规定。

表 C.1 机织类样品洗涤条件

项目	条件	项目	条件	项目	条件
洗涤方式	普通洗涤	洗涤水温	(40±3) ℃	水容量	30 L 以上
洗涤液浓度	2 g/L	浴比	1∶30(布∶水)	负荷	添加棉白布
注:负荷为使待洗样品符合浴比要求的织物,其目的为当样品质量低于 1 kg 时,添加棉白布(负荷)使样品重量满足最小洗涤要求,即 30 L 水洗涤 1 kg 织物。					

C.4 机织物服装洗涤程序

C.4.1 按洗涤次数洗涤

C.4.1.1 将试样放入 C.1.1 规定的洗衣机中,按 C.3 规定的洗涤条件洗涤 15 min 后,排水,脱水 1 min。
C.4.1.2 换常温清水,漂洗 2 min 后,排水,脱水 1 min。
C.4.1.3 重复步骤 C.4.1.1～C.4.1.2,共 100 次。

C.4.1.4 洗涤完脱水后的试样自然晾干,或根据需要在适合试样熨烫的温度下熨烫。

C.4.2 按连续时间洗涤

C.4.2.1 将试样放入 C.1.1 规定的洗衣机中,按 C.2 规定的洗涤条件进行洗涤。

C.4.2.2 洗涤程序按表 C.2 进行,洗涤脱水后的试样自然晾干,或根据说明在适当的熨烫的温度下熨烫。

表 C.2 机织类样品洗涤程序

序号	1	2	3	4	5	6	7
洗涤程序	洗涤 9.0 h	排水	脱水 2 min	漂洗 8.0 h	排水	脱水 2 min	按序号 4~6 重复 3 次

附 录 D
（规范性附录）
针织物服装洗涤方法

D.1 设备

D.1.1 洗衣机:符合 GB/T 8629 中规定的 A2 型洗衣机。

D.1.2 天平:精度为 0.1 g。

D.2 洗涤剂

pH 为 7~7.5 的中性洗涤剂。

D.3 洗涤条件

洗涤条件应符合表 D.1 规定。

表 D.1 洗涤条件

项目	条件	项目	条件	项目	条件
洗涤方式	弱洗	洗涤水温	常温	水容量	30 L 以上
洗涤液浓度	1 g/L	浴比	1∶30(布∶水)	负荷	添加棉白布

D.4 洗涤程序

D.4.1 将试样放入 D.1.1 规定的洗衣机中,按 D.3 规定的洗涤条件进行洗涤。

D.4.2 洗涤程序按表 D.2 进行,洗涤脱水后的试样平铺晾干,或根据制造商的说明熨烫。

表 D.2 洗涤程序

序号	1	2	3	4	5	6	7
洗涤程序	洗涤 3.5 h	排水	脱水 2 min	漂洗 1.0 h	排水	脱水 2 min	序号 4~6 重复 3 次

参 考 文 献

[1] IEC/TS 60079-32-1:2013 Explosive atmospheres. Electrostatic hazards, guidance

[2] IEC 61340-4-9:2016 Standard test methods for specific applications—Garment

[3] IEC/EN 61340-5-1:2016 Electrostatics—Part 5-1: Protection of electronic devices from electrostatic phenomena—General requirements

[4] ANSI/ESD S 20.20:2014 For the Development of an Electrostatic Discharge Control Program for—Protection of Electrical and Electronic Parts, Assemblies and Equipment (Excluding Electrically Initiated Explosive Devices)

[5] EN ISO 13688:2013 Protective clothing—General requirement

[6] JIS T 8118—2001 Working Wears for Preventing Electrostatic Hazards

[7] JIS L 1094-1997 Testing methods for electrostatic propensity of woven and knitted fabrics

[8] STM2.1-1997 For the Protection of Electrostatic Discharge Susceptible Items—Garments

足部防护 安全鞋(GB 21148—2020)

前　　言

本标准按照 GB/T 1.1—2009 给出的规则起草。

本标准代替 GB 12011—2009《足部防护　电绝缘鞋》、GB 21146—2007《个体防护装备　职业鞋》、GB 21147—2007《个体防护装备　防护鞋》和 GB 21148—2007《个体防护装备　安全鞋》。本标准以 GB 21148—2007 为主,整合了 GB 21146—2007、GB 21147—2007 和 GB 12011—2009 的内容。

本标准与 GB 21148—2007 相比,主要变化如下:
——修改了适用范围(见第 1 章,2007 年版的第 1 章);
——修改了"安全鞋""皮革""聚合材料"和"保护包头"四项术语(见 3.1、3.2、3.4、3.12,2007 年版的 3.1、3.2、3.4、3.12);删除了"导电鞋""防静电鞋""电绝缘鞋"和"燃料油"四项术语(见 2007 年版的 3.14~3.17);增加了"混合鞋"术语(见 3.14);
——修改了部分鞋部件说明(见图 1、图 2、图 3,2007 年版的图 1、图 2、图 3);
——增加和修改了防护性能标记符号(见 4.3,2007 年版的表 15);
——安全鞋的基本要求和附加要求调整为基本要求、防护性能和附加要求(见第 5 章、第 6 章和第 7 章,2007 年版的第 5 章和第 6 章);
——增加了鞋座区域要求(见 5.2.1.2);
——修改了鞋底性能的结构要求(见 5.2.2.1,2007 年版的 5.3.1.1);
——修改了工效学要求(见 5.2.4,2007 年版的 5.3.4);
——增加了防滑性要求(见 5.2.5);
——增加了鞋座区域衬里耐磨性要求(见 5.4.2,2007 年版的 5.5.2);
——增加了足趾保护中一般要求内容(见 6.2.1,2007 年版的 5.3.2.1);
——增加和修改了防刺穿垫刺穿力和结构要求(见 6.3.1.2 和 6.3.2,2007 年版的 6.2.1.2),相应增加了附录 B;
——修改了电绝缘性能要求(见 6.4.3,2007 年版的 6.2.2.3),并相应增加附录 C;
——修改了隔热性要求(见 6.5.1,2007 年版的 6.2.3.1),并相应增加附录 D;
——删除了附录 A(见 2007 年版的附录 A);
——增加了"混合鞋"相关内容(见 4.2 和附录 A);
——制造商应提供的信息中增加无害性申明及安全性信息要求[见 9.1e)];
——调整增加了附录 E(见附录 E,2007 年版的表 17)。

本标准使用重新起草法参考 ISO 20345:2011《个体防护装备　安全鞋》编制,与 ISO 20345:2011 的一致性程度为非等效。

本标准由中华人民共和国应急管理部提出并归口。

本标准所代替标准的历次版本发布情况为:
——GB 12011—1989、GB 12011—2000、GB 12011—2009;

——GB 21146—2007；
——GB 21147—2007；
——GB 21148—2007。

1 范围

本标准规定了安全鞋的术语和定义、分类、式样和标记、基本要求、防护性能、附加要求、标识和制造商应提供的信息。

本标准适用于保护穿着者足部免遭作业区域危害或工作区域安全的鞋。

2 规范性引用文件

下列文件对于本文件的应用是必不可少的。凡是注日期的引用文件，仅注日期的版本适用于本文件。凡是不注日期的引用文件，其最新版本（包括所有的修改单）适用于本文件。

GB/T 308.1　滚动轴承　球　第1部分：钢球
GB/T 20991—2007　个体防护装备　鞋的测试方法
GB/T 22807　皮革和毛皮　化学试验　六价铬含量的测定：分光光度法
GB 24541—2009　手部防护　机械危害防护手套
GB/T 28287　足部防护　鞋防滑性测试方法
GB/T 28288—2012　足部防护　足趾保护包头和防刺穿垫
GB/T 31009　足部防护　鞋（靴）限量物质要求及测试方法

3 术语和定义

下列术语和定义适用于本文件。

3.1

安全鞋　safety footwear

保护穿着者免受意外事故引起的伤害，具有保护特征和保护工作区域安全的鞋。

注1：不包括消防员作业用靴、防链锯切割鞋、防化学品鞋、防熔融金属及熔融金属飞溅鞋和摩托车骑手鞋。

注2：安全鞋部件在图1、图2和图3中说明。

3.2

皮革　leather

经过鞣制不会腐烂的皮。

3.3

橡胶　rubber

硫化橡胶。

3.4

聚合材料　polymeric materials

结构单元（单体）通过共价键重复连接而成的高分子量化合物。

示例：聚氨酯（PU）或聚氯乙烯（PVC）。

3.5

　　内底　insole

　　制鞋过程中通常与鞋帮连接的固定的鞋底部件。

3.6

　　鞋垫　insock

　　覆盖部分或全部内底的可移动的或固定的鞋部件。

3.7

　　衬里　lining

　　覆盖鞋帮内表面的材料。

　　注1：穿着者的脚直接与衬里接触。

　　注2：在装有保护包头的前部鞋帮被剖开处，或一个外部材料缝在鞋帮上形成一个袋装入保护包头，保护包头下方材料起衬里作用。

3.7.1

　　前帮衬里　vamp lining

　　覆盖鞋帮前部内表面的材料。

3.7.2

　　后帮衬里　quarter lining

　　覆盖鞋帮后侧部内表面的材料。

3.8

　　花纹　cleat(s)

　　鞋底外表面凸出部分。

3.9

　　刚性外底　rigid outsole

　　当整只鞋按照 GB/T 20991—2007 中 8.4.1 测试时，30 N 负荷下弯曲达不到 45°的鞋底。

3.10

　　发泡外底　cellular outsole

　　0.9 g/cm³ 或更小密度、在 10 倍放大镜下可看见多孔结构的外底。

3.11

　　防刺穿垫　penetration-resistant insert

　　为提供穿透保护而放在鞋底组合体中的鞋部件。

3.12

　　保护包头　toecap

　　装在鞋内、用于保护穿着者的脚趾免受重物冲击和挤压伤害的鞋部件。

3.13

　　鞋座区域　seat region

　　鞋的后部(帮和底)，整个鞋子长度的后 10% 区域。

3.14

　　混合鞋　hybrid footwear

Ⅱ类鞋中鞋帮上部装有其他材料的鞋。

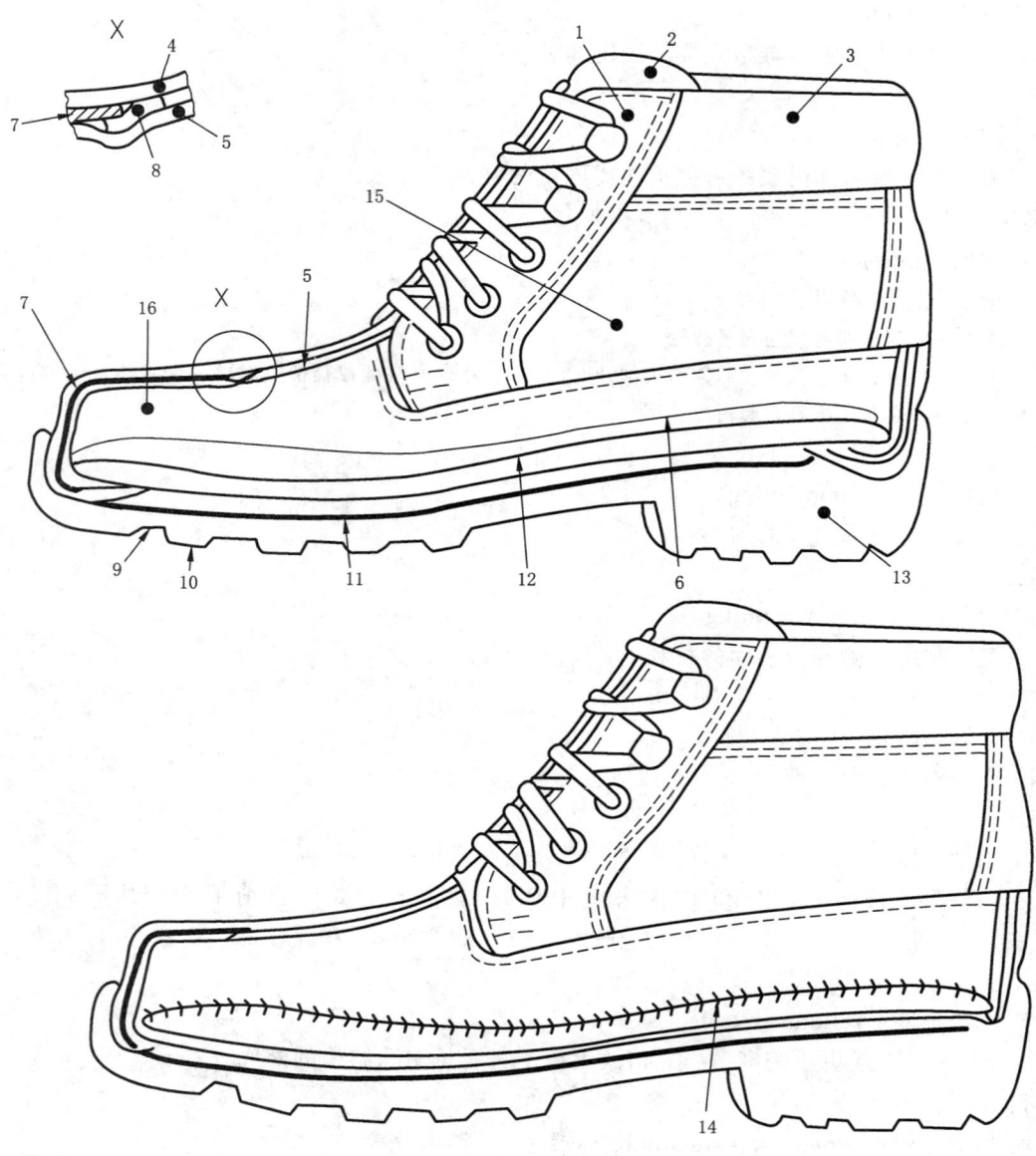

说明:
1——鞋眼护条;
2——鞋舌;
3——领口/沿口皮;
4——鞋帮;
5——前帮衬里;
6——鞋垫;
7——保护包头;
8——边缘覆盖层,如泡沫;
9——外底;
10——花纹;
11——防刺穿垫;
12——内底;
13——后跟;
14——内底与帮面缝合;
15——后帮;
16——前帮。

图 1 缝制鞋(Ⅰ类)部件示意图

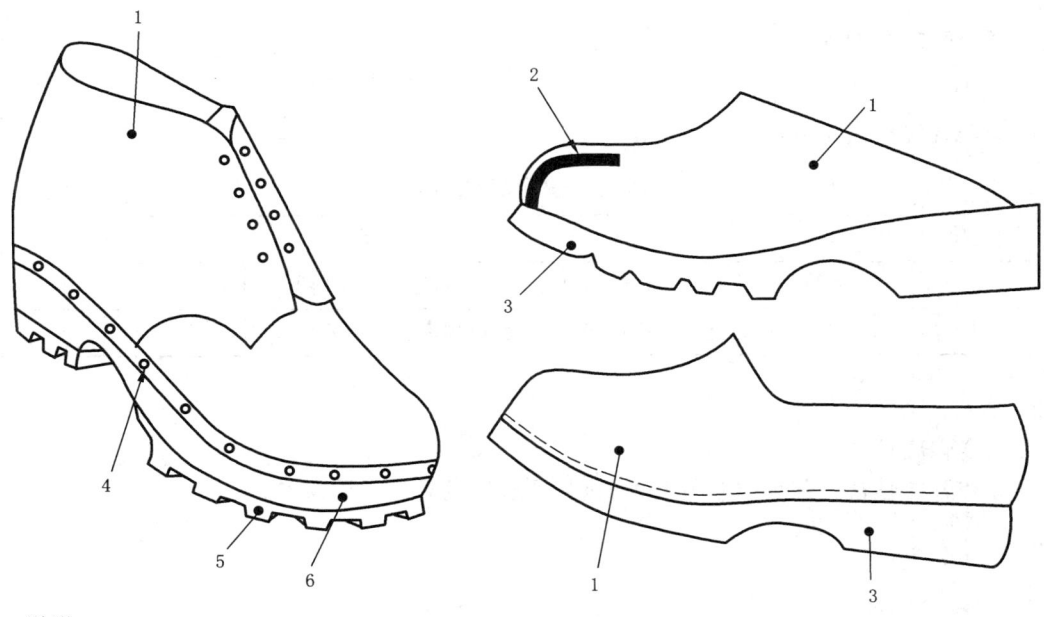

说明：
1——鞋帮；2——保护包头；3——刚性底；4——带钉的增强沿条；5——外底；6——木制底。

图 2　其他鞋（Ⅰ类）部件示意图

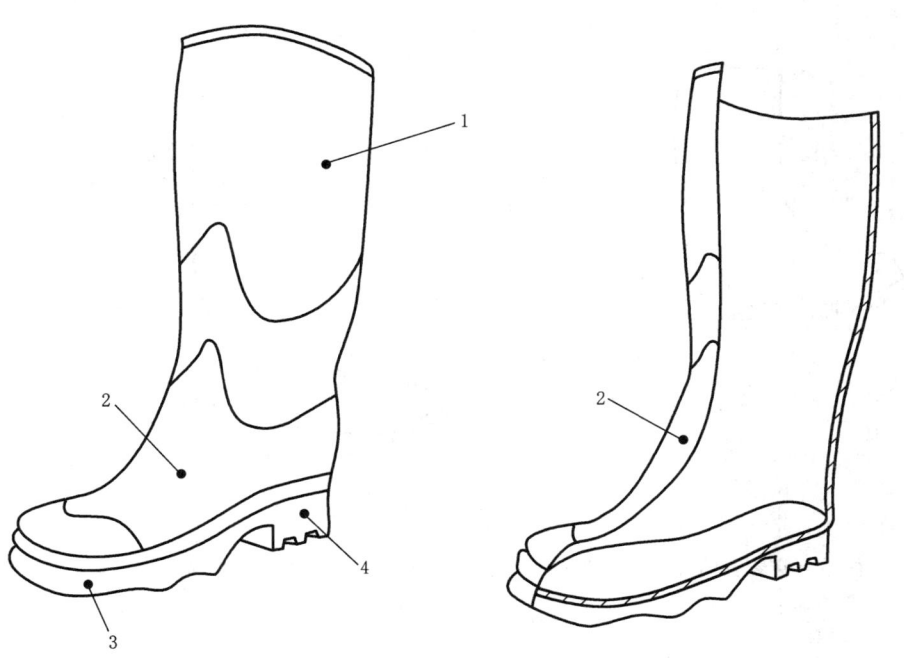

说明：
1——鞋帮；2——前帮；3——外底；4——后跟。

图 3　全橡胶（即硫化的）或全聚合材料（即完全模制的）鞋（Ⅱ类）部件示意图

4 分类、式样和标记

4.1 分类

安全鞋应按表1分类。

表 1 安全鞋的分类

规定代号	分 类
Ⅰ	用皮革和/或其他材料制成的鞋,全橡胶或全聚合材料鞋除外
Ⅱ	全橡胶(即完全硫化的)或全聚合材料(即完全模制的)鞋

4.2 式样

安全鞋应符合图4给出的式样之一。

Ⅱ类鞋的鞋帮上部可以装有其他材料,混合鞋的要求见附录A。

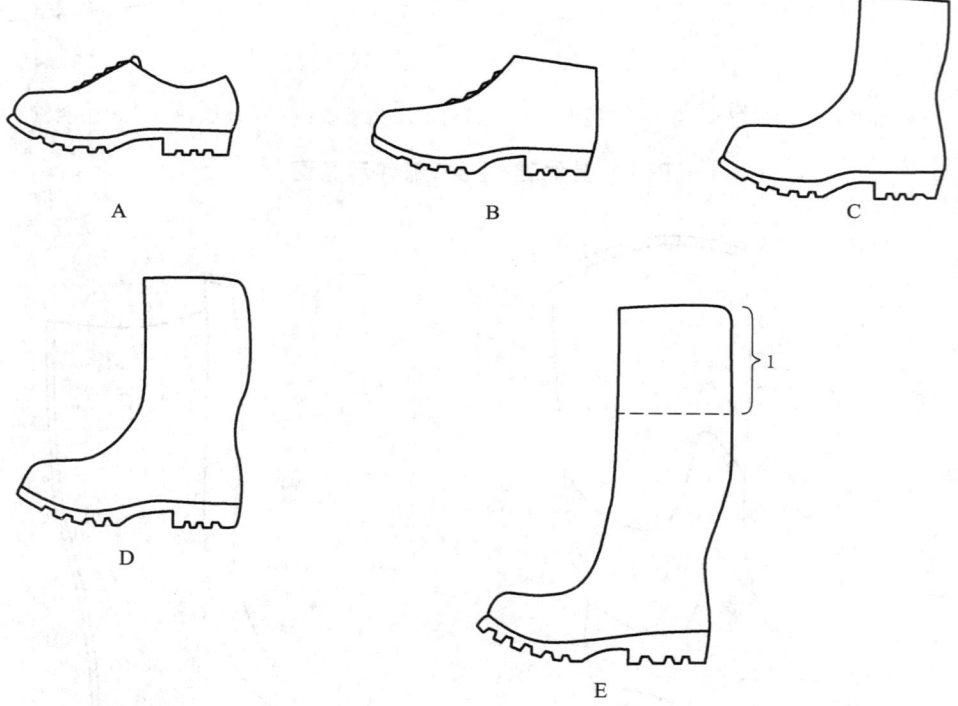

说明:
1——能适合穿着者的各种延长部分;
A——低帮鞋;
B——高腰靴;
C——半筒靴;
D——高筒靴;
E——长靴。

注:式样E是在高筒靴(D型)上装一种薄的、能延长帮面的不渗水或防沙材料,且该材料能裁剪以适合穿着者。

图 4 安全鞋式样

4.3 标记

应按表2标记安全鞋的防护性能中文或英文标识。

表 2 防护性能标记

防护性能		标记		标记示例
		中文标识	英文标识	
足趾保护		足趾保护(冲击能量)	SB[a] 或 PB[b]	足趾保护(200J)或 SB
抗刺穿性		防刺穿	P	防刺穿或 P
电性能	导电性能	导电	C	导电或 C
	防静电性能	防静电	A	防静电或 A
	电绝缘性能	绝缘(测试电压)	EH(测试电压)	绝缘(10 kV)或 EH(10 kV)
耐恶劣环境性能	隔热性	隔热(温度)	HI(温度)	隔热(150 ℃)或 HI(150 ℃)
	防寒性	防寒	CI	防寒或 CI

[a] 按照 GB/T 20991—2007 中 5.4 和 5.5 方法,测试用冲击能量为(200±4)J 和压力为(15±0.1)kN。
[b] 按照 GB/T 20991—2007 中 5.4 和 5.5 方法,测试用冲击能量为(100±2)J 和压力为(10±0.1)kN。

5 基本要求

5.1 总则

安全鞋应符合表3给出的要求。

表 3 安全鞋的基本要求

要求			条款	分类	
				Ⅰ	Ⅱ
成鞋	设计	鞋帮高度	5.2.1.1	●	●
		鞋座区域	5.2.1.2	●	●
	鞋底性能	结构	5.2.2.1		●
		鞋帮/底结合强度	5.2.2.2	●	○
	防漏性		5.2.3		●
	工效学要求		5.2.4	●	●
	防滑性		5.2.5	●	●
鞋帮	总则		5.3.1	●	
	厚度		5.3.2		●
	撕裂性能		5.3.3	●	

表 3（续）

要求		条款	分类	
			Ⅰ	Ⅱ
鞋帮	拉伸性能	5.3.4	●	●
	耐折性	5.3.5		●
	水蒸气渗透性和系数	5.3.6	●	
	pH 值	5.3.7	●	
	水解	5.3.8		●
	六价铬含量	5.3.9	●	
前帮衬里	撕裂性能	5.4.1	●	○
	耐磨性	5.4.2	●	○
	水蒸气渗透性和系数	5.4.3	●	
	pH 值	5.4.4	●	○
	六价铬含量	5.4.5	●	○
后帮衬里	撕裂性能	5.4.1	○	○
	耐磨性	5.4.2	○	○
	水蒸气渗透性和系数	5.4.3	○	
	pH 值	5.4.4	○	○
	六价铬含量	5.4.5	○	○
内底/鞋垫[a]		见表4	●	○
鞋舌	撕裂性能	5.5.1	○	
	pH 值	5.5.2	○	
	六价铬含量	5.5.3	○	
外底	设计	5.7.1	●	●
	撕裂强度	5.7.2	●	●
	耐磨性	5.7.3	●	●
	耐折性	5.7.4	●	●
	水解	5.7.5	●	●
	中间层结合强度	5.7.6	○	○

注1：● 表示要求应符合。某些情况下，要求仅与分类范围内的特定材料相关，例如皮革部件的pH值，这不表示其他材料不可用。○ 表示部件可以有，也可以没有，有则适用。无 ● 或 ○ 表示没有要求。

注2：成型工序前套在鞋楦上的袜套不视为衬里。

注3：防滑性测试从三个鞋号（覆盖鞋的最大、最小和中间号）中各取一只鞋进行。

[a] Ⅱ类鞋通常没有内底，如果有可移动的鞋垫在用，则表4不适用。

表 4 内底和/或鞋垫的基本要求

	选择项		所评价的部件	符合的要求					
				厚度 5.6.1	pH 值[a] 5.6.2	吸水和水解吸性 5.6.3	内底耐磨性 5.6.4.1	六价铬含量[a] 5.6.5	鞋垫耐磨性 5.6.4.2
1	无内底	非移动鞋垫	鞋垫	●	●	●		●	●
2	有内底	无鞋垫	内底	●	●	●	●	●	
		有鞋垫	内底	●	●	●	●	●	
3	有内底	非移动的全鞋垫	鞋垫和内底一起	●		●			
			鞋垫		●			●	●
4	有内底	可移动的和水能透过[b]的全鞋垫	内底	●	●	●	●	●	
			鞋垫					●	●
5	有内底	可移动的、水不能透过[b]的全鞋垫	内底	●	●	●	●	●	
			鞋垫		●	●		●	●

注 1：●表示要求应符合，无●表示没有要求。
注 2：可移动鞋垫见 9.3。

[a] 仅适用皮革。
[b] 水能透过的鞋垫是指按照 GB/T 20991—2007 中 7.2 方法测试时，在 60 s 或更短时间内水透过。

5.2 成鞋

5.2.1 设计

5.2.1.1 鞋帮高度

按照 GB/T 20991—2007 中 6.2 方法测量，鞋帮高度应符合表 5 要求。

表 5 鞋帮高度

鞋号	高度/mm			
	式样 A	式样 B	式样 C	式样 D
≤225	<103	≥103	≥162	≥255
230～240	<105	≥105	≥165	≥260
245～250	<109	≥109	≥172	≥270
255～265	<113	≥113	≥178	≥280
270～280	<117	≥117	≥185	≥290
≥285	<121	≥121	≥192	≥300

5.2.1.2 鞋座区域

鞋座区域应封闭。式样 A 鞋座区域的鞋帮在表 7 给出的高度范围内不应有缝合之外的孔洞。

5.2.2 鞋底性能

5.2.2.1 结构

有内底时,在不损坏鞋的情况下内底应不能移动。如果没有内底,应有固定不能移动的鞋垫。

5.2.2.2 鞋帮/底结合强度

除缝合底外,按照 GB/T 20991—2007 中 5.2 方法测试时,结合强度不应小于 4.0 N/mm;如果测试发现鞋底有撕裂现象,则结合强度不应小于 3.0 N/mm。

5.2.3 防漏性

按照 GB/T 20991—2007 中 5.7 方法测试时,应没有空气泄漏。

5.2.4 工效学要求

如果 GB/T 20991—2007 中 5.1 给出的所有问卷回答是肯定的,应认为安全鞋满足工效学要求。

刚性外底不适用 GB/T 20991—2007 表 2 的跪/蹲下姿势。

5.2.5 防滑性

按照 GB/T 28287 方法测试时,应符合表 6 要求。

表 6 在瓷砖上测定的摩擦系数要求

测试平面	测试模式	摩擦系数
带有洗涤剂溶液的陶瓷砖面	后跟向前滑动	≥0.28
	水平向前滑动	≥0.32

5.3 鞋帮

5.3.1 总则

如果安全鞋鞋帮采用多种材料复合而成,则每种材料应分别符合本条款相应要求。

从紧靠鞋底的水平表面测量时,满足本条款要求的鞋帮区域应有符合表 7 的最小高度。

表 7 满足鞋帮要求的最小高度

鞋号	最小高度/mm			
	式样 A	式样 B	式样 C	式样 D 和式样 E
≤225	44	64	113	172
230~240	46	66	115	175
245~250	48	68	119	182
255~265	50	70	123	188
270~280	52	72	127	195
≥285	53	73	131	202

当沿口皮和嵌入材料位于表7给出的高度上方时,其应符合对衬里要求的撕裂性能(5.4.1)和耐磨性(5.4.2)。皮革材料应另外符合pH值(5.3.7)要求和六价铬含量(5.3.9)要求。位于表7给出高度上方的非沿口皮和嵌入材料应符合鞋帮要求。

5.3.2 厚度

按照GB/T 20991—2007中6.1方法测量时,Ⅱ类鞋的鞋帮任何一处厚度应符合表8要求。

表8 鞋帮最小厚度

材料种类	最小厚度/mm
橡胶	1.50
聚合材料	1.00

5.3.3 撕裂性能

按照GB/T 20991—2007中6.3方法测试时,Ⅰ类鞋的鞋帮撕裂性能应符合表9要求。

表9 鞋帮撕裂强度

材料种类	最小力/N
皮革	120
涂覆织物/纺织品	60

5.3.4 拉伸性能

按照GB/T 20991—2007中6.4方法测试时,鞋帮拉伸性能应符合表10要求。

表10 拉伸性能

材料种类	抗张强度/(N/mm^2)	扯断强力/N	100%定伸应力/(N/mm^2)	扯断伸长率/%
皮革	≥15	—	—	—
橡胶	—	≥180	—	—
聚合材料	—	—	1.3～4.6	≥250

5.3.5 耐折性

按照GB/T 20991—2007中6.5方法测试时,耐折性应符合表11要求。

表11 耐折性

材料种类	耐折性
橡胶	连续屈挠125 000次,应无裂纹
聚合材料	连续屈挠150 000次,应无裂纹

5.3.6 水蒸气渗透性和系数

按照 GB/T 20991—2007 中 6.6 和 6.8 方法测试时,水蒸气渗透率不应小于 0.8 mg/$(cm^2 \cdot h)$,水蒸气系数不应小于 15 mg/cm^2。

5.3.7 pH 值

皮革鞋帮按照 GB/T 20991—2007 中 6.9 方法测试时,pH 值不应小于 3.2,如果 pH 值小于 4,则稀释差应小于 0.7。

5.3.8 水解

聚氨酯鞋帮按照 GB/T 20991—2007 中 6.10 方法测试时,连续屈挠 150000 次,应无裂纹产生。

5.3.9 六价铬含量

皮革鞋帮按照 GB/T 22807 方法测试时,六价铬含量应不超过 3.0 mg/kg。

5.4 前帮和后帮衬里

5.4.1 撕裂性能

按照 GB/T 20991—2007 中 6.3 方法测试时,衬里撕裂性能应符合表 12 要求。

表 12 衬里撕裂性能

材料种类	最小力/N
皮革	30
涂覆织物和纺织品	15

5.4.2 耐磨性

按照 GB/T 20991—2007 中 6.12 方法测试时,在完成下列转数前,衬里不应产生任何破洞:
——前帮和后帮衬里:
- 干式测试时 25 600 r;
- 湿式测试时 12 800 r。

——鞋座区域衬里:
- 干式测试时 51 200 r;
- 湿式测试时 25 600 r。

5.4.3 水蒸气渗透性和系数

按照 GB/T 20991—2007 中 6.6 和 6.8 方法测试时,水蒸气渗透率不应小于 2.0 mg/$(cm^2 \cdot h)$,水蒸气系数不应小于 20 mg/cm^2。

注:无衬里主跟没有要求。

5.4.4 pH 值

皮革衬里按照 GB/T 20991—2007 中 6.9 方法测试时,pH 值不应小于 3.2,如果 pH 值小于 4,则稀释差应小于 0.7。

5.4.5 六价铬含量

皮革衬里按照 GB/T 22807 方法测试时,六价铬含量应不超过 3.0 mg/kg。

5.5 鞋舌

注:仅当制作鞋舌的材料或厚度与鞋帮不同时,才测试鞋舌。

5.5.1 撕裂性能

按照 GB/T 20991—2007 中 6.3 方法测定时,鞋舌撕裂性能应符合表 13 要求。

表 13 鞋舌撕裂性能

材料种类	最小力/N
皮革	36
涂覆织物和纺织品	18

5.5.2 pH 值

皮革鞋舌按照 GB/T 20991—2007 中 6.9 方法测试时,pH 值不应小于 3.2,如果 pH 值小于 4,则稀释差应小于 0.7。

5.5.3 六价铬含量

皮革鞋舌按照 GB/T 22807 方法测试时,六价铬含量应不超过 3.0 mg/kg。

5.6 内底和鞋垫

5.6.1 厚度

按照 GB/T 20991—2007 中 7.1 方法测定时,内底和/或鞋垫厚度不应小于 2.0 mm。

5.6.2 pH 值

皮革内底或皮革鞋垫按照 GB/T 20991—2007 中 6.9 方法测试时,pH 值不应小于 3.2,如果 pH 值小于 4,则稀释差应小于 0.7。

5.6.3 吸水性和水解吸性

按照 GB/T 20991—2007 中 7.2 方法测试时,吸水性不应小于 70 mg/cm^2,水解吸性不应小于水吸收的 80%。

5.6.4 耐磨性

5.6.4.1 内底

非皮革内底按照 GB/T 20991—2007 中 7.3 方法测试时,完成 400 次前,不应有严重磨损。

5.6.4.2 鞋垫

非皮革鞋垫及鞋垫的非皮革部分按照 GB/T 20991—2007 中 6.12 方法测试时,完成下列次数前,摩擦表面不应产生任何破洞:

——干式测试时 25 600 次;
——湿式测试时 12 800 次。

5.6.5 六价铬含量

皮革内底按照 GB/T 22807 方法测试时,六价铬含量应不超过 3.0 mg/kg。

5.7 外底

5.7.1 设计

5.1.1 花纹区域

除保护包头卷边下方区域外,至少图 5 所示的阴影部分应有向侧边开口的花纹。

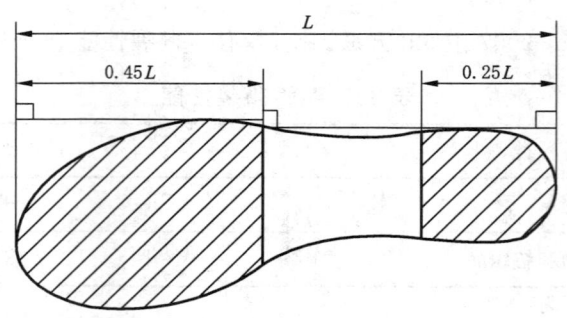

说明：
L——鞋长。

图 5 花纹区域

5.7.1.2 厚度

按照 GB/T 20991—2007 中 8.1 方法测量时，图 6、图 7 或图 8 所示的花纹高度 d_2 及厚度 d_1 和 d_3 应符合表 14 的要求。

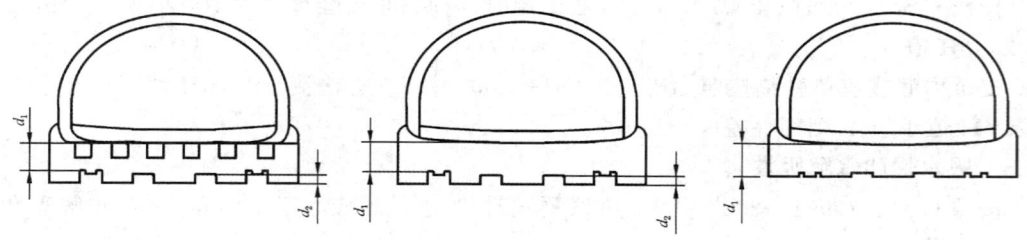

a) 胶粘外底　　　　　　　b) 直接硫化或注压的外底　　　　c) 花纹高度＜2.5 mm 的外底

图 6 直接注压、硫化和胶粘的外底

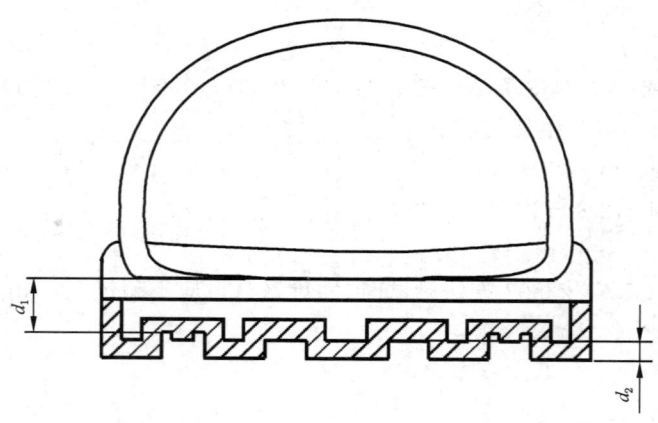

图 7 多层外底（花纹高度≥2.5 mm）

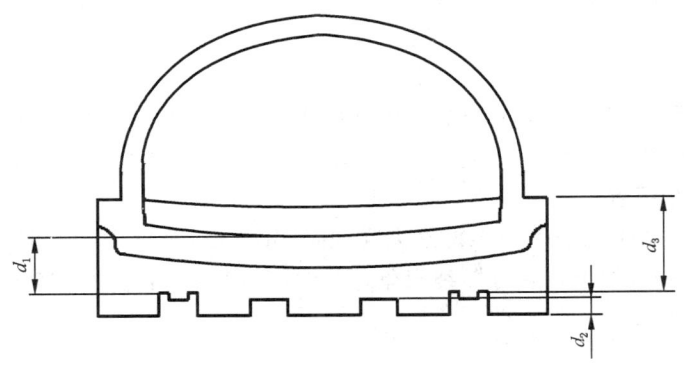

图 8 全橡胶和全聚合材料鞋(花纹高度≥2.5 mm)

表 14 外底厚度和花纹高度

花纹高度	厚度	
	Ⅰ类	Ⅱ类
$d_2<2.5$ mm	$d_1 \geq 6$ mm	$d_1 \geq 6$ mm
$d_2 \geq 2.5$ mm 且 $d_2<4$ mm	$d_1 \geq 4$ mm	$d_1 \geq 3$ mm
$d_2 \geq 4$ mm	$d_1 \geq 4$ mm	$d_1 \geq 3$ mm $d_3 \geq 6$ mm

5.7.2 撕裂强度

非皮革外底按照 GB/T 20991—2007 中 8.2 方法测试时,密度大于 0.9 g/cm³ 的材料,撕裂强度不应小于 8 kN/m;密度小于或等于 0.9 g/cm³ 的材料,撕裂强度不应小于 5 kN/m。

5.7.3 耐磨性

Ⅰ类鞋外底按照 GB/T 20991—2007 中 8.3 方法测试时,密度等于或小于 0.9 g/cm³ 材料的相对体积磨耗量不应大于 250 mm³,密度大于 0.9 g/cm³ 材料的相对体积磨耗量不应大于 150 mm³。

Ⅱ类鞋外底按照 GB/T 20991—2007 中 8.3 方法测试时,相对体积磨耗量不应大于 250 mm³。

对于 20 kV 及以上的Ⅱ类电绝缘鞋,外底按照 GB/T 20991—2007 中 8.3 方法测试时,相对体积磨耗量不应大于 400 mm³。

5.7.4 耐折性

外底按照 GB/T 20991—2007 中 8.4 方法测试时,连续屈挠 30000 次,切口增长不应大于 4 mm。

如发生下列自然产生裂纹的情况,可认为合格:
a) 仅评价踏地范围中心的裂纹,保护包头下方区域的裂纹应忽略;
b) 深度小于 0.5 mm 的浅表裂纹应忽略;

c) 如果裂纹深度不超过 1.5 mm,长度不超过 4 mm,且数量不超过 5 处,应认为鞋底合格。

5.7.5 水解

聚氨酯外底和外层由聚氨酯组成的鞋底按照 GB/T 20991—2007 中 8.5 方法测试时,连续屈挠 150 000 次,切口增长不应大于 6 mm。

5.7.6 中间层结合强度

按照 GB/T 20991—2007 中 5.2 方法测试时,外层或花纹层与相邻层之间的结合强度不应小于 4.0 N/mm;如果鞋底有撕裂现象,则结合强度不应小于 3.0 N/mm。

6 防护性能

6.1 总则

安全鞋应至少满足下述条款规定的一项或多项防护性能要求。安全鞋应具备的防护性能取决于预定工作场所可能遇到的危害。

6.2 足趾保护

6.2.1 一般要求

在不损坏鞋的情况下,装入鞋内的保护包头应不能移动。

除Ⅱ类鞋外,装有内部保护包头的鞋有一层前帮衬里或鞋帮的一部分起衬里作用。此外,保护包头应有一层边缘覆盖层从保护包头后部边缘开始在其下方延伸至少 5 mm,并在相反方向延伸至少 10 mm。

如果保护包头有卷边,其宽度 e 不应大于 10 mm(见图 9)。

脚趾部位的抗磨损覆盖层厚度不应小于 1 mm。

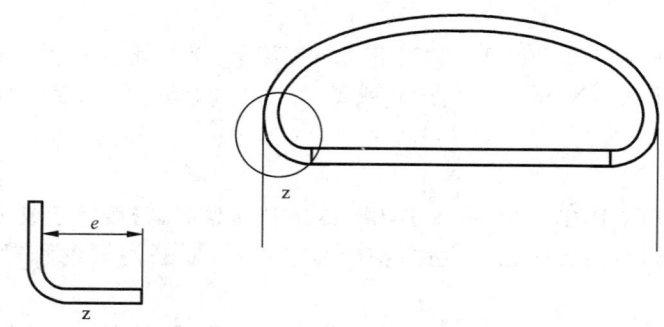

图 9 保护包头卷边宽度 e

6.2.2 保护包头内部长度

按照 GB/T 20991—2007 中 5.3 方法测量时,保护包头最小内部长度应符合表 15 要求。

表 15 保护包头最小内部长度

鞋号	最小内部长度/mm
≤225	≥34
230～240	≥36

表 15（续）

鞋号	最小内部长度/mm
245~250	≥38
255~265	≥39
270~280	≥40
≥285	≥42

6.2.3 抗冲击性

按照 GB/T 20991—2007 中 5.4 方法测试时，在(200±4)J 或(100±2)J 冲击能量冲击后，保护包头内的最小间距应符合表 16 要求。此外，在保护包头的测试轴线上不应产生任何贯穿材料的裂缝，即光线能透过裂缝。

注：标记为足趾保护(200 J)或 SB 的安全鞋使用(200±4)J 冲击能量，标记为足趾保护(100 J)或 PB 的安全鞋使用(100±2)J 冲击能量。

表 16 冲击后保护包头内的最小间距

鞋号	最小间距/mm
≤225	≥12.5
230~240	≥13.0
245~250	≥13.5
255~265	≥14.0
270~280	≥14.5
≥285	≥15.0

6.2.4 耐压力性

按照 GB/T 20991—2007 中 5.5 方法测试时，标记为足趾保护(200 J)或 SB 的安全鞋，在(15±0.1)kN 压力下，保护包头内的最小间距应符合表 16 要求；标记为足趾保护(100 J)或 PB 的安全鞋，在(10±0.1)kN 压力下，保护包头内的最小间距应符合表 16 要求。

6.2.5 保护包头的特性

6.2.5.1 金属保护包头的耐腐蚀性

Ⅱ类鞋按照 GB/T 20991—2007 中 5.6.1 方法测试和评估时，金属保护包头腐蚀区域不应超过 3 处，且腐蚀区域任何方向长度不应超过 2 mm。

Ⅰ类鞋按照 GB/T 20991—2007 中 5.6.2 方法测试和评估时，金属保护包头腐蚀区域不应超过 3 处，且腐蚀区域任何方向长度不应超过 2 mm。

6.2.5.2 非金属保护包头的稳定性

非金属保护包头应符合 GB/T 28288—2012 中 4.2.6 要求。

6.3 抗刺穿性

6.3.1 刺穿力

6.3.1.1 金属防刺穿垫

按照 GB/T 20991—2007 中 5.8.2 方法测试时,测试钉尖穿透鞋底所需的力不应小于1 100 N。

6.3.1.2 非金属防刺穿垫

如果非金属防刺穿垫不设计为内底用(如在缝制鞋中),按照 GB/T 20991—2007 中 5.8.2方法测试;如果非金属防刺穿垫设计为内底用,按照附录 B 的方法测试。通过目测观察、摄像或电子监测检查,测试钉尖不应从试样中露出。

6.3.2 结构

防刺穿垫应装在鞋底中,在不损坏鞋的情况下应不能移动垫。除用作内底的非金属防刺穿垫外,垫不应位于保护包头卷边上方及不应与其接触。

6.3.3 尺寸

依据图10,按照 GB/T 20991—2007 中 5.8.1 方法测量防刺穿垫尺寸。

除鞋座区域外,代表楦底边缘的曲线和防刺穿垫边缘之间的最大距离(X)应为6.5 mm。鞋座区域,代表楦底边缘的曲线和垫之间的最大距离(Y)应为17 mm(见图10)。

将防刺穿垫固定于鞋底的最大直径为 3 mm 的开孔不应超过 3 个。

开孔不应位于阴影区域1中(见图10)。

阴影区域2中的开孔应忽略(见图10)。

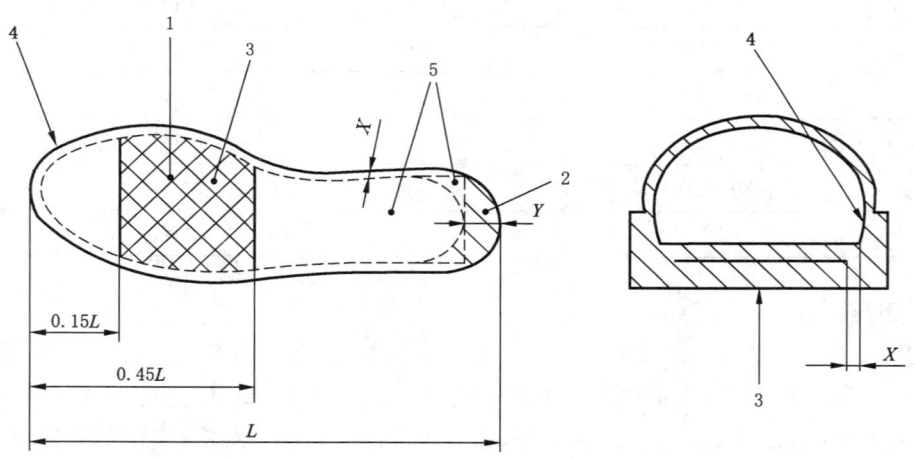

说明:
1——阴影区域1;
2——阴影区域2;
3——防刺穿垫;
4——楦底边缘留下的曲线;
5——防刺穿垫可选择的形状;
L——鞋底内部长度。

图 10 防刺穿垫的位置

6.3.4 防刺穿垫耐折性

防刺穿垫按照 GB/T 20991—2007 中 5.9 方法测试时,经受 1×10^6 屈挠后不应出现肉眼可见的断裂、裂纹或分层现象。

6.3.5 防刺穿垫特性

6.3.5.1 金属防刺穿垫的耐腐蚀性

全橡胶鞋按照 GB/T 20991—2007 中 5.6.1 方法测试时,金属防刺穿垫的腐蚀区域不应超过 5 处,每处面积不应超过 2.5 mm²。用在其他类型鞋中的金属防刺穿垫按照 GB/T 20991—2007 中 5.6.3 方法测试时,腐蚀区域不应超过 5 处,每处面积不应超过 2.5 mm²。

6.3.5.2 非金属防刺穿垫的稳定性

非金属防刺穿垫应符合 GB/T 28288—2012 中 5.2.4 要求。

6.4 电性能

6.4.1 导电性能

按照 GB/T 20991—2007 中 5.10 方法测量时,在干燥环境[GB/T 20991—2007,5.10.3.3a)]中调节后,电阻值应不大于 100 kΩ。

6.4.2 防静电性能

按照 GB/T 20991—2007 中 5.10 方法测量时,在干燥和潮湿环境[GB/T 20991—2007,5.10.3.3a)和 b)]中调节后,电阻值应大于 100 kΩ 和小于或等于 1 000 MΩ。

6.4.3 电绝缘性能

鞋不应使用金属材料的部件或配件,帮底结合不应采用上下穿通线缝。

按照附录 C 方法测试时,应符合表 17 要求。

表 17 电绝缘性能要求

要求	Ⅰ类			Ⅱ类						
	皮鞋	布面胶鞋								
测试电压(工频)/kV	6	5	15	6	10	15	20	25	30	35
泄漏电流/mA	≤1.8	≤1.5	≤4.5	≤2.4	≤4	≤6	≤8	≤9	≤10	≤14

6.5 耐恶劣环境性能

6.5.1 隔热性

按照 GB/T 20991—2007 中 5.12 方法测试时,根据鞋特性设定加热板温度,30 min 后内底上表面的温度升高不应超过 22 ℃。

测试后鞋应符合附录 D 的规定。

在不损坏鞋的情况下,安装在鞋内的隔热层应不能移动。

6.5.2 防寒性

按照 GB/T 20991—2007 中 5.13 方法测试时,内底上表面的温度降低不应超过 10 ℃。

在不损坏鞋的情况下,安装在鞋内的隔冷层应不能移动。

7 附加要求

7.1 总则

附加要求是否必需取决于预期工作场所可能遇到的危害,适合的安全鞋应符合表 18 给出的适用的附加要求。

7.2 鞋座区域能量吸收

按照 GB/T 20991—2007 中 5.14 方法测试时,鞋座区域能量吸收不应小于 20 J。

7.3 防水性

按照 GB/T 20991—2007 中 5.15.1 方法测试,走完 100 个槽长后,或按照 GB/T 20991—2007 中 5.15.2 方法测试,80 min 后,鞋内侧浸湿的总面积不应超过 3 cm²。

表 18 安全鞋的附加要求

要求	条款	分类		标记	
		Ⅰ	Ⅱ	中文标识	英文标识
鞋座区域能量吸收	7.2	●	●	能量吸收	E
防水性	7.3	●		防水	WR
跖骨保护	7.4	●	●	跖骨保护	M
踝保护	7.5	●	●	踝保护	AN
防切割	7.6	●	●	防切割	CR
鞋帮透水性和吸水性	7.7	●		透水吸水	WRU
外底耐热接触性	7.8	●	●	耐热	HRO
外底耐油性	7.9	●	●	耐油	FO
注:● 表示有此特性要求应符合。					

7.4 跖骨保护

7.4.1 结构

跖骨保护装置应由合适的材料制成并应有合适的形状,使冲击时产生的作用力分配在鞋底、保护包头和与脚表面尽可能一样大的区域上。

在不损坏鞋的情况下,装在鞋上的跖骨保护装置应不能移动。

在脚的内侧和外侧,跖骨保护装置应与鞋的形状相适应。

7.4.2 跖骨保护装置的抗冲击性

按照 GB/T 20991—2007 中 5.16 方法测试时,冲击后的最小间距应符合表 19 的要求。

表 19 冲击后的最小间距

鞋号	最小间距/mm
≤225	≥37.0
230~240	≥38.0
245~250	≥39.0
255~265	≥40.0
270~280	≥40.5
≥285	≥41.0

7.5 踝保护

按照 GB/T 20991—2007 中 5.17 方法测试时,测试结果的平均值不应超过 10 kN 和单个值不应超过 15 kN。

7.6 防切割

7.6.1 式样

防切割鞋不应为式样 A(见图 4)。

7.6.2 结构

防切割鞋应有从帮脚边缘到其上方至少 30 mm 和从保护包头到鞋后跟末端延伸的保护区域。该区域应延伸超过保护包头边缘至少 10 mm。

在保护包头和保护材料之间应没有缝隙。保护材料应永久地附于鞋上。如果不同材料用于防切割保护,其应相互连接或重叠(见图 11)。

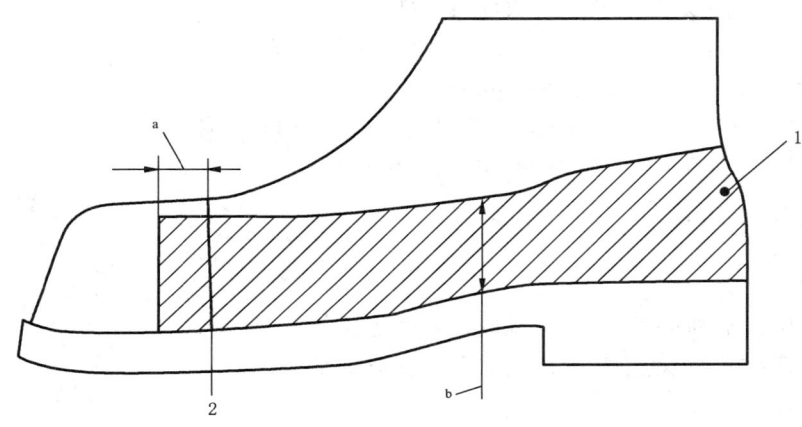

说明:
1——防切割保护区域;
2——保护包头后边缘。

a 保护包头边缘 10 mm 重叠;
b 帮脚线上方 30 mm 最小高度。

图 11 防切割保护区域范围

7.6.3 抗切割性

按照 GB 24541—2009 中 5.3 方法测试时,防割指数不应小于 2.5。

7.6.4 抗刺穿性

防切割鞋应符合 6.3 的要求。

7.7 鞋帮透水性和吸水性

按照 GB/T 20991—2007 中 6.13 方法测试时,透水量(表示为 60 min 后吸水布的质量增加)不应高于 0.2 g,吸水率不应高于 30%。

除非符合上述要求,非功能性的及装饰性的缝缀和穿孔不应用在要求鞋帮防水的鞋上。当符合 7.3 的要求时,非功能性的及装饰性的缝缀和穿孔可接受。

7.8 外底耐热接触性

按照 GB/T 20991—2007 中 8.7 方法测试时,橡胶和聚合材料外底应无熔融和沿圆轴弯曲时应无任何龟裂。

7.9 外底耐油性

按照 GB/T 20991—2007 中 8.6.1 方法测试时,体积增大不应超过 12%。

如果按照 GB/T 20991—2007 中 8.6.1 方法测试后,试样体积收缩超过 1‰,或者硬度增加超过 10 个邵尔 A 单位,则按照 GB/T 20991—2007 中 8.6.2 方法进一步取样和测试,连续屈挠 150 000 次,切口增长不应超过 6 mm。

8 标识

应清晰持久地标记下列各项,例如压印或烙印:
a) 产品名称;
b) 鞋号;
c) 商标,或可辨别制造商或供货商的标注;
d) 生产日期(年、月);
e) 本标准编号,即 GB 21148—2020;
f) 表 2 规定的标识,及表 18 的标识(如有),且与 e)彼此相邻。

注:附录 E 给出了国际标准的标记类别对应的性能组合。

9 制造商应提供的信息

9.1 一般要求

安全鞋应给出下列信息,所有信息应清楚明了:
a) 制造商和/或他的全权代表的名称和完整地址;
b) 本标准编号;
c) 任何象形文字、标识和性能水平的说明;
d) 适用于鞋的测试的基本说明,包括防滑性测试说明;
e) 无害性申明,相关安全性信息(依据 GB/T 31009)。
f) 使用说明:
  1) 如果需要,使用前通过穿着者进行测试;
  2) 如果有关,穿上和脱下鞋的方法;
  3) 涉及可能用途的基本信息,及详细信息来源;
  4) 使用限制(例如温度范围,等等);
  5) 储存和维护说明,维护检查的最长周期(如果重要,规定干燥过程);
  6) 清洗和/或消毒说明;
  7) 报废最终期限或报废周期;
  8) 如果适用,对可能遇到的问题提出警告(更改能使认可的类型无效,例如整形外科的鞋);
  9) 如果有帮助,附加示例、部分数字,等等。
g) 参考零件和备用件(如果有关)。
h) 适于运输的包装类型(如果有关)。

9.2 电性能

9.2.1 导电性能

每双导电性能安全鞋应提供有下列文字的说明书:

"如果必须在尽可能的最短时间内将静电荷减至最小,如处理炸药,则必须使用导电鞋。

如果来自任何电器或带电部件的电击危险没有完全消除,则不能使用导电鞋。为确保鞋是导电的,规定在鞋的全新状态下电阻上限值 100 kΩ。

使用期间,由于屈挠和污染,导电材料制成的鞋的电阻值可能会发生显著变化,那么必须确保导电鞋在整个使用期限内能履行消散静电荷的设计功能。因此,在需要的场所,建议使用者建立一个内部电阻测试并定期使用它。这项测试以及下面提到的测试应当成为工作场所事故预防程序的例行部分。

如果鞋在鞋底材料可能被增加鞋电阻的物质所污染的场所穿用,穿着者每次进入危险区域前应当经常检查所穿鞋的电阻值。

在使用导电鞋的场所,地面电阻不应使鞋提供的防护失效。

使用中,鞋内底与穿着者的脚之间不得有绝缘部件。如果内底和脚之间有鞋垫,则应检查鞋/鞋垫组合体的电阻值。"

9.2.2 防静电性能

每双防静电性能安全鞋应提供有下列文字的说明书:

"如果必须通过消散静电荷来使静电积累减至最小,从而避免诸如易燃物质和蒸气的火花引燃危险,同时,如果来自任何电器或带电部件的电击危险尚未完全消除,则必须使用防静电鞋。然而,要注意由于防静电鞋仅仅是在脚和地面之间加入一个电阻,不能保证对电击有足够的防护。如果电击的危险尚未完全消除,避免这种危险的附加措施是必要的。这类措施与下面提到的附加测试一样应成为工作场所事故预防程序的例行部分。

经验表明,对于防静电用途,在鞋的整个使用期限内的任何时间,通过产品的放电路径通常应有小于 1 000 MΩ 的电阻。在电压达到 250 V 操作时,万一出现任何电器故障,为确保对电击或引燃危险提供一些有限的保护,新鞋的电阻最低限值规定为 100 kΩ。然而在某些情况下,使用者应知道鞋可能提供不充分的保护且应始终采取附加措施以保护穿着者。

这类鞋的电阻会由于屈挠、污染或潮湿而发生显著变化。如果在潮湿条件下穿用,鞋将不能实现其预定的功能。因而必须确保产品在整个使用期限内能实现其消散静电荷的设计功能并同时提供一些保护。建议使用者建立一个内部电阻测试并定期经常地使用它。

如果延长穿用周期,Ⅰ类鞋能吸潮并在潮湿条件下导电。

如果在鞋底材料被污染的场所穿用鞋,穿着者每次进入危险区域前应经常检查鞋的电阻值。

在使用防静电鞋的场所,地面电阻不应使鞋提供的防护无效。

在使用中,鞋内底与穿着者的脚之间不得有绝缘部件。如果内底和脚之间有鞋垫,则应检查鞋/鞋垫组合体的电阻值。"

9.2.3 电绝缘性能

每双电绝缘性能安全鞋应提供有下列文字的说明书:

"鞋在首次使用前和持续使用间隙之间应存放在一个适宜的盒子或容器中,不宜受压、折叠或靠近热源存放,不宜长时间暴露在阳光、人造光或其他臭氧源环境中,建议存放在 (20±15)℃ 的环境中。

每次使用前应仔细检查,如果发现机械或化学损伤,鞋不宜穿用。如有疑问,鞋必须进行耐压测试。

鞋帮必须干燥。

穿着者应检查鞋的耐压级别是否提供足够保护。

鞋不宜在有切割、穿刺危险、可能降低绝缘性能的机械或化学侵犯的场所使用。

在潮湿条件下穿用应特别注意。

如果鞋变脏或被污染，特别是鞋帮，需要按照制造商推荐的方法清洁和干燥。

为确保使用安全，应定期依据 GB 21148—2020 的 6.4.3 检测鞋的电性能，如果没有相关规定，建议半年一次。

对于存放超过 24 个月（自生产日期起计算）的鞋，须逐只进行电性能检验，只有符合 GB 21148—2020 的 6.4.3 的鞋，方可继续销售和使用。"

9.3 鞋垫

如果鞋提供了可移动鞋垫，则应在说明书上解释测试是鞋垫在适当的位置时进行的。应给出警告，鞋只在适当位置使用鞋垫及鞋垫最好由原鞋制造商提供的同等鞋垫代替。

如果鞋未提供鞋垫，则应在说明书上解释测试是在没有鞋垫时进行的。应给出警告，装鞋垫能影响鞋的防护性能。

附 录 A
（规范性附录）
混 合 鞋

A.1 总则

混合鞋应符合下述条款要求。

A.2 高度

对于式样 B 的鞋，测量聚合材料（或橡胶）部分最低处和底部（见图 A.1）距离 H，应符合表 7 给出的最小高度。

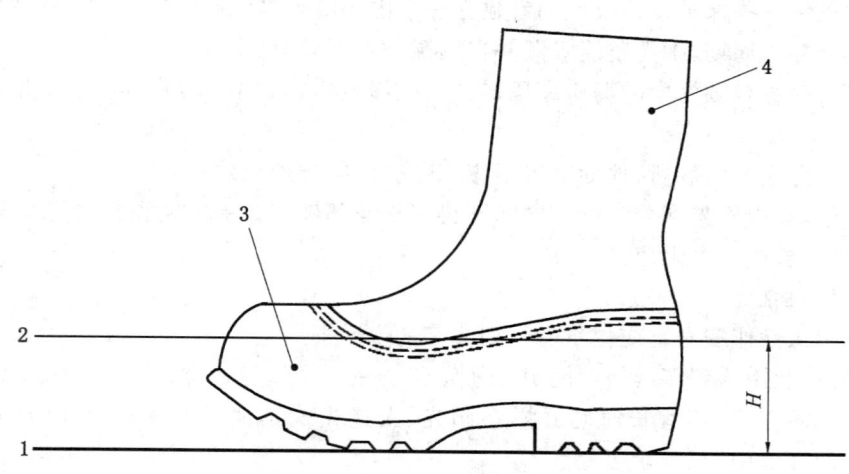

说明：

1——底部；2——聚合材料（或橡胶）部分的最低处；3——区域 A；4——区域 B。

图 A.1 混合鞋的设计

A.3 区域 A

区域 A 中,鞋的较低部分应符合Ⅱ类鞋要求(见表3),防漏性除外;如果有,内底和/或鞋垫应符合表4要求。

A.4 区域 B

区域 B 中,鞋帮延伸材料应符合 5.3.3、5.3.4、5.3.6、5.3.7 和 5.3.9 的要求,衬里应符合 5.4 的要求。

A.5 防水性

鞋应符合 7.3 的要求。

如果按照 GB/T 20991—2007 中 5.15.1 方法测试,5.15.1.4 规定的水位深度应大于或等于 H,单位为毫米。

如果按照 GB/T 20991—2007 中 5.15.2 方法测试,5.15.2.4 规定的水位深度应大于或等于 H,单位为毫米。

附 录 B
（规范性附录）
非金属防刺穿垫测试

B.1 装置

B.1.1 测试设备

能测量压力至少 2 000 N,装有一块带测试钉的压板,及一块带有直径 25 mm 开口的平行底板,开口的轴线应与测试钉重合(见图 B.1)。

B.1.2 测试钉

应符合 GB/T 20991—2007 中 5.8.2.1.2 的要求。

B.2 试样制备

移除鞋帮,用鞋底作为试样,非金属防刺穿垫应可见。

如果非金属防刺穿垫包含与防静电性能相关的缝线,穿透点之一至少应在此区域进行。

对于能吸水的鞋底材料(如皮革),将鞋底浸入(23±1)℃去离子水中(16±1)h 后进行测试。

注:非吸水的试样不必预处理。

B.3 测试步骤

试样置于底板上,使测试钉能穿透底部。

以(10±3)mm/min 的速度对着鞋底运行测试设备至压力为 1 100 N,然后停止设备并在 10 s 内以 90°±15°的角度进行目测检查或摄像或电子监测检查。

测试在鞋底四个不同点处进行(至少一个点在后跟区域),任何两穿透点之间至少相距

30 mm,并且距内底边缘至少 10 mm。对于有花纹鞋底,在花纹间进行测试。四个测试点中的两个应距鞋楦边缘对应的曲线 10 mm~15 mm。

报告测试结果。

单位为毫米

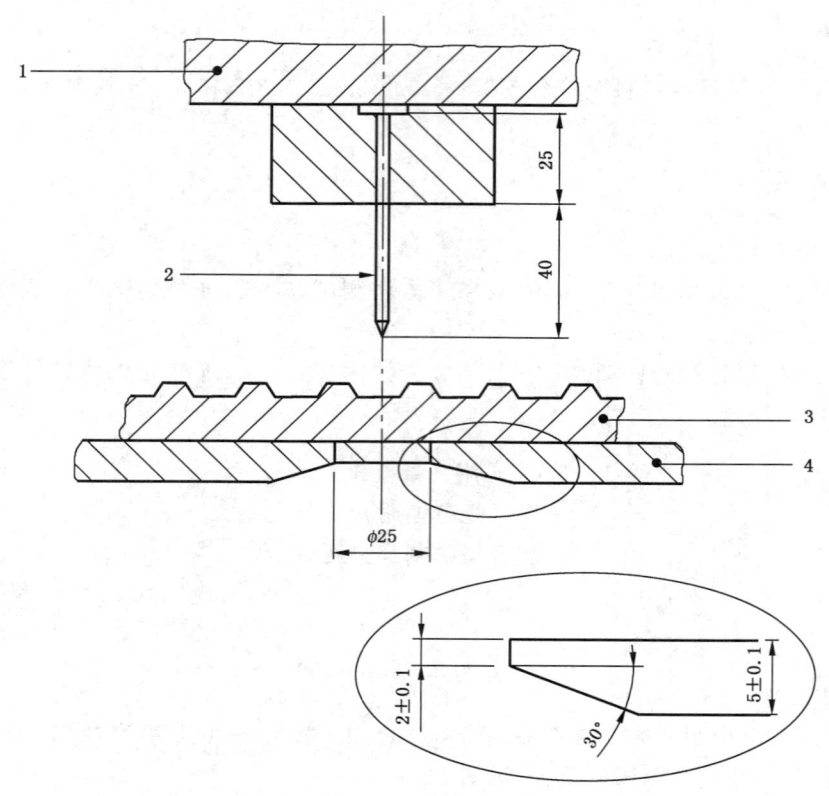

说明:
1——压板;
2——测试钉;
3——鞋底试样;
4——底板。

图 B.1　测试装置

附　录　C
（规范性附录）
电绝缘性能耐电压测试

C.1　测试原理

以工频电压值施加于被测鞋内、外电极,在规定的测试时间内,测试样品如未被击穿,则毫安表指示的数值(mA)即为泄漏电流值,电压表指示的数值(kV)即为耐电压值。

C.2 装置

C.2.1 外电极
由海绵和水组成。

C.2.2 内电极
由直径大于 5 mm 的铜片和直径(3.5 ± 0.6) mm 的不锈钢珠组成,钢珠应符合 GB/T 308.1 要求。应采取措施防止或除去钢珠的氧化,因为氧化可能影响导电性。

C.2.3 变压器
应选用大于 0.5 kVA(500 VA)的变压器。

C.2.4 电压表
准确度 1.5 级以内。

C.2.5 毫安表
准确度 1.0 级以内,其使用值应为仪表量程的 15%~85%。

C.2.6 测量系统电阻值
不超过 28×10^4 Ω。

C.3 测试条件

温度 15 ℃~35 ℃、相对湿度 45%~75%。

C.4 试样制备

取 3 双鞋作为试样,试样应是制成后至少存放 72 h 的成鞋,穿用后的鞋应擦洗干净和干燥,试样应在测试条件下放置至少 3 h。

C.5 测试步骤

将铜片放入鞋内,铜片上铺满直径(3.5 ± 0.6) mm 的不锈钢珠。对于电绝缘布面胶鞋,其钢珠高度至少 15 mm,其他鞋的钢珠高度至少 30 mm。

内电极装好后,将试样鞋放入盛有水和海绵的器皿中。

注:测试电绝缘皮鞋和电绝缘布面胶鞋时,含水海绵不得浸湿鞋帮。

按图 C.1 所示接好电路,以 1 kV/s 的速度使电压从零升到测试电压值的 75%,再以 100 V/s 的速度升到规定的电压值。保持 1 min,记录电流表所示之值,精确到 0.01 mA。

测试结束应迅速降压至零位,但不得突然切断电源。

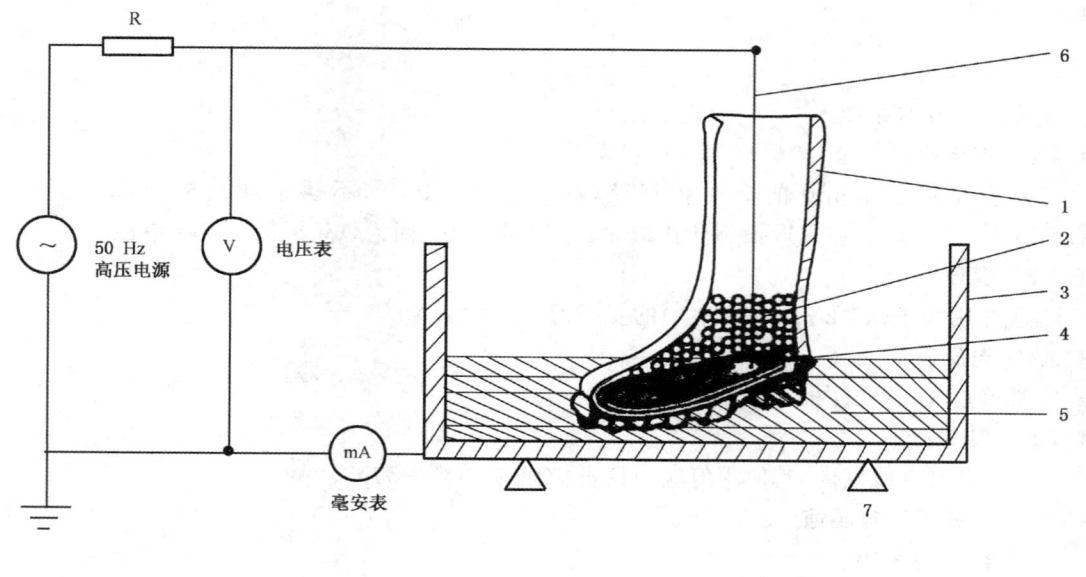

说明：
1——试样；
2——不锈钢珠；
3——金属盘；
4——铜片（与金属导线相连）；
5——海绵和水；
6——金属导线；
7——绝缘支架。

图 C.1　电绝缘性测试装置

附　录　D
（规范性附录）
热性能测试时鞋的评价

D.1　总则

下述描述提供了按照 GB/T 20991—2007 中 5.12 测试时鞋性能的评价。

D.2　隔热性测试后鞋状况的评价依据

按照 GB/T 20991—2007 中 5.12 测试时，如果发现下述任一损坏迹象，鞋应判定不合格：

——外底裂纹超过 10 mm 长和 3 mm 深；
——帮底分离超过 15 mm 长和 5 mm 宽（深）；
——内底和鞋垫（如果有）上有明显变形和裂纹超过 10 mm 长和一半材料厚度的深度；
——当鞋回到室温时，外底明显变形仍存在。

外底明显变形是否存在，可以用 5.2.4 描述的工效学测试去评价。

附 录 E
（资料性附录）
国际标准的标记类别

为便于标识，国际标准归类了基本性能和防护性能的最广泛组合，见表 E.1。

表 E.1 标记类别对应的性能组合

标记类别	分类	性能组合
SB	Ⅰ 或 Ⅱ	足趾保护
S1	Ⅰ	足趾保护 封闭的鞋座区域 防静电性能 鞋座区域能量吸收 耐油性
S2	Ⅰ	S1,加上： 透水性和吸水性
S3	Ⅰ	S2,加上： 抗刺穿性 外底花纹高度≥2.5 mm
S4	Ⅱ	足趾保护 封闭的鞋座区域 防静电性能 鞋座区域能量吸收 耐油性
S5	Ⅱ	S4,加上： 抗刺穿性 外底花纹高度≥2.5 mm

参 考 文 献

[1] ISO 20344:2011 Personal protective equipment—Test methods for footwe
[2] ISO 20345:2011 Personal protective equipment—Safety footwear
[3] ISO 20346:2014 Personal protective equipment—Protective footwear
[4] ISO 20347:2012 Personal protective equipment—Occupational footwear
[5] EN 12568:2010 Foot and leg protectors—Requirements and test methods for toecaps and penetration resistant inserts

头部防护 安全帽(GB 2811—2019)

前言

本标准按照 GB/T 1.1—2009 给出的规则起草。

本标准代替 GB 2811—2007《安全帽》。本标准与 GB 2811—2007 相比,主要技术变化如下：
——修改了标准适用范围(见第 1 章)；
——修改了部分术语和定义的措辞,并删除了部分术语(见第 3 章,2007 年版的第 3 章)；
——增加了安全帽的分类(见第 4 章)；
——修改了对于安全帽质量的要求(见 5.2.6,2007 年版的 4.1.7)；
——修改了对于佩戴高度的要求(见 5.2.9,2007 年版的 4.1.11)；
——修改了对于通气孔的要求(见 5.2.13,2007 年版的 4.1.15)；
——修改了对于耐低温性能的要求(见 5.3.3,2007 年版的 4.3.5)；
——增加了对于耐极高温性能的要求(见 5.3.4)；
——修改了对于电绝缘性能的要求(见 5.3.5,2007 年版的 4.3.2)；
——修改了对于防静电性能的要求(见 5.3.6,2007 年版的 4.3.1)；
——增加了对于耐熔融金属飞溅性能的要求(见 5.3.7)；
——修改了对于安全帽永久标识的要求(见 7.2,2007 年版的 6.1)。

本标准由中华人民共和国应急管理部提出并归口。

本标准起草单位：北京市劳动保护科学研究所、梅思安(中国)安全设备有限公司、北京慧缘有限责任公司、浙江耐特科技有限公司、北京力达塑料制造有限公司。

本标准主要起草人：杨文芬、陈倬为、许超、肖义庆、张意飞、项树乔、蒋旭日、张东伟。

本标准所代替标准的历次版本发布情况为：
——GB 2811—1989、GB 2811—2007。

1 范围

本标准规定了安全帽的分类与标记、技术要求、检验及标识。

本标准适用于作业场所头部防护所用的安全帽。

本标准不适用于消防、应急救援、运动用和车用头部防护用品。

2 规范性引用文件

下列文件对于本文件的应用是必不可少的。凡是注日期的引用文件,仅注日期的版本适用于本文件。凡是不注日期的引用文件,其最新版本(包括所有的修改单)适用于本文件。

GB/T 2812 安全帽测试方法

3 术语和定义

下列术语和定义适用于本文件。

3.1
安全帽　safety helmets
对使用者头部受坠落物或小型飞溅物体等其他特定因素引起的伤害起防护作用的帽。
注：一般由帽壳、帽衬及配件等组成。

3.2
帽壳　shell
安全帽的外壳。
注：一般由壳体、帽舌、帽沿、顶筋等部分组成。

3.3
顶筋　top reinforcement
用于增加帽壳顶部强度的结构。

3.4
帽衬　harness
安全帽内部部件的总称。
注：一般由帽箍、吸汗带、顶带、缓冲垫等组成。

3.5
帽箍　headband
围绕头围起固定作用的可调节带圈。

3.6
吸汗带　sweatband
附加在帽箍上的吸汗材料。

3.7
顶带　liner strip
与使用者头顶直接接触的衬带。

3.8
下颏带　chins trap
系在下颏上，起辅助固定作用的可调节配件。

3.9
水平间距　horizontal distance
安全帽在佩戴时，帽箍与帽壳内侧之间在水平面上的径向距离。

3.10
垂直间距　vertical distance
安全帽在佩戴时，头顶最高点与帽壳内表面之间的轴向距离（不包括顶筋的空间）。

3.11
佩戴高度　wearing height
安全帽在佩戴时，帽箍侧面底部的最低点至头顶最高点的轴向距离。

4 分类与标记

4.1 分类

4.1.1 安全帽按性能分为普通型(P)和特殊型(T)。普通型安全帽是用于一般作业场所,具备基本防护性能的安全帽产品;特殊型安全帽是除具备基本防护性能外,还具备一项或多项特殊性能的安全帽产品,适用于与其性能相应的特殊作业场所。

4.1.2 带有电绝缘性能的特殊型安全帽按耐受电压大小分为G级和E级。G级电绝缘测试电压为2 200 V,E级电绝缘测试电压为20 000 V。

4.2 分类标记

4.2.1 安全帽的分类标记由产品名称、性能标记组成。

4.2.2 安全帽的分类标记详见表1,按表中从上至下的顺序选择相应性能进行标记。

表 1 安全帽的分类标记

产品类别	符号	特殊性能分类	性能标记		备注
普通型	P	—	—		—
特殊型	T	阻燃	Z		—
		侧向刚性	LD		—
		耐低温	−30 ℃		—
		耐极高温	+150 ℃		—
		电绝缘	J	G	测试电压2 200 V
				E	测试电压20 000 V
		防静电	A		—
		耐熔融金属飞溅	MM		—

示例1:普通型安全帽标记为:安全帽(P);

示例2:具备侧向刚性、耐低温性能的安全帽标记为:安全帽(T LD−30 ℃);

示例3:具备侧向刚性、耐极高温性能、电绝缘性能,测试电压为20 000 V的安全帽标记为:安全帽(T LD+150 ℃ JE)。

5 技术要求

5.1 一般要求

5.1.1 不得使用有毒、有害或引起皮肤过敏等伤害人体的材料。

5.1.2 不得使用回收、再生材料作为安全帽受力部件(如帽壳、顶带、帽箍等)的原料。

5.1.3 材料耐老化性能应不低于产品标识明示的使用期限,正常使用的安全帽在使用期限内不能因材料原因导致防护功能失效。

5.2 基本性能要求

5.2.1 帽箍

帽箍应可根据安全帽标识中明示的适用头围尺寸进行调整。

5.2.2 吸汗带
帽箍对应前额的区域应有吸汗性织物或增加吸汗带,吸汗带宽度应不小于帽箍的宽度。

5.2.3 下颏带尺寸
安全帽如有下颏带,应使用宽度不小于10 mm的织带或直径不小于5 mm的绳。

5.2.4 帽壳
帽壳表面不能有气泡、缺损及其他有损性能的缺陷。

5.2.5 部件安装
安全帽各部件的安装应牢固,无松脱、滑落现象。

5.2.6 质量(不包括附件)
特殊型安全帽不应超过600 g;普通型安全帽不应超过430 g;产品实际质量与标记质量相对误差不应大于5%。

5.2.7 帽舌
按照GB/T 2812规定的方法测试,帽舌应≤70 mm。

5.2.8 帽沿
按照GB/T 2812规定的方法测试,帽沿应≤70 mm。

5.2.9 佩戴高度
按照GB/T 2812规定的方法测量,佩戴高度应≥80 mm。

5.2.10 垂直间距
按照GB/T 2812规定的方法测量,垂直间距应≤50 mm。

5.2.11 水平间距
按照GB/T 2812规定的方法测量,水平间距应≥6 mm。

5.2.12 帽壳内突出物
帽壳内侧与帽衬之间存在的尖锐锋利突出物高度不得超过6 mm,突出物应有软垫覆盖。

5.2.13 通气孔
当帽壳留有通气孔时,通气孔总面积不应大于450 mm^2。

5.2.14 下颏带强度
当安全帽有下颏带时,按照GB/T 2812规定的方法测试,下颏带发生破坏时的力值应介于150 N~250 N之间。

5.2.15 附件
当安全帽配有附件(如防护面屏、护听器、照明装置、通信设备、警示标识、信息化装置等)时,附件应不影响安全帽的佩戴稳定性,同时不影响其正常防护功能。

5.2.16 冲击吸收性能
按照GB/T 2812规定的方法测试,经高温(50 ℃±2 ℃)、低温(−10 ℃±2 ℃)、浸水(水温20 ℃±2 ℃)、紫外线照射预处理后做冲击测试,传递到头模的力不应大于4 900 N,帽壳不得有碎片脱落。

5.2.17 耐穿刺性能
按照GB/T 2812规定的方法测试,经高温(50 ℃±2 ℃)、低温(−10 ℃±2 ℃)、浸水(水温20 ℃±2 ℃)、紫外线照射预处理后做穿刺测试,钢锥不得接触头模表面,帽壳不得有碎片脱落。

5.3 特殊性能要求

5.3.1 阻燃性能

按照 GB/T 2812 规定的方法测试，续燃时间不应超过 5 s，帽壳不得烧穿。

5.3.2 侧向刚性

按照 GB/T 2812 规定的方法测试，最大变形不应大于 40 mm，残余变形不应大于 15 mm，帽壳不得有碎片脱落。

5.3.3 耐低温性能

5.3.3.1 按照 GB/T 2812 规定的方法，经低温（−30 ℃±2 ℃）、3 h 预处理后做冲击测试，传递到头模的力不应大于 4 900 N，帽壳不得有碎片脱落。

5.3.3.2 按照 GB/T 2812 规定的方法，经低温（−30 ℃±2 ℃）、3 h 预处理后做穿刺测试，钢锥不得接触头模表面，帽壳不得有碎片脱落。

5.3.4 耐极高温性能

5.3.4.1 按照 GB/T 2812 规定的方法，或依照附录 A 进行预处理（仲裁检验优先采用 GB/T 2812 规定的方法），经极高温（150 ℃+5 ℃）、1 h 预处理后做冲击测试，传递到头模的力不应大于 4 900 N，帽壳不得有碎片脱落。

5.3.4.2 按照 GB/T 2812 或附录 A 规定的方法，或依照附录 A 进行预处理（仲裁检验优先采用 GB/T 2812 规定的方法），经极高温（150 ℃±5 ℃）、1 h 预处理后做穿刺测试，钢锥不得接触头模表面，帽壳不得有碎片脱落。

5.3.5 电绝缘性能

按照 GB/T 2812 规定的方法测试，G 级安全帽泄漏电流不应大于 3.0 mA；E 级安全帽泄漏电流不应大于 9.0 mA，当测试电压加大至 30 000 V 时，安全帽不应被击穿、发生燃烧现象。

5.3.6 防静电性能

按照 GB/T 2812 规定的方法进行测试，表面电阻应为 1×10^5 Ω～1×10^{10} Ω。

5.3.7 耐熔融金属飞溅性能

按照 GB/T 2812 或附录 B 规定的方法进行测试（仲裁检验优先采用 GB/T 2812 规定的方法），安全帽不应存在以下情况：
——出现帽壳被穿透的现象；
——出现大于 10 mm 的损坏变形；
——帽壳续燃时间大于 5 s。

6 检验

6.1 总则

6.1.1 普通型安全帽应测试 5.2 中规定的各项性能。

6.1.2 特殊型安全帽应测试 5.2 中规定的各项性能以及 5.3 中规定的相应性能。

注1：耐低温安全帽可不做经（−10 ℃±2 ℃）预处理后的冲击吸收性能和耐穿刺性能。

注2：耐极高温安全帽可不做经（50 ℃±2 ℃）预处理后的冲击吸收性能和耐穿刺性能。

6.2 检验类别

检验类别可分为出厂检验、型式检验。

6.3 出厂检验

生产企业应按照生产批次对安全帽逐批进行出厂检验。检查批量以一次生产投料为一批次,检验项目名称、检验项目条款号、批量范围、样本大小、不合格分类、判定数组见表2。

表 2 出厂检验

检验项目名称	检验项目条款号	批量范围	单项检验样本大小	不合格分类	单项判定数组	
					合格判定数	不合格判定数
冲击吸收性能(除紫外线照射)	5.2.16	<500	1	A	0	1
耐穿刺性能(除紫外线照射)	5.2.17					
阻燃性能(适用时)	5.3.1					
侧向刚性(适用时)	5.3.2	500~5 000	2			
耐低温性能(适用时)	5.3.3					
耐极高温性能(适用时)	5.3.4					
电绝缘性能(适用时)	5.3.5					
防静电性能(适用时)	5.3.6	>5 000	4			
耐熔融金属飞溅性能(适用时)	5.3.7					
标识	第7章					
帽箍	5.2.1	<500	1	B	1	2
部件安装	5.2.5					
质量	5.2.6					
垂直间距	5.2.10					
帽壳内突出物	5.2.12					
下颏带强度(适用时)	5.2.14					

6.4 型式检验

有下列情况时应进行型式检验:
a) 新产品鉴定或老产品转厂生产的试制定型;
b) 当材料、工艺、结构设计发生变化时;
c) 停产超过一年后恢复生产时;
d) 周期检查,每年一次;
e) 出厂检验结果与上次型式检验结果有较大差异时;
f) 国家有关主管部门提出型式检验要求时。

样本由提出检验的单位或委托第三方从企业出厂检验合格的产品中随机抽取,样品数量以满足全部检验项目要求为原则。检验项目名称、检验项目条款号、不合格类别、不合格质量水平、判定数组见表3。

表3　型式检验

检验项目名称	检验项目条款号	不合格类别	不合格质量水平 RQL	单项判定数组	
				合格判定数 Ac	不合格判定数 Re
冲击吸收性能	5.2.16	A	50	0	1
耐穿刺性能	5.2.17	A	50	0	1
阻燃性能(适用时)	5.3.1	A	50	0	1
侧向刚性(适用时)	5.3.2	A	50	0	1
耐低温性能(适用时)	5.3.3	A	50	0	1
耐极高温性能(适用时)	5.3.4	A	50	0	1
电绝缘性能(适用时)	5.3.5	A	50	0	1
防静电性能(适用时)	5.3.6	A	50	0	1
耐熔融金属飞溅性能(适用时)	5.3.7	A	50	0	1
标识	第7章	A	50	0	1
帽箍	5.2.1	B	50	1	2
部件安装	5.2.5	B	50	1	2
质量	5.2.6	B	50	1	2
垂直间距	5.2.10	B	50	1	2
帽壳内突出物	5.2.12	B	50	1	2
下颏带强度(适用时)	5.2.14	B	50	1	2
吸汗带	5.2.2	C	50	2	3
下颏带尺寸(适用时)	5.2.3	C	50	2	3
帽壳	5.2.4	C	50	2	3
帽舌	5.2.7	C	50	2	3
帽沿	5.2.8	C	50	2	3
佩戴高度	5.2.9	C	50	2	3
水平间距	5.2.11	C	50	2	3
通气孔	5.2.13	C	50	2	3
附件	5.2.15	C	50	2	3

7 标识

7.1 标识组成

安全帽的标识由永久标识和制造商提供的信息组成。

7.2 永久标识

安全帽的永久标识是指位于产品主体内侧,并在产品整个生命周期内一直保持清晰可

辨的标识,至少应包括以下内容:
    a) 本标准编号;
    b) 制造厂名;
    c) 生产日期(年、月);
    d) 产品名称(由生产厂命名);
    e) 产品的分类标记;
    f) 产品的强制报废期限。

7.3 制造商提供的信息

每顶安全帽均要提供一个含有下列信息的材料,可以使用印刷品、图册或耐磨不干胶贴等形式,提供给最终使用者。至少应包括以下内容:
    a) 警示:"使用安全帽时应根据头围大小调节帽箍或下颏带,以保证佩戴牢固,不会意外偏移或滑落";
    b) 警示:"安全帽在经受严重冲击后,即使没有明显损坏,也必须更换";
    c) 警示:"除非按制造商的建议进行,否则对安全帽配件进行的任何改造和更换都会给使用者带来危险";
    d) 是否可以在外表面涂敷油漆、溶剂、不干胶贴的声明;
    e) 制造商的名称、地址和联系方式;
    f) 为合格品的声明及资料;
    g) 适用和不适用场所;
    h) 适用头围的大小;
    i) 安全帽的报废判别条件和使用期限;
    j) 调整、装配、使用、清洁、消毒、维护、保养和储存方面的说明和建议;
    k) 可使用的附件和备件(如果有)的详细说明;
    l) 质量(应提供该产品的自身质量,便于使用者选择)。

附 录 A
(规范性附录)
耐极高温性能测试

A.1 预处理装置

A.1.1 装置示意图

极高温预处理装置示意图见图 A.1。

A.1.2 箱体

箱体应具备保温功能,底部为具备一个可供头模及样品进入的开口,尺寸见图 A.2。箱体内部空间瞬时温度应为 150 ℃±5 ℃。

A.1.3 温控头模

温控头模为金属材质制成,厚度不小于 1.5 mm,内部应为中空结构,尺寸应符合 GB/T 2812 要求中对 1#头模的要求。头模内部可通过循环空气或循环水进行冷却,使其温度保持在 50 ℃±2 ℃,并通过热电偶对温度进行监控,热电偶距头模中点的距离不应超过

40 mm。

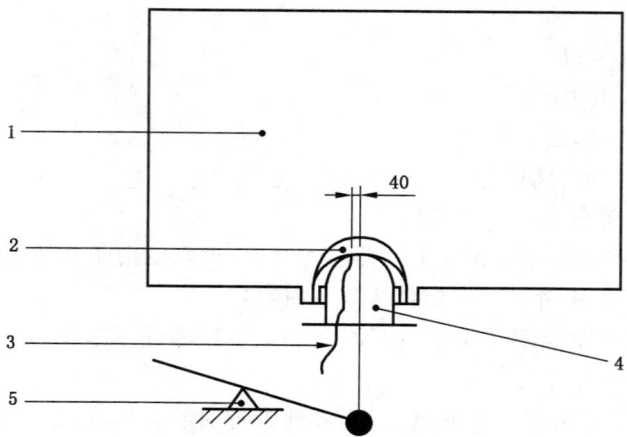

说明：
1——箱体；
2——试样；
3——热电偶；
4——温控头模；
5——提升装置。

图 A.1　极高温预处理装置

单位为毫米

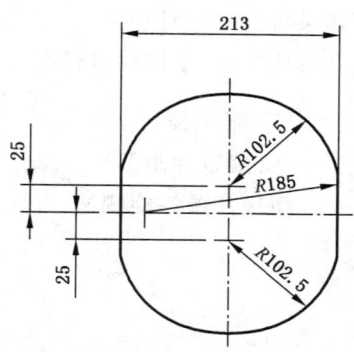

图 A.2　箱体底部开口尺寸

A.1.4　提升装置

提升装置应与温控头模相连，可抬升头模进入箱体内使被测样品最低点与箱体底面平齐。

A.2　预处理过程

待箱体内部温度达到 150 ℃后，将被测样品佩戴至头模上，启动提升装置使样品进入箱体内,预处理时间为 60 min±2 min。

A.3 测试

样品取出后,应在 1 min 内完成测试。

附 录 B
（规范性附录）
耐熔融金属飞溅性能测试

B.1 测试原则

将铁水倾倒于安全帽帽壳上后检查其损坏程度。

B.2 测试装置

熔融金属组成及测试装置应满足表 B.1 要求。

表 B.1 熔融金属组成及测试装置要求

金属组成	倾倒温度/℃	倾倒高度/mm
铁元素含量应不低于93%,其他元素含量如下： ——C 2.8%～3.2%； ——Si 1.2%～2.0%； ——P 0.3%～0.6%	1400±20	225±5

B.3 测试过程

B.3.1 将 150 g±10 g 的铁熔化至液体状态,将被测样品置于头模上,调整倾倒位置,使得液态金属倾倒点处于安全帽顶部中心半径 50 mm 范围内,一次性倾倒全部液态金属后检查样品状态。

B.3.2 测试人员在操作时应佩戴必要的防护装备。

注:测试人员佩戴的防护装备可包括护目镜、防护面具等。

参 考 文 献

[1] ANSI/ISEA Z89.1—2014 American National Standard for Industrial Head Protection

[2] EN 397:2012+A1:2012 Industrial safety helmets

[3] EN 50365:2002 Electrically insulating helmets for use on low voltage installations

呼吸防护 自吸过滤式防颗粒物呼吸器
（GB 2626—2019）

前　言

本标准按照 GB/T 1.1—2009 给出的规则起草。

本标准代替 GB 2626—2006《呼吸防护用品　自吸过滤式防颗粒物呼吸器》。

本标准与 GB 2626—2006 相比主要变化如下：

——标准名称从《呼吸防护用品　自吸过滤式防颗粒物呼吸器》调整为《呼吸防护　自吸过滤式防颗粒物呼吸器》；

——删除了"烟""雾""微生物"三项术语，增加了"穿透率""佩戴气密性检查""指定防护因数""计数中位径""质量中位径""空气动力学粒径"和"空气动力学质量中位径"七项术语（见 3.14 和 3.19～3.24）；

——修改了各类呼吸器的吸气阻力和呼气阻力要求（见 5.5）；

——修改了呼气阀气密性的要求和检测方法（见 5.6.1 和 6.7）；

——将呼气阀盖的称呼调整为呼气阀保护装置（见 5.6.2 和 6.8）；

——修改了对各类呼吸器的视野要求（见 5.8）；

——增加了对制造商声称过滤元件可清洗和/或消毒后重复使用的产品的要求和检测方法[见 5.14.1、5.16d）和 6.2.3]；

——增加了实用性能的要求和检测方法（见 5.15 和 6.16）；

——在制造商应提供的信息部分增加了对过滤元件使用寿命判断方法的说明，对不阻燃的产品增加了应用限制（见 5.16）；

——在过滤效率检测方法部分增加了过滤效率检测用颗粒物粒径的换算方法（见附录 B）、过滤效率检测设备的颗粒物检测器精度及分辨率要求（见 6.3.2）和对加载终点的判断方法（见 6.3.4.4、6.3.4.5、6.3.4.6 和附录 C），对加载量也增加了要求（见 6.3.3）；

——在泄漏性检测方法部分增加了对样品检查的要求（见 6.4.1.4），增加了颗粒物检测器精度要求（见 6.4.2.4），增加了按受试者计算泄漏率的公式[见式(5)]；

——增加了用于呼吸阻力检测和死腔检测的试验头模内置呼吸管构造的示意图（见图 4）；

——在呼吸阻力检测方法中，修改了对微压计参数要求（见 6.5.2.3），增加了呼吸器面罩和试验头模之间应气密的要求（见 6.5.4 和 6.6.4）；

——修改了死腔检测装置的示意图（见图 6）；

——在头带检测方法中增加了按照头带正常使用被拉伸方向施加测试拉力的要求（见 6.11.3）。

注：本标准与 2006 年版标准的主要区别参见附录 E。

本标准由中华人民共和国应急管理部提出并归口。

本标准起草单位：中钢集团武汉安全环保研究院有限公司、军事科学院防化研究院、3M中国有限公司。

本标准主要起草人：程钧、丁松涛、杨小兵、姚红、周小平、蔡夏林、张守鑫、余晶晶。

本标准于1981年首次发布，1992年修订为GB/T 2626—1992，2006年修订为GB 2626—2006。

1 范围

本标准规定了自吸过滤式防颗粒物呼吸器的分类和标记、技术要求、检测方法和标识。

本标准适用于防护颗粒物的自吸过滤式呼吸器。

本标准不适用于防护有害气体和蒸气的呼吸器，不适用于缺氧环境、水下作业、逃生和消防用呼吸器。

2 规范性引用文件

下列文件对于本文件的应用是必不可少的。凡是注日期的引用文件，仅注日期的版本适用于本文件。凡是不注日期的引用文件，其最新版本（包括所有的修改单）适用于本文件。

GB 2890—2009　呼吸防护　自吸过滤式防毒面具

GB/T 5703　用于技术设计的人体测量基础项目

GB/T 10586　湿热试验箱技术条件

GB/T 10589　低温试验箱技术条件

GB/T 11158　高温试验箱技术条件

GB/T 18664—2002　呼吸防护用品的选择、使用与维护

GB/T 23465—2009　呼吸防护用品　实用性能评价

3 术语和定义

下列术语和定义适用于本文件。

3.1

颗粒物　particle

悬浮在空气中的固态、液态或固态与液态混合的颗粒状物质，如粉尘、烟、雾和微生物。

[GB/T 18664—2002，定义3.1.15]

3.2

粉尘　dust

悬浮在空气中的微小固体颗粒物，一般由固体物料受机械力作用破碎而产生。

[GB/T 18664—2002，定义3.1.16]

3.3

自吸过滤式呼吸器　non-powered air-purifying respirator

靠佩戴者呼吸克服部件气流阻力的过滤式呼吸器。

[GB/T 18664—2002，定义3.1.3]

3.4

密合型面罩　tight-fitting facepiece

能罩住口和鼻,与面部密合的面罩,或能罩住眼睛、口和鼻,与头面部密合的面罩。
注1:密合型面罩分半面罩和全面罩。
注2:改写GB/T 18664—2002,定义3.1.5。

3.5

半面罩　half facepiece

能覆盖口和鼻,或覆盖口、鼻和下颌的密合型面罩。
注:半面罩分随弃式面罩和可更换式半面罩。

3.6

全面罩　full facepiece

能覆盖眼睛、口、鼻和下颌的密合型面罩。

3.7

随弃式面罩　disposable facepiece

主要是由滤料构成面罩主体的一种半面罩,可设呼气阀。

3.8

可更换式面罩　replaceable facepiece

有单个或多个可更换过滤元件的密合型半面罩和全面罩,可设呼吸气阀和/或呼吸导管。

3.9

吸气阀　inhalation valve

只允许吸入气体通过其进入面罩,防止呼出气体通过它排出面罩的单向阀门。
[GB 2890—2009,定义3.6]

3.10

呼气阀　exhalation valve

只允许呼出气体通过其排出面罩,防止吸入气体通过它进入面罩的单向阀门。
[GB 2890—2009,定义3.7]

3.11

呼吸导管　breathing hose

用于连接面罩与过滤元件的柔软、气密的导气管。

3.12

过滤元件　filter element

过滤式呼吸器使用的,可滤除吸入空气中有害物质的过滤材料或过滤组件。
示例:滤毒罐(滤毒盒)、滤尘盒、滤料等。
[GB/T 18664—2002,定义3.1.22]

3.13

过滤效率　filter efficiency

在规定检测条件下,过滤元件滤除颗粒物的水平。

3.14

穿透率　penetration

在规定检测条件下,颗粒物穿透过滤元件的水平。

注：穿透率＝100％－过滤效率。

3.15

总泄漏率　total inward leakage；TIL

在规定的实验室检测环境下，受试者吸气时从包括过滤元件在内的所有面罩部件泄漏入面罩内的模拟剂的浓度与呼吸器面罩外测试环境中模拟剂浓度的比值。

$$总泄漏率 = C_i/C_0 \times 100\% \quad \cdots\cdots\cdots\cdots\cdots\cdots（1）$$

式中：

C_i——呼吸器面罩内模拟剂的浓度；

C_0——呼吸器面罩外测试环境中模拟剂的浓度。

3.16

泄漏率　inward leakage；IL

在规定的实验室检测环境下，受试者吸气时从除过滤元件以外的面罩所有其他部件泄漏入面罩内的模拟剂浓度与呼吸器面罩外测试环境中模拟剂浓度的比值。

$$泄漏率 = C_i/C_0 \times 100\% \quad \cdots\cdots\cdots\cdots\cdots\cdots（2）$$

式中：

C_i——呼吸器面罩内模拟剂的浓度；

C_0——呼吸器面罩外测试环境中模拟剂的浓度。

3.17

死腔　dead space

从前一次呼气中被重新吸入的二氧化碳气体的体积分数。

3.18

头带　head harness

用于将面罩固定在头部的部件。

3.19

佩戴气密性检查　user face-seal check

由呼吸器佩戴者自己进行的一种简便的密合性检查方法，用以确保密合型面罩佩戴正确。

注：改写 GB/T 18664—2002，定义 3.1.24。

3.20

指定防护因数　assigned protection factor

一种或一类适宜功能的呼吸防护用品，在适合使用者佩戴且正确使用的前提下，预期能将空气污染物浓度降低的水平。

注：改写 GB/T 18664—2002，定义 3.1.29。

3.21

计数中位径　count median diameter；CMD

当把颗粒物按粒径大小排序时，比它粒径大的和比它粒径小的颗粒物个数各占颗粒物总数量 50％的粒径。

3.22

质量中位径　mass median diameter；MMD

当把颗粒物按粒径大小排序时,比它粒径大的和比它粒径小的颗粒物质量各占颗粒物总质量50%的粒径。

3.23

空气动力学粒径 aerodynamic diameter

与所考虑的颗粒物有相同沉降速度的单位密度球形颗粒的直径。

3.24

空气动力学质量中位径 mass median aerodynamic diameter;MMAD

当把颗粒物按空气动力学粒径大小排序时,比它粒径大的和比它粒径小的颗粒物质量各占颗粒物总质量50%的粒径。

4 分类和标记

4.1 面罩分类

面罩按结构分为随弃式面罩、可更换式半面罩和全面罩三类。

4.2 过滤元件分类

过滤元件按过滤性能分为 KN 和 KP 两类,KN 类只适用于过滤非油性颗粒物,KP 类适用于过滤油性和非油性颗粒物。

4.3 过滤元件级别

根据过滤效率水平,过滤元件的级别按表1分级。

表 1 过滤元件的级别

过滤元件类型	面罩类别		
	随弃式面罩	可更换式半面罩	全面罩
KN 类	KN90 KN95 KN100	KN90 KN95 KN100	KN95 KN100
KP 类	KP90 KP95 KN100	KP90 KP95 KP100	KP95 KP100

4.4 标记

随弃式面罩和可更换式面罩的过滤元件应标注级别,级别用本标准编号与过滤元件类型和级别的组合方式标注。

示例1:KN90过滤元件的标记为 GB 2626—2019 KN90。

示例2:KP100过滤元件的标记为 GB 2626—2019 KP100。

5 技术要求

5.1 基本要求

按照6.1方法检查,并在6.16中评价,呼吸器的材料和结构设计应符合以下要求:

a) 材料应符合以下要求:

1) 直接与面部接触的材料对皮肤应无害;
2) 滤料对人体应无害;
3) 所用材料应具有足够的强度,在正常使用中不应出现破损和影响使用效果的变形;
4) 佩戴时不应产生明显的压痛或刺痛感。

b) 结构设计应符合以下要求:
1) 应不易产生结构性破损,部件的设计、组成和安装不应对使用者构成任何危险;
2) 头带的设计应为弹性材料或可调,便于佩戴和摘除,应能将面罩牢固地固定在脸上,且佩戴时不应出现明显的压迫或压痛现象,可更换式半面罩和全面罩的头带设计应为可更换;
3) 同一大小号码和相同款式的面罩若有不同的佩戴方式,应作为不同的产品检测;

注1:同款式面罩的不同佩戴方式会影响到面罩的密合性。

4) 不应明显影响视野;
5) 在佩戴时,全面罩的镜片不应出现结雾等影响视觉的情况;
6) 使用可更换过滤元件、吸气阀、呼气阀以及头带的呼吸器应采用方便更换的设计,并且能使佩戴者随时和方便地检查面罩与面部的气密性,做佩戴气密性检查;

注2:佩戴气密性检查方法见GB/T 18664—2002附录G。

7) 呼吸导管不应限制头部活动或佩戴者的行动,不应影响面罩的密合性,不应出现限制、阻塞气流的情况;
8) 应对呼气阀的正面设置保护,呼气阀保护装置可以是专设的一个部件,也可以借助面罩上其他的部件起到保护作用;
9) 随弃式面罩的结构应能保证与面部的密合,且应在正常使用中不出现变形;
10) 可更换式面罩的部件(除过滤元件)应可清洗。

5.2 外观检查

按照6.1方法检查。

样品表面不应破损、变形和有明显的其他缺陷,部件材料和结构应能耐受正常使用条件及可能遇到的温度、湿度和机械冲击。按照6.2方法经温度湿度预处理和机械强度预处理后,部件不应脱落、损坏和变形。检查内容还应包括标识和制造商所提供的各种信息。

5.3 过滤效率

用氯化钠(NaCl)颗粒物检测KN类过滤元件,用邻苯二甲酸二辛酯(DOP,dioctyl phthalate)或性质相当的油类颗粒物(如石蜡油)检测KP类过滤元件。

按照6.3方法检测。

在检测过程中,每个样品的过滤效率应始终符合表2的要求。

5.4 泄漏性

5.4.1 随弃式面罩的TIL

按照6.4方法检测。随弃式面罩的TIL应符合表3的要求。

表 2 过滤效率

过滤元件的类别和级别	用氯化钠颗粒物检测	用油类颗粒物检测
KN90	≥90.0%	
KN95	≥95.0%	不适用
KN100	≥99.97%	
KP90		≥90.0%
KP95	不适用	≥95.0%
KP100		≥99.97%

表 3 随弃式面罩的 TIL

滤料级别	以每个动作的 TIL 为评价基础时(即 10 人×5 个动作),50 个动作中至少有 46 个动作的 TIL	以人的总体 TIL 为评价基础时,10 个受试者中至少有 8 个人的总体 TIL
KN90 或 KP90	<13%	<10%
KN95 或 KP95	<11%	<8%
KN100 或 KP100	<5%	<2%

5.4.2 可更换式半面罩的 IL

按照 6.4 方法检测。当以每个动作的 IL 为评价基础时(即 10 人×5 个动作),50 个动作中至少有 46 个动作的 IL 应小于 5%;并且,在以人的总体 IL 为评价基础时,10 个受试者中至少有 8 个人的总体 IL 应小于 2%。

5.4.3 全面罩的 IL

按照 6.4 方法检测。当以每个动作的 IL 为评价基础时(即 10 人×5 个动作),每个动作的 IL 应小于 0.05%。

5.5 呼吸阻力

按照 6.5 和 6.6 方法检测。

各类呼吸器的吸气阻力和呼气阻力应符合表 4 的要求。

表 4 呼吸阻力要求

面罩类别	吸气阻力/Pa			呼气阻力/Pa
	KN90 和 KP90	KN95 和 KP95	KN100 和 KP100	
随弃式面罩,无呼气阀	≤170	≤210	≤250	同吸气阻力
随弃式面罩,有呼气阀	≤210	≤250	≤300	≤150
包括过滤元件在内的可更换式半面罩和全面罩	≤250	≤300	≤350	

5.6 呼气阀
5.6.1 呼气阀气密性
只检测半面罩。呼气阀应符合以下要求：

按照 6.7 方法检测，每个呼吸器的呼气阀的泄漏气流量不应大于 30 mL/min；若面罩设有多个呼气阀，每个呼气阀应符合的泄漏气流量应均分，例如，若呼吸器面罩设置了 2 个呼气阀，则每个呼气阀的泄漏气流量都不应大于 15 mL/min。

5.6.2 呼气阀保护装置
按照 6.8 方法检测。

呼气阀保护装置在承受表 5 规定的轴向拉力时，不应出现滑脱、断裂和变形。

表 5 呼气阀保护装置应承受的轴向拉力

面罩种类	随弃式面罩	可更换式面罩
拉力	10 N,持续 10 s	50 N,持续 10 s

5.7 死腔
按照 6.9 方法检测。

呼吸器的死腔结果平均值不应大于 1%。

5.8 视野
按照 6.10 方法检测。

呼吸器的视野应符合表 6 的要求。

表 6 视野

视野	面罩类别		
	半面罩	全面罩	
		大眼窗	双眼窗
下方视野	≥35°	≥35°	≥35°
总视野	不适用	≥70%	≥65%
双目视野	≥65%	≥55%	≥24%

5.9 头带
按照 6.11 方法检测。

呼吸器的每条头带、带扣及其他调节部件在承受表 7 规定的拉力时，不应出现滑脱或断裂。

表 7 头带应承受的拉力

面罩种类	随弃式面罩	可更换式半面罩	全面罩
拉力	10 N,持续 10 s	50 N,持续 10 s	150 N,持续 10 s

5.10 连接和连接部件
按照 6.12 方法检测。

在规定检测条件下,可更换式过滤元件与面罩之间,呼吸导管与过滤元件及面罩之间的所有连接和连接部件,在承受表8规定的轴向拉力时,不应出现滑脱、断裂或变形。

表8 连接和连接部件应承受的轴向拉力

面罩种类	可更换式半面罩	全面罩
拉力	50 N,持续 10 s	250 N,持续 10 s

5.11 镜片

5.11.1 只检测全面罩。

5.11.2 按照6.13方法检测,每个样品的镜片不应破碎或产生裂纹;然后按6.14方法检测气密性,应符合5.12的要求。

5.11.3 按照6.16方法检测,镜片不应导致视物变形。

5.11.4 如果产品增设保明贴片,或设计使用防雾剂,防雾剂不应使用已知对人有害的物质;在使用保明贴片和/或防雾剂后,不应导致视物变形和模糊,防雾剂不应对人产生刺激和其他不适,按照6.1和6.16方法检测。

5.12 气密性

按照6.14方法检测。

在规定检测条件下,60 s内每个全面罩内的压力变化不应大于100 Pa。

5.13 可燃性

5.13.1 若产品设计不阻燃,应按照5.16c)1)的要求提供说明信息。

5.13.2 若产品设计阻燃,应按照6.15方法检测。暴露于火焰的各部件在从火焰移开后,继续燃烧时间不应超过5 s。

5.14 清洗和消毒

5.14.1 若产品设计允许过滤元件在清洗和/或消毒后重复使用,应符合5.16d)的要求,并且过滤元件应能够耐受制造商推荐的清洗或消毒的处理,清洗或消毒后的样品应符合5.3对过滤效率、5.4对泄漏性和5.5中对吸气阻力的要求。制造商提供使用者判断清洗或消毒后过滤元件继续有效的方法应正确和有效。

5.14.2 对可更换式面罩,面罩应能够耐受制造商推荐的清洗或消毒的处理;清洗或消毒后的样品应符合5.4的要求。

5.15 实用性能

按6.16方法检测,在模拟使用的条件下,对其他检测方法难以评价的性能,如5.1b)和5.11中规定的性能,由受试者提供主观评价。

若呼吸器不能通过检测,实验室应详细描述检测方法,便于其他实验室能够重复该检测过程。

5.16 制造商应提供的信息

按照6.1方法检查。

应按照GB/T 18664—2002的有关规定判断制造商提供信息的正确性。

制造商提供的信息应符合以下要求:

a) 应随最小销售包装一起提供。

- b) 应有中文说明。
- c) 应包括使用者必须了解的以下信息:
    1) 应用范围与限制,应包括(但不限于)适用的颗粒物类别(如是否含油),呼吸器的指定防护因数,和/或其他不适用的应用环境;如果产品设计不阻燃,应有"本产品不适合存在明火的作业场所(如焊接、铸造等)"的文字说明;
    2) 对可更换过滤元件,说明其与全面罩或半面罩一起使用的方法,若为多重滤料,应标明;
    3) 可更换式面罩的组装方法;
    4) 使用前的检查方法;
    5) 佩戴方法和做佩戴气密性检查的方法;
    6) 对随弃式面罩,判断其使用寿命的方法;
    7) 对可更换式面罩,提供何时更换面罩或过滤元件的建议;
    8) 如果适用,维护方法(如清洗和消毒方法);
    9) 储存方法;
    10) 使用的任何符号和图标的含义。
- d) 如果产品宣称过滤元件可清洗和/或消毒后重复使用,应提供以下信息:
    1) 适用的颗粒物的具体特征和/或范围;
    2) 可清洗和/或消毒的最大次数;
    3) 判断过滤元件清洗、消毒后是否继续有效和何时更换的方法。
- e) 应对使用中可能遇到的问题提供警示,如:
    1) 与佩戴者面部的适合性;
    2) 密合框下的毛发会导致面罩泄漏;
    3) 空气质量(污染物、缺氧等)。
- f) 信息应明确,可增加解说、部件号和标注等帮助说明。

5.17 包装

按照 6.1 方法检查。

销售用包装应能保护产品,防止在使用前受到机械损伤和污染。

6 检测方法

6.1 表观检查

根据各技术要求的需要(参见附录 A),在进行实验室性能检测前,应对样品进行目测外观检查。

6.2 预处理

6.2.1 温度湿度预处理

6.2.1.1 样品数量及要求

2 个未处理样;或其他检测方法所要求的数量。

6.2.1.2 检测设备

检测设备应符合以下要求:
- a) 高温试验箱技术性能应符合 GB/T 11158 的要求;

b) 低温试验箱技术性能应符合 GB/T 10589 的要求；
c) 湿热试验箱技术性能应符合 GB/T 10586 的要求。

6.2.1.3 检测方法

将样品从原包装中取出，顺序按下述条件处理：
a) 在(38±2.5)℃和(85+5)％相对湿度环境放置(24±1)h；
b) 在(70±3)℃干燥环境放置(24±1)h；
c) 在(−30±3)℃环境放置(24±1)h。

采用的预处理方式应避免产生热冲击，使样品温度恢复至室温后至少 4 h，再进行后续预处理或检测。

6.2.2 机械强度预处理

6.2.2.1 样品数量及要求

仅适用于可更换式过滤元件。2 个未处理样；或其他检测方法所要求的数量。

6.2.2.2 检测设备

振动试验装置示意见图 1。该装置由放置样品的钢制箱体、钢制平台、凸轮及驱动、控制系统组成；钢制箱体固定在可垂直移动的支架上，通过凸轮转动，使钢制箱体提升 20 mm，然后靠自身重量落在一钢制平台上，产生一次振动；钢制箱体质量应大于 10 kg，钢制平台的质量应至少是钢制箱体质量的 10 倍；凸轮转动频率为(100±5)r/min。

单位为毫米

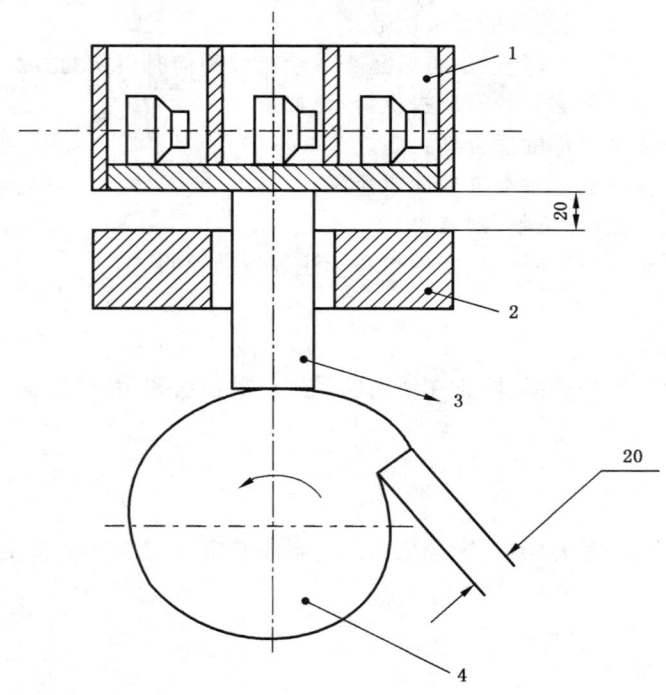

说明：
1——钢制箱体；
2——钢制平台；
3——活塞；
4——旋转凸轮。

图 1 振动试验装置示意图

6.2.2.3 检测方法

将样品从包装中取出,非封装型过滤元件应为最小销售包装。

将样品侧放在钢制箱体内;放置方式应保证检测中样品不会彼此接触,允许有 6 mm 水平移动间隔和自由垂直移动的距离。

振动检测持续时间 20 min。

检测结束后,再进行后续检测。

6.2.3 清洗和/或消毒预处理

6.2.3.1 样品数量及要求

仅适用于设计并声称过滤元件可清洗和/或消毒的产品。用其他检测方法所要求的数量。

6.2.3.2 检测方法

应根据产品说明中所推荐的清洗和/或消毒方法,和允许清洗和/或消毒后重复使用的最大次数,对样品进行预处理。每进行一次清洗和/或消毒,应先确保样品完全干燥,然后按制造商提供的方法判断清洗或消毒后的样品是否继续有效,记录结果,然后再开始下一次的清洗和/或消毒预处理。

6.3 过滤效率

6.3.1 样品数量及要求

随弃式面罩 20 个样品;若产品有不同大小号码,则每个号码至少 5 个样品。可更换式过滤元件 20 个样品,应包括滤棉和放置滤棉的承接座部件(如果适用)。其中 5 个为经6.2.1 预处理后样品,另 5 个为经 6.2.2 预处理后样品(如果适用);对满足 5.14.1 要求的产品,还应至少有 5 个为经 6.2.3 预处理后的样品;其余为未处理后样品。应将预处理后的样品放置在气密性容器中,在 10 h 内检测。

6.3.2 检测设备

6.3.2.1 NaCl 颗粒物过滤效率检测系统

主要技术参数如下:

    a)   NaCl 颗粒物的浓度为不超过 200 mg/m³ 计数中位径(CMD)为$(0.075\pm0.020)\mu m$,粒度分布的几何标准偏差不大于 1.86;

注:采用附录 B 提供的换算方法,该计数中位径经换算空气动力学质量中位径(MMAD)约为 0.3 μm。

    b)   颗粒物检测器的动态范围为 0.001 mg/m³~200 mg/m³,精度为 1%或 0.001 mg/m³;

    c)   检测流量的范围为 30 L/min~100 L/min,精度为 2%;

    d)   过滤效率检测范围为 0~99.999%,分辨率应至少 0.003%;

    e)   应具有能将所发生颗粒物的荷电进行中和的装置。

6.3.2.2 油性颗粒物过滤效率检测系统

主要技术参数如下:

    a)   DOP 或其他适用油类(如石蜡油)颗粒物的浓度为 50 mg/m³~200 mg/m³,计数中位径(CMD)为$(0.185\pm0.020)\mu m$,粒度分布的几何标准偏差不大于 1.60;

注1:采用附录 B 提供的换算方法,该计数中位径经换算空气动力学质量中位径(MMAD)约为 0.3 μm。

注2:适用的 DOP 的替代物是经过确认的、测试结果与 DOP 具有可比性的油性物质。

b) 颗粒物检测器的动态范围为 0.001 mg/m³～200 mg/m³,精度为 1%或 0.001 mg/m³;
c) 检测流量的范围为 30 L/min～100 L/min,精度为 2%;
d) 过滤效率检测范围为 0～99.999%,分辨率至少 0.003%。

6.3.2.3 检测条件

KN类过滤元件的检测温度条件为(25±5)℃,相对湿度为(30±10)%,NaCl颗粒物浓度不应超过 200 mg/m³。

KP类过滤元件的检测温度条件为(25±5)℃,油性颗粒物浓度不应超过 200 mg/m³。检测流量为(85±4)L/min,若为多重过滤元件,应平分流量;如:对双过滤元件设计,每个过滤元件的检测流量应为(42.5±2)L/min。若多重过滤元件有可能单独使用,应按单一过滤元件的检测条件检测。

6.3.3 对加载量的要求

6.3.3.1 在检测过滤元件的过滤效率时,应在过滤元件上持续加载颗粒物,每个呼吸器过滤元件的累积加载量以(200±5)mg 颗粒物为基本要求。若呼吸器采用多重过滤元件,加载量应平分,如:对双过滤元件设计,每个过滤元件上的颗粒物加载量应为(100±5)mg,对三个过滤元件的设计,每个过滤元件上的颗粒物加载量为(66.7±5)mg;若多重过滤元件有可能单独使用,加载量应与单过滤元件相同。

6.3.3.2 对于 KP 类过滤元件,如果当加载量达到基本要求时出现了 6.3.4.6 中所描述的需要延长加载继续检测过滤效率的情况,每个呼吸器的最大加载量应为 6.3.3.1 所规定的基本加载量的 2 倍,即(400±5)mg,若呼吸器采用多重过滤元件,加载量应平分,每个过滤元件上的最大加载量应为 6.3.3.1 规定的对应的基本加载量的 2 倍。

6.3.4 检测方法

6.3.4.1 首先将过滤效率检测系统调整到检测状态,并调整相关测试参数。

6.3.4.2 用适当的夹具将过滤元件以气密的方式连接在检测装置上,过滤元件应包括滤料的承接座和密封垫(如果适用);如果过滤元件与面罩不可拆分(如随弃式面罩),应将面罩上的呼气阀完全密封。

6.3.4.3 检测开始后,应连续记录过滤效率结果。当过滤效率已低于该级别产品过滤效率限值时,应立即停止检测,应判定该产品不合格。

6.3.4.4 对于 KN 类过滤元件,在加载过程中,如果过滤效率低于该级别产品过滤效率限值,应停止检测;当达到 6.3.3.1 所规定的基本加载量时,如果过滤效率一直未低于该级别产品过滤效率限值,应判定该产品合格。

6.3.4.5 对于 KN 类过滤元件,只有当按 6.3.4.4 通过检测掌握了该产品过滤效率随加载量增加所呈现的有规律的变化趋势,该趋势会显示存在一个过滤效率最低点,且该最低点之后的过滤效率会随加载量增加而持续升高,则在随后的其他样品检测中,允许在加载量尚未达到 6.3.3.1 所规定的基本加载量之前,当过滤效率曲线出现了预期的最低值,该最低值未低于该级别产品过滤效率限值,并在此后加载过程中过滤效率也呈现升高的趋势后,允许停止检测并判定该产品合格。

6.3.4.6 对 KP 类过滤元件,如果滤料上累积颗粒物的量已达到 6.3.3.1 所规定的基本加载量,同时过滤效率出现下降,应继续加载;在加载量达到 6.3.3.2 规定的最大加载量之前,如果过滤效率低于该级别产品过滤效率的限值,应立即停止检测,否则应继续加载;当依据附录 C 提供的方法判断波动带宽不大于表 9 的波动带宽限值(BL)时,可判定曲线停止下降,此时数据为过滤效率最低值,可停止检测;如果该最低值不低于该级别产品过滤效率限值,应判断该产品合格;当加载量达到了 6.3.3.2 规定的最大加载量,只要过滤效率一直不低于该级别产品过滤效率限值,也应判断该产品合格。

表 9 各级别 KP 类过滤元件的波动带宽限值(BL)

用于判断加载过滤效率是否继续下降的波动带宽限值	KP 类过滤元件的级别		
	KP90	KP95	KP100
BL	0.20%	0.10%	0.004%

6.3.4.7 应报告每个过滤元件的最低过滤效率。

6.4 泄漏性

6.4.1 样品数量及要求

6.4.1.1 随弃式面罩 10 个样品;其中 5 个为未处理样,另 5 个为 6.2.1 预处理后样品;若产品宣称满足 5.14.1 的要求,其中 5 个为 6.2.1 预处理后样品,另 5 个为经 6.2.3 预处理后样品;然后,所有样品按 6.4.1.4 处理(如果适用)。若产品具有不同的大小号码,则每个号码应至少有两个样品。

6.4.1.2 可更换式面罩 2 个样品;其中 1 个为未处理样品,另 1 个为 6.2.1 预处理后样品;若产品宣称满足 5.14.1 的要求,其中 1 个为 6.2.1 预处理后样品,另 1 个为经 6.2.3 预处理后样品。若产品具有不同的大小号码,则每个号码应有两个样品;其中 1 个为未处理样品或为 6.2.3 预处理后样品(如果适用),另 1 个为 6.2.1 预处理后样品。然后,所有样品按 6.4.1.4 处理。

6.4.1.3 有呼吸导管时,呼吸导管应作为面罩的组成部分进行检测。

6.4.1.4 依据产品使用说明书,若呼吸器面罩上设有以日常性过滤元件更换、面罩清洗或维护为目的的、应由佩戴者经常拆卸或更换的部件(如吸气阀片、呼气阀片或可更换的过滤元件等),在做泄漏性检测之前,应由经过培训的、有经验的人员依据产品说明书提供的操作方法,将样品上的该类部件拆卸后再组装,然后供受试者检测。

6.4.2 检测设备

6.4.2.1 检测系统示意图见图 2。

6.4.2.2 检测仓拥有大观察窗的可密闭仓室,大小可容许受试者完成规定动作;应设计使模拟剂从仓内顶部均匀送入,并在仓的下部由排气口排出。

6.4.2.3 模拟剂发生装置应符合以下要求之一。

  a) NaCl 颗粒物发生气量不低于 100 L/min,颗粒物浓度为 4 mg/m³~12 mg/m³,在检测仓有效空间内的浓度变化不应高于 10%;颗粒物的空气动力学粒径分布应为 0.02 μm~2 μm,质量中位径约为 0.6 μm。

  b) 油类颗粒物对人体应无害,如玉米油、石蜡油等;发生气量不低于 100 L/min,颗粒物浓度为 20 mg/m³~30 mg/m³,在检测仓有效空间内的浓度变化不应高于 10%;颗粒物的空气动力学粒径分布应为 0.02 μm~2 μm,质量中位径约为 0.3 μm。此方法不应用于 KN 类过滤元件的随弃式面罩的 TIL 检测。

6.4.2.4 颗粒物检测器的动态范围为 0.001 mg/m³~200 mg/m³,精度为 1%或 0.001 mg/m³,检测器的响应时间不应大于 500 ms。

6.4.2.5 采样泵:调节范围为 0.50 L/min~4 L/min。

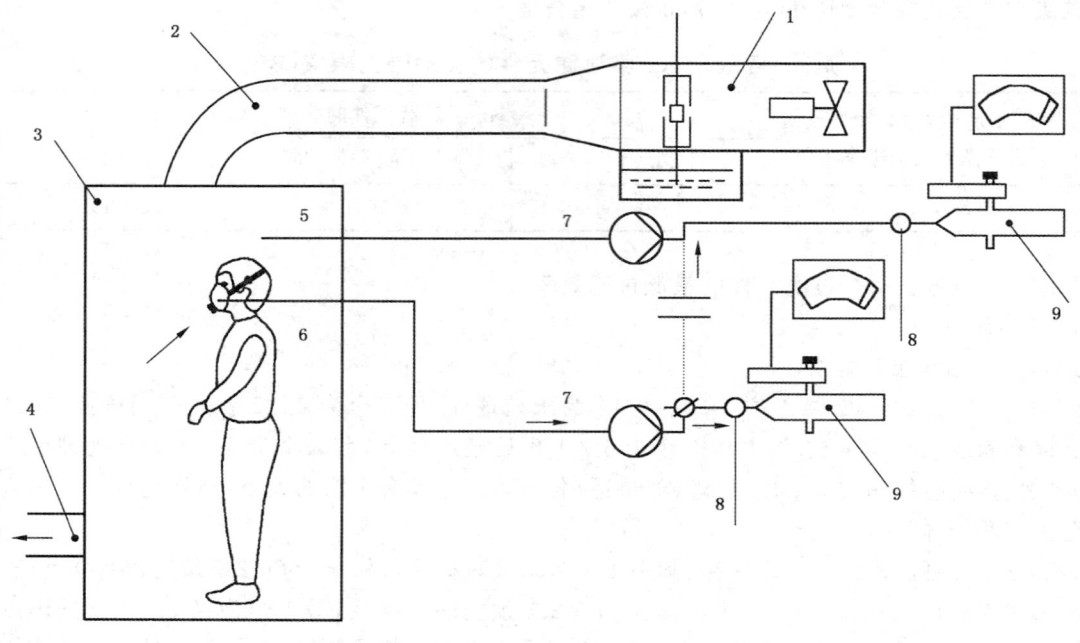

说明:
1——气溶胶发生器;
2——气道和导流板;
3——检测仓;
4——排气口;
5——检测仓采样管样品;
6——被测样品采样管;
7——气泵;
8——补充新鲜空气;
9——颗粒物检测器。

图 2 总泄漏率和泄漏率的检测系统示意图

6.4.3 检测条件

6.4.3.1 检测前,应按照 6.1 方法检查并确认样品完好,而且对受试者不存在任何危险。

6.4.3.2 应选择熟悉使用这类产品的人员参与检测。选择 10 名刮净胡须的受试者,其脸型应属该类产品的有代表性的使用者,并考虑到脸型和性别的不同,但不应包括脸型明显异常者。按 GB/T 5703 的要求测量并记录受试者的形态面长和面宽数据(精确到 mm)。

6.4.3.3 颗粒物采样流量应控制为 1 L/min~2 L/min。

6.4.3.4 检测仓内颗粒物采样位置应位于受试者头部活动区域;被测样品内颗粒物采样位置应尽可能位于受试者口部中心线,采样管应与被测样品气密连接。

6.4.3.5 受试者先阅读被测样品的使用方法,若被测样品有不同大小号码,应按要求为受试者选择最合适的号码。受试者还应了解检测要求和方法。

6.4.3.6 检测可更换式半面罩和全面罩的泄漏性时,应采用至少 KP100 级,且阻力相当的过滤元件替代面罩原过滤元件。

6.4.4 检测方法

准备被测样品,并安装好采样管,采样管的安装位置应尽可能接近使用者口鼻的正前方位置;对随弃式面罩,应采取必要措施,避免采样管在检测中影响面罩的位置;适用时,连接好 KP100 等级的过滤元件。检查检测系统,确认处于正常工作状态。

将颗粒物导入检测仓内,使其浓度达到要求。

受试者在洁净空气区域佩戴好被测样品,并按使用方法检查佩戴气密性,然后连接采样管至颗粒物检测器,测定受试者在检测仓外呼吸时面罩内的本底浓度,测定 5 个数据,取算术平均值作为本底浓度。

令受试者进入检测室,并在避免颗粒物污染的情况下将采样管连接至颗粒物检测器;然后受试者按时间要求,顺序完成以下动作:

a) 头部静止、不说话,2 min;
b) 左右转动头部看检测仓左右墙壁(大约 15 次),2 min;
c) 抬头和低头看检测仓顶和地面(大约 15 次),2 min;
d) 大声阅读一段文字(如数数字),或大声说话,2 min;
e) 头部静止、不说话,2 min。

在进行每个动作时,应同时检测检测仓和面罩内颗粒物浓度;一般只测定该动作的最后 100 s 时间区段域,避免检测动作的交叉区段。对每个动作,应检测 5 个数据,并计算算术平均值作为该动作的结果。

在检测过程中允许受试者调整佩戴的面罩,但该动作的检测应重做。

可更换式面罩使用过后,应按制造商推荐的清洗或消毒方法处理后再用于下一位受试者的检测。

采用 NaCl 颗粒物检测时,检测随弃式面罩时各动作的总泄漏率和检测可更换式面罩的各动作的泄漏率按式(3)计算:

$$总泄漏率_{按动作}(泄漏率_{按动作}) = \frac{(C - C_a) \times 1.7}{C_0} \times 100\% \quad\quad\quad (3)$$

式中:
C ——做各动作时被测面罩内颗粒物浓度,单位为毫克每立方米(mg/m³);
C_a ——被测面罩内颗粒物本底浓度,单位为毫克每立方米(mg/m³)
C_0 ——做各动作时,检测仓内颗粒物浓度,单位为毫克每立方米(mg/m³);
1.7 ——修正系数,对受试者呼吸道吸收氯化钠导致呼吸器面罩内颗粒浓度降低所做的修正。

采用油类颗粒物检测时,检测随弃式面罩时各动作的总泄漏率和检测可更换式面罩的各动作的泄漏率按式(4)计算:

$$总泄漏率_{按动作}(泄漏率_{按动作}) = \frac{C - C_a}{C_0} \times 100\% \quad\quad\quad (4)$$

式中:
C ——做各动作时被测面罩内颗粒物浓度,单位为毫克每立方米(mg/m³);

C_a——被测面罩内颗粒物本底浓度,单位为毫克每立方米(mg/m^3);

C_0——做各动作时,检测仓内颗粒物浓度,单位为毫克每立方米(mg/m^3)。

按人计算的各受试者的总体总泄漏率或总体泄漏率按式(5)计算:

$$总体总泄漏率_{按人}(总体泄漏率_{按人}) = \frac{1}{5}\sum 总泄漏率_{按动作}(泄漏率_{按动作}) \quad \quad (5)$$

6.4.5 检测报告

检测报告应报告以下内容:

a) 每个受试者每个测试动作下泄漏率或总泄漏率检测结果的算术平均值;

b) 每个受试者的总体泄漏率或总体总泄漏率的计算结果。

6.5 吸气阻力

6.5.1 样品数量及要求

4个样品;其中2个为未处理样品,另2个为6.2.1预处理后样品;对满足5.14.1要求的产品,2个为经6.2.3预处理后的样品,另2个为6.2.1预处理后样品。若产品具有不同大小号码,则每个号码应有两个样品;其中1个为未处理样品或6.2.3预处理后样品(如果适用),另1个为6.2.1预处理后样品。

6.5.2 检测设备

6.5.2.1 吸气阻力检测装置示意图见图3。

6.5.2.2 流量计量程为 0 L/min~100 L/min,精度为3%。

6.5.2.3 微压计量程为-1 000 Pa~1 000 Pa,精度为1%,分辨率至少为1 Pa。

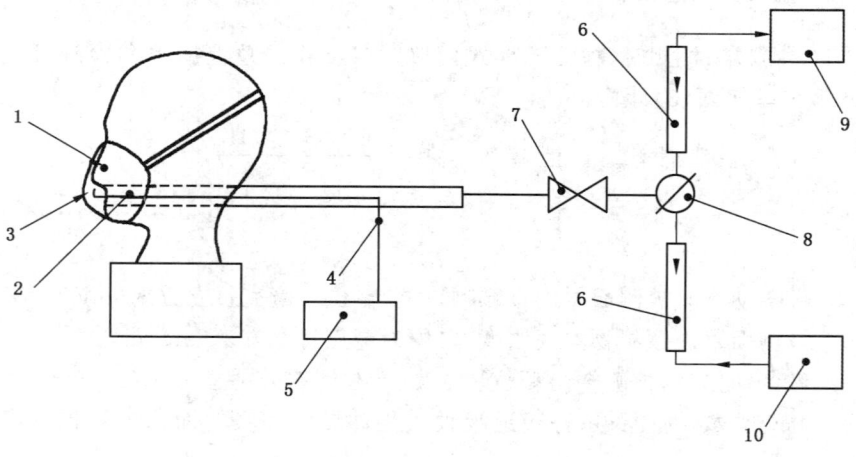

说明:
1——被测样品;
2——试验头模呼吸管道;
3——试验头模上装有检测面罩内压力用的采样口附件;
4——测压管;
5——微压计;
6——流量计;
7——调节阀;
8——切换阀;
9——抽气泵(用于吸气阻力检测);
10——空气压缩机(用于呼气阻力检测)。

图3 呼气阻力和吸气阻力检测装置示意图

6.5.2.4 试验头模:在试验头模口部安装有呼吸管道,见图 4;头模主要尺寸应符合附录 D 的要求,分大号、中号和小号三个号型。

单位为毫米

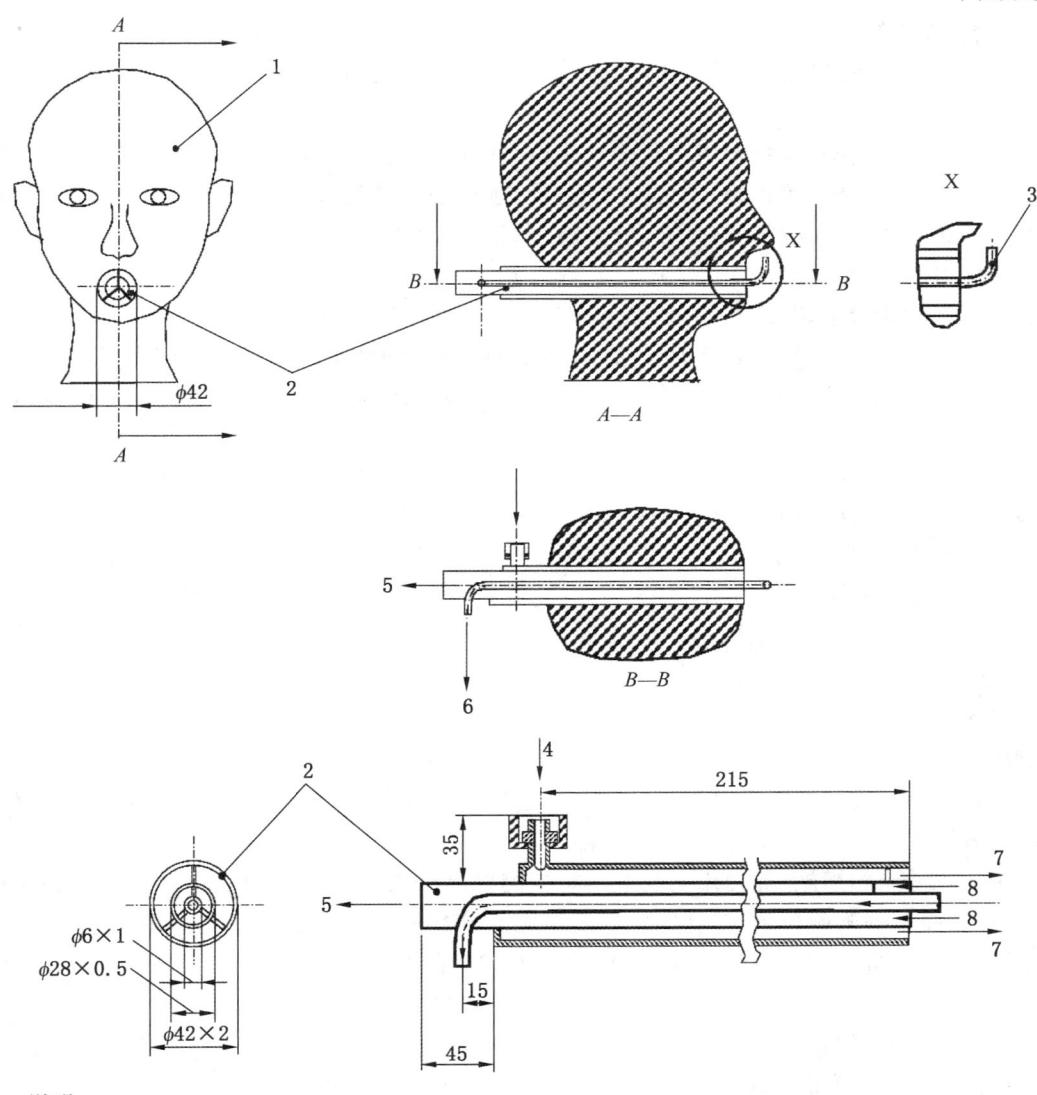

说明:
1——试验头模;
2——试验头模内置呼吸管;
3——检测呼吸阻力时使用的附件,是面罩内压力检测的采样口;
4——检测死腔时与呼吸机连接的呼气入口;
5——检测死腔时与呼吸机连接的吸气出口;
6——检测呼吸阻力时接微压计的接口,检测死腔时接二氧化碳气体分析仪的接口(吸气阶段);
7——呼气;
8——吸气。

图 4 用于呼吸阻力和死腔检测的试验头模内置呼吸管构造示意图

6.5.3 检测条件
6.5.3.1 若适用,被测样品应包含可更换过滤元件和呼吸导管。
6.5.3.2 通气量为(85±1)L/min。

6.5.4 检测方法
检查检测装置的气密性及工作状态。将通气量调节至(85±1)L/min,并将检测装置的系统阻力设定为0。

应采取适当的措施(如使用密封剂),将被测样品以气密的方式佩戴在匹配的试验头模上,应确保面罩佩戴位置正确,固定方式不应影响过滤元件的有效通气面积,也不应使面罩变形。将通气量调节至(85±1)L/min,测定并记录最大的吸气阻力。

6.6 呼气阻力

6.6.1 样品数量及要求
4个样品;其中2个为未处理样品,另2个为6.2.1预处理后样品。若产品具有不同的大小号码,则每个号码应有两个样品;其中1个为未处理样品,另1个为6.2.1预处理后样品。

6.6.2 检测设备
6.6.2.1 呼气阻力检测装置示意图见图3。
6.6.2.2 流量计同6.5.2.2。
6.6.2.3 微压计同6.5.2.3。
6.6.2.4 试验头模同6.5.2.4。

6.6.3 检测条件
同6.5.3的规定。

6.6.4 检测方法
检查检测装置的气密性及工作状态。将通气量调节至(85±1)L/min,并将检测装置的系统阻力设定为0。

应采取适当的措施(如使用密封剂),将被测样品以气密的方式佩戴在匹配的试验头模上,应确保面罩佩戴位置正确,固定方式不应影响过滤元件的有效通气面积,也不应使面罩变形,将通气量调节至(85±1)L/min,测定并记录最大的呼气阻力。

6.7 呼气阀气密性

6.7.1 样品数量及要求
4个呼吸器的样品。其中2个呼吸器的为未处理样品,另2个为6.2.1预处理后样品。

6.7.2 检测条件
6.7.2.1 常温、常压环境,相对湿度应小于75%。
6.7.2.2 被测样品应包括与呼气阀连接的面罩部分,呼气阀应保持洁净与干燥,对随弃式面罩呼气阀样品,应采取必要措施,防止样品在制备过程中(如从面罩上剪切下来)阀被面罩碎屑污染。

6.7.3 检测设备
呼气阀气密性检测装置示意图见图5。检测设备应符合以下要求:
    a) 真空泵抽气速率约2 L/min。
    b) 缓冲容器的容量至少5 L。

c) 微压计量程为-1 000 Pa～0 Pa,精度为1%,分辨率至少为1 Pa。

d) 流量计量程为0 mL/min～100 mL/min,精度为1%,分辨率至少为0.1 mL/min。

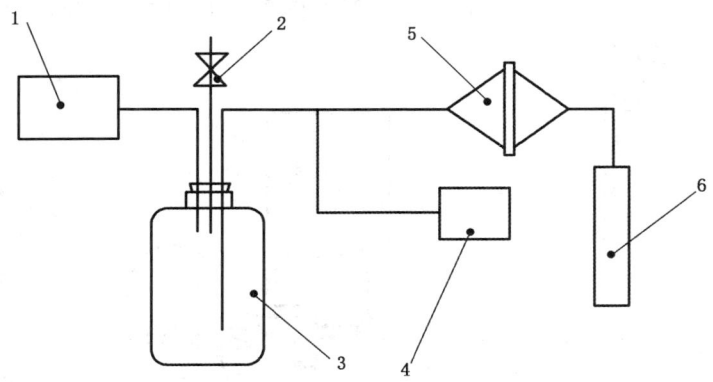

说明:
1——真空泵;
2——调节阀;
3——缓冲容器;
4——微压计;
5——呼气阀测试夹具;
6——流量计。

图5 呼气阀气密性检测装置示意图

6.7.4 检测方法

检测测试系统和呼气阀夹具密封,确保气密。

采取适当的方式(如使用密封剂),将呼气阀样品以气密的方式密封在呼气阀测试夹具上;开启真空泵,调节调节阀,使呼气阀承受-249 Pa的压力,检测呼气阀的泄漏气流量。

6.8 呼气阀保护装置

6.8.1 样品数量及要求

3个未处理呼吸器样品。

6.8.2 检测设备

6.8.2.1 材料试验机测量范围0 N～1 000 N,精度为1%;或选用标准砝码悬挂法,可施加符合表5所规定的拉力。

6.8.2.2 夹具具有适当结构和夹紧度。

6.8.2.3 计时器精度0.1 s。

6.8.3 检测方法

用适当的夹具分别固定被测样品的呼气阀保护装置和面罩罩体(固定点应合理接近相应的连接部位)。启动材料试验机,或通过悬挂标准砝码,施加表5规定的轴向拉力,记录是否出现断裂、滑脱和变形现象。

6.9 死腔

6.9.1 样品数量及要求

随弃式面罩,3个未处理样品。半面罩或全面罩,1个未处理样品,或每个号码(如果适用)1个未处理样品。

6.9.2 检测设备

6.9.2.1 死腔(吸入气体CO_2含量)检测装置示意图见图6。除了呼吸模拟器外,检测装置气路的总容积不应大于2 000 mL。

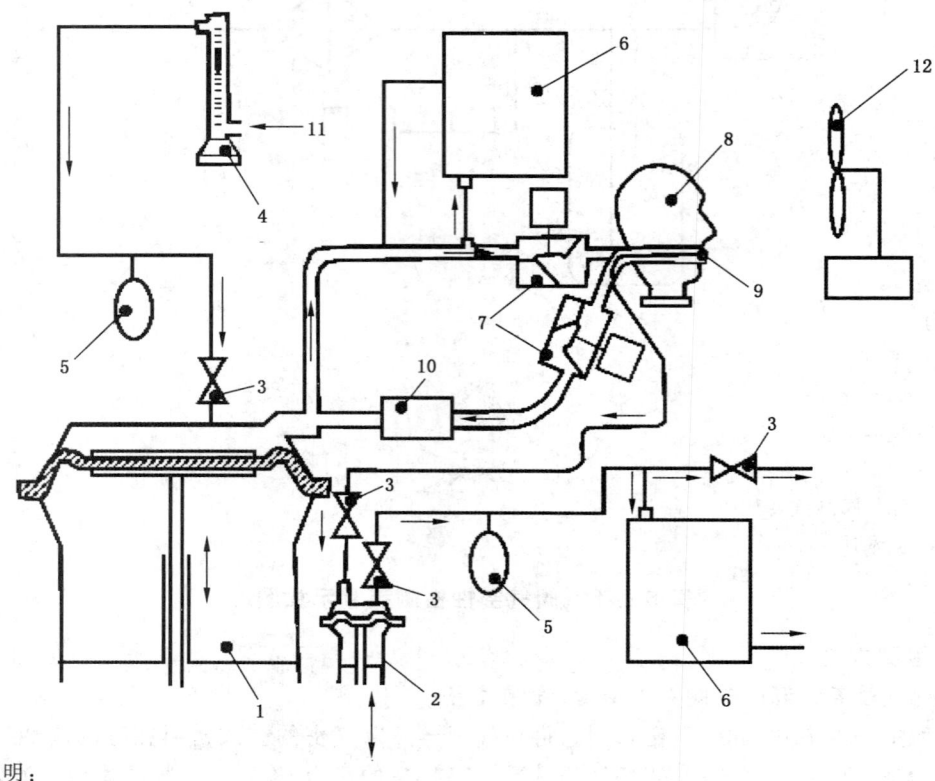

说明:
1——呼吸模拟器;
2——辅助泵;
3——单向阀;
4——流量计;
5——补偿袋;
6——二氧化碳气体分析仪;
7——电磁阀;
8——试验头模;
9——吸入气体取样管;
10——二氧化碳吸收器;
11——二氧化碳;
12——风扇。

图 6 死腔检测装置示意图

6.9.2.2 试验头模同6.5.2.4。

6.9.2.3 呼吸模拟器模拟呼吸频率调节至20次/min,模拟呼吸潮气量调节范围为

0.5 L/min～3.0 L/min。

6.9.2.4 二氧化碳(CO_2)气源 CO_2 的体积分数为$(5.0±0.1)\%$。

6.9.2.5 CO_2 流量计量程不低于 40 L/min，精度为 1 L/min。

6.9.2.6 CO_2 分析仪器量程不低于 12%（体积分数），精度不低于 0.1%（体积分数）。

6.9.2.7 风速仪、电风扇等其他设备。

6.9.3 检测条件

6.9.3.1 检测应在室温环境下进行；室温范围为 16 ℃～32 ℃。

6.9.3.2 呼吸模拟器的呼吸频率和潮气量应分别设定为 20 次/min 和 1.5 L。

6.9.3.3 采取适当通风措施，使检测环境中 CO_2 的浓度不高于 0.1%（体积分数），环境中 CO_2 浓度检测点应位于被测样品正前方约 1 m 处。

6.9.3.4 只有在检测随弃式面罩样品时，需用电风扇在被测样品侧面吹风，并应使气流在面罩前的流速为 0.5 m/s。

6.9.4 检测方法

检查检测系统，确认处于正常工作状态。采取必要措施，以气密方式将被测样品佩戴在匹配的试验头模上，并防止面罩出现变形。

开启死腔检测装置，连续监测和记录吸入气和检测环境中的 CO_2 浓度，直至达到稳定值。

随弃式面罩 3 个样品各检测 1 次，半面罩或全面罩每个样品应重复检测 3 次。

只有当检测环境中 CO_2 浓度不大于 0.1%（体积分数）时，测试有效，并应扣除检测环境中 CO_2 浓度。吸入气中 CO_2 浓度检测结果取 3 次测定的算术平均值。

6.10 视野

按 GB 2890—2009 中 6.8 规定的方法进行检测。

6.11 头带

6.11.1 样品数量及要求

2 个样品，其中 1 个为未处理样品，另 1 个为 6.2.1 预处理后样品。

6.11.2 检测设备

6.11.2.1 材料试验机测量范围 0 N～1 000 N，精度为 1%；或选用标准砝码悬挂法，可施加符合表 7 所规定的拉力。

6.11.2.2 夹具具有适当结构和夹紧度。

6.11.2.3 计时器精度 0.1 s。

6.11.3 检测方法

用夹具分别固定被测样品的头带（非自由端）和面罩罩体（应合理接近相应头带扣连接部位）启动材料试验机，或通过悬挂标准砝码，按照头带正常使用被拉伸的方向施加表 7 规定的拉力，记录是否出现断裂和滑脱现象。

应检测被测样品的每一头带连接部位，并记录结果。

6.12 连接和连接部件

6.12.1 样品数量及要求

2 个样品，其中 1 个为未处理样品，另 1 个为 6.2.1 预处理后样品。

6.12.2 检测设备
6.12.2.1 材料试验机测量范围 0 N~1 000 N,精度为1%;或选用标准砝码悬挂法,可施加符合表8所规定的拉力。
6.12.2.2 夹具具有适当结构和夹紧度。
6.12.2.3 计时器精度0.1 s。
6.12.3 检测方法
用适当的夹具分别固定被测样品的连接部件和面罩罩体(固定点应合理接近相应的连接部位)。启动材料试验机,或通过悬挂标准砝码,施加表8规定的轴向拉力,记录是否出现断裂、滑脱和变形现象。
应分别检测被测样品的每一连接和连接部件,并记录结果。

6.13 镜片
6.13.1 样品数量及要求
5个未处理样品。
6.13.2 检测设备
6.13.2.1 试验头模:主要尺寸应符合附录C的要求,分大号、中号和小号三个号型。
6.13.2.2 钢球直径22 mm,质量(45±1)g,表面应光滑。
6.13.3 检测方法
将被测样品正确佩戴在匹配的试验头模上,并以镜片向上的方式放置并固定头模。使钢球从1.3 m高度自由下落至镜片的中心部位,记录是否出现破裂现象。
应分别检测被测样品的每一镜片,并记录结果。

6.14 气密性
6.14.1 样品数量及要求
所有未处理样品,或其他检测方法所要求的数量。
6.14.2 检测设备
6.14.2.1 试验头模同6.5.2.4。
6.14.2.2 微压计量程为0 Pa~2 000 Pa,精度为1%,分辨率至少为1 Pa。
6.14.2.3 计时器精度为0.1 s。
6.14.2.4 真空泵抽气速率约2 L/min。
6.14.3 检测方法
将面罩戴在匹配的试验头模上,封死吸气阀,润湿呼气阀。启动真空泵,使面罩内压力达到−1 000 Pa,停止抽气,开始计时,观察并记录60 s内面罩压力变化值。

6.15 可燃性
6.15.1 样品数量及要求
随弃式面罩4个,其中2个为未处理样品,另2个为6.2.1预处理后样品。
半面罩或全面罩3个,其中1个为未处理样品,另2个为6.2.1预处理后样品。
6.15.2 检测设备
可燃性检测装置示意图见图7。检测设备包括一安装在支架上的金属头模,金属头模的高度应可调节,可作水平移动或圆周运动,头模鼻尖处位移速度或线速度应为(60±5)mm/s;头模移动中可经过丙烷燃烧器上方,燃烧器火焰高度可调,使用适当的量具测量高度,并使用直径约 1.5 mm 的热电偶测量火焰温度。

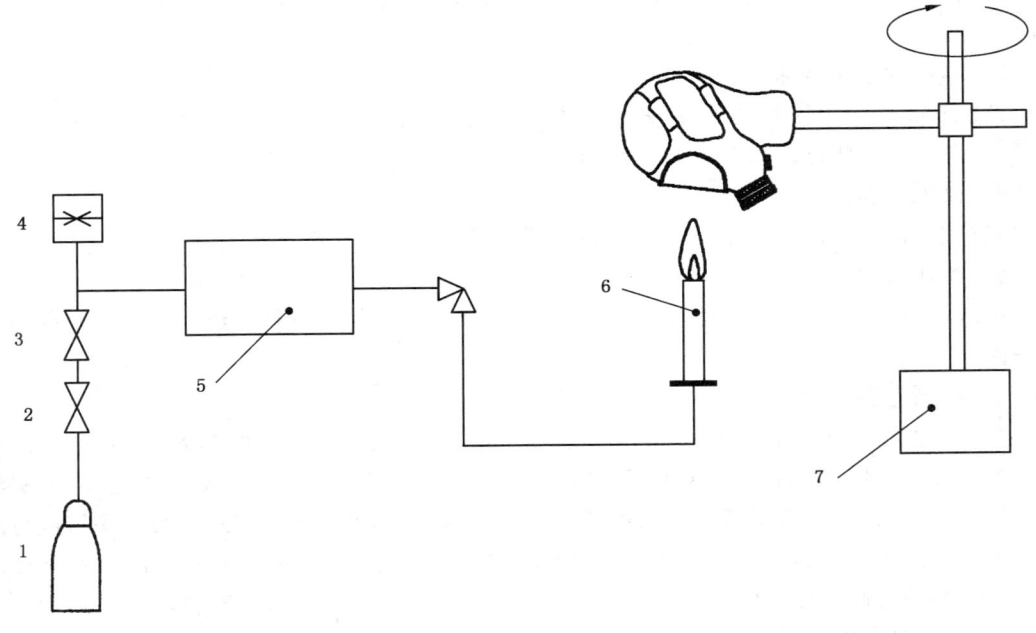

说明：
1——丙烷气瓶；
2——控制阀；
3——减压阀；
4——压力表；
5——火焰止回装置；
6——燃烧器；
7——旋转电机和速度控制器。

图 7 可燃性检测装置示意图

6.15.3 检测方法

将被测样品佩戴在金属头模上，调整金属头模高度，使燃烧器顶端与面罩最下端的垂直距离为(20±2)mm；然后使金属头模位于燃烧器燃烧区外。

点燃燃烧器后，调节火焰，使燃烧器顶端的火焰高度达到(40±4)mm，使距离燃烧器顶端(20±2)mm 处的火焰温度达到(800±50)℃。

启动金属头模运动控制装置，使被测样品经过燃烧区，记录通过火焰上方时面罩材料的燃烧情况。

应重复检测，检测面罩的所有外表面材料，应使每个部件都通过1次火焰。

6.16 实用性能
6.16.1 基本要求

在进行实用性能检测之前，呼吸器应先经过所有实验室性能检测(除6.15可燃性)，确认对受试者无害。

6.16.2 原理

由受试者佩戴呼吸器，模拟实际应用状态下的一些动作，然后对使用感受提供主观评价。

6.16.3 样品数量及要求

2个样品，1个为未处理样品，另1个为6.2.1预处理后样品。所有样品经过6.1方法检查，处于良好工作状态。每个受试者使用1个样品。

6.16.4 受试者要求

应符合GB/T 23465—2009中4.2的要求。应选用两名受试者。

6.16.5 检测条件

在温度为16 ℃～32 ℃和相对湿度为30%～80%的环境中进行检测。应记录实际的检测条件。

6.16.6 检测方法

检测步骤按GB/T 23465—2009中5.5进行。每个受试者应按照制造商提供的使用说明使用呼吸器。依据产品使用说明书，若呼吸器面罩上没有以日常性过滤元件更换、面罩清洗或维护为目的的、应由佩戴者经常拆卸或更换的部件（如吸气阀片、呼气阀片、头带或可更换的过滤元件等），在做实用性检测之前，受试者应依据产品说明书提供的操作方法，将样品上的该类部件拆卸后再组装，然后检测，按GB/T 23465—2009中表2对自吸过滤式产品的要求，在规定时间内完成规定的动作。

6.16.7 检测报告

每个受试者应按GB/T 23465—2009中第6章和表3的要求，并根据5.15的要求，提供主观评价。

检测报告应符合GB/T 23465—2009中第7章的要求。

7 产品标识

7.1 产品上的标识

产品上应有以下标识：

a) 名称、商标或其他可辨别制造商或供货商的标注；
b) 型号和号码（如果适用）；
c) 本标准编号，过滤元件应标注滤料级别，级别用本标准编号和过滤元件级别组合方式标注，如 GB 2626—2019 KN90，或 GB 2626—2019 KP100。

7.2 包装上的标识

在最小销售包装上，应至少以中文用清晰、持久的方式标注，或透过透明包装可见下述信息：

a) 名称、商标或其他可辨别制造商或供货商的标注；
b) 面罩类型、型号和号码（如果适用）；
c) 本标准编号，过滤元件应标注级别，级别用本标准编号和过滤元件级别组合方式标注，如 GB 2626—2019 KN90，或 GB 2626—2019 KP100；
d) 适用的许可或认证信息；
e) 生产日期（至少为年月）或生产批号，储存寿命（至少为年）；

f) "参见制造商提供信息"字样;

g) 制造商建议的储存条件(至少包括温度和湿度)。

附 录 A
(资料性附录)
检 测 要 求 汇 总

本附录将标准中的技术要求、样品要求及检测条件等进行汇总,见表 A.1。

表 A.1 技术要求、样品要求和检测条件汇总

检测内容	技术要求条款	样品数量			样品预处理条件	检测条件章条号
		随弃式面罩	可更换式半面罩	全面罩		
基本要求	5.1	所有样品	所有样品	所有样品	未处理样品	6.1、6.16
外观检查	5.2	2个	2个	2个	分别经过温度湿度预处理和机械强度预处理	6.1、6.2
过滤效率	5.3 及表 2	20 个,若有不同大小号码,每个号码至少 5 个	20 个过滤元件	20 个过滤元件	5 个温度湿度预处理后样品,5 个机械强度预处理后样品;5 个清洗和消毒预处理后样品(如果适用);其余为未处理样品	6.3
泄漏性	5.4 及表 3	10 个,若有不同大小号码,每个号码至少 2 个样品	2 个,若有不同大小号码,每个号码 2 个样品	2 个,若有不同大小号码,每个号码 2 个样品	一半数量为经过温度湿度预处理后样品,另一半为经过清洗和/或消毒预处理后样品(如果适用),或未处理样品;然后按 6.4.1.4 的要求,对设计允许某些部件经常拆卸或更换的产品(以日常清洗、维护为目的),将部件先拆卸,再重新组装后用于测试	6.4
吸气阻力	5.5 及表 4	4 个,若有不同大小号码,每个号码 2 个	4 个,若有不同大小号码,每个号码 2 个	4 个,若有不同大小号码,每个号码 2 个	一半数量为未处理样品或按 6.2.3 预处理后样品(如果适用),另一半数量为温度湿度预处理后样品	6.5

表 A.1（续）

检测内容	技术要求条款	样品数量			样品预处理条件	检测条件章条号
		随弃式面罩	可更换式半面罩	全面罩		
呼气阻力	5.5 及表 4	4 个有呼气阀的样品，若有不同大小号码，每个号码 2 个。若无呼气阀，可不检	4 个，若有不同大小号码，每个号码 2 个	4 个，若有不同大小号码，每个号码 2 个	一半数量为未处理样品，另一半数量为温度湿度预处理后样品	6.6
呼气阀气密性	5.6.1	4 个呼吸器上的呼气阀	4 个呼吸器上的呼气阀	不适用	一半数量为未处理样品，另一半数量为温度湿度预处理后样品	6.7
呼气阀保护装置	5.6.2 及表 5	3 个呼吸器上的呼气阀保护装置	3 个呼吸器上的呼气阀保护装置	3 个呼吸器上的呼气阀保护装置	未处理样品	6.8
死腔	5.7	3 个	1 个	1 个	未处理样品	6.9
视野	5.8 及表 6	1 个	1 个	1 个	未处理样品	6.10
头带	5.9 及表 7	2 个	2 个	2 个	1 个为未处理样品，1 个为温度湿度预处理后样品	6.11
连接和连接部件	5.10 及表 8	不适用	2 个	2 个	1 个为未处理样品，1 个为温度湿度预处理后样品	6.12
镜片	5.11	不适用	不适用	5 个	未处理样品	6.13、6.14；和 6.1、6.16（如果适用）
气密性	5.12	不适用	不适用	所有样品	未处理样品或其他条款规定的样品	6.14
可燃性	5.13	4 个	3 个	3 个	随弃式面罩：2 个未处理样品，2 个为温度湿度预处理后样品；半面罩和全面罩：1 个为未处理样品，2 个为温度湿度预处理后样品	6.15

表 A.1（续）

检测内容	技术要求条款	样品数量			样品预处理条件	检测条件章条号
		随弃式面罩	可更换式半面罩	全面罩		
清洗和/或消毒	5.14	如果适用，分别包含在5.3过滤效率、5.4泄漏和5.5吸气阻力的检测中	包含在5.4中。如果过滤元件适用，分别包含在5.3过滤效率、5.4泄漏和5.5吸气阻力的检测中	包含在5.4中。如果过滤元件适用，分别包含在5.3过滤效率、5.4泄漏和5.5吸气阻力的检测中	按产品使用说明推荐的方法，和最大允许清洗和/或消毒的次数（如果适用）进行预处理。并记录使用制造商提供的判断或消毒后过滤元件有效性的方法后的判断结果	6.4 或 6.2.3、6.3、6.4 和 6.5（如果适用）
实用性能	5.15	2个	2个	2个	2个样品，1个为未处理样品，另1个为6.2预处理后样品。在进行实用性能检测之前，呼吸器应先经过所有实验室检测（除6.15可燃性）	6.16
制造商应提供的信息	5.16	所有样品	所有样品	所有样品	未处理样品	6.1、6.16
包装	5.17	所有样品	所有样品	所有样品	未处理样品	6.1
标识	7	所有样品	所有样品	所有样品	未处理样品	6.1

附　录　B
（资料性附录）
CMD 和 MMAD 的换算方法

B.1　将计数中位径（CMD）换算为质量中位径（MMD）

使用式（B.1），将 CMD 换算为 MMD：

$$D_{MMD} = D_{CMD} \exp(3\ln^2 \sigma_g) \quad\cdots\cdots\cdots\cdots（B.1）$$

式中：

D_{MMD}——颗粒物的质量中位径，单位为微米（μm）；

D_{CMD}——颗粒物的计数中位径，单位为微米（μm）；

σ_g　——颗粒物粒度分布的几何标准偏差。

在 6.3.2.1a)中，NaCl 颗粒物的 CMD 为（0.075±0.020）μm，即分布在 0.055 μm～

0.095 μm 范围内,粒度分布的几何标准偏差不大于 1.86;在 6.3.2.2a)中,DOP 等适用的油类颗粒物的 CMD 为(0.185±0.020)μm,即分布在 0.165 μm~0.205 μm 范围内,粒度分布的几何标准变差不大于 1.60,分别代入式(B.1),计算得出:

$$D_{MMD,NaCl} = (0.055 \sim 0.095)\exp(3\ln^2 1.86) = (0.175 \sim 0.302) \quad\quad\quad (B.2)$$

式中:

$D_{MMD,NaCl}$——6.3.2.1a)中规定的氯化钠颗粒物的 MMD,单位为微米(μm)。

$$D_{MMD,DOP} = (0.165 \sim 0.205)\exp(3\ln^2 1.60) = (0.320 \sim 0.398) \quad\quad\quad (B.3)$$

式中:

$D_{MMD,DOP}$——6.3.2.2a)规定的 DOP 等适用的油性颗粒物的 MMD,单位为微米(μm)。

B.2 将 MMD 换算为空气动力学质量中位径(MMAD)

使用式(B.4),将 MMD 换算为 MMAD:

$$D_{MMAD} = D_{MMD}\left(\frac{\rho_p}{\rho_0 \chi}\right)^{\frac{1}{2}} \quad\quad\quad (B.4)$$

式中:

D_{MMAD}——颗粒物的空气动力学质量中位径,单位为微米(μm);

D_{MMD} ——颗粒物的质量中位径,单位为微米(μm);

ρ_p ——颗粒物的密度,单位为千克每立方米(kg/m³);

ρ_0 ——标准球形颗粒物,即水的密度,为 1 000 kg/m³;

χ ——颗粒物的动力学形状系数,由表 B.1 提供。

表 B.1 某些典型颗粒物的动力学形状系数(χ)

按颗粒几何形状或粉尘类型分类	χ
球形	1.00
立方体	1.08
煤尘	1.05~1.11
石英尘	1.36
沙尘	1.57
滑石粉尘	1.88
注:本表数据来自 Aerosol Technology: Properties, Behavior, and Measurement of Airborne Particles, 2nd Edition, Table 3.2。见参考文献[5]。	

B.3 本标准规定的 NaCl 颗粒物的 MMAD

NaCl 的密度为 2 200 kg/m³,NaCl 颗粒的几何形状最接近立方体,NaCl 的 χ 从表 B.1 中按立方体形状取 1.08。将式(B.2)计算得出的 $D_{MMD,NaCl}$ 粒度范围代入式(B.4),计算得出:

$$D_{\text{MMAD,NaCl}} = (0.175 \sim 0.302)[2\,200/(1\,000 \times 1.08)]^{1/2} = (0.249 \sim 0.430)$$
............................(B.5)

式中：

$D_{\text{MMAD,NaCl}}$——6.3.2.1a)中规定的 NaCl 颗粒物的 MMAD，单位为微米（μm）。

B.4 本标准规定的 DOP 颗粒物的 MMAD

DOP 的密度取 985 kg/m³，DOP 颗粒的几何形状最接近球形，DOP 的 χ 从表 B.1 中按球形取 1，将式(B.3)计算得出的 $D_{\text{MMD,DOP}}$ 粒度范围代入式(B.4)，计算得出：

$$D_{\text{MMAD,DOP}} = (0.320 \sim 0.398)[985/(1\,000 \times 1)]^{1/2} = (0.318 \sim 0.395)$$
............................(B.6)

式中：

$D_{\text{MMAD,DOP}}$——6.3.2.2a)中规定的 DOP 颗粒物的 MMAD，单位为微米（μm）。

附 录 C
（规范性附录）
判断 KP 过滤元件加载过滤效率是否继续下降的方法

C.1 基本原理

在加载的状态下判断过滤效率的下降趋势（即穿透率的升高趋势），会受检测设备的分辨率和该过滤元件的过滤效率级别两个因素的影响。假设某过滤效率检测设备的分辨率为 $X\%$，那么，对于穿透率分别为 0.000% 和 $X\%$ 的两个过滤元件，设备就无法区分。在 6.3.2.2b)中，对颗粒物过滤效率检测设备的测试精度要求是 1%，那么，对于穿透率为 Y 的一个过滤元件，在反复检测其穿透率时，结果将在 $(Y-1\%\times Y)$ 和 $(Y+1\%\times Y)$ 范围内波动，所以穿透率测试读数之间最大会相差 $2\%Y$，或 $0.02Y$。

综合上述两个因素的影响作用，可以确定穿透率升高趋势的判断依据，即加载穿透率曲线的波动带宽限值，用 BL 表示。

C.2 计算波动带宽限值

不同过滤效率检测设备的分辨率会不同，应依据过滤效率检测设备的实际分辨率，使用式(C.1)计算 KP 类过滤元件的各过滤效率级别所对应的波动带宽限值。

使用式(C.1)，计算波动带宽限值：

$$\text{BL}_{\text{KP100}}(\text{BL}_{\text{KP95}} \text{ 或 } \text{BL}_{\text{KP90}}) = R + 0.02 \times P$$
............................(C.1)

式中：

BL_{KP100}——KP100 过滤元件的波动带宽限值；
BL_{KP95}——KP95 过滤元件的波动带宽限值；
BL_{KP90}——KP90 过滤元件的波动带宽限值；
R——检测过滤效率设备的分辨率；
0.02——6.3.2.2b)规定的过滤效率的检测精度的 2 倍；
P——各级别 KP 类过滤元件的最大穿透率限值，KP100 为 0.03%，KP95 为

5.0%,KP90 为 10.0%。

C.3 应用波动带宽限值判断 KP 类过滤元件过滤效率的下降趋势

当 KP 类过滤元件的颗粒物加载量已达到 6.3.3.1 规定的基本要求时,从符合加载量基本要求的第一个读数开始倒推 5 个读数(见图 C.1 中的 5 个 A 点),如果连续记录的这 5 个穿透率读数的最大值和最小值的差(即波动带宽)大于式(C.1)计算得出的波动带宽限值,或这 5 个读数中包含一个最大穿透率读数(如图 C.1 中的 A1 点),都应判断过滤效率在继续下降,应继续加载;随后每增加 5 个穿透率的读数(如图 C.1 中的 B 点、C 点和 D 点),应计算波动带宽;如果波动带宽不大于式(C.1)计算得出的波动带宽限值(见图 C.1 中的 5 个 C 点),但其中新出现了一个最大穿透率读数(如图 C.1 中 C4 点),仍应判断过滤效率在继续下降,应继续加载;如果波动带宽不大于式(C.1)计算得出的波动带宽限值,其中未出现新的最大穿透率读数,宜判断过滤效率已停止下降(见图 C.1 中的 5 个 D 点)。

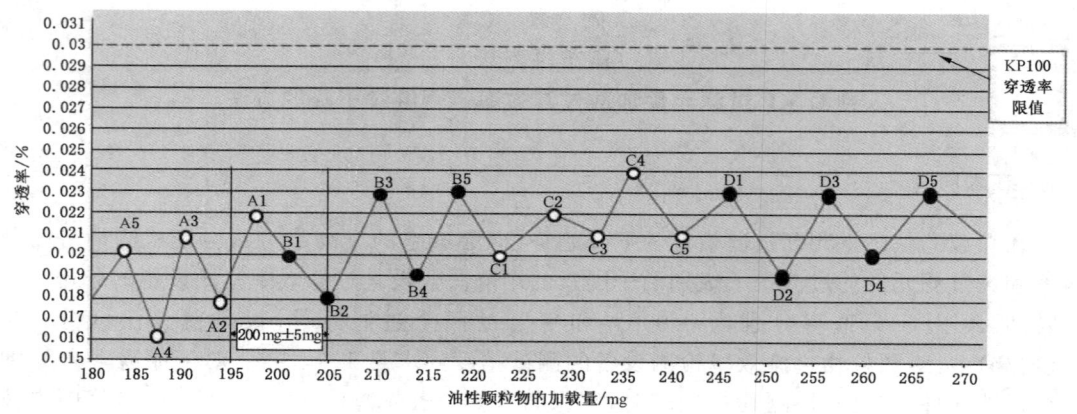

图 C.1　BL＝0.004% 条件下的判断 KP100 过滤元件
加载穿透率曲线升高趋势的示意图

附　录　D
（规范性附录）
试验头模主要尺寸

本标准检测中使用的试验头模主要尺寸见表 D.1。

表 D.1　试验头模主要尺寸要求　　　　　　　　　　　　　单位为毫米

尺寸项目	小号	中号	大号
形态面长	113	122	131
面宽	136	145	154
瞳孔间距	57.0	62.5	68.0

附 录 E
（资料性附录）
本标准与2006年版标准的主要区别

本附录对本标准与2006年版标准的主要区别进行汇总，见表E.1。

表E.1 GB 2626—2019 与 GB 2626—2006 的主要区别

序号	存在区别的主要内容	GB 2626—2006	GB 2626—2019
1	标准名称	呼吸防护用品　自吸过滤式防颗粒物呼吸器	呼吸防护　自吸过滤式防颗粒物呼吸器
2	术语和定义	烟(3.3)、雾(3.4)、微生物(3.5)	无烟、雾、微生物三项术语；3.14和3.19～3.24，增加穿透率、佩戴气密性检查、指定防护因数、计数中位径、质量中位径、空气动力学粒径和空气动力学质量中位径七项术语
3	基本要求	5.1为"一般要求"	5.1改为"基本要求"；增加从使用角度对呼吸器材料的要求；增加对呼吸器面罩大小号码的设计、不同佩戴方式的设计、呼气阀保护装置设计和可更换式面罩某些部件可清洗的有关要求
4	颗粒物过滤效率的检测方法：检测设备分辨率	6.3.2无要求	6.3.2，增加要求为≤0.003%
5	颗粒物过滤效率的检测方法：颗粒物粒径的换算方法	6.3.2未提供	6.3.2和附录B，增加相关内容
6	颗粒物过滤效率的检测方法：KP过滤元件过滤效率加载测试终点判断方法	6.3.3规定不够详细	6.3.3和6.3.4，增加最大加载量限值和波动带宽限值的要求和规范性附录C，提供详细判断方法
7	泄漏性的检测方法	6.4未考虑产品部件拆卸、组装对呼吸器面罩泄漏性的影响	6.4，增加要求，产品设计如果允许某些部件经常拆卸或更换（以日常清洗、维护为目的），检测泄漏性之前，应先将样品上的该类部件拆卸、组装后再用于检测

表 E.1（续）

序号	存在区别的主要内容	GB 2626—2006	GB 2626—2019
8	呼吸阻力的检测方法	6.5 和 6.6，测试中未要求面罩与试验头模之间应密合；对试验头模内置呼吸管道构造无要求	6.5 和 6.6，修改要求面罩与试验头模之间应气密，增加要求呼吸阻力测试应取最大值；增加图4，示意试验头模内置呼吸管道的构造细节
9	吸气阻力(Pa)技术要求	5.5，所有类型和级别的呼吸器面罩≤350	5.5 修改要求， 无呼气阀的随弃式面罩：KN90/KP90：≤170；KN95/KP95：≤210；KN100/KP100：≤250； 带呼气阀的随弃式面罩：KN90/KP90：≤210；KN95/KP95：≤250；KN100/KP100：≤300； 可更换式半面罩和全面罩：KN90/KP90：≤250；KN95/KP95：≤300；KN100/KP100：≤350
10	呼气阻力(Pa)技术要求	5.5，所有类型和级别的呼吸器面罩≤250	5.5，修改要求，带呼气阀的各类面罩≤150
11	呼气阀气密性的技术要求和检测方法	5.6.1 和 6.7，未考虑一个面罩有多个呼气阀的情况；检测气密性时呼气阀为水平状态，与典型使用状态不符；没有要求样品与检测装置之间应气密	5.6.1 和 6.7，增加对一个面罩有多个呼气阀情况下应做出的要求；检测气密性时呼气阀改为垂直状态；增加要求样品与检测装置之间应气密；更改检测方法为在 249 Pa 负压条件下呼气阀泄漏气流量不应大于 30 mL/m³
12	呼气阀保护装置的名称	5.6.2 和 6.8 为"呼气阀盖"	5.6.2 和 6.8 改为"呼气阀保护装置"
13	死腔的检测方法	图 5，检测装置示意图存在错误	图 7，修改检测装置示意图
14	半面罩视野的技术要求	表 5，下方视野≥60°	表 6，修改要求，与 GB 2890—2009 对半面罩的要求保持一致，双目视野≥65%和下方视野≥35°
15	全面罩视野的技术要求	表 5， 大眼窗：总视野≥70%，双目视野≥80%； 双眼窗：总视野≥70%，双目视野≥20%	表 6，修改要求，与 GB 2890—2009 对全面罩的要求保持一致， 大眼窗：总视野≥70%，双目视野≥55%，下方视野≥35°； 双眼窗：总视野≥65%，双目视野≥24%，下方视野≥35°

表 E.1（续）

序号	存在区别的主要内容	GB 2626—2006	GB 2626—2019
16	全面罩镜片的技术要求	5.11，未考虑镜片会导致视物变形的问题，未考虑产品使用保明贴片或防雾剂的情况	5.11，增加要求，在6.16实用性能检测中对镜片是否导致视物的变形，对保明片、防雾剂（如果适用）是否导致视物变形、模糊，或防雾剂对人产生的刺激和其他不适等进行评价
17	可燃性	5.13，要求所有产品都符合	5.13.1，修改要求，允许产品设计不阻燃，在5.16c)1)中要求制造商增加对产品设计不阻燃的说明"本产品不适合存在明火的作业场所（如焊接、铸造等）"
18	清洗和消毒	5.14，未考虑产品宣称过滤元件可清洗和/或消毒的情况	5.14、5.16d)和6.2.3，对产品设计允许过滤元件可清洗和/或消毒后重复使用的产品增加要求，在制造商应提供的信息部分要求提供适用的颗粒物具体特性和/或范围；可清洗和/或消毒的最大次数，供使用者判断是否继续有效或更换的方法；在6.2.3中，增加样品按照制造商的说明方法做预处理后满足5.3过滤效率、5.4泄漏性和5.5中吸气阻力的要求
19	制造商应提供的信息	5.15	5.16，增加对呼吸器适用范围与限制、产品更换、产品可燃性、产品可清洗或消毒的具体说明内容的要求
20	实用性能	无规定	5.15和6.16，增加规定，对5.1、5.11提出的基本技术要求提供检测方法，采纳GB/T 23465—2009方法
21	头带测试方法	6.11.3	6.11.3，增加按照头带正常使用被拉伸的方向施加测试拉力的要求

参 考 文 献

[1] ISO 16900-2:2009 Respiratory protective devices—Methods of test and test equipment— Part 2:Determination of breathing resistance

[2] ISO 16972:2010 Respiratory protective devices—Terms, definitions, graphical symbols and units of measurement

[3] EN 136:1998 Respiratory protective devices—Full face masks—Requirements, testing, marking

[4] EN 149:2001 Respiratory protective devices—Filtering half masks to protect against particles—Requirements, testing, marking

[5] William C. Hinds, Aerosol Technology: properties, behavior and measurement of airborne particles, 2nd Edition, A Wiley—Interscience Publication, John Wiley & Sons, Inc. 1999. ISEN 0-471-19410-7.

[6] US CDC, Procedure No. TEB-APR-STP-0051 Revision 2.1, Date: 20 August 2012, Determination of Particulate Filter Efficiency Level for P100 Series Filters against Liquid Particulates for Nonpowered, Air-Purifying Respirators Standard testing Procedure (STP). http://www.cdc.gov/niosh/npptl/stps/pdfs/TEB-APR-STP-0051

[7] US CDC, Procedure No. TEB-APR-STP-0053 Revision 2.1 Date: 20 August 2012. Determina-tion of Particulate Filter Efficiency Level for P95 Series Filters against Liquid Particulates for Nonpowered, Air-Purifying Respirators Standard testing Procedure (STP). http://www.cdc.gov/niosh/npptl/stps/pdfs/TEB-APR-STP-0053

个体防护装备 眼面部防护 职业眼面部防护具
第1部分：要求（GB 32166.1—2016）

前　言

本部分的第5章为强制性的，其余为推荐性的。

《个体防护装备　眼面部防护　职业眼面部防护具》分为两个部分：
——第1部分：要求（GB 32166.1）；
——第2部分：测量方法（GB/T 32166.2）。

本部分为 GB 32166 的第1部分。

本部分按照 GB/T 1.1—2009 给出的规则起草。

本部分由国家安全生产监督管理总局提出。

本部分由全国个体防护装备技术委员会（SAC/TC 112）归口。

本部分起草单位：中国标准化研究院、上海市安全生产科学研究所、霍尼韦尔安全防护设备（上海）有限公司、台州市裕源安全防护用品有限公司、广州计量检测技术研究院。

本部分主要起草人：黄帅、郭德华、商景林、王翔、郭娅、徐盛、陈文斌、马胜男、李育豪。

1　范围

GB 32166 的本部分规定了职业眼面部防护具的分类、基本要求和特殊要求。

本部分适用于在职业眼面部防护中（主要是工业防护）用于保护眼部或面部安全的平光防护具或部件。

本部分不适用于：
a) 一般用途太阳镜和太阳镜片或带有视力矫正效果的眼面部防护具；
b) 患者在进行诊断或治疗时用来防护曝光的眼面部防护具；
c) 直接观测太阳的产品，如观测日食等的眼部防护具；
d) 运动眼面部防护具；
e) 短路电弧眼面部防护具；
f) 焊接眼面部防护具；
g) 激光眼面部防护具。

2　规范性引用文件

下列文件对于本文件的应用是必不可少的。凡是注日期的引用文件，仅注日期的版本适用于本文件。凡是不注日期的引用文件，其最新版本（包括所有的修改单）适用于本文件。

GB/T 30042—2013　个体防护装备　眼面部防护　名词术语（ISO 4007:2012,MOD）
GB/T 32166.2—2015　个体防护装备　眼面部防护　职业眼面部防护具　第2部分：测量方法

3 术语和定义

GB/T 30042 界定的术语和定义适用于本文件。

4 职业眼面部防护具的分类

4.1 职业眼面部防护具的功能类型

职业眼面部防护具的功能是指可以防护以下一种或多种危险的能力：
——不同程度的强烈冲击；
——光辐射；
——热,火焰；
——液滴；
——飞溅物。

4.2 职业眼面部防护具的类型

按照结构和样式,职业眼面部防护具可以分为以下几种类型：
——眼镜；
——眼罩；
——面罩。

注：具体定义见 GB/T 30042。

5 基本要求

5.1 无害性

职业眼面部防护具与皮肤接触的部分,应满足使用目的和使用环境的要求,不得存在危害使用者健康或安全的因素,应把由材料析出的可能伤害佩戴者皮肤的危险因素降至最小,尤其要注意材料的致敏、致癌、致变异和毒性作用。

按照职业眼面部防护具生产商提供的方法对眼部防护产品进行清洁、维护或消毒时,不应对职业眼部防护具带来任何不良的影响,并确认不会对佩戴者造成任何伤害。

5.2 头带

头带应可调节或可自行调节。

在不加外力的条件下,眼镜中起主要固定作用的头带与佩戴者头面部接触处的宽度应不小于 5 mm。

在不加外力的条件下,眼罩和面罩中起主要固定作用的头带与佩戴者头面部接触处的宽度应不小于 10 mm。

5.3 装成镜片的最小尺寸要求

装成镜片的最小尺寸应符合表 1 的规定。

5.4 光学要求

5.4.1 球镜度、柱镜度和棱镜度

5.4.1.1 球镜度和柱镜度

按照 GB/T 32166.2—2015 中 5.1 规定的方法进行试验,结果应符合表 2 的要求。也可采用其他能获得等效测量结果的检测设备。

表 1 装成镜片的最小尺寸要求

类型	最小尺寸/mm	其他要求
覆盖单眼的装成镜片	40×30（覆盖单眼的镜片的外切矩形的最小尺寸）	覆盖单眼的装成镜片的工作区域范围不应小于以镜片参考点为中心，长轴为 40 mm，短轴为 33 mm 的椭圆
覆盖双眼的装成镜片	108×50	无
面罩	高：150 上边长：240 下边长：220	无

表 2 球镜度和柱镜度要求

球镜度 m^{-1}	柱镜度 m^{-1}
±0.06	≤0.06

5.4.1.2 棱镜度

按照 GB/T 32166.2—2015 中 5.1 规定的方法进行试验，棱镜度应不大于 0.12 cm/m。

5.4.1.3 装成镜或覆盖双眼镜片的棱镜度互差

按照 GB/T 32166.2—2015 中 5.2 规定的方法进行试验，棱镜度互差应符合表 3 的要求。

表 3 棱镜度互差

水平方向棱镜度 cm/m		垂直方向棱镜度 cm/m
基底朝外	基底朝内	
0.75	0.25	0.25

5.4.2 可见光透射比

按照 GB/T 32166.2—2015 中 5.3 规定的方法进行试验，对于无色镜片，在参考点处的可见光透射比应不小于 85%。

注：无色镜片定义见 GB/T 30042—2013 中 5.1.5。

5.4.3 散射光

5.4.3.1 广角散射（雾度）

当职业眼面部防护具的可见光透射比大于或等于 15% 时，按照 GB/T 32166.2—2015 中 5.4 规定的方法进行试验。

测量结果应不大于 2%。

5.4.3.2 狭角散射（光漫射）

当职业眼面部防护具的可见光透射比小于15%时，按照GB/T 32166.2—2015中5.5规定的方法进行试验。

用于防护高速粒子的眼面部防护具的测量值应不大于0.75 cd/(m²·lx)，其他眼面部防护具应不大于0.50 cd/(m²·lx)。

5.4.4 材料及表面质量

镜片表面不应存在任何可能损害视力的表面缺陷，例如：气泡、划痕、杂质、暗点、蚀损斑、霉斑、凹痕、修补斑、斑点、水泡、水渍、蚀孔、气体杂质、碎片、裂纹、抛光缺陷或波纹等。

按照GB/T 32166.2—2015中5.6规定的方法进行试验。

5.5 强度

5.5.1 未配装镜片的最小强度

按照GB/T 32166.2—2015中6.1.1规定的方法进行试验，试验后样品不应出现以下状况：

a) 镜片破裂，即镜片完全裂开或者碎成两片或更多片，或落球与镜片接触的位置有多于5 mg的材料从镜片表面脱离，或是落球穿过镜片，均可视为镜片已破裂；

b) 镜片变形，即试验时镜片与受力位置的反面出现压痕，镜片可视为变形。

5.5.2 装成职业眼面部防护具的最小强度

按照GB/T 32166.2—2015中6.1.2规定的方法进行试验，试验后样品不应出现以下状况：

a) 镜片破裂，即镜片完全裂开或者碎成两片或更多片，或落球与镜片接触的位置有多于5 mg的材料从镜片表面脱离，或是落球穿过镜片，均可认为该镜片为已破裂。

b) 镜片变形，即试验时镜片与施力位置的反面出现压痕，镜片可视为变形。

c) 镜片外框或镜架破裂，即镜片外框或镜架裂成两片或更多片，或已不能正常支撑镜片，或镜片没有损坏却从框架中脱离，或是落球穿过镜片，都可视该外框或镜架不合格。

5.6 抗老化性能

5.6.1 耐热性能

按照GB/T 32166.2—2015中6.2的规定方法进行试验，试验后的样品不应变形、脱落或出现破损现象。

5.6.2 紫外线老化性能

按照GB/T 32166.2—2015中6.3规定的方法进行试验。

试验完成后对可见光透射比和散射光进行测量，结果应满足以下要求：

a) 可见光透射比的相对变化应满足表4的要求；

b) 散射光应满足5.4.2的要求。

5.6.3 抗腐蚀性

按照GB/T 32166.2—2015中6.4规定的方法进行试验，试验后样品的所有金属部分都不得出现腐蚀。

表 4 紫外线老化性能测试后的可见光透射比的相对变化

可见光透射比/%	相对误差
100～17.8	±5
17.8～0.44	±10
0.44～0.023	±15
0.023～0.001 2	±20
0.001 2～0.000 023	±30

5.7 阻燃性

按照 GB/T 32166.2—2015 中 6.5 规定的方法进行试验,移除钢棒后样品应不再继续燃烧。

5.8 包装、标志

5.8.1 包装

产品应有合适的包装,并且必须附有产品合格证和使用说明书。

5.8.2 标志

在职业眼面部防护具、标签、产品最小包装和使用说明书四者之一或任意组合的方式提供如下信息:

——产品名称;
——执行标准号;
——功能标识;
——制造厂商;
——生产日期;
——制造商提供的其他信息;
——特殊要求符合性声明。

对于满足本部分第 6 章特殊要求中一项或多项要求的职业眼面部防护具,应按照表 5 样式进行说明,在表格中的产品功能栏标注产品所具备的相应功能。

表 5 特殊防护功能符合性声明样表

本产品具有的特殊防护功能	符合性
紫外衰减滤光功能	是□/否□
红外衰减滤光功能	是□/否□
防护高速粒子冲击	是□/否□
防高重物体冲击	是□/否□
液滴防护	是□/否□
防雾功能	是□/否□

6 特殊要求

6.1 光辐射防护的要求
6.1.1 对不同类别滤光片的具体要求
6.1.1.1 紫外衰减滤光片

紫外衰减滤光片具体要求如下,不能满足散射光要求的紫外衰减滤光片用代码 U 进行标识,其他的则用代码 UC 进行标识。

遮光号的计算见附录 A,紫外衰减滤光片的光谱透射比性能应符合表 6 的规定。

表 6 不具有颜色识别特性(代码为 U)和具有颜色识别特性(代码为 UC)
的紫外防护滤光片的透射比要求

遮光号	紫外区域的最大光谱透射比 $\tau(\lambda)$		光透射比 τ_v		红外区域的透射比
	313 nm	365 nm	最大/%	最小/%	
U/UC-1.2	0.000 3	10	100	74.4	无要求
U/UC-1.4	0.000 3	9	74.4	58.1	
U/UC-1.7	0.000 3	7	58.1	43.2	
U/UC-2	0.000 3	5	43.2	29.1	
U/UC-2.5	0.000 3	3	29.1	17.8	
U/UC-3	0.000 3	2	17.8	8.5	
U/UC-4	0.000 3	0.8	8.5	3.2	
U/UC-5	0.000 3	0.3	3.2	1.2	

紫外衰减滤光片的附加透射比要求如下:
——在 200 nm≤λ≤313 nm 范围内的任意波长的光谱透射比不应超过 313 nm 处的光谱透射比;
——在 313 nm<λ≤365 nm 范围内的任意波长的光谱透射比不应超过 365 nm 处的光谱透射比;
——在 365 nm<λ≤405 nm 范围内的任意波长的光谱透射比不应超过可见光透射比。

注:光透射比值是在 CIE A 光源和 CIE 标准观察体(2°)的光谱分布的基础上得到的。

具有增强颜色识别特性的镜片,在 475 nm~650 nm 之间的光谱透射比不应低于 $0.2\tau_v$,对红、黄、绿和蓝色信号灯的相对视觉衰减因子 Q 值不得低于 0.8,本条为选择性要求。

6.1.1.2 红外衰减滤光片

红外衰减滤光片具体要求如下,不能满足 b)中关于颜色识别的选择性要求的红外衰减滤光片用代码 I 标识,满足要求的则用代码 IC 标识:

a) 光透射比和遮光号:遮光号的计算见附录 A,红外衰减滤光片的光谱透射比性能应符合表 7 的规定。

b) 适用于具有增强颜色识别特性的镜片(选择性要求):在 475 nm~650 nm 之间的光谱透射比不应低于 $0.2\tau_v$。对红、黄、绿和蓝色信号灯的相对视觉衰减因子 Q 值不应大于 0.8。

表 7 不具有增强颜色识别特性(代码为 I)和具有增强颜色识别特性(代码为 IC)的红外防护滤光片的透射比要求

遮光号	光透射比 τ_v		红外线透射比最大均值 τ_{NIR} 780 nm~3 000 nm
	最大值	最小值	
I/IC-1.2	100	74.4	1.5
I/IC-1.4	74.4	58.1	1.4
I/IC-1.7	58.1	43.2	1.3
I/IC-2	43.2	29.1	1.2
I/IC-2.5	29.1	17.8	1.1
I/IC-3	17.8	8.5	0.82
I/IC-4	8.5	3.2	0.62
I/IC-5	3.2	1.2	0.51
I/IC-6	1.2	0.44	0.33
I/IC-7	0.44	0.16	0.23
I/IC-8	0.16	0.061	0.16
I/IC-9	0.061	0.023	0.11
I/IC-10	0.023	0.008 5	0.083

6.1.1.3 防眩光滤光片

6.1.1.3.1 透射比要求

防眩光滤光片的透射比应符合表 8 的规定。

表 8 防眩光滤光片的透射比要求

遮光号	紫外光谱区域			可见光光谱区域	
	最大光谱透射比 $\tau(\lambda)$		最大平均光谱透射比	可见光透射比 τ_v/%	
	280 nm~315 nm	315 nm~350 nm	315 nm~380 nm		
S-1.1[a]	0.1τ_v	τ_v	τ_v	100	80
S-1.4				80	58.1
S-1.7				58.1	43.2
S-2		0.5τ_v	0.5τ_v	43.2	29.1
S-2.5				29.1	17.8
S-3.1	0.01τ_v			17.8	8.0
S-4.1				8.0	3.0
[a] 遮光号仅对在特定的褪色状态下的光致变色眩光镜和具有高透射比的梯度滤光镜有效。					

表 9 带有红外吸收的工业用防眩光滤光镜的透射比要求

遮光号	紫外光谱区域			可见光光谱区域		红外光谱区域
	最大光谱透射比 $\tau(\lambda)$		最大平均光谱透射比	光透射比 τ_v/%		最大光谱透射比 τ_{SIR}
	280 nm～315 nm	315 nm～350 nm	315 nm～380 nm			
SI-1.1[a]	0.1τ_v	τ_v	τ_v	100	80	τ_v
SI-1.4				80	58.1	
SI-1.7				58.1	43.2	
SI-2		0.5τ_v	0.5τ_v	43.2	29.1	
SI-2.5				29.1	17.8	
SI-3.1	0.01τ_v			17.8	8.0	
SI-4.1				8.0	3.0	

[a] 遮光号仅对在特定的褪色状态下的光致变色眩光滤光镜和具有高透射比的梯度滤光镜有效。

6.1.1.3.2 附加透射比要求

用于公路驾驶用的滤光镜,在 500 nm～600 nm 波长范围的光谱透射比不应低于 0.2 τ_v。

由于眩光滤光镜也经常被用在交通领域,除了上述要求外,S-1.1 到 S-3.1 以及 SI-1.1 到 SI-3.1 的遮光号还应满足对信号灯识别的要求。

对红色、黄色、绿色和蓝色信号灯的相对视觉衰减因子 Q 值不得低于 0.8。

6.1.1.3.3 特殊透射比要求

眩光滤光镜在褪色状态下的光透射比 τ_{v0} 以及照射 15 min 后在暗态下的光透射比 τ_{v1} 决定了滤光镜的遮光号范围。两种状态都应满足 6.1.1.3.1 和 6.1.1.3.2 的要求。

对光致变色滤光镜片来说,其 τ_{v0} 和 τ_{v1} 的比值 $\frac{\tau_{v0}}{\tau_{v1}}$ 不小于 1.25 才有效。

偏振眩光滤光镜片装入镜架后,其对水平方向、或对标称方向的偏离不得超过±3°。

对偏振滤光镜片来说,其平行于规定水平方向的光透射比与垂直于规定水平方向的光透射比之间的比值应大于 20:1。

梯度滤光片的遮光号范围由未切边的单镜片几何中心处 15 mm 圆形区域内或配装镜片参考点周围的最亮点和最暗点来决定。

6.1.1.3.4 明示透射比特性

对于明示透射比的镜片,应符合以下要求:
——如果滤光片明示其对蓝光具有 x% 的吸收,则滤光片的太阳蓝光透射比 τ_{sb} 不得超过 (100.5−x)%;
——如果滤光片明示其蓝光透射比低于 x%,则滤光片的太阳蓝光透射比 τ_{sb} 不得超过 (x+0.5)%。
——如果滤光片明示其对 UV 的吸收或 UV 透射比达到一定的百分比,则应满足相应的要求。

— 如果滤光片明示其对紫外具有 $x\%$ 的吸收，则滤光片的太阳紫外透射比 τ_{SUV} 不得超过 $(100.5-x)\%$；

— 如果滤光片明示其对紫外的透射比低于 $x\%$，则滤光片的太阳紫外透射比 τ_{SUV} 不得超过 $(x+0.5)\%$；

— 如果滤光片明示其对长波紫外具有 $x\%$ 的吸收，则滤光片的太阳长波紫外透射比 τ_{SUVA} 不得超过 $(100.5-x)\%$；

— 如果滤光片明示其对长波紫外的透射比低于 $x\%$，则滤光片的太阳长波紫外透射比 τ_{SUVA} 不得超过 $(x+0.5)\%$；

— 如果滤光片明示其对中波紫外具有 $x\%$ 的吸收，则滤光片的太阳中波紫外透射比 τ_{SUVB} 不得超过 $(100.5-x)\%$；

— 如果滤光片明示其对中波紫外的透射比低于 $x\%$，则滤光片的太阳中波紫外透射比 τ_{SUVB} 不得超过 $(x+0.5)\%$。

6.2 非辐射行业用眼面部防护具的附加要求

6.2.1 防护高速粒子冲击

防高速粒子冲击的职业眼面部防护具必须带有侧面防护。

按照 GB/T 32166.2—2015 中 6.6 规定的方法进行试验。

试验后，样品不应出现下列情况：

a) 镜片破损，如果镜片经钢球冲击一次后碎裂成两片或更多片，或者表面出现大于 5 mg 的碎片脱落，或者钢球穿透了镜片，均可认定为镜片破损；

b) 镜片变形，如果镜片经钢球冲击后，镜片另一面的白纸出现斑痕，则可认定为变形；

c) 镜片外框或镜架损坏，如果镜片外框或镜架裂为两块或更多块，或者无法再安装镜片，或者镜片脱离镜架，或者外框或镜架被钢球穿透，均可认定为镜片外框或镜架损坏；

d) 侧面防护损坏，如果侧面防护片碎裂为两片或更多片，或者一粒或多粒从镜片表面的撞击点处脱离，或被钢球完全穿透，或防护镜出现部分或完全的脱落，均可认定为侧面防护片损坏。

6.2.2 防高重物体冲击性能

本条适用于职业眼面部防护具对来自高处的大质量的冲击的防护性能，按照 GB/T 32166.2—2015 中 6.7 规定的方法进行试验。

试验后，样品不应出现下列情况：

a) 镜片破损，如镜片碎裂为两片或多片，或者有材料从撞击后的镜片上脱落，则认为该镜片已破损；

b) 镜片穿透，弹头尖部穿过镜片；

c) 镜片牢固性，如果镜片从防护镜架或外框中弹出，则被视为安装不牢固。

6.2.3 液滴防护性能（仅适用于眼罩型防护具）

按照 GB/T 32166.2—2015 中 6.8 规定的方法进行试验。

具有液滴防护功能的职业眼面部防护具应能满足下列要求：

——没有粉色或深红色的变色出现在眼罩的等效镜片区域内；
——遮盖眼部区域的试纸没有潮湿。

6.2.4 镜片防雾

按照GB/T 32166.2—2015中6.10规定的方法对样品进行试验，样品应至少在8 s内不起雾。

6.2.5 耐磨性

按照GB/T 32166.2—2015中6.9规定的方法进行试验，试验后样品的广角散射（雾度）测量值应不大于8%，或狭角散射（光散射）测量值应不大于2.15 cd/(m²·lx)。

附 录 A
（规范性附录）
光辐射的类别和遮光号的确定

A.1 光辐射的类别

职业眼面部防护具（不包括激光眼部防护具和焊接防护具）可用来防护自然光或人造光源的辐射，例如：波长在紫外光谱范围、可见光谱范围和红外光谱范围内的太阳光等。

紫外光谱通常被分为3个部分，长波紫外（UV-A）为380 nm～315 nm，中波紫外（UV-B）为315 nm～280 nm，远紫外（FUV）为280 nm～180 nm。FUV是波长为100 nm～280 nm的短波紫外（UV-C）的一部分。由于空气对波长范围小于180 nm的光辐射有很强的吸收，所以职业眼部防护具不再考虑这个波段。

可见光的波长范围是380 nm～780 nm，自然光在该波长范围的辐射，会刺激视网膜，产生视觉效应。

和紫外相类似，红外也分为3个部分。近红外（IR-A）为780 nm～1 400 nm，中红外（IR-B）为1 400 nm～3 000 nm，远红外（IR-C）为3 000 nm～1 mm。人眼对波长大于2 000 nm的光的透射比非常低，常将此波长作为眼部防护装备的防护上限。

A.2 遮光号的确定

不同防护类型的滤光片可以通过特定波长范围内的透射比特性、或通过对不同波长范围的透射比特性的组合来加以分类。

特定的防护滤光片通常分为不同的遮光号，根据滤光片在可见光范围内测量得到的光透射比 τ 来分类。遮光号可由式（A.1）计算得出：

$$N = 1 - \frac{7}{3} \cdot \log(\tau) \quad\quad\quad\quad\quad\quad (A.1)$$

式中：
N ——遮光号；
τ ——光透射比。

参 考 文 献

[1] ISO/CD 16321-1　Eye and face protection—Eye and face protectors for occupational use—Requirements
[2] CSA Z94.3-07　UPD 3-2009 Eye and face protectors
[3] EN 166:2002　Personal eye-protection—Specification
[4] ISO/CIE 10526:2007　CIE standard illuminants for colorimetry
[5] ISO/CIE 10527:2007　CIE stancard colorimetric observers

手部防护 化学品及微生物防护手套
（GB 28881—2012）

前 言

本标准按照 GB/T 1.1—2009 给出的规则起草。

本标准的第 4 章（除 4.2 条款）、第 5 章（除 5.1、5.2 条款）、第 6 章为强制性的，其余为推荐性的。

本标准参考了 EN 374:2003《化学品及微生物防护手套》，主要差异如下：
—— 改写了 EN 374-1:2003 的前言部分；
—— 修改了 EN 374-1:2003 规范性引用文件；
—— 修改了 EN 374-1:2003 范围中与 EN 420 共同使用的要求，并以相关国内标准替代；
—— 将 EN 374-2 的内容纳入本标准中作为附录 A；
—— 将 EN 374-1:2003 第 4 章中的抗化学品渗透性测试方法（EN 374-3）直接引用 GB/T 23462；
—— 将 EN 374-1:2003 第 5 章第 4 节机械性能中的测试方法（EN 388）直接引用 GB 24541。

本标准由国家安全生产监督管理总局提出。

本标准由全国个体防护装备标准化技术委员会（SAC/TC 112）归口。

本标准起草单位：北京安源咨询有限公司、防化研究院、安思尔（上海）商贸有限公司、浙江东亚手套有限公司、北京首都国际机场股份有限公司、上海市安全生产科学研究所、桂林乳胶厂。

本标准主要起草人：奈芳、杨光、田蕴墨、俞清秀、王哲、李护彬、唐一鸣、龙益敏、刘俊强。

1 范围

本标准规定了化学品及微生物防护手套的技术要求、试验方法及标识。

本标准适用于职业用化学品及微生物防护手套。

2 规范性引用文件

下列文件对于本文件的应用是必不可少的。凡是注日期的引用文件，仅注日期的版本适用于本文件。凡是不注日期的引用文件，其最新版本（包括所有的修改单）适用于本文件。

GB/T 12624—2009 手部防护 通用技术条件及测试方法
GB/T 23462—2009 防护服装 化学物质渗透试验方法
GB 24541—2009 手部防护 机械危害防护手套

3 术语和定义

下列术语和定义适用于本文件。

3.1
防护手套材料 protective gloves materials

为避免手或手和手臂直接接触化学品和/或微生物而在防护手套中使用的材料或材料组合。

3.2
微生物防护手套 protective gloves against micro-organisms

能够对不包括病毒在内的其他各类微生物形成有效屏障从而阻止其穿透的防护手套。

3.3
降解 degradation

防护手套因与化学品接触而造成其一项或多项性能产生破坏性变化,包括剥落、膨胀、碎裂、脆化、褪色、变形、外观变化、变硬及变软等。

3.4
穿透 penetration

化学品和/或微生物通过防护手套材料上的孔隙、接缝、针孔等缺陷在非分子水平上透过防护手套的过程。

3.5
渗透 permeation

化学品在分子水平上透过防护手套材料的过程,具体包括化学品分子被材料吸附、在材料内的扩散以及从材料另一面析出的过程。

3.6
测试化学品 test chemical

在实验室条件下,用于测定对防护手套材料透过时间的化学品或化学品混合物。

3.7
透过时间 breakthrough time

从测试化学品施于防护手套材料外层至其在材料另一面出现的时间间隔。

4 技术要求

4.1 总则

4.1.1 防护手套所采用的主体材料及辅助材料(如手套的内衬、线、贴边等)均应无皮肤刺激性或有损使用者的安全和健康。

4.1.2 防护手套的设计与制造应保证手套各部位主体材料厚度的均匀性。

4.1.3 防护手套的设计与制造需考虑使用要求,令使用者在进行相关的作业活动中得到最大限度的保护和操作灵活性;手套应便于穿戴和脱卸。

4.1.4 防护手套的结构设计应与其他配套使用的个体防护装备兼容。

4.2 人类工效学要求

4.2.1 尺寸

防护手套的尺寸,应符合 GB/T 12624—2009 中 5.1 的要求。

4.2.2 灵活性

防护手套的灵活性,应符合 GB/T 12624—2009 中 5.2 的要求。

4.3 防护性能

4.3.1 抗穿透性能

按 5.3 规定的方法测试时,手套应不发生泄漏。

4.3.2 抗渗透性能

从表 1 列出的测试化学品中选取 3 种化学品,按 5.4 规定的方法进行测试时,防护手套的抗渗透性能应不低于 2 级。手套的抗渗透性能等级见表 2。

表 1 抗渗透性能测试用化学品

序号	化学物质		CAS	类别
1	甲醇	Methanol	67-56-1	初级醇
2	丙酮	Acetone	67-64-1	酮
3	乙腈	Acetonitrile	75-05-8	腈化物
4	二氯甲烷	Dichloromethane	75-09-02	氯化链烷烃
5	二硫化碳	Carbon disulfide	75-15-0	有机硫化物
6	甲苯	Toluene	108-88-3	芳香烃
7	二乙胺	Diethylamine	109-89-7	胺
8	四氢呋喃	Tetrahydrofuran	109-99-9	杂环醚类化合物
9	乙酸乙酯	Ethyl acetate	141-78-6	酯
10	正己烷	n-Hexane	110-54-3	饱和碳氢化合物
11	氢氧化钠(质量分数 40%)	Sodium hydroxide,40%	1 310-73-2	无机碱
12	硫酸(质量分数 96%)	Sulfuric acid,96%	7 664-93-9	无机酸

表 2 抗渗透性能等级

级 别	透过时间 min
1	>10
2	>30
3	>60
4	>120
5	>240
6	>480

4.4 机械性能

4.4.1 耐磨性能

按 5.5 规定的方法测试,防护手套的耐磨性能应符合表 3 的不同等级的要求。

表 3 耐磨性能等级

性能等级	1	2	3	4
周期数	100	500	2 000	8 000

4.4.2 抗切割性能

按 5.6 规定的方法测试,防护手套的抗切割性能应符合表 4 的不同等级的要求。

表 4 抗切割性能等级

性能等级	1	2	3	4	5
指数	1.2	2.5	5.0	10.0	20.0

4.4.3 抗撕裂性能

按 5.7 规定的方法测试,防护手套的抗撕裂性能应符合表 5 的不同等级的要求。

表 5 抗撕裂性能等级

性能等级	1	2	3	4
强度/N	10	25	50	75

4.4.4 抗穿刺性能

按 5.8 规定的方法测试,防护手套的抗穿刺性能应符合表 6 的不同等级的要求。

表 6 抗穿刺性能等级

性能等级	1	2	3	4
强度/N	20	60	100	150

5 测试方法

5.1 手部和手套尺寸

按 GB/T 12624—2009 中 6.2 的规定进行测试。

5.2 灵活性

按 GB/T 12624—2009 中 6.3 的规定进行测试。

5.3 抗穿透性能

按附录 A 的规定进行测试。

5.4 抗渗透性能

试样从防护手套的手掌和手背部位裁取,按 GB/T 23462—2009 中 6.4 的规定进行测试。

5.5 耐磨性能

按 GB 24541—2009 中 5.2 的规定进行测试。

5.6 抗切割性能

按 GB 24541—2009 中 5.3 的规定进行测试。

5.7 抗撕裂性能

按 GB 24541—2009 中 5.4 的规定进行测试。

5.8 抗穿刺性能

按 GB 24541—2009 中 5.5 的规定进行测试。

6 标识和信息

6.1 标识

防护手套的标识应符合 GB/T 12624—2009 中 7.1 的要求。防护手套的标识图应与本标准的标准号及测试所用化学品在表 1 中对应的编号一起使用(见图 1 示例)。

图 1 化学危害防护标识图(示例)

6.2 信息

防护手套的信息应符合 GB/T 12624—2009 中 7.2 的要求,并应包括以下内容:
——测试所用的化学品及相应的性能等级;
——穿透测试的可接受质量水平;
——机械性能的等级;
——防护手套的适用范围与限制;
——选择适合号型防护手套的方法;
——防护手套使用前的检查方法;
——防护手套的佩戴方法和/或与其他防护用品(如防护服)匹配注意事项;
——如果适用,防护手套的维护方法(如清洗和消毒)。

除上述信息外,还应提供如下说明:如果手套满足现有测试要求,即能够满足对微生物的防护要求;同时,提供如下警告:本信息并不反映防护手套在工作场所中的实际防护性能,因为许多因素都会影响其性能,如温度、磨损和材料的老化等。

附 录 A
(规范性附录)
抗穿透性能测试方法

A.1 范围

本附录规定了化学品及微生物防护手套抗穿透性能测试方法。

本测试方法包括气密性测试和液密性测试两种测试方法。其中,气密性测试方法为首选方法,但气密性测试不一定适用于所有防护手套,有些手套不能平均充满空气,充气时,有些部分极度膨胀而其他部分并没充满甚至不能充气,此时,不适宜采用气密性测试,而只能采用液密性测试。

A.2 原理

A.2.1 气密性测试

把内部充有一定压力空气的手套浸入水中。如果发现手套表面产生一连串的气泡,即表明手套发生泄漏。

A.2.2 液密性测试

将手套充满水。如果发现手套表面出现渗水,即表明手套发生泄漏。

A.3 取样

每种尺寸取 1 只手套,每次测试至少取 4 只手套。

A.4 测试装置

A.4.1 气密性测试装置

气密性测试装置示意图见图 A.1,其主要包括以下组成部分:

单位为毫米

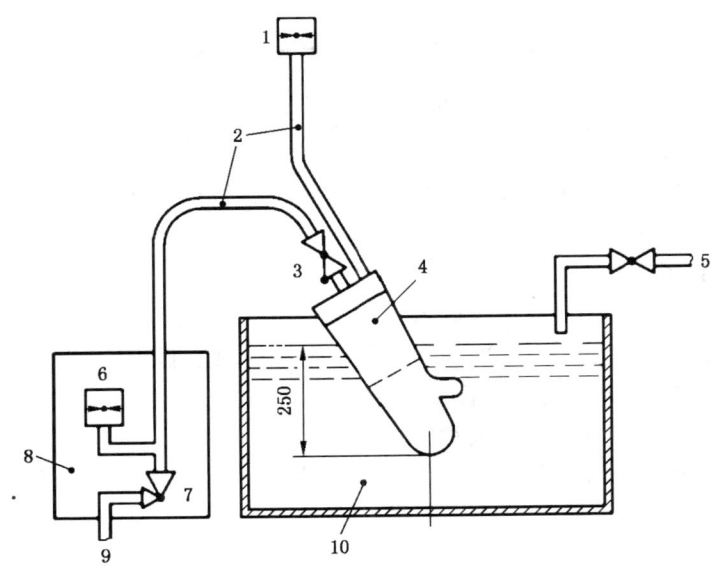

说明:
1——压力计;
2——软管;
3——止回阀门;
4——固定圆心轴;
5——供水;
6——压力计;
7——气压调节器;
8——仪表板;
9——压缩空气供应;
10——箱。

图 A.1 气密性测试装置示意图

a) 测试堵头 有一定的锥度,能提供合适的直径范围以使得测试手套保持气密。堵头能绕轴心旋转180°,其放大示意图见图A.2;

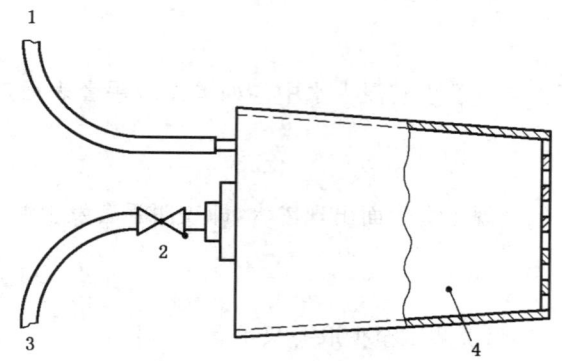

说明:
1——压力计;
2——止回阀门;
3——仪表板;
4——测试堵头。

图 A.2 测试堵头放大示意图

b) 空气泵 可提供的压力范围为0 kPa～10 kPa;
c) 水箱 其尺寸应满足试验要求;
d) 压力表 测量范围为0 kPa～10 kPa,测量精度为0.01 kPa;
e) 压力调节装置。

A.4.2 液密性测试装置

液密性测试装置主要包括以下组成部分:

a) 两端开放的塑料管,管长380 mm,直径应与待测手套相匹配。上端装有吊钩,在距离管下端40 mm处做有标记(见图A.3);
b) 带扣件的松紧带或其他紧固材料;
c) 带有横竿可以悬挂塑料管挂钩的支架(见图A.4),支架应能承受所有试验手套同时悬挂的重量;
d) 可提供最少1 L水的装置。

试验装置应能让试验手套固定在直径合适的圆形轴上,并能注水至手套防水边缘40 mm内的地方。试验装置应能够盛载过量注入手套的水。

A.5 测试方法

A.5.1 样品准备

将手套从包装中小心取出。记录手套的识别代码、批号、尺寸和商标。目视检查手套,如果手套有破缝、裂缝和破洞,则报告手套不合格。

单位为毫米

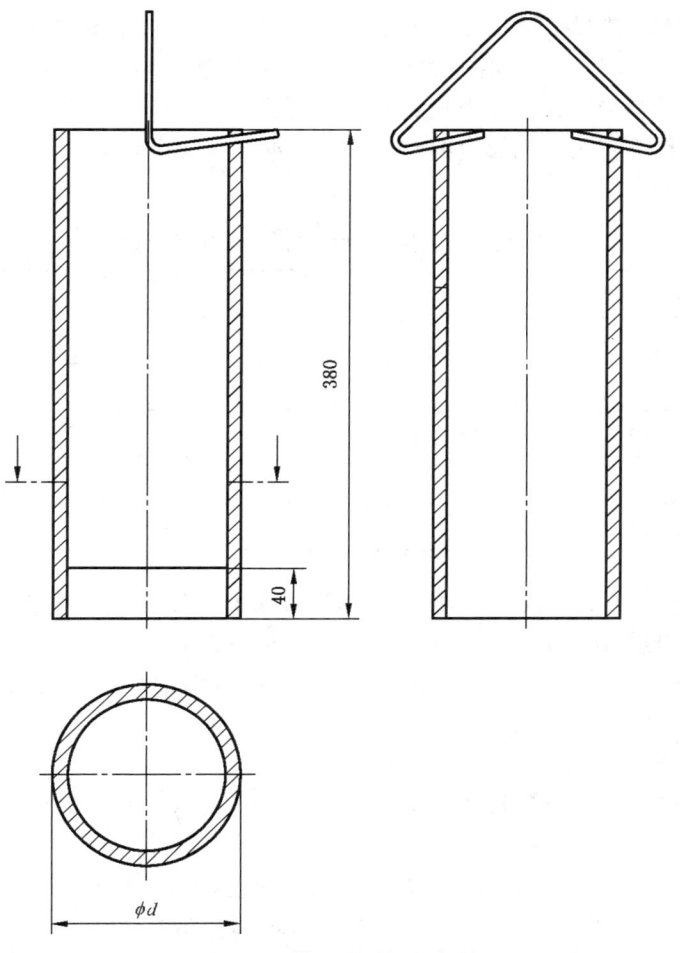

图 A.3 带吊钩的注水管

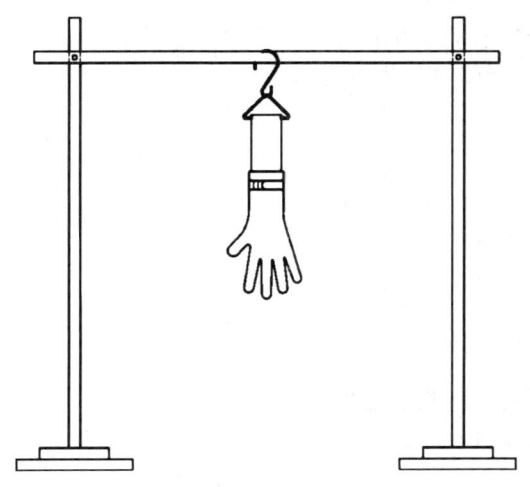

图 A.4 支架示意图

A.5.2 气密性测试

A.5.2.1 把手套固定在圆心轴上,浸泡于室温的水中。然后按照表 A.1 对应的压力向手套内充气,手套指尖距水面距离每增加 100 mm,压力再增加 1 kPa。例如,手套指尖浸入水中 250 mm 深处,则手套内的充气压力应在表 A.1 的基础上再加 2.5 kPa。手套内的充气压力应保持 2 min,波动不超过充气压力的±10%。在观察可能出现的气泡时,可延长一定测试时间,但不应超过 30 s。

表 A.1 手套厚度和充气压力对应表

手套厚度[a] e/mm	气压 X/kPa
$e<0.3$	0.5
$0.3<e<0.5$	2.0
$0.5<e<1.0$	5.0
$e>1.0$	6.0
[a] 资料由供应商提供。	

A.5.2.2 长度小于 250 mm 的手套,应将其垂直浸入水中,以使得水覆盖尽可能大的手套表面积。长度大于 250 mm 的手套,应将其以一定的角度浸入水中,使得手套中指尖的垂直浸入深度为(250±10)mm,以使得水覆盖尽可能大的手套表面积。旋转圆心轴,检查整个手套表面是否有气泡出现(见图 A.1)。

A.5.3 液密性测试

A.5.3.1 将手套袖口边缘与塑料管上 40 mm 标记对齐连接(见图 A.3),用松紧带将其扣紧以保持液密。

A.5.3.2 通过塑料管向手套内注入至少 1 000 mL 的室温水,液面至少达到 40 mm 标记处。
注 1:由于试验手套的不同,1 000 mL 的水可能会有部分留在管中。
注 2:如有需要,可以使用合适的方法支撑手套,以防止手套因水的重力而变形。

A.5.3.3 注水后立即检查手套是否漏水。检查过程中,不应挤压手套,并尽量减少对手套的触摸。如果发现水珠就表示有泄漏,可以利用滑石粉提高水珠的可见度。

A.5.3.4 如果手套没有立刻漏水,将带有试验手套的塑料管垂直悬挂(见图 A.4),并在注水 2 min 后再次按照上述方法进行检查。

A.6 结果记录

结果记录应包括以下内容:
a) 试验手套的完整识别资料;
b) 目视检查结果;
c) 试验条件;
d) 气密性测试及液密性测试结果;
e) 未进行测试的说明。

安全带(GB 6095—2009)

前言

本标准5.1.1.4～5.1.1.8、5.1.2.3～5.1.2.7、5.1.3.2～5.1.3.17、5.2、5.3 和第 7 章为强制性条款,其余为推荐性条款。

本标准代替 GB 6095—1985《安全带》。

本标准与 GB 6095—1985 相比主要变化如下:
——增加、修改了围杆作业安全带、区域限制安全带、坠落悬挂安全带等术语和定义;
——增加了区域限制安全带的内容;
——增加了材料、外观、结构等技术要求;
——增加了阻燃、抗腐蚀、适合特殊环境等特殊技术性能要求;
——修改了安全绳、自锁器、缓冲器等术语和定义;
——修改了安全带的分类;
——删除了材料、使用保管、运输和储存章节;
——增加了附录 A;
——增加了附录 B;
——增加了附录 C。

本标准附录 A、附录 B 为资料性附录,附录 C 为规范性附录。

本标准由国家安全生产监督管理总局提出。

本标准由全国个体防护装备标准化技术委员会(SAC/TC 112)归口。

本标准负责起草单位:北京市劳动保护科学研究所。

本标准参加起草单位:斯博瑞安(中国)安全防护设备有限公司、泰州市华泰劳保用品有限公司、乐清市华东安全器材厂、江苏曼杰克有限公司。

本标准主要起草人:杨文芬、肖义庆、臧兰兰、陆冰、陈倬为、邓宝举、章康明、王俊本。

本标准所代替标准的历次版本发布情况为:
——GB 6095—1985。

1 范围

本标准规定了安全带的分类和标记、技术要求、检验规则及标识。

本标准适用于高处作业、攀登及悬吊作业中使用的安全带。

本标准适用于体重及负重之和不大于 100 kg 的使用者。

本标准不适用于体育运动、消防等用途的安全带。

2 规范性引用文件

下列文件中的条款通过本标准的引用而成为本标准的条款。凡是注日期的引用文件,其随后所有的修改单(不包括勘误的内容)或修订版均不适用于本标准,然而,鼓励根据本标准达成协议的各方研究是否可使用这些文件的最新版本。凡是不注日期的引用文件,其最新版本适用于本标准。

GB/T 6096—2009　安全带测试方法

3　术语和定义

下列术语和定义适用于本标准。

3.1

安全带　personal fall protection systems

防止高处作业人员发生坠落或发生坠落后将作业人员安全悬挂的个体防护装备。

注:安全带的一般组成见附录A。

3.2

围杆作业安全带　work positioning systems

通过围绕在固定构造物上的绳或带将人体绑定在固定构造物附近,使作业人员的双手可以进行其他操作的安全带。

注:示例图见附录A中图A.1。

3.3

区域限制安全带　restraint systems

用以限制作业人员的活动范围,避免其到达可能发生坠落区域的安全带。

注:示例图见附录A中图A.2。

3.4

坠落悬挂安全带　fall arrest systems

高处作业或登高人员发生坠落时,将作业人员安全悬挂的安全带。

注:坠落悬挂安全带示例图见附录A中图A.3。

3.5

安全绳　lanyard

在安全带中连接系带与挂点的绳(带、钢丝绳)。

注:安全绳一般起扩大或限制佩戴者活动范围、吸收冲击能量的作用。

3.6

缓冲器　energy absorber

串联在系带和挂点之间,发生坠落时吸收部分冲击能量、降低冲击力的部件。

3.7

速差自控器　retractable type fall arrester

收放式防坠器

安装在挂点上,装有可伸缩长度的绳(带、钢丝绳),串联在系带和挂点之间,在坠落发生时因速度变化引发制动作用的部件。

3.8

自锁器　guided type fall arrester

导向式防坠器

附着在导轨上、由坠落动作引发制动作用的部件。

注:该部件不一定有缓冲能力。

3.9

系带　harnesses

坠落时支撑和控制人体、分散冲击力,避免人体受到伤害的部件。

注:系带由织带、带扣及其他金属部件组成,一般有全身系带、单腰系带、半身系带。

3.10

主带　primary strap

系带中承受冲击力的带。

3.11

辅带　secondary strap

系带中不直接承受冲击力的带。

3.12

伸展长度　deploy distance

在坠落过程中,从悬挂点到安全带佩戴者的身体最低点(头或脚)的最大距离。

3.13

坠落距离　fall distance

从坠落起始点或作业面到安全带佩戴者的身体最低点(头或脚)的最大距离。

3.14

安全空间　safety space

位于作业面下方,不存在任何可能对坠落者造成碰撞伤害物体的立体空间。

3.15

锁止距离　locking distance

自锁器或速差自控器在动态负荷性能测试中,从启动到运动停止,自锁器在导轨上的运动距离或安全绳从速差自控器腔体伸出的距离。

3.16

调节扣　adjusting buckle

用于调节主带或辅带长度的零件。

3.17

扎紧扣　fastening buckles

带卡

用于将主带系紧或脱开的零件。

3.18

护腰带　comfort pad

同单腰带一起使用的宽带。

注:该部件起分散压力、提高舒适程度的作用。

3.19

连接器　connector

具有常闭活门的连接部件。

注:该部件用于将系带和绳或绳和挂点连接在一起。

2477

3.20

挂点装置 anchor device

连接安全带与固定构造物的装置。

注:该点强度应满足安全带的负荷要求。可以是固定装置或滑动装置。挂点装置不是安全带的组成部分,但同安全带的使用密切相关。

3.21

挂点 anchor point

连接安全带与固定构造物的固定点。

注:该点强度应满足安全带的负荷要求。该装置不是安全带的组成部分,但同安全带的使用密切相关。

3.22

导轨 anchor line

附着自锁器的柔性绳索或刚性滑道,自锁器在导轨上可滑动。发生坠落时自锁器可锁定在导轨上。

注:导轨不是安全带的组成部分,但同安全带的使用密切相关。

3.23

模拟人 torso test mass

安全带测试时使用的模拟人的躯干外形、重心的重物。

注:应符合 GB/T 6096—2009 附录 A、附录 B 的规定。

3.24

调节器 adjustment device

用于调整安全绳长短的部件。

4 安全带的分类和标记

4.1 分类

安全带按作业类别分为围杆作业安全带、区域限制安全带、坠落悬挂安全带,其构成见附录 A。

4.2 标记

安全带的标记由作业类别、产品性能两部分组成。

——作业类别:以字母 W 代表围杆作业安全带、以字母 Q 代表区域限制安全带、以字母 Z 代表坠落悬挂安全带;

——产品性能:以字母 Y 代表一般性能、以字母 J 代表抗静电性能、以字母 R 代表抗阻燃性能、以字母 F 代表抗腐蚀性能、以字母 T 代表适合特殊环境(各性能可组合)。

示例:围杆作业、一般安全带表示为"W-Y";区域限制、抗静电、抗腐蚀安全带表示为"Q-JF"。

5 技术要求

5.1 一般要求

5.1.1 总体结构

5.1.1.1 安全带与身体接触的一面不应有突出物,结构应平滑。

5.1.1.2 安全带不应使用回料或再生料,使用皮革不应有接缝。

5.1.1.3 安全带可同工作服合为一体,但不应封闭在衬里内,以便穿脱时检查和调整。

5.1.1.4 安全带按 GB/T 6096—2009 中 4.1 规定的方法进行模拟人穿戴测试,腋下、大腿内侧不应有绳、带以外的物品,不应有任何部件压迫喉部、外生殖器。

5.1.1.5 坠落悬挂安全带的安全绳同主带的连接点应固定于佩戴者的后背、后腰或胸前,不应位于腋下、腰侧或腹部。

5.1.1.6 旧产品应按 GB/T 6096—2009 中 4.2 规定的方法进行静态负荷测试,当主带或安全绳的破坏负荷低于 15 kN 时,该批安全带应报废或更换相应部件。

5.1.1.7 围杆作业安全带、区域限制安全带、坠落悬挂安全带当分别满足 5.2 时可组合使用,各部件应相互浮动并有明显标志;如果共用同一具系带应满足 5.2.3 的要求。

5.1.1.8 坠落悬挂安全带应带有一个足以装下连接器及安全绳的口袋。

5.1.2 零部件

5.1.2.1 金属零件应浸塑或电镀以防锈蚀。

5.1.2.2 调节扣不应划伤带子,可以使用滚花的零部件。

5.1.2.3 所有零部件应顺滑,无材料或制造缺陷,无尖角或锋利边缘。8 字环、品字环不应有尖角、倒角,几何面之间应采用 R4 以上圆角过渡。

5.1.2.4 金属环类零件不应使用焊接件,不应留有开口。

5.1.2.5 连接器的活门应有保险功能,应在两个明确的动作下才能打开。

5.1.2.6 金属零件按 GB/T 6096—2009 中 4.3 规定的方法进行盐雾试验,应无红锈,或其他明显可见的腐蚀痕迹,但允许有白斑。

5.1.2.7 在爆炸危险场所使用的安全带,应对其金属件进行防爆处理。

5.1.3 织带与绳

5.1.3.1 主带扎紧扣应可靠,不能意外开启。

5.1.3.2 主带应是整根,不能有接头。宽度不应小于 40 mm。

5.1.3.3 辅带宽度不应小于 20 mm。

5.1.3.4 腰带应和护腰带同时使用。

5.1.3.5 安全绳(包括未展开的缓冲器)有效长度不应大于 2 m,有两根安全绳(包括未展开的缓冲器)的安全带,其单根有效长度不应大于 1.2 m。

5.1.3.6 安全绳编花部分可加护套,使用的材料不应同绳的材料产生化学反应,应尽可能透明。

5.1.3.7 护腰带整体硬挺度不应小于腰带的硬挺度,宽度不应小于 80 mm,长度不应小于 600 mm,接触腰的一面应有柔软、吸汗、透气的材料。

5.1.3.8 织带和绳的端头在缝纫或编花前应经燎烫处理,不应留有散丝。

5.1.3.9 织带折头连接应使用线缝,不应使用铆钉、胶粘、热合等工艺。

5.1.3.10 钢丝绳的端头在形成环眼前应使用铜焊或加金属帽(套)将散头收拢。

5.1.3.11 织带折头缝纫后及绳头编花后不应进行燎烫处理。

5.1.3.12 绳、织带和钢丝绳形成的环眼内应有塑料或金属支架。

5.1.3.13 禁止将安全绳用作悬吊绳。悬吊绳与安全绳禁止共用连接器。

5.1.3.14 所有绳在构造上和使用过程中不应打结。

5.1.3.15 每个可拍(飘)动的带头应有相应的带箍。

5.1.3.16 用于焊接、炉前、高粉尘浓度、强烈摩擦、割伤危害、静电危害、化学品伤害等场所的安全绳应加相应护套。

5.1.3.17 缝纫线应采用与织带无化学反应的材料,颜色与织带应有区别。

5.2 基本技术性能

5.2.1 围杆作业安全带

5.2.1.1 整体静态负荷

围杆作业安全带按 GB/T 6096—2009 中 4.4 规定的方法进行整体静态负荷测试,应满足下列要求:

a) 整体静拉力不应小于 4.5 kN。不应出现织带撕裂、开线、金属件碎裂、连接器开启、绳断、金属件塑性变形、模拟人滑脱等现象;
b) 安全带不应出现明显不对称滑移或不对称变形;
c) 模拟人的腋下、大腿内侧不应有金属件;
d) 不应有任何部件压迫模拟人的喉部、外生殖器;
e) 织带或绳在调节扣内的滑移不应大于 25 mm。

5.2.1.2 整体滑落

围杆作业安全带按 GB/T 6096—2009 中 4.5 规定的方法进行整体滑落测试,应满足下列要求:

a) 不应出现织带撕裂、开线、金属件碎裂、连接器开启、带扣松脱、绳断、模拟人滑脱等现象;
b) 安全带不应出现明显不对称滑移或不对称变形;
c) 模拟人悬吊在空中时,其腋下、大腿内侧不应有金属件;
d) 模拟人悬吊在空中时,不应有任何部件压迫模拟人的喉部、外生殖器;
e) 织带或绳在调节扣内的滑移不应大于 25 mm。

5.2.2 区域限制安全带

区域限制安全带按 GB/T 6096—2009 中 4.6 规定的方法进行整体静态负荷测试,应满足下列要求:

a) 整体静拉力不应小于 2 kN;
b) 不应出现织带撕裂、开线、金属件碎裂、连接器开启、绳断、金属件塑性变形等现象;
c) 安全带不应出现明显不对称滑移或不对称变形;
d) 模拟人的腋下、大腿内侧不应有金属件;
e) 不应有任何部件压迫模拟人的喉部、外生殖器。

5.2.3 坠落悬挂安全带

5.2.3.1 整体静态负荷

坠落悬挂安全带按 GB/T 6096—2009 中 4.7 规定的方法进行整体静态负荷测试,应满足下列要求:

a) 整体静拉力不应小于 15 kN;
b) 不应出现织带撕裂、开线、金属件碎裂、连接器开启、绳断、金属件塑性变形、模拟人滑脱、缓冲器(绳)断等现象;

c) 安全带不应出现明显不对称滑移或不对称变形;
d) 模拟人的腋下、大腿内侧不应有金属件;
e) 不应有任何部件压迫模拟人的喉部、外生殖器;
f) 织带或绳在调节扣内的滑移不应大于 25 mm。

5.2.3.2 整体动态负荷

坠落悬挂安全带及含自锁器、速差自控器、缓冲器的坠落悬挂安全带按 GB/T 6096—2009 中 4.8 规定的方法进行整体动态负荷测试,应满足下列要求:

a) 冲击作用力峰值不应大于 6 kN;
b) 伸展长度或坠落距离不应大于产品标识的数值;
c) 不应出现织带撕裂、开线、金属件碎裂、连接器开启、绳断、模拟人滑脱、缓冲器(绳)断等现象;
d) 坠落停止后,模拟人悬吊在空中时不应出现模拟人头朝下的现象;
e) 坠落停止后,安全带不应出现明显不对称滑移或不对称变形;
f) 坠落停止后,模拟人悬吊在空中时安全绳同主带的连接点应保持在模拟人的后背或后腰,不应滑动到腋下、腰侧;
g) 坠落停止后,模拟人悬吊在空中时模拟人的腋下、大腿内侧不应有金属件;
h) 坠落停止后,模拟人悬吊在空中时不应有任何部件压迫模拟人的喉部、外生殖器;
i) 坠落停止后,织带或绳在调节扣内的滑移不应大于 25 mm。

注:对于有多个连接点或多条安全绳的安全带,应分别对每个连接点和每条安全绳进行整体动态负荷测试。

5.2.4 零部件性能

5.2.4.1 静态负荷

安全带的零部件(见 GB/T 6096—2009 中表 1)应按 GB/T 6096—2009 中 4.9 规定的方法进行静态负荷测试,应满足下列要求:

零部件不应产生织带撕裂、环类零件开口、绳断股、连接器打开、带扣松脱、缝线迸裂、运动机构卡死等足以使零件失效的情况。

5.2.4.2 零部件动态负荷

坠落悬挂安全带零部件(包括系带、连接器、自锁器、速差自控器、安全绳及缓冲器)应按 GB/T 6096—2009 中 4.10 规定的方法进行动态负荷测试,应满足下列要求:

a) 零部件不应产生带撕裂、环类零件开口、绳断股、连接器打开、带扣松脱、缝线迸裂、运动机构卡死等足以使零件失效的情况;
b) 织带或绳在调节扣内的滑移不大于 25 mm。

5.2.4.3 零部件机械性能

安全带的缓冲器、连接器、自锁器、速差自控器及有运动机构、预设作用部件应按 GB/T 6096—2009 中 4.11~4.13 规定的方法或原则测试缓冲器的永久变形、缓冲器的意外打开作用力、速差自控器、自锁器自锁可靠性、预设作用部件启动条件测试,应满足以下要求:

a) 缓冲器意外打开作用力大于 2 kN;
b) 连接器自动机构无卡死、失效等情况;
c) 自锁器、速差自控器应保持灵敏度、无部件损坏、零件失效等情况;

d) 运动机构应保持初始运动幅度、力度，无明显失效情况；
e) 预设作用部件在未达到标识规定的指标时不应启动。

5.3 特殊技术性能

5.3.1 总则

5.3.1.1 产品标识声明的特殊性能仅适用于相应的特殊场所。

5.3.1.2 具有特殊性能的安全带在满足本节特殊性能时，还应具有本标准规定的一般要求和基本技术性能。

5.3.1.3 具有特殊性能的安全带不一定具有本节所列出的全部特殊性能或某种特定组合。

5.3.2 抗腐蚀性能

按 GB/T 6096—2009 中 4.15 规定的方法进行预处理后，按 5.2 规定的方法测试。可以针对某种特定化学品进行测试。

5.3.3 阻燃性能

按 GB/T 6096—2009 中 4.16 规定的方法进行测试，续燃时间不大于 5 s。

5.3.4 适合特殊环境

按 GB/T 6096—2009 中 4.17 规定的方法进行环境条件处理后，按 5.2 规定的方法测试。可以针对某种特定的环境进行测试。

6 检验规则

6.1 出厂检验

生产企业应按照生产批次对安全带逐批进行出厂检验。各测试项目、测试样本大小、不合格分类、判定数组见表1。

表 1 出厂检验

测试项目	批量范围/条	单项检验样本大小/条	不合格分类	单项判定数组	
				合格判定数	不合格判定数
整体静态负荷	小于 500	3	A	0	1
整体动态负荷 整体滑落测试 零部件静态负荷 零部件动态负荷 零部件机械性能	501～5 000	5		0	1

6.2 型式检验

有下列情况之一时需进行型式检验。

6.2.1 新产品鉴定或老产品转厂生产的试制定型鉴定。

6.2.2 当材料、工艺、结构设计发生变化时。

6.2.3 停产超过一年后恢复生产时。

6.2.4 周期检查，每年一次。

6.2.5 出厂检验结果与上次型式检验结果有较大差异时。

6.2.6 国家有关主管部门提出型式检验要求时。
6.2.7 样本由提出检验的单位或委托第三方从企业出厂检验合格的产品中随机抽取,样品数量以满足全部测试项目要求为原则。

7 标识

7.1 安全带的标识由永久标识和产品说明组成。

7.2 永久标识

7.2.1 永久性标志应缝制在主带上,内容应包括:
   a) 产品名称;
   b) 本标准号;
   c) 产品类别(围杆作业、区域限制或坠落悬挂);
   d) 制造厂名;
   e) 生产日期(年、月);
   f) 伸展长度;
   g) 产品的特殊技术性能(如果有);
   h) 可更换的零部件标识应符合相应标准的规定。

7.2.2 可以更换的系带应有下列永久标记:
   a) 产品名称及型号;
   b) 相应标准号;
   c) 产品类别(围杆作业、区域限制或坠落悬挂);
   d) 制造厂名;
   e) 生产日期(年、月)。

7.3 产品说明

每条安全带应配有一份说明书,随安全带到达佩戴者手中。其内容包括:
   a) 安全带的适用和不适用对象;
   b) 生产厂商的名称、地址、电话;
   c) 整体报废或更换零部件的条件或要求;
   d) 清洁、维护、贮存的方法;
   e) 穿戴方法;
   f) 日常检查的方法和部位;
   g) 安全带同挂点装置的连接方法(包括图示);
   h) 扎紧扣的使用方法或带在扎紧扣上的缠绕方式(包括图示);
   i) 系带扎紧程度;
   j) 首次破坏负荷测试时间及以后的检查频次;
   k) 声明"旧产品,当主带或安全绳的破坏负荷低于 15 kN 时,该批安全带应报废或更换部件";
   l) 根据安全带的伸展长度、工作现场的安全空间、挂点位置判定该安全带是否可用的方法;
   m) 本产品为合格品的声明。

附 录 A
（资料性附录）
安全带的分类与构成

A.1 安全带的分类

按照使用条件的不同,安全带分为围杆作业安全带、区域限制安全带、坠落悬挂安全带。

A.2 安全带的构成

安全带的一般组成见表 A.1。

表 A.1 安全带组成

分 类	部 件 组 成	挂点装置
围杆作业安全带	系带、连接器、调节器(调节扣)、围杆带(围杆绳)	杆(柱)
区域限制安全带	系带、连接器(可选)、安全绳、调节器、连接器	挂点
	系带、连接器(可选)、安全绳、调节器、连接器、滑车	导轨
坠落悬挂安全带	系带、连接器(可选)、缓冲器(可选)、安全绳、连接器	挂点
	系带、连接器(可选)、缓冲器(可选)、安全绳、连接器、自锁器	导轨
	系带、连接器(可选)、缓冲器(可选)、速差自控器、连接器	挂点

A.3 安全带的一般样式（见图 A.1～图 A.3）

图 A.1 围杆作业安全带示意图

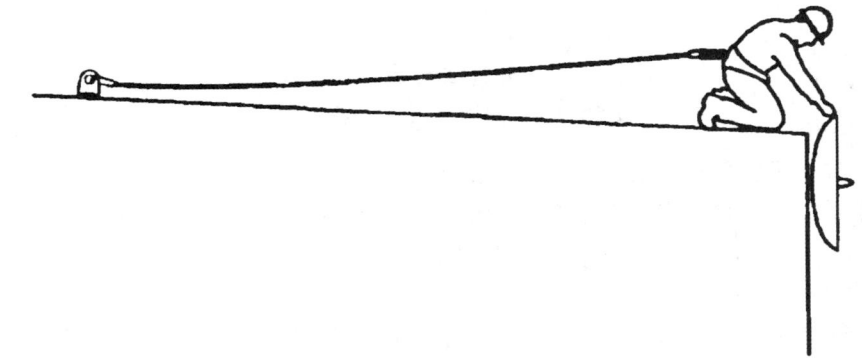

图 A.2 区域限制安全带示意图

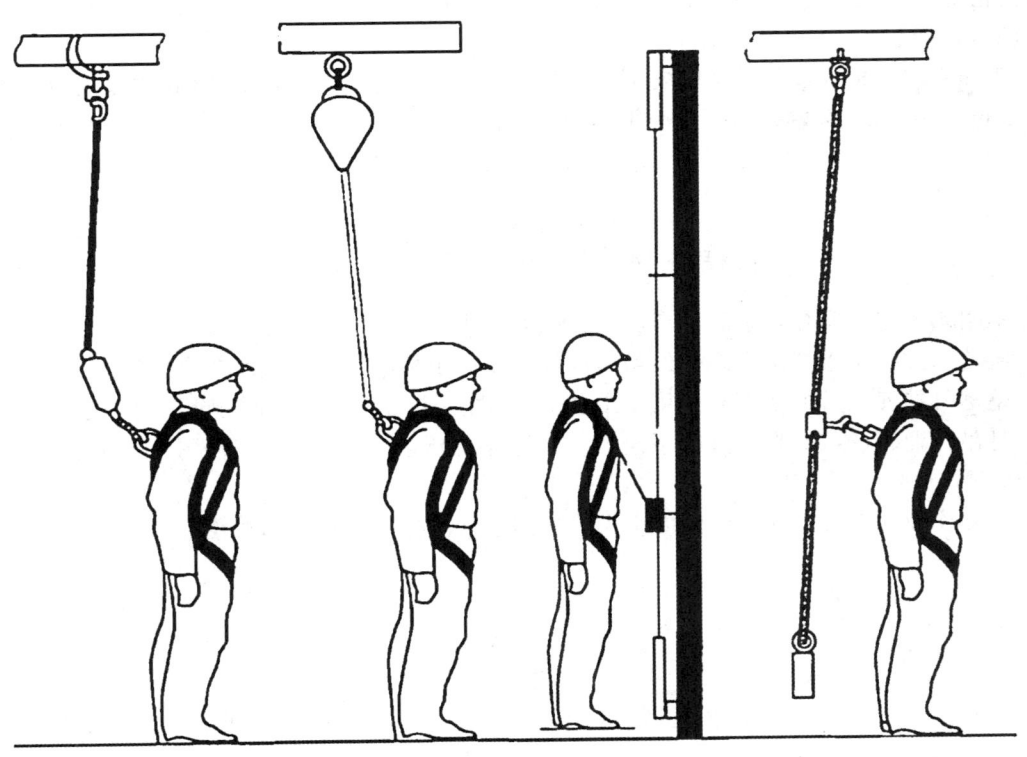

图 A.3 坠落悬挂安全带示意图

附 录 B
（资料性附录）
安全空间、伸展长度、坠落距离

B.1 本附录叙述了安全空间、伸展长度、坠落距离的确定和使用。

B.2 坠落距离同安全带挂点与佩戴者的相对位置密切相关。挂点与佩戴者的相对位置根据使用环境的不同可能是高挂、低挂或同人体平齐。发生坠落时，高挂对人体的威胁最小，低挂对人体的威胁最大。

B.3 安全空间体现工作场所的安全要素。一般为佩戴者下方的立体空间，在这个空间不存在任何物体会对坠落者造成碰撞伤害。最基本的安全空间是垂直方向的高度差，最理想的安全空间是以悬挂点为中心点，半径为伸展长度的半球空间。

B.4 伸展长度是安全带制造商提供的基本参数。安全带制造商应在最大负荷及最大坠落距离的情况下，通过试验取得伸展长度数据，并在产品标识中告知使用者，并作为售前、售后服务的基本参数。

B.5 工作中应根据伸展长度考察安全空间是否够用。以上三个数据的使用，应保证佩戴者在坠落过程中不发生碰撞，保证安全带起到悬挂作用。

附 录 C
（规范性附录）
悬吊作业、救援、非自主升降的说明

C.1 本附录规定了安全带在悬吊作业、救援、非自主升降中的作用及注意事项。

C.2 坠落悬挂安全带的全身系带经额外设计可以用于悬吊作业、救援、非自主升降。

C.3 坠落悬挂安全带的坠落防护用连接器、安全绳不应用于悬吊作业、救援、非自主升降。

C.4 悬吊作业、救援、非自主升降系统不应和连接器或安全绳共用全身系带的D形环（半圆环）。

C.5 围杆作业安全带和区域限制安全带不应用于悬吊作业、救援、非自主升降。

防护服装 化学防护服通用技术要求
（GB 24539—2009）

前 言

本标准全部技术内容为强制性。

本标准对应于 ISO 16602:2002《化学防护服 分类、标志及性能要求》（英文版）。

本标准与 ISO 16602:2002 的一致性程度为非等效，主要差异如下：
——修改原文中的前言和引言部分；
——修改规范性引用文件；
——修改原文中"3 术语和定义"部分；
——修改原文中化学防护服分类；
——修改原文中"5.4 气密性"和"5.5 向内泄露测试方法"；
——删除原文中"5.8 粉尘气溶胶向内泄露测试要求"；
——增加颗粒物防护服面料耐固体颗粒物穿透性能测试要求；
——删除原文中"5.11～5.18"；
——修改原文中"6.5 抗渗透性能"，"6.6 液体耐压穿透性能"中需要测试化学防护服种类和测试化学品数目的要求；
——修改原文中抗渗透性能标准透过时间测试终点判据为一种；
——增加颗粒物防护服耐静水压要求；
——删除原文中"6.16 阻燃要求"；
——增加耐高温、低温性能要求；
——删除原文中"7.6.3～7.6.5"；
——修改原文中"8 标识"为"7 标识"；
——删除原文中"9 使用指导"及"10 产品技术信息"。

本标准的附录 A、附录 B、附录 C、附录 D、附录 E、附录 F 和附录 G 为规范性附录。
本标准由国家安全生产监督管理总局提出。
本标准由全国个体防护装备标准化技术委员会归口并解释。
本标准起草单位：中国人民解放军防化研究院，中国安全生产科学研究院，杜邦中国集团有限公司，北京市劳动保护科学研究所，北京邦维高科特种纺织品有限责任公司。
本标准主要起草人：刘江歌、金郡潮、丁松涛、赵阳、李护彬、霍晓兵、杨光、李双会、房鹤、罗穆夏。

引 言

从业人员在作业场所及应急救援工作中可能接触有毒有害化学物质，从而对人体造成急性或慢性伤害。为了减少或隔绝此类伤害，相关人员应根据危害程度穿着不同类型和等级的化学防护服，同时佩带其他必需的个体防护装备。化学防护服的生产企业有责任根据本标准的指导对所生产的化学防护服产品进行测试、分类。由于本标准无法涵盖所有化学物质的数据,生产者有义务向使用者提供化学防护服对特定化学物质的防护性能数据。使用者有责任自行评估并选择合适的化学防护服装。

1 范围

本标准规定了化学防护服的分类、分级和标识,确立了化学防护服基本技术要求和试验方法。

本标准适用于从业人员在作业场所及应急救援工作中所需要的化学防护服。

本标准不适用于消防等场合使用的化学防护服。

本标准不专门提出手套、防护靴/鞋、防护面具、视窗、安全眼镜以及呼吸装置等个体防护装备的性能指标要求,除非该防护装备属于防护服整体的一部分,并提供相应的化学防护性能。

注:本标准所涉及的防护对象包括气态、液态、固态化学物质。本标准对化学防护服按其应用场合和防护对象进行了分类,并对各个级别防护服防护性能的基本要求及测试方法进行了规范。

2 规范性引用文件

下列文件中的条款通过本标准的引用而成为本标准的条款。凡是注日期的引用文件,其随后所有的修改单(不包括勘误的内容)或修订版均不适用于本标准,然而,鼓励根据本标准达成协议的各方研究是否可使用这些文件的最新版本。凡是不注日期的引用文件,其最新版本适用于本标准。

GB 2626—2006 呼吸防护用品 自吸过滤式防颗粒物呼吸器

GB/T 3820 纺织品和纺织制品厚度的测定(GB/T 3820—1997,eqv ISO 5084:1996)

GB/T 3917.3 纺织品 织物撕破性能 第3部分:梯形试样撕破强力的测定(GB/T 3917.3—1997,eqv ISO 9073-4:1989)

GB/T 3923.1 纺织品 织物拉伸性能 第1部分:断裂强力和断裂伸长率的测定 条样法(GB/T 3923.1—1997,neq ISO/DIS1 3934-1:1994)

GB/T 4669 纺织品 机织物 单位长度质量和单位面积质量的测定(GB/T 4669—2008,ISO 3801:1977,MOD)

GB/T 4744 纺织织物 抗渗水性测定 静水压试验(GB/T 4744—1997,eqv ISO 811:1981)

GB/T 12586—2003 橡胶或塑料涂覆织物 耐屈挠破坏性的测定(ISO 7854:1995,IDT)

GB/T 13773.1 纺织品 织物及其制品的接缝拉伸性能 第1部分:条样法接缝强力的测定(GB/T 13773.1—2008,ISO 13935-1:1999,IDT)

GB/T 20655 防护服装 机械性能 抗刺穿性的测定(GB/T 20655—2006,ISO 13996:1999,IDT)

GB/T 21196.2 纺织品 马丁代尔法织物耐磨性的测定 第2部分:试样破损的测定(GB/T 21196.2—2007,ISO 12947-2:1998,MOD)

GB/T 21294—2007 服装理化性能的检验方法

GB/T 23462 防护服装 化学物质渗透试验方法

3 术语和定义

下列术语和定义适用于本标准。

3.1
化学防护服 chemical protective clothing
用于防护化学物质对人体伤害的服装。
注：该服装可覆盖整个或绝大部分人体，至少可提供对躯干、手臂和腿部的防护。化学防护服允许是多件具有防护功能服装的组合，也可和其他的防护装备匹配使用。

3.2
全包覆式化学防护服 fully encapsulated clothing
可完全覆盖穿着者和呼吸装备并且能够提供气密和/或液密防护的服装。

3.3
非全包覆式化学防护服 non-encapsulated clothing
提供对绝大部分人体（至少包括躯干、手臂和腿部）防护的服装。无需覆盖穿着者使用的呼吸装备。包括分为连体式防护服和分体式防护服。

3.4
有限次使用化学防护服 limited use protective clothing
对服装面料强度和耐磨性要求较低，仅一次性使用或者在服装未受污染前有限次数使用的防护服。

3.5
多次性使用化学防护服 reusable protective clothing
对服装面料强度和耐磨性要求较高，在使用后进行必要的洗消处理并经过评估后依然可提供有效防护的防护服。

3.6
应急救援响应队伍 emergency response tram
ET
应急救援工作中作业人员所需要的化学防护服类型。

3.7
气密型化学防护服-ET gas-tight protective ensembles for emergency response team
应急救援工作中作业人员所需的带有头罩、视窗和手足部防护的，为穿着者提供对气态、液态和固态有毒有害化学物质防护的单件化学防护服类型。
注1：气密型化学防护服-ET应配置自给式呼吸器或长管式呼吸器。
注2：气密型化学防护服-ET应满足气密性检测的要求。

3.8
非气密型化学防护服-ET non-gas-tight protective ensembles for emergency response team
应急救援工作中作业人员所需要的，带有头罩、视窗、手部足部防护的，为穿着者提供对液态和固态有毒有害化学物质防护的单件化学防护服类型。
注：非气密型化学防护服-ET应配置自给式呼吸器或长管式呼吸器。

3.9

液密型化学防护服　liquid tight protective clothing

防护液态化学物质的防护服。

3.10

喷射液密型化学防护服　liquid jet tight protective clothing

防护具有较高压力液态化学物质的防护服。

3.11

泼溅液密型化学防护服　liquid spray tight protective clothing

防护具有较低压力或者无压力液态化学物质的防护服。

3.12

颗粒物防护服　particle tight protective clothing

防护散布在作业场所环境中颗粒物的防护服。

3.13

面料　material

提供防护性能的化学防护服单层材料或多层材料的组合。

3.14

渗透　permeation

化学物质分子透过防护材料的过程,即化学物质分子被材料吸附、在材料内的扩散以及从材料另一面析出过程。

3.15

穿透　penetration

化学物质通过多孔的材料、接缝、针孔或者其他瑕疵透过防护材料的过程。

3.16

标准沾污面积　calibrated stain

将一定量的特定测试溶液滴到测试用指示服表面所形成的最小显色面积。

4 分类和代号

根据防护对象和整体防护性能按表1分类。

表 1　分类及代号

化学防护服分类	气密型化学防护服-ET	非气密型化学防护服-ET	液密型化学防护服			颗粒物防护服
			喷射液密型化学防护服	喷射液密型化学防护服-ET	泼溅液密型化学防护服	
类别代号	1-ET	2-ET	3a	3a-ET	3b	4

5 技术要求

5.1 总则

5.1.1 化学防护服所采用的材料和其他组成部分的材料应无皮肤刺激性或其他有害健康

的效应。

5.1.2 化学防护服应在保证防护性的前提下充分考虑化学防护服舒适性。应在充分考虑和考核材料透气性、湿热阻等性能的基础上来评价面料的舒适性,在保证材料强度和化学防护服防护性能的前提下,尽量采用单位面积质量小的材料。

5.1.3 化学防护服结构设计应充分考虑与其他必要个体防护装备的兼容性和配套性。

5.2 设计要求

5.2.1 气密型化学防护服-ET

气密型化学防护服设计应：

a) 采用全包覆式化学防护服设计,即能够提供对穿着者躯干、头部、眼面部、手臂、手部、腿部和脚的整体防护;

b) 通过自携式或其他外部供气装置给人员提供呼吸用清洁气源;

c) 安装 2 个以上单向排气阀,要求从化学防护服内部向环境排气时,能完全阻止外部气体逆向流入;

d) 在眼面部设计具有化学防护功能的透明视窗,以满足穿着人员的观察需求;

e) 允许在化学防护服装外面另行穿着/佩戴防护服、防护手套和/或防护靴/鞋,以满足化学防护服所有性能要求。所有组合的各部分及其各层材料应视为化学防护服整体进行测试。

5.2.2 非气密型化学防护服-ET

非气密型化学防护服-ET 设计应：

a) 至少能提供对穿着者躯干、头部、眼面部、手臂和腿部的防护,也可采用全包覆式化学防护服设计;

b) 允许通过另外佩戴化学防护手套和/或化学防护靴/鞋为手部和脚部提供化学防护。化学防护手套提供的防护范围应在手腕部以上 25 mm,化学防护靴/鞋提供的防护范围应大于鞋底以上 200 mm;

c) 通过自给式或其他外部供气装置给人员提供呼吸用清洁气源;

d) 在眼面部设计具有化学防护功能的透明视窗,以满足穿着人员观察的需求;

e) 允许通过在化学防护服外面另行穿着/佩戴防护服、防护手套和/或防护靴/鞋以满足化学防护服所有性能要求。所有组合的各部分及其各层材料应视为化学防护服整体进行测试。

5.2.3 喷射液密型化学防护服和喷射液密型化学防护服-ET

喷射液密型化学防护服和喷射液密型化学防护服-ET 设计应：

a) 应至少提供对穿着者躯干、头部、手臂和腿部的防护;

b) 化学防护服面料应满足化学物质穿透和渗透性能要求;

c) 化学防护服应通过液密喷射试验。

5.2.4 泼溅液密型化学防护服

泼溅液密型化学防护服设计应：

a) 应至少提供对穿着者躯干、头部、手臂和腿部的防护;

b) 化学防护服面料应满足化学物质穿透和渗透性能要求;

c) 化学防护服应通过液密泼溅试验。

5.2.5 颗粒物防护服

颗粒物防护服设计应:

a) 应至少提供对穿着者躯干、头部、手臂和腿部的防护;
b) 防护服面料应满足防止颗粒物穿透的要求。

5.3 性能要求

5.3.1 总则

5.3.1.1 所有化学防护服的服装及其面料应按表2中所列项目评估。

5.3.1.2 作为气密型化学防护服-ET和非气密型化学防护服-ET整体防护一部分的化学防护手套、化学防护视窗和化学防护靴/鞋,若提供化学防护的材料和防护服面料不同,应按表3中所列项目评估。

5.3.1.3 化学防护服接缝性能应按表4中所列项目评估。

注:若无特别说明,所有测试项目的性能指标应不低于1级。对于某些化学防护服的某些项目的性能要求高于1级的,以该项目下性能要求的级别为准。

表2 整体性能及面料评估项目

性能	测试项目	化学防护服类别					
		气密型化学防护服-ET	非气密型化学防护服-ET	液密型化学防护服			颗粒物防护服
				喷射液密型化学防护服	喷射液密型化学防护服-ET	泼溅液密型化学防护服	
类别代号		1-ET	2-ET	3a	3a-ET	3b	4
化学防护服整体防护性能	气密性	√					
	液体泄漏性能	√	√				
	液密喷射			√	√		
	液密泼溅			√	√	√	
面料化学防护性能	渗透性能	√	√	√	√		
	液体耐压穿透性能	√	√	√	√		
	拒液性能					√	
	耐静水压性能						√
	耐固体颗粒物穿透性能						√

表 2（续）

性能	测试项目	化学防护服类别					
		气密型化学防护服-ET	非气密型化学防护服-ET	液密型化学防护服			颗粒物防护服
				喷射液密型化学防护服	喷射液密型化学防护服-ET	泼溅液密型化学防护服	
面料物理防护性能	耐磨损性能	√	√	√	√	√	√
	耐屈挠破坏性能	√	√	√	√	√	√
	撕破强力	√	√	√	√	√	√
	断裂强力	√	√	√	√	√	√
	抗刺穿性能	√	√	√	√	√	√
	耐低温耐高温性能	√	√	√	√	√	√

表 3　防护视窗、化学防护手套和化学防护靴/鞋材料评估项目

性能	性能测试项目	化学防护服类别					
		气密型化学防护服-ET	非气密型化学防护服-ET	液密型化学防护服			颗粒物防护服
				喷射液密型化学防护服	喷射液密型化学防护服-ET	泼溅液密型化学防护服	
类别代号		1-ET	2-ET	3a	3a-ET	3b	4
化学防护视窗	渗透性能	√	√				
	抗刺穿性能	√	√				
化学防护手套	渗透性能	√	√				
	液体耐压穿透性能	√	√				
化学防护靴/鞋	渗透性能	√	√				
	液体耐压穿透性能	√	√				

表 4 接缝性能评估项目

性能	性能测试项目	化学防护服类别					
		气密型化学防护服-ET	非气密型化学防护服-ET	液密型化学防护服			颗粒物防护服
				喷射液密型化学防护服	喷射液密型化学防护服-ET	泼溅液密型化学防护服	
类别代号		1-ET	2-ET	3a	3a-ET	3b	4
接缝性能	渗透性能	√	√	√	√		
	液体耐压穿透性能	√	√	√	√	√	
	接缝强力	√	√	√	√	√	√

5.3.2 整体防护性能

5.3.2.1 整体气密性

按 6.1 的规定，进行气密型化学防护服-ET 整体气密性测试。测试结束时，化学防护服内压力应不低于测试压力的 80%。

5.3.2.2 液体泄漏性能

按 6.2 的规定，进行气密型化学防护服-ET 和非气密型化学防护服-ET 的整体液体泄漏性能测试。气密型化学防护服经测试溶液喷射 1 h 后应无渗漏；非气密型化学防护服-ET 经测试溶液喷射 20 min 后应无渗漏。

5.3.2.3 液密喷射

按 6.3 的规定，进行喷射液密型化学防护服和喷射液密型化学防护服-ET 整体液密喷射性能测试，指示服上穿透液体形成的沾污面积应小于 3 倍的标准沾污面积。

5.3.2.4 液密泼溅

按 6.4 的规定，进行喷射液密型化学防护服、喷射液密型化学防护服-ET 和泼溅液密型化学防护服整体液密泼溅性能测试，指示服上穿透液体形成的沾污面积应小于 3 倍的标准沾污面积。

5.3.3 面料的化学防护性能

5.3.3.1 渗透性能

按 6.5 的规定，选择表 5 所列化学物质进行渗透性能测试。根据化学物质对面料的标准透过时间测试结果的最小值按表 6 分级、标识。具体要求如下：

a) 气密型化学防护服-ET 应至少选择表 5 中 15 种化学物质进行测试，渗透性能应不低于 3 级；

b) 非气密型化学防护服-ET 的面料应至少选择表 5 中 12 种液态化学物质进行测试，渗透性能应不低于 3 级；

c) 喷射液密型化学防护服和喷射液密型化学防护服-ET 的面料应至少选择表 5 中 1 种液态化学物质进行测试，渗透性能应不低于 3 级；

d) 泼溅液密型化学防护服的面料应至少选择表5中1种液态化学物质进行测试,渗透性能应不低于1级;
e) 除要求测试的化学物质外,生产商应提供化学防护服所标明防护的化学物质的渗透性能数据。

表5 渗透性能测试用化学物质

	化学物质		CAS	物理状态
1	丙酮	Acetone	67-64-1	液态
2	乙腈	Acetonitrile	75-05-8	液态
3	二硫化碳	Carbon disulfide	75-15-0	液态
4	二氯甲烷	Dichloromethane	75-09-02	液态
5	二乙胺	Diethylamine	109-89-7	液态
6	乙酸乙酯	EThyl acetate	141-78-6	液态
7	正己烷	n-Hexane	110-54-3	液态
8	甲醇	Methanol	67-56-1	液态
9	氢氧化钠(质量分数30%)	Sodium hydroxide,30%	1310-73-2	液态
10	硫酸(质量分数96%)	Sulfuric acid,96%	7664-93-9	液态
11	四氢呋喃	Tetrahydrofuran	109-99-9	液态
12	甲苯	Toluene	108-88-3	液态
13	氨气(体积分数99.9%)	Ammonia gas	7664-41-7	气态
14	氯气(体积分数99.5%)	Chlorine gas	7782-50-5	气态
15	氯化氢	Hydrogen chloride gas	7647-01-0	气态

表6 渗透性能分级

级别	标准透过时间/min
1	>10
2	>30
3	>60
4	>120
5	>240
6	>480

5.3.3.2 液体耐压穿透性能

按6.6的规定,气密型化学防护服-ET、非气密型化学防护服-ET、喷射液密型化学防护服-ET和喷射液密型化学防护服面料应至少选择表5所列的3种化学物质进行液体耐压穿透性能测试。根据液体穿透压力测试结果最低值按表7分级;面料的耐压穿透性能应不低于 1 级。

表 7 液体耐压穿透性能分级

级别	液体穿透压力值/kPa
1	≥3.5
2	≥7
3	≥14
4	≥21
5	≥28
6	≥35

5.3.3.3 拒液性能

按 6.7 的规定，进行泼溅液密型化学防护服面料拒液性能测试。应至少选择表 8 中 1 种化学物质进行拒液性能测试。根据其拒液指数和穿透指数测试结果最小值，按表 9 分级、标识；面料拒液性能应不低于 1 级。

表 8 拒液性能测试用化学物质

化学物质	浓度
硫酸	30%（质量分数）
氢氧化钠	10%（质量分数）
正丁醇	分析纯
二甲苯	分析纯

表 9 拒液和液体穿透性能分级

级别	拒液指数	穿透指数
1	≥80%	≤10%
2	≥90%	≤5%
3	≥95%	≤1%

5.3.3.4 耐静水压性能

颗粒物防护服的耐静水压性能要求如下：

a) 按 6.8 的规定，进行颗粒物防护服面料耐静水压性能测试。根据耐静水压测试结果最低值按表 10 分级、标识，面料耐静水压性能应不低于 1 级；

b) 按照 GB/T 21196.2 的规定对颗粒物防护服的面料预处理；磨料采用标准羊毛布，压力为 9 kPa，样品经过 100 次循环摩擦处理后，按 6.8 的规定进行耐静水压性能测试，耐静水压下降应不大于 50%。

表 10 耐静水压性能分级

级别	静水压/kPa
1	>1.0
2	>2.0
3	>5.0
4	>10.0
5	>20.0
6	>50.0

5.3.3.5 耐固体颗粒物穿透性能

按 6.9 的规定,进行颗粒物防护服面料耐固体颗粒物穿透性能测试。面料对非油性颗粒物的过滤效率应不小于 70%。

5.3.4 面料的物理防护性能

5.3.4.1 耐磨损性能

按 6.10 的规定,进行面料耐磨损性能测试。测试压力 9 kPa,根据面料损坏所需循环次数测试结果按照表 11 分级、标识。面料的耐磨损性能要求如下:
a) 气密型化学防护服-ET、非气密型化学防护服-ET、喷射液密型化学防护服和喷射液密型化学防护服-ET,耐磨损性能应不低于 3 级;
b) 泼溅液密型化学防护服、颗粒物防护服,耐磨损性能应不低于 1 级。

表 11 耐磨损性能分级

级别	产生损坏所需循环次数
1	>10
2	>100
3	>500
4	>1 000
5	>1 500
6	>2 000

5.3.4.2 耐屈挠破坏性能

按 6.11 的规定,进行面料耐屈挠破坏性能测试。根据屈挠破坏循环次数测试结果平均值按表 12 分级、标识。面料的耐屈挠破坏性能要求如下:
a) 多次性使用的气密型和非气密型化学防护服-ET 面料耐屈挠破坏性能均应不低于 4 级;
b) 其他类别化学防护服面料耐屈挠破坏性能应不低于 1 级。

表 12 耐屈挠破坏性能分级

级别	循环次数
1	>1 000
2	>2 500
3	>5 000
4	>15 000
5	>40 000
6	>100 000

5.3.4.3 撕破强力

按 6.12 的规定,进行面料撕破强力测试。根据面料撕破强力测试结果最小值按表 13 分级、标识。面料的撕破强力要求如下:

a) 气密型化学防护服-ET 和非气密型化学防护服-ET,面料撕破强力应不低于 3 级;

b) 喷射液密型化学防护服、喷射液密型化学防护服-ET、泼溅液密型化学防护服、颗粒物防护服,面料撕破强力应不低于 1 级。

表 13 撕破强力分级

级别	撕破强力/N
1	>10
2	>20
3	>40
4	>60
5	>100
6	>150

5.3.4.4 断裂强力

按 6.13 的规定,进行面料化学防护服面料的断裂强力测试。根据面料测试结果断裂强力的平均值按表 14 分级、标识。面料的断裂强力要求如下:

a) 有限次使用的气密型化学防护服-ET 和非气密型化学防护服-ET,面料断裂强力应不低于 3 级;

b) 多次性使用的气密型化学防护服-ET 和非气密型化学防护服-ET,面料断裂强力应不低于 4 级;

c) 喷射液密型化学防护服、喷射液密型化学防护服-ET、泼溅液密型化学防护服、颗粒物防护服,面料断裂强力应不低于 1 级。

表 14 断裂强力分级

级别	断裂强力/N
1	30
2	60
3	100
4	250
5	500
6	1 000

5.3.4.5 抗刺穿性能

按 6.14 的规定,进行面料抗刺穿性能规定测试。根据面料抗刺穿强力测试结果平均值按表 15 分级、标识。面料的抗刺穿性能要求如下：
a) 气密型化学防护服-ET,面料抗刺穿强力应不低于 3 级；
b) 非气密型化学防护服-ET,面料抗刺穿强力应不低于 2 级；
c) 喷射液密型化学防护服、喷射液密型化学防护服-ET、泼溅液密型化学防护服、颗粒物防护服,面料抗刺穿强力应不低于 1 级。

表 15 抗刺穿性能分级

级别	抗刺穿强力/N
1	>5
2	>10
3	>50
4	>100
5	>150
6	>250

5.3.4.6 耐高温耐低温性能

按 6.15 规定,面料经过 70 ℃ 或 −40 ℃ 预处理 8 h 后,面料断裂强力下降应不大于 30%。

5.3.5 防护视窗、化学防护手套和化学防护靴/鞋材料性能要求

5.3.5.1 防护视窗

5.3.5.1.1 渗透性能

视窗材料渗透性能的测试、分级应符合 5.3.3.1 的要求。

气密型化学防护服-ET 的视窗材料应至少选择表 5 中 15 种化学物质进行测试,渗透性能应不低于 3 级；非气密型化学防护服-ET 的视窗材料应至少选择表 5 中 12 种液态化学物质进行测试,渗透性能应不低于 3 级。

5.3.5.1.2 抗刺穿性能

视窗材料抗刺穿性能的测试、分级应符合 5.3.4.5 的要求。

气密型化学防护服-ET 的视窗材料的抗刺穿性能应不低于 3 级;非气密型化学防护服-ET 的视窗材料的抗刺穿性能应不低于 2 级。

5.3.5.2 化学防护手套、化学防护靴/鞋

5.3.5.2.1 化学防护手套、化学防护靴/鞋材料的渗透性能

防护手套和防护靴/鞋材料的渗透性能的测试、分级应符合 5.3.3.1 的要求。

气密型化学防护服-ET 的防护手套、防护鞋/靴材料,应选择表 5 中 15 种化学物质进行测试,渗透性能应不低于 3 级;非气密型化学防护服-ET 的防护手套、防护鞋/靴材料,应选择表 5 中 12 种液态化学物质进行测试,渗透性能应不低于 3 级。

5.3.5.2.2 化学防护手套、化学防护靴/鞋材料的液体耐压穿透性能

防护手套、防护靴/鞋材料的液体耐压穿透性能的测试、分级应符合 5.3.3.2 的要求。

气密型化学防护服-ET 和非气密型化学防护服-ET 的化学防护手套材料和化学防护靴/鞋材料,应选择表 5 中 3 种液态化学物质进行测试,液体耐压穿透性能应不低于 1 级。

5.3.6 接缝性能的要求

5.3.6.1 渗透性能

化学防护服接缝渗透性能的测试、分级应符合 5.3.3.1 的要求。

气密型化学防护服-ET 的接缝,应选择表 5 中 15 种化学物质进行测试,渗透性能应不低于 3 级;非气密型化学防护服-ET 的接缝,应选择表 5 中 12 种液态化学物质进行测试,渗透性能应不低于 3 级;喷射液密型化学防护服-ET 的接缝,应至少选择表 5 中 1 种液态化学物质进行测试,渗透性能应不低于 3 级。

5.3.6.2 液体耐压穿透性能

防护接缝液体耐压穿透性能的测试、分级应符合 5.3.3.2 的要求。

气密型化学防护服-ET、非气密型化学防护服-ET 的接缝,应至少选择表 5 中 3 种液态化学物质进行测试,液体耐压穿透性能应不低于 1 级;喷射液密型化学防护服、喷射液密型化学防护服-ET 和泼溅液密型化学防护服应至少选择表 5 中 1 种液态化学物质进行测试,液体耐压穿透性能应不低于 1 级。

5.3.6.3 接缝强力

按 6.16 的规定,进行化学防护服接缝强力测试,并按表 16 进行分级。

气密型化学防护服-ET 和非气密型化学防护服-ET,接缝强力应不低于 5 级。喷射液密型化学防护服、喷射液密型化学防护服-ET、泼溅液密型化学防护服、颗粒物防护服,接缝强力应不低于 1 级。

表 16 接缝强力分级

级别	接缝强力/N
1	>30
2	>50
3	>75
4	>125
5	>300
6	>500

6 试验方法

6.1 整体气密性测试
按附录 A 的规定进行。

6.2 液体泄漏性能测试
按附录 B 的规定进行。

6.3 液密喷射性能测试
按附录 C 方法 1 的规定进行。

6.4 液密泼溅性能测试
按附录 C 方法 2 的规定进行。

6.5 渗透性能测试
按 GB/T 23462 的规定进行。

6.6 液体耐压穿透性能测试
按附录 D 的规定进行。

6.7 拒液性能测试
按附录 E 的规定进行。

6.8 耐静水压性能测试
按 GB/T 4744 的规定进行。

6.9 耐固体颗粒物穿透性能测试
对于不透气材料,不进行该项测试;对于透气材料,参照 GB 2626—2006 的 6.3 中 NaCl 颗粒物过滤效率检测方法进行测试,其中检测流量修改为 (15 ± 2) L/min。

6.10 耐磨损性能测试
按 GB/T 21196.2 的规定进行,砂纸要求参见附录 F。

6.11 耐屈挠破坏性能的测定
按 GB/T 12586—2003 的第 4 章方法 B 的规定进行。

6.12 撕破强力测试
按 GB/T 3917.3 的规定进行。

6.13 断裂强力测试
按 GB/T 3923.1 条样法的规定进行。

6.14 抗刺穿性能测试
按 GB/T 20655 的规定进行。

6.15 耐低温耐高温性能测试
将试样按附录 G 的规定处理 8 h 之后,在 5 min 之内按 GB/T 3923.1 的规定完成断裂强力测试,经纬向各取 5 个试样,以测试结果的平均值作为试样该方向的最终测试结果。

按式(1)计算材料经过低温或高温处理后,断裂强力的下降率,精确到小数点后一位。

$$R = \frac{F_0 - F_1}{F_0} \times 100\% \quad\quad\quad\quad\quad\quad (1)$$

式中:
R ——经低温或高温处理后断裂强力的下降率,%;

F_0——未经低温或高温处理的面料经向或纬向断裂强力平均值,单位为牛(N);

F_1——经低温或高温处理的面料经向或纬向断裂强力平均值,单位为牛(N)。

6.16 接缝强力测试

按 GB/T 13773.1 的规定进行,取样部位符合 GB/T 21294—2007 中 5.1 的要求。

7 标识

7.1 永久标识

化学防护服上应有产品名称、产品类别代号、生产日期、制造厂名、号型规格、表 5 中的测试物质的级别。

7.2 合格证

合格证内容应至少包括产品名称、生产日期、号型规格、厂名和厂址。

7.3 包装

化学防护服及其独立的外包装上,应有产品名称、商标、产品类别代号、号型规格。

7.4 说明书

化学防护服的独立包装中均应有产品说明书,产品说明书应至少包括:
a) 使用限制;
b) 产品类型和主要性能级别,应包括测试化学物质渗透性能数据;
c) 号型;
d) 有效期;
e) 使用前检查程序;
f) 保养和维护信息;
g) 失效和弃置建议。

附 录 A
(规范性附录)
气密型化学防护服气密性测试方法

A.1 范围

本附录规定了气密型化学防护服整体气密性的测试方法。

A.2 原理

对气密性化学防护服充气后,经过一定时间后通过检查服装内压力的下降情况,判定其气密性。

A.3 测试装置

A.3.1 气密性测试装置及连接示意图,如图 A.1 所示,包括:
a) 气泵,最大压力不小于 100 kPa;
b) 压缩空气胶管;
c) 压力表,精度为 10 Pa,分辨率 1 Pa。

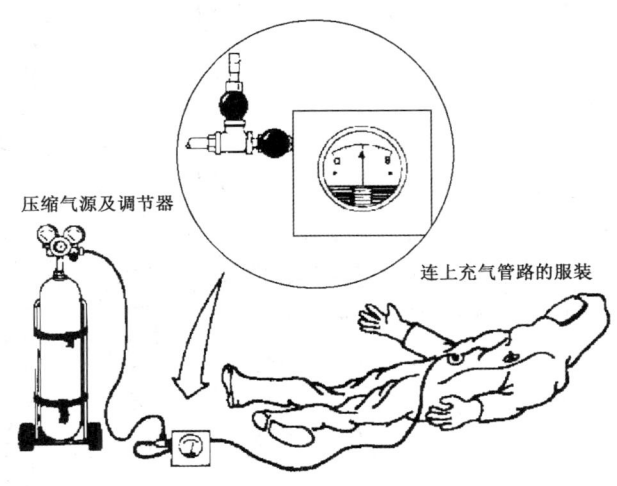

图 A.1 气密性测试设备及连接示意图

A.3.2 排气阀密封塞或密封胶带。
A.3.3 肥皂溶液和软刷。
A.3.4 计时器,精度为 0.1 s。
A.3.5 温度计,精度为 1 ℃。

A.4 测试程序

A.4.1 测试区域应避开温度、气流影响;测试过程中的温度变化不应超过±3 ℃。
A.4.2 测试前检查化学防护服,确认接缝、通气管道、配件、面屏、拉链和阀门完好。
A.4.3 将排气阀、进气口和排气口密封;密封过程应保证不损坏气密型化学防护服部件。
A.4.4 关闭拉链门襟等所有闭合件。
A.4.5 测试前应核查测试系统的气密性。
A.4.6 按图 A.1 连接压力测试装置和气密型化学防护服。
A.4.7 按图 A.2 所示的方法通过气泵为化学防护服充气至充气压 A,充气压 A 不低于 1.29 kPa。关闭气泵与化学防护服相连的管道。充压状态至少保持 1 min,以使气密型化学防护服充分展开。
A.4.8 泄压到测试压 B 开始计时,4 min 后,记下最终压力 C。计算测试压 B 和最终压力 C 的差值,即 B−C 作为压力下降值,测试压 B 应不低于 1.02 kPa。
A.4.9 4 min 内压力下降值大于 B 的 20%,即判定此气密型化学防护服不合格,不能正常使用。
A.4.10 泄露部位检查。对检验不合格的化学防护服应检查泄露部位。充压到充气压 A,用肥皂水溶液涂刷整个气密型化学防护服,包括接缝、密封处、视窗、手套袖子连接处等。出现气泡的部位即为泄漏部位。

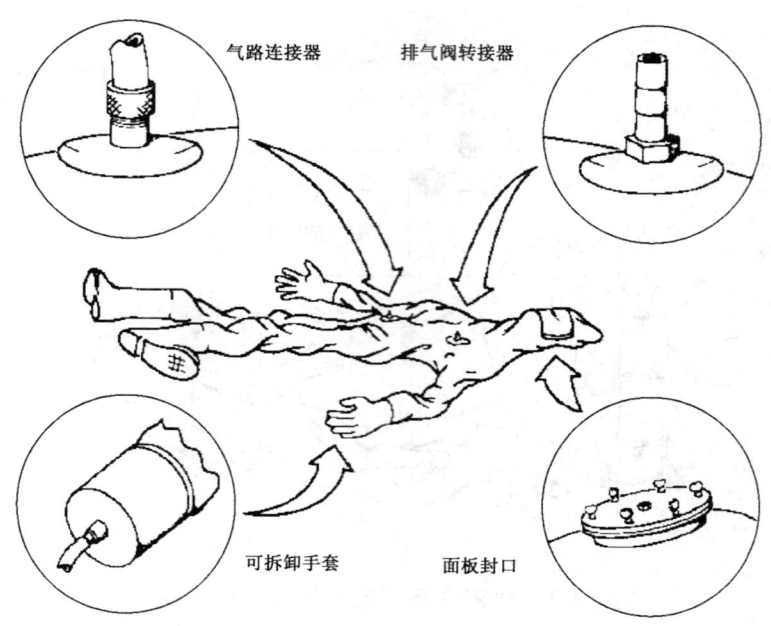

图 A.2 测试服充气示意图

A.5 测试报告

测试报告应包括以下信息:
a) 声明气密型化学防护服是按照附录 A 进行测试的;
b) 所用测试设备的生产商/型号以及压力表的性能;
c) 测试环境条件;
d) 样品规格型号等;
e) 记录下 A、B 和 C 对应的压力值及观测时间,如果最终压力 C 小于 B 的 80%,则表示气密型化学防护服不合格;
f) 每一个样品给出"合格"或"不合格"的结果;
g) 与本附录不符合的说明,以及测试人员认为应说明的其他问题;
h) 测试人员及测试日期。

附 录 B
(规范性附录)
化学防护服液体穿透性能测试方法

B.1 范围

本附录规定了使用人体模型喷淋法测试化学防护服液体穿透性能的方法。

B.2 原理

将被测化学防护服穿于人体模型上,连续喷射测试溶液,根据试样内吸水性指示服上沾污,判定试样的抗液体穿透性能。

B.3 测试溶液

把水溶性的荧光或普通染料和表面活性剂溶于水,配制成表面张力为(0.032 ± 0.002)N/m的溶液。

B.4 仪器和设备

B.4.1 人体模型

人体模型应具有防水外层。人体模型的手臂和腿部必须伸直,手臂在身体的两侧。

B.4.2 吸水性指示服

吸水性指示服应覆盖在人体模型上,以观察液体的穿透现象。吸水性指示服应易于辨别沾污。

B.4.3 喷淋系统

喷淋系统由五个低流量喷嘴和一个供水装置组成,五个喷嘴相对人体模型的朝向如图B.1所示,喷嘴应符合图B.2所示的规格。供水装置应保证每个喷嘴(3.0 ± 0.2)L/min的流量。

单位为毫米

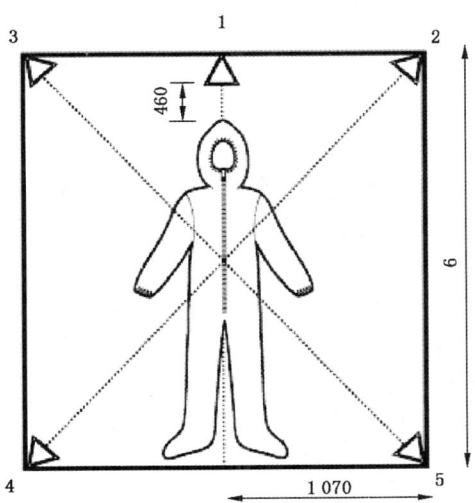

1——喷嘴位置1位于套装顶部正上方460 mm处;
2——喷嘴位置2在顶角处;
3——喷嘴位置3在对面顶角处;
4——喷嘴位置4在底角处;
5——喷嘴位置5在对面底角处;
6——装置总高度为服装高度加460 mm。

图 B.1 喷嘴位置(前视图)

单位为毫米

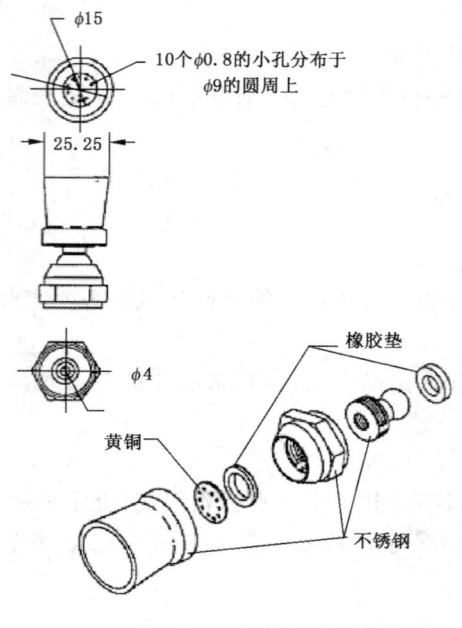

图 B.2 喷嘴结构

B.4.4 计时器

精度为 1 s。

B.5 样品准备

将化学防护服不要测试的部位进行封闭,防止液体从这些部位穿透。例如,当防护套装没有手套时,应用拒水胶带或者其他密封剂封紧袖口。

B.6 测试程序

B.6.1 测试前,检查吸水性指示服和化学防护服(及其他要测试的部件),确保其完全干燥。

B.6.2 把吸水性指示服穿到人体模型上。

B.6.3 把化学防护服穿到已穿上吸水性指示服的人体模型上,并把其他的部件安装到人体模型上。闭合所有闭合件。

B.6.4 防止液体泼溅到人体模型、化学防护服或任何不要测试的部位。例如,在人体模型头部系上塑料袋,绳结不得超过化学防护服边缘 2.5 cm。

B.6.5 采用表面活性剂调节测试溶液表面张力为 (0.032 ± 0.002) N/m。

B.6.6 把穿好服装的人体模型暴露在喷淋状态下 60 min,每个方向(如图 B.3 所示)各 15 min,测试溶液以 (3.0 ± 0.2) L/min 的速度同时从各个喷嘴中喷射。

B.6.7 液体喷淋结束后,除去测试服表面多余的液体。

B.6.8 在喷淋实验结束 10 min 之内,选择下列方法中的一种检查化学防护服上的液体穿透情况:

    a) 在干燥环境内将化学防护服及其他部件从人体模型上卸下,检查吸水性指示服、

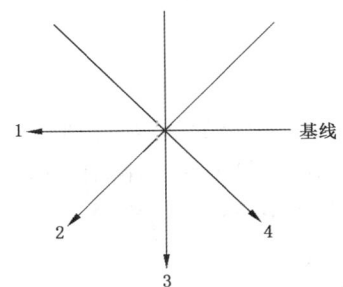

图 B.3 人体模型朝向(俯视图)

测试服缝纫处及内部湿润区域并作记录;
b) 如果测试溶液中加有染料,将化学防护服及其他部件从人体模型上卸下,检查内衣、测试服缝纫处及内部的染色区域并作记录;
c) 如果测试溶液中加有荧光染料,在荧光暗室中检查内衣、测试服缝纫处及内部的荧光发光区域并作记录。

B.6.9 如果没有发现任何润湿区域,测试服合格;如果发现有润湿区域,则测试服不合格。描述不合格的情况并分析可能原因。

B.7 测试报告

检测报告应至少包含以下内容:
a) 声明化学防护服是按照附录 B 进行测试的;
b) 测试溶液,包括成分、表面张力、示踪剂名称、浓度、温度等;
c) 测试范围描述——化学防护服或者防护套装避免液体喷淋的部位,以及这些特殊部位不被测试的原因;
d) 样品规格型号等;
e) 测试环境条件;
f) 判定方法——判定液体穿透的方法;
g) 测试结果——报告测试结果合格或者不合格。如果产品不合格,要说明不合格部位以及可能的不合格原因;
h) 与本附录不符合的说明,以及测试人员认为应说明的其他问题;
i) 测试人员及测试日期。

附 录 C
(规范性附录)
化学防护服液密性能测试方法

C.1 范围

本附录规定了化学防护服抗液态化学物质穿透性能的两种测试方法。其中,方法 1 适用于喷射液密型化学防护服穿透性能的检测;方法 2 适用于泼溅液密型化学防护服穿透性能的检测。

C.2 原理

向穿着在测试模型或人体测试对象上的化学防护服喷射(方法 1)或泼溅(方法 2)测试溶液，检查化学防护服的内表面和测试模型或人体测试对象穿着的吸水性指示服的外表面，通过与标准沾污面积的比对，判断化学防护服是否符合要求。

C.3 测试溶液

把水溶性的荧光或普通染料和表面活性剂溶于水，配制成表面张力为 (0.032 ± 0.002) N/m 的溶液；在测试模型或人体测试对象穿着的吸水性指示服的外表面滴一小滴(0.1 mL)测试溶液，应形成直径大于 2 cm 的标准沾污面积，标准沾污面积应清晰可辨，便于测试中对比判断；必要时，可使用紫外示踪染料。

C.4 方法 1——喷射液密型化学防护服防护性能测试

C.4.1 测试对象

可选人体模型或人体测试对象。如果使用人体测试对象，必须特别注意安全防护。

C.4.2 测试装置

C.4.2.1 指示服

用厚度小于 5 mm 的吸水材料制成，单层、带帽兜，使用的吸水材料应保证能产生 C.3 中所述的标准沾污面积。

C.4.2.2 喷嘴

如图 C.1 所示，测试中产生喷射测试溶液，工作压力为 150 kPa。

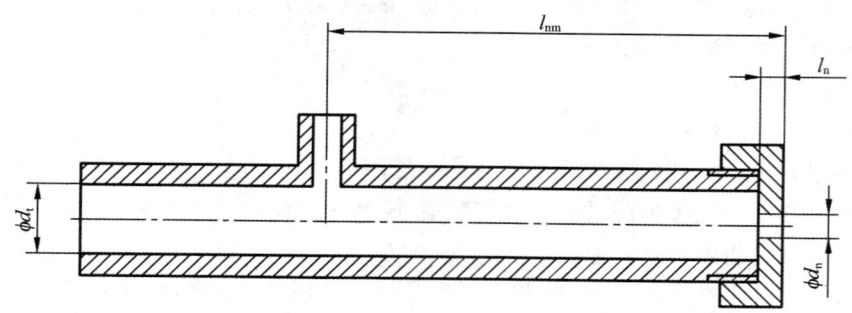

d_n ——喷嘴工作直径，(4 ± 0.1) mm；
l_n ——喷嘴工作长度，(4 ± 0.1) mm；
d_t ——管直径，(12.5 ± 1) mm；
l_{nm} ——喷嘴开口和压力计之间的距离，(80 ± 1) mm。

图 C.1 喷嘴形状

C.4.2.3 液压泵

自吸循环式，带有压力表、过滤器/管。喷嘴处保持 150 kPa 的压力。

C.4.3 试样准备

C.4.3.1 测试对象应穿上如 C.4.2.1 所述的尺寸合适的指示服，指示服内尽可能减少不必要的服装。

C.4.3.2 按照生产商说明书的要求,给测试对象穿上合适型号的化学防护服及配套的其他个体防护装备。

C.4.3.3 为测试对象佩戴防测试溶液穿透的手套,化学防护服的袖子应覆盖手套外面。如果袖子有内护腕,则可把它穿在手套里面。为测试对象配置防测试溶液穿透的防护靴。化学防护服的裤口应覆盖在靴子的外面。对于不属于测试范围而未覆盖的部位,如围绕头部、面部和颈部可能被测试溶液通过的缝隙,都应予以密封,防止测试溶液流入化学防护服内部,造成其他区域发生内泄漏的假象。

C.4.4 测试程序

C.4.4.1 调整喷嘴与测试点间的距离为 1 m。

C.4.4.2 将喷嘴对准一个测试点喷射测试溶液,压力为 150 kPa,时间为 5 s,然后移向下一个测试点喷射 5 s,直至所有测试点完成测试。

C.4.4.3 除去化学防护服表面残留测试溶液,停留 2 min。

C.4.4.4 取下化学防护服,检查化学防护服内表面和指示服外表面是否有穿透迹象;若有,在化学防护服和指示服上标记穿透的位置和范围,或拍照记录。

C.5 方法 2——泼溅液密型化学防护服防护性能测试

C.5.1 测试对象

人体测试对象,身高介于被测服装尺寸上限的 95% 至 100% 之间。

C.5.2 测试装置

C.5.2.1 指示服

同 C.4.2.1。

C.5.2.2 转盘

防水材料制成,能支撑一个人的身体,转速为 (1 ± 0.1) r/min。

C.5.2.3 刻度容器

盛放液体。

C.5.2.4 液压泵

自吸循环式,带有压力表、含过滤器和软管。

C.5.2.5 计时器

秒表或电子计时器,精度为 1 s。

C.5.2.6 喷淋装置

如图 C.2 所示。高度至少为 2.35 m,垂直安装,配备四个间距为 45 cm 的喷嘴附件。

C.5.2.7 液压喷嘴

空心圆锥形,喷射角为 75°,在 300 kPa 压力下的流量为 1.14 L/min。

C.5.2.8 校准框架

四段外径为 (1.29 ± 0.02) cm、长度约为 200 cm 的金属管或棒,见图 C.3 和图 C.4。

C.5.2.9 带刻度的烧杯或量筒

如图 C.4 所示,其直径约 4 cm,高度约 10 cm。每个容器配有盖子或塞子,盖子或塞子几何中心开有一个直径为 2 cm 的圆孔,校准框架的管或棒通过圆孔定位。

单位为毫米

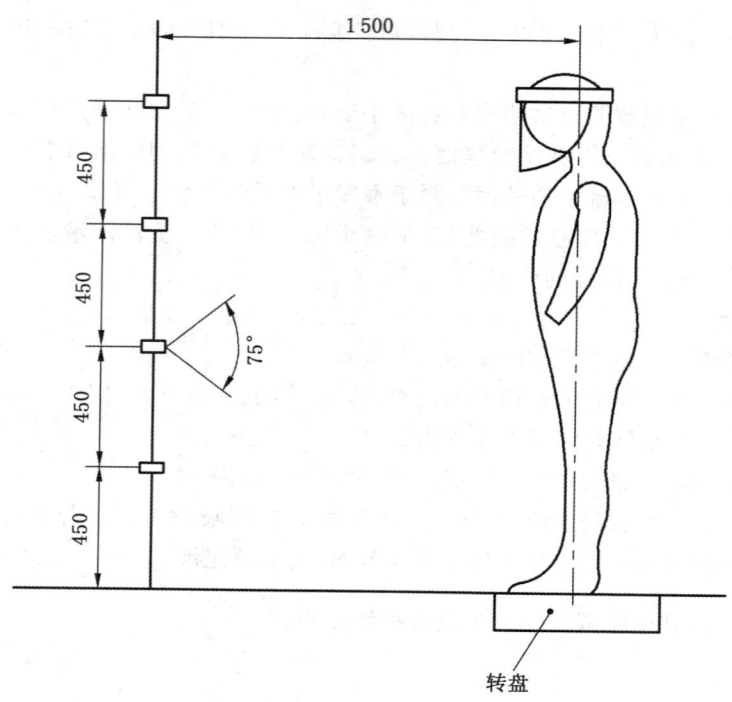

图 C.2 液密泼溅性能测试装置

C.5.3 测试系统的调节
C.5.3.1 喷嘴的流量
打开流向喷嘴的管道,调节液压泵的压力,使每个喷嘴的流量达到(1.14 ± 0.1)L/min。
C.5.3.2 喷嘴的布置
如图 C.2 所示,将由喷嘴射出的测试溶液对准距离约 1.5 m 远处的转盘几何中心线,用校准框架收集泼溅的测试溶液以检查喷嘴的布置和距离。该校准框架由 4 个相距 35 cm、彼此平行(见图 C.3)的金属棒或管(见 C.5.2.8)构成。金属棒距转盘几何中心距离相等(见图 C.3),底端置于烧杯或量筒中,用带有直径为 2 cm 的中心孔的塑料盖盖住烧杯。金属棒通过中心孔并保持不与孔边缘接触,金属棒露在盖子上方的高度应为(190 ± 1)cm(见图C.4)。

待设备已正确设置,喷嘴的输出流量在规定范围内,转盘已运转,此时,喷淋 3 min。测量每个烧杯或量筒中收集的测试溶液的量,用事先称重的吸水性材料擦拭每个金属棒的外表面,并再次称重以确定每个金属棒上残留的测试溶液体积。将此体积与烧杯或量筒收集的测试溶液体积相加,即可计算出每个金属棒收集的测试溶液体积。

当该校准框架每个金属棒每分钟收集的测试溶液平均值为(12.5 ± 1.5)mL(即四个金属棒在 3 min 内收集的测试溶液体积为(150 ± 18)mL)时,喷嘴的布置及其至目标的距离可用于测试。

C.5.4 试样准备
C.5.4.1 测试对象应穿上如 C.5.2.1 所述的尺寸合适的指示服,指示服内尽可能减少不必要的服装。

单位为毫米

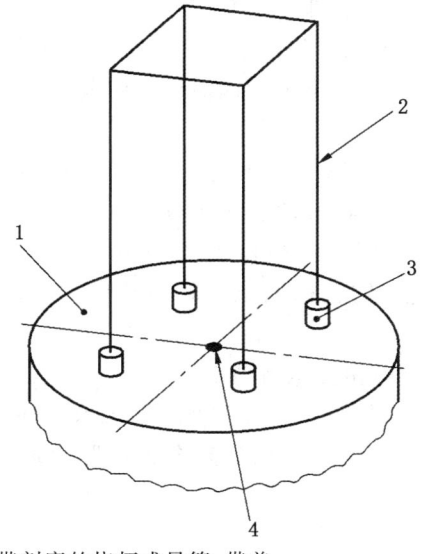

1——转盘顶部； 3——带刻度的烧杯或量筒,带盖；
2——金属管或棒； 4——转盘的几何中心。

图 C.3 检测泼溅对中的装置

单位为毫米

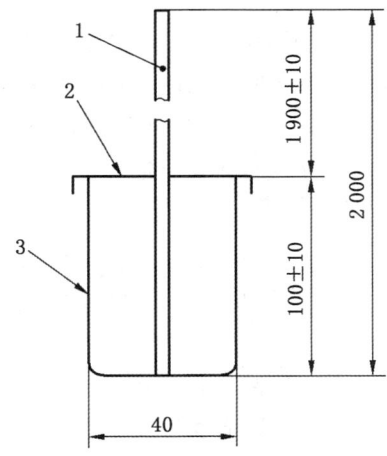

1——校准框架的管或棒；
2——盖子或塞子(带有直径为 2 cm 的孔)；
3——带刻度的烧杯或量筒。

图 C.4 带刻度的收集杯或量筒装置

C.5.4.2 按照生产商说明书的要求,给测试对象穿上合适型号的化学防护服。

C.5.4.3 为测试对象佩戴防测试溶液穿透的手套,化学防护服的袖子应覆盖手套外面。如果袖子有内护腕,则可把它穿在手套里面;为测试对象配置防测试溶液穿透的防护靴,化学防护服的裤口应覆盖在靴子的外面;带有面屏的面罩,防护整个额部,覆盖眼睛和脸部,面罩的深度为 18 cm,宽度为 32 cm;适当尺寸的过滤式呼吸防护器(保证测试的顺利进行和人员的健康安全),配戴在面罩下面,防止测试对象吸入测试溶液。对于不属于测试范围而未覆盖的部位,如围绕头部、面部和颈部可能被测试溶液通过的缝隙,都应予以密封,防止测试溶液流入化学防护服内部,造成其他区域发生内泄漏的假象。

C.5.5 测试程序

C.5.5.1 把穿着化学防护服的测试对象定位在转盘的几何中心,并标记脚的位置。

C.5.5.2 在转盘转速为 1 r/min 时,释放测试溶液 30 min。

C.5.5.3 在泼溅过程中,测试对象每隔 5 min 做一组动作,在转盘上交替抬起双脚,抬脚高度约为 20 cm。同时,胳膊伸直前后摆动,以与腿的动作协调来保持平衡,脚放下后仍应定位在初始标记的位置上。动作时长 1 min,动作频率为(30±5)次/min。

C.5.5.4 沥去化学防护服表面残留测试溶液 2 min。

C.5.5.5 取下化学防护服,检查化学防护服内表面和指示服外表面是否有穿透迹象;若有,在化学防护服和指示服上标记穿透的位置和范围,或拍照记录。

C.6 测试报告

测试报告应至少包含以下内容:

a) 声明化学防护服是按照附录 C 进行测试的;

b) 测试溶液,包括成分、表面张力、示踪剂名称、浓度、温度等;

c) 样品规格型号等;

d) 测试环境条件;

e) 对于每一个试样,在人体轮廓图上标出测试点位置、测试溶液喷射方向以及化学防护服内表面和指示服外表面的透过区域(前面和背面分开标注),也可用照片显示;任何互不相连、直径小于 2 cm 的孤立穿透点,应用一个单独的十字标记;

f) 穿透点的总数和穿透点覆盖的大致总面积;

g) 测试化学防护服的尺寸范围;

h) 测试结果;

i) 与本附录不符合的说明,以及测试人员认为应说明的其他问题;

j) 测试人员及测试日期。

附 录 D
(规范性附录)
化学防护服面料耐压穿透性能测试方法

D.1 范围

本附录规定了测试化学防护服面料在持续接触有压力的液体条件下的防护性能的实验室测试方法。

本方法适用于化学防护服面料及其接缝的性能评价。

本方法不适用于化学防护服的设计、整体结构、部件、界面及其他影响化学防护服整体防护性能的因素的评价。

注：本方法无需模拟化学防护服面料的实际使用条件，而仅限于对化学防护服面料耐压穿透性能的比较评价。

D.2 原理

按照一定的压力/时间序列将有压力的测试溶液作用于化学防护服面料，通过观察是否有测试溶液穿透化学防护服面料来评价化学防护服面料的耐压穿透性能。

D.3 测试溶液

根据表 5 选择。

D.4 测试装置

D.4.1 测厚仪

精度为 0.02 mm。

D.4.2 液体耐压穿透测试系统

液体耐压穿透测试系统如图 D.1 所示，图中所标注的各部件的名称、规格及数量见表 D.1。

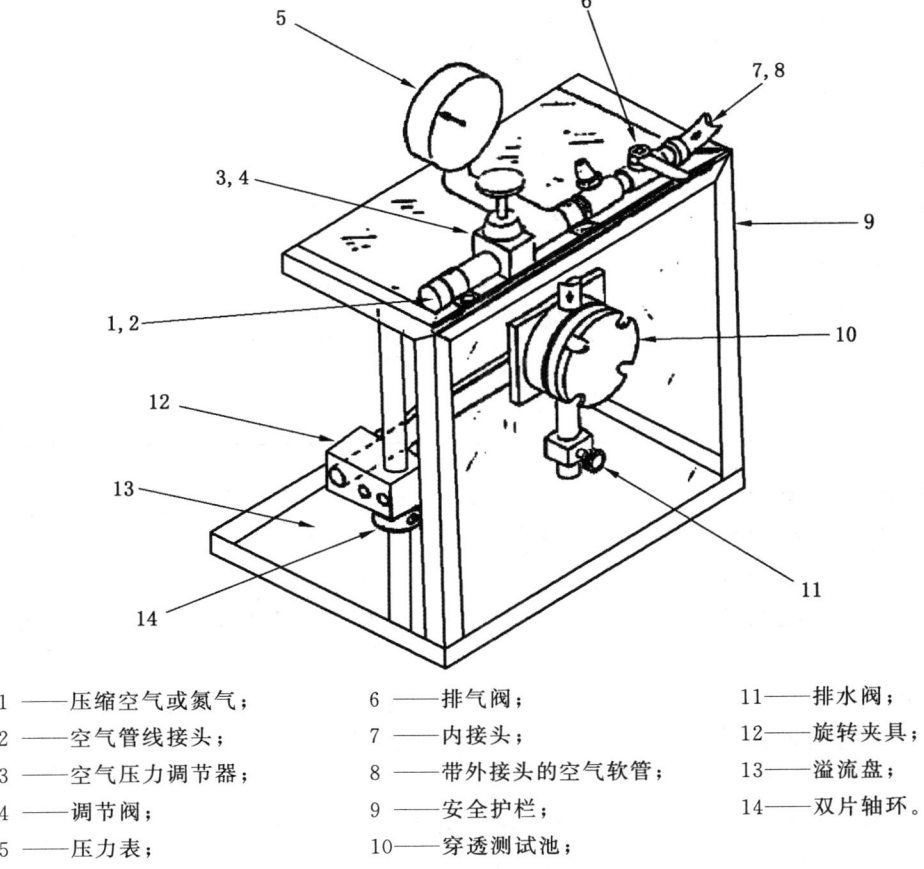

1——压缩空气或氮气；
2——空气管线接头；
3——空气压力调节器；
4——调节阀；
5——压力表；
6——排气阀；
7——内接头；
8——带外接头的空气软管；
9——安全护栏；
10——穿透测试池；
11——排水阀；
12——旋转夹具；
13——溢流盘；
14——双片轴环。

图 D.1 液体耐压穿透测试系统三维视图

表 D.1 液体耐压穿透检测系统部件

图 D.1 中序号	名称	规格	数量
2	空气管线快速接头、堵头、插座	6 mmNPT(密封管螺纹)	1 套
3	空气压力调节器	6 mmNPT,可释放型,可调,量程 0 kPa~70 kPa	1 个
4	调节阀	量程 0 kPa~35 kPa	1 个
5	压力表	0 kPa~35 kPa,直径 115 mm,精度 1%,首选磁性表	1 个
6	泄放阀		1 个
7	316 号管接头	6 mmNPT×40 mm	3 个
8	橡胶空气软管	6 mm,带 6 mm NPT 内接头	1 m
9	安全护栏	见图 D.10	1 个
10	穿透测试池	见图 D.3~图 D.7	1 个
11	球阀	316 不锈钢,6 mmNPT	1 个
12	旋转卡具	见图 D.8	1 个
13	溢流盘	见图 D.9	1 个
14	双片轴环	13 mm	2 个
其他	三通道带扳手龙头	6 mmNPT	1 个
	镀锌管配件和管件	6 mmNPT	
	垫圈	6 mm 膨体 PTFE 袋	
	半轴环	13 mm 直径	1 对

D.4.2.1 液体穿透测试仪

液体穿透测试仪的示意图如图 D.2 所示。

D.4.2.2 穿透测试池

穿透测试池在测试时用来夹持试样,试样将测试溶液与观察侧隔开,图 D.3 为一个带滞留筛网的穿透测试池分解图。

穿透测试池包括一个固定在支架上的池体,可容纳约 60 mL 的测试溶液,见图 D.4。穿透测试池安装在测试池支架(见图 D.5)上,观察侧用法兰与透明盖密封(见图 D.6、D.7)。

D.4.2.3 滞留筛

由一个光滑完整的塑料片或金属方孔丝网组成,要求:开孔率>50%,与试样的偏差≤0.5 mm。

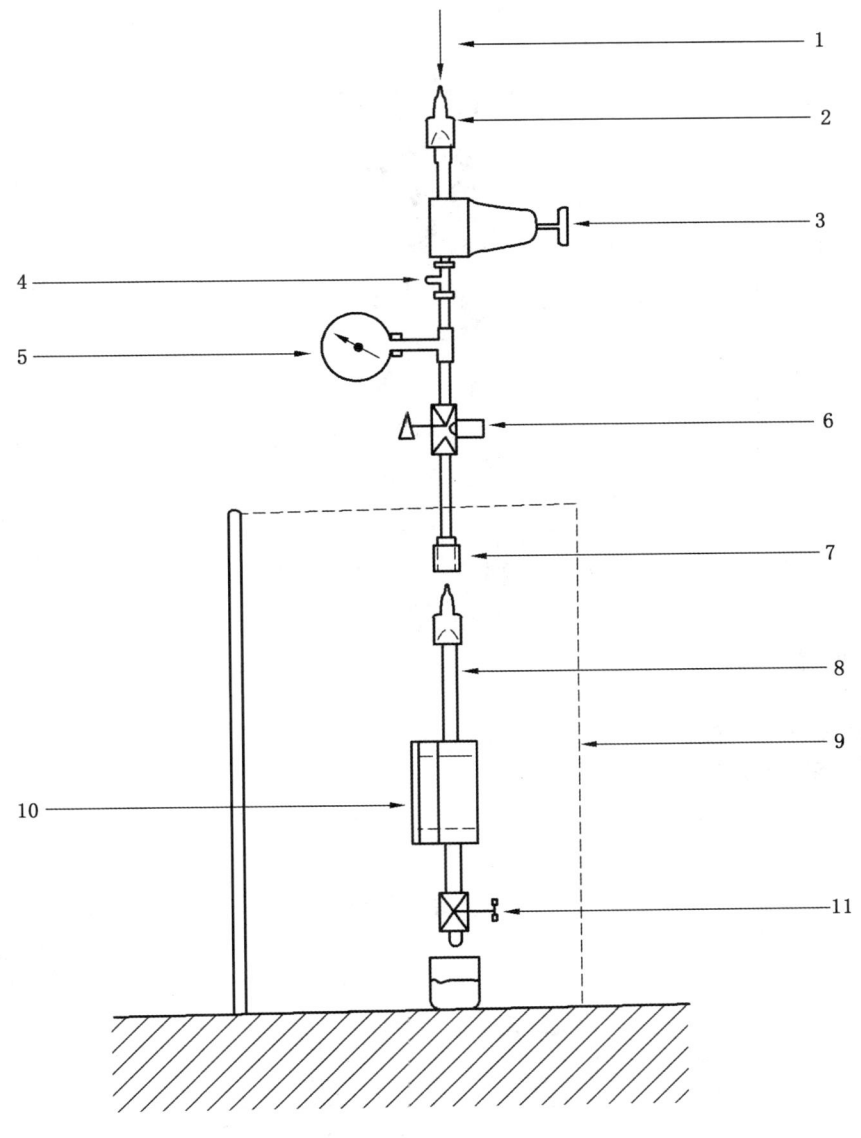

1——压缩空气或氮气；
2——空气管线接头；
3——空气压力调节器；
4——调节阀；
5——压力表；
6——排气阀；
7——内接头；
8——带外接头的空气软管；
9——安全护栏（见图 D.10）；
10——穿透测试池；
11——排水阀。

图 D.2　液体穿透测试仪示意图

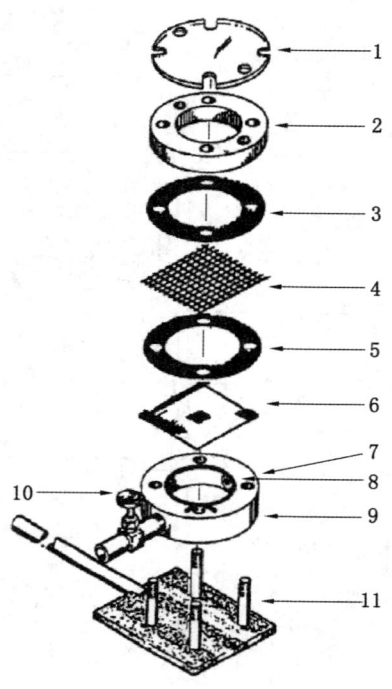

1——透明盖；
2——法兰；
3——垫圈(如采用程序B,见表D.2)；
4——筛网(如采用程序B,见表D.2)；
5——垫圈；
6——测试样；
7——上部端口；
8——膨体PTFE垫圈；
9——池体；
10——排水阀；
11——测试池支架。

图 D.3 穿透测试池

单位为毫米

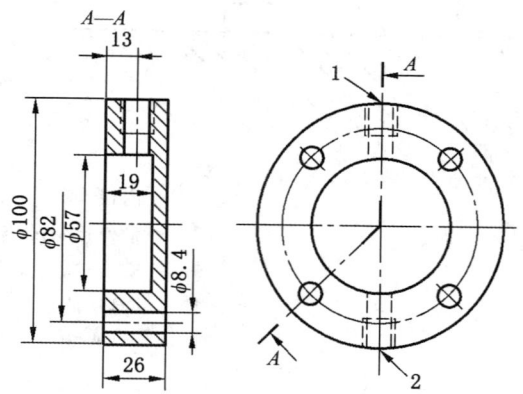

1——软管接头螺纹；
2——排水阀螺纹。
注：材料——铝。

图 D.4 测试池池体

单位为毫米

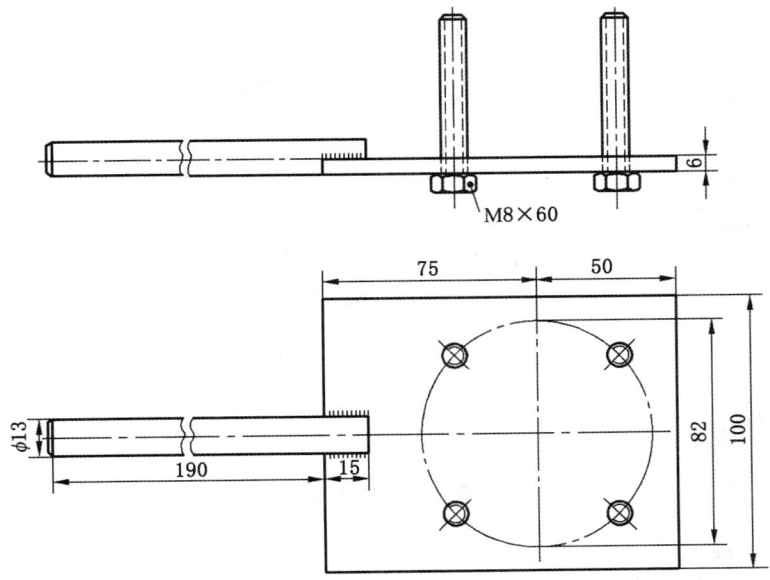

注：材料——钢。

图 D.5 测试池支架

单位为毫米

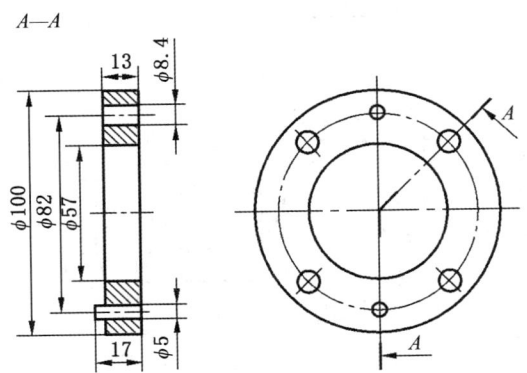

注：材料——铝。

图 D.6 法兰

单位为毫米

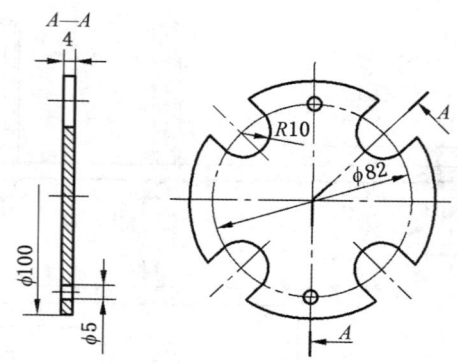

注：材料——树脂玻璃或其他透明材料。

图 D.7　透明盖

D.4.2.4　旋转卡具

旋转卡具的示意图如图 D.8 所示。

单位为毫米

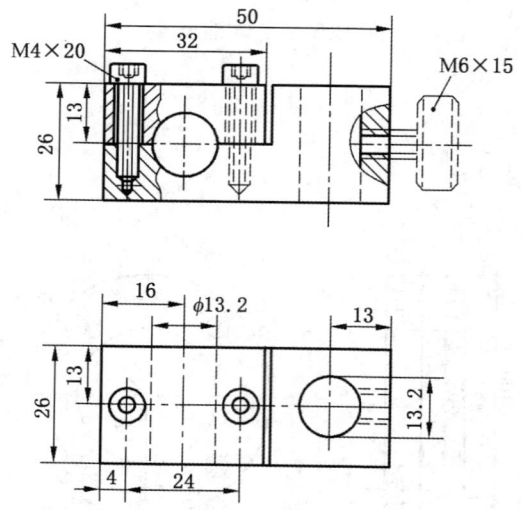

注：材料——钢。

图 D.8　旋转卡具

D.4.2.5　溢流盘

溢流盘用以承接由排水阀放出的测试溶液。其示意图如图 D.9 所示。

单位为毫米

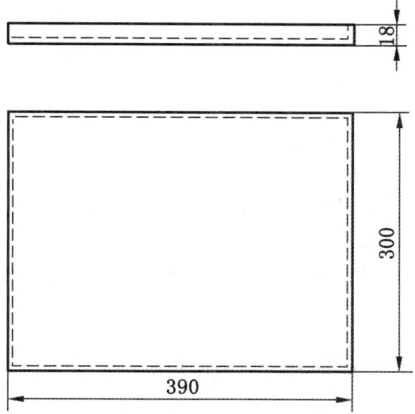

注：材料——不锈钢板,1 mm～2 mm 厚,转角处焊接。

图 D.9　溢流盘

D.4.2.6　安全护栏

安全护栏的示意图如图 D.10 所示。

单位为毫米

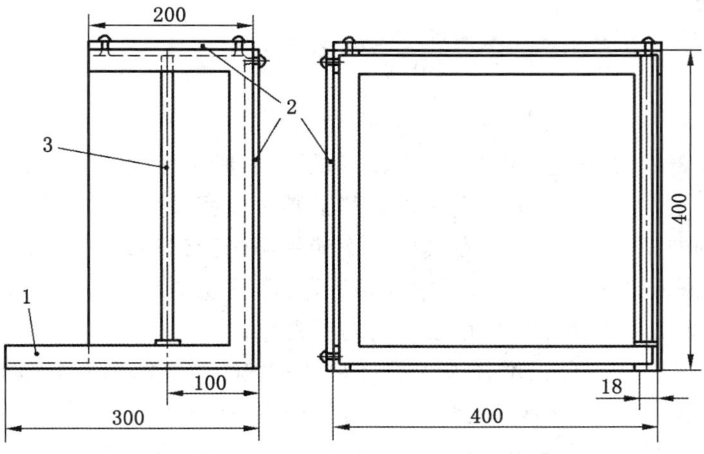

1——框架：角钢,25 mm×25 mm×3 mm,焊接；

2——防护盖：树脂玻璃,4 mm；

3——柱：圆钢,13 mm,安放处焊接。

图 D.10　安全护栏

D.4.3　气泵

能提供(13.8±1.38)kPa 的气体。

D.4.4　计时器

秒表或电子计时器,精度 1 s。

D.4.5 分析天平

精度为 0.001 g。

D.4.6 容器

用以测量液体体积,精度为 1 mL。

D.5 测试环境条件

温度:(20±2)℃;相对湿度:(65±5)%。

D.6 试样的准备

D.6.1 取样

取样应能代表化学防护服的结构特点。如果化学防护服不同部位的面料、厚度及结构不同,则应分别取样;如果接缝要求达到与面料相同的防护性能,亦应在接缝部位取样。每类取 3 个样,尺寸为 75 mm×75 mm。

注:对于复合材料,如果在两层织物间结合了一层阻隔层,则可能在试样边缘处因毛细作用产生失效假象,从而得出"不合格"的错误结果。应使用胶合剂、帕拉胶、石蜡或胶性泡沫等在测试前密封试样边缘,以防止因毛细作用导致的失效。密封时应注意仅密封试样的边缘,保证留出 57 mm× 57 mm 的测试区域,防止密封剂阻塞测试区域的试样结构。应根据化学防护服面料选择合适的密封剂与密封方法。

D.6.2 试样预处理

将裁剪好的试样置于测试环境条件下调湿 24 h。

D.7 测试程序

D.7.1 按 GB/T 3820 的规定,测量每一个试样的厚度,精确至 0.02 mm。

D.7.2 按 GB/T 4669 的规定,测量每一个试样的单位面积质量,精确至 1 g/m²。

D.7.3 从待测面料上另取一个样,在其内表面滴一小滴测试溶液,作为确定试样穿透终点的参照。参照液滴应易于观察,如果观察效果不好,可通过以下着色方式增强其可视性:

  a) 在试样内表面撒滑石粉以增强液滴的可视性;
  b) 改变测试溶液颜色以增强液滴的可视性;对化学物质溶液,可使用食用色素和酸碱指示剂;对大部分有机化学物质,可使用苏丹红;
  c) 在试样内表面涂抹食用色素或苏丹红以增强液滴的可视性;
  d) 如果上述方法效果都不明显,可在测试溶液中加入荧光染料来增强液滴的可视性。

注:上述方法可能影响测试结果,使用时应注意。

D.7.4 根据待测化学防护服的类别,按表 D.2 选择测试程序。

D.7.5 将测试池水平置于实验台上,放入试样,试样外表面朝向测试池将加入测试溶液的一端。

D.7.6 按图 D.3 装配好测试池各部件,然后,将螺栓拧紧,扭矩为 13.6 N·m。建议在池体与试样间增加一个聚四氟乙烯(PTFE)垫圈,以防泄漏。

注:透明盖为可选部件。

表 D.2 不同类别化学防护服的测试程序

程序	压力/时间序列	化学防护服类别
A	0 kPa 作用 5 min, 随后 13.8 kPa 作用 10 min	用于选用的化学防护服面料、接缝、锁合处,以限制其暴露在飞溅的液体中(3a、3b)
B	0 kPa 作用 5 min, 随后 6.9 kPa 作用 10 min	用于选用的化学防护服面料(如手套)以限制其暴露在飞溅的液体中(3a、3b、手套、鞋/靴)
C1	0 kPa 作用 5 min, 随后 13.8 kPa 作用 10 min, 0 kPa 作用 54 min, 不使用滞留筛支撑试样	用于选用的化学防护服服料、接缝、锁合处,在突发事件的应急响应中用以限制其消防人员暴露在飞溅的液体中(1-ET、2-ET、3a-ET)
C2	0 kPa 作用 5 min, 随后 13.8 kPa 作用 10 min, 0 kPa 作用 54 min, 使用滞留筛支撑试样	用于选用的化学防护服服料、接缝、锁合处,在突发事件的应急响应中用以限制其消防人员暴露在飞溅的液体中,在试样要加以支撑时,替代 C1 程序(1-ET、2-ET、3a-ET)
D	如果使用的压力/时间序列与 A、B、C 不同,在报告中注明	用于其他特定需求或环境
注:在特别应用中,可能要附加测试如渗透阻力试验充分表征服料的特性。		

注:若怀疑选择的测试程序引起试样变形而导致不合格,则可在法兰和试样间加一个滞留筛,滞留筛与法兰和试样间垫上合适的垫圈,滞留筛适用于延展性或弹性材料。

D.7.7 按图 D.2 将穿透测试池垂直安放到液体穿透测试仪上(排水阀向下),暂不连接空气管线。

D.7.8 关闭排水阀。

D.7.9 通过顶部端口向穿透测试池内注满测试溶液,确保测试溶液与试样间不留任何气泡。如果试样在压力下延伸,那么应在内腔充满测试溶液的条件下重新开始测试。一旦液体穿透试样,终止测试。

D.7.10 将空气管线连接到穿透测试池。

D.7.11 关闭排气阀,将压力调至 0 kPa。

D.7.12 按表 D.2 的程序进行测试,压力调节速度应不超过 3.5 kPa/s。

D.7.13 观察试样。如果在试样的观察侧有液滴出现或有变色现象,则判定试样不合格,终止测试。如果测试期间无上述现象发生,则判定试样合格。

注:在某些情况下,试样的观察侧出现液滴或发生变色是由于渗透造成的,但任何液滴出现的现象应作为材料失效记录下来,并终止试验。

D.7.14 测试结束,卸压并打开排气阀,打开排水阀排尽穿透测试池内的测试溶液,用适当的洗液冲洗穿透测试池中的残留测试溶液,将试样和垫圈从测试池上卸下,清洁测试池的所有外表面。

D.7.15 按上述程序测试剩余试样。

D.8 结果判定

每类面料 3 个平行样中任何一个试样测试结果为不合格,则该化学防护服面料的测试结果为不合格。

D.9 测试报告

测试报告应至少包含以下内容:
a) 声明测试是按照附录 D 进行测试的;
b) 测试环境条件;
c) 如果测试时采用的是与表 D.2 不同的压力/时间序列,应加以说明;
d) 每个试样的厚度和化学防护服面料的平均厚度(mm);
e) 每个试样的单位面积质量和化学防护服面料的平均单位面积质量(g/m^2);
f) 使用的测试溶液,包括成分、商品名称、浓度、温度等;
g) 测试环境条件。如果测试池与测试溶液的起始温度不同,分别记录;
h) 描述用来提高测试溶液穿透可视性的方法;
i) 如果使用筛网,报告类型和规格;
j) 对每个试样给出"合格"或"不合格"的结果,结果为"不合格"的,记录不合格现象;
k) 与本附录不符合的说明,以及测试人员认为应说明的其他问题;
l) 测试人员及测试日期。

附 录 E
(规范性附录)
化学防护服面料拒液性能测试方法

E.1 范围

本附录规定了化学防护服面料抗低挥发性液态化学物质穿透性能的测试方法。

E.2 原理

将一定量的测试溶液按照规定的流速连续喷射至固定在倾斜槽上的化学防护服面料表面,通过确定试样的穿透指数、吸收指数和拒液指数来评价化学防护服面料抗液态化学物质穿透性能。

E.3 测试溶液

根据标准要求,选择表 8 中测试化学物质。测试溶液温度应为(20±2)℃。

E.4 测试装置

测试装置由下面各部分组成,见图 E.1。
a) 硬质透明槽,半圆柱形,内径为(125±5) mm,长度为(300±2) mm,倾斜度 45°。
b) 硬质盖,质量均匀的半圆柱形,长度为 270 mm,外径为(105±5) mm,质量为(140±7)g。

单位为毫米

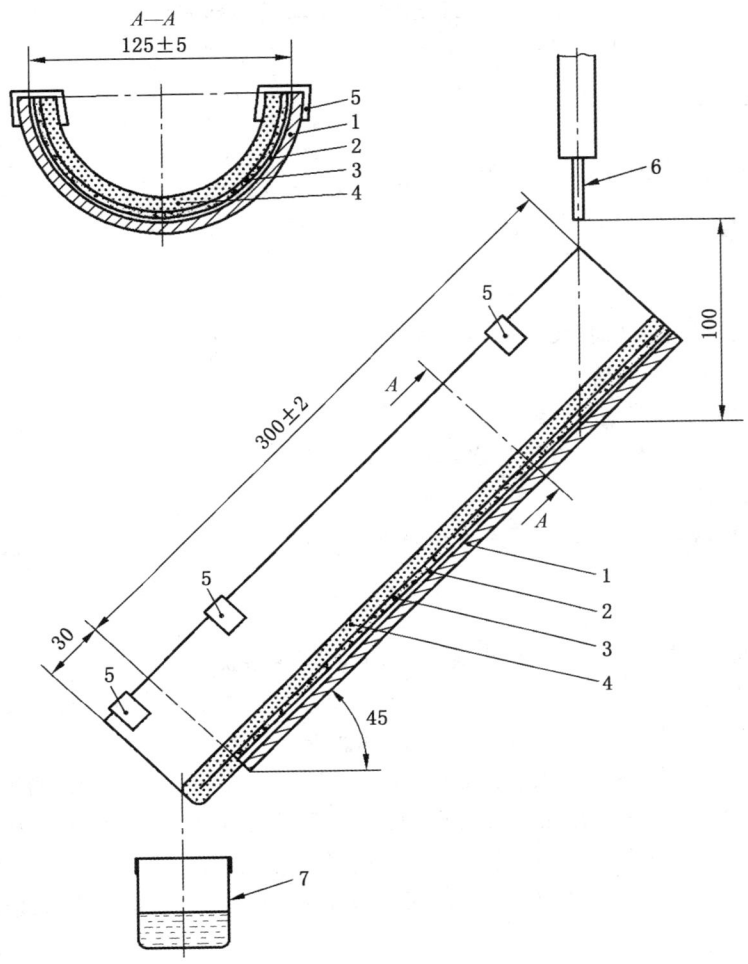

1——硬质透明槽；
2——透明薄膜；
3——滤纸；
4——试样；
5——夹子；
6——注射器；
7——烧杯。

图 E.1　测试装置图

c) 注射器，规格为(10±0.5)mL，针孔直径为(0.8±0.02)mm；长度没有严格要求，但是针尖要是平的。

d) 自动注射系统，可保证注射器在(10±1)s 内连续喷射(10±0.5)mL 测试溶液，并带有固定注射器的支架。不应使用人工或依靠重力注射。

e) 烧杯，容量约 50 mL。

f) 天平，精度为 0.01 g。

g) 透明薄膜,不被测试溶液腐蚀,放置在硬质透明槽与滤纸之间,保护硬质透明槽。
h) 滤纸,厚度为(0.15～0.2)mm,放置在试样与透明薄膜之间。
i) 计时器,秒表或电子计时器,精度为0.1 s。

E.5 测试环境条件

温度:(20±2)℃,相对湿度:(65±5)%。

E.6 试样的准备

E.6.1 取样

对于每种测试溶液,从服装或面料样品上裁剪6个(360±2)mm×(235±5)mm 的试样,取样要细心,不得有皱褶。

当服装面料是机织物时,沿经向、纬向方向各取3个试样;当服装面料是无纺布时,如果制造方向可辨认,则沿制造方向及与之垂直的方向各取3个试样。

E.6.2 试样预处理

将裁剪好的试样置于测试环境条件下调湿8 h。

E.7 测试程序

E.7.1 用天平称量试样的质量 m_1,精确到 0.01 g,记录数据。

E.7.2 裁剪大小为(360±2)mm×(235±5)mm 的矩形滤纸和透明薄膜各1块,称量滤纸和透明薄膜组合的质量 m_2,精确到 0.01 g,记录数据。

E.7.3 将称量过的透明薄膜放入硬质透明槽内,上面覆盖滤纸,相互间紧密贴合,注意不要留有空隙,也不要出现皱褶,并保证硬质透明槽、透明薄膜、滤纸三者下端面平齐。

E.7.4 将试样放在滤纸上,使试样的长边与槽边平行,外表面向上,试样被折叠的边超出槽的下端30 mm。仔细检查试样,确保其表面与滤纸紧密贴合后,用夹子将试样固定在硬质透明槽上。

E.7.5 用天平称量小烧杯的质量 m_3,精确到 0.01 g,记录数据。

E.7.6 将小烧杯安放在试样折叠边缘的下面,保证所有从试样表面流下的测试溶液都能被收集到。

E.7.7 注射器针头向下,垂直安装在支架上。针头应通过硬质透明小槽的轴心线,与试样表面的垂直距离为(100±2)mm,试样外表面喷射点与试样下端面间的长度为(330±2)mm,见图 E.1。

E.7.8 启动自动注射系统,同时启动计时器,使 10 mL 测试溶液在(10±1)s 内由针头喷射至试样的外表面。

E.7.9 计时器计时到60 s,轻敲硬质透明槽的边缘,使悬浮于试样折叠边缘的测试溶液滑落。

E.7.10 小心地取下试样,仔细将接触测试溶液的一面向内折叠好,注意不要让试样上沾附的测试溶液流失或滑落。用天平称量沾有测试溶液的试样质量 m'_1,精确到 0.01 g,记录数据。

E.7.11 小心地取出滤纸与透明薄膜组合,注意不要让沾附的测试溶液流失或滑落。将接触测试溶液的一面向上,用天平称量带有测试溶液的滤纸与透明薄膜质量 m'_2,精确到 0.01 g,记录数据。

E.7.12　称量小烧杯和收集的测试溶液的质量 m'_3,精确到 0.01 g,记录数据。

E.7.13　按 E7.1~7.12,依次测得 6 个试样的数据。

E.8　结果计算

按式(E.1)和式(E.2)分别计算每个试样对测试溶液的穿透指数和拒液指数。

E.8.1　穿透指数

$$I_P = \frac{m'_2 - m_2}{m_t} \times 100\% \quad \cdots\cdots\cdots\cdots\cdots\cdots\cdots\cdots\cdots (E.1)$$

式中:

I_P ——穿透指数,精确到小数点后一位;

m_2 ——测试前滤纸和透明薄膜组合的质量,单位为克(g);

m'_2 ——测试后沾附了测试溶液的滤纸和透明薄膜组合的质量,单位为克(g);

m_t ——测试中喷射向试样的 10 mL 测试溶液的质量,单位为克(g)。

取 6 个试样的最小值作为最终测试结果。

E.8.2　拒液指数

$$I_R = \frac{m'_3 - m_3}{m_t} \times 100\% \quad \cdots\cdots\cdots\cdots\cdots\cdots\cdots\cdots\cdots (E.2)$$

式中:

I_R ——拒液指数,精确到小数点后一位;

m_3 ——测试前小烧杯的质量,单位为克(g);

m'_3 ——测试后收集了液体的小烧杯质量,单位为克(g);

m_t ——测试中喷射向试样的 10 mL 测试溶液的质量,单位为克(g)。

取 6 个试样的最小值作为最终测试结果。

能应用可靠的蒸发损耗修正因素的地方,在计算指数 I_P、I_R 和 I_A 前,应分别将技术条件下的质量损耗加到 m_a、m_P 或 m_r 上。

E.8.3　结果判定

取 6 个试样中拒液指数、穿透指数结果的最小值,作为最终测试结果。

E.9　测试报告

测试报告应至少包括以下内容:
a) 声明测试是按照附录 F 进行测试的;
b) 被测试面料的单位面积质量(g/m²);
c) 测试环境条件;
d) 被测试面料的预处理情况;
e) 使用的化学物质;
f) 每一个样品的测试结果,穿透指数、拒液指数的最小值以及分级结果;
g) 与本附录不符合的说明,以及测试人员认为应说明的其他问题;

h) 测试人员及测试日期。

附 录 F
（规范性附录）
化学防护服面料耐磨损性能测试砂纸要求

F.1 材料

F.1.1 磨料

所有玻璃磨料颗粒应通过 0.090 mm 的过筛孔径。

F.1.2 背衬

纸质或平纹织物。

F.2 规格尺寸

F.2.1 砂纸大小(230±2)mm×(280±3)mm。

F.2.2 砂纸的强度要求 50 mm 宽的砂纸断裂强力不低于表 F.1 中的规定。

表 F.1 断裂强力规定

类型	断裂强力/N	
	经向	纬向
纸质背衬玻璃砂纸	392	215
布料背衬玻璃砂纸	392	166

附 录 G
（规范性附录）
化学防护服面料耐高温耐低温性能试验方法

G.1 范围

本附录规定了化学防护服面料耐低温耐高温性能试验方法。

G.2 原理

将试样经规定时间的高温或低温处理,通过测定化学防护服面料处理前后断裂强力的变化来判定面料的耐高温耐低温性能。

G.3 测试设备

G.3.1 通风烘箱和低温箱:能使温度维持在所要求温度范围内并可长期连续运转的通风烘箱和低温箱。

G.3.2 按 GB/T 3923.1 规定所必需的仪器设备和用品。

G.4 取样

按 GB/T 3923.1 要求的制样方法及试样尺寸,取经向、纬向试样各 5 个。

G.5 测试程序

G.5.1 低温处理

G.5.1.1 将低温箱的温度调至 −40 ℃。

G.5.1.2 将试样夹持在低温箱内的试样夹持架上,使之不受任何张力,且两面都能暴露在环境中。试样之间的距离不少于 10 mm。试样和箱壁的距离不少于 50 mm。

G.5.1.3 试样持续处理 8 h。

G.5.2 高温处理

G.5.2.1 将通风烘箱的温度调至 70 ℃。

G.5.2.2 将试样夹持在烘箱内的试样夹持架上,使之不受任何张力,且两面都能暴露在环境中。试样之间的距离不少于 10 mm,试样和箱壁的距离不少于 50 mm。

G.5.2.3 试样持续处理 8 h。

G.5.3 处理后断裂强力测试

依据 GB/T 3923.1 的方法分别对经低温或高温处理后的经向、纬向试样进行测试,分别取经向、纬向试样的平均值作为该方向试样的测试结果。测试应在试样从低温箱或通风烘箱中取出 5 min 内完成。

G.6 结果计算

按式(G.1)计算面料经低温或高温处理后,断裂强力的下降率,精确到小数点后一位。

$$R = \frac{F_0 - F_1}{F_0} \times 100\% \quad \cdots\cdots\cdots\cdots\cdots\cdots (G.1)$$

式中:

R ——经低温或高温处理后断裂强力的下降率,%;

F_0 ——未经低温或高温处理的面料经向或纬向断裂强力平均值,单位为牛(N);

F_1 ——经低温或高温处理的面料经向或纬向断裂强力平均值,单位为牛(N)。

G.7 测试报告

测试报告应至少包括以下内容:
a) 声明测试是按照附录 F 进行测试的;
b) 被测试面料的低温或高温处理情况;
c) 被测试面料处理前后的断裂强力结果,(N);
d) 断裂强力的下降率;
e) 测试人员及测试日期。

参 考 文 献

[1] ASTM F 1001-99a Standard Guide for Selection of Chemicals to Evaluate Protective

Clothing Materials

[2] ASTM F 1359:2007 Standard Test Method for Liquid Penetration Resistance of Protective Clothing or Protective Ensembles Under a Shower Spray While on a Mannequin1

[3] ISO 13994:1998 Clothing for protection against liquid chemicals—Determination of the re-sistance of protective clothing materials to penetration by liquids under pressure

[4] ISO 16602:2007 Protective clothing for protection against chemicals—Classifcation, label-ling and performance requirements

[5] ISO 17491:2002 Protective clothing—Protection against gaseous and liquid chemicals—Determination of resistance of protective clothing to penetration by liquids and gases

应急管理执法基础性标准常用手册

（下 卷）

中共中央党校（国家行政学院）应急管理培训中心　组织编写

应急管理出版社

·北 京·

目 录

(上 卷)

第一部分 安全生产基础性标准

一、安全色、安全标志和责任险 ··· 3
安全色(GB 2893—2008) ··· 3
安全标志及其使用导则(GB 2894—2008) ··· 13
工业管道的基本识别色、识别符号和安全标识(GB 7231—2003) ··· 39
安全生产责任保险事故预防技术服务规范(AQ 9010—2019) ··· 43

二、危险化学品及化工安全 ··· 47
化工园区安全风险排查治理导则(试行) ··· 47
危险化学品企业安全风险隐患排查治理导则 ··· 60
危险化学品目录(2015版) ··· 115
化工和危险化学品生产经营单位重大生产安全事故隐患判定标准(试行) ··· 244
危险化学品生产、储存装置个人可接受风险标准和社会可接受风险标准(试行) ··· 246
危险化学品生产装置和储存设施外部安全防护距离确定方法
(GB/T 37243—2019) ··· 257
危险化学品经营企业安全技术基本要求(GB 18265—2019) ··· 312
石油化工可燃气体和有毒气体检测报警设计标准(GB/T 50493—2019) ··· 319
危险化学品生产装置和储存设施风险基准(GB 36894—2018) ··· 337
危险化学品重大危险源辨识(GB 18218—2018) ··· 342
化学品生产单位特殊作业安全规范(GB 30871—2014) ··· 353
危险化学品单位应急救援物资配备要求(GB 30077—2013) ··· 378
化学品安全技术说明书编写指南(GB/T 17519—2013) ··· 392
危险化学品自反应物质包装规范(GB 27834—2011) ··· 441
化工企业总图运输设计规范(GB 50489—2009) ··· 450
化学品分类和危险性公示 通则(GB 13690—2009) ··· 502
化学品安全标签编写规定(GB 15258—2009) ··· 526
常用化学危险品贮存通则(GB 15603—1995) ··· 557

化学品作业场所安全警示标志规范(AQ 3047—2013) ……………………………… 816
　　危险化学品重大危险源安全监控通用技术规范(AQ 3035—2010) ……………… 822
　　危险化学品重大危险源　罐区现场安全监控装备设置规范(AQ 3036—2010) … 833
　　危险化学品生产单位主要负责人安全生产培训大纲及考核标准
　　　(AQ/T 3029—2010) ……………………………………………………………… 844
　　危险化学品生产单位安全生产管理人员安全生产培训大纲及考核标准
　　　(AQ/T 3030—2010) ……………………………………………………………… 851
　　危险化学品从业单位安全标准化通用规范(AQ 3013—2008) …………………… 859
　　加油站作业安全规范(AQ 3010—2007) …………………………………………… 877

三、烟花爆竹及民爆品安全 …………………………………………………………… 883
　　烟花爆竹生产经营单位重大生产安全事故隐患判定标准(试行) ………………… 883
　　烟花爆竹　标志(GB 24426—2015) ……………………………………………… 884
　　烟花爆竹　包装(GB 31368—2015) ……………………………………………… 897
　　烟花爆竹　安全与质量(GB 10631—2013) ……………………………………… 904
　　烟花爆竹作业安全技术规程(GB 11652—2012) ………………………………… 922
　　民用爆炸物品生产、销售企业安全管理规程(GB 28263—2012) ………………… 953
　　烟花爆竹工程设计安全规范(GB 50161—2009) ………………………………… 982
　　民用爆炸品危险货物危险特性检验安全规范(GB 19455—2004) ……………… 1046
　　烟花爆竹零售店(点)安全技术规范(AQ 4128—2019) …………………………… 1058
　　烟花爆竹　化工原材料使用安全规范(AQ 4129—2019) ………………………… 1064
　　烟花爆竹工程设计安全审查规范(AQ 4126—2018) ……………………………… 1069
　　烟花爆竹工程竣工验收规范(AQ/T 4127—2018) ………………………………… 1082
　　烟花爆竹　烟火药危险性分类定级方法(AQ/T 4124—2014) …………………… 1094
　　烟花爆竹　单基火药安全要求(AQ 4125—2014) ………………………………… 1106
　　礼花弹生产安全条件(AQ 4121—2012) …………………………………………… 1110
　　烟花爆竹安全生产标志(AQ 4114—2011) ………………………………………… 1120
　　烟花爆竹防止静电通用导则(AQ 4115—2011) …………………………………… 1131
　　烟花爆竹企业安全监控系统通用技术条件(AQ 4101—2008) …………………… 1136
　　烟花爆竹流向登记通用规范(AQ 4102—2008) …………………………………… 1148
　　烟花爆竹　烟火药安全性指标及测定方法(AQ 4104—2008) …………………… 1157
　　烟花爆竹作业场所机械电器安全规范(AQ 4111—2008) ………………………… 1162
　　烟花爆竹出厂包装检验规程(AQ 4112—2008) …………………………………… 1165

(中　卷)

四、煤矿安全 …………………………………………………………………………… 1169
　　煤矿安全规程(2016版) ……………………………………………………………… 1169

爆破安全规程(GB 6722—2014) ………………………………………………… 1291
煤矿用化学氧自救器(GB 24502—2009) ……………………………………… 1351
矿山安全标志(GB 14161—2008) ………………………………………………… 1371
煤矿安全监控系统及检测仪器使用管理规范(AQ 1029—2019) …………… 1391
煤矿安全监控系统通用技术要求(AQ 6201—2019) ………………………… 1410
煤矿建设项目安全审核基本要求(AQ 1049—2018) ………………………… 1430
煤矿建设项目安全设施设计审查和竣工验收规范(AQ 1055—2018) …… 1434
煤矿建设项目安全预评价实施细则(AQ 1095—2014) ……………………… 1487
煤矿建设项目安全验收评价实施细则(AQ 1096—2014) …………………… 1495
井工煤矿安全设施设计编制导则(AQ 1097—2014) ………………………… 1509
露天煤矿安全设施设计编制导则(AQ 1098—2014) ………………………… 1532
煤矿建设安全规范(AQ 1083—2011) ………………………………………… 1547
煤矿低浓度瓦斯管道输送安全保障系统设计规范(AQ 1076—2009) …… 1619
瓦斯管道输送自动喷粉抑爆装置通用技术条件(AQ 1079—2009) ……… 1624
煤矿主要负责人安全生产培训大纲及考核标准(AQ 1069—2008) ……… 1633
煤矿安全生产管理人员安全生产培训大纲及考核标准(AQ 1070—2008) … 1641
煤矿职业安全卫生个体防护用品配备标准(AQ 1051—2008) …………… 1650
隔绝式压缩氧气自救器(AQ 1054—2008) …………………………………… 1680
矿山救护规程(AQ 1008—2007) ……………………………………………… 1698
煤矿井下作业人员管理系统通用技术条件(AQ 6210—2007) …………… 1746
矿用产品安全标志标识(AQ 1043—2007) …………………………………… 1761
煤与瓦斯突出矿井鉴定规范(AQ 1024—2006) ……………………………… 1765
矿井瓦斯等级鉴定规范(AQ 1025—2006) …………………………………… 1775
煤矿瓦斯抽采基本指标(AQ 1026—2006) …………………………………… 1781
煤矿瓦斯抽放规范(AQ 1027—2006) ………………………………………… 1785
煤矿井工开采通风技术条件(AQ 1028—2006) ……………………………… 1805
选煤厂安全规程(AQ 1010—2005) …………………………………………… 1856
煤矿井下安全标志(AQ 1017—2005) ………………………………………… 1892
矿井救灾通信系统通用技术条件(MT/T 1129—2011) ……………………… 1915
煤矿用自动苏生器(MT/T 949—2005) ………………………………………… 1924
隔绝式正压氧气呼吸器(MT/T 867—2000) …………………………………… 1935
矿井压风自救装置技术条件(MT 390—1995) ………………………………… 1949

五、非煤矿山安全 ………………………………………………………………… 1952

金属非金属矿山重大生产安全事故隐患判定标准(试行) …………………… 1952
金属非金属矿山安全规程(GB 16423—2006) ………………………………… 1954
金属非金属矿山提升系统日常检查和定期检测检验管理规范
　(AQ 2068—2019) ……………………………………………………………… 2027
金属非金属地下矿山无轨运人车辆安全技术要求(AQ 2070—2019) …… 2032

金属非金属矿山在用设备设施安全检测检验目录(AQ/T 2075—2019) …………… 2046
金属非金属地下矿山防治水安全技术规范(AQ 2061—2018) ……………………… 2052
金属非金属矿山在用主通风机系统安全检验规范(AQ 2054—2016) …………… 2084
金属非金属地下矿山监测监控系统建设规范(AQ 2031—2011) ………………… 2091
金属非金属地下矿山人员定位系统建设规范(AQ 2032—2011) ………………… 2096
金属非金属地下矿山紧急避险系统建设规范(AQ 2033—2011) ………………… 2100
金属非金属地下矿山压风自救系统建设规范(AQ 2034—2011) ………………… 2103
金属非金属地下矿山供水施救系统建设规范(AQ 2035—2011) ………………… 2105
金属非金属地下矿山通信联络系统建设规范(AQ 2036—2011) ………………… 2107
金属非金属矿山提升钢丝绳检验规范(AQ 2026—2010) ………………………… 2110
金属非金属地下矿山主排水系统安全检验规范(AQ 2029—2010) ……………… 2115
金属非金属地下矿山通风技术规范 通风系统(AQ 2013.1—2008) ……………… 2124
金属非金属地下矿山通风技术规范 局部通风(AQ 2013.2—2008) ……………… 2132
金属非金属地下矿山通风技术规范 通风系统检测(AQ 2013.3—2008) ………… 2135
金属非金属地下矿山通风技术规范 通风管理(AQ 2013.4—2008) ……………… 2140
金属非金属地下矿山通风技术规范 通风系统鉴定指标(AQ 2013.5—2008) …… 2144
金属非金属矿山竖井提升系统防坠器安全性能检测检验规范
　(AQ 2019—2008) ……………………………………………………………………… 2149
金属非金属矿山在用缠绕式提升机安全检测检验规范(AQ 2020—2008) ……… 2153
金属非金属矿山在用摩擦式提升机安全检测检验规范(AQ 2021—2008) ……… 2160
金属非金属矿山在用提升绞车安全检测检验规范(AQ 2022—2008) …………… 2165
金属非金属矿山主要负责人安全生产培训大纲(AQ 2008—2006) ……………… 2171
金属非金属矿山主要负责人安全生产考核标准(AQ 2009—2006) ……………… 2176
金属非金属矿山安全生产管理人员安全生产培训大纲(AQ 2010—2006) ……… 2181
金属非金属矿山安全生产管理人员安全生产考核标准(AQ 2011—2006) ……… 2186
金属非金属矿山排土场安全生产规则(AQ 2005—2005) ………………………… 2191
尾矿库安全技术规程(AQ 2006—2005) ……………………………………………… 2199

六、粉尘防爆和涂装安全 ……………………………………………………………… 2217

粉尘防爆安全规程(GB 15577—2018) ……………………………………………… 2217
粉尘防爆术语(GB/T 15604—2008) ………………………………………………… 2225
涂装作业安全规程 安全管理通则(GB 7691—2003) ……………………………… 2232
铝镁制品机械加工粉尘防爆安全技术规范(AQ 4272—2016) …………………… 2255
粉尘爆炸危险场所用除尘系统安全技术规范(AQ 4273—2016) ………………… 2267
塑料生产系统粉尘防爆规范(AQ 4232—2013) …………………………………… 2277
粮食立筒仓粉尘防爆安全规范(AQ 4229—2013) ………………………………… 2283
粮食平房仓粉尘防爆安全规范(AQ 4230—2013) ………………………………… 2288
木材加工系统粉尘防爆安全规范(AQ 4228—2012) ……………………………… 2293
涂装工程安全评价导则(AQ 5206—2011) ………………………………………… 2301

涂装作业危险有害因素分类(AQ/T 5209—2011) …… 2307
建筑涂装安全通则(AQ 5210—2011) …… 2312
涂料生产企业安全生产标准化实施指南(AQ 3040—2010) …… 2322
电镀生产装置安全技术条件(AQ 5203—2008) …… 2340
涂装工程安全设施验收规范(AQ 5201—2007) …… 2347

七、个体防护装备 …… 2353

防护服装　阻燃服(GB 8965.1—2020) …… 2353
防护服装　防静电服(GB 12014—2019) …… 2365
足部防护　安全鞋(GB 21148—2020) …… 2381
头部防护　安全帽(GB 2811—2019) …… 2410
呼吸防护　自吸过滤式防颗粒物呼吸器(GB 2626—2019) …… 2420
个体防护装备　眼面部防护　职业眼面部防护具　第1部分:要求
　(GB 32166.1—2016) …… 2455
手部防护　化学品及微生物防护手套(GB 28881—2012) …… 2466
安全带(GB 6095—2009) …… 2475
防护服装　化学防护服通用技术要求(GB 24539—2009) …… 2487

（下　卷）

第二部分　消防救援基础性标准

一、消防术语 …… 2531

消防词汇　第1部分:通用术语(GB/T 5907.1—2014) …… 2531
消防词汇　第2部分:火灾预防(GB/T 5907.2—2015) …… 2539
消防词汇　第3部分:灭火救援(GB/T 5907.3—2015) …… 2554
消防词汇　第4部分:火灾调查(GB/T 5907.4—2015) …… 2562
消防词汇　第5部分:消防产品(GB/T 5907.5—2015) …… 2571

二、消防安全标志 …… 2605

消防安全标志　第1部分:标志(GB 13495.1—2015) …… 2605
消防安全标志设置要求(GB 15630—1995) …… 2620
消防安全标志通用技术条件　第1部分:通用要求和试验方法
　(XF 480.1—2004) …… 2635
消防安全标志通用技术条件　第2部分:常规消防安全标志
　(XF 480.2—2004) …… 2645

三、消防产品及装备配备 2650
消防监督技术装备配备(GB/T 25203—2010) 2650
消防电子产品检验规则(GB 12978—2003) 2669
消防产品市场准入信息管理(XF/T 1465—2018) 2677
消防技术服务机构设备配备(XF 1157—2014) 2702
消防产品一致性检查要求(XF 1061—2013) 2708
消防员个人防护装备配备标准(XF 621—2013) 2832
消防特勤队(站)装备配备标准(XF 622—2013) 2843
消防产品现场检查判定规则(XF 588—2012) 2858
消防产品工厂检查通用要求(XF 1035—2012) 2935
消防产品身份信息管理(XF 846—2009) 2951

四、火灾分类、勘验、认定、判定和统计 2972
重大火灾隐患判定方法(GB 35181—2017) 2972
火灾分类(GB/T 4968—2008) 2979
火灾原因认定规则(XF 1301—2016) 2981
火灾损失统计方法(XF 185—2014) 2987
火灾现场勘验规则(XF 839—2009) 3006

五、建筑场所消防安全 3016
社会单位灭火和应急疏散预案编制及实施导则(GB/T 38315—2019) 3016
建筑设计防火规范(GB 50016—2014)(2018年版) 3028
建筑消防设施的维护管理(GB 25201—2010) 3255
文物建筑消防安全管理(XF/T 1463—2018) 3279
住宅物业消防安全管理(XF 1283—2015) 3290
多产权建筑消防安全管理(XF/T 1245—2015) 3298
仓储场所消防安全管理通则(XF 1131—2014) 3305
住宿与生产储存经营合用场所消防安全技术要求(XF 703—2007) 3319
人员密集场所消防安全管理(XF 654—2006) 3323
城市轨道交通消防安全管理(XF/T 579—2005) 3338

第三部分 减灾救灾基础性标准

一、减灾救灾综合 3355
自然灾害承灾体分类与代码(GB/T 32572—2016) 3355
自然灾害分类与代码(GB/T 28921—2012) 3362
自然灾害救助应急响应划分基本要求(GB/T 29425—2012) 3368

灾区农户住房倒塌或损坏数量抽样核查方法(GB/T 28225—2011) …………… 3371
自然灾害管理基本术语(GB/T 26376—2010) …………………………………… 3379
社会捐助款物管理和使用规范(GB/T 26375—2010) …………………………… 3385
救灾物资储备库管理规范(GB/T 24439—2009) ………………………………… 3388
社会捐助基本术语(GB/T 24440—2009) ………………………………………… 3390
自然灾害灾情统计　第1部分:基本指标(GB/T 24438.1—2009) ……………… 3393
自然灾害灾情统计　第2部分:扩展指标(GB/T 24438.2—2012) ……………… 3398
自然灾害灾情统计　第3部分:分层随机抽样统计方法(GB/T 24438.3—2012) …… 3412
自然灾害避灾点管理规范(MZ/T 052—2014) …………………………………… 3418
应急期受灾人员集中安置点基本要求(MZ/T 040—2013) ……………………… 3422
自然灾害损失现场调查规范(MZ/T 042—2013) ………………………………… 3425
房屋受灾损坏程度现场识别(MZ/T 043—2013) ………………………………… 3430
自然灾害风险分级方法(MZ/T 031—2012) ……………………………………… 3434

二、地震地质灾害应急救援 ……………………………………………………… 3439

地震震级的规定(GB 17740—2017) ……………………………………………… 3439
地震应急避难场所　运行管理指南(GB/T 33744—2017) ……………………… 3453
中小学校地震避险指南(GB/T 33735—2017) …………………………………… 3476
社区地震应急指南(GB/T 31079—2014) ………………………………………… 3482
人员密集场所地震避险(GB/T 30353—2013) …………………………………… 3492
地震灾情应急评估(GB/T 30352—2013) ………………………………………… 3499
地震灾害紧急救援队伍救援行动　第1部分:基本要求
　(GB/T 29428.1—2012) ………………………………………………………… 3530
地震灾害紧急救援队伍救援行动　第2部分:程序和方法
　(GB/T 29428.2—2014) ………………………………………………………… 3549
地震应急避难场所　场址及配套设施(GB 21734—2008) ……………………… 3561
防震减灾术语　第1部分:基本术语(GB/T 18207.1—2008) …………………… 3566
防震减灾术语　第2部分:专业术语(GB/T 18207.2—2005) …………………… 3575
工程场地地震安全性评价(GB 17741—2005) …………………………………… 3607
地质灾害排查规范(DZ/T 0284—2015) ………………………………………… 3619
地质灾害危险性评估规范(DZ/T 0286—2015) ………………………………… 3639
地质灾害灾情统计(DZ/T 0269—2014) ………………………………………… 3672

三、水旱灾害应急救援 …………………………………………………………… 3686

暴雨灾害等级(GB/T 33680—2017) ……………………………………………… 3686
干旱灾害等级(GB/T 34306—2017) ……………………………………………… 3690
防洪标准(GB 50201—2014) ……………………………………………………… 3694
治涝标准(SL 723—2016) ………………………………………………………… 3735
水库大坝安全管理应急预案编制导则(SL/Z 720—2015) ……………………… 3764

防洪风险评价导则(SL 602—2013) ··· 3828
　　抗旱预案编制导则(SL 590—2013) ··· 3841
　　防台风应急预案编制导则(SL 611—2012) ··· 3850
四、气象灾害预警预报与应急响应 ··· 3858
　　气象灾害预警信号图标(GB/T 27962—2011) ······································ 3858
　　灾害性天气预报警报指南(GB/T 27966—2011) ···································· 3867
　　气象灾害调查技术规范　气象灾情信息收集(QX/T 531—2019) ················ 3870
　　重大气象灾害应急响应启动等级(QX/T 116—2018) ······························· 3875

第二部分
消防救援基础性标准

一、消 防 术 语

消防词汇 第1部分:通用术语
(GB/T 5907.1—2014)

前 言

GB/T 5907《消防词汇》分为五个部分:
——第1部分:通用术语;
——第2部分:火灾预防;
——第3部分:灭火救援;
——第4部分:火灾调查;
——第5部分:消防产品。

本部分为 GB/T 5907 的第1部分。

本部分按照 GB/T 1.1—2009 给出的规则起草。

本部分整合代替 GB/T 5907—1986《消防基本术语 第一部分》和 GB/T 14107—1993《消防基本术语 第二部分》。本部分与 GB/T 5907—1986 和 GB/T 14107—1993 相比,除编辑性修改外主要技术变化如下:

——对标准的结构重新进行了划分,整合、补充和修改了 GB/T 5907—1986 和 GB/T 14107—1993 中的基本术语和定义;

——GB/T 5907—1986 和 GB/T 14107—1993 其余的术语和定义经筛选、补充和修改后纳入本标准的第2部分、第3部分和第5部分。

本部分起草时参考了 ISO 8421-1:1987《消防词汇 第1部分:通用术语和火灾现象》、ISO 8421-7:1987《消防词汇 第7部分:爆炸探测和抑爆方法》和 ISO 13943:2008《火灾安全词汇》。

本部分由中华人民共和国公安部提出。

本部分由全国消防标准化技术委员会基础标准分技术委员会(SAC/TC 113/SC 1)归口。

本部分负责起草单位:公安部天津消防研究所。

本部分参加起草单位:中国科学技术大学、安徽省公安消防总队、江苏省公安消防总队。

本部分主要起草人:姚松经、屈励、毕少颖、程晓舫、唐晓亮。

GB/T 5907 于 1986 年 3 月首次发布,本次为第一次修订;GB/T 14107 于 1993 年 1 月首次发布,本次为第一次整合修订。

1 范围

GB/T 5907 的本部分界定了与消防有关的通用术语和定义。

本部分适用于消防管理、消防标准化、消防安全工程、消防科学研究、教学、咨询、出版及其他有关的工作领域。

2 术语和定义

2.1

消防 fire protection; fire

火灾预防(2.16)和**灭火救援**(2.60)等的统称。

2.2

火 fire

以释放热量并伴有烟或火焰或两者兼有为特征的**燃烧**(2.21)现象。

2.3

火灾 fire

在时间或空间上失去控制的**燃烧**(2.21)。

2.4

放火 arson

人蓄意制造**火灾**(2.3)的行为。

2.5

火灾参数 fire parameter

表示**火灾**(2.3)特性的物理量。

2.6

火灾分类 fire classification

根据**可燃物**(2.49)的类型和**燃烧**(2.21)特性,按标准化的方法对**火灾**(2.3)进行的分类。

注:GB/T 4968 规定了具体的火灾分类。

2.7

火灾荷载 fire load

某一空间内所有物质(包括装修、装饰材料)的**燃烧**(2.21)总热值。

2.8

火灾机理 fire mechanism

火灾(2.3)现象的物理和化学规律。

2.9

火灾科学 fire science

研究**火灾**(2.3)机理、规律、特点、现象和过程等的学科。

2.10

火灾试验 fire test

为了解和探求**火灾**(2.3)的机理、规律、特点、现象、影响和过程等而开展的科学试验。

2.11
   火灾危害   fire hazard
   火灾(2.3)所造成的不良后果。

2.12
   火灾危险   fire danger
   火灾危害(2.11)和火灾风险的统称。

2.13
   火灾现象   fire phenomenon
   火灾(2.3)在时间和空间上的表现。

2.14
   火灾研究   fire research
   针对火灾(2.3)机理、规律、特点、现象、影响和过程等的探求。

2.15
   火灾隐患   fire potential
   可能导致火灾(2.3)发生或火灾危害增大的各类潜在不安全因素。

2.16
   火灾预防   fire prevention
   防火
   采取措施防止火灾(2.3)发生或限制其影响的活动和过程。

2.17
   飞火   flying fire
   在空中运动着的火星或火团。

2.18
   自热   self-heating
   材料自行发生温度升高的放热反应。

2.19
   热解   pyrolysis
   物质由于温度升高而发生无氧化作用的不可逆化学分解。

2.20
   热辐射   thermal radiation
   以电磁波形式传递的热能。

2.21
   燃烧   combustion
   可燃物(2.49)与氧化剂作用发生的放热反应,通常伴有火焰(2.41)、发光和(或)烟气(2.26)的现象。

2.22
   无焰燃烧   flameless combustion
   物质处于固体状态而没有火焰(2.41)的燃烧(2.21)。

2.23
　　有焰燃烧　flaming
　　气相燃烧(2.21)，并伴有发光现象。
2.24
　　燃烧产物　product of combustion
　　由燃烧(2.21)或热解(2.19)作用而产生的全部物质。
2.25
　　燃烧性能　burning behaviour
　　在规定条件下，材料或物质的对火反应(2.42)特性和耐火性能(2.51)。
2.26
　　烟[气]　smoke
　　物质高温分解或燃烧(2.21)时产生的固体和液体微粒、气体，连同夹带和混入的部分空气形成的气流。
2.27
　　自燃　spontaneous ignition
　　可燃物(2.49)在没有外部火源的作用时，因受热或自身发热并蓄热所产生的燃烧(2.21)。
2.28
　　阴燃　smouldering
　　物质无可见光的缓慢燃烧(2.21)，通常产生烟气(2.26)和温度升高的现象。
2.29
　　闪燃　flash
　　可燃性(2.54)液体挥发的蒸气与空气混合达到一定浓度或者可燃性(2.54)固体加热到一定温度后，遇明火发生一闪即灭的燃烧(2.21)。
2.30
　　轰燃　flashover
　　某一空间内，所有可燃物(2.49)的表面全部卷入燃烧(2.21)的瞬变过程。
2.31
　　复燃　rekindle
　　燃烧(2.21)火焰(2.41)熄灭后再度发生有焰燃烧(2.23)的现象。
2.32
　　闪点　flash point
　　在规定的试验条件下，可燃性(2.54)液体或固体表面产生的蒸气在试验火焰(2.41)作用下发生闪燃(2.39)的最低温度。
2.33
　　燃点　fire point
　　在规定的试验条件下，物质在外部引火源(2.43)作用下表面起火(2.45)并持续燃烧(2.21)一定时间所需的最低温度。
2.34
　　燃烧热　heat of combustion

在 25 ℃、101 kPa 时,1 mol **可燃物**(2.49)完全**燃烧**(2.21)生成稳定的化合物时所放出的热量。

2.35

爆轰   detonation

以冲击波为特征,传播速度大于未反应物质中声速的化学反应。

2.36

爆裂   bursting

物体内部或外部过压使其急剧破裂的现象。

2.37

爆燃   deflagration

以亚音速传播的**燃烧**(2.21)波。

注:若在气体介质内,爆燃则与火焰(2.41)相同。

2.38

爆炸   explosion

在周围介质中瞬间形成高压的化学反应或状态变化,通常伴有强烈放热、发光和声响。

2.39

抑爆   explosion suppression

自动探测**爆炸**(2.38)的发生,通过物理化学作用扑灭**火焰**(2.41),抑制**爆炸**(2.38)发展的技术。

2.40

惰化   inert

对环境维持**燃烧**(2.21)或**爆炸**(2.38)能力的抑制。

注:例如把惰性气体注入封闭空间或有限空间,排斥里面的氧气,防止发生**火灾**(2.3)。

2.41

火焰   flame

发光的气相**燃烧**(2.21)区域。

2.42

对火反应   reaction to fire

在规定的试验条件下,材料或制品遇**火**(2.2)所产生的反应。

2.43

引火源   ignition source

点火源

使物质开始**燃烧**(2.21)的外部热源(能源)。

2.44

引燃   ignition

点燃

开始**燃烧**(2.21)。

2.45

起火   ignite(vi)

着火。

注:与是否由外部热源引发无关。

2.46

炭　char(n)

物质在**热解**(2.19)或不完全**燃烧**(2.21)过程中形成的含碳残余物。

2.47

炭化　char(v)

物质在**热解**(2.19)或不完全**燃烧**(2.21)时生成**炭**(2.46)的过程。

2.48

炭化长度　char length

在规定的试验条件下,材料在特定方向上发生**炭化**(2.47)的最大长度。

2.49

可燃物　combustible(n)

可以**燃烧**(2.21)的物品。

2.50

自燃物　pyrophoric material

与空气接触即能自行**燃烧**(2.21)的物质。

2.51

耐火性能　fire resistance

建筑构件、配件或结构在一定时间内满足标准耐火试验的稳定性、完整性和(或)隔热性的能力。

2.52

阻燃处理　fire retardant treatment

用以提高材料**阻燃性**(2.56)的工艺过程。

2.53

易燃性　flammability

在规定的试验条件下,材料发生持续**有焰燃烧**(2.23)的能力。

2.54

可燃性　combustibility

在规定的试验条件下,材料能够被**引燃**(2.44)且能持续**燃烧**(2.21)的特性。

2.55

难燃性　difficult flammability

在规定的试验条件下,材料难以进行**有焰燃烧**(2.23)的特性。

2.56

阻燃性　flame retardance

材料延迟被引燃或材料抑制、减缓或终止火焰传播的特性。

2.57

自熄性　self-extinguishing ability

在规定的试验条件下,材料在移去**引火源**(2.43)后终止**燃烧**(2.21)的特性。

2.58

灭火　fire fighting

扑灭或抑制**火灾**(2.3)的活动和过程。

2.59
灭火技术 fire fighting technology
为扑灭**火灾**(2.3)所采用的科学方法、材料、装备、设施等的统称。

2.60
灭火救援 fire fighting and rescue
灭火(2.58)和在**火灾**(2.3)现场实施以抢救人员生命为主的援救活动。

2.61
灭火时间 fire-extinguishing time
在规定的条件下,从灭火装置施放**灭火剂**(2.68)开始到**火焰**(2.41)完全熄灭所经历的时间。

2.62
消防安全标志 fire safety sign
由表示特定消防安全信息的图形符号、安全色、几何形状(或边框)等构成,必要时辅以文字或方向指示的安全标志。

注:GB 13495 规定了具体的消防安全标志。

2.63
消防设施 fire facility
专门用于**火灾预防**(2.16)、火灾报警、**灭火**(2.58)以及发生火灾时用于人员疏散的火灾自动报警系统、自动灭火系统、消火栓系统、防烟排烟系统以及应急广播和应急照明、防火分隔设施、安全疏散设施等固定消防系统和设备。

2.64
消防产品 fire product
专门用于**火灾预防**(2.16)、**灭火救援**(2.60)和**火灾**(2.3)防护、避难、逃生的产品。

2.65
固定灭火系统 fixed extinguishing system
固定安装于建筑物、构筑物或设施等,由**灭火剂**(2.68)供应源、管路、喷放器件和控制装置等组成的灭火系统。

2.66
局部应用灭火系统 local application extinguishing system
向保护对象以设计喷射率直接喷射**灭火剂**(2.68),并持续一定时间的灭火系统。

2.67
全淹没灭火系统 total flooding extinguishing system
将**灭火剂**(2.68)(气体、高倍泡沫等)以一定浓度(强度)充满被保护封闭空间而达到灭火目的的固定**灭火系统**(2.65)。

2.68
灭火剂 extinguishing agent
能够有效地破坏**燃烧**(2.21)条件,终止**燃烧**(2.21)的物质。

参 考 文 献

［1］ GB/T 4968—2008　火灾分类
［2］ GB/T 5332—2007　可燃液体和气体引燃温度试验方法
［3］ 中华人民共和国消防法（2008 年发布）
［4］ ISO 8421-1:1987　Fire protection—Vocabulary—Part 1:General terms and phenomena of fire
［5］ ISO 8421-2:1987　Fire protection—Vocabulary—Part 2:Structural fire protection
［6］ ISO 8421-5:1988　Fire protection—Vocabulary—Part 5:Smoke control
［7］ ISO 8421-7:1987　Fire protection—Vocabulary—Part 7:Explosion detection and suppression means
［8］ ISO 13943:2008　Fire safety—Vocabulary

消防词汇 第2部分:火灾预防
(GB/T 5907.2—2015)

前 言

GB/T 5907《消防词汇》分为五个部分:
— 第1部分:通用术语;
— 第2部分:火灾预防;
— 第3部分:灭火救援;
— 第4部分:火灾调查;
— 第5部分:消防产品。

本部分为 GB/T 5907 的第2部分。
本部分按照 GB/T 1.1—2009 给出的规则起草。
与本部分相关的通用术语收录在 GB/T 5907 的第1部分。
与本部分相关的消防产品术语收录在 GB/T 5907 的第5部分。
本部分起草时参考了 ISO 8421-2:1987《消防词汇 第2部分:建筑防火》、ISO 8421-5:1988《消防词汇 第5部分:烟气控制》、ISO 8421-6:1987《消防词汇 第6部分:疏散和逃生途径》和 ISO 13943:2008《火灾安全词汇》。
本部分由中华人民共和国公安部提出。
本部分由全国消防标准化技术委员会基础标准分技术委员会(SAC/TC 113/SC 1)归口。
本部分负责起草单位:公安部天津消防研究所。
本部分参加起草单位:中国人民武装警察部队学院、公安部四川消防研究所、江苏省公安消防总队。
本部分主要起草人:姚松经、沈纹、康青春、毕少颖、唐晓亮、韩伟平、丁敏、陆世昌。

1 范围

GB/T 5907 的本部分界定了与火灾预防有关的常用术语和定义。
本部分适用于火灾预防、消防管理、消防标准化、消防安全工程、消防科学研究、教学、咨询、出版及其他有关的工作领域。

2 术语和定义

2.1 建筑防火

2.1.1
敞开楼梯 open stairway
建筑物内不封闭的楼梯。

2.1.2
防火分隔 fire separation

用具有一定耐火性能的建筑构件将建筑物内部空间加以分隔,在一定时间内限制火灾于起火区的措施。

2.1.3

防火分区　fire compartment

在建筑内部采用**防火墙**(2.1.6)、耐火楼板及其他**防火分隔**(2.1.2)设施分隔而成,能在一定时间内防止火灾向同一建筑的其余部分蔓延的局部空间。

2.1.4

防火间距　fire separation distance

防止着火建筑的辐射热在一定时间内引燃相邻建筑,且便于消防扑救的间隔距离。

2.1.5

防火幕　safety curtain

阻止火灾产生的烟气和热气通过的活动式的幕。

2.1.6

防火墙　fire wall

防止火灾蔓延至相邻建筑或相邻水平**防火分区**(2.1.3)且**耐火极限**(2.1.12)不低于3.00 h的不燃性实体墙。

2.1.7

防烟楼梯间　smoke proof staircase

在楼梯间入口处设置防烟的前室、开敞式阳台或凹廊等设施(统称前室),能防止火灾的烟气和热气进入的楼梯间。

2.1.8

封闭楼梯间　enclosed staircase

采用双向弹簧门、防火门等措施分隔,能防止火灾的烟气和热气进入的楼梯间。

2.1.9

集液池　catch pit

积液坑

为容纳泄漏或溢出的可燃烧的液体,设置在地面下通常填有碎石的围护结构。

2.1.10

防火堤　fire bund

为容纳泄漏或溢出的可燃烧的液体,在液体储罐周围地面上设置的实体堤坝。

2.1.11

耐火等级　fire resistance classification

根据建筑中墙、柱、梁、楼板、吊顶等各类构件不同的**耐火极限**(2.1.12),对建筑物等整体耐火性能进行的等级划分。

2.1.12

耐火极限　duration of fire resistance

在标准耐火试验条件下,建筑构件、配件或结构从受到火的作用时起,到失去**耐火稳定性**(2.1.13)、**耐火完整性**(2.1.14)或**耐火隔热性**(2.1.15)时止的时间。

2.1.13

耐火稳定性　fire stability

在标准耐火试验条件下,承重建筑构件在一定时间内抵抗坍塌的能力。

2.1.14

耐火完整性 fire integrity

在标准耐火试验条件下,当建筑分隔构件一面受火时,在一定时间内防止火焰和烟气穿透或在背火面出现火焰的能力。

2.1.15

耐火隔热性 fire insulation

在标准耐火试验条件下,当建筑分隔构件一面受火时,在一定时间内防止其背火面温度超过规定值的能力。

2.2 烟气控制

2.2.1

防烟分区 smoke bay

在建筑内部采用挡烟设施分隔而成,能在一定时间内防止火灾烟气向同一建筑的其余部分蔓延的局部空间。

2.2.2

机械加压送风 mechanical pressurization

对楼梯间、前室及其他需要被保护的区域采用机械送风,使该区域形成正压,防止烟气进入的方式。

2.2.3

机械排烟 mechanical smoke extraction

采用机械力将烟气排至建筑物外的排烟方式。

2.2.4

直灌式加压送风 blow through mechanical pressurization

风机未通过送风井道直接对楼梯井**机械加压送风**(2.2.2)的方式。

2.2.5

自然排烟 natural smoke control

利用火灾时产生的热烟气流的浮力和外部风力作用,通过建筑物的对外开口把烟气排至室外的排烟方式。

2.3 安全疏散

2.3.1

安全出口 exit; safety exit

供人员安全疏散用的楼梯间、室外楼梯的出入口或直通室内外安全区域的出口。

2.3.2

避难层 refuge floor; area of refuge

避难间

建筑内用于人员在火灾时暂时躲避火灾及其烟气危害的楼层或房间。

2.3.3

避难走道 exit passageway

设置防烟设施且两侧采用**防火墙**(2.1.6)分隔,用于人员安全通行至室外的走道。

2.3.4
　袋形走道　dead end
　　一端封闭,只有一个疏散(2.3.6)方向的走道。

2.3.5
　[理论]人员密度　theoretical occupation density
　　单位建筑面积上的人员数目,用于计算安全出口(2.3.1)数量和出口宽度。

2.3.6
　疏散　escape；evacuation
　　逃生
　　人员由危险区域向安全区域撤离。

2.3.7
　疏散距离　travel distance
　　从房间内任一点到最近安全出口(2.3.1)的距离。

2.3.8
　疏散楼梯　protected stairway
　　具有足够防火能力并作为竖向疏散通道(2.3.11)的室内或室外楼梯。

2.3.9
　疏散路线　escape route；evacuation route
　　紧急情况下,到达安全出口(2.3.1)的途径。

2.3.10
　疏散时间　evacuation time
　　建筑物内或建筑物某个区域的所有人员从获得火灾信息至抵达安全出口(2.3.1)或安全区的时间。

2.3.11
　疏散通道　escape access；evacuation access
　　建筑物内具有足够防火和防烟能力,主要满足人员安全疏散(2.3.6)要求的通道。

2.3.12
　疏散预案　evacuation plan
　　为保证建筑物内人员在火灾情况下能安全疏散(2.3.6)而事先制定的计划。

2.3.13
　应急照明　emergency lighting
　　当正常照明中断时,用于人员疏散(2.3.6)和消防作业的照明。

2.4　公共消防设施

2.4.1
　公共消防设施　public fire facility
　　保障消防安全的必要公共设施。通常包括消防站(2.4.2)、消防通信指挥系统(2.4.3)、火警瞭望台(2.4.4)、消防供水设施(2.4.5)和消防车通道(2.4.6)等。

2.4.2
　消防站　fire station
　　公安消防队和专职消防队的驻地,按照标准建设并配备人员、消防装备、训练设施等,是扑救火灾、抢险救援最基本的战斗单位。

2.4.3

消防通信指挥系统 fire communication and command system

覆盖某一区域(如省、市),联通该区域的消防通信指挥中心、移动消防通信指挥中心、**消防站**(2.4.2)、救灾相关单位等环节,具有火警受理、通信调度、辅助决策指挥和消防业务管理等功能的网络和设备及其软件组成的通信指挥系统。

2.4.4

火警瞭望台 fire lookout tower

有一定高度的瞭望设施,利用它能及时发现火灾,及早发出火灾报警,并能观察与通报火场情况。

2.4.5

消防供水设施 water source for fire fighting

供灭火救援用的人工水源和天然水源。

2.4.6

消防车通道 fire-fighting access; fire lane

满足消防车通行和作业等要求,在紧急情况下供消防队专用,使消防员和消防车等装备能到达或进入建筑物的通道。

2.5 建筑消防设施

2.5.1

建筑消防设施 fire equipment in building

建筑物、构筑物中设置的用于火灾报警、灭火救援、人员疏散、**防火分隔**(2.1.2)等设施的总称。

2.5.2

火灾自动报警系统 fire detection and alarm system

能实现火灾早期探测、发出火灾报警信号、并向各类消防设备发出控制信号完成各项消防功能的系统,一般由火灾触发器件、火灾警报装置、火灾报警控制器、消防联动控制系统等组成。

2.5.3

电气火灾监控系统 electrical fire monitoring system

由电气火灾监控设备、电气火灾监控探测器组成,当被保护电气线路中的被探测参数超过报警设定值时,能发出报警信号、控制信号并能指示报警部位的系统。

2.5.4

消防联动控制系统 automatic control system for fire protection

通常由消防联动控制器、模块、气体灭火控制器、消防电气控制装置、消防设备应急电源、消防应急广播设备、消防电话、传输设备、消防控制中心图形显示装置、消防电动装置、消火栓按钮等设备组成,在火灾自动报警系统中,接收火灾报警控制器发出的火灾报警信号,完成各项消防功能的控制系统。

2.5.5

[自动]喷水灭火系统 automatic sprinkler system

由洒水喷头、报警阀组、水流报警装置(水流指示器或压力开关)等组件,以及管道、供水设施组成,并能在发生火灾时喷水的自动灭火系统。

2.5.6

闭式[自动喷水]灭火系统 sealed automatic sprinkler system

采用闭式洒水喷头的**自动喷水灭火系统**(2.5.5)。

注:包括湿式自动喷水灭火系统(2.5.8)、干式自动喷水灭火系统(2.5.9)、预作用自动喷水灭火系统(2.5.10)等。

2.5.7

开式[自动喷水]灭火系统 open automatic sprinkler system

采用开式洒水喷头的**自动喷水灭火系统**(2.5.5)。

注:包括雨淋灭火系统(2.5.11)、水幕灭火系统(2.5.12)、水喷雾灭火系统(2.5.13)等。

2.5.8

湿式[自动喷水灭火]系统 wet pipe automatic sprinkler system

准工作状态时,配水管道内充满用于启动系统的有压水的**闭式自动喷水灭火系统**(2.5.6)。

2.5.9

干式[自动喷水灭火]系统 dry pipe automatic sprinkler system

准工作状态时,配水管道内充满用于启动系统的有压气体的**闭式自动喷水灭火系统**(2.5.6)。

2.5.10

预作用[自动喷水灭火]系统 pre-action automatic sprinkler system

准工作状态时配水管道内不充水,由火灾自动报警系统、闭式洒水喷头作为探测元件,自动开启雨淋报警阀或预作用报警阀组后,转换为**湿式自动喷水灭火系统**(2.5.8)的**闭式自动喷水灭火系统**(2.5.6)。

2.5.11

雨淋[灭火]系统 deluge extinguishing system

由火灾自动报警系统或传动管控制,自动开启雨淋报警阀和启动供水泵后,向开式洒水喷头供水的**开式自动喷水灭火系统**(2.5.7)。

2.5.12

水幕[灭火]系统 drencher extinguishing system

由开式洒水喷头或水幕喷头、雨淋报警阀或感温雨淋报警阀、水流报警装置(水流指示器或压力开关)等组成,用于挡烟阻火和冷却分隔物的**开式自动喷水灭火系统**(2.5.7)。

2.5.13

水喷雾[灭火]系统 water spray extinguishing system

由水源、供水设备、管道、雨淋报警阀、过滤器和水雾喷头等组成,向保护对象喷射水雾灭火或防护冷却的**开式自动喷水灭火系统**(2.5.7)。

2.5.14

自动喷水-泡沫联用[灭火]系统 sprinkler-foam extinguishing system

配置供给泡沫混合液的设备后,组成既可喷水又可喷泡沫的**自动喷水灭火系统**(2.5.5)。

2.5.15

泡沫-干粉联用[灭火]系统 foam-powder extinguishing system

可单独、同时或按顺序分别供给泡沫和干粉的泡沫和干粉联合应用灭火系统。

2.5.16

泡沫灭火系统 foam extinguishing system

将泡沫灭火剂与水按一定比例混合,经发泡设备产生灭火泡沫的灭火系统。

2.5.17

液下喷射泡沫灭火系统 base injection foam extinguishing system

能在可燃液体表面下注入泡沫,泡沫上升到液体表面并扩散开,形成一个泡沫层的**泡沫灭火系统**(2.5.16)。

2.5.18

全淹没式高倍数泡沫灭火系统 total flooding of high expansion foam extinguishing system

由固定式高倍数泡沫发生装置将高倍数泡沫喷放到封闭或被围挡的防护区内,并在规定的时间内达到淹没深度的**泡沫灭火系统**(2.5.16)。

2.5.19

局部应用式高倍数、中倍数泡沫灭火系统 local application of high/medium expansion foam extinguishing system

由固定式或半固定式高倍数或中倍数泡沫发生装置直接或通过导泡筒将泡沫喷放到火灾部位的**泡沫灭火系统**(2.5.16)。

2.5.20

气体灭火系统 gas fire extinguishing system

灭火介质为气体灭火剂的灭火系统。

2.5.21

二氧化碳灭火系统 carbon dioxide extinguishing system

由二氧化碳供应源、喷嘴和管路等组成的**气体灭火系统**(2.5.20)。

2.5.22

高压二氧化碳灭火系统 high pressure carbon dioxide fire extinguishing system

二氧化碳灭火剂在常温下贮存的**二氧化碳灭火系统**(2.5.21)。

2.5.23

低压二氧化碳灭火系统 low pressure carbon dioxide fire extinguishing system

二氧化碳灭火剂在$-18\ ℃\sim-20\ ℃$的温度下贮存的**二氧化碳灭火系统**(2.5.21)。

2.5.24

卤代烷灭火系统 halocarbon fire extinguishing system

由卤代烷供应源、喷嘴和管路等组成的**气体灭火系统**(2.5.20)。

2.5.25

惰化系统 inerting system

引入适当浓度的惰性气体防止可燃的气体、蒸气、粉尘燃烧或爆炸的系统。

2.5.26

组合分配系统 combined distribution system

用一套灭火剂贮存装置,保护两个及以上防护区或保护对象的**气体灭火系统**(2.5.20)。

2.5.27

烟雾灭火系统 smoke extinguishing system

烟雾灭火剂在烟雾灭火器内进行燃烧反应,产生烟雾灭火气体,喷射到贮罐内着火液面的上方,形成均匀而浓厚的灭火气体层的灭火系统。

2.5.28

干粉灭火系统 powder extinguishing system

由干粉贮存容器、驱动组件、输送管道、喷放组件、探测和控制器件等组成的灭火系统。

2.5.29

软管卷盘系统 hose reel system

装在卷盘上或导轨上的带人工操作喷枪的软管系统。

2.5.30

消防电梯 fire lift; lift for firefighter

设置在建筑的耐火封闭结构内,具有前室、备用电源以及其他防火保护、控制和信号等功能,在正常情况下可为普通乘客使用,在建筑发生火灾时能专供消防员使用的电梯。

2.5.31

防排烟系统 smoke management system

建筑内设置的用以防止火灾烟气蔓延扩大的**防烟系统**(2.5.32)和**排烟系统**(2.5.33)的总称。

2.5.32

防烟系统 smoke control system

采用**机械加压送风**(2.2.2)方式或自然通风方式,防止烟气进入楼梯间、前室、避难层(间)等空间的系统。

2.5.33

排烟系统 smoke extraction system

采用**机械排烟**(2.2.3)方式或**自然排烟**(2.2.5)方式,将烟气排至建筑物外的系统。

2.5.34

应急照明系统 emergency lighting system

用于**应急照明**(2.3.13)的灯具及相关装置。

2.5.35

疏散指示标志 escape direction sign

设置在**安全出口**(2.3.1)和**疏散路线**(2.3.9)上,用于指示**安全出口**(2.3.1)和通向**安全出口**(2.3.1)路线的标志。

注:疏散指示标志是 GB 13495 中的"安全出口"标志或"安全出口"与"疏散通道方向"标志的组合。GB 13495 规定了标志的式样以及组合使用的式样等内容。

2.6 消防安全工程

2.6.1

火灾风险 fire risk

发生火灾的概率及其后果的组合。

注1:某个事件或场景的火灾风险是指该事件或场景的概率及其后果的组合,通常为概率和后果的乘积。

注2:某个设计的火灾风险是指与该设计有关的所有事件或场景的概率及其后果的组合,通常为所有事件或场景风险的和。

2.6.2

火灾风险管理 fire risk management

获得预期的火灾风险标准所需的过程、程序和支撑文化背景。

注:火灾风险管理由**火灾风险评估**(2.6.3)、**火灾风险处置**(2.6.4)、**火灾风险接受**(2.6.5)和**火灾风险沟通**(2.6.6)组成。

2.6.3

火灾风险评估 fire risk assessment

用规定的**可接受火灾风险**(2.6.7)对所估计**火灾风险**(2.6.1)进行评价的过程。

2.6.4

火灾风险处置 fire risk treatment

选择调整**火灾风险**(2.6.1)的措施并加以实施。

注:通常指除设计变更以外的改变,如设备的安全管理。

2.6.5

火灾风险接受 fire risk acceptance

根据验收标准决定是否接受一个**火灾风险**(2.6.1)水平。

2.6.6

火灾风险沟通 fire risk communication

风险相关方就**火灾风险**(2.6.1)的信息进行交流或共享的行为。

2.6.7

可接受火灾风险 acceptable fire risk

在**火灾风险**(2.6.1)评估的风险评价阶段,满足规定验收标准的风险。

2.6.8

火灾风险评价 fire risk evaluation

将基于**火灾风险**(2.6.1)分析所估计的风险与基于规定验收标准的可接受风险进行对比。

2.6.9

火灾特性 fire behaviour

物品和(或)构筑物暴露于火灾,所发生的物理和(或)化学性质的变化。

2.6.10

火灾模化 fire modeling

用**火灾模型**(2.6.11)来定量地描述火灾发展的动态规律。

2.6.11

火灾模型 fire model

用于研究和预测火灾发展的数学表达式。

2.6.12

火灾试验模型 physical fire model

用于描述火灾特定阶段的试验室方法,包括设备、环境及试验程序。

2.6.13

时间-温度标准曲线 standard time-temperature curve

在标准耐火试验过程中,耐火试验炉内的温度随时间变化的函数曲线。

2.6.14

火灾场景 fire scenario

对一次火灾整个发展过程的定性描述,该描述确定了反映该次火灾特征并区别于其他可能火灾的关键事件。

注:火灾场景通常要定义引燃、火灾增长阶段、完全发展阶段和衰退阶段,以及影响火灾发展过程的各种系统和环境条件。无论确定性分析或风险评估是否是预想的,确定潜在的火灾场景都是重要的一步。

2.6.15

典型火灾场景 representative fire scenario

选自火灾场景组的一个具有代表性**火灾场景**(2.6.14),假定其结果可对火灾场景组的平均结果提供合理估计。

2.6.16

设定火灾 design fire

对一个**设定火灾场景**(2.6.17)的假定火灾特征的定量描述。

2.6.17

设定火灾场景 design fire scenario

进行确定性的消防安全工程分析所采用的特定**火灾场景**(2.6.14)。

注:因为可能的**火灾场景**(2.6.14)非常多,所以,有必要选择最重要的场景(设定火灾场景)进行分析。设定火灾场景的选择是和火灾安全设计目标相适应的,并且能说明潜在的**火灾场景**(2.6.14)的可能性和后果。

2.6.18

火灾荷载密度 fire load density

某一空间内单位面积上的火灾荷载。

2.6.19

油池火 pool fire

发生于有易燃、可燃液体或溶解固体的池内的火灾。

2.6.20

自燃温度 spontaneous ignition temperature

在规定的条件下,可燃物发生自燃的最低温度。

2.6.21

点火 ignite(vt);light(vt)

引发燃烧。

2.6.22

引燃温度 ignition temperature

在规定的试验条件下,物质发生引燃时的最低温度。

注:GB/T 5332规定了可燃液体和气体引燃温度的测试方法。

2.6.23

引燃时间 ignition time

在规定的试验条件下,试样从开始暴露于规定的热辐射条件至引起持续燃烧的时间。

2.6.24

最小引燃时间　minimum ignition time

在规定的试验条件下,物质暴露于热辐射条件而发生引燃的最短时间。

2.6.25

层流火焰　laminar flame

气流雷诺数(Re)不超过某一定值的燃烧火焰。

2.6.26

湍流火焰　turbulent flame

燃烧时呈现不规则流动现象的火焰。

2.6.27

预混火焰　premixed flame

燃料与氧化剂预先混合后,再点火燃烧所产生的火焰。

2.6.28

实际热值　actual calorific value

在火灾条件下,单位质量的材料燃烧所释放的热量。

2.6.29

试验热值　experimental heat release

在规定的试验条件下,单位质量的材料燃烧所释放的热量。

2.6.30

线性燃烧速率　linear burning rate

在规定的试验条件下,单位时间材料燃烧的直线传播距离。

2.6.31

面积燃烧速率　area burning rate

在规定的试验条件下,单位时间材料燃烧的面积。

2.6.32

质量燃烧速率　mass burning rate

在规定的试验条件下,材料在单位时间内燃烧造成的质量损失。

2.6.33

热释放速率　heat release rate

材料或组件在单位时间内燃烧所释放的热量。

2.6.34

火线　fire line

由火蔓延时的火焰前锋(2.6.37)所构成的界线。

2.6.35

火焰持续时间　duration of flaming

在规定条件下,有焰燃烧持续的时间。

2.6.36

火焰蔓延　flame spread

火焰传播

火焰前锋(2.6.37)的扩展。

2.6.37

火焰前锋　flame front

材料表面上气相燃烧区的外缘界面。

2.6.38

火羽流　fire plume

由燃烧所产生的浮力形成的向上湍流流动,通常包括下部的燃烧区域。

2.6.39

火旋风　fire whirl

因燃烧而引发的热空气快速旋转流动的现象。

2.6.40

烟囱效应　chimney effect

在相对封闭的竖向空间内,由于气流对流而促使烟气和热气流向上流动的现象。

2.6.41

烟[气]层　smoke layer

由火灾引发,在封闭空间的最高分界面下面形成并聚集,相对均匀的一定量的烟气。

2.6.42

烟气分层　smoke stratification

封闭空间内在没有气流扰动的情况下,由热效应作用引起的烟气分层状态。

2.6.43

[光学]烟密度　optical density of smoke

用烟气阻光率常用对数表述的光束通过烟气后的衰减程度。

注1:烟密度无量纲。

注2:烟气阻光率是指在规定的试验条件下,入射光强度与透过烟气光强度的比值。是透射率的倒数。

2.6.44

烟炱　soot

有机物质不完全燃烧时所产生并沉积的微粒,主要是炭的微粒。

2.6.45

熔滴　melt drip

物质燃烧或熔融时的滴落物。

2.6.46

熔融特性　melting behaviour

物质受热发生皱缩、滴落、熔化等物理现象。

2.6.47

沸溢　boil over

正在燃烧的油层下的水层因受热沸腾膨胀导致燃烧着的油品喷溅,使燃烧瞬间增大的现象。

2.6.48

烧毁长度　damaged length

在规定的试验条件下,材料的**烧毁面积**(2.6.49)在特定方向的最大长度。

2.6.49

烧毁面积　damaged area

在规定的试验条件下,材料因燃烧或热解作用而受到永久性损坏的总面积。

2.6.50

灰烬　ash

物质完全燃烧生成的粉末状残余物。

2.6.51

爆炸极限　explosion limit

可燃气体、蒸气或粉尘与空气均匀混合后形成混合气,遇足够的点火能会产生爆炸的最高或最低浓度。

2.6.52

氧指数　oxygen index

在规定的试验条件下,材料在氮氧混合气中进行有焰燃烧所需的最低氧浓度。

注:氧指数的单位为"%"。

2.6.53

毒害　toxic hazard

在火灾中由于产生**毒物**(2.6.55)而导致对生物体的有害影响。

2.6.54

毒害风险　toxic risk

在火灾中产生**毒害**(2.6.53)的可能性。

2.6.55

毒物　toxicant

能够对生物产生**毒性**(2.6.59)的物质。

2.6.56

毒物剂量　toxicant dose

生物体所吸入的毒物量。

注:在毒理学中,毒物剂量可用**暴露剂量**(2.6.65)乘以单位时间生物体平均吸入空气的体积来判定,以 mg/min 表示。

2.6.57

毒物浓度　toxicant concentration

单位体积空气中的**毒物**(2.6.55)含量。

注:通常以质量浓度(mg/L 或 g/m³)或体积分数(10^{-6})表示。

2.6.58

毒效　toxic potency

毒物(2.6.55)所产生的有害的生物学改变的强度。

2.6.59

毒性　toxicity

物质对生物体产生有害作用的特性。

2.6.60

毒性模型 toxic model

在规定的试验条件下,评价材料在火灾中产生**毒性**(2.6.59)的装置。

2.6.61

急性毒性 acute toxicity

短时间(15 min)一次暴露于大剂量(高浓度)或 24 h 以内多次暴露于小剂量(低浓度)的某种**毒物**(2.6.55)所产生的**毒性**(2.6.59)。

2.6.62

慢性毒性 chronic toxicity

长时间多次暴露于小剂量(低浓度)某种**毒物**(2.6.55)所产生的**毒性**(2.6.59)。

2.6.63

潜伏毒性 delayed toxicity

停止接触或暴露于某种**毒物**(2.6.55)之后经过一段时间的潜伏期才出现的**毒性**(2.6.59)。

2.6.64

特殊毒性 specific toxicity

暴露于某种**毒物**(2.6.55)能够造成生物体致突变、致畸、致癌、致敏等作用的**毒性**(2.6.59)。

2.6.65

暴露剂量 exposure dose

吸入的有毒气体或火灾流出物的最大量。

注1:由浓度-时间曲线围成的面积计算。

注2:在毒理学中,暴露剂量可以用单位**暴露时间**(2.6.66)的**毒物浓度**(2.6.57)来确定,以 mg/L・min 表示。

注3:对于燃烧产物,暴露剂量可由单位时间、单位体积材料的质量损失以及它所稀释的体积和**暴露时间**(2.6.66)来估算。

2.6.66

暴露时间 exposure time

人、动物或试样暴露于规定条件的时间。

2.6.67

暴露危险 exposure hazard

由于暴露于有毒气体或火灾流出物环境而带来的危险。

2.6.68

生物鉴定 biological assay

在规定的试验条件下,通过生物体暴露试验来测定火灾所产生的**毒性**(2.6.59)。

2.6.69

丧失能力 incapacitation

由于暴露于有毒气体或火灾流出物而使生物体失去逃生的能力。

参 考 文 献

[1] GB/T 5332—2007　可燃液体和气体引燃温度试验方法
[2] GB/T 5907.1—2014　消防词汇　第1部分:通用术语
[3] GB/T 5907.3—2015　消防词汇　第3部分:灭火救援
[4] GB/T 5907.5—2015　消防词汇　第5部分:消防产品
[5] GB 13495—1992　消防安全标志
[6] 中华人民共和国消防法(2008年发布)
[7] ISO 8421-1:1987　Fire protection—Vocabulary—Part 1:General terms and phenomena of fire
[8] ISO 8421-2:1987　Fire protection—Vocabulary—Part 2:Structural fire protection
[9] ISO 8421-5:1988　Fire protection—Vocabulary—Part 5:Smoke control
[10] ISO 8421-6:1987　Fire protection—Vocabulary—Part 6:Evacuation and means of escape
[11] ISO 13943:2008　Fire safety—Vocabulary

消防词汇 第3部分：灭火救援
（GB/T 5907.3—2015）

前　言

GB/T 5907《消防词汇》分为五个部分：
——第1部分：通用术语；
——第2部分：火灾预防；
——第3部分：灭火救援；
——第4部分：火灾调查；
——第5部分：消防产品。

本部分为GB/T 5907的第3部分。

本部分按照GB/T 1.1—2009给出的规则起草。

与本部分相关的通用词汇收录在GB/T 5907的第1部分。

与本部分相关的火灾预防词汇收录在GB/T 5907的第2部分。

与本部分相关的消防产品词汇收录在GB/T 5907的第5部分。

本部分起草时参考了ISO 8421-8:1990《消防词汇　第8部分：消防救援和危险物品储运》和ISO 13943:2008《火灾安全词汇》。

本部分由中华人民共和国公安部提出。

本部分由全国消防标准化技术委员会基础标准分技术委员会（SAC/TC 113/SC 1）归口。

本部分负责起草单位：公安部天津消防研究所。

本部分参加起草单位：中国人民武装警察部队学院、江苏省公安消防总队、公安部上海消防研究所。

本部分主要起草人：姚松经、康青春、毕少颖、唐晓亮、诸容、张智、王严。

1　范围

GB/T 5907的本部分界定了与灭火救援有关的常用术语和定义。

本部分适用于消防管理、灭火救援、消防标准化、消防科学研究、教学、咨询、出版及其他有关的工作领域。

2　术语和定义

2.1　组织与管理

2.1.1

辖区　fire area

消防站负责保护的城乡区域。

2.1.2

消防队 fire brigade

依法或根据需要建立,配备人员和消防装备等,负责火灾扑救、应急救援等工作的消防组织。

2.1.3

公安消防队 public security fire brigade

依照国家法律法规建立、隶属于公安机关、承担火灾扑救和应急救援工作的专业**消防队**(2.1.2)。

2.1.4

专职消防队 full-time fire brigade

依照国家法律法规建立、隶属于地方政府或企事业单位、承担火灾扑救和应急救援工作的专业**消防队**(2.1.2)。

2.1.5

志愿消防队 volunteer fire brigade

由机关、团体、企业、事业单位以及乡镇人民政府、村民委员会、居民委员会根据需要建立的承担火灾自防自救工作的**消防队**(2.1.2)。

2.2 接警与火警受理

2.2.1

火警 fire alarm

发生火灾等紧急情况。

2.2.2

火灾报警 report of fire alarm

向**消防队**(2.1.2)报告火灾发生。

2.2.3

火警电话 fire telephone

专门用于**火灾报警**(2.2.2)的电话。

2.2.4

火警电话专线 fire telephone line

专门用于**火灾报警**(2.2.2)的电话线路。

2.2.5

火警受理 response to fire alarm

通过各种渠道和方式对报送来的**火警**(2.2.1)信息进行接收和处理的活动。

2.2.6

谎报火警 malicious fire alarm

明知没有火灾等情况发生而故意发出**火灾警报**(2.2.7)。

2.2.7

火灾警报 alarm of fire

由人或自动装置发出的通报火灾发生的警报。

2.2.8

　　接警　receipt of fire alarm

　　消防队(2.1.2)接受发生火灾信息的活动。

2.2.9

　　集中接警　centralized receipt of fire alarm

　　消防总、支(大)队集中受理**火灾报警**(2.2.2)后,再向辖区中队发出战斗指令的**接警**(2.2.8)方式。

2.2.10

　　分散接警　scattered receipt of fire alarm

　　消防队(2.1.2)直接受理辖区内**火灾报警**(2.2.2)的**接警**(2.2.8)方式。

2.2.11

　　接警时间　alarm time

　　火警受理台接到**火灾报警**(2.2.2)信号的时刻。

2.3　作战、战术与战训

2.3.1

　　灭火预案　pre-determined fire plan

　　灭火作战计划

　　根据火灾对象、可调度的救援力量和灾情的预想预先做出的灭火救援作战文书。

2.3.2

　　灭火出动　starting for fire fighting

　　消防员接到出动命令后,着消防战斗服装乘消防车、船(艇)或飞机,前往**火场**(2.3.7)的行动。

2.3.3

　　力量调度　dispatch of fire fighting force

　　受理火警后,通过消防通信指挥系统向**火场**(2.3.7)调派灭火救援力量的过程。

2.3.4

　　接警出动时间　response time

　　从接到火灾或其他紧急信号到消防车离开消防站的时间。

2.3.5

　　出动警灯　turnout alert lamp

　　接警(2.2.8)后,能显示灭火救援出动命令并发出光学警示信号的灯具。

2.3.6

　　出动警铃　turnout alert bell

　　接警(2.2.8)后,能传达灭火救援出动命令的声响设备。

2.3.7

　　火场　fire ground

　　发生火灾的区域。

2.3.8

　　到场时间　attendance time

　　接到火灾或其他紧急信号到**消防队**(2.1.2)到达**火场**(2.3.7)所经历的时间。

2.3.9

灭火救援组织指挥 organization and command of firefighting and rescue operation

具备灭火救援指挥资格的指挥机关和指挥员对各类灾害事故进行处置的特殊的组织领导活动，贯穿于接警出动至恢复战备的全过程。

2.3.10

火场指挥部 command post on the fire ground

扑救火灾时，为协调灭火救援力量在**火场**(2.3.7)上的灭火救援行动，实施统一组织、统一指挥、统一行动，由有关人员组成的临时指挥机构。

2.3.11

火场指挥图 fire command diagram

反映指挥员组织灭火救援作战意图的示意图。

2.3.12

灭火指挥员 fire fighting commander

在**火场**(2.3.7)上发布灭火救援命令和组织实施灭火救援的人员。

2.3.13

火场侦察 reconnaissance on the fire ground

消防队(2.1.2)到达**火场**(2.3.7)后，通过观察、询问、侦检等方法全面掌握**火场**(2.3.7)情况的活动。

2.3.14

灭火战术 fire fighting tactic

指导和实施**灭火战斗**(2.3.15)的方法、策略。

2.3.15

灭火战斗 fire fighting

消防员在**灭火战斗**(2.3.15)过程中的各个环节的行动方式和行动规范，包括接警出动、火场侦察、战斗展开、战斗进行、战斗结束等环节。

2.3.16

战斗展开 fighting deployment

消防队(2.1.2)到达**火场**(2.3.7)后，根据灭火指挥员的战斗命令，迅速进入指定位置，对燃烧区及周围需要保护的区域完成进攻准备的行动。

2.3.17

水枪手 branch man；nozzle personnel

控制水枪的消防员。

2.3.18

火场供水 water supply to fire ground

利用消防车、消防船(艇)、消防泵和其他消防供水器具，将水输送到**火场**(2.3.7)的行动。

2.3.19

接力供水 water relay

通过消防车、消防泵串联实现的远程供水方式。

2.3.20

火场警戒 fire ground guard

为保证灭火救援行动和火灾调查的顺利进行,采取划分警戒区域、交通管制等措施对进出**火场**(2.3.7)的人员、车辆进行控制。

2.3.21

火场救生 rescue life on the fire ground

消防员采用各种手段在**火场**(2.3.7)中营救受火灾威胁人员的活动。

2.3.22

现场急救 first aid

消防员在灭火救援事故现场对伤员采取一系列快速而简捷的医疗处理措施,以挽救伤员的生命,防止伤情恶化,减轻伤痛,预防并发症,并迅速妥善地把伤员送到医院救治的行动。

2.3.23

心肺复苏 cardiopulmonary resuscitation;CPR

通过人工干预手段,使人的呼吸和心跳恢复。

2.3.24

火场破拆 forcible entry on the fire ground

为强行进入**火场**(2.3.7)进行**火场侦察**(2.3.13)、**火场救生**(2.3.21)、排烟、阻截火灾蔓延以及疏散人员和物资等行动,消防员对建筑构件或其他物体进行局部或全部破坏和拆除的活动。

2.3.25

火场通信 communication on the fire ground

为保证灭火救援行动的顺利进行,在**火场**(2.3.7)上进行的信息传递活动。

2.3.26

防火带 fire break

利用施放逆风火、撤除燃料或浇湿潜在火源等方法在火灾蔓延方向上形成净空地带。

2.3.27

增援请求 request for reinforcement;assistance message

由**火场**(2.3.7)或其他紧急事件现场发出的要求增援消防车、设备和人员的信息。

2.3.28

消除残火 damp down

灭火后为消除可能隐藏的发烟、发热残留物发生复燃的危险而采取的洒水等措施。

2.3.29

火警瞭望 fire lookout

瞭望员在火警瞭望台或其他高处对本辖区进行火情监视的活动。

2.3.30

灭火技能 fire fighting technique

消防员掌握消防器材装备扑灭火灾的科学、有效的操作方法、技巧等。

2.3.31

灭火技能训练 fire fighting technique training

使受训人员掌握灭火方法和各种消防器材、消防装备的操作技能的活动。

2.3.32

灭火战斗训练 fire fighting training

为使消防员适应**灭火预案**(2.3.1)或检验**灭火预案**(2.3.1)效果而组织的演练活动,包括灭火理论教育和**灭火技能**(2.3.30)、**灭火战术**(2.3.14)、身体素质及**火场**(2.3.7)上的心理适应能力的训练等。

2.3.33

灭火战术训练 fire fighting tactic training

针对火灾对象,熟悉、掌握各种**灭火战术**(2.3.14)的活动。

2.3.34

消防滑杆 sliding pole

消防站内供消防员从高处直接滑降到指定部位的圆柱形杆状物。

2.3.35

消防训练塔 fire training tower

供消防员进行身体素质、登高技巧和高楼灭火救援等训练的塔式建(构)筑物。

2.4 消防通信

2.4.1

消防通信 fire communication

覆盖某一区域(省、市、自治区),联通该区域的消防通信指挥中心、移动消防通信指挥中心、消防站、救灾相关单位等环节,具有火警受理、通信调度、辅助决策指挥和消防业务宏观管理等功能的网络和设备及其软件组成的通信指挥系统。

2.4.2

消防有线通信网 wired fire communication network

由消防有线通信设备和**消防有线通信线路**(2.4.4)组成的通信网络。

2.4.3

消防无线通信网 wireless fire communication network

在一定的通信区域,由无线通信设备和必要的通信信道组成的消防无线通信网络。

2.4.4

消防有线通信线路 wired fire communication line

用于传输**火灾报警**(2.2.2)和消防信息的有线通信线路。

2.4.5

有线报警 wired alarm

通过**消防有线通信网**(2.4.2)进行**火灾报警**(2.2.2)的活动。

2.4.6

无线报警 wireless alarm

通过**消防无线通信网**(2.4.3)进行**火灾报警**(2.2.2)的活动。

2.4.7

大风告警信号 high wind warning

风力达到预置风级后,火警调度台自动发出的声光报警信号。

2.4.8
　　管区覆盖网　jurisdictional coverage network
　　消防调度指挥中心与通信指挥消防车、各公安消防中队通信室及通信消防车之间组成的**消防无线通信网**(2.4.3)。即一级网。

2.4.9
　　火场指挥网　fire ground network
　　火场(2.3.7)指挥员与参战各公安消防中队指挥员及战斗班长之间组成的**消防无线通信网**(2.4.3)。即二级网。

2.4.10
　　火警调度专线　dedicated line for dispatching fire fighting force
　　用于调度灭火力量的**消防有线通信线路**(2.4.4)。

2.4.11
　　灭火战斗网　fire fighting network
　　在**火场**(2.3.7)上,公安消防中队内由参战人员之间组成的**消防无线通信网**(2.4.3),即三级网。

2.4.12
　　消防通信室　fire communication room
　　消防站内受理**火警**(2.2.1)或接受调度指令的工作室。

2.4.13
　　信息通报　information message
　　对采取的行动和(或)灭火进程等控火细节的汇报。

2.4.14
　　本地终端　local terminal
　　设置在消防指挥中心,直接与计算机主机相连的终端。

2.4.15
　　远程终端　remote terminal
　　在消防中队,利用火警调度专线传输信息并通过调制解调器与指挥中心计算机相连的终端。

2.4.16
　　移动终端　mobile terminal
　　在通信指挥消防车上,通过无线信道传输信息并与指挥中心计算机相连的终端。

2.4.17
　　直接传输　direct transmission
　　在**火场**(2.3.7)电视发射与接收地点之间,不经过任何转接设备而将火场实况直接传送到接收地点的传输方式。

2.4.18
　　中继传输　relay transmission
　　在**火场**(2.3.7)电视发射地点的火场实况信号,经过一级或多级无线中继设备传送到接收地点的传输方式。

参 考 文 献

[1] GB/T 5907.1—2014　消防词汇　第1部分:通用术语
[2] GB/T 5907.2—2015　消防词汇　第2部分:火灾预防
[3] GB/T 5907.5—2015　消防词汇　第5部分:消防产品
[4] 中华人民共和国消防法(2008年发布)
[5] ISO 8421-8:1990　Fire protection—Vocabulary—Part 8:Terms specific to fire-fighting, rescue services and handling hazardous materials
[6] ISO 13943:2008　Fire safety—Vocabulary

消防词汇 第4部分:火灾调查
(GB/T 5907.4—2015)

前　言

GB/T 5907《消防词汇》分为五个部分：
——第1部分：通用术语；
——第2部分：火灾预防；
——第3部分：灭火救援；
——第4部分：火灾调查；
——第5部分：消防产品。

本部分为GB/T 5907的第4部分。

本部分按照GB/T 1.1—2009给出的规则起草。

与本部分相关的通用术语收录在GB/T 5907的第1部分中。为了方便，本部分重复列出了GB/T 5907第1部分和第2部分的部分术语。

本部分由中华人民共和国公安部提出。

本部分由全国消防标准化技术委员会基础标准分技术委员会（SAC/TC 113/SC 1）归口。

本部分起草单位：公安部天津消防研究所、公安部沈阳消防研究所。

本部分主要起草人：鲁志宝、姚松经、韩子忠、邸曼、刘振刚、毕少颖、陈克、田桂花、张得胜、张明。

1 范围

GB/T 5907的本部分界定了与火灾调查有关的常用术语和定义。

本部分适用于火灾调查、消防管理、消防标准化、消防科学研究、教学、咨询、出版及其他有关的工作领域。

2 术语和定义

2.1 一般术语

2.1.1

炭　char(n)

物质在热解或不完全燃烧过程中形成的含碳残余物。

［GB/T 5907.1—2014,定义2.46］

2.1.2

炭化　char(v)

材料热解或不完全燃烧。

［GB/T 5907.1—2014,定义2.47］

2.1.3

炭化深度　char depth

材料的**残余炭化深度**(2.1.4)和**烧失炭化深度**(2.1.5)之和。

2.1.4

残余炭化深度　remnant char depth

材料燃烧后残余**炭化**(2.1.2)层的深度。

2.1.5

烧失炭化深度　burned away char depth

材料被火烧失部分的深度。

2.1.6

灰烬　ash

物质完全燃烧生成的粉末状残余物。

［GB/T 5907.2—2015,定义 2.6.50］

2.1.7

烟怠　soot

有机物质不完全燃烧时所产生并沉积的微粒,主要是**炭**(2.1.1)的微粒。

［GB/T 5907.2—2015,定义 2.6.44］

2.1.8

分界线　boundary

火灾中的热效应和烟效应在对各种物体作用时,由于作用的程度不同而在受作用区和非受作用区之间形成的界线。

2.1.9

火灾蔓延　fire spread

火焰或热烟气从一个地方传播到另一个地方。

2.1.10

过火面积　the area of an fire involved

火灾高温作用所涉及的范围。

2.1.11

火灾现场　fire scene

发生火灾的区域和留有与火灾原因有关的痕迹、物证的场所。

2.1.12

火场再现　fire scene reconstruction

在**火灾原因**(2.1.21)调查分析中,模拟再现火灾发生实际场景的过程。

2.1.13

现场分析　on-scene analysis

综合现场勘验、**现场询问**(2.2.16)情况,对所获取的证据材料、调查线索进行筛选、研究、认定的过程。

2.1.14

火灾现场记录　recording the fire scene

对**火灾现场**(2.1.11)情况进行的客观记载。

2.1.15

起火部位　area of origin

火灾起始的房间或区域。

2.1.16

起火点　point of origin

火灾起始的地点。

2.1.17

引火源　ignition source

使物质开始燃烧的外部热源(能源)。

[GB/T 5907.1—2014,定义 2.43]

2.1.18

起火物　initial fuel

最先被点燃的物质。

2.1.19

助燃剂　accelerant

能够加速物质燃烧的燃料或氧化剂。

2.1.20

短路　short circuit

带电导体之间形成的低电阻接触现象。

2.1.21

火灾原因　fire cause

导致火灾发生的因素。

2.1.22

火灾原因调查　fire cause investigation

通过**火灾现场**(2.1.11)实地勘验、**现场询问**(2.2.16)和**火灾物证**(2.1.28)技术鉴定等工作,分析认定**火灾原因**(2.1.21)的活动。

2.1.23

起火原因　ignition cause

引燃起火物的直接、唯一的原因。

2.1.24

灾害成因　cause of disaster formation

在火灾中燃烧失控并造成特定灾害结果的系列因素。

2.1.25

火灾损失　fire loss

火灾导致的**火灾直接经济损失**(2.1.26)和人身伤亡人数。

2.1.26

火灾直接经济损失　direct economic fire loss

火灾导致的**火灾直接财产损失**(2.1.27)、火灾现场处置费用、人身伤亡后所支出的费用等三项损失之和。

2.1.27

火灾直接财产损失　direct property fire loss

财产(不包括货币、票据、有价证券等)在火灾中直接被烧毁、烧损、烟熏、砸压、辐射以及在救援抢险中因破拆、水渍、碰撞等所造成的损失。

2.1.28

火灾物证　physical evidence of fire scene

火灾现场(2.1.11)中提取的,能有效证明火灾发生原因的物体及痕迹。

2.1.29

火灾痕迹　fire pattern

物体燃烧、受热后所形成的可观测的物理、化学变化的现象。

2.1.30

火灾痕迹物证　physical evidence of fire pattern

证明**起火原因**(2.1.23)和火灾发生、发展、熄灭过程的一切带有**火灾痕迹**(2.1.29)的物体。

2.1.31

物证鉴定　identification of physical evidence

利用专门的仪器设备、技术手段以及依靠鉴定人的经验和知识,按照相关的鉴定标准和技术规程,对**火灾物证**(2.1.28)的物理特性和化学特性作出鉴定结论的过程。

2.2　现场勘验术语

2.2.1

火灾现场勘验　fire scene examination

现场勘验人员依法并运用科学方法和技术手段,对与火灾有关的场所、物品、人身、尸体表面等进行勘查、验证,查找、检验、鉴别和提取物证的活动。

2.2.2

环境勘验　surrounding area examination

现场勘验人员在**火灾现场**(2.1.11)的外围进行巡视、观察和记录**火灾现场**(2.1.11)外围和周边环境的勘验活动。

2.2.3

初步勘验　preliminary examination

现场勘验人员在不触动现场物体和不变动现场物体原始位置的情况下对**火灾现场**(2.1.11)内部进行的初步的、静态的勘验活动。

2.2.4

细项勘验　particular item examination

现场勘验人员在初步勘验的基础上,对各种痕迹物证进行的进一步勘验活动。

2.2.5

专项勘验　special item examination

现场勘验人员对**火灾现场**(2.1.11)收集到的引火物、发热体以及其他能够产生火源能量的物体、设备、设施等特定对象所进行的勘验活动。

2.2.6
烟熏痕迹 sootiness pattern

物质燃烧过程中产生的游离碳粒子,在流动时吸附于物体表面或侵入物体空隙中形成的一种状态和印迹。

2.2.7
倒塌痕迹 collapse pattern

物体或建筑构件在火灾发生、发展过程中失去平衡,由原位置向失去支撑的方向发生移动、转动,甚至发生变形,而后其残体在新的位置上重新堆积形成稳定状态的印迹。

2.2.8
变色痕迹 coloring pattern

在火灾热作用下,物体发生颜色变化后形成的印迹。

2.2.9
变形痕迹 metamorphosing pattern

物体的整体结构或某一构件,在**火灾现场**(2.1.11)热作用和外力作用下,其外部形状发生某种程度的改变而形成的印迹。

2.2.10
熔化痕迹 melting pattern

融化痕迹

固体物质受热发生熔化或熔融、软化、流淌,冷却后外形发生变化而形成的印迹。

2.2.11
炭化痕迹 charring pattern

固体可燃物在**炭化**(2.1.2)过程中形成的印迹。

2.2.12
灰化痕迹 ashing pattern

可燃物完全燃烧后,以**灰烬**(2.1.6)的形式堆积形成某种形状的印迹。

2.2.13
炸裂痕迹 bursting pattern

物体受到高温或外力的作用产生裂纹、裂缝或断裂所留下的印迹。

2.2.14
流淌痕迹 liquid flowing pattern

易燃或可燃液体在静止或流动状态下发生燃烧后,在其接触的物体表面上形成的印迹。

2.2.15
清洁燃烧痕迹 clean burn pattern

不燃物体表面上的烟气沉积物被进一步燃烧干净,呈现出局部干净而周围存在烟气沉积物的印迹。

2.2.16
现场询问 on-scene interrogating

为现场勘验提供勘验重点,印证现场勘验所获取的证据材料所进行的打听、发问。

2.2.17

现场实验　test for investigation

为了证实火灾在某些外部条件、一定时间内能否发生或证实与火灾发生有关的某一事实是否存在的再现性试验。

2.2.18

放火案件线索　incendiary clue

现场勘验、调查询问过程中发现的能够证明放火嫌疑的各种痕迹、物证、迹象、信息等。

2.2.19

火灾现场照相　photographing the fire scene

运用照相技术,按照火灾调查工作的要求和现场勘验的规定,用拍照的方式对**火灾现场**（2.1.11）的一切有关事物的记录。

2.2.20

火灾现场方位照相　sequential photographing the fire scene

以整个**火灾现场**（2.1.11）及现场周围环境为拍摄对象,反映**火灾现场**（2.1.11）所处的位置及其与周围事物关系的照相。

2.2.21

火灾现场概貌照相　full scale photographing the fire scene

以整个**火灾现场**（2.1.11）或现场中心地段为拍摄内容,反映**火灾现场**（2.1.11）的全貌以及现场内各部分关系的照相。

2.2.22

火灾现场重点部位照相　photographing important areas in the fire scene

以**火灾现场**（2.1.11）**起火点**（2.1.16）、**起火部位**（2.1.15）或燃烧炭化（2.1.2）破坏严重部位、遗留尸体、痕迹或可疑物品等所在部位为拍摄内容,反映**火灾痕迹**（2.1.29）、物品在火灾现场的位置、状态及与周边事物的关系的照相。

2.2.23

火灾现场细目照相　detail photographing the fire scene

以与**引火源**（2.1.17）有关的痕迹、物品为拍摄对象,反映痕迹、物品的大小、形状等特征的照相。

2.3　火灾物证鉴定术语

2.3.1　鉴定方法

2.3.1.1

薄板层析法　thin layer chromatography analysis

将**试样**（2.3.3.2）与标准样在同一薄层板点样、展开、显色后,再进行对比,用以进行**火灾现场**（2.1.11）常见易燃液体及其燃烧残留物鉴定的方法。

2.3.1.2

红外光谱法　infrared spectroscopy analysis

依据不同物质组成结构不同,利用红外特征吸收技术,对**火灾物证**（2.1.28）进行鉴定、检测的方法。

2.3.1.3

紫外光谱法　ultraviolet spectrum analysis

依据不同物质组成结构不同,利用紫外特征吸收技术,对**火灾物证**(2.1.28)进行鉴定、检测的方法。

2.3.1.4

气相色谱-质谱(GC-MS)法　gas chromatography/mass spectrometry(GC-MS)analysis

利用气相色谱-质谱(GC-MS)检测技术,依据总离子流色谱图和提取离子流色谱图辨别特征谱峰对**火灾物证**(2.1.28)进行鉴定、检测的方法。

2.3.1.5

液相色谱法　liquid chromatography analysis

利用液相色谱检测技术,依据检测器得到的特征谱峰对**火灾物证**(2.1.28)进行鉴定、检测的方法。

2.3.1.6

液相色谱-质谱(LC-MS)法　liquid chromatography-mass spectrometry(LC-MS)analysis

利用液相色谱-质谱检测技术,对不挥发性、极性和热不稳定性的**火灾物证**(2.1.28)进行分析鉴定的方法。

2.3.1.7

差热分析法　differential thermal analysis

依据**火灾物证**(2.1.28)样品与参比物之间的温差(ΔT)随温度或时间的变化关系,判定**火灾物证**(2.1.28)的热效应的分析方法。

2.3.1.8

热重分析法　thermogravimetric analysis

在程序控制温度下分析**火灾物证**(2.1.28)样品的质量与温度变化关系,以确定**火灾物证**(2.1.28)样品的热稳定性的分析方法。

2.3.1.9

俄歇分析法　auger electron spectroscopy component analytic method

利用俄歇电子表面分析系统对**火灾现场**(2.1.11)中导线**短路**(2.1.20)**熔珠**(2.3.2.2)孔洞内表面的成分进行分析,依据其所含成分质量百分比的不同,判断导线**短路**(2.1.20)是**一次短路熔痕**(2.3.2.6)或**二次短路熔痕**(2.3.2.7)的方法。

2.3.1.10

宏观法　macroscopic method

用肉眼、放大镜或显微镜对**火灾现场**(2.1.11)中残留的导线**熔痕**(2.3.2.1)进行观察,依据其外观特征,确定导线**熔痕**(2.3.2.1)熔化性质的方法。

2.3.1.11

金相分析法　metallographic analytic method

对**火灾现场**(2.1.11)残留的金属**熔痕**(2.3.2.1),包含**熔珠**(2.3.2.2),进行金相分析,依据其显微组织特征判定其**熔痕**(2.3.2.1)性质的方法。

2.3.1.12

剩磁法　residual magnetic method

对**火灾现场**(2.1.11)中电流通路或雷电流通路附近的铁磁物质进行剩磁检测,依据检测数据判定在**火灾现场**(2.1.11)中是否发生过**短路**(2.1.20)或雷电现象的方法。

2.3.1.13

　　微观形貌法　microcosmic appearance method

　　对**火灾现场**(2.1.11)中的残留的痕迹进行表面形貌的观察分析,依据其微观形貌特征判定**熔痕**(2.3.2.1)化学性质的方法。

2.3.1.14

　　电气火灾模拟试验法　simulated test method

　　通过还原**火灾现场**(2.1.11)电气设备使用状态,起火时的环境条件,**起火部位**(2.1.15)的可燃物放置情况等,确定电气设备发生故障并引燃可燃物的鉴定方法。

2.3.2　电气熔化痕迹

2.3.2.1

　　熔痕　melted mark

　　在外界火焰或**短路**(2.1.20)电弧高温作用下,在金属表面,特别是铜、铝导线上形成的球状、凹坑状、瘤状、尖状及其他不规则的微熔或全熔痕迹。

2.3.2.2

　　熔珠　melted bead

　　导体在外界火焰或短路电弧的高温作用下熔化,掉落后形成的珠状**熔痕**(2.3.2.1)。

2.3.2.3

　　电热熔痕　melted mark by electric arc or current

　　金属导体因电弧或电流热作用形成的**熔痕**(2.3.2.1)。

2.3.2.4

　　短路熔痕　short circuit melted mark

　　导体在短路电弧高温作用下形成的**熔痕**(2.3.2.1)。

2.3.2.5

　　火烧熔痕　melted mark due to fire burning

　　受**火灾现场**(2.1.11)高温作用发生熔化,在金属表面,特别是铜、铝导线上形成的**熔痕**(2.3.2.1)。

2.3.2.6

　　一次短路熔痕　primary short circuited melted mark

　　在正常环境条件下,铜、铝导线因本身故障发生短路,在导线上形成的**熔痕**(2.3.2.1)。

2.3.2.7

　　二次短路熔痕　secondary short circuited melted mark

　　在火灾环境条件下,铜、铝导线产生故障而引发短路,在导线上形成的**熔痕**(2.3.2.1)。

2.3.2.8

　　熔化过渡区　fusion transition

　　熔化区与未熔化区的交界区域。

2.3.2.9

　　短路迸溅熔珠　splash down melted bead caused by short circuited

　　导体发生**短路**(2.1.20)或电弧故障后,瞬间熔化并喷溅到其他物体上形成的**熔珠**

(2.3.2.2)。

2.3.3 物证与对比样品

2.3.3.1

检材 testing material

从**火灾现场**(2.1.11)提取的,对火灾事实有指示、确定作用并可委托鉴定机构分析、检测的物证。

2.3.3.2

试样 trial sample

从**检材**(2.3.3.1)中经过筛选、提取,并在实验室中进行处理后,适合仪器检测的**检材**(2.3.3.1)。

2.3.3.3

对比样品 comparison sample

已知其物理、化学属性,在物证检验鉴定过程中用于和**检材**(2.3.3.1)对比的物品。

参 考 文 献

[1] GB/T 5907.1—2014 消防词汇 第1部分:通用术语
[2] GB/T 5907.2—2015 消防词汇 第2部分:火灾预防
[3] GB/T 5907.3—2015 消防词汇 第3部分:灭火救援
[4] GA/T 812—2008 火灾原因调查指南
[5] GA 839—2009 火灾现场勘验规则

消防词汇 第5部分：消防产品
（GB/T 5907.5—2015）

前 言

GB/T 5907《消防词汇》分为五个部分：
——第1部分：通用术语；
——第2部分：火灾预防；
——第3部分：灭火救援；
——第4部分：火灾调查；
——第5部分：消防产品。

本部分为 GB/T 5907 的第5部分。

本部分按照 GB/T 1.1—2009 给出的规则起草。

本部分代替 GB/T 4718—2006《火灾报警设备专业术语》、GB/T 16283—1996《固定式灭火系统基本术语》。除编辑性修改外，删除和修改了部分术语和定义，对消防产品进行了归类并补充了部分词汇。

与本部分相关的通用术语收录在 GB/T 5907 的第1部分。

进一步细分的消防产品名称、性能、参数等术语在具体的产品标准中界定。

本部分起草时参考了 ISO 8421-3:1989《消防词汇 第3部分：火灾探测和报警》、ISO 8421-4:1990《消防词汇 第4部分：灭火设备》和 ISO 8421-8:1990《消防词汇 第8部分：消防救援和危险物品储运》。

本部分由中华人民共和国公安部提出。

本部分由全国消防标准化技术委员会基础标准分技术委员会（SAC/TC 113/SC 1）归口。

本部分起草单位：公安部天津消防研究所、公安部上海消防研究所、公安部沈阳消防研究所、公安部四川消防研究所、公安部消防产品合格评定中心。

本部分主要起草人：屈励、姚松经、李毅、庄爽、朱青、毛毅平、张德成、程道彬、韩伟平、沈坚敏、隋虎林、毕少颖、诸容、卢韶然、王艳娥、丁敏、高云升。

本部分代替了 GB/T 4718—2006 和 GB/T 16283—1996。

GB/T 4718—2006 的历次版本发布情况为：
——GB 4718—1984、GB/T 4718—1996。

1 范围

GB/T 5907 的本部分界定了消防产品的常用术语和定义。

本部分适用于消防管理、消防标准化、消防工程、消防科学研究、教学、咨询、出版及其他有关工作领域。

2 术语和定义

2.1 火灾报警设备
2.1.1 火灾报警触发器件

2.1.1.1

火灾报警触发器件 fire alarm trigger part

通过探测周围使用环境与火灾相关的物理或化学现象的变化,向火灾报警控制器传送火灾报警信号的器件。

2.1.1.2

火灾探测器 fire detector

作为火灾自动报警系统的一个组成部分,使用至少一种传感器持续或间断监视与火灾相关的至少一种物理和/或化学现象,并向控制器提供至少一种火灾探测信号。

2.1.1.3

感烟火灾探测器 smoke detector

探测悬浮在大气中的燃烧和/或热解产生的固体或液体微粒的**火灾探测器**(2.1.1.2)。

2.1.1.4

感温火灾探测器 heat detector

对温度和/或温度变化响应的**火灾探测器**(2.1.1.2)。

2.1.1.5

点型火灾探测器 point-type fire detector

由一个或多个小型传感器组成的、探测同一部位火灾参数的**火灾探测器**(2.1.1.2)。

2.1.1.6

点型离子感烟火灾探测器 point-type ionization smoke detector

根据电离原理探测火灾的**点型火灾探测器**(2.1.1.5)。

2.1.1.7

点型光电感烟火灾探测器 point-type photoelectric smoke detector

根据散射光、透射光原理探测火灾的**点型火灾探测器**(2.1.1.5)。

2.1.1.8

点型感温火灾探测器 point-type heat detector

对温度和/或温度变化响应的**点型火灾探测器**(2.1.1.5)。

2.1.1.9

线型火灾探测器 line-type fire detector

连续探测某一路线周围火灾参数的**火灾探测器**(2.1.1.2)。

2.1.1.10

线型感温火灾探测器 line-type heat detector

对某一路线周围温度和/或温度变化响应的线型**火灾探测器**(2.1.1.9)。

2.1.1.11

线型光束感烟火灾探测器 line-type smoke detector using an optical light beam

应用光束被烟雾粒子吸收而减弱的原理探测火灾的线型感烟火灾探测器。

2.1.1.12

图像型火灾探测器　image type fire detector

使用摄像机、红外热成像器件等视频设备或其组合方式获取监控现象视频信息,进行火灾探测的**火灾探测器**(2.1.1.2)。

2.1.1.13

一氧化碳火灾探测器　carbon monoxide fire detector

对一氧化碳响应的**火灾探测器**(2.1.1.2)。

2.1.1.14

可燃气体探测器　combustible gas detector

由气敏传感器、电路和外壳等组成,用于探测可燃气体并向**可燃气体报警控制器**(2.1.2.2)提供可燃气体探测信号。

2.1.1.15

火焰探测器　flame detector

对火焰光辐射响应的**火灾探测器**(2.1.1.2)。

2.1.1.16

紫外火焰探测器　ultraviolet flame detector

对火焰中波长小于 300 nm 的紫外光辐射响应的**火焰探测器**(2.1.1.15)。

2.1.1.17

红外火焰探测器　infrared flame detector

对火焰中波长大于 850 nm 的红外光辐射响应的**火焰探测器**(2.1.1.15)。

2.1.1.18

电气火灾监控探测器　electrical fire monitoring detector

探测被保护线路中的剩余电流、温度等电气火灾危险参数变化的探测器。

2.1.1.19

手动火灾报警按钮　manual fire call point

通过手动启动器件发出火灾报警信号的装置。

2.1.1.20

消火栓按钮　hydrant startup point

用于手动启动**消火栓**(2.7.3.1)的按钮。

2.1.2　火灾报警控制装置

2.1.2.1

火灾报警控制器　fire alarm control unit

作为火灾自动报警系统的控制中心,能够接收并发出火灾报警信号和故障信号,同时完成相应的显示和控制功能的设备。

2.1.2.2

可燃气体报警控制器　combustible gas alarm control unit

作为可燃气体探测报警系统的控制中心,能为可燃气体探测器供电、显示可燃气体浓度及接收并发出可燃气体报警信号和故障信号,同时完成相应的显示和控制功能的设备。

2.1.2.3

电气火灾监控设备 electrical fire monitoring system

能接收来自电气火灾监控探测器的报警信号,发出声、光报警信号和控制信号,指示报警部位,记录并保存报警信息的装置。

2.1.3 火灾警报装置

2.1.3.1

火灾警报装置 fire alarm signaling device

与火灾报警控制器分开设置,火灾情况下能够发出声和/或光火灾警报信号的装置。又称火灾声和/或光警报器。

2.1.3.2

火灾显示盘 fire display panel

作为火灾报警指示设备的一部分,能够接收火灾报警控制器发出的信号,显示发出火警部位或区域,并能发出声光火灾信号的装置。

2.1.4 消防联动控制设备

2.1.4.1

消防联动控制器 automatic control equipment for fire protection

接收火灾报警控制器或其他火灾触发器件发出的火灾报警信号,根据设定的控制逻辑发出控制信号,控制各类消防设备实现相应功能的控制设备。

2.1.4.2

消防应急广播设备 sound equipment for fire emergency

用于火灾情况下的专门广播设备。

2.1.4.3

消防电话 fire telephone

火灾情况下使用的专用电话。

2.1.4.4

消防控制中心图形显示装置 graphic display in fire control center

消防控制室中安装的用来显示现场各类消防设备在建筑中布局、工作状态及其他消防安全信息的显示装置。

2.2 消防车

2.2.1

消防车 fire fighting vehicle

根据需要,设计制造成适宜消防队员乘用、装备各类消防器材或灭火剂,供消防部队用于灭火、辅助灭火或消防救援的车辆。

2.2.2

泵浦消防车 pumper fire fighting vehicle

主要装备消防泵,不配备灭火剂罐,直接利用水源灭火或供水的消防车。

2.2.3

水罐消防车 water tank fire fighting vehicle

主要装备车用消防泵(2.7.1.2)和水罐,以水为主要灭火剂的**消防车**(2.2.1)。

2.2.4

泡沫消防车 foam fire fighting vehicle

主要装备车用**消防泵**(2.7.1.2)、水罐、**泡沫液**(2.6.2.2)罐和水-泡沫灭火剂混合设备的**消防车**(2.2.1)。

2.2.5

干粉消防车 dry powder fire fighting vehicle

主要装备**干粉灭火剂**(2.6.3.1)罐、成套干粉喷射装置的**消防车**(2.2.1)。

2.2.6

干粉泡沫联用消防车 dry powder and foam fire fighting vehicle

主要装备车用**消防泵**(2.7.1.2)、水罐、**泡沫液**(2.6.2.2)罐和**干粉灭火剂**(2.6.3.1)罐,可同时或按顺序喷射干粉和泡沫灭火的**消防车**(2.2.1)。

2.2.7

干粉水联用消防车 dry powder and water fire fighting vehicle

主要装备车用**消防泵**(2.7.1.2)、水罐和**干粉灭火剂**(2.6.3.1)罐,可同时或按顺序喷射干粉和水灭火的**消防车**(2.2.1)。

2.2.8

气体消防车 gas fire fighting vehicle

主要装备气体**灭火剂**(2.6.1.1)瓶,以气体为灭火剂的**消防车**(2.2.1)。

2.2.9

压缩空气泡沫消防车 compressed air foam system(CAFS) fire fighting vehicle

主要装备水罐和**泡沫液**(2.6.2.2)罐,通过压缩空气泡沫系统喷射泡沫灭火的**消防车**(2.2.1)。

2.2.10

高倍泡沫消防车 high-expansion foam fire fighting vehicle

主要装备水罐和**泡沫液**(2.6.2.2)罐,通过**高倍数泡沫发生器**(2.9.1.2)喷射高倍泡沫灭火的**消防车**(2.2.1)。

2.2.11

水雾消防车 water mist fire fighting vehicle

主要装备水罐和水雾灭火装置的**消防车**(2.2.1)。

2.2.12

高压射流消防车 high-pressure water puncture fire fighting vehicle

主要装备水罐和高压射流装置,利用高压水流击穿或切割障碍物灭火的**消防车**(2.2.1)。

2.2.13

涡喷消防车 turbo-jet engine fire fighting vehicle

主要装备车用**消防泵**(2.7.1.2)、水罐、**泡沫液**(2.6.2.2)罐,利用燃气涡轮发动机喷射灭火剂的**消防车**(2.2.1)。

2.2.14

机场消防车 airport fire fighting vehicle

主要装备越野底盘、车用**消防泵**(2.7.1.2)、水罐和**泡沫液**(2.6.2.2)罐,具有加速快,越野性好,自动控制程度高,可在行驶中喷射灭火剂,用于扑救飞机火灾的**消防车**(2.2.1)。

2.2.15

隧道消防车 tunnel fire fighting vehicle

主要装备增压驾驶室、乘员室和发动机舱,具有双向行驶功能,用于扑救隧道火灾的**消防车**(2.2.1)。

2.2.16

轨道消防车 track fire fighting vehicle

主要装备轨道行驶装置,用于扑救地铁或其他轨道火灾的**消防车**(2.2.1)。

2.2.17

水陆两用消防车 amphibious fire fighting vehicle

主要装备水陆两用驱动装置,既可以在陆地行驶,又可以在水中航行的两栖**消防车**(2.2.1)。

2.2.18

履带消防车 crawler fire fighting vehicle

主要装备履带行走装置,用于在复杂地形条件下扑救火灾或向灾害现场运输人员、器材和物资的消防车(2.2.1)。

2.2.19

登高平台消防车 platform fire fighting vehicle

主要装备直臂或曲臂登高平台,可向高空输送消防人员、灭火物资、救援被困人员或喷射灭火剂的消防车(2.2.1)。

2.2.20

云梯消防车 aerial ladder fire fighting vehicle

主要装备伸缩云梯,可向高空输送消防人员、灭火物资、救援被困人员或喷射灭火剂的消防车(2.2.1)。

2.2.21

举高喷射消防车 water tower fire fighting vehicle

主要装备直臂或曲臂及供液管路,顶端安装消防炮或破拆装置、可高空喷射灭火剂或实施破拆的消防车(2.2.1)。

2.2.22

通信指挥消防车 command and communication fire fighting vehicle

主要装备无线通信、发电、照明、火场录像、扩音等设备,用于灾害现场通信联络和指挥的消防车(2.2.1)。

2.2.23

抢险救援消防车 rescue fire fighting vehicle

主要装备抢险救援器材、随车吊或具有起吊功能的随车叉车、绞盘和照明系统,用于在灾害现场实施抢险救援的消防车(2.2.1)。

2.2.24

化学救援消防车 chemical accident rescue fire fighting vehicle

主要装备化学事故处置器材和装备,用于处置化学灾害事故的**消防车**(2.2.1)。

2.2.25

输转消防车 transport and return fire fighting vehicle

主要装备真空泵和储存罐,具有抽吸、排放和储存能力,用于事故现场输转危险物品的**消防车**(2.2.1)。

2.2.26

照明消防车 lighting fire fighting vehicle

主要装备固定照明灯、移动照明灯和发电机,用于灾害现场照明的**消防车**(2.2.1)。

2.2.27

排烟消防车 smoke exhauster fire fighting vehicle

主要装备固定排烟送风装置,用于排烟、通风的**消防车**(2.2.1)。

2.2.28

洗消消防车 decontamination fire fighting vehicle

主要装备水泵、水加热装置和冲洗、中和、消毒的药剂,对被化学品、毒剂等污染的人员、地面、楼房、设备、车辆等实施冲洗和消毒的**消防车**(2.2.1)。

2.2.29

侦检消防车 reconnaissance and detection fire fighting vehicle

主要装备多种有害物质侦检设备,用于检测灾害现场是否存在有害物质的**消防车**(2.2.1)。

2.2.30

勘察消防车 fire scene investigation vehicle

主要装备各类探测、取样和分析仪器,用于勘察火灾现场的**消防车**(2.2.1)。

2.2.31

宣传消防车 fire safety publicity vehicle

主要装备各种模拟灾害现场的装置,用于向公众宣传消防知识的**消防车**(2.2.1)。

2.2.32

水带敷设消防车 hose laying fire fighting vehicle

主要装备水带敷设和回收装置,用于铺设和回收直径大于或等于100 mm 水带的**消防车**(2.2.1)。

2.2.33

器材消防车 equipment storage fire fighting vehicle

主要装备各种消防器材并按要求放置和固定在器材箱内,用于向灾害现场运送器材的**消防车**(2.2.1)。

2.2.34

供气消防车 compressed air supply fire fighting vehicle

主要装备高压空气压缩机、高压储气瓶组、防爆充气箱等装置,给空气呼吸器瓶充气或给气动工具提供气源的**消防车**(2.2.1)。

2.2.35

供液消防车 foam liquid supply fire fighting vehicle

主要装备液体泵和液体灭火剂罐,用于输送各类液体灭火剂的**消防车**(2.2.1)。

2.2.36

供水消防车　water supply fire fighting vehicle

主要装备车用消防泵(2.7.1.2)和大容量水罐,用于向灾害现场供水的消防车(2.2.1)。

2.2.37

自装卸式消防车　self-loading fire fighting vehicle

主要装备自装卸机构,用于将装有消防装备的模块(器材箱)快速运抵灾害现场的消防车(2.2.1)。

2.3　消防装备

2.3.1　消防员防护装备

2.3.1.1

消防头盔　fire fighter helmet

由帽壳、佩戴装置、下颏带、面罩、披肩等部件组成,用于保护头部、颈部以及面部免受热辐射、侧面挤压、坠落物冲击和穿透等伤害的防护装备。

2.3.1.2

消防手套　fire fighter gloves

由阻燃外层、防水层、隔热层和衬里等四层材料组合制成,用于保护手部免受热传导、热辐射、水浸和机械等伤害的防护装备。

2.3.1.3

[消防员]灭火防护靴　fire fighter boots

由靴头、靴面、靴筒和靴底组成,用于保护脚和小腿免受水浸、外力损伤、热传导和热辐射等伤害的防护装备。

注：靴面材料为橡胶的称为灭火防护胶靴;靴面材料为皮革的称为灭火防护皮靴。

2.3.1.4

消防指挥服　protective clothing for fire commander

消防指挥员灭火救援时穿着的消防员防护服装。

2.3.1.5

[消防员]灭火防护服　protective clothing for fire fighter

由阻燃外层、防水透气层、隔热层、舒适层等多层织物复合组成,用于保护上下躯干、头颈、手臂、腿免受热传导、热辐射和水浸等伤害的防护装备。

注：消防员灭火防护服的防护范围不包括头部、手部和脚部。

2.3.1.6

[消防员]隔热防护服　protective clothing for proximity fire fighting

由金属铝箔复合阻燃外层、隔热层、舒适层等多层织物复合组成,用于保护上下躯干、头部、手部和脚部免受强热辐射伤害的防护装备。

注：消防员隔热防护服包括隔热上衣、隔热裤、隔热头套、隔热手套以及隔热脚套。

2.3.1.7

[消防员]抢险救援防护服　protective clothing for rescue

由阻燃外层、防水透气层、舒适层等多层织物复合组成,用于保护上下躯干、头颈、手臂、腿免受外力伤害的防护装备。

注：消防员抢险救援防护服的防护范围不包括头部、手部、踝部和脚部。

2.3.1.8

[消防员]化学防护服　chemical protective clothing for fire fighter

消防员在处置化学品事件中穿着的防护服装。

2.3.1.9

[消防]安全绳　safety rope for fire fighter

消防部队在灭火救援、抢险救灾或日常训练中仅用于承载人的绳子。

2.3.1.10

[消防]安全带　safety harness and belt for fire fighter

消防安全吊带(2.3.1.11)和消防安全腰带(2.3.1.12)的统称。

2.3.1.11

[消防]安全吊带　safety harness for fire fighter

一种围于人体躯干带有必要金属零件的织带,用以承受人体重量以保护其安全。

2.3.1.12

[消防]安全腰带　safety belt for fire fighter

一种紧扣于腰部的带有必要金属零件的织带,用于消防员登梯作业和逃生自救。

2.3.1.13

安全钩　carabiner and snap-link

带有手锁或自锁开口的金属承载连接部件,通常为椭圆形或 D 形,用于装备之间或装备与固定点之间的连接。

2.3.1.14

消防员呼救器　special call unit for fire fighter

消防员在灭火救援过程中随身佩带的具有手动、自动声光报警功能的呼救装置。

2.3.1.15

正压式消防空气呼吸器　self-contained positive pressure air breathing apparatus for fire fighter

由面罩总成、供气阀总成、气瓶总成、减压器总成、背托总成等组成,呼吸时使用气瓶内的空气,且面罩内的气压大于外界大气压的呼吸保护防护装备。

2.3.1.16

正压式消防氧气呼吸器　self-contained positive pressure oxygen breathing apparatus for fire fighter

由供氧系统、正压呼吸循环系统、安全及报警系统和壳体背带系统等组成,呼吸时使用氧气瓶内的氧气,且面罩内的气压大于外界大气压的呼吸保护防护装备。

2.3.1.17

消防腰斧　hatcher for fire fighter

由斧头、斧柄和橡胶柄套组成,消防员随身佩带在灭火救援时用于手动破拆非带电障碍物的斧头。

2.3.2　消防枪

2.3.2.1

消防枪　fire branch

由单人或双人携带和操作的灭火剂喷射器具。

2.3.2.2

消防水枪 fire nozzle；fire water branch

喷射水的**消防枪**(2.3.2.1)。

2.3.2.3

直流水枪 fire nozzle with straight stream

喷射充实水流的**消防水枪**(2.3.2.2)。

2.3.2.4

直流喷雾水枪 nozzle with straight stream and fog stream；combination spray nozzle

既能喷射充实水流，又能喷射雾状水流，并具有开启、关闭功能的**消防水枪**(2.3.2.2)。

2.3.2.5

直流开花水枪 nozzle with straight stream and safeguarding water stream

既能喷射充实水流，又能喷射开花水流，并具有开启、关闭功能的**消防水枪**(2.3.2.2)。

2.3.2.6

脉冲气压喷雾水枪 impulse air pressure spray gun

利用压缩空气的急剧膨胀与水撞击混合后，以脉冲的方式喷射出高速细水雾的灭火装置。

2.3.2.7

泡沫枪 foam nozzle

利用内部的**泡沫溶液**(2.6.2.3)喷嘴形成局部负压吸入空气产生和喷射空气泡沫的**消防枪**(2.3.2.1)。

2.3.2.8

干粉枪 powder nozzle

喷射干粉**灭火剂**(2.6.3.1)的**消防枪**(2.3.2.1)。

2.3.3 消防炮

2.3.3.1

消防炮 fire monitor

设置在**消防车**(2.2.1)、地面及其他消防设施上，以射流形式喷射灭火剂的大型装置。

注：一般情况下喷射水或**泡沫溶液**(2.6.2.3)流量大于 16 L/s，干粉喷射流量大于 7 kg/s。

2.3.3.2

固定式消防炮 fixed fire monitor

安装在固定支座上的**消防炮**(2.3.3.1)，包括固定安装在**消防车**(2.2.1)上的**消防炮**(2.3.3.1)。

2.3.3.3

移动式消防炮 mobile fire monitor

安装在可移动支座上的**消防炮**(2.3.3.1)，包括固定安装在拖车上的**消防炮**(2.3.3.1)。

2.3.3.4

消防水炮 water fire monitor

喷射水的**消防炮**(2.3.3.1)。

2.3.3.5

泡沫炮　foam fire monitor

流量大于 16 L/s,以射流形式喷射**泡沫灭火剂**(2.6.2.1)的**消防炮**(2.3.3.1)。

2.3.3.6

干粉炮　powder fire monitor

喷射**干粉灭火剂**(2.6.3.1)的**消防炮**(2.3.3.1)。

2.3.3.7

远控消防炮　remote-controlled fire monitor

具有有线或无线远距离控制操作功能的**消防炮**(2.3.3.1)。

2.3.4　消防摩托车

2.3.4.1

消防摩托车　fire motorcycle

固定安装有能够扑救小型相应类型火灾的消防灭火装置或固定安装有少量特种救援装置的摩托车。

2.3.5　抢险救援装备

2.3.5.1

消防破拆工具　fire forcible entry tool

用于开启门窗、破拆建筑结构和清理火场的各种消防器具。

2.3.5.2

消防挠钩　pike pole

带有弯钩的长矛,具有穿刺、拉拽功能的手动**消防破拆工具**(2.3.5.1)。

2.3.5.3

消防斧　fire axe

用于刺穿、切割和撬动金属或打破、拆卸玻璃用的多功能**消防破拆工具**(2.3.5.1)。

2.3.5.4

消防救生气垫　fire rescue air-cushion

仅供消防部队紧急救援时所使用,具有一定阻燃性能,用于承接高处落下人员的气垫。

2.3.5.5

救生网　life net

用于接救和防护从高处落下人员的网。

2.3.5.6

消防梯　fire ladder

用于火场登高或翻越障碍的轻便梯。

2.3.5.7

挂钩梯　hook ladder

可以钩住窗台、栏杆或其他突出物以便攀爬建筑物的短**消防梯**(2.3.5.6)。

2.3.5.8

拉梯　extension ladder

一般用绳索拉伸出去,在直线方向延伸的多节**消防梯**(2.3.5.6)。

2581

注:常见的有二节拉梯和三节拉梯结构形式。

2.3.5.9

单杠梯　attic ladder

横梁与纵梁铰接,使两根纵梁可以折叠合拢的**消防梯**(2.3.5.6)。

2.3.5.10

软梯　rope ladder

纵梁为绳子,横梁为木头或轻金属的**消防梯**(2.3.5.6)。

2.3.5.11

云梯　scaling ladder

由几节梯段连在一起,可在一定范围内升高或降低的锥形分段**消防梯**(2.3.5.6)。

2.3.5.12

救生抛投器　life-throwing appliance

以压缩空气为动力,可远距离抛投带有牵引抛绳、救生绳、水用抛绳(带自动充气救生圈)等救生设备的装置。

2.4　消防水带

2.4.1　消防水带

2.4.1.1

消防水带　fire hose

两端均带有消防接口,用于输送灭火剂的软管。

2.4.1.2

水带护桥　hose bridge

设有水带通过的沟槽,使其免受过往车辆碾压,表面有双向坡度的器具。

2.4.2　轻便消防水龙

2.4.2.1

轻便消防水龙　portable hose assembly

在自来水供水管路上使用的由专用消防接口、水带及水枪组成的一种小型简便的喷水灭火器具。

2.4.3　消防软管卷盘

2.4.3.1

消防软管卷盘　fire hose reel

由阀门、输入管路、卷盘、软管和喷枪等组成,并能在迅速展开软管的过程中喷射灭火剂的灭火器具。

2.4.4　消防吸水管

2.4.4.1

消防吸水管　fire suction hose

一端带有**消防接口**(2.7.6.1),另一端带有消防滤水器,或两端均带有**消防接口**(2.7.6.1),供**消防泵**(2.7.1.1)从天然水源或**消火栓**(2.7.3.1)吸水的管。

2.5 灭火器

2.5.1 手提式灭火器

2.5.1.1

手提式灭火器 portable fire extinguisher

能在其内部压力作用下,将灭火剂喷出以扑救火灾,并可手提移动的灭火器。

2.5.1.2

贮气瓶式灭火器 gas cartridge extinguisher

灭火剂由灭火器的贮气瓶释放的压缩气体或液化气体的压力驱动的灭火器。

2.5.1.3

贮压式灭火器 stored pressure extinguisher

灭火剂由贮于灭火器同一容器内的压缩气体或灭火剂蒸气压力驱动的灭火器。

2.5.2 推车式灭火器

2.5.2.1

推车式灭火器 wheeled fire extinguisher

装有轮子,可由一人推(或拉)至火场,并能在其内部压力作用下,将灭火剂喷出以扑救火灾的灭火器。

2.5.3 简易式灭火器

2.5.3.1

简易式灭火器 simplified fire extinguisher

可任意移动的、灭火剂充装量小于 1 000 mL(g),由一只手指开启的,不可重复充装使用的一次性贮压式灭火器(2.5.1.3)。

2.5.3.2

灭火毯 fire blanket

由不燃织物编织而成,用于扑灭初起小面积火的毯子。

2.6 灭火剂

2.6.1 气体灭火剂

2.6.1.1

气体灭火剂 gas extinguishing agent

以气体状态进行灭火的灭火剂。

2.6.1.2

卤代烷灭火剂 halon extinguishing agent

具有灭火作用的卤代碳氢化合物统称。

2.6.1.3

二氟一氯一溴甲烷灭火剂 bromochlorodifluoromethane extinguishing agent

1211 灭火剂 halon 1211 extinguishing agent

用于灭火的二氟一氯一溴甲烷(1211)。

注:依次按含碳、氟、氯、溴原子个数排列,二氟一氯一溴甲烷简写为1211。

2.6.1.4

三氟一溴甲烷灭火剂　bromotrifluoromethane extinguishing agent

1301 灭火剂　halon 1301 extinguishing agent

用于灭火的三氟一溴甲烷(1301)。

注：依次按含碳、氟、氯、溴原子个数排列，三氟一溴甲烷简写为1301。

2.6.1.5

七氟丙烷(HFC-227ea)灭火剂　heptafluoropropane(HFC-227ea)extinguishing agent

用于灭火的七氟丙烷(HFC-227ea)。

注：按我国的化学系统命名法应为 1,1,1,2,3,3,3-七氟丙烷。依照国际通用卤代烷命名法则称为 HFC227ea。

2.6.1.6

二氧化碳灭火剂　carbon dioxide extinguishing agent

用于灭火的二氧化碳。

2.6.1.7

惰性气体灭火剂　inert gas extinguishing agent

由氮气、氩气以及二氧化碳气按一定质量比混合而成**气体灭火剂**(2.6.1.1)。

2.6.2 泡沫灭火剂

2.6.2.1

泡沫灭火剂　foam extinguishing agent

泡沫液(2.6.2.2)与水混溶，并通过机械方法或化学反应产生的灭火泡沫。

2.6.2.2

泡沫液　foam concentrate

泡沫浓缩液

泡沫原液

可按适宜的浓度与水混合形成泡沫溶液的浓缩液体。

2.6.2.3

泡沫溶液　foam solution

泡沫混合液

由泡沫液与水按规定浓度配制成的溶液。

2.6.2.4

低倍数泡沫液　low expansion foam concentrate

可产生发泡倍数为 1～20 倍的**泡沫液**(2.6.2.2)。

2.6.2.5

中倍数泡沫液　medium expansion foam concentrate

产生发泡倍数介于 21～200 倍的**泡沫液**(2.6.2.2)。

2.6.2.6

高倍数泡沫液　high expansion foam concentrate

产生发泡倍数高于 200 倍的**泡沫液**(2.6.2.2)。

2.6.2.7
蛋白泡沫液　protein foam concentrate
由含蛋白的原料经部分水解制得的**泡沫液**(2.6.2.2)。

2.6.2.8
氟蛋白泡沫液　fluoro protein foam concentrate
添加氟碳表面活性剂的**蛋白泡沫液**(2.6.2.7)。

2.6.2.9
水成膜泡沫液　aqueous film forming foam concentrate
以碳氢表面活性剂和氟碳表面活性剂为基料,可在某些烃类表面上形成一层水膜的**泡沫液**(2.6.2.2)。

2.6.2.10
成膜氟蛋白泡沫液　film forming fluoroprotein foam concentrate
能够在某些烃类表面形成一层水膜的**氟蛋白泡沫液**(2.6.2.8)。

2.6.2.11
合成泡沫液　synthetic foam concentrate
以表面活性剂的混合物和稳定剂为基料制成的**泡沫液**(2.6.2.2)。

2.6.2.12
抗醇泡沫液　alcohol resistant foam concentrate；AR
抗溶泡沫液
所产生的泡沫施放到醇类或其他极性溶剂表面时,可抵抗其对泡沫破坏性的**泡沫液**(2.6.2.2)。

2.6.2.13
A 类泡沫液　class A foam concentrate
主要用于扑救 A 类燃料火灾的**泡沫液**(2.6.2.2)。

2.6.3　干粉灭火剂

2.6.3.1
干粉灭火剂　powder extinguishing agent
用于灭火的干燥、易于流动的细微粉末。

2.6.3.2
ABC 干粉灭火剂　ABC powder extinguishing agent
适于扑救 A 类、B 类和 C 类火灾的**干粉灭火剂**(2.6.3.1)。

2.6.3.3
BC 干粉灭火剂　BC powder extinguishing agent
适于扑救 B 类和 C 类火灾的**干粉灭火剂**(2.6.3.1)。

2.6.3.4
超细干粉灭火剂　superfine powder extinguishing agent
90％粒径小于或等于 20 μm 的**干粉灭火剂**(2.6.3.1)。

2.6.4　水系灭火剂

2.6.4.1
水系灭火剂　water-based extinguishing agent
由水、渗透剂、阻燃剂以及其他添加剂组成,一般以液滴或以液滴和泡沫混合的形式灭火的液体灭火剂。

2.6.4.2

抗醇性水系灭火剂　alcohol resistant water based extinguishing agent

适用于扑灭 A 类火灾和 B 类火灾（水溶性和非水溶性液体燃料）的**水系灭火剂**(2.6.4.1)。

2.6.4.3

非抗醇性水系灭火剂　non-alcohol resistant water based extinguishing agent

适用于扑灭 A 类火灾或 A、B 类火灾（水溶性和非水溶性液体燃料）的**水系灭火剂**(2.6.4.1)。

2.6.5　其他灭火剂

2.6.5.1

气溶胶灭火剂　aerosol extinguishing agent

通过燃烧或其他方式产生具有灭火效能气溶胶的灭火剂。

2.6.5.2

热气溶胶灭火剂　condensed aerosol extinguishing agent

通过燃烧产生具有灭火效能气溶胶的灭火剂。

2.7　消防供水设备

2.7.1　消防泵

2.7.1.1

消防泵　fire pump

安装于**消防车**(2.2.1)、固定灭火系统或其他消防设施上，用作输送水或**泡沫溶液**(2.6.2.3)等液体灭火剂的专用泵。

2.7.1.2

车用消防泵　vehicle fire pump；vehicular fire-fighting pump

安装在**消防车**(2.2.1)底盘上的**消防泵**(2.7.1.1)。

2.7.1.3

船用消防泵　marine fire pump

安装在船舶、海上工作平台等水上工作环境的**消防泵**(2.7.1.1)。

2.7.1.4

消防泵组　fire pump set

一般由多台**消防泵**(2.7.1.1)、动力源、控制柜以及辅助装置组成的机组。

2.7.1.5

手抬机动消防泵[组]　portable fire pump set

可用人力搬运并与轻型发动机组装的**消防泵**(2.7.1.1)机组。

2.7.2　固定消防给水设备

2.7.2.1

固定消防给水设备　fixed water supply equipment for fire protection

固定安装于建筑物内，根据水灭火系统需要配置组成部件，按预设定工作方式供给消防用水的成套装置的总称。

2.7.2.2

消防气压给水设备 gas pressure fixed water supply equipment for fire protection

以气压水罐为核心部件,提供消防初期用水量,并能向消防管网自动按设定压力持续供水的**固定消防给水设备**(2.7.2.1)。

2.7.2.3

消防气体顶压给水设备 gas driven fixed water supply equipment for fire protection

通常由气压水罐、控制柜、顶压储气系统、减压释放装置等基本部件组成;消防状态时,压缩气体充入气压水罐,置换出罐内消防储水,并始终保持消防额定工作压力,向消防管网供水的**固定消防给水设备**(2.7.2.1)。

2.7.2.4

消防自动恒压给水设备 constant pressure automatic water supply equipment for fire protection

采用特定控制方式或利用泵组固有的流量压力特性,实现恒压的**固定消防给水设备**(2.7.2.1)。

2.7.2.5

消防稳压给水设备 pressure stabilizing water supply equipment for fire protection

用于维持喷水灭火系统伺应工作状态压力稳定的**固定消防给水设备**(2.7.2.1)。

2.7.2.6

消防增压给水设备 pressure boosting water supply equipment for fire protection

采用消防泵组提升消防水源压力满足灭火需要的**固定消防给水设备**(2.7.2.1)。

2.7.2.7

消防增压稳压给水设备 pressure boosting and stabilizing water supply equipment for fire protection

能满足稳压和增压两种用途的**固定消防给水设备**(2.7.2.1)。

2.7.2.8

消防无负压稳压给水设备 suction pressure regulating water supply equipment for fire protection

消防叠压稳压给水设备

直接串接到有压管网上取水,能有效利用其管网压力并且不产生负压危害的**消防稳压给水设备**(2.7.2.5)。

2.7.2.9

消防双动力给水设备 double power fixed water supply equipment for fire protection

由电动机泵组和发动机泵组组合、系统操控柜、控制仪表及其他相关附件组成,采用特定方式向消防管网持续供水的**固定消防给水设备**(2.7.2.1)。

2.7.2.10

消防水箱 fire water tank

蓄存消防用水的水箱。

2.7.2.11

消防泵站 fire pump station

提供消防用水的泵站。

2.7.3 消火栓

2.7.3.1

消火栓　fire hydrant

与供水管路连接,由阀、出水口和壳体等组成的消防供水或**泡沫溶液**(2.6.2.3)的装置。

2.7.3.2

室内消火栓　indoor fire hydrant

设于建筑物内部的**消火栓**(2.7.3.1)。

2.7.3.3

室外消火栓　outdoor fire hydrant

露天设置的**消火栓**(2.7.3.1)。

2.7.3.4

地上消火栓　overground fire hydrant

阀、出水口以及部分壳体露出地面的**室外消火栓**(2.7.3.3)。

2.7.3.5

地下消火栓　underground fire hydrant

安装于地下、地面上有盖板的**室外消火栓**(2.7.3.3)。

2.7.3.6

消防水鹤　fire water crane

由地下部分(主控水阀、排水余水装置、启闭联动机构)和地上部分(引水导流管道和护套、消防水带接口、旋转机构、伸缩机构等)组成,具有可摆动、可伸缩、防冻、启闭快速等特点,在城市给水系统中多用于**消防车**(2.2.1)快速上水的消防专用取水设施。

2.7.3.7

消火栓箱　fire cabinet

安装在消防给水管道上,由箱体、**消火栓**(2.7.3.1)、**消防水带**(2.4.1.1)、**消防水枪**(2.3.2.2)及电器设备等组成,具有给水、灭火、报警等功能的箱式固定消防装置。

2.7.4 消防水泵接合器

2.7.4.1

消防水泵接合器　siamese connection

固定设置在建筑物外,用于**消防车**(2.2.1)或机动泵向建筑物内消防给水系统输送消防用水和其他液体灭火剂的连接器具。

2.7.5 分集水器

2.7.5.1

分水器　dividing breeching

连接消防供水干线与多股出水支线的消防器具。

2.7.5.2

集水器　collecting breeching

连接多股消防供水支线与供水干线的消防器具。

2.7.6 消防接口

2.7.6.1

消防接口　fire coupling

供**消防水带**(2.4.1.1)、**消防吸水管**(2.4.4.1)、**消火栓**(2.7.3.1)、**消防泵**(2.7.1.1)或消防

枪炮等连接用的附件。

2.7.6.2

内扣式[消防]接口 snap-type coupling

依靠两对扣爪与内滑槽相连接的**消防接口**(2.7.6.1)。

2.7.6.3

卡式[消防]接口 insertion-type coupling

依靠弹簧力或其他方式推动两个或两个以上的滑块使内外接口相连接的**消防接口**(2.7.6.1)。

2.7.6.4

螺纹式[消防]接口 screw-type coupling

依靠螺纹使内外接口相连接的**消防接口**(2.7.6.1)。

2.7.6.5

异型[消防]接口 different type coupling

异径[消防]接口

用于两种不同型式接口过渡连接的**消防接口**(2.7.6.1)。

2.7.6.6

水带接口 hose coupling

将水带与水带或水带与设备连接在一起的**消防接口**(2.7.6.1)。

2.8 喷水灭火设备

2.8.1 喷头

2.8.1.1

[洒水]喷头 sprinkler

在热的作用下,在预定的温度范围内自行启动,或根据火灾信号由控制设备启动,并按设计的洒水形状和流量洒水的一种喷水装置。

2.8.1.2

闭式[洒水]喷头 sealed sprinkler

具有热敏感释放机构,火灾时受热能自动开启的**洒水喷头**(2.8.1.1)。

2.8.1.3

开式[洒水]喷头 open sprinkler

无热敏感释放机构,喷嘴敞开,火灾时通过控制设备启动的**洒水喷头**(2.8.1.1)。

2.8.1.4

玻璃球[洒水]喷头 glass bulb sprinkler

通过玻璃球内充装的液体受热膨胀使玻璃球爆破而开启的**洒水喷头**(2.8.1.1)。

2.8.1.5

易熔元件[洒水]喷头 fusible element sprinkler

通过易熔元件受热熔化而开启的**洒水喷头**(2.8.1.1)。

2.8.1.6

自动启闭[洒水]喷头 automatic open-close sprinkler

火灾发生时能自动开启,火灾扑灭后又能自动关闭的**洒水喷头**(2.8.1.1)。

2.8.1.7

家用[洒水]喷头　domestic sprinkler

安装在家庭和其他类似居住空间内,在预定的温度范围内自行启动,按设计的洒水形状和流量洒水到设计的保护区域内的一种快速响应**洒水喷头**(2.8.1.1)。

2.8.1.8

扩大覆盖面积[洒水]喷头　extended coverage sprinkler

具有比常规洒水喷头更大的特定保护面积的**洒水喷头**(2.8.1.1)。

2.8.1.9

早期抑制快速响应[洒水]喷头　early suppression fast response sprinkler;ESFR

在热的作用下,在预定的温度范围内自行启动,使水以一定的形状和密度在设计的保护面积上分布,以达到早期抑制效果的一种**洒水喷头**(2.8.1.1)。

2.8.1.10

水幕喷头　drencher nozzle

可以持续地喷水形成水帘幕,对受火灾威胁表面进行保护并组成防火分隔,固定在水幕灭火系统管路中的喷射装置。

2.8.1.11

水雾喷头　water spray nozzle

在一定的压力作用下,在设定的区域内将水流分解为直径 1 mm 以下的水滴并按设计的洒水形状喷出的喷头。

2.8.1.12

水雾喷射器　water spray projector

安装在供水管路上的能够产生高压水雾的喷嘴。

2.8.2　报警阀

2.8.2.1

湿式报警阀　wet pipe alarm valve

湿式自动喷水灭火系统中,只允许水流入配水管道并在规定压力、流量下驱动配套部件报警的一种单向阀。

2.8.2.2

干式报警阀　dry pipe alarm valve

在其出口侧充以压缩气体,当气压低于某一定值时能使水自动流入配水管道并进行报警的单向阀。

2.8.2.3

雨淋报警阀　deluge alarm valve

通过电动、机械、气动或其他方法进行开启,使水能够自动流入配水管道,同时进行报警的一种单向阀。

2.8.2.4

预作用装置　preaction device

由**预作用报警阀组**(2.8.2.5)、控制盘、气压维持装置和空气供给装置组成,通过电动、气动、机械或其他方法进行开启,使水能够单方向流入喷水系统同时进行报警的一种单向阀组装置。

2.8.2.5

预作用报警阀组 preaction alarm valve

由预作用报警阀(单阀或组合阀)及其管路辅件组成的报警阀组。

2.8.2.6

[报警阀]延迟器 retard chamber for alarm valve

可最大限度地减少因水源压力波动或冲击而造成误报警的一种容积式装置。

2.8.2.7

[报警阀]水力传感器 water motor transmitter for alarm valve

使远传报警讯号触点动作的一种水力驱动装置。

2.8.2.8

[报警阀]水力警铃 water motor alarm for alarm valve

能发出声响的水力驱动报警装置。

2.8.3 管道及附件

2.8.3.1

消防洒水软管 flexible hose for sprinkler

自动喷水灭火系统中末端连接洒水喷头的挠性金属软管。

2.8.3.2

加速器 accelerator

不通过降低安装管路压力而是采用机械手段加速干式阀动作的快开装置。

2.8.3.3

压力开关 pressure switch

将系统的压力信号转换为电信号的自动喷水灭火系统部件。

2.8.3.4

水流指示器 water flow indicator

自动喷水灭火系统中将水流信号转换成电信号的一种报警装置。

2.8.3.5

末端试水装置 inspector's test connection

由试水阀、压力表、试水喷嘴及保护罩等组成,用于监测自动喷水灭火系统末端压力,并可检验系统启动、报警及联动等功能的装置。

2.8.4 其他喷水灭火装置

2.8.4.1

细水雾灭火装置 water mist extinguishing device

由细水雾喷头、分配管网、供水装置或水和雾化介质的供给装置等组成,可喷放雾粒直径小于 $400\ \mu m$ 细水雾进行控制、抑制及扑灭火灾的灭火装置。

2.9 泡沫灭火设备

2.9.1 泡沫产生装置

2.9.1.1

低倍数泡沫产生器 low expansion foam generator

在低倍数泡沫灭火系统中,能将**泡沫混合液**(2.6.2.3)在一定压力下吸入空气产生低倍数泡沫的部件。

2.9.1.2

高倍数泡沫发生器 high expansion foam generator

在高倍数泡沫灭火系统中,能将**泡沫混合液**(2.6.2.3)通过多孔网屏,吸入空气而产生高倍数泡沫的部件。

2.9.1.3

高背压泡沫产生器 high back-pressure foam generator

泡沫混合液(2.6.2.3)通过时能吸入空气产生低倍数泡沫,其出口具有一定压力的部件。

2.9.1.4

中倍数泡沫管枪 medium expansion foam branch pipe

手持自吸式产生中倍数泡沫的喷射管枪。

2.9.2 泡沫比例混合装置

2.9.2.1

泡沫比例混合装置 foam proportioner device

使水与**泡沫液**(2.6.2.2)按比例形成**泡沫混合液**(2.6.2.3)的设备。

2.9.2.2

管线式泡沫比例混合器 in line foam proportioner

设置在泵与泡沫设备间水带线路中,能将**泡沫液**(2.6.2.2)按预定比例吸入水带中形成**泡沫混合液**(2.6.2.3)的部件。

2.9.2.3

环泵比例混合器 pump proportioner

利用水泵进水和出水管道间的压力降,通过文丘里管能将**泡沫液**(2.6.2.2)按预定比例吸入水中形成**泡沫混合液**(2.6.2.3)的部件。

2.9.3 闭式泡沫-水喷淋装置

2.9.3.1

闭式泡沫-水喷淋装置 sealed foam-water sprinkler device

由易熔或易碎热敏元件的闭式喷头(如洒水喷头)、管路等组成,当热敏元件动作后,能够将预先充装的空气、水或**泡沫混合液**(2.6.2.3)直接喷洒到保护区内的灭火装置。

2.9.4 其他泡沫灭火装置

2.9.4.1

柜式泡沫灭火装置 cabinet foam extinguishing equipment

具有报警、喷射泡沫功能的灭火装置。

2.9.4.2

厨房设备灭火装置 restaurant fire suppression device

固定安装于厨房等高湿热环境中,由灭火剂贮存容器组件、驱动气体容器组件、管路、喷嘴、阀门、阀门驱动装置、火灾探测部件、控制装置等组成的能自动探测并实施灭火的箱式灭火装置。

2.9.4.3

泡沫喷雾灭火装置 foam-spray extinguishing equipment

由储液罐、**泡沫灭火剂**(2.6.2.1)、动力瓶组、驱动装置、减压装置、分区阀、单向阀、泡沫喷雾喷头、控制盘、管网等部件组成的灭火装置。

2.10 气体灭火设备

2.10.1 固定式气体灭火装置

2.10.1.1

二氧化碳灭火设备　carbon dioxide extinguishing equipment

由二氧化碳供应源、驱动装置、喷嘴、信号反馈装置、安全泄放装置、控制器、各类阀门和管路等组成，能够喷射二氧化碳灭火剂实施灭火的固定式气体灭火设备总称。

2.10.1.2

高压二氧化碳灭火设备　high pressure carbon dioxide extinguishing equipment

二氧化碳灭火剂在常温下储存的**二氧化碳灭火设备**(2.10.1.1)。

2.10.1.3

低压二氧化碳灭火设备　low pressure carbon dioxide extinguishing equipment

二氧化碳灭火剂在$-18\ ℃\sim-20\ ℃$的温度下贮存的**二氧化碳灭火设备**(2.10.1.1)。

2.10.1.4

卤代烷灭火设备　halon extinguishing equipment

由卤代烷供应源、喷嘴、信号反馈装置、安全泄放装置、控制器、各类阀门和管路等组成，能够喷射**卤代烷灭火剂**(2.6.1.2)实施灭火的固定式气体灭火设备总称。

2.10.1.5

惰性气体灭火设备　inert gas extinguishing equipment

由灭火剂瓶组、单向阀、减压装置、驱动装置、集流管、连接管、喷嘴、信号反馈装置、安全泄放装置、控制盘、检漏装置和管路管件等组成，能够喷射**惰性气体灭火剂**(2.6.1.7)实施灭火的固定式气体灭火设备总称。

2.10.1.6

容器阀　head valve

安装在瓶组上用以释放气体介质的阀门。

2.10.1.7

选择阀　select valve

将通过汇流的灭火剂引向预定防护区的控制阀。

2.10.1.8

泄压装置　pressure relief device

泄放容器、封闭管路和封闭保护空间内超压的装置。

2.10.1.9

集流管　manifold

气体灭火系统管网中，与各灭火剂贮瓶相连接的集合管。

2.10.1.10

驱动装置　actuating device

直接启动固定灭火系统的释放部件使系统动作的执行机构。

2.10.1.11

控制装置　control device

能直接或间接接收火灾报警信号，按需要做出判断，并对驱动装置及其他消防设备下达动作指令的装置。

2.10.1.12

［阀门］驱动器　valve actuator

能直接启动容器阀,使装置投入灭火状态的执行机构。

2.10.2　柜式气体灭火装置

2.10.2.1

柜式气体灭火装置　cabinet-type gas extinguishing device

由气体灭火剂瓶组、管路、喷嘴、信号反馈部件、检漏部件、驱动部件、减压部件(氮气、氩气灭火装置)、火灾探测部件、控制器组成的能自动探测并实施灭火的柜式灭火装置。

注:火灾探测部件、控制器可与柜体分装。

2.10.3　悬挂式气体灭火装置

2.10.3.1

悬挂式气体灭火装置　hanging-type gaseous extinguishing device

由灭火剂贮存容器、启动释放组件、悬挂支架(座)等组成可悬挂或壁挂式安装,能自动或手动(电气启动或机械应急启动)启动喷放气体灭火剂的灭火装置。

2.10.4　其他气体灭火装置

2.10.4.1

排油注氮灭火装置　oil evacuation and nitrogen injection extinguishing device

通常由消防控制柜、消防柜、断流阀、火灾探测装置和排油注氮管路等组成,具有自动探测变压器火灾、自动(或)手动启动、控制排油阀开启排油卸压、同时断流阀能有效阻止储油柜至油箱的油路并控制氮气释放阀开启向变压器内注入氮气等功能的灭火装置。

2.10.4.2

热气溶胶灭火装置　condensed aerosol extinguishing device

通常由引发器、气溶胶发生剂和发生器、冷却装置(剂)、反馈元件、外壳及与之配套的火灾探测装置和控制装置组成,使气溶胶发生剂通过燃烧反应产生气溶胶灭火剂的装置。

2.11　干粉灭火设备

2.11.1　固定式干粉灭火设备

2.11.1.1

固定式干粉灭火设备　fixed powder extinguishing equipment

由干粉贮存容器、驱动组件、输送管道、喷放组件、探测和控制器件等固定安装组成,能够喷射干粉灭火剂(2.6.3.1)实施灭火的灭火设备总称。

2.11.1.2

干粉喷嘴　powder nozzle

喷射干粉的喷嘴。

2.11.2　柜式干粉灭火装置

2.11.2.1

柜式干粉灭火装置　cabinet-type powder extinguishing device

集干粉贮存容器、驱动组件、干粉灭火剂喷放组件和探测、控制器于一体的柜式灭火装置。

2.11.3 悬挂式干粉灭火装置

2.11.3.1

悬挂式干粉灭火装置 hanging powder extinguishing device

由贮存容器、电爆阀和**干粉喷嘴**(2.11.1.2)等组成,具有自动报警、自动喷洒**干粉灭火剂**(2.6.3.1)的完整功能,具有短管网或无管网的单一的固定灭火装置。

2.11.4 其他干粉灭火装置

2.11.4.1

壁挂式干粉灭火装置 wall-mounted powder extinguishing equipment

挂放于墙壁之上的**悬挂式干粉灭火装置**(2.11.3.1)。

2.12 建筑防排烟设备

2.12.1 防火排烟阀

2.12.1.1

防火阀 fire damper

一般由阀体、叶片、执行机构和温感器等部件组成,安装在通风、空气调节系统的送、回风管道上,平时呈开启状态,火灾时当管道内烟气温度达到70 ℃时关闭,并在一定时间内能满足漏烟量和耐火完整性要求,起隔烟阻火作用的阀门。

2.12.1.2

排烟防火阀 fire damper for smoke-venting system

一般由阀体、叶片、执行机构和温感器等部件组成,安装在机械排烟系统的管道上,平时呈开启状态,火灾时当排烟管道内烟气温度达到280 ℃时关闭,并在一定时间内能满足漏烟量和耐火完整性要求,起隔烟阻火作用的阀门。

2.12.1.3

排烟阀 smoke damper

一般由阀体、叶片、执行机构等部件组成,安装在机械排烟系统各支管端部(烟气吸入口)处,平时呈关闭状态并满足漏风量要求,火灾或需要排烟时手动和电动打开,起排烟作用的阀门。

注:带有装饰口或进行过装饰处理的排烟阀称为"排烟口"。

2.12.1.4

排油烟气防火止回阀 vapor exhausting and fire resisting damper

安装在厨房吸油烟机或卫生间排风机后端至具有耐火等级的共用排风管道进口处,风机工作时呈开启状态(排出废气),风机不工作时处于自然关闭状态(防止废气回流),屋内或共用风道内气温达到规定值时可自动关闭,并在规定时间内能满足耐火性能要求,起隔烟阻火作用的阀门。

2.12.2 消防排烟风机

2.12.2.1

排烟风机 smoke and heat exhausting ventilator

安装在建筑物的机械排烟系统中,在建筑物发生火灾时可用于排除火灾烟气的固定式电动装置。

2.12.3 挡烟垂壁

2.12.3.1

挡烟垂壁 smoke curtain

用不燃材料制成,垂直安装在建筑顶棚、横梁或吊顶下能在火灾时形成一定的蓄烟空间的挡烟分隔设施。

2.13 逃生避难装置

2.13.1 消防应急照明和疏散指示装置

2.13.1.1

消防应急灯具 fire emergency luminaire

为人员疏散、消防作业提供应急照明和指示标志的各类灯具。

2.13.1.2

消防应急照明灯具 fire emergency lighting luminaire

为人员疏散、消防作业提供照明的**消防应急灯具**(2.13.1.1)。

2.13.1.3

消防应急标志灯具 fire emergency indicating luminaire

为人员疏散、消防作业提供指示的、带有消防安全标志的**消防应急灯具**(2.13.1.1)。

2.13.2 消防安全标志产品

2.13.2.1

普通消防安全标志 ordinary fire safety sign

在基材上通过印刷、喷涂普通色漆或粘贴普通色膜等方式制成的既无逆反射、也无发光性能的消防安全标志牌。

2.13.2.2

蓄光[型][发光]消防安全标志 phosphorescent fire safety sign

用蓄光型发光色漆印刷、喷涂或用蓄光型发光色膜粘贴在基材上等方式制成的消防安全标志牌。

2.13.2.3

荧光消防安全标志 fluorescent fire safety sign

用荧光色漆印刷、喷涂或用荧光色膜粘贴在基材上等方式制成的消防安全标志牌。

2.13.2.4

自发光消防安全标志 self-luminous fire safety sign

用自发光材料制成的消防安全标志牌。

2.13.2.5

逆反射消防安全标志 retroreflective fire safety sign

用逆反射色漆印刷、喷涂或用逆向反射色膜粘贴在基材上等方式制成的消防安全标志牌。

2.13.2.6

组合材料消防安全标志 combined material fire safety sign

用光致发光材料与逆反射材料色漆印刷、喷涂或用组合材料色膜粘贴在基材上等方式制成的消防安全标志牌。

2.13.2.7

搪瓷消防安全标志　porcelain fire safety sign

用金属板作基材,由相应颜色的珐琅浆烧制成的消防安全标志牌。

2.13.2.8

场致发光消防安全标志　electroluminescent fire safety sign

由场致发光板等制成的消防安全标志产品。

2.13.3　火灾逃生避难器材

2.13.3.1

逃生缓降器　descent control device

由挂钩(或吊环)、吊带、绳索及速度控制器等组成,靠使用者自重从一定的高度,以一定的速度安全降至地面,并能往复使用的安全救生装置。

2.13.3.2

逃生梯　escape ladder

危急时供使用者自行攀爬逃生的一种梯子。

2.13.3.3

逃生滑道　escape slide

使用者靠自重以一定的速度下滑逃生的一种柔性通道。

2.13.3.4

应急逃生器　rescue device

使用者靠自重以一定的速度下降且具有刹停功能的一次性使用的逃生器材。

2.13.3.5

逃生滑梯　slide escape

从建筑物内紧急逃离的敞开滑梯。

2.13.3.6

救生滑杆　life sliding pole

危急时供人滑降使用的固定式长杆。

2.13.3.7

过滤式消防自救呼吸器　filtering respiratory device for self-rescue

一种依赖于环境大气,通过过滤、吸收等手段净化吸入人体的火场环境气体以保护佩戴者,供火灾时逃生用的呼吸器。

2.13.3.8

化学氧消防自救呼吸器　chemical oxygen respiratory device for self-rescue

使人的呼吸器官同大气环境隔绝,利用化学生氧剂产生的氧,供火灾缺氧情况下逃生用的呼吸器。

2.14　建筑耐火构件

2.14.1　防火门

2.14.1.1

防火门　fire door set

由门框、门扇及五金配件等组成,具有一定耐火性能的门组件。所述的门组件中,还可以包括门框上面的亮窗、门扇中的视窗以及各种防火密封件等辅助材料。

2.14.1.2

平开式防火门　mounting hinged fire door set

由门框、门扇和防火铰链、防火锁等防火五金配件构成的，以铰链为轴垂直于地面，该轴可以沿顺时针或逆时针单一方向旋转以开启或关闭门扇的**防火门**(2.14.1.1)。

2.14.1.3

木质防火门　fire door set of timber

用难燃木材或难燃木材制品作门框、门扇骨架、门扇面板，门扇内若填充材料，则填充对人体无毒无害的防火隔热材料，并配以防火五金配件等部件组成的**防火门**(2.14.1.1)。

2.14.1.4

钢质防火门　fire door set of steel

用钢质材料制作门框、门扇骨架和门扇面板，门扇内若填充材料，则填充对人体无毒无害的防火隔热材料，并配以防火五金配件等部件组成的**防火门**(2.14.1.1)。

2.14.1.5

钢木质防火门　fire door set of timber and steel

用钢质和难燃木质材料或难燃木材制品制作门框、门扇骨架、门扇面板，门扇内若填充材料，则填充对人体无毒无害的防火隔热材料，并配以防火五金配件等部件组成的**防火门**(2.14.1.1)。

2.14.1.6

其他材质防火门　fire door set of other materials

采用除钢质、难燃木材或难燃木材制品之外的无机不燃材料或部分采用钢质、难燃木材、难燃木材制品制作门框、门扇骨架、门扇面板，门扇内若填充材料，则填充对人体无毒无害的防火隔热材料，并配以防火五金配件等部件组成的**防火门**(2.14.1.1)。

2.14.1.7

隔热防火门（A类）　fully insulated fire door set(type A)

在规定时间内，能同时满足耐火完整性和耐火隔热性要求的**防火门**(2.14.1.1)。

2.14.1.8

部分隔热防火门（B类）　partially insulated fire door set(type B)

耐火隔热性达到0.5 h，耐火完整性大于0.5 h的**防火门**(2.14.1.1)。

2.14.1.9

非隔热防火门（C类）　uninsulated fire door set(type C)

在规定时间内，能满足耐火完整性要求的**防火门**(2.14.1.1)。

2.14.1.10

逃生门锁　exit door latching assembly

安装在建筑中的疏散门上，具有通过锁舌限制疏散门的开启、关闭（锁闭）功能，且在疏散、逃生方向上采用推压方式开启疏散门的成套机械装置。

2.14.2　防火窗

2.14.2.1

防火窗　fire window assembly

由窗框、窗扇及五金配件等部件组成，具有一定耐火性能的窗组件。

2.14.2.2

固定式防火窗　static fire window assembly

无可开启窗扇的**防火窗**(2.14.2.1)。

2.14.2.3

活动式防火窗　automatic closing fire window assembly

有可开启窗扇,且装配有窗扇启闭控制装置的**防火窗**(2.14.2.1)。

2.14.2.4

钢质防火窗　fire window assembly of steel

窗框和窗扇框架采用钢材制造的**防火窗**(2.14.2.1)。

2.14.2.5

木质防火窗　fire window assembly of timber

窗框和窗扇框架采用木材制造的**防火窗**(2.14.2.1)。

2.14.2.6

钢木复合防火窗　fire window assembly of timber and steel

窗框采用钢材、窗扇框架采用木材制造或窗框采用木材、窗扇框架采用钢材制造的**防火窗**(2.14.2.1)。

2.14.2.7

隔热防火窗(A 类)　insulated fire window assembly(type A)

在规定时间内,能同时满足耐火隔热性和耐火完整性要求的**防火窗**(2.14.2.1)。

2.14.2.8

非隔热防火窗(C 类)　uninsulated fire window assembly(type C)

在规定时间内,能满足耐火完整性要求的**防火窗**(2.14.2.1)。

2.14.3　防火玻璃

2.14.3.1

防火玻璃　fire-resistant glass

具有透光功能并能满足规定耐火性能要求的玻璃制品。

2.14.3.2

复合防火玻璃　laminated fire-resistant glass

由两层或两层以上玻璃复合而成或由一层玻璃和有机材料复合而成的**防火玻璃**(2.14.3.1)。

2.14.3.3

单片防火玻璃　monolithic fire-resistant glass

由单层玻璃构成的**防火玻璃**(2.14.3.1)。

2.14.3.4

隔热型防火玻璃(A 类)　insulated fire-resistant glass(type A)

耐火性能同时满足耐火完整性、耐火隔热性要求的**防火玻璃**(2.14.3.1)。

2.14.3.5

非隔热型防火玻璃(C 类)　integrity-only fire-resistant glass(type C)

耐火性能仅满足耐火完整性要求的**防火玻璃**(2.14.3.1)。

2.14.4 防火卷帘

2.14.4.1

防火卷帘　fire shutter assembly

由卷轴、导轨、座板、门楣、箱体、可折叠或卷绕的帘面及卷门机、控制器等部件组成,具有一定耐火性能的卷帘门组件。

2.14.4.2

钢质防火卷帘　fire shutter assembly of steel

用钢质材料制作帘面面板、导轨、座板、门楣、箱体等部件的**防火卷帘**(2.14.4.1)。

2.14.4.3

隔热防火卷帘(A 类)　insulated fire shutter assembly(type A)

在规定时间内,能同时满足耐火隔热性和耐火完整性要求的**防火卷帘**(2.14.4.1)。

2.14.4.4

非隔热防火卷帘(C 类)　uninsulated fire shutter assembly(type C)

在规定时间内,能满足耐火完整性要求的**防火卷帘**(2.14.4.1)。

2.14.4.5

防火卷帘用卷门机　motor for fire shutter assembly

由电动机、限位器、手动操作部件等组成,与**防火卷帘**(2.14.4.1)、**防火卷帘控制器**(2.14.4.6)配套使用,使**防火卷帘**(2.14.4.1)完成开启、定位、关闭功能的装置。

2.14.4.6

防火卷帘控制器　control unit for fire shutter assembly

与**防火卷帘用卷门机**(2.14.4.5)配套使用并控制其运行动作的电气控制设备。

2.15 防火材料及制品

2.15.1 防火涂料

2.15.1.1

饰面型防火涂料　finishing fire retardant paint

涂覆于可燃基材(如木材、纤维板、纸板及制品)表面,能形成具有防火阻燃保护及一定装置作用涂膜的防火涂料。

2.15.1.2

钢结构防火涂料　fire-resistant coating for steel structure

施涂于建筑物及构筑物的钢结构表面,能形成耐火隔热保护层以提高钢结构耐火极限的涂料。

2.15.1.3

电缆防火涂料　fire-resistant coating for electrical cable

涂覆于电缆(如以橡胶、聚乙烯、聚氯乙烯、交联聚氯乙烯等材料作为绝缘料和护套料而制成的电缆)表面,当火灾发生时能阻止电缆燃烧或火焰蔓延,可保护电缆不受火灾侵袭的一种功能性涂料。

2.15.1.4

混凝土结构防火涂料　fire-resistant coating for concrete structure

涂覆在工业与民用建筑物内和公路、铁路隧道等混凝土表面,能形成耐火隔热保护层以提高其结构耐火极限的涂料。

2.15.2 防火材料

2.15.2.1

防火封堵材料　firestop material

具有防火、防烟功能,用于密封或填塞建筑物、构筑物以及各类设施中的贯穿孔洞、环形缝隙及建筑缝隙,便于更换且符合有关性能要求的材料。

2.15.2.2

防火封堵组件　firestop subassembly

由多种防火封堵材料以及耐火隔热材料共同构成的用以维持结构耐火性能,且便于更换的组合系统。

2.15.2.3

防火膨胀密封件　fire-proof intumescent seal

安装在建筑分隔构件上,遇火或高温作用下能够膨胀,辅助建筑分隔构件具备防止火灾和烟气蔓延功能的制品。

2.15.2.4

阻火圈　fire stopping collar

由金属等材料制作的壳体和阻燃膨胀芯材组成的套圈,套在硬聚氯乙烯等塑料管道外壁,火灾时阻燃膨胀芯受热迅速膨胀,挤压管道,使之封堵,阻止火势沿管道蔓延。

2.15.2.5

阻燃材料　fire retardant material

具有抑制、减缓或终止火焰传播特性的材料。

2.15.2.6

阻燃制品及组件　fire retardant product and component

由阻燃材料(2.15.2.5)制成的产品及多种产品的组合。

2.15.2.7

不燃无机复合板　non-combustible inorganic compound board

采用无机材料为胶凝材料并添加多种改性物质,用纤维增强、能满足不燃性要求的复合板材。

2.15.2.8

阻燃铺地材料　fire retardant floor covering

达到规定的燃烧级别并满足相关理化性能规定要求的铺地材料。

2.15.2.9

喷射无机纤维防火材料　sprayed fire-resistant material of inorganic fiber

无机纤维棉混合物料通过喷射设备喷射到被保护物表面形成保护层,以提高被保护物耐火等级的防火材料。

2.15.2.10

水基型阻燃处理剂　water-based fire retarding agent

以水为分散介质,采用喷涂或浸渍等方式使木材、织物、纸板等获得规定的燃烧性能的各种阻燃处理剂。

2.15.3 阻燃及耐火电缆

2.15.3.1

阻燃电缆　fire retardant cable

具有规定阻燃性能(如阻燃特性、烟密度、烟气毒性、耐腐蚀性)的电缆。

2.15.3.2

耐火电缆　fire-resistant cable

具有规定的耐火性能(如线路完整性、烟密度、烟气毒性、耐腐蚀性)的电缆。

2.15.3.3

耐火电缆槽盒　fire-resistant cable trunking

由托盘和盖板组成,能满足规定耐火工作时间要求,用于支撑电缆的连续刚性结构系统。

2.15.4 阻火装置

2.15.4.1

阻火器　flame arrester

由阻火芯、阻火器外壳及配件构成,阻止火焰(爆燃或爆轰)通过的装置。

2.15.4.2

石油气体管道用阻火器　flame arrester for petroleum gas piping system

安装在石油气体管道上的阻火器(2.15.4.1)。

2.15.4.3

石油储罐阻火器　flame arrester for petroleum tank

安装在原油、汽油和煤油等轻质油品储罐上的阻火器(2.15.4.1)。

2.15.4.4

机动车排气火花熄灭器　vehicle spark arrester

对机动车废气进行冷却,从而熄灭废气内夹带火花的熄灭器。

2.16 消防通信设备

2.16.1 火警受理设备

2.16.1.1

火警调度机　fire alarm dispatching equipment

具有火警呼入排队、座席分配、语音调度、一般话务交换和CTI(计算机电信集成)等功能的专用通信设备。

2.16.1.2

火警数字录音录时装置　fire alarm digital voice and time recording equipment

用于记录报警人与调度员的通话信息和受理过程时间信息的设备。

2.16.2 消防指挥调度设备

2.16.2.1

火场通信控制台　fire scene communication console

对安装在消防移动通信指挥车上的有线、无线通信设备进行集中控制操作和状态显示的控制台。

2.16.2.2

消防站火警终端 fire station alarm terminal

设置在消防站,以文字、图形和语音形式接收火警受理系统下达的出动命令、打印出车单,并能上报中队消防实力等信息的装备。

2.16.2.3

消防通信指挥系统信息显示装置 information display device for fire communication and command system

应用于消防通信指挥中心或移动消防通信指挥中心,对消防信息进行集中接收、汇总、处理和显示,为消防指挥提供信息显示的装置。

2.16.3 消防车辆动态管理装置

2.16.3.1

消防车辆动态终端机 real-time communication terminal for fire vehicle

安装在消防车辆上,能实时向消防通信指挥中心发送本车定位信息和状态信息,并能接收安装在消防通信指挥中心的消防车辆动态管理中心收发装置下达的出动命令和行车路线的设备。

2.16.3.2

消防车辆动态管理中心收发装置 transceiver device for fire vehicle management center

安装在消防通信指挥中心,能接收**消防车辆动态终端机**(2.16.3.1)发送的车辆定位信息和状态信息,并能向其下达出动命令和行车路线的设备。

2.17 爆炸探测和抑爆产品

2.17.1

爆炸传感器 explosion sensor

能感知由爆炸引起的压力、温度和(或)辐射等一种或多种参数变化的装置。

2.17.2

爆炸探测器 explosion detector

装有一个或多个**爆炸传感器**(2.17.1),能感受到一次正在形成的爆炸并提供爆炸探测信号的装置或组合装置。

2.17.3

感压式爆炸探测器 pressure explosion detector

响应异常压力、压力增长速度的**爆炸探测器**(2.17.2)。

2.17.4

差压式爆炸探测器 rate-of-rise pressure explosion detector

压力增长速度超过预定值,作出响应的**爆炸探测器**(2.17.2)。

2.17.5

定压式爆炸探测器 fixed pressure explosion detector

压力达到或超过探测压力时作出快速响应的**爆炸探测器**(2.17.2)。

2.17.6

差定压组合式爆炸探测器 rate-of-rise and fixed pressure explosion detector

兼有差压和定压两种功能的**爆炸探测器**(2.17.2)。

2.17.7

抑爆器　explosion suppressor

贮存和快速喷撒**抑爆剂**(2.17.11)的部件。

2.17.8

爆炸开启阀　explosion activated valve

安装在**抑爆器**(2.17.7)上用通电爆破打开的快开阀门。

2.17.9

抑爆控制器　explosion suppression control unit

控制、记录和监视**爆炸传感器**(2.17.1)/**爆炸探测器**(2.17.2)和防爆器的防爆设备。

2.17.10

监控式防爆装置　automatic explosion suppression device

在爆炸发生的初期，依靠快速自动探测爆炸信息和自动用物理化学方法，将火焰扑灭或阻隔的装置。

2.17.11

抑爆剂　explosion suppressant

装在**抑爆器**(2.17.7)里，通过扩散抑制容器或封闭空间内正在发生爆炸的物质。

2.17.12

卤代烷抑爆剂　halon suppressant

具有灭火和抑爆特性的卤代烷。

2.17.13

水抑爆剂　water suppressant

作为**抑爆剂**(2.17.11)使用的水。

2.17.14

粉末抑爆剂　powder suppressant

具有灭火和抑爆特性的粉末。

参 考 文 献

[1]　GB/T 5907.1—2014　消防词汇　第1部分:通用术语

[2]　GA/T 51—1993　灭火剂基本术语

[3]　ISO 8421-2:1987　Fire protection—Vocabulary—Part 2:Structural fire protection

[4]　ISO 8421-3:1989　Fire protection—Vocabulary—Part 3:Fire detection and alarm

[5]　ISO 8421-4:1990　Fire protection—Vocabulary—Part 4:Fire extinction equipment

[6]　ISO 8421-5:1988　Fire protection—Vocabulary—Part 5:Smoke control

[7]　ISO 8421-6:1987　Fire protection—Vocabulary—Part 6:Evacuation and means of escape

[8]　ISO 8421-7:1987　Fire protection—Vocabulary—Part 7:Explosion detection and suppression means

[9]　ISO 8421-8:1990　Fire protection—Vocabulary—Part 8:Terms specific to fire-fighting, rescue services and handling hazardous materials

二、消防安全标志

消防安全标志 第1部分：标志
（GB 13495.1—2015）

前 言

GB 13495 的本部分第3章为强制性的，其余为推荐性的。

GB 13495《消防安全标志》分为以下部分：
——第1部分：标志；
——第2部分：产品通用要求；
——第3部分：设置要求；
……

本部分为 GB 13495 的第1部分。

本部分代替 GB 13495—1992《消防安全标志》。与 GB 13495—1992 相比，本部分变化如下：

——删除了标志的结构、尺寸、制作、设置等内容；这些内容将纳入 GB 13495 的其他部分（见1992年版的第4章、第6章、第7章）；
——删除了"禁止带火种"标志（见1992年版的标志编号3.4.8）；
——增加了"消防电话""推车式灭火器"和"消防炮"标志（见表2、表4）；
——将"紧急出口""灭火器""消防水带""当心火灾——易燃物质""当心火灾——氧化物"和"当心爆炸——爆炸性物质"标志的名称修改为"安全出口""手提式灭火器""消防软管卷盘""当心易燃物""当心氧化物"和"当心爆炸物"（见表3、表4和表5）；
——将"消防梯"修改为"逃生梯"，其安全色由红色改为绿色，由"灭火设备"表中调整到"紧急疏散逃生"表中（见表3）；
——修订了附录A中的圆形和三角形安全标志尺寸，规定了标志的设计尺寸（见附录A）；
——增加了标志与方向辅助标志组合使用示例（见附录B）；
——增加了标志、方向辅助标志与文字辅助标志组合使用示例（见附录C）。

本部分修订时参考了 ISO 7010:2011《图形符号 安全色和安全标志 注册的安全标志》。

本部分由中华人民共和国公安部提出。

本部分由全国消防标准化技术委员会基础标准分技术委员会（SAC/TC 113/SC 1）归口。

本部分由公安部天津消防研究所负责起草。

本部分主要起草人：姚松经、屈励、沈纹、张银花、冯珂星、李钰、俞颖飞。

本部分所代替标准的历次版本发布情况为：

——GB 13495—1992。

重要提示：本部分消防安全标志的颜色不作为标准颜色匹配使用，颜色匹配按GB 2893—2008《安全色》第 5 章的规定。

1 范围

GB 13495 的本部分规定了用于消防安全领域的标志。

本部分适用于所有需要设置消防安全标志的场所。

本部分不适用于 GB/T 4327 规定的消防技术文件和各类地图所用的图形符号。

2 规范性引用文件

下列文件对于本文件的应用是必不可少的。凡是注日期的引用文件，仅注日期的版本适用于本文件。凡是不注日期的引用文件，其最新版本（包括所有的修改单）适用于本文件。

GB 2893—2008　安全色

GB/T 4327　消防技术文件用消防设备图形符号

3 标志

3.1 消防安全标志（以下简称标志）由几何形状、安全色、表示特定消防安全信息的图形符号构成。标志的几何形状、安全色及对比色、图形符号色的含义见表1。

表 1　标志的几何形状、安全色及对比色、图形符号色的含义

几何形状	安全色	安全色的对比	色图形符号色	含　义
正方形	红色	白色	白色	标示消防设施（如火灾报警装置和灭火设备）
正方形	绿色	白色	白色	提示安全状况（如紧急疏散逃生）
带斜杠的圆形	红色	白色	黑色	表示禁止
等边三角形	黄色	黑色	黑色	表示警告

3.2 标志根据其功能分为以下 6 类：

　　a) 火灾报警装置标志（见表 2）；

　　b) 紧急疏散逃生标志（见表 3）；

　　c) 灭火设备标志（见表 4）；

　　d) 禁止和警告标志（见表 5）；

　　e) 方向辅助标志（见表 6）；

　　f) 文字辅助标志。

3.3 标志的常用型号、尺寸及颜色应符合附录 A 的规定。

3.4 标志及其辅助标志与周围环境之间应形成清晰对比。在实际制作时，应使用衬边，衬

边的颜色和尺寸等应符合附录 A 中图 A.1～图 A.4 的要求。

3.5 标志的色度和光度属性应符合 GB 2893—2008 第 5 章的规定。

3.6 标志与方向辅助标志应按附录 B 的示例组合使用。

3.7 标志的名称可作为文字辅助标志。标志、方向辅助标志与文字辅助标志按附录 C 的示例组合使用。

表 2 火灾报警装置标志

编号	标志	名称	说明
3-01		消防按钮 FIRE CALL POINT	标示火灾报警按钮和消防设备启动按钮的位置。 需指示消防按钮方位时,应与 3-30 标志组合使用,示例见附录 B
3-02		发声警报器 FIRE ALARM	标示发声警报器的位置
3-03		火警电话 FIRE ALARM TELEPHONE	标示火警电话的位置和号码。 需指示火警电话方位时,应与 3-30 标志组合使用
3-04		消防电话 FIRE TELEPHONE	标示火灾报警系统中消防电话及插孔的位置。 需指示消防电话方位时,应与 3-30 标志组合使用,示例见附录 B

表 3 紧急疏散逃生标志

编号	标志	名称	说明
3-05		安全出口 EXIT	提示通往安全场所的疏散出口。 根据到达出口的方向,可选用向左或向右的标志。需指示安全出口的方位时,应与 3-29 标志组合使用,示例见附录 B

表3（续）

编号	标志	名称	说明
3-06		滑动开门 SLIDE	提示滑动门的位置及方向
3-07		推开 PUSH	提示门的推开方向
3-08		拉开 PULL	提示门的拉开方向
3-09		击碎板面 BREAK TO OBTAINA CCESS	提示需击碎板面才能取到钥匙、工具，操作应急设备或开启紧急逃生出口
3-10		逃生梯 ESCAPE LADDER	提示固定安装的逃生梯的位置。 需指示逃生梯的方位时，应与3-29标志组合使用

表4 灭火设备标志

编号	标志	名称	说明
3-11		灭火设备 FIRE-FIGHTING EQUIPMENT	标示灭火设备集中摆放的位置。 需指示灭火设备的方位时，应与3-30标志组合使用

表 4（续）

编号	标志	名称	说明
3-12		手提式灭火器 PORTABLE FIRE EXTINGUISHER	标示手提式灭火器的位置。 需指示手提式灭火器的方位时，应与 3-30 标志组合使用，示例见附录 B
3-13		推车式灭火器 WHEELED FIRE EXTINGUISHER	标示推车式灭火器的位置。 需指示推车式灭火器的方位时，应与 3-30 标志组合使用
3-14		消防炮 FIRE MONITOR	标示消防炮的位置。 需指示消防炮的方位时，应与 3-30 标志组合使用
3-15		消防软管卷盘 FIRE HOSE REEL	标示消防软管卷盘、消火栓箱、消防水带的位置。 需指示消防软管卷盘、消火栓箱、消防水带的方位时，应与 3-30 标志组合使用，示例见附录 B
3-16		地下消火栓 UNDERGROUND FIRE HYDRANT	标示地下消火栓的位置。 需指示地下消火栓的方位时，应与 3-30 标志组合使用
3-17		地上消火栓 OVERGROUND FIRE HYDRANT	标示地上消火栓的位置。 需指示地上消火栓的方位时，应与 3-30 标志组合使用，示例见附录 B
3-18		消防水泵接合器 SIAMESE CONNECTION	标示消防水泵接合器的位置。 需指示消防水泵接合器的方位时，应与 3-30 标志组合使用

表5 禁止和警告标志

编号	标志	名称	说明
3-19		禁止吸烟 NO SMOKING	表示禁止吸烟
3-20		禁止烟火 NO BURNING	表示禁止吸烟或各种形式的明火
3-21		禁止放易燃物 NO FLAMMABLE MATERIALS	表示禁止存放易燃物
3-22		禁止燃放鞭炮 NO FIREWORKS	表示禁止燃放鞭炮或焰火
3-23		禁止用水灭火 DO NOT EXTINGUISH WITH WATER	表示禁止用水作灭火剂或用水灭火
3-24		禁止阻塞 DO NOT OBSTRUCT	表示禁止阻塞的指定区域（如疏散通道）
3-25		禁止锁闭 DO NOT LOCK	表示禁止锁闭的指定部位（如疏散通道和安全出口的门）

表 5（续）

编号	标志	名称	说明
3-26		当心易燃物 WARNING： FLAMMABLE MATERIAL	警示来自易燃物质的危险
3-27		当心氧化物 WARNING： OXIDIZING SUBSTANCE	警示来自氧化物的危险
3-28		当心爆炸物 WARNING： EXPLOSIVE MATERIAL	警示来自爆炸物的危险，在爆炸物附近或处置爆炸物时应当心

表 6　方向辅助标志

编号	标志	含义	说明
3-29		疏散方向 DIRECTION OF ESCAPE	指示安全出口的方向。 　箭头的方向还可为上、下、左上、右上、右、右下等，组合使用示例见附录 B
3-30		火灾报警装置或 灭火设备的方位 DIRECTION OF FIRE ALARM DEVICE OR FIREFIGHTING EQUIPMENT	指示火灾报警装置或灭火设备的方位。 　箭头的方向还可为上、下、左上、右上、右、右下等，组合使用示例见附录 B

附 录 A
（规范性附录）
消防安全标志的型号、尺寸和颜色

A.1 消防安全标志常用的型号及其公称尺寸应符合表 A.1 的要求。

表 A.1 消防安全标志常用的型号和公称尺寸　　　　　单位为毫米

型号	公称尺寸		
	正方形标志的边长 a	圆形标志的外径 d	三角形标志的内边长 b
1	63	70	75
2	100	110	120
3	160	175	190
4	250	280	300
5	400	440	480
6	630	700	750
7	1000	1100	1200

A.2 标志几何形状的设计尺寸和颜色应符合图 A.1～图 A.4 的要求。

a

$1.05a\sim1.10a$

标志的颜色应为：
　背景：红色
　图形符号：白色
　衬边：白色

图 A.1 火灾报警装置、灭火设备标志的设计尺寸

标志的颜色应为：
 背景：绿色
 图形符号：白色
 衬边：白色

图 A.2　紧急疏散逃生标志的设计尺寸

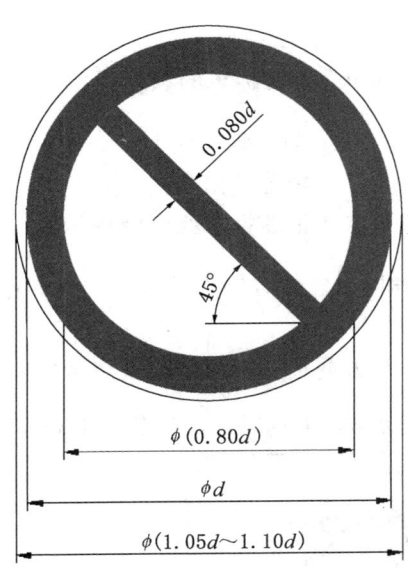

标志的颜色应为：
 背景：白色
 环形边框和斜杠：红色
 图形符号：黑色
 衬边：白色

图 A.3　禁止标志的设计尺寸

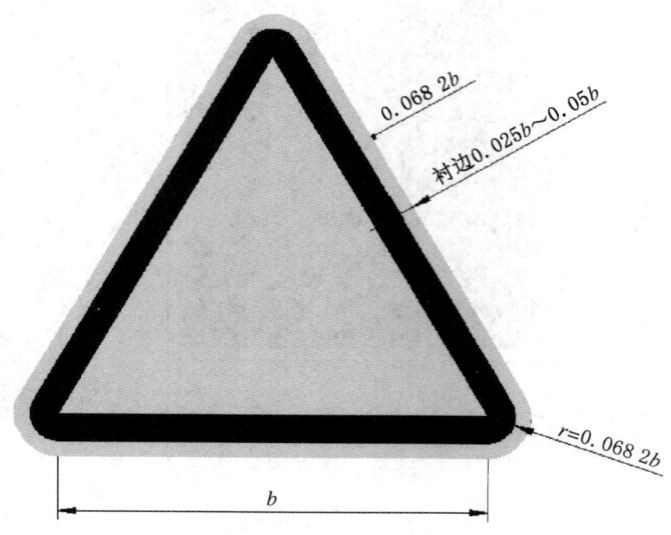

标志的颜色应为：
　　背景：黄色
　　三角形边框：黑色
　　图形符号：黑色
　　衬边：黄色

图 A.4　警告标志的设计尺寸

附　录　B
（规范性附录）
标志与方向辅助标志组合使用示例

B.1　表 B.1 给出了标志与方向辅助标志组合制作示例。实际制作时，在同一载体上组合的标志可以省略内部衬边。

B.2　表 B.2～表 B.8 给出了标志与方向辅助标志组合使用示例。

表 B.1　标志与方向辅助标志组合制作示例

序号	组合制作示例	制作说明
1		保留内部衬边
2		保留内部衬边

表 B.1（续）

序号	组合制作示例	制作说明
3		省略内部衬边

表 B.2 "安全出口"标志与方向辅助标志组合使用示例

序号	组合使用示例	应用说明
1		面向疏散方向设置（如悬挂在大厅、疏散通道上方等），指示"安全出口"在前方； 沿疏散方向设置在地面上，指示"安全出口"在前方； 设置在"逃生梯"等设施旁，指示"安全出口"在上方； 设置在"安全出口"上方，指示可向上疏散至室外
2		指示"安全出口"在左上方
3		指示"安全出口"在左方
4		指示"安全出口"在左下方

表 B.3 位于两个安全出口中间的"安全出口"标志与方向辅助标志组合使用示例

序号	组合使用示例	应用说明
1		指示向左或向右皆可到达安全出口
2		指示向左或向右皆可到达安全出口

表 B.4 "消防按钮"标志与方向辅助标志组合使用示例

序号	组合使用示例	应用说明
1		指示"消防按钮"在左方
2		指示"消防按钮"在右方

表 B.5 "消防电话"标志与方向辅助标志组合使用示例

序号	组合使用示例	应用说明
1		指示"消防电话"在左方
2		指示"消防电话"在右方

表 B.6 "手提式灭火器"标志与方向辅助标志组合使用示例

序号	组合使用示例	应用说明
1		指示"手提式灭火器"在左方
2		指示"手提式灭火器"在左下方

表 B.7 "消防软管卷盘"标志与方向辅助标志组合使用示例

序号	组合使用示例	应用说明
1		指示"消防软管卷盘"在左方
2		指示"消防软管卷盘"在右下方

表 B.8 "地上消火栓"标志与方向辅助标志组合使用示例

序号	组合使用示例	应用说明
1		指示"地上消火栓"在左方
2		指示"地上消火栓"在右方

附 录 C
（规范性附录）
标志、方向辅助标志与文字辅助标志组合使用示例

C.1 表 C.1 给出了标志、方向辅助标志与文字辅助标志组合制作示例。实际制作时，在同一载体上组合的标志可以省略内部衬边。

C.2 表 C.2 给出了标志、方向辅助标志与文字辅助标志组合使用示例。

表 C.1 标志、方向辅助标志与文字辅助标志组合制作示例

序号	组合制作示例	制作说明
1		保留内部衬边
2		保留内部衬边
3		省略内部衬边

表 C.2 标志、方向辅助标志与文字辅助标志组合使用示例

序号	组合使用示例	应用说明
1		指示"安全出口"在右方
2		指示向左或向右皆可到达安全出口

表 C.2（续）

序号	组合使用示例	应用说明
3		指示"火灾报警按钮"在左方
4		指示"地上消火栓"在右方

消防安全标志设置要求(GB 15630—1995)

1 主题内容与适用范围

1.1 本标准规定了消防安全标志的设置场所、原则、要求和方法等。

1.2 本标准适用于使用消防安全标志作为传递消防安全信息的场所。

2 引用标准

GB 13495 消防安全标志

GBJ16 建筑设计防火规范

GBJ45 高层民用建筑设计防火规范

3 术语

3.1

观察距离　viewing distance

观察者眼睛至标志中心点的距离。

在本标准中,观察距离用字母 D 表示,如图1所示。

3.2

观察角　viewing angle

观察者的眼睛和标志中心点的连线与标志所在平面的夹角。

在本标准中,观察角用字母 α 表示,如图1所示。

3.3

偏移距离　displacement

标志的中心点至眼睛正视标志所在平面时的视轴的距离。

在本标准中,偏移距离用字母 X 表示,如图1所示。

3.4

偏移角　angle of displacement

标志的中心点和眼睛的连线与眼睛正视标志所在平面时的视轴之间的夹角。

在本标准中,偏移角用字母 θ 表示,如图1所示。

4 设置场所

4.1 旅游景点、露天娱乐场、市区街道、广场、停车场和集贸市场等。

4.2 GBJ16 和 GBJ45 中规定的建筑物。

4.3 车站、机场、港口、码头、桥梁、隧道、加油站、交通工具和地下工程等。

4.4 林区、矿区、油田和海上钻井平台等。

4.5 其他设置消防安全标志的场所。

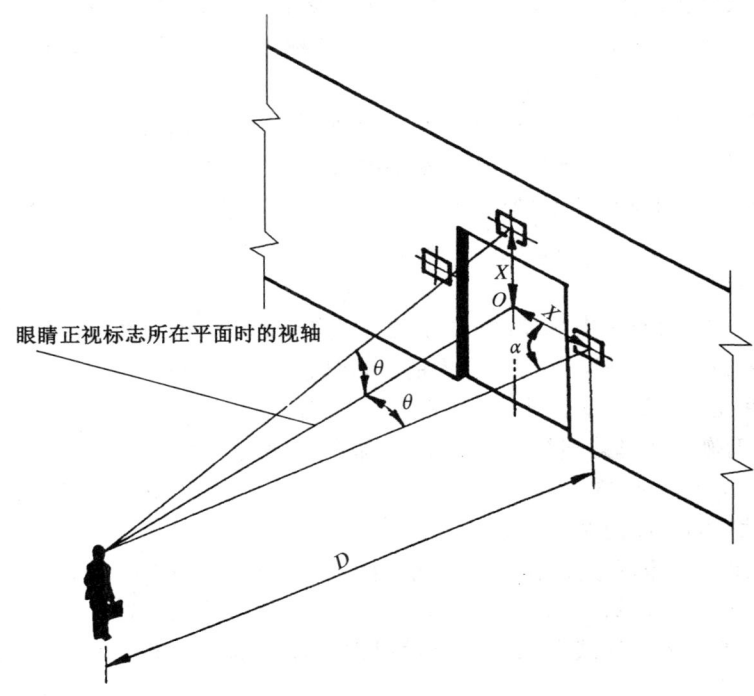

图 1

5 设置原则

5.1 商场(店)、影剧院、娱乐厅、体育馆、医院、饭店、旅馆、高层公寓和候车(船、机)室大厅等人员密集的公共场所的紧急出口、疏散通道处、层间异位的楼梯间(如避难层的楼梯间)、大型公共建筑常用的光电感应自动门或360°旋转门旁设置的一般平开疏散门,必须相应地设置"紧急出口"标志。在远离紧急出口的地方,应将"紧急出口"标志与"疏散通道方向"标志联合设置,箭头必须指向通往紧急出口的方向。

5.2 紧急出口或疏散通道中的单向门必须在门上设置"推开"标志,在其反面应设置"拉开"标志。

5.3 紧急出口或疏散通道中的门上应设置"禁止锁闭"标志。

5.4 疏散通道或消防车道的醒目处应设置"禁止阻塞"标志。

5.5 滑动门上应设置"滑动开门"标志,标志中的箭头方向必须与门的开启方向一致。

5.6 需要击碎玻璃板才能拿到钥匙或开门工具的地方或疏散中需要打开板面才能制造一个出口的地方必须设置"击碎板面"标志。

5.7 各类建筑中的隐蔽式消防设备存放地点应相应地设置"灭火设备""灭火器"和"消防水带"等标志。室外消防梯和自行保管的消防梯存放点应设置"消防梯"标志。远离消防设备存放地点的地方应将灭火设备标志与方向辅助标志联合设置。

5.8 手动火灾报警按钮和固定灭火系统的手动启动器等装置附近必须设置"消防手动启动器"标志。在远离该装置的地方,应与方向辅助标志联合设置。

5.9 设有火灾报警器或火灾事故广播喇叭的地方应相应地设置"发声警报器"标志。

5.10 设有火灾报警电话的地方应设置"火警电话"标志。对于设有公用电话的地方（如电话亭），也可设置"火警电话"标志。

5.11 设有地下消火栓、消防水泵接合器和不易被看到的地上消火栓等消防器具的地方,应设置"地下消火栓""地上消火栓"和"消防水泵接合器"等标志。

5.12 在下列区域应相应地设置"禁止烟火""禁止吸烟""禁止放易燃物""禁止带火种""禁止燃放鞭炮""当心火灾——易燃物""当心火灾——氧化物"和"当心爆炸——爆炸性物质"等标志：

    a. 具有甲、乙、丙类火灾危险的生产厂区、厂房等的入口处或防火区内；
    b. 具有甲、乙、丙类火灾危险的仓库的入口处或防火区内；
    c. 具有甲、乙、丙类液体储罐、堆场等的防火区内；
    d. 可燃、助燃气体储罐或罐区与建筑物、堆场的防火区内；
    e. 民用建筑中燃油、燃气锅炉房,油浸变压器室,存放、使用化学易燃、易爆物品的商店、作坊、储藏间内及其附近；
    f. 甲、乙、丙类液体及其他化学危险物品的运输工具上；
    g. 森林和矿山等防火区内。

5.13 存放遇水爆炸的物质或用水灭火会对周围环境产生危险的地方应设置"禁止用水灭火"标志。

5.14 在旅馆、饭店、商场（店）、影剧院、医院、图书馆、档案馆（室）、候车（船、机）室大厅、车、船、飞机和其他公共场所,有关部门规定禁止吸烟,应设置"禁止吸烟"等标志。

5.15 其他有必要设置消防安全标志的地方。

6 设置要求

6.1 消防安全标志应设在与消防安全有关的醒目的位置。标志的正面或其邻近不得有妨碍公共视读的障碍物。

6.2 除必须外,标志一般不应设置在门、窗、架等可移动的物体上,也不应设置在经常被其他物体遮挡的地方。

6.3 设置消防安全标志时,应避免出现标志内容相互矛盾、重复的现象。尽量用最少的标志把必需的信息表达清楚。

6.4 方向辅助标志应设置在公众选择方向的通道处,并按通向目标的最短路线设置。

6.5 设置的消防安全标志,应使大多数观察者的观察角接近90°。

6.6 消防安全标志的尺寸由最大观察距离 D 确定。测出所需的最大观察距离以后,根据 GB 13495 附录 A 确定所需标志的大小。

    观察距离 D 的确定参照本标准附录 A（参考件）。

6.7 标志的偏移距离 X 应尽量缩小。对于最大观察距离 D 的观察者,偏移角 θ 一般不宜大于5°,最大不应大于15°。如果受条件限制,无法满足该要求,应适当加大标志的尺寸以满足醒目度的要求。

6.8 在所有有关照明下,标志的颜色应保持不变。

6.9 消防安全标志牌的制作材料

6.9.1 疏散标志牌应用不燃材料制作,否则应在其外面加设玻璃或其他不燃透明材料制成的保护罩。

6.9.2 其他用途的标志牌其制作材料的燃烧性能应符合使用场所的防火要求;对室内所用的非疏散标志牌,其制作材料的氧指数不得低于32。

6.10 室内及其出入口的消防安全标志设置要求

6.10.1 疏散标志的设置要求

6.10.1.1 疏散通道中:"紧急出口"标志宜设置在通道两侧部及拐弯处的墙面上,标志牌的上边缘距地面不应大于1 m,如图2所示。也可以把标志直接设置在地面上,上面加盖不燃透明牢固的保护板,如图3所示。标志的间距不应大于20 m,袋形走道的尽头离标志的距离不应大于10 m。

6.10.1.2 疏散通道出口处,"紧急出口"标志应设置在门框边缘或门的上部,如图4所示A或B的位置。标志牌的上边缘距天花板高 h_1 不应小于0.5 m。位置A处的标志牌下边缘距地面的高度 h_2 不应小于2.0 m。

6.10.1.3 如果天花板的高度较小,也可以在图4中C、D的位置设置标志,标志的中心点距地面高度 h_3 应在1.3 m～1.5 m之间。

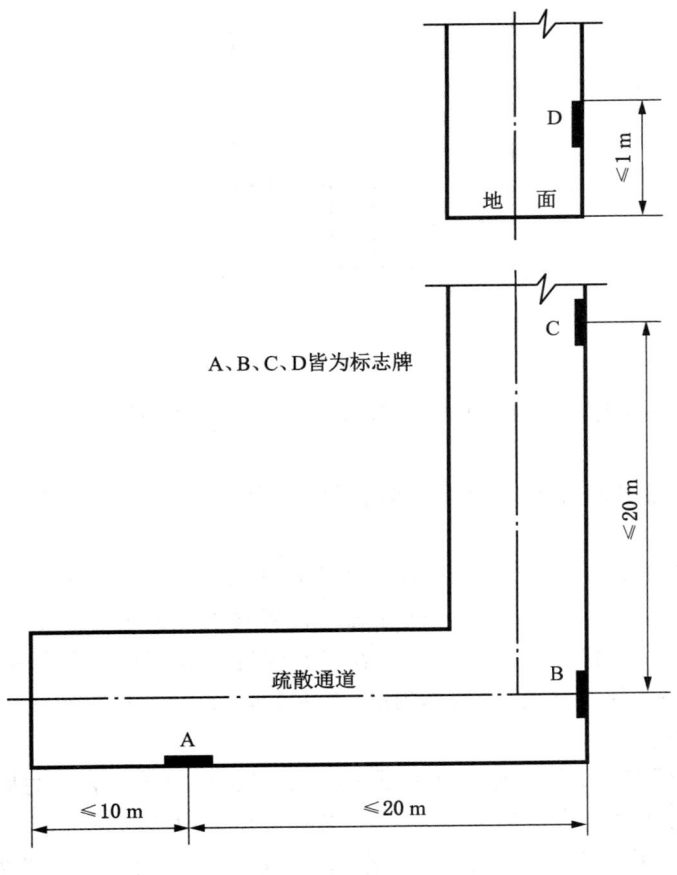

图2

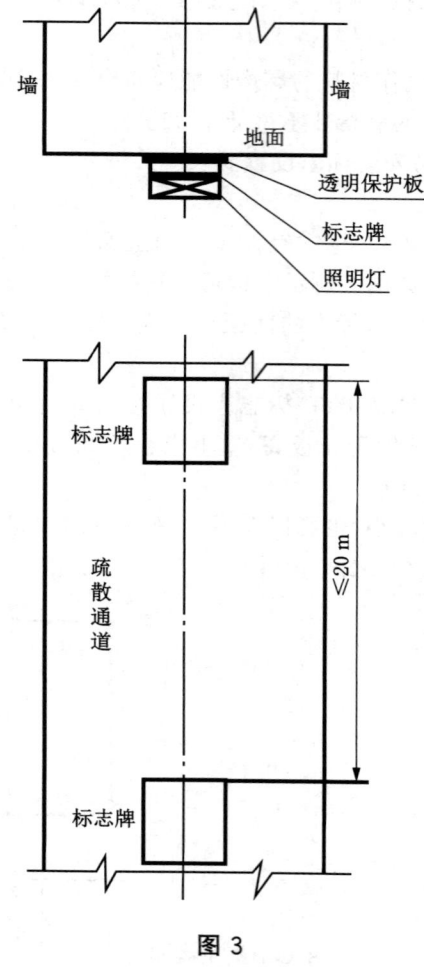

图 3

6.10.1.4 悬挂在室内大厅处的疏散标志牌的下边缘距地面的高度不应小于 2.0 m,如图 5 所示。

6.10.2 附着在室内墙面等地方的其他标志牌,其中心点距地面高度应在 1.3 m～1.5 m 之间。

6.10.3 悬挂在室内大厅处的其他标志牌下边缘距地面高度不应小于 2.0 m。

6.10.4 在室内及其出入口处,消防安全标志应设置在明亮的地方。消防安全标志中的禁止标志(圆环加斜线)和警告标志(三角形)在日常情况下其表面的最低平均照度不应小于 5 lx,最低照度和平均照度之比(照度均匀度)不应小于 0.7。提示标志(正方形)及其辅助标志应满足以下要求:

6.10.4.1 需要外部照明的提示标志及其辅助标志,日常情况下其表面的最低平均照度和照度均匀度也应满足上述要求。当发生火灾,正常照明电源中断的情况下,应在 5 s 内自动切换成应急照明电源,由应急照明灯具照明,标志表面的最低平均照度和照度均匀度仍应满足上述要求。

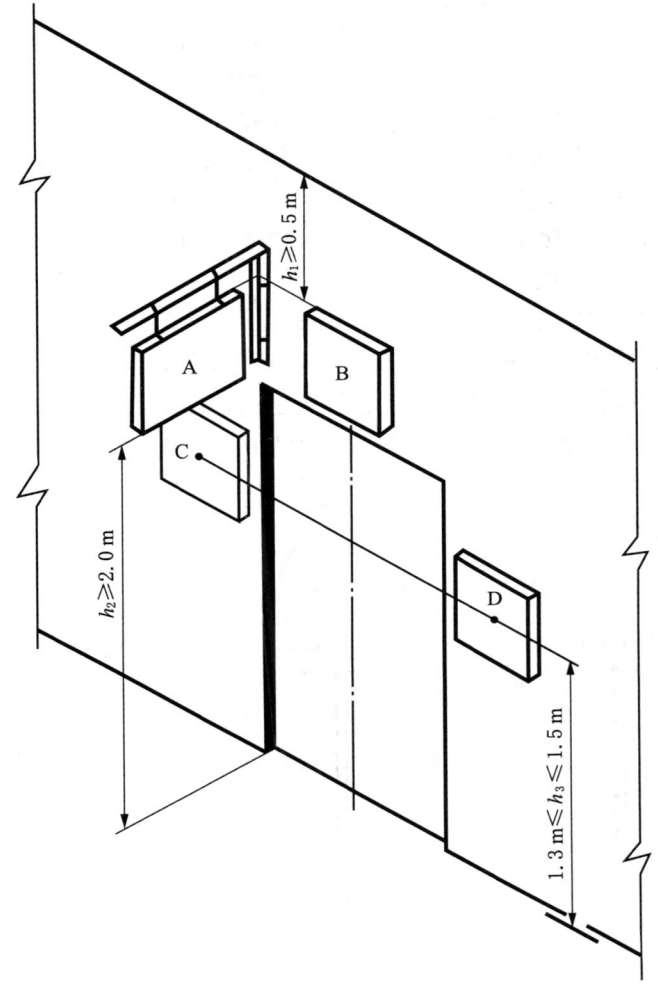

图 4

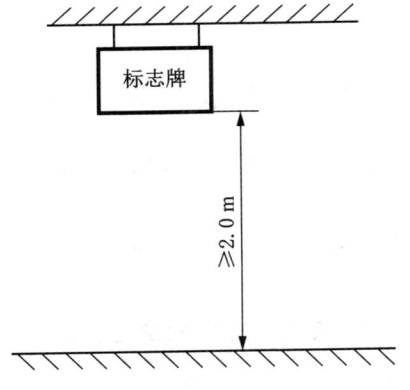

图 5

6.10.4.2 具有内部照明的提示标志及其辅助标志,当标志表面外部照明的照度小于 5 lx 时,应能在 5 s 内自动启动内部照明灯具进行照明。当发生火灾,内部照明灯具的正常照明电源中断的情况下,应在 5 s 内自动切换成应急照明电源。无论在哪种电源供电进行内部照明的情况下,标志表面的平均亮度宜为 17~34 cd/m²,但任何小区域内的最大亮度不应大于 80 cd/m²,最小亮度不应小于 15 cd/m²,最大亮度和最小亮度之比不应大于 5∶1。

6.10.4.3 用自发光材料制成的提示标志牌及其辅助标志牌,其表面任一发光面积的亮度不应小于 0.51 cd/m²。文字辅助标志牌表面的最大亮度和最小亮度之比不应超过 3∶2,图形标志的最大亮度和最小亮度之比不应超过 5∶2。

6.11 室外设置的消防安全标志应满足以下要求:

6.11.1 室外附着在建筑物上的标志牌,其中心点距地面的高度不应小于 1.3 m。

6.11.2 室外用标志杆固定的标志牌的下边缘距地面高度应大于 1.2 m。

6.11.2.1 设置在道路边缘的标志牌,其内边缘距路面(或路肩)边缘不应小于 0.25 m,标志牌下边缘距路面的高度应在 1.8~2.5 m 之间。如图 6 所示。

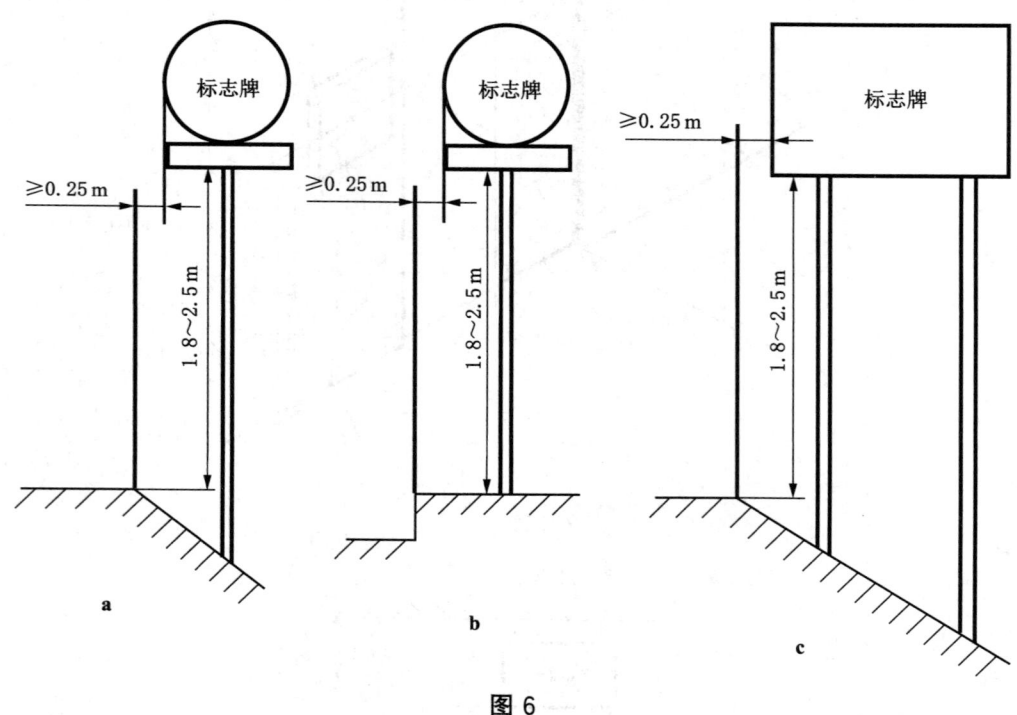

图 6

6.11.2.2 设置在道路边缘的标志牌,在装设时,标志牌所在平面应与行驶方向垂直或成 80°~90°角,如图 7 所示。

6.11.2.3 设置在道路边缘的警告标志到危险地点的距离,根据道路的计算行车速度,按表 1 选取。

表 1 警告标志到危险地点的距离

计算行车速度,km/h	＞60	≤60
标志到危险地点距离,m	100~250	20~100

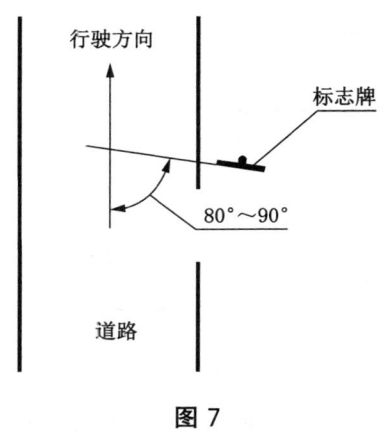

图 7

6.11.3 消防安全标志牌应设置在室外明亮的环境中。日常情况下使用的各种标志牌的表面最低平均照度不应小于 5 lx,照度均匀度不应小于 0.7。夜间或较暗环境下使用的消防安全标志牌应采用灯光照明以满足其最低平均照度要求,也可采取自发光材料制作。设置在道路边缘供车辆使用的消防安全标志牌也可采用逆向反射材料制作,反光方式参考附录 B(参考件)。

6.12 对于地下工程,"紧急出口"标志宜设置在通道的两侧部及拐弯处的墙面上,标志的中心点距地面高度应在 1.0 m~1.2 m 之间,也可设置在地面上(如图 3 所示)。标志的间距不应大于 10 m。标志的照明应满足 6.10.4 条和 6.13 条的要求。

6.13 给标志提供应急照明的电源,其连续供电时间应满足所处环境的相应标准或规范要求,但不应小于 20 min。

7 设置方法

7.1 方式

7.1.1 附着式:消防安全标志牌可以采用钉挂、粘贴、镶嵌等方式直接附着在建筑物等设施上,如图 3 和图 4 中 B、C、D 所示。

7.1.2 悬挂式:用吊杆、拉链等将标志牌悬挂在相应位置上。适用于宾馆、饭店、候车(船、机)室大厅及出入口等处。如图 5 所示。

7.1.3 柱式:把标志牌固定在标志杆上,竖立于其指示物附近。如图 6 所示。

7.2 间隙

7.2.1 两个或更多的正方形消防安全标志一起设置时,各标志之间至少应留有标志公称尺寸 0.2 倍的间隙,如图 8 所示。

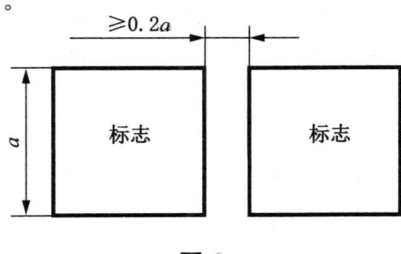

图 8

7.2.2 两个相反方向的正方形标志并列设置时,为避免混淆,在两个标志之间至少应留有一个标志的间隙,如图 9 所示。

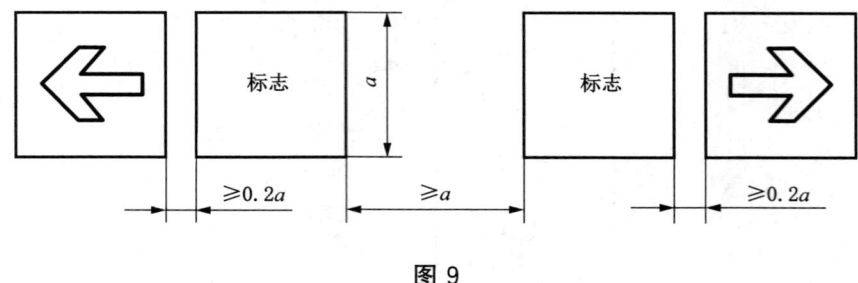

图 9

7.2.3 当疏散标志与灭火设备标志并列设置并且二者方向相同时,应将灭火设备标志放在上面,疏散标志放在下面。两个标志之间的间隙不应小于标志公称尺寸的 0.2 倍。如图 10 所示。

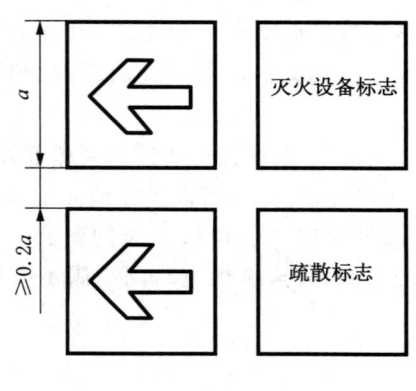

图 10

7.2.4 两个以上标志牌可以设置在一根标志杆上。但最多不能超过 4 个。

7.2.4.1 应按照警告标志(三角形)、禁止标志(圆环加斜线)、提示标志(正方形)的顺序先上后下,先左后右地排列,如图 11 所示。

7.2.4.2 根据设置地点,标志的设置应符合本标准第 6.11.2 条的要求。

7.2.4.3 正方形和其他形状的标志牌共同设置时,正方形标志牌与标志杆之间的间隙不应小于标志公称尺寸的 0.2 倍,其他形状的标志牌与标志杆之间的间隙应不小于 5 cm,如图 11a 所示。

7.2.4.4 两个或多个三角形(圆形)标志牌或三角形、圆形、正方形标志牌共同设置在同一标志杆时,各标志牌之间的间隙不应小于 5 cm,如图 11b 所示。

7.2.4.5 两个正方形的标志牌设置在一个标志杆上时,两者之间的间隙不应小于标志公称尺寸的 0.2 倍,如图 11c 所示。

7.3 固定方法

7.3.1 附着设置的消防安全标志牌如用钉子固定,一般情况下圆形和三角形标志牌至少固定三点,正方形和长方形标志牌至少固定四点。固定点宜选在边缘衬底色部位。用胶粘贴的标志牌应将其背面涂满胶或将其边缘、中心点涂上胶固定。

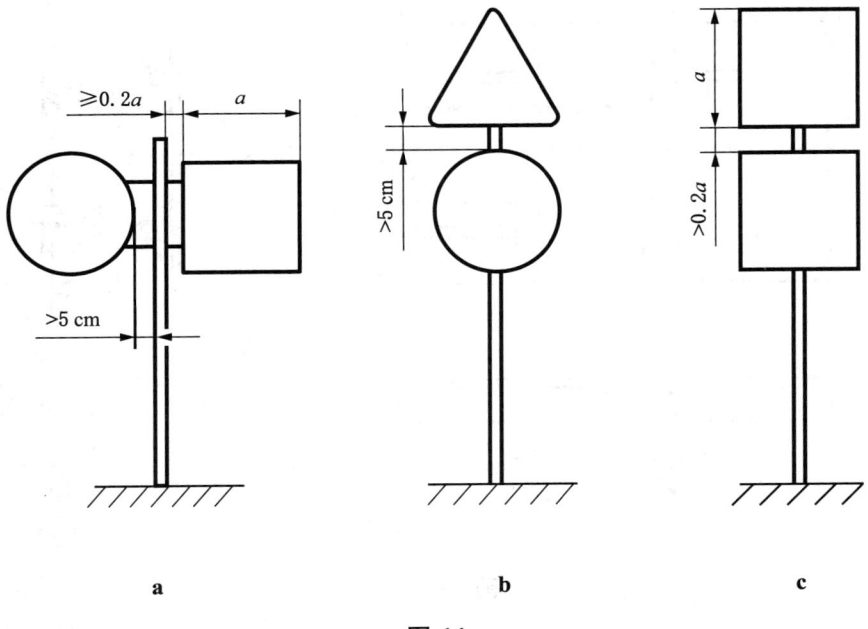

图 11

7.3.2 悬挂设置的消防安全标志牌至少用两根悬挂杆(线),悬挂后不得倾斜。较轻的标志牌应配备较牢固的支架再悬挂。

7.3.3 柱式设置的消防安全标志牌应用螺栓、管箍等牢固地固定在标志杆上。固定方法可参照图12进行。

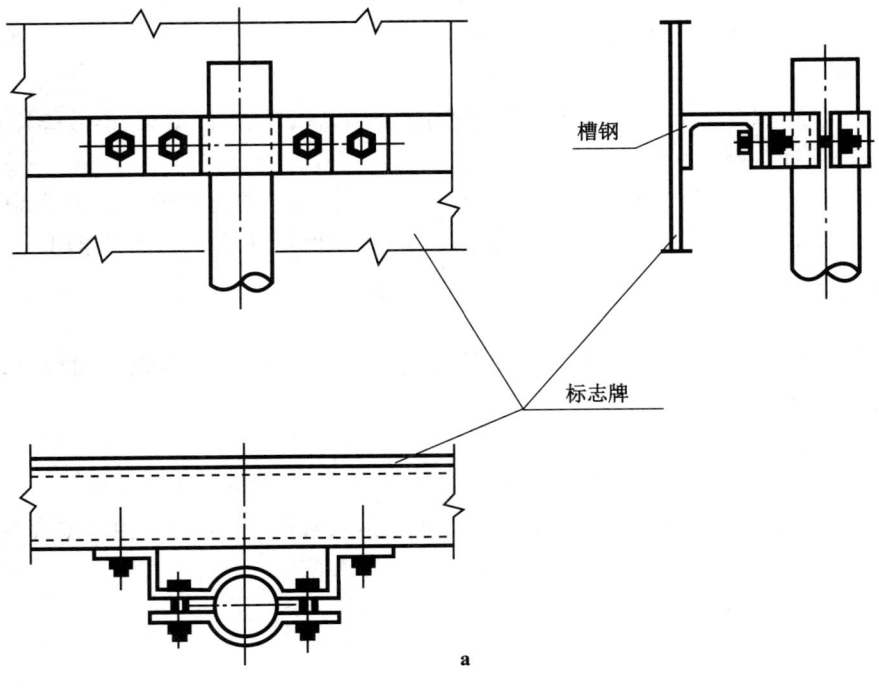

图 12

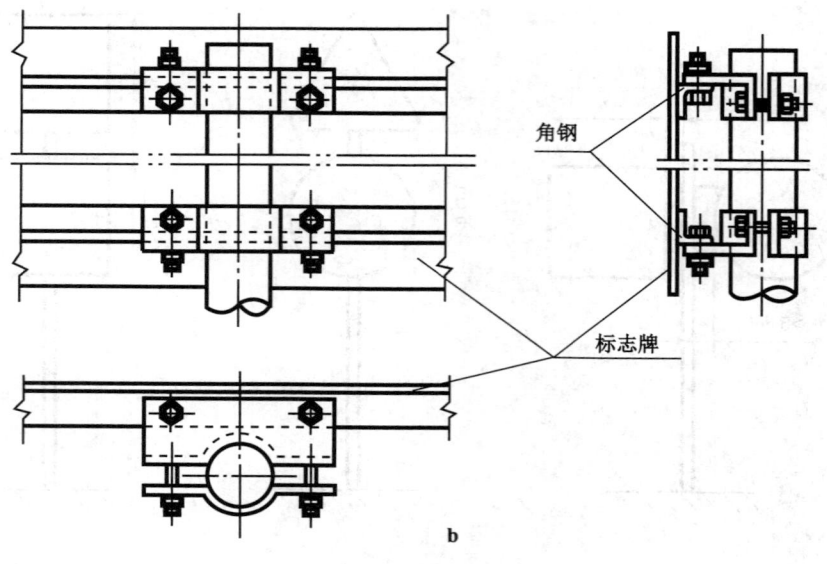

图 12（续）

7.3.3.1 室外设置的消防安全标志牌应考虑风压力的作用，风压力可按下式计算：

$$P = \frac{1}{2}\rho c v^2$$

式中：

P——单位面积上的风压力，Pa；

ρ——空气密度，一般取 1.2258 kg/m³；

c——风力系数（标志牌 $c=1.2$，标志杆 $c=0.7$）；

v——风速，m/s（一般为 30～50 m/s）。

求出外力后，根据标志牌的不同支撑方式进行标志牌、标志杆、横梁、连接螺栓及基础稳定验算，求得各部位断面尺寸等。

7.3.3.2 如果标志牌的强度不够，可以采用加厚、背面加筋或卷边加固等方式提高强度。

7.3.4 以其他方式设置的消防安全标志牌都应牢固，以保证其发挥应有的作用。

8 检查与维修

设置的消防安全标志牌及其照明灯具等应至少半年检查一次，出现下列情况之一应及时修整、更换或重新设置：

a. 破坏或丢失；
b. 标志的色度坐标及亮度因数超出其适用范围（参见附录 C 中表 C1）；
c. 逆向反射标志的逆向反射系数小于最小反射系数的 50%（参见附录 C 中表 C2）；
d. 无法满足本标准第 6.10.4、6.11.3、6.12 和 6.13 条要求。

附 录 A
观察距离 D 的确定方法及示例
（参考件）

观察距离应根据标志的设置地点和观察地点来确定：

A1 如图 A1a 所示，如果将标志设在 A 处，要求对门口的观察者保持良好的醒目度，那么观察距离 D 为门口观察者的眼睛至标志的距离。

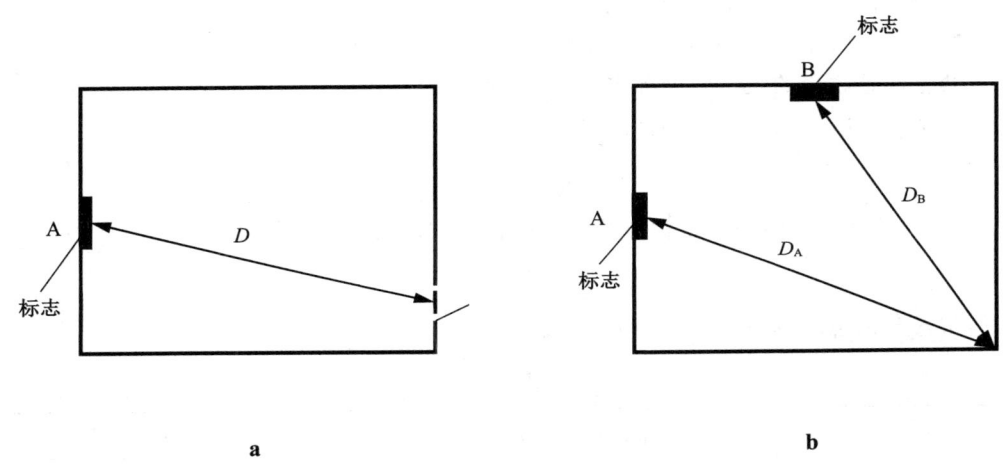

图 A1 设置标志的房间平面图

A2 如果要求标志对房间内任何位置站立的观察者皆保持良好的醒目度，那么应找出最大的观察距离 D，即为房间内离标志最远位置的观察者的眼睛至标志的距离。如图 A1b 所示，如果标志设在 A 处，那么最大观察距离为 D_A；如果标志设在 B 处，那么最大观察距离为 D_B。

A3 室外禁止标志和警告标志的最大观察距离应根据禁止和警告的内容引起观察者做出反应的安全距离来确定。例如要求在某危险品仓库周围 20 m 的距离内禁止烟火，那么最大观察距离 D 即为 20 m。

A4 设置在道路边缘的标志牌应根据消防车或其他车辆的速度来确定最大观察距离 D。具体可参考表 A1 推荐的最大观察距离。

表 A1 行车速度及最大观察距离的关系

计算行车速度 v，km/h	$v \geqslant 60$	$v < 60$
满足醒目度要求的最大观察距离 D，m	25	16
标志的型号	6	5

附 录 B
逆向反射材料制成的消防安全标志牌的反光方法
（参考件）

B1 禁止标志采用全部反光或黑色图案不反光,其他反光。

B2 警告标志采用黄底反光,黑色图案和边框不反光。

B3 提示标志中,符号较简单的标志采用全部反光;符号较复杂的标志,可采用白色符号反光,红底或绿底不反光。

B4 方向辅助标志采用箭头反光,红底或绿底不反光。

B5 与警告标志联用的文字辅助标志采用黄底反光,黑字不反光。

B6 与禁止标志联用的文字辅助标志,采用全部反光。

B7 与提示标志联用的文字辅助标志采用文字反光,红底或绿底不反光。

附 录 C
消防安全标志的常用颜色范围及逆向反射系数
（参考件）

C1 消防安全标志的颜色应符合表 C1 要求。

表 C1

颜 色		用角点坐标确定的安全色范围 光源:标准光源 D_{65}（几何 45/0）				亮度因数 β		
		1	2	3	4	常规材料	逆向反射材料	
							1 型	2 型
红 (常规和逆向反射材料)	x	0.690	0.595	0.569	0.655	≥ 0.07	≥ 0.05	≥ 0.03
	y	0.310	0.315	0.341	0.345			
黄	x	0.519	0.468	0.427	0.465	≥ 0.45	—	—
	y	0.480	0.442	0.483	0.534			
逆向反射 黄	x	0.545	0.487	0.427	0.465	—	≥ 0.27	≥ 0.16
	y	0.454	0.423	0.483	0.534			
绿	x	0.230	0.291	0.248	0.007	≥ 0.12	—	—
	y	0.754	0.438	0.409	0.703			
逆向反射 绿	x	0.007	0.248	0.177	0.026	—	≥ 0.04	≥ 0.03
	y	0.703	0.409	0.362	0.399			
白	x	0.350	0.300	0.290	0.340	≥ 0.75	—	—
	y	0.360	0.310	0.320	0.370			
逆向反射 白	x	0.350	0.300	0.285	0.335	—	≥ 0.35	≥ 0.27
	y	0.360	0.310	0.325	0.375			
黑	x	0.385	0.300	0.260	0.345	≤ 0.03	—	—
	y	0.355	0.270	0.310	0.395			

C2 逆向反射色膜的逆向反射系数最低值应符合表 C2 要求。用逆向反射材料印制的消防安全标志牌,其逆向反射系数不应小于表 C2 中数值的 70%。

表 C2

观测角 α	入射角 θ	逆向反射系数的最低值 $cd \cdot lx^{-2} \cdot m^{-2}$ 光源:标准光源 A							
		1 型				2 型			
		白	黄	红	绿	白	黄	红	绿
20′	5°	50	35	10	7	180	122	25	21
	30°	24	16	4	3	100	67	14	11
	40°	9	6	1.8	1.2	95	64	13	11
2°	5°	5	3	0.8	0.6	5	3	0.8	0.6
	30°	2.5	1.5	0.4	0.3	2.5	1.5	0.4	0.3
	40°	1.5	1.0	0.3	0.2	1.5	1.0	0.3	0.2

附 录 D
消防安全标志牌的厚度
(参考件)

mm

钢板	0.5～3.0
铝板	0.5～3.0
合成树脂板	3～8
玻璃板	3～5

附 录 E
文字辅助标志的尺寸
(参考件)

E1 长方形提示标志中的文字高度见表 E1。如果文字一行写不下或需要加英文辅助标志,可以将文字栏扩大成正方形,相应地将原来的方向辅助标志栏制作成长方形。

表 E1 长方形提示标志中的文字高度

标志型号	1	2	3	4	5	6	7
文字高,mm	6	10	16	25	40	60	100

E2 与其他标志联用的文字辅助标志尺寸见表 E2。表中符号所表示的意义参见 GB 13495—92 第 5 章。

表 E2 与其他标志联用的文字辅助标志尺寸

联用标志	辅助标志尺寸		文字高
	长	宽	
与正方形标志联用	a	$0.2a$	$0.1a$
与圆形标志联用	d_2	$0.2d_2$	$0.1d_2$
与三角形标志联用	$1.312a$	$0.2624a$	$0.1312a$

辅助标志应与其联用标志一样,在边缘勾一衬底色。衬底色的颜色、宽度应与联用标志一致。

E3 英文辅助标志的字高与汉字相同。

E4 文字的间隔、粗细等应不小于表 E3 的要求。

表 E3

文字间隔	文字笔画粗	文字最小行距	文字离标志板边缘最小尺寸
$0.1h$ 以上	$0.1h$	$0.3h$	$0.4h$

注:表中 h 为汉字高。

附加说明:

本标准由中华人民共和国公安部提出。

本标准由全国消防标准化技术委员会归口。

本标准由公安部天津消防科学研究所负责起草。

本标准起草人:刘伶凯、韩占先、姚松经。

消防安全标志通用技术条件
第1部分:通用要求和试验方法(XF 480.1—2004)

前　　言

根据公安部、应急管理部联合公告(2020年5月28日)和应急管理部2020年第5号公告(2020年8月25日),本标准归口管理自2020年5月28日起由公安部调整为应急管理部,标准编号自2020年8月25日起由GA 480.1—2004调整为XF 480.1—2004,标准内容保持不变。

XF 480的本部分第4、5、7、8章为强制性的,其余为推荐性的。

XF 480《消防安全标志通用技术条件》是GB 13495《消防安全标志》和GB 15630《消防安全标志设置要求》的配套标准,对消防安全标志产品提出了相应的技术要求和试验方法等,以作为对生产和市场进行管理的技术法规。

根据目前常见类型的消防安全标志产品,XF 480分为以下若干独立部分:
——第1部分:通用要求和试验方法;
——第2部分:常规消防安全标志;
——第3部分:蓄光消防安全标志;
——第4部分:逆向反射消防安全标志;
——第5部分:荧光消防安全标志;
——第6部分:搪瓷消防安全标志;
——第7部分:内部发光消防安全标志;
……

在报批XF 480的过程中,由于原定于作为第5部分报批的《内部发光消防安全标志》与GB 17945—2000《消防应急灯具》中部分内容需要协调,为了加速XF 480的发布,根据各方意见暂停该部分的报批工作,待相关标准协调后再完成剩余的工作。为了方便标准的使用,将原定于作为第6部分和第7部分报批的《荧光消防安全标志》和《搪瓷消防安全标志》作为第5部分和第6部分报批,待《内部发光消防安全标志》完成协调后作为第7部分重新报批。

XF 480各部分内容以标志的色材特性进行划分。在实际生产过程中,由于基材、色材的不同,可能生产出兼具两个或多个特性的标志产品,在使用XF 480的过程中,有关各方应根据实际情况对有关条文的适用性进行探讨。

本部分是XF 480的第1部分,针对目前市场上常见的各类消防安全标志产品在几何尺寸、颜色、亮度因数、色材的附着性、耐候性、耐腐蚀性、耐水性、耐冲击性和耐燃烧性等提出通用要求和试验方法等。

本部分由全国消防标准化技术委员会第一分技术委员会提出。
本部分由全国消防标准化技术委员会第一分技术委员会归口。
本部分由公安部天津消防科学研究所负责起草。
本部分主要起草人:姚松经、刘伶凯、韩占先、迟立发、刘连喜。

1 范围

XF 480 的本部分对消防安全标志产品的产品分类、技术要求、试验方法、检验规则、标志、包装、运输和储存等提出了通用要求。

本部分适用于向公众表达消防安全信息的各种消防安全标志产品。

2 规范性引用文件

下列文件中的条款通过 XF 480 的本部分的引用而成为本部分的条款。凡是注日期的引用文件,其随后所有的修改单(不包括勘误的内容)或修订版均不适用于本部分,然而,鼓励根据本部分达成协议的各方研究是否可使用这些文件的最新版本。凡是不注日期的引用文件,其最新版本适用于本部分。

GB/T 1732 漆膜耐冲击性测定法

GB/T 1766—1995 色漆和清漆 涂层老化的评级方法[neq ISO 4628:1980(所有部分)]

GB/T 1771 色漆和清漆 耐中性盐雾性能的测定(GB/T 1771—1991,eqv ISO 7253:1984)

GB/T 1865 色漆和清漆 人工气候老化和人工辐射暴露(滤过的氙弧辐射)(GB/T 1865—1997,eqv ISO 11341:1994)

GB/T 2406 塑料燃烧性能试验方法 氧指数法(GB/T 2406—1993,neq ISO 4589:1984)

GB/T 2828.1—2003 计数抽样检验程序 第 1 部分:按接收质量限(AQL)检索的逐批检验抽样计划

GB 2893 安全色(GB 2893—2001,neq ISO 3864:1984)

GB/T 8626 建筑材料可燃性试验方法

GB/T 9286 色漆和清漆 漆膜的划格试验(GB/T 9286—1998,eqv ISO 2409:1992)

GB/T 10111 利用随机数骰子进行随机抽样的方法

GB 13495—1992 消防安全标志(neq ISO 6309:1987)

GB/T 15239 孤立批记数抽样检验程序及抽样表

XF 480.3—2004 消防安全标志通用技术条件 第 3 部分:蓄光消防安全标志

3 术语和定义

XF 480 的其他部分确立的以及下列术语和定义适用于 XF 480 的本部分。

3.1

基材 base material

消防安全标志的直接载体。

3.2

色材 colour material

提供安全色的材料。

3.3

色膜 colour film

不干胶或其他薄膜状色材。

4 分类、代号、型号

4.1 产品分类

消防安全标志按照标志色材的特性等分为以下几类：

常规消防安全标志、蓄光消防安全标志、逆向反射消防安全标志、荧光消防安全标志、搪瓷消防安全标志和内部发光消防安全标志等。

4.2 代号

消防安全标志的产品代号为:XB。

4.3 产品的规格型号编制方法

消防安全标志产品的规格型号应采用以下形式编制：

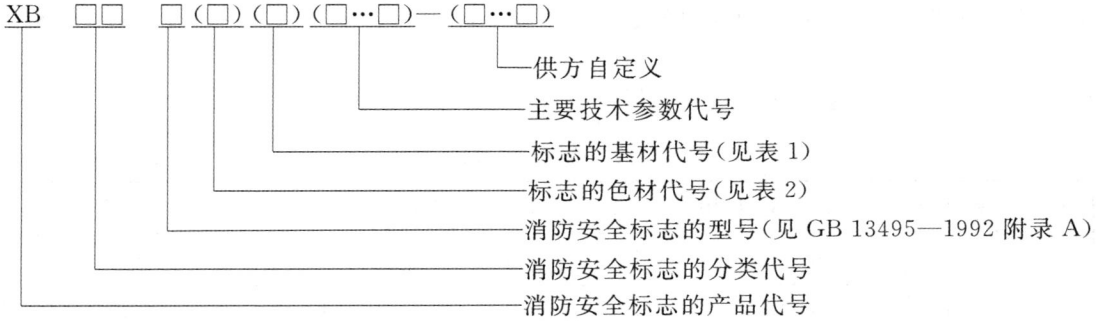

其中每个"□"代表一位字母或数字,"( )"内的代号可根据具体情况取舍。各类消防安全标志的规格型号编制方法见 XF 480 其他部分的相关条文。

表 1 标志的基材代号

标志的基板材料		代号
金属板		J
非金属板	有机板（包括有机复合板）	Y
	无机板（包括无机复合板）	W
	木板（包括各种人造板）	M
	其他板材	Q

表 2 标志的色材代号

标志的色材	代号
色漆	Q
色膜	M

5 技术要求

5.1 外观

消防安全标志产品的外观按 6.2 规定的方法进行试验,应符合以下要求：

a) 标志表面应光洁,不应有气泡、划痕、色泽不均和脱落等缺陷。

b) 产品应加工良好、表面平整；基材边角不应有毛刺,过渡不应采用尖角。

5.2 几何尺寸

消防安全标志的几何尺寸按 6.3 规定的方法进行试验,应符合以下要求：

5.2.1 边框尺寸

标志的边框尺寸应符合 GB 13495—1992 附录 A 的要求,误差不应大于 3%。

5.2.2 符号的尺寸

标志中符号的尺寸与标准放大图样比较,最大误差不应大于表3中的数据。

表 3 符号尺寸的最大误差 单位为毫米

标志型号	1	2	3	4	5	6	7
误差	1	1	2	3	4	6	10

5.2.3 外缘衬底色尺寸

标志的外缘衬底色尺寸应符合 GB 13495—1992 的 6.2 的要求。

5.2.4 文字辅助标志的尺寸

5.2.4.1 当文字辅助标志不与方向辅助标志联用时,其尺寸与表4的规定值比较,误差不应大于3%。

5.2.4.2 英文辅助标志的字高与汉字相同。

表 4 文字辅助标志的尺寸 单位为毫米

标志型号	与正方形标志联用	与圆形标志联用	与三角形标志联用
1	63×12	80×16	135×24
2	100×20	135×27	210×36
3	160×32	220×45	320×56
4	250×50	350×70	510×90
5	400×80	560×112	820×140
6	630×120	850×170	1 250×220
7	1 000×200	1 350×270	2 000×350

5.3 标志的结构

按 6.4 规定的方法检查,应符合以下要求:
a) 方向辅助标志的图形结构应符合 GB 13495—1992 中 3.5.3~3.5.6 的要求;
b) 文字辅助标志的图形结构和文字的写法应符合 GB 13495—1992 中 3.6 的要求;
c) 蓄光消防安全标志衬底色应与标志中背底颜色相同;其余种类消防安全标志的衬底色应符合 GB 13495—1992 中 6.2 的要求。

5.4 颜色和亮度因数

按 6.5 规定的方法进行试验,蓄光色材的颜色和亮度因数应符合 XF 480.3—2004 中 5.4 的要求,其余各种色材的颜色和亮度因数应符合 GB 2893 的要求。

5.5 耐候性

按 6.6 规定的方法进行试验,试验时间为 192 h,结果应符合以下要求:
a) 按 GB/T 1766—1995 评定标志表面的级别,均不得低于 0 级;
b) 标志的颜色和亮度因数应符合 5.4 要求。

5.6 色材的附着性

5.6.1 色漆的附着性
用色漆等涂料直接印制或喷涂的标志,按 6.7.1 规定的方法进行试验,结果应不低于 0 级。

5.6.2 色膜的附着性
用色膜粘贴而成的标志,按 6.7.2 规定的方法进行试验,剥离长度均不应大于 50 mm。

5.7 耐腐蚀性
用色漆等涂料直接印刷或喷涂的标志和/或用色膜粘贴而成的标志应按 6.8 规定的方法进行试验,结果应符合以下要求:
a) 按 GB/T 1766—1995 的方法评定标志表面的级别,均不得低于 0 级;
b) 标志的颜色和亮度因数应符合 5.4 要求。

5.8 耐水性
用色漆等涂料直接印刷或喷涂的标志和/或用色膜粘贴而成的标志应按 6.9 规定的方法进行试验,结果应符合以下要求:
a) 按 GB/T 1766—1995 评定标志表面的级别,均不得低于 0 级;
b) 标志的颜色和亮度因数应符合 5.4 要求。

5.9 耐冲击性
用色漆等涂料直接印刷或喷涂的消防安全标志,按 6.10 规定的方法进行试验,标志表面不得有裂痕、破裂或脱落。

5.10 耐燃烧性

5.10.1 塑料板的耐燃烧性
基材为塑料板的标志,按照 GB/T 2406 规定的方法进行试验,氧指数应不低于 26%。

5.10.2 非塑料板的耐燃烧性
基材代号为 Y、Q 的非塑料板标志和基材代号为 M 的标志,按 GB/T 8626 规定的方法进行试验,应达到 GB/T 8626 规定的可燃性要求。

6 试验方法

6.1 试验环境的一般要求
除非试验方法的条文中规定环境要求,否则应在下列环境中进行试验:
a) 环境温度:15 ℃~35 ℃;
b) 环境相对湿度:45%~75%;
c) 环境大气压力:86 kPa~106 kPa。

6.2 外观检查
用肉眼观察,必要时借助于放大镜观察;对于气泡较多的局部,需用最小分度值不大于 0.1 mm 的尺子测量气泡的直径和间距,并计算单位面积的气泡数量。

6.3 几何尺寸测量

6.3.1 标志边框、边缘衬底色、辅助标志的尺寸测量
用最小分度值不大于 1 mm 的尺子在 3 个不同的位置分别测量样品的边框、边缘衬底色、辅助标志的尺寸;取 3 个位置的测量平均值作为测量结果。

6.3.2 标志的符号误差测量

将标志放平,与基准放大图中心对齐,用最小分度值不大于 1 mm 的尺子测量标志的符号误差,找出最大误差。

6.4 标志的结构检查

用肉眼观察样品的结构和文字写法。

6.5 颜色和亮度因数的测量

在 D_{65} 光源 200 lx 的照度下将样品放置 2 h,立即用最小分度值不大于千分之一的一级测色仪器对每种颜色的 3 个部位进行颜色和亮度因数测量。测色仪器应采用 D_{65} 标准光源照明,照射角为 45°,垂直受光。计算 3 个部位的平均值作为测量结果。

6.6 耐候性试验

按照 GB/T 1865 规定的方法进行耐候性试验。试验时间完成后:
a) 取出试样,用滤纸吸干表面水珠,立即检查表面。
b) 将试样放置 1 h 后,进行规定的试验。

6.7 色材的附着性试验

6.7.1 色漆的附着性试验

按照 GB/T 9286 规定的方法进行 6×6 切割试验,试验结束后进行检查和定级。

6.7.2 色膜的附着性试验

用最小分度值不大于 1 mm 的尺子在样品上量取 150 mm×25 mm 的长方形色膜,用刀具将其切开。沿 25 mm 短边剥开黏合面 10 mm,然后将试样水平悬挂,标志面朝下,如图 1 所示。在标志色膜的剥开端悬挂一质量为 800 g±5 g 的重物。使其与试样板面呈 90°角下垂。5 min 后,测出色膜被剥离的长度 L。

对于多层粘贴的色膜,还应按以上方法测量上层色膜与下层色膜间的附着性。

在试验过程中,可以用支撑物支撑标志板,使其在悬挂重物后保持水平。

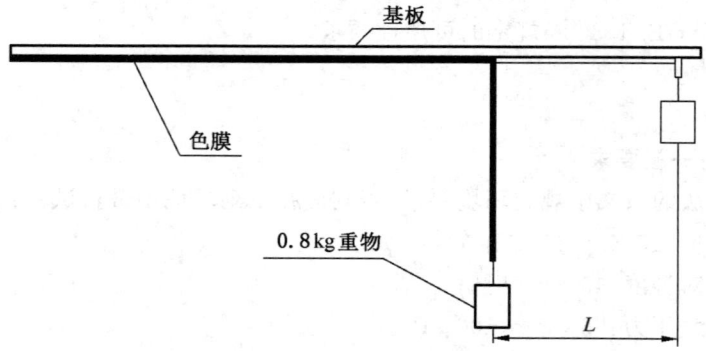

图 1 剥离试验示意图

6.8 耐腐蚀性试验

按照 GB/T 1771 中第 3、4、7、8、9 和 10 章的规定进行盐雾腐蚀试验,试验时间为 168 h。试验结束后:
a) 小心取出试样,用自来水冲净试样表面所沉积的盐分,用滤纸吸干表面水珠,立即检查表面。

b) 将试样放置 1 h 后,进行规定的试验。

6.9 耐水性试验

将样品用两个夹具夹紧,垂直吊放,使其 2/3 面积浸入温度为 25 ℃±5 ℃ 的蒸馏水中。样品浸入水中的部分离容器的底和侧面至少保持 2 cm 的距离。浸泡为 24 h。试验结束后:

a) 取出试样,用滤纸吸干表面水珠,立即检查浸泡表面。
b) 将试样放置 1 h 后,对浸泡表面进行规定的试验。

6.10 耐冲击性试验

按照 GB/T 1732 规定的方法进行试验,重锤的下落高度为 30 mm。

7 检验规则

7.1 检验分类

各种消防安全标志产品的检验类型一般分为型式检验和出厂检验。

7.2 型式检验时机

有下列情况之一时应进行型式检验:

a) 生产厂新试制产品;
b) 改变工艺、结构、材料,影响产品性能时;
c) 停产 6 个月以上、转厂、转产再生产时;
d) 连续生产 3 年时;
e) 国家质量监督机构提出型式检验要求时;
f) 合同规定时。

7.3 型式检验的抽样方案

7.3.1 基数

产品型号和标志名称各异的样品的抽样基数均不应少于 50 个。

7.3.2 样品抽取方法

7.3.2.1 样品数量

根据各种标志产品的特点及检验项目确定检验所需的样品数量。具体数量见 XF 480 其他部分中的相关条文。

7.3.2.2 抽样方法

采用 GB/T 10111 规定的方法利用随机数骰子随机抽取样品。

7.3.2.3 抽样步骤

抽样步骤见 XF 480 其他部分中的相关条文。

7.4 出厂检验的抽样方法

7.4.1 抽样检验标准的选取

7.4.1.1 对于连续进行生产且生产过程稳定的产品按照 GB/T 2828.1—2003 进行一次抽样检验。接收质量限(AQL)应不低于 0.40,一般检验水平为Ⅱ。

7.4.1.2 对于非连续生产的产品按照 GB/T 15239 的模式 A 进行抽样检验。极限质量(LQ)不应低于 12.5。

7.4.1.3 产品型号和标志名称各异的产品应分别作为一个检验批。

7.4.2 抽样方法

采用 GB/T 10111 规定的方法利用随机数骰子随机抽取样品。

7.5 型式检验中单位产品的不合格分类

本部分所规定的单位产品的不合格分类见表5。根据各类消防安全标志产品的特点，XF 480 的其他部分中分别规定了各自的不合格分类。

7.6 检验项目、检验顺序和判定准则

根据各类消防安全标志产品的特点规定型式检验和出厂检验的检验项目、检验顺序和判定准则。

表5 不合格分类

条款	检验项目名称	不合格分类		
		出现以下情况之一者记作一个A类不合格	出现以下情况之一者记作一个B类不合格	出现以下情况之一者记作一个C类不合格
5.1	外观	1. 标志表面任一 0.000 1 m² 面积内气泡数量大于4个，其中任何气泡的最大直径不大于1 mm； 2. 标志表面有超过4道的轻微划痕； 3. 标志表面有露出基板的划痕； 4. 搪瓷标志牌标志表面有最大直径大于3 mm 的掉瓷	1. 标志表面的不平度很差； 2. 标志表面光洁度很差； 3. 标志表面任一 0.000 1 m² 面积内气泡数量为3个或4个，其中任何气泡的最大直径不大于1 mm； 4. 标志表面任一 0.000 1 m² 面积内有3道或4道轻微划痕； 5. 搪瓷标志牌表面有最大直径不大于3 mm 的掉瓷； 6. 边角有较多的毛刺或尖角； 7. 有严重的色泽不均现象	1. 标志表面的不平度较差； 2. 标志表面光洁度较差； 3. 标志表面任一 0.000 1 m² 面积内气泡数不超过2个，其中任何气泡的最大直径不大于1 mm； 4. 标志表面任一 0.000 1 m² 面积内有不超过2道的轻微划痕； 5. 边角有少量毛刺或尖角； 6. 有轻微色泽不均现象
5.2	几何尺寸	1. 边框尺寸的误差大于8%； 2. 标志的符号尺寸误差大于规定误差且超过规定误差的50%； 3. 文字辅助标志的尺寸的误差大于10%	1. 边框尺寸的误差大于5%但不超过8%； 2. 标志的符号尺寸误差大于规定误差，但不超过规定误差的50%； 3. 文字辅助标志的尺寸的误差大于5%，但不超过10%； 4. 标志的边缘衬底色尺寸不符合要求	1. 边框尺寸的误差大于3%但不超过5%； 2. 文字辅助标志的尺寸的误差大于3%，但不超过5%
5.3	标志的结构	1. 方向辅助标志的图形结构不符合要求； 2. 文字辅助标志的图形结构和文字写法不符合要求； 3. 衬底色的颜色不符合要求； 4. 标志的边缘无衬底色		

表 5（续）

条款	检验项目名称	不合格分类		
		出现以下情况之一者记作一个 A 类不合格	出现以下情况之一者记作一个 B 类不合格	出现以下情况之一者记作一个 C 类不合格
5.4	颜色和亮度因数	任一种颜色未在规定区间内	亮度因数未在规定区间内	
5.5	耐候性	1.按 GB/T 1766—1995 评定的表面级别中出现一个 3、4 或 5 级； 2.任一种颜色未在规定区间内	1.按 GB/T 1766—1995 评定的表面级别中出现一个 2 级； 2.亮度因数未在规定区间内	按 GB/T 1766—1995 评定的表面级别中出现一个 1 级
5.6	色材的附着性	1.按 GB/T 9286 评定级别>2； 2.剥离长度 L>60 mm	1.按 GB/T 9286 评定为 2 级； 2.剥离长度 L 满足： 50 mm<L≤60 mm	按 GB/T 9286 评定为 1 级
5.7	耐腐蚀性	1.按 GB/T 1766—1995 评定的表面级别中出现一个 3、4 或 5 级； 2.任一种颜色未在规定区间内	1.按 GB/T 1766—1995 评定的表面级别中出现一个 2 级； 2.亮度因数未在规定区间内	按 GB/T 1766—1995 评定的表面级别中出现一个 1 级
5.8	耐水性	1.按 GB/T 1766—1995 评定的表面级别中出现一个 3、4 或 5 级； 2.任一种颜色未在规定区间内	1.按 GB/T 1766—1995 评定的表面级别中出现一个 2 级； 2.亮度因数未在规定区间内	按 GB/T 1766—1995 评定的表面级别中出现一个 1 级
5.9	耐冲击性	1.标志表面破裂； 2.标志表面有脱落现象	标志表面有裂痕	
5.10	耐燃烧性	1.氧指数小于 26%； 2.未达到 GB/T 8626 规定的可燃性要求		
8.1	标志	无标志	缺少 3 项及 3 项以上规定内容	缺少 3 项以下规定内容
8.2	包装	无产品说明书	1.产品未附有出厂检验合格证或印有合格标记； 2.产品说明书缺少 2 项或 2 项以上规定的内容； 3.产品说明书的字迹模糊； 4.包装外表缺少 3 项或 3 项以上规定的内容； 5.产品包装外表印制的内容字迹模糊	1.检验合格证字迹或合格标记模糊，无法识别； 2.说明书缺少 1 项规定的内容； 3.包装外表缺少 3 项以下规定的内容

8 标志、包装、运输、储存

8.1 标志

消防安全标志的侧面或背面应有清晰、耐久的标志,其内容至少应包括:

- a) 产品名称;
- b) 规格型号;
- c) 生产标准;
- d) 适用范围及必要的安装警告;
- e) 生产日期和/或批号;
- f) 合格标记;
- g) 有效期;
- h) 供方名称。

8.2 包装

8.2.1 合格证

产品应附有出厂检验合格证或印有合格标记。

8.2.2 说明书

包装内应有产品说明书。说明书至少应包括以下内容:

- a) 产品名称;
- b) 规格型号;
- c) 生产标准;
- d) 技术指标;
- e) 详细的安装说明及安装环境要求等。

8.2.3 包装要求

产品的包装应保证在正常运输中不损坏和不松散,并符合用户的需要和运输部门的规定。

8.2.4 包装外表

包装外表应有下列内容:

- a) 产品名称;
- b) 规格型号;
- c) 包装内产品数量;
- d) 包装的外形尺寸;
- e) 质量(kg);
- f) 生产日期和/或批号;
- g) 供方名称;
- h) 供方地址;
- i) 防护要求等。

8.3 运输和储存

产品在运输和储存过程中应符合以下要求:

- a) 避免碰撞、摔打、雨淋、曝晒,不得与化学物品及有毒、有害物品混放,不得堆叠过高;
- b) 环境温度应在 5 ℃~45 ℃范围内。

消防安全标志通用技术条件
第2部分：常规消防安全标志（XF 480.2—2004）

前　　言

根据公安部、应急管理部联合公告（2020年5月28日）和应急管理部2020年第5号公告（2020年8月25日），本标准归口管理自2020年5月28日起由公安部调整为应急管理部，标准编号自2020年8月25日起由GA 480.2—2004调整为XF 480.2—2004，标准内容保持不变。

XF 480的本部分第4、5、6、7章为强制性的，其余为推荐性的。

XF 480《消防安全标志通用技术条件》是GB 13495《消防安全标志》和GB 15630《消防安全标志设置要求》的配套标准，对消防安全标志产品提出了相应的技术要求和试验方法等，以作为对生产和市场进行管理的技术法规。

根据目前常见类型的消防安全标志产品，XF 480分为以下若干独立部分：
——第1部分：通用要求和试验方法；
——第2部分：常规消防安全标志；
——第3部分：蓄光消防安全标志；
——第4部分：逆向反射消防安全标志；
——第5部分：荧光消防安全标志；
——第6部分：搪瓷消防安全标志；
——第7部分：内部发光消防安全标志；
……

本部分是XF 480的第2部分，本部分针对目前市场上常见的常规消防安全标志在几何尺寸、颜色和亮度因数、色材的附着性、耐候性、耐腐蚀性、耐水性、耐冲击性和耐燃烧性等提出具体要求和试验方法，并规定了检验规则、包装、运输、储存等要求。

本部分由全国消防标准化技术委员会第一分技术委员会提出。
本部分由全国消防标准化技术委员会第一分技术委员会归口。
本部分由公安部天津消防科学研究所负责起草。
本部分主要起草人：姚松经、刘伶凯、韩占先、迟立发、刘连喜。

1　范围

XF 480的本部分规定了常规消防安全标志产品的技术要求、试验方法及检验规则等，适用于向公众表达消防安全信息的常规消防安全标志产品。

2　规范性引用文件

下列文件中的条款通过XF 480的本部分的引用而成为本部分的条款。凡是注日期的引用文件，其随后所有的修改单（不包括勘误的内容）或修订版均不适用于本部分，然而，鼓励根据本部分达成协议的各方研究是否可使用这些文件的最新版本。凡是不注日期的引用文件,其最新版本适用于本部分。

  GB/T 10111 利用随机数骰子进行随机抽样的方法
  GB 13495—1992 消防安全标志(neq ISO 6309:1987)
  XF 480.1—2004 消防安全标志通用技术条件 第1部分:通用要求和试验方法

3 术语和定义

  XF 480.1—2004 确立的以及下列术语和定义适用于 XF 480 的本部分。

3.1

  常规消防安全标志 normal fire safety sign
  在基材上通过印刷、喷涂色漆或粘贴普通色膜等方式制成的消防安全标志。这种标志既无荧光、逆向反射、蓄光等性能,也无内部发光和自发光性能。

4 代号、型号

4.1 代号

  常规消防安全标志的分类代号为:CG。

4.2 产品型号的编制方法

  常规消防安全标志的产品型号应采用以下形式编制:

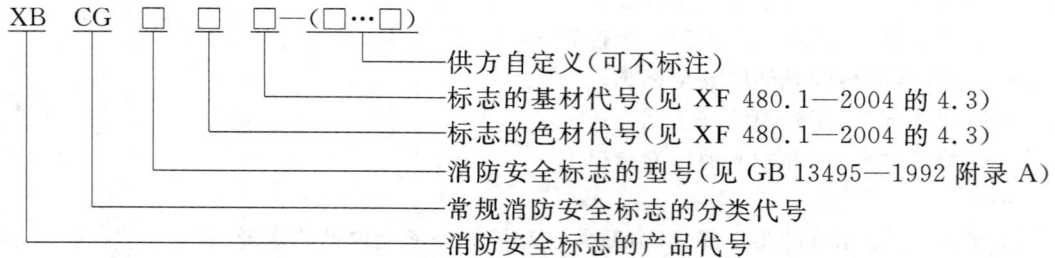

  其中每个"□"代表一位字母或数字。

5 技术要求

5.1 外观

  常规消防安全标志的外观应符合 XF 480.1—2004 中 5.1 的要求。

5.2 几何尺寸

  常规消防安全标志的几何尺寸应符合 XF 480.1—2004 中 5.2 的要求。

5.3 标志的结构

  常规消防安全标志的标志结构应符合 XF 480.1—2004 中 5.3 的要求。

5.4 颜色和亮度因数

  常规消防安全标志的颜色和亮度因数应符合 XF 480.1—2004 中 5.4 的要求。

5.5 耐候性

  常规消防安全标志的耐候性应符合 XF 480.1—2004 中 5.5 的要求。

5.6 色材的附着性
常规消防安全标志色材的附着性应符合 XF 480.1—2004 中 5.6 的要求。

5.7 耐腐蚀性
常规消防安全标志的耐腐蚀性应符合 XF 480.1—2004 中 5.7 的要求。

5.8 耐水性
常规消防安全标志的耐水性应符合 XF 480.1—2004 中 5.8 的要求。

5.9 耐冲击性
常规消防安全标志的耐冲击性应符合 XF 480.1—2004 中 5.9 的要求。

5.10 耐燃烧性
常规消防安全标志的耐燃烧性应符合 XF 480.1—2004 中 5.10 的要求。

6 检验规则

6.1 检验分类
常规消防安全标志的检验分类应符合 XF 480.1—2004 中 7.1 的要求。

6.2 型式检验时机
常规消防安全标志的型式检验时机应符合 XF 480.1—2004 中 7.2 的要求。

6.3 型式检验的样品抽取方法和样品数量
6.3.1 抽样基数
产品型号和标志名称各异的样品的抽样基数均不应少于 50 个。

6.3.2 样品抽取方法
6.3.2.1 抽样方法
采用 GB/T 10111 规定的方法利用随机数骰子随机抽取样品。

6.3.2.2 样品的抽取步骤
a) 随机抽取产品型号和标志名称各异的样品各一个；
b) 在基材、色材、边框和安全色各异的产品中随机加抽标志型号最大的样品各三个；
c) 若存在辅助标志，应将带有辅助标志的标志牌作为样品抽取。

6.4 出厂检验的抽样方法
出厂检验的抽样方法应符合 XF 480.1—2004 中 7.4 的要求。

6.5 不合格分类
不合格分类见 XF 480.1—2004 中 7.5。

6.6 检验项目、检验顺序和判定准则
6.6.1 型式检验的检验顺序和检验项目见表 1，判定准则见表 2。

在检验过程中，将第 6.3.2.2a)和 b)中抽取的具有相同基材、色材的样品作为一类。每类样品中将标志型号和图形符号相同的四个样品分别作为一组，做主检样品；其他样品作为一组，做辅检样品。

6.6.2 出厂检验项目、判定准则见表 3。

表1 型式检验的检验顺序和检验项目("*"为该编号试样进行该项检验)

检验顺序	标准条款	检验项目 检验项目名称	主检样品（红色方形组、绿色方形组、圆形组和三角形组）				辅检样品	备 注
			1#试样	2#试样	3#试样	4#试样		
1	7.1	标志	*				全部检验	
2	5.1	外观	*				全部检验	
3	5.2	几何尺寸	*				全部检验	
4	5.3	标志的结构	*				全部检验	
5	5.4	颜色和亮度因数	*				不检	
6	5.5	耐候性		*			不检	
7	5.6	色材的附着性	*				不检	用色漆等涂料直接印刷或喷涂的标志和/或用色膜粘贴而成的标志做该项试验
8	5.7	耐腐蚀性			*		不检	用色漆等涂料直接印刷或喷涂的标志和/或用色膜粘贴而成的标志做该项试验
9	5.8	耐水性	*				不检	用色漆等涂料直接印刷或喷涂的标志和/或用色膜粘贴而成的标志做该项试验
10	5.9	耐冲击性			*		不检	用色漆等涂料直接印刷或喷涂的标志做该项试验
11	5.10	耐燃烧性	*				不检	基材代号为Y、M、Q的标志做该项试验

表2 型式检验判定准则

主检样品	辅检样品
每组试样出现下列情况之一则判定该组不合格： 1.C类不合格数大于5； 2.C类不合格数大于3，B类不合格数等于1； 3.B类不合格数大于或等于2； 4.A类不合格	单件试样出现下列情况之一则判定该试样不合格： 1.C类不合格数大于2； 2.B类不合格； 3.A类不合格
主检样品任何一组不合格或/和辅检样品任何单件不合格，则判定该类型式检验不合格。	

表3 出厂检验项目、判定准则

检验项目		检验数量	合格判定准则
标准条款	检验项目名称		
5.1	外观	全检	单件C类不合格数不大于1；无A或B类不合格
5.2	几何尺寸	抽检	无不合格
5.3	标志的结构	抽检	无不合格
5.4	颜色和亮度因数	抽检	无不合格
5.6	色材的附着性	抽检	无不合格
5.8	耐水性	抽检	无不合格
5.9	耐冲击性	抽检	无不合格
7.1	标志	全检	无不合格
7.2	包装	抽检	无不合格

7 标志、包装、运输、储存

7.1 标志
常规消防安全标志产品的标志应符合 XF 480.1—2004 中 8.1 的要求。

7.2 包装
常规消防安全标志产品的包装应符合 XF 480.1—2004 中 8.2 的要求。

7.3 运输和储存
常规消防安全标志产品的运输和储存应符合 XF 480.1—2004 中 8.3 的要求。

三、消防产品及装备配备

消防监督技术装备配备(GB/T 25203—2010)

> 根据中华人民共和国国家标准公告(2017年第7号)和强制性标准整合精简结论,本标准自2017年3月23日起,转为推荐性标准,不再强制执行。

前 言

本标准的4.3、第5章、第6章为强制性的,其余为推荐性的。

本标准由中华人民共和国公安部提出。

本标准由全国消防标准化技术委员会消防管理分技术委员会(SAC/TC 113/SC 9)归口。

本标准起草单位:公安部消防局、黑龙江省公安厅消防局、公安部天津消防研究所、北京市公安局消防局。

本标准主要起草人:李淑惠、刘激扬、刘伟、鲁志宝、梁国福、敖铭翰、于尔伶、李锦成、安冰、李军、陈秉安、张梅红、胡锐、唐卫君、韩巍、张莹、郭玲玲、王刚、伍林、胡安雄。

引 言

公安机关消防机构和公安派出所依法履行消防监督职责,是社会发展和经济建设的重要安全保障。为加强公安机关消防机构和公安派出所消防监督技术装备配备,提高消防监督水平,规范执法行为,确保消防监督工作的科学性和准确性,制定本标准。

1 范围

本标准规定了公安机关消防机构和具有消防监督职责的公安派出所消防监督技术装备的配备级别、类别、配备原则、配备要求和维护管理等内容。

本标准适用于各级公安机关消防机构和具有消防监督职责的公安派出所的消防监督技术装备配备。具有法定消防监督职责的公安机关参照执行。法人和其他组织的消防安全管理部门可根据需要参照执行。

2 规范性引用文件

下列文件中的条款通过本标准的引用而成为本标准的条款。凡是注日期的引用文件,其随后所有的修改单(不包括勘误的内容)或修订版均不适用于本标准,然而,鼓励根据本标准达成协议的各方研究是否可使用这些文件的最新版本。凡是不注日期的引用文件,其最新版本适用于本标准。

GB/T 5907 消防基本术语 第一部分
GB/T 6223 自吸过滤式防微粒口罩

3 术语和定义

GB/T 5907中确立的以及下列术语和定义适用于本标准。

3.1
消防监督技术装备 technical equipments for fire supervision
用于建设工程消防验收和竣工验收检查、消防监督检查、火灾事故调查、消防宣传教育业务的技术装备的总称。

3.2
消防安全教育专用车 special vehicle for fire safety education
用于对社会进行消防安全常识和逃生自救技能的宣传教育和培训的专用车辆,具有知识宣传、模拟体验和声像演示等功能。

4 总则

4.1 配备级别
消防监督技术装备配备级别分为一、二、三、四、五级。

4.2 装备类别
消防监督技术装备分为以下七类:
a) 办公、通信和信息处理类装备;
b) 建筑消防设施检测类装备;
c) 消防安全检测类装备;
d) 消防产品现场检测类装备;
e) 火灾现场勘查类装备;
f) 消防宣传教育类装备;
g) 个人防护类装备。

4.3 配备原则

4.3.1 直辖市、省会市、副省级市公安机关消防机构的防火监督部门配备级别不应低于一级。

4.3.2 省、自治区公安机关消防机构的防火监督部门,编制员额400人以上的地级市公安机关消防机构的防火监督部门配备级别不应低于二级。

4.3.3 直辖市所属区、县公安机关消防机构,编制员额200人~400人的地级市公安机关消防机构防火监督部门,编制员额250人以上的地、州、盟公安机关消防机构防火监督部门配备级别不应低于三级。

4.3.4 编制员额不足200人的地级市公安机关消防机构的防火监督部门,编制员额不足250人的地、州、盟公安机关消防机构的防火监督部门,其他区、县、旗公安机关消防机构配备级别不应低于四级。

4.3.5 公安派出所配备级别不应低于五级，并按照以下分类进行配备：
   a) 城市公安派出所，包括直辖市、省会市、副省级市、地级市和县级市的派出所；
   b) 县镇公安派出所；
   c) 农村公安派出所。

4.3.6 本标准规定的应配装备是每个配备级别和装备种类的最低配备要求。

4.3.7 本标准规定的可配装备应根据实际情况配备，可配装备数量中包含应配装备。

4.3.8 装备的配置应保障公安消防机构的内设职能部门能够独立开展消防监督业务。

4.3.9 装备购置应遵循相互配套、操作简便、易于携带的原则，宜采用车载型装备。

5 配备要求

5.1 办公、通信和信息处理类装备

此类装备的配备应适应消防行政审批信息公开、电子政务和消防监督规范化的要求。装备配备的种类和数量应满足表1的要求。

表 1 办公、通信和信息处理装备配备要求

序号	装备名称	单位	配备数量		备注
			应配	可配	
1	台式计算机	套	每人1套	每人1套	配备DVD刻录光驱
2	打印机	台	每个职能部门1台	每个职能部门1台	
3	扫描仪	台	每个职能部门1台	每个职能部门1台	光学分辨率不低于：(4 800×9 600)dpi；扫描幅面不低于：A4；色彩位数：48 bit；扫描速度不低于：14.000
4	复印机	台	按一、二、三、四、五级配备的1台	按一、二、三、四、五级配备的1台	复印比例：25%～400%；最大复印尺寸不低于A3
5	传真机	台	每个职能部门1台	每个职能部门1台	A4普通纸
6	数字投影仪	套	按一、二、三级配备的1套	按一、二、三、四级配备的1套	投影机亮度不低于3 000 lm；标准分辨率不低于1 024×768；对比度不低于2 200∶1
7	笔记本电脑	台	按一、二、三、四级配备的每人1台	按一、二、三、四、五级配备的每人1台	每台电脑配1个移动硬盘

表 1（续）

序号	装备名称	单位	配备数量		备注
			应配	可配	
8	PDA掌上电脑	台	按一、二、三、四级配备的每人1台	按一、二、三、四、五级配备的每人1台	流畅运行消防信息管理软件,具备语音、摄像、多媒体播放、GPS定位功能,并可集成IC卡、条码、电子标签识别,打印等功能
9	对讲机	对	一级配备5对 二级配备4对 三级配备2对 四级配备1对	一级配备8对 二级配备6对 三级配备3对 四级配备2对	最大通话距离不小于3 km;供电时间不低于3 h
10	视频播放设备	套	每个职能部门1套	每个职能部门1套	包括电视机、播放机等
11	照相机	架	每个职能部门1架	每个职能部门2架	不含宣传、火灾事故调查专用装备
12	录音机	台	每个职能部门1台	每个职能部门1台	
13	摄像机	台	按一、二、三级配备的1台	按一、二、三、四、五级配备的1台	不含消防宣传专用装备
14	数据存储设备	台	按一、二、三级配备的1台	按一、二、三、四级配备的1台	数据存储容量不低于1.0 TB
15	多媒体触摸屏查询系统	台	按一、二、三、四级配备的1台	按一、二、三、四级配备的1台	显示器分辨率不低于:1 024×768;电阻屏分辨率不低于:1 000×720;电阻屏透光率:100%
16	无线演示控制器	个	按一、二、三级配备的1个	按一、二、三、四级配备的1个	有效遥控距离不小于15 m;可调激光功率集成激光指点器随身携带,即插即用支持WINDOWS98/2000/ME/XP/vista各种系统
17	档案专用打印机	台	按一、二、三级配备的1台	按一、二、三、四、五级配备的1台	A3大幅面打印(支持长1.2 m的横幅打印);打印速度不低于35页/min;打印分辨率(1 200×1 200)dpi

表1（续）

序号	装备名称	单位	配备数量 应配	配备数量 可配	备注
18	档案密集柜	套	每个职能部门1套	每个职能部门1套	不低于30年档案存放量
19	档案车	台	每个职能部门1台	每个职能部门1台	便于在狭窄的通道中推行
20	档案梯	具	每个职能部门1具	每个职能部门1具	便于移动
21	信访工作数字监控系统	套	按一、二级配备的1套	按一、二、三、四级配备的1套	具备监视、录像、回放、控制、备份功能

注：本表中职能部门是指省级公安机关消防机构防火监督部门所属处，地市级公安机关消防机构防火监督部门所属科，区、县消防处、科、大队，公安派出所。

5.2 消防监督专用设备

5.2.1 一、二、三级配备要求

5.2.1.1 建筑消防设施检测装备

此类装备用于建设工程消防验收、竣工验收检查和消防监督检查业务。装备配备的种类和数量应满足表2的要求。

表2 建筑消防设施检测装备配备要求

序号	装备名称	单位	一级 应配	一级 可配	二级 应配	二级 可配	三级 应配	三级 可配	备注
1	数字照度计	个	4	6	3	4	1	2	测量范围不小于2 000 lx；分辨率不小于0.01 lx；具有数据保持和读数锁定功能
2	数字声级计	个	4	6	3	4	1	2	测量范围：30 dB～130 dB；精度：±1.5 dB；取样率：2次/s
3	数字风速计	台	4	6	3	4	1	2	范围：0 m/s～45.0 m/s；精度：±3%；具有LCD背光及数据保持功能
4	数字微压计	个	2	4	1	2	1	1	测量范围：0 Pa～3 000 Pa；精度：±3%；具有清零功能，并配有检测软管
5	消火栓测压接头	套	4	6	3	4	2	3	动压静压测量，压力表测量范围0 MPa～1.6 MPa，精度1.5级

表 2（续）

序号	装备名称	单位	配备数量						备注
			一级		二级		三级		
			应配	可配	应配	可配	应配	可配	
6	点型感烟探测器功能试验器	个	4	6	3	4	2	3	检测杆高度不小于2.5 m,加配聚烟罩,内置电源线,连续工作时间不低于2 h
7	点型感温探测器功能试验器	个	3	5	2	3	1	2	检测杆高度不小于2.5 m,内置电源线,连续工作时间不低于2 h
8	线型光束感烟探测器滤光片	套	1	2	1	2	—	1	减光值分别为0.9 dB和10.0 dB各一片,具备手持功能
9	火焰探测器功能试验器	套	1	2	1	2	—	1	红外线波长≥850 nm,紫外线波长≤280 nm。检测杆高度不小于2.5 m
10	接地电阻测量仪	个	3	5	2	3	1	2	数字式,测量范围：0 Ω～1 000 Ω;精度：±2%
11	绝缘电阻测量仪	个	3	5	2	3	1	2	测量范围：1 MΩ～2000 MΩ;精度：±2%
12	数字万用表	个	4	6	3	4	2	3	可测量交直流电压、电流、电阻、电容等
13	钳型电流表	个	4	6	3	4	2	3	测量范围 0 A～200 A
14	泡沫称重电子秤	个	1	2	1	2	—	1	测量范围不小于30 kg
15	垂直度测定仪	个	2	4	1	2	1	1	垂直线不小于6 m,可在金属,混凝土,木材等材质上使用
16	数字温湿度计	个	2	4	1	2	1	1	环境温湿度检测
17	多功能坡度测量仪	个	2	4	1	2	1	1	可测量水平度和坡度
18	激光测距仪	个	2	2	1	2	1	1	激光式,测量范围不小于60 m,精度3 mm
19	超声波流量计	个	—	1	—	1	—	—	测量管径：0 mm～700 mm,精度±1%
20	超声波泄漏检测仪	个	—	1	—	1	1	—	声波极限：25 kHz～45 kHz,灵敏度调节范围：可调至50 dB,显示：LED发光管及耳机
21	磁性测厚仪	个	1	2	—	1	—	1	磁涡流式,测量厚度：0 mm～15 mm

表2（续）

序号	装备名称	单位	配备数量 一级 应配	配备数量 一级 可配	配备数量 二级 应配	配备数量 二级 可配	配备数量 三级 应配	配备数量 三级 可配	备注
22	测厚仪	个	1	2	—	1	—	1	最小分辨率：1 mm；量程50 mm
23	消防设施检测专用车	辆	1	2	1	2	1	1	装载本表要求的检测设备

注：其他常用计时、长度测量、五金工具、光源、火源、电源等装备，按照实际需要配备。"—"表示可不配备。

5.2.1.2 大型群众性活动消防安全检查装备

此类装备用于大型群众性活动消防安全检查业务。装备配备的种类和数量应满足表3的要求。

表3 大型群众性活动消防安全检查装备配备要求

序号	装备名称	单位	一级 应配	一级 可配	二级 应配	二级 可配	三级 应配	三级 可配	备注
1	漏电电流检测仪	台	2	3	1	2	1	1	测量范围：0 A～2 A；精度：0.1 mA
2	红外测温仪	个	2	3	1	2	1	1	测量范围：−30 ℃～+800 ℃；精度：±2%
3	激光测距仪	个	2	3	1	2	1	1	测量范围不小于60 m；精度：3 mm
4	便携式可燃气体检测仪	台	2	3	1	2	1	1	可检测一氧化碳、氢气、氨气、液化石油气、甲烷等可燃气体浓度，液晶显示，并发出声光报警，同时具备防爆功能
5	防爆型静电电压表	个	—	1	—	1	—	1	测量范围：0 kV～40 kV；精度：±20 V
6	红外热像仪	台	—	1	—	1	—	1	非制冷焦平面型，温度范围不小于350 ℃，具备图像捕捉功能，精度：±0.5 ℃

注："—"表示可不配备。

5.2.1.3 消防产品现场检测类装备

此类装备用于消防产品现场检测业务。装备配备的种类和数量应满足表4的要求。

表4 消防产品现场检测类装备配备要求

序号	装备名称	单位	配备数量						备注
			一级		二级		三级		
			应配	可配	应配	可配	应配	可配	
1	点型感烟探测器功能试验器	个	4	6	3	4	2	3	检测杆高度不小于2.5 m,加配聚烟罩,内置电源线,连续工作时间不低于2 h
2	点型感温探测器功能试验器	个	3	5	2	3	1	2	检测杆高度不小于2.5 m,内置电源线,连续工作时间不低于2 h
3	线型光束感烟探测器滤光片	片	3	4	2	3	1	1	减光值分别为0.9 dB和10.0 dB各一片,具备手持功能
4	试验气体	组	3	4	2	3	1	1	甲烷的浓度为50%LEL;丙烷的浓度为50%LEL;氢气的浓度为50%LEL;一氧化碳的浓度为500×10^{-6}(体积分数)
5	数字声级计	个	3	4	2	3	1	1	测量范围:30 dB~130 dB,精度:±1.5 dB,取样率:2次/s
6	数字照度计	个	3	4	2	3	1	1	测量范围不小于2 000 lx,分辨率不小于0.01 lx,具有数据保持和读数锁定功能
7	数字万用表	台	3	4	2	3	1	1	可测量交直流电压、电流、电阻、电容等
8	超声波流量计	个	3	4	2	3	1	1	测量管径:0 mm~700 mm,精度:±1%
9	电子秤	台	2	3	1	2	1	1	最小分辨率:10 g;量程不小于30 kg
10	破拆工具	组	2	3	1	2	1	1	可破拆木质和钢质防火门
11	衡器	个	3	4	2	3	1	1	最小分辨率:0.5 kg;量程不小于100 kg
12	塞尺	个	2	3	1	2	1	1	尺寸:1 mm
13	测力计	个	2	3	1	2	1	1	最小分辨率:2 N;量程大于100 N

表 4（续）

序号	装备名称	单位	配备数量						备注
			一级		二级		三级		
			应配	可配	应配	可配	应配	可配	
14	测厚仪	个	2	3	1	2	1	1	最小分辨率：1 mm；量程 50 mm
15	磁性测厚仪	个	2	3	1	2	1	1	磁涡流式,测量厚度：0 mm～15 mm
16	专用燃气喷枪	支	2	3	1	2	1	1	火焰温度≥1 350 ℃；燃气：丁烷；持续使用时间：200 min
17	金属网	个	3	4	2	3	1	1	

注：其他常用计时、长度测量、五金工具、光源、火源、电源等装备,按照实际需要配备。

5.2.1.4 火灾现场勘查类装备

此类装备用于火灾事故现场清理、提取物证和现场分析鉴定等工作。装备配备的种类和数量应满足表 5 的要求。

表 5 火灾现场勘查装备配备要求

序号	装备名称	单位	配备数量						备注
			一级		二级		三级		
			应配	可配	应配	可配	应配	可配	
1	便携式气相色谱仪	台	—	1	—	1	—	—	检测油类和有机溶剂
2	便携式红外光谱仪	台	—	1	—	1	—	—	检测油类和有机溶剂
3	微量易燃液体探测仪	台	2	3	2	2	1	1	充电式,可测量汽油、煤油、柴油及各种有机溶剂的蒸汽浓度,灵敏度：50×10^{-6},检测范围：0×10^{-6}～19990×10^{-6},LCD 显示,声光报警
4	可燃气体探测仪	台	4	6	3	5	2	3	充电式,可检测一氧化碳、氢气、氨气、液化石油气、甲烷等可燃气体浓度,液晶显示,并发出声光报警,同时具备防爆功能
5	可燃气体检测管	盒	10	20	10	15	5	10	可检汽油、煤油、柴油等易燃液体蒸汽,两种检测浓度,加配采样器

表5（续）

序号	装备名称	单位	配备数量						备注
			一级		二级		三级		
			应配	可配	应配	可配	应配	可配	
6	薄层色谱分析装置	套	1	2	1	2	1	1	展开板不少于2种,显色方式不少于3种,并配有使用指南
7	炭化深度测定仪	台	4	6	3	5	2	3	金属手持,弹簧联动,精度1 mm
8	金属硬度检验仪	台	2	2	1	2	1	1	测量范围:HLD(170～960),液晶显示,带有打印存储功能
9	混凝土强度测定仪	台	4	6	3	5	2	3	标称动能:0.735 J
10	数字温度计	台	2	3	1	2	1	2	测量范围:0 ℃～750 ℃,精度:±1%,加配杆式和表面式探头
11	望远镜	个	2	3	1	2	1	2	倍率不低于7×35
12	现场勘查灯	台	4	6	3	5	2	3	最大射程不低于500 m,最高连续工作时间不低于3 h
13	碘钨灯	台	4	6	3	5	2	3	有手持、固定支架和连接线,功率1 000 W以上
14	剩磁仪	台	4	6	3	5	2	3	量程:0 mT～100 mT,分辨率:0.1 mT,LCD显示
15	寻线器	台	3	2	2	1	1	1	具有液晶显示和声光报警功能
16	万用表	台	2	4	2	3	1	2	可测量交直流电压、直流电流、电阻等
17	接地电阻测量仪	台	1	2	1	2	1	1	数字式,测量范围:0 Ω～1 000 Ω,精度0.1 Ω
18	绝缘电阻测试仪	台	2	3	1	2	1	1	测量范围:1 MΩ～2 000 MΩ,准确度:±(4%+2)
19	防爆静电电压表	台	1	2	1	2	1	1	测量范围:0 kV～40 kV,绝对误差<20
20	便携式金相显微镜	套	1	2	1	2	1	1	放大倍数0倍～800倍,具有偏光功能,四孔物镜,300万像素,可连接电脑,最低倍率不低于50,要配有载物台及卤素灯,同时还要配有抛光、预磨装置及试验材料试剂等装置

表 5（续）

序号	装备名称	单位	配备数量						备注
			一级		二级		三级		
			应配	可配	应配	可配	应配	可配	
21	体视显微镜	台	1	2	1	2	1	1	倒置式双目镜，目镜 10X/20 mm、物镜 4X/58 mm
22	非金属超声波探伤仪	台	1	2	1	2	1	1	工作频率：10 kHz～200 kHz，10 kHz～1 MHz，五挡扫描宽度，发射电压：200 V、500 V、1 000 V
23	移动硬盘	个	2	3	2	2	1	2	存储容量不小于 320 GB
24	录音笔	个	2	3	2	2	1	1	录音时间不低于 70 h
25	数码照相机	套	2	3	2	2	1	1	像素不低于 800 万，带广角、微距功能
26	数码摄像机	套	1	2	1	2	1	1	硬盘式
27	现场勘查工具箱	套	4	6	3	5	2	3	包括清理、破拆、物证标识、照明、绘图、记录、测量、警戒，样品提取等工具
28	火灾现场物证提取装置	套	4	6	3	5	2	3	满足气、固、液三类物证提取，固体样品要求有碳片提取装置，气体样品要求有气泵
29	激光测距仪	台	4	6	3	5	2	3	激光式、测量范围不小于60 m，精度 3 mm
30	物证存放柜	套	1	2	1	2	1	1	存放火灾现场提取物证
31	火场助燃剂显色装置	箱	1	2	1	2	1	1	通过显色剂颜色变化判定助燃剂成分
32	火灾痕迹演示系统	套	1	2	1	1	1	1	演示各种火灾痕迹的特征和形成规律
33	火灾调查知识查询系统	套	1	2	1	1	1	1	液晶显示；可查询火灾调查方法，化危品、电气、燃料特性等多种参数
34	火灾现场勘查专用车	辆	1	2	1	2	1	1	火场勘查专用，设置专用标识

注：其他常用计时、长度测量、五金工具、光源、火源、电源、物证袋等装备，按照实际需要配备。
"—"表示可不配备。

5.2.1.5 消防宣传教育类装备

此类装备用于消防宣传业务，配合社会媒体进行消防宣传报道，对社会进行消防知识教育和培训。装备配备的种类和数量应满足表6的要求。

表6 消防宣传教育装备配备要求

序号	装备名称	单位	配备数量						备注
			一级		二级		三级		
			应配	可配	应配	可配	应配	可配	
1	数字电视摄像机	台	2	3	1	2	1	1	感光器像素200万以上 光学变焦15倍以上,数字变焦180倍以上,并配备无线采访传声器、三脚架、录像带、电池
2	电视新闻灯具	套	2	3	1	2	1	1	符合摄像照明要求
3	数字采访录音笔	台	1	2	1	2	1	1	录音时间不少于70 h
4	照相机	套	3	6	2	4	2	3	光学相机宜选用高速连拍不少于10张/s,45点区域自动对焦,最高快门速度1/8 000 s,镜头为:EF28 mm～105 mm、F/3.5～4.5;数码相机宜选用1 000万像素以上,机身类型为单反
5	消防新闻采访专用车	辆	1	2	1	2	1	1	装载本表要求的新闻采访设备
6	消防知识查询台	套	1	2	1	2	1	1	液晶显示;具备查询各类消防常识、消防法规功能
7	119报警体验系统	套	1	2	1	1	1	1	具备模拟119报警系统功能
8	电器火灾演示系统	套	1	2	1	1	—	1	具备模拟电器火灾的演示功能
9	消防自动喷淋演示系统	套	1	2	1	1	1	1	具备模拟自动喷淋演示功能
10	厨房火灾灭火演示系统	套	1	2	1	1	1	1	具备模拟厨房火灾灭火功能
11	多媒体播放系统	套	1	2	1	1	1	1	投影或液晶显示;调音、音频放大功能;影碟播放,PPT、FLASH等演示功能
12	高亮度LED宣传屏	套	1	2	1	1	—	—	用于消防安全教育专用车,醒目、清晰,具备汉字滚动显示功能
13	逃生充气帐篷	套	1	2	1	2	1	1	具备体验模拟火场逃生的功能,帐篷内应设置疏散指示标志和烟雾发生系统
14	发电机	台	1	2	1	1	1	1	发电量满足消防宣传教育专用车内所有设备要求
15	车载UPS电源及电源控制柜	套	1	2	1	1	1	1	满足消防宣传教育专用车内设备供电要求

表 6（续）

序号	装备名称	单位	配备数量						备注
			一级		二级		三级		
			应配	可配	应配	可配	应配	可配	
16	消防安全教育专用车	辆	1	2	1	1	1	1	装载本表要求的消防安全教育设备，并设置消防宣传教育标识

注："—"表示可不配备。

5.2.2 四级装备配备

四级装备配备的种类和数量应满足表 7 的要求。

表 7 四级装备配备要求

序号	装备名称	单位	配备数量		备注
			应配	可配	
1	数字照度计	个	1	2	测量范围不小于 2 000 lx，准确度：±5%，具有数据保持和读数锁定功能
2	数字声级计	个	1	2	测量范围：30 dB～130 dB，准确度：±1.5 dB，取样率：2 次/s
3	激光测距仪	个	1	2	测量范围不小于 60 m，精度不大于 3 mm
4	数字风速计	台	1	2	范围：0 m/s～45 m/s，精度：±3%，具有 LCD 背光及数据保持功能
5	数字微压计	个	1	1	测量范围：0 Pa～3 000 Pa，精度：±3%，有清零功能，配有检测软管
6	消火栓测压接头	套	2	2	动压静压测量，压力表测量范围 0 MPa～1.6 MPa，精度：1.5 级
7	点型感烟探测器功能试验器	个	1	2	检测杆高度不小于 2.5 m，加配聚烟罩，内置电源线，连续工作时间不低于 2 h
8	点型感温探测器功能试验器	个	1	2	检测杆高度不小于 2.5 m，内置电源线，连续工作时间不低于 2 h
9	线型光束感烟探测器滤光片	套	—	1	减光值分别为 0.9 dB 和 10.0 dB 各一片，具备手持功能
10	接地电阻测量仪	个	1	2	数字式，测量范围：0 Ω～1000 Ω，精度：±2%
11	绝缘电阻测量仪	个	1	2	测量范围：1 MΩ～2 000 MΩ，准确度：±4%
12	数字万用表	个	2	3	可测量交直流电压、直流电流、电阻、电容

表 7（续）

序号	装备名称	单位	配备数量 应配	配备数量 可配	备注
13	钳型电流表	个	1	2	测量范围：0 A～200 A
14	泡沫称重电子秤	个	—	1	测量范围不小于 30 kg
15	垂直度测定仪	个	1	1	垂直线不小于 6 m，可在金属、混凝土、木材等材质上使用
16	数字温湿度计	个	1	1	环境温湿度检测
17	多功能坡度测量仪	个	1	1	可测量水平度和坡度
18	漏电电流检测仪	台	—	1	测量范围 0 A～2 A，精度 0.1 mA
19	红外测温仪	个	—	1	测量范围：−30 ℃～+800 ℃，精度：±2%
20	便携式可燃气体检测仪	台	1	1	可检测一氧化碳、氢气、氨气、液化石油气、甲烷等可燃气体浓度，并发出声光报警，同时具备防爆功能
21	易燃液体探测仪	台	—	1	可测量汽油、煤油、柴油及各种有机溶剂的蒸汽。气敏半导体元件，灵敏度：$50×10^{-6}$，检测范围：$0×10^{-6}$～$19990×10^{-6}$，LCD 显示，声光报警
22	可燃气体检测管	盒	2	6	分辨率不大于 30 mg/m³，加配采样器
23	炭化深度测定仪	台	1	2	金属手持，弹簧联动，精度 1 mm
24	回弹仪	台	1	2	标称动能：0.735 J
25	数字温度计	台	1	1	测量范围：0 ℃～750 ℃，精度：±1%，加配杆式和表面式探头
26	望远镜	个	1	1	倍率不低于 7×35
27	现场勘查灯	只	2	3	防爆、防水，最大射程不低于 500 m，最高连续工作时间不低于 3 h
28	碘钨灯	只	2	3	有手持、固定支架和连接线，功率 1 000 W 以上
29	剩磁仪	台	1	2	量程：0 mT～100 mT，分辨率：0.1 mT，LCD 显示
30	寻线器	台	1	2	具有液晶显示和声光报警功能
31	静电电压表	台	1	2	测量范围：0 kV～40 kV，绝对误差<20%
32	体视显微镜	台	1	2	倒置式双目镜，目镜 10X/20 mm、物镜 4X/58 mm
33	移动硬盘	个	1	2	存储容量不低于 320 GB
34	录音笔	个	1	2	录音时间不低于 70 h

表 7（续）

序号	装 备 名 称	单位	配备数量 应配	配备数量 可配	备 注
35	数码照相机	架	1	1	像素不低于800万,具有广角和微距功能
36	数码摄像机	台	1	1	硬盘式
37	现场勘查工具箱	套	1	1	包括清理、破拆、物证标识、照明、绘图、记录、测量、警戒,样品提取等工具
38	现场物证取样箱	套	1	1	满足气、固、液三类样品物证提取,固体样品要求有碳片提取装置,气体样品要求有气泵
39	物证存放柜	箱	1	2	可以存放火灾现场物证
40	火灾痕迹演示系统	套	1	1	通过光盘资料和计算机对各种痕迹特征和形成规律进行演示,帮助火调人员提高对痕迹的识别和运用
41	火灾调查知识查询系统	套	1	1	液晶显示:包括各种火灾调查方法,化危品、电气、燃料特性等多种参数的查询
42	消防设施检测、火灾现场勘查专用车	辆	1	2	用于消防监督检查、消防设施检测和火灾现场勘查
43	多媒体播放系统	套	1	2	投影或液晶显示;调音、音频放大功能;影碟播放,PPT、FLASH等演示功能
44	调音台	台	1	1	8输入通道,2单声道+3立体声
45	音频功率放大器	台	1	1	功率350 W/300 W,配置标准音箱
46	消防安全教育专用车	辆	—	1	装载本表要求的消防安全教育设备;设有消防宣传教育标识

注:其他常用计时、长度测量、五金工具、光源、火源、电源、物证袋等装备,按照实际需要配备。
"—"表示可不配备。

5.2.3 五级装备配备

五级装备配备的种类和数量应满足表8的要求。

表 8 五级装备配备要求

序号	装 备 名 称	单位	城市公安派出所 应配	城市公安派出所 可配	县镇公安派出所 应配	县镇公安派出所 可配	农村公安派出所 应配	农村公安派出所 可配	备 注
1	数字照度计	个	—	1	—	1			测量范围不小于2 000 lx,分辨率不小于0.01 lx,具有数据保持和读数锁定功能

表 8（续）

序号	装备名称	单位	配备数量						备注
			城市公安派出所		县镇公安派出所		农村公安派出所		
			应配	可配	应配	可配	应配	可配	
2	激光测距仪	个	1	1	—	1	—	—	测量范围不小于60 m，精度不大于3 mm
3	消火栓测压接头	套	1	1	1	1	—	1	动压静压测量，压力表测量范围0 MPa～1.6 MPa，精度1.5级
4	数字万用表	个	1	2	1	1	—	1	可测量交直流电压、直流电流、电阻、电容等
5	数字温湿度计	个	1	1	1	1	1	1	环境温湿度检测
6	便携式可燃气体检测仪	台	1	1	—	1	—	—	可检测一氧化碳、氢气、氨气、液化石油气、甲烷等可燃气体浓度，并发出声光报警，同时具备防爆功能
7	望远镜	个	1	1	1	1	1	1	倍率不低于7倍；通光孔径不低于35 mm
8	现场勘查灯	只	2	3	2	2	1	1	防爆、防水，最大射程不低于500 m，最高连续工作时间不低于7 h
9	强光手电	个	2	3	1	1	1	1	警用充电式，LED冷光源，加配固定装置可随身携带
10	录音笔	个	1	2	1	1	—	1	录音时间不低于70 h
11	数码照相机	架	1	1	1	1	1	1	像素不低于800万，具有广角和微距功能
12	数码摄像机	台	1	1	1	1	1	1	硬盘式
13	现场勘察工具箱	套	1	1	1	1	—	1	包括清理、破拆、物证标识、照明、绘图、记录、测量、警戒、样品提取等工具
14	现场物证取样箱	套	1	1	1	1	—	—	满足气、固、液三类样品物证提取，固体样品要求有碳片提取装置，气体样品要求有气泵
15	物证保存柜	箱	1	2	1	2	1	1	存放火灾现场物证

表 8（续）

序号	装备名称	单位	配备数量						备注
			城市公安派出所		县镇公安派出所		农村公安派出所		
			应配	可配	应配	可配	应配	可配	
16	多媒体播放系统	套	1	2	1	1	0	1	投影或液晶显示；调音、音频放大功能；影碟播放，PPT、FLASH等演示功能
17	调音台	台	1	1	—	1	—	1	8输入通道，2单声道＋3立体声
18	音频功率放大器	台	1	1	—	1	—	1	功率350 W/300 W，配置标准音箱
19	消防安全教育专用车	辆	—	1	—	—	—	—	装载本表消防安全教育设备；设有消防宣传教育标识

注：其他常用计时、长度测量、五金工具、光源、火源、电源、物证袋等装备，按照实际需要配备。
"—"表示可不配备。

5.3 个人防护类装备

此类装备用于建筑工程消防验收、消防监督检查和火灾事故调查等人员的个人防护。装备应结合

本标准规定的专用车辆配备，种类和数量应满足表9的要求。

表 9 个人防护装备配备要求

序号	装备名称	单位	配备数量		备注
			应配	可配	
1	火场勘查头盔	顶/车	4	6	具有明确火场勘查标识
2	消防手套	付/车	4	6	新闻采访、安全教育专用车辆可不配
3	消防胶靴	双/车	4	6	新闻采访、安全教育专用车辆可不配
4	防毒面具	套/车	2	4	仅火场勘查专用车配备。具有防刺、防止外力、防止电击及热辐射功能
5	毒性气体探测仪	台/车	1	2	仅火场勘查专用车配备，要求配备复合型检测器
6	火场勘查服	套/人	火灾事故调查人员每人1套		应注明"火场勘查"字样
7	火场勘查鞋	双/人	火灾事故调查人员每人1双		要求纯皮制，防水、防砸、防刺、防止外力、防止电击及热辐射功能，且具有火场勘查标识

表 9（续）

序号	装备名称	单位	配备数量 应配	配备数量 可配	备注
8	个人剂量报警仪	台/车	1	2	仅火场勘查专用车配备
9	急救药箱	只/车	每车 1 只		仅火场勘查专用车配备，应配有现场急救器械及药品
10	防护眼镜	只/车	4	6	具有防红外线、紫外线、强光和冲击功能
11	防静电工作服	套/车	2	4	仅消防设施检测专用车配备，并满足外层具有阻燃性能，内层具有隔热、防水、防静电、透气等功能
12	强光手电	只/车	4	6	消防设施检测专用车、火场勘查专用车配备；警用充电式，LED 冷光源，加配固定装置可随身携带
13	口罩	只/车	4	6	符合 GB/T 6223 的规定

6 装备的管理与维护

6.1 各级公安消防机构应建立消防监督技术装备使用管理制度，明确专人管理、维护和保养。

6.2 装备的使用人员，应熟悉装备和系统的性能、技术指标及有关标准，并接受相应的培训，遵守操作规程。

6.3 所有设备和系统的技术资料、图纸、说明书、技术改造设计图、维修和计量检定记录应存档备查。

6.4 凡依法需要计量检定的装备，应进行定期计量检定，以保证装备的可靠性。

参 考 文 献

[1] 中华人民共和国消防法.
[2] 建设工程消防监督管理规定（公安部令第 106 号）.
[3] 消防监督检查规定（公安部令第 107 号）.
[4] 火灾事故调查规定（公安部令第 108 号）.
[5] GB 50016 建筑设计防火规范.
[6] GB 50045 高层民用建筑设计防火规范.
[7] GB 50054 低压配电设计规范.
[8] GB 50058 爆炸和火灾危险环境电力装置设计规范.
[9] GB 50166 火灾自动报警系统施工及验收规范.
[10] GB 50261 自动喷水灭火系统施工及验收规范.

[11] GB 50263 气体灭火系统施工及验收规范.
[12] GB 50281 泡沫灭火系统施工及验收规范.
[13] GA 588 消防产品现场检查判定规则.
[14] JGJ 16 民用建筑电气设计规范.

消防电子产品检验规则(GB 12978—2003)

前言

本标准的第1章、第2章、第3章为推荐性的,其余为强制性的。

本标准代替 GB 12978—1991《火灾报警设备检验规则》。本标准与 GB 12978—1991 相比主要变化如下:
——扩大了标准的适用范围;
——修改了委托检验、型式检验、监督检验和仲裁检验4种检验类别的基本规定;
——增加了科技成果鉴定检验;
——增加了分型产品、产品技术文件和设计更改控制的规定要求;
——修订后的标准结构和编写规则符合 GB/T 1.1—2000 要求。

本标准的附录 A 是规范性附录。
本标准由中华人民共和国公安部提出。
本标准由全国消防标准化技术委员会第六分技术委员会归口。
本标准起草单位:公安部沈阳消防研究所。
本标准主要起草人:宋希伟、窦保东、张德成、吴礼龙、卢韶然。
本标准所代替标准的历次版本发布情况为:GB 12978—1991。

1 范围

本标准规定了消防电子产品(以下简称产品)的检验分类、抽样、型号编制、分型产品控制、技术文件要求、设计更改控制、样品标识和接收方法及型式检验、委托检验、监督检验、科技成果鉴定检验和仲裁检验的规则。

本标准适用于消防电子产品质量监督检验机构(以下简称检验机构)的检验。

2 规范性引用文件

下列文件的条款通过本标准的引用而成为本标准的条款。凡是注日期的引用文件,其随后所有的修改单(不包括勘误的内容)或修订版均不适用于本标准,然而,鼓励根据本标准达成协议的各方研究是否可使用这些文件的最新版本。凡是不注日期的引用文件,其最新版本适用于本标准。

GB/T 14689 技术制图 图纸幅面及格式(GB/T 14689—1993,eqv ISO 5457:1980)
GB/T 10111 利用随机数骰子进行随机抽样的方法

3 检验分类

3.1 型式检验

为考核产品的质量是否符合某一指定标准要求,检验机构依据该产品标准规定的技术要求和试验方法对样品进行的全部项目检验。

3.2 委托检验
受委托方委托而进行的检验。

3.3 监督检验
受质量监督机构委托,为检查该产品是否符合产品标准要求进行的抽查性检验。

3.4 科技成果鉴定检验
受组织或主持科技成果鉴定部门的委托,根据《检测鉴定——检测委托书》要求进行的检验。

3.5 仲裁检验
受质量争议受理机构的委托,为解决产品质量争议的法律活动提供公证数据的检验。

4 基本规定

4.1 抽样
4.1.1 抽样方法应按 GB/T 10111 进行。

4.1.2 样品数量及抽样基数应满足相应产品标准或有关规定的要求。

4.1.3 监督检验抽样。

4.1.3.1 样品应从前一次监督检验、型式检验后生产并经自检合格的产品中抽取。

4.1.3.2 样品应从企业的生产工厂或仓库中抽取,或从已经出厂但尚未安装使用、且被妥善存放的产品中抽取。

4.1.3.3 对于国外企业生产的产品,样品可在运抵中国口岸或用户处但尚未安装使用、且被妥善存放的产品中抽取。

4.1.4 实施抽样人员应完整、准确填写抽样记录。

4.2 型号编制
产品型号编制应按产品型号编制方法标准或相应产品标准的规定进行,如无规定,应遵循简明易懂、能反映产品特征的原则编制型号。

4.3 分型产品
4.3.1 某一型号的产品可以有一个主型和若干分型,分别称为该产品的主型产品和分型产品,任一分型产品与主型产品的型号的基本部分应相同,应以构成型号尾部的字母或数字来区别。

4.3.2 对于探测、警报器类产品,分型产品与主型产品仅允许存在以下差别:

  a) 底座的外形不同;

  b) 分型产品不具备驱动外设指示灯的电路或端子;

  c) 分型产品不具备地址编码电路;

  d) 分型产品具有防水、防霉等辅助功能;

  e) 灵敏度等级不同,且分别满足指定产品标准的相应要求;

  f) 其他不致于对产品性能产生影响的微小差别。

4.3.3 对于控制类产品,分型产品与主型产品仅允许存在以下差别:

  a) 报警回路数不同和由此而导致的机械尺寸及电源容量不同;

  b) 警报输出或控制输出回路数不同和由此而导致的机械尺寸及电源容量不同;

  c) 面板的布局设计不同;

  d) 报警回路数不同而导致的软件不同；
  e) 安装方式不同；
  f) 其他不致于对产品性能产生影响的微小差别。

4.3.4 应急灯具、标志类产品，分型产品与主型产品仅允许存在以下差别：
  a) 面板图形不同；
  b) 功率相同，外形尺寸略有不同；
  c) 除供电方式为集中供电外，其他均与主型产品相同；
  d) 安装方式不同；
  e) 其他不致于对产品性能产生影响的微小差别。

4.3.5 其他类产品，分型产品与主型产品应基本原理、基本电路设计相同，仅允许存在不致于对产品性能产生影响的微小差别。

4.4 产品技术文件

4.4.1 对于主型产品，送检单位应提交与样品一致的技术文件，包括：
  a) 产品安装和使用中文说明书一式二份；
  b) 产品设计计算说明书一份；
  c) 产品电路设计图纸和元、器件明细表一份；
  d) 产品机械设计图纸一份；
  e) 产品所依据的技术标准(有国家标准或行业标准的除外)；
  f) 计算机软件框图和程序清单或磁盘(采用计算机类产品)；
  g) 产品正面照片一式三张(125 mm×88 mm 彩色照片)。

4.4.2 对于分型产品，送检企业应提交产品正面照片一式三张(125 mm×88 mm 彩色照片)，及对应于每一分型产品与主型产品不同部分的技术文件一份。

4.4.3 送检企业提交的技术文件应满足 GB/T 14689 要求。

4.4.4 对产品具有专利性信息的保密内容，在不影响检验的前提下，经检验机构同意，送检企业可不提交，但应做出说明。

4.5 样品标识及接收

4.5.1 样品的产品标志和质量检验标志应标于产品表面、便于观察部位。

4.5.2 检验机构在收到样品后应检查样品标识是否清晰、完整、准确。

4.5.3 检验机构在样品接收检查时如发现样品损坏，应书面通知送检企业及抽样部门，根据有关规定处理。

4.6 设计更改控制

4.6.1 产品在通过检验后，如对原设计存在下述更改时，应将更改设计技术文件提交原出具检验报告的检验机构，以便确认：
  a) 更改较小的结构变化；
  b) 更换非关键器件外形封装并由此而进行的工艺改动；
  c) 增加产品标准要求以外的辅助功能；
  d) 控制类产品面板重排；
  e) 辅助功能电路重新布线；
  f) 软件增加对主程序基本功能影响较小的辅助功能；

g) 对产品性能产生微小影响的改动。

4.6.2 检验机构对设计更改技术文件进行审核,并根据设计更改情况决定是否进行必要的检验,并出具设计更改认可书或审核意见书。

4.6.3 对于检验机构认定更改范围较大、对关键技术指标产生影响或不重新进行全部项目检验则不能证明该设计满足有关产品标准或技术要求时,则通知企业进行全部项目检验。

5 型式检验

5.1 受理

5.1.1 检验机构在收到送检企业提交的检验申请表后,受理型式检验申请。

5.1.2 送检企业应按要求提交技术文件和样品及试验所需配件、负载。

5.1.3 分型产品可以和主型产品同时申请型式检验,应同时提交分型产品的技术文件。主型产品样品数量及抽样基数执行产品标准规定或有关要求,分型产品样品数量和抽样基数由检验机构根据检验项目确定。

5.1.4 在主型产品通过型式检验后申请其分型产品检验时,应填写检验申请表,并按 4.4.2 条规定提交技术文件。

5.1.5 型式检验样品应按产品标准或有关规定抽取。

5.2 检验

5.2.1 检验机构应对送检企业提交的技术文件进行审查,审查合格后加盖技术文件审查章。技术文件审查不合格企业应重新提交技术文件。

5.2.2 检验机构应依据相应的产品标准对样品进行全部项目检验。

5.2.3 在检验过程中允许对不合格检验项目进行补做,试验补做应执行以下规定:

a) 产品标准规定的检验项目总数不少于 15 项时,任一检验项目补做超过 2 次或补做累计超过 4 次时,停止补做,判定产品不合格;

b) 产品标准规定的检验项目总数少于 15 项时,任一检验项目补做超过 2 次或补做累计超过 3 次时,停止补做,判定产品不合格;

c) 试验补做的整改工作如在 6 个月内不能完成,停止补做,判定产品不合格;

d) 试验补做用样品改进后的检验规定及改进报告执行 5.2.3.3 规定。

5.2.3.1 试验补做用样品应予加倍(个别检验项目除外)。

5.2.3.2 试验补做用样品可以使用抽取样品的预备品,也可以使用由原抽样部门重新抽样的样品。

5.2.3.3 允许送检企业对试验补做用样品采取某些改进。检验机构如能确认改进不影响合格检验项目中测得数据的可信性,试验应接续进行。

如不能确认其改进是否对已取得合格检验项目中测试数据的可信性产生影响,检验机构应进行相关或全部项目的验证试验。

送检企业应向检验机构提交补做改进报告和相应的技术文件一份。检验机构认可后,将其存档。

5.2.4 分型产品的检验项目由检验机构确定。

5.3 合格判定及检验报告

5.3.1 如产品所依据的技术标准有其他规定且不低于5.3.2条要求,应参照其规定执行。

5.3.2 当满足下述要求时,判定产品合格,否则判定产品不合格:

    a) 技术文件审查合格;

    b) 构造及外观检查合格;

    c) 全部检验项目合格(包括在规定时限内经补做合格)。

5.3.3 分型产品全部检验项目合格,判定分型产品合格,否则判定分型产品不合格。

5.3.4 检验结束后,检验机构应向送检企业出具检验报告。

5.4 样品处理

5.4.1 检验结束后,检验机构应保留必要的样品备查,其余样品退还给送检企业,送检企业不应将经过检验的样品作为产品销售。

5.4.2 留样样品超过保存期限后,由检验机构通知送检企业限期取回。

5.4.3 对逾期不取的样品由检验机构核对销毁。

6 委托检验

6.1 受理

检验机构在收到委托方提交的委托书和相应的技术文件后,受理委托检验申请。

6.2 检验

6.2.1 检验所依据的技术条件与检验项目由委托方确定。

6.2.2 样品数量及配、备件由检验机构与委托方协商确定,样品和抽取方法由委托方确定。

6.2.3 检验机构应依据委托书和相应的技术文件的有关条款对样品进行检验。

6.3 检验结果

检验结束后,检验机构向委托方出具检验报告。

6.4 样品处理

检验机构在委托方确认检验结果后,退还样品。

7 监督检验

7.1 受理

检验机构在收到质量监督部门的监督检验委托单后,受理监督检验。

7.2 检验

7.2.1 检验项目由决定实施该次监督检验的部门决定。

7.2.2 检验机构应依据有关产品标准实施检验。

7.3 合格判定及检验报告

7.3.1 检验结束后,检验结果按附录A规定判定。

7.3.2 检验结果由检验机构向提出实施监督检验的部门通报。

7.4 样品处理

7.4.1 检验结束后,对监督检验结果无异议,退还样品。

7.4.2 如对监督检验结果有异议时,由检验机构保留样品。

8 科技成果鉴定检验

8.1 受理

检验机构在收到组织鉴定单位或主持鉴定单位的《检测鉴定——检测委托书》后,受理科技成果鉴定检验申请。

8.2 检验

8.2.1 检验机构根据科技成果鉴定检测规定实施科技成果鉴定检验。

8.2.2 按 6.2 条规定的程序进行检验。

8.3 检验结论

8.3.1 检验机构根据检验结果出具检验报告,并在检验报告上加盖"成果鉴定——检测专用章"。

8.3.2 检验机构根据组织鉴定或主持鉴定单位的委托,聘请 3 至 5 名同行专家,并指定一名负责人,对成果作出综合评价,写出评价意见。

8.3.3 检验报告和评价意见交组织鉴定单位或主持鉴定单位。

8.3.4 如成果完成单位对检测结果有异议时,检验机构应根据组织鉴定单位或主持鉴定单位的要求,对科技成果鉴定检测进行复检。

9 仲裁检验

9.1 受理

9.1.1 检验机构在收到质量争议处理部门关于决定实施仲裁检验的委托文件后,受理仲裁检验。

9.1.2 检验机构与质量争议处理部门和争议方共同签订检验合同。检验合同应明确检验依据、检验项目、抽样方法、试验方法、检验结果判定原则,并由争议方确认或经有关方面裁决确认。

9.1.3 文件审查及审查内容由质量争议处理部门决定。

9.1.4 根据检验合同规定的抽样方法进行抽样。

9.2 检验

检验机构依据检验合同实施检验。

9.3 检验结论

检验结束后,检验机构向质量争议处理部门出具仲裁检验报告。仲裁检验报告原件交质量争议受理部门,复印件经加盖检验机构检验专用章后交争议方。

9.4 样品处理

9.4.1 检验结束后,争议方和质量争议处理部门或机构对检验结果无异议,退还样品。

9.4.2 如对检验结果有异议,由检验机构保留样品。

附 录 A
（规范性附录）
监督检验结果判定方法

A.1 基本规定

A.1.1 产品的不合格,分为 A 类不合格、B 类不合格、C 类不合格三种类别。

A.1.2 对一个样品进行的一项试验或一次构造及外观检查,均分别称为一件检查;全体样品经受检查的件数的总和,称为该次监督检验的检查总件数。

A.1.3 一个样品在一项试验或一次构造及外观检查中被检查出的同一类别的不合格,称为一个不合格。

A.1.4 全体样品被检查出的不合格,按不合格类别分别累积计数,其数目分别称为相应不合格类别的不合格个数,全体样品被检查出的各类别的不合格个数的总和,称为不合格总数。

A.2 产品不合格表

A.2.1 产品不合格表是判断产品不合格及其类别的依据,应按产品标准或产品类别分别制定,并经批准。

A.2.2 产品不合格的三个类别判定:

A 类不合格:单位产品的极重要质量特性不符合规定,或者单位产品的质量特性极严重不符合规定。

B 类不合格:单位产品的重要质量特性不符合规定,或者单位产品的质量特性严重不符合规定。

C 类不合格:单位产品的一般质量特性不符合规定,或者单位产品的质量特性轻微不符合规定。

A.3 判定方法

根据检查结果,按 A.3.1～A.3.3 的规定,使用判定表(表 A.1 或表 A.2)进行判定。

A.3.1 一般情况下的监督检验的判定,使用正常检查判定表(表 A.1);监督检验的补检或经指定须进行加严检查的监督检验的判定,使用加严检查判定表(表 A.2)。

表 A.1 正常检查判定表

检查总件数	B 类不合格		C 类不合格		不合格总数	
	Ac	Rc	Ac	Rc	Ac	Rc
1～3			0	1	0	1
4～8	0	1	1	2	1	2
9～13			2	3	2	3
14～20	1	2	3	4	4	5
21～32			5	6	6	7
33～50	2	3	7	8	8	9
51～80	3	4	10	11	12	13
81～125	5	6	14	15	17	18
1～5			0	1	0	1
6～13	0	1	1	2	1	2
14～20			2	3	2	3

表 A.1（续）

检查总件数	B类不合格		C类不合格		不合格总数	
	Ac	Rc	Ac	Rc	Ac	Rc
21～32	1	2	3	4	4	5
33～50			5	6	6	7
51～80	2	3	7	8	8	9
81～125	3	4	10	11	12	13

注：在上述两个表中，各符号含义如下：
  Ac：合格判定数；
  Rc：不合格判定数。

A.3.2 按下述程序进行判定：
  a) 统计检查总件数；
  b) 统计各类别不合格的不合格个数和不合格总数；
  c) 使用表 A.1 或表 A.2，根据检查总件数查出对应于各类别不合格和不合格总数的不合格判定数 Rc；
  d) 将各类别不合格的不合格个数和不合格总数与查出的相应的不合格判定数 Rc 进行比较。

A.3.3 当满足下述条件时，判定该次监督检验合格，否则判定该次监督检验不合格：
  a) A 类不合格个数为 0；
  b) 其他各类别不合格的不合格个数都分别小于相应的不合格判定数；
  c) 不合格总数小于相应的不合格判定数。

消防产品市场准入信息管理（XF/T 1465—2018）

前言

根据公安部、应急管理部联合公告（2020年5月28日）和应急管理部2020年第5号公告（2020年8月25日），本标准归口管理自2020年5月28日起由公安部调整为应急管理部，标准编号自2020年8月25日起由GA/T 1465—2018调整为XF/T 1465—2018，标准内容保持不变。

本标准按照GB/T 1.1—2009给出的规则起草。
本标准由公安部消防局提出。
本标准由全国消防标准化技术委员会（SAC/TC 113）归口。
本标准负责起草单位：公安部消防产品合格评定中心。
本标准参加起草单位：公安部消防局。
本标准主要起草人：刘程、余威、胡锐、陆曦、谭远林、乔东恒、付林、邢岩。
本标准为首次颁布。

1 范围

本标准规定了消防产品市场准入信息的范围、术语和定义、分类、内容、建立、审核发布、查询与判定、维护与更新的有关要求。

本标准适用于纳入强制性产品认证目录和经技术鉴定的消防产品的市场准入信息管理，有关国家法律法规或标准另行规定的产品除外。

2 规范性引用文件

下列文件对于本文件的应用是必不可少的。凡是注日期的引用文件，仅注日期的版本适用于本文件。凡是不注日期的引用文件，其最新版本（包括所有的修改单）适用于本文件。

GB/T 5907.5 消防词汇 第5部分：消防产品

3 术语和定义

GB/T 5907.5界定的以及下列术语和定义适用于本文件。

3.1

消防产品市场准入信息 market access information of fire product

按国家规定的产品市场准入制度，经国务院公安部门消防机构批准，由消防产品信息公布机构向社会发布的用于证明消防产品是否符合市场准入要求的信息。

4 信息的分类

消防产品市场准入信息分为：

a) 强制性产品认证信息；
b) 技术鉴定产品信息。

5 信息的内容

5.1 强制性认证产品信息

5.1.1 强制性认证产品信息发布内容

纳入强制性认证产品目录的消防产品(目录见附录 A)经强制性认证合格并获得强制性产品认证证书后，消防产品信息公布机构根据产品强制性认证结果、证书保持情况及认证变更情况应予发布的信息内容包括：

a) 强制性产品认证证书的全部内容和证书状态；
b) 产品检验报告的全部内容。

5.1.2 强制性产品认证证书

消防产品的强制性产品认证证书(样式见附录 B)的信息发布内容应包括：
——证书名称；
——证书编号；
——产品认证委托人的名称和地址；
——产品生产者的名称和地址；
——产品生产企业的名称和地址；
——产品名称；
——产品认证单元；
——认证单元的涵盖范围；
——产品认证所依据的认证实施规则及实施细则(适用时)；
——产品认证基本模式；
——产品认证所依据的标准；
——产品符合认证要求的描述；
——证书的首次发证日期；
——证书的发(换)证日期；
——证书的有效期限；
——证书有效性保持的条件；
——证书信息的查询网站；
——产品认证机构的名称(含公章)、地址、邮编和网站域名；
——其他需要标注的内容。

5.1.3 强制性产品认证检验报告

消防产品的强制性产品认证检验根据认证类别分为型式试验、分型试验、监督检验、变更确认检验，检验报告(样式见附录 C)的信息发布内容应包括：
——报告名称；
——报告编号；
——检验机构名称(含公章)；
——认证委托人名称及联系方式；

——产品名称及型号；

——检验类别；

——生产者；

——生产企业；

——生产日期；

——抽样者；

——抽样基数；

——抽样地点；

——样品数量；

——抽样日期；

——样品状态；

——检验受理日期；

——检验依据；

——检验项目；

——检验结论；

——报告编制人；

——报告审核人；

——报告批准人；

——报告签发日期；

——产品照片；

——产品铭牌内容；

——产品特性描述；

——产品关键件（或原材料）描述；

——产品一致性检查结论；

——产品检验项目结果汇总；

——部分检验项目内容描述（适用时）；

——产品技术文件（适用时）。

5.2 技术鉴定产品信息

5.2.1 技术鉴定产品信息发布内容

消防产品经技术鉴定合格并获得技术鉴定证书后，消防产品信息公布机构根据产品技术鉴定结果、证书保持情况及技术鉴定变更情况应予发布的信息内容有：

a) 产品技术鉴定证书的全部内容及证书状态信息；

b) 产品检验报告的全部内容。

5.2.2 技术鉴定证书

消防产品技术鉴定证书（样式见附录 D）内容应包括：

——证书名称；

——证书编号；

——产品认证委托方的名称、地址和邮编；

——产品生产者（制造商）的名称、地址和邮编；

——产品生产厂的名称、地址和邮编；
——产品名称；
——产品系列、规格、型号；
——技术鉴定依据；
——技术鉴定模式（适用时）；
——证书的发证日期；
——证书的有效期限；
——产品符合技术鉴定要求的描述；
——证书有效性保持的条件；
——证书信息的查询网站；
——产品认证机构的名称（含公章）、地址、邮编和网站域名；
——其他需要标注的内容。

5.2.3 技术鉴定检验报告

消防产品的技术鉴定检验根据技术鉴定类别及检验特性分为型式试验、监督检验，检验报告（样式见附录 C）内容应至少包括：

——报告名称；
——报告编号；
——检验机构名称（含公章）；
——检验委托方名称；
——产品名称及型号规格；
——检验类别；
——产品生产单位名称；
——抽样单位（或人）；
——抽样基数；
——抽样地点；
——样品数量；
——抽样日期；
——检验日期；
——检验依据；
——检验项目；
——检验结论；
——报告编制人；
——报告审核人；
——报告批准人；
——报告签发日期；
——样品照片；
——产品铭牌内容；
——产品特性描述；
——产品关键件（或原材料）描述；

——产品一致性检查结论；
——产品检验项目结果汇总；
——部分检验项目内容描述(适用时)；
——产品技术文件(适用时)。

6 信息的建立

6.1 消防产品认证机构应按照5.1的规定及产品认证结果建立强制性认证产品信息，对信息审核通过后将信息报送消防产品信息公布机构。

6.2 消防产品技术鉴定机构应按照5.2的规定及产品技术鉴定结果建立技术鉴定产品信息，对信息进行审核并通过后将信息报送消防产品信息公布机构。

6.3 消防产品信息公布机构对认证机构转来的强制性认证产品信息和技术鉴定机构转来的技术鉴定产品信息进行汇总，并对信息的符合性进行审核。

7 信息的审核发布

7.1 消防产品信息公布机构对经审核符合要求的强制性认证产品信息和技术鉴定产品信息报送国务院公安部门消防机构批准，对经审核不符合要求的信息退回建立信息的强制性产品认证机构或技术鉴定机构。

7.2 国务院公安部门消防机构对消防产品信息公布机构报送的强制性认证产品信息和技术鉴定产品信息进行审批，对经批准同意发布的消防产品市场准入信息，消防产品信息公布机构应在规定时限内通过消防产品市场准入信息公布指定网站"中国消防产品信息网(互联网域名:www.cccf.com.cn)"上向社会公布信息的全部内容。

7.3 对国务院公安部门消防机构审批不予公布的信息，消防产品信息公布机构不应公布有关信息，并按照审批意见开展相关工作。

8 信息的查询与判定

8.1 信息查询

强制性认证产品信息和技术鉴定产品信息应从中国消防产品信息网获取。

8.2 强制性认证信息和技术鉴定信息的判定

8.2.1 待查验产品的信息与相应公布的证书及检验报告信息经比对全部一致且证书状态为有效时，应判定为该产品满足市场准入要求。

8.2.2 查询比对结果存在下列情况之一的，应判定为相应产品不满足市场准入要求：
a) 产品信息未公布；
b) 产品信息与公布的证书或检验报告信息不一致；
c) 产品证书的状态为暂停、注销或撤销；
d) 发生8.2.3规定的情况除外。

8.2.3 查询比对结果存在下列情况的，不应判定为产品不满足市场准入要求：
a) 消防产品经强制性认证或技术鉴定合格并获得证书后，其市场准入信息因处于上报、审批、发布过程而导致暂时未予发布；
b) 消防产品获得强制性认证证书后，其认证委托人、生产者、生产企业及产品设计发

生变更并经认证机构批准后,其变更后的市场准入信息因处于上报、审批、发布过程而导致暂时未予更新发布;

c) 消防产品获得技术鉴定证书后,其技术鉴定委托方、制造商、生产厂及产品设计发生变更并经技术鉴定机构批准后,其变更后的市场准入信息因处于上报、审批、发布过程而导致暂时未予更新发布;

d) 处于暂停状态的消防产品强制性认证证书或技术鉴定证书,在持证的委托人或委托方提交证书状态恢复申请并经认证机构批准后,其恢复有效的证书状态因处于上报、审批、发布过程而导致暂时未予更新发布。

8.3 信息查询、判定有关事宜的解释

消防产品市场准入信息管理的使用方在信息查验、判定工作中遇到的有关问题由消防产品信息公布机构负责解释。

9 信息的维护与更新

9.1 消防产品信息公布机构负责消防产品市场准入信息管理的日常维护和更新工作。

9.2 消防产品信息公布机构应设专门的部门和人员,并建立相应的工作机制以保证消防产品市场准入信息管理发布工作的正常执行,以及中国消防产品信息网的正常运行,同时还应公开联系方式以满足消防产品市场准入信息管理使用方在信息查验、判定工作中的咨询、指导等需求。

9.3 消防产品信息公布机构应根据需要定期更新中国消防产品信息网的硬件及软件配置,以保证指定网站的正常运行,并与用户终端兼容。

附 录 A
(规范性附录)
强制性认证消防产品目录

纳入强制性认证产品目录的消防产品见表 A.1。

表 A.1 强制性认证消防产品目录

产品大类	产品类别	产品分类	产品标准
1.火灾报警产品	火灾探测报警产品	火灾报警控制器	GB 4717—2005
		点型感烟火灾探测器	GB 4715—2005
		点型感温火灾探测器	GB 4716—2005
		消防联动控制系统设备	GB 16806—2006
		手动火灾报警按钮	GB 19880—2005
		独立式感烟火灾探测报警器	GB 20517—2006
		可燃气体报警控制器	GB 16808—2008
		测量范围为 0～100%LEL 的点型可燃气体探测器	GB 15322.1—2003
		测量范围为 0～100%LEL 的独立式可燃气体探测器	GB 15322.2—2003
		测量范围为 0～100%LEL 的便携式可燃气体探测器	GB 15322.3—2003

表 A.1（续）

产品大类	产品类别	产品分类	产品标准
1.火灾报警产品	火灾探测报警产品	测量人工煤气的点型可燃气体探测器	GB 15322.4—2003
		测量人工煤气的独立式可燃气体探测器	GB 15322.5—2003
		测量人工煤气的便携式可燃气体探测器	GB 15322.6—2003
		特种火灾探测器	GB 15631—2008
		点型紫外火焰探测器	GB 12791—2006
		线型光束感烟火灾探测器	GB 14003—2005
		电气火灾监控设备	GB 14287.1—2014
		剩余电流式电气火灾监控探测器	GB 14287.2—2014
		测温式电气火灾监控探测器	GB 14287.3—2014
		火灾显示盘	GB 17429—2011
		火灾声和/或光警报器	GB 26851—2011
		防火卷帘控制器	XF 386—2002
		线型感温火灾探测器	GB 16280—2014
		家用火灾报警产品	GB 22370—2008
		用户信息传输装置	GB 26875.1—2011
	消防应急照明和疏散指示产品	消防应急照明和疏散指示系统产品	GB 17945—2010
		消防安全标志	XF 480.1—2004
			XF 480.2—2004
			XF 480.3—2004
			XF 480.4—2004
			XF 480.5—2004
			XF 480.6—2004
	消防通信产品	火警受理设备	GB 16281—2010
		消防车辆动态终端机	XF 545.1—2005
		消防车辆动态管理中心收发装置	XF 545.2—2005
2.火灾防护产品	建筑耐火构件	防火窗	GB 16809—2008
		防火门	GB 12955—2008
		防火门闭门器	XF 93—2004
		防火玻璃	GB 15763.1—2009
		防火玻璃非承重隔墙	XF 97—1995
		防火卷帘	GB 14102—2005
		防火卷帘用卷门机	XF 603—2006

表 A.1（续）

产品大类	产品类别	产品分类	产品标准
2.火灾防护产品	消防防烟排烟设备产品	消防排烟风机	XF 211—2009
		挡烟垂壁	XF 533—2012
		防火排烟阀门	GB 15930—2007
	防火材料产品	钢结构防火涂料	GB 14907—2002
		饰面型防火涂料	GB 12441—2005
		电缆防火涂料	GB 28374—2012
		防火封堵材料	GB 23864—2009
		混凝土结构防火涂料	GB 28375—2012
		防火膨胀密封件	GB 16807—2009
		塑料管道阻火圈	XF 304—2012
3.灭火设备产品	灭火剂产品	泡沫灭火剂	GB 15308—2006
		水系灭火剂	GB 17835—2008
		BC干粉灭火剂	GB 4066.1—2004
		ABC干粉灭火剂	GB 4066.2—2004
		超细干粉灭火剂	XF 578—2005
		二氧化碳灭火剂	GB 4396—2005
		七氟丙烷灭火剂	GB 18614—2012
		惰性气体灭火剂	GB 20128—2006
		六氟丙烷灭火剂	GB 25971—2010
		A类泡沫灭火剂	GB 27897—2011
	消防水带产品	有衬里消防水带	GB 6246—2011
		消防湿水带	
		消防软管卷盘	GB 15090—2005
		消防吸水胶管	GB 6969—2005
	灭火器产品	手提式灭火器	GB 4351.1—2005 GB 4351.2—2005
		推车式灭火器	GB 8109—2005
		简易式灭火器	XF 86—2009
	喷水灭火设备	洒水喷头	GB 5135.1—2003
		湿式报警阀	GB 5135.2—2003
		水流指示器	GB 5135.7—2003
		压力开关	GB 5135.10—2006

表 A.1（续）

产品大类	产品类别	产品分类	产品标准
3.灭火设备产品	喷水灭火设备	家用喷头	GB 5135.15—2008
		扩大覆盖面积洒水喷头	GB 5135.12—2006
		早期抑制快速反应(ESFR)喷头	GB 5135.9—2006
		水幕喷头	GB 5135.13—2006
		水雾喷头	GB 5135.3—2003
		加速器	GB 5135.8—2003
		干式报警阀	GB 5135.4—2003
		雨淋报警阀	GB 5135.5—2003
		消防通用阀门	GB 5135.6—2003
		自动灭火系统用玻璃球	GB 18428—2010
		预作用装置	GB 5135.14—2011
		减压阀	GB 5135.17—2011
		末端试水装置	GB 5135.21—2011
		沟槽式管接件	GB 5135.11—2006
		消防洒水软管	GB 5135.16—2010
		消防用易熔合金元件	XF 863—2010
		自动跟踪定位射流灭火系统	GB 25204—2010
		细水雾灭火装置	XF 1149—2014
	泡沫灭火设备	泡沫灭火设备产品	GB 20031—2005
		厨房设备灭火装置	XF 498—2012
		泡沫喷雾灭火装置	XF 834—2009
	气体灭火设备	高压二氧化碳灭火设备	GB 16669—2010
		低压二氧化碳灭火设备	GB 19572—2013
		卤代烷烃灭火设备	GB 25972—2010
		惰性气体灭火设备	
		油浸变压器排油注氮灭火装置	XF 835—2009
		热气溶胶灭火装置	XF 499.1—2010
		柜式气体灭火装置	GB 16670—2006
		悬挂式气体灭火装置	XF 13—2006
	干粉灭火设备	干粉灭火设备	GB 16668—2010
		柜式干粉灭火装置	
		悬挂式干粉灭火装置	XF 602—2013

表 A.1（续）

产品大类	产品类别	产品分类	产品标准
3.灭火设备产品	消防给水设备产品（一）（固定消防给水设备）	消防气压给水设备	GB 27898.1—2011
		消防自动恒压给水设备	GB 27898.2—2011
		消防增压稳压给水设备	GB 27898.3—2011
		消防气体顶压给水设备	GB 27898.4—2011
		消防双动力给水设备	GB 27898.5—2011
	消防给水设备产品（二）	车用消防泵	GB 6245—2006
		消防泵组	
		消防水鹤	XF 821—2009
		消防球阀	XF 79—2010
		室内消火栓	GB 3445—2005
		室外消火栓	GB 4452—2011
		消防水枪	GB 8181—2005
		消防水泵接合器	GB 3446—2013
		分水器和集水器	XF 868—2010
		消防接口	GB 12514.1—2005
			GB 12514.2—2006
			GB 12514.3—2006
			GB 12514.4—2006
		消防泡沫枪	GB 25202—2010
		消防干粉枪	GB 25200—2010
		脉冲气压喷雾水枪	XF 534—2005
		消防炮	GB 19156—2003
			GB 19157—2003
	阻火抑爆产品	机动车排气火花熄灭器	GB 13365—2005
4.消防装备产品	逃生和自救呼吸器产品	建筑火灾逃生避难器材（逃生缓降器、逃生梯、逃生滑道、应急逃生器、逃生绳）	GB 21976.2—2012
			GB 21976.3—2012
			GB 21976.4—2012
			GB 21976.5—2012
			GB 21976.6—2012
		过滤式消防自救呼吸器	GB 21976.7—2012
		化学氧消防自呼吸器	XF 411—2003
	消防摩托车	消防摩托车	XF 768—2008

表 A.1（续）

产品大类	产品类别	产品分类	产品标准
4.消防装备产品	抢险救援产品	消防救生气垫	XF 631—2006
		消防梯	XF 137—2007
		消防斧	XF 138—2010
		消防移动式照明装置	GB 26755—2011
		消防救生照明线	GB 26783—2011
		移动式消防排烟机	GB 27901—2011
	消防员个人防护装备产品	消防员隔热防护服	XF 634—2015
		消防员灭火防护靴	XF 6—2004
		消防用防坠落装备（安全绳、安全带、安全钩、上升器、抓绳器、下降器、滑轮装置、便携式固定装置）	XF 494—2004
		消防员呼救器	GB 27900—2011
		消防员灭火防护头套	XF 869—2010
		消防腰斧	XF 630—2006
		正压式消防空气呼吸器	XF 124—2013
		正压式消防氧气呼吸器	XF 632—2006
		消防头盔	XF 44—2015
		消防手套	XF 7—2004
		消防员灭火防护服	XF 10—2014
		消防员化学防护服装	XF 770—2008
5.消防车	消防车	消防车	GB 7956.1—2014 GB 7956.2—2014 GB 7956.3—2014 GB 7956.6—2015 GB 7956.12—2015 GB 7956.14—2015 XF 39—2016
注：共涉及159个产品标准，其中国家标准113项，行业标准46项。			

附 录 B
（规范性附录）
强制性产品认证证书样式

强制性产品认证证书样式见图 B.1。

中国国家强制性产品认证证书
CERTIFICATE FOR CHINA COMPULSORY PRODUCT CERTIFICATION

证书编号：**************

认证委托人： ***************************
地　　　址： ***************************
生 产 者： ***************************(******)
地　　　址： ***************************
生产企业： ***************************
地　　　址： ***************************
产品名称： ***************************
认证单元： ***************************
　　内含： ***************************
产品认证实施规则： *********************
产品认证基本模式： *********************
产 品 标 准： *********************

上述产品符合强制性认证实施规则****************的要求，特发此证。

首次发证日期：****-**-**

发（换）证日期：****年**月**日　有效期至：****年**月**日

本证书的有效性需依靠通过证后监督获得保持

本证书的相关信息可通过国家认监委网站 www.cnca.gov.cn 和中国消防产品信息网站 www.cccf.com.cn 查询

发证机构名称（盖章）

发证机构名称：****
地址、邮编：******
网站域名：********

图 B.1　强制性产品认证证书

中国国家强制性产品认证证书

CERTIFICATE FOR CHINA COMPULSORY PRODUCT CERTIFICATION

附件：

证书编号：**************

产品名称：****************************
认证单元：****************************
　　内含：****************************

注：此证书附件与证书同时使用时有效

发证机构名称（盖章）

发证机构名称：*******
地址、邮编：*******
网站域名：*******

图 B.1（续）

附 录 C
（规范性附录）
检验报告样式

检验报告样式见图 C.1。

No：<u>检验报告编号</u>

（CMA 章）　（CAL 章）　（CNAS 章）

检 验 报 告

认 证 委 托 人：

产 品 型 号 名 称：

检 验 类 别：

（检验机构名称）

图 C.1　消防产品检验报告

（检验报告封面背面内容）

注意事项：

1、报告无"检验专用章"无效。

2、复制报告未重新加盖"检验专用章"无效。

3、报告无编制、审核、批准人签字无效。

4、报告涂改无效。

……

（检验机构信息）

图 C.1（续）

(检验报告内容第1页)

（检验机构名称）
检验报告

No：（检验报告编号）   共　页第　页

产品名称		型号	
认证委托人		检验类别	
生 产 者		生产日期	XXXX 年 X 月
生产企业		抽 样 者	
抽样基数		抽样地点	
样品数量		抽样日期	XXXX 年 X 月 X 日
样品状态		受理日期	XXXX 年 X 月 X 日
检验依据	产品标准+实施规则+实施细则		
检验项目			
检验结论	（检验专用章）　　　　　　　　　　　签发日期：　　年　月　日		
备注			

批准：　　　审核：　　　编制：

（检验报告内容企业信息页）

图 C.1（续）

（检验机构名称）

检验报告

No：（检验报告编号） 共 页第 页

认证委托人	
通信地址	
联系电话	传 真

产品照片

（AAA 型正面照片）

（AAA 型内部结构照片）

（检验报告内容产品信息描述页）

图 C.1（续）

（检验机构名称）

检验报告

№：（检验报告编号）　　　　　　　　　　　　　　　　　　共　页第　页

一、产品铭牌内容：

二、产品特性描述：

三、产品关键件（或原材料）描述：

一致性检查结论：符合/不符合（不符合内容）

（检验报告内容主型检验结果汇总页）

图 C.1（续）

检验结果汇总表

生产单位：　　　　　　　　　　　　　　　　　　　№：（检验报告编号）

型号规格：　　　　　　　　　　　　　　　　　　　　　共　　页第　　页

序号	检验项目	标准要求	检验结果	单项判定

（指定实验室名称）

图 C.1（续）

附 录 D
（规范性附录）
消防产品技术鉴定证书样式

消防产品技术鉴定证书样式见图 D.1。

消防产品技术鉴定证书

证书编号：**************

委 托 方 名 称：****************************
地 址、邮 编：****************************，*******
制 造 商 名 称：****************************
地 址、邮 编：****************************，*******
生 产 厂 名 称：****************************
地 址、邮 编：****************************，*******
产 品 名 称：****************************
规 格 型 号：****************************
鉴 定 依 据：《消防产品技术鉴定工作规范》
执 行 标 准：****************************

发证日期：****年**月**日　　有效期至：****年**月**日

经技术鉴定上述产品符合消防安全要求，特发此证。
本证书的有效性需通过跟踪调查得以保持
本证书的相关信息可通过中国消防产品信息网 www.cccf.com.cn 查询

发证机构名称（盖章）

发证机构名称：*******
地址、邮编：*******
网站域名：*******

图 D.1　消防产品技术鉴定证书样式

参 考 文 献

[1] GB 3445—2005 室内消火栓
[2] GB 3446—2013 消防水泵接合器
[3] GB 4066.1—2004 干粉灭火剂 第1部分:BC干粉灭火剂
[4] GB 4066.2—2004 干粉灭火剂 第2部分:ABC干粉灭火剂
[5] GB 4351.1—2005 手提式灭火器 第1部分:性能和结构要求
[6] GB 4351.2—2005 手提式灭火器 第2部分:手提式二氧化碳灭火器钢质无缝瓶体的要求
[7] GB 4396—2005 二氧化碳灭火剂
[8] GB 4452—2011 室外消火栓
[9] GB 4715—2005 点型感烟火灾探测器
[10] GB 4716—2005 点型感温火灾探测器
[11] GB 4717—2005 火灾报警控制器
[12] GB 5135.1—2003 自动喷水灭火系统 第1部分:洒水喷头
[13] GB 5135.2—2003 自动喷水灭火系统 第2部分:湿式报警阀、延迟器、水力警铃
[14] GB 5135.3—2003 自动喷水灭火系统 第3部分:水雾喷头
[15] GB 5135.4—2003 自动喷水灭火系统 第4部分:干式报警阀
[16] GB 5135.5—2003 自动喷水灭火系统 第5部分:雨淋报警阀
[17] GB 5135.6—2003 自动喷水灭火系统 第6部分:通用阀门
[18] GB 5135.7—2003 自动喷水灭火系统 第7部分:水流指示器
[19] GB 5135.8—2003 自动喷水灭火系统 第8部分:加速器
[20] GB 5135.9—2006 自动喷水灭火系统 第9部分:早期抑制快速响应(ESFR)喷头
[21] GB 5135.10—2006 自动喷水灭火系统 第10部分:压力开关
[22] GB 5135.11—2006 自动喷水灭火系统 第11部分:沟槽式管接件
[23] GB 5135.12—2006 自动喷水灭火系统 第12部分:扩大覆盖面积洒水喷头
[24] GB 5135.13—2006 自动喷水灭火系统 第13部分:水幕喷头
[25] GB 5135.14—2011 自动喷水灭火系统 第14部分:预作用装置
[26] GB 5135.15—2008 自动喷水灭火系统 第15部分:家用喷头
[27] GB 5135.16—2010 自动喷水灭火系统 第16部分:消防洒水软管
[28] GB 5135.17—2011 自动喷水灭火系统 第17部分:减压阀
[29] GB 5135.21—2011 自动喷水灭火系统 第21部分:末端试水装置
[30] GB 6245—2006 消防泵
[31] GB 6246—2011 消防水带
[32] GB 6969—2005 消防吸水胶管
[33] GB 7956.1—2014 消防车 第1部分:通用技术条件
[34] GB 7956.2—2014 消防车 第2部分:水罐消防车

[35] GB 7956.3—2014 消防车 第3部分:泡沫消防车
[36] GB 7956.6—2015 消防车 第6部分:压缩空气泡沫消防车
[37] GB 7956.12—2015 消防车 第12部分:举高消防车
[38] GB 7956.14—2015 消防车 第14部分:抢险救援消防车
[39] GB 8109—2005 推车式灭火器
[40] GB 8181—2005 消防水枪
[41] GB 12441—2005 饰面型防火涂料
[42] GB 12514.1—2005 消防接口 第1部分:消防接口通用技术条件
[43] GB 12514.2—2006 消防接口 第2部分:内扣式消防接口型式和基本参数
[44] GB 12514.3—2006 消防接口 第3部分:卡式消防接口型式和基本参数
[45] GB 12514.4—2006 消防接口 第4部分:螺纹式消防接口型式和基本参数
[46] GB 12791—2006 点型紫外火焰探测器
[47] GB 12955—2008 防火门
[48] GB 13365—2005 机动车排气火花熄灭器
[49] GB 14003—2005 线型光束感烟火灾探测器
[50] GB 14102—2005 防火卷帘
[51] GB 14287.1—2014 电气火灾监控系统 第1部分:电气火灾监控设备
[52] GB 14287.2—2014 电气火灾监控系统 第2部分:剩余电流式电气火灾监控探测器
[53] GB 14287.3—2014 电气火灾监控系统 第3部分:测温式电气火灾监控探测器
[54] GB 14907—2002 钢结构防火涂料
[55] GB 15090—2005 消防软管卷盘
[56] GB 15308—2006 泡沫灭火剂
[57] GB 15322.1—2003 可燃气体探测器 第1部分:测量范围为0～100%LEL的点型可燃气体探测器
[58] GB 15322.2—2003 可燃气体探测器 第2部分:测量范围为0～100%LEL的独立式可燃气体探测器
[59] GB 15322.3—2003 可燃气体探测器 第3部分:测量范围为0～100%LEL的便携式可燃气体探测器
[60] GB 15322.4—2003 可燃气体探测器 第4部分:测量人工煤气的点型可燃气体探测器
[61] GB 15322.5—2003 可燃气体探测器 第5部分:测量人工煤气的独立式可燃气体探测器
[62] GB 15322.6—2003 可燃气体探测器 第6部分:测量人工煤气的便携式可燃气体探测器
[63] GB 15631—2008 特种火灾探测器
[64] GB 15763.1—2009 建筑用安全玻璃 第1部分:防火玻璃
[65] GB 15930—2007 建筑通风和排烟系统用防火阀门

[66]	GB 16280—2014	线型感温火灾探测器
[67]	GB 16281—2010	火警受理系统
[68]	GB 16668—2010	干粉灭火系统及部件通用技术条件
[69]	GB 16669—2010	二氧化碳灭火系统及部件通用技术条件
[70]	GB 16670—2006	柜式气体灭火装置
[71]	GB 16806—2006	消防联动控制系统
[72]	GB 16807—2009	防火膨胀密封件
[73]	GB 16808—2008	可燃气体报警控制器
[74]	GB 16809—2008	防火窗
[75]	GB 17429—2011	火灾显示盘
[76]	GB 17835—2008	水系灭火剂
[77]	GB 17945—2010	消防应急照明和疏散指示系统
[78]	GB 18428—2010	自动灭火系统用玻璃球
[79]	GB 18614—2012	七氟丙烷(HFC227ea)灭火剂
[80]	GB 19156—2003	消防炮通用技术条件
[81]	GB 19157—2003	远控消防炮系统通用技术条件
[82]	GB 19572—2013	低压二氧化碳灭火系统及部件
[83]	GB 19880—2005	手动火灾报警按钮
[84]	GB 20031—2005	泡沫灭火系统及部件通用技术条件
[85]	GB 20128—2006	惰性气体灭火剂
[86]	GB 20517—2006	独立式感烟火灾探测报警器
[87]	GB 21976.2—2012	建筑火灾逃生避难器材 第2部分:逃生缓降器
[88]	GB 21976.3—2012	建筑火灾逃生避难器材 第3部分:逃生梯
[89]	GB 21976.4—2012	建筑火灾逃生避难器材 第4部分:逃生滑道
[90]	GB 21976.5—2012	建筑火灾逃生避难器材 第5部分:应急逃生器
[91]	GB 21976.6—2012	建筑火灾逃生避难器材 第6部分:逃生绳
[92]	GB 21976.7—2012	建筑火灾逃生避难器材 第7部分:过滤式消防自救呼吸器
[93]	GB 22370—2008	家用火灾安全系统
[94]	GB 23864—2009	防火封堵材料
[95]	GB 25200—2010	干粉枪
[96]	GB 25202—2010	泡沫枪
[97]	GB 25204—2010	自动跟踪定位射流灭火系统
[98]	GB 25971—2010	六氟丙烷(HFC236ea)灭火剂
[99]	GB 25972—2010	气体灭火系统及部件
[100]	GB 26755—2011	消防移动式照明装置
[101]	GB 26783—2011	消防救生照明线
[102]	GB 26851—2011	火灾声和/或光警报器
[103]	GB 26875.1—2011	城市消防远程监控系统 第1部分:用户信息传输装置
[104]	GB 27897—2011	A类泡沫灭火剂

[105] GB 27898.1—2011　固定消防给水设备　第1部分:消防气压给水设备
[106] GB 27898.2—2011　固定消防给水设备　第2部分:消防自动恒压给水设备
[107] GB 27898.3—2011　固定消防给水设备　第3部分:消防增压稳压给水设备
[108] GB 27898.4—2011　固定消防给水设备　第4部分:消防气体顶压给水设备
[109] GB 27898.5—2011　固定消防给水设备　第5部分:消防双动力给水设备
[110] GB 27900—2011　消防员呼救器
[111] GB 27901—2011　移动式消防排烟机
[112] GB 28374—2012　电缆防火涂料
[113] GB 28375—2012　混凝土结构防火涂料
[114] XF 6—2004　消防员灭火防护靴
[115] XF 7—2004　消防手套
[116] XF 10—2014　消防员灭火防护服
[117] XF 13—2006　悬挂式气体灭火装置
[118] XF 39—2016　消防车　消防要求和试验方法
[119] XF 44—2015　消防头盔
[120] XF 79—2010　消防球阀
[121] XF 86—2009　简易式灭火器
[122] XF 93—2004　防火门闭门器
[123] XF 97—1995　防火玻璃非承重隔墙通用技术条件
[124] XF 124—2013　正压式消防空气呼吸器
[125] XF 137—2007　消防梯
[126] XF 138—2010　消防斧
[127] XF 211—2009　消防排烟风机耐高温试验方法
[128] XF 304—2012　塑料管道阻火圈
[129] XF 386—2002　防火卷帘控制器
[130] XF 411—2003　化学氧消防自救呼吸器
[131] XF 480.1—2004　消防安全标志通用技术条件　第1部分:通用要求和试验方法
[132] XF 480.2—2004　消防安全标志通用技术条件　第2部分:常规消防安全标志
[133] XF 480.3—2004　消防安全标志通用技术条件　第3部分:蓄光消防安全标志
[134] XF 480.4—2004　消防安全标志通用技术条件　第4部分:逆反射消防安全标志
[135] XF 480.5—2004　消防安全标志通用技术条件　第5部分:荧光消防安全标志
[136] XF 480.6—2004　消防安全标志通用技术条件　第6部分:搪瓷消防安全标志
[137] XF 494—2004　消防用防坠落装备
[138] XF 498—2012　厨房设备灭火装置
[139] XF 499.1—2010　气溶胶灭火系统　第1部分:热气溶胶灭火装置
[140] XF 533—2012　挡烟垂壁
[141] XF 534—2005　脉冲气压喷雾水枪通用技术条件
[142] XF 545.1—2005　消防车辆动态管理装置　第1部分:消防车辆动态终端机

[143] XF 545.2—2005 消防车辆动态管理装置 第2部分:消防车辆动态管理中心收发装置

[144] XF 578—2005 超细干粉灭火剂

[145] XF 602—2013 干粉灭火装置

[146] XF 603—2006 防火卷帘用卷门机

[147] XF 630—2006 消防腰斧

[148] XF 631—2006 消防救生气垫

[149] XF 632—2006 正压式消防氧气呼吸器

[150] XF 634—2015 消防员隔热防护服

[151] XF 768—2008 消防摩托车

[152] XF 770—2008 消防员化学防护服装

[153] XF 821—2009 消防水鹤

[154] XF 834—2009 泡沫喷雾灭火装置

[155] XF 835—2009 油浸变压器排油注氮灭火装置

[156] XF 863—2010 消防用易熔合金元件通用要求

[157] XF 868—2010 分水器和集水器

[158] XF 869—2010 消防员灭火防护头套

[159] XF 1149—2014 细水雾灭火装置

[160] 《中华人民共和国消防法》,2008

[161] 《中华人民共和国认证认可条例》,中华人民共和国国务院令第666号,2016

[162] 《强制性产品认证管理规定》,国家质检总局令第117号,2012

[163] 《消防产品监督管理规定》,公安部令第122号,2012

[164] 《强制性产品认证实施细则》,国家认证认可监督管理委员会2014年第23号公告,2014

[165] 《消防产品技术鉴定工作规范》,公消[2012]348号,2012

消防技术服务机构设备配备(XF 1157—2014)

前　　言

根据公安部、应急管理部联合公告(2020年5月28日)和应急管理部2020年第5号公告(2020年8月25日)，本标准归口管理自2020年5月28日起由公安部调整为应急管理部，标准编号自2020年8月25日起由GA 1157—2014调整为XF 1157—2014，标准内容保持不变。

本标准的第4章～第6章为强制性的，其余为推荐性的。

本标准按照GB/T 1.1—2009给出的规则起草。

本标准由公安部消防局提出。

本标准由全国消防标准化技术委员会消防管理分技术委员会(SAC/TC 113/SC 9)归口。

本标准负责起草单位：公安部消防局。

本标准参加起草单位：江苏省公安消防总队、黑龙江省公安消防总队、江苏建安消防服务中心、哈尔滨宏兴消防工程检测有限公司。

本标准主要起草人：王瑛、韩子忠、刘激扬、王宝伟、房立蓉、张金宝、叶兴亮、吴义新、谢照荣、郭洪林。

引　　言

为贯彻实施《中华人民共和国消防法》和公安部《社会消防技术服务管理规定》，积极培育和规范消防技术服务市场，进一步明确消防技术服务机构设备配备，增强消防技术服务的科学性和专业性，确保服务质量，制定本标准。

1　范围

本标准规定了消防技术服务机构设备配备的术语和定义、设备分类和配备级别、配备要求、设备的管理与维护等内容。

本标准适用于消防技术服务机构的设备配备，以及公安机关消防机构依法对其实施的监督管理活动。

2　规范性引用文件

下列文件对于本文件的应用是必不可少的。凡是注日期的引用文件，仅注日期的版本适用于本文件。凡是不注日期的引用文件，其最新版本(包括所有的修改单)适用于本文件。

GB 4351.1　手提式灭火器　第1部分：性能和结构要求

GB/T 5907　消防基本术语　第一部分

GB 8109　推车式灭火器

3 术语和定义

GB/T 5907 界定的以及下列术语和定义适用于本文件。

3.1
消防技术服务机构 fire protection technical service provider

从事消防设施维护保养检测、消防安全评估等消防技术服务活动的社会组织。

3.2
消防设施维护保养检测 maintenance and test of fire equipment

依据消防法律法规和消防技术标准，运用专业知识、技能和设备，对各类建筑的建筑消防设施、灭火器进行维护保养、检查测试的活动。

3.3
消防安全评估 fire safety assessment

依据消防法律法规和消防技术标准，运用专业知识、技能和设备，对区域消防安全、社会单位消防安全、大型活动消防安全、特殊消防设计方案等进行分析、预测、评价、咨询的活动。

4 设备分类和配备级别

4.1 设备分类

消防技术服务机构设备分为消防技术服务基础设备、消防设施维护保养检测设备、消防安全评估设备三类。

4.2 配备级别

消防技术服务基础设备和消防设施维护保养检测设备的配备级别，按照机构的资质等级分为一级、二级和三级。

消防安全评估设备的配备级别按照机构的资质分级分为一级和二级。

5 配备要求

5.1 消防技术服务基础设备

消防技术服务基础设备为各类消防技术服务机构应配备的通用设备，应符合消防技术服务数据处理、调查取证和从业人员个人防护的要求，设备的种类和数量至少应满足表1的要求。

表 1 消防技术服务基础设备配备要求

序号	设备名称	单位	配备数量			备 注
			一级	二级	三级	
1	台式计算机	套	3	3	1	每套中包括光盘刻录机、移动存储器各1个
2	打印机	台	1	1	1	适用激光打印
3	传真机	台	1	1	—	适用普通纸
4	照相机	台	3	3	1	不低于800万像素
5	录音机（笔）	个	4	2	—	用于现场记录，录音时间不少于10 h

表 1（续）

序号	设备名称	单位	配备数量 一级	配备数量 二级	配备数量 三级	备注
6	复印机	台	1	—	—	
7	扫描仪	台	1	—	—	扫描尺寸不小于 A4 纸；光学分辨率不低于 2 400 dpi×4 800 dpi
8	投影仪	套	1	—	—	LCD 投影；光学分辨率不低于 1 024 dpi× 768 dpi；亮度不低于 3 000 lm
9	便携式计算机	台	1	—	—	配 1 个不小于 500 GB 的移动存储器
10	对讲机	对	4	2	—	通话距离不小于 1 000 m；一级配备数量中含防爆型 1 对
11	视频播放设备	套	1	—	—	包括视频显示设备、播放机等
12	摄像机	台	1	—	—	
13	消防技术服务专用车辆	辆	2	2	1	满足装载相关专业设备和开展消防技术服务要求，并设置消防技术服务机构标识
14	个人防护和劳动保护装备	按照实际需要配备				

注 1：打印机、传真机、复印机、扫描仪等，可配备同时满足相应要求的一体机。
注 2："—"表示可不配备。

5.2 一级、二级消防设施维护保养检测设备

一级、二级消防设施维护保养检测设备用于建筑消防设施的维护、保养和检测，其设备配备的种类和数量至少应满足表 2 的要求。

表 2 一级、二级消防设施维护保养检测设备配备要求

序号	设备名称	单位	配备数量 一级	配备数量 二级	备注
1	秒表	个	4	3	量程不小于 15 min；精度：0.1 s
2	卷尺	个	4	3	量程不小于 30 m；精度：1 mm
3	游标卡尺	个	4	3	量程不小于 150 mm；精度：0.02 mm
4	钢直尺	个	4	3	量程不小于 50 cm；精度：1 mm
5	直角尺	个	4	3	主要用于对消防软管卷盘的检查
6	电子秤	个	1	1	量程不小于 30 kg
7	测力计	个	2	1	量程：50 N～500 N；精度：±0.5%
8	强光手电	个	6	4	警用充电式，LED 冷光源

表 2（续）

序号	设备名称	单位	配备数量 一级	配备数量 二级	备注
9	激光测距仪	个	4	3	量程不小于 50 m；精度：3 mm
10	数字照度计	个	4	3	量程不小于 2 000 lx；精度：±5%
11	数字声级计	个	4	3	量程：30 dB～130 dB；精度：1.5 dB
12	数字风速计	个	4	3	量程：0 m/s～45 m/s；精度：±3%
13	数字微压计	个	2	1	量程：0 Pa～3 000 Pa；精度：±3%；具有清零功能，并配有检测软管
14	数字温湿度计	个	2	1	用于环境温湿度检测
15	超声波流量计	个	2	1	测量管径范围：0 mm～300 mm；精度：±1%
16	数字坡度仪	个	1	1	量程：0°～±90°；精度±0.1°
17	垂直度测定仪	个	2	1	量程：0 mm～500 mm；精度：±0.2 μm
18	消火栓测压接头	套	4	3	压力表量程：0 MPa～1.6 MPa；精度：1.6 级
19	喷水末端试水接头	套	4	3	压力表量程：0 MPa～0.6 MPa；精度：1.6 级
20	防爆静电电压表	个	1	—	量程：0 kV～30 kV；精度：±10%
21	接地电阻测量仪	个	3	2	量程：0 Ω～1 000 Ω；精度：±2%
22	绝缘电阻测量仪	个	3	2	量程：1 MΩ～2 000 MΩ；精度：±2%
23	数字万用表	个	3	2	可测量交直流电压、电流、电阻、电容等
24	感烟探测器功能试验器	个	4	3	检测杆高度不小于 2.5 m，加配聚烟罩，内置电源线；连续工作时间不低于 2 h
25	感温探测器功能试验器	个	4	3	检测杆高度不小于 2.5 m，内置电源线；连续工作时间不低于 2 h
26	线型光束感烟探测器滤光片	套	1	1	减光值分别为 0.4 dB 和 10.0 dB 各一片；具备手持功能
27	火焰探测器功能试验器	套	1	1	红外线波长大于或等于 850 nm，紫外线波长小于或等于 280 nm。检测杆高度不小于 2.5 m
28	漏电电流检测仪	个	2	1	量程：0 A～2 A；精度：0.1 mA
29	超声波泄漏检测仪	个	1	—	用于可燃气体、液体泄漏检测
30	便携式可燃气体检测仪	个	2	1	可检测一氧化碳、氢气、氨气、液化石油气、甲烷等可燃气体浓度
31	数字压力表	个	2	1	量程：0 MPa～20 MPa；精度：0.4 级；具有清零功能
32	细水雾末端试水装置	套	2	1	压力表量程：0 MPa～20 MPa；精度：0.4 级

注 1：其他常用五金工具、电工工具等，按照实际需要配备。
注 2："—"表示可不配备。

5.3 三级消防设施维护保养检测设备

三级消防设施维护保养检测设备用于灭火器的检查、维修、更换灭火剂及回收,其设备配备的种类和数量至少应满足表3的要求。

表3 三级消防设施维护保养检测设备配备要求

序号	设备名称	单位	配备数量	备注
1	秒表	个	2	量程不小于15 min;精度:0.1 s
2	卷尺	个	2	量程不小于5 m;精度:1 mm
3	钢直尺	个	2	量程不小于50 cm;精度:1 mm
4	游标卡尺	个	2	量程不小于150 mm;精度:0.02 mm
5	电子秤	个	2	用于手提式灭火器维修的量程:0 kg~15 kg;用于推车式灭火器维修的量程:0 kg~100 kg。准确度均为Ⅲ级
6	螺纹规	套	1	用于测量零部件的装配螺纹;满足所维修灭火器种类的要求
7	拆卸、组装设备	套	1	满足拆卸和组装器头、阀门等部件时不损伤灭火器及其他零部件的要求
8	清洗设备	套	1	满足对灭火器气瓶(或筒体)、贮气瓶以及器头、阀门和喷射软管组件等零部件的清洗
9	干燥设备	套	1	满足对经水压试验后或经清洗后的零部件进行干燥;水基型灭火器的维修不作要求
10	灭火剂灌装设备	套	1	满足所维修的不同种类灭火器的再充装要求;压力和质量计量仪器的量程和精度应满足GB 4351.1和GB 8109的要求
11	驱动气体灌装设备	套	1	用于对不同种类灭火器添加驱动气体;压力计量仪器的量程应满足充装压力的要求,精度:1.6级
12	报废处理设备	套	1	用于对报废灭火器瓶体(或筒体)和贮气瓶的破坏处理;可选用压扁、打孔或锯切设备
13	灭火剂回收设备	套	1	用于维修过程中1211、1301灭火剂的回收,配备范围限于该类产品的维修机构
14	水压试验装置	套	1	满足相应产品标准检测要求;压力计量仪器的量程应符合试验的要求;精度:1.6级
15	气密试验装置	套	1	满足GB 4351.1和GB 8109的要求
16	灭火剂检验设备	套	1	满足所维修的不同种类灭火器所用灭火剂的检验,至少包括:干粉灭火剂的主要组分含量、松密度、含水率、吸湿率、抗结块性(针入度)、斥水性和粒度分布等检验设备,泡沫灭火剂的凝固点、抗冻结融化性、pH值等检验设备,水系灭火剂的凝固点、抗冻结融化性、pH值、表面张力等检验设备,洁净气体灭火剂的纯度检验设备等
17	压力指示器示值检验台	台	1	用于压力指示器示值检验;比对用标准压力表量程:0 MPa~4 MPa;精度:0.25级;加压介质为气体
注1:其他常用五金工具、电工工具等,按照实际需要配备。 注2:当灭火剂委托具备资质的检验机构进行检验时,灭火剂检验设备可不配备。				

5.4 消防安全评估设备

消防安全评估设备用于区域消防安全评估、社会单位消防安全评估、大型活动消防安全评估、特殊消防设计方案安全评估等,其设备配备应满足以下要求:
a) 有专门的计算设备,并满足评估软件流畅运行需要;
b) 评估软件应具有技术先进性,符合知识产权法规的要求;
c) 评估软件的种类应根据评估业务需要确定,如人员疏散能力模拟分析软件、烟气流动模拟分析软件、结构安全计算分析软件等;
d) 一级消防安全评估设备配备应有烟气分析仪、烟密度仪、辐射热通量计等,其数量和性能应满足评估业务需要。

6 设备的管理与维护

6.1 消防技术服务机构对设备的管理和维护,应符合以下要求:
a) 建立设备管理制度,明确专人管理、维护和保养;
b) 定期进行维护保养,确保设备处于完好状态;
c) 依法需要计量检定、校准的设备,应按时进行计量检定、校准;
d) 建立设备管理档案,设备的技术资料、说明书、合格证、维修和计量检定记录应存档备查。

6.2 消防技术服务机构从业人员应熟悉设备的性能、技术指标及有关标准,并接受相应的培训,遵守操作规程。

6.3 特殊设备的作业人员应具备相应的操作技能,并依法取得相应资格,持证上岗。

参 考 文 献

[1] GB 25201 建筑消防设施的维护管理
[2] GB 50166 火灾自动报警系统施工及验收规范
[3] GB 50261 自动喷水灭火系统施工及验收规范
[4] GB 50263 气体灭火系统施工及验收规范
[5] GB 50281 泡沫灭火系统施工及验收规范
[6] GB 50877 防火卷帘、防火门、防火窗施工及验收规范
[7] GB 50898 细水雾灭火系统技术规范
[8] GB 50974 消防给水及消火栓系统技术规范
[9] XF 503 建筑消防设施检测技术规程
[10] 中华人民共和国消防法(主席令第六号)
[11] 社会消防技术服务管理规定(公安部令第129号)

消防产品一致性检查要求(XF 1061—2013)

前　　言

根据公安部、应急管理部联合公告(2020年5月28日)和应急管理部2020年第5号公告(2020年8月25日),本标准归口管理自2020年5月28日起由公安部调整为应急管理部,标准编号自2020年8月25日起由 GA 1061—2013 调整为 XF 1061—2013,标准内容保持不变。

本标准的4.3~4.8和第6章、第7章为强制性的,其余为推荐性的。

本标准按照 GB/T 1.1—2009 给出的规则起草。

本标准由公安部消防局提出。

本标准由全国消防标准化技术委员会固定灭火系统分技术委员会(SAC/TC 113/SC 2)归口。

本标准负责起草单位:公安部消防产品合格评定中心。

本标准参加起草单位:公安部天津消防研究所、公安部上海消防研究所、公安部沈阳消防研究所、公安部四川消防研究所、西安盛赛尔电子有限公司、上海金盾消防安全设备有限公司、佛山市桂安消防实业有限公司、沈阳消防电子设备厂。

本标准主要起草人:东靖飞、杨震铭、屈励、金义重、陆曦、刘连喜、余威、刘程、冯伟、张德成、张少禹、程道彬、王学来、李力红、刘玉恒、沈坚敏、李宁、张立胜、王艳娥、康卫东、胡群明、付萍、李毅、白殿涛、周象义、黄军团。

本标准为首次发布。

引　　言

本标准是依据《中华人民共和国认证认可条例》和公安部、国家工商总局、国家质检总局联合颁发的《消防产品监督管理规定》,为满足消防产品一致性检查工作的需要而制定的。

本标准的发布实施,对于提高消防产品生产者的质量保证能力,在公正、规范、有效的基础上开展消防产品认证工作,具有十分重要的意义。

1　范围

本标准规定了消防产品一致性检查的术语和定义、总则、方法、判定和处理。

本标准适用于消防产品认证初始工厂检查及证后监督管理工作的消防产品一致性检查,也可用于各类消防产品质量监督工作的产品一致性核查。

2　规范性引用文件

下列文件对于本文件的应用是必不可少的。凡是注日期的引用文件,仅注日期的版本适用于本文件。凡是不注日期的引用文件,其最新版本(包括所有的修改单)适用于本文件。

GB/T 19000　质量管理体系　基础和术语

XF 1035　消防产品工厂检查通用要求

3　术语和定义

GB/T 19000 和 XF 1035 界定的以及下列术语和定义适用于本文件。

3.1
型式检验　type examination

为验证产品各项技术性能指标与产品标准的符合性所进行的全项目检验,通常对代表性样品进行。

3.2
产品一致性　product consistency

批量生产的产品与认证型式检验合格样品的符合程度。

注:产品一致性要求由产品认证实施规则、相关标准及认证机构有关要求规定。

3.3
产品特性　product characteristic

产品本身所具有的外观、尺寸、功能及性能方面的特性,以及关键设计、结构、工艺、配方配比等特性。

3.4
产品特性文件　product characteristic document

描述产品特性的有关技术资料,包括文件、图纸、照片、软件等。

4　总则

4.1　检查目的

对批量生产的认证产品与型式检验合格样品在产品铭牌标志、产品关键件和材料、产品特性的符合程度等方面开展一致性检查,为判定工厂产品一致性控制程序运行的有效性及产品质量能否持续满足认证标准提供关键性依据。

4.2　检查类型

消防产品一致性检查分为初始检查及证后监督检查。

4.3　检查准则

4.3.1　消防产品一致性检查应依据检查准则实施。检查准则是确定一致性检查产品范围、产品铭牌标志,产品关键件和材料,产品特性符合性以及抽样单元的依据。

4.3.2　检查准则主要包括:

a) 认证申请书;
b) 认证证书;
c) 认证机构或指定检验机构出具的型式检验报告;
d) 认证机构确认的产品特性文件;
e) 认证产品标准;
f) 认证实施规则;
g) 产品一致性变更的确认文件;
h) 认证机构对消防产品一致性检查的内容、步骤、方法及关注点的特殊规定等。

4.4 检查人员
消防产品一致性检查应由具有专业资质的检查人员实施。

4.5 策划与准备
4.5.1 检查前的策划与准备主要包括：
a) 检查组专业分工；
b) 资料审查；
c) 检查范围确定；
d) 检查计划编制（通常并入工厂检查计划，对销售市场、安装使用场所的检查需单独编制）；
e) 检查任务书、检查表等工作文件编制。

4.5.2 资料审查应根据检查准则，重点关注以下内容：
a) 产品的专业特点；
b) 认证申请书、型式检验报告、产品特性文件的符合性；
c) 样品或获证产品是否发生过变更，变更的具体情况。

4.5.3 检查范围的确定应符合以下要求：
a) 产品一致性初始检查仅涉及申请认证的产品；
b) 证后监督检查涉及证书覆盖的所有认证产品。

4.6 检查内容
4.6.1 铭牌标志的一致性检查应包括：
a) 产品名称；
b) 规格型号；
c) 制造商、工厂、持证人（必要时）；
d) 按有关规定、标准或文件要求，应施加的符号、标志等；
e) 警告用语（必要时）；
f) 说明书中对安装的说明和警告，对使用的说明和警告；
g) 使用语言（中文）。

4.6.2 产品的关键元器件和材料的一致性检查应包括：
a) 产品名称；
b) 规格型号；
c) 制造商、工厂；
d) 技术参数（必要时）。

4.6.3 产品特性的一致性检查应包括：
a) 产品的关键设计；
b) 产品的配方配比；
c) 产品的关键工艺；
d) 产品的内、外部结构。

4.6.4 产品特性的指定试验应包括：
a) 认证机构规定的检验项目；
b) 产品的其他安全性能，如防触电安全、电磁兼容、环境污染、有害物质含量等。

4.6.5 消防产品一致性检查内容还应包括认证实施规则及附件中的特定条款、认证机构规定的特殊检查内容及检查组根据现场情况确定的其他检查内容。

4.7 产品一致性的变更

4.7.1 工厂应建立并实施对产品铭牌标志、关键元器件和材料、产品特性等影响产品一致性保持因素的变更进行有效控制的程序及规定。

4.7.2 工厂对认证产品一致性的变更控制程序及规定应经认证机构审查同意。

4.7.3 工厂拟变更获证产品的关键元器件和材料、产品特性时,应按认证机构规定的检验项目和有关要求进行检验,检验合格后经认证机构批准方可变更。应保存变更申请资料和认证机构的批准文件。

4.7.4 未经认证机构批准,工厂不应在已实施变更的产品上加贴认证标志。

4.8 其他要求

对 OEM 厂以任何形式生产的消防产品,4.6 中规定的产品一致性检查内容不应删减。

5 方法

5.1 抽样方法

5.1.1 抽样可在以下任一地点进行:
   a) 成品库;
   b) 适当的过程环节(必要时);
   c) 生产线末端;
   d) 销售市场;
   e) 安装使用场所。

5.1.2 每个认证单元至少抽取一种代表性样品。

5.1.3 抽样工作应由 4.4 规定的检查人员实施。

5.2 检查方法

5.2.1 检查人员应对照检查准则,通过观察、测量、对比等方式对产品进行一致性检查。

5.2.2 对铭牌标志的一致性检查,应核查产品铭牌标志、认证标志、消防产品身份信息标志、外包装印刷及说明书内容等。

5.2.3 对产品关键元器件和材料的一致性检查,应核查原材料、零部件的生产厂、规格型号、牌号、技术参数等。当关键元器件或材料的标识无法核对时,应追溯采购记录中有关生产厂、规格型号、牌号、技术参数的相关信息,必要时可通过测试手段进行确认。

5.2.4 对产品特性的一致性检查,应核查产品关键设计、配方配比、关键工艺及产品内、外部结构等。采用与实物、图纸、照片对比检查,检查人员专业判定,现场生产操作等方法进行检查。

5.2.5 对产品特性进行的指定检验,检验项目应由认证机构指定并由检查组在工厂现场进行,必要时也可由认证机构指定的检验机构实施。

5.3 检查记录

检查组应填写检查记录,包括消防产品一致性检查记录和消防产品一致性控制检查记录。消防产品一致性检查记录见附录 A,消防产品一致性控制检查记录见附录 B。

6 判定

6.1 消防产品一致性检查结果判定分为符合与不符合。

6.2 消防产品一致性检查结果证实产品与检查准则相一致的,判产品一致性为符合。

6.3 存在下述情况之一的,判产品一致性为不符合:
 a) 产品铭牌标志、说明书内容等与型式检验样品不符;
 b) 产品的关键设计、配方配比、关键工艺与型式检验样品的关键设计、配方配比、关键工艺不符;
 c) 产品内、外部结构与型式检验样品不符;
 d) 产品特性的指定检验不合格;
 e) 违反认证实施规则的特定条款;
 f) 违反认证机构特殊检查规定;
 g) 涉及产品一致性的变更未得到认证机构批准;
 h) 其他与检查准则不一致的情况。

7 处理

7.1 产品一致性符合的,检查组应将检查记录按规定的时限上报认证机构。

7.2 按照 XF 1035 的 5.4.7 对不合格性质的规定,产品一致性不符合的性质为严重不合格,检查组应出具严重不合格报告。属于初始检查的,应立即中止检查;属于证后监督的,检查组应代表认证机构收回认证证书、封存认证标志,并要求工厂立即停止生产和停止使用认证标志。

7.3 被判定产品一致性不符合的工厂,应根据认证规则及认证机构的要求进行整改,整改完成后按规定的程序向认证机构提出重新检查申请。

7.4 对在流通领域、使用领域发现的产品一致性不符合的产品,应根据有关法律法规,按未经认证产品进行处理。

附 录 A
(规范性附录)
消防产品一致性检查记录

A.1 要求

A.1.1 消防产品一致性检查记录由具有规定专业资质的检查人员填写。记录填写应使用黑色钢笔或碳素笔,记录内容应完整,字迹清晰规范,不适用的检查项目在对应的检查记录表中以斜杠画掉。

A.1.2 制造商、工厂不同时,应同时填写制造商和工厂的名称并注明。

A.1.3 检查记录中填写的产品规格型号应与认证申请书或认证证书、型式检验报告中产品的规格型号一致。

A.2 消防产品一致性检查记录表

A.2.1 点型感烟火灾探测器一致性检查表见表 A.1。

A.2.2 点型感温火灾探测器一致性检查表见表 A.2。

A.2.3 独立式感烟火灾探测报警器一致性检查表见表 A.3。

A.2.4 点型一氧化碳火灾探测器一致性检查表见表 A.4。

A.2.5 吸气式感烟火灾探测器一致性检查表见表 A.5。

A.2.6 图像型火灾探测器一致性检查表见表 A.6。

A.2.7 点型红外火焰探测器一致性检查表见表 A.7。

A.2.8 点型复合式感烟感温火灾探测器一致性检查表见表 A.8。

A.2.9 点型紫外火焰探测器一致性检查表见表 A.9。

A.2.10 线型光束感烟火灾探测器一致性检查表见表 A.10。

A.2.11 可燃气体探测器一致性检查表见表 A.11。

A.2.12 测温式电气火灾监控探测器一致性检查表见表 A.12。

A.2.13 剩余电流式电气火灾监控探测器一致性检查表见表 A.13。

A.2.14 手动火灾报警按钮一致性检查表见表 A.14。

A.2.15 消火栓按钮一致性检查表见表 A.15。

A.2.16 火灾报警控制器一致性检查表见表 A.16。

A.2.17 火灾报警控制器(联动型)一致性检查表见表 A.17。

A.2.18 可燃气体报警控制器一致性检查表见表 A.18。

A.2.19 电气火灾监控设备一致性检查表见表 A.19。

A.2.20 火灾声和/或光警报器一致性检查表见表 A.20。

A.2.21 火灾显示盘一致性检查表见表 A.21。

A.2.22 消防联动控制器一致性检查表见表 A.22。

A.2.23 消防电气控制装置一致性检查表见表 A.23。

A.2.24 消防电动装置一致性检查表见表 A.24。

A.2.25 消防设备应急电源一致性检查表见表 A.25。

A.2.26 消防应急广播设备一致性检查表见表 A.26。

A.2.27 消防电话一致性检查表见表 A.27。

A.2.28 传输设备一致性检查表见表 A.28。

A.2.29 模块一致性检查表见表 A.29。

A.2.30 消防控制室图形显示装置一致性检查表见表 A.30。

A.2.31 气体灭火控制器一致性检查表见表 A.31。

A.2.32 防火卷帘控制器一致性检查表见表 A.32。

A.2.33 正压式消防空气呼吸器一致性检查表见表 A.33。

A.2.34 消防水枪一致性检查表见表 A.34。

A.2.35 消防水带一致性检查表见表 A.35。

A.2.36 消防软管卷盘一致性检查表见表 A.36。

A.2.37 手提式灭火器一致性检查表见表 A.37。

A.2.38 推车式灭火器一致性检查表见表 A.38。

A.2.39 气体灭火剂一致性检查表见表 A.39。

A.2.40 泡沫灭火剂一致性检查表见表 A.40。

A.2.41 干粉灭火剂一致性检查表见表 A.41。

A.2.42　水系灭火剂一致性检查表见表 A.42。
A.2.43　固定消防给水设备—消防气压给水设备一致性检查表见表 A.43。
A.2.44　固定消防给水设备—消防自动恒压给水设备一致性检查表见表 A.44。
A.2.45　固定消防给水设备—消防增压稳压给水设备一致性检查表见表 A.45。
A.2.46　固定消防给水设备—消防气体顶压给水设备一致性检查表见表 A.46。
A.2.47　固定消防给水设备—消防双动力给水设备一致性检查表见表 A.47。
A.2.48　室内消火栓一致性检查表见表 A.48。
A.2.49　室外消火栓一致性检查表见表 A.49。
A.2.50　消防水泵接合器一致性检查表见表 A.50。
A.2.51　消防接口一致性检查表见表 A.51。
A.2.52　洒水喷头、早期抑制快速响应（ESFR）喷头、扩大覆盖面积（EC）洒水喷头、家用喷头一致性检查表见表 A.52。
A.2.53　水幕喷头一致性检查表见表 A.53。
A.2.54　水雾喷头一致性检查表见表 A.54。
A.2.55　湿式报警阀一致性检查表见表 A.55。
A.2.56　干式报警阀一致性检查表见表 A.56。
A.2.57　雨淋报警阀一致性检查表见表 A.57。
A.2.58　预作用报警阀组一致性检查表见表 A.58。
A.2.59　消防信号闸阀、消防信号蝶阀、消防信号截止阀、消防闸阀、消防蝶阀、消防球阀、消防截止阀一致性检查表见表 A.59。
A.2.60　消防电磁阀一致性检查表见表 A.60。
A.2.61　压力开关一致性检查表见表 A.61。
A.2.62　水流指示器一致性检查表见表 A.62。
A.2.63　自动寻的喷水灭火装置一致性检查表见表 A.63。
A.2.64　微水雾滴灭火设备一致性检查表见表 A.64。
A.2.65　感温自启动灭火装置一致性检查表见表 A.65。
A.2.66　泡沫发生装置一致性检查表见表 A.66。
A.2.67　泡沫喷射装置一致性检查表见表 A.67。
A.2.68　压力式比例混合装置一致性检查表见表 A.68。
A.2.69　平衡式比例混合装置一致性检查表见表 A.69。
A.2.70　管线式比例混合器一致性检查表见表 A.70。
A.2.71　环泵式比例混合器一致性检查表见表 A.71。
A.2.72　泡沫消火栓箱一致性检查表见表 A.72。
A.2.73　泡沫消火栓一致性检查表见表 A.73。
A.2.74　连接软管一致性检查表见表 A.74。
A.2.75　半固定式（轻便式）泡沫灭火装置一致性检查表见表 A.75。
A.2.76　闭式泡沫-水喷淋装置一致性检查表见表 A.76。
A.2.77　气体灭火系统灭火剂瓶组一致性检查表见表 A.77。
A.2.78　气体灭火系统容器阀、总控阀一致性检查表见表 A.78。

A.2.79 气体灭火系统选择阀一致性检查表见表 A.79。
A.2.80 气体灭火系统单向阀一致性检查表见表 A.80。
A.2.81 气体灭火系统喷嘴一致性检查表见表 A.81。
A.2.82 气体灭火系统集流管/分流管一致性检查表见表 A.82。
A.2.83 气体灭火系统信号反馈装置一致性检查表见表 A.83。
A.2.84 气体灭火系统低泄高封阀一致性检查表见表 A.84。
A.2.85 气体灭火系统电磁型驱动装置一致性检查表见表 A.85。
A.2.86 气体灭火系统气动型驱动装置一致性检查表见表 A.86。
A.2.87 气体灭火系统电爆型驱动装置一致性检查表见表 A.87。
A.2.88 气体灭火系统机械型驱动装置一致性检查表见表 A.88。
A.2.89 气体灭火系统燃气型驱动装置一致性检查表见表 A.89。
A.2.90 气体灭火系统电动型驱动装置一致性检查表见表 A.90。
A.2.91 气体灭火系统(低压 CO_2)超压泄放阀一致性检查表见表 A.91。
A.2.92 气体灭火系统(低压 CO_2)压力控制装置一致性检查表见表 A.92。
A.2.93 气体灭火系统(低压 CO_2)灭火剂贮存装置一致性检查表见表 A.93。
A.2.94 悬挂式气体灭火装置一致性检查表见表 A.94。
A.2.95 消防应急灯具一致性检查表见表 A.95。
A.2.96 应急照明控制器一致性检查表见表 A.96。
A.2.97 消防应急灯具专用应急电源一致性检查表见表 A.97。
A.2.98 防火门一致性检查表见表 A.98。
A.2.99 防火窗一致性检查表见表 A.99。
A.2.100 饰面型防火涂料一致性检查表见表 A.100。
A.2.101 钢结构防火涂料一致性检查表见表 A.101。
A.2.102 电缆防火涂料一致性检查表见表 A.102。
A.2.103 柔性有机堵料一致性检查表见表 A.103。
A.2.104 无机堵料一致性检查表见表 A.104。
A.2.105 阻火包一致性检查表见表 A.105。
A.2.106 阻火模块一致性检查表见表 A.106。
A.2.107 防火封堵板材一致性检查表见表 A.107。
A.2.108 泡沫封堵材料一致性检查表见表 A.108。
A.2.109 防火密封胶一致性检查表见表 A.109。
A.2.110 缝隙封堵材料一致性检查表见表 A.110。
A.2.111 阻火包带一致性检查表见表 A.111。
A.3 本标准未给出消防产品一致性检查表的,按认证机构的有关要求执行。

表 A.1 点型感烟火灾探测器一致性检查表

受检查方：　　　　　　　　　　　　　　　　　　　　　填表时间：　　年　　月　　日

产品名称、型号			
检查项目	检查内容	检查结论	不合格事实描述
一、铭牌标志 　产品名称、型号、执行标准号、制造商名称、接线端子标注、制造日期、产品编号、产地、探测器内软件版本号、说明书等		□符合 □不符合	
二、关键元器件 　放射源片、光信号发射和接收器件的型号、生产厂名称		□符合 □不符合	
三、产品特性参数 　1.外形结构、尺寸 　2.外壳材质 　3.电路设计 　4.额定工作电压 　5.地址编码方式		□符合 □不符合	
四、主要生产工艺		□符合 □不符合	
综合结论	□ 符合认证要求		□ 不符合认证要求

检查人员：

表 A.2 点型感温火灾探测器一致性检查表

受检查方：　　　　　　　　　　　　　　　　　　　填表时间：　　年　　月　　日

产品名称、型号			
检查项目	检查内容	检查结论	不合格事实描述
一、铭牌标志 产品名称和类别、型号、执行标准号、制造商名称、接线端子标注、制造日期、产品编号、产地、探测器软件版本号、说明书等		□符合 □不符合	
二、关键元器件 感温元件的型号、生产厂名称		□符合 □不符合	
三、产品特性参数 1.外形结构、尺寸 2.外壳材质 3.电路设计 4.额定工作电压 5.地址编码方式		□符合 □不符合	
四、主要生产工艺		□符合 □不符合	
综合结论	□ 符合认证要求		□ 不符合认证要求

检查人员：

表 A.3 独立式感烟火灾探测报警器一致性检查表

受检查方：　　　　　　　　　　　　　　　　　　　　　　填表时间：　　年　　月　　日

产品名称、型号			
检查项目	检查内容	检查结论	不合格事实描述
一、铭牌标志 　产品名称、型号、执行标准号、制造商名称、制造日期、产品编号、主要技术参数、说明书等		□符合 □不符合	
二、关键元器件 　放射源片、光信号发射和接收器件、电池、声响器件的型号、生产厂名称		□符合 □不符合	
三、产品特性参数 　1.外形结构、尺寸 　2.外壳材质 　3.电路设计 　4.额定工作电压		□符合 □不符合	
四、主要生产工艺		□符合 □不符合	
综合结论	□符合认证要求		□不符合认证要求

检查人员：

表 A.4 点型一氧化碳火灾探测器一致性检查表

受检查方：　　　　　　　　　　　　　　　　　　　　　填表时间：　　年　　月　　日

产品名称、型号			
检查项目	检查内容	检查结论	不合格事实描述
一、铭牌标志 产品名称、型号、执行标准号、制造商名称、制造日期、产品编号、产地、主要技术参数、接线柱标注、说明书等		□符合 □不符合	
二、关键元器件 气敏元件的名称、规格型号、生产厂名称		□符合 □不符合	
三、产品特性参数 1.外形结构、尺寸 2.外壳材质 3.电路设计 4.报警设定值		□符合 □不符合	
四、主要生产工艺		□符合 □不符合	
综合结论	□ 符合认证要求		□ 不符合认证要求

检查人员：

表 A.5 吸气式感烟火灾探测器一致性检查表

受检查方：　　　　　　　　　　　　　　　　　　　　　填表时间：　　年　　月　　日

产品名称、型号			
检查项目	检查内容	检查结论	不合格事实描述
一、铭牌标志 　产品名称、型号、执行标准号、制造商名称、制造日期、产品编号、产地、主要技术参数、接线柱标注、说明书等		□符合 □不符合	
二、关键元器件 　感烟探测器件、抽气泵的名称、规格型号、生产厂名称		□符合 □不符合	
三、产品特性参数 　1.外形结构、尺寸 　2.外壳材质 　3.电路设计 　4.管路最大使用长度		□符合 □不符合	
四、主要生产工艺		□符合 □不符合	
综合结论	□符合认证要求	□不符合认证要求	

检查人员：

表A.6 图像型火灾探测器一致性检查表

受检查方：　　　　　　　　　　　　　　　　　　　　　　　　填表时间：　　年　　月　　日

产品名称、型号			
检查项目	检查内容	检查结论	不合格事实描述
一、铭牌标志 产品名称、型号、执行标准号、制造商名称、制造日期、产品编号、产地、主要技术参数、接线柱标注、说明书等		□符合 □不符合	
二、关键元器件 镜头的名称、规格型号、生产厂名称		□符合 □不符合	
三、产品特性参数 1.外形结构、尺寸 2.外壳材质 3.电路设计 4.最小火焰尺寸、定位精度、视场角		□符合 □不符合	
四、主要生产工艺		□符合 □不符合	
综合结论	□ 符合认证要求		□ 不符合认证要求

检查人员：

表 A.7 点型红外火焰探测器一致性检查表

受检查方：　　　　　　　　　　　　　　　　　　填表时间：　　年　　月　　日

产品名称、型号			
检查项目	检查内容	检查结论	不合格事实描述
一、铭牌标志 　产品名称、型号、执行标准号、制造商名称、制造日期、产品编号、产地、主要技术参数、接线柱标注、说明书等		□符合 □不符合	
二、关键元器件 　红外光敏元件的名称、规格型号、生产厂名称		□符合 □不符合	
三、产品特性参数 　1.外形结构、尺寸 　2.外壳材质 　3.电路设计 　4.响应的火焰辐射光谱范围、灵敏度		□符合 □不符合	
四、主要生产工艺		□符合 □不符合	
综合结论	□ 符合认证要求		□ 不符合认证要求

检查人员：

表 A.8 点型复合式感烟感温火灾探测器一致性检查表

受检查方：　　　　　　　　　　　　　　　　　　　　　填表时间：　　年　月　日

产品名称、型号			
检查项目	检查内容	检查结论	不合格事实描述
一、铭牌标志 　产品名称和类别、型号、执行标准号、制造商名称、接线端子标注、制造日期、产品编号、产地、探测器软件版本号、说明书等		□符合 □不符合	
二、关键元器件 　放射源片、光信号发射和接收器件、感温元件的型号、生产厂名称		□符合 □不符合	
三、产品特性参数 　1.外形结构、尺寸 　2.外壳材质 　3.电路设计 　4.额定工作电压 　5.地址编码方式		□符合 □不符合	
四、主要生产工艺		□符合 □不符合	
综合结论	□符合认证要求	□不符合认证要求	

检查人员：

表 A.9 点型紫外火焰探测器一致性检查表

受检查方：　　　　　　　　　　　　　　　　　　　填表时间：　　年　　月　　日

产品名称、型号			
检查项目	检查内容	检查结论	不合格事实描述
一、铭牌标志 产品名称、型号、执行标准号、制造商名称、制造日期、产品编号、产地、主要技术参数、符号、说明书等		□符合 □不符合	
二、关键元器件 紫外光敏元件的名称、规格型号、生产厂名称		□符合 □不符合	
三、产品特性参数 1.外形结构、尺寸 2.外壳材质 3.电路设计 4.响应的火焰辐射光谱范围、灵敏度		□符合 □不符合	
四、主要生产工艺		□符合 □不符合	
综合结论	□符合认证要求		□不符合认证要求

检查人员：

表A.10 线型光束感烟火灾探测器一致性检查表

受检查方：　　　　　　　　　　　　　　　　　　　　　填表时间：　　年　　月　　日

产品名称、型号			
检查项目	检查内容	检查结论	不合格事实描述
一、铭牌标志 　产品名称、型号、执行标准号、制造商名称、制造日期、产品编号、产地、主要技术参数、接线柱标注、说明书等		□符合 □不符合	
二、关键元器件 　光信号发射器件、光信号接收器件的名称、规格型号、生产厂名称		□符合 □不符合	
三、产品特性参数 　1.外形结构、尺寸 　2.外壳材质 　3.电路设计 　4.最大光路长度、最小光路长度、最大光路方向偏差、探测器的响应阈值,具有可变响应阈值的探测器应标明最大和最小响应阈值		□符合 □不符合	
四、主要生产工艺		□符合 □不符合	
综合结论	□ 符合认证要求		□ 不符合认证要求

检查人员：

表 A.11 可燃气体探测器一致性检查表

受检查方：　　　　　　　　　　　　　　　　　　　　　　　填表时间：　年　月　日

产品名称、型号			
检查项目	检查内容	检查结论	不合格事实描述
一、铭牌标志 产品名称、型号、执行标准号、生产厂名称、厂址、商标、制造日期及产品编号、主要技术参数（适合气体种类、报警设定值）、防爆标志、说明书等		□符合 □不符合	
二、关键元器件 传感器的生产厂名称、型号		□符合 □不符合	
三、产品特性检查 1.外形结构、尺寸 2.电路设计 3.外壳材质 4.使用环境		□符合 □不符合	
四、主要生产工艺		□符合 □不符合	
综合结论	□ 符合认证要求		□ 不符合认证要求

检查人员：

表 A.12 测温式电气火灾监控探测器一致性检查表

受检查方:　　　　　　　　　　　　　　　　　　　　　填表时间:　　年　　月　　日

产品名称、型号			
检查项目	检查内容	检查结论	不合格事实描述
一、铭牌标志 　产品名称、型号、执行标准号、制造商名称、制造日期、产品编号、产地、主要技术参数、接线柱标注、说明书等		□符合 □不符合	
二、关键元器件 　感温元件的名称、规格型号、生产厂名称		□符合 □不符合	
三、产品特性参数 　1.外形结构、尺寸 　2.外壳材质 　3.电路设计 　4.额定工作电压、报警设定值		□符合 □不符合	
四、主要生产工艺		□符合 □不符合	
综合结论	□ 符合认证要求		□ 不符合认证要求

检查人员:

表 A.13 剩余电流式电气火灾监控探测器一致性检查表

受检查方：　　　　　　　　　　　　　　　　　　　　　填表时间：　　年　　月　　日

产品名称、型号			
检查项目	检查内容	检查结论	不合格事实描述
一、铭牌标志 　产品名称、型号、执行标准号、制造商名称、制造日期、产品编号、产地、主要技术参数、接线柱标注、说明书等		□符合 □不符合	
二、关键元器件 　探测器件的名称、规格型号、生产厂名称		□符合 □不符合	
三、产品特性参数 　1.外形结构、尺寸 　2.外壳材质 　3.电路设计 　4.额定工作电压、报警设定值		□符合 □不符合	
四、主要生产工艺		□符合 □不符合	
综合结论	□符合认证要求		□不符合认证要求

检查人员：

表A.14 手动火灾报警按钮一致性检查表

受检查方：　　　　　　　　　　　　　　　　　　　　填表时间：　　年　　月　　日

产品名称、型号			
检查项目	检查内容	检查结论	不合格事实描述
一、铭牌标志 产品名称、型号、执行标准号、制造商名称、制造日期、产品编号、产地、接线端子标注、说明书等		□符合 □不符合	
二、关键元器件 启动零件生产厂名称、触点生产厂名称及技术指标		□符合 □不符合	
三、产品特性参数 1.外形结构、尺寸 2.外壳材质 3.电路设计 4.额定工作电压 5.地址编码方式		□符合 □不符合	
四、主要生产工艺		□符合 □不符合	
综合结论	□ 符合认证要求		□ 不符合认证要求

检查人员：

表 A.15 消火栓按钮一致性检查表

受检查方：　　　　　　　　　　　　　　　　　　　填表时间：　　年　　月　　日

产品名称、型号			
检查项目	检查内容	检查结论	不合格事实描述
一、铭牌标志 产品名称、型号、执行标准号、制造商名称、制造日期、产品编号、产地、主要技术参数、接线柱标注、说明书等		□符合 □不符合	
二、关键元器件 触点的名称、规格型号、生产厂名称		□符合 □不符合	
三、产品特性参数 1.外形结构、尺寸 2.外壳材质 3.电路设计 4.额定工作电压		□符合 □不符合	
四、主要生产工艺		□符合 □不符合	
综合结论	□ 符合认证要求		□ 不符合认证要求

检查人员：

表 A.16 火灾报警控制器一致性检查表

受检查方：　　　　　　　　　　　　　　　　　　　　　填表时间：　　年　　月　　日

产品名称、型号			
检查项目	检查内容	检查结论	不合格事实描述
一、铭牌标志 产品名称、型号、执行标准号、制造商名称、制造日期、产品编号、产地、控制器内软件版本号、接线端子标注、说明书等		□符合 □不符合	
二、关键元器件 显示器件、电源、电池规格型号、生产厂名称		□符合 □不符合	
三、产品特性参数 1.外形结构、尺寸 2.外壳材质 3.电路设计 4.设备容量		□符合 □不符合	
四、主要生产工艺		□符合 □不符合	
综合结论	□ 符合认证要求		□ 不符合认证要求

检查人员：

表 A.17 火灾报警控制器(联动型)一致性检查表

受检查方：　　　　　　　　　　　　　　　　　　　　　　　　填表时间：　　年　　月　　日

产品名称、型号			
检查项目	检查内容	检查结论	不合格事实描述
一、铭牌标志 　产品名称、型号、制造商名称、产地、制造日期、产品编号、执行标准号、软件版本号、接线端子标注、说明书等		□符合 □不符合	
二、关键元器件 　显示器件、电源、电池的型号、生产厂名称		□符合 □不符合	
三、产品特性参数 　1.外形结构、尺寸 　2.外壳材质 　3.电路设计 　4.设备容量		□符合 □不符合	
四、主要生产工艺		□符合 □不符合	
综合结论	□符合认证要求		□不符合认证要求

检查人员：

表 A.18 可燃气体报警控制器一致性检查表

受检查方：　　　　　　　　　　　　　　　　　　　　　　　　填表时间：　　年　　月　　日

产品名称、型号			
检查项目	检查内容	检查结论	不合格事实描述
一、铭牌标志 产品名称、型号、执行标准号、生产厂名称、厂址、商标、制造日期、产品编号、产地、接线柱标注、说明书等		□符合 □不符合	
二、关键元器件 1.显示器件类别 2.电源的名称、规格型号、生产厂名称		□符合 □不符合	
三、产品特性检查 1.外形结构、尺寸 2.电路设计 3.外壳材质 4.产品回路数、每回路连接可燃气体探测器的数量		□符合 □不符合	
四、主要生产工艺		□符合 □不符合	
综合结论	□ 符合认证要求		□ 不符合认证要求

检查人员：

表 A.19 电气火灾监控设备一致性检查表

受检查方：　　　　　　　　　　　　　　　　　　　　填表时间：　　年　　月　　日

产品名称、型号			
检查项目	检查内容	检查结论	不合格事实描述
一、铭牌标志 产品名称、型号、执行标准号、制造商名称、制造日期、产品编号、产地、主要技术参数、接线柱标注、说明书等		□符合 □不符合	
二、关键元器件 电源的名称、规格型号、生产厂名称		□符合 □不符合	
三、产品特性参数 1.外形结构、尺寸 2.外壳材质 3.电路设计 4.额定工作电压、报警设定值 5.显示器件类别		□符合 □不符合	
四、主要生产工艺		□符合 □不符合	
综合结论	□ 符合认证要求		□ 不符合认证要求

检查人员：

表 A.20 火灾声和/或光警报器一致性检查表

受检查方：　　　　　　　　　　　　　　　　　　　填表时间：　　年　　月　　日

产品名称、型号			
检查项目	检查内容	检查结论	不合格事实描述
一、铭牌标志 　产品名称、型号、执行标准号、制造商名称、制造日期、产品编号、产地、主要技术参数、接线柱标注、说明书等		□符合 □不符合	
二、关键元器件 　发光器件、声响部件的名称、规格型号、生产厂名称		□符合 □不符合	
三、产品特性参数 　1.外形结构、尺寸 　2.外壳材质 　3.电路设计 　4.声压级、变调周期、基本闪光频率		□符合 □不符合	
四、主要生产工艺		□符合 □不符合	
综合结论	□ 符合认证要求		□ 不符合认证要求

检查人员：

表 A.21 火灾显示盘一致性检查表

受检查方：　　　　　　　　　　　　　　　　　　　　　　　填表时间：　　年　　月　　日

产品名称、型号			
检查项目	检查内容	检查结论	不合格事实描述
一、铭牌标志 产品名称、型号、执行标准号、制造商名称、制造日期、产品编号、产地、主要技术参数、接线柱标注、说明书等		□符合 □不符合	
二、关键元器件 电源的名称、规格型号、生产厂名称		□符合 □不符合	
三、产品特性参数 1.外形结构、尺寸 2.外壳材质 3.电路设计 4.额定工作电压 5.显示器件类别		□符合 □不符合	
四、主要生产工艺		□符合 □不符合	
综合结论	□ 符合认证要求		□ 不符合认证要求

检查人员：

表 A.22 消防联动控制器一致性检查表

受检查方：　　　　　　　　　　　　　　　　　　　　　填表时间：　年　月　日

产品名称、型号			
检查项目	检查内容	检查结论	不合格事实描述
一、铭牌标志 　产品名称、型号、制造商名称、产地、制造日期、产品编号、执行标准号、说明书等		□符合 □不符合	
二、关键元器件 　显示器件、电源、电池的型号、生产厂名称		□符合 □不符合	
三、产品特性参数 　1.外形结构、尺寸 　2.外壳材质 　3.电路设计 　4.设备容量		□符合 □不符合	
四、主要生产工艺		□符合 □不符合	
综合结论	□ 符合认证要求		□ 不符合认证要求

检查人员：

表 A.23 消防电气控制装置一致性检查表

受检查方：　　　　　　　　　　　　　　　　　　　　填表时间：　　年　　月　　日

产品名称、型号			
检查项目	检查内容	检查结论	不合格事实描述
一、铭牌标志 　产品名称、型号、制造商名称、产地、制造日期、产品编号、执行标准号、说明书等		□符合 □不符合	
二、关键元器件 　接触器、变压器（如配有）型号、生产厂名称		□符合 □不符合	
三、产品特性参数 　1.外形结构、尺寸 　2.外壳材质 　3.电路设计 　4.额定输出功率 　5.输出电压		□符合 □不符合	
四、主要生产工艺		□符合 □不符合	
综合结论	□ 符合认证要求		□ 不符合认证要求

检查人员：

表 A.24 消防电动装置一致性检查表

受检查方：　　　　　　　　　　　　　　　　　　　　　填表时间：　　年　　月　　日

产品名称、型号			
检查项目	检查内容	检查结论	不合格事实描述
一、铭牌标志 产品名称、型号、制造商名称、产地、制造日期、产品编号、执行标准号、说明书等		□符合 □不符合	
二、关键元器件 执行部件的名称、型号、生产厂名称		□符合 □不符合	
三、产品特性参数 1.外形结构、尺寸 2.外壳材质 3.电路设计		□符合 □不符合	
四、主要生产工艺		□符合 □不符合	
综合结论	□ 符合认证要求		□ 不符合认证要求

检查人员：

表 A.25 消防设备应急电源一致性检查表

受检查方：　　　　　　　　　　　　　　　　　　　　　　填表时间：　　年　　月　　日

产品名称、型号			
检查项目	检查内容	检查结论	不合格事实描述
一、铭牌标志 　产品名称、型号、制造商名称、产地、制造日期、产品编号、执行标准号、说明书等		□符合 □不符合	
二、关键元器件 　变压器、电池、逆变器型号、生产厂名称		□符合 □不符合	
三、产品特性参数 　1.外形结构、尺寸 　2.外壳材质 　3.电路设计 　4.额定输出功率 　5.输出电压		□符合 □不符合	
四、主要生产工艺		□符合 □不符合	
综合结论	□符合认证要求		□不符合认证要求

检查人员：

表 A.26 消防应急广播设备一致性检查表

受检查方：　　　　　　　　　　　　　　　　　　填表时间：　　年　　月　　日

产品名称、型号			
检查项目	检查内容	检查结论	不合格事实描述
一、铭牌标志 　产品名称、型号、制造商名称、产地、制造日期、产品编号、执行标准号、说明书等		□符合 □不符合	
二、关键元器件 　功率放大器型号、生产厂名称		□符合 □不符合	
三、产品特性参数 　1.外形结构、尺寸 　2.外壳材质 　3.电路设计 　4.额定输出功率 　5.输出电压		□符合 □不符合	
四、主要生产工艺		□符合 □不符合	
综合结论	□ 符合认证要求		□ 不符合认证要求

检查人员：

表A.27 消防电话一致性检查表

受检查方：　　　　　　　　　　　　　　　　　　　　　　填表时间：　年　月　日

产品名称、型号			
检查项目	检查内容	检查结论	不合格事实描述
一、铭牌标志 产品名称、型号、制造商名称、产地、制造日期、产品编号、执行标准号、说明书等		□符合 □不符合	
二、关键元器件 送话器、受话器型号、生产厂名称		□符合 □不符合	
三、产品特性参数 1.外形结构、尺寸 2.外壳材质 3.电路设计 4.总机容量		□符合 □不符合	
四、主要生产工艺		□符合 □不符合	
综合结论	□ 符合认证要求		□ 不符合认证要求

检查人员：

表 A.28 传输设备一致性检查表

受检查方：　　　　　　　　　　　　　　　　　　　　　填表时间：　　　年　　月　　日

产品名称、型号			
检查项目	检查内容	检查结论	不合格事实描述
一、铭牌标志 产品名称、型号、制造商名称、产地、制造日期、产品编号、执行标准号、说明书等		□符合 □不符合	
二、关键元器件 电源、电池的型号、生产厂名称		□符合 □不符合	
三、产品特性参数 1.外形结构、尺寸 2.外壳材质 3.电路设计 4.软件版本号、发布日期		□符合 □不符合	
四、主要生产工艺		□符合 □不符合	
综合结论	□ 符合认证要求		□ 不符合认证要求

检查人员：

表 A.29 模块一致性检查表

受检查方：　　　　　　　　　　　　　　　　　　　　　　　填表时间：　　年　　月　　日

产品名称、型号			
检查项目	检查内容	检查结论	不合格事实描述
一、铭牌标志 产品名称、型号、制造商名称、产地、制造日期、产品编号、执行标准号、说明书等		□符合 □不符合	
二、关键元器件 电路板PCB版本号、生产厂名称		□符合 □不符合	
三、产品特性参数 1.外形结构、尺寸 2.外壳材质 3.电路设计		□符合 □不符合	
四、主要生产工艺		□符合 □不符合	
综合结论	□ 符合认证要求		□ 不符合认证要求

检查人员：

表 A.30 消防控制室图形显示装置一致性检查表

受检查方：　　　　　　　　　　　　　　　　　　　　　填表时间：　　年　月　日

产品名称、型号			
检查项目	检查内容	检查结论	不合格事实描述
一、铭牌标志 　产品名称、型号、制造商名称、产地、制造日期、产品编号、执行标准号、说明书等		□符合 □不符合	
二、关键元器件 　显示器件的型号、生产厂名称、主板的生产厂名称		□符合 □不符合	
三、产品特性参数 　1.外形结构、尺寸 　2.外壳材质 　3.电路设计 　4.软件版本号、发布日期		□符合 □不符合	
四、主要生产工艺		□符合 □不符合	
综合结论	□ 符合认证要求		□ 不符合认证要求

检查人员：

表 A.31 气体灭火控制器一致性检查表

受检查方：　　　　　　　　　　　　　　　　　　　　　　填表时间：　　年　　月　　日

产品名称、型号			
检查项目	检查内容	检查结论	不合格事实描述
一、铭牌标志 　产品名称、型号、制造商名称、产地、制造日期、产品编号、执行标准号、说明书等		□符合 □不符合	
二、关键元器件 　电源、电池的型号、生产厂名称		□符合 □不符合	
三、产品特性参数 　1.外形结构、尺寸 　2.外壳材质 　3.电路设计 　4.设备容量		□符合 □不符合	
四、主要生产工艺		□符合 □不符合	
综合结论	□符合认证要求		□不符合认证要求

检查人员：

表 A.32 防火卷帘控制器一致性检查表

受检查方：　　　　　　　　　　　　　　　　　　　　填表时间：　　年　　月　　日

产品名称、型号			
检查项目	检查内容	检查结论	不合格事实描述
一、铭牌标志 　产品名称、型号、执行标准号、制造商名称、制造日期、产品编号、产地、主要技术参数、接线柱标注、说明书等		□符合 □不符合	
二、关键元器件 　电源的名称、规格型号、生产厂名称		□符合 □不符合	
三、产品特性参数 　1.外形结构、尺寸 　2.外壳材质 　3.电路设计 　4.输出电压、输出功率 　5.显示器件类别		□符合 □不符合	
四、主要生产工艺		□符合 □不符合	
综合结论	□ 符合认证要求		□ 不符合认证要求

检查人员：

表 A.33 正压式消防空气呼吸器一致性检查表

受检查方：　　　　　　　　　　　　　　　　　　　　　填表时间：　　年　　月　　日

产品名称、型号				
检查项目		检查内容	检查结论	不合格事实描述
一、铭牌标志				
面罩标志	规格型号		□符合 □不符合	
	生产厂			
供气阀标志	规格型号		□符合 □不符合	
	生产厂			
减压器标志	规格型号		□符合 □不符合	
	生产厂			
警报器标志	规格型号		□符合 □不符合	
	生产厂			
气瓶标志	压缩空气		□符合 □不符合	
	气瓶编号			
	水压试验压力			
	公称工作压力			
	公称容积			
	重量			
	生产日期			
	检验周期			
	使用年限			
	产品标准号			
	生产厂			
	警示			
导气管标志	生产厂		□符合	□不符合
	额定工作压力			

表 A.33（续）

检查项目	检查内容		检查结论	不合格事实描述
背架标志	规格型号		□符合 □不符合	
	生产厂			
气瓶瓶阀标志	生产厂		□符合 □不符合	
	规格型号			
包装箱标志	生产厂		□符合 □不符合	
	生产厂地址			
	产品名称			
	规格型号			
	生产日期			
	产品批号			
	产品标准号			
产品使用说明书			□符合 □不符合	
二、关键件 1.面罩的规格型号、生产厂 2.供气阀的规格型号、生产厂 3.减压器的规格型号、生产厂 4.警报器的规格型号、生产厂			□符合 □不符合	
三、产品特性参数 　减压器输出压力、气瓶瓶阀输出端螺纹尺寸。附： 1.呼吸器总装图 2.面罩外形图片 3.供气阀外形图片 4.减压器外形图片 5.背架外形图片 6.气瓶瓶阀外形图片			□符合 □不符合	
综合结论	□ 符合认证要求		□ 不符合认证要求	

检查人员：

表 A.34 消防水枪一致性检查表

受检查方：　　　　　　　　　　　　　　　　　　　　　填表时间：　　年　　月　　日

产品名称、型号			
检查项目	检查内容	检查结论	不合格事实描述
一、铭牌标志 产品名称、型号、厂名、射流形态改变指示标记、Ⅲ类直流喷雾水枪流量刻度值、Ⅳ类直流喷雾水枪流量使用范围、产品使用说明书		□符合 □不符合	
二、关键零部件 开关球阀规格型号、生产厂		□符合 □不符合	
三、产品特性参数 1.表面防腐处理工艺 2.铸造工艺		□符合 □不符合	
综合结论	□ 符合认证要求		□ 不符合认证要求

检查人员：

表 A.35 消防水带一致性检查表

受检查方：　　　　　　　　　　　　　　　　　　　　　　　　填表时间：　　年　　月　　日

产品名称、型号			
检查项目	检查内容	检查结论	不合格事实描述
一、铭牌标志 　产品名称、型号、制造商、生产厂、经线名称、纬线名称、外覆材料名称（适用时）、衬里名称、说明书		□符合 □不符合	
二、关键原材料 　1.纬线的名称、规格型号、生产厂 　2.衬里（聚氨酯）的规格型号、生产厂		□符合 □不符合	
三、产品特性参数 　编织层结构及编织方法		□符合 □不符合	
综合结论	□ 符合认证要求		□ 不符合认证要求

检查人员：

表 A.36 消防软管卷盘一致性检查表

受检查方：　　　　　　　　　　　　　　　　　　　　　　填表时间：　　年　　月　　日

产品名称、型号			
检查项目	检查内容	检查结论	不合格事实描述
一、铭牌标志 产品名称、型号、制造商、生产厂、生产日期、产品编号、使用方法和定期检查要求、产品说明书		□符合 □不符合	
二、关键件 软管规格型号、生产厂		□符合 □不符合	
三、产品特性参数 1.软管结构 2.喷枪型式		□符合 □不符合	
综合结论	□符合认证要求	□不符合认证要求	

检查人员：

表 A.37 手提式灭火器一致性检查表

受检查方：　　　　　　　　　　　　　　　　　　　　　填表时间：　　年　　月　　日

产品名称、型号			
检查项目	检查内容	检查结论	不合格事实描述
一、铭牌标志 　1.灭火器的名称、型号和灭火剂的种类 　2.灭火器灭火级别和灭火种类 　3.灭火器使用温度范围 　4.灭火器驱动气体名称和数量或压力 　5.灭火器水压试验压力 　6.灭火器认证等标志 　7.灭火器生产连续序号 　8.灭火器生产年份 　9.灭火器制造厂名称或代号 　10.灭火器的使用方法 　11.再充装说明和日常维护说明 　12.灭火剂的名称、规格、生产厂、强制性认证证书编号 　13.产品使用说明书		□符合 □不符合	
二、关键零部件 　1.筒(瓶)体的规格型号、生产厂 　2.器头的规格型号、生产厂		□符合 □不符合	

表 A.37（续）

检查项目	检查内容	检查结论	不合格事实描述
三、产品特性参数 　1.筒（瓶）体容积 　2.筒（瓶）体外径 　3.筒（瓶）体材料及最小壁厚 　4.上、下封头材料及最小壁厚 　5.筒（瓶）体成形工艺 　6.筒（瓶）体焊接工艺 　7.筒（瓶）体防腐工艺 　8.筒（瓶）体热处理工艺 　9.灭火剂主成分及含量或主要添加剂（混合比）		□符合 □不符合	
综合结论	□ 符合认证要求	□ 不符合认证要求	

检查人员：

表 A.38 推车式灭火器一致性检查表

受检查方：　　　　　　　　　　　　　　　　　　　　　填表时间：　　年　　月　　日

产品名称、型号			
检查项目	检查内容	检查结论	不合格事实描述
一、铭牌标志 　1.推车式灭火器的名称、型号和灭火剂的类型 　2.灭火级别和灭火用途代码符号 　3.使用温度范围 　4.驱动气体,名称和数量或压力 　5.水压试验压力 　6.生产连续序号 　7.生产年份 　8.生产厂名称或代号 　9.总质量 　10.操作说明 　11.再充装说明 　12.检查说明 　13.批准生产的标志 　14.灭火剂的名称、规格、生产厂、强制性认证证书编号 　15.产品使用说明书		□符合 □不符合	

表 A.38（续）

检查项目	检查内容	检查结论	不合格事实描述
二、关键零部件 　1.筒(瓶)体的规格型号、生产厂 　2.器头的规格型号、生产厂 　3.喷射枪的规格型号、生产厂		□符合 □不符合	
三、产品特性参数 　1.筒(瓶)体容积 　2.筒(瓶)体直径 　3.筒(瓶)体材料及最小壁厚 　4.筒(瓶)体成形工艺 　5.筒(瓶)体防腐工艺 　6.灭火剂主成分及含量或主要添加剂(混合比)		□符合 □不符合	
综合结论	□ 符合认证要求		□ 不符合认证要求

检查人员：

表 A.39 气体灭火剂一致性检查表

受检查方：　　　　　　　　　　　　　　　　　　　　　填表时间：　　年　月　日

产品名称、型号			
检查项目	检查内容	检查结论	不合格事实描述
一、铭牌标志 　产品名称、型号、制造商、生产厂、符号、标识、警告用语、说明书等		□符合 □不符合	
二、关键原材料 　主要组分的名称、规格型号、生产单位		□符合 □不符合	
三、关键工艺		□符合 □不符合	
四、产品特性检验(必要时) 　1.纯度 　2.水分含量		□符合 □不符合	
综合结论	□ 符合认证要求		□ 不符合认证要求

检查人员：

表 A.40 泡沫灭火剂一致性检查表

受检查方：　　　　　　　　　　　　　　　　　　　　　填表时间：　　年　　月　　日

产品名称、型号			
检查项目	检查内容	检查结论	不合格事实描述
一、铭牌标志 产品名称、型号、制造商、生产厂、符号、标识、警告用语、说明书等		□符合 □不符合	
二、关键原材料 　1.发泡剂的名称、规格型号、生产单位 　2.表面活性剂的名称、规格型号、生产单位		□符合 □不符合	
三、关键工艺		□符合 □不符合	
四、产品特性检验（必要时） 　1.凝固点 　2.pH 值 　3.表面张力 　4.发泡倍数 　5.析液时间		□符合 □不符合	
综合结论	□ 符合认证要求		□ 不符合认证要求

检查人员：

表 A.41 干粉灭火剂一致性检查表

受检查方：　　　　　　　　　　　　　　　　　　　　　　　填表时间：　　年　　月　　日

产品名称、型号			
检查项目	检查内容	检查结论	不合格事实描述
一、铭牌标志 　产品名称、型号、制造商、生产厂、符号、标识、警告用语、说明书等		□符合 □不符合	
二、关键原材料 　1.抗结块剂的名称、规格型号、生产单位 　2.主要组分的名称、规格型号、生产单位		□符合 □不符合	
三、关键工艺		□符合 □不符合	
四、产品特性参数 　1.松密度 　2.主要组分含量（总和应不小于75%） 　3.粒度分布 　4.90% 粒径（适用于超细粉） 　5.含水率		□符合 □不符合	
综合结论	□ 符合认证要求		□ 不符合认证要求

检查人员：

表 A.42 水系灭火剂一致性检查表

受检查方：　　　　　　　　　　　　　　　　　　　　　　　　填表时间：　　年　　月　　日

产品名称、型号			
检查项目	检查内容	检查结论	不合格事实描述
一、铭牌标志 产品名称、型号、制造商、生产厂、符号、标识、警告用语、说明书等		□符合 □不符合	
二、关键原材料 表面活性剂的名称、规格型号、生产单位		□符合 □不符合	
三、关键工艺		□符合 □不符合	
四、产品特性检验（必要时） 1.凝固点 2.表面张力		□符合 □不符合	
综合结论	□ 符合认证要求		□ 不符合认证要求

检查人员：

表 A.43 固定消防给水设备—消防气压给水设备一致性检查表

受检查方：　　　　　　　　　　　　　　　　　　　填表时间：　　年　　月　　日

产品名称、型号			
检查项目	检查内容	检查结论	不合格事实描述
一、铭牌标志 1.内容包括：设备名称、规格型号、基本性能参数、执行标准、制造商、生产厂、系统示意图、简要操作说明 2.标识、警告用语、操作指导书等		□符合 □不符合	
二、关键元器件 1.气压水罐的规格型号、生产单位 2.补气装置的规格型号、生产单位 3.止气装置的规格型号、生产单位		□符合 □不符合	
三、产品特性检查 1.额定工作压力、额定流量、止气/充气压力 2.气压水罐总容积、有效水容积、结构形式、最高工作压力 3.消防泵的性能参数、台数 4.稳压泵的性能参数、台数		□符合 □不符合	
综合结论	□ 符合认证要求	□ 不符合认证要求	

检查人员：

表 A.44 固定消防给水设备—消防自动恒压给水设备一致性检查表

受检查方：　　　　　　　　　　　　　　　　　　填表时间：　年　月　日

产品名称、型号			
检查项目	检查内容	检查结论	不合格事实描述
一、铭牌标志 　1.内容包括：设备名称、型号、基本性能参数、执行标准、制造商、系统示意图、简要操作说明 　2.标识、警告用语、操作指导书等		□符合 □不符合	
二、关键元器件 　1.气压水罐（适用时）的规格型号、生产单位 　2.变频器（适用时）的规格型号、生产单位 　3.回流控压阀（适用时）的规格型号、生产单位		□符合 □不符合	
三、产品特性检查 　1.额定工作压力、额定流量 　2.消防恒压控制精度 　3.消防泵的性能参数、台数 　4.稳压泵的性能参数、台数 　5.气压水罐总容积、有效水容积（适用时）、结构形式、最高工作压力		□符合 □不符合	
综合结论	□ 符合认证要求		□ 不符合认证要求

检查人员：

表 A.45 固定消防给水设备—消防增压稳压给水设备一致性检查表

受检查方：   填表时间：   年   月   日

产品名称、型号			
检查项目	检查内容	检查结论	不合格事实描述
一、铭牌标志 1.内容包括：设备名称、型号、基本性能参数、执行标准、制造商、系统示意图、简要操作说明 2.标识、警告用语、操作指导书等		□符合 □不符合	
二、关键元器件 1.气压水罐（适用时）的规格型号、生产单位 2.橡胶隔膜（适用时）的规格型号、生产单位 3.控压仪表的规格型号、生产单位		□符合 □不符合	
三、产品特性检查 1.额定工作压力、额定流量（适用时） 2.气压水罐总容积、有效水容积（适用时）、结构形式、最高工作压力 3.消防泵的性能参数、台数 4.稳压泵的性能参数、台数		□符合 □不符合	
综合结论	□ 符合认证要求	□ 不符合认证要求	

检查人员：

表 A.46 固定消防给水设备—消防气体顶压给水设备一致性检查表

受检查方：　　　　　　　　　　　　　　　　　　　填表时间：　年　月　日

产品名称、型号			
检查项目	检查内容	检查结论	不合格事实描述
一、铭牌标志 1.内容包括:设备名称、型号、基本性能参数、执行标准、制造商、系统示意图、简要操作说明 2.标识、警告用语、操作指导书等		□符合 □不符合	
二、关键元器件 1.气压水罐的规格型号、生产单位 2.减压阀的规格型号、生产单位 3.气压水罐补气装置和顶压系统补气装置（适用时）的规格型号、生产单位 4.储气瓶组规格型号、生产单位		□符合 □不符合	
三、产品特性检查 1.额定工作压力、消防顶压最大工作流量、止气压力 2.气压水罐总容积、顶压置换水容积、结构形式、最高工作压力 3.储气瓶组个数 4.顶压系统启动方式 5.顶压系统减压阀工作压力范围 6.稳压泵的性能参数、台数		□符合 □不符合	
综合结论	□ 符合认证要求	□ 不符合认证要求	

检查人员：

表 A.47 固定消防给水设备—消防双动力给水设备一致性检查表

受检查方：　　　　　　　　　　　　　　　　　　　　　　　填表时间：　年　月　日

产品名称、型号			
检查项目	检查内容	检查结论	不合格事实描述
一、铭牌标志 1.内容包括：设备名称、型号、基本性能参数、执行标准、制造商、系统示意图、简要操作说明 2.标识、警告用语、操作指导书等		□符合 □不符合	
二、关键元器件 1.发动机的规格型号、生产单位 2.发动机控制器的规格型号、生产单位 3.气压水罐（适用时）的规格型号、生产单位		□符合 □不符合	
三、产品特性检查 1.额定工作压力、额定流量 2.电动机消防泵的性能参数、台数 3.发动机消防泵的性能参数、台数 4.气压水罐总容积、有效水容积（适用时）、结构形式、最高工作压力		□符合 □不符合	
综合结论	□ 符合认证要求	□ 不符合认证要求	

检查人员：

表 A.48 室内消火栓一致性检查表

受检查方：　　　　　　　　　　　　　　　　　　　　　　填表时间：　　年　月　日

产品名称、型号			
检查项目	检查内容	检查结论	不合格事实描述
一、标志 　　规格型号、制造商、生产厂、符号、标识等		□符合 □不符合	
二、关键元器件 　　节流装置（适用时）		□符合 □不符合	
三、产品特性参数 　1.外形尺寸 　2.开启高度 　3.固定接口的型式 　4.手轮开关方向		□符合 □不符合	
综合结论	□ 符合认证要求		□ 不符合认证要求

检查人员：

表 A.49 室外消火栓一致性检查表

受检查方：　　　　　　　　　　　　　　　　　　　　　填表时间：　　年　　月　　日

产品名称、型号			
检查项目	检查内容	检查结论	不合格事实描述
一、铭牌标志 　产品名称、型号、厂名、产品使用说明书等		□符合 □不符合	
二、关键零部件 　排放余水装置的名称、规格型号、生产厂		□符合 □不符合	
三、产品特性参数 　1.排放余水装置结构、型式 　2.阀杆表面处理工艺		□符合 □不符合	
综合结论	□符合认证要求	□不符合认证要求	

检查人员：

表 A.50 消防水泵接合器一致性检查表

受检查方：　　　　　　　　　　　　　　　　　　　　　填表时间：　　年　　月　　日

产品名称、型号			
检查项目	检查内容	检查结论	不合格事实描述
一、铭牌标志 　产品名称、型号、厂名、产品使用说明书等		□符合 □不符合	
二、关键零部件 　止回功能装置的名称、规格型号、生产厂		□符合 □不符合	
三、产品特性参数 　安全阀公称通径		□符合 □不符合	
综合结论	□符合认证要求		□不符合认证要求

检查人员：

表 A.51 消防接口一致性检查表

受检查方：　　　　　　　　　　　　　　　　　　　　填表时间：　　年　　月　　日

产品名称、型号、材质			
检查项目	检查内容	检查结论	不合格事实描述
一、铭牌标志 　产品名称、型号、厂名、产品使用说明书等		□符合 □不符合	
二、产品特性参数 　1.表面防腐处理工艺 　2.铸造工艺		□符合 □不符合	
综合结论	□ 符合认证要求		□ 不符合认证要求

检查人员：

表 A.52 洒水喷头、早期抑制快速响应（ESFR）喷头、扩大覆盖面积（EC）洒水喷头、家用喷头一致性检查表

受检查方：　　　　　　　　　　　　　　　　　　填表时间：　　年　　月　　日

产品名称、型号			
检查项目	检查内容	检查结论	不合格事实描述
一、铭牌标志 　产品名称、型号、制造商、生产厂、符号、标识、警告用语等		□符合 □不符合	
二、关键元器件 　1.动作元件的名称、规格型号、生产单位 　2.密封元件的名称、规格型号、生产单位 　3.隐蔽罩（适用时）的名称、规格型号、生产单位		□符合 □不符合	
三、产品特性检查 　1.溅水盘的结构尺寸 　2.喷头体的承载间距 　3.孔口口径		□符合 □不符合	
综合结论	□ 符合认证要求		□ 不符合认证要求

检查人员：

表 A.53 水幕喷头一致性检查表

受检查方：　　　　　　　　　　　　　　　　　　　　　填表时间：　　年　　月　　日

产品名称、型号			
检查项目	检查内容	检查结论	不合格事实描述
一、铭牌标志 　产品名称、型号、制造商、生产厂、符号、标识等		□符合 □不符合	
二、产品特性检查 　1.孔口口径 　2.开口缝隙的结构（适用时）		□符合 □不符合	
综合结论	□ 符合认证要求	□ 不符合认证要求	

检查人员：

表 A.54 水雾喷头一致性检查表

受检查方：　　　　　　　　　　　　　　　　　　　　　填表时间：　　年　　月　　日

产品名称、型号			
检查项目	检查内容	检查结论	不合格事实描述
一、铭牌标志 　产品名称、型号、制造商、生产厂、符号、标识、警告用语等		□符合 □不符合	
二、关键元器件 　1.动作元件(适用时)的名称、规格型号、生产单位 　2.密封元件(适用时)的名称、规格型号、生产单位		□符合 □不符合	
三、产品特性检查 　1.孔口口径 　2.溅水盘的结构尺寸(适用时) 　3.喷头体的承载间距(适用时)		□符合 □不符合	
综合结论	□ 符合认证要求		□ 不符合认证要求

检查人员：

表 A.55 湿式报警阀一致性检查表

受检查方：　　　　　　　　　　　　　　　　　　　　　　　填表时间：　　　年　　月　　日

产品名称、型号			
检查项目	检查内容	检查结论	不合格事实描述
一、铭牌标志 　产品名称、型号、额定工作压力、制造商、生产厂、符号、标识及警告语等		□符合 □不符合	
二、产品特性参数 　1.阀座座圈直径（内、外直径） 　2.延迟器进水口尺寸 　3.延迟器排水口尺寸		□符合 □不符合	
综合结论	□ 符合认证要求	□ 不符合认证要求	

检查人员：

表 A.56 干式报警阀一致性检查表

受检查方：　　　　　　　　　　　　　　　　　　　　　　　　填表时间：　　年　　月　　日

产品名称、型号			
检查项目	检查内容	检查结论	不合格事实描述
一、铭牌标志 　产品名称、型号、制造商、符号、标识、警告用语等		□符合 □不符合	
二、产品特性检查 　阀座座圈直径		□符合 □不符合	
综合结论	□ 符合认证要求	□ 不符合认证要求	

检查人员：

表 A.57 雨淋报警阀一致性检查表

受检查方：　　　　　　　　　　　　　　　　　　　　　　　　填表时间：　　年　　月　　日

产品名称、型号			
检查项目	检查内容	检查结论	不合格事实描述
一、铭牌标志 　产品名称、型号、制造商、符号、标识、警告用语等		□符合 □不符合	
二、关键元器件 　电磁阀规格型号、生产单位（适用时）		□符合 □不符合	
三、产品特性检查 　阀座座圈直径		□符合 □不符合	
综合结论	□ 符合认证要求	□ 不符合认证要求	

检查人员：

表A.58 预作用报警阀组一致性检查表

受检查方：　　　　　　　　　　　　　　　　　　　　　　　填表时间：　　年　　月　　日

产品名称、型号			
检查项目	检查内容	检查结论	不合格事实描述
一、铭牌标志 产品名称、型号、公称工作压力、系统侧充气压力或真空度公布值、制造商、生产厂、符号、标识、警告用语等		□符合 □不符合	
二、关键元器件 电磁阀		□符合 □不符合	
三、产品特性检查 1.产品组成 2.预作用报警阀形式 3.阀座座圈直径 4.连接方式		□符合 □不符合	
综合结论	□符合认证要求	□不符合认证要求	

检查人员：

表 A.59 消防信号闸阀、消防信号蝶阀、消防信号截止阀、消防闸阀、消防蝶阀、消防球阀、消防截止阀一致性检查表

受检查方：　　　　　　　　　　　　　　　　　　　　　　　填表时间：　　年　　月　　日

产品名称、型号			
检查项目	检查内容	检查结论	不合格事实描述
一、铭牌标志 产品名称、型号、制造商、符号、标识、警告用语等		□符合 □不符合	
二、关键元器件 信号输出元件的名称、规格型号、生产单位（适用时）		□符合 □不符合	
综合结论	□符合认证要求	□不符合认证要求	

检查人员：

表 A.60 消防电磁阀一致性检查表

受检查方：　　　　　　　　　　　　　　　　　　　填表时间：　年　月　日

产品名称、型号			
检查项目	检查内容	检查结论	不合格事实描述
一、铭牌标志 产品名称、型号、制造商、生产厂、符号、标识、警告用语等		□符合 □不符合	
二、关键元器件 电磁驱动部件的名称、规格型号、生产单位		□符合 □不符合	
三、产品特性参数 工作电压、电流参数		□符合 □不符合	
综合结论	□符合认证要求		□不符合认证要求

检查人员：

表 A.61 压力开关一致性检查表

受检查方：　　　　　　　　　　　　　　　　　　　　　　　填表时间：　　年　　月　　日

产品名称、型号			
检查项目	检查内容	检查结论	不合格事实描述
一、铭牌标志 产品名称、型号、额定工作压力、动作压力、制造商、生产厂、符号、标识及警告语等		□符合 □不符合	
二、关键元器件 信号输出部件的规格型号、生产单位		□符合 □不符合	
三、产品特性参数 输出触点组数/容量		□符合 □不符合	
综合结论	□ 符合认证要求	□ 不符合认证要求	

检查人员：

表 A.62 水流指示器一致性检查表

受检查方：　　　　　　　　　　　　　　　　　　　　填表时间：　　年　　月　　日

产品名称、型号			
检查项目	检查内容	检查结论	不合格事实描述
一、铭牌标志 产品名称、型号、额定工作压力、灵敏度、制造商、生产厂、符号、标识及警告语等		□符合 □不符合	
二、关键元器件 信号输出部件的规格型号、生产单位		□符合 □不符合	
三、产品特性参数 1.浆片尺寸 2.电性能指标		□符合 □不符合	
综合结论	□ 符合认证要求		□ 不符合认证要求

检查人员：

表 A.63 自动寻的喷水灭火装置一致性检查表

受检查方：　　　　　　　　　　　　　　　　　　　　　填表时间：　　年　　月　　日

产品名称、型号			
检查项目	检查内容	检查结论	不合格事实描述
一、铭牌标志 　产品名称、型号、工作压力（额定工作压力、最大工作压力、最小工作压力）、流量系数、最大保护半径、安装高度范围、制造商、生产厂、符号、标识、警告用语		□符合 □不符合	
二、关键元器件 　1.电磁阀组 　2.探测器件		□符合 □不符合	
三、产品特性检查 　1.产品组成 　2.喷射形式 　3.探测器件与喷水部件组合方式 　4.进水口口径 　5.出水口尺寸		□符合 □不符合	
综合结论	□ 符合认证要求	□ 不符合认证要求	

检查人员：

表 A.64 微水雾滴灭火设备一致性检查表

受检查方：　　　　　　　　　　　　　　　　　　　　　　　填表时间：　　年　　月　　日

产品名称、型号			
检查项目	检查内容	检查结论	不合格事实描述
一、铭牌标志 　产品名称、型号、设备的最大工作压力、泵组的额定流量、泵组的额定工作压力、瓶组的规格型号（容积、结构、实际工作压力）、瓶组安全泄放装置的泄放动作压力、制造商、生产厂、符号、标识、警告用语等		□符合 □不符合	
二、关键元器件 　1.喷头 　2.分区控制阀（适用时） 　3.减压装置（适用时） 　4.泵组（适用时）		□符合 □不符合	
三、产品特性检查 　1.设备的组成 　2.工作压力等级 　3.瓶组贮存压力		□符合 □不符合	
综合结论	□ 符合认证要求		□ 不符合认证要求

检查人员：

表 A.65 感温自启动灭火装置一致性检查表

受检查方：　　　　　　　　　　　　　　　　　　　　　填表时间：　　年　　月　　日

产品名称、型号			
检查项目	检查内容	检查结论	不合格事实描述
一、铭牌标志 产品名称、型号、灭火剂充装量、贮存压力（适用时）、安全泄放装置的泄放压力、感温元件动作温度、制造商、生产厂、符号、标识、警告用语等		□符合 □不符合	
二、关键元器件 1.容器阀 2.探火管（适用时） 3.玻璃球（适用时） 4.易熔合金（适用时） 5.喷嘴（适用时）		□符合 □不符合	
三、产品特性检查 1.灭火装置应用方式 2.灭火剂贮存容器容积 3.贮存压力（适用时） 4.灭火剂充装质量		□符合 □不符合	
综合结论	□ 符合认证要求	□ 不符合认证要求	

检查人员：

表A.66 泡沫发生装置一致性检查表

受检查方：　　　　　　　　　　　　　　　　　　　　　填表时间：　　年　　月　　日

产品名称、型号			
检查项目	检查内容	检查结论	不合格事实描述
一、铭牌标志 品名称、型号、制造商、符号、标识、警告用语等		□符合 □不符合	
二、产品特性检查 　1.工作压力范围、流量系数 　2.发泡量（适用时）		□符合 □不符合	
综合结论	□符合认证要求	□不符合认证要求	

检查人员：

表 A.67 泡沫喷射装置一致性检查表

受检查方：　　　　　　　　　　　　　　　　　　　　　　　　　填表时间：　年　月　日

产品名称、型号			
检查项目	检查内容	检查结论	不合格事实描述
一、铭牌标志 　产品名称、型号、制造商、符号、标识、警告用语等		□符合 □不符合	
二、关键元器件 　电控器的名称、规格型号、生产单位（适用时）		□符合 □不符合	
三、产品特性检查 　1.工作压力范围、流量系数、射程 　2.回转角、仰俯角（适用时）		□符合 □不符合	
综合结论	□ 符合认证要求		□ 不符合认证要求

检查人员：

表 A.68 压力式比例混合装置一致性检查表

受检查方：　　　　　　　　　　　　　　　　　　　　　　　填表时间：　　年　　月　　日

产品名称、型号			
检查项目	检查内容	检查结论	不合格事实描述
一、铭牌标志 　产品名称、型号、制造商、符号、标识、警告用语等		□符合 □不符合	
二、关键元器件 　1.泡沫液储罐的名称、规格型号、生产单位 　2.比例混合器规格型号、生产单位		□符合 □不符合	
三、产品特性检查 　1.工作压力范围、流量范围、混合比 　2.比例混合器公称直径 　3.孔板孔径(适用时)		□符合 □不符合	
综合结论	□ 符合认证要求	□ 不符合认证要求	

检查人员：

表 A.69 平衡式比例混合装置一致性检查表

受检查方：　　　　　　　　　　　　　　　　　　　　填表时间：　　年　　月　　日

产品名称、型号			
检查项目	检查内容	检查结论	不合格事实描述
一、铭牌标志 产品名称、型号、制造商、符号、标识、警告用语等		□符合 □不符合	
二、关键元器件 1.平衡阀的规格型号、生产单位 2.泡沫液泵的规格型号、生产单位 3.比例混合器的规格型号、生产单位		□符合 □不符合	
三、产品特性检查 1.工作压力范围、流量范围、混合比 2.比例混合器公称直径 3.比例混合器孔板孔径（适用时）		□符合 □不符合	
综合结论	□ 符合认证要求		□ 不符合认证要求

检查人员：

表 A.70 管线式比例混合器一致性检查表

受检查方：　　　　　　　　　　　　　　　　　　　　　填表时间：　　年　　月　　日

产品名称、型号			
检查项目	检查内容	检查结论	不合格事实描述
一、铭牌标志 　产品名称、型号、制造商、符号、标识、警告用语等		□符合 □不符合	
二、产品特性检查 　1.工作压力范围、流量范围、混合比 　2.比例混合器公称直径		□符合 □不符合	
综合结论	□ 符合认证要求		□ 不符合认证要求

检查人员：

表 A.71 环泵式比例混合器一致性检查表

受检查方:　　　　　　　　　　　　　　　　　　　　　　　填表时间:　　年　　月　　日

产品名称、型号			
检查项目	检查内容	检查结论	不合格事实描述
一、铭牌标志 　产品名称、型号、制造商、符号、标识、警告用语等		□符合 □不符合	
二、产品特性检查 　1.工作压力范围、流量、混合比 　2.比例混合器公称直径		□符合 □不符合	
综合结论	□ 符合认证要求	□ 不符合认证要求	

检查人员:

表A.72 泡沫消火栓箱一致性检查表

受检查方：　　　　　　　　　　　　　　　　　　　　　填表时间：　　年　　月　　日

产品名称、型号			
检查项目	检查内容	检查结论	不合格事实描述
一、铭牌标志 　产品名称、型号、制造商、符号、标识、警告用语等		□符合 □不符合	
二、关键元器件 　1.泡沫喷枪的规格型号、生产单位 　2.比例混合器的名称规格型号、生产单位		□符合 □不符合	
三、产品特性检查 　工作压力范围、流量范围、混合比、射程、喷射时间		□符合 □不符合	
综合结论	□ 符合认证要求	□ 不符合认证要求	

检查人员：

表 A.73 泡沫消火栓一致性检查表

受检查方：　　　　　　　　　　　　　　　　　　　　　　　　填表时间：　　年　月　日

产品名称、型号			
检查项目	检查内容	检查结论	不合格事实描述
一、铭牌标志 产品名称、型号、制造商、符号、标识、警告用语等		□符合 □不符合	
二、产品特性检查 　1.公称工作压力 　2.进水口、出水口的公称直径		□符合 □不符合	
综合结论	□符合认证要求	□不符合认证要求	

检查人员：

表 A.74 连接软管一致性检查表

受检查方：　　　　　　　　　　　　　　　　　　　　　　　　填表时间：　　年　　月　　日

产品名称、型号			
检查项目	检查内容	检查结论	不合格事实描述
一、铭牌标志 产品名称、型号、制造商、符号、标识、警告用语等		□符合 □不符合	
二、产品特性检查 1.产品结构 2.公称压力、公称直径		□符合 □不符合	
综合结论	□ 符合认证要求		□ 不符合认证要求

检查人员：

表 A.75 半固定式(轻便式)泡沫灭火装置一致性检查表

受检查方：　　　　　　　　　　　　　　　　　　　　填表时间：　年　月　日

产品名称、型号			
检查项目	检查内容	检查结论	不合格事实描述
一、铭牌标志 　产品名称、型号、制造商、符号、标识、警告用语等		□符合 □不符合	
二、关键元器件 　1.泡沫液储罐的规格型号、生产单位 　2.比例混合器的名称规格型号、生产单位 　3.泡沫产生装置的名称规格型号、生产单位		□符合 □不符合	
三、产品特性检查 　工作压力范围、额定流量、混合比、射程、喷射时间		□符合 □不符合	
综合结论	□ 符合认证要求		□ 不符合认证要求

检查人员：

表 A.76 闭式泡沫-水喷淋装置一致性检查表

受检查方：　　　　　　　　　　　　　　　　　　　　　　　　填表时间：　年　月　日

产品名称、型号			
检查项目	检查内容	检查结论	不合格事实描述
一、铭牌标志 　产品名称、型号、制造商、符号、标识、警告用语等		□符合 □不符合	
二、关键元器件 　1.比例混合器的规格型号、生产单位 　2.压力泄放阀的规格型号、生产单位 　3.泡沫液控制阀的规格型号、生产单位 　4.泡沫液储罐的名称、规格型号、生产单位		□符合 □不符合	
三、产品特性检查 　1.工作压力范围、流量范围、混合比 　2.比例混合器公称直径 　3.孔板孔径（适用时）		□符合 □不符合	
综合结论	□ 符合认证要求		□ 不符合认证要求

检查人员：

表 A.77 气体灭火系统灭火剂瓶组一致性检查表

受检查方：　　　　　　　　　　　　　　　　　　　　填表时间：　　年　　月　　日

产品名称、型号			
检查项目	检查内容	检查结论	不合格事实描述
一、铭牌标志 产品名称、规格型号、工作压力、工作温度范围、介质名称、最大充装密度（或充装压力）、充装日期、制造商、生产厂、符号、标识、警告用语等		□符合 □不符合	
二、关键元器件 1.容器的类别、规格型号、生产单位 2.容器阀的规格型号、生产单位 3.检漏装置名称、规格型号、生产单位 4.容器安全泄放装置名称、规格型号、生产单位		□符合 □不符合	
三、产品特性检查 1.瓶组构成 2.容器阀的结构形式 3.容器安全泄放装置的结构型式 4.工作温度范围 5.工作压力 6.充装参数（最大充装密度、充装压力）		□符合 □不符合	
综合结论	□ 符合认证要求	□ 不符合认证要求	

检查人员：

表 A.78 气体灭火系统容器阀、总控阀一致性检查表

受检查方：　　　　　　　　　　　　　　　　　　　　　　填表时间：　年　月　日

产品名称、型号			
检查项目	检查内容	检查结论	不合格事实描述
一、铭牌标志 产品名称、规格型号、工作压力、工作温度范围、制造商、生产厂、符号、标识、警告用语等		□符合 □不符合	
二、关键元器件 1.密封膜片的规格、生产单位（适用时） 2.安全泄放装置的规格型号、生产单位 3.主密封件的名称、规格型号、生产单位		□符合 □不符合	
三、产品特性检查 1.阀门结构形式 2.阀门驱动方式 3.公称工作压力、公称直径、工作温度范围 4.指定试验（局部阻力损失、必要时）		□符合 □不符合	
综合结论	□ 符合认证要求	□ 不符合认证要求	

检查人员：

表 A.79 气体灭火系统选择阀一致性检查表

受检查方： 填表时间： 年 月 日

产品名称、型号			
检查项目	检查内容	检查结论	不合格事实描述
一、铭牌标志 产品名称、规格型号、工作压力、工作温度范围、介质流动方向、制造商、生产厂、符号、标识、警告用语等		□符合 □不符合	
二、关键元器件 主密封件的名称、规格型号、生产单位			
三、产品特性检查 1.选择阀的结构形式 2.阀门驱动方式 3.公称工作压力、公称直径、工作温度范围 4.指定试验（局部阻力损失、必要时）		□符合 □不符合	
综合结论	□ 符合认证要求		□ 不符合认证要求

检查人员：

表A.80 气体灭火系统单向阀一致性检查表

受检查方：　　　　　　　　　　　　　　　　　　　　　　填表时间：　　年　　月　　日

产品名称、型号			
检查项目	检查内容	检查结论	不合格事实描述
一、铭牌标志 产品名称、规格型号、工作压力、介质流动方向、制造商、生产厂、符号、标识、警告用语等		□符合 □不符合	
二、关键元器件 主密封件的名称、规格型号、生产单位		□符合 □不符合	
三、产品特性检查 1.单向阀的结构形式 2.公称工作压力、公称直径、开启压力 3.指定试验（局部阻力损失、必要时）		□符合 □不符合	
综合结论	□符合认证要求		□不符合认证要求

检查人员：

表 A.81 气体灭火系统喷嘴一致性检查表

受检查方：　　　　　　　　　　　　　　　　　　　　　填表时间：　　年　　月　　日

产品名称、型号			
检查项目	检查内容	检查结论	不合格事实描述
一、铭牌标志 　产品名称、规格型号、代号（或等效孔口直径）、制造商、生产厂、符号、标识、警告用语等		□符合 □不符合	
二、产品特性检查 　1.喷嘴的结构形式 　2.导流罩的形式（适用时） 　3.喷嘴的结构尺寸（孔径、孔数等） 　4.指定试验（喷嘴流量特性）		□符合 □不符合	
综合结论	□ 符合认证要求		□ 不符合认证要求

检查人员：

表 A.82 气体灭火系统集流管/分流管一致性检查表

受检查方：　　　　　　　　　　　　　　　　　　　　　填表时间：　　年　　月　　日

产品名称、型号			
检查项目	检查内容	检查结论	不合格事实描述
一、铭牌标志 　产品名称、规格型号、工作压力、工作温度范围、制造商、生产厂、符号、标识、警告用语等		□符合 □不符合	
二、关键元器件 　安全泄放装置的名称、规格型号、生产单位			
三、产品特性检查 　1.集流管/分流管结构形式 　2.公称工作压力 　3.进口直径、出口直径、进出口数量 　4.安全泄放装置动作压力		□符合 □不符合	
综合结论	□ 符合认证要求		□ 不符合认证要求

检查人员：

表 A.83 气体灭火系统信号反馈装置一致性检查表

受检查方：　　　　　　　　　　　　　　　　　　　　填表时间：　　年　　月　　日

产品名称、型号			
检查项目	检查内容	检查结论	不合格事实描述
一、铭牌标志 　产品名称、规格型号、工作压力、工作电压、触点容量、动作压力、制造商、生产厂、符号、标识、警告用语等		□符合 □不符合	
二、关键元器件 　信号输出元件的名称、规格型号、生产单位		□符合 □不符合	
三、产品特性检查 　1.公称工作压力、动作压力 　2.电性能参数		□符合 □不符合	
综合结论	□符合认证要求		□不符合认证要求

检查人员：

表 A.84 气体灭火系统低泄高封阀一致性检查表

受检查方：　　　　　　　　　　　　　　　　　　　填表时间：　年　月　日

产品名称、型号			
检查项目	检查内容	检查结论	不合格事实描述
一、铭牌标志 产品名称、规格型号、工作压力、动作压力、制造商、生产厂、符号、标识、警告用语等		□符合 □不符合	
二、产品特性检查 公称工作压力、动作压力		□符合 □不符合	
综合结论	□符合认证要求		□不符合认证要求

检查人员：

表A.85 气体灭火系统电磁型驱动装置一致性检查表

受检查方：　　　　　　　　　　　　　　　　　　　　　　填表时间：　　年　　月　　日

产品名称、型号			
检查项目	检查内容	检查结论	不合格事实描述
一、铭牌标志 　产品名称、规格型号、工作温度范围、工作电压、工作电流、驱动力、制造商、生产厂、符号、标识、警告用语等		□符合 □不符合	
二、关键元器件 　电磁元件的类别、规格型号、生产单位		□符合 □不符合	
三、产品特性检查 　1.装置的组成、结构 　2.工作温度范围、工作电压、工作电流、驱动力 　3.复位形式		□符合 □不符合	
综合结论	□ 符合认证要求		□ 不符合认证要求

检查人员：

表 A.86 气体灭火系统气动型驱动装置一致性检查表

受检查方：　　　　　　　　　　　　　　　　　　　填表时间：　　年　　月　　日

产品名称、型号			
检查项目	检查内容	检查结论	不合格事实描述
一、铭牌标志 产品名称、规格型号、工作温度范围、最大工作压力、驱动力、制造商、生产厂、符号、标识、警告用语等		□符合 □不符合	
二、产品特性检查 1.装置的组成、结构 2.工作温度范围、驱动力		□符合 □不符合	
综合结论	□ 符合认证要求		□ 不符合认证要求

检查人员：

表A.87 气体灭火系统电爆型驱动装置一致性检查表

受检查方：　　　　　　　　　　　　　　　　　　　　　　　　填表时间：　　年　　月　　日

产品名称、型号			
检查项目	检查内容	检查结论	不合格事实描述
一、铭牌标志 产品名称、规格型号、工作温度范围、工作电压、电流、驱动力、电爆元件有效期、制造商、生产厂、符号、标识、警告用语等		□符合 □不符合	
二、关键元器件 电爆元件的类别、规格型号、生产单位		□符合 □不符合	
三、产品特性检查 1.装置的组成、结构 2.工作温度范围、工作电压、电流、驱动力 3.电爆元件数量		□符合 □不符合	
综合结论	□ 符合认证要求	□ 不符合认证要求	

检查人员：

表 A.88 气体灭火系统机械型驱动装置一致性检查表

受检查方： 填表时间： 年 月 日

产品名称、型号			
检查项目	检查内容	检查结论	不合格事实描述
一、铭牌标志 产品名称、规格型号、工作温度范围、驱动力、制造商、生产厂、符号、标识、警告用语等		□符合 □不符合	
二、产品特性检查 1.装置的组成、结构 2.工作温度范围、驱动力、操作行程		□符合 □不符合	
综合结论	□ 符合认证要求		□ 不符合认证要求

检查人员：

表 A.89 气体灭火系统燃气型驱动装置一致性检查表

受检查方：　　　　　　　　　　　　　　　　　　　　　　　填表时间：　　年　　月　　日

产品名称、型号			
检查项目	检查内容	检查结论	不合格事实描述
一、铭牌标志 　产品名称、规格型号、工作温度范围、工作电压、电流、有效期、壳体工作压力、输出压力、气体生成量、制造商、生产厂、符号、标识、警告用语等		□符合 □不符合	
二、关键元器件 　产气剂的类别、规格型号、生产单位		□符合 □不符合	
三、产品特性检查 　1.装置的组成、结构 　2.工作温度范围、工作电压、电流、有效期、壳体工作压力、输出压力、气体生成量		□符合 □不符合	
综合结论	□ 符合认证要求		□ 不符合认证要求

检查人员：

表 A.90 气体灭火系统电动型驱动装置一致性检查表

受检查方：　　　　　　　　　　　　　　　　　　　　　　　　填表时间：　　年　　月　　日

产品名称、型号			
检查项目	检查内容	检查结论	不合格事实描述
一、铭牌标志 　产品名称、规格型号、工作温度范围、工作电压、工作电流、驱动力、制造商、生产厂、符号、标识、警告用语等		□符合 □不符合	
二、关键元器件 　1.电机的规格型号、生产单位 　2.变速箱的规格型号、生产单位（适用时）		□符合 □不符合	
三、产品特性检查 　1.装置的组成、结构 　2.工作温度范围、工作电压、工作电流、驱动力		□符合 □不符合	
综合结论	□ 符合认证要求		□ 不符合认证要求

检查人员：

表A.91 气体灭火系统(低压CO_2)超压泄放阀一致性检查表

受检查方：　　　　　　　　　　　　　　　　　　　　填表时间：　年　月　日

产品名称、型号			
检查项目	检查内容	检查结论	不合格事实描述
一、铭牌标志 产品名称、规格型号、动作压力(开启压力、回座压力)、制造商、生产厂、符号、标识、警告用语等		□符合 □不符合	
二、产品特性检查 　1.动作压力(开启压力、回座压力) 　2.结构形式		□符合 □不符合	
综合结论	□符合认证要求	□不符合认证要求	

检查人员：

表A.92 气体灭火系统(低压CO_2)压力控制装置一致性检查表

受检查方：　　　　　　　　　　　　　　　　　　　　填表时间：　　年　　月　　日

产品名称、型号			
检查项目	检查内容	检查结论	不合格事实描述
一、铭牌标志 　产品名称、规格型号、量程及精度(适用时)、制造商、生产厂、符号、标识、警告用语等		□符合 □不符合	
二、产品特性检查 　1.压力控制装置的结构形式 　2.公称工作压力、动作压力 　3.量程及精度(适用时) 　4.电性能参数		□符合 □不符合	
综合结论	□符合认证要求	□不符合认证要求	

检查人员：

表 A.93 气体灭火系统(低压CO_2)灭火剂贮存装置一致性检查表

受检查方：　　　　　　　　　　　　　　　　　　　填表时间：　　年　　月　　日

产品名称、型号			
检查项目	检查内容	检查结论	不合格事实描述
一、铭牌标志 产品名称、规格型号、装量系数、工作温度范围、容积、制造商、生产厂、符号、标识、警告用语等		□符合 □不符合	
二、关键元器件 1.容器的类别、规格型号、生产单位 2.制冷系统的规格型号、生产单位 3.保温材料种类、规格型号、生产单位 4.灭火剂量显示装置名称、规格型号、生产单位		□符合 □不符合	
三、产品特性检查 1.装置的组成、结构形式 2.保温绝热形式 3.公称工作压力、容积、装量系数 4.制冷机数量 5.超压泄放阀数量		□符合 □不符合	
综合结论	□ 符合认证要求		□ 不符合认证要求

检查人员：

表 A.94 悬挂式气体灭火装置一致性检查表

受检查方：　　　　　　　　　　　　　　　　　　　　　填表时间：　　年　　月　　日

产品名称、型号			
检查项目	检查内容	检查结论	不合格事实描述
一、铭牌标志 产品名称、规格型号、工作温度范围、充装介质名称、贮存压力、灭火剂最大充装密度、装置使用有效期、装置应用方式、制造商、生产厂、符号、标识、警告用语等		□符合 □不符合	
二、关键元器件 1.容器的规格型号、生产单位 2.容器阀的规格型号、生产单位(适用时) 3.感温释放组件的规格型号、生产单位(适用时) 4.喷嘴的规格型号、生产单位(适用时) 5.驱动器的类型、规格型号、生产单位(适用时) 6.检漏装置的规格型号、生产单位 7.信号反馈装置的规格型号、生产单位 8.安全泄放装置的规格型号、生产单位		□符合 □不符合	
三、产品特性检查 1.装置的组成、结构形式 2.装置启动方式 3.装置的容积、贮存压力、工作温度范围、灭火剂充装密度、工作电压(适用时)等		□符合 □不符合	
综合结论	□ 符合认证要求	□ 不符合认证要求	

检查人员：

表 A.95 消防应急灯具一致性检查表

受检查方：　　　　　　　　　　　　　　　　　　　　　填表时间：　　年　　月　　日

产品名称、型号			
检查项目	检查内容	检查结论	不合格事实描述
一、铭牌标志 产品名称、型号、执行标准号、生产厂名称、厂址、商标、制造日期及产品编号、主要技术参数（外壳防护等级、额定电源电压、额定工作频率、应急工作时间、应急输出光通量、使用光源名称和参数、主电功耗）、适宜于直接安装在普通可燃材料表面的标记、说明书等		□符合 □不符合	
二、关键元器件 1.电池的类型、节数、单节电池型号、容量、生产厂名称 2.光源的类型、额定工作电压、功率、生产厂名称		□符合 □不符合	
三、产品特性检查 1.外形结构、尺寸 2.电路设计 3.外壳材质 4.应急控制方式、应急供电方式、工作方式、安装方式		□符合 □不符合	
四、主要生产工艺		□符合 □不符合	
综合结论	□ 符合认证要求		□ 不符合认证要求

检查人员：

表 A.96 应急照明控制器一致性检查表

受检查方：　　　　　　　　　　　　　　　　　　　　　　　填表时间：　　年　　月　　日

产品名称、型号			
检查项目	检查内容	检查结论	不合格事实描述
一、铭牌标志 产品名称、型号、执行标准号、生产厂名称、厂址、商标、制造日期及产品编号、主要技术参数（外壳防护等级、额定电源电压、额定工作频率、主电功耗）、说明书等		□符合 □不符合	
二、关键元器件 1.电池的类型、节数、单节电池型号、容量、生产厂名称 2.光源的类型、额定工作电压、功率、生产厂名称		□符合 □不符合	
三、产品特性检查 1.外形结构、尺寸 2.外壳材质 3.显示器件类别 4.电路设计 5.容量		□符合 □不符合	
四、主要生产工艺		□符合 □不符合	
综合结论	□ 符合认证要求		□ 不符合认证要求

检查人员：

表 A.97 消防应急灯具专用应急电源一致性检查表

受检查方：　　　　　　　　　　　　　　　　　　　　　　　填表时间：　　年　月　日

产品名称、型号			
检查项目	检查内容	检查结论	不合格事实描述
一、铭牌标志 产品名称、型号、执行标准号、生产厂名称、厂址、商标、制造日期及产品编号、主要技术参数（外壳防护等级、额定电源电压、额定工作频率、输出参数、主电功耗）、说明书等		□符合 □不符合	
二、关键元器件 1.电池的类型、节数、单节电池型号、容量、生产厂名称 2.变压器的型号和生产厂名称 3.逆变器的型号和生产厂名称		□符合 □不符合	
三、产品特性检查 1.外形结构、尺寸 2.外壳材质 3.显示器件类别 4.电路设计 5.标称应急工作时间		□符合 □不符合	
四、主要生产工艺		□符合 □不符合	
综合结论	□ 符合认证要求	□ 不符合认证要求	

检查人员：

表 A.98 防火门一致性检查表

受检查方：　　　　　　　　　　　　　　　　　　　　　　　　　　填表时间：　　年　　月　　日

产品名称、型号			
检查项目	检查内容	检查结论	不合格事实描述
一、铭牌标志 　产品名称、型号、制造商、生产厂、符号、标识、警告用语、说明书等		□符合 □不符合	
二、关键原材料 　1.门扇内填充材料种类、规格型号、生产单位 　2.门框和门扇面板材料 　3.防火玻璃规格型号 　4.防火密封件规格型号		□符合 □不符合	
三、产品结构及特性参数 　1.外形尺寸 　2.门扇结构 　3.门框结构 　4.双扇门中缝连接方式 　5.玻璃透光尺寸 　6.门扇厚度 　7.门框侧壁宽度 　8.防火密封件设置		□符合 □不符合	
综合结论	□ 符合认证要求		□ 不符合认证要求

检查人员：

表 A.99 防火窗一致性检查表

受检查方：　　　　　　　　　　　　　　　　　　　　　　　　填表时间：　　年　　月　　日

产品名称、型号			
检查项目	检查内容	检查结论	不合格事实描述
一、铭牌标志 产品名称、型号、制造商、生产厂、符号、标识、警告用语、说明书等		□符合 □不符合	
二、关键原材料 防火玻璃的种类、规格型号、生产单位		□符合 □不符合	
三、产品特性参数		□符合 □不符合	
综合结论	□符合认证要求		□不符合认证要求

检查人员：

表 A.100 饰面型防火涂料一致性检查表

受检查方：　　　　　　　　　　　　　　　　　　　　　填表时间：　　年　月　日

产品名称、型号			
检查项目	检查内容	检查结论	不合格事实描述
一、铭牌标志 　产品名称、型号、制造商、生产厂、符号、标识、警告用语、说明书等		□符合 □不符合	
二、关键原材料 　1.成膜剂（黏接剂） 　2.阻燃剂 　3.膨胀剂 　4.成碳剂		□符合 □不符合	
三、产品特性参数 　1.颜色 　2.在容器中的状态 　3.细度		□符合 □不符合	
四、生产工艺 　生产工艺流程		□符合 □不符合	
综合结论	□ 符合认证要求		□ 不符合认证要求

检查人员：

表 A.101 钢结构防火涂料一致性检查表

受检查方：　　　　　　　　　　　　　　　　　　　　　　　填表时间：　　年　月　日

产品名称、型号			
检查项目	检查内容	检查结论	不合格事实描述
一、铭牌标志 　产品名称、型号、制造商、生产厂、符号、标识、警告用语、说明书等		□符合 □不符合	
二、关键原材料 　1.成膜剂 　2.阻燃剂 　3.膨胀剂 　4.成碳剂 　5.粘接剂 　6.增强剂		□符合 □不符合	
三、产品特性参数 　1.外观与颜色 　2.在容器中的状态		□符合 □不符合	
四、生产工艺 　生产工艺流程		□符合 □不符合	
综合结论	□ 符合认证要求	□ 不符合认证要求	

检查人员：

表 A.102 电缆防火涂料一致性检查表

受检查方：　　　　　　　　　　　　　　　　　　　　　　　填表时间：　　年　月　日

产品名称、型号			
检查项目	检查内容	检查结论	不合格事实描述
一、铭牌标志 产品名称、型号、制造商、生产厂、符号、标识、警告用语、说明书等		□符合 □不符合	
二、关键原材料 1.成膜剂 2.阻燃剂 3.膨胀剂 4.成碳剂		□符合 □不符合	
三、产品特性参数 1.外观 2.颜色		□符合 □不符合	
四、生产工艺 生产工艺流程		□符合 □不符合	
综合结论	□ 符合认证要求		□ 不符合认证要求

检查人员：

表 A.103 柔性有机堵料一致性检查表

受检查方：　　　　　　　　　　　　　　　　　　　　　填表时间：　年　月　日

产品名称、型号			
检查项目	检查内容	检查结论	不合格事实描述
一、铭牌标志 产品名称、型号、制造商、生产厂、符号、标识、警告用语、说明书等		□符合 □不符合	
二、关键原材料 1.粘接剂 2.阻燃剂 3.填充料		□符合 □不符合	
三、产品特性参数 1.外观 2.颜色		□符合 □不符合	
四、生产工艺 生产工艺流程		□符合 □不符合	
综合结论	□ 符合认证要求	□ 不符合认证要求	

检查人员：

表A.104 无机堵料一致性检查表

受检查方：　　　　　　　　　　　　　　　　　　　　　　　　　填表时间：　年　月　日

产品名称、型号			
检查项目	检查内容	检查结论	不合格事实描述
一、铭牌标志 　产品名称、型号、制造商、生产厂、符号、标识、警告用语、说明书等		□符合 □不符合	
二、关键原材料 　1.胶凝材料 　2.骨料材料		□符合 □不符合	
三、产品特性参数 　1.外观 　2.颜色		□符合 □不符合	
四、生产工艺 　生产工艺流程		□符合 □不符合	
综合结论	□ 符合认证要求		□ 不符合认证要求

检查人员：

表A.105 阻火包一致性检查表

受检查方：　　　　　　　　　　　　　　　　　　　　　　　　填表时间：　　年　　月　　日

产品名称、型号			
检查项目	检查内容	检查结论	不合格事实描述
一、铭牌标志 　产品名称、型号、制造商、生产厂、符号、标识、警告用语、说明书等		□符合 □不符合	
二、关键原材料 　1.耐火原材料 　2.防水包装材料 　3.纤维布材料		□符合 □不符合	
三、产品特性参数 　1.外观 　2.颜色		□符合 □不符合	
四、生产工艺 　生产工艺流程		□符合 □不符合	
综合结论	□ 符合认证要求	□ 不符合认证要求	

检查人员：

表 A.106 阻火模块一致性检查表

受检查方：　　　　　　　　　　　　　　　　　　填表时间：　年　月　日

产品名称、型号			
检查项目	检查内容	检查结论	不合格事实描述
一、铭牌标志 　产品名称、型号、制造商、生产厂、符号、标识、警告用语、说明书等		□符合 □不符合	
二、关键原材料 　1.预聚物 　2.阻燃剂 　3.催化剂 　4.颜料		□符合 □不符合	
三、产品特性参数 　1.外观 　2.颜色		□符合 □不符合	
四、生产工艺 　生产工艺流程		□符合 □不符合	
综合结论	□符合认证要求		□不符合认证要求

检查人员：

表 A.107 防火封堵板材一致性检查表

受检查方：　　　　　　　　　　　　　　　　　　　　　填表时间：　年　月　日

产品名称、型号			
检查项目	检查内容	检查结论	不合格事实描述
一、铭牌标志 　产品名称、型号、制造商、生产厂、符号、标识、警告用语、说明书等		□符合 □不符合	
二、关键原材料 　1.主体材料 　2.辅助材料 　3.助剂		□符合 □不符合	
三、产品特性参数 　1.外观 　2.颜色		□符合 □不符合	
四、生产工艺 　生产工艺流程		□符合 □不符合	
综合结论	□ 符合认证要求	□ 不符合认证要求	

检查人员：

表 A.108 泡沫封堵材料一致性检查表

受检查方：　　　　　　　　　　　　　　　　　　　　　　填表时间：　　年　　月　　日

产品名称、型号			
检查项目	检查内容	检查结论	不合格事实描述
一、铭牌标志 产品名称、型号、制造商、生产厂、符号、标识、警告用语、说明书等		□符合 □不符合	
二、关键原材料 1.预聚物 2.颜料 3.阻燃剂 4.催化剂 5.稳定剂		□符合 □不符合	
三、产品特性参数 1.外观 2.颜色		□符合 □不符合	
四、生产工艺 生产工艺流程		□符合 □不符合	
综合结论	□ 符合认证要求		□ 不符合认证要求

检查人员：

表 A.109 防火密封胶一致性检查表

受检查方：　　　　　　　　　　　　　　　　　　　　　　　　填表时间：　　年　　月　　日

产品名称、型号			
检查项目	检查内容	检查结论	不合格事实描述
一、铭牌标志 　产品名称、型号、制造商、生产厂、符号、标识、警告用语、说明书等		□符合 □不符合	
二、关键原材料 　1.基材 　2.阻燃剂 　3.颜料 　4.助剂		□符合 □不符合	
三、产品特性参数 　1.外观 　2.颜色		□符合 □不符合	
四、生产工艺 　生产工艺流程		□符合 □不符合	
综合结论	□ 符合认证要求	□ 不符合认证要求	

检查人员：

表 A.110 缝隙封堵材料一致性检查表

受检查方：　　　　　　　　　　　　　　　　　　　　填表时间：　　年　　月　　日

产品名称、型号			
检查项目	检查内容	检查结论	不合格事实描述
一、铭牌标志 　产品名称、型号、制造商、生产厂、符号、标识、警告用语、说明书等		□符合 □不符合	
二、关键原材料 　1.基材 　2.阻燃剂 　3.颜料 　4.助剂		□符合 □不符合	
三、产品特性参数 　1.外观 　2.颜色		□符合 □不符合	
四、生产工艺 　生产工艺流程		□符合 □不符合	
综合结论	□符合认证要求		□不符合认证要求

检查人员：

表 A.111 阻火包带一致性检查表

受检查方：　　　　　　　　　　　　　　　　　　　　　　　　填表时间：　　年　　月　　日

产品名称、型号			
检查项目	检查内容	检查结论	不合格事实描述
一、铭牌标志 　产品名称、型号、制造商、生产厂、符号、标识、警告用语、说明书等		□符合 □不符合	
二、关键原材料 　1.主体材料 　2.阻燃剂 　3.助剂		□符合 □不符合	
三、产品特性参数 　1.外观 　2.颜色		□符合 □不符合	
四、生产工艺 　生产工艺流程		□符合 □不符合	
综合结论	□符合认证要求	□不符合认证要求	

检查人员：

附 录 B
（规范性附录）
消防产品一致性控制检查记录

B.1 要求

B.1.1 消防产品一致性控制检查记录应由具有规定专业资质的检查人员填写。记录填写应使用黑色钢笔或碳素笔，记录内容应完整，字迹清晰规范，不适用的检查项目在检查记录表中以斜杠划掉。

B.1.2 制造商、工厂不同时，应同时填写制造商和工厂的名称并注明。

B.2 一致性控制检查记录表

消防产品一致性控制检查记录表见表 B.1。

表 B.1 消防产品一致性控制检查记录表

受检查方：　　　　　　　　　　　　　　　　　　　　　　　　　　　检查时间：　年　月　日

检查内容	控制要求	检查结论
1.一致性控制文件	工厂应建立并保持认证产品一致性控制文件，一致性控制文件至少应包括： 1) 针对具体认证产品型号的设计要求、产品结构描述、物料清单（应包含所使用的关键元器件的型号、主要参数及供应商）等技术文件； 2) 针对具体认证产品的生产工序工艺、生产配料单等生产控制文件； 3) 针对认证产品的检验（包括进货检验、生产过程检验、成品例行检验及确认检验）要求、方法及相关资源条件配备等质量控制文件； 4) 针对获证后产品的变更（包括标准、工艺、关键件等变更）控制、标志使用管理等程序文件	□符合 □不符合
	产品设计标准或规范应是一致性控制文件的其中一个内容，其要求应不低于有关该产品的认证实施规则中规定的标准要求	□符合 □不符合
2.关键件和材料的检验/验证控制	1) 工厂应建立并保持对供应商提供的关键元器件和材料的检验或验证的程序，以确保关键件和材料满足认证所规定的要求； 2) 关键件和材料的检验可由工厂进行，也可以由供应商完成。当由供应商检验时，工厂应对供应商提出明确的检验要求； 3) 工厂应保存关键件和材料检验或验证记录、供应商提供的合格证明及有关检验数据等	□符合 □不符合

表 B.1（续）

检查内容	控制要求	检查结论
3.批量产品的一致性控制	工厂应采取相应的措施，确保批量生产的认证产品至少在以下方面与认证发证检验合格样品保持一致： 1) 认证产品的铭牌标志、说明书和包装上所标明的产品名称、规格和型号； 2) 认证产品的适用范围及主要技术参数； 3) 主要原材料的规格型号、等级及生产商； 4) 配方及生产工艺	□符合 □不符合
4.例行检验和确认检验控制	1) 工厂应制定并保持文件化的例行检验和确认检验程序，以验证产品满足规定的要求。检验程序中应包括检验项目、内容、方法、判定准则等。应保存检验记录	□符合 □不符合
	2) 例行检验是在生产的最终阶段对生产线上的产品进行的100%检验，通常检验后，除包装和加贴标签外，不再进一步加工。例行检验允许采用经验证的等效快速的在线检验方法进行。例行检验项目应符合消防产品强制性认证实施规则相关文件要求，技术指标应不低于相应认证规则规定标准的要求	□符合 □不符合
	3) 确认检验是为验证产品持续符合标准（产品认证实施规则中规定的标准）要求进行的抽样检验。确认检验项目符合消防产品强制性认证实施规则相关文件要求，技术指标应不低于相应认证规则规定标准的要求	□符合 □不符合
5.获证产品的变更控制	工厂应建立文件化的变更控制程序，确保认证产品的设计、采用的关键件和材料以及生产工序工艺、检验条件等因素的变更得到有效控制。获证产品涉及如下的变更，工厂在实施前应向认证机构申报，获得批准后方可执行： 1) 产品设计（原理、结构等）的变更； 2) 产品采用的关键件和关键材料的变更（型号、供应商、数量等）； 3) 关键工序、工序及其生产设备的变更； 4) 例行检验和确认检验条件和方法变更； 5) 生产场所搬迁、生产质量体系换版等变更； 6) 其他可能影响与相关标准的符合性或型式检验样机的一致性的变更	□符合 □不符合
6.铭牌及标志管理	获得产品认证的消防产品，其铭牌标志、包装和说明书等应符合国家法律法规、标准等的要求	□符合 □不符合

消防员个人防护装备配备标准(XF 621—2013)

前　　言

根据公安部、应急管理部联合公告(2020 年 5 月 28 日)和应急管理部 2020 年第 5 号公告(2020 年 8 月 25 日),本标准归口管理自 2020 年 5 月 28 日起由公安部调整为应急管理部,标准编号自 2020 年 8 月 25 日起由 GA 621—2013 调整为 XF 621—2013,标准内容保持不变。

本标准的第 5 章为强制性的,其余为推荐性的。

本标准按照 GB/T 1.1—2009 给出的规则起草。

本标准代替 GA 621—2006《消防员个人防护装备配备标准》。与 GA 621—2006 相比,除编辑性修改外主要技术变化如下:

——将消防员个人防护装备的分类由基本防护装备、特种防护装备二类改为躯体防护装备、呼吸保护装备和随身携带装备三类(见 5.1~5.4,2006 版的 5.1、5.2);

——增加了消防员灭火防护服、灭火防护头套、消防手套和灭火防护靴的配备和备份数量(见表 1,2006 版的表 1、表 2);

——增加了应急救援用的消防员个人防护装备及配备数量,包括消防护目镜、抢险救援防护服、抢险救援防护靴、抢险救援手套、抢险救援头盔等(见表 1);

——增加了普通消防站中消防员隔热防护服、手提式强光照明灯、防高温手套、一级消防员化学防护服和防化手套的配备数量(见表 1);

——增配了消防员降温背心、消防员呼救器后场接收装置、消防用荧光棒、头骨振动式通信装置、防爆手持电台和消防员单兵定位装置等防护装备(见表 1、表 3)。

本标准由公安部消防局提出。

本标准由全国消防标准化技术委员会灭火救援分技术委员会(SAC/TC 113/SC 10)归口。

本标准起草单位:公安部上海消防研究所。

本标准主要起草人:魏捍东、薛林、王治安、曹永强、何宁、王丽晶、张智、殷海波、周凯。

本标准所代替标准的历次版本发布情况为:

——GA 621—2006。

1 范围

本标准规定了消防员个人防护装备的术语和定义、配备原则、配备要求以及管理与维护。

本标准适用于公安消防部队消防员个人防护装备的配备。其他形式消防队消防员个人防护装备的配备可参照本标准执行。

2 规范性引用文件

下列文件对于本文件的应用是必不可少的。凡是注日期的引用文件,仅注日期的版本适用于本文件。凡是不注日期的引用文件,其最新版本(包括所有的修改单)适用于本文件。

GB/T 6568　带电作业用屏蔽服装

GB 12014　防静电工作服
XF 6　消防员灭火防护靴
XF 7—2004　消防手套
XF 10　消防员灭火防护服
XF 44　消防头盔
XF 124　正压式消防空气呼吸器
GA 401　消防员呼救器
XF 494　消防用防坠落装备
XF 630　消防腰斧
XF 632　正压式消防氧气呼吸器
XF 633　消防员抢险救援防护服装
XF 634　消防员隔热防护服
XF 770　消防员化学防护服装
XF 869　消防员灭火防护头套

3 术语和定义

下列术语和定义适用于本文件。

3.1
消防员个人防护装备　Personal protective equipment of firefighter

消防员在灭火救援作业或训练中用于保护自身安全的基本防护装备和特种防护装备。

3.2
备份比　redundancy rate

消防员个人防护装备配备投入使用数量与备用数量之比。

4 配备原则

4.1 优先配置原则

消防员个人防护装备的配备应优先于其他类别装备的配备。

4.2 安全可靠原则

消防员个人防护装备应能保护消防员在灭火救援作业或训练时有效抵御有害物质和外力对人体的伤害,各项性能应安全可靠。

4.3 系统配套原则

消防员个人防护装备应系统配套,功能多样,有利于装备功能的充分发挥,有利于战斗展开和灭火技术、战术的实施。

4.4 实用有效原则

消防员个人防护装备配备应从实战需要出发,方便适用,能有效保护消防员在实战中的人身安全。

5 配备要求

5.1 消防员个人防护装备按照防护功能分为消防员躯体防护类装备、呼吸保护类装备和随身携带类装备等三类。各类装备应符合国家标准或行业标准,以及相应的市场准入规则。
5.2 消防员躯体防护类装备配备应符合表1的规定。
5.3 消防员呼吸保护类装备配备应符合表2的规定。
5.4 消防员随身携带类装备配备应符合表3的规定。
5.5 本标准规定的消防员个人防护装备配备种类及配备数量是消防部队配备的最低要求。
5.6 根据备份比计算的备份数量为非整数时应向上取整。
5.7 寒冷地区的消防员个人防护装备应考虑防寒要求。
5.8 消防员个人防护装备配备除执行本标准外,尚应符合国家的有关规定。

表 1 消防员躯体防护类装备配备表

序号	名称	主要用途及性能	普通消防站				特勤消防站		备注
			一级普通消防站		二级普通消防站				
			配备	备份比	配备	备份比	配备	备份比	
1	消防头盔	用于头部、面部及颈部的安全防护。技术性能符合XF 44的要求	2顶/人	4:1	2顶/人	4:1	2顶/人	2:1	
2	消防员灭火防护服	用于灭火救援时身体防护。技术性能符合XF 10的要求	2套/人	1:1	2套/人	1:1	2套/人	1:1	
3	消防手套	用于手部及腕部防护。技术性能不低于XF 7—2004中1类消防手套的要求	4副/人	1:1	4副/人	1:1	4副/人	1:1	可根据需要选择配备2类或3类消防手套
4	消防安全腰带	登高作业和逃生自救。技术性能符合XF 494的要求	1根/人	4:1	1根/人	4:1	1根/人	4:1	
5	消防员灭火防护靴	用于小腿部和足部防护。技术性能符合XF 6的要求	2双/人	1:1	2双/人	1:1	2双/人	1:1	
6	消防员隔热防护服	强热辐射场所的全身防护。技术性能符合XF 634的要求	4套/班	4:1	4套/班	4:1	4套/班	2:1	优先配备带有空气呼吸器背囊的消防员隔热防护服

表 1（续）

序号	名称	主要用途及性能	普通消防站				特勤消防站		备注
			一级普通消防站		二级普通消防站				
			配备	备份比	配备	备份比	配备	备份比	
7	消防员避火防护服	进入火焰区域短时间灭火或关阀作业时的全身防护	2套/站	—	2套/站	—	3套/站	—	
8	二级化学防护服	化学灾害现场处置挥发性化学固体、液体时的躯体防护。技术性能符合XF 770的要求	6套/站	—	4套/站	—	1套/人	4:1	原名消防防化服或消防员普通化学防护服。应配备相应的训练用服装
9	一级化学防护服	化学灾害现场处置高浓度、强渗透性气体时的全身防护。具有气密性，对强酸强碱的防护时间不低于1 h。应符合XF 770的要求	2套/站	—	2套/站	—	6套/站	—	原名重型防化服或全密封消防员化学防护服。应配备相应的训练用服装
10	特级化学防护服	化学灾害现场或生化恐怖袭击现场处置生化毒剂时的全身防护。具有气密性，对军用芥子气、沙林、强酸强碱和工业苯的防护时间不低于1 h	△	—	△	—	2套/站	—	可替代一级化学防护服使用。应配备相应的训练用服装
11	核沾染防护服	处置核事故时，防止放射性沾染伤害	△	—	△	—	△	—	原名防核防化服。距离核设施及相关研究、使用单位较近的消防站宜优先配备

表1（续）

序号	名称	主要用途及性能	普通消防站				特勤消防站		备注
			一级普通消防站		二级普通消防站				
			配备	备份比	配备	备份比	配备	备份比	
12	防蜂服	防蜂类等昆虫侵袭的专用防护	△	—	△	—	2套/站	—	有任务需要的普通消防站配备数量不宜低于2套/站
13	防爆服	爆炸场所排爆作业的专用防护	△	—	△	—	△	—	承担防爆任务的消防站配备数量不宜低于2套/站
14	电绝缘装具	高电压场所作业时全身防护。技术性能符合GB/T 6568的要求	2套/站	—	2套/站	—	3套/站	—	
15	防静电服	可燃气体、粉尘、蒸汽等易燃易爆场所作业时的全身外层防护。技术性能符合GB 12014的要求	6套/站	—	4套/站	—	12套/站	—	
16	内置纯棉手套	应急救援时的手部内层防护	6副/站	—	4副/站	—	12套/站	—	
17	消防员灭火防护头套	灭火救援时头面部和颈部防护。技术性能符合XF 869的要求	2个/人	4:1	2个/人	4:1	2个/人	4:1	原名阻燃头套
18	防静电内衣	可燃气体、粉尘、蒸汽等易燃易爆场所作业时躯体内层防护	2套/人	—	2套/人	—	3套/人	—	

表 1（续）

序号	名称	主要用途及性能	普通消防站				特勤消防站		备注
			一级普通消防站		二级普通消防站				
			配备	备份比	配备	备份比	配备	备份比	
19	消防阻燃毛衣	冬季或低温场所作业时的内层防护	△	—	△	—	1件/人	4∶1	
20	防高温手套	高温作业时的手部和腕部防护	4副/站	—	4副/站	—	6副/站	—	
21	防化手套	化学灾害事故现场作业时的手部和腕部防护	4副/站	—	4副/站	—	6副/站	—	
22	消防护目镜	抢险救援时眼部防护	1个/人	4∶1	1个/人	4∶1	1个/人	4∶1	
23	抢险救援头盔	抢险救援时头部防护。技术性能符合XF 633的要求	1顶/人	4∶1	1顶/人	4∶1	1顶/人	4∶1	
24	抢险救援手套	抢险救援时手部防护。技术性能符合XF 633的要求	2副/人	4∶1	2副/人	4∶1	2副/人	4∶1	
25	抢险救援服	抢险救援时身体防护。技术性能符合XF 633的要求	2套/人	4∶1	2套/人	4∶1	2套/人	4∶1	
26	抢险救援靴	抢险救援时小腿部及足部防护。技术性能符合XF 633的要求	2双/人	4∶1	2双/人	4∶1	2双/人	2∶1	
27	潜水装具	水下救援作业时的专用防护	△	—	△	—	4套/站	—	承担水域救援任务的普通消防站配备数量不宜低于4套/站

表1（续）

序号	名称	主要用途及性能	普通消防站				特勤消防站		备注
			一级普通消防站		二级普通消防站				
			配备	备份比	配备	备份比	配备	备份比	
28	消防专用救生衣	水上救援作业时的专用防护。具有两种复合浮力配置方式，常态时浮力能保证单人作业，救人时最大浮力可同时承载两个成年人，浮力大于等于140 kg	△	—	△	—	1件/2人	2:1	承担水域应急救援任务的普通消防站配备数量不宜低于1件/2人
29	消防员降温背心	降低体温防止中暑。使用时间不应低于2 h	4件/站	—	4件/站	—	4件/班	—	

注："△"表示可选配；"—"表示可无要求。表2、表3同。

表2 消防员呼吸保护类装备配备表

序号	名称	主要用途及性能	普通消防站				特勤消防站		备注
			一级普通消防站		二级普通消防站				
			配备	备份比	配备	备份比	配备	备份比	
1	正压式消防空气呼吸器	缺氧或有毒现场作业时的呼吸防护。技术性能符合XF 124的要求	1具/人	5:1	1具/人	5:1	1具/人	4:1	可根据需要选择配备6.8 L、9 L或双6.8 L气瓶，并选配他救接口。备用气瓶按照正压式空气呼吸器总量1:1备份
2	移动供气源	狭小空间和长时间作业时呼吸保护	1套/站	—	1套/站	—	2套/站	—	

表 2（续）

序号	名称	主要用途及性能	普通消防站				特勤消防站		备注
			一级普通消防站		二级普通消防站				
			配备	备份比	配备	备份比	配备	备份比	
3	正压式消防氧气呼吸器	高原、地下、隧道以及高层建筑等场所长时间作业时的呼吸保护。技术性能符合 XF 632 的要求	△	—	△	—	4具/站	2:1	承担高层、地铁、隧道或在高原地区承担灭火救援任务的普通消防站配备数量不宜低于2具/站
4	强制送风呼吸器	开放空间有毒环境中作业时呼吸保护	△	—	△	—	2套/站	—	
5	消防过滤式综合防毒面具	开放空间有毒环境中作业时呼吸保护	△	—	△	—	1套/2人	4:1	滤毒罐按照消防过滤式综合防毒面具总量1:2备份

表 3 消防员随身携带类装备配备表

序号	名称	主要用途及性能	普通消防站				特勤消防站		备注
			一级普通消防站		二级普通消防站				
			配备	备份比	配备	备份比	配备	备份比	
1	佩戴式防爆照明灯	消防员单人作业照明	1个/人	5:1	1个/人	5:1	1个/人	5:1	
2	消防员呼救器	呼救报警。技术性能符合 GA 401 的要求	1个/人	4:1	1个/人	4:1	1个/人	4:1	配备具有方位灯功能的消防员呼救器,可不配方位灯
3	方位灯	消防员在黑暗或浓烟等环境中的位置标识	1个/人	5:1	1个/人	5:1	1个/人	5:1	

表3（续）

序号	名称	主要用途及性能	普通消防站				特勤消防站		备注
			一级普通消防站		二级普通消防站				
			配备	备份比	配备	备份比	配备	备份比	
4	消防轻型安全绳	消防员自救和逃生。技术性能符合XF 494的要求	1根/人	4:1	1根/人	4:1	1根/人	4:1	
5	消防腰斧	灭火救援时手动破拆非带电障碍物。技术性能符合XF 630的要求	1把/人	5:1	1把/人	5:1	1把/人	5:1	优先配备多功能消防腰斧
6	消防通用安全绳	消防员救援作业。技术性能符合XF 494的要求	2根/班	2:1	2根/班	2:1	4根/班	2:1	
7	消防Ⅰ类安全吊带	消防员逃生和自救。技术性能符合XF 494的要求	△	—	△	—	4根/班	2:1	
8	消防Ⅱ类安全吊带	消防员救援作业。技术性能符合XF 494的要求	2根/班	2:1	2根/班	2:1	4根/班	2:1	可根据需要选择配备消防Ⅱ类安全吊带和消防Ⅲ类安全吊带中的一种或两种
9	消防Ⅲ类安全吊带	消防员救援作业。技术性能符合XF 494的要求	2根/班	2:1	2根/班	2:1	4根/班	2:1	
10	消防防坠落辅助部件	与安全绳和安全吊带、安全腰带配套使用的承载部件。包括:8字环、D形钩、安全钩、上升器、下降器、抓绳器、便携式固定装置和滑轮装置等部件。技术性能符合XF 494的要求	2套/班	3:1	2套/班	3:1	2套/班	3:1	可根据需要选择配备轻型或通用型消防防坠落辅助部件

表 3（续）

序号	名称	主要用途及性能	普通消防站				特勤消防站		备注
			一级普通消防站		二级普通消防站				
			配备	备份比	配备	备份比	配备	备份比	
11	手提式强光照明灯	灭火救援现场作业时的照明。具有防爆性能	3具/班	2:1	3具/班	2:1	3具/班	2:1	
12	消防用荧光棒	黑暗或烟雾环境中一次性照明和标识使用	4根/人	—	4根/人	—	4根/人	—	
13	消防员呼救器后场接收装置	接收火场消防员呼救器的无线报警信号，可声光报警。至少能够同时接收8个呼救器的无线报警信号	△	—	△	—	△	—	若配备具有无线报警功能的消防员呼救器，则每站至少应配备1套
14	头骨振动式通信装置	消防员间以及与指挥员间的无线通信，距离不应低于1 000 m，可配信号中继器	4个/站	—	4个/站	—	8个/站	—	
15	防爆手持电台	消防员间以及与指挥员间的无线通信，距离不应低于1 000 m	4个/站	—	4个/站	—	8个/站	—	
16	消防员单兵定位装置	实时标定和传输消防员在灾害现场的位置和运动轨迹	△	—	△	—	△	—	每套消防员单兵定位装置至少包含一个主机和多个终端

6 管理与维护

6.1 消防员个人防护装备应建立仓储、使用与维护制度。

6.2 消防员个人防护装备的技术资料、图纸、说明书、维修记录和计量检测记录应存档备查。

6.3 对磨损消耗速度快、可连续使用次数少的躯体防护装备和呼吸保护装备,应建立使用记录手册,记录防护装备每次的使用时间、使用人员、使用情况以及安全检查结果等。
6.4 个人使用的防护装备应统一标识、标号,对共用的防护装备应指定专人负责维护。
6.5 消防员个人防护装备应建立相应的维修、报废制度,若有损坏或影响安全使用的,应及时修复或更换。
6.6 消防员个人防护装备正常使用情况下的更换年限应参照装备使用说明书的要求,并结合实际使用频次和磨损等情况确定。消防装备管理部门有规定的,应符合其规定。

消防特勤队(站)装备配备标准(XF 622—2013)

前　　言

根据公安部、应急管理部联合公告(2020年5月28日)和应急管理部2020年第5号公告(2020年8月25日),本标准归口管理自2020年5月28日起由公安部调整为应急管理部,标准编号自2020年8月25日起由GA 622—2013调整为XF 622—2013,标准内容保持不变。

本标准的第5章为强制性的,其余为推荐性的。

本标准按照GB/T 1.1—2009给出的规则起草。

本标准代替GA 622—2006《消防特勤队(站)装备配备标准》。与GA 622—2006相比,除编辑性修改外主要技术变化如下:
——调整了本标准的适用范围(见第1章,2006版的第1章);
——修订了车辆装备配备品种、数量和主要消防车辆技术性能要求(见5.2.1,2006版的5.6.1);
——修订了抢险救援器材配备品种、数量和主要用途要求(见5.2.1～5.2.10、5.3,2006版的5.6.2～5.6.10、5.9);
——调整了灭火器材及其他类器材的配备要求(见5.2.11,2006版的5.6.11);
——删除了水上消防站和航空消防站的装备配备要求(见2006版的5.7、5.8)。

本标准由公安部消防局提出。

本标准由全国消防标准化技术委员会灭火救援分技术委员会(SAC/TC 113/SC 10)归口。

本标准起草单位:公安部上海消防研究所。

本标准主要起草人:魏捍东、薛林、王治安、王丽晶、何宁、施巍、张智、赵铁惠。

本标准于2006年4月首次发布,本版为第一次修订。

1　范围

本标准规定了公安消防特勤队(站)装备的术语和定义、配备原则、配备要求以及管理与维护。

本标准适用于公安消防部队的消防特勤队(站)以及普通消防站中抢险救援班的装备配备。其他承担消防特勤任务的企业消防站、民办消防站等装备配备,可参照本标准执行。

2　规范性引用文件

下列文件对于本文件的应用是必不可少的。凡注日期的引用文件,仅注日期的版本适用于本文件。凡是不注日期的引用文件,其最新版本(包括所有的修改单)适用于本文件。

GB/T 5907　消防基本术语　第一部分
GB/T 14107　消防基本术语　第二部分
GB/T 17906　液压破拆工具通用技术条件
GB 50313　消防通信指挥系统设计规范

GA 209　消防过滤式自救呼吸器
GA 413　救生缓降器
XF 621　消防员个人防护装备配备标准
XF 631　消防救生气垫
XF/T 635　消防用红外热像仪
建标 152—2011　城市消防站建设标准

3　术语和定义

GB/T 5907 和 GB/T 14107 中界定的以及下列术语和定义适用于本文件。

3.1
消防特勤　special fire service

公安消防部队处置各类化学事故等特种灾害事故、扑救特殊火灾、拯救遇险人员生命等的特殊勤务。

3.2
消防特勤队(站)　special fire service department(station)

承担消防特勤任务的消防特勤支队、特勤大队和特勤中队。

3.2.1
消防特勤中队　special fire service lochus

承担消防特勤任务的基层消防特勤队(站)。

3.2.2
消防特勤大队　special fire service battalion

下辖两个以上(含两个)消防特勤中队的消防特勤队。

3.2.3
消防特勤支队　special fire service regiment

直辖市建立的下辖两个以上(含两个)消防特勤大队的消防特勤队。

3.3
抢险救援班　special fire service team

普通消防中队中承担消防特勤任务的班。

3.4
消防特勤装备　special fire service equipment

消防特勤队(站)配备的用于处置特殊火灾和特种灾害事故的车辆及各类侦检、警戒、救生、破拆、堵漏、输转、洗消、照明、排烟、通信、灭火等装备。

4　配备原则

消防特勤队(站)装备配备应符合统一规划、结构合理、功能配套、实用有效的原则。装备配备应保障消防特勤队(站)能够独立开展所承担的消防特勤任务。

5　配备要求

5.1　总则

5.1.1　消防特勤队(站)配备的装备应符合国家标准或行业标准，以及相应的市场准入制度。

5.1.2 消防特勤队(站)人员的个人防护装备配备,应符合 XF 621 的规定。

5.1.3 消防特勤支队下属队(站)的装备配备,可根据需要进行组合,但不得低于本标准的要求。

5.1.4 本标准规定的必配装备是各级消防特勤队(站)的基本配备要求,本标准规定的选配装备应根据当地实际情况配备。

5.2 消防特勤队(站)装备配备

5.2.1 车辆装备配备应符合表1的要求;按照建标152—2011的规定,车辆总数应在8辆～11辆。

5.2.2 侦检器材配备应符合表2的要求。

5.2.3 警戒器材配备应符合表3的要求。

5.2.4 救生器材配备应符合表4的要求。

5.2.5 破拆器材配备应符合表5的要求。

5.2.6 堵漏器材配备应符合表6的要求。

5.2.7 输转器材配备应符合表7的要求。

5.2.8 洗消器材配备应符合表8的要求。

5.2.9 通信器材配备应符合 GB 50313 的规定。

5.2.10 照明、排烟器材配备应符合表9的要求。

5.2.11 灭火及其他器材配备应符合表10的要求。

5.3 抢险救援班装备配备

普通消防站抢险救援班应配备抢险救援车,其装备配备应符合表11的要求。

表 1 消防特勤队(站)车辆装备配备标准

品　种		配备数量	
		必配	选配
灭火消防车	水罐或泡沫消防车	3	—
	压缩空气泡沫消防车		—
	泡沫干粉联用消防车	—	△
	干粉消防车	—	△
举高消防车	登高平台消防车	1	—
	云梯消防车		—
	举高喷射消防车	—	△
专勤消防车	抢险救援消防车	1	—
	排烟消防车或照明消防车	—	△
	化学事故抢险救援或防化洗消消防车	1	—
	侦检消防车	—	△
	通信指挥消防车	—	△

表 1（续）

品　种		配备数量	
		必配	选配
战勤保障消防车	供气消防车	—	△
	器材消防车	—	△
	供液消防车	—	△
	供水消防车	—	△
	自装卸式消防车（含器材保障、供液消防、生活保障集装箱）	—	△
消防摩托车		—	△
主要消防车辆的技术性能			
发动机功率/kW		≥210	
比功率/(kW/t)		≥12	
水罐消防车出水性能	出口压力/MPa	1	1.8
	流量/(L/s)	60	30
泡沫消防车出泡沫性能/类		A、B	
登高平台、云梯消防车额定工作高度/m		≥50	
举高喷射消防车额定工作高度/m		≥20	
抢险救援消防车	起吊质量/kg	≥5 000	
	牵引质量/kg	≥7 000	

注："△"为选配；"—"为无要求，表 2～表 11 同。

表 2　消防特勤队（站）侦检器材配备标准

序号	器材名称	主要用途及要求	配备	备份	备注
1	有毒气体探测仪	探测有毒气体、有机挥发性气体等。具备自动识别、防水、防爆性能	2套	—	
2	军事毒剂侦检仪	侦检沙林、芥子气、路易氏气、氢氰酸等化学战剂。具备防水和快速感应等性能	△	—	
3	可燃气体检测仪	可检测事故现场多种易燃易爆气体的浓度	2套	—	
4	水质分析仪	定性分析水中的化学物质	△	—	
5	电子气象仪	可检测事故现场风向、风速、温度、湿度、气压等气象参数	1套	—	

表2（续）

序号	器材名称	主要用途及要求	配备	备份	备注
6	无线复合气体探测仪	实时检测现场的有毒有害气体浓度，并将数据通过无线网络传输至主机。终端设置多个可更换的气体传感器探头。具有声光报警和防水、防爆功能	△	—	
7	生命探测仪	搜索和定位地震及建筑倒塌等现场的被困人员。有音频、视频、雷达等	2套	—	优先配备雷达生命探测仪
8	消防用红外热像仪	黑暗、浓烟环境中人员搜救或火源寻找。性能符合XF/T635的要求，分为手持式和头盔式两种	2台	—	
9	漏电探测仪	确定泄漏电源位置，具有声光报警功能	1个	1个	
10	核放射探测仪	快速寻找并确定α、β、γ射线污染源的位置。具有声光报警、射线强度显示等功能	△	—	
11	电子酸碱测试仪	测试液体的酸碱度	1套	—	
12	测温仪	非接触测量物体温度，寻找隐藏火源。测温范围：−20 ℃～450 ℃	2个	1个	
13	移动式生物快速侦检仪	快速检测、识别常见的病毒和细菌，可在30 min之内提供检测结果	△	—	
14	激光测距仪	快速准确测量各种距离参数	1个	—	
15	便携危险化学品检测片	通过检测片的颜色变化探测有毒化学气体或蒸汽。检测片种类包括：强酸、强碱、氯、硫化氢、碘、光气、磷化氢、二氧化硫等	4套	—	

表3　消防特勤队（站）警戒器材配备标准

序号	器材名称	主要用途及要求	配备	备份
1	警戒标志杆	灾害事故现场警戒。有发光或反光功能	10根	10根
2	锥型事故标志柱	灾害事故现场道路警戒	10根	10根
3	隔离警示带	灾害事故现场警戒。具有发光或反光功能，每盘长度约250 m	20盘	10盘
4	出入口标志牌	灾害事故现场出入口标识。图案、文字、边框均为反光材料，与标志杆配套使用	2组	—
5	危险警示牌	灾害事故现场警戒警示。分为有毒、易燃、泄漏、爆炸、危险等五种标志，图案为发光或反光材料，与标志杆配套使用	1套	1套
6	闪光警示灯	灾害事故现场警戒警示。频闪型，光线暗时自动闪亮	5个	—
7	手持扩音器	灾害事故现场指挥。功率大于10 W，具备警报功能	2个	1个

表 4 消防特勤队(站)救生器材配备标准

序号	器材名称	主要用途及要求	配备	备份	备注
1	躯体固定气囊	固定受伤人员躯体,保护骨折部位免受伤害。全身式,负压原理快速定型,牢固、轻便	2套	—	
2	肢体固定气囊	固定受伤人员肢体,保护骨折部位免受伤害。分体式,负压原理快速定型,牢固、轻便	2套	—	
3	婴儿呼吸袋	提供呼吸保护,救助婴儿脱离灾害事故现场。全密闭式,与全防型过滤罐配合使用,电驱动送风	△	—	
4	消防过滤式自救呼吸器	事故现场被救人员呼吸防护。性能符合 XF 209 的要求	20具	10具	含滤毒罐
5	救生照明线	能见度较低情况下的照明及疏散导向。具备防水、质轻、抗折、耐拉、耐压、耐高温等性能。每盘长度大于或等于 100 m	2盘	—	
6	折叠式担架	运送事故现场受伤人员。可折叠,承重大于或等于 120 kg	2副	1副	
7	伤员固定抬板	运送事故现场受伤人员。与头部固定器、颈托等配合使用,避免伤员颈椎、胸椎及腰椎再次受伤。担架周边有提手口,可供 3 人以上同时提、扛、抬,水中不下沉,承重大于或等于 250 kg	3块	—	
8	多功能担架	深井、狭小空间、高空等环境下的人员救助。可水平或垂直吊运,承重大于或等于 120 kg	2副	—	
9	消防救生气垫	救助高处被困人员。性能符合 XF 631 的要求	1套	—	
10	救生缓降器	高处救人和自救。性能符合 GA 413 的要求	3个	1个	
11	灭火毯	火场救生和重要物品保护。耐燃氧化纤维材料,防火布夹层织制,在 900 ℃ 火焰中不熔滴,不燃烧	△	—	
12	医药急救箱	现场医疗急救。包含常规外伤和化学伤害急救所需的敷料、药品和器械等	1个	1个	
13	医用简易呼吸器	辅助人员呼吸。包括氧气瓶、供气面罩、人工肺等	△	—	
14	气动起重气垫	交通事故、建筑倒塌等现场救援。有方形、柱形、球形等类型,依据起重重量,可划分为多种规格	2套	—	方形、柱形气垫每套不少于 4 种规格,球形气垫每套不少于 2 种规格

表 4（续）

序号	器材名称	主要用途及要求	配备	备份	备注
15	救援支架	高台、悬崖及井下等事故现场救援。金属框架，配有手摇式绞盘，牵引滑轮最大承载大于或等于 2.5 kN，绳索长度大于或等于 30 m	1组	—	
16	救生抛投器	远距离抛投救生绳或救生圈。气动喷射，投射距离不小于 60 m	1套	—	
17	水面漂浮救生绳	水面救援。可漂浮于水面，标识明显，固定间隔处有绳节，不吸水，破断强度大于或等于 18 kN	△	—	
18	机动橡皮舟	水域救援。双尾锥充气船体，材料防老化、防紫外线。船底部有充气舷梁，铝合金拼装甲板，具有排水阀门，发动机功率大于 18 kW，最大承载能力大于或等于 500 kg	△	—	
19	敛尸袋	包裹遇难人员尸体	20个	—	
20	救生软梯	被困人员营救。长度大于或等于 15 m，荷载大于或等于 1 000 kg	2具	—	
21	自喷荧光漆	标记救人位置、搜索范围、集结区域等	20罐	—	
22	电源逆变器	电源转换。可将直流电转化为 220 V 交流电	1台	—	功率应与实战需求相匹配

表 5 消防特勤队（站）破拆器材配备标准

序号	器材名称	主要用途及要求	配备	备份	备注
1	电动剪扩钳	剪切扩张作业。由刀片、液压泵、微型电机、电池构成，最大剪切圆钢直径大于或等于 22 mm，最大扩张力大于或等于 135 kN。一次充电可连续切断直径 16 mm 钢筋大于或等于 90 次	1具	—	
2	液压破拆工具组	建筑倒塌、交通事故等现场破拆作业。包括机动液压泵、手动液压泵、液压剪切器、液压扩张器、液压剪扩器、液压撑顶器等，性能符合 GB/T 17906 的要求	2套	—	
3	液压万向剪切钳	狭小空间破拆作业。钳头可以旋转，体积小、易操作	1具	—	
4	双轮异向切割锯	双锯片异向转动，能快速切割硬度较高的金属薄片、塑料、电缆等	1具	—	
5	机动链锯	切割各类木质障碍物	1具	1具	增加锯条备份

表 5（续）

序号	器材名称	主要用途及要求	配备	备份	备注
6	无齿锯	切割金属和混凝土材料	1具	1具	增加锯片备份
7	气动切割刀	切割车辆外壳、防盗门等薄壁金属及玻璃等，配有不同规格切割刀片	△	—	
8	重型支撑套具	建筑倒塌现场支撑作业。支撑套具分为液压式、气压式或机械手动式。具有支撑力强、行程高、支撑面大、操作简便等特点	1套	—	
9	冲击钻	灾害现场破拆作业，冲击速率可调	△	—	
10	凿岩机	混凝土结构破拆	△	—	
11	玻璃破碎器	门窗玻璃、玻璃幕墙的手动破拆。也可对砖瓦、薄型金属进行破碎	1台	—	
12	手持式钢筋速断器	直径20 mm以下钢筋快速切断。一次充电可连续切断直径16 mm钢筋大于或等于70次	1台	—	
13	多功能刀具	救援作业。由刀、钳、剪、锯等组成的组合式刀具	5套	—	
14	混凝土液压破拆工具组	建筑倒塌灾害事故现场破拆作业。由液压机动泵、金刚石链锯、圆盘锯、破碎镐等组成，具有切、割、破碎等功能	1套	—	
15	液压千斤顶	交通事故、建筑倒塌现场的重载荷撑顶救援，最大起重重量大于或等于20 t	△	—	
16	便携式汽油金属切割器	金属障碍物破拆。由碳纤维氧气瓶、稳压储油罐等组成，汽油为燃料	△	—	
17	手动破拆工具组	由冲杆、拆锁器、金属切断器、凿子、钎子等部件组成，事故现场手动破拆作业	1套	—	
18	便携式防盗门破拆工具组	主要用于卷帘门、金属防盗门的破拆作业。包括液压泵、开门器、小型扩张器、撬棍等工具。其中开门器最大升限大于或等于150 mm，最大挺举力大于或等于60 kN	2套	—	
19	毁锁器	防盗门及汽车锁等快速破拆。主要由特种钻头螺丝、锁芯拔除器、锁芯切断器、换向扳手、专用电钻、锁舌转动器等组成	1套	—	
20	多功能挠钩	事故现场小型障碍清除，火源寻找或灾后清理	1套	1套	
21	绝缘剪断钳	事故现场电线电缆或其他带电体的剪切	2把	—	

表6 消防特勤队(站)堵漏器材配备标准

序号	器材名称	主要用途及要求	配备	备份	备注
1	内封式堵漏袋	圆形容器、密封沟渠或排水管道的堵漏作业。工作压力大于或等于0.15 MPa	1套	—	每套不少于4种规格
2	外封式堵漏袋	管道、容器、油罐车或油槽车、油桶与储罐罐体外部的堵漏作业。工作压力大于或等于0.15 MPa	1套	—	每套不少于2种规格
3	捆绑式堵漏袋	管道及容器裂缝堵漏作业。袋体径向缠绕,工作压力大于或等于0.15 MPa	1套	—	每套不少于2种规格
4	下水道阻流袋	阻止有害液体流入城市排水系统,材质具有防酸碱性能	2个	—	
5	金属堵漏套管	管道孔、洞、裂缝的密封堵漏。最大封堵压力大于或等于1.6 MPa	1套	—	每套不少于9种规格
6	堵漏枪	密封油罐车、液罐车及储罐裂缝。工作压力大于或等于0.15 MPa,有圆锥形和楔形两种	△	—	每套不少于4种规格
7	阀门堵漏套具	阀门泄漏堵漏作业	△	—	
8	注入式堵漏工具	阀门或法兰盘堵漏作业。无火花材料。配有手动液压泵,泵缸压力大于或等于74 MPa	1组	—	含注入式堵漏胶1箱
9	粘贴式堵漏工具	罐体和管道表面点状、线状泄漏的堵漏作业。无火花材料。包括组合工具、快速堵漏胶等	1组	—	
10	电磁式堵漏工具	各种罐体和管道表面点状、线状泄漏的堵漏作业	1组	—	
11	木制堵漏楔	压力容器的点状、线状泄漏或裂纹泄漏的临时封堵	1套	1套	每套不少于28种规格
12	气动吸盘式堵漏器	封堵不规则孔洞。气动、负压式吸盘,可输转作业	△	—	
13	无火花工具	易燃易爆事故现场的手动作业。一般为铜质合金材料	2套	—	配备不低于11种规格
14	强磁堵漏工具	压力管道、阀门、罐体的泄漏封堵,满足点、线、凸起等不同部位的快速堵漏。工作压力大于或等于1 MPa	△	—	

表7 消防特勤队(站)输转器材配备标准

序号	器材名称	主要用途及要求	配备	备份
1	手动隔膜抽吸泵	输转有毒、有害液体。手动驱动,输转流量大于或等于3 t/h,最大吸入颗粒粒径10 mm,具有防爆性能	1台	—
2	防爆输转泵	吸附、输转各种液体。一般排液量6 t/h,最大吸入颗粒粒径5 mm,安全防爆	1台	—
3	黏稠液体抽吸泵	快速抽取有毒有害及黏稠液体,电机驱动,配有接地线,安全防爆	1台	—
4	排污泵	吸排污水	△	—
5	有毒物质密封桶	装载有毒有害物质。防酸碱、耐高温	1个	—
6	围油栏	防止油类及污水蔓延。材质防腐,充气、充水两用型,可在陆地或水面使用	1组	—
7	吸附垫	酸、碱和其他腐蚀性液体的少量吸附	2箱	1箱
8	集污袋	暂存酸、碱及油类液体。材料耐酸碱	2只	—

表8 消防特勤队(站)洗消类器材配备标准

序号	器材名称	主要用途及要求	配备	备份
1	公众洗消站	对从有毒物质污染环境中撤离人员的身体进行喷淋洗消。也可以做临时会议室、指挥部、紧急救护场所等。帐篷展开面积30 m² 以上。配有电动充、排气泵、洗消供水泵、洗消排污泵、洗消水加热器、暖风发生器、温控仪、洗消喷淋器、洗消液均混罐、洗消喷枪、移动式高压洗消泵(含喷枪)、洗消废水回收袋等	1套	—
2	单人洗消帐篷	消防员离开污染现场时特种服装的洗消。配有充气、喷淋、照明等辅助装备	1套	—
3	简易洗消喷淋器	消防员快速洗消装置。设置有多个喷嘴,配有不易破损软管支脚,遇压呈刚性。重量轻,易携带	1套	—
4	强酸、碱洗消器	化学品污染后的身体洗消及装备洗消。利用压缩空气为动力和便携式压力喷洒装置,将洗消药液形成雾状喷射,可直接对人体表面进行清洗。适用于化学品灼伤的清洗。容量为5 L	1具	—
5	强酸、碱清洗剂	化学品污染后的身体局部洗消及器材洗消。容量为50 mL~200 mL	5瓶	—
6	生化洗消装置	生化有毒物质洗消	△	—
7	三合一强氧化洗消粉	与水溶解后可对酸、碱物质进行表面洗消	100 kg	100 kg
8	三合二洗消剂	对地面、装备进行洗消,不能对精密仪器、电子设备及不耐腐蚀的物体表面洗消	100 kg	100 kg

表 8（续）

序号	器材名称	主要用途及要求	配备	备份
9	有机磷降解酶	对被有机磷、有机氯和硫化物污染的人员、服装、装备以及土壤、水源进行洗消降毒，尤其适用于农药泄漏事故现场的洗消。洗消剂本身无毒、无腐蚀、无刺激，降解后产物无毒害，无二次污染	1 kg	1 kg
10	消毒粉	用于皮肤、服装、装备的局部消毒。可吸附各种液态化学品。主要成分为蒙脱土，不溶于水和有机溶剂，无腐蚀性	2 袋	1 袋

表 9　消防特勤队（站）器材照明排烟类配备标准

序号	器材名称	主要用途及要求	配备	备份	备注
1	移动式排烟机	灾害现场排烟和送风。有电动、机动、水力驱动等	2 台	—	
2	坑道小型空气输送机	狭小空间排气送风。可快速实现正负压模式转换，有配套风管	1 台	—	
3	移动照明灯组	灾害现场的作业照明。由多个灯头组成，具有升降功能，发电机可选配	1 套	—	
4	移动发电机	灾害现场供电。功率大于或等于 5 kW	2 台	—	若移动照明灯组已自带发电机，则可视情不配
5	消防排烟机器人	地铁、隧道及石化装置火灾事故现场排烟、冷却等	△	—	

表 10　消防特勤队（站）灭火及其他器材配备标准

序号	器材名称	主要用途及要求	配备	备份	备注
1	移动式消防炮（手动炮、遥控炮、自摆炮等）	扑救建筑火灾和石油化工火灾等，移动方便	3 门	—	
2	大流量移动消防炮	扑救大型油罐、船舶、石化装置等火灾。流量≥100 L/s，射程≥70 m	△	—	
3	泡沫比例混合器、泡沫液桶、泡沫枪	扑救小面积化工类火灾。由储液桶、吸液管和泡沫枪等组成，操作轻便快捷	2 套	—	
4	空气充填泵	气瓶内填充空气。可同时充填两个气瓶，充气量应不小于 300 L/min	1 台	—	
5	防化服清洗烘干器	烘干防化服。最高温度 40 ℃，压力为 21 kPa	1 组	—	
6	折叠式救援梯	登高作业。伸展后长度大于或等于 3 m，额定承载大于或等于 450 kg	1 具	—	

表 10（续）

序号	器材名称	主要用途及要求	配备	备份	备注
7	水幕水带	阻挡稀释易燃易爆和有毒气体或液体蒸汽	100 m	—	
8	二节拉梯	用于登高作业	3 架	—	
9	三节拉梯	用于登高作业	2 架	—	
10	挂钩梯	用于登高作业	3 架	—	
11	消防灭火机器人	高温、浓烟、强热辐射、爆炸等危险场所的灭火和火情侦察	△	—	
12	高倍数泡沫发生器	灾害现场喷射高倍数泡沫	1 个	—	
13	消防移动储水装置	现场的中转供水及缺水地区的临时储水	△	—	水源缺乏地区可增加配备数量
14	常压水带	用于输送常压消防用水	2 800 m	—	分水器和接口等相关附件的公称压力应与水带相匹配
15	中压水带	用于输送常压或中压消防用水,耐压大于1.6 MPa	1 000 m	—	
16	移动式水带卷盘或水带槽	用于输送消防用水	3 个	—	
17	机动消防泵（含手抬泵、浮艇泵）	用于吸水灭火	3 台	—	
18	多功能消防水枪	火灾扑救,具有直流喷雾无级转换、流量可调、防扭结等功能	10 支	5 支	又名导流式直流喷雾水枪
19	直流水枪	火灾扑救,具有直流射水功能	10 支	5 支	
20	移动式细水雾灭火装置	灾害现场灭火或洗消	△	—	
21	消防面罩超声波清洗机	空气呼吸器面罩清洗	1 台	—	
22	灭火救援指挥箱	为指挥员提供辅助决策。内含笔记本电脑、GPS模块、测温仪等	1 套	—	
23	无线视频传输系统	可对事故现场的音视频信号进行实时采集与远程传输。无线终端应具有防水、防爆、防震等功能	△	—	至少包含一个主机并能同时接收多路音视频信号

表 11 抢险救援班装备配备标准

名称	器材名称	主要用途及要求	配备	备份	备注
侦检	有毒气体探测仪	探测有毒气体、有机挥发性气体等。具备自动识别、防水、防爆性能	1套	—	
	可燃气体检测仪	可检测事故现场多种易燃易爆气体的浓度	1套	—	
	消防用红外热像仪	黑暗、浓烟环境中人员搜救或火源寻找。性能符合 XF/T 635 的要求,有手持式和头盔式两种	1台	—	
	测温仪	非接触测量物体温度,寻找隐藏火源。测温范围 $-20℃\sim450℃$	1个	1个	
警戒	各类警示牌	事故现场警戒警示。具有发光或反光功能	1套	1套	
	闪光警示灯	灾害事故现场警戒警示。频闪型,光线暗时自动闪亮	2个	1个	
	隔离警示带	灾害事故现场警戒。具有发光或反光功能,每盘长度约 250 m	10盘	4盘	
破拆	液压破拆工具组	建筑倒塌、交通事故等现场破拆作业。包括机动液压泵、手动液压泵、液压剪切器、液压扩张器、液压剪扩器、液压撑顶器等,性能符合 GB/T 17906 的要求	2套	—	
	机动链锯	切割各类木质障碍物	1具	1具	增加锯条备份
	无齿锯	切割金属和混凝土材料	1具	1具	增加锯片备份
	手动破拆工具组	由冲杆、拆锁器、金属切断器、凿子、钎子等部件组成,事故现场手动破拆作业	1套	—	
	多功能挠钩	事故现场小型障碍清除,火源寻找或灾后清理	1套	1套	
	绝缘剪断钳	事故现场电线电缆或其他带电体的剪切	2把	—	
	便携式防盗门破拆工具组	主要用于卷帘门、金属防盗门的破拆作业。包括液压泵、开门器、小型扩张器、撬棍等工具。其中开门器最大升限不小于 150 mm,最大挺举力大于或等于 60 kN	2套	—	
	毁锁器	防盗门及汽车锁等快速破拆。主要由特种钻头螺丝、锁芯拔除器、锁芯切断器、换向扳手、专用电钻、锁舌转动器等组成	1套	—	

表 11（续）

名称	器材名称	主要用途及要求	配备	备份	备注
救生	救生缓降器	高处救人和自救。性能符合 GA 413 的要求	3 个	1 个	
	气动起重气垫	交通事故、建筑倒塌等现场救援。有方形、柱形、球形等类型，依据起重重量，可划分为多种规格	1 套	—	方形、柱形气垫每套不少于 4 种规格，球形气垫每套不少于 2 种规格
	消防过滤式自救呼吸器	事故现场被救人员呼吸防护。性能符合 GA 209 的要求	20 具	10 具	含滤毒罐
	多功能担架	深井、狭小空间、高空等环境下的人员救助。可水平或垂直吊运，承重大于或等于 120 kg	1 副	—	
	救援支架	高台、悬崖及井下等事故现场救援。金属框架，配有手摇式绞盘，牵引滑轮最大承载大于或等于 2.5 kN，绳索长度大于或等于 30 m	1 组	—	
	救生抛投器	远距离抛投救生绳或救生圈。气动喷射，投射距离大于或等于 60 m	△	—	
	救生照明线	能见度较低情况下的照明及疏散导向。具备防水、质轻、抗折、耐拉、耐压、耐高温等性能。每盘长度大于或等于 100 m	2 盘	—	
堵漏	医药急救箱	现场医疗急救。包含常规外伤和化学伤害急救所需的敷料、药品和器械等	1 个	1 个	
	木制堵漏楔	压力容器的点状、线状泄漏或裂纹泄漏的临时封堵	1 套	—	每套不少于 28 种规格
	金属堵漏套管	管道孔、洞、裂缝的密封堵漏。最大封堵压力大于或等于 1.6MPa	1 套	—	每套不少于 9 种规格
	粘贴式堵漏工具	罐体和管道表面点状、线状泄漏的堵漏作业。无火花材料。包括组合工具、快速堵漏胶等	1 组	—	
	注入式堵漏工具	阀门或法兰盘堵漏作业。无火花材料。配有手动液压泵，泵缸压力大于或等于 74 MPa	1 组	—	含注入式堵漏胶 1 箱
	电磁式堵漏工具	各种罐体和管道表面点状、线状泄漏的堵漏作业	△	—	
	无火花工具	易燃易爆事故现场的手动作业。一般为铜质合金材料	1 套	—	配备不低于 11 种规格

表 11（续）

名称	器材名称	主要用途及要求	配备	备份	备注
排烟照明	移动式排烟机	灾害现场排烟和送风。有电动、机动、水力驱动等	1台	—	
	移动照明灯组	灾害现场的作业照明。由多个灯头组成，具有升降功能，发电机可选配	1套	—	
	移动发电机	灾害现场供电。功率大于或等于5 kW	1台	—	若移动照明灯组已自带发电机，则可视情不配
其他	水幕水带	阻挡稀释易燃易爆和有毒气体或液体蒸汽	100 m	—	
	空气充填泵	气瓶内填充空气。可同时充填两个气瓶，充气量应大于或等于300 L/min	△	—	
	机动消防泵（含手抬泵、浮艇泵）	用于吸水灭火	3台	—	
	多功能消防水枪	火灾扑救，具有直流喷雾无级转换、流量可调、防扭结等功能	6支	3支	又名导流式直流喷雾水枪
	直流水枪	火灾扑救，具有直流射水功能	10支	5支	
	灭火救援指挥箱	为指挥员提供辅助决策。内含笔记本电脑、GPS模块、测温仪等	1套	—	
	移动发电机	灾害现场供电。功率大于或等于5 kW	△	—	
	手持扬声器	灾害现场扬声及呼叫	1个	—	

6 管理与维护

6.1 各级消防特勤队（站）应建立特勤装备使用管理制度，明确专人管理、维护和保养。

6.2 特勤装备的使用人员，应熟悉装备的用途、技术性能及有关使用说明资料，并接受相应的培训，遵守操作规程。

6.3 特勤装备的图样、使用说明书、技术改造设计图样等技术资料以及维修和计量检定记录等应存档备查。

6.4 特勤装备若有损坏或影响安全使用的，应及时修理或更换。

消防产品现场检查判定规则(XF 588—2012)

前　　言

根据公安部、应急管理部联合公告(2020 年 5 月 28 日)和应急管理部 2020 年第 5 号公告(2020 年 8 月 25 日),本标准归口管理自 2020 年 5 月 28 日起由公安部调整为应急管理部,标准编号自 2020 年 8 月 25 日起由 GA 588—2012 调整为 XF 588—2012,标准内容保持不变。

本标准的第 4 章～第 7 章为强制性的,其余为推荐性的。

本标准按照 GB/T 1.1—2009 给出的规则起草。

本标准代替 GA 588—2005《消防产品现场检查判定规则》,与 GA 588—2005 相比,除编辑性修改外主要技术变化如下:

——依据新修订的消防法,修改了市场准入检查的内容(见第 5 章,2005 版的第 5 章);

——删除了原标准第 6 章,将"产品一致性检查"的内容并入第 5 章;

——增加了产品检验情况检查(见 6.1);

——修改了产品质量现场检查的产品分类(见第 6 章,2005 版的第 7 章);

——修改了消防联动控制器、热气溶胶灭火装置、灭火器、室内消火栓、室外消火栓、消防水带、防火门、薄型(膨胀型)钢结构防火涂料、超薄型钢结构防火涂料等产品质量现场检查的内容(见第 6 章,2005 版的第 7 章);

——增加了独立式感烟火灾探测器、吸气式感烟火灾探测器、气体灭火控制器、消防电气控制装置、消防应急广播设备、消防电话、传输设备、消防控制室图形显示装置、模块、消防电动装置、消火栓按钮、水雾喷头、沟槽式管接件、低压二氧化碳灭火系统、悬挂式气体灭火装置、柜式气体灭火装置、厨房设备灭火装置、干粉灭火系统、悬挂式干粉灭火装置、防火卷帘、混凝土构件防火涂料、隧道防火涂料、阻燃材料及制品等产品现场质量检查的内容(见第 6 章);

——删除了原标准附录 A～附录 C(见 2005 版附录 A、附录 B、附录 C)。

本标准由公安部消防局提出。

本标准由全国消防标准化技术委员会火灾探测与报警分技术委员会(SAC/TC 113/SC 6)归口。

本标准负责起草单位:公安部消防局、公安部沈阳消防研究所、公安部天津消防研究所、公安部上海消防研究所、公安部四川消防研究所。

本标准参加起草单位:安徽省公安消防总队、北京市公安消防总队、江西省公安消防总队、四川省公安消防总队。

本标准主要起草人:屈励、余威、张德成、啜凤英、毛毅平、卢国建、赵华利、程道彬、王学来、刘连喜、朱青、胡锐、汪礼苗、王卫东、曾悦雷、陈学。

本标准所代替标准的历次版本发布情况为:

——GA 588—2005。

引 言

本标准是依据《中华人民共和国消防法》《中华人民共和国产品质量法》《中华人民共和国认证认可条例》和公安部、国家工商总局、国家质检总局联合颁布的《消防产品监督管理规定》,根据消防产品监督检查工作的需要组织制订的。

本标准于 2005 年 12 月 26 日首次发布,本版为第一次修订。本次修订在 2005 版标准的基础上,扩大了适用于现场检查的消防产品范围,进一步明确了现场检查的相关定义和基本要求,修订了市场准入检查和产品质量现场检查的检查项目、技术要求、不合格情况及判定规则等内容,为消防产品现场检查判定提供更为准确的技术依据。

本标准的修订发布,对于提高消防产品监督检查工作的质量,及时发现和查处假冒伪劣消防产品,建立良好的消防产品市场秩序,确保消防产品和消防设施完好有效将发挥重要作用。

1 范围

本标准规定了消防产品现场检查的术语和定义、基本规定、市场准入检查、产品质量现场检查和判定规则。

本标准适用于消防产品质量监督机构对消防产品的现场检查和判定。

2 规范性引用文件

下列文件对于本文件的应用是必不可少的。凡是注日期的引用文件,仅注日期的版本适用于本文件。凡是不注日期的引用文件,其最新版本(包括所有的修改单)适用于本文件。

GB 150(所有部分) 压力容器
GB/T 1804—2000 一般公差 未注公差的线性和角度尺寸的公差
GB 4716—2005 点型感温火灾探测器
GB 5135.1 自动喷水灭火系统 第 1 部分:洒水喷头
GB/T 5907 消防基本术语 第一部分
GB 12955 防火门
GB 13495 消防安全标志
GB 14561 消火栓箱
GB 15763.1 建筑用安全玻璃 第 1 部分:防火玻璃
GB 16669—2010 二氧化碳灭火系统及部件通用技术条件
GB 16670 柜式气体灭火装置
GB 19572 低压二氧化碳灭火系统及部件
GB 25972—2010 气体灭火系统及部件
GB 27898.1 固定消防给水设备 第 1 部分:消防气压给水设备
GB 27898.2 固定消防给水设备 第 2 部分:消防自动恒压给水设备
GB 27898.3 固定消防给水设备 第 3 部分:消防增压稳压给水设备
XF 95 灭火器维修与报废规程
XF 137 消防梯

XF 499.1　气溶胶灭火系统　第1部分:热气溶胶灭火装置
《消防产品监督管理规定》(公安部、国家工商总局、国家质检总局令第122号)

3 术语和定义

GB/T 5907界定的以及下列术语和定义适用于本文件。

3.1
市场准入检查　market admittance inspection
针对产品是否符合国家有关市场准入规定所进行的检查。

3.2
产品质量现场检查　field inspection of product quality
针对产品的一些关键性能,在现场采用相应检查方法进行的产品质量检查。

4 基本规定

4.1 检查类别
4.1.1 消防产品现场检查包括市场准入检查和产品质量现场检查两类。
4.1.2 当市场准入检查不合格时,可不继续进行产品质量现场检查而进行判定。

4.2 检查条件
4.2.1 检查人员应经专业培训具备相应的能力,熟悉消防产品监督管理的规定、产品标准和本标准的要求,能够熟练使用现场检测器具,独立做出现场检查判定。
4.2.2 产品质量现场检查所使用的计量器具,应符合本标准规定的测量范围和精度要求,并经校准和(或)检定合格。消防产品质量现场检测基本器具参见附录A。
4.2.3 产品质量现场检查的环境条件应符合产品使用环境的要求。检查过程中应采取措施防止样品意外损坏或误动作造成伤害。

4.3 样品抽取
4.3.1 被检查样品应在现场随机抽取,样品应处于正常、完好状态,并经被检查方确认。
4.3.2 样品数量应根据被检查产品的品种、基数合理确定,一般为1~3件,同时抽封相同数量的样品留存备查。
4.3.3 经现场检查判定为不合格的,其备用样品应当作为证据予以保存。
4.3.4 对第6章未包含的消防产品以及不适宜进行现场检查判定的消防产品,可在现场随机抽取样品,送法定消防产品质量检验机构检验,同时抽封相同数量的样品留存备查。抽取的样品应按规定经被检查方、产品生产者确认。

4.4 检查记录
4.4.1 检查时,应按照《消防产品监督管理规定》的要求填写消防产品监督检查记录。检查的项目应逐项记录,不合格情况的描述应清晰明了,语言简洁规范,数据准确可靠。
4.4.2 消防产品监督检查记录应由检查人员、被检查方管理人员签字确认;被检查方管理人员对检查记录有异议或者拒绝签字时,应在检查记录中注明。

4.5 检查判定
4.5.1 检查判定结论应按照第7章规定的判定规则给出。检查没有发现不合格时,应在消防产品监督检查记录中注明未发现不合格。对判定为不合格的消防产品,应出具消防产品现场检查判定不合格通知书。

4.5.2 现场检查所依据的标准修订发布并实施的,对在实施日期后生产的消防产品,第6章规定的产品质量现场检查项目应按新修订的标准进行质量判定。

5 市场准入检查

消防产品的市场准入应符合有关法律法规和产业政策的规定。市场准入检查项目、要求及不合格情况见表1。

表 1 市场准入检查

检查项目	要求	不合格情况
强制性产品认证	纳入强制性产品认证目录的消防产品,应依法获得强制性产品认证证书	未获得有效的强制性产品认证证书擅自生产、销售、使用的
技术鉴定	新研制的尚未制定国家标准、行业标准的消防产品,应依法获得消防产品技术鉴定证书	未获得有效的技术鉴定证书擅自生产、销售、使用的
机动车公告	国产消防车、消防摩托车产品应列入工业和信息化部《道路机动车辆生产企业及产品公告》	未列入公告擅自生产、销售的
产品一致性核查	消防产品的外观、标志、规格型号、结构部件、材料、性能参数、生产厂名、厂址与产地、产品实物等应与强制性产品认证证书、技术鉴定证书及其型式检验报告相一致	消防产品的外观、标志、规格型号、结构部件、材料、性能参数、生产厂名、厂址与产地、产品实物等与强制性产品认证证书、技术鉴定证书及其型式检验报告中的描述不一致的

6 产品质量现场检查

6.1 产品检验情况检查

消防产品质量应当按照相关法律法规、强制性国家标准或者行业标准的规定,经型式检验和出厂检验合格。产品检验情况检查项目、要求及不合格情况见表2。

表 2 产品检验情况检查

检查项目	要求	不合格情况
产品检验情况	按照相关法律法规、强制性国家标准或者行业标准的规定需要进行型式检验和出厂检验的消防产品,应具备型式检验合格的检验报告和出厂检验合格的证明文件	未获得有效的型式检验合格报告擅自生产、销售、使用的
		无出厂检验合格证明文件擅自出厂、销售、使用的

6.2 火灾报警设备

6.2.1 点型感烟火灾探测器

6.2.1.1 检查项目

检查项目、技术要求和不合格情况见表3。

表 3　点型感烟火灾探测器检查项目

检查项目	技术要求	不合格情况
功能检查	当被监视区域烟参数达到报警条件时,点型感烟火灾探测器应输出火灾报警信号,红色报警确认灯应点亮,并保持至被复位	未输出火灾报警信号
		红色报警确认灯未点亮
		报警确认灯不能保持至被复位

6.2.1.2 检查方法

6.2.1.2.1　确认点型感烟火灾探测器与火灾报警控制器连接正确并接通电源,处于正常监视状态。用加烟器向点型感烟火灾探测器施加烟气,观察火灾报警控制器的显示状态和点型感烟火灾探测器的报警确认灯状态。

6.2.1.2.2　复位火灾报警控制器,观察点型感烟火灾探测器的报警确认灯状态。

6.2.1.3 检测器具

加烟器:能够向点型感烟火灾探测器施加试验烟。

注:试验烟可由蚊香、棉绳、香烟等材料阴燃产生。

6.2.2 点型感温火灾探测器

6.2.2.1 检查项目

检查项目、技术要求和不合格情况见表4。

表 4　点型感温火灾探测器检查项目

检查项目	技术要求	不合格情况
功能检查	当被监视区域温度参数达到报警条件时,点型感温火灾探测器应输出火灾报警信号,红色报警确认灯应点亮,并保持至被复位	未输出火灾报警信号
		红色报警确认灯未点亮
		报警确认灯不能保持至被复位

6.2.2.2 检查方法

6.2.2.2.1　确认点型感温火灾探测器与火灾报警控制器连接正确并接通电源,处于正常监视状态。用热风机向点型感温火灾探测器的感温元件加热,观察火灾报警控制器的显示状态和点型感温火灾探测器的报警确认灯状态。

6.2.2.2.2　复位火灾报警控制器,观察点型感温火灾探测器的报警确认灯状态。

6.2.2.3 检测器具

热风机:能产生使点型感温火灾探测器报警的热气流。

注:GB 4716—2005 规定,点型感温火灾探测器按典型应用温度分为 A1、A2、B、C、D、E 和 G 中的一类或多类,并主要根据对升温速率响应性能不同分为 S 型和 R 型。应根据探测器的类别及 S 型或 R 型的特点施加满足其动作条件的温度。在检测前,应充分了解探测器的类别和类型,特别是对典型应用温度较高的 C、D、E 和 G 类探测器和具有差温特性的 S 型探测器。

6.2.3 点型红外火焰探测器
6.2.3.1 检查项目
检查项目、技术要求和不合格情况见表5。

表5 点型红外火焰探测器检查项目

检查项目	技术要求	不合格情况
功能检查	当被监视区域发生火灾并产生火焰,达到报警条件时,点型红外火焰探测器应输出火灾报警信号,红色报警确认灯应点亮,并保持至被复位	未输出火灾报警信号
		红色报警确认灯未点亮
		报警确认灯不能保持至被复位

6.2.3.2 检查方法
6.2.3.2.1 确认点型红外火焰探测器与火灾报警控制器连接正确并接通电源,处于正常监视状态。将火焰光源(如打火机、蜡烛,火焰高度4 cm左右)置于距离探测器正前方1 m处,静止或抖动,观察火灾报警控制器的显示状态和点型红外火焰探测器的报警确认灯状态。也可利用生产厂商提供的现场测试光源按其技术要求进行检查。

6.2.3.2.2 复位火灾报警控制器,观察点型红外火焰探测器的报警确认灯状态。

6.2.3.3 检测器具
打火机或蜡烛。

6.2.4 点型紫外火焰探测器
6.2.4.1 检查项目
检查项目、技术要求和不合格情况见表6。

表6 点型紫外火焰探测器检查项目

检查项目	技术要求	不合格情况
功能检查	当被监视区域发生火灾并产生火焰,达到报警条件时,点型紫外火焰探测器应输出火灾报警信号,红色报警确认灯应点亮,并保持至被复位	未输出火灾报警信号
		红色报警确认灯未点亮
		报警确认灯不能保持至被复位

6.2.4.2 检查方法
6.2.4.2.1 确认点型紫外火焰探测器与火灾报警控制器连接正确并接通电源,处于正常监视状态。将火焰光源(如打火机、蜡烛)置于距离探测器正前方1 m处,观察火灾报警控制器的显示状态和点型紫外火焰探测器的报警确认灯状态。

6.2.4.2.2 复位火灾报警控制器,观察点型紫外火焰探测器的报警确认灯状态。

6.2.4.3 器具
打火机或蜡烛。

6.2.5 独立式感烟火灾探测报警器
6.2.5.1 检查项目
检查项目、技术要求和不合格情况见表7。

表7 独立式感烟火灾探测报警器检查项目

检查项目	技术要求	不合格情况
功能检查	当被监视区域烟参数达到报警条件时,独立式感烟火灾探测报警器应发出声、光火灾报警信号	达到报警条件时未发出声、光火灾报警信号
	应具有自检功能,自检时应发出声、光火灾报警信号	无自检功能;或自检时未发出声、光火灾报警信号

6.2.5.2 检查方法

6.2.5.2.1 确认独立式感烟火灾探测报警器按制造商规定的供电方式供电,处于正常监视状态。用加烟器向独立式感烟火灾探测报警器施加烟气,观察独立式感烟火灾探测报警器的声、光报警状态。

6.2.5.2.2 操作独立式感烟火灾探测报警器的自检机构,观察独立式感烟火灾探测报警器的声、光报警状态。

6.2.5.3 检测器具

加烟器:能够向独立式感烟火灾探测报警器施加试验烟。

注:试验烟可由蚊香、棉绳、香烟等材料阴燃产生。

6.2.6 吸气式感烟火灾探测器

6.2.6.1 检查项目

检查项目、技术要求和不合格情况见表8。

表8 吸气式感烟火灾探测器检查项目

检查项目	技术要求	不合格情况
功能检查	当被监视区域烟参数达到报警条件时,吸气式感烟火灾探测器应发出火灾报警信号,红色报警确认灯应点亮,并保持至被复位	未发出火灾报警信号
		红色报警确认灯未点亮
		报警确认灯不能保持至被复位
	探测报警型吸气式感烟火灾探测器应具有手动检查其面板所有指示灯、显示器的功能	无手动自检功能

6.2.6.2 检查方法

6.2.6.2.1 确认探测型吸气式感烟火灾探测器与火灾报警控制器正确连接并接通电源,处于正常监视状态。用加烟器向吸气式感烟火灾探测器施加烟气,观察火灾报警控制器的显示状态和吸气式感烟火灾探测器的报警确认灯状态。

6.2.6.2.2 确认探测报警型吸气式感烟火灾探测器按制造商规定的供电方式供电,处于正常监视状态。用加烟器向吸气式感烟火灾探测器施加烟气,观察吸气式感烟火灾探测器的声、光报警状态。

6.2.6.2.3 操作探测报警型吸气式感烟火灾探测器的手动自检机构,观察吸气式感烟火灾探测器面板的指示灯、显示器状态。

6.2.6.3 检测器具

加烟器:能够向吸气式感烟火灾探测器施加试验烟。

注：试验烟可由蚊香、棉绳、香烟等材料阴燃产生。

6.2.7 线型光束感烟火灾探测器
6.2.7.1 检查项目
检查项目、技术要求和不合格情况见表9。

表9 线型光束感烟火灾探测器检查项目

检查项目	技术要求	不合格情况
功能检查	当被监视区域烟参数（用滤光片模拟试验）达到报警条件时，线型光束感烟火灾探测器应输出火灾报警信号，红色报警确认灯应点亮，并保持至被复位	未输出火灾报警信号
		红色报警确认灯未点亮
		报警确认灯不能保持至被复位
	线型光束感烟火灾探测器的响应阈值应不小于0.5 dB，不大于10 dB	响应阈值小于0.5 dB或大于10 dB

6.2.7.2 检查方法
6.2.7.2.1 确认线型光束感烟火灾探测器与火灾报警控制器连接正确并接通电源，处于正常监视状态。将减光值为0.4 dB的滤光片置于线型光束感烟火灾探测器的光路中并尽可能靠近接收器，观察火灾报警控制器的显示状态和线型光束感烟火灾探测器的报警确认灯状态。如果30 s内发出火灾报警信号，记录其响应阈值小于0.5 dB，结束试验。

6.2.7.2.2 将减光值为10.0 dB的滤光片置于线型光束感烟火灾探测器的光路中并尽可能靠近接收器，观察火灾报警控制器的显示状态和线型光束感烟火灾探测器的报警确认灯状态。如果30 s内未发出火灾报警信号，记录其响应阈值大于10.0 dB。

6.2.7.3 检测器具
滤光片：减光值分别为0.4 dB和10.0 dB；
秒表：测量范围为0 s～60 s。

6.2.8 点型复合式火灾探测器
点型复合式火灾探测器的产品质量现场检查，应根据其复合的火灾探测器种类，分别按照每种探测器对应的检查项目、技术要求和检查方法进行，不合格情况应保持一致。

6.2.9 手动火灾报警按钮
6.2.9.1 检查项目
检查项目、技术要求和不合格情况见表10。

表10 手动火灾报警按钮检查项目

检查项目	技术要求	不合格情况
功能检查	按下手动火灾报警按钮的启动零件，手动火灾报警按钮应输出火灾报警信号，红色报警确认灯应点亮，并保持至被复位	未输出火灾报警信号
		红色报警确认灯未点亮
		报警确认灯不能保持至被复位

6.2.9.2 检查方法
6.2.9.2.1 确认手动火灾报警按钮与火灾报警控制器连接正确并接通电源，处于正常监视状态。按下手动火灾报警按钮的启动零件,观察火灾报警控制器的显示状态和手动火灾报警按钮的报警确认灯状态。

6.2.9.2.2 更换或复位手动火灾报警按钮的启动零件,复位火灾报警控制器,观察手动火灾报警按钮的报警确认灯状态。

6.2.10 可燃气体探测器

6.2.10.1 检查项目

检查项目、技术要求和不合格情况见表11。

表 11 可燃气体探测器检查项目

检查项目	技术要求	不合格情况
功能检查	可燃气体探测器在被监视区域内的可燃气体浓度达到报警设定值时,应能发出报警信号	未发出报警信号

6.2.10.2 检查方法

6.2.10.2.1 确认点型可燃气体探测器与可燃气体报警控制器连接正确并接通电源,处于正常监视状态。向点型可燃气体探测器施加与其探测气体种类一致的、合适浓度的可燃气体,观察可燃气体报警控制器的显示状态。

6.2.10.2.2 确认独立式或便携式可燃气体探测器按制造商规定的供电方式供电,处于正常监视状态。向可燃气体探测器施加与其探测气体种类一致的、合适浓度的可燃气体,观察探测器的声、光报警状态。

6.2.10.3 检测器具

针对产品不同,配备符合要求浓度的、贮存在便于携带的贮气瓶(或袋)中的试验气体。

注:可燃气体探测器常用试验气体如甲烷的报警浓度上限为50% LEL、丙烷的报警浓度上限为50% LEL、氢气的报警浓度上限为$1\,250\times10^{-6}$(体积分数)。

6.2.11 火灾报警控制器

6.2.11.1 检查项目

检查项目、技术要求和不合格情况见表12。

表 12 火灾报警控制器检查项目

检查项目	技术要求	不合格情况
基本功能	火灾报警控制器应能直接或间接地接收来自火灾探测器及其他火灾报警触发器件的火灾报警信号,发出火灾报警声、光信号,指示火灾发生部位,记录火灾报警时间,并予以保持,直至手动复位	未发出火灾报警声、光信号
		不能指示火灾发生部位
		不能记录火灾报警时间
		火灾报警信号不能保持至复位

6.2.11.2 检查方法

6.2.11.2.1 确认火灾报警控制器与火灾探测器和手动火灾报警按钮连接正确并接通电源,处于正常监视状态。使火灾探测器或手动火灾报警按钮发出火灾报警信号,观察控制器发出火灾报警声、光信号(包括火警总指示、部位或探测区指示等)情况及计时、打印情况。

6.2.11.2.2 复位火灾报警控制器,观察火灾报警信号状态。

6.2.12 火灾显示盘

6.2.12.1 检查项目

检查项目、技术要求和不合格情况见表13。

表 13 火灾显示盘检查项目

检查项目	技术要求	不合格情况
基本功能	火灾显示盘应能接收来自火灾报警控制器的火灾报警信号,发出声、光报警信号,指示火灾发生部位,并予以保持	不能接收来自火灾报警控制器的火灾报警信号
		不能发出声、光报警信号
		不能指示火灾发生部位
		声、光报警信号不能保持至复位

6.2.12.2 检查方法

确认火灾显示盘与连接了火灾报警触发器件的火灾报警控制器连接正确并接通电源,处于正常监视状态。通过火灾报警触发器件使火灾报警控制器发出火灾报警信号,观察火灾显示盘声、光报警信号及部位指示情况。

6.2.13 可燃气体报警控制器

6.2.13.1 检查项目

检查项目、技术要求和不合格情况见表14。

表 14 可燃气体报警控制器检查项目

检查项目	技术要求	不合格情况
基本功能	可燃气体报警控制器应具有可燃气体浓度显示功能	无浓度显示功能
	可燃气体报警控制器应能直接或间接地接收来自可燃气体探测器的报警信号,发出报警声、光信号,指示报警部位,记录报警时间,并予以保持,直至手动复位	未发出报警声、光信号
		不能指示报警部位
		不能记录报警时间
		报警信号不能保持至复位

6.2.13.2 检查方法

6.2.13.2.1 确认可燃气体报警控制器与可燃气体探测器连接正确并接通电源,处于正常监视状态。

观察可燃气体报警控制器的浓度显示情况。

6.2.13.2.2 使可燃气体探测器发出报警信号,观察可燃气体报警控制器发出报警声、光信号(包括部位或探测区指示等)情况及计时、打印情况。

6.2.13.2.3 观察报警信号保持情况,复位可燃气体报警控制器。

6.2.14 火灾声和/或光警报器

6.2.14.1 检查项目

检查项目、技术要求和不合格情况见表15。

表 15 火灾声和/或光警报器检查项目

检查项目	技术要求	不合格情况
功能检查	火灾声和/或光警报器的声信号至少在一个方向上3 m处的声压级应不小于75 dB(A计权);光信号在100 lx～500 lx环境光线下,25 m处应清晰可见	声信号的声压级小于75 dB(A计权);光信号25 m处不清晰可见

6.2.14.2 检查方法

确认火灾声和/或光警报器按制造商规定的供电方式供电,使其发出火灾声和/或光警报信号,在其3 m水平处用声级计(A计权)测量其声压级,在25 m处观察其光信号。

6.2.14.3 检测器具

声级计:测量范围为0 dB～120 dB(A计权);

照度计:测量范围为0 lx～500 lx。

6.2.15 消防联动控制器

6.2.15.1 检查项目

检查项目、技术要求和不合格情况见表16。

6.2.15.2 检查方法

表 16 消防联动控制器检查项目

检查项目	技术要求	不合格情况
基本功能	消防联动控制器应能直接或间接控制其连接的各类消防设备	不能直接或间接控制其连接的各类消防设备
	应能以手动方式完成控制功能	不能以手动方式完成控制功能
	消防联动控制器发出启动信号后,应有光指示(包括点亮启动总指示灯),指示启动设备名称和部位,记录启动时间和启动设备总数	发出启动信号后,无光指示(包括未点亮启动总指示灯)
		不能指示启动设备名称和部位
		未记录启动时间和启动设备总数

6.2.15.2.1 确认消防联动控制器直接或通过模块与受控设备连接(应选择启动后不会造成损失的受控设备进行试验),接通电源,处于正常监视状态。

6.2.15.2.2 手动操作消防联动控制器启动该设备,观察消防联动控制器状态和负载启动情况。

6.2.16 气体灭火控制器

6.2.16.1 检查项目

检查项目、技术要求和不合格情况见表17。

表 17 气体灭火控制器检查项目

检查项目	技术要求	不合格情况
基本功能	气体灭火控制器应能直接或间接控制其连接的气体灭火设备和相关设备	不能直接或间接控制其连接的各类消防设备
	气体灭火控制器接收启动控制信号后,应能按预置逻辑完成以下功能: a) 发出声、光信号,记录时间,声信号应能手动消除,当再次有启动控制信号输入时,应能再次启动; b) 启动声光警报器; c) 进入延时,延时期间应有延时光指示,显示延时时间和保护区域,关闭保护区域的防火门、窗和防火阀等,停止通风空调系统; d) 延时结束后,发出启动喷洒控制信号,并有光指示,启动保护区域的喷洒光警报器; e) 气体喷洒阶段应发出相应的声、光信号并保持至复位,记录时间	不能按预置逻辑完成各项功能

6.2.16.2 检查方法

6.2.16.2.1 确认气体灭火控制器配接制造商提供的受其控制设备或负载(应选择启动后不会造成损失的受控设备进行试验),接通电源,处于正常监视状态。

6.2.16.2.2 通过启动和停止按键(按钮)使气体灭火控制器接收启动控制信号后,观察并记录气体灭火控制器状态(启动控制信号、延时信号、启动喷洒控制信号、气体喷洒信号)、显示延时时间和保护区域、负载启动、记录时间情况并检查试样是否能按预置逻辑工作。

6.2.17 消防电气控制装置

6.2.17.1 检查项目

检查项目、技术要求和不合格情况见表18。

表 18 消防电气控制装置检查项目

检查项目	技术要求	不合格情况
基本功能	消防电气控制装置应具有手动和自动控制方式,并能接收来自消防联动控制器的联动控制信号,在自动工作状态下,执行预定的动作,控制受控设备进入预定的工作状态	无手动或自动控制方式
		不能接收来自消防联动控制器的联动控制信号,或在自动工作状态下不能执行预定的动作,控制受控设备进入预定的工作状态
	消防电气控制装置应能以手动方式控制受控设备进入预定的工作状态	不能以手动方式控制受控设备进入预定的工作状态

6.2.17.2 检查方法

6.2.17.2.1 确认消防电气控制装置与制造商提供的受其控制设备或负载连接,接通电源,处于正常监视状态。将消防电气控制装置设定为自动控制方式,操作消防联动控制器向消防电气控制装置发出联动控制信号,观察并记录执行预定动作情况、负载的运行情况、声、光指示情况。

6.2.17.2.2 将消防电气控制装置设定为手动控制方式,通过手动操作发出控制信号,观察并记录执行预定动作情况、负载的运行情况和相应指示灯的点亮情况。

6.2.18 消防设备应急电源

6.2.18.1 检查项目

检查项目、技术要求和不合格情况见表19。

表 19 消防设备应急电源检查项目

检查项目	技术要求	不合格情况
功能检查	消防设备应急电源在主电源断电时应在5 s内自动转换到电池组供电	不能在5 s内自动转换到电池组供电
	当主电源恢复正常时,应自动转换到主电源供电	当主电源恢复正常时,不能自动转换到主电源供电

6.2.18.2 检查方法

6.2.18.2.1 接通主电源,确认消防设备应急电源处于正常监视状态。断开主电源,观察并记录消防设备应急电源的转换时间。

6.2.18.2.2 恢复主电源,观察消防设备应急电源是否自动转换到主电源供电。

6.2.18.3 检测器具

秒表:测量范围为0 s~60 s。

6.2.19 消防应急广播设备

6.2.19.1 检查项目

检查项目、技术要求和不合格情况见表20。

表 20 消防应急广播设备检查项目

检查项目	技术要求	不合格情况
基本功能	消防应急广播设备应能同时向一个或多个指定区域广播信息,并能显示处于应急广播状态的广播分区	不能同时向一个或多个指定区域广播信息
		不能显示处于应急广播状态的广播分区
	消防应急广播设备应能通过传声器进行应急广播	不能通过传声器进行应急广播

6.2.19.2 检查方法

6.2.19.2.1 确认消防应急广播设备接通电源,处于正常监视状态。通过手动控制方式启动应急广播和选择两个以上广播分区,观察试样进入应急广播状态。检查试样的状态指示、广播分区的显示情况。

6.2.19.2.2 通过传声器进行应急广播,检查广播情况。

6.2.20 消防电话

6.2.20.1 检查项目

检查项目、技术要求和不合格情况见表21。

表21 消防电话检查项目

检查项目	技术要求	不合格情况
基本功能	消防电话总机应能为消防电话分机和消防电话插孔供电	消防电话总机不能为消防电话分机和消防电话插孔供电
	消防电话总机应能与消防电话分机进行全双工通话	消防电话总机不能与消防电话分机进行全双工通话
	收到消防电话分机呼叫时,消防电话总机应显示该消防电话分机的呼叫状态。消防电话总机与消防电话分机接通后,消防电话总机显示该消防电话分机为通话状态	收到消防电话分机呼叫时,消防电话总机不能显示该消防电话分机的呼叫状态
		消防电话总机与消防电话分机接通后,消防电话总机不能显示该消防电话分机为通话状态
	消防电话总机应能呼叫任意一部消防电话分机,并能同时呼叫至少两部消防电话分机	消防电话总机不能呼叫任意一部消防电话分机,不能同时呼叫至少两部消防电话分机
	消防电话分机的正常监视状态应有光指示。消防电话分机与消防电话总机应能进行全双工通话	消防电话分机的正常监视状态无光指示。消防电话分机与消防电话总机不能进行全双工通话
	消防电话插孔正常状态时应有光指示。消防电话插孔接上消防电话分机后,消防电话分机应能与消防电话总机进行全双工通话	消防电话插孔正常状态时无光指示。消防电话插孔接上消防电话分机后,消防电话分机不能与消防电话总机进行全双工通话

6.2.20.2 检查方法

6.2.20.2.1 将消防电话总机与至少三部消防电话分机和消防电话插孔连接,使消防电话总机与所连的消防电话分机、消防电话插孔处于正常监视状态。将一部消防电话分机摘机,使消防电话总机与消防电话分机处于通话状态,观察并记录声、光指示情况以及消防电话分机部位显示情况;将消防电话分机挂机,观察并记录消防电话总机的显示情况。再将消防电话分机摘机呼叫消防电话总机,观察并记录消防电话总机的声、光指示情况。

6.2.20.2.2 将消防电话总机置于与其中一部消防电话分机通话状态,操作消防电话总机,呼叫另一部消防电话分机,该消防电话分机摘机后,观察并记录消防电话总机与两部消防电话分机通话情况。

6.2.21 传输设备

6.2.21.1 检查项目

检查项目、技术要求和不合格情况见表22。

表 22 传输设备检查项目

检查项目	技术要求	不合格情况
基本功能	传输设备应能接收来自火灾报警控制器的火灾报警信息,并发出火灾报警光信号	不能接收来自火灾报警控制器的火灾报警信息,或不能发出火灾报警光信号
	传输设备应将来自火灾报警控制器的火灾报警信息传送给监控中心	不能将来自火灾报警控制器的火灾报警信息传送给监控中心

6.2.21.2 检查方法

6.2.21.2.1 确认传输设备与制造商提供的火灾报警控制器连接正确,接通电源,使其处于正常监视状态,并在传输设备与监控中心设备之间建立正常传输连接。

6.2.21.2.2 使火灾报警控制器发出火灾报警信息,观察并记录试样发出的火灾报警光信号、信息传输成功指示情况。

6.2.22 消防控制室图形显示装置

6.2.22.1 检查项目

检查项目、技术要求和不合格情况见表 23。

表 23 消防控制室图形显示装置检查项目

检查项目	技术要求	不合格情况
基本功能	消防控制室图形显示装置应至少采用中文标注和中文界面	未采用中文标注和中文界面
	消防控制室图形显示装置应能接收火灾报警控制器和消防联动控制器发出的火灾报警信号和/或联动控制信号,并进入火灾报警和/或联动状态,显示相应信息	不能接收火灾报警控制器和消防联动控制器发出的火灾报警信号和/或联动控制信号;或不能进入火灾报警和/或联动状态,显示相应信息
	消防控制室图形显示装置不能对控制器进行复位、系统设定以及联动设备的启动和停止等控制操作	能对火灾报警控制器和消防联动控制器进行复位、系统设定以及联动设备的启动和停止等控制操作
	消防控制室图形显示装置应显示建筑总平面布局图、每个保护对象的建筑平面图、系统图	不能显示建筑总平面布局图、每个保护对象的建筑平面图、系统图

6.2.22.2 检查方法

6.2.22.2.1 将消防控制室图形显示装置与制造商提供的火灾报警控制器和消防联动控制器连接,接通电源,使其处于正常监视状态。

6.2.22.2.2 使控制器发出火灾报警信号和/或联动控制信号,其间观察消防控制室图形显示装置显示状态。

6.2.23 模块

6.2.23.1 检查项目

检查项目、技术要求和不合格情况见表24。

表24 模块检查项目

检查项目	技术要求	不合格情况
基本功能	输入、输出模块在接收到制造商规定的信号后应动作，并点亮动作指示灯	接收到规定的信号后未动作；或动作后未点亮动作指示灯
	中继模块在制造商规定的条件下应能正常工作，其性能应满足制造商规定的要求	不能正常工作；或性能不满足规定要求

6.2.23.2 检查方法

6.2.23.2.1 将模块与制造商提供的消防联动控制器及负载连接，接通电源，使其处于正常监视状态。

6.2.23.2.2 对输入、输出模块按制造商的规定输入相应的输入或输出信号，记录时间并观察状态；对中继模块按制造商规定的条件进行工作，检查其性能。

6.2.24 消防电动装置

6.2.24.1 检查项目

检查项目、技术要求和不合格情况见表25。

表25 消防电动装置检查项目

检查项目	技术要求	不合格情况
基本功能	消防电动装置应能接收制造商规定的启动信号执行驱动	接收到启动信号后未执行驱动

6.2.24.2 检查方法

使消防电动装置处于正常监视状态后，给其施加制造商规定的启动信号，观察并记录试样的工作状态。

6.2.25 消火栓按钮

6.2.25.1 检查项目

检查项目、技术要求和不合格情况见表26。

表26 消火栓按钮检查项目

检查项目	技术要求	不合格情况
功能检查	按下消火栓按钮的启动零件，应发出启动信号，点亮红色启动确认灯，并保持至启动状态被复位。接收到回答信号后，点亮绿色回答确认灯	未发出启动信号
		启动确认灯未点亮
		启动确认灯不能保持至被复位
		回答确认灯未点亮

6.2.25.2 检查方法

6.2.25.2.1 确认消火栓按钮与控制和指示设备连接正确并接通电源,处于正常监视状态。按下消火栓按钮的启动零件,观察控制和指示设备的显示状态和消火栓按钮的启动、回答确认灯状态。

6.2.25.2.2 更换或复位消火栓按钮的启动零件,复位控制和指示设备,观察消火栓按钮的确认灯状态。

6.2.26 防火卷帘控制器

6.2.26.1 检查项目

检查项目、技术要求和不合格情况见表27。

表27 防火卷帘控制器检查项目

检查项目	技术要求	不合格情况
基本功能	防火卷帘控制器应能通过手动和自动控制方式控制防火卷帘执行上升、停止、下降动作,并发出卷帘动作声、光指示信号	不能手动控制防火卷帘执行上升、停止、下降动作
		不能自动控制防火卷帘执行上升、停止、下降动作
		未发出卷帘动作声、光指示信号
	防火卷帘控制器的电源部分应具有主电源和备用电源转换装置;当主电源断电时,能自动转换到备用电源;主电源恢复时,能自动转换到主电源;应有主、备电源工作状态指示	无主电源和备用电源转换装置
		主电源断电时,不能自动转换到备用电源
		主电源恢复时,不能自动转换到主电源
		无主、备电源工作状态指示
	防火卷帘控制器的备用电源应能提供控制器控制速放控制装置完成卷帘自重垂降、控制卷帘在中限位停止、延时后降至下限位置所需的电源	备用电源不能提供控制器控制速放控制装置完成卷帘自重垂降、控制卷帘在中限位停止、延时后降至下限位置所需的电源

6.2.26.2 检查方法

6.2.26.2.1 确认防火卷帘控制器与卷门机或模拟卷门机负载连接正确并接通电源,处于正常监视状态。操作手动控制装置的上升、停止、下降按钮,或输入各种控制信号,观察动作和指示情况。

6.2.26.2.2 切断防火卷帘控制器的主电源,使其由备用电源供电,再恢复主电源,检查主、备电源的转换、状态的指示情况。

6.2.26.2.3 切断防火卷帘控制器的主电源和卷门机的电源,使控制器在备用电源供电的情况下,检查并记录控制速放控制装置动作情况。

6.3 自动喷水灭火设备

6.3.1 洒水喷头

6.3.1.1 检查项目

检查项目、技术要求和不合格情况见表28。

表 28 洒水喷头检查项目

检查项目	技术要求	不合格情况
整体要求	洒水喷头应保证其不能轻易地调整、拆卸和重装	洒水喷头可以轻易地调整、拆卸和重装
外观	洒水喷头应无明显的磕碰伤痕或损坏	溅水盘、框架破裂或破损
		玻璃球破裂
标志	洒水喷头应至少标有型号规格、生产年份、生产商的名称(代号);玻璃球的色标、温标正确	无标志或标志内容不全
		色标、温标错误
	对边墙型洒水喷头还应标明水流方向	水平边墙型洒水喷头缺少水流方向
	隐蔽式洒水喷头的盖板上应标有"不可涂覆"等字样	隐蔽式洒水喷头的盖板上未标有"不可涂覆"等字样
质量偏差	喷头的质量与合格检验报告描述的质量的偏差不应超过5%	喷头的质量与合格检验报告描述的质量的偏差超过5%

6.3.1.2 检查方法
6.3.1.2.1 整体要求
利用工具(螺丝刀)拧洒水喷头的顶丝,检查顶丝是否可以轻易旋开;用手转动溅水盘检查是否出现松动现象。
6.3.1.2.2 外观
对照型式检验报告及其他相关技术资料对洒水喷头进行外观检查。检查洒水喷头的溅水盘、框架是否出现破裂或破损;检查玻璃球是否出现破裂。
6.3.1.2.3 标志
检查洒水喷头是否标有型号规格、生产年份、生产商的名称(代号);玻璃球的色标、温标是否正确;边墙型洒水喷头是否标示水流方向,隐蔽式洒水喷头的盖板上是否标有"不可涂覆"等字样。
6.3.1.2.4 质量偏差
抽取3个喷头,其中带运输护帽的喷头应摘下护帽进行检查。使用精度不低于0.1 g天平测量每只喷头的质量,与喷头合格检验报告描述的质量相比较,计算每只喷头的质量偏差。
6.3.1.3 检测器具
螺丝刀、天平。
6.3.2 湿式报警阀、延迟器、水力警铃
6.3.2.1 检查项目
检查项目、技术要求和不合格情况见表29。

表 29 湿式报警阀、延迟器、水力警铃检查项目

检查项目	技术要求	不合格情况
外观、标志	表面应无裂纹等现象；应设标志牌，阀体上应有水流指示方向指示，并为永久性标识；安装在湿式报警阀报警口和延迟器之间的控制阀，应明显标志出其启闭状态	表面有明显裂纹等现象
		无标志牌；阀体上无水流方向指示或水流指示方向错误；水流方向指示标志不是永久性标识
		安装在湿式报警阀报警口和延迟器之间的控制阀，没有明显标志出其启闭状态
结构	阀体上应设有放水口，放水口公称直径不应小于 20 mm	无放水口
		放水口公称直径小于 20 mm
	在湿式报警阀报警口和延迟器之间应设置控制阀，并能在开启位置锁紧	在湿式报警阀报警口和延迟器之间没有设置控制阀、没有在开启位置锁紧的装置或机构
	湿式报警阀应设置报警试验管路，当湿式报警阀处于伺应状态时，阀瓣组件无须启动应能手动检验报警装置功能	没有设置在不开启阀门的情况下检验报警装置的检验设施
	阀瓣开启后应能复位	阀瓣开启后不能复位
水力警铃	水力警铃不进行调整和润滑，应能正常工作；铃锤能够转动并能发出声音	水力警铃铃锤不能转动
		铃锤能够转动，但不能发出声音

6.3.2.2 检查方法

6.3.2.2.1 外观和标志

检查湿式报警阀、延迟器、水力警铃表面有无砂眼裂纹等现象；有无标志牌，阀体上是否有水流指示方向指示，指示方向是否错误，是否为永久性标识；安装在湿式报警阀报警口和延迟器之间的控制阀，是否明显标志出其启闭状态。

6.3.2.2.2 结构

结构检查方法：

a) 检查是否有放水口，使用卡尺检查放水口公称直径；
b) 目测在湿式报警阀报警口和延迟器之间是否设置控制阀，并能在开启位置锁紧；
c) 安装在管路上处于伺应状态的湿式阀，手动开启报警试验管路上的控制阀门，观察压力开关和水力警铃是否动作；
d) 手动将湿式报警阀阀瓣开启到最大位置，然后松手放开，观察阀瓣是否能够复位，有无翘起现象。

6.3.2.2.3 水力警铃
手动检查铃锤是否能够灵活转动,是否能发出声音。
6.3.2.3 检测器具
游标卡尺。

6.3.3 干式报警阀
6.3.3.1 项目
检查项目、技术要求和不合格情况见表30。

表30 干式报警阀检查项目

检查项目	技术要求	不合格情况
标志	应设标志牌,阀体上应有水流方向指示且应为永久性标识	无标志牌;阀体上无水流方向或水流指示方向错误;水流指示方向不是永久性标识
结构	阀体上应设有泄水口,泄水口公称直径不应小于20 mm	无泄水口、泄水口通径小于20 mm
	应设置自动排水阀	无自动排水阀
	在阀体的阀瓣组件的供水侧,应设有在不开启阀门的情况下检验报警装置的检验设施	没有设置在不开启阀门的情况下检验报警装置的检验设施

6.3.3.2 检查方法
6.3.3.2.1 标志
检查有无标志牌,阀体上是否有水流方向指示,指示方向是否错误,是否为永久性标识等。

6.3.3.2.2 结构
结构检查方法:
a) 目测是否有泄水阀,使用游标卡尺检查泄水阀公称直径;
b) 目测是否有自动排水阀;
c) 安装在管路上处于伺应状态的干式报警阀,手动开启报警试验管路上的控制阀门,观察压力开关和水力警铃是否动作。

6.3.3.3 检测器具
游标卡尺。

6.3.4 雨淋报警阀
6.3.4.1 检查项目
检查项目、技术要求和不合格情况见表31。

6.3.4.2 检查方法
6.3.4.2.1 标志
检查有无标志牌,阀体上有无水流方向指示,指示方向是否错误,是否为永久性标识。

表 31 雨淋报警阀检查项目

检查项目	技术要求	不合格情况
标志	应设标志牌,阀体上应有水流指示方向指示,应为永久性标识	无标志牌;阀体上无水流方向或水流指示方向错误;水流指示方向不是永久性标识
结构	阀体上应设有放水口,放水口公称直径不应小于 20 mm	无放水口
结构	阀体上应设有放水口,放水口公称直径不应小于 20 mm	放水口公称直径小于 20 mm
结构	应设置自动排水阀	无自动排水阀
结构	阀体阀瓣组件的供水侧,应设有在不开启阀门的情况下检验报警装置的设施	没有设置在不开启阀门的情况下检验报警装置的检验设施
结构	应设防复位锁止机构	无防复位锁止机构
电磁阀	采用电磁阀启动时,控制腔上应设置电磁阀,电磁阀应能正常动作	未设置电磁阀;电磁阀不能动作
紧急手动控制	控制腔上应装有紧急手动控制阀及手动控制盒;紧急手动控制阀应能正常启动雨淋报警阀;手动控制盒上应有紧急操作指示	无紧急手动控制阀及手动控制盒
紧急手动控制	控制腔上应装有紧急手动控制阀及手动控制盒;紧急手动控制阀应能正常启动雨淋报警阀;手动控制盒上应有紧急操作指示	紧急手动控制阀不能正常启动雨淋报警阀
紧急手动控制	控制腔上应装有紧急手动控制阀及手动控制盒;紧急手动控制阀应能正常启动雨淋报警阀;手动控制盒上应有紧急操作指示	手动控制盒上无紧急操作指示

6.3.4.2.2 结构

结构检查方法:

a) 目测是否有放水阀,使用卡尺检查放水口公称直径;
b) 目测是否有自动排水阀;
c) 安装在管路上处于伺应状态的雨淋报警阀,手动开启报警试验管路上的控制阀门,观察压力开关和水力警铃是否动作。

6.3.4.2.3 电磁阀

电磁阀检查方法:

a) 目测采用电磁阀启动的,控制腔上是否安装电磁阀;
b) 雨淋报警阀没有安装在管路上时,给电磁阀施加额定工作电压,观察是否动作。

6.3.4.2.4 紧急手动控制

紧急手动控制检查方法:

a) 目测控制腔上是否装有紧急手动控制阀及手动控制盒;
b) 雨淋报警阀处于伺应状态时,关闭管网干管上的控制阀,按控制盒上的操作指示打开紧急手动控制阀,观察能否正常启动雨淋报警阀;
c) 目测手动控制盒上有无紧急操作指示。

6.3.4.3 检测器具

游标卡尺、24 V 直流电源/220 V 交流电源。

6.3.5 水流指示器
6.3.5.1 检查项目
检查项目、技术要求和不合格情况见表32。

表32 水流指示器检查项目

检查项目	技术要求	不合格情况
标志	应有标志牌,标志内容齐全并应清晰耐久	无标志牌;或标志内容不齐全、不清晰耐久
	应有水流指示方向永久性标识,并且水流指示方向标识正确	无水流指示方向或水流指示方向错误;水流指示方向不是永久性标识
	桨片不应残缺损坏	桨片残缺损坏
动作性能（延迟时间）	应有灵敏度信号输出	无灵敏度信号输出
	具有延迟功能的水流指示器,其延迟时间应在2 s~90 s范围内	具有延迟功能的水流指示器,其延迟时间不在2 s~90 s范围内
		具有延迟功能的水流指示器,其延迟时间不可调节

6.3.5.2 检查方法
6.3.5.2.1 标志
检查有无标志牌,标志内容是否齐全并清晰耐久;有无水流指示方向并且水流指示方向标识是否正确、是否为永久性标志;桨片是否完好无损。
6.3.5.2.2 动作性能和延迟功能检查
6.3.5.2.2.1 不需要提供24 V电源的水流指示器
对于没有延迟功能的水流指示器,将万用表连接水流指示器的输出接线,将水流指示器桨片沿着箭头指示方向推到底,观察万用表是否有通、断信号变化。

对于有延迟功能的水流指示器,将万用表连接水流指示器的输出接线,将水流指示器桨片沿着箭头指示方向推到底,同时启动秒表,观察万用表是否有通、断信号变化;万用表动作后同时停止秒表,观察记录动作时间是否在 2 s~90 s 范围内。
6.3.5.2.2.2 需要提供24 V电源、带延迟功能的水流指示器
首先按使用说明书将 24 V 电源与水流指示器的电源输入接线连好,然后将万用表连接水流指示器的输出接线,将水流指示器桨片沿着箭头指示方向推到底,观察万用表是否有通、断信号变化;万用表动作后同时停止秒表,观察记录动作时间是否在 2 s~90 s 范围内。

6.3.5.3 检测器具
秒表、万用表、24 V 直流电源/220 V 交流电源。

6.3.6 消防压力开关
6.3.6.1 检查项目
检验项目、技术要求和不合格情况见表33。

表 33 消防压力开关检查项目

检查项目	技术要求	不合格情况
外观与标志	结构不应有严重松动	结构严重松动
	应有标识铭牌,电气参数等内容齐全	无标识铭牌或电气参数等内容不全
动作性能	压力开关应动作可靠	不动作

6.3.6.2 检查方法

6.3.6.2.1 外观

检查压力开关结构是否严重松动。

6.3.6.2.2 标志

检查压力开关是否有标志铭牌。

6.3.6.2.3 动作性能

打开压力开关,将其常开或常闭触点用万用表连接,并使压力开关动作,检查压力开关的常开或常闭触点能否可靠通断。

6.3.6.3 检测器具

万用表。

6.3.7 水雾喷头

6.3.7.1 项目

检查项目、技术要求和不合格情况见表 34。

表 34 水雾喷头检查项目

检查项目	技术要求	不合格情况	
外观	水雾喷头应无机械损伤,无明显变形	撞击式水雾喷头	溅水盘、框架破裂、破损
		离心式水雾喷头	喷头本体、离心导流叶片破裂、破损
		闭式水雾喷头	玻璃球损坏。溅水盘、框架破裂、破损
标志	水雾喷头应在明显部位做永久性标志,其内容至少应包括规格型号、生产厂商代号或商标、生产年份等	无标志或标志内容不全;标志不是永久性标志	
质量偏差	喷头的质量与合格检验报告描述的质量的偏差不应超过5%	喷头的质量与合格检验报告描述的质量的偏差超过5%	

6.3.7.2 检查方法

6.3.7.2.1 外观

对照检验报告、认证证书以及其他相关技术资料对水雾喷头进行外观检查。检查水雾喷头的溅水盘、框架或喷头本体、离心导流叶片是否出现破裂或破损;对闭式水雾喷头检查玻璃球是否出现损坏。

6.3.7.2.2 标志

检查水雾喷头上是否有永久性标志、标志内容是否正确、完整。

6.3.7.2.3 质量偏差

抽取3个喷头,其中带运输护帽的喷头应摘下护帽进行检查。使用精度不低于0.1 g天平测量每只喷头的质量,与喷头合格检验报告描述的质量相比较,计算每只喷头的质量偏差。

6.3.7.3 检测器具

螺丝刀、天平。

6.3.8 沟槽式管接件

6.3.8.1 检查项目

检查项目、技术要求和不合格情况见表35。

表35 沟槽式管接件检查项目

检查项目	技术要求	不合格情况
外观、标志	壳体外观应无裂纹等现象	壳体外观有裂纹等现象
	橡胶密封圈密封面上不应有气泡、杂质、裂口等缺陷	橡胶密封圈密封面上有气泡、杂质、裂口等缺陷或橡胶密封圈残缺损坏
	壳体、橡胶密封圈标志内容齐全并应清晰耐久	壳体、橡胶密封圈标志中无型号规格参数或参数不全、不清晰耐久
结构尺寸	沟槽式管接件内、外径尺寸应与型号规格相符合	沟槽式管接件内、外径尺寸与产品型号规格不相符或尺寸规格偏差超出标准要求
橡胶密封圈	采用的橡胶材料与合格检验报告应一致;使用后橡胶密封圈不应出现渗漏和变形	采用的橡胶材料与合格检验报告上的不一致;使用后橡胶密封圈出现渗漏和变形

6.3.8.2 检查方法

6.3.8.2.1 外观、标志

用目测检查沟槽式管接件壳体和橡胶密封圈的外观、标志及铸件质量等。

6.3.8.2.2 结构尺寸

用游标卡尺检查结构尺寸等。

6.3.8.2.3 橡胶密封圈

6.3.8.2.3.1 检查密封圈材质代号并与合格检验报告上的材质代号核对。

6.3.8.2.3.2 检查密封圈是否出现渗漏和变形现象。

6.3.8.3 检测器具

游标卡尺。

6.4 气体灭火设备

6.4.1 卤代烷和惰性气体灭火系统

6.4.1.1 检查项目

检查项目、技术要求和不合格情况见表36。

表36 卤代烷和惰性气体灭火系统检查项目

检查项目	技术要求	不合格情况
系统构成与外观标志	系统应包括容器、容器阀、单向阀、选择阀（适用于组合分配系统）、驱动装置、集流管、连接管、喷嘴、信号反馈装置、安全泄放装置、控制盘、检漏装置、低泄高封阀（适用于具有驱动气体瓶组的系统）、减压装置（惰性气体灭火系统）部件	组成部件不全
	灭火剂贮存容器的外表正面标注灭火剂名称；驱动气体瓶标出驱动气体名称	未标注灭火剂名称或驱动气体名称
	系统警示标志应牢固地设置在系统明显部位，对于惰性气体灭火系统警示标志的内容为"本系统动作时喷嘴会喷放出高压气体"，对于七氟丙烷灭火系统、三氟甲烷灭火系统警示标志的内容为"本系统灭火时会分解产生一定量的氟化氢气体"	无警示标志或警示标志内容不正确
	选择阀、单向阀应有介质流动方向的标示	无介质流动方向标示
灭火剂瓶组	灭火剂瓶组（容器或容器阀上）应设灭火剂取样口	未设灭火剂取样口
容器公称工作压力	容器的标志中的公称工作压力（WP）值应大于或等于系统最大工作压力值	公称工作压力（WP）值小于系统最大工作压力值
容器阀	应有手动操作机构	无手动操作机构
选择阀	应有手动操作机构，手动应能打开选择阀	无手动操作机构，手动不能打开选择阀
驱动装置	在额定工作电压下应能正常动作	不能动作
控制盘	控制及显示功能应符合 GB 25972—2010 中 5.13.3 的规定	功能不全或功能不符合标准要求
检漏装置	应设置检漏装置	无检漏装置
	称重装置应具有报警功能	无报警功能
	压力显示器应分红区和绿区，测量范围上限应不小于最大工作压力的1.1倍，压力显示应在绿区范围内	压力显示器不符合要求
集流管	应有安全泄放装置	无安全泄放装置
瓶组	应设安全泄放装置	无安全泄放装置
低泄高封阀设置要求	组合分配系统的集流管上应安装低泄高封阀。驱动气体控制管路上应安装低泄高封阀	未设低泄高封阀

6.4.1.2 检查方法
6.4.1.2.1 系统构成与外观标志
6.4.1.2.1.1 检查系统是否包括容器、容器阀、单向阀、选择阀（适用于组合分配系统）、驱动装置、集流管、连接管、喷嘴、信号反馈装置、安全泄放装置、控制盘、检漏装置、低泄高封阀（适用于具有驱动气体瓶组的系统）、减压装置（惰性气体灭火系统）部件。

6.4.1.2.1.2 检查灭火剂贮存容器的外表正面是否标注灭火药剂名称、驱动气瓶是否标出驱动气体名称。

6.4.1.2.1.3 检查系统警示标志的内容是否符合标准要求。

6.4.1.2.1.4 检查选择阀、单向阀是否有介质流动方向的标示。

6.4.1.2.2 容器公称工作压力
检查容器的标志，标志中的公称工作压力（WP）值是否大于或等于系统最大工作压力值。

6.4.1.2.3 容器阀
检查容器阀是否有手动操作机构。

6.4.1.2.4 选择阀
检查选择阀是否有手动操作机构，用手操作选择阀手动机构，检查是否能打开选择阀。

6.4.1.2.5 驱动器
6.4.1.2.5.1 对于电磁型驱动器，应将电磁型驱动器从被驱动的阀门上卸下，向电磁型驱动器施加额定工作电压，检查电磁阀能否动作可靠。试验后应将电磁阀复位后安装在被驱动的阀门上。

6.4.1.2.5.2 对于电爆型驱动器，在具有备用电爆元件的前提下进行本项检查。将电爆型驱动器卸下，施加额定工作电压，检查电爆型驱动器是否动作可靠。试验后应换上新的电爆元件。

6.4.1.2.6 控制盘
6.4.1.2.6.1 检查前应断开系统启动回路，可用等效负载代替。

6.4.1.2.6.2 检查控制盘是否有自动、手动启动灭火系统功能，自动状态、手动状态有无明显标志，是否能相互转换。无论控制盘处于自动或手动状态，手动操作启动是否始终有效。

6.4.1.2.6.3 控制盘是否有延迟启动功能，延迟时间 0 s～30 s 是否连续可调，如采用分档调节时，每档间隔是否大于 5 s。

6.4.1.2.6.4 在控制盘设置"紧急启动"按键时，该键是否有避免人员误触及的保护措施；设置"紧急中断"按键时，按键是否置于易操作部位。

6.4.1.2.6.5 控制盘是否有灭火系统启动后的灭火剂喷洒情况的反馈信号显示功能。

6.4.1.2.6.6 控制盘是否提供控制外部设备的接线端子。

6.4.1.2.7 检漏装置
采用称重装置检漏的，将灭火剂瓶组轻轻抬起，观察检漏装置是否能发出声、光报警；采用压力显示器检漏的，观察示值是否在绿区范围，压力显示器的测量上限是否满足要求。

6.4.1.2.8 集流管
检查是否有安全泄放装置。

6.4.1.2.9 低泄高封阀
根据系统特点检查是否设低泄高封阀。

6.4.1.3 检测器具
24 V 电源或 220 V 电源(根据零部件的要求选择电源)。

6.4.2 高压二氧化碳灭火系统
6.4.2.1 检查项目
检查项目、技术要求和不合格情况见表 37。

表 37 高压二氧化碳灭火系统检查项目

检查项目	技术要求	不合格情况
系统构成与外观标志	系统应包括容器、容器阀、单向阀、选择阀(适用于组合分配系统)、驱动装置、集流管、连接管、喷嘴、信号反馈装置、安全泄放装置、控制盘、检漏装置、低泄高封阀(适用于具有驱动气体瓶组的系统)、减压装置(惰性气体灭火系统)部件	组成部件不全
	在灭火剂贮存容器的外表正面标注"CO_2"或"二氧化碳"标记。字迹应明显、清晰。驱动气瓶亦应标出驱动气体名称	未标注灭火剂名称或驱动气体名称
	标志应牢固地设置在系统明显部位,注明:系统名称、型号规格、执行标准代号、灭火剂总量、工作温度范围、生产单位、产品编号、出厂日期等内容	标志内容不全
容器公称工作压力	贮存灭火剂容器的公称工作压力不应小于系统的最大工作压力;驱动气体贮存容器的公称工作压力不应小于驱动气体瓶组的最大工作压力	公称工作压力不符合要求
容器阀手动操作	容器阀应具有手动操作机构	无手动操作机构
选择阀标志和手动操作	在选择阀明显部位应永久性标出介质流动方向	未永久性标出介质流动方向
	应有手动操作机构,选择阀应能手动打开	无手动操作机构,不能手动打开
单向阀标志	在单向阀明显部位应永久性标出介质流动方向	未永久性标出介质流动方向
驱动器动作性能	驱动器在额定工作电压下应正常动作	不能动作
称重装置报警功能	应设置称重检漏装置	无检漏装置
	称重检漏装置应有声光报警,光报警颜色应为黄色	无声光报警,光报警颜色非黄色

表 37（续）

检查项目	技术要求	不合格情况
压力显示器标度盘要求	标度盘的零位、贮存压力、最大工作压力、最小工作压力和测量范围上限的位置应有刻度和数字标志	相应位置无刻度和数字标志
	标度盘的最大工作压力与最小工作压力范围用绿色表示,零位至最小工作压力范围、最大工作压力至测量上限范围用红色表示	无颜色分区或颜色分区不符合要求
	标度盘上应标出生产单位或商标、产品适用介质、法定计量单位(MPa)、制造年月或产品编号、计量标志等	标志不全
液位装置报警功能	应设置液位检漏装置	无液位检漏装置
	液位检漏装置应有声光报警,光报警颜色应为黄色	无声光报警、光报警颜色非黄色
安全泄放装置设置要求	灭火剂瓶组和驱动气体瓶组上应设置安全泄放装置;组合分配系统集流管上应设置安全泄放装置	未设安全泄放装置
低泄高封阀设置要求	组合分配系统的集流管上应安装低泄高封阀;驱动气体控制管路上应安装低泄高封阀	未设低泄高封阀
控制盘	控制及显示功能应符合 GB 16669—2010 中 5.13.3 的规定	功能不全或功能不符合标准要求

6.4.2.2 检查方法

6.4.2.2.1 容器公称工作压力

检查容器的标志,标志中的公称工作压力(WP)值是否大于或等于系统最大工作压力值。

6.4.2.2.2 手动操作性能

检查容器阀是否具有手动操作机构。

用手操作选择阀手动机构,是否能打开选择阀。

6.4.2.2.3 驱动器

6.4.2.2.3.1 对于电磁型驱动器,将电磁型驱动器的电磁阀卸下,施加额定工作电压启动电磁阀,检查电磁阀能否动作可靠。试验后应将电磁阀复原。

6.4.2.2.3.2 对于电爆型驱动器,在有备用电爆元件的前提下进行本项检查。将电爆型驱动器卸下,施加额定工作电压,检查电爆型驱动器是否动作可靠。试验后应换上新的电爆元件。

6.4.2.2.4 系统标志

检查标志是否齐全;检查灭火剂贮存容器外表正面是否有"CO_2"或"二氧化碳"字样。

6.4.2.2.5 系统检漏装置要求

采用称重装置检漏的,将灭火剂瓶组轻轻抬起,检查检漏装置是否能发出声、光报警;光报警颜色是否符合要求。

6.4.2.2.6 安全泄放装置
检查贮存灭火剂的容器(或容器阀)上是否设泄放装置。
6.4.2.2.7 低泄高封阀
根据系统特点检查是否设低泄高封阀。
6.4.2.2.8 介质流向标识检查
检查选择阀、单向阀阀体上是否有永久性介质流向箭头。
6.4.2.2.9 压力显示器检查
检查压力显示器标度盘是否按要求设置红绿分区、分区是否合理、是否有刻度和数字标识、标度盘标志是否齐全。
6.4.2.2.10 控制盘
6.4.2.2.10.1 检查前应断开系统启动回路,可用等效负载代替。

6.4.2.2.10.2 检查控制盘是否有自动、手动启动灭火系统功能,自动状态、手动状态有无明显标志,是否能相互转换。无论控制盘处于自动或手动状态,手动操作启动是否始终有效。

6.4.2.2.10.3 控制盘是否有延迟启动功能,延迟时间 0 s~30 s 是否连续可调,如采用分档调节时,每档间隔是否大于 5 s。

6.4.2.2.10.4 在控制盘设置"紧急启动"按键时,该键是否有避免人员误触及的保护措施;设置"紧急中断"按键时,按键是否置于易操作部位。

6.4.2.2.10.5 控制盘是否有灭火系统启动后的灭火剂喷洒情况的反馈信号显示功能。

6.4.2.2.10.6 控制盘是否提供控制外部设备的接线端子。

6.4.2.3 检测器具
24 V 电源或 220 V 电源(根据零部件的要求选择电源)。

6.4.3 固定灭火系统控制装置
6.4.3.1 检查项目
检查项目、技术要求和不合格情况见表38。

表38 固定灭火系统控制装置检查项目

检查项目	技术要求	不合格情况
基本功能	固定灭火系统控制装置应能为驱动装置等部件提供电源,应能直接或间接通过控制部件使驱动装置动作	控制装置不能为驱动装置等部件提供电源
		控制装置不能直接或间接通过控制部件使驱动装置动作
	控制装置应能够对其主要连接部件连通状态进行自动检测,当这些连线发生断路时应能自动发出声、光故障信号	控制装置不能对其主要连接部件连通状态进行自动检测
		控制装置能够对其主要连接部件连通状态进行自动检测,但当这些连线发生断路时不能自动发出声、光故障信号

表 38（续）

检查项目	技术要求	不合格情况
基本功能	控制装置在执行自检功能期间,受其控制的设备均不应动作	控制装置在执行自检功能期间,受其控制的设备动作
	具有火灾报警功能的控制装置,应能: a) 接收火灾探测器及其他火灾报警触发器件的火灾报警信号,发出声、光报警信号,显示火灾发生部位; b) 当控制装置内部,控制装置与其连接的部件间发生故障时,在 100 s 内发出与火灾报警信号有明显区别的声、光故障信号; c) 在控制装置复位之后光报警、故障信号方可动消除; d) 手动消除声报警、故障信号; e) 声报警、故障信号手动消除后,再次有火灾报警、故障信号输入时,可再启动	不能接收火灾报警信号,发出声、光报警信号并显示火灾发生部位
		控制装置与其连接的部件间发生故障时,不能在 100 s 内发出与火灾报警信号有明显区别的声、光故障信号
		在控制装置复位之前光报警、故障信号能手动消除
		不能手动消除声报警、故障信号
		声报警、故障信号手动消除后,再次有火灾报警、故障信号输入时,不能再启动
	具有手动、自动转换功能的控制装置,控制装置所处状态应有明显的标志或灯光显示;无论控制装置处于自动或手动状态,手动操作启动消防设备始终有效	所处状态无明显的标志或灯光显示
		处于自动状态手动操作启动消防设备无效
	控制装置的供电应采用互相独立的主、备两种电源,并可自动切换;主、备电源均有工作状态指示	主、备电源不可自动切换
		主、备电源无工作状态指示

6.4.3.2 检查方法

6.4.3.2.1 首先确认固定灭火控制装置配接驱动装置的驱动电压,并在至少两个不同部位或不同区域配接负载,接通电源,处于正常监视状态。使控制装置发出驱动信号,观察控制装置的状态和负载启动情况。

6.4.3.2.2 手动操作控制装置的自检机构,观察所有指示灯(器)的指示情况。

6.4.3.2.3 将与控制装置连接的某个负载断开,观察控制装置的声、光故障信号。

6.4.3.2.4 对具有火灾报警功能的控制装置,通过火灾报警触发器件使控制装置处于报警状态和故障状态,并观察相应的声、光信号。

6.4.3.2.5 对具有手、自动转换功能的控制装置,使装置处于自动状态,然后手动启动,观察负载启动情况和控制装置状态指示情况。

6.4.3.2.6 切断控制装置的主电源,使其由备用电源供电,再恢复主电源,检查控制装置的主备电源的转换情况、状态指示情况。

6.4.4 热气溶胶灭火装置

6.4.4.1 检查项目

检查项目、技术要求和不合格情况见表 39。

表 39 热气溶胶灭火装置检查项目

检查项目	技术要求	不合格情况
外观	铭牌内容应符合 XF 499.1 的要求	内容不齐全
	铭牌应牢固地设置在灭火装置的明显部位	铭牌未牢固设置在装置明显部位
材料	灭火装置的外壳应进行防腐蚀处理	未进行防腐蚀处理
装置使用有效期	灭火装置应在使用有效期内	灭火装置未在使用有效期内
控制装置	应具有"检修开关",其光信号为黄色	无检修开关
		检修开关的指示灯颜色不是黄色
	控制装置能对灭火装置电引发器进行定期巡检且巡检周期可调,能对电引发器的断路和短路故障进行报警	不能对电引发器进行定期巡检
		巡检周期不可调
		对电引发器的断路和短路故障不能报警
远程启动按钮	配套使用的按钮应具有避免人员误启动的措施	无避免人员误启动的措施
联动性能	组成联动系统的各灭火装置规格应一致	灭火装置规格不一致

6.4.4.2 检查方法

6.4.4.2.1 外观

目测检查。

6.4.4.2.2 材料和联动性能

目测检查。

6.4.4.2.3 装置的使用有效期

检查装置的铭牌,查看灭火装置是否在使用有效期内。

6.4.4.2.4 控制装置

检查装置是否具有"检修开关",其光信号显示是否为黄色。

6.4.4.2.5 远程启动按钮

检查配套使用的按钮是否具有避免人员误启动的措施。

6.4.5 低压二氧化碳灭火系统

6.4.5.1 检查项目

检查项目、技术要求和不合格情况见表 40。

表 40 低压二氧化碳灭火系统检查项目

检查项目	技术要求	不合格情况
灭火剂贮存容器制造资质	灭火剂贮存容器应按 GB 150 规定,由国家锅炉压力容器安全监察机构认可的单位和人员进行设计、制造、检验和验收	无压力容器安全监察机构出具的监检证书
		压力容器制造单位无资质

表 40（续）

检查项目	技术要求	不合格情况
灭火剂贮存容器安全要求	灭火剂贮存容器应设置安全阀	灭火剂贮存容器未设置安全阀
检修阀开关状态标志	检修阀应具有开启状态的指示标志和锁住机构	无开启状态的指示标志和锁住机构
容器超压泄放阀的设置	贮存装置上应设有容器超压泄放阀	未设容器超压泄放阀
	容量不超过 20 000 kg 的贮存装置应装设至少两个容器超压泄放阀，容量超过 20 000 kg 的贮存装置应成对装设四个容器超压泄放阀	容器超压泄放阀设置数量不符合要求
	容器超压泄放阀与灭火剂贮存容器间应设置检修阀	未设置检修阀
	容器超压泄放阀应垂直安装，并与灭火剂贮存容器最高液面以上的气相空间相通	安装不符合要求
灭火剂量显示装置	装置应具有灭火剂量显示装置；液位计、秤重装置应能直接或间接显示容器内的实际液位（适用时）	无灭火剂量显示装置；或不能直接或间接显示容器内的实际液位
总控阀阀位指示和开关方向	球阀或蝶阀结构的总控阀应有阀位指示标志（"开"和"关"或"OPEN"和"CLOSE"），指示标志应清晰、易见；利用手轮开启的阀门，在手轮上应标有开关方向	球阀或蝶阀结构的总控阀无阀位指示标志（"开"和"关"或"OPEN"和"CLOSE"），指示标志不清晰、易见
		利用手轮开启的阀门，在手轮上未标有开关方向
报警装置设置	贮存装置上应设有高、低压力报警装置；光报警信号应为红色，在一般光线下，距 3 m 处清晰可见	高、低压力报警装置不符合要求
	贮存装置上应设有高、低液位报警装置；光报警信号应为红色，在一般光线下，距 3 m 处清晰可见	高、低液位报警装置不符合要求
系统构成	系统至少由贮存装置、总控阀、驱动器、喷嘴、管路超压泄放装置、信号反馈装置、控制器等部件构成	系统构成不完整
	铭牌内容应符合 GB 19572 要求	铭牌内容不符合 GB 19572 要求
	灭火剂贮存容器外表面应标有"低压二氧化碳"或"LOW PRESSURECARBON DIOXIDE"字样，字迹应明显、清晰	灭火剂贮存容器外表面无"低压二氧化碳"或"LOW PRESSURE CARBON DIOXIDE"字样，字迹不明显、清晰
	选择阀上应有永久标志，标明被防护区的名称或代号	无永久标志；或未标明被防护区的名称或代号

6.4.5.2 检查方法
6.4.5.2.1 灭火剂贮存容器
6.4.5.2.1.1 资质检查
检查灭火剂贮存容器有无压力容器安全监察机构出具的监检证书,压力容器制造单位有无资质。
6.4.5.2.1.2 安全要求
检查灭火剂贮存容器是否设置安全阀。
6.4.5.2.2 检修阀开关状态标志
检查检修阀是否具有开启状态的指示标志,并有锁住机构。正常运行状态下,检修阀处于开启状态,锁住机构应确保其他操作人员不能使检修阀关闭。
6.4.5.2.3 容器超压泄放阀的设置
检查贮存装置上是否设有容器超压泄放阀;容器超压泄放阀的数量设置是否满足标准要求;检查容器超压泄放阀与灭火剂贮存容器间是否设置检修阀;容器超压泄放阀是否垂直安装,并与灭火剂贮存容器最高液面以上的气相空间相通。
6.4.5.2.4 灭火剂量显示装置
检查装置是否具有灭火剂量显示装置。液位计、秤重装置是否能直接或间接显示容器内的实际液位(适用时)。
6.4.5.2.5 总控阀阀位指示和开关方向
检查球阀或蝶阀结构的总控阀有无阀位指示标志("开"和"关"或"OPEN"和"CLOSE"),指示标志是否清晰、易见。利用手轮开启的阀门,在手轮上是否标有开关方向。
6.4.5.2.6 报警装置的设置
6.4.5.2.6.1 检查贮存装置上是否设有高、低压力报警装置;光报警信号是否为红色,在一般光线下,距3 m处是否清晰可见。
6.4.5.2.6.2 检查贮存装置上是否设有高、低液位报警装置;光报警信号是否为红色,在一般光线下,距3 m处是否清晰可见。
6.4.5.2.7 系统构成
6.4.5.2.7.1 检查系统是否至少由贮存装置、总控阀、驱动器、喷嘴、管路超压泄放装置、信号反馈装置、控制器等部件构成。
6.4.5.2.7.2 检查系统铭牌内容是否符合GB 19572要求。
6.4.5.2.7.3 检查灭火剂贮存容器外表面是否标有"低压二氧化碳"或"LOW PRESSURE CARBON DIOXIDE"字样,字迹是否明显、清晰。
6.4.5.2.7.4 检查选择阀上是否有永久标志,标明被防护区的名称或代号。
6.4.5.3 检查器具
秒表。
6.4.6 悬挂式气体灭火装置
6.4.6.1 检查项目
检查项目、技术要求和不合格情况见表41。

表41 悬挂式气体灭火装置检查项目

检查项目	技术要求	不合格情况
外观	标牌应牢固地设置在灭火装置的明显部位,标牌标注的内容应为:a)生产单位;b)产品名称;c)产品型号;d)贮存压力;e)出厂日期及产品编号;f)灭火剂充装量;g)使用温度范围;h)执行标准代号;i)装置的应用方式(局部应用还是全淹没应用);j)装置有效使用期	无标牌或标注内容与检验报告不符
灭火装置容器公称工作压力	灭火装置容器的公称工作压力应不低于装置的最大工作压力	灭火装置容器的公称工作压力低于装置的最大工作压力
喷嘴标志	在喷嘴明显部位应永久性标出:生产单位或商标、喷嘴型号、代号或等效单孔直径	无标志或标志不是永久性的;标志内容不全
感温释放组件	灭火装置使用玻璃球或易熔元件作为启动和释放机构时,感温释放组件的公称动作温度应符合GB 5135.1的规定	感温释放组件的公称动作温度不符合规定
电爆型驱动器	采用电爆型驱动器驱动的灭火装置应设双电爆型驱动器	设置单电爆型驱动器
压力显示器	测量范围上限应不小于最大工作压力的1.1倍	测量范围上限不符合要求
压力显示器	标度盘的零位、贮存压力、最大工作压力、最小工作压力和测量范围上限的位置应有刻度和数字标志	相应位置无刻度和数字标志
压力显示器	标度盘的最大工作压力与最小工作压力范围用绿色表示,零位至最小工作压力范围、最大工作压力至测量上限范围用红色表示	相应范围未用颜色表示;相应范围未用正确颜色表示
压力显示器	标度盘上应标出:生产单位或商标、产品适用介质、法定计量单位(MPa)、计量标志等	标度盘上应标出内容不全
信号反馈装置	具有联动启动功能的灭火装置应设信号反馈装置	无信号反馈装置

6.4.6.2 检查方法
6.4.6.2.1 外观
检查是否有标牌,标牌内容是否齐全。
6.4.6.2.2 灭火装置容器公称工作压力
检查灭火装置容器的公称工作压力是否低于装置的最大工作压力。
6.4.6.2.3 喷嘴标志
检查在喷嘴明显部位是否永久性标出要求内容。
6.4.6.2.4 感温释放组件外观
检查感温释放组件公称动作温度与颜色标志是否符合要求。

6.4.6.2.5 电爆型驱动器
检查是否设有双电爆型驱动器。

6.4.6.2.6 压力显示器
目测检查。

6.4.6.2.7 信号反馈装置
对于具有联动启动功能的装置是否设有信号反馈装置。

6.4.7 柜式气体灭火装置
6.4.7.1 检查项目
检查项目、技术要求和不合格情况见表42。

表 42 柜式气体灭火装置检查项目

检查项目		技术要求	不合格情况
外观		装置的铭牌应设置在明显部位,标示内容应符合 GB 16670 要求	铭牌内容不符合 GB 16670 要求
灭火剂瓶组标志		灭火剂瓶组外表正面应标注灭火剂名称或商品名称、灭火剂充装量	灭火剂瓶组无标志或内容不完整
容器公称工作压力		容器的公称工作压力(WP值)应不低于相应系统的最大工作压力	容器的公称工作压力(WP值)不符合要求
检漏部件	总要求	灭火剂瓶组和驱动气体瓶组(适用时)应设检漏部件	无检漏装置
	称重部件	称重部件应标出:生产单位或商标、型号规格、称重范围等	称重部件无标志
	压力显示器	压力显示器标度盘应满足 GB 16670 要求	压力显示器标度盘不符合 GB 16670 要求

6.4.7.2 检查方法
6.4.7.2.1 外观质量
6.4.7.2.1.1 检查装置各构成部件是否有明显的加工缺陷或机械损伤,部件外表面是否进行防腐蚀处理,防腐涂层、镀层是否完整、均匀。

6.4.7.2.1.2 检查装置的铭牌是否设置在明显部位,标示内容是否符合 GB 16670 要求。

6.4.7.2.2 灭火剂瓶组标志
检查灭火剂瓶组外表正面是否标注灭火剂名称或商品名称、灭火剂充装量。

6.4.7.2.3 容器公称工作压力
检查容器的公称工作压力(WP值)是否不低于相应系统的最大工作压力。

6.4.7.2.4 检漏部件
6.4.7.2.4.1 检查灭火剂瓶组和驱动气体瓶组(适用时)是否设检漏部件。

6.4.7.2.4.2 检查称重部件标志是否标出:生产单位或商标、型号规格、称重范围等。

6.4.7.2.4.3 检查压力显示器标度盘是否满足 GB 16670 要求。

6.4.8 厨房设备灭火装置

6.4.8.1 检查项目

检查项目、技术要求和不合格情况见表43。

表43 厨房设备灭火装置检查项目

检查项目	技术要求	不合格情况
装置部件与外观标志	装置应包括容器、容器阀、燃气联动阀、水流联动阀（具有此功能的）、减压阀（设计上有的）、连接管、喷嘴、控制盘、感温器、驱动装置等部件，零部件应齐全	部件不全
	灭火剂贮存容器的外表面应用中文标注出灭火剂名称、灭火剂充装质量及灭火剂有效使用期；驱动气瓶应标出驱动气体名称和充装质量（或压力）	灭火剂贮存容器的外表面未用中文标注出灭火剂名称、灭火剂充装质量及灭火剂有效使用期；或驱动气瓶未标出驱动气体名称和充装质量（或压力）
	在装置的明显部位应设置耐久性铭牌，铭牌上应标注出产品名称、型号、执行标准代号、贮存压力、灭火剂类别、灭火剂充装量、使用温度范围、生产单位、出厂日期等内容	未设置铭牌或铭牌内容不全
启动方式	机械启动式的装置应具有自动启动和机械应急启动功能；电启动式的装置应具有自动启动、手动启动和机械应急启动功能	启动方式不全
	机械应急启动的操作机构应有防止误动作的措施	无防止误动作的措施
	机械应急启动的操作机构防止误动作的措施应用文字或图形符号标明操作方法	未标明操作方法
喷嘴结构	喷嘴应设有防止喷孔被外界物质堵塞用的保护帽，并应配有过滤器防止杂物堵塞喷孔；喷射时保护帽不应影响喷嘴正常喷射	喷嘴无保护帽或保护帽损坏
		未配防止杂物堵塞喷孔的过滤器
		喷射时保护帽不能正常脱离喷嘴
驱动器	在额定工作电压下应能正常动作	不能正常动作

6.4.8.2 检查方法

6.4.8.2.1 装置部件与外观标志

6.4.8.2.1.1 检查装置是否包括容器、容器阀、燃气联动阀、水流联动阀（具有此功能的）、减压阀（设计上有的）、连接管、喷嘴、控制盘、感温器、驱动装置等部件。

6.4.8.2.1.2 检查灭火剂贮存容器的外表面是否用中文标注出灭火剂名称、灭火剂充装质量及灭火剂有效使用期。驱动气瓶是否标出驱动气体名称和充装质量（或压力）。

6.4.8.2.1.3 检查装置的铭牌是否标注有产品名称、型号、执行标准代号、贮存压力、灭火剂类别、灭火剂充装量、使用温度范围、生产单位、出厂日期等内容。

6.4.8.2.2 启动方式

6.4.8.2.2.1 检查机械启动式的装置是否具有自动启动和机械应急启动功能。

6.4.8.2.2.2 检查电启动式的装置是否具有自动启动、手动启动和机械应急启动功能。

6.4.8.2.2.3 检查机械应急启动的操作机构是否有防止误动作的措施。

6.4.8.2.2.4 检查机械应急启动的操作机构是否用文字或图形符号标明操作方法。

6.4.8.2.3 喷嘴结构

6.4.8.2.3.1 检查喷嘴是否设有防止喷孔被外界物质堵塞用的保护帽,是否配有防止杂物堵塞喷孔的过滤器。

6.4.8.2.3.2 检查喷射时保护帽是否能正常脱离喷嘴。

6.4.8.2.4 驱动器

6.4.8.2.4.1 对于电磁型驱动器,应将电磁型驱动器从被驱动的阀门上卸下,向电磁型驱动器施加额定工作电压,检查电磁阀能否动作可靠。试验后应将电磁阀复位后安装在被驱动的阀门上。

6.4.8.2.4.2 对于电爆型驱动器,在具有备用电爆元件的前提下进行本项检查。将电爆型驱动器卸下,施加额定工作电压,检查电爆型驱动器是否动作可靠。试验后应换上新的电爆元件。

6.4.8.3 检测器具

24 V 电源或 220 V 电源(根据零部件的要求选择电源)。

6.5 干粉灭火设备

6.5.1 干粉灭火系统

6.5.1.1 检查项目

检查项目、技术要求和不合格情况见表 44。

表 44 干粉灭火系统检查项目

检查项目	技术要求	不合格情况
系统结构要求和铭牌	系统应设有自动、手动和机械应急操作三种启动方式	启动方式不全
	系统管道应设有吹扫装置。吹扫装置应设置在干粉贮存容器出口释放装置后,应靠近出口释放装置	未设吹扫装置或设置位置不符合要求
	干粉灭火系统显著位置应设置永久性铭牌,铭牌上应标明:系统名称、型号规格、驱动气体类型、系统最大工作压力、工作温度范围、执行标准代号、生产单位、出厂日期及其他注意事项	标志内容不全
干粉贮存容器	干粉贮存容器外表面颜色应为红色	颜色非红色
容器阀手动操作	容器阀应具有手动操作机构	无手动操作机构
单向阀标志	在单向阀明显部位应永久性标出介质流动方向	未永久性标出介质流动方向
驱动装置动作性能	驱动器在额定工作电压下应正常动作	不能动作

表 44（续）

检查项目	技术要求	不合格情况
安全防护装置	干粉贮存容器、容器阀、集流管上应设有安全阀或膜片式安全泄放装置等安全防护装置	无安全防护装置
称重装置报警功能	应设置检漏装置	无检漏装置
压力显示器标度盘要求	标度盘的零位、贮存压力、最大工作压力、最小工作压力和测量范围上限的位置应有刻度和数字标志	相应位置无刻度和数字标志
压力显示器标度盘要求	标度盘的最大工作压力与最小工作压力范围用绿色表示，零位至最小工作压力范围、最大工作压力至测量上限范围用红色表示	无颜色分区或颜色分区不符合要求
压力显示器标度盘要求	标度盘上应标出生产单位或商标、产品适用介质、法定计量单位(MPa)、制造年月或产品编号、计量标志等	标志不全
压力显示器防粉堵要求	贮压型干粉灭火系统的压力显示装置应具有防止粉堵的有效保护措施	无防止粉堵的有效保护措施
选择阀标志	在选择阀明显部位应永久性标出介质流动方向	未永久性标出介质流动方向
材料	喷嘴、干粉喷枪喷射部分的材料应由耐腐蚀金属材料制造	喷嘴、干粉喷枪的材料采用非金属材料制造
喷嘴防尘帽	管道喷嘴端应加防尘帽以防潮气和杂物进入管道内	无防尘帽

6.5.1.2 检查方法

6.5.1.2.1 系统铭牌标志检查
检查系统是否有永久性标志，标志内容是否符合标准要求。

6.5.1.2.2 介质流向标识检查
检查单向阀、选择阀阀体上是否有永久性介质流动方向标识。

6.5.1.2.3 结构检查
6.5.1.2.3.1 检查系统是否设有自动、手动和机械应急操作三种启动形式。

6.5.1.2.3.2 检查系统管道是否设有吹扫装置，设置是否符合要求。

6.5.1.2.3.3 检查喷嘴端是否有防尘帽。

6.5.1.2.3.4 检查压力显示装置是否具有防止粉堵的有效保护措施。

6.5.1.2.4 安全防护装置
检查干粉贮存容器、容器阀、集流管上是否设有安全保护装置。

6.5.1.2.5 材料
检查喷嘴、干粉喷枪的材料是否由耐腐蚀材料制造，其中喷孔部分是否由耐腐蚀的金属材料制造。

6.5.1.2.6 手动操作性能
检查容器阀是否具有手动操作;用手操作选择阀手动机构,是否能打开选择阀。
6.5.1.2.7 驱动器
6.5.1.2.7.1 对于电磁型驱动器,将电磁型驱动器的电磁阀卸下,施加额定工作电压启动电磁阀,检查电磁阀能否动作可靠。试验后应将电磁阀复原。

6.5.1.2.7.2 对于电爆型驱动器,在有备用电爆元件的前提下进行本项检查。将电爆型驱动器卸下,施加额定工作电压,检查电爆型驱动器是否动作可靠。试验后应换上新的电爆元件。
6.5.1.2.8 系统检漏装置要求
采用称重装置检漏的,将灭火剂瓶组轻轻抬起,检查检漏装置是否能发出报警。
6.5.1.2.9 压力显示器检查
检查压力显示器标度盘是否按要求设置红绿分区、分区是否合理、是否有刻度和数字标识、标度盘标志是否齐全。
6.5.1.3 检测器具
24 V电源或220 V电源(根据零部件的要求选择电源)。

6.5.2 悬挂式干粉灭火装置
6.5.2.1 检查项目
检查项目、技术要求和不合格情况见表45。
6.5.2.2 检查方法
6.5.2.2.1 铭牌
检查是否有标牌,标牌内容是否齐全。
6.5.2.2.2 压力显示器
目测检查。

表45 悬挂式干粉灭火装置检查项目

检查项目	技术要求	不合格情况
铭牌	标牌应清晰、耐久的设置在灭火装置的明显部位;标牌标注的内容应为:a)制造厂名或商标;b)产品名称;c)产品型号;d)贮存压力;e)产品编号;f)灭火剂种类;g)使用温度范围;h)执行标准;i)灭火能力;j)装置有效使用期;k)灭火装置安装要求;l)灭火剂使用有效期	无标牌或标牌内容不全
压力显示器 (贮压式)	压力显示器工作温度应不小于规定的温度范围	工作温度不符合要求
	压力显示器最大量程为灭火装置工作压力的1.5～2.5倍	测量范围上限不符合要求
	标度盘的零位、贮存压力、最大工作压力、最小工作压力和测量范围上限的位置应有刻度和数值标志	相应位置无刻度和数字标志
	标度盘的最大工作压力与最小工作压力范围用绿色表示,零位至工作压力下限用红色表示,最大工作压力至测量上限范围用黄色表示	相应范围未用颜色表示;相应范围未用正确颜色表示
	标度盘上应标出制造厂名或商标	标度盘上应标出内容不全

表 45（续）

检查项目	技术要求	不合格情况
泄压装置	装置应设有释放内部压力的泄压机构	未设有释放内部压力的泄压机构
感温释放组件外观	灭火装置使用玻璃球或易熔元件作为启动和释放机构时,感温释放组件的公称动作温度和颜色标志应符合 GB 5135.1 的规定	感温释放组件的公称动作温度不符合 GB 5135.1 的规定
		感温释放组件的色标不符合 GB 5135.1 的规定
信号反馈装置	具有联动启动功能的灭火装置应设信号反馈装置	无信号反馈装置

6.5.2.2.3 泄压装置

检查装置是否具有泄压装置。

6.5.2.2.4 温释放组件外观

检查感温释放组件公称动作温度与色标是否符合要求。

6.5.2.2.5 信号反馈装置

对于具有联动启动功能的装置检查是否设有信号反馈装置。

6.6 消防给水设备

6.6.1 消防泵及泵组

6.6.1.1 检查项目

检查项目、技术要求和不合格情况见表 46。

表 46 消防泵及泵组检查项目

检查项目	技术要求	不合格情况
材料要求	泵壳应采用铸铁、铸钢、铸铝或铸铜等其他铸造合金	零部件的材质不符合规定
	轴应采用不锈钢或相当的抗腐蚀性材料	
	叶轮和放水旋塞应采用抗腐蚀性材料制成	
	消防泵体上应铸出表示旋转方向的箭头	泵体上没有铸出表示旋转方向的箭头
	各操纵手柄应设置指示牌,指示牌由抗腐蚀材料制成	各操纵手柄没有设置指示牌、指示牌由非抗腐蚀材料制成
	应配有有效的、与消防泵额定压力相适应的压力表	压力表的量程与消防泵额定压力不相适应,或压力表已失效

6.6.1.2 检查方法

6.6.1.2.1 目测检查泵壳、叶轮、轴、放水旋塞的材料。

6.6.1.2.2 目测检查泵的旋转方向、压力表的量程与检定有效期,操纵机构指示牌的设置及其材质。

6.6.2 消防气压给水设备和消防增压稳压给水设备

6.6.2.1 检查项目

检查项目、技术要求和不合格情况见表47。

表47 消防气压给水设备和消防增压稳压给水设备检查项目

检查项目	技术要求	不合格情况
设备标识	设备标志牌应符合 GB 27898.1 或 GB 27898.3 要求	设备标志牌不符合要求
	设备给水管道应喷涂标识水流方向的箭头	设备给水管道未喷涂标识水流方向的箭头
消防运行状态启动方式	设备应具备通过操控柜设置的紧急启动装置（按钮)手动操作启动消防运行状态的功能	操控柜未设置紧急启动装置（按钮）
	设备应具备手动远程操控器（按钮)紧急启动消防运行状态的功能	设备不具备手动远程操控器（按钮）
消防运行状态退出方式	采用手动方式启动消防泵组时,停机应手动操作	手动操作不能停机
	设备应具备消防泵组手动紧急停机操控器（按钮）退出消防的方式	不具备消防泵组手动紧急停机操控器（按钮）退出消防的方式
运行记录	设备操控柜内应设置运行记录装置	设备操控柜内未设置运行记录装置
	记录信息内容至少应包括设备出水口压力、报警及故障发生的类别和时间、消防泵组工作状态等	记录信息内容不全面
稳压泵停泵	稳压泵组应采用交替运行方式。投入消防运行状态后,稳压泵组应停止工作	消防状态下稳压泵继续工作
止气装置	止气装置的动作应准确可靠,止气装置动作后设备出水口不应有气体泄漏	无止气装置
		止气装置动作后,仍有气体流出
供水能力	设备在消防工作压力下的流量应不低于其型号规格标示的消防工作流量；有效水容积、缓冲水容积、补充水容积应满足型号规格要求	在消防工作压力下低于消防工作流量
		有效水容积、缓冲水容积、补充水容积不满足型号规格要求
倒流防止器	从市政管网取水的设备,进水口端应安装倒流防止器	从市政管网取水的设备,进水口端未安装倒流防止器

6.6.2.2 检查方法

6.6.2.2.1 检查设备标志牌是否符合标准要求；检查给水管道是否喷涂标识水流方向的箭头。

6.6.2.2.2 试验期间关闭设备与主供水管网的控制阀门,将设备控制柜处于停止位置,打开试水管阀门,将气压水罐水位排放至止气水位,检查止气装置动作是否准确,动作后是否有气体流出。同时检查有效水容积、缓冲水容积、补充水容积等内容。试验后将设备恢复正常工作状态。

6.6.2.2.3 试验期间关闭设备与主供水管网的控制阀门,采用手动紧急方式使设备启动进入消防状态,观察控制柜声光指示和水泵运行状态是否良好,启动是否正常;使设备处于自动控制方式下,在设备接线端子排上给入设计要求的消防信号源启动设备进入消防状态,观察控制柜声光指示和水泵运行状态是否良好,启动是否正常。试验后将设备恢复正常工作状态。手动方式启动消防泵组时,检查能否手动停机。

6.6.2.2.4 试验期间关闭设备与主供水管网的控制阀门,将流量计固定于试水管路,调节阀门使设备压力稳定于消防工作压力,检查消防工作流量。

6.6.2.2.5 检查操控柜是否设置紧急启动装置(按钮),是否设置运行记录装置,运行记录内容是否全面。

6.6.2.2.6 检查设备是否具备手动远程操控器(按钮)紧急启动消防运行状态的功能和消防泵组手动紧急停机操控器(按钮)退出消防的方式。

6.6.2.2.7 检查从市政管网取水的设备,进水口端是否安装有倒流防止器。

6.6.2.3 检测器具

超声波流量计、秒表。

6.6.3 消防恒压给水设备

6.6.3.1 检查项目

检查项目、技术要求和不合格情况见表48。

表48 消防恒压给水设备检查项目

检查项目	技术要求	不合格情况
设备标识	设备标志牌应符合 GB 27898.2 的要求	设备标志牌不符合标准要求
	设备给水管道应喷涂标识水流方向的箭头	设备给水管道未喷涂标识水流方向的箭头
消防运行状态启动方式	设备应具备通过操控柜设置的紧急启动装置(按钮)手动操作启动消防运行状态的功能	操控柜未设置紧急启动装置(按钮)
	设备应具备手动远程操控器(按钮)紧急启动消防运行状态的功能	设备不具备手动远程操控器(按钮)
消防运行状态退出方式	采用手动方式启动消防泵组时,停机应手动操作	手动操作不能停机
	设备应具备消防泵组手动紧急停机操控器(按钮)退出消防的方式	不具备消防泵组手动紧急停机操控器(按钮)退出消防的方式
运行记录	设备操控柜内应设置运行记录装置	设备操控柜内未设置运行记录装置
	记录信息内容至少应包括设备出水口压力、报警及故障发生的类别和时间、消防泵组工作状态等	记录信息内容不全面

表 48（续）

检查项目	技术要求	不合格情况
变频器故障	采用变频器控制消防泵的设备,当变频器故障时,消防泵组应自动转工频方式运行	不具备该功能
倒流防止器	消防与生活(生产)共用设备消防出水口应独立设置,消防出水口处应安装倒流防止器	消防与生活(生产)共用设备消防出水口未独立设置,消防出水口处未安装倒流防止器
变频器额定功率	变频器额定功率应与泵组配用电机的额定功率相匹配	变频器额定功率与泵组配用电机的额定功率不匹配
供水能力	设备在消防工作压力下的流量应不低于其型号规格标示的消防工作流量	在消防工作压力下低于消防工作流量

6.6.3.2 检查方法

6.6.3.2.1 短接变频器故障端子输出故障信号或调整变频器设定参数使之超出规定范围,使变频器运行时产生故障保护,然后通过设备远程启动端子输入消防信号,观察消防泵组是否自动转工频运转工作。

6.6.3.2.2 检查设备标志牌是否符合标准要求;检查给水管道是否喷涂标识水流方向的箭头。

6.6.3.2.3 试验期间关闭设备与主供水管网的控制阀门,采用手动紧急方式使设备启动进入消防状态,观察控制柜声光指示和水泵运行状态是否良好,启动是否正常;使设备处于自动控制方式下,在设备接线端子排上给入设计要求的消防信号源启动设备进入消防状态,观察控制柜声光指示和水泵运行状态是否良好,启动是否正常。试验后将设备恢复正常工作状态。手动方式启动消防泵组时,检查能否手动停机。

6.6.3.2.4 试验期间关闭设备与主供水管网的控制阀门,将流量计固定于试水管路,调节阀门使设备压力稳定于消防工作压力,检查消防工作流量。

6.6.3.2.5 检查操控柜是否设置紧急启动装置(按钮),是否设置运行记录装置,运行记录内容是否全面。

6.6.3.2.6 检查设备是否具备手动远程操控器(按钮)紧急启动消防运行状态的功能和消防泵组手动紧急停机操控器(按钮)退出消防的方式。

6.6.3.2.7 检查消防与生活(生产)共用设备,消防出水口处是否安装倒流防止器。

6.6.3.2.8 检查变频器额定功率是否与泵组配用电机的额定功率相匹配。

6.6.3.3 检测器具

超声波流量计。

6.7 灭火器

6.7.1 手提式灭火器

6.7.1.1 检查项目

检查项目、技术要求和不合格情况见表49。

表 49 手提式灭火器检查项目

检查项目		技术要求	不合格情况
外观检查	标识内容	标识内容应有：灭火器名称、型号、灭火种类代号、灭火级别、使用温度、使用方法（图形和文字）、驱动气体名称和数量（或压力）、筒体生产连续序号（也可用钢印打在底圈或颈圈等部位）、制造厂名称等	标识内容不全
	筒体钢印	符合 XF 95 规定的报废要求和报废期限的灭火器，应报废	符合 XF 95 规定的报废要求和报废期限
		灭火器的底圈或颈圈等部分，应有该灭火器的水压试验压力值、出厂年份的钢印	筒体没有钢印或内容不全
	结构	灭火器不应倒置开启和使用	需倒置开启和使用
主要部件	压力指示器	贮压式灭火器应装压力指示器（二氧化碳灭火器除外）	贮压式灭火器没有安装压力指示器（二氧化碳灭火器除外）
		压力指示器的指针应指示在绿色区域范围内	压力指示器的指针不在绿色区域范围内
		压力指示器 20 ℃时的工作压力值应与该灭火器标志上所标的 20 ℃时的充装压力相同	压力指示器上的工作压力值与标志上所标的充装压力不一致
		压力指示器的种类应与该灭火器的种类相符（表盘上应有字母：干粉灭火剂为"F"；水、泡沫灭火剂为"S"；洁净气体灭火剂为"J"）	压力指示器的种类与该灭火器的种类不相符
	喷射软管	充装量大于 3 kg(L)的灭火器应配有喷射软管	充装量大于 3 kg(L)的灭火器没有配喷射软管
		喷射软管的长度应不小于 400 mm（不包括软管两端的接头）	喷射软管的长度小于 400 mm
	保险机构	应安装保险装置；保险装置的铅封（塑料带、线封）应完好无损	没有安装保险装置或保险装置失效；或保险装置的铅封（塑料带、线封）损坏或脱落
	阀或器头	应有间歇喷射机构	无间歇喷射机构
		二氧化碳灭火器应有超压保护装置	无超压保护装置

6.7.1.2 检查方法

6.7.1.2.1 用目测检查手提式灭火器的外观和主要部件。

6.7.1.2.2 用钢卷尺测量喷射软管的长度。

6.7.1.3 检测器具

钢卷尺:最小分辨率为 1 mm,量程不小于 400 mm。

6.7.2 推车式灭火器

6.7.2.1 检查项目

检查项目、技术要求和不合格情况见表 50。

表 50 推车式灭火器检查项目

检查项目		技术要求	不合格情况
外观检查	标识内容	标识内容中应有:灭火器名称、型号、灭火种类代号、灭火级别、使用温度、驱动气体名称和数量(或压力)、灭火器使用说明(图形或文字)、制造厂名称等	标识内容不全
		符合 XF 95 规定的报废要求和报废期限的推车式灭火器,应报废	符合 XF 95 规定的报废要求和报废期限
主要部件	压力指示器	贮压式灭火器须装压力指示器(二氧化碳灭火器除外)	贮压式灭火器没有安装压力指示器(二氧化碳灭火器除外)
		压力指示器的指针应指示在绿色区域范围内	压力指示器的指针不在绿色区域范围内
		压力指示器 20 ℃时的工作压力值应与该灭火器标志上所标的 20 ℃时的充装压力相同	压力指示器上的工作压力值与标志上所标的充装压力不一致
		压力指示器的种类应与该灭火器的种类相符(表盘上应有字母:干粉灭火剂为"F";水、泡沫灭火剂为"S";洁净气体灭火剂为"J")	压力指示器的种类与该灭火器的种类不相符
	喷射软管	应配有喷射软管,喷射软管的长度应不小于 4 m(不包括软管两端的接头和喷射枪)	没有配喷射软管;或喷射软管的长度小于 4 m
	保险机构	应安装保险装置;保险装置的铅封(塑料带封)应完好无损	没有安装保险装置或保险装置失效;或保险装置的铅封(塑料带封)坏或脱落
	喷射枪	在喷射软管前端,应装有可间歇喷射的喷射枪(推车式二氧化碳灭火器除外)	没有装可间歇喷射的喷射枪(推车式二氧化碳灭火器除外)
		喷射枪应具有能保证灭火器在行走时不脱落的夹持装置	没有喷射枪的夹持装置,或夹持装置失效
		旋转式开启的喷射枪的枪体上应有指示开启方法的永久性标记	没有指示开启方法的永久性标记
	行驶机构	行驶机构应有足够的通过性能,在推(拉)过程中,灭火器整体的最低位置(除轮子外)与地面之间的间距不小于 100 mm	灭火器整体的最低位置(除轮子外)与地面之间的间距小于 100 mm
	器头	推车式二氧化碳灭火器应有超压保护装置	无超压保护装置

6.7.2.2 检查方法
6.7.2.2.1 用目测检查推车式灭火器的标志内容和主要部件。
6.7.2.2.2 用钢卷尺测量喷射软管的长度和行驶机构的离地间距。
6.7.2.3 检测器具

钢卷尺:最小分辨率为1 mm,量程不小于4 m;
钢直尺:最小分辨率为1 mm,量程不小于100 mm。

6.7.3 简易式灭火器
6.7.3.1 检查项目

检查项目、技术要求和不合格情况见表51。

表51 简易式灭火器检查项目

检查项目		技术要求	不合格情况
外观检查	标志内容	标志内容应有:灭火器名称、型号、灭火级别和种类、使用方法(用文字或图形说明)、使用温度、出厂年月、保质期、灭火器制造厂名称等	标志内容不全
		应有"灭火器一经开启,不应重复使用、充装"的警示性文字说明	没有警示性文字说明
	筒体外观	灭火器的筒体表面不应有变形、碰伤、划痕等缺陷	筒体表面有变形、碰伤、划痕等缺陷
结构检查	压力指示器	装有压力指示器的简易式灭火器,压力指示器的种类应与该灭火器的种类相符(表盘上应有字母:干粉灭火剂为"F";水、泡沫灭火剂为"S";洁净气体灭火剂为"J")	压力指示器的种类与该灭火器的种类不相符
		压力指示器的指针应在绿色区域范围内	压力指示器的指针不在绿色区域范围内
		压力指示器上20 ℃时的工作压力值不应大于1.0 MPa	压力指示器上20 ℃时的工作压力值大于1.0 MPa
结构检查	筒体外径	有手提把的简易式灭火器的筒体外径不应超过85 mm	有手提把的简易式灭火器的筒体外径超过85 mm
		无手提把的简易式灭火器的筒体外径不应超过75 mm	无手提把的简易式灭火器的筒体外径超过75 mm
	保险机构	有手提把的简易式灭火器应有保险装置(保险销),保险装置(保险销)的铅封(塑料带封)应完好无损	没有保险装置(保险销)或保险销、铅封(塑料带封)损坏或脱落
		无手提把的简易式灭火器,其喷射操作部位应有保护盖或其他保护装置	喷射操作部位没有保护盖或其他保护装置

6.7.3.2 检查方法

6.7.3.2.1 用目测检查简易式灭火器的外观和结构。

6.7.3.2.2 用卡尺测量筒体外径。

6.7.3.3 检测器具

卡尺:最小分辨率不大于0.1 mm,量程不小于85 mm。

6.8 消火栓

6.8.1 室内消火栓

6.8.1.1 检查项目

检查项目、技术要求和不合格情况见表52。

表52 室内消火栓检查项目

检查项目	技术要求	不合格情况
外观与标志	栓体内表面应涂防锈漆,无严重锈蚀	栓体内部未涂防锈漆或严重锈蚀
	应在栓体或栓盖上铸出型号、规格和商标	标志不全或标志为非铸出
结构和参数	进水口及出水口与固定接口连接部位应为圆柱管螺纹	进水口及出水口与固定接口连接部位的螺纹非圆柱管螺纹
	固定接口的型式应为KN型	固定接口的型式非KN型
手轮	手轮轮缘上应明显地铸出表示开关方向的箭头和字样	手轮开关方向标注错误
		手轮开关方向未标注或为非铸出
材料	阀座材料强度及耐腐蚀性能不低于黄铜	无阀座或阀座材料强度及耐腐蚀性能低于黄铜
	阀杆螺母材料强度及耐腐蚀性能不低于黄铜	无阀杆螺母或阀杆螺母材料强度及耐腐蚀性能低于黄铜
	阀杆材料力学及耐腐蚀性能不低于铅黄铜	阀杆材料力学及耐腐蚀性能低于铅黄铜
	旋转型室内消火栓旋转部位的材料应采用铜合金或奥氏体不锈钢等耐腐蚀材料	旋转部位的材料非铜合金或奥氏体不锈钢
阀杆升降性能	阀杆升降应平稳、灵活,不应有卡阻和松动现象	不借助工具室内消火栓阀杆无法开启
		将手轮开启至最大位置,阀瓣脱落

6.8.1.2 检查方法

6.8.1.2.1 目测检查室内消火栓的外观与标志、结构和参数、手轮、材料等。

6.8.1.2.2 用螺纹规检查进水口及出水口与固定接口连接部位的螺纹。

6.8.1.2.3 用手转动手轮,以直观和手感检查阀杆升降及阀瓣开启的情况。

6.8.1.3 检测器具

螺纹塞规、螺纹环规。

6.8.2 室外消火栓
6.8.2.1 检查项目

检查项目、技术要求和不合格情况见表53。

表53 室外消火栓检查项目

检查项目	技术要求	不合格情况
外观质量和标志	铸铁件、铸铜件表面应光滑,无明显的砂眼、气孔、裂纹等缺陷	铸件质量不符合要求
	室外消火栓上部外露部分应涂红色漆,其色泽应光滑均匀、无龟裂、划伤和碰伤	阀体外部漆膜严重破损
	阀体内表面应涂防锈漆或采用其他防腐处理	阀体内表面未涂防锈漆或严重锈蚀
	外表面醒目处应清晰地铸出型号、规格、商标或厂名等永久性标志	标志不全或标志为非铸出
消防接口	水带连接口和吸水管连接口应使用机械性能不低于HPb59的铅黄铜或不锈钢制造	接口本体材料不符合要求
排放余水装置	应有自动排放余水装置	无自动排放余水装置
	阀门处于最大开启位置时或当水压大于等于0.1MPa时,排放余水装置不应有渗漏现象	有渗漏现象

6.8.2.2 检查方法

目测和手动检查室外消火栓外观质量和标志、消防接口的本体材料以及排放余水装置。

6.8.3 消防水泵接合器
6.8.3.1 检查项目

检查项目、技术要求和不合格情况见表54。

表54 消防水泵接合器检查项目

检查项目	技术要求	不合格情况
外观质量和标志	铸件表面应无结疤、毛刺、裂纹和缩孔等缺陷	铸件质量不符合要求
	外部漆膜应光滑、平整、色泽一致,无气泡、流痕、皱纹等缺陷,无明显碰、划等现象	阀体外部漆膜严重破损
	阀体内表面应涂防锈漆	阀体内部未涂防锈漆或严重锈蚀
	应在阀体或阀盖上铸出型号、规格和商标	标志不全或标志非铸出
消防接口	外螺纹固定接口的本体材料应由铜质材料制造	接口本体非铜质材料
基本功能	消防水泵接合器应具有安全排放、止回、截断等功能	无安全排放、止回、截断等功能

6.8.3.2 检查方法

目测检查消防水泵接合器外观质量和标志、基本功能和消防接口的本体材料。

6.8.4 消火栓箱
6.8.4.1 检查项目

检查项目、技术要求和不合格情况见表55。

表55 消火栓箱检查项目

检查项目	技术要求	不合格情况
标志	箱门正面应以直观、醒目、匀整的字体标注"消火栓"字样	箱门正面未标注"消火栓"字样
器材的配置	箱内消防器材的配置应符合 GB 14561 的规定	箱内消防器材的配置与 GB 14561 规定和检验合格报告不一致
连接性能	消防水带与接口之间的连接应牢固可靠	消防水带与接口的连接不牢固
连接性能	室内消火栓与消防水带、消防水带与消防水枪之间通过接口连接应牢固可靠	室内消火栓与消防水带、消防水带与消防水枪之间通过接口无法连接
箱门	应设置门锁或箱门关紧装置。设置门锁的栓箱,除箱门安装玻璃者以及能被击碎的透明材料外,均应设置箱门紧急开启的手动机构,保证在没有钥匙的情况下开启灵活、可靠	未设置门锁或箱门关紧装置
箱门		箱门为全钢型且设置门锁型式,但未设置箱门紧急开启的手动机构
箱门	箱门开启角度不应小于160°	箱门开启角度小于160°
水带安置	盘卷式消火栓箱的水带盘从挂臂上取出应无卡阻	盘卷式消火栓箱不借助工具水带盘无法从挂臂上取出
水带安置	托架式消火栓箱的水带托架应转动灵活,水带从托架中拉出无卡阻	托架式消火栓箱水带从托架中取出有卡阻
电器设备	控制按钮至少应有一对常开和一对常闭触点	启动控制按钮消防控制中心无信号或不能启动消防水泵
电器设备	指示灯光应为红色	无指示灯或指示灯不亮

6.8.4.2 检查方法

6.8.4.2.1 目测检查消火栓箱标志、器材的配置、器材的性能、连接性能、箱门、水带安置和电器设备。

6.8.4.2.2 将箱内的室内消火栓、消防水带、消防水枪连接,检查是否牢靠。检查消防水带与接口的连接是否牢靠。

6.8.4.2.3 用锤击碎控制按钮玻璃或拧下压盖,检查触点是否接通,即消防控制中心是否有信号或消防水泵是否启动,指示灯是否亮。

6.8.5 消防软管卷盘
6.8.5.1 检查项目

检查项目、技术要求和不合格情况见表56。

表 56 消防软管卷盘检查项目

检查项目	技术要求	不合格情况
外观质量	卷盘表面应进行耐腐蚀处理,漆层应均匀	卷盘表面严重腐蚀
软管质量	软管外表应无破损、划伤	软管外表有严重的破损或划伤
软管长度	软管长度不应小于软管标称长度 1 m	软管长度小于软管标称长度 1 m 以上
密封性能	额定工作压力下任何部位均不应渗漏	密封部位有渗漏
结构要求	卷盘旋转部分应能绕转臂的固定轴向外作水平摆动,摆动角应不小于 90°	卷盘旋转部分不能绕转臂的固定轴向外作水平摆动;或摆动角小于 90°
结构要求	卷盘进口阀的开启和关闭方向应有明显的标志	卷盘进口阀的开启和关闭方向无明显的标志
结构要求	卷盘进口阀顺时针方向为关闭	关闭方向为逆时针方向
转动性能	软管卷盘转动的启动力矩应不大于 20 N·m	卷盘不能转动

6.8.5.2 检查方法

6.8.5.2.1 目测检查消防软管卷盘外观质量、软管质量和结构要求,用钢卷尺测软管长度,用直角尺测卷盘摆动角。

6.8.5.2.2 向消防软管卷盘通水至额定工作压力,观察各连接部位的密封情况。

6.8.5.2.3 将消防软管卷盘旋转轴固定,用测力计拉动软管,计算启动力矩,观察卷盘能否转动。

6.8.5.3 检验仪器

钢卷尺:最小分辨率为 1 mm,量程不小于 40 m;
直角尺。

6.9 消防接口

6.9.1 检查项目

检查项目、技术要求和不合格情况见表 57。

表 57 消防接口检查项目

检查项目	技术要求	不合格情况
标志检查	接口表面应有型号、规格、商标或厂名等永久性标志	接口表面没有或缺少型号、规格、商标或厂名等永久性标志
外表面防腐处理	接口表面应进行阳极氧化处理或静电喷塑防腐处理	接口表面没有进行规定的防腐处理
抗跌落性能	接口作跌落试验后,不应出现断裂现象且能正常操作使用	跌落试验后出现断裂现象;或不能正常操作使用
注:消防接口包括内扣式消防接口、卡式消防接口、螺纹式消防接口。		

6.9.2 检查方法

6.9.2.1 目测检查消防接口的标志和表面防腐处理情况。

6.9.2.2 跌落试验:内扣式接口以扣爪垂直朝下的位置、卡式接口和螺纹式接口以接口的轴线呈水平状态,从离地 1.5 m±0.05 m 高处(从接口的最低点算起)自由跌落到混凝土地面上五次。接口坠落五次后,目测和进行连接检查。

6.9.3 检测器具

钢卷尺:最小分辨率为 1 mm,量程不小于 1.5 m。

6.10 消防水带

6.10.1 检查项目

检查项目、技术要求和不合格情况见表58。

表 58 消防水带检查项目

检查项目	技术要求							不合格情况
单位长度质量 g/m	内径 mm	公称压力/MPa						消防水带单位长度重量不符合要求
		0.8	1.0	1.3	1.6	2.0	2.5	
	Φ25	≤180						
	Φ40	≤280						
	Φ50	≤380						
	Φ65	≤480						
	Φ80	≤600						
	Φ100	≤1100						
水带长度	消防水带长度不应小于水带标称长度 1 m							水带长度小于水带标称长度 1 m 以上

注1:消防水带包括有衬里消防水带、消防湿水带。
注2:水带长度和单位长度质量不包括消防接口。

6.10.2 检查方法

6.10.2.1 水带长度检查:用钢卷尺测量水带长度。

6.10.2.2 用电子秤称量整卷水带质量(干燥的),用钢卷尺测量整卷水带长度,用公式(1)计算水带单位长度质量:

$$\rho = m/l \quad \cdots\cdots\cdots\cdots\cdots\cdots\cdots\cdots(1)$$

式中:
ρ ——水带单位长度质量,单位为克每米(g/m);
m ——整卷水带质量,单位为克(g);
l ——整卷水带长度,单位为米(m)。

6.10.3 检验器具

钢卷尺:最小分辨率为 1 mm,量程不小于 40 m;
电子秤:最小分辨率为 10 g,量程不小于 30 kg。

6.11 消防枪炮

6.11.1 消防水枪

6.11.1.1 检查项目

检查项目、技术要求和不合格情况见表59。

表59 消防水枪检查项目

检查项目	技术要求					不合格情况
结构要求	水枪类型	手柄指示位置功能规定				
		指向水枪出口	垂直水枪轴线	指向水枪进口	顺时针旋转	手柄指示位置的功能不符合规定
	直流水枪	—	—	—	—	
	直流开关水枪[a]	开	关	—	—	
	球阀转换式直流喷雾水枪、球阀转换式多用水枪[b]	直流	关	喷雾	—	在水枪各功能位置没有规定的限位功能
	带有弓形手柄的导流式直流喷雾水枪[c]	关	—	开	—	
	直流喷雾水枪、直流开花水枪	—	—	—	关	
抗跌落性能	水枪作跌落试验后,不应出现破裂现象且能正常操作使用					跌落试验后出现破裂或不能正常操作使用
材料及表面质量	水枪应采用耐腐蚀材料制造或其材料经防腐蚀处理,满足相应使用环境和介质的防腐要求					未采用耐腐蚀材料制造;或其材料未经防腐蚀处理
	铸件表面应无结疤、裂纹及孔眼,铝制件表面应作阳极氧化处理					铸件表面有铸造缺陷;或铝制件表面未作阳极氧化处理

[a] 直流开关水枪在"开""关"这两个位置应有限位功能。
[b] 球阀转换式直流喷雾水枪、球阀转换式多用水枪在"直流"和"喷雾"位置应有限位功能。
[c] 带有弓形手柄的导流式直流喷雾水枪在"开""关"这两个位置应有限位功能。

6.11.1.2 检查方法

6.11.1.2.1 目测检查消防水枪各操纵机构动作及限位的情况、指示标记、材料及表面质量。直流喷雾水枪、直流开花水枪,其调节喷雾角和开花角的旋转开关的旋转方向可从水枪的进水口观察。

6.11.1.2.2 水枪跌落试验:水枪以喷嘴垂直朝上、喷嘴垂直朝下(旋转开关处于关闭位置)以及水枪轴线处于水平(若有开关时,开关处于水枪水平轴线之下并处于关闭位置)三个位置,从离地 2.0 m±0.02 m 高处(从水枪的最低点算起)自由落到混凝土地面上。水枪于每个位置跌落两次后进行检查。

6.11.1.3 检测器具

钢卷尺:最小分辨率为 1 mm,量程不小于 2 m。

6.11.2 消防炮

6.11.2.1 检查项目

检查项目、技术要求和不合格情况见表60。

表60 消防炮检查项目

检查项目	技术要求	不合格情况
材料要求	消防炮应采用耐腐蚀材料制造,或其材料经防腐蚀处理	消防炮的材质未采用耐腐蚀材料制造;或其材料未经防腐蚀处理
操纵性能	消防炮的俯仰回转机构、水平回转机构、各控制手柄(轮)应操作灵活	俯仰回转机构、水平回转机构、各控制手柄(轮)操作不灵活,有卡阻现象
	消防炮的传动机构应安全可靠	传动机构不安全可靠
	消防炮的俯仰回转机构应具有自锁功能或锁紧装置	俯仰回转机构没有自锁功能或锁紧装置

6.11.2.2 检查方法

6.11.2.2.1 目测检查消防炮的各相关零部件的材料。

6.11.2.2.2 手动操作检查消防炮各动作机构的情况。

6.12 建筑耐火构件

6.12.1 防火门

6.12.1.1 检查项目

检查项目、技术要求和不合格情况见表61。

表61 防火门检查项目

检查项目		技术要求	不合格情况
外观		外观应完整,无破损,表面装饰层应均匀、平整、光滑;标志应符合 GB 12955 规定	外观不完整,有破损,表面装饰层不均匀、平整、光滑;标志不符合 GB 12955 规定
		木质部分割角、拼缝应严实平整,胶合板不允许刨透表层单板	木质部分割角、拼缝不严实平整,胶合板刨透表层单板
		钢质部分表面应平整、光洁,无明显凹痕或机械损伤,焊接应牢固,焊点分布均匀,不应有假焊、烧穿、漏焊等现象	钢质部分表面不平整、光洁,有明显凹痕或机械损伤,焊接不牢固,焊点分布不均匀,有假焊、烧穿、漏焊等现象
规格尺寸	型号规格	应符合型式检验报告所涵盖产品型号规格	不符合型式检验报告所涵盖产品型号规格
	外形尺寸	外形尺寸应小于等于型式检验报告中门的外形尺寸	外形尺寸大于相应检验报告中门的外形尺寸

表 61（续）

检查项目		技术要求	不合格情况
规格尺寸	门扇厚度	门扇厚度应与型式检验报告中的门扇厚度相同，其极限偏差符合 GB 12955 规定	门扇厚度与相应检验报告中的门扇厚度不同，且其极限偏差超出 GB 12955 规定
	门框侧壁宽度	门框侧壁宽度应与型式检验报告中的门框侧壁宽度相同，其极限偏差符合 GB 12955 规定	门框侧壁宽度与型式检验报告中的门框侧壁宽度不同，且其极限偏差超出 GB 12955 规定
	防火玻璃透光尺寸	防火玻璃透光尺寸应小于等于型式检验报告中受检样品相同部位的防火玻璃透光尺寸	防火玻璃透光尺寸大于型式检验报告中受检样品相同部位的防火玻璃透光尺寸
	防火玻璃厚度	防火玻璃厚度应与型式检验报告中的防火门所安装防火玻璃的厚度相同，其极限偏差符合 GB 15763.1 规定	防火玻璃厚度与相应检验报告中的防火门所安装防火玻璃的厚度不同，其极限偏差超出 GB 15763.1 规定
门扇和门框结构及填充材料		门扇和门框结构及填充材料的种类及相应参数应与型式检验报告中受检样品相同	门扇和门框的结构和填充材料的种类及相应参数与型式检验报告中受检样品不同
防火闭门器		应有法定检验机构出具的合格检验报告，其性能应不低于型式检验报告中受检样品所配套使用的产品	无法定检验机构出具的合格检验报告，或其性能低于型式检验报告中受检样品所配套使用的产品
耐火五金附件（防火锁、防火合页、防火顺序器、防火插销等）		应有法定检验机构出具的合格检验报告，其性能应不低于型式检验报告中受检样品所配套使用的产品	无法定检验机构出具的合格检验报告，或其性能低于型式检验报告中受检样品所配套使用的产品
防火玻璃		应有法定检验机构出具的合格检验报告，且防火玻璃的耐火性能指标应大于等于该防火门耐火性能的要求	无法定检验机构出具的合格检验报告，或防火玻璃检验报告的耐火性能指标低于该防火门耐火性能的要求
防火密封条		防火门应设置防火密封条，密封条应平直、无拱起	防火门未设置防火密封条，或密封条不平直、有拱起
		应有法定检验机构出具的合格检验报告，且防火密封条的耐火性能指标大于等于该防火门耐火性能的要求，其型号规格应与型式检验报告中受检样品所配套使用的相一致	没有法定检验机构出具的合格检验报告；或防火密封条的耐火性能指标低于该防火门耐火性能的要求；其型号规格与型式检验报告中受检样品所配套使用的不一致
灵活性		门扇应开启灵活，无卡阻现象	门扇开启不灵活，有卡阻现象
可靠性		防火门各部位应牢固，无严重变形，能可靠关闭	防火门有松动、脱落及严重变形现象，不能可靠关闭

6.12.1.2 检查方法
6.12.1.2.1 外观质量
用目测的方法检查外观表面是否完整,有无破损,是否均匀、平整、光滑;割角、拼缝是否严实平整;钢板表面是否有凹痕或机械损伤,是否有假焊、漏焊、烧穿等现象。

6.12.1.2.2 规格尺寸
用游标卡尺测量门扇厚度、门框侧壁宽度、玻璃厚度,用卷尺测量外形尺寸、玻璃透光尺寸,与型式检验报告相对照。

6.12.1.2.3 门扇和门框结构及填充材料
破拆门扇和门框后,用目测的方法检查门扇内部结构及门扇内部所填充的材料类型、门框结构及门框内填充材料类型,核对是否与型式检验报告中的内容相一致,用游标卡尺测量材料的相应参数。

6.12.1.2.4 防火闭门器、耐火五金附件
6.12.1.2.4.1 检查防火门上所用防火闭门器、耐火五金附件的检验报告是否是法定检验机构出具的合格检验报告。

6.12.1.2.4.2 检查规格型号是否与型式检验报告中受检防火门样品所配套使用的相一致;或对照合格检验报告,核对其性能是否低于型式检验报告中受检样品所配套使用的产品。

6.12.1.2.5 防火玻璃
6.12.1.2.5.1 检查防火门上所用防火玻璃的耐火性能检验报告,是否是法定检验机构出具的合格检验报告。

6.12.1.2.5.2 检查防火玻璃的透光尺寸,是否小于等于型式检验报告中受检防火门样品相同部位的防火玻璃透光尺寸。

6.12.1.2.5.3 测量防火玻璃的厚度,是否与型式检验报告中受检防火门样品所安装防火玻璃的厚度相同,其极限偏差是否符合 GB 15763.1 中的相应规定。

6.12.1.2.5.4 检查防火玻璃的耐火性能指标是否大于等于该防火门耐火性能的要求。

6.12.1.2.6 密封条
6.12.1.2.6.1 检查防火门上所用防火密封条的检验报告是否是法定检验机构出具的合格检验报告。

6.12.1.2.6.2 检查防火密封条是否平直、无拱起。

6.12.1.2.6.3 检查防火门所采用防火密封条的耐火性能指标是否大于等于该防火门耐火性能的要求。

6.12.1.2.6.4 检查防火密封条的型号规格,是否与型式检验报告中受检防火门样品所配套使用的相一致。

6.12.1.2.7 灵活性
检查门扇开启是否灵活、有无卡阻现象。

6.12.1.2.8 可靠性
检查防火门各部位是否牢固,是否有严重变形,能否可靠关闭。

6.12.1.3 检测器具
游标卡尺、卷尺、破拆工具。

6.12.2 防火卷帘

6.12.2.1 检查项目

检查项目、技术要求和不合格情况见表62。

表62 防火卷帘检查项目

检查项目	技术要求		不合格情况
外观质量	防火卷帘应有永久性标牌,内容应正确完整		无永久性标牌或内容错误
	金属零部件表面不允许有裂纹、压坑及明显的凹凸、锤痕、毛刺、孔洞等缺陷,表面应作防锈处理		金属零部件表面有裂纹、压坑及明显的凹凸、锤痕、毛刺、孔洞等缺陷,表面未作防锈处理
	无机纤维复合帘面不应有撕裂、缺角、挖补、破洞、倾斜、跳线、断线、经纬纱密度明显不匀及色差等缺陷		无机纤维复合帘面有撕裂、缺角、挖补、破洞、倾斜、跳线、断线、经纬纱密度明显不匀及色差较大等缺陷
	夹板应平直,夹持应牢固;基布的经向是帘面的受力方向		夹板不平直,夹持不牢固;或基布的经向不是帘面的受力方向
	各零部件的组装、拼接处不应有错位,焊接处应牢固,外观应平整;不应有夹渣、漏焊、疏松等现象		各零部件的组装、拼接处有错位;或焊接处不牢固,外观不平整;或有夹渣、漏焊、疏松等现象
	所有紧固件应紧牢		紧固件不紧牢
材料	座板厚度大于等于3.0 mm(叠加后)		座板厚度小于3.0 mm(叠加后)
	夹板厚度大于等于3.0 mm(成型后)		夹板厚度小于3.0 mm(成型后)
	无机纤维复合卷帘	基布燃烧性能不低于A级	基布燃烧性能低于A级
		装饰布燃烧性能不低于B1级	装饰布燃烧性能低于B1级
钢质帘板	钢质防火卷帘帘板两端挡板或防窜机构应装配牢固,卷帘运行时相邻帘板窜动量不应大于2 mm		钢质防火卷帘帘板两端挡板或防窜机构装配不牢固,卷帘运行时相邻帘板窜动量大于2 mm
	钢质帘板应平直,装配成卷帘后不应有孔洞或缝隙存在		钢质帘板不平直,装配成卷帘后有孔洞或缝隙存在
	钢质帘板两端应设防风钩		钢质帘板两端未设防风钩
无机纤维复合帘面	帘面拼接缝的个数每米内各层累计不应超过三条,接缝应避免重叠;帘面上的受力缝应采用双线缝制,拼接缝的搭接量不应小于20 mm,非受力缝的拼接缝搭接量不应小于10 mm		帘面拼接缝的个数每米内各层累计超过三条,接缝重叠;或帘面上的受力缝未采用双线缝制,拼接缝的搭接量小于20 mm,非受力缝的拼接缝搭接量小于10 mm
	帘面应沿帘布纬向每隔一定的间距设置不锈钢丝(绳);沿帘布经向应设置夹板,帘面每隔300 mm~500 mm应设置一道钢质夹板		帘面沿帘布纬向未设置不锈钢丝(绳);或沿帘布经向未设置夹板,帘面设置钢质夹板的距离不在300 mm~500 mm以内
	夹板两端应设防风钩		夹板两端未设防风钩

表 62（续）

检查项目	技术要求			不合格情况
导轨	帘板嵌入导轨深度 mm	卷帘两侧导轨间距离(B)	每端嵌入深度	帘板嵌入导轨深度低于标准要求
		$B<3000$	≥ 45	
		$3000 \leq B<5000$	≥ 50	
		$5000 \leq B<9000$	≥ 60	
	卷帘两侧导轨间距离每增加 1 000 mm，每端嵌入深度应增加 10 mm			
电动卷门机、控制箱	应具有限位开关，卷帘启闭至上下限位时，应能自动停止；重复定位误差不应大于 20 mm			未设限位开关，卷帘启闭至上下限位时，未能自动停止；或重复定位误差大于 20 mm
	应具有手动启闭性能			不具有手动启闭性能
	应具有自重下降性能，速度应为恒速			不具有自重下降性能或速度不为恒速
	卷帘应具有在任何位置停止的性能			卷帘不具有在任何位置停止的性能
	卷门机额定输出转矩小于等于 750 N·m 时，制动释放臂力不应大于 70 N			制动释放臂力大于 70 N
防烟性能	导轨和门楣应设置有防烟装置；其与帘面均匀紧密贴合，贴合面长度不应小于导轨和门楣长度的 80%			导轨和门楣未设置有防烟装置；或其与帘面未均匀紧密贴合，贴合面长度小于导轨和门楣长度的 80%
帘板运行	卷帘运行时无倾斜，能平行升降			卷帘运行时倾斜，不能平行升降
运行平稳性能	帘面在导轨内运行应平稳，不应有脱轨和明显的倾斜现象；双帘面卷帘的两个帘面应同时升降，高度差不应大于 50 mm			帘面在导轨内运行不平稳，具有脱轨和明显的倾斜现象；或双帘面卷帘的两个帘面未能同时升降，高度差大于 50 mm
电动启闭和自重下降运行速度	垂直卷卷帘电动启、闭的运行速度应为 2 m/min～7.5 m/min。自重下降速度不应大于 9.5 m/min；侧向卷卷帘电动启、闭的运行速度不应小于 7.5 m/min；水平卷卷帘电动启、闭的运行速度应为 2 m/min～7.5 m/min			卷帘电动启、闭的运行速度和自重下降速度不在标准要求范围以内
两步关闭性能	卷帘下降至卷帘洞口高度的中位处时，延时 5 s～60 s（或给以触发信号），应继续关闭至全闭			卷帘下降至卷帘洞口高度的中位处时，延时 5 s～60 s 后（或给以触发信号后）不能继续关闭至全闭
温控释放性能	卷帘应装配温控释放装置，感温元件周围温度达到 73 ℃±0.5 ℃，释放装置动作，卷帘应依自重下降关闭			无温控释放装置；或加热温控释放装置感温元件，使其周围温度达到 73 ℃以上时，释放装置未动作，卷帘未依自重下降关闭

6.12.2.2 检查方法
6.12.2.2.1 外观质量
采用目测及手触摸相结合的方法进行检验。
6.12.2.2.2 材料
用游标卡尺测量原材料厚度。检查无机纤维复合卷帘基布和装饰布的检验报告。
6.12.2.2.3 帘板运行
采用目测的方法进行检验。
6.12.2.2.4 无机纤维复合帘面
无机纤维复合帘面拼接缝处的搭接量采用直尺测量,夹板的间距采用直尺或钢卷尺测量,其他性能采用目测检验。
6.12.2.2.5 导轨
帘板嵌入导轨深度采用直尺测量,测量点为每根导轨距其底部 200 mm 处,取较小值。其他性能采用目测检验。
6.12.2.2.6 电动卷门机、控制箱
用直尺、管形测力计及目测进行测量。
6.12.2.2.7 防烟性能
导轨内和门楣的防烟装置用塞尺测量。当卷帘关闭后,用 0.1 mm 的塞尺测量帘板或帘面表面与防烟装置之间的缝隙,若塞尺不能穿透防烟装置,表明帘板或帘面表面与防烟装置紧密贴合。
6.12.2.2.8 运行平稳性能
采用目测的方法进行检验。双帘面卷帘的两个帘面的高度差采用钢卷尺进行检验。
6.12.2.2.9 电动启闭和自重下降运行速度
采用钢卷尺、秒表进行检验。
6.12.2.2.10 两步关闭性能
采用目测的方法进行检验。延时时间采用秒表进行检验。
6.12.2.2.11 温控释放性能
卷帘开启至上限,切断电源,加热温控释放装置感温元件使其周围温度达到 73 ℃以上,观察释放装置是否动作。
6.12.2.3 检测器具
秒表、游标卡尺、塞尺、直尺或钢卷尺、管形测力计;
测温计:精度为 0.1 ℃。
6.12.3 防火阀和排烟防火阀
6.12.3.1 检查项目
检查项目、技术要求和不合格情况见表63。
6.12.3.2 检查方法
6.12.3.2.1 配件
检查阀所用执行机构的检验报告是否是法定检验机构出具的合格检验报告。目测执行机构温感器上是否标明其公称动作温度。

表63 防火阀和排烟防火阀检查项目

检查项目	技术要求	不合格情况
配件	阀的执行机构应是经国家认可授权的检验机构检测合格的产品	阀的执行机构无经国家认可授权的检验机构检测合格的报告
	执行机构中的温感器元件上应标明其公称动作温度,并与产品要求一致	执行机构中的温感器元件上未标明其公称动作温度
		标明的公称动作温度与产品要求不一致
外观	阀上的标牌应牢固,标识应清晰、准确	无标牌;或标牌不牢固,标识不清晰、准确
	各零部件的表面应平整,不应有裂纹、压坑及明显的凹凸、锤痕、毛刺、孔洞等缺陷	各零部件的表面不平整,有裂纹、压坑及明显的凹凸、锤痕、毛刺、孔洞等缺陷
	阀的焊缝应光滑、平整,不应有虚焊、气孔、夹渣、疏松等缺陷	阀的焊缝不光滑、平整,有虚焊、气孔、夹渣、疏松等缺陷
	金属阀各零部件的表面均应作防锈、防腐处理,经处理后的表面应光滑、平整,涂层、镀层应牢固,不应有剥落、镀层开裂以及漏漆或流淌现象	金属阀各零部件的表面未作防锈、防腐处理;或经防锈、防腐处理后的表面不光滑、平整,涂层、镀层不牢固,有剥落、镀层开裂以及漏漆或流淌现象
公差	阀的线性尺寸公差应符合 GB/T1804—2000 中所规定的 c 级公差等级	阀的线性尺寸公差不符合 GB/T 1804—2000 中所规定的 c 级公差等级
驱动转矩	防火阀或排烟防火阀叶片关闭力在主动轴上所产生的驱动转矩应大于等于叶片关闭时主动轴上所需转矩的2.5倍	叶片关闭力在主动轴上所产生的驱动转矩小于叶片关闭时主动轴上所需转矩的2.5倍
复位功能	阀应具备复位功能,其操作应方便、灵活、可靠	无复位功能;或其操作不方便、灵活、可靠
手动控制功能(具备时)	手动操作应方便、灵活、可靠	手动操作不方便、灵活、可靠
	手动关闭操作力应小于 70 N	手动关闭操作力大于等于 70 N
电动控制功能(具备时)	具有远距离复位功能的阀,当通电动作后,应具有显示阀叶片位置的信号输出	具有远距离复位功能的阀,当通电动作后,无显示阀叶片位置的信号输出
	阀执行机构中电控电路的工作电压采用DC24 V 的额定工作电压时;其额定工作电流应不大于0.7 A	阀执行机构中电控电路的工作电压采用DC24 V的额定工作电压时,其额定工作电流大于0.7 A
	在实际电源电压低于额定工作电压15 %和高于额定工作电压10 %时,阀应能正常进行电控操作	在实际电源电压低于额定工作电压15 %和高于额定工作电压10%时,阀不能正常进行电控操作

表 63（续）

检查项目	技术要求	不合格情况
绝缘性能	阀有绝缘要求的外部带电端子与阀体之间的绝缘电阻在常温下应大于 20 MΩ	阀有绝缘要求的外部带电端子与阀体之间的绝缘电阻在常温下小于等于 20 MΩ
关闭可靠性	10 次关闭操作中，防火阀或排烟防火阀应能从开启位置灵活可靠地关闭；各零部件应无明显变形、磨损及其他影响其密封性能的损伤	10 次关闭操作中，阀不能从开启位置灵活可靠地关闭；或零部件有明显变形、磨损及其他影响其密封性能的损伤
火灾时关闭可靠性	温感器动作后，防火阀或排烟防火阀应自动、可靠关闭	阀不能自动、可靠关闭

6.12.3.2.2 外观

用目测的方法检查外观，检查阀上有无标牌，固定是否牢固，标识是否清晰、准确；各零部件的表面是否平整，是否有裂纹、压坑及明显的凹凸、锤痕、毛刺、孔洞等缺陷；阀的焊缝是否光滑、平整，是否有虚焊、气孔、夹渣、疏松等缺陷；金属阀各零部件的表面是否作防锈、防腐处理，经处理后的表面是否光滑、平整，涂层、镀层是否牢固，是否有剥落、镀层开裂以及漏漆或流淌现象。

6.12.3.2.3 公差

用钢卷尺测量阀的线性尺寸（公称尺寸），检验其公差值是否符合标准规定要求。

6.12.3.2.4 驱动转矩

将阀固定，卸去产生关闭力的重锤、弹簧、电机或气动件等，用测力计牵动叶片的主叶片轴，使其从全开状态到全关状态，读取叶片关闭时主叶片轴上所需的最大拉力，用钢卷尺或游标卡尺测量力臂，计算最大转矩。再测量出重锤、弹簧、电机或气动件等实际施加在阀主叶片轴上驱动转矩。最后计算出阀主叶片轴的驱动转矩与所需转矩之比值。

6.12.3.2.5 复位功能

根据阀的复位方式输入电控信号或手动操作阀的复位机构，目测阀的复位情况。

6.12.3.2.6 手动控制

对于具有手动控制功能的阀，使阀处于全开状态，用测力计与手动操作的手柄、拉绳或按钮相连，拉动测力计使阀关闭，读取叶片关闭时的最大拉力。整个测量过程，目测阀手动操作是否方便、灵活、可靠。

6.12.3.2.7 电动控制

对于具有电动控制功能的阀，使阀处于开启状态，接通执行机构中的电路，使阀关闭，用万用表测量叶片所处位置的输出信号（可能是开关信号或电压信号）。

使阀处于开启状态，输入额定工作电压，用万用表测量额定工作电流。

调节电源电压到额定工作电压的 110%，接通电路，目测阀是否能立即灵活可靠关闭；调节电源电压到额定工作电压的 85%，接通电路，目测阀是否能立即灵活可靠关闭。

6.12.3.2.8 绝缘性能

将兆欧表连接到阀的外部带电端子和机壳之间，摇动兆欧表，读取电阻值。

6.12.3.2.9 关闭可靠性

操纵阀的执行机构,使阀叶片关闭。如此反复操作共 10 次。对于具有几种不同启闭方式的防火阀或排烟防火阀,每种启闭方式均应进行 10 次操作。

整个测量过程中,目测阀能否从开启位置灵活可靠地关闭,并目测阀零部件是否有明显变形、磨损及其他影响其密封性能的损伤。

6.12.3.2.10 火灾时关闭可靠性

使阀处于开启位置,利用酒精灯或其他火源烧灼阀的温度熔断器,目测熔断器能否熔断,阀能否灵活可靠的关闭。

6.12.3.3 检测器具

电源(DC 24 V 或 AC 220 V)、钢卷尺、拉力计、万用表、兆欧表、酒精灯或其他火源。

6.12.4 排烟阀

6.12.4.1 检查项目

检查项目、技术要求和不合格情况见表 64。

表 64 排烟阀检查项目

检查项目	技术要求	不合格情况
配件	排烟阀的执行机构应是经法定检验机构检测合格的产品	阀的执行机构未经法定检验机构检测合格
外观	阀上的标牌应牢固,标识应清晰、准确	无标牌;或标牌不牢固,标识不清晰、准确
外观	各零部件的表面应平整,不应有裂纹、压坑及明显的凹凸、锤痕、毛刺、孔洞等缺陷	各零部件的表面不平整,有裂纹、压坑及明显的凹凸、锤痕、毛刺、孔洞等缺陷
外观	阀的焊缝应光滑、平整,不应有虚焊、气孔、夹渣、疏松等缺陷	阀的焊缝不光滑、平整,有虚焊、气孔、夹渣、疏松等缺陷
外观	金属阀各零部件的表面均应作防锈、防腐处理;经处理后的表面应光滑、平整,涂层、镀层应牢固,不应有剥落、镀层开裂以及漏漆或流淌现象	金属阀各零部件的表面未作防锈、防腐处理;或经防锈、防腐处理后的表面不光滑、平整,涂层、镀层不牢固,有剥落、镀层开裂以及漏漆或流淌现象
公差	阀的线性尺寸公差应符合 GB/T 1804—2000 中所规定的 c 级公差等级	阀的线性尺寸公差不符合 GB/T 1804—2000 中所规定的 c 级公差等级
复位功能	阀应具备复位功能,其操作应方便、灵活、可靠	不具备复位功能;或其操作不方便、灵活、可靠
手动控制	排烟阀应具备手动开启方式;手动操作应方便、灵活、可靠	不具备手动开启方式;或手动操作不方便、灵活、可靠
手动控制	手动开启操作力应小于 70 N	手动开启操作力大于等于 70 N

表 64（续）

检查项目	技术要求	不合格情况
电动控制	排烟阀应具备电动开启方式，并能灵活、可靠地开启；具有远距离复位功能的阀，当通电动作后，应具有显示阀叶片位置的信号输出	阀不具备电动开启方式；或不能灵活、可靠地开启
		具有远距离复位功能的阀，当通电动作后，无显示阀叶片位置的信号输出
	阀执行机构中电控电路的工作电压采用 DC 24 V 的额定工作电压时。其额定工作电流应不大于0.7 A	阀执行机构中电控电路的工作电压采用 DC24 V 的额定工作电压时；或其额定工作电流大于0.7 A
	在实际电源电压低于额定工作电压15％和高于额定工作电压10％时，阀应能正常进行电控操作	在实际电源电压低于额定工作电压15％和高于额定工作电压10％时，阀不能正常进行电控操作
绝缘性能	阀有绝缘要求的外部带电端子与阀体之间的绝缘电阻在常温下应大于 20 MΩ	阀有绝缘要求的外部带电端子与阀体之间的绝缘电阻在常温下小于等于 20 MΩ
开启可靠性	经 10 次开启试验后，各零部件应无明显变形、磨损及其他影响其密封性能的损伤；电动与手动操作排烟阀，均应立即、可靠启闭	经 10 次开启试验后，零部件有明显变形、磨损及其他影响其密封性能的损伤；或电动与手动操作排烟阀，不能立即、可靠启闭

6.12.4.2 检查方法
6.12.4.2.1 配件
检查阀所用执行机构的检验报告是否是法定检验机构出具的合格检验报告。
6.12.4.2.2 外观
用目测的方法检查外观，检查阀上有无标牌，固定是否牢固，标识是否清晰、准确；各零部件的表面是否平整，是否有裂纹、压坑及明显的凹凸、锤痕、毛刺、孔洞等缺陷；阀的焊缝是否光滑、平整，是否有虚焊、气孔、夹渣、疏松等缺陷；金属阀各零部件的表面是否作防锈、防腐处理，经处理后的表面是否光滑、平整，涂层、镀层是否牢固，是否有剥落、镀层开裂以及漏漆或流淌现象。
6.12.4.2.3 公差
用钢卷尺测量阀的线性尺寸（公称尺寸），检验其公差值是否符合标准规定要求。
6.12.4.2.4 复位功能
根据阀的复位方式输入电控信号或手动操作阀的复位机构，目测阀的复位情况。
6.12.4.2.5 手动控制
使阀处于关闭状态，用测力计与手动操作的手柄、拉绳或按钮相连，拉动测力计使阀开启,读取叶片开启时的最大拉力。整个测量过程中,目测阀手动操作是否方便、灵活、可靠。

6.12.4.2.6 电动控制

使阀处于关闭状态,接通执行机构中的电路,使阀开启,用万用表测量叶片所处位置的输出信号(可是开关信号或电压信号)。

使阀处于关闭状态,输入额定工作电压,用万用表测量额定工作电流。

调节电源电压到额定工作电压的110%,接通电路,目测阀是否能立即灵活、可靠开启;调节电源电压到额定工作电压的85%,接通电路,目测阀是否能立即灵活、可靠开启。

6.12.4.2.7 绝缘性能

将兆欧表连接到阀的外部带电端子和机壳之间,摇动兆欧表,读取电阻值。

6.12.4.2.8 开启可靠性

使阀处于关闭状态,电动和手动开启阀各10次。整个测量过程中,目测阀能否从关闭位置灵活可靠地开启,并目测阀零部件是否有明显变形、磨损及其他影响其密封性能的损伤。

6.12.4.3 检测器具

电源(DC 24 V 或 AC 220 V)、钢卷尺、拉力计、万用表、兆欧表。

6.12.5 防火玻璃

6.12.5.1 检查项目

检查项目、技术要求和不合格情况见表65。

表65 防火玻璃检查项目

检查项目	技术要求		不合格情况
复合防火玻璃厚度允许偏差/mm	玻璃的总厚度(d) $5 \leqslant d < 11$	厚度允许偏差±1.0	厚度超出偏差
	玻璃的总厚度(d) $11 \leqslant d < 17$	厚度允许偏差±1.0	厚度超出偏差
	玻璃的总厚度(d) $17 \leqslant d < 35$	厚度允许偏差±1.5	厚度超出偏差
	玻璃的总厚度(d) $d \geqslant 35$	厚度允许偏差±2.0	厚度超出偏差
单片防火玻璃厚度允许偏差/mm	玻璃厚度5、6	厚度允许偏差±0.2	厚度超出偏差
	玻璃厚度8、10、12	厚度允许偏差±0.3	厚度超出偏差
	玻璃厚度15	厚度允许偏差±0.5	厚度超出偏差
	玻璃厚度19	厚度允许偏差±0.7	厚度超出偏差

表 65（续）

检查项目		技术要求	不合格情况
复合防火玻璃外观质量（周边 15 mm 范围不作要求）	气泡	直径 300 mm 圆内允许长 0.5～1.0 mm 的气泡 1 个	直径 300 mm 圆内长 0.5 mm～1.0 mm 的气泡多于 1 个
	胶合层杂质	直径 500 mm 圆内允许长 2.0 mm 以下的杂质 2 个	直径 500 mm 圆内长 2.0 mm 以下的杂质多于 2 个
	裂痕	不应存在裂痕	存在裂痕
	爆边	每米边长允许有长度不超过 20 mm、自边部向玻璃表面延伸深度不超过厚度一半的爆边 4 个	每米边长有长度不超过 20 mm、自边部向玻璃表面延伸深度不超过厚度一半的爆边大于 4 个
	叠差、裂纹、脱胶	脱胶、裂纹不允许存在，总叠差不应大于 3 mm	存在脱胶、裂纹，总叠差大于 3 mm
单片防火玻璃外观质量	爆边	不应存在爆边	存在爆边
	划伤	宽度≤0.1 mm，长度≤50 mm 的轻微划伤，每平方米面积内不超过 4 条	宽度≤0.1 mm，长度≤50 mm 的轻微划伤，每平方米面积内超过 4 条
		0.1 mm<宽度≤0.5 mm，长度≤50 mm 的轻微划伤，每平方米面积内不超过 1 条	0.1 mm<宽度≤0.5 mm，长度≤50 mm 的轻微划伤，每平方米面积内超过 1 条
	结石、裂纹、缺角	不应存在结石、裂纹、缺角	存在结石、裂纹、缺角
弯曲度		弓形弯曲度不应超过 0.3%	弓形弯曲度超过 0.3%
		波形弯曲度不应超过 0.2%	波形弯曲度超过 0.2%

6.12.5.2 检查方法

6.12.5.2.1 尺寸及厚度的测量

尺寸用最小刻度为 1 mm 的钢直尺或钢卷尺测量。厚度用千分尺或与此同等精度的器具测量玻璃四边中点，测量结果以四点平均值表示，数值精确到 0.1 mm。

6.12.5.2.2 外观质量

在良好的自然光及散射光照条件下，在距玻璃的正面 600 mm 处进行目视检查。缺陷的尺寸以能清楚观察到的最大边缘为限。采用分度值为 1 mm 的金属直尺和/或最小分度值为 0.01 mm 的读数显微镜测量缺陷的尺寸。

6.12.5.2.3 弯曲度

将玻璃垂直立放，水平放置直尺贴紧试样表面进行测量，弓形时以弧的高度与弦的长度之比的百分率表示；波形时，用波谷到波峰的高与波峰到波峰（或波谷到波谷）的距离之比的百分率表示。

6.12.5.3 检测器具

游标卡尺、钢卷尺、千分尺、钢直尺。

6.13 避难逃生产品

6.13.1 消防梯

6.13.1.1 检查项目

检查项目、技术要求和不合格情况见表66。

表66 消防梯检查项目

检查项目	技术要求	不合格情况
外形尺寸	工作状态外形尺寸不应超出 XF 137 规定的允许偏差	工作状态外形尺寸超出允许偏差
	存放状态外形尺寸不应超出 XF 137 规定的允许偏差	存放状态外形尺寸超出允许偏差
质量	不应超出 XF 137 规定的允许质量	超出 XF 137 规定的允许质量
整梯要求	梯蹬与侧板不应松动、加锲；金属梯应有防滑措施	梯蹬与侧板松动、加锲；或金属梯无防滑措施
	紧固件应垂直旋紧，不应有突出的钉头锋口和毛刺等缺陷	紧固件松动，有突出的钉头锋口和毛刺等缺陷
	外表应光滑无毛刺，表面应涂有不导电的涂料保护，金属零件应镀锌或镀铬，或刷涂黑色磁漆	外表有毛刺，表面未涂有不导电的涂料保护，金属零件未镀锌、镀铬或刷涂黑色磁漆
	展开和缩合应灵活可靠，不应有卡阻现象，限位装置应可靠	展开和缩合不灵活有卡阻现象，无限位装置或该装置不可靠
	大于等于 12 m 的消防梯应装有支撑杆，牢靠固定在最下面的梯节上	大于等于 12 m 的消防梯在最下面的梯节上未装有支撑杆

6.13.1.2 检查方法

6.13.1.2.1 用钢卷尺和衡器进行外形尺寸、质量参数测量。

6.13.1.2.2 用目测和徒手操纵的方法进行整梯要求项目的检查。

6.13.1.3 检测器具

钢卷尺：最小分辨率为 1 mm，量程不小于 20 m；
衡器：最小分辨率为 0.5 kg，量程不小于 100 kg。

6.13.2 消防过滤式自救呼吸器

6.13.2.1 检查项目

检查项目、技术要求和不合格情况见表67。

6.13.2.2 检查方法

6.13.2.2.1 目测检查消防过滤式自救呼吸器的部件组成、防护头罩的反光特性、标志内容。

6.13.2.2.2 用手摇动滤毒罐，是否听到有松动的声响。检查过滤装置和防护头罩间的连接情况，看是否牢固可靠。

6.13.2.2.3 拆开呼吸器的密封包装,展开后检查是否不能恢复原状。

表 67 消防过滤式自救呼吸器检查项目

检查项目	技术要求	不合格情况
结构	消防过滤式自救呼吸器应由防护头罩、过滤装置和面罩组成	组成部件不全
	防护头罩应采用具有反光特性的材料制成或设置环绕头部一周的反光标志	防护头罩未采用具有反光特性的材料或未设置环绕头部一周的反光标志
	过滤装置和防护头罩间的连接应牢固可靠	过滤装置和防护头罩间的连接不牢固可靠
	呼吸器的密封一经打开,应不能恢复原样	呼吸器的密封打开后,可恢复原样
标志内容	应有生产日期和有效期	没有生产日期和有效期
滤毒罐填充情况	用手摇动滤毒罐,不应听到有松动的声响	用手摇动滤毒罐,可听到有松动的声响
注:必要时,可破坏呼吸器的密封包装,但该样品不可再使用。		

6.13.3 消防应急灯具

6.13.3.1 检查项目

检查项目、技术要求和不合格情况见表 68。

表 68 消防应急灯具检查项目

检查项目	技术要求	不合格情况
基本功能	消防应急灯具在主电源切断后 5 s 内应能转入应急状态;主电源恢复后,应自动恢复到主电工作状态;不应设影响应急功能的开关	主电源切断后 5 s 内未转入应急状态
		主电源恢复后,不能自动恢复到主电工作状态
		设置了影响应急功能的开关
放电试验	消防应急灯具的应急工作时间应不小于该设置场所国家工程建设消防技术标准规定的应急照明时间	应急工作时间小于规定的应急照明时间
	消防应急灯具应有过放电保护;电池放电终止电压应不小于额定电压的 80%	无过放电保护
		电池放电终止电压小于额定电压的 80%

6.13.3.2 检查方法

6.13.3.2.1 基本功能

接通消防应急灯具的主电源,使其处于主电工作状态。切断试样的主电源,观察试样应急转换情况,并检查有无影响应急功能的开关。

再次接通消防应急灯具的主电源,观察其是否能自动恢复到主电工作状态。

6.13.3.2.2 放电试验

使充电 24 h 后的消防应急灯具处于应急状态,记录放电时间,用直流电压表测量在过放电保护启动瞬间电池(组)两端电压,与额定电压比较。

6.13.3.3 检测器具

计时装置:测量范围为 0 min～120 min;

直流电压表:测量范围为 0 V～220 V。

6.13.4 消防安全标志

6.13.4.1 检查项目

检查项目、技术要求和不合格情况见表 69。

表 69 消防安全标志检查项目

检查项目	技术要求	不合格情况
外观	正方形标志边长、长方形标志短边长、圆环标志内径尺寸、三角形标志内边尺寸应满足 GB 13495 的要求	正方形标志边长、长方形标志短边长、圆环标志内径尺寸、三角形标志内边尺寸不满足 GB 13495 要求
	标志所用安全色应满足 GB 13495 要求	标志所用安全色不满足 GB 13495 要求
	标志中应以图形符号为主体	标志中无图形符号
	标志文字辅助标志、方向辅助标志应满足 GB 13495 要求	标志文字辅助标志、方向辅助标志不满足 GB 13495 要求
	方向辅助标志所指示位置应与实际位置一致	方向辅助标志所指示位置与实际位置不一致

6.13.4.2 检查方法

用目测和钢直尺检查外观。

6.13.4.3 检测器具

钢直尺:最小分度值不大于 1 mm。

6.14 防火阻燃材料

6.14.1 饰面型防火涂料

6.14.1.1 检查项目

检查项目、技术要求和不合格情况见表 70。

6.14.1.2 检查方法

6.14.1.2.1 外观

目测涂层表面有无裂纹。用黑色平绒布轻擦涂层表面 5 次,观察黑色平绒布是否变色。

表 70 饰面型防火涂料检查项目

检查项目	技术要求	不合格情况
外观	涂层表面无开裂、脱粉现象	涂层表面开裂、脱粉
涂层厚度/mm	≥0.5	<0.5
泡层高度/mm	≥10	<10

6.14.1.2.2 涂层厚度

随机抽取已涂刷涂料的试件一块。选 3 个测点用精度为 0.02 mm 的游标卡尺测量试件涂刷涂料后和涂刷前的厚度,用公式(2)计算单点涂层厚度,涂层厚度为三个测试点涂层厚度的平均值:

$$\delta = \delta_1 - \delta_2 \quad \cdots\cdots\cdots\cdots\cdots\cdots\cdots\cdots\cdots (2)$$

式中:

δ_1——试件(含涂层厚度)厚度,单位为毫米(mm);

δ_2——刮去涂层的基材厚度,单位为毫米(mm);

δ——涂层厚度,单位为毫米(mm)。

6.14.1.2.3 泡层高度

随机抽取已涂刷涂料的试件三块,其尺寸均不小于 150 mm×150 mm。将试件放在试验支架上,涂刷防火涂料的一面向下。点燃酒精灯,酒精灯外焰应完全接触涂刷涂料的一面,供火时间不低于 20 min。停止供火后,用精度为 0.02 mm 的游标卡尺测量泡层高度,结果以 3 个测试值的平均值表示。

6.14.1.3 检测器具

游标卡尺、酒精灯、试验支架。

6.14.2 厚型钢结构防火涂料

6.14.2.1 检查项目

检查项目、技术要求和不合格情况见表 71。

表 71 厚型钢结构防火涂料检查项目

检查项目	技术要求	不合格情况
外观	涂层无开裂、脱落	涂层开裂、脱落
涂层厚度/mm	对需满足的耐火极限,现场已施工涂层厚度不低于型式检验合格报告描述的对应厚度	已施工涂层厚度低于型式检验合格报告描述的对应厚度
在容器中的状态	呈均匀粉末状,无结块	颗粒大小不均匀、非粉末状、有结块

6.14.2.2 检查方法

6.14.2.2.1 外观

目测涂层有无开裂、脱落。

6.14.2.2.2 涂层厚度

现场选取至少五个不同的涂层部位,用测厚仪分别测量其厚度。涂层厚度为测点厚度的平均值。与型式检验报告描述的厚度相比较。
####### 6.14.2.2.3 在容器中的状态
用搅拌器搅拌容器内的试样或按规定的比例调配多组分涂料的试样,观察涂料颗粒大小是否均匀、有无结块。
6.14.2.3 检测器具
刀片、测厚仪。
6.14.3 薄型(膨胀型)钢结构防火涂料
6.14.3.1 检查项目
检查项目、技术要求和不合格情况见表72。

表 72 薄型(膨胀型)钢结构防火涂料检查项目

检查项目	技术要求	不合格情况
外观	涂层无开裂、脱落、脱粉	涂层开裂、脱落、脱粉
涂层厚度/mm	对需满足的耐火极限,现场已施工涂层厚度不低于型式检验合格报告描述的对应厚度	已施工涂层厚度低于型式检验合格报告描述的对应厚度
在容器中的状态	经搅拌后呈均匀液态或稠厚流体状态,无结块	搅拌后有结块
膨胀倍数(K)	≥5	<5

6.14.3.2 检查方法
6.14.3.2.1 外观
目测涂层有无开裂、脱落;用黑色平绒布轻擦涂层表面5次,观察平绒布是否变色。
6.14.3.2.2 涂层厚度
现场选取至少五个不同的涂层部位,用测厚仪分别测量其厚度,涂层厚度为测点厚度的平均值。与型式检验合格报告描述的厚度相比较。
6.14.3.2.3 在容器中的状态
用搅拌器搅拌容器内的试样或按规定的比例调配多组分涂料的试样,观察涂料搅拌后是否均匀、有无结块。
6.14.3.2.4 膨胀倍数
在已施工涂料的构件上,随机选取三个不同的涂层部位,分别用磁性测厚仪测量其厚度δ_1。然后点燃2 L汽油喷灯分别对准选定的三个位置,喷灯外焰应充分接触涂层,供火时间不低于10 min。停止供火后观察涂层是否膨胀发泡,用精度为0.1 mm的游标卡尺测量其发泡层厚度δ_2。膨胀倍数按公式(3)求得,结果以三个测试值的平均值表示:

$$K = \frac{\delta_2}{\delta_1} \quad\cdots\cdots\cdots\cdots\cdots\cdots (3)$$

式中:
K——膨胀倍数;
δ_1——试验前涂层厚度,单位为毫米(mm);
δ_2——试验后涂料发泡层厚度,单位为毫米(mm)。

6.14.3.3 检测器具

游标卡尺、刀片、磁性测厚仪、2 L汽油喷灯。

6.14.4 超薄型钢结构防火涂料

6.14.4.1 检查项目

检查项目、技术要求和不合格情况见表73。

表73 超薄型钢结构防火涂料检查项目

检查项目	技术要求	不合格情况
外观	涂层无开裂、脱落、脱粉	涂层开裂、脱落、脱粉
涂层厚度/mm	对需满足的耐火极限,现场已施工涂层厚度不低于型式检验合格报告描述的对应厚度	已施工涂层厚度低于型式检验合格报告描述的对应厚度
在容器中的状态	经搅拌后呈均匀细腻状态、无结块	经搅拌后未呈均匀细腻状态、有结块
膨胀倍数(K)	≥10	<10

6.14.4.2 检查方法

6.14.4.2.1 外观

目测涂层有无开裂、脱落;用黑色平绒布轻擦涂层表面5次,观察平绒布是否变色。

6.14.4.2.2 涂层厚度

选取至少五个不同的涂层部位,用磁性测厚仪分别测量其厚度,涂层厚度为测点厚度的平均值。与型式检验合格报告描述的厚度相比较。

6.14.4.2.3 在容器中的状态

用搅拌器搅拌容器内的试样或按规定的比例调配多组分涂料的试样,观察涂料是否均匀、有无结块。

6.14.4.2.4 膨胀倍数

在已施工涂料的构件上,随机选取三个不同的涂层部位,用磁性测厚仪测量其厚度 δ_1。然后点燃2 L汽油喷灯分别对准选定的三个位置,喷灯外焰应充分接触涂层,供火时间不低于5 min。停止供火后用游标卡尺测量其发泡层厚度 δ_2。膨胀倍数按公式(4)求得,结果以三个测试值的平均值表示:

$$K = \frac{\delta_2}{\delta_1} \quad \cdots\cdots\cdots\cdots\cdots\cdots\cdots\cdots(4)$$

式中:

K——膨胀倍数;

δ_1——试验前涂层厚度,单位为毫米(mm);

δ_2——试验后涂料发泡层厚度,单位为毫米(mm)。

6.14.4.3 检测器具

游标卡尺、刀片、磁性测厚仪、2 L汽油喷灯。

6.14.5 电缆防火涂料

6.14.5.1 检查项目

检查项目、技术要求和不合格情况见表74。

表74 电缆防火涂料检查项目

检查项目	技术要求	不合格情况
外观	涂层表面无脱粉现象	涂层表面有脱粉现象
裂纹	涂层表面无裂纹	涂层表面有裂纹
涂层厚度/mm	≥0.8	<0.8
膨胀倍数（K）	≥10	<10

6.14.5.2 检查方法

6.14.5.2.1 外观

用黑色平绒布轻擦涂层表面5次，观察黑色平绒布是否变色。

6.14.5.2.2 裂纹

目测涂层表面有无裂纹。

6.14.5.2.3 涂层厚度

在施工现场，用刀片在已涂刷电缆防火涂料的电缆上随机选取三个位置轻轻剥取涂层3块，用精度为0.02 mm的游标卡尺分别测其厚度，涂层厚度为3个测量厚度的平均值。

6.14.5.2.4 膨胀倍数

在施工现场，用刀片在已涂刷电缆防火涂料的电缆上随机轻轻剥取涂层三块，其尺寸不小于10 mm×10 mm，分别用精度为0.02 mm的游标卡尺测量其厚度δ_1。将涂层放在试验支架的金属网上，点燃酒精灯，酒精灯外焰应充分接触涂层，供火时间不低于20 min。停止供火后，分别用游标卡尺测量其相应发泡层的厚度δ_2。膨胀倍数按公式(5)求得，结果以三个测试值的平均值表示：

$$K = \frac{\delta_2}{\delta_1} \quad\quad\quad\quad\quad\quad\quad\quad\quad\quad (5)$$

式中：

K——膨胀倍数；

δ_1——试验前涂层厚度，单位为毫米(mm)；

δ_2——试验后涂料发泡层厚度，单位为毫米(mm)。

涂料的膨胀倍数为3个试样膨胀倍数的平均值。

6.14.5.3 检测器具

刀片、游标卡尺、酒精灯、试验支架、金属网。

6.14.6 混凝土构件防火涂料、隧道防火涂料

6.14.6.1 检查项目

检查项目、技术要求和不合格情况见表75。

表 75 混凝土构件防火涂料、隧道防火涂料检查项目

检查项目	技术要求	不合格情况
外观	涂层无开裂、脱落	涂层开裂、脱落
厚度	对需满足的耐火极限,现场已施工涂层厚度不低于型式检验合格报告描述的对应厚度	已施工涂层厚度低于型式检验合格报告描述的对应厚度
在容器中的状态	呈均匀稠厚液体,无结块	非均匀稠厚液体,有结块

6.14.6.2 检查方法

6.14.6.2.1 外观

目测涂层有无开裂、脱落。

6.14.6.2.2 厚度

选取至少五个不同的涂层部位,用测厚仪分别测量其厚度,涂层厚度为测点厚度的平均值。

6.14.6.2.3 在容器中的状态

用搅拌器搅拌容器内的试样或按规定的比例调配多组分涂料的试样,观察涂料是否为均匀稠厚液体、有无结块。

6.14.6.3 检测器具

刀片、测厚仪。

6.14.7 无机防火堵料

6.14.7.1 检查项目

检查项目、技术要求和不合格情况见表 76。

表 76 无机防火堵料检查项目

检查项目	技术要求	不合格情况
外观	均匀粉末固体,无结块	有结块
裂缝	施工后不应产生贯穿性裂缝;产生的非贯穿性裂缝宽度应小于等于 1 mm	施工后产生贯穿性裂缝;产生的非贯穿性裂缝宽度大于 1 mm

6.14.7.2 检查方法

6.14.7.2.1 外观

采用目测与手触摸结合的方法进行。

6.14.7.2.2 裂缝

采用目测的方法观察已施工样品表面是否有贯穿性裂缝产生。用塞尺或精度为 0.02 mm 的游标卡尺测量非贯穿性裂缝宽度,测量结果取其最大值。

6.14.7.3 检测器具

塞尺、游标卡尺。

6.14.8 有机防火堵料

6.14.8.1 检查项目

检查项目、技术要求和不合格情况见表 77。

表77 有机防火堵料检查项目

检查项目	技术要求	不合格情况
外观质量	塑性固体、具有一定柔韧性	没有柔韧性(≥5 ℃时)

6.14.8.2 检查方法

采用目测与手触摸结合的方法进行。

6.14.9 阻火包

6.14.9.1 检查项目

检查项目、技术要求和不合格情况见表78。

表78 阻火包检查项目

检查项目	技术要求	不合格情况
外观	包体完整,无破损	包体不完整、有破损
抗跌落性	三个完整的阻火包从5 m高处自由下落到混凝土水平地面上,应至少二个包体无破损	出现大于一个破损

6.14.9.2 检查方法

6.14.9.2.1 外观

采用目测的方法进行。

6.14.9.2.2 抗跌落性

分别将三个完整的阻火包从5 m高处自由下落到混凝土水平地面上,观察包体是否破损。

6.14.10 塑料管道阻火圈

6.14.10.1 检查项目

检查项目、技术要求和不合格情况见表79。

表79 塑料管道阻火圈检查项目

检查项目	技术要求	不合格情况
壳体	不应出现缺角、断裂、脱焊等现象;表面不应出现肉眼可见锈迹和锈点;有覆盖层的其覆盖层不应出现开裂、剥落或脱皮等现象	出现缺角、断裂、脱焊等现象;或表面出现肉眼可见锈迹和锈点;或有覆盖层的其覆盖层出现开裂、剥落或脱皮等现象
阻燃膨胀芯材	不应出现粉化现象;遇高温芯材应膨胀发泡	出现粉化现象;或遇高温芯材未膨胀发泡

6.14.10.2 检查方法

6.14.10.2.1 壳体

采用目测方法进行。

6.14.10.2.2 阻燃膨胀芯材

目测外观是否出现粉化现象。

从阻火圈中取出干燥的膨胀芯材,将试件放在试验支架上,点燃酒精灯,酒精灯外焰应完全接触芯材,供火时间不低于30 min。停止供火后目测芯材是否膨胀发泡。

6.14.10.3 检测器具

酒精灯、试验支架。

6.14.11 水基型阻燃处理剂

6.14.11.1 检查项目

检查项目、技术要求和不合格情况见表80。

表80 水基型阻燃处理剂检查项目

检查项目	技术指标	不合格情况
阻燃性能	织物试样:损毁长度平均值小于等于150 mm,离火后每个试样上的火焰均能在5 s内自熄	损毁长度平均值大于150 mm,且离火后,5 s内不能自熄
	木材试样:燃烧剩余长度平均值大于等于150 mm,离火后每个试样上的火焰均能在30 s内自熄	燃烧剩余长度平均值小于150 mm,且离火后,30 s内不能自熄

6.14.11.2 检查方法

6.14.11.2.1
织物用阻燃剂:将涤棉布浸于阻燃剂中,浸透后水平摊放自然凉干,将其裁剪为20 mm×200 mm的试样,共3条。用夹子夹住试样的一端,垂直悬挂,在另一端施加长度为20 mm±5 mm的火焰10 s;离火后观察是否至少有2条试样上的明火能在5 s以内自熄,测量毁损长度平均值是否大于150 mm。

6.14.11.2.2
木材用阻燃剂:将3 mm厚的杉木薄板在阻燃剂中浸泡30 min后自然凉干,将浸渍后的木材制成10 mm×200 mm×3 mm的试样,共3根。用夹子夹住试样的一端,垂直悬挂,在另一端施加长度为25 mm±5 mm的火焰60 s;离火后观察是否至少有2根试样上的明火能在30 s以内自熄,观察测量燃烧剩余长度平均值是否小于150 mm。

6.14.11.3 检测器具

钢直尺:测量范围为0 mm~300 mm;

秒表:测量范围为0 s~100 s。

6.14.12 电缆用阻燃包带

6.14.12.1 项目

检查项目、技术要求和不合格情况见表81。

表81 电缆用阻燃包带检查项目

检查项目	技术要求	不合格情况
外观质量	表面平整,不应有分层、鼓泡、凹凸	表面不平,有分层、鼓泡、凹凸
阻燃性能	离火后,每个试样上的火焰均能在10 s内自熄	离火后,10 s内不能自熄

6.14.12.2 检查方法
6.14.12.2.1 外观
外观用目视检查,观察表面是否平整,有无分层、鼓泡、凹凸等现象。
6.14.12.2.2 阻燃性能
用刀片在已绕包阻燃包带的电缆上随机轻轻剥取包带一块,长度为100 mm,剥取中不应损伤电缆。用夹子夹住试样的一端,垂直悬挂,施加长度为20 mm±5 mm 的火焰10 s,离火后观察试样上的火焰是否能在10 s 以内自熄。
6.14.12.3 检测器具
刀片、钢直尺。
6.14.13 阻燃材料及制品
6.14.13.1 检查对象
检查对象、技术要求和不合格情况见表82。

表82 阻燃材料及制品检查项目

检查项目		技术要求	不合格情况
墙面天花材料	阻燃木制品	火焰高度小于150 mm,离火后每个试样上的火焰均应在30 s内自熄	火焰高度超过150 mm,或离火后30 s内不能自熄
	阻燃泡沫制品	火焰高度小于150 mm,且不应出现燃烧滴落物,离火后观察任何一个试样的火焰能在30 s内自熄	火焰高度超过150 mm、出现燃烧滴落物,或离火后30 s内不能自熄
	阻燃塑料制品	火焰高度小于150 mm,且不应出现燃烧滴落物,离火后观察任何一个试样的火焰能在30 s内自熄	火焰高度超过150 mm、出现燃烧滴落物,或离火后30 s内不能自熄
	阻燃织物复合制品	火焰高度小于150 mm,且不应出现燃烧滴落物,离火后观察任何一个试样的火焰能在30 s内自熄	火焰高度超过150 mm、出现燃烧滴落物,或离火后30 s内不能自熄
铺地材料	阻燃纺织地毯	火焰高度小于150 mm,且不应出现燃烧滴落物,离火后观察任何一个试样的火焰能在5 s内自熄	火焰高度超过150 mm、出现燃烧滴落物,或离火后5 s内不能自熄
	阻燃塑胶地板	火焰高度小于150 mm,且不应出现燃烧滴落物,离火后观察任何一个试样的火焰能在5 s内自熄	火焰高度超过150 mm、出现燃烧滴落物,或离火后5 s内不能自熄

6.14.13.2 检查方法
6.14.13.2.1 墙面天花材料
现场从制品上取三块250 mm×90 mm 的试样,用夹子夹住试样的一端,试样呈45°的角度,在其下端中心处施加长度为30 mm±5 mm 的火焰30 s,观察火焰高度和燃烧滴落物状况。对于有外部保护层的保温、吸音泡沫材料,在试验时,应保持外保护层状态。

6.14.13.2.2 铺地材料

现场从制品上取三块 250 mm×90 mm 的试样,用夹子夹住试样的一端,试样呈 45°的角度,在其下端中心处施加长度为 30 mm±5 mm 的火焰 15 s,观察火焰高度和燃烧滴落物状况。对于绒簇材料为丙纶的纺织地毯,则需要特别测试,应抽样送法定消防产品质量检验机构进行检验。

6.14.13.3 检测器具

钢直尺;

秒表:测量范围为 0 s～100 s。

7 判定规则

7.1 市场准入检查判定规则

市场准入检查结果出现第 5 章表 1 中任一不合格情况时,判定该产品为不合格。

7.2 产品质量现场检查判定规则

产品质量现场检查结果出现第 6 章规定的该种产品任一不合格情况时,判定该产品为不合格。

附 录 A
(资料性附录)
消防产品质量现场检测基本器具

消防产品质量现场检测基本器具清单见表 A.1。

表 A.1 消防产品质量现场检测基本器具清单

序号	器具名称	技术指标	检定周期 y	校验周期 y
1	加烟器	能够向点型感烟火灾探测器施加试验烟或气溶胶。试验烟可由蚊香、棉绳、香烟等材料阴燃产生		
2	热风机	能产生使点型感温火灾探测器报警的热气流。进行试验时,气流温度应大于 85 ℃或达到感温探测器报警条件		1
3	光源	打火机或蜡烛,火焰高度 4 cm 左右		
4	秒表		1	
5	滤光片	减光值分别为 0.4 dB 和 10.0 dB 各一片		1
6	试验气体	甲烷的浓度为 50 %LEL; 丙烷的浓度为 50 %LEL; 氢气的浓度为 50 %LEL		
7	声级计	测量范围为 0 dB～120 dB(A 计权)	1	
8	照度计	测量范围为 0 lx～500 lx		1
9	螺丝刀			
10	工具锯			

表 A.1（续）

序号	器具名称	技术指标	检定周期 y	校验周期 y
11	游标卡尺	最小分辨率:0.1 mm;量程:≥85 mm	1	
12	稳压电源	24 V直流电源、220 V交流电源		1
13	万用表		1	
14	超声波流量计	D:15 mm～150 mm;精度:2.5%	1	
15	钢卷尺	最小分辨率:1 mm;量程:≥40 m	0.5	
16	钢直尺	最小分辨率:1 mm;量程:≥100 mm	1	
17	螺纹环规、塞规	按需配置	1	
18	天平	最小分辨率:0.1g	1	
19	电子秤	最小分辨率:10g;量程:≥30 kg	1	
20	破拆工具	可破拆木质和钢质防火门		
21	衡器	最小分辨率:0.5 kg;量程:≥100 kg	1	
22	酒精灯			
23	塞尺		1	
24	测力计	最小分辨率:2 N;量程:>100 N	1	
25	测厚仪	最小分辨率:1 mm;量程:50 mm	1	
26	磁性测厚仪	最小分辨率:0.1 mm;量程:10 mm	1	
27	刀片			
28	专用燃气喷枪	火焰温度大于等于1350 ℃;燃气:丁烷;持续使用时间:200 min		1
29	金属网			
30	测温计	精度:0.1 ℃	1	

参 考 文 献

[1] 中华人民共和国消防法
[2] 中华人民共和国质量法
[3] 中华人民共和国标准化法
[4] 中华人民共和国认证认可条例
[5] 消防监督检查规定,公安部令第120号,2012.7
[6] 消防产品监督管理法律文书(式样),公安部,2012.10

消防产品工厂检查通用要求(XF 1035—2012)

前言

根据公安部、应急管理部联合公告(2020年5月28日)和应急管理部2020年第5号公告(2020年8月25日),本标准归口管理自2020年5月28日起由公安部调整为应急管理部,标准编号自2020年8月25日起由GA 1035—2012调整为XF 1035—2012,标准内容保持不变。

本标准的第4章、第5章为强制性的,其余为推荐性的。

本标准按照GB/T 1.1—2009给出的规则起草。

本标准由公安部消防局提出。

本标准由全国消防标准化技术委员会火灾探测与报警分技术委员会(SAC/TC 113/SC 6)归口。

本标准负责起草单位:公安部消防产品合格评定中心。

本标准参加起草单位:公安部天津消防研究所、公安部上海消防研究所、公安部沈阳消防研究所、公安部四川消防研究所、西安盛赛尔电子有限公司、天津盛达安全科技有限责任公司、深圳因特安全科技有限公司、沈阳消防电子设备厂、青岛楼山消防器材厂、佛山市桂安消防实业有限公司、上海金盾消防安全设备有限公司、广东蓝盾门业有限公司。

本标准主要起草人:东靖飞、张立胜、屈励、余威、陆曦、张德成、金义重、刘玉恒、王学来、张少禹、李宁、程道彬、沈坚敏、李力红、刘欣传、胡群明、李国生、许春元、张源雪、梁志昌、周象义、吕滋立、刘霖、黄军团。

本标准为首次发布。

引言

本标准是依据《中华人民共和国认证认可条例》和公安部、国家工商总局、国家质检总局联合颁发的《消防产品监督管理规定》及相关规定,为满足消防产品认证工厂检查工作的需要而制定的。

本标准的发布实施,对于提高消防产品认证工厂检查质量,确保消防产品认证工作公正、规范、有效开展,具有十分重要的作用。

1 范围

本标准规定了消防产品工厂检查的术语和定义、总则和要求。

本标准适用于消防产品认证机构为实施消防产品认证工作而开展的工厂检查活动,也可用于为核实消防产品工厂条件而进行的合格评定活动。

2 规范性引用文件

下列文件对于本文件的应用是必不可少的。凡是注日期的引用文件,仅注日期的版本

适用于本文件。凡是不注日期的引用文件,其最新版本(包括所有的修改单)适用于本文件。

  GB/T 19000 质量管理体系 基础和术语
  GB/T 27000 合格评定 词汇和通用原则
  XF 846 消防产品身份信息管理

3 术语和定义

GB/T 19000 和 GB/T 27000 界定的以及下列术语和定义适用于本文件。

3.1

申请人 applicant

申请产品认证的组织。

注1:通常,申请人在获得认证证书后就成为持证人。

注2:申请代理人:代替申请人办理认证申请手续的组织。

3.2

持证人 holder of certificate

持有产品认证证书的组织。

注:通常,持证人在认证申请阶段是申请人。

3.3

制造商 manufacturer

控制认证产品制造的组织。

注:一个制造商可以有多个工厂。

3.4

工厂 factory

对认证产品进行最终装配和/或试验以及加施标志的场所。

注:检查的场所内至少有最终装配、例行检验、加贴产品铭牌和标志等工序。

3.5

OEM 厂 original equipment manufacturer

按委托人提供的设计、生产过程控制及检验要求生产认证产品的工厂。

注:委托人可以是申请人、持证人或制造商。

3.6

供应商 supplier

为工厂生产认证产品提供元器件、零部件、原材料和服务的组织。

3.7

检查组 inspection team

经消防产品认证机构指派,由具有适当资格人员组成的从事工厂检查任务的团队,包括检查组组长、检查组成员及技术专家(必要时)。

3.8

检查准则 inspection rule

用作依据的一组方针、程序或要求。

3.9

工厂检查　factory inspection

对工厂进行客观评价,以确定其工厂质量保证能力检查和产品一致性满足检查准则的程度而进行的系统的、独立的、获得检查证据并形成文件的过程。

3.10

文件审查　document review

根据检查准则,对申请人提供的工厂资料的完整性、符合性进行的评审。

3.11

工厂质量保证能力　factory's capability of quality assurance

工厂保证批量生产的认证产品符合认证要求并与型式试验合格样品保持一致的能力。

3.12

产品一致性　product consistency

批量生产的认证产品与认证时型式检验合格样品的符合程度。

注:产品一致性要求由产品认证实施规则、相关标准及认证机构有关要求规定。

3.13

指定试验　designated test

为评价产品一致性,由工厂检查人员依据认证实施规则或认证机构有关要求选定项目进行的检验。

注1:指定试验是产品一致性检查的补充手段。

注2:检验可在工厂或指定的检验机构进行。

注3:指定试验在工厂进行时,由工厂检验人员操作并记录相关数据和结果,工厂检查人员根据试验情况对产品一致性做出判断。

3.14

检查证据　inspection evidence

与检查准则有关的并且能够证实的记录、事实陈述或其他信息。

注:检查证据可以是定性的或定量的。

3.15

检查发现　inspection finding

将收集到的检查证据对照检查准则进行评价的结果。

注:检查发现能表明符合或不符合检查准则,或指出改进的机会。

3.16

检查结论　inspection conclusion

检查组综合考虑了检查目的和所有检查发现后得出的最终检查结果。

3.17

不符合项　nonconformity item

在检查过程中,发现的不符合检查准则要求的事实。

3.18

不合格报告　nonconformity report

将不符合的事实以书面形式表达的一种记录。

注:不是所有不符合项都开具不合格报告。

3.19

  纠正措施　corrective action

  认证机构要求存在不符合项的生产者或负责提供产品使用的其他方为消除不符合后果、排除现存或潜在危害而采取的必要和切实可行的措施。

3.20

  例行检验　routine examination

  在生产的最终阶段对生产线上的产品进行的100%检验。通常检验后,除包装和加贴标签外,不再进一步加工。

3.21

  确认检验　verification examination

  为验证产品持续符合标准要求进行的抽样检验。

4　总则

4.1　为实施消防产品认证和合格评定而开展的工厂检查应依据工厂检查准则进行。工厂检查准则除本标准外尚应包括：

  a)　国家有关法律法规；
  b)　认证合同及申请文件；
  c)　认证实施规则及其附件；
  d)　认证实施规则引用的标准/技术规范；
  e)　认证证书及其管理规定；
  f)　认证标志管理规定；
  g)　证后监督的有关规定；
  h)　指定检测机构依据认证实施规则出具的型式试验报告及确认的产品特性文件；
  i)　有效版本的工厂质量保证体系文件；
  j)　消防产品认证的其他规定等。

4.2　工厂检查应对工厂质量保证能力及产品一致性保持情况作出判定,为认证结果的评价和批准提供依据。

4.3　工厂检查的类型主要包括首次申请初始工厂检查、扩大申请工厂检查、证后监督工厂检查、证书延续工厂检查、变更工厂检查及暂停证书恢复工厂检查等。工厂检查的内容主要包括文件审查、现场检查及后续活动等。

4.4　工厂检查应由在认证人员注册机构注册、消防产品认证机构正式聘用的工厂检查人员组成的检查组负责实施。检查组应由消防产品认证机构正式委派,并应按消防产品认证机构规定的时限完成工厂检查任务。

4.5　工厂检查实行检查组长负责制,检查组长由消防产品认证机构指定。

4.6　检查组成员应熟悉工厂检查准则及检查程序,熟练运用检查技术和技巧,具备使用语言、文字和必备工具的能力,其中至少应有一名成员具有相应专业技术领域的基本理论和实践经验,熟悉产品的设计、生产工艺及质量控制要求等关键要素。检查组成员不应在工厂检查中从事与检查无关的其他活动。

4.7　检查组长在工厂检查的各个阶段代表检查组与消防产品认证机构和被检查方进行沟

通,负责文件审查、制订检查计划、组织检查工作、确定检查结论及上报检查文件。检查组成员应按检查计划实施检查任务,支持并配合检查组长工作。

4.8 文件审查按5.3要求进行,发现认证资料不符合工厂检查准则的,不得进行现场检查及后续活动。

4.9 现场检查按5.4要求进行,检查方法可选择谈话、观察、查阅、测量、核对及指定试验等多种方式。检查结论由检查组讨论确定。

4.10 发生不接受工厂检查安排、不接受工厂检查结论等情况时,检查组应立即报告消防产品认证机构并终止工厂检查。

4.11 证后监督工厂检查由消防产品认证机构根据计划作出安排,检查内容、检查计划、人员安排等内容事先不应通知工厂。

4.12 工厂检查结论为不推荐通过的,终止产品认证工作。

5 要求

5.1 工厂质量保证能力要求

工厂质量保证能力应持续满足强制性产品认证的要求。工厂质量保证能力要求见附录A。

法律法规、强制性标准和认证实施规则涉及特殊工厂条件要求的,按有关要求执行。

5.2 产品一致性要求

产品一致性要求分为工厂产品一致性控制要求和产品一致性核查要求。工厂产品一致性控制的目的是为保证工厂批量生产的认证产品与认证时型式试验合格样品的一致性。产品一致性核查的目的是确定工厂批量生产的产品特性与型式检验合格样品特性的符合性。工厂一致性控制要求见附录B;产品一致性核查要求见附录C。

5.3 文件审查要求

5.3.1 工厂现场检查前,检查组长应按检查准则的要求对文件和资料的符合性、完整性进行审查,并作出文件审查结论。文件审查应在消防产品认证机构规定的时限内完成。

5.3.2 文件审查的重点为:
 a) 认证委托方提供的工厂信息及产品信息;
 b) 工厂质量管理体系的基本情况;
 c) 工厂组织机构及职能分配的基本情况;
 d) 认证产品的特点及生产工艺流程;
 e) 指定检验机构出具的产品检验报告、确认的产品特性文件;
 f) 获证产品证书信息,产品的生产、流向、使用信息,标志使用情况;
 g) 工厂及获证产品变更情况等。

5.3.3 文件审查通过的,检查组长应在消防产品认证机构规定的时限内上报文件审查结论并完成工厂检查计划编制工作。检查计划编制应符合附录D的规定。文件审查不通过的,按4.8执行。

5.4 现场检查要求

5.4.1 工厂现场检查的实施一般分为首次会议、收集和验证信息、检查发现及沟通、确定检查结论及末次会议等五个工作阶段。

5.4.2 现场检查首次会议及末次会议应按附录 E 的规定。

5.4.3 收集和验证信息工作应明确信息源,通过谈话、观察、查阅、检测等方法收集与检查目的、检查范围和检查准则有关的证据信息,并应加以记录。

5.4.4 现场检查中应有效识别和产品形成过程相关的质量活动,和这些活动有关联的人员、事物、现象,指导质量活动的文件以及记载质量活动的质量记录等。应按照突出重点、总量和分量合理分配、适度均衡的原则随机抽取有代表性的样本;按照事实完整、信息充分、描述准确及有可追溯性的原则,准确发现和描述不满足工厂检查准则要求的事实。

5.4.5 检查人员之间应及时互通信息,检查组长应全面掌握现场情况,根据情况变化及时采取应对措施。

5.4.6 检查组长应有效利用会议、交谈等多种形式与被检查方就检查事宜进行沟通,争取对检查结论达成共识。

5.4.7 当检查过程中发现的不符合项已导致或有可能导致工厂质量保证能力或产品一致性不符合要求时,应出具不合格报告。不合格性质分为严重不合格和一般不合格。

出现下述情况之一的,属于严重不合格:
  a) 违反国家相关法律法规;
  b) 工厂质量保证能力的符合性和有效性存在严重问题;
  c) 在生产、流通、使用领域发现产品一致性不符合;
  d) 未在规定期限内采取纠正措施或在规定期限内采取的纠正措施无效;
  e) 受检查方的关键资源缺失;
  f) 认证使用的国家标准、技术规范或认证实施规则变更,持证人未按要求办理相关变更手续;
  g) 产品经国家/行业监督抽查不合格,未完成有效整改;
  h) 持证人未按规则使用证书、标志或未执行证书、标志管理要求;
  i) 证书暂停期间仍生产、销售、安装被暂停证书产品;
  j) 采取不正当手段获得证书;
  k) 不符合 XF 486 及其他消防产品身份信息管理的规定;
  l) 违反消防产品认证的其他规定。

不足以影响认证通过的,属于一般不合格。

5.4.8 现场检查结论分为推荐通过和不推荐通过:
  a) 未发现不合格或发现的不合格为一般不合格时,工厂检查结论为推荐通过;
  b) 发现的不合格为严重不合格时,工厂检查结论为不推荐通过。

5.4.9 工厂应在消防产品认证机构规定的时限内向检查组长提交纠正措施实施计划,并在规定的时间内有效实施纠正措施。

5.4.10 工厂不提交纠正措施、超过规定时限提交纠正措施、提交后未在规定的时限内实施纠正措施以及实施的纠正措施无效的,工厂检查结论应为不推荐通过。

5.4.11 需对纠正措施实施现场验证的,工厂应在消防产品认证机构规定的时限内提出验证申请;超过规定时限的,工厂检查结论为不推荐通过。

5.5 不同情况的工厂检查要求

5.5.1 首次申请初始工厂检查应至少包括以下内容:

a) 首次会议;
b) 产品一致性检查;
c) 生产设备与检验设备检查;
d) 工厂质量保证能力检查;
e) 人员能力现场见证;
f) 沟通;
g) 末次会议等。

对 OEM 厂,当委托人不同时,应分别接受检查。体系要素可不重复检查,但产品的生产过程控制、检验及一致性控制的检查不应免除。

5.5.2 扩大申请是指持证人在原有认证基础上申请增加新的认证单元和在认证单元内增加新的产品型号的情形。扩大申请工厂检查应符合以下要求:
a) 对认证实施规则相同、执行标准不同的产品,应进行文件审查和现场检查;
b) 认证实施规则及标准相同、单元不同的产品,应安排工厂质量保证能力和产品一致性现场检查;
c) 单元内产品扩展应进行文件审查,一般不进行现场检查。当申请认证产品的质量特性与已获证产品存在显著差异时,应安排工厂质量保证能力和产品一致性现场检查;
d) 对于工厂质量保证能力或产品质量存在缺陷、证书部分暂停或部分撤销的工厂,扩大申请时应进行文件审查和现场检查。

5.5.3 证后监督工厂检查应符合以下要求:
a) 消防产品认证机构应制定证后监督工厂检查手册;
b) 证后监督工厂检查自获证之日起即可实施,每 12 个月至少实施一次;
c) 除不可抗力因素外,工厂应接受证后监督工厂检查;
d) 证后监督检查即可在工厂现场进行,也可在流通领域或使用领域进行;
e) 证后监督工厂现场检查应包括:
 1) 工厂质量保证能力的复查;
 2) 认证产品一致性核查;
 3) 认证证书和认证标志的使用情况;
 4) 上一次工厂检查不符合项的整改情况;
 5) 消防产品身份信息管理制度执行情况等。
f) 对生产领域的获证产品进行监督检验抽样时,抽取的样品应是由工厂生产并经检验合格的获证产品,样品的种类、数量、抽样方式按证后监督工厂检查手册执行;
g) 在流通或使用领域进行的证后监督检查,按消防产品认证机构的有关规定执行;
h) 因不可抗力因素,工厂无法在规定的时限内接受证后监督工厂检查时,经消防产品认证机构同意,可推迟进行;
i) 出现以下情况之一时,应增加证后监督工厂检查的频次:
 1) 获证产品出现严重质量问题;
 2) 出现应进行查实的投诉、举报;
 3) 有充分证据对获证产品与认证实施规则及产品标准的符合性产生怀疑;

    4) 因工厂变更组织机构、生产条件和质量体系,有可能影响获证产品的符合性和一致性;
    5) 工厂检查人员行为不规范,导致工厂检查结论不可信;
    6) 其他可能导致产品认证有效性、符合性出现问题的因素。
  j) 出现以下情况之一时,应调整证后监督工厂检查的时间和频次:
    1) 国家或行业主管部门对证后监督工作提出专项要求;
    2) 认证产品的技术标准或规范中的强制性要求发生变化;
    3) 认证实施规则及有关认证要求发生变化。

5.5.4 认证证书到期持证人提出延续申请的,应进行工厂检查。

5.5.5 涉及变更的工厂检查应符合以下要求:
  a) 涉及产品安全使用性能的变更时,如生产厂搬迁,产品认证所依据的标准、实施规则等发生变化,产品的关键设计、关键零部件、原材料、元器件发生变化,工厂质量体系发生重大变化等,应进行文件审查和现场检查;
  b) 不涉及产品安全使用性能的变更时,如仅由于命名方法的变化引起的获证产品名称、型号的变更,工厂名称、地址发生变化但未搬迁等,应进行文件审查,必要时可进行现场检查。

5.5.6 暂停证书恢复的工厂检查应符合以下要求:
  a) 暂停证书恢复的工厂检查,应进行文件审查和现场检查;
  b) 暂停证书恢复的工厂检查包括产品抽验要求时,检查组应按消防产品认证机构的规定进行抽样,抽取的样品应是工厂落实整改措施以后生产并经检验合格的产品。

附 录 A
(规范性附录)
工厂质量保证能力要求

A.1 职责和资源

A.1.1 职责

A.1.1.1 工厂应规定与质量活动有关的各类人员的职责及相互关系。

A.1.1.2 工厂应在组织内指定一名质量负责人。质量负责人应具有充分的能力胜任本职工作,无论其在其他方面的职责如何,应具有以下方面的职责和权限:
  a) 负责建立满足本标准要求的质量体系,并确保其实施和保持;
  b) 确保加贴强制性认证标志的产品符合认证标准的要求;
  c) 建立文件化的程序,确保认证标志的妥善保管和使用;
  d) 建立文件化的程序,确保变更后未经认证机构确认的获证产品,不加贴强制性认证标志。

A.1.2 资源

A.1.2.1 工厂应配备必要的生产设备和检验设备,以满足稳定生产符合强制性认证标准产品的要求。

A.1.2.2 工厂应配备相应的人力资源,确保从事影响产品质量工作的人员具备必要的能力。

A.1.2.3 工厂应建立并保持适宜产品生产、检验、试验、储存等所需的环境。

A.2 文件和记录

A.2.1 工厂应建立并保持文件化的认证产品质量计划,以及为确保与产品质量的相关过程有效运作和实施控制所需的文件。质量计划应包括产品设计目标、实现过程、检验及有关资源的确定,以及对获证产品的变更(标准、工艺、关键件变更等)、标志的使用管理等规定。产品设计标准或规范应是质量计划的一项内容,其要求应不低于认证实施规则中规定的标准要求。

A.2.2 工厂应建立并保持文件化的程序,以对本标准要求的文件和资料进行有效控制。这些控制应确保:
  a) 文件发布和更改前应由授权人批准,以确保其适宜性;
  b) 文件的更改和修订状态得到识别,防止作废文件的非预期使用;
  c) 确保在使用处可获得相应文件的有效版本。

A.2.3 工厂应建立并保持质量记录的标识、储存、保管和处理的文件化程序,质量记录应清晰、完整,以作为过程、产品符合规定要求的证据。质量记录应有适当的保存期限。

A.3 采购和进货检验

A.3.1 供应商的控制
  工厂应建立对关键元器件和材料的供应商的选择、评定和日常管理的程序,以确保供应商保持生产关键元器件和材料满足要求的能力。应保存对供应商的选择评价和日常管理记录。

A.3.2 关键元器件和材料的检验/验证
  工厂应建立并保持对供应商提供的关键元器件和材料的检验或验证的程序及定期确认检验的程序,以确保关键元器件和材料满足认证所规定的要求。
  关键元器件和材料的检验可由工厂进行,也可由供应商完成。当由供应商检验时,工厂应对供应商提出明确的检验要求。
  工厂应保存关键件检验或验证记录、确认检验记录及供应商提供的合格证明及有关检验数据等。

A.4 生产过程控制和过程检验

A.4.1 工厂应对生产的关键工序进行识别,关键工序操作人员应具备相应的能力,如果该工序没有文件规定就不能保证产品质量时,则应制定相应的工艺作业指导书,使生产过程受控。

A.4.2 产品生产过程中如对环境条件有要求,工厂应保证生产环境满足规定的要求。

A.4.3 可行时,工厂应对适宜的过程参数和产品特性进行监控。

A.4.4 工厂应建立并保持对生产设备进行维护保养的制度。

A.4.5 工厂应在生产的适当阶段对产品进行检验,以确保产品及零部件与认证样品一致。

A.5 例行检验和确认检验

工厂应建立并保持文件化的例行检验和确认检验程序,以验证产品满足规定的要求。检验程序中应包括检验项目、内容、方法、判定等。工厂应保存检验记录。具体的例行检验和确认检验要求应满足相应产品认证实施规则的要求。

A.6 检验和试验设备

A.6.1 一般要求

用于检验和试验的设备应满足检验试验能力,并定期进行校准、检定和检查。

检验和试验的设备应有操作规程。检验人员应能按操作规程要求,准确地使用设备。

A.6.2 校准和检定

用于确定所生产的产品符合规定要求的检验试验设备应按规定的周期进行校准或检定。校准或检定应溯源至国家或国际基准。对自行校准的,应规定校准方法、验收准则和校准周期等。设备的校准状态应能被使用及管理人员方便识别。应保存设备的校准记录。

A.6.3 检查

用于例行检验和确认检验的设备应进行日常操作检查和运行检查。当发现检查结果不能满足规定要求时,应能追溯至已检验过的产品。必要时,应对这些产品重新进行检验。应规定操作人员在发现设备功能失效时需采取的措施。

检查结果及采取的调整等措施应加以记录。

A.7 不合格品的控制

工厂应建立和保持不合格品控制程序,内容应包括不合格品的标识方法、隔离和处置及采取的纠正、预防措施。经返修、返工后的产品应重新检验。对重要部件或组件的返修应作相应的记录。应保存对不合格品的处置记录。

A.8 内部质量审核

工厂应建立和保持文件化的内部质量审核程序,确保质量体系运行的有效性和认证产品的一致性,并记录内部审核结果。

对工厂的投诉尤其是对产品不符合标准要求的投诉,应保存记录,并应作为内部质量审核的信息输入。

对审核中发现的问题,应采取纠正和预防措施,并加以记录。

A.9 认证产品的一致性

工厂应对批量生产产品与型式试验合格的产品的一致性进行控制,以使认证产品持续符合规定的要求。

A.10 包装、搬运和储存

工厂的包装、搬运、操作和储存环境应不影响产品符合规定标准的要求。

附 录 B
（规范性附录）
工厂产品一致性控制要求

B.1 产品一致性控制文件

B.1.1 工厂应建立并保持认证产品一致性控制文件。产品一致性控制文件至少应包括：
   a) 针对具体认证产品型号的设计要求、产品结构描述、物料清单（应包含所使用的关键元器件的型号、主要参数及供应商）等技术文件；
   b) 针对具体认证产品的生产工序工艺、生产配料单等生产控制文件；
   c) 针对认证产品的检验（包括进货检验、生产过程检验、成品例行检验及确认检验）要求、方法及相关资源条件配备等质量控制文件；
   d) 针对获证后产品的变更（包括标准、工艺、关键件等变更）控制、标志使用管理等程序文件。

B.1.2 产品设计标准或规范应是产品一致性控制文件的其中一个内容，其要求应不低于该产品认证实施规则中规定的标准要求。

B.2 批量生产产品的一致性

工厂应采取相应的措施，确保批量生产的认证产品至少在以下方面与型式试验合格样品保持一致：
   a) 认证产品的铭牌、标志、说明书和包装上所标明的产品名称、规格和型号；
   b) 认证产品的结构、尺寸和安装方式；
   c) 认证产品的主要原材料和关键件。

B.3 关键件和材料的一致性

工厂应建立并保持对供应商提供的关键元器件和材料的检验或验证的程序，以确保关键件和材料满足认证所规定的要求，并保持其一致性。

关键件和材料的检验可由工厂进行，也可由供应商完成。当由供应商检验时，工厂应对供应商提出明确的检验要求。

工厂应保存关键件和材料的检验或验证记录、供应商提供的合格证明及有关检验数据等。

B.4 例行检验和确认检验

工厂应建立并保持文件化的例行检验和确认检验程序，以验证产品满足规定的要求，并保持其一致性。检验程序中应包括检验项目、内容、方法、判定准则等。应保存检验记录。工厂生产现场应具备例行检验项目和确认检验项目的检验能力。

B.5 产品变更的一致性控制

B.5.1 工厂应建立并保持文件化的变更控制程序，确保认证产品的设计、采用的关键件和材料以及生产工序工艺、检验条件等因素的变更得到有效控制。

B.5.2 获证产品涉及如下的变更,工厂在实施前应向消防产品认证机构申报,获得同意后方可执行:

  a) 产品设计(原理、结构等)的变更;
  b) 产品采用的关键件和关键材料的变更;
  c) 关键工序、工序及其生产设备的变更;
  d) 例行检验和确认检验条件和方法变更;
  e) 生产场所搬迁、生产质量体系换版等变更;
  f) 其他可能影响与相关标准的符合性或型式试验样机的一致性的变更。

B.5.3 获证产品的变更经消防产品认证机构同意执行后,工厂应通知到相关职能部门、岗位和/或用户,并按变更控制程序实行产品一致性控制。

附 录 C
(规范性附录)
产品一致性核查要求

C.1 核查内容

产品一致性核查应包含以下内容:

  a) 产品名称、型号规格与产品认证规则、产品标准、认证证书的符合性;
  b) 产品的名牌标志与产品标准要求、检验报告、产品使用说明书、产品特性文件表的符合性;
  c) 产品关键件和材料的名称、型号规格、生产厂名称与型式检验报告描述、特性文件描述以及企业对关键件和材料供应商控制的符合性;
  d) 产品特性参数与产品标准要求、检验报告、产品特性文件表的符合性;
  e) 产品主要生产工艺与企业产品工艺文件、产品特性文件表的符合性。

C.2 核查方法

产品一致性核查应使用以下方法:

  a) 通过核对抽样产品名牌标志、认证规则、产品标准、产品使用说明书、产品特性文件表、产品工艺文件及图纸等技术文件的方法核查;
  b) 通过现场试验验证的方法判定产品的一致性;
  c) 必要时通过抽样送检的方法判定产品的一致性。

C.3 判定原则

核查内容中有一项不符合,判定该产品一致性核查不符合。

附 录 D
（规范性附录）
检查计划的编制要求

D.1 检查计划编制依据

检查计划编制的主要依据为：
a) 检查的产品类别；
b) 检查类型（首次认证、扩大认证、监督检查和证书延续检查等）；
c) 受检查方的组织结构、质量手册、程序文件和有关资料；
d) 相关法律、法规。

D.2 检查计划内容

检查计划内容应至少包括：
a) 受检查方名称及地址；
b) 认证产品；
c) 检查目的；
d) 检查依据；
e) 检查范围；
f) 检查组成员及注册资格、专业能力范围；
g) 检查内容；
h) 检查方法；
i) 日程安排；
j) 注明检查工作和检查报告所使用的语言；
k) 检查报告发放等。

D.3 检查计划编制要求

D.3.1 涉及多个受检查方及地址的应在检查计划中注明。

D.3.2 首次认证、扩大认证和证书延续检查时，检查计划中应明确如下检查目的：
   a) 对产品一致性基本情况，生产、检验设备，工艺条件及人力资源与相关产品认证要求的符合程度进行评价并作出结论；
   b) 对受检查方建立的质量管理体系与标准的符合程度及运行有效性进行评价并作出结论。

D.3.3 监督检查时，检查计划中应明确如下检查目的：
   a) 评价产品一致性的保持情况，生产工艺、设备、条件的保持、改进、提高的情况是否持续满足相关产品认证要求；
   b) 评价受检查方的质量管理体系是否持续满足标准要求并运行有效。

D.3.4 对于承担监督检查，同时又承担扩大/证书延续/变更检查工作的，应分别制定检计划。

D.3.5 检查计划中应明确检查依据,至少包括:
   a) 相应的产品认证实施规则及产品标准;
   b) 质量管理体系标准(适用时)、受检查方的质量管理体系文件;
   c) 受检查方生产指导文件;
   d) 适用的法律、法规等。

D.3.6 检查范围应覆盖申请认证产品的质量管理体系设计、制造、服务等过程所涉及的所有部门、人员、设备和场所。

D.3.7 检查组成员栏目应注明:
   a) 所有组内人员姓名;
   b) 注册资质;
   c) 专业能力范围(依照认证机构聘用时的人员专业能力范围填写)。

D.3.8 首次认证和扩大认证的检查计划中应至少包括下述内容:
   a) 对工厂的生产和检验设备配置与运行情况进行检查的计划安排;
   b) 对认证产品一致性、认证产品与检验报告及经指定检验机构确认的产品特性文件表的符合性进行检查的计划安排;
   c) 对质量管理体系与工厂质量保证能力要求的符合性及运行的有效性进行检查的计划安排;
   d) 对证书和标志的使用情况进行检查的计划安排(适用时);
   e) 按认证机构特定的检查范围进行检查的计划安排。

D.3.9 监督检查和证书延续检查的检查计划应至少包括下述内容:
   a) 对工厂的生产和检验设备配置与运行情况进行检查的计划安排;
   b) 对证书覆盖产品进行一致性核查,核查其与认证证书、检验报告及经指定检验机构确认的产品特性文件表符合性的计划安排;
   c) 对质量管理体系与工厂质量保证能力要求的符合性及运行的有效性进行检查的计划安排;
   d) 对证书和标志的使用情况进行检查的计划安排(适用时);
   e) 验证上次检查的不合格项所采取纠正措施的有效性的计划安排;
   f) 按认证机构特定的检查范围进行检查的计划安排。

D.3.10 检查方法主要包括采取观察、询问、座谈、核对、取证、追踪、检测、指定试验等。

D.3.11 检查计划日程安排表包括检查时间、检查工作内容、涉及部门、人员及有关说明。现场检查时,每天的内部沟通、编写检查报告的时间应明确列入检查计划内,每天检查时间不少于 6 h。

D.3.12 受检查方对检查计划签字盖章确认后,由检查组长上报认证机构。受检查方无正当理由不签字盖章确认的,检查组长应终止本次检查。

D.3.13 监督检查的检查计划事先不应通知受检查方。

附 录 E
（规范性附录）
现场检查会议内容

E.1 首次会议

根据检查计划，首次会议应包括下列适用内容：
a) 检查组长主持召开首次会议，参加人员为检查组的全体成员和受检查方的有关人员。受检查方管理者代表、检查联络人员及有关部门人员应参加首次会议；
b) 全体参加首次会议的人员应在签到表上签到；
c) 由组长介绍检查组成员，包括检查员的姓名、注册资格等；由受检查方代表介绍参加首次会议的人员；组长代表检查组宣读《保密承诺及公正性声明》，并请受检查方确认；
d) 介绍检查计划中检查目的、检查依据、检查范围和检查内容，并请受检查方确认；
e) 确认产品生产及相关领域质量管理体系范围内的人员、部门、场所；
f) 介绍检查计划安排、检查组的分工。明确有关沟通会议和末次会议的时间、参加人员等；
g) 介绍检查方法：
——应说明检查是一种抽样性的活动，具有风险性和局限性，应尽量抽取有代表性的样本以减轻抽样的风险，力求公正、科学、真实地反映受检查方基本状况；
——应说明检查是一种正面寻找客观证据的活动。
h) 介绍可能开具不合格报告，说明不合格程度及不合格的性质的确定；
i) 介绍检查结论的生成原则；
j) 明确受检查方投诉、申诉的方式方法；
k) 提出配合需求：
1) 确定联络人员，并说明联络人员的作用，明确联络人员的作用为向导、见证和联络；
2) 提醒受检查方明确检查中是否有禁止检查员涉及的领域、场所和内容，请受检查方介绍诸如安全防护注意事项并请其提供相关便利条件；
3) 有关后勤工作的要求和安排（包括临时办公地点、检查组所需资源和设备）。
l) 澄清受检查方的有关疑问；
m) 提请受检查方确认检查安排等。

E.2 末次会议

末次会议应包括下列适用内容：
a) 检查组长主持召开末次会议，参加人员为检查组的全体成员和受检查方的有关人员。受检查方管理者代表、检查联络人员及有关部门人员应参加末次会议；

b) 重申检查目的,检查范围、内容和检查依据;
c) 对工厂的总体情况作出评价;
d) 宣读不合格报告;
e) 提出采取纠正措施的要求及完成纠正措施的时间,应明确不合格报告纠正措施验证方式;
f) 宣布检查结论;
g) 重申保密承诺及公正性声明;
h) 说明证书和标志的使用规定;
i) 证书保持、扩大、缩小、暂停和撤销/注销的有关规定;
j) 获证后监督要求(必要时);
k) 获取产品认证管理信息的有关说明。

E.3 其他现场会议

其他现场会议内容由审核组长根据审核计划和实际需要确定。

消防产品身份信息管理(XF 846—2009)

前 言

根据公安部、应急管理部联合公告(2020年5月28日)和应急管理部2020年第5号公告(2020年8月25日),本标准归口管理自2020年5月28日起由公安部调整为应急管理部,标准编号自2020年8月25日起由GA 846—2009调整为XF 846—2009,标准内容保持不变。

本标准第4章、第5章、第6章、第7章为强制性的,其余为推荐性的。

本标准的附录A、附录B、附录C为规范性附录,附录D为资料性附录。

本标准由公安部消防局提出。

本标准由全国消防标准化技术委员会消防管理分技术委员会(SAC/TC 113/SC 9)归口。

本标准负责起草单位:公安部消防产品合格评定中心。

本标准参加起草单位:山东省公安消防总队、浙江省公安消防总队、江苏省公安消防总队、广东省公安消防总队、安徽省公安消防总队、大连宏胜科技开发有限公司、青岛楼山消防器材厂。

本标准主要起草人:东靖飞、高伟、张立胜、李双庆、亓延军、胡群明、王鹏翔、余威、康卫东、张全灵、孙宏、孙卫东、陈喆、俞颖飞、李强、汪礼苗、冯伟、陈映雄、郭佩栋、刘欣传、陆曦。

引 言

依据国家现行的法律法规和技术标准,为切实加强消防产品的质量监督和证后监管,建立消防产品身份信息管理系统是十分必要的。通过建立和实施消防产品身份信息管理系统,及时掌握消防产品身份信息及流向情况,为在生产、销售、安装、施工监理、使用、维护(维修)、产品检验、建筑消防设施检测、建筑工程消防验收、消防产品监督检查等环节发现和追踪问题产品,提供了一种有效的技术手段。

1 范围

本标准规定了消防产品身份信息管理的术语和定义、总则、消防产品身份信息及标志、要求、消防产品身份信息专用物品等内容。

本标准适用于消防产品的生产、销售、安装、施工监理、使用、维护(维修)、产品检验、建筑消防设施检测、建筑工程消防验收、消防产品监督检查等各个环节。

2 规范性引用文件

下列文件中的条款通过本标准的引用而成为本标准的条款。凡是注日期的引用文件,其随后所有的修改单(不包括勘误的内容)或修订版均不适用于本标准,然而,鼓励根据本标准达成协议的各方研究是否可使用这些文件的最新版本。凡是不注日期的引用文件,其最新版本适用于本标准。

　　GB/T 5907　消防基本术语　第一部分
　　XF 588　消防产品现场检查判定规则

3　术语和定义

　　GB/T 5907中确立的以及下列术语和定义适用于本标准。

3.1
　　消防产品身份信息　fire products identity information
　　显示消防产品基本信息，主要内容包括消防产品生产单位(制造商)名称、产品名称、规格型号、生产日期、生产批号、产品编号、产品一致性描述、产品流向信息等。

3.2
　　消防产品身份信息标志　fire products identity information label
　　由专有符号、图案、文字等组成的消防产品身份信息标志。

3.3
　　消防产品身份信息管理系统　fire products identity information management system
　　具备建立、添加、查验、统计消防产品身份信息、消防产品销售流向信息、消防产品安装使用信息、消防验收及监督检查信息、消防产品检验信息及消防产品维护(维修)等信息，确认消防产品一致性、市场准入的符合性、维护(维修)工作符合性等的管理系统。

3.4
　　消防产品身份信息管理系统专用物品　special goods for fire products identity information management system
　　用于建立、查验消防产品相关信息的专用器材、软件、标志及专用作业表单等。

3.5
　　消防产品生产单位(制造商)　producer(manufacturer)of fire products
　　能够承担消防产品生产质量责任的单位。

3.6
　　产品一致性　coherence of products
　　产品的名称、规格型号以及生产单位(制造商)、加工场所等相关内容应与市场准入信息(或证书)中描述的内容相一致，产品的型式结构和关键件(零部件、原材料、元器件等)与送检样品相一致。

3.7
　　上传　upload
　　按本标准要求，将产品生产单位(制造商)名称、规格型号、关键件(零部件、原材料、元器件等)描述、流向及产品编号等信息通过互联网传送到消防产品身份信息管理系统数据库的过程。

4　总则

4.1　消防产品身份信息管理适用于在中华人民共和国境内获得市场准入的所有消防产品。
4.2　消防产品身份信息的管理、专用物品提供及消防产品身份信息的公布，应符合有关规定。

4.3 消防产品身份信息管理系统应包括下列内容：
a) 消防产品身份信息的建立；
b) 消防产品身份信息查验；
c) 监督检查：
  1) 市场准入的符合性确认；
  2) 消防产品一致性核查、确认；
  3) 工厂条件的核查、确认(必要时)；
  4) 消防产品质量检验(必要时)；
  5) 维护(维修)工作符合性确认(必要时)；
  6) 维护(维修)产品的质量检验(必要时)；
d) 消防产品身份信息的变更与注销；
e) 其他相关内容。

5 消防产品身份信息及标志

5.1 消防产品身份信息内容至少应包含：
a) 生产单位(制造商)名称；
b) 产品名称；
c) 产品规格型号；
d) 产品关键件(零部件、原材料、元器件)描述；
e) 生产日期/生产批号；
f) 产品市场准入描述；
g) 产品一致性描述；
h) 产品流向信息；
i) 其他相关信息。

5.2 消防产品身份信息标志见附录 A。

6 要求

6.1 消防产品身份信息的建立

6.1.1 消防产品生产单位(制造商)应使用消防产品身份信息管理系统专用物品并按6.1.2的规定录入消防产品身份信息，并及时将消防产品身份信息上传至消防产品身份信息管理系统数据库。

6.1.2 消防产品生产单位(制造商)录入的消防产品身份信息应符合如下要求：
a) 录入的生产单位(制造商)名称应与市场准入信息或证书中的名称一致；
b) 录入的产品规格型号应与市场准入信息或证书中的规格型号相符；
c) 消防产品出厂前已知使用单位的，生产单位(制造商)应在消防产品出厂检验合格后录入消防产品身份信息；
d) 消防产品出厂前已知销售单位的，生产单位(制造商)应在消防产品出厂检验合格后录入除产品流向信息外的消防产品身份信息；产品确认到达销售单位两个工作日内录入产品流向信息。

6.1.3 消防产品生产单位(制造商)存在下述情形之一的,不得建立相应的消防产品身份信息:
- a) 消防产品不符合市场准入要求;
- b) 监督检查不通过;
- c) 监督检验不合格;
- d) 市场准入信息(或证书)被暂停使用、撤销或注销;
- e) 未提供产品质量的真实信息;
- f) 转借、转卖消防产品身份信息管理系统专用物品或消防产品身份信息标志;
- g) 消防产品身份信息管理系统专用物品或消防产品身份信息标志丢失、损坏后未挂失;
- h) 经确认存在违反相关法律法规的其他行为。

6.1.4 消防产品维护(维修)单位应使用消防产品身份信息管理系统专用物品并按 6.1.5 的规定录入消防产品身份信息。

6.1.5 消防产品维护(维修)单位录入的消防产品身份信息应符合如下要求:
- a) 录入的维护(维修)单位名称应与核定的名称一致;
- b) 录入的产品规格型号应与核定的规格型号相符;
- c) 录入准确的流向信息。

6.1.6 维护(维修)单位完成规定的信息录入后,应立即将消防产品身份信息上传至消防产品身份信息管理系统数据库。

6.1.7 消防产品维护(维修)单位存在下述情形之一的,不得建立相应的消防产品身份信息:
- a) 维护(维修)后的消防产品不符合国家标准或行业标准的要求;
- b) 监督检查不通过;
- c) 监督检验不合格;
- d) 未提供产品维护(维修)质量的真实信息;
- e) 转借、转卖消防产品身份信息管理系统专用物品或消防产品身份信息标志;
- f) 消防产品身份信息管理系统专用物品或消防产品身份信息标志丢失、损坏后未挂失;
- g) 经确认存在违反相关法律法规的其他情形。

6.2 消防产品身份信息的查验

6.2.1 消防产品销售及安装单位在销售及安装消防产品前,应查验消防产品身份信息,并确认其真实性和符合性。

6.2.2 建筑工程施工监理单位在消防产品的进场验收、隐蔽工程验收或工程竣工验收等环节中,应全部查验或按相关标准规范查验消防产品身份信息,并确认其真实性和符合性。

6.2.3 消防设施检测机构在检测消防设施时,应查验全部消防产品的身份信息,并确认其真实性和符合性。

6.2.4 消防产品质量检验机构在对消防产品进行检验前,应查验全部消防产品的身份信息,并确认其真实性和符合性。

6.2.5 消防产品的维护(维修)单位在消防产品维护(维修)前,应查验全部消防产品的身份信息,并确认其真实性和符合性。

6.2.6 消防产品身份信息的查验应使用专用物品。

6.2.7 公安机关消防机构按照 XF 588 对消防产品实施监督检查时,应使用专用物品核实消防产品身份信息的真实性、符合性。

6.2.8 上述各单位查验完毕后,应及时录入查验信息,并在三个工作日内完成信息上传。

6.2.9 对存在下述问题的消防产品不得销售、安装、使用:
   a) 消防产品未按本标准要求加施身份信息标志;
   b) 消防产品的身份信息真实性、符合性存在问题;
   c) 消防产品使用的身份信息标志为伪造、冒用、转让及非法买卖;
   d) 消防产品身份信息标志损毁,无法查验;
   e) 消防工程施工监理单位、消防设施检测机构未按有关法律法规及本标准要求对身份信息进行查验;
   f) 消防工程施工监理单位、消防设施检测机构出具虚假查验证明。

6.3 消防产品身份信息的变更与注销

6.3.1 市场准入信息变更后的消防产品身份信息变更:

市场准入信息变更后,应及时向消防产品身份信息管理单位申请办理消防产品身份信息的变更。

6.3.2 消防产品退货后的身份信息变更:

生产单位(制造商)接收使用单位或销售单位退回的消防产品后,应注销原身份信息,并在发生新的销售行为后建立上传新的流向信息。

6.3.3 消防产品身份信息的注销:

经确认报废或不再使用的消防产品身份信息应添加注销信息。

7 消防产品身份信息专用物品

7.1 专用物品主要组成

专业物品主要组成为:
   a) 消防产品身份信息管理客户端软件;
   b) 专用识别作业设备;
   c) 电子密钥(USBKEY);
   d) 蓝牙适配器;
   e) 消防产品身份信息标志。

7.2 专用物品使用要求

7.2.1 专用物品使用单位应当依照有关规定申领专用物品。

7.2.2 专用物品使用单位应制定并有效实施消防产品身份信息专用物品使用保管制度,指定专人保管维护消防产品身份信息专用物品。

7.2.3 专用物品出现故障后,使用单位应在一个工作日内通知提供方,提供方应立即安排有关单位完成维修工作。

7.2.4 专用物品、标志丢失后,使用单位应在一个工作日内通知提供方,并按下列要求处理:
   a) 生产单位(制造商)的专用物品丢失后,经提供方再次核准、发放后,方可投入使用;标志丢失后,应及时向提供方办理挂失手续;
   b) 其他单位的专用物品丢失后,经提供方再次核准、发放后,方可投入使用。

7.3 专用物品档案要求

7.3.1 专用物品管理应建立档案并实施档案管理制度。管理档案至少应包括以下内容：

    a) 专用物品进、销、存档案；

    b) 专用物品权限分配、变更、注销档案；

    c) 数据修改、清理和备份档案；

    d) 专用物品故障应急处理方案；

    e) 专用作业表单(参见附录D)档案。

7.3.2 涉及 7.3.1 中的各项档案保存时间不应少于五年。

7.4 管理软件的运行要求

管理软件的运行要求见附录B。

7.5 专用物品配置要求

消防产品身份信息专用物品配置和专用作业表单使用要求见表1。

表 1 消防产品身份信息专用物品配置和专用作业表单使用要求

配置单位	基本配置	专用作业表单的使用
生产单位 (制造商)	a) 消防产品身份信息管理软件； b) 专用识别作业设备； c) 电子密钥(USBKEY)； d) 蓝牙适配器； e) 消防产品身份信息标志	消防产品身份信息标志启用注册表(参见表 D.1)
建筑工程施工监理单位		消防产品身份信息查验表(建筑工程施工监理用)(参见表 D.2) 消防产品身份信息检查汇总表(参见表 D.8)
建筑工程消防设施安装单位		消防产品身份信息查验表(建筑工程消防设施安装单位用)(参见表 D.3) 消防产品身份信息检查汇总表(参见表 D.8)
消防设施检测机构	a) 消防产品身份信息管理软件； b) 专用识别作业设备； c) 电子密钥(USBKEY)； d) 蓝牙适配器	消防产品身份信息查验表(消防设施检测机构用)(参见表 D.4) 消防产品身份信息检查汇总表(参见表 D.8)
消防产品质量检验机构		消防产品身份信息查验表(质量监督检验中心用)(参见表 D.5)
公安部门消防机构		消防产品身份信息查验表(公安部门消防机构用)(参见表 D.6)
消防产品使用单位		消防产品身份信息查验表(消防产品使用单位用)(参见表 D.7) 消防产品身份信息检查汇总表(参见表 D.8)
消防产品销售单位		无
消防产品维护(维修)机构		消防产品身份信息查验表(维护维修单位用)(参见表 D.9)

附 录 A
（规范性附录）
消防产品身份信息标志

A.1 标志的类型与规格

消防产品身份信息标志的类型分为Ⅰ型和Ⅱ型。消防产品身份信息标志的规格见表 A.1。

表 A.1 消防产品身份信息标志的规格

标志类型	规　　格	单位
Ⅰ型	18 mm×33 mm	枚
Ⅱ型	35 mm×45 mm	枚

A.2 标志

消防产品身份信息标志如图 A.1 所示。

图 A.1 消防产品身份信息标志

A.3 标志的使用

A.3.1 标志使用单位申请领用的标志类型应符合附录 C 的规定。

A.3.2 标志加施前应完成产品身份信息注册并上传至消防产品身份信息管理系统数据库。

A.3.3 标志应牢固粘接在产品的平整、明显部位，加施后应方便查验。

A.3.4 标志使用单位应建立并有效实施标志的申领、使用及管理制度。

附 录 B
（规范性附录）
消防产品身份信息管理软件的运行要求

B.1 软件运行环境要求

B.1.1 设备软硬件要求

配备的计算机及服务器应专机专用，应安装正版软件或正版的操作系统、数据库、防病毒软件等运行软件。使用单位还应采取以下措施：
  a) 建立良好的设备运行环境；
  b) 建立有效的防火墙、防病毒等安全措施；
  c) 进行有效的日常维护，定期对设备进行检查；
  d) 及时升级软硬件设备，以确保设备终端的正常使用。

B.1.2 互联网带宽要求

为保证系统的正常运行，专用计算机接入互联网的带宽应不低于 768 kbps。

B.2 数据安全与备份

使用单位应指定专人负责消防产品档案信息的安全与备份。

附 录 C
（规范性附录）
消防产品身份信息标志选用

消防产品身份信息标志选用应符合表 C.1 的规定。

表 C.1 消防产品身份信息标志选用

序 号	产品名称	标志类型
1	消防头盔	Ⅰ
2	消防员灭火防护服	Ⅱ
3	消防员隔热防护服	Ⅱ
4	消防员避火防护服	Ⅱ
5	消防员抢险救援防护服	Ⅱ
6	消防员化学防护服	Ⅱ
7	其他消防员防护服	Ⅱ
8	消防手套	Ⅰ
9	消防员灭火防护靴	Ⅰ
10	消防员抢险救援防护靴	Ⅰ
11	消防员化学防护靴	Ⅰ
12	消防安全绳	Ⅰ
13	消防安全带	Ⅰ
14	消防防坠落辅助设备	Ⅰ
15	正压式消防空气呼吸器	Ⅱ
16	消防过滤式综合防毒面具	Ⅰ
17	消防员照明灯具	Ⅰ

表 C.1（续）

序　号	产品名称	标志类型
18	消防员呼救、定位器具	Ⅰ
19	消防腰斧	Ⅰ
20	罐类消防车	Ⅱ
21	举高类消防车	Ⅱ
22	特种类消防车	Ⅱ
23	消防摩托车	Ⅱ
24	车用消防泵	Ⅱ
25	供泡沫液消防泵与泡沫比例混合系统	Ⅱ
26	手抬机动消防泵组	Ⅱ
27	工程用消防泵及泵组	Ⅱ
28	消防枪	Ⅰ
29	消防炮	Ⅱ
30	消防水带	Ⅱ
31	消防卷盘及附件	Ⅱ
32	消防接口	Ⅰ
33	集水器	Ⅰ
34	分水器	Ⅰ
35	消防球阀	Ⅰ
36	消防吸水胶管	Ⅰ
37	消防吸水管路附件	Ⅰ
38	室内消火栓	Ⅰ
39	室外消火栓	Ⅰ
40	消火栓箱	Ⅱ
41	消防水泵接合器	Ⅰ
42	手动破拆工具	Ⅱ
43	机动破拆工具	Ⅱ
44	气动破拆工具	Ⅱ
45	液压破拆工具	Ⅱ

表 C.1（续）

序　号	产品名称	标志类型
46	电动破拆工具	Ⅱ
47	消防风机	Ⅱ
48	消防排烟机	Ⅱ
49	消防梯	Ⅱ
50	逃生避难器材	Ⅱ
51	火警受理系统	Ⅱ
52	消防有线通信系统	Ⅱ
53	消防无线通信系统	Ⅱ
54	消防卫星通信系统	Ⅱ
55	消防图像通信系统	Ⅱ
56	消防移动数据通信系统	Ⅱ
57	消防现场通信管理控制系统	Ⅱ
58	各类消防机器人	Ⅱ
59	消防船	Ⅱ
60	消防飞机	Ⅱ
61	消防坦克车	Ⅱ
62	感烟火灾探测器	Ⅰ
63	感温火灾探测器	Ⅰ
64	点型火焰探测器	Ⅰ
65	复合火灾探测器	Ⅰ
66	其他火灾探测器	Ⅰ
67	手动火灾报警按钮	Ⅰ
68	火灾报警控制器	Ⅱ
69	无线火灾报警控制器	Ⅱ
70	火灾显示盘	Ⅱ
71	报警模块与总线模块	Ⅱ
72	火灾警报器	Ⅱ
73	消防联动控制器	Ⅱ

表 C.1（续）

序　号	产　品　名　称	标志类型
74	消防控制室图形显示装置	Ⅱ
75	消防电气控制装置	Ⅱ
76	防火卷帘控制器	Ⅱ
77	钢结构防火涂料	Ⅰ
78	电缆防火涂料	Ⅰ
79	隧道防火涂料	Ⅰ
80	有机防火堵料	Ⅰ
81	无机防火堵料	Ⅰ
82	预应力混凝土楼板防火涂料	Ⅰ
83	饰面型防火涂料	Ⅰ
84	阻火圈	Ⅰ
85	防火膨胀密封条	Ⅰ
86	防火门	Ⅱ
87	防火窗	Ⅱ
88	防火玻璃	Ⅱ
89	防火卷帘	Ⅱ
90	耐火电缆	Ⅰ
91	排烟风机	Ⅱ
92	挡烟垂壁	Ⅱ
93	阻火器	Ⅰ
94	气体灭火控制器	Ⅱ
95	消防联动模块	Ⅱ
96	消火栓按钮	Ⅰ
97	消防应急广播设备	Ⅱ
98	消防电话	Ⅱ
99	可燃气体探测器	Ⅰ
100	可燃气体报警控制器	Ⅱ
101	细水雾灭火系统	Ⅱ

表 C.1（续）

序 号	产 品 名 称	标志类型
102	干粉灭火系统	Ⅱ
103	气溶胶灭火系统	Ⅱ
104	阻火包	Ⅰ
105	水系灭火剂	Ⅰ
106	干粉灭火剂	Ⅰ
107	泡沫灭火剂	Ⅰ
108	卤代烷烃类灭火剂	Ⅰ
109	二氧化碳灭火剂	Ⅰ
110	惰性气体灭火剂	Ⅰ
111	手提式干粉灭火器	Ⅰ
112	手提式水基型灭火器	Ⅰ
113	手提式二氧化碳灭火器	Ⅰ
114	手提式洁净气体灭火器	Ⅰ
115	推车式干粉灭火器	Ⅰ
116	推车式水基型灭火器	Ⅱ
117	推车式二氧化碳灭火器	Ⅱ
118	推车式洁净气体灭火器	Ⅱ
119	消防应急电源	Ⅱ
120	电气火灾监控系统	Ⅱ
121	消防气压类给水设备	Ⅱ
122	消防自动恒压给水设备	Ⅱ
123	特殊消防给水设备	Ⅱ
124	自动喷水灭火系统	Ⅱ
125	气体灭火系统	Ⅱ
126	泡沫灭火系统	Ⅱ

附 录 D
（资料性附录）
专用作业表单

消防产品的生产、销售、安装、施工监理、使用、维护（维修）、产品检验、建筑消防设施检测、建筑工程消防验收、消防产品监督检查等各个环节应使用表 D.1～表 D.9 专用作业表单。

表 D.1 消防产品身份信息标志启用注册表

产品名称：_____　　　　　　　　　　　　　　　编号：_____

序号	产品名称	读取产品标志	序号	产品名称	读取产品标志
1		☐ 开始　☐ 结束	16		☐ 开始　☐ 结束
2		☐ 开始　☐ 结束	17		☐ 开始　☐ 结束
3		☐ 开始　☐ 结束	18		☐ 开始　☐ 结束
4		☐ 开始　☐ 结束	19		☐ 开始　☐ 结束
5		☐ 开始　☐ 结束	20		☐ 开始　☐ 结束
6		☐ 开始　☐ 结束	21		☐ 开始　☐ 结束
7		☐ 开始　☐ 结束	22		☐ 开始　☐ 结束
8		☐ 开始　☐ 结束	23		☐ 开始　☐ 结束
9		☐ 开始　☐ 结束	24		☐ 开始　☐ 结束
10		☐ 开始　☐ 结束	25		☐ 开始　☐ 结束
11		☐ 开始　☐ 结束	26		☐ 开始　☐ 结束
12		☐ 开始　☐ 结束	27		☐ 开始　☐ 结束
13		☐ 开始　☐ 结束	28		☐ 开始　☐ 结束
14		☐ 开始　☐ 结束	29		☐ 开始　☐ 结束
15		☐ 开始　☐ 结束	30		☐ 开始　☐ 结束

日期：_____

表 D.2 消防产品身份信息查验表

（建筑工程施工监理用）

工程（单位）名称：_____
检查地点：_____省_____市_____区
生产厂名称：_____

序号	产品名称	读取产品标志	序号	产品名称	读取产品标志
1		☐开始 ☐结束	16		☐开始 ☐结束
2		☐开始 ☐结束	17		☐开始 ☐结束
3		☐开始 ☐结束	18		☐开始 ☐结束
4		☐开始 ☐结束	19		☐开始 ☐结束
5		☐开始 ☐结束	20		☐开始 ☐结束
6		☐开始 ☐结束	21		☐开始 ☐结束
7		☐开始 ☐结束	22		☐开始 ☐结束
8		☐开始 ☐结束	23		☐开始 ☐结束
9		☐开始 ☐结束	24		☐开始 ☐结束
10		☐开始 ☐结束	25		☐开始 ☐结束
11		☐开始 ☐结束	26		☐开始 ☐结束
12		☐开始 ☐结束	27		☐开始 ☐结束
13		☐开始 ☐结束	28		☐开始 ☐结束
14		☐开始 ☐结束	29		☐开始 ☐结束
15		☐开始 ☐结束	30		☐开始 ☐结束

检查人员：_____　　　　　　　　　　日期：_____

表 D.3 消防产品身份信息查验表

（建筑工程消防设施安装单位用）

安装单位名称：_____

检查地点：_____省_____市_____区

1	产品名称		规格型号		读取标志	□ 开始	□ 结束
	生产厂名称						
	安装位置						
2	产品名称		规格型号		读取标志	□ 开始	□ 结束
	生产厂名称						
	安装位置						
3	产品名称		规格型号		读取标志	□ 开始	□ 结束
	生产厂名称						
	安装位置						
4	产品名称		规格型号		读取标志	□ 开始	□ 结束
	生产厂名称						
	安装位置						
5	产品名称		规格型号		读取标志	□ 开始	□ 结束
	生产厂名称						
	安装位置						

检查结果	序号	1	2	3	4	5
	符合	□	□	□	□	□
	不符合	□ 准入	□ 准入	□ 准入	□ 准入	□ 准入
		□ 一致性	□ 一致性	□ 一致性	□ 一致性	□ 一致性

检查人签名：_____　　　　被检查单位代表签名：_____

表 D.4 消防产品身份信息查验表

（消防设施检测机构用）

被检查单位名称：_____
检查地点：_____省_____市_____区

序号	项目	内容		读取标志	开始	结束
1	产品名称		规格型号	读取标志	☐ 开始	☐ 结束
	生产厂名称					
	安装位置					
2	产品名称		规格型号	读取标志	☐ 开始	☐ 结束
	生产厂名称					
	安装位置					
3	产品名称		规格型号	读取标志	☐ 开始	☐ 结束
	生产厂名称					
	安装位置					
4	产品名称		规格型号	读取标志	☐ 开始	☐ 结束
	生产厂名称					
	安装位置					
5	产品名称		规格型号	读取标志	☐ 开始	☐ 结束
	生产厂名称					
	安装位置					

检查结果	序号	1	2	3	4	5
	符合	☐	☐	☐	☐	☐
	不符合	☐ 准入	☐ 准入	☐ 准入	☐ 准入	☐ 准入
		☐ 一致性	☐ 一致性	☐ 一致性	☐ 一致性	☐ 一致性

检查人签名：_____　　　　被检查单位代表签名：_____

表 D.5 消防产品身份信息查验表

（质量监督检验中心用）

被检查单位名称：＿＿＿＿＿＿＿＿＿＿＿＿＿＿＿＿＿＿＿＿
检查地点：＿＿＿＿＿＿＿＿＿＿＿＿＿＿＿＿＿＿＿＿＿＿
质量监督检验中心名称：＿＿＿＿＿＿＿＿＿＿＿＿＿＿＿＿

1	产品名称				
	规格型号				
	生产厂名称		读取标志	□ 开始	□ 结束
2	产品名称				
	规格型号				
	生产厂名称		读取标志	□ 开始	□ 结束
3	产品名称				
	规格型号				
	生产厂名称		读取标志	□ 开始	□ 结束
4	产品名称				
	规格型号				
	生产厂名称		读取标志	□ 开始	□ 结束
5	产品名称				
	规格型号				
	生产厂名称		读取标志	□ 开始	□ 结束

检查结果	序号	1	2	3	4	5
	符合	□	□	□	□	□
	不符合	□	□	□	□	□

检查人签名：＿＿＿＿＿＿＿＿＿＿＿＿ 被检查单位代表签名：＿＿＿＿＿＿＿＿＿＿＿＿

表 D.6 消防产品身份信息查验表
（公安机关消防机构用）

工程名称：＿＿＿＿＿＿＿＿＿＿＿＿＿＿＿＿＿＿＿＿

工程地点：＿＿＿＿＿＿＿＿＿省＿＿＿＿＿市＿＿＿＿＿区

	产品名称		规格型号			
1	生产厂名称			读取标志	□ 开始	□ 结束
	安装(放)位置					
2	产品名称		规格型号			
	生产厂名称			读取标志	□ 开始	□ 结束
	安装(放)位置					
3	产品名称		规格型号			
	生产厂名称			读取标志	□ 开始	□ 结束
	安装(放)位置					
4	产品名称		规格型号			
	生产厂名称			读取标志	□ 开始	□ 结束
	安装(放)位置					
5	产品名称		规格型号			
	生产厂名称			读取标志	□ 开始	□ 结束
	安装(放)位置					

检查结果	序号	1	2	3	4	5
	符合	□	□	□	□	□
	不符合	□ 准入	□ 准入	□ 准入	□ 准入	□ 准入
		□ 一致性	□ 一致性	□ 一致性	□ 一致性	□ 一致性

检查人签名：＿＿＿＿＿＿＿＿＿＿＿　　　被检查单位代表签名：＿＿＿＿＿＿＿＿＿＿＿

表 D.7 消防产品身份信息查验表

（消防产品使用单位用）

被检查单位名称：_____

检查地点：_____

序号	项目	内容		
1	产品名称			
	规格型号			
	生产厂名称		读取标志	☐ 开始 ☐ 结束
2	产品名称			
	规格型号			
	生产厂名称		读取标志	☐ 开始 ☐ 结束
3	产品名称			
	规格型号			
	生产厂名称		读取标志	☐ 开始 ☐ 结束
4	产品名称			
	规格型号			
	生产厂名称		读取标志	☐ 开始 ☐ 结束
5	产品名称			
	规格型号			
	生产厂名称		读取标志	☐ 开始 ☐ 结束

检查结果	序号	1	2	3	4	5
	符合	☐	☐	☐	☐	☐
	不符合	☐	☐	☐	☐	☐

检查人签名：_____   被检查单位代表签名：_____

表 D.8 消防产品身份信息检查汇总表

工程名称：_____

工程地点：_____省_____市_____区

序号	产品名称	规格型号	生产厂家	使用数量	检查数量	检查率

单位名称（盖章）_____

报表生成日期_____

表 D.9 消防产品身份信息查验表

（维护维修单位用）

工程（单位）名称：_____
检查地点：_____省_____市_____区
生产厂名称：_____

序号	产品名称	读取产品标志	序号	产品名称	读取产品标志
1		☐ 开始 ☐ 结束	16		☐ 开始 ☐ 结束
2		☐ 开始 ☐ 结束	17		☐ 开始 ☐ 结束
3		☐ 开始 ☐ 结束	18		☐ 开始 ☐ 结束
4		☐ 开始 ☐ 结束	19		☐ 开始 ☐ 结束
5		☐ 开始 ☐ 结束	20		☐ 开始 ☐ 结束
6		☐ 开始 ☐ 结束	21		☐ 开始 ☐ 结束
7		☐ 开始 ☐ 结束	22		☐ 开始 ☐ 结束
8		☐ 开始 ☐ 结束	23		☐ 开始 ☐ 结束
9		☐ 开始 ☐ 结束	24		☐ 开始 ☐ 结束
10		☐ 开始 ☐ 结束	25		☐ 开始 ☐ 结束
11		☐ 开始 ☐ 结束	26		☐ 开始 ☐ 结束
12		☐ 开始 ☐ 结束	27		☐ 开始 ☐ 结束
13		☐ 开始 ☐ 结束	28		☐ 开始 ☐ 结束
14		☐ 开始 ☐ 结束	29		☐ 开始 ☐ 结束
15		☐ 开始 ☐ 结束	30		☐ 开始 ☐ 结束

检查人员：_____ 日期：_____

四、火灾分类、勘验、认定、判定和统计

重大火灾隐患判定方法(GB 35181—2017)

前　言

本标准的第 5 章～第 7 章为强制性的,其余为推荐性的。

本标准按照 GB/T 1.1—2009 给出的规则起草。

本标准由中华人民共和国公安部提出并归口。

本标准负责起草单位:公安部消防局、公安部天津消防研究所。

本标准参加起草单位:四川省公安消防总队、广东省公安消防总队、湖北省公安消防总队。

本标准主要起草人:刘激扬、亓延军、李彦军、倪照鹏、马锐、韩子忠、阚强、黄韬、吴丹、鲁云龙、薄建伟、朱惠军、肖蓉、高维娜、谭远林。

引　言

重大火灾隐患是违反消防法律法规、不符合消防技术标准,可能导致火灾发生或火灾危害增大,并由此可能造成重大、特别重大火灾事故或严重社会影响的各类潜在不安全因素。及时发现和消除重大火灾隐患,对于预防和减少火灾发生、保障社会经济发展和人民群众生命财产安全、维护社会稳定具有重要意义。

本标准是依据消防法律法规和国家工程建设消防技术标准,在广泛调查研究、总结实践经验、参考借鉴国内外有关资料,并充分征求意见的基础上制定的。本标准的制定和发布,为公民、法人、其他组织和公安机关消防机构提供了判定重大火灾隐患的方法,也可为消防安全评估提供技术依据。

1　范围

本标准规定了重大火灾隐患的术语和定义、判定原则和程序、判定方法、直接判定要素和综合判定要素等。

本标准适用于城乡消防安全布局、公共消防设施、在用工业与民用建筑(包括人民防空工程)及相关场所因违反消防法律法规、不符合消防技术标准而形成的重大火灾隐患的判定。

2　规范性引用文件

下列文件对于本文件的应用是必不可少的。凡是注日期的引用文件,仅注日期的版本

适用于本文件。凡是不注日期的引用文件,其最新版本(包括所有的修改单)适用于本文件。

  GB/T 5907(所有部分)　消防词汇
  GB 8624　建筑材料及制品燃烧性能分级
  GB 13690　化学品分类和危险性公示　通则
  GB 25506　消防控制室通用技术要求
  GB 50016　建筑设计防火规范
  GB 50074　石油库设计规范
  GB 50084　自动喷水灭火系统设计规范
  GB 50116　火灾自动报警系统设计规范
  GB 50156　汽车加油加气站设计与施工规范
  GB 50222　建筑内部装修设计防火规范
  GB 50974　消防给水及消火栓系统技术规范
  GA 703　住宿与生产储存经营合用场所消防安全技术要求

3　术语和定义

GB/T 5907、GB 13690、GB 50016、GB 50074、GB 50084、GB 50116、GB 50156、GB 50222、GB 50974 界定的以及下列术语和定义适用于本文件。

3.1
重大火灾隐患　major fire potential

违反消防法律法规、不符合消防技术标准,可能导致火灾发生或火灾危害增大,并由此可能造成重大、特别重大火灾事故或严重社会影响的各类潜在不安全因素。

3.2
公共娱乐场所　place of public amusement

具有文化娱乐、健身休闲功能并向公众开放的室内场所,包括影剧院、录像厅、礼堂等演出、放映场所,舞厅、卡拉 OK 厅等歌舞娱乐场所,具有娱乐功能的夜总会、音乐茶座和餐饮场所,游艺、游乐场所,保龄球馆、旱冰场、桑拿浴室等营业性健身、休闲场所。

3.3
公众聚集场所　public gathering place

宾馆、饭店、商场、集贸市场、客运车站候车室、客运码头候船厅、民用机场航站楼、体育场馆、会堂以及公共娱乐场所等。

3.4
人员密集场所　assembly occupancy

公众聚集场所,医院的门诊楼、病房楼,学校的教学楼、图书馆、食堂和集体宿舍,养老院、福利院,托儿所、幼儿园,公共图书馆的阅览室,公共展览馆、博物馆的展示厅,劳动密集型企业的生产加工车间和员工集体宿舍,旅游、宗教活动场所等。

3.5
易燃易爆危险品场所　place of flammable and explosive material

生产、储存、经营易燃易爆危险品的厂房和装置、库房、储罐(区)、商店、专用车站和码头,可燃气体储存(储配)站、充装站、调压站、供应站,加油加气站等。

3.6

重要场所 important place

发生火灾可能造成重大社会、政治影响和经济损失的场所,如国家机关,城市供水、供电、供气和供暖的调度中心,广播、电视、邮政和电信建筑,大、中型发电厂(站)、110 kV及以上的变配电站,省级及以上博物馆、档案馆及国家文物保护单位,重要科研单位中的关键建筑设施,城市地铁与重要的城市交通隧道等。

4 判定原则和程序

4.1 重大火灾隐患判定应坚持科学严谨、实事求是、客观公正的原则。

4.2 重大火灾隐患判定适用下列程序:

  a) 现场检查:组织进行现场检查,核实火灾隐患的具体情况,并获取相关影像和文字资料;

  b) 集体讨论:组织对火灾隐患进行集体讨论,做出结论性判定意见,参与人数不应少于3人;

  c) 专家技术论证:对于涉及复杂疑难的技术问题,按照本标准判定重大火灾隐患有困难的,应组织专家成立专家组进行技术论证,形成结论性判定意见。结论性判定意见应有三分之二以上的专家同意。

4.3 技术论证专家组应由当地政府有关行业主管部门、监督管理部门和相关消防技术专家组成,人数不应少于7人。

4.4 集体讨论或技术论证时,可以听取业主和管理、使用单位等利害关系人的意见。

5 判定方法

5.1 一般要求

5.1.1 重大火灾隐患判定应按照第4章规定的判定原则和程序实施,并根据实际情况选择直接判定方法或综合判定方法。

5.1.2 直接判定要素和综合判定要素均应为不能立即改正的火灾隐患要素。

5.1.3 下列情形不应判定为重大火灾隐患:

  a) 依法进行了消防设计专家评审,并已采取相应技术措施的;

  b) 单位、场所已停产停业或停止使用的;

  c) 不足以导致重大、特别重大火灾事故或严重社会影响的。

5.2 直接判定

5.2.1 重大火灾隐患直接判定要素见第6章。

5.2.2 符合第6章任意一条直接判定要素的,应直接判定为重大火灾隐患。

5.2.3 不符合第6章任意一条直接判定要素的,应按5.3的规定进行综合判定。

5.3 综合判定

5.3.1 重大火灾隐患综合判定要素见第7章。

5.3.2 采用综合判定方法判定重大火灾隐患时,应按下列步骤进行:

  a) 确定建筑或场所类别;

  b) 确定该建筑或场所是否存在第7章规定的综合判定要素的情形和数量;

c) 按第 4 章规定的原则和程序,对照 5.3.3 进行重大火灾隐患综合判定;

d) 对照 5.1.3 排除不应判定为重大火灾隐患的情形。

5.3.3 符合下列条件应综合判定为重大火灾隐患:

a) 人员密集场所存在 7.3.1～7.3.9 和 7.5、7.9.3 规定的综合判定要素 3 条以上(含本数,下同);

b) 易燃、易爆危险品场所存在 7.1.1～7.1.3、7.4.5 和 7.4.6 规定的综合判定要素 3 条以上;

c) 人员密集场所、易燃易爆危险品场所、重要场所存在第 7 章规定的任意综合判定要素 4 条以上;

d) 其他场所存在第 7 章规定的任意综合判定要素 6 条以上。

5.3.4 发现存在第 7 章以外的其他违反消防法律法规、不符合消防技术标准的情形,技术论证专家组可视情节轻重,结合 5.3.3 做出综合判定。

6 直接判定要素

6.1 生产、储存和装卸易燃易爆危险品的工厂、仓库和专用车站、码头、储罐区,未设置在城市的边缘或相对独立的安全地带。

6.2 生产、储存、经营易燃易爆危险品的场所与人员密集场所、居住场所设置在同一建筑物内,或与人员密集场所、居住场所的防火间距小于国家工程建设消防技术标准规定值的 75%。

6.3 城市建成区内的加油站、天然气或液化石油气加气站、加油加气合建站的储量达到或超过 GB 50156 对一级站的规定。

6.4 甲、乙类生产场所和仓库设置在建筑的地下室或半地下室。

6.5 公共娱乐场所、商店、地下人员密集场所的安全出口数量不足或其总净宽度小于国家工程建设消防技术标准规定值的 80%。

6.6 旅馆、公共娱乐场所、商店、地下人员密集场所未按国家工程建设消防技术标准的规定设置自动喷水灭火系统或火灾自动报警系统。

6.7 易燃可燃液体、可燃气体储罐(区)未按国家工程建设消防技术标准的规定设置固定灭火、冷却、可燃气体浓度报警、火灾报警设施。

6.8 在人员密集场所违反消防安全规定使用、储存或销售易燃易爆危险品。

6.9 托儿所、幼儿园的儿童用房以及老年人活动场所,所在楼层位置不符合国家工程建设消防技术标准的规定。

6.10 人员密集场所的居住场所采用彩钢夹芯板搭建,且彩钢夹芯板芯材的燃烧性能等级低于 GB 8624 规定的 A 级。

7 综合判定要素

7.1 总平面布置

7.1.1 未按国家工程建设消防技术标准的规定或城市消防规划的要求设置消防车道或消防车道被堵塞、占用。

7.1.2 建筑之间的既有防火间距被占用或小于国家工程建设消防技术标准的规定值的

80%,明火和散发火花地点与易燃易爆生产厂房、装置设备之间的防火间距小于国家工程建设消防技术标准的规定值。

7.1.3 在厂房、库房、商场中设置员工宿舍,或是在居住等民用建筑中从事生产、储存、经营等活动,且不符合GA 703的规定。

7.1.4 地下车站的站厅乘客疏散区、站台及疏散通道内设置商业经营活动场所。

7.2 防火分隔

7.2.1 原有防火分区被改变并导致实际防火分区的建筑面积大于国家工程建设消防技术标准规定值的50%。

7.2.2 防火门、防火卷帘等防火分隔设施损坏的数量大于该防火分区相应防火分隔设施总数的50%。

7.2.3 丙、丁、戊类厂房内有火灾或爆炸危险的部位未采取防火分隔等防火防爆技术措施。

7.3 安全疏散设施及灭火救援条件

7.3.1 建筑内的避难走道、避难间、避难层的设置不符合国家工程建设消防技术标准的规定,或避难走道、避难间、避难层被占用。

7.3.2 人员密集场所内疏散楼梯间的设置形式不符合国家工程建设消防技术标准的规定。

7.3.3 除6.5规定外的其他场所或建筑物的安全出口数量或宽度不符合国家工程建设消防技术标准的规定,或既有安全出口被封堵。

7.3.4 按国家工程建设消防技术标准的规定,建筑物应设置独立的安全出口或疏散楼梯而未设置。

7.3.5 商店营业厅内的疏散距离大于国家工程建设消防技术标准规定值的125%。

7.3.6 高层建筑和地下建筑未按国家工程建设消防技术标准的规定设置疏散指示标志、应急照明,或所设置设施的损坏率大于标准规定要求设置数量的30%;其他建筑未按国家工程建设消防技术标准的规定设置疏散指示标志、应急照明,或所设置设施的损坏率大于标准规定要求设置数量的50%。

7.3.7 设有人员密集场所的高层建筑的封闭楼梯间或防烟楼梯间的门的损坏率超过其设置总数的20%,其他建筑的封闭楼梯间或防烟楼梯间的门的损坏率大于其设置总数的50%。

7.3.8 人员密集场所内疏散走道、疏散楼梯间、前室的室内装修材料的燃烧性能不符合GB 50222的规定。

7.3.9 人员密集场所的疏散走道、楼梯间、疏散门或安全出口设置栅栏、卷帘门。

7.3.10 人员密集场所的外窗被封堵或被广告牌等遮挡。

7.3.11 高层建筑的消防车道、救援场地设置不符合要求或被占用,影响火灾扑救。

7.3.12 消防电梯无法正常运行。

7.4 消防给水及灭火设施

7.4.1 未按国家工程建设消防技术标准的规定设置消防水源、储存泡沫液等灭火剂。

7.4.2 未按国家工程建设消防技术标准的规定设置室外消防给水系统,或已设置但不符合标准的规定或不能正常使用。

7.4.3 未按国家工程建设消防技术标准的规定设置室内消火栓系统,或已设置但不符合标准的规定或不能正常使用。

7.4.4 除旅馆、公共娱乐场所、商店、地下人员密集场所外,其他场所未按国家工程建设消防技术标准的规定设置自动喷水灭火系统。

7.4.5 未按国家工程建设消防技术标准的规定设置除自动喷水灭火系统外的其他固定灭火设施。

7.4.6 已设置的自动喷水灭火系统或其他固定灭火设施不能正常使用或运行。

7.5 防烟排烟设施

人员密集场所、高层建筑和地下建筑未按国家工程建设消防技术标准的规定设置防烟、排烟设施,或已设置但不能正常使用或运行。

7.6 消防供电

7.6.1 消防用电设备的供电负荷级别不符合国家工程建设消防技术标准的规定。

7.6.2 消防用电设备未按国家工程建设消防技术标准的规定采用专用的供电回路。

7.6.3 未按国家工程建设消防技术标准的规定设置消防用电设备末端自动切换装置,或已设置但不符合标准的规定或不能正常自动切换。

7.7 火灾自动报警系统

7.7.1 除旅馆、公共娱乐场所、商店、其他地下人员密集场所以外的其他场所未按国家工程建设消防技术标准的规定设置火灾自动报警系统。

7.7.2 火灾自动报警系统不能正常运行。

7.7.3 防烟排烟系统、消防水泵以及其他自动消防设施不能正常联动控制。

7.8 消防安全管理

7.8.1 社会单位未按消防法律法规要求设置专职消防队。

7.8.2 消防控制室操作人员未按 GB 25506 的规定持证上岗。

7.9 其他

7.9.1 生产、储存场所的建筑耐火等级与其生产、储存物品的火灾危险性类别不相匹配,违反国家工程建设消防技术标准的规定。

7.9.2 生产、储存、装卸和经营易燃易爆危险品的场所或有粉尘爆炸危险场所未按规定设置防爆电气设备和泄压设施,或防爆电气设备和泄压设施失效。

7.9.3 违反国家工程建设消防技术标准的规定使用燃油、燃气设备,或燃油、燃气管道敷设和紧急切断装置不符合标准规定。

7.9.4 违反国家工程建设消防技术标准的规定在可燃材料或可燃构件上直接敷设电气线路或安装电气设备,或采用不符合标准规定的消防配电线缆和其他供配电线缆。

7.9.5 违反国家工程建设消防技术标准的规定在人员密集场所使用易燃、可燃材料装修、装饰。

参 考 文 献

[1] GB 50028—2006 城镇燃气设计规范

[2] GB 50058—2014 爆炸危险环境电力装置设计规范

[3] GB 50098—2009 人民防空工程设计防火规范

[4] GB 50160—2008 石油化工企业设计防火规范

[5] 建标 152—2011 城市消防站建设标准

［6］　中华人民共和国消防法
［7］　公共娱乐场所消防安全管理规定(公安部令第39号)
［8］　机关、团体、企业、事业单位消防安全管理规定(公安部令第61号)
［9］　消防监督检查规定(公安部令第120号)

火灾分类(GB/T 4968—2008)

前　　言

本标准修改采用了 ISO 3941:2007《火灾分类》(英文版)。结合我国国情,在采用 ISO 3941:2007 时,本标准作了如下修改:
——删除了国际标准的前言,重新起草了前言;
——删除了国际标准的引言;
——将国际标准中的"本国际标准"一词改为"本标准";
——不仅根据可燃物的性质定义火灾分类,而且根据可燃物的类型和燃烧特性对火灾进行分类。因此,对国际标准中的范围作了修改;
——根据 GB 50140—2005《建筑灭火器配置设计规范》中的定义,增加了 E 类火灾(带电火灾);
——将国际标准中某些标点符号修改为符合汉语习惯的标点符号。

本标准代替 GB/T 4968—1985《火灾分类》,与 GB/T 4968—1985 相比,本标准主要变化如下:
——不仅根据可燃物的性质定义火灾分类,而且根据可燃物的类型和燃烧特性对火灾进行分类;
——根据 GB 50140—2005《建筑灭火器配置设计规范》中的定义,增加了 E 类火灾(带电火灾);
——根据 ISO 3941:2007 中的定义,增加了 F 类火灾(烹饪器具内的烹饪物火灾);
——按照现行的国家标准编写要求,对 GB/T 4968—1985 的编写格式进行了调整。

本标准由中华人民共和国公安部提出。
本标准由全国消防标准化技术委员会名词术语符号分技术委员会(SAC/TC 113/SC 1)归口。
本标准起草单位:公安部天津消防研究所。
本标准主要起草人:姚松经、郑巍。
本标准所代替标准的历次版本发布情况为:
——GB/T 4968—1985。

1 范围

本标准根据可燃物的类型和燃烧特性将火灾定义为六个不同的类别。
本标准适用于选用灭火器灭火等灭火和防火领域。

2 火灾分类的命名及其定义

下列命名是为了划分不同性质的火灾,并依此简化口头和书面表述。
A 类火灾:固体物质火灾。这种物质通常具有有机物性质,一般在燃烧时能产生灼热的余烬。

　　B类火灾:液体或可熔化的固体物质火灾。

　　C类火灾:气体火灾。

　　D类火灾:金属火灾。

　　E类火灾:带电火灾。物体带电燃烧的火灾。

　　F类火灾:烹饪器具内的烹饪物(如动植物油脂)火灾。

火灾原因认定规则(XF 1301—2016)

前　言

根据公安部、应急管理部联合公告(2020年5月28日)和应急管理部2020年第5号公告(2020年8月25日),本标准归口管理自2020年5月28日起由公安部调整为应急管理部,标准编号自2020年8月25日起由GA/T 1301—2016调整为XF/T 1301—2016,标准内容保持不变。

本标准的全部技术内容为强制性。

本标准按照GB/T 1.1—2009给出的规则起草。

本标准由公安部消防局提出。

本标准由全国消防标准化技术委员会火灾调查分技术委员会(SAC/TC 113/SC 11)归口。

本标准主要起草单位:公安部消防局、公安部天津消防研究所。

本标准参加起草单位:广东省公安消防总队、黑龙江省公安消防总队、北京市公安消防总队、江苏省公安消防总队、云南省公安消防总队、河南省公安消防总队。

本标准主要起草人:王刚、米文忠、罗云庆、刘伟、陈岩、金开能、王成业、胡安雄、张万民、鲁志宝。本标准为首次发布。

引　言

火灾原因认定是对火灾现场勘验、调查询问以及物证鉴定等环节所获得的证据进行综合分析,并最终得出结论的过程。火灾原因认定是公安机关消防机构的法定职责,也是一项重要的消防技术工作。客观、准确地认定火灾原因,深入研究火灾发生、发展的规律,可以为防火、灭火工作提供经验和教训,为消防工作决策提供科学依据。

为了指导和规范公安机关消防机构火灾原因认定工作,提高火灾原因认定的科学性、准确性和公正性,维护火灾当事人的合法权益,依据国家现行消防法律、法规和规章制定本标准。

1　范围

本标准规定了火灾原因认定的一般要求、火灾证据、起火时间认定、起火部位(起火点)认定及起火原因认定。

本标准适用于公安机关消防机构按照一般程序对火灾原因的认定。

2　规范性引用文件

下列文件对于本文件的应用是必不可少的。凡是注日期的引用文件,仅注日期的版本适用于本文件。凡是不注日期的引用文件,其最新版本(包括所有的修改单)适用于本文件。

XF 839　火灾现场勘验规则

3 术语和定义

下列术语和定义适用于本文件。

3.1

起火物　initial fuel

最先被点燃的物质。

3.2

起火时间　ignition time

依据最早发现可燃物发烟或发光时间,向前推断认定起火物最初燃烧的时间概数。

3.3

起火原因　ignition cause

引燃起火物的原因。

4 一般要求

4.1 火灾原因认定应在火灾现场勘验、调查询问以及物证鉴定等环节取得证据的基础上,进行综合分析,科学作出认定结论。

4.2 作出火灾原因认定前应完成以下工作:
—— 火灾现场已按 XF 839 进行了勘验;
—— 制作了现场勘验笔录、绘制了现场图、进行了现场照相和录像;
—— 询问了发现人员、报警人员、扑救火灾人员,现场逃生人员,熟悉起火场所、部位、环境和生产工艺人员,火灾肇事嫌疑人和受害人等知情人员,并获取了相应的证据材料;
—— 收集了现场及周边的视频监控资料、网络资料和其他相关电子数据资料;
—— 对有人员死亡的火灾,依法获取了公安机关刑事科学技术部门出具的尸体检验文书;
—— 公安机关消防机构与公安机关刑事侦查部门共同调查的火灾,获取了公安机关刑事侦查部门出具的排除放火嫌疑的结论材料;
—— 提取或鉴定了有关物证;
—— 参加火灾调查的专家出具了专家意见;
—— 其他应进行的调查工作。

4.3 认定为放火嫌疑的火灾,按照有关规定应移送公安机关刑事侦查部门调查。经公安机关刑事侦查部门审查排除放火嫌疑的,公安机关消防机构应结合火灾调查情况,作出火灾原因认定。

4.4 正式出具《火灾事故认定书》前应进行以下工作:
—— 召集当事人到场,说明拟认定的火灾原因及认定依据;
—— 对当事人提出的新的事实、证据或者调查线索,应进行补充调查;
—— 当事人不到场的,应记录在案。

4.5 《火灾事故认定书》载明的起火原因应包括起火时间、起火部位(起火点)、引火源和起火物。

4.6 火灾名称应体现下列内容：
—— 发生火灾的单位或地址：机关、团体、企业、事业单位用单位公章或者工商登记的名称，城镇居民、农村村民住宅用住宅住址；
—— 发生火灾的日期：具体到月、日，用阿拉伯数字表示，中间用圆点分隔，加双引号；
—— 火灾等级："一般火灾"应表示为"火灾"，较大以上火灾直接填写"较大火灾""重大火灾"或"特别重大火灾"；
—— 经调查认定为放火嫌疑的火灾，名称中应加上"放火嫌疑案件"字样。

5 火灾证据

5.1 证据要求

5.1.1 证据的内容应能够真实反映火灾的客观事实。
5.1.2 证据应与火灾事实相关联。
5.1.3 全部证据对待证火灾事实应能够形成完整的证据链，证据之间没有矛盾，或者虽有矛盾但能够得到合理解释。
5.1.4 所有证据应经过审查判断才能作为认定火灾原因的依据。
5.1.5 收集证据的主体和程序应符合法定要求。

5.2 证据种类

下列材料可以作为证据：
—— 询（讯）问笔录、证人证言、现场指认记录；
—— 录音、视频资料、电子数据；
—— 现场勘验笔录，现场照相，录像，现场图；
—— 物证鉴定意见；
—— 专家意见；
—— 尸体检验文书；
—— 实物物证；
—— 调查实验笔录；
—— 其他证明火灾原因的证据材料。

5.3 证据审查

审查证据时应审查如下内容：
—— 询问人、被询问人、证人、当事人及调查人员签名是否符合要求；
—— 询问笔录、现场勘验笔录、现场照相、现场制图等记录的内容是否与火灾事实有关联、相互印证；
—— 提取物证的程序是否合法；
—— 公安机关刑事科学技术部门出具的尸体检验文书，内容是否齐全、死亡原因是否明确；
—— 公安机关刑事侦查部门出具的排除放火嫌疑的结论是否明确；
—— 专家意见/物证鉴定意见是否与火灾事实相符；
—— 出具物证鉴定意见的鉴定机构和鉴定人员资格是否合法有效；
—— 对不同鉴定机构作出的不一致的火灾物证鉴定意见，应比较鉴定使用的仪器设备、鉴定方法、鉴定人员经验等；
—— 助燃剂检测结论不能作为排除放火嫌疑的唯一证据；
—— 其他需要审查判断的内容。

6 起火时间认定

6.1 一般要求

6.1.1 应根据火灾现场的痕迹特点、燃烧特征、引火源种类、起火物类别、助燃物、引燃和燃烧条件等各种因素综合分析认定。

6.1.2 时钟等计时设备记录的时间应与北京时间进行比对校正。

6.1.3 起火时间可用某一时刻加"左右"或者"许"表示，也可以用时间段表示。

6.2 认定依据

应依据如下证据认定起火时间：
—— 火灾最先发现人提供的最初出现烟、火的时间；
—— 起火部位（起火点）钟表停摆时间；
—— 与起火原因关联的用火设施点火时间；
—— 与起火原因关联的电热设备通电或停电时间；
—— 起火部位处用电设备、器具出现异常时间；
—— 与起火部位关联的电气线路发生供电异常时间和停电、恢复供电时间；
—— 火灾自动报警系统和生产装置记录的报警或故障时间；
—— 视频资料显示最初发生火灾的时间；
—— 电子数据记录的与起火关联的时间；
—— 结合可燃物燃烧速度分析认定的时间；
—— 其他记录与起火有关的现象并显示时间的信息。

7 起火部位（起火点）认定

认定起火部位（起火点）应依据相关证据材料，并结合可燃物种类、分布、现场通风情况、火灾扑救、气象条件等因素对痕迹形成的影响，通过综合分析认定。认定的依据主要包括：
—— 物体受热面；
—— 物体被烧轻重程度；
—— 烟熏、燃烧痕迹的指向；
—— 烟熏痕迹和各种燃烧图痕；
—— 炭化、灰化痕迹；
—— 物体倒塌掉落的层次和方向；
—— 金属变形、变色、熔化痕迹及非金属变色、脱落、熔化痕迹；
—— 尸体的位置、姿势和烧损部位、程度；
—— 证人证言；
—— 火灾自动报警、自动灭火系统和电气保护装置的动作顺序；
—— 视频监控系统、移动电话、电脑和其他电子数据；
—— 其他证明起火部位（起火点）的信息。

8 起火原因认定

8.1 认定要求
8.1.1 应首先认定起火部位(起火点),并查明起火燃烧特征。
8.1.2 引火源、起火物可以用实物证据直接证明,也可用证据间接证明。
8.1.3 认定引火源和起火物应同时具备下列条件:
—— 引火源和起火物均在起火部位(起火点)内;
—— 引火源的能量足以引燃起火物;
—— 起火部位(起火点)具有火势蔓延条件。
8.1.4 对起火原因无法查清的,应写明有证据能够排除的起火原因和不能排除的起火原因。不能排除的起火原因不应多于两个,且不得作出起火原因不明的认定。
8.1.5 涉嫌放火案件不应列入不能排除的起火原因。

8.2 认定方法
8.2.1 排除认定法
应列举出所有起火原因,根据调查获取的证据材料,并运用科学原理和手段进行分析、验证,逐个加以否定排除,剩余一个原因即为起火原因。

8.2.2 直接认定法
当有视频录像、物证、照片或证人证言等直接证据能够直接证明起火原因时,可以直接认定起火原因,不用做其他原因的排除。

8.3 常见火灾原因认定
8.3.1 电气类火灾认定
认定电气类火灾时,应同时具有下列情形:
—— 起火时或者起火前的有效时间内,电气线路、电器设备处于通电或带电状态;
—— 电气线路、电器设备存在短路、过载、接触不良、漏电等电气故障或者发热等痕迹;
—— 电气故障点或发热点处存在能够被引燃的可燃物;
—— 可以排除其他起火原因。

8.3.2 涉嫌放火案件认定
下列情形可以作为认定涉嫌放火案件的依据:
—— 现场尸体有非火灾致死的特征;
—— 现场有来源不明的引火源、起火物,或者有迹象表明用于放火的器具、容器、登高工具等物品;
—— 建筑物门窗、外墙有非施救或者逃生人员造成的破坏、攀爬的痕迹;
—— 起火前物品被翻动、移动或者被盗;
—— 起火点位置奇特或者非故意不可能造成两个以上起火点;
—— 监控录像等记录有可疑人员接触起火部位(起火点);
—— 同一地区相似火灾重复发生或者都与同一人有关系;
—— 起火点地面留有来源不明的易燃液体燃烧痕迹;
—— 起火部位或者起火点未曾存放易燃液体等助燃剂,火灾发生后检测出其成分;
—— 火灾发生前受害人收到恐吓信件、接到恐吓电话,经过线索排查不能排除放火

嫌疑;
——其他非人为不可能引起火灾的情形;
——可以排除其他起火原因。

8.3.3 自燃火灾认定

下列情形可以作为认定自燃火灾的依据:
——起火点处存在足够数量的自燃类物质;
——有升温、冒烟、异味等现象出现;
——自燃物质有较重的炭化区、炭化或者焦化结块,炭化程度由内向外逐渐减轻;
——起火点处物体烟熏痕迹浓重;
——可以排除其他起火原因。

8.3.4 静电火灾认定

在排除了所有其他可能的起火原因后,同时具备下列情形时,可以认定为静电火灾:
——具有产生和积累静电的条件;
——具有足够的静电能量和放电条件;
——放电点周围存在爆炸性混合物;
——放电能量足以引燃爆炸性混合物;
——可以排除其他起火原因。

8.3.5 雷击火灾认定

认定雷击火灾时,应同时具有下列情形:
——当地、当时的气象部门监测的雷击时间与起火时间接近;
——金属、非金属熔痕、燃烧痕或者其他破坏痕迹明显,且所处位置与起火点吻合;
——雷击放电通路附近的铁磁性物质被磁化,可以测出较大剩磁;
——可以排除其他起火原因。

8.3.6 无焰火源火灾认定

认定烟蒂、蚊香等无焰火源火灾时,应同时具有下列情形:
——证人证实起火部位处有人吸烟、使用蚊香等无焰火源,并与起火时间相符;
——起火物为纸张、纤维植物等可以被无焰火源能量点燃的疏松物质;
——起火点处炭化或者灰化痕迹明显;
——可以排除其他起火原因。

参 考 文 献

[1] 中华人民共和国消防法
[2] 火灾事故调查规定,公安部令121号
[3] 机关、团体、企业、事业单位消防安全管理规定,公安部令第61号
[4] 公安机关办理行政案件程序规定,公安部令第125号
[5] 公安机关办理刑事案件程序规定,公安部令第127号
[6] 公安机关刑事案件现场勘验检查规则,公安部,2005

火灾损失统计方法（XF 185—2014）

前　　言

根据公安部、应急管理部联合公告（2020年5月28日）和应急管理部2020年第5号公告（2020年8月25日），本标准归口管理自2020年5月28日起由公安部调整为应急管理部，标准编号自2020年8月25日起由 GA 185—2014 调整为 XF 185—2014，标准内容保持不变。

本标准的第4章、第5章为强制性，其余章条为推荐性。
本标准按照 GB/T 1.1—2009 给出的规则起草。
本标准代替 GA 185—1998《火灾直接财产损失统计方法》，与 GA 185—1998 相比，主要技术变化如下：
——删除了"低值易耗品""经济林木""古树名木""文物建筑"和"文物建筑典型实物"5个术语，增加了"火灾损失""火灾直接经济损失""火灾现场处置费用""成新率"和"人身伤亡"5个术语（见第3章，1998年版的第3章）；
——增加了火灾现场处置费用、火灾导致的人身伤亡后所支出的费用、人身伤亡统计内容及方法（见3.4、3.5、表1、5.3、5.4和5.5）；
——增加了"统计分类"章节，给出了"火灾直接经济损失分类"和"人身伤亡分类"（见第4章）；
——增加了"统计要求"章节，给出了要求总则，并对统计火灾直接财产损失、火灾现场处置费用、人身伤亡所支出的费用和人身伤亡人数提出了要求（见第5章）；
——增加了"损失物识别"章节，给出了火灾损失物一般识别方法（见第6章）；
——将"计算方法"的内容做了部分修改并增加了部分统计方法，改名为"统计技术方法"（见第7章，1998年版的第4章）；
——修改了附录A、附录B、附录C和附录D（见附录A、附录B、附录C、附录D，1998年版的附录A、附录B、附录C、附录D）；
——删除了附录E和附录F（见1998年版的附录E、附录F）。

本标准由公安部消防局提出。
本标准由全国消防标准化技术委员会基础标准分技术委员会（SAC/TC 113/SC 1）归口。
本标准负责起草单位：公安部天津消防研究所。
本标准参加起草单位：国家发展改革委物价认证中心、天津市房屋质量安全鉴定检测中心、公安部上海消防研究所、天津市公安消防总队、上海市公安消防总队、山西省公安消防总队、黑龙江省公安消防总队、福建省公安消防总队。
本标准主要起草人：田亮、王刚、果春盛、张欣、刘高文、江春、王婕、初绽、谈迅、连长华、阮景文、孙渊、韩晓鹏、潘洵、吕东、任常兴、杨君涛、陈也。
本标准所代替标准的历次版本发布情况为：
——GA 185—1998。

引 言

火灾损失是描述火灾的重要指标,是火灾统计的重要内容,也是分析揭示火灾规律重要依据之一。本标准依据《中华人民共和国消防法》和公安部《火灾事故调查规定》(第 121 号令),规定了火灾直接经济损失和人身伤亡统计方法,为公安机关消防机构做好火灾损失统计工作提供依据。

1 范围

本标准规定了火灾损失统计的术语和定义、统计分类、统计要求、损失物识别、统计技术方法等。

本标准适用于公安机关消防机构对单起火灾损失的统计。

本标准不适用于军事设施、矿井地下部分、核电厂、海上石油天然气设施、森林和草原等场所火灾损失的统计。

2 规范性引用文件

下列文件对于本文件的应用是必不可少的。凡是注日期的引用文件,仅注日期的版本适用于本文件。凡是不注日期的引用文件,其最新版本(包括所有的修改单)适用于本文件。

GB/T 6721　企业职工伤亡事故经济损失统计标准

文物藏品定级标准(文化部第 19 号令)

人体损伤程度鉴定标准(最高人民法院、最高人民检察院、公安部、国家安全部和司法部 2013 年 8 月 30 日联合发布)

3 术语和定义

下列术语和定义适用于本文件。

3.1
火灾损失　fire loss

火灾导致的火灾直接经济损失和人身伤亡。

3.2
火灾直接经济损失　direct economic fire loss

火灾导致的火灾直接财产损失、火灾现场处置费用、人身伤亡所支出的费用之和。

3.3
火灾直接财产损失　direct property fire loss

财产(不包括货币、票据、有价证券等)在火灾中直接被烧毁、烧损、烟熏、砸压、辐射以及在灭火抢险中因破拆、水渍、碰撞等所造成的损失。

3.4
火灾现场处置费用　cost of fire scene disposal

灭火救援费(包括:灭火剂等消耗材料费、水带等消防器材损耗费、消防装备损坏损毁费、现场清障调用大型设备及人力费)及灾后现场清理费。

3.5

人身伤亡　personal injury or death

在火灾扑灭之日起7日内,人员因火灾或灭火救援中的烧灼、烟熏、砸压、辐射、碰撞、坠落、爆炸、触电等原因导致的死亡、重伤和轻伤。

3.6

重置价值　replacement cost

重新建造或重新购置财产所需的全部费用。

3.7

成新率　residue ratio

反映灾前建筑、设备等财产的新旧程度,即灾前财产的现行价值与其全新状态重置价值的比率。

3.8

烧损率　fire loss ratio

财产在火灾中直接被烧毁、烧损、烟熏、砸压、辐射、爆炸以及在灭火抢险中因破拆、水渍、碰撞等所造成的外观、结构、使用功能、精确度等损伤的程度。用百分比(%)表示。

3.9

残值　residual value

财产因火灾受损剩余的残存价值。

3.10

文物建筑重建费　restoration cost for historic building

文物建筑在火灾中受损后,基于原来的建筑形制(包括原址)、结构、材料、工艺技术等进行重建所需的费用。

4 统计分类

4.1 统计范围

火灾损失统计包括火灾直接经济损失和人身伤亡。

4.2 火灾直接经济损失分类

火灾直接经济损失包括火灾直接财产损失、火灾现场处置费用、人身伤亡所支出的费用。火灾直接经济损失统计分类见表1。火灾直接经济损失分类界定范围见附录A。

4.3 人身伤亡分类

人身伤亡分为死亡、重伤和轻伤三类。

5 统计要求

5.1 总则

5.1.1 统计火灾直接经济损失时,应按火灾直接财产损失、火灾现场处置费用和人身伤亡所支出的费用分类统计。

5.1.2 统计伤亡人数时,应按死亡、重伤和轻伤分别进行统计。

5.1.3 火灾损失应以人民币货币作为计量货币,单位为元。其财产损失以外币核算的,外币应按失火当日中国人民银行人民币兑换牌价的现钞买入价折算成人民币。

表 1 火灾直接经济损失统计分类

大 类	中 类	小 类
火灾直接财产损失	建筑类损失	建筑构件损失
		设施设备损失
		房屋装修损失
	装置装备及设备损失	—
	家庭物品类损失	家电家具等物品损失
		衣物杂品损失
	汽车类损失	—
	产品类损失	—
	商品类损失	—
	保护类财产损失	文物建筑损失
		珍贵文物损失
		保护动植物损失
	其他财产损失	贵重物品损失
		图书期刊损失
		低值易耗品损失
		城市绿化损失
		农村堆垛损失
火灾现场处置费用	灭火救援费	灭火剂等消耗材料费
		水带等消防器材损耗费
		消防装备损坏损毁费
		清障调用大型设备及人力费
	灾后现场清理费	—
人身伤亡所支出的费用	医疗费(含护理费用)	—
	丧葬及抚恤费	—
	补助及救济费	—
	歇工工资	—
注:"—"表示此项无要求。		

5.1.4 下列能出具法律效力鉴定文本的部门或具有法定资质的社会中介是可接受的:
    a) 地方政府价格主管部门设立的价格认证机构;

b) 文物主管部门设立的文物鉴定机构;
c) 建设主管部门设立的房屋质量安全鉴定检测机构;
d) 园林主管部门设立的园林工程预算机构;
e) 依法设立的伤残鉴定机构;
f) 古玩珠宝评估机构;
g) 会计师事务所、律师事务所;
h) 保险公司;
i) 各类公估机构等。

5.1.5 应采信具有法律效力的数据。如:
a) 安全生产监督管理部门提供的火灾人身伤亡所支出的费用;
b) 医疗机构提供的医疗费、延长医疗天数;
c) 民政部门提供的丧葬及抚恤费、补助及救济费;
d) 依法设立的价格认证机构出具的火灾直接财产损失数据等。

5.2 火灾直接财产损失

5.2.1 统计火灾直接财产损失时,可根据现场损失物情况划分不同单元,选择相应的统计技术方法(见第7章)进行计算。

5.2.2 对损失价值相对较小的,或统计成本大于损失的,或杂乱零散无法区分的损失物,可不分类别、不分件数进行总体估算。

5.2.3 对文物建筑、珍贵文物、国家保护动植物、私人珍藏品等真伪鉴别难度较大、损失价值计算较难的以及社会影响大的火灾,可组织专家组或委托专业部门对其损失进行评估;亦可用文字描述的方式统计损失物的名称、类型、数量等。

5.2.4 财产损失计算中的价格取值原则如下:
a) 对实行政府定价(包括工程定额)的商品、货物或其他财产,按政府定价计算;
b) 对实行政府指导价的商品、货物或其他财产,按照规定的基准价及其浮动幅度确定价格;
c) 对实行市场调节价的商品、货物或其他财产,参照同类物品市场中间价格计算;
d) 对生产领域中的物品,如成品、半成品、原材料等,按成本取值;
e) 对流通领域中的商品,按进货价取值;
f) 对使用领域中的物品,按市场价取值。

5.2.5 对无法统计的损失物可不做损失价值统计或仅做文字、图片描述。如:火灾湮灭的物品或因火灾烧损、烟熏、砸压、水渍等作用致使损失物无法辨认等。

5.2.6 本标准未列入的财产类别,其损失可参照类似财产统计。

5.3 火灾现场处置费

5.3.1 灭火救援费只统计公安消防队、政府专职消防队、单位专职消防队和志愿消防队在灭火救援中的灭火剂等消耗材料费、水带等消防器材损耗费、消防装备损坏损毁费和清障用大型设备及人力费。

5.3.2 灾后现场清理费只统计灾后第一次清理现场的费用。

5.4 人身伤亡所支出的费用

按照 GB/T 6721 的有关规定统计。

5.5 人身伤亡

5.5.1 自火灾扑灭之日起7日内，因火灾或灭火救援中的烧灼、烟熏、砸压、辐射、碰撞、坠落、爆炸、触电等原因导致的死亡、重伤和轻伤人数应作为统计范围。

5.5.2 应依据医疗机构出具的死亡证明书、检验鉴定机构出具的尸体检验、人身伤害医学鉴定结果等，进行统计。

5.5.3 重伤、轻伤按《人体损伤程度鉴定标准》进行判定。

6 损失物识别

6.1 直观判定

统计人员到现场进行勘验，通过直观辨识和清点，确定因在火灾中直接被烧毁、烧损、烟熏、砸压、辐射、爆炸以及在灭火救援中因破拆、水渍、碰撞等受损的物品名称、数量及类别。

6.2 证据推定

借助账本、视频资料和现场痕迹等证据，结合现场调查，确定损失物名称、数量及类别。

6.3 现场核对

用当事人提供的有效证明材料及其上报的损失物名称、数量及类别进行现场复核性验证。

6.4 同类比对

与相类似的对象（企业、厂房、仓库、商铺、家庭等）做参照对比，结合现场调查，确定损失物总量。

6.5 最大量判别

依据损失物数量不能超过一定总量的原则，确定最大量；再根据现场残留痕迹，推断损失物占最大量的比例，估算出损失物数量或价值。如：库房最大库存量。

6.6 案例比照

比照相同或相似案例确定损失物总量。

7 统计技术方法

7.1 选择原则

统计技术方法的选择原则如下：
a) 有充足的财产损失申报材料支持的宜选择调查验证法（见7.2）；
b) 低值易耗品、家庭物品等损失宜选择总量估算法统计（见7.3）；
c) 消防装备损失宜选择修复价值法（见7.6），其他现场处置费宜选择实际价值法（见7.4）；
d) 建筑构件、设备设施及装置、城市绿化等损失宜选择重置价值法（见7.5）；
e) 房屋装修、汽车等损失宜选择修复价值法（见7.6）；
f) 产品商品类损失宜选择成本——残值法（见7.7）；
g) 贵重物品、图书期刊、农村堆垛等损失宜选择市值——残值法（见7.8）；
h) 文物建筑损失宜选择文物建筑重建价值法（7.9）。

7.2 调查验证法

对受损单位（个人）申报的火灾直接财产损失进行调查验证。经验证，申报数据中主要损失物(贵重的、大件的)的名称、型号、数量、价值基本符合事实,按申报数据统计;基本不符合事实的,选择其他方法。验证方式有:
    a) 有效证明材料(包括各种票据)复核;
    b) 询问当事人、证人;
    c) 现场勘验等。

7.3 总量估算法
先估算损失物灾前财产总量价值,再通过损失程度估算一个损失百分比,两者相乘结果即为这些损失物的损失值。

7.4 实际价值法
对灭火救援中损耗损毁的物品(如灭火剂、燃料、水带等)按当时当地实际价值统计;对灭火救援中调用大型设备、人力雇佣以及灾后清理现场等费用按实际发生额统计。

7.5 重置价值法
重置价值法适用于计算建筑构件、房屋装修、设备设施及装置(包括储罐)、汽车、城市绿化以及家庭中家电家具等物品损失。重置价值法的计算见式(1)。

$$L_r = V_r \times R_r \times R_d \quad\quad\quad\quad\quad\quad\quad\quad\quad (1)$$

式中:
L_r ——损失额;
V_r ——重置价值;
R_r ——成新率,按附录 B 的规定确定;
R_d ——烧损率,按附录 C 的规定确定。

重置价值确定方法:
    a) 对于在用建筑,其重置价值是受灾时该建筑在当地重新建造的每平方米工程造价与受灾面积的乘积;在建建筑,其重置价值是受灾时该建筑已经投入的每平方米工程造价与受灾面积的乘积;
    b) 房屋装修重置价值按当地失火时实际投工投料的现行市场价格计算;
    c) 设备设施及装置(包括储罐)和家电家具等物品的重置价值按当地当时相同商品的市场购置价格取值;市场没有相同商品,按相类似商品的市场购置价格取值;在市场上找不到相同或相类似的商品,重置价值取其原值;
    d) 城市绿化重置价值按当地当时城市绿化工程预算计算。在计算城市绿化类损失时,只计算被损坏的绿化部分的重置价值,其成新率和烧损率的取值均为1。

7.6 修复价值法
修复价值法适用于计算建筑构件、房屋装修、设备设施及装置(包括储罐)、汽车、消防装备、贵重物品及家电家具等损失。修复价值法的计算见式(2)。

$$L_v = C_r \quad\quad\quad\quad\quad\quad\quad\quad\quad (2)$$

式中:
L_v ——损失额;
C_r ——修复费。

修复费大于受损前财产价值的,损失按受损前财产价值计算。汽车受损前价值可参照二手车市场估算价值。

7.7 成本——残值法

成本——残值法适用于计算产品类和商品类损失。成本——残值法的计算见式(3)。

$$L_c = C - V_c \quad \quad \quad (3)$$

式中：

L_c——损失额；

C——成本；

V_c——残值。

商品的成本只计算购进价、税金、运输费、仓储费等。

7.8 市值——残值法

市值——残值法适用于计算金银首饰等贵重物品、图书期刊、家具家电、农村堆垛以及家庭粮仓等损失。市值——残值法的计算见式(4)。

$$L_m = M - V_c \quad \quad \quad (4)$$

式中：

L_m——损失额；

M——市值；

V_c——残值。

市场没有相同物品的，可按相类似的物品计算。图书、农村堆垛、粮食等烧损后不能再使用的，其残值视为0。

7.9 文物建筑重建价值法

文物建筑重建价值法的计算见式(5)。

$$L_b = C_b \times (k_p + k_a) \times R_d \quad \quad \quad (5)$$

式中：

L_b——文物建筑损失；

C_b——文物建筑重建费，按国家有关部门颁布的古建筑修缮概(预)算定额取费；

k_p——保护级别系数，取值按附录D的规定确定；

k_a——调节系数，取值按附录D的规定确定；

R_d——烧损率，按附录C中"砌体部分"的规定确定。

附 录 A
（规范性附录）
火灾直接经济损失分类界定范围

火灾直接经济损失分类界定范围见表A.1。

表 A.1 火灾直接经济损失分类界定范围

损失类别	界 定 范 围
建筑构件损失	在建、在用建筑的建筑构件损失，如：梁、柱、楼板、墙体、门、窗等损失。不包括古建筑损失
设施设备损失	工业、民用建筑中供水、供电、供暖、空气调节、通信、消防等设施设备损失

表 A.1（续）

损失类别	界 定 范 围
房屋装修损失	工业、民用建筑中室内外装修损失
装置装备及设备损失	各种生产线、机械设备、特种设备[如：场（厂）内专用车辆、吊车等]、化工装置、各种储罐、电子设备、医疗设备、机电设备、大型农机具、轨道车等损失。 不包括家用电器和汽车损失
家庭物品类损失	家电家具等物品、衣物杂品等损失。 不包括家庭住宅、家用汽车、家庭贵重物品、农村家庭小粮仓及秸秆堆垛财产损失。家庭住宅损失按建筑类损失统计，家用汽车损失按汽车类损失统计，家庭贵重物品损失按贵重物品类损失统计，农村家庭小粮仓及秸秆堆垛损失按农村堆垛损失统计
家电家具等物品损失	家用电器、家具、乐器、健身器械等较大件的家庭财产损失。 不包括红木家具、乐器收藏品等贵重物品损失。红木家具等物品损失归贵重物品类损失
衣物杂品损失	家庭中使用的衣裤鞋帽、炊具餐具、挂件摆件、文具玩具、粮油食品、化妆品、床上用品等家庭日常生活用品的损失
汽车类损失	除场（厂）内专用车辆及吊车之外的所有汽车、电动汽车等损失，如轿车、客车、货车等损失。 汽车制造厂成品车按产品类损失统计
产品类损失	农业类（养殖、种植、畜牧、林木、草原等）和工业类（重工业、轻工业、化工工业、手工业）在生产过程中的成品、半成品、在产品、原材料等财产（含企业库存）以及汽车制造厂成品车等损失。 不包括建筑产品，建筑产品按建筑类损失统计
商品类损失	商业流通领域的物品（含商业库存）损失。包括零售百货、装修材料、原材料、燃料、4S店仓储车辆等损失。 不包括商品房损失
文物建筑损失	被县、市级以上人民政府（含县、市级）列为文物保护单位的古建筑，古建筑组、群，纪念建筑等损失
珍贵文物损失	文化部《文物藏品定级标准》规定的三级以上（含三级）可移动的珍贵文物等损失
保护动植物损失	国家级保护的动物、植物等损失
贵重物品损失	古玩等收藏品、金银制品、珠宝、红木家具、美术工艺品等贵重物品损失
图书期刊损失	图书、期刊、资料等损失
低值易耗品[a]损失	不能作为固定资产的各种用具物品，如工具、管理用具、玻璃器皿、劳动保护用品，以及在经营过程中周转使用的容器等损失
城市绿化损失	城市中的苗圃、草圃、花圃等苗木及公园、道路绿化用树木、花草等财产损失
农村堆垛损失	农村家庭小粮仓及存放的麦秸、高粱秸、玉米秸等秸秆堆垛火灾损失

表 A.1（续）

损失类别	界 定 范 围
灭火剂等消耗材料费	公安消防队、政府专职消防队、单位专职消防队和志愿消防队在灭火救援过程中使用的灭火剂、水、汽油、柴油、电池用电量等消耗的材料费用
水带等消防器材损耗费	公安消防队、政府专职消防队、单位专职消防队和志愿消防队在灭火救援过程中使用的水带、手套等器材损毁费用
消防装备损坏损毁费	现场用的各种消防车辆、水泵及其他装备因灭火救援造成的损毁损坏的费用
清障用大型设备及人力费	现场因抢险调用清障车、吊装车等设备费用以及雇佣人力清障搬运等费用
灾后现场清理费	对火灾扑灭后的现场进行清理的全部费用,包括人工、设备租赁折损等费用
人身伤亡所支出的费用	因火灾引起的人身伤亡后所支出的医疗费(含护理费用)、丧葬及抚恤费、补助及救济费、歇工工资等。参照 GB/T 6721 的有关规定执行
医疗费（含护理费用）	统计之日前的医疗费和统计之日后估算的医疗费。参照 GB/T 6721 的有关规定执行
丧葬及抚恤费	丧葬补助金、供养亲属抚恤金和一次性死亡补助金。参照 GB/T 6721 的有关规定执行
补助及救济费	一次性伤残补助金、伤残津贴、一次性医疗补助金、伤残就业补助金和伤者医疗的交通食宿费。参照 GB/T 6721 的有关规定执行
歇工工资	统计之日前的歇工工资和统计之日后估算的歇工工资。参照 GB/T 6721 的有关规定执行

ª 低值易耗品的特征是单位价值较低,使用期限相对于固定资产较短,易损耗。

附 录 B
（规范性附录）
成新率确定方法

B.1 成新率计算见式(B.1)。

$$R_r = k \times (L_t - Y_u)/L_t \times 100\% \quad\quad\quad\quad\quad (B.1)$$

式中：
R_r——成新率；
L_t——总使用年限,按表 B.1 或表 B.2 取值；
Y_u——已使用年限；
k ——调整系数,通常取 1,表 B.2 中带"*"号的物品按表 B.3 取值。

B.2 建筑总使用年限参考值见表 B.1。

表 B.1 建筑类总使用年限参考值   单位为年

工程结构类型	示例	总使用年限
房屋建筑结构（包括生产、经营用房、居民住宅、公共建筑等建筑）	临时性建筑结构	5
	易于替换的结构构件	25
	普通房屋	50
	标志性建筑和特别重要的建筑结构	100
房屋装修	办公、居民用房装修	10
	宾馆、饭店、商场、公共娱乐场所及其他场所装修	5
铁路桥涵结构		100
公路桥涵结构	小桥、涵洞	30
	中桥、重要小桥	50
	特大桥、大桥、重要中桥	100
港口工程结构	临时性港口建筑物	5～10
	永久性港口建筑物	50
水电站大坝,水库		50～100
机场跑道、停机坪基础设施		30
广告牌	三级广告牌	≤5
	二级广告牌	5～20
	一级广告牌	>20
其他建筑结构	临时性结构	10
	可替换结构构件	10～25
	农业和类似结构	15～30
	其他普通结构	50
	标志性结构	100

B.3 设备总使用年限参考值见表 B.2。

表 B.2 设备类总使用年限参考值   单位为年

设备名称	总使用年限参考值 L_t
动力设备、传导设备、非生产设备及器具设备工具	18
复印机、文字处理机、打字设备、电子计算机及系统设备*、笔记本电脑*、传真机、电话机、手机*	5
运输设备,机械设备,自动化控制及仪器仪表自动化、半自动化控制设备通用测试仪器设备,工业炉窑,工具及其他生产用具等通用设备	10
电力工业专用输电线路	32

表 B.2（续） 单位为年

设 备 名 称	总使用年限参考值 L_t
电力工业专用配电线路	15
电力工业专用发电及供热设备、变电配电设备	20
造船工业专用设备	18
核工业专用设备、核能发电设备	22
公用事业企业专用自来水、燃气设备	20
机械工业，石油工业，化学工业，医药工业，电子仪表电讯工业，冶金工业，矿山、煤炭及森林工业，建材工业，纺织工业，轻工业等专用设备	10
微型载货汽车（含越野车）、带拖挂载货汽车、矿山作业专用车及各类出租汽车	8
轻、重型载货汽车，大型客车，中型客车	10
私家车、小型轿车	15
飞机	10
专用运钞车	7
摩托车、电动自行车	5
电气化铁路供电系统	10
港口装卸机械及设备、运输船舶及辅助船舶、铁路机车车辆和通信线路	16
铁路通信信号设备、通信导航设备、邮电通信电信机械及电源设备	7
邮电通信线路、邮政机械设备	10
集装箱	7
供电系统设备、供热系统设备、中央空调设备	18
电梯、自动扶梯	10
消防安全设施、设备	6
经营柜台、货架	4
酱醋类腐蚀性严重的加工设备及器具、粮油原料整理筛选设备、烘干设备、油池、油罐	8
音响设备、电冰箱、空调器、电视机	10
化纤地毯、混织地毯	6
纯毛地毯	8
办公用家具设备	15

表 B.2（续）　　　　　　　　　　　　　　　　　　　　　　单位为年

设备名称		总使用年限参考值 L_t
洗涤设备、厨房用具设备、营业用家具设备、游乐场设备、健身房设备		8
拖拉机、机械农具及渔业、牧业机械		6
农用飞机及作业设备、谷物联合收获机、排灌机械及大型喷灌机、粮食处理机械、农田基本建设机械、农机修理专用设备及测试设备		12
起重机械、挖掘机械、基础及凿井机械，皮带螺旋运输机械、土方铲运机械、钢筋及混凝土机械		10
单转电动起重机、内燃凿岩机、风动凿岩机、电动凿岩机、等离子切割机、磁力氧气切割机、混凝土输送泵		5
材料试验设备、测量仪器、计量仪器、探伤仪器、测绘仪器		8
编采设备、专业用录音设备、组合音像设备、盒式音带加工设备、录像设备、生产用复印设备、激光照排设备、远程数据传输设备		6
唱机生产设备、电子分色设备、电影制片设备、电影放映机、幻灯机、照相机、相片冲印设备、闭路电视播放设备、安全监控设备		10
唱片加工设备、印刷设备		12
乐器	钢琴	16
	电子乐器	7
	其他乐器	8
其他设备		参照类似设备

注：带 * 的设备取值见表 B.3。

B.4 调整系数取值见表 B.3。

表 B.3　调整系数取值

条件	调整系数 k
使用在 0.5 年内(含 0.5 年)的	1
使用在 0.5 年～3 年(含 3 年)的	0.9
使用在 3 年以上的	1

B.5 按上述方法算得的建筑类成新率小于或等于 20% 但仍有使用价值的，按 20% 计；设备、汽车类成新率小于或等于 10% 但仍有使用价值的，按 10% 计。

B.6 无法计算的，可根据具体情况估算处理。

附 录 C
（规范性附录）
损坏等级及烧损率确定方法

C.1 评定建筑损坏等级时，其评定对象以独立建筑空间为单位（如：间）。评定设备损坏等级时，以独立设备为单位（如：台）。

C.2 建筑类损坏等级评定方法及烧损率取值范围按表 C.1 方法评定。设备类汽车类损坏等级评定方法及烧损率取值范围按表 C.2 方法评定。

表 C.1 建筑类损坏等级评定方法及烧损率取值范围

损坏等级（烧损率取值范围）	评定方法				
	混凝土结构	砖木结构	钢结构	砌体结构	房屋装修
轻度损坏 Ⅰ （0%～20%）	1) 油烟和烟灰：无或局部有； 2) 混凝土颜色改变：基本未变或被黑色覆盖； 3) 火灾裂缝宽度：无火灾裂缝或表面轻微缝网； 4) 锤击反应：声音响亮，混凝土表面不留下痕迹； 5) 混凝土脱落：无； 6) 受力钢筋漏筋：无； 7) 受力钢筋黏结性能：无影响； 8) 变形：无明显变形	1) 承重砖墙、柱面层酥松、裂缝；局部出现酥松，无裂缝或表面轻微裂缝； 2) 木承重构件（柱、梁、板、屋架）炭化、变形：局部出现轻微炭化，轻微变形； 3) 非承重墙：砖墙局部出现酥松、隆起，木板墙、板条、胶合板墙、纤维板墙等局部出现炭化，个别构件出现轻微变形； 4) 屋面：木基层无影响，轻微炭化	1) 涂装与防火保护层：基本无损；防火保护层有细微裂纹，但无脱落； 2) 残余变形与撕裂：无； 3) 局部屈曲与扭曲：无； 4) 焊缝撕裂与螺栓滑移及变形断裂：无	1) 外观损坏：无损坏、墙面或抹灰层有烟黑； 2) 墙、壁柱墙变形裂缝：无裂缝，略有灼烤痕迹； 3) 独立柱变形裂缝：无裂缝，无灼烤痕迹； 4) 墙、壁柱墙受压裂缝：无裂缝，略有灼烤痕迹； 5) 独立柱受压裂缝：无裂缝，略有灼烤痕迹	壁纸、壁布、地板、吊顶等表面略有烟熏、水渍；但经简单清扫可以恢复原样

表 C.1（续）

损坏等级（烧损率取值范围）	评定方法				
	混凝土结构	砖木结构	钢结构	砌体结构	房屋装修
中度损坏 Ⅱ （20%～50%）	1）油烟和烟灰：多处有或局部烧光； 2）混凝土颜色改变：粉红； 3）火灾裂缝宽度：轻微裂缝网； 4）锤击反应：声音较响或较闷，混凝土表面留下较明显痕迹或局部混凝土粉碎； 5）混凝土脱落：部分混凝土脱落； 6）受力钢筋漏筋：轻微露筋； 7）受力钢筋黏结性能：略有降低，但锚固区无影响； 8）变形：略有变形	1）承重砖墙、柱面层酥松、裂缝；局部出现酥松隆起，轻微裂缝； 2）木承重构件（柱、梁、板、屋架）炭化、变形：中度炭化，较大变形； 3）非承重墙：砖墙局部出现酥松、开裂，木板墙、板条、胶合板墙、纤维板墙等出现中度炭化，个别构件出现较大变形； 4）屋面：木基层局部炭化或部分烧损	1）涂装与防火保护层：防腐涂装完好；防火涂装或防火保护层开裂但无脱落； 2）残余变形与撕裂：局部轻度残余变形，对承载力无明显影响； 3）局部屈曲与扭曲：轻度局部屈曲与扭曲，对承载力无明显影响； 4）焊缝撕裂与螺栓滑移及变形断裂：个别连接螺栓松动	1）外观损坏：抹灰层有局部脱落或脱落，灰缝砂浆无明显烧伤； 2）墙、壁柱墙变形裂缝：有裂痕显示； 3）独立柱变形裂缝：无裂缝，有灼烤痕迹； 4）墙、壁柱墙受压裂缝：个别块材有裂缝； 5）独立柱受压裂缝：个别块材有裂缝	壁纸壁布地板吊顶等有烟熏水渍等损坏；局部有变形破裂；但经简单修复可以继续使用

表 C.1（续）

损坏等级（烧损率取值范围）	评定方法				
	混凝土结构	砖木结构	钢结构	砌体结构	房屋装修
重度损坏 Ⅲ（50%～80%）	1) 油烟和烟灰：大面积烧光； 2) 混凝土颜色改变：土黄色或灰白色； 3) 火灾裂缝宽度：粗裂缝网； 4) 锤击反应：声音发闷，混凝土粉碎或塌落； 5) 混凝土脱落：大部分混凝土脱落； 6) 受力钢筋漏筋：大面积露筋； 7) 受力钢筋黏结性能：降低严重； 8) 变形：较大变形	1) 承重砖墙、柱面层酥松、裂缝：面层出现严重酥松隆起，较大裂缝； 2) 木承重构件（柱、梁、板、屋架）炭化、变形：严重炭化，倾斜或倒塌； 3) 非承重墙：砖墙大部分出现酥松隆起，个别部位出现变形、倾斜、倒塌；木板墙、板条、胶合板墙、纤维板墙等大部分出现严重炭化、翘裂或烧损后倒塌； 4) 屋面：木基层大部分炭化或大部分烧损	1) 涂装与防火保护层：防腐涂装碳化；防火涂装或防火保护层局部范围脱落； 2) 残余变形与撕裂：局部残余变形，对承载力有一定影响； 3) 局部屈曲与扭曲：主要受力截面有局部屈曲与扭曲，对承载力无明显影响，非主要受力截面有明显局部屈曲或扭曲； 4) 焊缝撕裂与螺栓滑移及变形断裂：螺栓松动，有滑移；受拉区连接板之间脱开；个别焊缝撕裂	1) 外观损坏：抹灰层有局部脱落或脱落部位砂浆烧伤在 15 mm 以内，块材表面尚未开裂变形； 2) 墙、壁柱墙变形裂缝：有裂缝，最大宽度 ≤0.6 mm； 3) 独立柱变形裂缝：有裂缝； 4) 墙、壁柱墙受压裂缝：裂缝贯通 3 皮块材； 5) 独立柱受压裂缝：有裂缝贯通块材	壁纸壁布地板吊顶等严重受烟熏水渍等损坏；装修龙骨等严重变形；但经局部装修可以修复使用

表 C.1（续）

损坏等级（烧损率取值范围）	评定方法				
	混凝土结构	砖木结构	钢结构	砌体结构	房屋装修
完全损坏 Ⅳ （80%～100%）	火灾中或火灾后结构倒塌或构件塌落。梁、柱、墙、板等承重构件及非承重构件保护层，大部分或全部严重剥落、露筋或断裂，主体结构严重损坏，丧失使用功能，有倒塌危险。门、窗、室内、外装修等大部分或全部烧毁脱落				

注1：轻度损坏——轻微或未直接遭受烧灼作用，结构材料及结构性能未受或仅受轻微影响，没有降低构件的承载能力的缺陷和损伤，但影响外观质量，可不采取措施或仅采取提高耐久性的措施。

注2：中度损坏——中度烧伤未对结构材料及结构性能产生明显影响，没有明显降低构件承载力的缺陷和损伤，尚不影响结构安全，应采取提高耐久性或局部处理和外观修复措施。

注3：重度损坏——重度烧伤尚未完全破坏，显著影响结构材料或结构性能，明显变形或开裂，已产生严重影响构件承载能力和耐久性的缺陷和损伤，对结构安全或正常使用产生不利影响，应采取加固或局部更换措施。

注4：完全损坏——火灾中或火灾后结构倒塌或构件塌落；结构严重烧灼损坏、变形损坏或开裂损坏，结构承载能力丧失或大部分丧失，危机结构安全，必须或必须立即采取安全支护、彻底加固或拆除更换措施。已无修复价值，需采用翻修工程，拆除重建。

表 C.2 设备类汽车类损坏等级评定方法及烧损率取值范围

损坏等级（烧损率取值范围）	评定方法
轻度损坏 Ⅰ （0%～20%）	1）仅外观受损，使用功能和精确度未受影响，通过一般的维护、保养，即可修复； 2）或少量零部件、附属件受损，使用功能和精确度基本未受影响，通过小修，进行简单的修理或更换，即可修复； 3）或建筑内水卫、电照、暖气、煤气具与特种设备（消火栓和避雷装置等公共设施）稍有变形或局部烧损。采用小修工程修复，即可恢复正常使用功能
中度损坏 Ⅱ （20%～50%）	1）部分零部件、附属件损坏，导致部分使用功能和精确度降低或丧失，需通过项修，部分拆卸分解，修理或更换烧损件，才能修复； 2）或建筑内水卫、电照、暖气、煤气具与特种设备（消火栓和避雷装置等公共设施）局部变形或烧损。修缮时需牵动或拆除少量主体结构，采用中修工程修复，方能恢复正常使用功能
重度损伤 Ⅲ （50%～80%）	1）大部分零部件、附属件或关键零部件损坏，导致大部分使用功能和精确度降低或丧失，必须通过大修，全部拆卸分解，修理或更换烧损件，才能修复； 2）或部分使用功能或精确度虽不能修复到火灾前的使用状态，但能满足使用要求，尚可使用； 3）或建筑内水卫、电照、暖气、煤气具与特种设备（消火栓和避雷装置等公共设施）大部分严重变形或烧损，修缮时需牵动或拆除部分主体结构，采用大修工程修复，方能恢复正常使用功能

表 C.2（续）

损坏等级 （烧损率取值范围）	评 定 方 法
完全烧损 Ⅳ （80%～100%）	1) 烧损后无法修复使用； 2) 或大部分零部件、附属件或关键零部件损坏、失去了原有的全部使用价值； 3) 或修复费达到国家有关部门规定的报废标准； 4) 或建筑内水卫、电照、暖气、煤气具与特种设备（消火栓和避雷装置等公共设施）大部分或全部烧毁脱落。已无修复价值，需采用翻修工程，拆除重建

附 录 D
（规范性附录）
文物建筑保护级别系数、调整系数取值方法

D.1 文物建筑保护级别系数按表 D.1 取值。

表 D.1 文物建筑保护级别系数

文物建筑保护级别	级别系数 k_p
全国重点文物保护单位	4.0
省、自治区、直辖市级文物保护单位	3.0
县、自治县、市级文物保护单位	2.0
待定文物保护单位	2.0～4.0

D.2 单座文物建筑保护级别调整系数按表 D.2 取值。

表 D.2 单座文物建筑保护级别调整系数

文物建筑 保护级别	一般情况 调整系数取值 k_a	增值情况	
		调整系数取值 k_a	取 值 说 明
全国重点文物 保护单位	0	0.5,1.0,1.5,2.0	依其文物价值高、低取值。 属下列情况之一者，取值不得小于1.0： a) 在国际、国内仅有，有极高文物价值的； b) 有极高文物价值的典型实物； c) 有极高文物价值，在建筑史上有创造发明的； d) 有极高文物价值并与重大科学发明或重大科学成就有关的
省级和县市级 文物保护单位	0	0.5,1.0	依其文物价值高、低取值

注 1：文物建筑中现代纪念建筑调整系数均取 0。
注 2：文物建筑典型实物是指由许多相同古建筑中挑选出的概括性强、设计完善、规划完备、保存完整的古建筑实物；对尚存不多或仅存一座的古建筑，即使残缺也按典型实物对待。
注 3：依文物价值高低取值，需组织专家评判。

D.3 文物建筑组、群中的单座文物建筑保护级别调整系数按表 D.3 取值。

表 D.3 文物建筑组、群中的单座文物建筑保护级别调整系数

文物建筑保护级别	一般情况 调整系数取值 k_a	增值情况		减值情况	
		调整系数取值 k_a	取值说明	调整系数取值 k_a	取值说明
全国重点文物保护单位	0	0.5,1.0,1.5,2.0	依其文物价值及主、附建筑的关系取值。 属下列情况之一者,取值不得小于 1.0: a) 文物建筑组、群中的单座文物建筑属于表 C.2 中取值说明的四种情况之一者; b) 有极高文物价值的主体建筑; c) 有特殊文物价值的附属建筑	-1.0,-0.5	文物建筑组、群中单座文物建筑有下列情况之一者,取负值: a) 次要的附属建筑; b) 现代重建的文物建筑或现代经过重大维修的文物建筑,此处的重建或重大维修指采用新构件占 70%以上者; c) 文物价值明显低于该文物建筑组、群中其他文物的
省级文物保护单位	0	0.5,1.0	依其文物价值及主、附建筑的关系取值	-1.0,-0.5	
县、市级文物保护单位	0	0.5,1.0	依其文物价值及主、附建筑的关系取值	-0.5	

注:调整系数取值原则:考虑文物建筑组、群整体的文物价值,文物建筑组、群中各单座文物建筑的文物价值的高、低,同时还要考虑其在组、群中的位置(主要指主、附关系)。

参 考 文 献

[1] GB 50153 工程结构可靠性设计统一标准
[2] 建筑地震破坏等级划分标准(建抗字第 377 号)
[3] CECS 148 户外广告设施钢结构技术规程
[4] CECS 252:2009 火灾后建筑结构鉴定标准
[5] EN 1990:2002 结构设计基础

火灾现场勘验规则(XF 839—2009)

前 言

根据公安部、应急管理部联合公告(2020年5月28日)和应急管理部2020年第5号公告(2020年8月25日),本标准归口管理自2020年5月28日起由公安部调整为应急管理部,标准编号自2020年8月25日起由GA 839—2009调整为XF 839—2009,标准内容保持不变。

本标准的4.1、4.2、4.5、4.6、4.7、4.8、4.10、4.11内容为强制性的,其余为推荐性的。
本标准由公安部消防局提出。
本标准由全国消防标准化技术委员会火灾调查分技术委员会(SAC/TC 113/SC 11)归口。
本标准主要起草单位:公安部消防救援局。
本标准主要起草人:王刚、谈迅、袁政、米文忠、孙一飞、陈亚锋、鲁志宝、金开能、曾文伟、刘激扬。

引 言

调查火灾原因是公安机关消防机构的法定职责,通过查明火灾原因,研究火灾发生、发展的规律,总结防火、灭火工作经验和教训,为改进和加强消防工作提供依据。为了指导和规范公安机关消防机构火灾现场勘验行为,增强火灾现场勘验工作的科学性、公正性和权威性,提高公安机关消防机构火灾调查质量,依据国家现行消防法律和规章,制定本标准。

1 范围

本标准规定了火灾现场勘验的术语和定义及技术要求,提出了火灾现场勘验的程序和方法。

本标准适用于公安机关消防机构对火灾现场的勘验工作。

2 规范性引用文件

下列文件中的条款通过本标准的引用而成为本标准的条款。凡是注日期的引用文件,其随后所有的修改单(不包括勘误的内容)或修订版均不适用于本标准,然而,鼓励根据本标准达成协议的各方研究是否可使用这些文件的最新版本。凡是不注日期的引用文件,其最新版本适用于本标准。

    GB/T 5907   消防基本术语 第一部分
    GB/T 14107   消防基本术语 第二部分
    GB 16840.1   电气火灾原因技术鉴定方法
    GB/T 20162   火灾技术鉴定物证提取方法
    GA 502—2004   消防监督技术装备配备

3 术语和定义

GB/T 5907、GB/T 14107、GB 16840.1、GB/T 20162、GA 502—2004 确立的,以及下列术语和定义适用于本标准。

3.1
火灾现场勘验 fire scene processing

现场勘验人员依法并运用科学方法和技术手段,对与火灾有关的场所、物品、人身、尸体表面等进行勘查、验证,查找、检验、鉴别和提取物证的活动。

3.2
现场询问 on-scene interrogation

为现场勘验提供勘验重点,印证现场勘验所获取的证据材料所进行的打听、发问。

3.3
现场分析 on-scene analysis

综合现场勘验、现场询问情况,对所获取的证据材料、调查线索进行筛选、研究、认定的过程。

3.4
放火案件线索 arson clue

现场勘验、调查询问过程中发现的能够证明放火嫌疑的各种痕迹、物品、迹象、信息等。

4 技术要求

4.1 一般要求

4.1.1 公安机关消防机构火灾现场勘验装备应符合 GA 502—2004 中 5.2.1.2 的相关规定,技术条件应能够满足实际工作的需要,并应处于完好状态。

4.1.2 负责火灾调查管辖的公安机关消防机构接到火灾报警后,应立即派员携带装备赶赴火灾现场,及时开展现场勘验活动。

4.2 现场勘验管辖

4.2.1 火灾现场勘验由负责火灾调查管辖的公安机关消防机构组织实施,火灾当事人及其他有关单位和个人予以配合。

4.2.2 具有下列情形的火灾,公安机关消防机构应立即报告主管公安机关通知具有管辖权的公安机关刑侦部门参加现场勘验:

   a) 有人员死亡的火灾;
   b) 国家机关、广播电台、电视台、学校、医院、养老院、托儿所、幼儿园、文物保护单位、邮政和通信、交通枢纽等社会影响大的单位和部门发生的火灾;
   c) 具有放火嫌疑的火灾。

4.2.3 发现放火案件线索,涉嫌放火罪的,经公安机关消防机构负责人批准,将现场和调查材料一并移交公安机关刑侦部门并协助勘验;确认为治安案件的,移交治安部门。

4.3 现场勘验职责

4.3.1 火灾现场勘验的主要任务是发现、收集与火灾事实有关的证据、调查线索和其他信息,分析火灾发生、发展过程,为火灾认定,办理行政案件、刑事诉讼提供证据。

4.3.2 火灾现场勘验工作主要包括：现场保护、实地勘验、现场询问、物证提取、现场分析、现场处理，根据调查需要进行现场实验。公安机关消防机构勘验火灾现场由现场勘验负责人统一指挥，勘验人员分工合作，落实责任，密切配合。

4.3.3 火灾现场勘验负责人应具有一定的火灾调查经验和组织、协调能力，现场勘验开始前，由负责火灾调查管辖的公安机关消防机构负责人指定。

4.3.4 现场勘验负责人应履行下列职责：
  a) 组织、指挥、协调现场勘验工作；
  b) 确定现场保护范围；
  c) 确定勘验、询问人员分工；
  d) 决定现场勘验方法和步骤；
  e) 决定提取火灾物证及检材；
  f) 审核、确定现场勘验见证人；
  g) 组织进行现场分析，提出现场勘验、现场询问重点；
  h) 审核现场勘验记录、现场询问、现场实验等材料；
  i) 决定对现场的处理。

4.3.5 现场勘验人员应履行下列职责：
  a) 按照分工进行现场勘验、现场询问；
  b) 进行现场照相、录像，绘制现场图；
  c) 制作现场勘验记录，提取火灾物证及检材；
  d) 向现场勘验负责人提出现场勘验工作建议；
  e) 参与现场分析。

4.4 现场保护

4.4.1 火灾现场勘验人员到达现场后应及时对现场外围进行观察，确定现场保护范围并组织实施保护，必要时通知公安机关有关部门实行现场管制。

4.4.2 凡留有火灾物证的或与火灾有关的其他场所应列入现场保护范围。

4.4.3 封闭火灾现场的，公安机关消防机构应在火灾现场对封闭的范围、时间和要求等予以公告，采用设立警戒线或者封闭现场出入口等方法，禁止无关人员进入。情况特殊确需进入现场的，应经火灾现场勘验负责人批准，并在限定区域内活动。

4.4.4 对位于人员密集地区的火灾现场应进行围挡。

4.4.5 火灾现场勘验负责人应根据勘验需要和进展情况，调整现场保护范围，经勘验不需要继续保护的部分，应及时决定解除封闭并通知火灾当事人。

4.4.6 火灾现场勘验人员应对可能受到自然或者其他外界因素破坏的现场痕迹、物品等采取相应措施进行保护。在火灾现场移动重要物品，应采用照相或者录像等方式先行固定。

4.5 实地勘验

4.5.1 公安机关消防机构勘验火灾现场，勘验人员不应少于二人。勘验现场时，应邀请一至二名与火灾无关的公民做见证人或者通知当事人到场，并应记录见证人或者当事人的姓名、性别、年龄、职业、联系电话等。

4.5.2 火灾现场勘验人员到达火灾现场后，应观察火场燃烧情况，向知情人了解有关火灾情况,注意收集围观群众的议论,重要情况及时向现场勘验负责人报告。

4.5.3 火灾现场勘验发现火灾场所、建筑有自动消防设施、监控设备等,勘验人员可以向有关单位和个人调取相关的火灾信息资料。

4.5.4 现场勘验人员进入现场勘验之前,应查明以下可能危害自身安全的险情,并及时予以排除:
- a) 建筑物可能倒塌、高空坠物的部位;
- b) 电气设备、金属物体是否带电;
- c) 有无可燃、有毒气体泄漏,是否存在放射性物质和传染性疾病、生化性危害等;
- d) 现场周围是否存在运行时可能引发建筑物倒塌的机器设备;
- e) 其他可能危及勘验人员人身安全的情况。

4.5.5 火灾现场勘验人员勘验现场时,应按规定佩带个人安全防护装备。

4.5.6 在道路上勘验车辆火灾现场,应按规定设置警戒线、警示标志或者隔离障碍设施,必要时通知公安交通管理部门实行交通管制。

4.5.7 执行现场勘验任务的人员,应佩带现场勘验证件。

4.5.8 火灾现场已被清理或者破坏,无法认定起火原因、统计直接经济损失的,也应制作现场勘验记录,载明现场被清理或者破坏的情况。

4.5.9 火灾现场勘验应遵守"先静观后动手、先照相后提取、先表面后内层、先重点后一般"的原则,按照环境勘验、初步勘验、细项勘验和专项勘验的步骤进行,也可以由火灾现场勘验负责人根据现场实际情况确定勘验步骤:
- a) 在观察的基础上拟定勘验范围、确定环境勘验顺序,主要内容是:
    1) 现场周围有无引起可燃物起火的因素,如现场周围的烟囱、临时用火点、动火点、电气线路、燃气、燃油管线等;
    2) 现场周围道路、围墙、栏杆、建筑物通道、开口部位等有无放火或者其他可疑痕迹;
    3) 着火建筑物等的燃烧范围、破坏程度、烟熏痕迹、物体倒塌形式和方向;
    4) 现场周围有无监控录像设备;
    5) 环境勘验的其他内容。
- b) 通过观察判断火势蔓延路线,确定起火部位和下一步的勘验重点,初步勘验的主要内容是:
    1) 现场不同方向、不同高度、不同位置的烧损程度;
    2) 垂直物体形成的受热面及立面上形成的各种燃烧图痕;
    3) 重要物体倒塌的类型、方向及特征;
    4) 各种火源、热源的位置和状态;
    5) 金属物体的变色、变形、熔化情况及非金属不燃烧物体的炸裂、脱落、变色、熔融等情况;
    6) 电气控制装置、线路位置及被烧状态;
    7) 有无放火条件和遗留的痕迹、物品;
    8) 初步勘验的其他内容。
- c) 根据燃烧痕迹、物品确定起火点。细项勘验的主要内容是:

1) 起火部位内重要物品的烧损程度；
2) 物体塌落、倒塌的层次和方向；
3) 低位燃烧图痕、燃烧终止线和燃烧产物；
4) 物体内部的烟熏痕迹；
5) 设施、设备、容器、管道及电气线路的故障点；
6) 尸体的位置、姿态、烧损部位、特征和是否有非火烧形成的外伤。烧伤人员的烧伤部位和程度；
7) 细项勘验的其他内容。

d) 查找引火源、引火物或起火物，收集证明起火原因的证据。专项勘验的主要内容是：
1) 电气故障产生高温的痕迹；
2) 机械设备故障产生高温的痕迹；
3) 管道、容器泄漏物起火或爆炸的痕迹；
4) 自燃物质的自燃特征及自燃条件；
5) 起火物的残留物；
6) 动用明火的物证；
7) 需要进行技术鉴定的物品；
8) 专项勘验的其他内容。

4.5.10 火灾现场勘验人员应对现场中的尸体进行表面观察，主要内容是尸体的位置、姿态、损伤、烧损特征、烧损程度、生活反应、衣着等。

4.5.11 翻动或者将尸体移出现场前应编号，通过照相或者录像等方式，将尸体原始状况及其周围的痕迹、物品进行固定。观察尸体周围有无凶器、可疑致伤物、引火物及其他可疑物品。

4.5.12 现场尸体表面观察结束后，公安机关消防机构应立即通知本级公安机关刑事科学技术部门进行尸体检验。公安机关刑事科学技术部门应出具尸体检验鉴定文书，确定死亡原因。

4.5.13 火灾现场勘验可以根据实际情况采用剖面法、逐层法、复原法、筛选法和水洗法等。

4.6 现场勘验记录

4.6.1 火灾现场勘验结束后，现场勘验人员应及时整理现场勘验资料，制作现场勘验记录。现场勘验记录应客观、准确、全面、翔实、规范描述火灾现场状况，各项内容应协调一致，相互印证，符合法定证据要求。现场勘验记录包括现场勘验笔录、现场图、现场照片和现场录像等。

4.6.2 现场勘验笔录应与实际勘验的顺序相符，用语应准确、规范。同一现场多次勘验的，应在初次勘验笔录基础上，逐次制作补充勘验笔录。现场勘验笔录主要包括以下内容：

a) 发现火灾的时间、地点，发生火灾单位名称、地址、起火部位，勘验时的气象情况，现场勘验工作开始和结束时间，记录人等；
b) 现场勘验负责人、勘验人员姓名、单位、职务；
c) 现场勘验的过程和勘验方法；
d) 现场的位置、建筑结构、主要存放物品、设备、主要烧毁物品、燃烧面积等情况；

e) 整体燃烧程度,尸体、重要物品的位置、状态、数量和燃烧痕迹;
  f) 提取的痕迹物证名称、数量、特征、地点及提取方式;
  g) 其他与起火部位、起火点、引火源、引火物有关的痕迹物品;
  h) 现场勘验人员及见证人或者当事人签名。

4.6.3 火灾现场勘验人员应制作现场方位图、现场平面图,绘制现场平面图应标明现场方位照相、概貌照相的照相机位置,统一编号并和现场照片对应。根据现场需要,选择制作现场示意图、建筑物立面图、局部剖面图、物品复原图、电气复原图、火场人员定位图、尸体位置图、生产工艺流程图和现场痕迹图、物证提取位置图等。

4.6.4 绘制现场图应符合以下基本要求:
  a) 重点突出、图面整洁、字迹工整、图例规范、比例适当、文字说明清楚、简明扼要;
  b) 注明火灾名称、过火范围、起火点、绘图比例、方位、图例、尺寸、绘制时间、制图人、审核人,其中制图人、审核人应签名;
  c) 清晰、准确反映火灾现场方位、过火区域或范围、起火点、引火源、起火物位置、尸体位置和方向。

4.6.5 现场照相的步骤,宜按照现场勘验程序进行。勘验前先进行原始现场的照相固定,勘验过程中应对证明起火部位、起火点、起火原因物证重点照相。

4.6.6 现场照相分为现场方位照相、概貌照相、重点部位照相和细目照相。现场照片应与起火部位、起火点、起火原因具有相关性,并且真实、全面、连贯、主题突出、影像清晰,色彩鲜明。制作档案应采用冲印或者专业相纸打印的照片,照片底片或者原始数码照片应妥善保管。

现场照相还应遵循如下原则:
  a) 现场方位照相应反映整个火灾现场和其周围环境,表明现场所处位置和与周围建筑物等的关系;
  b) 现场概貌照相应拍照整个火灾现场或火灾现场主要区域,反映火势发展蔓延方向和整体燃烧破坏情况;
  c) 现场重点部位照相应拍照能够证明起火部位、起火点、火灾蔓延方向的痕迹、物品。重要痕迹、物品照相时应放置位置标识;
  d) 现场细目照相应拍照与引火源有关的痕迹、物品,反映痕迹、物品的大小、形状、特征等。照相时应使用标尺和标识,并与重点部位照相使用的标识相一致;
  e) 现场照片及其底片或者原始数码照片应统一编号,与现场勘验笔录记载的痕迹、物品一一对应。

4.7 现场痕迹物品提取和委托鉴定

4.7.1 火灾现场勘验过程中发现对火灾事实有证明作用的痕迹、物品以及排除某种起火原因的痕迹、物品,都应及时固定、提取。现场中可以识别死者身份的物品应提取。

4.7.2 现场提取火灾痕迹、物品,火灾现场勘验人员不应少于二人并应有见证人或者当事人在场。

4.7.3 提取痕迹、物品之前,应采用照相或录像的方法进行固定,量取其位置、尺寸,需要时绘制平面或立面图,详细描述其外部特征,归入现场勘验笔录。

4.7.4 提取后的痕迹、物品,应根据特点采取相应的封装方法,粘贴标签,标明火灾名称、提取时间、痕迹、物品名称、序号等,由封装人、证人或者当事人签名,证人当事人拒绝签名或者无法签名的,应在标签上注明。检材盛装袋或容器应保持洁净,不应与检材发生化学反应。不同的检材应单独封装。

4.7.5 提取电气痕迹、物品应按照以下方法和要求进行:
    a) 采用非过热切割方法提取检材;
    b) 提取金属短路熔痕时应注意查找对应点,在距离熔痕 10 cm 处截取。如果导体、金属构件等不足 10 cm 时,应整体提取;
    c) 提取导体接触不良痕迹时,应重点检查电线、电缆接头处、铜铝接头、电器设备、仪表、接线盒和插头、插座等并按有关要求提取;
    d) 提取短路迸溅熔痕时采用筛选法和水洗法。提取时注意查看金属构件、导线表面上的熔珠;
    e) 提取金属熔融痕迹时应对其所在位置和有关情况进行说明;
    f) 提取绝缘放电痕迹时应将导体和绝缘层一并提取,绝缘已经炭化的尽量完整提取;
    g) 提取过负荷痕迹,应在靠近火场边缘截取未被火烧的导线 2 m~5 m。

4.7.6 提取易燃液体痕迹、物品应在起火点及其周围进行,提取的点数和数量应足够,同时在远离起火点部位提取适量比对检材,按照以下提取方法和要求进行:
    a) 提取地面检材采用砸取或截取方法。水泥、地砖、木地板、复合材料等地面可以砸取或将留有流淌和爆裂痕迹的部分进行切割。各种地板的接缝处应重点提取,泥土地面可直接铲取;提取地毯等地面装饰物,要将被烧形成的孔洞内边缘部分剪取;
    b) 门窗玻璃、金属物体、建筑物内、外墙、顶棚上附着的烟尘,可以用脱脂棉直接擦取或铲取;
    c) 燃烧残留物、木制品、尸体裸露的皮肤、毛发、衣物和放火犯罪嫌疑人的毛发、衣物等可以直接提取;
    d) 严重炭化的木材、建筑物面层被烧脱落后裸露部位附着的烟尘不予提取;
    e) 按照 GB/T 20162 规定的数量提取检材。

4.7.7 现场提取痕迹、物品应填写《提取火灾痕迹、物品清单》,由提取人和见证人或者当事人签名;见证人、当事人拒绝签名或者无法签名的,应在清单上注明。

4.7.8 需要进行技术鉴定的火灾痕迹、物品,由公安机关消防机构委托依法设立的物证鉴定机构进行,并与物证鉴定机构约定鉴定期限和鉴定检材的保管期限。

4.7.9 公安机关消防机构认为鉴定存在补充鉴定和重新鉴定情形的,应委托补充鉴定或者重新鉴定。补充鉴定可以继续委托原鉴定机构,重新鉴定应另行委托鉴定机构。

4.7.10 现场提取的痕迹、物品应妥善保管,建立管理档案,存放于专门场所,由专人管理,严防损毁或者丢失。

4.8 现场询问

4.8.1 火灾现场勘验人员到达火灾现场,应立即开展调查询问工作,收集调查线索,确定调查方向和重点。现场询问应及时、合法、全面、细致、深入、准确。

4.8.2 火灾现场勘验人员进行现场询问时应出示证件,告知被询问人必须依法履行如实作证的义务和作伪证或者隐匿罪证应承担的法律责任。

4.8.3 现场正式询问时,询问人不应少于二人,并应首先了解证人的身份及与火灾有无利害关系。询问结束后,被询问人和询问人应分别在询问笔录上签名。

4.8.4 询问不满十六周岁的未成年人时,应有其父母或者其他监护人在场。其监护人确实无法通知或者通知后未到场的,应在询问笔录中注明。

4.8.5 现场询问根据火灾调查需要,有选择地询问火灾发现人、报警人、最先到场扑救人、消防员、火灾发生前最后离开起火部位人、熟悉现场周围情况和生产工艺人、值班人、火灾肇事人、火灾受害人、围观群众中议论起火原因、火灾蔓延情况的人和其他知情人。

4.8.6 现场询问的主要内容是：
  a) 发现起火的时间、起火部位、起火特征、火灾蔓延过程；
  b) 异常气味、声音；
  c) 火灾发生时现场人员活动情况以及是否发现有可疑人员；
  d) 用火、用气、用电、供电情况；
  e) 机器、设备运行情况；
  f) 物品摆放情况；
  g) 火灾发生之前是否有雷电过程发生等。

4.8.7 进行询问的人员应查看现场,熟悉火灾现场情况。现场询问得到的重要情况,应和火灾现场进行对照,必要时可以带领证人、当事人到现场进行指认或进行现场实验。

4.9 现场实验

4.9.1 为了证实火灾在某些外部条件、一定时间内能否发生或证实与火灾发生有关的某一事实是否存在,可以进行现场实验。

4.9.2 现场实验由火灾现场勘验负责人根据调查需要决定。

4.9.3 现场实验应验证如下内容：
  a) 某种引火源能否引燃某种可燃物；
  b) 某种可燃物、易燃物在一定条件下燃烧所留下的某种痕迹；
  c) 某种可燃物、易燃物的燃烧特征；
  d) 某一位置能否看到或听到某种情形或声音；
  e) 当事人在某一条件下能否完成某一行为；
  f) 一定时间内,能否完成某一行为；
  g) 其他与火灾有关的事实。

4.9.4 实验应尽量选择在与火灾发生时的环境、光线、温度、湿度、风向、风速等条件相似的场所。现场实验应尽量使用与被验证的引火源、起火物相同的物品。

4.9.5 实验现场应封闭并采取安全防护措施,禁止无关人员进入。实验结束后应及时清理实验现场。

4.9.6 现场实验应由二名以上现场勘验人员进行。现场实验应照相,需要时可以录像,并制作《现场实验报告》。实验人员应在《现场实验报告》上签名。

4.9.7 《现场实验报告》应包括以下内容：
  a) 实验的时间、地点、参加人员；
  b) 实验的环境、气象条件；

  c) 实验的目的；
  d) 实验的过程；
  e) 实验使用的物品、仪器、设备；
  f) 实验得出的数据及结论；
  g) 实验结束时间，参加实验人员签名。

4.10 现场分析

4.10.1 现场分析可以根据调查需要按阶段、分步骤或者随机进行，由火灾现场勘验负责人根据调查需要决定并主持。

4.10.2 现场分析时火灾现场勘验人员交换现场勘验和调查询问情况，将收集的证据和线索逐一进行筛选，排除无关、虚假证据和线索，通过分析认定火灾的主要事实。

4.10.3 现场分析和认定的主要内容包括：
  a) 有无放火嫌疑；
  b) 火灾损失、火灾类别、火灾性质、火灾名称；
  c) 报警时间、起火时间、起火部位、起火点、起火原因；
  d) 下一步调查方向、需要排查的线索、调查的重点对象和重点问题；
  e) 是否复勘现场；
  f) 提出是否聘请专家协助调查的意见；
  g) 现场处理意见；
  h) 火灾责任人；
  i) 其他需要分析、认定的问题。

4.10.4 现场分析应做好记录。

4.10.5 下列情形为放火案件线索：
  a) 尸体有可疑的非火灾致死特征；
  b) 现场有来源不明的引火源、引火物，或有迹象表明用于放火的器具、容器、登高工具等；
  c) 建筑物门窗、外墙有非施救或逃生人员所为的破坏、攀爬痕迹；
  d) 非放火不可能造成两个以上起火点的；
  e) 监控录像记录有可疑人员活动的；
  f) 同一地区有相似火灾重复发生的；
  g) 其他非人为不可能引起火灾的。

4.11 现场处理

4.11.1 现场勘验、调查询问结束后，由火灾现场勘验负责人决定是否继续保留现场和保留时间。具有下列情形之一的，应保留现场：
  a) 造成重大人员伤亡的火灾；
  b) 可能发生民事争议的火灾；
  c) 当事人对起火原因认定提出异议，公安机关消防机构认为有必要保留的；
  d) 具有其他需要保留现场情形的。

4.11.2 对需要保留的现场，可以整体保留或者局部保留，应通知有关单位或个人采取妥善措施进行保护。对不需要继续保留的现场，及时通知有关单位或个人。

参 考 文 献

[1] 中华人民共和国消防法.
[2] 公安部令第 108 号.火灾事故调查规定.
[3] 公安部令第 61 号.机关、团体、企业、事业单位消防安全管理规定.
[4] 公安部令第 88 号.公安机关办理行政案件程序规定.
[5] 公安部令第 35 号.公安机关办理刑事案件程序规定.
[6] 公通字[2005]54 号.公安机关刑事案件现场勘验检查规则.

五、建筑场所消防安全

社会单位灭火和应急疏散预案编制及实施导则(GB/T 38315—2019)

前 言

本标准按照 GB/T 1.1—2009 给出的规则起草。

本标准由中华人民共和国应急管理部提出。

本标准由全国消防标准化技术委员会(SAC/TC 113)归口。

本标准起草单位:山东省消防救援总队、应急管理部消防救援局、应急管理部沈阳消防研究所、重庆市消防救援总队。

本标准主要起草人:王伟、鲁云龙、董新明、焦培文、王林静、丁宏军、李伟、刘沐炎、宋立巍、蔡锐、丁林海、周聪、胡逖。

1 范围

本标准规定了机关、团体、企业、事业单位编制灭火和应急疏散预案的编制程序、主要内容,预案的实施、演练考核。

本标准适用于机关、团体、企业、事业单位(以下简称单位)的灭火和应急疏散预案编制、培训及演练等工作。

2 规范性引用文件

下列文件对于本文件的应用是必不可少的。凡是注日期的引用文件,仅注日期的版本适用于本文件。凡是不注日期的引用文件,其最新版本(包括所有的修改单)适用于本文件。

GB 5907.1　消防词汇　第 1 部分:通用术语

AQ/T 9007　生产安全事故应急演练指南

危险化学品事故应急救援预案编制导则(单位版)(安监管危化字〔2004〕43 号)

3 术语和定义

GB 5907.1 界定的以及下列术语和定义适用于本文件。

3.1

灭火和应急疏散预案　fire fighting and emergency evacuation plan

机关、团体、企业、事业单位根据本单位的人员、组织机构和消防设施等基本情况,为发生火灾时能够迅速、有序地开展初期灭火和应急疏散,并为消防救援人员提供相关信息支持和支援所制定的行动方案。

3.2

应急响应　emergency response

针对发生的火灾事故,有关组织或人员采取的应急行动。

3.3

消防工作归口职能部门　department responsible for fire protection

单位负责拟订消防工作计划和消防安全制度、组织防火检查和巡查、管理消防控制室和专职或兼职消防队等工作的内设机构。

3.4

应急演练　emergency exercise

针对可能发生的事故情况,依据应急预案而模拟开展的应急活动。

3.5

综合演练　comprehensive exercise

针对灭火和应急疏散预案中多项或全部应急响应要素开展的演练活动。

3.6

区域联防　district alliance

按照位置相邻、互助共赢的原则,在一定区域范围内的社会单位消防力量,联合组织开展消防安全互查、初起火灾处置等活动的消防安全工作机制。

4 总则

4.1 预案编制原则

灭火和应急疏散预案(以下简称"预案")的编制应遵循以人为本、依法依规、符合实际、注重实效的原则,明确应急职责、规范应急程序、细化保障措施。

4.2 预案的分级

预案根据设定灾情的严重程度和场所的危险性,从低到高依次分为以下五级:

a) 一级预案是针对可能发生无人员伤亡或被困,燃烧面积小的普通建筑火灾的预案;

b) 二级预案是针对可能发生3人以下伤亡或被困,燃烧面积大的普通建筑火灾,燃烧面积较小的高层建筑、地下建筑、人员密集场所、易燃易爆危险品场所、重要场所等特殊场所火灾的预案;

c) 三级预案是针对可能发生3人以上10人以下伤亡或被困,燃烧面积小的高层建筑、地下建筑、人员密集场所、易燃易爆危险品场所、重要场所等特殊场所火灾的预案;

d) 四级预案是针对可能发生10人以上30人以下伤亡或被困,燃烧面积较大的高层建筑、地下建筑、人员密集场所、易燃易爆危险品场所、重要场所等特殊场所火灾的预案;

e) 五级预案是针对可能发生30人以上伤亡或被困,燃烧面积大的高层建筑、地下建筑、人员密集场所、易燃易爆危险品场所、重要场所等特殊场所火灾的预案。

4.3 预案的分类

按照单位规模大小、功能及业态划分、管理层次等要素,可分为总预案、分预案和专项预案三类。

4.4 预案实施原则

预案的实施应遵循分级负责、综合协调、动态管理的原则,全员学习培训、定期实战演练、不断修订完善。

5 预案编制程序

5.1 成立预案编制工作组

针对可能发生的火灾事故,结合本单位部门职能分工,成立以单位主要负责人或分管负责人为组长,单位相关部门人员参加的预案编制工作组,也可以委托专业机构提供技术服务,明确工作职责和任务分工,制定预案编制工作计划,组织开展预案编制工作。

5.2 资料收集与评估

5.2.1 全面分析本单位火灾危险性、危险因素、可能发生的火灾类型及危害程度。

5.2.2 确定消防安全重点部位和火灾危险源,进行火灾风险评估。

5.2.3 客观评价本单位消防安全组织、员工消防技能、消防设施等方面的应急处置能力。

5.2.4 针对火灾危险源和存在问题,提出组织灭火和应急疏散的主要措施。

5.2.5 收集借鉴国内外同行业火灾教训及应急工作经验。

5.3 编写预案

5.3.1 预案应针对可能发生的各种火灾事故和影响范围分级分类编制,科学编写预案文本,明确应急机构人员组成及工作职责、火灾事故的处置程序以及预案的培训和演练要求等,编制格式参考附录 A。

5.3.2 集团性、连锁性企业应制定预案编制指导意见,对所属下级单位提出明确要求。下级单位应编制符合本单位实际的预案。

5.3.3 单位应编制总预案,单位内各部门应结合岗位火灾危险性编写分预案,消防安全重点部位应编写专项预案。

5.3.4 分班作业的单位或场所应针对不同的班组,分别制定预案和组织演练。

5.3.5 经营单位应针对营业和非营业等不同时间段,分别制定编写预案和组织演练。

5.3.6 多产权、多家使用单位应委托统一消防安全管理的部门编制总预案,各单位、业主应根据自身实际制定分预案。

5.3.7 鼓励单位应用建筑信息化管理(BIM)、大数据、移动通信等信息技术,制定数字化预案及应急处置辅助信息系统。

5.4 评审与发布

5.4.1 预案编制完成后,单位主要负责人应组织有关部门和人员,依据国家有关方针政策、法律法规、规章制度以及其他有关文件对预案进行评审。

5.4.2 预案评审通过后,由本单位主要负责人签署发布,以正式文本的形式发放到每一名员工。

5.5 适时修订预案

预案修订工作应安排专人负责,根据单位和场所生产经营储存性质、功能分区的改变及日常检查巡查、预案演练和实施过程中发现的问题,及时修订预案,确保预案适应单位基本情况。

6 预案的主要内容

6.1 编制目的
简述预案编制的目的和作用。

6.2 编制依据
简述预案编制所依据的有关法律、法规、规章、规范性文件、技术规范和标准等。

6.3 适用范围
说明预案适用的工作范围和事故类型、级别。

6.4 应急工作原则
说明单位应急工作的原则,内容应简明扼要、明确具体。

6.5 单位基本情况

6.5.1 说明单位名称、地址、使用功能、建筑面积、建筑结构及主要人员等情况,还应包括单位总平面图、分区平面图、立面图、剖面图、疏散示意图等。各类图纸制图要求如下:

    a) 单位总平面图应体现本单位的总体布局,标明其地理位置,周边 300 m～500 m 范围内的重要建筑、公共消防设施、微型消防站、区域联防组织等情况说明,内部主要建筑、设备、通道的毗连情况,消防水源、消火栓分布以及要害部位的所在位置,对不同危险级别的区域应用不同颜色区分警示。对于生产企业,应标明以下内容:
        1) 生产、管理和生活区域;
        2) 高温、有害物质和易燃易爆危险品布置区域;
        3) 危险品的品名、仓储位置、储存形式和储量;
        4) 常年主导风向、运输路线和附近水源。

    b) 单位分区平面图应反映总平面图内某消防安全重点部位灭火和应急疏散战斗行动部署情况,主要包括消防安全重点部位的平面布局,标明周围环境、消防水源、各种灭火器材数量的分布,水带铺设路线和人员物资疏散路线等。

    c) 单位立面图应以正面和侧面投影图形式标明消防安全重点部位的外貌和灭火行动部署情况,主要包括建筑或消防设施的立面布局,水带铺设路线以及应急救援箱、微型消防站位置等内容。

    d) 单位剖面图应标明建筑内部结构或比较复杂的部位灭火行动部署的情况,主要包括建筑内部的分层情况。

    e) 疏散示意图应标明各安全出口、避难层、疏散通道位置以及疏散路线指示等情况说明。

6.5.2 说明单位的火灾危险源情况,包括火灾危险源的位置、性质和可能发生的事故,明确危险源区域的操作人员和防护手段,危险品的仓储位置、形式和数量等。

6.5.3 说明单位的消防设施情况,包括设施类型、数量、性能、参数、联动逻辑关系以及产品的规格、型号、生产企业和具体参数等内容。

6.5.4 生产加工企业还应说明生产的主要产品、主要原材料、生产能力、主要生产工艺及处置流程、主要生产设施及装备等内容。

6.5.5 涉及危险化学品的单位还应说明工艺处置技术小组人员情况、危险化学品的品名、性质、数量、存放位置及方式、防护及处置措施,运输车辆情况及主要的运输产品、运量、运地、行车路线和处理危险化学品物质存放处等内容,明确标注不能用水扑救或用水扑救后产生有毒有害物质的危险化学品。

6.6 火灾情况设定

6.6.1 预案应设定和分析可能发生的火灾事故情况,包括常见引火源、可燃物的性质、危及范围、爆炸可能性、泄漏可能性以及蔓延可能性等内容,可能影响预案组织实施的因素、客观条件等均应考虑到位。

6.6.2 预案应明确最有可能发生火灾事故的情况列表,表中含有着火地点、火灾事故性质以及火灾事故影响人员的状况等。

6.6.3 预案应考虑天气因素,分析在大风、雷电、暴雨、高温、寒冬等恶劣气候下对生产工艺、生产设施设备、消防设施设备、人员疏散造成的影响,并制定针对性措施。

6.6.4 对外服务的场所设定火灾事故情况,应将外来人员不熟悉本单位疏散路径的最不利情形考虑在内。

6.6.5 中小学校、幼儿园、托儿所、早教中心、医院、养老院、福利院设定火灾事故情况,应将服务对象人群行动不便的最不利情形考虑在内。

6.7 组织机构及职责

6.7.1 应急组织体系

说明应急组织体系的组织形式、构成部门或人员,并以结构图的形式展现。

6.7.2 组织机构

6.7.2.1 预案应明确单位的指挥机构,消防安全责任人任总指挥,消防安全管理人任副总指挥,消防工作归口职能部门负责人参加并具体组织实施。

6.7.2.2 预案宜建立在单位消防安全责任人或者消防安全管理人不在位的情况下,由当班的单位负责人或第三人替代指挥的梯次指挥体系。

6.7.2.3 预案应明确通信联络组、灭火行动组、疏散引导组、防护救护组、安全保卫组、后勤保障组等行动机构。

6.7.3 岗位职责

6.7.3.1 预案应结合每个组织机构在应急行动中需要动用的资源、涉及的工作环节,按照下列要求明确每个组织机构及其成员在应急行动中的角色和职责:

    a) 指挥机构由总指挥、副总指挥、消防归口职能部门负责人组成,负责人员、资源配置,应急队伍指挥调动,协调事故现场等有关工作,批准预案的启动与终止,组织应急预案的演练,组织保护事故现场,收集整理相关数据、资料,对预案实施情况进行总结讲评;

    b) 通信联络组由现场工作人员及消防控制室值班人员组成,负责与指挥机构和当地消防部门、区域联防单位及其他应急行动涉及人员的通信、联络;

    c) 灭火行动组由自动灭火系统操作员、指定的一线岗位人员和专职或志愿消防员组成,负责在发生火灾后立即利用消防设施、器材就地扑救初起火灾;

    d) 疏散引导组由指定的一线岗位人员和专职或志愿消防员组成,负责引导人员正确疏散、逃生；

  e) 防护救护组由指定的具有医护知识的人员组成,负责协助抢救、护送受伤人员；

  f) 安全保卫组由保安人员组成,负责阻止与场所无关人员进入现场,保护火灾现场,协助消防部门开展火灾调查；

  g) 后勤保障组由相关物资保管人员组成,负责抢险物资、器材器具的供应及后勤保障。

6.7.3.2 每个行动机构承担任务的人员数量,按照最危险情况下灭火疏散需要足量确定。

6.7.3.3 岗位人员应实行动态管理,按当日当班在位人员明确相同角色的人员分工,保证不因本人所在岗位轮班换岗造成在应急行动中无人负责。

6.7.4 应急指挥部设置

说明单位应急指挥部的选址原则,应急指挥部一般应设在消防控制室,对消防控制室空间较小、没有现场视频传输、未设消防控制室或属室外火灾的,应急指挥部设置应考虑通风条件、足够的安全距离和良好的观察视线。

6.8 应急响应

6.8.1 响应措施

单位制定的各级预案应与辖区消防机构预案密切配合、无缝衔接,可根据现场火情变化及时变更火警等级,响应措施如下：

  a) 一级预案应明确由单位值班带班负责人到场指挥,拨打"119"报告一级火警,组织单位志愿消防队和微型消防站值班人员到场处置,采取有效措施控制火灾扩大；

  b) 二级预案应明确由消防安全管理人到场指挥,拨打"119"报告二级火警,调集单位志愿消防队、微型消防站和专业消防力量到场处置,组织疏散人员、扑救初起火灾、抢救伤员、保护财产,控制火势扩大蔓延；

  c) 三级以上预案应明确由消防安全责任人到场指挥,拨打"119"报告相应等级火警,同时调集单位所有消防力量到场处置,组织疏散人员、扑救初起火灾、抢救伤员、保护财产,有效控制火灾蔓延扩大,请求周边区域联防单位到场支援。

6.8.2 指挥调度

6.8.2.1 预案应明确统一通信方式,统一通信器材。指挥机构负责人应使用统一的通信器材下达指令,行动机构承担任务人员应使用统一的通信器材接受指令和报告动作信息。鼓励统一使用对讲系统。

6.8.2.2 预案应统一规定灭火疏散行动中各种可能的通信用语,通信用词应清晰、简洁,指令、反馈表达完整、准确。

6.8.2.3 预案应设计各种火灾处置场景下的指令、反馈环节,确定不同情况下下达的指令和做出的反馈。

6.8.2.4 预案应要求指挥机构在了解现场火情的情况下,科学下达指令,使到达一线参与灭火行动的人员位置、数量、构成符合灭火行动需要。

6.8.2.5 预案应要求指挥机构了解起火部位、危及部位、受威胁人员分布及数量,科学下达疏散引导行动指令,使到达一线参与疏散引导行动的人员位置、数量、构成符合疏散引导行动需要。

6.8.3 通信联络

6.8.3.1 预案应将应急联络工作中涉及的相关人员、单位的电话号码详列成表，便于使用。

6.8.3.2 预案应明确要求通信联络组承担任务人员做好信息传递，及时传达各项指令和反馈现场信息。

6.8.3.3 预案应对通信联络组承担任务人员进行分工，满足各项通知任务同时进行的要求。

6.8.3.4 预案应明确通信联络组承担任务人员向总指挥、副总指挥、消防部门、区域联防单位等报告火情的基本规范，保证准确传递下列火灾情况信息：

    a) 起火单位、详细地址；

    b) 起火建筑结构，起火物，有无存储易燃易爆危险品；

    c) 起火部位或楼层；

    d) 人员受困情况；

    e) 火情大小、火势蔓延情况、水源情况等其他信息。

6.8.4 灭火行动

6.8.4.1 设有自动消防设施的单位，预案应要求自动消防设施设置在自动状态，保证一旦发生火灾立即动作；确有特殊原因需要设置在手动状态的，消防控制室值班人员应在火灾确认后立即将其调整到自动状态，并确认设备启动。

6.8.4.2 预案应规定各类自动消防设施启动的基本原则，明确不同区域启动自动消防设施的先后顺序、启动时机、方法、步骤，提高应急行动的有效性。

6.8.4.3 预案应明确保障一线灭火行动人员安全的原则，在本单位火灾类别范围下，规定灭火行动组一线人员进入现场扑救火灾的范围、撤离火灾现场的条件、撤离信号和安全防护措施。

6.8.4.4 预案应根据承担灭火行动任务人员岗位经常位置，规定灭火行动组在接到通知或指令后立即到达现场的时间要求。

6.8.4.5 预案应规定不同性质的场所火灾所使用的灭火方法，并明确一线灭火行动可使用的灭火器、消火栓等消防设施、器材，指出迅速找到消防设施、器材的途径和方法。

6.8.4.6 预案应明确易燃易爆危险品场所的人员救护、工艺操作、事故控制、灭火等方面的应急处置措施。

6.8.4.7 对完成灭火任务的，预案应要求一线灭火行动人员检查确认后通过通信器材向指挥机构报告。

6.8.5 疏散引导

6.8.5.1 疏散引导行动应与灭火行动同时进行。

6.8.5.2 预案应明确事故现场人员清点、撤离的方式、方法，非事故现场人员紧急疏散的方式、方法，周边区域的单位、社区人员疏散的方式、方法，疏散引导组完成任务后的报告。对外服务的场所的预案应预见疏散的顾客自行离开的情形，规定有效的清点措施和记录方法。

6.8.5.3 预案应对同时启用应急广播疏散、智能疏散系统引导疏散、人力引导疏散等多种疏散引导方法提出要求。

6.8.5.4 有应急广播系统的单位，预案应对启动应急广播的时机、播音内容、语调语速、选用语种等做出规定。

6.8.5.5 设置有智能应急照明和疏散逃生引导系统的，预案应明确根据火灾现场所处方位调整疏散指示标志的引导方向。

6.8.5.6 预案应根据疏散引导组人员岗位经常位置,规定疏散引导组在接到通知或指令后立即到达现场的时间要求。

6.8.5.7 预案应对疏散引导组人员的站位原则做出规定,对现场指挥疏散的用语分情况进行规范列举,明确需要佩戴、携带的防毒面具、湿毛巾等防护用品,保证疏散引导秩序井然。

6.8.5.8 预案应对疏散人员导入的安全区域和每个小组完成疏散任务后的站位做出规定。

6.8.6 防护救护

6.8.6.1 预案应明确对事故现场受伤人员进行救护救治的方式、方法,应要求及时拨打急救电话"120",联系医务人员赶赴现场进行救护。

6.8.6.2 预案应明确实施紧急救护的场地。

6.8.6.3 预案应对危险区的隔离做出规定,包括危险区的设定,事故现场隔离区的划定方式、方法,事故现场隔离方法等。

6.8.7 与消防队的配合

6.8.7.1 预案应明确规定单位时刻保持消防车通道畅通,严禁设置和堆放阻碍消防车通行的障碍物。火灾发生时,安全保卫组人员应在路口迎接消防车,为消防车引导通向起火地点的最短路线、楼内通径、消防电梯等。其他人员应积极协助消防队开展灭火救援工作。

6.8.7.2 预案应明确单位负责人和熟知情况的人员向到场的消防队提供如下信息:

a) 火灾蔓延情况,包括起火地点、燃烧物体及燃烧范围(火焰、烟的扩散情况等)、是否有易燃易爆危险品或其他重要物品、是否有不能用水扑救或用水扑救后产生有毒有害物质的危险化学品以及起火原因等;

b) 人员疏散情况,包括是否有人员被困、疏散引导情况以及受伤人员的状况等;

c) 初期灭火行动,包括初期灭火情况、防火分隔区域构成情况、单位固定灭火设备(室内消火栓、自动喷水灭火设备和紧急用灭火设备等)的状况等;

d) 空调设备使用及排烟设备运行情况,包括空调设备的使用、排烟设备运行、电梯运行情况以及紧急用电的保障情况等;

e) 单位平面图、建筑立面图等消防队需要的其他资料。

6.8.8 典型场所的预案

6.8.8.1 学校的预案应明确防止疏散中发生踩踏事故的措施,根据学生年龄阶段确定适当数量的疏散引导人员,小学和特殊教育学校应根据需要适当增加引导人员的数量。不提倡将未成年学生作为组织预案实施的人员,不应组织未成年人参与灭火救援行动。

6.8.8.2 医院、幼儿园、养老院及其他类似场所的预案,应明确危重病人、传染病人、产妇、婴幼儿、无自主能力人员、老人等人员的疏散和安置措施,医院应明确涉及危险化学品的相关处置要求。

6.8.8.3 大型公共场所的预案,应明确疏散指示标识图和逃生线路示意图,明确防止踩踏事故的措施。

6.8.8.4 危险化学品生产、储存和经营企业的预案,应符合《危险化学品事故应急救援预案编制导则(单位版)》(安监管危化字〔2004〕43号)的相关规定,安全区域的位置应充分考虑危险化学品的爆炸极限等要素。

6.9 应急保障

6.9.1 通信与信息保障
制定信息通信系统及维护方案,保障有 24 h 有效的报警装置和有效的内部、外部通信联络手段,确保应急期间信息通畅。

6.9.2 应急队伍保障
说明应急组织机构管理机制,制定每日值班表,保障应急工作需要。

6.9.3 物资装备保障
说明单位应急物资和装备的类型、数量、性能、存放位置、运输及使用条件、管理责任人及其联系方式等内容。

6.9.4 其他保障
说明经费保障、治安保障、技术保障、后勤保障等其他应急工作需求的相关保障措施。

6.10 应急响应结束
说明现场应急响应结束的基本条件和要求。

6.11 后期处置
说明火灾现场警戒保护及协助调查、事故信息发布、污染物处理、故障抢修、恢复工作、医疗救治、人员安置等内容。

7 预案的实施

7.1 预案的培训

7.1.1 在预案中承担相应任务的所有人员,均应参加培训。承担任务的人员发生调整,新进人员应在消防工作归口职能部门的指导下及时熟悉预案内容;调整幅度较大的,应组织集中培训。

7.1.2 培训目的是使参训人员熟悉预案内容,了解火灾发生时各行动机构人员的工作任务及各方之间应做到的协调配合,掌握必要的灭火技术,熟悉消防设施、器材的操作使用方法。

7.1.3 培训的主要内容是预案的全部内容,职责、个人角色及其意义,应急演练及灭火疏散行动中的注意事项,防火、灭火常识,灭火基本技能,常见消防设施的原理、性能及操作使用方法。

7.1.4 对培训效果进行考核和评估,保存相关记录,培训周期不低于 1 年。

7.2 预案实施条件检查

7.2.1 检查目的
通过检查发现可能使预案难以执行或发生错误的问题,以及发现预案有不切合实际的内容,及时予以修订。

7.2.2 检查内容
消防工作归口职能部门应定期组织对预案实施赖以保证的各类物质条件检查,并书面记录保存。检查应包括以下内容:

a) 消防设施、装备、器材是否完好有效;
b) 疏散通道是否畅通无阻,疏散距离是否最短,疏散通道上的防火门、防火卷帘等设施是否完整好用;
c) 承担任务人员是否具备相应知识、能力;

d) 每日应急组织机构值班人员是否在岗在位;
e) 通信联络设备是否齐全并完好有效。

7.3 应急演练

7.3.1 演练的组织

7.3.1.1 消防安全重点单位应至少每半年组织一次演练,火灾高危单位应至少每季度组织一次演练,其他单位应至少每年组织一次演练。在火灾多发季节或有重大活动保卫任务的单位,应组织全要素综合演练。单位内的有关部门应结合实际适时组织专项演练,宜每月组织开展一次疏散演练。演练应按照 AQ/T 9007 的规定组织实施。

7.3.1.2 单位全要素综合演练由指挥机构统一组织,专项演练由消防归口职能部门或内设部门组织。组织专项消防演练,一般应在消防归口职能部门指导下进行,保证专项演练能够有机融入本单位整体演练要求。

7.3.1.3 组织全要素综合演练时,可以报告当地消防部门给予业务指导,地铁、建筑高度超过 100 m 的多功能建筑,应适时与消防部门组织联合演练。

7.3.1.4 演练应确保安全有序,注重能力提高。

7.3.2 演练的准备

7.3.2.1 制定实施方案,确定假想起火部位,明确重点检验目标。

7.3.2.2 可以通知单位员工组织演练的大概时间,但不应告知员工具体的演练时间,实施突击演练,实地检验员工处置突发事件的能力。

7.3.2.3 设定假想起火部位时,应选择人员集中、火灾危险性较大和重点部位作为演练目标,根据实际情况确定火灾模拟形式。

7.3.2.4 设置观察岗位,指定专人负责记录演练参与人员的表现,演练结束讲评时做参考。

7.3.2.5 组织演练前,应在建筑入口等显著位置设置"正在消防演练"的标志牌,进行公告。

7.3.2.6 模拟火灾演练中应落实火源及烟气控制措施,防止造成人员伤害。

7.3.2.7 疏散路径的楼梯口、转弯处等容易引起摔倒、踩踏的位置应设置引导人员,小学、幼儿园、医院、养老院、福利院等应直接确定每个引导人员的服务对象。

7.3.2.8 演练会影响顾客或周边居民的,应提前一定时间做出有效公告,避免引起不必要的惊慌。

7.3.3 演练的实施

7.3.3.1 演练应设定现场发现火情和系统发现火情分别实施,并按照下列要求及时处置:

a) 由人员现场发现的火情,发现火情的人应立即通过火灾报警按钮或通信器材向消防控制室或值班室报告火警,使用现场灭火器材进行扑救;

b) 消防控制室值班人员通过火灾自动报警系统或视频监控系统发现火情的,应立即通过通信器材通知一线岗位人员到现场,值班人员应立即拨打"119"报警,并向单位应急指挥部报告,同时启动应急程序。

7.3.3.2 应急指挥部负责人接到报警后,应按照下列要求及时处置:

a) 准确做出判断,根据火情,启动相应级别应急预案;
b) 通知各行动机构按照职责分工实施灭火和应急疏散行动;
c) 将发生火灾情况通知在场所有人员;
d) 派相关人员切断发生火灾部位的非消防电源、燃气阀门,停止通风空调,启动消防应急照明和疏散指示系统、消防水泵和防烟排烟风机等一切有利于火灾扑救及人员疏散的设施设备。

7.3.3.3 从假想火点起火开始至演练结束,均应按预案规定的分工、程序和要求进行。

7.3.3.4 指挥机构、行动机构及其承担任务人员按照灭火和疏散任务需要开展工作,对现场实际发展超出预案预期的部分,随时做出调整。

7.3.3.5 模拟火灾演练中应落实火源及烟气控制措施,加强人员安全防护,防止造成人身伤害。对演练情况下发生的意外事件,应予妥善处置。

7.3.3.6 对演练过程进行拍照、摄录,妥善保存演练相关文字、图片、录像等资料。

7.3.4 总结讲评

7.3.4.1 演练结束后应进行现场总结讲评。

7.3.4.2 总结讲评由消防工作归口职能部门组织,所有承担任务的人员均应参加讲评。

7.3.4.3 现场总结讲评应就各观察岗位发现的问题进行通报,对表现好的方面予以肯定,并强调实际灭火和疏散行动中的注意事项。

7.3.4.4 演练结束后,指挥机构应组织相关部门或人员总结讲评会议,全面总结消防演练情况,提出改进意见,形成书面报告,通报全体承担任务人员。总结报告应包括以下内容:

  a) 通过演练发现的主要问题;
  b) 对演练准备情况的评价;
  c) 对预案有关程序、内容的建议和改进意见;
  d) 对训练、器材设备方面的改进意见;
  e) 演练的最佳顺序和时间建议;
  f) 对演练情况设置的意见;
  g) 对演练指挥机构的意见等。

8 预案的演练考核

  单位应每年定期组织本单位全体员工对各级各类预案的学习、实施情况进行考核,结合各岗位职责分工,明确各角色考核要求,量化考核标准,纳入单位总体工作考核。

附 录 A
（资料性附录）
预案基本格式及要求

A.1 预案的基本编写格式如下:

  a) 封面,包括标题、单位名称、预案编号、实施日期、签发人(签字)和公章等内容;
  b) 目录;
  c) 引言,阐述预案编制的目的、意义;
  d) 概述,概括描述预案的内容;
  e) 预案正文,编写要求见第 6 章;
  f) 附录,主要包括以下内容:
    1) 术语和定义,对预案涉及的一些术语、符号、代号等进行说明;
    2) 预案备案,明确预案的报备部门;

3) 维护和更新,明确预案维护和更新的基本要求,定期进行评审,实现可持续改进;

4) 制定与解释,明确预案负责制定与解释的部门;

5) 预案实施,明确预案实施和生效的具体时间;

g) 附加说明,主要包括以下内容:

1) 信息接收、处理、上报等规范化格式文本;

2) 单位内部有关部门、机构或人员的联系方式;

3) 单位外部相关机构或部门的联系方式;

4) 单位平面布置图、周边重要防护目标分布图;

5) 单位火灾危险源一览表、分布图;

6) 应急救援设施(备)、物资清单及布置图;

7) 单位内部及周边区域人员疏散路线、安置场地位置图;

8) 与本预案相关或相衔接的其他预案名录;

9) 与相关应急救援单位或部门签订的应急支援协议或备忘录;

10) 有关制度、程序和方案等;

11) 本单位历史火灾记录等。

A.2 预案应采用 A4 版面印刷,活页装订。

参 考 文 献

[1] GB 25506—2010 消防控制室通用技术要求

[2] GB/T 29639—2013 生产经营单位生产安全事故应急预案编制导则

[3] 机关、团体、企业、事业单位消防安全管理规定(中华人民共和国公安部第 61 号令)

建筑设计防火规范(GB 50016—2014)(2018 年版)

局部修订说明

本规范此次局部修订工作是依据住房城乡建设部《关于印发 2018 年工程建设规范和标准编制及相关工作计划的通知》(建标函〔2017〕306 号),由公安部天津消防研究所会同有关单位共同完成。

此次局部修订工作,按照住房城乡建设部有关标准编写规定及国家有关消防法规规定的原则修订完善了老年人照料设施建筑设计的基本防火技术要求,主要内容包括:

1. 明确了老年人照料设施的范围。
2. 明确了老年人照料设施的允许建筑高度或层数及组合建造时的分隔要求。
3. 明确了老年人生活用房、公共活动用房等的设置要求。
4. 适当强化了老年人照料设施的安全疏散、避难与消防设施设置要求。

此次局部修订共 27 条,分别为第 5.1.1、5.1.3A、5.1.8、5.3.1A、5.4.4、5.4.4A、5.4.4B、5.5.8、5.5.13、5.5.13A、5.5.14、5.5.15、5.5.17、5.5.24A、6.2.2、6.7.4A、7.3.1、7.3.5、8.2.1、8.2.4、8.3.4、8.4.1、10.1.5、10.2.7、10.3.2、11.0.4、11.0.7 条。其中新增 7 条。

本规范条文下划线部分为修订的内容,以黑体字标志的条文为强制性条文,必须严格执行。

本次局部修订的主编单位、参编单位、主要起草人和主要审查人:

主 编 单 位:公安部天津消防研究所
参 编 单 位:公安部四川消防研究所
          中国建筑标准设计研究院有限公司
          哈尔滨工业大学
          广东省公安消防总队
          福建省公安消防总队
          湖北省公安消防总队
主要起草人:倪照鹏 刘激扬 王宗存 沈 纹 吴和俊
          张 磊 胡 锐 张梅红 黄 韬 张敏洁
          郭 景 黄德祥 卫大可
主要审查人:周 畅 王 栋 李树丛 江 刚 朱显泽
          车学娅 邸 威 刘文利 徐宏庆 庄孙毅
          赵良羚

前 言

本规范是根据住房城乡建设部《关于印发〈2007 年工程建设标准规范制订、修订计划(第一批)〉的通知》(建标〔2007〕125 号)和《关于调整〈建筑设计防火规范〉、〈高层民用建筑设计防火规范〉修订项目计划的函》(建标〔2009〕94 号),由公安部天津消防研究所、四川消防研究所会同有关单位,在《建筑设计防火规范》GB 50016—2006 和《高层民用建筑设计防火规范》GB 50045—95(2005 年版)的基础上,经整合修订而成。

本规范在修订过程中,遵循国家有关基本建设的方针政策,贯彻"预防为主,防消结合"的消防工作方针,深刻吸取近年来我国重特大火灾事故教训,认真总结国内外建筑防火设计实践经验和消防科技成果,深入调研工程建设发展中出现的新情况、新问题和规范执行过程中遇到的疑难问题,认真研究借鉴发达国家经验,开展了大量课题研究、技术研讨和必要的试验,广泛征求了有关设计、生产、建设、科研、教学和消防监督等单位意见,最后经审查定稿。

本规范共分12章和3个附录,主要内容有:生产和储存的火灾危险性分类、高层建筑的分类要求,厂房、仓库、住宅建筑和公共建筑等工业与民用建筑的建筑耐火等级分级及其建筑构件的耐火极限、平面布置、防火分区、防火分隔、建筑防火构造、防火间距和消防设施设置的基本要求,工业建筑防爆的基本措施与要求;工业与民用建筑的疏散距离、疏散宽度、疏散楼梯设置形式、应急照明和疏散指示标志以及安全出口和疏散门设置的基本要求;甲、乙、丙类液体、气体储罐(区)和可燃材料堆场的防火间距、成组布置和储量的基本要求;木结构建筑和城市交通隧道工程防火设计的基本要求;满足灭火救援要求设置的救援场地、消防车道、消防电梯等设施的基本要求;建筑供暖、通风、空气调节和电气等方面的防火要求以及消防用电设备的电源与配电线路等基本要求。

与《建筑设计防火规范》GB 50016—2006 和《高层民用建筑设计防火规范》GB 50045—95(2005 年版)相比,本规范主要有以下变化:

1.合并了《建筑设计防火规范》和《高层民用建筑设计防火规范》,调整了两项标准间不协调的要求。将住宅建筑统一按照建筑高度进行分类。

2.增加了灭火救援设施和木结构建筑两章,完善了有关灭火救援的要求,系统规定了木结构建筑的防火要求。

3.补充了建筑保温系统的防火要求。

4.对消防设施的设置作出明确规定并完善了有关内容;有关消防给水系统、室内外消火栓系统和防烟排烟系统设计的要求分别由相应的国家标准作出规定。

5.适当提高了高层住宅建筑和建筑高度大于100 m 的高层民用建筑的防火要求。

6.补充了有顶商业步行街两侧的建筑利用该步行街进行安全疏散时的防火要求;调整、补充了建材、家具、灯饰商店营业厅和展览厅的设计疏散人员密度。

7.补充了地下仓库、物流建筑、大型可燃气体储罐(区)、液氨储罐、液化天然气储罐的防火要求,调整了液氧储罐等的防火间距。

8.完善了防止建筑火灾竖向或水平蔓延的相关要求。

本规范中以黑体字标志的条文为强制性条文,必须严格执行。

本规范由住房城乡建设部负责管理和对强制性条文的解释,公安部负责日常管理,公安部消防局组织天津消防研究所、四川消防研究所负责具体技术内容的解释。

鉴于本规范是一项综合性的防火技术标准,政策性和技术性强,涉及面广,希望各单位结合工程实践和科学研究认真总结经验,注意积累资料,在执行过程中如有意见、建议和问题,请径寄公安部消防局(地址:北京市西城区广安门南街70 号,邮政编码:100054),以便今后修订时参考和组织公安部天津消防研究所、四川消防研究所作出解释。

本规范主编单位、参编单位、主要起草人和主要审查人：

主 编 单 位：公安部天津消防研究所
公安部四川消防研究所
参 编 单 位：中国建筑科学研究院
中国建筑东北设计研究院有限公司
中国中元国际工程有限公司
中国市政工程华北设计研究院
中国中轻国际工程有限公司
中国寰球化学工程公司
中国建筑设计研究院
公安部沈阳消防研究所
北京市建筑设计研究院
天津市建筑设计院
清华大学建筑设计研究院
东北电力设计院
华东建筑设计研究院有限公司
上海隧道工程轨道交通设计研究院
北京市公安消防总队
上海市公安消防总队
天津市公安消防总队
四川省公安消防总队
陕西省公安消防总队
辽宁省公安消防总队
福建省公安消防总队

主要起草人：杜兰萍　马　恒　倪照鹏　卢国建　沈　纹
王宗存　黄德祥　邱培芳　张　磊　王　炯
杜　霞　王金元　高建民　郑晋丽　周　详
宋晓勇　赵克伟　晁海鸥　李引擎　曾　杰
刘祖玲　郭树林　丁宏军　沈友弟　陈云玉
谢树俊　郑　实　刘建华　黄晓家　李向东
张凤新　宋孝春　寇九贵　郑铁一

主要审查人：方汝清　张耀泽　赵　锂　刘跃红　张树平
张福麟　何任飞　金鸿祥　王庆生　吴　华
潘一平　苏　丹　夏卫平　江　刚　党　杰
郭景范珑　杨西伟　胡小媛　朱冬青
龙卫国　黄小坤

1 总则

1.0.1　为了预防建筑火灾,减少火灾危害,保护人身和财产安全,制定本规范。

1.0.2 本规范适用于下列新建、扩建和改建的建筑：

1 厂房；

2 仓库；

3 民用建筑；

4 甲、乙、丙类液体储罐（区）；

5 可燃、助燃气体储罐（区）；

6 可燃材料堆场；

7 城市交通隧道。

人民防空工程、石油和天然气工程、石油化工工程和火力发电厂与变电站等的建筑防火设计，当有专门的国家标准时，宜从其规定。

1.0.3 本规范不适用于火药、炸药及其制品厂房（仓库）、花炮厂房（仓库）的建筑防火设计。

1.0.4 同一建筑内设置多种使用功能场所时，不同使用功能场所之间应进行防火分隔，该建筑及其各功能场所的防火设计应根据本规范的相关规定确定。

1.0.5 建筑防火设计应遵循国家的有关方针政策，针对建筑及其火灾特点，从全局出发，统筹兼顾，做到安全适用、技术先进、经济合理。

1.0.6 建筑高度大于 250 m 的建筑，除应符合本规范的要求外，尚应结合实际情况采取更加严格的防火措施，其防火设计应提交国家消防主管部门组织专题研究、论证。

1.0.7 建筑防火设计除应符合本规范的规定外，尚应符合国家现行有关标准的规定。

2 术语、符号

2.1 术语

2.1.1

高层建筑　high-rise building

建筑高度大于 27 m 的住宅建筑和建筑高度大于 24 m 的非单层厂房、仓库和其他民用建筑。

注：建筑高度的计算应符合本规范附录 A 的规定。

2.1.2

裙房　podium

在高层建筑主体投影范围外，与建筑主体相连且建筑高度不大于 24 m 的附属建筑。

2.1.3

重要公共建筑　important public building

发生火灾可能造成重大人员伤亡、财产损失和严重社会影响的公共建筑。

2.1.4

商业服务网点　commercial facilities

设置在住宅建筑的首层或首层及二层，每个分隔单元建筑面积不大于 300 m² 的商店、邮政所、储蓄所、理发店等小型营业性用房。

2.1.5

高架仓库　high rack storage

货架高度大于 7 m 且采用机械化操作或自动化控制的货架仓库。

2.1.6

半地下室 semi-basement

房间地面低于室外设计地面的平均高度大于该房间平均净高 1/3,且不大于 1/2 者。

2.1.7

地下室 basement

房间地面低于室外设计地面的平均高度大于该房间平均净高 1/2 者。

2.1.8

明火地点 open flame location

室内外有外露火焰或赤热表面的固定地点(民用建筑内的灶具、电磁炉等除外)。

2.1.9

散发火花地点 sparking site

有飞火的烟囱或进行室外砂轮、电焊、气焊、气割等作业的固定地点。

2.1.10

耐火极限 fire resistance rating

在标准耐火试验条件下,建筑构件、配件或结构从受到火的作用时起,至失去承载能力、完整性或隔热性时止所用时间,用小时表示。

2.1.11

防火隔墙 fire partition wall

建筑内防止火灾蔓延至相邻区域且耐火极限不低于规定要求的不燃性墙体。

2.1.12

防火墙 fire wall

防止火灾蔓延至相邻建筑或相邻水平防火分区且耐火极限不低于 3.00 h 的不燃性墙体。

2.1.13

避难层(间) refuge floor(room)

建筑内用于人员暂时躲避火灾及其烟气危害的楼层(房间)。

2.1.14

安全出口 safety exit

供人员安全疏散用的楼梯间和室外楼梯的出入口或直通室内外安全区域的出口。

2.1.15

封闭楼梯间 enclosed staircase

在楼梯间入口处设置门,以防止火灾的烟和热气进入的楼梯间。

2.1.16

防烟楼梯间 smoke-proof staircase

在楼梯间入口处设置防烟的前室、开敞式阳台或凹廊(统称前室)等设施,且通向前室和楼梯间的门均为防火门,以防止火灾的烟和热气进入的楼梯间。

2.1.17

避难走道 exit passageway

采取防烟措施且两侧设置耐火极限不低于3.00 h的防火隔墙,用于人员安全通行至室外的走道。

2.1.18

闪点 flash point

在规定的试验条件下,可燃性液体或固体表面产生的蒸气与空气形成的混合物,遇火源能够闪燃的液体或固体的最低温度(采用闭杯法测定)。

2.1.19

爆炸下限 lower explosion limit

可燃的蒸气、气体或粉尘与空气组成的混合物,遇火源即能发生爆炸的最低浓度。

2.1.20

沸溢性油品 boil-over oil

含水并在燃烧时可产生热波作用的油品。

2.1.21

防火间距 fire separation distance

防止着火建筑在一定时间内引燃相邻建筑,便于消防扑救的间隔距离。

注:防火间距的计算方法应符合本规范附录B的规定。

2.1.22

防火分区 fire compartment

在建筑内部采用防火墙、楼板及其他防火分隔设施分隔而成,能在一定时间内防止火灾向同一建筑的其余部分蔓延的局部空间。

2.1.23

充实水柱 full water spout

从水枪喷嘴起至射流90%的水柱水量穿过直径380 mm圆孔处的一段射流长度。

2.2 符号

A——泄压面积;

C——泄压比;

D——储罐的直径;

DN——管道的公称直径;

ΔH——建筑高差;

L——隧道的封闭段长度;

N——人数;

n——座位数;

K——爆炸特征指数;

V——建筑物、堆场的体积,储罐、瓶组的容积或容量;

W——可燃材料堆场或粮食筒仓、席穴囤、土圆仓的储量。

3 厂房和仓库

3.1 火灾危险性分类

3.1.1 生产的火灾危险性应根据生产中使用或产生的物质性质及其数量等因素划分,可分为甲、乙、丙、丁、戊类,并应符合表3.1.1的规定。

表 3.1.1 生产的火灾危险性分类

生产的火灾危险性类别	使用或产生下列物质生产的火灾危险性特征
甲	1.闪点小于 28 ℃的液体； 2.爆炸下限小于 10%的气体； 3.常温下能自行分解或在空气中氧化能导致迅速自燃或爆炸的物质； 4.常温下受到水或空气中水蒸气的作用，能产生可燃气体并引起燃烧或爆炸的物质； 5.遇酸、受热、撞击、摩擦、催化以及遇有机物或硫黄等易燃的无机物，极易引起燃烧或爆炸的强氧化剂； 6.受撞击、摩擦或与氧化剂、有机物接触时能引起燃烧或爆炸的物质； 7.在密闭设备内操作温度不小于物质本身自燃点的生产
乙	1.闪点不小于 28 ℃，但小于 60 ℃的液体； 2.爆炸下限不小于 10%的气体； 3.不属于甲类的氧化剂； 4.不属于甲类的易燃固体； 5.助燃气体； 6.能与空气形成爆炸性混合物的浮游状态的粉尘、纤维、闪点不小于 60 ℃的液体雾滴
丙	1.闪点不小于 60 ℃的液体； 2.可燃固体
丁	1.对不燃烧物质进行加工，并在高温或熔化状态下经常产生强辐射热、火花或火焰的生产； 2.利用气体、液体、固体作为燃料或将气体、液体进行燃烧作其他用的各种生产； 3.常温下使用或加工难燃烧物质的生产
戊	常温下使用或加工不燃烧物质的生产

3.1.2 同一座厂房或厂房的任一防火分区内有不同火灾危险性生产时，厂房或防火分区内的生产火灾危险性类别应按火灾危险性较大的部分确定；当生产过程中使用或产生易燃、可燃物的量较少，不足以构成爆炸或火灾危险时，可按实际情况确定；当符合下述条件之一时，可按火灾危险性较小的部分确定：

　　1　火灾危险性较大的生产部分占本层或本防火分区建筑面积的比例小于 5%或丁、戊类厂房内的油漆工段小于 10%，且发生火灾事故时不足以蔓延至其他部位或火灾危险性较大的生产部分采取了有效的防火措施；

　　2　丁、戊类厂房内的油漆工段，当采用封闭喷漆工艺，封闭喷漆空间内保持负压、油漆工段设置可燃气体探测报警系统或自动抑爆系统，且油漆工段占所在防火分区建筑面积的比例不大于 20%。

3.1.3 储存物品的火灾危险性应根据储存物品的性质和储存物品中的可燃物数量等因素

划分,可分为甲、乙、丙、丁、戊类,并应符合表 3.1.3 的规定。

表 3.1.3 储存物品的火灾危险性分类

储存物品的火灾 危险性类别	储存物品的火灾危险性特征
甲	1.闪点小于 28 ℃的液体; 2.爆炸下限小于 10%的气体,受到水或空气中水蒸气的作用能产生爆炸下限小于 10%气体的固体物质; 3.常温下能自行分解或在空气中氧化能导致迅速自燃或爆炸的物质; 4.常温下受到水或空气中水蒸气的作用,能产生可燃气体并引起燃烧或爆炸的物质; 5.遇酸、受热、撞击、摩擦以及遇有机物或硫黄等易燃的无机物,极易引起燃烧或爆炸的强氧化剂; 6.受撞击、摩擦或与氧化剂、有机物接触时能引起燃烧或爆炸的物质
乙	1.闪点不小于 28 ℃,但小于 60 ℃的液体; 2.爆炸下限不小于 10%的气体; 3.不属于甲类的氧化剂; 4.不属于甲类的易燃固体; 5.助燃气体; 6.常温下与空气接触能缓慢氧化,积热不散引起自燃的物品
丙	1.闪点不小于 60 ℃的液体; 2.可燃固体
丁	难燃烧物品
戊	不燃烧物品

3.1.4 同一座仓库或仓库的任一防火分区内储存不同火灾危险性物品时,仓库或防火分区的火灾危险性应按火灾危险性最大的物品确定。

3.1.5 丁、戊类储存物品仓库的火灾危险性,当可燃包装重量大于物品本身重量 1/4 或可燃包装体积大于物品本身体积的 1/2 时,应按丙类确定。

3.2 厂房和仓库的耐火等级

3.2.1 厂房和仓库的耐火等级可分为一、二、三、四级,相应建筑构件的燃烧性能和耐火极限,除本规范另有规定外,不应低于表 3.2.1 的规定。

3.2.2 高层厂房,甲、乙类厂房的耐火等级不应低于二级,建筑面积不大于 300 m² 的独立甲、乙类单层厂房可采用三级耐火等级的建筑。

3.2.3 单、多层丙类厂房和多层丁、戊类厂房的耐火等级不应低于三级。

使用或产生丙类液体的厂房和有火花、赤热表面、明火的丁类厂房,其耐火等级均不应低于二级,当为建筑面积不大于 500 m² 的单层丙类厂房或建筑面积不大于 1 000 m² 的单层丁类厂房时,可采用三级耐火等级的建筑。

表 3.2.1 不同耐火等级厂房和仓库建筑构件的燃烧性能和耐火极限 (h)

构件名称		耐 火 等 级			
		一级	二级	三级	四级
墙	防火墙	不燃性 3.00	不燃性 3.00	不燃性 3.00	不燃性 3.00
	承重墙	不燃性 3.00	不燃性 2.50	不燃性 2.00	难燃性 0.50
	楼梯间和前室的墙 电梯井的墙	不燃性 2.00	不燃性 2.00	不燃性 1.50	难燃性 0.50
	疏散走道 两侧的隔墙	不燃性 1.00	不燃性 1.00	不燃性 0.50	难燃性 0.25
	非承重外墙 房间隔墙	不燃性 0.75	不燃性 0.50	难燃性 0.50	难燃性 0.25
柱		不燃性 3.00	不燃性 2.50	不燃性 2.00	难燃性 0.50
梁		不燃性 2.00	不燃性 1.50	不燃性 1.00	难燃性 0.50
楼板		不燃性 1.50	不燃性 1.00	不燃性 0.75	难燃性 0.50
屋顶承重构件		不燃性 1.50	不燃性 1.00	难燃性 0.50	可燃性
疏散楼梯		不燃性 1.50	不燃性 1.00	不燃性 0.75	可燃性
吊顶(包括吊顶搁栅)		不燃性 0.25	难燃性 0.25	难燃性 0.15	可燃性

注:二级耐火等级建筑内采用不燃材料的吊顶,其耐火极限不限。

3.2.4 使用或储存特殊贵重的机器、仪表、仪器等设备或物品的建筑,其耐火等级不应低于二级。

3.2.5 锅炉房的耐火等级不应低于二级,当为燃煤锅炉房且锅炉的总蒸发量不大于 4 t/h 时,可采用三级耐火等级的建筑。

3.2.6 油浸变压器室、高压配电装置室的耐火等级不应低于二级,其他防火设计应符合现行国家标准《火力发电厂与变电站设计防火规范》GB 50229 等标准的规定。

3.2.7 高架仓库、高层仓库、甲类仓库、多层乙类仓库和储存可燃液体的多层丙类仓库,其耐火等级不应低于二级。

单层乙类仓库,单层丙类仓库,储存可燃固体的多层丙类仓库和多层丁、戊类仓库,其耐火等级不应低于三级。

3.2.8 粮食筒仓的耐火等级不应低于二级;二级耐火等级的粮食筒仓可采用钢板仓。

粮食平房仓的耐火等级不应低于三级;二级耐火等级的散装粮食平房仓可采用无防火保护的金属承重构件。

3.2.9 甲、乙类厂房和甲、乙、丙类仓库内的防火墙,其耐火极限不应低于 4.00 h。

3.2.10 一、二级耐火等级单层厂房(仓库)的柱,其耐火极限分别不应低于 2.50 h 和 2.00 h。

3.2.11 采用自动喷水灭火系统全保护的一级耐火等级单、多层厂房(仓库)的屋顶承重构件,其耐火极限不应低于 1.00 h。

3.2.12 除甲、乙类仓库和高层仓库外,一、二级耐火等级建筑的非承重外墙,当采用不燃性墙体时,其耐火极限不应低于 0.25 h;当采用难燃性墙体时,不应低于 0.50 h。

4 层及 4 层以下的一、二级耐火等级丁、戊类地上厂房(仓库)的非承重外墙,当采用不燃性墙体时,其耐火极限不限。

3.2.13 二级耐火等级厂房(仓库)内的房间隔墙,当采用难燃性墙体时,其耐火极限应提高 0.25 h。

3.2.14 二级耐火等级多层厂房和多层仓库内采用预应力钢筋混凝土的楼板,其耐火极限不应低于 0.75 h。

3.2.15 一、二级耐火等级厂房(仓库)的上人平屋顶,其屋面板的耐火极限分别不应低于 1.50 h 和 1.00 h。

3.2.16 一、二级耐火等级厂房(仓库)的屋面板应采用不燃材料。

屋面防水层宜采用不燃、难燃材料,当采用可燃防水材料且铺设在可燃、难燃保温材料上时,防水材料或可燃、难燃保温材料应采用不燃材料作防护层。

3.2.17 建筑中的非承重外墙、房间隔墙和屋面板,当确需采用金属夹芯板材时,其芯材应为不燃材料,且耐火极限应符合本规范有关规定。

3.2.18 除本规范另有规定外,以木柱承重且墙体采用不燃材料的厂房(仓库),其耐火等级可按四级确定。

3.2.19 预制钢筋混凝土构件的节点外露部位,应采取防火保护措施,且节点的耐火极限不应低于相应构件的耐火极限。

3.3 厂房和仓库的层数、面积和平面布置

3.3.1 除本规范另有规定外,厂房的层数和每个防火分区的最大允许建筑面积应符合表 3.3.1 的规定。

表 3.3.1 厂房的层数和每个防火分区的最大允许建筑面积

生产的火灾危险性类别	厂房的耐火等级	最多允许层数	每个防火分区的最大允许建筑面积(m^2)			
			单层厂房	多层厂房	高层厂房	地下或半地下厂房(包括地下或半地下室)
甲	一级 二级	宜采用单层	4 000 3 000	3 000 2 000	— —	— —

表 3.3.1（续）

生产的火灾危险性类别	厂房的耐火等级	最多允许层数	每个防火分区的最大允许建筑面积(m²)			
			单层厂房	多层厂房	高层厂房	地下或半地下厂房（包括地下或半地下室）
乙	一级	不限	5 000	4 000	2 000	—
	二级	6	4 000	3 000	1 500	—
丙	一级	不限	不限	6 000	3 000	500
	二级	不限	8 000	4 000	2 000	500
	三级	2	3 000	2 000	—	—
丁	一、二级	不限	不限	不限	4 000	1 000
	三级	3	4 000	2 000	—	—
	四级	1	1 000	—	—	—
戊	一、二级	不限	不限	不限	6 000	1 000
	三级	3	5 000	3 000	—	—
	四级	1	1 500	—	—	—

注：1 防火分区之间应采用防火墙分隔。除甲类厂房外的一、二级耐火等级厂房，当其防火分区的建筑面积大于本表规定，且设置防火墙确有困难时，可采用防火卷帘或防火分隔水幕分隔。采用防火卷帘时，应符合本规范第6.5.3条的规定；采用防火分隔水幕时，应符合现行国家标准《自动喷水灭火系统设计规范》GB 50084 的规定。

2 除麻纺厂房外，一级耐火等级的多层纺织厂房和二级耐火等级的单、多层纺织厂房，其每个防火分区的最大允许建筑面积可按本表的规定增加0.5倍，但厂房内的原棉开包、清花车间与厂房内其他部位之间均应采用耐火极限不低于2.50 h的防火隔墙分隔，需要开设门、窗、洞口时，应设置甲级防火门、窗。

3 一、二级耐火等级的单、多层造纸生产联合厂房，其每个防火分区的最大允许建筑面积可按本表的规定增加1.5倍。一、二级耐火等级的湿式造纸联合厂房，当纸机烘缸罩内设置自动灭火系统，完成工段设置有效灭火设施保护时，其每个防火分区的最大允许建筑面积可按工艺要求确定。

4 一、二级耐火等级的谷物筒仓工作塔，当每层工作人数不超过2人时，其层数不限。

5 一、二级耐火等级卷烟生产联合厂房内的原料、备料及成组配方、制丝、储丝和卷接包、辅料周转、成品暂存、二氧化碳膨胀烟丝等生产用房应划分独立的防火分隔单元，当工艺条件许可时，应采用防火墙进行分隔。其中制丝、储丝和卷接包车间可划分为一个防火分区，且每个防火分区的最大允许建筑面积可按工艺要求确定，但制丝、储丝及卷接包车间之间应采用耐火极限不低于2.00 h的防火隔墙和1.00 h的楼板进行分隔。厂房内各水平和竖向防火分隔之间的开口应采取防止火灾蔓延的措施。

6 厂房内的操作平台、检修平台，当使用人数少于10人时，平台的面积可不计入所在防火分区的建筑面积内。

7 "—"表示不允许。

3.3.2 除本规范另有规定外，仓库的层数和面积应符合表3.3.2的规定。

表 3.3.2 仓库的层数和面积

储存物品的火灾危险性类别	仓库的耐火等级	最多允许层数	每座仓库的最大允许占地面积和每个防火分区的最大允许建筑面积（m²）						地下或半地下仓库（包括地下或半地下室）
			单层仓库		多层仓库		高层仓库		
			每座仓库	防火分区	每座仓库	防火分区	每座仓库	防火分区	防火分区
甲	一级	1	180	60	—	—	—	—	—
	一、二级	1	750	250	—	—	—	—	—
乙	一、二级	3	2 000	500	900	300	—	—	—
	三级	1	500	250	—	—	—	—	—
	一、二级	5	2 800	700	1 500	500	—	—	—
	三级	1	900	300	—	—	—	—	—
丙	一、二级	5	4 000	1 000	2 800	700	—	—	150
	三级	1	1 200	400	—	—	—	—	—
	一、二级	不限	6 000	1 500	4 800	1 200	4 000	1 000	300
	三级	3	2 100	700	1 200	400	—	—	—
丁	一、二级	不限	不限	3 000	不限	1 500	4 800	1 200	500
	三级	3	3 000	1 000	1 500	500	—	—	—
	四级	1	2 100	700	—	—	—	—	—
戊	一、二级	不限	不限	不限	不限	2 000	6 000	1 500	1 000
	三级	3	3 000	1 000	2 100	700	—	—	—
	四级	1	2 100	700	—	—	—	—	—

注：1 仓库内的防火分区之间必须采用防火墙分隔，甲、乙类仓库内防火分区之间的防火墙不应开设门、窗、洞口；地下或半地下仓库（包括地下或半地下室）的最大允许占地面积，不应大于相应类别地上仓库的最大允许占地面积。
  2 石油库区内的桶装油品仓库应符合现行国家标准《石油库设计规范》GB 50074 的规定。
  3 一、二级耐火等级的煤均化库，每个防火分区的最大允许建筑面积不应大于 12 000 m²。
  4 独立建造的硝酸铵仓库、电石仓库、聚乙烯等高分子制品仓库、尿素仓库、配煤仓库、造纸厂的独立成品仓库，当建筑的耐火等级不低于二级时，每座仓库的最大允许占地面积和每个防火分区的最大允许建筑面积可按本表的规定增加 1.0 倍。
  5 一、二级耐火等级粮食平房仓的最大允许占地面积不应大于 12 000 m²，每个防火分区的最大允许建筑面积不应大于 3000 m²；三级耐火等级粮食平房仓的最大允许占地面积不应大于 3 000 m²，每个防火分区的最大允许建筑面积不应大于 1 000 m²。

6 一、二级耐火等级且占地面积不大于2 000 m² 的单层棉花库房，其防火分区的最大允许建筑面积不应大于2 000 m²。

7 一、二级耐火等级冷库的最大允许占地面积和防火分区的最大允许建筑面积，应符合现行国家标准《冷库设计规范》GB 50072的规定。

8 "—"表示不允许。

3.3.3 厂房内设置自动灭火系统时，每个防火分区的最大允许建筑面积可按本规范第3.3.1条的规定增加1.0倍。当丁、戊类的地上厂房内设置自动灭火系统时，每个防火分区的最大允许建筑面积不限。厂房内局部设置自动灭火系统时，其防火分区的增加面积可按该局部面积的1.0倍计算。

仓库内设置自动灭火系统时，除冷库的防火分区外，每座仓库的最大允许占地面积和每个防火分区的最大允许建筑面积可按本规范第3.3.2条的规定增加1.0倍。

3.3.4 甲、乙类生产场所（仓库）不应设置在地下或半地下。

3.3.5 员工宿舍严禁设置在厂房内。

办公室、休息室等不应设置在甲、乙类厂房内，确需贴邻本厂房时，其耐火等级不应低于二级，并应采用耐火极限不低于3.00 h的防爆墙与厂房分隔，且应设置独立的安全出口。

办公室、休息室设置在丙类厂房内时，应采用耐火极限不低于2.50 h的防火隔墙和1.00 h的楼板与其他部位分隔，并应至少设置1个独立的安全出口。如隔墙上需开设相互连通的门时，应采用乙级防火门。

3.3.6 厂房内设置中间仓库时，应符合下列规定：

1 甲、乙类中间仓库应靠外墙布置，其储量不宜超过1昼夜的需要量；

2 甲、乙、丙类中间仓库应采用防火墙和耐火极限不低于1.50 h的不燃性楼板与其他部位分隔；

3 丁、戊类中间仓库应采用耐火极限不低于2.00 h的防火隔墙和1.00 h的楼板与其他部位分隔；

4 仓库的耐火等级和面积应符合本规范第3.3.2条和第3.3.3条的规定。

3.3.7 厂房内的丙类液体中间储罐应设置在单独房间内，其容量不应大于5 m³。设置中间储罐的房间，应采用耐火极限不低于3.00 h的防火隔墙和1.50 h的楼板与其他部位分隔，房间门应采用甲级防火门。

3.3.8 变、配电站不应设置在甲、乙类厂房内或贴邻，且不应设置在爆炸性气体、粉尘环境的危险区域内。供甲、乙类厂房专用的10 kV及以下的变、配电站，当采用无门、窗、洞口的防火墙分隔时，可一面贴邻，并应符合现行国家标准《爆炸危险环境电力装置设计规范》GB 50058等标准的规定。

乙类厂房的配电站确需在防火墙上开窗时，应采用甲级防火窗。

3.3.9 员工宿舍严禁设置在仓库内。

办公室、休息室等严禁设置在甲、乙类仓库内，也不应贴邻。

办公室、休息室设置在丙、丁类仓库内时，应采用耐火极限不低于2.50 h的防火隔墙和1.00 h的楼板与其他部位分隔，并应设置独立的安全出口。隔墙上需开设相互连通的门时，应采用乙级防火门。

3.3.10 物流建筑的防火设计应符合下列规定：

1 当建筑功能以分拣、加工等作业为主时，应按本规范有关厂房的规定确定，其中仓储部分应按中间仓库确定。

2 当建筑功能以仓储为主或建筑难以区分主要功能时，应按本规范有关仓库的规定确定，但当分拣等作业区采用防火墙与储存区完全分隔时，作业区和储存区的防火要求可分别按本规范有关厂房和仓库的规定确定。其中，当分拣等作业区采用防火墙与储存区完全分隔且符合下列条件时，除自动化控制的丙类高架仓库外，储存区的防火分区最大允许建筑面积和储存区部分建筑的最大允许占地面积，可按本规范表3.3.2（不含注）的规定增加3.0倍：

   1) 储存除可燃液体、棉、麻、丝、毛及其他纺织品、泡沫塑料等物品外的丙类物品且建筑的耐火等级不低于一级；
   2) 储存丁、戊类物品且建筑的耐火等级不低于二级；
   3) 建筑内全部设置自动水灭火系统和火灾自动报警系统。

3.3.11 甲、乙类厂房（仓库）内不应设置铁路线。

需要出入蒸汽机车和内燃机车的丙、丁、戊类厂房（仓库），其屋顶应采用不燃材料或采取其他防火措施。

3.4 厂房的防火间距

3.4.1 除本规范另有规定外，厂房之间及与乙、丙、丁、戊类仓库、民用建筑等的防火间距不应小于表3.4.1的规定，与甲类仓库的防火间距应符合本规范第3.5.1条的规定。

表3.4.1 厂房之间及与乙、丙、丁、戊类仓库、民用建筑等的防火间距　（m）

名称			甲类厂房	乙类厂房（仓库）			丙、丁、戊类厂房（仓库）					民用建筑				
			单、多层	单、多层		高层	单、多层			高层		裙房，单、多层			高层	
			一、二级	一、二级	三级	一、二级	一、二级	三级	四级	一、二级		一、二级	三级	四级	一类	二类
甲类厂房	单、多层	一、二级	12	12	14	13	12	14	16	13						
乙类厂房	单、多层	一、二级	12	10	12	13	10	12	14	13		25			50	
		三级	14	12	14	15	12	14	16	15						
	高层	一、二级	13	13	15	13	13	15	17	13						
丙类厂房	单、多层	一、二级	12	10	12	13	10	12	14	13		10	12	14	20	15
		三级	14	12	14	15	12	14	16	15		12	14	16	25	20
		四级	16	14	16	17	14	16	18	17		14	16	18		
	高层	一、二级	13	13	15	13	13	15	17	13		13	15	17	20	15

表 3.4.1（续）

名称			甲类厂房	乙类厂房（仓库）			丙、丁、戊类厂房（仓库）				民用建筑				
			单、多层	单、多层		高层	单、多层			高层	裙房,单、多层			高层	
			一、二级	一、二级	三级	一、二级	一、二级	三级	四级	一、二级	一、二级	三级	四级	一类	二类
丁、戊类厂房	单、多层	一、二级	12	10	12	13	10	12	14	13	10	12	14	15	13
		三级	14	12	14	15	12	14	16	15	12	14	16	18	15
		四级	16	14	16	17	14	16	18	17	14	16	18	18	15
	高层	一、二级	13	13	15	13	13	15	17	13	13	15	17	15	13
室外变、配电站	变压器总油量（t）	≥5,≤10	25	25	25	25	12	15	20	12	15	20	25	20	20
		>10,≤50	25	25	25	25	15	20	25	20	20	25	30	25	25
		>50	25	25	25	25	20	25	30	25	25	30	35	30	30

注：1 乙类厂房与重要公共建筑的防火间距不宜小于 50 m；与明火或散发火花地点，不宜小于 30 m。单、多层戊类厂房之间及与戊类仓库的防火间距可按本表的规定减少 2 m，与民用建筑的防火间距可将戊类厂房等同民用建筑按本规范第 5.2.2 条的规定执行。为丙、丁、戊类厂房服务而单独设置的生活用房应按民用建筑确定，与所属厂房的防火间距不应小于 6 m。确需相邻布置时，应符合本表注 2、3 的规定。

2 两座厂房相邻较高一面外墙为防火墙，或相邻两座高度相同的一、二级耐火等级建筑中相邻任一侧外墙为防火墙且屋顶的耐火极限不低于 1.00 h 时，其防火间距不限，但甲类厂房之间不应小于 4 m。两座丙、丁、戊类厂房相邻两面外墙均为不燃性墙体，当无外露的可燃性屋檐，每面外墙上的门、窗、洞口面积之和各不大于外墙面积的 5%，且门、窗、洞口不正对开设时，其防火间距可按本表的规定减少 25%。甲、乙类厂房（仓库）不应与本规范第 3.3.5 条规定外的其他建筑贴邻。

3 两座一、二级耐火等级的厂房，当相邻较低一面外墙为防火墙且较低一座厂房的屋顶无天窗，屋顶的耐火极限不低于 1.00 h，或相邻较高一面外墙的门、窗等开口部位设置甲级防火门、窗或防火分隔水幕或按本规范第 6.5.3 条的规定设置防火卷帘时，甲、乙类厂房之间的防火间距不应小于 6 m；丙、丁、戊类厂房之间的防火间距不应小于 4 m。

4 发电厂内的主变压器，其油量可按单台确定。

5 耐火等级低于四级的既有厂房，其耐火等级可按四级确定。

6 当丙、丁、戊类厂房与丙、丁、戊类仓库相邻时，应符合本表注 2、3 的规定。

3.4.2 甲类厂房与重要公共建筑的防火间距不应小于 50 m，与明火或散发火花地点的防火间距不应小于 30 m。

3.4.3 散发可燃气体、可燃蒸气的甲类厂房与铁路、道路等的防火间距不应小于表 3.4.3 的规定，但甲类厂房所属厂内铁路装卸线当有安全措施时，防火间距不受表 3.4.3 规定的限制。

表 3.4.3 散发可燃气体、可燃蒸气的甲类厂房与铁路、道路等的防火间距　　（m）

名称	厂外铁路线中心线	厂内铁路线中心线	厂外道路路边	厂内道路路边	
				主要	次要
甲类厂房	30	20	15	10	5

3.4.4 高层厂房与甲、乙、丙类液体储罐，可燃、助燃气体储罐，液化石油气储罐，可燃材料堆场（除煤和焦炭场外）的防火间距，应符合本规范第 4 章的规定，且不应小于 13 m。

3.4.5 丙、丁、戊类厂房与民用建筑的耐火等级均为一、二级时，丙、丁、戊类厂房与民用建筑的防火间距可适当减小，但应符合下列规定：

　　1 当较高一面外墙为无门、窗、洞口的防火墙，或比相邻较低一座建筑屋面高 15 m 及以下范围内的外墙为无门、窗、洞口的防火墙时，其防火间距不限；

　　2 相邻较低一面外墙为防火墙，且屋顶无天窗或洞口、屋顶的耐火极限不低于 1.00 h，或相邻较高一面外墙为防火墙，且墙上开口部位采取了防火措施，其防火间距可适当减小，但不应小于 4 m。

3.4.6 厂房外附设化学易燃物品的设备，其外壁与相邻厂房室外附设设备的外壁或相邻厂房外墙的防火间距，不应小于本规范第 3.4.1 条的规定。用不燃材料制作的室外设备，可按一、二级耐火等级建筑确定。

　　总容量不大于 15 m³ 的丙类液体储罐，当直埋于厂房外墙外，且面向储罐一面 4.0 m 范围内的外墙为防火墙时，其防火间距不限。

3.4.7 同一座"U"形或"山"形厂房中相邻两翼之间的防火间距，不宜小于本规范第 3.4.1 条的规定，但当厂房的占地面积小于本规范第 3.3.1 条规定的每个防火分区最大允许建筑面积时，其防火间距可为 6 m。

3.4.8 除高层厂房和甲类厂房外，其他类别的数座厂房占地面积之和小于本规范第 3.3.1 条规定的防火分区最大允许建筑面积（按其中较小者确定，但防火分区的最大允许建筑面积不限者，不应大于 10 000 m²）时，可成组布置。当厂房建筑高度不大于 7 m 时，组内厂房之间的防火间距不应小于 4 m；当厂房建筑高度大于 7 m 时，组内厂房之间的防火间距不应小于 6 m。

　　组与组或组与相邻建筑的防火间距，应根据相邻两座中耐火等级较低的建筑，按本规范第 3.4.1 条的规定确定。

3.4.9 一级汽车加油站、一级汽车加气站和一级汽车加油加气合建站不应布置在城市建成区内。

3.4.10 汽车加油、加气站和加油加气合建站的分级，汽车加油、加气站和加油加气合建站及其加油（气）机、储油（气）罐等与站外明火或散发火花地点、建筑、铁路、道路的防火间距以及站内各建筑或设施之间的防火间距，应符合现行国家标准《汽车加油加气站设计与施工规范》GB 50156 的规定。

3.4.11 电力系统电压为 35 kV～500 kV 且每台变压器容量不小于 10 MV·A 的室外变、配电站以及工业企业的变压器总油量大于 5 t 的室外降压变电站，与其他建筑的防火间距不应小于本规范第3.4.1条和第3.5.1条的规定。

3.4.12 厂区围墙与厂区内建筑的间距不宜小于5 m,围墙两侧建筑的间距应满足相应建筑的防火间距要求。

3.5 仓库的防火间距

3.5.1 甲类仓库之间及与其他建筑、明火或散发火花地点、铁路、道路等的防火间距不应小于表3.5.1的规定。

表3.5.1 甲类仓库之间及与其他建筑、明火或散发火花地点、铁路道路等的防火间距 （m）

名称		甲类仓库(储量,t)			
		甲类储存物品 第3、4项		甲类储存物品 第1、2、5、6项	
		≤5	>5	≤10	>10
高层民用建筑、重要公共建筑		50			
裙房、其他民用建筑、明火或触发火花地点		30	40	25	30
甲类仓库		20	20	20	20
厂房和乙、丙、丁、戊类仓库	一、二级	15	20	12	15
	三级	20	25	15	20
	四级	25	30	20	25
电力系统电压为35 kV～500 kV且每台变压器容量不小于10 MV·A的室外变、配电站,工业企业的变压器总油量大于5 t的室外降压变电站		30	40	25	30
厂外铁路线中心线		40			
厂内铁路线中心线		30			
厂外道路路边		20			
厂内道路路边	主要	10			
	次要	5			

注:甲类仓库之间的防火间距,当第3、4项物品储量不大于2 t,第1、2、5、6项物品储量不大于5 t时,不应小于12 m。甲类仓库与高层仓库的防火间距不应小于13 m。

3.5.2 除本规范另有规定外,乙、丙、丁、戊类仓库之间及与民用建筑的防火间距,不应小于表3.5.2的规定。

3.5.3 丁、戊类仓库与民用建筑的耐火等级均为一、二级时,仓库与民用建筑的防火间距可适当减小,但应符合下列规定:

表3.5.2 乙、丙、丁、戊类仓库之间及与民用建筑的防火间距　　（m）

名称			乙类仓库 单、多层 一、二级	乙类仓库 单、多层 三级	乙类仓库 高层 一、二级	丙类仓库 单、多层 一、二级	丙类仓库 单、多层 三级	丙类仓库 单、多层 四级	丙类仓库 高层 一、二级	丁、戊类仓库 单、多层 一、二级	丁、戊类仓库 单、多层 三级	丁、戊类仓库 单、多层 四级	丁、戊类仓库 高层 一、二级
乙、丙、丁、戊类仓库	单、多层	一、二级	10	12	13	10	12	14	13	10	12	14	13
		三级	12	14	15	12	14	16	15	12	14	16	15
		四级	14	16	17	14	16	18	17	14	16	18	17
	高层	一、二级	13	15	13	13	15	17	13	13	15	17	13
民用建筑	裙房，单、多层	一、二级	25			10	12	14	13	10	12	14	13
		三级				12	14	16	15	12	14	16	15
		四级				14	16	18	17	14	16	18	17
	高层	一类	50			20	25	25	20	15	18	18	15
		二类				15	20	20	15	13	15	15	13

注：1　单、多层戊类仓库之间的防火间距，可按本表的规定减少2 m。
　　2　两座仓库的相邻外墙均为防火墙时，防火间距可减小，但丙类仓库，不应小于6 m；丁、戊类仓库，不应小于4 m。两座仓库相邻较高一面外墙为防火墙，或相邻两座高度相同的一、二级耐火等级建筑中相邻任一侧外墙为防火墙且屋顶的耐火极限不低于1.00 h，且总占地面积不大于本规范第3.3.2条一座仓库的最大允许占地面积规定时，其防火间距不限。
　　3　除乙类第6项物品外的乙类仓库，与民用建筑的防火间距不宜小于25 m，与重要公共建筑的防火间距不应小于50 m，与铁路、道路等的防火间距不宜小于表3.5.1中甲类仓库与铁路、道路等的防火间距。

　　1　当较高一面外墙为无门、窗、洞口的防火墙，或比相邻较低一座建筑屋面高15 m及以下范围内的外墙为无门、窗、洞口的防火墙时，其防火间距不限；
　　2　相邻较低一面外墙为防火墙，且屋顶无天窗或洞口、屋顶耐火极限不低于1.00 h，或相邻较高一面外墙为防火墙，且墙上开口部位采取了防火措施，其防火间距可适当减小，但不应小于4 m。
3.5.4　粮食筒仓与其他建筑、粮食筒仓组之间的防火间距，不应小于表3.5.4的规定。
3.5.5　库区围墙与库区内建筑的间距不宜小于5 m，围墙两侧建筑的间距应满足相应建筑的防火间距要求。

3.6　厂房和仓库的防爆

3.6.1　有爆炸危险的甲、乙类厂房宜独立设置，并宜采用敞开或半敞开式。其承重结构宜采用钢筋混凝土或钢框架、排架结构。
3.6.2　有爆炸危险的厂房或厂房内有爆炸危险的部位应设置泄压设施。
3.6.3　泄压设施宜采用轻质屋面板、轻质墙体和易于泄压的门、窗等，应采用安全玻璃等在爆炸时不产生尖锐碎片的材料。

表 3.5.4 粮食筒仓与其他建筑、粮食筒仓组之间的防火间距 (m)

名称	粮食总储量 W(t)	粮食立筒仓 W≤40 000	粮食立筒仓 40 000<W≤50 000	粮食立筒仓 W>50 000	粮食浅圆仓 W≤50 000	粮食浅圆仓 W>50 000	其他建筑 一、二级	其他建筑 三级	其他建筑 四级
粮食立筒仓	500<W≤10 000	15	20	25	20	25	10	15	20
粮食立筒仓	10 000<W≤40 000	15	20	25	20	25	15	20	25
粮食立筒仓	40 000<W≤50 000	20	20	25	20	25	20	25	30
粮食立筒仓	W>5 000	25	25	25	25	25	25	30	—
粮食浅圆仓	W≤50 000	20	20	25	20	25	20	25	—
粮食浅圆仓	W>50 000	25	25	25	25	25	25	30	—

注:1 当粮食立筒仓、粮食浅圆仓与工作塔、接收塔、发放站为一个完整工艺单元的组群时,级内各建筑之间的防火间距不受本表限制。
   2 粮食浅圆仓组内每个独立仓的储量不应大于 10 000 t。

泄压设施的设置应避开人员密集场所和主要交通道路,并宜靠近有爆炸危险的部位。

作为泄压设施的轻质屋面板和墙体的质量不宜大于 60 kg/m²。

屋顶上的泄压设施应采取防冰雪积聚措施。

3.6.4 厂房的泄压面积宜按下式计算,但当厂房的长径比大于 3 时,宜将建筑划分为长径比不大于 3 的多个计算段,各计算段中的公共截面不得作为泄压面积:

$$A = 10CV^{\frac{2}{3}} \tag{3.6.4}$$

式中:
A——泄压面积(m^2);
V——厂房的容积(m^3);
C——泄压比,可按表 3.6.4 选取(m^2/m^3)。

表 3.6.4 厂房内爆炸性危险物质的类别与泄压比规定值 (m^2/m^3)

厂房内爆炸性危险物质的类别	C 值
氨、粮食、纸、皮革、铅、铬、铜等 $K_{尘}$<10 MPa·m·s⁻¹ 的粉尘	≥0.030
木屑、炭屑、煤粉、锑、锡等 10 MPa·m·s⁻¹≤$K_{尘}$≤30 MPa·m·s⁻¹ 的粉尘	≥0.055
丙酮、汽油、甲醇、液化石油气、甲烷、喷漆间或干燥室,苯酚树脂、铝、镁、锆等 $K_{尘}$>30 MPa·m·s⁻¹ 的粉尘	≥0.110
乙烯	≥0.160
乙炔	≥0.200
氢	≥0.250

注:1 长径比为建筑平面几何外形尺寸中的最长尺寸与其横截面周长的积和 4.0 倍的建筑横截面积之比。
   2 $K_{尘}$是指粉尘爆炸指数。

3.6.5 散发较空气轻的可燃气体、可燃蒸气的甲类厂房,宜采用轻质屋面板作为泄压面积。顶棚应尽量平整、无死角,厂房上部空间应通风良好。

3.6.6 散发较空气重的可燃气体、可燃蒸气的甲类厂房和有粉尘、纤维爆炸危险的乙类厂房,应符合下列规定:
　　1 应采用不发火花的地面。采用绝缘材料作整体面层时,应采取防静电措施。
　　2 散发可燃粉尘、纤维的厂房,其内表面应平整、光滑,并易于清扫。
　　3 厂房内不宜设置地沟,确需设置时,其盖板应严密,地沟应采取防止可燃气体、可燃蒸气和粉尘、纤维在地沟积聚的有效措施,且应在与相邻厂房连通处采用防火材料密封。

3.6.7 有爆炸危险的甲、乙类生产部位,宜布置在单层厂房靠外墙的泄压设施或多层厂房顶层靠外墙的泄压设施附近。
　　有爆炸危险的设备宜避开厂房的梁、柱等主要承重构件布置。

3.6.8 有爆炸危险的甲、乙类厂房的总控制室应独立设置。

3.6.9 有爆炸危险的甲、乙类厂房的分控制室宜独立设置,当贴邻外墙设置时,应采用耐火极限不低于3.00 h的防火隔墙与其他部位分隔。

3.6.10 有爆炸危险区域内的楼梯间、室外楼梯或有爆炸危险的区域与相邻区域连通处,应设置门斗等防护措施。门斗的隔墙应为耐火极限不应低于2.00 h的防火隔墙,门应采用甲级防火门并应与楼梯间的门错位设置。

3.6.11 使用和生产甲、乙、丙类液体的厂房,其管、沟不应与相邻厂房的管、沟相通,下水道应设置隔油设施。

3.6.12 甲、乙、丙类液体仓库应设置防止液体流散的设施。遇湿会发生燃烧爆炸的物品仓库应采取防止水浸渍的措施。

3.6.13 有粉尘爆炸危险的筒仓,其顶部盖板应设置必要的泄压设施。
　　粮食筒仓工作塔和上通廊的泄压面积应按本规范第3.6.4条的规定计算确定。有粉尘爆炸危险的其他粮食储存设施应采取防爆措施。

3.6.14 有爆炸危险的仓库或仓库内有爆炸危险的部位,宜按本节规定采取防爆措施、设置泄压设施。

3.7 厂房的安全疏散

3.7.1 厂房的安全出口应分散布置。每个防火分区或一个防火分区的每个楼层,其相邻2个安全出口最近边缘之间的水平距离不应小于5 m。

3.7.2 厂房内每个防火分区或一个防火分区内的每个楼层,其安全出口的数量应经计算确定,且不应少于2个;当符合下列条件时,可设置1个安全出口:
　　1 甲类厂房,每层建筑面积不大于100 m^2,且同一时间的作业人数不超过5人;
　　2 乙类厂房,每层建筑面积不大于150 m^2,且同一时间的作业人数不超过10人;
　　3 丙类厂房,每层建筑面积不大于250 m^2,且同一时间的作业人数不超过20人;
　　4 丁、戊类厂房,每层建筑面积不大于400 m^2,且同一时间的作业人数不超过30人;
　　5 地下或半地下厂房(包括地下或半地下室),每层建筑面积不大于50 m^2,且同一时间的作业人数不超过15人。

3.7.3 地下或半地下厂房(包括地下或半地下室),当有多个防火分区相邻布置,并采用防火墙分隔时,每个防火分区可利用防火墙上通向相邻防火分区的甲级防火门作为第二安全出口,但每个防火分区必须至少有1个直通室外的独立安全出口。

3.7.4 厂房内任一点至最近安全出口的直线距离不应大于表3.7.4的规定。

表3.7.4 厂房内任一点至最近安全出口的直线距离 （m）

生产的火灾危险性类别	耐火等级	单层厂房	多层厂房	高层厂房	地下或半地下厂房（包括地下或半地下室）
甲	一、二级	30	25	—	—
乙	一、二级	75	50	30	—
丙	一、二级 三级	80 60	60 40	40 —	30 —
丁	一、二级 三级 四级	不限 60 50	不限 50 —	50 — —	45 — —
戊	一、二级 三级 四级	不限 100 60	不限 75 —	75 — —	60 — —

3.7.5 厂房内疏散楼梯、走道、门的各自总净宽度,应根据疏散人数按每100人的最小疏散净宽度不小于表3.7.5的规定计算确定。但疏散楼梯的最小净宽度不宜小于1.10 m,疏散走道的最小净宽度不宜小于1.40 m,门的最小净宽度不宜小于0.90 m。当每层疏散人数不相等时,疏散楼梯的总净宽度应分层计算,下层楼梯总净宽度应按该层及以上疏散人数最多一层的疏散人数计算。

表3.7.5 厂房内疏散楼梯、走道和门的每100人最小疏散净宽度

厂房层数（层）	1～2	3	≥4
最小疏散净宽度（m/百人）	0.60	0.80	1.00

首层外门的总净宽度应按该层及以上疏散人数最多一层的疏散人数计算,且该门的最小净宽度不应小于1.20 m。

3.7.6 高层厂房和甲、乙、丙类多层厂房的疏散楼梯应采用封闭楼梯间或室外楼梯。建筑高度大于32 m且任一层人数超过10人的厂房,应采用防烟楼梯间或室外楼梯。

3.8 仓库的安全疏散

3.8.1 仓库的安全出口应分散布置。每个防火分区或一个防火分区的每个楼层,其相邻2个安全出口最近边缘之间的水平距离不应小于5 m。

3.8.2 每座仓库的安全出口不应少于2个,当一座仓库的占地面积不大于300 m² 时,可设

置1个安全出口。仓库内每个防火分区通向疏散走道、楼梯或室外的出口不宜少于2个,当防火分区的建筑面积不大于100 m² 时,可设置1个出口。通向疏散走道或楼梯的门应为乙级防火门。

3.8.3 地下或半地下仓库(包括地下或半地下室)的安全出口不应少于2个;当建筑面积不大于100 m² 时,可设置1个安全出口。

地下或半地下仓库(包括地下或半地下室),当有多个防火分区相邻布置并采用防火墙分隔时,每个防火分区可利用防火墙上通向相邻防火分区的甲级防火门作为第二安全出口,但每个防火分区必须至少有1个直通室外的安全出口。

3.8.4 冷库、粮食筒仓、金库的安全疏散设计应分别符合现行国家标准《冷库设计规范》GB 50072和《粮食钢板筒仓设计规范》GB 50322等标准的规定。

3.8.5 粮食筒仓上层面积小于1000 m²,且作业人数不超过2人时,可设置1个安全出口。

3.8.6 仓库、筒仓中符合本规范第6.4.5条规定的室外金属梯,可作为疏散楼梯,但筒仓室外楼梯平台的耐火极限不应低于0.25 h。

3.8.7 高层仓库的疏散楼梯应采用封闭楼梯间。

3.8.8 除一、二级耐火等级的多层戊类仓库外,其他仓库内供垂直运输物品的提升设施宜设置在仓库外,确需设置在仓库内时,应设置在井壁的耐火极限不低于2.00 h的井筒内。室内外提升设施通向仓库的入口应设置乙级防火门或符合本规范第6.5.3条规定的防火卷帘。

4 甲、乙、丙类液体、气体储罐(区)和可燃材料堆场

4.1 一般规定

4.1.1 甲、乙、丙类液体储罐区,液化石油气储罐区,可燃、助燃气体储罐区和可燃材料堆场等,应布置在城市(区域)的边缘或相对独立的安全地带,并宜布置在城市(区域)全年最小频率风向的上风侧。

甲、乙、丙类液体储罐(区)宜布置在地势较低的地带。当布置在地势较高的地带时,应采取安全防护设施。

液化石油气储罐(区)宜布置在地势平坦、开阔等不易积存液化石油气的地带。

4.1.2 桶装、瓶装甲类液体不应露天存放。

4.1.3 液化石油气储罐组或储罐区的四周应设置高度不小于1.0 m的不燃性实体防护墙。

4.1.4 甲、乙、丙类液体储罐区,液化石油气储罐区,可燃、助燃气体储罐区和可燃材料堆场,应与装卸区、辅助生产区及办公区分开布置。

4.1.5 甲、乙、丙类液体储罐,液化石油气储罐,可燃、助燃气体储罐和可燃材料堆垛,与架空电力线的最近水平距离应符合本规范第10.2.1条的规定。

4.2 甲、乙、丙类液体储罐(区)的防火间距

4.2.1 甲、乙、丙类液体储罐(区)和乙、丙类液体桶装堆场与其他建筑的防火间距,不应小于表4.2.1的规定。

4.2.2 甲、乙、丙类液体储罐之间的防火间距不应小于表4.2.2的规定。

表 4.2.1 甲、乙、丙类液体储罐(区)和乙、丙类液体桶装堆场与其他建筑的防火间距
(m)

类别	一个罐区或堆场的总容量$V(m^3)$	建筑物				室外变、配电站
		一、二级		三级	四级	
		高层民用建筑	裙房，其他建筑			
甲、乙类液体储罐(区)	1≤V<50	40	12	15	20	30
	50≤V<200	50	15	20	25	35
	200≤V<1000	60	20	25	30	40
	1000≤V<5000	70	25	30	40	50
丙类液体储罐(区)	5≤V<250	40	12	15	20	24
	250≤V<1000	50	15	20	25	28
	1000≤V<5000	60	20	25	30	32
	5000≤V<25000	70	25	30	40	40

注：1 当甲、乙类液体储罐和丙类液体储罐布置在同一储罐区时，罐区的总容量可按 1 m^3 甲、乙类液体相当于 5 m^3 丙类液体折算。

2 储罐防火堤外侧基脚线至相邻建筑的距离不应小于 10 m。

3 甲、乙、丙类液体的固定顶储罐区或半露天堆场，乙、丙类液体桶装堆场与甲类厂房（仓库）、民用建筑的防火间距，应按本表的规定增加 25%，且甲、乙类液体的固定顶储罐区或半露天堆场，乙、丙类液体桶装堆场与甲类厂房（仓库）、裙房、单、多层民用建筑的防火间距不应小于 25 m，与明火或散发火花地点的防火间距应按本表有关四级耐火等级建筑物的规定增加 25%。

4 浮顶储罐区或闪点大于 120 ℃ 的液体储罐区与其他建筑的防火间距，可按本表的规定减少 25%。

5 当数个储罐区布置在同一库区内时，储罐区之间的防火间距不应小于本表相应容量的储罐区与四级耐火等级建筑物防火间距的较大值。

6 直埋地下的甲、乙、丙类液体卧式罐，当单罐容量不大于 50 m^3，总容量不大于 200 m^3 时，与建筑物的防火间距可按本表规定减少 50%。

7 室外变、配电站指电力系统电压为 35 kV～500 kV 且每台变压器容量不小于 10 MV·A 的室外变、配电站和工业企业的变压器总油量大于 5 t 的室外降压变电站。

表 4.2.2 甲、乙、丙类液体储罐之间的防火间距
(m)

类别			固定顶储罐			浮顶储罐或设置充氮保护设备的储罐	卧式储罐
			地上式	半地下式	地下式		
甲、乙类液体储罐	单罐容量$V(m^3)$	V≤1000	0.75D	0.5D	0.4D	0.4D	≥0.8 m
		V>1000	0.6D				
丙类液体储罐			不限	0.4D	不限	不限	—

注：1 D 为相邻较大立式储罐的直径（m），矩形储罐的直径为长边与短边之和的一半。

2 不同液体、不同形式储罐之间的防火间距不应小于本表规定的较大值。
3 两排卧式储罐之间的防火间距不应小于 3 m。
4 当单罐容量不大于 1 000 m³ 且采用固定冷却系统时,甲、乙类液体的地上式固定顶储罐之间的防火间距不应小于 0.6 D。
5 地上式储罐同时设置液下喷射泡沫灭火系统、固定冷却水系统和扑救防火堤内液体火灾的泡沫灭火设施时,储罐之间的防火间距可适当减小,但不宜小于 0.4 D。
6 闪点大于 120 ℃ 的液体,当单罐容量大于 1 000 m³ 时,储罐之间的防火间距不应小于 5 m;当单罐容量不大于 1 000 m³ 时,储罐之间的防火间距不应小于 2 m。

4.2.3 甲、乙、丙类液体储罐成组布置时,应符合下列规定:
1 组内储罐的单罐容量和总容量不应大于表 4.2.3 的规定。

表 4.2.3 甲、乙、丙类液体储罐分组布置的最大容量

类 别	单罐最大容量(m³)	一组罐最大容量(m³)
甲、乙类液体	200	1 000
丙类液体	500	3 000

2 组内储罐的布置不应超过两排。甲、乙类液体立式储罐之间的防火间距不应小于 2 m,卧式储罐之间的防火间距不应小于 0.8 m;丙类液体储罐之间的防火间距不限。
3 储罐组之间的防火间距应根据组内储罐的形式和总容量折算为相同类别的标准单罐,按本规范第 4.2.2 条的规定确定。

4.2.4 甲、乙、丙类液体的地上式、半地下式储罐区,其每个防火堤内宜布置火灾危险性类别相同或相近的储罐。沸溢性油品储罐不应与非沸溢性油品储罐布置在同一防火堤内。地上式、半地下式储罐不应与地下式储罐布置在同一防火堤内。

4.2.5 甲、乙、丙类液体的地上式、半地下式储罐或储罐组,其四周应设置不燃性防火堤,防火堤的设置应符合下列规定:
1 防火堤内的储罐布置不宜超过 2 排,单罐容量不大于 1 000 m³ 且闪点大于 120 ℃ 的液体储罐不宜超过 4 排。
2 防火堤的有效容量不应小于其中最大储罐的容量。对于浮顶罐,防火堤的有效容量可为其中最大储罐容量的一半。
3 防火堤内侧基脚线至立式储罐外壁的水平距离不应小于罐壁高度的一半。防火堤内侧基脚线至卧式储罐的水平距离不应小于 3 m。
4 防火堤的设计高度应比计算高度高出 0.2 m,且应为 1.0 m～2.2 m,在防火堤的适当位置应设置便于灭火救援人员进出防火堤的踏步。
5 沸溢性油品的地上式、半地下式储罐,每个储罐均应设置一个防火堤或防火隔堤。
6 含油污水排水管应在防火堤的出口处设置水封设施,雨水排水管应设置阀门等封闭、隔离装置。

4.2.6 甲类液体半露天堆场,乙、丙类液体桶装堆场和闪点大于 120 ℃ 的液体储罐(区),当采取了防止液体流散的设施时,可不设置防火堤。

4.2.7 甲、乙、丙类液体储罐与其泵房、装卸鹤管的防火间距不应小于表4.2.7的规定。

表4.2.7 甲、乙、丙类液体储罐与其泵房、装卸鹤管的防火间距 （m）

液体类别和储罐形式		泵房	铁路或汽车装卸鹤管
甲、乙类液体储罐	拱顶罐	15	20
	浮顶罐	12	15
丙类液体储罐		10	12

注：1 总容量不大于1 000 m³的甲、乙类液体储罐和总容量不大于5 000 m³的丙类液体储罐，其防火间距可按本表的规定减少25%。
  2 泵房、装卸鹤管与储罐防火堤外侧基脚线的距离不应小于5 m。

4.2.8 甲、乙、丙类液体装卸鹤管与建筑物、厂内铁路线的防火间距不应小于表4.2.8的规定。

表4.2.8 甲、乙、丙类液体装卸鹤管与建筑物、厂内铁路线的防火间距 （m）

名称	建筑物			厂内铁路线	泵房
	一、二级	三级	四级		
甲、乙类液体装卸鹤管	14	16	18	20	8
丙类液体装卸鹤管	10	12	14	10	

注：装卸鹤管与其直接装卸用的甲、乙、丙类液体装卸铁路线的防火间距不限。

4.2.9 甲、乙、丙类液体储罐与铁路、道路的防火间距不应小于表4.2.9的规定。

表4.2.9 甲、乙、丙类液体储罐与铁路、道路的防火间距 （m）

名称	厂外铁路线中心线	厂内铁路线中心线	厂外道路路边	厂内道路路边	
				主要	次要
甲、乙类液体储罐	35	25	20	15	10
丙类液体储罐	30	20	15	10	5

4.2.10 零位罐与所属铁路装卸线的距离不应小于6 m。
4.2.11 石油库的储罐（区）与建筑的防火间距，石油库内的储罐布置和防火间距以及储罐与泵房、装卸鹤管等库内建筑的防火间距，应符合现行国家标准《石油库设计规范》GB 50074的规定。

4.3 可燃、助燃气体储罐（区）的防火间距

4.3.1 可燃气体储罐与建筑物、储罐、堆场等的防火间距应符合下列规定：
  1 湿式可燃气体储罐与建筑物、储罐、堆场等的防火间距不应小于表4.3.1的规定。

表 4.3.1　湿式可燃气体储罐与建筑物、储罐、堆场等的防火间距　　　　（m）

名　称		湿式可燃气体储罐（总容积 V,m^3）				
		$V<1\,000$	$1\,000 \leqslant V<10\,000$	$10\,000 \leqslant V<50\,000$	$50\,000 \leqslant V<100\,000$	$100\,000 \leqslant V<300\,000$
甲类仓库 甲、乙、丙类液体储罐 可燃材料堆场 室外变、配电站 明火或散发火花的地点		20	25	30	35	40
高层民用建筑		25	30	35	40	45
裙房，单、多层民用建筑		18	20	25	30	35
其他建筑	一、二级	12	15	20	25	30
	三级	15	20	25	30	35
	四级	20	25	30	35	40

注：固定容积可燃气体储罐的总容积按储罐几何容积（m^3）和设计储存压力（绝对压力，10^5 Pa）的乘积计算。

　　2　固定容积的可燃气体储罐与建筑物、储罐、堆场等的防火间距不应小于表 4.3.1 的规定。

　　3　干式可燃气体储罐与建筑物、储罐、堆场等的防火间距：当可燃气体的密度比空气大时，应按表 4.3.1 的规定增加 25%；当可燃气体的密度比空气小时，可按表 4.3.1 的规定确定。

　　4　湿式或干式可燃气体储罐的水封井、油泵房和电梯间等附属设施与该储罐的防火间距，可按工艺要求布置。

　　5　容积不大于 20 m^3 的可燃气体储罐与其使用厂房的防火间距不限。

4.3.2　可燃气体储罐（区）之间的防火间距应符合下列规定：

　　1　湿式可燃气体储罐或干式可燃气体储罐之间及湿式与干式可燃气体储罐的防火间距，不应小于相邻较大罐直径的 1/2。

　　2　固定容积的可燃气体储罐之间的防火间距不应小于相邻较大罐直径的 2/3。

　　3　固定容积的可燃气体储罐与湿式或干式可燃气体储罐的防火间距，不应小于相邻较大罐直径的 1/2。

　　4　数个固定容积的可燃气体储罐的总容积大于 200 000 m^3 时，应分组布置。卧式储罐组之间的防火间距不应小于相邻较大罐长度的一半；球形储罐组之间的防火间距不应小于相邻较大罐直径，且不应小于 20 m。

4.3.3　氧气储罐与建筑物、储罐、堆场等的防火间距应符合下列规定：

　　1　湿式氧气储罐与建筑物、储罐、堆场等的防火间距不应小于表 4.3.3 的规定。

表 4.3.3 湿式氧气储罐与建筑物、储罐、堆场等的防火间距 （m）

名称	湿式氧气储罐（总容积 V, m^3）		
	$V \leqslant 1\,000$	$1\,000 < V \leqslant 50\,000$	$V > 50\,000$
明火或散发火花地点	25	30	35
甲、乙、丙类液体储罐，可燃材料堆场，甲类仓库，室外变、配电站	20	25	30
民用建筑	18	20	25
其他建筑 一、二级	10	12	14
其他建筑 三级	12	14	16
其他建筑 四级	14	16	18

注：固定容积氧气储罐的总容积按储罐几何容积（m^3）和设计储存压力（绝对压力，$10^5 Pa$）的乘积计算。

2 氧气储罐之间的防火间距不应小于相邻较大罐直径的1/2。
3 氧气储罐与可燃气体储罐的防火间距不应小于相邻较大罐的直径。
4 固定容积的氧气储罐与建筑物、储罐、堆场等的防火间距不应小于表 4.3.3 的规定。
5 氧气储罐与其制氧厂房的防火间距可按工艺布置要求确定。
6 容积不大于 50 m^3 的氧气储罐与其使用厂房的防火间距不限。
注：1 m^3 液氧折合标准状态下 800 m^3 气态氧。

4.3.4 液氧储罐与建筑物、储罐、堆场等的防火间距应符合本规范第 4.3.3 条相应容积湿式氧气储罐防火间距的规定。液氧储罐与其泵房的间距不宜小于 3 m。总容积小于或等于 3 m^3 的液氧储罐与其使用建筑的防火间距应符合下列规定：
 1 当设置在独立的一、二级耐火等级的专用建筑物内时，其防火间距不应小于 10 m；
 2 当设置在独立的一、二级耐火等级的专用建筑物内，且面向使用建筑物一侧采用无门窗洞口的防火墙隔开时，其防火间距不限；
 3 当低温储存的液氧储罐采取了防火措施时，其防火间距不应小于 5 m。
 医疗卫生机构中的医用液氧储罐气源站的液氧储罐应符合下列规定：
 1 单罐容积不应大于 5 m^3，总容积不宜大于 20 m^3；
 2 相邻储罐之间的距离不应小于最大储罐直径的 0.75 倍；
 3 医用液氧储罐与医疗卫生机构外建筑的防火间距应符合本规范第 4.3.3 条的规定，与医疗卫生机构内建筑的防火间距应符合现行国家标准《医用气体工程技术规范》GB 50751 的规定。
4.3.5 液氧储罐周围 5 m 范围内不应有可燃物和沥青路面。
4.3.6 可燃、助燃气体储罐与铁路、道路的防火间距不应小于表 4.3.6 的规定。

表 4.3.6 可燃、助燃气体储罐与铁路、道路的防火间距 （m）

名称	厂外铁路线中心线	厂内铁路线中心线	厂外道路路边	厂内道路路边	
				主要	次要
可燃、助燃气体储罐	25	20	15	10	5

4.3.7 液氢、液氨储罐与建筑物、储罐、堆场等的防火间距可按本规范第 4.4.1 条相应容积液化石油气储罐防火间距的规定减少 25%确定。

4.3.8 液化天然气气化站的液化天然气储罐(区)与站外建筑等的防火间距不应小于表 4.3.8 的规定,与表 4.3.8 未规定的其他建筑的防火间距,应符合现行国家标准《城镇燃气设计规范》GB 50028 的规定。

表 4.3.8 液化天然气气化站的液化天然气储罐(区)与站外建筑等的防火间距　　(m)

名称	液化天然气储罐(区)(总容积 V, m³)							集中放散装置的天然气放散总管
	$V≤10$	$10<V≤30$	$30<V≤50$	$50<V≤200$	$200<V≤500$	$500<V≤1\,000$	$1\,000<V≤2\,000$	
单罐容积 V(m³)	$V≤10$	$V≤30$	$V≤50$	$V≤200$	$V≤500$	$V≤1\,000$	$V≤2\,000$	
居住区、村镇和重要公共建筑(最外侧建筑物的外墙)	30	35	45	50	70	90	110	45
工业企业(最外侧建筑物的外墙)	22	25	27	30	35	40	50	20
明火或散发火花地点,室外变、配电站	30	35	45	50	55	60	70	30
其他民用建筑,甲、乙类液体储罐,甲、乙类仓库,甲、乙类厂房,秸秆、芦苇、打包废纸等材料堆场	27	32	40	45	50	55	65	25
丙类液体储罐,可燃气体储罐,丙、丁类厂房,丙、丁类仓库	25	27	32	35	40	45	55	20
公路(路边) 高速,Ⅰ、Ⅱ级,城市快速	20				25			15
公路(路边) 其他	15				20			10
架空电力线(中心线)	1.5 倍杆高					1.5 倍杆高,但 35 kV 及以上架空电力线不应小于 40 m		2.0 倍杆高

表 4.3.8（续）

名称		液化天然气储罐(区)(总容积 V，m^3)						集中放散装置的天然气放散总管
		$V \leqslant 10$	$10 < V \leqslant 30$	$30 < V \leqslant 50$	$50 < V \leqslant 200$	$200 < V \leqslant 500$	$500 < V \leqslant 1\,000$	$1\,000 < V \leqslant 2\,000$
单罐容积 $V(m^3)$		$V \leqslant 10$	$V \leqslant 30$	$V \leqslant 50$	$V \leqslant 200$	$V \leqslant 500$	$V \leqslant 1\,000$	$V \leqslant 2\,000$
架空通信线（中心线）	Ⅰ、Ⅱ级	1.5 倍杆高		30		40		1.5 倍杆高
	其他	1.5 倍杆高						
铁路（中心线）	国家线	40	50	60	70	80		40
	企业专用线	25			30		35	30

注：居住区、村镇指 1 000 人或 300 户及以上者；当少于 1 000 人或 300 户时，相应防火间距应按本表有关其他民用建筑的要求确定。

4.4 液化石油气储罐（区）的防火间距

4.4.1 液化石油气供应基地的全压式和半冷冻式储罐（区），与明火或散发火花地点和基地外建筑等的防火间距不应小于表 4.4.1 的规定，与表 4.4.1 未规定的其他建筑的防火间距应符合现行国家标准《城镇燃气设计规范》GB 50028 的规定。

表 4.4.1 液化石油气供应基地的全压式和半冷冻式储罐（区）与
明火或散发火花地点和基地外建筑等的防火间距 （m）

名 称	液化石油气储罐(区)(总容积 V，m^3)						
	$30 < V \leqslant 50$	$50 < V \leqslant 200$	$200 < V \leqslant 500$	$500 < V \leqslant 1\,000$	$1\,000 < V \leqslant 2\,500$	$2\,500 < V \leqslant 5\,000$	$5\,000 < V \leqslant 10\,000$
单罐容积 $V(m^3)$	$V \leqslant 20$	$V \leqslant 50$	$V \leqslant 100$	$V \leqslant 200$	$V \leqslant 400$	$V \leqslant 1\,000$	$V > 1\,000$
居住区、村镇和重要公共建筑（最外侧建筑物的外墙）	45	50	70	90	110	130	150
工业企业（最外侧建筑物的外墙）	27	30	35	40	50	60	75
明火或散发火花地点，室外变、配电站	45	50	55	60	70	80	120
其他民用建筑，甲、乙类液体储罐，甲、乙类仓库，甲、乙类厂房，秸秆、芦苇、打包废纸等材料堆场	40	45	50	55	65	75	100

表 4.4.1（续）

名 称		液化石油气储罐（区）（总容积 V,m^3）						
		$30<V\leqslant 50$	$50<V\leqslant 200$	$200<V\leqslant 500$	$500<V\leqslant 1\,000$	$1\,000<V\leqslant 2\,500$	$2\,500<V\leqslant 5\,000$	$5\,000<V\leqslant 10\,000$
丙类液体储罐,可燃气体储罐,丙、丁类厂房,丙、丁类仓库		32	35	40	45	55	65	80
助燃气体储罐,木材等材料堆场		27	30	35	40	50	60	75
其他建筑	一、二级	18	20	22	25	30	40	50
	三级	22	25	27	30	40	50	60
	四级	27	30	35	40	50	60	75
公路（路边）	高速,Ⅰ、Ⅱ级	20	25					30
	Ⅲ、Ⅳ级	15	20					25
架空电力线（中心线）		应符合本规范第10.2.1条的规定						
架空通信线（中心线）	Ⅰ、Ⅱ级	30			40			
	Ⅲ、Ⅳ级	1.5 倍杆高						
铁路（中心线）	国家线	60	70		80		100	
	企业专用线	25	30		35		40	

注：1 防火间距应按本表储罐区的总容积或单罐容积的较大者确定。
  2 当地下液化石油气储罐的单罐容积不大于 50 m^3,总容积不大于 400 m^3 时,其防火间距可按本表的规定减少 50%。
  3 居住区、村镇指 1 000 人或 300 户及以上者；当少于 1 000 人或 300 户时,相应防火间距应按本表有关其他民用建筑的要求确定。

4.4.2 液化石油气储罐之间的防火间距不应小于相邻较大罐的直径。

  数个储罐的总容积大于 3 000 m^3 时,应分组布置,组内储罐宜采用单排布置。组与组相邻储罐之间的防火间距不应小于 20 m。

4.4.3 液化石油气储罐与所属泵房的防火间距不应小于 15 m。当泵房面向储罐一侧的外墙采用无门、窗、洞口的防火墙时,防火间距可减至 6 m。液化石油气泵露天设置在储罐区内时,储罐与泵的防火间距不限。

4.4.4 全冷冻式液化石油气储罐、液化石油气气化站、混气站的储罐与周围建筑的防火间距,应符合现行国家标准《城镇燃气设计规范》GB 50028 的规定。

  工业企业内总容积不大于 10 m^3 的液化石油气气化站、混气站的储罐,当设置在专用的独立建筑内时,建筑外墙与相邻厂房及其附属设备的防火间距可按甲类厂房有关防火间距的规定确定。当露天设置时,与建筑物、储罐、堆场等的防火间距应符合现行国家标准《城镇燃气设计规范》GB 50028 的规定。

4.4.5 Ⅰ、Ⅱ级瓶装液化石油气供应站瓶库与站外建筑等的防火间距不应小于表 4.4.5 的规定。瓶装液化石油气供应站的分级及总存瓶容积不大于 1 m³ 的瓶装供应站瓶库的设置，应符合现行国家标准《城镇燃气设计规范》GB 50028 的规定。

表 4.4.5　Ⅰ、Ⅱ级瓶装液化石油气供应站瓶库与站外建筑等的防火间距　　（m）

名　称	Ⅰ级		Ⅱ级	
瓶库的总存瓶容积 V(m³)	6＜V≤10	10＜V≤20	1＜V≤3	3＜V≤6
明火或散发火花地点	30	35	20	25
重要公共建筑	20	25	12	15
其他民用建筑	10	15	6	8
主要道路路边	10	10	8	8
次要道路路边	5	5	5	5

注：总存瓶容积应按实瓶个数与单瓶几何容积的乘积计算。

4.4.6 Ⅰ级瓶装液化石油气供应站的四周宜设置不燃性实体围墙，但面向出入口一侧可设置不燃性非实体围墙。

Ⅱ级瓶装液化石油气供应站的四周宜设置不燃性实体围墙，或下部实体部分高度不低于 0.6 m 的围墙。

4.5　可燃材料堆场的防火间距

4.5.1 露天、半露天可燃材料堆场与建筑物的防火间距不应小于表 4.5.1 的规定。

表 4.5.1　露天、半露天可燃材料堆场与建筑物的防火间距　　（m）

名　称	一个堆场的总储量	建筑物		
		一、二级	三级	四级
粮食席穴囤 W(t)	10≤W＜5 000	15	20	25
	5 000≤W＜20 000	20	25	30
粮食土圆仓 W(t)	500≤W＜10 000	10	15	20
	10 000≤W＜20 000	15	20	25
棉、麻、毛、化纤、百货 W(t)	10≤W＜500	10	15	20
	500≤W＜1 000	15	20	25
	1 000≤W＜5 000	20	25	30
秸秆、芦苇、打包废纸等 W(t)	10≤W＜5 000	15	20	25
	5 000≤W＜10 000	20	25	30
	W≥10 000	25	30	40
木材等 V(m³)	50≤V＜1 000	10	15	20
	1 000≤V＜10 000	15	20	25
	V≥10 000	20	25	30

表 4.5.1（续）

名 称	一个堆场的总储量	建筑物		
		一、二级	三级	四级
煤和焦炭 W(t)	100≤W＜5 000	6	8	10
	W≥5 000	8	10	12

注：露天、半露天秸秆、芦苇、打包废纸等材料堆场，与甲类厂房（仓库）、民用建筑的防火间距应根据建筑物的耐火等级分别按本表的规定增加25%且不应小于25 m，与室外变、配电站的防火间距不应小于50 m，与明火或散发火花地点的防火间距应按本表四级耐火等级建筑物的相应规定增加25%。

当一个木材堆场的总储量大于 25 000 m³ 或一个秸秆、芦苇、打包废纸等材料堆场的总储量大于 20 000 t 时，宜分设堆场。各堆场之间的防火间距不应小于相邻较大堆场与四级耐火等级建筑物的防火间距。

不同性质物品堆场之间的防火间距，不应小于本表相应储量堆场与四级耐火等级建筑物防火间距的较大值。

4.5.2 露天、半露天可燃材料堆场与甲、乙、丙类液体储罐的防火间距，不应小于本规范表4.2.1 和表 4.5.1 中相应储量堆场与四级耐火等级建筑物防火间距的较大值。

4.5.3 露天、半露天秸秆、芦苇、打包废纸等材料堆场与铁路、道路的防火间距不应小于表4.5.3 的规定，其他可燃材料堆场与铁路、道路的防火间距可根据材料的火灾危险性按类比原则确定。

表 4.5.3 露天、半露天可燃材料堆场与铁路、道路的防火间距 （m）

名 称	厂外铁路线中心线	厂内铁路线中心线	厂外道路路边	厂内道路路边	
				主要	次要
秸秆、芦苇、打包废纸等材料堆场	30	20	15	10	5

5 民用建筑

5.1 建筑分类和耐火等级

5.1.1 民用建筑根据其建筑高度和层数可分为单、多层民用建筑和高层民用建筑。高层民用建筑根据其建筑高度、使用功能和楼层的建筑面积可分为一类和二类。民用建筑的分类应符合表 5.1.1 的规定。

表 5.1.1 民用建筑的分类

名称	高层民用建筑		单、多层民用建筑
	一类	二类	
住宅建筑	建筑高度大于 54 m 的住宅建筑（包括设置商业服务网点的住宅建筑）	建筑高度大于 27 m，但不大于 54 m 的住宅建筑（包括设置商业服务网点的住宅建筑）	建筑高度不大于 27 m 的住宅建筑（包括设置商业服务网点的住宅建筑）

表 5.1.1（续）

名称	高层民用建筑		单、多层民用建筑
	一类	二类	
公共建筑	1.建筑高度大于50 m的公共建筑； 2.建筑高度24 m以上部分任一楼层建筑面积大于1 000 m²的商店、展览、电信、邮政、财贸金融建筑和其他多种功能组合的建筑； 3.医疗建筑、重要公共建筑、独立建造的老年人照料设施； 4.省级及以上的广播电视和防灾指挥调度建筑、网局级和省级电力调度建筑； 5.藏书超过100万册的图书馆、书库	除一类高层公共建筑外的其他高层公共建筑	1.建筑高度大于24 m的单层公共建筑； 2.建筑高度不大于24 m的其他公共建筑

注：1 表中未列入的建筑，其类别应根据本表类比确定。
    2 除本规范另有规定外，宿舍、公寓等非住宅类居住建筑的防火要求，应符合本规范有关公共建筑的规定。
    3 除本规范另有规定外，裙房的防火要求应符合本规范有关高层民用建筑的规定。

5.1.2 民用建筑的耐火等级可分为一、二、三、四级。除本规范另有规定外，不同耐火等级建筑相应构件的燃烧性能和耐火极限不应低于表5.1.2的规定。

表 5.1.2 不同耐火等级建筑相应构件的燃烧性能和耐火极限 (h)

构件名称		耐火等级			
		一级	二级	三级	四级
墙	防火墙	不燃性 3.00	不燃性 3.00	不燃性 3.00	不燃性 3.00
	承重墙	不燃性 3.00	不燃性 2.50	不燃性 2.00	难燃性 0.50
	非承重外墙	不燃性 1.00	不燃性 1.00	不燃性 0.50	可燃性
	楼梯间和前室的墙 电梯井的墙 住宅建筑单元之间的墙和分户墙	不燃性 2.00	不燃性 2.00	不燃性 1.50	难燃性 0.50
	疏散走道两侧的隔墙	不燃性 1.00	不燃性 1.00	不燃性 0.50	难燃性 0.25
	房间隔墙	不燃性 0.75	不燃性 0.50	难燃性 0.50	难燃性 0.25

表 5.1.2（续）

构件名称	耐火等级			
	一级	二级	三级	四级
柱	不燃性 3.00	不燃性 2.50	不燃性 2.00	难燃性 0.50
梁	不燃性 2.00	不燃性 1.50	不燃性 1.00	难燃性 0.50
楼板	不燃性 1.50	不燃性 1.00	不燃性 0.50	可燃性
屋顶承重构件	不燃性 1.50	不燃性 1.00	可燃性 0.50	可燃性
疏散楼梯	不燃性 1.50	不燃性 1.00	不燃性 0.50	可燃性
吊顶（包括吊顶搁栅）	不燃性 0.25	难燃性 0.25	难燃性 0.15	可燃性

注：1 除本规范另有规定外，以木柱承重且墙体采用不燃材料的建筑，其耐火等级应按四级确定。
　　2 住宅建筑构件的耐火极限和燃烧性能可按现行国家标准《住宅建筑规范》GB 50368 的规定执行。

5.1.3 民用建筑的耐火等级应根据其建筑高度、使用功能、重要性和火灾扑救难度等确定，并应符合下列规定：
　　1 地下或半地下建筑（室）和一类高层建筑的耐火等级不应低于一级；
　　2 单、多层重要公共建筑和二类高层建筑的耐火等级不应低于二级。

5.1.3A 除木结构建筑外，老年人照料设施的耐火等级不应低于三级。

5.1.4 建筑高度大于 100 m 的民用建筑，其楼板的耐火极限不应低于 2.00 h。
　　一、二级耐火等级建筑的上人平屋顶，其屋面板的耐火极限分别不应低于 1.50 h 和 1.00 h。

5.1.5 一、二级耐火等级建筑的屋面板应采用不燃材料。
　　屋面防水层宜采用不燃、难燃材料，当采用可燃防水材料且铺设在可燃、难燃保温材料上时，防水材料或可燃、难燃保温材料应采用不燃材料作防护层。

5.1.6 二级耐火等级建筑内采用难燃性墙体的房间隔墙，其耐火极限不应低于 0.75 h；当房间的建筑面积不大于 100 m² 时，房间隔墙可采用耐火极限不低于 0.50 h 的难燃性墙体或耐火极限不低于 0.30 h 的不燃性墙体。
　　二级耐火等级多层住宅建筑内采用预应力钢筋混凝土的楼板，其耐火极限不应低于 0.75 h。

5.1.7 建筑中的非承重外墙、房间隔墙和屋面板，当确需采用金属夹芯板材时，其芯材应为不燃材料，且耐火极限应符合本规范有关规定。

5.1.8 二级耐火等级建筑内采用不燃材料的吊顶，其耐火极限不限。

三级耐火等级的医疗建筑、中小学校的教学建筑、老年人照料设施及托儿所、幼儿园的儿童用房和儿童游乐厅等儿童活动场所的吊顶,应采用不燃材料;当采用难燃材料时,其耐火极限不应低于0.25 h。

二、三级耐火等级建筑内门厅、走道的吊顶应采用不燃材料。

5.1.9 建筑内预制钢筋混凝土构件的节点外露部位,应采取防火保护措施,且节点的耐火极限不应低于相应构件的耐火极限。

5.2 总平面布局

5.2.1 在总平面布局中,应合理确定建筑的位置、防火间距、消防车道和消防水源等,不宜将民用建筑布置在甲、乙类厂(库)房,甲、乙、丙类液体储罐,可燃气体储罐和可燃材料堆场的附近。

5.2.2 民用建筑之间的防火间距不应小于表5.2.2的规定,与其他建筑的防火间距,除应符合本节规定外,尚应符合本规范其他章的有关规定。

表 5.2.2 民用建筑之间的防火间距 (m)

建筑类别		高层民用建筑	裙房和其他民用建筑		
		一、二级	一、二级	三级	四级
高层民用建筑	一、二级	13	9	11	14
裙房和其他民用建筑	一、二级	9	6	7	9
	三级	11	7	8	10
	四级	14	9	10	12

注:1 相邻两座单、多层建筑,当相邻外墙为不燃性墙体且无外露的可燃性屋檐,每面外墙上无防火保护的门、窗、洞口不正对开设且该门、窗、洞口的面积之和不大于外墙面积的5%时,其防火间距可按本表的规定减少25%。

2 两座建筑相邻较高一面外墙为防火墙,或高出相邻较低一座一、二级耐火等级建筑的屋面15 m及以下范围内的外墙为防火墙时,其防火间距不限。

3 相邻两座高度相同的一、二级耐火等级建筑中相邻任一侧外墙为防火墙,屋顶的耐火极限不低于1.00 h时,其防火间距不限。

4 相邻两座建筑中较低一座建筑的耐火等级不低于二级,相邻较低一面外墙为防火墙且屋顶无天窗,屋顶的耐火极限不低于1.00 h时,其防火间距不应小于3.5 m;对于高层建筑,不应小于4 m。

5 相邻两座建筑中较低一座建筑的耐火等级不低于二级且屋顶无天窗,相邻较高一面外墙高出较低一座建筑的屋面15 m及以下范围内的开口部位设置甲级防火门、窗,或设置符合现行国家标准《自动喷水灭火系统设计规范》GB 50084规定的防火分隔水幕或本规范第6.5.3条规定的防火卷帘时,其防火间距不应小于3.5 m;对于高层建筑,不应小于4 m。

6 相邻建筑通过连廊、天桥或底部的建筑物等连接时,其间距不应小于本表的规定。

7 耐火等级低于四级的既有建筑,其耐火等级可按四级确定。

5.2.3 民用建筑与单独建造的变电站的防火间距应符合本规范第3.4.1条有关室外变、配电站的规定,但与单独建造的终端变电站的防火间距,可根据变电站的耐火等级按本规范第5.2.2条有关民用建筑的规定确定。

民用建筑与10 kV及以下的预装式变电站的防火间距不应小于3 m。

民用建筑与燃油、燃气或燃煤锅炉房的防火间距应符合本规范第3.4.1条有关丁类厂房的规定,但与单台蒸汽锅炉的蒸发量不大于4 t/h或单台热水锅炉的额定热功率不大于2.8 MW的燃煤锅炉房的防火间距,可根据锅炉房的耐火等级按本规范第5.2.2条有关民用建筑的规定确定。

5.2.4 除高层民用建筑外,数座一、二级耐火等级的住宅建筑或办公建筑,当建筑物的占地面积总和不大于2 500 m²时,可成组布置,但组内建筑物之间的间距不宜小于4 m。组与组或组与相邻建筑物的防火间距不应小于本规范第5.2.2条的规定。

5.2.5 民用建筑与燃气调压站、液化石油气气化站或混气站、城市液化石油气供应站瓶库等的防火间距,应符合现行国家标准《城镇燃气设计规范》GB 50028的规定。

5.2.6 建筑高度大于100 m的民用建筑与相邻建筑的防火间距,当符合本规范第3.4.5条、第3.5.3条、第4.2.1条和第5.2.2条允许减小的条件时,仍不应减小。

5.3 防火分区和层数

5.3.1 除本规范另有规定外,不同耐火等级建筑的允许建筑高度或层数、防火分区最大允许建筑面积应符合表5.3.1的规定。

表5.3.1 不同耐火等级建筑的允许建筑高度或层数、防火分区最大允许建筑面积

名称	耐火等级	允许建筑高度或层数	防火分区的最大允许建筑面积（m²）	备注
高层民用建筑	一、二级	按本规范第5.1.1条确定	1 500	对于体育馆、剧场的观众厅,防火分区的最大允许建筑面积可适当增加
单、多层民用建筑	一、二级	按本规范第5.1.1条确定	2 500	对于体育馆、剧场的观众厅,防火分区的最大允许建筑面积可适当增加
	三级	5层	1 200	
	四级	2层	600	
地下或半地下建筑（室）	一级	—	500	设备用房的防火分区最大允许建筑面积不应大于1 000 m²

注:1 表中规定的防火分区最大允许建筑面积,当建筑内设置自动灭火系统时,可按本表的规定增加1.0倍;局部设置时,防火分区的增加面积可按该局部面积的1.0倍计算。
　　2 裙房与高层建筑主体之间设置防火墙时,裙房的防火分区可按单、多层建筑的要求确定。

5.3.1A 独立建造的一、二级耐火等级老年人照料设施的建筑高度不宜大于32 m,不应大于54 m;独立建造的三级耐火等级老年人照料设施,不应超过2层。

5.3.2 建筑内设置自动扶梯、敞开楼梯等上、下层相连通的开口时,其防火分区的建筑面积应按上、下层相连通的建筑面积叠加计算;当叠加计算后的建筑面积大于本规范第5.3.1条的规定时,应划分防火分区。

建筑内设置中庭时，其防火分区的建筑面积应按上、下层相连通的建筑面积叠加计算；当叠加计算后的建筑面积大于本规范第5.3.1条的规定时，应符合下列规定：

  1 与周围连通空间应进行防火分隔：采用防火隔墙时，其耐火极限不应低于1.00 h；采用防火玻璃墙时，其耐火隔热性和耐火完整性不应低于1.00 h，采用耐火完整性不低于1.00 h的非隔热性防火玻璃墙时，应设置自动喷水灭火系统进行保护；采用防火卷帘时，其耐火极限不应低于3.00 h，并应符合本规范第6.5.3条的规定；与中庭相连通的门、窗，应采用火灾时能自行关闭的甲级防火门、窗；

  2 高层建筑内的中庭回廊应设置自动喷水灭火系统和火灾自动报警系统；

  3 中庭应设置排烟设施；

  4 中庭内不应布置可燃物。

5.3.3 防火分区之间应采用防火墙分隔，确有困难时，可采用防火卷帘等防火分隔设施分隔。采用防火卷帘分隔时，应符合本规范第6.5.3条的规定。

5.3.4 一、二级耐火等级建筑内的商店营业厅、展览厅，当设置自动灭火系统和火灾自动报警系统并采用不燃或难燃装修材料时，其每个防火分区的最大允许建筑面积应符合下列规定：

  1 设置在高层建筑内时，不应大于4 000 m^2；

  2 设置在单层建筑或仅设置在多层建筑的首层内时，不应大于10 000 m^2；

  3 设置在地下或半地下时，不应大于2 000 m^2。

5.3.5 总建筑面积大于20 000 m^{2}的地下或半地下商店，应采用无门、窗、洞口的防火墙、耐火极限不低于2.00 h的楼板分隔为多个建筑面积不大于20 000 m^{2}的区域。相邻区域确需局部连通时，应采用下沉式广场等室外开敞空间、防火隔间、避难走道、防烟楼梯间等方式进行连通，并应符合下列规定：

  1 下沉式广场等室外开敞空间应能防止相邻区域的火灾蔓延和便于安全疏散，并应符合本规范第6.4.12条的规定；

  2 防火隔间的墙应为耐火极限不低于3.00 h的防火隔墙，并应符合本规范第6.4.13条的规定；

  3 避难走道应符合本规范第6.4.14条的规定；

  4 防烟楼梯间的门应采用甲级防火门。

5.3.6 餐饮、商店等商业设施通过有顶棚的步行街连接，且步行街两侧的建筑需利用步行街进行安全疏散时，应符合下列规定：

  1 步行街两侧建筑的耐火等级不应低于二级。

  2 步行街两侧建筑相对面的最近距离均不应小于本规范对相应高度建筑的防火间距要求且不应小于9 m。步行街的端部在各层均不宜封闭，确需封闭时，应在外墙上设置可开启的门窗，且可开启门窗的面积不应小于该部位外墙面积的一半。步行街的长度不宜大于300 m。

  3 步行街两侧建筑的商铺之间应设置耐火极限不低于2.00 h的防火隔墙，每间商铺的建筑面积不宜大于300 m^2。

  4 步行街两侧建筑的商铺，其面向步行街一侧的围护构件的耐火极限不应低于1.00 h，并宜采用实体墙，其门、窗应采用乙级防火门、窗；当采用防火玻璃墙（包括门、窗）时，其耐火隔热性和耐火完整性不应低于1.00 h;当采用耐火完整性不低于1.00 h的非隔热性防火玻璃墙(包括门、窗)时,应设置闭式自动喷水灭火系统进行保护。相邻商铺之间面向步行街一侧应设置宽度不小于1.0 m,耐火极限不低于1.00 h的实体墙。

当步行街两侧的建筑为多个楼层时,每层面向步行街一侧的商铺均应设置防止火灾竖向蔓延的措施,并应符合本规范第6.2.5条的规定;设置回廊或挑檐时,其出挑宽度不应小于1.2 m;步行街两侧的商铺在上部各层需设置回廊和连接天桥时,应保证步行街上部各层楼板的开口面积不应小于步行街地面面积的37%,且开口宜均匀布置。

5 步行街两侧建筑内的疏散楼梯应靠外墙设置并宜直通室外,确有困难时,可在首层直接通至步行街;首层商铺的疏散门可直接通至步行街,步行街内任一点到达最近室外安全地点的步行距离不应大于60 m。步行街两侧建筑二层及以上各层商铺的疏散门至该层最近疏散楼梯口或其他安全出口的直线距离不应大于37.5 m。

6 步行街的顶棚材料应采用不燃或难燃材料,其承重结构的耐火极限不应低于1.00 h。步行街内不应布置可燃物。

7 步行街的顶棚下檐距地面的高度不应小于6.0 m,顶棚应设置自然排烟设施并宜采用常开式的排烟口,且自然排烟口的有效面积不应小于步行街地面面积的25%。常闭式自然排烟设施应能在火灾时手动和自动开启。

8 步行街两侧建筑的商铺外应每隔30 m设置DN65的消火栓,并应配备消防软管卷盘或消防水龙,商铺内应设置自动喷水灭火系统和火灾自动报警系统;每层回廊均应设置自动喷水灭火系统。步行街内宜设置自动跟踪定位射流灭火系统。

9 步行街两侧建筑的商铺内外均应设置疏散照明、灯光疏散指示标志和消防应急广播系统。

5.4 平面布置

5.4.1 民用建筑的平面布置应结合建筑的耐火等级、火灾危险性、使用功能和安全疏散等因素合理布置。

5.4.2 除为满足民用建筑使用功能所设置的附属库房外,民用建筑内不应设置生产车间和其他库房。

经营、存放和使用甲、乙类火灾危险性物品的商店、作坊和储藏间,严禁附设在民用建筑内。

5.4.3 商店建筑、展览建筑采用三级耐火等级建筑时,不应超过2层;采用四级耐火等级建筑时,应为单层。营业厅、展览厅设置在三级耐火等级的建筑内时,应布置在首层或二层;设置在四级耐火等级的建筑内时,应布置在首层。

营业厅、展览厅不应设置在地下三层及以下楼层。地下或半地下营业厅、展览厅不应经营、储存和展示甲、乙类火灾危险性物品。

5.4.4 托儿所、幼儿园的儿童用房和儿童游乐厅等儿童活动场所宜设置在独立的建筑内,且不应设置在地下或半地下;当采用一、二级耐火等级的建筑时,不应超过3层;采用三级耐火等级的建筑时,不应超过2层;采用四级耐火等级的建筑时,应为单层;确需设置在其他民用建筑内时,应符合下列规定:

1 设置在一、二级耐火等级的建筑内时,应布置在首层、二层或三层;

2 设置在三级耐火等级的建筑内时,应布置在首层或二层;

3　设置在四级耐火等级的建筑内时,应布置在首层;
　　4　设置在高层建筑内时,应设置独立的安全出口和疏散楼梯;
　　5　设置在单、多层建筑内时,宜设置独立的安全出口和疏散楼梯。

5.4.4A　老年人照料设施宜独立设置。当老年人照料设施与其他建筑上、下组合时,老年人照料设施宜设置在建筑的下部,并应符合下列规定:
　　1　老年人照料设施部分的建筑层数、建筑高度或所在楼层位置的高度应符合本规范第5.3.1A条的规定;
　　2　老年人照料设施部分应与其他场所进行防火分隔,防火分隔应符合本规范第6.2.2条的规定。

5.4.4B　当老年人照料设施中的老年人公共活动用房、康复与医疗用房设置在地下、半地下时,应设置在地下一层,每间用房的建筑面积不应大于200 m^2且使用人数不应大于30人。
　　老年人照料设施中的老年人公共活动用房、康复与医疗用房设置在地上四层及以上时,每间用房的建筑面积不应大于200 m^2且使用人数不应大于30人。

5.4.5　医院和疗养院的住院部分不应设置在地下或半地下。
　　医院和疗养院的住院部分采用三级耐火等级建筑时,不应超过2层;采用四级耐火等级建筑时,应为单层;设置在三级耐火等级的建筑内时,应布置在首层或二层;设置在四级耐火等级的建筑内时,应布置在首层。
　　医院和疗养院的病房楼内相邻护理单元之间应采用耐火极限不低于2.00 h的防火隔墙分隔,隔墙上的门应采用乙级防火门,设置在走道上的防火门应采用常开防火门。

5.4.6　教学建筑、食堂、菜市场采用三级耐火等级建筑时,不应超过2层;采用四级耐火等级建筑时,应为单层;设置在三组耐火等级的建筑内时,应布置在首层或二层;设置在四级耐火等级的建筑内时,应布置在首层。

5.4.7　剧场、电影院、礼堂宜设置在独立的建筑内;采用三级耐火等级建筑时,不应超过2层;确需设置在其他民用建筑内时,至少应设置1个独立的安全出口和疏散楼梯,并应符合下列规定:
　　1　应采用耐火极限不低于2.00 h的防火隔墙和甲级防火门与其他区域分隔。
　　2　设置在一、二级耐火等级的建筑内时,观众厅宜布置在首层、二层或三层;确需布置在四层及以上楼层时,一个厅、室的疏散门不应少于2个,且每个观众厅的建筑面积不宜大于400 m^2。
　　3　设置在三级耐火等级的建筑内时,不应布置在三层及以上楼层。
　　4　设置在地下或半地下时,宜设置在地下一层,不应设置在地下三层及以下楼层。
　　5　设置在高层建筑内时,应设置火灾自动报警系统及自动喷水灭火系统等自动灭火系统。

5.4.8　建筑内的会议厅、多功能厅等人员密集的场所,宜布置在首层、二层或三层。设置在三级耐火等级的建筑内时,不应布置在三层及以上楼层。确需布置在一、二级耐火等级建筑的其他楼层时,应符合下列规定:
　　1　一个厅、室的疏散门不应少于2个,且建筑面积不宜大于400 m^2;
　　2　设置在地下或半地下时,宜设置在地下一层,不应设置在地下三层及以下楼层;
　　3　设置在高层建筑内时,应设置火灾自动报警系统和自动喷水灭火系统等自动灭火系统。

5.4.9 歌舞厅、录像厅、夜总会、卡拉 OK 厅（含具有卡拉 OK 功能的餐厅）、游艺厅（含电子游艺厅）、桑拿浴室（不包括洗浴部分）、网吧等歌舞娱乐放映游艺场所（不含剧场、电影院）的布置应符合下列规定：

  1 不应布置在地下二层及以下楼层；
  2 宜布置在一、二级耐火等级建筑内的首层、二层或三层的靠外墙部位；
  3 不宜布置在袋形走道的两侧或尽端；
  4 确需布置在地下一层时，地下一层的地面与室外出入口地坪的高差不应大于 10 m；
  5 确需布置在地下或四层及以上楼层时，一个厅、室的建筑面积不应大于 200 m^2；
  6 厅、室之间及与建筑的其他部位之间，应采用耐火极限不低于 2.00 h 的防火隔墙和 1.00 h 的不燃性楼板分隔，设置在厅、室墙上的门和该场所与建筑内其他部位相通的门均应采用乙级防火门。

5.4.10 除商业服务网点外，住宅建筑与其他使用功能的建筑合建时，应符合下列规定：

  1 住宅部分与非住宅部分之间，应采用耐火极限不低于 2.00 h 且无门、窗、洞口的防火隔墙和 1.50 h 的不燃性楼板完全分隔；当为高层建筑时，应采用无门、窗、洞口的防火墙和耐火极限不低于 2.00 h 的不燃性楼板完全分隔。建筑外墙上、下层开口之间的防火措施应符合本规范第 6.2.5 条的规定。
  2 住宅部分与非住宅部分的安全出口和疏散楼梯应分别独立设置；为住宅部分服务的地上车库应设置独立的疏散楼梯或安全出口，地下车库的疏散楼梯应按本规范第 6.4.4 条的规定进行分隔。
  3 住宅部分和非住宅部分的安全疏散、防火分区和室内消防设施配置，可根据各自的建筑高度分别按照本规范有关住宅建筑和公共建筑的规定执行；该建筑的其他防火设计应根据建筑的总高度和建筑规模按本规范有关公共建筑的规定执行。

5.4.11 设置商业服务网点的住宅建筑，其居住部分与商业服务网点之间应采用耐火极限不低于 2.00 h 且无门、窗、洞口的防火隔墙和 1.50 h 的不燃性楼板完全分隔，住宅部分和商业服务网点部分的安全出口和疏散楼梯应分别独立设置。

  商业服务网点中每个分隔单元之间应采用耐火极限不低于 2.00 h 且无门、窗、洞口的防火隔墙相互分隔，当每个分隔单元任一层建筑面积大于 200 m^2 时，该层应设置 2 个安全出口或疏散门。每个分隔单元内的任一点至最近直通室外的出口的直线距离不应大于本规范表 5.5.17 中有关多层其他建筑位于袋形走道两侧或尽端的疏散门至最近安全出口的最大直线距离。

  注：室内楼梯的距离可按其水平投影长度的 1.50 倍计算。

5.4.12 燃油或燃气锅炉、油浸变压器、充有可燃油的高压电容器和多油开关等，宜设置在建筑外的专用房间内；确需贴邻民用建筑布置时，应采用防火墙与所贴邻的建筑分隔，且不应贴邻人员密集场所，该专用房间的耐火等级不应低于二级；确需布置在民用建筑内时，不应布置在人员密集场所的上一层、下一层或贴邻，并应符合下列规定：

  1 燃油或燃气锅炉房、变压器室应设置在首层或地下一层的靠外墙部位，但常（负）压燃油或燃气锅炉可设置在地下二层或屋顶上。设置在屋顶上的常（负）压燃气锅炉，距离通向屋面的安全出口不应小于 6 m。

采用相对密度（与空气密度的比值）不小于0.75的可燃气体为燃料的锅炉，不得设置在地下或半地下。

2 锅炉房、变压器室的疏散门均应直通室外或安全出口。

3 锅炉房、变压器室等与其他部位之间应采用耐火极限不低于2.00 h的防火隔墙和1.50 h的不燃性楼板分隔。在隔墙和楼板上不应开设洞口，确需在隔墙上设置门、窗时，应采用甲级防火门、窗。

4 锅炉房内设置储油间时，其总储存量不应大于1 m³，且储油间应采用耐火极限不低于3.00 h的防火隔墙与锅炉间分隔；确需在防火隔墙上设置门时，应采用甲级防火门。

5 变压器室之间、变压器室与配电室之间，应设置耐火极限不低于2.00 h的防火隔墙。

6 油浸变压器、多油开关室、高压电容器室，应设置防止油品流散的设施。油浸变压器下面应设置能储存变压器全部油量的事故储油设施。

7 应设置火灾报警装置。

8 应设置与锅炉、变压器、电容器和多油开关等的容量及建筑规模相适应的灭火设施，当建筑内其他部位设置自动喷水灭火系统时，应设置自动喷水灭火系统。

9 锅炉的容量应符合现行国家标准《锅炉房设计规范》GB 50041的规定。油浸变压器的总容量不应大于1260 kV·A，单台容量不应大于630 kV·A。

10 燃气锅炉房应设置爆炸泄压设施。燃油或燃气锅炉房应设置独立的通风系统，并应符合本规范第9章的规定。

5.4.13 布置在民用建筑内的柴油发电机房应符合下列规定：

1 宜布置在首层或地下一、二层。

2 不应布置在人员密集场所的上一层、下一层或贴邻。

3 应采用耐火极限不低于2.00 h的防火隔墙和1.50 h的不燃性楼板与其他部位分隔，门应采用甲级防火门。

4 机房内设置储油间时，其总储存量不应大于1 m³，储油间应采用耐火极限不低于3.00 h的防火隔墙与发电机间分隔；确需在防火隔墙上开门时，应设置甲级防火门。

5 应设置火灾报警装置。

6 应设置与柴油发电机容量和建筑规模相适应的灭火设施，当建筑内其他部位设置自动喷水灭火系统时，机房内应设置自动喷水灭火系统。

5.4.14 供建筑内使用的丙类液体燃料，其储罐应布置在建筑外，并应符合下列规定：

1 当总容量不大于15 m³，且直埋于建筑附近、面向油罐一面4.0 m范围内的建筑外墙为防火墙时，储罐与建筑的防火间距不限；

2 当总容量大于15 m³时，储罐的布置应符合本规范第4.2节的规定；

3 当设置中间罐时，中间罐的容量不应大于1 m³，并应设置在一、二级耐火等级的单独房间内，房间门应采用甲级防火门。

5.4.15 设置在建筑内的锅炉、柴油发电机，其燃料供给管道应符合下列规定：

1 在进入建筑物前和设备间内的管道上均应设置自动和手动切断阀；

2 储油间的油箱应密闭且应设置通向室外的通气管，通气管应设置带阻火器的呼吸阀，油箱的下部应设置防止油品流散的设施；

3 燃气供给管道的敷设应符合现行国家标准《城镇燃气设计规范》GB 50028 的规定。

5.4.16 高层民用建筑内使用可燃气体燃料时,应采用管道供气。使用可燃气体的房间或部位宜靠外墙设置,并应符合现行国家标准《城镇燃气设计规范》GB 50028 的规定。

5.4.17 建筑采用瓶装液化石油气瓶组供气时,应符合下列规定:

1 应设置独立的瓶组间;

2 瓶组间不应与住宅建筑、重要公共建筑和其他高层公共建筑贴邻,液化石油气气瓶的总容积不大于 1 m^3 的瓶组间与所服务的其他建筑贴邻时,应采用自然气化方式供气;

3 液化石油气气瓶的总容积大于 1 m^3、不大于 4 m^3 的独立瓶组间,与所服务建筑的防火间距应符合本规范表 5.4.17 的规定;

表 5.4.17 液化石油气气瓶的独立瓶组间与所服务建筑的防火间距　　　　(m)

名　　称		液化石油气气瓶的独立瓶组间的总容积 $V(m^3)$	
		$V \leqslant 2$	$2 < V \leqslant 4$
明火或散发火花地点		25	30
重要公共建筑、一类高层民用建筑		15	20
裙房和其他民用建筑		8	10
道路(路边)	主要	10	
	次要	5	

注:气瓶总容积应按配置气瓶个数与单瓶几何容积的乘积计算。

4 在瓶组间的总出气管道上应设置紧急事故自动切断阀;

5 瓶组间应设置可燃气体浓度报警装置;

6 其他防火要求应符合现行国家标准《城镇燃气设计规范》GB 50028 的规定。

5.5 安全疏散和避难

Ⅰ 一般要求

5.5.1 民用建筑应根据其建筑高度、规模、使用功能和耐火等级等因素合理设置安全疏散和避难设施。安全出口和疏散门的位置、数量、宽度及疏散楼梯间的形式,应满足人员安全疏散的要求。

5.5.2 建筑内的安全出口和疏散门应分散布置,且建筑内每个防火分区或一个防火分区的每个楼层、每个住宅单元每层相邻两个安全出口以及每个房间相邻两个疏散门最近边缘之间的水平距离不应小于 5 m。

5.5.3 建筑的楼梯间宜通至屋面,通向屋面的门或窗应向外开启。

5.5.4 自动扶梯和电梯不应计作安全疏散设施。

5.5.5 除人员密集场所外,建筑面积不大于 500 m^2、使用人数不超过 30 人且埋深不大于 10 m 的地下或半地下建筑(室),当需要设置 2 个安全出口时,其中一个安全出口可利用直通室外的金属竖向梯。

除歌舞娱乐放映游艺场所外,防火分区建筑面积不大于 200 m^2 的地下或半地下设备间、防火分区建筑面积不大于 50 m^2 且经常停留人数不超过 15 人的其他地下或半地下建筑(室),可设置 1 个安全出口或 1 部疏散楼梯。

除本规范另有规定外,建筑面积不大于 200 m² 的地下或半地下设备间、建筑面积不大于 50 m² 且经常停留人数不超过 15 人的其他地下或半地下房间,可设置 1 个疏散门。

5.5.6 直通建筑内附设汽车库的电梯,应在汽车库部分设置电梯候梯厅,并应采用耐火极限不低于 2.00 h 的防火隔墙和乙级防火门与汽车库分隔。

5.5.7 高层建筑直通室外的安全出口上方,应设置挑出宽度不小于 1.0 m 的防护挑檐。

Ⅱ 公共建筑

5.5.8 公共建筑内每个防火分区或一个防火分区的每个楼层,其安全出口的数量应经计算确定,且不应少于 2 个。设置 1 个安全出口或 1 部疏散楼梯的<u>公共建筑应符合下列条件之一</u>:

  1 除托儿所、幼儿园外,建筑面积不大于 200 m² 且人数不超过 50 人的单层公共建筑或多层公共建筑的首层;

  2 除医疗建筑,老年人照料设施,托儿所、幼儿园的儿童用房,儿童游乐厅等儿童活动场所和歌舞娱乐放映游艺场所等外,符合表 5.5.8 规定的公共建筑。

表 5.5.8 设置 1 部疏散楼梯的公共建筑

耐火等级	最多层数	每层最大建筑面积(m²)	人 数
一、二级	3 层	200	第二、三层的人数之和不超过 50 人
三级	3 层	200	第二、三层的人数之和不超过 25 人
四级	2 层	200	第二层人数不超过 15 人

5.5.9 一、二级耐火等级公共建筑内的安全出口全部直通室外确有困难的防火分区,可利用通向相邻防火分区的甲级防火门作为安全出口,但应符合下列要求:

  1 利用通向相邻防火分区的甲级防火门作为安全出口时,应采用防火墙与相邻防火分区进行分隔;

  2 建筑面积大于 1 000 m² 的防火分区,直通室外的安全出口不应少于 2 个;建筑面积不大于 1 000 m² 的防火分区,直通室外的安全出口不应少于 1 个;

  3 该防火分区通向相邻防火分区的疏散净宽度不应大于其按本规范第 5.5.21 条规定计算所需疏散总净宽度的 30%,建筑各层直通室外的安全出口总净宽度不应小于按照本规范第 5.5.21 条规定计算所需疏散总净宽度。

5.5.10 高层公共建筑的疏散楼梯,当分散设置确有困难且从任一疏散门至最近疏散楼梯间入口的距离不大于 10 m 时,可采用剪刀楼梯间,但应符合下列规定:

  1 楼梯间应为防烟楼梯间;

  2 梯段之间应设置耐火极限不低于 1.00 h 的防火隔墙;

  3 楼梯间的前室应分别设置。

5.5.11 设置不少于 2 部疏散楼梯的一、二级耐火等级多层公共建筑,如顶层局部升高,当高出部分的层数不超过 2 层、人数之和不超过 50 人且每层建筑面积不大于 200 m² 时,高出部分可设置 1 部疏散楼梯,但至少应另外设置 1 个直通建筑主体上人平屋面的安全出口,且上人屋面应符合人员安全疏散的要求。

5.5.12 一类高层公共建筑和建筑高度大于32 m的二类高层公共建筑,其疏散楼梯应采用防烟楼梯间。

　　裙房和建筑高度不大于32 m的二类高层公共建筑,其疏散楼梯应采用封闭楼梯间。

　　注:当裙房与高层建筑主体之间设置防火墙时,裙房的疏散楼梯可按本规范有关单、多层建筑的要求确定。

5.5.13 下列多层公共建筑的疏散楼梯,除与敞开式外廊直接相连的楼梯间外,均应采用封闭楼梯间:

　　1 医疗建筑、旅馆及类似使用功能的建筑;

　　2 设置歌舞娱乐放映游艺场所的建筑;

　　3 商店、图书馆、展览建筑、会议中心及类似使用功能的建筑;

　　4 6层及以上的其他建筑。

5.5.13A 老年人照料设施的疏散楼梯或疏散楼梯间宜与敞开式外廊直接连通,不能与敞开式外廊直接连通的室内疏散楼梯应采用封闭楼梯间。建筑高度大于24 m的老年人照料设施,其室内疏散楼梯应采用防烟楼梯间。

　　建筑高度大于32 m的老年人照料设施,宜在32 m以上部分增设能连通老年人居室和公共活动场所的连廊,各层连廊应直接与疏散楼梯、安全出口或室外避难场地连通。

5.5.14 公共建筑内的客、货电梯宜设置电梯候梯厅,不宜直接设置在营业厅、展览厅、多功能厅等场所内。老年人照料设施内的非消防电梯应采取防烟措施,当火灾情况下需用于辅助人员疏散时,该电梯及其设置应符合本规范有关消防电梯及其设置要求。

5.5.15 公共建筑内房间的疏散门数量应经计算确定且不应少于2个。除托儿所、幼儿园、老年人照料设施、医疗建筑、教学建筑内位于走道尽端的房间外,符合下列条件之一的房间可设置1个疏散门:

　　1 位于两个安全出口之间或袋形走道两侧的房间,对于托儿所、幼儿园、老年人照料设施,建筑面积不大于50 m²;对于医疗建筑、教学建筑,建筑面积不大于75 m²;对于其他建筑或场所,建筑面积不大于120 m²。

　　2 位于走道尽端的房间,建筑面积小于50 m²且疏散门的净宽度不小于0.90 m,或由房间内任一点至疏散门的直线距离不大于15 m、建筑面积不大于200 m²且疏散门的净宽度不小于1.40 m。

　　3 歌舞娱乐放映游艺场所内建筑面积不大于50 m²且经常停留人数不超过15人的厅、室。

5.5.16 剧场、电影院、礼堂和体育馆的观众厅或多功能厅,其疏散门的数量应经计算确定且不应少于2个,并应符合下列规定:

　　1 对于剧场、电影院、礼堂的观众厅或多功能厅,每个疏散门的平均疏散人数不应超过250人;当容纳人数超过2 000人时,其超过2 000人的部分,每个疏散门的平均疏散人数不应超过400人。

　　2 对于体育馆的观众厅,每个疏散门的平均疏散人数不宜超过400人~700人。

5.5.17 公共建筑的安全疏散距离应符合下列规定:

　　1 直通疏散走道的房间疏散门至最近安全出口的直线距离不应大于表5.5.17的规定。

表 5.5.17 直通疏散走道的房间疏散门至最近安全出口的直线距离 (m)

名称		位于两个安全出口之间的疏散门			位于袋形走道两侧或尽端的疏散门		
		一、二级	三级	四级	一、二级	三级	四级
托儿所、幼儿园老年人照料设施		25	20	15	20	15	10
歌舞娱乐放映游艺场所		25	20	15	9	—	—
医疗建筑	单、多层	35	30	25	20	15	10
	高层 病房部分	24	—	—	12	—	—
	其他部分	30	—	—	15	—	—
教学建筑	单、多层	35	30	25	22	20	10
	高层	30	—	—	15	—	—
高层旅馆、展览建筑		30	—	—	15	—	—
其他建筑	单、多层	40	35	25	22	20	15
	高层	40	—	—	20	—	—

注：1 建筑内开向敞开式外廊的房间疏散门至最近安全出口的直线距离可按本表的规定增加 5 m。
  2 直通疏散走道的房间疏散门至最近敞开楼梯间的直线距离，当房间位于两个楼梯间之间时，应按本表的规定减少 5 m；当房间位于袋形走道两侧或尽端时，应按本表的规定减少 2 m。
  3 建筑物内全部设置自动喷水灭火系统时，其安全疏散距离可按本表的规定增加 25%。

  2 楼梯间应在首层直通室外，确有困难时，可在首层采用扩大的封闭楼梯间或防烟楼梯间前室。当层数不超过 4 层且未采用扩大的封闭楼梯间或防烟楼梯间前室时，可将直通室外的门设置在离楼梯间不大于 15 m 处。
  3 房间内任一点至房间直通疏散走道的疏散门的直线距离，不应大于表 5.5.17 规定的袋形走道两侧或尽端的疏散门至最近安全出口的直线距离。
  4 一、二级耐火等级建筑内疏散门或安全出口不少于 2 个的观众厅、展览厅、多功能厅、餐厅、营业厅等，其室内任一点至最近疏散门或安全出口的直线距离不应大于 30 m；当疏散门不能直通室外地面或疏散楼梯间时，应采用长度不大于 10 m 的疏散走道通至最近的安全出口。当该场所设置自动喷水灭火系统时，室内任一点至最近安全出口的安全疏散距离可分别增加 25%。

5.5.18 除本规范另有规定外，公共建筑内疏散门和安全出口的净宽度不应小于 0.90 m，疏散走道和疏散楼梯的净宽度不应小于 1.10 m。
  高层公共建筑内楼梯间的首层疏散门、首层疏散外门、疏散走道和疏散楼梯的最小净宽度应符合表 5.5.18 的规定。

5.5.19 人员密集的公共场所、观众厅的疏散门不应设置门槛，其净宽度不应小于 1.40 m，且紧靠门口内外各 1.40 m 范围内不应设置踏步。
  人员密集的公共场所的室外疏散通道的净宽度不应小于 3.00 m，并应直接通向宽敞地带。

表 5.5.18 高层公共建筑内楼梯间的首层疏散门、首层疏散外门、
疏散走道和疏散楼梯的最小净宽度 （m）

建筑类别	楼梯间的首层疏散门、首层疏散外门	走道		疏散楼梯
		单面布房	双面布房	
高层医疗建筑	1.30	1.40	1.50	1.30
其他高层公共建筑	1.20	1.30	1.40	1.20

5.5.20 剧场、电影院、礼堂、体育馆等场所的疏散走道、疏散楼梯、疏散门、安全出口的各自总净宽度,应符合下列规定:

  1 观众厅内疏散走道的净宽度应按每 100 人不小于 0.60 m 计算,且不应小于 1.00 m;边走道的净宽度不宜小于 0.80 m。

  布置疏散走道时,横走道之间的座位排数不宜超过 20 排;纵走道之间的座位数:剧场、电影院、礼堂等,每排不宜超过 22 个;体育馆,每排不宜超过 26 个;前后排座椅的排距不小于 0.90 m 时,可增加 1.0 倍,但不得超过 50 个;仅一侧有纵走道时,座位数应减少一半。

  2 剧场、电影院、礼堂等场所供观众疏散的所有内门、外门、楼梯和走道的各自总净宽度,应根据疏散人数按每 100 人的最小疏散净宽度不小于表 5.5.20-1 的规定计算确定。

表 5.5.20-1 剧场、电影院、礼堂等场所每 100 人所需最小疏散净宽度 （m/百人）

观众厅座位数(座)			≤2 500	≤1 200
耐火等级			一、二级	三级
疏散部位	门和走道	平坡地面	0.65	0.85
		阶梯地面	0.75	1.00
	楼梯		0.75	1.00

  3 体育馆供观众疏散的所有内门、外门、楼梯和走道的各自总净宽度,应根据疏散人数按每 100 人的最小疏散净宽度不小于表 5.5.20-2 的规定计算确定。

表 5.5.20-2 体育馆每 100 人所需最小疏散净宽度 （m/百人）

观众厅座位数范围(座)			3 000～5 000	5 001～10 000	10 001～20 000
疏散部位	门和走道	平坡地面	0.43	0.37	0.32
		阶梯地面	0.50	0.43	0.37
	楼梯		0.50	0.43	0.37

注:本表中对应较大座位数范围按规定计算的疏散总净宽度,不应小于对应相邻较小座位数范围按其最多座位数计算的疏散总净宽度。对于观众厅座位数少于 3 000 个的体育馆,计算供观众疏散的所有内门、外门、楼梯和走道的各自总净宽度时,每 100 人的最小疏散净宽度不应小于表 5.5.20-1 的规定。

  4 有等场需要的入场门不应作为观众厅的疏散门。

5.5.21 除剧场、电影院、礼堂、体育馆外的其他公共建筑,其房间疏散门、安全出口、疏散走道和疏散楼梯的各自总净宽度,应符合下列规定:

1 每层的房间疏散门、安全出口、疏散走道和疏散楼梯的各自总净宽度,应根据疏散人数按每100人的最小疏散净宽度不小于表5.5.21-1的规定计算确定。当每层疏散人数不等时,疏散楼梯的总净宽度可分层计算,地上建筑内下层楼梯的总净宽度应按该层及以上疏散人数最多一层的人数计算;地下建筑内上层楼梯的总净宽度应按该层及以下疏散人数最多一层的人数计算。

表 5.5.21-1 每层的房间疏散门、安全出口、疏散走道和疏散楼梯的每100人最小疏散净宽度 （m/百人）

建筑层数		建筑的耐火等级		
		一、二级	三级	四级
地上楼层	1层～2层	0.65	0.75	1.00
	3层	0.75	1.00	—
	≥4层	1.00	1.25	—
地下楼层	与地面出入口地面的高差 $\Delta H \leqslant 10$ m	0.75	—	—
	与地面出入口地面的高差 $\Delta H > 10$ m	1.00	—	—

2 地下或半地下人员密集的厅、室和歌舞娱乐放映游艺场所,其房间疏散门、安全出口、疏散走道和疏散楼梯的各自总净宽度,应根据疏散人数按每100人不小于1.00 m计算确定。

3 首层外门的总净宽度应按该建筑疏散人数最多一层的人数计算确定,不供其他楼层人员疏散的外门,可按本层的疏散人数计算确定。

4 歌舞娱乐放映游艺场所中录像厅的疏散人数,应根据厅、室的建筑面积按不小于1.0人/m²计算;其他歌舞娱乐放映游艺场所的疏散人数,应根据厅、室的建筑面积按不小于0.5人/m²计算。

5 有固定座位的场所,其疏散人数可按实际座位数的1.1倍计算。

6 展览厅的疏散人数应根据展览厅的建筑面积和人员密度计算,展览厅内的人员密度不宜小于0.75人/m²。

7 商店的疏散人数应按每层营业厅的建筑面积乘以表5.5.21-2规定的人员密度计算。对于建材商店、家具和灯饰展示建筑,其人员密度可按表5.5.21-2规定值的30%确定。

表 5.5.21-2 商店营业厅内的人员密度 （人/m²）

楼层位置	地下第二层	地下第一层	地上第一、二层	地上第三层	地上第四层及以上各层
人员密度	0.56	0.60	0.43～0.60	0.39～0.54	0.30～0.42

5.5.22 人员密集的公共建筑不宜在窗口、阳台等部位设置封闭的金属栅栏,确需设置时,应能从内部易于开启;窗口、阳台等部位宜根据其高度设置适用的辅助疏散逃生设施。

5.5.23 建筑高度大于100 m的公共建筑,应设置避难层(间)。避难层(间)应符合下列规定:

    1 第一个避难层(间)的楼地面至灭火救援场地地面的高度不应大于50 m,两个避难层(间)之间的高度不宜大于50 m。
    2 通向避难层(间)的疏散楼梯应在避难层分隔、同层错位或上下层断开。
    3 避难层(间)的净面积应能满足设计避难人数避难的要求,并宜按5.0人/m² 计算。
    4 避难层可兼作设备层。设备管道宜集中布置,其中的易燃、可燃液体或气体管道应集中布置,设备管道区应采用耐火极限不低于3.00 h的防火隔墙与避难区分隔。管道井和设备间应采用耐火极限不低于2.00 h的防火隔墙与避难区分隔,管道井和设备间的门不应直接开向避难区;确需直接开向避难区时,与避难层区出入口的距离不应小于5 m,且应采用甲级防火门。
    避难间内不应设置易燃、可燃液体或气体管道,不应开设除外窗、疏散门之外的其他开口。
    5 避难层应设置消防电梯出口。
    6 应设置消火栓和消防软管卷盘。
    7 应设置消防专线电话和应急广播。
    8 在避难层(间)进入楼梯间的入口处和疏散楼梯通向避难层(间)的出口处,应设置明显的指示标志。
    9 应设置直接对外的可开启窗口或独立的机械防烟设施,外窗应采用乙级防火窗。
5.5.24 高层病房楼应在二层及以上的病房楼层和洁净手术部设置避难间。避难间应符合下列规定:
    1 避难间服务的护理单元不应超过2个,其净面积应按每个护理单元不小于25.0 m²确定。
    2 避难间兼作其他用途时,应保证人员的避难安全,且不得减少可供避难的净面积。
    3 应靠近楼梯间,并应采用耐火极限不低于2.00 h的防火隔墙和甲级防火门与其他部位分隔。
    4 应设置消防专线电话和消防应急广播。
    5 避难间的入口处应设置明显的指示标志。
    6 应设置直接对外的可开启窗口或独立的机械防烟设施,外窗应采用乙级防火窗。
5.5.24A 3层及3层以上总建筑面积大于3 000 m²(包括设置在其他建筑内三层及以上楼层)的老年人照料设施,应在二层及以上各层老年人照料设施部分的每座疏散楼梯间的相邻部位设置1间避难间;当老年人照料设施设置与疏散楼梯或安全出口直接连通的开敞式外廊、与疏散走道直接连通且符合人员避难要求的室外平台等时,可不设置避难间。避难间内可供避难的净面积不应小于12 m²,避难间可利用疏散楼梯间的前室或消防电梯的前室,其他要求应符合本规范第5.5.24条的规定。
    供失能老年人使用且层数大于2层的老年人照料设施,应按核定使用人数配备简易防毒面具。

Ⅲ 住宅建筑

5.5.25 住宅建筑安全出口的设置应符合下列规定:
    1 建筑高度不大于27 m的建筑,当每个单元任一层的建筑面积大于650 m²,或任一户门至最近安全出口的距离大于15 m时,每个单元每层的安全出口不应少于2个;

    2 建筑高度大于 27 m、不大于 54 m 的建筑,当每个单元任一层的建筑面积大于 650 m², 或任一户门至最近安全出口的距离大于 10 m 时,每个单元每层的安全出口不应少于 2 个;

    3 建筑高度大于 54 m 的建筑,每个单元每层的安全出口不应少于 2 个。

5.5.26 建筑高度大于 27 m, 但不大于 54 m 的住宅建筑,每个单元设置一座疏散楼梯时,疏散楼梯应通至屋面,且单元之间的疏散楼梯应能通过屋面连通,户门应采用乙级防火门。当不能通至屋面或不能通过屋面连通时,应设置 2 个安全出口。

5.5.27 住宅建筑的疏散楼梯设置应符合下列规定:

    1 建筑高度不大于 21 m 的住宅建筑可采用敞开楼梯间;与电梯井相邻布置的疏散楼梯应采用封闭楼梯间,当户门采用乙级防火门时,仍可采用敞开楼梯间。

    2 建筑高度大于 21 m、不大于 33 m 的住宅建筑应采用封闭楼梯间;当户门采用乙级防火门时,可采用敞开楼梯间。

    3 建筑高度大于 33 m 的住宅建筑应采用防烟楼梯间。户门不宜直接开向前室,确有困难时,每层开向同一前室的户门不应大于 3 樘且应采用乙级防火门。

5.5.28 住宅单元的疏散楼梯,当分散设置确有困难且任一户门至最近疏散楼梯间入口的距离不大于 10 m 时,可采用剪刀楼梯间,但应符合下列规定:

    1 应采用防烟楼梯间。

    2 梯段之间应设置耐火极限不低于 1.00 h 的防火隔墙。

    3 楼梯间的前室不宜共用;共用时,前室的使用面积不应小于 6.0 m²。

    4 楼梯间的前室或共用前室不宜与消防电梯的前室合用;楼梯间的共用前室与消防电梯的前室合用时,合用前室的使用面积不应小于 12.0 m², 且短边不应小于 2.4 m。

5.5.29 住宅建筑的安全疏散距离应符合下列规定:

    1 直通疏散走道的户门至最近安全出口的直线距离不应大于表 5.5.29 的规定。

表 5.5.29 住宅建筑直通疏散走道的户门至最近安全出口的直线距离 (m)

住宅建筑类别	位于两个安全出口之间的户门			位于袋形走道两侧或尽端的户门		
	一、二级	三级	四级	一、二级	三级	四级
单、多层	40	35	25	22	20	15
高层	40	—	—	20	—	—

注:1 开向敞开式外廊的户门至最近安全出口的最大直线距离可按本表的规定增加 5 m。

  2 直通疏散走道的户门至最近敞开楼梯间的直线距离,当户门位于两个楼梯间之间时,应按本表的规定减少 5 m;当户门位于袋形走道两侧或尽端时,应按本表的规定减少 2 m。

  3 住宅建筑内全部设置自动喷水灭火系统时,其安全疏散距离可按本表的规定增加 25%。

  4 跃廊式住宅的户门至最近安全出口的距离,应从户门算起,小楼梯的一段距离可按其水平投影长度的 1.50 倍计算。

    2 楼梯间应在首层直通室外,或在首层采用扩大的封闭楼梯间或防烟楼梯间前室。层数不超过 4 层时,可将直通室外的门设置在离楼梯间不大于 15 m 处。

    3 户内任一点至直通疏散走道的户门的直线距离不应大于表 5.5.29 规定的袋形走道

两侧或尽端的疏散门至最近安全出口的最大直线距离。

注：跃层式住宅，户内楼梯的距离可按其梯段水平投影长度的1.50倍计算。

5.5.30 住宅建筑的户门、安全出口、疏散走道和疏散楼梯的各自总净宽度应经计算确定，且户门和安全出口的净宽度不应小于0.90 m，疏散走道、疏散楼梯和首层疏散外门的净宽度不应小于1.10 m。建筑高度不大于18 m的住宅中一边设置栏杆的疏散楼梯，其净宽度不应小于1.0 m。

5.5.31 建筑高度大于100 m的住宅建筑应设置避难层，避难层的设置应符合本规范第5.5.23条有关避难层的要求。

5.5.32 建筑高度大于54 m的住宅建筑，每户应有一间房间符合下列规定：

 1 应靠外墙设置，并应设置可开启外窗；

 2 内、外墙体的耐火极限不应低于1.00 h，该房间的门宜采用乙级防火门，外窗的耐火完整性不宜低于1.00 h。

6 建筑构造

6.1 防火墙

6.1.1 防火墙应直接设置在建筑的基础或框架、梁等承重结构上，框架、梁等承重结构的耐火极限不应低于防火墙的耐火极限。

防火墙应从楼地面基层隔断至梁、楼板或屋面板的底面基层。当高层厂房（仓库）屋顶承重结构和屋面板的耐火极限低于1.00 h，其他建筑屋顶承重结构和屋面板的耐火极限低于0.50 h时，防火墙应高出屋面0.5 m以上。

6.1.2 防火墙横截面中心线水平距离天窗端面小于4.0 m，且天窗端面为可燃性墙体时，应采取防止火势蔓延的措施。

6.1.3 建筑外墙为难燃性或可燃性墙体时，防火墙应凸出墙的外表面0.4 m以上，且防火墙两侧的外墙均应为宽度均不小于2.0 m的不燃性墙体，其耐火极限不应低于外墙的耐火极限。

建筑外墙为不燃性墙体时，防火墙可不凸出墙的外表面，紧靠防火墙两侧的门、窗、洞口之间最近边缘的水平距离不应小于2.0 m；采取设置乙级防火窗等防止火灾水平蔓延的措施时，该距离不限。

6.1.4 建筑内的防火墙不宜设置在转角处，确需设置时，内转角两侧墙上的门、窗、洞口之间最近边缘的水平距离不应小于4.0 m；采取设置乙级防火窗等防止火灾水平蔓延的措施时，该距离不限。

6.1.5 防火墙上不应开设门、窗、洞口，确需开设时，应设置不可开启或火灾时能自动关闭的甲级防火门、窗。

可燃气体和甲、乙、丙类液体的管道严禁穿过防火墙。防火墙内不应设置排气道。

6.1.6 除本规范第6.1.5条规定外的其他管道不宜穿过防火墙，确需穿过时，应采用防火封堵材料将墙与管道之间的空隙紧密填实，穿过防火墙处的管道保温材料，应采用不燃材料；当管道为难燃及可燃材料时，应在防火墙两侧的管道上采取防火措施。

6.1.7 防火墙的构造应能在防火墙任意一侧的屋架、梁、楼板等受到火灾的影响而破坏时，不会导致防火墙倒塌。

6.2 建筑构件和管道井

6.2.1 剧场等建筑的舞台与观众厅之间的隔墙应采用耐火极限不低于3.00 h的防火隔墙。

舞台上部与观众厅闷顶之间的隔墙可采用耐火极限不低于1.50 h的防火隔墙,隔墙上的门应采用乙级防火门。

舞台下部的灯光操作室和可燃物储藏室应采用耐火极限不低于2.00 h的防火隔墙与其他部位分隔。

电影放映室、卷片室应采用耐火极限不低于1.50 h的防火隔墙与其他部位分隔,观察孔和放映孔应采取防火分隔措施。

6.2.2 医疗建筑内的手术室或手术部、产房、重症监护室、贵重精密医疗装备用房、储藏间、实验室、胶片室等,附设在建筑内的托儿所、幼儿园的儿童用房和儿童游乐厅等儿童活动场所、老年人照料设施,应采用耐火极限不低于2.00 h的防火隔墙和1.00 h的楼板与其他场所或部位分隔,墙上必须设置的门、窗应采用乙级防火门、窗。

6.2.3 建筑内的下列部位应采用耐火极限不低于2.00 h的防火隔墙与其他部位分隔,墙上的门、窗应采用乙级防火门、窗,确有困难时,可采用防火卷帘,但应符合本规范第6.5.3条的规定:

    1 甲、乙类生产部位和建筑内使用丙类液体的部位;

    2 厂房内有明火和高温的部位;

    3 甲、乙、丙类厂房(仓库)内布置有不同火灾危险性类别的房间;

    4 民用建筑内的附属库房,剧场后台的辅助用房;

    5 除居住建筑中套内的厨房外,宿舍、公寓建筑中的公共厨房和其他建筑内的厨房;

    6 附设在住宅建筑内的机动车库。

6.2.4 建筑内的防火隔墙应从楼地面基层隔断至梁、楼板或屋面板的底面基层。住宅分户墙和单元之间的墙应隔断至梁、楼板或屋面板的底面基层,屋面板的耐火极限不应低于0.50 h。

6.2.5 除本规范另有规定外,建筑外墙上、下层开口之间应设置高度不小于1.2 m的实体墙或挑出宽度不小于1.0 m、长度不小于开口宽度的防火挑檐;当室内设置自动喷水灭火系统时,上、下层开口之间的实体墙高度不应小于0.8 m。当上、下层开口之间设置实体墙确有困难时,可设置防火玻璃墙,但高层建筑的防火玻璃墙的耐火完整性不应低于1.00 h,多层建筑的防火玻璃墙的耐火完整性不应低于0.50 h。外窗的耐火完整性不应低于防火玻璃墙的耐火完整性要求。

住宅建筑外墙上相邻户开口之间的墙体宽度不应小于1.0 m;小于1.0 m时,应在开口之间设置突出外墙不小于0.6 m的隔板。

实体墙、防火挑檐和隔板的耐火极限和燃烧性能,均不应低于相应耐火等级建筑外墙的要求。

6.2.6 建筑幕墙应在每层楼板外沿处采取符合本规范第6.2.5条规定的防火措施,幕墙与每层楼板、隔墙处的缝隙应采用防火封堵材料封堵。

6.2.7 附设在建筑内的消防控制室、灭火设备室、消防水泵房和通风空气调节机房、变配电室等,应采用耐火极限不低于2.00 h的防火隔墙和1.50 h的楼板与其他部位分隔。

设置在丁、戊类厂房内的通风机房,应采用耐火极限不低于1.00 h的防火隔墙和0.50 h

的楼板与其他部位分隔。

通风、空气调节机房和变配电室开向建筑内的门应采用甲级防火门,消防控制室和其他设备房开向建筑内的门应采用乙级防火门。

6.2.8 冷库、低温环境生产场所采用泡沫塑料等可燃材料作墙体内的绝热层时,宜采用不燃绝热材料在每层楼板处做水平防火分隔。防火分隔部位的耐火极限不应低于楼板的耐火极限。冷库阁楼层和墙体的可燃绝热层宜采用不燃性墙体分隔。

冷库、低温环境生产场所采用泡沫塑料作内绝热层时,绝热层的燃烧性能不应低于 B_1 级,且绝热层的表面应采用不燃材料做防护层。

冷库的库房与加工车间贴邻建造时,应采用防火墙分隔,当确需开设相互连通的开口时,应采取防火隔间等措施进行分隔,隔间两侧的门应为甲级防火门。当冷库的氨压缩机房与加工车间贴邻时,应采用不开门窗洞口的防火墙分隔。

6.2.9 建筑内的电梯井等竖井应符合下列规定:

1 电梯井应独立设置,井内严禁敷设可燃气体和甲、乙、丙类液体管道,不应敷设与电梯无关的电缆、电线等。电梯井的井壁除设置电梯门、安全逃生门和通气孔洞外,不应设置其他开口。

2 电缆井、管道井、排烟道、排气道、垃圾道等竖向井道,应分别独立设置。井壁的耐火极限不应低于 1.00 h,井壁上的检查门应采用丙级防火门。

3 建筑内的电缆井、管道井应在每层楼板处采用不低于楼板耐火极限的不燃材料或防火封堵材料封堵。

建筑内的电缆井、管道井与房间、走道等相连通的孔隙应采用防火封堵材料封堵。

4 建筑内的垃圾道宜靠外墙设置,垃圾道的排气口应直接开向室外,垃圾斗应采用不燃材料制作,并应能自行关闭。

5 电梯层门的耐火极限不应低于 1.00 h,并应符合现行国家标准《电梯层门耐火试验 完整性、隔热性和热通量测定法》GB/T 27903 规定的完整性和隔热性要求。

6.2.10 户外电致发光广告牌不应直接设置在有可燃、难燃材料的墙体上。

户外广告牌的设置不应遮挡建筑的外窗,不应影响外部灭火救援行动。

6.3 屋顶、闷顶和建筑缝隙

6.3.1 在三、四级耐火等级建筑的闷顶内采用可燃材料作绝热层时,屋顶不应采用冷摊瓦。

闷顶内的非金属烟囱周围 0.5 m、金属烟囱 0.7 m 范围内,应采用不燃材料作绝热层。

6.3.2 层数超过 2 层的三级耐火等级建筑内的闷顶,应在每个防火隔断范围内设置老虎窗,且老虎窗的间距不宜大于 50 m。

6.3.3 内有可燃物的闷顶,应在每个防火隔断范围内设置净宽度和净高度均不小于 0.7 m 的闷顶入口;对于公共建筑,每个防火隔断范围内的闷顶入口不宜少于 2 个。闷顶入口宜布置在走廊中靠近楼梯间的部位。

6.3.4 变形缝内的填充材料和变形缝的构造基层应采用不燃材料。

电线、电缆、可燃气体和甲、乙、丙类液体的管道不宜穿过建筑内的变形缝,确需穿过时,应在穿过处加设不燃材料制作的套管或采取其他防变形措施,并应采用防火封堵材料封堵。

6.3.5 防烟、排烟、供暖、通风和空气调节系统中的管道及建筑内的其他管道,在穿越防火隔墙、楼板和防火墙处的孔隙应采用防火封堵材料封堵。

风管穿过防火隔墙、楼板和防火墙时,穿越处风管上的防火阀、排烟防火阀两侧各2.0m范围内的风管应采用耐火风管或风管外壁应采取防火保护措施,且耐火极限不应低于该防火分隔体的耐火极限。

6.3.6 建筑内受高温或火焰作用易变形的管道,在贯穿楼板部位和穿越防火隔墙的两侧宜采取阻火措施。

6.3.7 建筑屋顶上的开口与邻近建筑或设施之间,应采取防止火灾蔓延的措施。

6.4 疏散楼梯间和疏散楼梯等

6.4.1 疏散楼梯间应符合下列规定:

1 楼梯间应能天然采光和自然通风,并宜靠外墙设置。靠外墙设置时,楼梯间、前室及合用前室外墙上的窗口与两侧门、窗、洞口最近边缘的水平距离不应小于1.0m。

2 楼梯间内不应设置烧水间、可燃材料储藏室、垃圾道。

3 楼梯间内不应有影响疏散的凸出物或其他障碍物。

4 封闭楼梯间、防烟楼梯间及其前室,不应设置卷帘。

5 楼梯间内不应设置甲、乙、丙类液体管道。

6 封闭楼梯间、防烟楼梯间及其前室内禁止穿过或设置可燃气体管道。敞开楼梯间内不应设置可燃气体管道,当住宅建筑的敞开楼梯间内确需设置可燃气体管道和可燃气体计量表时,应采用金属管和设置切断气源的阀门。

6.4.2 封闭楼梯间除应符合本规范第6.4.1条的规定外,尚应符合下列规定:

1 不能自然通风或自然通风不能满足要求时,应设置机械加压送风系统或采用防烟楼梯间。

2 除楼梯间的出入口和外窗外,楼梯间的墙上不应开设其他门、窗、洞口。

3 高层建筑、人员密集的公共建筑、人员密集的多层丙类厂房、甲、乙类厂房,其封闭楼梯间的门应采用乙级防火门,并应向疏散方向开启;其他建筑,可采用双向弹簧门。

4 楼梯间的首层可将走道和门厅等包括在楼梯间内形成扩大的封闭楼梯间,但应采用乙级防火门等与其他走道和房间分隔。

6.4.3 防烟楼梯间除应符合本规范第6.4.1条的规定外,尚应符合下列规定:

1 应设置防烟设施。

2 前室可与消防电梯间前室合用。

3 前室的使用面积:公共建筑、高层厂房(仓库),不应小于6.0 m^2;住宅建筑,不应小于4.5 m^2。

与消防电梯间前室合用时,合用前室的使用面积:公共建筑、高层厂房(仓库),不应小于10.0 m^2;住宅建筑,不应小于6.0 m^2。

4 疏散走道通向前室以及前室通向楼梯间的门应采用乙级防火门。

5 除住宅建筑的楼梯间前室外,防烟楼梯间和前室内的墙上不应开设除疏散门和送风口外的其他门、窗、洞口。

6 楼梯间的首层可将走道和门厅等包括在楼梯间前室内形成扩大的前室,但应采用乙级防火门等与其他走道和房间分隔。

6.4.4 除通向避难层错位的疏散楼梯外,建筑内的疏散楼梯间在各层的平面位置不应改变。

除住宅建筑套内的自用楼梯外,地下或半地下建筑(室)的疏散楼梯间,应符合下列规定:

1 室内地面与室外出入口地坪高差大于10 m或3层及以上的地下、半地下建筑(室),其疏散楼梯应采用防烟楼梯间;其他地下或半地下建筑(室),其疏散楼梯应采用封闭楼梯间。

2 应在首层采用耐火极限不低于2.00 h的防火隔墙与其他部位分隔并应直通室外,确需在隔墙上开门时,应采用乙级防火门。

3 建筑的地下或半地下部分与地上部分不应共用楼梯间,确需共用楼梯间时,应在首层采用耐火极限不低于2.00 h的防火隔墙和乙级防火门将地下或半地下部分与地上部分的连通部位完全分隔,并应设置明显的标志。

6.4.5 室外疏散楼梯应符合下列规定:

1 栏杆扶手的高度不应小于1.10 m,楼梯的净宽度不应小于0.90 m。

2 倾斜角度不应大于45°。

3 梯段和平台均应采用不燃材料制作。平台的耐火极限不应低于1.00 h,梯段的耐火极限不应低于0.25 h。

4 通向室外楼梯的门应采用乙级防火门,并应向外开启。

5 除疏散门外,楼梯周围2 m内的墙面上不应设置门、窗、洞口。疏散门不应正对梯段。

6.4.6 用作丁、戊类厂房内第二安全出口的楼梯可采用金属梯,但其净宽度不应小于0.90 m,倾斜角度不应大于45°。

丁、戊类高层厂房,当每层工作平台上的人数不超过2人且各层工作平台上同时工作的人数总和不超过10人时,其疏散楼梯可采用敞开楼梯或利用净宽度不小于0.90 m、倾斜角度不大于60°的金属梯。

6.4.7 疏散用楼梯和疏散通道上的阶梯不宜采用螺旋楼梯和扇形踏步;确需采用时,踏步上、下两级所形成的平面角度不应大于10°,且每级离扶手250 mm处的踏步深度不应小于220 mm。

6.4.8 建筑内的公共疏散楼梯,其两梯段及扶手间的水平净距不宜小于150 mm。

6.4.9 高度大于10 m的三级耐火等级建筑应设置通至屋顶的室外消防梯。室外消防梯不应面对老虎窗,宽度不应小于0.6 m,且宜从离地面3.0 m高处设置。

6.4.10 疏散走道在防火分区处应设置常开甲级防火门。

6.4.11 建筑内的疏散门应符合下列规定:

1 民用建筑和厂房的疏散门,应采用向疏散方向开启的平开门,不应采用推拉门、卷帘门、吊门、转门和折叠门。除甲、乙类生产车间外,人数不超过60人且每樘门的平均疏散人数不超过30人的房间,其疏散门的开启方向不限。

2 仓库的疏散门应采用向疏散方向开启的平开门,但丙、丁、戊类仓库首层靠墙的外侧可采用推拉门或卷帘门。

3 开向疏散楼梯或疏散楼梯间的门,当其完全开启时,不应减少楼梯平台的有效宽度。

4 人员密集场所内平时需要控制人员随意出入的疏散门和设置门禁系统的住宅、宿舍、公寓建筑的外门,应保证火灾时不需使用钥匙等任何工具即能从内部易于打开,并应在显著位置设置具有使用提示的标识。

6.4.12 用于防火分隔的下沉式广场等室外开敞空间,应符合下列规定:

  1 分隔后的不同区域通向下沉式广场等室外开敞空间的开口最近边缘之间的水平距离不应小于 13 m。室外开敞空间除用于人员疏散外不得用于其他商业或可能导致火灾蔓延的用途,其中用于疏散的净面积不应小于 169 m^2。

  2 下沉式广场等室外开敞空间内应设置不少于 1 部直通地面的疏散楼梯。当连接下沉广场的防火分区需利用下沉广场进行疏散时,疏散楼梯的总净宽度不应小于任一防火分区通向室外开敞空间的设计疏散总净宽度。

  3 确需设置防风雨篷时,防风雨篷不应完全封闭,四周开口部位应均匀布置,开口的面积不应小于该空间地面面积的 25%,开口高度不应小于 1.0 m;开口设置百叶时,百叶的有效排烟面积可按百叶通风口面积的 60% 计算。

6.4.13 防火隔间的设置应符合下列规定:

  1 防火隔间的建筑面积不应小于 6.0 m^2;

  2 防火隔间的门应采用甲级防火门;

  3 不同防火分区通向防火隔间的门不应计入安全出口,门的最小间距不应小于 4 m;

  4 防火隔间内部装修材料的燃烧性能应为 A 级;

  5 不应用于除人员通行外的其他用途。

6.4.14 避难走道的设置应符合下列规定:

  1 避难走道防火隔墙的耐火极限不应低于 3.00 h,楼板的耐火极限不应低于 1.50 h。

  2 避难走道直通地面的出口不应少于 2 个,并应设置在不同方向;当避难走道仅与一个防火分区相通且该防火分区至少有 1 个直通室外的安全出口时,可设置 1 个直通地面的出口。任一防火分区通向避难走道的门至该避难走道最近直通地面的出口的距离不应大于 60 m。

  3 避难走道的净宽度不应小于任一防火分区通向该避难走道的设计疏散总净宽度。

  4 避难走道内部装修材料的燃烧性能应为 A 级。

  5 防火分区至避难走道入口处应设置防烟前室,前室的使用面积不应小于 6.0 m^2,开向前室的门应采用甲级防火门,前室开向避难走道的门应采用乙级防火门。

  6 避难走道内应设置消火栓、消防应急照明、应急广播和消防专线电话。

6.5 防火门、窗和防火卷帘

6.5.1 防火门的设置应符合下列规定:

  1 设置在建筑内经常有人通行处的防火门宜采用常开防火门。常开防火门应能在火灾时自行关闭,并应具有信号反馈的功能。

  2 除允许设置常开防火门的位置外,其他位置的防火门均应采用常闭防火门。常闭防火门应在其明显位置设置"保持防火门关闭"等提示标识。

  3 除管井检修门和住宅的户门外,防火门应具有自行关闭功能。双扇防火门应具有按顺序自行关闭的功能。

  4 除本规范第 6.4.11 条第 4 款的规定外,防火门应能在其内外两侧手动开启。

  5 设置在建筑变形缝附近时,防火门应设置在楼层较多的一侧,并应保证防火门开启时门扇不跨越变形缝。

  6 防火门关闭后应具有防烟性能。
  7 甲、乙、丙级防火门应符合现行国家标准《防火门》GB 12955 的规定。
6.5.2 设置在防火墙、防火隔墙上的防火窗，应采用不可开启的窗扇或具有火灾时能自行关闭的功能。
  防火窗应符合现行国家标准《防火窗》GB 16809 的有关规定。
6.5.3 防火分隔部位设置防火卷帘时，应符合下列规定：
  1 除中庭外，当防火分隔部位的宽度不大于 30 m 时，防火卷帘的宽度不应大于 10 m；当防火分隔部位的宽度大于 30 m 时，防火卷帘的宽度不应大于该部位宽度的 1/3，且不应大于 20 m。
  2 防火卷帘应具有火灾时靠自重自动关闭功能。
  3 除本规范另有规定外，防火卷帘的耐火极限不应低于本规范对所设置部位墙体的耐火极限要求。
  当防火卷帘的耐火极限符合现行国家标准《门和卷帘的耐火试验方法》GB/T 7633 有关耐火完整性和耐火隔热性的判定条件时，可不设置自动喷水灭火系统保护。
  当防火卷帘的耐火极限仅符合现行国家标准《门和卷帘的耐火试验方法》GB/T 7633 有关耐火完整性的判定条件时，应设置自动喷水灭火系统保护。自动喷水灭火系统的设计应符合现行国家标准《自动喷水灭火系统设计规范》GB 50084 的规定，但火灾延续时间不应小于该防火卷帘的耐火极限。
  4 防火卷帘应具有防烟性能，与楼板、梁、墙、柱之间的空隙应采用防火封堵材料封堵。
  5 需在火灾时自动降落的防火卷帘，应具有信号反馈的功能。
  6 其他要求，应符合现行国家标准《防火卷帘》GB 14102 的规定。

6.6 天桥、栈桥和管沟

6.6.1 天桥、跨越房屋的栈桥以及供输送可燃材料、可燃气体和甲、乙、丙类液体的栈桥，均应采用不燃材料。
6.6.2 输送有火灾、爆炸危险物质的栈桥不应兼作疏散通道。
6.6.3 封闭天桥、栈桥与建筑物连接处的门洞以及敷设甲、乙、丙类液体管道的封闭管沟（廊），均宜采取防止火灾蔓延的措施。
6.6.4 连接两座建筑物的天桥、连廊，应采取防止火灾在两座建筑间蔓延的措施。当仅供通行的天桥、连廊采用不燃材料，且建筑物通向天桥、连廊的出口符合安全出口的要求时，该出口可作为安全出口。

6.7 建筑保温和外墙装饰

6.7.1 建筑的内、外保温系统，宜采用燃烧性能为 A 级的保温材料，不宜采用 B_2 级保温材料，严禁采用 B_3 级保温材料；设置保温系统的基层墙体或屋面板的耐火极限应符合本规范的有关规定。
6.7.2 建筑外墙采用内保温系统时，保温系统应符合下列规定：
  1 对于人员密集场所，用火、燃油、燃气等具有火灾危险性的场所以及各类建筑内的疏散楼梯间、避难走道、避难间、避难层等场所或部位，应采用燃烧性能为 A 级的保温材料。
  2 对于其他场所，应采用低烟、低毒且燃烧性能不低于 B_1 级的保温材料。
  3 保温系统应采用不燃材料做防护层。采用燃烧性能为 B_1 级的保温材料时，防护层的厚度不应小于 10 mm。

6.7.3 建筑外墙采用保温材料与两侧墙体构成无空腔复合保温结构体时,该结构体的耐火极限应符合本规范的有关规定;当保温材料的燃烧性能为 B_1、B_2 级时,保温材料两侧的墙体应采用不燃材料且厚度均不应小于 50 mm。

6.7.4 设置人员密集场所的建筑,其外墙外保温材料的燃烧性能应为 A 级。

6.7.4A 除本规范第 6.7.3 条规定的情况外,下列老年人照料设施的内、外墙体和屋面保温材料应采用燃烧性能为 A 级的保温材料:

  1 独立建造的老年人照料设施;

  2 与其他建筑组合建造且老年人照料设施部分的总建筑面积大于 500 m^2 的老年人照料设施。

6.7.5 与基层墙体、装饰层之间无空腔的建筑外墙外保温系统,其保温材料应符合下列规定:

  1 住宅建筑:

    1) 建筑高度大于 100 m 时,保温材料的燃烧性能应为 A 级;

    2) 建筑高度大于 27 m,但不大于 100 m 时,保温材料的燃烧性能不应低于 B_1 级;

    3) 建筑高度不大于 27 m 时,保温材料的燃烧性能不应低于 B_2 级。

  2 除住宅建筑和设置人员密集场所的建筑外,其他建筑:

    1) 建筑高度大于 50 m 时,保温材料的燃烧性能应为 A 级;

    2) 建筑高度大于 24 m,但不大于 50 m 时,保温材料的燃烧性能不应低于 B_1 级;

    3) 建筑高度不大于 24 m 时,保温材料的燃烧性能不应低于 B_2 级。

6.7.6 除设置人员密集场所的建筑外,与基层墙体、装饰层之间有空腔的建筑外墙外保温系统,其保温材料应符合下列规定:

  1 建筑高度大于 24 m 时,保温材料的燃烧性能应为 A 级;

  2 建筑高度不大于 24 m 时,保温材料的燃烧性能不应低于 B_1 级。

6.7.7 除本规范第 6.7.3 条规定的情况外,当建筑的外墙外保温系统按本节规定采用燃烧性能为 B_1、B_2 级的保温材料时,应符合下列规定:

  1 除采用 B_1 级保温材料且建筑高度不大于 24 m 的公共建筑或采用 B_1 级保温材料且建筑高度不大于 27 m 的住宅建筑外,建筑外墙上门、窗的耐火完整性不应低于 0.50 h。

  2 应在保温系统中每层设置水平防火隔离带。防火隔离带应采用燃烧性能为 A 级的材料,防火隔离带的高度不应小于 300 mm。

6.7.8 建筑的外墙外保温系统应采用不燃材料在其表面设置防护层,防护层应将保温材料完全包覆。除本规范第 6.7.3 条规定的情况外,当按本节规定采用 B_1、B_2 级保温材料时,防护层厚度首层不应小于 15 mm,其他层不应小于 5 mm。

6.7.9 建筑外墙外保温系统与基层墙体、装饰层之间的空腔,应在每层楼板处采用防火封堵材料封堵。

6.7.10 建筑的屋面外保温系统,当屋面板的耐火极限不低于 1.00 h 时,保温材料的燃烧性能不应低于 B_2 级;当屋面板的耐火极限低于 1.00 h 时,不应低于 B_1 级。采用 B_1、B_2 级保温材料的外保温系统应采用不燃材料作防护层,防护层的厚度不应小于 10 mm。

  当建筑的屋面和外墙外保温系统均采用 B_1、B_2 级保温材料时,屋面与外墙之间应采用宽度不小于500 mm的不燃材料设置防火隔离带进行分隔。

6.7.11 电气线路不应穿越或敷设在燃烧性能为 B_1 或 B_2 级的保温材料中；确需穿越或敷设时，应采取穿金属管并在金属管周围采用不燃隔热材料进行防火隔离等防火保护措施。设置开关、插座等电器配件的部位周围应采取不燃隔热材料进行防火隔离等防火保护措施。

6.7.12 建筑外墙的装饰层应采用燃烧性能为 A 级的材料，但建筑高度不大于 50 m 时，可采用 B_1 级材料。

7 灭火救援设施

7.1 消防车道

7.1.1 街区内的道路应考虑消防车的通行，道路中心线间的距离不宜大于 160 m。

当建筑物沿街道部分的长度大于 150 m 或总长度大于 220 m 时，应设置穿过建筑物的消防车道。确有困难时，应设置环形消防车道。

7.1.2 高层民用建筑，超过 3 000 个座位的体育馆，超过 2 000 个座位的会堂，占地面积大于 3 000 m² 的商店建筑、展览建筑等单、多层公共建筑应设置环形消防车道，确有困难时，可沿建筑的两个长边设置消防车道；对于高层住宅建筑和山坡地或河道边临空建造的高层民用建筑，可沿建筑的一个长边设置消防车道，但该长边所在建筑立面应为消防车登高操作面。

7.1.3 工厂、仓库区内应设置消防车道。

高层厂房，占地面积大于 3 000 m² 的甲、乙、丙类厂房和占地面积大于 1 500 m² 的乙、丙类仓库，应设置环形消防车道，确有困难时，应沿建筑物的两个长边设置消防车道。

7.1.4 有封闭内院或天井的建筑物，当内院或天井的短边长度大于 24 m 时，宜设置进入内院或天井的消防车道；当该建筑物沿街时，应设置连通街道和内院的人行通道（可利用楼梯间），其间距不宜大于 80 m。

7.1.5 在穿过建筑物或进入建筑物内院的消防车道两侧，不应设置影响消防车通行或人员安全疏散的设施。

7.1.6 可燃材料露天堆场区，液化石油气储罐区，甲、乙、丙类液体储罐区和可燃气体储罐区，应设置消防车道。消防车道的设置应符合下列规定：

　　1 储量大于表 7.1.6 规定的堆场、储罐区，宜设置环形消防车道。

表 7.1.6 堆场或储罐区的储量

名称	棉、麻、毛、化纤(t)	秸秆、芦苇(t)	木材(m³)	甲、乙、丙类液体储罐(m³)	液化石油气储罐(m³)	可燃气体储罐(m³)
储量	1 000	5 000	5 000	1 500	500	30 000

　　2 占地面积大于 30 000 m² 的可燃材料堆场，应设置与环形消防车道相通的中间消防车道，消防车道的间距不宜大于 150 m。液化石油气储罐区，甲、乙、丙类液体储罐区和可燃气体储罐区内的环形消防车道之间宜设置连通的消防车道。

　　3 消防车道的边缘距离可燃材料堆垛不应小于 5 m。

7.1.7 供消防车取水的天然水源和消防水池应设置消防车道。消防车道的边缘距离取水点不宜大于 2 m。

7.1.8 消防车道应符合下列要求：

1 车道的净宽度和净空高度均不应小于 4.0 m；
2 转弯半径应满足消防车转弯的要求；
3 消防车道与建筑之间不应设置妨碍消防车操作的树木、架空管线等障碍物；
4 消防车道靠建筑外墙一侧的边缘距离建筑外墙不宜小于 5 m；
5 消防车道的坡度不宜大于 8%。

7.1.9 环形消防车道至少应有两处与其他车道连通。尽头式消防车道应设置回车道或回车场，回车场的面积不应小于 12 m×12 m；对于高层建筑，不宜小于 15 m×15 m；供重型消防车使用时，不宜小于 18 m×18 m。

消防车道的路面、救援操作场地、消防车道和救援操作场地下面的管道和暗沟等，应能承受重型消防车的压力。

消防车道可利用城乡、厂区道路等，但该道路应满足消防车通行、转弯和停靠的要求。

7.1.10 消防车道不宜与铁路正线平交，确需平交时，应设置备用车道，且两车道的间距不应小于一列火车的长度。

7.2 救援场地和入口

7.2.1 高层建筑应至少沿一个长边或周边长度的 1/4 且不小于一个长边长度的底边连续布置消防车登高操作场地，该范围内的裙房进深不应大于 4 m。

建筑高度不大于 50 m 的建筑，连续布置消防车登高操作场地确有困难时，可间隔布置，但间隔距离不宜大于 30 m，且消防车登高操作场地的总长度仍应符合上述规定。

7.2.2 消防车登高操作场地应符合下列规定：

1 场地与厂房、仓库、民用建筑之间不应设置妨碍消防车操作的树木、架空管线等障碍物和车库出入口。
2 场地的长度和宽度分别不应小于 15 m 和 10 m。对于建筑高度大于 50 m 的建筑，场地的长度和宽度分别不应小于 20 m 和 10 m。
3 场地及其下面的建筑结构、管道和暗沟等，应能承受重型消防车的压力。
4 场地应与消防车道连通，场地靠建筑外墙一侧的边缘距离建筑外墙不宜小于 5 m，且不应大于 10 m，场地的坡度不宜大于 3%。

7.2.3 建筑物与消防车登高操作场地相对应的范围内，应设置直通室外的楼梯或直通楼梯间的入口。

7.2.4 厂房、仓库、公共建筑的外墙应在每层的适当位置设置可供消防救援人员进入的窗口。

7.2.5 供消防救援人员进入的窗口的净高度和净宽度均不应小于 1.0 m，下沿距室内地面不宜大于 1.2 m，间距不宜大于 20 m 且每个防火分区不应少于 2 个，设置位置应与消防车登高操作场地相对应。窗口的玻璃应易于破碎，并应设置可在室外易于识别的明显标志。

7.3 消防电梯

7.3.1 下列建筑应设置消防电梯：

1 建筑高度大于 33 m 的住宅建筑；
2 一类高层公共建筑和建筑高度大于 32 m 的二类高层公共建筑、5 层及以上且总建筑面积大于3 000 m²（包括设置在其他建筑内五层及以上楼层）的老年人照料设施；

  3 设置消防电梯的建筑的地下或半地下室，埋深大于10 m且总建筑面积大于3 000 m²的其他地下或半地下建筑（室）。

7.3.2 消防电梯应分别设置在不同防火分区内，且每个防火分区不应少于1台。

7.3.3 建筑高度大于32 m且设置电梯的高层厂房（仓库），每个防火分区内宜设置1台消防电梯，但符合下列条件的建筑可不设置消防电梯：

  1 建筑高度大于32 m且设置电梯，任一层工作平台上的人数不超过2人的高层塔架；

  2 局部建筑高度大于32 m，且局部高出部分的每层建筑面积不大于50 m²的丁、戊类厂房。

7.3.4 符合消防电梯要求的客梯或货梯可兼作消防电梯。

7.3.5 除设置在仓库连廊、冷库穿堂或谷物筒仓工作塔内的消防电梯外，消防电梯应设置前室，并应符合下列规定：

  1 前室宜靠外墙设置，并应在首层直通室外或经过长度不大于30 m的通道通向室外；

  2 前室的使用面积不应小于6.0 m²，前室的短边不应小于2.4 m；与防烟楼梯间合用的前室，其使用面积尚应符合本规范第5.5.28条和第6.4.3条的规定；

  3 除前室的出入口、前室内设置的正压送风口和本规范第5.5.27条规定的户门外，前室内不应开设其他门、窗、洞口；

  4 前室或合用前室的门应采用乙级防火门，不应设置卷帘。

7.3.6 消防电梯井、机房与相邻电梯井、机房之间应设置耐火极限不低于2.00 h的防火隔墙，隔墙上的门应采用甲级防火门。

7.3.7 消防电梯的井底应设置排水设施，排水井的容量不应小于2 m³，排水泵的排水量不应小于10 L/s。消防电梯间前室的门口宜设置挡水设施。

7.3.8 消防电梯应符合下列规定：

  1 应能每层停靠；

  2 电梯的载重量不应小于800 kg；

  3 电梯从首层至顶层的运行时间不宜大于60 s；

  4 电梯的动力与控制电缆、电线、控制面板应采取防水措施；

  5 在首层的消防电梯入口处应设置供消防队员专用的操作按钮；

  6 电梯轿厢的内部装修应采用不燃材料；

  7 电梯轿厢内部应设置专用消防对讲电话。

7.4 直升机停机坪

7.4.1 建筑高度大于100 m且标准层建筑面积大于2 000 m²的公共建筑，宜在屋顶设置直升机停机坪或供直升机救助的设施。

7.4.2 直升机停机坪应符合下列规定：

  1 设置在屋顶平台上时，距离设备机房、电梯机房、水箱间、共用天线等突出物不应小于5 m；

  2 建筑通向停机坪的出口不应少于2个，每个出口的宽度不宜小于0.90 m；

  3 四周应设置航空障碍灯，并应设置应急照明；

  4 在停机坪的适当位置应设置消火栓;
  5 其他要求应符合国家现行航空管理有关标准的规定。

8 消防设施的设置

8.1 一般规定

8.1.1 消防给水和消防设施的设置应根据建筑的用途及其重要性、火灾危险性、火灾特性和环境条件等因素综合确定。

8.1.2 城镇(包括居住区、商业区、开发区、工业区等)应沿可通行消防车的街道设置市政消火栓系统。

  民用建筑、厂房、仓库、储罐(区)和堆场周围应设置室外消火栓系统。

  用于消防救援和消防车停靠的屋面上,应设置室外消火栓系统。

  注:耐火等级不低于二级且建筑体积不大于3 000 m^3 的戊类厂房,居住区人数不超过500人且建筑层数不超过两层的居住区,可不设置室外消火栓系统。

8.1.3 自动喷水灭火系统、水喷雾灭火系统、泡沫灭火系统和固定消防炮灭火系统等系统以及下列建筑的室内消火栓给水系统应设置消防水泵接合器:

  1 超过5层的公共建筑;
  2 超过4层的厂房或仓库;
  3 其他高层建筑;
  4 超过2层或建筑面积大于10 000 m^2 的地下建筑(室)。

8.1.4 甲、乙、丙类液体储罐(区)内的储罐应设置移动水枪或固定水冷却设施。高度大于15 m或单罐容积大于2 000 m^3 的甲、乙、丙类液体地上储罐,宜采用固定水冷却设施。

8.1.5 总容积大于50 m^3 或单罐容积大于20 m^3 的液化石油气储罐(区)应设置固定水冷却设施,埋地的液化石油气储罐可不设置固定喷水冷却装置。总容积不大于50 m^3 或单罐容积不大于20 m^3 的液化石油气储罐(区),应设置移动式水枪。

8.1.6 消防水泵房的设置应符合下列规定:

  1 单独建造的消防水泵房,其耐火等级不应低于二级;
  2 附设在建筑内的消防水泵房,不应设置在地下三层及以下或室内地面与室外出入口地坪高差大于10 m的地下楼层;
  3 疏散门应直通室外或安全出口。

8.1.7 设置火灾自动报警系统和需要联动控制的消防设备的建筑(群)应设置消防控制室。消防控制室的设置应符合下列规定:

  1 单独建造的消防控制室,其耐火等级不应低于二级;
  2 附设在建筑内的消防控制室,宜设置在建筑内首层或地下一层,并宜布置在靠外墙部位;
  3 不应设置在电磁场干扰较强及其他可能影响消防控制设备正常工作的房间附近;
  4 疏散门应直通室外或安全出口。
  5 消防控制室内的设备构成及其对建筑消防设施的控制与显示功能以及向远程监控系统传输相关信息的功能,应符合现行国家标准《火灾自动报警系统设计规范》GB 50116和《消防控制室通用技术要求》GB 25506的规定。

8.1.8 消防水泵房和消防控制室应采取防水淹的技术措施。

8.1.9 设置在建筑内的防排烟风机应设置在不同的专用机房内,有关防火分隔措施应符合本规范第6.2.7条的规定。

8.1.10 高层住宅建筑的公共部位和公共建筑内应设置灭火器,其他住宅建筑的公共部位宜设置灭火器。

厂房、仓库、储罐(区)和堆场,应设置灭火器。

8.1.11 建筑外墙设置有玻璃幕墙或采用火灾时可能脱落的墙体装饰材料或构造时,供灭火救援用的水泵接合器、室外消火栓等室外消防设施,应设置在距离建筑外墙相对安全的位置或采取安全防护措施。

8.1.12 设置在建筑室内外供人员操作或使用的消防设施,均应设置区别于环境的明显标志。

8.1.13 有关消防系统及设施的设计,应符合现行国家标准《消防给水及消火栓系统技术规范》GB 50974、《自动喷水灭火系统设计规范》GB 50084、《火灾自动报警系统设计规范》GB 50116等标准的规定。

8.2 室内消火栓系统

8.2.1 下列建筑或场所应设置室内消火栓系统:

1 建筑占地面积大于300 m^2 的厂房和仓库;

2 高层公共建筑和建筑高度大于21 m的住宅建筑;

注:建筑高度不大于27 m的住宅建筑,设置室内消火栓系统确有困难时,可只设置干式消防竖管和不带消火栓箱的DN65的室内消火栓。

3 体积大于5 000 m^3 的车站、码头、机场的候车(船、机)建筑、展览建筑、商店建筑、旅馆建筑、医疗建筑、<u>老年人照料设施</u>和图书馆建筑等单、多层建筑;

4 特等、甲等剧场,超过800个座位的其他等级的剧场和电影院等以及超过1 200个座位的礼堂、体育馆等单、多层建筑;

5 建筑高度大于15 m或体积大于10 000 m^3 的办公建筑、教学建筑和其他单、多层民用建筑。

8.2.2 本规范第8.2.1条未规定的建筑或场所和符合本规范第8.2.1条规定的下列建筑或场所,可不设置室内消火栓系统,但宜设置消防软管卷盘或轻便消防水龙:

1 耐火等级为一、二级且可燃物较少的单、多层丁、戊类厂房(仓库)。

2 耐火等级为三、四级且建筑体积不大于3 000 m^3 的丁类厂房;耐火等级为三、四级且建筑体积不大于5 000 m^3 的戊类厂房(仓库)。

3 粮食仓库、金库、远离城镇且无人值班的独立建筑。

4 存有与水接触能引起燃烧爆炸的物品的建筑。

5 室内无生产、生活给水管道,室外消防用水取自储水池且建筑体积不大于5 000 m^3 的其他建筑。

8.2.3 国家级文物保护单位的重点砖木或木结构的古建筑,宜设置室内消火栓系统。

8.2.4 人员密集的公共建筑、建筑高度大于100 m的建筑和建筑面积大于200 m^2 的商业服务网点内应设置消防软管卷盘或轻便消防水龙。高层住宅建筑的户内宜配置轻便消防水龙。

老年人照料设施内应设置与室内供水系统直接连接的消防软管卷盘,消防软管卷盘的设置间距不应大于30.0 m。

8.3 自动灭火系统

8.3.1 除本规范另有规定和不宜用水保护或灭火的场所外,下列厂房或生产部位应设置自动灭火系统,并宜采用自动喷水灭火系统:

  1 不小于50 000纱锭的棉纺厂的开包、清花车间,不小于5 000锭的麻纺厂的分级、梳麻车间,火柴厂的烤梗、筛选部位;

  2 占地面积大于1 500 m² 或总建筑面积大于3 000 m² 的单、多层制鞋、制衣、玩具及电子等类似生产的厂房;

  3 占地面积大于1 500 m² 的木器厂房;

  4 泡沫塑料厂的预发、成型、切片、压花部位;

  5 高层乙、丙类厂房;

  6 建筑面积大于500 m² 的地下或半地下丙类厂房。

8.3.2 除本规范另有规定和不宜用水保护或灭火的仓库外,下列仓库应设置自动灭火系统,并宜采用自动喷水灭火系统:

  1 每座占地面积大于1 000 m² 的棉、毛、丝、麻、化纤、毛皮及其制品的仓库;

  注:单层占地面积不大于2 000 m² 的棉花库房,可不设置自动喷水灭火系统。

  2 每座占地面积大于600 m² 的火柴仓库;

  3 邮政建筑内建筑面积大于500 m² 的空邮袋库;

  4 可燃、难燃物品的高架仓库和高层仓库;

  5 设计温度高于0 ℃ 的高架冷库,设计温度高于0 ℃ 且每个防火分区建筑面积大于1 500 m² 的非高架冷库;

  6 总建筑面积大于500 m² 的可燃物品地下仓库;

  7 每座占地面积大于1 500 m² 或总建筑面积大于3 000 m² 的其他单层或多层丙类物品仓库。

8.3.3 除本规范另有规定和不宜用水保护或灭火的场所外,下列高层民用建筑或场所应设置自动灭火系统,并宜采用自动喷水灭火系统:

  1 一类高层公共建筑(除游泳池、溜冰场外)及其地下、半地下室;

  2 二类高层公共建筑及其地下、半地下室的公共活动用房、走道、办公室和旅馆的客房、可燃物品库房、自动扶梯底部;

  3 高层民用建筑内的歌舞娱乐放映游艺场所;

  4 建筑高度大于100 m 的住宅建筑。

8.3.4 除本规范另有规定和不适用水保护或灭火的场所外,下列单、多层民用建筑或场所应设置自动灭火系统,并宜采用自动喷水灭火系统:

  1 特等、甲等剧场,超过1 500个座位的其他等级的剧场,超过2 000个座位的会堂或礼堂,超过3 000个座位的体育馆,超过5 000人的体育场的室内人员休息室与器材间等;

  2 任一层建筑面积大于1 500 m² 或总建筑面积大于3 000 m² 的展览、商店、餐饮和旅馆建筑以及医院中同样建筑规模的病房楼、门诊楼和手术部;

  3 设置送回风道(管)的集中空气调节系统且总建筑面积大于3 000 m² 的办公建

筑等；

    4 藏书量超过50万册的图书馆；

    5 大、中型幼儿园，老年人照料设施；

    6 总建筑面积大于500 m² 的地下或半地下商店；

    7 设置在地下或半地下或地上四层及以上楼层的歌舞娱乐放映游艺场所（除游泳场所外），设置在首层、二层和三层且任一层建筑面积大于300 m² 的地上歌舞娱乐放映游艺场所（除游泳场所外）。

8.3.5 根据本规范要求难以设置自动喷水灭火系统的展览厅、观众厅等人员密集的场所和丙类生产车间、库房等高大空间场所，应设置其他自动灭火系统，并宜采用固定消防炮等灭火系统。

8.3.6 下列部位宜设置水幕系统：

    1 特等、甲等剧场、超过1 500个座位的其他等级的剧场、超过2 000个座位的会堂或礼堂和高层民用建筑内超过800个座位的剧场或礼堂的舞台口及上述场所内与舞台相连的侧台、后台的洞口；

    2 应设置防火墙等防火分隔物而无法设置的局部开口部位；

    3 需要防护冷却的防火卷帘或防火幕的上部。

    注：舞台口也可采用防火幕进行分隔，侧台、后台的较小洞口宜设置乙级防火门、窗。

8.3.7 下列建筑或部位应设置雨淋自动喷水灭火系统：

    1 火柴厂的氯酸钾压碾厂房，建筑面积大于100 m² 且生产或使用硝化棉、喷漆棉、火胶棉、赛璐珞胶片、硝化纤维的厂房；

    2 乒乓球厂的轧坯、切片、磨球、分球检验部位；

    3 建筑面积大于60 m² 或储存量大于2 t的硝化棉、喷漆棉、火胶棉、赛璐珞胶片、硝化纤维的仓库；

    4 日装瓶数量大于3 000瓶的液化石油气储配站的灌瓶间、实瓶库；

    5 特等、甲等剧场、超过1 500个座位的其他等级剧场和超过2 000个座位的会堂或礼堂的舞台葡萄架下部；

    6 建筑面积不小于400 m² 的演播室，建筑面积不小于500 m² 的电影摄影棚。

8.3.8 下列场所应设置自动灭火系统，并宜采用水喷雾灭火系统：

    1 单台容量在40 MV·A及以上的厂矿企业油浸变压器，单台容量在90 MV·A及以上的电厂油浸变压器，单台容量在125 MV·A及以上的独立变电站油浸变压器；

    2 飞机发动机试验台的试车部位；

    3 充可燃油并设置在高层民用建筑内的高压电容器和多油开关室。

    注：设置在室内的油浸变压器、充可燃油的高压电容器和多油开关室，可采用细水雾灭火系统。

8.3.9 下列场所应设置自动灭火系统，并宜采用气体灭火系统：

    1 国家、省级或人口超过100万的城市广播电视发射塔内的微波机房、分米波机房、米波机房、变配电室和不间断电源（UPS）室；

    2 国际电信局、大区中心、省中心和一万路以上的地区中心内的长途程控交换机房、控制室和信令转接点室；

    3 两万线以上的市话汇接局和六万门以上的市话端局内的程控交换机房、控制室和信令转接点室；

　　4　中央及省级公安、防灾和网局级及以上的电力等调度指挥中心内的通信机房和控制室；

　　5　A、B级电子信息系统机房内的主机房和基本工作间的已记录磁（纸）介质库；

　　6　中央和省级广播电视中心内建筑面积不小于120 m²的音像制品库房；

　　7　国家、省级或藏书量超过100万册的图书馆内的特藏库；中央和省级档案馆内的珍藏库和非纸质档案库；大、中型博物馆内的珍品库房；一级纸绢质文物的陈列室；

　　8　其他特殊重要设备室。

　　注：1　本条第1、4、5、8款规定的部位，可采用细水雾灭火系统。
　　　　2　当有备用主机和备用已记录磁（纸）介质，且设置在不同建筑内或同一建筑内的不同防火分区内时，本条第5款规定的部位可采用预作用自动喷水灭火系统。

8.3.10　甲、乙、丙类液体储罐的灭火系统设置应符合下列规定：

　　1　单罐容量大于1 000 m³的固定顶罐应设置固定式泡沫灭火系统；

　　2　罐壁高度小于7 m或容量不大于200 m³的储罐可采用移动式泡沫灭火系统；

　　3　其他储罐宜采用半固定式泡沫灭火系统；

　　4　石油库、石油化工、石油天然气工程中甲、乙、丙类液体储罐的灭火系统设置，应符合现行国家标准《石油库设计规范》GB 50074等标准的规定。

8.3.11　餐厅建筑面积大于1 000 m²的餐馆或食堂，其烹饪操作间的排油烟罩及烹饪部位应设置自动灭火装置，并应在燃气或燃油管道上设置与自动灭火装置联动的自动切断装置。

　　食品工业加工场所内有明火作业或高温食用油的食品加工部位宜设置自动灭火装置。

8.4　火灾自动报警系统

8.4.1　下列建筑或场所应设置火灾自动报警系统：

　　1　任一层建筑面积大于1 500 m²或总建筑面积大于3 000 m²的制鞋、制衣、玩具、电子等类似用途的厂房；

　　2　每座占地面积大于1 000 m²的棉、毛、丝、麻、化纤及其制品的仓库，占地面积大于500 m²或总建筑面积大于1 000 m²的卷烟仓库；

　　3　任一层建筑面积大于1 500 m²或总建筑面积大于3 000 m²的商店、展览、财贸金融、客运和货运等类似用途的建筑，总建筑面积大于500 m²的地下或半地下商店；

　　4　图书或文物的珍藏库，每座藏书超过50万册的图书馆，重要的档案馆；

　　5　地市级及以上广播电视建筑、邮政建筑、电信建筑，城市或区域性电力、交通和防灾等指挥调度建筑；

　　6　特等、甲等剧场，座位数超过1 500个的其他等级的剧场或电影院，座位数超过2 000个的会堂或礼堂，座位数超过3 000个的体育馆；

　　7　大、中型幼儿园的儿童用房等场所，老年人照料设施，任一层建筑面积大于1 500 m²或总建筑面积大于3 000 m²的疗养院的病房楼、旅馆建筑和其他儿童活动场所，不少于200床位的医院门诊楼、病房楼和手术部等；

　　8　歌舞娱乐放映游艺场所；

　　9　净高大于2.6 m且可燃物较多的技术夹层，净高大于0.8 m且有可燃物的闷顶或吊顶内；

10 电子信息系统的主机房及其控制室、记录介质库,特殊贵重或火灾危险性大的机器、仪表、仪器设备室、贵重物品库房;

11 二类高层公共建筑内建筑面积大于50 m²的可燃物品库房和建筑面积大于500 m²的营业厅;

12 其他一类高层公共建筑;

13 设置机械排烟、防烟系统,雨淋或预作用自动喷水灭火系统,固定消防水炮灭火系统、气体灭火系统等需与火灾自动报警系统联锁动作的场所或部位。

注:老年人照料设施中的老年人用房及其公共走道,均应设置火灾探测器和声警报装置或消防广播。

8.4.2 建筑高度大于100 m的住宅建筑,应设置火灾自动报警系统。

建筑高度大于54 m但不大于100 m的住宅建筑,其公共部位应设置火灾自动报警系统,套内宜设置火灾探测器。

建筑高度不大于54 m的高层住宅建筑,其公共部位宜设置火灾自动报警系统。当设置需联动控制的消防设施时,公共部位应设置火灾自动报警系统。

高层住宅建筑的公共部位应设置具有语音功能的火灾声警报装置或应急广播。

8.4.3 建筑内可能散发可燃气体、可燃蒸气的场所应设置可燃气体报警装置。

8.5 防烟和排烟设施

8.5.1 建筑的下列场所或部位应设置防烟设施:

1 防烟楼梯间及其前室;

2 消防电梯间前室或合用前室;

3 避难走道的前室、避难层(间)。

建筑高度不大于50 m的公共建筑、厂房、仓库和建筑高度不大于100 m的住宅建筑,当其防烟楼梯间的前室或合用前室符合下列条件之一时,楼梯间可不设置防烟系统:

1 前室或合用前室采用敞开的阳台、凹廊;

2 前室或合用前室具有不同朝向的可开启外窗,且可开启外窗的面积满足自然排烟口的面积要求。

8.5.2 厂房或仓库的下列场所或部位应设置排烟设施:

1 人员或可燃物较多的丙类生产场所,丙类厂房内建筑面积大于300 m²且经常有人停留或可燃物较多的地上房间;

2 建筑面积大于5 000 m²的丁类生产车间;

3 占地面积大于1 000 m²的丙类仓库;

4 高度大于32 m的高层厂房(仓库)内长度大于20 m的疏散走道,其他厂房(仓库)内长度大于40 m的疏散走道。

8.5.3 民用建筑的下列场所或部位应设置排烟设施:

1 设置在一、二、三层且房间建筑面积大于100 m²的歌舞娱乐放映游艺场所,设置在四层及以上楼层、地下或半地下的歌舞娱乐放映游艺场所;

2 中庭;

3 公共建筑内建筑面积大于100 m²且经常有人停留的地上房间;

4 公共建筑内建筑面积大于300 m²且可燃物较多的地上房间;

5 建筑内长度大于20 m的疏散走道。

8.5.4 地下或半地下建筑(室)、地上建筑内的无窗房间,当总建筑面积大于 200 m^2 或一个房间建筑面积大于 50 m^2,且经常有人停留或可燃物较多时,应设置排烟设施。

9 供暖、通风和空气调节

9.1 一般规定

9.1.1 供暖、通风和空气调节系统应采取防火措施。

9.1.2 甲、乙类厂房内的空气不应循环使用。

丙类厂房内含有燃烧或爆炸危险粉尘、纤维的空气,在循环使用前应经净化处理,并应使空气中的含尘浓度低于其爆炸下限的 25%。

9.1.3 为甲、乙类厂房服务的送风设备与排风设备应分别布置在不同通风机房内,且排风设备不应和其他房间的送、排风设备布置在同一通风机房内。

9.1.4 民用建筑内空气中含有容易起火或爆炸危险物质的房间,应设置自然通风或独立的机械通风设施,且其空气不应循环使用。

9.1.5 当空气中含有比空气轻的可燃气体时,水平排风管全长应顺气流方向向上坡度敷设。

9.1.6 可燃气体管道和甲、乙、丙类液体管道不应穿过通风机房和通风管道,且不应紧贴通风管道的外壁敷设。

9.2 供暖

9.2.1 在散发可燃粉尘、纤维的厂房内,散热器表面平均温度不应超过 82.5 ℃。输煤廊的散热器表面平均温度不应超过 130 ℃。

9.2.2 甲、乙类厂房(仓库)内严禁采用明火和电热散热器供暖。

9.2.3 下列厂房应采用不循环使用的热风供暖:
   1 生产过程中散发的可燃气体、蒸气、粉尘或纤维与供暖管道、散热器表面接触能引起燃烧的厂房;
   2 生产过程中散发的粉尘受到水、水蒸气的作用能引起自燃、爆炸或产生爆炸性气体的厂房。

9.2.4 供暖管道不应穿过存在与供暖管道接触能引起燃烧或爆炸的气体、蒸气或粉尘的房间,确需穿过时,应采用不燃材料隔热。

9.2.5 供暖管道与可燃物之间应保持一定距离,并应符合下列规定:
   1 当供暖管道的表面温度大于 100 ℃时,不应小于 100 mm 或采用不燃材料隔热;
   2 当供暖管道的表面温度不大于 100 ℃时,不应小于 50 mm 或采用不燃材料隔热。

9.2.6 建筑内供暖管道和设备的绝热材料应符合下列规定:
   1 对于甲、乙类厂房(仓库),应采用不燃材料;
   2 对于其他建筑,宜采用不燃材料,不得采用可燃材料。

9.3 通风和空气调节

9.3.1 通风和空气调节系统,横向宜按防火分区设置,竖向不宜超过 5 层。当管道设置防止回流设施或防火阀时,管道布置可不受此限制。竖向风管应设置在管井内。

9.3.2 厂房内有爆炸危险场所的排风管道,严禁穿过防火墙和有爆炸危险的房间隔墙。

9.3.3 甲、乙、丙类厂房内的送、排风管道宜分层设置。当水平或竖向送风管在进入生产车间处设置防火阀时,各层的水平或竖向送风管可合用一个送风系统。

9.3.4 空气中含有易燃、易爆危险物质的房间,其送、排风系统应采用防爆型的通风设备。当送风机布置在单独分隔的通风机房内且送风干管上设置防止回流设施时,可采用普通型的通风设备。

9.3.5 含有燃烧和爆炸危险粉尘的空气,在进入排风机前应采用不产生火花的除尘器进行处理。对于遇水可能形成爆炸的粉尘,严禁采用湿式除尘器。

9.3.6 处理有爆炸危险粉尘的除尘器、排风机的设置应与其他普通型的风机、除尘器分开设置,并宜按单一粉尘分组布置。

9.3.7 净化有爆炸危险粉尘的干式除尘器和过滤器宜布置在厂房外的独立建筑内,建筑外墙与所属厂房的防火间距不应小于 10 m。

具备连续清灰功能,或具有定期清灰功能且风量不大于 15 000 m^3/h、集尘斗的储尘量小于 60 kg 的干式除尘器和过滤器,可布置在厂房内的单独房间内,但应采用耐火极限不低于 3.00 h 的防火隔墙和 1.50 h 的楼板与其他部位分隔。

9.3.8 净化或输送有爆炸危险粉尘和碎屑的除尘器、过滤器或管道,均应设置泄压装置。

净化有爆炸危险粉尘的干式除尘器和过滤器应布置在系统的负压段上。

9.3.9 排除有燃烧或爆炸危险气体、蒸气和粉尘的排风系统,应符合下列规定:
　　1 排风系统应设置导除静电的接地装置;
　　2 排风设备不应布置在地下或半地下建筑(室)内;
　　3 排风管应采用金属管道,并应直接通向室外安全地点,不应暗设。

9.3.10 排除和输送温度超过 80 ℃ 的空气或其他气体以及易燃碎屑的管道,与可燃或难燃物体之间的间隙不应小于 150 mm,或采用厚度不小于 50 mm 的不燃材料隔热;当管道上下布置时,表面温度较高者应布置在上面。

9.3.11 通风、空气调节系统的风管在下列部位应设置公称动作温度为 70 ℃ 的防火阀:
　　1 穿越防火分区处;
　　2 穿越通风、空气调节机房的房间隔墙和楼板处;
　　3 穿越重要或火灾危险性大的场所的房间隔墙和楼板处;
　　4 穿越防火分隔处的变形缝两侧;
　　5 竖向风管与每层水平风管交接处的水平管段上。
　　注:当建筑内每个防火分区的通风、空气调节系统均独立设置时,水平风管与竖向总管的交接处可不设置防火阀。

9.3.12 公共建筑的浴室、卫生间和厨房的竖向排风管,应采取防止回流措施并宜在支管上设置公称动作温度为 70 ℃ 的防火阀。

公共建筑内厨房的排油烟管道宜按防火分区设置,且在与竖向排风管连接的支管处应设置公称动作温度为 150 ℃ 的防火阀。

9.3.13 防火阀的设置应符合下列规定:
　　1 防火阀宜靠近防火分隔处设置;
　　2 防火阀暗装时,应在安装部位设置方便维护的检修口;
　　3 在防火阀两侧各 2.0 m 范围内的风管及其绝热材料应采用不燃材料;
　　4 防火阀应符合现行国家标准《建筑通风和排烟系统用防火阀门》GB 15930 的规定。

9.3.14 除下列情况外,通风、空气调节系统的风管应采用不燃材料:
    1 接触腐蚀性介质的风管和柔性接头可采用难燃材料;
    2 体育馆、展览馆、候机(车、船)建筑(厅)等大空间建筑,单、多层办公建筑和丙、丁、戊类厂房内通风、空气调节系统的风管,当不跨越防火分区且在穿越房间隔墙处设置防火阀时,可采用难燃材料。

9.3.15 设备和风管的绝热材料、用于加湿器的加湿材料、消声材料及其粘结剂,宜采用不燃材料,确有困难时,可采用难燃材料。

    风管内设置电加热器时,电加热器的开关应与风机的启停联锁控制。电加热器前后各0.8 m范围内的风管和穿过有高温、火源等容易起火房间的风管,均应采用不燃材料。

9.3.16 燃油或燃气锅炉房应设置自然通风或机械通风设施。燃气锅炉房应选用防爆型的事故排风机。当采取机械通风时,机械通风设施应设置导除静电的接地装置,通风量应符合下列规定:
    1 燃油锅炉房的正常通风量应按换气次数不少于3次/h确定,事故排风量应按换气次数不少于6次/h确定;
    2 燃气锅炉房的正常通风量应按换气次数不少于6次/h确定,事故排风量应按换气次数不少于12次/h确定。

10 电气

10.1 消防电源及其配电

10.1.1 下列建筑物的消防用电应按一级负荷供电:
    1 建筑高度大于50 m的乙、丙类厂房和丙类仓库;
    2 一类高层民用建筑。

10.1.2 下列建筑物、储罐(区)和堆场的消防用电应按二级负荷供电:
    1 室外消防用水量大于30 L/s的厂房(仓库);
    2 室外消防用水量大于35 L/s的可燃材料堆场、可燃气体储罐(区)和甲、乙类液体储罐(区);
    3 粮食仓库及粮食筒仓;
    4 二类高层民用建筑;
    5 座位数超过1 500个的电影院、剧场,座位数超过3 000个的体育馆,任一层建筑面积大于3 000 m^2的商店和展览建筑,省(市)级及以上的广播电视、电信和财贸金融建筑,室外消防用水量大于25 L/s的其他公共建筑。

10.1.3 除本规范第10.1.1条和第10.1.2条外的建筑物、储罐(区)和堆场等的消防用电,可按三级负荷供电。

10.1.4 消防用电按一、二级负荷供电的建筑,当采用自备发电设备作备用电源时,自备发电设备应设置自动和手动启动装置。当采用自动启动方式时,应能保证在30 s内供电。

    不同级别负荷的供电电源应符合现行国家标准《供配电系统设计规范》GB 50052的规定。

10.1.5 建筑内消防应急照明和灯光疏散指示标志的备用电源的连续供电时间应符合下列规定:

1 建筑高度大于100 m的民用建筑,不应小于1.50 h;
   2 医疗建筑、老年人照料设施、总建筑面积大于100000 m² 的公共建筑和总建筑面积大于20 000 m² 的地下、半地下建筑,不应少于1.00 h;
   3 其他建筑,不应少于0.50 h。

10.1.6 消防用电设备应采用专用的供电回路,当建筑内的生产、生活用电被切断时,应仍能保证消防用电。

备用消防电源的供电时间和容量,应满足该建筑火灾延续时间内各消防用电设备的要求。

10.1.7 消防配电干线宜按防火分区划分,消防配电支线不宜穿越防火分区。

10.1.8 消防控制室、消防水泵房、防烟和排烟风机房的消防用电设备及消防电梯等的供电,应在其配电线路的最末一级配电箱处设置自动切换装置。

10.1.9 按一、二级负荷供电的消防设备,其配电箱应独立设置;按三级负荷供电的消防设备,其配电箱宜独立设置。

消防配电设备应设置明显标志。

10.1.10 消防配电线路应满足火灾时连续供电的需要,其敷设应符合下列规定:
   1 明敷时(包括敷设在吊顶内),应穿金属导管或采用封闭式金属槽盒保护,金属导管或封闭式金属槽盒应采取防火保护措施;当采用阻燃或耐火电缆并敷设在电缆井、沟内时,可不穿金属导管或采用封闭式金属槽盒保护;当采用矿物绝缘类不燃性电缆时,可直接明敷。
   2 暗敷时,应穿管并应敷设在不燃性结构内且保护层厚度不应小于30 mm。
   3 消防配电线路宜与其他配电线路分开敷设在不同的电缆井、沟内;确有困难需敷设在同一电缆井、沟内时,应分别布置在电缆井、沟的两侧,且消防配电线路应采用矿物绝缘类不燃性电缆。

10.2 电力线路及电器装置

10.2.1 架空电力线与甲、乙类厂房(仓库),可燃材料堆垛,甲、乙、丙类液体储罐,液化石油气储罐,可燃、助燃气体储罐的最近水平距离应符合表10.2.1的规定。

35 kV及以上架空电力线与单罐容积大于200 m³ 或总容积大于1 000 m³ 液化石油气储罐(区)的最近水平距离不应小于40 m。

表10.2.1 架空电力线与甲、乙类厂房(仓库)、可燃材料堆垛等的最近水平距离 (m)

名 称	架空电力线
甲、乙类厂房(仓库),可燃材料堆垛,甲、乙类液体储罐,液化石油气储罐,可燃、助燃气体储罐	电杆(塔)高度的1.5倍
直埋地下的甲、乙类液体储罐和可燃气体储罐	电杆(塔)高度的0.75倍
丙类液体储罐	电杆(塔)高度的1.2倍
直埋地下的丙类液体储罐	电杆(塔)高度的0.6倍

10.2.2 电力电缆不应和输送甲、乙、丙类液体管道、可燃气体管道、热力管道敷设在同一管沟内。

10.2.3　配电线路不得穿越通风管道内腔或直接敷设在通风管道外壁上,穿金属导管保护的配电线路可紧贴通风管道外壁敷设。

配电线路敷设在有可燃物的闷顶、吊顶内时,应采取穿金属导管、采用封闭式金属槽盒等防火保护措施。

10.2.4　开关、插座和照明灯具靠近可燃物时,应采取隔热、散热等防火措施。

卤钨灯和额定功率不小于100 W的白炽灯泡的吸顶灯、槽灯、嵌入式灯,其引入线应采用瓷管、矿棉等不燃材料作隔热保护。

额定功率不小于60 W的白炽灯、卤钨灯、高压钠灯、金属卤化物灯、荧光高压汞灯(包括电感镇流器)等,不应直接安装在可燃物体上或采取其他防火措施。

10.2.5　可燃材料仓库内宜使用低温照明灯具,并应对灯具的发热部件采取隔热等防火措施,不应使用卤钨灯等高温照明灯具。

配电箱及开关应设置在仓库外。

10.2.6　爆炸危险环境电力装置的设计应符合现行国家标准《爆炸危险环境电力装置设计规范》GB 50058的规定。

10.2.7　<u>老年人照料设施的非消防用电负荷应设置电气火灾监控系统</u>。下列建筑或场所的非消防用电负荷宜设置电气火灾监控系统:

　　1　建筑高度大于50 m的乙、丙类厂房和丙类仓库,室外消防用水量大于30 L/s的厂房(仓库);

　　2　一类高层民用建筑;

　　3　座位数超过1 500个的电影院、剧场,座位数超过3 000个的体育馆,任一层建筑面积大于3 000 m² 的商店和展览建筑,省(市)级及以上的广播电视、电信和财贸金融建筑,室外消防用水量大于25 L/s的其他公共建筑;

　　4　国家级文物保护单位的重点砖木或木结构的古建筑。

10.3　消防应急照明和疏散指示标志

10.3.1　除建筑高度小于27 m的住宅建筑外,民用建筑、厂房和丙类仓库的下列部位应设置疏散照明:

　　1　封闭楼梯间、防烟楼梯间及其前室、消防电梯间的前室或合用前室、避难走道、避难层(间);

　　2　观众厅、展览厅、多功能厅和建筑面积大于200 m² 的营业厅、餐厅、演播室等人员密集的场所;

　　3　建筑面积大于100 m² 的地下或半地下公共活动场所;

　　4　公共建筑内的疏散走道;

　　5　人员密集的厂房内的生产场所及疏散走道。

10.3.2　建筑内疏散照明的地面最低水平照度应符合下列规定:

　　1　对于疏散走道,不应低于1.0 lx。

　　2　对于人员密集场所、避难层(间),不应低于3.0 lx;对于<u>老年人照料设施、病房楼或手术部的避难间,不应低于10.0 lx</u>。

　　3　对于楼梯间、前室或合用前室、避难走道,不应低于5.0 lx;<u>对于人员密集场所、老年人照料设施、病房楼或手术部内的楼梯间、前室或合用前室、避难走道,不应低于10.0 lx</u>。

10.3.3 消防控制室、消防水泵房、自备发电机房、配电室、防排烟机房以及发生火灾时仍需正常工作的消防设备房应设置备用照明,其作业面的最低照度不应低于正常照明的照度。

10.3.4 疏散照明灯具应设置在出口的顶部、墙面的上部或顶棚上;备用照明灯具应设置在墙面的上部或顶棚上。

10.3.5 公共建筑、建筑高度大于54 m的住宅建筑、高层厂房(库房)和甲、乙、丙类单、多层厂房,应设置灯光疏散指示标志,并应符合下列规定:

    1 应设置在安全出口和人员密集的场所的疏散门的正上方。

    2 应设置在疏散走道及其转角处距地面高度1.0 m以下的墙面或地面上。灯光疏散指示标志的间距不应大于20 m;对于袋形走道,不应大于10 m;在走道转角区,不应大于1.0 m。

10.3.6 下列建筑或场所应在疏散走道和主要疏散路径的地面上增设能保持视觉连续的灯光疏散指示标志或蓄光疏散指示标志:

    1 总建筑面积大于8 000 m² 的展览建筑;

    2 总建筑面积大于5 000 m² 的地上商店;

    3 总建筑面积大于500 m² 的地下或半地下商店;

    4 歌舞娱乐放映游艺场所;

    5 座位数超过1 500个的电影院、剧场,座位数超过3 000个的体育馆、会堂或礼堂;

    6 车站、码头建筑和民用机场航站楼中建筑面积大于3 000 m² 的候车、候船厅和航站楼的公共区。

10.3.7 建筑内设置的消防疏散指示标志和消防应急照明灯具,除应符合本规范的规定外,还应符合现行国家标准《消防安全标志》GB 13495和《消防应急照明和疏散指示系统》GB 17945的规定。

11 木结构建筑

11.0.1 木结构建筑的防火设计可按本章的规定执行。建筑构件的燃烧性能和耐火极限应符合表11.0.1的规定。

表11.0.1 木结构建筑构件的燃烧性能和耐火极限

构 件 名 称	燃烧性能和耐火极限(h)
防火墙	不燃性 3.00
承重墙,住宅建筑单元之间的墙和分户墙,楼梯间的墙	难燃性 1.00
电梯井的墙	不燃性 1.00
非承重外墙,疏散走道两侧的隔墙	难燃性 0.75
房间隔墙	难燃性 0.50
承重柱	可燃性 1.00
梁	可燃性 1.00
楼板	难燃性 0.75

表 11.0.1（续）

构 件 名 称	燃烧性能和耐火极限(h)
屋顶承重构件	可燃性 0.50
疏散楼梯	难燃性 0.50
吊顶	难燃性 0.15

注：1 除本规范另有规定外，当同一座木结构建筑存在不同高度的屋顶时，较低部分的屋顶承重构件和屋面不应采用可燃性构件，采用难燃性屋顶承重构件时，其耐火极限不应低于 0.75 h。
   2 轻型木结构建筑的屋顶，除防水层、保温层及屋面板外，其他部分均应视为屋顶承重构件，且不应采用可燃性构件，耐火极限不应低于 0.50 h。
   3 当建筑的层数不超过 2 层、防火墙间的建筑面积小于 600 m² 且防火墙间的建筑长度小于 60 m 时，建筑构件的燃烧性能和耐火极限可按本规范有关四级耐火等级建筑的要求确定。

11.0.2 建筑采用木骨架组合墙体时，应符合下列规定：
  1 建筑高度不大于 18 m 的住宅建筑、建筑高度不大于 24 m 的办公建筑和丁、戊类厂房（库房）的房间隔墙和非承重外墙可采用木骨架组合墙体，其他建筑的非承重外墙不得采用木骨架组合墙体；
  2 墙体填充材料的燃烧性能应为 A 级；
  3 木骨架组合墙体的燃烧性能和耐火极限应符合表 11.0.2 的规定，其他要求应符合现行国家标准《木骨架组合墙体技术规范》GB/T 50361 的规定。

表 11.0.2 木骨架组合墙体的燃烧性能和耐火极限 (h)

构件名称	建筑物的耐火等级或类型				
	一级	二级	三级	木结构建筑	四级
非承重外墙	不允许	难燃性 1.25	难燃性 0.75	难燃性 0.75	无要求
房间隔墙	难燃性 1.00	难燃性 0.75	难燃性 0.50	难燃性 0.50	难燃性 0.25

11.0.3 甲、乙、丙类厂房（库房）不应采用木结构建筑或木结构组合建筑。丁、戊类厂房（库房）和民用建筑，当采用木结构建筑或木结构组合建筑时，其允许层数和允许建筑高度应符合表 11.0.3-1 的规定，木结构建筑中防火墙间的允许建筑长度和每层最大允许建筑面积应符合表 11.0.3-2 的规定。

表 11.0.3-1 木结构建筑或木结构组合建筑的
允许层数和允许建筑高度

木结构建筑的形式	普通木结构建筑	轻型木结构建筑	胶合木结构建筑		木结构组合建筑
允许层数（层）	2	3	1	3	7
允许建筑高度(m)	10	10	不限	15	24

表 11.0.3-2 木结构建筑中防火墙间的允许建筑长度和
每层最大允许建筑面积

层数(层)	防火墙间的允许建筑长度(m)	防火墙间的每层最大允许建筑面积(m²)
1	100	1 800
2	80	900
3	60	600

注:1 当设置自动喷水灭火系统时,防火墙间的允许建筑长度和每层最大允许建筑面积可按本表的规定增加1.0倍,对于丁、戊类地上厂房,防火墙间的每层最大允许建筑面积不限。
　　2 体育场馆等高大空间建筑,其建筑高度和建筑面积可适当增加。

11.0.4 老年人照料设施,托儿所、幼儿园的儿童用房和活动场所设置在木结构建筑内时,应布置在首层或二层。

商店、体育馆和丁、戊类厂房(库房)应采用单层木结构建筑。

11.0.5 除住宅建筑外,建筑内发电机间、配电间、锅炉间的设置及其防火要求,应符合本规范第5.4.12条~第5.4.15条和第6.2.3条~第6.2.6条的规定。

11.0.6 设置在木结构住宅建筑内的机动车库、发电机间、配电间、锅炉间,应采用耐火极限不低于2.00 h的防火隔墙和1.00 h的不燃性楼板与其他部位分隔,不宜开设与室内相通的门、窗、洞口,确需开设时,可开设一樘不直通卧室的单扇乙级防火门。机动车库的建筑面积不宜大于60 m²。

11.0.7 民用木结构建筑的安全疏散设计应符合下列规定:
　　1 建筑的安全出口和房间疏散门的设置,应符合本规范第5.5节的规定。当木结构建筑的每层建筑面积小于200 m²且第二层和第三层的人数之和不超过25人时,可设置1部疏散楼梯。
　　2 房间直通疏散走道的疏散门至最近安全出口的直线距离不应大于表11.0.7-1的规定。

表 11.0.7-1 房间直通疏散走道的疏散门至最近安全出口的直线距离　　(m)

名　称	位于两个安全出口之间的疏散门	位于袋形走道两侧或尽端的疏散门
托儿所、幼儿园、老年人照料设施	15	10
歌舞娱乐放映游艺场所	15	6
医院和疗养院建筑、教学建筑	25	12
其他民用建筑	30	15

　　3 房间内任一点至该房间直通疏散走道的疏散门的直线距离,不应大于表11.0.7-1中有关袋形走道两侧或尽端的疏散门至最近安全出口的直线距离。
　　4 建筑内疏散走道、安全出口、疏散楼梯和房间疏散门的净宽度,应根据疏散人数按每100人的最小疏散净宽度不小于表11.0.7-2的规定计算确定。

表 11.0.7-2 疏散走道、安全出口、疏散楼梯和房间疏散门
每 100 人的最小疏散净宽度 （m/百人）

层　　数	地上 1 层～2 层	地上 3 层
每 100 人的疏散净宽度	0.75	1.00

11.0.8 丁、戊类木结构厂房内任意一点至最近安全出口的疏散距离分别不应大于 50 m 和 60 m，其他安全疏散要求应符合本规范第 3.7 节的规定。

11.0.9 管道、电气线路敷设在墙体内或穿过楼板、墙体时，应采取防火保护措施，与墙体、楼板之间的缝隙应采用防火封堵材料填塞密实。

住宅建筑内厨房的明火或高温部位及排油烟管道等，应采用防火隔热措施。

11.0.10 民用木结构建筑之间及其与其他民用建筑的防火间距不应小于表 11.0.10 的规定。

民用木结构建筑与厂房（仓库）等建筑的防火间距、木结构厂房（仓库）之间及其与其他民用建筑的防火间距，应符合本规范第 3、4 章有关四级耐火等级建筑的规定。

表 11.0.10 民用木结构建筑之间及其与其他民用建筑的防火间距 （m）

建筑耐火等级或类别	一、二级	三级	木结构建筑	四级
木结构建筑	8	9	10	11

注：1 两座木结构建筑之间或木结构建筑与其他民用建筑之间，外墙均无任何门、窗、洞口时，防火间距可为 4 m；外墙上的门、窗、洞口不正对且开口面积之和不大于外墙面积的 10% 时，防火间距可按本表的规定减少 25%。
　　2 当相邻建筑外墙有一面为防火墙，或建筑物之间设置防火墙且墙体截断不燃性屋面或高出难燃性、可燃性屋面不低于 0.5 m 时，防火间距不限。

11.0.11 木结构墙体、楼板及封闭吊顶或屋顶下的密闭空间内应采取防火分隔措施，且水平分隔长度或宽度均不应大于 20 m，建筑面积不应大于 300 m^2，墙体的竖向分隔高度不应大于 3 m。

轻型木结构建筑的每层楼梯梁处应采取防火分隔措施。

11.0.12 木结构建筑与钢结构、钢筋混凝土结构或砌体结构等其他结构类型组合建造时，应符合下列规定：

　　1 竖向组合建造时，木结构部分的层数不应超过 3 层并应设置在建筑的上部，木结构部分与其他结构部分宜采用耐火极限不低于 1.00 h 的不燃性楼板分隔。

水平组合建造时，木结构部分与其他结构部分宜采用防火墙分隔。

　　2 当木结构部分与其他结构部分之间按上款规定进行了防火分隔时，木结构部分和其他部分的防火设计，可分别执行本规范对木结构建筑和其他结构建筑的规定；其他情况，建筑的防火设计应执行本规范有关木结构建筑的规定。

　　3 室内消防给水应根据建筑的总高度、体积或层数和用途按本规范第 8 章和国家现行有关标准的规定确定，室外消防给水应按本规范有关四级耐火等级建筑的规定确定。

11.0.13 总建筑面积大于 1 500 m^2 的木结构公共建筑应设置火灾自动报警系统，木结构住宅建筑内应设置火灾探测与报警装置。

11.0.14 木结构建筑的其他防火设计应执行本规范有关四级耐火等级建筑的规定，防火构造要求除应符合本规范的规定外，尚应符合现行国家标准《木结构设计规范》GB 50005 等标

准的规定。

12 城市交通隧道

12.1 一般规定

12.1.1 城市交通隧道(以下简称隧道)的防火设计应综合考虑隧道内的交通组成、隧道的用途、自然条件、长度等因素。

12.1.2 单孔和双孔隧道应按其封闭段长度和交通情况分为一、二、三、四类,并应符合表12.1.2的规定。

表 12.1.2 单孔和双孔隧道分类

用途	一类	二类	三类	四类
	隧道封闭段长度 L(m)			
可通行危险化学品等机动车	$L>1\,500$	$500<L\leqslant1\,500$	$L\leqslant500$	—
仅限通行非危险化学品等机动车	$L>3\,000$	$1\,500<L\leqslant3\,000$	$500<L\leqslant1\,500$	$L\leqslant500$
仅限人行或通行非机动车	—	—	$L>1\,500$	$L\leqslant1\,500$

12.1.3 隧道承重结构体的耐火极限应符合下列规定:

  1 一、二类隧道和通行机动车的三类隧道,其承重结构体耐火极限的测定应符合本规范附录C的规定;对于一、二类隧道,火灾升温曲线应采用本规范附录C第C.0.1条规定的 RABT 标准升温曲线,耐火极限分别不应低于 2.00 h 和 1.50 h;对于通行机动车的三类隧道,火灾升温曲线应采用本规范附录C第C.0.1条规定的 HC 标准升温曲线,耐火极限不应低于 2.00 h。

  2 其他类别隧道承重结构体耐火极限的测定应符合现行国家标准《建筑构件耐火试验方法 第1部分:通用要求》GB/T 9978.1 的规定;对于三类隧道,耐火极限不应低于 2.00 h;对于四类隧道,耐火极限不限。

12.1.4 隧道内的地下设备用房、风井和消防救援出入口的耐火等级应为一级,地面的重要设备用房、运营管理中心及其他地面附属用房的耐火等级不应低于二级。

12.1.5 除嵌缝材料外,隧道的内部装修应采用不燃材料。

12.1.6 通行机动车的双孔隧道,其车行横通道或车行疏散通道的设置应符合下列规定:

  1 水底隧道宜设置车行横通道或车行疏散通道。车行横通道的间隔和隧道通向车行疏散通道入口的间隔宜为 1 000 m~1 500 m。

  2 非水底隧道应设置车行横通道或车行疏散通道。车行横通道的间隔和隧道通向车行疏散通道入口的间隔不宜大于 1 000 m。

  3 车行横通道应沿垂直隧道长度方向布置,并应通向相邻隧道;车行疏散通道应沿隧道长度方向布置在双孔中间,并应直通隧道外。

4 车行横通道和车行疏散通道的净宽度不应小于4.0 m,净高度不应小于4.5 m。
    5 隧道与车行横通道或车行疏散通道的连通处,应采取防火分隔措施。
12.1.7 双孔隧道应设置人行横通道或人行疏散通道,并应符合下列规定:
    1 人行横通道的间隔和隧道通向人行疏散通道入口的间隔,宜为250 m～300 m。
    2 人行疏散横通道应沿垂直双孔隧道长度方向布置,并应通向相邻隧道。人行疏散通道应沿隧道长度方向布置在双孔中间,并应直通隧道外。
    3 人行横通道可利用车行横通道。
    4 人行横通道或人行疏散通道的净宽度不应小于1.2 m,净高度不应小于2.1 m。
    5 隧道与人行横通道或人行疏散通道的连通处,应采取防火分隔措施,门应采用乙级防火门。
12.1.8 单孔隧道宜设置直通室外的人员疏散出口或独立避难所等避难设施。
12.1.9 隧道内的变电站、管廊、专用疏散通道、通风机房及其他辅助用房等,应采取耐火极限不低于2.00 h的防火隔墙和乙级防火门等分隔措施与车行隧道分隔。
12.1.10 隧道内地下设备用房的每个防火分区的最大允许建筑面积不应大于1 500 m²,每个防火分区的安全出口数量不应少于2个,与车道或其他防火分区相通的出口可作为第二安全出口,但必须至少设置1个直通室外的安全出口;建筑面积不大于500 m²且无人值守的设备用房可设置1个直通室外的安全出口。

12.2 消防给水和灭火设施

12.2.1 在进行城市交通的规划和设计时,应同时设计消防给水系统。四类隧道和行人或通行非机动车辆的三类隧道,可不设消防给水系统。
12.2.2 消防给水系统的设置应符合下列规定:
    1 消防水源和供水管网应符合国家现行有关标准的规定。
    2 消防用水量应按隧道的火灾延续时间和隧道全线同一时间发生一次火灾计算确定。一、二类隧道的火灾延续时间不应小于3.0 h;三类隧道,不应小于2.0 h。
    3 隧道内的消防用水量应按同时开启所有灭火设施的用水量之和计算。
    4 隧道内宜设置独立的消防给水系统。严寒和寒冷地区的消防给水管道及室外消火栓应采取防冻措施;当采用干式给水系统时,应在管网的最高部位设置自动排气阀,管道的充水时间不宜大于90 s。
    5 隧道内的消火栓用水量不应小于20 L/s,隧道外的消火栓用水量不应小于30 L/s。对于长度小于1 000 m的三类隧道,隧道内、外的消火栓用水量可分别为10 L/s和20 L/s。
    6 管道内的消防供水压力应保证用水量达到最大时,最不利点处的水枪充实水柱不小于10.0 m。消火栓栓口处的出水压力大于0.5 MPa时,应设置减压设施。
    7 在隧道出入口处应设置消防水泵接合器和室外消火栓。
    8 隧道内消火栓的间距不应大于50 m,消火栓的栓口距地面高度宜为1.1 m。
    9 设置消防水泵供水设施的隧道,应在消火栓箱内设置消防水泵启动按钮。
    10 应在隧道单侧设置室内消火栓箱,消火栓箱内应配置1支喷嘴口径19 mm的水枪、1盘长25 m、直径65 mm的水带,并宜配置消防软管卷盘。
12.2.3 隧道内应设置排水设施。排水设施应考虑排除渗水、雨水、隧道清洗等水量和灭火时的消防用水量,并应采取防止事故时可燃液体或有害液体沿隧道漫流的措施。

12.2.4 隧道内应设置 ABC 类灭火器,并应符合下列规定:

    1 通行机动车的一、二类隧道和通行机动车并设置 3 条及以上车道的三类隧道,在隧道两侧均应设置灭火器,每个设置点不应少于 4 具;

    2 其他隧道,可在隧道一侧设置灭火器,每个设置点不应少于 2 具;

    3 灭火器设置点的间距不应大于 100 m。

12.3 通风和排烟系统

12.3.1 通行机动车的一、二、三类隧道应设置排烟设施。

12.3.2 隧道内机械排烟系统的设置应符合下列规定:

    1 长度大于 3 000 m 的隧道,宜采用纵向分段排烟方式或重点排烟方式;

    2 长度不大于 3 000 m 的单洞单向交通隧道,宜采用纵向排烟方式;

    3 单洞双向交通隧道,宜采用重点排烟方式。

12.3.3 机械排烟系统与隧道的通风系统宜分开设置。合用时,合用的通风系统应具备在火灾时快速转换的功能,并应符合机械排烟系统的要求。

12.3.4 隧道内设置的机械排烟系统应符合下列规定:

    1 采用全横向和半横向通风方式时,可通过排风管道排烟。

    2 采用纵向排烟方式时,应能迅速组织气流、有效排烟,其排烟风速应根据隧道内的最不利火灾规模确定,且纵向气流的速度不应小于 2 m/s,并应大于临界风速。

    3 排烟风机和烟气流经的风阀、消声器、软接等辅助设备,应能承受设计的隧道火灾烟气排放温度,并应能在 250 ℃下连续正常运行不小于 1.0 h。排烟管道的耐火极限不应低于 1.00 h。

12.3.5 隧道的避难设施内应设置独立的机械加压送风系统,其送风的余压值应为 30 Pa～50 Pa。

12.3.6 隧道内用于火灾排烟的射流风机,应至少备用一组。

12.4 火灾自动报警系统

12.4.1 隧道入口外 100 m～150 m 处,应设置隧道内发生火灾时能提示车辆禁入隧道的警报信号装置。

12.4.2 一、二类隧道应设置火灾自动报警系统,通行机动车的三类隧道宜设置火灾自动报警系统。火灾自动报警系统的设置应符合下列规定:

    1 应设置火灾自动探测装置;

    2 隧道出入口和隧道内每隔 100 m～150 m 处,应设置报警电话和报警按钮;

    3 应设置火灾应急广播或应每隔 100 m～150 m 处设置发光警报装置。

12.4.3 隧道用电缆通道和主要设备用房内应设置火灾自动报警系统。

12.4.4 对于可能产生屏蔽的隧道,应设置无线通信等保证灭火时通信联络畅通的设施。

12.4.5 封闭段长度超过 1 000 m 的隧道宜设置消防控制室,消防控制室的建筑防火要求应符合本规范第 8.1.7 条和第 8.1.8 条的规定。

    隧道内火灾自动报警系统的设计应符合现行国家标准《火灾自动报警系统设计规范》GB 50116 的规定。

12.5 供电及其他

12.5.1 一、二类隧道的消防用电应按一级负荷要求供电;三类隧道的消防用电应按二级负荷要求供电。

12.5.2 隧道的消防电源及其供电、配电线路等的其他要求应符合本规范第10.1节的规定。

12.5.3 隧道两侧、人行横通道和人行疏散通道上应设置疏散照明和疏散指示标志,其设置高度不宜大于1.5 m。

一、二类隧道内疏散照明和疏散指示标志的连续供电时间不应小于1.5 h;其他隧道,不应小于1.0 h。其他要求可按本规范第10章的规定确定。

12.5.4 隧道内严禁设置可燃气体管道;电缆线槽应与其他管道分开敷设。当设置10 kV及以上的高压电缆时,应采用耐火极限不低于2.00 h的防火分隔体与其他区域分隔。

12.5.5 隧道内设置的各类消防设施均应采取与隧道内环境条件相适应的保护措施,并应设置明显的发光指示标志。

附录 A 建筑高度和建筑层数的计算方法

A.0.1 建筑高度的计算应符合下列规定:

1 建筑屋面为坡屋面时,建筑高度应为建筑室外设计地面至其檐口与屋脊的平均高度。

2 建筑屋面为平屋面(包括有女儿墙的平屋面)时,建筑高度应为建筑室外设计地面至其屋面面层的高度。

3 同一座建筑有多种形式的屋面时,建筑高度应按上述方法分别计算后,取其中最大值。

4 对于台阶式地坪,当位于不同高程地坪上的同一建筑之间有防火墙分隔,各自有符合规范规定的安全出口,且可沿建筑的两个长边设置贯通式或尽头式消防车道时,可分别计算各自的建筑高度。否则,应按其中建筑高度最大者确定该建筑的建筑高度。

5 局部突出屋顶的瞭望塔、冷却塔、水箱间、微波天线间或设施、电梯机房、排风和排烟机房以及楼梯出口小间等辅助用房占屋面面积不大于1/4者,可不计入建筑高度。

6 对于住宅建筑,设置在底部且室内高度不大于2.2 m的自行车库、储藏室、敞开空间,室内外高差或建筑的地下或半地下室的顶板面高出室外设计地面的高度不大于1.5 m的部分,可不计入建筑高度。

A.0.2 建筑层数应按建筑的自然层数计算,下列空间可不计入建筑层数:

1 室内顶板面高出室外设计地面的高度不大于1.5 m的地下或半地下室;

2 设置在建筑底部且室内高度不大于2.2 m的自行车库、储藏室、敞开空间;

3 建筑屋顶上突出的局部设备用房、出屋面的楼梯间等。

附录 B 防火间距的计算方法

B.0.1 建筑物之间的防火间距应按相邻建筑外墙的最近水平距离计算,当外墙有凸出的可燃或难燃构件时,应从其凸出部分外缘算起。

建筑物与储罐、堆场的防火间距,应为建筑外墙至储罐外壁或堆场中相邻堆垛外缘的最近水平距离。

B.0.2 储罐之间的防火间距应为相邻两储罐外壁的最近水平距离。

储罐与堆场的防火间距应为储罐外壁至堆场中相邻堆垛外缘的最近水平距离。

B.0.3 堆场之间的防火间距应为两堆场中相邻堆垛外缘的最近水平距离。

B.0.4 变压器之间的防火间距应为相邻变压器外壁的最近水平距离。

变压器与建筑物、储罐或堆场的防火间距，应为变压器外壁至建筑外墙、储罐外壁或相邻堆垛外缘的最近水平距离。

B.0.5 建筑物、储罐或堆场与道路、铁路的防火间距，应为建筑外墙、储罐外壁或相邻堆垛外缘距道路最近一侧路边或铁路中心线的最小水平距离。

附录 C 隧道内承重结构体的耐火极限试验升温曲线和相应的判定标准

C.0.1 RABT 和 HC 标准升温曲线应符合现行国家标准《建筑构件耐火试验可供选择和附加的试验程序》GB/T 26784 的规定。

C.0.2 耐火极限判定标准应符合下列规定：

1 当采用 HC 标准升温曲线测试时，耐火极限的判定标准为：受火后，当距离混凝土底表面25 mm处钢筋的温度超过250 ℃，或者混凝土表面的温度超过380 ℃时，则判定为达到耐火极限。

2 当采用 RABT 标准升温曲线测试时，耐火极限的判定标准为：受火后，当距离混凝土底表面25 mm处钢筋的温度超过300 ℃，或者混凝土表面的温度超过380 ℃时，则判定为达到耐火极限。

本规范用词说明

1 为便于在执行本规范条文时区别对待，对要求严格程度不同的用词说明如下：
   1) 表示很严格，非这样做不可的：
      正面词采用"必须"，反面词采用"严禁"；
   2) 表示严格，在正常情况下均应这样做的：
      正面词采用"应"，反面词采用"不应"或"不得"；
   3) 表示允许稍有选择，在条件许可时首先应这样做的：
      正面词采用"宜"，反面词采用"不宜"；
   4) 表示有选择，在一定条件下可以这样做的，采用"可"。

2 条文中指明应按其他有关标准执行的写法为："应符合……的规定"或"应按……执行"。

引用标准名录

《木结构设计规范》GB 50005
《城镇燃气设计规范》GB 50028
《锅炉房设计规范》GB 50041
《供配电系统设计规范》GB 50052
《爆炸危险环境电力装置设计规范》GB 50058
《冷库设计规范》GB 50072
《石油库设计规范》GB 50074
《自动喷水灭火系统设计规范》GB 50084

《火灾自动报警系统设计规范》GB 50116
《汽车加油加气站设计与施工规范》GB 50156
《火力发电厂与变电站设计防火规范》GB 50229
《粮食钢板筒仓设计规范》GB 50322
《木骨架组合墙体技术规范》GB/T 50361
《住宅建筑规范》GB 50368
《医用气体工程技术规范》GB 50751
《消防给水及消火栓系统技术规范》GB 50974
《门和卷帘的耐火试验方法》GB/T 7633
《建筑构件耐火试验方法 第1部分:通用要求》GB/T 9978.1
《防火门》GB 12955
《消防安全标志》GB 13495
《防火卷帘》GB 14102
《建筑通风和排烟系统用防火阀门》GB 15930
《防火窗》GB 16809
《消防应急照明和疏散指示系统》GB 17945
《消防控制室通用技术要求》GB 25506
《建筑构件耐火试验可供选择和附加的试验程序》GB/T 26784
《电梯层门耐火试验 完整性、隔热性和热通量测定法》GB/T 27903

中华人民共和国国家标准

建筑设计防火规范

GB 50016—2014

(2018年版)

条 文 说 明

修订说明

《建筑设计防火规范》GB 50016—2014,经住房城乡建设部2014年8月27日以第517号公告批准发布。

此前,我国建筑防火设计主要执行《建筑设计防火规范》GB 50016—2006和《高层民用建筑设计防火规范》GB 50045—95(2005年版)。随着我国经济建设快速发展以及近年来我国重特大火灾暴露出的突出问题,这两项规范中的部分内容已不适应发展需要,且《高层民用建筑设计防火规范》与《建筑设计防火规范》规定相同或相近的条文,约占总条文的80%,还有些规定相互不够协调,急需修订完善。为深刻吸取近年来我国重特大火灾教训,适应工程建设发展需要,便于管理和使用,根据住房城乡建设部《关于印发〈2007年工程建设标准规范制订、修订计划(第一批)〉的通知》(建标〔2007〕125号)要求以及住房城乡建设部标准定额司《关于同意调整〈建筑设计防火规范〉、〈高层民用建筑设计防火规范〉修订计划的函》（建标〔2009〕94号）的要求，此次修订将这两项规范合并，并定名为《建筑设计防火规范》。

此次修订的原则为：认真吸取火灾教训，积极借鉴发达国家标准和消防科研成果，重点解决两项标准相互间不一致、不协调以及工程建设和消防工作中反映的突出问题。

修订后的《建筑设计防火规范》规定了厂房、仓库、堆场、储罐、民用建筑、城市交通隧道，以及建筑构造、消防救援、消防设施等的防火设计要求，在附录中明确了建筑高度、层数、防火间距的计算方法。主要修订内容为：

1. 为便于建筑分类，将原来按层数将住宅建筑划分为多层和高层住宅建筑，修改为按建筑高度划分，并与原规范规定相衔接；修改、完善了住宅建筑的防火要求，主要包括：
   1) 住宅建筑与其他使用功能的建筑合建时，高层建筑中的住宅部分与非住宅部分防火分隔处的楼板耐火极限，从 1.50 h 修改为 2.00 h；
   2) 建筑高度大于 54 m 小于或等于 100 m 的高层住宅建筑套内宜设置火灾自动报警系统，并对公共部位火灾自动报警系统的设置提出了要求；
   3) 规定建筑高度大于 54 m 的住宅建筑应设置可兼具使用功能与避难要求的房间，建筑高度大于 100 m 的住宅建筑应设置避难层；
   4) 明确了住宅建筑剪刀式疏散楼梯间的前室与消防电梯前室合用的要求；
   5) 规定高层住宅建筑的公共部位应设置灭火器。

2. 适当提高了高层公共建筑的防火要求：
   1) 建筑高度大于 100 m 的建筑楼板的耐火极限，从 1.50 h 修改为 2.00 h；
   2) 建筑高度大于 100 m 的建筑与相邻建筑的防火间距，当符合本规范有关允许减小的条件时，仍不能减小；
   3) 完善了公共建筑避难层（间）的防火要求，高层病房楼从第二层起，每层应设置避难间；
   4) 规定建筑高度大于 100 m 的建筑应设置消防软管卷盘或轻便消防水龙；
   5) 建筑高度大于 100 m 的建筑中消防应急照明和疏散指示标志的备用电源的连续供电时间，从 30 min 修改为 90 min。

3. 补充、完善了幼儿园、托儿所和老年人建筑有关防火安全疏散距离的要求；对于医疗建筑，要求按照护理单元进行防火分隔；增加了大、中型幼儿园和总建筑面积大于 500 m² 的老年人建筑应设置自动喷水灭火系统，大、中型幼儿园和老年人建筑应设置火灾自动报警系统的规定；医疗建筑、老年人建筑的消防应急照明和疏散指示标志的备用电源的连续供电时间，从 20 min 和 30 min 修改为 60 min。

4. 为满足各地商业步行街建设快速发展的需要，系统提出了利用有顶商业步行街进行疏散时有顶商业步行街及其两侧建筑的排烟设施、防火分隔、安全疏散和消防救援等防火设计要求；针对商店建筑疏散设计反映的问题，调整、补充了建材、家具、灯饰商店营业厅和展览厅的设计疏散人数计算依据。

5. 在"建筑构造"一章中补充了建筑保温系统的防火要求。

6. 增加"灭火救援设施"一章，补充和完善了有关消防车登高操作场地、救援入口等的设置要求；规定消防设施应设置明显的标识，消防水泵接合器和室外消火栓等消防设施的设置，应考虑灭火救援时对消防救援人员的安全防护；用于消防救援和消防车停靠的屋面上，应设置室外消火栓系统;建筑室外广告牌的设置,不应影响灭火救援行动。

7.对消防设施的设置作出明确规定并完善了有关内容;有关消防给水系统、室内外消火栓系统和防烟排烟系统设计的内容分别由相应的国家标准作出规定。

8.补充了地下仓库与物流建筑的防火要求,如要求物流建筑应按生产和储存功能划分不同的防火分区,储存区应采用防火墙与其他功能空间进行分隔;补充了 1×10^5 m³～3×10^5 m³ 的大型可燃气体储罐(区)、液氨、液氧储罐和液化天然气气化站及其储罐的防火间距。

9.完善了公共建筑上下层之间防止火灾蔓延的基本防火设计要求,补充了地下商店的总建筑面积大于 20 000 m² 时有关防火分隔方式的具体要求。

10.适当扩大了火灾自动报警系统的设置范围:如高层公共建筑、歌舞娱乐放映游艺场所、商店、展览建筑、财贸金融建筑、客运和货运等建筑;明确了甲、乙、丙类液体储罐应设置灭火系统和公共建筑中餐饮场所应设置厨房自动灭火装置的范围;增加了冷库设置自动喷水灭火系统的范围。

11.在比较研究国内外有关木结构建筑防火标准,开展木结构建筑的火灾危险性和木结构构件的耐火性能试验,并与《木结构设计规范》GB 50005 和《木骨架组合墙体技术规范》GB/T 50361 等标准协调的基础上,系统地规定了木结构建筑的防火设计要求。

12.对原《建筑设计防火规范》《高层民用建筑设计防火规范》及与其他标准之间不协调的内容进行了调整,补充了高层民用建筑与工业建筑和甲、乙、丙类液体储罐之间的防火间距、柴油机房等的平面布置要求、有关防火门等级和电梯层门的防火要求等;统一了一类、二类高层民用建筑有关防火分区划分的建筑面积要求,统一了设置在高层民用建筑或裙房内商店营业厅的疏散人数计算要求。

13.进一步明确了剪刀楼梯间的设置及其合用前室的要求、住宅建筑户门开向前室的要求及高层民用建筑与裙房、防烟楼梯间与前室、住宅与公寓等的关系;完善了建筑高度大于 27 m,但小于或等于 54 m 的住宅建筑设置一座疏散楼梯间的要求。

根据住房城乡建设部有关工程建设强制性条文的规定,在确定本规范的强制性条文时,对直接涉及工程质量、安全、卫生及环境保护等方面的条文进行了认真分析和研究,共确定了 165 条强制性条文,约占全部条文的 39%。尽管在编写条文和确定强制性条文时注意将强制性要求与非强制性要求区别开来,但为保持条文及相关要求完整、清晰和宽严适度,使其不会因强制某一事项而忽视了其中有条件可以调整的要求,导致个别强制性条文仍包含了一些非强制性的要求。对此,在执行时,要注意区别对待。如果某一强制性条文中含有允许调整的非强制性要求时,仍可根据工程实际情况和条件进行确定,如本规范第 4.4.2 条强制要求进行分组布置和组与组之间应设置防火间距,但组内储罐是否要单排布置则不是强制性的要求,而可以视储罐数量、大小和场地情况进行确定。

本规范是在《建筑设计防火规范》GB 50016—2006 和《高层民用建筑设计防火规范》GB 50045—95(2005 年版)及其局部修订工作的基础上进行的,凝聚了这两项标准原编制组前辈、局部修订工作组各位专家的心血。在此次修订过程中,浙江、吉林、广东省公安消防总队和吉林市、东莞市、深圳市公安消防局等公安消防部门,吉林市城乡规划设计研究院、欧文斯科宁(中国)投资有限公司、欧洲木业协会、加拿大木业协会、美国林业及纸业协会等单位以及有关设计、研究、生产单位和专家给予了多方面的大力支持。在此,谨表示衷心的感谢。

国家标准《建筑设计防火规范》GBJ 16—87 的主编单位、参编单位和主要起草人：
主 编 单 位：中华人民共和国公安部消防局
参 编 单 位：机械委设计研究院
　　　　　　纺织工业部纺织设计院
　　　　　　中国人民武装警察部队技术学院
　　　　　　杭州市公安局消防支队
　　　　　　北京市建筑设计院
　　　　　　天津市建筑设计院
　　　　　　中国市政工程华北设计院
　　　　　　北京市公安局消防总队
　　　　　　化工部寰球化学工程公司
主要起草人：张永胜　蒋永琨　潘　丽　沈章焰　朱嘉福
　　　　　　朱吕通　潘左阳　冯民基　庄敬仪　冯长海
　　　　　　赵克伟　郑铁一

国家标准《建筑设计防火规范》GB 50016—2006 的主编单位、参编单位和主要起草人：
主 编 单 位：公安部天津消防研究所
参 编 单 位：天津市建筑设计院
　　　　　　北京市建筑设计研究院
　　　　　　清华大学建筑设计研究院
　　　　　　中国中元兴华工程公司
　　　　　　上海市公安消防总队
　　　　　　四川省公安消防总队
　　　　　　辽宁省公安消防总队
　　　　　　公安部四川消防研究所
　　　　　　建设部建筑设计研究院
　　　　　　中国市政工程华北设计研究院
　　　　　　东北电力设计院
　　　　　　中国轻工业北京设计院
　　　　　　中国寰球化学工程公司
　　　　　　上海隧道工程轨道交通设计研究院
　　　　　　Johns Manville 中国有限公司
　　　　　　Huntsman 聚氨酯中国有限公司
　　　　　　Hilti 有限公司
主要起草人：经建生　倪照鹏　马　恒　沈　纹　杜　霞
　　　　　　庄敬仪　陈孝华　王诗萃　王万钢　张菊良
　　　　　　黄晓家　李娥飞　金石坚　王宗存　王国辉
　　　　　　黄德祥　苏慧英　李向东　宋晓勇　郭树林
　　　　　　郑铁一　刘栋权　冯长海　丁瑞元　陈景霞
　　　　　　宋燕燕　贺　琳　王　稚

国家标准《高层民用建筑设计防火规范》GB 50045—95 的主编单位、参编单位和主要起草人：

主　编　单　位：中华人民共和国公安部消防局

参　编　单　位：中国建筑科学研究院
　　　　　　　　北京市建筑设计研究院
　　　　　　　　上海市民用建筑设计院
　　　　　　　　天津市建筑设计院
　　　　　　　　中国建筑东北设计院
　　　　　　　　华东建筑设计院
　　　　　　　　北京市消防局
　　　　　　　　公安部天津消防科学研究所
　　　　　　　　公安部四川消防科学研究所

主要起草人：蒋永琨　马　恒　吴礼龙　李贵文　孙东远
　　　　　　姜文源　潘渊清　房家声　贺新年　黄天德
　　　　　　马玉杰　饶文德　纪祥安　黄德祥　李春镐

为便于建筑设计、施工、验收和监督等部门的有关人员在使用本规范时能正确理解和执行条文规定，《建筑设计防火规程》修订组按章、节、条顺序编制了本规范的条文说明，对条文规定的目的、依据及执行中需要注意的有关事项进行了说明，还着重对强制性条文的强制性理由作了解释。但是，本条文说明不具备与规范正文同等的法律效力，仅供使用者作为理解和把握规范规定的参考。

1　总则

1.0.1　本条规定了制定本规范的目的。

在建筑设计中，采用必要的技术措施和方法来预防建筑火灾和减少建筑火灾危害、保护人身和财产安全，是建筑设计的基本消防安全目标。在设计中，设计师既要根据建筑物的使用功能、空间与平面特征和使用人员的特点，采取提高本质安全的工艺防火措施和控制火源的措施，防止发生火灾，也要合理确定建筑物的平面布局、耐火等级和构件的耐火极限，进行必要的防火分隔，设置合理的安全疏散设施与有效的灭火、报警与防排烟等设施，以控制和扑灭火灾，实现保护人身安全，减少火灾危害的目的。

1.0.2　本规范所规定的建筑设计的防火技术要求，适用于各类厂房、仓库及其辅助设施等工业建筑，公共建筑、居住建筑等民用建筑，储罐或储罐区、各类可燃材料堆场和城市交通隧道工程。

其中，城市交通隧道工程是指在城市建成区内建设的机动车和非机动车交通隧道及其辅助建筑。根据国家标准《城市规划基本术语标准》GB/T 50280—1998，城市建成区简称"建成区"，是指城市行政区内实际已成片开发建设、市政公用设施和公共设施基本具备的地区。

对于人民防空、石油和天然气、石油化工、酒厂、纺织、钢铁、冶金、煤化工和电力等工程，专业性较强、有些要求比较特殊，特别是其中的工艺防火和生产过程中的本质安全要求部分与一般工业或民用建筑有所不同。本规范只对上述建筑或工程的普遍性防火设计作了原则要求，但难以更详尽地确定这些工程的某些特殊防火要求，因此设计中的相关防火要求可以按照这些工程的专项防火规范执行。

1.0.3 对于火药、炸药及其制品厂房(仓库)、花炮厂房(仓库),由于这些建筑内的物质可以引起剧烈的化学爆炸,防火要求特殊,有关建筑设计中的防火要求在现行国家标准《民用爆破器材工程设计安全规范》GB 50089、《烟花爆竹工厂设计安全规范》GB 50161 等规范中有专门规定,本规范的适用范围不包括这些建筑或工程。

1.0.4 本条规定了在同一建筑内设置多种使用功能场所时的防火设计原则。

当在同一建筑物内设置两种或两种以上使用功能的场所时,如住宅与商店的上下组合建造,幼儿园、托儿所与办公建筑或电影院、剧场与商业设施合建等,不同使用功能区或场所之间需要进行防火分隔,以保证火灾不会相互蔓延,相关防火分隔要求要符合本规范及国家其他有关标准的规定。当同一建筑内,可能会存在多种用途的房间或场所,如办公建筑内设置的会议室、餐厅、锅炉房等,属于同一使用功能。

1.0.5 本条规定要求设计师在确定建筑设计的防火要求时,须遵循国家有关安全、环保、节能、节地、节水、节材等经济技术政策和工程建设的基本要求,贯彻"预防为主,防消结合"的消防工作方针,从全局出发,针对不同建筑及其使用功能的特点和防火、灭火需要,结合具体工程及当地的地理环境等自然条件、人文背景、经济技术发展水平和消防救援力量等实际情况进行综合考虑。在设计中,不仅要积极采用先进、成熟的防火技术和措施,更要正确处理好生产或建筑功能要求与消防安全的关系。

1.0.6 高层建筑火灾具有火势蔓延快、疏散困难、扑救难度大的特点,高层建筑的设计,在防火上应立足于自防、自救,建筑高度超过 250 m 的建筑更是如此。我国近年来建筑高度超过 250 m 的建筑越来越多,尽管本规范对高层建筑以及超高层建筑作了相关规定,但为了进一步增强建筑高度超过 250 m 的高层建筑的防火性能,本条规定要通过专题论证的方式,在本规范现有规定的基础上提出更严格的防火措施,有关论证的程序和组织要符合国家有关规定。有关更严格的防火措施,可以考虑提高建筑主要构件的耐火性能、加强防火分隔、增加疏散设施、提高消防设施的可靠性和有效性、配置适应超高层建筑的消防救援装备、设置适用于满足超高层建筑的灭火救援场地、消防站等。

1.0.7 本规范虽涉及面广,但也很难把各类建筑、设备的防火内容和性能要求、试验方法等全部包括其中,仅对普遍性的建筑防火问题和建筑的基本消防安全需求作了规定。设计采用的产品、材料要符合国家有关产品和材料标准的规定,采取的防火技术和措施还要符合国家其他有关工程建设技术标准的规定。

2 术语、符号

2.1 术语

2.1.1 明确了高层建筑的含义,确定了高层民用建筑和高层工业建筑的划分标准。建筑的高度、体积和占地面积等直接影响到建筑内的人员疏散、灭火救援的难易程度和火灾的后果。本规范在确定高层及单、多层建筑的高度划分标准时,既考虑到上述因素和实际工程情况,也与现行国家标准保持一致。

本规范以建筑高度为 27 m 作为划分单、多层住宅建筑与高层住宅建筑的标准,便于对不同建筑高度的住宅建筑区别对待,有利于处理好消防安全和消防投入的关系。

对于除住宅外的其他民用建筑(包括宿舍、公寓、公共建筑)以及厂房、仓库等工业建筑,高层与单、多层建筑的划分标准是 24 m。但对于有些单层建筑，如体育馆、高大的单层厂房等，由于具有相对方便的疏散和扑救条件，虽建筑高度大于 24 m，仍不划分为高层建筑。

有关建筑高度的确定方法，本规范附录 A 作了详细规定，涉及本规范有关建筑高度的计算，应按照该附录的规定进行。

2.1.2 裙房的特点是其结构与高层建筑主体直接相连，作为高层建筑主体的附属建筑而构成同一座建筑。为便于规定，本规范规定裙房为建筑中建筑高度小于或等于 24 m 且位于与其相连的高层建筑主体对地面的正投影之外的这部分建筑；其他情况的高层建筑的附属建筑，不能按裙房考虑。

2.1.3 对于重要公共建筑，不同地区的情况不尽相同，难以定量规定。本条根据我国的国情和多年的火灾情况，从发生火灾可能产生的后果和影响作了定性规定。一般包括党政机关办公楼，人员密集的大型公共建筑或集会场所，较大规模的中小学校教学楼、宿舍楼，重要的通信、调度和指挥建筑，广播电视建筑，医院等以及城市集中供水设施、主要的电力设施等涉及城市或区域生命线的支持性建筑或工程。

2.1.4 本条术语解释中的"建筑面积"是指设置在住宅建筑首层或一层及二层，且相互完全分隔后的每个小型商业用房的总建筑面积。比如，一个上、下两层室内直接相通的商业服务网点，该"建筑面积"为该商业服务网点一层和二层商业用房的建筑面积之和。

商业服务网点包括百货店、副食店、粮店、邮政所、储蓄所、理发店、洗衣店、药店、洗车店、餐饮店等小型营业性用房。

2.1.8 本条术语解释中将民用建筑内的灶具、电磁炉等与其他室内外外露火焰或赤热表面区别对待，主要是因其使用时间相对集中、短暂，并具有间隔性，同时又易于封闭或切断。

2.1.10 本条术语解释中的"标准耐火试验条件"是指符合国家标准规定的耐火试验条件。对于升温条件，不同使用性质和功能的建筑，火灾类型可能不同，因而在建筑构配件的标准耐火性能测定过程中，受火条件也有所不同，需要根据实际的火灾类型确定不同标准的升温条件。目前，我国对于以纤维类火灾为主的建筑构件耐火试验主要参照 ISO 834 标准规定的时间-温度标准曲线进行试验；对于石油化工建筑、通行大型车辆的隧道等以烃类为主的场所，结构的耐火极限需采用碳氢时间-温度曲线等相适应的升温曲线进行试验测定。对于不同类型的建筑构件，耐火极限的判定标准也不一样，比如非承重墙体，其耐火极限测定主要考察该墙体在试验条件下的完整性能和隔热性能；而柱的耐火极限测定则主要考察其在试验条件下的承载力和稳定性能。因此，对于不同的建筑结构或构、配件，耐火极限的判定标准和所代表的含义也不完全一致，详见现行国家标准《建筑构件耐火试验方法》系列 GB/T 9978.1～GB/T 9978.9。

2.1.14 本条术语解释中的"室内安全区域"包括符合规范规定的避难层、避难走道等，"室外安全区域"包括室外地面、符合疏散要求并具有直接到达地面设施的上人屋面、平台以及符合本规范第 6.6.4 条要求的天桥、连廊等。尽管本规范将避难走道视为室内安全区，但其安全性能仍有别于室外地面，因此设计的安全出口要直接通向室外，尽量避免通过避难走道再疏散到室外地面。

2.1.18 本条术语解释中的"规定的试验条件"为按照现行国家有关闪点测试方法标准，如现行国家标准《闪点的测定 宾斯基-马丁闭口杯法》GB/T 261 等标准中规定的试验条件。

2.1.19 可燃蒸气和可燃气体的爆炸下限为可燃蒸气或可燃气体与其和空气混合气体的体

积百分比。

2.1.20 对于沸溢性油品,不仅油品要具有一定含水率,且必须具有热波作用,才能使油品液面燃烧产生的热量从液面逐渐向液下传递。当液下的温度高于 100 ℃时,热量传递过程中遇油品所含水后便可引起水的汽化,使水的体积膨胀,从而引起油品沸溢。常见的沸溢性油品有原油、渣油和重油等。

2.1.21 防火间距是不同建筑间的空间间隔,既是防止火灾在建筑之间发生蔓延的间隔,也是保证灭火救援行动既方便又安全的空间。有关防火间距的计算方法,见本规范附录 B。

3 厂房和仓库

3.1 火灾危险性分类

本规范根据物质的火灾危险特性,定性或定量地规定了生产和储存建筑的火灾危险性分类原则,石油化工、石油天然气、医药等有关行业还可根据实际情况进一步细化。

3.1.1 本条规定了生产的火灾危险性分类原则。

(1)表 3.1.1 中生产中使用的物质主要指所用物质为生产的主要组成部分或原材料,用量相对较多或需对其进行加工等。

(2)划分甲、乙、丙类液体闪点的基准。

为了比较切合实际地确定划分液体物质的闪点标准,本规范 1987 年版编制组曾对 596 种易燃、可燃液体的闪点进行了统计和分析,情况如下:

1) 常见易燃液体的闪点多数小于 28 ℃;
2) 国产煤油的闪点在 28 ℃~40 ℃之间;
3) 国产 16 种规格的柴油闪点大多数为 60 ℃~90 ℃(其中仅"-35#"柴油为 50 ℃);
4) 闪点在 60 ℃~120 ℃的 73 个品种的可燃液体,绝大多数火灾危险性不大;
5) 常见的煤焦油闪点为 65 ℃~100 ℃。

据此认为:凡是在常温环境下遇火源能引起闪燃的液体属于易燃液体,可列入甲类火灾危险性范围。我国南方城市的最热月平均气温在 28 ℃左右,而厂房的设计温度在冬季一般采用 12 ℃~25 ℃。

根据上述情况,将甲类火灾危险性的液体闪点标准确定为小于 28 ℃;乙类,为大于或等于 28 ℃至小于 60 ℃;丙类,为大于或等于 60 ℃。

(3)火灾危险性分类中可燃气体爆炸下限的确定基准。

由于绝大多数可燃气体的爆炸下限均小于 10%,一旦设备泄漏,在空气中很容易达到爆炸浓度,所以将爆炸下限小于 10%的气体划为甲类;少数气体的爆炸下限大于 10%,在空气中较难达到爆炸浓度,所以将爆炸下限大于或等于 10%的气体划为乙类。但任何一种可燃气体的火灾危险性,不仅与其爆炸下限有关,而且与其爆炸极限范围值、点火能量、混合气体的相对湿度等有关,在实际设计时要加注意。

(4)火灾危险性分类中应注意的几个问题。

1) 生产的火灾危险性分类,一般要分析整个生产过程中的每个环节是否有引起火灾的可能性。生产的火灾危险性分类一般要按其中最危险的物质确定,通常可根据生产中使用的全部原材料的性质、生产中操作条件的变化是否会改变物质的性质、生产中产生的全部中间产物的性质、生产的最终产品及其副产品的性质和生产过程中的自然通风、气温、湿度等环境条件等因素分析确定。当然,要同时兼顾生产的实际使用量或产出量。

在实际中,一些产品可能有若干种不同工艺的生产方法,其中使用的原材料和生产条件也可能不尽相同,因而不同生产方法所具有的火灾危险性也可能有所差异,分类时要注意区别对待。

2) 甲类火灾危险性的生产特性。

"甲类"第1项和第2项参见前述说明。

"甲类"第3项:生产中的物质在常温下可以逐渐分解,释放出大量的可燃气体并且迅速放热引起燃烧,或者物质与空气接触后能发生猛烈的氧化作用,同时放出大量的热。温度越高,氧化反应速度越快,产生的热越多,使温度升高越快,如此互为因果而引起燃烧或爆炸,如硝化棉、赛璐珞、黄磷等的生产。

"甲类"第4项:生产中的物质遇水或空气中的水蒸气会发生剧烈的反应,产生氢气或其他可燃气体,同时产生热量引起燃烧或爆炸。该类物质遇酸或氧化剂也能发生剧烈反应,发生燃烧爆炸的火灾危险性比遇水或水蒸气时更大,如金属钾、钠、氧化钠、氢化钙、碳化钙、磷化钙等的生产。

"甲类"第5项:生产中的物质有较强的氧化性。有些过氧化物中含有过氧基(—O—O—),性质极不稳定,易放出氧原子,具有强烈的氧化性,促使其他物质迅速氧化,放出大量的热量而发生燃烧爆炸。该类物质对于酸、碱、热、撞击、摩擦、催化或与易燃品、还原剂等接触后能迅速分解,极易发生燃烧或爆炸,如氯酸钠、氯酸钾、过氧化氢、过氧化钠等的生产。

"甲类"第6项:生产中的物质燃点较低、易燃烧,受热、撞击、摩擦或与氧化剂接触能引起剧烈燃烧或爆炸,燃烧速度快,燃烧产物毒性大,如赤磷、三硫化二磷等的生产。

"甲类"第7项:生产中操作温度较高,物质被加热到自燃点以上。此类生产必须是在密闭设备内进行,因设备内没有助燃气体,所以设备内的物质不能燃烧。但是,一旦设备或管道泄漏,即使没有其他火源,该类物质也会在空气中立即着火燃烧。这类生产在化工、炼油、生物制药等企业中常见,火灾的事故也不少,应引起重视。

3) 乙类火灾危险性的生产特性。

"乙类"第1项和第2项参见前述说明。

"乙类"第3项中所指的不属于甲类的氧化剂是二级氧化剂,即非强氧化剂。特性是:比甲类第5项的性质稳定些,生产过程中的物质遇热、还原剂、酸、碱等也能分解产生高热,遇其他氧化剂也能分解发生燃烧甚至爆炸,如过二硫酸钠、高碘酸、重铬酸钠、过醋酸等的生产。

"乙类"第4项:生产中的物质燃点较低、较易燃烧或爆炸,燃烧性能比甲类易燃固体差,燃烧速度较慢,但可能放出有毒气体,如硫黄、樟脑或松香等的生产。

"乙类"第5项:生产中的助燃气体本身不能燃烧(如氧气),但在有火源的情况下,如遇可燃物会加速燃烧,甚至有些含碳的难燃或不燃固体也会迅速燃烧。

"乙类"第6项:生产中可燃物质的粉尘、纤维、雾滴悬浮在空气中与空气混合,当达到一定浓度时,遇火源立即引起爆炸。这些细小的可燃物质表面吸附包围了氧气,当温度升高时,便加速了它的氧化反应,反应中放出的热促使其燃烧。这些细小的可燃物质比原来块状固体或较大量的液体具有较低的自燃点,在适当的条件下,着火后以爆炸的速度燃烧。另外,铝、锌等有些金属在块状时并不燃烧,但在粉尘状态时则能够爆炸燃烧。

研究表明,可燃液体的雾滴也可以引起爆炸。因而,将"丙类液体的雾滴"的火灾危险性列入乙类。有关信息可参见《石油化工生产防火手册》《可燃性气体和蒸汽的安全技术参数手册》和《爆炸事故分析》等资料。

4) 丙类火灾危险性的生产特性。

"丙类"第1项参见前述说明。可熔化的可燃固体应视为丙类液体,如石蜡、沥青等。

"丙类"第2项:生产中物质的燃点较高,在空气中受到火焰或高温作用时能够着火或微燃,当火源移走后仍能持续燃烧或微燃,如对木料、棉花加工、橡胶等的加工和生产。

5) 丁类火灾危险性的生产特性。

"丁类"第1项:生产中被加工的物质不燃烧,且建筑物内可燃物很少,或生产中虽有赤热表面、火花、火焰也不易引起火灾,如炼钢、炼铁、热轧或制造玻璃制品等的生产。

"丁类"第2项:虽然利用气体、液体或固体为原料进行燃烧,是明火生产,但均在固定设备内燃烧,不易造成事故。虽然也有一些爆炸事故,但一般多属于物理性爆炸,如锅炉、石灰焙烧、高炉车间等的生产。

"丁类"第3项:生产中使用或加工的物质(原料、成品)在空气中受到火焰或高温作用时难着火、难微燃、难碳化,当火源移走后燃烧或微燃立即停止。厂房内为常温环境,设备通常处于敞开状态。这类生产一般为热压成型的生产,如难燃的铝塑材料、酚醛泡沫塑料加工等的生产。

6) 戊类火灾危险性的生产特性。

生产中使用或加工的液体或固体物质在空气中受到火烧时,不着火、不微燃、不碳化,不会因使用的原料或成品引起火灾,且厂房内为常温环境,如制砖、石棉加工、机械装配等的生产。

(5)生产的火灾危险性分类受众多因素的影响,设计还需要根据生产工艺、生产过程中使用的原材料以及产品及其副产品的火灾危险性以及生产时的实际环境条件等情况确定。为便于使用,表1列举了部分常见生产的火灾危险性分类。

表1 生产的火灾危险性分类举例

生产的火灾危险性类别	举 例
甲类	1.闪点小于28 ℃的油品和有机溶剂的提炼、回收或洗涤部位及其泵房,橡胶制品的涂胶和胶浆部位,二硫化碳的粗馏、精馏工段及其应用部位,青霉素提炼部位,原料药厂的非纳西汀车间的烃化、回收及电感精馏部位,皂素车间的抽提、结晶及过滤部位,冰片精制部位,农药厂乐果厂房,敌敌畏的合成厂房、磺化法糖精厂房,氯乙醇厂房,环氧乙烷、环氧丙烷工段,苯酚厂房的磺化、蒸馏部位,焦化厂吡啶工段,胶片片基车间,汽油加铅室,甲醇、乙醇、丙酮、丁酮异丙醇、醋酸乙酯、苯等的合成或精制厂房,集成电路工厂的化学清洗间(使用闪点小于28 ℃的液体),植物油加工厂的浸出车间;白酒液态法酿酒车间、酒精蒸馏塔,酒精度为38度及以上的勾兑车间、灌装车间、酒泵房;白兰地蒸馏车间、勾兑车间、灌装车间、酒泵房; 2.乙炔站,氢气站,石油气体分馏(或分离)厂房,氯乙烯厂房,乙烯聚合厂房,天然气、石油伴生气、矿井气、水煤气或焦炉煤气的净化(如脱硫)厂房压缩机室及鼓风机室,液化石油气灌瓶间,丁二烯及其聚合厂房,醋酸乙烯厂房,电解水或电解食盐厂房,环己酮厂房,乙基苯和苯乙烯厂房,化肥厂的氢氮气压缩厂房,半导体材料厂使用氢气的拉晶间,硅烷热分解室;

表1（续）

生产的火灾危险性类别	举 例
甲类	3.硝化棉厂房及其应用部位,赛璐珞厂房,黄磷制备厂房及其应用部位,三乙基铝厂房,染化厂某些能自行分解的重氮化合物生产,甲胺厂房,丙烯腈厂房; 4.金属钠、钾加工厂房及其应用部位,聚乙烯厂房的一氧二乙基铝部位,三氯化磷厂房,多晶硅车间三氯氢硅部位,五氧化二磷厂房; 5.氯酸钠、氯酸钾厂房及其应用部位,过氧化氢厂房,过氧化钠、过氧化钾厂房,次氯酸钙厂房; 6.赤磷制备厂房及其应用部位,五硫化二磷厂房及其应用部位; 7.洗涤剂厂房石蜡裂解部位,冰醋酸裂解厂房
乙类	1.闪点大于或等于28 ℃至小于60 ℃的油品和有机溶剂的提炼、回收、洗涤部位及其泵房,松节油或松香蒸馏厂房及其应用部位,醋酸酐精馏厂房,己内酰胺厂房,甲酚厂房,氯丙醇厂房,樟脑油提取部位,环氧氯丙烷厂房,松针油精制部位,煤油灌桶间; 2.一氧化碳压缩机室及净化部位,发生炉煤气或鼓风炉煤气净化部位,氨压缩机房; 3.发烟硫酸或发烟硝酸浓缩部位,高锰酸钾厂房,重铬酸钠(红矾钠)厂房; 4.樟脑或松香提炼厂房,硫黄回收厂房,焦化厂精萘厂房; 5.氧气站,空分厂房; 6.铝粉或镁粉厂房,金属制品抛光部位,煤粉厂房、面粉厂的碾磨部位、活性炭制造及再生厂房,谷物筒仓的工作塔,亚麻厂的除尘器和过滤器室
丙类	1.闪点大于或等于60 ℃的油品和有机液体的提炼、回收工段及其抽送泵房,香料厂的松油醇部位和乙酸松油脂部位,苯甲酸厂房,苯乙酮厂房,焦化厂焦油厂房,甘油、桐油的制备厂房,油浸变压器室,机器油或变压油罐桶间,润滑油再生部位,配电室(每台装油量大于60 kg的设备),沥青加工厂房,植物油加工厂的精炼部位; 2.煤、焦炭、油母页岩的筛分、转运工段和栈桥或储仓,木工厂房,竹、藤加工厂房,橡胶制品的压延、成型和硫化厂房,针织品厂房,纺织、印染、化纤生产的干燥部位,服装加工厂房,棉花加工和打包厂房,造纸厂备料、干燥车间,印染厂成品厂房,麻纺厂粗加工车间,谷物加工房,卷烟厂的切丝、卷制、包装车间,印刷厂的印刷车间,毛涤厂选毛车间,电视机、收音机装配厂房,显像管厂装配工煅烧枪间,磁带装配厂房,集成电路工厂的氧化扩散间、光刻间,泡沫塑料厂的发泡、成型、印片压花部位,饲料加工厂房,畜(禽)屠宰、分割及加工车间,鱼加工车间
丁类	1.金属冶炼、锻造、铆焊、热轧、铸造、热处理厂房; 2.锅炉房,玻璃原料熔化厂房,灯丝烧拉部位,保温瓶胆厂房,陶瓷制品的烘干、烧成厂房,蒸汽机车库,石灰焙烧厂房,电石炉部位,耐火材料烧成部位,转炉厂房,硫酸车间焙烧部位,电极煅烧工段,配电室(每台装油量小于等于60 kg的设备); 3.难燃铝塑材料的加工厂房,酚醛泡沫塑料的加工厂房,印染厂的漂炼部位,化纤厂后加工润湿部位
戊类	制砖车间,石棉加工车间,卷扬机室,不燃液体的泵房和阀门室,不燃液体的净化处理工段,除镁合金外的金属冷加工车间,电动车库,钙镁磷肥车间(焙烧炉除外),造纸厂或化学纤维厂的浆粕蒸煮工段,仪表、器械或车辆装配车间,氟利昂厂房,水泥厂的轮窑厂房,加气混凝土厂的材料准备、构件制作厂房

3.1.2 本条规定了同一座厂房或厂房中同一个防火分区内存在不同火灾危险性的生产时,该建筑或区域火灾危险性的确定原则。

(1)在一座厂房中或一个防火分区内存在甲、乙类等多种火灾危险性生产时,如果甲类生产着火后,可燃物质足以构成爆炸或燃烧危险,则该建筑物中的生产类别应按甲类划分;如果该厂房面积很大,其中甲类生产所占用的面积比例小,并采取了相应的工艺保护和防火防爆分隔措施将甲类生产部位与其他区域完全隔开,即使发生火灾也不会蔓延到其他区域时,该厂房可按火灾危险性较小者确定。如:在一座汽车总装厂房中,喷漆工段占总装厂房的面积比例不足10%,并将喷漆工段采用防火分隔和自动灭火设施保护时,厂房的生产火灾危险性仍可划分为戊类。近年来,喷漆工艺有了很大的改进和提高,并采取了一些行之有效的防护措施,生产过程中的火灾危害减少。本条同时考虑了国内现有工业建筑中同类厂房喷漆工段所占面积的比例,规定了在同时满足本文规定的三个条件时,其面积比例最大可为20%。

另外,有的生产过程中虽然使用或产生易燃、可燃物质,但是数量少,当气体全部逸出或可燃液体全部气化也不会在同一时间内使厂房内任何部位的混合气体处于爆炸极限范围内,或即使局部存在爆炸危险、可燃物全部燃烧也不可能使建筑物着火而造成灾害。如:机械修配厂或修理车间,虽然使用少量的汽油等甲类溶剂清洗零件,但不会因此而发生爆炸。所以,该厂房的火灾危险性仍可划分为戊类。又如,某场所内同时具有甲、乙类和丙、丁类火灾危险性的生产或物质,当其中产生或使用的甲、乙类物质的量很小,不足以导致爆炸时,该场所的火灾危险性类别可以按照其他占主要部分的丙类或丁类火灾危险性确定。

(2)一般情况下可不按物质危险特性确定生产火灾危险性类别的最大允许量,参见表2。

表2 可不按物质危险特性确定生产火灾危险性类别的最大允许量

火灾危险性类别		火灾危险性的特性	物质名称举例	最大允许量	
				与房间容积的比值	总量
甲类	1	闪点小于28℃的液体	汽油、丙酮、乙醚	0.004 L/m³	100 L
	2	爆炸下限小于10%的气体	乙炔、氢、甲烷、乙烯、硫化氢	1 L/m³（标准状态）	25 m³（标准状态）
	3	常温下能自行分解导致迅速自燃爆炸的物质	硝化棉、硝化纤维胶片、喷漆棉、火胶棉、赛璐珞棉	0.003 kg/m³	10 kg
		在空气中氧化即导致迅速自燃的物质	黄磷	0.006 kg/m³	20 kg
	4	常温下受到水和空气中水蒸气的作用能产生可燃气体并能燃烧或爆炸的物质	金属钾、钠、锂	0.002 kg/m³	5 kg

表 2（续）

火灾危险性类别		火灾危险性的特性	物质名称举例	最大允许量	
				与房间容积的比值	总量
甲类	5	遇酸、受热、撞击、摩擦、催化以及遇有机物或硫黄等易燃的无机物能引起爆炸的强氧化剂	硝酸胍、高氯酸铵	0.006 kg/m³	20 kg
		遇酸、受热、撞击、摩擦、催化以及遇有机物或硫黄等极易分解引起燃烧的强氧化剂	氯酸钾、氯酸钠、过氧化钠	0.015 kg/m³	50 kg
	6	与氧化剂、有机物接触时能引起燃烧或爆炸的物质	赤磷、五硫化磷	0.015 kg/m³	50 kg
	7	受到水或空气中水蒸气的作用能产生爆炸下限小于10%的气体的固体物质	电石	0.075 kg/m³	100 kg
乙类	1	闪点大于或等于28 ℃至60 ℃的液体	煤油、松节油	0.02 L/m³	200 L
	2	爆炸下限大于等于10%的气体	氨	5 L/m³（标准状态）	50 m³（标准状态）
	3	助燃气体	氧、氟	5 L/m³（标准状态）	50 m³（标准状态）
		不属于甲类的氧化剂	硝酸、硝酸铜、铬酸、发烟硫酸、铬酸钾	0.025 kg/m³	80 kg
	4	不属于甲类的化学易燃危险固体	赛璐珞板、硝化纤维色片、镁粉、铝粉	0.015 kg/m³	50 kg
			硫黄、生松香	0.075 kg/m³	100 kg

表 2 列出了部分生产中常见的甲、乙类火灾危险性物品的最大允许量。本表仅供使用本条文时参考。现将其计算方法和数值确定的原则及应用本表应注意的事项说明如下：

    1) 厂房或实验室内单位容积的最大允许量。

单位容积的最大允许量是实验室或非甲、乙类厂房内使用甲、乙类火灾危险性物品的两个控制指标之一。实验室或非甲、乙类厂房内使用甲、乙类火灾危险性物品的总量同其室内容积之比应小于此值。即：

$$\frac{甲、乙类物品的总量(kg)}{厂房或实验室的容积(m^3)} < 单位容积的最大允许量 \quad (1)$$

下面按气、液、固态甲、乙类危险物品分别说明该数值的确定。

①气态甲、乙类火灾危险性物品。

一般，可燃气体浓度探测报警装置的报警控制值采用该可燃气体爆炸下限的25%。因此,当室内使用的可燃气体同空气所形成的混合性气体不大于爆炸下限的5%时,可不按甲、乙类火灾危险性划分。本条采用5%这个数值还考虑到,在一个面积或容积较大的场所内,可能存在可燃气体扩散不均匀,会形成局部高浓度而引发爆炸的危险。

由于实际生产中使用或产生的甲、乙类可燃气体的种类较多,在本表中不可能一一列出。对于爆炸下限小于10%的甲类可燃气体,空间内单位容积的最大允许量采用几种甲类可燃气体计算结果的平均值(如乙炔的计算结果是0.75 L/m³,甲烷的计算结果为2.5 L/m³),取1 L/m³。对于爆炸下限大于或等于10%的乙类可燃气体,空间内单位容积的最大允许量取5 L/m³。

②液态甲、乙类火灾危险性物品。

在室内少量使用易燃、易爆甲、乙类火灾危险性物品,要考虑这些物品全部挥发并弥漫在整个室内空间后,同空气的混合比是否低于其爆炸下限的5%。如低于该值,可以不确定为甲、乙类火灾危险性。某种甲、乙类火灾危险性液体单位体积(L)全部挥发后的气体体积,参考美国消防协会《美国防火手册》(Fire Protection Handbook,NFPA),可以按下式进行计算:

$$V = 830.93 \frac{B}{M} \qquad (2)$$

式中:

V——气体体积(L);

B——液体的相对密度;

M——挥发性气体的相对密度。

③固态(包括粉状)甲、乙类火灾危险性物品。

对于金属钾、金属钠、黄磷、赤磷、赛璐珞板等固态甲、乙类火灾危险性物品和镁粉、铝粉等乙类火灾危险性物品的单位容积的最大允许量,参照了国外有关消防法规的规定。

2) 厂房或实验室等室内空间最多允许存放的总量。

对于容积较大的空间,单凭空间内"单位容积的最大允许量"一个指标来控制是不够的。有时,尽管这些空间内单位容积的最大允许量不大于规定,也可能会相对集中放置较大量的甲、乙类火灾危险性物品,而这些物品着火后常难以控制。

3) 在应用本条进行计算时,如空间内存在两种或两种以上火灾危险性的物品,原则上要以其中火灾危险性较大、两项控制指标要求较严格的物品为基础进行计算。

3.1.3 本条规定了储存物品的火灾危险性分类原则。

(1)本规范将生产和储存物品的火灾危险性分类分别列出,是因为生产和储存物品的火灾危险性既有相同之处,又有所区别。如甲、乙、丙类液体在高温、高压生产过程中,实际使用时的温度往往高于液体本身的自燃点,当设备或管道损坏时,液体喷出就会着火。有些生产的原料、成品的火灾危险性较低,但当生产条件发生变化或经化学反应后产生了中间产物,则可能增加火灾危险性。例如,可燃粉尘静止时的火灾危险性较小,但在生产过程中,粉尘悬浮在空气中并与空气形成爆炸性混合物,遇火源则可能爆炸着火,而这类物品在储存时就不存在这种情况。与此相反,桐油织物及其制品,如堆放在通风不良地点,受到一定温度作用时,则会缓慢氧化、积热不散而自燃着火,因而在储存时其火灾危险性较大,而在生产过程中则不存在此种情形。

储存物品的分类方法主要依据物品本身的火灾危险性,参照本规范生产的火灾危险性分类,并吸取仓库储存管理经验和参考我国的《危险货物运输规则》。

1) 甲类储存物品的划分,主要依据我国《危险货物运输规则》中确定的Ⅰ级易燃固体、Ⅰ级易燃液体、Ⅰ级氧化剂、Ⅰ级自燃物品、Ⅰ级遇水燃烧物品和可燃气体的特性。这类物品易燃、易爆,燃烧时会产生大量有害气体。有的遇水发生剧烈反应,产生氢气或其他可燃气体,遇火燃烧爆炸;有的具有强烈的氧化性能,遇有机物或无机物极易燃烧爆炸;有的因受热、撞击、催化或气体膨胀而可能发生爆炸,或与空气混合容易达到爆炸浓度,遇火而发生爆炸。

2) 乙类储存物品的划分,主要依据我国《危险货物运输规则》中确定的Ⅱ级易燃固体、Ⅱ级易燃烧物质、Ⅱ级氧化剂、助燃气体、Ⅱ级自燃物品的特性。

3) 丙、丁、戊类储存物品的划分,主要依据有关仓库调查和储存管理情况。

丙类储存物品包括可燃固体物质和闪点大于或等于60 ℃的可燃液体,特性是液体闪点较高、不易挥发。可燃固体在空气中受到火焰和高温作用时能发生燃烧,即使移走火源,仍能继续燃烧。

对于粒径大于或等于2 mm的工业成型硫黄(如球状、颗粒状、团状、锭状或片状),根据公安部天津消防研究所与中国石化工程建设公司等单位共同开展的"散装硫黄储存与消防关键技术研究"成果,其火灾危险性为丙类固体。

丁类储存物品指难燃烧物品,其特性是在空气中受到火焰或高温作用时,难着火、难燃或微燃,移走火源,燃烧即可停止。

戊类储存物品指不会燃烧的物品,其特性是在空气中受到火焰或高温作用时,不着火、不微燃、不碳化。

(2)表3列举了一些常见储存物品的火灾危险性分类,供设计参考。

表3 储存物品的火灾危险性分类举例

火灾危险性类别	举 例
甲类	1.己烷,戊烷,环戊烷,石脑油,二硫化碳,苯、甲苯,甲醇、乙醇,乙醚,蚁酸甲酯、醋酸甲酯,硝化乙酯,汽油,丙酮,丙烯,酒精度为38度及以上的白酒; 2.乙炔,氢,甲烷,环氧乙烷,水煤气,液化石油气,乙烯、丙烯、丁二烯,硫化氢,氯乙烯,电石,碳化铝; 3.硝化棉,硝化纤维胶片,喷漆棉,火胶棉,赛璐珞棉,黄磷; 4.金属钾、钠、锂、钙、锶,氢化锂,氢化钠,四氢化锂铝; 5.氯酸钾,氯酸钠,过氧化钾,过氧化钠,硝酸铵; 6.赤磷,五硫化二磷,三硫化二磷
乙类	1.煤油,松节油,丁烯醇、异戊醇,丁醚,醋酸丁酯、硝酸戊酯,乙酰丙酮,环己胺,溶剂油,冰醋酸,樟脑油,蚁酸; 2.氨气、一氧化碳; 3.硝酸铜,铬酸,亚硝酸钾,重铬酸钠,铬酸钾,硝酸,硝酸汞,硝酸钴,发烟硫酸,漂白粉; 4.硫黄,镁粉,铝粉,赛璐珞板(片),樟脑,萘,生松香,硝化纤维漆布,硝化纤维色片; 5.氧气,氟气,液氯; 6.漆布及其制品,油布及其制品,油纸及其制品,油绸及其制品

表 3（续）

火灾危险性类别	举 例
丙类	1.动物油、植物油、沥青、蜡、润滑油、机油、重油，闪点大于等于 60 ℃的柴油，糖醛、白兰地成品库； 2.化学、人造纤维及其织物，纸张，棉、毛、丝、麻及其织物，谷物，面粉，粒径大于或等于 2 mm 的工业成型硫黄，天然橡胶及其制品，竹、木及其制品，中药材，电视机、收录机等电子产品，计算机房已录数据的磁盘储存间，冷库中的鱼、肉间
丁类	自熄性塑料及其制品，酚醛泡沫塑料及其制品，水泥刨花板
戊类	钢材、铝材、玻璃及其制品，搪瓷制品，陶瓷制品，不燃气体，玻璃棉、岩棉、陶瓷棉、硅酸铝纤维、矿棉，石膏及其无纸制品，水泥、石、膨胀珍珠岩

3.1.4 本条规定了同一座仓库或其中同一防火分区内存在多种火灾危险性的物质时，确定该建筑或区域火灾危险性的原则。

一个防火分区内存放多种可燃物时，火灾危险性分类原则应按其中火灾危险性大的确定。当数种火灾危险性不同的物品存放在一起时，建筑的耐火等级、允许层数和允许面积均要求按最危险者的要求确定。如：同一座仓库存放有甲、乙、丙三类物品，仓库就需要按甲类储存物品仓库的要求设计。

此外，甲、乙类物品和一般物品以及容易相互发生化学反应或者灭火方法不同的物品，必须分间、分库储存，并在醒目处标明储存物品的名称、性质和灭火方法。因此，为了有利于安全和便于管理，同一座仓库或其中一个防火分区内，要尽量储存一种物品。如有困难需将数种物品存放在一座仓库或同一个防火分区内时，存储过程中要采取分区域布置，但性质相互抵触或灭火方法不同的物品不允许存放在一起。

3.1.5 丁、戊类物品本身虽属难燃烧或不燃烧物质，但有很多物品的包装是可燃的木箱、纸盒、泡沫塑料等。据调查，有些仓库内的可燃包装物，多者在 100 kg/m²～300 kg/m²，少者也有 30 kg/m²～50 kg/m²。因此，这两类仓库，除考虑物品本身的燃烧性能外，还要考虑可燃包装的数量，在防火要求上应较丁、戊类仓库严格。

在执行本条时，要注意有些包装物与被包装物品的重量比虽然小于 1/4，但包装物（如泡沫塑料等）的单位体积重量较小，极易燃烧且初期燃烧速率较快、释热量大，如果仍然按照丁、戊类仓库来确定则可能出现与实际火灾危险性不符的情况。因此，针对这种情况，当可燃包装体积大于物品本身体积的 1/2 时，要相应提高该库房的火灾危险性类别。

3.2 厂房和仓库的耐火等级

3.2.1 本条规定了厂房和仓库的耐火等级分级及相应建筑构件的燃烧性能和耐火极限。

（1）本规范第 3.2.1 条表 3.2.1 中有关建筑构件的燃烧性能和耐火极限的确定，参考了苏联、日本、美国等国建筑规范和相关消防标准的规定，详见表 4～表 6。

（2）柱的受力和受火条件更苛刻，耐火极限至少不应低于承重墙的要求。但这种规定未充分考虑设计区域内的火灾荷载情况和空间的通风条件等因素，设计需以此规定为最低要求，根据工程的具体情况确定合理的耐火极限，而不能仅为片面满足规范规定。

表4 苏联建筑物的耐火等级分类及其构件的燃烧性能和耐火极限

建筑的耐火等级	建筑构件耐火极限(h)和沿该构件火焰传播的最大极限(h/cm)				支柱	楼梯平台、楼梯梁、踏步、梁和梯段	平板、铺面(其中包括有保温层的)和其他楼板自承重结构	屋顶构件	
	墙壁								
	自承重楼梯间	自承重	外部非承重的(其中包括由悬吊板构成)	内部非承重的(隔离的)				平板、铺面(其中包括有保温层的)和大梁	梁、门式刚架、横梁、框架
I	2.5/0	1.25/0	0.5/0	0.5/0	2.5/0	1/0	1/0	0.5/0	0.5/0
II	2/0	1/0	0.25/0	0.25/0	2/0	1/0	0.75/0	0.25/0	0.25/0
III	2/0	1/0	0.25/0;0.5/40	0.25/40	2/0	1/0	0.75/25	H.H/H.H	H.H/H.H
III_a	1/0	0.5/0	0.25/40	0.25/40	0.25/0	1/0	0.25/0	0.25/25	0.25/0
III_б	1/40	0.5/40	0.25/0;0.5/40	0.25/40	1/40	0.25/0	0.75/25	0.25/0;0.5/25(40)	0.75/25(40)
IV	0.5/40	0.25/40	0.25/40	0.25/40	0.5/40	0.25/40	0.25/40	H.H/H.H	H.H/H.H
IV_a	0.5/40	0.25/40	0.25/H.H	0.25/H.H	0.25/40	0.25/40	0.25/0	0.25/H.H	0.25/0
V	没有标准化								

注:1 译自1985年苏联《防火标准》СНиП2.01.02。
   2 在括号中给出了竖直结构段和倾斜结构段的火焰传播极限。
   3 缩写"H.H"表示指标没有标准化。

表5 日本建筑标准法规中有关建筑构件耐火结构方面的规定 (h)

建筑的层数(从上部层数开始)	房盖	梁	楼板	柱	承重外墙	承重间隔墙
(2~4)层以内	0.5	1	1	1	1	1
(5~14)层	0.5	2	2	2	2	2
15层以上	0.5	3	2	3	2	2

注:译自2001年版日本《建筑基准法施行令》第107条。

表6 美国消防协会标准《建筑结构类型标准》NFPA220
（1996年版）中关于Ⅰ型～Ⅴ型结构的耐火极限 (h)

名 称	Ⅰ型		Ⅱ型			Ⅲ型		Ⅳ型	Ⅴ型	
	443	332	222	111	000	211	200	2HH	111	000
外承重墙：										
支撑多于一层、柱或其他承重墙	4	3	2	1	0	2	2	2	1	0
只支撑一层	4	3	2	1	0	2	2	2	1	0
只支撑一个屋顶	4	3	2	1	0	2	2	2	1	0
内承重墙：										
支撑多于一层、柱或其他承重墙	4	3	2	1	0	1	0	2	1	0
只支撑一层	3	2	2	1	0	1	0	1	1	0
只支撑一个屋顶	3	2	1	1	0	1	0	1	1	0
柱										
支撑多于一层、柱或其他承重墙	4	3	2	1	0	1	0	H	1	0
只支撑一层	3	2	2	1	0	1	0	H	1	0
只支撑一个屋顶	3	2	1	1	0	1	0	H	1	0
梁、梁构桁架的腹杆、拱顶和桁架										
支撑多于一层、柱或其他承重墙	4	3	2	1	0	1	0	H	1	0
只支撑一层	3	2	2	1	0	1	0	H	1	0
只支撑屋顶	3	2	1	1	0	1	0	H	1	0
楼面结构	3	2	2	1	0	1	0	H	1	0
屋顶结构	2	1.5	1	1	0	1	0	H	1	0
非承重外墙	0	0	0	0	0	0	0	0	0	0

注：1 ▨ 表示这些构件允许采用经批准的可燃材料。

2 "H"表示大型木构件。

（3）由于同一类构件在不同施工工艺和不同截面、不同组分、不同受力条件以及不同升温曲线等情况下的耐火极限是不一样的。本条文说明附录中给出了一些构件的耐火极限试验数据，设计时，对于与表中所列情况完全一样的构件可以直接采用。但实际构件的构造、截面尺寸和构成材料等往往与附录中所列试验数据不同，对于该构件的耐火极限需要通过试验测定,当难以通过试验确定时,一般应根据理论计算和试验测试验证相结合的方法进行确定。

3.2.2　本条为强制性条文。由于高层厂房和甲、乙类厂房的火灾危险性大,火灾后果严重,应有较高的耐火等级,故确定为强制性条文。但是,发生火灾后对周围建筑的危害较小且建筑面积小于或等于 300 m² 的甲、乙类厂房,可以采用三级耐火等级建筑。

3.2.3　本条为强制性条文。使用或产生丙类液体的厂房及丁类生产中的某些工段,如炼钢炉出钢水喷出钢火花,从加热炉内取出赤热的钢件进行锻打,钢件在热处理油池中进行淬火处理,使油池内油温升高,都容易发生火灾。对于三级耐火等级建筑,如屋顶承重构件采用木构件或钢构件,难以承受经常的高温烘烤。这些厂房虽属丙、丁类生产,也要严格控制,除建筑面积较小并采取了防火分隔措施外,均需采用一、二级耐火等级的建筑。

对于使用或产生丙类液体、建筑面积小于或等于 500 m² 的单层丙类厂房和生产过程中有火花、赤热表面或明火,但建筑面积小于或等于 1 000 m² 的单层丁类厂房,仍可以采用三级耐火等级的建筑。

3.2.4　本条为强制性条文。特殊贵重的设备或物品,为价格昂贵、稀缺设备、物品或影响生产全局或正常生活秩序的重要设施、设备,其所在建筑应具有较高的耐火性能,故确定为强制性条文。特殊贵重的设备或物品主要有:

(1)价格昂贵、损失大的设备。

(2)影响工厂或地区生产全局或影响城市生命线供给的关键设施,如热电厂、燃气供给站、水厂、发电厂、化工厂等的主控室,失火后影响大、损失大、修复时间长,也应认为是"特殊贵重"的设备。

(3)特殊贵重物品,如货币、金银、邮票、重要文物、资料、档案库以及价值较高的其他物品。

3.2.5　锅炉房属于使用明火的丁类厂房。燃油、燃气锅炉房的火灾危险性大于燃煤锅炉房,火灾事故也比燃煤的多,且损失严重的火灾中绝大多数是三级耐火等级的建筑,故本条规定锅炉房应采用一、二级耐火等级建筑。

每小时总蒸发量不大于 4 t 的燃煤锅炉房,一般为规模不大的企业或非采暖地区的工厂,专为厂房生产用汽而设置的、规模较小的锅炉房,建筑面积一般为 350 m² ～400 m²,故这些建筑可采用三级耐火等级。

3.2.6　油浸变压器是一种多油电器设备。油浸变压器易因油温过高而着火或产生电弧使油剧烈气化,使变压器外壳爆裂酿成火灾事故。实际运行中的变压器存在燃烧或爆裂的可能,需提高其建筑的防火要求。对于干式或非燃液体的变压器,因其火灾危险性小,不易发生爆炸,故未作限制。

3.2.7　本条为强制性条文。高层仓库具有储存物资集中、价值高、火灾危险性大、灭火和物资抢救困难等特点。甲、乙类物品仓库起火后,燃速快、火势猛烈,其中有不少物品还会发生爆炸,危险性高、危害大。因此,对高层仓库、甲类仓库和乙类仓库的耐火等级要求高。

高架仓库是货架高度超过 7 m 的机械化操作或自动化控制的货架仓库,其共同特点是货架密集、货架间距小、货物存放高度高、储存物品数量大和疏散扑救困难。为了保障火灾时不会很快倒塌,并为扑救赢得时间,尽量减少火灾损失,故要求其耐火等级不低于二级。

3.2.8 粮食库中储存的粮食属于丙类储存物品,火灾的表现以阴燃和产生大量热量为主。对于大型粮食储备库和筒仓,目前主要采用钢结构和钢筋混凝土结构,而粮食库的高度较低,粮食火灾对结构的危害作用与其他物质的作用有所区别,因此,规定二级耐火等级的粮食库可采用全钢或半钢结构。其他有关防火设计要求,除本规范规定外,更详细的要求执行现行国家标准《粮食平房仓设计规范》GB 50320和《粮食钢板筒仓设计规范》GB 50322。

3.2.9 本条为强制性条文。甲、乙类厂房和甲、乙、丙类仓库,一旦着火,其燃烧时间较长和(或)燃烧过程中释放的热量巨大,有必要适当提高防火墙的耐火极限。

3.2.11 钢结构在高温条件下存在强度降低和蠕变现象。对建筑用钢而言,在260 ℃以下强度不变,260 ℃~280 ℃开始下降;达到400 ℃时,屈服现象消失,强度明显降低;达到450 ℃~500 ℃时,钢材内部再结晶使强度快速下降;随着温度的进一步升高,钢结构的承载力将会丧失。蠕变在较低温度时也会发生,但温度越高蠕变越明显。近年来,未采取有效防火保护措施的钢结构建筑在火灾中,出现大面积垮塌,造成建筑使用人员和消防救援人员伤亡的事故时有发生。这些火灾事故教训表明,钢结构若不采取有效的防火保护措施,耐火性能较差,因此,在规范修订时取消了钢结构等金属结构构件可以不采取防火保护措施的有关规定。

钢结构或其他金属结构的防火保护措施,一般包括无机耐火材料包覆和防火涂料喷涂等方式,考虑到砖石、砂浆、防火板等无机耐火材料包覆的可靠性更好,应优先采用。对这些部位的金属结构的防火保护,要求能够达到本规范第3.2.1条规定的相应耐火等级建筑对该结构的耐火极限要求。

3.2.12 本条规定了非承重外墙采用不同燃烧性能材料时的要求。

近年来,采用聚苯乙烯、聚氨酯材料作为芯材的金属夹芯板材的建筑发生火灾时,极易蔓延且难以扑救,为了吸取火灾事故教训,此次修订了非承重外墙采用难燃性轻质复合墙体的要求,其中,金属夹芯板材的规定见第3.2.17条,其他难燃性轻质复合墙体,如砂浆面钢丝夹芯板、钢龙骨水泥刨花板、钢龙骨石棉水泥板等,仍按本条执行。

采用金属板、砂浆面钢丝夹芯板、钢龙骨水泥刨花板、钢龙骨石棉水泥板等板材作非承重外墙,具有投资较省、施工期限短的优点,工程应用较多。该类板材难以达到本规范第3.2.1条表3.2.1中相应构件的要求,如金属板的耐火极限约为15 min;夹芯材料为非泡沫塑料的难燃性墙体,耐火极限约为30 min,考虑到该类板材的耐火性能相对较高且多用于工业建筑中主要起保温隔热和防风、防雨作用,本条对该类板材的使用范围及燃烧性能分别作了规定。

3.2.13 目前,国内外均开发了大量新型建筑材料,且已用于各类建筑中。为规范这些材料的使用,同时又满足人员疏散与扑救的需要,本着燃烧性能与耐火极限协调平衡的原则,在降低构件燃烧性能的同时适当提高其耐火极限,但一级耐火等级的建筑,多为性质重要或火灾危险性较大或为了满足其他某些要求(如防火分区建筑面积)的建筑,因此本条仅允许适当调整二级耐火等级建筑的房间隔墙的耐火极限。

3.2.15 本条为强制性条文。建筑物的上人平屋顶,可用于火灾时的临时避难场所,符合要求的上人平屋面可作为建筑的室外安全地点。为确保安全,参照相应耐火等级楼板的耐火极限,对一、二级耐火等级建筑物上人平屋顶的屋面板耐火极限作了规定。在此情况下,相应屋顶承重构件的耐火极限也不能低于屋面板的耐火极限。

3.2.16 本条对一、二级耐火等级建筑的屋面板要求采用不燃材料，如钢筋混凝土屋面板或其他不燃屋面板；对于三、四级耐火等级建筑的屋面板的耐火性能未作规定，但要尽量采用不燃、难燃材料，以防止火灾通过屋顶蔓延。当采用金属夹芯板材时，有关要求见第3.2.17条。

为降低屋顶的火灾荷载，其防水材料要尽量采用不燃、难燃材料，但考虑到现有防水材料多为沥青、高分子等可燃材料，有必要根据防水材料铺设的构造做法采取相应的防火保护措施。该类防水材料厚度一般为 3 mm～5 mm，火灾荷载相对较小，如果铺设在不燃材料表面，可不做防护层。当铺设在难燃、可燃保温材料上时，需采用不燃材料作防护层，防护层可位于防水材料上部或防水材料与可燃、难燃保温材料之间，从而使得可燃、难燃保温材料不裸露。

3.2.17 近年来，采用聚苯乙烯、聚氨酯作为芯材的金属夹芯板材的建筑火灾多发，短时间内即造成大面积蔓延，产生大量有毒烟气，导致金属夹芯板材的垮塌和掉落，不仅影响人员安全疏散，不利于灭火救援，而且造成了使用人员及消防救援人员的伤亡。为了吸取火灾事故教训，此次修订提高了金属夹芯板材芯材燃烧性能的要求，即对于按本规范允许采用的难燃性和可燃性非承重外墙、房间隔墙及屋面板，当采用金属夹芯板材时，要采用不燃夹芯材料。

按本规范的有关规定，建筑构件需要满足相应的燃烧性能和耐火极限要求，因此，当采用金属夹芯板材时，要注意以下几点：

（1）建筑中的防火墙、承重墙、楼梯间的墙、疏散走道隔墙、电梯井的墙以及楼板等构件，本规范均要求具有较高的燃烧性能和耐火极限，而不燃金属夹芯板材的耐火极限受其夹芯材料的容重、填塞的密实度、金属板的厚度及其构造等影响，不同生产商的金属夹芯板材的耐火极限差异较大且通常均较低，难以满足相应建筑构件的耐火性能、结构承载力及其自身稳定性能的要求，因此不能采用金属夹芯板材。

（2）对于非承重外墙、房间隔墙，当建筑的耐火等级为一、二级时，按本规范要求，其燃烧性能为不燃，且耐火极限分别为不低于 0.75 h 和 0.50 h，因此也不宜采用金属夹芯板材。当确需采用时，夹芯材料应为 A 级，且要符合本规范对相应构件的耐火极限要求；当建筑的耐火等级为三、四级时，金属夹芯板材的芯材也要 A 级，并符合本规范对相应构件的耐火极限要求。

（3）对于屋面板，当确需采用金属夹芯板材时，其夹芯材料的燃烧性能等级也要为 A 级；对于上人屋面板，由于夹芯板材受其自身构造和承载力的限制，无法达到本规范相应耐火极限要求，因此，此类屋面也不能采用金属夹芯板材。

3.2.19 预制钢筋混凝土结构构件的节点和明露的钢支承构件部位，一般是构件的防火薄弱环节和结构的重要受力点，要求采取防火保护措施，使该节点的耐火极限不低于本规范第3.2.1 条表 3.2.1 中相应构件的规定，如对于梁柱的节点，其耐火极限就要与柱的耐火极限一致。

3.3 厂房和仓库的层数、面积和平面布置

3.3.1 本条为强制性条文。根据不同的生产火灾危险性类别，正确选择厂房的耐火等级，合理确定厂房的层数和建筑面积，可以有效防止火灾蔓延扩大，减少损失。在设计厂房时，要综合考虑安全与节约的关系，合理确定其层数和建筑面积。

甲类生产具有易燃、易爆的特性，容易发生火灾和爆炸，疏散和救援困难，如层数多则更难扑救，严重者对结构有严重破坏。因此，本条对甲类厂房层数及防火分区面积提出了较严格的规定。

为适应生产发展需要建设大面积厂房和布置连续生产线工艺时，防火分区采用防火墙分隔有时比较困难。对此，除甲类厂房外，规范允许采用防火分隔水幕或防火卷帘等进行分隔，有关要求参见本规范第6章和现行国家标准《自动喷水灭火系统设计规范》GB 50084的规定。

对于传统的干式造纸厂房，其火灾危险性较大，仍需符合本规范表3.3.1的规定，不能按本条表3.3.1注3的规定调整。

厂房内的操作平台、检修平台主要布置在高大的生产装置周围，在车间内多为局部或全部镂空，面积较小、操作人员或检修人员较少，且主要为生产服务的工艺设备而设置，这些平台可不计入防火分区的建筑面积。

3.3.2 本条为强制性条文。仓库物资储存比较集中，可燃物数量多，灭火救援难度大，一旦着火，往往整个仓库或防火分区就被全部烧毁，造成严重经济损失，因此要严格控制其防火分区的大小。本条根据不同储存物品的火灾危险性类别，确定了仓库的耐火等级、层数和建筑面积的相互关系。

本条强调仓库内防火分区之间的水平分隔必须采用防火墙进行分隔，不能用其他分隔方式替代，这是根据仓库内可能的火灾强度和火灾延续时间，为提高防火墙分隔的可靠性确定的。特别是甲、乙类物品，着火后蔓延快、火势猛烈，其中有不少物品还会发生爆炸，危害大。要求甲、乙类仓库内的防火分区之间采用不开设门窗洞口的防火墙分隔，且甲类仓库应采用单层结构。这样做有利于控制火势蔓延，便于扑救，减少灾害。对于丙、丁、戊类仓库，在实际使用中确因物流等使用需要开口的部位，需采用与防火墙等效的措施进行分隔，如甲级防火门、防火卷帘，开口部位的宽度一般控制在不大于6.0 m，高度最好控制在4.0 m以下，以保证该部位分隔的有效性。

设置在地下、半地下的仓库，火灾时室内气温高，烟气浓度比较高和热分解产物成分复杂、毒性大，而且威胁上部仓库的安全，所以要求相对较严。本条规定甲、乙类仓库不应附设在建筑物的地下室和半地下室内；对于单独建设的甲、乙类仓库，甲、乙类物品也不应储存在该建筑的地下、半地下。随着地下空间的开发利用，地下仓库的规模也越来越大，火灾危险性及灭火救援难度随之增加。针对该种情况，本次修订明确了地下、半地下仓库或仓库的地下、半地下室的占地面积要求。

根据国家建设粮食储备库的需要以及仓房式粮食仓库发生火灾的概率确实很小这一实际情况，对粮食平房仓的最大允许占地面积和防火分区的最大允许建筑面积及建筑的耐火等级确定均作了一定扩大。对于粮食中转库以及袋装粮库，由于操作频繁、可燃因素较多、火灾危险性较大等，仍应按规范第3.3.2条表3.3.2的规定执行。

对于冷库，根据现行国家标准《冷库设计规范》GB 50072—2010的规定，每座冷库面积要求见表7。

此次修订还根据公安部消防局和原建设部标准定额司针对中央直属棉花储备库库房建筑设计防火问题的有关论证会议纪要，补充了棉花库房防火分区建筑面积的有关要求。

表 7　冷库建筑的耐火等级、层数和面积　　　　　　　　　　　　（m²）

冷藏间耐火等级	最多允许层数	冷藏间的最大允许占地面积和防火分区的最大允许建筑面积			
		单层、多层冷库		高层冷库	
		冷藏间占地	防火分区	冷藏间占地	防火分区
一、二级	不限	7 000	3 500	5 000	2 500
三级	3	1 200	400	—	—

注：1　当设置地下室时，只允许设置一层地下室，且地下冷藏间占地面积不应大于地上冷藏间的最大允许占地面积，防火分区不应大于1 500 m²。
　　2　本表中"—"表示不允许建高层建筑。

3.3.3　自动灭火系统能及时控制和扑灭防火分区内的初起火，有效地控制火势蔓延。运行维护良好的自动灭火设施，能较大地提高厂房和仓库的消防安全性。因此，本条规定厂房和仓库内设置自动灭火系统后，防火分区的建筑面积及仓库的占地面积可以按表3.3.1和表3.3.2的规定增加。但对于冷库，由于冷库内每个防火分区的建筑面积已根据本规范的要求进行了较大调整，故在防火分区内设置了自动灭火系统后，其建筑面积不能再按本规范的有关要求增加。

　　一般，在防火分区内设置自动灭火系统时，需要整个防火分区全部设置。但有时在一个防火分区内，有些部位的火灾危险性较低，可以不需要设置自动灭火设施，而有些部位的火灾危险性较高，需要局部设置。对于这种情况，防火分区内所增加的面积只能按该设置自动灭火系统的局部区域建筑面积的一倍计入防火分区的总建筑面积内，但局部区域包括所增加的面积均要同时设置自动灭火系统。为防止系统失效导致火灾的蔓延，还需在该防火分区内采用防火隔墙与未设置自动灭火系统的部分分隔。

3.3.4　本条为强制性条文。本条规定的目的在于减少爆炸的危害和便于救援。

3.3.5　本条为强制性条文。住宿与生产、储存、经营合用场所（俗称"三合一"建筑）在我国造成过多起重特大火灾，教训深刻。甲、乙类生产过程中发生的爆炸，冲击波有很大的摧毁力，用普通的砖墙很难抗御，即使原来墙体耐火极限很高，也会因墙体破坏失去防护作用。为保证人身安全，要求有爆炸危险的厂房内不应设置休息室、办公室等，确因条件限制需要设置时，应采用能够抵御相应爆炸作用的墙体分隔。

　　防爆墙为在墙体任意一侧受到爆炸冲击波作用并达到设计压力时，能够保持设计所要求的防护性能的实体墙体。防爆墙的通常做法有：钢筋混凝土墙、砖墙配筋和夹砂钢木板。防爆墙的设计，应根据生产部位可能产生的爆炸超压值、泄压面积大小、爆炸的概率，结合工艺和建筑中采取的其他防爆措施与建造成本等情况综合考虑进行。

　　在丙类厂房内设置用于管理、控制或调度生产的办公房间以及工人的中间临时休息室，要采用规定的耐火构件与生产部分隔开，并设置不经过生产区域的疏散楼梯、疏散门等直通厂房外，为方便沟通而设置的、与生产区域相通的门要采用乙级防火门。

3.3.6　本条第2款为强制性条款。甲、乙、丙类仓库的火灾危险性和危害性大，故厂房内的这类中间仓库要采用防火墙进行分隔，甲、乙类仓库还需考虑墙体的防爆要求，保证发生火灾或爆炸时，不会危及生产区。

　　条文中的"中间仓库"是指为满足日常连续生产需要，在厂房内存放从仓库或上道工序的厂房(或车间)取得的原材料、半成品、辅助材料的场所。中间仓库不仅要求靠外墙设置,有条件时,中间仓库还要尽量设置直通室外的出口。

对于甲、乙类物品中间仓库,由于工厂规模、产品不同,一昼夜需用量的绝对值有大有小,难以规定一个具体的限量数据,本条规定中间仓库的储量要尽量控制在一昼夜的需用量内。当需用量较少的厂房,如有的手表厂用于清洗的汽油,每昼夜需用量只有 20 kg,可适当调整到存放(1～2)昼夜的用量;如一昼夜需用量较大,则要严格控制为一昼夜用量。

对于丙、丁、戊类物品中间仓库,为减小库房火灾对建筑的危害,火灾危险性较大的物品库房要尽量设置在建筑的上部。在厂房内设置的仓库,耐火等级和面积应符合本规范第3.3.2条表3.3.2的规定,且中间仓库与所服务车间的建筑面积之和不应大于该类厂房有关一个防火分区的最大允许建筑面积。例如:在一级耐火等级的丙类多层厂房内设置丙类2项物品库房,厂房每个防火分区的最大允许建筑面积为 6 000 m²,每座仓库的最大允许占地面积为 4 800 m²,每个防火分区的最大允许建筑面积为 1 200 m²,则该中间仓库与所服务车间的防火分区最大允许建筑面积之和不应大于 6 000 m²,但对厂房占地面积不作限制,其中,用于中间库房的最大允许建筑面积一般不能大于 1 200 m²;当设置自动灭火系统时,仓库的占地面积和防火分区的建筑面积可按本规范第 3.3.3 条的规定增加。

在厂房内设置中间仓库时,生产车间和中间仓库的耐火等级应当一致,且该耐火等级要按仓库和厂房两者中要求较高者确定。对于丙类仓库,需要采用防火墙和耐火极限不低于 1.50 h 的不燃性楼板与生产作业部位隔开。

3.3.7 本条要求主要为防止液体流散或储存丙类液体的储罐受外部火的影响。条文中的"容量不应大于 5 m³"是指每个设置丙类液体储罐的单独房间内储罐的容量。

3.3.8 本条为强制性条文。本条规定了变、配电站与甲、乙类厂房之间的防火分隔要求。

(1)运行中的变压器存在燃烧或爆裂的可能,易导致相邻的甲、乙类厂房发生更大的次生灾害,故需考虑采用独立的建筑并在相互间保持足够的防火间距。如果生产上确有需要,可以设置一个专为甲类或乙类厂房服务的 10 kV 及 10 kV 以下的变电站、配电站,在厂房的一面外墙贴邻建造,并用无门窗洞口的防火墙隔开。条文中的"专用",是指该变电站、配电站仅向与其贴邻的厂房供电,而不向其他厂房供电。

对于乙类厂房的配电站,如氨压缩机房的配电站,为观察设备、仪表运转情况而需要设观察窗时,允许在配电站的防火墙上设置采用不燃材料制作并且不能开启的防火窗。

(2)除执行本条的规定外,其他防爆、防火要求,见本规范第 3.6 节、第 9、10 章和现行国家标准《爆炸危险环境电力装置设计规范》GB 50058 的相关规定。

3.3.9 本条为强制性条文。从使用功能上,办公、休息等类似场所应属民用建筑范畴,但为生产和管理方便,直接为仓库服务的办公管理用房、工作人员临时休息用房、控制室等可以根据所服务场所的火灾危险性类别设置。相关说明参见第 3.3.5 条的条文说明。

3.3.10 本条规定了同一座建筑内同时具有物品储存与物品装卸、分拣、包装等生产性功能或其中某种功能为主时的防火技术要求。物流建筑的类型主要有作业型、存储型和综合型,不同类型物流建筑的防火要求也要有所区别。

对于作业型的物流建筑,由于其主要功能为分拣、加工等生产性质的活动,故其防火分区要根据其生产加工的火灾危险性按本规范对相应的火灾危险性类别厂房的规定进行划分。其中的仓储部分要根据本规范第 3.3.6 条有关中间仓库的要求确定其防火分区大小。

对于以仓储为主或分拣加工作业与仓储难以分清哪个功能为主的物流建筑,则可以将加工作业部分采用防火墙分隔后分别按照加工和仓储的要求确定。其中仓储部分可以按本条第 2 款的要求和条件确定其防火分区。由于这类建筑处理的货物主要为可燃、难燃固体,且因流转和功能需要,所需装卸、分拣、储存等作业面积大,且多为机械化操作,与传统的仓库相比,在存储周期、运行和管理等方面均存在一定差异,故对丙类 2 项可燃物品和丁、戊类物品储存区相关建筑面积进行了部分调整。但对于甲、乙类物品,棉、麻、丝、毛及其他纺织品、泡沫塑料和自动化控制的高架仓库等,考虑到其火灾危险性和灭火救援难度等,有关建筑面积仍应按照本规范第 3.3.2 条的规定执行。

本条中的"泡沫塑料"是指泡沫塑料制品或单纯的泡沫塑料成品,不包括用作包装的泡沫塑料。采用泡沫塑料包装时,仓库的火灾危险性按本规范第 3.1.5 条规定确定。

3.4 厂房的防火间距

本规范第 3.4 节和第 3.5 节中规定的有关防火间距均为建筑间的最小间距要求,有条件时,设计师要根据建筑的体量、火灾危险性和实际条件等因素,尽可能加大建筑间的防火间距。

影响防火间距的因素较多,条件各异。在确定建筑间的防火间距时,综合考虑了灭火救援需要、防止火势向邻近建筑蔓延扩大、节约用地等因素以及灭火救援力量、火灾实例和灭火救援的经验教训。

在确定防火间距时,主要考虑飞火、热对流和热辐射等的作用。其中,火灾的热辐射作用是主要方式。热辐射强度与灭火救援力量、火灾延续时间、可燃物的性质和数量、相对外墙开口面积的大小、建筑物的长度和高度以及气象条件等有关。对于周围存在露天可燃物堆放场所时,还应考虑飞火的影响。飞火与风力、火焰高度有关,在大风情况下,从火场飞出的"火团"可达数十米至数百米。

3.4.1 本条为强制性条文。建筑间的防火间距是重要的建筑防火措施,本条确定了厂房之间,厂房与乙、丙、丁、戊类仓库,厂房与民用建筑及其他建筑物的基本防火间距。各类火灾危险性的厂房与甲类仓库的防火间距,在本规范第 3.5.1 条中作了规定,本条不再重复。

(1)由于厂房生产类别、高度不同,不同火灾危险性类别的厂房之间的防火间距也有所区别。对于受用地限制,在执行本条有关防火间距的规定有困难时,允许采取可以有效防止火灾在建筑物之间蔓延的等效措施后减小其间距。

(2)本规范第 3.4.1 条及其注 1 中所指"民用建筑",包括设置在厂区内独立建造的办公、实验研究、食堂、浴室等不具有生产或仓储功能的建筑。为厂房生产服务而专设的辅助生活用房,有的与厂房组合建造在同一座建筑内,有的为满足通风采光需要,将生活用房与厂房分开布置。为方便生产工作联系和节约用地,丙、丁、戊类厂房与所属的辅助生活用房的防火间距可减小为 6 m。生活用房是指车间办公室、工人更衣休息室、浴室(不包括锅炉房)、就餐室(不包括厨房)等。

考虑到戊类厂房的火灾危险性较小,对戊类厂房之间及其与戊类仓库的防火间距作了调整,但戊类厂房与其他生产类别的厂房或仓库的防火间距,仍需执行本规范第 3.4.1 条、第 3.5.1 条和第 3.5.2 条的规定。

(3)在本规范第 3.4.1 条表 3.4.1 中,按变压器总油量将防火间距分为三档。每台额定容量为 5 MV·A 的 35 kV 铝线电力变压器,存油量为 2.52 t,2 台的总油量为 5.04 t;每台额定容量为10 MV·A时,油量为4.3 t,2台的总油量为8.6。每台额定容量为10 MV·A的10 kV双卷铝线电力变压器,存油量为5.05 t,两台的总油量为10.1 t。表中第一档总油量定为5 t~10 t,基本相当于设置2台5 MV·A~10 MV·A变压器的规模。但由于变压器的电压、制造厂家、外形尺寸的不同,同样容量的变压器,油量也不尽相同,故分档仍以总油量多少来区分。

3.4.2 本条为强制性条文。甲类厂房的火灾危险性大,且以爆炸火灾为主,破坏性大,故将其与重要公共建筑和明火或散发火花地点的防火间距作为强制性要求。

尽管本条规定了甲类厂房与重要公共建筑、明火或散发火花地点的防火间距,但甲类厂房涉及行业较多,凡有专门规范且规定的间距大于本规定的,要按这些专项标准的规定执行,如乙炔站、氧气站和氢氧站等与其他建筑的防火间距,还应符合现行国家标准《氧气站设计规范》GB 50030、《乙炔站设计规范》GB 50031和《氢气站设计规范》GB 50177等的规定。

有关甲类厂房与架空电力线的最小水平距离要求,执行本规范第10.2.1条的规定,与甲、乙、丙类液体储罐、可燃气体和助燃气体储罐、液化石油气储罐和可燃材料堆场的防火间距,执行本规范第4章的有关规定。

3.4.3 明火或散发火花地点以及会散发火星等火源的铁路、公路,位于散发可燃气体、可燃蒸气的甲类厂房附近时,均存在引发爆炸的危险,因此二者要保持足够的距离。综合各类明火或散发火花地点的火源情况,规定明火或散发火花地点与散发可燃气体、可燃蒸气的甲类厂房防火间距不小于30 m。

甲类厂房与铁路的防火间距,主要考虑机车飞火对厂房的影响和发生火灾或爆炸时,对铁路正常运行的影响。内燃机车当燃油雾化不好时,排气管仍会喷火星,因此应与蒸汽机车一样要求,不能减小其间距。当厂外铁路与国家铁路干线相邻时,防火间距除执行本条规定外,尚应符合有关专业规范的规定,如《铁路工程设计防火规范》TB 10063等。

专为某一甲类厂房运送物料而设计的铁路装卸线,当有安全措施时,此装卸线与厂房的间距可不受20 m间距的限制。如机车进入装卸线时,关闭机车灰箱、设置阻火罩、车厢顶进并在装甲类物品的车辆之间停放隔离车辆等阻止机车火星散发和防止影响厂房安全的措施,均可认为是安全措施。

厂外道路,如道路已成型不会再扩宽,则按现有道路的最近路边算起;如有扩宽计划,则要按其规划的路边算起。厂内主要道路,一般为连接厂内主要建筑或功能区的道路,车流量较大。次要道路,则反之。

3.4.4 本条为强制性条文。本条规定了高层厂房与各类储罐、堆场的防火间距。

高层厂房与甲、乙、丙类液体储罐的防火间距应按本规范第4.2.1条的规定执行,与甲、乙、丙类液体装卸鹤管的防火间距应按本规范第4.2.8条的规定执行,与湿式可燃气体储罐或罐区的防火间距应按本规范表4.3.1的规定执行,与湿式氧气储罐或罐区的防火间距应按本规范表4.3.3的规定执行,与液化天然气储罐的防火间距应按本规范表4.3.8的规定执行,与液化石油气储罐的间距按本规范表4.4.1的规定执行,与可燃材料堆场的防火间距应按本规范表4.5.1的规定执行。高层厂房、仓库与上述储罐、堆场的防火间距,凡小于13 m者,仍应按13 m确定。

3.4.5 本条根据上面几条说明的情况和本规范第3.4.1条、第5.2.2条规定的防火间距,考虑建筑及其灭火救援需要,规定了厂房与民用建筑物的防火间距可适当减小的条件。

3.4.6 本条主要规定了厂房外设置化学易燃物品的设备时,与相邻厂房、设备的防火间距确定方法,如图1。装有化学易燃物品的室外设备,当采用不燃材料制作的设备时,设备本身可按相当于一、二级耐火等级的建筑考虑。室外设备的外壁与相邻厂房室外设备的防火间距,不应小于10 m;与相邻厂房外墙的防火间距,不应小于本规范第3.4.1条～第3.4.4条的规定,即室外设备内装有甲类物品时,与相邻厂房的间距不小于12 m;装有乙类物品时,与相邻厂房的间距不小于10 m。

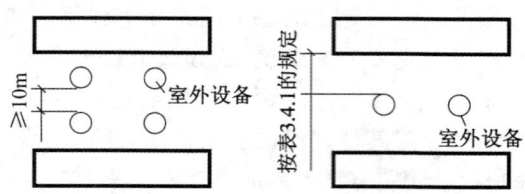

图1 有室外设备时的防火间距

化学易燃物品的室外设备与所属厂房的间距,主要按工艺要求确定,本规范不作要求。

小型可燃液体中间罐常放在厂房外墙附近,为安全起见,要求可能受到火灾作用的部分外墙采用防火墙,并提倡将储罐直接埋地设置。条文"面向储罐一面4.0 m范围内的外墙为防火墙"中"4.0 m范围"的含义是指储罐两端和上下部各4 m范围,见图2。

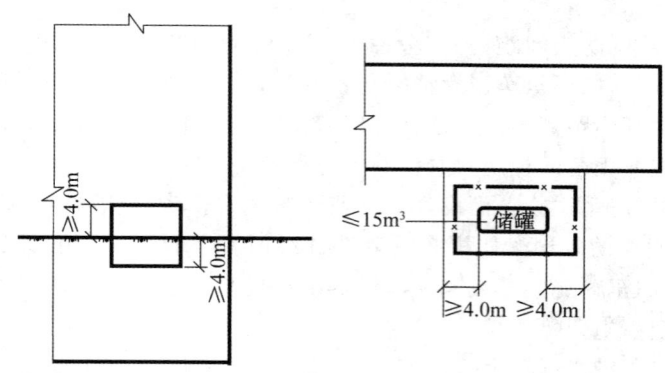

图2 油罐面4 m范围外墙设防火墙示意图

3.4.7 对于图3所示的"山形""凵形"等类似形状的厂房,建筑的两翼相当于两座厂房。本条规定了建筑两翼之间的防火间距(L),主要为便于灭火救援和控制火势蔓延。但整个厂房的占地面积不大于本规范第3.3.1条规定的一个防火分区允许最大建筑面积时,该间距L可以减小到6 m。

3.4.8 对于成组布置的厂房,组与组或组与相邻厂房的防火间距,应符合本规范第3.4.1条的有关规定。而高层厂房扑救困难,甲类厂房火灾危险性大,不允许成组布置。

(1)厂房建设过程中有时受场地限制或因建设用地紧张,当数座厂房占地面积之和不大于第3.3.1条规定的防火分区最大允许建筑面积时,可以成组布置;面积不限者,按不大于10 000 m² 考虑。

如图4所示:假设有3座二级耐火等级的单层丙、丁、戊厂房,其中丙类火灾危险性最高,二级耐火等级的单层丙类厂房的防火分区最大允许建筑面积为 8 000 m²,则 3 座厂房面积之和应控制在 8 000 m² 以内;若丁类厂房高度大于 7 m,则丁类厂房与丙、戊类厂房间距不应小于 6 m;若丙、戊类厂房高度均不大于 7 m,则丙、戊类厂房间距不应小于 4 m。

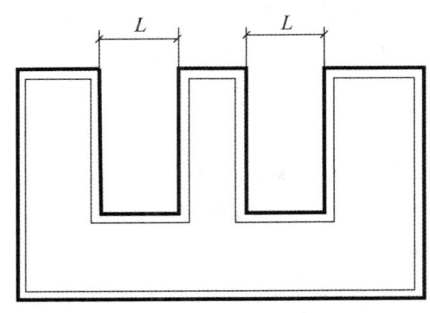

图 3 山形厂房

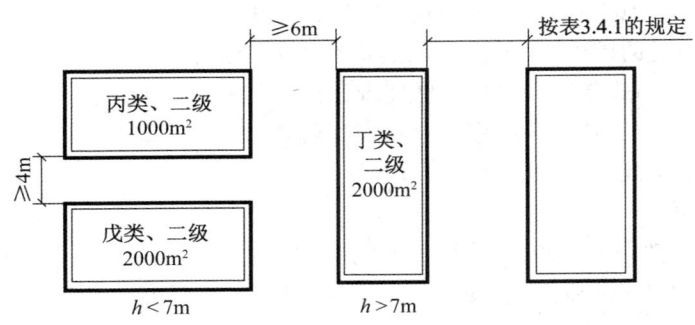

图 4 成组厂房布置示意图

(2)组内厂房之间规定 4 m 的最小间距,主要考虑消防车通行需要,也是考虑灭火救援的需要。当厂房高度为 7 m 时,假定消防员手提水枪往上成 60°角,就需要 4 m 的水平间距才能喷射到 7 m 的高度,故以高度 7 m 为划分的界线,当大于 7 m 时,则应至少需要 6 m 的水平间距。

3.4.9 本条为强制性条文。汽油、液化石油气和天然气均属甲类物品,火灾或爆炸危险性较大,而城市建成区建筑物和人员均较密集,为保证安全,减少损失,本规范对在城市建成区建设的加油站和加气站的规模作了必要的限制。

3.4.10 现行国家标准《汽车加油加气站设计与施工规范》GB 50156 对加气站、加油站及其附属建筑物之间和加气站、加油站与其他建筑物的防火间距,均有详细要求。考虑到规范本身的体系和方便执行,为避免重复和矛盾,本规范未再规定。

3.4.11 室外变、配电站是各类企业、工厂的动力中心,电气设备在运行中可能产生电火花,存在燃烧或爆裂的危险。一旦发生燃烧或爆炸,不但本身遭到破坏,而且会使一个企业或由变、配电站供电的所有企业、工厂的生产停顿。为保护保证生产的重点设施,室外变、配电站与其他建筑、堆场、储罐的防火间距要求比一般厂房严格些。

室外变、配电站区域内的变压器与主控室、配电室、值班室的防火间距主要根据工艺要求确定,与变、配电站内其他附属建筑(不包括产生明火或散发火花的建筑)的防火间距,执行本规范第 3.4.1 条及其他有关规定。变压器可以按一、二级耐火等级建筑考虑。

3.4.12 厂房与本厂区围墙的间距不宜小于 5 m,是考虑本厂区与相邻地块建筑物之间的最小防火间距要求。厂房之间的最小防火间距是 10 m,每方各留出一半即为 5 m,也符合一条消防车道的通行宽度要求。具体执行时,尚应结合工程实际情况合理确定,故条文中用了"不宜"的措辞。

如靠近相邻单位,本厂拟建甲类厂房和仓库,甲、乙、丙类液体储罐,可燃气体储罐、液体石油气储罐等火灾危险性较大的建构筑物时,应使两相邻单位的建构筑物之间的防火间距符合本规范相关条文的规定。故本条文又规定了在不宜小于 5 m 的前提下,还应满足围墙两侧建筑物之间的防火间距要求。

当围墙外是空地,相邻地块拟建建筑物类别尚不明了时,可按上述建构筑物与一、二级厂房应有防火间距的一半确定与本厂围墙的距离,其余部分由相邻地块的产权方考虑。例如,甲类厂房与一、二级厂房的防火间距为 12 m,则与本厂区围墙的间距需预先留足 6 m。

工厂建设如因用地紧张,在满足与相邻不同产权的建筑物之间的防火间距或设置了防火墙等防止火灾蔓延的措施时,丙、丁、戊类厂房可不受距围墙 5 m 间距的限制。例如,厂区围墙外隔有城市道路,街区的建筑红线宽度已能满足防火间距的需要,厂房与本厂区围墙的间距可以不限。甲、乙类厂房和仓库及火灾危险性较大的储罐、堆场不能沿围墙建设,仍要执行 5 m 间距的规定。

3.5 仓库的防火间距

3.5.1 本条为强制性条文。甲类仓库火灾危险性大,发生火灾后对周边建筑的影响范围广,有关防火间距要严格控制。本条规定除要考虑在确定厂房的防火间距时的因素外,还考虑了以下情况:

(1)硝化棉、硝化纤维胶片、喷漆棉、火胶棉、赛璐珞和金属钾、钠、锂、氢化锂、氢化钠等甲类物品,发生爆炸或火灾后,燃速快、燃烧猛烈、危害范围广。甲类物品仓库着火时的影响范围取决于所存放物品数量、性质和仓库规模等,其中储存量大小是决定其危害性的主要因素。如某座存放硝酸纤维废影片仓库,共存放影片约 10 t,爆炸着火后,周围 30 m~70 m 范围内的建筑物和其他可燃物均被引燃。

(2)对于高层民用建筑、重要公共建筑,由于建筑受到火灾或爆炸作用的后果较严重,相关要求应比对其他建筑的防火间距要求要严些。

(3)甲类仓库与铁路线的防火间距,主要考虑蒸汽机车飞火对仓库的影响。甲类仓库与道路的防火间距,主要考虑道路的通行情况、汽车和拖拉机排气管飞火的影响等因素。一般汽车和拖拉机的排气管飞火距离远者为 8 m~10 m,近者为 3 m~4 m。考虑到车辆流量大且不便管理等因素,与厂外道路的间距要求较厂内道路要大些。根据表 3.5.1,储存甲类物品第 1、2、5、6 项的甲类仓库与一、二级耐火等级乙、丙、丁、戊类仓库的防火间距最小为 12 m。但考虑到高层仓库的火灾危险性较大,表 3.5.1 的注将该甲类仓库与乙、丙、丁、戊类高层仓库的防火间距从 12 m 增加到 13 m。

3.5.2 本条为强制性条文。本条规定了除甲类仓库外的其他单层、多层和高层仓库之间的防火间距,明确了乙、丙、丁、戊类仓库与民用建筑的防火间距。主要考虑了满足灭火救援、防止初期火灾(一般为 20 min 内)向邻近建筑蔓延扩大以及节约用地等因素:

（1）防止初期火灾蔓延扩大，主要考虑"热辐射"强度的影响。

（2）考虑在二、三级风情况下仓库火灾的影响。

（3）不少乙类物品不仅火灾危险性大，燃速快、燃烧猛烈，而且有爆炸危险，乙类储存物品的火灾危险性虽较甲类的低，但发生爆炸时的影响仍很大。为有所区别，故规定与民用建筑和重要公共建筑的防火间距分别不小于25 m、50 m。实际上，乙类火灾危险性的物品发生火灾后的危害与甲类物品相差不大，因此设计应尽可能与甲类仓库的要求一致，并在规范规定的基础上通过合理布局等来确保和增大相关间距。

乙类6项物品，主要是桐油漆布及其制品、油纸油绸及其制品、浸油的豆饼、浸油金属屑等。这些物品在常温下与空气接触能够缓慢氧化，如果积蓄的热量不能散发出来，就会引起自燃，但燃速不快，也不爆燃，故这些仓库与民用建筑的防火间距可不增大。

本条注2中的"总占地面积"为相邻两座仓库的占地面积之和。

3.5.3　本条为满足工程建设需要，除本规范第3.5.2条的注外，还规定了其他可以减少建筑间防火间距的条件，这些条件应能有效减小火灾的作用或防止火灾的相互蔓延。

3.5.4　本条规定的粮食筒仓与其他建筑的防火间距，为单个粮食筒仓与除表3.5.4注1以外的建筑的防火间距。粮食筒仓组与组的防火间距为粮食仓群与仓群，即多个且成组布置的筒仓群之间的防火间距。每个筒仓组应只共用一套粮食收发放系统或工作塔。

3.5.5　对于库区围墙与库区内各类建筑的间距，据调查，一些地方为了解决两个相邻不同业主用地合理留出空地问题，通常做到了仓库与本用地的围墙距离不小于5 m，并且要满足围墙两侧建筑物之间的防火间距要求。后者的要求是，如相邻不同业主的用地上的建筑物距围墙为5 m，而要求围墙两侧建筑物之间的防火间距为15 m时，则另一侧建筑距围墙的距离还必须保证10 m，其余类推。

3.6　厂房和仓库的防爆

3.6.1　有爆炸危险的厂房设置足够的泄压面积，可大大减轻爆炸时的破坏强度，避免因主体结构遭受破坏而造成人员重大伤亡和经济损失。因此，要求有爆炸危险的厂房的围护结构有相适应泄压面积，厂房的承重结构和重要部位的分隔墙体应具备足够的抗爆性能。

采用框架或排架结构形式的建筑，便于在外墙面开设大面积的门窗洞口或采用轻质墙体作为泄压面积，能为厂房设计成敞开或半敞开式的建筑形式提供有利条件。此外，框架和排架的结构整体性强，较之砖墙承重结构的抗爆性能好。规定有爆炸危险的厂房尽量采用敞开、半敞开式厂房，并且采用钢筋混凝土柱、钢柱承重的框架和排架结构，能够起到良好的泄压和抗爆效果。

3.6.2　本条为强制性条文。一般，等量的同一爆炸介质在密闭的小空间内和在开敞的空间爆炸，爆炸压强差别较大。在密闭的空间内，爆炸破坏力将大很多，因此相对封闭的有爆炸危险性厂房需要考虑设置必要的泄压设施。

3.6.3　为在发生爆炸后快速泄压和避免爆炸产生二次危害，泄压设施的设计应考虑以下主要因素：

（1）泄压设施需采用轻质屋盖、轻质墙体和易于泄压的门窗，设计尽量采用轻质屋盖。

易于泄压的门窗、轻质墙体、轻质屋盖，是指门窗的单位质量轻、玻璃受压易破碎、墙体屋盖材料容重较小、门窗选用的小五金断面较小、构造节点连接受到爆炸力作用易断裂或脱落等。比如，用于泄压的门窗可采用楔形木块固定，门窗上用的金属百页、插销等的断面可稍小,门窗向外开启。这样,一旦发生爆炸,因室内压力大,原关着的门窗上的小五金可能因冲击波而被破坏,门窗则可自动打开或自行脱落,达到泄压的目的。

降低泄压面积构配件的单位质量,也可减小承重结构和不作为泄压面积的围护构件所承受的超压,从而减小爆炸所引起的破坏。本条参照美国消防协会《防爆泄压指南》NFPA68和德国工程师协会标准的要求,结合我国不同地区的气候条件差异较大等实际情况,规定泄压面积构配件的单位质量不应大于60 kg/m²,但这一规定仍比《防爆泄压指南》NFPA68要求的12.5 kg/m²,最大为39.0 kg/m²和德国工程师协会要求的10.0 kg/m²高很多。因此,设计要尽可能采用容重更轻的材料作为泄压面积的构配件。

(2)在选择泄压面积的构配件材料时,除要求容重轻外,最好具有在爆炸时易破裂成非尖锐碎片的特性,便于泄压和减少对人的危害。同时,泄压面设置最好靠近易发生爆炸的部位,保证迅速泄压。对于爆炸时易形成尖锐碎片而四面喷射的材料,不能布置在公共走道或贵重设备的正面或附近,以减小对人员和设备的伤害。

有爆炸危险的甲、乙类厂房爆炸后,用于泄压的门窗、轻质墙体、轻质屋盖将被摧毁,高压气流夹杂大量的爆炸物碎片从泄压面喷出,对周围的人员、车辆和设备等均具有一定破坏性,因此泄压面积应避免面向人员密集场所和主要交通道路。

(3)对于我国北方和西北、东北等严寒或寒冷地区,由于积雪和冰冻时间长,易增加屋面上泄压面积的单位面积荷载而使其产生较大静力惯性,导致泄压受到影响,因而设计要考虑采取适当措施防止积雪。

总之,设计应采取措施,尽量减少泄压面积的单位质量(即重力惯性)和连接强度。

3.6.4 本条规定参照了美国消防协会标准《爆炸泄压指南》NFPA 68的相关规定和公安部天津消防研究所的有关研究试验成果。在过去的工程设计中,存在依照规范设计并满足规范要求,而可能不能有效泄压的情况,本条规定的计算方法能在一定程度上解决该问题。有关爆炸危险等级的分级参照了美国和日本的相关规定,见表8和表9;表中未规定的,需通过试验测定。

表8 厂房爆炸危险等级与泄压比值表(美国)

厂房爆炸危险等级	泄压比值(m²/m³)
弱级(颗粒粉尘)	0.033 2
中级(煤粉、合成树脂、锌粉)	0.065 0
强级(在干燥室内漆料、溶剂的蒸汽、铝粉、镁粉等)	0.220 0
特级(丙酮、天然汽油、甲醇、乙炔、氢)	尽可能大

表9 厂房爆炸危险等级与泄压比值表(日本)

厂房爆炸危险等级	泄压比值(m²/m³)
弱级(谷物、纸、皮革、铅、铬、铜等粉末醋酸蒸气)	0.033 4
中级(木屑,炭屑,煤粉、锑、锡等粉尘,乙烯树脂,尿素,合成树脂粉尘)	0.066 7
强级(油漆干燥或热处理室,醋酸纤维,苯酚树脂粉尘,铝、镁、锆等粉尘)	0.200 0
特级(丙酮、汽油、甲醇、乙炔、氢)	>0.2

长径比过大的空间,会因爆炸压力在传递过程中不断叠加而产生较高的压力。以粉尘为例,如空间过长,则在爆炸后期,未燃烧的粉尘—空气混合物受到压缩,初始压力上升,燃气泄放流动会产生紊流,使燃速增大,产生较高的爆炸压力。因此,有可燃气体或可燃粉尘爆炸危险性的建筑物的长径比要避免过大,以防止爆炸时产生较大超压,保证所设计的泄压面积能有效作用。

3.6.5 在生产过程中,散发比空气轻的可燃气体、可燃蒸气的甲类厂房上部容易积聚可燃气体,条件合适时可能引发爆炸,故在厂房上部采取泄压措施较合适,并以采用轻质屋盖效果较好。采用轻质屋盖泄压,具有爆炸时屋盖被掀掉而不影响房屋的梁、柱承重构件,可设置较大泄压面积等优点。

当爆炸介质比空气轻时,为防止气流向上在死角处积聚而不易排除,导致气体达到爆炸浓度,规定顶棚应尽量平整,避免死角,厂房上部空间要求通风良好。

3.6.6 本条为强制性条文。生产过程中,甲、乙类厂房内散发的较空气重的可燃气体、可燃蒸气、可燃粉尘或纤维等可燃物质,会在建筑的下部空间靠近地面或地沟、洼地等处积聚。为防止地面因摩擦打出火花引发爆炸,要避免车间地面、墙面因为凹凸不平积聚粉尘。本条规定主要为防止在建筑内形成引发爆炸的条件。

3.6.7 本条规定主要为尽量减小爆炸产生的破坏性作用。单层厂房中如某一部分为有爆炸危险的甲、乙类生产,为防止或减少爆炸对其他生产部分的破坏、减少人员伤亡,要求甲、乙类生产部位靠建筑的外墙布置,以便直接向外泄压。多层厂房中某一部分或某一层为有爆炸危险的甲、乙类生产时,为避免因该生产设置在建筑的下部及其中间楼层,爆炸时导致结构破坏严重而影响上层建筑结构的安全,要求这些甲、乙类生产部位尽量设置在建筑的最上一层靠外墙的部位。

3.6.8 本条为强制性条文。总控制室设备仪表较多、价值较高,是某一工厂或生产过程的重要指挥、控制、调度与数据交换、储存场所。为了保障人员、设备仪表的安全和生产的连续性,要求这些场所与有爆炸危险的甲、乙类厂房分开,单独建造。

3.6.9 本条规定基于工程实际,考虑有些分控制室常常和其厂房紧邻,甚至设在其中,有的要求能直接观察厂房中的设备运行情况,如分开设则要增加控制系统,增加建筑用地和造价,还给生产管理带来不便。因此,当分控制室在受条件限制需与厂房贴邻建造时,须靠外墙设置,以尽可能减少其所受危害。

对于不同生产工艺或不同生产车间,甲、乙类厂房内各部位的实际火灾危险性均可能存在较大差异。对于贴邻建造且可能受到爆炸作用的分控制室,除分隔墙体的耐火性能要求外,还需要考虑其抗爆要求,即墙体还需采用抗爆墙。

3.6.10 在有爆炸危险的甲、乙类厂房或场所中,有爆炸危险的区域与相邻的其他有爆炸危险或无爆炸危险的生产区域因生产工艺需要连通时,要尽量在外墙上开门,利用外廊或阳台联系或在防火墙上做门斗,门斗的两个门错开设置。考虑到对疏散楼梯的保护,设置在有爆炸危险场所内的疏散楼梯也要考虑设置门斗,以此缓冲爆炸冲击波的作用,降低爆炸对疏散楼梯间的影响。此外,门斗还可以限制爆炸性可燃气体、可燃蒸气混合物的扩散。

3.6.11 本条为强制性条文。使用和生产甲、乙、丙类液体的厂房,发生事故时易造成液体在地面流淌或滴漏至地下管沟里,若遇火源即会引起燃烧或爆炸,可能影响地下管沟行经的区域,危害范围大。甲、乙、丙类液体流入下水道也易造成火灾或爆炸。为避免殃及相邻厂房,规定管、沟不应与相邻厂房相通,下水道需设隔油设施。

但是,对于水溶性可燃、易燃液体,采用常规的隔油设施不能有效防止可燃液体蔓延与流散,而应根据具体生产情况采取相应的排放处理措施。

3.6.12 本条为强制性条文。甲、乙、丙类液体,如汽油、苯、甲苯、甲醇、乙醇、丙酮、煤油、柴油、重油等,一般采用桶装存放在仓库内。此类库房一旦着火,特别是上述桶装液体发生爆炸,容易在库内地面流淌,设置防止液体流散的设施,能防止其流散到仓库外,避免造成火势扩大蔓延。防止液体流散的基本做法有两种:一是在桶装仓库门洞处修筑漫坡,一般高为150 mm~300 mm;二是在仓库门口砌筑高度为150 mm~300 mm的门槛,再在门槛两边填沙土形成漫坡,便于装卸。

金属钾、钠、锂、钙、锶、氢化锂等遇水会发生燃烧爆炸的物品的仓库,要求设置防止水浸渍的设施,如使室内地面高出室外地面、仓库屋面严密遮盖,防止渗漏雨水,装卸这类物品的仓库栈台有防雨水的遮挡等措施。

3.6.13 谷物粉尘爆炸事故屡有发生,破坏严重,损失很大。谷物粉尘爆炸必须具备一定浓度、助燃剂(如氧气)和火源三个条件。表10列举了一些谷物粉尘的爆炸特性。

表10 粮食粉尘爆炸特性

物质名称	最低着火温度(℃)	最低爆炸浓度(g/m³)	最大爆炸压力(kg/cm³)
谷物粉尘	430	55	6.68
面粉粉尘	380	50	6.68
小麦粉尘	380	70	7.38
大豆粉尘	520	35	7.03
咖啡粉尘	360	85	2.66
麦芽粉尘	400	55	6.75
米粉尘	440	45	6.68

粮食筒仓在作业过程中,特别是在卸料期间易发生爆炸,由于筒壁设计通常较牢固,并且一旦受到破坏对周围建筑的危害也大,故在筒仓的顶部设置泄压面积,十分必要。本条未规定泄压面积与粮食筒仓容积比值的具体数值,主要由于国内这方面的试验研究尚不充分,还未获得成熟可靠的设计数据。根据筒仓爆炸案例分析和国内某些粮食筒仓设计的实例,推荐采用0.008~0.010。

3.6.14 在生产、运输和储存可燃气体的场所,经常由于泄漏和其他事故,在建筑物或装置中产生可燃气体或液体蒸汽与空气的混合物。当场所内存在点火源且混合物的浓度合适时,则可能引发灾难性爆炸事故。为尽量减少事故的破坏程度,在建筑物或装置上预先开设具有一定面积且采用低强度材料做成的爆炸泄压设施是有效措施之一。在发生爆炸时,这些泄压设施可使建筑物或装置内由于可燃气体在密闭空间中燃烧而产生的压力能够迅速泄放,从而避免建筑物或储存装置受到严重损害。

在实际生产和储存过程中,还有许多因素影响到燃烧爆炸的发生与强度,这些很难在本规范中一一明确,特别是仓库的防爆与泄压,还有赖于专门标准进行专项研究确定。为此,本条对存在爆炸危险的仓库作了原则规定，设计需根据其实际情况考虑防爆措施和相应的泄压措施。

3.7 厂房的安全疏散

3.7.1 本条规定了厂房安全出口布置的原则要求。

建筑物内的任一楼层或任一防火分区着火时，其中一个或多个安全出口被烟火阻挡，仍要保证有其他出口可供安全疏散和救援使用。在有的国家还要求同一房间或防火分区内的出口布置的位置，应能使同一房间或同一防火分区内最远点与其相邻2个出口中心点连线的夹角不应小于45°，以确保相邻出口用于疏散时安全可靠。本条规定了5 m这一最小水平间距，设计应根据具体情况和保证人员有不同方向的疏散路径这一原则合理布置。

3.7.2 本条为强制性条文。本条规定了厂房地上部分安全出口设置数量的一般要求，所规定的安全出口数量既是对一座厂房而言，也是对厂房内任一个防火分区或某一使用房间的安全出口数量要求。

要求厂房每个防火分区至少应有2个安全出口，可提高火灾时人员疏散通道和出口的可靠性。但对所有建筑，不论面积大小、人数多少均要求设置2个出口，有时会有一定困难，也不符合实际情况。因此，对面积小、人员少的厂房分别按其火灾危险性分档，规定了允许设置1个安全出口的条件：对火灾危险性大的厂房，可燃物多、火势蔓延较快，要求严格些；对火灾危险性小的，要求低些。

3.7.3 本条为强制性条文。本条规定的地下、半地下厂房为独立建造的地下、半地下厂房和布置在其他建筑的地下、半地下生产场所以及生产性建筑的地下、半地下室。

地下、半地下生产场所难以直接天然采光和自然通风，排烟困难，疏散只能通过楼梯间进行。为保证安全，避免出现出口被堵住无法疏散的情况，要求至少需设置2个安全出口。考虑到建筑面积较大的地下、半地下生产场所，如果要求每个防火分区均需设置至少2个直通室外的出口，可能有很大困难，所以规定至少要有1个直通室外的独立安全出口，另一个可通向相邻防火分区，但是该防火分区须采用防火墙与相邻防火分区分隔，以保证人员进入另一个防火分区内后有足够安全的条件进行疏散。

3.7.4 本条规定了不同火灾危险性类别厂房内的最大疏散距离。本条规定的疏散距离均为直线距离，即室内最远点至最近安全出口的直线距离，未考虑因布置设备而产生的阻挡，但有通道连接或墙体遮挡时，要按其中的折线距离计算。

通常，在火灾条件下人员能安全走出安全出口，即可认为到达安全地点。考虑单层、多层、高层厂房的疏散难易程度不同，不同火灾危险性类别厂房发生火灾的可能性及火灾后的蔓延和危害不同，分别作了不同的规定。将甲类厂房的最大疏散距离定为30 m、25 m，是以人的正常水平疏散速度为1 m/s确定的。乙、丙类厂房较甲类厂房火灾危险性小，火灾蔓延速度也慢些，故乙类厂房的最大疏散距离参照国外规范定为75 m。丙类厂房中工作人员较多，人员密度一般为2人/m^2，疏散速度取办公室内的水平疏散速度(60 m/min)和学校教学楼的水平疏散速度(22 m/min)的平均速度(60 m/min+22 m/min)÷2=41 m/min。当疏散距离为80 m时，疏散时间需要2 min。丁、戊类厂房一般面积大、空间大，火灾危险性小，人员的可用安全疏散时间较长。因此，对一、二级耐火等级的丁、戊类厂房的安全疏散距离未作规定；三级耐火等级的戊类厂房，因建筑耐火等级低，安全疏散距离限在100 m。四级耐火等级的戊类厂房耐火等级更低，可和丙、丁类生产的三级耐火等级厂房相同，将其安全疏散距离定在 60 m。

实际火灾环境往往比较复杂，厂房内的物品和设备布置以及人在火灾条件下的心理和生理因素都对疏散有直接影响，设计师应根据不同的生产工艺和环境，充分考虑人员的疏散需要来确定疏散距离以及厂房的布置与选型，尽量均匀布置安全出口，缩短疏散距离，特别是实际步行距离。

3.7.5 本条规定了厂房的百人疏散宽度计算指标、疏散总净宽度和最小净宽度要求。

厂房的疏散走道、楼梯、门的总净宽度计算，参照了国外有关规范的要求，结合我国有关门窗的模数规定，将门洞的最小宽度定为 1.0 m，则门的净宽在 0.9 m 左右，故规定门的最小净宽度不小于 0.9 m。走道的最小净宽度与人员密集的场所疏散门的最小净宽度相同，取不小于 1.4m。

为保证建筑中下部楼层的楼梯宽度不小于上部楼层的楼梯宽度，下层楼梯、楼梯出口和入口的宽度要按照这一层上部各层中设计疏散人数最多一层的人数计算；上层的楼梯和楼梯出入口的宽度可以分别计算。存在地下室时，则地下部分上一层楼梯、楼梯出口和入口的宽度要按照这一层下部各层中设计疏散人数最多一层的人数计算。

3.7.6 本条为强制性条文。本条规定了各类厂房疏散楼梯的设置形式。

高层厂房和甲、乙、丙类厂房火灾危险性较大，高层建筑发生火灾时，普通客（货）用电梯无防烟、防火等措施，火灾时不能用于人员疏散使用，楼梯是人员的主要疏散通道，要保证疏散楼梯在火灾时的安全，不能被烟或火侵袭。对于高度较高的建筑，敞开式楼梯间具有烟囱效应，会使烟气很快通过楼梯间向上扩散蔓延，危及人员的疏散安全。同时，高温烟气的流动也大大加快了火势蔓延，故作本条规定。

厂房与民用建筑相比，一般层高较高，四、五层的厂房，建筑高度即可达 24 m，而楼梯的习惯做法是敞开式。同时考虑到有的厂房虽高，但人员不多，厂房建筑可燃装修少，故对设置防烟楼梯间的条件作了调整，即如果厂房的建筑高度低于 32 m，人数不足 10 人或只有 10 人时，可以采用封闭楼梯间。

3.8 仓库的安全疏散

3.8.1 本条的有关说明见第 3.7.1 条条文说明。

3.8.2 本条为强制性条文。本条规定为地上仓库安全出口设置的基本要求，所规定的安全出口数量既是对一座仓库而言，也是对仓库内任一个防火分区或某一使用房间的安全出口数量要求。

要求仓库每个防火分区至少应有 2 个安全出口，可提高火灾时人员疏散通道和出口的可靠性。考虑到仓库本身人员数量较少，若不论面积大小均要求设置 2 个出口，有时会有一定困难，也不符合实际情况。因此，对面积小的仓库规定了允许设置 1 个安全出口的条件。

3.8.3 本条为强制性条文。本条规定为地下、半地下仓库安全出口设置的基本要求。本条规定的地下、半地下仓库，包括独立建造的地下、半地下仓库和布置在其他建筑的地下、半地下仓库。

地下、半地下仓库难以直接天然采光和自然通风，排烟困难，疏散只能通过楼梯间进行。为保证安全，避免出现出口被堵无法疏散的情况，要求至少需设置 2 个安全出口。考虑到建筑面积较大的地下、半地下仓库，如果要求每个防火分区均需设置至少 2 个直通室外的出口，可能有很大困难，所以规定至少要有 1 个直通室外的独立安全出口，另一个可通向相邻防火分区,但是该防火分区须采用防火墙与相邻防火分区分隔,以保证人员进入另一个防火分区内后有足够安全的条件进行疏散。

3.8.4 对于粮食钢板筒仓、冷库、金库等场所,平时库内无人,需要进入的人员也很少,且均为熟悉环境的工作人员,粮库、金库还有严格的保安管理措施与要求,因此这些场所可以按照国家相应标准或规定的要求设置安全出口。

3.8.7 本条为强制性条文。高层仓库内虽经常停留人数不多,但垂直疏散距离较长,如采用敞开式楼梯间不利于疏散和救援,也不利于控制烟火向上蔓延。

3.8.8 本条规定了垂直运输物品的提升设施的防火要求,以防止火势向上蔓延。

多层仓库内供垂直运输物品的升降机(包括货梯),有些紧贴仓库外墙设置在仓库外,这样设置既利于平时使用,又有利于安全疏散;也有些将升降机(货梯)设置在仓库内,但未设置在升降机竖井内,是敞开的。这样的设置很容易使火焰通过升降机的楼板孔洞向上蔓延,设计中应避免这样的不安全做法。但戊类仓库的可燃物少,火灾危险性小,升降机可以设在仓库内。

其他类别仓库内的火灾荷载相对较大,强度大、火灾延续时间可能较长,为避免因门的破坏而导致火灾蔓延扩大,井筒防火分隔处的洞口应采用乙级防火门或其他防火分隔物。

4 甲、乙、丙类液体、气体储罐(区)和可燃材料堆场

4.1 一般规定

4.1.1 本条结合我国城市的发展需要,规定了甲、乙、丙类液体储罐区,液化石油气储罐区,可燃、助燃气体储罐区,可燃材料堆场等的平面布局要求,以有利于保障城市、居住区的安全。

本规范中的可燃材料露天堆场,包括秸秆、芦苇、烟叶、草药、麻、甘蔗渣、木材、纸浆原料、煤炭等的堆场。这些场所一旦发生火灾,灭火难度大、危害范围大。在实际选址时,应尽量将这些场所布置在城市全年最小频率风向的上风侧;确有困难时,也要尽量选择在本地区或本单位全年最小频率风向的上风侧,以便防止飞火殃及其他建筑物或可燃物堆垛等。

甲、乙、丙类液体储罐或储罐区要尽量布置在地势较低的地带,当受条件限制不得不布置在地势较高的地带时,需采取加强防火堤或另外增设防护墙等可靠的防护措施;液化石油气储罐区因液化石油气的相对密度较大、气化体积大、爆炸极限低等特性,要尽量远离居住区、工业企业和建有剧场、电影院、体育馆、学校、医院等重要公共建筑的区域,单独布置在通风良好的区域。

本条规定的这些场所,着火后燃烧速度快、辐射热强、难以扑救,火灾延续时间往往较长,有的还存在爆炸危险,危及范围较大,扑救和冷却用水量较大。因而,在选址时还要充分考虑消防水源的来源和保障程度。

4.1.2 本条为强制性条文。本条规定主要针对闪点较低的甲类液体,这类液体对温度敏感,特别要预防夏季高温炎热气候条件下因露天存放而发生超压爆炸、着火。

4.1.3 本条为强制性条文。液化石油气泄漏时的气化体积大、扩散范围大,并易积聚引发较严重的灾害。除在选址要综合考虑外,还需考虑采取尽量避免和减少储罐爆炸或泄漏对周围建筑物产生危害的措施。

设置防护墙可以防止储罐漏液外流危及其他建筑物。防护墙高度不大于1.0m,对通风影响较小,不会窝气。美国、苏联的有关规范均对罐区设置防护墙有相应要求。日本各液化

石油气罐区以及每个储罐也均设置防火堤。因此，本条要求液化石油气罐区设置不小于1.0 m高的防护墙，但储罐距防护墙的距离，卧式储罐按其长度的一半，球形储罐按其直径的一半考虑为宜。

液化石油气储罐与周围建筑物的防火间距，应符合本规范第4.4节和现行国家标准《城镇燃气设计规范》GB 50028的有关规定。

4.1.4 装卸设施设置在储罐区内或距离储罐区较近，当储罐发生泄漏、有汽车出入或进行装卸作业时，存在爆燃引发火灾的危险。这些场所在设计时应首先考虑按功能进行分区，储罐与其装卸设施及辅助管理设施分开布置，以便采取隔离措施和实施管理。

4.2 甲、乙、丙类液体储罐(区)的防火间距

本节规定主要针对工业企业内以及独立建设的甲、乙、丙类液体储罐(区)。为便于规范执行和标准间的协调，有关专业石油库的储罐布置及储罐与库内外建筑物的防火间距，应执行现行国家标准《石油库设计规范》GB 50074的有关规定。

4.2.1 本条为强制性条文。本条规定了甲、乙、丙类液体储罐和乙、丙类液体桶装堆场与建筑物的防火间距。

(1)甲、乙、丙类液体储罐和乙、丙类液体桶装堆场的最大总容量，是根据工厂企业附属可燃液体库和其他甲、乙、丙类液体储罐及仓库等的容量确定的。

本规范中表4.2.1规定的防火间距主要根据火灾实例、基本满足灭火扑救要求和现行的一些实际做法提出的。一个30 m²的地上卧式油罐爆炸着火，能震碎相距15 m范围的门窗玻璃，辐射热可引燃相距12 m的可燃物。根据扑救油罐实践经验，油罐(池)着火时燃烧猛烈、辐射热强，小罐着火至少应有12 m～15 m的距离，较大罐着火至少应有15 m～20 m的距离，才能满足灭火需要。

(2)对于可能同时存放甲、乙、丙类液体的一个储罐区，在确定储罐区之间的防火间距时，要先将不同类别的可燃液体折算成同一类液体的容量(可折算成甲、乙类液体，也可折算成丙类液体)后，按本规范表4.2.1的规定确定。

(3)关于表4.2.1注的说明。

注3：因甲、乙、丙类液体的固定顶储罐区、半露天堆场和乙、丙类液体桶装堆场与甲类厂房和仓库以及民用建筑发生火灾时，相互影响较大，相应的防火间距应分别按表4.2.1中规定的数值增加25%。上述储罐、堆场发生沸溢或破裂使油品外泄时，遇到点火源会引发火灾，故增加了与明火或散发火花地点的防火间距，即在本表对四级耐火等级建筑要求的基础上增加25%。

注4：浮顶储罐的罐区或闪点大于120 ℃的液体储罐区火灾危险性相对较小，故规定可按表4.2.1中规定的数值减少25%，对于高层建筑及其裙房尽量不减少。

注5：数个储罐区布置在同一库区内时，罐区与罐区应视为两座不同的建、构筑物，防火间距原则上应按两个不同库区对待。但为节约土地资源，并考虑到灭火救援需要及同一库区的管理等因素，规定按不小于表4.2.1中相应容量的储罐区与四级耐火等级建筑的防火间距之较大值考虑。

注6：直埋式地下甲、乙、丙类液体储罐较地上式储罐安全，故规定相应的防火间距可按表4.2.1中规定的数值减少50%。但为保证安全，单罐容积不应大于50 m³，总容积不应大于200 m³。

4.2.2 本条为强制性条文。甲、乙、丙类液体储罐之间的防火间距,除考虑安装、检修的间距外,还要考虑避免火灾相互蔓延和便于灭火救援。

目前国内大多数专业油库和工业企业内油库的地上储罐之间的距离多为相邻储罐的一个 D（D—储罐的直径）或大于一个 D,也有些小于一个 D（$0.7D \sim 0.9D$）。当其中一个储罐着火时,该距离能在一定程度上减少对相邻储罐的威胁。当采用水枪冷却油罐时,水枪喷水的仰角通常为 $45° \sim 60°$,$0.60D \sim 0.75D$ 的距离基本可行。当油罐上的固定或半固定泡沫管线被破坏时,消防员需向着火罐上挂泡沫钩管,该距离能满足其操作要求。考虑到设置充氮保护设备的液体储罐比较安全,故规定其间距与浮顶储罐一样。

关于表 4.2.2 注的说明：

注 2：主要明确不同火灾危险性的液体(甲类、乙类、丙类)、不同形式的储罐(立式罐、卧式罐；地上罐、半地下罐、地下罐等)布置在一起时,防火间距应按其中较大者确定,以利安全。对于矩形储罐,其当量直径为长边 A 与短边 B 之和的一半。设当量直径为 D,则：

$$D = \frac{A+B}{2} \qquad (3)$$

注 3：主要考虑一排卧式储罐中的某个罐着火,不会导致火灾很快蔓延到另一排卧式储罐,并为灭火操作创造条件。

注 4：单罐容积小于 1 000 m³ 的甲、乙类液体地上固定顶油罐,罐容相对较小,采用固定冷却水设备后,可有效地降低燃烧辐射热对相邻罐的影响；同时,消防员还在火场采用水枪进行冷却,故油罐之间的防火间距可适当减少。

注 5：储罐设置液下喷射泡沫灭火设备后,不需用泡沫钩管(枪)；如设置固定消防冷却水设备,通常不需用水枪进行冷却。在防火堤内如设置泡沫灭火设备(如固定泡沫产生器等),能及时扑灭流散液体火。故这些储罐间的防火间距可适当减小,但尽量不小于 $0.4D$。

4.2.3 本条为强制性条文。本条是对小型甲、乙、丙类液体储罐成组布置时的规定,目的在于既保证一定消防安全,又节约用地、节约输油管线,方便操作管理。当容量大于本条规定时,应执行本规范的其他规定。

据调查,有的专业油库和企业内的小型甲、乙、丙类液体库,将容量较小油罐成组布置。实践证明,小容量的储罐发生火灾时,一般情况下易于控制和扑救,不像大罐那样需要较大的操作场地。

为防止火势蔓延扩大、有利灭火救援、减少火灾损失,组内储罐的布置不应多于两排。组内储罐之间的距离主要考虑安装、检修的需要。储罐组与组之间的距离可按储罐的形式(地上式、半地下式、地下式等)和总容量相同的标准单罐确定。如：一组甲、乙类液体固定顶地上式储罐总容量为 950 m³,其中 100 m³ 单罐 2 个,150 m³ 单罐 5 个,则组与组的防火间距按小于或等于 1 000 m³ 的单罐 $0.75D$ 确定。

4.2.4 把火灾危险性相同或接近的甲、乙、丙类液体地上、半地下储罐布置在一个防火堤分隔范围内,既有利于统一考虑消防设计,储罐之间也能互相调配管线布置,又可节省输送管线和消防管线,便于管理。

将沸溢性油品与非沸溢性油品,地上液体储罐与地下、半地下液体储罐分别布置在不同防火堤内,可有效防止沸溢性油品储罐着火后因突沸现象导致火灾蔓延,或者地下储罐发生火灾威胁地上、半地下储罐,避免危及非沸溢性油品储罐,从而减小扑灭难度和损失。本条规定遵循了不同火灾危险性的储罐分别分区布置的原则。

4.2.5 本条第3、4、5、6款为强制性条款。实践证明,防火堤能将燃烧的流散液体限制在防火堤内,给灭火救援创造有利条件。在甲、乙、丙类液体储罐区设置防火堤,是防止储罐内的、液体因罐体破坏或突沸导致外溢流散而使火灾蔓延扩大,减少火灾损失的有效措施。苏联、美国、英国、日本等国家有关规范都明确规定,甲、乙、丙类液体储罐区应设置防火堤,并规定了防火堤内的储罐布置、总容量和具体做法。本条规定既总结了国内的成功经验,也参考了国外的类似规定与做法。有关防火堤的其他技术要求,还可参见国家标准《储罐区防火堤设计规范》GB 50351—2005。

　　1　防火堤内的储罐布置不宜大于两排,主要考虑储罐失火时便于扑救,如布置大于两排,当中间一排储罐发生火灾时,将对两边储罐造成威胁,必然会给扑救带来较大困难。

　　对于单罐容量不大于1 000 m³且闪点大于120 ℃的液体储罐,储罐体形较小、高度较低,若中间一行储罐发生火灾是可以进行扑救的,同时还可节省用地,故规定可不大于4排。

　　2　防火堤内的储罐发生爆炸时,储罐内的油品常不会全部流出,规定防火堤的有效容积不应小于其中较大储罐的容积。浮顶储罐发生爆炸的概率较低,故取其中最大储罐容量的一半。

　　3、4　这两款规定主要考虑储罐爆炸着火后,油品因罐体破裂而大量外流时,能防止流散到防火堤外,并要能避免液体静压力冲击防火堤。

　　5　沸溢性油品储罐要求每个储罐设置一个防火堤或防火隔堤,以防止发生因液体沸溢,四处流散而威胁相邻储罐。

　　6　含油污水管道应设置水封装置以防止油品流至污水管道而造成安全隐患。雨水管道应设置阀门等隔离装置,主要为防止储罐破裂时液体流向防火堤之外。

4.2.6 闪点大于120 ℃的液体储罐或储罐区以及桶装、瓶装的乙、丙类液体堆场,甲类液体半露天堆场(有盖无墙的棚房),由于被体储罐爆裂可能性小,或即使桶装液体爆裂,外溢的液体量也较少,因此当采取了有效防止液体流散的设施时,可以不设置防火堤。实际工程中,一般采用设置黏土、砖石等不燃材料的简易围堤和事故油池等方法来防止液体流散。

4.2.7 据调查,目前国内一些甲、乙类液体储罐与泵房的距离一般在14 m～20 m之间,与铁路装卸栈桥一般在18 m～23 m之间。

　　发生火灾时,储罐对泵房等的影响与罐容和所存可燃液体的量有关,泵房等对储罐的影响相对较小。但从引发的火灾情况看,往往是两者相互作用的结果。因此,从保障安全、便于灭火救援出发,储罐与泵房和铁路、汽车装卸设备要求保持一定的防火间距,前者宜为10 m～15 m。无论是铁路还是汽车的装卸鹤管,其火灾危险性基本一致,故将有关防火间距统一,将后者定为12 m～20 m。

4.2.8 本条规定主要为减小装卸鹤管与建筑物、铁路线之间的相互影响。根据对国内一些储罐区的调查,装卸鹤管与建筑物的距离一般为14 m～18 m。对丙类液体鹤管与建筑的距离,则据其火灾危险性作了一定调整。

4.2.9 甲、乙、丙类液体储罐与铁路走行线的距离,主要考虑蒸汽机车飞火对储罐的威胁,而飞火的控制距离难以准确确定,但机车的飞火通常能量较小,一定距离后即会快速衰减,故将最小间距控制在20 m,对甲、乙类储罐与厂外铁路走行线的间距,考虑到这些物质的可燃蒸气的点火能相对较低,故规定大一些。

与道路的距离是据汽车和拖拉机排气管飞火对储罐的威胁确定的。据调查,机动车辆的飞火的影响范围远者为 8 m~10 m,近者为 3 m~4 m,故与厂内次要道路定为 5 m 和 10 m,与主要道路和厂外道路的间距则需适当增大些。

4.2.10 零位储罐罐容较小,是铁路槽车向储罐卸油作业时的缓冲罐。零位罐置于低处,铁路槽车内的油品借助液位高程自流进零位罐,然后利用油泵送入储罐。

4.3 可燃、助燃气体储罐(区)的防火间距

4.3.1 本条为强制性条文。本条是对可燃气体储罐与其他建筑防火间距的基本规定。可燃气体储罐指盛装氢气、甲烷、乙烷、乙烯、氨气、天然气、油田伴生气、水煤气、半水煤气、发生炉煤气、高炉煤气、焦炉煤气、伍德炉煤气、矿井煤气等可燃气体的储罐。

可燃气体储罐分低压和高压两种。低压可燃气体储罐的几何容积是可变的,分湿式和干式两种。湿式可燃气体储罐的设计压力通常小于 4 kPa,干式可燃气体储罐的设计压力通常小于 8 kPa。高压可燃气体储罐的几何容积是固定的,外形有卧式圆筒形和球形两种。卧式储气罐容积较小,通常不大于 120 m³。球型储气罐罐容积较大,最大容积可达 10 000 m³。这类储罐的设计压力通常为 1.0 MPa~1.6 MPa。目前国内湿式可燃气储罐单罐容积档次有:小于 1 000 m³、1 000 m³、5 000 m³、10 000 m³、20 000 m³、30 000 m³、50 000 m³、100 000 m³、150 000 m³、200 000 m³;干式可燃气体储罐单罐容积档次有:小于 1 000 m³、1 000 m³、5 000 m³、10 000 m³、20 000 m³、30 000 m³、50 000 m³、80 000 m³、170 000 m³、300 000 m³。

表中储罐总容积小于或等于 1 000 m³ 者,一般为小氮肥厂、小化工厂和其他小型工业企业的可燃气体储罐。储罐总容积为 1 000 m³~10 000 m³ 者,多是小城市的煤气储配站、中型氮肥厂、化工厂和其他中小型工业企业的可燃气体储罐。储罐总容积大于或等于 10 000 m³ 至小于 50 000 m³ 者,为中小城市的煤气储配站、大型氮肥厂、化工厂和其他大中型工业企业的可燃气体储罐。储罐总容积大于或等于 50 000 m³ 至小于 100 000 m³ 者,为大中城市的煤气储配站、焦化厂、钢铁厂和其他大型工业企业的可燃气体储罐。

近 10 年,国内各钢铁企业为节能减排,对钢厂产生的副产煤气进行了回收利用。为充分利用钢厂的副产煤气,调节煤气发生与消耗间的不平衡性,保证煤气的稳定供给,钢铁企业均设置了煤气储罐。由于产能增加,国内多家钢铁企业的煤气储罐容量已大于 100 000 m³,部分钢铁企业大型煤气储罐现状见表 11。

表 11 国内部分钢铁企业大型煤气储罐现状

序号	储存介质	柜型	容积（×10⁴ m³）	座数	规格（高×直径）（m×m）	储气压力（kPa）
宝山钢铁股份公司宝钢分公司						
1	高炉煤气	可隆型	15	2		8.0
2	焦炉煤气	POC 型	30	1	121×64.6	6.3
3	焦炉煤气	POP 型	12	1		6.3
4	转炉煤气	POC 型	8	4	41×58	3.0

表 11（续）

序号	储存介质	柜型	容积 （×10⁴ m³）	座数	规格(高×直径) （m×m）	储气压力 （kPa）
鞍山钢铁股份有限公司鞍山工厂						
1	高炉煤气	POC 型	30	2	121×64.6	10
2	焦炉煤气	POP 型	16.5	1		6.3
3	转炉煤气	POC 型	8	2	41×58	3
武汉钢铁公司						
1	高炉煤气	POC 型	15	2	99×51.2	9.5
2	高炉煤气	POC 型	30	2		10
3	焦炉煤气	POP 型	12	1		6.3
4	转炉煤气	PRC 型	8	2	41×58	3
5	转炉煤气	PRC 型	5	1		3

据调查，国内目前最大的煤气储罐容积为 300 000 m³，最高压力为 10 kPa。为适应我国储气罐单罐容积趋向大型化的需要，本次修订增加了第五档，即 100 000 m³～300 000 m³，明确了该档储罐与建筑物、储罐、堆场的防火间距要求。

表 4.3.1 注：固定容积的可燃气体储罐设计压力较高，易漏气，火灾危险性较大，防火间距要先按其实际几何容积（m³）与设计压力（绝对压力，10⁵ Pa）乘积折算出总容积，再按表 4.3.1 的规定确定。

本条有关间距的主要确定依据：

(1)湿式储气罐内可燃气体的密度多数比空气轻，泄漏时易向上扩散，发生火灾时易扑救。根据有关分析，湿式可燃气体储罐一般不会发生爆炸，即使发生爆炸一般也不会发生二次或连续爆炸。爆炸原因大多为在检修时因处理不当或违章焊接引起。湿式储气罐或堆场等发生火灾爆炸时，相互危及范围一般在 20 m～40 m，近者约 10 m，远者 100 m～200 m，碎片飞出可能伤人或砸坏建筑物。

(2)考虑施工安装的需要，大、中型可燃气体储罐施工安装所需的距离一般为 20 m～25 m。根据储气罐扑救实践，人员与罐体之间至少要保持 15 m～20 m 的间距。

(3)现行国家标准《城镇燃气设计规范》GB 50028、《钢铁冶金企业设计防火规范》GB 50414 对不同容积可燃气体储罐与建筑物、储罐、堆场的防火间距也均有要求。《城镇燃气设计规范》中表格第五档为"大于 200 000 m³"，没有规定储罐容积上限，这主要是因为考虑到安全性、经济性等方面的因素，城镇中的燃气储罐容积不会太大，一般不大于 200 000 m³。大型的可燃气体储罐主要集中在钢铁等企业中。本规范在确定 100 000 m³～300 000 m³ 可燃气体储罐与建筑物、储罐、堆场的防火间距要求时，主要是基于辐射热计算、国内部分钢铁企业现状与需求和此类储罐的实际火灾危险性。

(4)干式储气罐的活塞和罐体间靠油或橡胶夹布密封，当密封部分漏气时，可燃气体泄漏到活塞上部空间，经排气孔排至大气中。当可燃气体密度大于空气时，不易向罐顶外部扩散,比空气小时,则易扩散,故前者防火间距应按表4.3.1增加25%,后者可按表4.3.1的规定执行。

(5)小于20 m³的储罐,可燃气体总量及其火灾危险性较小,与其使用燃气厂房的防火间距可不限。

(6)湿式可燃气体储罐的燃气进出口阀门室、水封井和干式可燃气体储罐的阀门室、水封井、密封油循环泵和电梯间,均是储罐不宜分离的附属设施。为节省用地,便于运行管理,这些设施间可按工艺要求布置,防火间距不限。

4.3.2 本条为强制性条文。可燃气体储罐或储罐区之间的防火间距,是发生火灾时减少相互间的影响和便于灭火救援和施工、安装、检修所需的距离。鉴于干式可燃气体储罐与湿式可燃气体储罐火灾危险性基本相同且罐体高度均较高,故储罐之间的距离均规定不应小于相邻较大罐直径的一半。固定容积的可燃气体储罐设计压力较高、火灾危险性较湿式和干式可燃气体储罐大,卧式和球形储罐虽形式不同,但其火灾危险性基本相同,故均规定为不应小于相邻较大罐的2/3。

固定容积的可燃气体储罐与湿式或干式可燃气体储罐的防火间距,不应小于相邻较大罐的半径,主要考虑在一般情况下后者的直径大于前者,本条规定可以满足灭火救援和施工安装、检修需要。

我国在实施天然气"西气东输"工程中,已建成一批大型天然气球形储罐,当设计压力为1.0 MPa～1.6 MPa时,容积相当于50 000 m³～80 000m³、10 000 m³～160 000 m³。据此,与燃气管理和燃气规范归口单位共同调研,并对其实际火灾危险性进行研究后,将储罐分组布置的规定调整为"数个固定容积的可燃气体储罐总容积大于200 000 m³(相当于设计压力为1.0 MPa时的10 000 m³球形储罐2台)时,应分组布置"。由于本规范只涉及储罐平面布置的规定,未全面、系统地规定其他相关消防安全技术要求。设计时,不能片面考虑储罐区的总容量与间距的关系,而需根据现行国家标准《城镇燃气设计规范》GB 50028等标准的规定进行综合分析,确定合理和安全可靠的技术措施。

4.3.3 本条为强制性条文。氧气为助燃气体,其火灾危险性属乙类,通常储存于钢罐内。氧气储罐与民用建筑,甲、乙、丙类液体储罐,可燃材料堆场的防火间距,主要考虑这些建筑在火灾时的相互影响和灭火救援的需要;与制氧厂房的防火间距可按现行国家标准《氧气站设计规范》GB 50030的有关规定,根据工艺要求确定。确定防火间距时,将氧气罐视为一、二级耐火等级建筑,与储罐外的其他建筑物的防火间距原则按厂房之间的防火间距考虑。

氧气储罐之间的防火间距不小于相邻较大储罐的半径,则是灭火救援和施工、检修的需要;与可燃气体储罐之间的防火间距不应小于相邻较大罐的直径,主要考虑可燃气体储罐发生爆炸时对相邻氧气储罐的影响和灭火救援的需要。

本条表4.3.3中总容积小于或等于1 000 m³的湿式氧气储罐,一般为小型企业和一些使用氧气的事业单位的氧气储罐;总容积为1 000m³～50 000 m³者,主要为大型机械工厂和中、小型钢铁企业的氧气储罐;总容积大于50 000 m³者,为大型钢铁企业的氧气储罐。

4.3.4 确定液氧储罐与其他建筑物、储罐或堆场的防火间距时,要将液氧的储罐容积按1 m³液氧折算成800 m³标准状态的氧气后进行。如某厂有1个100 m³的液氧储罐,则先将其折算成800×100＝80 000(m³)的氧气,再按本规范第4.3.3条第三档($V>$50 000 m³)的规定确定液氧储罐的防火间距。

液氧储罐与泵房的间隔不宜小于 3 m 的规定,与国外有关规范规定和国内有关工程的实际做法一致。根据分析医用液氧储罐的火灾危险性及其多年运行经验,为适应医用标准调整要求和医院建设需求,将医用液氧储罐的单罐容积和总容积分别调整为 5 m³ 和 20 m³。医用液氧储罐与医疗卫生机构内建筑的防火间距,国家标准《医用气体工程技术规范》GB 50751—2012 已有明确规定。医用液氧储罐与医疗卫生机构外建筑的防火间距,仍要符合本规范第 4.3.3 条的规定。

4.3.5 当液氧储罐泄漏的液氧气化后,与稻草、木材、刨花、纸屑等可燃物以及溶化的沥青接触时,遇到火源容易引起猛烈的燃烧,致使火势扩大和蔓延,故规定其周围一定范围内不应存在可燃物。

4.3.6 可燃、助燃气体储罐发生火灾时,对铁路、道路威胁较甲、乙、丙类液体储罐小,故防火间距的规定较本规范表 4.2.9 的要求小些。

4.3.7 液氢的闪点为 −50 ℃,爆炸极限范围为 4.0%~75.0%,密度比水轻(沸点时 0.07 g/cm³)。液氢发生泄漏后会因其密度比空气重(在 −25 ℃时,相对密度 1.04)而使气化的气体沉积在地面上,当温度升高后才扩散,并在空气中形成爆炸性混合气体,遇到点火源即会发生爆炸而产生火球。氢气是最轻的气体,燃烧速度最快(测试管的管径 D = 25.4 mm,引燃温度 400 ℃,火焰传播速度为 4.85 m/s,在化学反应浓度下着火能量为 1.5×10^{-5} J)。

液氢为甲类火灾危险性物质,燃烧、爆炸的猛烈程度和破坏力等均较气态氢大。参考国外规范,本条规定液氢储罐与建筑物及甲、乙、丙类液体储罐和堆场等的防火间距,按本规范对液化石油气储罐的有关防火间距,即表 4.4.1 规定的防火间距减小 25%。

液氨为乙类火灾危险性物质,与氟、氯等能发生剧烈反应。氨与空气混合到一定比例时,遇明火能引起爆炸,其爆炸极限范围为 15.5%~25%。氨具有较高的体积膨胀系数,超装的液氨气瓶极易发生爆炸。为适应工程建设需要,对比液氨和液氢的火灾危险性,参照液氢的有关规定,明确了液氨储罐与建筑物、储罐、堆场的防火间距。

4.3.8 本条为强制性条文。液化天然气是以甲烷为主要组分的烃类混合物,液化天然气的自燃点、爆炸极限均比液化石油气的高。当液化天然气的温度高于 −112 ℃时,液化天然气的蒸气比空气轻,易向高处扩散,而液化石油气蒸气比空气重,易在低处聚集而引发火灾或爆炸,以上特点使液化天然气在运输、储存和使用上比液化石油气要安全。

表 4.3.8 中规定的液化天然气储罐和集中放散装置的天然气放散总管与站外建、构筑物的防火间距,总结了我国液化天然气气化站的建设与运行管理经验。

4.4 液化石油气储罐(区)的防火间距

4.4.1 本条为强制性条文。液化石油气是以丙烷、丙烯、丁烷、丁烯等低碳氢化合物为主要成分的混合物,闪点低于 −45 ℃,爆炸极限范围为 2%~9%,为火灾和爆炸危险性高的甲类火灾危险性物质。液化石油气通常以液态形式常温储存,饱和蒸气压随环境温度变化而变化,一般在 0.2 MPa~1.2 MPa。1 m³ 液态液化石油气可气化成 250 m³~300 m³ 的气态液化石油气,与空气混合形成 3 000 m³~15 000 m³ 的爆炸性混合气体。

液化石油气着火能量很低(3×10^{-4} J~4×10^{-4} J),电话、步话机、手电筒开关时产生的火花即可成为爆炸、燃烧的点火源,火焰扑灭后易复燃。液态液化石油气的密度为水的一半(0.5 t/m³~0.6 t/m³),发生火灾后用水难以扑灭;气态液化石油气的比重比空气重一倍(2.0 kg/m³~2.5 kg/m³),泄漏后易在低洼或通风不良处窝存而形成爆炸性混合气体。此外,液化石油气储罐破裂时,罐内压力急剧下降,罐内液态液化石油气会立即气化成大量气体,并向上空喷出形成蘑菇云,继而降至地面向四周扩散,与空气混合形成爆炸性气体。一旦被引燃即发生爆炸,继之大火以火球形式返回罐区形成火海,致使储罐发生连续性爆炸。因此,一旦液化石油气储罐发生泄漏,危险性高,危害极大。

表4.4.1将液化石油气储罐和储罐区分为7档,按单罐和罐区不同容积规定了防火间距。第一档主要为工业企业、事业等单位和居住小区内的气化站、混气站和小型灌装站的容积规模。第二档为中小城市调峰气源厂和大中型工业企业的气化站和混气站的容积规模。第三、四、五档为大中型灌瓶站,大、中城市调峰气源厂的容积规模。第六、七档主要为特大型灌瓶站,大、中型储配站、储存站和石油化工厂的储罐区。为更好地控制液化石油气储罐的火灾危害,本次修订时,经与国家标准《液化石油气厂站设计规范》编制组协商,将其最大总容积限制在10 000 m³。

表4.4.1注2的说明:埋地液化石油气储罐运行压力较低,且压力稳定,通常不大于0.6 MPa,比地上储罐安全,故参考国内外有关规范其防火间距减一半。为了安全起见,限制了单罐容积和储罐区的总容积。

有关防火间距规定的主要确定依据:

(1)根据液化石油气爆炸实例,当储罐发生液化石油气泄漏后,与空气混合并遇到点火源发生爆炸后,危及范围与单罐和罐区的总容积、破坏程度、泄漏量大小、地理位置、气象、风速以及消防设施和扑救情况等因素有关。当储罐和罐区容积较小,泄漏量不大时,爆炸和火灾的波及范围,近者20 m~30 m,远者50 m~60 m。当储罐和罐区容积较大,泄漏量很大时,爆炸和火灾的波及范围通常在100 m~300 m,有资料记载,最远可达1 500 m。

(2)参考了美国消防协会《国家燃气规范》NFPA 59—2008规定的非冷冻液化石油气储罐与建筑物的防火间距(见表12)、英国石油学会《液化石油气安全规范》规定的炼油厂及大型企业的压力储罐与其他建筑物的防火间距(见表13)和日本液化石油气设备协会《一般标准》JLPA 001:2002的规定(见表14)。

表12 非冷冻液化石油气储罐与建筑物的防火间距

储罐充水容积(美加仑)(m³)	储罐距重要建筑物,或不与液化气体装置相连的建筑,或可用于建筑的相邻地界红线(ft)(m)
2 001~30 000(7.6~114)	50(15)
30 001~70 000(114~265)	75(23)
70 001~90 000(265~341)	100(30)
90 001~120 000(341~454)	125(38)
120 001~200 000(454~757)	200(61)
200 001~1 000 000(747~3 785)	300(91)
≥1 000 001(≥3 785)	400(122)

注:储罐与用气厂房的间距可按上表减少50%,但不得低于50 ft(15 m)。表中数字后括号内的数值为按公制单位换算值。1美加仑=3.79×10⁻³ m³。

表 13 炼油厂和大型企业压力储罐与其他建筑物的防火间距

名称(英加仑)(m³)	间距(ft)(m)	备注
至其他企业的厂界或固定火源, 当储罐水容积＜30 000(136.2) 30 000～125 000(136.2～567.50) ＞125 000(＞567.5) 有火灾危险性的建筑物, 如灌装间、仓库等	50(15.24) 75(22.86) 100(30.48) 50(15.24)	
甲、乙级储罐	50(15.24)	自甲、乙类油品的储罐的围堤顶部算起
至低温冷冻液化石油气储罐	最大低温罐直径,但不小于 100(30.48)	
压力液化石油气储罐之间	相邻储罐直径之和的 1/4	

注:1 英加仑=4.5×10⁻³ m³。表中括号内的数值为按公制单位换算值。

表 14 日本不同区域储罐储量的限制

用地区域	一般居住区	商业区	准工业区	工业区或工业专用区
储存量(t)	3.5	7.0	35	不限

日本液化石油气设备协会《一般标准》JLPA 001:2002 的规定:第一种居住用地范围内,不允许设置液化石油气储罐;其他用地区域,设置储罐容量有严格限制。在此基础上,规定了地上储罐与第一种保护对象(学校、医院、托幼院、文物古迹、博物馆、车站候车室、百货大楼、酒店、旅馆等)的距离按下式计算确定:

$$L=0.12\sqrt{X+10\,000} \tag{4}$$

式中:

L——储罐与保护对象的防火间距(m);

X——液化石油气的总储量(kg)。

在日本,液化石油气站储罐的平均容积很小,当按上式计算大于 30 m 时,可取不小于 30 m。当采用地下储罐或采取水喷淋、防火墙等安全措施时,其防火间距可以按该规范的有关规定减小距离。对于液化石油气储罐与站内建筑物的防火间距,日本的规定也很小:与明火、耐火等级较低的建筑物的间距不应小于 8 m,与非明火建筑、站内围墙的间距不应小于 3.0 m。

(3)总结了原规范执行情况,考虑了当前我国液化石油气行业设备制造安装、安全设施装备和管理的水平等现状。液化石油气单罐容积大于 1 000 m³ 和罐区总容积大于 5 000 m³ 的储存站,属特大型储存站,万一发生火灾或爆炸,其危及的范围也大,故有必要加大其防火间距要求。

4.4.2 本条为强制性条文。对于液化石油气储罐之间的防火间距,要考虑当一个储罐发生火灾时,能减少对相邻储罐的威胁,同时要便于施工安装、检修和运行管理。多个储罐的布置要求,主要考虑要减少发生火灾时的相互影响,并便于灭火救援,保证至少有一只消防水枪的充实水柱能达到任一储罐的任何部位。

4.4.3 对于液化石油气储罐与所属泵房的距离要求,主要考虑泵房的火灾不要引发储罐爆炸着火,也是扑灭泵房火灾所需的最小安全距离。为满足液化石油气泵房正常运行,当泵房面向储罐一侧的外墙采用无门窗洞口的防火墙时,防火间距可适当调整。液化石油气泵露天设置时,对防火是有利的,为更好地满足工艺需要,对其与储罐的距离可不限。

4.4.4 有关全冷冻式液化石油气储罐和液化石油气气化站、混气站的储罐与重要公共建筑和其他民用建筑、道路等的防火间距,为保证安全,便于使用,与现行国家标准《城镇燃气设计规范》GB 50028 管理组协商后,将有关防火间距在《城镇燃气设计规范》中作详细规定,本规范不再规定。

总容积不大于 10 m³ 的储罐,当设置在专用的独立建筑物内时,通常设置 2 个。单罐容积小,又设置在建筑物内,火灾危险性较小。故规定该建筑外墙与相邻厂房及其附属设备的防火间距,可以按甲类厂房的防火间距执行。

4.4.5 本条为强制性条文。本条规定了液化石油气瓶装供应站的基本防火间距。

目前,我国各城市液化石油气瓶装供应站的供应规模大都在 5 000 户~7 000 户,少数在 10 000 户左右,个别站也有大于 10 000 户的。根据各地运行经验,考虑方便用户、维修服务等因素,供气规模以 5 000 户~10 000 户为主。该供气规模日售瓶量按 15 kg 钢瓶计,为 170 瓶~350 瓶左右。瓶库通常应按 1.5 天~2 天的售瓶量存瓶,才能保证正常供应,需储存 250 瓶~700 瓶,相当于容积为 4 m³~20 m³ 的液化石油气。

表 4.4.5 对液化石油气站的瓶库与站外建、构筑物的防火间距,按总存储容积分四档规定了不同的防火间距。与站外建、构筑物防火间距,考虑了液化石油气钢瓶单瓶容量较小,总存瓶量也严格限制最多不大于 20 m³,火灾危险性较液化石油气储罐小等因素。

表 4.4.5 注中的总存瓶容积按实瓶个数与单瓶几何容积的乘积计算,具体计算可按下式进行:

$$V = N \cdot V \cdot 10^{-3} \quad (5)$$

式中:

V——总存瓶容积(m³);

N——实瓶个数;

V——单瓶几何容积,15 kg 钢瓶为 35.5 L,50 kg 钢瓶为 112 L。

4.4.6 液化石油气瓶装供应站的四周,要尽量采用不燃材料构筑实体围墙,即无孔洞、花格的墙体。这不但有利于安全,而且可减少和防止瓶库发生爆炸时对周围区域的破坏。液化石油气瓶装供应站通常设置在居民区内,考虑与环境协调,面向出入口(一般为居民区道路)一侧可采用不燃材料构筑非实体的围墙,如装饰型花格围墙,但面向该侧的瓶装供应站建筑外墙不能设置泄压口。

4.5 可燃材料堆场的防火间距

4.5.1 据调查,粮食囤垛堆场目前仍在使用,总储量较大且多利用稻草、竹竿等可燃物材料建造,容易引发火灾。本条根据过去粮食囤垛的火灾情况,对粮食囤垛的防火间距作了规定,并将粮食囤垛堆场的最大储量定为 20 000 t。根据我国部分地区粮食收储情况和火灾形势,2013年国家有关部门和单位也组织对粮食席穴囤、简易罩棚等粮食存放场所的防火,制定了更详细的规定。

对于棉花堆场,尽管国家近几年建设了大量棉花储备库,但仍有不少地区采用露天或半露天堆放的方式储存,且储量较大,每个棉花堆场储量大都在5 000 t左右。麻、毛、化纤和百货等火灾危险性类同,故将每个堆场最大储量限制在5 000 t以内。棉、麻、毛、百货等露天或半露天堆场与建筑物的防火间距,主要根据案例和现有堆场管理实际情况,并考虑避免和减少火灾时的损失。秸秆、芦苇、亚麻等的总储量较大,且在一些行业,如造纸厂或纸浆厂,储量更大。

从这些材料堆场发生火灾的情况看,火灾具有延续时间长、辐射热大、扑救难度较大、灭火时间长、用水量大的特点,往往损失巨大。根据以上情况,为了有效地防止火灾蔓延扩大,有利于灭火救援,将可燃材料堆场至建筑物的最小间距定为15 m～40 m。

对于木材堆场,采用统堆方式较多,往往堆垛高、储量大,有必要对每个堆垛储量和防火间距加以限制。但为节约用地,规定当一个木材堆场的总储量如大于25 000 m^3 或一个秸秆可燃材料堆场的总储量大于20 000 t时,宜分设堆场,且各堆场之间的防火间距按不小于相邻较大堆场与四级建筑的间距确定。

关于表4.5.1注的说明:

(1)甲类厂房、甲类仓库发生火灾时,较其他类别建筑的火灾对可燃材料堆场的威胁大,故规定其防火间距按表4.5.1的规定增加25%且不应小于25 m。

电力系统电压为35 kV～500 kV且每台变压器容量在10 MV·A以上的室外变、配电站,以及工业企业的变压器总油量大于5 t的室外总降压变电站对堆场威胁也较大,故规定有关防火间距不应小于50 m。

(2)为防止明火或散发火花地点的飞火引发可燃材料堆场火灾,露天、半露天可燃材料堆场与明火或散发火花地点的防火间距,应按本表四级建筑的规定增加25%。

4.5.2 甲、乙、丙类液体储罐一旦发生火灾,威胁较大、辐射强度大,故规定有关防火间距不应小于表4.2.1和表4.5.1中相应储量与四级建筑防火间距的较大值。

4.5.3 可燃材料堆场着火时影响范围较大,一般在20 m～40 m之间。汽车和拖拉机的排气管飞火距离远者一般为8 m～10 m,近者为3 m～4 m。露天、半露天堆场与铁路线的防火间距,主要考虑蒸汽机车飞火对堆场的影响;与道路的防火间距,主要考虑道路的通行情况、汽车和拖拉机排气管飞火的影响以及堆场的火灾危险性。

5 民用建筑

5.1 建筑分类和耐火等级

5.1.1 本条对民用建筑根据其建筑高度、功能、火灾危险性和扑救难易程度等进行了分类。以该分类为基础,本规范分别在耐火等级、防火间距、防火分区、安全疏散、灭火设施等方面对民用建筑的防火设计提出了不同的要求,以实现保障建筑消防安全与保证工程建设和提高投资效益的统一。

(1)对民用建筑进行分类是一个较为复杂的问题,现行国家标准《民用建筑设计通则》GB 50352将民用建筑分为居住建筑和公共建筑两大类,其中居住建筑包括住宅建筑、宿舍建筑等。在防火方面,除住宅建筑外,其他类型居住建筑的火灾危险性与公共建筑接近,其防火要求需按公共建筑的有关规定执行。因此,本规范将民用建筑分为住宅建筑和公共建筑两大类,并进一步按照建筑高度分为高层民用建筑和单层、多层民用建筑。

(2)对于住宅建筑,本规范以27 m作为区分多层和高层住宅建筑的标准;对于高层住宅建筑,以54 m划分为一类和二类。该划分方式主要为了与原国家标准《建筑设计防火规范》GB 50016—2006和《高层民用建筑设计防火规范》GB 50045—1995中按9层及18层的划分标准相一致。

对于公共建筑,本规范以24 m作为区分多层和高层公共建筑的标准。在高层建筑中将性质重要、火灾危险性大、疏散和扑救难度大的建筑定为一类。例如,将高层医疗建筑、高层老年人照料设施划为一类,主要考虑了建筑中有不少人员行动不便、疏散困难,建筑内发生火灾易致人员伤亡。

本规范条文中的"老年人照料设施"是指现行行业标准《老年人照料设施建筑设计标准》JGJ 450—2018中床位总数(可容纳老年人总数)大于或等于20床(人),为老年人提供集中照料服务的公共建筑,包括老年人全日照料设施和老年人日间照料设施。其他专供老年人使用的、非集中照料的设施或场所,如老年大学、老年活动中心等不属于老年人照料设施。

本规范条文中的"老年人照料设施"包括3种形式,即独立建造的、与其他建筑组合建造的和设置在其他建筑内的老年人照料设施。

本条表5.1.1中的"独立建造的老年人照料设施",包括与其他建筑贴邻建造的老年人照料设施;对于与其他建筑上下组合建造或设置在其他建筑内的老年人照料设施,其防火设计要求应根据该建筑的主要用途确定其建筑分类。其他专供老年人使用的、非集中照料的设施或场所,其防火设计要求按本规范有关公共建筑的规定确定;对于非住宅类老年人居住建筑,按本规范有关老年人照料设施的规定确定。

表中"一类"第2项中的"其他多种功能组合",指公共建筑中具有两种或两种以上的公共使用功能,不包括住宅与公共建筑组合建造的情况。比如,住宅建筑的下部设置商业服务网点时,该建筑仍为住宅建筑;住宅建筑下部设置有商业或其他功能的裙房时,该建筑不同部分的防火设计可按本规范第5.4.10条的规定进行。条文中"建筑高度24 m以上部分任一楼层建筑面积大于1 000 m²"的"建筑高度24 m以上部分任一楼层"是指该层楼板的标高大于24 m。

(3)本条中建筑高度大于24 m的单层公共建筑,在实际工程中情况往往比较复杂,可能存在单层和多层组合建造的情况,难以确定是按单、多层建筑还是高层建筑进行防火设计。在防火设计时要根据建筑各使用功能的层数和建筑高度综合确定。如某体育馆建筑主体为单层,建筑高度30.6 m,座位区下部设置4层辅助用房,第四层顶板标高22.7 m,该体育馆可不按高层建筑进行防火设计。

(4)由于实际建筑的功能和用途千差万别,称呼也多种多样,在实际工作中,对于未明确列入表5.1.1中的建筑,可以比照其功能和火灾危险性进行分类。

(5)由于裙房与高层建筑主体是一个整体,为保证安全,除规范对裙房另有规定外,裙房的防火设计要求应与高层建筑主体的一致,如高层建筑主体的耐火等级为一级时,裙房的耐火等级也不应低于一级,防火分区划分、消防设施设置等也要与高层建筑主体一致等。表5.1.1注3"除本规范另有规定外"是指,当裙房与高层建筑主体之间采用防火墙分隔时,可以按本规范第5.3.1条、第5.5.12条的规定确定裙房的防火分区及安全疏散要求等。

宿舍、公寓不同于住宅建筑，其防火设计要按照公共建筑的要求确定。具体设计时，要根据建筑的实际用途来确定其是按照本规范有关公共建筑的一般要求，还是按照有关旅馆建筑的要求进行防火设计。比如，用作宿舍的学生公寓或职工公寓，就可以按照公共建筑的一般要求确定其防火设计要求；而酒店式公寓的用途及其火灾危险性与旅馆建筑类似，其防火要求就需要根据本规范有关旅馆建筑的要求确定。

5.1.2　民用建筑的耐火等级分级是为了便于根据建筑自身结构的防火性能来确定该建筑的其他防火要求。相反，根据这个分级及其对应建筑构件的耐火性能，也可以用于确定既有建筑的耐火等级。

（1）据统计，我国住宅建筑在全部建筑中所占比例较高，住宅内的火灾荷载及引发火灾的因素也在不断变化，并呈增加趋势。住宅建筑的公共消防设施管理比较困难，如能将火灾控制在住宅建筑中的套内，则可有效减少火灾的危害和损失。因此，本规范在适当提高住宅建筑的套与套之间或单元与单元之间的防火分隔性能基础上，确定了建筑内的消防设施配置等其他相关设防要求。表 5.1.2 有关住宅建筑单元之间和套之间墙体的耐火极限的规定，是在房间隔墙耐火极限要求的基础上提高到重要设备间隔墙的耐火极限。

（2）建筑整体的耐火性能是保证建筑结构在火灾时不发生较大破坏的根本，而单一建筑结构构件的燃烧性能和耐火极限是确定建筑整体耐火性能的基础。故表 5.1.2 规定了各构件的燃烧性能和耐火极限。

（3）表 5.1.2 中有关构件燃烧性能和耐火极限的规定是对构件耐火性能的基本要求。建筑的形式多样、功能不一，火灾荷载及其分布与火灾类型等在不同的建筑中均有较大差异。对此，本章有关条款作了一定调整，但仍不一定能完全满足某些特殊建筑的设计要求。因此，对一些特殊建筑，还需根据建筑的空间高度、室内的火灾荷载和火灾类型、结构承载情况和室内外灭火设施设置等，经理论分析和实验验证后按照国家有关规定经论证后确定。

（4）表 5.1.2 中的注 2 主要为与现行国家标准《住宅建筑规范》GB 50368 有关三、四级耐火等级住宅建筑构件的耐火极限的规定协调。根据注 2 的规定，按照本规范和《住宅建筑规范》GB 50368 进行防火设计均可。《住宅建筑规范》GB 50368 规定：四级耐火等级的住宅建筑允许建造 3 层，三级耐火等级的住宅建筑允许建造 9 层，但其构件的燃烧性能和耐火极限比本规范的相应耐火等级的要求有所提高。

5.1.3　本条为强制性条文。本条规定了一些性质重要、火灾扑救难度大、火灾危险性大的民用建筑的最低耐火等级要求。

1　地下、半地下建筑（室）发生火灾后，热量不易散失，温度高、烟雾大，燃烧时间长，疏散和扑救难度大，故对其耐火等级要求高。一类高层民用建筑发生火灾，疏散和扑救都很困难，容易造成人员伤亡或财产损失。因此，要求达到一级耐火等级。

本条及本规范所指"地下、半地下建筑"，包括附建在建筑中的地下室、半地下室和单独建造的地下、半地下建筑。

2　重要公共建筑对某一地区的政治、经济和生产活动以及居民的正常生活有重大影响，需尽量减小火灾对建筑结构的危害，以便灾后尽快恢复使用功能，故规定重要公共建筑应采用一、二级耐火等级。

5.1.3A　新增条文。本条为强制性条文。老年人照料设施中的大部分人员年老体弱，行动不便，要求老年人照料设施具有较高的耐火等级，有利于火灾扑救和人员疏散。但考虑到我国各地实际和利用既有建筑改造等情况,当采用三级耐火等级的建筑时,要根据本规范第5.3.1A条的要求控制其建筑总层数。

5.1.4 本条为强制性条文。近年来,高层民用建筑在我国呈快速发展之势,建筑高度大于100 m的建筑越来越多,火灾也呈多发态势,火灾后果严重。各国对高层建筑的防火要求不同,建筑高度分段也不同,如我国规范按24 m、32 m、50 m、100 m和250 m,新加坡规范按24 m和60 m,英国规范按18 m、30 m和60 m,美国规范按23 m、37 m、49 m和128 m等分别进行规定。

构件耐火性能、安全疏散和消防救援等均与建筑高度有关,对于建筑高度大于100 m的建筑,其主要承重构件的耐火极限要求对比情况见表15。从表15可以看出,我国规范中有关柱、梁、承重墙等承重构件的耐火极限要求与其他国家的规定比较接近,但楼板的耐火极限相对偏低。由于此类高层建筑火灾的扑救难度巨大,火灾延续时间可能较长,为保证超高层建筑的防火安全,将其楼板的耐火极限从1.50 h提高到2.00 h。

表15 各国对建筑高度大于100 m的建筑主要承重构件耐火极限的要求 (h)

名称	中国	美国	英国	法国
柱	3.00	3.00	2.00	2.00
承重墙	3.00	3.00	2.00	2.00
梁	2.00	2.00	2.00	2.00
楼板	1.50	2.00	2.00	2.00

上人屋面的耐火极限除应考虑其整体性外,还应考虑应急避难人员在屋面上停留时的实际需要。对于一、二级耐火等级建筑物的上人屋面板,耐火极限应与相应耐火等级建筑楼板的耐火极限一致。

5.1.5 对于屋顶要求一、二级耐火等级建筑的屋面板采用不燃材料,以防止火灾蔓延。考虑到防水层材料本身的性能和安全要求,结合防水层、保温层的构造情况,对防水层的燃烧性能及防火保护做法作了规定,有关说明见本规范第3.2.16条条文说明。

5.1.6 为使一些新材料、新型建筑构件能得到推广应用,同时又能不降低建筑的整体防火性能,保障人员疏散安全和控制火灾蔓延,本条规定当降低房间隔墙的燃烧性能要求时,耐火极限应相应提高。

设计应注意尽量采用发烟量低、烟气毒性低的材料,对于人员密集场所以及重要的公共建筑,需严格控制使用。

5.1.7 本条对民用建筑内采用金属夹芯板的芯材燃烧性能和耐火极限作了规定,有关说明见本规范第3.2.17条的条文说明。

5.1.8 本条规定主要为防止吊顶因受火作用塌落而影响人员疏散,同时避免火灾通过吊顶蔓延。

5.1.9 对于装配式钢筋混凝土结构,其节点缝隙和明露钢支承构件部位一般是构件的防火薄弱环节,容易被忽视,而这些部位却是保证结构整体承载力的关键部位,要求采取防火保护措施。在经过防火保护处理后,该节点的耐火极限要不低于本章对该节点部位连接构件中要求耐火极限最高者。

5.2 总平面布局

5.2.1 为确保建筑总平面布局的消防安全,本条提出了在建筑设计阶段要合理进行总平面布置,要避免在甲、乙类厂房和仓库,可燃液体和可燃气体储罐以及可燃材料堆场的附近布置民用建筑,以从根本上防止和减少火灾危险性大的建筑发生火灾时对民用建筑的影响。

5.2.2 本条为强制性条文。本条综合考虑灭火救援需要,防止火势向邻近建筑蔓延以及节约用地等因素,规定了民用建筑之间的防火间距要求。

(1)根据建筑的实际情形,将一、二级耐火等级多层建筑之间的防火间距定为6 m。考虑到扑救高层建筑需要使用曲臂车、云梯登高消防车等车辆,为满足消防车辆通行、停靠、操作的需要,结合实践经验,规定一、二级耐火等级高层建筑之间的防火间距不应小于13 m。其他三、四级耐火等级的民用建筑之间的防火间距,因耐火等级低,受热辐射作用易着火而致火势蔓延,其防火间距在一、二级耐火等级建筑的要求基础上有所增加。

(2)表5.2.2注1:主要考虑了有的建筑物防火间距不足,而全部不开设门窗洞口又有困难的情况。因此,允许每一面外墙开设门窗洞口面积之和不大于该外墙全部面积的5%时,防火间距可缩小25%。考虑到门窗洞口的面积仍然较大,故要求门窗洞口应错开、不应正对,以防止火灾通过开口蔓延至对面建筑。

(3)表5.2.2注2~注5:考虑到建筑在改建和扩建过程中,不可避免地会遇到一些诸如用地限制等具体困难,对两座建筑物之间的防火间距作了有条件的调整。当两座建筑,较高一面的外墙为防火墙,或超出高度较高时,应主要考虑较低一面对较高一面的影响。当两座建筑高度相同时,如果贴邻建造,防火墙的构造应符合本规范第6.1.1条的规定。当较低一座建筑的耐火等级不低于二级,较低一面的外墙为防火墙,且屋顶承重构件和屋面板的耐火极限不低于1.00 h,防火间距允许减少到3.5 m,但如果相邻建筑中有一座为高层建筑或两座均为高层建筑时,该间距允许减少到4 m。火灾通常都是从下向上蔓延,考虑较低的建筑物着火时,火势容易蔓延到较高的建筑物,有必要采取防火墙和耐火屋盖,故规定屋顶承重构件和屋面板的耐火极限不应低于1.00 h。

两座相邻建筑,当较高建筑高出较低建筑的部位着火时,对较低建筑的影响较小,而相邻建筑正对部位着火时,则容易相互影响。故要求较高建筑在一定高度范围内通过设置防火门、窗或卷帘和水幕等防火分隔设施,来满足防火间距调整的要求。有关防火分隔水幕和防护冷却水幕的设计要求应符合现行国家标准《自动喷水灭火系统设计规范》GB 50084的规定。

最小防火间距确定为3.5 m,主要为保证消防车通行的最小宽度;对于相邻建筑中存在高层建筑的情况,则要增加到4 m。

本条注4和注5中的"高层建筑",是指在相邻的两座建筑中有一座为高层民用建筑或相邻两座建筑均为高层民用建筑。

(4)表5.2.2注6:对于通过裙房、连廊或天桥连接的建筑物,需将该相邻建筑视为不同的建筑来确定防火间距。对于回字形、U型、L型建筑等,两个不同防火分区的相对外墙之间也要有一定的间距,一般不小于6 m,以防止火灾蔓延到不同分区内。本注中的"底部的建筑物",主要指如高层建筑通过裙房连成一体的多座高层建筑主体的情形,在这种情况下,尽管在下部的建筑是一体的,但上部建筑之间的防火间距,仍需按两座不同建筑的要求确定。

(5)表5.2.2注7：当确定新建建筑与耐火等级低于四级的既有建筑的防火间距时，可将该既有建筑的耐火等级视为四级后确定防火间距。

5.2.3 民用建筑所属单独建造的终端变电站，通常是指10 kV降压至380 V的最末一级变电站。这些变电站的变压器大致在630 kV·A～1 000 kV·A之间，可以按照民用建筑的有关防火间距执行。但单独建造的其他变电站，则应将其视为丙类厂房来确定有关防火间距。对于预装式变电站，有干式和湿式两种，其电压一般在10 kV或10 kV以下。这种装置内部结构紧凑、用金属外壳罩住，使用过程中的安全性能较高。因此，此类型的变压器与邻近建筑的防火间距，比照一、二级耐火等级建筑间的防火间距减少一半，确定为3 m。规模较大的油浸式箱式变压器的火灾危险性较大，仍应按本规范第3.4节的有关规定执行。

锅炉房可视为丁类厂房。在民用建筑中使用的单台蒸发量在4 t/h以下或额定功率小于或等于2.8 MW的燃煤锅炉房，由于火灾危险性较小，将这样的锅炉房视为民用建筑确定相应的防火间距。大于上述规模时，与工业用锅炉基本相当，要求将锅炉房按照丁类厂房的有关防火间距执行。至于燃油、燃气锅炉房，因火灾危险性较燃煤锅炉房大，还涉及燃料储罐等问题，故也要提高要求，将其视为厂房来确定有关防火间距。

5.2.4 本条主要为了解决城市用地紧张，方便小型多层建筑的布局与建设问题。

除住宅建筑成组布置外，占地面积不大的其他类型的多层民用建筑，如办公楼、教学楼等成组布置的也不少。本条主要针对住宅建筑、办公楼等使用功能单一的建筑，当数座建筑占地面积总和不大于防火分区最大允许建筑面积时，可以把它视为一座建筑。允许占地面积在2 500 m² 内的建筑成组布置时，考虑到必要的消防车通行和防止火灾蔓延等，要求组内建筑之间的间距尽量不小于4 m。组与组、组与周围相邻建筑的间距，仍应按本规范第5.2.2条等有关民用建筑防火间距的要求确定。

5.2.5 对于民用建筑与燃气调压站、液化石油气气化站、混气站和城市液化石油气供应站瓶库等的防火间距，经协商，在现行国家标准《城镇燃气设计规范》GB 50028中进行规定，本规范未再作要求。

5.2.6 本条为强制性条文。对于建筑高度大于100 m的民用建筑，由于灭火救援和人员疏散均需要建筑周边有相对开阔的场地，因此，建筑高度大于100 m的民用建筑与相邻建筑的防火间距，即使按照本规范有关要求可以减小，也不能减小。

5.3 防火分区和层数

5.3.1 本条为强制性条文。防火分区的作用在于发生火灾时，将火势控制在一定的范围内。建筑设计中应合理划分防火分区，以有利于灭火救援、减少火灾损失。

国外有关标准均对建筑的防火分区最大允许建筑面积有相应规定。例如法国高层建筑防火规范规定，Ⅰ类高层办公建筑每个防火分区的最大允许建筑面积为750 m²；德国标准规定高层住宅每隔30 m应设置一道防火墙，其他高层建筑每隔40 m应设置一道防火墙；日本建筑规范规定每个防火分区的最大允许建筑面积：十层以下部分1 500 m²，十一层以上部分，根据吊顶、墙体材料的燃烧性能及防火门情况，分别规定为100 m²、200 m²、500 m²；美国规范规定每个防火分区的最大建筑面积为1 400 m²；苏联的防火标准规定，非单元式住宅的每个防火分区的最大建筑面积为500 m²（地下室与此相同）。虽然各国划定防火分区的建筑面积各异，但都是要求在设计中将建筑物的平面和空间以防火墙和防火门、窗等以及楼板分成若干防火区域，以便控制火灾蔓延。

（1）表 5.3.1 参照国外有关标准、规范资料，根据我国目前的经济水平以及灭火救援能力和建筑防火实际情况，规定了防火分区的最大允许建筑面积。

当裙房与高层建筑主体之间设置了防火墙，且相互间的疏散和灭火设施设置均相对独立时，裙房与高层建筑主体之间的火灾相互影响能受到较好的控制，故裙房的防火分区可以按照建筑高度不大于24 m的建筑的要求确定。如果裙房与高层建筑主体间未采取上述措施时，裙房的防火分区要按照高层建筑主体的要求确定。

（2）对于住宅建筑，一般每个住宅单元每层的建筑面积不大于一个防火分区的允许建筑面积，当超过时，仍需要按照本规范要求划分防火分区。塔式和通廊式住宅建筑，当每层的建筑面积大于一个防火分区的允许建筑面积时，也需要按照本规范要求划分防火分区。

（3）设置在地下的设备用房主要为水、暖、电等保障用房，火灾危险性相对较小，且平时只有巡检人员，故将其防火分区允许建筑面积规定为 1 000 m²。

（4）表 5.3.1 注 1 中有关设置自动灭火系统的防火分区建筑面积可以增加的规定，参考了美国、英国、澳大利亚、加拿大等国家的有关规范规定，也考虑了主动防火与被动防火之间的平衡。注 1 中所指局部设置自动灭火系统时，防火分区的增加面积可按该局部面积的一倍计算，应为建筑内某一局部位置与其他部位有防火分隔又需增加防火分区的面积时，可通过设置自动灭火系统的方式提高其消防安全水平的方式来实现，但局部区域包括所增加的面积，均要同时设置自动灭火系统。

（5）体育馆、剧场的观众厅等由于使用需要，往往要求较大面积和较高的空间，建筑也多以单层或 2 层为主，防火分区的建筑面积可适当增加。但这涉及建筑的综合防火设计问题，设计不能单纯考虑防火分区。因此，为确保这类建筑的防火安全最大限度地提高建筑的消防安全水平，当此类建筑内防火分区的建筑面积为满足功能要求而需要扩大时，要采取相关防火措施，按照国家相关规定和程序进行充分论证。

（6）表 5.3.1 中"防火分区的最大允许建筑面积"，为每个楼层采用防火墙和楼板分隔的建筑面积，当有未封闭的开口连接多个楼层时，防火分区的建筑面积需将这些相连通的面积叠加计算。防火分区的建筑面积包括各类楼梯间的建筑面积。

5.3.1A 新增条文。本条规定是针对独立建造的老年人照料设施。对于设置在其他建筑内的老年人照料设施或与其他建筑上下组合建造的老年人照料设施，其设置高度和层数也应符合本条的规定，即老年人照料设施部分所在位置的建筑高度或楼层要符合本条的规定。

有关老年人照料设施的建筑高度或层数的要求，既考虑了我国救援能力的有效救援高度，也考虑了老年人照料设施中大部分使用人员行为能力弱的特点。当前，我国消防救援能力的有效救援高度主要为 32 m 和 52 m，这种状况短时间内难以改变。老年人照料设施中的大部分人员不仅在疏散时需要他人协助，而且随着建筑高度的增加，竖向疏散人数增加，人员疏散更加困难，疏散时间延长等，不利于确保老年人及时安全逃生。当确需建设建筑高度大于 54 m 的建筑时，要在本规范规定的基础上采取更严格的针对性防火技术措施，按照国家有关规定经专项论证确定。

耐火等级低的建筑，其火灾蔓延至整座建筑较快，人员的有效疏散时间和火灾扑救时间短，而老年人行动又较迟缓，故要求此类建筑不应超过 2 层。

5.3.2 本条为强制性条文。建筑内连通上下楼层的开口破坏了防火分区的完整性，会导致火灾在多个区域和楼层蔓延发展。这样的开口主要有：自动扶梯、中庭、敞开楼梯等。中庭等共享空间,贯通数个楼层,甚至从首层直通到顶层,四周与建筑物各楼层的廊道、营业厅、展览厅或窗口直接连通;自动扶梯、敞开楼梯也是连通上下两层或数个楼层。火灾时,这些开口是火势竖向蔓延的主要通道,火势和烟气会从开口部位侵入上下楼层,对人员疏散和火灾控制带来困难。因此,应对这些相连通的空间采取可靠的防火分隔措施,以防止火灾通过连通空间迅速向上蔓延。

对于本规范允许采用敞开楼梯间的建筑,如5层或5层以下的教学建筑、普通办公建筑等,该敞开楼梯间可以不按上、下层相连通的开口考虑。

对于中庭,考虑到建筑内部形态多样,结合建筑功能需求和防火安全要求,本条对几种不同的防火分隔物提出了一些具体要求。在采取了能防止火灾和烟气蔓延的措施后,一般将中庭单独作为一个独立的防火单元。对于中庭部分的防火分隔物,推荐采用实体墙.有困难时可采用防火玻璃墙,但防火玻璃墙的耐火完整性和耐火隔热性要达到1.00 h。当仅采用耐火完整性达到要求的防火玻璃墙时,要设置自动喷水灭火系统对防火玻璃进行保护。自动喷水灭火系统可采用闭式系统,也可采用冷却水幕系统。尽管规范未排除采取防火卷帘的方式,但考虑到防火卷帘在实际应用中存在可靠性不够高等问题,故规范对其耐火极限提出了更高要求。

本条同时要求有耐火完整性和耐火隔热性的防火玻璃墙,其耐火性能采用国家标准《镶玻璃构件耐火试验方法》GB/T 12513中对隔热性镶玻璃构件的试验方法和判定标准进行测定。只有耐火完整性要求的防火玻璃墙,其耐火性能可采用国家标准《镶玻璃构件耐火试验方法》GB/T 12513中对非隔热性镶玻璃构件的试验方法和判定标准进行测定。

设计时应注意,与中庭相通的过厅、通道等处应设置防火门,对于平时需保持开启状态的防火门,应设置自动释放装置使门在火灾时可自行关闭。

本条中,中庭与周围相连通空间的分隔方式,可以多样,部位也可以根据实际情况确定,但要确保能防止中庭周围空间的火灾和烟气通过中庭迅速蔓延。

5.3.3 防火分区之间的分隔是建筑内防止火灾在分区之间蔓延的关键防线,因此要采用防火墙进行分隔。如果因使用功能需要不能采用防火墙分隔时,可以采用防火卷帘、防火分隔水幕、防火玻璃或防火门进行分隔,但要认真研究其与防火墙的等效性。因此,要严格控制采用非防火墙进行分隔的开口大小。对此,加拿大建筑规范规定不应大于20 m^2。我国目前在建筑中大量采用大面积、大跨度的防火卷帘替代防火墙进行水平防火分隔的做法,存在较大消防安全隐患,需引起重视。有关采用防火卷帘进行分隔时的开口宽度要求,见本规范第6.5.3条。

5.3.4 本条为强制性条文。本条本身是根据现实情况对商店营业厅、展览建筑的展览厅的防火分区大小所做调整。

当营业厅、展览厅仅设置在多层建筑(包括与高层建筑主体采用防火墙分隔的裙房)的首层,其他楼层用于火灾危险性较营业厅或展览厅小的其他用途,或所在建筑本身为单层建筑时,考虑到人员安全疏散和灭火救援均具有较好的条件,且营业厅和展览厅需与其他功能区域划分为不同的防火分区,分开设置各自的疏散设施,将防火分区的建筑面积调整为10 000 m^2。需要注意的是,这些场所的防火分区的面积尽管增大了,但疏散距离仍应满足本规范第5.5.17条的规定。

当营业厅、展览厅同时设置在多层建筑的首层及其他楼层时,考虑到涉及多个楼层的疏散和火灾蔓延危险,防火分区仍应按照本规范第5.3.1条的规定确定。

当营业厅内设置餐饮场所时,防火分区的建筑面积需要按照民用建筑的其他功能的防火分区要求划分,并要与其他商业营业厅进行防火分隔。

本条规定了允许营业厅、展览厅防火分区可以扩大的条件,即设置自动灭火系统、火灾自动报警系统,采用不燃或难燃装修材料。该条件与本规范第8章的规定和国家标准《建筑内部装修设计防火规范》GB 50222有关降低装修材料燃烧性能的要求无关,即当按本条要求进行设计时,这些场所不仅要设置自动灭火系统和火灾自动报警系统,装修材料要求采用不燃或难燃材料,且不能低于《建筑内部装修设计防火规范》GB 50222的要求,而且不能再按照该规范的规定降低材料的燃烧性能。

5.3.5 本条为强制性条文。为最大限度地减少火灾的危害,并参照国外有关标准,结合我国商场内的人员密度和管理等多方面实际情况,对地下商店总建筑面积大于20 000 m² 时,提出了比较严格的防火分隔规定,以解决目前实际工程中存在地下商店规模越建越大,并大量采用防火卷帘作防火分隔,以致数万平方米的地下商店连成一片,不利于安全疏散和扑救的问题。本条所指的总建筑面积包括营业面积、储存面积及其他配套服务面积。

同时,考虑到使用的需要,可以采取规范提出的措施进行局部连通。当然,实际中不限于这些措施,也可采用其他等效方式。

5.3.6 本条确定的有顶棚的商业步行街,其主要特征为:零售、餐饮和娱乐等中小型商业设施或商铺通过有顶棚的步行街连接,步行街两端均有开放的出入口并具有良好的自然通风或排烟条件,步行街两侧均为建筑面积较小的商铺,一般不大于300 m²。有顶棚的商业步行街与商业建筑内中庭的主要区别在于,步行街如果没有顶棚,则步行街两侧的建筑就成为相对独立的多座不同建筑,而中庭则不能。此外,步行街两侧的建筑不会因步行街上部设置了顶棚而明显增大火灾蔓延的危险,也不会导致火灾烟气在该空间内明显积聚。因此,其防火设计有别于建筑内的中庭。

为阻止步行街两侧商铺发生的火灾在步行街内沿水平方向或竖直方向蔓延,预防步行街自身空间内发生火灾,确保步行街的顶棚在人员疏散过程中不会垮塌,本条参照两座相邻建筑的要求规定了步行街两侧建筑的耐火等级、两侧商铺之间的距离和商铺围护结构的耐火极限、步行街端部的开口宽度、步行街顶棚材料的燃烧性能以及防止火灾竖向蔓延的要求等。

规范要求步行街的端部各层要尽量不封闭;如需要封闭,则每层均要设置开口或窗口与外界直接连通,不能设置商铺或采用其他方式封闭。因此,要使在端部外墙上开设的门窗洞口的开口面积不小于这一楼层外墙面积的一半,确保其具有良好的自然通风条件。至于要求步行街的长度尽量控制在300 m以内,主要为防止火灾一旦失控导致过火面积过大;另外,灭火救援时,消防人员必须进入建筑内,但火灾中的烟气大、能见度低,敷设水带距离长也不利于有效供水和消防人员安全进出,故控制这一长度有利于火灾扑救和保证救援人员安全。

与步行街相连的商业设施内一旦发生火灾,要采取措施尽量把火灾控制在着火房间内,限制火势向步行街蔓延。主要措施有:商业设施面向步行街一侧的墙体和门要具有一定的耐火极限,商业设施相互之间采用防火隔墙或防火墙分隔,设置火灾自动报警系统和自动喷水灭火系统。

本条规定的同时要求有耐火完整性和耐火隔热性的防火玻璃墙（包括门、窗），其耐火性能采用国家标准《镶玻璃构件耐火试验方法》GB/T 12513 中对隔热性镶玻璃构件的试验方法和判定标准进行测定。只有耐火完整性要求的防火玻璃墙（包括门、窗），其耐火性能可采用国家标准《镶玻璃构件耐火试验方法》GB/T 12513 中对非隔热性镶玻璃构件的试验方法和判定标准进行测定。

为确保室内步行街可以作为安全疏散区，该区域内的排烟十分重要。这首先要确保步行街各层楼板上的开口要尽量大，除设置必要的廊道和步行街两侧的连接天桥外，不可以设置其他设施或楼板。本规范总结实际工程建设情况，并为满足防止烟气在各层积聚蔓延的需要，确定了步行街上部各层楼板上的开口率不小于37％。此外，为确保排烟的可靠性，要求该步行街上部采用自然排烟方式进行排烟；为保证有效排烟，要求在顶棚上设置的自然排烟设施，要尽量采用常开的排烟口，当采用平时需要关闭的常闭式排烟口时，既要设置能在火灾时与火灾自动报警系统联动自动开启的装置，还要设置能人工手动开启的装置。本条确定的自然排烟口的有效开口面积与本规范第 6.4.12 条的规定是一致的。当顶棚上采用自然排烟，而回廊区域采用机械排烟时，要合理设计排烟设施的控制顺序，以保证排烟效果。同时，要尽量加大步行街上部可开启的自然排烟口的面积，如高侧窗或自动开启排烟窗等。

尽管步行街满足规定条件时，步行街两侧商业设施内的人员可以通至步行街进行疏散，但步行街毕竟不是室外的安全区域。因此，比照位于两个安全出口之间的房间的疏散距离，并考虑步行街的空间高度相对较高的特点，规定了通过步行街到达室外安全区域的步行距离。同时，设计时要尽可能将两侧建筑中的安全出口设置在靠外墙部位，使人员不必经过步行街而直接疏散至室外。

5.4 平面布置

5.4.1 民用建筑的功能多样，往往有多种用途或功能的空间布置在同一座建筑内。不同使用功能空间的火灾危险性及人员疏散要求也各不相同，通常要按照本规范第 1.0.4 条的原则进行分隔；当相互间的火灾危险性差别较大时，各自的疏散设施也需尽量分开设置，如商业经营与居住部分。即使一座单一功能的建筑内也可能存在多种用途的场所，这些用途间的火灾危险性也可能各不一样。通过合理组合布置建筑内不同用途的房间以及疏散走道、疏散楼梯间等，可以将火灾危险性大的空间相对集中并方便划分为不同的防火分区，或将这样的空间布置在对建筑结构、人员疏散影响较小的部位等，以尽量降低火灾的危害。设计需结合本规范的防火要求、建筑的功能需要等因素，科学布置不同功能或用途的空间。

5.4.2 本条为强制性条文。民用建筑功能复杂，人员密集，如果内部布置生产车间及库房，一旦发生火灾，极易造成重大人员伤亡和财产损失。因此，本条规定不应在民用建筑内布置生产车间、库房。

民用建筑由于使用功能要求，可以布置部分附属库房。此类附属库房是指直接为民用建筑使用功能服务，在整座建筑中所占面积比例较小，且内部采取了一定防火分隔措施的库房，如建筑中的自用物品暂存库房、档案室和资料室等。

如在民用建筑中存放或销售易燃、易爆物品，发生火灾或爆炸时，后果较严重。因此，对存放或销售这些物品的建筑的设置位置要严格控制，一般要采用独立的单层建筑。本条主要规定这些用途的场所不应与其他用途的民用建筑合建，如设置在商业服务网点内、办公楼的下部等，不包括独立设置并经营、存放或使用此类物品的建筑。

5.4.3 本条为强制性条文。本条规定主要为保证人员疏散安全和便于火灾扑救。甲、乙类火灾危险性物品,极易燃烧、难以扑救,故严格规定营业厅、展览厅不得经营、展示,仓库不得储存此类物品。

5.4.4 本条第1～4款为强制性条款。

儿童的行为能力均较弱,需要其他人协助进行疏散,故将本条规定作为强制性条文。本条中有关布置楼层和安全出口或疏散楼梯的设置要求,均为便于火灾时快速疏散人员。

有关儿童活动场所的防火设计要求在我国现行行业标准《托儿所、幼儿园建筑设计规范》JGJ 39中也有部分规定。

本条规定中的"儿童活动场所"主要指设置在建筑内的儿童游乐厅、儿童乐园、儿童培训班、早教中心等类似用途的场所。这些场所与其他功能的场所混合建造时,不利于火灾时儿童疏散和灭火救援,应严格控制。托儿所、幼儿园或老年人活动场所等设置在高层建筑内时,一旦发生火灾,疏散更加困难,要进一步提高疏散的可靠性,避免与其他楼层和场所的疏散人员混合,故规范要求这些场所的安全出口和疏散楼梯要完全独立于其他场所,不与其他场所内的疏散人员共用,而仅供托儿所、幼儿园等的人员疏散用。

5.4.4A 新增条文。为有利于火灾时老年人的安全疏散,降低因多种不同功能的场所混合设置所增加的火灾危险,老年人照料设施要尽量独立建造。

与其他建筑组合建造时,不仅要求符合本规范第1.0.4条、第5.4.2条的规定,而且要相同功能集中布置。对于与其他建筑贴邻建造的老年人照料设施,因按独立建造的老年人照料设施考虑,因此要采用防火墙相互分隔,并要满足消防车道和救援场地的相关设置要求。对于与其他建筑上、下组合的老年人照料设施,除要按规定进行分隔外,对于新建和扩建建筑,应该有条件将安全出口全部独立设置;对于部分改建建筑,受建筑内上、下使用功能和平面布置等条件的限制时,要尽量将老年人照料设施部分的疏散楼梯或安全出口独立设置。

5.4.4B 新增条文。本条为强制性条文。本条老年人照料设施中的老年人公共活动用房指用于老年人集中休闲、娱乐、健身等用途的房间,如公共休息室、阅览或网络室、棋牌室、书画室、健身房、教室、公共餐厅等,老年人生活用房指用于老年人起居、住宿、洗漱等用途的房间,康复与医疗用房指用于老年人诊疗与护理、康复治疗等用途的房间或场所。

要求建筑面积大于200 m² 或使用人数大于30人的老年人公共活动用房设置在建筑的一、二、三层,可以方便聚集的人员在火灾时快速疏散,且不影响其他楼层的人员向地面进行疏散。

5.4.5 本条为强制性条文。病房楼内的大多数人员行为能力受限,比办公楼等公共建筑的火灾危险性高。根据近些年的医院火灾情况,在按照规范要求划分防火分区后,病房楼的每个防火分区还需结合护理单元根据面积大小和疏散路线做进一步的防火分隔,以便将火灾控制在更小的区域内,并有效地减小烟气的危害,为人员疏散与灭火救援提供更好的条件。

病房楼内每个护理单元的建筑面积,不同地区、不同类型的医院差别较大,一般每个护理单元的护理床位数为40床～60床,建筑面积约1 200 m²～1 500 m²,个别达2 000 m²,包括护士站、重症监护室和活动间等。因此,本条要求按护理单元再做防火分隔,没有按建筑面积进行规定。

5.4.6 本条为强制性条文。学校、食堂、菜市场等建筑,均系人员密集场所、人员组成复杂,故建筑耐火等级较低时,其层数不宜过多,以利人员安全疏散。这些建筑原则上不应采用四级耐火等级的建筑,但我国地域广大,部分经济欠发达地区以及建筑面积小的此类建筑,允许采用四级耐火等级的单层建筑。

5.4.7 剧院、电影院和礼堂均为人员密集的场所,人群组成复杂,安全疏散需要重点考虑。当设置在其他建筑内时,考虑到这些场所在使用时,人员通常集中精力于观演等某件事情中,对周围火灾可能难以及时知情,在疏散时与其他场所的人员也可能混合。因此,要采用防火隔墙将这些场所与其他场所分隔,疏散楼梯尽量独立设置,不能完全独立设置时,也至少要保证一部疏散楼梯,仅供该场所使用,不与其他用途的场所或楼层共用。

5.4.8 在民用建筑内设置的会议厅(包括宴会厅)等人员密集的厅、室,有的设在接近建筑的首层或较低的楼层,有的设在建筑的上部或顶层。设置在上部或顶层的,会给灭火救援和人员安全疏散带来很大困难。因此,本条规定会议厅等人员密集的厅、室尽可能布置在建筑的首层、二层或三层,使人员能在短时间内安全疏散完毕,尽量不与其他疏散人群交叉。

5.4.9 本条第1、4、5、6款为强制性条款。本规范所指歌舞娱乐放映游艺场所为歌厅、舞厅、录像厅、夜总会、卡拉OK厅和具有卡拉OK功能的餐厅或包房、各类游艺厅、桑拿浴室的休息室和具有桑拿服务功能的客房、网吧等场所,不包括电影院和剧场的观众厅。

本条中的"厅、室",是指歌舞娱乐放映游艺场所中相互分隔的独立房间,如卡拉OK的每间包房、桑拿浴的每间按摩房或休息室,这些房间是独立的防火分隔单元,即需采用耐火极限不低于2.00 h的墙体和1.00 h的楼板与其他单元或场所分隔,疏散门为耐火极限不低于乙级的防火门。单元之间或与其他场所之间的分隔构件上无任何门窗洞口,每个厅室的最大建筑面积限定在200 m²,即使设置自动喷水灭火系统,面积也不能增加,以便将火灾限制在该房间内。

当前,有些采用上述分隔方式将多个小面积房间组合在一起且建筑面积小于200 m²,并看作一个厅室的做法,不符合本条规定的要求。

5.4.10 本条第1、2款为强制性条款。本条规定为防止其他部分的火灾和烟气蔓延至住宅部分。

住宅建筑的火灾危险性与其他功能的建筑有较大差别,一般需独立建造。当将住宅与其他功能场所空间组合在同一座建筑内时,需在水平与竖向采取防火分隔措施与住宅部分分隔,并使各自的疏散设施相互独立,互不连通。在水平方向,一般应采用无门窗洞口的防火墙分隔;在竖向,一般采用楼板分隔并在建筑立面开口位置的上下楼层分隔处采用防火挑檐、窗间墙等防止火灾蔓延。

防火挑檐是防止火灾通过建筑外部在建筑的上、下层间蔓延的构造,需要满足一定的耐火性能要求。有关建筑的防火挑檐和上下层窗间墙的要求,见本规范第6.2.5条。

本条中的"建筑的总高度",为建筑中住宅部分与住宅外的其他使用功能部分组合后的最大高度。"各自的建筑高度",对于建筑中其他使用功能部分,其高度为室外设计地面至其最上一层顶板或屋面面层的高度;住宅部分的高度为可供住宅部分的人员疏散和满足消防车停靠与灭火救援的室外设计地面(包括屋面、平台)至住宅部分屋面面层的高度。有关建筑高度的具体计算方法见本规范的附录A。

本条第3款确定的设计原则为:住宅部分的安全疏散楼梯、安全出口和疏散门的布置与设置要求,室内消火栓系统、火灾自动报警系统等的设置,可以根据住宅部分的建筑高度,按照本规范有关住宅建筑的要求确定,但住宅部分疏散楼梯间内防烟与排烟系统的设置应根据该建筑的总高度确定;非住宅部分的安全疏散楼梯、安全出口和疏散门的布置与设置要求,防火分区划分、室内消火栓系统、自动灭火系统、火灾自动报警系统和防排烟系统等的设置,可以根据非住宅部分的建筑高度,按照本规范有关公共建筑的要求确定。该建筑与邻近建筑的防火间距、消防车道和救援场地的布置、室外消防给水系统设置、室外消防用水量计算、消防电源的负荷等级确定等,需要根据该建筑的总高度和本规范第5.1.1条有关建筑的分类要求,按照公共建筑的要求确定。

5.4.11 本条为强制性条文。本条结合商业服务网点的火灾危险性,确定了设置商业服务网点的住宅建筑中各自部分的防火要求,有关防火分隔的做法参见第5.4.10条的说明。设有商业服务网点的住宅建筑仍可按照住宅建筑定性来进行防火设计,住宅部分的设计要求要根据该建筑的总高度来确定。

对于单层的商业服务网点,当建筑面积大于200 m² 时,需设置2个安全出口。对于2层的商业服务网点,当首层的建筑面积大于200 m² 时,首层需设置2个安全出口,二层可通过1部楼梯到达首层。当二层的建筑面积大于200 m² 时,二层需设置2部楼梯,首层需设置2个安全出口;当二层设置1部楼梯时,二层需增设1个通向公共疏散走道的疏散门且疏散走道可通过公共楼梯到达室外,首层可设置1个安全出口。

商业服务网点每个分隔单元的建筑面积不大于300 m²,为避免进深过大,不利于人员安全疏散,本条规定了单元内的疏散距离,如对于一、二级耐火等级的情况,单元内的疏散距离不大于22 m。当商业服务网点为2层时,该疏散距离为二层任一点到达室内楼梯,经楼梯到达首层,然后到室外的距离之和,其中室内楼梯的距离按其水平投影长度的1.50倍计算。

5.4.12 本条为强制性条文。本条规定了民用燃油、燃气锅炉房,油浸变压器室,充有可燃油的高压电容器,多油开关等的平面布置要求。

(1)我国目前生产的锅炉,其工作压力较高(一般为1 kg/cm²~13 kg/cm²),蒸发量较大(1 t/h~30 t/h),如安全保护设备失灵或操作不慎等原因都有导致发生爆炸的可能,特别是燃油、燃气的锅炉,容易发生燃烧爆炸,设计要尽量单独设置。

由于建筑所需锅炉的蒸发量越来越大,而锅炉在运行过程中又存在较大火灾危险、发生火灾后的危害也较大,因而应严格控制。对此,原国家劳动部制定的《蒸汽锅炉安全技术监察规程》和《热水锅炉安全技术监察规程》对锅炉的蒸发量和蒸汽压力规定:设在多层或高层建筑的半地下室或首层的锅炉房,每台蒸汽锅炉的额定蒸发量必须小于10 t/h,额定蒸汽压力必须小于1.6 MPa;设在多层或高层建筑的地下室、中间楼层或顶层的锅炉房,每台蒸汽锅炉的额定蒸发量不应大于4 t/h,额定蒸汽压力不应大于1.6 MPa,必须采用油或气体做燃料或电加热的锅炉;设在多层或高层建筑的地下室、半地下室、首层或顶层的锅炉房,热水锅炉的额定出口热水温度不应大于95 ℃并有超温报警装置,用时必须装设可靠的点火程序控制和熄火保护装置。在现行国家标准《锅炉房设计规范》GB 50041中也有较详细的规定。

充有可燃油的高压电容器、多油开关等,具有较大的火灾危险性,但干式或其他无可燃液体的变压器火灾危险性小,不易发生爆炸,故本条文未作限制。但干式变压器工作时易升温,温度升高易着火,故应在专用房间内做好室内通风排烟,并应有可靠的降温散热措施。

(2)燃油、燃气锅炉房、油浸变压器室,充有可燃油的高压电容器、多油开关等受条件限制不得不布置在其他建筑内时,需采取相应的防火安全措施。锅炉具有爆炸危险,不允许设置在居住建筑和公共建筑中人员密集场所的上面、下面或相邻。

目前,多数手烧锅炉已被快装锅炉代替,并且逐步被燃气锅炉替代。在实际中,快装锅炉的火灾后果更严重,不应布置在地下室、半地下室等对建筑危害严重且不易扑救的部位。对于燃气锅炉,由于燃气的火灾危险性大,为防止燃气积聚在室内而产生火灾或爆炸隐患,故规定相对密度(与空气密度的比值)大于或等于0.75的燃气不得设置在地下及半地下建筑(室)内。

油浸变压器由于存有大量可燃油品,发生故障产生电弧时,将使变压器内的绝缘油迅速发生热分解,析出氢气、甲烷、乙烯等可燃气体,压力骤增,造成外壳爆裂而大量喷油,或者析出的可燃气体与空气混合形成爆炸性混合物,在电弧或火花的作用下极易引起燃烧爆炸。变压器爆裂后,火势将随高温变压器油的流淌而蔓延,容易形成大范围的火灾。

(3)本条第8款规定了锅炉、变压器、电容器和多油开关等房间设置灭火设施的要求,对于容量大、规模大的多层建筑以及高层建筑,需设置自动灭火系统。对于按照规范要求设置自动喷水灭火系统的建筑,建筑内设置的燃油、燃气锅炉房等房间也要相应地设置自动喷水灭火系统。对于未设置自动喷水灭火系统的建筑,可以设置推车式ABC干粉灭火器或气体灭火器,如规模较大,则可设置水喷雾、细水雾或气体灭火系统等。

本条中的"直通室外",是指疏散门不经过其他用途的房间或空间直接开向室外或疏散门靠近室外出口,只经过一条距离较短的疏散走道直接到达室外。

(4)本条中的"人员密集场所",既包括我国《消防法》定义的人员密集场所,也包括会议厅等人员密集的场所。

5.4.13 本条第2、3、4、5、6款为强制性条款。柴油发电机是建筑内的备用电源,柴油发电机房需要具有较高的防火性能,使之能在应急情况下保证发电。同时,柴油发电机本身及其储油设施也具有一定的火灾危险性。因此,应将柴油发电机房与其他部位进行良好的防火分隔,还要设置必要的灭火和报警设施。对于柴油发电机房内的灭火设施,应根据发电机组的大小、数量、用途等实际情况确定,有关灭火设施选型参见第5.4.12条的说明。

柴油储油间和室外储油罐的进出油路管道的防火设计应符合本规范第5.4.14条、第5.4.15条的规定。由于部分柴油的闪点可能低于60°,因此,需要设置在建筑内的柴油设备或柴油储罐,柴油的闪点不应低于60°。

5.4.14 目前,民用建筑中使用柴油等可燃液体的用量越来越大,且设置此类燃料的锅炉、直燃机、发电机的建筑也越来越多。因此,有必要在规范中予以明确。为满足使用需要,规定允许储存量小于或等于15 m³的储罐靠建筑外墙就近布置。否则,应按照本规范第4.2节的有关规定进行设计。

5.4.15 本条第1、2款为强制性条款。建筑内的可燃液体、可燃气体发生火灾时应首先切断其燃料供给,才能有效防止火势扩大,控制油品流散和可燃气体扩散。

5.4.16 鉴于可燃气体的火灾危险性大和高层建筑运输不便,运输中也会导致危险因素增加,如用电梯运输气瓶,一旦可燃气体漏入电梯井,容易发生爆炸等事故,故要求高层民用建筑内使用可燃气体作燃料的部位,应采用管道集中供气。

燃气灶、开水器等燃气设备或其他使用可燃气体的房间,当设备管道损坏或操作有误时,往往漏出大量可燃气体,达到爆炸浓度时,遇到明火就会引起燃烧爆炸,为了便于泄压和降低爆炸对建筑其他部位的影响,这些房间宜靠外墙设置。

燃气供给管道的敷设及应急切断阀的设置,在国家标准《城镇燃气设计规范》GB 50028中已有规定,设计应执行该规范的要求。

5.4.17 本条第1、2、3、4、5款为强制性条款。本条规定主要针对建筑或单位自用,如宾馆、饭店等建筑设置的集中瓶装液化石油气储瓶间,其容量一般在10瓶以上,有的达30瓶~40瓶(50 kg/瓶)。本条是在总结各地实践经验和参考国外资料、规定的基础上,与现行国家标准《城镇燃气设计规范》GB 50028协商后确定的。对于本条未做规定的其他要求,应符合现行国家标准《城镇燃气设计规范》GB 50028的规定。

在总出气管上设置紧急事故自动切断阀,有利于防止发生更大的事故。在液化石油气储瓶间内设置可燃气体浓度报警装置,采用防爆型电器,可有效预防因接头或阀门密封不严漏气而发生爆炸。

5.5 安全疏散和避难

Ⅰ 一般要求

5.5.1 建筑的安全疏散和避难设施主要包括疏散门、疏散走道、安全出口或疏散楼梯(包括室外楼梯)、避难走道、避难间或避难层、疏散指示标志和应急照明,有时还要考虑疏散诱导广播等。

安全出口和疏散门的位置、数量、宽度,疏散楼梯的形式和疏散距离,避难区域的防火保护措施,对于满足人员安全疏散至关重要。而这些与建筑的高度、楼层或一个防火分区、房间的大小及内部布置、室内空间高度和可燃物的数量、类型等关系密切。设计时应区别对待,充分考虑区域内使用人员的特性,结合上述因素合理确定相应的疏散和避难设施,为人员疏散和避难提供安全的条件。

5.5.2 对于安全出口和疏散门的布置,一般要使人员在建筑着火后能有多个不同方向的疏散路线可供选择和疏散,要尽量将疏散出口均匀分散布置在平面上的不同方位。如果两个疏散出口之间距离太近,在火灾中实际上只能起到1个出口的作用,因此,国外有关标准还规定同一房间最近2个疏散出口与室内最远点的夹角不应小于45°。这在工程设计时要注意把握。对于面积较小的房间或防火分区,符合一定条件时,可以设置1个出口,有关要求见本规范第5.5.8条和5.5.15条等条文的规定。

相邻出口的间距是根据我国实际情况并参考国外有关标准确定的。目前,在一些建筑设计中存在安全出口不合理的现象,降低了火灾时出口的有效疏散能力。英国、新加坡、澳大利亚等国家的建筑规范对相邻出口的间距均有较严格的规定。如法国《公共建筑物安全防火规范》规定:2个疏散门之间相距不应小于5 m;澳大利亚《澳大利亚建筑规范》规定:公众聚集场所内2个疏散门之间的距离不应小于9 m。

5.5.3 将建筑的疏散楼梯通至屋顶,可使人员多一条疏散路径,有利于人员及时避难和逃生。因此,有条件时,如屋面为平屋面或具有连通相邻两楼梯间的屋面通道,均要尽量将楼梯间通至屋面。楼梯间通屋面的门要易于开启,同时门也要向外开启,以利于人员的安全疏散。特别是住宅建筑,当只有1部疏散楼梯时,如楼梯间未通至屋面,人员在火灾时一般就只有竖向一个方向的疏散路径,这会对人员的疏散安全造成较大危害。

5.5.4 本条规定要求在计算民用建筑的安全出口数量和疏散宽度时,不能将建筑中设置的自动扶梯和电梯的数量和宽度计算在内。

建筑内的自动扶梯处于敞开空间,火灾时容易受到烟气的侵袭,且梯段坡度和踏步高度与疏散楼梯的要求有较大差异,难以满足人员安全疏散的需要,故设计不能考虑其疏散能力。对此,美国《生命安全规范》NFPA 101 也规定:自动扶梯与自动人行道不应视作规范中规定的安全疏散通道。

对于普通电梯,火灾时动力将被切断,且普通电梯不防烟、不防火、不防水,若火灾时作为人员的安全疏散设施是不安全的。世界上大多数国家,在电梯的警示牌中几乎都规定电梯在火灾情况下不能使用,火灾时人员疏散只能使用楼梯,电梯不能用作疏散设施。另外,从国内外已有的研究成果看,利用电梯进行应急疏散是一个十分复杂的问题,不仅涉及建筑和设备本身的设计问题,而且涉及火灾时的应急管理和电梯的安全使用问题,不同应用场所之间有很大差异,必须分别进行专门考虑和处理。

消防电梯在火灾时如供人员疏散使用,需要配套多种管理措施,目前只能由专业消防救援人员控制使用,且一旦进入应急控制程序,电梯的楼层呼唤按钮将不起作用,因此消防电梯也不能计入建筑的安全出口。

5.5.5 本条是对地下、半地下建筑或建筑内的地下、半地下室可设置一个安全出口或疏散门的通用条文。除本条规定外的其他情况,地下、半地下建筑或地下、半地下室的安全出口或疏散楼梯、其中一个防火分区的安全出口以及一个房间的疏散门,均不应少于2个。

考虑到设置在地下、半地下的设备间使用人员较少,平常只有检修、巡查人员,因此本条规定,当其建筑面积不大于 200 m² 时,可设置 1 个安全出口或疏散门。

5.5.6 受用地限制,在建筑内布置汽车库的情况越来越普遍,但设置在汽车库内与建筑其他部分相连通的电梯、楼梯间等竖井也为火灾和烟气的竖向蔓延提供了条件。因此,需采取设置带防火门的电梯候梯厅、封闭楼梯间或防烟楼梯间等措施将汽车库与楼梯间和电梯竖井进行分隔,以阻止火灾和烟气蔓延。对于地下部分疏散楼梯间的形式,本规范第 6.4.4 条已有规定,但设置在建筑的地上或地下汽车库内、与其他部分相通且不用作疏散用的楼梯间,也要按照防止火灾上下蔓延的要求,采用封闭楼梯间或防烟楼梯间。

5.5.7 本条规定的防护挑檐,主要为防止建筑上部坠落物对人体产生伤害,保护从首层出口疏散出来的人员安全。防护挑檐可利用防火挑檐,与防火挑檐不同的是,防护挑檐只需满足人员在疏散和灭火救援过程中的人身防护要求,一般设置在建筑首层出入口门的上方,不需具备与防火挑檐一样的耐火性能。

Ⅱ 公共建筑

5.5.8 本条为强制性条文。本条规定了公共建筑设置安全出口的基本要求,包括地下建筑和半地下建筑或建筑的地下室。

由于在实际执行规范时,普遍认为安全出口和疏散门不易分清楚。为此,本规范在不同条文做了区分。疏散门是房间直接通向疏散走道的房门、直接开向疏散楼梯间的门(如住宅的户门)或室外的门,不包括套间内的隔间门或住宅套内的房间门;安全出口是直接通向室外的房门或直接通向室外疏散楼梯、室内的疏散楼梯及其他安全区的出口,是疏散门的一个特例。

本条中的医疗建筑不包括无治疗功能的休养性质的疗养院,这类疗养院要按照旅馆建筑的要求确定。

根据本规范在执行过程中的反馈意见,此次修订将可设置一部疏散楼梯的公共建筑的每层最大建筑面积和第二、三层的人数之和,比照可设置一个安全出口的单层建筑和可设一个疏散门的房间的条件进行了调整。

5.5.9　本条规定了建筑内的防火分区利用相邻防火分区进行疏散时的基本要求。

（1）建筑内划分防火分区后，提高了建筑的防火性能。当其中一个防火分区发生火灾时，不致快速蔓延至更大的区域，使得非着火的防火分区在某种程度上能起到临时安全区的作用。因此，当人员需要通过相邻防火分区疏散时，相邻两个防火分区之间要严格采用防火墙分隔，不能采用防火卷帘、防火分隔水幕等措施替代。

（2）本条要求是针对某一楼层内中少数防火分区内的部分安全出口，因平面布置受限不能直接通向室外的情形。某一楼层内个别防火分区直通室外的安全出口的疏散宽度不足或其中局部区域的安全疏散距离过长时，可将通向相邻防火分区的甲级防火门作为安全出口，但不能大于该防火分区所需总疏散净宽度的30%。显然，当人员从着火区进入非着火的防火分区后，将会增加该区域的人员疏散时间，因此，设计除需保证相邻防火分区的疏散宽度符合规范要求外，还需要增加该防火分区的疏散宽度以满足增加人员的安全疏散需要，使整个楼层的总疏散宽度不减少。

此外，为保证安全出口的布置和疏散宽度的分布更加合理，规定了一定面积的防火分区最少应具备的直通室外的安全出口数量。计算时，不能将利用通向相邻防火分区的安全出口宽度计算在楼层的总疏散宽度内。

（3）考虑到三、四级耐火等级的建筑，不仅建筑规模小、建筑耐火性能低，而且火灾蔓延更快，故本规范不允许三、四级耐火等级的建筑借用相邻防火分区进行疏散。

5.5.10　本条规定是对于楼层面积比较小的高层公共建筑，在难以按本规范要求间隔5 m设置2个安全出口时的变通措施。本条规定房间疏散门到安全出口的距离小于10 m，主要为限制楼层的面积。

由于剪刀楼梯是垂直方向的两个疏散通道，两梯段之间如没有隔墙，则两条通道处在同一空间内。如果其中一个楼梯间进烟，会使这两个楼梯间的安全都受到影响。为此，不同楼梯之间应设置分隔墙，且分别设置前室，使之成为各自独立的空间。

5.5.11　本条规定是参照公共建筑设置一个疏散楼梯的条件确定的。据调查，有些办公、教学或科研等公共建筑，往往要在屋顶部分局部高出1层～2层，用作会议室、报告厅等。

5.5.12　本条为强制性条文。本规定是要保障人员疏散的安全，使疏散楼梯能在火灾时防火，不积聚烟气。高层建筑中的疏散楼梯如果不能可靠封闭，火灾时存在烟囱效应，使烟气在短时间里就能经过楼梯向上部扩散，并蔓延至整幢建筑物，威胁疏散人员的安全。随着烟气的流动也大大地加快了火势的蔓延。因此，高层建筑内疏散楼梯间的安全性要求较多层建筑高。

5.5.13　本条为强制性条文。对于多层建筑，在我国华东、华南和西南部分地区，采用敞开式外廊的集体宿舍、教学、办公等建筑，其中与敞开式外廊相连通的楼梯，由于具有较好地防止烟气进入的条件，可以不设置封闭楼梯间。

本条规定需要设置封闭楼梯间的建筑，无论其楼层面积多大均要考虑采用封闭楼梯间，而与该建筑通过楼梯间连通的楼层的总建筑面积是否大于一个防火分区的最大允许建筑面积无关。

对应设置封闭楼梯间的建筑，其底层楼梯间可以适当扩大封闭范围。所谓扩大封闭楼梯间，就是将楼梯间的封闭范围扩大，如图5所示。因为一般公共建筑首层入口处的楼梯往往比较宽大开敞,而且和门厅的空间合为一体,使得楼梯间的封闭范围变大。对于不需采用封闭楼梯间的公共建筑,其首层门厅内的主楼梯如不计入疏散设计需要总宽度之内,可不设置楼梯间。

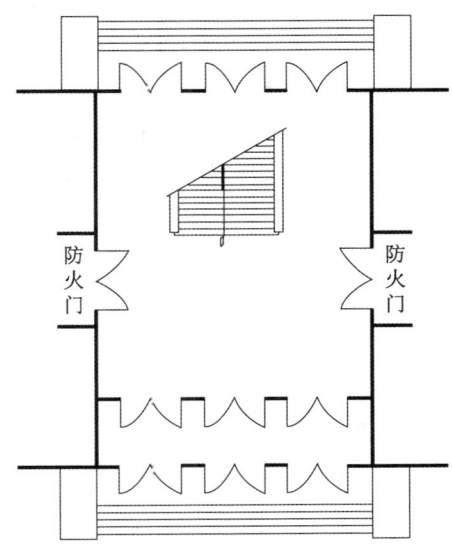

图 5　扩大封闭楼梯间示意图

由于剧场、电影院、礼堂、体育馆属于人员密集场所,楼梯间的人流量较大,使用者大都不熟悉内部环境,且这类建筑多为单层,因此规定中未规定剧场、电影院、礼堂、体育馆的室内疏散楼梯应采用封闭楼梯间。但当这些场所与其他功能空间组合在同一座建筑内时,则其疏散楼梯的设置形式应按其中要求最高者确定,或按该建筑的主要功能确定。如电影院设置在多层商店建筑内,则需要按多层商店建筑的要求设置封闭楼梯间。

本条第1、3款中的"类似使用功能的建筑"是指设置有本款前述用途场所的建筑或建筑的使用功能与前述建筑或场所类似。

5.5.13A 新增条文。疏散楼梯或疏散楼梯间与敞开式外廊相连通,具有较好地防止烟气进入的条件,有利于老年人的安全疏散。封闭楼梯间或防烟楼梯间可为人员疏散提供较安全的疏散环境,有更长的时间可供老年人安全疏散。老年人照料设施要尽量设置与疏散或避难场所直接连通的室外走廊,为老年人在火灾时提供更多的安全疏散路径。对于需要封闭的外走廊,则要具备在火灾时可以与火灾报警系统或其他方式联动自动开启外窗的功能。

当老年人照料设施设置在其他建筑内或与其他建筑组合建造时,本条中"建筑高度大于24 m 的老年人照料设施",包括老年人照料设施部分的全部或部分楼层的楼地面距离该建筑室外设计地面大于24 m 的老年人照料设施。

建筑高度的增加会显著影响老年人照料设施内人员的疏散和外部的消防救援,对于建筑高度大于32 m 的老年人照料设施,要求在室内疏散走道满足人员安全疏散要求的情况下,在外墙部位再增设能连通老年人居室和公共活动场所的连廊,以提供更好的疏散、救援条件。

5.5.14 建筑内的客货电梯一般不具备防烟、防火、防水性能,电梯井在火灾时可能会成为加速火势蔓延扩大的通道,而营业厅、展览厅、多功能厅等场所是人员密集、可燃物质较多的空间,火势蔓延、烟气填充速度较快。因此,应尽量避免将电梯井直接设置在这些空间内,要尽量设置电梯间或设置在公共走道内,并设置候梯厅,以减小火灾和烟气的影响。

5.5.15　本条为强制性条文。疏散门的设置原则与安全出口的设置原则基本一致,但由于房间大小与防火分区的大小差别较大,因而具体的设置要求有所区别。

本条第 1 款规定可设置 1 个疏散门的房间的建筑面积,是根据托儿所、幼儿园的活动室和中小学校的教室的面积要求确定的。袋形走道,是只有一个疏散方向的走道,因而位于袋形走道两侧的房间,不利于人员的安全疏散,但与位于走道尽端的房间仍有所区别。

对于歌舞娱乐放映游艺场所,无论位于袋形走道或两个安全出口之间还是位于走道尽端,不符合本条规定条件的房间均需设置 2 个及以上的疏散门。对于托儿所、幼儿园、老年人照料设施、医疗建筑、教学建筑内位于走道尽端的房间,需要设置 2 个及以上的疏散门;当不能满足此要求时,不能将此类用途的房间布置在走道的尽端。

5.5.16　本条第 1 款为强制性条款。

本条有关疏散门数量的规定,是以人员从一、二级耐火等级建筑的观众厅疏散出去的时间不大于 2 min,从三级耐火等级建筑的观众厅疏散出去的时间不大于 1.5 min 为原则确定的。根据这一原则,规范规定了每个疏散门的疏散人数。据调查,剧场、电影院等观众厅的疏散门宽度多在 1.65 m 以上,即可通过 3 股疏散人流。这样,一座容纳人数不大于 2 000 人的剧场或电影院,如果池座和楼座的每股人流通过能力按 40 人/min 计算(池座平坡地面按 43 人/min,楼座阶梯地面按 37 人/min),则 250 人需要的疏散时间为 250/(3×40)=2.08(min),与规定的控制疏散时间基本吻合。同理,如果剧场或电影院的容纳人数大于 2 000 人,则大于 2 000 人的部分,每个疏散门的平均人数按不大于 400 人考虑。这样,对于整个观众厅,每个疏散门的平均疏散人数就会大于 250 人,此时如果按照疏散门的通行能力,计算出的疏散时间超过 2 min,则要增加每个疏散门的宽度。在这里,设计仍要注意掌握和合理确定每个疏散门的人流通行股数和控制疏散时间的协调关系。如一座容纳人数为 2 400 人的剧场,按规定需要的疏散门数量为:2 000/250+400/400=9(个),则每个疏散门的平均疏散人数为:2 400/9≈267(人),按 2 min 控制疏散时间计算出每个疏散门所需通过的人流股数为:267/(2×40)≈3.3(股)。此时,一般宜按 4 股通行能力来考虑设计疏散门的宽度,即采用 4×0.55=2.2(m)较为合适。

实际工程设计可根据每个疏散门平均负担的疏散人数,按上述办法对每个疏散门的宽度进行必要的校核和调整。

体育馆建筑的耐火等级均为一、二级,观众厅内人员的疏散时间依据不同容量按 3 min～4 min 控制,观众厅每个疏散门的平均疏散人数要求一般不能大于 400 人～700 人。如一座一、二级耐火等级、容量为 8 600 人的体育馆,如果观众厅设计 14 个疏散门,则每个疏散门的平均疏散人数为 8 600/14≈614(人)。假设每个疏散门的宽度为 2.2 m(即 4 股人流所需宽度),则通过每个疏散门需要的疏散时间为 614/(4×37)≈4.15(min),大于 3.5 min,不符合规范要求。因此,应考虑增加疏散门的数量或加大疏散门的宽度。如果采取增加出口的数量的办法,将疏散门增加到 18 个,则每个疏散门的平均疏散人数为 8 600/18≈478(人)。通过每个疏散门需要的疏散时间则缩短为 478/(4×37)≈3.23(min),不大于 3.5 min,符合要求。

体育馆的疏散设计,要注意将观众厅疏散门的数量与观众席位的连续排数和每排的连续座位数联系起来综合考虑。如图6所示,一个观众席位区,观众通过两侧的2个出口进行疏散,其中共有可供4股人流通行的疏散走道。若规定出观众厅的疏散时间为3.5 min,则该席位区最多容纳的观众席位数为4×37×3.5=518(人)。在这种情况下,疏散门的宽度就不应小于2.2 m;而观众席位区的连续排数如定为20排,则每一排的连续座位就不宜大于518/20≈26(个)。如果一定要增加连续座位数,就必须相应加大疏散走道和疏散门的宽度。否则,就会违反"来去相等"的设计原则。

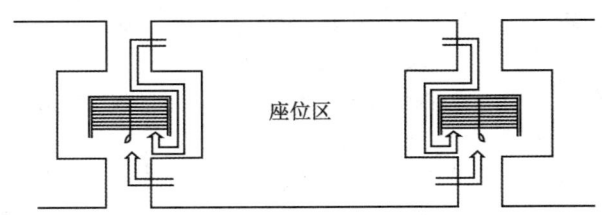

图6 席位区示意图

体育馆的室内空间体积比较大,火灾时的火场温度上升速度和烟雾浓度增加速度,要比在剧场、电影院、礼堂等的观众厅内的发展速度慢。因此,可供人员安全疏散的时间也较长。此外,体育馆观众厅内部装修用的可燃材料较剧场、电影院、礼堂的观众厅少,其火灾危险性也较这些场所小。但体育馆观众厅内的容纳人数较剧场、电影院、礼堂的观众厅要多很多,往往是后者的几倍,甚至十几倍。在疏散设计上,由于受座位排列和走道布置等技术和经济因素的制约,使得体育馆观众厅每个疏散门平均负担的疏散人数要比剧场和电影院的多。此外,体育馆观众厅的面积比较大,观众厅内最远处的座位至最近疏散门的距离,一般也都比剧场、电影院的要大。体育馆观众厅的地面形式多为阶梯地面,导致人员行走速度也较慢,这些必然会增加人员所需的安全疏散时间。因此,体育馆如果按剧场、电影院、礼堂的规定进行设计,困难会比较大,并且容纳人数越多、规模越大越困难,这在本规范确定相应的疏散设计要求时,做了区别。其他防火要求还应符合国家现行行业标准《体育建筑设计规范》JGJ 31的规定。

5.5.17　本条为强制性条文。本条规定了公共建筑内安全疏散距离的基本要求。安全疏散距离是控制安全疏散设计的基本要素,疏散距离越短,人员的疏散过程越安全。该距离的确定既要考虑人员疏散的安全,也要兼顾建筑功能和平面布置的要求,对不同火灾危险性场所和不同耐火等级建筑有所区别。

(1)建筑的外廊敞开时,其通风排烟、采光、降温等方面的情况较好,对安全疏散有利。本条表5.5.17注1对设有敞开式外廊的建筑的有关疏散距离要求作了调整。

注3考虑到设置自动喷水灭火系统的建筑,其安全性能有所提高,也对这些建筑或场所内的疏散距离作了调整,可按规定增加25%。

本表的注是针对各种情况对表中规定值的调整,对于一座全部设置自动喷水灭火系统的建筑,且符合注1或注2的要求时,其疏散距离是按照注3的规定增加后,再进行增减。如一设有敞开式外廊的多层办公楼,当未设置自动喷水灭火系统时,其位于两个安全出口之间的房间疏散门至最近安全出口的疏散距离为40+5=45(m);当设有自动喷水灭火系统时,该疏散距离可为40×(1+25%)+5=55(m)。

（2）对于建筑首层为火灾危险性小的大厅，该大厅与周围办公、辅助商业等其他区域进行了防火分隔时，可以在首层将该大厅扩大为楼梯间的一部分。考虑到建筑层数不大于4层的建筑内部垂直疏散距离相对较短，当楼层数不大于4层时，楼梯间到达首层后可通过15 m的疏散走道到达直通室外的安全出口。

（3）有关建筑内观众厅、营业厅、展览厅等的内部最大疏散距离要求，参照了国外有关标准规定，并考虑了我国的实际情况。如美国相关建筑规范规定，在集会场所的大空间中从房间最远点至安全出口的步行距离为61 m，设置自动喷水灭火系统后可增加25%。英国建筑规范规定，在开敞办公室、商店和商业用房中，如有多个疏散方向时，从最远点至安全出口的直线距离不应大于30 m，直线行走距离不应大于45 m。我国台湾地区的建筑技术规则规定：戏院、电影院、演艺场、歌厅、集会堂、观览场以及其他类似用途的建筑物，自楼面居室之任一点至楼梯口之步行距离不应大于30 m。

本条中的"观众厅、展览厅、多功能厅、餐厅、营业厅等"场所，包括开敞式办公区、会议报告厅、宴会厅、观演建筑的序厅、体育建筑的入场等候与休息厅等，不包括用作舞厅和娱乐场所的多功能厅。

本条第4款中有关设置自动灭火系统时的疏散距离，当需采用疏散走道连接营业厅等场所的安全出口时，可以按室内最远点至最近疏散门的距离、该疏散走道的长度分别增加25%。条文中的"该场所"包括连接的疏散走道。如：当某营业厅需采用疏散走道连接至安全出口，且该疏散走道的长度为10 m时，该场所内任一点至最近安全出口的疏散距离可为$30×(1+25\%)+10×(1+25\%)=50(m)$，即营业厅内任一点至其最近出口的距离可为37.5 m，连接走道的长度可以为12.5 m，但不可以将连接走道上增加的长度用到营业厅内。

5.5.18 本条为强制性条文。本条根据人员疏散的基本需要，确定了民用建筑中疏散门、安全出口与疏散走道和疏散楼梯的最小净宽度。按本规范其他条文规定计算出的总疏散宽度，在确定不同位置的门洞宽度或梯段宽度时，需要仔细分配其宽度并根据通过的人流股数进行校核和调整，尽量均匀设置并满足本条的要求。

设计应注意门宽与走道、楼梯宽度的匹配。一般，走道的宽度均较宽，因此，当以门宽为计算宽度时，楼梯的宽度不应小于门的宽度；当以楼梯的宽度为计算宽度时，门的宽度不应小于楼梯的宽度。此外，下层的楼梯或门的宽度不应小于上层的宽度；对于地下、半地下，则上层的楼梯或门的宽度不应小于下层的宽度。

5.5.19 观众厅等人员比较集中且数量多的场所，疏散时在门口附近往往会发生拥堵现象，如果设计采用带门槛的疏散门等，紧急情况下人流往外拥挤时很容易被绊倒，影响人员安全疏散，甚至造成伤亡。本条中"人员密集的公共场所"主要指营业厅、观众厅，礼堂、电影院、剧院和体育场馆的观众厅，公共娱乐场所中出入大厅、舞厅，候机(车、船)厅及医院的门诊大厅等面积较大、同一时间聚集人数较多的场所。本条规定的疏散门为进出上述这些场所的门，包括直接对外的安全出口或通向楼梯间的门。

本条规定的紧靠门口内外各1.40 m范围内不应设置踏步，主要指正对门的内外1.40 m范围，门两侧1.40 m范围内尽量不要设置台阶，对于剧场、电影院等的观众厅，尽量采用坡道。

人员密集的公共场所的室外疏散小巷，主要针对礼堂、体育馆、电影院、剧场、学校教学楼、大中型商场等同一时间有大量人员需要疏散的建筑或场所。一旦大量人员离开建筑物后，如没有一个较开阔的地带，人员还是不能尽快疏散，可能会导致后续人流更加集中和恐慌而发生意外。因此，规定该小巷的宽度不应小于 3.00 m，但这是规定的最小宽度，设计要因地制宜地，尽量加大。为保证人流快速疏散、不发生阻滞现象，该疏散小巷应直接通向更宽阔的地带。对于那些主要出入口临街的剧场、电影院和体育馆等公共建筑，其主体建筑应后退红线一定的距离，以保证有较大的疏散缓冲及消防救援场地。

5.5.20 为便于人员快速疏散，不会在走道上发生拥挤，本条规定了剧场、电影院、礼堂、体育馆等观众厅内座位的布置和疏散通道、疏散门的布置基本要求。

(1) 关于剧场、电影院、礼堂、体育馆等观众厅内疏散走道及座位的布置。

观众厅内疏散走道的宽度按疏散 1 股人流需要 0.55 m 考虑，同时并排行走 2 股人流需要 1.1 m 的宽度，但观众厅内座椅的高度均在行人的身体下部，座椅不妨碍人体最宽处的通过，故 1.00 m 宽度基本能保证 2 股人流通行需要。观众厅内设置边走道不但对疏散有利，并且还能起到协调安全出口或疏散门和疏散走道通行能力的作用，从而充分发挥安全出口或疏散门的作用。

对于剧场、电影院、礼堂等观众厅中两条纵走道之间的最大连续排数和连续座位数，在工程设计中应与疏散走道和安全出口或疏散门的设计宽度联系起来考虑，合理确定。

对于体育馆观众厅中纵走道之间的座位数可增加到 26 个，主要是因为体育馆观众厅内的总容纳人数和每个席位分区内所包容的座位数都比剧场、电影院的多，发生火灾后的危险性也较影剧院的观众厅要小些，采用与剧场等相同的规定数据既不现实也不客观，但也不能因此而任意加大每个席位分区中的连续排数、连续座位数，而要与观众厅内的疏散走道和安全出口或疏散门的设计相呼应、相协调。

本条规定的连续 20 排和每排连续 26 个座位，是基于人员出观众厅的控制疏散时间按不大于 3.5 min 和每个安全出口或疏散门的宽度按 2.2 m 考虑的。疏散走道之间布置座位连续 20 排、每排连续 26 个作为一个席位分区的包容座位数为 20×26＝520（人），通过能容 4 股人流宽度的走道和 2.20 m 宽的安全（疏散）出口出去所需要的时间为 520/(4×37)≈3.51(min)，基本符合规范的要求。对于体育馆观众厅平面中呈梯形或扇形布置的席位区，其纵走道之间的座位数，按最多一排和最少一排的平均座位数计算。

另外，在本条中"前后排座椅的排距不小于 0.9 m 时，可增加 1.0 倍，但不得大于 50 个"的规定，设计也应按上述原理妥善处理。本条限制观众席位仅一侧布置有纵走道时的座位数，是为防止延误疏散时间。

(2) 关于剧场、电影院、礼堂等公共建筑的安全疏散宽度。

本条第 2 款规定的疏散宽度指标是根据人员疏散出观众厅的疏散时间，按一、二级耐火等级建筑控制为 2 min、三级耐火等级建筑控制为 1.5 min 这一原则确定的。

$$百人指标 = \frac{单股人流宽度 \times 100}{疏散时间 \times 每分钟每股人流通过人数} \quad (6)$$

据此，按照疏散净宽度指标公式计算出一、二级耐火等级建筑的观众厅中每 100 人所需疏散宽度为：

门和平坡地面：$B = 100 \times 0.55/(2 \times 43) \approx 0.64$（m）

取 0.65 m；

阶梯地面和楼梯：$B=100\times0.55/(2\times37)\approx0.74(m)$

取 0.75 m。

三级耐火等级建筑的观众厅中每100人所需要的疏散宽度为：

门和平坡地面：$B=100\times0.55/(1.5\times43)\approx0.85(m)$

取 0.85 m；

阶梯地面和楼梯：$B=100\times0.55/(1.5\times37)\approx0.99(m)$

取 1.00 m。

根据本条第2款规定的疏散宽度指标计算所得安全出口或疏散门的总宽度，为实际需要设计的最小宽度。在确定安全出口或疏散门的设计宽度时，还应按每个安全出口或疏散门的疏散时间进行校核和调整，其理由参见第5.5.16条的条文说明。本款的适用规模为：对于一、二级耐火等级的建筑，容纳人数不大于2 500人；对于三级耐火等级的建筑，容纳人数不大于1 200人。

此外，对于容量较大的会堂等，其观众厅内部会设置多层楼座，且楼座部分的观众人数往往占整个观众厅容纳总人数的一半多，这和一般剧场、电影院、礼堂的池座人数比例相反，而楼座部分又都以阶梯式地面为主，其疏散情况与体育馆的情况有些类似。尽管本条对此没有明确规定，设计也可以根据工程的具体情况，按照体育馆的相应规定确定。

(3) 关于体育馆的安全疏散宽度。

国内各大、中城市已建成的体育馆，其容量多在3 000人以上。考虑到剧场、电影院的观众厅与体育馆的观众厅之间在容量和室内空间方面的差异，在规范中分别规定了其疏散宽度指标，并在规定容量的适用范围时拉开档次，防止出现交叉或不一致现象，故将体育馆观众厅的最小人数容量定为3 000人。

对于体育馆观众厅的人数容量，表5.5.20-2中规定的疏散宽度指标，按照观众厅容量的大小分为三档：(3 000～5 000)人、(5 001～10 000)人和(10 001～20 000)人。每个档次中所规定的百人疏散宽度指标(m)，是根据人员出观众厅的疏散时间分别控制在3 min、3.5 min、4 min来确定的。根据计算公式：

计算出一、二级耐火等级建筑观众厅中每100人所需要的疏散宽度分别为：

平坡地面：$B_1=0.55\times100/(3\times43)\approx0.426(m)$

取 0.43 m；

$B_2=0.55\times100/(3.5\times43)\approx0.365(m)$

取 0.37 m；

$B_3=0.55\times100/(4\times43)\approx0.320(m)$

取 0.32 m。

阶梯地面：$B_1=0.55\times100/(3\times37)\approx0.495(m)$

取 0.50 m；

$B_2=0.55\times100/(3.5\times37)\approx0.425(m)$

取 0.43 m；

$B_3=0.55\times100/(4\times37)\approx0.372(m)$

取 0.37 m。

本款将观众厅的最高容纳人数规定为20 000人，当实际工程大于该规模时，需要按照疏散时间确定其座位数、疏散门和走道宽度的布置，但每个座位区的座位数仍应符合本规范要求。根据规定的疏散宽度指标计算得到的安全出口或疏散门总宽度，为实际需要设计的概算宽度，确定安全出口或疏散门的设计宽度时，还需对每个安全出口或疏散门的宽度进行核算和调整。如，一座二级耐火等级、容量为10 000人的体育馆，按上述规定疏散宽度指标计算的安全出口或疏散门总宽度为10 000×0.43/100＝43(m)。如果设计16个安全出口或疏散门，则每个出口的平均疏散人数为625人，每个出口的平均宽度为43/16≈2.68(m)。如果每个出口的宽度采用2.68 m，则能通过4股人流，核算其疏散时间为625/(4×37)≈4.22(min)＞3.5 min，不符合规范要求。如果将每个出口的设计宽度调整为2.75 m，则能够通过5股人流，疏散时间为：625/(5×37)≈3.38(min)＜3.5 min，符合规范要求。但推算出的每百人宽度指标为16×2.75×100/10 000＝0.44(m)，比原百人疏散宽度指标高2%。

本条表5.5.20-2的"注"，明确了采用指标进行计算和选定疏散宽度时的原则：即容量大的观众厅，计算出的需要宽度不应小于根据容量小的观众厅计算出的需要宽度。否则，应采用较大宽度。如：一座容量为5 400人的体育馆，按规定指标计算出来的疏散宽度为54×0.43＝23.22(m)，而一座容量为5 000人的体育馆，按规定指标计算出来的疏散宽度则为50×0.50＝25(m)，在这种情况下就应采用25 m作为疏散宽度。另外，考虑到容量小于3 000人的体育馆，其疏散宽度计算方法原规范未在条文中明确，此次修订时在表5.5.20-2中做了补充。

(4)体育馆观众厅内纵横走道的布置是疏散设计中的一个重要内容，在工程设计中应注意：

1)观众席位中的纵走道担负着把全部观众疏散到安全出口或疏散门的重要功能。在观众席位中不设置横走道时，观众厅内通向安全出口或疏散门的纵走道的设计总宽度应与观众厅安全出口或疏散门的设计总宽度相等。观众席位中的横走道可以起到调剂安全出口或疏散门人流密度和加大出口疏散流通能力的作用。一般容量大于6 000人或每个安全出口或疏散门设计的通过人流股数大于4股时，在观众席位中要尽量设置横走道。

2)经过观众席中的纵、横走道通向安全出口或疏散门的设计人流股数与安全出口或疏散门设计的通行股数，应符合"来去相等"的原则。如安全出口或疏散门设计的宽度为2.2 m，则经过纵、横走道通向安全出口或疏散门的人流股数不能大于4股；否则，就会造成出口处堵塞，延误疏散时间。反之，如果经纵、横走道通向安全出口或疏散门的人流股数少于安全出口或疏散门的设计通行人流股数，则不能充分发挥安全出口或疏散门的作用，在一定程度上造成浪费。

(5)设计还要注意以下两个方面：

1)安全出口或疏散门的数量应密切联系控制疏散时间。

疏散设计确定的安全出口或疏散门的总宽度，要大于根据控制疏散时间而规定出的宽度指标，即计算得到的所需疏散总宽度。同时，安全出口或疏散门的数量，要满足每个安全出口或疏散门平均疏散人数的规定要求，并且根据此疏散人数计算得到的疏散时间要小于控制疏散时间（建筑中可用的疏散时间）的规定要求。

2)安全出口或疏散门的数量应与安全出口或疏散门的设计宽度协调。

安全出口或疏散门的数量与安全出口或疏散门的宽度之间有着相互协调、相互配合的密切关系，并且也是严格控制疏散时间，合理执行疏散宽度指标需充分注意和精心设计的一个重要环节。在确定观众厅安全出口或疏散门的宽度时,要认真考虑通过人流股数的多少,如单股人流的宽度为 0.55 m,2 股人流的宽度为 1.1 m,3 股人流的宽度为 1.65 m,以更好地发挥安全出口或疏散门的疏散功能。

5.5.21 本条第 1、2、3、4 款为强制性条款。疏散人数的确定是建筑疏散设计的基础参数之一,不能准确计算建筑内的疏散人数,就无法合理确定建筑中各区域疏散门或安全出口和建筑内疏散楼梯所需要的有效宽度,更不能确定设计的疏散设施是否满足建筑内的人员安全疏散需要。

1 在实际中,建筑各层的用途可能各不相同,即使相同用途在每层上的使用人数也可能有所差异。如果整栋建筑物的楼梯按人数最多的一层计算,除非人数最多的一层是在顶层,否则不尽合理,也不经济。对此,各层楼梯的总宽度可按该层或该层以上人数最多的一层分段计算确定,下层楼梯的总宽度按该层以上各层疏散人数最多一层的疏散人数计算。如:一座二级耐火等级的 6 层民用建筑,第四层的使用人数最多为 400 人,第五层、第六层每层的人数均为 200 人。计算该建筑的疏散楼梯总宽度时,根据楼梯宽度指标 1.00 m/百人的规定,第四层和第四层以下每层楼梯的总宽度为 4.0 m;第五层和第六层每层楼梯的总宽度可为 2.0 m。

2 本款中的人员密集的厅、室和歌舞娱乐放映游艺场所,由于设置在地下、半地下,考虑到其疏散条件较差,火灾烟气发展较快的特点,提高了百人疏散宽度指标要求。本款中"人员密集的厅、室",包括商店营业厅、证券营业厅等。

4 对于歌舞娱乐放映游艺场所,在计算疏散人数时,可以不计算该场所内疏散走道、卫生间等辅助用房的建筑面积,而可以只根据该场所内具有娱乐功能的各厅、室的建筑面积确定,内部服务和管理人员的数量可根据核定人数确定。

6 对于展览厅内的疏散人数,本规定为最小人员密度设计值,设计要根据当地实际情况,采用更大的密度。

7 对于商店建筑的疏散人数,国家行业标准《商店建筑设计规范》JGJ 48 中有关条文的规定还不甚明确,导致出现多种计算方法,有的甚至是错误的。本规范在研究国内外有关资料和规范,并广泛征求意见的基础上,明确了确定商店营业厅疏散人数时的计算面积与其建筑面积的定量关系为(0.5～0.7):1,据此确定了商店营业厅的人员密度设计值。从国内大量建筑工程实例的计算统计看,均在该比例范围内。但商店建筑内经营的商品类别差异较大,且不同地区或同一地区的不同地段,地上与地下商店等在实际使用过程中的人流和人员密度相差较大,因此执行过程中应对工程所处位置的情况作充分分析,再依据本条规定选取合理的数值进行设计。

本条所指"营业厅的建筑面积",既包括营业厅内展示货架、柜台、走道等顾客参与购物的场所,也包括营业厅内的卫生间、楼梯间、自动扶梯等的建筑面积。对于进行了严格的防火分隔,并且疏散时无需进入营业厅内的仓储、设备房、工具间、办公室等,可不计入营业厅的建筑面积。

有关家具、建材商店和灯饰展示建筑的人员密度调查表明,该类建筑与百货商店、超市等相比,人员密度较小,高峰时刻的人员密度在 0.01 人/m^2～0.034 人/m^2 之间。考虑到地区差异及开业庆典和节假日等因素,确定家具、建材商店和灯饰展示建筑的人员密度为表 5.5.21-2 规定值的 30%。

据表 5.5.21-2 确定人员密度值时,应考虑商店的建筑规模,当建筑规模较小(比如营业厅的建筑面积小于 3 000 m²)时宜取上限值,当建筑规模较大时,可取下限值。当一座商店建筑内设置有多种商业用途时,考虑到不同用途区域可能会随经营状况或经营者的变化而变化,尽管部分区域可能用于家具、建材经销等类似用途,但人员密度仍需要按照该建筑的主要商业用途来确定,不能再按照上述方法折减。

5.5.22 本条规定是在吸取有关火灾教训的基础上,为方便灭火救援和人员逃生的要求确定的,主要针对多层建筑或高层建筑的下部楼层。

本条要求设置的辅助疏散设施包括逃生袋、救生绳、缓降绳、折叠式人孔梯、滑梯等,设置位置要便于人员使用且安全可靠,但并不一定要在每一个窗口或阳台设置。

5.5.23 本条为强制性条文。建筑高度大于 100 m 的建筑,使用人员多、竖向疏散距离长,因而人员的疏散时间长。

根据目前国内主战举高消防车——50 m 高云梯车的操作要求,规定从首层到第一个避难层之间的高度不应大于 50 m,以便火灾时不能经楼梯疏散而要停留在避难层的人员可采用云梯车救援下来。根据普通人爬楼梯的体力消耗情况,结合各种机电设备及管道等的布置和使用管理要求,将两个避难层之间的高度确定为不大于 50 m 较为适宜。

火灾时需要集聚在避难层的人员密度较大,为不至于过分拥挤,结合我国的人体特征,规定避难层的使用面积按平均每平方米容纳不大于 5 人确定。

第 2 款对通向避难层楼梯间的设置方式作出了规定,"疏散楼梯应在避难层分隔、同层错位或上下层断开"的做法,是为了使需要避难的人员不错过避难层(间)。其中,"同层错位和上下层断开"的方式是强制避难的做法,此时人员均须经避难层方能上下;"疏散楼梯在避难层分隔"的方式,可以使人员选择继续通过疏散楼梯疏散还是前往避难区域避难。当建筑内的避难人数较少而不需将整个楼层用作避难层时,除火灾危险性小的设备用房外,不能用于其他使用功能,并应采用防火墙将该楼层分隔成不同的区域。从非避难区进入避难区的部位,要采取措施防止非避难区的火灾和烟气进入避难区,如设置防烟前室。

一座建筑是设置避难层还是避难间,主要根据该建筑的不同高度段内需要避难的人数及其所需避难面积确定,避难间的分隔及疏散等要求同避难层。

5.5.24 本条为强制性条文。本条规定是为了满足高层病房楼和手术室中难以在火灾时及时疏散的人员的避难需要和保证其避难安全。本条是参考美国、英国等国对医疗建筑避难区域或使用轮椅等行动不便人员避难的规定,结合我国相关实际情况确定的。

每个护理单元的床位数一般是 40 床~60 床,建筑面积为 1 200 m²~1 500 m²,按 3 人间病房、疏散着火房间和相邻房间的患者共 9 人,每个床位按 2 m² 计算,共需要 18 m²,加上消防员和医护人员、家属所占用面积,规定避难间面积不小于 25 m²。

避难间可以利用平时使用的房间,如每层的监护室,也可以利用电梯前室。病房楼按最少 3 部病床梯对面布置,其电梯前室面积一般是 24 m²~30 m²。但合用前室不适合用作避难间,以防止病床影响人员通过楼梯疏散。

5.5.24A 新增条文。为满足老年人照料设施中难以在火灾时及时疏散的老年人的避难需要,根据我国老年人照料设施中人员及其管理的实际情况,对照医疗建筑避难间设置的要求,做了本条规定。

对于老年人照料设施只设置在其他建筑内三层及以上楼层,而一、二层没有老年人照料设施的情况,避难间可以只设置在有老年人照料设施的楼层上相应疏散楼梯间附近。

避难间可以利用平时使用的公共就餐室或休息室等房间,一般从该房间要能避免再经过走道等火灾时的非安全区进入疏散楼梯间或楼梯间的前室;避难间的门可直接开向前室或疏散楼梯间。当避难间利用疏散楼梯间的前室或消防电梯的前室时,该前室的使用面积不应小于 12 m^2,不需另外增加 12 m^2 避难面积。但考虑到救援与上下疏散的人流交织情况,疏散楼梯间与消防电梯的合用前室不适合兼作避难间。避难间的净宽度要能满足方便救援中移动担架(床)等的要求,净面积大小还要根据该房间所服务区域的老年人实际身体状况等确定。美国相关标准对避难面积的要求为:一般健康人员,0.28 m^2/人;一般病人或体弱者,0.6 m^2/人;带轮椅的人员的避难面积为 1.4 m^2/人;利用活动床转送的人员的避难面积为 2.8 m^2/人。考虑到火灾的随机性,要求每座楼梯间附近均应设置避难间。建筑的首层人员由于能方便地直接到达室外地面,故可以不要求设置避难间。

本条中老年人照料设施的总建筑面积,当老年人照料设施独立建造时,为该老年人照料设施单体的总建筑面积;当老年人照料设施设置在其他建筑或与其他建筑组合建造时,为其中老年人照料设施部分的总建筑面积。

考虑到失能老年人的自身条件,供该类人员使用的超过 2 层的老年人照料设施要按核定使用人数配备简易防毒面具,以提供必要的个人防护措施,降低火灾产生的烟气对失能老年人的危害。

Ⅲ 住宅建筑

5.5.25 本条为强制性条文。本条规定为住宅建筑安全出口设置的基本要求。考虑到当前住宅建筑形式趋于多样化,条文未明确住宅建筑的具体类型,只根据住宅建筑单元每层的建筑面积和户门到安全出口的距离,分别规定了不同建筑高度住宅建筑安全出口的设置要求。

54 m 以上的住宅建筑,由于建筑高度高,人员相对较多,一旦发生火灾,烟和火易竖向蔓延,且蔓延速度快,而人员疏散路径长,疏散困难。故同时要求此类建筑每个单元每层设置不少于两个安全出口,以利人员安全疏散。

5.5.26 本条为强制性条文。将建筑的疏散楼梯通至屋顶,可使人员通过相邻单元的楼梯进行疏散,使之多一条疏散路径,以利于人员能及时逃生。由于本规范已强制要求建筑高度大于 54 m 的住宅建筑,每个单元应设置 2 个安全出口,而建筑高度大于 27 m,但小于等于 54 m 的住宅建筑,当每个单元任一层的建筑面积不大于 650 m^2,且任一户门至最近安全出口的距离不大于 10 m,每个单元可以设置 1 个安全出口时,可以通过将楼梯间通至屋面并在屋面将各单元连通来满足 2 个不同疏散方向的要求,便于人员疏散;对于只有 1 个单元的住宅建筑,可将疏散楼梯仅通至屋顶。此外,由于此类建筑高度较高,即使疏散楼梯能通至屋顶,也不等同于 2 部疏散楼梯。为提高疏散楼梯的安全性,本条还对户门的防火性能提出了要求。

5.5.27 电梯井是烟火竖向蔓延的通道,火灾和高温烟气可借助该竖井蔓延到建筑中的其他楼层,会给人员安全疏散和火灾的控制与扑救带来更大困难。因此,疏散楼梯的位置要尽量远离电梯井或将疏散楼梯设置为封闭楼梯间。

对于建筑高度低于 33 m 的住宅建筑,考虑到其竖向疏散距离较短,如每层每户通向楼梯间的门具有一定的耐火性能,能一定程度降低烟火进入楼梯间的危险,因此,可以不设封闭楼梯间。

楼梯间是火灾时人员在建筑内竖向疏散的唯一通道，不具备防火性能的户门不应直接开向楼梯间，特别是高层住宅建筑的户门不应直接开向楼梯间的前室。

5.5.28 有关说明参见本规范第 5.5.10 条的说明。楼梯间的防烟前室，要尽可能分别设置，以提高其防火安全性。

防烟前室不共用时，其面积等要求还需符合本规范第 6.4.3 条的规定。当剪刀楼梯间共用前室时，进入剪刀楼梯间前室的入口应该位于不同方位，不能通过同一个入口进入共用前室，入口之间的距离仍要不小于 5 m；在首层的对外出口，要尽量分开设置在不同方向。当首层的公共区无可燃物且首层的户门不直接开向前室时，剪刀梯在首层的对外出口可以共用，但宽度需满足人员疏散的要求。

5.5.29 本条为强制性条文。本条规定了住宅建筑安全疏散距离的基本要求，有关说明参见本规范第 5.5.17 条的条文说明。

跃廊式住宅用与楼梯、电梯连接的户外走廊将多个住户组合在一起，而跃层式住宅则在套内有多个楼层，户与户之间主要通过本单元的楼梯或电梯组合在一起。跃层式住宅建筑的户外疏散路径较跃廊式住宅短，但套内的疏散距离则要长。因此，在考虑疏散距离时，跃廊式住宅要将人员在此楼梯上的行走时间折算到水平走道上的时间，故采用小楼梯水平投影的 1.5 倍计算。为简化规定，对于跃层式住宅户内的小楼梯，户内楼梯的距离由原来规定按楼梯梯段总长度的水平投影尺寸计算修改为按其梯段水平投影长度的 1.5 倍计算。

5.5.30 本条为强制性条文。本条说明参见本规范第 5.5.18 条的条文说明。住宅建筑相对于公共建筑，同一空间内或楼层的使用人数较少，一般情况下 1.1 m 的最小净宽可以满足大多数住宅建筑的使用功能需要，但在设计疏散走道、安全出口和疏散楼梯以及户门时仍应进行核算。

5.5.31 本条为强制性条文。有关说明参见本规范第 5.5.23 条的条文说明。

5.5.32 对于大于 54 m 但不大于 100 m 的住宅建筑，尽管规范不强制要求设置避难层（间），但此类建筑较高，为增强此类建筑户内的安全性能，规范对户内的一个房间提出了要求。

本条规定有耐火完整性要求的外窗，其耐火性能可按照现行国家标准《镶玻璃构件耐火试验方法》GB/T 12513 中对非隔热性镶玻璃构件的试验方法和判定标准进行测定。

6 建筑构造

6.1 防火墙

6.1.1 本条为强制性条文。防火墙是分隔水平防火分区或防止建筑间火灾蔓延的重要分隔构件，对于减少火灾损失发挥着重要作用。

防火墙能在火灾初期和灭火过程中，将火灾有效地限制在一定空间内，阻断火灾在防火墙一侧而不蔓延到另一侧。国外相关建筑规范对于建筑内部及建筑物之间的防火墙设置十分重视，均有较严格的规定。如美国消防协会标准《防火墙与防火隔墙标准》NFPA 221 对此有专门规定，并被美国有关建筑规范引用为强制性要求。

实际上，防火墙应从建筑基础部分就应与建筑物完全断开，独立建造。但目前在各类建筑物中设置的防火墙，大部分是建造在建筑框架上或与建筑框架相连接。要保证防火墙在火灾时真正发挥作用，就应保证防火墙的结构安全且从上至下均应处在同一轴线位置，相应框架的耐火极限要与防火墙的耐火极限相适应。由于过去没有明确设置防火墙的框架或承重结构的耐火极限要求,使得实际工程中建筑框架的耐火极限可能低于防火墙的耐火极限,从而难以很好地实现防止火灾蔓延扩大的目标。

为阻止火势通过屋面蔓延,要求防火墙截断屋顶承重结构,并根据实际情况确定突出屋面与否。对于不同用途、建筑高度以及建筑的屋顶耐火极限的建筑,应有所区别。当高层厂房和高层仓库屋顶承重结构和屋面板的耐火极限大于或等于1.00 h,其他建筑屋顶承重结构和屋面板的耐火极限大于或等于0.50 h时,由于屋顶具有较好的耐火性能,其防火墙可不高出屋面。

本条中的数值是根据我国有关火灾的实际调查和参考国外有关标准确定的。不同国家有关防火墙高出屋面高度的要求,见表16。设计应结合工程具体情况,尽可能采用比本规范规定较大的数值。

表16 不同国家有关防火墙高出屋面高度的要求

屋面构造	防火墙高出屋面的尺寸(mm)			
	中国	日本	美国	苏联
不燃性屋面	500	500	450～900	300
可燃性屋面	500	500	450～900	600

6.1.2 本条为强制性条文。设置防火墙就是为了防止火灾不能从防火墙任意一侧蔓延至另外一侧。通常屋顶是不开口的,一旦开口则有可能成为火灾蔓延的通道,因而也需要进行有效的防护。否则,防火墙的作用将被削弱,甚至失效。防火墙横截面中心线水平距离天窗端面不小于4.0 m,能在一定程度上阻止火势蔓延,但设计还是要尽可能加大该距离,或设置不可开启窗扇的乙级防火窗或火灾时可自动关闭的乙级防火窗等,以防止火灾蔓延。

6.1.3 对于难燃或可燃外墙,为阻止火势通过外墙横向蔓延,要求防火墙凸出外墙一定宽度,且应在防火墙两侧每侧各不小于2.0 m范围内的外墙和屋面采用不燃性的墙体,并不得开设孔洞。不燃性外墙具有一定耐火极限且不会被引燃,允许防火墙不凸出外墙。

防火墙两侧的门窗洞口最近的水平距离规定不应小于2.0 m。根据火场调查,2.0 m的间距能在一定程度上阻止火势蔓延,但也存在个别蔓延现象。

6.1.4 火灾事故表明,防火墙设在建筑物的转角处且防火墙两侧开设门窗等洞口时,如门窗洞口采取防火措施,则能有效防止火势蔓延。设置不可开启窗扇的乙级防火窗、火灾时可自动关闭的乙级防火窗、防火卷帘或防火分隔水幕等,均可视为能防止火灾水平蔓延的措施。

6.1.5 本条为强制性条文。

(1)对于因防火间距不足而需设置的防火墙,不应开设门窗洞口。必须设置的开口要符合本规范有关防火间距的规定。用于防火分区或建筑内其他防火分隔用途的防火墙,如因工艺或使用等要求必须在防火墙上开口时,须严格控制开口大小并采取在开口部位设置防火门窗等能有效防止火灾蔓延的防火措施。根据国外有关标准,在防火墙上设置的防火门,耐火极限一般都应与相应防火墙的耐火极限一致,但各国有关防火门的标准略有差异,因此我国要求采用甲级防火门。其他洞口,包括观察窗、工艺口等,由于大小不一,所设置的防火设施也各异,如防火窗、防火卷帘、防火阀、防火分隔水幕等。但无论何种设施,均应能在火灾时封闭开口,有效阻止火势蔓延。

(2)本条规定在于保证防火墙防火分隔的可靠性。可燃气体和可燃液体管道穿越防火墙,很容易将火灾从防火墙的一侧引到另外一侧。排气管道内的气体一般为燃烧的余气,温度较高,将排气管道设置在防火墙内不仅对防火墙本身的稳定性有影响,而且排气时长时间聚集的热量有可能引燃防火墙两侧的可燃物。此外,在布置输送氧气、煤气、乙炔等可燃气体和汽油、苯、甲醇、乙醇、煤油、柴油等甲、乙、丙类液体的管道时,还要充分考虑这些管道发生可燃气体或蒸气逸漏对防火墙本身安全以及防火墙两侧空间的危害。

6.1.6 本条规定在于防止建筑物内的高温烟气和火势穿过防火墙上的开口和孔隙等蔓延扩散,以保证防火分区的防火安全。如水管、输送无火灾危险的液体管道等因条件限制必须穿过防火墙时,要用弹性较好的不燃材料或防火封堵材料将管道周围的缝隙紧密填塞。对于采用塑料等遇高温或火焰易收缩变形或烧蚀的材质的管道,要采取措施使该类管道在受火后能被封闭,如设置热膨胀型阻火圈或者设置在具有耐火性能的管道井内等,以防止火势和烟气穿过防火分隔体。有关防火封堵措施,在中国工程建设标准化协会标准《建筑防火封堵应用技术规程》CECS 154:2003 中有详细要求。

6.1.7 本条为强制性条文。本条规定了防火墙构造的本质要求,是确保防火墙自身结构安全的基本规定。防火墙的构造应该使其能在火灾中保持足够的稳定性能,以发挥隔烟阻火作用,不会因高温或邻近结构破坏而引起防火墙的倒塌,致使火势蔓延。耐火等级较低一侧的建筑结构或其中燃烧性能和耐火极限较低的结构,在火灾中易发生垮塌,从而可能以侧向力或下拉力作用于防火墙,设计应考虑这一因素。此外,在建筑物室内外建造的独立防火墙,也要考虑其高度与厚度的关系以及墙体的内部加固构造,使防火墙具有足够的稳固性与抗力。

6.2 建筑构件和管道井

6.2.1 本条规定了剧场、影院等建筑的舞台与观众厅的防火分隔要求。

剧场等建筑的舞台及后台部分,常使用或存放着大量幕布、布景、道具,可燃装修和用电设备多。另外,由于演出需要,人为着火因素也较多,如烟火效果及演员在台上吸烟表演等,也容易引发火灾。着火后,舞台部位的火势往往发展迅速,难以及时控制。剧场等建筑舞台下面的灯光操纵室和存放道具、布景的储藏室,可燃物较多,也是该场所防火设计的重点控制部位。

电影放映室主要放映以硝酸纤维片等易燃材料的影片,极易发生燃烧,或断片时使用易燃液体丙酮接片子而导致火灾,且室内电气设备又比较多。因此,该部位要与其他部位进行有效分隔。对于放映数字电影的放映室,当室内可燃物较少时,其观察孔和放映孔也可不采取防火分隔措施。

剧场、电影院内的其他建筑防火构造措施与规定,还应符合国家现行标准《剧场建筑设计规范》JGJ 57 和《电影院建筑设计规范》JGJ 58 的要求。

6.2.2 本条为强制性条文。本条规定为对建筑内一些需要重点防火保护的特殊场所的防火分隔要求。本条中规定的防火分隔墙体和楼板的耐火极限是根据二级耐火等级建筑的相应要求确定的。

(1)医疗建筑内存在一些性质重要或发生火灾时不能马上撤离的部位,如产房、手术室、重症病房、贵重的精密医疗装备用房等,以及可燃物多或火灾危险性较大,容易发生火灾的场所,如药房、储藏间、实验室、胶片室等。因此,需要加强对这些房间的防火分隔,以减小火灾危害。对于医院洁净手术部,还应符合国家现行有关标准《医院洁净手术部建筑技术规范》GB 50333 和《综合医院建筑设计规范》GB 51039 的有关要求。

(2)托儿所、幼儿园的婴幼儿、老年人照料设施内的老弱者等人员行为能力较弱,容易在火灾时造成伤亡,当设置在其他建筑内时,要与其他部位分隔。其他防火要求还应符合国家现行有关标准的要求,如《托儿所、幼儿园建筑设计规范》JGJ 39 等。

6.2.3 本条规定了属于易燃、易爆且容易发生火灾或高温、明火生产部位的防火分隔要求。

厨房火灾危险性较大,主要原因有电气设备过载老化、燃气泄漏或油烟机、排油烟管道着火等。因此,本条对厨房的防火分隔提出了要求。本条中的"厨房"包括公共建筑和工厂中的厨房、宿舍和公寓等居住建筑中的公共厨房,不包括住宅、宿舍、公寓等居住建筑中套内设置的供家庭或住宿人员自用的厨房。

当厂房或仓库内有工艺要求必须将不同火灾危险性的生产布置在一起时,除属丁、戊类火灾危险性的生产与储存场所外,厂房或仓库中甲、乙、丙类火灾危险性的生产或储存物品一般要分开设置,并应采用具有一定耐火极限的墙体分隔,以降低不同火灾危险性场所之间的相互影响。如车间内的变电所、变压器、可燃或易燃液体或气体储存房间、人员休息室或车间管理与调度室、仓库内不同火灾危险性的物品存放区等,有的在本规范第 3.3.5 条~第 3.3.8 条和第 6.2.7 条等条文中也有规定。

6.2.4 本条为强制性条文。本条为保证防火隔墙的有效性,对其构造做法作了规定。为有效控制火势和烟气蔓延,特别是烟气对人员安全的威胁,旅馆、公共娱乐场所等人员密集场所内的防火隔墙,应注意将隔墙从地面或楼面砌至上一层楼板或屋面板底部。楼板与隔墙之间的缝隙、穿越墙体的管道及其缝隙、开口等应按照本规范有关规定采取防火措施。

在单元式住宅中,分户墙是主要的防火分隔墙体,户与户之间进行较严格的分隔,保证火灾不相互蔓延,也是确保住宅建筑防火安全的重要措施。要求单元之间的墙应无门窗洞口,单元之间的墙砌至屋面板底部,可使该隔墙真正起到防火隔断作用,从而把火灾限制在着火的一户内或一个单元之内。

6.2.5 本条为强制性条文。建筑外立面开口之间如未采取必要的防火分隔措施,易导致火灾通过开口部位相互蔓延,为此,本条规定了外立面开口之间的防火措施。

目前,建筑中采用落地窗,上、下层之间不设置实体墙的现象比较普遍,一旦发生火灾,易导致火灾通过外墙上的开口在水平和竖直方向上蔓延。本条结合有关火灾案例,规定了建筑外墙上在上、下层开口之间的墙体高度或防火挑檐的挑出宽度,以及住宅建筑相邻套在外墙上的开口之间的墙体的水平宽度,以防止火势通过建筑外窗蔓延。关于上下层开口之间实体墙的高度计算,当下部外窗的上沿以上为上一层的梁时,该梁的高度可计入上、下层开口间的墙体高度。

当上、下层开口之间的墙体采用实体墙确有困难时,允许采用防火玻璃墙,但防火玻璃墙和外窗的耐火完整性都要能达到规范规定的耐火完整性要求,其耐火完整性按照现行国家标准《镶玻璃构件耐火试验方法》GB/T 12513 中对非隔热性镶玻璃构件的试验方法和判定标准进行测定。

国家标准《建筑用安全玻璃 第 1 部分:防火玻璃》GB 15763.1—2009 将防火玻璃按照耐火性能分为 A、C 两类,其中 A 类防火玻璃能够同时满足标准有关耐火完整性和耐火隔热性的要求，C类防火玻璃仅能满足耐火完整性的要求。火势通过窗口蔓延时需经过外部卷吸后作用到窗玻璃上，且火焰需突破着火房间的窗户经室外再蔓延到其他房间，满足耐火完整性的C类防火玻璃，可基本防止火势通过窗口蔓延。

住宅内着火后，在窗户开启或窗户玻璃破碎的情况下，火焰将从窗户蔓出并向上卷吸，因此着火房间的同层相邻房间受火的影响要小于着火房间的上一层房间。此外，当火焰在环境风的作用下偏向一侧时，住宅户与户之间突出外墙的隔板可以起到很好的阻火隔热作用，效果要优于外窗之间设置的墙体。根据火灾模拟分析，当住宅户与户之间设置突出外墙不小于0.6 m的隔板或在外窗之间设置宽度不小于1.0 m的不燃性墙体时，能够阻止火势向相邻住户蔓延。

6.2.6　本条为强制性条文。采用幕墙的建筑，主要因大部分幕墙存在空腔结构，这些空腔上下贯通，在火灾时会产生烟囱效应，如不采取一定分隔措施，会加剧火势在水平和竖向的迅速蔓延，导致建筑整体着火，难以实施扑救。幕墙与周边防火分隔构件之间的缝隙、与楼板或者隔墙外沿之间的缝隙、与相邻的实体墙洞口之间的缝隙等的填充材料常用玻璃棉、硅酸铝棉等不燃材料。实际工程中，存在受震动和温差影响易脱落、开裂等问题，故规定幕墙与每层楼板、隔墙处的缝隙，要采用具有一定弹性和防火性能的材料填塞密实。这种材料可以是不燃材料，也可以是难燃材料。如采用难燃材料，应保证其在火焰或高温作用下能发生膨胀变形，并具有一定的耐火性能。

设置幕墙的建筑，其上、下层外墙上开口之间的墙体或防火挑檐仍要符合本规范第6.2.5条的要求。

6.2.7　本条为强制性条文。本条规定了建筑内设置的消防控制室、消防设备房等重要设备房的防火分隔要求。

设置在其他建筑内的消防控制室、固定灭火系统的设备室等要保证该建筑发生火灾时，不会受到火灾的威胁，确保消防设施正常工作。通风、空调机房是通风管道汇集的地方，是火势蔓延的主要部位之一。基于上述考虑，本条规定这些房间要与其他部位进行防火分隔，但考虑到丁、戊类生产的火灾危险性较小，对这两类厂房中的通风机房分隔构件的耐火极限要求有所降低。

6.2.8　冷库的墙体保温采用难燃或可燃材料较多，面积大、数量多，且冷库内所存物品有些还是可燃的，包装材料也多是可燃的。冷库火灾主要由聚苯乙烯硬泡沫、软木易燃物质等隔热材料和可燃制冷剂等引起。因此，有些国家对冷库采用可燃塑料作隔热材料有较严格的限制，在规范中确定小于150 m²的冷库才允许用可燃材料隔热层。为了防止隔热层造成火势蔓延扩大，规定应作水平防火分隔，且该水平分隔体应具备与分隔部位相应构件相当的耐火极限。其他有关分隔和构造要求还应符合现行国家标准《冷库设计规范》GB 50072的规定。

近年来冷库及低温环境生产场所已发生多起火灾，火灾案例表明，当建筑采用泡沫塑料作内绝热层时，裸露的泡沫材料易被引燃，火灾时蔓延速度快且产生大量的有毒烟气，因此，吸取火灾事故教训，加强冷库及人工制冷降温厂房的防火措施很有必要。本条不仅对泡沫材料的燃烧性能作了限制，而且要求采用不燃材料做防护层。

氨压缩机房属于乙类火灾危险性场所，当冷库的氨压缩机房确需与加工车间贴邻时，要采用不开门窗洞口的防火墙分隔，以降低氨压缩机房发生事故时对加工车间的影响。同时，冷库也要与加工车间采取可靠的防火分隔措施。

6.2.9 本条第1、2、3款为强制性条款。由于建筑内的竖井上下贯通一旦发生火灾，易沿竖井竖向蔓延，因此，要求采取防火措施。

电梯井的耐火极限要求，见本规范第3.2.1条和第5.1.2条的规定。电梯层门是设置在电梯层站入口的封闭门，即梯井门。电梯层门的耐火极限应按照现行国家标准《电梯层门耐火试验》GB/T 27903 的规定进行测试，并符合相应的判定标准。

建筑中的管道井、电缆井等竖向管井是烟火竖向蔓延的通道，需采取在每层楼板处用相当于楼板耐火极限的不燃材料等防火措施分隔。实际工程中，每层分隔对于检修影响不大，却能提高建筑的消防安全性。因此，要求这些竖井要在每层进行防火分隔。

本条中的"安全逃生门"是指根据电梯相关标准要求，对电梯不停靠的楼层，每隔11 m 需要设置的可开启的电梯安全逃生门。

6.2.10 直接设置在有可燃、难燃材料的墙体上的户外电致发光广告牌，容易因供电线路和电器原因使墙体或可燃广告牌着火而引发火灾，并能导致火势沿建筑外立面蔓延。户外广告牌遮挡建筑外窗，也不利于火灾时建筑的排烟和人员的应急逃生以及外部灭火救援。

本条中的"可燃、难燃材料的墙体"，主要指设置广告牌所在部位的墙体本身是由可燃或难燃材料构成，或该部位的墙体表面设置有由难燃或可燃的保温材料构成的外保温层或外装饰层。

6.3 屋顶、闷顶和建筑缝隙

6.3.1～6.3.3 冷摊瓦屋顶具有较好的透气性，瓦片间相互重叠而有缝隙，可直接铺在挂瓦条上，也可铺在处理后的屋面上起装饰作用，我国南方和西南地区的坡屋顶建筑应用较多。第6.3.1条规定主要为防止火星通过冷摊瓦的缝隙落在闷顶内引燃可燃物而酿成火灾。

闷顶着火后，闷顶内温度比较高、烟气弥漫，消防员进入闷顶侦察火情、灭火救援相当困难。为尽早发现火情、避免发展成为较大火灾，有必要设置老虎窗。设置老虎窗的闷顶着火后，火焰、烟和热空气可以从老虎窗排出，不至于向两旁扩散到整个闷顶，有助于把火势局限在老虎窗附近范围内，并便于消防员侦察火情和灭火。楼梯是消防员进入建筑进行灭火的主要通道，闷顶入口设在楼梯间附近，便于消防员快速侦察火情和灭火。

闷顶为屋盖与吊顶之间的封闭空间，一般起隔热作用，常见于坡屋顶建筑。闷顶火灾一般阴燃时间较长，因空间相对封闭且不上人，火灾不易被发现，待发现之后火已着大，难以扑救。阴燃开始后，由于闷顶内空气供应不充足，燃烧不完全，如果让未完全燃烧的气体积热、积聚在闷顶内，一旦吊顶突然局部塌落，氧气充分供应就会引起局部轰燃。因此，这些建筑要设置必要的闷顶入口。但有的建筑物，其屋架、吊顶和其他屋顶构件为不燃材料，闷顶内又无可燃物，像这样的闷顶，可以不设闷顶入口。

第6.3.3条中的"每个防火隔断范围"，主要指住宅单元或其他采用防火隔墙分隔成较小空间（墙体隔断闷顶）的建筑区域。教学、办公、旅馆等公共建筑，每个防火隔断范围面积较大，一般为1 000 m²，最大可达2 000 m² 以上，因此要求设置不小于2个闷顶入口。

6.3.4 建筑变形缝是在建筑长度较长的建筑中或建筑中有较大高差部分之间，为防止温度变化、沉降不均匀或地震等引起的建筑变形而影响建筑结构安全和使用功能，将建筑结构断开为若干部分所形成的缝隙。特别是高层建筑的变形缝，因抗震等需要留得较宽，在火灾中具有很强的拔火作用，会使火灾通过变形缝内的可燃填充材料蔓延，烟气也会通过变形缝等竖向结构缝隙扩散到全楼。因此,要求变形缝内的填充材料、变形缝在外墙上的连接与封堵构造处理和在楼层位置的连接与封盖的构造基层采用不燃烧材料。有关构造参见图7。该构造由铝合金型材、铝合金板(或不锈钢板)、橡胶嵌条及各种专用胶条组成。配合止水带、阻火带,还可以满足防水、防火、保温等要求。

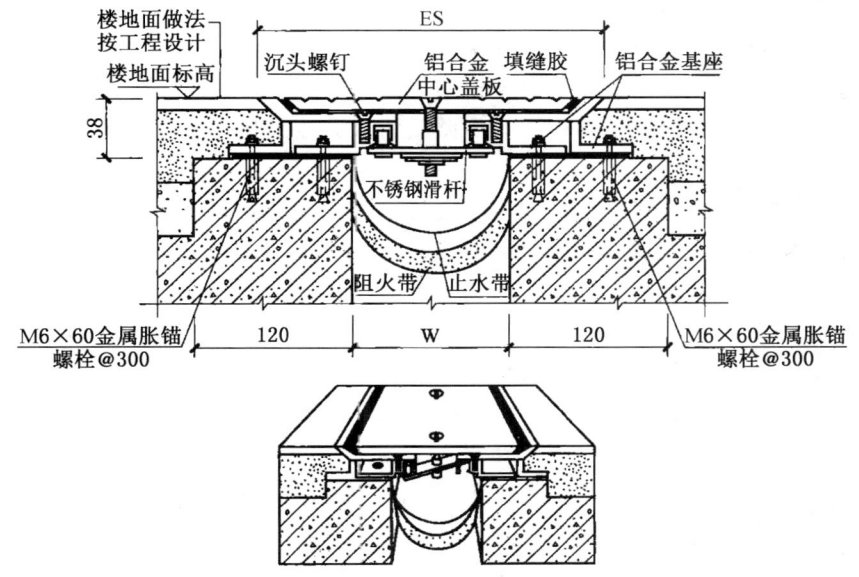

图 7 变形缝构造示意图

据调查,有些高层建筑的变形缝内还敷设电缆或填充泡沫塑料等,这是不妥当的。为了消除变形缝的火灾危险因素,保证建筑物的安全,本条规定变形缝内不应敷设电缆、可燃气体管道和甲、乙、丙类液体管道等。在建筑使用过程中,变形缝两侧的建筑可能发生位移等现象,故应避免将一些易引发火灾或爆炸的管线布置其中。当需要穿越变形缝时,应采用穿刚性管等方法,管线与套管之间的缝隙应采用不燃材料、防火材料或耐火材料紧密填塞。本条规定主要为防止因建筑变形破坏管线而引发火灾并使烟气通过变形缝扩散。

因建筑内的孔洞或防火分隔处的缝隙未封堵或封堵不当导致人员死亡的火灾,在国内外均发生过。国际标准化组织标准及欧美等国家的建筑规范均对此有明确的要求。这方面的防火处理容易被忽视,但却是建筑消防安全体系中的有机组成部分,设计中应予重视。

6.3.5 本条为强制性条文。穿越墙体、楼板的风管或排烟管道设置防火阀、排烟防火阀,就是要防止烟气和火势蔓延到不同的区域。在阀门之间的管道采取防火保护措施,可保证管道不会因受热变形而破坏整个分隔的有效性和完整性。

6.3.6 目前,在一些建筑,特别是民用建筑中,越来越多地采用硬聚氯乙烯管道。这类管道遇高温和火焰容易导致楼板或墙体出现孔洞。为防止烟气或火势蔓延,要求采取一定的防火措施,如在管道的贯穿部位采用防火套箍和防火封堵等。本条和本规范第 6.1.6 条、第 6.2.6 条、第 6.2.9 条所述防火封堵材料,均要符合国家现行标准《防火膨胀密封件》GB 16807 和《防火封堵材料》GB 23864 等的要求。

6.3.7 本条规定主要是为防止通过屋顶开口造成火灾蔓延。当建筑的辅助建筑屋顶有开口时,如果该开口与主体之间距离过小,火灾就能通过该开口蔓延至上部建筑。因此,要采取一定的防火保护措施,如将开口布置在距离建筑高度较高部分较远的地方,一般不宜小于6 m,或采取设置防火采光顶、邻近开口一侧的建筑外墙采用防火墙等措施。

6.4 疏散楼梯间和疏散楼梯等

6.4.1 本条第2~6款为强制性条款。本条规定为疏散楼梯间的通用防火要求。

1 疏散楼梯间是人员竖向疏散的安全通道,也是消防员进入建筑进行灭火救援的主要路径。因此,疏散楼梯间应保证人员在楼梯间内疏散时能有较好的光线,有天然采光条件的要首先采用天然采光,以尽量提高楼梯间内照明的可靠性。当然,即使采用天然采光的楼梯间,仍需要设置疏散照明。

建筑发生火灾后,楼梯间任一侧的火灾及其烟气可能会通过楼梯间外墙上的开口蔓延至楼梯间内。本款要求楼梯间窗口(包括楼梯间的前室或合用前室外墙上的开口)与两侧的门窗洞口之间要保持必要的距离,主要为确保疏散楼梯间内不被烟火侵袭。无论楼梯间与门窗洞口是处于同一立面位置还是处于转角处等不同立面位置,该距离都是外墙上的开口与楼梯间开口之间的最近距离,含折线距离。

疏散楼梯间要尽量采用自然通风,以提高排除进入楼梯间内烟气的可靠性,确保楼梯间的安全。楼梯间靠外墙设置,有利于楼梯间直接天然采光和自然通风。不能利用天然采光和自然通风的疏散楼梯间,需按本规范第6.4.2条、第6.4.3条的要求设置封闭楼梯间或防烟楼梯间,并采取防烟措施。

2 为避免楼梯间内发生火灾或防止火灾通过楼梯间蔓延,规定楼梯间内不应附设烧水间、可燃材料储藏室、非封闭的电梯井、可燃气体管道,甲、乙、丙类液体管道等。

3 人员在紧急疏散时容易在楼梯出入口及楼梯间内发生拥挤现象,楼梯间的设计要尽量减少布置凸出墙体的物体,以保证不会减少楼梯间的有效疏散宽度。楼梯间的宽度设计还需考虑采取措施,以保证人行宽度不宜过宽,防止人群疏散时失稳跌倒而导致踩踏等意外。澳大利亚建筑规范规定:当阶梯式走道的宽度大于4 m时,应在每2 m宽度处设置栏杆扶手。

4 虽然防火卷帘在耐火极限上可达到防火要求,但卷帘密闭性不好,防烟效果不理想,加之联动设施、固定槽或卷轴电机等部件如果不能正常发挥作用,防烟楼梯间或封闭楼梯间的防烟措施将形同虚设。此外,卷帘在关闭时也不利于人员逃生。因此,封闭楼梯间、防烟楼梯间及其前室不应设置卷帘。

5 楼梯间是保证人员安全疏散的重要通道,输送甲、乙、丙液体等物质的管道不应设置在楼梯间内。

6 布置在楼梯间内的天然气、液化石油气等燃气管道,因楼梯间相对封闭,容易因管道维护管理不到位或碰撞等其他原因发生泄漏而导致严重后果。因此,燃气管道及其相关控制阀门等不能布置在楼梯间内。但为方便管理,各地正在推行住宅建筑中的水表、电表、气表等出户设置。为适应这一要求,本条规定允许可燃气体管道进入住宅建筑未封闭的楼梯间,但为防止管道意外损伤发生泄漏,要求采用金属管。为防止燃气因该部分管道破坏而引发较大火灾,应在计量表前或管道进入建筑物前安装紧急切断阀,并且该阀门应具备可手动操作关断气源的装置,有条件时可设置自动切断管路的装置。另外,管道的布置与安装位置,应注意避免人员通过楼梯间时与管道发生碰撞。有关设计还应符合现行国家标准《城镇燃气设计规范》GB 50028 的规定。其他建筑的楼梯间内，不允许敷设可燃气体管道或设置可燃气体计量表。

6.4.2　本条为强制性条文。本条规定为封闭楼梯间的专门防火要求，除本条规定外的其他要求，要符合本规范第 6.4.1 条的通用要求。

通向封闭楼梯间的门，正常情况下需采用乙级防火门。在实际使用过程中，楼梯间出入口的门常因采用常闭防火门而致闭门器经常损坏，使门无法在火灾时自动关闭。因此，对于有人员经常出入的楼梯间门，要尽量采用常开防火门。对于自然通风或自然排烟口不能符合现行国家相关防排烟系统设计标准的封闭楼梯间，可以采用设置防烟前室或直接在楼梯间内加压送风的方式实现防烟目的。

有些建筑，在首层设置有大堂，楼梯间在首层的出口难以直接对外，往往需要将大堂或首层的一部分包括在楼梯间内而形成扩大的封闭楼梯间。在采用扩大封闭楼梯间时，要注意扩大区域与周围空间采取防火措施分隔。垃圾道、管道井等的检查门等，不能直接开向楼梯间内。

6.4.3　本条第 1、3、4、5、6 款为强制性条款。本条规定为防烟楼梯间的专门防火要求，除本条规定外的其他要求，要符合本规范第 6.4.1 条的通用要求。

防烟楼梯间是具有防烟前室等防烟设施的楼梯间。前室应具有可靠的防烟性能，使防烟楼梯间具有比封闭楼梯间更好的防烟、防火能力，防火可靠性更高。前室不仅起防烟作用，而且可作为疏散人群进入楼梯间的缓冲空间，同时也可以供灭火救援人员进行进攻前的整装和灭火准备工作。设计要注意使前室的大小与楼层中疏散进入楼梯间的人数相适应。条文中的前室或合用前室的面积，为可供人员使用的净面积。

本条及本规范中的"前室"，包括开敞式的阳台、凹廊等类似空间。当采用开敞式阳台或凹廊等防烟空间作为前室时，阳台或凹廊等的使用面积也要满足前室的有关要求。防烟楼梯间在首层直通室外时，其首层可不设置前室。对于防烟楼梯间在首层难以直通室外，可以采用在首层将火灾危险性低的门厅扩大到楼梯间的前室内，形成扩大的防烟楼梯间前室。对于住宅建筑，由于平面布置难以将电缆井和管道井的检查门开设在其他位置时，可以设置在前室或合用前室内，但检查门应采用丙级防火门。其他建筑的防烟楼梯间的前室或合用前室内，不允许开设除疏散门以外的其他开口和管道井的检查门。

6.4.4　本条为强制性条文。为保证人员疏散畅通、快捷、安全，除通向避难层且需错位的疏散楼梯和建筑的地下室与地上楼层的疏散楼梯外，其他疏散楼梯在各层不能改变平面位置或断开。相应的规定在国外有关标准中也有类似要求，如美国《统一建筑规范》规定：地下室的出口楼梯应直通建筑外部，不应经过首层；法国《公共建筑物安全防火规范》规定：地上与地下疏散楼梯应断开。

对于楼梯间在地下层与地上层连接处，如不进行有效分隔，容易造成地下楼层的火灾蔓延到建筑的地上部分。因此，为防止烟气和火焰蔓延到建筑的上部楼层，同时避免建筑上部的疏散人员误入地下楼层，要求在首层楼梯间通向地下室、半地下室的入口处采用防火分隔构件将地上部分的疏散楼梯与地下、半地下部分的疏散楼梯分隔开，并设置明显的疏散指示标志。当地上、地下楼梯间确因条件限制难以直通室外时，可以在首层通过与地上疏散楼梯共用的门厅直通室外。

对于地上建筑，当疏散设施不能使用时，紧急情况下还可以通过阳台以及其他的外墙开口逃生，而地下建筑只能通过疏散楼梯垂直向上疏散。因此，设计要确保人员进入疏散楼梯间后的安全，要采用封闭楼梯间或防烟楼梯间。

根据执行规范过程中出现的问题和火灾时的照明条件，设计要采用灯光疏散指示标志。

6.4.5 本条为强制性条文。本条规定主要为防止因楼梯倾斜度过大、楼梯过窄或栏杆扶手过低导致不安全，同时防止火焰从门内窜出而将楼梯烧坏，影响人员疏散。室外楼梯可作为防烟楼梯间或封闭楼梯间使用，但主要还是辅助用于人员的应急逃生和消防员直接从室外进入建筑物，到达着火层进行灭火救援。对于某些建筑，由于楼层使用面积紧张，也可采用室外疏散楼梯进行疏散。

在布置室外楼梯平台时，要避免疏散门开启后，因门扇占用楼梯平台而减少其有效疏散宽度。也不应将疏散门正对梯段开设，以避免疏散时人员发生意外，影响疏散。同时，要避免建筑外墙在疏散楼梯的平台、梯段的附近开设外窗。

6.4.6 丁、戊类厂房的火灾危险性较小，即使发生火灾，也比较容易控制，危害也小，故对相应疏散楼梯的防火要求作了适当调整。金属梯同样要考虑防滑、防跌落等措施。室外疏散楼梯的栏杆高度、楼梯宽度和坡度等设计均要考虑人员应急疏散的安全。

6.4.7 疏散楼梯或可作疏散用的楼梯和疏散通道上的阶梯踏步，其深度、高度和形式均要有利于人员快速、安全疏散，能较好地防止人员在紧急情况下出现摔倒等意外。弧形楼梯、螺旋梯及楼梯斜踏步在内侧坡度陡、每级扇步深度小，不利于快速疏散。美国《生命安全规范》NFPA 101 对于采用螺旋梯进行疏散有较严格的规定：使用人数不大于 5 人，楼梯宽度不小于 660 mm，阶梯高度不大于 241 mm，最小净空高度为 1 980 mm，距最窄边 305 mm 处的踏步深度不小于 191 mm 且所有踏步均一致。

6.4.8 本条规定主要考虑火灾时消防员进入建筑后，能利用楼梯间内两梯段及扶手之间的空隙向上吊挂水带，快速展开救援作业，减少水头损失。根据实际操作和平时使用安全需要，规定公共疏散楼梯梯段之间空隙的宽度不小于 150 mm。对于住宅建筑，也要尽可能满足此要求。

6.4.9 由于三、四级耐火等级的建筑屋顶可采用难燃性或可燃性屋顶承重构件和屋面，设置室外消防梯可方便消防员直接上到屋顶采取截断火势、开展有效灭火等行动。本条主要是根据这些建筑的特性及其灭火需要确定的。实际上，建筑设计要尽可能为方便消防员灭火救援提供一些设施，如室外消防梯、进入建筑的专门通道或路径，特别是地下、半地下建筑（室）和一些消防装备还相对落后的地区。

为尽量减小消防员进入建筑时与建筑内疏散人群的冲突，设计应充分考虑消防员进入建筑物内的需要。室外消防梯可以方便消防员登上屋顶或由窗口进入楼层，以接近火源、控制火势、及时灭火。在英国和我国香港地区的相关建筑规范中，要求为消防员进入建筑物设置有防火保护的专门通道或入口。

消防员赴火场进行灭火救援时均会配备单杠梯或挂钩梯。本条规定主要为避免闷顶着火时因老虎窗向外喷烟火而妨碍消防员登上屋顶，同时防止闲杂人员攀爬，又能满足灭火救援需要。

6.4.10 本条为强制性条文。在火灾时，建筑内可供人员安全进入楼梯间的时间比较短，一般为几分钟。而疏散走道是人员在楼层疏散过程中的一个重要环节，且也是人员汇集的场所，要尽量使人员的疏散行动通畅不受阻。因此，在疏散走道上不应设置卷帘、门等其他设施,但在防火分区处设置的防火门,则需要采用常开的方式以满足人员快速疏散、火灾时自动关闭起到阻火挡烟的作用。

6.4.11 本条为强制性条文。本条规定了安全出口和疏散出口上的门的设置形式、开启方向等基本要求,要求在人员疏散过程中不会因为疏散门而出现阻滞或无法疏散的情况。

疏散楼梯间、电梯间或防烟楼梯间的前室或合用前室的门,应采用平开门。侧拉门、卷帘门、旋转门或电动门,包括帘中门,在人群紧急疏散情况下无法保证安全、快速疏散,不允许作为疏散门。防火分区处的疏散门要求能够防火、防烟并能便于人员疏散通行,满足较高的防火性能,要采用甲级防火门。

疏散门为设置在建筑内各房间直接通向疏散走道的门或安全出口上的门。为避免在着火时由于人群惊慌、拥挤而压紧内开门扇,使门无法开启,要求疏散门应向疏散方向开启。对于使用人员较少且人员对环境及门的开启形式熟悉的场所,疏散门的开启方向可以不限。公共建筑中一些平时很少使用的疏散门,可能需要处于锁闭状态,但无论如何,设计均要考虑采取措施使疏散门能在火灾时从内部方便打开,且在打开后能自行关闭。

本条规定参照了美、英等国的相关规定,如美国消防协会标准《生命安全规范》NFPA 101规定:距楼梯或电动扶梯的底部或顶部3m范围内不应设置旋转门。设置旋转门的墙上应设侧铰式双向弹簧门,且两扇门的间距应小于3m。通向室外的电控门和感应门均应设计成一旦断电,即能自动开启或手动开启。英国建筑规范规定:门厅或出口处的门,如果着火时使用该门疏散的人数大于60人,则疏散门合理、实用、可行的开启方向应朝向疏散方向。对火灾危险性高的工业建筑,人数低于60人时,也应要求门朝疏散方向开启。

考虑到仓库内的人员一般较少且门洞较大,故规定门设置在墙体的外侧时允许采用推拉门或卷帘门,但不允许设置在仓库外墙的内侧,以防止因货物翻倒等原因压住或阻碍而无法开启。对于甲、乙类仓库,因火灾时的火焰温度高、火灾蔓延迅速,甚至会引起爆炸,故强调甲、乙类仓库不应采用侧拉门或卷帘门。

6.4.12~6.4.14 这3条规定了本规范第5.3.5条规定的防火分隔方式的技术要求。

(1)下沉式广场等室外开敞空间能有效防止烟气积聚;足够宽度的室外空间,可以有效阻止火灾的蔓延。根据本规范第5.3.5条的规定,下沉式广场主要用于将大型地下商店分隔为多个相互相对独立的区域,一旦某个区域着火且不能有效控制时,该空间要能防止火灾蔓延至采用该下沉式广场分隔的其他区域。故该区域内不能布置任何经营性商业设施或其他可能导致火灾蔓延的设施或物体。在下沉式广场等开敞空间上部设置防风雨篷等设施,不利于烟气迅速排出。但考虑到国内不同地区的气候差异,确需设置防风雨篷时,应能保证火灾烟气快速地自然排放,有条件时要尽可能根据本规定加大雨篷的敞口面积或自动排烟窗的开口面积,并均匀布置开口或排烟窗。

为保证人员逃生需要,下沉广场等区域内需设置至少1部疏散楼梯直达地面。当该开敞空间兼作人员疏散用途时,该区域通向地面的疏散楼梯要均匀布置,使人员的疏散距离尽量短,疏散楼梯的总净宽度,原则上不能小于各防火分区通向该区域的所有安全出口的净宽度之和。但考虑到该区域内可用于人员停留的面积较大,具有较好的人员缓冲条件,故规定疏散楼梯的总净宽度不应小于通向该区域的疏散总净宽度最大一个防火分区的疏散宽度。条文规定的"169 m²",是有效分隔火灾的开敞区域的最小面积,即最小长度×宽度,13 m×13 m。对于兼作人员疏散用的开敞空间,是该区域内可用于人员行走、停留并直接通向地面的面积,不包括水池等景观所占用的面积。

按本规范第5.3.5条要求设置的下沉式广场等室外开敞空间,为确保20 000 m² 防火分隔的安全性,不大于20 000 m² 的不同区域通向该开敞空间的开口之间的最小水平间距不能小于13 m;不大于20 000 m² 的同一区域中不同防火分区外墙上开口之间的最小水平间距,可以按照本规范第6.1.3条、第6.1.4条的有关规定确定。

(2)防火隔间只能用于相邻两个独立使用场所的人员相互通行,内部不应布置任何经营性商业设施。防火隔间的面积参照防烟楼梯间前室的面积作了规定。该防火隔间上设置的甲级防火门,在计算防火分区的安全出口数量和疏散宽度时,不能计入数量和宽度。

(3)避难走道主要用于解决大型建筑中疏散距离过长,或难以按照规范要求设置直通室外的安全出口等问题。避难走道和防烟楼梯间的作用类似,疏散时人员只要进入避难走道,就可视为进入相对安全的区域。为确保人员疏散的安全,当避难走道服务于多个防火分区时,规定避难走道直通地面的出口不少于2个,并设置在不同的方向;当避难走道只与一个防火分区相连时,直通地面的出口虽然不强制要求设置2个,但有条件时应尽量在不同方向设置出口。避难走道的宽度要求,参见本条下沉式广场的有关说明。

6.5 防火门、窗和防火卷帘

6.5.1 本条为对建筑内防火门的通用设置要求,其他要求见本规范的有关条文的规定,有关防火门的性能要求还应符合国家标准《防火门》GB 12955的要求。

(1)为便于针对不同情况采取不同的防火措施,规定了防火门的耐火极限和开启方式等。建筑内设置的防火门,既要能保持建筑防火分隔的完整性,又要能方便人员疏散和开启,应保证门的防火、防烟性能符合现行国家标准《防火门》GB 12955的有关规定和人员的疏散需要。

建筑内设置防火门的部位,一般为火灾危险性大或性质重要房间的门以及防火墙、楼梯间及前室上的门等。因此,防火门的开启方式、开启方向等均要保证在紧急情况下人员能快捷开启,不会导致阻塞。

(2)为避免烟气或火势通过门洞窜入疏散通道内,保证疏散通道在一定时间内的相对安全,防火门在平时要尽量保持关闭状态;为方便平时经常有人通行而需要保持常开的防火门,要采取措施使之能在着火时以及人员疏散后能自行关闭,如设置与报警系统联动的控制装置和闭门器等。

(3)建筑变形缝处防火门的设置要求,主要为保证分区间的相互独立。

(4)在现实中,防火门因密封条在未达到规定的温度时不会膨胀,不能有效阻止烟气侵入,这对宾馆、住宅、公寓、医院住院部等场所在发生火灾后的人员安全带来隐患。故本条要求防火门在正常使用状态下关闭后具备防烟性能。

6.5.2 防火窗一般均设置在防火间距不足部位的建筑外墙上的开口处或屋顶天窗部位、建筑内的防火墙或防火隔墙上需要进行观察和监控活动等的开口部位、需要防止火灾竖向蔓延的外墙开口部位。因此,应将防火窗的窗扇设计成不能开启的窗扇,否则,防火窗应在火灾时能自行关闭。

6.5.3 本条为对设置在防火墙、防火隔墙以及建筑外墙开口上的防火卷帘的通用要求。

(1)防火卷帘主要用于需要进行防火分隔的墙体,特别是防火墙、防火隔墙上因生产、使用等需要开设较大开口而又无法设置防火门时的防火分隔。在实际使用过程中,防火卷帘存在着防烟效果差、可靠性低等问题以及在部分工程中存在大面积使用防火卷帘的现象,导致建筑内的防火分隔可靠性差,易造成火灾蔓延扩大。因此,设计中不仅要尽量减少防火卷帘的使用,而且要仔细研究不同类型防火卷帘在工程中运行的可靠性。本条所指防火分隔部位的宽度是指某一防火分隔区域与相邻防火分隔区域两两之间需要进行分隔的部位的总宽度。如某防火分隔区域为B,与相邻的防火分隔区域A有1条边L1相邻,则B区的防火分隔部位的总宽度为L1;与相邻的防火分隔区域A有2条边L1、L2相邻,则B区的防火分隔部位的总宽度为L1与L2之和;与相邻的防火分隔区域A和C分别有1条边L1、L2相邻,则B区的防火分隔部位的总宽度可以分别按L1和L2计算,而不需要叠加。

(2)根据国家标准《门和卷帘的耐火试验方法》GB 7633的规定,防火卷帘的耐火极限判定条件有按卷帘的背火面温升和背火面辐射热两种。为避免使用混乱,按不同试验测试判定条件,规定了卷帘在用于防火分隔时的不同耐火要求。在采用防火卷帘进行防火分隔时,应认真考虑分隔空间的宽度、高度及其在火灾情况下高温烟气对卷帘面、卷轴及电机的影响。采用多樘防火卷帘分隔一处开口时,还要考虑采取必要的控制措施,保证这些卷帘能同时动作和同步下落。

(3)由于有关标准未规定防火卷帘的烟密闭性能,故根据防火卷帘在实际建筑中的使用情况,本条还规定了防火卷帘周围的缝隙应做好严格的防火防烟封堵,防止烟气和火势通过卷帘周围的空隙传播蔓延。

(4)有关防火卷帘的耐火时间,由于设置部位不同,所处防火分隔部位的耐火极限要求不同,如在防火墙上设置或需设置防火墙的部位设置防火卷帘,则卷帘的耐火极限就需要至少达到 3.00 h;如是在耐火极限要求为 2.00 h 的防火隔墙处设置,则卷帘的耐火极限就不能低于 2.00 h。如采用防火冷却水幕保护防火卷帘时,水幕系统的火灾延续时间也需按上述方法确定。

6.6 天桥、栈桥和管沟

6.6.1 天桥系指连接不同建筑物、主要供人员通行的架空桥。栈桥系指主要供输送物料的架空桥。天桥、越过建筑物的栈桥以及供输送煤粉、粮食、石油、各种可燃气体(如煤气、氢气、乙炔气、甲烷气、天然气等)的栈桥,应考虑采用钢筋混凝土结构、钢结构或其他不燃材料制作的结构,栈桥不允许采用木质结构等可燃、难燃结构。

6.6.2 本条为强制性条文。栈桥一般距地面较高,长度较长,如本身就具有较大火灾危险,人员利用栈桥进行疏散,一旦遇险很难避险和施救,存在很大安全隐患。

6.6.3 要求在天桥、栈桥与建筑物的连接处设置防火隔断的措施,主要为防止火势经由建筑物之间的天桥、栈桥蔓延。特别是甲、乙、丙类液体管道的封闭管沟(廊),如果没有防止液体流散的设施,一旦管道破裂着火,可能造成严重后果。这些管沟要尽量采用干净的沙子填塞或分段封堵等措施。

6.6.4 实际工程中,有些建筑采用天桥、连廊将几座建筑物连接起来,以方便使用。采用这种方式连接的建筑,一般仍需分别按独立的建筑考虑,有关要求见本规范表 5.2.2 注 6。这种连接方式虽方便了相邻建筑间的联系和交通,但也可能成为火灾蔓延的通道,因此需要采取必要的防火措施,以防止火灾蔓延和保证用于疏散时的安全。此外,用于安全疏散的天桥、连廊等,不应用于其他使用用途,也不应设置可燃物,只能用于人员通行等。

设计需注意研究天桥、连廊周围是否危及其安全的情况,如位于天桥、连廊下方相邻部位开设的门窗洞口,应积极采取相应的防护措施,同时应考虑天桥两端门的开启方向和能够计入疏散总宽度的门宽。

6.7 建筑保温和外墙装饰

6.7.1 本条规定了建筑内外保温系统中保温材料的燃烧性能的基本要求。不同建筑,其燃烧性能要求有所差别。

A级材料属于不燃材料,火灾危险性很低,不会导致火焰蔓延。因此,在建筑的内、外保温系统中,要尽量选用A级保温材料。

B_2级保温材料属于普通可燃材料,在点火源功率较大或有较强热辐射时,容易燃烧且火焰传播速度较快,有较大的火灾危险。如果必须要采用B_2级保温材料,需采取严格的构造措施进行保护。同时,在施工过程中也要注意采取相应的防火措施,如分别堆放、远离焊接区域、上墙后立即做构造保护等。

B_3级保温材料属于易燃材料,很容易被低能量的火源或电焊渣等点燃,而且火焰传播速度极为迅速,无论是在施工,还是在使用过程中,其火灾危险性都非常高。因此,在建筑的内、外保温系统中严禁采用B_3级保温材料。

具有必要耐火性能的建筑外围护结构,是防止火势蔓延的重要屏障。耐火性能差的屋顶和墙体,容易被外部高温作用而受到破坏或引燃建筑内部的可燃物,导致火势扩大。本条规定的基层墙体或屋面板的耐火极限,即为本规范第3.2节和第5.1节对建筑外墙和屋面板的耐火极限要求,不考虑外保温系统的影响。

6.7.2 本条为强制性条文。对于建筑外墙的内保温系统,保温材料设置在建筑外墙的室内侧,如果采用可燃、难燃保温材料,遇热或燃烧分解产生的烟气和毒性较大,对于人员安全带来较大威胁。因此,本规范规定在人员密集场所,不能采用这种材料做保温材料;其他场所,要严格控制使用,要尽量采用低烟、低毒的材料。

6.7.3 建筑外墙采用保温材料与两侧墙体无空腔的复合保温结构体系时,由两侧保护层和中间保温层共同组成的墙体的耐火极限应符合本规范的有关规定。当采用B_1、B_2级保温材料时,保温材料两侧的保护层需采用不燃材料,保护层厚度要等于或大于50 mm。

本条所规定的保温体系主要指夹芯保温等系统,保温层处于结构构件内部,与保温层两侧的墙体和结构受力体系共同作为建筑外墙使用,但要求保温层与两侧的墙体及结构受力体系之间不存在空隙或空腔。该类保温体系的墙体同时兼有墙体保温和建筑外墙体的功能。

本条中的"结构体",指保温层及其两侧的保护层和结构受力体系一体所构成的外墙。

6.7.4 本条为强制性条文。有机保温材料在我国建筑外保温应用中占据主导地位,但由于有机保温材料的可燃性,使得外墙外保温系统火灾屡屡发生,并造成了严重后果。国外一些国家对外保温系统使用的有机保温材料的燃烧性能进行了较严格的规定。对于人员密集场所,火灾容易导致人员群死群伤,故本条要求设有人员密集场所的建筑,其外墙外保温材料应采用A级材料。

6.7.4A 新增条文,本条为强制性条文。我国已有不少建筑外保温火灾造成了严重后果,且此类火灾呈多发态势。燃烧性能为A级的材料属于不燃材料,火灾危险性低,不会导致火焰蔓延,能较好地防止火灾通过建筑的外立面和屋面蔓延。其他燃烧性能的保温材料不仅易燃烧、易蔓延,且烟气毒性大。因此,老年人照料设施的内、外保温系统要选用A级保温材料。

<u>当老年人照料设施部分的建筑面积较小时,考虑到其规模较小及其对建筑其他部位的影响,仍可以按本节的规定采用相应的保温材料。</u>

6.7.5 本条为强制性条文。本条规定的外墙外保温系统,主要指类似薄抹灰外保温系统,即保温材料与基层墙体及保护层、装饰层之间均无空腔的保温系统,该空腔不包括采用粘贴方式施工时在保温材料与墙体找平层之间形成的空隙。结合我国现状,本规范对此保温系统的保温材料进行了必要的限制。

与住宅建筑相比,公共建筑等往往具有更高的火灾危险性,因此结合我国现状,对于除人员密集场所外的其他非住宅类建筑或场所,根据其建筑高度,对外墙外保温系统保温材料的燃烧性能等级做出了更为严格的限制和要求。

6.7.6 本条为强制性条文。本条规定的保温体系,主要指在类似建筑幕墙与建筑基层墙体间存在空腔的外墙外保温系统。这类系统一旦被引燃,因烟囱效应而造成火势快速发展,迅速蔓延,且难以从外部进行扑救。因此要严格限制其保温材料的燃烧性能,同时,在空腔处要采取相应的防火封堵措施。

6.7.7~6.7.9 这三条主要针对采用难燃或可燃保温材料的外保温系统以及有保温材料的幕墙系统,对其防火构造措施提出相应要求,以增强外保温系统整体的防火性能。

第 6.7.7 条第 1 款是指采用 B_2 级保温材料的建筑,以及采用 B_1 级保温材料且建筑高度大于 24 m 的公共建筑或采用 B_1 级保温材料且建筑高度大于 27 m 的住宅建筑。有耐火完整性要求的窗,其耐火完整性按照现行国家标准《镶玻璃构件耐火试验方法》GB/T 12513 中对非隔热性镶玻璃构件的试验方法和判定标准进行测定。有耐火完整性要求的门,其耐火完整性按照国家标准《门和卷帘的耐火试验方法》GB/T 7633 的有关规定进行测定。

6.7.10 由于屋面保温材料的火灾危害较建筑外墙的要小,且当保温层覆盖在具有较高耐火极限的屋面板上时,对建筑内部的影响不大,故对其保温材料的燃烧性能要求较外墙的要求要低些。但为限制火势通过外墙向下蔓延,要求屋面与建筑外墙的交接部位应做好防火隔离处理,具体分隔位置可以根据实际情况确定。

6.7.11 电线因使用年限长、绝缘老化或过负荷运行发热等均能引发火灾,因此不应在可燃保温材料中直接敷设,而需采取穿金属导管保护等防火措施。同时,开关、插座等电器配件也可能会因为过载、短路等发热引发火灾,因此,规定安装开关、插座等电器配件的周围应采取可靠的防火措施,不应直接安装在难燃或可燃的保温材料中。

6.7.12 近些年,由于在建筑外墙上采用可燃性装饰材料导致外墙面发生火灾的事故屡次发生,这类火灾往往会从外立面蔓延至多个楼层,造成了严重的火灾危害。因此,本条根据不同的建筑高度及外墙外保温系统的构造情况,对建筑外墙使用的装饰材料的燃烧性能作了必要限制,但该装饰材料不包括建筑外墙表面的饰面涂料。

7 灭火救援设施

7.1 消防车道

7.1.1 对于总长度和沿街的长度过长的沿街建筑,特别是 U 形或 L 形的建筑,如果不对其长度进行限制,会给灭火救援和内部人员的疏散带来不便,延误灭火时机。为满足灭火救援和人员疏散要求,本条对这些建筑的总长度作了必要的限制,而未限制 U 形、L 形建筑物的两翼长度。由于我国市政消火栓的保护半径在150 m左右,按规定一般设在城市道路两旁,故将消防车道的间距定为160 m。本条规定对于区域规划也具有一定指导作用。

在住宅小区的建设和管理中,存在小区内道路宽度、承载能力或净空不能满足消防车通行需要的情况,给灭火救援带来不便。为此,小区的道路设计要考虑消防车的通行需要。

计算建筑长度时,其内折线或内凹曲线,可按突出点间的直线距离确定;外折线或突出曲线,应按实际长度确定。

7.1.2 本条为强制性条文。沿建筑物设置环形消防车道或沿建筑物的两个长边设置消防车道,有利于在不同风向条件下快速调整灭火救援场地和实施灭火。对于大型建筑,更有利于众多消防车辆到场后展开救援行动和调度。本条规定要求建筑物周围具有能满足基本灭火需要的消防车道。

对于一些超大体量或超长建筑物,一般均有较大的间距和开阔地带。这些建筑只要在平面布局上能保证灭火救援需要,在设置穿过建筑物的消防车道的确困难时,也可设置环形消防车道。但根据灭火救援实际,建筑物的进深最好控制在50 m以内。少数高层建筑,受山地或河道等地理条件限制时,允许沿建筑的一个长边设置消防车道,但需结合消防车登高操作场地设置。

7.1.3 本条为强制性条文。工厂或仓库区内不同功能的建筑通常采用道路连接,但有些道路并不能满足消防车的通行和停靠要求,故要求设置专门的消防车道以便灭火救援。这些消防车道可以结合厂区或库区内的其他道路设置,或利用厂区、库区内的机动车通行道路。

高层建筑、较大型的工厂和仓库往往一次火灾延续时间较长,在实际灭火中用水量大、消防车辆投入多,如果没有环形车道或平坦空地等,会造成消防车辆堵塞,难以靠近灭火救援现场。因此,该类建筑的平面布局和消防车道设计要考虑保证消防车通行、灭火展开和调度的需要。

7.1.4 本条规定主要为满足消防车在火灾时方便进入内院展开救援操作及回车需要。

本条所指"街道"为城市中可通行机动车、行人和非机动车,一般设置有路灯、供水和供气、供电管网等其他市政公用设施的道路,在道路两侧一般建有建筑物。天井为由建筑或围墙四面围合的露天空地,与内院类似,只是面积大小有所区别。

7.1.5 本条规定旨在保证消防车快速通行和疏散人员的安全,防止建筑物在通道两侧的外墙上设置影响消防车通行的设施或开设出口,导致人员在火灾时大量进入该通道,影响消防车通行。在穿过建筑物或进入建筑物内院的消防车道两侧,影响人员安全疏散或消防车通行的设施主要有:与车道连接的车辆进出口、栅栏、开向车道的窗扇、疏散门、货物装卸口等。

7.1.6 在甲、乙、丙类液体储罐区和可燃气体储罐区内设置的消防车道,如设置位置合理、道路宽阔、路面坡度小,具有足够的车辆转弯或回转场地,则可大大方便消防车的通行和灭火救援行动。

将露天、半露天可燃物堆场通过设置道路进行分区并使车道与堆垛间保持一定距离,既可较好地防止火灾蔓延,又可较好地减小高强辐射热对消防车和消防员的作用,便于车辆调度,有利于展开灭火行动。

7.1.7 由于消防车的吸水高度一般不大于6 m,吸水管长度也有一定限制,而多数天然水源与市政道路的距离难以满足消防车快速就近取水的要求,消防水池的设置有时也受地形限制难以在建筑物附近就近设置或难以设置在可通行消防车的道路附近。因此,对于这些情况,均要设置可接近水源的专门消防车道,方便消防车应急取水供应火场。

7.1.8 本条第1、2、3款为强制性条款。本条为保证消防车道满足消防车通行和扑救建筑火灾的需要,根据目前国内在役各种消防车辆的外形尺寸,按照单车道并考虑消防车快速通行的需要,确定了消防车道的最小净宽度、净空高度,并对转弯半径提出了要求。对于需要通行特种消防车辆的建筑物、道路桥梁,还应根据消防车的实际情况增加消防车道的净宽度与净空高度。由于当前在城市或某些区域内的消防车道,大多数需要利用城市道路或居住小区内的公共道路,而消防车的转弯半径一般均较大,通常为 9 m～12 m。因此,无论是专用消防车道还是兼作消防车道的其他道路或公路,均应满足消防车的转弯半径要求,该转弯半径可以结合当地消防车的配置情况和区域内的建筑物建设与规划情况综合考虑确定。

本条确定的道路坡度是满足消防车安全行驶的坡度,不是供消防车停靠和展开灭火行动的场地坡度。

根据实际灭火情况,除高层建筑需要设置灭火救援操作场地外,一般建筑均可直接利用消防车道展开灭火救援行动,因此,消防车道与建筑间要保持足够的距离和净空,避免高大树木、架空高压电力线、架空管廊等影响灭火救援作业。

7.1.9 目前,我国普通消防车的转弯半径为 9 m,登高车的转弯半径为 12 m,一些特种车辆的转弯半径为 16 m～20 m。本条规定回车场地不应小于 12 m×12 m,是根据一般消防车的最小转弯半径而确定的,对于重型消防车的回车场则还要根据实际情况增大。如,有些重型消防车和特种消防车,由于车身长度和最小转弯半径已有 12 m 左右,就需设置更大面积的回车场才能满足使用要求;少数消防车的车身全长为 15.7 m,而 15 m×15 m 的回车场可能也满足不了使用要求。因此,设计还需根据当地的具体建设情况确定回车场的大小,但最小不应小于 12 m×12 m,供重型消防车使用时不宜小于 18 m×18 m。

在设置消防车道和灭火救援操作场地时,如果考虑不周,也会发生路面或场地的设计承受荷载过小,道路下面管道埋深过浅,沟渠选用轻型盖板等情况,从而不能承受重型消防车的通行荷载。特别是,有些情况需要利用裙房屋顶或高架桥等作为灭火救援场地或消防车通行时,更要认真核算相应的设计承载力。表 17 为各种消防车的满载(不包括消防员)总重,可供设计消防车道时参考。

表 17 各种消防车的满载总重量 (kg)

名称	型号	满载重量	名称	型号	满载重量
水罐车	SG65、SG65A	17 286	泡沫车	CPP181	2 900
	SHX5350、GXFSG160	35 300		PM35GD	11 000
	CG60	17 000		PM50ZD	12 500
	SG120	26 000	供水车	GS140ZP	26 325
	SG40	13 320		GS150ZP	31 500
	SG55	14 500		GS150P	14 100
	SG60	14 100		东风 144	5 500
	SG170	31 200		GS70	13 315

表 17（续）

名称	型号	满载重量	名称	型号	满载重量
水罐车	SG35ZP	9 365	干粉车	GF30	1 800
	SG80	19 000		GF60	2 600
	SG85	18 525	干粉-泡沫联用消防车	PF45	17 286
	SG70	13 260		PF110	2 600
	SP30	9 210	登高平台车举高喷射消防车抢险救援车	CDZ53	33 000
	EQ144	5 000		CDZ40	2 630
	SG36	9 700		CDZ32	2 700
	EQ153A-F	5 500		CDZ20	9 600
	SG110	26 450		CJQ25	11 095
	SG35GD	11 000		SHX5110TTXFQJ73	14 500
	SH5140GXFSG55GD	4 000	消防通讯指挥车	CX10	3 230
泡沫车	PM40ZP	11 500		FXZ25	2 160
	PM55	14 100		FXZ25A	2 470
	PM60ZP	1 900		FXZ10	2 200
	PM80、PM85	18 525	火场供给消防车	XXFZM10	3 864
	PM120	26 000		XXFZM12	5 300
	PM35ZP	9 210		TQXZ20	5 020
	PM55GD	14 500		QXZ16	4 095
	PP30	9 410	供水车	GS1802P	31 500
	EQI40	3 000			

7.1.10 建筑灭火有效与否，与报警时间、专业消防队的第一出动和到场时间关系较大。本条规定主要为避免延误消防车奔赴火场的时间。据成都铁路局提供的数据，目前一列火车的长度一般不大于 900 m，新型 16 车编组的和谐号动车，长度不超过 402 m。对于存在通行特殊超长火车的地方，需根据铁路部门提供的数据确定。

7.2 救援场地和入口

7.2.1 本条为强制性条文。本条规定是为满足扑救建筑火灾和救助高层建筑中遇困人员需要的基本要求。对于高层建筑，特别是布置有裙房的高层建筑，要认真考虑合理布置，确保登高消防车能够靠近高层建筑主体，便于登高消防车开展灭火救援。

由于建筑场地受多方面因素限制，设计要在本条确定的基本要求的基础上，尽量利用建筑周围地面，使建筑周边具有更多的救援场地，特别是在建筑物的长边方向。

7.2.2 本条第 1、2、3 款为强制性条款。本条总结和吸取了相关实战的经验、教训，根据实战需要规定了消防车登高操作场地的基本要求。实践中，有的建筑没有设计供消防车停靠、消防员登高操作和灭火救援的场地，从而延误战机。

对于建筑高度超过 100 m 的建筑,需考虑大型消防车辆灭火救援作业的需求。如对于举升高度 112 m、车长 19 m、展开支腿跨度 8 m、车重 75 t 的消防车,一般情况下,灭火救援场地的平面尺寸不小于 20 m×10 m,场地的承载力不小于 10 kg/cm²,转弯半径不小于 18 m。

一般举高消防车停留、展开操作的场地的坡度不宜大于 3%,坡地等特殊情况,允许采用 5%的坡度。当建筑屋顶或高架桥等兼做消防车登高操作场地时,屋顶或高架桥等的承载能力要符合消防车满载时的停靠要求。

7.2.3 本条为强制性条文。为使消防员能尽快安全到达着火层,在建筑与消防车登高操作场地相对应的范围内设置直通室外的楼梯或直通楼梯间的入口十分必要,特别是高层建筑和地下建筑。

灭火救援时,消防员一般要通过建筑物直通室外的楼梯间或出入口,从楼梯间进入着火层对该层及其上、下部楼层进行内攻灭火和搜索救人。对于埋深较深或地下面积大的地下建筑,还有必要结合消防电梯的设置,在设计中考虑设置供专业消防人员出入火场的专用出入口。

7.2.4 本条为强制性条文。本条是根据近些年我国建筑发展和实际灭火中总结的经验教训确定的。

过去,绝大部分建筑均开设有外窗。而现在,不仅仓库、洁净厂房无外窗或外窗开设少,而且一些大型公共建筑,如商场、商业综合体、设置玻璃幕墙或金属幕墙的建筑等,在外墙上均很少设置可直接开向室外并可供人员进入的外窗。而在实际火灾事故中,大部分建筑的火灾在消防队到达时均已发展到比较大的规模,从楼梯间进入有时难以直接接近火源,但灭火时只有将灭火剂直接作用于火源或燃烧的可燃物,才能有效灭火。因此,在建筑的外墙设置可供专业消防人员使用的入口,对于方便消防员灭火救援十分必要。救援窗口的设置既要结合楼层走道在外墙上的开口,还要结合避难层、避难间以及救援场地,在外墙上选择合适的位置进行设置。

7.2.5 本条确定的救援口大小是满足一个消防员背负基本救援装备进入建筑的基本尺寸。为方便实际使用,不仅该开口的大小要在本条规定的基础上适当增大,而且其位置、标识设置也要便于消防员快速识别和利用。

7.3 消防电梯

7.3.1 本条为强制性条文。本条确定了应设置消防电梯的建筑范围。

对于高层建筑,消防电梯能节省消防员的体力,使消防员能快速接近着火区域,提高战斗力和灭火效果。根据在正常情况下对消防员的测试结果,消防员从楼梯攀登的有利登高高度一般不大于 23 m,否则,人体的体力消耗很大。对于地下建筑,由于排烟、通风条件很差,受当前装备的限制,消防员通过楼梯进入地下的困难较大,设置消防电梯,有利于满足灭火作战和火场救援的需要。

本条第 3 款中"设置消防电梯的建筑的地下或半地下室"应设置消防电梯,主要指当建筑的上部设置了消防电梯且建筑有地下室时,该消防电梯应延伸到地下部分;除此之外,地下部分是否设置消防电梯应根据其埋深和总建筑面积来确定。

老年人照料设施设置消防电梯,有利于快速组织灭火行动和对行动不便的老年人展开救援。本条中老年人照料设施的总建筑面积,见本规范第 5.5.24A 条的条文说明。本条设置消防电梯层数的确定,主要根据消防员负荷登高与救援的体力需求以及老年人照料设施中使用人员的特性确定的。

7.3.2 本条为强制性条文。建筑内的防火分区具有较高的防火性能。一般,在火灾初期,较易将火灾控制在着火的一个防火分区内,消防员利用着火区内的消防电梯就可以进入着火区直接接近火源实施灭火和搜索等其他行动。对于有多个防火分区的楼层,即使一个防火分区的消防电梯受阻难以安全使用时,还可利用相邻防火分区的消防电梯。因此,每个防火分区应至少设置一部消防电梯。

7.3.3 本条规定建筑高度大于32 m且设置电梯的高层厂房(仓库)应设消防电梯,且尽量每个防火分区均设置。对于高层塔架或局部区域较高的厂房,由于面积和火灾危险性小,也可以考虑不设置消防电梯。

7.3.5 本条第2~4款为强制性条款。在消防电梯间(井)前设置具有防烟性能的前室,对于保证消防电梯的安全运行和消防员的行动安全十分重要。

消防电梯为火灾时相对安全的竖向通道,其前室靠外墙设置既安全,又便于天然采光和自然排烟,电梯出口在首层也可直接通向室外。一些受平面布置限制不能直接通向室外的电梯出口,可以采用受防火保护的通道,不经过任何其他房间通向室外。该通道要具有防烟性能。

本条根据为满足一个消防战斗班配备装备后使用电梯以及救助老年人、病人等人员的需要,规定了消防电梯前室的面积及尺寸。

7.3.6 本条为强制性条文。本条规定为确保消防电梯的可靠运行和防火安全。

在实际工程中,为有效利用建筑面积,方便建筑布置及电梯的管理和维护,往往多台电梯设置在同一部位,电梯梯井相互毗邻。一旦其中某部电梯或电梯井出现火情,可能因相互间的分隔不充分而影响其他电梯特别是消防电梯的安全使用。因此,参照本规范对消防电梯井井壁的耐火性能要求,规定消防电梯的梯井、机房要采用耐火极限不低于2.00 h的防火隔墙与其他电梯的梯井、机房进行分隔。在机房上必须开设的开口部位应设置甲级防火门。

7.3.7 火灾时,应确保消防电梯能够可靠、正常运行。建筑内发生火灾后,一旦自动喷水灭火系统动作或消防队进入建筑展开灭火行动,均会有大量水在楼层上积聚、流散。因此,要确保消防电梯在灭火过程中能保持正常运行,消防电梯井内外就要考虑设置排水和挡水设施,并设置可靠的电源和供电线路。

7.3.8 本条是为满足一个消防战斗班配备装备后使用电梯的需要所作的规定。消防电梯每层停靠,包括地下室各层,着火时,要首先停靠在首层,以便于展开消防救援。对于医院建筑等类似功能的建筑,消防电梯轿厢内的净面积尚需考虑病人、残障人员等的救援以及方便对外联络的需要。

7.4 直升机停机坪

7.4.1 对于高层建筑,特别是建筑高度超过100 m的高层建筑,人员疏散及消防救援难度大,设置屋顶直升机停机坪,可为消防救援提供条件。屋顶直升机停机坪的设置要尽量结合城市消防站建设和规划布局。当设置屋顶直升机停机坪确有困难时,可设置能保证直升机安全悬停与救援的设施。

7.4.2 为确保直升机安全起降,本条规定了设置屋顶停机坪时对屋顶的基本要求。有关直升机停机坪和屋顶承重等其他技术要求,见行业标准《民用直升机场飞行场地技术标准》

MH 5013—2008 和《军用永备直升机机场场道工程建设标准》GJB 3502—1998。

8 消防设施的设置

本章规定了建筑设置消防给水、灭火、火灾自动报警、防烟与排烟系统和配置灭火器的基本范围。由于我国幅员辽阔，各地经济发展水平差异较大，气候、地理、人文等自然环境和文化背景各异、建筑的用途也千差万别，难以在本章中一一规定相应的设施配置要求。因此，除本规范规定外，设计还应从保障建筑及其使用人员的安全、减少火灾损失出发，根据有关专业建筑设计标准或专项防火标准的规定以及建筑的实际火灾危险性，综合确定配置适用的灭火、火灾报警和防排烟设施等消防设施与灭火器材。

8.1 一般规定

8.1.1 本条规定为建筑消防给水设计和消防设施配置设计的基本原则。

建筑的消防给水和其他主动消防设施设计，应充分考虑建筑的类型及火灾危险性、建筑高度、使用人员的数量与特性、发生火灾可能产生的危害和影响、建筑的周边环境条件和需配置的消防设施的适用性，使之早报警、快速灭火，及时排烟，从而保障人员及建筑的消防安全。本规范对有些场所设置主动消防设施的类别虽有规定，但并不限制应用更好、更有效或更经济合理的其他消防设施。对于某些新技术、新设备的应用，应根据国家有关规定在使用前提出相应的使用和设计方案与报告并进行必要的论证或试验，以切实保证这些技术、方法、设备或材料在消防安全方面的可行性与应用的可靠性。

8.1.2 本条为强制性条文。建筑室外消火栓系统包括水源、水泵接合器、室外消火栓、供水管网和相应的控制阀门等。室外消火栓是设置在建筑物外消防给水管网上的供水设施，也是消防队到场后需要使用的基本消防设施之一，主要供消防车从市政给水管网或室外消防给水管网取水向建筑室内消防给水系统供水，也可以经加压后直接连接水带、水枪出水灭火。本条规定了应设置室外消火栓系统的建筑。当建筑物的耐火等级为一、二级且建筑体积较小，或建筑物内无可燃物或可燃物较少时，灭火用水量较小，可直接依靠消防车所带水量实施灭火，而不需设置室外消火栓系统。

为保证消防车在灭火时能便于从市政管网中取水，要沿城镇中可供消防车通行的街道设置市政消火栓系统，以保证市政基础消防设施能满足灭火需要。这里的街道是在城市或城镇范围内，全路或大部分地段两侧建有或规划有建筑物，一般设有人行道和各种市政公用设施的道路，不包括城市快速路、高架路、隧道等。

8.1.3 本条为强制性条文。水泵接合器是建筑室外消防给水系统的组成部分，主要用于连接消防车，向室内消火栓给水系统、自动喷水或水喷雾等水灭火系统或设施供水。在建筑外墙上或建筑外墙附近设置水泵接合器，能更有效地利用建筑内的消防设施，节省消防员登高扑救、铺设水带的时间。因此，原则上，设置室内消防给水系统或设置自动喷水、水喷雾灭火系统、泡沫雨淋灭火系统等系统的建筑，都需要设置水泵接合器。但考虑到一些层数不多的建筑，如小型公共建筑和多层住宅建筑，也可在灭火时在建筑内铺设水带采用消防车直接供水，而不需设置水泵接合器。

8.1.4、8.1.5 这两条规定了可燃液体储罐或罐区和可燃气体储罐或罐区设置冷却水系统的范围，有关要求还要符合相应专项标准的规定。

8.1.6 本条为强制性条文。消防水泵房需保证泵房内部设备在火灾情况下仍能正常工作，设备和需进入房间进行操作的人员不会受到火灾的威胁。本条规定是为了便于操作人员在火灾时进入泵房，并保证泵房不会受到外部火灾的影响。

本条规定中"疏散门应直通室外"，要求进出泵房的人员不需要经过其他房间或使用空间而可以直接到达建筑外，开设在建筑首层门厅大门附近的疏散门可以视为直通室外；"疏散门应直通安全出口"，要求泵房的门通过疏散走道直接连通到进入疏散楼梯（间）或直通室外的门，不需要经过其他空间。

有关消防水泵房的防火分隔要求，见本规范第6.2.7条。

8.1.7 本条第1、3、4款为强制性条款。消防控制室是建筑物内防火、灭火设施的显示、控制中心，必须确保控制室具有足够的防火性能，设置的位置能便于安全进出。

对于自动消防设施设置较多的建筑，设置消防控制室可以方便采用集中控制方式管理、监视和控制建筑内自动消防设施的运行状况，确保建筑消防设施的可靠运行。消防控制室的疏散门设置说明，见本规范第8.1.6条的条文说明。有关消防控制室内应具备的显示、控制和远程监控功能，在国家标准《消防控制室通用技术要求》GB 25506中有详细规定，有关消防控制室内相关消防控制设备的构成和功能、电源要求、联动控制功能等的要求，在国家标准《火灾自动报警系统设计规范》GB 50116中也有详细规定，设计应符合这些标准的相应要求。

8.1.8 本条为强制性条文。本条是根据近年来一些重特大火灾事故的教训确定的。在实际火灾中，有不少消防水泵房和消防控制室因被淹或进水而无法使用，严重影响自动消防设施的灭火、控火效果，影响灭火救援行动。因此，既要通过合理确定这些房间的布置楼层和位置，也要采取门槛、排水措施等方法防止灭火或自动喷水等灭火设施动作后的水积聚而致消防控制设备或消防水泵、消防电源与配电装置等被淹。

8.1.9 设置在建筑内的防烟风机和排烟风机的机房要与通风空气调节系统风机的机房分别设置，且防烟风机和排烟风机的机房应独立设置。当确有困难时，排烟风机可与其他通风空气调节系统风机的机房合用，但用于排烟补风的送风风机不应与排烟风机机房合用，并应符合相关国家标准的要求。防烟风机和排烟风机的机房均需采用耐火极限不小于2.00 h的隔墙和耐火极限不小于1.50 h的楼板与其他部位隔开。

8.1.10 灭火器是扑救建筑初起火较方便、经济、有效的消防器材。人员发现火情后，首先应考虑采用灭火器等器材进行处置与扑救。灭火器的配置要根据建筑物内可燃物的燃烧特性和火灾危险性、不同场所中工作人员的特点、建筑的内外环境条件等因素，按照现行国家标准《建筑灭火器配置设计规范》GB 50140和其他有关专项标准的规定进行设计。

8.1.11 本条是根据近年来的一些火灾事故，特别是高层建筑火灾的教训确定的。本条规定主要为防止建筑幕墙在火灾时可能因墙体材料脱落而危及消防员的安全。

建筑幕墙常采用玻璃、石材和金属等材料。当幕墙受到火烧或受热时，易破碎或变形、爆裂，甚至造成大面积的破碎、脱落。供消防员使用的水泵接合器、消火栓等室外消防设施的设置位置，要根据建筑幕墙的位置、高度确定。当需离开建筑外墙一定距离时，一般不小于5 m，当受平面布置条件限制时，可采取设置防护挑檐、防护棚等其他防坠落物砸伤的防护措施。

8.1.12 本条规定的消防设施包括室外消火栓、阀门和消防水泵接合器等室外消防设施、室内消火栓箱、消防设施中的操作与控制阀门、灭火器配置箱、消防给水管道、自动灭火系统的手动按钮、报警按钮、排烟设施的手动按钮、消防设备室、消防控制室等。

8.1.13 本章对于建筑室内外消火栓系统、自动喷水灭火系统、水喷雾灭火系统、气体灭火系统、泡沫灭火系统、细水雾灭火系统、火灾自动报警系统和防烟与排烟系统以及建筑灭火器等系统、设施的设置场所和部位作了规定,这些消防系统及设施的具体设计,还要按照国家现行有关标准的要求进行,有关系统标准主要包括《消防给水及消火栓系统技术规范》GB 50974、《自动喷水灭火系统设计规范》GB 50084、《气体灭火系统设计规范》GB 50370、《泡沫灭火系统设计规范》GB 50151、《水喷雾灭火系统设计规范》GB 50219、《细水雾灭火系统设计规范》GB 50898、《火灾自动报警系统设计规范》GB 50116、《建筑灭火器配置设计规范》GB 50140 等。

8.2 室内消火栓系统

8.2.1 本条为强制性条文。室内消火栓是控制建筑内初期火灾的主要灭火、控火设备,一般需要专业人员或受过训练的人员才能较好地使用和发挥作用。

本条所规定的室内消火栓系统的设置范围,在实际设计中不应仅限于这些建筑或场所,还应按照有关专项标准的要求确定。对于在本条规定规模以下的建筑或场所,可根据各地实际情况确定设置与否。

对于 27 m 以下的住宅建筑,主要通过加强被动防火措施和依靠外部扑救来防止火势扩大和灭火。住宅建筑的室内消火栓可以根据地区气候、水源等情况设置干式消防竖管或湿式室内消火栓系统。干式消防竖管平时无水,着火后由消防车通过设置在首层外墙上的接口向室内干式消防竖管输水,消防员自带水龙带驳接室内消防给水竖管的消火栓口进行取水灭火。如能设置湿式室内消火栓系统,则要尽量采用湿式系统。当住宅建筑中的楼梯间位置不靠外墙时,应采用管道与干式消防竖管连接。干式竖管的管径宜采用 80 mm,消火栓口径应采用 65 mm。

8.2.2 一、二级耐火等级的单层、多层丁、戊类厂房(仓库)内,可燃物较少,即使着火,发展蔓延较慢,不易造成较大面积的火灾,一般可以依靠灭火器、消防软管卷盘等灭火器材或外部消防救援进行灭火。但由于丁、戊类厂房的范围较大,有些丁类厂房内也可能有较多可燃物,例如有淬火槽;丁、戊类仓库内也可能有较多可燃物,例如有较多的可燃包装材料,木箱包装机器、纸箱包装灯泡等,这些场所需要设置室内消火栓系统。

对于粮食仓库,库房内通常被粮食充满,将室内消火栓系统设置在建筑内往往难以发挥作用,一般需设置在建筑外。因此,其室内消火栓系统可与建筑的室外消火栓系统合用,而不设置室内消火栓系统。

建筑物内存有与水接触能引起爆炸的物质,即与水能起强烈化学反应发生爆炸燃烧的物质(例如:电石、钾、钠等物质)时,不应在该部位设置消防给水设备,而应采取其他灭火设施或防火保护措施。但实验楼、科研楼内存有少数该类物质时,仍应设置室内消火栓。

远离城镇且无人值班的独立建筑,如卫星接收基站、变电站等可不设置室内消火栓系统。

8.2.3 国家级文物保护单位的重点砖木或木结构古建筑,可以根据具体情况尽量考虑设置室内消火栓系统。对于不能设置室内消火栓的,可采取防火喷涂保护,严格控制用电、用火等其他防火措施。

8.2.4 消防软管卷盘和轻便消防水龙是控制建筑物内固体可燃物初起火的有效器材,用水量小、配备和使用方便,适用于非专业人员使用。本条结合建筑的规模和使用功能,确定了设置消防软管卷盘和轻便消防水龙的范围,以方便建筑内的人员扑灭初起火时使用。

轻便消防水龙为在自来水供水管路上使用的由专用消防接口、水带及水枪组成的一种小型简便的喷水灭火设备,有关要求见公共安全标准《轻便消防水龙》GA 180。

8.3 自动灭火系统

自动喷水、水喷雾、七氟丙烷、二氧化碳、泡沫、干粉、细水雾、固定水炮灭火系统等及其他自动灭火装置,对于扑救和控制建筑物内的初起火,减少损失、保障人身安全,具有十分明显的作用,在各类建筑内应用广泛。但由于建筑功能及其内部空间用途千差万别,本规范难以对各类建筑及其内部的各类场所一一作出规定。设计应按照有关专项标准的要求,或根据不同灭火系统的特点及其适用范围、系统选型和设置场所的相关要求,经技术、经济等多方面比较后确定。

本节中各条的规定均有三个层次,一是这些场所应设置自动灭火系统。二是推荐了一种较适合该类场所的灭火系统类型,正常情况下应采用该类系统,但并不排斥采用其他适用的系统类型或灭火装置。如在有的场所空间很大,只有部分设备是主要的火灾危险源并需要灭火保护,或建筑内只有少数面积较小的场所内的设备需要保护时,可对该局部火灾危险性大的设备采用火探管、气溶胶、超细干粉等小型自动灭火装置进行局部保护,而不必采用大型自动灭火系统保护整个空间的方法。三是在选用某一系统的何种灭火方式时,应根据该场所的特点和条件、系统的特性以及国家相关政策确定。在选择灭火系统时,应考虑在一座建筑物内尽量采用同一种或同一类型的灭火系统,以便维护管理,简化系统设计。

此外,本规范未规定设置自动灭火系统的场所,并不排斥或限制根据工程实际情况以及建筑的整体消防安全需要而设置相应的自动灭火系统或设施。

8.3.1～8.3.4 这 4 条均为强制性条文。自动喷水灭火系统适用于扑救绝大多数建筑内的初起火,应用广泛。根据我国当前的条件,条文规定了应设置自动灭火系统,并宜采用自动喷水灭火系统的建筑或场所,规定中有的明确了具体的设置部位,有的是规定了建筑。对于按建筑规定的,要求该建筑内凡具有可燃物且适用设置自动喷水灭火系统的部位或场所,均需设置自动喷水灭火系统。

这 4 条所规定的这些建筑或场所具有火灾危险性大、发生火灾可能导致经济损失大、社会影响大或人员伤亡大的特点。自动灭火系统的设置原则是重点部位、重点场所,重点防护;不同分区,措施可以不同;总体上要能保证整座建筑物的消防安全,特别要考虑所设置的部位或场所在设置灭火系统后应能防止一个防火分区内的火灾蔓延到另一个防火分区中去。

(1)邮政建筑既有办公,也有邮件处理和邮袋存放功能,在设计中一般按丙类厂房考虑,并按照不同功能实行较严格的防火分区或分隔。对于邮件处理车间,可在处理好竖向连通部位的防火分隔条件下,不设置自动喷水灭火系统,但其中的重要部位仍要尽量采用其他对邮件及邮件处理设备无较大损害的灭火剂及其灭火系统保护。

(2)木器厂房主要指以木材为原料生产、加工各类木质板材、家具、构配件、工艺品、模具等成品、半成品的车间。

(3)高层建筑的火灾危险性较高、扑救难度大,设置自动灭火系统可提高其自防、自救能力。

对于建筑高度大于 100 m 的住宅建筑,需要在住宅建筑的公共部位、套内各房间设置自动喷水灭火系统。

对于医院内手术部的自动喷水灭火系统设置,可以根据国家标准《医院洁净手术部建筑技术规范》GB 50333 的规定,不在手术室内设置洒水喷头。

(4)建筑内采用送回风管道的集中空气调节系统具有较大的火灾蔓延传播危险。旅馆、商店、展览建筑使用人员较多,有的室内装修还采用了较多难燃或可燃材料,大多设置有集中空气调节系统。这些场所人员的流动性大、对环境不太熟悉且功能复杂,有的建筑内的使用人员还可能较长时间处于休息、睡眠状态。可燃装修材料的烟生成量及其毒性分解物较多、火源控制较复杂或易传播火灾及其烟气。有固定座位的场所,人员疏散相对较困难,所需疏散时间可能较长。

(5)第 8.3.4 条第 7 款中的"建筑面积"是指歌舞娱乐放映游艺场所任一层的建筑面积。每个厅、室的防火要求应符合本规范第 5 章的有关规定。

(6)老年人照料设施设置自动喷水灭火系统,可以有效降低该类场所的火灾危害。根据现行国家标准《自动喷水灭火系统设计规范》GB 50084,室内最大净空高度不超过 8 m、保护区域总建筑面积不超过 1 000 m² 及火灾危险等级不超过中危险级Ⅰ级的民用建筑,可以采用局部应用自动喷水灭火系统。因此,当受条件限制难以设置普通自动喷水灭火系统,又符合上述规范要求的老年人照料设施,可以采用局部应用自动喷水灭火系统。

8.3.5 本条为强制性条文。对于以可燃固体燃烧物为主的高大空间,根据本规范第 8.3.1 条~第 8.3.4 条的规定需要设置自动灭火系统,但采用自动喷水灭火系统、气体灭火系统、泡沫灭火系统等都不合适,此类场所可以采用固定消防炮或自动跟踪定位射流等类型的灭火系统进行保护。

固定消防炮灭火系统可以远程控制并自动搜索火源、对准着火点、自动喷洒水或其他灭火剂进行灭火,可与火灾自动报警系统联动,既可手动控制,也可实现自动操作,适用于扑救大空间内的早期火灾。对于设置自动喷水灭火系统不能有效发挥早期响应和灭火作用的场所,采用与火灾探测器联动的固定消防炮或自动跟踪定位射流灭火系统比快速响应喷头更能及时扑救早期火灾。

消防炮水量集中、流速快、冲量大,水流可以直接接触燃烧物而作用到火焰根部,将火焰剥离燃烧物使燃烧中止,能有效扑救高大空间内蔓延较快或火灾荷载大的火灾。固定消防炮灭火系统的设计应符合现行国家标准《固定消防炮灭火系统设计规范》GB 50338 的有关规定。

8.3.6 水幕系统是现行国家标准《自动喷水灭火系统设计规范》GB 50084 规定的系统之一。根据水幕系统的工作特性,该系统可以用于防止火灾通过建筑开口部位蔓延,或辅助其他防火分隔物实施有效分隔。水幕系统主要用于因生产工艺需要或使用功能需要而无法设置防火墙等的开口部位,也可用于辅助防火卷帘和防火幕作防火分隔。

本条第 1、2 款规定的开口部位所设置的水幕系统主要用于防火分隔,第 3 款规定部位设置的水幕系统主要用于防护冷却。水幕系统的火灾延续时间需要根据不同部位设置防火隔墙或防火墙时所需耐火极限确定,系统设计应符合现行国家标准《自动喷水灭火系统设计规范》GB 50084 的规定。

8.3.7 本条为强制性条文。雨淋系统是自动喷水灭火系统之一,主要用于扑救燃烧猛烈、蔓延快的大面积火灾。雨淋系统应有足够的供水速度,保证灭火效果,其设计应符合现行国家标准《自动喷水灭火系统设计规范》GB 50084 的规定。

　　本条规定应设置雨淋系统的场所均为发生火灾蔓延快,需尽快控制的高火灾危险场所:

　　(1)火灾危险性大、着火后燃烧速度快或可能发生爆炸性燃烧的厂房或部位。

　　(2)易燃物品仓库,当面积较大或储存量较大时,发生火灾后影响面较大,如面积大于 60 m² 硝化棉等仓库。

　　(3)可燃物较多且空间较大、火灾易迅速蔓延扩大的演播室、电影摄影棚等场所。

　　(4)乒乓球的主要原料是赛璐珞,在生产过程中还采用甲类液体溶剂,乒乓球厂的轧坯、切片、磨球、分球检验部位具有火灾危险性大且着火后燃烧强烈、蔓延快等特点。

8.3.8　本条为强制性条文。水喷雾灭火系统喷出的水滴粒径一般在 1 mm 以下,喷出的水雾能吸收大量的热量,具有良好的降温作用,同时水在热作用下会迅速变成水蒸气,并包裹保护对象,起到部分窒息灭火的作用。水喷雾灭火系统对于重质油品具有良好的灭火效果。

　　1　变压器油的闪点一般都在 120 ℃以上,适用采用水喷雾灭火系统保护。对于缺水或严寒、寒冷地区、无法采用水喷雾灭火系统的电力变压器和设置在室内的电力变压器,可以采用二氧化碳等气体灭火系统。另外,对于变压器,目前还有一些有效的其他灭火系统可以采用,如自动喷水-泡沫联用系统、细水雾灭火系统等。

　　2　飞机发动机试验台的火灾危险源为燃料油和润滑油,设置自动灭火系统主要用于保护飞机发动机和试车台架。该部位的灭火系统设计应全面考虑,一般可采用水喷雾灭火系统,也可以采用气体灭火系统、泡沫灭火系统、细水雾灭火系统等。

8.3.9　本条为强制性条文。本条规定的气体灭火系统主要包括高低压二氧化碳、七氟丙烷、三氟甲烷、氮气、IG541、IG55 等灭火系统。气体灭火剂不导电、一般不造成二次污染,是扑救电子设备、精密仪器设备、贵重仪器和档案图书等纸质、绢质或磁介质材料信息载体的良好灭火剂。气体灭火系统在密闭的空间里有良好的灭火效果,但系统投资较高,故本规范只要求在一些重要的机房、贵重设备室、珍藏室、档案库内设置。

　　(1)电子信息系统机房的主机房,按照现行国家标准《电子信息系统机房设计规范》GB 50174 的规定确定。根据《电子信息系统机房设计规范》GB 50174—2008 的规定,A、B 级电子信息系统机房的分级为:电子信息系统运行中断将造成重大的经济损失或公共场所秩序严重混乱的机房为 A 级机房,电子信息系统运行中断将造成较大的经济损失或公共场所秩序混乱的机房为 B 级机房。图书馆的特藏库,按照国家现行标准《图书馆建筑设计规范》JGJ 38 的规定确定。档案馆的珍藏库,按照国家现行标准《档案馆建筑设计规范》JGJ 25 的规定确定。大、中型博物馆按照国家现行标准《博物馆建筑设计规范》JGJ 66 的规定确定。

　　(2)特殊重要设备,主要指设置在重要部位和场所中,发生火灾后将严重影响生产和生活的关键设备。如化工厂中的中央控制室和单台容量 300 MW 机组及以上容量的发电厂的电子设备间、控制室、计算机房及继电器室等。高层民用建筑内火灾危险性大,发生火灾后对生产、生活产生严重影响的配电室等,也属于特殊重要设备室。

　　(3)从近几年二氧化碳灭火系统的使用情况看,该系统应设置在不经常有人停留的场所。

8.3.10　本条为强制性条文。可燃液体储罐火灾事故较多,且一旦初起火未得到有效控制,往往后期灭火效果不佳。设置固定或半固定式灭火系统,可对储罐火灾起到较好的控火和灭火作用。

低倍数泡沫主要通过泡沫的遮断作用,将燃烧液体与空气隔离实现灭火。中倍数泡沫灭火取决于泡沫的发泡倍数和使用方式,当以较低的倍数用于扑救甲、乙、丙类液体流淌火时,灭火机理与低倍数泡沫相同;当以较高的倍数用于全淹没方式灭火时,其灭火机理与高倍数泡沫相同。高倍数泡沫主要通过密集状态的大量高倍数泡沫封闭区域,阻断新空气的流入实现窒息灭火。

低倍数泡沫灭火系统被广泛用于生产、加工、储存、运输和使用甲、乙、丙类液体的场所。甲、乙、丙类可燃液体储罐主要采用泡沫灭火系统保护。中倍数泡沫灭火系统可用于保护小型油罐和其他一些类似场所。高倍数泡沫可用于大空间和人员进入有危险以及用水难以灭火或灭火后水渍损失大的场所,如大型易燃液体仓库、橡胶轮胎库、纸张和卷烟仓库、电缆沟及地下建筑(汽车库)等。有关泡沫灭火系统的设计与选型应执行现行国家标准《泡沫灭火系统设计规范》GB 50151 等的有关规定。

8.3.11 据统计,厨房火灾是常见的建筑火灾之一。厨房火灾主要发生在灶台操作部位及其排烟道。从试验情况看,厨房的炉灶或排烟道部位一旦着火,发展迅速且常规灭火设施扑救易发生复燃;烟道内的火扑救又比较困难。根据国外近 40 年的应用历史,在该部位采用自动灭火装置灭火,效果理想。

目前,国内外相关产品在国内市场均有销售,不同产品之间的性能差异较大。因此,设计应注意选用能自动探测与自动灭火动作且灭火前能自动切断燃料供应、具有防复燃功能且灭火效能(一般应以保护面积为参考指标)较高的产品,且必须在排烟管道内设置喷头。有关装置的设计、安装可执行中国工程建设标准化协会标准《厨房设备灭火装置技术规程》CECS 233 的规定。

本条规定的餐馆根据国家现行标准《饮食建筑设计规范》JGJ 64 的规定确定,餐厅为餐馆、食堂中的就餐部分,"建筑面积大于 1 000 m^2"为餐厅总的营业面积。

8.4 火灾自动报警系统

8.4.1 本条为强制性条文。火灾自动报警系统能起到早期发现和通报火警信息,及时通知人员进行疏散、灭火的作用,应用广泛。本条规定的设置范围,主要为同一时间停留人数较多,发生火灾容易造成人员伤亡需及时疏散的场所或建筑;可燃物较多,火灾蔓延迅速,扑救困难的场所或建筑;以及不易及时发现火灾且性质重要的场所或建筑。该规定是对国内火灾自动报警系统工程实践经验的总结,并考虑了我国经济发展水平。本条所规定的场所,如未明确具体部位的,除个别火灾危险性小的部位,如卫生间、泳池、水泵房等外,需要在该建筑内全部设置火灾自动报警系统。

1 制鞋、制衣、玩具、电子等类似火灾危险性的厂房主要考虑了该类建筑面积大、同一时间内人员密度较大、可燃物多。

3 商店和展览建筑中的营业、展览厅和娱乐场所等场所,为人员较密集、可燃物较多、容易发生火灾,需要早报警、早疏散、早扑救的场所。

4 重要的档案馆,主要指国家现行标准《档案馆设计规范》JGJ 25 规定的国家档案馆。其他专业档案馆,可视具体情况比照本规定确定。

5 对于地市级以下的电力、交通和防灾调度指挥、广播电视、电信和邮政建筑,可视建筑的规模、高度和重要性等具体情况确定。

6　剧场和电影院的级别,按国家现行标准《剧场建筑设计规范》JGJ 57 和《电影院建筑设计规范》JGJ 58 确定。

　　10　根据现行国家标准《电子信息系统机房设计规范》GB 50174 的规定,电子信息系统的主机房为主要用于电子信息处理、存储、交换和传输设备的安装和运行的建筑空间,包括服务器机房、网络机房、存储机房等功能区域。

　　13　建筑中有需要与火灾自动报警系统联动的设施主要有:机械排烟系统、机械防烟系统、水幕系统、雨淋系统、预作用系统、水喷雾灭火系统、气体灭火系统、防火卷帘、常开防火门、自动排烟窗等。

　　为使老年人照料设施中的人员能及时获知火灾信息,及早探测火情,要求在老年人照料设施中的老年人居室、公共活动用房等老年人用房中设置相应的火灾报警和警报装置。当老年人照料设施单体的总建筑面积小于 500 m² 时,也可以采用独立式烟感火灾探测报警器。独立式烟感探测器适用于受条件限制难以按标准设置火灾自动报警系统的场所,如规模较小的建筑或既有建筑改造等。独立式烟感探测器可通过电池或者生活用电直接供电,安装使用方便,能够探测火灾时产生的烟雾,及时发出报警,可以实现独立探测、独立报警。本条中的"老年人照料设施中的老年人用房",是指现行行业标准《老年人照料设施建筑设计标准》JGJ 450—2018 规定的老年人生活用房、老年人公共活动用房、康复与医疗用房。

8.4.2　为使住宅建筑中的住户能够尽早知晓火灾发生情况,及时疏散,按照安全可靠、经济适用的原则,本条对不同建筑高度的住宅建筑如何设置火灾自动报警系统作出了具体规定。

8.4.3　本条为强制性条文。本条规定应设置可燃气体探测报警装置的场所,包括工业生产、储存,公共建筑中可能散发可燃蒸气或气体,并存在爆炸危险的场所与部位,也包括丙、丁类厂房、仓库中存储或使用燃气加工的部位,以及公共建筑中的燃气锅炉房等场所,不包括住宅建筑内的厨房。

8.5　防烟和排烟设施

　　火灾烟气中所含一氧化碳、二氧化碳、氟化氢、氯化氢等多种有毒成分,以及高温缺氧等都会对人体造成极大的危害。及时排除烟气,对保证人员安全疏散,控制烟气蔓延,便于扑救火灾具有重要作用。对于一座建筑,当其中某部位着火时,应采取有效的排烟措施排除可燃物燃烧产生的烟气和热量,使该局部空间形成相对负压区;对非着火部位及疏散通道等应采取防烟措施,以阻止烟气侵入,以利人员的疏散和灭火救援。因此,在建筑内设置排烟设施十分必要。

8.5.1　本条为强制性条文。建筑物内的防烟楼梯间、消防电梯间前室或合用前室、避难区域等,都是建筑物着火时的安全疏散、救援通道。火灾时,可通过开启外窗等自然排烟设施将烟气排出,亦可采用机械加压送风的防烟设施,使烟气不致侵入疏散通道或疏散安全区内。

　　对于建筑高度小于或等于 50 m 的公共建筑、工业建筑和建筑高度小于或等于 100 m 的住宅建筑,由于这些建筑受风压作用影响较小,可利用建筑本身的采光通风,基本起到防止烟气进一步进入安全区域的作用。

　　当采用凹廊、阳台作为防烟楼梯间的前室或合用前室,或者防烟楼梯间前室或合用前室具有两个不同朝向的可开启外窗且有满足需要的可开启窗面积时,可以认为该前室或合用前室的自然通风能及时排出漏入前室或合用前室的烟气,并可防止烟气进入防烟楼梯间。

8.5.2　本条为强制性条文。事实证明,丙类仓库和丙类厂房的火灾往往会产生大量浓烟,不仅加速了火灾的蔓延,而且增加了灭火救援和人员疏散的难度。在建筑内采取排烟措施,尽快排除火灾过程中产生的烟气和热量,对于提高灭火救援的效果、保证人员疏散安全具有十分重要的作用。

　　厂房和仓库内的排烟设施可结合自然通风、天然采光等要求设置,并在车间内火灾危险性相对较高部位局部考虑加强排烟措施。尽管丁类生产车间的火灾危险性较小,但建筑面积较大的车间仍可能存在火灾危险性大的局部区域,如空调生产与组装车间、汽车部件加工和组装车间等,且车间进深大、烟气难以依靠外墙的开口进行排除,因此应考虑设置机械排烟设施或在厂房中间适当部位设置自然排烟口。

　　有爆炸危险的甲、乙类厂房(仓库),主要考虑加强正常通风和事故通风等预防发生爆炸的技术措施。因此,本规范未明确要求该类建筑设置排烟设施。

8.5.3　本条为强制性条文。为吸取娱乐场所的火灾教训,本条规定建筑中的歌舞娱乐放映游艺场所应当设置排烟设施。

　　中庭在建筑中往往贯通数层,在火灾时会产生一定的烟囱效应,能使火势和烟气迅速蔓延,易在较短时间内使烟气充填或弥散到整个中庭,并通过中庭扩散到相连通的邻近空间。设计需结合中庭和相连通空间的特点、火灾荷载的大小和火灾的燃烧特性等,采取有效的防烟、排烟措施。中庭烟控的基本方法包括减少烟气产生和控制烟气运动两方面。设置机械排烟设施,能使烟气有序运动和排出建筑物,使各楼层的烟气层维持在一定的高度以上,为人员赢得必要的逃生时间。

　　根据试验观测,人在浓烟中低头掩鼻的最大行走距离为 20 m～30 m。为此,本条规定建筑内长度大于 20 m 的疏散走道应设排烟设施。

8.5.4　本条为强制性条文。地下、半地下建筑(室)不同于地上建筑,地下空间的对流条件、自然采光和自然通风条件差,可燃物在燃烧过程中缺乏充足的空气补充,可燃物燃烧慢、产烟量大、温升快、能见度降低很快,不仅增加人员的恐慌心理,而且对安全疏散和灭火救援十分不利。因此,地下空间的防排烟设置要求比地上空间严格。

　　地上建筑中无窗房间的通风与自然排烟条件与地下建筑类似,因此其相关要求也与地下建筑的要求一致。

9　供暖、通风和空气调节

9.1　一般规定

9.1.1　本条规定为采暖、通风和空气调节系统应考虑防火安全措施的原则要求,相关专项标准可根据具体情况确定更详细的相应技术措施。

9.1.2　本条为强制性条文。甲、乙类厂房,有的存在甲、乙类挥发性可燃蒸气,有的在生产使用过程中会产生可燃气体,在特定条件下易积聚而与空气混合形成具有爆炸危险的混合气体。甲、乙类厂房内的空气如循环使用,尽管可减少一定能耗,但火灾危险性可能持续增大。因此,甲、乙类厂房要具备良好的通风条件,将室内空气及时排出到室外,而不循环使用。同时,需向车间内送入新鲜空气,但排风设备在通风机房内存在泄漏可燃气体的可能,因此应符合本规范第9.1.3条的规定。

　　丙类厂房中有的工段存在可燃纤维(如纺织厂、亚麻厂)和粉尘,易造成火灾的蔓延,除及时清扫外,若要循环使用空气,要在通风机前设滤尘器对空气进行净化后才能循环使用。某些火灾危险性相对较低的场所,正常条件下不具有火灾与爆炸危险,但只要条件适宜仍可能发生火灾。因此,规定空气的含尘浓度要求低于含燃烧或爆炸危险粉尘、纤维的爆炸下限的25%。此规定参考了国内外有关标准对类似场所的要求。

9.1.3 本条为强制性条文。本条规定主要为防止空气中的可燃气体再被送入甲、乙类厂房内或将可燃气体送到其他生产类别的车间内形成爆炸气氛而导致爆炸事故。因此,为甲、乙类车间服务的排风设备,不能与送风设备布置在同一通风机房内,也不能与为其他车间服务的送、排风设备布置在同一通风机房内。

9.1.4 本条为强制性条文。本条要求民用建筑内存放容易着火或爆炸物质(例如,容易放出氢气的蓄电池、使用甲类液体的小型零配件等)的房间所设置的排风设备要采用独立的排风系统,主要为避免将这些容易着火或爆炸的物质通过通风系统送入该建筑内的其他房间。因此,将这些房间的排风系统所排出的气体直接排到室外安全地点,是经济、有效的安全方法。

此外,在有爆炸危险场所使用的通风设备,要根据该场所的防爆等级和国家有关标准要求选用相应防爆性能的防爆设备。

9.1.5 本条规定主要为排除比空气轻的可燃气体混合物。将水平排风管沿着排风气流向上设置坡度,有利于比空气轻的气体混合物顺气流方向自然排出,特别是在通风机停机时,能更好地防止在管道内局部积存而形成有爆炸危险的高浓度混合气体。

9.1.6 火灾事故表明,通风系统中的通风管道可能成为建筑火灾和烟气蔓延的通道。本条规定主要为避免这两类管道相互影响,防止火灾和烟气经由通风管道蔓延。

9.2 供暖

9.2.1 本条规定主要为防止散发可燃粉尘、纤维的厂房和输煤廊内的供暖散热器表面温度过高,导致可燃粉尘、纤维与采暖设备接触引起自燃。

目前,我国供暖的热媒温度范围一般为:130 ℃~70 ℃、110 ℃~70 ℃ 和 95 ℃~70 ℃,散热器表面的平均温度分别为:100 ℃、90 ℃ 和 82.5 ℃。若热媒温度为 130 ℃ 或 110 ℃,对于有些易燃物质,例如,赛璐珞(自燃点为 125 ℃)、三硫化二磷(自燃点为 100 ℃)、松香(自燃点为 130 ℃),有可能与采暖的设备和管道的热表面接触引起自燃,还有部分粉尘积聚厚度大于 5 mm 时,也会因融化或焦化而引发火灾,如树脂、小麦、淀粉、糊精粉等。本条规定散热器表面的平均温度不应高于 82.5 ℃,相当于供水温度 95 ℃、回水温度 70 ℃,这时散热器入口处的最高温度为 95 ℃,与自燃点最低的 100 ℃ 相差 5 ℃,具有一定的安全余量。

对于输煤廊,如果热煤温度低,容易发生供暖系统冻结事故,考虑到输煤廊内煤粉在稍高温度时不易引起自燃,故将该场所内散热器的表面温度放宽到 130 ℃。

9.2.2 本条为强制性条文。甲、乙类生产厂房内遇明火发生的火灾,后果十分严重。为吸取教训,规定甲、乙类厂房(仓库)内严禁采用明火和电热散热器供暖。

9.2.3 本条为强制性条文。本条规定应采用不循环使用热风供暖的场所,均为具有爆炸危险性的厂房,主要有:

(1)生产过程中散发的可燃气体、蒸气、粉尘、纤维与采暖管道、散热器表面接触,虽然供暖温度不高,也可能引起燃烧的厂房,如二硫化碳气体、黄磷蒸气及其粉尘等。

(2)生产过程中散发的粉尘受到水、水蒸气的作用,能引起自燃和爆炸的厂房,如生产和加工钾、钠、钙等物质的厂房。

(3)生产过程中散发的粉尘受到水、水蒸气的作用,能产生爆炸性气体的厂房,如电石、碳化铝、氢化钾、氢化钠、硼氢化钠等放出的可燃气体等。

9.2.4、9.2.5 供暖管道长期与可燃物体接触,在特定条件下会引起可燃物体蓄热、分解或炭化而着火,需采取必要的隔热防火措施。一般,可将供暖管道与可燃物保持一定的距离。

本条规定的距离,在有条件时应尽可能加大。若保持一定距离有困难时,可采用不燃材料对供暖管道进行隔热处理,如外包覆绝热性能好的不燃烧材料等。

9.2.6 本条规定旨在防止火势沿着管道的绝热材料蔓延到相邻房间或整个防火区域。在设计中,除首先考虑采用不燃材料外,当采用难燃材料时,还要注意选用热分解毒性小的绝热材料。

9.3 通风和空气调节

9.3.1 由于火灾中的热烟气扩散速度较快,在布置通风和空气调节系统的管道时,要采取措施阻止火灾的横向蔓延,防止和控制火灾的竖向蔓延,使建筑的防火体系完整。本条结合工程设计实际和建筑布置需要,规定通风和空气调节系统的布置,横向尽量按每个防火分区设置,竖向一般不大于5层。通风管道在穿越防火分隔处设置防火阀,可以有效地控制火灾蔓延,在此条件下,通风管道横向或竖向均可以不分区或按楼层分段布置。在住宅建筑中的厨房、厕所的垂直排风管道上,多见用防止回流设施防止火势蔓延,在公共建筑的卫生间和多个排风系统的排风机房里需同时设防火阀和防止回流设施。

本规范要求建筑内管道井的井壁应采用耐火极限不低于1.00 h的防火隔墙,故穿越楼层的竖向风管也要求设在管井内或者采用耐火极限不低于1.00 h的耐火管道。

住宅建筑中的排风管道内采取的防止回流方法,可参见图8所示的做法。具体做法有:

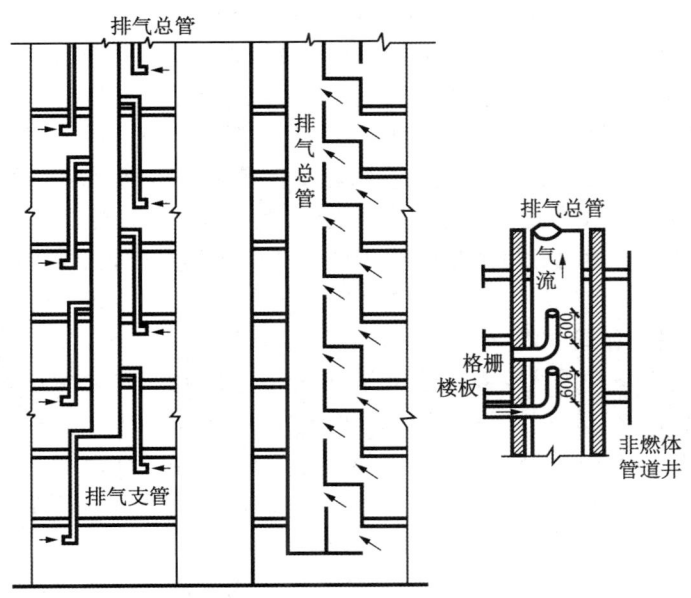

图8 排气管防止回流示意图

(1)增加各层垂直排风支管的高度,使各层排风支管穿越2层楼板;
(2)把排风竖管分成大小两个管道,竖向干管直通屋面,排风支管分层与竖向干管连通;

(3)将排风支管顺气流方向插入竖向风道,且支管到支管出口的高度不小于600 mm;

(4)在支管上安装止回阀。

9.3.2 本条为强制性条文。对于有爆炸危险的车间或厂房,容易通过通风管道蔓延到建筑的其他部分,本条对排风管道穿越防火墙和有爆炸危险的部位作了严格限制,以保证防火墙等防火分隔物的完整性,并防止通过排风管道将有爆炸危险场所的火灾或爆炸波引入其他场所。

9.3.3 在火灾危险性较大的甲、乙、丙类厂房内,送排风管要尽量考虑分层设置。当进入生产车间或厂房的水平或垂直风管设置了防火阀时,可以阻止火灾从着火层向相邻层蔓延,因而各层的水平或垂直送风管可以共用一个系统。

9.3.4 在风机停机时,一般会出现空气从风管倒流到风机的现象。当空气中含有易燃或易爆炸物质且风机未做防爆处理时,这些物质会随之被带到风机内,并因风机产生的火花而引起爆炸,故风机要采取防爆措施。一般可采用有色金属制造的风机叶片和防爆的电动机。

若通风机设置在单独隔开的通风机房内,在送风干管内设置止回阀,即顺气流方向开启的单向阀,能防止危险物质倒流到风机内,且通风机房发生火灾后也不致蔓延至其他房间,因此可采用普通的通风设备。

9.3.5 本条为强制性条文。含有燃烧和爆炸危险粉尘的空气不能进入排风机或在进入排风机前对其进行净化。采用不产生火花的除尘器,主要为防止除尘器工作过程中产生火花引起粉尘、碎屑燃烧或爆炸。

空气中可燃粉尘的含量控制在爆炸下限的25%以下,通常是可防止可燃粉尘形成局部高浓度、满足安全要求的数值。美国消防协会(NFPA)《防火手册》指出:可燃蒸气和气体的警告响应浓度为其爆炸下限的20%;当浓度达到爆炸下限的50%时,要停止操作并进行惰化。国内大部分文献和标准也均采用物质爆炸下限的25%为警告值。

9.3.6 根据火灾爆炸案例,有爆炸危险粉尘的排风机、除尘器采取分区、分组布置是必要的。一个系统对应一种粉尘,便于粉尘回收;不同性质的粉尘在一个系统中,有引起化学反应的可能。如硫黄与过氧化铅、氯酸盐混合物能发生爆炸,炭黑混入氧化剂自燃点会降低到100 ℃。因此,本条强调在布置除尘器和排风机时,要尽量按单一粉尘分组布置。

9.3.7 从国内一些用于净化有爆炸危险粉尘的干式除尘器和过滤器发生爆炸的危害情况看,这些设备如果条件允许布置在厂房之外的独立建筑内,并与所属厂房保持一定的防火间距,对于防止发生爆炸和减少爆炸危害十分有利。

9.3.8 本条为强制性条文。试验和爆炸案例分析均表明,用于排除有爆炸危险的粉尘、碎屑的除尘器、过滤器和管道,如果设置泄压装置,对于减轻爆炸的冲击波破坏较为有效。泄压面积大小则需根据有爆炸危险的粉尘、纤维的危险程度,经计算确定。

要求除尘器和过滤器布置在负压段上,主要为缩短含尘管道的长度,减少管道内的积尘,避免因干式除尘器布置在系统的正压段上漏风而引起火灾。

9.3.9 本条为强制性条文。含可燃气体、蒸气和粉尘场所的排风系统,通过设置导除静电接地的装置,可以减少因静电引发爆炸的可能性。地下、半地下场所易积聚有爆炸危险的蒸气和粉尘等物质,因此对上述场所进行排风的设备不能设置在地下、半地下。

本条第3款规定主要为便于检查维修和排除危险,消除安全隐患。为安全考虑,排气口要尽量远离明火和人员通过或停留的地方。

9.3.10 温度超过 80 ℃的气体管道与可燃或难燃物体长期接触,易引起火灾;容易起火的碎屑也可能在管道内发生火灾,并易引燃邻近的可燃、难燃物体。因此,要求与可燃、难燃物体之间保持一定间隙或应用导热性差的不燃隔热材料进行隔热。

9.3.11 本条为强制性条文。通风和空气调节系统的风管是建筑内部火灾蔓延的途径之一,要采取措施防止火势穿过防火墙和不燃性防火分隔物等位置蔓延。通风、空气调节系统的风管上应设防火阀的部位主要有:

1 防火分区等防火分隔处,主要防止火灾在防火分区或不同防火单元之间蔓延。在某些情况下,必须穿过防火墙或防火隔墙时,需在穿越处设置防火阀,此防火阀一般依靠感烟火灾探测器控制动作,用电讯号通过电磁铁等装置关闭,同时它还具有温度熔断器自动关闭以及手动关闭的功能。

2、3 风管穿越通风、空气调节机房或其他防火隔墙和楼板处。主要防止机房的火灾通过风管蔓延到建筑内的其他房间,或者防止建筑内的火灾通过风管蔓延到机房。此外,为防止火灾蔓延至重要的会议室、贵宾休息室、多功能厅等性质重要的房间或有贵重物品、设备的房间以及易燃物品实验室或易燃物品库房等火灾危险性大的房间,规定风管穿越这些房间的隔墙和楼板处应设置防火阀。

4 在穿越变形缝的两侧风管上。在该部位两侧风管上各设一个防火阀,主要为使防火阀在一定时间里达到耐火完整性和耐火稳定性要求,有效地起到隔烟阻火作用,参见图9。

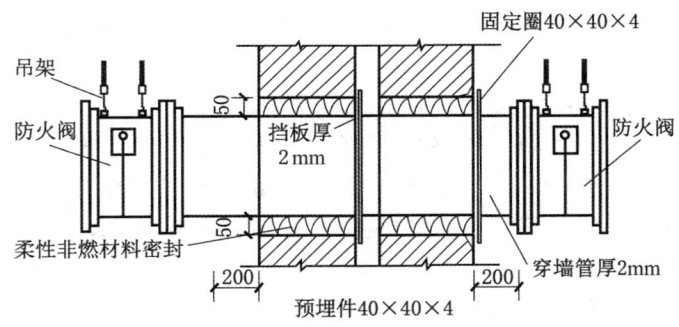

图 9 变形缝处的防火阀

5 竖向风管与每层水平风管交接处的水平管段上。主要为防止火势竖向蔓延。

有关防火阀的分类,参见表18。

表 18 防火阀、排烟防火阀的基本分类

类别	名称	性能及用途
防火类	防火阀	采用 70 ℃温度熔断器自动关闭(防火),可输出联动讯号。用于通风空调系统风管内,防止火势沿风管蔓延
	防烟防火阀	靠感烟火灾探测器控制动作,用电讯号通过电磁铁关闭(防烟),还可采用 70 ℃温度熔断器自动关闭(防火)。用于通风空调系统风管内,防止烟火蔓延
	防火调节阀	70 ℃时自动关闭,手动复位,0°~90°无级调节,可以输出关闭电讯号

表 18（续）

类别	名称	性能及用途
防烟类	加压送风口	靠感烟火灾探测器控制,电讯号开启,也可手动(或远距离缆绳)开启,可设 70 ℃温度熔断器重新关闭装置,输出电讯号联动送风机开启。用于加压送风系统的风口,防止外部烟气进入
排烟类	排烟阀	电讯号开启或手动开启,输出开启电讯号联动排烟机开启,用于排烟系统风管上
	排烟防火阀	电讯号开启,手动开启,输出动作电讯号,用于排烟风机吸入口管道或排烟支管上。采用 280 ℃温度熔断器重新关闭
	排烟口	电讯号开启,手动(或远距离缆绳)开启,输出电讯号联动排烟机,用于排烟房间的顶棚或墙壁上。采用 280 ℃重新关闭装置

9.3.12 为防止火势通过建筑内的浴室、卫生间、厨房的垂直排风管道(自然排风或机械排风)蔓延,要求这些部位的垂直排风管采取防回流措施并尽量在其支管上设置防火阀。

由于厨房中平时操作排出的废气温度较高,若在垂直排风管上设置 70 ℃时动作的防火阀,将会影响平时厨房操作中的排风。根据厨房操作需要和厨房常见火灾发生时的温度,本条规定公共建筑厨房的排油烟管道的支管与垂直排风管连接处要设 150 ℃时动作的防火阀,同时,排油烟管道尽量按防火分区设置。

9.3.13 本条规定了防火阀的主要性能和具体设置要求。

(1)为使防火阀能自行严密关闭,防火阀关闭的方向应与通风和空调的管道内气流方向相一致。采用感温元件控制的防火阀,其动作温度高于通风系统在正常工作的最高温度(45 ℃)时,宜取 70 ℃。现行国家标准《建筑通风和排烟系统用防火阀门》GB 15930 规定防火阀的公称动作温度应为 70 ℃。

(2)为使防火阀能及时关闭,控制防火阀关闭的易熔片或其他感温元件应设在容易感温的部位。设置防火阀的通风管要求具备一定强度,设置防火阀处要设置单独的支吊架,以防止管段变形。在暗装时,需在安装部位设置方便检修的检修口,参见图 10。

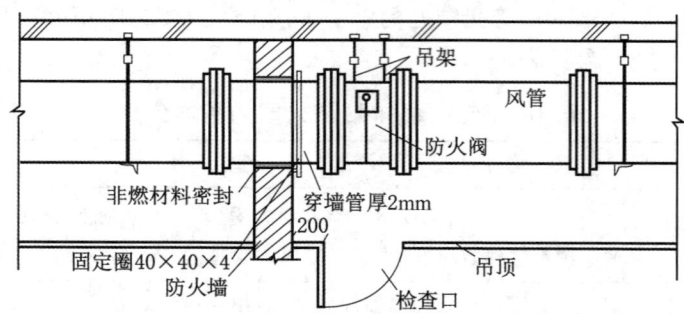

图 10　防火阀检修口设置示意图

(3)为保证防火阀能在火灾条件下发挥预期作用,穿过防火墙两侧各 2.0 m 范围内的风管绝热材料需采用不燃材料且具备足够的刚性和抗变形能力,穿越处的空隙要用不燃材料或防火封堵材料严密填实。

9.3.14 国内外均有不少因通风、空调系统风管可燃而致火灾蔓延,造成重大的人员和财产损失的案例,故本条规定通风、空调系统的风管应采用不燃材料制作。

本条规定参考了国外有关标准,考虑了我国有关防火分隔的具体要求及应用实例,如一些大空间民用或工业生产场所。设计要注意控制材料的燃烧性能及其发烟性能和热解产物的毒性。

9.3.15 加湿器的加湿材料常为可燃材料,这给类似设备留下了一定火灾隐患。因此,风管和设备的绝热材料、用于加湿器的加湿材料、消声材料及其黏结剂,应采用不燃材料。在采用不燃材料确有困难时,允许有条件地采用难燃材料。

为防止通风机已停而电加热器继续加热引起过热而着火,电加热器的开关与风机的开关应进行联锁,风机停止运转,电加热器的电源亦应自动切断。同时,电加热器前后各800 mm 的风管采用不燃材料进行绝热,穿过有火源及容易着火的房间的风管也应采用不燃绝热材料。

目前,不燃绝热材料、消声材料有超细玻璃棉、玻璃纤维、岩棉、矿渣棉等。难燃材料有自熄性聚氨酯泡沫塑料、自熄性聚苯乙烯泡沫塑料等。

9.3.16 本条为强制性条文。本条所指锅炉房包括燃油、燃气的热水、蒸汽锅炉房和直燃型溴化锂冷(热)水机组的机房。

燃油、燃气锅炉房在使用过程中存在逸漏或挥发的可燃性气体,要在这些房间内通过自然通风或机械通风方式保持良好的通风条件,使逸漏或挥发的可燃性气体与空气混合气体的浓度不能达到其爆炸下限值的 25%。

燃油锅炉所用油的闪点温度一般高于 60 ℃,油泵房内的温度一般不会高于 60 ℃,不存在爆炸危险。机房的通风量可按泄漏量计算或按换气次数计算,具体设计要求参见现行国家标准《锅炉房设计规范》GB 50041—2008 第 15.3 节有关燃油、燃气锅炉房的通风要求。

10 电气

10.1 消防电源及其配电

10.1.1 本条为强制性条文。消防用电的可靠性是保证建筑消防设施可靠运行的基本保证。本条根据建筑扑救难度和建筑的功能及其重要性以及建筑发生火灾后可能的危害与损失、消防设施的用电情况,确定了建筑中的消防用电设备要求按一级负荷进行供电的建筑范围。

本规范中的"消防用电"包括消防控制室照明、消防水泵、消防电梯、防烟排烟设施、火灾探测与报警系统、自动灭火系统或装置、疏散照明、疏散指示标志和电动的防火门窗、卷帘、阀门等设施、设备在正常和应急情况下的用电。

10.1.2 本条为强制性条文。本条规定了需按二级负荷要求对消防用电设备供电的建筑范围,有关说明参见第 10.1.1 条的条文说明。

10.1.4 消防用电设备的用电负荷分级可参见现行国家标准《供配电系统设计规范》GB 50052 的规定。此外,为尽快让自备发电设备发挥作用,对备用电源的设置及其启动作了要求。根据目前我国的供电技术条件,规定其采用自动启动方式时,启动时间不应大于 30 s。

(1)根据国家标准《供配电系统设计规范》GB 50052 的要求,一级负荷供电应由两个电源供电,且应满足下述条件:

1) 当一个电源发生故障时,另一个电源不应同时受到破坏;

2) 一级负荷中特别重要的负荷,除由两个电源供电外,尚应增设应急电源,并严禁将其他负荷接入应急供电系统。应急电源可以是独立于正常电源的发电机组、供电网中独立于正常电源的专用的馈电线路、蓄电池或干电池。

（2）结合目前我国经济和技术条件、不同地区的供电状况以及消防用电设备的具体情况,具备下列条件之一的供电,可视为一级负荷:

1) 电源来自两个不同发电厂;

2) 电源来自两个区域变电站(电压一般在 35 kV 及以上);

3) 电源来自一个区域变电站,另一个设置自备发电设备。

建筑的电源分正常电源和备用电源两种。正常电源一般是直接取自城市低压输电网,电压等级为 380 V/220 V。当城市有两路高压(10 kV 级)供电时,其中一路可作为备用电源;当城市只有一路供电时,可采用自备柴油发电机作为备用电源。国外一般使用自备发电机设备和蓄电池作消防备用电源。

（3）二级负荷的供电系统,要尽可能采用两回线路供电。在负荷较小或地区供电条件困难时,二级负荷可以采用一回 6 kV 及以上专用的架空线路或电缆供电。当采用架空线时,可为一回架空线供电;当采用电缆线路,应采用两根电缆组成的线路供电,其每根电缆应能承受 100%的二级负荷。

（4）三级负荷供电是建筑供电的最基本要求,有条件的建筑要尽量通过设置两台终端变压器来保证建筑的消防用电。

10.1.5 本条为强制性条文。疏散照明和疏散指示标志是保证建筑中人员疏散安全的重要保障条件,应急备用照明主要用于建筑中消防控制室、重要控制室等一些特别重要岗位的照明。在火灾时,在一定时间内持续保障这些照明,十分必要和重要。

本规范中的"消防应急照明"是指火灾时的疏散照明和备用照明。对于疏散照明备用电源的连续供电时间,试验和火灾证明,单、多层建筑和部分高层建筑着火时,人员一般能在 10 min 以内疏散完毕。本条规定的连续供电时间,考虑了一定安全系数以及实际人员疏散状况和个别人员疏散困难等情况。对于建筑高度大于 100 m 的民用建筑、医院等场所和大型公共建筑等,由于疏散人员体质弱、人员较多或疏散距离较长等,会出现疏散时间较长的情况,故对这些场所的连续供电时间要求有所提高。

为保证应急照明和疏散指示标志用电的安全可靠,设计要尽可能采用集中供电方式。应急备用电源无论采用何种方式,均需在主电源断电后能立即自动投入,并保持持续供电,功率能满足所有应急用电照明和疏散指示标志在设计供电时间内连续供电的要求。

10.1.6 本条为强制性条文。本条旨在保证消防用电设备供电的可靠性。实践中,尽管电源可靠,但如果消防设备的配电线路不可靠,仍不能保证消防用电设备供电可靠性,因此要求消防用电设备采用专用的供电回路,确保生产、生活用电被切断时,仍能保证消防供电。

如果生产、生活用电与消防用电的配电线路采用同一回路,火灾时,可能因电气线路短路或切断生产、生活用电,导致消防用电设备不能运行,因此,消防用电设备均应采用专用的供电回路。同时,消防电源宜直接取自建筑内设置的配电室的母线或低压电缆进线,且低压配电系统主接线方案应合理,以保证当切断生产、生活电源时,消防电源不受影响。

对于建筑的低压配电系统主接线方案,目前在国内建筑电气工程中采用的设计方案有不分组设计和分组设计两种。对于不分组方案,常见消防负荷采用专用母线段,但消防负荷与非消防负荷共用同一进线断路器或消防负荷与非消防负荷共用同一进线断路器和同一低压母线段。这种方案主接线简单、造价较低,但这种方案使消防负荷受非消防负荷故障的影响较大;对于分组设计方案,消防供电电源是从建筑的变电站低压侧封闭母线处将消防电源分出,形成各自独立的系统,这种方案主接线相对复杂,造价较高,但这种方案使消防负荷受非消防负荷故障的影响较小。图11给出了几种接线方案的示意做法。

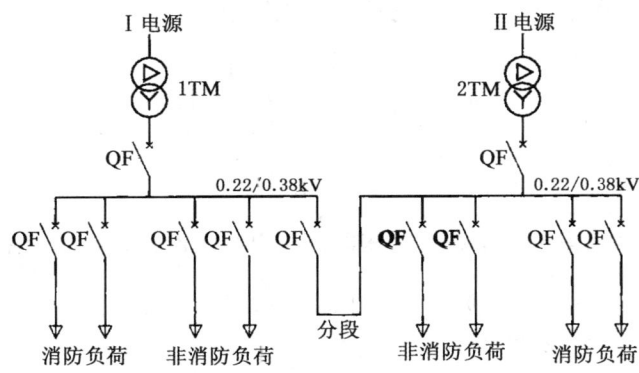

负荷不分组设计方案(一)

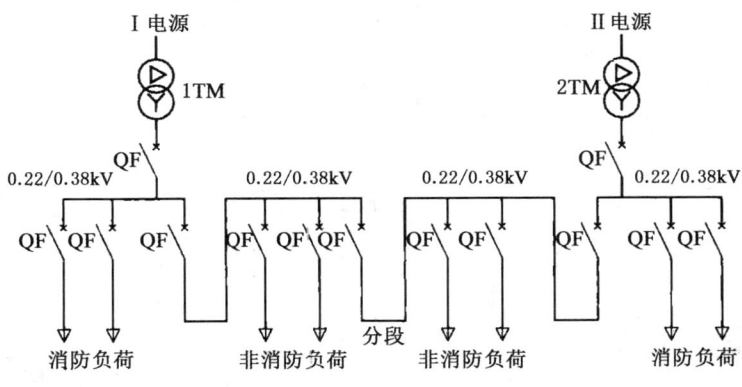

负荷不分组设计方案(二)

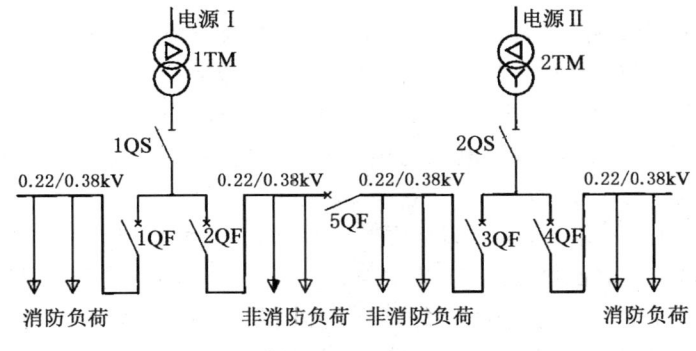

负荷分组设计方案(一)

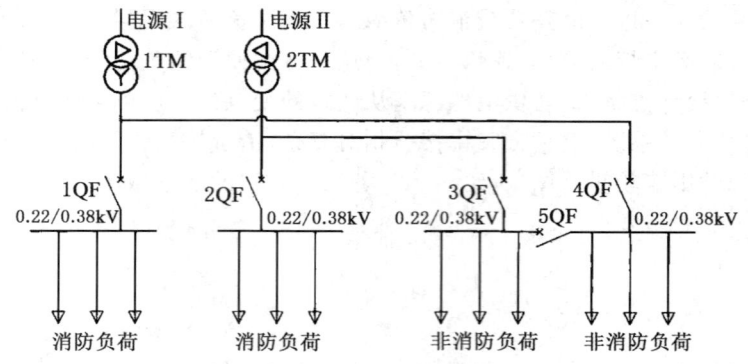

负荷分组设计方案（二）

图 11　消防用电设备电源在变压器低压出线端设置单独主断路器示意

当采用柴油发电机作为消防设备的备用电源时，要尽量设计独立的供电回路，使电源能直接与消防用电设备连接，参见图 12。

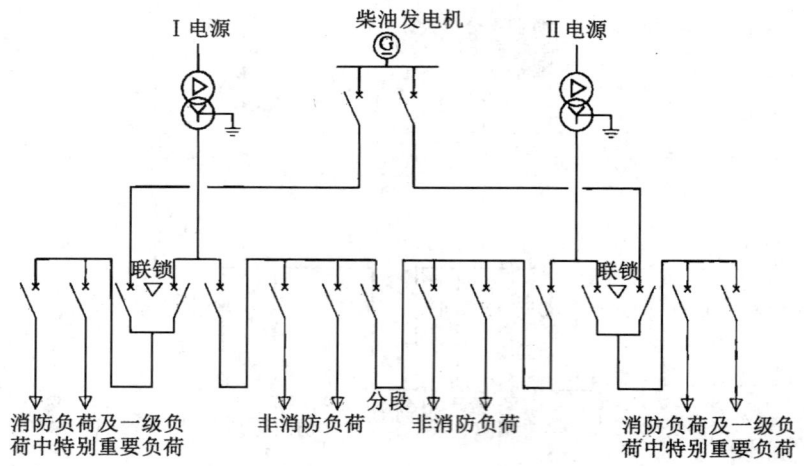

图 12　柴油发电机作为消防设备的备用电源的配电系统分组方案

本条规定的"供电回路"，是指从低压总配电室或分配电室至消防设备或消防设备室（如消防水泵房、消防控制室、消防电梯机房等）最末级配电箱的配电线路。

对于消防设备的备用电源，通常有三种：①独立于工作电源的市电回路，②柴油发电机，③应急供电电源（EPS）。这些备用电源的供电时间和容量，均要求满足各消防用电设备设计持续运行时间最长者的要求。

10.1.8　本条为强制性条文。本条要求也是保证消防用电供电可靠性的一项重要措施。

本条规定的最末一级配电箱：对于消防控制室、消防水泵房、防烟和排烟风机房的消防用电设备及消防电梯等，为上述消防设备或消防设备室处的最末级配电箱；对于其他消防设备用电，如消防应急照明和疏散指示标志等，为这些用电设备所在防火分区的配电箱。

10.1.9　本条规定旨在保证消防用电设备配电箱的防火安全和使用的可靠性。

火场的温度往往很高,如果安装在建筑中的消防设备的配电箱和控制箱无防火保护措施,当箱体内温度达到 200 ℃ 及以上时,箱内电器元件的外壳就会变形跳闸,不能保证消防供电。对消防设备的配电箱和控制箱应采取防火隔离措施,可以较好地确保火灾时配电箱和控制箱不会因为自身防护不好而影响消防设备正常运行。

通常的防火保护措施有:将配电箱和控制箱安装在符合防火要求的配电间或控制间内;采用内衬岩棉对箱体进行防火保护。

10.1.10 本条第 1、2 款为强制性条款。消防配电线路的敷设是否安全,直接关系到消防用电设备在火灾时能否正常运行,因此,本条对消防配电线路的敷设提出了强制性要求。

工程中,电气线路的敷设方式主要有明敷和暗敷两种方式。对于明敷方式,由于线路暴露在外,火灾时容易受火焰或高温的作用而损毁,因此,规范要求线路明敷时要穿金属导管或金属线槽并采取保护措施。保护措施一般可采取包覆防火材料或涂刷防火涂料。

对于阻燃或耐火电缆,由于其具有较好的阻燃和耐火性能,故当敷设在电缆井、沟内时,可不穿金属导管或封闭式金属槽盒。"阻燃电缆"和"耐火电缆"为符合国家现行标准《阻燃及耐火电缆:塑料绝缘阻燃及耐火电缆分级和要求》GA 306.1~2 的电缆。

矿物绝缘类不燃性电缆由铜芯、矿物质绝缘材料、铜等金属护套组成,除具有良好的导电性能、机械物理性能、耐火性能外,还具有良好的不燃性,这种电缆在火灾条件下不仅能够保证火灾延续时间内的消防供电,还不会延燃、不产生烟雾,故规范允许这类电缆可以直接明敷。

暗敷设时,配电线路穿金属导管并敷设在保护层厚度达到 30 mm 以上的结构内,是考虑到这种敷设方式比较安全、经济,且试验表明,这种敷设能保证线路在火灾中继续供电,故规范对暗敷时的厚度作出相关规定。

10.2 电力线路及电器装置

10.2.1 本条为强制性条文。本条规定的甲、乙类厂房,甲、乙类仓库,可燃材料堆垛,甲、乙、丙类液体储罐,液化石油气储罐和可燃、助燃气体储罐,均为容易引发火灾且难以扑救的场所和建筑。本条确定的这些场所或建筑与电力架空线的最近水平距离,主要考虑了架空电力线在倒杆断线时的危害范围。

据调查,架空电力线倒杆断线现象多发生在刮大风特别是刮台风时。据 21 起倒杆、断线事故统计,倒杆后偏移距离在 1 m 以内的 6 起,2 m~4 m 的 4 起,半杆高的 4 起,一杆高的 4 起,1.5 倍杆高的 2 起,2 倍杆高的 1 起。对于采用塔架方式架设电线时,由于顶部用于稳定部分较高,该杆高可按最高一路调设线路的吊杆距地高度计算。

储存丙类液体的储罐,液体的闪点不低于 60 ℃,在常温下挥发可燃蒸气少,蒸气扩散达到燃烧爆炸范围的可能性更小。对此,可按不少于 1.2 倍电杆(塔)高的距离确定。

对于容积大的液化石油气单罐,实践证明,保持与高压架空电力线 1.5 倍杆(塔)高的水平距离,难以保障安全。因此,本条规定 35 kV 以上的高压电力架空线与单罐容积大于 200 m³ 液化石油气储罐或总容积大于 1 000 m³ 的液化石油气储罐区的最小水平距,当根据表 10.2.1 的规定按电杆或电塔高度的 1.5 倍计算后,距离小于 40 m 时,仍需要按照 40 m 确定。

对于地下直埋的储罐,无论储存的可燃液体或可燃气体的物性如何,均因这种储存方式有较高的安全性、不易大面积散发可燃蒸气或气体,该储罐与架空电力线路的距离可在相应规定距离的基础上减小一半。

10.2.2 在厂矿企业特别是大、中型工厂中,将电力电缆与输送原油、苯、甲醇、乙醇、液化石油气、天然气、乙炔气、煤气等各类可燃气体、液体管道敷设在同一管沟内的现象较常见。由于上述液体或气体管道渗漏、电缆绝缘老化、线路出现破损、产生短路等原因,可能引发火灾或爆炸事故。

　　对于架空的开敞管廊,电力电缆的敷设应按相关专业规范的规定执行。一般可布置同一管廊中,但要根据甲、乙、丙类液体或可燃气体的性质,尽量与输送管道分开布置在管廊的两侧或不同标高层中。

10.2.3 低压配电线路因使用时间长绝缘老化,产生短路着火或因接触电阻大而发热不散。因此,规定了配电线路不应敷设在金属风管内,但采用穿金属导管保护的配电线路,可以紧贴风管外壁敷设。过去发生在有可燃物的闷顶(吊顶与屋盖或上部楼板之间的空间)或吊顶内的电气火灾,大多因未采取穿金属导管保护,电线使用年限长、绝缘老化,产生漏电着火或电线过负荷运行发热着火等情况而引起。

10.2.4 本条为强制性条文。本条规定主要为预防和减少因照明器表面的高温部位靠近可燃物所引发的火灾。卤钨灯(包括碘钨灯和溴钨灯)的石英玻璃表面温度很高,如1 000 W的灯管温度高达500 ℃～800 ℃,很容易烤燃与其靠近的纸、布、木构件等可燃物。吸顶灯、槽灯、嵌入式灯等采用功率不小于100 W的白炽灯泡的照明灯具和不小于60 W的白炽灯、卤钨灯、荧光高压汞灯、高压钠灯、金属卤灯光源等灯具,使用时间较长时,引入线及灯泡的温度会上升,甚至到100 ℃以上。本条规定旨在防止高温灯泡引燃可燃物,而要求采用瓷管、石棉、玻璃丝等不燃烧材料将这些灯具的引入线与可燃物隔开。根据试验,不同功率的白炽灯的表面温度及其烤燃可燃物的时间、温度,见表19。

表19　白炽灯泡将可燃物烤至着火的时间、温度

灯泡功率(W)	摆放形式	可燃物	烤至着火的时间(min)	烤至着火的温度(℃)	备注
75	卧式	稻草	2	360～367	埋入
100	卧式	稻草	12	342～360	紧贴
100	垂式	稻草	50	炭化	紧贴
100	卧式	稻草	2	360	埋入
100	垂式	棉絮被套	13	360～367	紧贴
100	卧式	乱纸	8	333～360	埋入
200	卧式	稻草	8	367	紧贴
200	卧式	乱稻草	4	342	紧贴
200	卧式	稻草	1	360	埋入
200	垂式	玉米秸	15	365	埋入
200	垂式	纸张	12	333	紧贴
200	垂式	多层报纸	125	333～360	紧贴
200	垂式	松木箱	57	398	紧贴
200	垂式	棉被	5	367	紧贴

10.2.5 本条是根据仓库防火安全管理的需要而作的规定。

10.2.7 本条规定了有条件时需要设置电气火灾监控系统的建筑范围,电气火灾监控系统的设计要求见现行国家标准《火灾自动报警系统设计规范》GB 50116。为提高老年人照料设施预防火灾的能力,要求此类场所的非消防用电负荷设置电气火灾监控系统。

电气过载、短路等一直是我国建筑火灾的主要原因。电气火灾隐患形成和存留时间长,且不易发现,一旦引发火灾往往造成很大损失。根据有关统计资料,我国的电气火灾大部分是由电气线路直接或间接引起的。

电气火灾监控系统类型较多,本条规定主要指剩余电流电气火灾监控系统,一般由电流互感器、漏电探测器、漏电报警器组成。该系统能监控电气线路的故障和异常状态,发现电气火灾隐患,及时报警以消除这些隐患。由于我国存在不同的接地系统,在设置剩余电流电气火灾监控系统时,应注意区别对待。如在接地型式为 TN-C 的系统中,就要将其改造为 TN-C-S、TN-S 或局部 TT 系统后,才可以安装使用报警式剩余电流保护装置。

10.3 消防应急照明和疏散指示标志

10.3.1 本条为强制性条文。设置疏散照明可以使人们在正常照明电源被切断后,仍能以较快的速度逃生,是保证和有效引导人员疏散的设施。本条规定了建筑内应设置疏散照明的部位,这些部位主要为人员安全疏散必须经过的重要节点部位和建筑内人员相对集中、人员疏散时易出现拥堵情况的场所。

对于本规范未明确规定的场所或部位,设计师应根据实际情况,从有利于人员安全疏散需要出发考虑设置疏散照明,如生产车间、仓库、重要办公楼中的会议室等。

10.3.2 本条为强制性条文。本条规定的区域均为疏散过程中的重要过渡区或视作室内的安全区,适当提高疏散应急照明的照度值,可以大大提高人员的疏散速度和安全疏散条件,有效减少人员伤亡。

本条规定设置消防疏散照明场所的照度值,考虑了我国各类建筑中暴露出来的一些影响人员疏散的问题,参考了美国、英国等国家的相关标准,但仍较这些国家的标准要求低。因此,有条件的,要尽量增加该照明的照度,从而提高疏散的安全性。

10.3.3 本条为强制性条文。消防控制室、消防水泵房、自备发电机房等是要在建筑发生火灾时继续保持正常工作的部位,故消防应急照明的照度值仍应保证正常照明的照度要求。这些场所一般照明标准值参见现行国家标准《建筑照明设计标准》GB 50034 的有关规定。

10.3.4、10.3.5 应急照明的设置位置一般有:设在楼梯间的墙面或休息平台板下,设在走道的墙面或顶棚的下面,设在厅、堂的顶棚或墙面上,设在楼梯口、太平门的门口上部。

对于疏散指示标志的安装位置,是根据国内外的建筑实践和火灾中人的行为习惯提出的。具体设计还可结合实际情况,在规范规定的范围内合理选定安装位置,比如也可设置在地面上等。总之,所设置的标志要便于人们辨认,并符合一般人行走时目视前方的习惯,能起诱导作用,但要防止被烟气遮挡,如设在顶棚下的疏散标志应考虑距离顶棚一定高度。

目前,在一些场所设置的标志存在不符合现行国家标准《消防安全标志》GB 13495 规定的现象,如将"疏散门"标成"安全出口","安全出口"标成"非常口"或"疏散口"等,还有的疏散指示方向混乱等。因此,有必要明确建筑中这些标志的设置要求。

对于疏散指示标志的间距,设计还要根据标志的大小和发光方式以及便于人员在较低照度条件清楚识别的原则进一步缩小。

10.3.6 本条要求展览建筑、商店、歌舞娱乐放映游艺场所、电影院、剧场和体育馆等大空间或人员密集场所的建筑设计,应在这些场所内部疏散走道和主要疏散路线的地面上增设能保持视觉连续的疏散指示标志。该标志是辅助疏散指示标志,不能作为主要的疏散指示标志。

合理设置疏散指示标志,能更好地帮助人员快速、安全地进行疏散。对于空间较大的场所,人们在火灾时依靠疏散照明的照度难以看清较大范围的情况,依靠行走路线上的疏散指示标志,可以及时识别疏散位置和方向,缩短到达安全出口的时间。

11 木结构建筑

11.0.1 本条规定木结构建筑可以按本章进行防火设计,其构件燃烧性能和耐火极限、层数和防火分区面积,以及防火间距等都要满足要求,否则应按本规范相应耐火等级建筑的要求进行防火设计。

(1)表 11.0.1 中有关电梯井的墙、非承重外墙、疏散走道两侧的隔墙、承重柱、梁、楼板、屋顶承重构件及吊顶的燃烧性能和耐火极限的要求,主要依据我国对承重柱、梁、楼板等主要木结构构件的耐火试验数据,并参考国外建筑规范的有关规定,结合我国对材料燃烧性能和构件耐火极限的试验要求而确定。在确定木结构构件的燃烧性能和耐火极限时,考虑了现代木结构建筑的特点、我国建筑耐火等级分级、不同耐火等级建筑构件的燃烧性能和耐火极限及与现行国家相关标准的协调,力求做到科学、合理、可行。

(2)电梯井内一般敷设有电线电缆,同时也可能成为火灾竖向蔓延的通道,具有较大的火灾危险性,但木结构建筑的楼层通常较低,即使与其他结构类型组合建造的木结构建筑,其建筑高度也不大于 24 m。因此,在表 11.0.1 中,将电梯井的墙体确定为不燃性墙体,并比照本规范对木结构建筑中承重墙的耐火极限要求确定了其耐火极限,即不应低于 1.00 h。

(3)木结构建筑中的梁和柱,主要采用胶合木或重型木构件,属于可燃材料。国内外进行的大量相关耐火试验表明,胶合木或重型木构件受火作用时,会在木材表面形成一定厚度的炭化层,并可因此降低木材内部的烧蚀速度,且炭化速率在标准耐火试验条件下基本保持不变。因此,设计可以根据不同种木材的炭化速率、构件的设计耐火极限和设计荷载来确定梁和柱的设计截面尺寸,只要该截面尺寸预留了在实际火灾时间内可能被烧蚀的部分,承载力就可满足设计要求。此外,为便于在工程中尽可能地体现胶合木或原木的美感,本条规定允许梁和柱采用不经防火处理的木构件。

(4)当同一座木结构建筑由不同高度部分的结构组成时,考虑到较低部分的结构发生火灾时,火焰会向较高部分的外墙蔓延;或者较高部分的结构发生火灾时,飞火可能掉落到较低部分的屋顶,存在火灾从外向内蔓延的可能,故要求较低部分的屋顶承重构件和屋面不能采用可燃材料。

(5)轻型木结构屋顶承重构件的截面尺寸一般较小,耐火时间较短。为了确保轻型木结构建筑屋顶承重构件的防火安全,本条要求将屋顶承重构件的燃烧性能提高到难燃。在工程中,一般采用在结构外包覆耐火石膏板等防火保护方法来实现。

(6)为便于设计,在本条文说明附录中列出了木结构建筑主要构件达到规定燃烧性能和耐火极限的构造方法,这些数据源自公安部天津消防研究所对木结构墙体、楼板、吊顶和胶合木梁、柱的耐火试验结果。需要说明的是,本条文说明附录中所列楼板中的定向刨花板和外墙外侧的定向刨花板(胶合板)的厚度,可根据实际结构受力经计算确定。设计时,对于与附录中所列情况完全一样的构件可以直接采用;如果存在较大变化,则需按照理论计算和试验测试验证相结合的方法确定所设计木构件的耐火极限。

(7)表注3的规定主要为与本规范第5.1.2条和第5.3.1条的要求协调一致。

11.0.2 本条在国家标准《木骨架组合墙体技术规范》GB/T 50361—2005 第4.5.3条、第5.6.1条、第5.6.2条规定的基础上作了调整。木骨架组合墙体由木骨架外覆石膏板或其他耐火板材、内填充岩棉等隔音、绝热材料构成。根据试验结果,木骨架组合墙体只能满足难燃性墙体的相关性能,所以本条限制了采用该类墙体的建筑的使用功能和建筑高度。

具有一定耐火性能的非承重外墙可有效防止火灾在建筑间的相互蔓延或通过外墙上下蔓延。为防止火势通过木骨架组合墙体内部进行蔓延,本条要求其墙体填充材料的燃烧性能要不能低于A级,即采用不燃性绝热和隔音材料。

对于木骨架墙体应用中的更详细要求,见现行国家标准《木骨架组合墙体技术规范》GB/T 50361。

11.0.3 本条为强制性条文。控制木结构建筑的应用范围、高度、层数和防火分区大小,是控制其火灾危害的重要手段。本条参考国外相关标准规定,根据我国实际情况规定丁、戊类厂房(库房)和民用建筑可采用木结构建筑或木结构组合建筑,而甲、乙、丙类厂房(库房)则不允许。

(1)从木结构建筑构件的耐火性能看,木结构建筑的耐火等级介于三级和四级之间。本规范规定四级耐火等级的建筑只允许建造2层。在本章规定的木结构建筑中,构件的耐火性能优于四级耐火等级的建筑,因此规定木结构建筑的最多允许层数为3层。此外,本规范第11.0.4条对商店、体育馆以及丁、戊类厂房(库房)还规定其层数只能为单层。表11.0.3-1、表11.0.3-2规定的数值是在消化吸收国外有关规范和协调我国相关标准规定的基础上确定的。

表11.0.3-2中"防火墙间的每层最大允许建筑面积",指位于两道防火墙之间的一个楼层的建筑面积。如果建筑只有1层,则该防火墙间的建筑面积可允许1 800 m²;如果建筑需要建造3层,则两道防火墙之间的每个楼层的建筑面积最大只允许600 m²,使3个楼层的建筑面积之和不能大于单层时的最大允许建筑面积,即1 800 m²。这一规定主要考虑到支撑楼板的柱、梁和竖向的分隔构件——楼板的燃烧性能较低,不能达到不燃的要求,因而,某一层着火后有可能导致位于两座防火墙之间的这3层楼均被烧毁。

(2)由于体育场馆等高大空间建筑,室内空间高度高、建筑面积大,一般难以全部采用木结构构件,主要为大跨度的梁和高大的柱可能采用胶合木结构,其他部分还需采用混凝土结构等具有较好耐火性能的传统建筑结构,故对此类建筑做了调整。为确保建筑的防火安全,建筑的高度和面积的扩大的程度以及因扩大后需要采取的防火措施等,应该按照国家规定程序进行论证和评审来确定。

11.0.4 本条为强制性条文。本条规定是比照本规范第5.4.3条和第5.4.4条有关三级和四级耐火等级建筑的要求确定的。

本条对于木结构的商店、体育馆和丁、戊类厂房(仓库),要求其只能采用单层的建筑,并宜采用胶合木结构,同时,建筑高度仍要符合第11.0.3条的要求。商店、体育馆和丁、戊类厂(库)房等,因使用功能需要,往往要求较大的面积和较高的空间,胶合木具有较好的耐火承载力,用作柱和梁具有一定优势,无论外观与日常维护,还是实际防火性能均较钢材要好。

11.0.5、11.0.6 这两条规定了建筑内火灾危险性较大部位的防火分隔要求,对因使用需要等而开设的门、窗或洞口,要求采取相应的防火保护措施,以限制火灾在建筑内蔓延。

条文中规定的车库,为小型住宅建筑中的自用车库。根据我国的实际情况,没有限制停放机动车的数量,而是通过限制建筑面积来控制附属车库的大小和可能带来的火灾危险。

11.0.7 本条第2、3、4款为强制性条款。本条是结合木结构建筑的整体耐火性能及其楼层的允许建筑面积,按照民用建筑安全疏散设计的原则,比照本规范第5章的有关规定确定的。表11.0.7-1中的数据取值略小于三级耐火等级建筑的对应值。

11.0.8 根据本规范第11.0.4条的规定,丁、戊类木结构厂房建筑只能建造一层,根据本规范第3.7节的规定,四级耐火等级的单层丁、戊类厂房内任一点到最近安全出口的疏散距离分别不应大于50 m和60 m。因此,尽管木结构建筑的耐火等级要稍高于四级耐火等级,但鉴于该距离较大,为保证人员安全,本条仍采用与本规范第3.7.4条规定相同的疏散距离。

11.0.9 本条为强制性条文。木结构建筑,特别是轻型木结构体系的建筑,其墙体、楼板和木骨架组合墙体内的龙骨均为木材。在其中敷设或穿过电线、电缆时,因电气原因导致发热或火灾时不易被发现,存在较大安全隐患,因此规定相关电线、电缆均需采取如穿金属导管保护。建筑内的明火部位或厨房内的灶台、热加工部位、烟道或排油烟管道等高温作业或温度较高的排气管道、易着火的油烟管道,均需避免与这些墙体直接接触,要在其周围采用导热性差的不燃材料隔热等防火保护或隔热措施,以降低其火灾危险性。

有关防火封堵要求,见本规范第6.3.4条和第6.3.5条的条文说明。

11.0.10 本条为强制性条文。木结构建筑之间及木结构建筑与其他结构类型建筑的防火间距,是在分析了国内外相关建筑规范基础上,根据木结构和其他结构类型建筑的耐火性能确定的。

试验证明,发生火灾的建筑对相邻建筑的影响与该建筑物外墙的耐火极限和外墙上的门、窗或洞口的开口比例有直接关系。美国《国际建筑规范》(2012年版)对建筑物类型及其耐火性能和防火间距的规定见表20,对外墙上不同开口比例的建筑间的防火间距的规定见表21。

表20　建筑物类型及其耐火极限和防火间距的规定

防火间距 (m)	耐火极限(h)		
	高危险性: H类建筑	中等危险性:F-1类厂房、M类商业建筑、S-1类仓库	低危险性的建筑:其他厂房、仓库、居住建筑和商业建筑
0～3	3	2	1
3～9	2或3	1或2	1
9～18	1或2	0或1	0或1
18以上	0	0	0

表21　外墙上不同开口比例的建筑间的防火间距

开口分类	防火间距 L(m)							
	$0<L$ ≤ 2	$2<L$ ≤ 3	$3<L$ ≤ 6	$6<L$ ≤ 9	$9<L$ ≤ 12	$12<L$ ≤ 15	$15<L$ ≤ 18	$18<L$
无防火保护,无自动喷水灭火系统	不允许	不允许	10%	15%	25%	45%	70%	不限制
无防火保护,有自动喷水灭火系统	不允许	15%	25%	45%	75%	不限制	不限制	不限制
有防火保护	不允许	15%	25%	45%	75%	不限制	不限制	不限制

目前,木结构建筑的允许建造规模均较小。根据加拿大国家建筑研究院的相关试验结果,如果相邻两建筑的外墙均无洞口,并且外墙的耐火极限均不低于1.00 h时,防火间距减少至4 m后仍能够在足够时间内有效阻止火灾的相互蔓延。考虑到有些建筑完全不开门、窗比较困难,比照本规范第5章的规定,当每一面外墙开孔不大于10%时,允许防火间距按照表11.0.10的规定减少25%。

11.0.11　木结构建筑,特别是轻型木结构建筑中的框架构件和面板之间存在许多空腔。对墙体、楼板及封闭吊顶或屋顶下的密闭空间采取防火分隔措施,可阻止因构件内某处着火所产生的火焰、高温气体以及烟气在这些空腔内蔓延。根据加拿大《国家建筑规范》(2010年版),常采用厚度不小于38 mm的实木锯材、厚度不小于12 mm的石膏板或厚度不小于0.38 mm的钢挡板进行防火分隔。

在轻型木结构建筑中设置水平防火分隔,主要用于限制火焰和烟气在水平构件内蔓延。水平防火构造的设置,一般要根据空间的长度、宽度和面积来确定。常见的做法是,将这些空间按照每一空间的面积不大于300 m²,长度或宽度不大于20 m的要求划分为较小的防火分隔空间。

当顶棚材料安装在龙骨上时,一般需在双向龙骨形成的空间内增加水平防火分隔构件。采用实木锯材或工字搁栅的楼板和屋顶盖,搁栅之间的支撑通常可用作水平防火分隔构件,但当空间的长度或宽度大于20 m时,沿搁栅平行方向还需要增加防火分隔构件。

墙体竖向的防火分隔,主要用于阻挡火焰和烟气通过构件上的开孔或墙体内的空腔在不同构件之间蔓延。多数轻型木结构墙体的防火分隔,主要采用墙体的顶梁板和底梁板来实现。

对于弧型转角吊顶、下沉式吊顶和局部下沉式吊顶,在构件的竖向空腔与横向空腔的交汇处,需要采取防火分隔构造措施。在其他大多数情况下,这种防火分隔可采用墙体的顶梁板、楼板中的端部桁架以及端部支撑来实现。

水平密闭空腔与竖向密闭空腔的连接交汇处、轻型木结构建筑的梁与楼板交接的最后一级踏步处,一般也需要采取类似的防火分隔措施。

11.0.12　本条规定了木结构与钢结构、钢筋混凝土结构或砌体结构等其他结构类型组合建造时的防火设计要求。

对于竖向组合建造的形式,火灾通常都是从下往上蔓延,当建筑物下部着火时,火焰会蔓延到上层的木结构部分;但有时火灾也能从上部蔓延到下部,故有必要在木结构与其他结构之间采取竖向防火分隔措施。本条规定要求:当下部建筑为钢筋混凝土结构或其他不燃性结构时,建筑的总楼层数可大于3层,但无论与哪种不燃性结构竖向组合建造,木结构部分的层数均不能多于3层。

对于水平组合建造的形式,采用防火墙将木结构部分与其他结构部分分隔开,能更好地防止火势从建筑物的一侧蔓延至另一侧。如果未做分隔,就要将组合建筑整体按照木结构建筑的要求确定相关防火要求。

11.0.13 木结构建筑内可燃材料较多,且空间一般较小,火灾发展相对较快。为能及早报警,通知人员尽早疏散和采取灭火行动,特别是有人住宿的场所和用于儿童或老年人活动的场所,要求一定规模的此类建筑设置火灾自动报警系统。木结构住宅建筑的火灾自动报警系统,一般采用家用火灾报警装置。

12 城市交通隧道

国内外发生的隧道火灾均表明,隧道特殊的火灾环境对人员逃生和灭火救援是一个严重的挑战,而且火灾在短时间内就能对隧道设施造成很大的破坏。由于隧道设置逃生出口困难,救援条件恶劣,要求对隧道采取与地面建筑不同的防火措施。

由于国家对地下铁道的防火设计要求已有标准,而管线隧道、电缆隧道的情况与城市交通隧道有一定差异,本章主要根据国内外隧道情况和相关标准,确定了城市交通隧道的通用防火技术要求。

12.1 一般规定

12.1.1 隧道的用途及交通组成、通风情况决定了隧道可燃物数量与种类、火灾的可能规模及其增长过程和火灾延续时间,影响隧道发生火灾时可能逃生的人员数量及其疏散设施的布置;隧道的环境条件和隧道长度等决定了消防救援和人员的逃生难易程度及隧道的防烟、排烟和通风方案;隧道的通风与排烟等因素又对隧道中的人员逃生和灭火救援影响很大。因此,隧道设计应综合考虑各种因素和条件后,合理确定防火要求。

12.1.2 交通隧道的火灾危险性主要在于:①现代隧道的长度日益增加,导致排烟和逃生、救援困难;②不仅车载量更大,而且需通行运输危险材料的车辆,有时受条件限制还需采用单孔双向行车道,导致火灾规模增大,对隧道结构的破坏作用大;③车流量日益增长,导致发生火灾的可能性增加。本规范在进行隧道分类时,参考了日本《道路隧道紧急情况用设施设置基准及说明》和我国行业标准《公路隧道交通工程设计规范》JTG/T D71等标准,并适当做了简化,考虑的主要因素为隧道长度和通行车辆类型。

12.1.3 本条为强制性条文。隧道结构一旦受到破坏,特别是发生坍塌时,其修复难度非常大,花费也大。同时,火灾条件下的隧道结构安全,是保证火灾时灭火救援和火灾后隧道尽快修复使用的重要条件。不同隧道可能的火灾规模与持续时间有所差异。目前,各国以建筑构件为对象的标准耐火试验,均以《建筑构件耐火试验》ISO 834的标准升温曲线(纤维质类)为基础,如《建筑材料及构件耐火试验 第20部分 建筑构件耐火性能试验方法一般规定》BS 476:Part 20、《建筑材料及构件耐火性能》DIN 4102、《建筑材料及构件耐火试验方法》AS 1530和《建筑构件耐火试验方法》GB 9978等。该标准升温曲线以常规工业与民用建筑物内可燃物的燃烧特性为基础,模拟了地面开放空间火灾的发展状况,但这一模型不适用于石油化工工程中的有些火灾,也不适用于常见的隧道火灾。

隧道火灾是以碳氢火灾为主的混合火灾。碳氢(HC)标准升温曲线的特点是所模拟的火灾在发展初期带有爆燃—热冲击现象,温度在最初 5 min 之内可达到 930 ℃左右,20 min 后稳定在 1 080 ℃左右。这种升温曲线模拟了火灾在特定环境或高潜热值燃料燃烧的发展过程,在国际石化工业领域和隧道工程防火中得到了普遍应用。过去,国内外开展了大量研究来确定可能发生在隧道以及其他地下建筑中的火灾类型,特别是 1990 年前后欧洲开展的 Eureka 研究计划。根据这些研究的成果,发展了一系列不同火灾类型的升温曲线。其中,法国提出了改进的碳氢标准升温曲线、德国提出了 RABT 曲线、荷兰交通部与 TNO 实验室提出了 RWS 标准升温曲线,我国则以碳氢升温曲线为主。在 RABT 曲线中,温度在 5 min 之内就能快速升高到 1 200 ℃,在 1 200 ℃处持续 90 min,随后的 30 min 内温度快速下降。这种升温曲线能比较真实地模拟隧道内大型车辆火灾的发展过程:在相对封闭的隧道空间内因热量难以扩散而导致火灾初期升温快、有较强的热冲击,随后由于缺氧状态和灭火作用而快速降温。

此外,试验研究表明,混凝土结构受热后会由于内部产生高压水蒸气而导致表层受压,使混凝土发生爆裂。结构荷载压力和混凝土含水率越高,发生爆裂的可能性也越大。当混凝土的质量含水率大于 3‰时,受高温作用后肯定会发生爆裂现象。当充分干燥的混凝土长时间暴露在高温下时,混凝土内各种材料的结合水将会蒸发,从而使混凝土失去结合力而发生爆裂,最终会一层一层地穿透整个隧道的混凝土拱顶结构。这种爆裂破坏会影响人员逃生,使增强钢筋因暴露于高温中失去强度而致结构破坏,甚至导致结构垮塌。

为满足隧道防火设计需要,在本规范附录 C 中增加了有关隧道结构耐火试验方法的有关要求。

12.1.4 本条为强制性条文。服务于隧道的重要设备用房,主要包括隧道的通风与排烟机房、变电站、消防设备房。其他地面附属用房,主要包括收费站、道口检查亭、管理用房等。隧道内及地面保障隧道日常运行的各类设备用房、管理用房等基础设施以及消防救援专用口、临时避难间,在火灾情况下担负着灭火救援的重要作用,需确保这些用房的防火安全。

12.1.5 隧道内发生火灾时的烟气控制和减小火灾烟气对人的毒性作用是隧道防火面临的主要问题,要严格控制装修材料的燃烧性能及其发烟量,特别是可能产生大量毒性气体的材料。

12.1.6 本条主要规定了不同隧道车行横通道或车行疏散通道的设置要求。

(1)当隧道发生火灾时,下风向的车辆可继续向前方出口行驶,上风向的车辆则需要利用隧道辅助设施进行疏散。隧道内的车辆疏散一般可采用两种方式,一是在双孔隧道之间设置车行横通道,另一种是在双孔中间设置专用车行疏散通道。前者工程量小、造价较低,在工程中得到普遍应用;后者可靠性更好、安全性高,但因造价高,在工程中应用不多。双孔隧道之间的车行横通道、专用车行疏散通道不仅可用于隧道内车辆疏散,还可用于巡查、维修、救援及车辆转换行驶方向。

车行横通道间隔及隧道通向车行疏散通道的入口间隔,在本次修订时进行了适当调整,水底隧道由原规定的 500 m~1 500 m 调整为 1 000 m~1 500 m,非水底隧道由原规定的 200 m~500 m 调整为不宜大于 1 000 m。主要考虑到两方面因素:一方面,受地质条件多样性的影响,城市隧道的施工方法较多,而穿越江、河、湖泊等水底隧道常采用盾构法、沉管法施工,在隧道两管间设置车行横通道的工程风险非常大,可实施性不强;另一方面,城市隧道灭火救援响应快、隧道内消防设施齐全,而且越来越多的城市隧道设计有多处进、出口匝道,事故时,车辆可利用匝道进行疏散。

此外,本条规定还参考了国内、外相关规范,如国家行业标准《公路隧道设计规范》JTG D70—2004 和《欧洲道路隧道安全》(European Commission Directorate General for Energy and Transport)等标准或技术文件。《公路隧道设计规范》JTG D70—2004 规定,山岭公路隧道的车行横通道间隔:车行横通道的设置间距可取 750 m,并不得大于 1 000 m;长 1 000 m~1 500 m 的隧道宜设置 1 处,中、短隧道可不设;《欧洲道路隧道安全》规定,双管隧道之间车行横通道的间距为 1 500 m;奥地利 RVS9.281/9.282 规定,车行横向连接通道的间距为 1 000 m。综上所述,本次修订适当加大了车行横通道的间隔。

(2)《公路隧道设计规范》JTG D70—2004 对山岭公路隧道车行横通道的断面建筑限界规定,如图 13 所示。城市交通隧道对通行车辆种类有严格的规定,如有些隧道只允许通行小型机动车、有些隧道禁止通行大、中型货车、有些是客货混用隧道。横通道的断面建筑限界应与隧道通行车辆种类相适应,仅通行小型机动车或禁止通行大型货车的隧道横通道的断面建筑限界可适当降低。

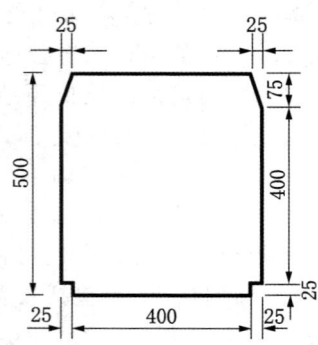

图 13 车行横通道的断面建筑限界(cm)

(3)隧道与车行横通道或车行疏散通道的连通处采取防火分隔措施,是为防止火灾向相邻隧道或车行疏散通道蔓延。防火分隔措施可采用耐火极限与相应结构耐火极限一致的防火门,防火门还要具有良好的密闭防烟性能。

12.1.7 本条规定了双孔隧道设置人行横通道或人行疏散通道的要求。

在隧道设计中,可以采用多种逃生避难形式,如横通道、地下管廊、疏散专用道等。采用人行横通道和人行疏散通道进行疏散与逃生,是目前隧道中应用较为普遍的形式。人行横通道是垂直于两孔隧道长度方向设置、连接相邻两孔隧道的通道,当两孔隧道中某一条隧道发生火灾时,该隧道内的人员可以通过人行横通道疏散至相邻隧道。人行疏散通道是设在两孔隧道中间或隧道路面下方、直通隧道外的通道,当隧道发生火灾时,隧道内的人员进入该通道进行逃生。人行横通道与人行疏散通道相比,造价相对较低,且可以利用隧道内车行横通道。设置人行横通道和人行疏散通道时,需符合以下原则:

(1)人行横通道的间隔和隧道通向人行疏散通道的入口间隔,要能有效保证隧道内的人员在较短时间内进入人行横通道或人行疏散通道。

根据荷兰及欧洲的一系列模拟实验,250 m为隧道内的人员在初期火灾烟雾浓度未造成更大影响情况下的最大逃生距离。行业标准《公路隧道设计规范》JTG D70—2004规定了山岭公路隧道的人行横通道间隔:人行横通道的设置间距可取250 m,并不大于500 m。美国消防协会《公路隧道、桥梁及其他限行公路标准》NFPA 502(2011年版)规定:隧道应有应急出口,且间距不应大于300 m;当隧道采用耐火极限为2.00 h以上的结构分隔,或隧道为双孔时,两孔间的横通道可以替代应急出口,且间距不应大于200 m。其他一些国家对人行横通道的规定见表22。

表22　国外有关设计准则中道路隧道横向人行通道间距推荐值

国家	出版物/号	年份	横向人行通道间距(m)	备注
奥地利	RVS 9.281/9.282	1989	500	通道间距最大允许至1 km 未设通风的隧道或隧道纵坡大于3%的隧道内,通道间距250 m
德国	RABT	1984	350	根据最新的RABT曲线,通道间距将调整至300 m
挪威	Road Tunnels		250	—
瑞士	Tunnel Task Force	2000	300	

(2)人行横通道或人行疏散通道的尺寸要能保证人员的应急通行。

本次修订对人行横通道的净尺寸进行了适当调整,由原来的净宽度不应小于2.0 m、净高度不应小于2.2 m分别调整为净宽度不应小于1.2 m、净高度不应小于2.1 m。原规定主要参照行业标准《公路隧道设计规范》JTG D70—2004对山岭公路人行隧道横通道的断面建筑限界规定。城市隧道由于地质条件的复杂性和施工方法的多样性,相当多的城市隧道采用盾构法施工,设置宽度不小于2.0 m的人行横通道难度很大、工程风险高。本次修订的人行横通道宽度,参考了美国消防协会《公路隧道、桥梁及其他限行公路标准》NFPA 502(2011年版)的相关规定(人行横通道的净宽不小于1.12 m),同时,结合我国人体特征,考虑了满足2股人流通行及消防员带装备通行的需求。

另外,人行横通道的宽度加大后也不利于对疏散通道实施正压送风。

综合以上因素,本次修订时适当调整了人行横通道的尺寸,使之既满足人员疏散和消防员通行的要求,又能降低施工风险。

(3)隧道与人行横通道或人行疏散通道的连通处所进行的防火分隔,应能防止火灾和烟气影响人员安全疏散。

目前较为普遍的做法是,在隧道与人行横通道或人行疏散通道的连通处设置防火门。美国消防协会《公路隧道、桥梁及其他限行公路标准》NFPA 502(2011年版)规定,人行横通道与隧道连通处门的耐火极限应达到1.5 h。

12.1.8　避难设施不仅可为逃生人员提供保护,还可用作消防员暂时躲避烟雾和热气的场所。在中、长隧道设计中,设置人员的安全避难场所是一项重要内容。避难场所的设置要充分考虑通道的设置、隔间及空间的分配以及相应的辅助设施的要求。对于较长的单孔隧道和水底隧道，采用人行疏散通道或人行横通道存在一定难度时，可以考虑其他形式的人员疏散或避难，如设置直通室外的疏散出口、独立的避难场所、路面下的专用疏散通道等。

12.1.9　隧道内的变电站、管廊、专用疏散通道、通风机房等是保障隧道日常运行和应急救援的重要设施，有的本身还具有一定的火灾危险性。因此，在设计中要采取一定的防火分隔措施与车行隧道分隔。其分隔要求可参照本规范第6章有关建筑物内重要房间的分隔要求确定。

12.1.10　本条规定了地下设备用房的防火分区划分和安全出口设置要求。考虑到隧道的一些专用设备，如风机房、风道等占地面积较大、安全出口难以开设，且机房无人值守，只有少数人员巡检的实际情况，规定了单个防火分区的最大允许建筑面积不大于1 500 m²，以及无人值守的设备用房可设1个安全出口的条件。

12.2　消防给水和灭火设施

12.2.1、12.2.2　这两条条文参照国内外相关标准的要求，规定了隧道的消防给水及其管道、设备等的一般设计要求。四类隧道和通行人员或非机动车辆的三类隧道，通常隧道长度较短或火灾危险性较小，可以利用城市公共消防系统或者灭火器进行灭火、控火，而不需单独设置消防给水系统。

隧道的火灾延续时间，与隧道内的通风情况和实际的交通状况关系密切，有时延续较长时间。本条尽管规定了一个基本的火灾延续时间，但有条件的，还是要根据隧道通行车辆及其长度，特别是一类隧道，尽量采用更长的设计火灾延续时间，以保证有较充分的灭火用水储备量。

在洞口附近设置的水泵接合器，对于城市隧道的灭火救援而言，十分重要。水泵接合器的设置位置，既要便于消防车向隧道内的管网供水，还要不影响附近的其他救援行动。

12.2.3　本条规定的隧道排水，其目的在于排除灭火过程中产生的大量积水，避免隧道内因积聚雨水、渗水、灭火产生的废水而导致可燃液体流散、增加疏散与救援的困难，防止运输可燃液体或有害液体车辆逸漏但未燃烧的液体，因缺乏有组织的排水措施而漫流进入其他设备沟、疏散通道、重要设备房等区域内而引发火灾事故。

12.2.4　引发隧道内火灾的主要部位有：行驶车辆的油箱、驾驶室、行李或货物和客车的旅客座位等，火灾类型一般为A、B类混合，部分火灾可能因隧道内的电气设备、配电线路引起。因此，在隧道内要合理配置能扑灭ABC类火灾的灭火器。

本条有关数值的确定，参考了国家标准《建筑灭火器配置设计规范》GB 50140—2005，美国消防协会、日本建设省的有关标准和国外有关隧道的研究报告。对于交通量大或者车道较多的隧道，为保证人身安全和快速处置初起火，有必要在隧道两侧设置灭火器。四类隧道一般为火灾危险性较小或长度较短的隧道，即使发生火灾，人员疏散和扑救也较容易。因此，消防设施的设置以配备适用的灭火器为主。

12.3　通风和排烟系统

根据对隧道的火灾事故分析，由一氧化碳导致的人员死亡和因直接烧伤、爆炸及其他有毒气体引起的人员死亡约各占一半。通常，采用通风、防排烟措施控制烟气产物及烟气运动可以改善火灾环境，并降低火场温度以及热烟气和热分解产物的浓度，改善视线。但是，机械通风会通过不同途径对不同类型和规模的火灾产生影响，在某些情况下反而会加剧火势发展和蔓延。实验表明：在低速通风时，对小轿车的火灾影响不大；可以降低小型油池（约

10 m²)火的热释放速率,但会加强通风控制型的大型油池(约 100 m²)火的热释放速率;在纵向机械通风条件下,载重货车火的热释放速率可以达到自然通风条件下的数倍。因此,隧道内的通风排烟系统设计,要针对不同隧道环境确定合适的通风排烟方式和排烟量。

12.3.1 本条为强制性条文。隧道的空间特性,导致其一旦发生火灾,热烟排除非常困难,往往会因高温而使结构发生破坏,烟气积聚而导致灭火、疏散困难且火灾延续时间很长。因此,隧道内发生火灾时的排烟是隧道防火设计的重要内容。本条规定了需设置排烟设施的隧道,四类隧道因长度较短、发生火灾的概率较低或火灾危险性较小,可不设置排烟设施。

12.3.2～12.3.5 隧道排烟方式分为自然排烟和机械排烟。自然排烟,是利用短隧道的洞口或在隧道沿途顶部开设的通风口(例如,隧道敷设在路中绿化带下的情形)以及烟气自身浮力进行排烟的方式。采用自然排烟时,应注意错位布置上、下行隧道开设的自然排烟口或上、下行隧道的洞口,防止非着火隧道汽车行驶形成的活塞风将邻近隧道排出的烟气"倒吸"入非着火隧道,造成烟气蔓延。

(1)隧道的机械排烟模式分为纵向排烟和横向排烟方式以及由这两种基本排烟模式派生的各种组合排烟模式。排烟模式应根据隧道种类、疏散方式,并结合隧道正常工况的通风方式确定,并将烟气控制在较小范围之内,以保证人员疏散路径满足逃生环境要求,同时为灭火救援创造条件。

(2)火灾时,迫使隧道内的烟气沿隧道纵深方向流动的排烟形式为纵向排烟模式,是适用于单向交通隧道的一种最常用烟气控制方式。该模式可通过悬挂在隧道内的射流风机或其他射流装置、风井送排风设施等及其组合方式实现。纵向通风排烟,且气流方向与车行方向一致时,以火源点为界,火源点下游为烟气区、上游为非烟气区,人员往气流上游方向疏散。由于高温烟气沿坡度向上扩散速度很快,当在坡道上发生火灾,并采用纵向排烟控制烟流,排烟气流逆坡向时,必须使纵向气流的流速高于临界风速。试验证明,纵向排烟控制烟气的效果较好。国际道路协会(PIARC)的相关报告以及美国纪念隧道试验(1993 年～1995年)均表明,对于火灾功率低于 100 MW 的火灾、隧道坡度不高于 4%时,3 m/s 的气流速度可以控制烟气回流。

近年来,大于 3 km 的长大城市隧道越来越多,若整个隧道长度不进行分段通风,会造成火灾及烟气在隧道中的影响范围非常大,不利于消防救援以及灾后的修复。因此,本规范规定大于 3 km 的长大隧道宜采用纵向分段排烟或重点排烟方式,以控制烟气的影响范围。

纵向排烟方式不适用于双向交通的隧道,因在此情况下采用纵向排烟方式会使火源一侧、不能驶离隧道的车辆处于烟气中。

(3)重点排烟是横向排烟方式的一种特殊情况,即在隧道纵向设置专用排烟风道,并设置一定数量的排烟口,火灾时只开启火源附近或火源所在设计排烟区的排烟口,直接从火源附近将烟气快速有效地排出行车道空间,并从两端洞口自然补风,隧道内可形成一定的纵向风速。该排烟方式适用于双向交通隧道或经常发生交通阻塞的隧道。

隧道试验表明,全横向或半横向排烟系统对发生火灾的位置比较敏感,控烟效果不很理想。因此,对于双向通行的隧道,尽量采用重点排烟方式。重点排烟的排烟量应根据火灾规模、隧道空间形状等确定,排烟量不应小于火灾的产烟量。隧道中重点排烟的排烟量目前还没有公认的数值,表 23 是国际道路协会(PIARC)推荐的排烟量。

表 23　国际道路协会推荐的排烟量

车辆类型	等同燃烧汽油盘面积(m^2)	火灾规模(MW)	排烟量(m^3/s)
小客车	2	5	20
公交/货车	8	20	60
油罐车	30～100	100	100～200

（4）流经风机的烟气温度与隧道的火灾规模和风机距火源点的距离有关，火源小、距离远，隧道结构的冷却作用大，烟气温度也相应较低。通常位于排风道末端的排烟风机，排出的气体为位于火源附近的高温烟气与周围冷空气的混合气体，该气体在沿隧道和土建风道流动过程中得到了进一步冷却。澳大利亚某隧道、美国纪念隧道以及我国在上海进行的隧道试验均表明：即使火源距排烟风机较近，由于隧道的冷却作用，在排烟风机位置的烟气温度仍然低于 250 ℃。因此，规定排烟风机要能耐受 250 ℃ 的高温基本可以满足隧道排烟的要求。当设计火灾规模很大、风机离火源点很近时，排烟风机的耐高温设计要求可根据工程实际情况确定。本条的相关温度规定值为最低要求。

（5）排烟设备的有效工作时间，是保证隧道内人员逃生和灭火救援环境的基本时间。人员撤离时间与隧道内的实际人数、逃生路径及环境有关。目前，已经有多种计算机模拟软件可以对建筑物中的人员疏散时间进行预测，设备的耐高温时间可在此基础上确定。本规范规定的排烟风机的耐高温时间还参考了欧洲有关隧道的设计要求和试验研究成果。

（6）第 12.3.5 条中避难场所内有关防烟的要求，参照了建筑内防烟楼梯间和避难走道的有关规定。

12.3.6　隧道内用于通风和排烟的射流风机悬挂于隧道车行道的上部，火灾时可能直接暴露于高温下。此外，隧道内的排烟风机设置是要根据其有效作用范围来确定，风机间有一定的间隔。采用射流风机进行排烟的隧道，设计需考虑到正好在火源附近的射流风机由于温度过高而导致失效的情况，保证有一定的冗余配置。

12.4　火灾自动报警系统

12.4.1　隧道内发生火灾时，隧道外行驶的车辆往往还按正常速度驶入隧道，对隧道内的情况多处于不知情的状态，故规定本条要求，以警示并阻止后续车辆进入隧道。

12.4.2　为早期发现、及早通知隧道内的人员与车辆进行疏散和避让，向相关管理人员报警以采取救援行动，尽可能在初期将火扑灭，要求在隧道内设置合适的火灾报警系统。火灾报警装置的设置需根据隧道类别分别考虑，并至少要具备手动或自动报警功能。对于长大隧道，应设置火灾自动报警系统，并要求具备报警联络电话、声光显示报警功能。由于隧道内的环境特殊，较工业与民用建筑物内的条件恶劣，如风速大、空气污染程度高等，因此火灾探测与报警装置的选择要充分考虑这些不利因素。

12.4.3　隧道内的主要设备用房和电缆通道，因平时无人值守，着火后人员很难及时发现，因此也需设置必要的探测与报警系统，并使其火警信号能传送到监控室。

12.4.4　隧道内一般均具有一定的电磁屏蔽效应，可能导致通信中断或无法进行无线联络。为保障灭火救援的通信联络畅通，在可能出现屏蔽的隧道内需采取措施使无线通信信号，特别是要保证城市公安消防机构的无线通信网络信号能进入隧道。

12.4.5 为保证能及时处理火警,要求长大隧道均应设置消防控制室。消防控制室的设置可以与其他监控室合用,其他要求应符合本规范第 8 章及现行国家标准《火灾自动报警系统设计规范》GB 50116 有关消防控制室的要求。隧道内的火灾自动报警系统及其控制设备组成、功能、设备布置以及火灾探测器、应急广播、消防专用电话等的设计要求,均需符合现行国家标准《火灾自动报警系统设计规范》GB 50116 的规定。

12.5 供电及其他

12.5.1 本条为强制性条文。消防用电的可靠性是保证消防设施可靠运行的基本保证。本条根据不同隧道火灾的扑救难度和发生火灾后可能的危害与损失、消防设施的用电情况,确定了隧道中消防用电的供电负荷要求。

12.5.2、12.5.3 隧道火灾的延续时间一般较长,火场环境条件恶劣、温度高,对消防用电设备、电源、供电、配电及其配电线路等的设计,要求较一般工业与民用建筑高。本条所规定的消防应急照明的延续供电时间,较一般工业与民用建筑的要求长,设计要采取有效的防火保护措施,确保消防配电线路不受高温作用而中断供电。

一、二类隧道和三类隧道内消防应急照明灯具和疏散指示标志的连续供电时间,由原来的 3.0 h 和 1.5 h 分别调整为 1.5 h 和 1.0 h。这主要基于两方面的原因:一方面,根据隧道建设和运营经验,火灾时隧道内司乘人员的疏散时间多为 15 min～60 min,如应急照明灯具和疏散指示标志的时间过长,会造成 UPS 电源设备数量庞大、维护成本高;另一方面,欧洲一些国家对隧道防火的研究时间长,经验丰富,这些国家的隧道规范和地铁隧道技术文件对应急照明时间的相关要求多数在 1.0 h 之内。因此,本次修订缩短了隧道内消防应急照明灯具和疏散指示标志的连续供电时间。

12.5.4 本条为强制性条文。本条规定目的在于控制隧道内的灾害源,降低火灾危险,防止隧道着火时因高压线路、燃气管线等加剧火势的发展而影响安全疏散与抢险救援等行动。考虑到城市空间资源紧张,少数情况下不可避免存在高压电缆敷设需搭载隧道穿越江、河、湖泊等的情况,要求采取一定防火措施后允许借道敷设,以保障输电线路和隧道的安全。

12.5.5 隧道内的环境较恶劣,风速高、空气污染程度高,隧道内所设置的相关消防设施要能耐受隧道内的恶劣环境影响,防止发生霉变、腐蚀、短路、变质等情况,确保设施有效。此外,也要在消防设施上或旁边设置可发光的标志,便于人员在火灾条件下快速识别和寻找。

附录 各类建筑构件的燃烧性能和耐火极限

附表 1 各类非木结构构件的燃烧性能和耐火极限

序号	构件名称	构件厚度或截面最小尺寸(mm)	耐火极限(h)	燃烧性能
一	承重墙			
1	普通黏土砖、硅酸盐砖、混凝土、钢筋混凝土实体墙	120 180 240 370	2.50 3.50 5.50 10.50	不燃性 不燃性 不燃性 不燃性

附表 1（续）

序号	构件名称		构件厚度或截面最小尺寸(mm)	耐火极限(h)	燃烧性能
2	加气混凝土砌块墙		100	2.00	不燃性
3	轻质混凝土砌块、天然石料的墙		120 240 370	1.50 3.50 5.50	不燃性 不燃性 不燃性
二	非承重墙				
1	普通黏土砖墙	1.不包括双面抹灰	60 120	1.50 3.00	不燃性 不燃性
		2.包括双面抹灰(15 mm 厚)	150 180 240	4.50 5.00 8.00	不燃性 不燃性 不燃性
2	七孔黏土砖墙（不包括墙中空 120 mm）	1.不包括双面抹灰	120	8.00	不燃性
		2.包括双面抹灰	140	9.00	不燃性
3	粉煤灰硅酸盐砌块墙		200	4.00	不燃性
4	轻质混凝土墙	1.加气混凝土砌块墙	75 100 200	2.50 6.00 8.00	不燃性 不燃性 不燃性
		2.钢筋加气混凝土垂直墙板墙	150	3.00	不燃性
		3.粉煤灰加气混凝土砌块墙	100	3.40	不燃性
		4.充气混凝土砌块墙	150	7.50	不燃性
5	空心条板隔墙	1.菱苦土珍珠岩圆孔	80	1.30	不燃性
		2.炭化石灰圆孔	90	1.75	不燃性
6	钢筋混凝土大板墙(C20)		60 120	1.00 2.60	不燃性 不燃性

附表 1（续）

序号	构件名称		构件厚度或截面最小尺寸(mm)	耐火极限(h)	燃烧性能
7	轻质复合隔墙	1.菱苦土板夹纸蜂窝隔墙,构造(mm)：2.5+50(纸蜂窝)+25	77.5	0.33	难燃性
		2.水泥刨花复合板隔墙(内空层60 mm)	80	0.75	难燃性
		3.水泥刨花板龙骨水泥板隔墙,构造(mm)：12+86(空)+12	110	0.50	难燃性
		4.石棉水泥龙骨石棉水泥板隔墙,构造(mm)：5+80(空)+60	145	0.45	不燃性
8	石膏空心条板隔墙	1.石膏珍珠岩空心条板,膨胀珍珠岩的容重为(50~80)kg/m³	60	1.50	不燃性
		2.石膏珍珠岩空心条板,膨胀珍珠岩的容重为(60~120)kg/m³	60	1.20	不燃性
		3.石膏珍珠岩塑料网空心条板,膨胀珍珠岩的容重为(60~120)kg/m³	60	1.30	不燃性
		4.石膏珍珠岩双层空心条板,构造(mm)：60+50(空)+60 膨胀珍珠岩的容重为(50~80)kg/m³ 膨胀珍珠岩的容重为(60~120)kg/m³	170 170 60	3.75 3.75 1.50	不燃性 不燃性 不燃性
		5.石膏硅酸盐空心条板	90	2.25	不燃性
		6.石膏粉煤灰空心条板	60	1.28	不燃性
		7.增强石膏空心墙板	90	2.50	不燃性
9	石膏龙骨两面钉表右侧材料的隔墙	1.纤维石膏板,构造(mm)： 10+64(空)+10 8.5+103(填矿棉,容重为100kg/m³)+8.5 10+90(填矿棉,容重为100kg/m³)+10	84 120 110	1.35 1.00 1.00	不燃性 不燃性 不燃性
		2.纸面石膏板,构造(mm)： 11+68(填矿棉,容重为100 kg/m³)+11 12+80(空)+12 11+28(空)+11+65(空)+11+28(空)+11 9+12+128(空)+12+9 25+134(空)+12+9 12+80(空)+12+12+80(空)+12	90 104 165 170 180 208	0.75 0.33 1.50 1.20 1.50 1.00	不燃性 不燃性 不燃性 不燃性 不燃性 不燃性

附表1(续)

序号	构件名称		构件厚度或截面最小尺寸(mm)	耐火极限(h)	燃烧性能
10	木龙骨两面钉表右侧材料的隔墙	1.石膏板,构造(mm):12+50(空)+12	74	0.30	难燃性
		2.纸面玻璃纤维石膏板,构造(mm):10+55(空)+10	75	0.60	难燃性
		3.纸面纤维石膏板,构造(mm):10+55(空)+10	75	0.60	难燃性
		4.钢丝网(板)抹灰,构造(mm):15+50(空)+15	80	0.85	难燃性
		5.板条抹灰,构造(mm):15+50(空)+15	80	0.85	难燃性
		6.水泥刨花板,构造(mm):15+50(空)+15	80	0.30	难燃性
		7.板条抹1:4石棉水泥隔热灰浆,构造(mm):20+50(空)+20	90	1.25	难燃性
		8.苇箔抹灰,构造(mm):15+70+15	100	0.85	难燃性
11	钢龙骨两面钉表右侧材料的隔墙	1.纸面石膏板,构造:			
		20 mm+46 mm(空)+12 mm	78	0.33	不燃性
		2×12 mm+70 mm(空)+2×12 mm	118	1.20	不燃性
		2×12 mm+70 mm(空)+3×12 mm	130	1.25	不燃性
		2×12 mm+70 mm(填岩棉,容重为100 kg/m³)+2×12 mm	123	1.50	不燃性
		12 mm+75 mm(填50 mm玻璃棉)+12 mm	99	0.50	不燃性
		2×12 mm+75 mm(填50 mm玻璃棉)+2×12 mm	123	1.00	不燃性
		3×12 mm+75 mm(填50 mm玻璃棉)+3×12 mm	147	1.50	不燃性
		12 mm+75 mm(空)+12 mm	99	0.52	不燃性
		12 mm+75 mm(其中5.0%厚岩棉)+12 mm	99	0.90	不燃性
		15 mm+9.5 mm+75 mm+15 mm	123	1.50	不燃性
		2.复合纸面石膏板,构造(mm):			
		10+55(空)+10	75	0.60	不燃性
		15+75(空)+1.5+9.5(双层板受火)	101	1.10	不燃性

附表1（续）

序号	构件名称		构件厚度或截面最小尺寸(mm)	耐火极限(h)	燃烧性能
11	钢龙骨两面钉表右侧材料的隔墙	3. 耐火纸面石膏板，构造： 　12 mm+75 mm（其中5.0%厚岩棉）+12 mm 　2×12 mm+75 mm+2×12 mm 　2×15 mm+100 mm（其中8.0%厚岩棉）+15 mm	99 123 145	1.05 1.10 1.50	不燃性 不燃性 不燃性
		4. 双层石膏板，板内掺纸纤维，构造： 　2×12 mm+75 mm（空）+2×12 mm	123	1.10	不燃性
		5. 单层石膏板，构造(mm)： 　12+75（空）+12 　12+75（填50 mm厚岩棉，容重100 kg/m³）+12	99 99	0.50 1.20	不燃性 不燃性
		6. 双层石膏板，构造： 　18 mm+70 mm（空）+18 mm 　2×12 mm+75 mm（空）+2×12 mm 　2×12 mm+75 mm（填岩棉，容重100 kg/m³）+2×12 mm	106 123 123	1.35 1.35 2.10	不燃性 不燃性 不燃性
		7. 防火石膏板，板内掺玻璃纤维，岩棉容重为60 kg/m³，构造： 　2×12 mm+75 mm（空）+2×12 mm 　2×12 mm+75 mm（填40 mm岩棉）+2×12 mm 　12 mm+75 mm（填50 mm岩棉）+12 mm 　3×12 mm+75 mm（填50 mm岩棉）+3×12 mm 　4×12 mm+75 mm（填50 mm岩棉）+4×12 mm	123 123 99 147 171	1.35 1.60 1.20 2.00 3.00	不燃性 不燃性 不燃性 不燃性 不燃性
		8. 单层玻镁砂光防火板，硅酸铝纤维棉容重为180 kg/m³，构造： 　8 mm+75 mm（填硅酸铝纤维棉）+8 mm 　10 mm+75 mm（填硅酸铝纤维棉）+10 mm	91 95	1.50 2.00	不燃性 不燃性

附表 1（续）

序号	构件名称		构件厚度或截面最小尺寸(mm)	耐火极限(h)	燃烧性能
11	钢龙骨两面钉表右侧材料的隔墙	9.布面石膏板,构造：			
		12 mm+75 mm(空)+12 mm	99	0.40	难燃性
		12 mm+75 mm(填玻璃棉)+12 mm	99	0.50	难燃性
		2×12 mm+75 mm(空)+2×12 mm	123	1.00	难燃性
		2×12 mm+75 mm(填玻璃棉)+2×12 mm	123	1.20	难燃性
		10.矽酸钙板(氧化镁板)填岩棉,岩棉容重为180 kg/m³,构造：			
		8 mm+75 mm+8 mm	91	1.50	不燃性
		10 mm+75 mm+10 mm	95	2.00	不燃性
		11.硅酸钙板填岩棉,岩棉容重为100 kg/m³,构造：			
		8 mm+75 mm+8 mm	91	1.00	不燃性
		2×8 mm+75 mm+2×8 mm	107	2.00	不燃性
		9 mm+100 mm+9 mm	118	1.75	不燃性
		10 mm+100 mm+10 mm	120	2.00	不燃性
12	轻钢龙骨两面钉表右侧材料的隔墙	1.耐火纸面石膏板,构造：			
		3×12 mm+100 mm(岩棉)+2×12 mm	160	2.00	不燃性
		3×15 mm+100 mm(50 mm 厚岩棉)+2×12 mm	169	2.95	不燃性
		3×15 mm+100 mm(80 mm 厚岩棉)+2×15 mm	175	2.82	不燃性
		3×15 mm+150 mm(100 mm 厚岩棉)+3×15 mm	240	4.00	不燃性
		9.5 mm+3×12 mm+100 mm(空)+100 mm(80 mm厚岩棉)+2×12 mm+9.5 mm+12 mm	291	3.00	不燃性
		2.水泥纤维复合硅酸钙板,构造(mm)：			
		4(水泥纤维板)+52(水泥聚苯乙烯粒)+4(水泥纤维板)	60	1.20	不燃性
		20(水泥纤维板)+60(岩棉)+20(水泥纤维板)	100	2.10	不燃性
		4(水泥纤维板)+92(岩棉)+4(水泥纤维板)	100	2.00	不燃性

附表 1（续）

序号	构件名称		构件厚度或截面最小尺寸(mm)	耐火极限(h)	燃烧性能
12	轻钢龙骨两面钉表右侧材料的隔墙	3. 单层双面夹矿棉硅酸钙板	100 90 140	1.50 1.00 2.00	不燃性 不燃性 不燃性
		4. 双层双面夹矿棉硅酸钙板 钢龙骨水泥刨花板,构造(mm)：12＋76(空)＋12	100	0.45	难燃性
		钢龙骨石棉水泥板,构造(mm)：12＋75(空)＋6	93	0.30	难燃性
13	两面用强度等级32.5#硅酸盐水泥,1:3水泥砂浆的抹面的隔墙	1. 钢丝网架矿棉或聚苯乙烯夹芯板隔墙,构造(mm)： 25(砂浆)＋50(矿棉)＋25(砂浆) 25(砂浆)＋50(聚苯乙烯)＋25(砂浆)	100 100	2.00 1.07	不燃性 难燃性
		2. 钢丝网聚苯乙烯泡沫塑料复合板隔墙,构造(mm)： 23(砂浆)＋54(聚苯乙烯)＋23(砂浆)	100	1.30	难燃性
		3. 钢丝网塑夹芯板(内填自熄性聚苯乙烯泡沫)隔墙	76	1.20	难燃性
		4. 钢丝网架石膏复合墙板,构造(mm)： 15(石膏板)＋50(硅酸盐水泥)＋50(岩棉)＋50(硅酸盐水泥)＋15(石膏板)	180	4.00	不燃性
		5. 钢丝网岩棉夹芯复合板	110	2.00	不燃性
		6. 钢丝网架水泥聚苯乙烯夹芯板隔墙,构造(mm)： 35(砂浆)＋50(聚苯乙烯)＋35(砂浆)	120	1.00	难燃性
14	增强石膏轻质板墙 增强石膏轻质内墙板(带孔)		60 90	1.28 2.50	不燃性 不燃性
15	空心轻质板墙	1. 孔径38,表面为10 mm水泥砂浆	100	2.00	不燃性
		2. 62 mm 孔空心板拼装,两侧抹灰19 mm(砂:碳:水泥比为5:1:1)	100	2.00	不燃性

附表1（续）

序号	构件名称		构件厚度或截面最小尺寸(mm)	耐火极限(h)	燃烧性能
16	混凝土砌块墙	1.轻集料小型空心砌块	330×140 330×190	1.98 1.25	不燃性 不燃性
		2.轻集料(陶粒)混凝土砌块	330×240 330×290	2.92 4.00	不燃性 不燃性
		3.轻集料小型空心砌块(实体墙体)	330×190	4.00	不燃性
		4.普通混凝土承重空心砌块	330×140 330×190 330×290	1.65 1.93 4.00	不燃性 不燃性 不燃性
17	纤维增强硅酸钙板轻质复合隔墙		50~100	2.00	不燃性
18	纤维增强水泥加压平板墙		50~100	2.00	不燃性
19	1.水泥聚苯乙烯粒子复合板(纤维复合)墙		60	1.20	不燃性
	2.水泥纤维加压板墙		100	2.00	不燃性
20	采用纤维水泥加轻质粗细填充骨料混合浇注，振动滚压成型玻璃纤维增强水泥空心板隔墙		60	1.50	不燃性
21	金属岩棉夹芯板隔墙，构造： 双面单层彩钢板，中间填充岩棉(容重为100 kg/m³)		50 80 100 120 150 200	0.30 0.50 0.80 1.00 1.50 2.00	不燃性 不燃性 不燃性 不燃性 不燃性 不燃性
22	轻质条板隔墙，构造： 双面单层4 mm硅钙板，中间填充聚苯混凝土		90 100 120	1.00 1.20 1.50	不燃性 不燃性 不燃性
23	轻集料混凝土条板隔墙		90 120	1.50 2.00	不燃性 不燃性
24	灌浆水泥板隔墙，构造(mm)	6+75(中灌聚苯混凝土)+6 9+75(中灌聚苯混凝土)+9 9+100(中灌聚苯混凝土)+9 12+150(中灌聚苯混凝土)+12	87 93 118 174	2.00 2.50 3.00 4.00	不燃性 不燃性 不燃性 不燃性

附表1（续）

序号	构件名称		构件厚度或截面最小尺寸(mm)	耐火极限(h)	燃烧性能
25	双面单层彩钢面玻镁夹芯板隔墙	1.内衬一层5 mm玻镁板,中空	50	0.30	不燃性
		2.内衬一层10mm玻镁板,中空	50	0.50	不燃性
		3.内衬一层12mm玻镁板,中空	50	0.60	不燃性
		4.内衬一层5 mm玻镁板,中填容重为100 kg/m³的岩棉	50	0.90	不燃性
		5.内衬一层10 mm玻镁板,中填铝蜂窝	50	0.60	不燃性
		6.内衬一层12 mm玻镁板,中填铝蜂窝	50	0.70	不燃性
26	双面单层彩钢面石膏复合板隔墙	1.内衬一层12 mm石膏饭,中填纸蜂窝	50	0.70	难燃性
		2.内衬一层12 mm石膏板,中填岩棉(120 kg/m³)	50	1.00	不燃性
			100	1.50	不燃性
		3.内衬一层12 mm石膏板,中空	75	0.70	不燃性
			100	0.90	不燃性
27	钢框架间填充墙、混凝土墙,当钢框架为	1.用金属网抹灰保护,其厚度为:25 mm	—	0.75	不燃性
		2.用砖砌面或混凝土保护,其厚度为:60 mm	—	2.00	不燃性
		120 mm	—	4.00	不燃性
三	柱				
1	钢筋混凝土柱		180×240	1.20	不燃性
			200×200	1.40	不燃性
			200×300	2.50	不燃性
			240×240	2.00	不燃性
			300×300	3.00	不燃性
			200×400	2.70	不燃性
			200×500	3.00	不燃性
			300×500	3.50	不燃性
			370×370	5.00	不燃性
2	普通黏土砖柱		370×370	5.00	不燃性
3	钢筋混凝土圆柱		直径300	3.00	不燃性
			直径450	4.00	不燃性

附表 1（续）

序号	构件名称	构件厚度或截面最小尺寸(mm)	耐火极限(h)	燃烧性能
4	有保护层的钢柱，保护层	1. 金属网抹 M5 砂浆，厚度(mm)：25	—	0.80	不燃性
		50	—	1.30	不燃性
		2. 加气混凝土，厚度(mm)：40		1.00	不燃性
		50		1.40	不燃性
		70		2.00	不燃性
		80		2.33	不燃性
		3. C20 混凝土，厚度(mm)：25	—	0.80	不燃性
		50		2.00	不燃性
		100		2.85	不燃性
		4. 普通黏土砖，厚度(mm)：120	—	2.85	不燃性
		5. 陶粒混凝土，厚度(mm)：80	—	3.00	不燃性
		6. 薄涂型钢结构防火涂料，厚度(mm)：5.5	—	1.00	不燃性
		7.0	—	1.50	不燃性
		7. 厚涂型钢结构防火涂料，厚度(mm)：15	—	1.00	不燃性
		20	—	1.50	不燃性
		30	—	2.00	不燃性
		40	—	2.50	不燃性
		50	—	3.00	不燃性
5	有保护层的钢管混凝土圆柱（$\lambda \leqslant 60$），保护层	金属网抹 M5 砂浆，厚度(mm)：25		1.00	不燃性
		35		1.50	不燃性
		45	$D=200$	2.00	不燃性
		60		2.50	不燃性
		70		3.00	不燃性
		金属网抹 M5 砂浆，厚度(mm)：20		1.00	不燃性
		30		1.50	不燃性
		35	$D=600$	2.00	不燃性
		45		2.50	不燃性
		50		3.00	不燃性

附表 1（续）

序号	构件名称	构件厚度或截面最小尺寸(mm)		耐火极限(h)	燃烧性能
5	有保护层的钢管混凝土圆柱（$\lambda \leqslant 60$），保护层	金属网抹 M5 砂浆,厚度(mm)：18 26 32 40 45	$D=1000$	1.00 1.50 2.00 2.50 3.00	不燃性 不燃性 不燃性 不燃性 不燃性
		金属网抹 M5 砂浆,厚度(mm)：15 25 30 36 40	$D \geqslant 1400$	1.00 1.50 2.00 2.50 3.00	不燃性 不燃性 不燃性 不燃性 不燃性
		厚涂型钢结构防火涂料,厚度(mm)：8 10 14 16 20	$D=200$	1.00 1.50 2.00 2.50 3.00	不燃性 不燃性 不燃性 不燃性 不燃性
		厚涂型钢结构防火涂料,厚度(mm)：7 9 12 14 16	$D=600$	1.00 1.50 2.00 2.50 3.00	不燃性 不燃性 不燃性 不燃性 不燃性
		厚涂型钢结构防火涂料,厚度(mm)：6 8 10 12 14	$D=1000$	1.00 1.50 2.00 2.50 3.00	不燃性 不燃性 不燃性 不燃性 不燃性
		厚涂型钢结构防火涂料,厚度(mm)：5 7 9 10 12	$D \geqslant 1400$	1.00 1.50 2.00 2.50 3.00	不燃性 不燃性 不燃性 不燃性 不燃性

附表1（续）

序号	构件名称		构件厚度或截面最小尺寸(mm)	耐火极限(h)	燃烧性能
6	有保护层的钢管混凝土方柱、矩形柱($\lambda \leq 60$)，保护层	金属网抹M5砂浆,厚度(mm):40 55 70 80 90	$B=200$	1.00 1.50 2.00 2.50 3.00	不燃性 不燃性 不燃性 不燃性 不燃性
		金属网抹M5砂浆,厚度(mm):30 40 55 65 70	$B=600$	1.00 1.50 2.00 2.50 3.00	不燃性 不燃性 不燃性 不燃性 不燃性
		金属网抹M5砂浆,厚度(mm):25 35 45 55 65	$B=1\,000$	1.00 1.50 2.00 2.50 3.00	不燃性 不燃性 不燃性 不燃性 不燃性
		金属网抹M5砂浆,厚度(mm):20 30 40 45 55	$B \geq 1\,400$	1.00 1.50 2.00 2.50 3.00	不燃性 不燃性 不燃性 不燃性 不燃性
		厚涂型钢结构防火涂料,厚度(mm):8 10 14 18 25	$B=200$	1.00 1.50 2.00 2.50 3.00	不燃性 不燃性 不燃性 不燃性 不燃性
		厚涂型钢结构防火涂料,厚度(mm):6 8 10 12 15	$B=600$	1.00 1.50 2.00 2.50 3.00	不燃性 不燃性 不燃性 不燃性 不燃性

附表1（续）

序号	构件名称		构件厚度或截面最小尺寸(mm)	耐火极限(h)	燃烧性能
6	有保护层的钢管混凝土方柱、矩形柱($\lambda \leq 60$)，保护层	厚涂型钢结构防火涂料，厚度(mm)：6 8 10 12 15	$B=600$	1.00 1.50 2.00 2.50 3.00	不燃性 不燃性 不燃性 不燃性 不燃性
		厚涂型钢结构防火涂料，厚度(mm)：5 6 8 10 12	$B=1\,000$	1.00 1.50 2.00 2.50 3.00	不燃性 不燃性 不燃性 不燃性 不燃性
		厚涂型钢结构防火涂料，厚度(mm)：4 5 6 8 10	$B=1\,400$	1.00 1.50 2.00 2.50 3.00	不燃性 不燃性 不燃性 不燃性 不燃性
四	梁				
	简支的钢筋混凝土梁	1.非预应力钢筋，保护层厚度(mm)：10 20 25 30 40 50	—	1.20 1.75 2.00 2.30 2.90 3.50	不燃性 不燃性 不燃性 不燃性 不燃性 不燃性
		2.预应力钢筋或高强度钢丝，保护层厚度(mm)：25 30 40 50	—	1.00 1.20 1.50 2.00	不燃性 不燃性 不燃性 不燃性
		3.有保护层的钢梁：15 mm厚LG防火隔热涂料保护层 20 mm厚LY防火隔热涂料保护层	— —	1.50 2.30	不燃性 不燃性

附表 1（续）

序号	构件名称	构件厚度或截面最小尺寸(mm)	耐火极限(h)	燃烧性能
五	楼板和屋顶承重构件			
1	非预应力简支钢筋混凝土圆孔空心楼板，保护层厚度(mm)：10 20 30	— — —	0.90 1.25 1.50	不燃性 不燃性 不燃性
2	预应力简支钢筋混凝土圆孔空心楼板，保护层厚度(mm)：10 20 30	— — —	0.40 0.70 0.85	不燃性 不燃性 不燃性
3	四边简支的钢筋混凝土楼板，保护层厚度(mm)：10 15 20 30	70 80 80 90	1.40 1.45 1.50 1.85	不燃性 不燃性 不燃性 不燃性
4	现浇的整体式梁板，保护层厚度(mm)：10 15 20	80 80 80	1.40 1.45 1.50	不燃性 不燃性 不燃性
	现浇的整体式梁板，保护层厚度(mm)：10 20	90 90	1.75 1.85	不燃性 不燃性
	现浇的整体式梁板，保护层厚度(mm)：10 15 20 30	100 100 100 100	2.00 2.00 2.10 2.15	不燃性 不燃性 不燃性 不燃性
	现浇的整体式梁板，保护层厚度(mm)：10 15 20 30	110 110 110 110	2.25 2.30 2.30 2.40	不燃性 不燃性 不燃性 不燃性
	现浇的整体式梁板，保护层厚度(mm)：10 20	120 120	2.50 2.65	不燃性 不燃性
5	钢丝网抹灰粉刷的钢梁，保护层厚度(mm)：10 20 30	— — —	0.50 1.00 1.25	不燃性 不燃性 不燃性

附表1（续）

序号	构件名称		构件厚度或截面最小尺寸(mm)	耐火极限(h)	燃烧性能
6	屋面板	1.钢筋加气混凝土屋面板,保护层厚度10 mm	—	1.25	不燃性
		2.钢筋充气混凝土屋面板,保护层厚度10 mm	—	1.60	不燃性
		3.钢筋混凝土方孔屋面板,保护层厚度10 mm	—	1.20	不燃性
		4.预应力钢筋混凝土槽形屋面板,保护层厚度10 mm	—	0.50	不燃性
		5.预应力钢筋混凝土槽瓦,保护层厚度10 mm	—	0.50	不燃性
		6.轻型纤维石膏板屋面板	—	0.60	不燃性
六	吊顶				
1	木吊顶搁栅	1.钢丝网抹灰	15	0.25	难燃性
		2.板条抹灰	15	0.25	难燃性
		3.1:4水泥石棉浆钢丝网抹灰	20	0.50	难燃性
		4.1:4水泥石棉浆板条抹灰	20	0.50	难燃性
		5.钉氧化镁锯末复合板	13	0.25	难燃性
		6.钉石膏装饰板	10	0.25	难燃性
		7.钉平面石膏板	12	0.30	难燃性
		8.钉纸面石膏板	9.5	0.25	难燃性
		9.钉双层石膏板(各厚8 mm)	16	0.45	难燃性
		10.钉珍珠岩复合石膏板(穿孔板和吸音板各厚15 mm)	30	0.30	难燃性
		11.钉矿棉吸音板	—	0.15	难燃性
		12.钉硬质木屑板	10	0.20	难燃性

附表1(续)

序号	构件名称		构件厚度或截面最小尺寸(mm)	耐火极限(h)	燃烧性能
2	钢吊顶搁栅	1.钢丝网(板)抹灰	15	0.25	不燃性
		2.钉石棉板	10	0.85	不燃性
		3.钉双层石膏板	10	0.30	不燃性
		4.挂石棉型硅酸钙板	10	0.30	不燃性
		5.两侧挂0.5 mm厚薄钢板,内填容重为100 kg/m³的陶瓷棉复合板	40	0.40	不燃性
3	双面单层彩钢面岩棉夹芯板吊顶,中间填容重为120 kg/m³的岩棉		50	0.30	不燃性
			100	0.50	不燃性
4	钢龙骨单面钉表右侧材料	1.防火板,填容重为100 kg/m³的岩棉,构造:			
		9 mm+75 mm(岩棉)	84	0.50	不燃性
		12 mm+100 mm(岩棉)	112	0.75	不燃性
		2×9 mm+100 mm(岩棉)	118	0.90	不燃性
		2.纸面石膏板,构造:			
		12 mm+2 mm填缝料+60 mm(空)	74	0.10	不燃性
		12 mm+1 mm填缝料+12 mm+1 mm填缝料+60 mm(空)	86	0.40	不燃性
		3.防火纸面石膏板,构造:			
		12 mm+50 mm(填60 kg/m³的岩棉)	62	0.20	不燃性
		15 mm+1 mm填缝料+15 mm+1mm填缝料+60 mm(空)	92	0.50	不燃性
七	防火门				
1	木质防火门:木质面板或木质面板内设防火板	1.门扇内填充珍珠岩 2.门扇内填充氯化镁、氧化镁			
		丙级	40~50	0.5	难燃性
		乙级	45~50	1.00	难燃性
		甲级	50~90	1.50	难燃性

附表1（续）

序号	构件名称		构件厚度或截面最小尺寸(mm)	耐火极限(h)	燃烧性能
2	钢木质防火门	1.木质面板 1)钢质或钢木质复合门框、木质骨架，迎/背火面一面或两面设防火板，或不设防火板。门扇内填充珍珠岩，或氯化镁、氧化镁 2)木质门框、木质骨架，迎/背火面一面或两面设防火板或钢板。门扇内填充珍珠岩，或氯化镁、氧化镁 2.钢质面板 钢质或钢木质复合门框、钢质或木质骨架，迎/背火面一面或两面设防火板，或不设防火板。门扇内填充珍珠岩，或氯化镁、氧化镁			
		丙级	40～50	0.50	难燃性
		乙级	45～50	1.00	难燃性
		甲级	50～90	1.50	难燃性
3	钢质防火门	钢质门框、钢质面板、钢质骨架。迎/背火面一面或两面设防火板，或不设防火板。门扇内填充珍珠岩或氧化镁、氯化镁			
		丙级	40～50	0.50	不燃性
		乙级	45～70	1.00	不燃性
		甲级	50～90	1.50	不燃性
八	防火窗				
1	钢质防火窗	窗框钢质，窗扇钢质，窗框填充水泥砂浆，窗扇内填充珍珠岩，或氧化镁、氯化镁，或防火板。复合防火玻璃	25～30 30～38	1.00 1.50	不燃性 不燃性
2	木质防火窗	窗框、窗扇均为木质，或均为防火板和木质复合。窗框无填充材料，窗扇迎/背火面外设防火板和木质面板，或为阻燃实木。复合防火玻璃	25～30 30～38	1.00 1.50	难燃性 难燃性
3	钢木复合防火窗	窗框钢质，窗扇木质，窗框填充采用水泥砂浆，窗扇迎背火面外设防火板和木质面板，或为阻燃实木。复合防火玻璃	25～30 30～38	1.00 1.50	难燃性 难燃性

附表1（续）

序号	构件名称		构件厚度或截面最小尺寸(mm)	耐火极限(h)	燃烧性能
九	防火卷帘				
	1.钢质普通型防火卷帘(帘板为单层)			1.50～3.00	不燃性
	2.钢质复合型防火卷帘(帘板为双层)			2.00～4.00	不燃性
	3.无机复合防火卷帘(采用多种无机材料复合而成)			3.00～4.00	不燃性
	4.无机复合轻质防火卷帘(双层,不需水幕保护)			4.00	不燃性

注：1 λ 为钢管混凝土构件长细比，对于圆钢管混凝土，$\lambda=4L/D$；对于方、矩形钢管混凝土，$\lambda=2\sqrt{3}L/B$；L 为构件的计算长度。
2 对于矩形钢管混凝土柱，B 为截面短边边长。
3 钢管混凝土柱的耐火极限为根据福州大学土木建筑工程学院提供的理论计算值，未经逐个试验验证。
4 确定墙的耐火极限不考虑墙上有无洞孔。
5 墙的总厚度包括抹灰粉刷层。
6 中间尺寸的构件，其耐火极限建议经试验确定，亦可按插入法计算。
7 计算保护层时，应包括抹灰粉刷层在内。
8 现浇的无梁楼板按简支板的数据采用。
9 无防火保护层的钢梁、钢柱、钢楼板和钢屋架，其耐火极限可按 0.25 h 确定。
10 人孔盖板的耐火极限可参照防火门确定。
11 防火门和防火窗中的"木质"均为经阻燃处理。

附表2 各类木结构构件的燃烧性能和耐火极限

	构件名称	截面图和结构厚度或截面最小尺寸(mm)	耐火极限(h)	燃烧性能
承重墙	木龙骨两侧钉石膏板的承重内墙	1. 15 mm 耐火石膏板 2. 木龙骨：截面尺寸 40 mm×90 mm 3. 填充岩棉或玻璃棉 4. 15 mm 耐火石膏板 木龙骨的间距为 400 mm 或 600 mm	厚度120	1.00	难燃性
		1. 15 mm 耐火石膏板 2. 木龙骨：截面尺寸 40 mm×140 mm 3. 填充岩棉或玻璃棉 4. 15 mm 耐火石膏板 木龙骨的间距为 400 mm 或 600 mm	厚度170	1.00	难燃性

附表 2（续）

构件名称			截面图和结构厚度或截面最小尺寸(mm)	耐火极限(h)	燃烧性能
承重墙	木龙骨两侧钉石膏板＋定向刨花板的承重外墙	1. 15 mm 耐火石膏板 2. 木龙骨：截面尺寸 40mm×90 mm 3. 填充岩棉或玻璃棉 4. 15 mm 定向刨花板 木龙骨的间距为 400 mm 或 600 mm	厚度 120 曝火面	1.00	难燃性
		1. 15 mm 耐火石膏板 2. 木龙骨：截面尺寸 40 mm×140 mm 3. 填充岩棉或玻璃棉 4. 15 mm 定向刨花板 木龙骨的间距为 400 mm 或 600 mm	厚度 170 曝火面	1.00	难燃性
非承重墙	木龙骨两侧钉石膏板的非承重内墙	1. 双层 15 mm 耐火石膏板 2. 双排木龙骨，木龙骨截面尺寸 40 mm×90 mm 3. 填充岩棉或玻璃棉 4. 双层 15 mm 耐火石膏板 木龙骨的间距为 400 mm 或 600 mm	厚度 245	2.00	难燃性
		1. 双层 15 mm 耐火石膏板 2. 双排木龙骨交错放置在 40 mm×140 mm 的底梁板上，木龙骨截面尺寸 40 mm×90 mm 3. 填充岩棉或玻璃棉 4. 双层 15 mm 耐火石膏板 木龙骨的间距为 400 mm 或 600 mm	厚度 200	2.00	难燃性
		1. 双层 12 mm 耐火石膏板 2. 木龙骨：截面尺寸 40 mm×90 mm 3. 填充岩棉或玻璃棉 4. 双层 12 mm 耐火石膏板 木龙骨的间距为 400 mm 或 600 mm	厚度 138	1.00	难燃性
		1. 12 mm 耐火石膏板 2. 木龙骨：截面尺寸 40 mm×90 mm 3. 填充岩棉或玻璃棉 4. 12 mm 耐火石膏板 木龙骨的间距为 400 mm 或 600 mm	厚度 114	0.75	难燃性

附表 2（续）

构件名称			截面图和结构厚度或截面最小尺寸(mm)	耐火极限(h)	燃烧性能
非承重墙	木龙骨两侧钉石膏板的非承重内墙	1. 15 mm 普通石膏板 2. 木龙骨：截面尺寸 40 mm×90 mm 3. 填充岩棉或玻璃棉 4. 15 mm 普通石膏板 木龙骨的间距为 400 mm 或 600 mm	厚度 120	0.50	难燃性
	木龙骨两侧钉石膏板或定向刨花板的非承重外墙	1. 12 mm 耐火石膏板 2. 木龙骨：截面尺寸 40 mm×90 mm 3. 填充岩棉或玻璃棉 4. 12 mm 定向刨花板 木龙骨的间距为 400 mm 或 600 mm	厚度 114	0.75	难燃性
		1. 15 mm 耐火石膏板 2. 木龙骨：截面尺寸 40 mm×90 mm 3. 填充岩棉或玻璃棉 4. 15 mm 耐火石膏板 木龙骨的间距为 400 mm 或 600 mm	厚度 120	1.25	难燃性
		1. 12 mm 耐火石膏板 2. 木龙骨：截面尺寸 40 mm×140 mm 3. 填充岩棉或玻璃棉 4. 12 mm 定向刨花板 木龙骨的间距为 400 mm 或 600 mm	厚度 164	0.75	难燃性
		1. 15 mm 耐火石膏板 2. 木龙骨：截面尺寸 40 mm×140 mm 3. 填充岩棉或玻璃棉 4. 15mm 耐火石膏板 木龙骨的间距为 400 mm 或 600 mm	厚度 170	1.25	难燃性
柱		支持屋顶和楼板的胶合木柱（四面曝火） 1. 横截面尺寸：200 mm×280 mm	200×280	1.00	可燃性

附表2（续）

构件名称		截面图和结构厚度或截面最小尺寸(mm)	耐火极限(h)	燃烧性能
柱	支持屋顶和楼板的胶合木柱（四面曝火）： 2.横截面尺寸：272 mm×352 mm 横截面尺寸在 200 mm×280 mm 的基础上每个曝火面厚度各增加 36 mm	272×352	1.00	可燃性
梁	支持屋顶和楼板的胶合木梁（三面曝火）： 1.横截面尺寸：200 mm×400 mm	200×400	1.00	可燃性
梁	支持屋顶和楼板的胶合木梁（三面曝火）： 2.横截面尺寸：272 mm×436 mm 截面尺寸在 200 mm×400 mm 的基础上每个曝火面厚度各增加 36 mm	272×436	1.00	可燃性
楼板	1.楼面板为 18 mm 定向刨花板或胶合板 2.楼板搁栅 40 mm×235 mm 3.填充岩棉或玻璃棉 4.顶棚为双层 12 mm 耐火石膏板 采用实木搁栅或工字木搁栅，间距 400 mm 或 600 mm	厚度 277	1.00	难燃性

附表 2（续）

构件名称		截面图和结构厚度或截面最小尺寸(mm)	耐火极限(h)	燃烧性能
屋顶承重构件	1. 屋顶椽条或轻型木桁架 2. 填充保温材料 3. 顶棚为 12 mm 耐火石膏板 木桁架的间距为 400 mm 或 600 mm	椽檩屋顶截面 轻型木桁架屋顶截面	0.50	难燃性
吊顶	1. 实木楼盖结构 40 mm×235 mm 2. 木板条 30 mm×50 mm（间距为 400 mm） 3. 顶棚为 12 mm 耐火石膏板	独立吊顶,厚度 42 mm。 总厚度 277 mm	0.25	难燃性

建筑消防设施的维护管理(GB 25201—2010)

前　　言

本标准的 4.2～4.6、5.2、6.1、7.1、第 8 章、第 9 章、第 10 章为强制性的，其余为推荐性的。

本标准的附录 A～附录 E 均为规范性附录。

本标准由中华人民共和国公安部提出。

本标准由全国消防标准化技术委员会消防管理分技术委员会(SAC/TC 113/SC 9)归口。

本标准起草单位：公安部消防局、江苏省公安厅消防局。

本标准主要起草人：李淑惠、刘激扬、丁余平、周广连、廖平、冯婧钰、李锦成、陈秉安、张先来、张梅红、郭玲玲、刘喜娟、唐卫君、王宗存。

引　　言

建筑消防设施按照国家有关法律法规和国家工程建设消防技术标准设置，是探测火灾发生、及时控制和扑救初起火灾的重要保障。对建筑消防设施实施维护管理，确保其完好有效，是建筑物产权、管理和使用单位的法定职责。为引导和规范建筑消防设施的维护管理工作，确保建筑消防设施完好有效，依据国家现行法律法规和消防技术标准，制定本标准。

1 范围

本标准规定了建筑消防设施维护管理的内容、方法和要求。

本标准适用于在用建筑消防设施的维护管理。

2 规范性引用文件

下列文件中的条款通过本标准的引用而成为本标准的条款。凡是注日期的引用文件，其随后所有的修改单(不包括勘误的内容)或修订版均不适用于本标准，然而，鼓励根据本标准达成协议的各方研究是否可使用这些文件的最新版本。凡是不注日期的引用文件，其最新版本适用于本标准。

GB/T 14107　消防基本术语　第二部分

GA 503　建筑消防设施检测技术规程

GA 767　消防控制室通用技术要求

3 术语和定义

GB/T 14107 中确定的以及下列术语和定义适用于本标准。

3.1

巡查 exterior inspection

对建筑消防设施直观属性的检查。

3.2

检测 test

依照相关标准,对各类建筑消防设施的功能进行测试性的检查。

4 总则

4.1 建筑消防设施的维护管理包括值班、巡查、检测、维修、保养、建档等工作。

4.2 建筑物的产权单位或受其委托管理建筑消防设施的单位,应明确建筑消防设施的维护管理归口部门、管理人员及其工作职责,建立建筑消防设施值班、巡查、检测、维修、保养、建档等制度,确保建筑消防设施正常运行。

4.3 同一建筑物有两个以上产权、使用单位的,应明确建筑消防设施的维护管理责任,对建筑消防设施实行统一管理,并以合同方式约定各自的权利义务。委托物业等单位统一管理的,物业等单位应严格按合同约定履行建筑消防设施维护管理职责,建立建筑消防设施值班、巡查、检测、维修、保养、建档等制度,确保管理区域内的建筑消防设施正常运行。

4.4 建筑消防设施维护管理单位应与消防设备生产厂家、消防设施施工安装企业等有维修、保养能力的单位签订消防设施维修、保养合同。维护管理单位自身有维修、保养能力的,应明确维修、保养职能部门和人员。

4.5 建筑消防设施投入使用后,应处于正常工作状态。建筑消防设施的电源开关、管道阀门,均应处于正常运行位置,并标示开、关状态;对需要保持常开或常闭状态的阀门,应采取铅封、标识等限位措施;对具有信号反馈功能的阀门,其状态信号应反馈到消防控制室;消防设施及其相关设备电气控制柜具有控制方式转换装置的,其所处控制方式宜反馈至消防控制室。

4.6 不应擅自关停消防设施。值班、巡查、检测时发现故障,应及时组织修复。因故障维修等原因需要暂时停用消防系统的,应有确保消防安全的有效措施,并经单位消防安全责任人批准。

4.7 城市消防远程监控系统联网用户,应按规定协议向监控中心发送建筑消防设施运行状态信息和消防安全管理信息。

5 值班

5.1 设有建筑消防设施的单位应根据消防设施操作使用要求制定操作规程,明确操作人员。

负责消防设施操作的人员应通过消防行业特有工种职业技能鉴定,持有初级技能以上等级的职业资格证书,能熟练操作消防设施。消防控制室、具有消防配电功能的配电室、消防水泵房、防排烟机房等重要的消防设施操作控制场所,应根据工作、生产、经营特点建立值班制度,确保火灾情况下有人能按操作规程及时、正确操作建筑消防设施。

单位制定灭火和应急疏散预案以及组织预案演练时,应将建筑消防设施的操作内容纳入其中,对操作过程中发现的问题应及时纠正。

5.2 消防控制室值班时间和人员应符合以下要求:

  a) 实行每日 24 h 值班制度。值班人员应通过消防行业特有工种职业技能鉴定,持有初级技能以上等级的职业资格证书。

b) 每班工作时间应不大于8 h,每班人员应不少于2人。值班人员对火灾报警控制器进行日检查、接班、交班时,应填写《消防控制室值班记录表》(见表A.1)的相关内容。值班期间每2 h记录一次消防控制室内消防设备的运行情况,及时记录消防控制室内消防设备的火警或故障情况。

c) 正常工作状态下,不应将自动喷水灭火系统、防烟排烟系统和联动控制的防火卷帘等防火分隔设施设置在手动控制状态。其他消防设施及其相关设备如设置在手动状态时,应有在火灾情况下迅速将手动控制转换为自动控制的可靠措施。

5.3 消防控制室值班人员接到报警信号后,应按下列程序进行处理:
   a) 接到火灾报警信息后,应以最快方式确认。
   b) 确认属于误报时,查找误报原因并填写《建筑消防设施故障维修记录表》(见表B.1)。
   c) 火灾确认后,立即将火灾报警联动控制开关转入自动状态(处于自动状态的除外),同时拨打"119"火警电话报警。
   d) 立即启动单位内部灭火和应急疏散预案,同时报告单位消防安全责任人。单位消防安全责任人接到报告后应立即赶赴现场。

5.4 消防控制室的安全管理信息、控制及显示要求应满足GA 767的规定。

6 巡查

6.1 一般要求

6.1.1 建筑消防设施的巡查应由归口管理消防设施的部门或单位实施,按照工作、生产、经营的实际情况,将巡查的职责落实到相关工作岗位。

6.1.2 从事建筑消防设施巡查的人员,应通过消防行业特有工种职业技能鉴定,持有初级技能以上等级的职业资格证书。

6.1.3 建筑消防设施巡查应明确各类建筑消防设施的巡查部位、频次和内容。巡查时应填写《建筑消防设施巡查记录表》(见表C.1)。巡查时发现故障,应按第8章要求处理。

6.1.4 建筑消防设施巡查频次应满足下列要求:
   a) 公共娱乐场所营业时,应结合公共娱乐场每2 h巡查一次的要求,视情况将建筑消防设施的巡查部分或全部纳入其中,但全部建筑消防设施应保证每日至少巡查一次;
   b) 消防安全重点单位,每日巡查一次;
   c) 其他单位,每周至少巡查一次。

6.2 巡查内容

6.2.1 消防供配电设施的巡查内容见表C.1中"消防供配电设施"部分。
6.2.2 火灾自动报警系统的巡查内容见表C.1中"火灾自动报警系统"部分。
6.2.3 电气火灾监控系统的巡查内容见表C.1中"电气火灾监控系统"部分。
6.2.4 可燃气体探测报警系统的巡查内容见表C.1中"可燃气体探测报警系统"部分。
6.2.5 消防供水设施的巡查内容见表C.1中"消防供水设施"部分。
6.2.6 消火栓(消防炮)灭火系统的巡查内容见表C.1中"消火栓(消防炮)灭火系统"部分。
6.2.7 自动喷水灭火系统的巡查内容见表C.1中"自动喷水灭火系统"部分。

6.2.8 泡沫灭火系统的巡查内容见表 C.1 中"泡沫灭火系统"部分。

6.2.9 气体灭火系统的巡查内容见表 C.1 中"气体灭火系统"部分。

6.2.10 防烟、排烟系统的巡查内容见表 C.1 中"防烟、排烟系统"部分。

6.2.11 应急照明和疏散指示标志的巡查内容见表 C.1 中"应急照明和疏散指示标志"部分。

6.2.12 应急广播系统的巡查内容见表 C.1 中"应急广播系统"部分。

6.2.13 消防专用电话的巡查内容见表 C.1 中"消防专用电话"部分。

6.2.14 防火分隔设施的巡查内容见表 C.1 中"防火分隔设施"部分。

6.2.15 消防电梯的巡查内容见表 C.1 中"消防电梯"部分。

6.2.16 细水雾灭火系统的巡查内容见表 C.1 中"细水雾灭火系统"部分。

6.2.17 干粉灭火系统的巡查内容见表 C.1 中"干粉灭火系统"部分。

6.2.18 灭火器的巡查内容见表 C.1 中"灭火器"部分。

6.2.19 其他需要巡查的内容见表 C.1 中"其他巡查内容"部分。单位也可根据实际情况，参考表 C.1 的样式，自行制定有关消防安全巡查记录表。

7 检测

7.1 一般要求

7.1.1 建筑消防设施应每年至少检测一次，检测对象包括全部系统设备、组件等。设有自动消防系统的宾馆、饭店、商场、市场、公共娱乐场所等人员密集场所、易燃易爆单位以及其他一类高层公共建筑等消防安全重点单位，应自系统投入运行后每一年底前，将年度检测记录报当地公安机关消防机构备案。在重大节日、重大活动前或者期间，应根据当地公安机关消防机构的要求对建筑消防设施进行检测。

7.1.2 从事建筑消防设施检测的人员，应当通过消防行业特有工种职业技能鉴定，持有高级技能以上等级职业资格证书。

7.1.3 建筑消防设施检测应按 GA 503 的要求进行，并如实填写《建筑消防设施检测记录表》(见表 D.1)的相关内容。

7.2 检测内容

7.2.1 消防供配电设施的检测内容见表 D.1 中"消防供电配电设施"部分。

7.2.2 火灾自动报警系统的检测内容见表 D.1 中"火灾自动报警系统"部分。

7.2.3 消防供水设施的检测内容见表 D.1 中"消防供水设施"部分。

7.2.4 消火栓(消防炮)灭火系统的检测内容见表 D.1 中"消火栓(消防炮)灭火系统"部分。

7.2.5 自动喷水灭火系统的检测内容见表 D.1 中"自动喷水灭火系统"部分。

7.2.6 泡沫灭火系统的检测内容见表 D.1 中"泡沫灭火系统"部分。

7.2.7 气体灭火系统的检测内容见表 D.1 中"气体灭火系统"部分。

7.2.8 防烟系统的检测内容见表 D.1 中"机械加压送风系统"部分。

7.2.9 排烟系统的检测内容见表 D.1 中"机械排烟系统"部分。

7.2.10 应急照明系统的检测内容见表 D.1 中"应急照明系统"部分。

7.2.11 应急广播系统的检测内容见表 D.1 中"应急广播系统"部分。

7.2.12 消防专用电话的检测内容见表 D.1 中"消防专用电话"部分。

7.2.13 防火分隔设施的检测内容见表 D.1 中"防火分隔"部分。

7.2.14 消防电梯的检测内容见表 D.1 中"消防电梯"部分。

7.2.15 细水雾灭火系统的检测内容见表 D.1 中"细水雾灭火系统"部分。

7.2.16 干粉灭火系统的检测内容见表 D.1 中"干粉灭火系统"部分。

7.2.17 灭火器的检测内容见表 D.1 中"灭火器"部分。

7.2.18 其他需要检测的内容见表 D.1 中"其他设施"部分。从事检测工作的单位也可根据实际情况,参考表 D.1 的样式,自行制定有关消防安全检测记录表。

8 维修

8.1 从事建筑消防设施维修的人员,应当通过消防行业特有工种职业技能鉴定,持有技师以上等级职业资格证书。

8.2 值班、巡查、检测、灭火演练中发现建筑消防设施存在问题和故障的,相关人员应填写《建筑消防设施故障维修记录表》(见表 B.1),并向单位消防安全管理人报告。

8.3 单位消防安全管理人对建筑消防设施存在的问题和故障,应立即通知维修人员进行维修。维修期间,应采取确保消防安全的有效措施。故障排除后应进行相应功能试验并经单位消防安全管理人检查确认。维修情况应记入《建筑消防设施故障维修记录表》(见表 B.1)。

9 保养

9.1 一般规定

9.1.1 建筑消防设施维护保养应制定计划,列明消防设施的名称、维护保养的内容和周期(见表 E.1)。

9.1.2 从事建筑消防设施保养的人员,应通过消防行业特有工种职业技能鉴定,持有高级技能以上等级职业资格证书。

9.1.3 凡依法需要计量检定的建筑消防设施所用称重、测压、测流量等计量仪器仪表以及泄压阀、安全阀等,应按有关规定进行定期校验并提供有效证明文件。单位应储备一定数量的建筑消防设施易损件或与有关产品厂家、供应商签订相关合同,以保证供应。

9.1.4 实施建筑消防设施的维护保养时,应填写《建筑消防设施维护保养记录表》(见表 E.2)并进行相应功能试验。

9.2 保养内容

9.2.1 对易污染、易腐蚀生锈的消防设备、管道、阀门应定期清洁、除锈、注润滑剂。

9.2.2 点型感烟火灾探测器应根据产品说明书的要求定期清洗、标定;产品说明书没有明确要求的,应每二年清洗、标定一次。可燃气体探测器应根据产品说明书的要求定期进行标定。火灾探测器、可燃气体探测器的标定应由生产企业或具备资质的检测机构承担。承担标定的单位应出具标定记录。

9.2.3 储存灭火剂和驱动气体的压力容器应按有关气瓶安全监察规程的要求定期进行试验、标识。

9.2.4 泡沫、干粉等灭火剂应按产品说明书委托有资质单位进行包括灭火性能在内的测试。

9.2.5 以蓄电池作为后备电源的消防设备,应按照产品说明书的要求定期对蓄电池进行维护。

9.2.6 其他类型的消防设备应按照产品说明书的要求定期进行维护保养。

9.2.7 对于使用周期超过产品说明书标识寿命的易损件、消防设备,以及经检查测试已不能正常使用的火灾探测器、压力容器、灭火剂等产品设备应及时更换。

10 档案

10.1 内容

建筑消防设施档案应包含建筑消防设施基本情况和动态管理情况。基本情况包括建筑消防设施的验收文件和产品、系统使用说明书、系统调试记录、建筑消防设施平面布置图、建筑消防设施系统图等原始技术资料。动态管理情况包括建筑消防设施的值班记录、巡查记录、检测记录、故障维修记录以及维护保养计划表、维护保养记录、自动消防控制室值班人员基本情况档案及培训记录。

10.2 保存期限

10.2.1 建筑消防设施的原始技术资料应长期保存。

10.2.2 《消防控制室值班记录表》(见表 A.1)和《建筑消防设施巡查记录表》(见表 C.1)的存档时间不应少于一年。

10.2.3 《建筑消防设施检测记录表》(见表 D.1)、《建筑消防设施故障维修记录表》(见表 B.1)、《建筑消防设施维护保养计划表》(见表 E.1)、《建筑消防设施维护保养记录表》(见表 E.2)的存档时间不应少于五年。

附 录 A
（规范性附录）

消防控制室值班记录表

消防控制室值班记录表见表 A.1。

表 A.1 消防控制室值班记录表

序号：

火灾报警控制器运行情况					控制室内其他消防系统及其相关设备名称			报警、故障部位、原因及处理情况	值班情况					
火警		故障报警	监管报警	漏报		控制状态	运行状态		值班员	时段	~	值班员	时段	~
正常	误报					自动 手动	正常 故障							
火灾报警控制器日检查情况记录									时间记录					
火灾报警控制器型号					检查内容									
					自检	消音	复位	主电源	备用电源					
										检查时间		检查人		故障及处理情况

对发现的问题应及时处理，当场不能处置的要填报《建筑消防设施故障维修记表》（见表 B.1），将处理记录（见表 B.1），将处理记录表序号填入"故障及处理情况"栏。

注 1：交接班时，接班人员对火灾报警控制器进行日检查后，如实填写火灾报警控制器日检查情况记录；值班期间按规定时限，在报警、故障部位、原因及处理情况栏中填写详细信息。

注 2：本表为样表，使用单位可根据火灾报警系统及其他消防系统及相关设备数量及值班时段制表。

消防安全责任人或消防安全管理人（签字）：

附录 B
（规范性附录）

建筑消防设施故障维修记录表

建筑消防设施故障维修记录表见表 B.1。

表 B.1　建筑消防设施故障维修记录表

序号：

故障情况						故障维修情况				故障排除确认
发现时间	发现人签名	故障部位	故障情况描述	是否停用系统	是否报消防部门备案	安全保护措施	维修时间	维修人员（单位）	维修方法	

注1："故障情况"由值班、巡查、检测、灭火演练时的当事者如实填写。
注2："故障维修情况"中因维修故障需要停用系统的由单位消防安全责任人在"是否停用系统"栏签字；停用系统超过24 h 的，单位消防安全责任人在"是否报消防部门备案"及"安全保护措施"栏如实填写；其他信息由维护人员（单位）如实填写。
注3："故障排除情况"由单位消防安全管理人在确认故障排除后如实填写并签字。
注4：本表为样表，单位可根据建筑消防设施实际情况制表。

附 录 C
（规范性附录）
建筑消防设施巡查记录表

建筑消防设施巡查记录表见表 C.1。

表 C.1 建筑消防设施巡查记录表

序号：

巡查项目	巡查内容	部位	数量	巡查情况			
				正常	故障描述	故障及处理	报修情况
						当场处理情况	
消防供配电设施	消防电源主电源、备用电源工作状态						
	发电机启动装置外观及工作状态、发电机燃料储量、储油间环境						
	消防配电房、UPS 电池室、发电机房环境						
	消防设备末端配电箱切换装置工作状态						
火灾自动报警系统	火灾探测器、手动报警按钮、信号输入模块、输出模块外观及运行状态						
	火灾报警控制器、火灾显示盘、CRT 图形显示器运行状况						
	消防联动控制器外观及运行状况						
	火灾报警装置外观						
	建筑消防设施远程监控、信息显示、信息传输装置外观及运行状况						
	系统接地装置外观						
	消防控制室工作环境						
电气火灾监控系统	电气火灾监控探测器的外观及运行状态						
	报警主机外观及工作状态						

表 C.1（续）

序号：

巡查项目	巡查内容	部位	数量	巡查情况 正常	故障及处理 故障描述	故障及处理 当场处理情况	报修情况
可燃气体探测报警系统	可燃气体探测器的外观及工作状态						
	报警主机外观及运行状态						
消防供水设施	消防水池、消防水箱外观，液位显示装置外观及运行状况，天然水源水位、水量、水质情况，进户管外观						
	消防水泵及控制柜工作状态						
	稳压泵、增压泵、气压水罐及控制柜工作状态						
	水泵接合器外观、标识						
	系统减压、泄压装置，测试装置，压力表外观及运行状况						
	管网控制阀门启闭状态						
	泵房照明、排水等工作环境						
消火栓（消防炮）灭火系统	室内消火栓、消防卷盘外观及配件完整情况						
	屋顶试验消火栓外观及配件完整情况，压力显示装置外观及状态显示						
	室外消火栓外观、地下消火栓标识、栓井环境						
	消防炮、炮塔、现场火灾探测控制装置、回旋装置等外观及周边环境						
	启泵按钮外观						

表 C.1（续）

序号：

巡查项目	巡查内容	部位	数量	正常	巡查情况		报修情况
					故障描述	故障及处理 当场处理情况	
自动喷水灭火系统	喷头外观及距周边障碍物或保护对象的距离						
	报警阀组外观，试验阀门状况，排水设施状况，压力显示值						
	充气设备及控制装置，排气设备及控制装置，火灾探测传动及现场手动控制装置外观及运行状况						
	楼层或区域末端试验阀门处压力值及现场环境，系统末端试验装置外观及现场环境						
泡沫灭火系统	泡沫喷头外观及距周边障碍物或保护对象距离						
	泡沫消火栓、泡沫炮、泡沫产生器、泡沫比例混合器外观						
	泡沫液贮罐外观及罐间环境，泡沫液有效期及储存量						
	控制阀门外观、标识，管道外观、标识						
	火灾探测传动控制、现场手动控制装置外观及运行状况						
	泡沫泵及控制柜外观及运行状况						
	冷却水系统的巡查内容可参考6.2.7						

表 C.1（续）

序号：

巡查项目	巡查内容	巡查情况				故障及处理		报修情况
		部位	数量	正常	故障描述	当场处理情况		
气体灭火系统	气体灭火控制器外观、工作状态							
	储瓶间环境，气体瓶组或储罐外观、检漏装置外观、运行状况							
	容器阀、选择阀、驱动装置等组件外观							
	紧急启/停按钮外观、喷嘴外观、设置位置、防护区组件外观							
	预制灭火装置外观、设置位置、控制装置外观及运行状况							
	放气指示灯及警报器外观							
	低压二氧化碳系统制冷装置、控制装置、安全阀等组件外观、运行状况							
防烟、排烟系统	送风阀外观							
	送风机及控制柜外观及工作状况							
	挡烟垂壁及其控制装置外观及工作状况、排烟阀及其控制装置外观							
	电动排烟窗、自然排烟设施外观							
	排烟机及控制柜外观及工作状况							
	送风、排烟机房环境							
应急照明和疏散指示标志	应急灯具外观、工作状态							
	疏散指示标志外观、工作状态							
	集中供电型应急照明灯具、疏散指示标志灯外观、工作状况、集中电源工作状态							
	字母型应急照明灯具、疏散指示标志灯外观、工作状态							

表 C.1（续）

序号：

巡查项目	巡查内容	巡查情况					故障及处理	
		部位	数量	正常	故障描述		当场处理情况	报修情况
应急广播系统	扬声器外观							
	功放、卡座、分配盘外观及工作状态							
消防专用电话	消防电话主机外观、工作状况							
	分机电话外观、电话插孔外观、插孔电话机外观							
防火分隔设施	防火窗外观及固定情况							
	防火门外观及配件完整性，防火门启闭状况及周围环境							
	电动型防火门控制装置外观、工作状态							
	防火卷帘外观及配件完整性，防火卷帘控制装置外观及工作状况							
	防火墙外观，防火阀外观及工作状况							
	防火封堵外观							
消防电梯	紧急按钮外观、轿箱内电话外观							
	电梯井排水设施外观、工作状况							
	消防电梯工作状况							
细水雾灭火系统	灭火控制器工作状态							
	储气瓶和储水瓶（或储水罐）外观及工作状态、工作环境							
	高压泵组、稳压泵外观及工作状态，末端试水装置压力值（闭式系统）							
	紧急启/停按钮、释放指示灯，报警器，喷头，分区控制阀等组件外观							
	防护区状况							

3267

表 C.1（续）

序号：

巡查项目	巡查内容	巡查情况			故障及处理情况		报修情况
		部位	数量	正常	故障描述	当场处理情况	
干粉灭火系统	灭火控制器工作状态						
	设备储存间环境、驱动气瓶和灭火剂储存装置外观						
	选择阀、驱动装置组件外观						
	紧急启/停按钮、放气指示灯、警报器、喷嘴外观						
	防护区状况						
灭火器	灭火器外观						
	灭火器数量						
	灭火器压力表、维修标示						
	设置位置状况						
其他巡查内容	消防车道、疏散楼梯、疏散走道畅通情况、逃生自救设施配置及完好情况，消防安全标示使用情况，用火用电管理情况等						
巡查人（签名）						年 月 日	
消防安全责任人或消防安全管理人（签名）						年 月 日	
备注	对发现的问题和故障应及时处理，当场不能处置的要填报《建筑消防设施故障维修记录表》（见表 B.1）。						
	注 1：情况正常的，在"正常"栏中打"√"；存在问题或故障的，在"故障及处理"栏中填写相应内容。						
	注 2：本表为样表，单位可根据建筑消防设施实际情况和巡查时间段分系统、分部位制表。						

附 录 D
（规范性附录）
建筑消防设施检测记录表

建筑消防设施检测记录表见表 D.1。

表 D.1 建筑消防设施检测记录表

检 测 项 目		检 测 内 容	实测记录	故障记录及处理情况			报修情况
				故障描述	当场处理情况		
消防供电配电	消防配电柜(箱)	试验主、备电切换功能；消防电源主、备电源供电能力测试					
	自备发电机组	试验发电机自动、手动启动功能，试验发电机启动电源充、放电功能					
	应急电源	试验应急电源充、放电功能					
	储油设施	核对储油量					
	联动试验	试验非消防电源的联动切断功能					
火灾自动报警系统	火灾探测器	试验报警功能					
	手动报警按钮	试验报警功能					
	监察装置	试验监管装置报警功能、屏蔽信息显示功能					
	警报装置	试验警报功能					
	报警控制器	试验火警报警、故障报警、火警优先，打印机打印、自检、消音等功能，火灾显示盘和 CRT 显示器的报警、显示功能					

表 D.1（续）

检测项目		检测内容	实测记录	故障记录及处理		
				故障描述	当场处理情况	报修情况
火灾自动报警系统	消防联动控制器	试验联动控制器及控制模块的手动、自动联动控制功能，试验控制器显示功能，试验电源显示部分主、备电源切换功能，备用电源充、放电功能				
	远程监控系统	试验信息传输装置显示、传输功能，试验监控主机信息显示，告警受理、派单、接单、远程开锁等功能，试验电源部分主、备电源切换，备用电源充、放电功能				
消防供水设施	消防水池	核对储水量，自动进水阀进水功能，液位检测装置报警功能				
	消防水箱	核对储水量，自动进水阀进水功能，模拟消防水箱出水，测试消防水箱供水能力，液位检测装置报警功能				
	稳（增）压泵及气压水罐	模拟系统渗漏，测试稳压泵、增压泵及气压水罐稳压能力，增压能力，自动启泵、停泵及联动启动主泵的压力工况，主、备泵切换功能				
	消防水泵及控制柜	试验手动/自动启泵功能和主、备泵切换功能，利用测试装置测试消防泵供水时的流量和压力				
	水泵接合器	利用消防车或机动泵测试其供水能力				
	阀门	试验控制阀门启闭功能，减压装置减压功能				

表 D.1（续）

检测项目		检测内容	实测记录	故障记录及处理		
				故障描述	当场处理情况	报修情况
消火栓（消防炮）灭火系统	室内消火栓	试验屋顶消火栓出水压力、静压及水质，测试室内消火栓静压				
	消防水喉	射水试验				
	室外消火栓	试验室外消火栓出水及静压				
	消防炮	试验消防炮手动、遥控操作功能，试验手动按钮启泵功能、消防炮出水功能				
	启泵按钮	试验远距离启泵功能及信号指示功能				
	联动控制功能	自动方式下，分别利用远距离启动水泵、消防联动控制盘控制按钮启动消防水泵，测试最不利点消火栓、消防炮出水压力及流量；具有火灾探测控制功能的消防炮系统，应模拟自动启动				
自动喷水灭火系统	报警阀组	试验报警阀组试验排放阀排水功能，关、水力警铃终端报警功能				
	末端试水装置	试验末端放水测试工作压力、水流指示器、压力开关动作信号、水质情况，楼层末端试验阀功能试验				
	水流指示器	核对反馈信号				
	探测、控制装置	测试火灾探测传动装置的火灾探测及控制功能、手动控制装置控制功能				
	充、排气装置	测试充气、排气装置充、排气功能				

表 D.1（续）

检测项目		检测内容	实测记录	故障记录及处理		
				故障描述	当场处理情况	报修情况
自动喷水灭火系统	联动控制功能	在系统末端放水或排气，进行系统联动功能试验，测试水流指示器、压力开关、水力警铃报警功能；具有火灾探测传动控制功能应模拟系统自动启动				
泡沫灭火系统	泡沫液储罐	核对泡沫液有效期和储存量				
	泡沫栓、泡沫喷头、泡沫产生器	试验出水或出泡沫功能				
	泡沫泵	手动/自动启动及主、备泵切换功能及信号反馈功能；阀门启闭功能				
	联动控制功能	具有火灾探测传动控制装置的泡沫灭火系统，应结合泡沫灭火剂到期更换进行系统自动启动，测试泡沫消火栓、泡沫喷头、泡沫产生器出泡沫功能、泡沫比例混合器混合配比功能，泡沫泵供泡沫液、供水能力				
	自吸液泡沫消火栓、移动泡沫产生装置、喷淋冷却系统	测试吸液出泡沫功能；喷淋冷却系统检测内容同 7.2.5				

表 D.1（续）

检测项目		检 测 内 容	实测记录	故障记录及处理		
				故障描述	当场处理情况	报修情况
气体灭火系统	瓶组与储罐	核对灭火剂储存量主、备瓶组切换试验				
	检漏装置	测试称重、检漏报警功能				
	紧急启/停功能	测试紧急启动/停止按钮的紧急功能				
	启动装置、选择阀	测试启动装置、选择阀手动启动功能				
	联动控制功能	以自动方式进行模拟喷气试验，检验系统报警、联动功能				
	通风换气设备	测试通风换气功能				
	备用瓶组切换	测试主、备瓶组切换功能				
机械加压送风系统	送风口	测试手动/自动开启功能				
	送风机	测试手动/自动启动、停止功能				
	送风量、风速、风压	测试最大负荷状态下，系统送风量、风速、风压				
	联动控制功能	通过报警联动，检查防火阀的启动方式				
机械排烟系统	自然排烟设施	测试自然排烟窗的开启面积、开启方式				
	排烟阀、电动排烟窗、电动挡烟垂壁、排烟防火阀	测试排烟阀，电动排烟窗手动/自动开启功能，测试挡烟垂壁的释放功能，测试排烟防火阀的动作性能				
	排烟风机	测试手动/自动启动、排烟防火阀联动停止功能				

表 D.1（续）

检测项目		检 测 内 容	实测记录	故障记录及处理		
				故障描述	当场处理情况	报修情况
机械排烟系统	排烟风量、风速	测试最大负荷状态下，系统排烟量、风速				
	联动控制功能	通过报警联动，检查电动挡烟垂壁、电动排烟阀、电动排烟窗的功能，检查排烟风机的性能				
应急照明系统		切断正常供电，测量应急灯具照度、电源切换、充电、放电功能；测试应急电源供电时间；通过报警联动，检查应急灯具自动投入功能				
应急广播系统	扬声器	测试音量、音质				
	功放、卡座、分配盘	测试卡座的播音、录音功能，测试功放的扩音功能，测试分配盘的选层广播功能，测试合用广播系统应急强制切换功能				
	联动控制功能	通过报警联动，检查合用广播系统应急强制切换功能，扬声器播音质量及音量，卡座录音功能、分配盘分区及选层广播功能				
消防专用电话		测试消防电话主机与电话分机、插孔电话之间通话质量；电话主机录音功能；拨打"119"功能				

表 D.1（续）

检测项目		检测内容	实测记录	故障记录及处理			报修情况
				故障描述	当场处理情况		
防火分隔	防火门	试验非电动防火门的启闭功能及密封性能，测试电动防火门自动、现场释放功能及信号反馈功能，通过报警联动，检查电动防火门释放功能，喷水冷却装置的联动启动功能					
	防火卷帘	试验防火卷帘的手动、机械应急和自动控制功能，信号反馈功能，封闭性能，通过报警联动，检查防火卷帘门自动释放功能及喷水冷却装置的联动启动功能，测试有延时功能的防火卷帘的延时时间，声光指示					
	电动防火阀	通过报警联动，检查电动防火阀的关闭功能及密封性					
消防电梯		测试首层按钮控制电梯回首层功能，消防电梯应急操作功能，电梯轿箱内消防电话通话质量，电梯井排水设备排水功能，通过报警联动，检查电梯自动迫降功能					
细水雾灭火系统		测试储瓶式细水雾灭火系统启动装置的启动性能，减压装置减压性能，喷头喷雾性能					
		测试泵式细水雾灭火系统手动/自动启、停泵功能，主、备泵切换功能，喷头喷雾性能					

表 D.1（续）

检测项目	检测内容	实测记录	故障记录及处理		
			故障描述	当场处理情况	报修情况
细水雾灭火系统	测试分区控制阀的手动/自动控制功能，具有火灾探测控制系统的，应模拟自动控制功能				
	通过报警联动，检验开式细水雾灭火系统联动控制功能，进行模拟喷放细水雾试验				
	通过末端放水，测试闭式细水雾灭火系统联动功能，测试水流指示器报警功能、压力开关报警功能				
干粉灭火系统	测试驱动气瓶压力和干粉储存量；通过报警联动，模拟干粉喷放试验，检验系统功能				
灭火器	核对选型、压力和有效期对同批次的灭火器随机抽取一定数量进行灭火、喷射等性能试验				
其他设施	逃生自救设施性能				
检测结论：					
检测人（签名）： 等级证书编号：			检测单位（盖章）： 年 月 日		
消防安全责任人或消防安全管理人（签名）： 年 月 日					

检测项目应满足设计资料、国家工程建设消防技术规范等的要求。对发现的问题应及时处理，当场不能处置的要填报《建筑消防设施故障维修记录表》（见表 B.1）。

注1：存在问题或故障的，在"故障及处理"栏中填写相应内容。

注2：本表为样表，单位可根据建筑消防设施实际情况分系统制表，参与系统检测的人员均应在检测人一栏如实填写个人基本信息。

附 录 E
（规范性附录）
建筑消防设施维护保养表

建筑消防设施维护保养计划表见表E.1，建筑消防设施维护保养记录表见表E.2。

表E.1 建筑消防设施维护保养计划表

序号： 日期：

序号	检查保养项目		保 养 内 容	周 期
1	消防水泵	外观清洁	擦洗、除污	一个月
		泵中心轴	长期不用时，定期盘动	半个月
		主回路控制回路	测试、检查、紧固	半年
		水泵	检查或更换盘根填料	半年
		机械润滑	加0号黄油	三个月
2	管道		补漏、除锈、刷漆	半年
	阀门		加或更换盘根、补漏、除锈、刷漆、消消	半年

注1：保养内容、周期，单位可根据设施、设备使用说明书、国家有关标准、安装场所环境等综合确定。

注2：本表为样表，单位可根据建筑消防设施的类别，分别制表，如消火栓系统维护保养计划表，自动喷水灭火系统维护保养计划表，气体灭火系统维护保养计划表，消防泵、喷淋泵、送风机、排烟机应定期试验。保养计划表等。

消防安全责任人或消防安全管理人（签字）： 制订人： 审核人：

表 E.2 建筑消防设施维护保养记录表

序号：　　　　　日期：

设 备 名 称	消 防 泵	设备参数	
		额定功率	
保 养 项 目	保养完成情况		
擦洗,除污			
长期不用时,定期盘动			
测试,检查,紧固			
检查或更换盘根填料			
加 0 号黄油			
备注：			

保养作业完成后,保养人员或单位应如实填写保养完成情况,并作相应功能试验,遇有故障应及时填写《建筑消防设施故障维修记录表》(见表 B.1)。

注：本表为样表,单位可根据制定的建筑消防设施维护保养计划表确定的保养内容分别制表。

消防安全责任人或消防安全管理人(签字)：　　　　保养人：　　　　审核人：

参 考 文 献

[1] 中华人民共和国消防法.
[2] 机关、团体、企业、事业单位消防安全管理规定(公安部令第 61 号).
[3] 消防监督检查规定(公安部令第 107 号).
[4] GB 15630　消防安全标志设置要求.
[5] GB 50166　火灾自动报警系统施工及验收规范.
[6] GB 50261　自动喷水灭火系统施工及验收规范.
[7] GB 50263　气体灭火系统施工及验收规范.
[8] GB 50281　泡沫灭火系统施工及验收规范.
[9] GA 95　灭火器维修与报废规程.
[10] GA 502　消防监督技术装备配备.

文物建筑消防安全管理(XF/T 1463—2018)

前 言

根据公安部、应急管理部联合公告(2020年5月28日)和应急管理部2020年第5号公告(2020年8月25日),本标准归口管理自2020年5月28日起由公安部调整为应急管理部,标准编号自2020年8月25日起由GA/T 1463—2018调整为XF/T 1463—2018,标准内容保持不变。

本标准按照GB/T 1.1—2009给出的规则起草。

本标准由公安部消防局提出。

本标准由全国消防标准化技术委员会消防管理分技术委员会(SAC/TC 113/SC 9)归口。

本标准负责起草单位:山西省公安消防总队、中国人民武装警察部队学院。

本标准参与起草单位:公安部消防局、青海省公安消防总队、陕西省公安消防总队、吉林省公安消防总队、西藏自治区公安消防总队。

本标准主要起草人:王勇、张华东、景绒、胡锐、王静波、张香萍、张元鹏、魏东、王增华、朱江、靳威、李芳、张耀泽、岳鹏、赵武军、武丽珍、谢景荣、周郑。

引 言

为切实吸取文物建筑火灾事故教训,规范文物建筑消防安全管理工作,提高文物建筑消防安全管理水平,预防和减少文物建筑火灾,依据《中华人民共和国消防法》等相关法律法规,制定本标准。

本标准是通过分析文物建筑特性及其火灾特点后,在调查研究、总结实践经验,参考和吸收国内外有关资料,并广泛征求多方意见的基础上制定的。

1 范围

本标准规定了文物建筑单位以及相关人员的消防安全责任与职责、消防组织、消防安全检查、消防设施器材设置与管理、火灾危险源控制与管理、消防宣传与培训、灭火和应急疏散、消防档案等要求和措施。

本标准适用于具有火灾危险性且对公众开放的文物建筑,其他文物建筑的消防安全管理可参照本标准执行。

2 规范性引用文件

下列文件对于本文件的应用是必不可少的。凡是注日期的引用文件,仅注日期的版本适用于本文件。凡是不注日期的引用文件,其最新版本(包括所有的修改单)适用于本文件。

GB 13495.1 消防安全标志 第1部分:标志
GB 15630 消防安全标志设置要求

GB 25201 建筑消防设施的维护管理
GB 50116 火灾自动报警系统设计规范
GB 50140 建筑灭火器配置设计规范
GB 50974 消防给水及消火栓系统技术规范
XF/T 1245 多产权建筑消防安全管理
JGJ 46 施工现场临时用电安全技术规范
QX 189 文物建筑防雷技术规范

3 术语和定义

下列术语和定义适用于本文件。

3.1
文物建筑 heritage building

县级以上人民政府核定公布为文物保护单位的建筑物和构筑物。

3.2
消防道路 fire road

根据文物建筑防火需要和实际情况建设的,供一般消防车、小型消防车、消防摩托车以及手抬机动消防泵通行和人员疏散的道路。

4 总则

4.1 文物建筑消防安全管理贯彻"预防为主、防消结合"的消防工作方针,坚持政府属地管理,行业依法监管,单位全面负责和谁使用谁负责、谁管理谁负责的原则,实行消防安全责任制。

4.2 文物建筑产权单位或者管理、使用单位应遵守消防法律、法规、规章,履行消防安全职责,建立完善的消防安全管理体系和机制。鼓励在火灾风险评估基础上,采用新技术、新产品、新措施进行安全防护。

5 消防安全责任与职责

5.1 一般规定

5.1.1 文物建筑产权单位或者管理、使用单位应落实消防安全责任制,明确岗位消防安全职责。文物建筑产权单位或者管理、使用单位的法定代表人或者非法人单位的主要负责人是本单位的消防安全责任人。文物建筑产权单位或者管理、使用单位应确定本单位的消防安全管理人。

5.1.2 文物建筑产权单位或者管理、使用单位可根据需要明确消防工作归口管理职能部门或者确定专兼职消防管理人员,具体实施消防安全管理工作。

5.1.3 文物建筑的消防安全责任人、消防安全管理人、专兼职消防管理人员、消防设施操作人员应接受消防安全培训。自动消防系统的操作人员应通过消防行业特有工种职业技能鉴定,持证上岗。

5.1.4 有多个产权单位或者管理、使用单位的文物建筑,应明确各方的消防安全责任,确定或委托统一管理单位,按照 XF/T 1245 的规定对消防安全实行统一管理。

5.2 文物建筑产权单位或者管理、使用单位职责

5.2.1 落实消防安全责任制,制定各项消防安全制度、消防安全操作规程。

5.2.2 按照国家标准、行业标准配置消防设施、器材,设置消防安全标志,并定期组织检测、检验、维修,确保完好有效。

5.2.3 保障疏散通道、安全出口、消防道路畅通。

5.2.4 定期组织防火巡查、检查,及时消除火灾隐患。

5.2.5 制定灭火和应急疏散预案,定期组织消防演练。

5.2.6 开展消防法规和消防安全知识宣传教育,对从业人员进行消防安全培训。

5.2.7 建立消防档案,确定消防安全重点部位,设置防火标志,实行严格管理。

5.2.8 发生火灾及时报警,并组织扑救初期火灾,保护火灾现场,协助火灾调查。

5.3 消防安全责任人职责

5.3.1 贯彻执行消防、文物等法律法规,掌握本单位的消防安全情况,全面负责本单位的消防安全工作。

5.3.2 将消防安全工作与本单位其他各项工作统筹安排,批准实施消防工作计划。

5.3.3 为本单位消防安全管理提供必要的经费和组织保障。

5.3.4 组织建立本单位消防安全责任体系,批准实施消防安全管理制度和保障消防安全的操作规程。

5.3.5 定期组织防火检查,督促消除火灾隐患,及时处理涉及消防安全的重大问题。

5.3.6 根据规定建立专职消防队、微型消防站、志愿消防队,并配备相应的消防设施器材和装备。

5.3.7 组织制定符合本单位实际的灭火和应急疏散预案,并定期实施演练。

5.4 消防安全管理人职责

5.4.1 拟定年度消防安全工作计划,组织实施日常消防安全管理工作。

5.4.2 组织制定消防安全管理制度和消防安全操作规程,并负责检查督促落实。

5.4.3 拟定消防安全工作的经费预算和组织保障方案。

5.4.4 建立消防档案,确定本单位的消防安全重点部位。

5.4.5 组织实施防火巡查、检查和火灾隐患排查整改工作。

5.4.6 保障疏散通道、安全出口、消防道路畅通,组织实施对本单位消防设施、器材和消防安全标志的维护保养,确保其完好有效。

5.4.7 组织管理专职消防队、微型消防站、志愿消防队,开展日常业务训练。

5.4.8 组织开展消防知识、技能的宣传教育和培训,拟定灭火和应急疏散预案,并组织实施和演练。

5.4.9 定期向消防安全责任人报告消防安全情况,及时报告涉及消防安全的重大问题。

5.4.10 完成消防安全责任人委托的其他消防安全管理工作。

5.5 专兼职消防管理人员职责

5.5.1 具体实施消防安全工作计划。

5.5.2 管理消防安全重点部位,维护保养管辖范围内的消防设施、器材。

5.5.3 实施防火巡查、检查,发现和消除火灾隐患。

5.5.4 协助编制灭火和应急疏散预案,并组织演练。

5.5.5 记录消防工作开展落实情况,完善消防档案。
5.5.6 发生火灾时,及时组织人员疏散和扑救初期火灾。

5.6 消防控制室值班人员职责

5.6.1 熟悉和掌握消防控制室设备及其联动消防设施的功能及操作规程,按规定测试自动消防设施的功能,保障消防控制室设备的正常运行。

5.6.2 对火警信号应立即确认。火灾确认后应立即报火警并向消防安全管理人或消防安全责任人报告,随即启动灭火和应急疏散预案。

5.6.3 及时确认故障报警信号,排除消防设施故障,不能排除的应立即报告消防安全管理人或消防安全责任人。

5.6.4 做好消防控制室的火警、故障记录和值班记录。

5.7 消防设施操作管理人员职责

5.7.1 熟悉和掌握消防设施的功能和操作规程。

5.7.2 按照管理制度和操作规程检查、维护和保养消防设施,保证消防设施和消防电源处于正常运行状态。

5.7.3 发现故障应及时排除,不能排除的应立即报告消防安全管理人或消防安全责任人。

5.7.4 做好运行、操作和故障记录。

6 消防组织

6.1 一般规定

6.1.1 距离公安消防队较远、被列为全国重点文物保护单位的古建筑群的管理单位应建立专职消防队,其他文物建筑产权单位或者管理、使用单位应建立微型消防站、志愿消防队,并配备消防装备,开展火灾防控工作。

6.1.2 专职消防队、微型消防站、志愿消防队应定期开展消防业务学习和灭火技能训练。

6.2 微型消防站建设

6.2.1 人员值守、器材存放等用房应设置在便于人员、车辆迅速出动的位置,可与消防控制室合用。

6.2.2 根据扑救火灾和应急救援的需要配备消防装备器材,且不应低于附录 A 的要求。

6.2.3 微型消防站人员配备不宜少于 6 人。

6.2.4 应设站长、副站长、消防员以及消防控制室值班人员等岗位并明确职责,配有消防车辆的微型消防站应设驾驶员岗位,站长由消防安全管理人兼任。

6.2.5 应建立值班备勤制度,分班编组执勤,确保 24 h 值班备勤。

6.2.6 接到火警信息后,应在 1 min 内核实火情,3 min 内到达现场处置。

6.2.7 应纳入当地灭火救援联勤联动体系,参与周边区域灭火处置工作。

7 消防安全检查

7.1 防火巡查

7.1.1 应进行每日防火巡查,可根据需要进行夜间防火巡查。文物建筑对公众开放期间,至少每 2 h 进行一次防火巡查;开放结束后,应进行巡查。设有电子巡更系统的文物建筑,应将建筑消防设施巡查部位纳入其中。

7.1.2 防火巡查应包括以下内容：
a) 用火、用电有无违章情况；
b) 疏散通道、安全出口、消防道路是否畅通；
c) 消防设施器材、消防通信设施、消防安全标志是否完好；
d) 重点部位的人员在岗在位情况；
e) 宗教活动用火是否在指定地点进行，是否确定专人看管并落实防火措施；
f) 有无遗留火种、吸烟、动用明火现象；
g) 地处森林、郊野的文物建筑防火隔离带范围内是否有杂草等易燃物，是否堆放柴草、木料、杂物等易燃可燃物品；
h) 其他需要巡查的内容。

7.2 防火检查

7.2.1 每月应至少组织一次防火检查。

7.2.2 防火检查由消防安全责任人或消防安全管理人组织实施。

7.2.3 防火检查应包括以下内容：
a) 各项消防安全管理制度和消防安全操作规程的执行和落实情况；
b) 用火、用电、用油、用气、人员住宿等有无违章情况；
c) 疏散通道、安全出口、消防道路和消防水源情况；
d) 消防设施器材、消防安全标志的设置及完好有效情况；
e) 消防控制室的值班和设施运行、记录情况；
f) 消防安全重点部位管理情况；
g) 防火巡查、火灾隐患整改及防范措施落实情况；
h) 地处森林、郊野的文物建筑防火隔离带设置情况；
i) 宗教活动用火的管理情况；
j) 电器产品的安装、使用及其线路的敷设是否符合消防技术标准和管理规定；
k) 专兼职消防管理人员、自动消防系统的操作人员及其他人员消防知识掌握情况；
l) 文物建筑的保护范围内是否附着干枯杂草、树枝、灌木等易燃可燃物；
m) 其他需要检查的内容。

7.3 火灾隐患整改

7.3.1 发现火灾隐患应立即整改。不能立即整改的，应制定方案限期整改。

7.3.2 在火灾隐患整改期间，应采取相应措施保障消防安全。

7.3.3 对自身无法解决的重大消防安全问题，应提出解决方案并及时向上级主管部门或当地人民政府报告。

8 消防设施器材设置与管理

8.1 设置原则

消防设施器材的设置应以最小干预为原则，根据文物建筑的环境特点、火灾危险性和建筑特性等因素综合考虑，并避免对文物本体及其环境风貌造成影响或者破坏。

8.2 设置类型与场所

8.2.1 具备给水管网条件的，应充分利用给水管网条件设置室外消防给水系统。寒冷和严寒地区及其他有结冻可能的地区,消防给水系统应采取可靠的防冻保护措施。

8.2.2 不具备给水管网条件或给水管网条件不符合消防供水要求的,应利用天然水源或者结合地势设置高位水池作为消防水池。

8.2.3 火灾危险性较大且具备设置火灾自动报警系统条件的文物建筑宜设置火灾自动报警系统,并应按照 GB 50116 的要求向城市远程监控系统传输有关信息。

8.2.4 全国重点文物保护单位的砖木或木结构文物建筑的非消防用电负荷宜设置电气火灾监控系统。

8.2.5 应按严重危险级配备灭火器,设置应符合 GB 50140 的规定。

8.2.6 文物建筑内无自然照明且有人员活动的场所、疏散距离超过 10 m 的内走道应设置疏散指示标志和疏散照明灯具。

8.2.7 消防控制室、消防水泵房以及发生火灾时仍需坚持工作的消防设备房应设置备用照明,其作业面的最低照度不应低于正常照明的照度。

8.2.8 室外应配置水缸或水桶、沙子、铁锹等简易消防器材。

8.2.9 主要出入口附近应设置消防安全布局标识,标明文物建筑保护范围内消防水源(天然水源、消防水池、室外消火栓及可利用的市政消火栓)、消防道路、安全出口和疏散路线、消防器材等内容。消防安全标识的图形符号与几何尺寸、颜色、标志牌制作以及标识的设置位置、设置方法等应符合 GB 13495.1 和 GB 15630 的规定。

8.2.10 文物建筑的柱、梁、枋、檩、椽、楼板和闷顶内的梁架等木质构件表面可涂刷或喷涂木材专用防火阻燃液,建筑内悬挂的帐幔、幡幢、伞盖等可燃物,可采用织物专用阻燃液处理。

8.3 维护管理

8.3.1 应按照 GB 25201 的规定建立建筑消防设施的值班、巡查、检测、维修、保养、建档等制度,确保建筑消防设施正常运行。实体防护设施不应妨碍消防设施正常使用。消防设施器材在维修、更换期间,应采取有效措施确保文物建筑安全。

8.3.2 消防设施器材应明确巡查部位和内容,每日至少进行一次巡查,保证完好有效。

8.3.3 消防设施器材应定期检测、检查和维护管理。每年应对消防设施器材至少进行一次全面检测;每季度对消火栓进行一次外观和漏水检查;每月手动启动消防水泵运转一次,并检查供电电源的情况,对消防水池、消防水箱等消防水源设施的水位等进行一次检测;记录应完整准确,存档备查。

8.3.4 疏散通道、安全出口和消防道路应保持畅通,不应占用防火间距。消防道路和消防车作业场地不应设置影响灭火救援的障碍物。文物建筑的保护范围内举办祭祀、庙会、游园、展览等大型活动时,应根据实际情况限制文物建筑的使用方式和同时在内的人数。

8.3.5 建立消防设施器材故障报告和故障消除的登记制度。发生故障,应及时修复。因故障、维修等原因,需要暂时停用系统的,应经消防安全责任人批准,并采取有效措施确保安全。

8.3.6 消防水池、天然水源等消防水源应确保水量充足;消防泵出水管阀门、消防给水系统管道上的阀门应常开;消防水泵组等消防设备的控制装置及配电柜开关应处于自动位置。

8.3.7 除 8.3.1～8.3.6 的规定外,消防设施器材维护管理还应符合 GB 50974 和 GB 25201 的规定。

9 火灾危险源控制与管理

9.1 一般规定

9.1.1 对公众开放的文物建筑宜设置安全检查设备，严防火种和危险品进入。

9.1.2 文物建筑内禁止设置公共娱乐场所。

9.2 用火管理

9.2.1 文物建筑的保护范围内不应使用明火。宗教活动、日常生活和生产作业中确需用火的，应符合9.2.2～9.2.4的规定。

9.2.2 宗教活动确需用火的，应符合以下规定：

　　a) 燃灯、点烛、烧香、焚纸等宗教活动用火，应设在室外空旷、独立的固定位置，并应有专人看护，配备相应的消防器材。宗教活动结束后及时熄灭余火。无人看护时或大风天气禁止用火；

　　b) 用火器具使用不燃材料制作，长明灯、蜡烛设置由不燃材料制成的固定灯座、灯罩和烛台等防护措施。放置香、灯、烛的案几、供桌等，其面板使用不燃材料或包覆不燃材料；

　　c) 明火与帐幔、幡幢、伞盖等可燃物保持安全距离。条件允许时，使用电子产品替代明火。

9.2.3 日常生活确需用火的，应符合以下规定：

　　a) 宜在文物建筑的保护范围外，独立建造厨房、锅炉房等生活用火建筑；不具备独立建造条件的，在厢房、走廊、庭院等附属建筑内集中使用，并确定专人管理，与文物建筑的其他部位采取防火分隔措施；

　　b) 用于炊事和采暖的灶台、烟道、烟囱等使用不燃材料制作，并与可燃物之间保持安全距离或采取隔热措施。

9.2.4 生产作业确需用火的，应按照单位的用火管理制度办理审批手续，落实现场监护人，采取消防安全措施，配置消防器材。作业结束后，应检查并确认无遗留火种。

9.2.5 文物建筑对公众开放区域内禁止吸烟。

9.3 用电管理

9.3.1 文物建筑内除为满足展示照明、生活、经营、办公、教学、宗教等活动必需的用电设备和监测报警设备外，不应使用其他电气设备。电气设备使用结束后，应切断电源。

9.3.2 文物建筑保护范围内电气线路禁止架空敷设。

9.3.3 使用的电气设备应选用国家合格产品，并应符合有关安全标准。

9.3.4 电气线路敷设、电气设备安装和维修应由具备职业资格的电工操作。

9.3.5 配电线路应设置与电气设备相匹配的短路、过载保护装置。

9.3.6 文物建筑内禁止使用白炽灯、高压汞灯等高温照明灯具。

9.3.7 配电箱、开关、插座、照明灯具和电气取暖设备应安装、放置在不燃材料上，靠近可燃物时，应用不燃材料进行防火隔离。

9.3.8 每年应对电气线路进行一次安全检测。

9.3.9 防雷设施应符合QX 189的规定，并定期进行测试维修。

9.3.10 修缮施工中的临时用电应符合JGJ 46的规定。

9.4 易燃可燃物管理

9.4.1 文物建筑的建设控制地带内禁止生产、储存、使用易燃易爆化学危险品,不应堆放柴草、木料等易燃、可燃物品。

9.4.2 文物建筑的建设控制地带内禁止销售、储存、燃放烟花爆竹和孔明灯。

9.4.3 文物建筑内禁止使用天然气、煤气、液化石油气、燃料油、甲醇燃料等易燃可燃气体、液体。

9.4.4 修缮施工中确需使用油漆、稀料等易燃化学品的,应在文物建筑的保护范围外存放并实行限额领料,禁止在施工中交叉作业,禁止在作业现场调配用料,禁止使用喷枪作业。

9.4.5 地处森林、郊野的文物建筑周围应开辟宽度 30 m~50 m 的防火隔离带,并清除文物建筑周边 30 m 范围内的杂草、干枯树枝等可燃物。

10 消防宣传与培训

10.1 文物建筑产权单位或者管理、使用单位应通过多种形式开展经常性的消防宣传与培训。

10.2 对公众开放的文物建筑,应在主要出入口等醒目位置设置用于消防公益宣传的宣传栏,并利用手机 App、微信公众号、视频、网络、电子显示屏等形式向公众宣传防火、灭火和疏散逃生等常识。

10.3 文物建筑产权单位或者管理、使用单位应建立消防培训制度,至少每半年组织全员开展一次消防培训。对新上岗的人员应进行岗前消防培训。

10.4 文物建筑消防培训应包括以下内容:
   a) 有关消防法规、消防安全管理制度、保证消防安全的操作规程;
   b) 本单位、本岗位的火灾危险性和防火措施;
   c) 消防设施、器材的性能、使用方法和操作规程;
   d) 报火警、扑救初期火灾以及组织引导疏散逃生的知识和技能;
   e) 灭火和应急疏散预案的内容、操作程序和方法。

11 灭火和应急疏散

11.1 灭火和应急疏散预案

文物建筑的灭火和应急疏散预案应包括以下内容:
   a) 文物建筑的基本情况,火灾危险性分析;
   b) 组织机构及职责任务。成立消防应急指挥部,下设通信联络组、灭火行动组、疏散引导组、安全防护救护组、后勤保障组等职能小组,并明确组成人员及职责任务;
   c) 报警和接警处置程序;
   d) 应急疏散的组织程序和措施;
   e) 扑救初期火灾的程序和措施,扑救文物建筑火灾的注意事项;
   f) 通信联络、安全防护、灭火物资保障等综合保障措施,当地公安消防队、专职消防队等应急救援队伍的通信联络方式;
   g) 培训与演练;
   h) 全国重点文物保护单位中的古建筑群,可根据需要邀请有关专家对灭火和应急疏散预案进行评估、论证。

11.2 灭火和应急疏散演练

11.2.1 文物建筑产权单位或者管理、使用单位应每半年至少组织一次灭火和应急疏散演练，演练应按照灭火和应急疏散预案实施。

11.2.2 应根据实际情况将火情设定在人员集中、火灾危险性较大的部位或场所。

11.2.3 演练时，应设置明显标识并事先告知演练范围内的人员。

11.2.4 演练结束后应进行总结，并对预案进行修改完善。

11.2.5 演练过程应进行拍照、摄像，妥善保存演练相关文字、图片、影像等资料。

11.3 灭火和应急疏散实施程序

文物建筑产权单位或者管理、使用单位确认发生火灾后，应立即启动灭火和应急疏散预案，开展以下工作：

a) 报火警；
b) 各职能小组履行预案中确定的职责；
c) 组织和引导人员疏散；
d) 使用文物建筑内的消防设施、器材扑救初期火灾；
e) 指定专人接应消防车辆到达火灾现场；
f) 指定专人向消防救援人员提供文物建筑基本情况、扑救文物建筑火灾的注意事项等信息；
g) 保护火灾现场，维护现场秩序。

12 消防档案

12.1 档案管理

12.1.1 文物建筑产权单位或者管理、使用单位应建立纸质消防档案，并宜同时建立电子档案。

12.1.2 消防档案内容应全面反映文物建筑的基本情况和消防工作的开展情况，并附有必要的图纸、图表，根据情况变化及时更新。

12.1.3 消防控制室值班记录、防火巡查检查记录、建筑消防设施巡查记录、维护保养记录、培训记录等动态管理记录存档时间不应少于1年，检测记录、故障维修记录存档时间不应少于5年，重要的技术资料、图纸、法律文书等应永久保存，其他档案材料应根据需要确定保存期限。

12.1.4 消防档案应由专人统一管理，按档案管理要求装订成册。

12.2 档案内容

12.2.1 消防档案应包括消防安全基本情况和消防安全管理情况。

12.2.2 消防安全基本情况应包括以下内容：

a) 基本概况和消防安全重点部位情况；
b) 消防设计审核、消防验收等许可文件及相关资料；
c) 消防组织和消防安全责任人；
d) 消防安全管理制度和保证消防安全的操作规程；
e) 消防设施器材配置情况；

- f) 专职消防队、微型消防站和志愿消防队人员及消防装备配备情况；
- g) 消防安全管理人、专兼职消防管理人员、消防控制室值班人员、消防设施操作管理人员等重点工种人员的基本情况；
- h) 消防产品、防火材料的合格证明材料；
- i) 灭火和应急疏散预案。

12.2.3 消防安全管理情况应包括以下内容：
- a) 消防安全会议记录；
- b) 公安机关消防机构填发的各种法律文书；
- c) 消防控制室值班记录、防火巡查检查记录、消防设施定巡查记录、自动消防设施检测、维护保养记录、故障维修记录以及委托检测和维修保养的合同；
- d) 火灾隐患及其整改情况记录；
- e) 防火巡查、检查记录；
- f) 有关电气设备检测等记录资料；
- g) 消防安全培训记录；
- h) 灭火和应急疏散预案的演练记录；
- i) 火灾情况记录；
- j) 消防奖惩情况记录。

附　录　A
（规范性附录）
微型消防站器材装备配备标准

文物建筑微型消防站器材装备配备标准见表 A.1。

表 A.1　文物建筑微型消防站器材装备配备标准

序号	器材装备类别	器材装备名称	单位	数量	配备要求
1	消防车辆	水罐或泡沫消防车	台/站	1	选配
2	消防车辆	消防摩托车	台/站	1	选配
3	消防车辆	器材运输工具	台/站	1	选配
4	消防员基本防护装备	消防头盔	顶/人	1	选配
5	消防员基本防护装备	消防员灭火防护服	套/人	1	选配
6	消防员基本防护装备	消防手套	双/人	1	选配
7	消防员基本防护装备	消防安全腰带	根/人	1	选配
8	消防员基本防护装备	消防员灭火防护靴	双/人	1	选配
9	消防员基本防护装备	佩戴式防爆照明灯	个/人	1	选配
10	消防员基本防护装备	过滤式消防自救呼吸器	具/人	1	选配
11	消防员基本防护装备	消防轻型安全绳	根/人	1	选配
12	消防员基本防护装备	消防员呼救器	个/人	1	选配

表 A.1（续）

序号	器材装备类别	器材装备名称	单位	数量	配备要求
13	消防员基本防护装备	方位灯	个/人	1	选配
14		消防腰斧	把/人	1	选配
15		正压式消防空气呼吸器	具/站	1	选配
16	灭火及抢险救援器材	水枪	把/站	1～3	必配
17		水带	m/站	50～300	必配
18		灭火毯	块/站	1～2	选配
19		灭火器	具/站	4～8	必配
20		机动消防泵(含手抬泵、浮艇泵)	台/站	1	选配
21	通信器材	外线电话	台/站	1	必配
22		手持对讲机	台/站	2～6	必配

参 考 文 献

[1] 《中华人民共和国文物保护法》2007

[2] 《中华人民共和国消防法》2008

[3] 《机关团体企业事业单位消防安全管理规定》(公安部令第 61 号)

[4] 文物建筑防火设计导则(试行)，国家文物局，2015

[5] 文物建筑电气防火导则(试行)，国家文物局、公安部消防局，2017

[6] 消防安全重点单位微型消防站建设标准(试行)，公安部消防局，2015

住宅物业消防安全管理(XF 1283—2015)

前　言

根据公安部、应急管理部联合公告(2020年5月28日)和应急管理部2020年第5号公告(2020年8月25日),本标准归口管理自2020年5月28日起由公安部调整为应急管理部,标准编号自2020年8月25日起由GA 1283—2015调整为XF 1283—2015,标准内容保持不变。

本标准的第4章(4.7除外)～第7章为强制性的,其余为推荐性的。

本标准按照GB/T 1.1—2009给出的规则起草。

本标准由公安部消防局提出。

本标准由全国消防标准化技术委员会消防管理分技术委员会(SAC/TC 113/SC 9)归口。

本标准负责起草单位:四川省公安消防总队、公安部消防局。

本标准参与起草单位:江苏省公安消防总队、内蒙古自治区公安消防总队、四川省住房和城乡建设厅。

本标准主要起草人:黄勇、韩子忠、杨庆、刘激扬、李彦军、孟祥敏、叶年忠、李忠、王瑛、夏锐、刘卓尔、陈刚。

引　言

住宅火灾严重威胁人民生命财产安全,易导致重大的人员伤亡和经济损失,影响社会和谐稳定。为吸取住宅火灾事故教训,引导、规范和加强住宅物业的消防安全管理,预防和减少住宅火灾危害,保障居民安居乐业,依据《中华人民共和国消防法》《物业管理条例》等相关法律法规,制定本标准。

本标准是在充分调查研究,总结实践经验,参考和吸收国内外有关资料,并广泛征求多方意见的基础上制定的。

1　范围

本标准规定了住宅物业消防安全管理的术语和定义、一般要求、消防安全责任、日常消防安全管理、火情处置和协助调查,以及消防档案等。

本标准适用于实施物业管理的住宅物业的消防安全管理工作,未实施物业管理的住宅管理单位可参照执行。

2　规范性引用文件

下列文件对于本文件的应用是必不可少的。凡是注日期的引用文件,仅注日期的版本适用于本文件。凡是不注日期的引用文件,其最新版本(包括所有的修改单)适用于本文件。

GB/T 5907(所有部分)　消防词汇

GB 25201　建筑消防设施的维护管理
XF 503　建筑消防设施检测技术规程
XF 654　人员密集场所消防安全管理

3　术语和定义

GB/T 5907、GB 25201、XF 503、XF 654 界定的以及下列术语和定义适用于本文件。

3.1
住宅物业　residential property
供家庭居住使用的房屋(含与其他功能空间处于同一建筑中的住宅部分)及配套的设施、设备和相关场地。

3.2
业主　owner
住宅物业的所有权人,包括具有住宅物业所有权的自然人、法人和其他组织。

3.3
物业使用人　property user
具有住宅物业的使用权,但不具有住宅物业所有权,依照法律和合同规定行使住宅物业部分权利的自然人、法人和其他组织,包括住宅物业承租人和其他实际使用住宅物业的人。

3.4
业主大会　owners congress
在住宅物业所在地的区、县人民政府房地产行政主管部门或街道办事处、乡镇人民政府的指导下,由同一物业管理区域内所有业主组成的组织,对关系到整体业主利益的事情进行决议,并通过选举建立业主委员会。

3.5
业主委员会　owners committee
业主行使共同管理权的一种特殊形式,由业主或业主大会选举产生,代表和维护全体业主利益,执行业主大会决定。

3.6
物业服务企业　property service enterprise
依法成立,具备专门资质并具有独立企业法人地位,依据物业服务合同从事物业管理服务活动的组织。

3.7
共用消防设施　shared fire facility
住宅物业内建设费用已分摊进入住房价格的消防设施。

3.8
专项维修资金　residential maintenance fund
专项用于住宅共用部位、共用设施设备保修期满后的维修和更新、改造的资金。

4　一般要求

4.1　住宅物业消防安全管理应严格执行消防法律法规,坚持自防自救,实施综合治理,落实消防安全自治管理职责。

4.2 居(村)民委员会应指导、推动本辖区内住宅物业的消防安全工作,组织制定防火公约,实行消防安全区域联防、多户联防制度,定期开展群众性的消防活动。

居(村)民委员会对住宅物业共用部位每半年至少组织开展一次防火检查,火灾多发季节、重大节假日期间应加强防火检查。

4.3 住宅物业建设单位与其选聘的物业服务企业签订前期物业服务合同,以及业主委员会代表业主与业主大会选聘的物业服务企业签订物业服务合同时,应在合同中约定各方消防安全的责任和防范服务的内容。

4.4 住宅物业建设单位制定临时管理规约或业主大会制定管理规约时,应明确消防安全事项,临时管理规约和管理规约对业主和物业使用人依法具有约束力。

4.5 住宅物业管理区域内租赁房屋的,出租人应确保出租房屋符合消防安全规定,并在订立房屋租赁合同中明确各方的消防安全责任。承租人应在其使用范围内履行消防安全职责,出租人应对承租人履行消防安全职责的情况进行监督。

4.6 前期物业服务合同、物业服务合同、临时管理规约、管理规约、房屋租赁合同约定或明确消防安全内容不得违反消防法律法规和本标准规定的消防安全职责和义务。合同或规约规定不明确的,相关责任人承担主要消防安全责任,合同签订各方或规约制定方承担相应的消防安全责任。

4.7 鼓励、引导住户配备灭火器、灭火毯、应急照明、自救呼吸器、家用火灾探测器和家用火灾安全系统等。

5 消防安全责任

5.1 业主、物业使用人应履行下列职责:
    a) 遵守消防法律法规,遵守临时管理规约、管理规约约定的消防安全事项,执行业主大会和业主大会授权业主委员会作出的有关消防安全管理工作的决定;
    b) 配合物业服务企业做好住宅物业的消防安全工作;
    c) 按规定承担消防设施的维修、更新、添置的相关费用;
    d) 做好自用房屋、自用设备和场地的防火安全工作,及时排查整改火灾隐患。

5.2 业主大会、业主委员会应履行下列职责:
    a) 组织、督促业主、物业使用人遵守消防法律法规,监督临时管理规约、管理规约约定的消防安全事项的实施;
    b) 与居(村)民委员会相互协作,共同做好住宅物业的消防安全工作;
    c) 配合居(村)民委员会依法履行消防安全自治管理职责,支持居(村)民委员会开展消防工作,并接受其指导和监督;
    d) 监督物业服务企业落实消防安全防范服务工作;
    e) 依据消防法律法规、消防技术标准及专项维修资金管理的相关法律法规,根据物业服务企业申请,按程序批准使用专项维修资金,维修更新消防设施。

5.3 物业服务企业应履行下列职责:
    a) 制定并实行逐级消防安全责任制和岗位消防安全责任制,确定各级、各岗位消防安全责任人员,成立志愿消防队伍,制定并落实管理区域的消防安全制度和操作规程；
b) 配合公安派出所、居(村)民委员会开展消防工作,落实物业服务合同中约定的消防安全防范服务事项；
c) 组织对物业服务企业员工进行消防安全培训,开展消防安全宣传教育,指导、督促业主和物业使用人遵守消防安全管理规定；
d) 开展防火巡查、检查,消除火灾隐患,保障疏散通道、安全出口、消防车道畅通,保障消防车作业场地不被占用；
e) 对管理区域内的共用消防设施、器材及消防安全标志进行维护管理,确保完好有效；
f) 制定灭火和应急疏散预案,定期开展演练；
g) 落实消防控制室管理制度,发现火灾及时报警,积极组织扑救,并保护火灾现场,协助火灾事故调查。

6 日常消防安全管理

6.1 通则

6.1.1 物业服务企业承接住宅物业时,应对移交的房屋及共用消防设施和相关场地进行查验,并对相关资料进行核对接收,建立消防档案。物业服务合同终止时,物业服务企业应将相关资料和消防档案移交给业主委员会。

6.1.2 物业服务企业应在住宅物业管理办公室、门卫、治安岗亭等场所,集中配备灭火器、消防水带、消防水枪、消火栓扳手、救生绳、消防应急照明和消防通信器材等必要的消防器材装备,明确专人保管,确保完好有效。

6.1.3 业主、物业使用人应按照规划主管部门批准或房地产权证书载明的用途使用物业,不应违法改变使用性质。封闭的住宅物业管理区域内的住宅、架空层、设备层、车库等,不应改变使用性质。

6.1.4 物业服务企业、业主、物业使用人禁止下列违反消防法律法规的行为：
a) 搭建违章建(构)筑,影响消防安全；
b) 损坏、挪用、埋压、圈占、遮挡或擅自拆除、停用消防设施、器材；
c) 占用防火间距；
d) 占用、堵塞、封闭疏散通道、安全出口和有其他妨碍安全疏散行为；
e) 占用、堵塞、封闭消防车道,妨碍消防车通行；
f) 占用消防车作业场地,设置妨碍举高消防车作业和消防车通行的绿化或障碍物；
g) 疏散通道、安全出口使用明火。

6.1.5 住宅物业区域内消防车道、疏散通道、消防设施等发生改变时,物业服务企业应及时更换标识、标志,在物业管理区域内显著位置公告改变情况,并依法办理相关手续。

6.1.6 业主、物业使用人应在指定区域停放汽车、助动车、摩托车和电动自行车,落实消防安全措施。物业服务企业划定的停车区域,不应影响人员疏散、消防车通行及举高消防车作业。

为电动自行车充电的电气线路和设备应由取得相应资格的电工安装,充电时宜在室外进行,周围不应有可燃物。有条件的,可设置固定集中的电动自行车充电点或设置带安全保护装置的充电设施。

6.1.7 生产、储存、经营易燃易爆危险品的场所不应设置在住宅物业管理区域内。物业服务企业、业主、物业使用人应按照公安机关的规定，在规定区域、路段和规定时间内安全燃放烟花爆竹。

物业服务企业应设置明显的禁止燃放烟花爆竹标志，禁止在采用外保温材料的建筑60 m范围内燃放烟花爆竹。

6.1.8 住宅物业设置集体宿舍、合租居住用房或集体活动场所使用的，应依法办理相关手续，其场地、设施应符合消防安全要求。

6.1.9 业主、物业使用人需要装饰装修房屋的，应事先告知物业服务企业，物业服务企业应将房屋装饰装修中的消防安全禁止行为和注意事项告知业主、物业使用人。

装饰装修房屋时，电器产品、燃气用具的安装、使用及其线路、管路的设计、敷设，应符合消防技术标准和管理规定。

6.1.10 住宅物业进行外立面装修、装饰、节能改造时，施工现场应符合消防安全要求，建筑材料的防火性能应符合国家标准和行业标准。禁止采用易燃材料。

6.2 防火检查和火灾隐患整改

6.2.1 物业服务企业对住宅物业管理区域内的共用部位应每日进行防火巡查，每月至少进行一次防火检查，及时发现和消除火灾隐患。

6.2.2 防火巡查应包括下列内容：

a) 安全出口、疏散通道、消防车道是否畅通，消防车作业场地是否被占用，安全疏散指示标志、应急照明是否完好；
b) 常闭式防火门是否处于关闭状态，防火卷帘下是否堆放物品；
c) 消防设施、器材是否在位、完整有效，消防安全标志是否完好清晰；
d) 用火、用电、用油、用气有无故障，有无违章情况；
e) 消防安全重点部位的人员在岗情况；
f) 装饰装修等施工现场消防安全情况；
g) 其他消防安全情况。

6.2.3 防火检查应包括下列内容：

a) 消防安全制度、操作规程及临时管理规约、管理规约的执行和落实情况；
b) 物业使用性质有无违法改变情况；
c) 用火、用电、用油、用气有无故障，有无违章情况；
d) 消防安全重点部位管理情况；
e) 安全出口、疏散通道和消防车道是否畅通；
f) 消防设施、器材和消防水源是否完好；
g) 消防控制室值班人员值班情况和持证上岗情况；
h) 灭火和应急疏散预案的制定与演练情况；
i) 员工消防知识掌握情况；
j) 防火巡查、火灾隐患整改及防范措施落实情况；
k) 其他消防安全情况。

6.2.4 防火巡查和检查时应填写巡查和检查记录，巡查和检查人员及其主管人员应在记录上签名。

6.2.5 业主、物业使用人装饰装修房屋期间,物业服务企业应对房屋装修、装饰的消防安全情况进行检查。

6.2.6 物业服务企业发现业主、物业使用人有违反消防法律法规和临时管理规约、管理规约等妨害公共消防安全行为的,应及时进行劝阻、制止并告知整改;对情节严重或逾期不整改的,应及时向业主委员会、居(村)民委员会或公安派出所报告。业主委员会、居(村)民委员会可视情在物业管理区域内显著位置公告,或由公安派出所、公安机关消防机构依法予以处罚。

6.2.7 物业服务企业应根据公安机关消防机构、公安派出所、居(村)民委员会提出的火灾隐患整改通知,及时整改消除火灾隐患。

6.3 消防设施维护管理

6.3.1 物业服务企业应对住宅物业管理区域内的共用消防设施进行维护管理,业主、物业使用人应对自用房屋、场地消防设施进行维护管理。

6.3.2 住宅物业管理区域设有自动消防设施的,物业服务企业应与具有消防设施维护保养检测资质的机构签订自动消防设施维护保养合同,明确维护保养责任,保证自动消防设施的正常运行。

6.3.3 共用消防设施每年至少进行一次全面检测,确保完好有效。检测记录应完整准确,存档备查。

6.3.4 消防控制室应实行每日 24 h 专人值班制度,每个消防控制室每班不应少于 2 人。

6.3.5 共用消防设施保修期内的维修等费用,由物业建设单位承担。保修期满后的维修、更新和改造等费用,纳入共用设施设备专项维修资金开支范围。

没有专项维修资金或专项维修资金不足的,消防设施维修、更新和改造等费用由业主按约定承担;没有约定或约定不明的,由各业主按其所有的产权建筑面积占建筑总面积的比例承担。

共用消防设施属人为损坏的,费用应由责任人承担。

6.3.6 共用消防设施损坏的,物业服务企业应立即组织维修、更新和改造,并向业主委员会、居(村)民委员会和城乡房产管理部门报告。属于市政消防设施的,应及时向供水部门报告。

共用消防设施的维修、更新、改造期间,应采取确保消防安全的有效措施,并应在物业管理区域内的显著位置告知。

6.3.7 建筑消防设施的检查、检测和维护管理,应符合 GB 25201 和 XF 503 的有关规定。

6.4 消防安全宣传教育和培训

6.4.1 物业服务企业的消防安全责任人、消防安全管理人应参加消防安全培训,自动消防设施操作人员、消防设施检测维护人员、消防控制室值班人员等应按照国家有关规定取得消防行业特有工种职业资格,并持证上岗。

6.4.2 物业服务企业员工岗前应接受消防安全培训。物业服务企业对每名员工每年至少进行一次消防安全培训,提高检查消除火灾隐患能力、扑救初起火灾能力、组织疏散逃生能力和消防宣传教育能力,提升消防安全管理水平。

6.4.3 物业服务企业应通过多种形式开展经常性的消防安全宣传教育。住宅物业管理区域内应设有消防警示牌、消防公益广告、消防橱窗等消防知识宣传设施,并应结合火灾特点和形势,每季度至少更新一次宣传内容。

6.4.4 物业服务企业应制定住宅物业管理区域灭火及应急疏散预案,组建住宅物业志愿消防队,每月应至少开展一次灭火、救生技能训练,每年应组织业主、物业使用人至少进行一次以消防设施、器材使用、灭火和安全疏散为重点的消防宣传和演练活动。

6.4.5 业主、物业使用人应对孤寡老人、残疾人、瘫痪病人及未成年人等被监护人员进行防火教育,落实必要的防火安全保护措施。物业服务企业应对上述被监护人员登记造册,定期组织培训。

6.4.6 物业服务企业应在住宅区的出入口、电梯口、防火门等醒目位置设置提示火灾危险性、安全逃生路线、安全出口、消防设施器材使用方法的明显标志和警示标语;并应在消防车道、消防车作业场地、疏散通道以及消火栓、灭火器、防火门、防火卷帘等消防设施附近设置禁止占用、遮挡的明显标识。

7 火情处置和协助调查

7.1 火灾发生后,物业服务企业应立即启动灭火和应急疏散预案,立即拨打119火警电话,组织安全疏散,实施初起火灾扑救。

7.2 火灾扑灭后,物业服务企业、业主委员会、业主、物业使用人应保护火灾现场,协助火灾事故调查。

7.3 未经火灾调查机构允许,任何人不得擅自进入火灾现场保护范围内,不得破坏火灾现场。

7.4 火灾调查结束后,物业服务企业、业主委员会应总结火灾事故教训,加强和改进消防安全管理工作。

8 消防档案

8.1 物业服务企业应建立消防档案。消防档案应内容翔实、全面反映住宅物业消防安全管理工作的基本情况,并附有必要的图表、图纸,根据情况变化及时更新。

8.2 消防档案应包括消防安全基本情况和消防安全管理情况。

8.3 消防安全基本情况应包括以下内容:
   a) 住宅物业基本概况和消防安全重点部位情况;
   b) 建设工程消防设计审核、消防验收或备案的文书、资料,有关消防设施的竣工图纸;
   c) 消防安全责任人、管理人的基本情况及职责,消防组织机构及其人员组成、职责;
   d) 消防安全制度,灭火和应急疏散预案;
   e) 消防器材设施情况;
   f) 志愿消防队及其人员组成、器材装备情况;
   g) 自动消防设施值班操作人员、与消防安全有关的重点工种人员情况。

8.4 消防安全管理情况应包括以下内容:
   a) 有关消防工作的文件、法律文书、资料;
   b) 防火检查、巡查、火灾隐患整改记录;

c) 消防控制室值班记录；

d) 消防设施维保检测、电气燃气检测（含防雷、防静电）记录；

e) 消防宣传教育培训、消防演练记录；

f) 火灾事故记录；

g) 消防奖惩记录。

参 考 文 献

[1] GB 50016 建筑设计防火规范
[2] GB 50096 住宅设计规范
[3] GB 50368 住宅建筑规范
[4] 中华人民共和国消防法
[5] 中华人民共和国物权法
[6] 物业管理条例，中华人民共和国国务院令第 504 号
[7] 机关、团体、企业、事业单位消防管理规定，公安部令第 61 号
[8] 消防监督检查规定，公安部令第 119 号

多产权建筑消防安全管理(XF/T 1245—2015)

前言

根据公安部、应急管理部联合公告(2020年5月28日)和应急管理部2020年第5号公告(2020年8月25日),本标准归口管理自2020年5月28日起由公安部调整为应急管理部,标准编号自2020年8月25日起由GA/T 1245—2015调整为XF/T 1245—2015,标准内容保持不变。

本标准按照GB/T 1.1—2009给出的规则起草。

本标准由公安部消防局提出。

本标准由全国消防标准化技术委员会基础标准分技术委员会(SAC/TC 113/SC 1)归口。

本标准负责起草单位:公安部天津消防研究所。

本标准参加起草单位:公安部消防局、天津市公安消防总队、浙江省公安消防总队、湖北省公安消防总队、上海市公安消防总队、江苏省公安消防总队、广州市公安消防支队。

本标准主要起草人:张欣、王婕、杜霞、任常兴、刘激扬、王欣、吕东、王建刚、陈煜、冯王碧、吴丹、顾金龙、俞翔、果春盛、张网、孙金香。

引言

近年来,我国多产权建筑火灾隐患凸显,引发的火灾造成了严重的人员伤亡和经济损失。为预防和减少火灾,保证人身和财产安全,多产权建筑的消防安全管理应贯彻"预防为主、防消结合"的消防工作方针,明确消防安全责任,制定和实施消防安全制度和操作规程,不断提高自防自救能力。

依据《中华人民共和国消防法》等相关法律法规,本标准在研究、分析多产权建筑特性及其火灾特点的基础上,规定了多产权建筑的消防安全管理要求和措施,以指导多产权建筑的产权方、使用方和管理方落实消防安全主体责任,逐步实现消防安全自查,火灾隐患自除,有效防范火灾发生。

1 范围

本标准规定了多产权建筑消防安全管理中产权方、使用方和统一管理单位的消防安全职责,并对多产权建筑消防安全管理提出相应的管理措施。

本标准适用于多产权建筑的消防安全管理。单一产权多使用方建筑的消防安全管理可参照本标准。

2 规范性引用文件

下列文件对于本文件的应用是必不可少的。凡是注日期的引用文件,仅注日期的版本适用于本文件。凡是不注日期的引用文件,其最新版本(包括所有的修改单)适用于本文件。

GB/T 5907（所有部分） 消防词汇
GB 25201 建筑消防设施的维护管理
GB 25506 消防控制室通用技术要求
GB 50016 建筑设计防火规范
GB 50720 建设工程施工现场消防安全技术规范
XF 503 建筑消防设施检测技术规程
XF 654 人员密集场所消防安全管理
住宅专项维修资金管理办法（中华人民共和国建设部、财政部[2007]165号）

3 术语和定义

GB/T 5907和GB 50016界定的以及下列术语和定义适用于本文件。

3.1
多产权建筑　multi-ownership building
有两个或两个以上产权方的公共建筑、居住建筑及工业建筑。

3.2
产权方　owner
依法登记取得或者依据生效法律文书、继承或者受遗赠，以及合法建造房屋等事实行为取得专有部分所有权的人或单位。

3.3
统一管理单位　unified management unit
由产权方、使用方确立或委托的，对多产权建筑内的消防安全工作进行统一管理的机构、单位或组织。其形式可以是物业服务企业、其中的一个产权方或使用方、消防技术服务机构，或由产权方、使用方协商成立的消防管理组织。

3.4
共用消防设施　shared fire facility
多产权建筑内共同使用的消防设施。

3.5
消防共用部位　fire shared part
消防车通道、共用疏散走道、疏散楼梯、避难层或避难间、消防救援场地等及共用消防设施配套使用的部位。

3.6
消防维修资金　fire maintenance fund
用于多产权建筑内消防共用部位及共用消防设施的保养、维修、更新和改造的资金。

4 消防安全职责

4.1 一般规定

4.1.1 多产权建筑的产权方、使用方应协商确定或委托统一管理单位，明确消防安全管理职责，对多产权建筑的消防安全实行统一管理。

4.1.2 多产权建筑的产权方、使用方、统一管理单位应制定统一的消防安全管理规章制度并认真遵守有关消防安全管理规定。

4.1.3 多产权建筑的产权人、产权单位的法定代表人或主要负责人均应为消防安全责任人。实行承包、租赁或委托经营、管理时，承包、租赁场所的承租人是其承包、租赁范围的消防安全责任人。消防安全责任人应履行有关规定中单位消防安全责任人的职责，对专有、共用部分的消防安全负责。实行承包、租赁或委托经营、管理时，当事人在订立的相关租赁、委托等合同中应明确第一消防安全责任人及各方的消防安全责任。没有约定或约定不明的，产权方为第一消防安全责任人，消防安全责任由产权方和使用方共同承担。

4.1.4 多产权建筑实行委托统一管理单位管理消防安全工作时，当事人各方应签订合同并在合同中明确消防安全工作的权利、义务及违约责任，明确对消防设施的管理职责，明确对消防设施保养、维修、更新或改造所需经费的管理办法。

4.1.5 统一管理单位根据服务合同履行消防安全职责，提供有效服务。各使用方应指定其使用区域的消防安全管理人，配合统一管理单位实施消防安全管理。

4.1.6 多产权建筑应有消防维修资金，并按《住宅专项维修资金管理办法》或地方出台的相关管理办法执行。多产权建筑设立消防维修资金时，各产权方、使用方应签订书面合同，约定由各自承担的消防维修资金缴纳方式、比例和管理等内容。鼓励多产权建筑投保火灾公众责任保险。

4.2 产权方的职责

4.2.1 实行承包、租赁或委托经营、管理时，产权方应提供符合消防安全要求的建筑物。产权方应提供经公安机关消防机构验收合格或竣工验收备案抽查合格或已备案的证明文件资料。

4.2.2 统一管理单位发生变更时，产权方应协助对消防共用部位、共用消防设施进行查验，确保交接前各种消防设施、器材完好有效，并填写交接记录，存档备查。

4.2.3 实行承包、租赁或委托经营、管理时，产权方应核实使用方的用途，同时书面告知承包、租赁、受委托经营管理方不应擅自改变建筑物原有的使用性质和结构。如确需改变原使用性质或结构，产权方应督促承包、租赁、受委托经营管理方依法办理相关消防手续。

4.2.4 当与使用方签订合同时，明确消防专有、共用部位，以及专有、共用消防设施的消防安全责任、义务。

4.2.5 督促并配合统一管理单位配置、更新消防设施、器材，协助统一管理单位制定火灾隐患整改方案，及时落实建筑火灾隐患整改措施，消除火灾隐患。

4.2.6 对产权区域定期开展消防安全检查，督促使用方加强消防安全管理。

4.2.7 协助统一管理单位组建专职或志愿消防队。

4.2.8 履行合同中约定的其他消防安全职责。

4.2.9 履行消防法律、法规及规章规定的其他消防安全职责。

4.3 使用方的职责

4.3.1 遵守统一的消防安全管理规章制度。

4.3.2 对经营、使用区域的消防安全负责。建立和落实经营、使用区域的岗位消防安全责任制。

4.3.3 定期组织开展使用区域的防火巡查检查，及时消除火灾隐患。

4.3.4 督促并配合统一管理单位做好消防安全管理工作，协助统一管理单位制定火灾隐患整改方案、落实整改措施。

4.3.5 定期对专用消防设施进行检查、维护,确保疏散通道、安全出口畅通,专用消防设施完好有效。

4.3.6 对专有、专用部分进行装修和使用时,不应影响消防设施和器材的正常使用和维护保养。

4.3.7 协助统一管理单位组建专职或志愿消防队。

4.3.8 履行合同中约定的其他消防安全职责。

4.3.9 履行消防法律、法规及规章规定的其他消防安全职责。

4.4 统一管理单位的职责

4.4.1 指定专人或成立专职部门负责消防安全管理工作。确保多产权建筑的自动消防系统的操作人员取得消防行业特有工种职业资格证书。

4.4.2 建立健全统一的消防安全制度,拟订年度消防安全工作计划、消防安全工作的资金预算和组织保障方案。

4.4.3 建立完善的消防档案,妥善保管建设工程消防设计审核、消防验收和备案、抽查资料,消防设施、灭火器材等相关资料。

4.4.4 按照约定,对管理区域内的消防设施进行日常维护管理。每年组织或委托具有相关资质的单位对多产权建筑消防设施进行全面检测,检测记录应完整准确,存档备查。消防设施的检测应按 XF 503 的规定进行。

4.4.5 组织开展包括消防共用部位及使用方专用部位在内的建筑整体的防火巡查、检查。对占用、堵塞、封闭疏散走道、安全出口、消防车通道等违法行为予以制止;确保共用消防设施完好、有效。

4.4.6 发现不能及时消除的隐患及涉及公共消防安全的重大问题,应及时向产权方、使用方报告有关情况。牵头制定火灾隐患整改方案,落实火灾隐患整改并在整改期间采取防护措施。

4.4.7 督促产权方、使用方履行消防安全职责。

4.4.8 配合公安机关消防机构或公安派出所的消防监督检查工作。对拒不消除火灾隐患的,应及时向公安机关消防机构或公安派出所报告。

4.4.9 组织开展消防安全宣传教育培训,制定灭火和应急疏散预案并定期组织演练。

4.4.10 应按照规定或根据需要建立专职、志愿消防队等多种形式的消防组织,开展日常消防业务训练及群众性自防自救等活动。

4.4.11 履行合同中约定的其他消防安全职责。

4.4.12 履行消防法律、法规及规章规定的其他消防安全职责。

5 消防安全管理

5.1 一般要求

5.1.1 多产权建筑的统一管理单位应按照国家有关规定,组织各产权方、使用方结合本建筑的特点,建立统一的消防安全管理制度和保障消防安全的操作规程,并公布执行。

消防安全管理制度应包括:

a) 消防安全管理职责;

b) 消防安全例会制度;
c) 消防安全教育、培训制度;
d) 防火巡查、检查制度;
e) 安全疏散设施管理制度;
f) 消防(控制室)值班制度;
g) 消防设施、器材维护管理制度;
h) 火灾隐患整改制度;
i) 用火、用电安全管理制度;
j) 易燃易爆危险品和场所防火防爆管理制度;
k) 专职或志愿消防队的组织管理制度;
l) 灭火和应急疏散预案演练制度;
m) 燃气和电气设备的检查和管理(包括防雷、防静电)制度;
n) 消防安全工作考评和奖惩制度;
o) 消防安全管理档案和其他必要的消防安全管理制度。

5.1.2 多产权建筑的产权方、使用方应严格遵循以下要求:
a) 不应改变消防验收或竣工验收消防备案时确定的建筑使用性质;
b) 不应擅自改变建筑内部结构、防火分区、防烟分区;
c) 不应降低装修材料的燃烧性能等级;
d) 不应损坏、挪用、圈占、分隔、拆除或停用原有消防设施;
e) 不应妨碍消防共用部位的正常使用,堵塞、锁闭消防安全疏散走道、疏散楼梯和安全出口,占用、堵塞消防车通道及消防救援场地,确保防火间距;
f) 不应设置影响消防扑救或遮挡排烟窗(口)的架空管线、广告牌等障碍物;
g) 人员密集场所不应在门窗上设置影响逃生和灭火救援的障碍物。

5.1.3 统一管理单位应按照 XF 654 的规定组织开展防火巡查和防火检查。

5.1.4 使用方在实施建筑内部装修前,应事先告知统一管理单位,并提供依法办理消防手续的证明文件。统一管理单位应将装修中涉及消防安全的禁止行为和注意事项告知使用方。

5.1.5 多产权建筑维修改造施工现场的消防安全管理由施工单位负责,统一管理单位应督促施工单位按 GB 50720 的要求进行防火管理。

5.1.6 产权方、使用方应加强防火管理,及时消除火灾隐患。统一管理单位发现火灾隐患时,应确定责任方、责任人,并立即通知有关人员进行整改;不能立即整改的,应报告相应的消防安全管理人并协商提出整改方案。整改方案应包括整改措施、期限以及负责整改的部门、人员,并落实整改资金。各相关方应配合落实隐患整改方案。整改期间应采取临时防范措施,确保消防安全。

5.1.7 在火灾隐患未消除之前,统一管理单位应落实防范措施,保障消防安全。不能确保消防安全、随时可能引发火灾或一旦发生火灾将严重危及人身安全的,应督促使用方将危险部位停产停业进行整改。

5.2 防火巡查、检查

5.2.1 统一管理单位应组织各使用区域的消防安全管理人每月至少开展一次联合防火检

查;重要节日或重要活动之前应组织一次联合防火检查。

5.2.2 各使用区域的消防安全管理人应确保联合防火检查正常进行,并应按照 XF 654 的规定对消防共用部位和共用消防设施进行重点检查。

5.2.3 各使用区域的消防安全管理人应对本防火责任区域每日组织防火巡查。多产权建筑内的公众聚集场所在营业时间的防火巡查应至少每 2 h 一次;营业结束后应对营业现场进行检查,消除遗留火种。

5.2.4 防火巡查、检查人员应及时纠正违章行为。无法当场处置的,应立即报统一管理单位或使用方。

防火巡查、检查应填写巡查、检查记录。巡查、检查人员和被检查区域的消防安全责任人或管理人应在巡查、检查记录上签字,存档备查。

5.3 防火管理

5.3.1 统一管理单位应依法加强易燃易爆危险品管理。

需要使用易燃易爆危险品时,使用方应根据需要限量使用。在进场前应首先落实防护措施并向统一管理单位提出书面申请,经统一管理单位书面确认后登记备案。

5.3.2 建筑内部装修、改造时,统一管理单位应对动用明火实行严格的消防安全管理。

需要使用明火时,使用方应按照用火管理制度办理审批手续,落实现场监护责任人。施工单位和使用方应共同采取措施,将施工区和使用区进行防火分隔,清除动火区域的易燃、可燃物,配置消防器材,设置临时消防用水,保证施工及使用范围的消防安全。进行电气焊作业时,应对动火人员资格进行审查。公共娱乐场所在营业期间禁止动火施工。

5.3.3 统一管理单位应组织有资格的电工作业人员,对建筑内的电气设施进行定期巡查,确保电气线路消防安全。

5.3.4 多产权建筑中有炉具、烟道等设施的场所,使用方应每季度至少对炉具、烟道进行一次检查,每年至少进行一次清洗和保养。炉具、烟道等设施使用频率较高的场所,可酌情增加频次。

5.4 消防设施管理

5.4.1 多产权建筑消防设施的维护管理应执行 GB 25201 的相关规定。

5.4.2 统一管理单位应指定专人负责消防控制室日常管理,消防控制室的日常管理应符合 GB 25506 的有关要求。

5.4.3 对多产权建筑消防设施存在的问题和故障,统一管理单位应及时与产权方或使用方共同协商解决;建筑消防设施因改造或检修需要停用时,统一管理单位应采取相应的应对措施并在建筑内公告,同时报告当地公安机关消防机构。

5.4.4 对建筑消防设施故障及消除情况,统一管理单位应建立报告和登记制度。

5.5 安全疏散管理

5.5.1 统一管理单位对搭盖违章建筑或堆放杂物占用、堵塞、封闭疏散走道、安全出口、消防车通道的行为,应予以劝阻、制止;对不听劝阻、制止的,统一管理单位可就相关情况予以公示,并应及时向公安机关消防机构、公安派出所报告。

5.5.2 任何产权方、使用方不应封堵安全出口和疏散走道,锁闭疏散出口、安全出口,或在安全出口、疏散走道上安装栅栏、卷帘门。

5.5.3 多产权建筑安全疏散管理的其他要求应按照 XF 654 执行。

5.6 消防安全培训教育

5.6.1 统一管理单位负责组织开展经常性的消防安全宣传教育,普及消防安全知识和灭火、逃生技能。

5.6.2 统一管理单位对消防安全管理人员、消防控制室值班人员的消防安全培训应每半年至少进行一次。

5.6.3 统一管理单位应组织新上岗和换岗的职工进行上岗前的消防安全培训;对在岗职工的消防安全培训应每年至少进行一次。

5.6.4 统一管理单位对公众开展消防安全宣传教育可采取以下形式:
    a) 在公共活动场所的醒目位置设置消防安全宣传栏;
    b) 在建筑消防设施和器材的显著部位设置消防安全标识,告知维护、使用的方法和要求;
    c) 根据需要编印场所消防安全、火灾报警、自救逃生等宣传资料供公众取阅;
    d) 利用单位广播、视频设备播放消防安全知识。

5.7 灭火和应急准备

5.7.1 发生火灾后,各使用方应立即组织初期火灾扑救、引导人员疏散,并协助统一管理单位做好应急处置工作。

5.7.2 统一管理单位应根据多产权建筑的实际情况,制订统一的灭火和应急疏散预案。预案的内容、实施程序及消防演练的组织应按照 XF 654 的要求。

5.7.3 统一管理单位应定期督促使用方熟悉灭火和应急疏散预案,每半年至少组织一次灭火和应急疏散演练,并逐步修改完善灭火和应急疏散预案。

参 考 文 献

[1] 中华人民共和国消防法
[2] 中华人民共和国物权法
[3] 中华人民共和国国务院.物业管理条例
[4] 中华人民共和国公安部.机关、团体、企业、事业单位消防安全管理规定
[5] 中华人民共和国公安部.社会消防安全教育培训规定
[6] 中华人民共和国公安部.建筑工程消防监督管理规定
[7] 中华人民共和国公安部.消防监督检查规定
[8] 中华人民共和国建设部.城市异产毗连房屋管理规定

仓储场所消防安全管理通则（XF 1131—2014）

前　言

根据公安部、应急管理部联合公告（2020年5月28日）和应急管理部2020年第5号公告（2020年8月25日），本标准归口管理自2020年5月28日起由公安部调整为应急管理部，标准编号自2020年8月25日起由 GA 1131—2014 调整为 XF 1131—2014，标准内容保持不变。

本标准的第3章、第5章～第14章（10.10除外）为强制性的，其余为推荐性的。

本标准按照 GB/T 1.1—2009 给出的规则起草。

本标准由公安部消防局提出。

本标准由全国消防标准化技术委员会消防管理分技术委员会（SAC/TC 113/SC 9）归口。

本标准负责起草单位：中国人民武装警察部队学院。

本标准参加起草单位：公安部消防局。

本标准主要起草人：蔡芸、刘激扬、魏东、韩子忠、鲁云龙、马建民、曹顺学、张梅红、苏丹、王倩、王欣、张福东、李文莉、周亮、杨军。

本标准为首次发布。

引　言

仓储场所具有物资集中、火灾荷载大的特点，特别是储存甲、乙类物品的仓储场所，一旦发生火灾，扑救难度大，易造成重大人身伤亡和财产损失，危害公共安全，严重影响经济建设和社会发展，有必要对其实施严格管理。

新中国成立后，国家相关部门对仓储场所消防安全非常重视，作出了许多规定，如《仓库防火基本措施》《商业仓库消防安全管理试行条例》《国家物资储备仓库消防工作条例》《国家粮油仓库消防安全管理试行办法》《仓库防火安全管理规则》《造纸行业原料场消防安全管理规定》《内贸系统仓库消防安全管理办法》等，积累了丰富的经验，但一直没有标准化规定。

《中华人民共和国消防法》第二十三条第三款规定："储存可燃物资仓库的管理，必须执行消防技术标准和管理规定。"为填补仓储场所消防管理的技术标准空白，全面总结仓储场所火灾预防经验和吸取火灾事故教训，系统、科学地规范仓储场所的消防安全管理工作，最大限度预防和减少仓储场所火灾危害，制定本标准。

1　范围

本标准规定了仓储场所消防安全管理的一般要求、消防安全职责、消防安全检查、储存管理、装卸安全管理、用电安全管理、用火安全管理、消防设施和消防器材管理、氨制冷储存场所管理、石油库管理、棉花储存场所管理、粮食储存场所管理等。

本标准适用于既有仓储场所，不适用于炸药仓库、花炮仓库。

2 规范性引用文件

下列文件对于本文件的应用是必不可少的。凡是注日期的引用文件,仅注日期的版本适用于本文件。凡是不注日期的引用文件,其最新版本(包括所有的修改单)适用于本文件。

GB 15603 常用化学危险品贮存通则
GB 15630 消防安全标志设置要求
GB/T 21243 烟花爆竹危险等级分类方法
GB 25201 建筑消防设施的维护管理
GB 50016 建筑设计防火规范
GB 50039 农村防火规范
GB 50057 建筑物防雷设计规范
GB 50058 爆炸和火灾危险环境电力装置设计规范
GB 50072 冷库设计规范
GB 50074 石油库设计规范
GB 50140 建筑灭火器配置设计规范
建标 152—2011 城市消防站建设标准
JGJ 16 民用建筑电气设计规范

3 一般要求

3.1 消防安全责任

仓储场所应落实逐级消防安全责任制和岗位消防安全责任制,明确逐级和岗位消防安全职责,确定各级、各岗位的消防安全责任人员。

实行承包、租赁或者委托经营、管理的仓储场所,其产权单位应提供该场所符合消防安全要求的相应证明,当事人在订立相关租赁合同时,应明确各方的消防安全责任。

3.2 消防组织

储备可燃重要物资的大型仓库、基地和其他仓储场所,应根据消防法规的规定建立专职消防队、义务消防队,开展自防自救工作。

专职消防队的建设应参照建标 152—2011,在当地公安机关消防机构的指导下进行。专职消防队员可由本单位职工或者合同制工人担任,应符合国家规定的条件,并通过有关部门组织的专业培训。

3.3 消防安全培训

3.3.1 仓储场所应组织或者协助有关部门对消防安全责任人、消防安全管理人、消防控制室的值班操作人员进行消防安全专门培训。消防控制室的值班操作人员应通过消防行业特有工种职业技能鉴定,持证上岗。

3.3.2 仓储场所在员工上岗、转岗前,应对其进行消防安全培训;对在岗人员至少每半年应进行一次消防安全教育。

3.3.3 属于消防安全重点单位的仓储场所应至少每半年、其他仓储场所应至少每年组织一次消防演练。消防演练应包括以下内容:

   a) 根据仓储场所物品存放情况及危险程度,合理假设演练活动的火灾场景,如起火

点、可燃物类型、火势蔓延情况等;
    b) 按照灭火和应急疏散预案设定的职责分工和行动要求,针对假设的火灾场景进行灭火处置、物资转移、人员疏散等内容实施演练;
    c) 对演练情况进行总结分析,发现存在问题,及时对灭火和应急疏散预案实施改进;
    d) 做好演练记录,载明演练时间、参加人员、演练组织、实施和总结情况等内容。

3.4 消防安全标志

仓储场所应按照 GB 15630 的要求设置消防安全标志。

仓储场所应划线标明库房的墙距、垛距、主要通道、货物固定位置等,并按本标准要求设置必要的防火安全标志。

4 消防安全职责

4.1 单位消防安全职责

仓储场所应履行以下消防安全职责:
    a) 制定各项消防安全制度和消防安全操作规程,逐级落实消防安全责任制;
    b) 开展消防法律法规和防火安全知识的教育,对员工进行消防安全培训;
    c) 落实本标准有关储存安全、装卸安全、用电安全、用火安全的各项规定;
    d) 保障仓储场所消防通道、安全出口和消防车通道畅通;
    e) 定期组织消防设施和器材的检测、维修,保障完好有效;
    f) 定期开展防火检查、防火巡查,及时消除火灾隐患;
    g) 制定灭火和应急疏散预案,定期组织消防演练;
    h) 发生火灾及时报警,并组织扑救初期火灾,保护火灾现场,协助火灾调查;
    i) 属于消防安全重点单位的,应建立消防档案。

4.2 消防安全责任人职责

4.2.1 仓储场所的法定代表人或主要负责人是该场所的消防安全责任人,应全面负责场所的消防安全工作。

4.2.2 仓储场所消防安全责任人应履行以下职责:
    a) 贯彻执行消防法律法规,掌握场所的消防安全情况,确保仓储场所消防安全符合规定;
    b) 统筹安排消防安全管理工作,批准实施年度消防安全工作计划,定期报告消防安全工作情况;
    c) 为消防安全管理提供必要的经费和组织保障;
    d) 确定逐级消防安全责任,批准实施消防安全制度和消防安全操作规程;
    e) 组织防火检查,督促整改火灾隐患,及时处理涉及消防安全的重大问题;
    f) 建立专职消防队或义务消防队,并配备相应的消防器材和装备;
    g) 针对本仓储场所的实际情况组织制定灭火和应急疏散预案。

4.3 消防安全管理人职责

4.3.1 仓储场所消防安全责任人可确定一名专职或兼职的消防安全管理人,负责日常消防安全管理工作。属于消防安全重点单位的,确定消防安全管理人后应向公安机关消防机构备案。

4.3.2 仓储场所消防安全管理人应掌握场所设置的各类消防系统的基本情况,并履行以下职责:

    a) 拟订年度消防安全工作计划,组织实施日常消防安全管理工作;
    b) 组织学习和贯彻消防法律法规,完成上级部署的消防安全工作;
    c) 组织制定消防安全制度和消防安全操作规程,落实逐级防火责任制和岗位防火责任制;
    d) 组织实施对场所消防设施、灭火器材和消防安全标志的维护保养,确保其完好有效,并保障消防通道、安全出口和消防车通道畅通;
    e) 组织开展防火检查,消除火险隐患;
    f) 组织专职或义务消防队开展业务训练,组织员工开展消防知识、技能的教育和培训;
    g) 组织灭火和应急疏散预案的实施和消防演练;
    h) 定期向消防安全责任人报告消防安全情况,及时报告涉及消防安全的重大问题;
    i) 定期总结消防安全工作,建议实施奖惩。

4.3.3 非消防安全重点单位未确定专职或兼职的消防安全管理人的,日常消防安全管理工作由消防安全责任人负责。

4.4 仓储场所保管员职责

仓储场所保管员应具备以下消防安全技能,做好本岗位的防火工作:

    a) 熟悉储存物品的分类、性质和消防安全知识;
    b) 掌握防火安全制度;
    c) 掌握消防器材的操作使用和维护保养方法;
    d) 掌握初期火灾的扑救方法和程序。

5 消防安全检查

5.1 防火检查

5.1.1 仓储场所每月应至少组织一次防火检查,各部门(班组)每周应至少开展一次防火检查。

5.1.2 防火检查应包括以下内容:

    a) 各项消防安全制度和消防安全操作规程的执行和落实情况;
    b) 防火巡查、火灾隐患整改措施落实情况;
    c) 安全员消防知识掌握情况;
    d) 室内仓储场所是否设置办公室、员工宿舍;
    e) 物品入库前是否经专人检查;
    f) 储存物品是否分类、分组和分堆(垛)存放,防火间距是否满足要求,是否存放影响消防安全的物品等;
    g) 火源、电源管理情况,用火、用电有无违章;
    h) 消防通道、安全出口、消防车通道是否畅通,是否有明显的安全标志;
    i) 消防水源情况,灭火器材配置及完好情况,消防设施有无损坏、停用、埋压、遮挡、圈占等影响使用情况;

j) 其他需要检查的内容。

5.2 防火巡查

5.2.1 属于消防安全重点单位的仓储场所应确定防火巡查人员，每日应进行防火巡查。可利用场所视频监控等设备辅助开展防火巡查。

5.2.2 防火巡查应包括以下内容：
   a) 用火、用电有无违章；
   b) 有无吸烟和遗留火种现象；
   c) 进入库区的车辆有无违章；
   d) 装卸作业有无违章；
   e) 消防通道、安全出口、消防车通道是否畅通；
   f) 消火栓、灭火器、消防安全标志等设施、器材是否完好；
   g) 重点部位人员在岗在位情况；
   h) 门窗封闭、完好情况；
   i) 其他需要检查的内容。

5.3 火灾隐患整改

5.3.1 仓储场所对在防火检查、防火巡查以及公安机关消防机构消防监督检查中发现的火险隐患，应及时进行整改消除。

5.3.2 仓储场所的火灾隐患整改应符合以下要求：
   a) 发现火灾隐患应立即改正，不能立即改正的，应报告上级主管人员；
   b) 消防安全责任人或消防安全管理人应组织对报告的火灾隐患进行认定，并对整改完毕的进行确认；
   c) 明确火灾隐患整改责任部门、责任人、整改的期限和所需经费来源；
   d) 在火灾隐患整改期间，应采取相应防范措施，保障消防安全；
   e) 在火灾隐患未消除前，不能确保消防安全，随时可能引发火灾的，应将危险部位停产停业整改；
   f) 对公安机关消防机构责令改正的火灾隐患或消防安全违法行为，应在规定的期限内改正，并将火灾隐患整改情况函复公安机关消防机构；
   g) 对涉及城乡规划布局、不能自身解决的重大火灾隐患，应提出解决方案并及时向主管部门或当地人民政府报告。

5.4 消防档案

5.4.1 消防档案要求

属于消防安全重点单位的仓储场所应建立消防档案，内容应包括消防安全基本情况和消防安全管理情况。消防档案应符合以下要求：
   a) 消防安全重点单位应依法建立纸质消防档案，并应同时建立电子档案；
   b) 消防档案内容应翔实，全面反映消防安全工作情况，并附有必要的图纸、图表；
   c) 消防档案应由专人统一管理，按档案管理要求装订成册。

5.4.2 消防安全基本情况

仓储场所消防安全基本情况应包括以下内容：
   a) 场所基本概况和消防安全重点部位情况；

b) 场所消防设计审核、消防验收或备案的许可文件和相关资料；
c) 消防组织和逐级消防安全责任人员；
d) 消防安全制度和消防安全操作规程；
e) 消防设施和消防器材的配置情况；
f) 专职(义务)消防队人员及装备配备情况；
g) 消防安全管理人、自动消防系统操作人员、电(气)焊工、电工、易燃易爆化学物品作业人员的基本情况；
h) 消防产品、防火材料的合格证明文件。

5.4.3 消防安全管理情况

仓储场所消防安全管理情况应包括以下内容：
a) 消防安全例会纪要或决定；
b) 公安机关消防机构的各种法律文书；
c) 消防设施定期检查记录、测试报告以及维修保养记录；
d) 火灾隐患、重大火灾隐患及其整改情况记录；
e) 防火检查、巡查记录；
f) 有关电气设备检测、防雷装置检测等记录资料；
g) 消防安全培训记录；
h) 灭火和应急疏散预案及消防演练记录；
i) 火灾情况记录；
j) 消防奖惩情况记录。

6 储存管理

6.1 仓储场所按储存物品的火灾危险性应按 GB 50016 的规定分为甲、乙、丙、丁、戊 5 类。

6.2 仓储场所内不应搭建临时性的建筑物或构筑物；因装卸作业等确需搭建时，应经消防安全责任人或消防安全管理人审批同意，并明确防火责任人、落实临时防火措施，作业结束后应立即拆除。

6.3 室内储存场所不应设置员工宿舍。甲、乙类物品的室内储存场所内不应设办公室。其他室内储存场所确需设办公室时，其耐火等级应为一、二级，且门、窗应直通库外。

6.4 甲、乙、丙类物品的室内储存场所其库房布局、储存类别及核定的最大储存量不应擅自改变。如需改建、扩建或变更使用用途，应依法向当地公安机关消防机构办理建设工程消防设计审核、验收或备案手续。

6.5 物品入库前应有专人负责检查，确认无火种等隐患后，方准入库。

6.6 库房储存物资应严格按照设计单位划定的堆装区域线和核定的存放量储存。

6.7 库房内储存物品应分类、分堆、限额存放。每个堆垛的面积不应大于 150 m²。库房内主通道的宽度不应小于 2 m。

6.8 库房内堆放物品应满足以下要求：
a) 堆垛上部与楼板、平屋顶之间的距离不小于 0.3 m(人字屋架从横梁算起)；
b) 物品与照明灯之间的距离不小于 0.5 m；
c) 物品与墙之间的距离不小于 0.5 m；

d) 物品堆垛与柱之间的距离不小于 0.3 m;
   e) 物品堆垛与堆垛之间的距离不小于 1 m。

6.9 库房内需要设置货架堆放物品时,货架应采用非燃烧材料制作。货架不应遮挡消火栓、自动喷淋系统喷头以及排烟口。

6.10 甲、乙类物品的储存除执行 GB 15603 的要求外,还应满足以下要求:
   a) 甲、乙类物品和一般物品以及容易相互发生化学反应或灭火方法不同的物品,应分间、分库储存,并在醒目处悬挂安全警示牌标明储存物品的名称、性质和灭火方法;
   b) 甲、乙类桶装液体,不应露天存放。必须露天存放时,在炎热季节应采取隔热、降温措施;
   c) 甲、乙类物品的包装容器应牢固、密封,发现破损、残缺,变形和物品变质、分解等情况时,应及时进行安全处理,防止跑、冒、滴、漏;
   d) 易自燃或遇水分解的物品应在温度较低、通风良好和空气干燥的场所储存,并安装专用仪器定时检测,严格控制湿度与温度。

6.11 室外储存应满足以下要求:
   a) 室外储存物品应分类、分组和分堆(垛)储存。堆垛与堆垛之间的防火间距不应小于 4 m,组与组之间防火间距不应小于堆垛高度的 2 倍,且不应小于 10 m。室外储存场所的总储量以及与其他建筑物、铁路、道路、架空电力线的防火间距应符合 GB 50016 的规定。
   b) 室外储存区不应堆积可燃性杂物,并应控制植被、杂草生长,定期清理。

6.12 将室内储存物品转至室外临时储存时,应采取相应的防火措施,并尽快转为室内储存。

6.13 物品质量不应超过楼地面的安全载荷,当储存吸水性物品时,应考虑灭火时可能吸收的水的质量。

6.14 储存物品与风管、供暖管道、散热器的距离不应小于 0.5 m,与供暖机组、风管炉、烟道之间的距离在各个方向上都不应小于 1 m。

6.15 使用过的油棉纱、油手套等沾油纤维物品以及可燃包装材料应存放在指定的安全地点,并定期处理。

7 装卸安全管理

7.1 进入仓储场所的机动车辆应符合国家规定的消防安全要求,并应经消防安全责任人或消防安全管理人批准。

7.2 进入易燃、可燃物资储存场所的蒸汽机车和内燃机车应设置防火罩。蒸汽机车应关闭风箱和送风器,并不应在库区内清炉。

7.3 汽车、拖拉机不应进入甲、乙、丙类物品的室内储存场所。进入甲、乙类物品室内储存场所的电瓶车、铲车应为防爆型;进入丙类物品室内储存场所的电瓶车、铲车和其他能产生火花的装卸设备应安装防止火花溅出的安全装置。

7.4 储存危险物品和易燃物资的室内储存场所,设有吊装机械设备的金属钩爪及其他操作工具的,应采用不易产生火花的金属材料制造,防止摩擦、撞击产生火花。

7.5 车辆加油或充电应在指定的安全区域进行,该区域应与物品储存区和操作间隔开;使用液化石油气、天然气的车辆应在仓储场所外的地点加气。

7.6 甲、乙类物品在装卸过程中,应防止震动、撞击、重压、摩擦和倒置。操作人员应穿戴防静电的工作服、鞋帽,不应使用易产生火花的工具,对能产生静电的装卸设备应采取静电消除措施。

7.7 装卸作业结束后,应对仓储场所、室内储存场所进行防火安全检查,确认安全后,作业人员方可离开。

7.8 各种机动车辆装卸物品后,不应在仓储场所内停放和修理。

8 用电安全管理

8.1 仓储场所的电气装置应符合 JGJ 16 的规定。甲、乙类物品室内储存场所和丙类液体室内储存场所的电气装置,应符合 GB 50058 的规定。

8.2 丙类固体物品的室内储存场所,不应使用碘钨灯和超过 60 W 以上的白炽灯等高温照明灯具。当使用日光灯等低温照明灯具和其他防燃型照明灯具时,应对镇流器采取隔热、散热等防火保护措施,确保安全。

8.3 仓储场所的电器设备应与可燃物保持不小于 0.5 m 的防火间距,架空线路的下方不应堆放物品。

8.4 仓储场所的电动传送设备、装卸设备、机械升降设备等的易摩擦生热部位应采取隔热、散热等防护措施。对提升、码垛等机械设备易产生火花的部位,应设置防护罩。

8.5 仓储场所的每个库房应在库房外单独安装电气开关箱,保管人员离库时,应切断场所的非必要电源。

8.6 室内储存场所内敷设的配电线路,应穿金属管或难燃硬塑料管保护。不应随意乱接电线,擅自增加用电设备。

8.7 室内储存场所内不应使用电炉、电烙铁、电熨斗、电热水器等电热器具和电视机、电冰箱等家用电器。

8.8 仓储场所的电气设备应由具有职业资格证书的电工进行安装、检查和维修保养。电工应严格遵守各项电气操作规程。

8.9 仓储场所的电气设备应设专人管理,由持证的电工进行安装和维修。发现漏电、老化、绝缘不良、接头松动、电线互相缠绕等可能引起打火、短路、发热时,应立即停止使用,并及时修理或更换。禁止带电移动电气设备或接线、检修。

8.10 仓储场所的电气线路、电气设备应定期检查、检测,禁止长时间超负荷运行。

8.11 仓储场所应按照 GB 50057 设置防雷与接地系统,并应每年检测一次,其中甲、乙类仓储场所的防雷装置应每半年检测一次,并应取得专业部门测试合格证书。

9 用火安全管理

9.1 进入甲、乙类仓储场所的人员应登记,禁止携带火种及易燃易爆危险品。

9.2 仓储场所内应禁止吸烟,并在醒目处设置"禁止吸烟"的标志。

9.3 仓储场所内不应使用明火,并应设置醒目的禁止标志。因施工确需明火作业时,应按用火管理制度办理动火证,由具有相应资格的专门人员进行动火操作,并设专人和灭火器材进行现场监护;动火作业结束后,应检查并确认无遗留火种。动火证应注明动火地点、时间、动火人、现场监护人、批准人和防火措施等内容。

9.4 室内储存场所禁止安放和使用火炉、火盆、电暖器等取暖设备。

9.5 仓储场所内的焊接、切割作业应在指定区域进行,并应满足以下条件:
   a) 在工作区域内配备2具灭火级别不小于3A的灭火器;
   b) 设有自动消防设施的,应确保自动消防设施处于正常状态;
   c) 工作区周边8 m以内不应存放物品,且应采用防火幕布、金属板、石棉板等与相邻可燃物隔开;
   d) 若焊接、烘烤的部位紧邻或穿越墙体、吊顶等建筑分隔结构,应在分隔结构的另一侧采取相应的防火措施;
   e) 作业期间应有专人值守,作业完成30 min后值守人员方可离开。

9.6 仓储场所内部和距离场所围墙50 m范围内禁止燃放烟花爆竹,距围墙100 m范围内禁止燃放GB/T 21243规定的A级、B级烟花爆竹。仓储场所应在围墙上醒目处设置相应禁止标志。

10 消防设施和消防器材管理

10.1 仓储场所应按照GB 50016和GB 50140设置消防设施和消防器材。

10.2 仓储场所应按照GB 25201的有关规定,明确消防设施的维护管理部门、管理人员及其工作职责,建立消防设施值班、巡查、检测、维修、保养、建档等制度,确保消防设施正常运行。

10.3 仓储场所禁止擅自关停消防设施。值班、巡查、检测时发现故障,应及时组织修复。因故障维修等原因需要暂时停用消防系统的,应有确保消防安全的有效措施,并经消防安全责任人或消防安全管理人批准。

10.4 仓储场所设置的消防通道、安全出口、消防车通道,应设置明显标志并保持通畅,不应堆放物品或设置障碍物。

10.5 仓储场所应有充足的消防水源。利用天然水源作为消防水源时,应确保枯水期的消防用水。对吸水口、吸水管等取水设备应采取防止杂物堵塞的措施。

10.6 仓储场所应设置明显标志划定各类消防设施所在区域,禁止圈占、埋压、挪用和关闭,并应保证该类设施有正常的操作和检修空间。

10.7 仓储场所设置的消火栓应有明显标志。室内消火栓箱不应上锁,箱内设备应齐全、完好。距室外消火栓、水泵接合器2 m范围内不应设置影响其正常使用的障碍物。

10.8 寒冷地区的仓储场所,冬季时应对消防水源、室内消火栓、室外消火栓等设施采取相应的防冻措施。

10.9 仓储场所设置的灭火器不应设置在潮湿或强腐蚀的地点;确需设置时,应有相应的保护措施。灭火器设置在室外时,应有相应的保护措施。

10.10 设有消防控制室的甲、乙、丙类物品国家储备库、专业性仓库以及其他大型物资仓库,宜接入城市消防远程监控系统。

11 氨制冷储存场所管理

11.1 每座冷库冷藏间的占地面积和防火分区面积应符合GB 50072的规定。当冷库设在地下室时,只允许设置在地下一层。

11.2 冷库应设置消防车通道,贴邻建造的库房应设置环形消防车通道。

11.3 库房内禁止设置与库房生产、管理无直接关系的其他用房。

11.4 冷藏间的冷藏门内侧应设有应急开锁装置,并设有醒目的标识。门口附近应设置能将信号传送至制冷机房控制室或有人值班房间的呼叫按钮。氨制冷机房和变配电所的门应采用平开门并向外开启。

11.5 库房的安全出口应设在穿堂附近,开向穿堂的门应为乙级防火门。多层、高层冷库的办公、更衣、休息应设置在首层,且应至少有 1 个独立的安全出口。

11.6 氨压缩机房、设备间、楼梯间、穿堂等部位应设置消火栓系统。大型冷库、高层冷库应设自动喷水灭火系统,并根据环境温度进行设计选型。制冷机房内的氨压缩机、贮氨罐等部位宜设置开式喷淋系统,且可手动控制,用于吸收、稀释泄漏的氨气。大型冷库、有条件的中小型冷库宜安装火灾自动报警系统。

11.7 氨制冷机房等液氨泄漏的主要防范部位,应设置具有声光报警功能的氨气浓度报警装置,其报警浓度应符合 GB 50072 的规定,并应能在报警时自动开启事故排风机。氨气浓度报警装置应按照产品使用说明书的规定定期进行调零与标定。

11.8 穿过库房隔热层的电气线路应采取穿管保护,并采用耐低温绝缘电缆。

11.9 氨制冷机房、变配电室等部位应设置防爆型应急照明灯具,其照度和持续时间应符合 GB 50072 的规定。氨制冷机房靠近其疏散出口的外墙上,应设置除事故排风机和应急照明灯具以外制冷机房其他用电设备的手动电源紧急切断装置,并应有警示标识。

11.10 氨制冷储存场所灭火和应急疏散预案应包含对可能发生的泄漏、火灾和爆炸危险事故的基本预测和危害分析;报警、停机、关阀、泄压排空、器具堵漏、自救灭火等应急处置措施;隔离、疏散方式、中毒、烧伤救护方法等现场抢救措施和条件保障;事故处理后的善后洗消处理措施。

11.11 氨制冷储存场所应在控制室或值班室配备应急通信器材、堵漏器材和工具、过滤式防毒面具、正压式空气呼吸器、隔离式防护服、橡胶手套、胶靴、化学安全防护眼镜等应急防护、救援器材,且防护器具应存放在安全、便于取用的地方,并有专人负责保管,定期校验和维护。

11.12 氨制冷储存场所应设置明显的安全警示标志和安全告知牌,安全告知牌应注明液氨特性、危害防护、处置措施、报警电话等内容。

11.13 氨制冷储存场所应将液氨安全管理知识培训作为场所消防安全教育的主要内容。通过教育培训,使场所从业人员熟悉液氨的危害性,掌握液氨的理化性质和应急处置方法。

12 石油库管理

12.1 石油库的消防设施和消防器材设置应符合 GB 50016、GB 50074 的规定。

12.2 石油库的消防应急预案应按照"一罐一案"的要求制定,根据不同油品的火灾危险性制定相应对策,包括库区现有的消防设施器材用量、油库物料的转移、现场警戒等内容,并将区域内消防联防力量及附近可以调用或共用的水源纳入预案中,与消防联防力量之间应建立有效的无线通信指挥体系。

12.3 油库入口及库区内应设置明显的"禁止烟火"等消防安全标识,并严格落实入库人员禁止携带火种、库内禁止吸烟、擅自动火的规定。交通运输工具进入库区应安装阻火熄火设施。

12.4 石油库职工应按防止产生火花、静电的要求着装,使用不产生火花的专用检修、测量工具进行作业。气焊、电焊等动火作业前应排清易燃易爆物料。

12.5 库内的绿化不应妨碍消防操作。

12.6 石油库应将油罐区、液化石油气罐区、油品装卸区、桶装油品库房、消防控制室、泡沫站、消防水池(罐)、消防泵房等列为消防安全重点部位。

12.7 油罐区的消防安全管理应符合以下要求:
   a) 储罐成组布置,火灾危险性相同或相近的储罐布置在同一组内;
   b) 一个油罐组内油罐的总容量、油罐数量符合 GB 50074 规定;
   c) 防火堤(包括子堤)不存在倒塌、破损或存在孔洞的现象;
   d) 管道穿越防火堤(包括子堤)处采用非燃烧材料严密填实;
   e) 雨水沟穿越防火堤处的隔油池、水封井等完好;
   f) 不存在油品"跑冒滴漏"现象。

12.8 油品装卸区的消防安全管理应符合以下要求:
   a) 从下部接卸铁路油罐车的卸油系统和汽车油罐车向卧式容器卸甲、乙、丙 A 类油品的卸油系统按要求采用密闭管道系统;
   b) 从上部向铁路油罐车、汽车油罐车灌装甲、乙、丙 A 类油品时,鹤管长度足以插到油罐的底部;
   c) 现场不存在油品"跑冒滴漏"现象;
   d) 铁路装卸区布置在石油库的边缘地带,公路装卸区布置在石油库面向公路的一侧,栈桥、装油亭等均为不燃烧体结构;
   e) 油品装卸区防雷防静电设施完好,电气设备符合防爆要求;
   f) 装卸作业人员按照安全操作规程要求做好设备与罐车之间的防静电等电位连接。

12.9 桶装油品库房的消防安全管理应符合以下要求:
   a) 甲、乙类油品的重桶库房应设在地面单层建筑内,敞棚承重柱的耐火极限不低于 2.5 h,顶面承重机构及屋面材料不应使用可燃材料。
   b) 当甲、乙类油品重桶与丙类油品重桶储存在同一栋库房内时,两者之间应采用完整的防火墙分隔。
   c) 甲、乙类油品灌装油泵与灌油栓之间、甲、乙类油品灌桶间与重桶库房之间应采用完整的防火墙分隔。
   d) 油品重桶库房应设外开门,丙类油品重桶库房,应在墙外侧设推拉门。建筑面积大于或等于 100 m² 的重桶堆放间,门的数量不应少于 2 个,门宽不应小于 2 m,并应设置斜坡式门槛,门槛应选用非燃烧材料,且应高出室内地坪 0.15 m。
   e) 库房内应保持良好通风,安装的电气设备应满足防爆要求,地面采用撞击不发生火花的地面。
   f) 重桶的堆放量不超过三日的灌装量,且应堆放在库房(棚)内。
   g) 油桶堆放应符合以下要求:
      1) 空油桶宜卧式堆码,堆码层数宜为 3 层,且不应超过 6 层;

2) 重桶应立式堆码,机械堆码时,甲类油品不应超过2层,乙类和丙A类油品不应超过3层,丙B类油品不应超过4层;人工堆码时,各类油品均不应超过2层;
3) 运输油桶的主要通道宽度,不应小于1.8 m;桶垛之间的辅助通道宽度,不应小于1 m;桶垛与墙柱之间的距离,不应小于0.3 m;
4) 单层的重桶库房净空高度不应小于3.5 m;
5) 油桶多层堆码时,最上层距屋顶构件的净距不应小于1 m。

13 棉花储存场所管理

13.1 棉花储存应使用专用堆场、仓库,不得与其他物品混存。不同类别的棉花应分区、分库储存。

13.2 棉花总储量超过5 000 t的露天、半露天堆场,应分设堆场,堆场之间的防火间距不应小于30 m。堆场之间相邻的棉花堆垛应分别使用篷布苫盖。

13.3 露天、半露天棉花堆场内的棉垛与场区围墙之间的间距不应小于10 m。露天、半露天籽棉堆垛与皮棉堆垛之间的防火间距,不应小于35 m。

13.4 露天、半露天籽棉堆垛和靠近场(库)区围墙、铁道旁的皮棉堆垛,应使用阻燃篷布苫盖。

13.5 棉花堆垛布置应符合以下要求:
   a) 棉花堆垛应分组布置,每组不超过8垛,垛高不大于8 m,组与组之间的防火间距不小于垛高的2倍,且不小于10 m;
   b) 露天、半露天籽棉堆垛每垛占地面积不大于350 m²,垛与垛之间的防火间距不小于8 m;
   c) 露天、半露天皮棉堆垛每垛占地面积不大于250 m²,垛与垛之间的防火间距不小于4 m;
   d) 仓库内棉花堆垛每垛占地面积不大于150 m²,垛与垛、门之间的距离不小于2 m,垛与墙的距离不小于0.5 m,垛与柱的距离不小于0.3 m,垛与梁的距离不小于1 m。

13.6 棉花储存场所内应采用防爆型或防尘型照明灯具和开关;堆场户外照明灯具应采用防护型灯具。

13.7 堆放籽棉的电动机械应采用防护型开关,移动式电缆应采取防止碾压的措施,并设专人进行现场看护,定期进行绝缘性能检验。

13.8 棉花储存场所应配备消防机动泵、消火栓等消防设施、器材以及其他灭火工具,并指定专人管理,定期进行检验、维修,冬季采取防冻措施,保证正常使用。

13.9 棉花储存场所应严格执行门卫和夜间巡逻制度。棉花堆场区、仓库区禁止携带火种进入,并应设置明显的防火安全标志牌和禁止吸烟的警示牌。

13.10 棉花堆场区、仓库区外设置的维修工房、装卸人员休息室,安装和使用电暖器、火炉等应符合防火要求,并经本单位消防安全责任人批准。

13.11 装卸棉花的机动车辆应符合以下要求:
   a) 配装符合国家标准的排气火花熄灭器,排气管一侧不应靠近棉垛;

b) 在固定地点停车,不应在库区内加油或者修理车辆;
c) 进入棉花堆场区、仓库区作业的电瓶车、铲车、叉车及上垛用的吊车,应采取防止打出火花的安全措施。

13.12 气象部门预报风力达 7 级以上的,棉花储存场所应组织专门人员实施 24 h 不间断巡查。

14 粮食储存场所管理

14.1 粮食储存场所应设置在相对独立的安全区域,不应设置在架空电气线路的下方。露天囤、露天堆垛和罩棚等临时储粮场所应设置在粮库储存区内相对独立的安全区域。

14.2 粮食储存场所四周应设置不燃烧体实体围墙,入口处应有专人值守。设有露天囤、露天堆垛和罩棚等临时储粮场所的库区,应设置高度不低于 2.2 m 的不燃烧体实体围墙。

14.3 粮食储存场所的最大允许占地面积、防火分区面积应符合 GB 50016 的有关规定。

14.4 粮食储存场所内部组与组之间及与其他建筑之间的防火间距应符合 GB 50016 的有关规定。露天囤、露天堆垛和罩棚均应分组、分区布置,并符合以下要求:
a) 每组的总储存量不大于 5 000 t,每区的总储量不大于 20 000 t;
b) 组与组之间的防火间距不小于垛(囤、棚)高的 2 倍,且不小于 10 m;
c) 区与区之间的防火间距不小于 30 m,当每区的总储量小于 5 000 t 时可不小于 25 m;
d) 罩棚之间的防火间距不小 16 m。

14.5 在同一粮食储存区内,露天囤、露天堆垛和罩棚应各自成区布置,不能相互混合布置。

14.6 粮食储存场所应按照 GB 50016 设置消防车通道并保持畅通。露天囤、露天堆垛和罩棚等临时储粮场所的消防车通道设置应符合以下要求:
a) 总储量大于 5 000 t 的,应设置环形消防车通道;
b) 总储量为 1 000 t~5 000 t 的,应沿其两条长边设置消防车通道;
c) 总储量小于 1 000 t 的,应沿其一条长边设置消防车通道;
d) 占地面积大于 1 500 m² 的罩棚,应设置环形消防车通道;
e) 占地面积不大于 1 500 m² 的罩棚,应沿其两条长边设置消防车通道。

14.7 露天囤和露天堆垛应采用难燃材料遮盖。罩棚的屋顶应采用不燃材料,禁止采用可燃保温材料,其遮阳和遮挡雨雪设施应采用难燃材料。

14.8 露天囤的檐口高度不应大于 7 m,露天堆垛和罩棚的堆粮高度不应大于 5 m。

14.9 粮食储存场所应设置室外消防给水系统,消防给水管网、消防水池、消防水泵房的设置应符合 GB 50016、GB 50039 的有关规定。露天囤、露天堆垛和罩棚等临时储粮场所应根据其储量设置消防用水量。消防用水应尽量利用市政供水管网、库区既有消防供水管网和消防水池,当不能满足要求时,不足部分应增设消防水池或水井,并符合以下要求:
a) 当总储量大于 10 000 t 时,应设置有效容量不小于 400 m³ 的消防水池,并设置消防车取水设施;
b) 当总储量不大于 10 000 t 且不能设置消防水池时,应根据临时储粮总储量设置水井,每口水井出水量不应小于 15 L/s。

14.10 露天囤、露天堆垛和罩棚等临时储粮场所应设置灭火器、储水桶、砂箱等消防器材。

每 5 000 t 应至少配备 1 具灭火级别不小于 6 A 的推车式灭火器，且每个场所不应少于 2 具。

14.11 远离消防站保护范围的粮食储存场所，应配置消防车，每台消防车的载水量不应小于 4 t，并应配备机动消防泵、水带、水枪等消防装备。机动消防泵应储存不小于 3 h 的燃油总用量，每台泵应至少配置总长不小于 150 m 的水带和 2 支水枪。

14.12 粮食筒仓及工作塔内应严格划分粉尘爆炸危险区域。粉尘爆炸危险区域内的电器设备应采用密封防爆型。禁止在库内使用电热设备取暖。

14.13 粮食储存场所使用粮仓机械时，其电源应由橡套电缆引入库内，橡套电缆不应损坏或有接头，电气开关及易产生火花的部位应佩带金属防护罩。配电箱的引入、引出线应采取防破损措施。

14.14 进入粮食储存场所的机动车，应在排气管尾端安装防火帽。拖拉机、汽车等发生故障进行修理时，应拖离至粮食储存场所 30 m 以外，禁止在粮食储存场所进行修理或加油。

14.15 粮食储存场所的烟囱应采取设置阻火网等防止火星外逸的措施。

14.16 禁止在露天囤、露天堆垛和罩棚等临时储粮场所周围 100 m 范围内焚烧杂草和秸秆等易燃、可燃物。临时储粮场所应在围墙上醒目处设置相应禁止标志。

14.17 遇有 5 级及以上大风天气时，禁止在储粮区进行室外用火、用电作业；遇有 6 级及以上大风天气时，除取暖锅炉和烘干塔锅炉外，禁止在库区内进行其他生产、生活明火作业。

14.18 因储粮需要使用易燃易爆危险品药剂时，药剂应盛放在不燃材料器皿内，药剂投入不应过于集中，禁止药剂与水接触，严格控制环境温度。易产生易燃易爆气体的场所应留有足够空间并加强通风。操作人员不应穿带钉的鞋，不应使用铁质工具。

14.19 易燃、可燃材料应整齐堆放在指定地点，并与粮食储存场所保持足够的安全距离，或采用不燃、难燃材料覆盖。露天囤、露天堆垛和罩棚等临时储粮场所内的易燃、可燃材料应及时清理。

参 考 文 献

[1] 中华人民共和国消防法（2008.10）

[2] 国家物资储备仓库安全保卫办法（国家发展改革委员会、公安部令第 12 号）

[3] 机关、团体、企业、事业单位消防安全管理规定（公安部令第 61 号）

[4] NFPA 230 仓储消防标准（2003 版）

住宿与生产储存经营合用场所消防安全技术要求
（XF 703—2007）

前　　言

根据公安部、应急管理部联合公告（2020年5月28日）和应急管理部2020年第5号公告（2020年8月25日），本标准归口管理自2020年5月28日起由公安部调整为应急管理部，标准编号自2020年8月25日起由GA 703—2007调整为XF 703—2007，标准内容保持不变。

本标准的 4.1、4.2、4.3 为强制性，其余为推荐性。

本标准由公安部消防局提出。

本标准由全国消防标准化技术委员会第九分技术委员会（SAC/TC 113/SC 9）归口。

本标准起草单位：公安部消防救援局、上海市公安消防总队、浙江省公安消防总队、江苏省公安消防总队、公安部天津消防研究所。

本标准主要起草人：郭铁男、朱力平、马恒、李淑惠、沈纹、季俊贤、沈友弟、赵庆平、冯王碧、熊军、朱鸣、冯婧钰、宋树欣、田亮、倪照鹏、王宗存。

本标准为首次发布。

引　　言

在既有厂房、仓库、商场中设置员工宿舍，或是在居住等民用建筑中从事生产、储存、经营等活动，而住宿部分与其他部分又未按规定采取必要的防火分隔和设置消防设施，使得这类建筑的消防安全条件与建筑使用性质不相适应，具有较高的火灾危险性。为了贯彻国家消防工作方针和政策，预防和减少火灾，保障人身安全，为火灾隐患的治理提供依据，制定本标准。

1　范围

本标准提出了住宿与生产储存经营合用场所（俗称"三合一"，以下简称"合用场所"）的限定条件，并规定了合用场所的防火分隔措施、疏散设施、消防设施，以及火源控制等消防安全技术要求。

本标准适用于既有住宿与生产储存经营合用场所的消防安全治理。

2　规范性引用文件

下列文件中的条款通过本标准的引用而成为本标准的条款。凡是注日期的引用文件，其随后所有的修改单（不包括勘误的内容）或修订版均不适用于本标准，然而，鼓励根据本标准达成协议的各方研究是否可使用这些文件的最新版本。凡是不注日期的引用文件，其最新版本适用于本标准。

GB 20517　独立式感烟火灾探测报警器

GB 50016　建筑设计防火规范
GB 50084　自动喷水灭火系统设计规范
GB 50116　火灾自动报警系统设计规范
GB 50140　建筑灭火器配置设计规范
GB 50222　建筑内部装修设计防火规范
GB 50354　建筑内部装修防火施工及验收规范

3 术语和定义

下列术语和定义适用于本标准。

3.1
住宿与生产储存经营合用场所 the place combined with habitation, production, storage and busi-ness

住宿与生产储存经营等一种或几种用途混合设置在同一连通空间内的场所。

4 基本规定

4.1 合用场所不应设置在下列建筑内：
  a) 有甲、乙类火灾危险性的生产储存经营的建筑；
  b) 建筑耐火等级为三级及三级以下的建筑；
  c) 厂房和仓库；
  d) 建筑面积大于 2 500 m² 的商场市场等公共建筑；
  e) 地下建筑。

4.2 符合下列情形之一的合用场所应采用不开门窗洞口的防火墙和耐火极限不低于1.5 h 的楼板将住宿部分与非住宿部分完全分隔，住宿与非住宿部分应分别设置独立的疏散设施；当难以完全分隔时，不应设置人员住宿：
  a) 合用场所的建筑高度大于 15 m；
  b) 合用场所的建筑面积大于 2 000 m²；
  c) 合用场所住宿人数超过 20 人。

4.3 除 4.2 以外的其他合用场所，当执行 4.2 规定有困难时，应符合下列规定：
  a) 住宿与非住宿部分应设置火灾自动报警系统或独立式感烟火灾探测报警器。
  b) 住宿与非住宿部分之间应进行防火分隔；当无法分隔时，合用场所应设置自动喷水灭火系统或自动喷水局部应用系统。
  c) 住宿与非住宿部分应设置独立的疏散设施；当确有困难时，应设置独立的辅助疏散设施。

4.4 合用场所的疏散门应采用向疏散方向开启的平开门，并应确保人员在火灾时易于从内部打开。

4.5 合用场所使用的疏散楼梯宜通至屋顶平台。

4.6 合用场所中应配置灭火器、消防应急照明，并宜配备轻便消防水龙。

4.7 层数不超过 2 层、建筑面积不超过 300 m²，且住宿少于 5 人的小型合用场所，当执行本标准关于防火分隔措施和自动喷水灭火系统的规定确有困难时，宜设置独立式感烟火灾探测报警器;人员住宿宜设置在首层,并直通出口。

4.8 合用场所内的安全出口和辅助疏散出口的宽度应满足人员安全疏散的需要。

5 防火分隔措施

5.1 4.3中的防火分隔措施应采用耐火极限不低于2h的不燃烧体墙和耐火极限不低于1.5h的楼板,当墙上确需开门时,应为常闭乙级防火门。

当采用室内封闭楼梯间时,封闭楼梯间的门应为常闭乙级防火门,且封闭楼梯间首层应直通室外或采用扩大封闭楼梯间直通室外。

5.2 住宿内部隔墙应采用不燃烧体,并应砌筑至楼板底部。

5.3 两个合用场所之间或者合用场所与其他场所之间应采用不开门窗洞口的防火墙和1.5h楼板进行防火分隔。

6 辅助疏散设施

6.1 室外金属梯、配备逃生避难设施的阳台和外窗,可作为合用场所的辅助疏散设施。逃生避难设施的设置应符合有关建筑逃生避难设施配置标准。

6.2 合用场所的外窗或阳台不应设置金属栅栏,当必须设置时,应能从内部易于开启。

6.3 用于辅助疏散的外窗,其窗口高度不宜小于1.0 m,宽度不宜小于0.8 m,窗台下沿距室内地面高度不应大于1.2 m。

7 自动灭火和火灾自动报警

7.1 合用场所自动喷水灭火系统和自动喷水局部应用系统的设置应符合GB 50084的规定。

7.2 合用场所火灾自动报警系统和独立式感烟火灾探测报警器的设置应符合GB 50116和GB 20517的规定。

7.3 火灾探测报警器应安装在疏散走道、住房、具有火灾危险性的房间、疏散楼梯的顶部。

7.4 设置非独立式感烟火灾探测报警器的场所,应设置应急广播扬声器或火灾警报装置。

7.5 独立式感烟火灾探测报警器,应急广播扬声器或火灾警报装置的播放声压级应高于背景噪声的15 dB,且应确保住宿部分的人员能收听到火灾警报音响信号。

7.6 使用电池供电的独立式感烟火灾探测报警器,应定期更换电池。

8 火源控制

8.1 合用场所除厨房外,不应使用、存放液化石油气罐和甲、乙、丙类可燃液体。存放液化石油气罐的厨房应采取防火分隔措施,并设置自然排风窗。

8.2 合用场所的消防配电线路的敷设应符合GB 50016的要求。其他配电线路的敷设应符合下列要求:
   a) 电气线路的规格应满足用电设备的负荷要求;不应乱拉乱接临时电气线路。
   b) 电气线路敷设应避开可燃材料;当无法避开时,应采取穿金属管、阻燃塑料管等防火保护措施。
   c) 吊顶为可燃材料或吊顶内有可燃物时,吊顶内的电气线路均应穿金属管、阻燃塑料管。

8.3 合用场所电器设备使用管理应符合下列要求：
  a) 不应超负荷使用；
  b) 不应用铜丝、铁丝等代替保险丝；
  c) 电热炉、电加热器、电暖器、电饭锅、电熨斗、电热毯等电热器具使用后应采取拔出电源插销等切断电源的措施；
  d) 用电设备长时间使用时，应观察设备、器具的温度，及时冷却降温；
  e) 对产生高温或使用明火的设备，应限制周围可燃物，使用期间设专人监护。

8.4 建筑内的照明安装应符合下列要求：
  a) 照明灯具表面的高温部位靠近可燃物时，应采取隔热、散热等防火保护措施；
  b) 使用卤钨灯和额定功率超过 100 W 白炽灯的吸顶灯、槽灯、嵌入式灯，其引入线应采用瓷管、矿棉等不燃材料作隔热保护；
  c) 卤钨灯、高压钠灯、金属卤灯光源、荧光高压汞灯(包括电感镇流器)、超过 60 W 的白炽灯等不应直接安装在可燃装修材料或可燃物体上。

8.5 合用场所内应有用火、用电、用油、用燃气等的消防安全管理制度。

9 其他要求

9.1 灭火器的配置应符合 GB 50140 的规定。消防应急照明的设置应符合 GB 50116 的规定。

9.2 合用场所的内部装修材料应符合 GB 50222 和 GB 50354 的规定。

9.3 室外广告牌、遮阳棚等应采用不燃或难燃材料制作，且不应影响房间内的采光、排风、辅助疏散设施的使用、消防车的通行以及灭火救援行动。

9.4 合用场所集中的地区，当市政消防供水不能满足要求时，应充分利用天然水源或设置室外消防水池，消防水池容量不应小于 200 m³。

9.5 合用场所集中的地区，应建立专、兼职消防队伍，并应配备相应的灭火车辆装备和救援器材。

9.6 合用场所的消防安全除符合本标准外，尚应符合国家现行有关标准和地方相关规定的要求。

人员密集场所消防安全管理(XF 654—2006)

前　言

根据公安部、应急管理部联合公告(2020年5月28日)和应急管理部2020年第5号公告(2020年8月25日)，本标准归口管理自2020年5月28日起由公安部调整为应急管理部，标准编号自2020年8月25日起由GA 654—2006调整为XF 654—2006，标准内容保持不变。

本标准的 4.4～4.7、5.1.2、6.5、7.1、7.5.2、7.7、7.10、8.1.1、8.1.3、8.2.2、8.3、8.4.1、8.4.3～8.4.5、8.5、8.6.1、8.8、10.1～10.4 **为强制性条文，其余为推荐性条文。**

本标准由公安部消防局提出。

本标准由全国消防标准化委员会第九分技术委员会(SAC/TC 113/SC 9)归口。

本标准起草单位：公安部消防局一处、公安部天津消防研究所。

本标准主要起草人：李淑惠、刘激扬、殷李革、黄振兴、王宗存、宋晓勇、罗云庆、吴丹、马锐、蔡芸、高锦田、薛端、杨纪功、薛岗、倪照鹏。

引　言

近年来，人员密集场所群死群伤火灾事故时有发生，给人民生命财产造成了严重损失。为切实吸取教训，规范这类场所的消防安全管理，遏制群死群伤火灾事故的发生，依据《中华人民共和国消防法》等相关法律法规，本标准在研究、分析人员密集场所及其火灾特点的基础上，提出了相应的消防安全管理要求和措施，用以引导和规范此类场所的消防安全管理工作，提高其消防安全管理水平。

人员密集场所可以通过采用本标准，规范自身消防安全管理行为，建立消防安全自查、火灾隐患自除、消防责任自负的自我管理与约束机制，达到防止火灾发生、减少火灾危害，保障人身和财产安全的目的。

本标准是在调查研究、总结实践经验，参考和吸收国内外有关资料，并广泛征求多方意见的基础上制定的。

1　范围

本标准提出了人员密集场所使用和管理单位的消防安全管理要求和措施。

本标准适用于各类人员密集场所及其所在建筑的消防安全管理。

2　规范性引用文件

下列文件中的条款通过本标准的引用而成为本标准的条款。凡是注日期的引用文件，其随后所有的修改单(不包括勘误的内容)或修订版均不适用于本标准，然而，鼓励根据本标准达成协议的各方研究是否可使用这些文件的最新版本。凡是不注日期的引用文件，其最新版本适用于本标准。

GB/T 5907　消防基本术语　第一部分
GB/T 14107　消防基本术语　第二部分
GB 50045　高层民用建筑设计防火规范
GB 50084　自动喷水灭火系统设计规范
GB 50098　人民防空工程设计防火规范
GB 50116　火灾自动报警系统设计规范
GB 50140　建筑灭火器配置设计规范
GB 50222　建筑内部装修设计防火规范
GBJ 16　建筑设计防火规范
JGJ 48　商店建筑设计规范
XF 503　建筑消防设施检测技术规程
GA 587　建筑消防设施的维护管理

3　术语和定义

GB/T 5907、GB/T 14107、GB 50045、GB 50084、GB 50098、GB 50116、GB 50140、GB 5022、GBJ 16、JGJ 48、XF 503、GA 587 确立的以及下列术语和定义适用于本标准。

3.1

公共娱乐场所　public entertainment occupancies

具有文化娱乐、健身休闲功能并向公众开放的室内场所。包括影剧院、录像厅、礼堂等演出、放映场所,舞厅、卡拉 OK 厅等歌舞娱乐场所,具有娱乐功能的夜总会、音乐茶座、酒吧和餐饮场所,游艺、游乐场所,保龄球馆、旱冰场、桑拿等娱乐、健身、休闲场所和互联网上网服务营业场所。

3.2

人员密集场所　assembly occupancies

人员聚集的室内场所。如:宾馆、饭店等旅馆,餐饮场所,商场、市场、超市等商店,体育场馆,公共展览馆、博物馆的展览厅,金融证券交易场所,公共娱乐场所,医院的门诊楼、病房楼,老年人建筑、托儿所、幼儿园,学校的教学楼、图书馆和集体宿舍,公共图书馆的阅览室,客运车站、码头、民用机场的候车、候船、候机厅(楼),人员密集的生产加工车间、员工集体宿舍等。

3.3

举高消防车作业场地　operating areas for ladder trucks

靠近建筑,供举高消防车停泊、实施灭火救援的操作场地。

3.4

专职消防队　private fire brigade

由专职灭火的人员组成,有固定消防站用房,配备消防车辆、装备、通信器材,定期组织消防训练,能够每日 24 h 备勤的消防组织。

3.5

志愿消防队　volunteer fire brigade

主要由志愿人员组成,有固定消防站用房,配备消防车辆、装备、通信器材的消防组织。

志愿人员有自己的主要职业、平时不在消防站备勤,能在接到火警出动信息后迅速集结,参加灭火救援。

3.6

义务消防队 dedicated crew

由本场所从业人员组成,平时开展防火宣传和检查,定期接受消防训练;发生火灾时能够实施灭火和应急疏散预案,扑救初期火灾、组织疏散人员,引导消防队到现场,协助保护火灾现场的消防组织。

3.7

火灾隐患 fire potential

可能导致火灾发生或火灾危害增大的各类潜在不安全因素。

3.8

重大火灾隐患 major fire potential

违反消防法律法规,可能导致火灾发生或火灾危害增大,并由此可能造成特大火灾事故后果和严重社会影响的各类潜在不安全因素。

4 总则

4.1 人员密集场所的消防安全管理应以通过有效的消防安全管理,提高其预防和控制火灾的能力,进而防止火灾发生,减少火灾危害,保证人身和财产安全为目标。

4.2 人员密集场所的消防安全管理应遵守消防法律、法规、规章(以下统称消防法规),贯彻"预防为主、防消结合"的消防工作方针,履行消防安全职责,制定消防安全制度、操作规程,提高自防自救能力,保障消防安全。

4.3 人员密集场所宜采用先进的消防技术、产品和方法,建立完善的消防安全管理体系和机制,定期开展消防安全评估,保障建筑具备经济合理的消防安全条件。

4.4 人员密集场所应落实逐级和岗位消防安全责任制,明确逐级和岗位消防安全职责,确定各级、各岗位的消防安全责任人。

4.5 实行承包、租赁或者委托经营、管理时,人员密集场所产权单位应提供符合消防安全要求的建筑物,当事人在订立相关租赁合同时,应依照有关规定明确各方的消防安全责任。

4.6 消防车通道、涉及公共消防安全的疏散设施和其他建筑消防设施应由人员密集场所产权单位或者委托管理的单位统一管理。承包、承租或者受委托经营、管理的单位应在其使用、管理范围内履行消防安全职责。

4.7 对于有两个或两个以上产权单位和使用单位的人员密集场所,除依法履行自身消防管理职责外,对消防车通道、涉及公共消防安全的疏散设施和其他建筑消防设施应明确统一管理的责任单位。

5 消防安全责任和职责

5.1 通则

5.1.1 人员密集场所的消防安全责任人应由该场所的法定代表人或者主要负责人担任。消防安全责任人可以根据需要确定本场所的消防安全管理人。承包、租赁场所的承租人是其承包、租赁范围的消防安全责任人,各部门负责人是部门消防安全责任人。

5.1.2 消防安全管理人、消防控制室值班员和消防设施操作维护人员应经过消防职业培训,持证上岗。保安人员应掌握防火和灭火的基本技能。电气焊工、电工、易燃易爆化学物品操作人员应熟悉本工种操作过程的火灾危险性,掌握消防基本知识和防火、灭火基本技能。

5.1.3 志愿和义务消防队员应掌握消防安全知识和灭火的基本技能,定期开展消防训练,火灾时应履行扑救火灾和引导人员疏散的义务。

5.2 人员密集场所产权单位、使用单位或委托管理单位的职责

5.2.1 落实消防安全责任,明确本场所的消防安全责任人和逐级消防负责人。

5.2.2 制定消防安全管理制度和保证消防安全的操作规程。

5.2.3 开展消防法规和防火安全知识的宣传教育,对从业人员进行消防安全教育和培训。

5.2.4 定期开展防火巡查、检查,及时消除火灾隐患。

5.2.5 保障疏散通道、安全出口、消防车通道畅通。

5.2.6 确定各类消防设施的操作维护人员,保障消防设施、器材以及消防安全标志完好有效,处于正常运行状态。

5.2.7 组织扑救初期火灾,疏散人员,维持火场秩序,保护火灾现场,协助火灾调查。

5.2.8 确定消防安全重点部位和相应的消防安全管理措施。

5.2.9 制定灭火和应急疏散预案,定期组织消防演练。

5.2.10 建立防火档案。

5.3 消防安全责任人职责

5.3.1 贯彻执行消防法规,保障人员密集场所消防安全符合规定,掌握本场所的消防安全情况,全面负责本场所的消防安全工作。

5.3.2 统筹安排生产、经营、科研等活动中的消防安全管理工作,批准实施年度消防工作计划。

5.3.3 为消防安全管理提供必要的经费和组织保障。

5.3.4 确定逐级消防安全责任,批准实施消防安全管理制度和保障消防安全的操作规程。

5.3.5 组织防火检查,督促整改火灾隐患,及时处理涉及消防安全的重大问题。

5.3.6 根据消防法规的规定建立专职消防队、志愿消防队或义务消防队,并配备相应的消防器材和装备。

5.3.7 针对本场所的实际情况组织制定灭火和应急疏散预案,并实施演练。

5.4 消防安全管理人职责

5.4.1 拟订年度消防安全工作计划,组织实施日常消防安全管理工作。

5.4.2 组织制订消防安全管理制度和保障消防安全的操作规程,并检查督促落实。

5.4.3 拟订消防安全工作的资金预算和组织保障方案。

5.4.4 组织实施防火检查和火灾隐患整改。

5.4.5 组织实施对本场所消防设施、灭火器材和消防安全标志的维护保养,确保其完好有效和处于正常运行状态,确保疏散通道和安全出口畅通。

5.4.6 组织管理专职消防队、志愿消防队或义务消防队,开展日常业务训练。

5.4.7 组织从业人员开展消防知识、技能的教育和培训,组织灭火和应急疏散预案的实施和演练。

5.4.8 定期向消防安全责任人报告消防安全情况,及时报告涉及消防安全的重大问题。
5.4.9 消防安全责任人委托的其他消防安全管理工作。

5.5 部门消防安全责任人职责
5.5.1 组织实施本部门的消防安全管理工作计划。
5.5.2 根据本部门的实际情况开展消防安全教育与培训,制订消防安全管理制度,落实消防安全措施。
5.5.3 按照规定实施消防安全巡查和定期检查,管理消防安全重点部位,维护管辖范围的消防设施。
5.5.4 及时发现和消除火灾隐患,不能消除的,应采取相应措施并及时向消防安全管理人报告。
5.5.5 发现火灾,及时报警,并组织人员疏散和初期火灾扑救。

5.6 消防控制室值班员职责
5.6.1 熟悉和掌握消防控制室设备的功能及操作规程,按照规定测试自动消防设施的功能,保障消防控制室设备的正常运行。
5.6.2 对火警信号应立即确认,火灾确认后应立即报火警并向消防主管人员报告,随即启动灭火和应急疏散预案。
5.6.3 对故障报警信号应及时确认,消防设施故障应及时排除,不能排除的应立即向部门主管人员或消防安全管理人报告。
5.6.4 不间断值守岗位,做好消防控制室的火警、故障和值班记录。

5.7 消防设施操作维护人员职责
5.7.1 熟悉和掌握消防设施的功能和操作规程。
5.7.2 按照管理制度和操作规程等对消防设施进行检查、维护和保养,保证消防设施和消防电源处于正常运行状态,确保有关阀门处于正确位置。
5.7.3 发现故障应及时排除,不能排除的应及时向上级主管人员报告。
5.7.4 做好运行、操作和故障记录。

5.8 保安人员职责
5.8.1 按照本单位的管理规定进行防火巡查,并做好记录,发现问题应及时报告。
5.8.2 发现火灾应及时报火警并报告主管人员,实施灭火和应急疏散预案,协助灭火救援。
5.8.3 劝阻和制止违反消防法规和消防安全管理制度的行为。

5.9 电气焊工、电工、易燃易爆化学物品操作人员职责
5.9.1 执行有关消防安全制度和操作规程,履行审批手续。
5.9.2 落实相应作业现场的消防安全措施,保障消防安全。
5.9.3 发生火灾后应立即报火警,实施扑救。

6 消防组织
6.1 消防安全职责部门、专职消防队、志愿消防队和义务消防队等应履行相应的职责。
6.2 消防安全职责部门应由消防安全责任人或消防安全管理人指定,负责管理本场所的日常消防安全工作,督促落实消防工作计划,消除火灾隐患。
6.3 人员密集场所可以根据需要建立专职消防队或志愿消防队。

6.4 人员密集场所应组建义务消防队,义务消防队员的数量不应少于本场所从业人员数量的30％。

7 消防安全制度和管理

7.1 通则

7.1.1 人员密集场所使用、开业前依法应向公安消防机构申报的,或改建、扩建、装修和改变用途依法应报经公安消防机构审批的,应事先向当地公安消防机构申报,办理行政审批手续。

7.1.2 建筑四周不得搭建违章建筑,不得占用防火间距、消防通道、举高消防车作业场地,不得设置影响消防扑救或遮挡排烟窗(口)的架空管线、广告牌等障碍物。

7.1.3 人员密集场所不应与甲、乙类厂房、仓库组合布置及贴邻布置;除人员密集的生产加工车间外,人员密集场所不应与丙、丁、戊类厂房、仓库组合布置;人员密集的生产加工车间不宜布置在丙、丁、戊类厂房、仓库的上部。

7.1.4 人员密集场所不应擅自改变防火分区和消防设施、降低装修材料的燃烧性能等级。建筑内部装修不应改变疏散门的开启方向,减少安全出口、疏散出口的数量及其净宽度,影响安全疏散畅通。

7.1.5 设有生产车间、仓库的建筑内,严禁设置员工集体宿舍。

7.2 消防安全例会

7.2.1 人员密集场所应建立消防安全例会制度,处理涉及消防安全的重大问题,研究、部署、落实本场所的消防安全工作计划和措施。

7.2.2 消防安全例会应由消防安全责任人主持,有关人员参加,每月不宜少于一次。消防安全例会应由消防安全管理人提出议程,并应形成会议纪要或决议。

7.3 防火巡查、检查

7.3.1 人员密集场所应建立防火巡查和防火检查制度,确定巡查和检查的人员、内容、部位和频次。

7.3.2 防火巡查和检查时应填写巡查和检查记录,巡查和检查人员及其主管人员应在记录上签名。巡查、检查中应及时纠正违法违章行为,消除火灾隐患,无法整改的应立即报告,并记录存档。

7.3.3 防火巡查时发现火灾应立即报火警并实施扑救。

7.3.4 人员密集场所应进行每日防火巡查,并结合实际组织夜间防火巡查。

旅馆、商店、公共娱乐场所在营业时间应至少每2 h巡查一次,营业结束后应检查并消除遗留火种。

医院、养老院及寄宿制的学校、托儿所和幼儿园应组织每日夜间防火巡查,且不应少于2次。

7.3.5 防火巡查应包括下列内容:
   a) 用火、用电有无违章情况;
   b) 安全出口、疏散通道是否畅通,有无锁闭;安全疏散指示标志、应急照明是否完好;
   c) 常闭式防火门是否处于关闭状态,防火卷帘下是否堆放物品;
   d) 消防设施、器材是否在位、完整有效。消防安全标志是否完好清晰;

- e) 消防安全重点部位的人员在岗情况；
  - f) 其他消防安全情况。

7.3.6 防火检查应定期开展,各岗位应每天一次,各部门应每周一次,单位应每月一次。对建筑消防设施检查,应执行 XF 503 和 GA 587 的相关规定。

7.3.7 防火检查应包括下列内容：
  - a) 消防车通道、消防水源；
  - b) 安全疏散通道、楼梯,安全出口及其疏散指示标志、应急照明；
  - c) 消防安全标志的设置情况；
  - d) 灭火器材配置及其完好情况；
  - e) 建筑消防设施运行情况；
  - f) 消防控制室值班情况、消防控制设备运行情况及相关记录；
  - g) 用火、用电有无违章情况；
  - h) 消防安全重点部位的管理；
  - i) 防火巡查落实情况及其记录；
  - j) 火灾隐患的整改以及防范措施的落实情况；
  - k) 易燃易爆危险物品场所防火、防爆和防雷措施的落实情况；
  - l) 楼板、防火墙和竖井孔洞等重点防火分隔部位的封堵情况；
  - m) 消防安全重点部位人员及其他员工消防知识的掌握情况。

7.4 消防宣传与培训

7.4.1 人员密集场所应通过多种形式开展经常性的消防安全宣传与培训。

7.4.2 对公众开放的人员密集场所应通过张贴图画、消防刊物、视频、网络、举办消防文化活动等形式对公众宣传防火、灭火和应急逃生等常识。

7.4.3 学校、幼儿园和托儿所应对学生、儿童进行消防知识的普及和启蒙教育,组织参观当地消防站、消防博物馆,参加消防夏令营等活动。

7.4.4 人员密集场所应至少每半年组织一次对从业人员的集中消防培训。

7.4.5 应对新上岗员工或有关从业人员进行上岗前的消防培训。

7.4.6 消防培训应包括下列内容：
  - a) 有关消防法规、消防安全管理制度、保证消防安全的操作规程等；
  - b) 本单位、本岗位的火灾危险性和防火措施；
  - c) 建筑消防设施、灭火器材的性能、使用方法和操作规程；
  - d) 报火警、扑救初起火灾、应急疏散和自救逃生的知识、技能；
  - e) 本场所的安全疏散路线,引导人员疏散的程序和方法等；
  - f) 灭火和应急疏散预案的内容、操作程序。

7.5 安全疏散设施管理

7.5.1 安全疏散设施管理制度的内容应明确消防安全疏散设施管理的责任部门和责任人,定期维护、检查的要求,确保安全疏散设施的管理要求。

7.5.2 安全疏散设施管理应符合下列要求：
  - a) 确保疏散通道、安全出口的畅通,禁止占用、堵塞疏散通道和楼梯间；
  - b) 人员密集场所在使用和营业期间疏散出口、安全出口的门不应锁闭；

c) 封闭楼梯间、防烟楼梯间的门应完好,门上应有正确启闭状态的标识,保证其正常使用;
   d) 常闭式防火门应经常保持关闭;
   e) 需要经常保持开启状态的防火门,应保证其火灾时能自动关闭;自动和手动关闭的装置应完好有效;
   f) 平时需要控制人员出入或设有门禁系统的疏散门,应有保证火灾时人员疏散畅通的可靠措施;
   g) 安全出口、疏散门不得设置门槛和其他影响疏散的障碍物,且在其 1.4 m 范围内不应设置台阶;
   h) 消防应急照明、安全疏散指示标志应完好、有效,发生损坏时应及时维修、更换;
   i) 消防安全标志应完好、清晰,不应遮挡;
   j) 安全出口、公共疏散走道上不应安装栅栏、卷帘门;
   k) 窗口、阳台等部位不应设置影响逃生和灭火救援的栅栏;
   l) 在旅馆、餐饮场所、商店、医院、公共娱乐场所等各楼层的明显位置应设置安全疏散指示图,指示图上应标明疏散路线、安全出口、人员所在位置和必要的文字说明;
   m) 举办展览、展销、演出等大型群众性活动,应事先根据场所的疏散能力核定容纳人数。活动期间应对人数进行控制,采取防止超员的措施。

7.6 消防设施管理

7.6.1 人员密集场所应建立消防设施管理制度,其内容应明确消防设施管理的责任部门和责任人,消防设施的检查内容和要求,消防设施定期维护保养的要求。

7.6.2 消防设施管理应符合下列要求:
   a) 消火栓应有明显标识;
   b) 室内消火栓箱不应上锁,箱内设备应齐全、完好;
   c) 室外消火栓不应埋压、圈占;距室外消火栓、水泵接合器 2.0 m 范围内不得设置影响其正常使用的障碍物;
   d) 展品、商品、货柜,广告箱牌,生产设备等的设置不得影响防火门、防火卷帘、室内消火栓、灭火剂喷头、机械排烟口和送风口、自然排烟窗、火灾探测器、手动火灾报警按钮、声光报警装置等消防设施的正常使用;
   e) 应确保消防设施和消防电源始终处于正常运行状态;需要维修时,应采取相应的措施,维修完成后,应立即恢复到正常运行状态;
   f) 按照消防设施管理制度和相关标准定期检查、检测消防设施,并做好记录,存档备查;
   g) 自动消防设施应按照有关规定,每年委托具有相关资质的单位进行全面检查测试,并出具检测报告,送当地公安消防机构备案。

7.6.3 消防控制室管理应明确值班人员的职责,应制订每日 24 h 值班制度和交接班的程序与要求以及设备自检、巡检的程序与要求。

7.6.4 消防控制值班室内不得堆放杂物,应保证其环境满足设备正常运行的要求;应具备消防设施平面布置图、完整的消防设施设计、施工和验收资料、灭火和应急疏散预案等。

7.6.5 消防控制室值班记录应完整,字迹清晰,保存完好。

7.7 火灾隐患整改

7.7.1 因违反或不符合消防法规而导致的各类潜在不安全因素,应认定为火灾隐患。

7.7.2 发现火灾隐患应立即改正,不能立即改正的,应报告上级主管人员。

7.7.3 消防安全管理人或部门消防安全责任人应组织对报告的火灾隐患进行认定,并对整改完毕的进行确认。

7.7.4 明确火灾隐患整改责任部门、责任人、整改的期限和所需经费来源。

7.7.5 在火灾隐患整改期间,应采取相应措施,保障安全。

7.7.6 对公安消防机构责令限期改正的火灾隐患和重大火灾隐患,应在规定的期限内改正,并将火灾隐患整改复函送达公安消防机构。

7.7.7 重大火灾隐患不能立即整改的,应自行将危险部位停产停业整改。

7.7.8 对于涉及城市规划布局而不能自身解决的重大火灾隐患,应提出解决方案并及时向其上级主管部门或当地人民政府报告。

7.8 用电防火安全管理

7.8.1 人员密集场所应建立用电防火安全管理制度,并应明确下列内容:
   a) 明确用电防火安全管理的责任部门和责任人;
   b) 电气设备的采购要求;
   c) 电气设备的安全使用要求;
   d) 电气设备的检查内容和要求;
   e) 电气设备操作人员的岗位资格及其职责要求。

7.8.2 用电防火安全管理应符合下列要求:
   a) 采购电气、电热设备,应选用合格产品,并应符合有关安全标准的要求;
   b) 电气线路敷设、电气设备安装和维修应由具备职业资格的电工操作;
   c) 不得随意乱接电线,擅自增加用电设备;
   d) 电器设备周围应与可燃物保持 0.5 m 以上的间距;
   e) 对电气线路、设备应定期检查、检测,严禁长时间超负荷运行;
   f) 商店、餐饮场所、公共娱乐场所营业结束时,应切断营业场所的非必要电源。

7.9 用火、动火安全管理

7.9.1 人员密集场所应建立用火、动火安全管理制度,并应明确用火、动火安全管理的责任部门和责任人,用火、动火的审批范围、程序和要求以及电气焊工的岗位资格及其职责要求等内容。

7.9.2 用火、动火安全管理应符合下列要求:
   a) 需要动火施工的区域与使用、营业区之间应进行防火分隔;
   b) 电气焊等明火作业前,实施动火的部门和人员应按照制度规定办理动火审批手续,清除易燃可燃物,配置灭火器材,落实现场监护人和安全措施,在确认无火灾、爆炸危险后方可动火施工;
   c) 商店、公共娱乐场所禁止在营业时间进行动火施工;
   d) 演出、放映场所需要使用明火效果时,应落实相关的防火措施;
   e) 人员密集场所不应使用明火照明或取暖,如特殊情况需要时应有专人看护;
   f) 炉火、烟道等取暖设施与可燃物之间应采取防火隔热措施;

g) 旅馆、餐饮场所、医院、学校等厨房的烟道应至少每季度清洗一次；
h) 厨房燃油、燃气管道应经常检查、检测和保养。

7.10 易燃易爆化学物品管理

7.10.1 应明确易燃易爆化学物品管理的责任部门和责任人。

7.10.2 人员密集场所严禁生产、储存易燃易爆化学物品。

7.10.3 人员密集场所需要使用易燃易爆化学物品时，应根据需要限量使用，存储量不应超过一天的使用量，且应由专人管理、登记。

7.11 消防安全重点部位管理

7.11.1 人员集中的厅(室)以及储油间、变配电室、锅炉房、厨房、空调机房、资料库、可燃物品仓库、化学实验室等应确定为消防安全重点部位，并明确消防安全管理的责任部门和责任人。

7.11.2 应根据实际需要配备相应的灭火器材、装备和个人防护器材。

7.11.3 应制定和完善事故应急处置操作程序。

7.11.4 应列入防火巡查范围，作为定期检查的重点。

7.12 消防档案

7.12.1 应建立消防档案管理制度，其内容应明确消防档案管理的责任部门和责任人，消防档案的制作、使用、更新及销毁的要求。

7.12.2 消防档案管理应符合下列要求：
a) 按照有关规定建立纸质消防档案，并宜同时建立电子档案；
b) 消防档案应包括消防安全基本情况、消防安全管理情况、灭火和应急疏散预案；
c) 消防档案内容应翔实，全面反映消防工作的基本情况，并附有必要的图纸、图表；
d) 消防档案应由专人统一管理，按档案管理要求装订成册。

7.12.3 消防安全基本情况应包括下列内容：
a) 基本概况和消防安全重点部位情况；
b) 所在建筑消防设计审核、消防验收以及场所使用或者开业前消防安全检查的许可文件和相关资料；
c) 消防组织和各级消防安全责任人；
d) 消防安全管理制度和保证消防安全的操作规程；
e) 消防设施、灭火器材配置情况；
f) 专职消防队、志愿消防队、义务消防队人员及其消防装备配备情况；
g) 消防安全管理人、自动消防设施操作人员、电气焊工、电工、易燃易爆化学物品操作人员的基本情况；
h) 新增消防产品、防火材料的合格证明材料。

7.12.4 消防安全管理情况应包括下列内容：
a) 消防安全例会纪要或决定；
b) 公安消防机构填发的各种法律文书；
c) 消防设施定期检查记录、自动消防设施全面检查测试的报告以及维修保养记录；
d) 火灾隐患、重大火灾隐患及其整改情况记录；
e) 防火检查、巡查记录；

f) 有关燃气、电气设备检测等记录资料；
g) 消防安全培训记录；
h) 灭火和应急疏散预案的演练记录；
i) 火灾情况记录；
j) 消防奖惩情况记录。

8 消防安全措施

8.1 通则

8.1.1 设置在多种用途建筑内的人员密集场所，应采用耐火极限不低于1.0 h的楼板和2.0 h的隔墙与其他部位隔开，并应满足各自不同工作或使用时间对安全疏散的要求。

8.1.2 设有人员密集场所的建筑内的疏散楼梯宜通至屋面，且宜在屋面设置辅助疏散设施。

8.1.3 营业厅、展览厅等大空间疏散指示标志的布置，应保证其指向最近的疏散出口，并使人员在走道上任何位置都能看见和识别。

8.1.4 防火巡查宜采用电子寻更设备。

8.1.5 设有消防控制室的人员密集场所或其所在建筑，其火灾自动报警和控制系统宜接入城市火灾报警网络监控中心。

8.1.6 除国家标准规定外，其他人员密集场所需要设置自动喷水灭火系统时，可按GB 50084的规定设置自动喷水灭火局部应用系统或简易自动喷水灭火系统。

8.1.7 除国家标准规定外，其他人员密集场所需要设置火灾自动报警系统时，可设置点式火灾报警设备。

8.1.8 学校、医院、超市、娱乐场所等人员密集场所需要控制人员随意出入的安全出口、疏散门，或设有门禁系统的，应保证火灾时不需使用钥匙等任何工具即能易于从内部打开，并应在显著位置设置"紧急出口"标识和使用提示。可以根据实际需要选用以下方法：
——设置报警延迟时间不应超过15s的安全控制与报警逃生门锁系统。
——设置能与火灾自动报警系统联动，且具备远程控制和现场手动开启装置的电磁门锁装置。
——设置推闩式外开门。

8.2 旅馆

8.2.1 高层旅馆的客房内应配备应急手电筒、防烟面具等逃生器材及使用说明，其他旅馆的客房内宜配备应急手电筒、防烟面具等逃生器材及使用说明。

8.2.2 客房内应设置醒目、耐久的"请勿卧床吸烟"提示牌和楼层安全疏散示意图。

8.2.3 客房层应按照有关建筑火灾逃生器材及配备标准设置辅助疏散、逃生设备，并应有明显的标志。

8.3 商店

8.3.1 商店（市场）建筑物之间不应设置连接顶棚，当必须设置时应符合下列要求：
a) 消防车通道上部严禁设置连接顶棚；
b) 顶棚所连接的建筑总占地面积不应超过2 500 m²；
c) 顶棚下面不应设置摊位，堆放可燃物；

d) 顶棚材料的燃烧性能不应低于 B1 级；

e) 顶棚四周应敞开,其高度应高出建筑檐口 1.0 m 以上。

8.3.2 商店的仓库应采用耐火极限不低于 3.0 h 的隔墙与营业、办公部分分隔,通向营业厅的门应为甲级防火门。

8.3.3 营业厅内的柜台和货架应合理布置,疏散走道设置应符合 JGJ 48 的规定,并应符合下列要求：

a) 营业厅内的主要疏散走道应直通安全出口；

b) 主要疏散走道的净宽度不应小于 3.0 m,其他疏散走道净宽度不应小于 2.0 m；当一层的营业厅建筑面积小于 500 m² 时,主要疏散走道的净宽度可为 2.0 m,其他疏散走道净宽度可为 1.5 m；

c) 疏散走道与营业区之间应在地面上应设置明显的界线标识；

d) 营业厅内任何一点至最近安全出口的直线距离不宜大于 30 m,且行走距离不应大于 45 m。

8.3.4 营业厅内设置的疏散指示标志应符合下列要求：

a) 应在疏散走道转弯和交叉部位两侧的墙面、柱面距地面高度 1.0 m 以下设置灯光疏散指示标志；确有困难时,可设置在疏散走道上方 2.2 m～3.0 m 处；疏散指示标志的间距不应大于 20 m；

b) 灯光疏散指示标志的规格不应小于 0.85 m×0.30 m,当一层的营业厅建筑面积小于 500 m² 时,疏散指示标志的规格不应小于 0.65 m×0.25 m；

c) 疏散走道的地面上应设置视觉连续的蓄光型辅助疏散指示标志。

8.3.5 营业厅的安全疏散不应穿越仓库。当必须穿越时,应设置疏散走道,并采用耐火极限不低于 2.0 h 的隔墙与仓库分隔。

8.3.6 营业厅内食品加工区的明火部位应靠外墙布置,并应采用耐火极限不低于 2.0 h 的隔墙与其他部位分隔。敞开式的食品加工区应采用电能加热设施,不应使用液化石油气作燃料。

8.3.7 防火卷帘门两侧各 0.5 m 范围内不得堆放物品,并应用黄色标识线划定范围。

8.4 公共娱乐场所

8.4.1 公共娱乐场所的外墙上应在每层设置外窗（含阳台）,其间隔不应大于 15.0 m；每个外窗的面积不应小于 1.5 m²,且其短边不应小于 0.8 m,窗口下沿距室内地坪不应大于 1.2 m。

8.4.2 使用人数超过 20 人的厅、室内应设置净宽度不小于 1.1 m 的疏散走道,活动座椅应采用固定措施。

8.4.3 休息厅、录像放映室、卡拉 OK 室内应设置声音或视像警报,保证在火灾发生初期,将其画面、音响切换到应急广播和应急疏散指示状态。

8.4.4 各种灯具距离周围窗帘、幕布、布景等可燃物不应小于 0.50 m。

8.4.5 在营业时间和营业结束后,应指定专人进行消防安全检查,清除烟蒂等火种。

8.5 学校

8.5.1 图书馆、教学楼、实验楼和集体宿舍的公共疏散走道、疏散楼梯间不应设置卷帘门、栅栏等影响安全疏散的设施。

8.5.2 集体宿舍严禁使用蜡烛、电炉等明火;当需要使用炉火采暖时,应设专人负责,夜间应定时进行防火巡查。

8.5.3 每间集体宿舍均应设置用电超载保护装置。

8.5.4 集体宿舍应设置醒目的消防设施、器材、出口等消防安全标志。

8.6 医院的病房楼、托儿所、幼儿园

8.6.1 病房楼内严禁使用液化石油气罐。

8.6.2 托儿所、幼儿园的儿童用房及儿童游乐厅等儿童活动场所不应使用明火取暖、照明,当必须使用时,应采取防火、防护措施,设专人负责;厨房、烧水间应单独设置。

8.7 体育场馆、展览馆、博物馆的展览厅等场所

8.7.1 临时举办活动时,应制定相应消防安全预案,明确消防安全责任人;大型演出或比赛等活动期间,配电房、控制室等部位须有专人值班。

8.7.2 需要搭建临时建筑时,应采用燃烧性能不低于B1级的材料。临时建筑与周围建筑的间距不应小于6.0 m。

8.7.3 展厅等场所内的主要疏散走道应直通安全出口,其净宽度不应小于4.0 m,其他疏散走道净宽度不应小于2.0 m。

8.8 人员密集的生产加工车间、员工集体宿舍

8.8.1 生产车间内应保持疏散通道畅通,通向疏散出口的主要疏散走道的净宽度不应小于2.0 m,其他疏散走道净宽度不应小于1.5 m,且走道地面上应划出明显的标示线。

8.8.2 车间内中间仓库的储量不应超过一昼夜的使用量。生产过程中的原料、半成品、成品应集中摆放,机电设备、消防设施周围0.5 m的范围内不得堆放可燃物。

8.8.3 生产加工中使用电熨斗等电加热器具时,应固定使用地点,并采取可靠的防火措施。

8.8.4 应按操作规程定时清除电气设备及通风管道上的可燃粉尘、飞絮。

8.8.5 生产加工车间、员工集体宿舍不应擅自拉接电气线路、设置炉灶。

8.8.6 员工集体宿舍隔墙的耐火极限不应低于1.0 h,且应砌至梁、板底。

9 灭火和应急疏散预案编制和演练

9.1 预案

9.1.1 单位应根据人员集中、火灾危险性较大和重点部位的实际情况,制订有针对性的灭火和应急疏散预案。

9.1.2 预案应包括下列内容:
   a) 明确火灾现场通信联络、灭火、疏散、救护、保卫等任务的负责人;规模较大的人员密集场所应由专门机构负责,组建各职能小组;并明确负责人、组成人员及其职责;
   b) 火警处置程序;
   c) 应急疏散的组织程序和措施;
   d) 扑救初起火灾的程序和措施;
   e) 通信联络、安全防护和人员救护的组织与调度程序和保障措施。

9.2 组织机构

9.2.1 消防安全责任人或消防安全管理人担负公安消防队到达火灾现场之前的指挥职责,组织开展灭火和应急疏散等工作。规模较大的单位可以成立火灾事故应急指挥机构。

9.2.2 灭火和应急疏散各项职责应由当班的消防安全管理人、部门主管人员、消防控制室值班人员、保安人员、义务消防队承担。规模较大的单位可以成立各职能小组,由消防安全管理人、部门主管人员、消防控制室值班人员、保安人员、义务消防队及其他在岗的从业人员组成。主要职责如下:

——通信联络:负责与消防安全责任人和当地公安消防机构之间的通讯和联络;
——灭火:发生火灾立即利用消防器材、设施就地进行火灾扑救;
——疏散:负责引导人员正确疏散、逃生;
——救护:协助抢救、护送受伤人员;
——保卫:阻止与场所无关人员进入现场,保护火灾现场,并协助公安消防机构开展火灾调查;
——后勤:负责抢险物资、器材器具的供应及后勤保障。

9.3 预案实施程序

当确认发生火灾后,应立即启动灭火和应急疏散预案,并同时开展下列工作:

——向公安消防机构报火警;
——当班人员执行预案中的相应职责;
——组织和引导人员疏散,营救被困人员;
——使用消火栓等消防器材、设施扑救初起火灾;
——派专人接应消防车辆到达火灾现场;
——保护火灾现场,维护现场秩序。

9.4 预案的宣贯和完善

9.4.1 应定期组织员工熟悉灭火和应急疏散预案,并通过预案演练,逐步修改完善。

9.4.2 地铁、高度超过 100 m 的多功能建筑等,应根据需要邀请有关专家对灭火和应急疏散预案进行评估、论证。

9.5 消防演练

9.5.1 目的

9.5.1.1 检验各级消防安全责任人、各职能组和有关人员对灭火和应急疏散预案内容、职责的熟悉程度。

9.5.1.2 检验人员安全疏散、初期火灾扑救、消防设施使用等情况。

9.5.1.3 检验本单位在紧急情况下的组织、指挥、通讯、救护等方面的能力。

9.5.1.4 检验灭火应急疏散预案的实用性和可操作性。

9.5.2 组织

9.5.2.1 旅馆、商店、公共娱乐场所应至少每半年组织一次消防演练,其他场所应至少每年组织一次。

9.5.2.2 宜选择人员集中、火灾危险性较大和重点部位作为消防演练的目标,根据实际情况,确定火灾模拟形式。

9.5.2.3 消防演练方案可以报告当地公安消防机构,争取其业务指导。

9.5.2.4 消防演练前,应通知场所内的从业人员和顾客或使用人员积极参与;消防演练时,应在建筑入口等显著位置设置"正在消防演练"的标志牌,进行公告。

9.5.2.5 消防演练应按照灭火和应急疏散预案实施。

9.5.2.6 模拟火灾演练中应落实火源及烟气的控制措施,防止造成人员伤害。

9.5.2.7 地铁、高度超过100 m的多功能建筑等,应适时与公安消防队组织联合消防演练。

9.5.2.8 演练结束后,应将消防设施恢复到正常运行状态,做好记录,并及时进行总结。

10 火灾事故处置与善后

10.1 确认火灾发生后,起火单位应立即启动灭火和应急疏散预案,通知建筑内所有人员立即疏散,实施初期火灾扑救,并报火警。

10.2 火灾发生后,受灾单位应保护火灾现场。公安消防机构划定的警戒范围是火灾现场保护范围;尚未划定时,应将火灾过火范围以及与发生火灾有关的部位划定为火灾现场保护范围。

10.3 未经公安消防机构允许,任何人不得擅自进入火灾现场保护范围内,不得擅自移动火场中的任何物品。

10.4 未经公安消防机构同意,任何人不得擅自清理火灾现场。

10.5 有关单位应接受事故调查,如实提供火灾事故情况,查找有关人员,协助火灾调查。

10.6 有关单位应做好火灾伤亡人员及其亲属的安排、善后事宜。

10.7 火灾调查结束后,有关单位应总结火灾事故教训,改进消防安全管理。

参 考 文 献

[1] 中华人民共和国消防法
[2] 公安部令第19号 集贸市场消防安全管理办法
[3] 公安部令第30号 建筑工程消防监督审核管理规定
[4] 公安部令第39号 公共娱乐场所消防安全管理规定
[5] 公安部令第61号 机关、团体、企业、事业单位消防安全管理规定
[6] 公安部令第73号 消防监督检查规定
[7] GB 50028—1993 城镇燃气设计规范
[8] GB 50058—1992 爆炸和火灾危险环境电力装置设计规范
[9] GB 50166—1992 火灾自动报警系统施工及验收规范
[10] GB 50156—2002 汽车加油加气站设计与施工规范
[11] GB 50160—1992 石油化工企业设计防火规范

城市轨道交通消防安全管理(XF/T 579—2005)

前言

根据公安部、应急管理部联合公告(2020年5月28日)和应急管理部2020年第5号公告(2020年8月25日),本标准归口管理自2020年5月28日起由公安部调整为应急管理部,标准编号自2020年8月25日起由GA/T 579—2005调整为XF/T 579—2005,标准内容保持不变。

本标准由公安部消防局提出。

本标准由全国消防标准化技术委员会第九分技术委员会(SAC/TC 113/SC 9)归口。

本标准起草单位:公安部天津消防研究所、中国矿业大学、天津市消防局、北京市消防局、上海市消防局、广东省消防总队、北京市地铁公安分局、广州市地铁总公司、上海能美西科姆消防设备有限公司。

本标准主要起草人:倪照鹏、程远平、黄振兴、阚强、杨永志、原震、姚永祥、沈奕辉、陈焕、古晋、刘汝义、郑臻毅。

引言

城市轨道交通作为一种快速、环保、舒适、客运能力大的城市交通工具在世界主要发达国家及地区已经得到了广泛的应用。它对于疏解城市交通,发挥城市功能具有重要的作用。随着我国经济快速增长和城市基础设施建设的加快,城市轨道交通在我国得到了较快发展,其运营安全也越来越受到人们的广泛关注。

为保障城市轨道交通的安全运行,预防轨道交通火灾,减少轨道交通火灾危害,保护公民人身、公共财产和公民财产的安全,维护公共安全,促进经济发展,制定本标准。

本标准是在调查研究、总结实践经验,参考和吸收国内外有关资料,并广泛征求城市轨道交通运营单位及其他多方意见的基础上制定的。

1 范围

本标准规定了地铁、轻轨等城市轨道交通在运营过程中的危险源控制,各级、各类人员的消防安全责任和职责,灭火和应急疏散预案与演练,消防设施检查及维护管理,消防宣传教育,人员培训和消防档案管理等消防安全工作的管理要求。

本标准适用于城市轨道交通的消防安全管理。

2 规范性引用文件

下列文件中的条款通过本标准的引用而成为本标准的条款。凡是注日期的引用文件,其随后所有的修改单(不包括勘误的内容)或修订版均不适用于本标准,然而,鼓励根据本标准达成协议的各方研究是否可使用这些文件的最新版本。凡是不注日期的引用文件,其最新版本适用于本标准。

GB 50157　地铁设计规范

3　术语和定义

GB 50157 确立的以及下列术语和定义适用于本标准。

3.1
应急预案　emergency procedures plan

应急预案是针对各种可能发生的事故或突发事件所需的应急行动而制定的指导性文件，是应急救援系统的重要组成部分。其目的是指导应急行动按计划有序进行，防止因行动组织不力或现场救援工作的混乱而延误事故应急救援，从而减少人员伤亡和财产损失。

3.2
运营单位　operation corporation

负责城市轨道交通运营管理的机构。

3.3
车站　station

为乘客提供乘车、到达和换乘的场所。车站包括站厅、站台、出入口通道、人行楼梯、自动扶梯、检票口和管理及设备用房等，以及通信、通风、空调、照明、卫生、防灾等设施。

4　总要求

4.1　城市轨道交通的消防安全管理应在当地政府的统一组织协调下，建立由政府相关部门（包括公安、消防）与运营单位及供电、通讯、供水和医疗等单位密切协作、运转高效、分工明确的报警接警、监控和抢险救援机制。

4.2　城市轨道交通运营单位应制订安全管理责任制度，按照国家现行有关消防法律、法规、规章（以下统称消防法规）落实消防安全责任制。国家有关部门和单位应根据本标准对城市轨道交通中使用的设施、设备的设计、制造、安装与使用制订相关的安全管理办法和技术要求。

4.3　城市轨道交通运营单位应结合本单位实际制定单位及各部门的灭火和应急疏散预案，定期组织演练，提高先期应急处置能力。

4.4　城市轨道交通运营单位应当遵守有关消防法规，贯彻"预防为主、防消结合"的消防工作方针，正确处理好运营与安全的关系，建立科学的消防设施管理体制，保证轨道交通的安全运营。

4.5　城市轨道交通应按照现行有关消防法规和技术规范的要求配置消防设施、器材，并在工程设计中积极采用先进的防火、灭火技术，选用先进可靠的防火灭火设施、器材。

4.6　城市轨道交通应依据现行有关消防法规和技术规范设置防火灾、水淹、风灾、冰雪、地震、雷击和停车事故等防灾设施，并以防控火灾的消防设施、器材为主。

4.7　城市轨道交通的消防安全管理工作和消防监督工作，除遵守本标准的规定外，还应符合国家现行的其他有关法律法规的规定。

4.8　城市轨道交通的消防安全设计、施工、验收管理应符合现行有关消防法规和技术规范的规定，并经国家规定的公安消防监督机构审查和批准。

5 消防安全管理职责要求

5.1 一般规定

5.1.1 城市轨道交通运营单位为消防安全重点单位,应建立消防安全责任体系,明确逐级岗位消防安全职责。

5.1.2 城市轨道交通消防设计应有保障消防安全疏散的设施及通道,运营单位应保障消防安全疏散通道及设施完好、可用,落实消防安全措施。

5.1.3 城市轨道交通运营单位应建立与当地公安消防机构联系制度,及时反映单位消防安全管理工作情况。

5.2 消防安全责任人

城市轨道交通运营单位的法人代表或主要负责人是单位的消防安全责任人,对本单位的消防安全工作全面负责,并应履行下列职责:

a) 贯彻执行消防法规,保证单位消防安全符合规定,掌握本单位消防安全情况;
b) 组织编制和审定本单位消防应急预案;
c) 组织审定与落实年度消防安全工作计划和消防安全资金预算方案;
d) 确定本单位逐级消防安全责任,任命消防安全管理人,批准实施消防安全制度和保证消防安全的操作规程;
e) 组织建立消防安全例会制度,每月至少召开一次消防安全工作会议;
f) 每月至少参加一次防火检查;
g) 组织火灾隐患整改工作,负责筹措整改资金;
h) 消防安全责任人应当报当地公安消防机构备案。

5.3 消防安全管理人

城市轨道交通运营单位的消防安全管理人应由消防安全责任人任命,并应履行下列职责:

a) 拟订年度消防工作计划和消防资金预算方案;
b) 协助组织编制和审定本单位消防应急预案;
c) 组织制订消防安全制度和保障消防安全的操作规程;
d) 组织实施防火检查,每月至少一次;
e) 组织整改火灾隐患;
f) 组织建立消防组织,每半年至少组织一次消防宣传教育、灭火和应急疏散演练;
g) 消防安全责任人委托的其他消防安全管理工作;
h) 向消防安全责任人报告消防安全工作情况,每月至少一次;
i) 消防安全管理人应当报当地公安消防机构备案。

5.4 部门主管人员

5.4.1 车站站长(值班站长)上岗前应经运营单位培训合格,并应履行下列消防职责:

a) 贯彻执行有关消防法规,保障车站安全符合规定,及时掌握车站消防安全情况;
b) 制订车站年度消防工作计划和消防资金预算方案并组织实施;
c) 协助组织制订、修改和完善车站消防应急预案;
d) 每月至少组织一次车站防火检查,及时消除能够整改的火灾隐患,对不能整改的,提出整改意见;

e) 每半年至少组织一次车站消防宣传教育、灭火和应急疏散演练；

f) 发生火灾时能够按照车站消防应急预案及时组织疏散乘客、扑救火灾并向有关部门报告火灾情况，协助灾后调查火灾原因；

g) 每月至少一次向消防安全责任人或消防安全管理人报告消防安全工作情况。

5.4.2 控制中心主任（值班主任）上岗前应经消防专业培训合格，并应履行下列消防职责：

a) 贯彻执行有关消防法规，保障调度系统安全符合规定，及时掌握调度系统消防安全情况；

b) 制订调度系统年度消防工作计划和消防资金预算方案并组织实施；

c) 协助组织制订、修改和完善控制中心消防应急预案；

d) 每月至少组织一次调度系统防火检查，消除火灾隐患；

e) 每半年至少组织一次调度系统消防宣传教育、灭火和应急处置演练；

f) 发生火灾时能够按照控制中心消防应急预案及时组织各调度处理火灾事故、疏散乘客、扑救火灾并向有关部门报告火灾情况；

g) 协助灾后调查火灾原因、积极组织撰写火灾事件处理经过并向有关部门汇报；

h) 审批施工作业日计划和临时计划，对有安全隐患的计划进行调整；

i) 每月至少一次向消防安全责任人或消防安全管理人报告消防安全工作情况。

5.5 消防安全员

5.5.1 一般规定

城市轨道交通运营单位应确定专、兼职消防安全员。消防安全员应履行下列职责：

a) 分析研究本部门、岗位的消防安全工作，及时向上级报告；

b) 确定本部门、岗位的消防安全重点部位，实施日常防火检查、巡查；

c) 接受安排落实火灾隐患整改措施；

d) 管理、维护消防设施、灭火器材和消防安全标志；

e) 协助开展消防宣传和消防安全教育培训；

f) 协助编制消防应急疏散预案，组织演练；

g) 记录消防工作落实情况，完善消防档案；

h) 完成其他消防安全管理工作。

5.5.2 环控调度人员

a) 负责对全线各车站消防等机电设备的全面监控，及时掌握各车站消防设备的运行状况；

b) 对火灾事故的报警，应认真确认、分析现场情况，及时通报行调、电调和值班主任；

c) 在发生火灾事故时，能够按照控制中心消防应急预案，通过调动环控设备执行合理的通风模式，引导乘客和工作人员进行安全疏散。

5.5.3 行车调度人员

a) 负责对列车安全运行状况的监控；

b) 发生火灾时，能够按照控制中心消防应急预案及时指挥着火列车运行、灭火和乘客的安全疏散，并调整后续列车的运行；

c) 与车站值班站长和列车司机保持联系，随时掌握列车运行、灭火和乘客疏散情况；

d) 引导乘客和工作人员进行安全疏散，并尽量减少财产损失。

5.5.4 电网调度人员

a) 负责轨道交通安全运行的电网保障；
b) 发生火灾时，能够按照控制中心消防应急预案及时切断相关电网的牵引电流和设备电流；
c) 通知变电所值班人员注意设备运行，保证排烟系统的电源供应；
d) 通知接触网专业工作人员配合灭火，检查设备和电缆情况，防止乘客触电。

5.5.5 维修调度人员

a) 负责轨道交通安全运行的设备和通讯保障；
b) 发生火灾时，能够按照控制中心消防应急预案及时通知相关车间轮值工程师，必要时启动抢修程序，尽可能保障轨道交通设备和通讯系统的正常运行。

5.5.6 自动消防系统操作人员

自动消防系统的操作人员应经消防专业培训合格后持证上岗，并应履行下列职责：

a) 掌握自动消防系统的工作原理和操作规程，能够熟悉使用和操作各种系统；
b) 负责对消防设施的每日检查，并认真填写各种消防设施值班和运行记录，并定期对各种消防设施进行检查，保证自动消防设施的完好有效。发现故障应及时排除，不能排除的应报告消防安全管理人；
c) 核实、确认报警信息；
d) 熟练掌握火灾和其他灾害事故紧急处理程序，发生火灾时，根据消防应急预案启动相关消防设施。

5.5.7 列车司机

列车司机除熟练掌握列车驾驶知识外，还应经消防专业培训合格后持证上岗，并应履行下列职责：

a) 掌握列车火灾应急预案和应急处理办法；
b) 每日检查列车消防设施和报警通信设施功能，发现故障应及时排除，不能排除的应报告消防安全管理人、消防安全责任人；
c) 发生火灾时，用标准用语进行广播宣传和疏散引导，稳定乘客情绪，引导乘客使用车内灭火器灭火和进行紧急疏散；
d) 将列车着火情况及时报告控制中心或值班站长。

5.5.8 其他人员

其他人员应严格执行消防安全制度和操作规程，参加消防安全培训及灭火和应急疏散演练，熟知本岗位火灾危险性和消防安全常识，发生火灾时及时引导乘客安全疏散。

5.6 承包、租赁、合作或委托经营

城市轨道交通车站站厅内按规定设置的商业场所，实行承包、租赁或委托经营、管理时，应接受和服从运营单位消防安全管理。运营单位应提供符合消防安全要求的建筑物，订立的合同中应明确消防安全责任。

6 危险源控制

6.1 一般规定

6.1.1 运营单位应根据当地实际情况和轨道交通的设施状况、人员特点等制订相应的火源

控制管理规定。

6.1.2 城市轨道交通严格限制可燃物品的使用,并制订可燃物品安全使用的管理规定。

6.2 限制可燃物

6.2.1 车站内应严格控制可燃材料,车站建筑装修材料和列车车厢内装饰材料的选用应符合相关的设计规范。

6.2.2 车站站厅乘客疏散区、站台及疏散通道内不得设置商业经营场所。

6.2.3 车站站厅内严格按相关消防安全技术规范限制商业经营场所占用面积的比率和数量,并加强消防安全管理。

6.2.4 车站站厅、站台、列车车厢和管理用房内的垃圾应及时清理,可燃垃圾堆积时间不应超过一昼夜。

6.3 吸烟管理

6.3.1 车站站厅、站台、列车车厢、管理用房和隧道内严禁吸烟。

6.3.2 在车站站厅、站台、列车车厢、管理用房内应张贴写有"严禁吸烟"的标志。

6.4 明火（动火）管理

车站站厅、站台、列车车厢、管理用房和隧道内严禁使用明火,必须使用明火作业时,应在动火前按程序申报并采取必要的消防监护措施。

6.5 电气火源控制

6.5.1 机电设备设施中的变压器、带油电气设备应定期巡检和维护。

6.5.2 各级配电设备应安装完善的过负荷、漏电、欠压、过压等保护电路和报警装置,各类电气设备应加装防止打火、短路的装置。

6.5.3 定期对运行车辆上的电气设备、电气线路进行检查维修,及时清除列车运行线路上的导电体,防止受流器、电缆电线短路放弧引起列车火灾。

6.6 燃气控制

车站站厅、站台、列车车厢、管理用房和隧道内严禁使用可燃燃气,工程作业中必须使用燃气设备时,应按程序申报并采取必要的消防监护措施。

6.7 采暖控制

车站站厅、站台、列车车厢和管理用房内不得采用明火、电炉和电热采暖器采暖,采暖散热器表面平均温度不应超过 80 ℃。

6.8 用油系统控制

6.8.1 城市轨道交通中的用油系统应按操作规程操作,并应定期巡检和维护。

6.8.2 废油应密闭在专用的防火容器内并及时清运出去,溅洒在地板上的油应及时清理干净,防止废油流入下水道。

6.9 易燃易爆化学危险品控制

6.9.1 车站入口处应张贴有劝阻乘客携带易燃易爆化学危险品进入车站内或乘坐列车的警告标志。工作人员对发现有携带易燃易爆化学危险品的乘客,应责令其出站。

6.9.2 工作人员因工作需要携带时,应按程序申报并采取必要的消防监护措施。易燃易爆化学危险品的携带、使用和剩余用量应采取严格的登记制度。

6.9.3 工作人员因工作需要携带的易燃易爆化学危险品应与乘客分开进出车站和乘坐专用列车。

6.9.4 对于车站内无主或无人认领的包裹、行李应立即转移至远离乘客的安全区域。

7 灭火和应急疏散预案与演练

7.1 城市轨道交通特大事故和突发事件应急救援预案

7.1.1 城市轨道交通特大事故和突发事件应急救援预案应由当地政府组织制定。当地政府应组织城市轨道交通运营单位、公安、消防、供电、通讯、供水、交通和医疗等单位建立统一和完善的灾害救援指挥机构和抢险救灾体系，制订故障、火灾、爆炸、化学恐怖袭击、灭火抢险救灾等应急处理工作预案。

7.1.2 当地政府应组织城市轨道交通运营单位、公安、消防、供电、通讯、供水、交通和医疗等单位按应急预案定期进行必要的演习。在演习过程中，应采取措施防止发生人员意外伤亡。

7.1.3 政府应制订报告程序、现场及事故调查、新闻采访接待及事故现场以外区域组织工作程序。

7.1.4 城市轨道交通运营单位应积极配合当地政府制订轨道交通消防应急预案，并严格落实预案中轨道交通运营单位的相关职责。

7.2 运营单位应急预案

城市轨道交通运营单位应组织制订运营机构应对轨道交通事故和突发事件应急救援预案。该预案应遵循统一指挥、逐级负责、快速反应、配合协同的原则，并应明确以下内容：

  a) 运营单位抢险指挥领导小组的人员组成和职责，抢险指挥领导小组应负责抢险救援的组织、指挥、决策，并指挥各部门实施各自应急预案，尽快恢复轨道交通运营；

  b) 抢险信息的报告程序，应遵循迅速、准确、客观和逐级报告的原则；

  c) 现场处置过程中各部门的组织原则及相关职责；

  d) 不同事故情况下的抢险救援策略和人员疏散方案；

  e) 扑救初起火灾的程序和措施；

  f) 提供救援人员、通信、物资、医疗救护和生活保障；

  g) 通讯联络、安全防护与救护的程序和措施。

7.3 控制中心应急处理预案（调度指挥预案）

城市轨道交通运营单位应组织制订控制中心应急处理预案，该预案应规定控制中心各调度岗位在运营组织中，遇到各类突发事件时的应急处理程序。预案应遵循快速判断、及时汇报、果断处理、协同动作、认真记录的原则，并应包括以下主要内容：

  a) 控制中心通过监控系统或现场人员汇报等各种渠道，判明突发事件类型；

  b) 控制中心在值班主任的领导下迅速启动相应的应急预案；

  c) 通知各调度岗位实施预案中相应职责；

  d) 控制中心向上级部门汇报事件信息，请求支援；

  e) 各调度岗位根据具体事故类别，通知车站、维修、行车、机电等各部门实施各自预案；

  f) 控制中心与事故现场和各调度密切联系，监控事态发展，做出相应决策。

7.4 城市轨道交通车站应急处理预案

7.4.1 一般规定

城市轨道交通运营单位应组织制订车站应对各类事故和突发事件的应急处理预案。车站现场应急处理预案均应遵循及时报警、疏散乘客、抢救伤员的原则,周密制订相关岗位职责、工作流程和设施器材配置标准及操作规程。

7.4.2 轨道交通车站火灾事件应急处理预案

城市轨道交通车站火灾应急处理预案应规定车站发生火灾时车站现场的应急处理程序,预案结构及主要内容如下:

a) 确认发生火灾后,在值班站长的领导下迅速启动火灾应急预案;
b) 通知车站工作人员各自执行预案中的相应职责;
c) 立即向公安部门和公安消防机构报警;
d) 向控制中心报告现场情况;
e) 广播通知、组织和引导车站内乘客进行紧急疏散,抢救伤员;
f) 在车站出入口处设立警告标志,阻止人员进入车站;
g) 带好灭火器具,扑救初起火灾;
h) 按实际情况关闭相关机电及空调设备、开启事故照明和启动相应的送风及排烟程序。设置屏蔽门的车站,可以在站台乘客疏散完毕后,打开屏蔽门进行事故排烟;
i) 根据控制中心命令指挥后续列车迅速通过事故车站或防止后续列车进站;
j) 消防队到达现场后,派人引导到火灾现场进行扑救。

7.4.3 列车火灾事件应急处理预案

7.4.3.1 列车火灾应急处理预案应按列车在站台或区间发生火灾两种情况分别制订,并应明确司机、行车调度、值班站长等岗位职责和工作流程等主要内容。

7.4.3.2 当列车在区间发生火灾,应遵循只要列车能继续运行,应继续运行至就近车站的原则。预案应按列车能继续运行或无法运行两种情况分别制订各岗位职责和工作流程。

7.4.3.3 到站列车发生火灾时的应急处理应符合下列规定:

a) 列车司机迅速打开车门,引导列车上的乘客向站台疏散;
b) 行车值班员立即向公安部门和公安消防机构报警;
c) 行车值班员向控制中心报告现场情况,控制中心启动自身预案;
d) 根据控制中心命令指挥后续列车,采取措施防止后续列车进站;
e) 车站广播通知、组织和引导车站内乘客进行紧急疏散,抢救伤员;
f) 在车站出入口处设立警告标志,阻止人员进入车站;
g) 值班站长带领工作人员带好灭火器具,扑救初起火灾;
h) 按实际情况关闭相关机电及空调设备,开启事故照明和启动相应的送风及排烟程序;
i) 消防队到达现场后,派人引导到火灾现场进行扑救。

7.4.3.4 列车在区间发生火灾,能继续运行时的应急处理应符合下列规定:

a) 司机迅速向控制中心和两端车站报告,维持运行至就近车站,引导乘客使用车上灭火器进行灭火;
b) 行车值班员立即向公安部门和公安消防机构报警,报告值班站长和行车调度;通知相关岗位人员执行列车火灾紧急疏散预案;广播通知和引导乘客进行紧急

  c) 根据控制中心命令指挥现场列车,将原停靠列车开走,防止后续列车进站;
  d) 值班站长带领工作人员疏散站台、站厅乘客;在车站出入口处设立警告标志,阻止人员进入车站;做好灭火、疏散列车内乘客的准备;
  e) 列车进站后执行到站列车发生火灾时的处理程序。

7.4.3.5 列车在区间发生火灾,无法继续运行时的应急处理应符合下列规定:
  a) 司机迅速判明火情,立即向控制中心和两端车站报告;用标准用语进行广播宣传,稳定乘客情绪,引导乘客使用车内灭火器灭火和进行紧急疏散;
  b) 两端车站行车值班员接到火灾的报告后,立即报告值班站长;通知相关岗位人员;开启相应的隧道照明;做好乘客广播;
  c) 环控调度应按列车火灾实际情况指挥启动相应的送风及排烟程序;
  d) 值班站长带领工作人员疏散站台、站厅内乘客;在车站出入口处设立警告标志,阻止人员进入车站;进入隧道协助乘客疏散;消防队到达现场后,派人引导到火灾现场进行扑救;
  e) 根据控制中心命令,防止后续列车继续驶入区间。

7.4.4 车站其他预案
  为确保城市轨道交通运营安全,除火灾应急预案外,运营单位还应建立毒气、爆炸、劫持人质等突发事件应急预案。

7.5 车务安全应急处理预案
  城市轨道交通运营单位应组织制订车务安全应急处理预案,该预案应规定车站、客车司机及车厂行车有关人员对乘客服务、行车组织、调车作业等工作中可能发生的各种应急事件、事故的处理程序。

7.6 乘客疏散预案
7.6.1 一般规定
  因发生火灾等突发事件需要疏散乘客时,各岗位工作人员应密切配合、协调动作,根据指挥进行乘客疏散作业。

7.6.2 行调采取措施
7.6.2.1 根据事件现场情况及时发布封锁该站、组织列车在事发站通过、将车站内乘客疏散出站及区间列车内乘客疏散等命令。

7.6.2.2 当列车被迫停于区间而无法驶入车站进行乘客疏散时,应及时下达区间疏散乘客的命令。同时,应做到:
  a) 立即关闭后方信号机,阻止列车进入该区间,对已进入该区间的其他列车应尽量采取措施使其退回后方站;
  b) 根据列车停车位置,向车站及司机发布疏散乘客的命令,命令中应指明疏散方向及注意事项。

7.6.3 列车司机采取措施
7.6.3.1 当列车迫停于区间时,利用列车广播对乘客进行解释,稳定乘客情绪,防止秩序混乱。

7.6.3.2 迫停于区间的列车需要就地疏散乘客时,在得到调度命令后,配合车站工作人员按行调指定的车站和方向组织乘客疏散。

7.6.3.3 列车在运行中发生火灾时,在积极扑救的同时,对乘客进行广播宣传,稳定乘客情绪,需在区间疏散乘客时,按区间疏散措施执行。

7.6.4 车站工作人员采取措施

7.6.4.1 迫停于区间的列车需要疏散乘客时,车站工作人员应采取如下措施:
  a) 接到行调下达的就地疏散乘客的命令后,组织相关抢险人员携带工具赶赴现场,与列车司机取得联系后,说明乘客疏散方法等有关事项后进行列车乘客疏散;
  b) 对乘客进行广播宣传,稳定乘客情绪,防止秩序混乱;
  c) 在疏散过程中,采取各种措施防止乘客进入不安全区域;为乘客提供各种帮助,提示走行线路和注意事项,防止意外事故发生;
  d) 疏散完毕后,现场负责人撤离现场前对车厢内外进行清查,确认乘客及抢险人员已全部撤离,线路无障碍后将情况向抢险负责人报告。

7.6.4.2 列车在到达车站后进行乘客疏散时,使用车站广播及口头进行宣传,上车组织乘客疏散。

7.6.4.3 停止售检票,开启所有能使用的出入口,同时阻止人员进入车站。

7.6.4.4 抢险人员积极妥善抢救伤员,与专业医疗机构联系请求救护,并派人到指定出入口等候救护车。

7.7 灭火和应急疏散演练

7.7.1 目的

7.7.1.1 使各级指挥人员、各行动组和有关工作人员熟悉相关应急预案,清楚各自的职责。

7.7.1.2 检验各级应急预案的实用性和可操作性。

7.7.1.3 检验城市轨道交通运营单位在紧急情况下的应急组织指挥、通信、灭火、疏散和救护等方面的实战能力,积累应对火灾等突发事件的实战经验。

7.7.1.4 检验各类设备在紧急情况下的运行状态和可能存在的问题。

7.7.2 一般规定

7.7.2.1 城市轨道交通运营单位应根据各级应急预案要求制订各级灭火和应急疏散演练计划并积极组织实施。

7.7.2.2 城市轨道交通运营单位应至少每年组织一次全机构的灭火和应急疏散演练。

7.7.2.3 城市轨道交通运营单位应组织各车站至少每年进行两次灭火和应急疏散演练。

7.7.2.4 城市轨道交通运营单位应在灭火和应急疏散演练前至少 15 天向当地公安部门和公安消防机构上报灭火和应急疏散演练计划,获得批准后方可举行灭火和应急疏散演练。灭火和应急疏散演练应在当地公安部门和公安消防机构的指导和配合下进行。

7.7.2.5 灭火和应急疏散演练应在城市轨道交通线路投入正式运营前或在投入运营后的非运营时间内进行。

7.7.2.6 参加灭火和应急疏散演练的人员可以是城市轨道交通运营单位工作人员和身体健康的成年志愿者。

7.7.2.7 在模拟实际火灾条件下的所有演练中,应注意对火源及烟气的控制,防止疏散队伍混乱及对演练人员的伤害。

7.7.3 疏散演练的内容

灭火和应急疏散演练组织及内容应包括：
a) 指挥人员。公安消防机构到达之前指挥灭火和应急疏散工作；
b) 通讯联络组。报告火警，与相关部门联络，迎接消防车辆，传达指挥员命令；
c) 疏散引导组。维持火场秩序，引导乘客疏散，抢救重要物资；
d) 灭火行动组。按照预案要求，及时到达现场扑救火灾；
e) 安全防护救护组。救护受伤人员，准备必要的医药用品；
f) 其他必要的组织。

7.7.4 演练的组织

7.7.4.1 演练时应在城市轨道交通运营车站入口处设置带有"正在进行消防演练"字样的标志牌。

7.7.4.2 演练结束后，应总结问题，做好记录，修订预案内容，解决演练中暴露出的问题。

8 消防设施检查与维护管理

8.1 消防设施使用操作规程

8.1.1 城市轨道交通运营单位的消防设施操作人员必须严格按消防设施操作规程操作。

8.1.2 消防设施日常使用操作规程应符合下列规定：
a) 城市轨道交通运营单位应建立具有消防系统竣工图、消防产品设备技术资料、使用说明书、调试开通报告、竣工报告、竣工验收情况表等资料的消防设施技术档案，以及消防设施的运行、检查、测试、维修、更换等情况记录，并存档备查；
b) 城市轨道交通运营单位应建立日常管理和定期检查、检测、维护、维修的逐级岗位责任制和操作规程，明确有关部门和人员的职责、程序、内容、标准和要求。对存在故障和达不到国家有关消防技术规范、工程设计要求和火灾扑救要求的消防设施、器材应及时进行维修和整改，确保消防设施、器材的完好有效；
c) 消防设施在大修、改造、更新时，应在实施前向公安消防机构备案，并按照单位内部审批程序向有关部门和负责人报告，经同意后方可实施，并在实施期间采取有效的安全预防措施，确保安全；
d) 消防设施需要改变的，应报经公安消防监督机构审核批准后，方可实施，并在实施期间采取有效的消防安全补救措施，确保安全。

8.1.3 火灾事故中消防设施的使用操作规程应符合下列规定：
a) 自动消防系统的操作人员在接到火警显示后，应按照相应的处理程序进行操作；
b) 接到火灾报警控制设备的报警信号后，应首先在系统报警点位置平面图中核实报警点所对应的部位；
c) 指派人员迅速赶到报警部位核实情况，同时消防控制中心（值班室）应随时准备实施消防系统操作；
d) 现场核实报警部位确实起火后，应立即通知消防控制中心、消防安全管理人和环控调度，将相关联动控制装置调整到自动状态，并立即拨打报警电话，向公安消防机构报警；
e) 密切监视消防系统的运行状态，保证火灾情况下自动消防设施的正常运行。

8.2 消防设施检查与维护制度

8.2.1 消防设施、器材的检查维护保养管理应与本单位的运营管理工作统筹安排,结合自身消防安全特点,按照国家有关建筑消防设施维护管理标准的要求,建立健全消防设施、器材的消防安全管理制度,确定消防设施使用、管理、检查、维护的职能部门和逐级岗位消防责任制,在单位消防安全责任人或管理人的领导下抓好各项工作的落实,确保消防设施的完好有效。

8.2.2 按照国家有关消防技术规范要求,需要委托具有建筑消防自动设施资格的单位对系统进行全面检测的,应定期委托检测并要求出具检测报告。运营单位应委托有资质的单位对消防设施维修更换,保证消防设施完好有效。

8.2.3 室内外消防给水系统、火灾自动报警系统、自动喷水灭火系统、气体灭火系统、防烟、排烟与事故通风系统和防灾通信系统的操作、维护和管理人员上岗前应经过专业培训,并取得合格证,熟悉和掌握系统的工作原理、技术性能和操作维护规程。

9 抢险救援工具备品

9.1 一般规定

9.1.1 城市轨道交通运营单位应在轨道交通设施内设置应对各类事故和突发事件的抢险救援工具备品,并保持这些器材的完好。

9.1.2 城市轨道交通运营单位工作人员应熟练使用和操作抢险救援工具备品。

9.1.3 城市轨道交通运营单位应通过公益广告、广播和闭路电视等向乘客宣传自救用品的使用方法。

9.2 指挥备品

抢险救援用指挥备品至少应包括:手持对讲机,防毒面具、呼吸器,强光手电,手持扩音机,指挥车等。

9.3 抢险备品

抢险救援用抢险备品至少应包括:呼吸器,战斗服,灭火器,应急灯,电锯,电钻,机械压钳,万用表、测电笔、螺丝刀、榔头、扳手、斧子等常用工具。

9.4 救护备品

抢险救援用救护备品至少应包括:担架,轮椅,防毒面具,急救药箱,应急灯,安全警戒绳,警示标志等。

10 消防宣传教育、培训

10.1 一般规定

10.1.1 城市轨道交通运营单位应通过公益广告、广播、闭路电视和疏散指示牌等向乘客宣传轨道交通防火、灭火和安全疏散方法。

10.1.2 重大节日和活动期间应开展有针对性的消防宣传、教育活动。

10.1.3 新员工上岗前应进行一次消防安全教育、培训。

10.1.4 城市轨道交通运营单位每半年至少应组织一次全员培训。将培训纳入轨道交通运营单位职业学校教学课程。

10.1.5 宣传教育、培训情况应做记录。

10.2 宣传教育、培训内容

宣传教育和培训应包括下列主要内容：
a) 有关消防法规、消防安全制度和保障消防安全的操作规程；
b) 本单位消防应急预案；
c) 本单位和本岗位火灾危险性及防火措施；
d) 有关消防设施的性能和使用、检查及维护方法；
e) 报告火警、扑救初起火灾及逃生自救的知识和技能；
f) 组织、引导乘客疏散的知识和技能；
g) 其他消防安全宣传教育内容。

10.3 专门培训

下列人员每年应接受一次消防安全专门培训：
a) 单位的消防安全责任人（法人代表或主要负责人）；
b) 消防安全管理人；
c) 车辆、设备设施维修部门经理（车间主任）；
d) 专职消防安全员；
e) 消防控制室的值班、操作人员；
f) 控制中心主任（值班主任）、调度人员；
g) 车站站长（值班站长）；
h) 列车司机；
i) 特种作业人员；
j) 其他应当接受消防安全专门培训的人员。

11 消防档案

11.1 一般规定

城市轨道交通运营单位应建立健全消防档案。消防档案应翔实、准确，并附有必要的图表，不应漏填、涂改，并根据情况变化及时更新。

11.2 档案内容

11.2.1 消防安全基本情况

消防安全基本情况应至少包括下列内容：
a) 单位基本概况和消防安全重点部位情况；
b) 消防审核、验收、检查法律文书及相关资料、图纸等；
c) 消防安全管理组织机构和各级消防安全责任人；
d) 消防安全制度和消防安全操作规程；
e) 消防设施、灭火器材情况；
f) 义务消防队人员及其消防装备配备情况；
g) 与消防安全有关的重点工种人员情况；
h) 新增消防产品、防火材料的合格证明材料；
i) 消防安全疏散图示、灭火和应急疏散预案。

11.2.2 消防安全管理情况

消防安全管理情况应至少包括下列内容：
a) 消防设施检查、自动消防设施测试、维修保养记录；
b) 火灾隐患及其整改情况记录；
c) 防火检查、巡查记录；
d) 有关燃气、电气设备检测（包括防雷、防静电）等记录；
e) 消防宣传教育、培训记录；
f) 灭火和应急疏散预案的演练记录；
g) 火灾情况记录；
h) 消防奖惩情况记录。

11.3 保管

城市轨道交通运营单位应制定消防档案保管制度。

流动保管的巡查记录等档案，交接班时应有交接手续，不应缺页。往年的档案不应丢弃、毁损，应保存10年以上。重要的技术资料、图纸、审核手续、法律文书等应永久保存。

参 考 文 献

[1] 公安部令第61号.机关、团体、企业、事业单位消防安全管理规定,2001
[2] 北京市人民政府.北京市城市轨道交通安全运营管理办法,2004
[3] 北京市地铁运营公司.北京市地下铁道突发事件应急处置办法,1997
[4] 上海市人民政府.上海市轨道交通管理条例,2002
[5] 上海地铁运营有限公司.上海地铁运营有限公司轨道交通发生火灾、爆炸、毒气案(事)件的现场处置预案(试行),2003
[6] 广州市人民政府.广州市地下铁道特大事故和突发事件应急救援预案,2003
[7] 广州地铁运营有限公司.突发事件应急处理办法,1996
[8] 广州地铁运营有限公司.广州地铁事故处理规则
[9] 广州地铁运营事业总部.应急信息报告程序,2001
[10] 广州地铁运营事业总部.车辆部突发事件应急处理办法,2001
[11] 广州地铁运营事业总部.控制中心应急处理程序(广州地铁一号线),2002
[12] 广州地铁运营事业总部.车务安全应急处理程序,2002
[13] 广州地铁运营事业总部.地铁发生火灾应急处理预案,2003

第三部分
减灾救灾基础性标准

一、减灾救灾综合

自然灾害承灾体分类与代码(GB/T 32572—2016)

前言

本标准按照 GB/T 1.1—2009 给出的规则起草。

本标准由全国减灾救灾标准化技术委员会(SAC/TC 307)提出并归口。

本标准起草单位:民政部国家减灾中心。

本标准主要起草人:袁艺、马玉玲、汪明、周洪建、王丹丹、郝明月、潘东华、王曦、张弛、孙燕娜、郭桂祯、徐璨。

1 范围

本标准规定了自然灾害承灾体的分类及其编码。

本标准适用于自然灾害管理和科研等领域。

2 术语和定义

下列术语和定义适用于本文件。

2.1
自然灾害 natural disaster

由自然因素造成人类生命、财产、社会功能和生态环境等损害的事件或现象。

[GB/T 26376—2010,定义 2.1]

2.2
承灾体 exposure

承受灾害的对象。

[MZ/T 027—2011,定义 3.6]

2.3
线分类法 method of linear classification

将分类对象按选定的若干属性(或特征),逐次地分为若干层级,每个层级又分为若干类目。同一分支的同层级类目之间构成并列关系,不同层级类目之间构成隶属关系。

[GB/T 10113—2003,定义 2.1.5]

2.4
面分类法 method of area classification

选定分类对象的若干属性(或特征),将分类对象按每一属性(或特征)划分成一组独立的类目,每一组类目构成一个"面"。再按一定顺序将各个"面"平行排列。使用时根据需要将有关"面"中的相应类目按"面"的指定排列顺序组配在一起,形成一个新的复合类目。

[GB/T 10113—2003,定义 2.1.6]

2.5

混合分类法 method of composite classification

将线分类法和面分类法组合使用,以其中一种分类法为主,另一种做补充的信息分类方法。

[GB/T 10113—2003,定义 2.1.7]

3 分类与编码方法

3.1 分类方法

3.1.1 采用混合分类法,以线分类法为主,面分类法为辅。

3.1.2 把自然灾害承灾体划分为人、财产、资源与环境共 3 大门类承灾体。人再依据性别、年龄属性划分大类;财产分别根据其形态和所有权属性划分为固定资产、流动资产、家庭财产和公共财产共 4 个大类,之后再划分中类,中类下再划分小类;资源与环境承灾体下又划分 5 个大类。

3.2 编码方法和代码结构

把自然灾害承灾体分为 3 个门类,并细分为若干大类、中类、小类。分类代码包括门类码、门类分类码、大类码、中类码、小类码,由五位数字码组成,其结构如下:

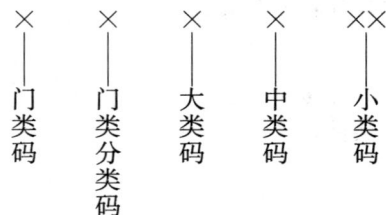

门类码、门类分类码、大类码、中类码采用数字顺序码,分别用 1~9 表示,其他用 9 表示;小类码采用数字顺序码,用 01~99 表示,其他用 99 表示。位数不足六位的用 0 补齐,保持代码结构的六位数字构成。

4 分类代码表

自然灾害承灾体分类及代码见表 1。

表 1 自然灾害承灾体分类和代码表

代码	名称	说明
100000	人	
111000	男性	
112000	女性	
121000	儿童	0 岁~18 岁的人

表1（续）

代码	名称	说明
122000	**青年人**	19 岁～44 岁的人
123000	**中年人**	45 岁～59 岁的人
124000	**老年人**	60 岁以上的人
200000	**财产**	具有金钱价值并受到法律保护的物质财富（权利）的总称
211000	**固定资产**	使用期限在一年以上，单位价值在规定标准以上，并且在使用过程中基本保持原有物质形态的资产
211100	房屋及构筑物	房屋以及不具备、不包含或不提供人类居住功能的人工建造物
211200	设施设备	设备指的是可供人们在生产中长期使用，并在反复使用中基本保持原有实物形态和功能的生产资料和物质资料的总称。包括通用设备和专用设备两类
211900	其他固定资产	除房屋及构筑物、设备以外的固定资产，包含文物和陈列品，图书档案，家具、用具、装具及特种用途动植物等
212000	**流动资产**	可以在一年及以上的时限内变现或运用的资产
212100	产品及原料	产品是能够提供给市场，被使用和消费，并能满足人们某种需求的任何东西，包括农林牧渔业产品，工业中的储备产品、生产产品、产成品，服务业中的商品、非商品等
212900	其他流动资产	除产品以外的流动资产
221000	**家庭财产**	家庭所拥有的财产
221100	房屋	住人或存放东西的建筑物，上有屋顶，周围有墙，能防风避雨、御寒保暖，供人们在其中生产生活，并具有固定基础，层高一般在 2.2 m 以上的永久性场所
221200	生产性固定资产	作为家庭生产自用的固定资产，如农业机械等
221300	耐用消费品	可以用来长期使用，无需经常购买的消费品
221900	其他家庭财产	除房屋、生产性固定资产和耐用消费品以外的其他家庭财产，包含贵重物品、室内装修、宠物和金融资产等
222000	**公共财产**	除了家庭之外的财产，包括国有财产、劳动群众集体所有财产、用于公益事业的社会捐助或者专项基金的财产等

表 1（续）

代码	名称	说明
222100	房屋	住人或存放东西的建筑物,上有屋顶,周围有墙,能防风避雨、御寒保暖,供人们在其中生产生活,并具有固定基础,层高一般在 2.2 m 以上的永久性场所
222200	基础设施	为社会生产和居民生活提供公共服务的物质工程设施,是用于保证国家和地区社会经济活动正常进行的公共服务系统,是社会赖以生存发展的一般物质条件
222201	交通运输设施、设备	为交通系统保障安全正常运营而设置的轨道、隧道、高架道路、车站、机场、通风亭、机电设备、供电系统和通信信号灯等设施
222202	通信设施、设备	人与人、人与自然之间通过某种行为或媒介进行信息交流与传递的设施,包括电信和邮政设施等
222203	能源设施、设备	为人类生产生活提供各种能力和动力的物质资源的设施,包括电力、煤油气等设施
222204	市政设施、设备	由政府、法人或公民出资建造的公共设施,一般指规划区内的各种建筑物、构筑物、设备等,包括道路（桥梁）、轨道交通、供水、排水、燃气、热力、园林绿化、环境卫生、道路照明、工业医疗垃圾、生活垃圾处理设备、场地等设施及附属设施
222205	水利设施、设备	对自然界的水进行控制、调节、开发、利用和保护,以减轻和免除水旱灾害,并利用水资源,适应人类社会和自然环境需要的设施
222209	其他基础设施、设备	除交通运输、通信、能源、市政、水利设施以外的其他基础设施
222300	公共服务设施	为满足公民的生存、生活、发展等社会性直接需求而建立的人员、组织、系统、过程的集合中的设施设备等
222301	教育设施、设备	教育系统中的各类设施设备等
222302	医疗卫生设施、设备	医疗卫生系统包括各类医疗机构、计划生育机构和食品药品监督管理机构等中的各类设施设备等
222303	科技设施、设备	科技系统包括气象、地震、海洋、测绘、质检、地质勘查、水文、环境与生态监测及一些专业检测等服务机构的各类设施设备等

表 1（续）

代码	名称	说明
222304	文化设施、设备	文化系统中包括传播文化的图书馆（档案馆）、博物馆、文化馆、剧场（影剧院）、乡镇综合文化站和社区图书室（文化室）等机构以及文化遗产中的各类设施设备等
222305	广电设施、设备	广电系统中的各类设施设备等
222306	体育设施、设备	体育系统中的各类设施设备等
222307	社会保障与公共管理设施、设备	社会保障与公共管理系统中的各类设施设备等
222399	其他公共服务设施、设备	上述之外的其他公共服务设施设备
222400	三次产业设施、设备、产品及原料	根据社会生产活动历史发展的顺序对产业结构进行的划分
222401	农、林、牧、渔业设施、设备及产品	
222402	工业设施、设备、产品及原料	工业系统设施设备及产品原料等
222403	服务业设施、设备、产品及原料	服务业系统设施设备及产品原料等
300000	**资源与环境**	资源是人类可以利用的、自然生成的物质与能量；环境是影响人类生存和发展的各种天然的和经过人工改造的自然因素的总称
311000	**土地资源**	作为资源的土地，即在一定的技术、经济条件下可为人类利用的土地
312000	**矿产资源**	由地质作用形成的，具有利用价值的，呈固态、液态、气态的自然资源
313000	**水资源**	可供人类直接利用，能不断更新的天然淡水，主要指陆地上的地表水和地下水
314000	**生物资源**	生物圈中的植物、动物与微生物组成的各种资源的总称
315000	**生态环境**	围绕生物有机体的生态条件的总体

5 分类代码架构图

自然灾害承灾体分类见图 1。

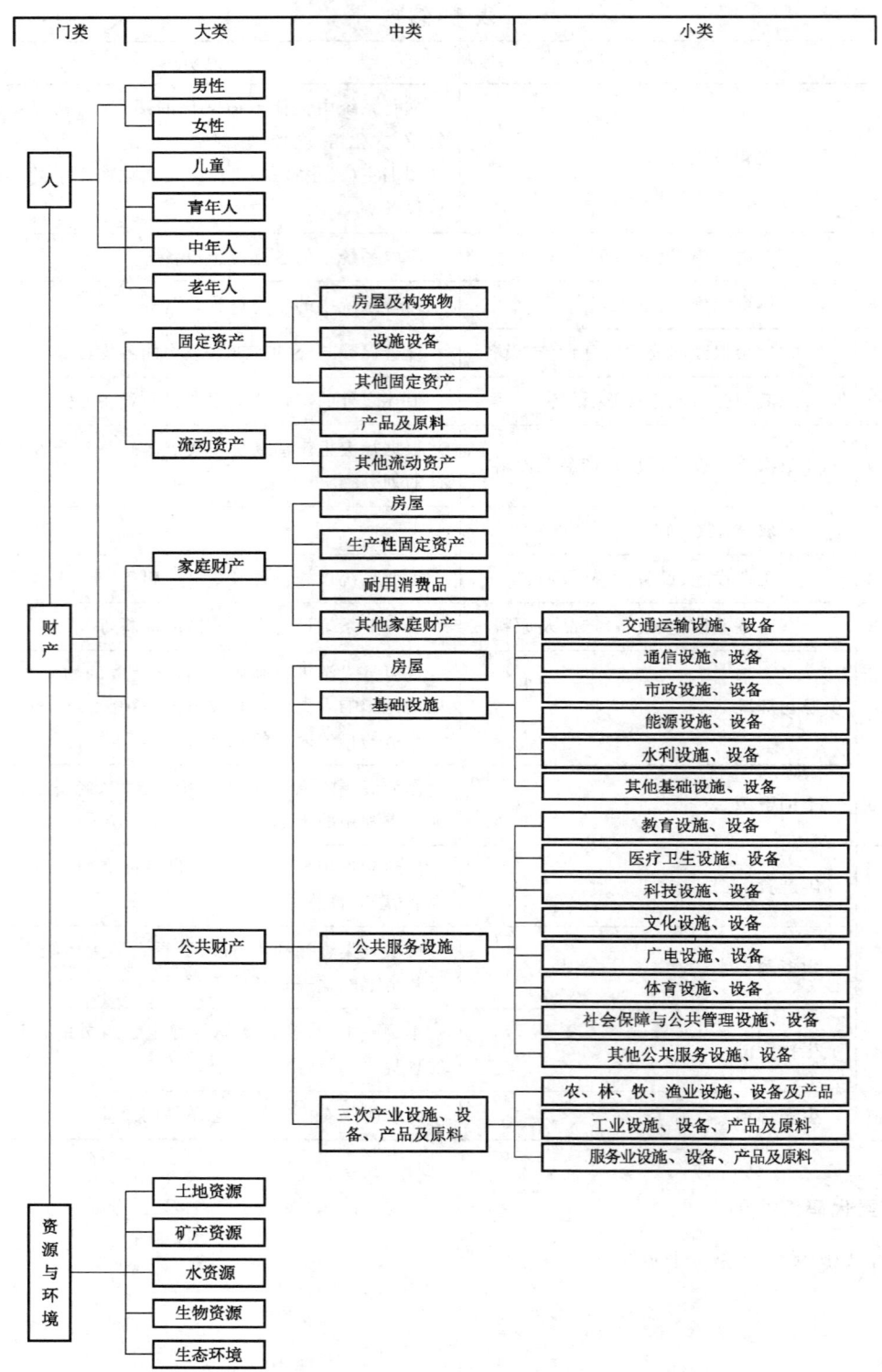

图 1 自然灾害承灾体分类

参 考 文 献

[1] GB/T 4754—2011　国民经济行业分类
[2] GB/T 7027—2002　信息分类和编码的基本原则与方法
[3] GB/T 7635　全国主要产品分类与代码
[4] GB/T 10113—2003　分类与编码通用术语
[5] GB/T 14885—2010　固定资产分类与代码
[6] GB/T 21010—2007　土地利用现状分类
[7] GB/T 26376—2010　自然灾害管理基本术语
[8] MZ/T 027—2011　自然灾害风险管理基本术语
[9] 联合国.产品总分类,2008.
[10] 联合国开发计划署.联合国标准产品及服务分类编码,1998.
[11] 世界海关组织.商品名称及编码协调制度,1983.

自然灾害分类与代码(GB/T 28921—2012)

前言

本标准按照 GB/T 1.1—2009 给出的规则进行编写。

本标准由中华人民共和国民政部提出。

本标准由全国减灾救灾标准化技术委员会(SAC/TC 307)归口。

本标准起草单位：民政部国家减灾中心、中国气象局政策法规司、国家海洋局海洋环境预报中心。

本标准主要起草人：闫志壮、袁艺、马玉玲、胡俊锋、吴建安、潘东华、郑大玮、张钛仁、叶琳。

1 范围

本标准规定了自然灾害的分类及其代码。

本标准适用于自然灾害管理、科研和应用等领域。

2 术语和定义

下列术语和定义适用于本文件。

2.1

自然灾害 natural disaster

由自然因素造成人类生命、财产、社会功能和生态环境等损害的事件或现象。

[GB/T 26376—2010 中 2.1]

2.2

线分类法 method of linear classification

将分类对象按选定的若干属性(或特征)，逐次地分为若干层级，每个层级又分为若干类目。同一分支的同层级类目之间构成并列关系，不同层级类目之间构成隶属关系。

[GB/T 10113—2003 中 2.1.5]

2.3

灾类 natural disaster category

根据自然灾害本身的属性和特点而分成的大类。

2.4

灾种 natural disaster kind

在灾类下，对自然灾害继续划分的类别。

3 分类原则与方法

3.1 分类原则

3.1.1 科学性

按照自然灾害最基本、最稳定的属性及其存在的逻辑关联进行灾害种类的划分。以灾害学的学科分类为基础,尽可能采用相关国际、国家分类标准,充分吸收新的科研成果,体现分类体系的科学性。

3.1.2 实用性

从灾害管理尤其是自然灾害灾情统计、评估的角度出发,根据致灾原因划分自然灾害的宏观大类分类体系。在体现科学性的前提下,按自然灾害及相关行业对灾害分类的习惯,以及不同类别灾害的数量和使用频率,在具体分类时作适当调整,提高分类体系的实用性。

3.1.3 可扩展性

以自然灾害的灾类分类为主体,灾种的分类作为灾类界定的辅助参考(详见3.2.2)。在类种的扩展上预留空间,可在本分类体系上进行适当的扩展和细化。在保持分类细化的前提下,允许在最后一级分类下制定适用的分类细则。

3.2 分类方法

3.2.1 采用线分类法。

3.2.2 把自然灾害划分为气象水文灾害、地质地震灾害、海洋灾害、生物灾害和生态环境灾害共5类灾害,简称灾类,灾类下又划分为39种灾害,简称灾种。灾种中设其他作为收容类目。

4 编码原则与方法

4.1 编码原则

4.1.1 唯一性

每一代码都唯一地表示某一类、某一级或某一特定自然灾害种类,即各灾类和灾种与其代码间有一一对应关系。

4.1.2 可扩充性

分类的容量和类别随着认识的变化可以进行适当调整,编码体系为此预留一定的扩充空间。

4.1.3 合理性

编码体系结构与分类体系相适应,反映分类体系的层次及相互联系的特性。

4.1.4 简单性

代码的结构尽量简单,长度尽量短,以提高记忆和存储的效率。

4.2 编码方法和代码结构

把自然灾害分为五个灾类,并细分为若干灾种。分类代码包括灾类码、灾种码和扩展码三部分,由六位数字码组成,其结构如下:

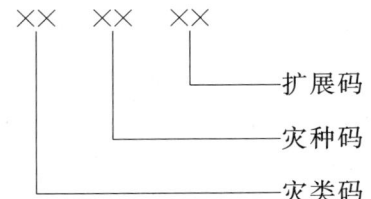

灾类码和灾种码均采用数字顺序码,分别用01~98表示,其他用99表示,扩展码均用00表示,位数不足六位的用0补齐,保持代码结构的六位数字构成。

5 分类代码

自然灾害的分类及代码见表1。

表 1 自然灾害分类及代码

代码	名称	含义
010000	气象水文灾害	由于气象和水文要素的数量或强度、时空分布及要素组合的异常,对人类生命财产、生产生活和生态环境等造成损害的自然灾害
010100	干旱灾害	因降水少、河川径流及其他水资源短缺,对城乡居民生活、工农业生产以及生态环境等造成损害的自然灾害
010200	洪涝灾害	因降雨、融雪、冰凌、溃坝(堤)、风暴潮等引发江河洪水、山洪、泛滥以及渍涝等,对人类生命财产、社会功能等造成损害的自然灾害
010300	台风灾害	热带或副热带洋面上生成的气旋性涡旋大范围活动,伴随大风、暴雨、风暴潮、巨浪等,对人类生命财产造成损害的自然灾害
010400	暴雨灾害	因每小时降雨量 16 mm 以上,或连续 12 h 降雨量 30 mm 以上,或连续 24 h 降雨量 50 mm 以上的降水,对人类生命财产等造成损害的自然灾害
010500	大风灾害	平均或瞬时风速达到一定速度或风力的风,对人类生命财产造成损害的自然灾害
010600	冰雹灾害	强对流性天气控制下,从雷雨云中降落的冰雹,对人类生命财产和农业生物造成损害的自然灾害
010700	雷电灾害	因雷雨云中的电能释放、直接击中或间接影响到人体或物体,对人类生命财产造成损害的自然灾害
010800	低温灾害	强冷空气入侵或持续低温,使农作物、动物、人类和设施因环境温度过低而受到损伤,并对生产生活等造成损害的自然灾害
010900	冰雪灾害	因降雪形成大范围积雪、暴风雪、雪崩或路面、水面、设施凝冻结冰,严重影响人畜生存与健康,或对交通、电力、通信系统等造成损害的自然灾害
011000	高温灾害	由较高温度对动植物和人体健康,并对生产、生态环境造成损害的自然灾害
011100	沙尘暴灾害	强风将地面尘沙吹起使空气混浊,水平能见度小于 1 km,对人类生命财产造成损害的自然灾害
011200	大雾灾害	近地层空气中悬浮的大量微小水滴或冰晶微粒的集合体,使水平能见度降低到 1 km 以下,对人类生命财产特别是交通安全造成损害的自然灾害
019900	其他气象水文灾害	除上述灾害以外的气象水文灾害

表1（续）

代码	名称	含义
020000	地质地震灾害	由地球岩石圈的能量强烈释放剧烈运动或物质强烈迁移，或是由长期累积的地质变化，对人类生命财产和生态环境造成损害的自然灾害
020100	地震灾害	地壳快速释放能量过程中造成强烈地面振动及伴生的地面裂缝和变形，对人类生命安全、建（构）筑物和基础设施等财产、社会功能和生态环境等造成损害的自然灾害
020200	火山灾害	地球内部物质快速猛烈地以岩浆形式喷出地表，造成生命和财产直接遭受损失，或火山碎屑流、火山熔岩流、火山喷发物（包括火山碎屑和火山灰）及其引发的泥石流、滑坡、地震、海啸等对人类生命财产、生态环境等造成损害的自然灾害
020300	崩塌灾害	陡崖前缘的不稳定部分主要在重力作用下突然下坠滚落，对人类生命财产造成损害的自然灾害
020400	滑坡灾害	斜坡部分岩（土）体主要在重力作用下发生整体下滑，对人类生命财产造成损害的自然灾害
020500	泥石流灾害	由暴雨或水库、池塘溃坝或冰雪突然融化形成强大的水流，与山坡上散乱的大小块石、泥土、树枝等一起相互充分作用后，在沟谷内或斜坡上快速运动的特殊流体，对人类生命财产造成损害的自然灾害
020600	地面塌陷灾害	因采空塌陷或岩溶塌陷，对人类生命财产造成损害的自然灾害
020700	地面沉降灾害	在欠固结或半固结土层分布区，由于过量抽取地下水（或油、气）引起水位（或油、气）下降（或油、气田下陷）、土层固结压密而造成的大面积地面下沉，对人类生命财产造成损害的自然灾害
020800	地裂缝灾害	岩体或土体中直达地表的线状开裂，对人类生命财产造成损害的自然灾害
029900	其他地质灾害	除上述灾害以外的地质灾害
030000	海洋灾害	海洋自然环境发生异常或激烈变化，在海上或海岸发生的对人类生命财产造成损害的自然灾害
030100	风暴潮灾害	热带气旋、温带气旋、冷锋等强烈的天气系统过境所伴随的强风作用和气压骤变引起的局部海面非周期性异常升降现象造成沿岸涨水，对沿岸人类生命财产造成损害的自然灾害
030200	海浪灾害	波高大于 4 m 的海浪对海上航行的船舶、海洋石油生产设施、海上渔业捕捞和沿岸及近海水产养殖业、港口码头、防波堤等海岸和海洋工程等造成损害的自然灾害
030300	海冰灾害	因海冰对航道阻塞、船只损坏及海上设施和海岸工程损坏等造成损害的自然灾害
030400	海啸灾害	由海底地震、火山爆发和水下滑坡、塌陷所激发的海面波动，波长可达几百公里，传播到滨海区域时造成岸边海水陡涨，骤然形成"水墙"，吞没良田和城镇村庄，对人类生命财产造成损害的自然灾害

表 1（续）

代码	名称	含 义
030500	赤潮灾害	海水某些浮游生物或细菌在一定环境条件下，短时间内爆发性增殖或高度聚集，引起水体变色，影响和危害其他海洋生物正常生存的海洋生态异常现象，对人类生命财产、生态环境等造成损害的灾害。见生物灾害中的赤潮灾害
039900	其他海洋灾害	除上述灾害之外的其他海洋灾害
040000	生物灾害	在自然条件下的各种生物活动或由于雷电、自燃等原因导致的发生于森林或草原，有害生物对农作物、林木、养殖动物及设施造成损害的自然灾害
040100	植物病虫害	致病微生物或害虫在一定环境下暴发，对种植业或林业等造成损害的自然灾害
040200	疫病灾害	动物或人类由微生物或寄生虫引起突然发生重大疫病，且迅速传播，导致发病率或死亡率高，给养殖业生产安全造成严重危害，或者对人类身体健康与生命安全造成损害的自然灾害
040300	鼠害	害鼠在一定环境下暴发或流行，对种植业、畜牧业、林业和财产设施等造成损害的自然灾害
040400	草害	杂草对种植业、养殖业或林业和人体健康等造成严重损害的自然灾害
040500	赤潮灾害	海水中某些浮游生物或细菌在一定环境条件下，短时间内爆发性增殖或高度聚集，引起水体变色，影响和危害其他海洋生物正常生存的海洋生态异常现象，对人类生命财产、生态环境等造成损害的灾害
040600	森林/草原火灾	由于雷电、自燃或在一定有利于起火的自然背景条件下由人为原因导致的，发生于森林或草原，对人类生命财产、生态环境等造成损害的火灾
049900	其他生物灾害	除上述灾害之外的其他生物灾害
050000	生态环境灾害	由于生态系统结构破坏或生态失衡，对人地关系和谐发展和人类生存环境带来不良后果的一大类自然灾害
050100	水土流失灾害	在水力等外力作用下，土壤表层及其母质被剥蚀、冲刷搬运而流失，对水土资源和土地生产力造成损害的自然灾害
050200	风蚀沙化灾害	由于大风吹蚀导致天然沙漠扩张、植被破坏和沙土裸露等，导致土壤生产力下降和生态环境恶化的自然灾害
050300	盐渍化灾害	易溶性盐分在土壤表层积累的现象或过程对土壤和植被造成损害的灾害
050400	石漠化灾害	在热带、亚热带湿润、半湿润气候条件和岩溶极其发育的自然背景下，因地表植被遭受破坏，导致土壤严重流失，基岩大面积裸露或砾石堆积，使土地生产力严重下降的灾害
059900	其他生态环境灾害	除上述灾害之外的其他生态环境灾害

参 考 文 献

[1] 中华人民共和国标准化法 1988
[2] 中华人民共和国气象法 2000
[3] 气象灾害防御条例 2010
[4] 中华人民共和国突发事件应对法 2007
[5] 地质灾害防治条例 2003
[6] 中华人民共和国传染病防治法 2005
[7] 重大动物疫情应急条例 2005
[8] 国家突发公共事件总体应急预案 2006
[9] 自然灾害救助应急预案 2005
[10] 国家防汛抗旱应急预案 2006
[11] 国家地震应急预案 2006
[12] 国家突发地质灾害应急预案 2006
[13] 国家处置重、特大森林火灾应急预案 2006
[14] GB/T 1.1—2009　标准化工作导则　第1部分:标准的结构和编写
[15] GB/T 7027—2002　信息分类和编码的基本原则与方法
[16] GB/T 10113　分类与编码通用术语
[17] GB/T 14498—1993　工程地质术语
[18] GB/T 18207.1—2008　防震减灾术语　第1部分:基本术语
[19] GB/T 20479—2006　沙尘暴天气监测规范
[20] GB/T 20480—2006　沙尘暴天气等级
[21] GB/T 20481—2006　气象干旱等级
[22] GB/T 20482—2006　牧区雪灾等级
[23] GB/T 20484—2006　冷空气等级
[24] GB/T 21010—2007　土地利用现状分类
[25] GB/T 50095—1998　水文基本术语和符号标准

自然灾害救助应急响应划分基本要求
（GB/T 29425—2012）

前言

本标准按照 GB/T 1.1—2009 给出的规则起草。

本标准由中华人民共和国民政部救灾司提出。

本标准由全国减灾救灾标准化技术委员会（SAC/TC 307）归口。

本标准由民政部国家减灾中心负责起草。

本标准主要起草人：袁艺、吴建安、马玉玲、周洪建、王丹丹、潘东华。

1 范围

本标准规定了自然灾害救助应急响应等级划分的要求、单元与要素、方法和等级要求。

本标准适用于对自然灾害救助应急响应条件和措施的划分。

2 规范性应用文件

下列文件对于本文件的应用是必不可少的。凡是注明日期的引用文件，仅注日期的版本适用于本文件。凡是不注日期的引用文件，其最新版本（包括所有的修改单）适用于本文件。

国办函〔2011〕120 号　国家自然灾害救助应急预案

3 术语和定义

下列术语和定义适用于本文件。

3.1

自然灾害救助　natural disaster relief

为保障受灾人员基本生活实施的一系列措施。

3.2

响应划分　response dividing

根据自然灾害影响程度，对预先设定的减轻灾害损失的紧急反应行动作出区分。

4 划分原则

4.1 因地制宜，科学规范

应依据本行政区域内往年自然灾害发生情况、自然灾害风险、人口数量等因素，按照当地自然灾害救助应急响应保障群众基本生活的实际需求，科学合理划分响应条件和措施，规范自然灾害救助应急响应工作。

4.2 协调一致，上下衔接

各级响应规定的启动条件、应对措施、岗位职责应有合理的递进关系，应与上一级行政单位应急响应的启动条件、应对措施和岗位职责相衔接。

4.3 指标合理,要素完整

各级响应设定的指标应合理,响应条件、响应措施、响应程序、终止条件等要素应系统完整。

5 划分单元与要素

5.1 单元

国家自然灾害应急响应划分以省级行政区域为基本单元,省(自治区、直辖市)(含)以下各级自然灾害应急响应划分,应以整个行政区域为基本单元。

5.2 要素

5.2.1 死亡和失踪人口数量

一次自然灾害过程造成死亡和失踪人口的数量。

5.2.2 紧急转移安置或需紧急生活救助人口数量

在一次自然灾害过程中,因受到自然灾害威胁、袭击,由危险区域转移到安全区域,需提供临时生活保障的人口数量,或因受自然灾害侵袭、被困,需就地提供紧急生活保障的人口数量。

5.2.3 倒塌和严重损坏房屋数量

自然灾害过程造成房屋整体结构塌落,或承重构件倾倒或严重损坏,必须进行重建的房屋数量。

5.2.4 其他要素

因区域灾害特点而设定的其他要素。

6 划分方法

6.1 灾害风险分析法

以本地区可能发生的自然灾害种类、频率、强度为依据,结合本地区受灾对象脆弱性,分析本地区自然灾害可能造成的损失,对损失大小进行分级,相应对救助响应条件和措施进行划分。

6.2 历史灾害案例分析法

以本地区历史灾害案例为依据,统计历次灾害过程的损失和应急响应资源投入数量,分析本地区自然灾害规模,并进行分级,相应对救助响应条件和措施进行划分。

6.3 应急响应能力评价法

以本地区应急组织能力、应急资源调动能力、群众基本生活保障需求为依据,参照本地区自然灾害风险,对本地区应急响应能力进行分级,相应对救助响应条件和措施进行划分。

6.4 综合分析法

以上三种方法,依照本地区预案制定时掌握的自然灾害风险要素、历史灾害案例和响应能力等信息,可单独使用,亦可综合分析应用,对本地区救助响应条件和措施进行划分。

7 划分等级

7.1 自然灾害救助应急响应划分,一般情况下分为Ⅰ级、Ⅱ级、Ⅲ级、Ⅳ级,Ⅰ级为最高响应

等级,Ⅱ级、Ⅲ级、Ⅳ级等响应等级逐级降低,对应的灾害损失程度逐级降低。省级(含)以下应急响应划分,不宜超过四个等级。

7.2 一般情况下,对同一次自然灾害过程,本级政府响应级别应比上一级政府响应级别高一级,如国家减灾委、民政部针对某省启动Ⅳ级响应,则该省应启动Ⅲ级以上响应。

7.3 在自然灾害救助响应划分时,各要素应同时列出,对应的指标数值参照国家自然灾害救助应急预案的相应指标阈值。某一行政区域内,一次灾害过程出现响应划分指标条件之一的,即达到相应级别的应急响应。

灾区农户住房倒塌或损坏数量抽样核查方法
（GB/T 28225—2011）

前　　言

本标准按照 GB/T 1.1—2009 给出的规则进行编写。
本标准由中华人民共和国民政部提出。
本标准由全国减灾救灾标准化技术委员会(SAC/TC 307)归口。
本标准起草单位：民政部救灾司、民政部国家减灾中心。
本标准主要起草人：闫志壮、来红州、吴建安、孙燕娜。

1　范围

本标准规定了核定自然灾害造成灾区农户住房倒塌或损坏数量抽样核查方法。
本标准适用于相关部门和单位对自然灾害造成灾区农户住房倒塌或损坏数量核查。

2　术语和定义

下列术语和定义适用于本文件。

2.1

灾区农户住房　rural dwelling in disaster-affected areas

受灾地区以居住为使用目的且正在使用的农村居民房屋。

2.2

倒塌房屋　collapsed house

因灾导致房屋两面以上墙壁坍塌，或房顶坍塌，或房屋结构濒于崩溃、倒毁，失去维修价值的房屋。

2.3

损坏房屋　damaged house

因灾导致房屋部分承重构件出现损坏，或非承重构件出现明显裂缝，或附属构件遭受破坏，需进行较大规模的修复才可以居住的房屋。

2.4

核查离差率　verifying deviation

灾区现场实测的倒塌或损坏房屋数量与灾区有关部门提供的倒塌或损坏房屋数量之差，此差距与实测的倒塌或损坏房屋数量之比。

3　核查步骤

3.1　总则

以因灾造成房屋倒塌或损坏的受灾农户为样本基本单位。在因灾造成房屋倒塌或损坏的受灾农户中，选取确定的所有样本基本单位构成样本总体单位。

根据受灾省(自治区、直辖市)有关部门提供的受灾农户住房倒塌或损坏数量,按行政单元将受灾地区划分为Ⅰ类和Ⅱ类两个类别(见附录 A)。统计农户住房倒塌或损坏数量时,以自然间为计算单位,独立的厨房、牲畜棚等辅助用房、活动房、工棚、简易房和临时房屋不在统计之列。

3.2 选择核查的受灾县(市、区)

选择受灾县(市、区)时采用抽签法,步骤如下:

第一步:受灾省(自治区、直辖市)级有关部门提供受灾县(市、区)名单,核查人员给每个受灾县(市、区)编号,在受灾省(自治区、直辖市)范围内,按受灾县(市、区)总数 10%～30%的比例,确定所要进行实地核查的受灾县(市、区)数量。

第二步:将受灾县(市、区)按Ⅰ类和Ⅱ类分别编成两组。按Ⅰ类受灾县(市、区)数量占1/3,Ⅱ类受灾县(市、区)数量占 2/3 的原则,确定所要核查的Ⅰ类和Ⅱ类受灾县(市、区)数量。所抽取的受灾县(市、区)数量不少于 1 个。

第三步:在Ⅰ类和Ⅱ类受灾县(市、区)中,随机抽取样本号码,确定所要核查的受灾县(市、区)名单,直到抽足预先规定的数量为止。

3.3 选择核查的受灾乡(镇)

选择受灾乡(镇)时采用抽签法,步骤如下:

第一步:被抽取的受灾县(市、区)级有关部门提供受灾乡(镇)名单,核查人员给每个受灾乡(镇)编号,在被抽取受灾县(市、区)范围内,按受灾乡(镇)总数 10%～30%的比例,确定所要进行实地核查的受灾乡(镇)行政单元数量。

第二步:将受灾乡(镇)按Ⅰ类和Ⅱ类分别编成两组。按Ⅰ类受灾乡(镇)数量占 1/3,Ⅱ类受灾乡(镇)数量占 2/3 的原则,确定所要核查的Ⅰ类和Ⅱ类受灾乡(镇)数量。所抽取的受灾乡(镇)数量不少于 1 个。

第三步:在Ⅰ类和Ⅱ类受灾乡(镇)中,随机抽取样本号码,确定所要核查的受灾乡(镇)名单,直到抽足预先规定的数量为止。

3.4 选择核查的受灾行政村

选择受灾行政村时采用抽签法,步骤如下:

第一步:被抽取的受灾乡(镇)人民政府提供受灾行政村名单,核查人员给每个受灾行政村编号,在被抽取受灾乡(镇)范围内,按受灾行政村总数 10%～30%的比例,确定所要进行实地核查的受灾行政村单元数量。

第二步:将受灾行政村按Ⅰ类和Ⅱ类分别编成两组。按Ⅰ类受灾行政村数量占 1/3,Ⅱ类受灾行政村数量占 2/3 的原则,确定所要核查的Ⅰ类和Ⅱ类受灾行政村数量。所抽取的受灾行政村数量不少于 1 个。

第三步:在Ⅰ类和Ⅱ类受灾行政村中,随机抽取样本号码,确定所要核查的受灾行政村名单,直到抽足预先规定的数量为止。

3.5 选择核查的受灾自然村

在所选择受灾行政村范围内,按受灾自然村总数 10%～30%的比例,确定所要进行实地核查的受灾自然村数量,随机选择所要进行实地核查的受灾自然村名单。

3.6 入户普查

在选定的受灾自然村,核查人员采取入户调查的方式,对有倒塌或损坏住房的农户进行普查。原则上,所普查农户数量占受灾省(自治区、直辖市)倒塌(损坏)住房农户总数的1%以上。

4 现场实测

核查人员根据最终确定的入户调查名单,进行实地测评,填写相关表格。步骤如下:

第一步:由有关部门负责填写《灾区人口、农户住房相关信息统计表》(见附录B表C.1)。

第二步:由核查人员在现场填写《灾区农户住房倒塌或损坏情况现场测评登记表》(见附录B表B.2)。

第三步:由核查人员填写《Ⅰ类(或Ⅱ类)受灾行政村倒塌或损坏农户住房核查离差率汇总表》(见附录B表B.3)中的"实测倒塌或损坏房屋数量"一栏。

5 推算过程

核查人员根据入户调查测评结果和灾区有关部门上报的农户住房倒塌或损坏数量,计算核查离差率,并依据平均离差率对上报数据进行修正,推算出受灾省(自治区、直辖市)农户住房倒塌或损坏数量。

步骤如下:

第一步:计算抽取的每个自然村的倒塌或损坏房屋核查离差率,见式(1)。填写《Ⅰ类(或Ⅱ类)受灾行政村倒塌或损坏农户住房核查离差率汇总表》(见附录B表B.3)中的"核查离差率"一栏。

$$\sigma_i = [(A_i/B_i) - 1] \times 100\% \quad \cdots\cdots\cdots\cdots\cdots\cdots\cdots(1)$$

式中:

σ_i ——核查人员所抽取自然村的核查离差率;

A_i ——地方有关部门上报的自然村农户住房倒塌或损坏数量,间;

B_i ——核查人员实测的自然村农户住房倒塌或损坏数量,间。

σ_i 为正值时,称作正向核查离差率,计为"+",表示上报数多于实测数;σ_i 为负值时,称作负向核查离差率,计为做"-",表示上报数少于实测数。

第二步:计算选定的所有行政村平均核查离差率,见式(2)。采用简单算术平均法,计算所抽取的Ⅰ类(或Ⅱ类)受灾行政村平均离差率($\bar{\chi}$)。填写《Ⅰ类(或Ⅱ类)受灾行政村农户住房倒塌或损坏核查离差率汇总表》(见附录B表B.3)中的"平均核查离差率"一项。

$$\bar{\chi} = \left(\sum_{i=1}^{m} \sigma_i\right)/m \quad \cdots\cdots\cdots\cdots\cdots\cdots\cdots(2)$$

式中:

$\bar{\chi}$ ——所抽取的Ⅰ类(或Ⅱ类)受灾行政村平均核查离差率;

σ_i ——所抽取的Ⅰ类(或Ⅱ类)受灾行政村所属自然村的核查离差率;

m ——所抽取的Ⅰ类(或Ⅱ类)受灾县中自然村总数量,m 为自然数。

第三步:根据行政村平均核查离差率,推算Ⅰ类(或Ⅱ类)受灾县(市、区)农户住房倒塌或损坏数量,见式(3)。填写《Ⅰ类(或Ⅱ类)受灾县农户住房倒塌或损坏数量统计表》(见附录B表B.4)中的"推算倒塌或损坏房屋数量"一栏。

$$D_i = C_i/(1+\overline{\chi}) \quad \cdots\cdots\cdots\cdots\cdots\cdots\cdots\cdots\cdots\cdots(3)$$

式中：

D_i——Ⅰ类（或Ⅱ类）受灾县推算农户住房倒塌或损坏数量，间；

C_i——Ⅰ类（或Ⅱ类）受灾县上报农户住房倒塌或损坏数量，间。

第四步：推算全省（自治区、直辖市）Ⅰ类（或Ⅱ类）受灾县农户住房倒塌或损坏数量，见式（4）。

$$I = \sum_{i=1}^{n} D_i \quad \cdots\cdots\cdots\cdots\cdots\cdots\cdots\cdots\cdots\cdots(4)$$

式中：

I——推算出的全省（自治区、直辖市）Ⅰ类（或Ⅱ类）受灾县农户住房倒塌或损坏总量，间；

n——全省（或地市）Ⅰ类（或Ⅱ类）受灾县总数量，n 为自然数。

第五步：将推算出的全省（自治区、直辖市）Ⅰ类和Ⅱ类受灾县农户住房倒塌或损坏数量相加，即得到推算出的全省（自治区、直辖市）农户住房倒塌或损坏数量。

6 推算值修正

根据灾区现场核查综合情况（根据现场了解农户情况，排除交通状况等因素干扰），对推算出的全省（或地市）农户住房倒塌或损坏数量进行修正。

7 现场评定结论

核查人员对推算值进行修正后，确定灾区农户住房倒塌或损坏数量，并对房屋损失情况做出描述性结论。

8 汇总和报告内容

8.1 按照附录C所规定的内容，编写《灾区农户住房倒塌或损坏情况核查报告》。

8.2 核查报告完成后，参加核查工作的所有人员应在核查报告上签字确认。

附　录　A
（规范性附录）
受灾行政单元类别划分

受灾行政单元类别划分见表A.1。

表A.1　受灾行政单元类别划分

行政单元	Ⅰ类	Ⅱ类
受灾县（市、区）	东部、中部、东北地区受灾县（市、区）因灾倒塌农户住房数量在2 000间以上（含2 000间），西部地区在1 000间以上（含1 000间）	东部、中部、东北地区受灾县（市、区）因灾倒塌农户住房数量在2 000间以下，西部地区在1 000间以下
受灾乡（镇）	东部、中部、东北地区受灾乡（镇）因灾倒塌农户住房数量在200间以上（含200间），西部地区在100间以上（含100间）	东部、中部、东北地区受灾乡（镇）因灾倒塌农户住房数量在200间以下，西部地区在100间以下

表 A.1（续）

行政单元	Ⅰ类	Ⅱ类
受灾行政村	东部、中部、东北地区受灾行政村因灾倒塌农户住房数量在30间以上（含30间），西部地区在15间以上（含15间）	东部、中部、东北地区受灾行政村因灾倒塌农户住房数量在30间以下，西部地区在15间以下
注1：关于东部、中部、东北和西部地区的划分，参照国家有关部门的划分方案。四大地区划分：东部地区包括北京市、天津市、河北省、上海市、江苏省、浙江省、福建省、山东省、广东省、海南省；中部地区包括山西省、安徽省、江西省、河南省、湖北省、湖南省；西部地区包括内蒙古自治区、广西壮族自治区、重庆市、四川省、贵州省、云南省、西藏自治区、陕西省、甘肃省、青海省、宁夏回族自治区、新疆维吾尔自治区；东北地区包括辽宁省、吉林省、黑龙江省。		
注2：中国香港特别行政区、中国澳门特别行政区、中国台湾省暂未纳入此分区方案中。		

附 录 B
（规范性附录）
灾区农户住房倒塌或损坏数量抽样核查表

灾区人口、农户住房相关信息统计表见表B.1。

表 B.1 灾区人口、农户住房相关信息统计表

县(市、区)	总人口/万人	其中：农业人口/万人	总户数/万户	其中：农户数/万户	农户住房总数/万间

灾区农户住房倒塌或损坏情况现场测评登记表见表B.2。

表 B.2 灾区农户住房倒塌或损坏情况现场测评登记表

_____省_____市_____县(区)_____乡(镇)　　　　　受灾种类_____ 填报时间_____

序号	行政村	自然村	户主姓名	家族人口/人	家族类型	房屋间数/间	房屋结构	上报数据		实测数据	
								倒塌房屋数量/间	损坏房屋数量/间	倒塌房屋数量/间	损坏房屋数量/间
1											
2											
3											
4											
5											
6											
7											
8											
9											
10											
…											

注：以下三项填写序号即可。
　　家族类型：①五保户；②低保户；③困难户；④一般户。
　　房屋结构：①土木结构；②砖木结构；③砖混结构；④框架结构；⑤其他结构。
　　受灾种类：①洪涝；②风雹；③地震；④台风；⑤滑坡、泥石流；⑥雪灾；⑦其他。

Ⅰ类(或Ⅱ类)受灾行政村农户住房倒塌或损坏核查离差率汇总表见表 B.3。

表 B.3　Ⅰ类(或Ⅱ类)受灾行政村农户住房倒塌或损坏核查离差率汇总表

序号	县(区)	乡(镇)	行政村	自然村	上报倒塌或损坏房屋数量/间	实测倒塌或损坏房屋数量/间	核查离差率/%
1							
2							
3							
4							
5							
6							
7							
8							

表 B.3（续）

序号	县(区)	乡(镇)	行政村	自然村	上报倒塌或损坏房屋数量/间	实测倒塌或损坏房屋数量/间	核查离差率/%
9							
10							
…							
平均核查离差率							

Ⅰ类（或Ⅱ类）受灾县农户住房倒塌或损坏数量统计表见表 B.4。

表 B.4　Ⅰ类（或Ⅱ类）受灾县农户住房倒塌或损坏数量统计表

序号	Ⅰ类（或Ⅱ类）受灾县(区)	上报倒塌或损坏房屋数量/间	推算倒塌或损坏房屋数量/间
1			
2			
3			
4			
5			
6			
7			
8			
9			
10			
…			
合计			

附　录　C
（规范性附录）
灾区农户住房倒塌或损坏情况核查报告内容

灾区农户住房倒塌或损坏情况核查报告

摘要
一、灾害背景
二、核查方法
三、测算过程

（一）测算流程和计算公式
　　（二）测算结果
四、核查结果
五、对核查结果的分析和说明
六、核查工作的补充说明
七、核查人员签名
附件：1.灾区农户住房倒塌或损坏现场认定照片
　　　2.核查过程中所涉及的各类统计表格

自然灾害管理基本术语(GB/T 26376—2010)

前　言

本标准由中华人民共和国民政部提出。
本标准由全国减灾救灾标准化技术委员会归口。
本标准起草单位：民政部救灾司、民政部国家减灾中心。
本标准主要起草人：邹铭、张卫星、庞陈敏、闫志壮、范一大、李保俊、张晓宁、高玉成、孙浩荃、胡俊锋、袁艺、杨思全、张云霞、关妍、张宝军、杨佩国、吴建安。

1　范围

本标准规定了自然灾害管理的基本术语。
本标准适用于自然灾害管理工作。

2　一般术语

2.1

自然灾害　natural disaster
由自然因素造成人类生命、财产、社会功能和生态环境等损害的事件或现象。
注：包括气象灾害、地震灾害、地质灾害、海洋灾害、生物灾害、森林或草原火灾等。

2.2

自然灾害管理　natural disaster management
在灾害应对的各个阶段，政府或有关部门、社会组织为预防和减轻自然灾害，制定政策、做出决策以及采取的措施。

2.3

减灾　disaster reduction
在灾害管理的各个阶段，采取一系列措施减轻灾害造成的人员伤亡、财产损失，以及灾害对社会和环境的影响。

2.4

防灾　disaster prevention
灾害发生前，采取一系列措施防止灾害发生或预防灾害造成人员伤亡、财产损失，以及对社会和环境的影响。

2.5

备灾　disaster preparedness
灾害发生前开展的风险调查与评估、机制建设、预案制定、应急演练、物资储备、装备和通信保障、教育培训、社会动员等一系列准备工作。

2.6

抗灾　disaster response

灾害发生期间,为抗击或抵御灾害,紧急采取的抢险、抢修、救援等一系列应对工作。

2.7

救灾　disaster relief

灾害发生后,开展的灾情调查与评估、物资调配、转移安置、生活和医疗救助、心理抚慰、救灾捐赠等一系列灾害救助工作。

2.8

恢复重建　recovery and reconstruction

修复和重建被灾害破坏的建(构)筑物、生态环境、生产生活秩序和社会功能。

3　备灾

3.1

灾害监测　disaster monitoring

对灾害的孕育、发生、演化和影响等进行监视与观测。

3.2

灾害预警　disaster early warning

对灾害可能发生的时间、地点、影响范围和程度等信息预先发出警报。

3.3

灾害应急预案　disaster contingency plan

为预防和减轻灾害而预先制定的组织指挥、预警预报、信息管理、应急准备、应急响应、灾后救助和恢复重建等方面的应对方案。

3.4

应急工作规程　emergency working procedure

对应急预案有关响应条件、程序和措施等进一步细化的规定。

3.5

灾害应急演练　emergency response exercise

模拟灾害发生情境,进行预案启动、指挥协调、抢险救援、转移安置、生活和医疗救助等方面的模拟和演习。

3.6

救灾资金　disaster relief funds

用于灾害抢险、救援、救助和恢复重建的资金。

3.7

救灾物资　disaster relief materials

用于灾害抢险、救援或救助的各类物资。

注:包括生活类物资、救援类物资、医疗类物资、通信类物资和供电类物资等。

3.8

救灾物资储备　disaster relief materials reserve

为应对自然灾害,预先准备和存储应急救援、生活救助、医疗救治、卫生防疫等物资的工作。

3.9

救灾物资管理　disaster relief materials management

对灾害抢险、救援或救助物资进行采购、存储、调拨、发放、使用和回收等工作的总和。

3.10

救灾装备　disaster relief equipment

用于灾害救援或救助的仪器、设备等。

3.11

救灾组织结构　disaster relief organization structure

有关政府、社会团体、企业、志愿者队伍等应对灾害的组织框架和构成。

3.12

专业救援队伍　professional rescue team

为应对灾害而专门成立的具有专业救援知识、技能和装备的人员队伍。

3.13

应急避难场所　emergency shelter

用于居民紧急疏散或临时生活安置的安全场所。

3.14

减灾规划　disaster reduction plan

为明确一定时期内减灾工作的目标、原则、任务和保障措施等方面内容而制定的计划。

3.15

减灾宣传　disaster reduction publicity

向公众传播或讲授减轻灾害风险或损失等方面知识或技能的活动。

3.16

减灾教育　disaster reduction education

减轻灾害风险或损失等方面知识或技能的教育。

3.17

减灾培训　disaster reduction training

减轻灾害风险或损失等方面知识或技能的培养和训练。

3.18

减灾工程措施　structural measures for disaster reduction

为预防或减轻灾害而实施的河道疏通、堤防加固和边坡治理等实体性工程措施。

3.19

减灾非工程措施　non-structural measures for disaster reduction

为预防或减轻灾害而开展的宣传、教育和培训等不涉及实体性工程措施。

3.20

灾害风险管理　disaster risk management

评估灾害风险,制定和实施减轻灾害风险的政策和措施。

3.21

灾害保险　disaster insurance

用于补偿灾害损失的保险。

4 应急响应

4.1
预警响应 early warning response
针对自然灾害风险采取相应防御措施的行动。

4.2
灾害响应 disaster emergency response
灾害造成影响达到预案启动条件而采取相应措施的行动。

4.3
灾害过程 disaster process
一次灾害从孕育、发生、发展到消亡的过程。

4.4
灾情 disaster information
有关灾害发生的规模、强度、次数、灾害损失及影响的情况。

4.5
灾情管理 disaster information management
对灾情信息的收集、上报、处理、存储、分析、评估、服务和发布等。

4.6
灾情会商 disaster information consultation
政府有关部门、科研机构、社会组织或专家联合对灾情进行的综合分析与判断。

4.7
灾害评估 disaster assessment
对灾害发展动态或灾害造成的损失和影响进行综合评定和估计。

4.8
灾害风险评估 disaster risk assessment
对可能发生的灾害及其造成的后果进行评定和估计。

4.9
应急救援 emergency rescue
灾害发生后对灾区紧急采取的救援行动。

4.10
应急救助 emergency relief
灾害发生后对灾区紧急提供生活物资、医疗药品等方面的救援和帮助。

4.11
应急抢险 emergency restoration and danger elimination
灾害发生后对灾区受威胁或损毁工程、设施、财产等进行的紧急修复或险情排除。

4.12
应急救治 emergency treatment
对因灾伤病人员进行的紧急救护和医治。

4.13
应急搜救　emergency search and rescue

对灾区受困人员等进行的紧急搜索和营救。

4.14
应急通信　emergency communication

灾害发生后为保障联络畅通而紧急使用的通信手段或措施。

4.15
转移安置　evacuation and resettlement

将处在灾害危险区域的人员转移到安全区域并给予临时生活救助。

4.16
疫病防治　epidemic prevention

采取医疗卫生措施预防灾区疫病发生、流行和蔓延。

4.17
社会动员　social mobilization

在一定区域和范围内发动和组织社会力量开展的灾害准备、应急救援、应急救助、恢复重建等行动。

4.18
救灾捐赠　disaster relief donation

社会各界为灾区提供资金、物资或其他帮助的行为。

4.19
国际援助　international assistance

国际社会为灾区无偿提供资金、物资或其他人道主义帮助的行为。

5 恢复重建

5.1
恢复重建规划　recovery and reconstruction plan

灾害发生后,为恢复重建损毁房屋、基础设施、生产生活秩序和生态环境等而制定的全面计划和安排。

5.2
灾后生活救助　post-disaster living relief

对灾后受灾群众生活提供资金、物资等方面的帮助。

5.3
灾害心理干预　disaster psychological intervention

运用心理咨询、治疗、训练和教育等手段,缓解或消除因灾导致的心理问题或疾病的过程。

5.4
恢复重建承载力评估　bearing capacity assessment of recovery and reconstruction

在综合分析灾区自然环境、社会经济条件、受灾程度等基础上,对灾区恢复和重新建设能够承载的人口聚集规模、土地开发强度和产业结构等方面进行评定和估计。

5.5
住房恢复重建 housing recovery and reconstruction
按照灾害设防标准和有关技术规范，对因灾损毁的住房进行修复和重新建设。

5.6
基础设施恢复重建 infrastructure recovery and reconstruction
按照灾害设防标准和有关技术规范，对因灾损毁的道路、地下管网等基础设施进行修复和重新建设。

5.7
社会秩序恢复重建 social order recovery and reconstruction
采取一定的措施使灾区生产、生活等社会秩序恢复正常状况。

5.8
产业恢复重建 industry recovery and reconstruction
根据资源环境承载能力、社会发展和产业政策等方面的需要，对农业、工业和服务业等的恢复和重新建设。

5.9
生态恢复重建 ecological recovery and reconstruction
对灾区生态系统结构和功能进行修复或改良。

社会捐助款物管理和使用规范
(GB/T 26375—2010)

前言

本标准由中华人民共和国民政部提出。

本标准由全国减灾救灾标准化技术委员会归口。

本标准起草单位：民政部救灾司、民政部国家减灾中心。

本标准主要起草人：郑远长、孙浩荃、刘乃山、曹榕。

1 范围

本标准规定了社会捐助款物的管理使用要求和在社会捐助款物接收、发放、使用过程中有关问题的处理原则。

本标准适用于社会捐助款物管理和使用活动。

2 规范性引用文件

下列文件中的条款通过本标准的引用而成为本标准的条款。凡是注日期的引用文件，其随后所有的修改单(不包括勘误的内容)或修订版均不适用本标准，然而，鼓励根据本标准达成协议的各方研究是否可使用这些文件的最新版本。凡是不注日期的引用文件，其最新版本适用于本标准。

GB/T 24440　社会捐助基本术语

3 术语和定义

GB/T 24440 确立的以及下列术语和定义适用于本标准。

3.1
社会捐助款物　social donation

捐款和捐助物资。

注：是捐赠人捐赠的有权处分的合法财产，主要有现金、有价证券、生活用品、房屋和知识产权等。

3.2
救灾捐赠款物　donation for disaster relief

用于解决受灾群众生活困难，帮助灾区恢复重建等方面的社会捐助款物。

3.3
捐赠意愿　donation willness

捐赠人进行捐赠时的意思表达。

3.3.1
捐赠承诺　donation promise

捐赠人进行捐赠时的口头或书面许诺。

3.3.2
捐助协议　donation agreement

捐赠人和受赠人之间就捐助款物的名称、种类、规格、数额、质量和兑现时间等事项达成的口头或书面共识。

3.3.3
捐赠意向　application desire for donation values

捐赠人对捐助款物用途的书面或口头意思表达。

3.3.4
捐赠函　donation letter

捐赠人出具的表示捐赠意愿和承诺的文字凭据。

3.4
捐赠凭证　donation memo

能够确认捐赠行为的收据、发票和单据等有效证明。

3.5
捐赠收据　donation receipt

受赠人收到捐助款物后向捐赠人出具的财政、税务部门统一印制的专用凭证。

3.6
社会公示　donation publicity

受赠人向社会公开捐助款物的接收、管理、使用等情况的行为。

3.7
在地化捐赠统计　local donation statistics

对捐赠人在捐赠行为发生地的捐赠进行统计。

4 社会捐助款物管理和使用基本规范

4.1 捐款管理和使用基本规范

4.1.1 登记捐款
根据在地化捐赠统计要求,记录捐赠人及捐款等信息。

4.1.2 开具收据
捐款到账或捐赠人出具银行转账或邮局汇款证明之后,受赠人向捐赠人开具捐赠收据。不能单凭捐赠承诺或捐赠函开具捐赠收据。

4.1.3 送达凭证
受赠人将捐赠凭证送达捐赠人。

4.1.4 资金管理
接收捐款应开设专户,建立专账。接收现金应当日入账,当日解缴;接收外币应及时兑换,外币支票应按国家有关规定托收。

4.1.5 捐款分配
以社会救助需求和捐赠意向等为依据制定捐款分配方案。

4.1.6 捐款发放
捐款发放采取现金和转账两种形式,可直接由受赠人发放给受益人,也可委托当地政府、街道办事处、基层群众自治组织以及基层民间组织发放给受益人。

4.1.7 定向捐款使用
对于定向捐款,受赠人应按照捐赠意愿和捐赠意向及捐助协议约定的用途使用;如确需改变用途的,应征得捐赠人的同意。

4.1.8 非定向捐款的使用
对于非定向捐款,受赠人可根据社会救助需求统筹使用。

4.2 捐赠物资管理和使用基本规范

4.2.1 登记验收
受赠人首先应验收捐助物资,对符合要求的捐助物资进行登记,记录捐赠人及捐赠物资等信息。

4.2.2 开具凭证
开具合法、有效的捐赠物资证明。

4.2.3 物资管理
捐赠物资实行专人负责,专账管理。捐赠物资应分类整理和储存。对使用过的物品进行分类、清洗、消毒、包装、入库等。

4.2.4 物资分配
以社会救助需求和捐赠意向等为依据制定捐赠物资分配方案。

4.2.5 物资发放
由受赠人直接发放或委托当地政府、街道办事处、基层群众自治组织以及基层民间组织发放给受益人。

4.2.6 定向捐赠物资使用
对于定向捐赠物资,受赠人应按照捐赠意愿及协议约定的用途使用;如确需改变用途的,应征得捐赠人的同意。

4.2.7 非定向捐赠物资使用
对于非定向捐赠物资,受赠人可根据社会救助需求统筹使用。

4.2.8 物资变卖
对不适用、不宜运输的捐赠物资,在征得捐赠人同意后,经过审批和评估,可以进行变卖,变卖所得款仍用于与原捐赠宗旨相符的方向。

4.2.9 信息公开
对社会捐助款物特别是救灾捐赠款物使用情况进行社会公示。

救灾物资储备库管理规范(GB/T 24439—2009)

前 言

本标准由中华人民共和国民政部提出。

本标准由全国减灾救灾标准化技术委员会归口。

本标准起草单位：民政部救灾司、民政部国家减灾中心。

本标准主要起草人：闫志壮、高玉成、李成。

1 范围

本标准规定了救灾物资储备库管理的内容、要求和工作程序。

本标准适用于存储救灾物资的仓库。

2 总则

2.1 目标

救灾物资储备库应确保物资出入库规范、存储安全和发运快捷。

2.2 原则

救灾物资应纳入库房内储存；存储条件和要求不同的救灾物资必须根据情况分库、分类储存；救灾物资的仓储管理应程序规范，制度健全。

2.3 安全

储备单位应采取必要的安全措施，制定安全操作规程和检查、维护、保养规则，杜绝违章作业，切实保障人员、物资、设备安全。

3 入库

3.1 准备

根据委托存储单位入库通知，按照入库救灾物资特性和仓库条件制定物资入库计划，合理确定入库顺序、场地安排、码垛设计或货架使用等相关工作。

3.2 检查

卸载前，检查装载货物状态，施封是否完好。对集装箱货物检查箱体，核对箱号和封印。同时根据入库通知和发货清单核对厂商、品名、规格、数量、包装和标记。

3.3 清点

卸载后，按厂商、品种、规格、残损情况分别码放，包装开散的物资应恢复包装，有残损或无法恢复包装的，单独存放，做好标识；对物资外观、规格尺寸、生产日期、包装和标记等项内容逐一进行核查，并做好详细记录。

3.4 交接

清点后，储备单位与承运单位办理物资交接手续，并向发货单位出具接收凭据。

3.5 报告

入库完毕后,应及时向委托存储单位报告物资接收和查验情况。

4 保管

4.1 存放

不同存储条件的物资应分库存放;相同种类的物资应按照批次集中存放;物资排列要整齐、稳固,便于维护、检查和装卸。

4.2 维护

按照防水、防潮、防蚀、防虫、防鼠等要求对物资进行保养,定期倒垛、翻垛、晾晒、修补;必要时,对纤维物资等进行理化性能检验。

4.3 环境

库房保持整洁,装卸和维护用具摆放整齐。库房不渗不漏,门窗、风洞、门锁严密完好,启闭灵活。

库房排水畅通,适时进行通风晾库或密封防潮,保持合理温度、湿度。满足防火、防盗要求。

4.4 盘点

定期对库存物资进行盘点,清查物资生产日期、品名、规格和数量,确保物资账实相符。

5 出库

5.1 依据

出库以委托存储单位的调拨通知书为依据。

5.2 运输

储备单位负责联系承运单位,并与收货单位确认出库物资的品种、数量、接收人和目的地;与承运单位共同清点物资品种、规格、数量,办理交接手续。对分别包装的成套物资应注意成套集中、装载运输。

5.3 通知

储备单位在物资出库后,及时通知收货单位物资运载方式、承运单位、运输工具班次、计划到达时间、物资品名、规格和数量等信息;并及时向委托存储单位报告物资出库和运输动态。收货单位收到物资后,及时向储备单位和委托存储单位通报物资接收情况。

社会捐助基本术语(GB/T 24440—2009)

前 言

本标准由中华人民共和国民政部提出。
本标准由全国减灾救灾标准化技术委员会归口。
本标准起草单位：民政部救灾司、民政部国家减灾中心。
本标准主要起草人：郑远长、孙浩荃、刘乃山。

1 范围

本标准界定了经常性社会捐助、救灾捐赠和救济性捐赠工作常用术语。
本标准适用于经常性社会捐助、救灾捐赠和救济性捐赠工作。

2 术语

2.1
社会捐助 social donation and assistance
以公益慈善事业为目的,对款物或志愿服务进行筹募、捐赠、接受、使用和管理的行为或活动。

2.2
经常性社会捐助 daily social donation and assistance
以经常性社会捐助站点为依托的日常捐助行为。

2.3
集中性社会捐助 centralized donation and assistance
为特定目的在一定时期内集中开展的大规模大范围的捐助活动。

2.4
公益性捐赠 donation for public benefits
为发展教育、科学、文化、医疗卫生、体育、环境保护以及社会福利等事业进行的捐赠活动。

2.5
救灾捐赠 donation for disaster relief
自然灾害发生时,有组织、有管理的以救灾为目的的捐赠活动;捐赠人对捐赠款物的使用有明确意向,如使用范围、地区等,但不指定特定受益人的捐赠。

2.6
救济性捐赠 donation for social relief
向社会弱势群体和个人提供的用于生活救助和生产帮扶性的捐赠活动。

2.7
捐赠人 donor/benefactor
自愿无偿地通过国家机关、依法成立的公益性社会团体和公益性非营利的事业单位捐赠财产或志愿服务的自然人、法人或其他组织。

2.8

受赠人　donee

接受捐赠的国家机关、依法成立的公益性社会团体和公益性非营利的事业单位。

2.9

转赠人　sub-donee

将捐赠款物转交给受益人的国家机关、依法成立的公益性社会团体和公益性非营利的事业单位。

2.10

受益人　the benefited

接受并最终使用捐赠款物或享受志愿服务的自然人、法人或其他组织。

2.11

志愿服务　volunteer labour

为公益慈善事业无偿提供个人时间、精力和技能的服务。

2.12

志愿者　volunteer

为公益慈善事业无偿提供个人时间、精力和技能的自然人。

2.13

募捐　funds raising

以公益慈善事业为目的,向社会公开募集款物的行为或活动。

2.14

募捐人　funds collector

以公益慈善事业为目的,向社会公开募集款物的行为主体。

2.15

义演　benefit performance

不以营利为目的,将所得用于公益慈善事业目的的演出活动。

2.16

义赛　charity competition

不以营利为目的,将所得用于公益慈善事业目的的赛事活动。

2.17

义卖　charity bazaar

不以营利为目的,将所得用于公益慈善事业目的的销售活动。

2.18

捐赠协议　donation agreement

捐赠人和受赠人就捐赠款物的用途、使用方式等事项签订的协议。

2.19

非定向捐赠　non-directional donation

捐赠人对捐赠款物的使用没有明确意向,由受赠人根据实际工作需要,统筹安排使用的捐赠。

2.20

经常性社会捐助站、点 donation station/point

日常接收和存放捐赠款物的机构或场所。

2.21

慈善超市 charity shop

以经常性社会捐助站、点为依托，借用商业超市运营方式，不以营利为目的而建立的捐赠物资接收、发放、变卖或义买的社会救助场所。

2.22

公益性社会团体 social organization for public benefits

依法成立的，以发展公益事业为宗旨的基金会、慈善组织等社会团体。

2.23

公益性非营利的事业单位 public non-profit enterprise

依法成立的，从事公益事业的不以营利为目的的教育机构、科学研究机构、医疗卫生机构、社会公共文化机构、社会公共体育机构和社会福利机构等。

2.24

社会捐助公示 donation and assistance information announcement

受赠人定期向社会公布受赠款物和志愿服务的使用、管理等社会捐助信息。

2.25

捐赠优惠政策 donations preference policy

国家为鼓励纳税人向公益慈善事业捐赠而制定的激励性规定。

自然灾害灾情统计 第1部分:基本指标
(GB/T 24438.1—2009)

前　　言

GB/T 24438《自然灾害灾情统计》分为三个部分:
——第1部分:基本指标;
——第2部分:扩展指标;
——第3部分:灾情统计调查方法。

本部分为GB/T 24438的第1部分。
本部分由中华人民共和国民政部提出。
本部分由全国减灾救灾标准化技术委员会归口。
本部分起草单位:国家减灾委员会办公室、民政部救灾司、民政部国家减灾中心。
本部分主要起草人:闫志壮、高玉戎、袁艺、马玉玲。

1 范围

GB/T 24438的本部分规定了自然灾害灾情统计的基本指标。
本部分适用于自然灾害管理部门及其他相关机构的灾情统计工作。

2 术语和定义

下列术语和定义适用于GB/T 24438的本部分。

2.1
自然灾害　natural disaster

给人类生存带来危害或损害人类生活环境的自然现象,包括干旱、洪涝灾害,台风、冰雹、雪、沙尘暴等气象灾害,火山、地震灾害,山体崩塌、滑坡、泥石流等地质灾害,风暴潮、海啸等海洋灾害,森林草原火灾和重大生物灾害等。

2.2
农作物　crop

农业上栽培的各种植物,包括粮食、棉花、油料、糖料、蔬菜、茶叶和水果等各类作物。

2.3
农作物播种面积　crop seeding area

实际播种或移植有农作物的面积。凡是实际种植有农作物的面积,不论种植在耕地上还是种植在非耕地上,均包括在农作物播种面积中。在播种季节基本结束后,因遭灾而重新改种和补种的农作物面积,也包括在内。

2.4
耕地　farmland

种植农作物的土地,包括熟地、新开发、复垦、整理地、休闲地(含轮歇地、轮作地);以种植农作物为主,间有零星果树、桑树或其他树木的土地;平均每年能保证收获一季的已垦滩地和海涂。耕地中包括南方宽度＜1.0 m、北方宽度＜2.0 m 固定的沟、渠、路和地坎(埂);临时种植药材、草皮、花卉、苗木等的耕地,以及其他临时改变用途的耕地。耕地中又分出灌溉水田、水浇地、旱地 3 个二级地类。

[GB/T 21010—2007,表 1]

3 基本指标

3.1 受灾人口
因自然灾害遭受损失的人数。

3.2 死亡人口
因自然灾害直接导致死亡的人数。

3.3 失踪人口
因自然灾害直接导致下落不明的人数。

3.4 伤病人口
因自然灾害直接导致受伤或引发疾病的人数。

3.5 紧急转移安置人口
因受到自然灾害威胁、袭击,由危险区域转移到安全区域,需提供临时生活保障的人数。

3.6 被困人口
由于自然灾害造成道路中断等原因被围困,生命受到威胁或生活受到严重影响,需紧急转移或救助的人数。

3.7 饮水困难人口
因自然灾害造成的饮用水水源枯竭、污染、破坏,短期内发生饮水困难的人数。

3.8 倒塌房屋数量
因自然灾害导致房屋整体结构塌落,或承重构件多数倾倒或严重损坏,必须进行重建的房屋数量。

3.9 损坏房屋数量
因自然灾害导致房屋部分承重构件出现损坏,或非承重构件出现明显裂缝,或附属构件破坏,需进行修复的房屋数量。

3.10 农作物受灾面积
因自然灾害导致农作物产量比常年减少一成及以上的农作物播种面积。

3.11 农作物成灾面积
因自然灾害导致农作物产量比常年减少三成及以上的农作物播种面积。

3.12 农作物绝收面积
因自然灾害导致农作物产量比常年减少八成及以上的农作物播种面积。

3.13 停产工矿企业数量
因自然灾害直接导致生产活动停止的工矿企业数量。

3.14 损毁供水管线长度
因自然灾害供水管线发生明显位移、变形、折断等现象,严重影响生活生产用水,需经修复或重建才能正常使用的管线长度。

3.15 损毁输电线路长度

因自然灾害导致输电线路中断,严重影响生活生产用电,需经修复或重建才能正常使用的线路长度。

3.16 损毁公路长度

因自然灾害导致公路发生位移、路基下沉陷落、路面裂缝或被掩埋等现象,严重影响交通安全的公路长度。

3.17 损毁铁路里程

因自然灾害导致铁路发生铁轨扭曲断裂、路基下沉陷落等现象,严重影响行车安全、无法通行的铁路里程。

3.18 损毁通信线路长度

因自然灾害造成通信设施、传输线路等损毁,严重影响通信服务甚至造成通信瘫痪,需紧急抢修或重建的线路长度。

3.19 损毁通信基站数量

因自然灾害造成移动通信服务中断或受到严重影响,需紧急抢修或重建的基站数量。

3.20 损毁水库数量

因自然灾害造成大坝、溢洪道、输水洞等主要部位被损毁,严重影响正常运行的水库数量。

3.21 停课学校数量

因自然灾害停课一天及以上的学校数量。

3.22 毁坏耕地面积

因自然灾害导致被冲毁、掩埋、沙砾化等,在短期内不能恢复的耕地面积。

3.23 直接经济损失

因自然灾害直接导致物质财产自身价值降低或丧失的总量。

3.24 农业直接经济损失

因自然灾害造成种植业、林业、畜牧业、渔业的直接经济损失。

3.25 工矿企业直接经济损失

因自然灾害造成采矿、制造和建筑等工矿企业的直接经济损失。

3.26 基础设施直接经济损失

因自然灾害造成交通、电力、水利、通信、市政等公共基础设施的直接经济损失。

3.27 公益设施直接经济损失

因自然灾害造成教育、卫生、科研、文化、体育、社会保障和社会福利等公益设施的直接经济损失。

3.28 家庭财产直接经济损失

因自然灾害造成居民住房及其室内附属设备、室内财产、农机具、运输工具、牲畜等的直接经济损失。

4 基本指标单位

自然灾害灾情统计基本指标单位及符号见表1。

表 1

序号	指标名称	指标单位	单位符号
1	受灾人口	人、万人	
2	死亡人口	人	
3	失踪人口	人	
4	伤病人口	人	
5	紧急转移安置人口	人、万人	
6	被困人口	人、万人	
7	饮水困难人口	人、万人	
8	倒塌房屋数量	间、万间、平方米	
9	损坏房屋数量	间、万间、平方米	
10	农作物受灾面积	公顷、千公顷	hm^2、khm^2
11	农作物成灾面积	公顷、千公顷	hm^2、khm^2
12	农作物绝收面积	公顷、千公顷	hm^2、khm^2
13	停产工矿企业数量	家	
14	损毁供水管线长度	米、千米	m、km
15	损毁输电线路长度	米、千米	m、km
16	损毁公路长度	米、千米	m、km
17	损毁铁路里程	米、千米	m、km
18	损毁通信线路长度	米、千米	m、km
19	损毁通信基站数量	座	
20	损毁水库数量	座	
21	停课学校数量	所	
22	损毁耕地面积	公顷、千公顷	hm^2、khm^2
23	直接经济损失	元、万元、亿元	
24	农业直接经济损失	元、万元、亿元	
25	工矿企业直接经济损失	元、万元、亿元	
26	基础设施直接经济损失	元、万元、亿元	
27	公益设施直接经济损失	元、万元、亿元	
28	家庭财产直接经济损失	元、万元、亿元	

参 考 文 献

[1] 中华人民共和国标准化法　1988
[2] 中华人民共和国统计法　1983
[3] 中华人民共和国计量法　1986
[4] 中华人民共和国城市规划法　1989

［5］ 中华人民共和国公益事业捐赠法 1999
［6］ GB/T 4754—2002 国民经济行业分类
［7］ GB 3100—1993 国际单位制及其应用
［8］ GB/T 21010—2007 土地利用现状分类
［9］ 自然灾害救助应急预案 2005
［10］ 民政部 自然灾害情况统计制度 2004
［11］ 国家防总 水旱灾害统计报表制度 2004
［12］ 国土资源部 地质灾害报告制度 2004
［13］ 农业部 农情调度月历 1996
［14］ 中国地震局 地震灾情速报规定（试行） 1999
［15］ 国家海洋局 海洋灾害报表
［16］ 高庆华 张业成 自然灾害灾情统计标准化研究 海洋出版社 1997

自然灾害灾情统计 第2部分:扩展指标
(GB/T 24438.2—2012)

前言

GB/T 24438《自然灾害灾情统计》分为三个部分:
——第1部分:基本指标;
——第2部分:扩展指标;
——第3部分:灾情统计调查方法。
本部分为 GB/T 24438 的第2部分。
本部分按照 GB/T 1.1—2009 给出的规则起草。
本部分由中华人民共和国民政部提出。
本部分由全国减灾救灾标准化技术委员会(SAT/TC 307)归口。
本部分起草单位:民政部国家减灾中心。
本部分主要起草人:闫志壮、张云霞、赵飞、范春波、汪洋、张妮娜、刘南江、刘哲。

1 范围

GB/T 24438 的本部分规定了自然灾害灾情统计的扩展指标。
本部分适用于自然灾害管理部门及其他相关机构的灾情统计。

2 规范性引用文件

下列文件对于本文件的应用是必不可少的。凡是注日期的引用文件,仅注日期的版本适用于本文件。凡是不注日期的引用文件,其最新版本(包括所有的修改单)适用于本文件。
GB/T 7408 数据元和交换格式信息交换日期和时间表示法

3 术语和定义

下列术语和定义适用于本文件。

3.1
旱地 dry land

无灌溉设施,主要靠天然降水种植旱生农作物的耕地,包括没有灌溉设施,仅靠引洪淤灌的耕地。
[GB/T 19231—2003,定义 4.2.2.1.4]

3.2
白地 untilled farmland

因季节等因素暂时未播种的耕地。

3.3
大牲畜 large domestic animal

可以作为劳动资料、体形较大,且需饲养2年以上才能发育成熟的牲畜。

注:例如,牛、马、驴、骡、骆驼。

4 扩展指标

4.1 灾害时空特征指标

4.1.1 灾害发生时间

自然灾害造成损失的开始时间。采用公历日期和时间的表示法,并符合GB/T 7408的有关规定。

4.1.2 灾害结束时间

自然灾害损失不再继续扩大或者受自然灾害影响区域内人员不再受到灾害的直接影响时的具体时刻。采用公历日期和时间的表示法,并符合GB/T 7408的有关规定。

4.1.3 受灾区域面积

受到自然灾害影响,且造成破坏的区域面积。

4.1.4 受淹区县数量

受自然灾害影响,水位升高致使主要街区进水,居民住房、企事业单位等受淹,造成经济损失或人员伤亡的县级行政区个数。

4.1.5 主要街道最大水深

因自然灾害导致城区进水受淹,造成城区主干道及重要街道积水深度的最大值。

4.2 人口受灾指标

4.2.1 因灾重伤人口数量

自然灾害为直接原因导致肢体残废、容貌被毁、听觉丧失、视觉丧失、其他器官功能丧失或者对人身健康造成其他重大伤害的人口数量。

4.2.2 因灾三孤人员数量

自然灾害为直接原因造成的孤儿、孤老和孤残人员(即无生活来源、无劳动能力、无法定扶养人的儿童、老年人、残疾人)数量。

4.2.3 干旱影响人口数量

在固定时间段内,因干旱灾害导致缺水,受定时、定量、减压等限水措施影响的人口总数。

4.3 房屋受灾指标

4.3.1 倒塌钢结构与钢混结构房屋数量

因自然灾害造成钢结构与钢混结构的房屋整体结构塌落,或承重构件多数倾倒或严重损坏,应进行重建的房屋数量。

4.3.2 损坏钢结构与钢混结构房屋数量

因自然灾害造成钢结构与钢混结构的房屋部分承重构件出现损坏,或非承重构件出现明显裂缝,或附属构件破坏,需进行修复的房屋数量。

4.3.3 倒塌砖混结构房屋数量

因自然灾害造成砖混结构的房屋整体结构塌落,或承重构件多数倾倒或严重损坏,应进行重建的房屋数量。

4.3.4 损坏砖混结构房屋数量
因自然灾害造成砖混结构的房屋部分承重构件出现损坏,或非承重构件出现明显裂缝,或附属构件破坏,需进行修复的房屋数量。

4.3.5 倒塌砖木结构房屋数量
因自然灾害造成砖木结构的房屋整体结构塌落,或承重构件多数倾倒或严重损坏,应进行重建的房屋数量。

4.3.6 损坏砖木结构房屋数量
因自然灾害造成砖木结构的房屋部分承重构件出现损坏,或非承重构件出现明显裂缝,或附属构件破坏,需进行修复的房屋数量。

4.3.7 倒塌土木结构房屋数量
因自然灾害造成土木结构房、土坯房、土窑洞等简易结构房屋整体结构塌落,或承重构件多数倾倒或严重损坏,应进行重建的房屋数量。

4.3.8 损坏土木结构房屋数量
因自然灾害造成木结构房、土坯房、土窑洞等简易结构房屋部分承重构件出现损坏,或非承重构件出现明显裂缝,或附属构件破坏,需进行修复的房屋数量。

4.3.9 倒塌其他结构房屋数量
因自然灾害造成除钢结构、钢混结构、砖混结构、砖木结构、土木结构之外结构类型房屋整体结构塌落,或承重构件多数倾倒或严重损坏,应进行重建的房屋数量。

4.3.10 损坏其他结构房屋数量
因自然灾害造成除钢结构、钢混结构、砖混结构、砖木结构、土木结构之外结构类型房屋部分承重构件出现损坏,或非承重构件出现明显裂缝,或附属构件破坏,需进行修复的房屋数量。

4.3.11 倒塌乡村居民住房数量
乡村地区因灾倒塌房屋中以居住为使用目的,且正在使用的居民住房数量。

4.3.12 损坏乡村居民住房数量
乡村地区因灾损坏房屋中以居住为使用目的,且正在使用的居民住房数量。

4.3.13 倒塌城镇居民住房数量
城镇地区因灾倒塌房屋中以居住为使用目的,且正在使用的居民住房数量。

4.3.14 损坏城镇居民住房数量
城镇地区因灾损坏房屋中以居住为使用目的,且正在使用的居民住房数量。

4.3.15 乡村居民住房经济损失
因自然灾害直接导致乡村地区居民住房倒塌或损坏造成的直接经济损失。

4.3.16 城镇居民住房经济损失
因自然灾害直接导致城镇地区居民住房倒塌或损坏造成的直接经济损失。

4.3.17 厂房受损面积
因自然灾害导致生产车间、原料库房、产品库房等厂房结构损坏的面积。

4.3.18 城镇非住宅用房经济损失
因自然灾害直接导致城镇地区办公用房、厂房等非住宅用房倒塌或损坏造成的直接经济损失。

4.4 农、林、牧渔业受灾指标

4.4.1 农业受灾指标

4.4.1.1 可复垦耕地面积
因自然灾害导致耕作田耕作条件完全丧失、但通过工程措施可以恢复耕种的耕地面积。

4.4.1.2 农作物受旱面积
因干旱灾害导致在田农作物正常生长受到影响的面积。

4.4.1.3 农作物轻旱面积
对旱作区,是指因自然灾害导致农作物在播种后或生长期间,土壤墒情低于农作物的需水量造成出苗率低于8成,作物叶子出现萎蔫或20厘米耕作层土壤相对湿度低于60%但大于等于40%的面积。对水稻区,是指因自然灾害导致插秧后各生育期内不能及时按需供水,稻田脱水,禾苗出现萎蔫的面积。

4.4.1.4 农作物重旱面积
对旱作区,是指因自然灾害导致农作物出苗率低于6成;叶片枯萎或有死苗现象或20厘米耕作层土壤相对湿度小于40%的面积。对水稻区,是指田间严重缺水,稻田发生龟裂,禾苗出现枯萎死苗的面积。

4.4.1.5 严重缺墒面积
在播种季节,要播种的耕地20厘米耕作层土壤相对湿度低于40%,影响适时播种或需要造墒播种的面积。

4.4.1.6 水田缺水面积
在水稻栽播季节,因水源不足造成水田不能适时泡田、整田或栽插秧苗的面积。

4.4.1.7 旱(白)地缺墒面积
在播种季节,要播种的耕地20厘米耕作层土壤相对湿度低于60%,影响适时播种或需要造墒播种的面积。

4.4.1.8 农作物病虫草鼠害发生面积
通过各类有代表性田块的抽样调查,其病虫发生密度(或为害率)达到防治指标的面积。

注:尚未确定防治指标的病虫,按应治面积计算。对发生明显多代(次)病虫的发生面积,要按代(次)分别统计;一种病(虫)为害多种作物或一种作物同时发生多种病虫时,要按作物和病(虫)种类分别统计。草害发生面积是指达到二级以上的面积。

4.4.1.9 因灾减产粮食
因自然灾害造成的在田粮食作物损失产量。

4.4.1.10 经济作物损失
因自然灾害造成棉花、油料、麻类、桑柞丝、茶叶、糖料、蔬菜、烟叶、果品、药材等经济作物的直接经济损失。

4.4.1.11 损坏温室大棚数量
因自然灾害造成温室大棚损坏的个数或面积。

4.4.1.12 农业机械损失
因自然灾害导致农业机械损毁造成的直接经济损失。

4.4.2 林业受灾指标

4.4.2.1 受灾森林面积
因自然灾害导致森林、灌木、疏林地等不能正常生长的面积。

4.4.2.2 损失成林蓄积
因自然灾害导致单位面积成林损毁或死亡的总蓄积量。

注：此处成林是指造林后保存株数大于或等于造林设计株数的80%，已经郁闭的林地。

4.4.2.3 损失幼林株数
因自然灾害导致幼林损毁或死亡的总株数。

注：此处幼林是指造林后保存株数大于或等于造林设计株数的80%，尚未郁闭但有成林希望的新造林地。

4.4.2.4 森林病虫鼠害发生面积
森林病虫鼠害发生后，在不防治的情况下，能够对林木造成危害的面积。

4.4.2.5 森林病虫鼠害受灾面积
森林病虫害发生后，已实际造成轻度危害的受害林木面积。

4.4.2.6 森林病虫鼠害成灾面积
森林病虫害发生后，已造成中度危害但未达到重度危害的受害林木面积。

4.4.2.7 森林病虫鼠害严重成灾面积
森林病虫害发生后，已造成重度危害的受害林木面积。

4.4.2.8 林业机械损失
因自然灾害导致林业机械损毁造成的直接经济损失。

4.4.3 畜牧业受灾指标

4.4.3.1 圈舍倒塌损毁面积
因自然灾害造成禽畜养殖圈舍倒塌或损坏，需进行修复的建筑面积。

4.4.3.2 受灾家禽数量
因自然灾害导致死亡、伤病的家禽数量。

4.4.3.3 受灾家畜数量
因自然灾害导致死亡、伤病的家畜数量。

4.4.3.4 饮水困难大牲畜数量
因自然灾害造成饮用水水源枯竭、污染或破坏，短期内发生饮水困难的大牲畜数量。

4.4.3.5 因灾死亡大牲畜数量
因自然灾害直接导致死亡的大牲畜数量。

4.4.3.6 因灾伤病大牲畜数量
因自然灾害直接导致受伤或引发疾病的大牲畜数量。

4.4.3.7 因灾死亡野生经济动物数量
因自然灾害直接导致死亡的鹿、貂、水獭、麝等驯养的野生经济动物数量。

4.4.3.8 草场受灾面积
因自然灾害造成牧草减产的草场面积。

4.4.4 渔业受灾指标

4.4.4.1 水产养殖受灾面积
因自然灾害毁坏的水产养殖面积。

4.4.4.2 损毁船只数量
因自然灾害造成船只被潮水或海浪损毁、沉没，或船体损坏需进行修复的船只数量。

4.4.4.3 水产养殖业损失
因自然灾害导致水产养殖品死亡、流失和水产养殖设施损毁造成的直接经济损失。

4.4.4.4 渔业机械损失
因自然灾害导致渔业机械损毁造成的直接经济损失。

4.5 工矿企业受灾指标

4.5.1 工业直接经济损失
因自然灾害造成的工业直接经济损失,包括厂房和附属设备等固定资产的损失,原材料、半成品及产成品的损失及其他相关损失等。

4.5.2 矿山损毁数量
因自然灾害造成正在开采中的矿山矿产存储量减少、开采难度加大或者无法再进行开采的矿山数量。

4.5.3 采矿业直接经济损失
因自然灾害造成的采矿业直接经济损失,包括采矿业办公及生产用房和附属设备等固定资产的损失,原材料、半成品及产成品的损失及其他相关损失。

4.6 基础设施受灾指标

4.6.1 交通受灾指标

4.6.1.1 铁路中断条次
因自然灾害导致出现铁轨扭曲断裂、路基下沉陷落等严重影响行车安全的现象,造成铁路干线停运的条次数。

4.6.1.2 公路中断条次
因自然灾害导致公路发生位移、路基下沉陷落、路面裂缝或被掩埋等现象,严重影响交通安全,造成的公路停运的条次数。

4.6.1.3 机场、港口关停个次
因自然灾害造成机场、港口关闭或者停运的个次数。

4.6.1.4 损毁桥梁数量
因自然灾害导致铁路桥梁、公路桥梁桥面结构、梁体、墩台、台后填土、线路等发生变形或损毁现象,严重影响行车安全、需经修复或重建才能恢复使用的桥梁个数。

4.6.1.5 损毁隧道长度
因自然灾害导致隧道发生洞壁破损、陷落或被掩埋等现象,严重影响交通安全的隧道长度。

4.6.2 水利设施受灾指标

4.6.2.1 水库干涸数量
因干旱灾害,造成水干见底的水库个数。

4.6.2.2 机电井出水不足数量
因干旱灾害导致地下水位下降,造成水泵出水不足或抽不上水的机电井数。

4.6.2.3 水库垮坝数量
因自然灾害造成垮坝的水库座数。

4.6.2.4 损坏堤防数量
因自然灾害造成渗水、滑坡、裂缝、坍塌、管涌、漫溢等影响防洪安全的堤防的处数和

长度。

4.6.2.5 堤防决口长度

因自然灾害造成防洪堤防决口的长度。

4.6.2.6 损坏护岸数量

因自然灾害冲坏的保护防洪堤防的护岸工程的处数。

4.6.2.7 损坏水闸数量

因自然灾害造成闸体损坏,不能正常运行的防洪(潮)闸的座数。

4.6.2.8 冲毁塘坝数量

因自然灾害损毁的塘坝(含拦泥坝、淤地坝)的座数。

4.6.2.9 损坏灌溉设施数量

灌区因自然灾害损坏而不能正常运行的渠首建筑、干渠及干渠上的渠系建筑物(渡槽、倒虹、闸门、涵洞等)的处数。

4.6.2.10 损坏机电井数量

因自然灾害损坏严重影响运行的机电井个数。

4.6.2.11 损坏机电泵站数量

因自然灾害损坏严重影响运行的机电泵站数。

4.6.2.12 损坏水电站数量

因自然灾害损坏严重影响运行的水电站座数。

4.6.2.13 水利设施直接经济损失

因自然灾害造成的水库、堤防、大坝、渠道、水电站、机井等水利工程设施的直接经济损失。

4.6.3 海洋设施受灾指标

4.6.3.1 损毁海塘堤防长度

因自然灾害造成海洋沿岸或岛屿四周修筑的堤防(含堤防构筑物)及护滩、保岸、促淤工程损坏需进行修复的长度。

4.6.3.2 损毁海洋工程数量

因自然灾害造成围海工程、河口治理工程、海上疏浚工程、沿海渔业设施工程、环境保护设施工程、海上平台等海洋工程损坏需进行修复的工程数量。

4.6.4 电力设施受灾指标

4.6.4.1 供电中断条次

因自然灾害造成乡(镇)以上主要输电线路损毁,导致生活生产用电受到严重影响中断的条次数。

4.6.5 市政公用设施受灾指标

4.6.5.1 损毁市政道路长度

因遭受自然灾害导致市政道路出现裂缝、变形或被毁,影响交通甚至交通中断的道路长度。

4.6.5.2 损毁市政道路面积

因遭受自然灾害导致市政道路出现裂缝、变形或被毁,影响交通甚至交通中断的道路面积。

4.6.5.3 损毁市政桥梁座数
因遭受自然灾害导致城市立交桥、过街桥、高架桥等市政桥梁遭受损失的座数。

4.6.5.4 受损供气管道长度
因自然灾害造成供气管道损坏的长度。

4.6.5.5 受损热力管道长度
因自然灾害造成热力管道损坏的长度。

4.6.5.6 受损排水管道长度
因自然灾害造成排水管道损坏的长度。

4.6.5.7 市政公共设施损失
因自然灾害造成的市政道路、市政桥梁及供气、热力、排水管道等市政公共设施的直接经济损失。

4.6.6 通信设施受灾指标

4.6.6.1 通信中断次数
因自然灾害造成通信设施、传输线路等损毁，严重影响通信服务造成通信中断的条次数。

4.6.7 其他受灾指标

4.6.7.1 损坏专业测站数量
站房、缆道、测船、测井及设备等设施被自然灾害损坏的水文、气象、地震、海洋等专业测站个数。

4.6.7.2 生命线系统中断历时
因自然灾害直接导致的供水、供电、供气、交通等生命线中断或瘫痪的时间。

4.6.7.3 生命线工程设施损失
因自然灾害直接导致的供水排水系统、供电系统、供气系统、供暖系统、通信系统等工程设施倾倒、折断、变形、开裂、淤埋等，使其功能完全丧失或部分丧失，从而导致的直接经济损失。

4.7 社会事业损失指标

4.7.1 教育系统直接经济损失
因自然灾害造成教育系统的直接经济损失，包括办公设备、运输工具、归属于教育系统的物资等的损失。统计对象包括高校、中专、职业学校、中学、小学、幼儿园，不包括教育机构的主管部门。

4.7.2 科技系统直接经济损失
因自然灾害造成科技系统的直接经济损失，包括办公设备、运输工具、归属于科技系统的物资等的损失。统计对象包括科技场馆和科研机构，不包括科技系统的主管部门。

4.7.3 卫生系统直接经济损失
因自然灾害造成卫生系统的直接经济损失，包括办公设备、运输工具、归属于卫生系统的物资等的损失。统计对象包括医院、急救中心(站)、社区卫生服务中心、乡镇卫生院、门诊部、诊所、医务室、卫生所、村卫生室、妇幼保健、专科疾病防治院(所、站)、采供血机构、疾病预防控制中心、卫生监督所以及其他卫生机构，不包括卫生系统的主管部门。

4.7.4 文化系统直接经济损失

因自然灾害造成文化系统的直接经济损失,包括办公设备、运输工具、归属于文化系统的物资等的损失。统计对象包括图书馆、文化馆、美术展览馆、剧场(影剧院)、流动放映车、博物馆、文管所、考古所以及文化遗产,不包括文化系统的主管部门。

4.7.5 社会福利系统直接经济损失

因自然灾害造成社会福利系统的直接经济损失,包括办公设备、运输工具、归属于社会福利系统的物资等的损失。统计对象包括干部休养所、敬老院及福利院,不包括社会福利系统的主管部门。

4.8 其他损失指标

4.8.1 政权组织直接经济损失

因自然灾害造成政权组织的直接经济损失,包括办公设备、运输工具、归属于政权组织的物资等的损失。统计对象包括中国共产党机关、国家机构、人民政协和民主党派。

4.8.2 公共组织直接经济损失

因自然灾害造成公共组织的直接经济损失,包括办公设备、运输工具、归属于公共组织的物资等的损失。统计对象包括群体团体、社会团体和宗教组织、基层群众自治组织以及国际组织。

4.8.3 受损公园绿地数量

因自然灾害造成的公园绿地(含综合公园、居住区公园、动物园、植物园等专类公园、带状公园和街旁绿地等)受损面积。

4.8.4 受损城市行道树数量

因自然灾害造成的城市行道树受损的数量。

4.8.5 城市园林绿化直接经济损失

因自然灾害造成的城市园林绿化直接经济损失。

4.8.6 受损风景名胜区数量

因自然灾害造成的国家级、省级风景名胜区受到损失的面积。

4.8.7 风景名胜区直接经济损失

因自然灾害造成的国家级、省级风景名胜区受到的直接经济损失。

4.8.8 受损自然保护区数量

因自然灾害造成的林业、环保、农业、海洋、地质、水利等部门确立的国家级、省级及其他等级自然保护区受到损失的面积。

4.8.9 自然保护区直接经济损失

因自然灾害造成的林业、环保、农业、海洋、地质、水利等部门确立的国家级、省级及其他等级自然保护区受到的直接经济损失。

4.8.10 自然遗产、文化和自然双遗产经济损失

因自然灾害造成的自然遗产、文化和自然双遗产的直接经济损失。

4.8.11 受损文物保护单位数量

因自然灾害造成的世界级、国家级、省级、市县级重点文物保护单位受损个数。

4.8.12 受损可移动文物数量

因自然灾害造成的珍贵文物、一般文物受损件(套)数。

4.8.13 受损历史文化名城数量
因自然灾害造成的历史文化名城受损数量。
4.8.14 受损历史文化名镇数量
因自然灾害造成的历史文化名镇受损数量。
4.8.15 受损历史文化名村数量
因自然灾害造成的历史文化名村受损数量。
4.8.16 文化遗产经济损失
因自然灾害造成的物质文化遗产和非物质文化遗产的直接经济损失。
4.8.17 受灾珍稀野生动物数量
受自然灾害影响,受国家保护的珍稀野生动物受到损失的物种名称和数量。
4.8.18 受损野外种群栖息地数量
受自然灾害影响,野生动物种群主分布区、觅食区、集群活动区、繁殖地等栖息地受到破坏的面积。

5 扩展指标单位

自然灾害灾情统计扩展指标单位及符号见表1~表8。

注:在实际工作中部分指标不宜使用单位符号,因此表中未标注。

表 1 灾害基本指标

序号	指标名称	指标单位	单位符号
1	灾害发生时间	公历年月日和24小时标准计时	
2	灾害结束时间	公历年月日和24小时标准计时	
3	受灾区域面积	公顷	hm^2
4	受淹区县数量	个	
5	主要街道最大水深	厘米、米	cm、m

表 2 人口受灾指标

序号	指标名称	指标单位	单位符号
1	因灾重伤人口数量	人、万人	
2	因灾三孤人员数量	人、万人	
3	干旱影响人口数量	人、万人	

表 3 房屋受灾指标

序号	指标名称	指标单位	单位符号
1	倒塌钢混结构房屋数量	间、万间、平方米	m^2
2	损坏钢混结构房屋数量	间、万间、平方米	m^2
3	倒塌砖混结构房屋数量	间、万间、平方米	m^2

表3（续）

序号	指标名称	指标单位	单位符号
4	损坏砖混结构房屋数量	间、万间、平方米	m^2
5	倒塌砖木结构房屋数量	间、万间、平方米	m^2
6	损坏砖木结构房屋数量	间、万间、平方米	m^2
7	倒塌土木结构房屋数量	间、万间、平方米	m^2
8	损坏土木结构房屋数量	间、万间、平方米	m^2
9	倒塌其他结构房屋数量	间、万间、平方米	m^2
10	损坏其他结构房屋数量	间、万间、平方米	m^2
11	倒塌乡村居民住房数量	间、万间、平方米	m^2
12	损坏乡村居民住房数量	间、万间、平方米	m^2
13	倒塌城镇居民住房数量	间、万间、平方米	m^2
14	损坏城镇居民住房数量	间、万间、平方米	m^2
15	农村居民住房经济损失	元、万元、亿元	
16	城镇居民住房经济损失	元、万元、亿元	
17	厂房受损面积	平方米	m^2
18	城镇非住宅用房经济损失	元、万元、亿元	

表4 农、林、牧渔业受灾指标

序号	指标名称	指标单位	单位符号
1	可复垦耕地面积	公顷	hm^2
2	农作物受旱面积	公顷	hm^2
3	农作物轻旱面积	公顷	hm^2
4	农作物重旱面积	公顷	hm^2
5	严重缺墒面积	公顷	hm^2
6	水田缺水面积	公顷	hm^2
7	旱（白）地缺墒面积	公顷	hm^2
8	农作物病虫草鼠害发生面积	公顷	hm^2
9	因灾减产粮食	吨	t
10	经济作物损失	元、万元、亿元	
11	损坏温室大棚数量	平方米、个	
12	农业机械损失	元、万元、亿元	
13	受灾森林面积	公顷	hm^2
14	损失成林蓄积	立方米、万立方米	m^3

表 4（续）

序号	指标名称	指标单位	单位符号
15	损失幼林株数	株、万株	
16	森林病虫鼠害发生面积	公顷	hm²
17	森林病虫鼠害受灾面积	公顷	hm²
18	森林病虫鼠害成灾面积	公顷	hm²
19	森林病虫鼠害重灾面积	公顷	hm²
20	林业机械损失	元、万元、亿元	
21	圈舍倒塌损毁面积	公顷	hm²
22	受灾禽畜数量	头、只	
23	受灾家畜数量	头、只	
24	饮水困难大牲畜数量	头、只	
25	因灾死亡大牲畜数量	头、只	
26	因灾伤病大牲畜数量	头、只	
27	因灾死亡野生经济动物数量	头、只	
28	草场受灾面积	公顷	hm²
29	水产养殖受灾面积	公顷	hm²
30	损毁船只数量	只	
31	水产养殖业损失	元、万元、亿元	
32	渔业机械损失	元、万元、亿元	

表 5　工矿企业受灾指标

序号	指标名称	指标单位	单位符号
1	工业直接经济损失	元、万元、亿元	
2	矿山损毁数量	座	
3	采矿业直接经济损失	元、万元、亿元	

表 6　基础设施受灾指标

序号	指标名称	指标单位	单位符号
1	铁路中断条次	条次	
2	公路中断条次	条次	
3	机场、港口关停个次	个次	
4	损毁桥梁数量	座	
5	损毁隧道长度	米、千米	m、km
6	水库干涸数量	座	

表 6（续）

序号	指标名称	指标单位	单位符号
7	机电井出水不足数量	个	
8	水库垮坝数量	座	
9	损坏堤防数量	米、千米	m、km
10	堤防决口长度	米、千米	m、km
11	损坏护岸数量	米、千米	m、km
12	损坏水闸数量	座	
13	冲毁塘坝数量	个	
14	损坏灌溉设施数量	个	
15	损坏机电井数量	个	
16	损坏机电泵站数量	个	
17	损坏水电站数量	个	
18	水利设施直接经济损失	元、万元、亿元	
19	损毁海塘堤防长度	米、千米	m、km
20	损毁海洋工程数	座	
21	供电中断条次	条次	
22	损毁市政道路长度	米、千米	m、km
23	损毁市政道路面积	平方米	m²
24	损坏市政桥梁数量	座	
25	受损供气管道长度	米、千米	m、km
26	受损热力管道长度	米、千米	m、km
27	受损排水管道长度	米、千米	m、km
28	市政公共设施损失	元、万元、亿元	
29	通信中断次数	次	
30	损坏专业测站数量	个	
31	生命线系统中断历时	小时	h
32	生命线工程设施损失	元、万元、亿元	

表 7 社会事业受灾指标

序号	指标名称	指标单位	单位符号
1	教育系统直接经济损失	元、万元、亿元	
2	科技系统直接经济损失	元、万元、亿元	
3	卫生系统直接经济损失	元、万元、亿元	
4	文化系统直接经济损失	元、万元、亿元	
5	社会福利系统直接经济损失	元、万元、亿元	

表8 其他损失指标

序号	指标名称	指标单位	单位符号
1	政权组织直接经济损失	元、万元、亿元	
2	公共组织直接经济损失	元、万元、亿元	
3	受损公园绿地数量	平方米	m^2
4	受损城市行道树数量	株、万株	
5	城市园林绿化直接经济损失	元、万元、亿元	
6	受损风景名胜区数量	平方米	m^2
7	风景名胜区直接经济损失	元、万元、亿元	
8	受损自然保护区数量	个	
9	自然保护区直接经济损失	元、万元、亿元	
10	自然遗产、文化和自然双遗产经济	元、万元、亿元	
11	受损文物保护单位数量	个	
12	受损可移动文物数量	件、套	
13	受损历史文化名城数量	个	
14	受损历史文化名镇数量	个	
15	受损历史文化名村数量	个	
16	文化遗产经济损失	元、万元、亿元	
17	受灾珍稀野生动物数量	只	
18	受损野外种群栖息地数量	平方米	m^2

参 考 文 献

[1] GB/T 19231—2003 土地基本术语

[2] GB/T 18635—2002 动物防疫 基本术语

[3] 司法部,最高人民法院,最高人民检察院,公安部.人体重伤鉴定标准.1990.

[4] 高庆华,张业成.自然灾害灾情统计标准化研究.北京:海洋出版社,1997.

自然灾害灾情统计 第3部分：分层随机抽样统计方法
（GB/T 24438.3—2012）

前　言

GB/T 24438《自然灾害灾情统计》分为三个部分：
——第1部分：基本指标；
——第2部分：扩展指标；
——第3部分：分层随机抽样统计方法。
本部分为 GB/T 24438 的第3部分。
本标准按照 GB/T 1.1—2009 给出的规则起草。
本部分由全国减灾救灾标准化技术委员会（SAC/TC 307）提出并归口。
本部分由民政部国家减灾中心起草。
本部分主要起草人：范春波、张云霞、张鹏、赵飞、刘南江、张妮娜、丁一。

1 范围

GB/T 24438 的本部分规定了自然灾害灾情统计的分层随机抽样统计方法。
本部分适用于自然灾害管理部门及其他相关机构统计或评估自然灾害损失。

2 规范性引用文件

下列文件对于本文件的应用是必不可少的。凡是注日期的引用文件，仅注日期的版本适用于本文件。凡是不注日期的引用文件，其最新版本（包括所有的修改单）适用于本文件。
GB/T 10111　随机数的产生及其在产品质量抽样检验中的应用程序

3 术语和定义

下列术语和定义适用于本文件。

3.1
分层随机抽样　stratified random sampling survey
将总体单元按其属性特征分成若干层（类型），然后在层（类型）中随机抽取样本单元。

3.2
样本损失指标　loss indicators in sample
在分层抽样中，损失调查的指标项。
注：本标准调查指标为：受灾人口、农作物受灾面积、农作物绝收面积、倒塌房屋间数、损坏房屋间数。

4 分层随机抽样层的确定与样本选择

4.1 分层（类型）的确定

以灾害过程所有受灾行政单元为抽样总体，利用累计平方根法，计算分层（类型）分割节点,将受灾县总体分为Ⅰ层、Ⅱ层、Ⅲ层。

a) 将灾情指标区间[A,B]作10等分,计算灾情指标值落入各子区间中的样本的频数 $f_k(k=1,2,\cdots,10)$。

b) 计算 f_k 的平方根 $\sqrt{f_k}$ 累积和 $\sum_{k=1}^{10}\sqrt{f_k}$,以 $\sum_{k=1}^{10}\sqrt{f_k}/3$ 为步长。

c) 查找使 $\sum_{k=1}^{L}\sqrt{f_k}$ 最接近1倍步长和2倍步长的区间序号 L,并以 L 对应的区间右端点为层分割节点。

4.2 样本选择要求

在受灾行政单元(省、县)范围内,依据 GB/T 10111 按每层样本总数随机选取10%作为抽样样本。

5 抽样调查与结果推算

5.1 入户调查

在确定分层抽样样本行政村后,调查人员根据最终确定的入户调查行政村名单,进行实地调查,并根据实地调查结果填写《样本行政村灾害损失调查表》(见表 A.1)。

5.2 结果推算

5.2.1 县级结果推算

根据分层抽样公式推算样本县级行政单元损失指标并将结果填入《样本县级行政单元灾害损失推算结果表》(见表 A.2)。

a) 按式(1)计算县级分层各项指标的总体均值估计。

$$\overline{x} = \sum_{k=1}^{K}\left(\frac{C_k}{N}\right)\overline{x}_k \quad\quad\quad\quad\quad (1)$$

式中:
$\overline{x}$ ——县(省)级总体均值的估计;
K ——对县(省)级样本分层的总层数;
$\overline{x}_k$ ——第 k 层中所有样本的均值,$k=1,2,\cdots,K$;
C_k ——第 k 层样本个数,$k=1,2,\cdots,K$;
N ——总体样本数,$N=C_1+C_2+\cdots+C_K$。

b) 按式(2)计算县级分层各项指标的标准差估计。

$$S = \sqrt{\frac{1}{N^2}\sum_{k=1}^{K}C_k(C_k-n_k)\frac{s_k^2}{n_k}} \quad\quad\quad\quad\quad (2)$$

式中:
S ——县(省)总体均值标准差的估计值;
n_k ——第 k 层中抽样数,$k=1,2,\cdots,K$;
s_k ——第 k 层抽样样本的标准差,$k=1,2,\cdots,K$。

在分层抽样中,一般取置信度为95%,总体均值估计为:

$$\overline{x} \pm 2S \quad\quad\quad\quad\quad (3)$$

c) 填写《样本县级行政区灾害损失推算结果表》(见表 A.2)。

5.2.2 省级结果推算

a) 按式(1)计算省级分层各项指标的总体均值估计。
b) 按式(2)计算省级分层各项指标的标准差估计。
c) 按式(3)计算省级总体均值估算。
d) 填写《省级行政单元灾害损失推算结果表》(见表 A.3)。

附 录 A
（规范性附录）
调查与结果推算表

表 A.1 样本行政村灾害损失调查表

单位：人次、公顷、间

行政村	人口受灾情况	农作物受灾情况		损失情况		类型
	受灾人口	受灾面积	绝收面积	倒塌房屋间数	损坏房屋间数	

填表人： 填表日期：

表 A.2 样本县级行政单元灾害损失推算结果表

单位:人次、公顷、间

县级行政单元	估值类型	人口受灾情况	农作物受灾情况		损失情况		类型
		受灾人口	受灾面积	绝收面积	倒塌房屋间数	损坏房屋间数	
	总体均值估计						
	标准差估计						
	总体估值						

填表人: 　　　　　　　　　　　　　　　填表日期:

表 A.3　省级行政单元灾害损失推算结果表

单位：万人次、千公顷、万间

省级行政单元	估值类型	人口受灾情况	农作物受灾情况		损失情况	
		受灾人口	受灾面积	绝收面积	倒塌房屋间数	损坏房屋间数
	总体均值估计					
	标准差估计					
	总体估值					

填表人：　　　　　　　　　　　　　　　　　　　　填表日期：

附 录 B
（资料性附录）
分 层 算 例

表 B.1 某省某次自然灾害过程受灾人口分县数据

地区	受灾人口/人	地区	受灾人口/人
A 县	18 560	K 县	220 000
B 县	16 855	L 县	20 000
C 县	27 000	M 县	78 000
D 县	3 400	N 县	29 460
E 县	9 680	O 县	3 920
F 县	6 001	P 县	25 772
G 县	4 500	Q 县	2 193
H 县	106 200	R 县	21 304
I 县	15 000	S 县	52 095
J 县	10 000	T 县	69 000

表 B.2 某省某次自然灾害过程受灾人口分布及其最优分层

等分区间		f_k	$\sqrt{f_k}$	累计 $\sqrt{f_k}$
2 193	23 974	12.0	3.464 102	3.464 102
23 974	45 754	3.0	1.732 051	5.196 152
45 754	67 535	1.0	1	6.196 152
67 535	89 316	2.0	1.414 214	7.610 366
89 316	111 097	1.0	1	8.610 366
111 097	132 877	0.0	0	8.610 366
132 877	154 658	0.0	0	8.610 366
154 658	176 439	0.0	0	8.610 366
176 439	198 219	0.0	0	8.610 366
198 219	220 000	1.0	1	9.610 366

$\sqrt{f_k}$ 累计结果是 9.610 366，分三层，则应平均每隔 9.610 366/3＝3.203 455 分一层，因而 2 个分点应是使累计最接近以下值：3.203 455，6.406 911。最后可得较合理的分层应是：受灾人口≤23 974；23 974＜受灾人口≤67 535；受灾人口＞67 535。

自然灾害避灾点管理规范(MZ/T 052—2014)

前言

本标准按照 GB/T 1.1—2009 给出的规则起草。

本标准由全国减灾救灾标准化技术委员会(SAC/TC 307)提出并归口。

本标准起草单位:福建省民政厅、民政部救灾司、温州大学。

本标准主要起草人:罗万荷、袁国军、潘安平、许胜、肖鑫、林艳、刘灵。

本标准为首次发布。

1 范围

本标准规定了自然灾害避灾点设置、日常管理以及应急管理的基本要求。

本标准适用于各级民政部门对自然灾害避灾点设置、日常管理和应急管理,经城乡规划选定为地震应急避难场所的设计、建设或改造宜参照 GB/T 21734。

2 规范性引用文件

下列文件对于本文件的应用是必不可少的。凡是注明日期的引用文件,仅注明日期的版本适用于本文件。凡是不注明日期的引用文件,其最新版本(包括所有的修改单)适用于本文件。

GB 5749 生活饮用水卫生标准

GB/T 21734 地震应急避难场所 场址及配套设施

GB 50016 建筑设计防火规范

3 术语和定义

下列术语和定义适用于本文件。

3.1

避灾点 emergency shelter

为遭受自然灾害威胁或其他突发公共事件影响的人员提供应急避护和基本生活保障的场所。

3.2

避灾人员 evacuated victims

受暴雨、洪涝、风雹、台风、山体滑坡、泥石流、森林火灾等自然灾害威胁或其他突发公共事件影响,需要紧急转移安置的人员。

4 避灾点的设置

4.1 场地和建筑要求

4.1.1 避灾点的选址应充分考虑场地安全性要求,综合考虑地形、地貌、气象、水文、地质等条件,应避开地震断裂带和可能遭受泥石流、山体滑坡、洪涝等自然灾害威胁的区域或地段。

4.1.2 避灾点应考虑其所在区域的公共设施状况和避灾人员数量,遵循交通便利、方便转移的原则,科学合理布局,其允许容纳的避灾人员数量,按人均面积不小于 2 m^2 计算。

4.1.3 避灾点应有方便避灾人员进出通道,其中主干道的有效宽度应不小于 4 m,次干道的有效宽度应不小于 2 m。

4.1.4 避灾点主体建筑一般应为钢筋混凝土或钢结构,其主体建筑安全距离应符合 GB 50016—2006 规定的范围。

4.2 现有建筑物利用要求

4.2.1 避灾点应优先利用其所在区域内的现有人防工程、体育馆、影剧院、会场、学校、社会福利设施、村办公楼、老年人活动中心等公共建筑物,并对这些建筑物进行改造利用,使之具备较好的防灾避险功能。

4.2.2 现有建筑物改扩建前应进行房屋质量和抗震设防能力鉴定,必要时应进行加固,符合《房屋建筑工程抗震设防管理规定》后方可选作避灾点。

4.3 基本设置要求

4.3.1 避灾点应设置统一的避灾点标识铭牌、进出口路线和消防安全疏散通道标志。所有标识标志应醒目,特别是消防安全疏散通道和进出口路线标志等。

4.3.2 避灾点应设置值班室、避灾人员宿舍、物资储备间等场所。规模较大和有条件的避灾点应设置办公室、男(女)休息室、特殊人员休息室、厨房、卫生间、临时医疗点和救灾物资仓库等场所。

4.3.3 避灾点应设置公厕设施,原则上每 100 人不少于 2 个蹲位,且应男女分设。必要时也可采用移动式简易厕所替代。

4.3.4 避灾点应具备良好的给排水条件,满足给排水要求,提供生活饮用水保障,且应符合 GB 5749。

4.3.5 避灾点应配备必要的辅助照明设施,如应急灯等。高寒地区还应有一定数量的取暖设备。

4.3.6 避灾点应张贴悬挂避灾点管理制度、避灾人员守则和防灾减灾宣传资料等。

5 日常管理

5.1 组织管理

5.1.1 避灾点应建立统一指挥、综合协调的组织机构,具备必要的通信条件,配备必要的管理人员,并将其姓名和联系电话予以公布。

5.1.2 避灾点管理人员可聘请专职人员担任,也可由当地行政、企事业单位工作人员兼任,原则上每 50 名避灾人员至少安排 1 名管理人员。必要时还应配备医疗、公安(治安)人员。

5.1.3 避灾点应主动接收志愿者队伍,特别是鼓励避灾人员参与避灾点管理服务工作,并实行统一管理。

5.2 安全管理

5.2.1 避灾点应符合基本的消防安全要求,其主体建筑、电线电路、消防设施等要定期检查维护,并予以记录,具体参见 GB 50016。

5.2.3 避灾点内应设置必要的安全警示标志,防止避灾人员发生意外伤害。

5.3 物资管理

避灾点应储备足量的床铺、被褥、食品、饮用水、日常品等基本生活物资。必要时也可与附近的饭店、商场、超市、药店、学校、仓库等业主单位签订协议储备物资,但其与避灾点的实际距离应小于 500 m。

5.4 预案管理

针对当地灾害特点,结合本行政区域内自然灾害避灾点分布情况,从指挥机构、灾害预警、启动机制、联系方式、转移路线、疏散引导、安置程序、物资储备和信息传输等方面,修订完善应急预案,且每年至少组织一次避灾应急演练。

6 应急管理

6.1 启用条件

符合下列条件之一的应及时启用避灾点:
——当地人民政府发布自然灾害救助应急响应时;
——当地人民政府视情发布紧急转移指令时;
——人民群众生命财产面临威胁时;
——其他条件需要启用时。

6.2 人员管理

6.2.1 避灾点管理人员应实行 24 h 值守,做好避灾人员管理服务工作,并及时了解灾情变化和灾害影响。

6.2.2 避灾点管理人员应对避灾人员逐一登记造册,并教育引导避灾人员自觉遵守避灾点管理规定。

6.2.3 避灾点管理人员应关注避灾人员思想情绪变化,做好避灾人员的心理援助工作。

6.2.4 避灾点管理人员应做好志愿者的管理。

6.3 物资保障

6.3.1 避灾点应妥善储备救灾物资,建立物资台账和定期检查制度,并及时进行过期前的物资更换,不得向避灾人员发放过期变质食物。

6.3.2 灾害过程结束或避灾人员撤离回迁后,管理人员应及时上报物资消耗情况,以乡镇(街道)为单位汇总上报至当地县级民政部门。

6.3.3 避灾工作结束后,经县级民政部门批准,处于保质期内的食物应分类妥善管理,或用于困难群众临时生活救助。

6.4 卫生保障

6.4.1 避灾点应保持环境卫生整洁,配备必要的垃圾收容设施,并及时予以清理。医疗废物处理参照《医疗废物管理条例》。

6.4.2 避灾点医务人员应密切关注避灾人员身体状况,主动提供医疗卫生服务。

6.5 生活保障

6.5.1 避灾点应及时安排床(铺)位或休息处,分发必要的生活必需品,并适当考虑性别、年龄差异和病患人群的特别需求。

6.5.2 避灾点应保证避灾人员的日常用餐需求,并适当考虑特殊人群的营养差别(特别是婴幼儿、老年人等)。

6.6 响应终止

6.6.1 当地人民政府或有关部门发布撤离回迁指令后,管理服务人员应组织避灾人员有序撤离。

6.6.2 避灾人员撤离后,管理服务人员应及时对避灾点物品、设施进行整理和补充,使其恢复初始状态。

7 信息发布

避灾点应及时向避灾人员通报灾情发展和救灾物资发放等情况,以及当地人民政府应急救助政策措施等相关信息。

参 考 文 献

[1] 自然灾害救助条例 2010
[2] 民政部自然灾害情况统计制度 2011
[3] 国家自然灾害救助应急预案 2011

应急期受灾人员集中安置点基本要求
(MZ/T 040—2013)

前 言

本标准按照 GB/T 1.1—2009 给出的规则起草。

本标准由全国减灾救灾标准化技术委员会(SAC/TC 307)提出并归口。

本标准起草单位:民政部国家减灾中心。

本标准主要起草人:袁艺、王丹丹、吴建安、周洪建、潘东华、马玉玲。

1 范围

本标准规定了自然灾害发生后应急期间,受灾人员集中安置点的选择、基础设施配置、管理以及服务的基本要求。

本标准适用于各级民政部门应急期间的集中安置工作。

2 规范性引用文件

下列文件对于本文件的应用是必不可少的。凡是注日期的引用文件,仅注日期的版本适用于本文件。凡是不注日期的引用文件,其最新版本(包括所有的修改单)适用于本文件。

GB 50016 建筑设计防火规范

GB 5749 生活饮用水卫生标准

3 术语与定义

下列术语和定义适用于本文件。

3.1

应急期 response period

某区域受灾后,为减少损失及恢复社会秩序而开展紧急救援、应急救助的时段。

3.2

集中安置点 collective resettlement site

可临时安置 50 人(含)以上并能够提供基本生活保障的安全场所。

注:包括自然灾害应急避难场所,位于相对安全地带的学校操场、公园、花园、广场、绿地等空旷地,以及具备一定防灾抗灾能力的室内公共场所(如学校教室及宿舍、体育馆、村镇公共用房等)。

4 集中安置点选择要求

4.1 安全性

4.1.1 选择自然环境和人工环境安全的地点。

4.1.2 避开岩溶塌陷区、矿山采空区,可能发生滑坡、崩塌、泥石流等地质灾害的区域,以及可能的洪涝淹没区域。

4.1.3 远离生产和储存易燃易爆危险品的工厂、仓库、高压输电线路、变电站等。

4.2 通达性

应选在交通条件便利的区域,紧急情况下可快速疏散安置人员。

4.3 用地

应充分利用废弃地、空旷地,尽量不占用或者少占用农田,并注意避免对自然保护区、饮用水水源保护区以及生态脆弱区域造成破坏。

5 基础设施配置要求

5.1 基本生活保障

5.1.1 具备必要的照明设施。
5.1.2 根据当地气候温度条件,提供必要的采暖设施和物资。
5.1.3 有足够数量的公用厕所供安置人员使用,每100人有1~2个厕位。
5.1.4 有基本的排水设施,用于排放雨水、污水、生活用水等。
5.1.5 设立垃圾收集处理设施,集中收集、堆放并及时清理垃圾。医疗废弃物应做特别处理,不与普通生活垃圾混合处理。

5.2 安全和消防

5.2.1 具备基本的消防设施,设置消防通道,配备应急撤退路线图。消防通道设置符合GB 50016 的要求。
5.2.2 集中安置点及周边应设置安置点标志、人员疏导标志和安置点功能分区标志。根据各种服务内容,设立相应的服务标志,方便群众识别。
5.2.3 集中搭建帐篷或活动板房时,帐篷(板房)间应有宽度不小于2米的人行道,并设置必要的消防通道。

5.3 临时仓储

具备临时仓储设施,供临时存放床铺、被褥、食品、饮用水、生活用具等基本物资。仓储设施的容量根据集中安置点规模、需储备的物资种类和数量等进行估算。

6 管理要求

6.1 管理制度

配备集中安置点管理制度。制度包括管理人员设置、职能分工、物资发放、环境卫生、应急预案等内容。

6.2 管理人员

6.2.1 配备管理人员,按照管理制度履行职责。
6.2.2 管理人员可考虑聘请专职人员或由当地村委会、居委会等基层管理人员兼任。还可在安置人员中选取志愿者参与管理工作。
6.2.3 管理人员人数根据集中安置点规模确定,应保证每个安置点至少有1名管理人员。

7 服务要求

7.1 基本生活保障

7.1.1 应及时分配(发)床位(铺)和被褥等,最低标准为1名成人拥有1张单人床(铺)、1套单人被褥。

7.1.2 应保证每个安置人员拥有至少 1 套适合当地气候条件的衣物。

7.1.3 应保证安置人员的日常用餐需要。保持公共厨具、灶具的干净卫生。

7.1.4 应满足安置人员的基本饮水需要,饮用水符合 GB 5749 的要求。尽量保证个人或家庭(特别是妇女、婴幼儿等人群)的基本卫生用水需要。

7.1.5 安置空间的分配、衣物发放、日常用餐等的保障应考虑安置人员的性别、年龄、家庭情况,以及民族、文化习俗及宗教信仰等情况。

7.2 卫生医疗服务

7.2.1 应保证食品加工材料、仓储即时食品、饮用水等物资的质量安全。

7.2.2 应及时妥善处理安置点产生的各类垃圾、污物,保证安置点环境卫生。

7.2.3 应具备基本医疗服务能力,可进行常规伤病诊断和基本处理治疗。

7.2.4 应具备配合专业医疗防疫部门开展灾区卫生防疫工作的能力。

7.3 信息服务

7.3.1 应及时向被转移安置群众公布灾情、救灾工作进展、救灾物资发放情况,以及政府的各项救助政策。

7.3.2 应定期向上级管理部门通报安置点情况,及时报告安置点出现的安全(隐患)问题及需要上级解决的问题。

参 考 文 献

[1] 自然灾害救助条例 2010

[2] 民政部 自然灾害情况统计制度 2011

自然灾害损失现场调查规范（MZ/T 042—2013）

前 言

本标准按照 GB/T 1.1—2009 给出的规则起草。

本标准由全国减灾救灾标准化技术委员会（SAC/TC 307）提出并归口。

本标准起草单位：民政部国家减灾中心。

本标准主要起草人：袁艺、潘东华、王丹丹、臧克、周洪建、马玉玲、王曦、孙燕娜。

本标准为首次发布。

1 范围

本标准规定了自然灾害损失现场调查的术语与定义、调查原则、调查内容、调查方法、工作程序和调查报告撰写要求。

本标准适用于各级民政部门开展自然灾害损失现场调查工作。

2 规范性引用文件

下列文件对于本文件的应用是必不可少的。凡是注日期的引用文件，仅注日期的版本适用于本文件。凡是不注明日期的引用文件，其最新版本（包括所有的修改单）适用于本文件。

GB/T 24438.1　自然灾害灾情统计　第1部分：基本指标

GB/T 28225　灾区农户住房倒塌或损坏数量抽样核查方法

3 术语与定义

下列术语和定义适用于本文件。

3.1

自然灾害损失　loss induced by natural disasters

因自然灾害对人类生命、财产、社会功能和生态环境等造成的破坏及损失。

3.2

现场调查　field survey

在自然灾害现场，按照规定的程序和方法获取自然灾害损失信息的行为。

4 调查原则

4.1 及时性

灾害发生后，按程序及时启动现场调查，组织人员赴灾区开展调查工作，并及时撰写调查报告。

4.2 客观性

现场调查时，调查者应如实采集、记录、运用和分析自然灾害现场信息。

4.3 统一性
现场调查的技术和工作流程应遵循统一的标准,调查结果可在不同的时空进行比较。

4.4 适用性
调查指标的设置和调查方法的选取应适用于调查的目的、灾害种类的特征、灾害发生阶段的特殊性以及受灾区域的特征。

4.5 可操作性
现场调查内容及指标的选取应充分考虑已有技术手段、工作环境、指标可获取性、现场操作便捷性等客观因素,保障现场调查工作的时效性和可操作性。

5 调查内容

5.1 受灾区域基本情况

5.1.1 自然背景信息
受灾区域的自然致灾因子和孕灾环境等,主要包括气象、水文、地形地貌、地质、植被等信息。

5.1.2 社会背景信息
受灾区域的社会人文因子,主要包括人口数量和年龄结构,居民住房信息,农作物种植区域结构和面积,区域经济发展水平、产业结构和规模等信息。

5.2 受灾对象损失情况

5.2.1 人员损失
主要包括受灾人口、因灾死亡人口、因灾失踪人口、因灾伤病人口、转移安置人口、饮水困难人口、需救助人口等。[见 GB/T 24438.1—2009]

5.2.2 房屋
主要包括居民住宅用房(农村与城镇)与非住宅用房的因灾倒塌、严重损坏、一般损坏的房屋数量及其直接经济损失。[见 GB/T 24438.1—2009]

5.2.3 居民家庭财产损失
主要包括受损生产性固定资产、耐用消费品和其他财产等的数量及其直接经济损失等。

5.2.4 农业损失
主要包括种植业、畜牧业、渔业、林业和农业机械等损失:
——种植业主要调查农作物受灾、成灾和绝收面积,农业生产大棚毁损面积及直接经济损失;
——畜牧业主要调查死亡大小牲畜、家禽数量及直接经济损失,养殖场(基地)受损数量及直接经济损失;
——渔业主要调查受灾养殖面积、水产品直接经济损失、养殖设施直接经济损失;
——林业主要调查受灾、成灾和损毁的森林、苗圃、良种繁育基地面积及直接经济损失;
——农业机械主要调查毁损数量及直接经济损失。

5.2.5 工业损失
主要包括受损厂房与仓库、设备、原材料和产成品等的数量及直接经济损失等。

5.2.6 服务业损失
主要包括批发与零售业、住宿和餐饮业、金融业、文化产业和其他服务业等经营性部分的损失,主要调查受损网点数量、受损设备设施的数量及直接经济损失等。

5.2.7 基础设施损失

主要包括交通(公路、铁路、水运和航空)、通信、能源、水利和市政设施等损失：
—— 交通设施主要调查公路(包括国道、省道、县及以下道路、客/货运站和服务区)、铁路(高速铁路、普通铁路、客/货运站)、水运和航空受损情况；
—— 通信设施主要调查通信网、通信枢纽、邮政等受损情况；
—— 能源设施主要调查电网、发电、油气等设施受损情况；
—— 水利设施主要调查水利基础设施、人饮工程等受损情况；
—— 市政设施主要调查市政道路交通、市政供供水排水、市政供气供热、市政垃圾处理、城市绿地等受损情况。

5.2.8 公共服务系统损失

主要包括教育、科技、医疗卫生、文化、广电、体育、自然文化遗产、社会保障、社会福利和社会管理等公益性部分的损失，主要调查受损机构数量、受损设备设施的数量及直接经济损失等。

5.2.9 资源环境损失

主要包括自然保护区、耕地、林地、草地、矿产资源等毁损数量或面积。

5.2.10 其他受灾对象损失

除上述受灾对象损失外，其他受灾对象因灾造成的破坏和损失情况。

6 调查方法

6.1 调查方式

6.1.1 全面调查

对受灾区域某一受灾对象的破坏和损失情况逐个调查的调查方式：
—— 对于死亡人口、失踪人口等特殊指标一般采用全面调查。
—— 全面调查工作量大，需要较多的人力、物力和财力，对于受灾区域较小且需要全面掌握受灾对象的破坏和损失情况时可采用全面调查。

6.1.2 抽样调查

按照抽选样本的方法从总体中抽取部分单位进行调查获得相关资料，以此推断总体的调查方法：
—— 与全面调查相比，抽样调查主要适用于受灾范围较大，调查时限要求较高，且需要通过调查推断总体损失的情况。如大范围的农作物受灾、居民房屋受损时一般采用抽样调查的方式。[见 GB/T 28225—2011]
—— 为推断总体损失情况，自然灾害损失现场抽样调查一般采取概率抽样方法，主要有简单随机抽样、系统抽样、整群抽样、分层抽样及多阶段抽样。

6.1.3 典型调查

针对受灾区域中的重灾区或特殊区域等局部区域进行的调查：
—— 主要适用于调查总体同质性比较大的情况。
—— 主要适用于对受灾对象有初步认识的情况。

6.2 信息获取方法

6.2.1 目视识别

依据相关技术标准、专业知识、经验等通过直接观察获取灾害现场信息的一种信息获取方法。

6.2.2 仪器测量

利用专业仪器实地测量获取灾害现场信息的一种信息获取方法。

6.2.3 问卷调查

通过事先统一设计的问卷来向被调查者了解情况、征询意见的一种信息获取方法。

6.2.4 访谈调查

直接与受灾人员、受灾害影响人员、救灾工作人员等被访者接触,向被访者询问、谈话,从而获取灾害现场信息的一种信息获取方法。

注:可与问卷调查相结合。

6.2.5 座谈调查

在特定场所,与被调查地区相关人员,围绕某一主题,通过开放式讨论获取灾害现场信息的一种信息获取方法。

注:可与问卷调查相结合。

6.2.6 综合方法

根据现场调查环境、调查对象类型、调查阶段特征等,选择多种信息获取手段相结合的一种方法。

7 工作程序

7.1 准备阶段

主要工作内容包括:
——组建调查小组,主要包括选择与培训调查人员,建立调查人员的管理机制,制定调查纪律和调查注意事项,筹备供调查人员使用的各种技术装备及数据资料;
——设计调查方案,主要包括设计整个调查工作程序、设计调查方法、设计结果处理方法等;
——实施信息预查,信息预查是现场调查的先导,即通过查阅文献资料、专家访谈等形式,对调查区域的基础背景信息形成初步认识,为即将开展的现场调查工作提供指导和有效信息。

7.2 调查阶段

主要工作内容包括:
——根据现场调查方案的要求,进入调查现场,采用规定的调查方法,采集调查对象的损失信息;
——根据调查区域的实际情况,及时修正调查方案。

7.3 整理阶段

主要工作内容包括:
——对原始资料进行整理与审核,对个别异常点信息进行剔除,尽可能保持调查数据的真实性、准确性与完整性;
——将采集的资料按要求整理入库,建立现场调查信息数据库,并进行标准化处理;
——对整个现场调查实施过程产生或采集到的各类数据、资料进行整理和归档。

7.4 总结阶段

主要工作内容包括:

— 对现场调查结果进行统计、汇总；
— 撰写调查报告，一般包括引言、调查区域与方法、调查结果、结论、附录等内容；
— 对整个现场调查实施过程进行总结，提出现场调查过程中存在的问题及工作改进建议等。

8 调查报告撰写要求

8.1 引言
现场调查工作开展的背景、开展现场调查的目标和调查对象等。

8.2 调查区域与方法

8.2.1 调查区域
现场调查区域的基本概况，包括调查区域的自然、社会背景，调查路线等。

8.2.2 调查对象
现场调查对象的类型和主要调查指标等。

8.2.3 调查方法
调查过程中的技术方法，包括调查工作开展的组织方式及调查过程中所采用的信息获取方法、数据处理方法、统计分析方法等，以及调查方法的适用性及局限性。

8.3 调查结果
将现场调查结果按行政单元或自然单元进行统计、汇总。

8.4 结论
对本次调查工作进行系统的总结，包括调查结果的概况性总结、救灾工作建议等。

8.5 附录
将与开展现场调查有关，但与主体的联系相对松散，且内容相对独立、对调查过程某些细节进行解释和说明的材料集中编排在一起，作为正文的补充。一般包括调查点（人）的原始台账数据、调查时的现场照片、调查问卷、实测数据表格、某些统计或测量指标的计算方法介绍等。

房屋受灾损坏程度现场识别（MZ/T 043—2013）

前　言

本标准按照 GB/T 1.1—2009 给出的规则进行编写。

本标准由全国减灾救灾标准化技术委员会（SAC/TC 307）归口。

本标准起草单位：民政部国家减灾中心。

本标准主要起草人：袁艺、周洪建、潘东华、马玉玲、王丹丹、孙燕娜、王曦。

本标准为首次发布。

1　范围

本标准规定了农村居民住房受灾程度的主要判定依据。

本标准适用于各级民政部门开展现场调查和统计时对农村居民住房受灾损坏程度的判定；城镇居民住房受灾损坏程度的判定可参考此标准。

2　规范性引用文件

下列文件对于本文件的应用是必不可少的。凡是注日期的引用文件，仅注日期的版本适用于本文件。凡是不注明日期的引用文件，其最新版本（包括所有的修改单）适用于本文件。

GB/T 24438.2　自然灾害灾情统计　第 2 部分：扩展指标

GB/T 28225　灾区农户住房倒塌或损坏数量抽样核查方法

3　术语和定义

下列术语和定义适用于本文件。

3.1

倒塌　collapse

房屋因灾整体结构塌落，或承重构件多数倾倒或严重破坏，必须进行重建。

3.2

严重损坏　severe damage

房屋因灾多数承重构件严重破坏或部分倒塌，需采取排险措施、大修或局部拆除等。

3.3

一般损坏　slight damage

房屋因灾部分非承重构件损坏，楼、屋盖部分承重构件损坏，需一般修理，采取安全措施仍可继续使用。

4　农村居民住房与受灾损坏程度分类

4.1　农村居民住房分为钢筋混凝土结构房屋，砖混结构房屋，砖木结构房屋，木、土、石等结构房屋。

4.2 受灾损坏程度分为倒塌、严重损坏和一般损坏。

5 农村居民住房受灾损坏程度判别

5.1 农村居民住房受灾损坏程度判别应采用现场目视识别、仪器测量相结合的方法。

5.2 农村居民住房因灾倒塌、严重损坏和一般损坏判别应从地基基础、墙体、梁与柱、楼与屋盖损坏程度等方面判断。

5.3 钢筋混凝土结构房屋受灾损坏程度判别应满足下列条件,见表1。

表 1 钢筋混凝土结构房屋受灾损坏程度判别

受灾损坏程度	特　征
倒塌	a)地基基本失去稳定,基础局部或整体坍塌; b)承重柱严重歪闪或倒塌;或承重柱体损坏(酥碎、明显裂缝等)比例超过1/2。
严重损坏	a)地基基础尚保持稳定,基础多数构件损坏; b)承重柱有明显歪闪或局部倒塌;或部分承重柱体损坏(酥碎、明显裂缝等)比例为1/4～1/2; c)楼、屋盖大多数承重构件损坏; d)多数非承重构件损坏。
一般损坏	a)地基基础基本保持稳定,基础少数构件损坏; b)楼、屋盖部分承重构件损坏; c)部分非承重构件损坏。

注:(1)三类受灾损坏程度的判别特征中,满足任意一种情况即可判定为相应损坏程度;(2)表中的"大多数"可参照">2/3","多数"可参照">1/2""部分"可参照"1/3—1/2","少数"可参照"1/10—1/3"。

5.4 砖混结构房屋受灾损坏程度判别应满足下列条件,见表2。

表 2 砖混结构房屋受灾损坏程度判别

受灾损坏程度	特　征
倒塌	a)地基基本失去稳定,基础局部或整体坍塌; b)承重墙、柱严重歪闪或倒塌;或承重墙面、承重柱体损坏(酥碎、明显裂缝等)比例超过1/2。
严重损坏	a)地基基础尚保持稳定,基础多数构件损坏; b)承重墙、柱有明显歪闪或局部倒塌;或部分承重墙面、承重柱体损坏(酥碎、明显裂缝等)比例为1/5～1/2; c)楼、屋盖大多数承重构件损坏; d)多数非承重构件损坏。
一般损坏	a)地基基础基本保持稳定,基础少数构件损坏; b)楼、屋盖部分承重构件损坏; c)部分非承重构件损坏。

注:(1)三类受灾损坏程度的判别特征中,满足任意一种情况即可判定为相应损坏程度;(2)表中的"大多数"可参照">2/3","多数"可参照">1/2""部分"可参照"1/3—1/2","少数"可参照"1/10—1/3"。

5.5 砖木结构房屋受灾损坏程度判别应满足下列条件,见表3。

表3 砖木结构房屋受灾损坏程度判别

受灾损坏程度	特征
倒塌	a)地基基本失去稳定,基础局部或整体坍塌; b)承重墙、柱严重歪闪或倒塌;或承重墙面、承重柱体损坏(酥碎、明显裂缝等)比例超过1/3。
严重损坏	a)地基基础尚保持稳定,基础多数构件损坏; b)承重墙、柱有明显歪闪或局部倒塌;或部分承重墙面、承重柱体损坏(酥碎、明显裂缝等)比例为1/5~1/3; c)楼、屋盖大多数承重构件损坏; d)多数非承重构件损坏。
一般损坏	a)地基基础基本保持稳定,基础少数构件损坏; b)楼、屋盖部分承重构件损坏; c)部分非承重构件损坏。

注:(1)三类受灾损坏程度的判别特征中,满足任意一种情况即可判定为相应损坏程度;(2)表中的"大多数"可参照">2/3","多数"可参照">1/2","部分"可参照"1/3—1/2","少数"可参照"1/10—1/3"。

5.6 土、木、石等结构房屋受灾损坏程度判别应满足下列条件,见表4。

表4 土、木、石等结构房屋受灾损坏程度判别

受灾损坏程度	特征
倒塌	a)地基基本失去稳定,基础局部或整体坍塌; b)承重墙、柱严重歪闪或倒塌;或承重墙面、承重柱体损坏(酥碎、明显裂缝等)比例超过1/4; c)土结构房屋地面45 cm以上浸在水中超过3小时。
严重损坏	a)地基基础尚保持稳定,基础多数构件损坏; b)承重墙、柱有明显歪闪或局部倒塌;或部分承重墙面、承重柱体损坏(酥碎、明显裂缝等)比例为1/10~1/4; c)屋盖大多数承重构件损坏; d)多数非承重构件损坏。
一般损坏	a)地基基础基本保持稳定,基础少数构件损坏; b)屋盖部分承重构件损坏; c)部分非承重构件损坏。

注:(1)三类受灾损坏程度的判别特征中,满足任意一种情况即可判定为相应损坏程度;(2)表中的"大多数"可参照">2/3","多数"可参照">1/2","部分"可参照"1/3—1/2","少数"可参照"1/10—1/3"。

参 考 文 献

[1] GB/T 18208.2—2001 地震现场工作 第2部分:建筑物安全鉴定

［2］ GB/T 24335—2009　建(构)筑物地震破坏等级划分
［3］ GB/T 28921—2012　自然灾害分类与代码
［4］ GB 50011—2010　建筑抗震设计规范
［5］ GB 50292—1999　民用建筑可靠性鉴定标准
［6］ JGJ 125—99　危险房屋鉴定标准(2004年版)
［7］ 民政部制定　统计局批准　自然灾害情况统计制度　2013年11月

自然灾害风险分级方法(MZ/T 031—2012)

前　言

本标准按照 GB/T 1.1—2009 给出的规则进行编写。

本标准由全国减灾救灾标准化技术委员会(SAC/TC 307)提出并归口。

本标准由民政部-教育部减灾与应急管理研究院负责起草。

本标准主要起草人:李宁、史培军、张鹏、吴吉东、胡爱军、李春华。

本标准为首次发布。

1 范围

本标准规定了自然灾害风险的分级方法。

本标准适用于自然灾害风险管理和研究等工作。

2 术语和定义

下列术语和定义适用于本文件。

2.1
自然灾害　natural disaster

以自然因素造成人类生命、财产、社会功能和生态环境等损害的事件或现象。

[GB/T 26376—2010,定义 2.1]

2.2
自然灾害风险　natural disaster risk

以自然变异为主因导致的未来不利事件发生的可能性及其损失。

3 分级原则

3.1 科学性

自然灾害风险等级划分以自然灾害风险的定义作为划分依据,参考自然灾害风险的相关标准和相关研究成果。

3.2 实用性

自然灾害风险等级划分依据自然灾害风险事件发生的可能性和产生的后果的等级来决定,划分的等级与国家自然灾害救助应急响应等级一致。

3.3 可扩展性

自然灾害风险分级方法的分级指标可以依据实际需要进行调整。

4 分级方法

4.1 基本方法

自然灾害风险分级由自然灾害风险事件发生的可能性和产生的后果来决定。以 P 代表自然灾害风险事件发生的可能性的分级,以 C 代表自然灾害风险事件产生的后果的分级,以 R 代表自然灾害风险。自然灾害风险 R 的分级由 P 和 C 的乘积决定(式1)。

$$R = P \times C \quad\quad\quad\quad\quad\quad\quad\quad (1)$$

式中:
R——自然灾害风险;
P——自然灾害风险事件发生的可能性;
C——自然灾害风险事件产生的后果。

4.2 灾害风险事件可能性的分级方法

可能性的分级方法是根据自然灾害风险事件发生的可能性,从高到低分为四个等级,分别用等级 P 的分值表示(表1)。附录A中表A.1提供了一种自然灾害风险可能性等级 P 的分值的取值示例。

表 1 自然灾害风险事件的可能性等级分值

可能性等级分值 P	风险事件可能性	备注
1	极高	频率等级为极高,风险事件在较多情况下发生
2	高	频率等级为高,风险事件在某些情况下发生
3	中	频率等级为中,风险事件很少发生
4	低	频率等级为低,风险事件几乎不发生

4.3 灾害风险事件后果的分级方法

后果的分级方法是根据自然灾害风险事件产生指标的等级分值,将后果从大到小分为四个等级,分别用等级 C 的分值表示(表2)。一次灾害风险事件的多个指标的等级分值不同时,后果等级分值 C 取其指标等级分值中的最大者。附录A中表A.2提供了一种自然灾害风险的后果等级 C 的分值的取值示例。

表 2 自然灾害风险事件的后果等级分值

后果等级分值 C	风险事件后果	后果指标分值				
		指标1	指标2	指标3	指标4	其他指标
1	极高	1	1	1	1	1
2	高	2	2	2	2	2
3	中	3	3	3	3	3
4	低	4	4	4	4	4

5 自然灾害风险分级

根据表1的自然灾害风险事件的可能性等级分值 P 和表2的自然灾害风险事件的后果的等级 C 的分值,建立自然灾害风险分级矩阵(表3)。

表 3 自然灾害风险分级矩阵

风险等级分值 R			后果等级分值 C			
			极高	高	中	低
			1	2	3	4
可能性等级分值 P	极高	1	1(红色)	2(红色)	3(橙色)	4(橙色)
	高	2	2(红色)	4(橙色)	6(黄色)	8(黄色)
	中	3	3(橙色)	6(黄色)	9(黄色)	12(绿色)
	低	4	4(橙色)	8(黄色)	12(绿色)	16(绿色)

注1:风险等级分值 R 为自然灾害风险事件的可能性等级分值 P 与后果等级分值 C 相乘的结果。
注2:风险等级分值 R 划分为四个等级并赋以四种颜色,表示自然灾害风险的四个等级:红色代表极高风险,R 分值为1~2;橙色代表高风险,R 分值为3~4;黄色代表中风险,R 分值为6~9;绿色代表低风险,R 分值为12~16。

附 录 A
（资料性附录）
洪水灾害风险事件风险等级划分示例

A.1 概述

附录 A 给出了洪水灾害风险事件发生的可能性等级划分的示例（表 A.1）、产生的后果等级划分的示例（表 A.2）以及风险等级划分的示例。

A.2 灾害风险事件可能性分级

根据发生可能性的高低,划分自然灾害风险的可能性等级的分值 $P=1,2,3,4$ 四个等级。例如一个地区洪水灾害发生的可能性用发生频率表示,$P=1$ 表示洪水灾害的发生频率小于等于 10 年一遇,这时的风险发生的可能性为极高,$P=4$ 表示大于 100 年一遇,这时风险发生的可能性为低,见表 A.1。

表 A.1 洪水灾害风险事件的可能性等级分值

可能性等级分值 P	风险事件可能性	备注（用年遇水平表示频率）
1	极高	小于等于 10 年一遇,频率为极高,风险事件在较多情况下发生
2	高	大于 10 年一遇至 50 年一遇,频率为高,风险事件在某些情况下发生
3	中	大于 50 年一遇至 100 年一遇,频率为中,风险事件很少发生
4	低	大于 100 年一遇,频率为低,风险事件几乎不会发生

A.3 灾害风险事件后果分级

考虑区域和环境特点,根据后果的大小,划分自然灾害风险事件的后果等级分值 $C=$

1,2,3,4四个等级。例如一个地区洪水灾害产生的后果依据《国家自然灾害救助应急预案》用死亡人口、紧急转移安置或需紧急生活救助人数、倒塌和严重损坏房屋的数量、需政府救助人数占农牧业人口的比率或人数作为产生的后果分级的四个指标,见表A.2。

表 A.2 洪水灾害风险事件的后果等级分值

后果等级分值C	风险事件后果	后果指标				备注
		死亡人口(人)	紧急转移安置或需紧急生活救助人数(万)	倒塌和严重损坏房屋的数量(万间)	需政府救助人数占农牧业人口的比率或人数(%或万)	
1	极高	>200	>100	>20	>30% 或>400	(1)死亡人口:因灾直接导致死亡的人数; (2)紧急转移安置或需紧急生活救助人数:因灾害影响需紧急转移安置或紧急生活救助的人数; (3)倒塌和严重损坏房屋的数量:因灾害影响倒塌和严重损坏房屋的数量; (4)需政府救助人数占农牧业人口的比率或人数:因灾害影响造成缺粮或缺水等生活困难,需政府救助人数占农牧业人口的比率或人数
2	高	101~200	81~100	16~20	26%~30% 或301~400	
3	中	51~100	31~80	11~15	21%~25% 或201~300	
4	低	30~50	10~30	1~10	15%~20% 或100~200	

注:当一次灾害风险事件后果的四个指标是不同的分值时,其等级C的分值取该四个后果指标分值中的最小者。
表中数值按四舍五入取整。

A.4 风险等级划分示例

例:某地区未来10年洪水灾害发生的频率为60年一遇,可能造成的死亡人口67人、紧急转移安置95万人、倒塌和严重损坏房屋20余万间,需政府救助人数160万人。划分该地区洪水灾害的风险等级。

根据表A.1,表A.2,对照表3,可以划分风险等级,步骤如下:
步骤1:可能性等级P的分值

根据频率为 60 年一遇,由表 A.1 得到自然灾害风险事件发生可能性等级为中级,$P=3$;

步骤 2:后果等级 C 的分值

根据死亡人口 67 人、紧急转移安置 95 万人、倒塌和严重损坏房屋 20 余万间,需政府救助人数 160 万人,由表 A.2 得到:

死亡人口对应为中级,$C=3$;

紧急转移安置人数对应为高级,$C=2$;

倒塌和严重损坏房屋数对应为极高级,$C=1$;

需政府救助人数对应为低级,$C=4$;

取最大等级 $C=1$,后果等级为极高级。

步骤 3:风险等级 R 的分值

由步骤 1 的 $P=3$,步骤 2 的 $C=1$,在表 3 的矩阵中得到风险等级分值:$R=P¥C=3×1=3$

步骤 4:洪水灾害风险分级

风险等级分值 $R=3$,在表 3 的矩阵中 R 值落在橙色区域内,对应的洪水灾害风险等级为 2 级,为高风险。

参 考 文 献

[1] GB/T 1.11—2009 标准化工作导则 第 1 部分:标准的结构和编写.

[2] GB/T 26376—2010 自然灾害管理基本术语.

[3] 国家自然灾害救助应急预案,2011.

二、地震地质灾害应急救援

地震震级的规定（GB 17740—2017）

前　　言

本标准的第 2 章和 4.2.2 中的 c)为推荐性的,其余为强制性的。

本标准按照 GB/T 1.1—2009 给出的规则起草。

本标准代替 GB 17740—1999《地震震级的规定》。

本标准与 GB 17740—1999 相比主要技术内容变化如下：

——增加了 16 条术语和定义："地震""震源""震中""震中位置""震源深度""浅源地震""中源地震""深源地震""地震体波""地震矩""地方性震级""面波震级""体波震级""矩震级""质点运动位移"和"地震速报"；

——修改了 3 条术语的定义："质点运动""质点运动速度"和"量规函数"；

——删除了 1 条术语的定义："地动位移"；

——增加了地方性震级 M_L、短周期体波震级 m_b、宽频带体波震级 $m_{B(BB)}$、宽频带面波震级 $M_{S(BB)}$ 和矩震级 M_W 的测定方法；

——修改了地震震级的使用规定。

本标准由中国地震局提出。

本标准由全国地震标准化技术委员会(SAC/TC 225)归口。

本标准起草单位：中国地震局地球物理研究所、中国地震台网中心、国家海洋环境预报中心。

本标准主要起草人：刘瑞丰、陈运泰、许绍燮、任枭、徐志国、薛峰、冯义钧、郑秀芬、杨辉、王丽艳、王晓欣、邹立晔、陈宏峰、张立文、任克新、孙丽、韩雪君、和锐。

本标准所代替标准的历次版本发布情况为：

—— GB 17740—1999。

引　　言

GB 17740—1999 自实施以来,规范了地震震级的测定方法和使用规定,对地震监测预报、震害防御、应急救援等防震减灾相关工作发挥了重要作用,取得了良好的科学效益和社会效益。

修订 GB 17740—1999 的主要原因是：

——经过十几年的发展,我国的地震观测系统实现了数字化和网络化的历史性突破,到 2007 年底,我国正式运行的所有地震台站都是数字化的台站,仪器特性、数据传输方式、数据分析处理方式、震级测定的时效性都发生了根本的变化；

——GB 17740—1999 实施以来,我国已经积累了大量的地震观测资料,在地震震级测定方面有了新的认识;

——国际上在震级测定方法和发布规则上取得了重要进展,并逐步得到应用。

1 范围

本标准规定了地震震级的测定方法和使用规定。

本标准适用于地震监测、地震应急、信息发布、科学普及、新闻报道等与地震震级有关的工作。

本标准不适用于科学研究所使用其他类型的震级。

2 术语和定义

下列术语和定义适用于本文件。

2.1

地震　earthquake

大地震动。包括天然地震(构造地震、火山地震、陷落地震)、诱发地震(矿山采掘活动、水库蓄水等引发的地震)和人工地震(爆破、核爆炸、物体坠落等产生的地震)。一般指天然地震中的构造地震。

注:改写 GB/T 18207.1—2008,定义 3.1。

2.2

震源　earthquake source;seismic source

产生地震的源。

[GB/T 18207.1—2008,定义 3.2]

2.3

震中　epicentre

震源在地面上的投影。

[GB/T 18207.1—2008,定义 3.7]

2.4

震中距　epicentral distance

地震震中至某一指定地点的地面距离。

注:在测定地方性震级 M_L 时,震中距的单位为千米(km);在测定面波震级 M_S、宽频带面波震级 $M_{S(BB)}$、短周期体波震级 m_b 和宽频带体波震级 $m_{B(BB)}$ 时,震中距的单位为度(°)。1°≈111.2 km。

2.5

震中位置　epicentre location

震中的地理经度和地理纬度。

[GB/T 18207.2—2005,定义 3.1.9.2]

2.6

震源深度　focal depth

震源与震中的距离。

[GB/T 18207.2—2005,定义 3.1.9.3]

2.7

   浅[源地]震 shallow earthquake
   震源深度小于 60 km 的地震。
   [GB/T 18207.2—2005,定义 3.1.6]

2.8

   中源地震 intermediate earthquake
   震源深度在 60 km～300 km 范围内的地震。
   [GB/T 18207.2—2005,定义 3.1.7]

2.9

   深[源地]震 deep-focus earthquake
   震源深度大于 300 km 的地震。
   [GB/T 18207.2—2005,定义 3.1.8]

2.10

   地震面波 seismic surface wave
   沿着地球表面附近传播的地震波。常见的有勒夫波和瑞利波。
   注:改写 GB/T 18207.2—2005,定义 4.1.3.2。

2.11

   地震体波 seismic body wave
   在地球内部传播的地震波。通常包括地震纵波和地震横波。
   注:改写 GB/T 18207.2—2005,定义 4.1.3.1。

2.12

   质点运动 particle motion
   在地震波通过时,地球上某一点的运动。

2.13

   质点运动位移 displacement of particle motion
   质点运动时,相对于原静止点的距离。

2.14

   质点运动速度 velocity of particle motion
   质点运动时,该质点运动位移对时间的微商。

2.15

   地震矩 seismic moment
   对地震大小的一种绝对量度,用 M_0 表示。
   [GB/T 18207.2—2005,定义 3.1.9.10]

2.16

   震级 earthquake magnitude
   对地震大小的量度。

2.17

   地方性震级 local magnitude
   近震震级

用震中距为 1 000 km 以内地震的横波（S 波）或短周期勒夫波（Lg 波）记录测定的震级，用 M_L 表示。

注：改写 GB/T 18207.2—2005,定义 3.1.9.4。

2.18

体波震级　body wave magnitude

用地震体波记录测定的震级。其中用短周期体波记录测定的体波震级称为短周期体波震级，用 m_b 表示；用宽频带体波记录测定的体波震级称为宽频带体波震级，用 $m_{B(BB)}$ 表示。

注：改写 GB/T 18207.2—2005,定义 3.1.9.5。

2.19

面波震级　surface wave magnitude

用地震面波记录测定的震级，通常用水平向面波记录测定，用 M_S 表示；用垂直向宽频带面波记录测定的面波震级称为宽频带面波震级，用 $M_{S(BB)}$ 表示。

注：改写 GB/T 18207.2—2005,定义 3.1.9.6。

2.20

矩震级　moment magnitude

用地震矩换算的震级，用 M_W 表示。

[GB/T 18207.2—2005,定义 3.1.9.7]

2.21

量规函数　calibration function

在不同的观测点上测定震级时，因地震波随震中距或震源深度衰减所需要加的校正值。

2.22

地震速报　rapid earthquake information report

对已发生地震的时间、地点、震级等的快速测报。

[GB/T 18207.1—2008,定义 4.15]

3　测定方法

3.1　地方性震级

测定地方性震级 M_L 应使用仿真成 DD-1 短周期地震仪两水平向记录 S 波（或 Lg 波）的最大振幅，该最大振幅应大于干扰水平 2 倍以上，按照式(1)计算：

$$M_L = \lg(A) + R(\Delta)$$

$$A = \frac{A_N + A_E}{2} \quad \cdots\cdots\cdots\cdots\cdots\cdots\cdots\cdots\cdots\cdots (1)$$

式中：

A ——最大振幅，单位为微米（μm）；

A_N ——北南向 S 波或 Lg 波最大振幅，单位为微米（μm）；

A_E ——东西向 S 波或 Lg 波最大振幅，单位为微米（μm）；

Δ ——震中距，单位为千米（km）；

$R(\Delta)$——地方性震级的量规函数，取值见附录 A。

DD-1 短周期地震仪的仪器参数和传递函数见附录 B 中 B.1。

3.2 面波震级

测定浅源地震的面波震级 M_S,应将原始宽频带记录仿真成基式(SK)中长周期地震仪记录,使用水平向面波质点运动位移的最大值及其周期,按照式(2)计算:

$$M_S = \lg\left(\frac{A}{T}\right) + 1.66 \lg(\Delta) + 3.5 \quad (2° < \Delta < 130°, 3\text{ s} < T < 25\text{ s}) \quad \cdots\cdots(2)$$

式中:

A——水平向面波最大质点运动位移,取两水平向质点运动位移矢量和的模,单位为微米(μm);

Δ——震中距,单位为度(°);

T——A 对应的周期,单位为秒(s)。

在测量最大质点运动位移的两水平向分量时,应取同一时刻或周期相差在 1/8 周期之内。若两分量周期不一致时,则取加权和,T 按照式(3)计算。

$$T = \frac{T_N A_N + T_E A_E}{A_N + A_E} \quad \cdots\cdots(3)$$

式中:

A_N——北南向面波质点运动位移,单位为微米(μm);

A_E——东西向面波质点运动位移,单位为微米(μm);

T_N——A_N 对应的周期,单位为秒(s);

T_E——A_E 对应的周期,单位为秒(s)。

测定面波震级 M_S 时,使用面波的周期 T 宜在附录 C 给出的范围;基式(SK)中长周期地震仪的仪器参数和传递函数见 B.2。

3.3 宽频带面波震级

测定浅源地震的宽频带面波震级 $M_{S(BB)}$,应在垂直向速度型宽频带记录上量取面波质点运动速度的最大值,按式(4)计算:

$$M_{S(BB)} = \lg\left(\frac{V_{\max}}{2\pi}\right) + 1.66 \lg(\Delta) + 3.3 \quad (2° < \Delta < 160°, 3\text{ s} < T < 60\text{ s}) \quad \cdots\cdots(4)$$

式中:

$V_{\max}$——垂直向面波质点运动速度的最大值,单位为微米每秒(μm/s);

T ——$V_{\max}$ 对应的周期,单位为秒(s);

Δ ——震中距,单位为度(°)。

3.4 短周期体波震级

测定短周期体波震级 m_b,应将垂直向宽频带记录仿真成 DD-1 短周期地震仪记录,测量 P 波波列(包括 P,pP,sP,甚至可以为 PcP 及其尾波,一般取在 PP 波之前)质点运动位移的最大值,按式(5)计算:

$$m_b = \lg\left(\frac{A}{T}\right) + Q(\Delta, h), 5° < \Delta < 100° \quad (T < 3\text{ s}, 0 \leqslant h \leqslant 700\text{ km}) \quad \cdots\cdots(5)$$

式中:
A ——P 波波列质点运动位移的最大值,单位为微米(μm);
T ——A 对应的周期,单位为秒(s);
Δ ——震中距,单位为度(°);
h ——震源深度,单位为千米(km);
$Q(\Delta,h)$——垂直向 P 波体波震级的量规函数,取值见附录 D。
DD-1 短周期地震仪的仪器参数和传递函数见 B.1。

3.5 宽频带体波震级

测定宽频带体波震级 $m_{B(BB)}$,应在垂直向速度型宽频带记录上测量 P 波波列(包括 P、pP、sP,甚至可以为 PcP 及其尾波,一般取在 PP 波之前)质点运动速度的最大值,按照式(6)计算:

$$m_{B(BB)} = \lg\left(\frac{V_{max}}{2\pi}\right) + Q(\Delta,h) \quad (5°<\Delta<100°, 0.2\ s<T<30.0\ s, 0\leqslant h\leqslant 700\ km) \quad \cdots\cdots(6)$$

式中:
V_{max} ——整个 P 波波列质点运动速度的最大值,单位为微米每秒(μm/s);
T ——V_{max} 对应的周期,单位为秒(s);
Δ ——震中距,单位为度(°);
$Q(\Delta,h)$——垂直向 P 波体波震级的量规函数,取值见附录 D。

3.6 矩震级

矩震级 M_W 应使用测定的地震矩按照式(7)计算:

$$M_W = \frac{2}{3}(\lg M_0 - 9.1) \quad \cdots\cdots(7)$$

式中:
M_0——地震矩,单位为牛顿米(N·m)。

4 使用规定

4.1 震级测定

4.1.1 负责日常地震监测的各地震台网(站),应按照第 3 章的方法测定可能测到的所有震级,包括地方性震级 M_L、短周期体波震级 m_b、宽频带体波震级 $m_{B(BB)}$、面波震级 M_S、宽频带面波震级 $M_{S(BB)}$ 和矩震级 M_W。

4.1.2 测定的震级之间不应相互换算。

4.2 震级发布

4.2.1 地震台网在发布地震速报信息时,对能及时测定地震矩 M_0 的地震,应优先选择矩震级 M_W 作为对外发布的震级。

4.2.2 地震台网在发布地震速报信息时,对不能及时测定地震矩 M_0 的地震,应按以下原则确定对外发布的震级:

  a) 对于 $M_L<4.5$ 的浅源地震,应选择地方性震级 M_L 为对外发布的震级;
  b) 对于 $M_L\geqslant 4.5$ 的浅源地震,应选择宽频带面波震级 $M_{S(BB)}$ 为对外发布的震级;

c) 对于中源地震和深源地震,宜选择短周期体波震级 m_b 或宽频带体波震级 $m_{B(BB)}$ 为对外发布的震级。

4.2.3 对外发布的震级应用 M 表示,不应加"里氏震级""矩震级"等附加信息。

4.2.4 地震台网在编制地震目录时,应同时列出所有测定的震级和对外发布的震级。示例见表1。

表 1 地震目录中震级表示方法示例

序号	发震时刻(UTC)	纬度(°)	经度(°)	深度/km	M_L	M_S	$M_{S(BB)}$	m_b	$m_{B(BB)}$	M_W	M	参考地名
1	2011/03/11 05:46:19.0	38.10N	142.50E	20		8.7	8.6	7.3	7.7	9.0	9.0	日本本州东岸近海
2	2013/07/21 23:45:56.5	34.54N	104.21E	15	6.6	6.7	6.5	5.9	6.3		6.5	甘肃岷县
3	2014/12/21 05:09:37.0	27.88N	101.48E	11	4.3	4.1	4.0	4.3	4.5		4.3	四川盐源
4	2015/10/30 07:03:40.9	43.16N	131.04E	570				4.5	4.5		4.5	吉林珲春

4.2.5 各级地震工作部门或机构对外发布地震信息、进行科普教育等工作时,应使用发布的震级 M。

4.2.6 电视台、广播电台、报刊、杂志和网站等新闻媒体在发布地震信息时,应使用发布的震级 M。

4.2.7 地震灾害发生以后,各级政府应依据发布的震级 M 启动地震应急响应,开展地震应急工作。

附 录 A
(规范性附录)
地方性震级量规函数表

地方性震级量规函数值见表A.1。其中,黑龙江、吉林、辽宁、内蒙古、北京、天津、河北、山西、山东、河南、宁夏、陕西应使用 R_{11};福建、广东、广西、海南、江苏、上海、浙江、江西、湖南、湖北、安徽应使用 R_{12};云南、四川、重庆、贵州应使用 R_{13},青海、西藏、甘肃应使用 R_{14},新疆应使用 R_{15}。

表 A.1 地方性震级量规函数值

Δ/km	R_{11}	R_{12}	R_{13}	R_{14}	R_{15}
0～5	1.9	1.8	2.0	2.0	2.0
10	2.0	1.9	2.0	2.1	2.1
15	2.2	2.1	2.1	2.2	2.2

表 A.1（续）

Δ/km	R_{11}	R_{12}	R_{13}	R_{14}	R_{15}
20	2.3	2.2	2.2	2.3	2.3
25	2.5	2.4	2.4	2.5	2.5
30	2.7	2.6	2.6	2.6	2.6
35	2.9	2.8	2.7	2.8	2.8
40	2.9	2.9	2.8	2.9	2.8
45	3.0	3.0	2.9	3.0	2.9
50	3.1	3.1	3.0	3.1	3.0
55	3.2	3.2	3.1	3.2	3.1
60	3.3	3.3	3.2	3.2	3.2
70	3.3	3.3	3.2	3.2	3.2
75	3.4	3.4	3.3	3.3	3.3
85	3.3	3.3	3.3	3.4	3.3
90	3.4	3.4	3.4	3.5	3.4
100	3.4	3.4	3.4	3.5	3.4
110	3.5	3.5	3.5	3.6	3.6
120	3.5	3.5	3.5	3.6	3.6
130	3.6	3.6	3.6	3.7	3.6
140	3.6	3.6	3.6	3.7	3.6
150	3.7	3.7	3.7	3.8	3.7
160	3.7	3.7	3.7	3.7	3.7
170	3.8	3.8	3.8	3.8	3.8
180	3.8	3.7	3.8	3.8	3.8
190	3.9	3.8	3.9	3.9	3.9
200	3.9	3.9	3.9	3.9	3.9
210	3.9	4.0	3.9	4.0	3.9
220	3.9	4.0	3.9	4.0	4.0
230	4.0	4.1	4.0	4.1	4.0
240	4.1	4.1	4.0	4.1	4.0
250	4.1	4.2	4.0	4.1	4.1
260	4.1	4.2	4.1	4.1	4.1
270	4.2	4.2	4.2	4.2	4.2
280	4.2	4.3	4.1	4.1	4.1
290	4.3	4.4	4.2	4.2	4.2
300	4.2	4.4	4.3	4.2	4.3

表 A.1（续）

Δ/km	R_{11}	R_{12}	R_{13}	R_{14}	R_{15}
310	4.3	4.5	4.4	4.3	4.4
320	4.3	4.4	4.4	4.3	4.4
330	4.4	4.5	4.5	4.4	4.4
340	4.4	4.5	4.5	4.4	4.4
350	4.4	4.5	4.5	4.5	4.5
360	4.5	4.6	4.5	4.5	4.5
370	4.5	4.6	4.5	4.4	4.5
380	4.5	4.6	4.6	4.5	4.5
390	4.5	4.6	4.6	4.5	4.5
400	4.6	4.7	4.7	4.5	4.6
420	4.6	4.7	4.7	4.6	4.7
430	4.6	4.7	4.8	4.7	4.7
440	4.6	4.7	4.8	4.8	4.8
450	4.6	4.7	4.8	4.8	4.8
460	4.6	4.7	4.8	4.8	4.8
470	4.7	4.7	4.8	4.8	4.8
500	4.8	4.7	4.8	4.8	4.8
510	4.8	4.8	4.9	4.9	4.9
530	4.8	4.8	4.9	4.9	4.9
540	4.8	4.8	4.9	4.9	4.9
550	4.8	4.8	4.9	4.9	4.9
560	4.9	4.9	4.9	4.9	4.9
570	4.8	4.9	4.9	4.9	4.9
580	4.9	4.9	4.9	4.9	4.9
600	4.9	4.9	4.9	4.9	4.9
610	5.0	5.0	5.0	5.0	5.0
620	5.0	5.0	5.0	5.0	5.0
650	5.1	5.1	5.1	5.1	5.1
700	5.2	5.2	5.2	5.2	5.2
750	5.2	5.2	5.2	5.2	5.2
800	5.2	5.2	5.2	5.2	5.2
850	5.2	5.2	5.2	5.2	5.2
900	5.3	5.3	5.3	5.3	5.3
1 000	5.3	5.3	5.3	5.3	5.3

附 录 B
（规范性附录）
地震仪器参数与传递函数

B.1 DD-1 短周期地震仪

B.1.1 仪器参数

仪器参数包括：

a) 拾震器固有周期：$T_1=1.0$ s；
b) 拾震器阻尼常数：$D_1=0.45$；
c) 记录笔固有周期：$T_3=0.05$ s；
d) 记录笔阻尼常数：$D_3=0.707$。

B.1.2 传递函数

DD-1 短周期地震仪对地动位移响应的归一化传递函数为：

$$H_1(s)=\frac{s^3}{(s^2+5.655s+39.48)(s+4.545)} \cdot \frac{15\,791}{s^2+177.7s+15\,791} \quad\quad\quad\quad (B.1)$$

式中：

$s=i\omega$；
$\omega=2\pi f$；
$i=\sqrt{-1}$；

f——频率，单位为赫兹（Hz）。

B.2 基式（SK）中长周期地震仪

B.2.1 仪器参数

仪器参数包括：

a) 拾震器固有周期：$T_1=12.5$ s；
b) 拾震器阻尼常数：$D_1=0.45$；
c) 电流计固有周期：$T_2=1.2$ s；
d) 电流计阻尼常数：$D_2=5.0$；
e) 耦合系数：$\sigma^2=0.1$（水平向），$\sigma^2=0.3$（垂直向）。

B.2.2 传递函数

水平向对地动位移的归一化传递函数为：

$$H(s)=\frac{s^2}{(s^2+0.4472s+0.2693)} \cdot \frac{52.36s}{(s^2+52.36s+25.72)} \quad\quad\quad\quad (B.2)$$

垂直向对地动位移的归一化传递函数为：

$$H(s)=\frac{s^2}{(s^2+0.416\,7\,s+0.269\,3)} \cdot \frac{52.40\,s}{(s^2+52.40\,s+22.10)} \quad\quad\quad\quad\quad (B.3)$$

式中：

$s = \mathrm{i}\omega$ ；

$\omega = 2\pi f$ ；

$\mathrm{i}=\sqrt{-1}$ ；

f —— 频率，单位为赫兹（Hz）。

附 录 C
（规范性附录）
不同震中距选用地震面波周期值

不同震中距选用地震面波周期值见表 C.1。

表 C.1 不同震中距选用地震面波周期值

$\Delta/(°)$	T/s	$\Delta/(°)$	T/s	$\Delta/(°)$	T/s
2	3～6	20	9～14	70	14～22
4	4～7	25	9～16	80	16～22
6	5～8	30	10～16	90	16～22
8	6～9	40	12～18	100	16～25
10	7～10	50	12～20	110	17～25
15	8～12	60	14～20	130	18～25

附 录 D
（规范性附录）
$Q(\Delta,h)$ 值表

计算短周期体波震级 m_b 和宽频带体波震级 $m_\mathrm{B(BB)}$ 的 $Q(\Delta,h)$ 值见表 D.1。

表 D.1 $Q(\Delta,h)$ 值表

$\Delta/(°)$	h/km															
	0.0	25	50	75	100	150	200	250	300	350	400	450	500	550	600	650	700
5	5.9	5.9	5.9	5.9	5.9	6.0	6.1	6.1	5.9	5.9	6.0	6.1	6.2	6.2	6.2	6.0	5.8
10	6.0	6.0	6.0	6.0	6.0	6.1	6.2	6.2	6.0	6.0	6.1	6.2	6.3	6.3	6.3	6.1	5.9
20	6.1	6.1	6.1	6.1	6.1	6.2	6.3	6.3	6.1	6.1	6.2	6.3	6.4	6.4	6.4	6.2	6.0
21	6.1	6.2	6.1	6.1	6.1	6.2	6.3	6.3	6.1	6.1	6.2	6.3	6.4	6.4	6.4	6.2	6.0
22	6.2	6.2	6.2	6.2	6.1	6.2	6.3	6.3	6.1	6.1	6.2	6.3	6.4	6.4	6.4	6.3	6.1
23	6.3	6.3	6.2	6.2	6.1	6.2	6.4	6.3	6.2	6.1	6.2	6.3	6.4	6.4	6.4	6.3	6.1

表 D.1（续）

Δ/(°)	h/km																
	0.0	25	50	75	100	150	200	250	300	350	400	450	500	550	600	650	700
24	6.4	6.3	6.3	6.2	6.2	6.3	6.4	6.3	6.2	6.1	6.2	6.3	6.3	6.4	6.4	6.4	6.1
25	6.5	6.4	6.3	6.2	6.2	6.3	6.4	6.3	6.2	6.1	6.2	6.3	6.3	6.4	6.4	6.4	6.2
26	6.5	6.4	6.3	6.3	6.3	6.4	6.5	6.4	6.2	6.1	6.2	6.2	6.3	6.4	6.4	6.4	6.2
27	6.5	6.4	6.4	6.3	6.3	6.4	6.5	6.4	6.2	6.1	6.2	6.2	6.3	6.4	6.4	6.4	6.3
28	6.6	6.5	6.4	6.4	6.4	6.5	6.5	6.4	6.3	6.1	6.1	6.2	6.3	6.4	6.4	6.4	6.3
29	6.6	6.5	6.4	6.4	6.4	6.5	6.5	6.4	6.3	6.1	6.1	6.2	6.3	6.4	6.4	6.4	6.3
30	6.6	6.6	6.5	6.5	6.5	6.5	6.5	6.4	6.3	6.1	6.1	6.2	6.3	6.4	6.4	6.4	6.3
31	6.7	6.6	6.5	6.5	6.5	6.5	6.5	6.4	6.3	6.1	6.1	6.2	6.3	6.4	6.4	6.4	6.3
32	6.7	6.7	6.6	6.6	6.5	6.6	6.4	6.4	6.3	6.1	6.1	6.2	6.3	6.4	6.4	6.4	6.4
33	6.7	6.7	6.6	6.6	6.6	6.5	6.4	6.4	6.3	6.1	6.1	6.2	6.3	6.4	6.4	6.4	6.4
34	6.7	6.7	6.7	6.7	6.6	6.5	6.4	6.4	6.3	6.1	6.1	6.2	6.3	6.4	6.4	6.4	6.3
35	6.6	6.7	6.7	6.7	6.7	6.5	6.4	6.3	6.3	6.1	6.1	6.2	6.3	6.4	6.4	6.3	6.3
36	6.6	6.7	6.7	6.7	6.7	6.5	6.4	6.3	6.3	6.1	6.1	6.2	6.3	6.4	6.4	6.3	6.3
37	6.5	6.6	6.7	6.7	6.7	6.5	6.4	6.3	6.2	6.1	6.1	6.2	6.3	6.4	6.4	6.3	6.3
38	6.5	6.6	6.7	6.7	6.7	6.5	6.4	6.3	6.2	6.1	6.1	6.2	6.3	6.4	6.3	6.3	6.3
39	6.4	6.5	6.6	6.7	6.6	6.5	6.4	6.3	6.1	6.0	6.1	6.2	6.3	6.4	6.3	6.3	6.3
40	6.4	6.5	6.6	6.7	6.6	6.5	6.3	6.2	6.1	6.0	6.1	6.2	6.3	6.4	6.3	6.2	6.3
41	6.5	6.5	6.5	6.6	6.6	6.4	6.3	6.2	6.0	6.0	6.1	6.2	6.3	6.3	6.3	6.2	6.3
42	6.5	6.5	6.5	6.6	6.6	6.4	6.3	6.2	6.0	6.0	6.1	6.2	6.3	6.3	6.3	6.2	6.3
43	6.5	6.5	6.5	6.6	6.6	6.4	6.3	6.1	6.0	6.0	6.1	6.2	6.3	6.3	6.3	6.2	6.3
44	6.6	6.6	6.5	6.6	6.6	6.4	6.3	6.1	6.1	6.0	6.1	6.2	6.3	6.3	6.3	6.2	6.2
45	6.7	6.7	6.6	6.6	6.6	6.4	6.2	6.1	6.1	6.0	6.1	6.2	6.3	6.3	6.3	6.2	6.2
46	6.8	6.7	6.7	6.7	6.6	6.4	6.2	6.1	6.1	6.0	6.1	6.2	6.3	6.3	6.3	6.2	6.2
47	6.9	6.8	6.7	6.7	6.6	6.4	6.2	6.1	6.1	6.0	6.1	6.2	6.3	6.3	6.3	6.2	6.2
48	6.9	6.8	6.8	6.7	6.6	6.5	6.2	6.1	6.1	6.0	6.1	6.2	6.2	6.3	6.3	6.2	6.2
49	6.8	6.8	6.8	6.8	6.7	6.5	6.2	6.2	6.1	6.1	6.1	6.2	6.3	6.3	6.3	6.2	6.2
50	6.7	6.8	6.8	6.8	6.8	6.5	6.3	6.2	6.1	6.1	6.1	6.1	6.2	6.3	6.3	6.1	6.1
51	6.7	6.7	6.8	6.8	6.8	6.5	6.3	6.2	6.2	6.1	6.1	6.1	6.2	6.2	6.2	6.1	6.1
52	6.7	6.7	6.8	6.8	6.8	6.5	6.4	6.2	6.2	6.1	6.1	6.1	6.1	6.2	6.2	6.1	6.1
53	6.7	6.7	6.8	6.8	6.8	6.6	6.4	6.2	6.2	6.1	6.1	6.1	6.1	6.2	6.1	6.1	6.1
54	6.8	6.8	6.8	6.8	6.8	6.6	6.4	6.3	6.2	6.1	6.1	6.1	6.1	6.1	6.1	6.1	6.0
55	6.8	6.8	6.8	6.8	6.8	6.6	6.5	6.3	6.2	6.2	6.1	6.1	6.1	6.1	6.1	6.0	6.0
56	6.8	6.8	6.8	6.8	6.8	6.7	6.5	6.3	6.2	6.2	6.1	6.1	6.1	6.1	6.1	6.0	6.0

表 D.1（续）

$\Delta/(°)$	h/km															
	0.0	25	50	75	100	150	200	250	300	350	400	450	500	550	600	650	700
57	6.8	6.8	6.8	6.9	6.8	6.7	6.5	6.4	6.2	6.2	6.2	6.2	6.1	6.1	6.0	6.0	6.0
58	6.8	6.8	6.9	6.9	6.8	6.7	6.5	6.4	6.3	6.2	6.2	6.2	6.1	6.1	6.0	6.0	6.0
59	6.9	6.9	6.9	6.9	6.9	6.7	6.5	6.4	6.3	6.2	6.2	6.2	6.2	6.1	6.0	6.0	6.0
60	6.9	6.9	6.9	6.9	6.9	6.7	6.5	6.4	6.3	6.3	6.2	6.2	6.2	6.1	6.0	6.0	6.0
61	6.9	6.9	6.9	6.9	6.8	6.7	6.5	6.4	6.3	6.3	6.3	6.3	6.2	6.2	6.1	6.0	6.0
62	7.0	6.9	6.9	6.9	6.8	6.7	6.6	6.4	6.4	6.3	6.3	6.3	6.3	6.2	6.1	6.1	6.0
63	7.0	6.9	6.9	6.8	6.7	6.7	6.6	6.5	6.4	6.4	6.4	6.3	6.3	6.2	6.2	6.1	6.0
64	7.0	6.9	6.8	6.7	6.7	6.7	6.6	6.5	6.5	6.4	6.4	6.4	6.4	6.3	6.2	6.1	6.1
65	7.0	6.9	6.8	6.7	6.7	6.7	6.6	6.5	6.5	6.4	6.4	6.4	6.4	6.3	6.2	6.1	6.1
66	7.0	6.9	6.8	6.7	6.7	6.7	6.5	6.5	6.5	6.5	6.4	6.4	6.3	6.2	6.2	6.2	6.1
67	7.0	6.9	6.8	6.7	6.7	6.6	6.5	6.5	6.5	6.5	6.5	6.4	6.4	6.3	6.3	6.2	6.1
68	7.0	6.9	6.8	6.7	6.7	6.6	6.5	6.5	6.5	6.5	6.5	6.4	6.4	6.3	6.3	6.2	6.2
69	7.0	6.9	6.7	6.7	6.6	6.6	6.5	6.5	6.5	6.5	6.5	6.4	6.4	6.4	6.3	6.3	6.2	6.2
70	6.9	6.9	6.7	6.7	6.6	6.6	6.5	6.5	6.5	6.5	6.4	6.4	6.3	6.3	6.3	6.2	6.2
71	6.9	6.9	6.7	6.7	6.6	6.6	6.5	6.5	6.5	6.5	6.4	6.4	6.3	6.3	6.3	6.3	6.2
72	6.9	6.8	6.7	6.7	6.6	6.5	6.5	6.5	6.5	6.5	6.4	6.4	6.3	6.3	6.3	6.3	6.2
73	6.9	6.8	6.7	6.7	6.6	6.5	6.5	6.5	6.5	6.5	6.4	6.4	6.3	6.3	6.3	6.3	6.3
74	6.8	6.8	6.7	6.7	6.6	6.5	6.5	6.5	6.5	6.5	6.4	6.4	6.3	6.3	6.3	6.3	6.3
75	6.8	6.8	6.7	6.7	6.6	6.5	6.5	6.5	6.5	6.5	6.5	6.4	6.3	6.2	6.3	6.3	6.3
76	6.9	6.8	6.7	6.7	6.6	6.5	6.5	6.5	6.5	6.5	6.5	6.4	6.3	6.2	6.3	6.3	6.3
77	6.9	6.8	6.8	6.7	6.6	6.5	6.5	6.5	6.5	6.6	6.5	6.4	6.2	6.2	6.2	6.3	6.3
78	6.9	6.8	6.8	6.7	6.6	6.5	6.5	6.5	6.5	6.6	6.5	6.4	6.2	6.2	6.2	6.3	6.3
79	6.8	6.8	6.7	6.7	6.6	6.5	6.5	6.5	6.6	6.6	6.5	6.4	6.2	6.2	6.2	6.3	6.3
80	6.7	6.8	6.7	6.7	6.6	6.5	6.5	6.5	6.6	6.6	6.5	6.4	6.2	6.2	6.2	6.3	6.3
81	6.8	6.8	6.7	6.7	6.6	6.5	6.5	6.5	6.6	6.6	6.5	6.4	6.3	6.3	6.3	6.3	6.3
82	6.9	6.8	6.8	6.7	6.6	6.5	6.5	6.5	6.6	6.6	6.5	6.4	6.3	6.3	6.3	6.3	6.3
83	7.0	6.9	6.8	6.7	6.7	6.6	6.5	6.5	6.6	6.6	6.5	6.5	6.3	6.3	6.3	6.4	6.3
84	7.0	7.0	6.8	6.8	6.7	6.6	6.5	6.6	6.6	6.6	6.5	6.5	6.4	6.4	6.4	6.4	6.3
85	7.0	7.0	6.9	6.8	6.7	6.6	6.5	6.6	6.6	6.6	6.6	6.5	6.4	6.4	6.4	6.4	6.4
86	6.9	7.0	7.0	6.8	6.8	6.6	6.6	6.6	6.6	6.7	6.6	6.5	6.5	6.5	6.5	6.5	6.4
87	7.0	7.0	7.0	6.9	6.8	6.7	6.6	6.6	6.7	6.7	6.6	6.5	6.5	6.5	6.5	6.5	6.4
88	7.1	7.1	7.0	6.9	6.8	6.8	6.6	6.6	6.7	6.7	6.6	6.6	6.6	6.6	6.6	6.5	6.4
89	7.0	7.1	7.1	7.0	6.9	6.8	6.7	6.7	6.7	6.7	6.6	6.6	6.6	6.7	6.7	6.6	6.5

表 D.1（续）

Δ/(°)	h/km															
	0.0	25	50	75	100	150	200	250	300	350	400	450	500	550	600	650	700
90	7.0	7.0	7.1	7.0	6.9	6.8	6.7	6.7	6.7	6.7	6.6	6.7	6.7	6.7	6.7	6.7	6.5
91	7.1	7.1	7.2	7.1	7.0	6.9	6.8	6.7	6.7	6.7	6.7	6.7	6.7	6.8	6.8	6.7	6.6
92	7.1	7.2	7.2	7.2	7.1	6.9	6.8	6.8	6.7	6.8	6.7	6.8	6.8	6.8	6.8	6.8	6.7
93	7.2	7.2	7.2	7.2	7.1	7.0	6.9	6.8	6.8	6.8	6.8	6.8	6.8	6.9	6.8	6.9	6.7
94	7.1	7.2	7.2	7.2	7.2	7.0	6.9	6.9	6.9	6.9	6.9	6.9	6.9	6.9	7.0	6.9	6.8
95	7.2	7.2	7.2	7.2	7.2	7.1	7.0	7.0	6.9	6.9	6.9	6.9	6.9	7.0	7.0	7.0	6.9
96	7.3	7.2	7.3	7.3	7.3	7.2	7.1	7.0	7.0	7.0	6.9	7.0	7.0	7.0	7.0	7.0	6.9
97	7.4	7.3	7.3	7.3	7.3	7.2	7.1	7.1	7.0	7.0	7.0	7.1	7.1	7.1	7.1	7.0	7.0
98	7.5	7.3	7.3	7.3	7.3	7.3	7.2	7.1	7.1	7.1	7.1	7.1	7.1	7.1	7.1	7.1	7.0
99	7.5	7.3	7.3	7.3	7.4	7.3	7.2	7.2	7.2	7.1	7.1	7.2	7.2	7.2	7.2	7.1	7.0
100	7.3	7.3	7.3	7.3	7.4	7.4	7.3	7.2	7.2	7.2	7.2	7.2	7.2	7.2	7.2	7.2	7.1

参 考 文 献

[1] GB/T 18207.1—2008　防震减灾术语　第 1 部分:基本术语
[2] GB/T 18207.2—2005　防震减灾术语　第 2 部分:专业术语

地震应急避难场所 运行管理指南
(GB/T 33744—2017)

前 言

本标准按照 GB/T 1.1—2009 给出的规则起草。

本标准由中国地震局提出。

本标准由全国地震标准化技术委员会(SAC/TC 225)归口。

本标准起草单位：北京市地震局、中国地震局地质研究所、中国地震局地球物理研究所、中国地震应急搜救中心、山东省地震局、陕西省地震局。

本标准主要起草人：杨国宾、黎益仕、胡平、董赟、苗崇刚、侯建盛、李志强、白春华、张敬军、都吉夔、范增杰、王海英、吴新艳、丁彦慧、姜连艳、李晓丽。

1 范围

本标准给出了地震应急避难场所的日常管理、应急启用、安置运行和安置运行结束的工作内容和指南。

本标准适用于地震应急避难场所的运行管理。

2 规范性引用文件

下列文件对于本文件的应用是必不可少的。凡是注日期的引用文件，仅注日期的版本适用于本文件。凡是不注日期的引用文件，其最新版本(包括所有的修改单)适用于本文件。

GB 21734—2008 地震应急避难场所 场址及配套设施

3 术语和定义

下列术语和定义适用于本文件。

3.1

地震应急避难场所 emergency shelter for earthquake disasters

为应对地震等突发事件，经规划、建设，具有应急避难生活服务设施，可供居民紧急疏散、临时生活的安全场所。

[GB 21734—2008,定义 3.1]

4 日常管理

4.1 制度建设

4.1.1 地震应急避难场所的所有权人或管理使用单位应制修订疏散安置预案，并按照管理权限备案。

4.1.2 地震应急避难场所的所有权人或管理使用单位对以下事项制定管理制度：

a) 地震应急避难场所及设施设备定期维护、检查及使用情况登记与备案；
b) 地震应急避难场所运行相关部门、单位的协作联动；
c) 基本应急物资的储备、维护、更新；
d) 定期向地震应急避难场所主管部门报告地震应急避难场所自查情况，协作联动保障情况，地震应急避难场所设施、设备、物资缺损的情况以及其他需要解决的问题等。

4.2 设施设备保障

4.2.1 生活类设施设备

4.2.1.1 依据地震应急避难场所所属类别，按照 GB 21734—2008 中第 6 章、第 7 章的规定配备设施、设备。

4.2.1.2 明确地震应急避难场所启用后所需新增移动厕所、垃圾处理设施、供水车、净化水设备、餐饮设备、应急电源（发电设备）等设施设备的提供部门或单位。

4.2.2 标志牌

4.2.2.1 按照 GB 21734—2008 的规定设置地震应急避难场所平面图和周边居民疏散路线图的导向标志牌。地震应急避难场所平面图和疏散路线图的设计应符合附录 A 的规定要求，其示例参见附录 B 和附录 C。

4.2.2.2 地震应急避难场所位置导向标志牌应图文清晰、指向准确、安装牢固、外观完好。损坏后应及时维修或更换。

4.2.2.3 地震应急避难场所启用后日常集中存放的地震应急避难场所标志牌及地震应急避难场所安置区域示意图等导向标志牌及时安装到位。

4.2.3 出入口及通道

4.2.3.1 地震应急避难场所出入口保持通畅，能随时开启。

4.2.3.2 地震应急避难场所内主要疏散通道、消防通道应保持畅通，不应占用或堵塞。

4.3 基本应急物资准备

4.3.1 按 GB 21734—2008 中 6.2.2 的规定，结合当地实际情况，制定基本应急物资保障方案，建立与地震应急避难场所周边商场、超市、加油站、辖区卫生医疗等单位的基本应急物资储存、供应保障机制，明确救灾物资储存、供应的工作职责及流程。

4.3.2 基本应急物资应包括安置用工具、生活物资、医疗卫生用品及器械等，按照附录 D 中表 D.1、表 D.2、表 D.3 规定的内容进行储备、登记。

4.4 宣传和演练

4.4.1 通过广播、电视、互联网等媒介和社区宣传栏、宣传册等，向辖区内社会公众公布地震应急避难场所位置、设施、功能等信息。

4.4.2 组织有关负责人、志愿者以及其他相关工作人员开展地震应急避难场所疏散安置演练。

4.5 检查和维护

4.5.1 地震应急避难场所主管部门定期组织开展以下检查工作：
a) 管理制度建立和执行情况；
b) 设施维护情况；
c) 物资储备情况；
d) 疏散安置预案制修情况；

e) 宣传及演练情况。

4.5.2 地震应急避难场所的所有权人或管理使用单位指定专人负责地震应急避难场所设施设备的日常维护、保养及检修,及时消除隐患,定期开展应急物资检查,发现问题及时处理、记录。

5 应急启用

5.1 启用条件

满足下列条件之一的,可启用地震应急避难场所:
　　a) 发布临震预报;
　　b) 发生破坏性或有较大影响的地震灾害事件;
　　c) 其他需要启用地震应急避难场所的情况。

5.2 启用事项

5.2.1 地震应急避难场所所有权人或管理使用单位,开启地震应急避难场所所有出入口及地震应急避难场所设施设备。

5.2.2 迅速安排专人对地震应急避难场所进行安全检查,对因地震等原因造成破坏,经鉴定不能使用的,所有权人或管理使用单位应在地震应急避难场所出入口处设置明显标识,告知受灾群众不能进入,并将地震应急避难场所相关情况报告抗震救灾指挥部。

5.2.3 对经确认安全可使用,但有些设施设备破损的,立即组织人员对不能使用的设施进行抢修,将相关情况告知地震应急避难场所指挥部。

5.3 进场秩序

5.3.1 负责疏散安置引导的工作人员按照地震应急避难场所内疏散路线,采取边引导边就位的方式,有秩序地将受灾群众引领到达指定安置区域。

5.3.2 受灾群众入场过程中,注意对老年人、残疾人、孕妇、婴幼儿、轻症伤(病)员等需要帮助的特殊人员进行帮扶。

6 安置运行

6.1 运行管理

6.1.1 机构设立

6.1.1.1 设立由政府工作人员、地震应急避难场所的所有权人或管理使用单位负责人、被安置社区(村)的负责人组成地震应急避难场所疏散安置指挥部,负责统一指挥、管理受灾群众疏散安置工作,并设立办公地点。

6.1.1.2 地震应急避难场所疏散安置指挥部下设协调联络组、人员疏散组、医疗防疫组、治安保卫组、后勤保障组、宣传教育组等工作组,明确负责人和工作人员。各组任务如下:
　　a) 协调联络组,负责对外联络、地震应急避难场所情况统计报告、志愿者招募等工作;
　　b) 人员疏散组,负责受灾群众疏散通知与引导、地震应急避难场所内受灾群众居民登记、失散人员的登记与查询等工作;
　　c) 医疗防疫组,负责地震应急避难场所内医疗救护、卫生防疫、心理危机干预等工作;
　　d) 治安保卫组,负责地震应急避难场所内的治安保卫等工作;
　　e) 后勤保障组,负责地震应急避难场所指挥管理设施保障、安置受灾群众住宿保障、受灾群众生活物资的管理与供应、垃圾处理及环境卫生维护、宠物安置等工作；

f) 宣传教育组，负责信息通告、减灾知识科普教育等工作。

6.1.2 人员登记

人员登记的内容应包括：

a) 按照附录E中表E.1的内容和格式对疏散到地震应急避难场所内需要安置的受灾群众进行登记；

b) 核对本辖区（单位）进入地震应急避难场所需要安置的受灾群众和工作人员；

c) 对境外人员、临时避险人员单独进行登记；

d) 按照附录F的内容和样式为登记在册的受灾群众填制安置卡，并凭卡提供地震应急避难场所的相应服务，被安置受灾群众离开地震应急避难场所时收回。

6.1.3 信息收集和报送

信息收集和报送的内容包括：

a) 每日收集地震应急避难场所情况信息，如次生灾害信息、交通信息、人员救治及疫情信息、灾民失散信息、受灾群众安置需求等；按照附录G中表G.1的内容和格式填写相关信息，向地震应急避难场所指挥部报告人员数量及名单、需要帮助特殊人员等信息；

b) 每日按照附录H中表H.1、表H.2和表H.3的内容和格式，填写地震应急避难场所基本情况，并定时报告上级政府，提出受灾群众生活物资保障需求；

c) 随时与上级政府保持通信畅通，可采用手机、座机、无线手台、人工送达等联络方式。

6.1.4 信息发布

通过地震应急避难场所内设置的电子显示屏、应急广播和无线局域网、信息公告栏等，向受灾群众及时发布疏散安置指挥部的工作部署动态、政策信息、生活信息和抗震救灾知识等内容。

6.1.5 志愿者招募

志愿者招募工作应包括以下内容：

a) 提出招募需求，拟定招募条件，公布招募信息。可采用在信息栏张贴招募告示、通过地震应急避难场所广播设施发布招募信息等方式招募志愿者，或接收上级调派的志愿者；

b) 按照附录I中表I.1的内容和格式登记志愿者；

c) 对已报名人员进行筛选、登记及任务分配。优先招募具有专业技能、有志愿服务经历的人员；

d) 组织对临时志愿者进行培训，介绍工作内容、分解工作任务、明确工作步骤等。

6.2 基本生活保障

6.2.1 基本生活设施保障工作应包括以下内容：

a) 按照GB 21734—2008中6.1.1和7.3的规定，组织支援人员或志愿者搭建帐篷或活动板房等住宿设施。室内的地震应急避难场所住宿区域内宜以户为单位设置隔断，减少相互干扰；

b) 优先为孤儿、孤老、孤残人员及需要帮助的特殊人员提供住宿设施；

c) 设立篷宿区负责人和住宿单元负责人，负责相应区内的受灾群众安置事宜并按照附录 J 中表 J.1 的内容和格式填写相关信息；

  d) 对临时设置的应急物资储备点，指定专人看守和管理，随时检查物资储存情况，避免物资受潮、霉变等，注意防火、防盗；

  e) 设置集中的洗衣间和熟热食品加工间，派专人管理。

6.2.2 救灾物资供应工作应包括以下事项：

  a) 确保满足居民受灾群众最低生存需要的物资供应量；

  b) 对地震应急避难场所储备的生活物资、医疗物资分类，按照附录 K 中表 K.1 和表 K.2 及时对物资接收和拨付进行登记造册。每日对剩余物资进行数量清点、核对；

  c) 集中加工和供应熟热饮食；

  d) 受灾群众凭安置卡领取救灾物资，并按照附录 L 中表 L.1 的内容填写明细，签署领取人；

  e) 建立救灾物资发放登记簿，并定期公示；

  f) 由专人负责维持物资发放秩序、监督物资发放；

  g) 确保优先为需要帮助的特殊人员提供食品、药品等物资。

6.3 配套服务

6.3.1 医疗救护与卫生防疫

根据实际情况开展如下医疗救护与卫生防疫工作：

  a) 设置临时医疗点及医疗急救组，开展医疗诊治，发放药品。为需要特殊帮助人员提供优先的医疗服务。每日定时开展地震应急避难场所内医疗巡诊；

  b) 设立心理咨询室，向地震应急避难场所内受灾群众宣传心理健康知识，进行心理危机干预和心理疏导；

  c) 做好地震应急避难场所内受灾群众的疫情监控，发现疫情立即报告，做好疫苗接种工作；

  d) 定期对篷宿区、卫生间、沐浴间和宠物饲养区进行药物喷洒消毒处理；

  e) 按照 GB 21734—2008 中 6.1.7 的规定，设置满足应急生活需要的可移动的垃圾、废弃物分类储运设施，加强对垃圾的清扫，地震应急避难场所内受灾群众密集度高时增加清扫次数。对垃圾的清理应做到当日垃圾当日清空；

  f) 对医疗废弃物集中收集、存放，不与生活垃圾混放、混装，配合专业机构人员进行安全处理；

  g) 对地震应急避难场所内的食物、饮用水源等卫生情况进行定期监测、检查。对暴露在外的饮用水源及生活污水定时进行消毒处理；

  h) 饮用经煮沸消毒过的水，或直接饮用瓶装水。水果、蔬菜类生食食品应洗净或消毒。

6.3.2 通信服务

通信服务满足以下要求：

  a) 架设临时通信设施，保障地震应急避难场所与上级政府指挥机构的通信畅通；

  b) 设立临时通信服务点(有条件的地区可提供局域网)，为受灾群众提供通信服务。

6.3.3 治安防范

治安管理包括以下事项：

  a) 地震应急避难场所秩序维护：可利用地震应急避难场所监控设施，对场内治安情

况进行实时监控,及时分散密集人群,化解矛盾纠纷;
- b) 场内重点目标安全防范:对场内重点目标,如指挥部、物资储备点、临时性金融营业网点、供电设施等进行安全防范;
- c) 开展场内及周边区域治安巡逻,防范治安案件和刑事案件的发生;
- d) 火灾预防及处置:对地震应急避难场所用火、用电情况等进行火灾隐患排查;每10顶帐篷设立一处灭火器设置点,至少配备两具手提式干粉灭火器;
- e) 处理治安案件;
- f) 法律咨询:为受灾群众关心的财产受损认定、保险理赔、继承等法律问题进行解答,提供咨询建议。

6.3.4 失散人员登记查询

失散人员登机查询应包括以下内容:
- a) 设立失散人员登记查询工作点,设置人口查询登记簿,登记被查询人员的姓名、性别、年龄等个人信息和查询人员的姓名、联系方式;
- b) 通过建立失散人口查询平台、设立寻亲热线电话、与其他地震应急避难场所建立联系等方式,共享人口查询信息;
- c) 随时在地震应急避难场所信息发布平台上公布查询信息,便于居民查询。

6.3.5 宠物安置

宠物安置包括以下内容:
- a) 对宠物进行管制,限制宠物进入室内地震应急避难场所;
- b) 有条件的地震应急避难场所可在室外为宠物设立单独饲养区域,并搭建围栏。定时为宠物提供食品,进行卫生清扫;
- c) 对饲养的宠物进行登记造册,登记内容包括宠物类别、特征、主人姓名等。

6.3.6 车辆安置

车辆安置包括以下事项:
- a) 实施临时交通管制,受灾群众个人的车辆及交通工具不得进入地震应急避难场所;
- b) 经地震应急避难场所疏散安置指挥部同意,用于临时安置受灾群众住宿的车辆,设立专区,统一停放;
- c) 为地震应急避难场所内受灾群众提供生活保障的专用车辆,进入和停放地震应急避难场所,持有经批准的专用证件。

7 安置运行结束

7.1 结束的条件

满足下列条件之一,结束地震应急避难场所运行:
- a) 地震应急避难场所因安全原因不适宜继续安置居民;
- b) 受灾群众进行了易地妥善安置或不再需要本地震应急避难场所的安置;
- c) 政府宣布应急期结束。

7.2 结束的通告

地震应急避难场所疏散安置指挥部依据指令,向地震应急避难场所内安置的受灾群众通知地震应急避难场所安置结束,告知地震应急避难场所关闭时间、撤离准备及注意事项等内容。

7.3 安全性转移

当地震应急避难场所受到安全威胁,不适宜继续安置受灾群众时,地震应急避难场所疏散安置指挥部在抗震救灾指挥部指挥下或自主组织本地震应急避难场所受灾群众向安全地带转移,并向上级政府报告转移的所在位置及情况,请求支援。

7.4 长期性转移安置

当应急安置工作基本结束,仍有受灾群众需要继续安置时,地震应急避难场所疏散安置指挥部根据当地实际情况,向上级政府申请,组织本地震应急避难场所受灾群众进行异地安置。

7.5 善后工作

地震应急避难场所内安置的受灾群众撤离后,地震应急避难场所疏散安置指挥部组织有关人员检查、收集、清点、归还安置物资、设施设备及器材。

地震应急避难场所所有权人或管理使用单位,应编制并提出地震应急避难场所恢复修缮方案,报所在地人民政府。

附 录 A
（规范性附录）
地震应急避难场所平面图和疏散路线图的设计要求

A.1 地震应急避难场所平面图包括地震应急避难场所、设施位置、篷宿区区域、方位指示图标、图例等要件,这些图中要件的内容及其基本要求如下:

a) 图名:图名表示方法为"地点名称"＋"地震应急避难场所平面图",用黑色等线体;
b) 地震应急避难场所位置:地震应急避难场所位置上标注场内主要建筑物位置及名称,用绿色为背景表示;
c) 设施位置标注:依据地震应急避难场所类别,在设施位置上标注图标;
d) 篷宿区:划分出篷宿区并标注其编号,篷宿区的背景色应与地震应急避难场所底色(绿色)区分开;
e) 方位指示图标:用箭头指示北方,箭头前方标注"北"字,位于图右上角;
f) 图例:图例位于图右下角或右侧。

A.2 疏散路线示意图的要件及其要求如下:

a) 图名:图名表示方法为"地点名称"＋"地震应急避难场所疏散路线图",用黑色等线体;
b) 地震应急避难场所位置:地震应急避难场所位置上标注地震应急避难场所图形符号,用绿色为背景表示;
c) 安置群体对象:分别标注安置群体名称及疏散人数,用黄色为背景表示;
d) 疏散路线:标注箭头指向,用红色线条表示。疏散路线的设计应遵循安全、就近、快捷的原则,应避开潜在地震危险区域。应设定多条疏散线路,避免人群过度集中;
e) 方位指示图标:用箭头指示北方,箭头前方标注"北"字,位于图右上角;
f) 图例:图例位于图右下角或右侧;
g) 比例尺:比例尺为1∶2 000或1∶500,采用线比例尺表示。

附 录 B
（资料性附录）
地震应急避难场所疏散路线图示例

图 B.1 为地震应急避难场所疏散路线图的一个示例。

×××地震应急避难场所疏散路线图

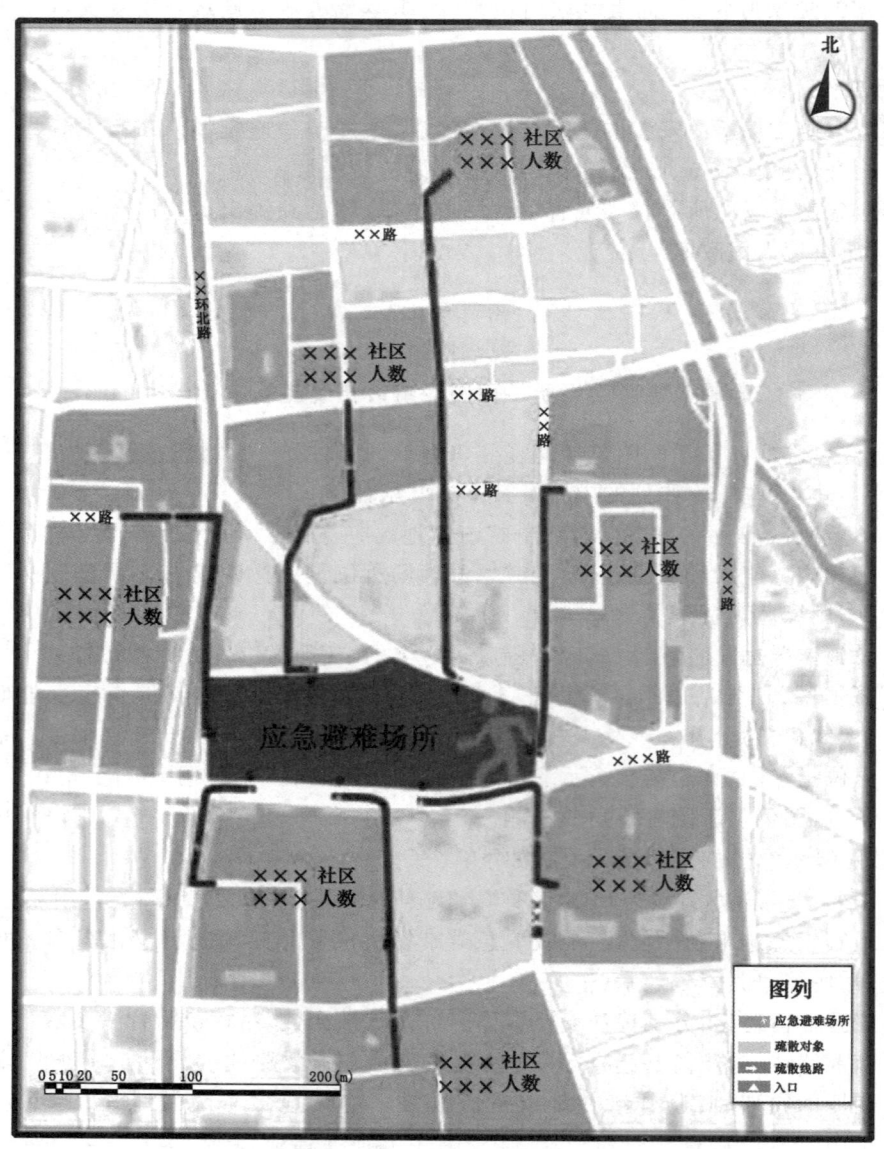

注1：图名中的"×××"指地震应急避难场所的名称。
注2：图中的"×××"根据实际情况分表表示具体的社区、地名、道路、河流等名称以及数量等信息。

图 B.1 地震应急避难场所疏散路线图示例

附 录 C
（资料性附录）
地震应急避难场所平面图示例

图 C.1 为地震应急避难场所平面图的一个示例。

×××地震应急避难场所平面图

图 C.1 安置区域图示例

附 录 D
（规范性附录）
地震应急避难场所基本应急物资储备清单

D.1 地震应急避难场所安置用工具储备清单内容及样式见表 D.1。

表 D.1 地震应急避难场所安置用工具储备清单样式

地震应急避难场所名称						
序号	物资(装备)名称	型号	单位	数量	存放地点	保管人
	警示带					
	绳子					
	锤子					
	铲子					
	铁锹					
	灭火器					
填写人			填写日期		年 月 日	

D.2 地震应急避难场所生活物资储备清单内容及样式见表 D.2。

表 D.2 地震应急避难场所生活物资储备清单样式

地震应急避难场所名称							
序号	类别	名称	型号	单位	数量	存放地点	保管人
1	篷宿用品	帐篷					
2		被褥					
3		彩条布					
4		蚊帐					
5		睡袋					
6		防潮垫					
7		折叠床					

表 D.2（续）

地震应急避难场所名称							
序号	类别	名称	型号	单位	数量	存放地点	保管人
8	食品及饮用水	方便面					
9		压缩饼干					
10		包装饮用水					
11	生活用品	手电筒					
12		收音机					
13		洗衣机					
14		晾衣架					
15		餐具					
16		雨具					
17		电池					
18		电热水壶					
19		毛巾					
20		卫生纸					
21	母婴用品	奶粉					
22		奶瓶					
23		纸尿布					
24		妇女卫生用品					
填写人				填写日期		年 月 日	

D.3 地震应急避难场所医疗卫生用品及器械储备清单内容及样式见表 D.3。

表 D.3 地震应急避难场所（名称）医疗卫生用品及器械储备清单样式

地震应急避难场所名称					
序号	类别	品名	单位	数量	要求
1	药品	医用酒精	瓶		500 mL/瓶
2		碘酒	瓶		500 mL/瓶
3		过氧化氢溶液	瓶		500 mL/瓶
4		烫伤软膏	管		
5	医疗	供氧器（制氧机）	套		2 L
6		简易呼吸器	套		成人
7		血压计	个		
8		体温计	支		
9		听诊器	个		
10		手电筒	个		
11		压舌板	支		CA16 cm
12		医用夹板	套		大、小号各一套

表 D.3（续）

地震应急避难场所名称					
序号	类别	品名	单位	数量	要求
13	器械	镊子	把		
14		创口贴	包		
15		三角巾	条		
16		医用脱脂纱布	组		
17		绷带卷	卷		
18		气压止血带	根		
19		透气胶布	卷		1.2 cm×100 cm
20		敷料剪	把		
21		医用脱脂棉	包		
22		棉签	袋		
23		纱布绷带剪	把		
24		砂轮片	片		
25		一次性注射器	支		
26		静脉输液器	支		
27		医用冰袋			
填写人			填写日期		年 月 日
注：所列基本急救药品及医疗器械品种可根据当地实际增减，"要求"一栏可对药品或器材的质量、型号等提出要求。					

附录 E
（规范性附录）

地震应急避难场所受灾群众安置登记表

地震应急避难场所受灾群众安置登记表内容及样式见表 E.1。

表 E.1 地震应急避难场所受灾群众安置登记表样式

地震应急避难场所名称

序号	姓名	性别	年龄	民族	政治面貌	血型	身份证号	电话	户籍所在地居住地	篷宿编号	迁离时间
填写人								填写日期		年 月 日	

附 录 F
（规范性附录）
地震应急避难场所居民安置卡模版

地震应急避难场所居民安置卡模版样式见图 F.1，其中"地震应急避难场所（名称）"为对应的应急 避难场所的实际名称，在制作时应用实际名称替换。

地震应急避难场所（名称）

居民安置卡

姓名：_____

性别：_____ 年龄：_____

住宿区域：_____区_____号

身份证/护照号：

_____

联系方式：_____

签发机构：

签发日期： 年 月 日

图 F.1 地震应急避难场所居民安置卡样式

附 录 G
（规范性附录）
地震应急避难场所居民安置需求登记表

地震应急避难场所居民安置需求登记表内容及样式见表 G.1。

表 G.1 地震应急避难场所居民安置需求登记表样式

地震应急避难场所名称								
序号	姓名	联系电话	篷宿编号	需求内容	解决情况	登记日期	登记人	备注

附 录 H
（规范性附录）
地震应急避难场所运行情况日志表

表 H.1 至表 H.3 为地震应急避难场所运行情况日志表的统计内容及其样式。

表 H.1 地震应急避难场所人员情况表样式

地震应急避难场所名称				
分类	人员来源(所在单位名称)		数量	备注
管理机构工作人员				
	合计			
安置居民	乡镇级政府名称	村(名称) ……		
	街道名称	社区(名称) ……		
	周边单位名称	单位(名称) ……		
	临时避险人员			
	合计			
	其中：			
	人员划分		数量	备注
	需要帮助的特殊人员	伤员		
		老人		
		残疾人		
		孕妇		
		婴幼儿		
		小计		
	港澳台及外籍人员	香港		
		澳门		
		台湾		
		外籍 国籍(名称) ……		
		小计		
	志愿者	临时志愿者		
		外来志愿者		
	小计			
填写人		填写日期		年 月 日

表 H.2 地震应急避难场所及设施情况表样式

地震应急避难场所名称				
建筑物情况		建筑物名称		
		状况	□完好无损　□受损　□倒塌　□恢复使用	
		措施	□暂停使用　□经安全性鉴定　□维修加固	
场所设施情况	住宿设施	种类	□简易帐篷　□原有设施　□救灾专用帐篷　□板房　□自建房	
		使用数量	原设施启用数量	
			补充设施数量	
			小计	
	供水设施	种类	□机井　□供水车　□净水车	
		使用数量	原设施启用数量	
			补充设施数量	
			小计	
	供电设施	种类	□发电机　□发电车　□恢复城市供电	
		使用数量	原设施启用数量	
			补充设施数量	
			小计	
	通讯设备	种类	□发电机　□发电车　□恢复城市供电	
		使用数量	原设施启用数量	
			补充设施数量	
			小计	
	厕所	种类	□固定厕所　□移动厕所　□战地厕所　□其他	
		使用数量	原设施启用数量	
			补充设施数量	
			小计	
……	……	……	……	
填写人			填写日期	年　　月　　日

表 H.3 地震应急避难场所物资供应情况表

地震应急避难场所名称					
物资种类	□食品	□生活用品		□药品、药械	□政府补贴
供应人数					
发放范围			发放标准		
公示时间			公示地点		
剩余物资	名称	单位	数量		备注
物资需求					
填写人			填写日期		年　月　日

附 录 I
（规范性附录）

地震应急避难场所临时志愿者招募登记表

地震应急避难场所临时志愿者招募登记表内容及样式见表 I.1。

表 I.1 地震应急避难场所临时志愿者招募登记表样式

地震应急避难场所名称

序号	姓名	性别	年龄	身份证号	联系方式	所属单位	所在篷宿区	有何特长，懂何种外语	服务工作组名称	入驻时间	离开时间

填写人　　　　　　　　　　　　　填写日期　　　年　　月　　日

附 录 J
（规范性附录）
地震应急避难场所住宿设施管理单元信息卡模版

地震应急避难场所住宿设施管理单元信息卡模版样式见图 J.1，其中"地震应急避难场所（名称）"为对应的应急避难场所的实际名称，在制作时应用实际名称替换。

地震应急避难场所（名称）

住宿单元信息卡

（_____ 区 _____ 号）

职务	姓名	性别	联系方式	备注
负责人				
居住人员				

图 J.1 地震应急避难场所住宿单元信息卡

附 录 K
（规范性附录）
地震应急避难场所物资（装备）接收和拨付登记表

表 K.1 至表 K.2 为地震应急避难场所物资（装备）接收和拨付内容及其样式。

表 K.1 地震应急避难场所物资（装备）接收登记表样式

地震应急避难场所名称										
日期时间				物品名称	单位	数量	提供单位	交付人	联系方式	接收人
月	日	时	分							

表 K.2 地震应急避难场所物资(装备)拨付登记表样式

地震应急避难场所名称										
日期时间			物品名称	单位	数量	拨付人	领取人	联系方式	备注
月	日	时	分							

附 录 L
（规范性附录）
地震应急避难场所受灾群众物资领取登记表

地震应急避难场所受灾群众物资领取登记表内容及样式见表L.1。

表 L.1 地震应急避难场所受灾群众物资领取登记表样式

地震应急避难场所名称									
序号	姓名	住宿区域	帐篷（安置房）编号	物品名称	单位	数量	领取日期	领取人签字	备注

参 考 文 献

[1] 建标 121—2009 救灾物资储备库建设标准
[2] GB 50180—1993 城市居住区规划设计规范
[3] GA 654—2006 人员密集场所消防安全管理
[4] DB11/T 1044—2013 地震应急避难场所运行管理规范
[5] 北京市地震应急避难场所疏散安置预案编制指南
[6] 爱知县避难应急避难场所运营手册
[7] 绵阳九州体育馆应急安置震灾群众的成功经验（会议论文）
[8] 雅安芦山地震应急疏散安置调研报告

中小学校地震避险指南(GB/T 33735—2017)

前言

标准按照 GB/T 1.1—2009 给出的规则起草。

本标准由中国地震局提出。

本标准由全国地震标准化技术委员会(SAC/TC 225)归口。

本标准起草单位：天津市地震局、中国地震局工程力学研究所、中国地震局地球物理研究所、四川省教育厅、四川省地震局、天津市津南区教育局、天津市津南区地震办公室。

本标准主要起草人：王公学、袁一凡、冯义钧、顾建华、禹华美、陈维锋、韩震、刘永强、张孟林、赵阳。

引言

在我国灾害性地震和有感地震中，有时出现中小学生由于避险不当造成伤亡的现象，如躲避位置不当、惊逃室外途中被砸、跳楼等造成的伤亡。

制定本标准的目的是，向中小学校提供地震避险工作依据，促进中小学校防震减灾工作的开展，保障迅速有序地进行震时避险和震后疏散，最大限度地保护学生和教职工生命安全。

我国是地震灾害严重的国家，人们在地震血的教训中，总结出一些有效的地震避险方法。如唐山地震后总结出"震时就近躲避，震后迅速疏散"的方法，汶川地震总结出"能跑则跑，不能跑则躲"的方法，一些强有感地震总结出"不能跳楼、不能盲目外逃"的方法等。中小学校是组织严密的人员密集场所，中小学生具有接受能力强、但不具有完全行为能力的特点。本标准根据历史地震的经验和教训，结合学校的特点制定。

1 范围

本标准给出了中小学校地震避险准备、震时避险、震后疏散的内容、程序、方法和要求。

本标准适用于中小学校地震避险工作，其他学校或其他灾害的避险也可参照使用。

2 规范性引用文件

下列文件对于本文件的应用是必不可少的。凡是注日期的引用文件，仅注日期的版本适用于本文件。凡是不注日期的引用文件，其最新版本(包括所有的修改单)适用于本文件。

GB 13495.1　消防安全标志　第 1 部分:标志

GB 50016　建筑设计防火规范

GB 50099　中小学校设计规范

3 术语和定义

下列术语和定义适用于本文件。

3.1

地震避险 avoiding danger of earthquake

为减轻因地震引起的建(构)筑物或其他设施破坏对人员的伤害采取的震前避险准备、震时避险和震后疏散的应急举措。

[GB/T 30353—2013,定义 3.3]

3.2

震时避险 avoiding danger in earthquake

地震发生时所采取的就近躲避和撤离的行为。

[GB/T 30353—2013,定义 3.1]

3.3

震后疏散 evacuation after seismic ground motion

地震动结束后,组织人员有序撤离建(构)筑物的避险行为。

[GB/T 30353—2013,定义 3.2]

4 地震避险准备

4.1 地震避险预案

4.1.1 地震避险预案可单独制定,或在地震应急预案、突发事件应急预案中增加地震避险内容。主要内容包括:

a) 学校基本情况。包括学校性质、隶属关系,老师、学生人数,学校建(构)筑物类型、抗震设防标准、承重墙分布,周边地质灾害隐患,疏散通道、疏散场地情况,可能发生的危险情况及风险点等;

b) 地震避险责任制。包括学校校长、管理干部、教职工地震避险工作责任及责任人,应急指挥组织及职责,地震避险时各自的岗位、位置、工作内容、操作程序,全体教职工工作范围内安全工作"一岗双责"(重点是地震时在岗、在校的教职工)等安全职责;

c) 震时避险方案。根据可能产生灾害的情景、房屋的抗震性能和学生年龄特点、学生所处地点的实际情况制定避险方案,内容包括不同环境下的避险方法与要求等。编制时可参照第 5 章;

d) 震后疏散方案。根据房屋的结构、布局、出口等实际情况制定疏散方案,内容包括疏散计划、疏散路线、疏散顺序、疏散方式和时机、疏散警报等。编制时可参照第 6 章;

e) 保障措施。包括应急知识教育与演练,教职工应急处置能力培训,疏散通道与疏散场地准备(如疏散通道和场所应设立醒目的标志和路线标识),通讯、广播、照明等物资准备,意外情况处置措施(如有师生被压埋或重伤,有较严重的火灾、实验室的化学物品泄漏等)等。

4.1.2 根据实际需要和情势变化适时修订地震避险预案,修订间隔宜不超过五年。

4.2 地震避险知识教育

4.2.1 地震避险知识教育的主要内容应包括:

a) 地震大小和远近的识别方法;

b) 地震烈度及其识别方法,参见 GB/T 17742—2008;

c) 地震震感识别方法,参见附录 A;
d) 地震预警与警报信号;
e) 震时避险方法;
f) 震后疏散方法。

4.2.2 地震避险知识教育宜采用下列形式:
  a) 课堂教学。可开设专题课堂教学或纳入安全课堂教学中,也可结合自然课、地理课等相关课程,开展地震避险知识课堂教学;
  b) 课外活动。包括:办黑板报或墙报,开办讲座,观看展览、影视和录像,网上作业、虚拟互动,举办地震避险主题教育活动等;
  c) 体验活动。开展地震避险、自救演练,在相关培训基地、体验场馆等进行地震避险体验活动。

4.3 地震避险演练

4.3.1 地震避险演练宜结合地震避险知识教育,课间、课外等活动安排。地震避险演练方案编制应结合学生年龄、体能,并设定上课、课间、夜间(寄宿学校)等情景。

4.3.2 地震避险演练主要内容应包括:
  a) 震时避险演练。包括躲避地点选择和姿势动作、撤离中行走方法和摔倒的处置、以班为单位的躲避、以年级或楼层为单位的撤离等;
  b) 震后疏散演练。包括以年级或楼层为单位的疏散演练及全学校的集中疏散演练。

4.3.3 地震避险演练每月至少应开展一次。

4.3.4 地震避险演练宜利用课间操活动进行。

4.3.5 地震避险演练应纳入开学时的安全教育活动。

4.3.6 小学放学时,宜定期或长期使用设定的疏散路线疏散,作为地震避险的一种经常性练习。

4.3.7 地震避险演练宜按地震避险预案或者地震应急预案、突发事件应急预案规定的程序和方法进行,使地震避险行为成为常态。

4.4 地震避险设施与器具准备

4.4.1 建筑物应设置地震疏散通道,地震疏散通道要求按 GB 50099、GB 50016 的规定。

4.4.2 操场、绿地等作为地震紧急疏散场地时应远离:
  a) 高大建(构)筑物、围墙;
  b) 高压输变电线路等设施;
  c) 易燃、易爆、有毒物质储放地;
  d) 滚石、滑坡、泥石流等地质灾害源。

4.4.3 地震疏散通道、疏散场地按 GB 50016、GB 13495.1 的规定设置疏散标志和应急照明。

4.4.4 应保持疏散通道、安全出口畅通,不应占用疏散通道;不应将安全出口上锁,不应在安全出口、疏散通道上安装固定栅栏等影响疏散的障碍物;发现建筑物及设施、设备等存在安全隐患时,应及时予以消除。

4.4.5 建筑物应尽量减少装饰物,装饰物建设要牢固;室内应尽量减少悬挂物,悬挂物安装要牢靠;定期检查装饰物、悬挂物的安全性。

4.4.6 应配备应急通讯、广播、照明、监控、医疗救助等器具。

4.4.7 在建立地震预警系统的地区,宜安装地震预警接收报警装置。

5 震时避险

5.1 震时避险应遵从下列原则：
   a) 因地制宜。根据建(构)物的抗震能力、人员所处位置、体能、室外环境等情况,选择合适的避险方法；
   b) 果断。沉着冷静,按预案果断指挥、快速行动；
   c) 有序。顺次撤离,避免踩踏或慌乱导致伤亡。

5.2 当感知到强烈震感、特强震感或地震预警终端发出警报信号时,学校各岗位的教职工应按地震避险预案引导学生避险。地震震感识别方法见附录A。

5.3 对于抗震能力弱的建筑物(建筑物抗震能力认定方法参见附录B),宜采取下列方法避险：
   a) 在单层房屋或楼房的一、二层的学生,迅速撤离到室外的安全区域；
   b) 在楼房三层及以上学生宜就近躲避。

5.4 对于抗震能力强的建筑物,宜采取就近躲避。

5.5 就近躲避的躲避方式宜采用：
   a) 在教室、图书馆,躲避在书桌旁边或下面,远离窗户；
   b) 在礼堂、食堂、体育场馆内,躲避在内承重墙的墙根、墙角；稳固的书架、排椅、桌椅、运动器具旁边或下面；
   c) 在宿舍,躲避在小开间内,内承重墙的墙根、墙角,床旁边或下面；
   d) 在室外,远离围墙、玻璃幕墙,远离可能倒塌的建筑物和跌落的大型物件等。

5.6 就近躲避的躲避姿势宜采用：
   a) 蹲下,蜷曲身体,降低身体重心,缩小面积,额头置于膝盖间,双手保护头部；
   b) 在排椅、床旁,趴下,伏而待定；如排椅等的长度小于身高,可在其旁蜷紧身体,头部尽可能贴近膝盖,双手护头,面朝下伏在地面上,或侧卧躺下；
   c) 拿书本或书包等物品护住头部,用手帕、湿巾等物品捂住口鼻。

5.7 震时撤离应遵从下列要求：
   a) 按预案快速行动并加强现场指挥控制；
   b) 不整队但顺次有序,快速行走但不狂奔；
   c) 室内避开悬挂物,室外避开装饰物、玻璃幕墙和围墙。

6 震后疏散

6.1 当强烈震感、特强震感地震动停止后,学校启动地震避险预案,发出疏散通知或警报。

6.2 接到疏散通知或警报后,在岗教职工用疏导用语引导学生按疏散方案规定的疏散路线和顺序到达指定的疏散场地。疏导用语参见GB/T 30353—2013。

6.3 疏散的基本方法是：
   a) 错开时间,分年级、分班级逐次下楼；
   b) 前排走前门,后排走后门,不整队,顺次有序；

c) 快步过楼梯,快速行走,保持安静,不应奔跑。
6.4 疏散应遵从下列要求:
　　a) 安排专人负责维持秩序,在楼梯、拐弯处、楼门口等危险地段要有教职工值守,引导学生疏散,防止拥挤踩踏;
　　b) 疏散场地安排教职工值守,按照预案划分的区域安置学生;
　　c) 到达疏散场地后,应以班为单位清点人数,确保无学生遗漏;并查看学生有无受伤情况并进行现场处置;
　　d) 疏散后对建筑物采取临时封闭措施,防止学生擅自进入;
　　e) 在疏散场地内滞留超过一小时的疏散,可安排开展地震知识、灾害心理调节、安全等宣传教育活动;
　　f) 超过一天的疏散,应告知家长或联系家长前来接学生,对于住校生和一时无法与家长联系的学生,安置其食宿,或安排专人送其安全回家。

附 录 A
（资料性附录）
地震震感识别方法

A.1 轻微震感

主要特征是:室内人员有感觉;门窗轻微作响,悬挂物摆动,器皿作响。相当于烈度Ⅲ、Ⅳ度。

A.2 强烈震感

主要特征是:感觉剧烈的晃动,站立不稳,梦中惊醒;门窗、屋顶、屋架颤动作响;桌子振动和移动,桌子上的器物的移动或掉落。相当于烈度Ⅴ、Ⅵ、Ⅶ度。

A.3 特强震感

主要特征是:感觉到摇摆颠簸,行走困难,行动的人会摔倒,处不稳状态的人会摔离原地,有抛起感;有时还会观察到难以想象的现象,如强烈的地声、怪异的地光、难闻的地气等。相当于烈度Ⅷ度以上。

附 录 B
（资料性附录）
建筑物抗震能力认定方法

凡是达到下列三项要求的学校建筑,可以认为是抗震能力强的建筑:
　　a) 按 GB 18306 确定抗震设防要求,按高于当地房屋建筑的抗震设防要求进行设计和施工,采取有效措施,增强抗震能力。
　　b) 由具有资质的设计单位,按照 GB 50011 进行建筑的抗震设计。
　　c) 按规范标准严格保证施工质量,经过有资质的机构进行严格的施工监理,按照规定程序验收。

对老旧建筑,按照 GB 50023—2009 进行过抗震鉴定,并按照 JGJ 116 或通过专门技术鉴定的技术方法进行抗震加固,确认可以达到 a)能力的建筑物,可以认为是抗震能力强的建筑。

参 考 文 献

[1] GB/T 17742—2008　中国地震烈度表
[2] GB 18306　中国地震动参数区划图
[3] GB/T 30353—2013　人员密集场所地震避险
[4] GB 50011　建筑抗震设计规范
[5] GB 50023—2009　建筑抗震鉴定标准
[6] JGJ 116　建筑抗震加固技术规程

社区地震应急指南(GB/T 31079—2014)

前　　言

本标准按照 GB/T 1.1—2009 给出的规则起草。

本标准由中国地震局提出。

本标准由全国地震标准化技术委员会(SAC/TC 225)归口。

本标准起草单位：天津市地震局、中国地震局工程力学研究所、公安部天津消防研究所、中国地震局地球物理研究所、河北省地震局、新疆维吾尔自治区地震局、山西省地震局。

本标准主要起草人：王公学、袁一凡、倪照鹏、冯义钧、李洋、姚兰予、张勤、宋立军、吴昊昱、吴肖。

引　　言

地震应急实践表明，社区等基层组织在抢救生命、安置群众生活等地震应急工作中发挥了重要作用。把地震应急工作纳入社区管理，引导其行为，是减轻地震灾害损失的重大措施。

制定本标准旨在指导社区等基层组织的地震应急工作，加强地震应急工作的社会管理和服务，保护社区居民的人身和财产安全，保障社会稳定。

1　范围

本标准提出了社区地震应急工作的基本要求，给出了震前准备和震后应对的内容、方法和程序。

本标准适用于城市社区、农村社区、行政村和自然村等基层组织的地震应急工作，城市的街道、农村的乡镇的地震应急工作也可参考使用。

2　规范性引用文件

下列文件对于本文件的应用是必不可少的。凡是注日期的引用文件，仅注日期的版本适用于本文件。凡是不注日期的引用文件，其最新版本(包括所有的修改单)适用于本文件。

GB/T 23648—2009　社区志愿者地震应急与救援工作指南

GB/T 30353　人员密集场所地震避险

3　术语和定义

GB/T 30353 界定的以及下列术语和定义适用于本文件。

3.1

社区　community

一定区域内由居民组成的社会生活的共同体。

注：包括城镇社区和农村社区。

[GB/T 23648—2009,定义2.1]

3.2

紧急疏散场地 area for emergency evacuation

供居民短时间紧急集散与避难的场地,一般为社区绿地或建筑物之间的安全空旷地带。

4 基本要求

4.1 社区应遵循国家有关防震减灾法律法规,贯彻"预防为主、防御与救助相结合"的防震减灾工作方针,履行地震应急工作义务。

4.2 社区的负责人应组织本社区的地震应急工作;社区应确定专人(地震应急管理人)具体负责社区地震应急工作。

4.3 社区地震应急工作的基本任务包括:
——组织编制地震应急预案;
——开展地震应急宣传教育和培训演练;
——做好疏散和物资准备工作;
——震后引导居民安全疏散和自救互救,收集、报告灾情,并协助做好居民生活安置、次生灾害防范与处置、维持社区秩序、开展心理帮助等工作。

4.4 社区应将地震应急救援服务纳入本社区志愿者服务内容,服务内容见GB/T 23648—2009。

4.5 社区应帮助和指导居民做好地震应急准备工作。

5 震前准备

5.1 预案编制

5.1.1 社区应编制地震应急预案或在突发事件综合应急预案中包含地震应急内容,主要包括:
 a) 社区基本情况。包括社区面积、居民人数、公园绿地分布、避难场所分布、建(构)筑物抗震能力、区内医疗机构、重点帮扶对象、次生灾害源及危险源分布等;
 b) 地震安全避险责任制。包括社区负责人和地震应急管理人的地震应急工作职责;
 c) 灾情上报。包括灾情调查、报告的内容与方法;
 d) 疏散要点。包括疏散计划、疏散路线、疏散方式和时机、疏散警报、疏导用语运用等;
 e) 救助要点。包括组织居民互救的程序、互救具体要求,互救、求救对象及联系方式等;
 f) 次生灾害防范和处置要点;
 g) 居民生活安置要点;
 h) 社会治安要点;
 i) 保障措施。包括宣传教育、疏散准备,通讯、广播、照明、药品等物资准备等。

5.1.2 社区地震应急预案应根据实际需要和情势变化适时进行修订,修订时间不宜超过5年。

5.1.3 社区地震应急预案的编制或修订可参照第4章、第5章、第6章内容。

5.2 宣传教育与培训演练

5.2.1 社区应利用各种形式和时机开展避险、疏散、自救互救等地震应急知识宣传教育与培训演练。

5.2.2 社区应根据自身特点、条件和居民构成,采取下列形式进行地震应急知识宣传教育:
 a) 办墙(板)报、电子板报,在小区网络刊载文章等;

b) 发放宣传品、开办讲座、播放影视录像等；
  c) 结合其他社区活动。

5.2.3 地震应急知识宣传教育的主要内容包括：
  a) 地震科普常识；
  b) 地震灾害的分类与分级，地震应急工作的原则；
  c) 社区地震应急预案；
  d) 地震避险原则，家庭、公共场所、户外的震时避险方法；
  e) 震后疏散方法；
  f) 震后的自救与互救方法；
  g) 家庭以及不同身体条件人员的自备地震应急物品及其存放方式、更换时间等；
  h) 居住区附近的紧急疏散场地和应急避难场所位置以及震时使用要求；
  i) 报警方法和求助电话使用方法。

5.2.4 地震避险的培训与演练内容包括：
  a) 地震避险方法的选择和要点、注意事项；
  b) 躲避地点选择和躲避要领，如姿势动作、保护头部、降低重心等。

5.2.5 震时撤离与震后疏散培训与演练内容包括：
  a) 家庭的撤离方案、建筑物内部与外部的撤离路线；
  b) 震后的疏散计划、居住区周边区域的疏散路线、疏散警报、疏导用语；
  c) 震后疏散方法和疏散用语运用；
  d) 疏散过程中的人身安全保护与互助方法；
  e) 疏散场地维持秩序。

5.2.6 自救互救培训与演练包括：
  a) 自身被埋压时的自救办法和震时他人被埋压时的互救办法；
  b) 家庭内煤气、用电设备或电源等的紧急处置方法；
  c) 不同受伤部位和伤情的紧急处理办法，如消毒、包扎、止血、固定、搬运以及心肺复苏等的简易急救方法；
  d) 救护器具的使用方法。

5.2.7 宣传教育与培训演练中有关地震避险方法、疏散方法参见附录 A，地震自救互救方法参见附录 B，简易急救方法参见 GB/T 23648—2009。

5.3 疏散准备

5.3.1 社区应结合本社区或相邻区域的自然条件以及市政空地，利用社区内的开阔地带设置紧急疏散场地。紧急疏散场地应符合下列要求：
  a) 远离高大建(构)筑物；
  b) 远离危险物，如危险化学品和生产贮存危险化学品的工厂，放射物和有毒化学品，高压输变电线路等；
  c) 避开可能发生崩塌、滑坡、泥石流、洪涝等次生灾害的区域；
  d) 易于通达；
  e) 有条件的可在出入口设置标志；
  f) 有条件的可建设供水、供电、排污等设施。

5.3.2 社区应制定疏散安置方案。疏散安置方案应根据灾害程度和居住区、群体实际情况确定应急疏散安置地点、疏散方法和物资准备等。

5.3.3 社区应根据不同居住区的特点和疏散人数,合理规划疏散路线,并设置明显的永久性疏散路线标志。

5.3.4 社区应根据不同居住区的疏散要求和应急预案,确定合适的疏散疏导人员及其分工,并进行演练。

5.4 物资准备

5.4.1 社区应根据本社区的规模和特点配备必要营救工具和急救器材,基本营救工具、基本急救器材目录见 GB/T 23648—2009 的附录 A。

5.4.2 社区应配备应急通讯、广播、应急照明等器具,有条件的社区可储备一定数量的用于安置受灾居民生活居住的帐篷,储备一定的应急饮用水、食品、药品。

5.4.3 社区准备的地震应急物资应经常检查、维护,并及时更换。

5.4.4 社区应指导居民置备地震应急用品,地震应急用品种类和内容参见附录 C。

6 震后应对

6.1 紧急处置

6.1.1 当发生灾害性地震或强有感地震时,社区负责人应迅速组织社区工作人员、志愿者进入本社区的各居住区,指导和帮助居民应对地震灾害,并根据情况开展以下工作:

  a) 组织居民开展自救互救;
  b) 在住宅建筑之间、重要道口,定人守护,引导居民进入紧急疏散场地;
  c) 调查、通报社区内发生的地震次生灾害及次生灾害源,并采取相应的措施;
  d) 提醒、告知居民及时对家中的燃气、汽油等次生灾害源进行处置,帮助行动不便者关闭燃气和电器设备;
  e) 利用广播、喊话等形式,根据不同情况使用合适的疏导和安抚用语,稳定居民情绪和疏散秩序;
  f) 协助政府部门处置紧急情况,配合公安部门开展治安工作,维持社区安定。

6.1.2 紧急处置应注意以下问题:

  a) 地震刚发生后,应劝阻居民不要急于回家;
  b) 当接到政府发布无灾害性地震通知后,应及时告知并劝导居民回家;
  c) 应阻止发生妨碍应急救援工作及其他影响居民生活安定的行为。

6.1.3 应急处置时宜采用语言简洁、含义明确的疏导用语,如:

  ——刚刚发生的地震为强有感地震,我区无破坏,请大家不要惊慌;
  ——我区××楼倒塌,请帮助营救;
  ——请大家不要堵塞道路、不要靠近建筑物,请先到紧急疏散场地暂避;
  ——地震刚刚发生,请大家不要急于回屋,谨防发生余震。

6.2 组织救助

6.2.1 灾害性地震发生后,社区应迅速组织社区志愿者应急救援队伍、单位和居民开展救助。救助包括营救和紧急医疗救护,其方法详见 GB/T 23648—2009。

6.2.2 组织救助应注意以下问题:

a) 应坚持统一布置,分片组织;先救近,后救远;先救易,后救难的救人原则;
   b) 应及时组织邻里互救、岗位互救;
   c) 救人时,应设专人监视倒塌物稳定及其他潜在危险情况,注意人身安全;
   d) 应根据震级及建筑物的破坏等情况,选择合适、安全的医疗救护场地;
   e) 救护应因人而异,方法应正确得当,工具使用合理。

6.2.3 在外部救援力量抵达后,社区应组织志愿者、单位和居民,协助专业救援人员开展救援工作。主要内容包括:
   a) 充当专业救援人员的向导、翻译;
   b) 帮助救援人员确定压埋人员的可能位置,安定压埋人员的情绪;
   c) 清理外围环境,稳定被压埋人员家属的情绪,维护现场秩序,为专业救援人员营救创造条件;
   d) 护理和搬运伤员。

6.3 灾情报告与告知

6.3.1 地震发生后,社区地震应急负责人和管理人以及志愿者应将震感强度、观察到的房屋倒塌、地面破坏、人员伤亡等情况,向上级部门紧急报告。

6.3.2 在紧急报告后,社区应深入调查灾情并及时上报,主要调查内容包括:
   a) 伤亡人数及其分布,被埋压人数及救援情况;
   b) 建(构)筑物、重要设施设备的损毁情况,家庭财产损失,牲畜死伤情况;
   c) 危险化学品或易燃易爆物品生产储存设施的破坏与泄漏情况,燃气泄漏情况;
   d) 引发的火灾情况;
   e) 饮用水和食品等保障情况;
   f) 社会影响,包括群众情绪、生活状况、交通与生产秩序等;
   g) 治安状况。

6.3.3 社区应及时通过收听广播、网络查询,了解地震发生的时间、地点和震级,及时告知居民,并公布本社区的灾情及其他关系居民生活与人身安全、社会安定等情况。

6.4 组织疏散

6.4.1 灾害性地震或强有感地震发生后,社区应根据地震应急预案,组织居民疏散。

6.4.2 社区负责疏散的人员(包括志愿人员),宜佩戴明显的标志,运用疏导用语引导社区居民按疏散路线有序疏散到规定的应急避难场所或紧急疏散场地。

6.4.3 组织疏散应注意下列事项:
   a) 疏散宜按照平时培训演练的疏散计划进行;
   b) 在狭窄道口、拐弯处等危险地段,应安排专门人员维护秩序,引导疏散;
   c) 应优先安排和帮助老、幼、病、残、孕等人员的疏散;
   d) 紧急疏散场地应提前安排人员值守,按照地震应急疏散方案划分的区域,妥善安排疏散的居民;
   e) 疏散应防止阻塞交通。

6.4.4 疏散时宜采用语言简洁、含义明确的疏导用语,如:
——我是社区地震疏散引导员,请大家听从指挥;
——××楼栋疏散到××场所,××楼栋疏散到××场所,请按疏散计划疏散,不要走错;

——请大家不要慌张,按顺序走;

——大家注意,不要拥挤,小心别摔倒;

——请大家注意帮助行动不便的人员、老人和儿童优先疏散。

6.5 防范与处置次生灾害

6.5.1 灾害性地震发生后,社区应迅速组织社区志愿者应急救援队伍、单位和居民开展次生灾害防范与处置。

6.5.2 调查、监视社区内发生的地震次生灾害(如火灾、有毒气体泄漏、燃气泄漏等),并组织及时疏散;有条件时,可组织排除与控制。

6.5.3 调查并报告水坝、输变电、给排水、供气等生命线设施的破坏情况,协助做好次生灾害防范和处置工作。

6.5.4 巡查、监视社区附近可能发生的崩塌、滑坡、泥石流灾害的地区,一旦有灾害发生的征兆,及时组织转移。

6.6 安置居民生活

6.6.1 社区应协助政府相关部门妥善安置居民生活。

6.6.2 根据地震应急预案帮助居民疏散到应急避难场所;根据上级政府安排和要求帮助居民搭建救灾帐篷。

6.6.3 根据上级政府安排和要求接收和分发食物、饮用水、衣物、药品等应急物品。

6.6.4 帮助居民寻找亲人,或与亲人取得联系。

6.7 维护社会秩序

6.7.1 社区应组织社区居民做好本社区治安维护工作。

6.7.2 了解居民的反应,上报出现的恐慌情绪及谣言情况,并向居民开展解释和宣传工作,稳定居民情绪;加强治安宣传,引导居民自觉守法。

6.7.3 配合有关部门实施社会治安应急措施,协助对生命线设施、重要单位实施监控和保卫措施。

6.8 开展心理帮助

6.8.1 社区应迅速掌握社区居民情绪和伤亡情况,对因恐慌和失去亲人、财产等造成心理障碍的居民开展心理帮助工作。

6.8.2 心理帮助的方法包括:

 a) 按照统一的口径宣传震情和灾情,制止谣言,消除居民的猜测和不稳定情绪;

 b) 组织心理保健讲座,向居民介绍心理调节的卫生常识,提高居民自我调节和纾解能力;

 c) 开展深入细致的劝导工作,为心理挫伤的居民做一对一的心理抚慰、思想劝导。

附 录 A
(资料性附录)
地 震 避 险 方 法

A.1 地震避险原则

A.1.1 因地制宜。根据地区的地震背景、房屋的结构抗震能力、疏散通道、室外环境安全、人群特点,震时所处的位置,因地制宜,选择合适的避险方法。

A.1.2 预有准备。单位在震前应制定地震避险方案,并做相应的准备;人们到达一处场所时,要注意观察周围环境条件,留心寻找并确定一旦发生地震时的避险方法。

A.1.3 行动果断。震时按预案果断指挥、快速行动,切忌犹豫耽误行动时间。

A.1.4 听从指挥。在公共场所,要听从指挥,有序撤离,避免慌乱导致伤亡。

A.2 家庭避险

A.2.1 家庭避险要点如下:
   a) 对于平房,如房外开阔,无危险物坠落物掉落,可迅速撤离到房外;如房外危险,或体能达不到的情况下可躲避到床、桌子等坚固的家具旁边;
   b) 对于楼房,如抗震性能符合当地抗震设防要求,可选择厨房、卫生间等开间小的地方躲避,也可以躲在墙根、内墙角、暖气包、坚固的家具旁边等易于形成三角空间的地方。远离外墙、门窗和阳台,不要使用电梯,不要跳楼。如房屋抗震性能低,在一层、二层,可迅速撤离到房外,如房外危险或体能达不到的仍应就近躲避;
   c) 躲避时身体应采取的姿势是:蹲下或坐下,尽量蜷曲身体,降低身体重心,额头枕在大腿上,双手保护头部;在有的情况下,如在床旁边可趴下,伏而待定;如果有条件,还应该拿软性物品护住头部,用湿毛巾捂住口鼻。

A.2.2 家庭避险注意事项如下:
   a) 震时要沉着冷静,及时反应;
   b) 在地震第一时间关闭火源、电源、气源,处理好危险物品,并打开门窗后,再行避险;
   c) 采取躲避方法的人员,等震动停止后再行疏散;
   d) 震时不要返回或进入室内。

A.3 公共场所避险

A.3.1 方案 1

A.3.1.1 适用条件:达到当地抗震设防要求的建(构)筑物,震时可能局部破坏,但不会整体倒塌。

A.3.1.2 目的:避免室内装饰物、悬挂物掉落及大型家具、附属结构倒塌的砸压。

A.3.1.3 方法:震时引导就近躲避,震后组织疏散。

A.3.2 方案 2

A.3.2.1 适用条件:未达到当地抗震设防要求的建(构)筑物,震时可能整体倒塌;疏散路径和疏散场地安全。

A.3.2.2 目的:防止建筑物整体倒塌压埋。

A.3.2.3 方法:对于单层房屋和楼房的一层、二层且身体条件适合撤离的人员,震时可引导迅速撤离到室外的安全地方;对于楼房二层以上人员和身体条件不可能撤离的人员,引导就近躲避,震后组织疏散。

A.3.3 确定避险方案应考虑因素

确定避险方案应考虑因素包括:
   a) 建(构)筑结构类型、抗震设防情况、使用现状、抗倒塌能力;
   b) 疏散(撤离)路径和疏散(撤离)场地的安全情况,如是否有女儿墙、装饰构件,广告牌等物体掉落以及山体滑坡、崩塌、滚石等地质灾害危险,有无高围墙或其他房屋倒塌砸压危险,有无可燃或有毒气体、液体泄漏危险等情况;

c) 疏散(撤离)通道的设置情况,如是否有疏散(撤离)通道以及通道的畅通情况;
d) 人员身体条件,如人员的年龄和身体健康等情况;
e) 人员所在位置,如人员靠近出口远近等情况;
f) 人员密集程度。

A.3.4 公共场所避险注意事项

公共场所避险注意事项包括:
a) 避开吊灯、电扇、广告牌等悬挂物和稳定性差的大型物体或建筑附属构件;
b) 不要拥向出口,要避开人流,避免踩踏伤亡;
c) 听从工作人员指挥,有秩序地撤离和疏散。

A.4 户外避险

A.4.1 户外避险要点包括:
a) 就地选择开阔地带避险,蹲或坐下,以免摔倒;
b) 驾车行驶时,尽快降低车速,选择空旷处停车;
c) 避开玻璃幕墙、高门脸、女儿墙、广告牌、变压器等危险物;避开高架桥、高烟囱、水塔等构筑物;
d) 避开河岸、陡崖、山脚,以防坍塌、崩塌、滑坡和泥石流;如遇崩塌、滑坡和泥石流等情况,应向崩塌等前进方向的两侧跑。

A.4.2 户外情况复杂,应注意观察,选择恰当的方法和地点避险,避免意外伤亡。

附 录 B
(资料性附录)
自 救 互 救 方 法

B.1 自救

B.1.1 自救要点包括:
a) 被阻隔在废墟下时,应想方设法寻找和挖掘出口,尽快脱离险境;
b) 被压埋后,如果手背或其他部位能动,要逐步清除压物,尽量挣脱出来;
c) 不能脱险时,挪开头部、胸部的杂物,掏出一定空间,保证呼吸;如有可能,注意用湿手巾、衣服或其他布料等捂住口鼻和头部,避免灰尘呛闷发生窒息;如果受伤,想办法止血、包扎;
d) 用砖块、木板和其他可以挪动的物品等支撑残垣断壁,扩大和稳定生存空间;
e) 注意听外边的动静,伺机呼救。可用喊话、敲击的方法呼救,有条件时,利用手机等通信工具呼救;
f) 尽力寻找水和食物等,节约使用,延长生存时间,耐心等待救援。

B.1.2 自救注意事项包括:
a) 被压埋和阻隔后,要有强烈的求生欲望、要有自救的勇气和毅力;

b) 保持神志清醒、心理镇定。不要睡着,如果身边还有其他被困者,可以互相说话鼓励;
　　c) 要尽量保存体力。不要急躁,不要哭喊、唱歌和盲目行动。

B.2 互救

B.2.1 互救要点包括:
　　a) 根据房屋居住情况判断,根据家庭、邻里人员提供信息,采取看、喊、听等方法寻找被埋压者;
　　b) 采用锹、镐、撬杠等工具,结合手扒方法挖掘被埋压者;
　　c) 对挖掘出的伤员进行呼吸、包扎、止血、镇痛等急救措施后,迅速送医院;
　　d) 对暂时无力救出的伤员,要使废墟下面的空间保持通风,递送水和食品,寻求帮助再行营救。

B.2.2 互救注意的事项包括:
　　a) 救人时要注意安全,防止方法不当和余震或次生灾害造成新的伤亡;
　　b) 挖掘时要分清哪些是支撑物,哪些是压埋阻挡物,应保护和增设必要的支撑物,清除埋压阻挡物;不要轻易触动倒塌物,站在倒塌物上;
　　c) 挖掘接近人体时,最好用手一点点拨,不可用利器刨挖;应首先找到被埋压者的头部,并采取清理口腔、呼吸道异物等措施,并依次按胸、腹、腿的顺序将被埋压者挖出来;
　　d) 对不能自行出来的伤员,不得强拉硬拖,查明伤情,采取措施后,再行搬动;
　　e) 对营救出的伤员可以给点水,但不能多喝;对长期处在黑暗中的伤员要注意保护眼睛;
　　f) 根据伤员的伤情采取正确的搬运方法。考虑伤员有可能有脊柱骨折的情况,搬动要小心,防止脊柱弯曲和扭转。要用硬板担架搬运,严禁人架方式,以免加重骨折或损伤脊髓,造成终身瘫痪。

附　录　C
(资料性附录)
家庭地震应急用品

家庭地震应急用品见表 C.1。

表 C.1　家庭地震应急用品

物品种类	名称、用途及要求
照明兼求救用具	防风防水火柴、无烟蜡烛、手电筒、应急灯等,用于照明以及发出求救信号。手电筒或应急灯最好是 LED 发光,并尽量配备一件袖珍型手摇发电的
收音机	袖珍收音机或者收音与照明集成为一体的应急收音机,用于收听震情信息和抗震救灾进展情况
呼救用具	发光棒、呼救信号器、专用求生口哨,用于发出求救信号,帮助救援人员搜索定位

表 C.1（续）

物品种类	名称、用途及要求
逃生用具	手套和尼龙逃生绳等,手套选用涂胶的棉纱或者薄帆布优质手套,用于逃生或者自救互救时使用;逃生绳用于在出逃通道受阻时从高处脱困,也用于应急时的捆绑固定或者牵拉需要
小工具	小铁锹、钳子、改锥、小军刀等,用于自救互救时各种应急处置
药品	止泻药、感冒药、镇痛药等常用非处方药,以及个人必需的日常用药,比如降压药等
急救用品	家用消毒纱布、消毒棉、绷带、医用胶带、剪刀、镊子、创可贴、碘酒、防尘口罩、体温计、别针、小刀、小块肥皂等
饮用水	普通瓶装饮用水或者应急专用高纯度水
应急食品	以体积小、能量高、重量轻、易保存为原则准备(1~2)天的食品。比如压缩食品、干果、罐头、巧克力等
防护	压缩毛巾、急救毯、雨披、塑料布、塑料袋等。急救毯宜选用优质材料加涂层的多用途救生保温毯,用于御寒以及防风、防雨;塑料布宜厚而结实,用于防潮、防水;塑料袋宜厚而结实并且不渗漏,用于处理排泄物
电池	根据手电、应急灯或者收音机的规格要求,配置一定量的高能碱性干电池

参 考 文 献

[1] 谭先锋,任秀珍等编著.城市社区防震减灾知识读本[M].北京:地震出版社,2003
[2] 中国地震局.地震群测群防工作指南[M].北京:地震出版社,2004
[3] 杜玮等.防震减灾基础知识问答[M].北京:中国标准出版社,2009
[4] 美国国家紧急事务管理局.地震搜救手册(网络版)[M].译言社区,译.2008
[5] 美国国家紧急事务管理局.地震安全手册(网络版)[M].译言社区,译.2008
[6] 黎益仕.话说地震那些事[M].北京:中国质检出版社、中国标准出版社,2012
[7] 大阪市政府.地震紧急避险指南(网络版)[M].广州外语外贸大学,译.2013

人员密集场所地震避险(GB/T 30353—2013)

前言

本标准按照 GB/T 1.1—2009 给出的规则起草。

本标准由中国地震局提出。

本标准由全国地震标准化技术委员会(SAC/TC 225)归口。

本标准起草单位：天津市地震局、中国地震局工程力学研究所、公安部天津消防研究所、山西省地震局、山西省太原市消防支队、中国地震局地球物理研究所。

本标准主要起草人：王公学、袁一凡、倪照鹏、阎正萃、冯义钧、张令心、林均岐、王晋、李洋、赵阳。

引言

由于人们对地震以及其他突发事件的恐慌，在人员密集场所容易出现避险不当，导致本可以避免的伤亡。为正确引导地震避险，减轻地震伤亡，制定本标准。

本标准是在总结我国大量避险经验和教训的基础上，并借鉴火灾等其他突发事件的避险管理和避险要求制定的。

本标准可用于指导和规范人员密集场所的地震避险管理和服务，促进相关单位开展地震避险工作，保护公众的人身安全，保障公共秩序稳定。

本标准结合消防标准的要求，统筹考虑疏散设施、标志指示，与消防标准相衔接。

1 范围

本标准明确了人员密集场所地震避险的基本要求及避险职责，规定了避险准备、震时避险、震后疏散的方法和要求。

本标准适用于人员密集场所的地震避险服务和管理工作。

2 规范性引用文件

下列文件对于本文件的应用是必不可少的。凡是注日期的引用文件，仅注日期的版本适用于本文件。凡是不注日期的引用文件，其最新版本(包括所有的修改单)适用于本文件。

GB 50016 建筑设计防火规范

GB 50099 中小学校设计规范

3 术语和定义

下列术语和定义适用于本文件。

3.1

震时避险 avoiding danger in earthquake

地震发生时所采取的就近躲避和撤离的行为。

3.2

震后疏散 evacuation after seismic ground motion

地震动结束后,组织人员有序撤离建(构)筑物的避险行为。

3.3

地震避险 avoiding danger of earthquake

为减轻因地震引起的建(构)筑物或其他设施破坏对人员的伤害采取的震前避险准备、震时避险和震后疏散的应急举措。

3.4

避险缓冲区 evacuation buffer area

为遇险人员设立的临时停留或过渡的相对安全的避险场所和通道。

4 总则

4.1 场所范围

本标准中的人员密集场所包括:
a) 宾馆、饭店等旅馆;
b) 餐饮场所;
c) 商场、市场、超市等商店;
d) 体育场馆;
e) 公共展览馆、博物馆的展览厅;
f) 金融证券交易场所;
g) 影剧院、礼堂、影视厅等公共娱乐场所;
h) 医院的门诊楼、病房楼、医技楼;
i) 学校的教学楼、实验楼、图书馆、食堂和集体宿舍;
j) 公共图书馆的阅览室;
k) 客运车站、码头、民用机场的候车、候船、候机厅(楼);
l) 人员密集的办公楼、写字楼、生产加工车间、员工集体宿舍等。

4.2 基本要求

4.2.1 人员密集场所地震避险的目标为:提升地震避险管理水平,保障公众人身安全,减轻地震危害。

4.2.2 人员密集场所地震避险工作的基本任务是:组织实施地震避险准备,及时排除安全隐患,做好震时避险和震后疏散工作。

4.2.3 人员密集场所应结合自身特点,建立地震避险管理机制,完善相关制度,配备必要的地震避险设施和器材。

4.2.4 人员密集场所管理人(包括承包、租赁或者委托经营、管理的人员)应明确自身及该场所产权单位的地震避险责任,逐级建立并落实地震避险责任制,确定各级地震避险责任人和地震避险管理人。

4.2.5 人员密集场所管理人应与当地应急、地震等管理机构建立联系制度。

4.3 避险职责

4.3.1 人员密集场所的产权单位应保证建筑的抗震设防和避险设施符合相关的标准。

4.3.2 人员密集场所的管理人应保持建筑的抗震性能和避险设施完好,及时消除相关隐患,并履行下列职责:
  a) 明确场所所属部门地震避险责任人;
  b) 制定地震避险管理制度;
  c) 定期组织开展地震避险知识的宣传和培训;
  d) 制定地震避险预案,并适时修订;
  e) 定期组织地震避险演练;
  f) 组织、指挥人员避险,维持公共秩序。

5 避险准备

5.1 组织指挥机构

5.1.1 人员密集场所地震避险责任人担负地震避险的指挥职责,组织开展地震避险准备以及震时避险和震后疏散等工作。地震避险管理人对地震避险责任人负责,负责地震应急避险的具体工作。

5.1.2 含有多个人员密集场所的单位宜成立地震避险指挥机构。地震避险指挥机构由地震避险责任人、地震避险管理人、部门责任人等组成,具体职责包括:
  a) 下达启动场所避险通知;
  b) 组织实施震时躲避、撤离和震后疏散;
  c) 报告被困人员情况,请求协助救援,并配合救援队实施人员搜救等相关工作;
  d) 接受与传递当地人民政府抗震救灾指挥机构关于抗震救灾的各项指令;
  e) 平时组织实施避险的各项准备工作。

5.2 避险预案

5.2.1 人员密集场所应制定地震避险预案,或在地震应急预案、突发事件应急预案中设立相应的部分。

5.2.2 地震避险预案应包括下列内容:
  a) 基本概况。场所的性质,隶属关系,职工人数,建(构)筑物的结构类型、容纳人数及抗震设防等级,疏散通道、避险缓冲区、避难场所、疏散场地,避险应急物品存放地点,次生灾害源的类型和位置等基本情况。
  b) 地震避险管理责任制。场所及所属各部门、岗位的地震避险责任人、管理人的职责及组织指挥机构的组成及职责等。
  c) 震时避险方案。根据地区的地震背景、场所的具体情况和服务的人群特点等因素,因地制宜,选择合适的避险方法,制定避险方案。
  d) 震后疏散方案。根据疏散人数及其人员特点和建(构)筑物结构的具体情况制定震后疏散方案,包括震后疏散的程序、地点、路线、顺序、方式、时机、警报和疏导用语等。
  e) 地震避险准备计划。包括地震避险宣传教育与培训演练,避险设施、通讯、广播、照明等准备工作。

5.2.3 参照附录A和第6章、第7章规定的原则、方法与要求制定震时避险方案和震后疏散方案。

5.2.4 人员密集场所应每年组织对地震避险预案进行一次评估,并根据需要及时修订,修订时间间隔宜不超过5年。

5.3 宣传教育与培训演练

5.3.1 人员密集场所应针对本场所的特点对员工进行经常性的地震避险教育,并根据情况采用设置宣传栏、发放宣传品等不同的方式向公众普及地震避险知识。

5.3.2 人员密集场所每年至少应单独或结合其他灾害,组织员工举行1次地震避险培训演练,帮助员工熟悉地震避险预案、避险设施、避险物品存放点、地震避险方法及自身职责等。

5.3.3 培训演练的内容应包括:

  a) 灾害识别练习。包括地震大小和远近识别、震感强度识别、警报识别等。

  b) 避险培训演练。包括避险缓冲区、疏散通道、疏散路线、出入口位置、疏散场所、避险物品存放点等的识别;震时避险和震后疏散方法和要求与疏导用语应用;岗位与责任等。

  c) 应对次生灾害培训演练。包括熟悉电源、气源阀门所在位置和断电、断气操作方法、要求,各种灭火和逃生器材的使用方法以及躲避浓烟或烈火伤害的方法和要领。

5.3.4 人员密集场所可在日常工作中,结合放学、散场等环节,模拟撤离和疏散演练。

5.3.5 开展演练时,应采取完善的安全措施。

5.4 避险设施管理

5.4.1 建筑物内应结合消防设施设置疏散通道,疏散通道应符合GB 50016和GB 50099的要求。

5.4.2 建筑物内宜根据实际情况确定或设置避险缓冲区。下列区域可以作为避险缓冲区:

  a) 建筑中抗震性能相对较强的结构单元;

  b) 屋顶为轻型结构或网架结构、且无吊灯或天棚等可能因为地震而掉落物件的建筑单元;

  c) 经专门评估后确定的区域。

5.4.3 疏散通道、避险缓冲区可参照消防标志及其设置要求设置相应的指示标志。

5.4.4 地震避险设施管理应符合下列要求:

  a) 确保疏散通道、避险出口的畅通;

  b) 在使用和营业期间,不应锁闭疏散门;

  c) 禁止占用、堵塞疏散通道、楼梯间和避险缓冲区;禁止在疏散出口、疏散通道上安装栅栏、卷帘等影响疏散的物体;

  d) 平时需要控制人员出入或设置门禁系统的疏散门,应有保证疏散畅通的可靠措施;

  e) 地震避险缓冲区标志、避险疏散标志应完好、有效,不应被遮挡,并应定期维护;

  f) 建筑内部装修不应改变疏散门的开启方向或减少避险出口、疏散出口的数量及其净宽度,影响避险疏散畅通;

  g) 对地震时可能塌落的女儿墙、装饰构件、广告牌等应采取拆除或其他避险防护措施;对场所内悬挂、吊挂的灯具或物品等,应采取可靠的固定措施。商店内的柜台或货架等,宜与地面、梁、柱等构件牢固固定;

  h) 发现建筑物及设施、设备等存在地震避险隐患时,应及时消除。

6 震时避险

6.1 启动

6.1.1 地震时,人员密集场所地震避险责任人、管理人和各岗位的员工,应注意识别震感。强烈震感主要有下列特征:
   a) 室内人员感觉到明显,甚至剧烈的晃动,站立不稳,梦中惊醒;
   b) 门窗、屋顶、屋架颤动作响,未固定的器具物品倾倒或掉落。

6.1.2 当感到强烈震感时,人员密集场所各岗位的员工应按震时避险方案引导公众避险。

6.2 方法

6.2.1 震时避险可选择下列方法:
   a) 单层房屋和楼房的一、二层且有行动能力的人员,可迅速撤离到室外安全的地方;
   b) 体育场等有露天开阔场地的建筑,可先撤离到露天场地;
   c) 进入避险缓冲区;
   d) 躲避在立柱旁边、内承重墙的墙根、墙角;
   e) 躲避在坚固的排椅、课桌下(旁);
   f) 躲避在结实的柜台、坚固的书架、运动器具旁边。

6.2.2 躲避可采取下列姿势和措施:
   a) 蹲下,尽量蜷曲身体,双手抱头,额头抵在大腿上;
   b) 在有的位置,如排椅旁边可趴下,伏而待定;
   c) 如果有条件,宜拿软性物品护住头部,用湿毛巾捂住口鼻。

6.3 疏导

6.3.1 各岗位员工应引导公众在震时避险时注意下列事项:
   a) 注意避开吊灯、电扇等悬挂物,玻璃门窗、橱窗和柜台,高大不稳或摆放易碎品的货架;
   b) 远离可能发生物体倒塌或坠落的区域;
   c) 远离可能发生可燃或有毒气体、液体泄漏的区域;
   d) 不要惊慌,服从指挥,不要一起拥向楼梯、出口,避免拥挤或踩踏;
   e) 保护好头部;
   f) 注意脚下障碍物和头上落物。

6.3.2 可根据情况选择使用下列疏导用语:
   a) 地震!请就近躲避!
   b) 地震!请立刻撤离到外边!
   c) 这里是避险区,请到这里来!
   d) 请跑到空旷的地方!
   e) 那里有危险,请到××地方躲避!
   f) 请大家不要惊慌!

7 震后疏散

7.1 启动与方法

7.1.1 在震时避险的同时,应立即启动地震应急响应,根据具体情况,发出疏散通知或警报,适时组织疏散。

7.1.2 疏散时,应运用疏导用语引导公众按照预定的疏散路线、顺序和划定的出入口疏散到预定场地。

7.1.3 疏散时,应错开时间,分片、分楼层疏散。在楼梯上行走,尽量靠右,保持左侧空出,避免拥挤踩踏。

7.1.4 疏散时,应安排工作人员在楼梯、拐弯处、楼门口等位置值守引导,维持疏散秩序,安抚公众的惊慌情绪,防止拥挤。

7.2 疏导用语

疏散时宜根据情况选择使用下列疏导用语:
a) 我是引导员,请听我指挥!
b) 大家注意,请听指挥疏散!
c) ××区域从××出口疏散,不要走错!
d) 不要慌张,按顺序走!
e) 请注意! 不要拥挤,注意脚下,小心摔倒!
f) 请注意! 通道前面有散落物,用手护住头部!

附 录 A
(资料性附录)
地震避险原则与方法

A.1 地震避险原则

A.1.1 因地制宜。根据当地的地震背景资料、建筑(构)物的抗震能力、疏散通道、室外环境安全情况、人群特点,震时所处的位置,因地制宜,选择合适的避险方法。

A.1.2 预有准备。单位在震前应制定地震避险预案,并做相应的准备;人们到达一处场所时,要注意观察周围环境条件,留心寻找并确定一旦地震时的避险方法。

A.1.3 行动果断。按预案果断、快速行动。

A.1.4 听从指挥。听从指挥,有序撤离,避免踩踏或慌乱导致伤亡。

A.2 避险方法

A.2.1 震时就近躲避,震后疏散

A.2.1.1 适用条件:达到当地抗震设防要求的建(构)筑物,震时可能局部破坏,但不会整体倒塌。
A.2.1.2 目的:避免室内装饰物、悬挂物掉落砸压。
A.2.1.3 方法:震时引导就近躲避,震后组织疏散。

A.2.2 震时就近躲避与撤离相结合,震后疏散

A.2.2.1 适用条件:未达到当地抗震设防要求的建(构)筑物,震时可能整体倒塌;疏散路径和疏散场地安全。
A.2.2.2 目的:防止建筑物整体倒塌压埋。
A.2.2.3 方法:对于单层房屋和楼房的一、二层且身体条件适合撤离的人员,震时可引导迅

速撤离到室外的安全地方;对于楼房二层以上人员和身体条件不可能撤离的人员,引导就近躲避,震后组织疏散。

A.3　确定地震避险方案应考虑的因素

A.3.1　建(构)筑结构类型、抗震设防情况和房屋使用现状、抗倒塌的能力。

A.3.2　疏散(撤离)路径和疏散(撤离)场地的安全情况,如是否有女儿墙、装饰构件,广告牌以及山体滑坡、崩塌、滚石等落物危险,有无高围墙或其他房屋倒塌砸压危险,有无可燃或有毒气体、液体泄漏危险等情况。

A.3.3　疏散(撤离)通道的设置情况,如是否有疏散(撤离)通道以及通道的畅通情况。

A.3.4　人员身体条件,如人员的年龄和身体健康等情况。

A.3.5　人员所在位置,如人员靠近出口远近等情况。

A.3.6　人员密集程度。

参 考 文 献

[1]　GA 654—2006　人员密集场所消防安全管理
[2]　中华人民共和国防震减灾法
[3]　机关、团体、企业、事业单位消防安全避险管理规定(公安部令[2001]第 61 号)

地震灾情应急评估(GB/T 30352—2013)

前言

本标准按照 GB/T 1.1—2009 给出的规则起草。

本标准由中国地震局提出。

本标准由全国地震标准化技术委员会(SAC/TC 225)归口。

本标准起草单位:中国地震局工程力学研究所、天津市地震局、新疆维吾尔自治区地震局、中国地震应急搜救中心、河北省地震局、云南省地震局、中国地震局地球物理研究所、福建省地震局、中国地震灾害防御中心。

本标准主要起草人:林均岐、苗崇刚、黎益仕、孙柏涛、袁一凡、王公学、宋立军、孙景江、杜晓霞、郭恩栋、张令心、张勤、郭迅、余世舟、周光全、胡伟华、刘爱文、刘如山、黄宏生、李亦刚、王东明、刘金龙。

引言

灾情信息是政府抗震救灾决策部署的重要依据。地震发生后,在短时间内快速地进行灾情调查与评估(灾情应急评估),及时为政府提供决策部署必需的、符合实际的灾情信息,是地震应急工作的首要任务。为提供适合于灾情应急评估简便易行的方法,统一地震灾情应急评估工作,制定本标准。

本标准是在充分归纳总结近20年来我国地震灾情评估方法研究和现场实践,特别是在2008年汶川8.0级地震和2010年青海玉树7.1级地震现场工作经验和教训的基础上制定的。本标准与GB/T 18208.3—2011《地震现场工作 第3部分:调查规范》、GB/T 18208.4—2011《地震现场工作 第4部分:灾害直接损失评估》的相关内容协调配套,但是对时限性的要求不同,本标准更加侧重于快速、动态的灾情获取和评估。

1 范围

本标准规定了在地震发生后,对地震灾情进行应急评估的内容、方法、程序和技术要求。

本标准适用于重大和特别重大地震灾害的灾情应急评估。一般和较大地震灾害可参照使用。

2 规范性引用文件

下列文件对于本文件的应用是必不可少的。凡是注日期的引用文件,仅注日期的版本适用于本文件。凡是不注日期的引用文件,其最新版本(包括所有的修改单)适用于本文件。

GB/T 17742 中国地震烈度表

GB/T 18208.4—2011 地震现场工作 第4部分:灾害直接损失评估

GB/T 24335 建(构)筑物地震破坏等级划分

GB/T 24336 生命线工程地震破坏等级划分

3 术语和定义

下列术语和定义适用于本文件。

3.1
地震灾情 earthquake disaster situation

地震的灾区范围、等级,以及地震造成的人员伤亡、建筑和生命线工程破坏、地质灾害、次生灾害和对社会影响的基本情况。

注:改写 GB/T18207.1—2008,定义 7.1。

3.2
灾区范围 disaster area

地震直接造成人员伤亡、工程结构破坏、环境破坏的区域。

注:相当于地震烈度Ⅵ度及Ⅵ度以上的区域。

3.3
灾区等级 grade of disaster area

在灾区范围内,以行政区为单元,综合考虑人员伤亡、经济损失、房屋破坏程度、地震地质灾害等指标确定的灾害程度级别。

3.4
极灾区 extreme earthquake disaster area

一次地震中遭受灾害直接损失最严重的区域,不包括对社会经济无直接影响的地震地质灾害区域。

注:改写 GB/T18208.4—2011,定义 3.6。

3.5
有感范围 earthquake felt area

以地震时少数人有感(相当于地震烈度Ⅲ度)为边界圈定的区域。

3.6
救援区域 search and rescue area

需要对受困人员实施搜寻和施救的区域。

3.7
救援目标 search and rescue site

需要对受困人员实施搜寻和施救的垮塌建筑和场所。

3.8
灾区人数 population in earthquake stricken area

地震灾区范围内的人口数量。

3.9
极震区 meizoseismal area

一次地震破坏或影响最重的区域。

[GB/T 18207.1—2008,定义 3.8]

4 基本规定

4.1 评估内容

地震灾情应急评估应包括以下内容：

a) 灾区范围和灾区等级；
b) 人员伤亡与受灾人口；
c) 房屋建筑破坏程度及分布；
d) 生命线工程破坏程度及其功能影响；
e) 地震地质灾害；
f) 地震次生灾害；
g) 地震社会影响。

4.2 评估步骤

地震灾情应急评估应按下列步骤进行：

a) 获取地震基本参数及地震动记录、破裂过程、震源机制解等相关信息；
b) 收集灾区人文经济、自然地理等基本信息；
c) 对地震灾情进行初步估计；
d) 调查和获取震害信息；
e) 动态修正和评估地震灾情；
f) 编写地震应急灾情评估报告。

4.3 地震灾情信息获取途径

地震灾情信息可通过以下途径获取：

a) 地震、民政、公安、建设、交通、电力、通信、水利、教育、安全监管、卫生、测绘等系统的灾情信息报送；
b) 卫星、航空遥感影像解译；
c) 现场调查人员及灾情速报员的信息反馈；
d) 互联网、广播电视媒体、防震减灾公益服务热线12322、即时通讯工具等信息搜集。

4.4 地震灾情重要信息快速收集

地震发生后2 h内重点收集下列灾情信息，以判断灾情规模，并动态更新：

a) 是否有伤亡、伤亡数量和伤亡地点；
b) 是否有房屋倒塌；
c) 有无桥梁毁坏、是否交通中断；
d) 破坏是否波及县城以上城镇；
e) 手机通信是否正常；
f) 是否停电；
g) 是否停水；
h) 是否有滑坡、滚石、地裂等；
i) 是否有水库大坝裂缝；
j) 是否有地震引发的次生灾害（火灾、水灾、爆炸等）。

4.5 评估时限及要求

4.5.1 地震灾情应急评估工作应在地震应急期内进行,特别重大地震灾害不超过 10 d,重大地震灾害不超过 7 d,其他地震灾害不超过 3 d。

4.5.2 按时间顺序,根据最新灾情调查信息及时更新评估结果,具体要求如下:

  a) 震后 8 h 内,应给出极震区烈度及分布范围、死亡人数、建筑物破坏情况等的经验评估结果;

  b) 震后 24 h 内,应给出极灾区范围、极灾区烈度、极灾区房屋和基础设施破坏概况、重点救援区域的评估结果;

  c) 震后 48 h~72 h 内,应给出受灾等级和范围、死伤人数、重点救援目标、重点抢险目标、地震地质灾害、次生灾害、社会影响的评估结果,并动态更新已有评估结果;

  d) 震后 72 h 之后,应给出地震烈度分布、救援排查目标,进一步更新已有评估结果。

4.6 烈度判定依据

本标准中所涉及的烈度及其判定依据与 GB/T 17742 的规定一致。

5 灾区与影响范围评估

5.1 评估内容

灾区与地震影响范围评估应包括下列内容:

  a) 有感范围;

  b) 灾区范围;

  c) 极灾区范围;

  d) 灾区等级。

5.2 有感范围评估

综合分析震情速报信息和以极震区为中心至少 4 个方位调查搜集的有感信息,划定有感范围。

5.3 灾区范围评估

5.3.1 灾区范围应依据以下指标综合确定:

  a) 有人员伤亡;

  b) 有建筑物破坏;

  c) 有生命线工程破坏;

  d) 有滑坡、崩塌、地裂缝、砂土液化等地震地质灾害;

  e) 地震动加速度记录的水平向峰值大于 0.45 m/s^2。

5.3.2 选择判定灾区范围的抽样调查点或烈度调查点应具有代表性,调查点数量要求宜满足 GB/T 18208.4—2011 中 4.2 的规定。

5.3.3 灾区范围的确定步骤如下:

  a) 利用所在区域历史地震等震线拟合的平均烈度衰减关系,计算Ⅵ度区长、短半轴的长度作为参考,并考虑发震构造等因素,估计灾区范围;

  b) 以灾情速报员的速报灾情为主,参考其他途径获取的灾情信息,初步确定灾区范围;

  c) 由现场调查人员按照表 C.1 所列内容开展调查,并填表;

d) 按 5.3.1 的指标综合确定灾区范围。

5.4 极灾区范围评估

5.4.1 极灾区范围评估依据主要包括以下内容：

a) 余震分布、地震断层展布、震源机制解、破裂过程、地表破裂；
b) 人员伤亡数量；
c) 房屋建筑破坏；地震地质灾害。

5.4.2 极灾区范围确定步骤如下：

a) 利用历史地震极震区烈度统计资料，可按表 1 给出的极灾区长短轴估计极灾区范围；
b) 根据获取的灾情信息，结合余震分布、地震断层展布、震源机制解、震源破裂过程、地表破裂分布等，初步确定极灾区范围；
c) 根据现场调查的灾情信息，以及航卫片解译、灾情侦查小飞机或直升飞机等灾情侦查结果，确定极灾区范围。

5.5 灾区等级评估

5.5.1 灾区等级评估依据主要包括以下内容：

a) 人员伤亡；
b) 房屋建筑破坏；
c) 直接经济损失；
d) 地震地质灾害。

5.5.2 按照地震灾害的轻重程度，将灾区分为 4 个等级，分别为一般灾区、较重灾区、严重灾区和极重灾区。

5.5.3 一般灾区按以下指标综合确定：

a) 个别或无人员伤亡，少数居民失去住所；
b) 房屋破坏轻微；
c) 造成较小的经济损失；
d) 地震地质灾害不发育；
e) 未经抗震设防的房屋的平均震害指数小于 0.10，可对应Ⅵ度地震烈度区域。

5.5.4 较重灾区按以下指标综合确定：

a) 人员伤亡轻微，少数居民失去住所；
b) 房屋破坏较重；
c) 造成较大的经济损失；
d) 地震地质灾害呈零星分布；
e) 未经抗震设防房屋的平均震害指数为 0.11～0.30，可对应Ⅶ度地震烈度区域。

5.5.5 严重灾区按以下指标综合确定：

a) 人员伤亡较重，多数居民失去住所；
b) 房屋破坏严重；
c) 造成大量的经济损失；
d) 地震地质灾害较发育；
e) 未经抗震设防房屋的平均震害指数为 0.31～0.50，可对应Ⅷ度地震烈度区域。

单位为千米

表 1 烈度等震线长短轴半径与烈度对应经验关系

烈度	$M \geq 7.8$		$7.5 \leq M \leq 7.7$		$6.8 \leq M \leq 7.4$		$6.0 \leq M \leq 6.7$		$5.2 \leq M \leq 5.9$	
	长轴半径	短轴半径	长轴半径	短轴半径	长轴半径	短轴半径	长轴半径	短轴半径	长轴半径	短轴半径
XI	$e^{0.302M}$	$e^{2.518M-17.933}$								
X	$e^{0.367M}$	$e^{0.967M-4.833}$	$e^{2.773M-18.987}$	$e^{3.154M-22.202}$						
IX	$e^{1.082M-4.777}$	$e^{0.401M-0.077}$	$e^{2.302M-14.486}$	$e^{2.452M-15.951}$	$e^{0.415M-0.342}$	$e^{1.314M-7.458}$				
VIII	$e^{2.690M-17.011}$	$e^{2.079M-12.476}$	$e^{2.956M-18.851}$	$e^{3.106M-20.316}$	$e^{1.372M-5.831}$	$e^{0.480M-0.600}$	$e^{1.220M-5.687}$	$e^{1.787M-9.981}$		
VII	$e^{1.470M-6.677}$	$e^{2.151M-12.461}$	$e^{3.361M-21.278}$	$e^{3.402M-21.902}$	$e^{1.218M-4.469}$	$e^{0.495M-0.098}$	$e^{1.060M-3.885}$	$e^{1.584M-7.423}$	$e^{1.906M-8.591}$	$e^{2.452M-12.287}$
VI	$e^{3.298M-20.265}$	$e^{2.077M-11.041}$	$e^{2.043M-10.478}$	$e^{2.059M-10.899}$	$e^{0.518M+0.956}$	$e^{0.922M-2.374}$	$e^{0.773M-1.180}$	$e^{1.077M-3.518}$	$e^{0.852M-1.939}$	$e^{1.483M-5.879}$

当断层出露地表，且破裂较长时，表中长轴长度适当加长。
注：M 为地震震级。

5.5.6 极重灾区按以下指标综合确定：
   a) 人员伤亡惨重，大多数居民失去住所；
   b) 房屋破坏极其严重；
   c) 造成巨大的经济损失；
   d) 地震地质灾害非常发育；
   e) 未经抗震设防房屋的平均震害指数大于 0.51，可对应Ⅸ度及以上高地震烈度区域。

6 地震烈度评估

6.1 评估内容

地震烈度评估的主要内容如下：
   a) 极震区烈度和范围；
   b) 烈度分布。

6.2 评估步骤

地震烈度评估的基本步骤如下：
   a) 利用当地历史地震极震区烈度统计资料或按表 2 初步评估极震区烈度。当按表 2 评估时，发生的地震震级接近震级档的上限且震源深度小于 10 km，宜取估计烈度的较高值；
   b) 利用当地历史地震烈度统计的烈度衰减关系，或烈度衰减关系结合地震动观测记录的判定方法，或按表 1 确定等震线长短轴半径，然后初步评定烈度分布范围；
   c) 根据余震分布、地震断层展布、震源机制解等信息初步确定极震区范围和烈度等震线长轴方向；
   d) 根据震害调查资料确定极震区，并按 GB/T 17742 评定极震区烈度；
   e) 以极震区为中心，宜沿至少 4 个方位确定调查抽样点，按 GB/T 17742 评定各抽样点烈度；
   f) 根据各抽样点烈度，采用数理统计方法或按附录 B 烈度等震线修正方法修正各烈度区边界；
   g) 采用动态修正方法，随实际震害调查数据的增加，对评估结果进行动态修正。

表 2 极震区烈度估计

震级 M	极震区烈度
$6.0 \leqslant M \leqslant 6.3$	部分为Ⅶ度，部分为Ⅷ度
$6.4 \leqslant M \leqslant 6.7$	多数为Ⅷ度，个别为Ⅸ度
$6.8 \leqslant M \leqslant 7.4$	多数为Ⅸ度，个别为Ⅹ度
$7.5 \leqslant M \leqslant 7.7$	多数为Ⅹ度
$M \geqslant 7.8$	多数为Ⅺ度

7 人员伤亡与受灾人口评估

7.1 评估内容

人员伤亡与受灾人口评估主要内容如下：

a) 灾区人数；
b) 死亡人数；
c) 受伤人数；
d) 失踪人数；
e) 受困人数；
f) 失去住所人数。

7.2 评估步骤

人员伤亡与受灾人口评估基本步骤如下：

a) 地震发生后第一时间，按照受灾范围内各行政区域的总人口数统计得到灾区人口数量；采用附录 A 中的多种经验估计方法综合估算死亡人数、受伤人数和失去住所人数的范围；
b) 根据表 C.2 所列内容，通过现场调查或电话询问等方式，从当地政府部门收集统计当地人口总数、死亡人数、受伤人数、失踪人数等，并填表；
c) 现场调查并估计可能受困人员的数量，重点核实人员大量受困场所的位置和受困数量，并及时上报；
d) 根据建筑物破坏调查数据，按照附录 A 中的方法估计失去住所人数；
e) 按照基本调查统计单元给出调查人员伤亡的空间分布。在农村以自然村为基本调查统计单元，在城镇以街道或社区为基本调查统计单元。

8 房屋震害评估

8.1 评估内容

房屋震害评估主要内容如下：

a) 抽样调查点内房屋的破坏情况；
b) 各种结构类型房屋破坏比例和数量；
c) 学校、医院破坏情况；
d) 重点救援目标。

8.2 房屋破坏等级划分

按 GB/T 24335 的规定将房屋破坏等级划分为基本完好、轻微破坏、中等破坏、严重破坏和毁坏 5 个等级，并按照其要求进行评定。

8.3 房屋分类

房屋类型分为以下 4 类：

a) 木构架和土、石、砖墙建造的房屋；
b) 单层或多层砌体房屋，包括底框架砖砌体房屋；
c) 钢筋混凝土房屋；
d) 其他类别。

8.4 房屋震害评估步骤

房屋震害评估的基本步骤如下：

a) 判断地震灾害分布，确定一定数量抽样调查点。抽样调查点宜覆盖极震区到有结构破坏的各区域，在农村以自然村为基本调查统计单元，在城镇以街道或社区为基本调查统计单元。

b) 按 8.3 的分类对抽样调查点内各类房屋的破坏情况进行调查,并按表 C.3 的要求填表,按表 C.4 的要求统计各类房屋基本完好、轻微破坏、中等破坏、严重破坏和毁坏 5 个等级所占比例,并填表。

c) 对抽样调查点内的学校、医院的破坏情况进行调查并拍照,记录建筑的结构类型、层数、地点和建造年代等信息,给出可使用、不可使用或需进一步鉴定处理意见。

d) 对抽样调查点内典型房屋的破坏情况进行调查并拍照,记录该房屋的结构类型、层数、地点和建造年代等信息。

e) 对抽样调查点内房屋总数、人均房屋面积和各类房屋数量进行调查。

f) 通过当地规划、房管、建设及有关部门获取房屋数据,或根据烈度区内人口数量进行估计,确定各烈度区内房屋数量。

g) 计算各烈度区内各类房屋不同破坏等级的破坏比例的均值,进而求出每一烈度区内各类房屋各破坏等级的房屋破坏数量,最后求出整个灾区房屋破坏总数。也可以将一个烈度区分成若干子区域,采用抽样调查点的破坏比例数据直接计算,最后求和。破坏总数应随调查数据的增加和烈度区的修正同步更新。

h) 根据现场调查情况,判定重点救援区域和重点救援目标。

9 生命线工程系统灾情评估

9.1 评估内容

生命线工程系统震害评估的对象及内容如下:

a) 电力:发电厂土建设施、发电设备、变(配)电站土建设施、变(配)电站电气设备、地上输电设施、地下输电设施、供电情况等;

b) 交通:公路桥梁、公路隧道、公路线路、公路站场、铁路桥梁、铁路隧道、铁路线路、铁路站场、机场设施、港口设施、交通情况等;

c) 供水:水厂建(构)筑物、水厂设备、主干管网、庭院管网、供水情况等;

d) 燃气:气源厂和门站建(构)筑物、气源厂和门站设备、主干管网、庭院管网、供气情况、次生灾害等;

e) 通信:通信建筑物、通信机房设备、通信基站设施、应急通信设备、通信光(电)缆、通信管道、通信杆塔、通信配套设备、临时通信措施、通信情况等;

f) 广电:广播电视台、中短波无线发射台、调频电视发射台、有线电视前端、有线电视网、临时广播电视设施等;

g) 堤坝:破坏现象、功能状态。

9.2 生命线工程破坏等级划分

按 GB/T 24336 的规定进行生命线工程破坏等级划分,并按照其要求进行评定。

9.3 评估步骤

生命线工程系统灾情评估的基本步骤如下:

a) 根据地震影响场的估计结果,初步估计各行政区(市、县、镇等)生命线工程系统的受灾情况;

b) 根据经验估计得到的生命线工程系统受灾情况初步结果,确定一定数量抽样点。

抽样点宜覆盖极震区到有生命线工程破坏的各区域,以行政区(市、县、镇等)为基本调查统计单元;
c) 对抽样点内的生命线工程震害开展现场调查,按照相关内容要求填写调查表(表C.5～表C.11),并及时上报;
d) 调查抽样点内重大生命线工程破坏情况并及时上报;
e) 汇总各调查点生命线系统受灾信息,判定重点监控和抢修目标。评估结果应随调查数据的增加同步更新。

10 地震地质灾害评估

10.1 评估内容

地震地质灾害应评估以下内容:
a) 地震地表破裂和地裂缝;
b) 崩塌;
c) 滑坡;
d) 泥石流;
e) 砂土液化;
f) 软土震陷。

10.2 地震地质灾害等级划分

10.2.1 依据灾害类别、规模、危害程度等,将地震地质灾害划分为轻度、中度、重度3个等级。

10.2.2 满足下列条件之一,可定为轻度地震地质灾害:
a) 地震地表破裂和地裂缝为0.2 m以下;
b) 滑坡体积小于5 000 m^3;
c) 崩塌落石方量小于500 m^3;
d) 泥石流流域面积小于1 km^2;
e) 砂土液化没有产生不均匀沉降和地面变形。

10.2.3 满足下列条件之一,可定为中度地震地质灾害:
a) 地震地表破裂和地裂缝为0.2 m～1.0 m;
b) 滑坡体积5 000 m^3～50 000 m^3;
c) 崩塌落石方量500 m^3～5 000 m^3;
d) 泥石流流域面积1 km^2～5 km^2;
e) 砂土液化或软土震陷产生的不均匀沉降0 mm～200 mm,并产生轻微地面变形;
f) 因地震地质灾害造成人员有伤无亡;
g) 因地震地质灾害对工业或交通基础设施造成严重的破坏;
h) 造成河流堵塞,需要尽快疏导等。

10.2.4 满足下列条件之一,可定为重度地震地质灾害:
a) 地震地表破裂和地裂缝达1 m以上;
b) 滑坡体积大于50 000 m^3;
c) 崩塌落石方量超过5 000 m^3;

d) 泥石流流域面积大于 5 km²；
e) 砂土液化或软土震陷产生的不均匀沉降超过 200 mm，并产生明显地面变形；
f) 因地震地质灾害造成人员伤亡；
g) 因地震地质灾害对工业或交通设施造成极为严重的破坏；
h) 造成极为严重的堰塞湖等。

10.3 评估步骤

地震地质灾害评估的基本步骤如下：

a) 根据地震烈度和地形地貌，经验估计地震地质灾害。将烈度Ⅵ度及以上区域的边坡、陡岸等划定为崩塌可能发育区域。将烈度Ⅷ度及以上区域划为地震地质灾害普遍发育区域，其中地形陡峻的山区峡谷地带划定为可能产生滑坡、崩塌、泥石流并出现堰塞湖及发震断裂露头的区域；开阔的平原地带划定为可能产生砂土液化、震陷、地裂缝等地震地质灾害的区域。

b) 根据主震震级、余震分布、发震断层展布、震源机制解、发震断裂性质等信息，参考国土部门地质灾害危险评估区划图，初步确定地震地质灾害分布。

c) 根据不同途径获取灾情信息，由现场调查人员按照表 C.12 所列内容和要求开展调查，并填表。

d) 根据现场调查的灾情信息和遥感资料解译，估计地震地质灾害影响范围，绘制地震地质灾害影响范围分布图，针对地震地质灾害影响给出紧急抢险及监测建议。评估结果应随调查数据的增加同步更新。

11 地震次生灾害评估

11.1 评估内容

地震次生灾害应评估以下种类：

a) 水灾；
b) 火灾；
c) 毒气泄漏；
d) 爆炸；
e) 放射性污染。

11.2 地震次生灾害等级划分

根据灾害的影响范围，将地震次生灾害划分为轻度、中度、重度 3 个等级，判定指标如下：

a) 轻度：灾害影响仅限于灾害源自身；
b) 中度：灾害影响灾害源附近的空间环境；
c) 重度：灾害影响大片区域。

11.3 评估步骤

地震次生灾害评估的基本步骤如下：

a) 调查收集发生的水灾、火灾、毒气泄漏、爆炸及放射性污染信息。

b) 调查收集可能引起次生灾害的堤坝和易燃易爆、剧毒、放射性、强腐蚀性物质的生产及储放场所等重大灾害源资料及分布，综合考虑气象等敏感因素，分析潜在危险性，提出重点排查目标。调查范围应从极灾区开始向外围辐射一直到建筑物无明显破坏的地区。

c) 根据表C.13所列内容和要求,调查、统计并填表。
d) 根据调查结果,对具有潜在危险的次生灾害源,根据经验估计次生灾害的影响范围和等级。评估结果应随调查数据的增加同步更新。

12 地震社会影响评估

12.1 评估内容

地震社会影响应评估下列内容:
a) 饮用水、食物、衣被、生活用电、煤气、住宿安置、医疗救治、教学活动等灾区生活状况;
b) 工业、农业、服务业等经济运行状况;
c) 灾区社会秩序状况。

12.2 评估步骤

地震社会影响评估的基本步骤如下:
a) 根据地震大小和灾区范围,经验估计社会影响的程度;
b) 根据表C.14、表C.15、表C.16所列内容和要求,调查、统计并填表;
c) 根据调查资料给出社会影响评估结果,并提出灾区救援需求建议。评估结果应随调查数据的增加同步更新。

13 评估报告编写

地震灾情应急评估应编写报告,并按附录D的要求组织报告的框架结构和内容。

附 录 A
（规范性附录）
人员伤亡与受灾人口估算方法

A.1 死亡人数估算

A.1.1 基于烈度的估算

基于地震烈度估算死亡人数的经验公式见式(A.1):

$$N_D = \sum_{j=6}^{I_{max}} A_j \rho R_j \quad \cdots\cdots\cdots\cdots\cdots (A.1)$$

式中:
N_D ——死亡人数,单位为人;
I_{max} ——极震区烈度;
A_j ——第 j 烈度值分布面积,单位为平方千米(km^2);
ρ ——人口密度,单位为人每平方千米(人/km^2);
R_j ——第 j 烈度值对应的死亡率,计算公式见式(A.2)或式(A.3):

$$\ln R_j = -44.365 + 7.516 I_j - 0.329 I_j^2$$
$$\cdots\cdots\cdots\cdots\cdots\cdots (A.2)$$

或

$$\ln R_j = -44.466 + 14.331\ln I_j + 0.960\ln\rho \quad\quad\quad\quad (A.3)$$

其中 I_j 为第 j 烈度值,如:$I_j=j(j=6,7,\cdots,I_{max})$。此外,也可参考表 A.1 的统计关系确定死亡率 R_j。

表 A.1 死亡率和受伤率与烈度的统计关系

烈度	城 市		乡 镇		农 村	
	死亡率 R	受伤率 W	死亡率 R	受伤率 W	死亡率 R	受伤率 W
Ⅵ	0.14×10^{-4}	5.40×10^{-4}	0.20×10^{-4}	3.60×10^{-4}	0.06×10^{-4}	0.38×10^{-4}
Ⅶ	3.10×10^{-4}	53.00×10^{-4}	3.20×10^{-4}	31.00×10^{-4}	0.64×10^{-4}	3.10×10^{-4}
Ⅷ	48.00×10^{-4}	460.00×10^{-4}	40.00×10^{-4}	260.00×10^{-4}	6.80×10^{-4}	27.00×10^{-4}
Ⅸ	680.00×10^{-4}	$4\,000.00\times10^{-4}$	480.00×10^{-4}	$2\,200.00\times10^{-4}$	74.00×10^{-4}	210.00×10^{-4}

A.1.2 基于房屋破坏情况的估算

基于房屋破坏情况估算死亡人数的经验公式一,见式(A.4):

$$N_D = RP \quad\quad\quad\quad (A.4)$$

式中:

N_D——死亡人数,单位为人;

P ——灾区总人口数,单位为人;

R ——死亡率,死亡率与房屋倒塌率(或毁坏比)的关系见式(A.5):

$$\lg R = 12.479 C^{0.1} - 13.3 \quad\quad\quad\quad (A.5)$$

其中 C 为房屋倒塌率(或毁坏比)。死亡率 R 也可根据表 A.2 中的关系初步确定。

表 A.2 人员死亡率、受伤率与房屋建筑破坏程度的关系

房屋破坏程度	死亡率 R	受伤率 W
基本完好	$R_1=0$	$W_1=0$
轻微破坏	$R_2=0$	$W_2=0.000\,5$
中等破坏	$R_3=0.001\,0$	$W_3=0.008\,0$
严重破坏	$R_4=0.010\,0$	$W_4=0.050\,0$
毁坏	$R_5=0.150\,0$	$W_5=0.350\,0$

基于房屋破坏情况估算死亡人数的经验公式二,见式(A.6):

$$N_D = P \times \sum_{i=1}^{5}\lambda_i \cdot R_i \quad\quad\quad\quad (A.6)$$

式中:

N_D——死亡人数,单位为人;

P ——灾区总人口数,单位为人;

R_i ——第 i 种破坏状态对应的死亡率;

λ_i ——第 i 种破坏状态的加权系数,即房屋建筑破坏初评估确定的破坏比。

A.2 受伤人数估算

根据历史震害经验的统计结果估算受伤人数,直接取死亡人数的3～5倍即可。也可根据表A.1和表A.2中的关系初步确定受伤率,然后按照式(A.7)或者式(A.8)估算。

$$N_I = \sum_{j=6}^{I_{max}} A_j \rho \cdot W_j \quad\quad\quad (A.7)$$

式中：

N_I ——受伤人数,单位为人；

I_{max} ——极震区烈度；

A_j ——第 j 烈度值分布面积,单位为平方千米(km^2)；

ρ ——人口密度,单位为人每平方千米(人/km^2)；

W_j ——第 j 烈度值对应的受伤率。

$$N_I = P \times \sum_{i=1}^{5} \lambda_i W_i \quad\quad\quad (A.8)$$

式中：

N_I ——受伤人数,单位为人；

P ——灾区总人口数,单位为人；

W_i ——第 i 种破坏状态对应的受伤率；

λ_i ——第 i 种破坏状态的加权系数,即房屋建筑破坏初评估确定的破坏比。

A.3 失去住所人数估算

A.3.1 基于震级和人口密度因素的估算

基于震级和人口密度因素估算失去住所人数的经验公式见式(A.9)：

$$N_H = 2 \times 10^{-7} M^{14.066} \cdot \beta \quad\quad\quad (A.9)$$

式中：

N_H ——失去住所人数,单位为人；

M ——地震震级；

β ——人口密度加权系数,取值范围为0.5～8.0。

A.3.2 根据现场调查数据估算

根据现场调查的建筑物破坏等数据,可按式(A.10)估算失去住所人数：

$$N_H = \frac{(c+d+e/2) \times S}{a} \times b - N_D \quad\quad\quad (A.10)$$

式中：

N_H ——失去住所人数,单位为人；

N_D ——死亡人数,单位为人；

S ——灾区总的建筑面积,单位为平方米(m^2)；

a ——户均住宅建筑面积,单位为平方米每户；

b ——户均人口,单位为人每户；

c ——建筑物毁坏比率;
d ——建筑物严重破坏比率;
e ——建筑物中等破坏比率。

附 录 B
（规范性附录）
烈度等震线修正方法

B.1 烈度等震线修正方法

B.1.1 用实线勾绘初步确定的烈度等震线。

B.1.2 根据调查数据,按下列要求对烈度等震线进行调整:
  a) 在相邻烈度区中,如果高一级烈度区内的一组数据更接近于紧邻的低一级的值,则用光滑曲线将其划归到低一级评估;
  b) 在相邻烈度区中,如果低一级烈度区内的一组数据更接近于紧邻的高一级的值,则用光滑曲线将其划归到高一级评估;
  c) 如果某一调查点的数据不是与本区或相邻烈度区的数据相近,则不修正,而将此点作为异常点(烈度异常区)处理。

B.2 修正方法示例

在图 B.1 中,Ⅶ度区共取得 4 组数据($A_1 \sim A_4$),Ⅵ度区亦取得 4 组数据($B_1 \sim B_4$),如果其中Ⅶ度区中 A_3 点的数据(各不同破坏等级的破坏比例)与Ⅵ度区中的 B 组数据更接近,则用光滑曲线将其划归到Ⅵ度区,再如Ⅵ度区中 B_4 点的数据与Ⅶ度区中的 A 组数据更接近,同理将其划归到Ⅶ度区。

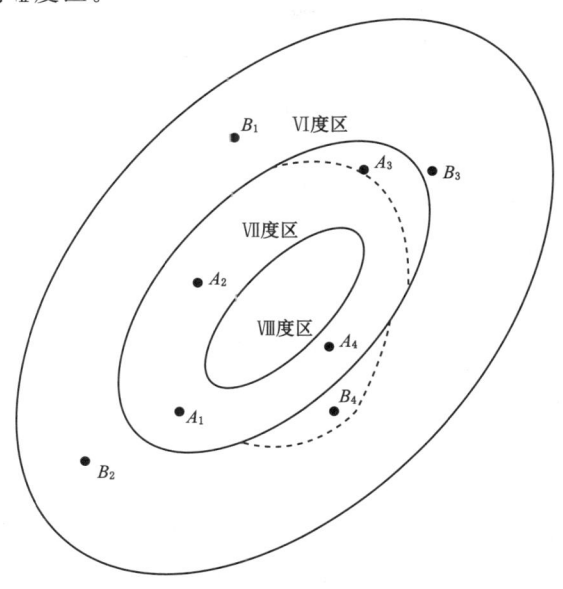

图 B.1 烈度区修正示意图

附 录 C
（规范性附录）
地震灾情应急评估调查表格

地震灾情应急评估调查表格见表 C.1～表 C.16。

表 C.1 地震影响范围调查表

1.人员伤亡(在相应的栏内打√)				
死亡	重伤	轻伤	压埋	失踪

2.房屋破坏(在相应的栏内打√)			
房屋倒塌	房屋损坏	梭瓦掉瓦	其他

3.地震地质破坏(在相应的栏内打√)							
地震断层	地面开裂	滑坡	崩塌、滚石	喷砂冒水	泥石流	地震陷坑	其他

4.生命线系统破坏(在相应的栏内打√)							
桥梁毁坏	道路堵塞	港口破坏	机场破坏	停电	停水	通信中断	堤坝破坏

5.人的感觉(在相应的栏内打√)					
无震感	少数人有感	多数人有感	震感强烈	惊慌外逃	其他

6.地震烈度快速判断(依据房屋破坏)							
现象	器物翻倒	砖烟囱断裂	个别房屋局部倒塌	少数房屋倒塌	多数房屋倒塌	房屋普遍倒塌	房屋普遍倒塌、山河改观
地震烈度	Ⅴ	Ⅵ	Ⅶ	Ⅷ	Ⅸ	Ⅹ	Ⅺ
选择打√							
备注							

调查地点	_____省(区、市)_____县(区)_____乡(镇)_____村		
填表人		填表日期	年 月 日

表 C.2 受灾人口调查表

调查地点	_____省(区、市)_____县(区)_____乡(镇)_____村				
所在地烈度值				总人口数 人	
死亡人数/人	重伤人数/人	轻伤人数/人	失踪人数/人	转移安置人数/人	

大量人员压埋场所情况：

备注：

填表人		填表日期	年 月 日

表 C.3 房屋破坏调查表

序号	建筑物名称或地点	建造年代	结构类型	层数	面积/m²	破坏等级	备注
1							
2							
3							
4							
5							
6							
7							
8							
9							
10							
11							
12							
13							
14							
15							
16							
17							
⋮							

调查地点 _____省(区、市)_____县(区)_____乡(镇)_____村

调查点地震烈度 _____

填表人 _____ 填表日期 _____年____月____日

注1：结构类型包括：1)农村房屋(包括木构架和土、石、砖墙建造的房屋)；2)单层或多层砌体房屋(包括底框架砖砌体房屋)；3)钢筋混凝土房屋；4)其他类别。

注2：破坏等级指以下几种：基本完好；轻微破坏；中等破坏；严重破坏；毁坏。

表 C.4 按五个破坏等级统计的房屋破坏比例

结构类型		
房屋总数		
地震烈度		
基本完好	栋数	
	破坏比例/%	
轻微破坏	栋数	
	破坏比例/%	
中等破坏	栋数	
	破坏比例/%	
严重破坏	栋数	
	破坏比例/%	
毁坏	栋数	
	破坏比例/%	
调查地点	_____省(区、市)_____县(区)_____乡(镇)_____村	
填表人		填表日期　　　　　年　　月　　日

注:结构类型包括：
　　1)木构架和土、石、砖墙建造的房屋；
　　2)单层或多层砌体房屋(包括底框架砖砌体房屋)；
　　3)钢筋混凝土框架房屋；
　　4)其他类别。

表 C.5 电力系统地震灾情调查表

内 容	灾 情 信 息			
发电厂土建设施	☐大部分毁坏 ☐大部分中等破坏以下	☐大部分严重破坏以上 ☐大部分轻微破坏以下		
发电设备	☐大部分毁坏	☐部分毁坏	☐少数毁坏	☐个别毁坏
变(配)电站土建设施	☐大部分毁坏 ☐大部分中等破坏以下	☐大部分严重破坏以上 ☐大部分轻微破坏以下		
变(配)电站各类电气设备	☐大部分毁坏	☐部分毁坏	☐少数毁坏	☐个别毁坏
地上输电设施	☐大部分毁坏	☐部分毁坏	☐少数毁坏	☐局部毁坏
地下输电设施	☐大部分毁坏	☐部分毁坏	☐少数毁坏	☐局部毁坏
供电情况	☐全区停电	☐大部分区域停电	☐局部区域停电	☐未停电
典型震害描述、主要灾害特点以及紧急处置建议				
灾情等级	☐无灾　☐轻度受灾　☐中度受灾　☐重度受灾			
调查地点	＿＿＿＿省(区、市)＿＿＿＿县(区)＿＿＿＿乡(镇)			
填表人		填表日期	年　月　日	

表 C.6 交通系统地震灾情调查表

内 容	灾 情 信 息			
公路桥梁	☐大部分毁坏	☐大部分严重破坏以上	☐大部分中等破坏以下	☐大部分轻微破坏以下
公路隧道	☐大部分毁坏	☐大部分严重破坏以上	☐大部分中等破坏以下	☐大部分轻微破坏以下
公路线路	☐大部分毁坏	☐大部分严重破坏以上	☐大部分中等破坏以下	☐大部分轻微破坏以下
铁路桥梁	☐大部分毁坏	☐大部分严重破坏以上	☐大部分中等破坏以下	☐大部分轻微破坏以下
铁路隧道	☐大部分毁坏	☐大部分严重破坏以上	☐大部分中等破坏以下	☐大部分轻微破坏以下
铁路线路	☐大部分毁坏	☐大部分严重破坏以上	☐大部分中等破坏以下	☐大部分轻微破坏以下
通航建筑物	☐大部分毁坏	☐大部分严重破坏以上	☐大部分中等破坏以下	☐大部分轻微破坏以下
航道设施	☐大部分毁坏	☐大部分严重破坏以上	☐大部分中等破坏以下	☐大部分轻微破坏以下
机场设施	☐大部分毁坏	☐大部分严重破坏以上	☐大部分中等破坏以下	☐大部分轻微破坏以下
航道	☐毁坏	☐严重破坏	☐中等破坏	☐轻微破坏以下
港口	☐毁坏	☐严重破坏	☐中等破坏	☐轻微破坏以下
交通情况	☐全区瘫痪	☐多数主干道中断	☐局部区域中断	☐基本正常
典型震害描述、主要灾害特点以及紧急处置建议				
灾情等级	☐无灾　☐轻度受灾　☐中度受灾　☐重度受灾			
调查地点	＿＿＿＿省(区、市)＿＿＿＿县(区)＿＿＿＿乡(镇)			
填表人		填表日期	年　月　日	

表 C.7 供水系统地震灾情调查表

内　容	灾　情　信　息			
水厂建(构)筑物	□大部分毁坏 □大部分中等破坏以下			□大部分严重破坏以上 □大部分轻微破坏以下	
水厂设备	□大部分毁坏	□部分毁坏		□少数毁坏	□个别毁坏
水厂功能	□全部停运	□出水量、水压、水质均大幅下降	□出水量、水压、水质有所下降	□出水量、水压、水质均变化不大	
主干管网	□每10 km破坏多于8处 □每10 km破坏2～5处			□每10 km破坏5～8处 □每10 km破坏少于2处	
庭院管网	□大部分毁坏	□部分毁坏		□少数毁坏	□个别毁坏
供水情况	□全区瘫痪	□大部分区域中断或水压下降	□局部区域中断或水压下降	□基本正常
典型震害描述、主要灾害特点以及紧急处置建议					
灾情等级	□无灾　□轻度受灾　□中度受灾　□重度受灾				
调查地点	_____省(区、市)_____县(区)_____乡(镇)				
填表人		填表日期			年　　月　　日

表 C.8 供气系统地震灾情调查表

内　容	灾　情　信　息			
气源厂、门站建(构)筑物	□大部分毁坏 □大部分中等破坏以下		□大部分严重破坏以上 □大部分轻微破坏以下	
气源厂、门站设备	□大部分毁坏	□部分毁坏	□少数毁坏	□个别毁坏
气源厂、门站厂功能	□全部停运	□部分停运	□少数停运	□基本正常
主干管网	□每 10 km 破坏多于 8 处 □每 10 km 破坏 2～5 处		□每 10 km 破坏 5～8 处 □每 10 km 破坏少于 2 处	
庭院管网	□大部分毁坏	□部分毁坏	□少数毁坏	□个别毁坏
供气情况	□全区瘫痪	□大部分区域中断	□局部区域中断	□基本正常
次生灾害	□严重	□中等	□轻微	□无
典型震害描述、主要灾害特点以及紧急处置建议				
灾情等级	□无灾　□轻度受灾　□中度受灾　□重度受灾			
调查地点	＿＿＿＿省(区、市)＿＿＿＿县(区)＿＿＿＿乡(镇)			
填表人		填表日期	年　月　日	

表 C.9 通信系统地震灾情调查表

内容	灾情信息			
通信建筑物	□大部分毁坏 □大部分中等破坏以下		□大部分严重破坏以上 □大部分轻微破坏以下	
机房设备	□大部分毁坏	□部分毁坏	□少数毁坏	□个别毁坏
基站设施	□大部分毁坏	□部分毁坏	□少数毁坏	□个别毁坏
传输线路 （光缆）	□每 10 km 破坏多于 8 处 □每 10 km 破坏 2～5 处		□每 10 km 破坏 5～8 处 □每 10 km 破坏少于 2 处	
通信情况	□全区瘫痪 □电话接通率有所下降		□电话接通率大幅下降,有盲区 □基本正常	
临时通信措施	□有	□无		
典型震害描述、主要灾害特点以及紧急处置建议				
灾情等级	□无灾 □轻度受灾 □中度受灾 □重度受灾			
调查地点	＿＿＿＿省(区、市)＿＿＿＿县(区)＿＿＿＿乡(镇)			
填表人		填表日期		年　月　日

表 C.10 广电系统地震灾情调查表

内容	灾情信息		
广播电视台、站建(构)筑物	□大部分毁坏 □大部分中等破坏以下		□大部分严重破坏以上 □大部分轻微破坏以下
广播电视机房设施	□大部分毁坏 □大部分中等破坏以下		□大部分严重破坏以上 □大部分轻微破坏以下
有线电视传输线路(光缆)	□每 10 km 破坏多于 8 处 □每 10 km 破坏 2~5 处		□每 10 km 破坏 5~8 处 □每 10 km 破坏少于 8 处
广播电视台站运行情况	□基本停播　□部分停播	□个别环节影响播出	□基本正常
广播电视播出临时应急措施	□有　　　　□无		
典型震害描述、主要灾害特点以及紧急处置建议			
灾情等级	□无灾　□轻度受灾　□中度受灾　□重度受灾		
调查地点	_____省(区、市)_____县(区)_____乡(镇)		
填表人		填表日期	年　月　日

表 C.11 堤坝地震灾情调查表

内　容	灾　情　信　息			
堤坝破坏现象	□裂缝	□沉降	□渗漏	□滑塌
功能状态	□正常	□影响轻微	□功能损失大	□功能中断
破坏等级	□轻微破坏以下	□中等破坏	□严重破坏	□毁坏
典型震害描述、主要灾害特点以及紧急处置建议				
灾情等级	□无灾	□轻度受灾	□中度受灾	□重度受灾
经度/(°)				
纬度/(°)				
调查地点	_____省(区、市)_____县(区)_____乡(镇)			
填表人		填表日期	年　月　日	

表 C.12 地震地质灾情调查表

内　容	规模/条件				危害情况	
地震地表破裂和地裂缝	长度/m		水平位移/m		□破坏房屋	□堰塞湖
	宽度/m		垂直位移/m		□破坏道路	□堵塞交通
	场地条件	□基岩 □覆盖层	地质年代		□破坏桥梁	□伴生泥石流
	经度/(°)				□破坏铁路	□伴生滑坡
	纬度/(°)				□破坏设施	□伴生崩塌
崩塌	长度/m		宽度/m		□摧毁房屋	□堰塞湖
	高度/m		体积/m³		□摧毁道路	□堵塞交通
	场地条件	□基岩 □覆盖层	地质年代		□摧毁桥梁	□伴生泥石流
	经度/(°)				□压埋人员	□伴生滑坡
	纬度/(°)				□压埋财产	□其他危害
滑坡	长度/m		宽度/m		□摧毁房屋	□堰塞湖
	高度/m		体积/m³		□摧毁道路	□堵塞交通
	场地条件	□基岩 □覆盖层	地质年代		□摧毁桥梁	□伴生泥石流
	经度/(°)				□压埋人员	□伴生崩塌
	纬度/(°)				□压埋财产	□其他危害

表 C.12（续）

内　容	规模/条件				危害情况	
泥石流	长度/m		宽度/m		□摧毁房屋	□堰塞湖
	高度/m		体积/m³		□摧毁道路	□堵塞交通
	场地条件		地质年代		□摧毁桥梁	□伴生滑坡
	经度/(°)				□压埋人员	□伴生崩塌
	纬度/(°)				□压埋财产	□其他危害
砂土液化	直径/m		其他		□掩埋农田	□影响交通
	场地条件		地质年代		□其他	□影响生命线
	经度/(°)		纬度/(°)			
地裂缝	长度/m		宽度/m		□破坏交通	□影响交通
	场地条件	□基岩 □覆盖层	地质年代		□破坏设施	□影响生命线
	经度/(°)		纬度/(°)			
软土震陷	直径/m		其他		□破坏农田	□影响交通
	场地条件		地质年代		□破坏设施	□影响生命线
	经度/(°)		纬度/(°)			
灾情等级	□无灾　□轻度　□中度　□重度					
其他情况说明						
调查地点	_____省(区、市)_____县(区)_____乡(镇)_____村					
填表人		填表日期		年　　月　　日		

表 C.13　次生灾害调查表

次生灾害种类	□水灾　　□火灾　　□毒气泄漏　　□爆炸　　□放射污染	
发生时间		
灾害源地点		
灾害源纬度/(°)		灾害源经度/(°)
死亡人数/人		
受伤人数/人		
预计恢复时间/h		
影响范围	□Ⅰ　　□Ⅱ　　□Ⅲ	
人员撤离	□需要　　□否　　□已撤离	
灾害原因		
影响趋势	□减缓　　□趋稳　　□增大	
抢险队伍	□需要　　□否　　□有抢险队伍	

表 C.13（续）

灾情等级	□无灾　　□轻度　　□中度　　□重度
备注	
调查地点	＿＿＿＿省(区、市)＿＿＿＿县(区)＿＿＿＿乡(镇)＿＿＿＿村
填表人	填表日期　　　　　年　　月　　日

注 1：备注内容根据次生灾害种类填写如下灾情信息：
  a) 水灾：库容、坝类型、坝高度、宽度、溃口宽度等情况；
  b) 火灾：易燃物质名称，着火面积、周边有无其他次生灾害源等情况；
  c) 毒气泄漏：毒气名称、储量、泄漏状态及时间等情况；
  d) 爆炸：易爆物质名称、储量、存储介质等情况；
  e) 放射污染：放射物名称、储量、泄漏状态及时间等情况。
注 2：影响范围选项Ⅰ为蔓延大片；Ⅱ为影响近邻；Ⅲ为仅危及灾害源本体。

表 C.14　群众生活状况调查表

内　容	群众生活状况			
饮用水	□充足	□不足	□缺乏	□没有
食物	□充足	□不足	□缺乏	□没有
衣被	□充足	□不足	□缺乏	□没有
生活用电	□充足	□不足	□缺乏	□没有
煤气	□充足	□不足	□缺乏	□没有
住宿安置	□充足	□不足	□缺乏	□没有
医疗救治	□全部有	□多数有	□少数有	□没有
教学活动	□全部停课	□多数停课	□少数停课	□无停课
调查地点	＿＿＿＿省(区、市)＿＿＿＿县(区)＿＿＿＿乡(镇)＿＿＿＿村			
填表人	填表日期　　　年　月　日			

表 C.15　经济运行情况调查表

内　容	经济运行情况			
工业生产	□多数停产	□少数停产	□个别停产	□无停产
	其他影响			
农业生产	□影响很大	□有影响	□影响较小	□没有影响
	其他影响			
商业活动	□多数停业	□少数停业	□个别停业	□无停业
	其他影响			
调查地点	＿＿＿＿省(区、市)＿＿＿＿县(区)＿＿＿＿乡(镇)			
填表人	填表日期　　　年　月　日			

表 C.16 社会秩序情况调查表

内容		社会秩序情况					
社会秩序	治安事件	□偷盗	□抢劫	□伤害	□其他		
	群体事件	□哄抢	□聚众闹事	□谣言	□其他		
	心理反应	□恐惧	□痛苦	□忧虑	□烦躁	□慌乱	□其他
	生活态度	□悲观失望	□没有信心	□不安心生产生活		□自救互救	□其他
	社会稳定	□稳定	□一般	□不稳定			
调查地点	_____省(区、市)_____县(区)_____乡(镇)						
填表人		填表日期		年　月　日			

附　录　D
（规范性附录）
地震灾情应急评估报告内容

D.1　地震灾情应急评估报告结构

地震灾情应急评估报告的总体框架应包括：地震基本参数、灾区概况、灾区与影响范围评估、烈度评估、人员伤亡与受灾人口评估、房屋震害评估、生命线系统灾情评估、地震地质灾害评估、地震次生灾害评估、地震社会影响评估、结论等共11部分。

D.2　地震基本参数

地震基本参数应包括以下内容：
a) 地震发生时间、震中位置（经度、纬度）、震级、震源深度；
b) 余震序列及分布情况；
c) 强震动记录（峰值、反应谱、强震记录图形）及综合分析。

D.3　灾区概况

灾区概况应包括以下内容：
a) 灾区面积及最大烈度；
b) 灾区包括的县（市、区）及受灾人数；
c) 灾区社会经济情况；
d) 灾区地震地质环境。

D.4　灾区与影响范围评估

灾区与影响范围评估应包括以下内容：
a) 有感范围调查评估结果；
b) 灾区范围调查评估结果；
c) 极灾区范围评估结果；
d) 灾区等级评估结果；

e) 评估结果分析和建议。

D.5 烈度评估

烈度评估应包括以下内容：
a) 极震区烈度和位置评估结果；
b) 烈度分布评估结果；
c) 评估结果分析和建议。

D.6 人员伤亡与受灾人口评估

人员伤亡与受灾人口评估应包括以下内容：
a) 伤亡人员评估结果；
b) 受灾人数评估结果；
c) 失去住所人员评估结果；
d) 评估结果分析和建议。

D.7 房屋震害评估

房屋震害评估应包括以下内容：
a) 灾区房屋概况及结构分类；
b) 各类结构房屋破坏特征和破坏比例；
c) 房屋破坏评估结果；
d) 评估结果分析和建议。

D.8 生命线系统灾情评估

生命线系统灾情评估应包括以下内容：
a) 灾区生命线系统概况；
b) 生命线系统灾情评估主要结果及破坏特点；
c) 灾区生命线系统破坏对生活、生产的影响；
d) 评估结果分析和建议。

D.9 地震地质灾害评估

地震地质灾害评估应包括以下内容：
a) 灾区历史地震地质灾害概况；
b) 地震地质灾害评估结果；
c) 地震地质灾害成因分析及其危害性。

D.10 地震次生灾害评估

地震次生灾害评估应包括以下内容：
a) 灾区地震次生灾害概况；
b) 地震次生灾害评估结果与分布图；

c) 地震次生灾害潜在危险源影响范围分布图和灾害等级；
d) 地震次生灾害成因分析及其危害性。

D.11 地震社会影响评估

地震社会影响评估应包括以下内容：
a) 灾区地震社会影响概况；
b) 地震社会影响调查评估结果；
c) 评估结果分析和建议。

D.12 结论

结论应包括以下内容：
a) 地震灾害特点；
b) 对抗震救灾的建议。

参 考 文 献

[1] GB/T 18207.1—2008 防震减灾术语 第1部分:基本术语

地震灾害紧急救援队伍救援行动
第1部分：基本要求（GB/T 29428.1—2012）

前　　言

GB/T 29428《地震灾害紧急救援队伍救援行动》分为两个部分：
——第1部分：基本要求；
——第2部分：程序和方法。
本部分为GB/T 29428的第1部分。
本部分按照GB/T 1.1—2009给出的规则起草。
本部分由中国地震局提出。
本部分由全国地震标准化技术委员会（SAC/TC 225）归口。
本部分起草单位：中国地震局地球物理研究所、中国地震局地壳应力研究所、中国地震应急搜救中心、中国地震局工程力学研究所、河北省地震局。
本部分主要起草人：顾建华、陈虹、王志秋、吴新燕、韩炜、贾群林、宋富喜、余世舟、肖沛琪、卢杰、张勤。

引　　言

国内外地震灾害紧急救援实践表明，地震灾情复杂，救援难度大，技术要求高；由于灾区范围广，参与救援的队伍多，且队伍能力、技术和方法、装备、信息和安全管理各异，往往导致救援行动协调难度大、效率低、安全风险高。GB/T 29428旨在规范和协调地震灾害紧急救援队伍的救援行动，提高救援能力与效率、最大限度地减少人员伤亡。

地震灾害紧急救援行动的基本原则是以人为本，科学施救，安全第一，营救与医疗救援相结合。

地震灾害紧急救援队伍的主要任务是对因地震或其他突发事件造成建（构）筑物倒塌而被压埋的人员实施搜索和营救。

GB/T 29428的本部分是在系统总结了汶川、玉树等一系列地震救援经验，研究了社会发展的需求，参考了国外相关标准的基础上制定的。

1 范围

GB/T 29428的本部分规定了地震灾害紧急救援队伍的行动准备、现场救援、安全管理、保障与支持方面的基本要求。

本部分适用于地震灾害紧急救援队伍的救援行动，其他专业救援队伍可参照使用。

2 规范性引用文件

下列文件对于本文件的应用是必不可少的。凡是注日期的引用文件，仅注日期的版本适用于本文件。凡是不注日期的引用文件，其最新版本（包括所有的修改单）适用于本文件。

GB 13690—2009 化学品分类和危险性公示 通则

3 术语和定义

下列术语和定义适用于本文件。

3.1
救援行动 rescue operation

救援队接受命令后,实施行动准备、现场救援和撤离的全过程。

3.2
工作场地 working site

开展搜索、营救和医疗救援的区域。

3.3
受困者 trapped person

被压埋在倒塌建(构)筑物或限制在其他狭小空间中的人员。

3.4
搜索 search

采用人工、犬和仪器等方式寻找受困者的过程。

注:改写 GB/T 23648—2009,定义 2.6。

3.5
营救 rescue

采用各种方法使受困者脱离险境的过程。

注:改写 GB/T 23648—2009,定义 2.7。

3.6
行动基地 operation base

救援队在救援现场建立的指挥、休整、医疗、装备存放和物资存放的场地。

3.7
行动计划 operation plan

在地震发生后,救援队机动到现场的过程中,根据灾区信息做出的人员、物资、路线等安排。

3.8
转场 reassignment

转移行动基地的过程。

3.9
结构评估 structure assessment

对受损建(构)筑物结构危险性进行判断的过程。

3.10
搜救标记 search and rescue mark

在工作场地表示搜救行动及其相关信息的简明文字、图形或符号。

4 行动准备

4.1 救援队在获得震情信息后,应设专人跟踪灾情。

4.2 救援队在接到出动命令后，应根据灾情完成下列行动前准备工作：
   a) 确定组队、装备、物资配置方案；
   b) 确认队员、搜救犬及装备状态；
   c) 确定机动方式和行动路线；
   d) 确定运输工具的种类、数量及运输先后顺序；
   e) 为出队人员办理人身意外保险。

4.3 救援队到达现场之前，应根据灾区的各种信息，编制并适时修改救援行动计划，主要包括：
   a) 现场形势评估；
   b) 需求评估；
   c) 一般情况应对措施；
   d) 意外情况处置措施。

5 现场救援

5.1 协调与沟通

5.1.1 救援队抵达灾区后，应向地方人民政府抗震救灾指挥机构报到，参照附录A提交救援队概况表。

5.1.2 救援队应接受地方人民政府抗震救灾指挥机构的指挥。

5.1.3 救援队应设专人与地方人民政府抗震救灾指挥机构保持联系。

5.1.4 救援队应及时向地方人民政府抗震救灾指挥机构报告救援进展。

5.1.5 救援队可向地方人民政府抗震救灾指挥机构提出需要协调的事项。

5.2 行动基地

5.2.1 行动基地的选址应考虑交通、安全、基础设施等条件。

5.2.2 行动基地宜按指挥、生活、医疗、装备、搜救犬、卫生、洗消等功能分区，并设置明显标志。

5.2.3 遇有传染性疫情时，应在行动基地设置隔离区和明显标志。

5.2.4 救援队在转场与撤离前应及时拆除行动基地设施，并对废弃物进行清理。

5.3 工作场地评估

5.3.1 救援队进入工作场地前，应由相关技术人员对工作场地及其周边环境的危险性进行评估，主要内容包括：
   a) 受损建（构）筑物对施救的可能影响；
   b) 危险品及危险源；
   c) 崩塌、滑坡、泥石流、洪水、台风等潜在危险因素。

5.3.2 救援队进入工作场地前，应对建（构）筑物进行结构评估，评估应当考虑以下内容：
   a) 用途；
   b) 估计人数；
   c) 结构类型、层数；
   d) 承重体系、基础类型；
   e) 空间与通道分布；
   f) 倒塌类型及主要破坏部位；

g) 二次倒塌风险；

h) 施救可能对结构稳定性产生的影响。

5.3.3 救援队应在工作场地评估结束后,参照附录B填写工作场地评估表,并绘制现场草图。

5.3.4 救援队应根据结构评估的结果,按附录C确定工作场地的优先等级。

5.4 搜索

5.4.1 搜索人员开展搜索行动时,应将人工搜索、犬搜索和仪器搜索等方式结合使用,顺序宜为人工、犬和仪器搜索。

5.4.2 人工搜索一般先询问知情者,了解相关信息,再利用看、听、喊、敲等方法寻找受困者。

5.4.3 犬搜索应采用多条犬进行确认。

5.4.4 仪器搜索应根据现场环境选择声波/振动、光学、热成像、电磁波等探测仪器。

5.4.5 搜索人员在确定受困者位置后应立即报告队长,参见附录D填写搜索情况表,移交营救组实施救援。

5.4.6 搜索人员对搜索过的工作场地应按附录E的方法做出标记。

5.5 营救

5.5.1 营救人员开展营救行动前,宜根据工作场地的优先等级制定营救方案,主要包括：

a) 接近受困者的通道和紧急撤离路线；

b) 结构稳定性评估和加固措施；

c) 拟采用的营救设备和技术方法；

d) 医疗救援措施；

e) 意外事件应对措施。

5.5.2 营救宜按工作场地的优先等级进行,等级相同的,宜按由易到难的顺序开展营救,也可视情况适当调整顺序。

5.5.3 营救人员应根据受困者的位置和状态以及倒塌建（构）筑物的特点,选用合适的方法和工具。

5.5.4 营救人员应记录营救过程,参照附录F填写营救情况表,并绘制现场草图。

5.5.5 营救人员应参照附录G和附录H分别填写受困者救出信息表和遇难人员处置信息表。

5.5.6 营救人员在完成营救行动后,应按附录E的方法绘制救援行动标记。

5.5.7 营救人员确认救援环境会对救援队员生命造成威胁时,应暂停作业并采取相应措施。

5.5.8 营救人员在发现文物、文件、财物、武器后,应记录并移交有关部门。

5.6 医疗救援

5.6.1 医疗救援人员应对受困者进行安抚以及紧急医疗处置,指导和配合营救人员将其安全救出。

5.6.2 医疗救援人员应对已救出的伤员进行检查和医疗处置,并按附录I填写现场医疗处置记录表。

5.6.3 医疗救援人员应将伤员和现场医疗处置记录表移交给接收部门。

5.7 转场与撤离

5.7.1 具备下述条件之一,可申请转场：

a) 救援队负责的工作场地中的受困者已经全部找到,其中幸存者已经救出,反复搜索确认未发现生命迹象;
b) 接到抗震救灾指挥机构命令。

5.7.2 救援队转场前应向地方人民政府抗震救灾指挥机构提出申请,并得到批准后方可转场,申请表可参照附录J的格式填写。

5.7.3 救援队在抗震救灾指挥机构宣布救援结束后,可向地方人民政府抗震救灾指挥机构提出申请,得到批准后方可撤离,申请表可参照附录J的格式填写。

5.7.4 救援队撤离时应向地方人民政府抗震救灾指挥机构提交任务总结报告,总结报告参照附录K的格式编写。

6 安全管理

6.1 救援队安全

6.1.1 救援队应开展安全教育,内容应包括:
a) 灾区的人口、民族、宗教、文化、风俗习惯、地形、气候及治安情况;
b) 灾区破坏情况和潜在危险;
c) 队伍行动期间安全要求及职责分工。

6.1.2 救援队应设专人管理工作场地和行动基地的安全事项。

6.1.3 救援队进入工作场地之前,应进行危险品侦检和探测,并按 GB 13690—2009 中第5章的要求进行危险性公示。

6.1.4 救援队应对工作场地设置警戒线。

6.1.5 救援队可在工作场地安装结构稳定性监测装置和余震报警装置。

6.1.6 救援队员在工作场地工作时应穿着防护服装并佩戴防护装备。

6.1.7 救援队应根据季节、气象、工作环境和工作岗位等情况确定轮班时间,一般为 2 h～4 h,不宜超过 6 h。

6.1.8 救援队应及时对队员和装备进行洗消。

6.1.9 救援队应及时关注队员的身体和心理状态。

6.1.10 救援队应建立救援行动安全记录文档,文档内容包括队员身心状态、受伤、疾病、死亡事故等记录。

6.2 搜救犬安全

6.2.1 搜救犬小组应携带搜救犬有效检疫证书。

6.2.2 搜救犬小组应避免搜救犬与当地犬接触。

6.2.3 搜救犬小组应适时对搜救犬进行检查和养护。

6.2.4 搜救犬单次工作时间不宜超过 20 min。

6.2.5 搜救犬小组应对返回行动基地的搜救犬进行洗消。

7 保障与支持

7.1 生活物资

7.1.1 救援队最低自我保障能力应不少于 3 d,宜达到 5 d～7 d。

7.1.2 救援队应做好后续的补给工作。

7.1.3 救援队应设专人负责生活物资和财务的管理。
7.1.4 救援队接受或捐赠生活物资时应办理相关手续。

7.2 通讯

7.2.1 现场通讯系统应具备语音、数据、视频等信息在不同设备、不同信道、不同频率下互通的能力。
7.2.2 现场通信应具备工作场地之间、救援队之间、救援队与地方或后方指挥机构之间的通信能力。

7.3 装备管理与维护

7.3.1 救援队应设专人按照现场装备管理与维护制度进行管理与维护。
7.3.2 特殊装备应由经过专业培训并获得资质的人员操作。
7.3.3 装备在使用后应随时进行检修和保养。
7.3.4 借用与捐赠装备时应办理相关手续。

7.4 交通运输

7.4.1 机动运输驾驶员应具备相应车种的驾驶资格,避免疲劳驾驶。
7.4.2 救援车辆应遵守灾区的交通管制措施。
7.4.3 救援车辆应有明显的标识。
7.4.4 运输时应注意对特殊装备和血液的包装与保护。

7.5 信息管理

7.5.1 救援队应设专人负责救援行动信息的搜集与整理。
7.5.2 救援队应及时搜集与更新救援行动信息,并向相关部门报告和通报。
7.5.3 救援队应统一对外发布救援行动信息。
7.5.4 救援队应在行动结束后将救援行动信息归档。

附 录 A
（资料性附录）
救援队概况表

表 A.1 救援队概况表

救援队名称					
联络信息	联络人姓名	联络人手机	值班电话	电台频率	
队伍规模（人数）	1.总数	2.管理	3.结构技术人员	4.搜救	5.医疗	6.危险品技术人员
装备种类	1.总量/t	2.通讯/套	3.搜索仪器/件	4.搜救犬/条	5.救援车/台	6.照明/套
自我保障时间（划√）	3 d	4 d	5 d	6 d	7 d	7 d 以上

表 A.1（续）

特别事项 （在□上划√）	1.大型机械	2.重型防化服	3.其他			
	□有 □无	□有 □无				
资源需求	1.向导	2.运输车辆	3.人力	4.地图	5.电力	6.饮用水
	7.汽油/L	8.柴油/L	9.医用氧气/L	10.吊车/(台)	11.铲车/台	推土机/辆
行动区域	（可附地图粘贴） 指挥部负责人： 救援队负责人： 年 月 日 时 分					

附 录 B
（资料性附录）
工作场地评估表

表 B.1 工作场地评估表

救援队名称					
工作场地名称及位置					
环境危险性评估 （在□上划√）	煤气泄漏	□有 □无	其他危化品泄漏	□有 □无	
	易燃、易爆	□有 □无	台风	□有 □无	
	崩塌	□有 □无	滑坡	□有 □无	
	泥石流	□有 □无	洪水	□有 □无	
	周边建(构)筑物稳定性	□稳定 □不稳定	周边受损建(构)筑物对施救的影响	□有 □无	
	水管破裂	□有 □无	其他		
建筑物基本信息	建筑物名称				
	地址				
	用途				
	估计人数		受困者人数		
	结构类型				
	层数	地上		地下	
	基础类型				
	承重体系				
	空间与通道分布				

表 B.1（续）

结构评估	倒塌形成的空间类型	
	主要破坏部位	
	二次倒塌	
	施救可能对结构稳定性产生的影响	
行动建议	人员装备配置	
	特别注意事项	
	其他	
评估人：	填表人：	年 月 日 时 分

表 B.2 现场草图

评估人：　　　　绘图人：　　　　　　　　　　　　　　年 月 日 时 分

附 录 C
（规范性附录）
工作场地优先等级划分方法

C.1 优先等级划分应考虑表 C.1 中的因素。

表 C.1 优先等级划分因素

优先等级划分因素	特 征 描 述
小空间	指可容纳一个成年人的空间。在这种空间中受困者致伤几率小于狭小空间，生存概率较大
狭小空间	指很难容纳一个成年人的空间，在这种空间中受困者被限制在固定姿势，致伤几率较大，生存概率减小
稳 定	指受损建（构）筑物结构稳定，不需要额外的安全支撑
不稳定	指建（构）筑物结构不稳定，需要通过支撑和移除作业使结构稳定才能开展救援
极不稳定	指建（构）筑物严重受损，极易发生二次倒塌
可进入性	指接近受困者或狭小空间的困难程度

C.2 在完全倒塌或部分倒塌建（构）筑物中的工作场地优先等级划分见表 C.2。

表 C.2 工作场地优先等级

优先等级	受困者的生存状态	空间类型	结构稳定程度
1	受困者存活		稳定或不稳定
2	不能确定受困者状态	小空间	稳定
3	不能确定受困者状态	小空间	不稳定
4	不能确定受困者状态	狭小空间	稳定
5	不能确定受困者状态	狭小空间	不稳定
6	受困者存活		极不稳定
7	不能确定受困者的生存状态		极不稳定
8	没有受困者幸存		

C.3 在完全倒塌或部分倒塌建（构）筑物中的工作场地优先等级划分方法示意图见图 C.1。

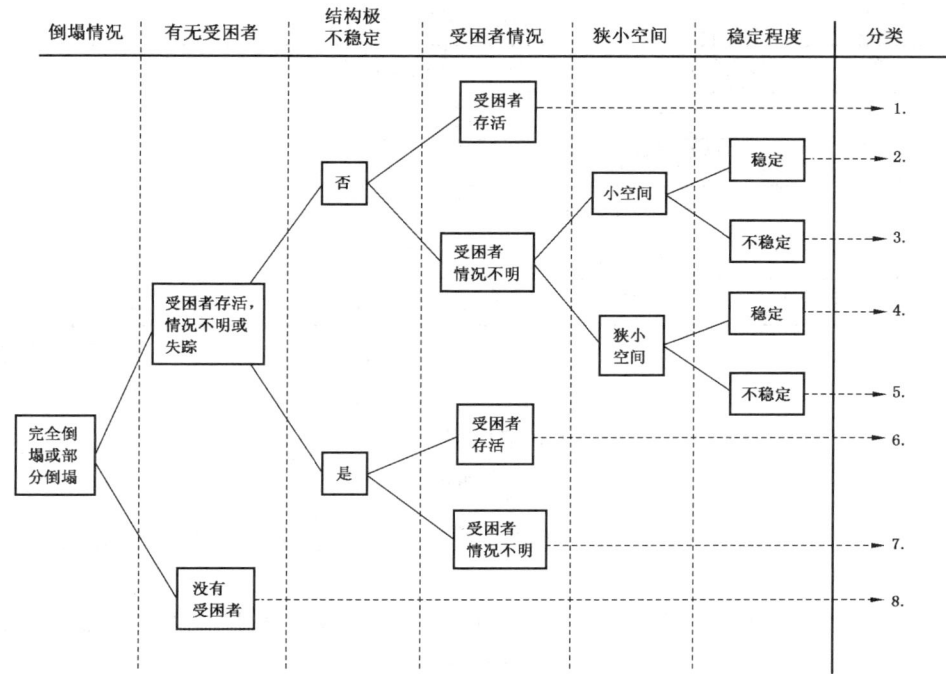

表 C.1 工作场地优先等级划分方法示意图

附 录 D
（资料性附录）
搜 索 情 况 表

表 D.1 搜索情况表

救援队名称							
工作场地名称及位置							
开始时间		月		日		时	分
结束时间		月		日		时	分
搜索方法	人工		搜救犬	仪器		综合	其他
搜索结果	受困者	数量					
		位置	表层		浅层		深层
		状态描述					
	遇难人员	数量					
	财/物	数量					
	其他						

表 D.1（续）

标　记	搜索标记		明显标志物	
行动建议	营救通道建议			
	人员/装备配置			
	特别注意事项			
	其　他			
负责人：	填表人：		年　月　日　时　分	

附　录　E
（规范性附录）
救援行动标记方法

E.1　救援队应在评估或搜索过的建（构）筑物的入口或附近的显著位置上做出明显的救援行动标记。

E.2　救援行动标记由不小于 1 m×1 m 的正方形、外围圆圈及水平线构成，如图 E.1 所示。

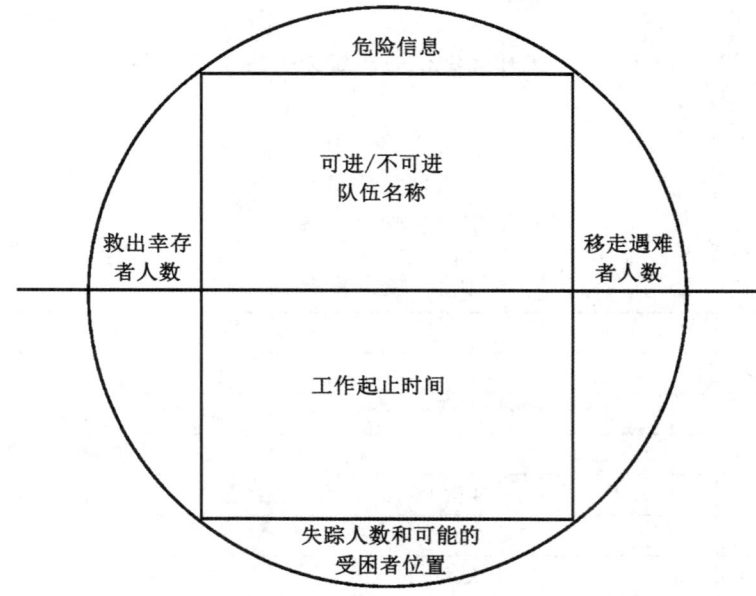

图 E.1　救援行动标记方法示意图

E.3　标记方法如下：
　　a) 正方形内部应标记：
　　　　· 如安全可进入，标记"可进"；
　　　　· 如不安全不能进入，标记"不可进"；
　　　　· 救援队的名称；
　　　　· 救援队在该建（构）筑物开始工作的日期和时间；

● 救援队在该建(构)筑物结束工作的日期和时间。
b) 正方形外部应标记：
  ● 建(构)筑物可能的危险信息(正方形顶部)；
  ● 失踪人数和可能的受困者位置(正方形底部)；
  ● 救出受困者人数(正方形左边)；
  ● 移走遇难者人数(正方形右边)。
c) 圆圈和水平线标记：
  ● 当救援队在该建(构)筑物完成救援工作后，在正方形标记外面画一个圆圈；
  ● 当救援队在该建(构)筑物完成救援工作，并确认没有受困者，不再需要救援时，在整个标记中间画一条水平线。

E.4 在与外国救援队协同工作时应采用国际救援行动标记，如图 E.2 所示。

图 E.2 国际救援行动标记方法示意图

附　录　F
（资料性附录）
营　救　情　况　表

表 F.1 营救情况表

救援队名称					
工作场地名称及位置					
开始时间		月	日	时	分
结束时间		月	日	时	分

表 F.1（续）

营救方案	人员	指挥		营救		专家		医疗		保障	
	装备配置	照明		机械		破拆		顶撑		支撑	
		绳索		移除		其他					
	轮班时间	班组				队伍				其他	
	安全措施										
营救过程	方案确定		日		时		分				
	打开通道		日		时		分				
	接近受困者		日		时		分				
	医疗处置		日		时		分				
	移出受困者		日		时		分				
特别事项											
行动启示											
负责人：		填表人：		年	月	日	时	分			

表 F.2 现场草图

评估人：　　　绘图人：　　　　　　　　　　　年　月　日　时　分

附 录 G
（资料性附录）
受困者救出信息表

表 G.1 受困者救出信息表

救援队名称								
工作场地名称及位置								
序号	姓名	性别	年龄	救出时间	营救时限	救出状况	移交单位	接收人
1								
2								
3								
4								
5								
6								
7								
8								
9								
10								
11								
12								
13								

负责人：　　　　　填表人：　　　　　年　月　日　时　分

附 录 H
（资料性附录）
遇难人员处置信息表

表 H.1 遇难人员处置信息表

救援队名称								
工作场地名称及位置								
序号	姓名	性别	年龄	救出时间	营救时限	救出状况	移交单位	接收人
1								
2								
3								
4								
5								
6								
7								
8								
9								
10								
11								
12								
13								
负责人：		填表人：			年 月 日 时 分			

附 录 I
（规范性附录）
现场医疗处置记录表

表 I.1 现场医疗处置记录表

救援队名称						
姓　名		年龄		性别	编　号	
身份证号码（选填）					救出时间	
联系方式					送到时间	
初步诊断结果和伤情评估						
治疗措施						
后送治疗意见及建议						
主任(主治)医生签字：			年　　月　　日　　时　　分			

附 录 J
（资料性附录）
转场/撤离申请表

表 J.1 转场/撤离申请表

救援队名称				
联络信息	联络人姓名	联络人手机	值班电话	电台频率
到达时间	年　　　　月　　　　日　　　　时　　　　分			
接受任务来源				
行动基地地点				
转场/撤离原因				
救援行动成果		工作场地1	工作场地2	工作场地3
	搜索受困者数量			
	救出受困者数量			
	转移遇难者数量			
	医疗救援数量			
预计转场/撤离时间				
负责人：	年　　　　月　　　　日　　　　时　　　　分			

附 录 K
（资料性附录）
任务总结报告

任务总结报告宜按下列内容和顺序撰写：

一、任务概况

1.事件发生时间、地点；

2.事件类型；

3.事件其他信息简述。

二、救援队基本情况

1.出队规模；

2.人员构成；

3.组织结构。

三、救援行动物资投入

1.救援装备；

2.后勤保障物资；

3.资金。

四、救援行动重要节点

1.接到命令时间；

2.启动时间；

3.集结时间；

4.出发及到达时间；

5.现场灾情信息采集与评估时间；

6.搭建营地时间；

7.救援工作场地确定时间；

8.开始救援时间；

9.转场/撤离时间。

五、机动方式

1.交通工具种类及数量；

2.交通工具的调配及路线。

六、现场救援

1.救援成果（包括人员搜救成果、重要物资抢救成果和其他任务的成果）；

2.救援装备使用效果；

3.后勤保障方式；

4.救援队状况（包括：救援队在现场的工作状态以及事故、伤害、疾病、死亡等情况）；

5.救援经典过程和案例分析（包括：救援队科学施救方法，攻克难关过程，典型案例分析）；

6.行动基地勘选与效果。

七、经验、教训与建议

1. 任务特点；
2. 简要评述；
3. 经验教训（包括：救援工作管理，技术培训，启动方式，信息管理，装备配置，救援技术，救援作业组织形式及协作模式等方面取得的经验教训）；
4. 救援效能评价与建议；
5. 相关问题思考和建议。

参 考 文 献

[1] GB/T 23648—2009 社区志愿者地震应急救援工作指南
[2] 黄建发,陆鸣,陈虹等.国际搜索与救援指南和方法.地震出版社,2007.

地震灾害紧急救援队伍救援行动
第2部分:程序和方法(GB/T 29428.2—2014)

前 言

GB/T 29428《地震灾害紧急救援队伍救援行动》分为两个部分：
——第1部分:基本要求；
——第2部分:程序和方法。

本部分为 GB/T 29428 的第2部分。

本部分按照 GB/T 1.1—2009 给出的规则起草。

本部分由中国地震局提出。

本部分由全国地震标准化技术委员会(SAC/TC 225)归口。

本部分起草单位:中国地震应急搜救中心、中国地震局地壳应力研究所、中国地震局地球物理研究所、中国人民解放军 66150 部队、武警总部司令部、武警总医院、北京市公安消防局、四川省地震局、甘肃省地震局。

本部分主要起草人:卢杰、贾群林、陈虹、顾建华、彭碧波、刘向阳、王亮、曲旻皓、王念法、韩文东、何红卫、胡杰、吴新燕、程永、李尚庆、杨阳、张健强。

引 言

国内外地震灾害紧急救援实践表明,地震灾情复杂,救援难度大,技术要求高;由于参与救援的队伍多,且队伍能力、技术和方法、装备、信息和安全管理各异,往往导致救援行动协调难度大、效率低,安全风险高。GB/T 29428 旨在规范和协调地震灾害紧急救援队伍的救援行动,提高救援能力与效率,最大限度地减少人员伤亡。

地震灾害紧急救援行动的基本原则是以人为本,科学施救,安全第一,营救与医疗救援相结合。

地震灾害紧急救援队伍的主要任务是对因地震或其他突发事件造成建(构)筑物倒塌而被压埋的人员实施搜索和营救。

GB/T 29428 的本部分在系统总结了汶川、玉树等一系列地震救援经验,研究了社会发展的需求,参考了国外相关标准的基础上制定。

1 范围

GB/T 29428 的本部分规定了地震灾害紧急救援队伍在工作场地开展评估、搜索、营救及现场急救的程序和方法。

本部分适用于地震灾害紧急救援队的救援行动,其他从事地震灾害救援的队伍可参照使用。

2 规范性引用文件

下列文件对于本文件的应用是必不可少的。凡是注日期的引用文件,仅注日期的版本

适用于本文件。凡是不注日期的引用文件,其最新版本(包括所有的修改单)适用于本文件。

GB 5082—1985　起重吊运指挥信号

GB/T 29428.1—2012　地震灾害紧急救援队伍救援行动　第1部分:基本要求

3　术语和定义

GB/T 29428.1—2012界定的以及下列术语和定义适用于本文件。

3.1
营救通道　rescue path

为营救受困人员选择或创建的安全路径。

3.2
支撑　shoring

通过增加构件稳定建(构)筑物受损部位的过程。

3.3
破拆　breaching

通过切割、钻凿、破碎、打孔等对障碍物进行拆除或局部分解的过程。

3.4
顶撑　uplifting

通过抬升、扩张障碍物,扩大空间的过程。

3.5
移除　remove

通过牵拉、吊升、起重等移动障碍物的过程。

3.6
现场急救　working site first aid

在工作场地对伤者进行稳定生命体征及创伤的止血、包扎、固定与搬运过程。

3.7
检伤分类　triage

对群体伤员伤情轻重程度进行快速分类及标识。

4　工作场地评估

4.1　评估程序

4.1.1　救援队进入工作场地前,应首先确定工作场地范围,并设置警示带。警示带宜按图1方法设置。

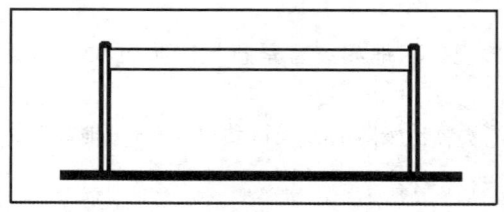

图1　工作场地警示带设置方法

4.1.2 救援队开展搜救行动前,应评估工作场地及相邻区域可能出现坍塌、坠落、危化品泄漏等危险的区域,并沿危险区边缘设置警示隔离带。危险区警示隔离带宜按图2方法设置。

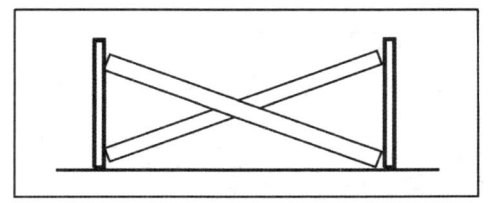

图 2 危险区警示带设置方法

4.1.3 工作场地评估后,救援队应按 GB/T 29428.1—2012 附录 B 填写工作场地评估表。

4.2 评估方法

4.2.1 救援队进入工作场地前,应评估工作场地及相邻区域可能存在的危险因素。宜采用下列方法:
 a) 宜采用遥感技术、地理信息系统等手段,标注受损建(构)筑物及危险区域;
 b) 应向现场指挥部和当地居民询问工作场地及相邻区域信息。

4.2.2 对工作场地及相邻区域可能存在危险因素评估的内容包括:
 a) 受困人数和位置;
 b) 受损建(构)筑物对施救的不利影响;
 c) 危险品及危险源;
 d) 崩塌、滑坡、泥石流、洪水、台风等潜在危险因素。

4.2.3 救援队开展搜救行动前,应评估受损建(构)筑物结构,主要评估以下内容:
 a) 用途;
 b) 结构类型、层数;
 c) 承重体系、基础类型;
 d) 空间与通道分布;
 e) 倒塌类型及主要破坏部位;
 f) 二次倒塌风险及影响范围;
 g) 施救可能对结构稳定性产生的影响。

4.2.4 救援队开展搜救行动前,应侦检工作场地及相邻区域的危险品和危险源。主要包括以下内容:
 a) 氧气浓度;
 b) 物质或周围空气易燃性;
 c) 漏电;
 d) 毒性;
 e) 可燃性气体浓度;
 f) 放射线。

4.2.5 救援队开展搜救行动前,应绘制工作场地草图,对建(构)筑物结构进行定位标记,定位标记宜按下列方法进行:
 a) 建(构)筑物外部定位标记:建(构)筑物结构标有道路或有明显标识的一侧为第1

侧面,其他侧面从第1侧面开始沿顺时针方向计数,详见图3;

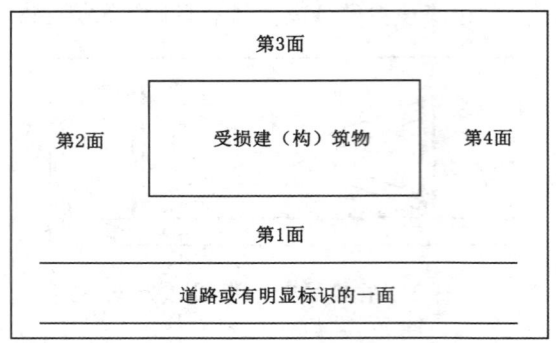

图 3　建(构)筑物结构外部定位标记

b) 建(构)筑物内部定位标记:建(构)筑物内部被分成若干象限,象限按字母顺序从第一侧面和第二侧面相交处顺时针标记,四个象限相交的中心区域定义为E象限(通常为中心大厅),详见图4;

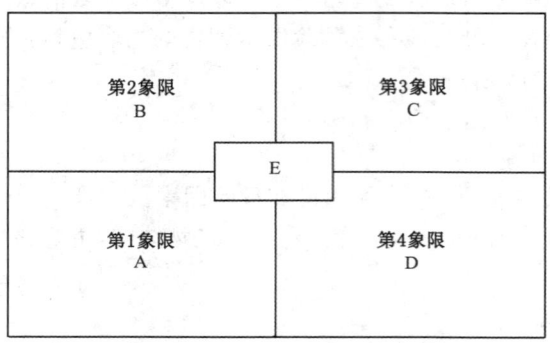

图 4　建(构)筑物结构内部定位标记

c) 建(构)筑物层数标记:多层建(构)筑物每一层应清晰标记,层序从地面一层开始,向上依次为第二层、第三层等,从地面一层向下依次为地下一层、地下二层等,见图5。当层数从建(构)筑物外部可以数出时,可不标记。

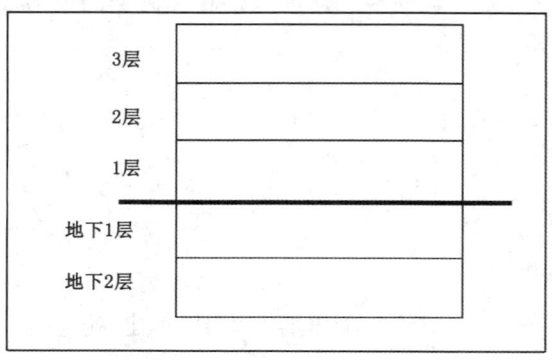

图 5　建(构)筑物层数标记

4.2.6 救援队在开展搜救行动前,宜在工作场地安装结构稳定性监测装置,监测建(构)筑物二次倒塌风险。

5 搜索

5.1 搜索程序

5.1.1 开展搜索行动前,救援队应根据工作场地评估情况制定搜索方案。搜索方案主要包括以下内容:

   a) 按 GB/T 29428.1—2012 附录 C 确定优先搜索区域;
   b) 确定搜索方法;
   c) 人员编组和任务分工;
   d) 搜索装备数量和性能要求;
   e) 搜救犬数量和状态要求;
   f) 后勤、通讯保障和资源需求;
   g) 信号规定;
   h) 紧急撤离路线。

5.1.2 开展搜索行动前,应控制工作场地及相邻区域的声源和振动源。

5.1.3 搜索人员确定受困人员位置后应向指挥员报告,并与营救人员交接受困人员及工作场地相关信息,按 GB/T 29428.1—2012 附录 D 填写搜索情况表。

5.2 搜索方法

5.2.1 搜索人员开展搜索行动时,应将人工搜索、犬搜索和仪器搜索等方式结合使用,宜按人工、搜救犬和仪器搜索的顺序展开。

5.2.2 人工搜索应询问知情者并核实信息。主要询问以下内容:

   a) 是否存在受困人员;
   b) 如果有受困人员,应详细了解受困人员的数量、位置、姓名、性别及年龄等信息;
   c) 受困人员所处位置的危险信息。

5.2.3 采用敲击、喊话等方式进行人工搜索时,宜采用一字形、弧形或环形等队形,应多人反复监听确认。

5.2.4 搜救犬搜索应采用多条搜救犬进行搜索确认,宜按先对整个工作场地进行快速搜索、确定重点目标位置,再次确认的顺序进行搜索。

5.2.5 仪器搜索应根据工作场地环境采用声波(振动)、光学、热成像、电磁波等探测仪器。

6 营救

6.1 营救程序

6.1.1 救援队应根据搜索信息和评估情况制定营救方案,营救方案应由工作场地指挥员、结构工程师、医疗人员共同制定,营救方案主要包括以下内容:

   a) 营救通道;
   b) 营救方法;
   c) 作业编组和任务分工;

d) 营救设备;
e) 后勤、通讯保障和资源需求;
f) 信号规定;
g) 进入和紧急撤离路线;
h) 医疗救援措施;
i) 意外事件应对措施。

6.1.2 营救行动前,应在工作场地及相邻区域划分营救功能区。主要包括下列区域:
a) 指挥区;
b) 紧急撤离区;
c) 装备存放区;
d) 医疗处置区;
e) 供电和照明区;
f) 搜救犬活动区。

6.1.3 营救过程中,安全员应巡查工作场地,检查安全防护装备,监视震损建(构)筑物二次倒塌、次生灾害等风险,发现危险或潜在危险时应发出警报。哨子及其他鸣笛应按以下规定发出警报:
a) 紧急撤离:三声短,每秒一次,每次间隔1 s,连续3次,重复到疏散完毕(━ ━ ━);
b) 停止行动或保持安静:一声长,持续3 s(━━━);
c) 重新行动:一声长,持续3 s,间隔1 s,一声短,持续1 s(━━━ ━)。

6.1.4 营救受困人员时应根据受困环境创建营救通道。

6.1.5 营救行动结束后应按GB/T 29428.1—2012附录E完成救援行动标记,按GB/T 29428.1—2012附录F填写营救情况表,按GB/T 29428.1—2012附录G填写受困者救出信息表,按GB/T 29428.1—2012附录H填写遇难人员处置信息表。

6.2 营救方法

6.2.1 移除障碍物应按下列方法和要求进行:
a) 参照附录A评估障碍物的重量,选择移除装备;
b) 宜按从外到里,从小到大,从轻到重的原则进行移除;
c) 移除作业应避免障碍物周边构件发生位移;
d) 起重吊运作业应按GB 5082—1985指挥移除作业。

6.2.2 支撑加固不稳定建(构)筑物应按下列方法和要求进行:
a) 应根据支撑位置和荷载确定支撑点;
b) 支撑点应避开结构松动、移位和悬挂的部位;
c) 根据支撑环境和支撑荷载宜采用垂直、水平、斜向、组合等支撑方法;
d) 木料支撑材料宜选用松木或杉木,斜向支撑支柱与底部基础角度宜切割成45°~60°之间,木料支撑参考数值参见附录B。

6.2.3 顶撑障碍物应按下列方法和要求进行:
a) 参照附录A评估障碍物重量,选择顶撑装备;
b) 应根据顶撑位置和顶撑荷载确定顶撑点;
c) 顶撑作业应避免障碍物周边构件发生位移;

d) 顶撑障碍物应边顶撑边支撑。

6.2.4 破拆障碍物应按下列方法和要求进行：
　　a) 破拆作业前应确认作业场地无易燃、易爆物质，并全程监测；
　　b) 狭小空间、密闭空间破拆作业，应采取通风、降尘措施；
　　c) 破拆作业时，应防止废墟掉落，避免造成人员伤害。

6.2.5 建立绳索救援系统应按下列方法和要求进行：
　　a) 应选择两个或两个以上的锚定点，荷载应分配在多个锚定点上，锚定点应能够承受所有荷载；
　　b) 绳索救援系统各部件应能够承受所有荷载；
　　c) 应建立垂直升降或穿越建（构）筑物的救援通道；
　　d) 应运用担架、吊带、绳索等对受困人员进行固定、保护和转移。

7 现场急救

7.1 现场急救程序

7.1.1 当发现群体受困人员时，医疗人员应根据伤情记录在检伤分类卡上，卡片应固定在受困人员的肢体或额部、胸部明显位置，检伤分类方法及优先等级参见附录C。

7.1.2 在营救通道内接近受困人员时，医疗人员应检查受困人员伤情，全程参与移出受困人员，应包括以下内容：
　　a) 对受困人员开展心理支持与医疗救护；
　　b) 伤情严重的受困人员应先急救再移出；
　　c) 对有肢体挤压的受困人员应先进行液体复苏，防止发生挤压综合征，经医疗人员评估后再移出；
　　d) 对狭小空间内受困人员采取个体化医疗救助；
　　e) 移出受困人员前应遮挡眼睛；
　　f) 受困人员颈椎、腰椎损伤应固定保护，平稳移出；
　　g) 受困人员移出前，应做好急救、转移、后送准备。

7.1.3 当现场发现受困人员出现心跳呼吸骤停时，应对其立刻实施心肺复苏。

7.1.4 对活动性出血或四肢骨折的受困人员应进行创伤急救。

7.1.5 受困人员移出后，应转移至医疗处置区。

7.1.6 对伤者采取医疗处置后应按GB/T 29428.1—2012附录I填写现场医疗处置记录。

7.2 现场急救方法

7.2.1 心肺复苏操作方法参见附录D。

7.2.2 创伤急救方法参见附录E。

附 录 A
（资料性附录）
常用建筑材料密度表

常用建筑材料密度见表 A.1。

表 A.1 常用建筑材料密度表　　　　　　　　　　　　　　单位为千克每立方米

材料名称	密度	材料名称	密度
普通黏土砖	1 800～1 900	木纤维板	200～1 000
黏土空心砖	900～1 450	刨花板	300～600
耐火砖	1 900～2 200	普通玻璃	2 550
土坯砖	1 200～1 500	花岗岩	2 500～2 700
普通混凝土	2 200～2 450	砂子	1 400～1 700
泡沫混凝土	600～800	毛石	1 700
加气混凝土	550～750	钢材	7 850
水泥	1 250～1 450	铸铁	7 250
松木	500～600	铜	8 500～8 900
杉木	400～500	铝	2 700
硬杂木	600～700	铝合金	2 800
软木板	250		

附 录 B
（资料性附录）
木料支撑系统参考数值

木料支撑系统参考数值见表 B.1、表 B.2、表 B.3、表 B.4。

表 B.1 垂直支撑参考数值表

100 mm×100 mm 支柱系统			150 mm×150 mm 支柱系统		
支撑高度 m	支柱间距 m	竖向承载力 kN	支撑高度 m	支柱间距 m	竖向承载力 kN
2.4	1.8	36	3.6	1.8	90
3.0	1.5	23	5.0	1.5	55
3.6	1.2	16	6.0	1.2	34

表 B.2 水平支撑参考数值表

最大间距 m	水平桁条 mm²	墙板 mm²	支柱 mm²
3.0	150×100	175×50	100×100
4.5	150×150	175×50	100×100
6.0	150×150	250×50	100×100

表 B.3 斜撑参考数值表

支撑高度 m	支柱规格 mm²	墙板规格 mm²	底板规格 mm²	撑杆规格 mm²
4.5	100×100	250×75	250×75	100×50
6.0	125×125	250×75	250×75	100×50
7.5	150×15	250×75	250×75	150×100

表 B.4 斜撑支柱长度计算表　　　　单位为毫米

升 高	60°斜撑支柱(升高)	45°斜撑支柱(升高)
300	500	430
600	700	850
900	1 050	1 280
1 200	1 390	1 700
1 500	1 740	2 130
1 800	2 080	2 550
2 100	2 430	2 970
2 400	2 770	3 400
2 700	3 120	3 820
3 000	3 470	4 250
3 300	3 820	4 670
3 600	4 160	5 100
3 900	4 510	5 520
4 200	4 850	5 940
4 500	5 200	6 370
4 800	5 550	6 790
5 100	5 890	7 220
5 400	6 240	7 640
5 700	6 700	8 210
6 000	6 930	8 490

附 录 C
（资料性附录）
检伤分类方法

检伤方法按照脉搏、呼吸和意识3项生理指标作为参数进行评分，具体内容见表C.1、表C.2。

表 C.1 检伤方法

生理指标	判 断 信 息
脉搏	观察受困人员的面色、神志和伤口的情况，判断出血状况；触摸伤员的颈动脉判断是否有搏动及搏动的频率与强度；检查甲床微循环，判断回流时间
呼吸	观察受困人员的胸廓是否因呼吸运动而起伏；俯身靠近受困人员的鼻孔，感受受困人员是否存在呼吸及呼吸频率的快慢与强弱；受困人员是否因呕吐而产生气道堵塞
意识	通过询问及检查判断受困人员的意识情况，即清醒、昏迷或死亡

表 C.2 检伤分类优先等级

类别	优先级	标识	处置	描 述
Ⅰ类	第一优先	红色	应紧急处置	严重伤员，经现场生命支持并迅速运送至当地医院积极救治多可存活。如头部受伤不省人事、大量出血（＞40%）、休克、颈椎受伤、腹部或胸部穿破、呼吸道灼伤、严重病患（心脏、中风、中暑等）
Ⅱ类	第二优先	黄色	可延缓处理	重伤员，伤情比Ⅰ类伤员轻，一定时间内多不致死亡。如严重烧伤、脊椎受创、清醒的头部创伤、中度失血（＞15%）、多处骨折等
Ⅲ类	第三优先	绿色	可自行走动、延缓处理	可步行，经处理后暂不需要紧急后送的轻伤员。如小的挫伤或软组织伤、小型或简单骨折
Ⅳ类	死亡/放弃	黑色	死亡、放弃	死亡或处于濒死状态的危重伤员，脉搏停止，没有呼吸，即使优先救治和运送仍难免死亡。如特重型颅脑伤、心脏伤、胸腹腔内大血管伤

附 录 D
（资料性附录）
心肺复苏操作方法

D.1 评估

D.1.1 评估意识：拍受困人员面颊或肩部并呼唤"喂！怎么了？"

D.1.2 立即呼救:当判断受困人员无意识、无呼吸时,应求助其他队员帮助,并请求需要"除颤器(仪)"。

D.1.3 救护体位:对于意识不清者,让其仰卧位(脸朝上),放在坚硬的平面上(如水泥地面等),快速解开受困人员衣领口、领带等。

D.1.4 评估呼吸:耳贴近受困人员口鼻,头侧向其胸部。直接扫视有无呼吸或正常呼吸,检查时间不超过 10 s。

D.1.5 评估循环:触摸颈动脉,用食指和中指指尖触及受困人员气管正中部,旁开两指。

D.2 胸外按压

D.2.1 抢救者左手掌根放在受困人员两乳头连线中点处,右手掌叠放在左手背上。

D.2.2 两臂绷直,双肩在受困人员胸骨上方正中,垂直向下用力按压,使胸廓下陷至少 5 cm,然后放松,按压间歇期胸壁完全回弹。

D.2.3 按压频率至少 100 次/min。

D.3 开放气道

开放气道:清除受困人员口鼻内的污泥、土块、痰、呕吐物等异物,然后用一手压受困人员的前额,另一手托起受困人员的下巴,二手同时用力使头后仰,打开气道,保持呼吸道畅通。

D.4 人工呼吸

人工呼吸:连续吹气两次。用按于受困人员前额的拇指、食指捏紧受困人员鼻孔,平静吸气后,将受困人员的口(已垫纱布)完全包在操作者的口中,将气吹入;一次吹气完毕后,松手、离口,观察受困人员胸廓回复。紧接着做第二次吹气,每次吹气时间大于 1 s。

D.5 效果判断

D.5.1 胸外按压及人工呼吸比例为 30∶2,两个队员配合完成。

D.5.2 复苏(复苏操作 2 min 或进行 5 个复苏循环)再次评估受困人员的呼吸与循环。

D.5.3 为保证复苏效率,每 2 min 更换队员进行复苏操作。

D.5.4 复苏成功标准:心音及大动脉搏动恢复;收缩压＞90 mmHg;肤色转红润;自主呼吸恢复。

附 录 E
（资料性附录）
创 伤 急 救 方 法

E.1 止血

E.1.1 对有明显活动性出血者,现场可采取指压、加压包扎、上止血钳夹、填塞或上止血带等方法止血。

E.1.2 上止血带后要做出明显标记,记录上止血带时间。每隔 1 h(上肢或下肢)放松

2 min～3 min。此后在之前位置之上重新上止血带。放松期间,应用指压法暂时止血。寒冷季节时应每隔 30 min 放松一次。

E.2 包扎

E.2.1 包扎物品可根据创伤不同部位采用急救包、三角巾、四头带、丁字带等。如无上述材料可就地取材,使用干净毛巾、衣物、布料等。

E.2.2 包扎中接触伤口应使用消毒敷料。

E.2.3 包扎伤口可以和加压止血同时进行。

E.2.4 常用包扎方式有螺旋法、反折法等。

E.3 固定

E.3.1 凡是骨折、关节损伤、大面积软组织损伤者均应予以临时固定。有条件时选用医用器械,无条件时也可以就地取材。

E.3.2 四肢长骨骨折时,固定范围应包括伤部附近的上下关节。

E.3.3 固定时应将肢体末端外露,以便观察肢体血运。

E.3.4 遇有伤员主诉患肢剧痛、麻木或发现肢体末端苍白、发凉、青紫时,应及时检查,松开固定器械及内层的绷带,重新固定。

E.4 搬运

E.4.1 在搬运地震伤员时,应将伤员衣袋中硬质物品掏出,在骨突部位加用棉垫,防止发生压伤。对脊柱损伤的伤员,禁止使用一人抬肩一人抬腿的错误搬运法。

E.4.2 颈部损伤伤员,应设专人负责头部牵引固定,使头部与躯干成直线位置,或用颈托维持颈部不动,再实施搬运操作。将伤员平放在担架上,取仰卧位,始终让脊柱保持同一轴线平移平放;或将伤员固定在脊柱板或硬质担架上,取仰卧位。

地震应急避难场所 场址及配套设施
（GB 21734—2008）

前 言

本标准第5.1条、第5.2条、第5.3条、第6.1条、第6.2.1条、第6.2.2条、第6.3.1条、第6.3.4条、第6.3.5条和第7.2条的技术内容为强制性，其余的为推荐性。

本标准由中国地震局提出。

本标准由全国地震标准化技术委员会（SAC/TC 225）归口。

本标准起草单位：北京市地震局、中国地震局工程力学研究所、山东省地震局、陕西省地震局。

本标准主要起草人：杨国宾、张敬军、宋伟、苗崇刚、孙柏涛、黎益仕、周长兴、李洋、都吉夒、范增节、侯建盛。

本标准首次发布。

引 言

为了应对地震突发事件，防御与减轻地震灾害，科学合理地建设地震应急避难场所，为居民提供应急避险空间，快速有序地疏散安置居民，制定本标准。

本标准所作的各项规定，是建立在"统一规划、平震结合、因地制宜、综合利用、就近疏散、安全与通达"的地震应急避难场所建设原则的基础上。

1 范围

本标准规定了地震应急避难场所的分类、场址选择及设施配置的要求。

本标准适用于经城乡规划选定为地震应急避难场所的设计、建设或改造。

2 规范性引用文件

下列文件中的条款通过本标准的引用而成为本标准的条款。凡是注日期的引用文件，其随后所有的修改单（不包括勘误的内容）或修订版均不适用于本标准，然而，鼓励根据本标准达成协议的各方研究是否可使用这些文件的最新版本。凡是不注日期的引用文件，其最新版本适用于本标准。

GB 5749—2006 生活饮用水卫生标准

GB 18208.2—2001 地震现场工作 第2部分：建筑物安全鉴定

GB 18306—2001 中国地震动参数区划图

JGJ 50—2001 城市道路和建筑物无障碍设计规范

3 术语和定义

下列术语和定义适用于本标准。

3.1
地震应急避难场所 emergency shelter for earthquake disasters

为应对地震等突发事件,经规划、建设,具有应急避难生活服务设施,可供居民紧急疏散、临时生活的安全场所。

3.2
基本设施 basic facilities

为保障避难人员基本生活需求,而应设置的配套设施。包括:救灾帐篷、简易活动房屋,医疗救护和卫生防疫设施,应急供水设施,应急供电设施,应急排污设施,应急厕所,应急垃圾储运设施,应急通道,应急标志等。

3.3
一般设施 general facilities

为改善避难人员生活条件,在基本设施的基础上应增设的配套设施。包括:应急消防设施,应急物资储备设施,应急指挥管理设施等。

3.4
综合设施 comprehensive facilities

为提高避难人员的生活条件,在已有的基本设施、一般设施的基础上,应增设的配套设施。包括:应急停车场,应急停机坪,应急洗浴设施,应急通风设施,应急功能介绍设施等。

4 分类

地震应急避难场所分为以下三类:
—— Ⅰ类地震应急避难场所:具备综合设施配置,可安置受助人员 30 d 以上;
—— Ⅱ类地震应急避难场所:具备一般设施配置,可安置受助人员 10 d～30 d;
—— Ⅲ类地震应急避难场所:具备基本设施配置,可安置受助人员 10 d 以内。

5 场址要求

5.1 场址选择

下列场址可选作地震应急避难场所:
——公园(不包括动物园和公园内的文物古迹保护区域);
——绿地;
——广场;
——体育场;
——室内公共的场、馆、所。

5.2 安全性要求

5.2.1 应避开地震断裂带、洪涝、山体滑坡、泥石流等自然灾害易发生地段。

5.2.2 应选择地势较为平坦空旷且地势略高,易于排水,适宜搭建帐篷的地形。

5.2.3 应选择有毒气体储放地、易燃易爆物或核放射物储放地、高压输变电线路等设施对人身安全可能产生影响的范围之外。

5.2.4 应选择在高层建筑物、高耸构筑物的垮塌范围距离之外。

5.2.5 选择室内公共的场、馆、所作为地震应急避难场所或作为地震应急避难场所配套设施用房的,应达到当地抗震设防要求,并在地震发生后依照 GB 18208.2—2001 进行建筑物的安全鉴定,鉴定合格后方可启用。

5.3 可通达性要求

应急避难场所应有方向不同的两条以上与外界相通的疏散道路。

5.4 面积要求

场址有效面积宜大于 2 000 m²。

人均居住面积应大于 1.5 m²。

6 设施配置

6.1 基本设施配置

6.1.1 应急篷宿区设施

应设置满足应急生活需要的帐篷、活动简易房等临时用房。

6.1.2 医疗救护与卫生防疫设施

应设有临时或固定的用于紧急处置的医疗救护与卫生防疫设施。

6.1.3 应急供水设施

可选择设置供水管网,供水车、蓄水池、水井、机井等两种以上供水设施,并根据所选设施和当地水质配置用于净化自然水体成为直接饮用水的净化设备。

每 100 人应至少设一个水龙头,每 250 人应至少设一处饮水处。生活饮用水水质应达到 GB 5749—2006 规定的要求。

6.1.4 应急供电设施

应设置保障照明、医疗、通讯用电的具有多路电网供电系统或太阳能供电系统,或配置可移动发电机应急供电设施。

供、发电设施应具备防触电、防雷击保护措施。

6.1.5 应急排污系统

应设置满足应急生活需要和避免造成环境污染的排放管线、简易污水处理设施。

应急排污系统应与市政管道相连接或设立独立排污系统。

6.1.6 应急厕所

应设置满足应急生活需要的暗坑式厕所或移动式厕所。

应急厕所之间距离应小于 100 m,且位于应急避难场所下风向设置。距离篷宿区 30 m~50 m。

暗坑式厕所应具备水冲能力,并附设或单独设置化粪池。

6.1.7 应急垃圾储运设施

应设置满足应急生活需要的可移动的垃圾、废弃物分类储运设施。

应急垃圾储运设施距离应急篷宿区应大于 5 m,且位于应急避难场所下风向设置。

6.1.8 应急通道

篷宿区周边和场所内要按照防火、卫生防疫要求设置通道。

6.1.9 应急标志

地震应急避难场所及周边应设置避难场所标志、人员疏导标志和应急避难功能分区标志。

6.2 一般设施配置

在基本设施的基础上增加以下设施。

6.2.1 应急消防设施

应急期间应急篷宿区应配置灭火工具或器材设施。

6.2.2 应急物资储备设施

应根据避难场所容纳的人数和生活时间,在应急避难场所内或周边设置储备应急生活物资的设施。

应利用应急避难场所内或周边的饭店、商店、超市、药店、仓库等进行应急物资储备。

场所周边的应急物资储备设施与地震应急避难场所的距离应小于500 m。

6.2.3 应急指挥管理设施

应设置广播、图像监控、有线通信、无线通信等应急管理设施。

广播系统应覆盖地震应急避难场所。

图像监控范围应覆盖应急篷宿区和地震应急避难场所内的道路。

6.3 综合设施配置

在基本设施、一般设施的基础上增加以下设施。

6.3.1 应急停车场

应急避难场所附近应设置应急车辆停车场。

6.3.2 应急停机坪

应急避难场所内或周边应设置供直升机起降的应急停机坪。

应急停机坪地面应平坦硬质,周围无高大建(构)筑物,保证直升机有升空平行安全角度。

6.3.3 应急洗浴设施

应结合应急厕所设置,增加洗浴功能或设立可移动式洗浴设施。

6.3.4 应急通风设施

通风条件有限的室内地震应急避难场所,应增设通风设施。

6.3.5 功能介绍设施

应设置功能介绍图板,宜设置触摸屏、电子屏幕等设施。

7 其他要求

7.1 标志设置要求

场所周边主干道、路口应设置指示标志。

场所出入口应设置避难场所主标志。

场所内主要通道路口应设置应急设置的指示标志。

场所内各类配套设施应设置明显的标志。

7.2 抗震性能要求

地震应急避难场所内的建(构)筑物,以及利用周边建(构)筑作为配套设施用房的建筑,应达到 GB 18306—2001 规定的抗震设防要求。

7.3 篷宿区内分区要求

应急篷宿区应进行分区,每个应急篷宿分区不应超过 $1\ 000\ m^2$;每个应急篷宿区之间间距应有大于 2 m 的人行道。

7.4 无障碍要求

各类设施应考虑无障碍要求,按照 JGJ 50—2001 的规定设置。

7.5 功能介绍要求

入口处要设置标有文字说明的地震应急避难场所平面图和周边居民疏散路线图。

7.6 场址有效面积要求

应扣除场地内水域占地面积,大于 7°的陡坡占地面积,文物古迹保护占地面积,以及建(构)筑物倒塌影响的面积。

参 考 文 献

[1] 国际红十字会,编.人道主义宪章与赈灾救助标准.北京:中国对外翻译出版公司,2001-07.

[2] GBJ 16—1987 建筑设计防火规范.

[3] GB 50180—1993 城市居住区规划设计规范.

防震减灾术语 第1部分：基本术语
(GB/T 18207.1—2008)

前 言

GB/T 18207《防震减灾术语》分为二个部分：
——第1部分：基本术语；
——第2部分：专业术语。

本部分为 GB/T 18207 的第1部分。

本部分代替 GB/T 18207.1—2000《防震减灾术语 第1部分：基本术语》。

本部分与 GB/T 18207.1—2000 相比有如下变化：

a) 依据《中华人民共和国防震减灾法》修订工作的需要和颁布实施的《地震监测管理条例》增加了地震灾害等级、地震监测等方面的术语和定义14条；
b) 删除了不适于纳入本部分的术语10条；
c) 修改和完善了32条术语的定义。

本部分由中国地震局提出。

本部分由全国地震标准化技术委员会（SAC/TC 225）归口。

本部分起草单位：中国地震局地球物理研究所、中国地震局地震预测研究所、中国地震台网中心。

本部分主要起草人：陈运泰、张国民、孙其政、孙士鋐、陈鑫连、刘锡荟、杜玮、曹学锋、黎益仕、冯义钧、肖承邺。

本部分所代替标准的历次版本发布情况为：
——GB/T 18207.1—2000。

1 范围

GB/T 18207 的本部分规定了防震减灾的基本术语，适用于防震减灾有关工作及制定防震减灾有关法规和标准，也适用于科研、教学、新闻、出版。

2 规范性引用文件

下列文件中的条款通过 GB/T 18207 的本部分的引用而成为本部分的条款。凡是注日期的引用文件，其随后所有的修改单（不包括勘误的内容）或修订版均不适用于本部分，然而，鼓励根据本部分达成协议的各方研究是否可使用这些文件的最新版本。凡是不注日期的引用文件，其最新版本适用于本部分。

GB 17740—1999 地震震级的规定
GB/T 17742 中国地震烈度表
JGJ/T 97—1995 工程抗震术语标准

3 地震

3.1

地震　earthquake

大地震动。包括天然地震(构造地震、火山地震)、诱发地震(矿山采掘活动、水库蓄水等引发的地震)和人工地震(爆破、核爆炸、物体坠落等产生的地震)。一般指天然地震中的构造地震。

3.2

震源　earthquake source；seismic source

产生地震的源。

3.3

震级　magnitude

对地震大小的相对量度。

[GB 17740—1999 中的 2.1]

3.4

地震构造　seismotectonics

与地震有关的地质构造。

3.5

地震烈度　seismic intensity

地震引起的地面震动及其影响的强弱程度。

[GB/T 17742]

3.6

地震波　seismic wave

地震时从震源发出的,在地球内部和沿地球表面传播的波。

3.7

震中　epicentre

震源在地面上的投影。

3.8

极震区　meizoseismal area

一次地震破坏或影响最重的区域。

3.9

宏观震中　macro-epicentre

极震区的几何中心。

3.10

震源距　hypocentral distance

震源至某一指定点的距离。

3.11

震中距　epicentral distance

震中至某一指定点的地面距离。

[GB 17740—1999 中的 2.6]

3.12

   （宏观）震中烈度　（macro）epicentral intensity

   极震区的地震烈度。

3.13

   无感地震　feltless earthquake

   震中附近的人不能感觉到的地震。

3.14

   有感地震　felt earthquake

   震中附近的人能够感觉到的地震。

3.15

   极微震　ultra-microearthquake

   震级＜1级的地震。

3.16

   微震　micro-earthquake

   1级≤震级＜3级的地震。

3.17

   小[地]震　small earthquake

   3级≤震级＜5级的地震。

3.18

   中[等]地震　moderate earthquake

   5级≤震级＜7级的地震。

3.19

   大[地]震　large earthquake

   震级≥7级的地震。

3.20

   特大地震　great earthquake

   震级≥8级的地震。

3.21

   破坏性地震　destructive earthquake

   造成人员伤亡或经济损失的地震。

3.22

   严重破坏性地震　severely destructive earthquake

   造成严重的人员伤亡或经济损失，使灾区丧失或部分丧失自我恢复能力，需要国家采取相应行动的地震。

3.23

   地方震　local earthquake

   震中距在1°以内的地震。

   注：1°≈111 km。

3.24
区域性地震 regional earthquake

震中距在 1°～13°范围内的地震。

注：也有定义为 1°～10°。

3.25
远震 teleseism；teleseimic earthquake

震中距在 30°～180°范围内的地震。

注：也有定义为 20°～180°或 9°～180°。

3.26
地震活动性 seismicity

在一定时间、空间范围内地震发生的强度、频度、时间和空间等方面的分布规律和特征。

4 地震监测预报

4.1
地震前兆 earthquake precursor

地震前出现的与该地震孕育和发生相关联的现象。

4.2
地震观测 earthquake observation

对地震活动及地球物理、地球化学、地形变动等相关现象的观察与测量。

4.3
地震监测 earthquake monitoring

以防震减灾和监测地下核爆炸为目的的地震观测。

4.4
地震预测 earthquake prediction

对未来地震的发生时间、地点和震级进行估计和推测。

4.5
地震重点监视防御区 key area for earthquake surveillance and protection

未来一定时间内，可能发生地震并造成灾害，需要加强防震减灾工作的区域。

4.6
地震重点危险区 critical earthquake risk area

未来一年或稍长时间内可能发生 5 级以上地震的区域。

4.7
震情 earthquake situation

有关地震活动和地震影响的情况。

4.8
震情会商 earthquake situation consultation

对震情进行分析与研究的专门会议。

4.9
地震预报 earthquake forecast

政府向社会公告可能发生地震的时域、地域、震级范围等信息的行为。

4.10

地震长期预报 long-term earthquake forecast

对未来十年内可能发生地震灾害的地域的预报。

4.11

地震中期预报 intermediate-term earthquake forecast

对未来一年或二年内可能发生地震灾害的地域和震级范围的预报。

4.12

地震短期预报 short-term earthquake forecast

对三个月内将要发生地震的时间、地点、震级的预报。

4.13

临震预报 imminent earthquake forecast

对十日内将要发生地震的时间、地点、震级的预报。

4.14

震后地震趋势判定 evaluation of post-earthquake trend

对社会产生影响的地震发生后,对地震影响地区近期内地震活动形势发展的分析判断。

4.15

地震速报 rapid earthquake information report

对已发生地震的时间、地点、震级等的快速测报。

4.16

地震监测台[站] earthquake monitoring station

设置地震监测设施并开展地震监测的基层机构。

4.17

地震监测台网 earthquake monitoring network

由若干地震监测台站组成的地震监测网络/体系。

4.18

全国地震监测台网 nation/country-wide earthquake monitoring network

全国各级地震监测台网的总称,由国家地震监测台网、省级地震监测台网和市、县地震监测台网组成。

4.19

专用地震监测台网 specific earthquake monitoring network

由大型水库、油田、矿山、石油化工、交通等重大工程建设单位建设和管理的地震监测台网。

4.20

地震监测预报方案 program/scheme for earthquake monitoring and forecast

由地震重点监视防御区所在的地震主管部门或机构制定的地震监测台网布局、震情跟踪措施和地震预报对策等方案的总称。

4.21

地震监测设施 facility for earthquake monitoring

开展地震监测的仪器、设备、装置,以及配套的监测场地、山洞、井等的统称。

4.22
流动地震监测 mobile earthquake monitoring
为某项研究任务或震情跟踪工作需要开展的野外地震监测。

4.23
地震台阵 seismic array
将有规则排列分布的地震仪器连接起来,采用专门技术进行信号处理的地震观测系统。

4.24
地震观测环境 environment for earthquake observation
地震监测设施能够正常工作所要求的周围环境。

4.25
强震动观测 strong motion observation
记录强震动和工程结构地震反应的地震观测。

5 地震灾害预防

5.1
地震灾害 earthquake disaster
地震造成的人员伤亡、财产损失、环境和社会功能的破坏。

5.2
地震原生灾害 primary earthquake disaster
地震直接造成的灾害。

5.3
地震次生灾害 secondary disaster of earthquake
地震造成工程结构、设施和自然环境破坏而引发的灾害。
例如,火灾、爆炸、瘟疫、有毒有害物质污染以及水灾、泥石流和滑坡等对居民生产和生活区的破坏。

5.4
地震灾害等级 earthquake disaster level
地震灾害大小的级别划分。

5.5
一般地震灾害 minor earthquake disaster
造成20人以下人员死亡或一定经济损失的地震灾害;发生在人口较密集地区5.0级~6.0级地震所造成的灾害。

5.6
较大地震灾害 moderate earthquake disaster
造成20人~50人员死亡或较大经济损失的地震灾害;发生在人口较密集地区6.0级~6.5级地震所造成的灾害。

5.7
重大地震灾害 major earthquake disaster
造成50人~300人员死亡或重大经济损失,且地震直接经济损失不超过该省(自治区、直辖市)上年生产总值1%的地震灾害;发生在人口较密集地区6.5级~7.0级地震所造成的灾害。

5.8

特别重大地震灾害 significant earthquake disaster

造成300人以上人员死亡,或地震直接经济损失占该省(自治区、直辖市)上年生产总值1%以上的地震灾害;发生在人口较密集地区7.0级以上地震所造成的灾害。

5.9

地震灾害预测 earthquake disaster prediction

对未来地震可能造成的灾害作出估计。

5.10

地震灾害预防 earthquake disaster prevention

避免和减轻地震灾害的防御性工作。

5.11

地震对策 earthquake countermeasure

防御和减轻地震灾害的策略。

5.12

群测群防 mass monitoring and prevention

群众性的监测地震活动和防御地震灾害的行为。

5.13

重大建设工程 major construction project

对社会有重大价值或者有重大影响的工程。主要指地震发生后,一旦遭到破坏会造成重大社会影响和重大经济损失的建设工程。

5.14

地震基本烈度 basic intensity

一个地区在未来一定时期内、一定场地条件和超越概率水平下可能遭遇的地震烈度。

例如,1990年颁布的《中国地震烈度区划图》定义地震基本烈度为:50年期限内,一般场地条件下,可能遭遇超越概率为10%的地震烈度。

5.15

地震区划 seismic zoning

以地震烈度、地震动参数为指标,对研究区域地震影响程度的区域划分。

5.16

抗震设防要求 requirement for fortification against earthquake

建设工程抗御地震破坏的准则和在一定风险水准下抗震设计采用的地震烈度或地震动参数。

5.17

地震危险性分析 seismic risk analysis

用确定性方法或概率计算方法给出工程场地或某一区域在未来一定时间内可能遭遇的地震烈度或地震动参数值。

5.18

地震安全性评价 seismic safety evaluation

根据对建设工程场地条件和场地周围的地震活动与地震地质环境的分析,按照工程设防的风险水准,给出与工程抗震设防要求相应的地震烈度和地震动参数,以及场地的地震地质灾害预测结果。

5.19

抗震性能鉴定 evaluation of earthquake resistant capability

检查现有工程的设计、施工质量和现状,按规定的抗震设防要求,对其在地震作用下的安全性进行评估。

［JGJ/T 97—1995 中的 2.1.5］

5.20

抗震加固措施 strengthening measure for earthquake resistance

为使现有建设工程达到规定的抗震设防要求所采取的增强强度、提高延性、加强整体性和改善传力途径等措施。

5.21

抗震设计 earthquake resistance design

对地震区的工程结构进行的一种专业设计。一般包括概念设计、结构抗震计算和抗震构造措施三个方面。

［JGJ/T 97—1995 中的 5.1.1］

5.22

抗震设计规范 seismic design code

建设工程达到抗震设计要求所遵循的原则和具体技术性规定。

6 地震应急与救援

6.1

地震应急 earthquake emergency response

破坏性地震发生前所做的各种应急准备以及地震发生后采取的紧急抢险救灾行动。

6.2

地震应急期 earthquake emergency response period

为减轻地震灾害,采取应急措施的时段。

6.3

地震应急预案 pre-plan for earthquake emergency response

预先编制的地震应急方案。

6.4

地震应急演练 earthquake emergency response exercise

为防止和减轻未来地震灾害而开展的模拟训练。

6.5

地震应急指挥机构 earthquake emergency response administration

指挥和组织地震应急工作的临时行政机构。

6.6

地震应急救援 earthquake emergency rescue

对地震灾区采取的紧急抢救与援救行动。

6.7

地震避难场所 earthquake shelter

为应对破坏性地震,安置居民临时生活区或疏散人员的安全场所。

7 震后救灾与重建

7.1

地震灾情 earthquake disaster situation

地震造成的人员伤亡、经济损失以及社会影响等情况。

7.2

地震灾区 earthquake stricken area

地震发生后,遭受人员伤亡、经济损失的地区。

7.3

生命搜寻与救助 post-earthquake search and rescue

破坏性地震发生后搜寻并收容幸存者,实行急救和基本医疗援助的过程。

7.4

地震烈度评定 seismic intensity evaluation

根据受地震影响地区的宏观和微观地震资料,确定该地区的地震烈度。

7.5

地震灾害损失评估 earthquake loss assessment

对地震灾害造成的损失的程度作出评定与估计。

7.6

震后恢复与重建 post-earthquake recovery and reconstruction

使地震灾区的生产、生活和社会功能恢复基本正常以及对地震破坏的建(构)筑物、公共设施的修复与建设。

7.7

地震遗迹 earthquake remains

地震留下的痕迹,包括震毁、震损或地震影响区域内完好的建(构)筑物及地震活动产生的地质、地形、地貌变动的痕迹等。

7.8

地震遗址 earthquake relic

地震遗迹所在的地方。

防震减灾术语 第2部分：专业术语
（GB/T 18207.2—2005）

前 言

GB/T 18207《防震减灾术语》分为二个部分：
——第1部分：基本术语（GB/T 18207.1—2000）；
——第2部分：专业术语。

本部分为 GB/T 18207 的第2部分。

本部分由中国地震局提出。

本部分由全国地震标准化技术委员会（SAC/TC 225）归口。

本部分起草单位：中国地震局地球物理研究所、中国地震局地质研究所、中国地震局地壳应力研究所、中国地震局分析预报中心、湖北省地震局、中国地震局工程力学研究所、中国地震局地震台网中心。

本部分主要起草人：李裕澈、车用太、徐宗和、张少泉、刘瑞丰、钱家栋、吴云、王孝信、孙士铉、赵仲和、陈英方、徐锡伟、李世愚。

1 范围

本部分规定了防震减灾专业技术领域使用的术语和定义。

本部分适用于防震减灾有关工作及制定防震减灾有关法律、法规、标准等，也适用于科研、教学、新闻、出版。

2 规范性引用文件

下列文件中的条款通过本标准的引用而成为本部分的条款。凡是注日期的引用文件，其随后所有的修改单（不包括勘误的内容）或修订版均不适用于本部分，然而，鼓励根据本标准达成协议的各方研究是否可使用这些文件的最新版本。凡是不注日期的引用文件，其最新版本适用于本部分。

GB/T 17159—1997 大地测量术语
GB/T 17741—2004 工程场地地震安全性评价技术规范
GB 18208.2—2001 地震现场工作 第二部分：建筑物安全鉴定
GB/T 18208.3—2000 地震现场工作 第三部分：调查规范
GB 18306—2001 中国地震动参数区划图
GB/T 19531.1—2004 地震台站观测环境技术要求 第1部分：测震
GB/T 19531.2—2004 地震台站观测环境技术要求 第2部分：电磁观测
GB/T 19531.3—2004 地震台站观测环境技术要求 第3部分：地壳形变观测
GB/T 19531.4—2004 地震台站观测环境技术要求 第4部分：地下流体观测
GB 50267—1997 核电厂抗震设计规范

DB/T 11.1—2000　地震数据分类与代码　第一部分：基本类别
JGJ/T 97—1995　工程抗震术语标准

3　地震

3.1　地震种类

3.1.1

天然地震　spontaneous earthquake

地球内部活动引发的地震,主要包括构造地震和火山地震。

3.1.1.1

构造地震　tectonic earthquake

构造活动引发的地震。

3.1.1.2

火山地震　volcanic earthquake

火山活动引发的地震。

3.1.2

诱发地震　induced earthquake

人类活动引发的地震,主要包括矿山诱发地震和水库诱发地震。

3.1.2.1

矿山诱发地震　mining-induced earthquake

矿山开采诱发的地震。

3.1.2.2

水库诱发地震　reservoir-induced earthquake

水库蓄水或水位变化弱化了介质结构面的抗剪强度,使原来处于稳定状态的结构面失稳而引发的地震。

3.1.3

陷落地震　collapse earthquake

由于地下岩层陷落引起的地震。

3.1.4

板内地震　intraplate earthquake

发生在板块内部的地震,主要包括大洋地震和大陆地震。

3.1.4.1

大洋地震　oceanic earthquake

发生在大洋地壳中的板内地震。

3.1.4.2

大陆地震　continental earthquake

发生在大陆地壳中的板内地震。

3.1.5

板间地震　interplate earthquake

发生在板块边界的地震。

3.1.6

浅[源地]震 shallow-focus earthquake

震源深度小于 60 km 的地震。

3.1.7

中源地震 intermediate earthquake

震源深度在 60 km～300 km 范围内的地震。

3.1.8

深[源地]震 deep-focus earthquake

震源深度大于 300 km 的地震。

3.1.9

地震参数 seismic parameter

描述地震基本特征的物理量。

3.1.9.1

发震时刻 origin time

地震波开始传播的时刻。

3.1.9.2

震中位置 epicentral location

震中的地理经度和地理纬度。

3.1.9.3

震源深度 focal depth

震源与震中的距离。

3.1.9.4

近震震级 local magnitude

地方震级

用近震记录测定的地震震级,用 M_L 表示。

3.1.9.5

体波震级 body wave magnitude

用地震体波测定的震级。其中用短周期体波记录测定的以 m_b 表示;用中周期体波记录测定的以 m_B 表示。国际上通用 M_b 表示。

3.1.9.6

面波震级 surface wave magnitude

用地震面波记录测定的地震震级,用 M_S 表示。

3.1.9.7

矩震级 moment magnitude

用地震矩换算的震级,用 M_W 表示。

3.1.9.8

地震能量 seismic energy

地震时震源辐射的弹性波的能量。

3.1.9.9
断层面解 fault plane solution

根据地震波记录获得的表示断层错动面的几何参数,包括:断层面走向、倾向、倾角和3个主应力轴的空间位置。

3.1.9.10
地震矩 seismic moment

对地震大小的一种绝对量度,用 M_0 表示。

3.1.9.11
震源尺度 focal dimension

从地震记录求得的表征震源大小的参数。

3.1.9.12
地震位错 earthquake dislocation

地震断层错动的距离和方向。

3.1.9.13
[地震]应力降 [seismic]stress drop

地震前后断层面上应力的下降值。

3.2 地震活动性

3.2.1
地震发生率 earthquake occurrence rate

在给定的时间、空间和强度范围内,某个单位时间内地震发生的平均次数。

3.2.2
地震频度 earthquake frequency

一定时空范围内,单位时间内发生的地震次数。

3.2.3
震级—频度关系 magnitude-frequency relation

不同震级与相对应的地震个数之间的关系,又称"古登堡—里克特关系",用 $\lg N = a - bM$ 表示。N 为对应一定震级 M 的次数,常数 a 表示地震活动总水平,b 是表示大小震级地震的比例系数,说明地震活动性特征。

3.2.4
地震复发间隔 seismic recurrence interval

同一活动断层段上相继发生的两次震级相近的地震之间的时间间隔。

3.2.5
地震周期 earthquake period

特定活动断层段或一个地区从弹性应变能积累到释放所需的时间。

3.2.6
前震 foreshock

地震序列中,主震前的所有地震的统称。

3.2.7
主震 mainshock

地震序列中的最大地震。如果地震序列中有两个最大地震,称为双主震。

3.2.8

余震 aftershock

地震序列中,主震后的所有地震的统称。

3.2.9

地震活跃期 seismically active period

地震活动频度相对较高,强度相对较大的时段。

3.2.10

地震平静期 seismically quiet period

地震活动频度相对较低,强度相对较弱的时段。

3.2.11

地震序列 earthquake sequence

某一时间段内连续发生在同一震源体内的一组按次序排列的地震。

3.3 活动构造

3.3.1

活动构造 active tectonics

晚第四纪以来有活动的构造,包括活动断层、活动褶皱、活动盆地、活动隆起等。

3.3.2

活动断层 active fault

晚第四纪以来有活动的断层。

3.3.2.1

地震活动断层 seismo-active fault

曾发生和可能发生地震的活动断层。

3.3.2.2

隐伏活动断层 buried active fault

被第四纪松散沉积物覆盖的,在地表没有醒目迹线的活动断层。

3.3.2.3

能动断层 capable fault

地表或近地表处有可能引起明显错动的活动断层。

3.3.2.4

断错地貌 offset landform

断层错动形成的地貌形态。

3.3.3

发震构造 seismogenic structure

曾发生和可能发生破坏性地震的地质构造。

3.3.4

地震构造区 seismotectonic province

具有同样地质构造和地震活动性的地理区域。

3.3.5

    地震地表破裂带 earthquake surface rupture zone

    震源断层错动在地表产生的破裂和形变的总称,由地震断层、地震鼓包、地震裂缝、地震沟槽等组成。

    注:改写 GB/T 18208.3—2000,定义 3.12。

3.3.5.1

    地震断层 earthquake fault

    震源错动在地表形成的断层。

    注:改写 GB/T 18208.3—2000,定义 3.14。

3.3.5.2

    地震褶皱 earthquake fold

    伴随地震形成的快速弯曲变形。

3.3.5.3

    地震鼓包 earthquake mole track

    地震地表破裂带内次级斜列断层不连续挤压阶区的小型隆起和褶皱,也称挤压脊。

3.3.5.4

    地震裂缝 earthquake ground fissure

    地震造成的没有明显错动的地面裂缝。

3.3.5.5

    原生地表破裂 primary surface rupture

    地震过程中构造因素产生的地表破裂。

3.3.5.6

    次生地表破裂 secondary surface rupture

    地震过程中非构造因素产生的地表破裂。

3.3.5.7

    地震破裂段 earthquake rupture segment

    断层上一次地震事件产生破裂的部分。

3.3.5.8

    地震陡坎 earthquake scarp

    地震断层错动在地表形成的地形陡坎。

3.3.5.9

    地震沟槽 earthquake trough

    地震造成的长条状低洼槽地。

3.3.5.10

    同震位移 coseismic displacement

    一次地震引起地震断层两盘块体的相对错动。

3.3.5.11

    同震隆起 coseismic uplift

    一次地震引起的地面局部隆升现象。

3.4 地球物理探测

3.4.1

深部地球物理探测 deep geophysical exploration

用地球物理学的原理和方法,探测地壳上地幔的物性结构和构造。

3.4.2

深地震测深 deep seismic sounding

用人工激发的地震波折射记录和临界反射记录,探测地壳上地幔的速度结构。

3.4.3

地震反射剖面探测 deep seismic reflection profiling

用可控人工振动源激发的地震波近垂直反射记录,计算地下介质的分层速度与厚度,以获得地壳上地幔的精细结构。

3.4.4

大地电磁测深 magnetotelluric sounding

用天然电磁场或人工激发源探测地球内部的电性结构。

3.4.5

大地热流探测 survey of terrestrial heat flow

利用地下温度梯度和岩石热导率参数等数据,探测地面热流和地壳上地幔热状态。

4 地震监测与地震预报

4.1 测震

4.1.1

测震 seismometry

对地震波的观测、分析和研究。涉及仪器研制、地震观测、地震记录解释、地震活动性分析等。

4.1.2

地震图 seismogram

地震仪记录的地面运动波形图。

4.1.3 地震波

4.1.3.1

地震体波 seismic body wave

在地球岩层内部传播的地震波。通常包括地震纵波和地震横波。

4.1.3.2

地震面波 seismic surface wave

沿着地球表面或岩层分界面传播的地震波。常见的有乐夫波和瑞利波。

4.1.3.3

地震波走时曲线 seismic wave travel time curve

反映地震波传播的时间与震中距关系的曲线。

4.1.3.4

地震波走时残差 residual of seismic wave travel time

地震波的观测走时与计算走时之差。

4.1.3.5

地震波形　seismic waveform

地震仪记录的地震波形态。

4.1.3.6

地震波衰减　attenuation of seismic wave

地震波能量随震源距或震中距的增大逐渐减小的现象。

4.1.3.7

地震波传播路径　propagation path of seismic wave

地震波在地球介质中及表面传播的途径。

4.1.3.8

地震波速　seismic wave velocity

地震波的传播速度。

4.1.3.9

初至波　primary wave

在地震记录上,第一个到达的震相。

4.1.4

[地震]震相　[seismic]phase

具有不同振动性质和不同传播路径的地震波在地震记录上的特定波形。

4.1.4.1

[地震]震相标志　mark of[seismic]phase

标示震相名称和特征的符号。

4.1.4.2

[地震]震相特征　characteristic of[seismic]phase

描述震相性质的参量。包括到时、初动极性、振幅、周期等。

4.1.4.3

[地震]震相分析　analysis of[seismic]phase

对地震记录的解释。包括震相辨认和震相要素测定等。

4.2　地磁观测

4.2.1

地磁场　geomagnetic field

地球的磁场。存在于地心到磁层边界的空间范围内,由主磁场、地壳磁场、变化磁场和感应磁场四部分构成。

[GB/T 19531.2—2004,定义 3.2]

4.2.2

地磁要素　geomagnetic element

描述空间某点地磁场强度矢量的各种分量。常用地磁要素为总强度 F、磁偏角 D、磁倾角 I、水平强度 H、垂直强度 Z、北向分量 X 和东向分量 Y 等 7 个。

4.2.3

主磁场　main field

起源于地球液态外核,变化缓慢的地磁场,是地磁场的主要成分。

4.2.4

国际地磁参考场　International geomagnetic reference field(IGRF)

描述主磁场及其长期变化的数学模型。由国际地磁学和高空大气学协会(IAGA)定期(通常每五年)确定和公布。

4.2.5

地磁长期变化　geomagnetic secular variation

地磁场发生的缓慢变化。

4.2.6

地磁异常变化　geomagnetic anomaly variation

地磁场梯度发生显著变化或者偏离正常规律的变化。

4.2.7

变化地磁场　geomagnetic variation field

起源于地球外部的各种短周期的地磁场变化,是地磁场的微弱成分。

4.2.7.1

地磁太阳日变化　geomagnetic solar daily variation

以一个太阳日为周期,依赖于地方太阳时的地磁场变化。

4.2.7.2

地磁太阴日变化　geomagnetic lunar daily variation

以半个太阴日为主要周期,依赖于地方太阴时的地磁场变化。

4.2.7.3

地磁太阳静日变化(Sq)　geomagnetic solar quiet daily variation

地磁平静日的太阳周日变化,用 Sq 来表示。

4.2.7.4

地磁太阳扰日变化(Sd)　geomagnetic solar disturbed daily variation

磁扰期间叠加在 Sq 上的一种太阳日变化。

4.2.8

磁扰　magnetic disturbance

地磁场各种扰动的总称。磁扰包括了许多类型,如磁暴、亚暴、湾扰、钩扰、磁脉动等。

4.2.9

磁暴　magnetic storm

由太阳活动喷发出的大量等离子体流与磁层相互作用而造成的,全球同时发生的强烈地磁场扰动。

4.2.10

地磁湾扰　geomagnetic bay

高纬极光区地磁亚暴产生的,表现在中低纬地区形态近似海湾状、幅度为几十纳特之内的地磁场扰动。

4.2.11

地磁脉动　geomagnetic pulsation

周期在 0.2 s～1 000 s 的地磁场短周期变化。

4.2.12
 地磁绝对测量　absolute magnetic measurements
 对地磁要素的绝对测量。

4.2.13
 地磁(相对)记录　recording of magnetic variations
 对地磁要素相对变化量的记录。

4.2.14
 地磁流动测量　geomagnetic repeated survey
 在固定测点或测网上的地磁要素的定期重复测量。

4.2.15
 地磁梯度测量　geomagnetic gradient survey
 地磁要素在空间沿某一方向变化的测量。

4.2.16
 构造磁效应　tectonomagnetic effect
 构造活动所伴随的局部地磁场变化。

4.2.17
 地震磁效应　seismomagnetic effect
 地震的孕育、发生所引起的局部地磁场变化。
 注：在物理上对这一效应的解释可为：压磁效应、电动效应、感应磁效应、热磁效应和流变磁效应等。

4.2.18
 地磁图　geomagnetic chart
 以等值线或等变线形式绘制在地图上形成的，表示地磁场各要素及其长期变化的空间分布的图件。

4.2.19
 磁照图　magnetogram
 记录地磁要素随时间变化的感光记录图。

4.2.20
 [地磁测量数据]通化　reduction [of geomagnetic survey data]
 从地磁测量资料中减去变化磁场，并进行仪器差改正，以便把各个测点的观测值化为同一时刻、统一标准的数位的过程。

4.3　地电观测

4.3.1
 地电场　geoelectric field
 由固体地球内部和外部的各种非人工电流系统与地球介质相互作用产生的分布于地表的电场。地电场可分为大地电场和自然电场。

4.3.1.1
 大地电场　telluric
 与磁层和电离层中的电流体系的运动有关的地电场。

4.3.1.2

自然电场　spontaneous electric field

地壳内部各类物理化学作用引起的正负电荷分离产生的地电场。

4.3.2

地电阻率　geoelectrical resistivity

表征观测点位地下某一特定探测范围内介质综合导电能力的物理量,其量纲与电阻率相同,又称视电阻率。

4.3.3

真电阻率　true resistivity

表征地球介质复杂结构下分区均匀介质导电属性的物理量。

4.3.4

大地电场异常　anomalous change in telluric

从剔除大地电场周期变化、地电暴变化的数据处理中所提取的大地电场水平强度变化的总称。

4.3.5

自然电场异常　anomalous change of spontaneous electric field

从剔除自然电场正常变化和干扰变化的数据处理中所提取的自然电场水平强度变化的总称。

4.3.6

异常低频电磁扰动　anomalous electro-magnetic disturbance in low frequency band

地震前发生在特定的低频电磁波段的强烈电磁扰动。

4.3.7

地电阻率异常　anomaly of geoelectrical resistivity

从剔除地电阻率正常变化和干扰变化的数据处理中所提取的地电阻率变化的总称。

4.3.8

地电暴　telluric storm

磁暴期间与磁暴同步出现的地电场水平强度的变化。

4.3.9

地电阻率影响系数　influence coefficient in geoelectrical resistivity change

描述定点观测中地电阻率变化与真电阻率变化关系的量。也称地电阻率响应系数或地电阻率权系数。

4.4　地壳形变观测

4.4.1

地壳形变　crustal deformation

在地球内力和外力作用下,地壳几何形态产生的变化。

4.4.1.1

地壳应变　crustal strain

在地球内力和外力作用下,地壳中的应变状态。

4.4.1.2
地壳应力 crustal stress

在地球内力和外力作用下,地壳的应力状态。

4.4.2
地壳形变场 crustal deformation field

地壳形变的空间分布。

4.4.2.1
地壳应变场 crustal strain field

地壳应变的空间分布。

4.4.2.2
地壳应力场 crustal stress field

地壳应力的空间分布。

4.4.3
地壳形变测量 crustal deformation measurement

在地壳表面对地壳的形变或运动进行的测量。

4.4.3.1
水平地壳形变测量 horizontal crustal deformation measurement

对地壳形变或运动的水平分量进行的测量。

4.4.3.2
垂直地壳形变测量 vertical crustal deformation measurement

对地壳形变或运动的垂直分量进行的测量。

4.4.3.3
跨断层地壳形变测量 fault-crossing crustal deformation measurement

观测断层两侧固定点位间垂直方向相对位移和水平方向相对位移。

4.4.4
流动地壳形变测量 mobile crustal deformation measurement

在一定区域内的固定观测点上对地壳形变进行的巡回重复测量。

4.4.5
定点连续地壳形变测量 crustal deformation continuous measurement at a fixed site

在固定台站或观测点上用地形变测量仪器进行长期连续的地形变测量。可分为地倾斜观测、地应变测量和地应力测量。

4.4.5.1
地倾斜观测 crustal tilt observation

在洞室或钻孔内观测地平面与水平面之间的夹角及其随时间的变化。

[GB/T 19531.3—2004 定义 3.1]

4.4.5.2
地应变观测 crustal strain observation

在洞室或钻孔内观测地应变及其随时间的相对变化。

[GB/T 19531.3—2004 定义 3.2]

4.4.5.3
固体潮观测 [solid]earth tide observation
对固体地球在日、月引潮力作用下产生的周期性变形的观测。

4.4.6 地壳形变测量方法

4.4.6.1
GPS卫星全球定位系统 navigation by satellite timing and ranging-global positioning system
由美国国防部研制和建立的用于在全球范围内进行定位的卫星导航和定位系统。
[GB/T 17159—1997,定义 6.109]

4.4.6.2
卫星激光测距 Satellite Laser Ranging(SLR)
利用激光测距仪在地面上跟踪观测装有激光反射棱镜的卫星,测定测站到卫星的距离的测量技术和方法。
[GB/T 17159—1997,定义 6.81]

4.4.6.3
甚长基线干涉测量 Very Long Baseline Interferometry(VLBI)
利用电磁波干涉原理,在多个测站上同步接收河外射电源(类星体)发射的无线电信号,并对信号进行测站间时间延迟干涉处理以测定测站间相对位置以及从测站到射电源方向的测量技术和方法。
[GB/T 17159—1997,定义 6.86]

4.4.6.4
合成孔径雷达干涉测量 Interferometric Synthetic Aperture Radar(InSAR)
利用合成孔径雷达图像复数型数据中含有的相位信息,通过干涉处理获取地面点位三维信息的测量技术和方法。

4.4.6.5
差分合成孔径雷达干涉测量 Difference Interferometric Synthetic Aperture Radar(D-InSAR)
通过比较同一地区不同时间的两幅合成孔径雷达干涉纹图的相位信息,获取地面形变信息的测量技术和方法。

4.4.6.6
精密水准测量 precise leveling
用精密水准测量仪器观测两个水准点间的海拔高程及其变化的技术和方法。

4.4.6.7
绝对重力测量 absolute gravity measurement
对重力观测点重力值的测量。

4.4.6.8
相对重力测量 relative gravity measurement
对两个观测点重力差值的测量。

4.4.6.9
卫星重力测量 satellite gravity measurement
利用地面跟踪观测卫星轨道摄动,卫星跟踪卫星,卫星测高及卫星重力梯度等观测技和方法确定地球重力场。

4.4.7
　　地壳形变异常　crustal deformation anomaly
　　地形变测量发现的地壳构造运动引起的异常变化。

4.4.8
　　重力异常变化　anomalous variation of gravity
　　扣除重力周期性变化和其他规则性变化后的剩余变化。

4.5　地下流体观测

4.5.1
　　地下流体　subsurface fluid, ground fluid
　　充填于地面以下固体（格架）中可流动的水、气、油等呈液态、气态形式存在的介质的总称。
　　[GB/T 19531.4—2004, 定义 3.1]

4.5.2
　　水位　ground water table level
　　地震地下水观测井中水面的位置，分为静水位与动水位，其基本单位为 m。

4.5.2.1
　　静水位　static ground water level
　　观测井中水面位置低于地表面时，由井口固定参考点向下到井水面的垂直距离。

4.5.2.2
　　动水位　dynamic ground water level
　　观测井中水面位置高于地表面并有泄流时，由泄流口的中心面向上到井水面的垂直距离。

4.5.2.3
　　水位固体潮效应　tidal effect of ground water level
　　日月对地球的引力作用引起的井水位的有规律变化。

4.5.2.4
　　水位气压效应　barometric effect of ground water level
　　大气压力的波动引起的井水位变化。

4.5.2.5
　　井水位地表荷载效应　surface load effect of ground water level
　　作用在大地表面上的荷载（河、湖、海的水位涨落、降雨积水、机械振动、泥石流堆积等）变化引起的井水位变化。

4.5.2.6
　　水位断层蠕动效应　fault creep effect of ground water level
　　断层蠕动作用引起的井水位变化。

4.5.2.7
　　水震波　oscillation of ground water level
　　地震波作用下产生的井水位的振荡现象。

4.5.3

溶解气 dissolved gas in ground water

溶解于井、泉水中的气体。

4.5.3.1

溶解氡 dissolved radon in ground water

溶解于井、泉水中的氡(Rn),其基本单位为 Bq/L。

4.5.3.2

溶解汞 dissolved mercury in ground water

溶解于井、泉水中的汞(Hg),其基本单位为 ng/L。

4.5.4

逸出气 escaped gas from ground water

在一定的温度与压力条件下,由井、泉水中逸出的气体。

4.5.4.1

逸出气汞 escaped gas mercury from ground water

由井、泉水中逸出的汞(Hg)。

4.5.4.2

逸出气氡 escaped gas radon from ground water

由井、泉水中逸出的氡(Rn)。

4.5.5

地下气体 underground gas

活动于地面以下固体介质空隙中的气体。

4.5.6

断层气 fault gas

活动于断层带中的气体。

4.5.7

土壤气 soil gas

活动于土壤层孔隙中的气体。

4.5.7.1

土壤气氡 soil gas radon

由断层带及其两侧上覆岩土中逸出的氡(Rn)。

4.5.7.2

土壤气汞 soil gas mercury

由断层带及其两侧上覆岩土中逸出的汞(Hg)。

4.5.8

地下流体动态 behavior of subsurface fluid

地下流体的物理特性与化学组分随时间的变化。包括:地下流体的年、月、日动态。

4.5.8.1

地下流体正常动态 normal behavior of subsurface fluid

地质—水文地质环境及观测条件不变的情况下观测到的地下流体动态的有规律的变化。

4.6 地震预报

4.6.1

阶段性地震预测 stage earthquake prediction

根据地震孕育过程的特征,以长、中、短、临渐进的方式分阶段进行的预测。

4.6.2

地震综合预测 comprehensive earthquake prediction

在综合分析各类异常的基础上,为提出未来震情判定意见进行的预测。

4.6.3

地震经验预测 empirical earthquake prediction

根据已有的震例进行类比推测未来地震的预测。

4.6.4

地震概率预测 prediction of earthquake probability

在地震活动与各种前兆信息进行统计分析的基础上,对未来地震发生可能性大小的预测。

4.6.5

地震物理预测 physical prediction of earthquake

以一定的孕震理论和前兆模式,对未来地震进行的预测。

4.6.6

地震微观异常 microscopic pre-earthquake anomaly

在地震发生前,借助仪器观测到的可定量分析的异常。

4.6.7

地震宏观异常 macroscopic pre-earthquake anomaly

非仪器观测到的异常。

4.6.8

地震突发性异常 sudden pre-earthquake anomaly

急剧变化的大幅度异常。

4.6.9

地震趋势性异常 trendy pre-earthquake anomaly

持续时间较长的连续性异常。

4.6.10

地震空区 seismic gap

地震孕育过程中,由小震所围成或部分围成的,处于断裂活动构造带上的无震区域。

4.6.11

地震活动带 seismically active belt

地震活动沿活动构造带分布,带内地震活动水平显著增强,带外地区显著平静的图像。

4.6.12

地震迁移 earthquake migration

地震发生地点在一定范围或一定距离内呈某种呼应规律的图像。

4.6.13

地震短期预报方案 short-term earthquake forecast scheme

地震重点监视防御区所在的地震主管部门或机构制定的地震短期预报判定指标和跟踪监测措施。

4.6.14

临震预报方案　imminent earthquake forecast scheme

地震重点监视防御区所在的地震主管部门或机构制定的临震预报警戒指标和应急对策。

5　地震台(站)网与地震数据

5.1　地震台(站)

5.1.1

测震台(站)　seismograph station

布设固定观测的地震仪,用于连续观测地面运动的地震台。

5.1.2

地磁台(站)　geomagnetic observatory

测定地磁要素及其变化的地震台。

5.1.3

地电台(站)　geoelectrical station

布设有固定装置系统和信息检测系统并连续从事地电场、地电阻率观测的地震台。

5.1.4

地形变台(站)　crustal deformation station

用于监测地壳形变的地震台。

5.1.5

重力台(站)　gravity station

用于监测重力变化的地震台。

5.1.6

地下流体台(站)　observation station of subsurface fluid

观测地下流体动态的地震台。

5.2　地震监测台网

5.2.1

数字地震台网　digital seismological network

能获得数字化地震记录的地震台网。

5.2.2

国家地震台网　state seismological network

在全国范围内建立的国家基准地震台网。

5.2.3

区域地震台网　regional seismological network

在一定区域范围内建立的地震台网。

5.2.4

强震动台网　strong motion station network

进行强地面运动观测的地震台网。

5.2.5

火山地震台网　seismological network for volcanic activity

通过地震动观测监视火山活动的地震台网。

5.2.6

水库地震台网　seismological network for reservoir-induced earthquake

监视水库诱发地震的地震台网。

5.2.7

地磁台网　geomagnetic network

按照地磁场监测需求而布设的，空间分布上具有一定密度的地磁观测网。

5.2.8

地电台网　geoelectrical network

按照地震监测需求而布设的、空间分布上具有一定密度的地电台站所组成的观测网。

5.2.9

地形变台网　crustal deformation network

按照地震监测需要而布设的，空间分布上具有一定密度的地形变观测台站组成的观测网。

5.2.10

水文地球化学台网　hydro-geochemical observation network

布设在一定区域内的，由多个以地下水化学动态观测为主的台（站）构成的观测网。

5.2.11

地下水井网　groundwater observation well-network

布设在一定区域内的，由多个以地下水物理动态观测为主的井（点）构成的观测网。

5.2.12

水准网　leveling network

由多条水准路线构成带有结点的网状系统，用于地面点海拔高程及其变化的测定。

5.2.13

GPS 连续跟踪网　continuous tracking stations of GPS satellite

由定点连续对 GPS 卫星进行跟踪观测的测站组成的，用于监测测站位置随时间变化的观测网。

5.2.14

重力网　gravity monitoring network

按照一定地震监测需要而布设的重力点构成的，用于观测大面积的重力非潮汐变化的观测网。

5.3　地震数据

5.3.1

地震数据　earthquake data

与地震的孕育、发生、地震动传播及地震所造成的后果以及减轻地震灾害相关联的数据。

［DB/T 11.1—2000，第 2 章］

5.3.2
地震观测数据 seismological observation data
由永久性或临时性地震观测台(网)获得的原始记录,对这些记录进行分析处理得到的次生数据以及为使用这些数据所需要的基础数据和辅助数据。

5.3.3
地震现场勘查数据 data of earthquake field survey
通过现场调查与深部探测获得的关于地震宏观现象、地震地质和地球内部结构的原始记录及经过加工再生的数据。

5.3.4
地震实验数据 experimental data on earthquake
为解决地震科学问题在实验室环境中进行各种试验所得到的原始测量数据及相关数据,包括原始记录、试验环境与试验条件数据、试验样品数据以及处理结果数据等。

5.3.5
地震灾害数据 data on earthquake disaster
由地震造成的人员伤亡、财产损失、环境和社会功能的破坏等灾害,以及由地震造成的工程结构和自然环境的破坏所引发的地震次生灾害(如火灾、水灾、爆炸、瘟疫、有毒物质泄漏等)的记载数据、灾害预测与灾害评估数据和汇编数据。

5.3.6
地震预测数据 data on earthquake prediction
关于地震预测的依据、预测结果和对预测结果的评估数据。

5.3.7
地震预报数据 data on earthquake forecasting
关于地震预报的发布、准确性及预报效果的数据。

5.3.8
地震减灾数据 data on earthquake disaster mitigation
关于减轻地震灾害的数据,包括与地震灾害的预测、预报、预防、地震应急,以及震后救灾与重建有关的数据。

5.3.9
地震数据处理 earthquake data processing
对地震数据进行分析处理,提取所包含的科学信息的过程。

5.3.10
地震数据管理 management of earthquake data
对地震数据进行的汇集、存储、更新、共享、数据安全性控制等工作。

5.3.11
地震数据库 earthquake database
以各类地震数据作为管理对象的数据库。

5.3.12
地震数据分类 category of earthquake data
根据地震数据的属性和特征对地震数据进行的分类。

5.3.13

地震数据代码　code for earthquake data

按照地震数据的分类,对不同类别的地震数据赋予的编码。

6 地震灾害预防

6.1 抗震设防要求

6.1.1

地震动　ground motion

地震引起的地面运动

6.1.1.1

地震动参数　ground motion parameter

表征地震引起的地面运动的物理参数,包括峰值、反应谱和持续时间等。

6.1.1.2

地震动振幅　amplitude of ground motion

地震动加速度、速度或位移的峰值、最大值或特定含义上的有效值的统称。

6.1.1.3

地震动峰值速度　Peak Ground Velocity(PGV)

地震动质点运动速度的最大绝对值。

6.1.1.4

地震动峰值加速度　Peak Ground Acceleration(PGA)

与地震动加速度反应谱最大值相应的水平加速度。

[GB 18306—2001,定义 2.2]

6.1.1.5

地震动峰值位移　Peak Ground Displacement(PGD)

地震动质点运动位移的最大绝对值。

6.1.1.6

地震动持续时间　ground motion duration

在地震动的加速度时程中,超过某一强度的或可能引起工程结构破坏的那段地震动的持续时间。

[JGJ/T 97—1995,定义 3.1.4.3]

6.1.1.7

超越概率　probability of exceedance

在一定时期内,工程场地可能遭遇大于或等于给定的地震烈度值或地震动参数值的概率。

6.1.1.8

一致概率反应谱　probability-consistent response spectrum

在相同超越概率水平下,不同周期点的反应谱值所组成的谱。

6.1.1.9

场地相关反应谱　site-specific response spectrum,site-dependent response spectrum

考虑地震环境及场地条件影响得到的地震反应谱。

6.1.1.10

人造地震动　artificial ground motion

为进行结构物地震反应分析或试验而生成的满足一定条件（如对幅值、频谱和持续时间的要求）的地震动时间历程。

6.1.2　地震危险性分析

6.1.2.1

本底地震　background earthquake

一定地区内没有明显构造标志的最大地震。

6.1.2.2

潜在震源区　potential seismic source zone

未来可能发生破坏性地震的地区。

6.1.2.3

地震活动性参数　seismic activity parameter

在地震危险性概率分析中，描述一定时间、空间范围内发生的地震在强度、频度、时间和空间等方面的分布规律和特征的定量指标。

6.1.2.4

起算震级　lower limit magnitude

地震危险性概率分析中参与计算的最低震级。

6.1.2.5

震级上限　upper limit magnitude

地震危险性概率分析中，地震带或潜在震源区内可能发生的最大地震的震级极限值。

6.1.2.6

震级下限　lower limit magnitude

地震危险性概率分析中，影响工程场地地震危险性的最小地震震级。

6.1.2.7

地震动衰减规律　attenuation law of ground motion

地震动强度随着震源距或震中距增大而减小的统计关系。

6.1.3

地震烈度区划图　seismic intensity zonation map

以地震烈度为指标，将国土划分为不同抗震设防要求区域的图件。

6.1.4

地震烈度表　seismic intensity scale

以地震时人的感觉、器物反应、房屋震害程度、自然环境变化、地震动的加速度、速度等为依据，衡量地震烈度的标尺。

6.1.5

地震动参数区划图　seismic ground motion parameter zonation map

以地震动参数（如峰值加速度和地震动反应谱特征周期）为指标，将国土划分为不同抗震设防要求区域的图件。

6.1.5.1
地震动反应谱特征周期　characteristic period of the seismic response spectrum
地震动加速度反应谱开始下降点的周期。
［GB 18306—2001,定义 2.3］

6.1.5.2
地震动参数复核　checking of seismic ground motion parameter
采用最新基础资料和研究成果,对地震动参数区划图给出的某地地震动参数进行核实或修正。

6.1.6
地震小区划　seismic microzonation
根据地震区划图及某一区域(场地)范围内的具体场地条件给出抗震设防要求的详细分布。包括地震动小区划和地震地质灾害小区划等。

6.1.7
地震地质灾害　earthquake induced geological disaster
在地震作用下,地质体变形或破坏所引起的灾害。

6.1.7.1
地震滑坡　earthquake-caused landslide
地震动引起的岩体或土体沿倾斜面滑移的现象。

6.1.7.2
地震崩塌　earthquake-caused collapse
地震动引起的岩体或土体脱离母体下落、堆积的现象。

6.1.7.3
地震滚石　earthquake-caused rolling stone
地震动诱发的砾石或岩块顺坡自由滚动下落的现象。

6.1.7.4
地震泥石流　earthquake-caused debris flow
地震动诱发的水、泥、石块混合物流动的现象。

6.2 抗震设计

6.2.1 结构抗震

6.2.1.1
地震反应　earthquake response
地震动引起的工程结构内力与变形的动态反应。

6.2.1.2
随机地震反应　random earthquake response
根据地震作用的随机统计特征求出的结构体系的随机反应的统计特征,如平均值、方差、相关函数、谱密度等。
［JGJ/T 97—1995,定义 2.3.4.1］

6.2.1.3
输入反演　input inversion
已知结构动态特性和结构在输入下的反应,按照结构动力学原理,寻求该输入的过程。

6.2.1.4

滞回曲线　hysteretic curve

结构物(或土体)在反复荷载作用下产生非弹性反应时的荷载—位移曲线。

6.2.1.5

结构识别　structural identification

根据已知的系统输入和输出确定系统的模型或参数。

6.2.1.6

抗震性态设计　performance based seismic design

使结构在地震作用下的反应和破坏的性态在预期要求的范围内的抗震设计。

6.2.1.7

结构抗震控制　seismic structure control

根据结构动力学和控制理论对结构地震反应进行控制。

6.2.2 地基抗震

6.2.2.1

场地　site

工程群体所在地,相当于厂区、居民点或自然村或不小于 1.0 km² 的范围。

[JGJ/T 97—1995,定义 4.1.1]

6.2.2.2

场地类别　site classification

根据土层数剪切波速和场地覆盖层的厚度等自然条件选取工程抗震设计参数和抗震措施时对建设场地进行的分类。

6.2.2.3

基岩　bedrock

底岩上面的最主要的牢固固结的地质层,它的力学性能不同于覆盖层,而且是匀质的。

6.2.2.4

覆盖层　overburden

覆盖在基岩上的土层。

6.2.2.5

地基土　foundation soil

承受结构物荷载的土体。

6.2.2.6

地基失效　ground failure

地震引起的地基丧失其承载能力的破坏现象,包括断层位错、滑坡、土层液化、地基不均匀变形等。

6.2.2.7

饱和土液化　liquefaction of saturated soil

地震时饱和土体由固态变为流态的现象。

6.2.2.8

液化指数　liquefaction index

衡量地基土地震液化引起的场地地面破坏程度的指标。

6.2.2.9

基础　foundation

直接与岩土接触向其传递荷载的建筑物的最下部结构。

6.2.3

地震作用　seismic action

地震对工程结构的外加动态作用。

[JGJ/T 97—1995,定义 5.4.2]

6.2.3.1

极限安全地震动　ultimate safety ground motion

在设计基准期中年超越概率为 10^{-4} 的地震动,其峰值加速度不小于 $0.15\ g_n$。通常为核电厂区可能遭遇的最大地震动。

[GB 50267—1997,定义 2.1.3]

6.2.3.2

运行安全地震动　operational safety ground motion

在设计基准期中年超越概率为 2×10^{-3} 的地震动,其峰值加速度不小于 $0.075\ g_n$。通常为核电厂能正常运行的地震动。

[GB 50267—1997,定义 2.1.2]

6.2.3.3

地震影响系数　seismic influence coefficient

给定阻尼比的单质点弹性结构在地震作用下的最大绝对加速度反应与重力加速度比值的统计平均值。

注:改写 JGJ/T 97—1995,定义 5.4.2.22。

6.2.3.4

反应谱　response spectrum

在地震作用下,给定阻尼比的单质点体系的最大相对位移反应、最大相对速度反应或最大绝对加速度反应随质点自振周期变化的曲线。

6.2.3.5

楼面反应谱　floor response spectrum

对于给定的地震动,由结构中特定楼层的楼面反应时程求得的反应谱。

[JGJ/T 97—1995,定义 5.4.2.1]

6.2.3.6

地震作用效应　effect of seismic action

结构和构件由地震作用产生的内力(弯矩、剪力、轴力、扭矩等)或变形。

[JGJ/T 97—1995,定义 5.4.3]

6.2.4　抗震措施

6.2.4.1

抗震概念设计　conceptual design for earthquake resistant

基于震害经验建立的抗震基本设计原则,包括结构的总体布置和细部构造。

注：改写 JGJ/T 97—1995,定义 5.2.1。

6.2.4.2

抗震构造措施 constructional measure for earthquake resistant

为提高工程结构抗震性能,根据抗震概念设计原则,对结构细部构造采取的措施。

注：改写 JGJ/T 97—1995,定义 5.3.1。

6.2.4.3

抗液化措施 liquefaction defence measures

根据工程结构重要性和地基液化等级所采取的全部或部分消除液化的措施。包括对地基和上部结构采取措施和对可液化土层进行处理。

[JGJ/T 97—95,定义 4.2.3]

6.2.5

隔震 base isolation

在结构的某些部位设置隔震装置,以阻滞地震能量传播的措施。

[JGJ/T 97—1995,定义 5.3.2]

6.3 震害预测

6.3.1

设定地震 scenario earthquake

为进行震害预测而给出的对某一区域可能产生震害或可以体现地震危险性概率分析结果的具体地震。

6.3.2

地震危害分析 seismic risk analysis

对某一区域或工程建设场地,在未来一定时期内,不同强度地震可能造成的损失的评估。通常以一定的超越概率表示。

6.3.2.1

结构易损性指数 structure vulnerability index

结构因地震造成的直接损失率的平均值。

6.3.2.2

结构易损性分类 structure vulnerability classification

表征结构抗震能力的等级分类,同一类结构具有相近的易损性。

6.3.2.3

房屋震害预测 earthquake disaster prediction of building

对各类房屋和典型房屋进行震害估计。分为单体房屋震害预测和房屋群体震害预测。

6.4 减轻地震灾害

6.4.1

地震社会影响 social effect of earthquake; impact of earthquake on society

由地震造成的居民无家可归、就业率降低、社会不安定因素增加及生态环境恶化等对社会活动和发展所造成的负面影响。

注：改写 JGJ/T 97—1995,定义 6.2.2.4。

6.4.2
地震演习　exercise against earthquake
在地震重点监视防御区或地震重点危险区,由地方政府组织的社会性防震减灾演习。

6.4.3
地震再保险　earthquake reinsurance
在一次地震造成损失过于集中时,保险公司承保的地震保险责任全部向能与政府签订超额赔款分保合同的地震再保险公司进行分保,并由再保险公司给予补偿的保险方式。

6.4.4
地震保险风险管理　risk management of earthquake insurance
地震危害的评估和保险与再保险的方案的制定。

7 地震应急与地震救援

7.1 地震应急

7.1.1
临震应急　imminent earthquake emergency management
地震临震预报发布后的地震应急。

7.1.2
震后应急　post-earthquake emergency management
破坏性地震发生后的地震应急。

7.1.3
临震应急期　emergency period of imminent earthquake
临震应急响应时段。

7.1.4
震后应急期　emergency period of post-earthquake
震后应急响应时段。

7.1.5 地震应急预案

7.1.5.1
应急行动方案　plan for emergency action
地震发生后立即采取的具体计划和规定。

7.1.5.2
应急指挥技术系统　technical system of emergency direction
应急指挥机构所具备的各种功能的整体。

7.1.6
地震现场　earthquake occurrence site
需要实施地震应急、救援并开展相关工作的地区。

7.1.6.1
地震现场调查　seismological field survey
在地震现场对地震烈度、地震宏观现象、发震构造、地震地质灾害、工程结构震害、生命线工程震害和社会影响进行的调查。

7.1.6.2
地震现场安全鉴定 safety assessment in post-earthquake field

在发生较强地震后的应急期间,通过检查受震建筑的震损状况和原建筑的抗震能力,对其在预期地震作用下的安全进行鉴别和评定。

[GB 18208.2—2001,定义 3.1]

7.1.6.3
预期地震作用 expected earthquake effect

依据震情分析,预估受震建筑可能再次遭受到的地震影响。

[GB 18208.2—2001,定义 3.2]

7.1.6.4
安全建筑 safe building

受震建筑在预期地震作用中可安全使用的建筑。

[GB 18208.2—2001,定义 3.3]

7.1.6.5
暂不使用建筑 temporarily unresidential building

受震建筑在预期地震作用中,可能发生危及生命或(和)导致财产重大损失的震害,不能确保使用安全,或受震建筑的抗震能力和使用安全在地震现场一时难以评定的建筑。

[GB 18208.2—2001,定义 3.4]

7.1.7 地震灾害评估

7.1.7.1
地震直接经济损失 earthquake-caused direct economic loss

地震动及地震地质灾害、地震次生灾害造成的房屋和其他工程结构、设施、设备、物品等物质破坏造成的经济损失。

7.1.7.2
地震间接经济损失 earthquake-caused indirect economic loss

地震后因生命线工程破坏、工矿企业停产减产引起相关企业产值降低的损失,重建费用、保险赔偿费用,以及与救灾有关的各种非生产性消耗。

7.1.7.3
地震救灾投入费用 cost for earthquake disaster relief

为地震救灾投入的各种费用,包括人工、物资、运输、医疗药品、消毒防疫、埋葬、废墟清理及人员搬迁暂住等费用。

7.1.7.4
续发地震损失评估 loss assessment of consequent earthquake

针对相同区域震群型的后续地震或强余震造成损失进行的灾害损失评估。

7.2 震后救援

7.2.1
地震现场紧急救助 emergency rescue at earthquake site

破坏性地震或严重破坏性地震发生后,由受过专业训练的技术人员,借助光学、机械、电子或搜索犬等现代技术,对受困或被埋压的幸存人员进行的救助活动。

7.2.2

建筑物倒塌救助　building collapse rescue

地震后,对被埋压或困阻在地面上倒塌或被破坏的建筑物内的所有幸存人员开展搜索、定位和救助。

7.2.3

灾区卫生防疫　epidemic prevention in earthquake disaster area

地震灾区的饮用水源、食品的检验清毒和疫情检测,防止疫病流行蔓延的措施。

8 地震观测仪器

8.1 测震仪器

8.1.1

地震仪　seismograph

记录地面运动(位移、速度和加速度)的仪器。

8.1.2

模拟地震仪　analogous seismograph

以模拟量记录地面运动的地震仪。

8.1.2.1

长周期地震仪　long-period seismograph

固有周期大于 90 s 的地震仪。用以记录全球范围地震的各种长周期地震波。

8.1.3

数字地震仪　digital seismograph

以数字量(数字数)记录的地震仪。

8.1.3.1

短周期地震仪　short period seismograph

工作频带的低频端在 0.5 Hz~1 Hz 内,高频端在 20 Hz 或 20 Hz 以上的地震仪。

8.1.3.2

宽频带地震仪　broadband seismograph

工作频带的低频端在 0.01 Hz~0.05 Hz 内,高频端在 20 Hz 或 20 Hz 以上的地震仪。

8.1.3.3

甚宽频带地震仪　very broadband seismograph

工作频带的低端在 0.003 Hz~0.01 Hz,至高端 20 Hz 或 20 Hz 以上的地震仪。

[GB/T 19531.1—2004,定义 3.1.7]

8.1.3.4

超宽频带地震仪　extra-broadband seismograph

工作频带的低频端小于 0.003 Hz,高频端在 10 Hz 或 10 Hz 以上的地震仪。

8.1.4

强震动加速度仪　strong motion seismograph

记录地震产生强地面运动的加速度的仪器。

8.1.5
微震仪　microvibrograph
用于记录微、小地震的仪器。

8.1.6
流动地震仪　portable seismograph
用于地震现场考察等监测前震和/或余震以及震群等活动,或为某个特定的、临时性的地震观测而使用的轻便型地震仪器设备。

8.1.7
井下地震仪　borehole seismograph
将地震计或将地震计和数据采集器安装在地下钻井中进行地震观测的专用地震仪。
［GB/T 19531.1—2004,定义 3.1.8］

8.1.8
磁变仪　variometer
连续测量和模拟记录地磁场变化的磁力仪。

8.1.9
数字地电阻率测量仪　digital geoelectrical resistivity meter
以数字形式产出观测结果的智能化地电阻率测量仪器。

8.1.10
数字地电场测量仪　digital telluric meter
以数字形式产出观测结果的智能化地电场测量仪器。

8.1.11
倾斜仪　tiltmeter
测量地壳表面或浅层观测点铅垂线变化(摆式倾斜仪)或等位面倾斜变化(水管倾斜仪)的仪器。

8.1.12
伸缩仪　extensometer
测量地表两点间距离随时间变化的仪器。

8.1.13
钻孔应变仪　borehole strainmeter
安装在钻孔(竖井)内测量地壳应变随时间变化的仪器。根据工作原理分为分量式应变仪和体积应变仪。

9　地震实验与地震试验

9.1
震源物理实验　experiment of seismic source physics
观测岩石或其他材料样品的形变、破裂与摩擦等物理过程和伴随的物理现象,研究震源的孕育、破裂的物理机制及伴随的各种物理现象。

9.1.1
岩石声发射实验　experiment of rock acoustic emission

观测岩石样品在形变与破裂过程中自然发出的超声或其他频段的声辐射波,研究声源和波的传播以及介质的性质。

9.1.2
岩石辐射遥感实验　experiment of rock radiation remote sensing

利用遥感设备观测岩石样品在形变过程中的红外、微波等不同频段的辐射或反射。

9.1.3
岩石断裂力学实验　experiment of rock fracture mechanics

观测岩石样品中裂纹的产生和断裂过程,测量岩石断裂力学参数,研究岩石的断裂和强度性质。

9.1.4
微裂纹演化实验　experiment of microcrack evolution

观测岩石等材料的样品内部微裂纹的萌生、扩展、集结等演化过程。

9.1.5
声波探测法实验　acoustic wave exploration test

向样品内发射人工源激发的声波信号,通过不同点的接收,研究波的传播和介质的结构。

9.2
构造物理实验　tectonophysical test

研究不同条件下构造变形物理过程的实验。

9.2.1
构造物理模型与模拟实验　tectonophysical model and simulation test

为了研究构造变形场及其演化的特征进行的较大尺度的标本与相似材料实验。

9.3
零磁空间实验　experiment in magnetic field-free space

在由磁屏蔽方法形成接近于零磁场的时空内,完成各种物理实验及各种生物实验。

9.4
岩石磁性实验　experiment of rock magnetism

测定岩石磁化率、剩余磁化强度和其他磁性质并用于地球历史和现状研究的实验。

9.5
地震电磁关系模拟实验　simulation experiment of electric and magnetic phenomena related to earthquake

与地震孕育和破裂过程相关的压磁、电声效应等大地电场、磁场、电阻率的图像及其变化实验。

9.6
压磁效应实验　experiment of piezomagnetic effect

模拟与构造应力相关的岩石磁性变化的实验。

9.7
全息干涉测量形变实验　experiment of laser hologram

用激光全息干涉摄影法测量岩石样品的表面位移场。

9.8
散斑法测量形变实验 experiment of speckle interferometry

用光学散斑法测量岩石样品表面的位移场。

9.9
岩土变形与孔隙压力关系实验 experiment of relationship between rock-soil deformation and pore pressure

为研究不同环境温度与围压条件下岩土变形引起的孔隙压力变化规律而进行的单轴或三轴力学实验。

9.10
水动力模型实验 experiment of hydrodynamic model

为研究地下流体前兆的空间分布及其演化的特征,在含水层模型上进行的孔隙压力场、渗流场、化学动力场的形成、分布与演化规律的动力学实验。

9.11
岩石变形与异常关系实验 experiment of relationship between rock-soil deformation and anomaly

为研究地下流体异常的成因,在单轴或三轴压力机上进行的岩土试件的变形破坏与地下流体物理化学动态变化的观测实验。

9.12
岩土震动与气体异常关系实验 experiment of relationship between rock-soil vibration and gas anomaly

为研究地下气体化学动态异常的成因,在不同频率与强度振动下测定岩土试件释放的气体种类及其浓度变化的实验。

9.13
岩体变形破坏与异常关系试验 experiment of relationship between rock mass deformation and anomaly

为研究地下流体动态异常的成因及其空间展布与演化特征,观测诸如山体滑坡、水库蓄水、钻孔水压致裂、矿井坍塌等引起的天然岩体变形与破坏过程中地下流体物理化学动态变化特征的现场试验。

9.14 结构抗震试验

9.14.1
结构抗震试验 structural antiseismic test

用各种加载设备模拟实际动态作用,施加于实际结构或其模型上,以测定结构动态特性和地震反应的试验

9.14.2
伪静力试验 pseudo-static test

使构件或结构在正反两方向重复加载和卸载,用以模拟地震时构件或结构在往复振动中的受力和变形过程的静力试验。因企图用静力法求得振动的效果,故称伪静力试验。

9.14.3
伪动力试验 pseudo-dynamic test

由计算机和加载器联机,按动态反应测量数据实时分析结果反馈控制加载器组成闭环试验系统,以模拟地震动过程中结构实际变形和受力情况的试验。

[JGJ/T 97—1995,定义 3.2.1.2 中(1)]

9.14.4

模拟地震振动台试验　earthquake-simulating shaking table test

在结构试验中用以模拟地震动过程的振动台试验。

9.14.5

共振柱试验　resonant column test

视圆柱形土试件作为弹性杆件,利用共振方法测定其自振频率,以求得土的动弹性模量的试验。

[JGJ/T 97—1995,定义 3.2.4.1]

9.14.6

动三轴试验　dynamic tri-axial test

在压力室内以一定围压使土样固结后,沿土样轴线施加动荷载。通过动应力、动应变与孔压变化之间的关系,确定土的动强度、大应变时的动弹性模量与阻尼并判别土的液化势的试验。

9.14.7

原型结构动力试验　dynamic test of prototype structure

使模拟的地震力或其他动力作用在结构上,直接测定结构动态特性和地震反应的试验。

9.14.8

动力模型试验　dynamic model test

使模拟的地震力或其他动力,作用在一定试验模型上,以确定结构的动态特性或抗震性能的试验。

工程场地地震安全性评价(GB 17741—2005)

前 言

本标准的 2、3、6.1.3、6.3.4、8.2.3、9.1.2、10.5.2、11.2.1、12.1.2、12.2.1、12.4.4 和 13.2.4 为推荐性的,其余的技术内容为强制性的。

本标准代替 GB 17741—1999《工程场地地震安全性评价技术规范》。

本标准与 GB 17741—1999 相比,主要有以下变化:
a) 重新划分了工程场地地震安全性评价的工作分级,工作内容和适用对象调整如下:
——Ⅰ级工作的内容不变,明确了核电厂地震安全性评价属于Ⅰ级工作;
——原Ⅱ级工作为现Ⅲ级工作,原Ⅲ级工作为现Ⅱ级工作;
——Ⅳ级工作的内容由地震烈度复核变为地震动峰值加速度复核。
b) 删除了原文本的第 4 章"符号"和所有计算公式;
c) 增加了"发震构造""空间分布函数""弥散地震""超越概率"和"地震动反应谱特征周期"5 个术语及其定义;
d) 增加了"地震动峰值加速度复核"一章,并规定了具体工作要求;
e) 调整了部分内容的层次和章节划分,修订了部分内容的技术要求,修改了部分文字的表述和措词。

本标准由中国地震局提出。

本标准由全国地震标准化技术委员会(SAC/TC 225)归口。

本标准起草单位:中国地震局地球物理研究所、中国地震局地质研究所、中国地震局地壳应力研究所、中国地震局地震预测研究所、中国地震局工程力学研究所。

本标准主要起草人:胡聿贤、张裕明、高孟潭、唐荣余、陈国星、李小军、赵凤新、薄景山、徐宗和、金严、鄢家全、陶夏新、吴建春、杜玮、陶裕录、韦开波、冯义钧。

引 言

GB 17741—1999 实施 4 年来,在新建、扩建、改建建设工程及大型厂矿企业、城镇、经济建设开发区的选址,抗震设防要求的确定,发展规划及防震减灾对策的制定等工作中发挥了重要作用。

本次修订依据 GB 18306—2001《中国地震动参数区划图》及 4 年来地震安全性评价工作经验。

对 GB 17741—1999 进行修订的主要原因:
a) GB 18306—2001 已不采用地震烈度表征地震动,工程场地地震安全性评价应与之协调一致;
b) GB 17741—1999 中的工作分级已不能完全满足建设工程抗震设防的需求,应对工作分级进行调整,并对工作内容和要求作相应修改;

c) 按 GB 18306—2001 的使用规定,工程场地地震安全性评价需相应增加地震动峰值加速度复核的内容。

1 范围

本标准规定了工程场地地震安全性评价的技术要求和技术方法。

本标准适用于各类建设工程选址与抗震设防要求的确定、防震减灾规划、社会经济发展规划等工作中所涉及的工程场地地震安全性评价。

2 规范性引用文件

下列文件中的条款通过本标准的引用而成为本标准的条款。凡是注日期的引用文件,其随后所有的修改单(不包括勘误的内容)或修订版均不适用于本标准,然而,鼓励根据本标准达成协议的各方研究是否可使用这些文件的最新版本。凡是不注日期的引用文件,其最新版本适用于本标准。

GB/T 18207.1—2000　防震减灾术语　第一部分:基本术语

GB 18306—2001　中国地震动参数区划图

GB 50267—1997　核电厂抗震设计规范

3 术语和定义

GB/T 18207.1—2000 确立的以及下列术语和定义适用于本标准。

3.1

地震构造　seismic structure

与地震孕育和发生有关的地质构造。

3.2

活动构造　active structure

晚第四纪以来有活动的构造,包括活动断层、活动褶皱、活动盆地、活动隆起等。

3.3

发震构造　seismogenic structure

曾发生和可能发生破坏性地震的地质构造。

3.4

构造类比　structure analog

一种地震活动性分析方法,该方法认为,具有同样构造标志的地区有发生同样强度地震的可能。

3.5

活动断层　active fault

晚第四纪以来有活动的断层。

3.6

断层活动段　active fault segment

在一活动断层上,活动历史、几何形态、性质、地震活动和运动特性等具有一致性的地段。

3.7

能动断层　capable fault

可能引起地表或近地表明显错动的断层。

3.8

古地震　paleo-earthquake

没有文字记载、采用地质学方法发现的地震。

3.9

地震区　seismic region

地震活动性和地震构造环境均相类似的地区。

3.10

地震带　seismic belt

地震活动性与地震构造条件密切相关的地带。

3.11

地震构造区　seismic tectonic zone

具有同样地质构造和地震活动性的地理区域。

3.12

弥散地震　diffuse earthquake

在地震构造区内,与已确认的发震构造无关的最大潜在地震。

3.13

本底地震　background earthquake

一定地区内没有明显构造标志的最大地震。

3.14

潜在震源区　potential seismic source zone

未来可能发生破坏性地震的地区。

3.15

空间分布函数　spatial distribution function

地震危险性概率分析中,表征地震带内各震级档地震发生在每个潜在震源区可能性的函数。

3.16

震级档　magnitude interval

地震危险性概率分析中的震级分档间隔。

注:一般取 0.5 级。

3.17

震级下限　lower limit magnitude

地震危险性概率分析中,影响工程场地地震危险性的最小地震震级。

3.18

震级上限　upper limit magnitude

地震危险性概率分析中,地震带或潜在震源区内可能发生的最大地震的震级极限值。

3.19

地震动参数 ground motion parameter

表征地震引起的地面运动的物理参数,包括峰值、反应谱和持续时间等。

3.20

超越概率 probability of exceedance

在一定时期内,工程场地可能遭遇大于或等于给定的地震烈度值或地震动参数值的概率。

3.21

地震动反应谱特征周期 ground motion characteristic period of response spectrum

规准化的反应谱曲线开始下降点所对应的周期值。

3.22

场地相关反应谱 site-specific response spectrum

考虑地震环境和场地条件影响所得到的地震反应谱。

3.23

地震地质灾害 earthquake induced geological disaster

在地震作用下,地质体变形或破坏所引起的灾害。

4 工程场地地震安全性评价工作分级

工程场地地震安全性评价工作划分为以下四级:

a) Ⅰ级工作包括地震危险性的概率分析和确定性分析、能动断层鉴定、场地地震动参数确定和地震地质灾害评价。适用于核电厂等重大建设工程项目中的主要工程;

b) Ⅱ级工作包括地震危险性概率分析、场地地震动参数确定和地震地质灾害评价。适用于除Ⅰ级以外的重大建设工程项目中的主要工程;

c) Ⅲ级工作包括地震危险性概率分析、区域性地震区划和地震小区划。适用于城镇、大型厂矿企业、经济建设开发区、重要生命线工程等;

d) Ⅳ级工作包括地震危险性概率分析、地震动峰值加速度复核。适用于 GB 18306—2001 中 4.3 条 b)、c)规定的一般建设工程。

5 区域地震活动性和地震构造评价

5.1 区域范围和图件比例尺

5.1.1 区域范围取对工程场地地震安全性评价有影响的范围,应不小于工程场地外延 150 km。

5.1.2 区域地震构造图比例尺应采用 1∶1 000 000,其他图件比例尺应不小于 1∶2 500 000。

5.1.3 所有图件应标明工程场地位置。

5.2 地震活动性

5.2.1 地震资料收集与目录编制,应符合以下要求:

a) 根据地震部门正式公布的地震目录和地震报告,收集相关的地震资料;

b) 历史地震资料应包括区域内自有地震记载以来的全部破坏性地震事件;
c) 区域性地震台网地震资料应包括区域内自有区域性地震台网观测以来可定震中参数的全部地震事件;
d) 编制区域破坏性地震目录,包括发震时间、地点、震级、震源深度及定位精度等。

5.2.2 震中分布图的编制,应符合以下要求:
a) 分别编制破坏性地震震中分布图、区域性地震台网记录的地震震中分布图;
b) 注明资料起止年代;
c) 注明主要地震的震级和发震日期;
d) 区分出浅源、中源和深源地震。

5.2.3 地震活动时空特征的分析应包括:
a) 不同时段各级地震的可靠性与相对完整性;
b) 地震的空间分布特征;
c) 震源深度分布特征;
d) 地震活动时间分布特征;
e) 未来地震活动水平。

5.2.4 应收集、补充本区域震源机制解资料,编制震源机制解分布图。

5.2.5 应收集、分析对工程场地有影响的历史地震烈度资料。

5.3 地震构造

5.3.1 Ⅰ级工作,应有下列工作内容:
a) 收集区域地质构造和地球物理场资料,分析其与地震活动的关系;
b) 编制区域大地构造单元划分图、地质构造图和新构造图;
c) 编制区域布格重力异常图、航磁异常图和地壳结构图;
d) 建立区域地球动力学模型。

5.3.2 Ⅱ、Ⅲ、Ⅳ级工作,应收集区域地质构造资料,分析区域内地震发生的大地构造和新构造背景。

5.3.3 对工程场地地震安全性评价结果可能产生较大影响的断层,资料不充分时,应补充下列工作:
a) 查明断层最新活动时代、性质和运动特性;
b) 进行断层活动性分段;
c) 分析重点地段古地震的强度及活动期次。

5.3.4 应根据实地调查和已有资料分析,编制地震构造图,地震构造图应包括以下内容:
a) 第四纪以来活动的主要断层及其活动时代;
b) 活动断层的性质;
c) 第四纪以来活动的盆地及其性质;
d) 现代构造应力场方向;
e) 破坏性地震震中位置。

5.4 综合评价

5.4.1 应评价区域地震活动特征。

5.4.2 应评价区域地震构造环境,分析不同震级档的地震构造条件。

6 近场区地震活动性和地震构造评价

6.1 近场区范围和图件比例尺

6.1.1 近场区范围应不小于工程场地及其外延 25 km。

6.1.2 近场区地震构造图和震中分布图比例尺应不小于 1：250 000，Ⅰ级工作应不小于 1：100 000。

6.1.3 活动构造细节图件,根据需要选定比例尺。探槽剖面图比例尺宜取 1：10～1：50，地质和地貌平面图和剖面图比例尺宜取 1：100～1：1 000。

6.2 地震活动性

6.2.1 对破坏性地震的参数有疑问时,应进行资料核查和现场调查。

6.2.2 Ⅰ级工作,应对近场区内震级小于 4.7 级的仪器记录地震重新定位。

6.2.3 应编制近场区地震震中分布图,分析其与活动构造的关系。

6.2.4 Ⅰ级工作,应利用震源机制、小地震综合断层面解资料,进行局部构造应力场分析。

6.3 地震构造

6.3.1 应收集第四纪地质和地貌资料,分析第四纪构造活动特点。Ⅰ级工作应进行现场勘察,编制第四纪地质构造剖面图和平面图。

6.3.2 应对主要断层进行详细的活动性鉴定,包括活动时代、性质、运动特性和分段等,并判定其最大潜在地震的震级。

6.3.3 在覆盖区,已有资料不能确定已知主要断层的活动时代时,应选用地球物理、地球化学、地质钻探和测年等手段进行勘查。

6.3.4 宜收集地壳形变和考古资料,分析现代构造活动特点。

6.3.5 Ⅰ级工作应在工程场地及其外延 5 km 的范围内进行能动断层鉴定。

6.3.6 应编制近场区地震构造图,近场区地震构造图应包括以下内容：

    a) 第四纪以来有活动的主要断层及其活动时代；
    b) 活动断层的性质；
    c) 第四系分布及其厚度；
    d) 第四纪盆地的范围及其活动性质；
    e) 破坏性地震震中位置。

6.4 综合评价

6.4.1 应综合评价近场区地震活动特征。

6.4.2 应综合评价近场区发震构造。

7 工程场地地震工程地质条件勘测

7.1 场地勘测

7.1.1 场地范围应为工程建设规划的范围。

7.1.2 应收集、整理和分析相关的工程地质、水文地质、地形地貌和地质构造资料。

7.1.3 应进行场地工程地质条件调查、钻探和原位测试。

7.1.4 应编制钻孔分布图及柱状图。

7.1.5 地震小区划应编制工程地质分区图。

7.1.6 钻探应符合下列规定：
   a) Ⅰ级工作应有不少于三个深度达到基岩或剪切波速不小于 700 m/s 的钻孔；
   b) Ⅱ级工作的钻孔布置应能控制工程场地的工程地质条件，控制孔应不少于两个；地震小区划场地钻孔布置应能控制土层结构和工程场地内不同工程地质单元，每个工程地质单元内应至少有一个控制孔；
   c) Ⅱ级工作和地震小区划，控制孔应达到基岩或剪切波速不小于 500 m/s 处，若控制孔深度超过 100 m 时，剪切波速仍小于 500 m/s，可终孔，应进行专门研究。

7.2 地震地质灾害场地勘查

7.2.1 地基土液化
应调查历史地震造成的液化现象，勘查地下水位、可能液化土层的埋藏深度，测定标准贯入锤击数和颗粒组成。Ⅰ级工作应符合 GB 50267—1997 中 5.3 条的规定。

7.2.2 软土震陷
应收集和调查软土层厚度分布及软土震陷等资料。

7.2.3 崩塌、滑坡、地裂缝和泥石流
应收集和调查地形坡度、岩石风化程度、古河道、崩塌、滑坡、地裂缝和泥石流等资料。

7.2.4 海啸与湖涌
Ⅰ级工作应收集历史海啸与湖涌对工程场地及附近地区的影响资料。

7.2.5 地表断层
应收集地震引起的地表和近地表断层的分布、产状、活动性质、断层带宽度、位错量及覆盖层厚度等资料。

7.3 场地岩土力学性能测定

7.3.1 应进行分层岩土剪切波速的原位测量和密度的测定。

7.3.2 应测定剪变模量比与剪应变关系曲线、阻尼比与剪应变关系曲线。Ⅰ级工作应对各层土样进行动三轴和共振柱试验；Ⅱ级工作和地震小区划应对有代表性的土样进行动三轴或共振柱试验。

7.3.3 进行竖向地震反应分析时，应取得纵波速度值、压缩模量比与轴应变关系曲线、阻尼比与轴应变关系曲线。

8 地震动衰减关系确定

8.1 基础资料

8.1.1 应收集区域及邻区的等震线图或地震烈度资料。

8.1.2 应收集区域及邻区的强震动观测资料。

8.2 基岩地震动衰减关系

8.2.1 在基岩地震动衰减模型中，应考虑地震动峰值加速度和反应谱的高频分量在大震级和近距离的饱和特性。

8.2.2 具有足够强震动观测资料的地区，应采用统计回归方法确定地震动衰减关系。

8.2.3 缺乏强震动观测资料的地区，可采用转换方法确定地震动衰减关系。

8.2.4 应论述地震动衰减关系的适用性，Ⅰ级工作应进一步论证其合理性。

8.2.5 强度包络函数应表现上升、平稳和下降三个阶段的特征。

8.2.6 应确定强度包络函数特征参数与震级、距离的关系。

8.3 地震烈度衰减关系

8.3.1 应采用有仪器测定震级的地震烈度资料确定地震烈度衰减关系。

8.3.2 地震烈度衰减模型应体现近场烈度饱和并与远场有感范围相协调。

8.3.3 应将确定的地震烈度衰减关系和实际地震烈度资料进行对比,论述其适用性。

9 地震危险性的确定性分析

9.1 地震构造法

9.1.1 应依据地震活动和地质构造划分地震构造区,确定弥散地震。

9.1.2 宜根据断层活动时代、力学性质、地震活动性等对活动断层进行分段,确定发震构造。

9.1.3 应根据各断层活动段的尺度、活动特点、最大历史地震和古地震,判定最大潜在地震。

9.1.4 确定工程场地地震动参数,应遵照下列规定:
    a) 将最大潜在地震置于其可能发生范围内距工程场地最近处;
    b) 考虑衰减关系的不确定性,分别计算工程场地的地震动参数;
    c) 计算结果中的最大值为地震构造法所确定的地震动参数。

9.2 历史地震法

9.2.1 应计算历史地震在工程场地处的地震动参数。

9.2.2 应根据历史地震的记载与调查资料,确定工程场地的烈度值,转换得到地震动参数。

9.2.3 应将计算和转换结果中的最大值作为历史地震法所确定的地震动参数。

9.3 结果的确定

应取地震构造法和历史地震法结果中较大者作为地震危险性确定性分析的结果。

10 地震危险性的概率分析

10.1 地震区和地震带划分

10.1.1 应依据地震活动空间分布的分区性和地震与活动构造区的相似性划分地震区。

10.1.2 应在地震区内依据地震活动空间分布的成带性和地震与活动构造带的一致性划分地震带。

10.2 潜在震源区划分

10.2.1 应在地震带内划分潜在震源区。

10.2.2 综合判定潜在震源区时应考虑下列标志
    a) 破坏性地震震中;
    b) 微震和小震密集带;
    c) 古地震遗迹地段;
    d) 地震空间分布图像的特征地段;
    e) 断层活动段;
    f) 晚第四纪断陷盆地;
    g) 活动断层的端部、转折处或交汇处等特殊部位。

10.2.3 应根据地震活动空间分布图像和地震构造几何特征确定潜在震源区边界。

10.2.4 应考虑各个潜在震源区主破裂取向,确定其方向性函数。

10.3 地震活动性参数的确定

10.3.1 地震活动性参数应包括：
  a) 地震带的震级上限；
  b) 地震带的震级下限；
  c) 地震带的震级—频度关系；
  d) 地震带的地震年平均发生率；
  e) 地震带的本底地震震级及其年平均发生率；
  f) 潜在震源区的震级上限；
  g) 潜在震源区各震级档空间分布函数。

10.3.2 确定地震带的地震活动性参数应符合下列要求：
  a) 按地震带内历史地震的最大震级和地震构造特征,确定地震带的震级上限；
  b) 考虑地震资料的完整性、可靠性、代表性以及必要的样本量,统计确定震级—频度关系；
  c) 根据地震活动趋势确定地震带的地震年平均发生率；
  d) 根据区域地震活动水平和震源深度确定震级下限；
  e) 本底地震震级,应取地震带内潜在震源区震级上限的最低值减去0.5。

10.3.3 确定潜在震源区的地震活动性参数应符合下列要求：
  a) 依据下列因素确定潜在震源区震级上限：
    ——潜在震源区内最大地震震级；
    ——构造类比结果；
    ——古地震强度；
    ——地震活动图像判定的结果。
  b) 潜在震源区震级上限按0.5级分档。
  c) 按各潜在震源区资料依据的充分程度和相应各震级档地震发生的可能性大小确定空间分布函数。

10.4 地震危险性分析计算

10.4.1 应给出地震动参数超越概率曲线。

10.4.2 计算地震动反应谱时,周期点的分布应能控制反应谱形状,数目应不少于15个。

10.5 不确定性校正

10.5.1 应考虑地震动衰减关系不确定性校正。

10.5.2 宜分析潜在震源区及地震活动参数不确定性对结果的影响。

10.6 结果表述

10.6.1 Ⅰ、Ⅱ、Ⅲ级工作应以表格形式给出对工程场地地震危险性起主要作用的各潜在震源区的贡献；Ⅳ级工作应说明起主要作用的潜在震源区。

10.6.2 根据工程需要,应以图和表格的形式给出不同年限、不同超越概率的地震动参数。

11 区域性地震区划

11.1 基本规定

11.1.1 应根据地震危险性概率分析结果,编制地震区划图。

11.1.2 地震区划图的概率水平应根据工程的特性和重要性确定。

11.1.3 区域地震活动性和地震构造评价，应符合第 5 章的规定。

11.1.4 近场区地震活动性和地震构造评价，应符合第 6 章的规定。

11.1.5 按第 8 章的规定，建立适合于区划范围的地震动衰减关系。

11.1.6 计算控制点的间距，应不大于地理经纬度 0.1°。在结果变化较大的地段，应加密控制点。

11.2 结果表述

11.2.1 地震区划图比例尺宜采用 1∶500 000。

11.2.2 地震区划图采用分区线或等值线表述。

11.2.3 根据计算结果确定分区界线时应考虑下列因素：
  a) 潜在震源区和地震活动性参数的可变动范围及其对结果的影响；
  b) 地形、地貌的差异；
  c) 区划参数的精度。

11.2.4 地震区划图应编写相应的使用说明。

12 场地地震动参数确定和地震地质灾害评价

12.1 场地地震动参数和时程的确定

12.1.1 场地地震动参数应包括场地地表及工程建设所要求深度处的地震动峰值和反应谱。

12.1.2 反应谱宜以规准化形式表示。

12.1.3 自由基岩场地，应根据地震危险性分析结果确定场地地震动参数：
  a) Ⅰ级工作，应综合考虑确定性方法和概率方法的结果确定场地地震动参数；
  b) Ⅱ级和Ⅲ级工作，应根据概率方法的结果确定场地地震动参数。

12.1.4 土层场地，应建立场地地震反应分析模型，进行场地地震反应分析，并基于场地地震反应分析结果确定场地地震动参数。

12.1.5 应根据工程需要，依据场地地震动参数合成场地地震动时程。

12.2 场地地震反应分析模型的建立

12.2.1 Ⅰ级、Ⅱ级工作和地震小区划，地面、土层界面及基岩面均较平坦时，可采用一维分析模型；土层界面、基岩面或地表起伏较大时，宜采用二维或三维分析模型。

12.2.2 确定地震输入界面时应符合下列规定：
  a) Ⅰ级工作应采用钻探确定的基岩面或剪切波速不小于 700 m/s 的层顶面作为地震输入界面。
  b) Ⅱ级工作和地震小区划应采用下列三者之一作为地震输入界面：
    ——钻探确定的基岩面；
    ——剪切波速不小于 500 m/s 的土层顶面；
    ——钻探深度超过 100 m，且剪切波速有明显跃升的土层分界面或由其他方法确定的界面。

12.2.3 选用二维或三维分析模型时，应考虑边界效应。

12.3 场地土层模型参数的确定

12.3.1 Ⅰ级工作应根据土力学性能测定结果确定模型参数。

12.3.2 Ⅱ级工作和地震小区划应由土力学性能测定结果及相关资料确定模型参数。

12.4 输入地震动参数的确定

12.4.1 Ⅰ级工作的基岩地震动参数应按确定性方法和概率方法得到的结果确定。

12.4.2 Ⅱ级工作和地震小区划的基岩地震动参数应按概率方法得到的结果确定。

12.4.3 合成适合工程场地的基岩地震动时程,应符合下列要求:

  a) Ⅰ级工作,反应谱的拟合应符合 GB 50267—1997 中第 4.4.2.3 条的规定;
  b) Ⅱ级工作和地震小区划,反应谱的周期控制点在对数坐标轴上应合理分布,个数不得少于 50 个,控制点谱的相对误差应小于 5%;应给出三个以上相互独立的基岩地震动时程。

12.4.4 本地有强震动记录时,宜充分利用其合成适合工程场地的基岩地震动时程。

12.4.5 应按基岩地震动时程幅值的 50% 确定输入地震波。

12.5 场地地震反应分析与场地相关反应谱的确定

12.5.1 一维模型土层厚度应划分得足够小,使层内各点剪应变幅值大体相等,计算可用等效线性化波动法。

12.5.2 二维及三维模型采用有限元法求解时,有限元网格在波传播方向的尺寸应在所考虑最短波长的 $\frac{1}{12} \sim \frac{1}{8}$ 范围内取值。

12.5.3 应根据场地反应分析得到的地震动时程,计算场地相关反应谱。

12.5.4 应根据计算所得到的场地相关反应谱,综合确定场地地震动参数。

12.6 工程场地地震地质灾害评价

12.6.1 应根据工程场地工程地质条件,确定工程场地地震地质灾害类型,评价其影响程度。

12.6.2 根据断层活动性调查结果,评价断层的地表错动特征及其对工程场地的影响。

13 地震小区划

13.1 工作内容

地震小区划应包括地震动小区划和地震地质灾害小区划。

13.2 地震动小区划

13.2.1 地震动小区划应包括地震动峰值与反应谱小区划。

13.2.2 地震动小区划应符合下列要求:

  a) 根据工程场地工程地质分区图,选择有代表性的控制点或工程地质剖面;
  b) 按 12.1~12.5 的规定,计算控制点或工程地质剖面的地震反应,确定控制点上的地震动参数。

13.2.3 应根据控制点上的地震动参数,并结合工程地质分区结果,编制给定概率水平的工程场地地震动峰值和反应谱分区图或等值线图。

13.2.4 相邻分区或两条等值线,地震动峰值的差别宜不小于 20%,反应谱特征周期的差别宜不小于 0.05 s。

13.2.5　应编写地震动小区划图说明。

13.3　地震地质灾害小区划

13.3.1　应按12.6条的规定，评价工程场地地震地质灾害的类型、程度及其分布。

13.3.2　应编制给定概率水平地震作用下的地震地质灾害小区划图。

13.3.3　应编写地震地质灾害小区划图说明。

14　地震动峰值加速度复核

地震动峰值加速度复核应符合下列要求：

a) 应按第6章的要求，对工程近场区地震活动和地震构造资料进行收集和补充调查，对相关潜在震源区及参数进行论证；

b) 应采用编制中国地震动参数区划图所使用的地震动峰值加速度衰减关系；

c) 应确定50年超越概率10%的工程场地基岩地震动峰值加速度；

d) 应根据中硬场地与基岩场地地震动参数的对应关系，确定中硬场地的地震动峰值加速度，并按GB 18306—2001《中国地震动参数区划图》的分区原则进行归档，作为复核结果。

地质灾害排查规范(DZ/T 0284—2015)

前言

本标准按照 GB/T 1.1—2009《标准化工作导则 第1部分:标准的结构和编写》给出的规则起草。

本标准由中华人民共和国国土资源部提出。

本标准由全国国土资源标准化委员会(SAC/TC 93)归口。

本标准起草单位:中国地质环境监测院、中国地质调查局成都地质调查中心等。

本标准主要起草人:殷跃平、张作辰、郑万模、倪化勇、李晓春、李宗亮、巴仁基、张开军、胡秋韵、铁永波、李明辉、祁小博、徐伟、王德伟。

引言

为规范和指导崩塌、滑坡、泥石流、不稳定斜坡、地面塌陷、地裂缝和地面沉降等地质灾害排查工作的开展,制定本标准。希望通过本标准的实施,为及时掌握地质灾害动态变化、提高地质灾害防治成效提供技术支撑。

1 范围

本标准规定了地质灾害排查的任务、工作内容、工作方法和技术要求等。

本标准适用于滑坡、崩塌、泥石流、不稳定斜坡、地面塌陷、地裂缝、地面沉降等类型地质灾害的排查。

针对地震等开展的应急性地质灾害排查可参照本规范执行。

2 规范性引用文件

下列文件对于本文件的应用是必不可少的。凡是注日期的引用文件,仅所注日期的版本适用于本文件。凡是不注日期的引用文件,其最新版本(包括所有的修改单)适用于本文件。

DZ/T 0218 滑坡防治工程勘查规范
DZ/T 0220 泥石流灾害防治工程勘查规范
DZ/T 0261 滑坡崩塌泥石流灾害调查规范(1∶50 000)

3 术语和定义

下列术语和定义适用于本文件。

3.1
地质灾害 geological hazard

由不良地质作用引起的对人类生命财产和生态环境造成损失的地质现象。本标准主要涉及滑坡、崩塌、泥石流、地面塌陷、地裂缝、地面沉降等灾种。

3.2

地质灾害隐患　geological hazard potential

潜在的地质灾害点或区段。通常指通过地面地质、地形和影响因素调查,初步推测可能发生地质灾害的地点或区段。

3.3

复合型地质灾害　complex geological hazard

具有两种或两种以上灾种组合特征的地质灾害。

3.4

地质灾害链　geological hazard chain

具有灾种转化特征的地质灾害。包括山体滑坡灾害—碎屑流灾害—堰塞湖堵江灾害—堰塞湖溃决灾害等类型。

3.5

地质灾害核查　verification on geological hazard

根据地质要素对比等方法,对地质灾害隐患点现场评估验证的工作。

3.6

地质灾害排查　dynamic survey on geological hazard

对已知地质灾害隐患点进行逐一核查,和对可能发生地质灾害的地区进行地面调查评估的工作。

4　总则

4.1　任务

4.1.1　全面核查已有地质灾害隐患点及其威胁对象的变化情况,进行稳定性和危险性评估,实地调查新发现的地质灾害隐患点,初步查明灾害特征、成因等,评价其稳定性、危害性和发展趋势,划定地质灾害危险区,建立或更新地质灾害数据库,提出地质灾害防治对策和工作建议。

4.1.2　对出现临灾征兆、可能造成人员伤亡或者重大财产损失的区域和地段进行应急调查,查明地质灾害发生的原因、影响范围等情况,并上报当地主管部门,提出应急处置措施或建议,协助地方政府进行应急处置,减轻和控制地质灾害灾情。

4.2　基本要求

4.2.1　应遵循"以人为本"和"预防为主"的原则,重点围绕地质灾害可能造成损失的地段开展。

4.2.2　应充分利用已有地质灾害调查和研究成果,结合相关部门、群众报灾线索,确定排查对象。排查对象为可能受崩塌、滑坡、泥石流、不稳定斜坡、地面塌陷、地裂缝、地面沉降等威胁或危害的隐患。可根据实际情况增加其他地质灾害灾种的排查。

4.2.3　应采用对已有地质灾害隐患点核查和对新增地质灾害隐患点调查相结合的"逐点排查"方式进行,重点排查和一般排查相结合。

4.2.4　应加强对复合型地质灾害或地质灾害链的认识和评估,尤其应评估地质灾害隐患发生高速远程滑坡、碎屑流及入江(河)等灾害链发生的可能性。

4.2.5　对受地质灾害威胁的城镇、人口聚居区、风景名胜旅游区、工矿企业和水利水电工程临时安置区、重点文物保护区等应进行重点排查。

4.3 已有地质灾害核查内容与要求

4.3.1 应全面收集、分析已有的各种相关调查成果和资料,实地核查已有地质灾害。核查内容主要包括:

  a) 已有地质灾害调查资料的准确性和完整性;
  b) 地质灾害体新近的变化情况及演化趋势预测;
  c) 危险区范围变化情况;
  d) 威胁对象变化情况;
  e) 影响因素的变化情况(自然因素和人为因素)。

4.3.2 针对变形加剧的地质灾害体,根据其变化,重新评估危险区范围及灾害程度;针对地质灾害危险区范围和威胁对象的变化,判断地质灾害体的稳定性、发展趋势及危害程度。

4.3.3 补充完善已有地质灾害调查资料,更新已有地质灾害数据库,提出地质灾害防治对策建议。

4.4 新增地质灾害调查内容与要求

4.4.1 根据群众报灾或地质灾害主管部门提供的信息,应实地对新增地质灾害隐患点进行调查确认。新增崩塌、滑坡、泥石流、不稳定斜坡灾害调查应按 DZ/T 0261 相关要求进行,逐一填写崩塌、滑坡、泥石流、不稳定斜坡调查表;新增地面塌陷、地裂缝、地面沉降调查按本标准 10.2、11.2 和 12.2 相关要求开展,逐一填写地面塌陷野外调查表(见附录 A.1)、地裂缝野外调查表(见附录 A.2)和地面沉降野外调查表(见附录 A.3)。

4.4.2 对新增的地质灾害隐患点实地调查,宜采用野外踏勘及实地测绘相结合的手段,初步查明地质灾害类型、成因、诱发因素、特征和危害等,对其稳定性、危险性和危害性进行评价,划定危险区,提出搬迁避让、群测群防、工程治理等防治建议。

4.5 地质灾害排查信息处理

4.5.1 在地质灾害排查过程中发现稳定性差、危险性大的地质灾害隐患点,应及时向当地主管部门报告,提出应急处置建议,协助当地政府和有关部门尽快划定危险区域。

4.5.2 对经核查确认因灾害已发生而不存在致灾体,或因搬迁避让而没有威胁对象,或因已经采取工程治理等措施灾害已经确认为稳定的地质灾害隐患点,可向原批准机关提出销号建议。

5 排查工作方法

5.1 基本排查方法

5.1.1 地质灾害排查工作宜以资料收集和地面调查相结合的方法开展。

5.1.2 对重大地质灾害隐患可利用无人机航拍或高分辨率卫星遥感影像进行调查。

5.2 资料收集

5.2.1 充分收集地质灾害调查、监测、研究,及其他相关勘察和防治等资料。

5.2.2 收集地质灾害形成条件与诱发因素资料,包括气象、水文、地形地貌、地层与构造、地震、水文地质、工程地质等。

5.2.3 收集有关社会、经济资料,包括国民经济建设规划、生态环境建设规划,城镇、水利水电、交通、矿山等工农业建设工程分布状况和近期规划即将开展的工程活动相关资料。

5.2.4 收集各级政府和有关部门制定的地质灾害防治法规和规划、地质灾害防灾预案、地质灾害信息系统及数据库等相关减灾防灾资料。

5.2.5 收集年度群众报灾数据、遥感数据等其他资料。

5.3 地面调查

5.3.1 充分利用已完成的高分辨率遥感、航空影像或地质灾害调查基础图件,采用比例尺1∶50 000或更高精度地形图作为野外调查工作手图。

5.3.2 应根据已有地质灾害调查成果并结合地方政府提供的新增灾害信息,逐点进行排查。

5.3.3 对危及县城、集镇、矿山、重要公共基础设施、主要居民点的地质灾害隐患点和人类工程活动强烈的公路、铁路、水库、输油(气)管线等应进行重点排查;对于小型规模,且危害小的地质灾害隐患点可做一般排查。

5.4 遥感解译或无人机航拍

5.4.1 对存在较大安全隐患但人员实地调查困难的地质灾害隐患点,可采用无人机航拍或高分辨率遥感解译方法,初步掌握地质灾害隐患点的现状、特征等,并预测发展趋势。

5.4.2 针对突发性地质灾害,可采用无人机航拍或高分辨率遥感解译快速查明地质灾害发生情况和成灾情况。

6 滑坡灾害排查

6.1 已有滑坡灾害点核查

6.1.1 核查滑坡的影响范围和威胁对象,包括危险区内人口的迁移和建筑工程等的增减,分析人类工程活动对滑坡的影响。

6.1.2 重点核查滑坡灾害是否发生变化及其变化程度,包括滑坡体上地表裂缝、滑坡位移和建筑变形等宏观变形迹象。

6.1.3 分析滑坡发生变化的原因,判断滑坡的稳定性、发展趋势和险情,更新危险性区划、滑坡野外调查表和数据库等,提出滑坡防治建议。

6.2 新增滑坡灾害点调查

6.2.1 调查范围应包括滑坡分布区及可能造成危害影响的地区,调查内容主要包括滑坡成因调查和滑坡危害调查,按DZ/T 0261要求填写滑坡野外调查表。

6.2.2 对于滑坡区,应查明滑坡地理位置、地貌部位、斜坡形态、斜坡坡度、相对高度、坡体结构、植被等,了解滑坡区地层岩性、地质构造、水文和地震等基本环境地质条件。

6.2.3 对于滑坡体,应查明滑坡的规模与形态特征、后(侧)壁和前缘等边界特征、裂缝和微地貌形态等表部特征、岩体结构和岩性组成等内部特征以及发生发展的变形活动特征等。

6.2.4 对于滑坡成因,应通过自然因素、人为因素影响的比较和分析,初步查明导致滑坡发生或影响其稳定性的主要诱发因素。

6.2.5 对于滑坡危害,调查访问滑坡发生发展历史、人员伤亡以及建(构)筑物、田地、工程、环境等破坏而导致的经济损失情况,目前的威胁对象,划定滑坡危险区。

6.2.6 按照DZ/T 0218的规定,采用滑坡体的物质组成、结构形式、滑坡体厚度、运移形式、成因、稳定程度和规模等因素进行分类,对滑坡的发育阶段、稳定状态和发展趋势进行初步评价和判断。

6.2.7 根据滑坡体大小以及滑坡体滑动的距离初步划定滑坡危险区,个别情况下,危害范围还包括滑坡活动造成溃坝、堵江等引起的灾害链的危害区。

7 崩塌灾害排查

7.1 已有崩塌灾害点核查

7.1.1 包括危岩体和崩塌堆积体核查。

7.1.2 访问崩塌近期发生的次数、发生的时间、诱发因素、崩塌规模、崩落范围、灾情等,核查崩塌堆积体的厚度、形态、范围和体积等的变化情况。

7.1.3 重点核查危岩体的变形变化情况,包括裂缝长度、宽度、深度以及临空面变化情况等。

7.1.4 核查崩塌危险区内威胁对象的变化情况、人类工程活动情况及其对危岩体或崩积体稳定性的影响等,定性判断危岩体和崩塌堆积体的稳定性、发展趋势。

7.1.5 分析判断危岩体或崩积体失稳后崩落的路径和距离,划定危险区。

7.1.6 更新已有崩塌灾害资料信息,包括已有崩塌野外调查表和数据库,提出防治建议。

7.2 新增崩塌灾害点调查

7.2.1 包括已发生崩塌点和未发生崩塌点调查。对已发生的崩塌点应对崩塌体和危岩同时开展调查,对未发生的崩塌点应对危岩体位置、形态、分布高程、规模、范围和稳定性开展调查。

7.2.2 初步调查危岩体及周边的地质构造、地层岩性、地形地貌、斜坡结构类型和水文地质条件以及构造结构面、原生结构面和风化卸荷结构面的产状、形态、规模、性质、密度及其相互切割关系。

7.2.3 访问并核实危岩体变形发育史,包括危岩体形成的时间、崩塌发生次数、发生时间、崩塌前兆特征、崩塌方向、崩塌运动距离、堆积场所、崩塌规模、变形、已经造成的损失。

7.2.4 确定崩塌发生的影响因素,包括降水、河流冲刷、地面及地下开挖、采掘等因素的强度、周期以及它们对危岩体变形破坏的影响。

7.2.5 初步判断危岩体发生崩塌的可能性、规模及其运动的最大距离、路径和危害范围,应重视气垫效应和折射回弹效应的可能性及由此造成的特殊运动特征与危害。

7.2.6 调查崩塌堆积体的分布范围、高程、形态、物质组成、分选情况、块度、结构、密实度和植被生长情况等,分析崩塌堆积体可能失稳的因素,判断堆积体的稳定性和发展趋势。

7.2.7 根据危岩崩落的距离和危岩带宽度初步划定崩塌隐患点的危险区,查明威胁对象,进行险情的分析和预测,提出专业监测、群测群防、搬迁避让或工程治理等方面的防治对策。

7.2.8 按 DZ/T 0261 要求填写崩塌野外调查表。

8 泥石流灾害排查

8.1 已有泥石流灾害点核查

8.1.1 核查新近泥石流的发生情况,包括泥石流发生的次数及对应的时间、规模、危害和灾情等。

8.1.2 核查泥石流危险区(包括流域内部和泥石流沟沟口)及危险区内威胁对象的变化情况。

8.1.3 核查流域内人类工程活动(修路、采矿、水电建设等)及植被的变化情况(植被类型和覆盖率变化等),分析人类工程活动和植被变化等因素对泥石流的影响。

8.1.4 核查流域内泥石流松散物源量的变化情况,包括流域内新增滑坡、崩塌和人工弃渣(建筑垃圾、生活垃圾等)等不良现象的发育数量、规模、稳定性及分布情况,估算泥石流的物源量,分析判断泥石流的发展趋势。

8.1.5 核查泥石流沟沟床的堵塞程度,查明沟床严重堵塞段及堵塞体的类型和特征等。

8.1.6 划定泥石流影响区和危险区,评估泥石流灾害的险情。

8.1.7 更新已有泥石流灾害资料信息,包括已有泥石流野外调查表和数据库等,提出防治建议。

8.2 新增泥石流灾害点调查

8.2.1 调查内容

包括流域调查、成因调查、特征调查和危害调查等,并按 DZ/T 0261 要求填写泥石流野外调查表。

8.2.2 调查范围

应包括沟谷至分水岭的全部地段和可能受泥石流影响的地段。

8.2.3 泥石流沟流域调查

8.2.3.1 调查形成区的地势、沟谷发育程度、冲沟切割深度和密度、植被覆盖情况、斜坡稳定性及水土流失情况等。

8.2.3.2 调查流通区的长度、坡度、形态、跌水、急弯、卡口情况以及冲、淤和堵塞情况等,根据表1对泥石流沟堵塞程度进行评价。

表 1 泥石流沟堵塞程度判别表

堵塞程度	特 征
严重	沟槽弯曲,河段宽窄不均,卡口、陡坎多。大部分支沟交汇角度大。形成区集中,沟槽堵塞严重,阵流间隔时间长
中等	沟槽较顺直,河段宽窄较均匀,陡坎、卡口不多。主支沟交角多数小于60°。形成区不太集中,河床堵塞情况一般
轻微	沟槽顺直均匀,主支沟交汇角小,基本无卡口、陡坎。形成区分散,阵流间隔时间短而少

8.2.3.3 调查堆积区面积、形态、体积、叠置或切割情况,堆积物的物质组成和颗粒级配等,初步判断堆积扇的发展趋势等。

8.2.3.4 确定泥石流沟流域在地质构造图上的位置,重点调查研究新构造对地形地貌、松散固体物质形成和分布的控制作用,阐明与泥石流活动的关系,分析研究地震可能对泥石流的触发作用。

8.2.3.5 调查流域内的人类工程活动,主要调查人类工程活动所产生的固体废弃物(矿山尾矿、工程弃渣、弃土、垃圾)的堆放位置、堆放形式和体积规模等。

8.2.3.6 调查流域内植被分布和土体利用情况,圈定流域内植被严重破坏区、陡坡耕地区等。

8.2.4 泥石流成因调查

8.2.4.1 基本查明泥石流的物源条件,包括物源来源、类型、分布、储量、特征和补给方式等。

8.2.4.2 基本查明泥石流发生的地形地貌条件,包括流域面积、主沟长度、沟床比降、山坡坡度和流域形态等,确定流域地貌发育演化历史及泥石流活动的发育阶段。

8.2.4.3 调查泥石流形成的水动力条件,包括诱发泥石流的暴雨、冰雪融水、水体溃决(水库、冰湖、堰塞湖)等因素,调查流域内降水、山洪的变化特征,尤其是最大暴雨强度及年降水量、暴雨中心位置及山洪引发泥石流的地段。

8.2.5 泥石流特征调查

8.2.5.1 调查泥石流活动历史,包括历次泥石流发生的时间、规模、泥石流泥位标高,确定泥石流发生的规模和频率。

8.2.5.2 调查泥石流的运动过程,测量了解泥石流的动力特征(流速、流量、弯道超高、冲击力等),估算泥石流的一次最大堆积量。

8.2.5.3 根据泥石流水源类型、地貌部位、流域形态、物质组成、固体物质提供方式、流体性质、发育阶段、暴发频率和堆积物体积等分类指标,按 DZ/T 0261 要求对泥石流进行综合分类。

8.2.5.4 采用泥石流沟严重程度数量化表(参见附录 B.1),根据附录 B.2 对泥石流沟易发程度进行评判。

8.2.6 泥石流危害调查

8.2.6.1 调查了解历次泥石流残留在沟道中的各种痕迹,采用泥位调查法划定泥石流危险区(参见表 2)。泥位调查法难以确定危险区范围时,可按设防的降雨频率雨量,计算泥石流流量和泥位线,并划定危险区范围。

8.2.6.2 调查泥石流危害的对象、危害形式(淤埋和漫流、冲刷和磨蚀、撞击和爬高、堵塞或挤压河道)以及灾情。

表 2　泥石流活动危险区域划分表

危险分区	判 别 特 征
极危险区	1.泥石流、洪水能直接到达的地区;历史最高泥位或水位线及泛滥线以下地区 2.河沟两岸已知的及预测可能发生崩塌、滑坡的地区;有变形迹象的崩塌、滑坡区域内和滑坡前缘可能到达的区域内 3.堆积扇挤压大河被堵塞后引发的大河上、下游可能受灾的地区
危险区	1.最高泥位或水位线以上加堵塞后的壅高水位以下的淹没区,溃坝后泥石流可能到达的地区 2.河沟两岸崩塌、滑坡后缘裂隙以上 50 m～100 m 范围内,或按实地地形确定 3.大河因泥石流堵江后在极危险区以外的周边地区仍可能发生灾害的区域
影响区	位于危险区与危险区相邻的地区,它不会直接与泥石流遭遇,但却有可能间接受到泥石流危害的牵连而发生某些级别灾害的地区
安全区	不具备泥石流发生的物源、地形和水文条件的地区,或位置明显高于泥石流泥位的地区

9 不稳定斜坡排查

9.1 已有不稳定斜坡核查

9.1.1 重点核查不稳定斜坡变形破坏迹象及其发展变化情况,包括地表变形(拉张裂缝、剪切裂缝、地面隆起或地面凹陷等)、建筑变形、树木歪斜或渗冒浑水等。

9.1.2 核查不稳定斜坡威胁对象的变化情况,包括危险区内人口的迁移、土地利用的变化。

9.1.3 核查不稳定斜坡影响范围内人类工程活动的开展情况及其与不稳定斜坡发展演化之间的响应。

9.1.4 分析不稳定斜坡变形破坏的主要影响因素(自然因素或人为因素),判断不稳定斜坡的稳定性和发展演化趋势,划定危险区,进行险情预测。

9.1.5 更新不稳定斜坡资料信息,包括野外调查表和数据库等,并提出防治建议。

9.2 新增不稳定斜坡调查

9.2.1 调查范围应包括可能对不稳定斜坡有影响或不稳定斜坡能够危及的所有地段,判定对县城、村镇、集中安置点、矿山、重要公共基础设施等构成威胁的斜坡是否为不稳定斜坡。

9.2.2 调查内容主要包括潜在不稳定斜坡的形态,软弱层和结构面的产状、性质以及斜坡变形特征(是否出现过小规模崩塌、滑塌,后缘是否出现拉张裂缝,前缘有鼓胀变形、裂隙与软弱结构面、地下水溢出或库水位变动带等)。

9.2.3 初步查明不稳定斜坡形成的环境地质条件和特征,了解不稳定斜坡发育的主要诱发因素,特别是斜坡上部暴雨、地表水渗入或地下水对斜坡的影响以及人为工程活动对斜坡的破坏情况等。

9.2.4 通过类比方法评价地质环境条件相似地区不稳定斜坡发生的可能性。按照表3的标准,初步评判不稳定斜坡的稳定性,分析预测不稳定斜坡的演化趋势(崩塌、滑坡、坡面泥石流等),尤其注意高位、远程滑坡的可能性。

9.2.5 划定不稳定斜坡的影响区和危险区,调查不稳定斜坡的危害对象,进行险情预测。

9.2.6 按DZ/T 0261要求填写不稳定斜坡野外调查表,更新数据库,提出专业监测、群测群防、搬迁避让和工程治理等方面的防治建议。

表3 斜坡稳定性野外判别依据

斜坡要素	稳定性差	稳定性较差	稳定性好
坡脚	临空,坡度较陡且常处于地表径流的冲刷之下,有发展趋势,并有季节性泉水出露,岩土体潮湿、饱水	临空,有间断季节性地表径流流经,岩土体较湿	斜坡较缓,临空高差小,无地表径流流经和继续变形的迹象,岩土体干燥
坡体	坡面上有多条新发展的裂缝,其上建筑物、植被有新的变形迹象,裂隙发育或存在易滑软弱结构面	坡面上局部有小的裂缝,其上建筑物、植被无新的变形迹象,裂隙较发育或存在软弱结构面	坡面上无裂缝发展,其上建筑物、植被没有新的变形迹象,裂隙不发育,不存在软弱结构面
坡肩	可见裂缝或明显位移迹象,有积水或存在积水地形	有小裂缝,无明显变形迹象,存在积水地形	无位移迹象,无积水,也不存在积水地形

表 3（续）

斜坡要素	稳定性差	稳定性较差	稳定性好
岩层	中等倾角顺向坡,前缘临空。反向层状碎裂结构岩体	碎裂岩体结构,软硬岩层相间。斜倾视向变形岩体	逆向和平缓岩层,层状块体结构
地下水	裂隙水和岩溶水发育。具多层含水层	裂隙发育,地下水排泄条件好	隔水位好,无富水地层

10 地面塌陷排查

10.1 已有地面塌陷核查

10.1.1 核查地面塌陷的变化情况,包括塌陷有无变深、塌陷坑壁有无坍塌现象发生、塌陷坑周围有无新的裂缝产生等。

10.1.2 核查地面塌陷的影响范围和威胁对象,分析地面塌陷的发展趋势。

10.1.3 更新完善地面塌陷调查资料,包括野外调查表和数据库等,提出防治对策建议。

10.2 新增地面塌陷调查

10.2.1 调查对象包括岩溶地面塌陷和采空地面塌陷。

10.2.2 针对岩溶区,应基本掌握排查工作区内岩溶发育、分布规律及岩溶水环境,基本查明岩溶塌陷的形态、分布、成因、土层厚度与下伏基岩岩溶特征等。重点调查岩溶塌陷易发地段,主要包括：

    a) 浅部岩溶发育强烈,可溶岩顶面起伏较大,并有洞口或裂口,岩溶洞穴空间无充填或充填物少,且充填物为砂、碎石和亚黏土的地段；

    b) 采、排地下水点附近和地下水位降落漏斗范围内（特别是地下水的主要补给方向上）,以及地下水位变动明显的区域（浸没导致水位上升）；

    c) 构造断裂带,背、向斜轴部,可溶岩与非可溶岩的接触部位；

    d) 岩溶洼地、积水低地和池塘；

    e) 第四纪土层为砂、轻亚黏土、亚黏土,且厚度小于 10 m 的地段。

10.2.3 针对采空区,排查内容主要包括：

    a) 采空区和巷道的具体位置、大小、埋藏深度、开采时间和回填塌落、充水等情况；

    b) 矿层的分布、层数、厚度、深度、埋藏特征和开采层的岩性、结构等,矿层开采的深度、厚度、时间、方法、顶板支撑及采空区的塌落、密实程度、空隙和积水等；

    c) 采空区附近抽、排水情况及对采空区稳定的影响；

    d) 地表变形特征和分布规律,包括地表陷坑、台阶、裂缝等的位置、形状、大小、深度、延伸方向及其与采空区、地质构造、开采边界、工作面推进方向等的关系；

    e) 地表移动盆地的特征,划分中间区、内边缘和外边缘区,确定地表移动和变形的特征值；

    f) 搜集建筑物变形及其处理措施等。

10.2.4 按表 4 标准确定地面塌陷的规模类型,查明塌陷对已有建筑物的破坏损失情况。

10.2.5 圈定可能发生地面塌陷的区段,按照附录 A.1 填写地面塌陷野外调查表,提出防治建议。

表 4 塌陷规模类型划分标准

类　　型	塌陷变形面积 S/km^2
巨型	$S \geqslant 10$
特大型	$10 > S \geqslant 1$
大型	$1.0 > S \geqslant 0.1$
中型	$0.10 > S \geqslant 0.01$
小型	$S < 0.01$

11 地裂缝排查

11.1 已有地裂缝核查

11.1.1 核查地裂缝是否发生变化及其变化程度,如裂缝的长度、宽度和深度等。

11.1.2 核查地裂缝的影响范围、威胁对象和造成的损失,分析地裂缝的发展趋势。

11.1.3 更新完善地裂缝调查资料,包括野外调查表和数据库等,提出防治对策建议。

11.2 新增地裂缝调查

11.2.1 调查地裂缝形成的地质环境条件,包括地裂缝分布区的地形地貌、地层岩性、构造断裂等,分析地裂缝成因类型和引发因素(自然因素、人为因素)。

11.2.2 调查地裂缝的单体形态特征和群体分布特征及其分布范围,以及裂缝的产状要素等。

11.2.3 按表 5 标准确定地裂缝的规模类型,分析地裂缝分布规律及其发展趋势,调查地裂缝的威胁对象、危害和造成的损失。

11.2.4 按照附录 A.2 填写地裂缝野外调查表,提出防治对策与建议。

表 5 地裂缝规模类型划分标准

规　　模	裂缝长度 L/km
巨型	$L \geqslant 10$
特大型	$10 > L \geqslant 5$
大型	$5 > L \geqslant 1$
中型	$1.0 > L \geqslant 0.5$
小型	$L < 0.5$

12 地面沉降排查

12.1 已有地面沉降核查

12.1.1 核查沉降量、沉降范围是否发生变化及其变化程度。

12.1.2 核查地面沉降的威胁对象及其造成的损失,分析地面沉降的发展趋势。

12.1.3 更新完善地面沉降调查资料,包括野外调查表和数据库等,提出防治对策与建议。

12.2 新增地面沉降调查

12.2.1 初步查明地面沉降区环境地质条件,包括地形地貌、第四纪沉积物的岩性与厚度及工程地质特征、各含(隔)水层组的水文地质特征、新构造运动特征和地震、开采地下水与矿产等人类主要工程经济活动及强度等,分析地面沉降的成因类型和发展趋势。

12.2.2 初步查明地面沉降特征,包括地面沉降分布范围、形状、面积、沉降中心位置、累计沉降量、沉降速率、沉降范围扩展速率等。

12.2.3 对地面沉降范围内已有建筑物损坏情况进行调查,查明地面沉降的威胁对象、危害和造成的损失。

12.2.4 按照附录 A.3 填写地面沉降野外调查表,提出防治对策与建议。

13 地质灾害排查成果编制

13.1 基本要求

13.1.1 地质灾害排查野外工作结束后,应及时编写和提交地质灾害排查成果报告。

13.1.2 排查成果应包括排查报告、图件、数据库以及其他附件。

13.1.3 排查成果编制应突出针对性和实用性。

13.1.4 排查成果以纸质和电子介质两种形式表示。

13.2 报告编写

13.2.1 地质灾害排查报告应充分利用已有资料,全面反映排查工作区已有地质灾害调查成果和本次地质灾害排查所取得的成果。

13.2.2 地质灾害排查报告应做到内容简明扼要、论据充分、结论明确,报告重点应突出排查前后地质灾害的动态变化,并提出有效的防治建议。

13.2.3 成果报告编写提纲可参照附录 C.1 执行。

13.3 图件编制

13.3.1 成果图件应包括地质灾害分布图和地质灾害防治区划图。

13.3.2 图件比例尺不宜小于 1∶50 000。

13.3.3 图件编制按附录 C.2 执行。

13.4 数据库建设

13.4.1 地质灾害数据库应充分利用已有数据库并结合本次地质灾害排查成果对其更新和完善。

13.4.2 地质灾害数据库应按照 DZ/T 0261 的要求建立。

13.5 其他附件

13.5.1 主要包括野外调查表、照片集、视频、遥感影像等。

13.5.2 还包括重大地质灾害应急调查专题报告等。

附 录 A
（规范性附录）
地质灾害调查表

A.1 地面塌陷野外调查表

地面塌陷野外调查记录按表 A.1 填写。

表 A.1 地面塌陷野外调查表

名称				地理位置	省(市、区) 县(市、区) 乡 村 组						
编号		野外：			坐标	经度：		X：		标高	
		室内：				纬度：		Y：			
发育特征	陷坑单体	坑号	形状	坑口规模/m²	深度/m	变形面积/m²	规模等级	长轴方向	充水水位深/m	水位变动/m	发生时间	发展变化
		1										□停止 □尚在发展
		2										
		3										
	陷坑群体	分布、发育及发生发展情况										
		坑数	分布面积/km²	排列形式	长列方向	坑口口径/m				坑的深度/m		
						最小	最大			最小		最大
		始发时间		盛发开始时间		盛发截止时间		停止时间		尚在发展		
										□趋增强 □趋减弱		
伴生裂缝	单缝特征	缝号	形态	延伸方向	倾向/(°)	倾角/(°)	长度/m	宽度/m	深度/m	性质		
	群缝特征	分布、发育及发生发展情况										
		缝数	分布面积/km²	间距/m	排列形式	产状	阶步指向	缝的规模				
								长		宽		深
								最小				
								最大				
塌陷区地貌特征			□平原 □山间凹地 □河边阶地 □山坡 □山顶									
成因类型			□岩溶型塌陷			□土洞型塌陷			□冒顶型塌陷			

表 A.1（续）

形成条件	地质环境条件	塌陷地层时代及岩性： 岩层产状： 断裂情况： 溶洞发育情况： 岩层总体发育程度：□强 □弱 塌顶溶洞埋深： m	塌陷土层结构及土性 □单层:土性： 厚度： m □双层:上部土性：厚度： m 下部土性：厚度： m 下伏基岩时代及岩性：	塌陷岩土层时代及岩性： 土层时代： 土性： 厚度： m 岩层时代： 岩性： 厚度： m
		地下水位埋深： m	地下水位埋深： m	地下水位埋深： m
	诱发动力因素	□地震□其他振动□地面加载 □水库蓄水□其他水位骤变 □溶蚀剥蚀	□深井抽水□江河水位变化 □地面加载□振动	□坑道挖掘顶板冒落 □洞室顶部破碎岩土体 地下水流强烈下泄

灾害情况	已有灾害损失		潜在灾害预测	
	毁田 亩,毁房 间 阻断交通：□铁路、□公路、□通信 小时		陷坑发展预测	潜在损害预测
	地面水源枯竭： □河水流量减少 m³/s ,□断流 m³/s □井泉水流量减少 m³/s □水位降低 m,□干枯		新增陷坑 个 扩大陷区 km²	毁田 亩(1 亩≈666.7 m²) 毁房 间
	地下井巷突水： □水量增大 m³/s ,□成灾,损失： □淹井损失：		出现新陷区 处	断路 小时
	淹埋地面物资：		面积 km²	其他
	死亡人口/人	直接损失/万元	威胁人口/人	威胁财产/万元
	灾情等级：		险情等级：	

防治情况	已采取的防治措施及效果	今后防治建议

隐患点	□是 □否	防灾预案	□有 □无
群测人员		村长	电话

示意图	平面图
	剖面图

调查负责人：	填表人：	审核人：	填表日期： 年 月 日

A.2 地裂缝野外调查表

地裂缝野外调查记录按表 A.2 填写。

表 A.2 地裂缝野外调查表

名称													
野外编号			地理位置	省(市、区) 县(市、区) 乡 村 组									
				坐标	经度：		X：		标高				
室内编号					纬度：		Y：						

		缝号	形态	延伸方向	倾向	倾角	长度 m	宽度 m	深度 m	规模等级	性质	移位	填充物	出现时间及活动性
发育特征	单缝特征	1	□直线 □折线 □弧线								□拉张 □平移 □下错	方向 距离：		年 月 日 □停止 □仍有活动
		2												
		3												

		缝数	分布、发育情况			发生、发展情况			
			面积/km²	排列形式	缝的规模	始发时间	盛发时间	停止时间	尚在发展
	群缝特征			□平行 产状： 阶步指向：	长 m 至 m				
			间距/m	□斜列 产状： 阶步指向：	宽 m 至 m				□趋增强 □趋减弱
				□环围 圆心位置： □杂乱无章	深 m 至 m				

规模等级		成因类型	□地下开挖引起 □抽排地下水引起 □地震和构造活动引起 □胀缩土引起

形成条件	地质环境条件	裂缝区地貌特征：□山顶 □山坡 □山脚 □平原 裂缝与山脊、山坡、山脚或平原土坎的走向关系：□平行 □横交 □斜交			
		裂缝（受裂）巨岩土层 时代： 岩性：	受裂土层时间： 土性： 下伏层时间： 岩性：	受裂岩土层： 时代： 岩性：	胀缩土特征： 膨胀性： □强 □中 □弱 含水量： %
		裂缝区构造断裂 1组： 走向 °,倾向 °, 倾角 ° 2组： 走向 °,倾向 °, 倾角 °	岩层中的主要断裂产状： 土层中有无新断裂及其产状：	主要构造断裂产状 1组： 走向 °,倾向 °, 倾角 ° 2组： 走向 °,倾向 °, 倾角 °	有无新的构造断裂及其产状：

表 A.2（续）

形成条件	引发动力因素	□地下洞室开挖	□抽排地下水	□地震	□水理作用
		洞室埋深　　m， 洞室规模： 　　长　m， 　　宽　m， 　　高　m， 与裂缝区位置关系： 开挖时间： 开挖方式： 开挖强度：	□井、孔，□坑道，井深或坑道埋深　m， 水位水量： 日出水量： 与裂缝区的位置关系： 抽排水时间 □始于　年　月　日 □止于　年　月　日 □仍在断续	烈度 发生时间： 　　年　月　日 □断层活动 活动断层的位置： 产状： 长度： 性质： 活动时间： 活动速率： 断距：	□降雨，□水库水，□地表水，□地下水 作用时间： 水质(pH)： □开挖卸荷作用 开挖时间： 方式： 深度： □其他作用引起的干湿变化

灾害情况	已有灾害损失		潜在灾害预测		
	毁房　间,阻断交通　处,　小时		裂缝发展预测	潜在损失预测	
	死亡人口/人	直接损失/万元	□缝数增多 □原有裂缝加大 □活动强度增加	毁房　间,阻断交通　处,	
				威胁人口/人	威胁财产/万元
	灾害等级		险情等级		

防治情况	已采取的防治措施及效果	今后防治建议

示意图	平面图
	剖面图

调查负责人：　　　填表人：　　　审核人：　　　填表日期：　　　年　　月　　日

A.3 地面沉降野外调查表

地面沉降野外调查记录按表 A.3 填写。

表 A.3 地面沉降野外调查表

名称		野外编号		室内编号			发生时间	
地理位置		省　　　县(市)　　　乡　　村　　社				沉降类型		
	坐标	X:						
		Y:						
	经纬度	经度:				沉降中心位置	行政区域	
		纬度:					经纬度	经度:
								纬度:
沉降规模								
沉降区面积/km²		年平均沉降量/mm		历年累计沉降量/mm			平均沉降速率/(mm/a)	
地形地貌								
地质构造及活动情况								
第四系覆盖层岩性、厚度、结构、空间变化规律、水文地质特征与主要沉降层位								
沉降区地下水概况								
年开采量/(m³/a)		年补给量/(m³/a)		地下水埋深/m		年水位变化幅度/m		其他
引发沉降原因、变化规律								
沉降现状及发展趋势								
主要危害及经济损失								
治理措施及效果								
调查负责人:		填表人:		审核人:		填表日期:	年 月 日	

附 录 B
（资料性附录）
泥石流沟严重程度(易发程度)数量化与综合评判

B.1 泥石流沟严重程度(易发程度)数量化

表 B.1 给出了泥石流沟严重程度(易发程度)数量化方法。

表 B.1 泥石流沟严重程度(易发程度)数量化表

序号	影响因素	权重	量级划分							
			严重(A)	得分	中等(B)	得分	较微(C)	得分	一般(D)	得分
1	崩塌、滑坡及水土流失(自然和人为活动的)严重程度	0.159	崩塌、滑坡等重力侵蚀严重，多层滑坡和大型崩塌，表土疏松、冲沟十分发育	21	崩塌、滑坡发育，多层滑坡和中小型崩塌，有零星植被覆盖冲沟发育	16	有零星崩塌、滑坡和冲沟存在	12	无崩塌、滑坡、冲沟或发育轻微	1
2	泥沙沿程补给长度比	0.118	≥60%	16	<60%~30%	12	<30%~10%	8	<10%	1
3	沟口泥石流堆积活动程度	0.108	河形弯曲或堵塞，大河主流受挤压偏移	14	河流无较大变化，仅大河主流受迫偏移	11	河形无变化，大河主流在高水偏，低水不偏	7	无河形变化，主流不偏	1
4	河沟纵比降	0.090	≥213‰	12	<213‰~105‰	9	<105‰~52‰	6	<52‰	1
5	区域构造影响程度	0.075	强抬升区，6级以上地震区，断层破碎带	9	抬升区，4~6级地震区，有中小支断层或无断层	7	相对稳定区，4级以下地震区有小断层	5	沉降区，构造影响小或无影响	1
6	流域植被覆盖率	0.067	<10%	9	10%~<30%	7	30%~<60%	5	≥60%	1

表 B.1（续）

序号	影响因素	权重	量 级 划 分							
			严重(A)	得分	中等(B)	得分	较微(C)	得分	一般(D)	得分
7	河沟近期一次变幅	0.062	≥2 m	8	<2 m～1 m	6	<1 m～0.2 m	4	<0.2 m	1
8	岩性影响	0.054	软岩、黄土	6	软硬相间	5	风化强烈和节理发育的硬岩	4	硬岩	1
9	沿沟松散物储量	0.054	≥10×10⁴ m³/km²	6	<10×10⁴ m³/km²～5×10⁴ m³/km²	5	<5×10⁴ m³/km²～1×10⁴ m³/km²	4	<1×10⁴ m³/km²	1
10	沟岸山坡坡度	0.045	≥32°	6	<32°～25°	5	<25°～15°	4	<15°	1
11	产沙区沟槽横断面	0.036	V形谷、U形谷、谷中谷	5	宽U形谷	4	复式断面	3	平坦型	1
12	产沙区松散物平均厚度	0.036	≥10 m	5	<10 m～5 m	4	<5 m～1 m	3	<1 m	1
13	流域面积	0.036	0.2 km²～<5 km²	5	5 km²～<10 km²	4	<0.2 km² 10 km²～<100 km²	3	≥100 km²	1
14	流域相对高差	0.030	≥500 m	4	<500 m～300 m	3	<300 m～100 m	2	<100 m	1
15	河沟堵塞程度	0.030	严	4	中	3	轻	2	无	1

B.2 泥石流沟易发程度数量化综合评判

表 B.2 给出了泥石流沟易发程度数量化综合评判的等级标准。

表 B.2　泥石流沟易发程度数量化综合评判等级标准表

是与非的判别界限值		划分易发程度等级的界限值	
等级	标准得分 N 的范围	等级	按标准得分 N 的范围评判
是	44～130	极易发	116～130
		中易发	87～115
		轻度易发	44～86
非	15～43	不易发生	15～43

附　录　C
（规范性附录）
成果报告编写提纲与图件编制

C.1　地质灾害排查报告编写提纲

第一章　序言

内容主要包括：目的任务；经济与社会发展概况；主要环境地质问题；地质灾害调查、研究与防治概况；本次排查工作方法、排查工作过程、完成的工作量。

第二章　地质环境条件

内容主要包括：在资料收集分析基础上，简单论述地形地貌、地层岩性、地质构造、气象与水文地质特征以及植被特征等地质环境条件，应加强对人类工程经济活动及其与地质灾害发生发展之间响应关系的分析和论述。

第三章　地质灾害形成条件与发育特征

内容主要包括：地质灾害类型、规模、数量、灾情、险情等方面排查前后的变化对照与分析；地质灾害发育分布特征；地质灾害形成条件、影响因素与成灾机理；地质灾害稳定性评价与趋势预测；重点地质灾害分析、评价与防治。

第四章　地质灾害防治对策

内容主要包括：地质灾害防治区划；地质灾害防治重点；地质灾害防治对策建议。

第五章　结论与建议

内容主要包括：地质灾害排查工作取得的主要成果；排查工作在防灾减灾方面的应用建议与成效分析；地质灾害排查工作存在的问题与不足，下一步工作建议等。

C.2　成果图件编制方法

C.2.1　地质灾害分布图编制

比例尺：一般采用 1∶100 000～1∶50 000。

地质灾害分布图是以排查工作区行政区划及地质灾害形成发育的地质环境条件为背景，主要反映地质灾害隐患点的地理位置、类型、规模、稳定性或易发性。图面内容主要包括：

第一层次：主要表示简化地理、行政区划要素与地质灾害相关的地质环境要素。

第二层次:各类地质灾害的位置、类型、成因、规模、稳定性与危害性等。地质灾害用点状符号表示;规模用点状符号大小表示,规模大者应以实际边界表示;稳定性或易发性用颜色表示。排查后新增地质灾害通过不同颜色予以区分。

图面中应配置必要的镶图与说明表。镶图用于地质环境条件或地质灾害成因、引发因素的说明,如降水量等值线图、暴雨等值线图和地震烈度分区图等;说明表主要反映重要地质灾害隐患点的编号、地理位置、类型、规模、稳定性和危害性预测等。

C.2.2 地质灾害防治区划图编制

比例尺:一般采用1∶100 000～1∶50 000。

地质灾害防治区划图以排查工作区行政区划与简单地理要素为背景,主要反映地质灾害防治分区、防治重点和防治对策建议。图面内容主要包括:

第一层次:主要表示简化地理要素。简化行政区划要素,应表示到乡、镇及重要居民点,标明风景名胜区及已建和拟建的重要建设工程,如城建工程、水利水电工程、矿业工程、交通工程、地下水供水工程等。

第二层次:防治分区类别及分区界线。依据地质灾害形成的地质环境条件、发育分布特征,结合当地经济与社会发展规划等因素,进行综合分析,划定重点防治区、次重点防治区和一般防治区。地质灾害重点防治区根据地质灾害现状和需要保护的对象确定,对地质灾害易发区内人口密集居住区(城市、集镇、村庄)、重要基础设施(交通干线、通信工程、水利工程、电力工程)、重要经济区(支柱产业开发区、大中型工矿区)、风景名胜区(自然景点、文化遗存、地质遗迹)、重要农业区(基本农田保护区、特色农业区)等存在危险的区域应划定为地质灾害重点防治区。

第三层次:防治措施。表示所有地质灾害隐患点的防治分期、防治分级、防治重点和防治措施(群测群防、专业监测、避让、治理等)。

图面中应配置必要的镶图与防治区划说明表。如有必要可作重点防治地段或重点防治城镇等的镶图,比例尺适当放大。防治区划说明表主要反映重点防治区的名称、位置、面积,主要地质灾害类型、特征及危害,重点防治的地质灾害及防治对策等内容。

地质灾害危险性评估规范
（DZ/T 0286—2015）

前　　言

本标准接 GB/T 1.1—2009《标准化工作导则　第 1 部分:标准的结构和编写》给出的规则起草。

本标准由中华人民共和国国土资源部提出。

本标准由全国国土资源标准化技术委员会(SAC/TC 93)归口。

本标准起草单位:中国地质环境监测院、北京中地华安地质勘查有限公司、中国地质大学(北京)、山西省第三地质工程勘察院、北京市地质研究所。

本标准主要起草人:殷跃平、颜宇森、高姣姣、祁小博、肖秋平、李艳军、曹广明、王亚春、李智毅、周永昌、慎乃齐、韦京莲、李阳、于萍萍、尚掩库、韩超、肖建兵、孙贵尚。

引　　言

依据《地质灾害防治条例》《国务院关于加强地质灾害防治工作的决定》和《国务院办公厅转发国土资源部、建设部关于加强地质灾害防治工作意见的通知》的相关规定,进一步规范全国建设和规划区地质灾害危险性评估工作,制定本标准。

本标准适用的建设工程包括工业与民用建筑、道路交通、油气管道、水利水电、港口码头等,以及城市和村庄、集镇规划,为工程建设和用地规划的地质灾害防治提供技术指导。

本标准规定的地质灾害危险性评估不替代建设工程和规划各阶段的工程地质勘察或有关的评价工作。

1　范围

本标准规定了各类工程建设及城市总体规划、村庄和集镇规划地质灾害危险性评估的内容、要求、方法和程序等。

本标准适用于在地质灾害易发区内进行各类建设工程、城市总体规划、村庄和集镇规划时的地质灾害危险性评估。

2　规范性引用文件

下列文件对于本文件的应用是必不可少的。凡是注日期的引用文件,仅所注日期的版本适用于本文件。凡是不注日期的引用文件,其最新版本(包括所有的修改单)适用于本文件。

　　GB 50021　岩土工程勘察规范
　　GB 50330　建筑边坡工程技术规范
　　DZ/T 0097　工程地质调查规范(1∶25 000～1∶50 000)

DZ/T 0218 滑坡防治工程勘查规范

DZ/T 0220 泥石流灾害防治工程勘查规范

建市〔2007〕86号 工程设计资质标准

3 术语和定义

下列术语和定义适用于本标准。

3.1

地质灾害 geological hazard

不良地质作用引起人类生命财产和生态环境的损失。主要包括滑坡、崩塌、泥石流、地面塌陷、地裂缝、地面沉降等灾种。

3.2

地质环境条件 geological environmental condition

与人类生存、生活和工程设施依存有关的地质要素,包括自然地理、区域地质、地层岩性、地质构造、岩土类型及其工程地质性质、水文地质以及人类活动的影响等。

3.3

地质灾害易发区 easily occurring zone of geological hazard

具有发生地质灾害的地质环境条件、容易发生地质灾害的地区。

3.4

地质灾害危险性 risk of geological hazard

一定发育程度的地质体在诱发因素作用下发生灾害的可能性及危害程度。

3.5

地质灾害危险性评估 risk assessment for geological hazard

在查明各种致灾地质作用的性质、规模和承灾对象社会经济属性的基础上,从致灾体稳定性和致灾体与承灾对象遭遇的概率上分析入手,对其潜在的危险性进行客观评价,开展包括现状评估、预测评估、综合评估、建设用地适宜性评价及地质灾害防治措施建议等为主要内容的技术工作。

3.6

发育程度 development degree

地质体在地质作用下变形和发展的状态及空间分布特征。

3.7

危害程度 harm degree

地质灾害造成或可能造成的人员伤亡、经济损失与生态环境破坏的程度。

3.8

诱发因素 inducing factor

引起地质体发生变化的自然和人为活动要素。

4 基本规定

4.1 评估要求及工作内容

4.1.1 在地质灾害易发区内进行工程建设,应在可行性研究阶段进行地质灾害危险性评估;在地质灾害易发区内进行城市和村镇规划时,应在总体规划阶段对规划区进行地质灾害危险性评估。

4.1.2 地质灾害危险性评估的灾种主要包括:滑坡、崩塌、泥石流、岩溶塌陷、采空塌陷、地裂缝、地面沉降等。

4.1.3 地质灾害危险性评估工作,应在充分搜集利用已有的遥感影像、区域地质、矿产地质、水文地质、工程地质、环境地质和气象水文等资料基础上进行地面调查,必要时可适当进行物探、坑槽探及取样测试。

4.1.4 地质灾害危险性评估成果,应按照国土资源行政主管部门的有关规定,经专家审查后,方可提交立项和用地审批使用。

4.1.5 地质灾害危险性评估的主要内容是:阐明工程建设区和规划区的地质环境条件基本特征;分析论证工程建设区和规划区各种地质灾害的危险性,进行现状评估、预测评估和综合评估;提出防治地质灾害的措施与建议,并做出建设场地适宜性评价结论。

4.1.6 评估工作结束后两年,工程建设仍未进行,应重新进行地质灾害危险性评估工作。

4.1.7 评估工作结束后,评估区地质环境条件发生重大变化或工程建设方案变化大时,应重新进行地质灾害危险性评估工作。

4.2 评估工作程序

4.2.1 接受评估委托后,进行建设项目初步分析;通过搜集有关资料和现场踏勘,对评估区地质环境条件和地质灾害发育情况做初步分析。

4.2.2 确定评估范围和划分评估等级,编制评估工作大纲或设计书。

4.2.3 进行评估区现场调查,重点查清评估范围内的地质灾害类型、数量和发育特点。

4.2.4 对评估区内地质灾害危险性和建设用地适宜性做出评估。

4.2.5 提交评估报告。评估工作程序见附录A。

4.3 评估范围与级别

4.3.1 地质灾害危险性评估范围,不应局限于建设用地和规划用地面积内,应视建设与规划项目的特点、地质环境条件、地质灾害的影响范围予以确定。

4.3.2 若危险性仅限于用地面积内,应按用地范围进行评估。

4.3.3 在已进行地质灾害危险性评估的城市规划区范围内进行工程建设,建设工程处于已划定为危险性大—中等的区段,应进行建设工程地质灾害危险性评估。

4.3.4 区域性工程建设的评估范围,应根据区域地质环境条件及工程类型确定。

4.3.5 重要的线路建设工程,评估范围一般向线路两侧扩展 500 m～1 000 m 为宜,可根据灾害类型和工程特点扩展到地质灾害影响边界。

4.3.6 滑坡、崩塌评估范围应以第一斜坡带为限;泥石流评估范围应以完整的沟道流域边界为限;地面塌陷和地面沉降的评估范围应与初步推测的可能影响范围一致;地裂缝应与初步推测可能延展、影响范围一致。

4.3.7 建设工程和规划区位于强震区,工程场地内分布有构筑物错位或开裂、构造地裂缝和活动断裂,评估范围应将其包括。

4.3.8 地质灾害危险性评估分级进行,根据地质环境条件复杂程度与建设项目重要性划分为三级,见表1。

表 1 地质灾害危险性评估分级表

建设项目重要性	地质环境条件复杂程度		
	复杂	中等	简单
重要	一级	一级	二级
较重要	一级	二级	三级
一般	二级	三级	三级

4.3.9 地质环境条件复杂程度按附录 B 表 B.1 确定;建设项目重要性按附录 B 表 B.2 确定。

4.3.10 在充分搜集分析已有资料基础上,编制评估工作大纲,明确任务,确定评估范围与级别,设计与部署地质灾害调查的内容、重点和工作量,提出质量监控措施和成果等。

4.4 地质灾害危险性评估指标分级

4.4.1 地质灾害诱发因素的分类见附录 C 表 C.1。

4.4.2 地质灾害发育程度分为强发育、中等发育和弱发育三级,各类地质灾害的发育程度见附录 D。

4.4.3 地质灾害危害程度分为危害大、危害中等和危害小三级,见表 2。

表 2 地质灾害危害程度分级表

危害程度	灾 情		险 情	
	死亡人数/人	直接经济损失/万元	受威胁人数/人	可能直接经济损失/万元
大	≥10	≥500	≥100	≥500
中等	>3～<10	>100～<500	>10～<100	>100～<500
小	≤3	≤100	≤10	≤100

注 1:灾情:指已发生的地质灾害,采用"人员伤亡情况""直接经济损失"指标评价。
注 2:险情:指可能发生的地质灾害,采用"受威胁人数""可能直接经济损失"指标评价。
注 3:危害程度采用"灾情"或"险情"指标评价。

4.4.4 地质灾害危险性依据地质灾害发育程度、危害程度分为大、中等、小三级,见表 3。

表 3 地质灾害危险性分级表

危害程度	发 育 程 度		
	强	中等	弱
大	危险性大	危险性大	危险性中等
中等	危险性大	危险性中等	危险性中等
小	危险性中等	危险性小	危险性小

4.5 不同级别评估的技术要求

4.5.1 一级评估应有充足的基础资料,进行充分论证。具体包括:

　　a) 应对评估区内分布的各类地质灾害体的危险性和危害程度逐一进行现状评估;

b) 对建设场地和规划区范围内,工程建设可能引发或加剧的和本身可能遭受的各类地质灾害的可能性和危害程度分别进行预测评估;

c) 依据现状评估和预测评估的结果,综合评估建设场地和规划区地质灾害危险性程度,分区段划分出危险性等级,说明各区段地质灾害的种类和危害程度,对建设和规划用地适宜性做出评估结论,并提出有效防治地质灾害的措施与建议。

4.5.2 二级评估应有充足的基础资料,进行综合分析。具体包括:

a) 应对评估区内分布的各类地质灾害体的危险性和危害程度逐一进行初步现状评估;

b) 对建设场地和规划区范围内,工程建设可能引发或加剧的和本身可能遭受的各类地质灾害的可能性和危害程度分别进行初步预测评估;

c) 在上述评估的基础上,综合评估建设场地和规划区地质灾害危险性程度,分区段划分出危险性等级,说明各区段主要地质灾害种类和危害程度,对建设和规划用地适宜性做出评估结论,并提出可行的防治地质灾害的措施与建议。

4.5.3 三级评估应有必要的基础资料进行分析,参照一级评估要求的内容,做出概略评估。

5 地质环境条件调查

5.1 一般规定

5.1.1 在充分搜集和分析评估区及有关相邻地区已有地质环境资料的基础上,应针对拟建工程或规划区的特点,对评估区地质灾害形成的地质环境条件进行调查。

5.1.2 地质灾害危险性评估调查用图应能充分反映评估区地质环境条件和灾害体特征,便于使用和阅读,比例尺可酌情确定,一般不宜小于 1∶50 000。

5.1.3 在图幅面积 10 cm×10 cm 的范围内,调查控制点对于一级评估不应少于 5 个,二级评估不应少于 3 个,三级评估不应少于 2 个。对地质灾害形成有明显控制与影响的微地貌、地层岩性、地质构造等重要部位或重点地段,可适当加密调查点。

5.1.4 通过调查,应分析地质环境条件对评估区及周边地质灾害形成、分布和发育的影响。

5.1.5 通过综合分析,对评估区地质环境条件复杂程度做出总体和分区段划分。

5.2 区域地质背景

5.2.1 搜集区域地质及构造背景资料,分析判断在其背景下可能发育的地质灾害及与评估区的关系。

5.2.2 搜集评估区及周边活动断裂资料,分析判断对评估区的影响程度。

5.2.3 搜集区域地震历史资料,分析判断地质活动对评估区的影响及地壳稳定性。

5.3 气象水文

5.3.1 搜集评估区的气象资料,主要包括气候类型特征、气温、降水、蒸发、湿度等,重点掌握与地质灾害关系密切的气象要素。

5.3.2 搜集分析评估区地表水的流域特征与水文要素,主要包括流量、水位、含沙量、历史洪水及洪涝灾情等。

5.4 地形地貌

5.4.1 搜集评估区及周边地形地貌资料,确定评估区所处的地形地貌位置。

5.4.2 调查评估区地形地貌特征,主要包括海拔、相对高差和地貌类型、成因与形态。

5.4.3 重点调查与地质灾害相关的地貌特征,主要包括以下内容:

a) 斜坡的形态、类型、结构、坡度、高度；沟谷、河谷、河漫滩、阶地、冲洪积扇等分布特征；微地貌的组合特征、相对年代及其演化历史；

b) 人工边坡、露天采矿场、水库、大坝、堤防、弃渣堆等的分布、形态、规模及稳定状态。

5.5 地层岩性

5.5.1 调查评估区地层的地质年代、成因、岩性、产状、厚度、分布及接触关系等。

5.5.2 调查评估区岩浆岩的分布、岩性、形成年代及与围岩接触关系等。

5.6 地质构造

5.6.1 调查评估区构造的分布、形态、规模、性质及组合特点等。

5.6.2 分析区域活动断裂对评估区及地质灾害的影响。

5.6.3 调查地质结构面的产状、形态、规模、性质、密度以及相互关系，分析地质结构面对地质体成灾作用的影响。

5.7 岩土体类型及其工程地质性质

5.7.1 调查岩土体的分布、岩性、成因、类型、结构及物理力学性质，重点了解新近沉积土和特殊类土的分布范围及工程地质特征。

5.7.2 岩土体分类，应符合 GB 50021 的要求。

5.8 水文地质条件

5.8.1 调查评估区含水层的分布、类型、富水性、透水性，隔水层的岩性、厚度和分布。

5.8.2 调查地下水类型，地下水的水位、水量、水质、水温等特征。

5.8.3 分析地下水对评估区岩土体的影响及其与地质灾害的关系。

5.9 人类活动对地质环境的影响

5.9.1 调查评估区人类活动的类型、强度、规模、分布及其对地质环境的影响。

5.9.2 调查评估区人类活动诱发或加剧的地质灾害发生的状况。

5.10 其他

有关区域地壳稳定性、高坝和高层建筑地基稳定性、隧道开挖过程中的工程地质问题、地下开挖过程中各种灾害（岩爆、突水、瓦斯突出等）及矿山生产中排土场、矸石山、矿渣堆、尾矿库发生的各种灾害和问题，不作为地质灾害危险性评估的内容，可在地质环境条件中进行论述，并在评估报告中建议具有相关资质的单位按专业规范和要求进行专项评价。

6 地质灾害调查及危险性现状评估

6.1 一般规定

6.1.1 基本查明评估区及周边已发生（或潜在）的各种地质灾害的形成条件、分布类型、活动规模、变形特征、诱发因素与形成机制等，对其稳定性（发育程度）进行初步评价。

6.1.2 查明评估区地质灾害对生命财产和工程设施造成的危害程度。

6.1.3 应对下列区段进行重点调查：

a) 不同类型灾种的易发区段；

b) 岩体破碎、土体松散、构造发育并且存在适宜的斜坡坡度、坡高、坡型的自然斜坡区段；

c) 工程设计挖方切坡、大面积填方区段；

d) 潜在泥石流的冲沟；
e) 可能诱发岩溶塌陷范围；
f) 采空区及其塌陷范围；
g) 各类特殊性岩土分布范围。

6.1.4 根据地质灾害发育程度(稳定性)、危害程度,按灾种进行地质灾害危险性现状评估。
6.1.5 对各种地质灾害危险性现状评估,可采用工程地质类比法、成因历史分析法、赤平极射投影法等定性、半定量的评估方法进行。
6.1.6 对地质灾害体的重点部位和影响范围内的建筑物等,宜进行拍照、录像或绘制素描图。
6.1.7 搜集和调查评估区或周边地质灾害防治工程的类型、效果和经验。
6.1.8 调查时应填写地质灾害评估调查表,见附录E。

6.2 滑坡

6.2.1 滑坡调查宜包括下列内容：
a) 搜集评估区及周边滑坡史、易滑地层分布、水文气象、工程地质图和地质构造图等资料；
b) 调查滑坡体上微地貌形态及其演变过程,如滑坡周界、滑坡壁、滑坡平台、滑坡舌、滑坡裂缝、滑坡鼓丘等；查明滑动带部位,滑痕指向、倾角,滑带的组成和岩土状态；
c) 调查裂缝的位置、方向、深度、宽度、产生时间、切割关系和力学属性；
d) 分析滑坡的主滑方向、主滑段、抗滑段及其变化；
e) 调查滑坡体地下水和地表水的情况、泉水出露地点及流量、地表水体、湿地分布及变迁情况；
f) 调查滑坡带内外建筑物、树木等的变形、位移及其破坏的时间和过程。

6.2.2 现状评估应符合下列要求：
a) 按附录D表D.1确定滑坡稳定性(发育程度)；
b) 按附录C表C.1分析滑坡发生的诱发因素；
c) 按表2确定滑坡的危害程度；
d) 按表3对滑坡危险性现状进行评估。

6.3 崩塌(危岩)

6.3.1 崩塌(危岩)调查宜包括下列内容：
a) 搜集评估区及周边崩塌史、易崩塌地层的分布、水文气象和所处的地质构造单元等资料；
b) 崩塌区的地形地貌及崩塌类型、规模、范围；
c) 崩塌区岩土体的岩性特征、风化程度和地下水、地表水的活动特征等；
d) 崩塌区的地质构造,岩土体结构类型、结构面的产状、组合关系、力学属性、充填情况、延展及贯穿特征,分析崩塌(危岩)的崩落方向、规模和影响范围。

6.3.2 现状评估应符合下列要求：
a) 按附录D表D.3确定崩塌(危岩)发育程度；
b) 按附录C表C.1分析崩塌(危岩)发生的诱发因素；
c) 按表2确定崩塌(危岩)的危害程度；
d) 按表3对崩塌(危岩)危险性现状进行评估。

6.4 泥石流

6.4.1 泥石流调查范围应包括沟谷至分水岭的全部和可能受泥石流影响的地段,调查宜包括下列内容:

- a) 沟谷区暴雨强度、一次最大降雨量,冰雪融化和雨洪最大流量,地下水对泥石流形成的影响;
- b) 沟谷区地层岩性,地质构造,崩塌、滑坡等不良地质现象,松散堆积物的分布、物质组成和方量;
- c) 沟谷的地形地貌特征,包括沟谷的发育程度、切割情况和沟床弯曲堵塞、粗糙程度,纵坡坡度,划分泥石流的形成区、流通区和堆积区,圈绘整个沟谷的汇水面积;
- d) 形成区的水源类型、水量、汇水条件、山坡坡度、岩土性质及风化松散程度;
- e) 流通区的沟床纵坡坡度、跌水、急湾等特征;沟床两侧山坡坡度、稳定程度,沟床的冲淤变化和泥石流的痕迹;
- f) 堆积区堆积扇的分布范围、表面形态、纵坡、植被、沟道变迁和冲淤情况;堆积物质的组成、厚度、一般粒径、最大粒径以及分布规律;
- g) 历次泥石流的发生时间、频率、规模、形成过程、历时、流体性质、暴发前的降雨情况和暴发后产生的灾害情况。

6.4.2 现状评估应符合下列要求:

- a) 按附录 D 表 D.4 确定泥石流发育程度;
- b) 按附录 C 表 C.1 分析泥石流发生的诱发因素;
- c) 按表 2 确定泥石流的危害程度;
- d) 按表 3 对泥石流危险性现状进行评估。

6.5 岩溶塌陷

6.5.1 评估区位于碳酸盐岩为主的可溶岩分布地段。存在岩溶塌陷危险时,应进行岩溶塌陷灾害的调查与危险性评估。

6.5.2 岩溶塌陷调查宜包括下列内容:

- a) 可溶岩分布、岩溶发育程度、上覆第四系土体类型、厚度及其工程地质性质;
- b) 岩溶塌陷的发生时间、形态、规模等;
- c) 地下水与地表水的水力联系及其动态变化。

6.5.3 现状评估应符合下列要求:

- a) 按附录 D 表 D.7 确定岩溶塌陷发育程度;
- b) 按附录 C 表 C.1 分析岩溶塌陷发生的诱发因素;
- c) 按表 2 确定岩溶塌陷的危害程度;
- d) 按表 3 对岩溶塌陷危险性现状进行评估。

6.6 采空塌陷

6.6.1 采空塌陷调查以搜集分析资料为主,调查宜包括下列内容:

- a) 矿层的种类、分布、层数、厚度、深度、标高等特征,开采层顶底板的岩性、厚度及组合情况等;
- b) 矿山开采历史、现状及规划,采矿巷道的布置、形态、大小、埋藏深度,采深、采厚、开采方式、开采强度、顶板管理方式;

c) 采空区的空间展布、塌落和积水情况；
   d) 地面塌陷、裂缝破坏特征及其与采空区空间位置关系等；
   e) 采空区附近的抽、排水情况及其对采空区稳定的影响。

6.6.2 现状评估应符合下列要求：
   a) 按附录 D 表 D.8 确定采空塌陷发育程度；
   b) 按附录 C 表 C.1 分析采空塌陷发生的诱发因素；
   c) 按表 2 确定采空塌陷的危害程度；
   d) 按表 3 对采空塌陷危险性现状进行评估。

6.7 地裂缝

6.7.1 地裂缝调查宜包括下列内容：
   a) 地裂缝出现的时间、单缝发育规模和特征以及群缝分布特征和分布范围；
   b) 地裂缝形成的地质环境条件（地形地貌、地层岩性、构造断裂等）；
   c) 地裂缝发展趋势。

6.7.2 现状评估应符合下列要求：
   a) 按附录 D 表 D.9 确定地裂缝发育程度；
   b) 按附录 C 表 C.1 分析地裂缝发生的诱发因素；
   c) 按表 2 确定地裂缝的危害程度；
   d) 按表 3 对地裂缝危险性现状进行评估。

6.8 地面沉降

6.8.1 地面沉降调查：主要调查由于常年抽汲地下水引起水位或水压下降已发生或可能发生地面沉降的地段。主要通过搜集资料及调查访问，查明地面沉降原因、现状和危害情况。地面沉降调查宜包括下列内容：
   a) 综合分析已有资料，查明第四纪沉积类型、地貌单元特征，特别要注意冲积、湖积和海相沉积的平原或盆地及古河道、洼地、河间地块等微地貌分布，第四系岩性、厚度和埋藏条件，特别要查明压缩层的分布；
   b) 查明第四系含水层水文地质特征、埋藏条件及水力联系，搜集历年地下水动态、开采量、开采层位和区域地下水位等值线图等资料；
   c) 查明地面沉降的发生时间，根据已有地面测量资料和建筑物实测资料，同时结合水文地质资料进行综合分析，初步圈定地面沉降范围，判定累计沉降量、沉降速率。

6.8.2 现状评估应符合下列要求：
   a) 按附录 D 表 D.10 确定地面沉降发育程度；
   b) 按附录 C 表 C.1 分析地面沉降发生的诱发因素；
   c) 按表 2 确定地面沉降的危害程度；
   d) 按表 3 对地面沉降危险性现状进行评估。

6.9 不稳定斜坡

6.9.1 不稳定斜坡调查宜包括下列内容：
   a) 应调查建设场地范围内或规划区域内可能发生滑坡、崩塌等潜在隐患的陡坡地段。调查的内容包括：
      1) 地层岩性、产状、断裂、节理、裂隙发育特征，软弱夹层岩性、产状，风化残坡积

            层岩性、厚度；
        2) 斜坡坡度、坡向、地层倾向与斜坡坡向的组合关系；
        3) 进行评估区气象、水文和人为工程活动的调查和资料搜集，分析其对斜坡的影响；
        4) 对可能构成崩塌、滑坡结构面的边界条件、坡体异常情况等进行调查分析，以此判断斜坡发生崩塌、滑坡、泥石流等地质灾害的危险性及可能的影响范围。
    b) 有下列情况之一者，应视为可能失稳的斜坡：
        1) 各种类型的滑坡或崩塌体；
        2) 斜坡岩体中有倾向坡外、倾角小于坡角的结构面存在；
        3) 斜坡被两组或两组以上结构面切割，形成不稳定棱体，其底棱线倾向坡外，且倾角小于斜坡坡角；
        4) 斜坡后缘已产生拉裂缝；
        5) 顺坡向卸荷裂隙发育的高陡斜坡；
        6) 岸边裂隙发育、表层岩体已发生蠕动或变形的斜坡；
        7) 坡足或坡基存在缓倾的软弱层；
        8) 位于库岸或河岸水位变动带、渠道沿线或地下水溢出带附近，工程建成后可能经常处于浸湿状态的软质岩石或第四系沉积物组成的斜坡。

6.9.2 现状评估应符合下列要求：
    a) 按附录 D 表 D.1、表 D.2 确定不稳定斜坡发育程度；
    b) 按附录 C 表 C.1 分析不稳定斜坡发生滑坡或崩塌的诱发因素；
    c) 按表 2 确定不稳定斜坡失稳后的危害程度；
    d) 按表 3 对不稳定斜坡危险性现状进行评估。

6.10 其他灾种

根据各地的实际情况，可增加调查灾种，并参照相关行业标准或当地有关技术要求进行。

7 地质灾害危险性预测评估

7.1 一般规定

7.1.1 应在现状评估的基础上，根据评估区地质环境条件、建设工程的类型和工程特点进行预测评估。

7.1.2 应对工程建设中、建成后可能引发或加剧滑坡、崩塌、泥石流、岩溶塌陷、采空塌陷、地裂缝、地面沉降等发生的可能性、发育程度、危害程度和危险性做出预测评估。

7.1.3 应对建设工程自身可能遭受已存在的滑坡、崩塌、泥石流、岩溶塌陷、采空塌陷、地裂缝、地面沉降等危害隐患的可能性、发育程度、危害程度和危险性做出预测评估。

7.1.4 对各种地质灾害危险性预测评估可采用工程地质类比法、成因历史分析法、层次分析法、数学统计法等定性、半定量的评估方法进行。

7.2 工程建设中、建成后可能引发或加剧的地质灾害危险性预测评估

7.2.1 滑坡危险性预测评估

7.2.1.1 确定工程建设与滑坡的位置关系，分析工程建设引发或加剧滑坡发生的可能性。

7.2.1.2 按附录 D 表 D.1 确定滑坡稳定性(发育程度)。
7.2.1.3 按附录 C 表 C.1 分析工程建设引发或加剧滑坡发生的诱发因素。
7.2.1.4 按表 2 确定滑坡发生后的危害程度。
7.2.1.5 按表 4 进行危险性预测评估。

表 4 滑坡危险性预测评估分级

工程建设引发或加剧滑坡发生的可能性	危害程度	发育程度	危险性等级
工程建设位于滑坡的影响范围内,对其稳定性影响大,引发或加剧滑坡的可能性大	大	强	大
		中等	大
		弱	中等
工程建设部分位于滑坡的影响范围内,对其稳定性影响中等,引发或加剧滑坡的可能性中等	中等	强	大
		中等	中等
		弱	中等
工程建设对滑坡稳定性影响小,引发或加剧滑坡的可能性小	小	强	中等
		中等	中等
		弱	小

7.2.2 崩塌(危岩)危险性预测评估

7.2.2.1 确定工程建设与崩塌(危岩)的位置关系,分析工程建设引发或加剧崩塌(危岩)发生的可能性。
7.2.2.2 按附录 D 表 D.3 确定崩塌(危岩)的发育程度。
7.2.2.3 按附录 C 表 C.1 分析工程建设引发或加剧崩塌(危岩)发生的诱发因素。
7.2.2.4 按表 2 确定崩塌(危岩)发生后的危害程度。
7.2.2.5 按表 5 进行危险性预测评估。

表 5 崩塌(危岩)危险性预测评估分级

工程建设引发或加剧崩塌(危岩)发生的可能性	危害程度	发育程度	危险性等级
工程建设位于崩塌(危岩)影响范围内,工程建设活动对崩塌(危岩)稳定性影响大,引发或加剧崩塌的可能性大	大	强	大
		中等	大
		弱	中等
工程建设临近崩塌(危岩)影响范围,工程建设活动对崩塌(危岩)稳定性影响中等,引发或加剧崩塌的可能性中等	中等	强	大
		中等	中等
		弱	中等
工程建设位于崩塌(危岩)影响范围外,工程建设活动对崩塌(危岩)稳定性影响小,引发或加剧崩塌的可能性小	小	强	大
		中等	中等
		弱	小

7.2.3 泥石流危险性预测评估

7.2.3.1 确定工程建设与泥石流的位置关系,分析工程建设引发或加剧泥石流发生的可能性。

7.2.3.2 按附录 D 表 D.4 确定泥石流发育程度。

7.2.3.3 按附录 C 表 C.1 分析工程建设引发或加剧泥石流发生的诱发因素。

7.2.3.4 按表 2 确定泥石流发生后的危害程度。

7.2.3.5 按表 6 进行危险性预测评估。

表 6 泥石流危险性预测评估分级

工程建设引发或加剧泥石流发生的可能性	危害程度	发育程度	危险性等级
工程建设位于泥石流影响范围内,弃渣量大,堵塞沟道,水源丰富,引发或加剧泥石流的可能性大	大	强	大
		中等	大
		弱	中等
工程建设位于泥石流影响范围内,弃渣量较大,沟道基本通畅,水源较丰富,引发或加剧泥石流的可能性中等	中等	强	大
		中等	中等
		弱	小
工程建设位于泥石流影响范围外,引发或加剧泥石流的可能性小	小	强	中等
		中等	小
		弱	小

7.2.4 岩溶塌陷危险性预测评估

7.2.4.1 确定工程建设与岩溶塌陷的位置关系,分析工程建设引发或加剧岩溶塌陷发生的可能性。

7.2.4.2 按附录 D 表 D.7 确定岩溶塌陷的发育程度。

7.2.4.3 按附录 C 表 C.1 分析工程建设引发或加剧岩溶塌陷发生的诱发因素。

7.2.4.4 按表 2 确定岩溶塌陷发生后的危害程度。

7.2.4.5 按表 7 进行危险性预测评估。

表 7 岩溶塌陷危险性预测评估分级

工程建设引发或加剧岩溶塌陷发生的可能性	危害程度	发育程度	危险性等级
工程建设位于岩溶强塌陷及其影响范围内,引发或加剧岩溶塌陷的可能性大	大	强	大
		中等	大
		弱	大
工程建设位于岩溶塌陷影响范围内,引发或加剧岩溶塌陷的可能性中等	中等	强	大
		中等	中等
		弱	中等
工程建设临近岩溶塌陷影响范围,引发或加剧岩溶塌陷的可能性小	小	强	中等
		中等	中等
		弱	小

7.2.5 采空塌陷危险性预测评估

7.2.5.1 确定工程建设与采空塌陷的位置关系,分析工程建设引发或加剧采空塌陷发生的可能性。

7.2.5.2 按附录 D 表 D.8 确定采空塌陷的发育程度。

7.2.5.3 按附录 C 表 C.1 分析工程建设引发或加剧采空塌陷发生的诱发因素。

7.2.5.4 按表 2 确定采空塌陷发生后的危害程度。

7.2.5.5 按表 8 进行危险性预测评估。

表 8 采空塌陷危险性预测评估分级

工程建设引发或加剧采空塌陷发生的可能性	危害程度	发育程度	危险性等级
工程建设位于采空区及采空塌陷影响范围内,引发或加剧采空塌陷的可能性大	大	强	大
		中等	大
		弱	大
工程建设位于采空区范围内,引发或加剧采空塌陷的可能性中等	中等	强	大
		中等	中等
		弱	中等
工程建设临近采空区及其影响范围,引发或加剧采空塌陷的可能性小	小	强	中等
		中等	中等
		弱	小

7.2.6 地裂缝危险性预测评估

7.2.6.1 确定工程建设与地裂缝的位置关系,分析工程建设引发或加剧地裂缝发生的可能性。

7.2.6.2 按附录 D 表 D.9 确定地裂缝的发育程度。

7.2.6.3 按附录 C 表 C.1 分析工程建设引发或加剧地裂缝发生的诱发因素。

7.2.6.4 按表 2 确定地裂缝发生后的危害程度。

7.2.6.5 按表 9 进行危险性预测评估。

表 9 地裂缝危险性预测评估分级

工程建设引发或加剧地裂缝发生的可能性	危害程度	发育程度	危险性等级
工程建设位于地裂缝影响范围内,工程活动引起地表不均匀沉降明显,引发或加剧地裂缝的可能性大	大	强	大
		中等	大
		弱	大
工程建设位于地裂缝影响范围内,工程活动引起地表不均匀沉降较明显,引发或加剧地裂缝的可能性中等	中等	强	大
		中等	大
		弱	中等
工程建设临近地裂缝影响范围,引发或加剧不均匀沉降的可能性小	小	强	大
		中等	中等
		弱	小

7.2.7 地面沉降危险性预测评估

7.2.7.1 确定工程建设与地面沉降的位置关系,分析工程建设引发或加剧地面沉降发生的可能性。

7.2.7.2 按附录 D 表 D.10 确定地面沉降的发育程度。

7.2.7.3 按附录 C 表 C.1 分析工程建设引发或加剧地面沉降发生的诱发因素。

7.2.7.4 按表 2 确定地面沉降发生后的危害程度。

7.2.7.5 按表 10 进行危险性预测评估。

表 10 地面沉降危险性预测评估分级

工程建设引发或加剧地面沉降发生的可能性	危害程度	发育程度	危险性等级
工程建设位于地面沉降影响范围内,工程活动引发或加剧地面沉降的可能性大	大	强	大
		中等	大
		弱	中等
工程建设位于地面沉降影响范围内,工程活动引发或加剧地面沉降的可能性中等	中等	强	大
		中等	中等
		弱	中等
工程建设临近地面沉降影响范围,工程活动引发或加剧地面沉降的可能性小	小	强	中等
		中等	中等
		弱	小

7.2.8 不稳定斜坡危险性预测评估

7.2.8.1 确定工程建设与不稳定斜坡的位置关系,分析工程建设引发或加剧不稳定斜坡发生滑坡或崩塌的可能性。

7.2.8.2 按附录 D 表 D.1 分析不稳定斜坡的发育程度。

7.2.8.3 按附录 C 表 C.1 分析工程建设引发或加剧不稳定斜坡发生滑坡或崩塌的诱发因素。

7.2.8.4 按表 2 确定不稳定斜坡发生滑坡或崩塌后的危害程度。

7.2.8.5 按表 11 进行危险性预测评估。

表 11 不稳定斜坡危险性预测评估分级

岩土体类型	坡高/m	发育程度	危害程度	危险性等级
滨海堆积、湖沼沉积	<3	弱	小	小
	3~5	中等	中等	中等
	>5~10	强	大	大
大陆流水堆积、风积	<10	弱	小	小
	10~20	中等	中等	中等
	>20	强	大	大

表 11（续）

岩土体类型		坡高/m	发育程度	危害程度	危险性等级
风化带、构造破碎带、成岩程度较差的泥岩		<10	弱	小	小
		10～15	中等	中等	中等
		>15	强	大	大
层状岩体	有泥页岩软弱夹层	<15	弱	小	小
		15～20	中等	中等	中等
		>20	强	大	大
	均质较坚硬的碎屑岩和碳酸岩类	<15	弱	小	小
		15～30	中等	中等	中等
		>30	强	大	大
较完整坚硬的变质岩和火成岩类		<20	弱	小	小
		20～40	中等	中等	中等
		>40	强	大	大
注：层状岩体主要指近似水平岩层，不包括顺向坡岩体。					

7.3 建设工程自身可能遭受已存在的地质灾害危险性预测评估

7.3.1 工业与民用建筑

7.3.1.1 工业与民用建筑工程主要包括房屋建（构）筑物，按表 12 进行地质灾害危险性预测评估。

表 12 房屋建（构）筑物遭受地质灾害危险性预测评估分级

建设工程遭受地质灾害的可能性	危害程度	发育程度	危险性等级
建设工程位于地质灾害影响范围内，遭受地质灾害的可能性大	大	强	大
		中等	大
		弱	中等
建设工程邻近地质灾害影响范围，遭受地质灾害的可能性中等	中等	强	大
		中等	中等
		弱	小
建设工程位于地质灾害影响范围外，遭受地质灾害的可能性小	小	强	中等
		中等	小
		弱	小

7.3.2 道路交通工程

7.3.2.1 道路交通包括铁路和公路。

7.3.2.2 速度大于 200 km/h 铁路按表 13 进行地质灾害危险性预测评估。

7.3.2.3 公路和速度小于 200 km/h 铁路主要包括隧道进出口、桥梁基础、路基、服务管理站场、高边坡、高填方。

7.3.2.4 隧道进出口按表 14 进行危险性预测评估。

7.3.2.5 桥梁基础按表 15 进行危险性预测评估。

7.3.2.6 路基按表 16 进行危险性预测评估。

7.3.2.7 服务管理站场工程按"7.3.1 工业与民用建筑"进行地质灾害危险性预测评估。

7.3.2.8 高边坡、高填方、深挖路堑可参考"7.2.8 不稳定斜坡危险性预测评估"。

表 13 速度大于 200 km/h 铁路工程遭受地质灾害危险性预测评估分级

建设工程位置及遭受地质灾害的可能性	危害程度	发育程度	危险性等级
建设工程位于地质灾害影响范围内,遭受地质灾害的可能性大	大	强	大
		中等	大
		弱	大
建设工程邻近地质灾害影响范围,遭受地质灾害的可能性中等	中等	强	大
		中等	大
		弱	中等
建设工程位于地质灾害影响范围外,遭受地质灾害的可能性小	小	强	大
		中等	中等
		弱	小

表 14 隧道进出口遭受地质灾害危险性预测评估分级

建设工程位置及遭受地质灾害的可能性	危害程度	发育程度	危险性等级
建设工程位于地质灾害影响范围内,遭受地质灾害的可能性大	大	强	大
		中等	大
		弱	中等
建设工程邻近地质灾害影响范围,遭受地质灾害的可能性中等	中等	强	大
		中等	中等
		弱	中等
建设工程位于地质灾害影响范围外,遭受地质灾害的可能性小	小	强	中等
		中等	小
		弱	小

表 15 桥梁基础遭受地质灾害危险性预测评估分级

建设工程位置及遭受地质灾害的可能性	危害程度	发育程度	危险性等级
建设工程位于地质灾害影响范围内,遭受地质灾害的可能性大	大	强	大
		中等	大
		弱	大

表 15（续）

建设工程位置及遭受地质灾害的可能性	危害程度	发育程度	危险性等级
建设工程邻近地质灾害影响范围,遭受地质灾害的可能性中等	中等	强	大
		中等	中等
		弱	中等
建设工程位于地质灾害影响范围外,遭受地质灾害的可能性小	小	强	中等
		中等	小
		弱	小

表 16 路基遭受地质灾害危险性预测评估分级

建设工程位置及遭受地质灾害的可能性	危害程度	发育程度	危险性等级
建设工程位于地质灾害影响范围内,遭受地质灾害的可能性大	大	强	大
		中等	中等
		弱	中等
建设工程邻近地质灾害影响范围,遭受地质灾害的可能性中等	中等	强	大
		中等	中等
		弱	小
建设工程位于地质灾害影响范围外,遭受地质灾害的可能性小	小	强	中等
		中等	小
		弱	小

7.3.3 油气管道工程

7.3.3.1 油气管道工程主要包括输油气管道、阀室场站和储油(气)库等。

7.3.3.2 输油(气)管道按表 17 进行地质灾害危险性预测评估。

7.3.3.3 阀室场站和储油(气)库按表 18 进行地质灾害危险性预测评估。

表 17 输油(气)管道遭受地质灾害危险性预测评估分级

建设工程位置及遭受地质灾害的可能性	危害程度	发育程度	危险性等级
建设工程位于地质灾害影响范围内,遭受地质灾害的可能性大	大	强	大
		中等	大
		弱	大
建设工程邻近地质灾害影响范围,遭受地质灾害的可能性中等	中等	强	大
		中等	中等
		弱	中等
建设工程位于地质灾害影响范围外,遭受地质灾害的可能性小	小	强	中等
		中等	中等
		弱	小

表 18 阀室场站和储油(气)库遭受地质灾害危险性预测评估分级

建设工程位置及遭受地质灾害的可能性	危害程度	发育程度	危险性等级
建设工程位于地质灾害影响范围内,遭受地质灾害的可能性大	大	强	大
		中等	大
		弱	大
建设工程邻近地质灾害影响范围,遭受地质灾害的可能性中等	中等	强	大
		中等	大
		弱	中等
建设工程位于地质灾害影响范围外,遭受地质灾害的可能性小	小	强	大
		中等	中等
		弱	小

7.3.4 水利水电工程

7.3.4.1 水利水电工程主要包括:坝址枢纽、新建公路、水库区、引(输)水管道、移民搬迁新址区。

7.3.4.2 坝址枢纽按表 19 进行地质灾害危险性预测评估。

7.3.4.3 新建公路按"7.3.2 道路交通工程"进行地质灾害危险性预测评估。

7.3.4.4 水库区按表 20 进行地质灾害危险性预测评估。

7.3.4.5 引(输)水管道工程按表 21 进行地质灾害危险性预测评估。

7.3.4.6 移民搬迁新址区按"7.3.1 工业与民用建筑"进行地质灾害危险性预测评估。

表 19 坝址枢纽遭受地质灾害危险性预测评估分级

建设工程遭受地质灾害的可能性	危害程度	发育程度	危险性等级
建设工程位于地质灾害影响范围内,遭受地质灾害的可能性大	大	强	大
		中等	大
		弱	中等
建设工程邻近地质灾害影响范围,遭受地质灾害的可能性中等	中等	强	大
		中等	中等
		弱	中等
建设工程位于地质灾害影响范围外,遭受地质灾害的可能性小	小	强	中等
		中等	小
		弱	小

表 20 水库区遭受地质灾害危险性预测评估分级

建设工程遭受地质灾害的可能性	危害程度	发育程度	危险性等级
建设工程位于地质灾害影响范围内,遭受地质灾害的可能性大	大	强	大
		中等	大
		弱	中等

表 20（续）

建设工程遭受地质灾害的可能性	危害程度	发育程度	危险性等级
建设工程邻近地质灾害影响范围,遭受地质灾害的可能性中等	中等	强	大
		中等	中等
		弱	中等
建设工程位于地质灾害影响范围外,遭受地质灾害的可能性小	小	强	中等
		中等	小
		弱	小

表 21 引（输）水管道遭受地质灾害危险性预测评估分级

建设工程位置及遭受地质灾害的可能性	危害程度	发育程度	危险性等级
建设工程位于地质灾害影响范围内,遭受地质灾害的可能性大	大	强	大
		中等	中等
		弱	中等
建设工程邻近地质灾害影响范围,遭受地质灾害的可能性中等	中等	强	大
		中等	中等
		弱	小
建设工程位于地质灾害影响范围外,遭受地质灾害的可能性小	小	强	中等
		中等	小
		弱	小

7.3.5 港口码头工程

7.3.5.1 港口码头工程主要包括：码头和船坞、护岸和内河航道、船闸和陆地建筑物。

7.3.5.2 码头和船坞按表 22 进行危险性预测评估。

7.3.5.3 护岸和内河航道、陆地建筑物按"7.3.1 工业与民用建筑"进行地质灾害危险性预测评估。

7.3.5.4 船闸按"7.3.4 水利水电工程"中表 19 坝址枢纽工程进行危险性预测评估。

表 22 码头和船坞遭受地质灾害危险性预测评估分级

建设工程遭受地质灾害的可能性	危害程度	发育程度	危险性等级
建设工程位于地质灾害影响范围内,遭受地质灾害的可能性大	大	强	大
		中等	大
		弱	大
建设工程邻近地质灾害影响范围,遭受地质灾害的可能性中等	中等	强	大
		中等	中等
		弱	中等

表 22（续）

建设工程遭受地质灾害的可能性	危害程度	发育程度	危险性等级
建设工程位于地质灾害影响范围外，遭受地质灾害的可能性小	小	强	中等
		中等	中等
		弱	小

7.3.6 城市和村镇规划区

城市和村镇规划区按表23进行地质灾害危险性预测评估。

表 23 城市和村镇规划区遭受地质灾害危险性预测评估分级

建设工程遭受地质灾害的可能性	危害程度	发育程度	危险性等级
建设工程位于地质灾害影响范围内，遭受地质灾害的可能性大	大	强	大
		中等	大
		弱	中等
建设工程邻近地质灾害影响范围，遭受地质灾害的可能性中等	中等	强	大
		中等	中等
		弱	中等
建设工程位于地质灾害影响范围外，遭受地质灾害的可能性小	小	强	中等
		中等	小
		弱	小

8 地质灾害危险性综合评估及建设用地适宜性评价

8.1 一般规定

8.1.1 依据地质灾害危险性现状评估和预测评估结果，充分考虑评估区地质环境条件的差异和潜在地质灾害隐患点的分布、危害程度，确定判别区段危险性的量化指标。

8.1.2 根据"区内相似，区际相异"的原则，采用定性、半定量分析法，进行评估区地质灾害危险性等级分区(段)。

8.1.3 根据地质灾害危险性、防治难度和防治效益，对评估区建设场地的适宜性做出评估，提出防治地质灾害的措施和建议。

8.2 地质灾害危险性综合评估

8.2.1 地质灾害危险性综合评估，危险性等级划分为大、中等、小三级。

8.2.2 地质灾害危险性综合评估，应根据各区(段)存在的和可能引发的灾种多少、规模、发育程度和承灾对象社会经济属性等，按"就高不就低"的原则综合判定评估区地质灾害危险性的等级区(段)。

8.2.3 分区(段)评估结果，应列表说明各区(段)的工程地质条件，存在和可能诱发的地质灾害种类、规模、发育程度、对建设工程危害情况并提出防治要求。

8.3 建设用地适宜性评价

8.3.1 建设用地适宜性分为适宜、基本适宜、适宜性差三个等级,见表24。

表24 建设用地适宜性分级

级别	分级说明
适宜	地质环境复杂程度简单,工程建设遭受地质灾害的可能性小,引发、加剧地质灾害的可能性小,危险性小,易于处理
基本适宜	不良地质现象中等发育,地质构造、地层岩性变化较大,工程建设遭受地质灾害的可能性中等,引发、加剧地质灾害的可能性中等,危险性中等,但可采取措施予以处理
适宜性差	地质灾害发育强烈,地质构造复杂,软弱结构成发育区,工程建设遭受地质灾害的可能性大,引发、加剧地质灾害的可能性大,危险性大,防治难度大

8.3.2 地质灾害危险性小、基本不设计防治工程的,土地适宜性为适宜;地质灾害危险性中等、防治工程简单的,土地适宜性为基本适宜;地质灾害危险性大、防治工程复杂的,土地适宜性为适宜性差。

9 成果提交

9.1 一般规定

9.1.1 地质灾害危险性一、二级评估,提交地质灾害危险性评估报告书;三级评估,提交地质灾害危险性评估说明书。

9.1.2 地质灾害危险性评估成果包括:地质灾害危险性评估报告书或说明书,并附评估区地质灾害分布图、地质灾害危险性综合分区评估图和有关的照片、地质地貌剖面图等。

9.1.3 报告书要力求简明扼要、相互连贯、重点突出、论据充分、措施有效可行、结论明确;附图规范、时空信息量大、实用易懂、图面布置合理、美观清晰、便于使用单位阅读。

9.2 评估报告

9.2.1 地质灾害危险性评估报告应在调查和综合分析全部资料的基础上进行编写。

9.2.2 评估报告成果提交应按附录F.1进行。

9.2.3 评估工作概述主要是阐述建设或规划项目概况、以往工作程度、工作方法及工作量、评估范围和本次评估级别。

9.2.4 地质环境条件主要包括建设或规划区的气象与水文、地形地貌、地层岩性、地质构造、地震、岩土类型、水文地质及人类工程活动影响等。

9.2.5 地质灾害危险性现状评估应阐述地质灾害类型和危险性现状。包括评估区内已发生和潜在的灾害种类、数量、分布、规模、灾害损失等,并按灾种分别论述危险性现状等级。

9.2.6 地质灾害危险性预测评估应阐述工程建设场地或规划区内引发或加剧以及工程或规划区本身可能遭受的地质灾害危险性。

9.2.7 地质灾害危险性综合评估应论述综合评估原则、评估指标的选定和综合分区。在此基础上,阐述建设或规划区用地适宜性。

9.2.8 结论与建议主要是对本次评估的结论进行表述;同时围绕评估结果,有针对性地提出地质灾害防治建议。

9.3 成果图件

9.3.1 成果图件主要包括地质灾害分布图、地质灾害危险性综合分区评估图,以及其他需要的专项图件。

9.3.2 成果图件比例尺以能便于阅读,并考虑委托单位使用方便,酌情确定。

9.3.3 成果图件的编制要求按附录 F.2 执行。

附 录 A
（规范性附录）
地质灾害危险性评估技术工作程序框图

地质灾害危险性评估应按图 A.1 开展工作。

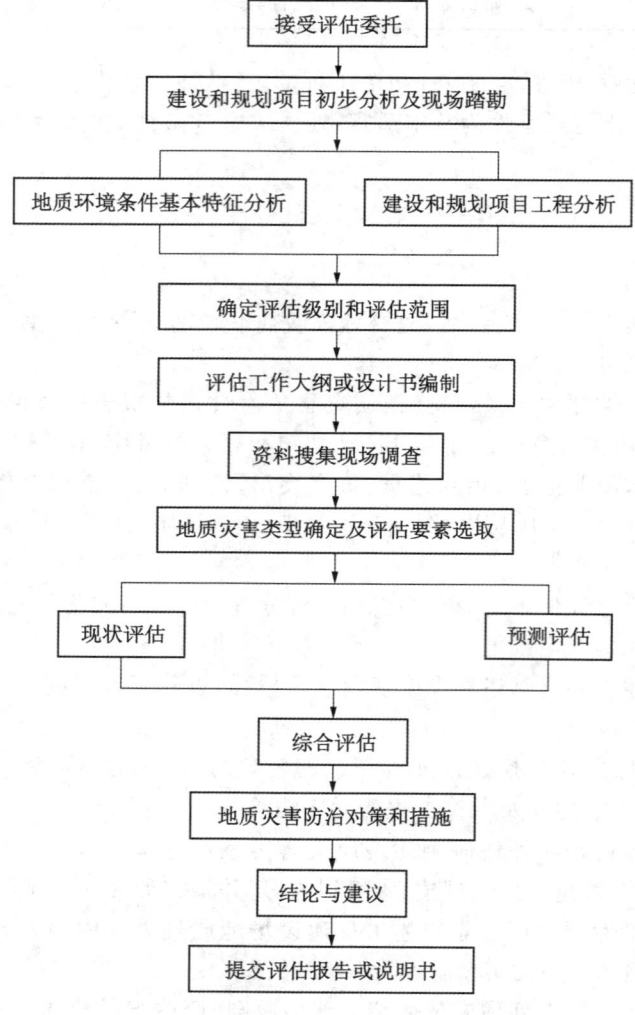

图 A.1 地质灾害危险性评估技术工作程序框图

附 录 B
（规范性附录）
地质环境条件复杂程度及建设项目重要性划分

地质环境条件复杂程度按表 B.1 进行划分。建设项目重要性按表 B.2 进行划分。

表 B.1　地质环境条件复杂程度分类表

条件	类别		
	复杂	中等	简单
区域地质背景	区域地质构造条件复杂，建设场地有全新世活动断裂，地震基本烈度大于Ⅷ度，地震动峰值加速度大于0.20 g	区域地质构造条件复杂，建设场地附近有全新世活动断裂，地震基本烈度Ⅶ度至Ⅷ度，地震动峰值加速度0.10 g～0.20 g	区域地质构造条件较简单，建设场地附近无全新世活动断裂，地震基本烈度小于或等于Ⅵ度，地震动峰值加速度小于0.10 g
地形地貌	地形复杂，相对高差大于 200 m，地面坡度以大于 25°为主，地貌类型多样	地形较简单，相对高差 50 m～200 m，地面坡度以 8°～25°为主，地貌类型较单一	地形简单，相对高差小于 50 m，地面坡度小于 8°，地貌类型单一
地层岩性和岩土工程地质性质	岩性岩相复杂多样，岩土体结构复杂，工程地质性质差	岩性岩相变化较大，岩土体结构较复杂，工程地质同性质较差	岩性岩相变化小，岩土体结构较简单，工程地质性质良好
地质构造	地质构造复杂，褶皱断裂发育，岩体破碎	地质构造较复杂，有褶皱、断裂分布，岩体较破碎	地质构造较简单，无褶皱、断裂，裂隙发育
水文地质条件	具多层含水层，水位年际变化大于 20 m，水文地质条件不良	有二至三层含水层，水位年际变化 5 m～20 m，水文地质条件较差	单层含水层，水位年际变化小于 5 m，水文地质条件良好
地质灾害及不良地质现象	发育强烈，危害较大	发育中等，危害中等	发育弱或不发育，危害小
人类活动对地质环境的影响	人类活动强烈，对地质环境的影响、破坏严重	人类活动较强烈，对地质环境的影响、破坏较严重	人类活动一般，对地质环境的影响、破坏小
注：每类条件中，地质环境条件复杂程度按"就高不就低"的原则，有一条符合条件者即为该类复杂类型。			

表 B.2　建设项目重要性分类表

项目类型	项 目 类 别
重要建设项目	城市和村镇规划区、放射性设施、军事和防空设施、核电、二级(含)以上公路、铁路、机场、大型水利工程、电力工程、港口码头、矿山、集中供水水源地、工业建筑(跨度>30 m)、民用建筑(高度>50 m)、垃圾处理场、水处理厂、油(气)管道和储油(气)库、学校、医院、剧院、体育场馆等
较重要建设项目	新建村镇、三级(含)以下公路、中型水利工程、电力工程、港口码头、矿山、集中供水水源地、工业建筑(跨度24 m～30 m)、民用建筑(高度24 m～50 m)、垃圾处理场、水处理厂等
一般建设项目	小型水利工程、电力工程、港口码头、矿山、集中供水水源地、工业建筑(跨度≤24 m)、民用建筑(高度≤24 m)、垃圾处理场、水处理厂等

附　录　C
（规范性附录）
地质灾害诱发因素分类

地质灾害诱发因素分类按表 C.1 确定。

表 C.1　地质灾害诱发因素分类表

分类	滑坡	崩塌	泥石流	岩溶塌陷	采空塌陷	地裂缝	地面沉降
自然因素	地震、降水、融雪、融冰、地下水位上升、河流侵蚀、新构造运动	地震、降水、融雪、融冰、温差变化、河流侵蚀、树木根劈	降水、融雪、融冰、堰塞湖溢流、地震	地下水位变化、地震、降水	地下水位变化、地震	地震、新构造运动	新构造运动
人为因素	开挖扰动、爆破、采矿、加载、抽排水	开挖扰动、爆破、机械震动、抽排水、加载	水库溢流或垮坝、弃渣加载、植被破坏	抽排水、开挖扰动、采矿、机械震动、加载	采矿、抽排水、开挖扰动、震动、加载	抽排水	抽排水、油气开采

附　录　D
（规范性附录）
地质灾害发育程度分级

滑坡的稳定性(发育程度)按表 D.1 确定。滑坡变形阶段及特征宜按表 D.2 确定。崩塌(危岩)的发育程度按表 D.3 确定。泥石流发育程度按表 D.4 确定。泥石流发育程度量化指标评判按表 D.5 确定。泥石流堵塞程度按表 D.6 确定。岩溶塌陷发育程度按表 D.7 确定。采空塌陷发育程度按表 D.8 确定。地裂缝发育程度按表 D.9 确定。地面沉降发育程度按表 D.10 确定。

表 D.1 滑坡的稳定性(发育程度)分级表

判据	稳定性(发育程度)分级		
	稳定(弱发育)	欠稳定(中等发育)	不稳定(强发育)
发育特征	①滑坡前缘斜坡较缓,临空高差小,无地表径流流经和继续变形的迹象,岩土体干燥;②滑体平均坡度小于25°,坡面上无裂缝发展,其上建筑物、植被未有新的变形迹象;③后缘壁上无擦痕和明显位移迹象,原有裂缝已被充填	①滑坡前缘临空,有间断季节性地表径流经,岩土体较湿,斜坡坡度为30°~45°;②滑体平均坡度为25°~40°,坡面上局部有小的裂缝,其上建筑物、植被无新的变形迹象;③后缘壁上有不明显变形迹象;后缘有断续的小裂缝发育	①滑坡前缘临空,坡度较陡且常处于地表径流的冲刷之下,有发展趋势并有季节性泉水出露,岩土潮湿、饱水;②滑体平均坡度大于40°,坡面上有多条新发展的裂缝,其上建筑物、植被有新的变形迹象;③后缘壁上可见擦痕或有明显位移迹象,后缘有裂缝发育
稳定系数 F_s	$F_s > F_{st}$	$1.00 < F_s \leq F_{st}$	$F_s \leq 1.00$

注:F_{st} 为滑坡稳定安全系数,根据滑坡防治工程等级及其对工程的影响综合确定。

表 D.2 滑坡变形阶段及特征表

变形阶段	滑动带(面)	滑坡前缘	滑坡后缘	滑坡两侧	滑坡体
弱变形阶段	主滑段滑动带(面)在蠕动变形,但滑体尚未沿滑动带位移	无明显变化,未发现新的泉点	地表建(构)筑物出现一条或数条与地形等高线大体平行的拉张裂缝,裂缝断续分布	无明显裂缝,边界不明显	无明显异常,偶见"醉树"
强变形阶段	主滑段滑动带(面)已大部分形成,部分探井及钻孔发现滑带有镜面、擦痕及搓揉现象,滑体局部沿滑动带位移	常有隆起,发育放射状裂缝或大体垂直等高线的压张裂缝,有时有局部坍塌现象或出现湿地或泉水溢出	地表或建(构)筑物拉张裂缝多而宽且贯通,外侧下错	出现雁行羽状剪裂缝	有裂缝及少量沉陷等异常现象,可见"醉汉林"
滑动阶段	滑动带已全面形成,滑带土特征明显且新鲜,绝大多数探井及钻孔发现滑动带有镜面、擦痕及搓揉现象,滑带土含水量常较高	出现明显的剪出口并经常错出;剪出口附近湿地明显,有一个或多个泉点,有时形成了滑坡舌、鼓张及放射状裂缝加剧,并常伴有坍塌	张裂缝与滑坡两侧羽状裂缝连通,常出现多个阶坎或地堑式沉陷带;滑坡壁常较明显	羽状裂缝与滑坡后缘张裂缝连通,滑坡周界明显	有差异运动形成的纵向裂缝;中、后部有水塘,不少树木成"醉汉林";滑坡体整体位移

表 D.2（续）

变形阶段	滑动带（面）	滑坡前缘	滑坡后缘	滑坡两侧	滑坡体
停滑阶段	滑体不再沿滑动带位移，滑带土含水量降低，进入固结阶段	滑坡舌伸出，覆盖于原地表上或到达前方阻挡体而壅高，前缘湿地明显，鼓丘不再发展	裂缝不再增多，不再扩大，滑坡壁明显	羽状裂缝不再扩大，不再增多甚至闭合	滑体变形不再发展，原始地形总体坡度显著变小，裂缝不再扩大增多甚至闭合

表 D.3 崩塌（危岩）发育程度分级表

发育程度	发 育 特 征
强	崩塌（危岩）处于欠稳定—不稳定状态，评估区或周边同类崩塌（危岩）分布多，大多已发生。崩塌（危岩）体上方发育多条平行沟谷的张性裂隙，主控裂隙面上宽下窄，且下部向外倾，裂隙内近期有碎石土流出或掉块，底部岩土体有压碎或压裂状；崩塌（危岩）体上方平行沟谷的裂隙明显
中等	崩塌（危岩）处于欠稳定状态，评估区或周边同类崩塌（危岩）分布较少，有个别发生。危岩体主控破裂面直立呈上宽下窄，上部充填杂土生长灌木杂草，裂面内近期有掉块现象；崩塌（危岩）上方有细小裂隙分布
弱	崩塌（危岩）处于稳定状态，评估区或周边同类崩塌（危岩）分布但均无发生，危岩体破裂面直立，上部充填杂土，灌木年久茂盛，多年来裂面内无掉块现象；崩塌（危岩）上方无新裂隙分布

表 D.4 泥石流发育程度分级表

发育程度	易发程度（发育程度）及特征
强	评估区位于泥石流冲淤范围内的沟中和沟口，中上游主沟和主要支沟纵坡大，松散物源丰富，有堵塞成堰塞湖（水库）或水流不通畅，区域降雨强度大
中等	评估区局部位于泥石流冲淤范围内的沟上方两侧和距沟口较远的堆积区中下部，中上游主沟和主要支沟纵坡较大，松散物源较丰富，水流基本通畅，区域降雨强度中等
弱	评估区位于泥石流冲淤范围外历史最高泥位以上的沟上方两侧高处和距沟口较远的堆积区边部，中上游主沟和支沟纵坡小，松散物源少，水流通畅，区域降雨强度小

表 D.5 泥石流发育程度量化评分及评判等级标准

序号	影响因素	量 级 划 分						
		强发育（A）	得分	中等发育（B）	得分	弱发育（C）	得分	不发育（D）	得分
1	崩塌、滑坡及水土流失（自然和人为活动的）严重程度	崩塌、滑坡等重力侵蚀严重，多层滑坡和大型崩塌，表土疏松，冲沟十分发育	21	崩塌、滑坡发育，多层滑坡和中小型崩塌，有零星植被覆盖，冲沟发育	16	有零星崩塌、滑坡和冲沟存在	12	无崩塌、滑坡、冲沟或发育轻微	1

表 D.5（续）

序号	影响因素	量级划分							
		强发育(A)	得分	中等发育(B)	得分	弱发育(C)	得分	不发育(D)	得分
2	泥砂沿程补给长度比	≥60%	16	<60%～30%	12	<30%～10%	8	<10%	1
3	沟口泥石流堆积活动程度	主河河形弯曲或堵塞，主流受挤压偏移	14	主河河形无较大变化，仅主流受迫偏移	11	主河形无变化，主流在高水位时偏，低水位时不偏	7	主河无河形变化，主流不偏	1
4	河沟纵比降	≥21.3%	12	<21.3%～10.5%	9	<10.5%～5.2%	6	<5.2%	1
5	区域构造影响程度	强抬升区，6级以上地震区，断层破碎带	9	抬升区，4～6级地震区，有中小支断层	7	相对稳定区，4级以下地震区，有小断层	5	沉降区，构造影响小或无影响	1
6	流域植被覆盖率	<10%	9	10%～<30%	7	30%～<60%	5	≥60%	1
7	河沟近期一次变幅	≥2.0 m	8	<2.0 m～1.0 m	6	<1.0 m～0.2 m	4	<0.2 m	1
8	岩性影响	软岩、黄土	6	软硬相间	5	风化强烈和节理发育的硬岩	4	硬岩	1
9	沿沟松散物储量 (10^4 m³/km²)	≥10	6	<10～5	5	<5～1	4	<1	1
10	沟岸山坡坡度	≥32°	6	<32°～25°	5	<25°～15°	4	<15°	1
11	产沙区沟槽横断面	V形谷、U形谷、谷中谷	5	宽U形谷	4	复式断面	3	平坦型	1
12	产沙区松散物平均厚度	≥10 m	5	<10 m～5 m	4	<5 m～1 m	3	<1 m	1
13	流域面积	0.2 km²～<5 km²	5	5 km²～<10 km²	4	<0.2 km² 以下 10 km²～<100 km²	3	≥100 km²	1
14	流域相对高差	≥500 m	4	<500 m～300 m	3	<300 m～100 m	2	<100 m	1

表 D.5（续）

序号	影响因素	量级划分							
		强发育(A)	得分	中等发育(B)	得分	弱发育(C)	得分	不发育(D)	得分
15	河沟堵塞程度	严重	4	中等	3	轻微	2	无	1
评判等级标准		综合得分	116～130		87～115		<86	
^ ^		发育程度等级	强发育		中等发育		弱发育	

表 D.6 泥石流堵塞程度分级表

堵塞程度	特 征
严重	河槽弯曲,河段宽窄不均,卡口、陡坎多。大部分支沟交汇角度大,形成区集中。物质组成黏性大,稠度高,沟槽堵塞严重,阵流间隔时间长
中等	沟槽较顺直,沟段宽窄较均匀,陡坎、卡口不多。主支沟交角多小于60°,形成区不太集中。河床堵塞情况一般,流体多呈稠浆—稀粥状
轻微	沟槽顺直均匀,主支沟交汇角小,基本无卡口、陡坎,形成区分散。物质组成黏度小,阵流的间隔时间短而少

表 D.7 岩溶塌陷发育程度分级表

发育程度	发 育 特 征
强	1.质纯厚层灰岩为主,地下存在中大型溶洞、土洞或有地下暗河通过 2.地面多处下陷、开裂,塌陷严重 3.地表建(构)筑物变形开裂明显 4.上覆松散层厚度小于 30 m 5.地下水位变幅大
中等	1.以次纯灰岩为主,地下存在小型溶洞、土洞等 2.地面塌陷、开裂明显 3.地表建(构)筑物变形有开裂现象 4.上覆松散层厚度 30 m～80 m 5.地下水位变幅不大
弱	1.灰岩质地不纯,地下溶洞、土洞等不发有 2.地面塌陷、开裂不明显 3.地表建(构)筑物无变形、开裂现象 4.上覆松散层厚度大于 80 m 5.地下水位变幅小

表 D.8 采空塌陷发育程度分级表

发育程度	参考指标							发育特征
	地表移动变形值				开采深厚比	采空区及其影响带占建设场地面积/%	治理工程面积占建设场地面积/%	
	下沉量(mm/a)	倾斜(mm/m)	水平变形(mm/m)	地形曲率(mm/m²)				
强	>60	>6	>4	>0.3	<80	>10	>10	地表存在塌陷和裂缝;地表建(构)筑物变形开裂明显
中等	20~60	3~6	2~4	0.2~0.3	80~120	3~10	3~10	地表存在变形及地裂缝;地表建(构)筑物有开裂现象
弱	<20	<3	<2	<0.2	>120	<3	<3	地表无变形及地裂缝;地表建(构)筑物无开裂现象

表 D.9 地裂缝发育程度分级表

发育程度	参考指标		发育特征
	平均活动速率 v/(mm/a)	地震震级 M	地裂缝发生的可能性及特征
强	$v>1.0$	$M≥7$	评估区有活动断裂通过,中或晚更新世以来有活动,全新世以来活动强烈,地面地裂缝发育并通过拟建工程区。地表开裂明显;可见陡坎、斜坡、微缓坡、塌陷坑等微地貌现象;房屋裂缝明显
中等	$1.0≥v≥0.1$	$7>M≥6$	评估区有活动断裂通过,中或晚更新世以来有活动,全新世以来活动较强烈,地面地裂缝中等发育,并从拟建工程区附近通过。地表有开裂现象;无微地貌显示;房屋有裂缝现象
弱	$v<0.1$	$M<6$	评估区有活动断裂通过,全新世以来有微弱活动,地面地裂缝不发育或距拟建工程区较远。地表有零星小裂缝,不明显;房屋未见裂缝

表 D.10 地面沉降发育程度分级表

因 素	发育程度		
	强	中等	弱
近五年平均沉降速率/(mm/a)	≥30	>10~<30	≤10
累计沉降量/mm	≥800	>300~<800	≤300
注:上述两项因素满足一项即可,并按由强至弱顺序确定。			

附 录 E
（规划性附录）
地质灾害评估调查表

地质灾害评估调查宜按表 E.1 进行。

表 E.1 地质灾害评估调查表

编号		灾害（隐患）名称		位置			
地质环境要素							
地表形态及变形特征							
结构及体积特征							
发育程度			危害程度			诱发因素	
防治建议							
平面和剖面示意图（或照片）							
调查负责人		填表人		审核人		填表日期	

附 录 F
（规范性附录）
地质灾害危险性评估成果

F.1 评估报告编制

评估报告可按下列章节进行编制。

前言

说明评估任务由来、评估工作的依据、主要任务和要求。

第一章 评估工作概述

一、工程和规划概况与征地范围

二、以往工作程度

三、工作方法及完成工作量

四、评估范围与级别的确定

五、评估的地质灾害类型

第二章 地质环境条件

一、区域地质背景

二、气象、水文

三、地形地貌

四、地层岩性

五、地质构造

六、岩土类型及工程地质性质

七、水文地质条件

（一）含水层分布及赋水性

（二）地下水类型及动态特征

（三）地下水开采与补给、径流、排泄条件

八、人类工程活动对地质环境的影响

第三章 地质灾害危险性现状评估

一、地质灾害类型特征

二、地质灾害危险性现状

三、现状评估结论

第四章 地质灾害危险性预测评估

一、工程建设中、建设后可能引发或加剧地质灾害危险性预测评估

二、建设工程自身可能遭受已存在地质灾害危险性预测评估

三、预测评估结论

第五章 地质灾害危险性综合分区评估及防治措施

一、地质灾害危险性综合评估原则与量化指标的确定

二、地质灾害危险性综合分区评估

三、建设用地适宜性分区评估

四、防治措施

第六章 结论与建议

一、结论

二、建议

F.2 附图内容

F.2.1 地质灾害分布图：应以评估区内地质灾害形成发育的地质环境条件为背景，主要反映地质灾害类型、特征和分布规律。

  a) 平面图内容：

    1) 按规定的色谱表示简化的地理、行政区划要素；

    2) 按 GB 12328—90 规定的色标，以面状普染色表示岩土体工程地质类型；

    3) 采用不同颜色的点、线符号表示地质构造、地震、水文地质和水文气象要素；

    4) 采用不同颜色的点状或面状符号表示各类地质灾害点的位置、类型、成因、规模、稳定性、危险性等。

  b) 镶图与剖面图：

    1) 对于有特殊意义的影响因素，可在平面图上附全区或局部地区的专门性镶图。如降水等值线图、全新活动断裂与地震震中分布图等；

    2) 应附区域控制性地质地貌剖面图。

  c) 大型、典型地质灾害说明表：

用表的形式辅助说明平面图的有关内容。表的内容包括：地质灾害点编号、地理位置、类型、规模、形成条件与成因、危险性与危害程度、发展趋势等。

F.2.2 地质灾害危险性综合分区评估图：应主要反映地质灾害危险性综合分区评估结果和防治措施。

  a) 平面图应表示以下内容：

    1) 按规定的色谱表示简化的地理、行政区划要素；

    2) 采用不同颜色的点状、线状符号分门别类地表示建设项目工程部署和已建的重要工程；

    3) 采用面状普染颜色表示地质灾害危险性三级综合分区；

    4) 以代号表示地质灾害点（段）防治分级，一般可划分为：重点防治点（段）、次重点防治点（段）、一般防治点（段）；

    5) 采用点状符号表示地质灾害点（段）防治措施，一般可分为：避让措施、生物措施、工程措施、监测预警措施。

  b) 综合分区（段）说明表：

表的内容主要包括：危险性级别、区（段）编号、工程地质条件、地质灾害类型与特征、发育程度和危害程度、防治措施建议等。

F.2.3 应附大型、典型地质灾害点的照片和不稳定斜坡（边坡）的工程地质剖面图等。

参 考 文 献

[1] DB 11/T 893—2012　地质灾害危险性评估技术规范
[2] DB 50/139—2003　地质灾害危险性评估规程
[3] DGJ 08—2007—2006　建设项目地质灾害危险性评估技术规程
[4] DB 33/T 881—2012　地质灾害危险性评估规范
[5] 《地质灾害防治条例》(中华人民共和国国务院第 394 号令)
[6] 关于加强地质灾害危险性评估工作的通知(国土资发〔2004〕69 号)
[7] 关于印发《江苏省地质灾害危险性评估技术要求》的通知(苏国土资发〔2010〕353 号)
[8] 国家煤炭工业局制定.建筑物、水体、铁路及主要井巷煤柱留设与压煤开采规程.北京:煤炭工业出版社,2000

地质灾害灾情统计(DZ/T 0269—2014)

前　　言

本标准按照 GB/T 1.1—2009 给出的规则起草。

本标准由中华人民共和国国土资源部提出。

本标准由全国国土资源标准化技术委员会(SCA/TC 93)归口。

本标准起草单位:中国地质环境监测院。

本标准主要起草人:孟晖、连建发、张若琳、唐灿、胡杰、程新歌、谢显明。

引　　言

为了规范地质灾害灾情统计工作,提高地质灾害灾情统计水平,统一技术标准,及时准确掌握地质灾害灾情信息,研判地质灾害发展态势,充分发挥地质灾害灾情统计在地质灾害防治和灾后恢复重建工作中的作用,根据《中华人民共和国统计法》《地质灾害防治条例》,并参照相关国家标准和行业标准,制定本标准。

1　范围

本标准规定了地质灾害灾情的统计内容、指标、方法和汇总等要求。

本标准适用于崩塌、滑坡、泥石流、地面塌陷、地裂缝、地面沉降等地质灾害灾情调查和统计。其他与地质作用有关的灾害灾情调查和统计,可参照本标准执行。

2　规范性引用文件

下列文件对于本文件的应用是必不可少的。凡是注日期的引用文件,仅注日期的版本适用于本文件。凡是不注日期的引用文件,其最新版本(包括所有的修改单)适用于本文件。

GB/T 24335—2009　建(构)筑物地震破坏等级划分
GB/T 24336—2009　生命线工程地震破坏等级划分

3　术语和定义

下列术语和定义适用于本文件。

3.1
群发地质灾害　mass of geological hazards

在一次降水过程、地震或其他触发因素作用下,在一定区域内[村(居)、工程区段]发生的多处(起)或多种地质灾害。

3.2
地面塌陷　surface collapse

地表岩体或土体受自然作用或采矿等人为活动影响,向下陷落并在地面形成凹陷、坑洞的地质过程或现象。可分为岩溶塌陷、采空塌陷和黄土湿陷。

［改写 GB/T 14498—1993,采空塌陷 9.2.3.1 和 GB/T 12529—1990,岩溶塌陷 7.2。］

3.3

地裂缝　ground fissure

在自然环境条件下,因自然或人为因素,地表岩土体发生开裂,在地面形成一定长度和宽度裂缝的地质现象。

3.4

地质灾害规模　scale and size of geological hazards

地质灾害体的体积、面积或长度大小。

3.5

地质灾害灾情　loss of geological hazards

地质灾害造成的人员伤亡、直接经济损失等情况。

3.6

地质灾害灾情等级　geological hazards grade

表征地质灾害造成人员伤亡和直接经济损失程度的级别。

3.7

重置费用　replacement cost

基于当地当前价格,修复、购置或重建与灾害发生前相同规模和标准的房屋和其他工程、设施、设备、物品等物项所需的费用。

［改写 GB/T 18208.4—2011,定义 3.4。］

3.8

损毁率　damage rate

地质灾害对房屋、道路、农田等承灾体所造成的损坏程度,用百分比表示。

4　总则

4.1　地质灾害灾情统计内容应包括地质灾害发生的时间、地点、类型、规模、因灾造成的人员伤亡和直接经济损失,以及地质灾害成因、人员避让情况等。

4.2　地质灾害灾情调查内容应以现场调查方式获取第一手数据,现场调查以地质灾害点或自然材为调查单元,实地测量房屋、校舍、耕地、林地、公路、铁路等损毁情况数据。

4.3　地质灾害发生时间、地质灾害发生的地质环境条件、人类工程活动以及降雨等信息应采取现场调查与资料收集相结合的方式获取。

4.4　地质灾害对发生地区造成的直接经济损失情况调查内容应包括家庭财产损失调查、农业直接经济损失调查、教育设施直接经济损失调查、交通运输设施直接经济损失调查、其他直接经济损失调查。

4.5　对情况复杂或者初步判定为大型、特大型的地质灾害,宜由专业技术人员参加对灾情的调查、统计与核定。

4.6　对地质灾害成因、直接经济损失核定结果有异议时,可提请上一级国土资源主管部门组织有资质的单位进行复核。

5 地质灾害灾情统计指标

5.1 受灾人口
因地质灾害遭受损失的人数,包括因受到地质灾害威胁,处于危险区内的人数。

5.2 死亡人口
因地质灾害直接导致死亡的人数。

5.3 失踪人口
因地质灾害直接导致下落不明的人数。

5.4 受伤人口
因地质灾害直接导致受伤的人数。

5.5 紧急转移人口
因受到地质灾害威胁,由危险区域转移到安全区域的人数。

5.6 避免伤亡人口
地质灾害发生区域,因紧急转移而避免因灾伤亡的人数。

5.7 畜禽死亡数量
因地质灾害直接导致牲畜、家禽死亡的数量。

5.8 倒塌房屋数量
因地质灾害直接导致房屋整体结构塌落,或承重构件多数倾倒或严重损坏,应进行重建的房屋数量。

5.9 损坏房屋数量
因地质灾害直接导致房屋部分承重构件出现损坏,或非承重构件出现明显裂缝,或附属构件破坏,需进行修复的房屋数量。

5.10 损毁耕地面积
因地质灾害直接导致冲毁、掩埋、沙砾化、盐渍化等损毁的耕地面积。包括可复垦和不可复垦两种情况。

5.11 损毁公路长度
因地质灾害直接导致公路发生位移,路基下沉、陷落,路面裂缝或被掩埋等,从而严重影响交通安全的公路长度。

5.12 损毁铁路里程
因地质灾害直接导致铁路发生铁轨扭曲断裂,路基下沉、陷落等,严重影响行车安全,无法通行的铁路里程。

5.13 直接经济损失
因地质灾害直接导致物质财产自身价值降低或丧失的总量。

5.14 家庭财产直接经济损失
因地质灾害造成居民住房及其室内附属设备、室内财产、农机具、运输工具、牲畜等的直接经济损失。

5.15 农业直接经济损失
因地质灾害造成耕地、种植业、林业、畜牧业等的直接经济损失。

5.16 教育设施直接经济损失
因地质灾害造成学校校舍等教育设施的直接经济损失。

5.17 交通运输设施直接经济损失
因地质灾害导致公路、铁路及相关设施的直接经济损失。

5.18 避免直接经济损失
地质灾害发生区域,因紧急转移而避免的因灾直接经济损失。

6 地质灾害灾情调查

6.1 基本情况调查
6.1.1 现场调查地质灾害发生的时间、地点、类型、规模、数量、灾害成因以及是否新发生的灾害点等基本情况,按照附录A填写。
6.1.2 造成人员伤亡或重大财产损失的1处地质灾害为1起。
6.1.3 无人员伤亡时,在群发地质灾害区域,应按自然村为单位进行调查统计,即在同一自然村(居),一次降水过程、地震或其他触发因素作用下,出现的多处小型地质灾害(累计直接经济损失小于100万元)可分不同灾害类型归并为1起灾害进行统计。

6.2 人员受灾情况调查
调查地质灾害对发生地区人员的损害情况,包括常住人口和非常住人口。调查内容应包括受灾人口、死亡人口、失踪人口、受伤人口,按照附录A的要求填写。

6.3 直接经济损失调查
6.3.1 家庭财产损失调查
调查房屋价值损失和室内外财产损失情况。房屋价值损失调查应包括房屋结构类型、面积、损毁情况;室内外财产损失调查应包括家具用品、家电和家用交通工具等损失等情况,并按照附录B的要求填写调查结果。

6.3.2 农业直接经济损失调查
调查耕地、农作物、林地和林木的损毁情况以及畜禽死亡情况,并按照附录C的要求填写调查结果。

6.3.3 教育设施直接经济损失调查
调查学校校舍等教育设施的损毁情况,并按照附录D的要求填写调查结果。

6.3.4 交通运输设施直接经济损失调查
调查公路、铁路等的损毁情况,并按照附录D的要求填写调查结果。

6.3.5 其他直接经济损失调查
因地质灾害造成水利、电力、通信、旅游和卫生等其他直接经济损失可由其管理部门分别上报本行业的调查情况,并按照附录D的要求填写调查结果。

6.4 避让情况调查
调查由于及时采取转移避让措施而避免造成人员伤亡和财产损失的情况。调查内容应包括发出预报时间、紧急转移人口、避免伤亡人口、避免直接经济损失、预警人(或单位)以及采取的预警方法和避灾措施,填写要求见附录E。

6.5 损毁等级划分
6.5.1 对于居民住房、学校校舍和交通运输相关设施等,分为3个损毁等级,划分指标为:

a) 毁坏(含房屋倒塌):按 GB/T 24335—2009 第 4 章中Ⅳ级和Ⅴ级的宏观描述评定;
b) 损坏:按 GB/T 24335—2009 第 4 章中Ⅱ级和Ⅲ级的宏观描述评定;
c) 基本完好:按 GB/T 24335—2009 第 4 章中Ⅰ级的宏观描述评定。

6.5.2 对于道路损毁等级划分为 3 个损毁等级,划分指标为:
a) 毁坏:按 GB/T 24336—2009 中 6.1.2 Ⅳ级和Ⅴ级的宏观描述评定;
b) 损坏:按 GB/T 24336—2009 中 6.1.2 Ⅱ级和Ⅲ级的宏观描述评定;
c) 基本完好:按 GB/T 24336—2009 中 6.1.2 Ⅰ级的宏观描述评定。

6.5.3 其他设施的损毁等级划分,可参照 GB/T 24336—2009 相关规定进行评定。

6.6 地质灾害灾情等级划分

地质灾害灾情应根据地质灾害造成人员伤亡、经济损失的大小,划分为 4 个等级:
a) 特大型:因灾死亡 30 人以上(含)或者直接经济损失 1 000 万元以上的;
b) 大型:因灾死亡 10 人以上(含)30 人以下或者直接经济损失 500 万元以上 1 000 万元以下的;
c) 中型:因灾死亡 3 人以上(含)10 人以下或者直接经济损失 100 万元以上 500 万元以下的;
d) 小型:因灾死亡 3 人以下或者直接经济损失 100 万元下的。

7 地质灾害直接经济损失计算

7.1 家庭财产损失计算方法

计算方法如下:
a) 房屋价值损失按式(1)计算,损毁率按表 1 确定。

$$房屋价值损失(元) = 重置费用(元) \times 损毁率 \quad\quad\quad\quad (1)$$

注:重置费用按当地当时市场房屋建筑价格来计算,单位为元。

表 1 损毁率取值

损毁等级	描述	损毁率/%	损毁率实际取值/%
基本完好	不影响继续使用	0~10	10
损坏	丧失部分功能,可以修复	10~50	50
毁坏(含房屋倒塌)	丧失大部或全部功能,无法修复或已无修复价值	50~100	100

b) 家庭财产损失按式(2)计算:

$$家庭财产损失(元) = 房屋价值损失(元) + 室内外财产损失(元) \quad\quad\quad\quad (2)$$

注:室内外财产损失按当地当时重置费用计算。粮食食品的损失按当地当时市场价格扣除残值(财物受损后的残存价值)计算,单位为元。

7.2 农业直接经济损失计算

耕地直接经济损失按照可复垦和不可复垦两种情况分别计算。可复垦耕地的直接经济损失按照修复耕地所需的费用计算;不可复垦耕地的直接经济损失按照毁坏的耕地面积乘以当地当时单位耕地价值(或同类地块转让价格)计算。

农作物、林木、畜禽及养殖业等的直接经济损失计算按当地当时市场价格扣除残值计算。附属农业设施的损失计算可参照式(1)进行。

7.3 教育设施直接经济损失计算

学校校舍等教育设施破坏的直接经济损失可参照式(1)进行。

7.4 交通运输设施直接经济损失计算

公路和铁路等交通运输设施的直接经济损失参照式(1)计算。

7.5 其他直接经济损失计算

其他直接经济损失也可参照式(1)进行计算,或按当地当时市场价格扣除残值计算。

8 地质灾害灾情汇总

8.1 地质灾害灾情调查完成后,应及时将地质灾害基本情况、人员受灾情况、避让情况以及直接经济损失计算结果按照附录F的要求汇总。

8.2 地质灾害直接经济损失为家庭财产损失、农业直接经济损失、教育设施直接经济损失、交通运输设施直接经济损失和其他直接经济损失五项损失之和。

8.3 经核定、检查无误后,及时将附录A、附录E、附录F等灾情调查统计表按要求逐级上报。

8.4 对重大地质灾害应编写专门地质灾害调查报告,报告内容应包括:地质灾害灾情概况、成因和防治对策与建议。

附 录 A
（规范性附录）

地质灾害基本情况和人员受灾情况调查

表A.1给出了地质灾害基本情况和因地质灾害造成人员受灾情况的调查内容。

表A.1 地质灾害基本情况和人员受灾情况调查表

省（自治区、直辖市）

序号	时间			地点			地质灾害类型	地质灾害规模	地质灾害灾情等级	人员受灾情况/人				直接经济损失/万元	地质灾害成因	复发	新发	备注
	年	月	日	市、县（区）、乡镇、村组及具体地点	经度	纬度				受灾人口	死亡人口	失踪人口	受伤人口					
					(° ′ ″)													

填表人　　　　　　　　　　复核人　　　　　　　　　　填表日期　　年　月　日

填表单位

注1：经纬度定点位置：崩塌定在崩塌后缘的中部，滑坡定在滑坡后缘中部，泥石流定在出山口，地面塌陷、地面沉降定在其几何中心。
注2：地质灾害规模：滑坡、崩塌填写体积(m³)；地面塌陷填写面积(m²)；地面沉降填写面积(km²)；地裂缝填写长度(km)。
注3：本表的逻辑校验公式：受灾人口≥死亡人口+失踪人口+受伤人口。
注4：地质灾害成因：对自然成因的应具体写明降雨、冻融、地震、重力作用等；对人为成因的应写明开挖坡脚、堆填加载、采矿、爆破、蓄水、排水、灌溉、水库或水渠渗漏等；多因素成因也应具体写明。
注5：若本次地质灾害是已发生的灾害点再次活动，则在"复发"栏中填"是"；若本次地质灾害是新发生的，则在"新发"栏中填"是"。
注6：如为群发地质灾害，"备注"栏应填写群发地质灾害的处数等。

附 录 B
（规范性附录）
家庭财产直接经济损失情况调查

表 B.1、表 B.2 给出了因地质灾害造成家庭财产直接经济损失情况的调查内容，表 B.3 给出了表 B.1、表 B.2 相关内容的汇总统计。

表 B.1 房屋直接经济损失情况调查表

地点：	省（自治区、直辖市）		地（市）	县（市、旗、区）		乡（镇、街道）	自然村	组
损毁情况		结 构 类 型					合计	备注
等级	计量	框架	砖混	砖木	土木	其他		
基本完好	间							
	面积/m²							
	单价/(元/m²)							
	直接经济损失/元							
损毁	间							
	面积/m²							
	单价/(元/m²)							
	直接经济损失/元							
倒塌	间							
	面积/m²							
	单价/(元/m²)							
	直接经济损失/元							
合计								
填表单位		填表人		复核人		填表日期		年 月 日

表 B.2 室内外财产直接经济损失情况调查表

地点：	省（自治区、直辖市）	地（市）	县（市、旗、区）	乡（镇、街道）	自然村	组
名称	数量		单价	直接经济损失/元	备注	
家具						
电器						
交通工具						
其他						
合计						
填表单位		填表人		复核人	填表日期	年 月 日

表 B.3　家庭财产直接经济损失情况汇总表

地点：	省(自治区、直辖市)		地(市)	县(市、旗、区)	乡(镇、街道)	自然村	组
项目			直接经济损失/万元		备注		
房屋	基本完好						
	损毁						
	倒塌						
室内外财产							
合计							
填表单位		填表人		复核人		填表日期	年　月　日

附　录　C
（规范性附录）
农业直接经济损失情况调查

表C.1给出了因地质灾害造成农业直接经济损失情况的调查内容，表C.2给出了表C.1相关内容的汇总统计。

表 C.1　农业直接经济损失情况调查表

地点：	省(自治区、直辖市)	地(市)	县(市、旗、区)	乡(镇、街道)	自然村	组
项目	损毁情况	单位	数量	单价	直接经济损失/元	备注
耕地	可复垦	hm²				
	不可复垦					
	小计					
农作物	损毁	hm²				
林地	损毁	hm²				
林木	损毁	棵				
畜禽	死亡	头(只)				
农业设施	损毁					
其他						
合计						
填表单位		填表人		复核人	填表日期	年　月　日

注：hm²是公顷的单位符号，1 hm² = 10 000 m²。

表 C.2 农业直接经济损失情况汇总表

地点：	省(自治区、直辖市)	地(市)	县(市、旗、区) 乡(镇、街道) 自然村 组		
项目	单位	总计	备注		
损毁耕地面积	hm²		表 C.1 耕地小计		
直接经济损失	万元		表 C.1 直接经济损失(合计)		
填表单位		填表人		复核人	填表日期 年 月 日
注:hm² 是公顷的单位符号,1 hm²＝10 000 m²。						

附 录 D
（规范性附录）
教育设施和交通运输设施及其他直接经济损失情况调查

表 D.1 给出了因地质灾害造成教育设施和交通运输设施及其他直接经济损失情况的调查内容。

表 D.1 教育设施和交通运输设施及其他直接经济损失情况调查表

地点：	省(自治区、直辖市) 地(市) 县(市、旗、区) 乡(镇、街道) 自然村 组				
项目	损毁情况	损毁等级	单价	直接经济损失/元	备注
校舍					
教学楼					
公路					
铁路					
其他					
填表单位	填表人		复核人	填表日期	年 月 日
注 1:损毁情况指损毁设施面积、铁路里程和公路长度等。 注 2:非实地调查信息应在备注栏里注明信息来源。						

附 录 E
（规范性附录）
地质灾害避让情况调查

表 E.1 给出了地质灾害避让情况的调查内容。

表 E.1 地质灾害避让情况调查表

序号	地点			预警方法和避灾措施	地质灾害类型	地质灾害规模	发出预报时间/(时,分)	地质灾害发生时间/(时,分)	紧急转移人口/人	避免伤亡人口/人	避免经济损失/万元	预警人姓名（或单位）
	市、县(区)、乡镇、村组及具体地点	经度	纬度									
		(°'")	(°'")									
1												
2												
3												
4												
5												
6												
7												

填表单位   填表人   复核人   填表日期   年   月   日

注：预警方法指电话通知、警报器警、警报器预警、气象预警、监测预警等；避灾措施指转移安置、搬迁避让、紧急撤离、强制或者说服撤离等。

附 录 F
（规范性附录）
地质灾害灾情基本情况汇总统计

表F.1、表F.2、表F.3给出了地质灾害灾情调查结束后应汇总统计的内容。

表F.1 地质灾害灾情基本情况汇总统计表（一）

省（自治区、直辖市） 地（市） 县（市、旗、区）														年 月至 年 月	
行政区	地质灾害总数/起	按地质成因统计		按地质灾害灾情等级统计				按地质灾害类型统计							
		自然/起	人为/起	特大型/起	大型/起	中型/起	小型/起	崩塌/起	滑坡/起	泥石流/起	地面塌陷/起	地裂缝		地面沉降	
												条	km	处	km²
合计															
填表单位			填表人			复核人			填表日期			年 月 日			

表 F.2 地质灾害灾情基本情况汇总统计表（二）

行政区	地质灾害总数/起	房屋/间		耕地/hm²	人员受灾情况/人				直接经济损失情况/万元					
		倒塌房屋	损坏房屋	损毁面积	受灾	死亡	失踪	受伤	家庭财产	农业	教育	交通运输	其他	总计
合计														

填表单位　　　　　填表人　　　　　复核人　　　　　填表日期　　　年　月　日

注1：hm²是公顷的单位符号，1 hm²＝10 000 m²。
注2："其他"指除"家庭财产""农业""教育"和"交通运输"以外的直接经济损失。

表 F.3 地质灾害避让情况汇总统计表

省(自治区、直辖市) 地(市) 县(市、旗、区)				年 月至 年 月
行政区	避让数量/起	紧急转移人口/人	避免伤亡人口/人	避免直接经济损失/万元
合计				
填表单位	填表人	复核人	填表日期	年 月 日

参 考 文 献

[1] GB/T 14498—1993 工程地质术语
[2] GB/T 18208.1—2006 地震现场工作 第1部分:基本规定
[3] GB/T 18208.3—2000 地震现场工作 第3部分:调查规范
[4] GB/T 18208.4—2005 地震现场工作 第4部分:灾害直接损失评估
[5] GB/T 24438.1—2009 自然灾害灾情统计标准 第1部分:基本指标
[6] GB 50021—2001 岩土工程勘察规范(2009年版)
[7] DZ/T 0261—2014 滑坡崩塌泥石流灾害调查规范(1∶50 000)
[8] 民政部职业技能鉴定指导中心等.灾害信息员基础知识[M].北京:中国社会出版社,2010
[9] 民政部职业技能鉴定指导中心等.灾害信息员四级、五级技能[M].北京:中国社会出版社,2010

三、水旱灾害应急救援

暴雨灾害等级(GB/T 33680—2017)

前　　言

本标准按照 GB/T 1.1—2009 给出的规则起草。

本标准由中国气象局提出。

本标准由全国气候与气候变化标准化技术委员会(SAC/TC 540)归口。

本标准起草单位:国家气候中心。

本标准主要起草人:陈鲜艳、邹旭恺、张强。

引　　言

暴雨灾害是我国主要气象灾害之一。暴雨灾害对人类社会产生的影响通常表现在经济损失、人员伤亡、农作物受损,以及水利、供电、通信等基础设施受到不同程度破坏等几个方面。

本标准建立一个客观的暴雨灾害评估标准,这对于防灾减灾安排和灾后救助是必不可少的,也是评价减灾效益的重要依据。

本标准参考了国内各类灾害等级划分的方法,并根据大量暴雨灾害灾情资料,选取农作物受灾面积、直接经济损失、死亡人口等有具体灾情记录的项目,结合降水强度、降水持续时间、强降水范围等暴雨致灾的气象因子指标,综合划分暴雨灾害等级,定量评估暴雨灾害对社会造成的影响程度。

1　范围

本标准规定了评估暴雨灾害影响的指标、等级及计算方法。

本标准适用于区域性暴雨灾害的监测、评估业务和科研工作,也可供民政、农业、水利、环境及其他社会经济领域参考使用。

2　术语和定义

下列术语和定义适用于本文件。

2.1

日降水量　daily accumulated precipitation

前一日 20 时到当日 20 时的累积降水量。

注:单位为毫米(mm)。

2.2
降水日　rainy day

观测到日降水量大于或等于 0.1 mm 的日子。

注:单位为天(d)。

2.3
持续降水天数　number of consecutive rainy day

连续出现降水的天数。

注:单位为天(d)。

2.4
暴雨　rain storm

24 h 降雨量大于等于 50 mm 的降水。

注:来源于 GB/T 28592—2012 第 4 章。

2.5
暴雨灾害　rainstorm disaster

暴雨导致江河泛滥淹没田地和城乡,造成农业或其他财产损失和人员伤亡的灾害。

2.6
农作物受灾面积　affected crop areas

因暴雨灾害导致农作物产量比常年减少一成及以上的农作物播种面积。

注1:单位为公顷(hm^2)。

注2:改写 GB/T 24438.1—2009,定义 3.10。

2.7
死亡人口　deaths

因暴雨灾害直接导致死亡的人数。

注1:单位为人。

注2:改写 GB/T 24438.1—2009,定义 3.2。

2.8
直接经济损失　direct economic losses

因暴雨灾害直接导致物质财产自身价值降低或丧失的总量。

注1:单位为亿元。

注2:改写 GB/T 24438.1—2009,定义 3.23。

3 暴雨指标与等级划分

3.1 暴雨持续天数指标等级 RD

评估区域内监测到一个(含)以上测站出现暴雨认定当日为暴雨开始,评估区域内不再监测有测站出现暴雨,认定当日暴雨结束。根据暴雨起止时间计算暴雨持续天数(Days),根据大小将其分为 4 个指标等级,见表1。

表 1　暴雨持续天数指标等级划分

等级(RD)	1	2	3	4
Days/d	1≤Days<3	3≤Days<5	5≤Days<8	Days≥8

3.2 暴雨影响范围指标等级 RA

暴雨影响范围是指日降水出现暴雨的站数占评估区域内总站数的比例,根据范围大小将其分为4个指标等级,见表2,采用中国气象局发布的国家级台站。

计算式见式(1):

$$A_{RAIN} = \frac{A_{storm}}{A_{total}} \times 100\% \quad \cdots\cdots\cdots\cdots (1)$$

式中:

A_{RAIN}——暴雨影响范围比例,以百分率(%)表示;
A_{storm}——评估区域内日降水量达到暴雨量级的站数;
A_{total}——评估区域内总监测站数。

表2 暴雨影响范围指标等级划分

等级(RA)	1	2	3	4
A_{RAIN}/%	$1 \leqslant A_{RAIN} < 10$	$10 \leqslant A_{RAIN} < 30$	$30 \leqslant A_{RAIN} < 60$	$A_{RAIN} \geqslant 60$

4 灾害指标与等级划分

4.1 农作物受灾面积指标 AI

农作物受灾面积是受暴雨灾害影响区域农作物的受灾面积占评估区域范围内农作物总面积的比例,根据范围大小将其分为4个指标等级,见表3。

计算式见式(2):

$$A_{CROP} = \frac{A_{disaster}}{A_{province}} \times 100\% \quad \cdots\cdots\cdots\cdots (2)$$

式中:

A_{CROP}——农作物受灾面积,以百分率(%)表示;
$A_{disaster}$——受灾作物的面积;
$A_{province}$——评估区域范围农作物总面积。

表3 农作物受灾面积指标等级划分

等级(AI)	1	2	3	4
A_{CROP}/%	$1 \leqslant A_{CROP} < 10$	$10 \leqslant A_{CROP} < 50$	$5 \leqslant A_{CROP} < 80$	$A_{CROP} \geqslant 80$

4.2 直接经济损失指标 RJ

根据直接经济损失价值大小(Losses),将其分为4个指标等级,见表4。

表4 直接经济损失指标等级划分

等级(RJ)	1	2	3	4
Losses/亿元	$0.05 \leqslant Losses < 0.5$	$0.5 \leqslant Losses < 5$	$5 \leqslant Losses < 15$	$Losses \geqslant 15$

4.3 死亡人口指标 RS

根据死亡人口数量(Deaths),将其分为4个指标等级,见表5。

表 5 死亡人口指标等级划分

等级(RS)	1	2	3	4
Deaths/人	1≤Deaths＜3	3≤Deaths＜15	15≤Deaths＜50	Deaths≥50

5 暴雨灾害评估综合指标 FD

暴雨灾害等级评估综合指标式见式(3)：

$$FD=(RD+RA+AI+RJ+RS)/5 \quad\quad\quad\quad\quad (3)$$

根据指标值,暴雨灾害等级划分见表6。

表 6 暴雨灾害评估指标等级划分

暴雨灾害等级	轻度	中度	严重	特大
FD	FD＜1.6	1.6≤FD＜2.4	2.4≤FD＜3.2	FD≥3.2

参 考 文 献

[1] GB/T 24438.1—2009 自然灾害灾情统计 第1部分:基本指标

[2] GB/T 26376—2010 自然灾害管理基本术语

[3] GB/T 28592—2012 降水量等级

[4] QX/T 52—2007 地面气象观测规范 第8部分:降水观测

[5] QX/T 116—2010 重大气象灾害应急响应启动等级

[6] 杜兴信,鲁秀玲,张惠玲.陕西省自然灾害损失评估的初步研究[J].灾害学,1994,9(2):1-6.

[7] 李吉顺,徐乃璋.暴雨洪涝灾害灾情等级划分依据和减灾对策[J].中国减灾,1995,5(1):36-39.

[8] 徐海量,陈亚宁.洪水灾害等级划分的模糊聚类分析[J].干旱区地理,2000,23(4):350-352.

[9] 丁素媛,尹正平.山东省洪涝灾害分级标准之我见[J].山东水利,2003(4),pp14.

[10] 郭广芬,周月华,史瑞琴等.湖北省暴雨洪涝致灾指标研究[J].暴雨灾害,2009,28(4):357-361.

干旱灾害等级(GB/T 34306—2017)

前言

本标准按照 GB/T 1.1—2009 给出的规则起草。

本标准由中国气象局提出。

本标准由全国气候与气候变化标准化技术委员会(SAC/TC 540)归口。

本标准起草单位:国家气候中心。

本标准主要起草人:邹旭恺、张强、陈鲜艳、王凌。

1 范围

本标准规定了干旱灾害的等级及等级划分的方法。

本标准适用于农业、林业、水文、气象及其他相关社会经济领域的干旱灾害监测、评估业务与科研工作。

2 术语和定义

下列术语和定义适用于本文件。

2.1

气候平均值　climatological normal

气象要素的多年平均值,取最近三个年代的平均值作为气候平均值。

2.2

气象干旱　meteorological drought

某时段由于蒸发量和降水量的收支不平衡,水分支出大于水分收入而造成的水分短缺现象。

[GB/T 20481—2016,定义 2.12]

2.3

农业干旱　agricultural drought

农作物生长季内,因水分供应不足导致农田水量供需不平衡,阻碍作物正常生长发育的现象。

[GB/T 32136—2015,定义 3.8]

2.4

水文干旱　hydrological drought

由于降水的长期短缺而造成某段时间内,地表水或地下水收支不平衡,出现水分短缺,使河川径流量、湖泊水位、水库蓄水等减少的现象。

2.5

干旱灾害　drought disaster

某一时段内,由于干旱导致某一地区人类生活和社会经济活动受到严重影响,并发生灾害的现象。

3 干旱灾害等级指标

3.1 作物受旱面积率等级

作物受旱面积率指受旱区域作物受旱面积占该地区耕地(播种)面积的比例。其中作物受旱面积为受旱减产1成以上面积,单次旱灾分母为耕地面积,多次旱灾分母为播种面积。

计算式见式(1):

$$I=\frac{A_d}{A_p}\times 100\% \quad \quad \quad \quad \quad (1)$$

式中:

I ——作物受旱面积率,以百分率(%)表示;

A_d ——受旱作物的(含缺墒、缺水)面积,单位为公顷(hm^2);其中旱地作物缺墒面积以10 cm~20 cm 深度土壤相对湿度≤60%为受旱,水田作物缺水率>5%为受旱;

A_p ——耕地面积,单位为公顷(hm^2)。

作物受旱面积率的等级划分见表1。

表1 作物受旱面积率(I)的等级(GI)划分

等级(GI)	1	2	3	4
I	10%<I≤30%	30%<I≤50%	50%<I≤80%	I>80%

3.2 因旱临时性人口饮水困难率等级

因旱临时性人口饮水困难率指因旱造成临时性饮水困难人口占所在地区人口的比例。其中因旱临时性人口饮水困难指居民点到取水点的水平距离大于1 km 或垂直高差超过100 m,正常年份连续缺水70天~100天;人均日生活供水量正常年份为20 L~35 L,干旱年份为12 L~20 L;水质达到国家规定的生活饮用水标准。因旱临时性人口饮水困难率的计算式见式(2):

$$R=\frac{F_d}{F_p}\times 100\% \quad \quad \quad \quad \quad (2)$$

式中:

R ——人口因旱临时性饮水困难率,以百分率(%)表示;

F_d ——因旱造成临时性饮水困难人口,单位为人;

F_p ——人口总数,单位为人。

因旱临时性人口饮水困难率的等级划分见表2。

表2 因旱临时性人口饮水困难率(R)的等级(GR)划分

等级(GR)	1	2	3	4
R	5%<R≤20%	20%<R≤40%	40%<R≤60%	R>60%

3.3 城镇干旱缺水率等级

城镇干旱缺水率是指在发生干旱的情况下,城镇日缺水量与城市正常日供水量的比值,计算式见式(3)：

$$P = \frac{WS_n - WS_a}{WS_n} \times 100\% \qquad (3)$$

式中：
P ——城镇干旱缺水率，以百分率(%)表示；
WS_n——城镇正常日供水量，单位为万立方米(10^4 m³)；
WS_a——城镇实际日供水量，单位为万立方米(10^4 m³)。

城镇干旱缺水率等级划分见表3。

表3 城镇干旱缺水率(P)的等级(GP)划分

等级(GP)	1	2	3	4
P	5%<P≤10%	10%<P≤20%	20%<P≤30%	P>30%

4 干旱灾害等级

4.1 干旱灾害等级指数

干旱灾害等级指数的计算式见式(4)：

$$DDI = GI + GR + GP \qquad (4)$$

式中：
DDI——干旱灾害等级指数；
GI ——作物受旱面积率等级；
GR ——因旱临时性人口饮水困难率等级；
GP ——城镇干旱缺水率等级。

4.2 等级划分

将干旱灾害等级划分为轻度旱灾、中度旱灾、严重旱灾和特重旱灾四个级别，等级划分见表4。

表4 干旱灾害等级(DDI)划分

等级	轻度旱灾	中度旱灾	严重旱灾	特重旱灾
DDI	3<DDI≤6	6<DDI≤8	8<DDI≤10	DDI>10

参 考 文 献

[1] GB/T 32136—2015　农业干旱等级
[2] GB/T 20481—2017　气象干旱等级
[3] GB/T 32135—2015　区域旱情等级
[4] 李任远.国家防汛抗旱应急预案.北京：中国水利出版社，2006
[5] Heim Jr., Richard R., A Review of Twentieth—Century Drought Indices Used in the United States, Bulletin of the American Meteorological Society, 2002, 83(8), pp. 1149-1165

[6] Wilhite,D.A.,Drought monitoring and early warning:concepts,progress and future challenges, 2006, World Meteorological Organization, Geneva, Switzerland. WMO No.1006

防洪标准(GB 50201—2014)

前 言

本标准是根据原建设部《关于印发〈2007年工程建设标准规范制订、修订计划(第一批)〉的通知》(建标〔2007〕125号)的要求,由水利部水利水电规划设计总院会同黄河勘测规划设计有限公司,在原国家标准《防洪标准》GB 50201—94 的基础上修订而成的。

本标准在修订过程中,修订组认真总结了原国家标准《防洪标准》GB 50201—94 实施以来的经验,借鉴了其他一些国家的防洪标准,吸纳了国内部分行业相关技术标准,同时参考了流域防洪规划和区域防洪规划成果,结合我国经济社会发展状况,在广泛征求有关单位意见和建议的基础上,通过多次研究、讨论,最后经审查定稿。

本标准共分11章,主要内容包括总则、术语、基本规定、防洪保护区、工矿企业、交通运输设施、电力设施、环境保护设施、通信设施、文物古迹和旅游设施、水利水电工程。

本次修订的主要内容有:

1.增加了"术语""基本规定""防洪保护区"和"环境保护设施"四章,将原"城市"和"乡村"两章并入"防洪保护区"一章;

2.在"交通运输设施"一章中取消了"木材水运工程"一节,在"电力设施"一章中增加了"核电厂"一节,在"水利水电工程"一章中增加了"拦河水闸工程"一节。

本标准中以黑体字标志的条文为强制性条文,必须严格执行。

本标准由住房和城乡建设部负责管理和对强制性条文的解释,由水利部负责日常管理工作,由水利部水利水电规划设计总院负责具体技术内容的解释。在本标准执行过程中,希望各单位结合工程实践和科学研究,认真总结经验,注意积累资料,如发现需要修改和补充之处,请及时将意见和有关资料寄交水利部水利水电规划设计总院(地址:北京市西城区六铺炕北小街2—1号,邮政编码:100120),以供今后修订时参考。

本标准主编单位、主要起草人和主要审查人:

主 编 单 位:水利部水利水电规划设计总院
　　　　　　　黄河勘测规划设计有限公司
主要起草人:梅锦山　侯传河　李小燕　吴海亮　张志红
　　　　　　李爱玲　王　勇　李维涛　洪　建　王　煜
　　　　　　王府义　李荣容　刘　娟　王国安　温善章
　　　　　　周　健
主要审查人:汪　洪　高安泽　朱尔明　焦居仁　李代鑫
　　　　　　曾肇京　富曾慈　胡训润　陈效国　谭培伦
　　　　　　丁留谦　刘九夫

1 总则

1.0.1 为适应国民经济各部门、各地区的防洪要求和防洪建设需要,保护人民生命财产的防洪安全,制定本标准。

1.0.2 本标准适用于防洪保护区、工矿企业、交通运输设施、电力设施、环境保护设施、通信设施、文物古迹和旅游设施、水利水电工程等防护对象,防御暴雨洪水、融雪洪水、雨雪混合洪水和海岸、河口地区防御潮水的规划、设计、施工和运行管理工作。

1.0.3 各类防护对象的防洪标准除应符合本标准外,尚应符合国家现行有关标准的规定。

2 术语

2.0.1
防护对象　flood protection object
防洪保护对象的简称,指受到洪(潮)水威胁需要进行防洪保护的对象。

2.0.2
防洪保护区　flood protection area
洪(潮)水泛滥可能淹及且需要防洪工程设施保护的区域。

2.0.3
防护等级　grade of flood protection
对于同一类型的防护对象,为了便于针对其规模或性质确定相应的防洪标准,从防洪角度根据一些特性指标将其划分的若干等级。

2.0.4
当量经济规模　equivalent economic scale
防洪保护区人均 GDP 指数与人口的乘积。

2.0.5
可能最大洪水　probable maximum flood
在河流设计断面以上,水文气象上可能发生的、一定历时的、近似于物理上限的洪水。

3 基本规定

3.0.1 防护对象的防洪标准应以防御的洪水或潮水的重现期表示;对于特别重要的防护对象,可采用可能最大洪水表示。防洪标准可根据不同防护对象的需要,采用设计一级或设计、校核两级。

3.0.2 各类防护对象的防洪标准应根据经济、社会、政治、环境等因素对防洪安全的要求,统筹协调局部与整体、近期与长远及上下游、左右岸、干支流的关系,通过综合分析论证确定。有条件时,宜进行不同防洪标准所可能减免的洪灾经济损失与所需的防洪费用的对比分析。

3.0.3 同一防洪保护区受不同河流、湖泊或海洋洪水威胁时,宜根据不同河流、湖泊或海洋洪水灾害的轻重程度分别确定相应的防洪标准。

3.0.4 防洪保护区内的防护对象,当要求的防洪标准高于防洪保护区的防洪标准,且能进行单独防护时,该防护对象的防洪标准应单独确定,并应采取单独的防护措施。

3.0.5 当防洪保护区内有两种以上的防护对象,且不能分别进行防护时,该防洪保护区的防洪标准应按防洪保护区和主要防护对象中要求较高者确定。

3.0.6 对于影响公共防洪安全的防护对象,应按自身和公共防洪安全两者要求的防洪标准中较高者确定。

3.0.7 防洪工程规划确定的兼有防洪作用的路基、围墙等建筑物、构筑物,其防洪标准应按防洪保护区和该建筑物、构筑物的防洪标准中较高者确定。

3.0.8 下列防护对象的防洪标准,经论证可提高或降低:
　　1 遭受洪灾或失事后损失巨大、影响十分严重的防护对象,可提高防洪标准;
　　2 遭受洪灾或失事后损失和影响均较小、使用期限较短及临时性的防护对象,可降低防洪标准。

3.0.9 按本标准规定的防洪标准进行防洪建设,经论证确有困难时,可在报请主管部门批准后,分期实施、逐步达到。

4 防洪保护区

4.1 一般规定

4.1.1 在确定防洪标准时,应分析受洪水威胁地区的洪水特征、地形条件,以及河流、堤防、道路或其他地物的分隔作用,可以分为几个部分单独进行防护时,应划分为独立的防洪保护区,各个防洪保护区的防洪标准应分别确定。

4.1.2 划分防洪保护区防护等级的人口、耕地、经济指标的统计范围,应采用相应标准洪水的淹没范围。

4.2 城市防护区

4.2.1 城市防护区应根据政治、经济地位的重要性、常住人口或当量经济规模指标分为四个防护等级,其防护等级和防洪标准应按表4.2.1确定。

表 4.2.1 城市防护区的防护等级和防洪标准

防护等级	重要性	常住人口（万人）	当量经济规模（万人）	防洪标准[重现期(年)]
Ⅰ	特别重要	≥150	≥300	≥200
Ⅱ	重要	<150,≥50	<300,≥100	200～100
Ⅲ	比较重要	<50,≥20	<100,≥40	100～50
Ⅳ	一般	<20	<40	50～20

注:当量经济规模为城市防护区人均GDP指数与人口的乘积,人均GDP指数为城市防护区人均GDP与同期全国人均GDP的比值。

4.2.2 位于平原、湖洼地区的城市防护区,当需要防御持续时间较长的江河洪水或湖泊高水位时,其防洪标准可取本标准表4.2.1规定中的较高值。

4.2.3 位于滨海地区的防护等级为Ⅲ等及以上的城市防护区,当按本标准表4.2.1的防洪标准确定的设计高潮位低于当地历史最高潮位时,还应采用当地历史最高潮位进行校核。

4.3 乡村防护区

4.3.1 乡村防护区应根据人口或耕地面积分为四个防护等级,其防护等级和防洪标准应按表4.3.1确定。

表 4.3.1 乡村防护区的防护等级和防洪标准

防护等级	人口（万人）	耕地面积（万亩）	防洪标准[重现期（年）]
Ⅰ	≥150	≥300	100～50
Ⅱ	<150,≥50	<300,≥100	50～30
Ⅲ	<50,≥20	<100,≥30	30～20
Ⅳ	<20	<30	20～10

4.3.2 人口密集、乡镇企业较发达或农作物高产的乡村防护区，其防洪标准可提高。地广人稀或淹没损失较小的乡村防护区，其防洪标准可降低。

4.3.3 蓄、滞洪区的分洪运用标准和区内安全设施的建设标准，应根据批准的江河流域防洪规划的要求分析确定。

5 工矿企业

5.0.1 冶金、煤炭、石油、化工、电子、建材、机械、轻工、纺织、医药等工矿企业应根据规模分为四个防护等级，其防护等级和防洪标准应按表5.0.1确定。对于有特殊要求的工矿企业，还应根据行业相关规定，结合自身特点经分析论证确定防洪标准。

表 5.0.1 工矿企业的防护等级和防洪标准

防护等级	工矿企业规模	防洪标准[重现期（年）]
Ⅰ	特大型	200～100
Ⅱ	大型	100～50
Ⅲ	中型	50～20
Ⅳ	小型	20～10

注：各类工矿企业的规模按国家现行规定划分。

5.0.2 滨海区中型及以上的工矿企业，当按本标准表5.0.1的防洪标准确定的设计高潮位低于当地历史最高潮位时，还应采用当地历史最高潮位进行校核。

5.0.3 工矿企业还应根据遭受洪灾后的损失和影响程度，按下列规定确定防洪标准：

1 当工矿企业遭受洪水淹没后，损失巨大，影响严重，恢复生产所需时间较长时，其防洪标准可取本标准表5.0.1规定的上限或提高一个等级；

2 当工矿企业遭受洪灾后，其损失和影响较小，很快可恢复生产时，其防洪标准可按本标准表5.0.1规定的下限确定；

3 地下采矿业的坑口、井口等重要部位，应按本标准表5.0.1规定的防洪标准提高一个等级进行校核，或采取专门的防护措施。

5.0.4 当工矿企业遭受洪水淹没后，可能爆炸或导致毒液、毒气、放射性等有害物质大量泄漏、扩散时，其防洪标准应符合下列规定：

1 对于中、小型工矿企业,应采用本标准表5.0.1中Ⅰ等的防洪标准;

2 对于特大、大型工矿企业,除采用本标准表5.0.1中Ⅰ等的上限防洪标准外,尚应采取专门的防护措施;

3 对于核工业和与核安全有关的厂区、车间及专门设施,应采用高于200年一遇的防洪标准。

6 交通运输设施

6.1 铁路

6.1.1 国家标准轨距铁路的各类建筑物、构筑物,应根据铁路在路网中的重要性和预测的近期年客货运量分为两个防护等级,其防护等级和防洪标准应按表6.1.1确定。

表6.1.1 国家标准轨距铁路各类建筑物、构筑物的防护等级和防洪标准

防护等级	铁路等级	铁路在路网中的作用、性质	近期年客货运量(Mt)	防洪标准[重现期(年)]			
				设计			校核
				路基	涵洞	桥梁	技术复杂、修复困难或重要的大桥和特大桥
Ⅰ	客运专线	以客运为主的高速铁路	—	100	100	100	300
	Ⅰ	在铁路网中起骨干作用的铁路	≥20				
	Ⅱ	在铁路网中起联络、辅助作用的铁路	<20,≥10				
Ⅱ	Ⅲ	为某一地区或企业服务的铁路	<10,≥5	50	50	50	100
	Ⅳ	为某一地区或企业服务的铁路	<5				

注:1 近期指交付运营后的第10年;
2 年客货运量为重车方向的运量,每天一对旅客列车按1.0Mt年货运量折算。

6.1.2 经过行、蓄、滞洪区铁路的防洪标准,应结合所在河段、地区的行、蓄、滞洪区的要求确定,不得影响行、蓄、滞洪区的正常运用。

6.1.3 工矿企业专用标准轨距铁路的防洪标准,应根据本标准表6.1.1并结合工矿企业的防洪要求确定。

6.2 公路

6.2.1 公路的各类建筑物、构筑物应根据公路的功能和相应的交通量分为四个防护等级,其防护等级和防洪标准应按表6.2.1确定。

表 6.2.1 公路各类建筑物、构筑物的防护等级和防洪标准

防护等级	公路等级	分等指标	防洪标准[重现期(年)]							
			路基	桥涵				隧道		
				特大桥	大、中桥	小桥	涵洞及小型排水构筑物	特长隧道	长隧道	中、短隧道
I	高速	专供汽车分向、分车道行驶并应全部控制出入的多车道公路,年平均日交通量为25000辆～100000辆	100	300	100	100	100	100	100	100
	一级	供汽车分向、分车道行驶,并可根据需要控制出入的多车道公路,年平均日交通量为15000辆～55000辆								
II	二级	供汽车行驶的双车道公路,年平均日交通量为5000辆～15000辆	50	100	100	50	50	100	50	50
III	三级	供汽车行驶的双车道公路,年平均日交通量为2000辆～6000辆	25	100	50	25	25	50	50	25
IV	四级	供汽车行驶的双车道或单车道公路,双车道年平均日交通量2000辆以下,单车道年平均日交通400辆以下	—	100	50	25	—	50	25	25

注:年平均日交通量指将各种汽车折合成小客车后的交通量。

6.2.2 经过行、蓄、滞洪区公路的防洪标准,应结合所在河段、地区的行、蓄、滞洪区的要求确定,不得影响行、蓄、滞洪区的正常运用。

6.3 航运

6.3.1 河港主要港区的陆域,应根据重要性和受淹损失程度分为三个防护等级,其防护等级和防洪标准应按表6.3.1确定。

表 6.3.1 河港主要港区陆域的防护等级和防洪标准

防护等级	重要性和受淹损失程度	防洪标准[重现期(年)]	
		河网、平原河流	山区河流
I	直辖市、省会、首府和重要城市的主要港区陆域,受淹后损失巨大	100～50	50～20
II	比较重要城市的主要港区陆域,受淹后损失较大	50～20	20～10
III	一般城镇的主要港区陆域,受淹后损失较小	20～10	10～5

注:码头的防洪标准根据相关行业标准确定。

6.3.2 内河航道上的通航建筑物,应根据可通航内河船舶的吨级分为四个防护等级,其防护等级和防洪标准应按表6.3.2和所在水域的防洪要求确定。

表6.3.2 内河航道通航建筑物的防护等级和防洪标准

防护等级	通航建筑物级别	船舶吨级(t)	防洪标准[重现期(年)]
Ⅰ	Ⅰ	3 000	100～50
Ⅱ	Ⅱ	2 000	50～20
Ⅲ	Ⅲ、Ⅳ	1 000、500	20～10
Ⅳ	Ⅴ～Ⅶ	300、100、50	10～5

注:1 船舶吨级按船舶设计载重吨确定;
　　2 船舶吨级3 000 t以上通航建筑物的防护等级按Ⅰ等确定。

6.3.3 海港主要港区的陆域,应根据港口的重要性和受淹损失程度分为三个防护等级,其防护等级和防洪标准应按表6.3.3确定。

表6.3.3 海港主要港区陆域的防护等级和防洪标准

防护等级	重要性和受淹损失程度	防洪标准[重现期(年)]
Ⅰ	重要的港区陆域,受淹后损失巨大	200～100
Ⅱ	比较重要的港区陆域,受淹后损失较大	100～50
Ⅲ	一般港区陆域,受淹后损失较小	50～20

6.3.4 当按本标准表6.3.3的防洪标准确定的海港主要港区陆域的设计高潮位低于当地历史最高潮位时,应采用当地历史最高潮位进行校核。有掩护的Ⅲ等海港主要港区陆域的防洪标准,可按50年一遇的高潮位进行校核。

6.3.5 当河(海)港区陆域的防洪工程是城镇防洪工程的组成部分时,其防洪标准不应低于该城镇的防洪标准。

6.4 民用机场

6.4.1 民用机场应根据重要程度和飞行区指标分为三个防护等级,其防护等级和防洪标准应按表6.4.1确定。

表6.4.1 民用机场的防护等级和防洪标准

防护等级	重要程度	飞行区指标	防洪标准[重现期(年)]
Ⅰ	特别重要的国际机场	4D及以上	≥100
Ⅱ	重要的国内干线机场及一般的国际机场	4C、3C	≥50
Ⅲ	一般的国内支线机场	3C以下	≥20

6.4.2 对于防护等级为Ⅰ等、年旅客吞吐量大于或等于1 000万人次的民用运输机场,还应按300年一遇的防洪标准进行校核;对于防护等级为Ⅱ等、年旅客吞吐量大于或等于200万人次的民用运输机场,还应按100年一遇的防洪标准进行校核。

6.4.3 民用机场的防洪标准不应低于所在城市的防洪标准。

6.5 管道工程

6.5.1 穿越和跨越有洪水威胁水域的输油、输气等管道工程,应根据工程规模分为三个防护等级,其防护等级和防洪标准应按表6.5.1及所穿越和跨越水域的防洪要求确定。

表6.5.1 输油、输气等管道工程的防护等级和防洪标准

防护等级	工程规模	防洪标准[重现期(年)]
Ⅰ	大型	100
Ⅱ	中型	50
Ⅲ	小型	20

注:输水管道工程的防护等级和防洪标准,按本标准第11章的有关规定确定。

6.5.2 对于特别重要的大型管道工程,经分析论证可采用大于100年一遇的防洪标准进行校核。

6.5.3 从洪水期冲刷较剧烈的水域底部穿过的输油、输气等管道工程,其埋深应同时满足相应防洪标准洪水的冲刷深度和规划疏浚深度,并应预留安全埋深。

6.5.4 经过行、蓄、滞洪区的管道工程的防洪标准,应结合所在河段、地区的行、蓄、滞洪区的要求确定,不得影响行、蓄、滞洪区的正常运用。

7 电力设施

7.1 火电厂

7.1.1 火电厂厂区应根据规划容量分为三个防护等级,其防护等级和防洪标准应按表7.1.1确定。

表7.1.1 火电厂厂区的防护等级和防洪标准

防护等级	规划容量(MW)	防洪标准[重现期(年)]
Ⅰ	>2 400	≥100
Ⅱ	400~2 400	≥100
Ⅲ	<400	≥50

注:对于风暴潮影响严重地区的海滨Ⅰ级火电厂厂区,防洪标准取200年一遇。

7.1.2 工矿企业自备火电厂厂区的防洪标准应与该工矿企业的防洪标准相适应。

7.1.3 供热型火电厂厂区的防洪标准应与供热对象的防洪标准相适应。

7.1.4 火电厂地表水岸边泵房应根据火电厂规模分为两个防护等级,其防护等级和防洪标准应按表7.1.4确定。

表7.1.4 火电厂地表水岸边泵房的防护等级和防洪标准

防护等级	火电厂规模	防洪标准[重现期(年)]	
		设计	校核
Ⅰ	大中型	100	1 000
Ⅱ	小型	50	100

7.2 核电厂

7.2.1 核电厂与核安全相关物项的防洪标准应为设计基准洪水,设计基准洪水应根据可能影响厂址安全的各种严重洪水事件及其可能的不利组合,并结合厂址特征综合分析确定。

7.2.2 可能影响核电厂厂址安全的严重洪水事件,应包括天文潮高潮位、海平面异常、风暴潮增水、假潮增水、海啸或湖涌增水、径流洪水、溃坝洪水、波浪,以及其他因素引起的洪水等。

7.2.3 对于滨海、滨河和河口核电厂,应根据厂址的自然条件,分别确定可能影响厂址安全的严重洪水事件,并应按相关规定进行组合,应选择最大值作为设计基准洪水位。

7.2.4 最终确定的核电厂设计基准洪水位不应低于有水文记录或历史上的最高洪水位。

7.3 高压、超高压和特高压输变电设施

7.3.1 35 kV 及以上的高压、超高压和特高压架空输电线路基础,应根据电压分为四个防护等级,其防护等级和防洪标准应按表 7.3.1 确定。大跨越架空输电线路的防洪标准可经分析论证提高。

表 7.3.1 高压、超高压和特高压架空输电线路的防护等级和防洪标准

防护等级	电压(kV)	防洪标准[重现期(年)]
Ⅰ	1 000、±800	100
Ⅱ	750、±660、±500	50
Ⅲ	500、330	30
Ⅳ	≤220,≥35	20～10

7.3.2 35 kV 及以上的高压、超高压和特高压变电设施,应根据电压分为三个防护等级,其防护等级和防洪标准应按表 7.3.2 确定。

表 7.3.2 高压和超高压变电设施的防护等级和防洪标准

防护等级	电压(kV)	防洪标准[重现期(年)]
Ⅰ	≥500	≥100
Ⅱ	<500,≥220	100
Ⅲ	<220,≥35	50

7.3.3 工矿企业专用高压输变电设施的防洪标准,应与该工矿企业的防洪标准相适应。

8 环境保护设施

8.1 尾矿库工程

8.1.1 工矿企业尾矿库工程主要建筑物的防护等级和防洪标准,应符合现行国家标准《尾矿设施设计规范》GB 50863 的有关规定。

8.1.2 尾矿库失事将对下游重要的居民区、工矿企业或交通干线造成严重灾害时,经论证其防护等级可提高一等。

8.1.3 储存铀矿等有放射性和有害尾矿,失事后可能对环境造成极其严重危害的尾矿库,

其防洪标准应予以提高,必要时其后期防洪标准可采用可能最大洪水。

8.2 贮灰场工程

8.2.1 火电厂山谷贮灰场工程,应根据工程规模分为三个防护等级,其防护等级和防洪标准应按表8.2.1确定。

表8.2.1 火电厂山谷贮灰场工程的防护等级和防洪标准

防护等级	灰场级别	工程规模		防洪标准[重现期(年)]	
		总容积(亿 m³)	最终坝高(m)	设计	校核
Ⅰ	一	>1.0	>70	100	500
Ⅱ	二	≤1.0,>0.1	≤70,>50	50	200
Ⅲ	三	≤0.1	≤50,>30	30	100

注:当根据最终坝高与总容积确定的等级不同时,以高者为准。当级差大于一个级别时,按高者降低一个级别确定。

8.2.2 当山谷贮灰场下游有重要的居民区、工矿企业或交通干线时,经论证其防护等级可提高一等,并应选取相应的防洪标准。

8.2.3 火电厂滩涂贮灰场围堤工程,应根据总容积分为两个防护等级,其防护等级和防洪标准应按表8.2.3确定。贮灰场围堤为河(海)堤的一部分时,其设计防洪标准不应低于堤防工程的标准。

表8.2.3 火电厂滩涂贮灰场围堤工程的防护等级和防洪标准

防护等级	灰场级别	总容积(万 m³)	堤外防洪标准[重现期(年)]		堤内防洪标准[重现期(年)]	
			设计	校核	设计	校核
Ⅰ	一	>1 000	50	100~200	50	200
Ⅱ	二	≤1 000	30	100	30	100

注:堤内指贮灰侧。

8.2.4 其他类型贮灰场的防洪标准可结合自身特点,按火电厂贮灰场或尾矿库的规定,经分析论证确定。

8.3 垃圾处理工程

8.3.1 城市生活垃圾卫生填埋工程应根据工程建设规模分为三个防护等级,其防护等级和防洪标准应按表8.3.1确定,并不得低于当地的防洪标准。

表8.3.1 城市生活垃圾卫生填埋工程的防护等级和防洪标准

防护等级	填埋场建设规模(万 m³)	防洪标准[重现期(年)]	
		设计	校核
Ⅰ	>500	50	100
Ⅱ	200~500	20	50
Ⅲ	<200	10	20

8.3.2 医疗废物化学消毒与微波消毒集中处理工程,厂区应达到100年一遇的防洪标准。

8.3.3 危险废物集中焚烧处置工程,厂区应达到100年一遇的防洪标准。

9 通信设施

9.0.1 公用长途通信线路,应根据重要程度和设施内容分为三个防护等级,其防护等级和防洪标准应按表9.0.1确定。

表9.0.1 公用长途通信线路的防护等级和防洪标准

防护等级	重要程度和设施内容	防洪标准[重现期(年)]
Ⅰ	国际干线,首都至各省会(首府、直辖市)的线路,省会(首府、直辖市)之间的线路	100
Ⅱ	省会(首府、直辖市)至各地(市、州)的线路,各地(市、州)之间的重要线路	50
Ⅲ	各地(市、州)之间的一般线路,地(市、州)至各县的线路,各县之间的线路	30

9.0.2 公用通信局、所,应根据重要程度和设施内容分为两个防护等级,其防护等级和防洪标准应按表9.0.2确定。

表9.0.2 公用通信局、所的防护等级和防洪标准

防护等级	重要程度和设施内容	防洪标准[重现期(年)]
Ⅰ	省会(首府、直辖市)及省会以上城市的电信枢纽楼,重要市内电话局,长途干线郊外站,海缆登陆局	100
Ⅱ	省会(首府、直辖市)以下城市的电信枢纽楼,一般市内电话局	50

9.0.3 公用通信台、站,应根据重要程度和设施内容分为两个防护等级,其防护等级和防洪标准应按表9.0.3确定。

表9.0.3 公用通信台、站的防护等级和防洪标准

防护等级	重要程度和设施内容	防洪标准[重现期(年)]
Ⅰ	国际通信短波无线电台,大型和中型卫星通信地球站,1级和2级光缆和微波通信干线链路接力站(包括终端、中继站、郊外站等)	100
Ⅱ	国内通信短波无线电台、小型卫星通信地球站、光缆和微波中继站	50

9.0.4 交通运输、水利水电工程及电力设施等专用的通信设施,其防洪标准应根据服务对象的要求确定。

10 文物古迹和旅游设施

10.1 文物古迹

10.1.1 不耐淹的文物古迹,应根据文物保护的级别分为三个防护等级,其防护等级和防洪标准应按在10.1.1确定。

表 10.1.1 文物古迹的防护等级和防洪标准

防护等级	文物保护的级别	防洪标准[重现期(年)]
Ⅰ	世界级、国家级	≥100
Ⅱ	省(自治区、直辖市)级	100～50
Ⅲ	市、县级	50～20

注:世界级文物指列入《世界遗产名录》的世界文化遗产以及世界文化和自然双遗产中的文化遗产部分。

10.1.2 对于特别重要的文物古迹,其防洪标准经充分论证和主管部门批准后可提高。

10.2 旅游设施

10.2.1 受洪水威胁的旅游设施,应根据景源的级别、旅游价值、知名度和受淹损失程度分为三个防护等级,其防护等级和防洪标准应按表10.2.1确定。

表 10.2.1 旅游设施的防护等级和防洪标准

防护等级	景源级别	旅游价值、知名度和受淹损失程度	防洪标准[重现期(年)]
Ⅰ	特级、一级	世界或国家保护价值,知名度高,受淹后损失巨大	100～50
Ⅱ	二级	省级保护价值,知名度较高,受淹后损失较大	50～30
Ⅲ	三级、四级	市县级或一般保护价值,知名度较低,受淹后损失较小	30～10

10.2.2 供游览的文物古迹的防洪标准,应根据其防护等级按本标准表10.1.1和表10.2.1中较高者确定。

11 水利水电工程

11.1 水利水电工程等别

11.1.1 水利水电工程的等别,应根据工程规模、效益和在经济社会中的重要性,按其综合利用任务和功能类别或不同工程类型予以确定。

11.1.2 水利水电工程的等别,应按承担的任务和功能类别确定,并应符合下列规定:

    1 防洪、治涝工程的等别,应根据其保护对象的重要性和受益面积,按表11.1.2-1确定。

表 11.1.2-1 防洪、治涝工程的等别

工程等别	防洪		治涝
	城镇及工矿企业的重要性	保护农田面积（万亩）	治涝面积（万亩）
Ⅰ	特别重要	≥500	≥200
Ⅱ	重要	<500,≥100	<200,≥60
Ⅲ	比较重要	<100,≥30	<60,≥15
Ⅳ	一般	<30,≥5	<15,≥3
Ⅴ		<5	<3

2 供水、灌溉、发电工程的等别，应根据其供水规模、供水对象的重要性、灌溉面积和装机容量，按表 11.1.2-2 确定。

表 11.1.2-2 供水、灌溉、发电工程的等别

工程等别	工程规模	供水			灌溉	发电
		供水对象的重要性	引水流量（m³/s）	年引水量（亿 m³）	灌溉面积（万亩）	装机容量（MW）
Ⅰ	特大型	特别重要	≥50	≥10	≥150	≥1 200
Ⅱ	大型	重要	<50,≥10	<10,≥3	<150,≥50	<1 200,≥300
Ⅲ	中型	比较重要	<10,≥3	<3,≥1	<50,≥5	<300,≥50
Ⅳ	小型	一般	<3,≥1	<1,≥0.3	<5,≥0.5	<50,≥10
Ⅴ			<1	<0.3	<0.5	<10

注：1 跨流域、水系、区域的调水工程纳入供水工程统一确定；
　　2 供水工程的引水流量指渠首设计引水流量，年引水量指渠首多年平均年引水量；
　　3 灌溉面积指设计灌溉面积。

3 水库枢纽工程上的通航工程的等别，应根据其航道等级和设计通航船舶吨级，按表 11.1.2-3 确定。

表 11.1.2-3 通航工程的等别

工程等别	航道等级	设计通航船舶吨级（t）
Ⅰ	Ⅰ	3 000
Ⅱ	Ⅱ	2 000
	Ⅲ	1 000
Ⅲ	Ⅳ	500
Ⅳ	Ⅴ	300
Ⅴ	Ⅵ	100
	Ⅶ	50

注：1 设计通航船舶吨级系指通过通航建筑物的最大船舶载重吨，当为船队通过时指组成船队的最大驳船载重吨；
　　2 跨省际Ⅴ级航道上的渠化枢纽工程等别提高一等。

11.1.3 以城市供水为主的工程,应按供水对象的重要性、引水流量和年引水量三个指标拟定工程等别,确定等别时应至少有两项指标符合要求。以农业灌溉为主的供水工程,应按灌溉面积指标确定工程等别。

11.1.4 水库、拦河水闸、灌排泵站与引水枢纽工程的等别,应根据工程规模按表11.1.4确定。

表 11.1.4 水库、拦河水闸、灌排泵站与引水枢纽工程的等别

工程等别	工程规模	水库工程	拦河水闸工程	灌溉与排水工程		
				泵站工程		引水枢纽
		总库容（亿 m^3）	过闸流量（m^3/s）	装机流量（m^3/s）	装机功率（MW）	引水流量（m^3/s）
Ⅰ	大(1)型	≥10	≥5 000	≥200	≥30	≥200
Ⅱ	大(2)型	<10,≥1.0	<5 000,≥1 000	<200,≥50	<30,≥10	<200,≥50
Ⅲ	中型	<1.0,≥0.10	<1 000,≥100	<50,≥10	<10,≥1	<50,≥10
Ⅳ	小(1)型	<0.10,≥0.01	<100,≥20	<10,≥2	<1,≥0.1	<10,≥2
Ⅴ	小(2)型	<0.01,≥0.001	<20	<2	<0.1	<2

注:1 水库总库容指水库最高水位以下的静库容,洪水期基本恢复天然状态的水库枢纽总库容采用正常蓄水位以下的静库容;
  2 拦河水闸工程指平原区的水闸枢纽工程,过闸流量为按校核洪水标准泄洪时的水闸下泄流量;
  3 灌溉引水枢纽工程包括拦河或顺河向布置的灌溉取水枢纽,引水流量采用设计流量;
  4 泵站工程指灌溉、排水(涝)的提水泵站,其装机流量、装机功率指包括备用机组在内的单站指标;由多级或多座泵站联合组成的泵站系统工程的等别,可按其系统的规模指标确定。

11.1.5 当按工程任务、功能类别或工程类型确定的等别不同时,其等别应按高者确定。

11.2 水利水电工程建筑物级别

11.2.1 水利水电工程的永久性水工建筑物的级别,应根据其所属工程的等别、作用和重要性,按表11.2.1确定。

表 11.2.1 永久性水工建筑物的级别

工程等别	水工建筑物级别	
	主要建筑物	次要建筑物
Ⅰ	1	3
Ⅱ	2	3
Ⅲ	3	4
Ⅳ	4	5
Ⅴ	5	5

11.2.2 失事后损失巨大或影响十分严重的水利水电工程的2级～5级主要永久性水工建

筑物,经过论证并报主管部门批准,可提高一级,设计洪水标准相应提高;失事后造成损失不大的水利水电工程的1级~4级主要永久性水工建筑物,经过论证并报主管部门批准,可降低一级。

11.2.3 水库大坝的2级、3级永久性水工建筑物,坝高超过规定指标时,其级别可提高一级,但防洪标准可不提高。

11.2.4 当永久性水工建筑物基础的工程地质条件特别复杂或采用实践经验较少的新型结构时,对2级~5级建筑物可提高一级设计,但防洪标准可不提高。

11.2.5 平原区水闸工程的级别,应根据其所属工程的等别按本标准表11.2.1确定。山区、丘陵区水利水电枢纽中的水闸级别,应根据其所属枢纽工程的等别和水闸自身的重要性按本标准表11.2.1确定。位于防洪(挡潮)堤上的水闸,其级别不得低于防洪(挡潮)堤的级别。

11.2.6 供水工程利用现有河道输水时,河道堤防级别应根据供水工程的等别、现有河道堤防级别、输水位抬高可能造成的影响等因素综合确定,但不得低于现有河道堤防级别。

11.2.7 灌溉渠道或排水沟,以及与灌排有关的水闸、渡槽、倒虹吸、涵洞、隧洞等建筑物的级别,应按现行国家标准《灌溉与排水工程设计规范》GB 50288的有关规定执行。

11.3 水库工程

11.3.1 水库工程水工建筑物的防洪标准,应根据其级别和坝型,按表11.3.1确定。

表11.3.1 水库工程水工建筑物的防洪标准

水工建筑物级别	防洪标准[重现期(年)]				
	山区、丘陵区			平原区、滨海区	
	设计	校核		设计	校核
		混凝土坝、浆砌石坝	土坝、堆石坝		
1	1 000~500	5 000~2 000	可能最大洪水(PMF)或10 000~5 000	300~100	2 000~1 000
2	500~100	2 000~1 000	5 000~2 000	100~50	1 000~300
3	100~50	1 000~500	2 000~1 000	50~20	300~100
4	50~30	500~200	1 000~300	20~10	100~50
5	30~20	200~100	300~200	10	50~20

11.3.2 当山区、丘陵区的水库枢纽工程挡水建筑物的挡水高度低于15 m,且上下游最大水头差小于10 m时,其防洪标准宜按平原区、滨海区的规定确定;当平原区、滨海区的水库枢纽工程挡水建筑物的挡水高度高于15 m,且上下游最大水头差大于10 m时,其防洪标准宜按山区、丘陵区的规定确定。

11.3.3 土石坝一旦失事将对下游造成特别重大的灾害时,1级建筑物的校核洪水标准应采用可能最大洪水或10 000年一遇。

11.3.4 土石坝一旦失事将对下游造成特别重大的灾害时,2级~4级建筑物的校核洪水标准可提高一级。

11.3.5 混凝土坝和浆砌石坝,洪水漫顶可能造成极其严重的损失时,1级挡水和泄水建筑物的校核洪水标准,经过专门论证并报主管部门批准后,可采用可能最大洪水或10 000年一遇。

11.3.6 低水头或失事后损失不大的水库工程的1级~4级挡水和泄水建筑物,经过专门论证并报主管部门批准后,其校核洪水标准可降低一级。

11.3.7 规划拟建的梯级水库,其上下游水库的防洪标准应相互协调、统筹规定、合理确定。

11.4 水电站工程

11.4.1 水电站工程挡水、泄水建筑物的防洪标准,应按本标准表11.3.1确定。

11.4.2 水电站厂房的防洪标准,应根据其级别按表11.4.2确定。河床式水电站厂房作为挡水建筑物时,其防洪标准应与主要挡水建筑物的防洪标准相一致。水电站副厂房、主变压器场、开关站和进厂交通等建筑物的防洪标准可按表11.4.2确定。

表 11.4.2 水电站厂房的防洪标准

水电站厂房级别	防洪标准[重现期(年)]	
	设计	校核
1	200	1 000
2	200~100	500
3	100~50	200
4	50~30	100
5	30~20	50

11.4.3 抽水蓄能电站的上、下水库水工建筑物防洪标准,可按本标准表11.3.1确定。库容较小,失事后对下游危害不大,且修复较容易时,其水工建筑物的防洪标准可根据电站厂房的级别按本标准表11.4.2确定。

11.5 拦河水闸工程

11.5.1 拦河水闸工程水工建筑物的防洪标准,应根据其级别并结合所在流域防洪规划规定的任务,按表11.5.1确定。

表 11.5.1 拦河水闸工程水工建筑物的防洪标准

水工建筑物级别	防洪标准[重现期(年)]	
	设计	校核
1	100~50	300~200
2	50~30	200~100
3	30~20	100~50
4	20~10	50~30
5	10	30~20

11.5.2 挡潮闸工程水工建筑物的防潮标准,应根据其级别按表11.5.2确定。

表 11.5.2 挡潮闸工程水工建筑物的防潮标准

水工建筑物级别	设计防潮标准[重现期(年)]
1	≥100
2	100～50
3	50～20
4	20～10
5	10

11.5.3 对于挡潮闸 1 级～2 级建筑物,确定的设计潮水位低于当地历史最高潮水位时,应采用当地历史最高潮水位进行校核。

11.5.4 位于防洪(潮)堤上的水闸,其防洪(潮)标准不得低于所在堤防的防洪(潮)标准。

11.6 灌溉与排水工程

11.6.1 灌溉与排水工程中调蓄水库的防洪标准,应按本标准表 11.3.1 确定。

11.6.2 灌溉与排水工程中引水枢纽、泵站等主要建筑物的防洪标准,应根据其级别按表 11.6.2 确定。

表 11.6.2 引水枢纽、泵站等主要建筑物的防洪标准

水工建筑物级别	防洪标准[重现期(年)]	
	设计	校核
1	100～50	300～200
2	50～30	200～100
3	30～20	100～50
4	20～10	50～30
5	10	30～20

11.6.3 灌溉渠道或排水沟以及与灌排有关的水闸、渡槽、倒虹吸、涵洞、隧洞等建筑物的防洪标准,应根据其级别,按现行国家标准《灌溉与排水工程设计规范》GB 50288 的有关规定执行。

11.7 供水工程

11.7.1 供水工程中调蓄水库的防洪标准,应按本标准表 11.3.1 确定。

11.7.2 供水工程中引水枢纽、输水工程、泵站等水工建筑物的防洪标准,应根据其级别按表 11.7.2 确定。

表 11.7.2 供水工程水工建筑物的防洪标准

水工建筑物级别	防洪标准[重现期(年)]	
	设计	校核
1	100～50	300～200
2	50～30	200～100

表 11.7.2（续）

水工建筑物级别	防洪标准[重现期（年）]	
	设计	校核
3	30～20	100～50
4	20～10	50～30
5	10	30～20

11.7.3 供水工程利用现有河道输水时，其防洪标准应根据工程等别、原河道防洪标准、输水位抬高可能造成的影响等因素综合确定，但不得低于原河道的防洪标准。新开挖输水渠的防洪标准可按供水工程等别、所经过区域的防洪标准及洪水特性等综合确定。

11.7.4 供水工程输水渠穿越河流的交叉建筑物防洪标准，应根据工程等别、所穿越河道的水文特性和防洪要求等综合分析确定；特别重要的交叉建筑物的防洪标准经专门论证可提高。穿越堤防的建筑物防洪标准不应低于所在堤防的防洪标准。

11.8 堤防工程

11.8.1 堤防工程的防洪标准，应根据其保护对象或防洪保护区的防洪标准，以及流域规划的要求分析确定。

11.8.2 蓄、滞洪区堤防工程的防洪标准应根据流域规划的要求分析确定。

11.8.3 堤防工程上的闸、涵、泵站等建筑物及其他构筑物的设计防洪标准，不应低于堤防工程的防洪标准，并应留有安全裕度。

本标准用词说明

1 为便于在执行本标准条文时区别对待，对要求严格程度不同的用词说明如下：
　　1）表示很严格，非这样做不可的：
　　　　正面词采用"必须"，反面词采用"严禁"；
　　2）表示严格，在正常情况下均应这样做的：
　　　　正面词采用"应"，反面词采用"不应"或"不得"；
　　3）表示允许稍有选择，在条件许可时首先应这样做的：
　　　　正面词采用"宜"，反面词采用"不宜"；
　　4）表示有选择，在一定条件下可以这样做的，采用"可"。

2 条文中指明应按其他有关标准执行的写法为："应符合……的规定"或"应按……执行"。

引用标准名录

《灌溉与排水工程设计规范》GB 50288
《尾矿设施设计规范》GB 50863

中华人民共和国国家标准

防 洪 标 准

GB 50201—2014

条 文 说 明

修订说明

《防洪标准》GB 50201—2014，经住房和城乡建设部2014年6月23日以第545号公告批准发布。

本标准是在《防洪标准》GB 50201—94的基础上修订而成的，上一版的主编单位是水利水电规划设计总院，参编单位是水利部黄河水利委员会、水利部松辽水利委员会、水利部珠江水利委员会、水利电力部天津勘测设计院、安徽省水利水电勘测设计院、水利部水利管理司、河海大学水利经济研究所、水利电力信息研究所、水利部南京水文水资源研究所，主要起草人是陈清濂、王中礼、滕炜芬、徐咏九、王国安、温善章、李文山、叶林宜、朱杰、尤家煌、程炳元、张英、戴树声、高又生、金懋高、骆承政。

为便于广大规划、设计、施工、管理、科研、学校等单位有关人员在使用本标准时能正确理解和执行条文规定，《防洪标准》编制组按章、节、条顺序编制了本标准的条文说明，对条文规定的目的、依据以及执行中需注意的有关事项进行了说明，还着重对强制性条文的强制性理由作了解释。但是，本条文说明不具备与标准正文同等的法律效力，仅供使用者作为理解和把握标准规定的参考。

1 总则

1.0.1 洪水泛滥是一种危害很大的自然灾害，防御洪水、减免洪灾损失是国家的一项重要任务。为了适应国民经济各部门、各地区的防洪要求和防洪建设需要，保护人民生命财产的防洪安全，原国家技术监督局和建设部于1994年联合发布了《防洪标准》GB 50201—94（以下简称原标准），成为我国各部门、各地区确定防洪标准的重要依据，在与防洪有关的规划、设计、施工和运行管理工作中发挥了重要的指导作用。原标准修订过程中在全国范围内开展了广泛的调研，其中绝大多数部门和专家认为，该标准的体系结构、以等级划分为主体的方法、等级划分数量、防洪标准取值和相关规定等基本适应我国的国情。

为了更好地适应我国经济社会发展需要，根据住房和城乡建设部与水利部的安排，对原标准部分内容进行修订，形成本标准。

本标准考虑我国现阶段的经济社会条件和可持续发展要求，参照其他一些国家的防洪标准，按照具有一定的防洪安全度、承担一定的风险、经济上基本合理、技术上切实可行的原则，在原标准和各部门现行规定的基础上，经综合分析研究，调整补充部分内容。随着经济社会的发展、科学技术的进步、国家财力的增强、防洪安全要求的提高，本标准也应相应地进行修订。

1.0.2 本条规定本标准的适用范围是：

(1)防洪保护区和工矿企业、交通运输设施等国民经济主要部门的防护对象。
(2)防御暴雨洪水、融雪洪水和雨雪混合洪水,海岸、河口地区防御潮水。
(3)防洪工程设施的规划、设计、施工和运行管理等阶段。

防洪保护区主要用以约束、规范城市和乡村防护区防洪标准的确定。其他防护对象类型的划分方法基本沿用了原标准,但增加了"环境保护设施"类型。根据《中国城市统计年鉴——2009》,全国有建制城市655座,其中地级以上的城市287座,县级建制市368座。据有关统计资料,我国目前有建制镇2万多个,全国平均每个建制镇约3.8万人。由于镇的规模较小,一个防护区内一般有多个镇,故本标准不再单独设立镇的防洪标准。

我国的洪水根据其成因可分为许多类型,由暴雨形成的洪水称为暴雨洪水,由冰雪融化形成的洪水称为融雪洪水,由降雨和融雪形成的洪水称为雨雪混合洪水。我国大部分地区都可能发生暴雨洪水,这类洪水的范围最广、造成的灾害最严重。我国的西部、北部以及中、南部的高山地区,融雪和雨雪混合洪水也会造成一定的灾害。本标准主要是针对防御这三类洪水制订的。

我国大陆海岸线和岛屿海岸线的总长度超过3万km,沿海地区除受河流洪水的威胁外,由风暴潮引起的灾害也很大。防潮和防洪相似,滨海地区的防洪、防潮又常有联系,为适应这类地区防洪、防潮建设的需要,本标准一并作了规定。防洪、防潮比较起来,防洪更为普遍,为简明起见,将防洪、防潮统称为防洪,本标准简称为《防洪标准》。

由于山崩、滑坡、冰凌以及泥石流等也可引发洪水,造成灾害,有时危害很大。目前对于这类洪水的研究较少,制订防御标准的条件还不成熟;2004年国土资源部中国地质调查局编制完成了现行国家标准《泥石流灾害防治工程设计规范》DZ/T 0239,但对泥石流拦挡坝的防洪标准缺乏明确的可操作的要求,故本标准未对上述类型洪水的防洪标准作出具体规定。

2 术语

2.0.1 防护对象可以是某一具体的对象,如工矿企业、铁路、公路、火电厂等,从广义上理解也可以是包含了多个防护对象的某一区域,即防洪保护区。

2.0.2 《中华人民共和国防洪法》(2009年8月27日修订)第二十九条规定,"防洪保护区是指在防洪标准内受防洪工程设施保护的地区"。按照这一定义,防洪保护区的防洪标准已经确定。本标准是要根据不同量级洪水淹没的范围、人口、耕地等指标确定防洪保护区的防洪标准,故本标准将防洪保护区定义为"洪(潮)水泛滥可能淹及且需要防洪工程设施保护的区域"。这样的定义既保持了与防洪法定义的一致性,也较好地满足了本标准的要求。

2.0.3 为制订防护对象的防洪标准而划分的防护等级与行业标准中划分的工程等级在应用目的、划分方法、等级数量上有所差异,两者可能相对应,也可能不对应,为了避免应用中可能出现的混淆,本标准采用防护等级的概念。防护等级采用罗马数字Ⅰ、Ⅱ、Ⅲ……表示。

2.0.4 近年来,在应用原标准和本次修订调研的过程中,要求在确定防洪标准时考虑经济因素的呼声较高。自20世纪改革开放以来,我国经济发展十分迅速,若采用GDP总量作为防护等级的划分指标可能造成防洪标准变化过快,缺乏稳定性。根据水利水电规划设计总院组织有关单位2009年完成的《水工程防洪潮标准及关键技术研究》的成果,逐年统计分析全国地级以上城市人均GDP与全国人均GDP的比值(称为人均GDP指数),并按其比值的大小顺序排列,发现该指标不仅反映了经济发展水平的相对高低,而且排列顺序比较稳定,同时为便于操作,采用防洪保护区人均 GDP 指数与该防护区人口数量的乘积作为划分防洪保护区防护等级时的经济指标,本标准将其定义为当量经济规模,该指标的量纲与自然人口的量纲一致。当量经济规模可以表述为:防护区人口×(防护区人均 GDP/全国人均 GDP),由此可以看出,当量经济规模虽然量纲与人口相同,但它反映的是一定人口规模条件下,防护区相对经济规模的大小。

2.0.5 可能最大洪水,英文简称为 PMF。定义中强调了可能最大洪水是采用水文气象学的原理和方法求得。

3 基本规定

3.0.1 我国洪水年际间变差很大,要防御一切洪水,彻底消灭洪水灾害,需付出很大代价,从经济、生态环境等角度来看也是不合理的。目前我国和世界许多国家是根据防护对象的规模、重要性和洪灾损失轻重程度,确定适度的防洪标准,以该标准相应的洪水作为防洪规划、设计、施工和运行管理的依据。

本标准中"防洪标准"是指防护对象防御洪水能力相应的洪水标准。沿海地区的防潮标准用潮位的重现期来表示。

国内外表示防护对象防洪标准的方式主要有以下三种:

(1)以洪水的重现期(N)或出现频率(P)表示。它比较科学、直观地反映了洪水出现几率和防护对象的安全度,目前,包括我国在内的很多国家普遍采用。

(2)以可能最大洪水(PMF)表示。通常有两种做法:一种是按水库失事风险的高低,把标准分为三级:最高一级用 PMF,中间一级用暴雨洪水,最低一级用频率洪水,取 50 年一遇~100 年一遇。这种方法在美国、加拿大、巴西、印度等国应用较多,但该法是分段采用不同的方法确定防洪标准,且准确计算可能最大洪水目前还比较困难。另一种是把 PMF 从高到低分级,如依次采用 PMF、3/4PMF、1/2PMF、1/3PMF 四级。这种对 PMF 打折扣的方法,随意性较大,而且防洪安全度也不明确,目前已很少采用。

(3)以调查、实测的某次大洪水或适当加成表示。用这种方式表示防洪标准不很明确,其洪水的大小与调查、实测期的长短和该时期洪水状况有关,适当加成任意性很大。由于历史的原因,我国目前一些较大的河流,如汉江仍采用典型年洪水作为设防标准,但是随着水文、气象资料的积累和洪水分析计算技术水平的提高,这种方式将会较少采用。

根据上述三种表示方式的特点和应用情况,本标准统一采用洪水的重现期表示防护对象的防洪标准,如 50 年一遇、100 年一遇等。对于特别重要的少数防护对象如大型水库等,一旦遭受洪水灾害,损失特别严重或将造成难以挽回的影响,为保证其防洪的绝对安全,本条规定这类防护对象可采用可能最大洪水表示。为照顾历史习惯,目前在一些地区仍采用典型年洪水作为防洪标准也是可以的。

我国各部门现行的防洪标准,有的规定设计一级标准,有的规定设计和校核两级标准。考虑上述两种形式在各部门长期运用的实际情况,本标准未加以统一,规定根据不同防护对象的需要,可采用设计一级标准,也可采用设计、校核两级标准。

设计标准,是指当发生小于或等于该标准洪水时,应保证防护对象的安全或防洪设施的正常运行。校核标准是指遇该标准相应的洪水时,采取非常运用措施,在保障主要防护对象和主要建筑物安全的前提下，允许次要建筑物局部或不同程度的损坏、次要防护对象受到一定的损失。

3.0.2 防护对象根据其安全要求和防洪性质可分为以下三类：

（1）自身无防洪能力需要采取防洪措施保护其安全的对象，如防洪保护区（包括城市和乡村防护区）、工矿企业、民用机场、文物古迹和旅游设施以及位于洪泛区的各类经济设施等。

（2）受洪水威胁需要保护自身防洪安全的对象，如修建在河流、湖泊上的水利水电工程、桥梁以及跨越河流、湖泊的线路、管道等，自身需要具有一定的防洪安全标准，影响河流行洪或失事后对上下游会造成人为灾害的，还应满足行洪和影响对象的安全要求。

（3）保障自身和其他防护对象防洪安全的对象，如堤防和有防洪任务的水库等，它应具有不低于其保护对象防洪安全要求的标准。

我国地域辽阔，各地区间自然、社会、经济等条件的差异很大；对一个流域而言，有时候提高上游的防洪标准可能会加重下游的负担，一岸提高防洪标准可能会加重另一岸的防洪负担，提高支流的防洪标准可能会加重干流的防洪负担，堤防加固和河道疏挖等工程措施尤为如此。为使选定的防洪标准更符合各地区的实际，本条作了"应根据经济、社会、政治、环境等因素对防洪安全的要求，统筹协调局部与整体、近期与长远及上下游、左右岸、干支流的关系，通过综合分析论证确定"的原则规定。这是我国多年防洪建设和许多国家的基本经验，使用本标准时应很好地贯彻这个原则。

为保障防护对象的防洪安全，需投入资金进行防洪建设和维持其正常运行。防洪标准高，需投资多，但安全度高，风险小；防洪标准低，需投资少，而安全度相应低，需承担的风险大。选定防洪标准，在很大程度上是如何处理好防洪安全和防洪效益的关系。进行不同防洪标准可减免的洪灾经济损失（或称为防洪效益）与需投入的防洪费用（包括建设投资和年运行费）的对比分析论证，选定防洪标准是合理可行的方法，但考虑估算防洪经济效益较困难，需进行较多的调查、分析和研究，防洪效益除可减免的洪灾经济损失外，还有社会、政治、环境等多方面的效益，这些效益很难定量并用经济价值量计算。基于以上原因，本条对采用经济分析方法确定防洪标准未作硬性规定，提倡有条件时尽量进行这一工作。

国内外相关研究人员围绕防洪标准确定方法开展了大量的探索研究工作，如防洪风险分析方法、综合评价模型方法等，这些方法在生产实践中普遍推广应用尚有一定的难度，因此对采用这些方法确定防洪标准也未作硬性规定。考虑为了推进相关研究进展，在有条件时，宜采用其他分析方法作为辅助手段合理确定防洪标准。

3.0.3 同一个防洪保护区，有可能受到多条河流（或湖泊、海洋）的洪水威胁，其洪水影响范围、洪灾轻重程度等可能有所差异，为体现效益、风险、成本相协调的原则，本条规定宜根据不同河流（或湖泊、海洋）的洪灾损失情况分别确定相应的防洪标准。同一防护区（或防护对象）受多条河流（或湖泊、海洋）洪水威胁有两种情况：一种是防洪保护区的围堤是由干、支流堤防组成，这种情况通常是采用干、支流不同标准的洪水进行组合计算水面线，然后取其外包线作为规划设计的依据；另一种是防护区涉及多条河流，但它们并不形成统一的防护区的围堤。在我国，同一防护区（或防护对象）有多个防洪标准的实例较多，如北京市对永定河的防洪标准高于 100 年一遇，潮白河的防洪标准为 50 年一遇；开封市对黄河的防洪标准为 100 年一遇，惠济河的防洪标准为 20 年一遇。

3.0.4～3.0.7 这四条是考虑防洪安全事关重大，按防洪标准宜"就高不就低"的原则制订的。

第3.0.4条主要是依据《中华人民共和国防洪法》（2009年8月27日修订）第四十九条的规定"受洪水威胁地区的油田、管道、铁路、公路、矿山、电力、电信等企业、事业单位应当自筹资金，兴建必要的防洪自保工程"而制订的。上述以"线"或"点"形式存在的防护对象，通过抬高基础高程或进行围护等专门的防护措施，比较容易达到规定的防洪标准，因此规定防洪保护区内的此类防护对象能自保的应以自保为主。

第3.0.6条中"影响公共防洪安全的防护对象"，主要是指修建在河流上的桥梁与水利水电工程等。这类防护对象对其他防护对象的防洪安全有一定的影响，特别是一旦失事，影响更大，所以除需保证自身的防洪安全外，还应保证公共防洪安全。

3.0.8 为适应某些特殊防护对象的需要，本条作了可适当提高或降低防洪标准的原则规定。

本条中"遭受洪灾或失事后损失巨大"是针对关系国计民生，遭受洪灾或失事后损失巨大的防护对象，如特别重要的军事基地或军事设施，特别重要的科研基地或科研设施，特别重要的工矿企业或经济设施，下游有人口密集、经济发达的城镇的水库等。

"影响十分严重"是针对遭受洪灾后会引起严重的爆炸、燃烧、剧毒扩散和核污染，对社会、经济、环境影响十分严重的防护对象。

"遭受洪灾或失事后损失和影响均较小"是指防护对象规模相对小、遭受洪灾后损失较小、影响范围不大的情况，如下游为戈壁沙漠或距海很近以及远离人口稠密区的水库，规模较小、设备简陋、修复容易的工矿企业等。

"使用期限较短及临时性"是针对非永久性的防护对象，如临时性的仓库、季节性生产的工矿企业、为施工服务的临时性工程等。这类防护对象使用期短，适当降低防洪标准，承担一定风险，在经济上是合理的。

3.0.9 进行防洪建设需要投入一定的资金，特别是防洪标准较高的防护对象，需要修建的防洪工程设施的工程量大、投资多，有时难以一次达到。本条主要是针对这类情况作的灵活规定，"可在报请主管部门批准后，分期实施、逐步达到"。主管部门审批时，要慎重对待，应避免初期防洪标准过低和分期间隔时间过长。

4 防洪保护区

4.1 一般规定

4.1.1 "防洪保护区"是本次修订新设置的一章，吸纳了原标准第2章"城市"和第3章"乡村"的主要内容，并根据需要增加了"一般规定"一节。

本标准所涉及的防洪保护对象中，工矿企业、交通运输、动力、通信、环保、文物等设施和水利水电工程等都是一个比较具体的"点"或"线"的对象，而城市和乡村往往是包含了上述多个或多类"点"或"线"在内的"面"的对象，更多具有平面区域的特征，故本标准将城市和乡村合并成防洪保护区一章。在江河防洪的总体布局中，防洪保护区占有十分重要的地位，为了突出防洪保护区的概念，本章对防洪保护区的划分和分等指标的统计提出了一些具体要求。

洪水泛滥可能淹及的区域与该区域的河流水系和地形、地物分布特点等自然条件密切相关，在某些情况下洪水淹没的范围可能仅仅是该区域的一部分，根据地形、地物进行防洪分区,然后根据各分区的社会经济情况确定防洪标准更具有合理性。在划分防洪保护区时,通常的做法是按自然条件能够分区防护时,应按照自然条件进行分区;当按自然条件不能完全分区防护时,只要适当辅以工程措施即易于分区防护的,仍应尽量分区防护;当分区防护比较困难时,应进行技术经济比较论证,合理确定防洪保护区范围。

4.1.2 不同标准(或不同量级)的洪水其淹没范围一般会有所不同,用于确定防洪标准的分等指标也会有所不同。在确定防洪保护区,特别是在确定依山坡而建的城市保护区的防洪标准时这种特点尤为明显,此时若仍以城市整体指标作为确定防洪标准的依据就不尽合理,本条规定是为了消除这种不合理而制订的。但是分等指标的统计范围"应采用相应标准洪水的淹没范围"的要求给确定防洪标准带来了一些困难。具体操作可以先计算不同标准(量级)洪水淹没的范围及对应的人口、耕地等指标,并绘制成曲线,然后在该曲线上查找符合表4.2.1 或表 4.3.1 要求的对应点(或线段),这样的点(或线段)可能有多个,其中对应于表中的较高的防洪标准即为所求的防洪标准。

分等指标的统计除了与淹没范围有关外,还与统计年限有关,如现状水平年和规划水平年等。采用现状水平年,资料比较可靠,也便于全国统一掌握、横向比较,操作简便,但没有考虑未来发展的要求,防洪工程属于基础设施,理应考虑未来发展的要求提前建设。若采用规划水平年,因规划水平年和用于确定防洪标准的各项指标在不断变动,加之各地制订发展规划时因人而异的现象较普遍,这将导致同一地区的防洪标准波动过大过快,不利于防洪工程建设。鉴于以上原因,加之采用何种水平年可在规划设计阶段统一考虑,故本标准对统计资料采用的水平年没有作出具体规定。

4.2 城市防护区

4.2.1 城市往往是一定区域范围内政治、经济、文化、交通、人口等的中心所在或集中之地,城市的防洪安全是经济发展和社会稳定的关键因素之一。我国现行的城市统计年鉴中,城市是指建制市,是一种行政区划概念,包括直辖市、副省级市、地级市和县级市。我国现有县级行政区近 3 000 个,但县级建制市只有 368 个,考虑到县级行政区所在地城镇在维持区域经济社会正常运行方面具有重要的地位和我国县级行政区现有防洪工程的实际情况,本标准认为在制订非县级建制市的县级行政区所在地城镇防洪标准时宜按照城市对待。近年来,各地都规划或建有规模不等、功能不一的工业园区或开发区,这些区域或位于城市防护区内,或位于城市防护区外。对位于城市防护区以内的,可随同城市一起确定防洪标准;对位于城市防护区以外的,可根据工矿企业规模的大小和重要程度拟定防洪标准,故本标准未对工业园区或开发区作专门规定。

截止到 2008 年 12 月,已有河北、辽宁、江苏、山东、重庆等 13 个省、自治区、直辖市相继出台了以取消"农业户口"和"非农业户口"二元户口性质,统一城乡户口登记制度为主要内容的改革措施。另外,目前大城市和经济发达城市的外来常住人口占总人口的比例较大,如深圳市 2010 年底的常住人口约 1 036 万,其中户籍人口仅有 251 万,外来常住人口所占比例超过 75%。从现状和发展趋势上看,"非农业人口"已不适宜作为城市人口统计口径。故本次修订采用了"常住人口"的统计口径。

防洪标准除了与受灾人口的关系极为密切之外,与保护范围内的经济规模也有着密不可分的关系。在标准修订的调研过程中,一些经济发达地区对防洪标准提出了较高的要求。为了适应上述实际情况,本次修订在"城市防护区"中引入了"当量经济规模"这一反映区域相对经济规模的指标,与其他指标并列,确定防护等级。

根据水利部水利水电规划设计总院等单位完成的《水工程防洪潮标准及关键技术研究》成果,1998—2007年全国地级及以上城市市辖区的人均GDP,与相应年份的全国人均GDP对比可知,两者的比值稳定在2.2左右,考虑其他小型城市的因素后,比值可能会有所下降。为了便于操作,对于各防护等级的"当量经济规模"的取值采用了相应等级人口指标取值的2倍。按照《中国城市统计年鉴》提供的数据对地级及以上城市进行测算,与套用原标准相比,防护等级提高的城市数量占总数的8%左右。

本次修订保留了防护等级划分的"重要性"指标。对于城市来讲,直辖市、省会城市、计划单列市等往往是国家或省区的政治、经济、文化中心,一旦发生洪灾,除了自身的损失外,对国家或省区的间接影响较大,还有可能造成较大的政治影响。其他如少数民族居住区、重要的文化古城、交通枢纽城市、工业重镇、军事要地等也应加强对洪水的防御。

根据标准修订过程中的调研情况以及与国外防洪标准的对比分析结果,原标准中关于城市各防护等级防洪标准的取值是基本合适的,在生产实践中已经得到了广泛应用和检验,本次修订基本未作调整。

表4.2.1中Ⅰ等的防洪标准取值未规定上限,是因为客观上存在着以下情况:一是有些防护区或防护对象,逐级标准的洪水位、潮水位增幅很小,提高防洪标准需要增加的投入不大;二是一些河流在修建水库,分洪道、蓄、滞洪区等防洪设施后,下游保护对象的防洪标准得到大幅度提高,已远高于应达到的防洪标准;三是一些防护区遭受洪灾的损失巨大、影响严重,从防洪安全角度考虑,需要较高的防洪标准;四是受技术经济条件的制约,即使没有规定上限,规划设计时也不会无限制地提高防洪标准。我国大城市现行的防洪标准大多在100年一遇~200年一遇,少数城市防洪标准为300年一遇,通过修建专用防洪工程设施使之超过300年一遇的极少遇到。

4.2.2 我国南方平原地区具有洪水持续时间长的特点,如长江中游及洞庭湖、鄱阳湖等河流或湖泊,一次洪水过程往往要持续1个月~2个月,甚至更长,淹没水深常达5 m~10 m,位于这些平原、洼地的城市,一旦遭受洪灾,经济损失巨大,后果严重,有必要采用较高的防洪标准。另外,堤防工程受到高水位长时间的浸泡,容易出现险情,且堵复困难。考虑上述实际情况制订本条。

4.2.3 我国沿海地区经济发达、人口稠密,潮水泛滥会严重威胁人民生命财产安全,并造成淡水资源被污染、土地盐碱化等次生灾害,对当地生产、生活和生态环境的影响较大。为保障滨海区的中等及以上城市的防洪安全,参照航运部门和沿海地区一些城市目前采用的有关规定制订本条。

4.3 乡村防护区

4.3.1 乡村防护区人口和耕地面积指标的取值,基本沿用了原标准。根据以往调查结果,参照2008—2009年国务院批复的我国主要江河流域防洪规划成果中防洪保护区的数据统计资料,并考虑与城市指标的协调性,各防护等级的取值是基本合理的。

考虑到我国的实际情况,乡村防护区人口指标的统计口径与城市防护区有所区别。除乡镇企业发达的城郊和沿海地区以外,我国大部分乡村的外出务工人员较多,但其耕地和主要财产仍在乡村,需要进行防洪保护,故在乡村防护区的人口统计中不宜扣除外出务工人员数量。

据统计,我国人均耕地面积约1.5亩(按全国人口平均);耕地面积在50万亩~150万亩的乡村防护区,人口一般为20万人～100万人;耕地面积在150万亩～300万亩的乡村防护区,人口一般为100万人～200万人;南、北方地区的人均耕地相差较多。为了体现我国南、北方的较大差异,并考虑粮食安全问题,仍保留了耕地面积指标。从原标准中乡村耕地面职与人口的对应关系来看,各防护等级的取值是基本合理的,本次修订未作调整。

根据标准修订过程中的调研、咨询情况以及与国外防洪标准的对比分析结果,原标准中关于乡村各防护等级防洪标准的取值基本适合中国国情,在生产实践中已经得到了广泛应用,具有一定的适应性,本次修订基本未作调整。

4.3.2 乡村防护区经济指标统计的难度较大,考虑标准的易操作性,本次修订未引入"当量经济规模"指标。但相同人口或耕地面积的乡村防护区,其不同地区的经济情况可能相差较大,本条是为了适应这种情况而作的补充规定。

4.3.3 我国许多河流的洪水,峰高量大,单靠堤防或水库等工程措施来防御比较大的洪水,往往不经济或不可能。我国长江、淮河、黄河、海河等流域都利用低洼地区作为较大洪水时的临时性的蓄、滞洪区。这类地区比较特殊,是为了保"大局"而舍弃的"小局",其防洪(运用)标准不同于一般地区,应按照江河流域规划部署的蓄、滞洪水的要求确定,本条是针对这类地区制订的专门规定。

5 工矿企业

5.0.1 在2011年工信部、国家统计局、发展改革委、财政部研究制定的《中小企业划型标准规定》(工信部联企业〔2011〕300号)中,中小企业根据企业从业人员、营业收入、资产总额等指标划分为中型、小型、微型三种类型,其中的中型企业标准上限即为大型企业标准的下限。考虑到目前部分行业仍然沿用"特大型企业"的概念,而微型企业的规模较小,本标准沿用特大型、大型、中型和小型四级企业标准。原标准中各防护等级工矿企业的防洪标准,通过调查分析并参考相关行业标准和防洪保护区的防洪标准,其规定是基本合理的,可继续沿用。

工矿企业的类型较多,特点各异,对防洪的要求也不尽相同,因此对于一些特殊的工矿企业,还应根据行业相关规定,结合自身特点经分析论证确定防洪标准。如现行国家标准《水泥工厂设计规范》GB 50295—2008第3.1.10条中,要求水泥工厂的防洪标准应符合国家现行《防洪标准》GB 50201的规定,新型干法水泥工厂还应符合表1的规定。

表1 新型干法水泥工厂防洪标准

级别	工厂规模	防洪标准[重现期(年)]
Ⅰ	大型	≥100
Ⅱ	中型	50～100
Ⅲ	小型	25～50

5.0.2 我国滨海地区开发力度大,工矿企业多,稀遇风暴潮造成的海水淹没损失大,为保障沿海的中型和中型以上工矿企业的防洪安全,本条规定"当按本标准表5.0.1的防洪标准确定的设计高潮位低于当地历史最高潮位时,还应采用当地历史最高潮位进行校核",是根据我国滨海地区开发现状、工矿企业的防洪经验并参照相关部门的规定制订的。

5.0.3 工矿企业的门类繁多,防护等级相同的工矿企业,遭受洪水淹没的损失及生产能力恢复差别很大。为适应这些情况,本条规定"遭受洪水淹没后,损失巨大"时,应选用"表5.0.1规定的上限或提高一个等级",以保证其具有较高的防洪安全度;反之,可采用较低的防洪标准。本条第1款、第2款的主要目的在于既要保证防洪安全,又要尽量节省防洪建设的费用。

采矿业的坑口或井口,一旦遭受洪水淹没,损失严重,恢复往往也很困难,有的还威胁人身生命安全。本条第3款是为了保证其具有较高的防洪安全度,根据国内外的防洪经验制订的。是提高一个等级进行校核,或是采取专门的防护措施,可根据各矿的情况具体分析选定。

5.0.4 对于遭受洪水淹没会引起爆炸,导致有害物质大量泄漏,或将造成重大人身伤亡的工矿企业,其防洪安全比一般的工矿企业更为重要,因此将本条定为强制性条文。

核工业企业和与核安全有关的厂区、车间及专门设施,一旦失事,将对周围人体和环境带来异常严重的放射性污染,应确保其防洪安全,这是参照国外和我国的现状制订的。鉴于核电厂的重要性,在本标准第7.2节中作了专门规定。

6 交通运输设施

6.1 铁路

6.1.1 本条中的铁路等级是按照2006年发布实施的现行国家标准《铁路线路设计规范》GB 50090—2006的第1.0.4条制订的。目前,我国铁路客运专线建设飞速发展,到2009年底已建成和正在建设的项目达23个,根据《中长期铁路网调整规划》,到2020年客运专线及城际铁路建设规模将达到1.6万km以上,因此根据铁道部防洪办的建议,从发展前景和重要性考虑,将高速铁路客运专线纳入本标准中,与Ⅰ、Ⅱ级铁路的防护等级相同。

国家标准轨距Ⅰ、Ⅱ级铁路各类建筑物、构筑物的防洪标准是按照铁道部颁布的现行行业标准《铁路路基设计规范》TB 10001—2005 第3.0.1条和《铁路桥涵设计基本规范》TB 10002.1—2005 第1.0.7条的规定制订的。其中,现行行业标准《铁路路基设计规范》TB 10001规定:Ⅰ、Ⅱ级铁路的路肩高程,当受洪水位或潮水位控制时,设计洪水频率标准应采用1/100。当观测洪水(含调查洪水)频率小于设计洪水频率时,应按观测洪水频率设计;当观测洪水频率小于1/300时,应按1/300频率设计。滨海路堤的设计潮水位,应采用重现期为100年一遇的高潮位;当滨海路堤兼作水运码头时,还应按水运码头设计要求确定设计最低潮位。现行行业标准《铁路桥涵设计基本规范》TB 10002.1中对桥涵的防洪标准规定见表2,同时规定,若观测洪水(包括调查洪水)频率小于表列标准的洪水频率时,应按观测洪水频率设计,但当观测洪水频率小于下列频率时,应按下列频率设计:Ⅰ、Ⅱ级铁路的特大桥及大中桥为1/300,小桥及涵洞为1/100。铁路桥梁按其长度分为:特大桥(桥长500 m以上)、大桥(桥长100 m以上至500 m)、中桥(桥长20 m以上至100 m)和小桥(桥长20 m及以下)。以上这些规定,本标准未一一列入,可直接参照相关规范。

表2 铁路桥涵洪水频率标准

铁路等级	设计洪水频率		检算洪水频率
	桥梁	涵洞	特大桥(或大桥)属于技术复杂、修复困难或重要者
Ⅰ、Ⅱ	1/100	1/100	1/300

Ⅲ、Ⅳ级铁路是为某一地区或企业服务的铁路,其防洪标准主要参照原标准的规定,根据铁道部防洪办的意见制订。

6.1.2 本条为强制性条文。行、蓄、滞洪区是我国主要江河防洪体系的重要组成部分,如果行、蓄、滞洪区内存在碍洪设施,在发生大洪水或特大洪水需要进行行洪或分洪运用时,这些碍洪设施将影响行、蓄、滞洪区正常功能的发挥,从而增加干流河道的防洪压力,有可能造成不必要的洪水灾害,给人民生命财产带来重大损失。因此,经过行洪和蓄、滞洪区的铁路各类建筑物、构筑物,除了要保护铁路各类建筑物、构筑物自身的防洪安全外,还要考虑所在行、蓄、滞洪区的防洪运用要求和安全。当铁路的防洪标准高于所在河段、地区的行、蓄、滞洪区的防洪标准时,应按铁路的防洪要求确定其防洪标准;反之,应按行、蓄、滞洪区的防洪运用要求确定铁路的防洪标准,以保证行、蓄、滞洪区的正常运用。

6.1.3 工矿企业的专用铁路,其运量、线路长度和使用年限的差别很大,表 6.1.1 中虽然给出了防护等级和相应的防洪标准,但尚应结合工矿企业的防洪要求确定。一般情况下,重要的工矿企业,防洪标准高的,其专用铁路的防洪标准相应高些;反之,则相应低些。

6.2 公路

6.2.1 本条中的公路等级是按照现行行业标准《公路路线设计规范》JTG D20—2006 中第 2.1.1 条的规定制订的。现行行业标准《公路路线设计规范》JTG D20 中不再区分汽车专用公路和一般公路,而是统一划分为 5 个等级,据此对原标准进行了相应调整。公路路基、桥涵、隧道等建筑物、构筑物的防洪标准是在原标准的基础上,分别根据现行行业标准《公路路基设计规范》JTG D30—2004 第 1.0.8 条、《公路桥涵设计通用规范》JTG D60—2004 第 3.1.7 条、《公路隧道设计规范》JTG D70—2004 第 4.2.5 条的规定制订的。

现行行业标准《公路桥涵设计通用规范》JTG D60 规定,二级公路上的特大桥及三、四级公路上的大桥,在水势猛急、河床易于冲刷的情况下,可提高一级洪水频率验算基础冲刷深度。现行行业标准《公路隧道设计规范》JTG D70 规定,公路隧道设计洪水频率标准,当观测洪水高于标准值时,应按观测洪水设计;当观测洪水的频率在高速公路、一级公路超过 1/300,二级公路超过 1/100,三、四级公路超过 1/50 时,则应分别采用 1/300、1/100 和 1/50 的设计频率。限于篇幅,本标准未一一列入上述规定,应用时可按照相关规范执行。

公路桥涵分类参照现行行业标准《公路桥涵设计通用规范》JTG D60 的规定,见表 3。

表 3 公路桥涵分类

桥涵分类	多孔跨径总长 L(m)	单孔跨径 L_K(m)
特大桥	$L>1\ 000$	$L_K>150$
大桥	$100 \leqslant L \leqslant 1\ 000$	$40 \leqslant L_K \leqslant 150$
中桥	$30<L<100$	$20 \leqslant L_K<40$
小桥	$8 \leqslant L \leqslant 30$	$5 \leqslant L_K<20$
涵洞	—	$L_K<5$

6.2.2 本条为强制性条文。经过行、蓄、滞洪区的公路,其性质与铁路相同,可参照本标准第 6.1.2 条的规定处理。

6.3 航运

6.3.1 河港工程主要港区的陆域,包括码头、仓库、货物堆放场、办公楼及生活住宅区等,除码头外,本次修订继续沿用原规定。

关于码头的等级和防洪标准,现行行业标准《河港工程总体设计规范》JTJ 212—2006 中第 3.4.1 条作了规定,可直接参照该规范。

6.3.2 根据现行国家标准《内河通航标准》GB 50139—2004 第 3.0.1 条和第 4.1.1 条的规定,内河航道和船闸应按船舶吨级划分为 7 级,第 6.3.2 条和第 6.4.2 条对通航建筑物的通航水位进行了规定。因此参照原标准第 5.3.3 条对船闸的规定和现行国家标准《内河通航标准》GB 50139—2004 第 6.4.2 条对枢纽通航建筑物的规定制订本条。

内河航道上的部分通航建筑物同时具有挡洪功能,对此类通航建筑物的防洪标准,应按通航建筑物和挡水建筑物确定的防洪标准中取高者。

6.3.3 海港主要港区的陆域,防护等级划分的依据与本标准第 6.3.1 条相同,以其重要性和遭受潮水淹没后的损失程度划分为三个防护等级。各防护等级港区陆域的防洪标准主要是参照现有沿海港口的防潮能力综合分析制订的。

6.3.4 沿海多数地区年最高高潮位的变差较小,一般情况下,防洪标准提高一级增加的防潮费用也较小。本条是根据航运主管部门的意见,为保障港区的防洪安全而制订的。

6.3.5 本条为强制性条文。根据我国实际情况,部分河(海)港陆域的防洪工程为城镇防洪工程的组成部分,为了保证城镇的防洪安全,其防洪标准应与河(海)堤所保护城镇的防洪标准相适应。

6.4 民用机场

6.4.1~6.4.3《民用机场工程项目建设标准》建标 105—2008 第七条和第八条分别对民用机场的飞行区和旅客航站区进行了等级划分,其中飞行区按指标Ⅰ和指标Ⅱ进行分级。

飞行区指标Ⅰ按拟使用机场跑道的各类飞机中最长的基准飞行场地长度,分为 1、2、3、4 四个等级,根据表 4 确定。

飞行区指标Ⅱ按使用该机场飞行的各类飞机中的最大翼展或最大起落架外轮外侧边的间距,分为 A、B、C、D、E、F 六个等级,两者中取其较高等级,根据表 5 确定。

根据《民用机场工程项目建设标准》建标 105—2008 第九十三条规定,机场设置截洪沟、防洪堤及其他防洪设施,不应低于所在城市的防洪标准,并应满足表 6 中的设计洪水标准。

表 4 民用机场飞行区指标Ⅰ

飞行区指标Ⅰ	飞机基准飞行场地长度(m)
1	<800
2	≥800,<1 200
3	≥1 200,<1 800
4	≥1 800

表 4 中飞机基准飞行场地长度指在标准条件下,即海拔为零、国家标准大气压、气温为 15 ℃、无风、跑道坡度为零的情况下,以该机型规定的最大起飞质量所需的最短飞行场地长度。

表 5　民用机场飞行区指标Ⅱ

飞行区指标Ⅱ	翼展(m)	主起落架外轮外侧间距(m)
A	<15	<4.5
B	≥15,<24	≥4.5,<6
C	≥24,<36	≥6,<9
D	≥36,<52	≥9,<14
E	≥52,<65	≥9,<14
F	≥65,<80	≥14,<16

表 6　民用机场设计洪水标准

飞行区指标	防洪标准[重现期(年)]
3C 以下	≥20
3C,4C	≥50
4D、4E、4F	≥100

表 6 与原标准相比，各等级的防洪标准基本协调。参考原标准第 5.4.1 条的机场重要程度指标，制订本标准第 6.4.1 条。同时考虑到飞行区指标不能充分反映民用运输机场的重要程度和对公共安全的影响，本次修订根据民航部门的意见，在按机场重要程度和飞行区指标划分防护等级的基础上，按照旅客航站区年旅客吞吐量指标确定Ⅰ、Ⅱ防护等级的校核标准，据此制订本标准第 6.4.2 条。

6.5　管道工程

6.5.1　本条根据国家标准《油气输送管道穿越工程设计规范》GB 50423—2007 第 3.3.4 条、《油气输送管道跨越工程设计规范》GB 50459—2009 第 3.1.2 条的规定制订，其工程等级划分指标见表 7 和表 8。上述规范规定的防洪标准与原标准一致。

表 7　管道穿越工程等级

工程等级	多年平均水位的水面宽度(m)	相应水深(m)
大型	≥200	不计水深
	≥100,<200	≥5
中型	≥100,<200	<5
	≥40,<100	不计水深
小型	<40	不计水深

表 8　管道跨越工程等级

工程等级	总跨长度(m)	主跨长度(m)
大型	≥300	≥150
中型	100～300	50～150
小型	<100	<50

石油天然气管道站场工程的防洪标准可根据规模大小参照工矿企业的防洪标准确定。

输水管道工程按照本标准第11章的相关规定确定防洪标准。

6.5.2 对于特别重要的大型管道工程，一旦损坏的影响面较广、损失巨大，其防洪标准也可大于100年一遇，如西气东输管道工程的设计洪水标准为100年一遇，校核洪水标准为300年一遇等。

6.5.3 大洪水时，水域往往发生程度不同的冲淤变化，部分河流、湖泊需按规划要求进行疏浚，为了防止洪水将管道冲断或疏浚对管道造成影响，保证正常供油、供气，本条规定从水域底部穿过的输油、输气等管道工程，其埋深应同时满足相应防洪标准洪水的冲刷深度和规划疏浚深度，并预留安全埋深。根据国家标准《油气输送管道穿越工程设计规范》GB 50423—2013第3.3.6条和第4.1.2条的规定，大、中、小型管道安全埋深分别不小于1.2 m、1.0 m、0.8 m。

6.5.4 本条为强制性条文。经过行、蓄、滞洪区的管道工程，其性质与铁路、公路相同，可参照本标准第6.1.2条的规定处理。

7 电力设施

7.1 火电厂

7.1.1 本条根据现行国家标准《大中型火力发电厂设计规范》GB 50660—2011第4.3.14条中表4.3.14火力发电厂的等级和厂区防洪标准制订。与原标准相比，防护等级划分的装机容量指标的取值有变化，各防护等级的防洪标准也有所调整。

7.1.2、7.1.3 工矿企业的自备电厂是提供本企业生产的电源，不同类型、不同规模的工矿企业对供电的可靠性要求不同，因此制订第7.1.2条。供热型火电厂为其供热范围内的企事业单位及居民区集中供热，其防洪标准也应与服务对象的防洪标准相适应。执行时，可根据具体情况分析研究确定。

7.1.4 本条根据现行国家标准《大中型火力发电厂设计规范》GB 50660—2011第17.4.5条（强制性条文）和《小型火力发电厂设计规范》GB 50049—2011第18.3.3条制订。根据现行国家标准《大中型火力发电厂设计规范》GB 50660—2011第1.0.2条规定的适用范围，大中型火电厂指蒸汽初参数超高压及以上、单台机组容量在125 MW及以上、采用直接燃烧方式、主要燃用固体化石燃料的火力发电厂工程；根据现行国家标准《小型火力发电厂设计规范》GB 50049—2011第1.0.2条规定的适用范围，小型火电厂指高温高压及以下参数、单机容量在125 MW以下、采用直接燃烧方式、主要燃用固体化石燃料的火力发电厂工程。

7.2 核电厂

7.2.1~7.2.4 核电厂按厂址的位置分为滨海核电厂、河口核电厂和滨河核电厂。本次修订引用核电厂设计中的设计基准洪水的表述方法。

本节是根据国家核安全局1989年7月发布的《滨河核电厂厂址设计基准洪水的确定》HAD 101/08、《滨海核电厂厂址设计基准洪水的确定》HAD 101/09和2011年2月发布的现行国家标准《核电厂工程水文技术规范》GB/T 50663—2011第4章的规定制订的。滨海核电厂、河口核电厂和滨河核电厂由于厂址的自然和边界条件不同，确定设计基准洪水位时所考虑的独立事件及可能的组合事件也有所不同，具体使用时应按照上述有关规范确定。

第7.2.4条为强制性条文。核电厂不同于一般的防护对象，出现事故的危害和影响往往非常严重,与其他防护对象相比具有一定的特殊性。厂址有水文记录或历史上的最高洪水位,是实际曾经达到的洪水位,考虑核电厂的防洪安全问题事关重大,其设计基准洪水不应低于该值。

与核安全无关设施的防洪标准应执行现行行业标准《火力发电厂设计技术规程》DL 5000的有关规定。

7.3 高压、超高压和特高压输变电设施

7.3.1 本标准中高压、超高压和特高压架空输电线路的防洪标准是对架空输电线路的基础防护要求。现行国家标准《110 kV～750 kV架空输电线路设计规范》GB 50545—2010 第12.0.8条的条文说明规定:洪水冲刷、流水动压力等计算时洪水频率:500 kV大跨越杆塔基础可采用50年一遇;500 kV输电线路和110 kV～330 kV大跨越杆塔基础可采用30年一遇;其他电压等级输电线路和无冲刷、无漂浮物的内涝积水地区的杆塔基础可采用5年一遇;当有特殊要求时,应遵循相关标准确定。对750 kV未作规定。本次修订主要参照上述规定并结合电力部门意见制订本条,其中将35 kV～220 kV等级的防洪标准由5年一遇提高到10年一遇～20年一遇;同时考虑到我国西北地区尚没有500 kV电压等级,其电网的主网就是330 kV,因此其防护等级与500 kV电压等级一致,防洪标准为30年一遇。

高压、超高压和特高压架空输电线路导线部分的防洪要求可按相关行业的标准确定。

7.3.2 行业标准《220 kV～500 kV变电所设计技术规程》DL/T 5218—2005 第5.0.7条规定:所址设计标高宜高出频率为1%的高水位之上,否则应有可靠的防洪措施。现行行业标准《变电所总布置设计技术规程》DL/T 5056—2007 第6.1.1条规定:220 kV枢纽变电站及220 kV以上电压等级的变电站,站区场地设计标高应高于频率为1%的洪水水位或历史最高内涝水位;其他电压等级的变电站站区场地设计标高应高于频率为2%的洪水水位或历史最高内涝水位。根据以上规定并参照原标准第7.0.5条制订本条。

7.3.3 工矿企业专用高压输变电设施是为该工矿企业服务的。本条规定其"防洪标准,应与该工矿企业的防洪标准相适应"。执行时,可根据具体情况分析研究确定。

8 环境保护设施

8.1 尾矿库工程

8.1.2 在原标准第4.0.6条的基础上,根据现行国家标准《尾矿设施设计规范》GB 50863—2013 第3.3节制订本条。

8.1.3 本条根据现行行业标准《尾矿库安全技术规程》AQ 2006—2005 第5.4.3条的规定制订。对储存铀矿等有放射性和有害尾矿的尾矿库,失事后可能对环境造成极其严重的危害,应按照与核安全有关的规定确定防洪标准,或采取特殊的防护措施,确保其安全。

8.2 贮灰场工程

8.2.1～8.2.3 贮灰场是指燃煤火电厂、冶炼厂等用于储存排出的粉煤灰和炉渣的场地,我国燃煤火电厂和贮灰场数量众多。为了贮灰挡水,贮灰场需要修筑围挡堤坝并设置泄洪设施。

这三条主要是根据现行行业标准《火力发电厂水工设计规范》DL/T 5339—2006 第17.1.4条和《火力发电厂灰渣筑坝设计规范》DL/T 5045—2006 第4.2.3条、第4.2.4条的规定制订的。

8.2.4 与燃煤火电厂的灰渣相比,其他类型的灰渣具有不同的特性,对环境的危害程度差异较大,因此制订本条。

8.3 垃圾处理工程

8.3.1 目前,我国城市人均生活垃圾产生量约为 1 kg/d,垃圾填埋场的数量在大量增加。洪水对垃圾填埋场的威胁主要表现在对填埋垃圾的冲失,造成垃圾渗滤液污染地表、地下水和其他危害,作为一个潜在的环境污染源,其防洪问题也越来越重要。

本条主要依据现行国家标准《生活垃圾卫生填埋处理技术规范》GB 50869 的有关规定制订。经征求有关环境保护部门的意见,增加了Ⅲ等的防洪标准。

8.3.2 本条根据现行行业标准《医疗废物化学消毒集中处理工程技术规范(试行)》HJ/T 228—2006 第 5.3.3 条第 3 款和《医疗废物微波消毒集中处理工程技术规范(试行)》HJ/T 229—2006 第 5.3.3 条第 3 款的规定制订。

8.3.3 本条根据现行行业标准《危险废物集中焚烧处理工程建设技术规范》HJ/T 176—2005 第 4.2.3 条第 3 款的规定制订。

9 通信设施

9.0.1～9.0.3 现行行业标准《电信专用房屋设计规范》YD 5003—2010 第 4.0.1 条第 4 款规定:局、站址的防洪标准应符合《防洪标准》GB 50201—94 的要求;特别重要的及重要的电信专用房屋防洪标准等级为Ⅰ级,重现期(年)为 100 年;其余的电信专用房屋为Ⅱ级,重现期(年)为 50 年。因此,本次修订基本沿用了原标准的分类、分等方法和防洪标准。

为了保障通信设施的防洪安全,对位于或经过易受洪水冲刷地区的杆、塔等设施的基础,还应考虑遭遇相应洪水的冲刷深度;跨越河流、湖泊和经过蓄、滞洪区的架空明线,应高出设计洪水位。本条对此均未作规定,执行时可参照有关规定确定。

参照现行行业标准《电信专用房屋设计规范》YD 5003 第 2 章名词术语,在表 9.0.3 中增加了光缆中继站,并将表格名称中的"公用无线电通信台、站"修改为"公用通信台、站"。

9.0.4 除公用通信设施外,交通运输、水利水电以及动力等部门也有一些专用或特殊用途的通信设施。为了保障这些通信设施的畅通,也需要保证其防洪安全,本条是针对这些通信设施所作的规定。一般情况下,可采用与其服务对象相应的防洪标准或特殊要求的防洪标准,也可参照本标准表 9.0.1 的规定,结合所服务部门的要求分析确定,在遭遇设计防洪标准的洪水时,通信设施可畅通,专用部门可正常运行。

10 文物古迹和旅游设施

10.1 文物古迹

10.1.1 根据《中华人民共和国文物保护法》,古文化遗址、古墓葬、古建筑等不可移动文物,根据它们的历史、艺术、科学价值,可以分别确定为全国重点文物保护单位,省级文物保护单位,市、县级文物保护单位,与原标准中对文物古迹的等级划分方法一致,可继续沿用。

至 2010 年 8 月,中国已有 40 处自然文化遗址和自然景观被列入《世界遗产名录》,其中文化遗产 25 项,自然遗产 8 项,文化和自然双重遗产 4 项,文化景观 3 项。因此,本次修订在Ⅰ等文物古迹中增加了"世界级"一项,是指列入《世界遗产名录》的世界文化遗产以及世界文化和自然双遗产中的文化遗产部分。

各防护等级的防洪标准仍沿用原标准的规定。

10.1.2 本条根据原标准第9.0.1条的规定制订。考虑许多文物古迹一旦受淹损毁，往往很难恢复和补救，因此本条规定对于特别重要的、又不耐淹的文物古迹，其防洪标准可适当提高。执行时，可根据文物古迹的具体情况分析研究确定。

10.2 旅游设施

10.2.1 本条对旅游设施防护等级的划分是参照现行国家标准《风景名胜区规划规范》GB 50298和现行行业标准《风景名胜区分类标准》CJJ/T 121的相关规定制订的，防洪标准则沿用了原标准第9.0.2条的规定。具体使用时，可将依托世界自然文化遗产和国家级的风景名胜区、自然保护区、森林公园、地质公园、历史文化名城（镇）等的景区列入防护等级Ⅰ级，将依托省级的上述景区列入防护等级Ⅱ级，其他景区列入防护等级Ⅲ级。

10.2.2 许多文物古迹同时也是旅游景点。这类防护对象的防洪标准，本条规定应根据其防护等级，按两者防洪标准中较高的选取，其目的在于使该防护对象具有较高的防洪安全度，以保护文物古迹，促进旅游业的发展。

11 水利水电工程

11.1 水利水电工程等别

11.1.1 水利水电工程按其规模、效益及在经济社会中的重要性确定等别，然后再对水工建筑物根据其所属工程的等别、作用和重要性等进行分级，这种先分等再分级的做法在我国已应用了几十年，证明在工程实践中是可行的，本标准仍继续采用。水利水电工程的等别是确定水工建筑物级别和设计洪水标准的依据与基础，反映了工程防洪安全和结构安全的要求。现有水利水电工程技术规范中关于工程等别划分的标准，有些是按照水利水电工程所承担的任务和服务功能类别及效益划分，如防洪工程、灌溉工程、供水工程、治涝工程、发电工程、通航工程等；还有一些是按工程类型划分，如水库工程、水电站工程、水闸工程、泵站工程、渠道工程以及堤防工程等。本条是在原标准第6.1.1条的基础上，综合考虑近年颁布的现行行业标准《水利水电工程等级划分及洪水标准》SL 252、现行行业标准《水电枢纽工程等级划分及设计安全标准》DL 5180、现行国家标准《堤防工程设计规范》GB 50286、现行行业标准《水闸设计规范》SL 265、现行国家标准《灌溉与排水工程设计规范》GB 50288、现行行业标准《渠化工程枢纽总体设计规范》JTS 182—1等规范的有关规定，补充了按水利水电工程综合利用任务和功能类别或不同工程类型来确定工程等别的规定。

现行行业标准《水利水电工程等级划分及洪水标准》SL 252—2000的表2.1.1中将各类工程都分为大（1）、大（2）或小（1）、小（2）型；原标准中表6.1.1的标题容易被理解为表中的内容都是指枢纽工程的任务。鉴于目前许多防洪、治涝、供水、灌溉等工程都是单独立项，并不一定都含有水库和枢纽工程，同时也很少将防洪、治涝等工程按大（1）、大（2）或小（1）、小（2）型分等，因此，本次修订对防洪、治涝、灌溉、供水、发电、航运等工程不考虑按大（1）、大（2）或小（1）、小（2）型进行分等。

水利水电工程按建筑物级别确定防洪标准，该标准是为保障水工建筑物自身防洪和结构安全要求设定的指标，在原标准中将建筑物的洪水标准称为"防洪标准"，现行行业标准《水利水电工程等级划分及洪水标准》SL 252中称为"洪水标准"，现行行业标准《水电枢纽工程等级划分及设计安全标准》DL 5180中称为"洪水设计标准"。本次修订对上述不同的名称进行了研究讨论,从延续原标准的提法考虑,为统一起见,仍采用"防洪标准"的提法。

11.1.2 本条按不同开发任务和服务功能类别,提出对防洪、治涝工程及供水、灌溉、发电、通航等工程进行分等的指标体系。

防洪、治涝、灌溉分等指标仍采用原标准第6.1.1条的规定,其中Ⅴ等工程的分解指标由"≤"改为"<";此外,防洪分等指标中反映城市及工矿企业的重要性指标按本标准第4章和第5章的规定执行,具体可参考表9确定。

表9 城市及工矿企业的重要性指标

重要性指标		特别重要	重要	比较重要	一般
城市	常住人口(万人)	≥150	<150,≥50	<50,≥20	<20
	当量经济规模(万人)	≥300	<300,≥100	<100,≥40	<40
工矿企业	规模	特大型	大型	中型	小型
	货币指标(亿元)	≥50	<50,≥5	<5,≥0.5	<0.5

表9中货币指标为年销售收入和资产总额,两者均必须满足要求。

供水工程的等别参照原标准第6.1.1条和现行行业标准《调水工程设计导则》SL 430—2008的第9.2.1条制订,供水工程中包括本流域和河流、本区域引供水工程及跨流域、跨水系、跨区域调水工程。原标准和现行行业标准《调水工程设计导则》SL 430将供水工程等别划分为4等,其中Ⅳ等工程对应的工程年引水量为1亿 m^3。鉴于国内县级城市年用水量大多不超过1亿 m^3,供水量较少的乡镇集中供水工程也日渐增多,本条将小型供水工程分成两等,供水工程的等别指标增加到5等。对于供水对象的重要性,按照本标准第4章的规定,将原来第Ⅲ等对应的"中等"修改为"比较重要",以与第Ⅰ、第Ⅱ等的"特别重要""重要"相衔接。现行行业标准《调水工程设计导则》SL 430中,Ⅲ等与Ⅳ等工程按设计引水流量2 m^3/s 和年引水量1亿 m^3 进行划分,鉴于引水流量2 m^3/s 所对应的最大年引水量仅能达到0.63亿 m^3,即现行行业标准《调水工程设计导则》SL 430中的流量规模与水量规模不匹配,本次修订时将Ⅲ等工程的流量规模调整为≥3 m^3/s、<10 m^3/s,将Ⅳ等工程的流量规模调整为≥1 m^3/s、<3 m^3/s,并将流量<1 m^3/s、引水量<0.3亿 m^3 的供水工程划分为Ⅴ等工程。

水电站工程的开发方式有堤坝式、引水式等,水力发电工程(包括抽水蓄能电站)的等别参照现行行业标准《水电枢纽工程等级划分及设计安全标准》DL 5180—2003第5.0.1条,以装机容量作为分等指标。

供水、灌溉、发电工程根据其流量、水量、灌溉面积、装机容量等为社会服务的功能性指标进行分等。按照习惯用法,对原标准和现行行业标准《水利水电工程等级划分及洪水标准》SL 252的有关提法进行了整合,将大(1)型改为特大型,大(2)型改为大型,小(1)型和小(2)型统称为小型。

水库枢纽中通航工程的等别划分参照现行行业标准《渠化工程枢纽总体设计规范》JTS 182—1的规定制订,采用航道等级和通航船舶吨级等指标进行分等。

11.1.3 城市生活和工业用水过程比较均匀,与引水流量相比,年引水量更能反映工程的特性和重要性与效益;同时,为提高供水的可靠性,大部分城市都采用多水源供水方式,单个水源工程的供水规模不一定很大,但如果某个水源出现问题,对城市生产生活的直接和间接影响范围会较大,为此,城市供水工程的等别要采用多指标分析确定。农业灌溉受作物生长期需水和自然降雨影响较大,用水过程不均匀,有时灌溉面积相近的灌区,灌溉流量和水量差异较大,因此宜按灌溉面积指标来确定工程等别。

11.1.4 对于水库、拦河水闸及灌溉与排水工程中的引水枢纽、泵站等不同类型工程,其等别分别按库容、过闸流量、引水流量、装机功率等工程规模指标划分确定。

水库总库容通常采用校核洪水位以下的静库容,但一些低水头径流式水库和航运(电)枢纽为减少库区淹没,在洪水期往往采取敞泄运用方式,基本恢复天然行洪状态,使水库洪水位低于枯水期正常蓄水位,此类水库和航运(电)枢纽的总库容采用正常蓄水位以下的静库容。

拦河水闸工程的等别参照现行行业标准《水利水电工程等级划分及洪水标准》SL 252—2000 第 2.1.3 条和《水闸设计规范》SL 265—2001 第 2.1.1 条制订,以过闸流量为分等指标。

灌溉工程的引水枢纽和承担灌、排任务的泵站工程,其等别分别参照现行国家标准《灌溉与排水工程设计规范》GB 50288—99 第 2.0.2 条、第 2.0.3 条和现行行业标准《水利水电工程等级划分及洪水标准》SL 252—2000 第 2.1.4 条制订。

11.1.5 水利水电工程按其综合利用任务和功能类别或不同工程类型确定的等别不相同时,从保证工程安全的角度,其整体工程的等别应按其中最高等别确定。如低水头径流式电站工程,由于水库库容较小,按水库规模确定的工程等别较低,而按装机容量规模确定的等别可能较高,对于此类工程的等别,应按其中高的等别确定。

11.2 水利水电工程建筑物级别

11.2.1 水利水电工程建筑物的级别反映了对建筑物的不同技术要求和安全要求。水利水电工程永久性水工建筑物指工程运行期间使用的建筑物。按其在工程中发挥的作用和失事后对整个工程安全影响程度的不同,分为主要建筑物和次要建筑物。本条分别参照原标准第 6.1.2 条和现行行业标准《水利水电工程等级划分及洪水标准》SL 252—2000 第 2.2.1 条制订。取消了原标准中对临时性水工建筑物级别的规定,临时工程的级别可按照现行行业标准《水利水电工程等级划分及洪水标准》SL 252 确定。

鉴于堤防工程是为了保护防护对象的安全而修建的,其防洪标准实际上是被保护对象的防洪标准,其级别是由被保护对象的防洪标准确定的,与其他水利水电工程根据级别确定防洪标准的方法有所不同。堤防的级别可根据现行国家标准《堤防工程设计规范》GB 50286 和现行行业标准《海堤工程设计规范》SL 435 的有关规定执行。

11.2.2 本条参照现行行业标准《水利水电工程等级划分及洪水标准》SL 252—2000 第 2.2.2 条、《水电枢纽工程等级划分及设计安全标准》DL 5180—2003 第 5.0.4 条制订。从保证下游人民生命财产安全、提高工程安全可靠性考虑,对失事后果影响重大的 2 级~5 级永久性水工建筑物,经过论证并报主管部门批准,可将建筑物级别提高一级,设计洪水标准也相应提高。1 级~4 级主要永久性水工建筑物,如果失事后果影响不大,经专门论证并报主管部门批准,可降低一级。

11.2.3 本条参照现行行业标准《水利水电工程等级划分及洪水标准》SL 252—2000 第 2.2.3 条和《水电枢纽工程等级划分及设计安全标准》DL 5180—2003 第 5.0.5 条综合制订。水库大坝的高度与风险成正比,因此对于 2、3 级永久性水工建筑物,如坝高超过规定指标,其级别可提高一级。现行行业标准《水利水电工程等级划分及洪水标准》SL 252 和《水电枢纽工程等级划分及设计安全标准》DL 5180 两规范中对大坝提高级别的坝高指标规定有所不同(见表10),设计中可根据具体情况论证确定。由于坝高指标主要影响工程的结构安全,提高一级只涉及调整结构设计的安全参数,不改变调整设计洪水标准。

表 10 水库大坝坝高提高级别指标比较

级别	坝型	坝高(m)	
		SL 252—2000	DL 5180—2003
2	土石坝	90	100
	混凝土坝、浆砌石坝	130	150
3	土石坝	70	80
	混凝土坝、浆砌石坝	100	120

11.2.4 本条参照现行行业标准《水利水电工程等级划分及洪水标准》SL 252—2000 第 2.2.4 条和《水电枢纽工程等级划分及设计安全标准》DL 5180—2003 第 5.0.6 条综合制订。

11.2.5 平原区的拦河水闸多为独立水闸或闸坝式枢纽,可按水闸工程自身规模相应的等级确定级别;山丘区的水闸大多为水库、水电站枢纽中的水工建筑物,在按水库、水电站枢纽确定工程等别后,可根据水闸在该枢纽工程中的作用和重要性确定水闸建筑物的级别。本条参照现行行业标准《水闸设计规范》SL 265—2001 第 2.1.5 条制订。

11.2.6 本条参照现行行业标准《调水工程设计导则》SL 430—2008 第 9.2.5 条制订。供水(调水)工程有时利用天然河道输水,河道的堤防要满足供水工程输水和行洪排涝的要求。河道堤防的级别要根据河道具有的防洪任务和原河道堤防级别、供水工程的等别、输水位抬高可能造成的影响等因素综合确定。

11.3 水库工程

11.3.1 本条为强制性条文,沿用了原标准第 6.2.1 条的内容。水库工程为了满足防洪、发电、供水等的需要,壅高了坝址以上水位,并拦蓄了大量来水,水库工程一旦溃决失事,将形成溃坝洪水,破坏力很大,对工程自身和下游的防护对象造成不可估量的损失,因此应确保水库工程达到规定的防洪标准。

根据本标准规定,山区、丘陵区土石坝水库的 1 级建筑物校核洪水标准采用可能最大洪水(PMF)或 10 000 年一遇~5 000 年一遇。有专家研究提出,我国目前采用的频率分析法计算设计洪水基本沿用前苏联的经验,但前苏联的洪水是以融雪洪水为主,其洪水变差系数 C_v 较小(约 90% 的河流 C_v 在 0.60 以下),而我国洪水以暴雨洪水为主,洪水变差系数 C_v 较大,采用频率分析法计算得出的设计洪水可能偏大,尤其对山区、丘陵区1级建筑物校核洪水标准影响较大,建议当采用频率分析法计算设计洪水时,如洪水变差系数 $C_v \geq 0.6$,土石坝 1 级建筑物的校核洪水标准可取规范规定的下限值,即取 5 000 年一遇。

也有专家建议将表 11.3.1 中山丘区土石坝 5 级建筑物的校核洪水标准由 300 年一遇~200 年一遇调整为 300 年一遇~100 年一遇,即降低标准的下限。主要理由是:

(1)从我国水库垮坝情况来看,在 1954—2006 年的 52 年间,因各种原因垮掉的小(2)型水库 2692 座，其中真正因超标准洪水漫坝而垮塌的水库仅 263 座，占小（2）型水库总数（约 7 万座）的 0.38％。我国现行的按频率分析法计算的设计洪水成果偏大，设计偏于安全。

（2）我国现有小型水库实际防洪标准达标率较低，达标建设投资较大。

本次修编，根据多数专家意见并经编制组讨论，从安全的角度，对山丘区土石坝 1 级和 5 级建筑物的校核洪水标准仍维持原标准的规定。对于山丘区土石坝 1 级建筑物的校核洪水计算方法，因可能最大洪水（PMF）与频率分析法在计算理论和方法上都不相同，在选择采用频率法的重现期 10 000 年一遇洪水还是采用 PMF 时，应根据计算成果的合理性来确定；当用水文气象法求得的 PMF 较为合理时，则采用 PMF；当用频率分析法求得的重现期 10 000 年一遇洪水较为合理时，则采用重现期 10 000 年一遇洪水；当两者可靠程度相同时，为安全起见，应采用其中较大者。

11.3.2 本条参照现行行业标准《水利水电工程等级划分及洪水标准》SL 252—2000 第 3.1.2 条和《水电枢纽工程等级划分及设计安全标准》DL 5180—2003 第 6.0.2 条制订。

11.3.3、11.3.4 土石坝遭遇洪水漫顶失事后垮坝速度很快，其后果严重，防洪标准一般应高于其他坝型，特别是在其下游又有重要的居民区或工矿企业等设施时，坝体一旦失事，将对下游造成重大灾害。为保证下游的安全或具有较高的安全度，本次修订仍维持原标准第 6.2.2 条的要求，并将第 11.3.3 条定为强制性条文。

根据《国家突发公共事件总体应急预案》（2006 年 1 月发布并实施）制定的《特别重大、重大突发公共事件分级标准（试行）》中，对各类特别重大灾害和事故均有明确的界定。其中属于特别重大水灾害范围的有：一个流域发生特大洪水；大江大河干流重要河段堤防发生决口；重点大型水库发生垮坝；洪水造成铁路繁忙干线、国家高速公路网和主要航道中断，48 h 无法恢复通行等。属于特别重大气象灾害的有：特大暴雨、大雪、龙卷风、沙尘暴、台风等极端天气气候事件影响重要城市和 50 平方公里以上较大区域，造成 30 人以上死亡，或 5 000 万元以上经济损失的气象灾害。属于特别重大海洋灾害的有：风暴潮、巨浪、海啸、赤潮、海冰等造成 30 人以上死亡，或 5 000 万元以上经济损失的海洋灾害；对沿海重要城市或者 50 平方公里以上较大区域经济、社会和群众生产、生活等造成特别严重影响的海洋灾害。水库工程设计时，可根据坝址下游溃坝洪水淹没影响范围内的人口、设施等情况，参照上述特别重大灾害的表述和指标进行界定。

有专家通过对水坝失事的后果与危害程度、死亡人数、直接和间接经挤损失、社会环境影响，以及损失的不可恢复或不可以实体补偿等风险分析，与国外防洪标准确定方法和成果比较，认为目前我国大坝设计洪水标准偏低，建议提高风险度较高的中型水库防洪标准，将失事后可能对下游造成特别重大灾害的土石坝 2 级～3 级建筑物的校核洪水标准可提高一级或二级，4 级～5 级建筑物的校核洪水标准提高一级。

根据多数专家意见并经编制组讨论，仍维持原标准的规定：土石坝一旦失事将对下游造成特别重大的灾害时，1 级建筑物的校核洪水标准应采用可能最大洪水或 10 000 年一遇；2 级～4 级建筑物的校核洪水标准可提高一级。

11.3.5 混凝土坝和浆砌石坝抗御洪水漫顶的能力强于土石坝，一般不会因漫顶而造成坝体溃决。但漫顶洪水能量较大，易造成坝基和两岸冲刷，导致基础失稳而失事。因此，如果 1 级建筑物的下游有重要居民区或设施时，保证其安全是很必要的。本条规定对混凝土坝、浆砌石坝的 1 级建筑物校核洪水标准采用可能最大洪水或 10 000 年一遇洪水的条件及工作程序提出了要求。

11.3.6 低水头或失事后损失不大的水库枢纽工程,对于其挡水和泄水建筑物,其防洪标准太高无太大必要。本条规定"经过专门论证并报主管部门批准后,其校核洪水标准可降低一级"。

11.3.7 我国大部分河流都有梯级水库。根据我国1954—2006年的垮坝资料统计,因上游水库垮坝而引起下游水库连锁溃坝的事件共有131起,故对此问题必须高度重视。本条针对因梯级水库防洪标准不协调而可能导致发生连锁溃坝的情况,参照现行行业标准《水利水电工程等级划分及洪水标准》SL 252—2000 第3.1.3条和《水电枢纽工程等级划分及设计安全标准》DL 5180—2003 第6.0.3条的规定,对梯级水库防洪标准的确定提出原则性规定。

11.4 水电站工程

11.4.1 本条参照现行行业标准《水利水电工程等级划分及洪水标准》SL 252—2000 第3.2.1条和第3.3.1条的规定以及《水电枢纽工程等级划分及设计安全标准》DL 5180—2003 第6.0.4条和第6.0.10条的规定制订。

11.4.2 为了使水电站厂房与水库工程的设计洪水标准相协调,本条参照现行行业标准《水利水电工程等级划分及洪水标准》SL 252—2000 第3.2.5条的规定和《水电枢纽工程等级划分及设计安全标准》DL 5180—2003 第6.0.9条的规定,对原标准中水电站厂房的设计洪水标准进行了调整,表11.4.2中水电站厂房3级~5级的设计洪水标准增加了下限。原标准、现行行业标准《水利水电工程等级划分及洪水标准》SL 252和《水电枢纽工程等级划分及设计安全标准》DL 5180对水电站厂房标准的规定详见表11。

表11 各标准对水电站厂房防洪标准的规定

水电站厂房级别	防洪标准[重现期(年)]					
	GB 50201—94		SL 252—2000		DL 5180—2003	
	设计	校核	设计	校核	设计	校核
1	>200	1000	200	1000	200	1000
2	200~100	500	200~100	500	200~100	500
3	100	200	100~50	200	100~50	200
4	50	100	50~30	100	50~30	100
5	30	50	30~20	50	30~20	50

11.5 拦河水闸工程

11.5.1 拦河水闸具有调节水位、控制流量和宣泄洪水等功能,水闸工程可分为平原区拦河水闸枢纽工程、山区丘陵区水利水电枢纽中的水闸、灌排渠系上的水闸、位于防洪(挡潮)堤上的水闸和位于潮汐河口上的挡潮闸等五种类型。本章拦河水闸工程主要指平原区拦河水闸和潮汐河口挡潮闸。

平原区拦河水闸的防洪标准是根据现行行业标准《水利水电工程等级划分及洪水标准》SL 252—2000 第3.3.1条制订的。

对于有泄洪任务的拦河水闸工程,由过闸流量确定工程等级,进而确定的水闸防洪标准与该流量相应的河流洪水标准可能不一致。鉴于该问题比较复杂,本标准对此未作具体规定,在实际工作中可根据具体情况综合分析确定。

11.5.2 潮汐河口段的水闸要考虑外海和内河双向挡水及宣泄内河洪水的要求,其水位、流量受海洋潮汐和河流洪水的双重影响。挡潮闸的内河防洪标准可按表11.5.1确定。本条中的防潮标准是根据现行行业标准《水闸设计规范》SL 265—2001第2.2.2条制订的,将原标准第6.4.3条规定的4、5级建筑物防潮标准20年~10年,调整为4级20年~10年,5级10年。

11.6 灌溉与排水工程

11.6.1 本条采用了现行国家标准《灌溉与排水工程设计规范》GB 50288—99第3.3.1条的规定。

11.6.2 本条采用了现行国家标准《灌溉与排水工程设计规范》GB 50288—99第3.3.2条关于引水、提水枢纽工程建筑物防洪标准的规定。与原标准相比,设计洪水标准是一致的,增加了校核洪水标准。

11.6.3 灌溉与排水工程除蓄水、引水、提水等主要建筑物外,灌区内还需布置大量的灌溉渠道、排水(洪)沟渠及水闸、渡槽、倒虹吸、涵洞、隧洞、渠道泵站、跌水与陡坡等灌排建筑物,这些建筑物的重要性一般低于蓄水和渠首引水、提水枢纽等主要工程,限于篇幅,本标准对此未作具体规定,实际应用中可按现行国家标准《灌溉与排水工程设计规范》GB 50288的有关规定执行。

11.7 供水工程

11.7.1 我国水资源的分布极不均匀,很多地区存在缺水问题,需要修建大量的城乡供水工程。跨流域调水工程作为重要的区域水资源配置基础设施,随着国家经济社会发展和工程建设水平的提高,也得到了快速发展,如已建的江苏江水北调工程、天津引滦入津工程和山东引黄济青工程等取得了显著的经济效益、社会效益和环境效益,目前正在实施南水北调东线和中线工程。供水工程包括本流域、本区域供水工程和跨流域调水工程,本节对原标准和现行行业标准《调水工程设计导则》SL 430的有关规定进行了综合。

供水工程的主要永久性水工建筑物包括引水工程、调蓄工程(包括水源水库和沿线调蓄水库)、输水工程(渠道、隧洞、管道、埋涵等)、提水工程(泵站)等,有些工程还包括净水厂和配水工程。其中调蓄水库可按"11.3 水库工程"的有关规定执行。

11.7.2 本条以原标准第6.3.1条和现行行业标准《调水工程设计导则》SL 430—2008第9.2.8条的规定为基础,提出了供水工程除调蓄水库以外的其他主要建筑物的防洪标准的有关规定。根据供水工程等别和建筑物级别,增加了5级建筑物的防洪标准。

11.7.3 供水工程经常利用现有河道输水,如果现有河道承担行洪排涝功能,利用河段的防洪标准可采用根据流域或区域规划确定的河流防洪标准,通过对河道防洪水位、流量和供水的水位、流量进行综合分析与协调,以此确定防洪标准。新开挖的输水渠一般可作为被防护对象,根据供水工程的重要性和规模并结合周边防护区的整体防洪要求,经综合分析后予以确定。

11.7.4 输水渠道跨越天然河道或天然河道穿越输水渠道的渡槽、倒虹吸、涵洞、箱涵等建筑物,统称为河渠交叉建筑物。河渠交叉建筑物的防洪标准应根据输水渠设计流量规模、穿越河道的水文特性、交叉建筑物的重要性等因素综合分析确定,对特别重要的交叉建筑物的防洪标准应进行专门论证并可适当提高。如南水北调中线,总干渠工程从湖北丹江口水库引水,引水设计流量为350 m³/s,加大流量为420 m³/s。该工程为Ⅰ等工程,总干渠渠道及各类交叉建筑物和控制工程等主要建筑物按1级建筑物设计,在确定各渠段设计洪水标准时,根据工程具体情况,将总干渠穿黄河工程的防洪标准确定为300年一遇洪水设计,1 000年一遇洪水校核;穿越其他较大河流(控制面积≥20 km²)的交叉建筑物按100年一遇洪水设计,300年一遇洪水校核;较小河流(控制面积＜20 km²)的交叉建筑物按50年一遇洪水设计,200年一遇洪水校核。

11.8 堤防工程

11.8.1 堤防工程是为了保护防护对象的安全而修建的,其自身并无特殊的防洪要求。在我国的现有防洪体系中,同一个保护对象往往采用堤库结合等多种措施来防护,堤防工程的实际挡洪标准与流域规划的防洪工程体系有关,故本条规定根据保护对象或防洪保护区的防洪标准以及流域规划的要求分析确定。

本条中的流域规划包括流域综合规划、流域防洪规划和流域蓄、滞洪区专项规划。

11.8.2 本条引用了现行国家标准《堤防工程设计规范》GB 50286—2013 第 3.1.1 条的规定。

11.8.3 在原标准第6.4.2条的基础上,参照现行国家标准《堤防工程设计规范》GB 50286、现行行业标准《海堤工程设计规范》SL 435 的有关规定制订。我国堤防工程大部分是土堤或土石混合堤,加高、加固相对比较容易,而水闸、涵洞、泵站等建筑物及其他构筑物一般为钢筋混凝土、混凝土或浆砌石结构,加高、改建比较困难;堤防工程自身的防洪安全直接关系到防护区人民生命财产和生态环境的安全,其与建筑物的接合部在洪水通过时易出现险情,引起溃决。因此本条对这些建筑物的设计防洪标准提出了较高的要求,并列为强制性条文。

治涝标准(SL 723—2016)

前 言

根据水利技术标准制修订计划安排,按照 SL 1—2014《水利技术标准编写规定》的要求,编制本标准。

本标准共 8 章和 1 个附录,主要技术内容包括:总则、术语、涝区、农田、城市、乡镇和村庄、重要场(厂)区、治涝工程体系。

本标准为全文推荐。

本标准批准部门:中华人民共和国水利部

本标准主持机构:水利部水利水电规划设计总院

本标准解释单位:水利部水利水电规划设计总院

本标准主编单位:水利部水利水电规划设计总院
　　　　　　　　中水淮河规划设计研究有限公司

本标准参编单位:黑龙江省水利水电勘测设计研究院

本标准主要起草人:李小燕　何华凇　王志兴　蒋　肖
　　　　　　　　李爱玲　李　燕　周光涛　张艳春
　　　　　　　　周　健　费永法　邵善忠　曹镇宇

本标准审查会议技术负责人:梅锦山　侯传河

本标准体例格式审查人:陈登毅

本标准在执行过程中,请各单位注意总结经验,积累资料,随时将有关意见和建议反馈给水利部国际合作与科技司(通信地址:北京市西城区白广路二条2号;邮政编码:100053;电话:010－63204565;电子邮箱:bzh@mwr.gov.cn),以供今后修订时参考。

1 总则

1.0.1 为适应国民经济各部门、各地区的治涝要求,规范涝区治理的设计标准,根据我国现有的社会经济发展条件和治涝工程建设需要,制定本标准。

1.0.2 本标准适用于治涝规划和治涝工程的设计、建设、运行管理工作。

1.0.3 涝区的治涝标准应同时以设计暴雨重现期、设计暴雨历时、涝水排除时间和涝水排除程度等指标表示。

1.0.4 涝区的治涝标准应根据自然、经济、社会、政治、环境等因素,统筹协调治涝与防洪、局部与整体、当前与长远的关系,兼顾治渍和防治盐碱化,通过综合分析论证确定。

1.0.5 涝区如需提高或降低治涝标准,应经论证并报水行政主管部门批准。

1.0.6 按本标准规定的治涝标准进行治涝建设,根据技术经济条件和实施难易程度,在报请主管部门批准后,可分期实施。

1.0.7 本标准主要引用下列标准:

GB 50265　泵站设计规范

GB 50288　灌溉与排水工程设计规范
SL 44　水利水电工程设计洪水计算规范
SL 104　水利工程水利计算规范
SL 265　水闸设计规范

1.0.8　涝区的治涝标准除应符合本标准规定外,尚应符合国家现行有关标准的规定。

2　术语

2.0.1
涝区　waterlogging area
雨水过多,排水不及时,常易在地面上产生积水的区域。

2.0.2
涝灾　waterlogging disaster
因雨水过多未能及时排除对农作物、设施等各类财产和人类活动产生的危害。

2.0.3
治涝标准　standard for waterlogging control
保证涝区不发生涝灾的设计暴雨频率(重现期)、暴雨历时及涝水排除时间、排除程度。

2.0.4
排涝模数　waterlogging drainage modulus
相应于治涝标准的涝区单位面积上的排水流量。

2.0.5
设计排涝流量　design discharge of waterlogging drainage
相应于治涝标准的排水流量。

2.0.6
设计排涝水位　design water stage of waterlogging drainage
相应于治涝标准且不产生涝灾的排涝沟渠、河道、滞涝区和承泄区控制水位。

2.0.7
蓄(排)涝起始水位　initial water stage for waterlogging storage or drainage
排涝期开始时,排涝沟渠、河道和滞涝区等水位不得超过或须降至其下的水位。

2.0.8
蓄涝水面率　water surface ratio for waterlogging
涝区内滞蓄涝水区域的水面面积占涝区总面积的百分比。

2.0.9
滞涝区(蓄涝区)　waterlogging retarding(storage)basin
涝区内可以滞蓄涝水的坑塘、洼地、河道、湖泊等区域。

2.0.10
承泄区　drainage receive area
涝区外承泄或容纳涝区涝水的江河、湖泊、海洋等区域。

3　涝区

3.0.1　划定涝区范围时,应根据易涝地区的涝水特征和致涝成因,统筹考虑区域地形地势条件、河流水系、湖泊和承泄区分布等因素,结合行政区划,综合分析确定。

3.0.2 涝区可以分为几部分单独治理或具有几个独立排涝系统的,应根据涝区内的排水体系、地形、河流、道路和其他地物的分隔情况及治涝工程布置条件,进行涝区分片,分别确定治涝标准。

3.0.3 治涝标准应根据保护对象的排涝要求确定。当涝区内仅有农田或城市或乡镇或村庄或重要场(厂)区等单一保护对象时,其治涝标准应按本标准的有关规定分别确定。

3.0.4 当涝区内有两种及以上保护对象,且不能单独治理时,治涝标准应统筹考虑不同保护对象的排涝要求,综合分析确定。

3.0.5 涝区内某个保护对象要求的治涝标准高于整个涝区的治理标准,且能够单独形成排涝系统时,该保护对象的治涝标准可单独确定。

3.0.6 涝区人口、耕地、经济指标的统计范围应采用相应标准涝水的保护受益范围。

4 农田

4.0.1 对于以水稻作物为主,或以旱作物为主,或以经济作物为主的农田涝区,应根据涝区内的主要作物种类确定其治涝标准;对于作物种类较多、各类作物比例差别不大的农田涝区,其治涝标准可综合分析确定。

4.0.2 农田的设计暴雨重现期应根据涝区耕地面积和作物种类,按表4.0.2的规定确定。

表 4.0.2 农田设计暴雨重现期

耕地面积 万亩	作物区	设计暴雨重现期 年
≥50	经济作物区	20~10
	旱作区	10~5
	水稻区	10
<50	经济作物区	10
	旱作区	10~3
	水稻区	10~5

4.0.3 对于作物经济价值较高、遭受涝灾后损失较大或有特殊要求的涝区,经技术经济论证后,其设计暴雨重现期可适当提高,但不宜高于20年一遇;遭受涝灾后损失较小的涝区,其设计暴雨重现期可适当降低。

4.0.4 农田涝区的设计暴雨历时、涝水排除时间和排除程度,应综合考虑涝区的地形地势、排水面积、作物种类、田间滞蓄涝水能力等因素,经论证后确定,并应符合下列要求:

    1 农田涝水排除程度,应按从作物受淹起,经济作物和旱作物在排除时间内排至田面无积水,水稻田在排除时间内排至作物耐淹水深。

    2 农田设计暴雨历时、涝水排除时间和排除程度应按表4.0.4的规定确定。

表 4.0.4 农田设计暴雨历时、涝水排除时间和排除程度

作物区类别	设计暴雨历时	涝水排除时间	涝水排除程度
经济作物区	24 h	24 h	田面无积水
旱作区	1~2 d	1~3 d	田面无积水
水稻区	2~3 d	3~5 d	耐淹水深

注：表中设计暴雨历时与涝水排除时间均针对田间排水。

4.0.5 对于有特殊要求的作物，根据作物耐淹程度，可适当调整设计暴雨历时和涝水排除时间。种植有多种不同作物的涝区，应根据作物种植结构和特点，经综合分析后确定耐淹水深和涝水排除时间。

4.0.6 农作物的耐淹水深和耐淹历时，应根据当地或邻近地区有关试验和调查资料分析确定。无调查和试验资料的可参照 GB 50288《灌溉与排水工程设计规范》的规定分析确定。

4.0.7 对于蓄涝条件好、调蓄容积较大的涝区，可根据河网水文特性、调蓄能力等采用较长历时的设计暴雨进行涝水蓄泄演算，区域排水时间可根据暴雨特性和区域特点分析确定。

5 城市

5.0.1 本标准确定的城市治涝标准，是指承接市政排水系统排出涝水的区域的标准。城市市政排水系统的排水标准应按市政相关规范的规定确定。

5.0.2 城市涝区的设计暴雨重现期应根据其政治经济地位的重要性、常住人口或当量经济规模指标，按表 5.0.2 的规定确定。

表 5.0.2 城市设计暴雨重现期

重要性	常住人口 万人	当量经济规模 万人	设计暴雨重现期 年
特别重要	≥150	≥300	≥20
重要	<150,≥20	<300,≥40	20~10
一般	<20	<40	10

注：当量经济规模为城市涝区人均 GDP 指数与常住人口的乘积，人均 GDP 指数为城市涝区人均 GDP 与同期全国人均 GDP 的比值。

5.0.3 遭受涝灾后损失严重及影响较大的城市，其治涝标准中的设计暴雨重现期可适当提高；涝灾损失和影响较小的城市，其设计暴雨重现期可适当降低。提高或降低标准均应经技术经济论证。

5.0.4 设计暴雨历时、涝水排除时间和排除程度应综合考虑排水面积、蓄涝能力、承泄区条件等因素，经论证后确定。设计暴雨历时和涝水排除时间可采用 24 h 降雨 24 h 排除，一般地区的涝水排除程度可按在排除时间内排至设计水位或设计高程以下控制，有条件的地区可按在排除时间内最高内涝水位控制在设计水位以下。

5.0.5 排涝水位的计算，应注意与市政排水系统水位的相互衔接。

5.0.6 排涝流量可按附录 A 规定的有关方法进行计算,同时考虑城市短历时降雨的排水要求和市政排水系统的最大排水能力。

5.0.7 未进行城市排水管网建设的城市,可参照第 6 章的有关规定制定治涝标准。

6 乡镇和村庄

6.0.1 乡镇包括建制镇、乡(含民族乡)人民政府所在地和经县级人民政府确认由集市发展而成的作为农村经济、文化和生活服务中心的非建制镇及独立的安全区;村庄是指农村村民居住和从事各种生产的聚居点。

6.0.2 有市政管网系统的乡镇、村庄的治涝标准可参照第 5 章的有关规定制定,零星小村庄可与农田统筹考虑。本标准确定的乡镇、村庄的治涝标准均针对无市政管网系统的乡镇和村庄。

6.0.3 乡镇、村庄的设计暴雨重现期应根据其政治经济地位的重要性和常住人口规模,按表 6.0.3 的规定确定。

表 6.0.3 乡镇、村庄设计暴雨重现期

保护对象		常住人口 万人	设计暴雨重现期 年
乡镇	比较重要	≥20	20～10
	一般	<20	10
村庄		<20	10～5

6.0.4 对于人口密集、遭受涝灾后损失严重及影响较大的乡镇、村庄,经论证后,其设计暴雨重现期可适当提高,但不宜高于 20 年一遇。

6.0.5 乡镇、村庄的设计暴雨历时和涝水排除时间可采用 24 h 降雨 24 h 排除;乡镇、村庄的内河(湖)水位应控制在设计排涝水位以下,并与外河(湖)的排涝水位相互衔接。

7 重要场(厂)区

7.0.1 重要场(厂)区包括面积较大的机场、电厂、独立场(厂)区,以及易受涝水影响的独立工业园区和开发区等。

7.0.2 本标准确定的重要场(厂)区的治涝标准,是指承接重要场(厂)区排出涝水的区域的标准。

7.0.3 重要场(厂)区内部的排水标准应按场(厂)区设施的相关行业标准确定。若场(厂)区内部排水有特殊要求时,宜通过提高自保能力并辅以其他措施予以解决。

7.0.4 重要场(厂)区的设计暴雨重现期应根据其重要性、规模及地形条件等分析确定,但不宜低于 10 年一遇。

7.0.5 重要场(厂)区的设计暴雨历时、涝水排除时间和排除程度宜采用 24 h 降雨 24 h 排除并满足水位控制要求,控制水位可按地面高程或设计水位确定,并应满足排水过程中水位控制要求。

7.0.6 对于遭受涝灾后损失严重、影响较大的重要场(厂)区,经论证后,设计暴雨重现期可

适当提高。

7.0.7 承接涝水区域的工程规模应与重要场(厂)区的排水规模相衔接。

8 治涝工程体系

8.1 一般规定

8.1.1 治涝工程体系应根据涝区水文条件、地形地貌、河流水系、涝灾成因、作物种植结构等因素,按照"分片排涝、排蓄结合,自排为主、抽排为辅"的原则进行合理布置,并兼顾行洪、供水、灌溉、航运、发电和降渍洗盐等综合利用要求。

8.1.2 涝区应充分利用现有湖泊、洼地滞蓄涝水,合理确定蓄涝水面率或蓄涝容积率;城区应保留较多的绿地面积和透水地面,增加雨水下渗率。

8.1.3 治涝工程体系中的排涝沟渠、排涝河道、排涝涵闸、排涝泵站、滞涝区、承泄区等工程的设计流量和水位应按本标准的规定分析确定。

8.1.4 治涝工程的设计排涝流量,应采用对该地区成涝影响较大的雨情、水情,综合考虑涝区排涝面积、地面坡度、植被条件、暴雨特性、河网和湖泊的调蓄能力等因素,选择合理的设计暴雨历时和涝水排除时间进行计算。当涝区面积较大时,应考虑暴雨时空分布变化对排涝沟渠、河道、涵闸、泵站等工程设计排涝流量的影响。

8.1.5 重要控制点的设计排涝水位应经技术经济比选后确定,涝区各工程之间的排涝水位应相互衔接。应分析承泄区水位对涝区排涝的顶托影响。

8.2 排涝沟渠

8.2.1 排涝沟渠应按"高水高排、低水低排、就近排泄、力争自排"的原则选择线路,并结合灌溉渠系和田间道路进行布置。

8.2.2 排涝沟渠的设计排涝流量应根据涝区地形、降雨和下垫面类型、治涝标准和排水面积等因素,按下列规定确定:

 1 涝区调蓄容积较小或无调蓄容积时,可按附录 A 规定的有关方法计算沟渠设计排涝流量;调蓄容积较大时,应计算涝区排涝流量过程,经调节计算确定沟渠设计排涝流量。

 2 当沟渠同时承接城市和农田等不同对象的涝水时,应分别计算不同对象的排涝流量,按沿程汇流和调蓄情况计算沟渠分段设计排涝流量。

 3 承接城市涝水的沟渠,其设计排涝流量应满足城市排水的要求。

8.2.3 排涝沟渠的设计水位包括设计排涝水位和排涝起始水位,应按下列规定确定:

 1 设计排涝水位应采用排涝沟渠通过设计排涝流量时的相应水位;当排涝沟渠有调蓄能力时,可设置排涝起始水位。

 2 沟渠的设计排涝水位应满足两岸大部分地面能自排的要求,其中骨干排涝沟渠的设计排涝水位应根据排涝效益、工程费用、占地影响等因素,经技术经济比选后确定,可在地面高程以下 0.2~0.3 m。

 3 承接城市涝水的排涝沟渠,设计水位应与市政排水系统相互衔接。

8.3 排涝河道

8.3.1 排涝河道的设计流量和设计水位应根据汇流面积、保护对象、排水体系、治涝标准、综合利用功能等因素,经综合分析后确定。

8.3.2 排涝河道的设计排涝流量应按下列规定确定:

1 应按本标准8.2.2条的有关规定,综合考虑河道型态、上游来水、支流入汇等情况,通过汇流和调节计算确定。

2 对于具有防洪、供水、灌溉等综合利用功能的排涝河道,应分析设计排涝流量与其他各功能所需流量的关系,按统筹兼顾的原则确定河道治理方案和设计规模。

8.3.3 排涝河道的设计水位包括设计排涝水位和排涝起始水位,应按下列规定确定:

1 设计排涝水位应按相应治涝标准不致成灾的要求予以确定,骨干排涝河道和重要节点的设计排涝水位应通过对排涝效益、工程费用、占地影响等因素的综合分析,经技术经济比较后论证选定;当排涝河道有调蓄能力时,可设置排涝起始水位。

2 平原坡水区的排涝河道设计排涝水位宜为附近地面高程以下0.3～0.5 m。

3 滨河(湖)圩垸区的圩内排涝河道设计排涝水位宜低于地面,圩外河道设计排涝水位应根据外河或承泄区的设计水位分析确定。

4 潮位顶托区的排涝河道设计排涝水位应根据涝区地面高程和承泄区潮水位情况分析确定,宜利用低潮时自流抢排。

8.4 排涝涵闸

8.4.1 排涝涵闸的设计排涝流量应按下列规定确定:

1 闸前有较大调蓄容积时,可根据设计涝水过程,经调节计算确定。

2 闸前无调蓄容积或调蓄容积较小时,可根据涵闸控制的排水面积进行计算,或直接采用闸前排涝河道(沟渠)的设计排涝流量。

8.4.2 排涝涵闸的设计排涝水位包括闸上水位和闸下水位。闸上设计水位可根据闸前排涝河道(沟渠)或滞涝区的设计水位分析确定;闸下设计水位可根据下一级排涝河道(沟渠)、滞涝区或承泄区的设计水位分析确定。

8.4.3 排涝涵闸的过闸水位落差,应根据排涝河道的水面比降、壅水影响和工程布置条件等因素经技术经济比选后确定。排涝涵闸工程各设计指标和参数的选取应符合SL 265的规定。

8.5 排涝泵站

8.5.1 排涝泵站的设计排涝流量应按下列规定确定:

1 站前有较大调蓄容积时,应根据设计涝水过程,经调节计算后确定。

2 站前无调蓄容积或调蓄容积较小时,应根据泵站控制的排水面积按附录A规定的有关方法计算确定,或直接采用站前排涝河道(沟渠)的设计排涝流量。

8.5.2 排涝泵站的特征水位由洪水位和运行水位组成。洪水位包括设计洪水位和校核洪水位;运行水位包括进水池、出水池的最高水位、最低水位、设计水位和平均水位等。特征水位可参照GB 50265和SL 104的规定综合分析确定。

8.6 滞涝区

8.6.1 有条件的涝区或城市应设置滞涝区。滞涝区宜利用已有的湖泊、洼淀和沟塘等,必要时可人工开挖形成。

8.6.2 涝区的蓄涝水面率应根据涝区地形条件、河湖水系、涝水特性和区域规划等通过技术经济比选后确定,不宜小于5%～10%,南方丰水涝区不宜小于8%～12%,水网圩区不宜小于10%～15%,现状蓄涝水面率已超过上述标准的应控制不减少。

8.6.3 滞涝区设计水位包括蓄涝起始水位和设计蓄涝水位,可按下列规定确定:

1 蓄涝起始水位可采用滞涝区已确定的汛期限制水位或死水位，也可通过论证后另行确定。

　　2 设计蓄涝水位可采用滞涝区已确定的正常蓄水位或洪水位等，也可根据涝区地形、涝水特性等通过论证后另行确定。对于可自流排入的滞涝区，其设计蓄涝水位宜控制在周边涝区地面高程以下 0.3～0.5 m。

8.6.4 滞涝区的调蓄容积应根据蓄涝起始水位、设计蓄涝水位和滞涝区的水位～面积～容积关系曲线计算确定，滞涝水深不宜小于 0.5 m。

8.7 承泄区

8.7.1 江河、湖泊、洼淀、海域等可作为接纳涝区排水的承泄区。

8.7.2 承泄区的设计水位可根据下列规定分析确定：

　　1 以江河为承泄区的，可采用与涝区设计暴雨的同期、同频率水位作为承泄区设计水位，必要时可根据涝区涝水与江河洪水的遭遇条件分析确定设计水位。

　　2 湖泊、洼淀等承泄区的设计水位，应根据承泄区的调蓄能力、特征水位和设计标准下的入湖（洼淀）水量，经调节计算后分析确定。

　　3 以海域或感潮河段作为承泄区时，可采用重现期为 2～5 年一遇的排涝期高潮位或重现期为 5～10 年一遇的平均潮位作为承泄区设计水位。有条件时应选择相应排涝期的典型潮位过程线，并分析涝区涝水与潮水的遭遇条件，考虑与天文潮、气象潮的不利组合因素分析确定。

附录 A 除涝水文计算方法

A.1 一般规定

A.1.1 除涝水文计算可采用由设计暴雨推求设计排涝流量的方法，包括设计暴雨计算、产流计算和排涝流量计算等内容。对于实测流量资料满足计算设计排涝流量条件的河道，宜采用实测流量资料分析计算。

A.1.2 设计暴雨可参照 SL 44 的规定进行计算。设计净雨可按各省暴雨洪水图集、水文手册的有关方法或省级水行政主管部门认可的其他方法进行计算。

A.1.3 暴雨分布、下垫面产汇流特性差异明显的大型涝区应分区进行除涝水文计算。

A.1.4 常用的排涝流量计算方法有平均排除法、排涝模数经验公式法、单位线法、水量平衡法和河网水力学模型法等方法，必要时也可采用省级水行政主管部门认可的其他方法。

A.1.5 排涝流量计算方法应根据涝区地形和河湖水系条件、下垫面类型、排水方式等合理选用。不同类型涝区的排涝流量计算方法可按下列适用条件选用：

　　1 平原坡水区宜采用平均排除法、排涝模数经验公式法、单位线法等方法。

　　2 滨河、滨湖圩（垸）区宜采用平均排除法、水量平衡法等方法。

　　3 平原水网区、潮位顶托区宜采用平均排除法、水量平衡法、河网水力学模型法等方法。

A.2 常用排涝流量计算方法

A.2.1 采用平均排除法计算排涝模数时，可按下列规定执行：

　　1 旱地为主涝区的排涝模数可按式（A.2.1-1）计算：

$$M_h = \frac{R_h}{86.4T} \quad\quad\quad\quad (A.2.1\text{-}1)$$

式中：

M_h——旱地设计排涝模数，m³/(s·km²)；

R_h——设计暴雨所产生的净雨深，mm；

T ——涝水排除时间，d。

2 水田涝区的排涝模数可按式（A.2.1-2）计算：

$$\left.\begin{array}{l} M_s = \dfrac{R_s}{86.4T} \\ R_s = P_{T'} - h_s - (f+E)T \end{array}\right\} \quad\quad (A.2.1\text{-}2)$$

式中：

M_s ——水田设计排涝模数，m³/(s·km²)；

R_s ——水田需要排除的涝水深，mm；

$P_{T'}$ ——历时为 T' 的设计暴雨，mm；

h_s ——水田滞蓄水深，mm；

f ——水田日渗漏量，mm/d；

E ——水田日蒸发量，mm/d。

3 旱地和水田涝区综合排涝模数可按式（A.2.1-3）计算：

$$M = \frac{M_h F_h + M_s F_s}{F_h + F_s} \quad\quad\quad (A.2.1\text{-}3)$$

式中：

M ——综合排涝模数，m³/(s·km²)；

F_h ——旱地面积，km²；

F_s ——水田面积，km²。

4 考虑沟塘蓄水的综合排涝模数可按式（A.2.1-4）计算：

$$M = \frac{a_h R_h + a_s R_s + a_t (P_{T'} - ET - h_t)}{3.6Tt}$$

$$\quad\quad\quad\quad\quad\quad\quad\quad (A.2.1\text{-}4)$$

式中：

$a_h、a_s、a_t$——排水区旱地率（含荒地等非耕地）、水田率、沟塘蓄涝水面率，$a_h + a_s + a_t = 1$；

h_t ——河网、沟塘蓄涝水深，mm；

t ——1 d 内排水的时间，自排 $t=24$ h，抽排 $t=22\sim23$ h。

A.2.2 按排涝模数经验公式法计算排涝模数和流量时，可分别采用式（A.2.2-1）和式（A.2.2-2）进行计算：

$$M = KR^m F^n \quad\quad\quad (A.2.2\text{-}1)$$
$$Q = MF \quad\quad\quad\quad (A.2.2\text{-}2)$$

式中：

Q ——设计排涝流量，m³/s；

M ——设计排涝模数,$m^3/(s \cdot km^2)$;

R ——设计暴雨所产生的径流深,mm;

F ——控制断面以上集水面积,km^2;

K ——与流域形状、河(沟)道坡降、河网密度及暴雨历时等有关的综合系数;

m ——洪峰洪量关系指数;

n ——排涝模数与流域面积关系的递减指数。

K、m、n 可由查阅各省除涝水文计算方法或手册等资料获得。

A.2.3 按单位线法计算排涝流量时,可采用式(A.2.3)进行计算:

$$Q_i = \sum_{j=1}^{m} r_j u_{i-j+1} \quad i=1,2,\cdots,n+m-1$$

.................................(A.2.3)

式中:

r ——时段净雨量;

n ——净雨时段数;

u ——时段单位线数值;

m ——单位线时段数。

单位线法的计算参数可查阅各省暴雨洪水图集或水文手册等。

A.2.4 按水量平衡法计算排涝流量时,可采用式(A.2.4-1)和式(A.2.4-2)进行计算:

$$\frac{Q_{t+1}+Q_t}{2}\Delta t - \frac{q_{t+1}+q_t}{2}\Delta t = V_{t+1}-V_t$$

.................................(A.2.4-1)

当 $\max(V_t, t=1,2,3\cdots) \neq V_m$ 时,则调整 q_{t+1},进行试算,直至满足 $\max(V_t, t=1,2,3\cdots)=V_m$ 为止。

相应的排涝设计流量为

$$Q = \max(q_t, t=1,2,3\cdots)$$

.................................(A.2.4-2)

式中:

Q_t、q_t ——t 时刻的入流、出流流量,m^3/s;

V_t ——t 时刻蓄水容积,m^3;

Δ_t ——计算时段,d 或 h。

A.2.5 按河网水力学模型法计算排涝流量时,可采用式(A.2.5-1)和式(A.2.5-2)进行计算。

河网不稳定流基本方程式如下:

$$\left. \begin{array}{l} B\dfrac{\partial Z}{\partial t}+\dfrac{\partial Q}{\partial x}=q' \\ \dfrac{\partial Q}{\partial t}+(gA-ebu^2)\dfrac{\partial Z}{\partial x}+(1+e)u\dfrac{\partial Q}{\partial x}=M' \end{array} \right\}$$

.................................(A.2.5-1)

$$M' = eu^2 \left.\frac{\partial A}{\partial x}\right|_z - g\frac{|u|Q}{C^2 R}$$

.................................(A.2.5-2)

式中：

Z ——河道水位，m；

Q ——河道流量，m³/s；

q' ——单位河长的侧向入流流量，m³/(s·m)；

B、b ——总河宽、主槽河宽，m；

A ——河道过流面积，m²；

x ——河长，m；

t ——时间，s；

g ——重力加速度，m/s²；

u ——主槽流速，m/s；

C ——谢才系数，$m^{1/2}/s^{-1}$；

R ——水力半径，m；

e ——流速水头修正系数，对于比较顺直的河段取 $e=1$，否则取 $e<1$。

标准用词说明

标准用词	在特殊情况下的等效表述
必须	很严格，非这样做不可
严禁	
应	严格，在正常情况下均应这样做
不应、不得	
宜	允许稍有选择，在条件许可时首先应这样做
不宜	
可	有选择，在一定条件下可以这样做

中华人民共和国水利行业标准

治 涝 标 准

SL 723—2016

条 文 说 明

1 总则

1.0.1 我国是涝灾较为严重的国家，具有发生频繁、影响范围广、损失大的特点。涝灾治理不仅与区域经济社会发展、人民生活水平提高密切相关，而且事关国家粮食安全。因此，治理涝灾是国家的一项重要任务。

确定治涝标准是开展涝灾治理的前提和基础，是确定治涝规划方案和治理工程规模的重要依据，也是影响治理工程费用和效益的直接因素，为指导和规范治涝工程的规划、设计和建设、管理工作。结合我国不同涝区特点和区域经济社会发展的要求,制定治涝标准。

目前,我国以农业为主的易涝区治涝标准普遍不高,除部分地区的高标准农田可以达到10年一遇外,大部分农田的治涝标准为3~5年一遇。其中,淮河流域的治涝标准多为3年一遇及以下,占易涝区面积的3/4;长江流域的治涝标准多为5~10年一遇,占易涝区面积的3/4左右;太湖流域的治涝标准较高,10年一遇及以上的治理面积约占易涝区的4/5;东北地区的治涝标准较低,3年一遇及以下的治理面积占易涝区面积的40%,5年一遇的治理面积占易涝区面积的37%。治涝标准的高低与经济社会发展程度密切相关,应考虑国家和涝区所在地区现有财力以及人口、资源、环境等条件,同时还应结合涝区现有治涝标准和治涝能力,合理论证确定。

1.0.2 本条规定了本标准的适用范围。

城市排水通常包括两部分工程措施,一是城区的市政排水系统(雨水部分),包括下水管道(网)、内河排水沟道和泵站等;二是市政排水系统以外的城郊结合部的河湖承泄区和排涝涵闸、泵站等。根据目前我国的具体情况,城市市政排水工程采用住建部确定的市政给排水设计规范进行建设,已形成了较为完善的市政排水系统设计方法和基础,其计算方法与水利行业的排涝计算方法及设计规范有很大差别,近期内不同行业的技术标准和计算方法也很难统一。因此,本标准所提的城市治涝标准主要是针对接纳市政排水系统排出涝水的城市外部承泄区的标准,而城市内部的市政排水系统建设仍采用现行的市政部门确定的室外排水设计规范对应的排水标准。

城市内部的排水系统由下水管道(网)、内河排水沟道和泵站,以及部分可用于缓滞涝水的公园湖泊、洼地等组成。其中的内河排涝沟道处于市政排水管网和城市外部承泄区之间,其汇流条件和水位控制要求较复杂,各不同城市的内河治理建设主管部门也不尽相同,采用的治涝标准和水位流量计算方法很难统一。因此,对于城市内河排涝沟道的治涝标准可针对各地的不同情况自行研究确定。

1.0.3 本条规定了农田、城市、乡镇和村庄、重要场(厂)区治涝标准的表述方法。我国目前各地区对治涝标准的表述不太一致,多以暴雨重现期表述,部分地区参照 GS 50288《灌溉与排水工程设计规范》的要求,对农田的治涝标准考虑了暴雨历时和涝水排除时间、排除程度等因素,但并未作为标准的主要指标。研究结果表明,暴雨历时、涝水排除时间对涝灾损失的大小和排涝工程规模的确定具有较大影响,如将涝水排除时间从两天排除调整为一天排除,增加的排涝流量规模往往比将暴雨重现期从5年一遇提高到10年一遇增加的流量规模还要大;农作物、经济作物、村庄房屋等不同对象在遭受涝水浸泡时其耐受程度也有明显差别。因此,本标准将治涝标准的指标体系确定为设计暴雨重现期、暴雨历时、涝水排除时间和排除程度等4项指标。

1.0.4 治涝标准应根据不同涝区的具体情况,经综合分析论证确定。例如,有的地方片面强调提高治涝标准,水流归槽,会加重所在区域的防洪压力,影响流域防洪安全大局;有的地方除了涝的问题,还存在渍害和盐碱化,涝水的排除程度(如水位)需要兼顾排渍要求;有的地区的治涝标准还要考虑经济社会发展等因素。为使选定的治涝标准更符合各地区的实际,本条提出涝区的治涝标准要"根据自然、经济、社会、政治、环境等因素,统筹协调治涝与防洪、局部与整体、当前与长远的关系,兼顾治渍和防治盐碱化,通过综合分析论证确定"。这是我国多年防洪治涝建设和许多国家的基本经验,使用本标准时要很好地贯彻这个原则。

为保障涝区的治涝要求,需投入资金进行治涝建设和维持其正常运行。治涝标准高,需投资多,但安全度高,风险小;治涝标准低,需投资少,而安全度相应降低,需承担的风险大。选定治涝标准,在很大程度上是如何处理好治涝安全和经济的关系。因此,采用不同治涝标准可减免的涝灾经济损失(或称为治涝效益)与需投入的治涝费用(包括建设投资和年运行费)进行对比分析论证,是选定治涝标准的合理可行的方法。

1.0.5 为适应某些特殊涝区的需要,本条做了可适当提高或降低治涝标准的原则规定。提高或降低治涝标准,不仅可以改变设计暴雨重现期,也可以缩短或延长设计暴雨历时、涝水排除时间等参数指标。

可适当提高治涝标准的对象主要是指关系国计民生、遭受涝灾后损失巨大的防护对象,如特别重要的科研基地、工矿企业或基础设施等;遭受涝灾后会引起严重的爆炸、燃烧、剧毒扩散和核污染,对社会、经济、环境影响十分严重的防护对象;以及自然和社会经济条件较好,治理难度小的易涝地区。

可适当降低治涝标准的对象主要是指耕地面积规模相对较小、人口较少、经济总量和遭受涝灾后经济损失较小、影响范围不大以及治理难度相对较大的情况,如单产较低的低产农田,规模较小、设备简陋、修复容易的工矿企业等。

在编制治涝规划,或者编制防洪规划中的治涝专业规划时,应协调好治涝与防洪的关系。为避免任意提高或降低治涝标准,本条对需要提高或降低治涝标准的情况,做了"经论证"和"报水行政主管部门批准"等规定。

1.0.6 涝区现有的治涝标准低于本标准规定的,如资金充足、制约条件少,宜积极采取措施,尽快达到规划的治涝标准。但治涝工程的建设进程往往取决于可获取的建设资金来源,有些地区治理工程量大、社会环境因素复杂、所需工程投资多,建设资金很难一次到位。本条主要是针对这类情况所做的灵活规定,在报请主管部门(如水利、发展改革等部门)批准后,工程规模和投资较大的治涝工程可分期实施,逐步达到治理目标。

3 涝区

3.0.1 地势低洼的区域,当降雨量或降雨强度较大时,由于向外排水不及时,经常会受到涝水的浸泡和淹没,造成农作物减产或绝收、企业物资受淹或停产、居民房屋进水倒塌和生活困难。对易涝地区进行治理前,首先应根据区域的地形地势、气候气象、河流水系等基本自然条件及受灾影响程度,确定涝区的范围和边界。涝区范围的确定,要充分考虑山丘、平原区及滨海区等大尺度的基本地形情况和特点,分析受涝水威胁地区的涝水特征和成因,根据自然地理特点、地形地势条件、河流水系分布及行政区划等方面的因素,综合分析确定。

江苏省里下河地区、黑龙江省三江平原地区、浙江省杭嘉湖地区、湖南省洞庭湖周边圩区、湖北省四湖地区等都是著名的易涝地区。如江苏省里下河地区面积较大,根据其自然地理特点和外排条件可划分为里下河腹部地区和沿海的斗北垦区、斗南垦区等3个较大的涝区;黑龙江省三江平原地区面积也较大,根据其河流水系可划分为三江平原黑龙江区、三江平原松花江区和三江平原乌苏里江区等3大流域片区,每个流域片区内根据地形地势、排水体系、行政区划等还可再划分涝区,如三江平原黑龙江区就划分了青龙莲花河区等十余个涝区。

3.0.2 一些涝区的范围较大，涝区内具有多种地形和下垫面类型、多个保护对象，或有较大的水系、地物将涝区分隔成具有独立排涝系统的多个区域，对这种涝区进行防护和治理时，不可能对整个涝区采用同一模式的治理方案，这样做既不经济也不符合实际，因此需要对涝区进行分片，划分相对独立的涝片，根据各分片的具体情况分别采用更有针对性的治理方案。本条提出的排涝系统和排水体系是两个不同的概念，前者是指涝区或涝片的排涝工程整体布局，而后者主要是指与排涝有关的河流水系、涝水出路安排等。

涝片的划分要综合考虑地形地势、地面高程、排水体系和工程布局，区内植被及地面附着物、下垫面情况，区内湖泊洼地蓄涝条件、承泄区水位、堤防、道路或其他地物的分隔作用等因素，要因地制宜，涝片的面积要大小适度，不宜过大或过小。各涝片可根据自身特点和情况确定治理方案，原则上应遵循"高低水分开、高水高排、低水低排、就近排泄、力争自排"等基本原则，近外江（河、湖、海）涝片的涝水宜直接排水入江（河、湖、海），不宜辗转绕道排出，也不宜轻易改变历史上长期以来形成的涝水走向等。除了自然地理特点以外，治涝工程布局也是影响涝区划分的一个重要因素，因其在一定程度上圈定或限制了涝片的范围，因此涝片的划分还需充分利用或遵循已有的工程布局。

涝区分片时，还要考虑相关涝片治理标准之间的协调。治内涝与防外洪本质上是有差别的，防洪是共同抵御外洪，但治涝则是对涝区的内水进行处置安排，如涝区内某个保护对象仅从自身要求出发确定治涝标准和治理方案，可能会对周边区域或其他保护对象造成一定的影响，因此需要统筹考虑，合理确定符合整个涝区排涝要求的总体安排，以避免对其他地区或防护对象产生影响。

3.0.3 多数情况下，按保护对象的不同，治理区可划分为农田、城市、乡镇、村庄、重要场（厂）区或城乡混合区等类型。由于不同保护对象对于排涝的要求有其各自不同的特点，为了科学合理地治涝，需要针对不同保护对象的特点和具体要求研究确定治涝标准和治理方案。

3.0.4 大部分涝区都是混合涝区，涝区内具有两个或两个以上的保护对象，既有城市、又有工业园区和农田等，如果这些保护对象互相交叉、无法分别进行排涝工程的布置，则该涝区的治涝标准需要统筹考虑不同保护对象对排涝的具体要求，根据各自所占比重、治理费用和效益等方面的情况，经综合分析后确定。根据 GB 50201《防洪标准》的规定，当某个保护区内有两个或两个以上的保护对象时，保护区的防洪标准需要按要求较高对象的防洪标准确定，即就高不就低，但治涝有别于防洪，一些涝区内排涝标准高的对象往往是一个点，而面上的排涝所占比例较大，因此需要综合分析确定涝区的治涝标准，不宜盲目就高。

3.0.5 混合涝区内有时会出现其中的某个保护对象的排涝标准高于整个涝区治涝标准的情况，如我国南方水网地区，长期以来都是修筑圩堤、形成圩区以保障群众正常的生产生活，圩区的治涝标准一般根据其属性来确定，如农业圩可按农田的标准确定，但圩区内某些重要的城市、交通设施的内部排涝标准往往较高，如果提高整个圩区的治涝标准既不经济也不合理，在这种情况下，对特殊保护对象的治涝标准要单独确定，其内部的排水体系也可单独布置，该区域排出的涝水进入涝区总体排水体系后，可与其他区域的涝水统筹安排。

3.0.6 对于某一涝区,遭遇不同标准(或不同量级)涝水时,其涝水淹没范围和影响程度一般会有所不同,损失也不尽相同,本条提出应以治涝后实际受益区域内的社会经济指标作为确定该涝区治涝标准的依据,而不是将整个涝区范围内的人口、耕地等指标均统计进来。例如某个涝区的治涝标准为10年一遇,则其10年一遇设计排涝水位以下的区域为易受灾范围,也就是治理后的受益范围,但在划定涝区范围时,由于考虑自然地理和河流地物的界限及行政区划的完整性等因素,往往会将涝区范围划得比受益面积大一些,如果将非淹没区的人口、财产统计在涝灾损失内,会夸大治涝效益,因此在统计人口、耕地和经济指标时,应先予以界定,治理范围和保护范围外的部分不宜统计进来。

统计指标除了与受益范围有关外,还与统计年限有关,如现状水平年和规划水平年等。采用现状水平年,统计的资料可靠性相对较强,但没有考虑未来发展的要求;采用规划水平年,则因规划水平年的预测指标并不确定,受人为影响较大,易导致治涝标准的偏差。鉴于以上原因,加之采用何种水平年的问题可在开展相关规划和设计时统筹考虑,故本标准对统计资料采用的水平年没有做具体规定。

4 农田

4.0.1 农田是指以农田为主,包含有零星村庄的易涝区,由于零星村庄一般人口较少且没有专门的排水系统,降雨形成的径流直接流入村边洼地,可视为与农田类似,因此这些村庄的治涝标准可与其所在涝区农田相同,不再单独制定标准。

4.0.2 设计暴雨重现期的单位在用文字表述时常采用"××年一遇",在现行的规程规范中则习惯以"年"作为重现期的单位,本标准与现行规范保持一致,重现期单位采用"年"(单位符号为a)。

农田治涝标准的设计暴雨重现期主要与涝区受灾后的损失程度、治涝工程的费用效益、经济实力、地形地势、作物结构等有关。本条标准中设计暴雨重现期是根据涝区的面积大小、治涝工程的费用效益、作物结构以及我国主要易涝区目前已达到或近期将达到的治涝标准制定的。

以黑龙江省三江平原部分涝区和江苏省里下河涝区等涝区为典型,根据提高治涝标准的设计暴雨重现期所相应增加的投入与效益,研究不同情况下提高治涝标准的经济合理性。研究成果表明,设计暴雨重现期由现状的不足3年一遇提高到3年一遇时,工程的投入最少,随着设计暴雨重现期的不断提高,工程量和投资快速增加;暴雨重现期由3年一遇提高到5年一遇和由5年一遇提高到10年一遇时的治涝效益较为明显;若暴雨重现期由10年一遇进一步提高到20年一遇,治涝效益的增加值已是非常有限。提高治涝标准主要依靠疏挖河道和修建泵站,据初步估算,当将部分平原洼地和水网地区的设计暴雨重现期由现状的3~5年一遇提高到10年一遇时,土方开挖量和工程占地面积尚在可行范围内,但若提高到20年一遇,挖河工程占地面积大幅度增加,对社会环境影响巨大,在现阶段是难以实现的。

对河南省、广东省、湖北省、浙江省的典型涝区治涝标准与工程措施及效益的关系的研究结果表明,农田涝区经济合理的设计暴雨重现期宜为5~10年一遇。黑龙江省典型涝区的治涝投资和效益见表1,部分典型涝区不同治理标准经济指标见表2。

表 1 黑龙江省典型涝区治涝投资和效益

设计暴雨重现期	减少涝灾减产率 %		年平均亩均治涝效益 元/亩		亩均治涝投资 元/亩	
	五九七农场	大兴农场	五九七农场	大兴农场	五九七农场	大兴农场
从现状提高至3年一遇	13.2	13.0	80.6	136.9	100	107
从3年一遇提高至5年一遇	5.7	3.2	34.8	33.7	94	89
从5年一遇提高至10年一遇	3.3	2.2	20.2	23.2	110	102
从10年一遇提高至20年一遇	0.55	0.4	3.4	4.2	127	129

注：五九七农场种植比例为大豆25%、玉米40.7%、小麦34.3%；大兴农场种植比例为水稻55.7%、大豆25.1%、玉米8.1%、小麦11.1%。

表 2 部分典型涝区不同治理标准设计暴雨重现期经济指标

涝区名称	经济指标	设计暴雨重现期			
		从现状提高至3年一遇	从3年一遇提高至5年一遇	从5年一遇提高至10年一遇	从10年一遇提高至20年一遇
河南省颍蜈洼地（自排、旱田）	经济效益费用比	1.37	1.32	0.62	0.81
	经济内部收益率 %	12.58	11.97	2.17	5.34
黑龙江省五九七涝区（自排、旱田）	经济效益费用比	2.25	1.23	0.65	0.10
	经济内部收益率 %	23.72	11.34	1.81	
黑龙江省大兴涝区（自排、抽排结合水旱田混合）	经济效益费用比	4.47	1.35	0.84	0.13
	经济内部收益率 %	46.7	12.84	5.43	
湖北省小港涝区（抽排、水旱田混合）	经济效益费用比	1.09		1.05	0.63
	经济内部收益率 %	9.18		8.71	2.4
湖北省螺山涝区（集中调蓄、水旱田混合）	经济效益费用比	1.56		1.26	0.85
	经济内部收益率 %	14.75		11.29	5.95

设计暴雨重现期考虑了作物种植结构的影响,可以体现不同作物的经济效益指标(如产量、产值等)对治涝的要求。经济作物的效益较高,一旦受淹,经济损失较大,因此治涝标准也略高;粮食作物的效益低于经济作物,在淹没面积相同的情况下,受淹的产值绝对值也相对较小,因此治涝标准可略低;而粮食作物中的水稻的产量、产值高于旱作物,因此治涝标准也可略高于旱作物。本标准中经济作物区是指以种植蔬菜、瓜果、花卉、药材、糖料、烟叶、棉花等作物为主的农田,旱作区是指以种植小麦、玉米、大豆、花生、甘薯、高粱、春谷等作物为主的农田。

设计暴雨重现期与耕地面积有关,为有利于指导涝区的治理安排,用耕地面积的大小来判别涝区的重要性,制定排涝标准。在种植作物种类相同的情况下,面积越大的农田其经济产值就越高,受淹后的损失也越大,因此受淹面积较大的农田涝区的治涝标准宜取高值。为确定农田面积的分界指标,参考了以下规定和因素:

(1)根据 GB 20501《防洪标准》和 SL 252《水利水电工程等级划分及洪水标准》的有关规定,灌溉面积在 50 万亩及以上的灌区为大型灌区,我国目前基本建设程序规定的大型灌区面积也是 50 万亩。

(2)我国正在开展的大型灌区节水改造和续建配套规划中,将纳入建设的灌区规模控制在 30 万亩以上。

(3)我国各地治涝实践经验表明,当排涝面积较大时,受降雨分布不均匀、汇流长度增加、河道槽蓄和洼地调蓄能力提高、流量沿程衰减等因素的影响,涝区的汇流条件和水文水利计算结果会有较显著的变化。一般来说,汇流面积较小的涝区排涝模数相对较大,随着面积的增加,排涝模数相应减小,出口流量相对均匀。

最终考虑参照大型灌区划分指标,将涝区耕地面积分界指标确定采用 50 万亩。

4.0.3 目前我国农田排涝的设计暴雨重现期大都在 3~10 年一遇,广东省部分地区种植的经济作物产值较高,暴雨重现期按 20 年一遇考虑。涝灾的成因主要是由于当地降雨后排水不畅或不及时造成浸泡从而产生损失,在综合考虑治涝成本费用和效益,以及与城市、乡镇治涝标准协调的情况下,农区治涝标准的设计暴雨重现期按不超过 20 年一遇确定是比较合理的,也符合我国的实际国情。相对而言,洪水的突发性、不确定性、危害性更强,当暴雨重现期超过 20 年一遇后,可按洪水进行防护治理。

南北方农田涝区的范围和面积差别较大,北方涝区的耕地集中连片,规模较大,如黑龙江省三江平原有的涝区耕地面积可达几十万亩甚至几百万亩,而南方地区部分圩区内的耕地面积仅有几万亩甚至不到 1 万亩,大于 10 万亩的圩区数量也并不很多。在实际应用时,设计暴雨重现期要依据其所处的地域、耕地面积、作物种类,经技术经济论证确定,涝灾损失较大的可适当提高,涝灾损失较小的可适当降低。

4.0.4 设计暴雨历时是根据涝区的地理位置、涝区面积、地面坡度、植被条件、暴雨特性和作物种植结构等综合确定。由于地区之间的差异、作物结构方面的差异等,目前各地区对于降雨历时的规定有明显的区别,常用的有 24 h、1 d、1~3 d 和 3~5 d。本条规定的设计暴雨历时是根据在小流域形成洪峰流量的短历时暴雨历时、不同作物的耐淹时间,参照 GB 50288 中的有关规定并考虑各地区目前实际采用情况拟定的,实际应用时可根据涝区的汇流面积、作物种类等选用。如安徽省小于 50 km^2 的小面积采用 24 h 设计暴雨,大面积采用 3 d 设计暴雨,经济作物采用 24 h 设计暴雨。

涝水的排除时间和排除程度与作物的耐淹历时、田间滞蓄、蓄涝能力等因素有关。涝水排除时间不应超过农作物的耐淹能力,一般应对涝区进行耐淹能力调查,以不减产为原则确定排除时间。目前,我国多数涝区旱田的排水历时为1～3 d,水田的排水历时为3～5 d,本条提出的旱作、水稻涝水排除时间和排除程度是根据不同作物的耐淹历时和耐淹水深,参照GB 50288中的有关规定并考虑各地区目前实际采用情况拟定的。

经济作物区的设计暴雨历时和涝水排除时间是根据各地实际采用的调研资料确定的。据调查,如安徽省和广东省经济作物采用24 h暴雨24 h排除,山东省蔬菜区采用24 h暴雨24 h排除,湖南省蔬菜区采用1 d暴雨1 d内排除、部分经济作物区采用12 h降雨12 h排除,湖北省以种植蔬菜、棉花、花卉或水产养殖业为主的农田采用1 d暴雨产水扣除调蓄水量后2 d排除,广东省菜地采用24 h暴雨产生的径流量1 d排除,浙江省经济作物采用24 h降雨24～48 h排除。因此,本标准表4.0.4中经济作物采用24 h降雨24 h排除。

4.0.5 有特殊要求的作物,主要是指一些耐淹历时特别短的经济作物,如花卉、烟叶等,应根据作物耐淹程度适当调整设计暴雨历时和涝水排除时间。本条是为了适应各地区的不同情况,针对特殊农作物的设计暴雨历时和涝水排除时间做出的补充规定。

4.0.6 本条引用了GB 50288的规定。由于近年来农作物的品种变化较大,同一种作物的不同品种耐淹水深和历时大不相同,因此在实际采用时,应尽量采用当地或邻近地区的试验或调查资料。

4.0.7 本节所规定的农区设计暴雨历时、涝水排除时间等主要是针对田间作物的排涝要求。田间涝水进入排涝沟渠、河道、滞涝区后,其排除时间等要具体分析确定。对于水网圩区或区内分布有较大湖泊、湿地等滞涝区的涝区,由于蓄涝能力较强,短时间的降雨并不能形成涝灾,形成涝灾的降雨多为较长时间的降雨,这类涝区目前常用7 d、15 d、30 d甚至更长时间的设计暴雨进行涝水蓄泄演算,在排除时间内排至内湖或河网控制水位。如江苏省太湖流域武澄锡虞区采用7 d设计暴雨、阳澄淀泖区采用15 d设计暴雨,浙江省杭嘉湖平原和湖北省排湖为主的涝区采用30 d设计暴雨,湖南省洞庭湖区有内湖调蓄的涝区采用15 d设计暴雨。

5 城市

5.0.1 城市市区内的市政排水系统主要由下水道、排水管网、泵站等组成,一般由市政部门设计、建造,城郊结合部通常是水利排涝系统承接市政排水系统排出涝水的区域,城市涝水进入水利排涝沟渠、河道、泵站前池及湖泊等滞涝区后,再由水利排涝系统将城市涝水和沿途的郊区农田涝水等排入承泄区。由于城市排水标准与水利排涝标准的内涵不一致,城市排水计算方法与水利排涝水文计算方法、有关规定差别也较大,两者难以统一,因此本标准仅对城市市政排水系统出口进入水利排水区后的水利承泄区的治涝标准做出规定,而市政排水系统的标准还是按市政相关规范的规定确定。

5.0.2 本标准所列城市是指县级及县级以上人民政府所在地及相应的行政中心,城市分类方法部分参考了GB 50201,从重要性角度,将城市分为特别重要城市、重要城市、一般城市3类,其中县级城市和一般地级市可作为一般城市,重要地级市和省会城市通常作为重要城市,依此类推。治涝标准的高低与城市政治、经济地位相关,与城市防止涝水淹及的对象的重要程度相关,因此本条规定城市治涝标准的设计暴雨重现期要根据城市政治经济地位的重要性、常住人口或当量经济规模指标分别选定。这里所指的常住人口是指产生涝灾可能影响到及治理后可能受益的人口。当量经济规模可反映某城市经济发展水平与国内其他城市平均发展水平的比较关系,如果该城市的当量经济规模指标较高,一般来说当其受涝时损失也相对较大。

本标准对城市常住人口以 150 万和 20 万为划界指标,与 GB 50201 和 GB/T 50805《城市防洪工程设计规范》的规定基本一致。2014 年国务院对城市规模划分标准进行了调整,按人口数量将常住人口 50 万人以下城市定为小城市,50 万～100 万人的城市划分为中等城市,100 万～500 万人的为大城市,500 万～1 000 万人的特大城市,超过 1 000 万人的为超大城市。鉴于最新的城市规模划分标准主要是根据人口数量界定城市的大小规模,并未对城市的行政功能、经济总量等进行规定,而确定治涝标准除了要考虑人口数量外,还要考虑该城市的政治、经济、社会甚至宗教地位和重要性,以及受淹后的经济损失情况,且城市规模因素已体现在人口数量上,因此本标准仍采用与 GB 50201 和 GB/T 50805 有关规定相协调的划界方法与指标。

城市市政排水系统建设以往执行的是 GB 50014—2006《室外排水设计规范》。2014 年对该规范进行了修订,在修订版中,将城区划分为中心城区和非中心城区、中心城区的重要地区以及中心城区地下通道和下沉式广场等四种类型,分别规定雨水管渠设计重现期为 2～50 年一遇,又定义了内涝防治系统为"用于防止和应对城镇内涝的工程性设施和非工程性措施以一定方式组合成的总体,包括雨水收集、输送、调蓄、行泄、处理和利用的天然和人工设施以及管理措施等";用于进行城镇内涝防治系统设计的暴雨重现期,"使地面、道路等地区的积水深度不超过一定的标准。内涝防治设计重现期大于雨水管渠设计重现期",设计重现期为 20～100 年一遇。

据分析,GB 50014—2014 规定的是城区部分地区、较小集雨面积的"点"的标准,经过雨水管渠、内涝防治系统后进入位于城区外围的水利涝水承泄区。而水利承泄区一般范围较大,调蓄能力较强,城区排水经过流路上的沿途衰减和水利承泄区的调蓄后,本标准规定的承泄区的标准基本与之相适宜,因此可以与市政排水系统进行衔接。

5.0.3 我国幅员辽阔,各城市的自然、经济条件相差较大,不可能将各类城市的治涝标准进行统一规定,即使是在同一城市中,对重要地区、重要干道或积水后可能造成严重不良后果地区的治涝标准设计暴雨重现期可以规定得高些,而一些次要地区或排水条件较好地区的暴雨重现期可适当低些。因此,根据需要与可能,结合城市涝区的具体情况,经技术经济比较论证,可适当提高或降低其标准,但应报上级主管部门批准,以避免随意性。

5.0.4 本标准按水利排涝要求提出了接纳城市市政排水系统出流的承纳区域的排涝标准,包括设计暴雨历时、涝水排除时间和排除程度等指标,同时考虑到城市若不能及时排水则遭浸泡后损失严重,以及城市排水还具有局地性、产流快、管流(流量限制)、出口高程参差不齐等特点,因此增加了对水位及其过程的控制性要求。

5.0.5、5.0.6 城市涝水指由城区降雨而形成的地表径流,一般由城市市政排水工程排除,进入由排涝河道、低洼滞涝区等水利承泄工程。为保证城市排水工程能够正常地排水,水利承泄工程要考虑水位、流量、调蓄能力、排水时间等与城市市政排水系统间合理衔接,重要的是排水流量和水位的衔接。水利承泄工程承接市政排水管网出水时,其设计水位要尽量低于排水管网的出口最低高程,以使管网水能够不受顶托地自排,但如果受工程占地、投资等因素的限制,湖泊、河道等承泄工程的水位不能过度降低时,排水管网仅能部分自排或不能自排,此时只能依靠修建泵站抽排;城市排水要求的雨水排除时间短,管网出口流量较急,与水利排涝工程按 24 h 排除时间计算的平均排除流量不能完全衔接,此时,水利排涝系统中的沟渠、河道、泵站等工程的设计流量可以按 12 h 排除或 6 h 排除的要求进行计算,以与市政管网排出的流量相衔接。

6 乡镇和村庄

6.0.1 本条是对乡镇、村庄范围的规定。近年来国家加强了蓄滞洪区的安全建设,修建了一批独立的安全区,将几个村庄的群众搬迁到较高地势的安全区内,区内人口和村庄较多,并配套有较完善的交通、排水等设施,可以按乡镇考虑。

不同乡镇、村庄的人口规模差异较大,有的乡镇有几十万人,等同于城市,有的只有几千人;村庄的人口也从几百人到几万人不等。乡镇和村庄的保护对象主要为居民和重要的生产生活设施等,其排水体系介于城市和农田之间,因此本标准对小城镇和村庄的治涝标准和排水体系做出规定。

6.0.2 目前我国大部分地区的乡镇、村庄都无市政排水系统,少数发达地区的较大乡镇建有部分市政排水系统。随着我国经济社会的发展和城镇化的推进,小城镇的规模不断扩大,市政设施的建设也会逐渐完善,鉴于有市政排水系统的乡镇、村庄情况和一般县城类似,故可参照城市确定治涝标准,不必再单独制定标准。本标准主要是对尚没有建设市政排水系统的乡镇、村庄确定治涝标准。

6.0.3 由于大部分乡镇、村庄的总体经济规模不大,且目前还难以对乡镇、村庄的经济指标进行系统统计和对比,因此乡镇、村庄治涝标准的设计暴雨重现期主要根据其常住人口数量和政治社会地位制定。村庄的政治社会地位、人口数量一般低于乡镇,因此村庄的设计暴雨重现期按略低于一般乡镇考虑。

6.0.4 本条是为了适应各地区的不同情况,针对不同地区乡镇、村庄治涝标准做出的补充规定。有些乡镇、村庄的人口和经济规模可能相近,但重要性相差较大,例如一些政治、社会、经济、文化地位十分重要的乡镇、村庄,在遭受涝灾后损失及影响十分严重,对于此类保护对象,经论证后,其治涝标准可适当提高。考虑与城市治涝标准的协调,本条规定乡镇、村庄治涝标准不宜高于 20 年一遇。

6.0.5 乡镇、村庄治涝的保护对象主要是居民和重要的生产生活设施,地面积水时间不宜太长,故规定设计暴雨历时和涝水排除时间按 24 h 降雨 24 h 排除考虑。对于没有市政排水系统工程的乡镇、村庄,其涝水一般会先流入乡镇、村庄内部的排水沟渠、河道和存蓄涝水的坑塘、洼地等,然后再排入外河、外湖等承泄区,为了保证地面涝水能及时排出,在发生标准内涝水时不成灾,在排除时间内应将乡镇、村庄内河(湖)水位排至治涝控制水位以下,并注意与外河(湖)水位的衔接。

7 重要场(厂)区

7.0.1、7.0.2 独立的工业园区和开发区以及机场、大型企业、核(火)电厂等重要场(厂)区的占地面积较大,且单独封闭,其内部的排水设施和标准一般按其本行业的有关规定予以确定,但其排出场(厂)区后的涝水需由水利排涝系统予以排除。

7.0.3~7.0.5 据调查,民航行业标准 MH/T 5026《通用机场建设标准》第 7.1.3 条规定:"排水工程的暴雨重现期按照一类通用机场不低于 3 年、二类通用机场不低于 2 年标准设计";

MH 5002《民用机场设计规范》第2.8.2条规定:"机场的防涝、排涝设施的规划标准不低于邻近地区防涝、排涝设施能适应的暴雨重现期",且第2.8.3条规定了机场场内雨水排水设施的暴雨重现期,见表3。

表3 民用机场设计暴雨重现期

机场功能区	设计暴雨重现期 年
飞机活动区	5
旅客航站区、货运区、飞机维修区及其他重要区域	≥3
其他区域	≥1
注:表中设计暴雨重现期采用年多值选样。	

对于出现事故后危害十分严重、影响巨大,具有特殊保护要求的对象,如核电厂等,其场(厂)区内治涝要求高,按照现行国家标准GB/T 50663《核电厂工程水文技术规范》第4.13.1条规定"核电厂所在区域存在内涝时应推算百年一遇内涝水位,必要时应确定可能最高内涝水位"。由于水利治涝标准难以与其相衔接,因此对于该类场(厂)区,其场区内、外的排涝要求宜通过提高自保能力、辅以其他措施予以解决较为合理。

工矿企业自备火电厂、专用高压输变电设施的治涝标准,是为专属对象服务的,宜与专属对象的治涝标准相适应。执行时,可根据具体情况分析确定。

独立的工业园区和开发区应按其级别及重要性,参照乡镇或城市的常住人口和当量经济规模制定治涝标准。

7.0.6 重要场(厂)区行业跨度大,各自有其自身特点,本条是为了适应不同场(厂)区的情况、确定适宜的治涝标准而做出的补充规定。如占主导地位的火电厂一旦遭受涝水淹没而停电,将会造成重大的损失,影响大范围的生产生活。为了保证在遇到较大的降雨时不产生涝灾,仍可正常工作,其治涝标准可适当提高。

7.0.7 规定了承接重要场(厂)区排出涝水的标准要求,重要场(厂)区排出涝水的设计暴雨重现期、排除时间、排除程度要根据场(厂)区的重要性、规模、耐涝程度,结合周边地形、排水体系等综合分析确定。

为与城市排水出口治涝标准衔接,降雨历时采用24 h。重要场(厂)区生活生产设施耐淹程度低,降雨应尽快排除,为此排除时间选择24 h。排除程度为排至控制水位以下,为场(厂)区内排水创造条件。

8 治涝工程体系

8.1 一般规定

8.1.1 治涝体系包括治涝工程体系和治涝非工程体系。按功能划分,治涝工程体系包括撇洪分隔工程(撇洪沟、截洪沟、圩堤、回水堤等)、汇流滞蓄工程(滞涝水库和排水隧洞、排涝沟渠、排涝河道、滞涝区等)、排水枢纽工程(排水闸、涵洞、泵站)和承泄区(江、河、湖、海域)等;治涝非工程体系主要包括河道和滞涝区的管理、预警预报和调度、保险和灾后救济等。

治涝工程体系一般依据地形、水系等条件,按照"分片排涝、排蓄结合,自排为主、抽排为

辅"的原则进行布置,不同类型涝区工程的布置原则如下:

(1)平原坡水区主要根据地形坡度、土壤和水文地质条件等规划排涝河道和滞涝区,涝水主要通过河道自流排泄,局部低洼地区采用泵站抽排,有条件时应建设滞涝区调蓄涝水,以减小排涝河道和抽排泵站规模。

(2)滨河、滨湖圩垸区主要根据自然条件和内、外河水文情况等,采取联圩并垸、修站建闸和挡洪滞涝等工程措施,在确保圩垸防洪安全的基础上,按照内外水分开、灌排沟渠分设、高低田分排、水旱作物分植等原则,有效控制内河水位,制定洪、涝、渍兼治的排水体系。

(3)潮位顶托区主要根据自然特点、暴雨、台风和潮汐运动规律等,充分利用潮间自排的条件,采取建闸挡潮、整治河道、修建堤防和建站抽排等工程措施。

(4)城市和乡镇要根据建城区地形、地面不透水率和内河(湖)分布情况,统筹布置外排河道和抽排泵站等排水工程。

(5)用于排涝的天然河道大多同时还具有行洪、供水、灌溉、航运等综合利用功能,因此治涝工程布置还要统筹考虑各功能间的关系,处理好排涝与通航、排涝与灌溉、排涝与蓄水等的矛盾,协调不同功能间的水位和流量关系。

8.1.2 在涝区内设置蓄涝、滞涝区,可调蓄涝水流量和水量,减少排涝沟渠、河道、泵站等工程的规模和占地影响,为提高治涝标准创造条件,因此在确定治涝工程体系时,要考虑充分利用现有的湖泊、河道、沟塘、洼淀等作为调蓄涝水的区域,治涝规划中要对蓄涝水面率或蓄涝容积率做出规定。城市建成区硬化地面较多,为缓解因降雨集中、排水不及时造成的城市排水问题,除加大管网排水能力和充分利用城市中的洼地、池塘和湖泊调节雨水径流外,还可利用公园水景、护城河、透水地面、地下水库等各种措施,增加调蓄涝水的能力,必要时可建人工调节池。

8.1.3 本标准主要对治涝工程体系中的排涝沟渠、排涝河道、排涝涵闸、排涝泵站、滞涝区、承泄区等工程的设计流量和水位做出规定。因撇(截)洪沟、圩堤、回水堤、滞涝水库和排水隧洞等工程的相关设计指标主要是依据防洪要求确定,本标准未做规定。

8.1.4 治涝工程的设计暴雨历时和涝水排除时间应根据排涝面积、地面坡度、植被条件、暴雨特性、河网和湖泊的调蓄情况,以及农作物耐淹水深和耐淹历时等条件,经论证确定。城市降雨汇流时间短,涝水排除时间也短,设计暴雨历时可适当缩短;有大型滞涝区的地区,设计暴雨历时可适当加长。我国地域辽阔,农作物种植差异大、地形条件复杂多样,降雨和产汇流条件不同,设计暴雨历时和耐淹水深需根据具体情况分析确定。各类涝区的设计流量计算方法见本标准附录A,工程实践中可根据涝区特点选用合适的计算方法。

8.2 排涝沟渠

8.2.1 排涝沟渠主要指由人工开挖形成的面上骨干排涝沟道,包括面上排涝大沟、截洪沟等。排涝沟渠应根据涝区的地形条件,并结合灌溉渠系和田间道路等统筹进行布置。利用天然河道进行排涝的可按本标准8.3节的有关规定执行。

8.2.2 我国大部分省区的平原涝区设计排涝流量计算一般采用平均排除法,也有部分地区采用排涝模数经验公式法;当涝区面积较大、有较大的蓄涝容积时,一般采用单位线法推求设计涝水过程线,通过蓄排涝水利计算确定设计流量;水网地区较多采用水力学模型法和水量平衡法。采用何种计算方法要根据各涝区的具体情况确定,相邻类似涝区的计算方法和成果应注意协调,必要时,需采取多种方法进行验算复核。排涝沟渠一般采用治涝标准下的最大排水流量设计,当有蓄涝容积时,采用调蓄后的最大排水流量设计。

8.2.3 排涝沟渠的设计水位按不高于地面高程确定。对已有排涝沟渠的排水能力核算,可通过排涝河道入口处水位、沟渠沿程设计水位和沟渠断面试算推求;排涝沟渠的设计断面可综合考虑挖压占地、工程量和投资等因素,通过沿程设计水位和排涝设计流量试算推求。

有些排涝沟渠断面较大,具有一定的调蓄能力,可设置排涝起始水位。不排涝时,沟渠水位根据灌溉、景观等要求进行设置,可适当抬高至排涝起始水位以上,但在排涝开始前需对沟渠水位进行预降,将水位降至排涝起始水位或以下。排涝开始后,沟渠水位按设计排涝水位控制,该水位与起始水位之间的容积用于蓄滞涝水。

承接城市涝水的排涝沟渠的设计水位和流量要与城市排水系统出水规模相互衔接。市政管网排水设计所依据的暴雨历时短、强度大,计算所得的流量峰值大,有条件的城市应尽量多保留绿地和水面,滞蓄涝水,削减峰值。

8.3 排涝河道

8.3.1 排涝河道是指承担涝区排涝任务的天然河道,有别于由人工开挖形成的排涝沟渠。

8.3.2 只承担排涝任务的排涝河道设计流量可以按排涝沟渠的有关方法计算流量。天然河道大都还同时承担防洪、供水、灌溉等任务,河道沿途有城镇、农田、场(厂)区等不同保护对象的涝水汇入,涝区以外的河道及众多支流的洪涝水也要进入涝区河道,因此天然河道设计排涝流量的计算比较复杂。

8.3.3 排涝河道的设计水位可根据承泄区水位和设计排涝流量推求。其中承泄区的设计水位要根据具体情况分析确定,一般可采用与涝区设计暴雨的同期、同频率水位;若涝区与承泄区不属同一暴雨区时,要通过两者的遭遇分析确定水位。各级排水河道的水位要相互衔接,下级河道的水位要满足上级河道的排水要求。当受地形和承泄区水位影响无法衔接时,可建挡洪闸或排涝站,采用自排结合抽排的治涝措施。

8.4 排涝涵闸

8.4.1 排涝涵闸包括排涝涵(有闸门或无闸门控制、以涵洞穿越堤防或道路)和排涝闸(有闸门控制、以开敞式修建于堤防上、滞涝区出口或拦河布置),其设计流量计算方法与其工程布置地点有关。位于滞涝区出口的涵闸,要考虑滞涝区对涝水过程的调蓄作用及滞涝区、承泄区不同水位对涵闸出流的影响,先假定不同的闸孔宽度、闸底板高程,通过水量平衡和调节计算确定排涝涵闸的设计流量;闸前直接与排涝沟渠相连的,可直接采用排涝沟渠的设计流量,或按排涝涵闸控制的排水面积采用本标准附录A的有关计算方法进行计算。

8.4.2 排涝涵闸的设计水位包括闸上水位和闸下水位。对闸前无滞涝区的涵闸,闸上水位一般采用闸前排水河道的设计水位,如果闸前有引渠,还需计算引渠水位变化;对闸前为滞涝区的涵闸,可采用滞涝区设计水位。闸下水位按低于闸上水位$0.1\sim0.2$ m确定,或采用闸下排涝河道的相应设计水位;闸下直接进入承泄区的,可按承泄区设计水位确定。

8.4.3 平原河道水面比降平缓,过闸落差的大小直接关系到涵闸和河道工程的规模,加大过闸落差可减小涵闸工程规模,但闸前河道水面线变得平缓,将增加河道整治工程量,因此要经技术经济比较后确定。

8.5 排涝泵站

8.5.1 排涝泵站的设计排涝流量是根据排涝标准、排涝面积及调蓄容积等参数经蓄排涝水利计算确定。对直接连接排涝河道的泵站,可采用排涝河道的设计排涝流量作为泵站的设计流量;对有滞涝区调蓄涝水的泵站,需根据设计暴雨和相应滞涝区的入流过程线,进行调蓄计算,以最大出流量作为泵站设计流量。

8.5.2 GB 50265 对排水泵站的特征水位做了下列规定:

(1)进水池水位按下列规定采用:

最高水位:取排水区建站后重现期 10~20 年一遇的内涝水位。

设计运行水位:取由排水区设计排涝水位推算到站前的水位;对有集中调蓄区或与内排站联合运行的泵站,取由调蓄区设计水位或内排站出水池设计运行水位推算到站前的水位。

最高运行水位:取按排水区允许最高涝水位的要求推算到站前的水位;对有集中调蓄区或与内排站联合运行的泵站,取由调蓄区最高调蓄水位或内排站出水池最高运行水位推算到站前的水位。

最低运行水位:取按降低地下水埋深或调蓄区允许最低水位的要求推算到站前的水位。

平均水位:取与设计水位相同的水位。

(2)出水池水位按下列规定采用:

防洪水位:按拟定的排水泵站防洪标准分析确定。

设计运行水位:取承泄区重现期 5~10 年一遇洪水的排水时段平均水位。当承泄区为感潮河段时,取重现期 5~10 年一遇的排水时段平均潮水位。对重要的排水泵站,经论证后可适当提高重现期。

最高运行水位:当承泄区水位变化幅度较大时,取重现期 10~20 年一遇洪水的排水时段平均水位;当承泄区水位变化幅度较小时,取设计洪水位;当承泄区为感潮河段时,取重现期 10~20 年一遇的排水时段平均潮水位。对重要的排水泵站,经论证后可适当提高重现期。

最低运行水位:取承泄区历年排水期最低水位或最低潮水位的平均值。

平均水位:取承泄区排水期多年日平均水位或多年日平均潮水位。

SL 104 对排水泵站的特征水位也做了下列规定:

(1)内水位按下列规定采用:

设计内水位:采用排涝期间排水泵站前运行历时最长的水位。

设计最低内水位:采用作物耐渍深度、地下水临界深度或蓄涝区死水位。

设计最高内水位:采用建站前历史上出现的最高水位。

(2)承泄区水位按下列规定采用:

设计水位:应分析涝区暴雨与承泄区水位遭遇规律,如遭遇可能性大,可采用相应于治涝标准的承泄区排涝期间平均水位;如遭遇可能性小,可采用承泄区历年排涝期间平均水位的多年平均值。

最高外水位:宜采用历年排涝期承泄区最高水位的平均值。

设计最低水位:宜采用排涝期间 80%~90% 频率的旬平均水位或排水期历年最低水位平均值。

排涝泵站的特征水位可参照上述两项标准的规定,并结合不同工程的实际情况经综合分析确定。

8.6 滞涝区

8.6.1 城市和面积较大的平原涝区需规划一定的河流、湖泊、洼淀等区域或人工开挖承泄区作为滞蓄涝水的场所,通过调节涝水流量和水量,减少排涝沟渠(河道)的规模,节省工程投资和减少占地,改善区域防涝能力,同时提高洪水(涝水)资源化利用程度,并可发展养殖、航运和改善环境。近年来,许多城市快速发展,城区面积不断扩大,排水管网向外延伸,如果合理规划和布置一些滞涝区,让管网收集的雨水就近排入滞涝区,就可以缓解因排水不畅导致的局部区域积水问题。

8.6.2　滞涝区的设计指标包括蓄涝水面率(或容积率)、蓄涝起始水位、设计蓄涝水位、调蓄容积等。蓄涝水面率指标可根据降雨特性、涝区地形地势、涝区面积、排涝河道和闸站规模等综合分析确定,其中南方圩垸涝区和水网地区雨量丰沛,滞涝水面率可取高值;北方平原涝区水面率可适当降低。湖北省等地目前按 5 万～15 万 m^3/km^2 确定规划水面率。

8.6.3　规模较大的湖泊等滞涝区,其调度运用特征水位大都已有规定,设计蓄涝水位要根据不同时段的蓄涝要求并结合供水、灌溉、航运、水产、水环境、水利卫生以及降低地下水位等综合利用要求,可以在既有的特征水位中选择确定,也可另行研究确定。

对于处于涝区低洼处、比较分散又无闸门控制的滞涝区,重点是选择蓄涝起始水位和设计蓄涝水位,保证足够的蓄涝容积。其设计蓄涝水位要满足周边涝水汇入要求,一般低于附近地面高程 0.3～0.5 m;在可能产生次生盐碱化的地区,设计蓄涝水位要控制在地下水临界深度以下 0.1～0.3 m;有防渍要求的地区,一般要求雨后及灌水后地下水位在作物耐渍时间以内下降到作物耐渍深度以下。蓄涝最低水位不宜太低,要综合考虑供水、灌溉和航运等要求。

8.6.4　滞涝区的设计蓄涝容积要通过调查分析,根据选定的滞涝区面积、设计蓄涝水位、蓄涝起始水位、正常蓄水位、汛限水位或死水位等水位分析确定。滞涝区的正常蓄水位不能影响涝区排涝,一般不高于设计排涝水位,枯水期为增加蓄水可适当抬高。排涝期到来前需将滞涝区水位降至蓄涝起始水位以下,蓄涝起始水位与设计蓄涝水位之间的水位差为滞涝水深,为保证必要的蓄涝容积,滞涝水深不宜小于 0.5 m。

8.7　承泄区

8.7.1、8.7.2　承泄区分自然承泄区(如湖泊、洼淀、海洋和天然河道)和人工承泄区。人工承泄区可通过一定的工程措施改变其水位流量特性,而自然承泄区范围较大,很难受人为控制。因此,承泄区的设计水位应根据具体条件分析确定。

人工承泄区可采用与排水治理区设计暴雨的同期、同频率水位,但以湖泊、海域为承泄区时,采用同期、同频率水位会偏高,如广东省感潮承泄区的外江设计水位一般采用排涝期3～5 年一遇最高潮水位。有些地区采用两种组合进行计算:①设计治涝标准涝水过程线和外江多年平均年最高潮水位过程线;②多年平均涝水过程线和设计治涝标准外江最高潮水位过程线。

附录 A　除涝水文计算方法

A.1　一般规定

A.1.1　由于平原易涝低洼地区的地面坡降小,河流较多但水文测站少,河道治理前后水文情势变化较大且易受人类活动的影响,实测水文资料往往不能确切反映规划治理后的情况,水文资料的一致性受到影响,因此,在进行除涝水文计算时,宜采用由设计暴雨推求设计排涝流量的方法。对于某些规划治理标准较高、人类活动影响相对较少、实测水文资料系列长度超过 30 年且水文资料易进行一致性处理的治涝工程,宜采用实测流量资料分析计算设计排涝流量。

A.1.4、A.1.5 我国幅员辽阔,各易涝区的地形地势、水文气象、农业生产及经济社会发展等方面差异很大,在多年实践中,各省所采用的除涝水文计算方法不尽相同。根据对全国易涝面积较大、除涝问题较突出的 15 个省份除涝水文计算方法的调查结果,我国主要易涝区常用的除涝水文计算方法主要有平均排除法、排涝模数经验公式法、单位线法、水量平衡法和河网水力学模型法等。

设计排涝流量主要与设计暴雨历时、强度和频率、排水区面积、保护对象耐淹程度、河网和湖泊的调蓄能力、排水沟网分布情况及排水沟底比降等因素有关。因此,各地可根据不同涝区的特点选择不同的计算方法。

考虑到我国不同地区的降水、排水和涝区保护对象差异较大,各地除涝水文计算方法具有一定的特殊性,因此对于特殊情况下的除涝水文计算方法可采用各省级水行政主管部门认可的其他方法。

A.2 常用排涝流量计算方法

A.2.1 平均排除法是按一定时间内的设计暴雨所产生的净雨在一定时间内排除,是大部分省区采用的计算方法,自排和抽排地区均有使用。各省在长期的实践中,根据当地的暴雨特性、作物耐淹特性和排水方式等因素,分不同类型作物制定了设计暴雨历时和涝水排除时间(见表 4 和表 5)。在自排条件下,河道排水模数呈现随流域面积增大而衰减的规律,但平均排除法并未考虑流域面积大小的影响。根据调查和研究结果,平均排除法比较适用于面积较小的涝区计算排水河道或排涝涵闸流量,如淮北平原地区主要用于排水面积不到 50 km² 的排水区,水田的涝水排除时间较长,则适用范围可适当扩大。对于较大面积的排水区,在使用平均排除法计算流量时,可考虑采用一定的折减系数,以反映较大面积区域降雨不均匀和沿程流量衰减的影响。

平均排除法受设计暴雨历时和涝水排除时间等人为设定的参数影响较大,在确定计算参数时,要根据不同排水方式和排水区主要作物类型综合分析确定。

水田渗漏量可采用公式 $f=\varepsilon T$ 估算,ε 为渗漏强度,单位为 mm/d。当田间水层深度为 10～40 mm 时,黏土、壤土、沙壤土的 ε 值参考值可取:1.0～1.5、2.5～3.0、4.0～4.5。

表 4 不同地区平均排除法（自排）参数

地区	省、地区	设计暴雨历时	涝水排除时间	适用条件
东北平原	黑龙江	1 d	2 d	旱地
		3 d	4～5 d	水田
	吉林	1 d	2 d	旱地
		1 d	3 d	水田
华北平原	河南	1 d	1.5 d	旱地
淮河流域	安徽	24 h	24 h	面积小于 50 km²
	河南	24 h	24 h	
	山东	24 h	24 h	

表 4（续）

地区	省、地区	设计暴雨历时	涝水排除时间	适用条件
长江中下游地区	湖南	3 d	3 d	湖区水田
		24 h	24 h	菜田
	湖北	3 d	5 d	湖区水田
		24 h	24 h	菜田
	江西	3 d	3 d	骨干排水沟水渠
	江苏苏南地区	1 d	1 d	—
珠江三角洲地区	广东部分地区	24 h	24 h	—

表 5 不同地区平均排除法（抽排）参数

地区	省、地区	设计暴雨历时			水田、旱地/菜地涝水排除时间	每天开机时间 h	水田滞留水深 mm
		水田	旱地	菜田			
长江下游地区	安徽	3 d		24 h	3 d/24 h	23	60
	浙江	1 d			1～2 d/24 h	24	60
	江苏苏南	1 d			1 d	22	30～40
长江中游地区	江西	3 d			3 d	22～24	50
	湖南	3 d		1 d/24 h	3 d/1 d	20～22	50
	湖北	1 d、3 d			2 d、3 d、5 d/1 d	20～22	50
华北平原	河南	1 d			1.5	24	—
淮河流域	河南	2 d			2 d	24	50
	安徽	2 d			2 d	24	200
	山东	3 d	1 d	24 h	3 d/24 h	22	50
珠江三角洲地区	广东部分地市	24 h			1 d	22	—

A.2.2 排涝模数经验公式法广泛应用于淮河以北的平原坡水地区排水河道及涵闸自排流量计算。排涝模数经验公式的有关参数是根据各地区水文实测资料、地形特征等分析确定的，有其特定的适用范围，不能直接套用到其他地区。此方法在小面积排涝涵闸自排流量计算中不常用，如安徽省规定，淮北平原地区面积小于 50 km² 的涵闸自排流量采用平均排除法计算，面积大于 50 km² 时可采用排涝模数经验公式进行计算。

表 6 列出了部分地区排涝模数经验公式参数和适用范围的调查统计值。

表6 部分地区排涝模数经验公式 K、m、n 值

地区	省、地区		适用范围 km²	K	m	n
东北平原	辽宁省中部平原		>50	0.012 7	0.93	−0.176
华北平原	河北	一般平原区	30~1 000	0.022	0.92	−0.20
		黑龙港地区	200~1 500	0.032	0.92	−0.25
			>1 500	0.058	0.92	−0.33
	河南豫北平原		—	0.024	1.0	−0.25
	山东鲁北地区		—	0.017 2	1.0	−0.25
淮河流域	河南、安徽淮北平原		50~5 000	0.026	1.0	−0.25
	山东	湖西平原区	500~7 000	0.031	1.0	−0.25
		湖东平原洼地	—	0.055	1.0	−0.25
	江苏、山东邳苍郯新区		100~500	0.033	1.0	−0.25
长江中下游地区	湖北		≤500	0.013 5	1.0	−0.201
			>500	0.017	1.0	−0.023 8
其他地区	山西太原平原区			0.031	0.82	−0.25

A.2.3 根据对不同面积典型排水河道采用不同公式计算的排涝模数成果进行对比分析,结果表明,采用单位线法计算的设计洪峰模数(24 h平头洪峰流量)在排水区面积大于200 km²时与采用排涝模数经验公式法计算的成果比较接近,排水区面积在50 km²左右时与采用平均排除法计算的成果相当。据分析,单位线法较适用于平原排水区的排涝流量计算。

考虑农作物具有一定的耐淹能力,排涝流量大都采用24 h或日平均洪峰流量。单位线法直接计算的洪峰流量是瞬时的或短时段的洪峰流量,因此采用单位线法直接计算的洪峰流量明显大于24 h或日平均洪峰流量,当流域面积越小时其差异就越大(见图1)。因此,一般农田涝区在采用单位线法计算设计排涝流量时,还应考虑这一因素,将计算流量折算成以长时段为基础的平均洪峰流量(俗称"平头洪峰流量")。平头洪峰流量与按单位线法直接计算的洪峰流量的比值称为"平头系数"。《江苏省暴雨洪水图集》中制作了时段长度与平头系数的关系图可供查阅。

A.2.4 水量平衡法一般适用于有较大湖泊等水面调蓄能力的涝区。涝区范围不大、各排水河道水位差异不明显的水网区也可采用水量平衡法计算。当有较大调蓄容积时,涝区排除涝水的时间可适当延长,如湖南省洞庭湖周边涝区排涝规划中将涝水排除时间确定为15 d,江西省鄱阳湖区周边涝区规划中将涝水排除时间确定为3~7 d。

采用涵闸自排时,排涝流量与涝区水位、承泄区水位、排涝涵闸宽度和底板高程等多种因素有关,需要通过试算确定。采用泵站抽排时,要确定泵站每天的开机时间,同时为避免泵站频繁启动,还要确定启排水位和停排水位。若以湖泊作为滞涝区时,湖水外排的启排水位不应高于正常蓄水位,停排水位不应低于湖泊其他功能(如取水、景观、养殖、航运、生态

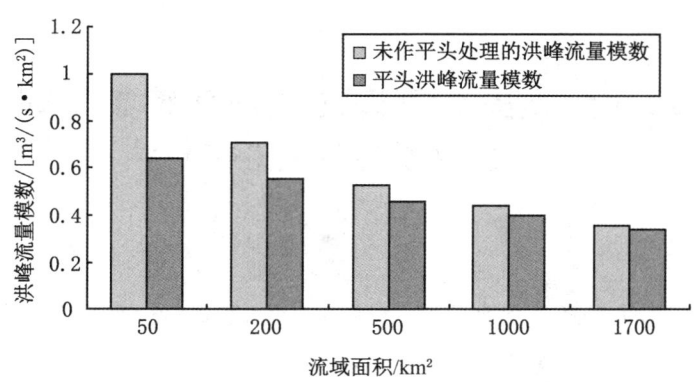

图 1　单位线法洪峰流量与折算后的 24 h 平头洪峰流量模数对比图

等)要求的最低蓄水位。

A.2.5　对于排水区域较大、河流湖泊众多、各河排水水位差异较明显、水力条件复杂的河网地区,宜采用河网水力学模型法计算。该方法需要有河网区内各排水河道的断面资料和湖洼地形资料或水位～容积曲线等资料,需明确河网区各入流过程和各排水河道出口的出流边界条件。该方法对资料的要求比较高、分析计算的技术难度大、计算周期长,但可以细化分析复杂水网区所有排水河道各控制断面的排涝流量和水位过程,计算成果较符合水网区的实际情况。该方法在江苏省里下河水网区、浙江省杭嘉湖平原水网区、广东省珠江三角洲水网区均有应用。

水库大坝安全管理应急预案编制导则
(SL/Z 720—2015)

前　　言

根据水利技术标准制修订计划安排，按照 SL 1—2014《水利技术标准编写规定》的要求，编制本标准。

本标准共 8 章和 7 个附录，主要技术内容有：
——预案封面和扉页；
——编制说明；
——突发事件及其后果分析；
——应急组织体系；
——运行机制；
——应急保障；
——宣传、培训与演练。

本标准为全文推荐。

本标准批准部门：中华人民共和国水利部

本标准主持机构：水利部建设与管理司

本标准解释单位：水利部建设与管理司

本标准主编单位：南京水利科学研究院
　　　　　　　　水利部大坝安全管理中心

本标准参编单位：水资源高效利用与工程安全国家工程研究中心

本标准主要起草人：盛金保　彭雪辉　夏明勇　李　雷　王　健　王昭升
　　　　　　　　　刘晓青　龙智飞　张士辰　周克发　王晓航　孙玮玮
　　　　　　　　　厉丹丹　王　莹　江　超　张大伟　杨德玮

本标准审查会议技术负责人：李同春　徐英三

本标准体例格式审查人：陈立秋

本标准在执行过程中，请各单位注意总结经验，积累资料，随时将有关意见和建议反馈给水利部国际合作与科技司（通信地址：北京市西城区白广路二条 2 号；邮政编码：100053；电话：010-63204565；电子邮箱：bzh@mwr.gov.cn），以供今后修订时参考。

1　总则

1.0.1　为规范和指导水库大坝安全管理应急预案（以下简称预案）编制工作，提高应对水库大坝突发事件能力，依据《中华人民共和国突发事件应对法》和《水库大坝安全管理条例》等法律法规，制定本标准。

1.0.2　本标准适用于大、中型水库预案编制，小型水库可参照执行。

1.0.3　预案应包括下列内容：预案版本号与发放对象，编制说明，突发事件及其后果分析，应急组织体系,运行机制,应急保障,宣传、培训与演练,附表、附图等。预案文本编写提纲可按附录A编写。

1.0.4 水库大坝突发事件应根据其后果严重程度、可控性、影响范围等因素,分为(Ⅰ级)特别重大、Ⅱ级(重大)、Ⅲ级(较大)和Ⅳ级(一般)四级。水库大坝突发事件可按附录B分级。

1.0.5 预案编制应收集水库所在流域及相关区域自然地理与水文气象、公共基础设施、工矿企业、水库功能与防护对象、大坝工程特性、大坝安全与管理现状、库区淤积状况、历史特大洪水或工程险情及其应急处置、溃坝洪水可能淹没区基本情况等基础资料。

1.0.6 预案编制应贯彻"以人为本、分级负责、预防为主、便于操作、协调一致、动态管理"的原则。

1.0.7 预案编制应由水库管理单位或其主管部门、水库所有者(业主)组织,并应履行相应的审批和备案手续。

1.0.8 预案应根据情况变化及时修订和报批。修订的预案应送达所有发放对象,并应同时废止旧版本。

1.0.9 本标准主要引用下列标准:
  GB 3838 地表水环境质量标准
  SL 164   溃坝洪水模拟技术规程
  SL 258   水库大坝安全评价导则
  SL 483   洪水风险图编制导则

1.0.10 预案编制除应符合本标准规定外,尚应符合国家现行有关标准的规定。

2 预案封面和扉页

2.0.1 预案封面和扉页应注明预案版本号。

2.0.2 预案扉页应注明预案编制单位与编制日期、批准单位与发布日期、备案单位与备案日期、有效期。

2.0.3 预案扉页应记录预案发放对象。

3 编制说明

3.0.1 应说明编制预案的目的和适用范围。

3.0.2 应注明预案编制(或修订)单位与主要编制人员。

3.0.3 应说明预案编制依据的法律法规、技术标准与主要技术文件。

3.0.4 应确定水库大坝突发事件分级。

3.0.5 应确定预案版本受控和修订原则。

4 突发事件及其后果分析

4.1 水库工程概况

4.1.1 水库工程基本情况简述应包括下列内容:
——水库地理位置及流域自然地理、水文气象、工程地质条件及地震基本烈度等;
——水库兴建年代、控制流域面积、工程等级、洪水标准、特征水位与相应库容、水库兴利指标、水库淤积量及淤积分布特点;
——大坝结构与主要工程特性;

——泄洪设施与启闭设备；
——水库大坝下游防洪保护对象的防洪标准、安全泄量、警戒水位；
——水库调度原则与调度运用方案；
——水库对外交通、通信与供电设施；
——水库水情测报、水质监测及大坝安全监测设施。

4.1.2 大坝安全状况及存在的主要问题简述应包括下列内容：
——最近一次水库大坝安全鉴定结论或除险加固情况；
——目前存在的影响工程安全的主要问题。

4.1.3 水库工程概况还应包括下列内容：
——水库大坝运行中曾遭遇的特大洪水、地震等自然灾害以及工程险情，相应处置情况；
——水库运行中曾遭遇的水污染等影响水库正常运行的突发事件及相应处置情况；
——水库大坝上下游其他水利工程以及水库大坝下游人口、乡村、城镇、重要工矿企业及交通等基础设施分布情况。

4.1.4 详细的水库工程基本情况介绍及相关附图可作为预案附件。

4.2 突发事件分析

4.2.1 应确定水库大坝可能突发事件类型。突发事件可分为自然灾害类事件、事故灾害类事件、社会安全类事件和其他突发事件。

4.2.2 可能突发事件应由专家在现场安全检查基础上结合大坝安全评价结论确定，大坝安全评价应按 SL 258 的规定执行；也可采用破坏模式与后果分析法（FMEA 法）和破坏模式、后果和危害程度分析法（FMECA 法）分析确定。FMEA 法和 FMECA 法见附录 C。

4.3 突发洪水事件及其后果分析

4.3.1 突发洪水事件应包括各种原因导致的溃坝或超标准泄洪事件。

4.3.2 溃口洪水分析应符合下列要求：

1 土石坝宜采用逐步溃坝模式。溃口流量计算可采用适宜的公式和模型，对于小型水库，可采用简化公式。

2 重力坝和拱坝宜采用瞬时全溃或瞬时局部溃决模式。溃口流量计算可采用常规的水力学计算方法。

4.3.3 洪水演进计算应符合下列要求：

1 溃坝或超标准泄洪洪水演进计算宜包括洪水向下游演进时的沿程洪水到达时间、流速、水深、历时等洪水要素，具体应按 SL 164 的规定执行。

2 溃坝或超标准泄洪洪水演进计算可采用数学模型法，对于小型水库，可采用简化分析法和经验公式法。

4.3.4 洪水风险图应依据不低于 1：10 000 的地形图绘制，并可作为制定人员应急转移预案的依据。洪水风险图制作应符合 SL 483 及其相关技术细则的规定要求。

4.3.5 应根据洪水风险图统计淹没区基本情况，估算突发洪水事件后果，并应作为突发事件分级与确定应急响应级别的依据。突发洪水事件后果估算方法见附录 D～附录 F。

4.3.6 详细的突发洪水事件及其后果分析应作为预案附件。

4.4 突发水污染事件及其后果分析

4.4.1 应根据水库功能和供水对象，分析可能发生的水污染事件影响范围和严重程度。

4.4.2 应估算突发水污染事件对正常调度运行可能造成的后果,并应作为突发水污染事件分级与确定应急响应级别的依据。突发水污染事件后果估算应按 GB 3838 的规定执行。

4.4.3 详细的突发水污染事件及其后果分析可作为预案附件。

4.5 其他突发事件及其后果分析

4.5.1 地震和地质灾害突发事件所致重大工程险情甚至溃坝的后果分析应按 4.3 节的规定执行。

4.5.2 水库遭遇恐怖袭击、战争突发事件后果分析应按 4.3 节和 4.4 节的规定执行。

4.5.3 其他突发事件后果分析可参照 4.3 节和 4.4 节的规定执行。

5 应急组织体系

5.1 应急组织体系框架

5.1.1 应建立水库大坝突发事件应急组织体系,并应与当地突发公共事件总体应急预案及其他有关应急预案组织体系衔接。

5.1.2 应绘制预案应急组织体系框架图,并应明确政府及相关职能部门与应急机构、水库管理单位与主管部门等相关各方在突发事件应急处置中的职责与相互之间的关系。

5.2 应急指挥机构

5.2.1 应按照"分级负责、属地管理"的原则,成立水库大坝突发事件应急指挥机构,并应明确应急指挥长、副指挥长及成员。应急指挥长宜与水库大坝安全管理政府责任人一致。

5.2.2 应确定应急指挥机构的主要职责,以及指挥长、副指挥长与成员的职责分工。应急指挥机构应在指挥长的领导下,负责预警信息发布与指挥预案实施,发布预案启动、人员撤离、应急结束等指令,调动应急抢险与救援队伍、设备与物资。

5.2.3 应急指挥机构的组成单位、责任人、联系方式、职责与任务应以表格形式列示。

5.2.4 对突发事件影响范围大、应急处置工作复杂的水库,可在应急指挥机构下设日常办事机构,负责联络及相关信息与指令的传输、处理和上报。

5.3 专家组

5.3.1 应成立水库大坝突发事件应急处置专家组,为应急决策和应急处置提供技术支撑。专家组应由熟悉工程设计、施工、管理等专家组成。必要时,可请求上级机构派出专家指导。

5.3.2 专家组成员的姓名、单位、专业、联系方式应以表格形式列示。

5.4 应急抢险与救援队伍

5.4.1 应成立水库大坝突发事件应急抢险与救援队伍,并应根据突发事件的类型,确定其规模、人数、任务、所需配备的设备。应急抢险队伍应负责水库大坝工程险情抢护;应急救援队伍应负责组织人员撤离转移、遇险人员救助以及撤离转移过程中的救援工作。

5.4.2 应急抢险与救援队伍队长与下设小组组长的姓名、单位、专业、联系方式、具体任务应以表格形式列示,并应报应急指挥机构备案。

6 运行机制

6.1 预测与预警

6.1.1 应根据水库大坝工程实际与突发事件分析结果,建立必要的水情测报、工程安全监测与报警设施,并结合人工巡视检查,建立突发事件预测与预警系统。

6.1.2 应确定各类仪器监测和巡视检查的责任人及监测(或巡查)部位、内容、方式、频次、通信方式、报送对象等。

6.1.3 应确定专职或者兼职水库突发事件信息报告员,并应明确紧急情况下的通信方式与报告对象。

信息报告员应及时向水库主管部门(业主)、应急指挥机构以及所在地人民政府报告突发事件信息。

6.1.4 应明确警报信号的发布条件。警报信号特别是人员撤离转移信号应事先约定,纳入预案,并向公众公布。

6.1.5 预警级别应根据水库大坝突发事件级别划分为Ⅰ级(特别严重)、Ⅱ级(严重)、Ⅲ级(较重)和Ⅳ级(一般)四级,分别用红色、橙色、黄色和蓝色表示。

6.1.6 应急指挥机构应及时汇总分析突发事件隐患和预警信息,必要时应组织专家组进行会商,对发生突发事件的可能性及其可能造成的影响进行评估。

    1 当认为事件即将发生或者发生的可能性增大时,应按照规定的权限和程序,发布相应级别的警报和预警信息,决定并宣布有关地区进入紧急期,同时应向上一级人民政府报告,必要时可越级上报,并应向当地驻军和可能受到危害的毗邻或者相关地区的人民政府通报。

    2 水库大坝突发事件预警信息应包括突发事件类别、预警级别、起始时间、可能影响范围、警示事项、应采取的措施等。

6.1.7 预警级别应根据事态的发展适时调整并重新发布。当事实证明不可能发生突发事件或者危险已经解除时,应立即宣布解除警报,终止预警期,并应解除已经采取的有关措施。

6.2 应急响应

6.2.1 突发事件警报和预警信息发布后,应在规定的时间内启动相应级别的应急响应,并立即实施应急响应措施。

6.2.2 应急响应级别应根据突发事件预警级别确定。应急响应级别应分为下列四级:

    ——红色预警,Ⅰ级响应;

    ——橙色预警,Ⅱ级响应;

    ——黄色预警,Ⅲ级响应;

    ——蓝色预警,Ⅳ级响应。

6.2.3 应确定不同级别应急响应的启动条件、启动程序和响应措施。

6.2.4 应急响应启动条件应根据突发事件和预警级别确定。当应急响应条件变化时,应及时调整应急响应级别。

6.2.5 不同级别应急响应启动应符合下列要求:

    1 Ⅳ级、Ⅲ级响应由应急指挥机构或由其授权启动。

    2 Ⅱ级、Ⅰ级响应由应急指挥机构启动。

6.2.6 Ⅳ级响应应采取下列响应措施:

    1 应急指挥机构或其日常办事机构应主持会商,做出相应工作安排,加强对水库的监视和应对突发事件工作的指导,将情况上报水库安全管理政府责任人所在同级人民政府,并应通报应急指挥机构各成员单位。

    2 应急指挥机构日常办事机构应密切监视水雨情、工情、水质等的发展变化。

    3 应急指挥机构各成员单位应按照职责分工,做好有关工作。

6.2.7 Ⅲ级响应应采取下列响应措施:
  1 应急指挥机构或其日常办事机构应主持会商,做出相应工作安排,密切监视突发事件发展变化,加强应对突发事件工作的指导,在2h内将情况上报水库安全管理政府责任人所在同级人民政府,并应通报应急指挥机构各成员单位,在24h内派出专家组指导工作。
  2 应急指挥机构应责令有关部门、专业机构、监测网点和负有特定职责的人员及时收集、报告有关信息,向社会公布反映突发事件信息的渠道,加强对突发事件发生、发展情况的监测、预报和预警工作。
  3 应急指挥机构应组织专家随时对突发事件信息进行分析评估,预测突发事件发生可能性的大小、影响范围和后果以及可能发生的突发事件级别。
  4 应急指挥机构应责令应急抢险队伍、负有特定职责的人员进入待命状态,并动员后备人员做好参加应急抢险和处置工作的准备。
  5 应急指挥机构应调集应急抢险所需材料、设备、工具,确保其随时可以投入正常使用。
  6 应急指挥机构应定时向社会发布与公众有关的突发事件预测信息和分析评估结果,并对相关信息的报道工作进行管理。
  7 应急指挥机构应及时向社会发布可能受到突发事件危害的警告,宣传避免、减轻危害的常识,公布咨询电话。
  8 应急指挥机构应通知可能受到洪水危害的人员做好转移准备。

6.2.8 Ⅱ级响应应采取下列响应措施:
  1 应急指挥机构应主持会商,应急指挥机构各成员单位参加,做出相应工作部署,加强应对突发事件工作的指导,在2h内将情况上报水库安全管理政府责任人所在同级人民政府分管领导,并应通报上一级人民政府及其应急指挥机构,在24h内派出专家组赴一线指导工作。
  2 应急指挥机构日常办事机构应密切监视突发事件发展变化,并应在专家组指导下做好预测预报工作。
  3 应急指挥机构各成员单位除应做好Ⅲ级应急响应规定的各项工作外,尚应做好下列工作:
    1) 调集应急救援所需物资、设备、工具,准备应急设施和避难场所,并确保其处于良好状态、随时可以投入正常使用,应急救援队伍进入待命状态。
    2) 转移、疏散或者撤离可能受到洪水危害的人员并予以妥善安置,转移重要财产。
    3) 加强对重点单位、重要部位和重要基础设施的安全保卫,维护社会治安秩序。
    4) 采取必要措施,确保交通、通信、供电等设施的安全和正常运行。
    5) 及时向社会发布有关采取特定措施避免或者减轻危害的建议、劝告。
    6) 关闭或者限制使用可能受到洪水危害的场所,控制或者限制容易导致危害扩大的公共场所的活动。

6.2.9 Ⅰ级响应应采取下列响应措施:
  1 应急指挥机构应主持会商,应急指挥机构各成员单位派人员参加,做出应急工作部署,加强工作指导,并将情况上报上级人民政府及其应急指挥机构,在12h内派出专家组赴一线加强技术指导。
  2 应急指挥机构日常办事机构应密切监视突发事件发展变化,专家组应做好预测预报工作。

  3 应急指挥机构各成员单位应做好Ⅱ级应急响应规定的各项工作,上一级应急指挥机构各成员单位应全力配合做好有关工作。

6.3 应急处置

6.3.1 应急处置应包括信息报告与发布、应急调度、应急抢险与处理、应急监测和巡查、人员应急转移和临时安置。

6.3.2 应建立险情、灾情信息报告与发布机制,并应符合下列要求:

  1 应确定负责险情、灾情信息报告的单位及责任人姓名、联系方式,以及报告对象、内容、方式、时间与频次要求。

  2 应确定突发事件信息发布的授权单位与发布方式、发布原则。

  3 应规定险情、灾情信息报告的记录要求。

  4 在应急处置过程中,应实时续报及发布有关信息。

6.3.3 应编制应急调度方案,并应符合下列要求:

  1 应根据突发事件分析结果,制定各种紧急情况下的应急调度方案。

  2 应确定应急调度权限,以及调度命令下达、执行的部门与责任单位及责任人。

6.3.4 应编制应急抢险与处理方案,并应符合下列要求:

  1 应根据突发事件分析结果,针对性制定工程抢险或水污染处理方案。对作为当地供水主要水源地的水库,应有备用水源方案。

  2 应确定通知、调动应急抢险队伍的责任人与时间要求。

  3 应确定现场指挥工程抢险或水污染处理的责任人与任务要求。

6.3.5 应编制应急监测和巡查方案,并应符合下列要求:

  1 应规定预案启动后的应急监测和巡视检查要求。

  2 应确定负责应急监测与巡视检查工作的部门与责任人。

6.3.6 应编制人员应急转移方案,并应符合下列要求:

  1 应针对可能突发的事件,确定洪水淹没区域或突发事件影响区域人员和财产转移命令下达和实施的流程图,以及相关环节的责任部门和责任人。

  2 应根据洪水淹没区或突发事件影响区居民点、安置点、交通条件的分布情况,以及洪水到达时间、突发事件严重性,按照"轻重缓急"原则,分片确定转移人员和财产的数量、次序、转移路线、距离、时间要求、交通方式、安置点以及负责组织转移的责任人。负责某一片(区)人员转移的责任人可根据辖区内行政村、自然村、小区/街道/企事业单位、居民楼等的分布情况,进一步细化人员转移方案。

  3 应确定人员转移过程中承担应急救援任务的责任单位与责任人。

  4 应确定人员转移过程中及转移后承担警戒任务的责任单位与责任人以及具体的警戒措施。

  5 应确定负责转移人员登记的责任单位和责任人。登记信息应包括姓名、住址、登记地点与转移地点等。

  6 应确定疏散路线、重要地点等标识,并应在水库周边醒目地点以平面布置图的形式标出。

6.3.7 应编制临时安置方案,并应符合下列要求:

  1 应确定负责解决应急转移人员基本生活要求的相关责任部门和责任人。

2　负责临时安置的责任部门应根据具体情况编制详细的转移人员临时安置计划。
6.3.8　详细的应急抢险与处理、人员应急转移和临时安置方案可作为预案附件。

6.4　应急结束

6.4.1　应规定应急响应和处置结束的条件。当满足下列条件时,可宣布应急结束,解除紧急期：
　　——险情得到控制,警报解除。
　　——风险人口全部撤离并安置完毕。
　　——洪水消退或水污染得到控制。
6.4.2　应确定发布应急结束指令的责任单位或责任人。应急结束指令宜由应急指挥机构发布。

6.5　善后处理

6.5.1　善后处理应包括调查与评估、水毁修复、抢险物料补充、预案修改与完善。
6.5.2　应确定善后处理各项工作的相关责任单位与责任人。

7　应急保障

7.1　应急抢险与救援物资保障

7.1.1　应根据应急抢险与救援工作的需要,储备必要的抢险与救援物资设备。
7.1.2　应确定负责应急抢险与救援物资储备的责任单位与责任人。
7.1.3　应确定应急抢险与救援物资的存放地点、保管人及联系方式。

7.2　交通、通信及电力保障

7.2.1　应制定水库枢纽区交通保障计划,并应确定责任单位与责任人,确保应急处置过程中的交通畅通与运输保障。交通运输工具可临时征用,应制定征用方案和确定责任单位与责任人。
7.2.2　应根据突发事件应急处置需要,制定应急通信保障计划,并应确定责任单位与责任人,确保应急处置过程中的通信畅通。
7.2.3　应根据突发事件应急处置需要,制定应急电力保障措施,并应确定责任单位与责任人,确保应急处置过程中的电力供应。

7.3　经费保障

7.3.1　应急经费应包含用于应急抢险与救援物资和设备的购置和保管、预案培训和演练以及应急处置等费用。
7.3.2　应明确应急经费筹措方式。

7.4　其他保障

7.4.1　应确定应急处置过程中负责解决应急转移人员基本生活问题的责任单位及责任人。
7.4.2　应确定应急处置过程中负责筹措医疗与卫生防疫用品的责任单位及责任人。
7.4.3　应确定承担洪水淹没区或水污染影响区警戒与治安维护任务的责任单位及责任人。

8　宣传、培训与演练

8.0.1　应定期对预案进行宣传、培训和演练。
8.0.2　应确定预案宣传的内容和方式以及组织实施单位、责任人。
8.0.3　应制定预案培训、演练的方案和计划,并确定培训、演练的组织实施单位、责任人。

附录 A 水库大坝安全管理应急预案编写提纲

扉　页

预案编制或修订单位

批准单位

备案单位

有效期

预案版本号

预案发放对象

1 编制说明

1.1 编制目的和适用范围
1.2 编制单位和编制人员
1.3 编制依据
1.4 编制原则
1.5 突发事件分级
1.6 预案版本受控和修订

2 突发事件及其后果分析

2.1 水库工程概况
2.2 突发事件分析
2.3 突发洪水事件及其后果分析
2.4 突发水污染事件及其后果分析
2.5 其他突发事件及其后果分析

3 应急组织体系

3.1 应急组织体系框架
3.2 应急指挥机构
3.3 专家组
3.4 应急抢险与救援队伍

4 运行机制

4.1 预测与预警
4.1.1 水情与工情监测
4.1.2 通信
4.1.3 报警系统
4.1.4 预警级别
4.1.5 突发事件信息报告
4.2 应急响应
4.3 应急处置
4.3.1 险情、灾情信息报告与发布
4.3.2 应急调度
4.3.3 应急抢险与处理
4.3.4 应急监测和巡查
4.3.5 人员应急转移
4.3.6 临时安置
4.4 应急结束

4.5 善后处理

5 应急保障

5.1 应急抢险与救援物资保障
5.2 交通、通信及电力保障
5.3 经费保障
5.4 其他保障

6 宣传、培训与演练

6.1 宣传
6.2 培训
6.3 演练

7 附表与附图

8 附件

附录 B 水库大坝突发事件分级标准

B.0.1 水库大坝突发事件可分为四类：自然灾害类事件、事故灾害类事件、社会安全类事件和其他水库大坝突发事件。根据事件后果严重程度、可控性、影响范围等因素，水库大坝突发事件可分为四级：Ⅰ级（特别重大）、Ⅱ级（重大）、Ⅲ级（较大）和Ⅳ级（一般）。

B.0.2 事件导致下列情况之一发生的，可定为Ⅰ级（特别重大）事件：
——水库水位达到校核洪水位及以上；
——大坝出现特别重大险情，抢险十分困难，很可能造成溃坝；
——库区大范围水质污染，水质监测项目有4项及以上超标，且至少2项超标2倍以上；
——生命损失不小于30人，或直接经济损失不小于1.0亿元，或社会与环境影响特别重大。

B.0.3 事件导致下列情况之一发生的，可定为Ⅱ级（重大）事件：
——水库水位超过设计洪水位，但低于校核洪水位；
——大坝出现重大险情，具备一定的抢险条件，险情基本可控；
——库区较大范围水质污染，水质监测项目有4项及以上超标，且至少2项超标1倍以上；
——生命损失小于30人且不小于10人，或直接经济损失小于1.0亿元且不小于0.5亿元，或社会与环境影响重大。

B.0.4 事件导致下列情况之一发生的，可定为Ⅲ级（较大）事件：
——水库水位超过防洪高水位，但低于设计洪水位；
——大坝出现较大险情，抢险条件较好，险情可控；
——库区局部水质污染，水质监测项目有1～3项超标，且至少1项超标1倍以上；
——生命损失小于10人且不小于3人，或直接经济损失小于0.5亿元且不小于0.1亿元，或社会与环境影响较大。

B.0.5 事件导致下列情况之一发生的，可定为Ⅳ级（一般）事件：
——水库水位超过汛限水位，但低于防洪高水位和设计洪水位；
——大坝出现一般险情，且险情可控；
——库区局部水质污染，水质监测项目有1项超标；
——生命损失小于3人，或直接经济损失小于0.1亿元，或社会与环境影响一般。

B.0.6 大坝险情分级可根据水库实际情况确定，社会与环境影响分级可见附录F。

B.0.7 当水库大坝突发事件发生的紧急程度和发展势态发生变化时，应及时调整突发事件级别。

附录 C 溃坝模式分析方法

C.1 破坏模式与后果分析法（FMEA法）

C.1.1 FMEA法即破坏模式与后果分析（Failure Modes and Effects Analysis）法，FMEA法是将大坝作为一个系统，分析系统中每一个子系统与要素所有可能破坏模式及其后果的一种归纳分析方法。

C.1.2 FMEA法可按下列过程评价：

1 定义系统。水库大坝系统包括永久性挡水建筑物以及与大坝安全有关的泄水、输水和过坝建筑物及相应的金属结构等。

2 识别系统。收集水库的设计、施工及运行资料，或通过与设计、施工、管理人员进行座谈，了解水库建设和运行的详细情况，对系统有一个全面的认识。

3 分解系统。把系统分解成若干子系统，找出各子系统构成要素，宜将其分解为1级子系统、2级子系统及其要素。

4 要素功能分析。子系统和要素是根据它们的主要功能来定义的。为实现不同要素及同一个要素的不同功能的区分，可采用数字编码的方法，如11223344，其中11代表1级子系统，22代表2级子系统，33代表要素，44代表要素功能。

5 要素筛选。对每个要素破坏后对系统性能的影响进行初步评估，把那些对系统性能影响不大的要素剔除掉，而把那些对系统性能起关键作用的要素保留下来做进一步的分析。如难以确定某个要素功能对系统性能的重要性，则应保留做进一步的分析。

6 要素破坏模式识别。分析通过筛选的要素是如何破坏的，识别其破坏模式。

7 要素相互作用分析。在识别要素破坏模式过程中，应考虑要素之间的相互作用。可通过事件树或故障树来分析要素之间的相互作用以及一系列要素之间的破坏顺序。

8 要素破坏后果分析。分析要素在不同破坏模式下的直接影响和最终影响（即后果）。确定要素破坏模式的最终影响，应考虑下列情形。

　　1）某种影响可能是多种要素破坏后造成的。
　　2）某种要素破坏可能会造成多种影响。
　　3）某种要素破坏可能会触发一系列要素破坏。
　　4）某种要素破坏可能不会直接影响其他要素，但可能会增加这些要素破坏的可能性。

9 人工干预。通过系统地识别要素可能存在的破坏模式，及时发现要素破坏并进行人工干预以避免或降低破坏后果。

C.2 破坏模式、后果和危害程度分析法（FMECA法）

C.2.1 FMECA法由两项相对独立的工作组成，即破坏模式与后果分析法（FMEA法）和危害程度分析法（Criticality Analysis-CA法）。

C.2.2 在FMEA法基础上，可按下列过程进行危害程度分析：

1 分析要素破坏模式发生的可能性。可由专家根据经验确定，判别标准见表C.2.2-1。

表 C.2.2-1 系统要素破坏模式发生可能性赋值表

破坏可能性因子	年发生概率	判别标准
几乎不可能	低于1/5 000	在工程寿命周期中极不可能发生，如遭遇最大可信地震或PMF洪水
极不可能	1/500～1/5 000	在工程寿命周期中很不可能发生
不可能	1/50～1/500	在工程寿命周期中有可能发生，但不期望发生
可能	1/5～1/50	在工程寿命周期中可能阶段性发生
经常发生	大于1/5	经常性发生，或在近5年内如果不处理会发生

2 分析后果严重程度。后果严重程度的判别标准见表 C.2.2-2。

表 C.2.2-2 后果严重程度赋值表

后果严重因子	判别标准
不严重	经济损失不超过 5 万元,无人员伤亡,无环境影响,无外部影响
中等	经济损失为 5 万～100 万元,无人员伤亡,或下游财产损失为 2.5 万～50 万元,或下泄具有永久影响的污染物对农业无明显影响,或无环境影响,或无外部影响,或加固经费 2 万～20 万元,或以上的各种组合
严重	经济损失为 100 万～1 000 万元,多起人员严重伤害或致命伤亡,或下游财产损失为 50 万～500 万元,或下泄具有永久影响的污染物造成长期环境或农业危害,或以上的各种组合
非常严重	经济损失为 1 000 万～10 000 万元,有明显人员死亡,或下游财产损失为 500 万～5 000万元,或造成大范围的环境或农业危害,或以上的各种组合
灾难性	经济损失超过 1 亿元,大量人员死亡,或下游财产损失超过 5 000 万元、对环境或下游农业产生重大长期危害,或以上的各种组合

3 分析后果发生的可能性。后果发生可能性的判别标准见表 C.2.2-3。

表 C.2.2-3 后果发生可能性赋值表

后果可能性因子	可能性估计	判别标准
极不可能	<5%	破坏模式能导致影响,但后果极不可能发生
不可能	5%～25%	破坏模式能导致影响或后果,但预期不会发生
可能	25%～75%	预期破坏模式能导致影响或后果,发生或不发生的机会相当
极有可能	75%～100%	预期破坏模式导致影响或后果
肯定	100%	破坏模式必导致影响或后果确定发生

4 确定危害性指标。每个要素破坏模式的危害性指标根据要素破坏模式发生的可能性、后果严重程度、后果发生的可能性按表 C.2.2-4 确定。

表 C.2.2-4 危害性指标赋值表

后果		要素破坏可能性				
严重性	可能性	几乎不可能	极不可能	不可能	可能	经常发生
不严重	极不可能	1	2	4	5	7
	不可能	2	3	5	7	8
	可能	3	5	7	8	9
	极有可能	4	5	7	9	10
	肯定	4	5	7	9	10
中等	极不可能	3	5	7	8	9
	不可能	5	6	8	9	11

表 C.2.2-4（续）

后果		要素破坏可能性				
严重性	可能性	几乎不可能	极不可能	不可能	可能	经常发生
中等	可能	6	8	9	11	12
	极有可能	6	8	10	11	13
	肯定	7	8	10	11	13
严重	极不可能	6	8	10	11	12
	不可能	8	9	11	13	14
	可能	9	11	12	14	15
	极有可能	9	11	13	14	16
	肯定	10	11	13	15	16
非常严重	极不可能	9	11	13	14	15
	不可能	11	12	14	16	17
	可能	13	14	16	17	19
	极有可能	13	14	16	17	19
	肯定	13	14	16	18	19
灾难性	极不可能	11	13	14	16	17
	不可能	12	14	16	17	18
	可能	14	15	17	19	20
	极有可能	14	16	18	19	20
	肯定	14	16	18	19	20

C.2.3 应统计每个要素的危害程度、在子系统中所占比重和在系统中所占比重，统计各个子系统的危害程度及其在系统中所占比重。每个要素的危害程度为该要素的各种破坏模式危害程度的简单相加，子系统的危害程度为该子系统的各个要素的危害程度的简单相加。

C.2.4 应根据危害程度大小对每种破坏模式、每个要素危害程度和每个子系统的危害程度进行排序。危害程度越大，风险越大。

附录 D 溃坝生命损失估算方法

D.0.1 溃坝生命损失计算应考虑风险人口 P_{AR}、溃坝洪水严重性 S_d、警报时间 W_T、风险人口对溃坝洪水严重性的理解程度 U_d 等主要影响因素。

D.0.2 风险人口 P_{AR} 计算可采用静态统计法和动态统计法。静态统计法宜在人口相对固定或流动性弱的地区使用；人口频繁流动的地区则宜采用动态统计法。

D.0.3 溃坝洪水严重性 S_d 可按式(D.0.3)计算：

$$S_d = hv \quad \quad \quad \quad \quad \quad \quad （D.0.3）$$

式中：
h——溃坝洪水淹没范围内某点的水深，m；
v——相应某点的流速，m/s。

S_d 的划分标准如下：
当 $S_d \leqslant 3.0 \text{ m}^2/\text{s}$ 时，低度严重；
当 $3.0 \text{ m}^2/\text{s} < S_d \leqslant 7.0 \text{ m}^2/\text{s}$ 时，中度严重；
当 $S_d > 7.0 \text{ m}^2/\text{s}$ 时，高度严重。

D.0.4 警报时间 W_T 的划分标准如下：
当 $W_T \leqslant 15 \text{ min}$ 时，无警报；
当 $15 \text{ min} < W_T \leqslant 60 \text{ min}$ 时，部分警报；
当 $W_T > 60 \text{ min}$ 时，充分警报。

D.0.5 当风险人口接到溃坝警报后，对溃坝洪水可能淹没范围和严重程度缺乏足够了解，对逃生的必要性、措施、路径没有正确的理解和反应时，可认为风险人口对溃坝洪水严重性的理解程度 U_d 是模糊的；反之则认为风险人口对溃坝洪水严重性的理解程度 U_d 是明确的。

D.0.6 溃坝生命损失可按式（D.0.6-1）计算；条件受限时，也可按式（D.0.6-2）计算。

$$L_{OL} = P_{AR} f \quad \cdots\cdots\cdots\cdots\cdots\cdots\cdots\cdots\text{(D.0.6-1)}$$

式中：
P_{AR}——溃坝洪水淹没范围内的风险人口，人；
f ——风险人口死亡率。

风险人口死亡率可按表 D.0.6 确定。夏天、晴天、白天宜取表 D.0.6 的下限值，冬天、雨天、夜间宜取此表的上限值。

表 D.0.6 李-周法风险人口死亡率推荐表

溃坝洪水严重性程度 S_d	警报时间 W_T/h	风险人口对洪水严重性的理解程度	风险人口死亡率 推荐值	风险人口死亡率 建议值范围
高	<0.25	模糊	0.750 0	0.300 0～1.000 0
高	<0.25	明确	0.250 0	0.100 0～0.500 0
高	0.25～1.0	模糊	0.200 0	0.050 0～0.400 0
高	0.25～1.0	明确	0.001 0	0.000 0～0.002 0
高	>1.0	模糊	0.180 0	0.010 0～0.300 0
高	>1.0	明确	0.000 5	0.000 0～0.001 0
中	<0.25	模糊	0.500 0	0.100 0～0.800 0
中	<0.25	明确	0.075 0	0.020 0～0.120 0
中	0.25～1.0	模糊	0.130 0	0.015 0～0.270 0
中	0.25～1.0	明确	0.000 8	0.000 5～0.002 0
中	>1.0	模糊	0.050 0	0.010 0～0.100 0
中	>1.0	明确	0.000 4	0.000 2～0.001 0

表 D.0.6（续）

溃坝洪水严重性程度 S_d	警报时间 W_T/h	风险人口对洪水严重性的理解程度	风险人口死亡率 推荐值	风险人口死亡率 建议值范围
低	<0.25	模糊	0.030 0	0.001 0～0.050 0
低	<0.25	明确	0.010 0	0.000 0～0.020 0
低	0.25～1.0	模糊	0.007 0	0.000 0～0.015 0
低	0.25～1.0	明确	0.000 6	0.000 0～0.001 0
低	>1.0	模糊	0.000 3	0.000 0～0.000 6
低	>1.0	明确	0.000 2	0.000 0～0.000 4

$$L_{OL}=\frac{P_{AR}}{1+13.277(P_{AR}^{0.440})\exp(0.759W_T-3.790F+2.223W_TF)}$$

······························（D.0.6-2）

式中：

P_{AR}——溃坝洪水淹没范围内的风险人口，人；

W_T——警报时间，h；

F——溃坝洪水严重性 S_d 的函数符号，取值范围为 0～1。对于高严重性溃坝洪水，取 $F=1$；对于低严重性溃坝洪水，取 $F=0$；对中严重性溃坝洪水，取 $F=0.5$。

附录 E 溃坝经济损失估算方法

E.1 溃坝直接经济损失估算

E.1.1 溃坝直接经济损失可采用分类损失率法、单位面积综合损失法和人均综合损失法等方法计算。

E.1.2 采用分类损失率法时，溃坝直接经济损失 D 可按式（E.1.2）计算：

$$D=\sum_{i=1}^{n}R_i=\sum_{i=1}^{n}\sum_{j=1}^{m}R_{ij}=\sum_{i=1}^{n}\sum_{j=1}^{m}\sum_{k=1}^{l}V_{ijk}\eta_{ijk}$$

······························（E.1.2）

式中：

R_i——第 i 个行政区的各类财产损失总值，万元；

R_{ij}——第 i 个行政区内、第 j 类财产的损失值，万元；

V_{ijk}——第 i 个行政区内、第 k 级淹没水深下第 j 类资产价值，万元；

η_{ijk}——第 i 个行政区内、第 k 级淹没水深下第 j 类资产损失率，根据溃坝洪水严重性、历时等因素确定，%；

n——行政区数；

m——资产种类数；

l——淹没水深等级数。

E.1.3 采用单位面积综合损失法和人均综合损失法时,溃坝直接经济损失 D 可按式(E.1.3-1)或式(E.1.3-2)计算：

$$D = AL_A \quad\quad\quad\quad\quad\quad (E.1.3\text{-}1)$$
$$D = P_{AR}L_P \quad\quad\quad\quad\quad\quad (E.1.3\text{-}2)$$

式中：
A ——溃坝洪水淹没范围,km^2；
L_A ——溃坝洪水淹没范围内单位面积损失值,万元/km^2；
P_{AR}——溃坝洪水淹没范围内的风险人口,人；
L_P ——风险人口人均损失值,万元/人。

E.2 溃坝间接经济损失计算

E.2.1 溃坝间接经济损失可采用系数折算法和调查分析法计算。

E.2.2 采用系数折算法时,溃坝间接经济损失 S 可按式(E.2.2)计算：

$$S = \sum_{i=1}^{n} k_i R_i \quad\quad\quad\quad\quad\quad (E.2.2)$$

式中：
R_i——第 i 个行政区的直接经济损失总值,万元；
k_i——系数,可根据实际洪灾损失调查资料确定,缺少资料时,可取 $k_i = 0.63$；
n ——行政区数。

E.2.3 调查分析法应通过实地调查溃坝洪水淹没区社会经济受灾程度,在相关的社会经济统计资料基础上,运用数理统计及时间序列分析等方法估算受灾区的间接经济损失。

附录 F 溃坝社会与环境影响评估方法

F.0.1 溃坝社会与环境影响应考虑溃坝洪水淹没范围内风险人口数量、城镇规模、基础设施重要性、文物古迹级别、河道形态破坏程度、动植物栖息地保护级别、自然景观级别、潜在污染企业规模等主要因素,以溃坝社会与环境影响指数 I_{SE} 度量。

F.0.2 溃坝社会与环境影响指数 I_{SE} 可按式(F.0.2)计算：

$$I_{SE} = \prod_{i=1}^{8} C_i \quad\quad\quad\quad\quad\quad (F.0.2)$$

式中：
C_1——风险人口系数；
C_2——城镇规模系数；
C_3——基础设施重要性系数；
C_4——文物古迹级别系数；
C_5——河道形态破坏程度系数；
C_6——动植物栖息地保护级别系数；
C_7——自然景观级别系数；
C_8——潜在污染企业规模系数。

上述各系数的赋值标准参见表 F.0.2。

表 F.0.2 社会与环境影响因素及其赋值表

风险人口		社会影响因素						环境影响因素						
		城镇		基础设施		文物古迹		河道形态		动植物栖息地		自然景观		潜在污染企业	
数量/人	C_1	规模	C_2	重要性	C_3	保护级别	C_4	破坏程度	C_5	保护级别	C_6	级别	C_7	规模	C_8
1～10^2	1.0～2.0	散户或村庄	1.0～2.0	乡镇一般基础设施	1.0～1.25	一般或县级	1.0～1.25	中小河流轻微破坏	1.0～2.0	国家三级及以下	1.0～1.25	1A级	1.0～1.25	小型化工厂或农药厂	1.0～1.7
10^2～10^4	2.0～3.0	乡镇或人口集居区	2.0～3.0	市级交通、输电、油气线路及厂矿企业	1.25～1.5	省级	1.25～1.5	中小河流严重破坏	2.0～3.0	国家二级	1.25～1.5	2A级	1.25～1.5	中型化工厂或农药厂	1.7～2.4
10^4～10^6	3.0～4.0	县、地级城市	3.0～4.0	省级交通、输电、油气线路及厂矿企业	1.5～1.75	国家级	1.50～2.0	中小河道改道或大江大河严重破坏	3.0～4.0	国家一级	1.5～1.75	3A级	1.5～1.75	大型化工厂或农药厂	2.4～3.0
>10^6	4.0～5.0	省会、计划单列市及直辖市	4.0～5.0	国家级交通、输电、油气线路及厂矿企业、军事设施	1.75～2.0	世界级	2.0～2.5	大江大河改道	4.0～5.0	世界级	1.75～2.0	4A级及以上	1.75～2.0	特大型化工厂、农药厂或核电站、核储库	3.0～4.0

F.0.3 溃坝社会与环境影响严重程度可根据溃坝社会与环境影响指数 I_{SE} 划分为 4 级，其标准如下：

当 $I_{SE}<10$ 时，一般；

当 $10 \leqslant I_{SE}<100$ 时，较大；

当 $100 \leqslant I_{SE}<1\,000$ 时，重大；

当 $I_{SE} \geqslant 1\,000$ 时，特别重大。

附录 G 附 件

G.0.1 附表与附图宜包括下列内容：

——水库工程特性表；

——工程地理位置图；

——水库枢纽平面布置图；

——大坝及主要水工建筑物典型纵、横断面图；

——水位、泄量、库容关系曲线；

——溃坝洪水淹没图；

——大坝巡视检查记录表等。

G.0.2 其他附件宜包括下列内容：

——水库工程概况；

——突发洪水事件及其后果分析；

——突发水污染事件及其后果分析；

——工程抢险预案；

——水污染处理预案；

——人员应急转移和临时安置预案。

标准用词说明

标准用词	严格程度
必须	很严格，非这样做不可
严禁	
应	严格，在正常情况下均应这样做
不应、不得	
宜	允许稍有选择，在条件许可时首先应这样做
不宜	
可	有选择，在一定条件下可以这样做

中华人民共和国水利标准化指导性技术文件

水库大坝安全管理应急预案编制导则

SL/Z 720—2015

条 文 说 明

1 总则

1.0.1 水库大坝在蓄水发挥效益的同时，也会对下游构成潜在风险，特别是一旦溃坝失事，可能会对生命、财产、基础设施、生态环境、经济社会发展等造成灾难性破坏，属典型突发公共安全事件，国内外均有惨痛教训。

水库大坝安全管理应急预案（以下简称"预案"）是避免或减少水库大坝发生突发事件可能造成生命和财产损失而预先制定的方案，是提高社会、公众及大坝运行管理单位应对突发事件能力，降低大坝风险的重要非工程措施，是风险管理理念下的重要制度性文件。

国务院于 2006 年 1 月 8 日发布了《国家突发公共事件总体应急预案》；当年 5—6 月，国务院又印发了四大类 25 件专项应急预案；随后，80 件部门预案和省级总体应急预案相继发布，初步建立了我国突发公共安全事件应急管理体系。水利部于 2007 年 5 月以规范性文件形式发布了《水库大坝安全管理应急预案编制导则（试行）》（水建管〔2007〕164 号）（以下简称"预案导则（试行）"），用以指导全国水库大坝突发事件应急预案的编制。

预案导则（试行）对指导预案编制发挥了重要作用，从全国各地实践及反馈意见看，由于前期研究不足，预案导则（试行）的可操作性与针对性还存在不足。因此，在近年来相关研究工作基础上，并总结预案编制的经验，对预案导则（试行）进行修订，将其上升到行业标准，是非常必要的。

1.0.2 坝高在一定程度上反映了工程技术难度和溃坝后果严重性。国际坝工界普遍依据坝高 H 将挡水结构分为大坝（Large Dam）和小坝（Small Dam）。根据国际大坝委员会（ICOLD）1997 发布的 109 号公报，$H>15$ m 的称为大坝；5 m$<H\leqslant 15$ m 的称为小坝；10 m$<H\leqslant 15$ m 的一些挡水结构也被称为大坝，取决于坝长、库容、下泄流量及坝基工程地质条件。

我国水库大坝主要根据库容 V 分为大型水库（$V\geqslant 1$ 亿 m³）、中型水库（$1\,000$ 万 m³$\leqslant V<1$ 亿 m³）、小型水库（10 万 m³$\leqslant V<1\,000$ 万 m³）。根据《第一次全国水利普查公报》，全国现有各类水库 98 002 座（不含香港、澳门、台湾地区），其中大型水库 756 座，中型水库 3 938 座，小型水库 93 308 座。从坝高看，15 m 以上的水库大坝约 3.2 万座。可见，小型水库大坝是我国水库大坝的主体。

相对于大中型水库，小型水库管理机构不健全、管理条件差、管理水平低，风险更为突出。2010 年水利部发布的《小型水库安全管理办法》（水安监〔2010〕200 号）第二十六条规定"水库主管部门（或业主）应组织所属小型水库编制大坝安全管理应急预案，报县级以上水行政主管部门备案……"。因此，参照国际惯例，建议坝高超过 15 m 的小型水库也按本标准执行。一般小型水库由于坝高较低，影响范围小，风险相对较低，而且基础资料少，"预案"编制可以适当简化，参照本标准执行。

1.0.3 预案是在水库大坝发生突发事件时避免或减少损失而预先制定的方案，是指导地方政府、水库运行管理单位和主管部门(或业主)以及下游公众、库区周边公众应对水库大坝突发事件的行动指南。

　　水库大坝突发事件应急处置极其复杂,牵涉面非常广,非水库管理单位和主管部门(业主)所能独立处置,需要政府主导,紧急调动各方面资源、快速有力地动员社会公众,统一作出决策,在尽可能短的时间内消除危机。预案作为水库大坝发生突发事件应急处置的行动指南,主要指导水库运行管理单位和主管部门(或业主)去"做什么"和"如何做",包括突发事件预测预警、险情报告、应急调度、应急抢险、险情监测和巡查等。人员应急转移、善后处理、信息发布主要依靠政府的力量和资源,但预案需要告知有关方面及下游公众洪水淹没范围、洪水到达时间、洪水强度等信息;如果需要转移,则应告知哪些人应该转移,以及转移次序、转移地点、时间要求,人员应急转移的动员和组织及转移过程中的救援和应急保障,则是政府应该做的事。

　　2005年,国家防办发布了《洪水风险图编制导则(试行)》,2006年3月又发布了《水库防汛抢险应急预案编制大纲(试行)》。水库防汛抢险应急预案主要针对可能导致重大工程险情和溃坝的突发事件,不能完全替代水库大坝安全管理应急预案,因为其没有考虑管理不当、超标准泄洪、水库水污染等突发事件。根据溃坝事故原因调查统计分析资料,相当一部分溃坝事故是因为管理不当等非洪水原因造成的。

　　水库大坝安全管理应急预案也不等同于溃坝应急预案,因为其中还包括水污染和超标准(下游堤防和建筑物设防标准)泄洪事件。

　　预案是指导水库运行管理单位和主管部门(或业主)以及下游公众应对水库大坝突发事件的行动指南,应该简单明了,便于操作和使用,重点需要明确规定水库运行管理单位和主管部门(或业主)以及当地政府公共安全突发事件应急机构各自的职责和任务,并建立预案与当地其他公共安全突发事件应急预案之间的链接,而不必将设计文件、洪水淹没研究、预测预警系统开发建设等包含在内,但可以作为预案的附件。

1.0.4　水库大坝突发事件是指突然发生,可能导致溃坝、重大工程险情、超标准泄洪、影响水库正常调度运行的水污染,危及公共安全,需要采取应急处置措施予以应对的紧急事件。水库大坝突发事件定义和分级依据为《中华人民共和国突发事件应对法》,其第三条规定:"本法所称突发事件,是指突然发生,造成或者可能造成严重社会危害,需要采取应急处置措施予以应对的自然灾害、事故灾难、公共卫生事件和社会安全事件。按照社会危害程度、影响范围等因素,自然灾害、事故灾难、公共卫生事件分为特别重大、重大、较大和一般四级。……突发事件的分级标准由国务院或者国务院确定的部门制定。"

1.0.5　收集的基础资料主要用于突发事件后果分析,包括绘制洪水风险图及估算生命损失、经济损失以及社会与环境影响。

　　当前,我国经济社会发展迅速,水库功能、运行条件与防洪保护对象,以及溃坝洪水淹没区基础数据等变化很快,基础资料应能反映现状实际。

1.0.6　"以人为本"的原则是指编制预案的主要目的是避免和减少生命损失,应急处置应以确保生命安全为第一要务。

　　"分级负责"的原则是指预案实行分级负责、属地管理,对相关人员的权利、职责和义务作出明确规定。

　　"预防为主"的原则是指通过对可能突发事件的深入分析,事先制定避免事故发生和减少损失的对策和措施,并做好突发事件监测预警与应急处置准备。

"便于操作"的原则是指突发事件监测预警与应急处置方案要符合工程实际,预案文本尽量减少文字表述,多以图表形式直观表达,指导性强。

"协调一致"的原则是指预案应与当地人民政府及其相关部门的公共突发事件应急预案协调和衔接,应急保障资源应尽量共享。

"动态管理"的原则是指预案要根据实际情况变化适时修订,不断补充完善。

1.0.7 预案编制是一项技术性强的工作,对有运行管理单位的水库,可由管理单位委托相关设计单位或科研机构编制;对没有运行管理单位的小型水库,可由水库主管部门或业主委托相关设计单位或科研机构编制。

水库大坝突发事件特别是溃坝事件应急处置结束后,往往涉及责任追究,水库大坝安全第一责任人即行政首长承担首要责任。因此,按照责权对等原则,预案需由水库大坝安全第一责任人所在同级人民政府或由其委托防汛指挥机构批准和发布,并报上一级人民政府水行政主管部门和防汛指挥机构备案。

1.0.8 为保证预案的有效性,要根据大坝工程安全状况、运行条件与应急组织体系中涉及的相关单位与人员变化,及时对预案进行修订。

2 预案封面和扉页

2.0.1～2.0.3 水库大坝突发事件应急处置极其复杂,牵涉的单位和人员很多,其中的责任单位和责任人一旦发生变化,如不及时修订更新版本,将严重影响预案的执行效果;同时,预案也不可能人手一册。

预案发放对象应注明单位、责任人和联系方式。发放对象一般包括应急指挥部各成员单位或部门的责任人、应急指挥部办公室各部门、应急抢险与救援队伍各小组、水库运行管理单位及科室的负责人。

3 编制说明

3.0.1～3.0.5 简要说明应急预案编制的基本情况,包括编制目的、依据、适用范围、突发事件分级以及编制单位与人员、预案受控和修订原则等。要特别强调,预案是水库大坝遭遇突发事件时的应急行动计划,对于培训和开展应急抢险、援救等工作起指导作用,即使没有预案,相关人员人也应知道报警、抢险、疏散撤离及救援应遵循的一般原则。

4 突发事件及其后果分析

4.1 水库工程概况

4.1.1～4.1.6 水库工程概况介绍尽量简单,详细介绍可作为预案附件。

4.2 突发事件分析

4.2.1 水库大坝突发事件可分为下列四类:

(1)自然灾害类事件。因暴雨、洪水、地震、地质灾害、上游水库溃坝、上游大体积漂浮物撞击等原因导致的溃坝、重大工程险情、超标准泄洪事件。

超标准泄洪事件是指自水库泄洪设施宣泄的洪水流量超过下游堤防和建筑物的防洪标准,造成淹没损失的洪水事件。相对于溃坝事件,超标准泄洪事件可以提前准确预警。

(2) 事故灾难类事件。因工程质量缺陷、调度与运行管理不当等原因导致的溃坝、重大工程险情、超标准泄洪事件；或影响生产生活、生态环境的水污染事件。

(3) 社会安全类事件。因战争、恐怖袭击、人为破坏等原因导致的溃坝、重大工程险情、超标准泄洪、水污染事件。

(4) 其他可能导致溃坝、重大工程险情、超标准泄洪、水污染的突发事件。

4.2.2 可按突发事件发生可能性进行排序，选择 2~3 种发生可能性较大的突发事件作为预测预警与应急处置的主要目标。

4.3 突发洪水事件及其后果分析

4.3.2 大坝溃决方式有瞬时溃决和逐步溃决两种，瞬时溃决又分为瞬时全溃与瞬时局部溃决。瞬时溃决一般发生在重力坝或拱坝，重力坝溃决原因以基础破坏居多，其溃口形状多为矩形；拱坝破坏最初发生坝肩拱座地质薄弱处，继而导致全部溃决。土石坝一般为逐步溃决，由漫顶或渗透破坏（管涌、接触冲刷）引起，破坏程度取决于漫顶或管涌流量大小与持续时间，两种破坏的溃口型式相似。

1 逐步溃坝溃口洪水计算

(1) BREACH 模型

BREACH 模型是基于 Fread(1984) 预报土坝溃坝洪水过程线而开发的一个数学模型。该模型建立在水力学、泥沙输移、土力学、大坝几何尺寸与数学特征、库容特征、溢洪道特征及入库流量随时间变化的基础上。模型有 7 个主要部分：①溃口形成；②溃口宽度；③库水位；④溃口泄槽水力学；⑤泥沙输移；⑥突然坍塌引起溃口的扩大；⑦计算方法。模型可以模拟因漫顶或管涌引起的溃坝，大坝可以是均质的，也可以是由两组不同特性材料组成的坝壳和心墙。

(2) 面板堆石坝溃坝模型

面板堆石坝与一般土石坝溃决过程的区别在于钢筋混凝土面板在未被冲毁的下游坝体支撑下仍起挡水作用，而随着下游坝体冲刷的积累，面板悬空长度不足以承受面板自重和水荷载的共同作用便折断，此时水头突然增加，溃口处流量突增，溃决过程突然加速。其后，随着水头逐渐减小，溃口流速、流量及冲刷也逐渐减小，面板又起到挡水作用。如此往复，直至最后稳定在某一平衡位置。

A. 李雷模型

为简化分析，设面板为单向板，取宽度 $b=1.0$ m，当下游支撑体被冲毁后，可视为一在自重和水荷载共同作用下的悬臂板，其计算简图见图 1。

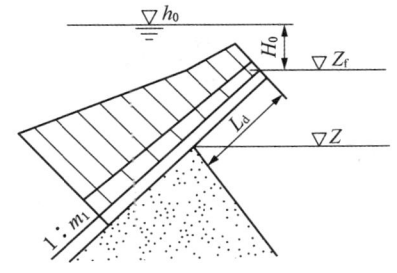

图 1 面板折断长度 L_d 计算简图

则自重荷载产生的弯矩 M_1 可按式(1)计算：

$$M_1 = \frac{\rho_h m_1 h L_d^2}{2\sqrt{1+m_1^2}} \quad \cdots\cdots\cdots\cdots(1)$$

式中：
m_1——上游坡比；
ρ_h——面板容重，kN/m^3；
h ——面板厚度，m。

水荷载产生的弯矩 M_2 可按式(2)计算：

$$M_2 = \frac{\rho_w(h_0-Z_f)L_d^2}{2} + \frac{\rho_w L_d^3}{6\sqrt{1+m_1^2}} \quad \cdots\cdots(2)$$

式中：
h_0——库水位，m；
Z_f——面板顶端高程，m；
L_d——面板折断长度，m；
ρ_w——水的容重，kN/m^3。

面板折断点总弯矩 M 按式(3)计算：

$$M = M_1 + M_2 \quad \cdots\cdots\cdots\cdots(3)$$

根据混凝土标号、面板配筋率和面板截面积可确定钢筋面积，再从钢筋混凝土结构设计手册查出面板所能承受的弯矩 M。再考虑安全系数 K，则面板所能承受的极限弯矩 M_f 可按式(4)计算：

$$M_f = kM \quad \cdots\cdots\cdots\cdots(4)$$

故面板折断条件为：

$$M \geqslant M_f \quad \cdots\cdots\cdots\cdots(5)$$

即

$$\left[\frac{\rho_h m_1 h}{2\sqrt{1+m_1^2}} + \frac{\rho_w(h_0-Z_f)}{2}\right]L_d^2 + \frac{\rho_w L_d^3}{6\sqrt{1+m_1^2}} = M_f$$

$$\cdots\cdots\cdots\cdots(6)$$

式(6)是一个一元三次方程，采用牛顿法可以很快求得临界折断长度。

面板折断形成溃口后，如果库水无别的出处，也没有别的水量补给，则水库减少的水量就是溃口的出流量，则有：

$$A_s(h)\frac{dh}{dt} = -Q \quad \cdots\cdots\cdots\cdots(7)$$

式中：
$A_s(h)$——水库水面面积，m^2；
$\dfrac{dh}{dt}$ ——水面高程的时间变化率，m/s；
Q ——溃口流量，m^3/s。

在 Δt 很小时，式(7)可改写为：

$$A_s(h)\Delta h = \Delta V = -Q\Delta t \quad \cdots\cdots\cdots\cdots(8)$$

溃口的出流量与平均流速 u、过流面积 A 的乘积成正比,有：

$$Q = uA = ub(h_0 - Z_f) \quad \cdots\cdots\cdots\cdots\cdots\cdots\cdots\cdots\cdots (9)$$

通常溃口出流量作为宽顶堰来计算的,即：

$$Q = \sigma_c bm \sqrt{2g(h_0 - Z_f)^3} \quad \cdots\cdots\cdots\cdots\cdots\cdots\cdots (10)$$

对照式(9)和式(10),作为矩形断面,可知：

$$u = \sigma_c m \sqrt{2g(h_0 - Z_f)} = \alpha_u \sqrt{h_0 - Z_f} \quad \cdots\cdots\cdots\cdots\cdots\cdots\cdots (11)$$

式中：

m —— 流量系数；

σ_c —— 侧收缩系数；

b —— 溃口平均宽度,m；

h_0 和 Z_f 如前所定义。

V.P.Singh 等(1988)提出如式(12)所示的下游坝体冲刷速度公式：

$$\frac{dZ}{dt} = \alpha_2 u^{\beta_2} \quad \cdots\cdots\cdots\cdots\cdots\cdots\cdots\cdots\cdots (12)$$

式中：

Z —— 下游坝体冲刷高程,m；

u —— 水流平均流速,m/s；

α_2、β_2 —— 经验系数,β_2 大约为 2,误差可用冲刷系数 α_2 修正,$\alpha_2 = 0.0008 \sim 0.0090$。

当 Δt 取得很小时,式(12)可以表示为：

$$\Delta_Z = \alpha_2 u^{\beta_2} \Delta t \quad \cdots\cdots\cdots\cdots\cdots\cdots\cdots\cdots\cdots (13)$$

当溃口开始出流时,在起始条件明确时,即可根据式(11)、式(13)及式(5)确定在 Δt_1 时段内面板会否折断,从而确定 Δt_2 时段中面板顶部高程,再根据式(8)和式(9)求出剩余库容。根据库容曲线求得新的水面高程,再继续 Δt_2 时段的计算,循环往复,便可分析各时段水力要素(溃口流量、流速、下泄水量等)、上游库水位和面板顶高程,最后得到上述各要素的溃坝过程线。

B.陈生水模型

陈生水认为,要正确模拟面板砂砾石坝溃决过程,应重点解决下列两个问题：①针对砂砾石材料粒径范围宽的特点,提出能较为合理计算其冲蚀率的经验表达式；②正确分析下游坝体冲蚀量对混凝土面板受力状态的影响,合理确定面板的折断时刻。

a) 砂砾石坝料临界起动流速

忽略砂砾石颗粒间的凝聚力,对如图 2 所示的代表颗粒 1 而言,所受的力一般有浮重度 W,水流拖曳力 F_d、上举力 F_l,其表达式分别为：

$$W = \frac{\pi}{6}(\gamma_s - \gamma_w)d_{50}^3 \quad \cdots\cdots\cdots\cdots\cdots\cdots\cdots\cdots\cdots (14)$$

式中：

γ_s —— 土颗粒的容重,kN/m³；

γ_w —— 水的容重,kN/m³；

d_{50} —— 土体颗粒平均粒径,m。

$$F_d = \frac{\pi}{8g} C_d d_{50}^2 \gamma_w v^2 = \frac{\pi}{20g} d_{50}^2 \gamma_w v^2 \quad \cdots\cdots (15)$$

式中：
F_d——水流对土体颗粒的拖曳力，kN；
C_d——拖曳力系数，一般取 0.4；
v ——水流流速，m/s。

$$F_l = \frac{\pi}{8g} C_l d_{50}^2 \gamma_w v^2 = \frac{\pi}{80g} d_{50}^2 \gamma_w v^2 \quad \cdots\cdots (16)$$

式中：
F_l——水流对土颗粒的上举力，kN；
C_l——上举力系数，一般取 0.1。

考虑到砂砾石料级配范围宽，最大颗粒与最小颗粒粒径相差大，为反映在漫坝水流作用下粗颗粒对细颗粒的阻拦、遮蔽作用，细颗粒对粗颗粒的包围、填实等，除上述作用力外，再引入一个与水流方向垂直的附加作用力 R（如图 2 所示），并近似假定 R 与颗粒间的平均剪力成比例，即：

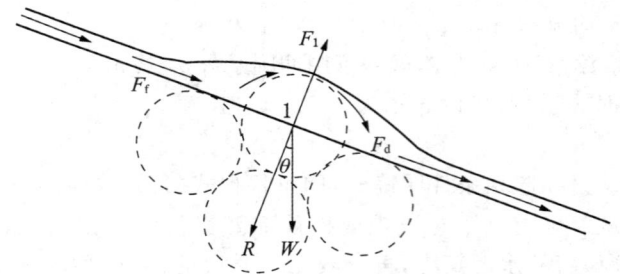

图 2 土体颗粒在坝坡上的受力示意图

$$R = \phi \tau_s d_{50}^2 \quad \cdots\cdots (17)$$
$$\tau_s = K_m M (\gamma_s - \gamma_w) d_{50} \quad \cdots\cdots (18)$$

式中：
τ_s ——不均匀颗粒的平均剪力，kPa；
K_m——无因次系数；
ϕ ——比例系数与颗粒面积系数的乘积。

由此可得：

$$R = KM(\gamma_s - \gamma_w) d_{50}^3 \quad \cdots\cdots (19)$$
$$K = \phi K_m \quad \cdots\cdots (20)$$

式中，K 值可根据不均匀颗粒起动流速实验资料确定，约在 0.785~1.727 范围内变化，此处取 1.3；M 为紧密系数，代表颗粒组成的密实程度，与不均匀系数 C_u 有关，可由式（21）确定：

$$M = 0.75 - \frac{0.65}{2 + C_u} \quad \cdots\cdots\cdots\cdots\cdots (21)$$

于是式(19)可以写为：

$$R = 1.3 M (\gamma_s - \gamma_w) d_{50}^3 \quad \cdots\cdots\cdots\cdots\cdots (22)$$

如图 2 所示，土体颗粒起动时受到的摩擦力可表示为：

$$\begin{aligned} F_f &= \tan\varphi [R + (W - F_1)\cos\theta] + c\pi d_{50}^2 \\ &= \tan\varphi d_{50}^2 \left[\left(1.3M + \frac{\pi}{6}\cos\theta\right)(\gamma_s - \gamma_w) d_{50} - \frac{\pi}{80 g}\cos\theta \gamma_w v^2 \right] + c\pi d_{50}^2 \end{aligned}$$
$$\cdots\cdots\cdots\cdots\cdots (23)$$

式中：

F_f——土颗粒受到的摩擦力，kN；

φ——土体颗粒间的内摩擦角；

θ——坝坡坡角；

c——土体的凝聚力，kPa。

通过受力分析可知，土体颗粒 1 起动的临界条件为：

$$F_d + W\sin\theta = F_f + F_1 \sin\theta \quad \cdots\cdots\cdots\cdots\cdots (24)$$

将式(14)、式(15)、式(16)、式(22)、式(23)代入式(24)可以得到土体颗粒在坝坡上的临界起动流速为：

$$v_c = \sqrt{\frac{80 g d_{50} \left[\tan\varphi \left(1.3M + \frac{\pi}{6}\cos\theta\right) - \frac{\pi}{6}\sin\theta \right](\gamma_s - \gamma_w)}{\pi \gamma_w (4 + \tan\varphi \cos\theta - \sin\theta)} + \frac{80 g c}{\gamma_w (4 + \tan\varphi \cos\theta - \sin\theta)}}$$
$$\cdots\cdots\cdots\cdots\cdots (25)$$

b) 砂砾石坝体冲蚀率

砂砾石坝体在溃坝水流的作用下，坝顶溃口和下游坝坡将发生冲蚀。针对砂砾石料级配范围宽，最大颗粒与最小颗粒粒径相差大，在分析不同土体陡水槽冲蚀试验结果的基础上，选择 d_{90} 与 d_{30} 作为代表粒径，建议计算砂砾石料单宽冲蚀率的经验表达式如下：

$$q_s = 0.25 \left(\frac{d_{90}}{d_{30}}\right)^{0.2} \sec\theta \frac{v_* (v_b^2 - v_c^2)}{g\left(\frac{\gamma_s}{\gamma_w} - 1\right)}$$
$$\cdots\cdots\cdots\cdots\cdots (26)$$

其中

$$v_b = \bar{v} \left(\frac{d_{90}}{H - H_c}\right)^{\frac{1}{6}} \quad \cdots\cdots\cdots\cdots\cdots (27)$$

$$v_* = \sqrt{g(H - H_c)J} = \bar{v} N \sqrt{g} (H - H_c)^{-\frac{1}{3}}$$
$$\cdots\cdots\cdots\cdots\cdots (28)$$

$$\bar{v} = \frac{Q_b}{B(H - H_c)} \quad \cdots\cdots\cdots\cdots\cdots (29)$$

式中：

q_s——单宽冲蚀率，m²/s；

d_{90}、d_{30}——小于某粒径的颗粒含量分别为 90% 和 30% 所对应的颗粒粒径，mm；

B ——溃口宽度,m;
v_* ——摩阻流速,m/s;
v_b ——溃口底流速,m/s;
$\bar{v}$ ——水流平均流速,m/s;
Q_b ——溃口流量,m³/s;
J ——水力梯度;
H ——水库水位高程,m;
H_c ——溃口底部高程,m;
N ——溃口糙率。

溃口流量 Q_b 分别采用下述方法计算。当漫顶溃坝发生后,水流沿着初始溃口冲蚀下游坝坡,可以采用下面的宽顶堰公式计算:

$$Q_b = mB\sqrt{2g}(H-H_c)^{\frac{3}{2}} + 2m\sqrt{2g}\tan\left(\frac{\pi}{2}-\theta\right)(H-H_c)^{\frac{5}{2}} \quad\cdots\cdots(30)$$

式中:
m ——流量系数,此处取 0.5。

随着下游坝料冲蚀,溃口向上游发展,溃口部位坝顶宽度逐渐减少。当坝顶冲蚀完毕后,由于面板还在发挥挡水作用,因此过流断面为薄壁堰,此时的溃口流量按式(31)计算:

$$Q_b = m_0 b\sqrt{2g}\Delta h^{\frac{3}{2}} \quad\cdots\cdots(31)$$

其中

$$m_0 = 0.403 + \frac{0.0007}{\Delta h} + 0.053\frac{\Delta h}{p_1} \quad\cdots\cdots(32)$$

式中:
m_0 ——流量系数;
b ——薄壁堰过流宽度,m;
Δh ——堰顶水头,m;
p_1 ——堰高,m。

c) 溃口发展和面板折断时刻确定

由于溃坝水流的作用,下游坝坡发生冲蚀,某一时间段增量 Δt_i 内,溃口纵向冲蚀深度增量 Δy_{ci} 为:

$$\Delta y_{ci} = \frac{\Delta t_i q_s}{L_2(1-n)} \quad\cdots\cdots(33)$$

$$\Delta y_c = \sum_{i=1}^{n}\Delta y_{ci} \quad\cdots\cdots(34)$$

式中:
Δy_c ——溃口纵向冲蚀深度,m;
L_2 ——下游坝坡长度,m;
n ——坝壳料孔隙率。

假设初始溃口为梯形,在水流冲蚀情况下,溃口边坡保持极限稳定边坡,坡角为砂砾石材料的内摩擦角 φ;溃口底部的冲蚀速率与溃口边坡的冲蚀速率相等,如图 3 所示,则水流对坝体溃口两侧的直接冲刷形成的溃口宽度增量 ΔB 可以表达为：

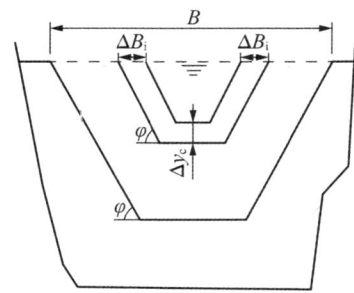

图 3　面板砂砾石坝下游坝坡冲蚀示意图

$$\Delta B = \sum_{i=1}^{n}(\Delta B_i + \Delta B_i) = \sum_{i=1}^{n} 2\Delta B_i = 2\Delta y_c \quad\quad\quad (35)$$

时间段 Δt_i 内水库水位变化量为：

$$\Delta H = \sum_{i=1}^{n}\left|\frac{(Q_{in} - Q_b)\Delta t_i}{S_a}\right| \quad\quad\quad (36)$$

式中：
Q_{in}——入库流量，m^3/s；
S_a——库水位为 H 时的水库面积，m^2。

由于面板的挡水作用，溃口的发展主要以溢流水流对下游坝体的冲刷为主。随着坝体不断经受过坝水流冲刷，面板下方残存的堆石体下塌至极限稳定边坡（如图4所示），上游边坡坡比记为 $1:m_1$。取单位宽度面板进行分析，当下游支撑体被冲蚀后，面板可视为在自重和水荷载共同作用下的悬臂板，悬臂板承受自重荷载产生的弯矩 M_1 及水荷载产生的弯矩 M_2 可通过式(37)和式(38)计算：

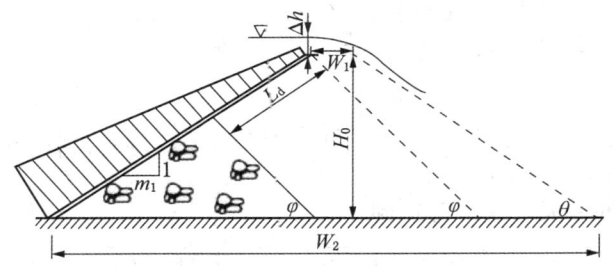

图 4　面板砂砾石坝漫顶破坏溃口发展示意图

$$M_1 = \frac{\rho_m m_1 \delta L_d^2}{2\sqrt{1+m_1^2}} \quad\quad\quad (37)$$

式中：
M_1——自重荷载产生的弯矩，$kN \cdot m$；
ρ_m——面板的密度，kg/m^3；

δ ——面板的厚度，m；
L_d ——折断面板的长度，m。

$$M_2 = \frac{\rho_w(H-Z_f)L_d^2}{2} + \frac{\rho_w L_d^3}{6\sqrt{1+m_1^2}} \quad\quad\quad (38)$$

式中：
M_2 ——水荷载产生的弯矩，kN·m；
ρ_w ——水的密度，kg/m³；
H ——库水位高程，m；
Z_f ——面板顶部高程，m。

在自重荷载和水荷载的共同作用下面板承受的总弯矩 M 为：

$$M = M_1 + M_2 = \frac{\rho_m m_1 h_1 L_d^2}{2\sqrt{1+m_1^2}} + \frac{\rho_w(H-Z_f)L_d^2}{2} + \frac{\rho_w L_d^3}{6\sqrt{1+m_1^2}} \quad\quad (39)$$

根据面板所用的混凝土标号、配筋率和面板的横截面积，查出面板所能承受的弯矩 M_0，安全系数 k，则面板的极限弯矩 M_f 为：

$$M_f = kM_0 \quad\quad\quad (40)$$

式中，$k = 1.4$。

因此面板折断的条件为：

$$M > M_f \quad\quad\quad (41)$$

即

$$\frac{\rho_m m_1 h_1 L_d^2}{2\sqrt{1+m_1^2}} + \frac{\rho_w(H-Z_f)L_d^2}{2} + \frac{\rho_w L_d^3}{6\sqrt{1+m_1^2}} > kM_0 \quad\quad\quad (42)$$

则面板折断的临界条件为：

$$\frac{\rho_m m_1 h_1 L_d^2}{2\sqrt{1+m_1^2}} + \frac{\rho_w(H-Z_f)L_d^2}{2} + \frac{\rho_w L_d^3}{6\sqrt{1+m_1^2}} = kM_0 \quad\quad\quad (43)$$

令 $a = \frac{\rho_w}{6\sqrt{1+m_1^2}}$，$b = \frac{\rho_m m_1 h_1}{2\sqrt{1+m_1^2}} + \frac{\rho_w(H-Z_f)}{2}$，$d = -kM_0$，则面板折断的临界长度可以通过求解关于 L_d 的一元三次方程得到：

$$L_d = -\frac{b}{3a} + \sqrt[3]{\sqrt{\left(\frac{27a^2d+2b^3}{54a^3}\right)^2 - \left(\frac{b}{3a}\right)^6} - \frac{27a^2d+2b^3}{54a^3}} - \sqrt[3]{\sqrt{\left(\frac{27a^2d+2b^3}{54a^3}\right)^2 - \left(\frac{b}{3a}\right)^6} + \frac{27a^2d+2b^3}{54a^3}}$$

$$\quad\quad\quad (44)$$

坝体冲蚀量决定了面板折断时刻。当面板悬空长度为 L_d 时，残余坝体的单宽体积为：

$$V_m = \frac{1}{2}(m_1 + \cot\varphi)\frac{(L_1 - L_d)^2}{1+m_1^2} \quad\quad\quad (45)$$

式中：
L_1——面板的总长度，m。
坝体的单宽总体积可以表示为：

$$V_T = \frac{1}{2}(W_1 + W_2)H_0 \quad \cdots\cdots (46)$$

式中：
W_1——坝顶宽度，m；
W_2——坝底部宽度，m；
H_0——坝高，m。

则面板折断的时刻在溃坝发生后的时间 ΔT 可以按式(47)表达：

$$\Delta T = \frac{v_T - v_m}{q_s} \quad \cdots\cdots (47)$$

此时可通过式(35)和式(47)求出此时溃口的宽度和面板发生折断的时间。当面板折断后,溃口宽度和溃口流量将突然增大。如果面板砂砾石坝较高,面板可能不止发生一次折断,可以继续采用上述方法计算面板发生折断的时间和溃口的发展。

(3) 简化计算法

坝址处的最大溃坝流量 Q_m 可以按式(48)计算：

$$Q_m = 2.5 F V^{0.76} H^{0.1} \quad \cdots\cdots (48)$$

式中：
Q_m——最大溃坝流量，m^3/s；
F——简化评估特征参数，$F = 1.3$；
V——下泄水的总体积，$10^3 m^3$；
H——最大水深，m。

式(48)为保守地利用地形与水文过程线资料和凭经验确定的溃决流量表达式,适用于坝高小于等于12 m的均质土坝。对于坝高大于12 m的均质土坝或坝高小于等于12 m的非均质土石坝或非黏性材料坝,其溃口特性不同,最大溃坝流量应做相应调整。

2 瞬时溃坝溃口洪水计算

(1) 混凝土坝瞬时全溃

假定坝下游无水,上下游河槽断面为矩形,槽底坡降 $i = 0$,并设溃坝时水流惯性力为主导,忽略水流阻力,则根据圣维南方程和特征线理论,溃坝波的波形为式(49)、式(50)所示的二次抛物线(见图5)方程：

$$h = \frac{1}{9g}\left(2\sqrt{gH_0} - \frac{x}{t}\right)^2 \quad \cdots\cdots (49)$$

$$V = \frac{2}{3}\left(\frac{x}{t} + \sqrt{gH_0}\right) \quad \cdots\cdots (50)$$

式中：
H_0——坝址上游水深，m。

当 $x = 0$ 时,坝址处的水深和流速即为常数,即：

$$h_e = \frac{4}{9} H_0 \quad \cdots\cdots (51)$$

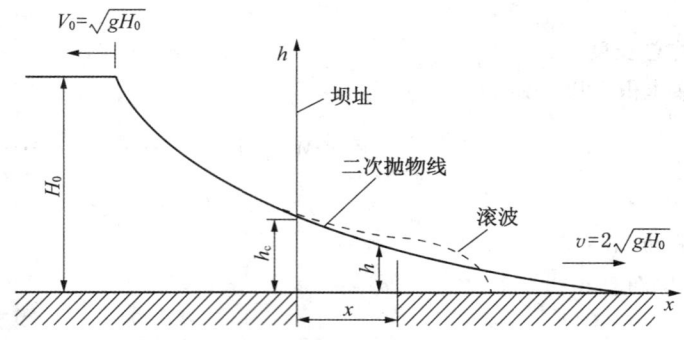

图 5 溃坝波的二次抛物线

$$V_c = \frac{2}{3}\sqrt{gH_0} \quad\quad\quad\quad (52)$$

若矩形断面的宽度为 B，则坝址处的最大流量可以按式(53)计算：

$$Q_m = Bh_cV_c = \frac{8}{27}\sqrt{g}BH_0^{3/2} \quad\quad\quad\quad (53)$$

若上下游河道断面不为矩形，设断面面积可以表示为式(54)：

$$A = Kh^m = \frac{BH}{m} \quad\quad\quad\quad (54)$$

式中：

K、B、m——常系数、水面宽和河槽断面形状系数。

坝址溃口处流速和最大流量可以分别按式(55)、式(56)为：

$$V_c = \frac{2m}{2m+1}\sqrt{\frac{gH_0}{m}} \quad\quad\quad\quad (55)$$

$$Q_m = \frac{1}{m\sqrt{m}}\left(\frac{2m}{2m+1}\right)^3 B\sqrt{g}H_0^{3/2} \quad\quad\quad\quad (56)$$

此即所谓的圣维南公式解，也称 A.Ritter 解。

(2) 混凝土坝横向局部一溃到底

如图 6 所示，再考虑溃口影响因子 $(B/b)^\alpha$ 后，便可用瞬时全溃的公式来计算横向局部一溃到底时的坝址溃口处水深、流速及最大流量。若取 $\alpha = 0.25$，则式(51)、式(52)及式(53)分别修正为：

$$h_c = \frac{H_0}{10^{0.3b/B}} \quad\quad\quad\quad (57)$$

$$V_c = 0.926 \times 10^{0.3b/B}\left(\frac{B}{b}\right)^{1/4} H_0^{1/2} \quad\quad\quad\quad (58)$$

$$Q_m = \frac{8}{27}\sqrt{g}\left(\frac{B}{b}\right)^{1/4} bH_0^{3/2} \quad\quad\quad\quad (59)$$

(3) 混凝土坝瞬时垂向局部溃坝

与横向局部一溃到底不同的是，在坝高方向残留了一段坝体，如图 7 所示。

设坝体残留部分高度为 h'，则此时溃口处的最大流量可按式(60)计算：

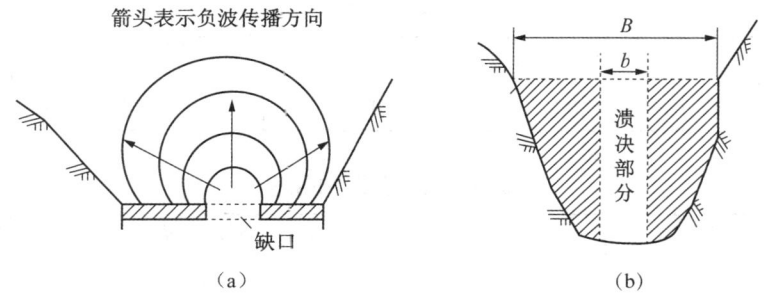

图 6 混凝土坝横向局部一溃到底示意图

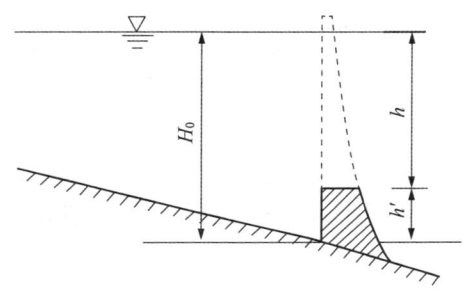

图 7 混凝土坝垂向局部溃坝示意图

$$Q_\mathrm{m}=\frac{8}{27}\sqrt{g}\left(\frac{H_0-h'}{H_0-0.827}\right)B\sqrt{H_0}(H_0-h')$$

.................(60)

如果沿大坝横向和垂向同时局部溃决,则最大流量公式修改为式(61):

$$Q_\mathrm{m}=\frac{8}{27}\sqrt{g}\left(\frac{B}{b}\right)^{1/4}\left(\frac{H_0-h'}{H_0-0.827}\right)b\sqrt{H_0}(H_0-h')$$

.................(61)

美国水道实验站对式(61)进行了修正:

$$Q_\mathrm{m}=\frac{8}{27}\sqrt{g}\left(\frac{BH_0}{bh}\right)^{0.28}bh_0^{3/2}$$ ....(62)

式中,$h=H_0-h'$。

黄河水利委员会水利科学研究院根据试验提出式(63):

$$Q_\mathrm{m}=\frac{8}{27}\sqrt{g}\left(\frac{B}{b}\right)^{0.4}\left(\frac{11H_0-10h}{H_0}\right)^{0.3}bh^{1.5}$$

.................(63)

(4)瞬时溃坝时坝址流量过程线估算

通过详细算法成果和模型实验资料分析,发现瞬时溃坝流量过程线的最大流量与溃坝前下泄流量及溃坝前可泄库容(溃坝库容)有关,可概化为 4 次或 2.5 次抛物线,见表 1、表 2,其中 Q_0 为溃坝前下泄流量,t 为溃坝时刻,Q 为 t 时刻溃坝流量。实际多用 4 次抛物线。

表 1　4 次抛物线表

t/T	0	0.05	0.10	0.20	0.30	0.40	0.50	0.60	0.70	0.80	0.90	1.00
Q/Q_m	1.00	0.62	0.48	0.34	0.26	0.21	0.17	0.13	0.09	0.06	0.03	Q_0/Q_m

表 2　2.5 次抛物线表

t/T	0	0.01	0.10	0.20	0.30	0.40	0.50	0.65	1.00
Q/Q_m	Q_0/Q_m	1.00	0.62	0.45	0.36	0.29	0.23	0.15	Q_0/Q_m

库水泄完时间 T 可以按式(64)确定：

$$T = \frac{W}{\left(\dfrac{\overline{Q}}{Q_m}\right)Q_m - Q_0} \quad\quad\quad\quad\quad (64)$$

式中：

W、$\overline{Q}$、Q_m、Q_0——库容、流量过程线纵坐标的平均值、溃口处最大流量和溃坝前下泄流量。

4.3.3　超标准泄洪洪水演进计算的初始流量过程线为自泄洪设施宣泄的洪水过程线。

目前用于溃坝洪水演进计算的软件很多,常用的如美国国家气象局(NWS)开发的 DAMBRK、FLADWAV,美国陆军工程师团(USACE)开发的 HEC-RAS,以及丹麦水利科学研究所(DHI)开发的 MIKE 系列等。

4.3.4　溃坝洪水风险图是融合洪水特征信息、地理信息、社会经济信息,通过洪水计算、风险判别、社会调查,反映溃坝发生后潜在风险区域洪水要素特性的专题地图。

溃坝洪水风险图制作的一般流程为:收集整编资料、确定计算范围和溃坝洪水风险分析方法、溃坝洪水风险分析、溃坝洪水风险图制作。

溃坝洪水风险图应包括纸质溃坝洪水风险图、电子溃坝洪水风险图两种。纸质溃坝洪水风险图是在电子溃坝洪水风险图基础上,按照信息显示要求进行编辑加工后的打印输出,基本内容应与电子版溃坝洪水风险图保持一致。

溃坝洪水风险图可以包括下列信息:工作底图信息、风险要素(洪水水深、流速、淹没历时、到达时间、严重性等)信息、防洪工程信息、防洪非工程信息、社会经济信息等。根据不同要求,信息可以有所侧重。

溃坝洪水风险图中的洪水风险要素信息以半透明方式分段着色,便于同时获取基础地理信息。

4.3.5　突发洪水事件后果包括生命损失、经济损失及社会与环境影响。

生命损失估算应考虑风险人口 P_{AR}、溃坝洪水严重性 S_d、警报时间 W_T、风险人口对溃坝洪水严重性的理解程度 U_d 等主要影响因素。可采用李-周法计算;条件受限时,可以采用 D&M 法计算。

经济损失包括直接经济损失和间接经济损失。直接经济损失包括洪水导致工程损毁所造成的经济损失和洪水直接淹没所造成的可以用货币计量的各类损失,可以根据水库下游经济社会调查统计资料,采用分类损失率法计算;条件受限时,可以采用单位面积综合损失法或人均综合损失法计算。间接经济损失指直接经济损失以外的可以用货币计量的损失,包括由于采取各种应急措施(如防汛、抢险、避难、开辟临时交通线等)而增加的费用;交通线路中断给有关工矿企业造成原材料中断而停工停产及产品积压的损失或运输绕道增加的费用;农产品减产给农产品加工企业和轻工业造成的损失等,可以采用系数折算法或调查分析法计算。

社会与环境影响应考虑溃坝洪水淹没范围内风险人口数量、城镇规模、基础设施重要性、文物古迹级别、河道形态破坏程度、动植物栖息地保护级别、自然景观级别、潜在污染企业规模等主要因素。社会与环境影响难以直接量化,因此采用社会与环境影响指数度量。社会影响除与生命损失、经济损失相关外,还包括对国家、社会安定的不利影响,给人们身心健康造成的损害,受灾公众生活水平和生活质量下降,无法补救的历史文物古迹和稀有动植物损失等。环境影响主要包括对河道形态、生物及其生长栖息地(包括河流、湿地、表土和植被等)、自然景观等的破坏,以及因化学储存设施、农药厂、核电站等破坏而造成的环境污染等。

4.3.6 预案主要规定相关人员"做什么"和"如何做",而不必告诉其"为什么做"。因此,详细的突发洪水事件及其后果分析不必放在预案文本中,可以作为预案附件。

4.4 突发水污染事件及其后果分析

4.4.1、4.4.2 近年来,水库突发水污染事件时有发生,下列是几起典型案例:

2011年4月28日下午1时30分左右,一辆满载石头的农用车经过陕西省西安市户县某水库东侧公路时压塌路面冲入库区,车体落入水中部分解体,致使车辆油箱脱离车体剩余柴油溢出,车体内润滑油泄漏进入水体,造成库区石油类水体大面积污染,所幸无人员伤亡。事件发生后,在西安市环保局专家的指导下,迅速组织相关职能部门和镇政府人员赶赴一线加以处置,在较短时间内有效化解了事件的危害,确保了该水库供水安全。

2012年1月15日,广西河池市环保局在调查中发现某水电站坝首前200 m处镉含量超GB 3838《地表水环境质量标准》Ⅲ类标准约80倍。据估算,此次镉污染事件镉泄漏量约20 t,泄漏量之大在国内历次重金属环境污染事件中罕见,此次污染事件波及河段约300 km。因担心饮用水源遭到污染,处于下游的柳州市市民出现恐慌性囤水购水,超市内瓶装水被市民抢购一空。本次污染事故锁定的两个违法排污嫌疑对象分别是某矿业公司和某制粉厂。

2012年3月,广东省东莞市某水库出现大面积死鱼现象。经调查,原因有三。一是点源污染,水库区域共有来自大岭山和大朗的排污口4处,加上初春雨水冲刷,大量污染物经排污口流入,导致水体质量下降。二是面源污染,该水库周围有工业区、农业生产区,工业污染及农业外部污染源经雨水冲刷后流入水库,造成下湖大面积污染。三是内源污染,下湖多年来污染物沉积加上近期降雨少,该水库设计库容6 000万 m^3,实际蓄水仅1 184万 m^3,水库水量补给严重不足,水位严重下降,水体溶解氧过低,仅为1.8 mg/L,而正常溶解氧不小于5 mg/L,加上气温升高,水底微生物大量繁殖,消耗水中溶解氧,造成水体底部缺氧,导致鱼类大面积死亡。

2012年8月25日,浙江省兰溪市某水库(库容166万 m^3)发生大面积死鱼事件。通过水质采样检测,3个不同点的溶解氧分别为0.28 mg/L、1.58 mg/L、5.34 mg/L,分析造成此次死鱼的主要原因是上游某畜牧养猪场长期排放猪粪,污染了水库水质。

5 应急组织体系

5.1 应急组织体系框架

5.1.1 水库大坝突发事件应急组织体系主要包括应急指挥机构、应急保障机构、专家组、抢险与救援队伍,其中应急保障机构、救援队伍及工程自身险情抢护之外的抢险队伍主要利用当地突发公共事件总体应急预案中的资源。

5.1.2 应急组织体系框架图用以明确参与水库大坝突发事件应急处置的相关各方在预案启动、实施、结束整个过程中的承担的角色与相互之间的关系,重点是明确水库管理单位与主管部门(业主)的角色。

5.2 应急指挥机构

5.2.1~5.2.4 在突发公共安全事件应急管理中,设立一个居于核心地位、具有最高权威的指挥机构是必要的,而且指挥机构在危机管理中的适度集权也是必须的。越是出现公共危机,就越是需要政府的紧急行动与高强度的资源调动与社会控制,从而实现政府、社会行动的高度一体化。美国联邦紧急事务管理署(FEMA)就是一个在危机管理中处于核心地位的联邦常设机构,它负责处理包括自然灾害和社会动乱以及战争在内的一切紧急事务,建立了从中央到地方、从政府到民间的综合管理体系,具有极大的权威性和独立地位。

水库大坝突发事件非水库管理单位和主管部门(业主)或某专业部门所能独立处置,必须以政府为统领,通力协调,利用一切可用资源,将灾害控制在有限范围,将损失降低到最低,国际经验如此,我国的《中华人民共和国突发事件应对法》和《国家突发公共事件总体应急预案》等有关法规和制度也是这样规定的。

应急指挥机构是应急组织体系的核心,是应急处置过程中的领导者和决策者,其他部门和人员要服从应急指挥机构的工作安排。应急指挥机构在指挥长领导下,主要负责水库大坝突发事件预警信息的发布与报告,以及应急预案的具体实施,包括预案启动、应急调度、应急抢险、险情监测和巡查、人员应急转移、善后处理、信息发布等;同时,有责任召集专家组、应急抢险和救援队伍、应急指挥机构日常办事机构及应急保障机构人员,在未发生突发事件时,对应急保障的平时准备工作进行确定、协调等,确保预案的可行性、有效性。

应急指挥机构成员单位应包括属地政府、地方驻军、防汛抗旱指挥部、水行政主管部门、水库主管部门(业主)、水库管理单位及政府直属机构如财政局、民政局、卫生局、交通局、气象局、环保局等部门。按照分级负责、属地管理、责权对等的原则,水库大坝安全管理政府责任人所在同级政府为应急组织体系的最高指挥机构,水库大坝安全管理政府责任人为应急指挥机构的指挥长。

应急指挥机构下可设日常办事机构,可以设在水行政主管部门或水库运行管理单位,其职责包括紧急时刻下达应急指挥机构的决策内容,还包括预案的宣传、培训和应急演练的组织工作,以及对应急保障准备情况的组织、日常检查和监督。

5.3 专家组

5.3.1、5.3.2 水库大坝突发事件特别是溃坝一旦发生或即将发生,情况瞬息万变,需要在第一时间内作出科学决策,安排应急调度、抢险和组织人员转移,并需要实时根据水情、险情与灾情变化情况不断对应急处置方案进行调整。这一过程涉及信息收集与处理、预测预警、溃坝洪水及其后果分析、会商、决策、抢险、救灾等环节,各种不确定性相互交织,专家的技术支撑必不可少。

专家组对应急指挥机构负责,主要负责收集技术资料,参与会商,发挥技术参谋、提供决策建议,为应急决策和处置提供技术支撑,必要时参加突发事件应急处置。

专家组的专业组成和规模大小等根据工程具体情况和人力资源条件确定,但专家组成员专业结构要求尽量全面,一般由水工、地质、水文、金属结构、工程管理、气象、卫生、环保、通信、救灾、公共安全等不同领域专家组成,包括熟悉工程设计、施工、运行管理和参与应急预案编制与审查的专家。因水库大坝应急处置的复杂和艰苦的特点,专家组既要经验丰富,又要身体健康。在水库日常管理中,要建立专家库,确定专家成员名单及备选名单,以使得专家对水库大坝的工程及运行状况有所了解,以利于在应对突发事件过程中做出快速反应和正确判断。

5.4 应急抢险与救援队伍

5.4.1、5.4.2 应急抢险队伍指的是水库大坝工程险情抢护队伍,交通、通信等设施的抢险队伍应在政府总体应急预案中考虑。抢险队伍应由身体强健、适合紧急召集、有一定的工程抢护技能的人员组成,一般由水库管理人员、民兵、当地驻军(武警)部队战士等组成。抢险队伍的规模和组织分工根据工程具体情况确定,并加强应急演练。

应急救援队伍负责组织水库下游洪水淹没区公众(风险人口)的撤离转移包括营救被困人员、搜救失踪人员、紧急医治受伤人员等,并在撤离转移过程中提供必要的救助,可以在政府总体应急预案中考虑。鉴于水库大坝突发事件特点,要针对性地考虑洪水救援的一些特殊需要。

6 运行机制

水库大坝突发事件应急预案在平时是一个计划,在应急处置时是行动指南,预案运行机制是周密计划落实为有效行动的重要保障,按照"科学高效、规范有序"的原则,规范突发事件预测预警、会商、预案启动、指挥协调、抢险救援、服务保障、善后处理、信息发布等各个环节流程,明确水库管理单位、政府及相关职能部门、涉及工矿企事业单位、公众等在突发事件应急处置中的职责及相互之间的关联,见图8。

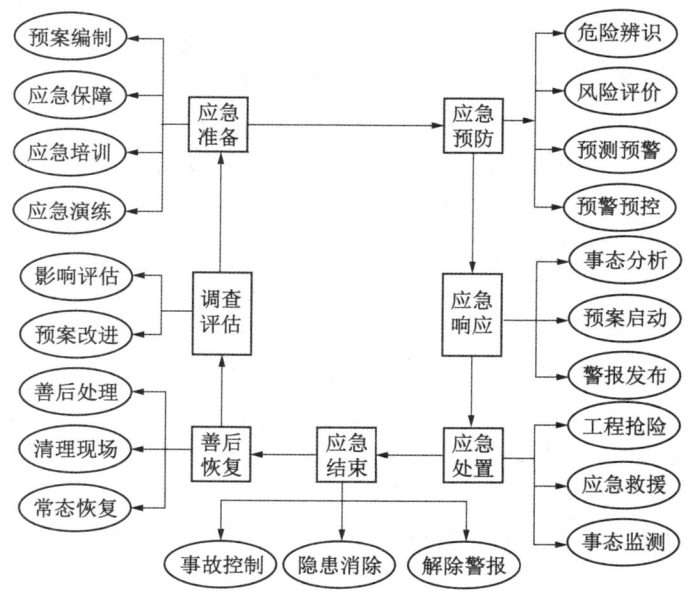

图8 预案运行流程示意图

6.1 预测与预警

6.1.1 "预防为主,防控结合"是应对突发事件的基本原则。预测预警是预案整个运行过程中的第一道防线。建立有效的水库大坝突发事件预测预警系统,做到突发事件早发现、早报告,为应急处置赢得足够时间,在大多数情况下可以防止水库突发事件演变为恶性致灾事故,对降低生命损失尤其关键。

水库大坝突发事件预测预警系统包括仪器监测、人工巡视检查及警报系统。仪器监测通过布置于大坝内、外部的渗流、变形、应力等监测设施,基于实时数据采集与分析技术,对大坝安全性状进行监控,出现异常时实时报警。但仪器监测往往在空间、时间分布上存在局限,而险情发生未必与仪器监测位置和监测时间同步,巡视检查可以弥补这种不足。因此,要特别重视人工巡视检查的作用,其是水库大坝突发事件预测预警系统的重要组成部分。水库大坝安全管理实践证明,大量险情或工程事故征兆是通过人工巡视检查首先发现的。

有无警报、警报时间长短以及警报能否及时传达给公众,对降低水库大坝突发事件后果特别是减少人员伤亡具有重要影响。从古代战争警报的烽火狼烟,到现代各种信息手段,历来人们为争取时间改善信息传递手段做了大量努力。警报系统中最关键的是通信设施。1993年青海省某水库溃坝前,管理人员发现了溃坝征兆,但因无任何通信手段,险情无法传递给下游县城,造成近300人死亡的惨剧。这一例子提醒我们,即使及时发现了溃坝征兆,但若警报系统特别是通信手段不健全,同样会造成重大损失。为确保各类信息、指令能够及时准确地传送至应急组织体系中的相关部门和责任人,水库运行管理机构必须建立可靠的通信系统,目前可以采用通信手段很多,包括有线电话、无线移动电话、电台、卫星电话、网络等。警报装置不仅需要在水库工程管理范围内设置,还需在下游溃坝洪水淹没范围内的居民点和公共场所(如垂钓点、游泳池、野营地等)等地设置,以确保公众能够及时得到报警信息。警报装置可以采用电子警报器、广播喇叭、蜂鸣器等,淹没范围内居民点还可以采用电视、电话、手机短信作为补充报警手段。对小型水库和偏僻地区,可以通过鸣枪、发射信号弹甚至扩音喇叭沿途喊话、吹口哨、敲打锣(鼓)等手段报警。

6.1.3 有管理机构和管护人员的水库,可以由水库管理(护)人员担任突发事件信息报告员;无管理机构和专人管理的小型水库,可以聘请水库附近居民兼职水库突发事件信息报告员。

除信息报告员外,获悉突发事件信息的其他人员,也有义务立即向水库主管部门(业主)、应急指挥机构以及所在地人民政府报告突发事件信息。

6.1.4 当通过抢险或应急调度无法阻止突发事件发展,突发事件即将发生或者发生的可能性增大时,要发布警报和预警信息。警报一般根据应急指挥机构的指令发布。情况紧急时(如突发事件已经发生),也可由水库管理单位或主管部门(业主)发布。

警报信号如果不事先约定,公众可能无法正确理解和及时反应,从而影响撤离效果。

6.1.5 水库大坝突发事件预警级别划分依据为《中华人民共和国突发事件应对法》,其第四十二条规定:"国家建立健全突发事件预警制度。可以预警的自然灾害、事故灾难和公共卫生事件的预警级别,按照突发事件发生的紧急程度、发展势态和可能造成的危害程度分为一级、二级、三级和四级,分别用红色、橙色、黄色和蓝色标示,一级为最高级别。预警级别的划分标准由国务院或者国务院确定的部门制定。"

水库大坝突发事件预警级别与突发事件级别相对应,某水库的预警级别见表3。

表3 某水库突发事件预警级别

预警级别	可能突发事件	可能的突发事件描述
Ⅳ级 一般 蓝色	洪水	• 根据洪水预报，可能遭遇20年一遇洪水； • 库水位已到防洪高水位； • 6 h降雨量已达30 mm，中短期天气预报近期可能有较强降雨
	地震	• 遭遇地震，坝体出现细微裂缝
	恐怖袭击	• 恐怖分子袭击大坝，造成水库大坝出现一般险情，但不影响大坝整体稳定
	水污染	• 水库库区水质监测指标有1项超标，库区局部水质恶化到接近Ⅲ类水
	工程事故	• 坝体出现细微裂缝； • 坝体局部渗漏不严重； • 溢洪道有1孔闸门无法开启
Ⅲ级 较严重 黄色	洪水	• 根据洪水预报，可能遭遇20年以上50年以下一遇洪水； • 库水位已超过防洪高水位，但低于设计洪水位； • 降雨量大，6 h雨量已达50 mm；入库流量增大较快；中短期天气预报近期降雨天气仍将持续
	地震	• 遭遇地震，坝体出现多处纵向、横向裂缝
	恐怖袭击	• 恐怖分子袭击大坝，造成水库大坝发生较大险情，有可能影响大坝安全
	水污染	• 水库库区水质监测指标有1~3项超标，至少1项超标1倍以上，库区局部水质恶化到Ⅲ类水
	工程事故	• 坝体出现多处纵向、横向裂缝； • 坝体局部渗漏较严重； • 溢洪道有2孔闸门无法开启
Ⅱ级 严重 橙色	洪水	• 根据洪水预报，可能遭遇50年以上1 000年以下一遇洪水； • 库水位已超过设计洪水位，但低于校核洪水位； • 降雨量很大，3 h雨量已达50 mm；入库流量迅速增大；中短期天气预报近期仍有较强降雨
	地震	• 遭遇地震，坝体发生局部滑坡，有可能导致漫顶
	恐怖袭击	• 恐怖分子袭击大坝，造成水库大坝发生重大险情，有可能导致库水突然下泄
	水污染	• 水库库区水质监测指标有4项及以上超标，至少2项超标1倍以上，库区较大范围水质恶化到Ⅲ类水
	工程事故	• 坝体出现局部滑坡； • 坝体出现大面积渗漏； • 溢洪道3孔闸门均无法开启，并遭遇20年以上一遇洪水

表 3（续）

预警级别	可能突发事件	可能的突发事件描述
Ⅰ级特别严重红色	洪水	• 根据洪水预报,可能遭遇1 000年及以上一遇洪水; • 库水位已到校核洪水位及以上; • 降雨量很大,3 h雨量已达100 mm;入库流量迅速增大;中短期天气预报近期有较强降雨,可能出现特大暴雨
	地震	• 遭遇地震,坝体发生大滑坡,很可能导致漫顶溃坝
	恐怖袭击	• 恐怖分子袭击大坝,造成水库大坝发生特别重大险情,很有可能导致库水突然下泄、甚至溃坝
	水污染	• 水库库区水质监测指标有4项及以上超标,至少2项严重超标2倍以上,库区大范围水质恶化到Ⅲ类水以下
	工程事故	• 坝体出现大面积滑坡; • 坝体出现大面积渗漏,且下游出现翻砂冒水现象; • 溢洪道3孔闸门均无法开启,并遭遇50年以上一遇洪水

6.1.6 预警信息对于应急管理十分重要,一般以应急指挥机构的名义发布,慎重对待发布时间、发布内容。预警信息发布后,受突发事件影响的各方面都会有相应的应急响应,会伴随取舍与牺牲,不必要的预警是一种浪费,也会带来损失;多次无效预警会使公众产生麻痹思想,降低预警作用和应急预案效力,并损害政府和应急机构的形象。

6.1.7 及时解除预警信息是预警程序完整性要求,也是避免和减少预警浪费与损害的要求。

6.2 应急响应

6.2.1～6.2.9 突发事件警报和预警信息发布后,对应红色、橙色、黄色和蓝色预警,应分别启动Ⅰ级、Ⅱ级、Ⅲ级、Ⅳ级应急响应。预案启动后,应急组织体系开始运转,相关人员在规定的时间内就位,应急处置随即展开;同时,向公众发布预警信息,做好应急撤离准备。应急响应过程如图9所示。

6.3 应急处置

6.3.2 险情、灾情报告是突发事件信息传递的重要源头,是应急指挥机构争取时间做出有效反应和正确决策的重要前提,是应急管理的基本制度之一,是后续各项应急措施的基础。应急处置过程中,应实时动态的续报有关险情、灾情信息。某水库险情、灾情信息报告规定如表4所示。

　　信息发布是协调社会共同防御灾害、协调公众参与应急处置、维护社会稳定的重要手段,是政府职能和政府公共管理中突发事件处置内容的重要组成部分,也是各国处理应急事件的基本做法。

　　信息发布应当及时、准确、客观、全面。事件发生后的第一时间即应向社会和公众发布简要信息,随后发布初步核实情况、政府应对措施和公众防范措施等,并根据事件处置情况做好后续发布工作。应该防范散布突发事件的虚假信息,避免出现恐慌。

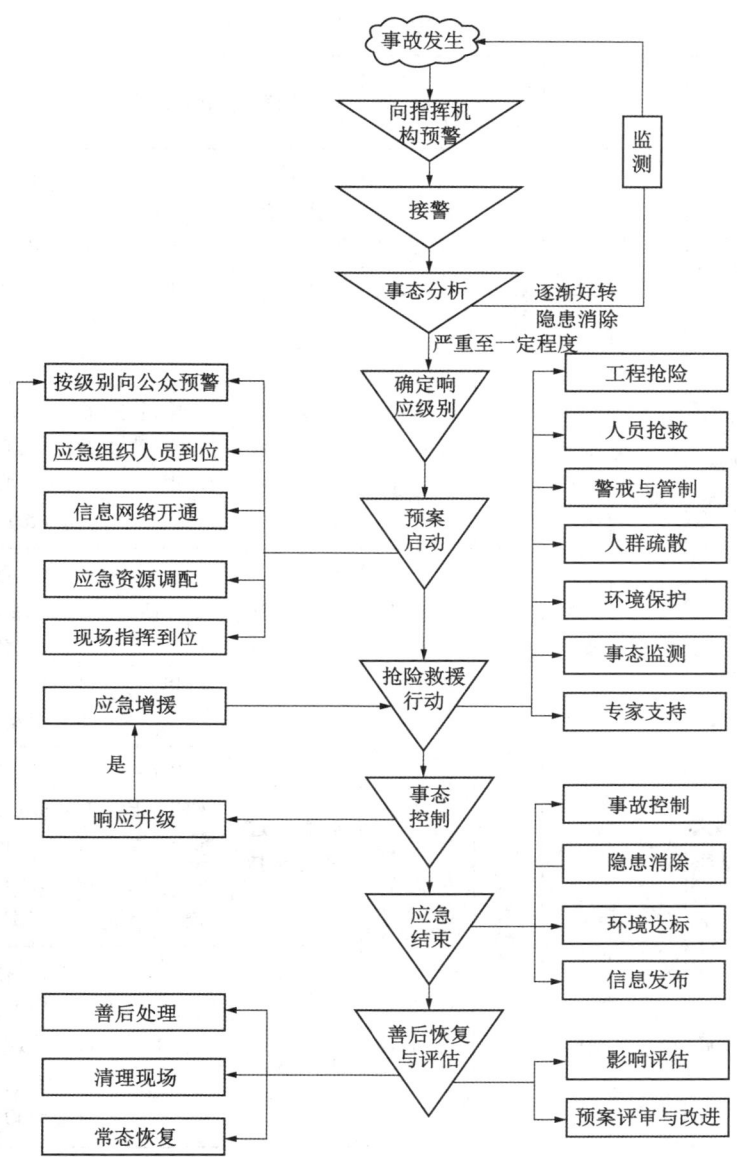

图 9 应急响应程序流程图

表 4 某水库险情、灾情信息报告规定

信息类别	责任单位	责任人	工作职务	联系方式	报告对象	报告内容	报告方式	时间频次要求
流域气象和水文信息	市气象局	×××	局长		应急指挥部办公室	不同时段天气、气温、降雨量	电话、网络、传真、电台	红色、橙色预警信息发布后,每4 h报告1次;黄色、蓝色预警信息发布后,每12 h报告1次。必要时根据需要加密

表 4（续）

信息类别	责任单位	责任人	工作职务	联系方式	报告对象	报告内容	报告方式	时间频次要求
水库水情信息	市水文水资源局	×××	局长		应急指挥部办公室	不同时段雨情、水情、库水位、下泄流量	电话、网络、传真、电台	红色、橙色预警信息发布后，每2h报告1次；黄色、蓝色预警信息发布后，每8h报告1次。必要时根据需要加密
大坝安全状况信息	水库管理处	×××	处长		应急指挥部办公室	工程隐患类别、部位、特征参数、变化情况	电话、网络、传真、电台	红色、橙色预警信息发布后，每1h报告1次；黄色、蓝色预警信息发布后，每4h报告1次。必要时根据需要加密
闸门运行状况信息	水库管理处	×××	处长		应急指挥部办公室	闸门开启与运行情况	电话、网络、传真、电台	红色、橙色预警信息发布后，每2h报告1次；黄色、蓝色预警信息发布后，每8h报告1次。必要时根据需要加密
下游河流水势变化信息	市水文水资源局	×××	局长		应急指挥部办公室	流量、水位、过程线及其变化	电话、网络、传真、卫星电话、电台	红色、橙色预警信息发布后，每1h报告1次；黄色、蓝色预警信息发布后，每4h报告1次。必要时根据需要加密
下游灾情信息	市民政局	×××	副局长		应急指挥部办公室	下游淹没情况、受灾区域与人数	电话、网络、传真、卫星电话、电台	红色、橙色预警信息发布后，每2h报告1次；黄色、蓝色预警信息发布后，每12h报告1次。必要时根据需要加密

信息发布的授权单位与发布方式。信息发布方式包括授权发布、散发新闻稿、组织报道、接受记者采访、举行新闻发布会等；发布途径可以通过电视公告、广播、报纸、网络、手机短信等。

6.3.3 应急调度是根据预测预警或突发事件状态采取的控制危险源的主要措施，对可能溃坝事件采取紧急泄水和控制来水可有效降低溃坝发生的可能性，或迟缓溃坝发生，从而为其他应急措施争取时间；对水质污染事件采取控制供水、调水稀释等措施可以防止污染范围的扩大或危害程度的加重。

针对可能发生的突发事件，制定相应应急调度方案，如控制入库流量和下泄流量；根据突发事件分析结果，规定应急调度方案的操作程序，确定各种紧急情况下的调度权限、调度命令下达、执行的部门与程序，以及有关责任单位与责任人。要严格避免因应急调度措施、程序的失误造成新的次生灾害。

6.3.4 应急抢险主要是对险情工程的抢护,及时有效的抢护可能避免溃坝的发生,或者拖延溃坝的发生过程以争取时间,应急抢险效果与专家技术指导、抢险物资的储备调用、抢险队伍的组成和训练素养等关系密切。

针对可能导致溃坝的突发事件,要事先制定工程抢险预案,包括抢险原则、抢险方案、抢险队伍、抢险物资及其贮备等,并规定通知、调动抢险队伍的方式以及时间与任务要求,以使工程抢险有章可循。

6.3.5 应急监测和巡查是跟踪事态发展,科学及时调整预警级别和应急措施的主要依据。某水库应急监测和巡查规定见表5。

表5 某水库应急监测与巡视检查规定

监测与巡查对象	内容	方式	频次	责任人	单位与职务	报送对象	单位与职务
库区降水	降雨量	自动遥测	每降1 mm遥测一次	×××	水文水资源局科长	×××	水文水资源局局长
库区水体	库水位	视频监控仪器量测	视频24 h监控,水位每变化1 cm计一次				
大坝	裂缝、扬压力、位移	人工巡查仪器量测	人工24 h巡查,仪器每2 h观测一次	×××	水库管理处工管科长	×××	水库管理处处长
溢洪道闸门	开启是否正常	视频监控人工巡查	视频24 h监控人工24 h巡查				
泄洪及放空底孔闸门	开启是否正常	人工巡查	人工24 h巡查				

6.3.6 人员应急转移是在抢险、应急调度等防范措施仍无法阻止事态发展时,迫不得已采取的处置措施,其主要目的是保障公众生命安全和适当减少财产损失。水污染等非工程安全类突发事件一般不需要进行应急转移。某水库针对可能导致溃坝的突发事件,溃坝洪水淹没区域人员和财产转移命令下达和实施的流程图如图10所示。

图10 某水库人员应急转移命令下达和实施流程图

要根据溃坝洪水淹没区居民点、安置点、交通条件的分布情况,以及溃坝洪水演进速度,分片确定转移人员和财产的数量、次序、转移路线、距离、时间要求、交通方式、安置点等,并确定人员应急转移的组织方式(见表6)。负责某一区域人员转移的责任人可以根据辖区内行政村、小区/街道/企事业单位(甚至到自然村/居民楼)的分布情况,进一步细化人员转移方案。如区(镇)长可将责任进一步落实到街道主任、小区负责人、企事业单位负责人;乡长可以将责任进一步落实到村委会主任,村委会主任再进一步落实到村民小组长等。

表 6 某水库下游洪水淹没区内的人员转移方案

区	乡(镇)	行政村、小区/街道/企事业单位	自然村/居民楼	户数	居住人数	转移路线、距离及时间和交通要求	责任人	职务	联系电话
××区	××镇	区政府花溪发电厂				区政府→新村自然村(1.2 km,15 min,步行) 花溪发电厂→龙滩自然村(1.4 km,15 min,步行+车辆)	×××	区长	
		大寨村	大寨			大寨→尖山行政村(2.7 km,18 min,车辆)	×××	村委会主任	
		吉林村	吉林			吉林→羊牛行政村(1.4 km,20 min,步行)、上寨自然村(0.3 km,20 min,步行)	×××	村委会主任	
	××乡	董家堰村	董家堰			董家堰→民族学院(0.5 km,20 min,步行)	×××	村委会主任	
		上水村	马路寨 东村 碧云窝 新寨			上水→指甲塘自然村(小河区)(1.1 km,22 min,步行) 马路寨→尖山行政村(2.0 km,22 min,步行+车辆) 东村→新村自然村(0.6 km,23 min,步行) 碧云窝→上寨自然村(0.6 km,23 min,步行) 新寨→民族学院(0.6 km,23 min,步行)	×××	村委会主任	
××区	××镇	场坝 尖山屯 漓江花园 兴隆城市花园 榕筑花园 中海城市花园 平桥社区办 黄河社区办 自来水厂				场坝→王家寨自然村(1.4 km,25 min,步行) 尖山屯→汽车城农用车市场(0.9 km,25 min,步行) 漓江花园→滇江花园(4 楼以上,25 min,步行) 兴隆城市花园→兴隆城市花园(4 楼以上,25 min,步行) 榕筑花园→榕筑花园(4 楼以上,25 min,步行) 中海城市花园→中海城市花园(4 楼以上,25 min,步行) 平桥社区办→机械工业公司(1.0 km,25 min,步行) 黄河社区办→电杆厂(1.2 km,25 min,步行) 自来水厂→王家寨自然村(1.3 km,30 min,步行)	×××	镇长	

表6（续）

区	乡（镇）	行政村、小区/街道/企事业单位	自然村/居民楼	户数	居住人数	转移路线、距离及时间和交通要求	责任人	职务	联系电话
××区	××镇	养殖场				养殖场→王家寨自然村(1.4 km,30 min,步行)			
		行知中学				行知中学→华阳电工厂(2.0 km,30 min,步行+车辆)			
		闽华宾馆				闽华宾馆→闽华宾馆(4楼以上,30 min,步行)			
		电信大楼				电信大楼→电信大楼(4楼以上,30 min,步行)			
		中院				中院→三公司农场(1.4 km,30 min,步行)			
		贵航二中				贵航二中→华阳电工厂(1.4 km,30 min,步行)			
		四十四医院				四十四医院→电力器材厂(0.7 km,30 min,步行+车辆)			
		航空子有限公司				航空子有限公司→电力器材厂(0.9 km,32 min,步行)	×××	镇长	
		柴油机厂				柴油机厂→电力器材厂(0.7 km,32 min,步行)			
		开发区人事局				开发区人事局→华阳电工厂(1.4 km,35 min,步行)			
		中院小学				中院小学→机械工业公司(1.1 km,35 min,步行+车辆)			
		建行				建行→一中分校(1.4 km,35 min,步行)			
		三〇〇医院				三〇〇医院→(4楼以上,35 min,步行)			
		青少年中心				青少年中心→天力柴油机有限公司(0.7 km,35 min,步行)			
		开发区二小				开发区二小→黔江机械厂(0.6 km,40 min,步行)			
	××乡	××村	周家寨 孙家院			周家寨→王家寨自然村(0.4 km,45 min,步行) 孙家院→王武自然村(1.7 km,45 min,步行)	×××	村委会主任	

应急救援队伍在人员转移过程中的主要任务包括营救被困人员、搜救失踪人员、紧急医治受伤人员等。

人员转移过程中的警戒措施包括隔离、交通管制。

人员应急转移过程中的救援、警戒、登记等工作可以利用当地政府总体应急预案中的资源。

6.3.7 临时安置主要解决应急转移人员（包括水库管理职工）临时居住、生活（食物、饮用水、衣物、洗漱用品）、医疗等基本要求。可以利用当地政府总体应急预案中的资源。

6.4 应急结束

6.4.1、6.4.2 水库突发事件应急预案启动后，牵涉面广，影响大、代价高。因此在险情得到控制，警报解除；风险人口全部撤离并安置完毕，洪水消退或水污染得到控制后，要尽快宣布应急结束。应急结束指令一般由应急指挥机构发布。

6.5 善后处理

6.5.1、6.5.2 为查找问题，总结经验，应对突发事件的起因、性质、责任、发展过程、应急处置经过等问题进行调查，对突发事件造成的后果以及预案实施效果等进行评估，并在此基础上，对预案进行事后修改和完善。

7 应急保障

应急保障是应急预案有效运转的物质基础。应急保障机构需根据要急处置的需要，充分利用当地政府总体应急预案中的应急保障资源，制定应急保障计划，建立应急保障体系，为水库突发事件应急处置提供人力资源、经费、设备及物资保障，并满足交通、通信、电力、医疗卫生、基本生活、治安保障需求。

7.1 应急抢险与救援物资保障

7.1.1～7.1.3 水库管理单位或主管部门（业主）应根据水库突发事件应急抢险与救援工作的需要，事先储备必要的抢险与救援设备及材料，以应对一般险情或突发事件前期处置需求。应急预案一旦启动，对抢险与救援物资的需求量可能很大，可以在抢险与救援过程中，由应急保障机构中的相关政府职能部门根据需要调拨当地政府总体应急预案中的应急保障资源，或临时采购，必要时还可以征用社会资源。

7.2 交通、通信及电力保障

7.2.1、7.2.3 一般险情抢护或突发事件前期处置过程中的交通、通信及电力保障，需由水库管理单位或主管部门（业主）负责。应急预案启动后，可以由应急保障机构中的相关政府职能部门负责交通、通信及电力保障，利用当地政府总体应急预案中的应急保障资源，根据需要及时赶赴现场抢修交通、通信及电力设施，确保应急处置过程中的电力供应与交通、通信通畅；交通保障计划包含可能需要的交通运输工具数量和型号，必要时可以临时征用社会交通运输工具，用以运送应急抢险与救援队伍、物资及应急转移人员。

7.3 经费保障

7.3.1、7.3.2 应急经费即包括预案培训与演练以及事先采购和储存必要应急抢险与救援设备及物资的费用，也包括应急处置过程中发生的费用。一般工程险情抢护物资和设备的购置与保管费用、水库管理单位或主管部门（业主）参与预案的培训和演练费用、一般险情应急处置发生的直接费用等应由水库管理单位或主管部门（业主）承担；溃坝或重大工程险情应急抢险物资和设备的购置和保管费用、救援物资和设备的购置与保管费用、整个预案的培训和演练费用、重大险情应急处置发生的直接费用等需在当地政府总体应急预案中考虑,主要由政府公共财政负担。

7.4 其他保障

7.4.1~7.4.3 其他保障如基本生活、卫生防疫及治安保障需在当地政府总体应急预案中考虑,水库大坝安全应急预案中明确相关责任单位和责任人即可。

8 宣传、培训与演练

8.0.1 通过对预案的宣传、培训和演练,可以使参与应急处置的相关人员掌握突发事件应急处置的流程和各自的职责,公众充分了解和熟悉报警和撤离信号,以及撤离路径和避难场所,否则将使预案的执行效果大打折扣。

8.0.2 预案的宣传主要是针对水库下游溃坝洪水淹没范围内公众的。根据国外经验,公众参与是确保应急预案有效性的重要一环。因此,需要确定以适当的方式向溃坝洪水淹没区内的公众宣传水库大坝存在的风险,让公众了解溃坝突发事件的应急处置流程,充分理解报警和撤离的信号,知道大坝发生意外时如何撤离,但又不至于造成不必要的人为恐慌。

8.0.3 预案的培训主要是针对应急指挥部各成员单位或部门责任人以及水库运行管理单位员工的,确保他们完全熟悉溃坝应急预案的所有内容及有关设备情况,了解他们各自的权力、职责和任务。

预案的演练(习)是针对所有相关责任部门、水库运行管理单位及公众的。通过演习,检验水库管理单位、主管部门(业主)及公众的反应,核实报警和通信设施的有效性,发现问题和不足,对预案进行改进和完善。根据国外经验,预案的演练(习)可以分为下列五种类型:

(1)专题讨论会。水库管理单位与主管部门(或业主)、地方政府应急管理办公室参与。共同讨论应急预案,以及为每年的训练或范围更深更广的演习提出初步计划。

(2)训练。是一种最低水平的实际演习,检验、制定或完善单个应急反应的技能。可以在室内完成,检验水库管理单位与主管部门(或业主)的反应,核实电话号码及其他通信设施的有效性。这类训练是必不可少的。

(3)桌面演习。比训练高一个级别的演习,通常包括一个会议,有水库管理单位与主管部门(或业主)、地方政府应急管理办公室的人员参加,以一个模拟突发事件开始,参与者进行讨论,评价积极行动计划和应对步骤,解决协调和责任中有关问题。

(4)操作演习。是最高水平的演习。在实际的突发事件中,有水库管理单位与主管部门(或业主)、地方政府应急管理办公室的人员参与,在一个特定环境下,在限定时间内操作演习参与者履行他们的实际职责的过程和应对能力。

(5)大规模演习。是最复杂的演习,在实际现场的一个高度逼真模拟事件的动态环境中,所有参与者履行各自的职责,如果预先通知了公众,也可演习居民的疏散。

对某一座具体水库,可以根据实际情况确定以上述适当的方式和规模组织相关部门、水库运行管理单位员工、公众参与预案演练(习)。

附录 A 水库大坝安全管理应急预案编写提纲

附录 A 是参考《水库防汛抢险应急预案编制大纲(试行)》与《水库大坝安全管理应急预

案编制导则（试行）》要求,并总结近年来水库防汛抢险应急预案及水库大坝安全管理应急预案编制经验,以及借鉴先进国家水库突发事件应急预案编制与实施经验提出的。

附录 B 水库大坝突发事件分级标准

特别重大险情如坝体出现大面积滑坡,重大险情如坝体出现局部滑坡、贯穿性裂缝,较大险情如坝体出现多处纵向、横向裂缝,一般险情如坝体出现细微裂缝,可根据水库实际情况分析确定。

水质监测项目参见 GB 3838。

按生命损失和直接经济损失对水库大坝突发事件进行分级的依据为《生产安全事故报告和调查处理条例》(国务院令第 493 号,2007.3.28)。

突发事件造成的社会与环境影响是在考虑我国国情基础上提出的。社会影响除与生命损失、经济损失相关外,还包括对国家、社会安定的不利影响,给人们身心健康造成的损害,受灾公众生活水平和生活质量下降,无法补救的历史文物古迹和稀有动植物损失等。环境影响主要包括对河道形态、生物及其生长栖息地(包括河流、湿地、表土和植被等)、自然景观、文物古迹等的破坏,以及因化学储存设施、农药厂、核电站等破坏而造成的环境污染等。

附录 C 溃坝模式分析方法

C.1 破坏模式与后果分析法（FMEA 法）

破坏模式与后果分析法(FMEA 法)是将大坝作为一个系统分解为一个个单独的部分和单元,然后用推理式的图表来分析识别系统中每一个单独的部分和单元所有可能破坏模式及其后果,以找到能够避免或减少潜在破坏模式发生的措施并且不断完善。

C.2 破坏模式、后果和危害程度分析法（FMECA 法）

破坏模式、后果和危害程度分析法(FMECA 法)是一种定性与定量相结合的归纳分析方法,分析系统中每一要素所有可能破坏模式及其对系统可能造成的所有影响,并按要素破坏模式发生的可能性、后果发生的可能性及其严重程度予以分类,适用于大坝风险要素排序。

以江苏省某大(2)型水库东副坝和溢洪道为例说明如何应用 FMECA 法。东副坝均质土坝,最大坝高 17.3 m,其典型断面如图 11 所示。

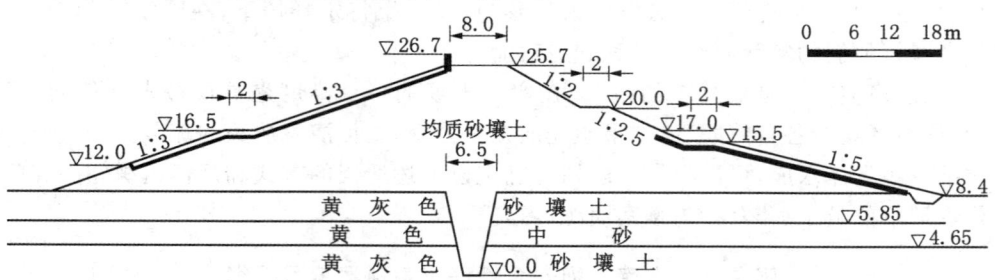

图 11 江苏省某水库东副坝典型断面示意图

东副坝与溢洪道是水库枢纽的一级子系统,分别编号为01、02。东副坝二级子系统包括坝顶(0101)、坝体(0102)、坝基和坝肩(0103)、下游坝脚及附近地面(0104)等;溢洪道二级子系统包括引水渠(0201)、控制段(0202)、泄洪渠(0203)。每个二级子系统下都有多个要素。

每个要素都有一种或多种破坏模式。针对每种破坏模式,分析发生的可能性、导致后果的严重性和后果发生的可能性,得到如附录C表C.2.2-1、表C.2.2-2、表C.2.2-3中所示的分级。根据分级情况,依据附录C表C.2.2-4可得到要素的危害性程度指标,结果见表7。可见,东副坝坝体白蚁危害、坝体管涌破坏、地震作用下的坝坡失稳是危害程度高的破坏模式,溢洪道控制段混凝土边墙砂浆脱落与地震破坏、泄洪渠左浆砌石导流墙因冲刷导致部分坍塌是危害程度高的破坏模式,也是采取工程措施或工程管理中需要认真对待的主要问题。

表 7 破坏模式、影响和危害程度分析表

要素/功能编号	子系统	要素	破坏模式	破坏模式相互影响 被影响	破坏模式相互影响 影响	直接影响	最终影响（后果）	破坏模式可能性	后果可能性	后果严重性	危害性
01	东副坝										
0101		坝顶									
01010101		公路	磨损			路面粗糙	路面粗糙	可能	肯定	不严重	9
01010102			表面裂缝		010203	地表水进入到坝体内	侵蚀大坝	可能	不可能	严重	13
01010103			意外破坏			公路开裂/雨水进入坝体	侵蚀大坝	不可能	不可能	严重	11
01010201		上游挡墙	弄坏			降低防浪作用	波浪涌过坝顶	不可能	极不可能	不严重	4
01010202			开裂			降低防浪作用	波浪涌过坝顶	经常发生	极不可能	不严重	7
01010203			墙体遭受机动车破坏			墙体拐塌	人员伤亡	不可能	可能	严重	12
01010301		下游挡墙	弄坏			无直接影响	公共安全	不可能	不可能	不严重	5
01010302			开裂			无直接影响	公共安全	经常发生	不可能	不严重	8
01010303			墙体遭受机动车破坏			墙体拐塌	人员伤亡	不可能	可能	严重	12
01010401		坝顶排水管	堵塞/路面开裂		010101	坝顶积水	侵蚀大坝	可能	不可能	严重	13
01010402			堵塞/路面未开裂			坝顶积水	坝顶积水	可能	肯定	不严重	9
01010403			漏水	010101	010204	侵蚀下游坡	下游坡失稳	经常发生	不可能	严重	14
01010501		路面支墩	过载失效			公共安全	人员伤亡	不可能	可能	严重	12
01010601		电缆及电缆沟	人为故意破坏			电力/通信/仪器读数中断	延迟启动泄洪设施	可能	不可能	中等	9

表 7（续）

要素/功能编号	子系统	要素	破坏模式	破坏模式相互影响 被影响	破坏模式相互影响 影响	直接影响	最终影响（后果）	破坏模式可能性	后果可能性	后果严重性	危害性
01010602		上游砌石护坡	老坏			电力/通信/仪器读数中断	延迟启动泄洪设施	可能	不可能	中等	9
0102	坝体										
01020101		上游砌石护坡	砂浆失效		010202	雨水渗入	破坏护坡，导致边坡失稳	经常发生	不可能	严重	14
01020102			波浪作用/砂浆失效	010202	010202/010203	表面局部破坏	边坡失稳	极不可能	极有可能	非常严重	14
01020201		上游垫层	局部侵蚀	010201		护坡失效	破坏护坡，导致边坡失稳	可能	不可能	严重	12
01020301		均质坝体土	地震引起失稳			大坝坍塌	库水无控制下泄	极不可能	肯定	灾难性	16
01020302			上游护坡失效引起侵蚀			降低大坝强度	大坝表面滑坡	不可能	不可能	中等	8
01020303			排水引起下游面破坏			降低大坝强度	大坝表面滑坡	不可能	不可能	中等	9
01020304			管涌			内部侵蚀	大坝坍塌	不可能	可能	灾难性	17
01020305			动物洞穴引起破坏			内部侵蚀	大坝坍塌	可能	可能	灾难性	19
01020401		下游草坡	表面冲刷			坝体土出露	大坝表面局部滑坡	不可能	不可能	中等	8
01020501		木桩	人为故意破坏			蚁穴	内部侵蚀	不可能	极不可能	严重	10
01020601		下游砌石护坡	局部滑坡			垫层出露	垫层表面侵蚀	极不可能	可能	不严重	5
01020701		下游垫层	雨水冲刷			砌石护坡失效	大坝表面局部滑坡	不可能	可能	不严重	7

表 7（续）

要素/功能编号	子系统	要素	破坏模式	破坏模式相互影响 被影响	破坏模式相互影响 影响	直接影响	最终影响（后果）	破坏模式可能性	后果可能性	后果严重性	危害性
01020801		变形标点	人为故意破坏			丢失测量数据	数据不连续	经常发生	肯定	不严重	10
01020901		渗压计	导管堵塞			无法读数	数据不连续	不可能	肯定	不严重	7
01021001		下游反滤层	管涌			坝体管涌	大坝坍塌	不可能	极不可能	灾难性	14
0103	坝基和坝肩										
01030101		坝基	管涌			侵蚀大坝	大坝坍塌	极不可能	可能	灾难性	15
01030201		截水槽	管涌			侵蚀大坝	大坝坍塌	极不可能	可能	灾难性	15
01030301		右坝肩	坝肩滑坡			大坝支撑失效	大坝强度降低	极不可能	不可能	严重	9
01030302			管涌			大坝侵蚀	大坝坍塌	极不可能	可能	灾难性	15
01030401		左坝肩	坝肩滑坡			大坝支撑失效	降低大坝强度	极不可能	不可能	严重	9
01030402			管涌坝肩破坏			大坝侵蚀	大坝坍塌	极不可能	可能	灾难性	15
0104	下游地面										
01040101		排水沟	堵塞			无法测量渗流量	无法评估渗流问题	可能	肯定	不严重	9
01040102			渗漏			无法测量渗流量	无法评估渗流问题	经常发生	肯定	不严重	10
01040201		排水渠	堵塞			下游地面沼泽化	无法评估渗流问题	可能	肯定	不严重	9
02	溢洪道										
0201	引水渠										
02010101		左导流墙	地震坍塌			水流流态紊乱	降低泄流能力	不可能	肯定	中等	11
02010102						坝体土与库水接触	冲刷坝体土	不可能	可能	严重	12

3816

表 7（续）

要素/功能编号	子系统	要素	破坏模式	破坏模式相互影响 被影响	破坏模式相互影响 影响	直接影响	最终影响（后果）	破坏模式可能性	后果可能性	后果严重性	危害性
02010103		右引水墙	弄坏			破坏边墙	水流流态紊乱	极不可能	肯定	中等	8
02010104			滑坡				坝体土与库水接触 降低泄流能力	极不可能	可能	严重	11
02010201		底板	冲刷			进水口部分堵塞	冲刷控制段基础	极不可能	极不可能	严重	8
02010301		拦污栅	过载失效			基础与水流接触	无法泄流	极不可能	可能	严重	11
02010401			地震破坏			堵塞溢洪道	无法泄流	极不可能	不可能	中等	9
02010402						堵塞溢洪道					
0202	控制段										
02020101		基础底板	冲刷混凝土			结构强度降低	破坏边墙和中墩	几乎不可能	可能	灾难性	14
02020102			老化			结构强度降低	破坏边墙和中墩	几乎不可能	可能	灾难性	14
02020201		混凝土边墙	砂浆脱落			墙体部分坍塌	墙整体坍塌，大坝溃决	可能	极不可能	灾难性	16
02020202			地震破坏			溢洪道结构坍塌	大坝溃决	极不可能	极有可能	灾难性	16
02020203			地震产生位移变形			无法操作闸门	不能启动溢洪道	不可能	极有可能	严重	13
02020301		中墩	地震产生横向位移而破坏			闸门和上部结构失去支撑	上部结构遭到破坏无法泄洪	极不可能	肯定	非常严重	14
02020302			地震产生纵向位移			无法操作闸门	无法泄洪	不可能	肯定	严重	13
02020303			老化			闸门和上部结构失去支撑	上部结构遭到破坏无法泄洪	几乎不可能	肯定	非常严重	13

表 7（续）

要素/功能编号	子系统	要素	破坏模式	破坏模式相互影响		直接影响	最终影响（后果）	破坏模式可能性	后果可能性	后果严重性	危害性
				被影响	影响						
02020401		闸门底板	磨损			闸门漏水	损失库水	极不可能	肯定	不严重	5
02020501		闸门滑轮	堵塞			无法操作闸门	无法控制溢洪道	可能	可能	不严重	6
02020502			磨损			无法操作闸门	无法控制溢洪道	不可能	可能	不严重	5
02020701		检修闸门	过载失效			淹没工作区	人员伤亡	不可能	不可能	严重	11
02020801		闸门	老化			无法控制库水下泄	损失库水	不可能	肯定	严重	13
02020901		上部结构	地震破坏			启闭设备失去保护不安全	无法操作溢洪道	不可能	肯定	中等	10
02021001		甲板底座	老化			升降机失去支撑	无法操作溢洪道	极不可能	肯定	中等	8
02021101		升降机基础	振动开裂			升降机失去支撑	丧失部分操作溢洪道能力	不可能	可能	不严重	7
02021201		操纵杆和升降机	齿轮磨损失效			无法提升闸门	丧失部分操作溢洪道能力	可能	可能	不严重	8
02021202			由于操作失误操纵杆变形			无法操作闸门	丧失部分操作溢洪道能力	可能	极有可能	不严重	9
02021301		电动机	由于过载、老化不能启动			延迟启动闸门	临时降低溢洪道泄洪能力	可能	极有可能	不严重	9
02021401		电源	电缆割断，电源中断			延迟启动闸门	临时降低溢洪道泄洪能力	经常发生	极有可能	不严重	10

表 7（续）

要素/功能编号	子系统	要素	破坏模式	破坏模式相互影响 被影响	破坏模式相互影响 影响	直接影响	最终影响（后果）	破坏模式可能性	后果可能性	后果严重性	危害性
02021501		备用电源	不工作			延迟启动闸门	严重降低溢洪道泄洪能力	不可能	极有可能	不严重	7
02021601		仪器盘和限制开关	不能读数			引起闸门破坏或流量读数错误	降低控制溢洪道	可能	可能	中等	11
02021701		控制电缆	电缆割断			不能对溢洪道进行远程操作	降低控制溢洪道	可能	可能	不严重	8
0203	泄洪渠										
02030101		底板	冲刷			底板板裂	冲刷基础，两边导流墙和消力墙失去支撑	可能	极不可能	非常严重	14
02030201		右导流墙	冲刷浆砌石			墙体坍塌滑进泄洪渠 1	泄洪渠部分堵塞，降低溢洪道泄洪能力	可能	不可能	中等	9
02030202		左导流墙	冲刷浆砌石导致部分坍塌				洪水溢过左导流墙	可能	可能	严重	14
02030301						淹没左边房子	房屋破坏并可能引起人员伤亡	可能	极有可能	非常严重	17
02030401		消力墙	冲刷倒塌			失去消能作用	水流速度快，产生下跃，冲刷下游河道	极不可能	极有可能	不严重	5

附录 D 溃坝生命损失估算方法

D.0.1 影响溃坝生命损失的因素众多，除风险人口 P_{AR}、溃坝洪水严重性 S_d、警报时间 W_T、风险人口对溃坝洪水严重性的理解程度 U 之外，还有风险人口的年龄结构、性别比例、健康状态、主观选择以及居住环境、逃生路径、应急救援能力等。

D.0.2 一般将暴露于溃坝洪水中深度 $D \geq 0.3$ m 的居民认为是风险人口 P_{AR}。显然，风险人口越多，越靠近坝址和主河槽，生命损失就可能越大。

风险人口随着时间的变化而改变，是一个变量，取决于洪水淹没范围大小、溃坝发生的时间和人口在淹没区的分布与活动状态。要准确地确定风险人口并不容易，其估算结果具有诸多不确定性因素。风险人口数量及其组成的确定不仅要考虑其计算方法，还涉及国情、社会变迁、城镇化、人口学、人口地理学、人口统计学、计划生育、人力资源等方面因素，是一个很复杂的问题。因此，计算风险人口时，可以根据水库下游实际情况，选择合适的风险人口统计方法。

D.0.3 溃坝洪水严重性 S_d 与坝型、库容、下泄流量及下游地形地貌等有关。它是一个表示洪水对居民和建筑物等毁损程度的参数。一般认为洪水深度 h 与洪水流速 v 的函数可以确定溃坝洪水严重性。溃坝洪水严重性 S_d＝水深 h×流速 v，但实际上往往 S_d 用某个计算断面水深与流速的平均乘积 D_V 值的大小来表示，见式(65)：

$$D_V = \frac{Q_{df} - Q_{2.33}}{W_{df}} \quad\quad\quad (65)$$

式中：

Q_{df}——溃坝所引起的某个计算断面的流量，m³/s；

$Q_{2.33}$——同一个计算断面的年均流量，m³/s，一般可取 $Q_{2.33}=0$；

W_{df}——同一个计算断面溃坝所引起的最大洪水泛滥宽度，m。

D_V 并不代表任何一个建筑物所处的水流深度与速率，但是它代表洪水泛滥所引起的破坏性的大致平均水平。D_V 值随着溃坝峰值流量增加而增大，也会随着洪水泛滥区域的宽度变窄而增大。洪水越向下游演进，溃坝洪水严重性通常会变低。

溃坝洪水严重性 S_d 分为高、中、低三种类型。根据国外经验，划分标准如下：

(1) 低严重性。洪水没有冲走建筑物基础，$D_V \leq 4.6$ m²/s。

(2) 中严重性。房屋一般被洪水摧毁，但树木或被毁坏的房屋仍可为人提供避难场所，$D_V > 4.6$ m²/s。

(3) 高严重性。洪水冲毁所在区域的一切东西，D_V 很大。

Clausen 和 Clark(1990)根据水深和流速的关系得出建筑物的破坏情况分区如图 12 所示。水流速度小于 2 m/s 时为淹没区；当 3 m²/s $\leq S_d <$ 7 m²/s 时，为部分破坏区；当 $S_d \geq$ 7 m²/s 时，为完全破坏区。

木制房屋在 $S_d \geq$ 3 m²/s 的地区存在破坏风险；当 $S_d \geq$ 7 m²/s 时，砖建或梯形式房屋也存在破坏风险；当 0.3 m²/s $\leq S_d <$ 1 m²/s 时，人在洪水中行走将会有危险。

然而，溃坝洪水对人的伤害要比对建筑物的毁坏严重得多，同样的水速或者水深对于建筑物来说可能是低严重性的，但对于人来说就有可能是中严重性的，甚至是高严重性的。因此，

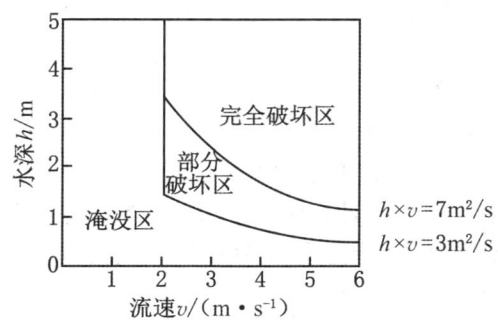

图 12 建筑物破坏标准划分

对处于洪水淹没范围内的人来说,溃坝洪水严重性的判别应当有另外一个标准。一般认为,当 $S_d=0\sim0.5\ m^2/s$ 时,对人是低严重性的;当 $S_d=0.5\sim1.0\ m^2/s$ 时,对人是高严重性的。

洪水上涨速率也是反映溃坝洪水严重性的一个因素。如果洪水上涨率很快,逃脱路线又较远,风险人口可能在洪水到来之前来不及逃脱。一般采用洪水上涨速率、淹没水深和人在水中临界稳定性水深来评价风险人口逃脱的可能性。

D.0.4 警报时间 W_T 是指大坝下游风险人口接受到撤退警报到溃坝洪水到达之间的逃脱时间,是影响和确定溃坝生命损失的一个极重要参数。警报时间长短受客观环境和人为因素的双重制约,若溃坝发生在白天、现场有管理人员或其他人员、有仪器直接监测(控)的水库,容易及时发布警报,警报时间长;若溃坝发生在夜间,则不易发现,及时发布溃坝警报的可能性小,警报时间短。离大坝越近的地区,洪水到达所经历的时间越短,警报时间也越短。

若水库拥有较高的管理水平、较强的预警能力和通畅的警报发布设施,能够提前向下游居民发布准确的溃坝警报,警报时间达到 1 h 以上,那么有助于风险人口及时安全地撤离,生命损失将会大大地减少,甚至不会造成任何生命损失。

警报传递可以是电子警报器、广播喇叭、蜂鸣器、电视、电话、短信等方式,在偏远的地区还可以采用人工传递警报、扩音喇叭喊话、吹哨子、敲打锣(鼓)、发射信号弹等方式。警报传递方式影响着风险人口接受警报的效果,警报时间受其影响。

D.0.5 风险人口对溃坝事件严重性的理解程度 U_d 会在很大程度上影响到在溃坝事件发生后所采取的自救措施和政府营救行动的成功率,是溃坝生命损失研究中个人作用的一个重要方面,与政府的宣传、组织有很大关系,包括风险人口对溃坝洪水到达的距离、时间及破坏性三者的了解与理解。

风险人口对溃坝洪水事件严重性的理解分为明确和模糊两类。

①风险人口在警报发布时对实际存在的溃坝洪水严重性有清醒和正确的理解与反应,对洪水可能淹没的泛滥的范围和程度有深刻理解,对应采取的逃生必要性、措施、路径有着明确的理解,可以认为风险人口对溃坝洪水事件严重性的理解属于明确理解。

②风险人口在警报发布时对实际存在的溃坝洪水严重性没有正确的理解和反应,对洪水可能淹没的泛滥的范围和程度缺乏深刻理解,对应采取的逃生必要性、措施、路径缺乏了解,可以认为风险人口对溃坝洪水事件严重性的理解属于模糊理解。

D.0.6 近20年来,国际上对溃坝生命损失估算方法开展大量的研究,提出了一些较实用的经验公式。

(1)国外溃坝生命损失估算方法

A. B&G法(美国垦务局USBR)

Brown与Graham(1988)最早研究了溃坝生命损失。他们根据美国和世界各国发生的一些溃坝生命损失数据,利用数学统计方法对溃坝历史数据进行分析,建立一个简单的溃坝生命损失L_{OL}(即死亡人数)经验估算公式,见式(66)~式(68):

当$W_T<0.25$ h时,

$$L_{OL}=0.5P_{AR} \quad (66)$$

当0.25 h$<W_T<1.50$ h时,

$$L_{OL}=0.06P_{AR} \quad (67)$$

当$W_T>1.50$ h时,

$$L_{OL}=0.0002P_{AR} \quad (68)$$

式中:

P_{AR}——风险人口,人;

W_T——警报时间,h。

B. D&M法(美国垦务局USBR)

Colorado大学Dekay与美国垦务局McClelland合作,拓展了Brown与Graham的研究。他们根据溃坝洪水事件的研究,得到类似于B&G法的生命损失经验估算公式,并提出溃坝生命损失L_{OL}与风险人口P_{AR}之间存在如下非线性关系:

当$W_T<1.5$ h时,

$$L_{OL}=P_{AR}^{0.56} \quad (69)$$

当$W_T>1.5$ h时,

$$L_{OL}=0.0002P_{AR} \quad (70)$$

当无警报或W_T很短时($W_T<15$ min),生命损失会远远大于式(69),此时:

$$L_{OL}=0.5P_{AR} \quad (71)$$

由式(69)~式(71)没有考虑溃坝洪水严重性,因而他们利用对数回归分析方法对溃坝的各个参数进行分析,得到如下包括风险人口P_{AR}、警报时间W_T、溃坝洪水严重性S_d的生命损失估算公式:

$$L_{OL}=\frac{P_{AR}}{1+13.277(P_{AR}^{0.440})\exp(0.759W_T-3.790F+2.223W_TF)} \quad (72)$$

式中:

F——溃坝洪水严重性S_d的函数符号。

式(72)的近似公式为:

$$L_{OL}\approx 0.075(P_{AR}^{0.560})e^{(-0.759W_T+3.790F-2.223W_TF)} \quad (73)$$

由式(73)绘制的生命损失L_{OL}与风险人口P_{AR}的关系如图13所示。可见,L_{OL}随P_{AR}增加呈非线性增加。在相同的警报条件下,高溃坝洪水严重性区域(H_F)的生命损失率

L_{OL}/P_{AR} 远大于低溃坝洪水严重性区域(L_F)。警报时间 W_T 对 L_{OL} 的影响甚大,但在 H_F 与 L_F 区,生命损失 L_{OL} 对警报时间 W_T 的敏感性不同。

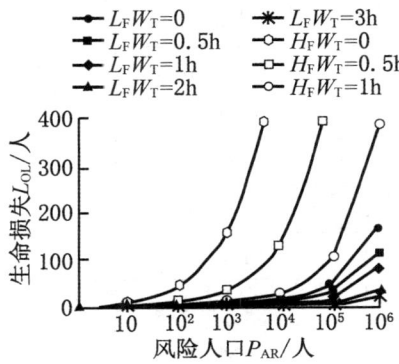

图 13　L_{OL}—P_{AR} 关系图

D&M 法对溃坝洪水严重性分别按高、低给出了生命损失的计算公式。对于高严重性溃坝洪水,例如淹没的居住区 20% 或以上被摧毁或被严重毁坏的地方,取 $F=1$,其式为:

$$L_{OL} = \frac{P_{AR}}{1 + 13.277(P_{AR}^{0.440})e^{(2.982W_T - 3.790)}}$$

………………………………（74）

对于低严重性溃坝洪水,如淹没居民区少于 20% 被摧毁或严重毁坏的地方,取 $F=0$,其式为:

$$L_{OL} = \frac{P_{AR}}{1 + 13.277(P_{AR}^{0.440})e^{0.759W_T}}$$

………………………………（75）

对中严重性溃坝洪水,取 F 值($0 \leqslant F \leqslant 1$)的平均值 0.5 进行计算。

C. Graham 法（美国垦务局 USBR）

B&G 法和 D&M 法没有认识到风险人口对溃坝洪水严重性的理解程度也会影响到溃坝生命损失的多少。

为此,美国垦务局（USBR）的 Graham(1999)建议应用基于溃坝洪水严重性的新方法来估算溃坝生命损失,给出了估算溃坝生命损失所建议的风险人口死亡率表,见表 8,并提出了估算溃坝生命损失的基本步骤如下:

a) 确定溃坝工况（溃坝模式、溃坝洪水情况等）。
b) 确定溃坝发生时间。
c) 确定发布溃坝的警报时间 W_T。
d) 确定各种溃坝工况下的淹没区域。
e) 估算各种溃坝工况和时间条件下的风险人口 P_{AR}。
f) 按表 12 选择合适的死亡率,估算生命损失 L_{OL}。
g) 评估不确定性。

表 8　Graham 法估算溃坝生命损失 L_{OL} 所建议的风险人口死亡率

溃坝洪水严重性 S_d	警报时间 W_T/h	风险人口对溃坝洪水严重性的理解程度 U_d	死亡率 f 建议值	死亡率 f 建议值范围
高	无警报	不适合应用	0.75	0.30～1.00
	0.25～1.0	模糊	暂无	
		明确		
	>1.0	模糊		
		明确		
中	无警报	不适合应用	0.25	0.03～0.35
	0.25～1.0	模糊	0.04	0.01～0.08
		明确	0.02	0.005～0.04
	>1.0	模糊	0.03	0.005～0.06
		明确	0.01	0.002～0.02
低	无警报 0.0	不适合应用	0.01	0.0～0.02
	0.25～1.0	模糊	0.007	0.0～0.015
		明确	0.002	0.0～0.004
	>1.0	模糊	0.000 3	0.0～0.000 6
		明确	0.000 2	0.0～0.000 4

推荐表 8 中的溃坝生命损失死亡率数据来自包括美国及美国以外的近 40 座溃坝事件，覆盖了溃坝洪水严重性 S_d、警报时间 W_T 和风险人口对溃坝洪水严重性理解程度 U_d 的各种组合。

D. Assaf 法（加拿大 BC Hydro）

加拿大 BC Hydro 公司的 Assaf 等在前人基于经验统计与回归分析的估算方法上，引入概率理论，利用溃坝模型模拟技术和概率论风险性分析来估算溃坝生命损失。通过模拟地震诱发溃坝的风险人口与洪水之间的相互关系，利用风险人口分布、人口统计数据、溃坝模拟结果，得出了不同时间情况下溃坝生命损失估算公式。

假设溃坝下游某一个具体位置的生命损失是淹没范围内所有单元（包括居民住所、工厂、医院、学校、商店与办公设施等）的生命损失总和。生命损失可按式(76)计算：

$$L_{OL}=P_{AR}(1-P_S) \quad\quad\quad (76)$$

式中：

L_{OL}——某个给定单元的生命损失，人；

P_{AR}——洪水泛滥时居住在该单元的人数，人；

P_S——洪水中风险人口生还率。

E. 简化 Graham 法（芬兰）

芬兰 Peter Reiter(2001)在 Graham 提出的基于溃坝洪水严重性的生命损失死亡率的

基础上,提出了估算溃坝生命损失的修正公式,即 RESCDAM 法(亦称 Reiter 法或简化 Graham 法),见式(77):

$$L_{OL} = P_{AR} \times f \times i \times c \quad \cdots\cdots\cdots\cdots\cdots (77)$$

式中:

f——风险人口死亡率,采用 Graham 法给出的死亡率建议平均值,如表8所示;

i——溃坝洪水严重性影响因子;

c——修正因子。

上述国外溃坝生命损失估算方法中,B&G 法考虑的影响因素少,过于简单;Assaf 法对风险人口主观能动性及其和溃坝洪水的互动性研究还不够深入,且迭代计算过程过于繁琐,很少使用。目前应用较多的为 D&M 法和 Graham 法。

D&M 法是一种考虑溃坝生命损失主要影响因素的经验公式,应用简便、实用,可以在近似确定风险人口数量、警报时间以及定性地确定溃坝洪水强度的基础上进行溃坝生命损失计算,但由于其主要是根据美国的溃坝资料建立的统计分析模型,计算结果往往与我国实际发生的溃坝生命损失相差较大,见表9。

表9 溃坝案例生命损失计算值及风险人口死亡率与实际情况比较(D&M 法)

大坝名称	风险人口 P_{AR} /人	生命损失 L_{OL} 及风险人口死亡率 f									实际发生	
		Graham 法			D&M 法						实际值	死亡率 f_0
		估算总值	死亡率 f_1	$e_1 = f_1/f_0$	估算总值(1)	死亡率 f_2	$e_2 = f_2/f_0$	估算总值(2)	死亡率 f_2	$e_2 = f_2/f_0$		
洞口庙	4 700	47	0.010 0	0.250	16	0.003 4	0.086 0	16	0.003 4	0.086 0	186	0.040 0
李家嘴	1 034	259	0.250 0	0.502	24	0.023 2	0.046 5	24	0.023 2	0.046 5	516	0.499 0
史家沟	300	12	0.040 0	0.148	6	0.020 0	0.074 1	6	0.020 0	0.074 1	81	0.270 0
沟 后	3 060	31	0.010 0	0.096	7	0.002 2	0.021 0	7	0.002 2	0.021 0	320	0.104 6
刘家台	64 911	1 558	0.024 0	1.663	67	0.001 0	0.071 5	57	0.000 9	0.060 8	937	0.014 4
横 江	145 000	3 630	0.025 0	3.858	494	0.003 4	0.525 0	373	0.002 6	0.396 4	941	0.007 2
石漫滩	204 490	4 571	0.022 4	1.816	201	0.001 0	0.079 5	158	0.000 8	0.062 8	2 517	0.012 3
板 桥	402 500	5 585	0.013 9	0.283	207	0.000 5	0.010 5	171	0.000 4	0.008 7	19 701	0.048 9

(2)李-周法

我国李雷、周克发等在 Graham 法的基础上,结合我国多座水库溃坝生命损失研究成果,对 Graham 法给出的风险人口死亡率推荐表进行了修正,填补了 Graham 法给出的风险人口死亡率推荐表的空白,提出了适合我国水库溃坝生命损失计算的李-周法,并在多座水库溃坝生命损失计算中进行了推广应用,取得了较好的效果(见表10)。李-周法也可看作改进的 Graham 法。

一般地来说,李-周法计算结果相对于 D&M 法与实际发生的生命损失更为接近一些,但其计算分析工作也会超过 D&M 法。

表 10　采用李-周法对典型溃坝案例的生命损失估算结果比较

$$L_{OL}=P_{AR}fa$$

大坝名称	S_d	W_T/h	U_d	P_{AR}/人	风险人口死亡率 f	$b=0.10$ a	$b=0.10$ L_{OL}/人	$b=0.20$ a	$b=0.20$ L_{OL}/人	$b=0.25$ a	$b=0.25$ L_{OL}/人	$b=0.30$ a	$b=0.30$ L_{OL}/人	$b=0.50$ a	$b=0.50$ L_{OL}/人	$b=0.80$ a	$b=0.80$ L_{OL}/人	实际 L_{OL}/人	Graham法 L_{OL}/人
洞口庙	低	0.00	模糊	4 700	0.030 0	0.706 5	100	0.765 5	108	0.795 0	112	0.824 5	116	0.942 5	133	1.119 5	158	186	47
李家嘴	中	0.00	模糊	1 034	0.500 0	0.739 0	382	0.798 0	413	0.827 5	428	0.857 0	443	0.975 0	504	1.152 0	596	516	259
史家沟	中	0.40	模糊	300	0.130 0	0.617 8	24	0.676 8	26	0.706 3	28	0.735 8	29	0.853 8	33	1.030 8	40	81	12
沟后	低	0.00	模糊	30 000	0.030 0	0.731 5	658	0.790 5	711	0.820 0	738	0.849 5	765	0.967 5	871	1.144 5	1 030	320	300
刘家台	高	>1.00	模糊	2 784	0.180 0	0.606 5	304	0.665 5	333	0.695 0	348	0.724 5	363	0.842 5	511	1.019 5	511	525	835
	中	<1.00	模糊	3 395	0.130 0	0.626 5	277	0.685 5	303	0.715 0	316	0.744 5	329	0.862 5	367	1.039 5	459	352	136
	低	0.00	模糊	58 762	0.001 0	0.766 5	40	0.825 5	49	0.855 0	50	0.884 5	52	1.002 5	59	1.179 5	69	60	587
横江	高	0.25	明确	2 500	0.00 10	0.679 0	2	0.738 0	2	0.767 5	2	0.797 0	2	0.915 0	2	1.092 0	3	0	750
	中	0.25	明确	17 500	0.000 8	0.639 0	9	0.698 0	10	0.727 5	10	0.757 0	11	0.875 0	12	1.052 0	15	1	350
	中	0.25	模糊	60 000	0.015 0	0.759 0	683	0.818 0	736	0.847 5	763	0.877 0	789	0.995 0	896	1.172 0	1 055	900	2 400
	低	0.25	明确	65 000	0.000 6	0.599 0	23	0.658 0	26	0.687 5	27	0.717 0	28	0.835 0	33	1.012 0	39	40	130
石漫滩	中	0.00	明确	10 524	0.075 0	0.719 0	577	0.778 0	614	0.807 5	637	0.837 0	661	0.955 0	754	1.132 0	893	220	2631
	低	0.00	模糊	193 966	0.030 0	0.799 0	4 649	0.858 0	4 993	0.887 5	5 164	0.917 0	5 336	1.035 0	6 023	1.212 0	7 053	2 297	1 940
板桥	中	0.00	明确	6 500	0.075 0	0.719 0	351	0.778 0	379	0.807 5	394	0.837 0	408	0.955 0	466	1.132 0	552	827	1 625
	低	0.00	模糊	396 000	0.030 0	0.799 0	9 492	0.858 0	1019 3	0.887 5	10 544	0.917 0	10 894	1.035 0	12 296	1.212 0	14 399	18 874	3 960

注：风险人口死亡率 f 一般采用均值。

附录 E 溃坝经济损失估算方法

E.1 溃坝直接经济损失估算

溃坝直接经济损失包括溃坝导致工程损毁所造成的经济损失和溃坝洪水直接淹没所造成的可用货币计量的各类损失,根据其损失特征可以分下列五类分别进行计算:

(1)按损失率计算。适用于各类社会固定资产、流动资产损失的计算。

(2)按毁坏长度、面积等指标计算。适用于铁路、公路、输油(气、水、煤)管道、高压电网、邮电通信线路、水利工程(堤防、渠道等)、房屋等设施的修复费用计算。

(3)按经济活动中断时间计算。适用于工业、商业、铁路、公路、航运、供电(水、气、油)、邮电等部门经济活动中断所造成损失的计算。

(4)按农业收益型损失计算。农业收益型损失是指因溃坝洪水淹没及砂压水毁土地造成的农、林、牧、副、渔业当年(季)减产、绝产损失,多年生作物、树木生长期丧失的净收益损失和补种补植的费用。

(5)按工程设施毁弃损失计算。水利、市政工程和其他专项设施毁坏或废弃造成的损失,包括灾前价值、修复或重置所增加的费用两部分,即为恢复到原有效能所需的全部费用。

直接经济损失可以根据水库下游经济社会调查统计资料,采用分类损失率法计算;条件受限时,可以采用单位面积综合损失法或人均综合损失法计算。

E.2 溃坝间接经济损失计算

溃坝间接经济损失指溃坝直接经济损失以外的可以用货币计量的损失,包括由于采取各种应急措施(如防汛、抢险、避难、开辟临时交通线等)而增加的费用;交通线路中断给有关工矿企业造成原材料中断而停工停产及产品积压的损失或运输绕道增加的费用;农产品减产给农产品加工企业和轻工业造成的损失等。

间接经济损失计算涉及面广,内容繁杂,范围无明显界限,目前一般采用系数法或基于调查分析的直接估算法进行估算。Taylor et al(1983)认为商业和工业部门的间接经济损失分别为直接经济损失的 33% 和 70%,而 Smith and Greenaway(1984)对两者都采用 63%。本标准推荐溃坝间接经济损失可以按溃坝直接经济损失的 0.63 倍确定。

附录 F 溃坝社会与环境影响评估方法

国际上溃坝后果一般只考虑生命损失和经济损失,社会与环境影响是考虑我国国情提出的,难以直接量化,因此采用社会与环境影响指数度量。社会影响除与生命损失、经济损失相关外,还包括对国家、社会安定的不利影响,给人们身心健康造成的损害,受灾公众生活水平和生活质量下降,无法补救的历史文物古迹和稀有动植物损失等。环境影响主要包括对河道形态、生物及其生长栖息地(包括河流、湿地、表土和植被等)、自然景观等的破坏,以及因化学储存设施、农药厂、核电站等破坏而造成的环境污染等。

防洪风险评价导则(SL 602—2013)

前　言

根据水利部水利行业标准制修订计划,按照《水利技术标准编写规定》(SL 1—2002)的要求,编制本导则。

本导则主要包括以下内容:

——防洪风险评价的总体原则及一般规定;

——基本资料的收集;

——洪水风险分析;

——防洪风险指标分析计算与评价。

本导则为全文推荐

本导则批准部门:中华人民共和国水利部

本导则主持机构:水利部水利水电规划设计总院

本导则解释单位:水利部水利水电规划设计总院

本导则主编单位:长江勘测规划设计研究院

　　　　　　　　水利部水利水电规划设计总院

本导则参编单位:中国水利水电科学研究院

本导则出版、发行单位:中国水利水电出版社

本导则主要起草人:仲志余　李原园　胡维忠　宁　磊

　　　　　　　　　沈福新　陈肃利　余启辉　李　娜

　　　　　　　　　王艳艳　郭铁女　陈艺伟　霍风霖

　　　　　　　　　王翠平　向　锋

本导则审查会议技术负责人:梅锦山

本导则体例格式审查人:陈　昊

1　总则

1.0.1　为规范我国流域或区域防洪规划、防洪工程规划设计以及防洪管理中的防洪风险评价工作,明确其主要内容、评价方法和技术要求,制定本导则。

1.0.2　本导则适用于已建、在建和拟建的防洪工程或防洪工程体系对流域或区域的防洪风险评价。

1.0.3　防洪风险评价工作应结合流域或区域防洪工程实际状况,进行系统、客观、科学的评价。

1.0.4　防洪风险评价应以洪水风险分析为基础,进行防洪风险指标计算及评价,为防洪规划、工程建设和管理提供依据。

1.0.5　本导则的引用标准主要有以下标准:

《水利水电工程设计洪水计算规范》(SL 44)

《已成防洪工程经济效益分析计算及评价规范》(SL 206)

1.0.6 防洪风险评价除应符合本导则的规定外,尚应符合国家现行有关标准的规定。

2 术语

2.0.1

洪水风险 flood risk

不同程度的洪水事件发生的可能性及其后果的组合,也可称为洪灾期望损失,宜以洪水事件的频率分布及其严重程度来表示。

2.0.2

洪水风险区 flood risk area

受洪水威胁、存在洪水风险的区域。

2.0.3

洪水风险估算 flood risk estimation

分析和预测洪水风险的大小。

2.0.4

洪水风险图 flood risk mapping guidelines

直观反映某一区域洪水风险信息的专题地图。

2.0.5

防洪风险评价 flood control risk assessment

根据洪水风险估算结果,评价防洪工程或防洪工程体系建设对流域或区域洪水风险的影响程度。

2.0.6

防洪风险改善率 improvement rate of flood control risk

某种防洪工程建设对流域或区域洪水风险的改善程度,用有该工程状态下的洪水风险减少值与无该工程状态下洪水风险区洪水风险的比值来表示。

2.0.7

防洪保护改善率 improvement rate of flood control protection

某种防洪工程建设对流域或区域资产保护的改善程度,用有该工程状态下保护资产的增加数与无该工程状态下洪水风险区的资产数的比值来表示。

3 基本资料

3.0.1 自然地理资料主要包括:流域或区域水系,防洪(潮)保护区、洪泛区、蓄滞洪区的地形地质资料及河道断面资料等。

3.0.2 水文及洪水资料包括:降雨、洪水、泥沙、潮汐等实测资料,历史典型暴雨、洪水和风暴潮资料,暴雨、洪水和风暴潮频率分析资料及设计暴雨、设计洪水成果资料,反映河道、分洪道、湖泊、水库和蓄滞洪区蓄泄特征的资料。

3.0.3 社会经济资料包括:面积、人口、耕地、固定资产、地区生产总值等基本统计指标以及重要基础设施、城市生命线工程、地下工程、重点防洪保护对象资料等。

3.0.4 防洪规划资料包括:现状防洪能力、防洪标准、防洪总体布局、防洪规划方案等。

3.0.5 工程资料包括：堤防、水库、蓄滞洪区、河道整治工程、分洪道闸坝、泵站等防洪排涝工程现状、设计以及运行管理资料和对洪水水力特性有较大影响的铁路、公路、桥梁等构筑物资料。

3.0.6 防洪非工程措施资料包括：水情测报预报、洪水调度方案、超标准洪水防御及应急预案、洪水风险图、政策法规等。

3.0.7 灾情资料包括：洪水淹没的范围、水深、历时等淹没特征，人员伤亡，居民财产、农林牧渔、工业信息、交通运输、水利设施等方面的受灾损失情况。

3.0.8 其他相关资料包括：防洪风险评价范围内行政区域的土地利用规划、经济社会发展规划、城市总体规划及其他相关行业专业规划等。

4 洪水风险分析

4.1 一般规定

4.1.1 洪水风险分析应包括：水文分析、洪水淹没分析、灾情分析、损失计算和风险估算等内容。

4.1.2 水文分析计算应按 SL 44 的规定执行。

4.1.3 洪水风险分析应采用同一基准年的社会经济指标。

4.2 洪水淹没分析

4.2.1 洪水淹没分析方法包括：水文学法、水力学法、实际水灾法等，根据研究对象特点、资料条件、评价要求等选用。

4.2.2 应采用适宜的方法，通过分析和计算，得到流域或区域的淹没范围、水深及历时等洪水淹没特征值。

4.3 灾情分析

4.3.1 灾情分析方法包括：实地调查法、模拟分析法等。应根据研究对象特点、资料条件等选用。

4.3.2 应通过灾情分析掌握不同水深淹没区内的人口、耕地、固定资产、地区生产总值、交通干线等灾害损失情况。

4.4 损失计算

4.4.1 损失计算包括对洪水导致的居民财产、农林牧渔、工业信息、交通运输、水利设施等方面的直接损失和间接损失的估算。

4.4.2 直接损失计算可采用分类损失率法、单位面积综合损失法和人均综合损失法。

4.4.3 间接损失计算可采用统计计算法和经验系数法。

4.4.4 直接损失和间接损失计算应符合 SL 206 的要求。

4.5 洪水风险估算

4.5.1 洪水风险可按公式（4.5.1）估算：

$$R = \int D_p \mathrm{d}p \approx \sum_{i=1}^{N}(D_{i+1}+D_i)(p_{i+1}-p_i)/2$$

.........................(4.5.1)

式中：

R ——洪水风险；

D_p ——洪水发生频率为 P 时的洪灾损失；
P_i、P_{i+1} ——洪水发生的频率；
D_i、D_{i+1} ——洪水发生频率分别为 P_i、P_{i+1} 时的洪灾损失；
N ——选取的洪水频率曲线分段的个数。

4.5.2 洪水频率曲线分段的个数，应依据各流域或区域的具体情况确定。

5 防洪风险指标分析计算与评价

5.1 防洪风险评价指标

5.1.1 防洪风险改善率可按公式（5.1.1）估算：

$$I_{风险}=1-R_工/R \qquad (5.1.1)$$

式中：

$I_{风险}$ ——防洪风险改善率；
$R_工$ ——有该工程状态下洪水风险区的洪水风险；
R ——无该工程状态下洪水风险区的洪水风险。

5.1.2 防洪保护改善率可按公式（5.1.2）估算：

$$I_{保护}=1-C_工/C \qquad (5.1.2)$$

$$C_工=\sum_{i=1}^{K}A_iS_i$$

$$C=\sum_{i=1}^{N}A_iS_i$$

式中：

$I_{保护}$ ——防洪保护改善率；
$C_工$ ——有该工程状态下洪水风险区资产数；
A_i ——第 i 类面积（$i=1,2,\cdots,k$）；
S_i ——i 类面积上的单位面积资产数（$i=1,2,\cdots,K$）；
C ——无该工程状态洪水风险区资产数，$N \geqslant K$。

5.2 防洪风险评价

5.2.1 防洪工程或防洪工程体系的防洪风险评价的主要指标为防洪风险改善率。对于资料缺乏地区也可采用防洪保护改善率作为主要指标。

5.2.2 防洪工程或防洪工程体系的防洪风险和保护改善程度，可根据不同地区不同工程的具体情况划分不同级别。

5.2.3 资料及基础条件好的流域或区域，可拟定多个方案制作风险—费用图，评价流域或区域防洪规划方案的合理性。

标准用词说明

标准用词	在特殊情况下的等效表述	要求严格程度
应	有必要、要求、要、只有……才允许	要求
不应	不允许、不许可、不要	

（续）

标准用词	在特殊情况下的等效表述	要求严格程度
宜	推荐、建议	推荐
不宜	不推荐、不建议	
可	允许、许可、准许	允许
不必	不需要、不要求	

中华人民共和国水利行业标准

防洪风险评价导则

SL 602—2013

条 文 说 明

1 总则

1.0.1 本条主要说明防洪风险评价导则编制的目的。

当前我国大江大河基本建立了综合防洪体系，面对新的社会经济发展形势和洪灾态势，国家着手对防洪方略进行调整，逐步实现由控制洪水向洪水管理转变。洪水管理是理性协调人与洪水的关系，承担适度风险，规范洪水调控行为，合理利用洪水资源，以满足社会经济可持续发展需要等的一系列活动的总称。洪水管理中的一项重要内容就是对防洪工程及防洪体系进行防洪风险评价。

任何防洪措施的采取，无论是工程的还是非工程的，都将不同程度地改变原有洪水风险态势和利害关系。如堤防工程兴建后，会提高某一区域的防洪能力，但可能使洪水输送到其下游或壅高上游水位，并产生堤防溃决、增大洪水破坏力的风险；水库的建设减轻了其下游的洪水风险，同时将造成上游更多的淹没，水库应急泄洪甚至溃坝也可能导致毁灭性灾难的风险；蓄滞洪区的开辟降低了防洪保护区的洪水风险，但其本身风险加大等。因而对防洪工程及防洪体系进行全面的防洪风险评价，将是今后进行流域或区域防洪规划、防洪工程建设和防洪管理的重要内容，其评价结果将是进行防洪规划、防洪工程建设和防洪管理的重要依据。由于洪水风险管理的研究在我国处于起步阶段，目前对防洪工程及防洪工程体系进行防洪风险评价在方法和标准等方面均存在差异，给洪水风险管理带来困难，为此编制本导则用以统一和规范防洪风险评价的内容、方法和技术要求。

1.0.2 本条说明防洪风险评价导则的适用范围，即已经建成、正在建设或规划将要建设的防洪工程或防洪工程体系。防洪工程、防洪工程体系的风险包括工程建设减少的洪水风险区的洪水风险、工程本身因各种因素影响可能破坏而存在的风险，本导则只对前者即防洪工程或防洪工程体系建设减少的洪水风险进行评价。

1.0.3 防洪工程或防洪工程体系的风险因子复杂，防洪风险评价工作应结合流域或区域的实际情况，采用洪水风险分析的方法，定量计算已经建成的、正在建设的或规划将实施的防洪工程措施或防洪工程体系对洪水风险的影响，以对防洪工程进行较为系统、客观和科学的评价,为防洪工程规划、建设和管理提供技术支撑。

1.0.5 按本导则进行防洪风险评价时,其中的水文分析部分应按《水利水电工程设计洪水计算规划》(SL 44)的规定执行;损失计算部分应按《已成防洪工程经济效益分析计算及评价规范》(SL 206)的规定执行。

3 基本资料

3.0.1 自然地理资料应尽量收集最新资料,有条件的地区可直接采用电子地图,没有电子地图的地区可收集纸质地图进行数字化。

3.0.2 水文及洪水资料主要指反映水文、洪水特性的有关基础数据。

有关降雨、洪水、泥沙、潮汐等实测及调查资料,其系列年限需符合有关专业规范的要求。

需要收集可能造成评价区域淹没的所有河道上下游及其间的控制站点的设计洪水(风暴潮)资料,水位流量关系,历史典型洪水流量过程、水位过程。

对于受当地降水影响较大的区域,需要收集区域内或其周边雨量站的设计暴雨和典型降雨资料。

反映河道、湖泊蓄泄特征的资料包括地形资料、河道纵横断面资料、河道泄流能力、河道槽蓄曲线、控制断面水位流量关系、水位—面积关系和水位—容积关系等资料。

3.0.3 社会经济资料主要指标参见表1。

表 1 社会经济资料主要指标内容

类别	内容
人口	农业/非农业人口户数,农业/非农业人口数
地区生产总值	GDP
农业	种植业、林业、畜牧业、渔业产值
工业/建筑业	企业单位数、固定资产净值、工业总产值
第三产业	企业单位数、固定资产净值、主营收入
交通运输业	公路里程,铁路里程,油、气、水、电管线等
价格水平	主要工农业产品、建筑材料等的市场价格

社会经济数据以国家公布的数据源为准,采用权威机构发布的最新统计资料,包括县级以上统计部门刊布的统计年鉴和有关部门刊布的统计资料、年报等,所有社会经济数据均要求统计年份一致,并注明统计年份。

社会经济分类资料缺乏地区,可收集整理地区生产总值等宏观数据。

有条件的地区,社会经济数据还可包括进行防洪风险评价的流域或区域的行政区划图,标明居民地、耕地、工矿企业用地、企事业单位分布、交通运输等主要基础设施线路位置的土地利用分布图。

对所依据的资料,需进行合理性和可靠度的分析评价,可靠性较差的应进行复查核实,不足的应设法进行补充收集。

3.0.4 防洪规划资料包括已经批复的或正在研究但得到相关权威部门认可的流域或区域的现状防洪能力、防洪标准、防洪总体布局、防洪规划方案等资料。如果评价区域的防洪能力依靠本身的防洪措施不能满足，尚需依靠整个流域的防洪体系来提高，还需收集整个流域的防洪总体布局、防洪规划方案等相关资料。

3.0.5 防洪排涝工程资料包括反映各类防洪排涝工程现状、设计以及运行管理的资料，具体内容见表2。

表2 防洪排涝工程资料主要内容

工程类别	资料
堤防	堤防等级、堤防现状防洪能力、堤防保护范围、历史出险情况等基本资料
水库	水库的基本特征值、泄流能力曲线、防洪调度运用方式、水库所在河流的防洪任务及防洪要求
蓄滞洪区	蓄滞洪区的蓄洪容积、蓄洪水位、人口、耕地、进退洪闸（口门）的工程规模、区内安全建设工程现状、分蓄洪运用条件及调度方案等
河道整治工程	河道泄流能力、历史崩岸情况、河道历史及现状演变情况、河道整治及河势控制方案等
分洪道	河道泄流能力、分洪运用条件及调度方案
闸坝	闸坝工程的位置、规模、设计过流能力、设计水位、功能及运用要求等资料
泵站	泵站的位置、规模、设计排水能力及运用规则等资料

铁路、高速公路、桥梁等对洪水水力特性有较大影响的构筑物资料，包括构筑物位置、结构尺寸、高程及设计的防御洪水标准等。

3.0.6 防洪非工程措施资料包括流域或区域的水雨情监测及预报资料、洪水调度方案、超标准洪水的防御预案，应对突发事件的应急预案，以及已编制完成的洪水风险图以及与洪水管理相关的法律、法规、条例、办法、制度等。

3.0.7 灾情资料主要包括进行防洪风险评价的流域或区域历史上各场次典型大洪水、暴雨、风暴潮造成的灾害影响和损失资料等。

洪涝灾害资料收集的主要内容包括洪水淹没范围、水深、淹没历时等淹没特征，农田淹没、农作减产、人员伤亡、基础设施受损、水毁水利工程等直接和间接经济损失。

历史洪涝灾害资料可通过受灾区域民政部门、水利部门、农业部门、交通部门等的历史灾情统计和调查资料，历史水灾出版文献及保险部门的赔偿记录等获取。

3.0.8 其他相关资料主要包括已经批复或被权威部门认可的土地利用规划、经济社会发展规划、城市总体规划及其他诸如交通、防灾减灾规划等相关资料。

4 洪水风险分析

4.1 一般规定

4.1.1 本导则所指的洪水风险分析工作是在确定分析范围和资料收集与整编之后，开展的水文分析、洪水淹没分析、灾情分析、损失计算和风险估算等工作。

4.1.2 洪水风险分析中所需的水文分析计算均按《水利水电工程设计洪水计算规范》(SL 44)的规定执行,还可采用《水利水电工程水文计算规范》(SL 278)等规范规定的计算方法。如有成熟的水文分析成果可直接采用。

4.1.3 进行洪水风险分析时所取用的社会经济资料的基准年,可依据各评价区的具体情况确定,尽量与评价时的年份接近。

4.2 洪水淹没分析

4.2.1 进行防洪风险评价时可根据评价对象特点、资料条件、评价要求等选用洪水淹没分析方法。

(1)水文学法:主要包括降雨产汇流方法、河道洪水演算方法和计算封闭区域淹没范围、水深的水量平衡方法等。

降雨产汇流方法可用于暴雨内涝洪水的分析计算。在无设计洪水成果时,降雨产汇流方法也可用于计算河道上游入流点的洪水过程,作为河道洪水水力学法或水文学法计算的上边界条件。

河道洪水演算方法推荐采用马斯京根方法推求流量,并通过水位流量关系获得河道水面线,以此沿程在垂直于河道水流方向水平外延至陆地或挡水建筑物(例如堤防)得到洪水淹没范围,该方法适用于山丘区河道和平原河道两堤之间的洪水淹没范围的确定。

当已知流入封闭区域的水量或流量过程(通常需要采用河道洪水水力学计算得到)时,可根据水量平衡原理,结合区域地形分析,得到封闭区域内的淹没范围和水深分布情况,该方法适用于面积较小的封闭区域。

(2)水力学法:通过数值求解一维或二维水动力学方程进行洪水分析,获得水位、流量、流速及其随时间的变化过程。河道洪水可采用一维或二维水力学法分析,泛滥洪水采用二维水力学法分析。

①一维水力学方法。河道非恒定流的水动力学模拟基于圣维南方程。

连续方程:

$$\frac{\partial A}{\partial t} + \frac{\partial Q}{\partial x} = q \quad \cdots\cdots(1)$$

动量方程:

$$\frac{\partial Q}{\partial t} + \frac{\partial}{\partial x}\left(\alpha \frac{Q^2}{A}\right) + gA\left(\frac{\partial y}{\partial x}\right) + gAS_f - uq = 0 \quad \cdots\cdots(2)$$

$$S_f = \frac{Q|Q|}{K^2} = \frac{n^2 u|u|}{R^{4/3}} \quad \cdots\cdots(3)$$

式中:

A ——河道过水面积;

Q ——流量;

u ——侧向来流在河道方向的流速;

t ——时间;

x ——沿水流方向的水平坐标;

q ——河道的侧向来流量;

α ——动量修正系数；

g ——重力加速度；

y ——水位；

S_f ——摩阻坡降。

②二维水力学方法。与一维数学模型相比，二维数学模型能够提供更加详细的洪水淹没信息，如洪水淹没范围、水深、历时、流速、到达时间等多种特征值，可以全面准确地反映洪水自然特性。二维水动力学模型的控制方程如下所示：

连续方程：

$$\frac{\partial H}{\partial t}+\frac{\partial M}{\partial x}+\frac{\partial N}{\partial y}=q \qquad\qquad(4)$$

动量方程：

$$\frac{\partial M}{\partial t}+\frac{\partial(uM)}{\partial x}+\frac{\partial(vM)}{\partial y}+gH\frac{\partial Z}{\partial x}+g\frac{n^2 u\sqrt{u^2+v^2}}{H^{1/3}}=0 \qquad\qquad(5)$$

$$\frac{\partial N}{\partial t}+\frac{\partial(uN)}{\partial x}+\frac{\partial(vN)}{\partial y}+gH\frac{\partial Z}{\partial y}+g\frac{n^2 v\sqrt{u^2+v^2}}{H^{1/3}}=0 \qquad\qquad(6)$$

式中：

H ——水深；

Z ——水位，$Z=H+B$，B 为地面高程；

M、N——x、y 方向的单宽流量；

u、v ——x、y 方向上的流速分量；

n ——糙率系数；

g ——重力加速度；

q ——源汇项。

在选择水力学模型时，对于峡谷河段，可用一维非恒定流模型；宽阔地带用二维非恒定流模型；必要时需考虑用一维、二维混合非恒定流模型进行洪水分析。水力学方法采用离散方法对微分方程进行求解，对水情、地形等资料要求较高。详细解法按有关专业规范进行。

（3）实际水灾法：对于发生过实际水灾的区域，可通过分析淹没区曾经发生的系列洪水淹没资料（包括实际洪水的标准、淹没范围、特征点水深等），结合淹没区地形分析，得到系列洪水淹没资料所覆盖频率范围内的典型频率洪水的淹没情况。该方法适用于实际淹没场次较多，实际洪水覆盖频率范围较广，且可能影响洪水运动特性的工程和下垫面基本无明显变化的区域。当评价范围内资料条件较差时，多选用实际水灾法。

在进行洪水淹没分析时，应尽可能采用能够反映实际情况变化影响和预测分析洪水风险特征的水文学法、水力学法。若评价范围内资料条件较差，发生过实际洪水并可获得有关淹没数据，且下垫面以及工程变化不大，可采用实际水灾法。

4.2.2 洪水淹没分析的水深、流速等要素除应统计分析其区域平均值，还应分析最大水深、最大流速等要素，作为下一步洪灾损失估算的参考依据。流速的计算可根据评价要求采用水文学方法、一维或二维水力学计算方法。

4.3 灾情分析

4.3.1 实地调查包括全面调查和抽样调查两种。全面调查是通过发放调查问卷、调查表格以及现场踏勘等方式全面掌握淹没范围内的社会经济状况；抽样调查则是抽取洪水淹没范围内的样本进行调查后，结合调查范围内县（市、区）的最新统计年鉴、乡（镇）、行政村的最新统计资料等推算洪水淹没范围内的社会经济总体情况及分布。

模拟分析方法是通过对土地利用矢量数据和洪水淹没矢量数据进行空间分析，从而对受影响的社会经济状况进行分类统计。灾情模拟分析通常在 GIS 平台上实现，受灾对象以面图层、点图层或线图层形式存储，见表 3。在分别与淹没范围面图层进行叠加分析计算之后，推求受淹没影响的人口、资产、重要设施情况。

表 3 洪水淹没区域灾情统计类别及 GIS 存储对象

GIS 存储对象	灾情统计类别
面图层	行政区界、围垸边界、淹没范围、居民地
线图层	道路交通
点图层	行政机关、水利设施

4.4 损失计算

4.4.2 洪灾直接损失由城乡居民财产、农林牧渔业、工业信息交通运输业、水利设施等方面的洪灾损失累加得出。

分类损失率法通常分行政区按类别进行累加计算洪灾损失，公式如下：

$$D = \sum_{i=1}^{n} R_i = \sum_{i=1}^{n} \sum_{j=1}^{m} R_{ij} = \sum_{i=1}^{n} \sum_{j=1}^{m} \sum_{k=1}^{l} V_{ijk} \eta_{ijk} \quad \cdots\cdots\cdots\cdots\cdots\cdots\cdots (7)$$

式中：

R_i ——第 i 个行政分区的各类财产损失总值，元；

R_{ij} ——第 i 个行政分区内，第 j 类财产的损失值，元；

V_{ijk} ——第 i 个行政分区内，第 k 级淹没水深下，第 j 类资产价值，元；

η_{ijk} ——第 i 个行政分区内，第 k 级淹没水深下，第 j 类资产洪灾损失率，%；

n ——行政分区数；

m ——资产种类数；

l ——淹没水深等级数。

式（7）中的洪灾损失率是描述洪灾直接经济损失的一个相对指标，通常指各类资产损失的价值与灾前或正常年份原有各类资产价值之比。影响洪灾损失率的因素很多，如地形、地貌、淹没程度（水深、历时等）、财产类型、成灾季节、抢救措施等。

洪灾损失率的确定通常是选取具有代表性的典型地区、典型部门等分类作洪灾损失调查统计，根据调查资料估算不同淹没水深（历时、流速等）条件下，各类资产洪灾损失率，建立淹没水深（历时、流速等）与各类资产洪灾损失率的相关关系（相关曲线、关系表或回归方程）。

对于资料缺乏，不足以建立洪灾损失率关系的地区，可根据农业种植结构、经济发展规模、经济结构类型等，参考附近其他地区分类资产洪灾损失率，近似确定本区域洪灾损失率关系。

根据洪灾损失计算的要求和掌握资料的情况,如果评价区域各类财产资料不够全面,洪灾直接损失也可采用单位面积综合损失法或人均综合损失法进行匡算。即用综合平均的方法确定面上综合洪灾损失指标:单位面积损失值(万元/km²)指标,人均损失值(元/人)指标,然后根据淹没面积或受灾人口与面上洪灾损失指标的乘积求取洪灾直接经济总损失。

4.4.3 洪灾间接损失主要包括:①因农作物受灾可能减少的农产品损失;②企业停产可能带来的工业产品损失;③因停水、断电、交通运输中断等可能带来的经济损失;④因抗洪救灾的投入费用;⑤因洪水泥沙、污染物造成的环境影响及次生灾害等。间接损失的评估可采用统计计算法和经验系数法。

(1)统计计算法:通过实地调查受灾区在各种洪水条件下社会经济受洪灾影响的程度,在相关的社会经济统计资料基础上,运用数理统计及时间序列分析等方法直接估算受灾区的间接损失。

(2)经验系数法:通过典型区域抽样调查,对抽样的数据进行处理和分析,分析间接损失与直接损失之间的关系,得到间接损失与直接损失的经验折算系数,在直接损失计算结果的基础上进行间接损失的估算。

4.5 洪水风险估算

4.5.2 洪水风险值为不同频率洪水的洪灾损失与相应频率之积的和。通常用数值离散的方式,选取一定频率的洪水进行风险估算。一般选取的频率系列为50%、20%、10%、5%、2%、1%、0.5%、0.2%、0.1%等,即2年、5年、10年、20年、50年、100年、200年、500年、1000年一遇洪水等。也可绘制损失与洪水发生频率的关系曲线。通过对曲线与坐标轴包围部分面积的估算求取相应的洪水风险。

5 防洪风险指标分析计算与评价

5.1 防洪风险评价指标

5.1.1 防洪风险改善率是衡量某项防洪工程建设对洪水风险影响程度的指标。防洪风险改善率用某项防洪工程建成后相对于无该项工程情况下评价区洪水风险的减少值与无该工程状态下评价区洪水风险的比值来表示。防洪风险改善率的取值在0~1.0之间,其值越趋近于0,表明该项防洪工程对评价区域防洪能力的改善程度越低;其值越趋近于1.0,表明某防洪工程对评价区域防洪能力的改善程度越大。

5.1.2 防洪保护改善率是衡量某项防洪工程建设对洪水风险影响程度的简化指标。防洪保护改善率用某项防洪工程建成后得到保护的资产数与无该工程条件下洪水风险区的资产总数之比,是防洪风险改善率的简化计算。

5.2 防洪风险评价

5.2.1 防洪保护改善率与防洪风险改善率都可以表达防洪工程建设后评价区域洪水风险的改善程度。用防洪风险改善率来进行评价,采用的资料要求较高,评价较为全面;而防洪保护改善率,只是防洪风险改善率的一种简化计算,仅用资产这个因素来进行评价,只能用于水文及洪水资料、社会经济资料等缺乏及不具备进行防洪风险改善率计算的地区。

5.2.2 防洪工程的防洪风险和保护改善程度可根据不同地区不同工程的具体情况划分为不同级别,如可对防洪工程的防洪风险改善程度进行高、较高、中等、较低、低等5级划分,也可以进行高、较高、较低、低等4级划分。

5.2.3 一般而言,某项措施或综合措施的实施可降低风险R_j,且提高一些年费用C_j。将所有可能的措施及所需费用分别点绘在风险—费用图上(见图1),拟定这群点的下轮廓线为一条曲线,即最佳风险减小曲线。该曲线对应所有工程措施获得的最低风险,或者对应某一给定风险所需要的最低费用。最佳风险减小曲线展示了系统内怎样使用合理措施以减小风险。

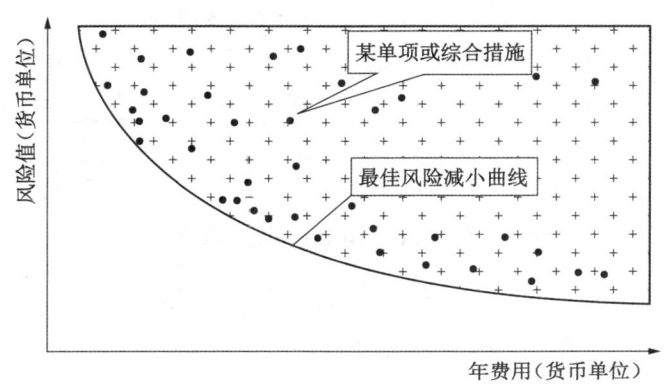

图 1 包含最佳风险减小曲线和理论上所有措施(阴影部分)的风险—费用图

风险—费用图中包括了四个效益区(见图2)。分别为:①不充分措施区,即左上方区域,在这个区域清楚地看到很少的费用增加可获得明显的风险减小,依据风险减小曲线可得到需要增加工程措施的投入;②过度措施区,即右下方区域,这个区域明显地说明工程费用的增加只能获取很少的风险减小;③无效益措施区,即上方区域,这个区的点据说明相同的措施费用可以显著地减小风险,或相同的风险减小可以通过较低费用措施实现;④最佳措施区:即沿着风险减小曲线的中部,费用与风险两者之间达到最佳组合。

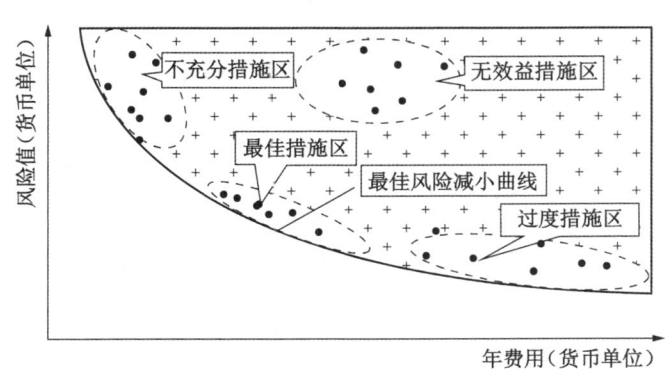

图 2 包含最佳风险减小曲线和四个效益区的风险—费用图

在风险—费用图中,如果某项工程措施或综合措施的费用C_j和风险R_j都用货币单位表示,最佳点出现在最佳风险减小曲线上切线角度为$-45°$(即斜率为-1)的地方(如图3所示)。在最佳点处,每一个货币单位的增加支出都会得到一个货币单位的风险减小。如果支出超过此点,每一个货币单位的支出只会得到少于一个货币单位的风险减小,这将会是不相称的(即不合算)。相反,如果支出低于这点,每一个货币单位的支出会得到多于一个货币单位的风险减小,这说明投入是不充分的。

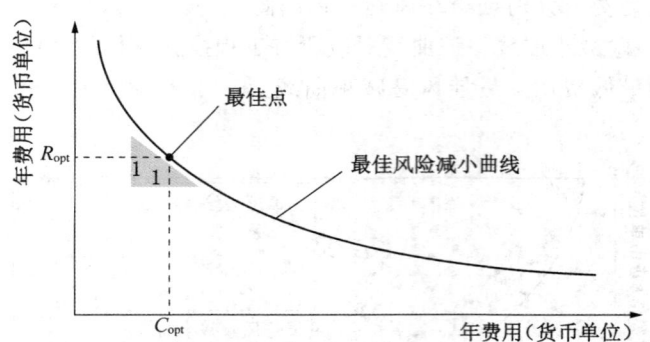

图3 包含最佳措施的风险减小曲线

通过风险—费用图,可以进行工程措施或综合工程措施的风险评价,也可以从风险和费用的角度拟定出最佳的工程措施或综合工程措施方案。

抗旱预案编制导则(SL 590—2013)

1 范围

本标准适用于各级防汛抗旱指挥机构,其他从事抗旱活动的部门(单位)可参照执行。

2 规范性引用文件

下列文件对于本标准的应用是必不可少的。凡是注日期的引用文件,仅注日期的版本适用于本标准。凡是不注日期的引用文件,其最新版本(包括所有的修改单)适用于本标准。

SL 424 旱情等级标准

3 术语和定义

下列术语和定义适用于本标准。

3.1
干旱灾害 drought disaster

由于降水减少、水工程供水不足引起的用水短缺,并对生活、生产和生态造成危害的事件。

3.2
抗旱 drought mitigation

通过采取工程和非工程措施,预防和减轻干旱对生活、生产和生态造成不利影响的活动。

3.3
抗旱能力 drought mitigation capability

运用工程和非工程措施,预防和减轻干旱对生活、生产和生态造成不利影响的能力。

3.4
抗旱预案 drought response plan

预先制定的抗御不同等级干旱的行动方案或计划。

3.5
干旱预警 drought early warning

对干旱进行监测和早期识别,适时发布干旱预警信息,做好应对准备。

3.6
应急响应 emergency response

针对不同等级干旱所采取的应急抗旱行动措施。

4 总体要求

4.1 抗旱预案编制依据

抗旱预案应依据《中华人民共和国水法》《中华人民共和国突发事件应对法》《中华人民

共和国抗旱条例》《国家突发公共事件总体应急预案》《国家防汛抗旱应急预案》《国家自然灾害救助应急预案》等相关法律法规编制。

4.2 抗旱预案编制原则

抗旱预案编制应遵循以下原则：

a) "以人为本、依法抗旱"。依据相关法律法规的规定,对旱灾预防、抗旱减灾、灾后恢复等方面提出基本要求,重点保障城乡居民饮用水安全,维护社会稳定,促进经济社会可持续发展。

b) "预防为主、防抗结合"。坚持工程与非工程措施并重,健全抗旱减灾体系,防抗有机结合,提高抗旱减灾工作的科学性和主动性。

c) "因地制宜、统筹兼顾"。结合区域旱灾时空分布,区分轻重缓急,重点考虑易旱地区,兼顾其他地区,因地制宜制定抗旱减灾措施。

d) "政府负责、协调一致"。抗旱预案应贯彻抗旱工作各级政府行政首长负责制,实施统一指挥、统一调度,需服从流域和地方政府、上级主管单位的预案,并与相关部门的预案充分衔接。

e) "科学全面、切实可行"。结合抗旱管理实际需求,突出抗旱预案的科学性和可操作性,合理确定不同干旱等级下的抗旱保障对象和目标以及相应的应急响应措施,强化应急保障能力,全面部署,突出重点。

5 抗旱预案分类

抗旱预案分为总体抗旱预案和专项抗旱预案。

5.1 总体抗旱预案

总体抗旱预案用于指导区域内抗旱工作,涵盖城乡生活、生产和生态等方面,包括行政区总体抗旱预案和流域总体抗旱预案。

5.1.1 行政区总体抗旱预案

行政区总体抗旱预案用于指导本行政区范围内发生不同等级干旱情况下的抗旱工作,按省级、地市级、县级、乡镇级四个层次编制。在省级行政区内,如需制定分区总体抗旱预案,可根据旱情规律特点和抗旱工作需要,参照行政区总体抗旱预案的要求制定。

5.1.2 流域总体抗旱预案

流域总体抗旱预案用于指导本流域范围内发生不同等级干旱情况下的抗旱工作,重点是组织和协调不同省(自治区、直辖市)之间的抗旱工作、流域水量调配以及旱情紧急情况下的水量应急调度。

注：本标准中流域总体抗旱预案是针对长江、黄河、淮河、海河、珠江、松花江、辽河等七大江河及太湖流域而言。

5.2 专项抗旱预案

专项抗旱预案包括城市、生态、行业(部门)、重点工程专项抗旱预案以及抗旱应急水量调度预案等。

5.2.1 城市专项抗旱预案

城市专项抗旱预案用于指导城市城区范围内的抗旱工作,重点解决城市发生不同等级干旱缺水情况时的供水保障问题。

5.2.2 生态专项抗旱预案

生态专项抗旱预案用于指导重要水域生态区（主要是河流、湖泊、湿地、沼泽等）发生干旱情况下应急补水等抗旱工作，以减轻干旱对水生态环境的破坏或影响。

5.2.3 行业（部门）专项抗旱预案

行业（部门）专项抗旱预案用于指导发生干旱情况下本行业（部门）参与抗旱和减轻本行业干旱影响和损失等方面的工作。

5.2.4 重点工程专项抗旱预案

重点工程专项抗旱预案用于指导承担供水和灌溉任务的重点水利水电工程（如水库、水电站、泵站、闸坝、灌区等）在发生干旱情况下或突发水源事件时的调度运用等工作。

5.2.5 抗旱应急水量调度预案

抗旱应急水量调度预案用于指导在旱情紧急情况下，为了满足水源短缺地区城乡生活、生产和生态用水基本需求，而紧急实施的跨流域、同一流域内跨省（自治区、直辖市）和省级及以下跨区域抗旱应急水量调度等工作。其中，跨流域抗旱应急水量调度是指跨长江、黄河、淮河、海河、珠江、松花江、辽河及太湖流域的应急调水；同一流域内跨省（自治区、直辖市）抗旱水量应急调度是指同一流域内不同省级行政区之间的应急调水；省级及以下跨区域抗旱水量应急调度是指在同一个省级行政区内不同区域之间（含省级行政区内不同水系之间）的应急调水。

注：本标准中的抗旱应急水量调度是指针对地表水的调度，不涉及地下水和国际河流水量。

6 抗旱预案的主要内容

本标准规定了行政区总体抗旱预案的主要内容，流域总体抗旱预案及专项抗旱预案可参照执行。

行政区总体抗旱预案的主要内容包括总则、基本情况、组织指挥体系及职责、监测预防、干旱预警、应急响应、后期处置、保障措施、宣传培训与演练等。

6.1 总则

6.1.1 编制目的

根据本行政区旱灾情况、抗旱能力以及经济社会发展对抗旱工作的要求，明确抗旱预案的编制目的。

6.1.2 编制原则

确定抗旱预案的编制原则，内容应简明扼要，便于操作。

6.1.3 编制依据

确定编制抗旱预案所依据的法律、法规、技术标准及相关规划等。

6.1.4 适用范围

确定抗旱预案的适用范围。

6.2 基本情况

6.2.1 自然地理情况

总结本行政区地理位置、地形地貌、气象水文、河流水系等自然地理情况。

6.2.2 经济社会情况

总结本行政区经济社会情况，主要包括行政区划、人口、国内生产总值、工农业产值等，耕地面积、播种面积、有效灌溉面积、种植结构、粮食产量等,工矿企业数量、类型等。

6.2.3 水资源及开发利用概况

总结本行政区水资源及开发利用概况,主要包括水资源总量、水资源可利用量、开发利用现状、用水需求(包括生活、农业、工业、生态)等。

6.2.4 干旱灾害概况

总结本行政区历史旱灾简况,包括特点、成因、发生规律和发展趋势等;旱灾对城乡居民生活、工农业生产、生态与环境以及经济社会发展的影响;典型干旱年旱灾简况,包括旱灾发生主要成因、影响情况和主要抗旱减灾措施评价。

6.2.5 抗旱能力

总结本行政区抗旱能力,包括主要抗旱工程和非工程体系现状、区域供水能力、供用水状况、抗旱应急备用水源等情况。

6.3 组织指挥体系及职责

6.3.1 指挥机构

明确防汛抗旱指挥机构及其成员单位。

6.3.2 职责分工

明确防汛抗旱指挥机构各成员单位及其办事机构在抗旱工作中的职责。

6.4 监测预防

6.4.1 旱情信息监测

明确旱情信息的监测内容、监测单位以及监测的方式、方法等。

监测信息主要包括雨情、水情、土壤墒情,干旱发生的时间、地点、程度、受旱范围、影响人口以及对城乡生活、工农业生产、生态环境等方面造成的影响。

6.4.2 信息报告与处置

明确旱情信息报告与处置程序。主要包括明确应急值守电话和相关信息接收程序;明确向上级主管部门和当地人民政府报告旱情信息的流程、内容和时限;明确向相关部门或单位通报旱情信息的方法和程序等内容。

6.4.3 预防措施

明确旱情发生前的防范措施,如抗旱队伍的组织、抗旱物资的储备、抗旱设施的检查维修、抗旱水源调度方案的制定、节水和临时限制取水方案的制定等相关措施。

6.5 干旱预警

6.5.1 干旱预警启动

明确干旱预警指标及启动条件。通过实时监测分析雨情、水情、土壤墒情等信息,在判断即将出现旱情且可能呈持续发展趋势时,适时启动干旱预警,确定可能发生干旱的区域、时段及危险程度,并做好应对准备。

6.5.2 干旱预警发布

明确干旱预警发布单位、内容、方式、范围等。

  a) 干旱预警发布单位。干旱预警由当地防汛抗旱指挥机构发布,特殊情况下由地方人民政府发布。

  b) 干旱预警发布内容。发布干旱预警,向社会通报旱情,动员全社会力量做好抗旱准备工作等。

c) 干旱预警发布方式。采用公文、广播、电视、报刊、网络、短信等方式。
   d) 干旱预警发布范围。可能发生干旱的区域。

6.6 应急响应

6.6.1 应急响应等级及启动条件

明确干旱应急响应等级及启动条件。

   a) 应急响应等级从低到高分为Ⅳ级、Ⅲ级、Ⅱ级和Ⅰ级。
   b) 当发生轻度干旱时,启动Ⅳ级应急响应;发生中度干旱时,启动Ⅲ级应急响应;发生严重干旱时,启动Ⅱ级应急响应;发生特大干旱时,启动Ⅰ级应急响应。
   c) 干旱等级可按 SL 424 中的相关指标,结合区域实际情况确定。

6.6.2 应急响应启动程序

明确干旱应急响应启动程序。

   a) 由各级防汛抗旱指挥部办公室提出应急响应等级建议,报请有关领导审批,启动相应级别的响应,向相关地区和有关部门下达通知,向社会发布,并抄送上一级防汛抗旱指挥机构。
   b) 应急响应应从低到高逐级启动,必要时可直接启动更高等级的应急响应。

6.6.3 应急响应措施

根据应急响应的等级,明确分级的响应行动措施和要求,应急响应行动措施应逐级加强。省级应急响应行动措施应强化组织、协调和指导等方面内容;地市级应急响应行动措施应突出上下级沟通、协调、组织和指导等方面内容;县级应急响应行动措施重点是明确抗旱水量调度、抗旱设施运行、应急开源、节约用水和抗旱队伍组织等具体措施;乡镇级应急响应行动措施则应更为具体。应急响应措施主要包括:

   a) 工作会商。明确会商的主持人、参加人、会商方式、会商内容和会商频次等。随着应急响应等级的提高,工作会商应由更高一级的领导主持,参加单位和人员的范围也应更加广泛,会商频次也应适当增加。会商内容主要包括通报旱情、分析旱情发展动态和抗旱形势、提出发布干旱预警和启动应急响应建议等。
   b) 工作部署。明确抗旱工作开展程序和内容,包括组织动员方式(下发通知、召开专题会议)、动员对象、工作重点等;明确抗旱信息统计报送以及旱情发布制度。按照各成员单位的职责分工和相关规定,随着应急响应等级的提高,对旱情监测、抗旱统计、信息通报、应急值守、投入力度、节水和临时限制取水措施以及检查指导等方面的要求应逐级加强。
   c) 应急值守。明确应急值守的相关要求,主要包括明确带班领导、值班工作人员等信息,应急值守要求能够掌握实时旱情、处理值班信息、答复来电来函、填写值班日志、撰写简报等。
   d) 检查指导。明确检查指导的相关要求,主要包括派出督查组、工作组、专家组等到抗旱一线检查督导抗旱减灾工作的职责和任务。
   e) 协调联动。对各成员单位和相关部门提出明确具体的任务和工作要求。上级机关对基层抗旱工作要有明确具体的指导内容和任务,下级对上级机关要有明确的请示报告制度。
   f) 保障措施。协调有关部门及时安排、调拨抗旱物资和资金,组织协调抗旱人员有序开展抗旱工作。
- g) 应急抗旱供水措施。明确应急抗旱供水的工作程序和具体措施，主要包括启用应急备用水源或者应急打井、挖泉；设置临时抽水泵站，开挖输水渠道或者临时在江河沟渠内截水；使用再生水、微咸水、海水等非常规水源，组织实施人工增雨；组织向人畜饮水困难地区送水；临时限制供水，实施抗旱应急水量调度等措施。
- h) 信息发布。明确信息发布的单位、内容、原则、程序、方式和范围。旱情信息由防汛抗旱指挥机构统一审核、发布，旱灾信息由当地县级以上人民政府水行政主管部门会同同级民政部门审核、发布。
- i) 新闻宣传。明确新闻宣传的相关要求。主要是及时发布权威信息，积极宣传各地抗旱工作经验及减灾成效，有效引导社会舆论，促进各界合力抗旱等。
- j) 灾民救助。明确灾民生活救助、医疗卫生、环境污染等方面的处置措施及负责部门。

6.6.4 应急响应结束

当旱情得到有效控制，由各级防汛抗旱指挥部办公室提出结束应急响应或降低应急响应等级建议，报请有关领导审批，宣布结束应急响应或降低应急响应等级，解除临时限制取水等应急管理措施。

6.7 后期处置

6.7.1 灾后恢复

明确旱情缓解后恢复生产和生活的措施及要求。
- a) 各级人民政府、有关主管部门应当帮助受灾群众尽快恢复生产，做好灾后自救。
- b) 水行政主管部门应当对抗旱工程进行检查评估，并及时组织修复干旱灾害损坏的水利工程。
- c) 有关地方人民政府防汛抗旱指挥机构应当及时归还紧急抗旱期征用的物资、设备、交通运输工具等，并按照有关法律规定给予补偿。
- d) 抗旱期间兴建的各类应急水源工程设施，应按相关规定建立运行维护管理机制，确保工程的抗旱应急备用功能。

6.7.2 工作评价

明确应急响应结束后抗旱工作评价的内容和要求。

在应急响应结束后，县级以上人民政府防汛抗旱指挥机构应当及时组织有关部门对干旱灾害影响、损失情况以及抗旱工作效果进行核查和评估，并将核查评估结果报告本级人民政府和上一级防汛抗旱指挥机构。

6.8 保障措施

6.8.1 资金保障

明确抗旱资金的筹措渠道，提出抗旱资金的使用管理办法。

6.8.2 物资保障

明确抗旱物资的筹集、储备、调拨和使用方案。

6.8.3 抗旱应急备用水源准备

根据本地实际情况，易旱地区应在重点地区、重点部位落实抗旱应急备用水源，明确保障对象和范围，制定应急供水保障措施。抗旱应急备用水源以保障城乡居民生活用水为主。

城市应建立抗旱备用水源保障机制,特别是重点干旱缺水城市,应落实不同等级干旱情况下的城市备用水源的供水方案;对于人畜饮水困难的农村地区,应根据当地的水源条件建设抗旱应急水源工程,确保干旱情况下的人畜饮水安全。

6.8.4 应急队伍保障

明确各级抗旱服务组织启用条件、调用程序以及服务内容等。

6.8.5 技术保障

明确抗旱指挥调度、旱情监测预警、旱情评估等方面的技术支撑和保障方案。

6.8.6 通信与信息保障

明确通信联系方式和方法,建立相关信息系统和通信系统及其维护方案。

6.8.7 其他保障

根据应急响应需要而确定的其他相关保障措施(如交通运输保障、医疗保障、后勤保障、治安保障等)。

6.9 宣传培训与演练

6.9.1 宣传培训

明确对抗旱减灾相关知识进行宣传普及和培训的对象、方式和内容等。

6.9.2 演练

明确抗旱应急响应演练目的、方式、内容和规模等。

7 抗旱预案编制方法和步骤

7.1 工作启动

由各级防汛抗旱指挥机构或有管辖权的单位负责组织抗旱预案编制工作,成立工作组,明确编制任务、职责分工,制定工作计划。

a) 行政区总体抗旱预案由相应的防汛抗旱指挥机构组织编制。在省级行政区内,分区总体抗旱预案由省级防汛抗旱指挥机构负责组织编制。

b) 流域总体抗旱预案由各流域防汛抗旱指挥机构会同有关省(自治区、直辖市)防汛抗旱指挥机构及有关部门组织编制。

c) 城市专项抗旱预案由所在城市防汛抗旱指挥机构组织有关部门编制。

d) 生态专项抗旱预案由重点水域生态区所在地省级防汛抗旱指挥机构组织有关部门编制。

e) 重点工程抗旱预案应结合工程抗旱任务由工程管理单位组织编制,必要时由具有调度权限的防汛抗旱指挥机构组织编制。

f) 跨流域抗旱应急水量调度预案由国家防汛抗旱总指挥部组织相关流域、省(自治区、直辖市)防汛抗旱指挥机构编制;同一流域内跨省(自治区、直辖市)抗旱应急水量调度预案由所属流域防汛抗旱指挥机构组织相关省(自治区、直辖市)防汛抗旱指挥机构编制;省级及以下跨区域抗旱应急水量调度预案由涉及区域共同的上一级防汛抗旱指挥机构组织编制。

7.2 资料准备

收集、整理和分析相关的自然地理、经济社会、水资源及其开发利用、干旱灾害概况、抗旱能力及其他方面的基本资料,为抗旱预案编制提供基础支撑。

7.3 编制方法

编制抗旱预案应重点确定干旱预警方式、应急响应等级及其启动条件、响应措施等。

a) 抗旱预案编制工作应组织专业技术力量进行编制。
b) 抗旱预案应服从流域和地方政府、上级主管单位的预案,并与相关部门的预案相衔接。
c) 抗旱管理部门应全程参与编制工作,结合抗旱管理实际需求,对抗旱预案的编制内容、深度及其实用性、可操作性等进行指导。

7.4 审查和批准

抗旱预案应按照规定的程序进行审查和批准。

a) 行政区总体抗旱预案经上一级防汛抗旱指挥机构审查同意,报本级人民政府批准。在省级行政区内,分区总体抗旱预案由省级防汛抗旱指挥机构审查批准。
b) 流域总体抗旱预案由国家防汛抗旱总指挥部审查批准。
c) 城市专项抗旱预案经上一级防汛抗旱指挥机构审查同意,报本级人民政府批准。
d) 生态专项抗旱预案由重点水域生态区所在地流域防汛抗旱指挥机构审查批准。
e) 重点工程专项抗旱预案一般由编制单位的上一级防汛抗旱指挥机构审查批准,必要时由流域防汛抗旱指挥机构或国家防汛抗旱总指挥部审查批准。
f) 跨流域抗旱应急水量调度预案由国家防汛抗旱总指挥部审查批准;同一流域内跨省(自治区、直辖市)抗旱应急水量调度预案由国家防汛抗旱总指挥部或所属流域防汛抗旱指挥机构审查批准;省级及以下跨区域抗旱应急水量调度预案由省级防汛抗旱指挥机构审查批准。

7.5 修订完善

抗旱预案应根据使用过程中存在的问题和区域经济社会发展及工程条件变化等情况,及时进行修订。修订后的抗旱预案需按原程序重新审查批准。

附 录 A
(规范性附录)
抗旱预案编制相关要求

A.1 封面

抗旱预案封面应明确预案版本编号、预案名称、编制单位与编制日期、审查单位与审查日期、批准部门与批准日期、有效期以及解释部门等内容。

A.2 附件

a) 以附件的形式列出抗旱预案中应急响应需要联系的部门、机构或人员的多种联系方式,并持续进行更新,以保证联系畅通。
b) 以附件的形式列出抗旱预案中应急响应所涉及重要抗旱物资的种类、数量、存放地点和联系方式等。
c) 以附件的形式列出与抗旱预案直接相关的应急预案名称。
d) 以附件的形式列出本地区基本情况、主要抗旱水源(包括抗旱应急备用水源)工程分布图、抗旱预案简表等。
——本地区基本情况包括本地区自然地理情况、经济社会情况、水资源及其开发利用概况、干旱灾害概况和抗旱能力等方面,若内容较多,编制预案时可将其作为抗旱预案的附件。
——编制主要抗旱水源(包括抗旱应急备用水源)工程分布图,作为抗旱预案的附件。
——抗旱预案简表是对抗旱预案的总结和简化,包含了抗旱预案的主要内容,表中指标可根据实际情况适当调整。抗旱预案简表的参考式样见表 A.1。

表 A.1 抗旱预案简表参考式样

应急响应等级	应急响应启动条件	应急响应启动程序	应急响应主要措施	工作会商主持人	…
Ⅰ级应急响应（特大干旱）					
Ⅱ级应急响应（严重干旱）					
Ⅲ级应急响应（中度干旱）					
Ⅳ级应急响应（轻度干旱）					

防台风应急预案编制导则（SL 611—2012）

前　言

本标准依据 GB/T 1.1—2009《标准化工作导则　第 1 部分：标准的结构和编写》的规则起草。

本标准主要包括以下内容：
——防台风应急预案编制、审批和备案的机构和程序；
——防台风应急预案编制的技术要求；
——防台风应急预案编制的主要内容。

本标准为全文推荐。

本标准批准部门：中华人民共和国水利部。

本标准主持机构：国家防汛抗旱总指挥部办公室。

本标准解释单位：国家防汛抗旱总指挥部办公室。

本标准起草单位：福建省人民政府防汛抗旱指挥部办公室、福建省水利水电科学研究院、国家防汛抗旱总指挥部办公室、水利部水利水电规划设计总院、浙江省人民政府防汛抗旱指挥部办公室。

本标准主要起草人：黄新华、丘汀萌、许静、张长青、彭敏瑞、徐洪、许必朝、林长荣、包秀凤、胡桂林。

本标准审查会议技术负责人：富曾慈。

本标准体例格式审查人：徐海峰。

1　范围

本标准规定了防台风应急预案的编制要求和主要内容。

本标准适用于我国境内受台风影响的省（自治区、直辖市）、市（地、州）、县（市、区）防台风应急预案的编制。受台风影响的乡镇（街道）、村（居）委会和有关部门、单位防台风应急预案的编制可参照执行。

2　总则

2.1　预案编制依据

编制防台风应急预案应依据《中华人民共和国水法》《中华人民共和国防洪法》《中华人民共和国突发事件应对法》《中华人民共和国防汛条例》等国家法律法规。

2.2　预案编制要求

编制防台风应急预案应坚持以人为本，因地制宜、突出重点，"防、避、抢、救"各项措施相结合，注重实用性和可操作性，保障防台风工作有序、高效、科学开展。

2.3　编制单位和审批权限

防台风应急预案应由所在地防汛抗旱指挥办事机构负责编制，同级人民政府或防汛抗旱指挥机构审批,并报上一级防汛抗旱指挥机构备案。有防台风任务的气象、海洋、海事、渔业、交通、国土资源、建设等部门和沿海化工、核电、石化等单位也相应编制本部门(单位)的防台风应急预案,经上级主管部门审批后,报同级防汛抗旱指挥机构备案。

2.4 预案修订要求

防台风应急预案应根据本区域实际情况变化适时修订,不宜少于5年修订一次,并按原报批程序报批。

2.5 预案内容

防台风应急预案应包括以下内容

  a) 总则。
  b) 组织指挥体系及职责。
  c) 监测预报、预警与预防。
  d) 应急响应。
  e) 保障措施。
  f) 善后工作。
  g) 附则。

3 组织指挥体系及职责

3.1 指挥机构

明确防台风应急指挥机构,及其在防台风工作中的职责。

3.1.1 防台风应急指挥机构宜为所在地防汛抗旱指挥机构。防台风应急指挥机构主要职责包括统一指挥防台风工作;决定启动、结束防台风应急响应;下达应急抢险、水库泄洪等调度命令;动员社会力量参与防台风抢险救灾等。

3.1.2 明确防汛抗旱指挥机构成员单位,依据各成员单位职能明确其在防台风工作中的职责。各成员单位在防台风工作中的职责规定应责任明确、分工合理、避免交叉。

3.1.3 防汛抗旱指挥机构可根据需要设立信息发布组、转移安置组、抢险救生组、通信保障组、后勤保障组等若干工作组,分工负责紧急情况下的防台风工作。各工作组应明确负责人、成员及分工事项。

3.2 办事机构

明确防汛抗旱指挥机构的办事机构负责当地防台风的日常工作,及其在防台风工作中的职责。

4 监测预报、预警与预防

4.1 监测预报

4.1.1 信息监测与预报

明确台风监测和预报部门的职责,包括:
  a) 气象部门负责监视台风的生成、发展、登陆和消失全过程,做好台风实时路径、强度和速度等情况报告,做好台风未来趋势及可能影响地区的风力、降雨等趋势预报。
  b) 海洋部门负责风暴潮及海浪的监测和预报。

c) 水文部门负责江河湖泊水情的监测和预报。
   d) 国土、水利等其他部门负责地质灾害、水利工程等相关监测和预报。

4.1.2 信息报告

各监测预报部门应及时向同级防汛抗旱指挥机构和相关部门通报台风实况和监测预报情况。

4.2 预警

4.2.1 预警等级

根据台风影响程度和范围,确定台风预警等级。台风预警等级从低到高可分为Ⅳ、Ⅲ、Ⅱ、Ⅰ四级,预警信号颜色依次为蓝色、黄色、橙色和红色。台风预警等级确定应按照以下要求:
   a) 台风影响区域内的气象、海洋、水文等监测预报部门应根据台风影响程度和范围,确定台风、风暴潮、海浪、降雨和洪水等预警等级。
   b) 台风、风暴潮、海浪、降雨和洪水预警等级划分标准应依照有关规定和要求执行。
   c) 台风影响期间,应根据台风影响程度和范围的变化情况,及时调整预警等级。

4.2.2 预警发布

明确台风预警发布的单位和方式等,包括:
   a) 气象部门负责台风预警信息发布。
   b) 海洋部门负责风暴潮和海浪的预警信息发布。
   c) 水文部门负责江河、湖泊水情的预警信息发布。
   d) 国土资源部门负责台风暴雨诱发的地质灾害预警信息发布。
   e) 新闻宣传部门负责组织新闻媒体向公众播报台风信息、预警信息和防台风动态。
   f) 其他部门应根据各自防台风工作职责和预案,做好相关预警工作。
   g) 防汛抗旱指挥机构负责发布防灾指令,并向当地政府和上级防汛抗旱指挥机构报告。

4.3 预防

4.3.1 预防准备

明确防台风行动的准备工作,包括:
   a) 组织准备工作包括建立健全组织指挥体系,落实防台风责任人、预警人员和抢险队伍等。
   b) 工程准备工作包括水毁工程修复、工程设施应急除险加固等。
   c) 预案准备工作包括修订完善防台风应急预案以及渔业防台风预案、水库防汛抢险应急预案、危险区域人员转移预案等专项预案。海塘及江河堤防险工险段,应制定工程抢险方案。
   d) 物料准备工作包括储备必需的防台风抢险物料、设备等。
   e) 通信准备工作包括保障防台风通信专网和应急通信的畅通等。

4.3.2 防台风检查

明确防台风检查工作的要求、内容等。由各级防汛抗旱指挥机构组织开展防台风检查,重点检查防台风的准备工作和薄弱环节,发现问题应责成有关部门及时处理。

4.3.3 防台风巡查

明确日常和台风影响期间的防台风巡查工作的要求、内容等。有防台风任务的部门或单位应组织防台风工作的日常巡查和台风影响期间的巡查,重点巡查台风可能影响的区域、工程或设施。

5 应急响应

5.1 应急响应的总体要求
5.1.1 应急响应级别
根据预报情况,综合分析台风的影响程度、范围和防御能力等因素,并按如下要求确定防台风应急响应的级别:
  a) 应急响应从低到高依次分为Ⅳ、Ⅲ、Ⅱ、Ⅰ四级。
  b) 应急响应的具体启动条件宜按台风影响程度和范围,合理划定:预报台风对本区域有一般影响时,宜启动Ⅳ级应急响应;预报台风对本区域有较大影响,可能出现台风灾害时,宜启动Ⅲ级应急响应;预报台风对本区域有重大影响,可能出现重大台风灾害时,宜启动Ⅱ级应急响应;预报台风对本区域有特别重大影响,可能出现严重台风灾害时,宜启动Ⅰ级应急响应。
  c) 应急响应启动条件可结合台风、风暴潮、海浪、降雨和洪水等预警等级和防抗能力综合确定。启动条件应明确、可行,易于判定和操作。
  d) 当应急响应条件变化时,应及时调整响应级别。

5.1.2 应急响应启动程序
不同级别应急响应按以下要求确定相应的启动程序:
  a) Ⅳ级应急响应由当地防汛抗旱指挥机构授权防汛抗旱指挥办事机构决定启动。
  b) Ⅲ级应急响应可根据各地实际,由当地防汛抗旱指挥机构决定启动或由当地防汛抗旱指挥机构授权防汛抗旱指挥办事机构决定启动。
  c) Ⅱ级应急响应由当地防汛抗旱指挥机构决定启动。
  d) Ⅰ级应急响应由当地防汛抗旱指挥机构或报请政府同意后决定启动。

5.1.3 应急响应工作内容
应急响应工作内容包括信息报送与处理、指挥与调度、人员转移与安置、抢险与救灾、安全防护与医疗救护、社会力量动员与参与、信息发布与新闻宣传等。响应内容和工作紧急程度根据响应级别有所不同。每级响应行动包含低级别应急响应的所有内容。

5.2 Ⅳ级应急响应
5.2.1 Ⅳ级应急响应启动条件
明确防台风Ⅳ级应急响应的启动条件。

5.2.2 Ⅳ级应急响应工作内容和要求
防台风Ⅳ级应急响应行动的工作内容和要求为:
  a) 各级防汛抗旱指挥办事机构负责人主持会商,研究分析台风可能影响情况。
  b) 防汛抗旱指挥办事机构加强值班,将台风信息报告防汛抗旱指挥机构指挥、同级政府和上级防汛抗旱指挥机构;通报防汛抗旱指挥机构有关成员单位。
  c) 气象部门密切监视台风动向并及时发布台风信息;海洋部门密切监视风暴潮和海浪;水文部门密切监视江河、湖泊水情。
  d) 渔业、海事等部门对台风可能影响的海域作出防台风安全部署。

e) 其他各防汛抗旱指挥机构成员单位应按职责分工,做好相应工作。

5.3 Ⅲ级应急响应

5.3.1 Ⅲ级应急响应启动条件

明确防台风Ⅲ级响应的启动条件。

5.3.2 Ⅲ级应急响应工作内容和要求

防台风Ⅲ级响应行动的工作内容和要求为:

a) 防汛抗旱指挥机构副指挥或防汛抗旱指挥办事机构负责人主持会商,防汛抗旱指挥机构主要成员单位参加,研究部署防御台风工作。

b) 防汛抗旱指挥办事机构加强值班,研究防御对策,部署有关工作,将防台风信息报告防汛抗旱指挥机构指挥,并报同级政府和上级防汛抗旱指挥机构,通报防汛抗旱指挥机构有关成员单位。

c) 气象部门应加强台风动向和发展趋势预报,海洋部门应加强风暴潮和海浪预报,水文部门应加强江河、湖泊水情预报。

d) 渔业、海事等部门做好海上船只和作业人员的防风避风工作。

e) 水利部门加强水利工程监视,监督指导台风可能影响区域内水库、河网的预排预泄和洪水调度。

f) 国土资源、住房和城乡建设、交通运输等部门要加强重要工程和重点部位的监测、巡查,落实各项防御措施,防范台风暴雨引发的山洪、地质灾害等次生灾害。

g) 其他有关防汛抗旱指挥机构成员单位组织人力、物力,适时启动部门防台风应急预案,做好台风防范工作。

h) 预报台风登陆或严重影响区域的各级政府应组织相关部门做好危险地带人员、财产转移准备工作。

i) 解放军、武警部队和民兵预备役以及公安消防等各类抢险救灾队伍做好抢险救灾准备工作。

5.4 Ⅱ级应急响应

5.4.1 Ⅱ级应急响应启动条件

明确Ⅱ级应急响应启动条件。

5.4.2 Ⅱ级应急响应工作内容和要求

防台风Ⅱ级应急响应行动的工作内容和要求为:

a) 防汛抗旱指挥机构指挥主持会商,防汛抗旱指挥部成员单位参加,研究部署台风防御对策。

b) 防汛抗旱指挥机构了解掌握险情、灾情和台风防御工作动态,组织有关部门和单位立即投入防台风工作,并将工作情况报告当地政府和上级防汛抗旱指挥机构。

c) 气象、海洋和水文部门应继续加强监测、预报和预警;通信、新闻等部门及时向社会公众发出台风预警信息和台风防御动态信息。

d) 渔业、海事等部门落实船只回港避风和海上作业人员转移工作,并加强对进港避风船只的安全管理。

e) 水利、国土资源、住房和城乡建设、交通运输等部门要加强对重点防范区域、保障部位、出险工程的调度指挥和应急处置,落实各项防御抢险措施。沿海化工、能源等重要基础设施相关单位应加强值班监视,做好重要设施防风加固等工作。

- f) 其他防汛抗旱指挥机构成员单位根据职责分工,落实各项防御措施,有关部门或单位应做好抢险救灾物质调拨工作,派出工作组指导、检查和督促各地台风防御工作。
- g) 解放军、武警部队和民兵预备役以及公安消防等各类抢险救灾队伍做好抢险救灾准备工作,或按照防汛抗旱指挥机构的要求,投入抢险救灾工作。
- h) 各级政府动员和组织广大干部群众投入防台风工作,重点组织做好危险区域人员转移工作。

5.5　Ⅰ级应急响应

5.5.1　Ⅰ级应急响应启动条件

明确防台风Ⅰ级响应的启动条件。

5.5.2　Ⅰ级应急响应工作内容和要求

防台风Ⅰ级响应行动的工作内容和要求为:

- a) 防汛抗旱指挥机构指挥坐镇指挥,对各项重大防御措施作出决策,必要时,宣布进入紧急防汛期,报请当地政府部署台风防御和抢险救灾工作,动员组织各方力量投入防台风抢险救灾工作。
- b) 防汛抗旱指挥机构了解掌握重大险情、灾情和由台风引发的其他重大突发事件,组织协调指挥重大险情灾情的抢险救灾工作,必要时,请上级和有关方面支援。
- c) 防汛抗旱指挥机构各成员单位、有关部门,应在做好Ⅱ级应急响应规定的各项工作的基础上,按照当地政府和防汛抗旱指挥机构的重大决策和部署,组织开展防台风抢险救灾工作;有关单位派员参与防汛抗旱指挥机构协调防台风抢险救灾工作。
- d) 解放军、武警部队和民兵预备役以及公安消防等各类抢险救灾队伍按照防汛抗旱指挥机构的要求,迅速投入抢险救灾工作,并派员参与防汛抗旱指挥机构协助防台风抢险救灾指挥。

5.6　信息发布

台风防御工作中信息发布应按照以下要求:

- a) 防台风信息发布应及时、准确、客观、全面。
- b) 台风防灾抗灾信息由相关行业主管部门或防汛抗旱指挥机构审核和发布。
- c) 台风引发的洪涝灾情信息由各地防汛防旱指挥办事机构会同民政部门审核和发布。
- d) 信息发布形式主要包括授权发布、散发新闻稿、组织报道、接受记者采访、举行新闻发布会等。
- e) 对有重大影响的台风灾害发展趋势、人员伤亡、经济损失等信息,由当地政府或防汛防旱指挥机构审核后,会同新闻宣传部门进行报道。

5.7　应急响应结束

明确应急响应结束的发布条件、方式等。由启动应急响应的机构宣布应急响应结束。应急响应结束后,受台风影响区域内的防汛抗旱指挥机构应根据防台风预案,组织开展预测预警、应急响应、抢险救灾、灾害影响等台风防御工作评估,总结台风特点、受灾情况、防御工作概况和经验教训等。

6 保障措施

6.1 队伍保障
明确应急抢险救灾的队伍、人员和有关专家等。县级以上人民政府应当组建以民兵为骨干的群众抢险队伍,乡镇(街道)、村(居)委会应当组织群众参加抢险救灾工作。水利、公安、消防、卫生、电力等部门应组织专业应急抢险队伍。县级以上防汛抗旱指挥机构可根据需要组建专业抢险救灾队伍,建立防汛防台风抢险救灾专家库。可在预案后.附具体队伍与专家联络表。

6.2 电力保障
明确电力保障和应急救援的供电措施。

6.3 信息保障
明确通信和信息畅通的保障措施,包括防台风指挥通信、防台风信息接收以及防台风预警信息发布等保障。

6.4 交通保障
明确交通运输保障措施,包括人员转移撤退、抢险救灾物资运输、河道航行和渡口的交通安全管控措施等。

6.5 治安保障
明确防台风抢险、戒严警卫、维护社会秩序的治安保障措施。

6.6 物资保障
明确防台风抢险救灾物资的使用和管理要求。

6.7 卫生保障
明确医疗卫生保障、紧急救护和救助工作措施。

6.8 生活保障
明确避灾场所、安置点和被安置人员的生活保障措施。

6.9 资金保障
明确保障资金的来源、使用、监督管理等。

6.10 宣传保障
明确防御台风宣传、公众教育、人员培训、演练等方面的保障措施。

7 善后工作

7.1 灾后救灾工作要求
明确灾后救灾工作的要求,包括救济救助、医疗救治、卫生防疫和灾后重建等。

7.2 工程或设施损毁应急修复要求
明确工程或设施损毁应急修复的具体要求。对影响当年防洪安全和城乡供水安全的水毁工程,应尽快修复。防洪工程应力争在下次洪水到来之前,做到恢复主体功能。遭到毁坏的交通、电力、通信、水文以及防汛专用通信设施,应尽快组织修复,恢复功能。

7.3 补偿要求
明确补偿的适用条件、承办机构职责和任务、工作流程等。

7.4 总结评估要求

明确总结与评估承办单位、时限要求和审核程序等。

8 附则

明确防台风应急预案执行过程中相关奖励与责任追究的具体规定;防台风预案的修订年限等要求;防台风应急预案的解释部门或单位;防台风应急预案的发布与实施时间等管理要求。

四、气象灾害预警预报与应急响应

气象灾害预警信号图标(GB/T 27962—2011)

前　言

本标准按照 GB/T 1.1—2009 给出的规则起草。
本标准由中国气象局提出。
本标准由全国气象防灾减灾标准化技术委员会(SAC/TC 345)归口。
本标准起草单位:国家气象中心。
本标准主要起草人:李佳英、马清云、田翠英、王维国、张钛仁、耿慧、陈玉洁、丁祎。

引　言

气象灾害预警信号图标作为公众了解气象灾害预警信息的最基本表达方式之一,被电视、网络、报纸等公众媒体广泛使用,同时也应用于移动电视、电子显示屏、警示牌等,并为公众认可和接受。

编制本标准,旨在规范气象灾害预警信号的图标构成、表现方式等。

1　范围

本标准规定了气象灾害预警信号图标的构成、表现方式和使用说明等。
本标准适用于气象灾害预警信号的发布与传播。

2　图标

气象灾害预警信号图标见表1～表14。

3　级别颜色

3.1　气象灾害预警信号级别依据气象灾害可能造成的危害程度、紧急程度和发展态势一般划分为四级,分别为Ⅰ级(特别严重)、Ⅱ级(严重)、Ⅲ级(较重)、Ⅳ级(一般)。

3.2　气象灾害预警信号图标用颜色表示气象灾害预警信号级别,分别为红色表示Ⅰ级,橙色表示Ⅱ级,黄色表示Ⅲ级,蓝色表示Ⅳ级。

3.3　气象灾害预警信号图标中的气象灾害图形符号颜色为信号颜色。图标中的中英文文字颜色均为白色。

3.4　台风、暴雨、暴雪、寒潮和大风五类气象灾害预警信号分别有四种图标,相应为蓝色、黄色、橙色、红色。

3.5　沙尘暴、高温、雷电、大雾和道路结冰五类气象灾害预警信号分别有三种图标,相应为黄色、橙色、红色。

3.6 霜冻气象灾害预警信号有三种图标,相应为蓝色、黄色、橙色。

3.7 干旱和冰雹两类气象灾害预警信号分别有两种图标,相应为橙色、红色。

3.8 霾气象灾害预警信号有两种图标,相应为黄色、橙色。

4 图标的构成

4.1 气象灾害预警信号图标为统一整体,由四个部分构成,中间以深灰色线条分隔。左上部底色为浅灰色,左下部、右上部和右下部底色均为信号颜色。

4.2 气象灾害预警信号图标的左上部图形符号表示气象灾害种类,右上部简体中文为气象灾害的种类,左下部简体中文表示气象灾害预警信号颜色的中文名称,右下部英文表示气象灾害的种类。

4.3 气象灾害预警信号图标呈长方形,长与宽之比为 6∶5。

4.4 使用时应按照表1中气象灾害预警信号图标的图形及其与长方形边线(或角标)的位置关系等比例放大或缩小。

5 应用

表1～表14给出了14类气象灾害预警信号图标的静态图形表示方法,各媒体、气象服务机构等使用时,应符合本标准的规定。气象灾害预警信号图标方案应按照附录 A 中规定的颜色、几何形状和其他准则进行设计。

表 1 台风预警信号图标

序号	符 号	名 称	说 明
1-1		台风蓝色预警信号图标 typhoon blue warning signal icon	发布台风蓝色预警信号时使用
1-2		台风黄色预警信号图标 typhoon yellow warning signal icon	发布台风黄色预警信号时使用
1-3		台风橙色预警信号图标 typhoon orange warning signal icon	发布台风橙色预警信号时使用
1-4		台风红色预警信号图标 typhoon red warning signal icon	发布台风红色预警信号时使用

表2 暴雨预警信号图标

序号	符号	名称	说明
2-1		暴雨蓝色预警信号图标 rain storm blue warning signal icon	发布暴雨蓝色预警信号时使用
2-2		暴雨黄色预警信号图标 rain storm yellow warning signal icon	发布暴雨黄色预警信号时使用
2-3		暴雨橙色预警信号图标 rain storm orange warning signal icon	发布暴雨橙色预警信号时使用
2-4		暴雨红色预警信号图标 rain storm red warning signal icon	发布暴雨红色预警信号时使用

表3 暴雪预警信号图标

序号	符号	名称	说明
3-1		暴雪蓝色预警信号图标 snow storm blue warning signal icon	发布暴雪蓝色预警信号时使用
3-2		暴雪黄色预警信号图标 snow storm yellow warning signal icon	发布暴雪黄色预警信号时使用
3-3		暴雪橙色预警信号图标 snow storm orange warning signal icon	发布暴雪橙色预警信号时使用
3-4		暴雪红色预警信号图标 snow storm red warning signal icon	发布暴雪红色预警信号时使用

表 4 寒潮预警信号图标

序号	符号	名称	说明
4-1		寒潮蓝色预警信号图标 cold wave blue warning signal icon	发布寒潮蓝色预警信号时使用
4-2		寒潮黄色预警信号图标 cold wave yellow warning signal icon	发布寒潮黄色预警信号时使用
4-3		寒潮橙色预警信号图标 cold wave orange warning signal icon	发布寒潮橙色预警信号时使用
4-4		寒潮红色预警信号图标 cold wave red warning signal icon	发布寒潮红色预警信号时使用

表 5 大风预警信号图标

序号	图标	名称	说明
5-1		大风蓝色预警信号图标 gale blue warning signal icon	发布大风蓝色预警信号时使用
5-2		大风黄色预警信号图标 gale yellow warning signal icon	发布大风黄色预警信号时使用
5-3		大风橙色预警信号图标 gale orange warning signal icon	发布大风橙色预警信号时使用
5-4		大风红色预警信号图标 gale red warning signal icon	发布大风红色预警信号时使用

表6 沙尘暴预警信号图标

序号	图标	名称	说明
6-1		沙尘暴黄色预警信号图标 sand storm yellow warning signal icon	发布沙尘暴黄色预警信号时使用
6-2		沙尘暴橙色预警信号图标 sand storm orange warning signal icon	发布沙尘暴橙色预警信号时使用
6-3		沙尘暴红色预警信号图标 sand storm red warning signal icon	发布沙尘暴红色预警信号时使用

表7 高温预警信号图标

序号	图标	名称	说明
7-1		高温黄色预警信号图标 heat wave yellow warning signal icon	发布高温黄色预警信号时使用
7-2		高温橙色预警信号图标 heat wave orange warning signal icon	发布高温橙色预警信号时使用
7-3		高温红色预警信号图标 heat wave red warning signal icon	发布高温红色预警信号时使用

表8 干旱预警信号图标

序号	图标	名称	说明
8-1		干旱橙色预警信号图标 drought orange warning signal icon	发布干旱橙色预警信号时使用

表 8（续）

序号	图标	名称	说明
8-2		干旱红色预警信号图标 drought red warning signal icon	发布干旱红色预警信号时使用

表 9 雷电预警信号图标

序号	图标	名称	说明
9-1		雷电黄色预警信号图标 lightning yellow warning signal icon	发布雷电黄色预警信号时使用
9-2		雷电橙色预警信号图标 lightning orange warning signal icon	发布雷电橙色预警信号时使用
9-3		雷电红色预警信号图标 lightning red warning signal icon	发布雷电红色预警信号时使用

表 10 冰雹预警信号图标

序号	图标	名称	说明
10-1		冰雹橙色预警信号图标 hail orange warning signal icon	发布冰雹橙色预警信号时使用
10-2		冰雹红色预警信号图标 hail red warning signal icon	发布冰雹红色预警信号时使用

表 11　霜冻预警信号图标

序号	图标	名　　称	说　　明
11-1		霜冻蓝色预警信号图标 frost blue warning signal icon	发布霜冻蓝色预警信号时使用
11-2		霜冻黄色预警信号图标 frost yellow warning signal icon	发布霜冻黄色预警信号时使用
11-3		霜冻橙色预警信号图标 frost orange warning signal icon	发布霜冻橙色预警信号时使用

表 12　大雾预警信号图标

序号	图标	名　　称	说　　明
12-1		大雾黄色预警信号图标 heavy fog yellow warning signal icon	发布大雾黄色预警信号时使用
12-2		大雾橙色预警信号图标 heavy fog orange warning signal icon	发布大雾橙色预警信号时使用
12-3		大雾红色预警信号图标 heavy fog red warning signal icon	发布大雾红色预警信号时使用

表 13 霾预警信号图标

序号	图标	名称	说明
13-1		霾黄色预警信号图标 haze yellow warning signal icon	发布霾黄色预警信号时使用
13-2		霾橙色预警信号图标 haze orange warning signal icon	发布霾橙色预警信号时使用

表 14 道路结冰预警信号图标

序号	图标	名称	说明
14-1		道路结冰黄色预警信号图标 road icing yellow warning signal icon	发布道路结冰黄色预警信号时使用
14-2		道路结冰橙色预警信号图标 road icing orange warning signal icon	发布道路结冰橙色预警信号时使用
14-3		道路结冰红色预警信号图标 road icing red warning signal icon	发布道路结冰红色预警信号时使用

附 录 A
（资料性附录）
图标颜色及设计要求

A.1 图标颜色参考值

气象灾害预警信号图标的使用可能需要在视觉上有一个指导性指标。出于这个目的，表 A.1 给出了气象灾害预警信号图标的颜色配比。作为示列，表 A.1 给出了中国颜色体系（GB/T 15608—2006）中气象灾害预警信号图标颜色的中心色度坐标。

表 A.1　中国颜色体系中的气象灾害预警信号图标示列

颜色	红色	橙色	黄色	蓝色	白色	深灰	浅灰
颜色标号	7.5R 4.5/12	5YR 6.5/14	5Y 8/12	7.5PB 5/14	N9.5	N4.0	N8.0

A.2　图标的设计要求

气象灾害预警信号图标的设计需要有一个指导性指标,作为示列,图 A.1 给出一个气象灾害预警信号图标的设计要求,其他气象灾害预警信号图标设计也应遵守图 A.1 中给出的设计要求。

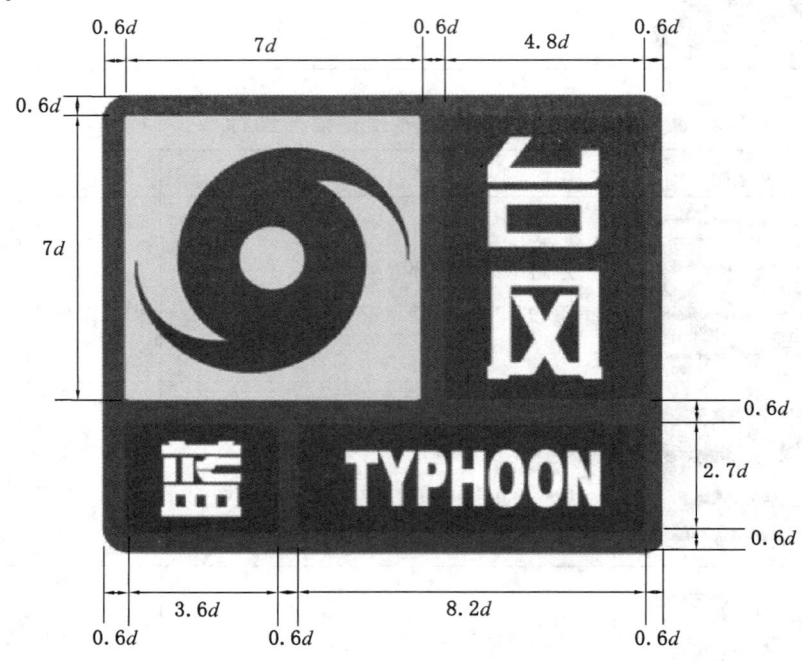

图 A.1　气象灾害预警信号图标的设计要求

参 考 文 献

[1]　中华人民共和国气象法.1999 年 10 月 31 日
[2]　中华人民共和国标准化法.1988 年 12 月 29 日
[3]　大气科学辞典.[M].北京:气象出版社,1994
[4]　阮水根等.电视气象服务与标准化研究.[M].北京:气象出版社,2005
[5]　中国气象局.气象灾害预警信号发布与传播办法.2007 年 6 月 12 日
[6]　GB/T 15608—2006　中国颜色体系
[7]　GB/T 22164—2008　公众气象服务　天气图形符号

灾害性天气预报警报指南(GB/T 27966—2011)

前　言

本标准按照 GB/T 1.1—2009 给出的规则起草。
本标准由中国气象局提出。
本标准由全国气象防灾减灾标准化技术委员会(SAC/TC 345)归口。
本标准起草单位:陕西省人工影响天气办公室。
本标准主要起草人:梁谷、李燕、岳治国、田显、乔旭霞。

1　范围

本标准规定了灾害性天气预报、警报的内容和要求。
本标准适用于灾害性天气预报警报业务。

2　规范性引用文件

下列文件对于本文件的应用是必不可少的。凡是注日期的引用文件,仅注日期的版本适用于本文件。凡是不注日期的引用文件,其最新版本(包括所有的修改单)适用于本文件。
　　GB/T 21984—2008　短期天气预报

3　术语及定义

下列术语及定义适用于本文件。

3.1
灾害性天气　disastrous weather
对人类的生命财产、生产和社会活动及大自然造成灾害的天气。

3.2
灾害性天气类别　types of disastrous weather
依据灾害性天气的特征及其影响程度进行的分类。
　　注:如台风、大风、暴雨、暴雪、高温、沙尘暴、寒潮、大雾等。

3.3
灾害性天气等级　grade of disastrous weather
依据灾害性天气可能造成的危害程度,对灾害性天气强度划分的等级。

3.4
灾害性天气预报　disastrous weather forecast
对未来灾害性天气可能出现的时间、地点、强度等信息的表述。

3.5
灾害性天气警报　warning of disastrous weather
对可能造成严重危害的灾害性天气的预报。

3.6

临近预报　nowcast

现时天气状况和未来 0～2 h 的天气预报。

3.7

短时预报　very short-range forecast

未来 0～12 h 的天气预报。

3.8

短期预报　short-range forecast

采用 GB/T 21984—2008 中 3.1 的定义。

3.9

中期预报　medium-range forecast

未来 3 d～10 d 的天气预报。

4 灾害性天气预报

4.1 预报内容

包括：
——灾害性天气类别；
——灾害性天气出现的时间；
——灾害性天气影响区域；
——灾害性天气等级或强度；
——灾害性天气发展趋势。

4.2 预报类型

包括：
——临近预报；
——短时预报；
——短期预报；
——中期预报。

5 灾害性天气警报

5.1 警报发布内容

包括：
——灾害性天气类别；
——灾害性天气出现的时间；
——灾害性天气影响区域；
——灾害性天气等级或强度；
——灾害性天气发展趋势；
——防范提示。

5.2 警报分类

5.2.1 分类原则

依据灾害性天气可能造成的危害程度、紧急程度、发展态势进行分类。

5.2.2 分类

包括：

——警报；

——紧急警报。

参 考 文 献

［1］ International Meteorological Vocabulary，WMO-No.182

［2］ 《大气科学辞典》编委会.大气科学辞典[M].北京:气象出版社,1994

气象灾害调查技术规范　气象灾情信息收集
(QX/T 531—2019)

前　言

本标准按照 GB/T 1.1—2009 给出的规则起草。

本标准由中国气象局提出。

本标准由全国气候与气候变化标准化技术委员会(SAC/TC 540)归口。

本标准起草单位：国家气候中心。

本标准主要起草人：廖要明、高歌、陈峪、王有民。

1　范围

本标准规定了气象灾情信息收集的灾害类别、灾情信息内容和格式要求。

本标准适用于气象灾情信息的收集、普查以及评估等工作。

2　规范性引用文件

下列文件对于本文件的应用是必不可少的。凡是注日期的引用文件，仅注日期的版本适用于本文件。凡是不注日期的引用文件，其最新版本(包括所有的修改单)适用于本文件。

GB/T 2260—2007　中华人民共和国行政区划代码

3　术语和定义

下列术语和定义适用于本文件。

3.1

气象灾害　meteorological disasters

由台风、暴雨、干旱、龙卷、寒潮等天气气候原因直接或间接引起的，给人民生活和社会经济造成损失的灾害。

注：改写 QX/T 336—2016，定义 3.2。

4　气象灾害类别

4.1　干旱灾害

由持续少雨、高温等天气引起的农作物减产、水资源短缺、人畜饮水困难、城市供水紧张、工农业生产受阻，以及由长期干旱引发的生态环境恶化，甚至社会不稳定等。

4.2　暴雨洪涝灾害

由强降水或融雪造成的暴雨、洪水、山洪等及其引发的渍涝、农田积涝、城市内涝、滑坡、泥石流等灾害。

4.3　台风灾害

台风带来的风、雨灾害及其引发的风暴潮、渍涝、农田积涝、城市内涝、滑坡、泥石流等灾害。

4.4 龙卷灾害

由龙卷引起的树木倒伏、车辆倾覆、建筑物损毁等灾害,以及造成的交通中断、房屋倒塌、人畜生命危险和经济损失等。

4.5 沙尘暴灾害

由沙尘暴的大风、沙尘造成的灾害及其引发的交通事故、环境污染和生态环境恶化等。

4.6 寒潮灾害

由寒潮引起的急剧降温、大风或雨雪天气造成工农业生产、人民生活和人体健康等受到严重影响。

4.7 大风灾害

除台风、龙卷、沙尘暴和寒潮等灾害性天气以外的大风造成的灾害,主要包括雷雨大风和飑线等。

4.8 冰雹灾害

由冰雹引起的农牧业、工矿企业、电信、交通运输以及人民生命财产遭受较大损失。

4.9 雷电灾害

由雷电造成的人员伤亡、火灾、爆炸或电气、电子系统等严重损毁,造成重大经济损失和重大社会影响。

4.10 雪灾

由强降雪或长时间降雪引起的暴风雪、暴雪、雪(冰)崩、积雪、雪淞、吹雪等对农牧业和道路交通等造成严重影响。

4.11 低温灾害

由0℃以上低温引发的,造成作物受害,植株枯萎、腐烂或感病甚至死亡等,主要包括夏季低温、秋季寒露风和热带作物冬季寒害等。

4.12 冰冻灾害

由0℃以下极端低温或冰冻引发的,对作物或人畜造成的灾害,主要包括冰冻、冻雨、冰凌、电线结冰、道路结冰、冰挂、雨淞、雾淞、混合淞、箱冻等造成的灾害。

4.13 高温热浪灾害

由于气温高、湿度大且持续时间较长,造成人体感觉不舒服,引发人畜疾病或伤亡,并可能威胁公众健康和生命安全、增加能源消耗、影响社会生产活动等。

4.14 大雾灾害

大雾引起的水、陆、空交通灾难以及对输电和人民生活等造成的灾害性影响。

4.15 连阴雨灾害

由长时间降水天气造成作物种子霉烂而不能发芽、早稻烂秧、病虫害滋生蔓延等,进而引起农业减产,主要包括春季连阴雨、华西秋雨等。

4.16 森林草原火灾

由高温、干旱、雷电等气象条件诱发的森林草原起火,对森林草原、森林草原生态系统和人类带来一定危害和损失,包括森林火灾和草原火灾。

4.17 其他灾害

除上述16种气象灾害以外,其他由气象条件引起的灾害,如干热风、凌汛、风暴潮、大气污染等。

5 气象灾情信息收集内容及格式

5.1 内容

5.1.1 基本信息

应包括记录编号、上报单位所在地行政区划代码、上报单位所在地名称、发生区域、填报人、联系电话共6项,宜包括数据来源。

5.1.2 灾情信息

应包括灾害类别、灾害开始日期2项,宜包括伴随灾害类别、灾害结束日期、气象要素实况、预警发布情况描述、受灾人口、死亡人口、失踪人口、受伤人口、紧急转移安置人口、倒塌房屋数、直接经济损失、农作物受灾面积、农作物成灾面积、农作物绝收面积、农业经济损失和其他灾情共16项。

灾害类别和伴随灾害类别为第4章所列类别。

5.1.3 附加信息

宜包括图片、图片信息说明、视频、视频信息说明、音频、音频信息说明、备注共7项。

5.2 格式

气象灾情信息收集应符合附录A中表A.1的格式要求。其中,行政区划代码应符合GB/T 2260—2007的要求。

附 录 A
（规范性附录）
气象灾情信息收集字段及属性说明

表A.1给出了气象灾情信息收集字段及其属性说明。

表A.1 气象灾情信息收集字段及属性说明

类别序号	类别名称	字段序号	字段名称	数据类型	单位	缺省说明	备注
1	基本信息	1	记录编号	文本型		不可空	
		2	上报单位所在地行政区划代码	文本型		不可空	数字码,如北京市东城区行政区划代码为110101
		3	上报单位所在地名称	文本型		不可空	省、市、县
		4	发生区域	文本型		不可空	县以下具体行政区
		5	填报人	文本型		不可空	填报人姓名
		6	联系电话	文本型		不可空	上报单位联系电话
		7	数据来源	文本型		可空	灾情信息来源
2	灾情信息	8	灾害类别	文本型		不可空	填写一个气象灾害类别

表 A.1（续）

类别序号	类别名称	字段序号	字段名称	数据类型	单位	缺省说明	备注
2	灾情信息	9	伴随灾害类别	文本型		可空	可以填写多个气象灾害类别
		10	灾害开始日期	日期型		不可空	YYYY-MM-DD
		11	灾害结束日期	日期型		可空	YYYY-MM-DD
		12	气象要素实况	文本型		可空	天气过程概述
		13	预警发布情况描述	文本型		可空	发生灾害前发布的预警情况，包括当地气象部门发布的预警、预警信号、警报，以及发布的手段和受众情况
		14	受灾人口	整型	人	可空	干旱灾害指饮水困难人口
		15	死亡人口	整型	人	可空	
		16	失踪人口	整型	人	可空	
		17	受伤人口	整型	人	可空	
		18	紧急转移安置人口	整型	人	可空	
		19	倒塌房屋数	整型	间	可空	
		20	直接经济损失	单精度型	万元	可空	保留2位小数
		21	农作物受灾面积	单精度型	hm²	可空	保留1位小数
		22	农作物成灾面积	单精度型	hm²	可空	保留1位小数
		23	农作物绝收面积	单精度型	hm²	可空	保留1位小数
		24	农业经济损失	单精度型	万元	可空	保留2位小数
		25	其他灾情	文本型		可空	除上述影响以外的其他影响描述，包括社会影响、农业影响、畜牧业影响、水利影响、林业影响、渔业影响、交通影响、电力影响、通信影响等方面的灾情
3	附加信息	26	图片			可空	图片文件
		27	图片信息说明	文本型		可空	
		28	视频			可空	视频文件

表 A.1（续）

类别序号	类别名称	字段序号	字段名称	数据类型	单位	缺省说明	备注
3	附加信息	29	视频信息说明	文本型		可空	
		30	音频			可空	音频文件
		31	音频信息说明	文本型		可空	
		32	备注	文本型		可空	填写过程中需要进一步说明的内容，对于冰雹、龙卷、大风和雷电等短时强对流天气，开始和结束时间应具体到时、分

参 考 文 献

[1]　QX/T 336—2016　气象灾害防御重点单位气象安全保障规范
[2]　第十二届全国人民常委会,中华人民共和国气象法[M].北京:法律出版社,2016
[3]　中华人民共和国国务院,气象灾害防御条例[Z],2017

重大气象灾害应急响应启动等级(QX/T 116—2018)

前　　言

本标准按照 GB/T 1.1—2009 给出的规则起草。

本标准代替 QX/T 116—2010《重大气象灾害应急响应启动等级》，与 QX/T 116—2010 相比，在标准的结构上基本保持一致，除编辑性修改外，主要技术变化如下：

——删除了引言；
——修改了部分专业术语和定义(见 2.1、2.4、2.5、2.6、2.8、2.9、2.10、2.11、2.12、2.13)；
——调整了暴雪Ⅱ级、Ⅰ级响应启动条件(见 3.3.3、3.3.4)；
——增加了沙尘暴Ⅱ级响应启动(见 3.6.3)；
——调整了低温Ⅳ级、Ⅲ级响应启动条件(见 3.7.1、3.7.2)；
——调整了高温应急响应条件(见 3.8)；
——调整了气象干旱Ⅲ级、Ⅱ级、Ⅰ级响应启动条件(见 3.9.1、3.9.2、3.9.3)；
——调整了霜冻Ⅳ级响应启动条件(见 3.10)；
——增加了冰冻Ⅰ级响应启动(见 3.11.3)；
——调整了大雾Ⅳ、Ⅲ级响应启动条件(见 3.12.1、3.12.2)，并增加大雾Ⅱ级响应启动条件(见 3.12.3)；
——调整了霾Ⅳ级响应启动条件(见 3.13.1)，并增加了霾Ⅲ级、Ⅱ级、Ⅰ级响应启动(见 3.13.2、3.13.3.3、13.4)；
——删除了附录 A(见 2010 版附录 A)。

本标准由全国气象防灾减灾标准化技术委员会(SAC/TC 345)提出并归口。

本标准起草单位：国家气象中心、国家气候中心。

本标准主要起草人：金荣花、薛红喜、郑卫江、孔期、杨革霞、王亚伟、魏东、廖要明。

本标准所代替标准的历次版本发布情况为：
——QX/T 116—2010。

1　范围

本标准规定了重大气象灾害应急响应启动等级。

本标准适用于国家级气象部门启动重大气象灾害应急响应预案，也可供相关防灾减灾部门和地方气象部门参考使用。

2　术语和定义

下列术语和定义适用于本文件。

2.1

　　台风　typhoon

生成于热带或副热带洋面上，底层中心附近最大平均风力达到 8 级或以上，并具有有组织的对流和确定的气旋性环流的非锋面性涡旋的统称,包括热带风暴级、强热带风暴级、台风级、强台风级和超强台风级。

2.2

暴雨　torrential rain

24 h 降雨量大于或等于 50 mm,或 12 h 降雨量大于或等于 30 mm 的雨。

2.3

暴雪　snowstorm

24 h 降雪量大于或等于 10 mm,或 12 h 降雪量大于或等于 6 mm 的雪。

2.4

寒潮　cold wave

高纬度的冷空气大规模地向中、低纬度侵袭,造成剧烈降温的天气活动。

[GB/T 21987—2017,定义 2.1]

2.5

海上大风　sea gale

海面上蒲福风级平均达到或超过 8 级的风。

注:蒲福风级 8 级为平均风速 17.2 m/s～20.7 m/s。

2.6

沙尘暴　sandstorm

风将地面大量尘沙吹起,使空气很混浊,水平能见度小于 1 km 的天气现象。

[GB/T 28593—2012,定义 2.1]

2.7

低温　low temperature

在农作物(含经济林果)生长期间,出现较长时期平均温度持续低于常年同期平均温度,造成农作物生长发育速度延缓;或在农作物对低温反应敏感的生育期间,出现日平均气温降到农作物能够忍耐的温度下限以下的降温天气过程,造成农作物生理障碍或结实器官受损;最终导致农作物不能正常成熟、采收而减产或品质、效益降低的农业气象灾害现象。

2.8

高温　high temperature

日最高气温大于或等于 35 ℃ 的天气现象。

2.9

气象干旱　meteorological drought

某时段内,由于蒸发量和降水量的收支不平衡,水分支出大于水分收入而造成地表水分短缺的现象。

[GB/T 20481—2017,定义 3.1]

2.10

霜冻　frost injury

生长季节里因气温降到 0 ℃ 或 0 ℃ 以下而使植物受害的一种农业气象灾害。

2.11

冰冻　freezing

凝冻

过冷水滴、雾滴或湿雪与温度低于 0 ℃ 的物体碰撞立即冻结的现象。

注：主要由雨凇、雾凇和冻结的湿雪之一或组合形成。

[GB/T 34297—2017,定义 2.4]

2.12

大雾 heavy fog

悬浮在贴近地面的大气中的大量微细水滴（或冰晶）的可见集合体，使水平能见度降低到 1 000 m 以下的天气现象。

2.13

霾 haze

大量粒径为几微米以下的大气气溶胶粒子使水平能见度小于 10.0 km、空气普遍混浊的天气现象。

[GB/T 36542—2018,定义 2.1]

3 重大气象灾害应急响应启动等级

3.1 台风

3.1.1 Ⅳ级响应启动

当中央气象台发布台风蓝色预警，预计未来将有热带风暴（中心附近最大平均风力 8 级～9 级）登陆或影响我国沿海；或热带风暴已经对我国沿海海面及陆地造成一定影响，且影响可能持续。

3.1.2 Ⅲ级响应启动

当中央气象台发布台风黄色预警，预计未来将有强热带风暴（中心附近最大平均风力 10 级～11 级）登陆或影响我国沿海；或强热带风暴已经对我国沿海海面及陆地造成较大影响，且影响可能持续。

3.1.3 Ⅱ级响应启动

当中央气象台发布台风橙色预警，预计未来将有台风（中心附近最大平均风力 12 级～13 级）登陆或影响我国沿海；或者台风已经对我国沿海海面及陆地造成重大影响，且影响可能持续。

3.1.4 Ⅰ级响应启动

当中央气象台发布台风红色预警，预计未来将有强台风（中心附近最大平均风力 14 级～15 级）、超强台风（中心附近最大平均风力 16 级以上）登陆或影响我国沿海；或者强台风、超强台风已经对我国沿海海面及陆地造成特别重大影响，且影响可能持续。

3.2 暴雨

3.2.1 Ⅳ级响应启动

当中央气象台发布暴雨蓝色预警，且预计未来 48 h 预警区内的大部地区仍将连续达到暴雨蓝色预警以上标准；或者暴雨天气已经出现，并出现下列情形之一且影响可能持续：

  a) 暴雨可能或已经引发城乡渍涝或其他次生灾害，对交通、通信及群众生产生活等造成一定影响；

  b) 2 个及以上省（自治区、直辖市）同时发生一般洪水（洪水要素重现期小于 5 a 的洪水）；

c) 大江大河干流堤防出现险情；
　　d) 大中型水库出现险情。

3.2.2 Ⅲ级响应启动

当中央气象台发布暴雨黄色预警，且预计未来 48 h 预警区内的大部地区仍将连续达到暴雨蓝色预警以上标准；或者暴雨天气已经出现，并出现下列情形之一且影响可能持续：

　　a) 暴雨可能或已经引发城乡渍涝或其他次生灾害，对交通、通信及群众生产生活等造成较大影响；
　　b) 2 个及以上省（自治区、直辖市）同时发生洪涝灾害；
　　c) 1 个省（自治区、直辖市）发生较大洪水（洪水要素重现期为 5 a～20 a 的洪水）；
　　d) 大江大河干流堤防出现重大险情；
　　e) 大中型水库出现严重险情或小型水库发生垮坝。

3.2.3 Ⅱ级响应启动

当中央气象台发布暴雨橙色预警，且预计未来 48 h 预警区内的大部地区仍将连续达到暴雨黄色预警以上标准；或者暴雨天气已经出现，并出现下列情形之一且影响可能持续：

　　a) 暴雨可能或已经引发城乡渍涝或其他次生灾害，对交通、通信及群众生产生活等造成重大影响；
　　b) 1 个流域发生大洪水（洪水要素重现期为 20 a～50 a 的洪水）；
　　c) 大江大河干流一般河段及主要支流堤防发生决口；
　　d) 2 个及以上省（自治区、直辖市）的多个市（地）发生严重洪涝灾害；
　　e) 大中型水库发生垮坝。

3.2.4 Ⅰ级响应启动

当中央气象台发布暴雨红色预警，且预计未来 48 h 预警区内的大部地区仍将连续达到暴雨橙色预警以上标准；或者暴雨天气已经出现，并出现下列情形之一且影响可能持续：

　　a) 暴雨可能或已经引发大面积城乡渍涝或其他次生灾害，对交通、通信及群众生产生活等造成特别重大影响；
　　b) 某个流域发生特大洪水（洪水要素重现期为大于 50 a 的洪水）；
　　c) 多个流域同时发生大洪水（洪水要素重现期为 20 a～50 a 的洪水）；
　　d) 大江大河干流重要河段堤防发生决口；
　　e) 重点大型水库发生垮坝。

3.3 暴雪

3.3.1 Ⅳ级响应启动

当中央气象台发布暴雪蓝色预警，且预计未来 48 h 预警区内的大部地区仍将连续达到暴雪蓝色预警以上标准；或者暴雪天气已经出现，2 个及以上省（自治区、直辖市）大部分地区可能或已经导致交通、电力、通信、农业、林业受到一定影响，牧区牲畜安全受到一定威胁，且影响可能持续。

3.3.2 Ⅲ级响应启动

当中央气象台发布暴雪黄色预警，且预计未来 48 h 预警区内的大部地区仍将连续达到暴雪蓝色预警以上标准；或者暴雪天气已经出现，2 个及以上省（自治区、直辖市）大部分地区可能或已经导致交通、电力、通信、农业、林业受到较大影响，牧区牲畜安全受到较大威胁，且影响可能持续。

3.3.3　Ⅱ级响应启动

当中央气象台发布暴雪橙色预警,且预计未来48 h该预警区内的大部地区仍将达到暴雪黄色预警以上标准;或者暴雪天气已经出现,2个及以上省(自治区、直辖市)大部分地区可能或已经导致交通、电力、通信、农业、林业受到重大影响,牧区牲畜安全受到重大威胁,且影响可能持续。

3.3.4　Ⅰ级响应启动

当中央气象台发布暴雪红色预警,且预计未来48 h该预警区内的大部地区仍将达到暴雪黄色预警以上标准;或者暴雪天气已经出现,2个及以上省(自治区、直辖市)大部分地区可能或已经导致交通、电力、通信、农业、林业受到特别重大影响,牧区牲畜安全受到特别重大威胁,且影响可能持续。

3.4　寒潮

3.4.1　Ⅳ级响应启动

当中央气象台发布寒潮蓝色预警,且预计未来72 h预警区内的大部地区寒潮天气仍将持续;或者寒潮天气已经出现,2个及以上省(自治区、直辖市)大部分地区可能或已经对经济林果、农作物、水产养殖、畜禽生产及设施农业等造成一定损失,且影响可能持续。

3.4.2　Ⅲ级响应启动

当中央气象台发布寒潮黄色预警,且预计未来72 h预警区内的大部地区寒潮天气仍将持续;或者寒潮天气已经出现,2个及以上省(自治区、直辖市)大部分地区可能或已经对经济林果、农作物、水产养殖、畜禽生产及设施农业等造成较大损失,且影响可能持续。

3.4.3　Ⅱ级响应启动

当中央气象台发布寒潮橙色预警,且预计未来72 h预警区内的大部地区寒潮天气仍将持续;或者寒潮天气已经出现,2个及以上省(自治区、直辖市)大部分地区可能或已经对经济林果、农作物、水产养殖、畜禽生产及设施农业等造成重大损失,且影响可能持续。

3.5　海上大风

3.5.1　Ⅲ级响应启动

当中央气象台发布海上大风黄色预警,且预计未来72 h预警区内的大部地区仍将连续达到海上大风黄色预警以上标准;或者海上大风天气已经出现,可能或已经对相关水域水上作业、过往船舶安全、交通等造成较大不利影响,且影响可能持续。

3.5.2　Ⅱ级响应启动

当中央气象台发布海上大风橙色预警,且预计未来72 h预警区内的大部地区仍将连续达到海上大风黄色预警以上标准;或者海上大风天气已经出现,且已经在沿海地区出现较高风暴潮潮位,可能或已经对相关水域水上作业、过往船舶安全、交通等造成重大不利影响,且影响可能持续。

3.6　沙尘暴

3.6.1　Ⅳ级响应启动

当中央气象台发布沙尘暴蓝色预警,且预计未来48 h预警区内的大部地区仍将连续达到沙尘暴蓝色预警以上标准;或者沙尘暴天气已经出现,2个及以上省(自治区、直辖市)大部分地区可能或已经导致空气污染,使交通运输、群众生产生活受到一定影响,且影响可能持续。

3.6.2 Ⅲ级响应启动

当中央气象台发布沙尘暴黄色预警,且预计未来48 h预警区内的大部地区仍将连续达到沙尘暴蓝色预警以上标准;或者沙尘暴天气已经出现,2个及以上省(自治区、直辖市)大部分地区可能或已经导致空气污染,使交通运输、群众生产生活受到较大影响,且影响可能持续。

3.6.3 Ⅱ级响应启动

当中央气象台发布沙尘暴橙色预警,且预计未来48 h预警区内的大部地区仍将连续达到沙尘暴黄色预警以上标准;或者强沙尘暴天气已经出现,2个及以上省(自治区、直辖市)大部分地区可能或已经导致空气严重污染,使交通运输、群众生产生活受到重大影响,且影响可能持续。

3.7 低温

3.7.1 Ⅳ级响应启动

当中央气象台发布低温蓝色预警,或者低温天气已经出现并可能持续,2个及以上省(自治区、直辖市)大部分地区可能出现对当季主要农作物生长发育和经济林果产量产生一定影响,且影响可能持续。

3.7.2 Ⅲ级响应启动

当中央气象台发布低温黄色预警,或者低温天气已经出现并可能持续,2个及以上省(自治区、直辖市)大部分地区可能出现对当季主要农作物生长发育和经济林果产量产生较大影响,且影响可能持续。

3.8 高温

3.8.1 Ⅳ级响应启动

当中央气象台连续2 d发布高温黄色预警,且预计未来72 h预警区内的大部地区仍将连续达到高温黄色预警以上标准;或者高温天气已经出现,2个及以上省(自治区、直辖市)大部分地区可能或已经对群众健康产生较大威胁,中暑患者开始增多,农作物生长受到一定影响,城乡用电比较紧张,且影响可能持续。

3.8.2 Ⅲ级响应启动

当中央气象台连续2 d发布高温橙色预警,且预计未来72 h预警区内的大部地区仍将连续达到高温黄色预警以上标准;或者高温天气已经出现,2个及以上省(自治区、直辖市)大部分地区可能或已经对群众健康产生重大威胁,中暑患者明显增多,经济、社会活动受到较大影响,城乡用电明显紧张,且影响可能持续。

3.8.3 Ⅱ级响应启动

当中央气象台连续2 d发布高温红色预警,且预计未来72 h预警区内的大部地区仍将连续达到高温橙色预警以上标准;或者高温天气已经出现,2个及以上省(自治区、直辖市)大部分地区可能或已经对群众健康产生重大威胁,中暑患者明显增多,经济、社会活动受到重大影响,城乡用电明显紧张,且影响可能持续。

3.9 气象干旱

3.9.1 Ⅲ级响应启动

当中央气象台连续3 d发布气象干旱黄色预警,且预计未来7 d干旱天气仍将持续或干旱范围进一步发展;或者干旱已经造成 2 个省(自治区、直辖市)大部分地区达到气象干旱重旱等级,多个大城市正常供水受到较大影响,并且对农业生产有一定不利影响。

3.9.2 Ⅱ级响应启动

当中央气象台连续 3 d 发布气象干旱橙色预警,且预计未来 7 d 干旱天气仍将持续或干旱范围进一步发展;或者干旱已经造成 3~5 个省(自治区、直辖市)大部分地区达到气象干旱重旱等级,且至少 1 个省(自治区、直辖市)的部分地区或 1 个大城市出现气象干旱特旱等级,多个大城市正常供水受到重大影响,并且对农业生产有较大不利影响。

3.9.3 Ⅰ级响应启动

当中央气象台发布气象干旱红色预警,且预计未来 7 d 干旱天气仍将持续或干旱范围进一步发展;或者干旱已经造成 5 个以上省(自治区、直辖市)大部分地区达到气象干旱重旱等级,且至少 2 个省(自治区、直辖市)的部分地区或 2 个大城市出现气象干旱特旱等级,多个大城市正常供水受到特别重大影响,并且对农业生产有重大不利影响。

3.10 霜冻

Ⅳ级响应启动:当中央气象台发布霜冻蓝色预警,预计未来 48 h 预警区内的大部地区将出现可能对当季主要农作物产生一定影响的霜冻天气;或者霜冻天气已经出现,2 个及以上省(自治区、直辖市)大部分地区可能或已经对当季农作物、经济林果产生一定不利影响,且影响可能持续。

3.11 冰冻

3.11.1 Ⅲ级响应启动

当中央气象台发布冰冻黄色预警,预计未来 72 h 预警区内的大部地区仍将连续达到冰冻黄色以上预警标准,或者冰冻天气已经出现,2 个及以上省(自治区、直辖市)大部分地区对交通运输、电力供应、生产生活造成较大影响,且影响可能持续。

3.11.2 Ⅱ级响应启动

当中央气象台发布冰冻橙色预警,预计未来 72 h 预警区内的大部地区仍将连续达到冰冻黄色以上预警标准,或者冰冻天气已经出现,2 个及以上省(自治区、直辖市)大部分地区对交通运输、电力供应、生产生活造成重大影响,且影响可能持续。

3.11.3 Ⅰ级响应启动

当中央气象台发布冰冻红色预警,预计未来 72 h 预警区内的大部地区仍将连续达到冰冻橙色以上预警标准,或者冰冻天气已经出现,2 个及以上省(自治区、直辖市)大部分地区对交通运输、电力供应、生产生活造成特别重大影响,且影响可能持续。

3.12 大雾

3.12.1 Ⅳ级响应启动

当中央气象台发布大雾黄色预警,且预计未来 48 h 预警区内的大部地区仍将连续达到大雾黄色预警以上标准;或者大雾天气已经出现,3 个及以上省(自治区、直辖市)大部分地区可能或已经导致交通运输受到一定影响,且影响可能持续。

3.12.2 Ⅲ级响应启动

当中央气象台发布大雾橙色预警,且预计未来 48 h 预警区内的大部地区仍将连续达到大雾黄色预警以上标准;或者大雾天气已经出现,3 个及以上省(自治区、直辖市)大部分地区可能或已经导致交通运输受到较大影响,且影响可能持续。

3.12.3 Ⅱ级响应启动

当中央气象台发布大雾红色预警,且预计未来 48 h 预警区内的大部地区仍将连续达到大雾橙色预警以上标准;或者大雾天气已经出现,3 个及以上省(自治区、直辖市)大部分地区可能或已经导致交通运输受到重大影响,且影响可能持续。

3.13 霾

3.13.1 Ⅳ级响应启动

当中央气象台发布霾黄色预警,且预计未来 48 h 预警区内的大部地区仍将连续达到霾黄色预警以上标准;或者霾天气已经出现,3 个及以上省(自治区、直辖市)大部分地区可能或已经对交通运输、生产生活造成一定影响,且影响可能持续。

3.13.2 Ⅲ级响应启动

当中央气象台发布霾橙色预警,且预计未来 48 h 预警区内的大部地区仍将连续达到霾黄色预警以上标准;或者霾天气已经出现,3 个及以上省(自治区、直辖市)大部分地区可能或已经对交通运输、生产生活造成较大影响,且影响可能持续。

3.13.3 Ⅱ级响应启动

当中央气象台发布霾红色预警,且预计未来 72 h 预警区内的大部地区仍将连续达到霾橙色预警以上标准;或者霾天气已经出现,3 个及以上省(自治区、直辖市)大部分地区可能或已经对交通运输、生产生活造成重大影响,且影响可能持续。

3.13.4 Ⅰ级响应启动

当中央气象台发布霾红色预警,且预计未来 120 h 预警区内的大部地区仍将连续达到霾橙色预警以上标准;或者霾天气已经出现,3 个及以上省(自治区、直辖市)大部分地区可能或已经对交通运输、生产生活造成特别重大影响,且影响可能持续。

参 考 文 献

[1] GB/T 19201—2006　热带气旋等级
[2] GB/T 20480—2017　沙尘天气等级
[3] GB/T 20481—2017　气象干旱等级
[4] GB/T 20484—2017　冷空气等级
[5] GB/T 21987—2017　寒潮等级
[6] GB/T 22482—2008　水文情报预报规范
[7] GB/T 27958—2011　海上大风预警等级
[8] GB/T 28592—2012　降水量等级
[9] GB/T 28593—2012　沙尘暴天气预警
[10] GB/T 34297—2017　冰冻天气等级
[11] GB/T 36542—2018　霾的观测识别
[12] 大气科学名词审定委员会.大气科学名词[M].北京:科学出版社,2009
[13] 中国气象局.国家气象灾害应急预案:国办函〔2009〕120 号[Z],2010
[14] 朱乾根,林锦瑞,寿绍文.天气学原理和方法[M].北京:气象出版社,1983